4
SERVICES EXCLUSIFS INCLUS

4 services gratuits
exclusifs aux Codes édition classique
Je les découvre !

4 SERVICES EXCLUSIFS INCLUS

Quels sont-ils ?

Mise à jour en continu

Accessible depuis Word©

Liens de jurisprudence

Disponible partout

Plus d'information sur www.activation-dalloz.fr

Comment en profiter ?

- Je me rends sur www.activation-dalloz.fr
- J'active mon Code à l'aide de sa clé d'activation (voir sous l'étiquette de couverture)
- Mes services exclusifs sont activés.

PARCE QUE
LA LOI BOUGE,
LE CODE ROUGE !

43e édition

CODE
DE LA
SÉCURITÉ SOCIALE

Annoté

Papier & numérique

DALLOZ

43e édition

Annotations de jurisprudence et de bibliographie par

ANNE-SOPHIE GINON
Maître de conférences
à l'Université de Paris Nanterre

et

FRÉDÉRIC GUIOMARD
Professeur
à l'Université de Toulouse 1 Capitole

Coordination éditoriale

ARMELLE MAVOKA-ISANA
Secrétaire générale de la rédaction
de la revue Droit social
et de la Revue de Droit Sanitaire et Social (RDSS)

DALLOZ

ÉDITIONS DALLOZ

31-35, rue Froidevaux, 75685 Paris Cedex 14

ISBN 978-2-247-18641-9

Avant-propos

Comme les autres volumes de la collection des codes Dalloz, créée en 1902, le Code de la sécurité sociale Dalloz est un ouvrage hautement élaboré. Loin de se borner à reproduire purement et simplement la codification officielle, il donne de celle-ci un texte mis à jour de ses modifications, enrichi de notes de rédaction, annoté de jurisprudence et de bibliographie et augmenté de compléments indispensables.

UN TEXTE MIS À JOUR

Le Code de la sécurité sociale Dalloz offre du texte légal une version mise à jour, avec l'indication rigoureuse des sources.

UN TEXTE ENRICHI

Au texte officiel, des notes de rédaction apportent les précisions et compléments indispensables à son application.

UN TEXTE ANNOTÉ

Les annotations prennent la forme de références bibliographiques et de résumés de jurisprudence.

UN TEXTE COMPLÉTÉ

***Textes complémentaires.** Au Code de la sécurité sociale* stricto sensu *sont ajoutés de nombreux textes autonomes (lois, décrets...) pour couvrir le plus largement possible la législation applicable en matière de sécurité sociale.*

***Annexes**. Le Code de la sécurité sociale contient quatre annexes regroupant des textes législatifs et réglementaires relatifs à la sécurité sociale et classés par ordre chronologique, les tableaux des maladies professionnelles, des dispositions de droit européen et communautaire et un tableau des accords internationaux de sécurité sociale auxquels la France est partie.*

DES TABLES

Trois tables complètent le Code de la sécurité sociale :

- *En début d'ouvrage, une table des matières, qui reproduit le plan du Code ;*
- *à la fin de l'ouvrage, une table chronologique des textes qui ont modifié le Code et les textes complémentaires qui y ont été ajoutés ;*

– *à la suite de la précédente, une table alphabétique, très détaillée, analyse les textes et constitue un outil de recherche privilégié.*

Les pictogrammes (jurisprudence), (doctrine des revues Dalloz) et (texte complémentaire) signalent que les textes intégraux correspondants sont accessibles en hyperlien sur les portails et/ou sur les applications mobiles Dalloz.

Liste des abréviations

Hyperlien vers la décision intégrale accessible sur les portails et sur les applications mobiles Dalloz

Hyperlien vers l'article de revue accessible sur les portails et sur les applications mobiles Dalloz

Hyperlien vers un texte complémentaire accessible sur les portails et sur les applications mobiles Dalloz

A	Décision du Conseil d'État publiée au *Lebon (Dalloz)*
Adde	Ajouter
AJ	Actualité jurisprudentielle du Recueil Dalloz
AJDA	Actualité juridique Droit administratif (Dalloz)
Al.	Alinéa
ALD	Actualité législative Dalloz (années 1983 – 1995)
App.	Appendice
Argus	L'Argus
Arr.	Arrêté
Art.	Article
Ass. plén.	Assemblée plénière de la Cour de cassation
B	Décision du Conseil d'État mentionnée aux Tables du *Lebon (Dalloz)*
BIBL.	Bibliographie
BIBL. GÉN.	Bibliographie générale
BICC	Bulletin d'information de la Cour de cassation
BLD	Bulletin législatif Dalloz (jusqu'à 1982)
BOSS	Bulletin officiel du ministère de la Santé publique et de la Sécurité sociale
BS Lefebvre	Bulletin social Francis Lefebvre
Bull. civ.	Bulletin des arrêts des chambres civiles de la Cour de cassation
Bull. crim.	Bulletin des arrêts de la chambre criminelle de la Cour de cassation
Bull. jur. EN	Bulletin juridique de l'Éducation nationale
Bull. jur. FNOSS	Bulletin juridique de la Fédération nationale des organismes de sécurité sociale
Bull. jur. UCANSS	Bulletin juridique de l'Union des caisses nationales de sécurité sociale
Bull. T. confl.	Bulletin du tribunal des conflits
C.	Code
c/	Contre
C. adm.	Code administratif Dalloz
Cah. fonct. publ.	Les cahiers de la Fonction publique et de l'Administration
CASF	Code de l'action sociale et des familles Dalloz

Cass.	Cour de cassation
C. assur.	Code des assurances Dalloz
C. civ.	Code civil Dalloz
C. com.	Code de commerce Dalloz
C. consom.	Code de la consommation Dalloz
CE	Conseil d'État
CGI	Code général des impôts Dalloz
Ch. réun.	Chambres réunies de la Cour de cassation
Chron.	Chronique
Circ.	Circulaire
CJCE	Cour de justice des Communautés européennes
CJF	Code des juridictions financières
CJUE	Cour de justice de l'Union européenne
C. mut.	Code de la mutualité
CNRSI	Caisse nationale du régime social des indépendants
Comm.	Commentaire
Comp.	Comparer
concl.	Conclusions
Cons. const.	Conseil constitutionnel
Contra	Solution contraire
C. pén.	Code pénal Dalloz
C. pr. civ.	Code de procédure civile Dalloz
C. pr. pén.	Code de procédure pénale Dalloz
Crim.	Chambre criminelle de la Cour de cassation
CRPA	Code des relations entre le public et l'administration (Dalloz)
C. rur.	Code rural et de la pêche maritime Dalloz
CSB	Cahiers sociaux du Barreau de Paris
CSP	Code de la santé publique Dalloz
CSS	Code de la sécurité sociale Dalloz
C. trav.	Code du travail Dalloz
C. urb.	Code de l'urbanisme Dalloz

D.	Recueil Dalloz
Décis.	Décision
Décr.	Décret
Décr.-L.	Décret-loi
Dir.	Directive
Doc. fr.	La documentation française
Dr. adm.	Droit administratif
Dr. fisc.	Droit fiscal, puis Revue de droit fiscal
Dr. ouvrier	Droit ouvrier
Dr. soc.	Droit social
Dr. trav.	Droit du travail et de la sécurité sociale

EDCE	Études et documents du Conseil d'État
Envir.	Revue Environnement du Juris-classeur
*eod. v^o^, eisd. v^is^*	Même(s) mot(s) que celui (ceux) qui vient (viennent) d'être cité(s)
esp.	Espèce

GADSS	Grands arrêts du droit de la sécurité sociale (Dalloz)
Gaz. Pal.	Gazette du Palais
GDCC	Grandes décisions du Conseil constitutionnel (Dalloz)
ibid.	Au même endroit
Instr.	Instruction
IR	Informations rapides (du Recueil Dalloz)
JCP	Juris-Classeur périodique (Semaine juridique), édition générale
JCP Adm.	Juris-Classeur périodique, édition Administration et collectivités territoriales
JCP E	Juris-Classeur périodique, édition Entreprise
JCP S	Juris-Classeur périodique, édition Sociale
JO	Journal officiel
JOAN Q	Journal officiel, Assemblée nationale, Questions écrites
JOCE	Journal officiel des Communautés européennes
JONC	Journal officiel, numéro complémentaire
JOUE	Journal officiel de l'Union européenne
Juri-soc.	Juri-social
JS UIMM	Jurisprudence sociale de l'Union des industries métallurgiques et minières
L.	Loi
Lebon	Recueil des arrêts du Conseil d'État (Dalloz)
Lebon T.	Recueil des arrêts du Conseil d'État (Dalloz), Tables
Liaisons soc.	Liaisons sociales
Liv.	Livre
L.O.	Article de loi organique
L. org.	Loi organique
LPA	Les Petites Affiches
Mod.	Modifié
n°	Numéro
NCPC	Nouveau Code de procédure civile (devenu Code de procédure civile - L. n° 2007-1787 du 20 déc. 2007)
NGAP	Nomenclature générale des actes professionnels
Ord.	Ordonnance
P	Arrêt publié au bulletin civil ou au bulletin criminel de la Cour de cassation
p.	Page
Pan.	Panorama
Population	Revue Population
Pouvoirs	Revue Pouvoirs
préc.	Précité

Projet Revue Projet

Quest. SS Questions de sécurité sociale
QPC Question prioritaire de constitutionnalité

Rapp. Rapport
Rappr. Rapprocher
RCA Responsabilité civile et assurances
RDC Revue des contrats
RDBF Revue de droit bancaire et financier (dps 1999)
RD publ. Revue du droit public et de la science politique en France et à l'étranger
RDSS Revue de droit sanitaire et social (Dalloz)
Rec. Cons. const. Recueil des décisions du Conseil constitutionnel
Rec. Dijon Recueil des arrêts de la cour d'appel de Dijon
Rect. Rectificatif
REF Revue d'économie financière
Regards CNESS Revue du Centre national d'études supérieures de sécurité sociale
Regards EN3S Revue de l'École nationale supérieure de sécurité sociale
Règl. Règlement
Rép. min. Réponse ministérielle
Req. Chambre des requêtes de la Cour de cassation
Rev. Revue
Rev. crit. DIP Revue critique de droit international privé (Dalloz)
RJ Île-de-France Revue de jurisprudence d'Île-de-France
RF aff. soc. Revue française des affaires sociales
RFDC Revue française de droit constitutionnel
RFFP Revue française des finances publiques
RGAT Revue générale des assurances terrestres (de 1930 à 1995); devenue RGDA en 1996
RGDA Revue générale du droit des assurances (depuis 1996)
RGDM Revue générale de droit médical
RID comp. Revue internationale de droit comparé
RISS Revue internationale de sécurité sociale
RJS Revue de jurisprudence sociale
RPDS Revue pratique de droit social
RRJ Revue de la recherche juridique

---

s. Et suivants
SSL Semaine sociale Lamy
Soc. Chambre sociale de la Cour de cassation
Somm. Sommaires
Somm. SS Sommaires de sécurité sociale
ss. Sous

---

t. Tome
TASS Tribunal des affaires de sécurité sociale
T. civ. Tribunal, chambre civile
T. confl. Tribunal des conflits

Tit. Titre
TPS Travail et protection sociale

V. Voir
v° ou v^is^ Mot, mots

TABLE DES MATIÈRES

CODE DE LA SÉCURITÉ SOCIALE

LIVRE PREMIER

GÉNÉRALITÉS — DISPOSITIONS COMMUNES À TOUT OU PARTIE DES RÉGIMES DE BASE

LIVRE DEUXIÈME

ORGANISATION DU RÉGIME GÉNÉRAL, ACTION DE PRÉVENTION, ACTION SANITAIRE ET SOCIALE DES CAISSES

LIVRE TROISIÈME

DISPOSITIONS RELATIVES AUX ASSURANCES SOCIALES ET À DIVERSES CATÉGORIES DE PERSONNES RATTACHÉES AU RÉGIME GÉNÉRAL

LIVRE QUATRIÈME

ACCIDENTS DU TRAVAIL ET MALADIES PROFESSIONNELLES (DISPOSITIONS PROPRES ET DISPOSITIONS COMMUNES AVEC D'AUTRES BRANCHES)

LIVRE CINQUIÈME
PRESTATIONS FAMILIALES ET PRESTATIONS ASSIMILÉES

LIVRE SEPTIÈME

RÉGIMES DIVERS – DISPOSITIONS DIVERSES

LIVRE HUITIÈME

ALLOCATIONS AUX PERSONNES ÂGÉES — ALLOCATION AUX ADULTES HANDICAPÉS — ALLOCATION DE LOGEMENT SOCIALE — AIDES À L'EMPLOI POUR LA GARDE DES JEUNES ENFANTS — AIDE AUX COLLECTIVITÉS ET ORGANISMES LOGEANT À TITRE TEMPORAIRE DES PERSONNES DÉFAVORISÉES OU GÉRANT DES AIRES D'ACCUEIL DES GENS DU VOYAGE — PROTECTION COMPLÉMENTAIRE EN MATIÈRE DE SANTÉ

LIVRE NEUVIÈME

DISPOSITIONS RELATIVES À LA PROTECTION SOCIALE COMPLÉMENTAIRE ET SUPPLÉMENTAIRE DES SALARIÉS ET NON-SALARIÉS ET AUX INSTITUTIONS À CARACTÈRE PARITAIRE

ANNEXES

Bibliographie générale

BIBL. GÉN. ▶ Alfandari et Tourette, Action et aide sociales, *Dalloz, 5e éd., 2011*. – Aubin, L'essentiel du droit des politiques sociales, *11e éd., 2017, Gualino*. – Augagneur et Fagnani (dir.), Dossier thématique : Enjeux environnementaux, protection sociale et inégalités sociales, *RF aff. soc. janv.-juin 2015, no 1-2*. – Badel, Droit de la sécurité sociale, *Éclipses, 2007*. – Barbier et Théret, Le système français de protection sociale, *La Découverte (coll. Repères), 2009*. – Bec, La sécurité sociale entre solidarité et marché, *Rev. fr. de socio-économie 2018/1, p. 167*. – P. Beau et R. Beau, Lexique de la protection sociale, *Dalloz, 1997*. – Bec, La sécurité sociale, une institution de la démocratie, *Essai, Gallimard, janv. 2014*. – Bertrand, La protection sociale, *PUF (coll. Que sais-je ?), 1997*. – Bichot, Économie de la protection sociale, *A. Colin (coll. Colin), 1992* ; Les politiques sociales en France au 20e siècle, *A. Colin (coll. Cursus), 1997*. – Bonnici, Politiques et protections sociales, *PUF, 2015*. – Borgetto et Lafore, Droit de l'aide et de l'action sociale, *Montchrestien, 10e éd., 2018* ; L'aide et l'action sociales, *La Doc. fr., sept. 2013*. – Camaji, La personne dans la protection sociale, *Dalloz (nouvelle bibliothèque des thèses), 2008*. – Ceccaldi, Les institutions sanitaires et sociales, *éd. Foucher, 12e éd., 1997*. – Charpentier (dir.), Encyclopédie de la protection sociale : Quelle refondation ?, *Economica, 2000*. – Chataigner, La protection sociale, *Le Monde éditions/Marabout, 1993*. – Charvin, Droit de la protection sociale, *L'Harmattan, 2007*. – Chauchard, Kerbouc'h et Willmann, Droit de la sécurité sociale, *LGDJ, 8e éd., 2018*. – Coulomb, La protection sociale (préf. Coudreau), *M.A. Éditions, 1988*. – Coursier, Travaux dirigés de droit de la sécurité sociale, *Litec, 2015*. – Damon et Ferras, La sécurité sociale, *Que sais-je, PUF, 2015, no 4035*. – Dorion et Guionnet, La sécurité sociale, *PUF (coll. Que sais-je ?), 2003*. – Dupeyroux, Borgetto et Lafore, Droit de la sécurité sociale, *Dalloz, 18e éd., 2015*. – Dupeyroux et Prétot, Sécurité sociale, *Sirey (coll. Cours élémentaires), 12e éd., 2008* ; Droit de la sécurité sociale, *Dalloz (coll. Mémentos), 14e éd., 2015*. – Durand, La politique contemporaine de sécurité sociale (préf. Prétot), *Dalloz, rééd. 2005 [éd. orig. : 1953]*. – Elbaum, Économie politique de la protection sociale, *PUF, 2e éd., 2011*. – Fournier, Questiaux et Delarue, Traité du social, *Dalloz, 5e éd., 1991*. – Fragonnard, Vive la protection sociale !, *Essai, Odile Jacob, 2012*. – Friot, Puissances du salariat, Emploi et protection sociale à la française, *Essai, La dispute, sept. 2012*. – Galant, Histoire politique de la sécurité sociale française (préf. Laroque), *Comité d'histoire de la sécurité sociale, rééd. 2006*. – Hatzfeld, Du paupérisme à la sécurité sociale, 1850-1940, *A. Colin, rééd. 2004*. – Hirsch, Les enjeux de la protection sociale, *Montchrestien (coll. Clefs), 2e éd., 1994*. – Huguet, Sécurité sociale : Pouvoirs, missions, sanctions (préface J. Pradel), *Cujas, 2001* ; Sécurité sociale, quelles responsabilités pour quels responsables ?, *Cujas, 2002*. – Huteau, Sécurité sociale et politiques sociales, *A. Colin, 4e éd., 2008*. – Jeansen, Droit de la protection sociale, *Lexisnexis (Cours), 3e éd., juill. 2018*. – Joël, La protection sociale des personnes âgées en France, *PUF (coll. Que sais-je ?), 2000*. – Join-Lambert et autres, Politiques sociales, *Presses de la FNSP/Dalloz, 2e éd., 1997*. – Julliot, La sécurité sociale (préf. Jeammaud), *La Villeguérin Éditions, 2e éd., 1991*. – Kessler, Droit de la protection sociale, *Dalloz (coll. Cours), 6e éd., 2017*. – Laborde, Droit de la sécurité sociale, *PUF (coll. Thémis), 2005*. – Laroque, Politiques sociales dans la France contemporaine, *Éd. STH, 2e éd., 1993*. – Marie, Vers un basculement du système français de sécurité sociale dans le modèle beveridgien ?, *RDSS 2011. 727*. – Matt, La sécurité sociale : organisation et financement, *LGDJ (coll. Systèmes), 2001*. – Meunier-Boffa, Droit social, *Litec, 2003*. – Minonzio (dir.), Démographie et protection sociale, *Inf. soc. juin 2014, no 183, 156 pages*. – Morvan, Droit de la protection sociale, *Litec, 7e éd., 2017*. – Murard, La protection sociale, *La Découverte (coll. Repères), 5e éd., 2004*. – Netter, La sécurité sociale et ses principes (préf. Chadelat), *Dalloz, rééd. 2004 [éd. orig. : 1959]*. – Palier, Gouverner la sécurité sociale, *PUF, 2005*. – Pellet, Les finances sociales : économie, droit et politique, *LGDJ (Coll. Systèmes), 2001*. – Pellet et Skzryerbak, Droit de la protection sociale, *Thémis, PUF, 2017*. – Leçons de droit social et de droit de la santé, *2e éd., Sirey 2008*. – Prétot, Les grands arrêts du droit de la sécurité sociale (préf. Rivero), *Dalloz, 2e éd., 1998* ; Assurance et protection sociale, *Thèmes et commentaires, Dalloz, 2011*. – Ray, Dupuis et Gazier, Analyse économique des politiques sociales, *PUF, 1988*. – Riot, Le risque social (préf. Coursier – avant-propos Antonmattei), *Presses universitaires Montpellier, 2005*. – Robinet et Bichot, La Mort de l'État-providence : vive les assurances sociales !, *éd. Manitoba, 2017*. – Saint-Jours (dir.) Traité de sécurité sociale, *LGDJ [5 vol.]*. – Tauran, Droit de la sécurité sociale, *PU Grenoble, 2000* ; Les régimes spéciaux de sécurité sociale, *Que-sais-je, PUF, 2000* ; La sécurité sociale dans la pensée de Paul Durand : entre solidarité et modernité, *RDSS 2015. 535* ; La mise en œuvre du droit des obligations dans le contentieux de la sécurité sociale, *ibid. 903*. – Valat, Histoire de la Sécurité sociale, 1945-1967. L'État, l'institution et la santé, *Economica, 2001*.

L'esprit de réforme dans la sécurité sociale à travers son histoire (colloque du 60e anniversaire), *La Doc. fr., 2006*. – La sécurité sociale, Son histoire à travers les textes, *Association pour l'histoire de la sécurité sociale [six volumes parus]*. La protection sociale face à ses défis. 70e anniversaire de la sécurité sociale, *Revue de la vie sociale, no 10, Eres Cedias, sept. 2015*. – Mél. en l'honneur de J.-P. Laborde, Des liens et des droits, *Dalloz, 2015*.

CODE DE LA SÉCURITÉ SOCIALE

PREMIÈRE PARTIE : LÉGISLATIVE

(Décr. n° 85-1353 du 17 déc. 1985, JO 21 déc. ; Rect. JO 20 mars 1986)

Ont force de loi les dispositions contenues dans la partie législative du code de la sécurité sociale annexée au décret n° 85-1353 du 17 décembre 1985 et modifiée par les décrets nos 86-838 et 86-839 du 16 juillet 1986.

Sont validées à compter de la date de leur publication les dispositions réglementaires introduites dans la partie législative du code de la sécurité sociale.

Sont abrogées :

1° Les dispositions de nature législative du code de la sécurité sociale annexées au décret n° 56-1279 du 10 décembre 1956 ainsi que les dispositions auxquelles celles-ci se sont substituées et les dispositions qui les ont modifiées ou étendues, à l'exception des articles de ce code mentionnés ci-après : L. 62 (deuxième alinéa), L. 140, L. 143, L. 166 (troisième alinéa), L. 237, L. 282, L. 346, L. 350, L. 355, L. 366 (cinquième alinéa), L. 369 (premier et troisième alinéas), L. 371, L. 372 en tant qu'il se réfère à l'art. L. 369, L. 373 (deuxième et troisième alinéas), L. 376 (premier et deuxième alinéas), L. 456 et L. 457, L. 615, L. 620 (deuxième alinéa), L. 648 (deuxième alinéa), L. 650, L. 652 à L. 655, en tant qu'ils sont applicables aux professions agricoles, L. 656, L. 657 et L. 658, en tant qu'ils sont applicables aux professions agricoles, L. 662, L. 663 en tant qu'il est applicable aux professions agricoles, L. 671 et L. 672, L. 711, L. 740 (premier et deuxième alinéas), L. 747 (cinquième alinéa), L. 762 ;

2° Les dispositions de nature législative mentionnées à l'article 3 du décret n° 85-1353 du 17 décembre 1985 et à l'article 48 du décret n° 86-838 du 16 juillet 1986, modifié par l'article 21 du décret n° 86-839 du 16 juillet 1986 (L. n° 87-588 du 30 juill. 1987, art. 1er).

LIVRE PREMIER GÉNÉRALITÉS — DISPOSITIONS COMMUNES À TOUT OU PARTIE DES RÉGIMES DE BASE

TITRE PREMIER GÉNÉRALITÉS

BIBL. GÉN. ▶ AUGAGNEUR et FAGNANI (coord.), Enjeux environnementaux, protection sociale et inégalités sociales, dossier thématique, *RFAS, 2015.* – BARTHÉLEMY et PETIT, Plaidoyer pour un droit social réunifié, *Dr. soc. 2016. 717* ⊘. – BORGETTO, GINON et GUIOMARD (coord.), Quelle(s) protection(s) sociale(s) demain ?, *coll. Thèmes et commentaires, Dalloz, 2016.* – BORGETTO, GINON, GUIOMARD et PIVETEAU, Travail et protection sociale : de nouvelles articulations ? *LGDJ, 2017.* – DAMON, Sécurité sociale et croissance économique : une synthèse des études, *RDSS 2017. 326* ⊘. – MORVAN, Droit de la protection sociale, *7e éd., Litec, 2017.* – PRÉTOT, Protection sociale : six ans de jurisprudence (1997-2002), *Litec, 2003.* – Droit du travail et protection sociale. Croisement et redistribution, *Dr. soc., n° 11, nov. 2009* ⊘. – Dossier, Les devoirs sociaux, *RDSS 2009. 3* ⊘. – Dossier, Dynamiques du droit de la sécurité sociale (1945-2015), *RDSS 2016. 3* ⊘. – Dossier, Compte personnel d'activité, *Dr. soc. 2016. 788* ⊘. – Stratégie de croissance, emploi et protection sociale, *dossier thématique RFAS 2016.* – Dossier, Le revenu universel, *Dr. soc. 2017. 280* ⊘.

CHAPITRE PREMIER ORGANISATION DE LA SÉCURITÉ SOCIALE

BIBL. ▶ BADEL, La Sécurité sociale a 70 ans ! Vive l'universalisation, *Dr. soc. 2016. 263* ⊘. – BELORGEY, Logique de l'assurance, logique de la solidarité, *Dr. soc. 1995. 731* ⊘. – BORGETTO, Le concept de fraternité et la protection sociale, *Inf. soc. 2018/1-2, p. 16* ; La Sécurité sociale à l'épreuve du principe d'universalité, *RDSS 2016. 11* ⊘ ; Logique assistancielle et logique assurancielle dans le système français de protection sociale : Les nouveaux avatars d'un vieux débat, *Dr. soc. 2003. 115* ⊘. – CHAUCHARD, De la définition du risque social, *TPS 2000. 4* ; Les nécessaires mutations de l'État-providence : du risque social à l'émergence d'un droit-besoin, *Dr. soc. 2012. 135*. – Coursier, Protection sociale : à quand la fin des réformes paramétriques ?, *JCP S 2018, n° 1404*. – Dufourcq, Sécurité sociale : le mythe de l'assurance, *Dr. soc. 1994. 291*. – Ginon, Les transformations de la Sécurité sociale : question de droits ou du droit ?, *RDSS 2016. 80*. – Isidro, L'universalité en droit de la protection sociale. Des usages aux visages, *Dr. soc. 2018. 378*. – Knetsch, La solidarité nationale, genèse et signification d'une notion juridique, *RF aff. soc. 2014, n° 1, p. 32*. – Laborde, La Sécurité sociale, la famille, les familles, *RDSS 2016. 39*. – Lafore, L'égalité en matière de sécurité sociale, *RDSS 2013. 379*. – Laurent, Le bel avenir de l'État-providence, *Les liens qui libèrent, Paris, 2014*. – Le Lann, Les métamorphoses de la solidarité : statistiques des contraintes économiques de la protection sociale et émergence de la justice générationnelle, *RF aff. soc. 2014, n° 1, p. 44*. – Marié, Vers un basculement du système français de sécurité sociale dans le modèle beveridgien ?, *RDSS 2011. 727*. – Spaeth, Quel avenir pour la solidarité ?, *Dr. soc. 1994. 1016*. – Supiot, Mutualisation : de quoi parlons-nous ?, *D. 2016. 726*. – Tabuteau, Topologie des politiques sociales, *Dr. soc. 2012. 620 et 655* ; La protection universelle maladie (PUMA) : une transfiguration législative de l'assurance maladie, *RDSS 2015. 1058* ; La protection universelle maladie (PUMA) : une rationalisation inachevée du financement de la sécurité sociale (seconde partie), *RDSS 2016. 131*. – Tamzini, L'idée d'universalité dans la mise en place des systèmes de sécurité sociale : approche comparée entre la France et le Maghreb, *RDSS 2016. 478*. – Tauran, La sécurité sociale dans la pensée de Paul Durand : entre solidarité et modernité, *RDSS 2015. 535*. – Vacarie, Allouache, Ginon, Ferkane et Leroy, Crise de l'État-providence ou crise de la régulation économique ? Les leçons des réformes de l'assurance maladie, *Dr. soc. 2008. 1103*.

Art. L. 111-1 *(L. n° 2015-1702 du 21 déc. 2015, art. 59-I-1°, en vigueur le 1er janv. 2016)* **La sécurité sociale est fondée sur le principe de solidarité nationale.**

Elle assure, pour toute personne travaillant ou résidant en France de façon stable et régulière, la couverture des charges de maladie, de maternité et de paternité ainsi que des charges de famille.

Elle garantit les travailleurs contre les risques de toute nature susceptibles de réduire ou de supprimer leurs revenus. Cette garantie s'exerce par l'affiliation des intéressés à un ou plusieurs régimes obligatoires.

Elle assure la prise en charge des frais de santé, le service des prestations d'assurance sociale, notamment des allocations vieillesse, le service des prestations d'accidents du travail et de maladies professionnelles ainsi que le service des prestations familiales dans le cadre du présent code, sous réserve des stipulations des conventions internationales et des dispositions des règlements européens.

1. Conformité à la Constitution. Les dispositions des art. L. 111-1, L. 111-2-1 et L. 111-2-1 CSS ayant pour objet une mutualisation des risques dans le cadre d'un régime de sécurité sociale fondé sur le principe de solidarité nationale et répondant aux exigences de valeur constitutionnelle qui résultent du onzième alinéa du préambule de la Constitution de 1946, il ne saurait être sérieusement soutenu qu'elles portent atteinte à la liberté contractuelle, à la liberté d'entreprendre et à la liberté personnelle, telles qu'elles découlent de l'art. 4 de la DDHC du 26 août 1789. • Civ. 2e, 22 oct. 2015, n° 15-16.312 P : *JCP 2015, chron. n° 1341, obs. Mathieu.*

2. Principe d'affiliation obligatoire. Dès lors que, selon la CJUE, les dispositions des directives du Conseil des communautés européennes des 18 juin 1992 et 10 nov. 1992 concernant la concurrence en matière d'assurance ne sont pas applicables aux régimes légaux de sécurité sociale fondés sur le principe de solidarité nationale dans le cadre d'une affiliation obligatoire des intéressés et de leurs ayants droit énoncée à l'art. L. 111-1 CSS, la cour d'appel a justifié sa décision en confirmant qu'un exploitant agricole est tenu par la loi de cotiser au régime d'assurance obligatoire des non-salariés des professions agricoles. • Crim. 24 févr. 2015, n° 14-80.050 P : *RJS 2015, n° 361 ; JCP S 2015, n° 1220, comm. Tauran ; Rev. dr. rural 2015. 167, comm. Tauran ; JCP E 2015, n° 1211, comm. Taquet.*

Art. L. 111-2 **Des lois pourront étendre le champ d'application de l'organisation de la sécurité sociale à des catégories nouvelles de bénéficiaires et à des risques ou prestations non prévus par le présent code** *(L. n° 2016-1827 du 23 déc. 2016, art. 64-I)* **« , qui est applicable en France métropolitaine et, sous les réserves qu'il prévoit, en Guadeloupe, en Guyane, en Martinique, à La Réunion, à Saint-Barthélemy et à Saint-Martin ».**

Restent soumises au régime résultant de leur statut actuel les professions agricoles et forestières.

[Mayotte. – V. Ord. n° 96-1122 du 20 déc. 1996 (JO 22 déc.), art. 14 s. : dispositions relatives au financement de l'établissement public de santé territorial et à la Caisse de prévoyance sociale de Mayotte, ratifiée et modifiée par L. n° 98-144 du 6 mars 1998 (JO 10 mars) et mod. en dernier lieu par L. n° 2018-1203 du 22 déc. 2018, art. 25-II, 53, 54-III, 76-II, 77-IV et 84 (JO 23 déc.).]

1. Agriculture. Il résulte de l'art. L. 111-2 que les professions agricoles et forestières sont soumises à un régime de sécurité sociale qui leur est propre et que relève de ce régime l'activité exercée par un agriculteur dans le prolongement de son activité d'exploitant agricole. • Cass., ass. plén., 4 juin 1993 : *Bull. ass. plén., n° 11 ; RJS 1993, n° 806.* ♦ V. aussi notes ss. art. L. 613-1.

2. Mayotte. L'affiliation d'une personne à un régime obligatoire de sécurité sociale est exclusivement subordonnée à la réunion des conditions fixées à cet effet par la loi. En subordonnant l'affiliation effective de Mme Y. à une condition afférente au service des prestations (en l'espèce, la production d'un relevé d'identité bancaire ou postal), et non prévue par la loi, alors qu'elle constatait que cette dernière réunissait les conditions d'affiliation au régime d'assurance maladie, maternité, invalidité et décès fixées par l'art. 19, II et III, de l'Ord. n° 96-1122 du 20 déc. 1996 (plusieurs fois modifié), la cour d'appel a violé ce dernier. • Civ. 2e, 21 juin 2018, n° 17-13.468 P : *D. 2018. 1390 ; AJ fam. 2018. 372 et les obs ; RJS 10/2018, n° 632 ; JCP S 2018. 1259, note Tauran.*

Art. L. 111-2-1 *(L. n° 2004-810 du 13 août 2004, art. 1er) (L. n° 2015-1702 du 21 déc. 2015, art. 59-I-2°, en vigueur le 1er janv. 2016)* **« I. – La Nation affirme son attachement au caractère universel, obligatoire et solidaire de la prise en charge des frais de santé assurée par la sécurité sociale.**

« La protection contre le risque et les conséquences de la maladie est assurée à chacun, indépendamment de son âge et de son état de santé. Chacun contribue, en fonction de ses ressources, au financement de cette protection. »

L'État, qui définit les objectifs de la politique de santé publique, garantit l'accès effectif des assurés aux soins sur l'ensemble du territoire.

(L. n° 2016-41 du 26 janv. 2016, art. 1er-IV-1°) **« En partenariat avec les organisations représentatives des professionnels de santé et les associations agréées en application de l'article L. 1114-1 du code de la santé publique, les organismes gestionnaires des régimes d'assurance maladie concourent, dans les conditions prévues à l'article L. 1411-2 du même code, à la mise en œuvre de la politique nationale de santé définie par l'État. »**

Chacun contribue, pour sa part, au bon usage des ressources consacrées par la Nation à l'assurance maladie.

(L. n° 2014-40 du 20 janv. 2014, art. 1er-I-2°) **« II. – La Nation réaffirme solennellement le choix de la retraite par répartition au cœur du pacte social qui unit les générations. Le système de retraite par répartition assure aux retraités le versement de pensions en rapport avec les revenus qu'ils ont tirés de leur activité.**

« Les assurés bénéficient d'un traitement équitable au regard de la durée de la retraite comme du montant de leur pension, quels que soient leur sexe, leurs activités et parcours professionnels passés, leur espérance de vie en bonne santé, les régimes dont ils relèvent et la génération à laquelle ils appartiennent.

« La Nation assigne également au système de retraite par répartition un objectif de solidarité entre les générations et au sein de chaque génération, notamment par l'égalité entre les femmes et les hommes, par la prise en compte des périodes éventuelles de privation involontaire d'emploi, totale ou partielle, et par la garantie d'un niveau de vie satisfaisant pour tous les retraités.

« La pérennité financière du système de retraite par répartition est assurée par des contributions réparties équitablement entre les générations et, au sein de chaque génération, entre les différents niveaux de revenus et entre les revenus tirés du travail et du capital. Elle suppose de rechercher le plein emploi. »

Art. L. 111-2-2 *(L. n° 2015-1702 du 21 déc. 2015, art. 59-I-3°, en vigueur le 1er janv. 2016)* **Sous réserve des traités et accords internationaux régulièrement ratifiés ou approuvés et des règlements européens, sont affiliées à un régime obligatoire de sécurité sociale dans le cadre du présent code, quel que soit leur lieu de résidence, toutes les personnes :**

1° Qui exercent sur le territoire français :

***a)* Une activité pour le compte d'un ou de plusieurs employeurs, ayant ou non un établissement en France ;**

b) Une activité professionnelle non salariée ;

2° Qui exercent une activité professionnelle à l'étranger et sont soumises à la législation française de sécurité sociale en application des règlements européens ou des conventions internationales.

Art. L. 111-2-3 *(L. n° 2015-1702 du 21 déc. 2015, art. 59-I-4°, en vigueur le 1er janv. 2016)* Un décret en Conseil d'État précise, sans préjudice des règles particulières applicables au service des prestations ou des allocations, les conditions d'appréciation de la stabilité de la résidence et de la régularité du séjour mentionnées à l'article L. 111-1.

CHAPITRE PREMIER *BIS* LOIS DE FINANCEMENT DE LA SÉCURITÉ SOCIALE

BIBL. GÉN. ▶ Arathoon et Corley, Les lois de financement de la Sécurité sociale, *RFFP 1998, n° 64, p. 61*. – Belorgey, À quoi servent les lois de financement de la Sécurité sociale ?, *Dr. soc. 1998. 807*. – Bichot, Réformer ou ravauder : le cas de la TVA sociale, *Dr. soc. 2012. 558*. – Boutin, La Cour des comptes et les organismes de Sécurité sociale, *Rev. jur. Barreaux, n° 57, 1999, p. 71*. – Camby, Le contrôle des finances sociales : la portée de la révision constitutionnelle de février 1996, dans le pouvoir financier du Parlement, *Economica/PUAM, 1995, p. 111 ;* Les relations entre le Parlement et la Cour des comptes à propos des lois de financement de la Sécurité sociale, *RFFP 1997, n° 59, p. 73 ;* Le Parlement peut-il être un juge de la Sécurité sociale ?, *Rev. jur. barreaux, n° 57, 1999, p. 17*. – Carpentier, Lessi, Martinel et Piveteau, L'expérimentation en loi de financement de la sécurité sociale, *Journal de Droit de la santé et de l'assurance maladie, 2014. 109*. – Ceccaldi, Une grande première : la loi de financement de la Sécurité sociale, *TPS, 1997, Chron. 3*. – Delmas-Darroze, La nature juridique des lois de financement de la Sécurité sociale, *JCP 1998. I. 182*. – Descours, Les lois de financement de la Sécurité sociale : un acquis essentiel, un instrument perfectible *(Rapport d'information du Sénat), 1999*. – Disant, La spécialité de la loi de financement de la Sécurité sociale peut-elle être préservée par le Conseil constitutionnel ?, *LPA 2 mars 2007, n° 45, p. 3* ; La LORLFSS du 2 août 2005, la décision n° 2005-528 DC et les « cavaliers sociaux » : continuité ou rupture ? Explication d'un record et consolidation d'une théorie, *RRJ 2006. 651*. – Driol, L'apport de la révision constitutionnelle, *RFFP 1997, n° 59, p. 81*. – Duarte, La loi organique du 2 août 2005 ou la valorisation du rôle du Parlement en matière de lois de financement de la sécurité sociale, *Dr. soc. 2006. 522*. – Dufour, Les pouvoirs du Parlement sur les finances de la sécurité sociale, *Dalloz (coll. Thèse), 2012*. – Duprat, Le Conseil constitutionnel et les LFSS, *Mél. Loïc Philip, Economica 2005, p. 59*. – Fraissex, Le Parlement et la Sécurité sociale : la consolidation de ce couple par la révision constitutionnelle du 22 février 1996, *RD publ. 1998. 745*. – Lascombe et Vandendriessche, Le Parlement et les finances sociales : l'échec relatif des lois de financement de la sécurité sociale, *RDSS 2004. 63*. – Marie, Le Parlement et la Sécurité sociale, *Dr. soc. 1992. 284*. – Morin, Le Parlement et le budget social de la nation, *Pouvoirs 1984, n° 29, p. 147*. – Pellet, Fiscalité sociale : les contradictions des syndicats de salariés, *Dr. soc. 2012. 569* ; Finances publiques et santé (ss. dir.), *Dalloz (coll. Thèmes et commentaires), 2011* ; L'Europe et « la privatisation des États-providence », *Dr. soc. 2001. 199* ; Les finances sociales : économie, droit et politique, *LGDJ (coll. « Systèmes »), 2001* ; Éléments de droit financier de la Sécurité sociale, *AJDA 1990. 151* ; Étatisation, fiscalisation et budgétisation de la Sécurité sociale, *Dr. soc. 1995. 296* ; La Cour des comptes et les lois de financement de la Sécurité sociale, *Dr. soc. 1996. 774* ; Le Conseil constitutionnel et l'équilibre financier de la Sécurité sociale, *Dr. soc. 1999. 21* ; Régimes, branches et fonds de la Sécurité sociale : essai de définition juridique et financière, *RDSS 1999. 13* ; Les juridictions et la notion de « ressources et charges » sociales, *Rev. jur. Barreaux, n° 57, 1999, p. 27 ;* Les lois de financement de la Sécurité sociale depuis la loi organique du 2 août 2005, *RDSS 2006. 136*. – Philip, La révision constitutionnelle du 22 février 1996, *RFDC 1996. 451 ;* Nouvelles réflexions sur la nature et le devenir des lois de financement de la Sécurité sociale, *Dr. soc. 1997. 782*. – Prétot, LFSS pour 2011 : présentation générale, *JCP S 2001, n° 1015* ; La Sécurité sociale et les finances publiques, *RFFP 1995, n° 51, p. 133 ;* Le Parlement et le financement de la Sécurité sociale, *Dr. soc. 1996. 762* ; La portée de la loi de financement de la Sécurité sociale, *RFFP 1997, n° 59, p. 85 ;* La loi de financement de la Sécurité sociale pour 1999, *JCP 1999. I. 117*. – Rabaté, L'équilibre financier de la sécurité sociale, *RFFP 2012, n° 117, p. 113*. – Roche, Une loi de finances sociales ?, *Dr. soc. 1993. 466*. – Roques, La procédure d'examen par le Parlement des lois de financement de la Sécurité sociale selon la loi organique, *Dr. soc. 1996. 769*. – Les finances sociales, unité ou diversité ? (dir. Philip), *Economica, 1995*. – Saint-Jours, La loi de financement de la Sécurité sociale pour 1998 : prélude à l'intégration de l'assurance maladie au service public de santé, *D. 1998. Chron. 79*. – Saint-Paul, Les enjeux du financement de la protection sociale, *Dr. soc. 2012. 555*. – Sarlat,

Dépenses et recettes de l'assurance maladie, mythes et réalités, *Sève, 2004/3, n° 4, p. 51.* – WILLMANN, La « TVA sociale », entre politique de l'emploi et politique industrielle, *Dr. soc. 2012. 580*. – Bilan et perspectives de la loi de financement de la Sécurité sociale (divers auteurs), *Regards CNESSS, juill. 2001, n° 20, p. 1-110.* – Loi de financement de la Sécurité sociale pour 2011 : *JCP S 18 janv. 2011, n° spécial.* – Loi de financement de la Sécurité sociale pour 2012, *JCP S 2012, n° 1013 (n° spécial).*

SECTION PREMIÈRE **CONTENU ET PRÉSENTATION DES LOIS DE FINANCEMENT** *(L. org. n° 2005-881 du 2 août 2005, art. 22).*

(L. org. n° 2005-881 du 2 août 2005)

Art. L.O. 111-3 I. — La loi de financement de la sécurité sociale de l'année comprend quatre parties :

— une partie comprenant les dispositions relatives au dernier exercice clos ;

— une partie comprenant les dispositions relatives à l'année en cours ;

— une partie comprenant les dispositions relatives aux recettes et à l'équilibre général pour l'année à venir ;

— une partie comprenant les dispositions relatives aux dépenses pour l'année à venir.

A. — Dans sa partie comprenant les dispositions relatives au dernier exercice clos, la loi de financement de la sécurité sociale :

1° Approuve les tableaux d'équilibre par branche du dernier exercice clos des régimes obligatoires de base de sécurité sociale, du régime général et des organismes concourant au financement de ces régimes, ainsi que les dépenses relevant du champ de l'objectif national de dépenses d'assurance maladie constatées lors de cet exercice ;

2° Approuve, pour ce même exercice, les montants correspondant aux recettes affectées aux organismes chargés de la mise en réserve de recettes au profit des régimes obligatoires de base de sécurité sociale et ceux correspondant à l'amortissement de leur dette ;

3° Approuve le rapport mentionné au II de l'article L.O. 111-4 et, le cas échéant, détermine, dans le respect de l'équilibre financier de chaque branche de la sécurité sociale, les mesures législatives relatives aux modalités d'emploi des excédents ou de couverture des déficits du dernier exercice clos, tels que ces excédents ou ces déficits éventuels sont constatés dans les tableaux d'équilibre prévus au 1°.

B. — Dans sa partie comprenant les dispositions relatives à l'année en cours, la loi de financement de la sécurité sociale :

1° Rectifie les prévisions de recettes et les tableaux d'équilibre des régimes obligatoires de base et du régime général par branche, ainsi que des organismes concourant au financement de ces régimes ;

2° Rectifie les objectifs de dépenses par branche de ces régimes, l'objectif national de dépenses d'assurance maladie de l'ensemble des régimes obligatoires de base, ainsi que leurs sous-objectifs ayant été approuvés dans la précédente loi de financement de la sécurité sociale ;

3° Rectifie l'objectif assigné aux organismes chargés de l'amortissement de la dette des régimes obligatoires de base et les prévisions de recettes affectées aux fins de mise en réserve à leur profit.

C. — Dans sa partie comprenant les dispositions relatives aux recettes et à l'équilibre général pour l'année à venir, la loi de financement de la sécurité sociale :

1° Approuve le rapport prévu au I de l'article L.O. 111-4 ;

2° Détermine, pour l'année à venir, de manière sincère, les conditions générales de l'équilibre financier de la sécurité sociale compte tenu notamment des conditions économiques générales et de leur évolution prévisible. Cet équilibre est défini au regard des données économiques, sociales et financières décrites dans le rapport prévu à l'article 50 de la loi organique n° 2001-692 du 1er août 2001 relative aux lois de finances. A cette fin :

a) Elle prévoit, par branche, les recettes de l'ensemble des régimes obligatoires de base et, de manière spécifique, celles du régime général, ainsi que les recettes des organismes concourant au financement de ces régimes. L'évaluation de ces recettes, par catégorie, figure dans un état annexé ;

b) Elle détermine l'objectif d'amortissement au titre de l'année à venir des organismes chargés de l'amortissement de la dette des régimes obligatoires de base et elle prévoit, par catégorie, les recettes affectées aux organismes chargés de la mise en réserve de recettes à leur profit ;

c) Elle approuve le montant de la compensation mentionnée à l'annexe prévue au 5° du III de l'article L.O. 111-4 ;

d) Elle retrace l'équilibre financier de la sécurité sociale dans des tableaux d'équilibre présentés par branche et établis pour l'ensemble des régimes obligatoires de base et, de manière spécifique, pour le régime général ainsi que pour les organismes concourant au financement de ces régimes ;

e) Elle arrête la liste des régimes obligatoires de base et des organismes concourant à leur financement habilités à recourir à des ressources non permanentes, ainsi que les limites dans lesquelles leurs besoins de trésorerie peuvent être couverts par de telles ressources.

D. – Dans sa partie comprenant les dispositions relatives aux dépenses pour l'année à venir, la loi de financement de la sécurité sociale :

1° Fixe les charges prévisionnelles des organismes concourant au financement des régimes obligatoires de base ;

2° Fixe, par branche, les objectifs de dépenses de l'ensemble des régimes obligatoires de base et, de manière spécifique, ceux du régime général, ainsi que, le cas échéant, leurs sous-objectifs. La liste des éventuels sous-objectifs et la détermination du périmètre de chacun d'entre eux sont fixées par le Gouvernement après consultation des commissions parlementaires saisies au fond des projets de loi de financement de la sécurité sociale ;

3° Fixe l'objectif national de dépenses d'assurance maladie de l'ensemble des régimes obligatoires de base ainsi que ses sous-objectifs. La définition des composantes des sous-objectifs est d'initiative gouvernementale. Les commissions parlementaires saisies au fond des projets de loi de financement de la sécurité sociale sont consultées sur la liste des sous-objectifs et la définition des composantes de ces sous-objectifs. Le nombre de sous-objectifs ne peut être inférieur à cinq.

II. – La loi de financement de l'année et les lois de financement rectificatives ont le caractère de lois de financement de la sécurité sociale.

(L. org. n° 2012-1403 du 17 déc. 2012, art. 24-II) « Outre l'article liminaire mentionné à l'article 7 de la loi organique n° 2012-1403 du 17 décembre 2012 relative à la programmation et à la gouvernance des finances publiques, la loi de financement rectificative comprend deux parties distinctes. » Sa première partie correspond à la partie de la loi de financement de l'année comprenant les dispositions relatives aux recettes et à l'équilibre général. Sa deuxième partie correspond à la partie de la loi de financement de l'année comprenant les dispositions relatives aux dépenses.– *Sur l'entrée en vigueur de la L. org. n° 2012-1403 du 17 déc. 2012 : V. dernière note ss. l'art.*

Seules des lois de financement peuvent modifier les dispositions prises en vertu du I.

III. – L'affectation, totale ou partielle, d'une recette exclusive des régimes obligatoires de base de sécurité sociale, des organismes concourant à leur financement, à l'amortissement de leur dette ou à la mise en réserve de recettes à leur profit ou des organismes finançant et gérant des dépenses relevant de l'objectif national de dépenses d'assurance maladie, à toute autre personne morale ne peut résulter que d'une disposition de loi de financement. Ces dispositions sont également applicables, sous réserve des dispositions de l'article 36 de la loi organique n° 2001-692 du 1er août 2001 relative aux lois de finances, à l'affectation d'une ressource établie au profit de ces mêmes régimes et organismes à toute autre personne morale que l'État.

IV. – Seules des lois de financement peuvent créer ou modifier des mesures de réduction ou d'exonération de cotisations de sécurité sociale non compensées aux régimes obligatoires de base.

Cette disposition s'applique également :

1° A toute mesure de réduction ou d'exonération de contributions affectées aux régimes obligatoires de base de sécurité sociale, ou aux organismes concourant à leur financement ou à l'amortissement de leur dette ou à la mise en réserve de recettes à leur profit, ou aux organismes finançant et gérant des dépenses relevant de l'objectif national de dépenses d'assurance maladie ;

2° A toute mesure de réduction ou d'abattement de l'assiette de ces cotisations et contributions ;

3° A toute modification des mesures non compensées à la date de l'entrée en vigueur de la loi organique n° 2005-881 du 2 août 2005 relative aux lois de financement de la sécurité sociale.

V. — A. — Peuvent figurer dans la partie de la loi de financement de la sécurité sociale de l'année comprenant les dispositions relatives à l'année en cours, outre celles prévues au B du I, les dispositions ayant un effet sur les recettes des régimes obligatoires de base ou des organismes concourant à leur financement, à l'amortissement de leur dette ou à la mise en réserve de recettes à leur profit, relatives à l'affectation de ces recettes, sous réserve des dispositions de l'article 36 de la loi organique n° 2001-692 du 1er août 2001 précitée, ou ayant un effet sur les dépenses de ces régimes ou organismes.

B. — Peuvent figurer dans la partie de la loi de financement de l'année comprenant les dispositions relatives aux recettes et à l'équilibre général pour l'année à venir, outre celles prévues au C du I, les dispositions :

1° Ayant un effet sur les recettes de l'année des régimes obligatoires de base ou des organismes concourant à leur financement *(L. org. n° 2010-1380 du 13 nov. 2010, art. 2-1°-a et 5, applicable à compter de la LFSS pour 2011)* « , à l'amortissement de leur dette ou à la mise en réserve de recettes à leur profit », ou relatives, sous réserve des dispositions de l'article 36 de la loi organique n° 2001-692 du 1er août 2001 précitée, à l'affectation de ces recettes ;

2° Ayant un effet sur les recettes de l'année ou des années ultérieures des régimes obligatoires de base ou des organismes concourant à leur financement *(L. org. n° 2010-1380 du 13 nov. 2010, art. 2-1°-a et 5, applicable à compter de la LFSS pour 2011)* « , à l'amortissement de leur dette ou à la mise en réserve de recettes à leur profit », ou relatives, sous réserve des dispositions de l'article 36 de la loi organique n° 2001-692 du 1er août 2001 précitée, à l'affectation de ces recettes, à la condition qu'elles présentent un caractère permanent ;

(L. org. n° 2010-1380 du 13 nov. 2010, art. 2-1°-c et 5, applicable à compter de la LFSS pour 2011) « 3° Relatives à l'assiette, au taux et aux modalités de recouvrement des cotisations » *(Abrogé par L. org. n° 2012-1403 du 17 déc. 2012, art. 27)* ***« modifiant les règles relatives aux cotisations »*** et contributions affectées aux régimes obligatoires de base ou aux organismes concourant à leur financement *(L. org. n° 2010-1380 du 13 nov. 2010, art. 2-1°-a et 5, applicable à compter de la LFSS pour 2011)* « , à l'amortissement de leur dette ou à la mise en réserve de recettes à leur profit » ; *— Sur l'entrée en vigueur de la L. org. n° 2012-1403 du 17 déc. 2012 : V. dernière note ss. l'art.*

4° Relatives à la trésorerie et à la comptabilité des régimes obligatoires de base ou des organismes concourant à leur financement, à l'amortissement de leur dette ou à la mise en réserve de recettes à leur profit ;

5° Relatives au transfert, à l'amortissement et aux conditions de financement de l'amortissement de la dette des régimes obligatoires de base, et relatives à la mise en réserve de recettes au profit des régimes obligatoires de base et à l'utilisation de ces réserves, à la condition que ces dernières opérations aient une incidence sur les recettes de l'année ou, si elles ont également une incidence sur les recettes des années ultérieures, que ces opérations présentent un caractère permanent.

C. — Peuvent figurer dans la partie de la loi de financement de la sécurité sociale de l'année comprenant les dispositions relatives aux dépenses pour l'année à venir, outre celles prévues au D du I, les dispositions :

1° Ayant un effet sur les dépenses de l'année des régimes obligatoires de base ou sur les dépenses de l'année des organismes concourant à leur financement qui affectent directement l'équilibre financier de ces régimes ;

2° Ayant un effet sur les dépenses de l'année ou des années ultérieures des régimes obligatoires de base ou sur les dépenses des organismes concourant à leur financement qui affectent directement l'équilibre financier de ces régimes, à la condition qu'elles présentent un caractère permanent ;

3° Modifiant les règles relatives à la gestion des risques par les régimes obligatoires de base ainsi que les règles d'organisation ou de gestion interne de ces régimes et des organismes concourant à leur financement, si elles ont pour objet ou pour effet de modifier les conditions générales de l'équilibre financier de la sécurité sociale ;

4° Améliorant l'information et le contrôle du Parlement sur l'application des lois de financement de la sécurité sociale.

D. – Peuvent également figurer dans la loi de financement, dans les conditions et sous les réserves prévues au A et aux 1°, 2° et 3° du B et du C du présent V, les dispositions relatives aux organismes qui financent et gèrent des dépenses relevant de l'objectif national de dépenses d'assurance maladie.

VI. – Lorsque des dispositions législatives ou réglementaires sont susceptibles d'avoir un effet sur les recettes ou les dépenses des régimes obligatoires de base de sécurité sociale, des organismes concourant à leur financement ou des organismes chargés de l'amortissement de leur dette, les conséquences de chacune d'entre elles doivent être prises en compte dans les prévisions de recettes et les objectifs de dépenses de la plus prochaine loi de financement. – *[Les dispositions du VI ont été déclarées non conformes à la Constitution par la décision du Cons. const. n° 2005-519 DC du 29 juill. 2005.]*

VII. – Les comptes des régimes et organismes de sécurité sociale doivent être réguliers, sincères et donner une image fidèle de leur patrimoine et de leur situation financière.

VIII. – La mission d'assistance du Parlement et du Gouvernement, confiée à la Cour des comptes par le dernier alinéa de l'article 47-1 de la Constitution, comporte notamment :

1° La production du rapport sur l'application des lois de financement de la sécurité sociale, prévu à l'article L.O. 132-3 du code des juridictions financières ;

2° La production d'un avis sur la cohérence des tableaux d'équilibre par branche du dernier exercice clos, mentionnés au I du présent article *(L. org. n° 2010-1380 du 13 nov. 2010, art. 2-1°-b et 5, applicable à compter de la LFSS pour 2012)* **« , ainsi que sur la cohérence du tableau patrimonial du dernier exercice clos, mentionné au II de l'article L.O. 111-4 » ;**

3° La production du rapport, mentionné à l'article L.O. 132-2-1 du code des juridictions financières, de certification de la régularité, de la sincérité et de la fidélité des comptes des organismes nationaux du régime général et des comptes combinés de chaque branche et de l'activité de recouvrement du régime général, relatifs au dernier exercice clos, établis conformément aux dispositions du présent livre. Ce rapport présente le compte rendu des vérifications opérées aux fins de certification.

Les dispositions de l'art. L.O. 111-3 issues de la L. org. n° 2005-881 du 2 août 2005 s'appliquent pour la première fois à la loi de financement de la sécurité sociale pour 2006.

Toutefois, les sous-objectifs de l'objectif national de dépenses d'assurance maladie mentionnés à l'art. L.O. 111-3 CSS figurent dans la partie comprenant les dispositions relatives à l'année en cours et dans la partie comprenant les dispositions relatives aux dépenses pour l'année à venir du projet de loi de financement de la sécurité sociale pour 2006, et dans ces parties et dans la partie comprenant les dispositions relatives au dernier exercice clos du projet de loi de financement de la sécurité sociale pour 2007. A titre transitoire, l'objectif national de dépenses d'assurance maladie présenté sans être décliné en sous-objectifs est construit à partir de l'objectif voté dans la L. n° 2004-1370 du 20 déc. 2004 de financement de la sécurité sociale pour 2005.

Les dispositions du 3° du VIII sont applicables pour la première fois pour la certification de l'exercice 2006. Ces dispositions s'appliquent respectivement, d'une part, à l'occasion du dépôt du projet de loi de financement de la sécurité sociale pour 2008 et, d'autre part, au plus tard au 30 juin 2007 (L. org. n° 2005-881 du 2 août 2005, art. 23).

La L. org. n° 2012-1403 du 17 déc. 2012 s'applique à compter du 1er mars 2013 ou, si l'entrée en vigueur du traité sur la stabilité, la coordination et la gouvernance au sein de l'Union économique et monétaire, signé le 2 mars 2012, est plus tardive, un mois après son entrée en vigueur (L. org. préc., art. 28).

BIBL. ▶ JOYE, Les vicissitudes du principe de sincérité, *JCP 2009. I. 126.* – MANCIAUX, De l'origine du principe de sincérité des lois de finances et des lois de financement de la sécurité sociale, *RD publ. 2005. 981.* – VACCHIA, L'émergence du principe de sincérité dans le droit public financier, *RFFP 2005, n° 91, p. 173.*

1. Sur la conformité à la Constitution de la loi organique du 2 août 2005. La sincérité de la loi de financement de la sécurité sociale se caractérise, s'agissant des conditions générales de l'équilibre financier de la sécurité sociale pour l'année en cours et l'année à venir, par l'absence d'intention de fausser les grandes lignes de cet équilibre. • Cons. const. 29 juill. 2005, n° 2005-

519 DC : *RFFP 2006, n° 94, p. 185, chron. Prétot ; RD publ. 2006. 245, chron. D. Rousseau ; RFDC 2006. 146, obs. L. Philip ; RFDA 2005. 1030, note Schoettl* . ♦ La sincérité s'entend, s'agissant de la partie de la loi de financement relative au dernier exercice clos, comme imposant l'exactitude des comptes. • Même décision.

2. Sur la date d'entrée en vigueur des dispositions issues de la LFSS. Le I de l'art. L.O. 111-3 CSS, adopté pour la mise en œuvre de ces dispositions, prévoit que, parmi les quatre parties que comporte la LFSS de l'année, sa quatrième partie comprend les dispositions relatives aux dépenses pour l'année à venir, qui sont énumérées au D du même I. Le C du V du même art. dispose que : « Peuvent figurer dans la partie de la loi de financement de la sécurité sociale de l'année comprenant les dispositions relatives aux dépenses pour l'année à venir, outre celles prévues au D du I, les dispositions ayant un effet sur les dépenses de l'année ou des années ultérieures des régimes obligatoires de base ou sur les dépenses des organismes concourant à leur financement qui affectent directement l'équilibre financier de ces régimes, à la condition qu'elles présentent un caractère permanent ». De telles dispositions entrent en vigueur, en principe, comme toute loi, lorsque le législateur n'a pas entendu en disposer autrement, dans les conditions prévues par le premier al. de l'art. 1er C. civ. : • CE 23 mai 2018, n° 409607 A : *AJDA 2018. 1526* .

Ancien art. L.O. 111-3 (L. n° 96-646 du 22 juill. 1996, art. 1er) *I. — Chaque année, la loi de financement de la sécurité sociale :*

1° Approuve les orientations de la politique de santé et de sécurité sociale et les objectifs qui déterminent les conditions générales de l'équilibre financier de la sécurité sociale ;

2° Prévoit, par catégorie, les recettes de l'ensemble des régimes obligatoires de base et des organismes créés pour concourir à leur financement ; — V. Arr. du 30 nov. 2001 (JO 15 déc.).

3° Fixe, par branche, les objectifs de dépenses de l'ensemble des régimes obligatoires de base comptant plus de vingt mille cotisants actifs ou retraités titulaires de droits propres ;

4° Fixe, pour l'ensemble des régimes obligatoires de base, l'objectif national de dépenses d'assurance maladie ;

5° Fixe, pour chacun des régimes obligatoires de base visés au 3° ou des organismes ayant pour mission de concourir à leur financement qui peuvent légalement recourir à des ressources non permanentes, les limites dans lesquelles ses besoins de trésorerie peuvent être couverts par de telles ressources.

II. — La loi de financement de l'année et les lois de financement rectificatives ont le caractère de lois de financement de la sécurité sociale.

Seules des lois de financement peuvent modifier les dispositions prises en vertu des 1° à 5° du I.

III. — Outre celles prévues au I, les lois de financement de la sécurité sociale ne peuvent comporter que des dispositions affectant directement l'équilibre financier des régimes obligatoires de base ou améliorant le contrôle du Parlement sur l'application des lois de financement de la sécurité sociale.

Tout amendement doit être accompagné des justifications qui en permettent la mise en œuvre.

Les amendements non conformes aux dispositions du présent article sont irrecevables.

Sur le fondement constitutionnel des lois de financement de la sécurité sociale, V. Const. 4 oct. 1958, art. 34 et 47-1, ***C. const.***

I. CARACTÉRISTIQUES DE LA LOI DE FINANCEMENT

A. PROCÉDURE LÉGISLATIVE D'ADOPTION

BIBL. Schoettl, La sanction constitutionnelle de l'abus du droit d'amendement dans la loi de financement de la sécurité sociale pour 2007, *RFDA 2007. 134* .

1. Règle de priorité d'examen par l'Assemblée nationale (art. 39 Const.). Les amendements du gouvernement introduisant des mesures nouvelles dans une loi de financement doivent en premier lieu être soumis à l'Assemblée nationale. • Cons. const. 14 déc. 2006, n° 2006-544 DC, consid. 6 : *JO 22 déc., p. 19356 ; AJDA 2006. 2426, note Aubert ; RFDA 2007. 134, note Schoettl ; RJS 2007, n° 301 ; JCP 2007. I. 134, note Mathieu ; LPA 2 mars 2007, n° 45, p. 3, note Disant ; RD publ. 2007. 571, note Camby ; RFDC 2007. 749, note Luppi ; RFFP 2007. 266, note Prétot* (doivent ainsi être regardées comme contraires à la règle de priorité d'examen par l'Assemblée nationale des textes financiers les mesures introduites dans ces textes au Sénat par le Gouvernement et qui n'ont pas au moins été soumises, sous une forme ou sous une autre, à l'Assemblée nationale).

2. Droit d'amendement (principe). Le droit d'amendement qui appartient aux membres du Parlement et au Gouvernement doit pouvoir s'exercer pleinement au cours de la première lecture des projets et des propositions de loi par chacune des deux assemblées. Il ne saurait être limité, à ce stade de la procédure et dans le respect des exigences de clarté et de sincérité du débat parlementaire, que par les règles de recevabilité ainsi que par la nécessité, pour un amendement, de ne pas être dépourvu de tout lien avec l'objet du texte déposé sur le bureau de la première assemblée saisie. • Cons. const. 19 janv. 2006, n° 2005-532 DC, consid. 25 : *D. 2006. 247, note Daleau ; AJDA 2006. 172, note Brondel ; Gaz. Pal. 2006. 20, note Schoettl ; AJDA 2006. 306, note Matthieu ; ibid. 975, note Robin et Slama ; RFDC 2006. 585, note Ogier-Bernard.*

3. Règle de recevabilité financière des amendements (art. 40 Const.). Aux termes de l'art. 40 de la Const., les propositions et amendements formulés par les membres du Parlement ne sont pas recevables lorsque leur adoption aurait pour conséquence soit une diminution des ressources publiques, soit la création ou l'aggravation d'une charge publique. Si la question de la recevabilité financière des amendements d'origine parlementaire doit avoir été soulevée devant la première chambre qui en a été saisie pour que le Conseil constitutionnel puisse en examiner la conformité à l'art. 40, cette condition est subordonnée, pour chaque assemblée, à la mise en œuvre d'un contrôle de recevabilité effectif et systématique au moment du dépôt de tels amendements ; qu'une telle procédure n'a pas encore été instaurée au Sénat. • Cons. const. 14 déc. 2006, n° 2006-544 DC, consid. 13 : *préc. note 1.* ♦ A rappr. le Conseil constitutionnel ne peut être directement saisi de la conformité des dispositions de la loi de financement issues d'un amendement au regard des dispositions de la loi organique relative à la recevabilité des amendements, lorsque la question n'a pas été préalablement soulevée devant le Parlement. • Cons. const. 19 déc. 1996, n° 96-384 DC, consid. 4 : *Rec. Cons. const. 141 ; RD publ. 1997. 289, note Luchaire ; RFFP 1997, n° 59, p. 205, chron. Prétot ; RJS 1997, n° 89 ; TPS 1997. Comm. 59* • 18 déc. 1997, n° 97-393 DC, consid. 23 : *Rec. cons. Const. 320 ; AJDA 1998. 127, chron. Schoettl ; Dr. soc. 1998. 164, note Prétot ; RD publ. 1998. 11, note Prétot ; RFDA 1998. 155, note Mathieu ; RFDC 1998. 167, obs. Philip ; LPA 22 juin 1998, p. 9, note Aivazzadeh-Barré, Mathieu et Verpeaux ; D. 1998. 523, Champeil-Desplats ; RJS 1998, n° 92 ; RDSS 1998. 114, note Verkindt, et p. 169, note Monéger ; GDCC. éd. 2009, p. 673, note Favoreu et Philip* • 18 déc. 1998, n° 98-404 DC, consid. 22 : *Rec. Cons. const. 312 ; AJDA 1999. 22, chron. Schoettl ; RFDA 1999. 89, note Mathieu ; RFDC 1999. 123, note Mélin-Soucramanien ; RFFP 1999, n° 65, p. 191, chron. Prétot ; RJS 1999, n° 265.*

B. OBJECTIFS D'INTELLIGIBILITÉ ET DE SINCÉRITÉ

BIBL. Ginon et Trépreau, L'ONDAM peut-il s'imposer comme outil de régulation des dépenses d'assurance maladie ?, *RDSS 2008. 1096*.

4. Objectif d'intelligibilité de la loi. Si l'accessibilité et l'intelligibilité de la loi constituent un objectif de valeur constitutionnelle qui s'impose au législateur dans l'exercice de son pouvoir normatif, un tel objectif n'a pas été méconnu par la loi de financement pour 2001, dans la mesure où les modifications introduites dans les circuits financiers de la sécurité sociale sont énoncées de manière précise. • Cons. const. 19 déc. 2000, n° 2000-437 DC, consid. 3 et 4 : *Rec. Cons. const. 190 ; Dr. soc. 2001. 270, note Prétot ; LPA 22 déc. 2000, p. 5, chron. Schoettl ; RFFP 2001, n° 74, p. 257, chron. Prétot ; RJS 2001, n° 232 ; TPS 2001 Chron. 1, étude Pellet.* ♦ Même solution pour la loi de financement pour 2002. • Cons. const. 18 déc. 2001, n° 2001-453 DC, consid. 3 : *Rec. Cons. const. 164 ; D. 2002. 1953, obs. Ribes ; Dr. soc. 2002. 191, note Prétot ; RD publ. 2002. 635, chron. Rousseau ; RFFP 2002, n° 80, p. 259, chron. Prétot ; RFDC 2002. 388, obs. Ribes ; RJS 2002, n° 212.*

5. Exigence de sincérité : notion. La sincérité de la loi de financement de la sécurité sociale se caractérise, s'agissant des conditions générales de l'équilibre financier de la sécurité sociale pour l'année en cours et l'année à venir, par l'absence d'intention de fausser les grandes lignes de cet équilibre. • Cons. const. 29 juill. 2005, n° 2005-519 DC, consid. 6 : *RFFP 2006, n° 94, p. 185, chron. Prétot ; RD publ. 2006. 245, chron. Rousseau ; RFDC 2006. 146, obs. Philip ; RFDA 2005. 1030, note Schoettl .* ♦ V. aussi • Cons. const. du 16 déc. 2004, n° 2004-508 DC consid. 5 : *LPA, 28 déc. 2004, p. 4, note Schoettl ; LPA 15 déc. 2005, p. 10, chron. Baghestani-Perrey.* ♦ La sincérité s'entend, s'agissant de la partie de la loi de financement relative au dernier exercice clos, comme imposant l'exactitude des comptes. • Même décision. ♦ La sincérité se caractérise par l'absence d'intention de fausser les grandes lignes de cet équilibre. Il s'ensuit, d'une part, que les objectifs de dépenses et notamment l'objectif national de dépenses d'assurance maladie doivent être initialement établis par le Gouvernement au regard des informations disponibles à la date du dépôt du projet de loi de financement de la sécurité sociale. D'autre part, il appartient au Gouvernement d'informer le Parlement, au cours de l'examen de ce projet de loi, lorsque surviennent des circonstances de droit ou de fait de nature à remettre en cause les conditions générales de l'équilibre financier des régimes obligatoires de base de la sécurité sociale et, dans ce cas, de corriger les prévisions initiales. • Cons. const. 15 déc. 2011, n° 2011-642 DC, consid. 4 et 5 : *AJDA 2011. 2501 ; Constitutions 2012. 270, obs. Bachschmidt .* ♦ Pour une conformité à l'objectif de sincérité : V. • Cons. const. 13 déc. 2012, n° 2012-659 DC, consid. 5 et 6 : *JO 18 déc. 2012, p. 19861 ; AJDA 2012. 2410 ; Constitutions 2013. 85, obs. Barilari ; JCP S 2013, n° 1001, étude Prétot* (les hypothèses économiques sur lesquelles est fondée la LFSS pour 2013 ne sont pas entachées d'une intention de fausser les grandes lignes de l'équilibre de cette loi). ♦ Comp. avec la loi de finances • Cons. const. 25 juill. 2001, n° 2001-448 DC, consid. 60 et 61 : *LPA 13 sept. 2001, p. 3, note Schoettl ; AJDA 2002. 59, note Jan* ; *RFDA 2001. 1205, note Tallineau ; RFDC 2002. 152, note Oliva ; RD publ. 2002. 313, note Pellet ; RFFP 2003, n° 82, p. 115, note Laly-Chevalier ; JCP 2003. 1149, note Pariente ; GDCC éd. 2009, p. 704, obs. Favoreu et Philip.*

6. *Exigence de sincérité : portée.* Le principe de sincérité s'applique aux prévisions de recettes et de dépenses inscrites dans la loi de financement. • Cons. const. 21 déc. 1999, n° 99-422 DC, consid. 30 : *Rec. Cons. const. 143 ; AJDA 2000. 31, chron. Schoettl ; RFFP 2000, n° 69, p. 255, chron. Prétot ; RJS 2000, n° 205* • 18 déc. 2001, *décis. n° 2001-453 DC, consid. 20 : préc. note 4.*

7. *Erreur manifeste d'appréciation de l'ONDAM.* Dès lors qu'il ressort des travaux parlementaires que l'objectif national des dépenses d'assurance maladie pour 2001 a été fixé en tenant compte à la fois des dépenses réelles observées en 2000 et de la progression de ces dépenses attendue pour l'année 2001, les griefs tirés de l'insincérité de l'objectif et de l'erreur manifeste entachant l'estimation ainsi effectuée ne peuvent qu'être écartés. • Cons. const. 19 déc. 2000, n° 2000-437 DC, consid. 46 : *préc. note 4.* ♦ Dès lors que les prévisions de recettes et de dépenses retenues pour l'année à venir ne sont entachées d'aucune erreur manifeste d'appréciation, elles ne sauraient mettre en cause la sincérité de la loi de financement pour 2003. • Cons. const. 12 déc. 2002, n° 2002-463 DC, consid. 8 : *Rec. Cons. const. 540 ; RFFP 2003, n° 81, p. 403, chron. Prétot.* ♦ Compte tenu des éléments d'information en ce qui concerne la croissance économique et l'évolution de la masse salariale, les prévisions de recettes pour 2004 ne sont pas entachées d'une erreur manifeste d'appréciation ; de même, les objectifs de dépenses, fixés en fonction d'une progression de 4 % par rapport aux objectifs révisés de 2003, ne sont pas manifestement sous-estimés. • Cons. const. 11 déc. 2003, n° 2003-486 DC, consid. 6 : *JO 19 déc., p. 21679 ; LPA 24 déc. 2003, n° 256, p. 10, obs. Schoettl ; RFFP 2004, n° 85, p. 127, chron. Prétot ; RJS 2004, n° 358 ; AJDA 2003. 2347, note Brondel ; D. 2004. 1270, note Ribes* .

II. CONTENU DE LA LOI DE FINANCEMENT

A. DOMAINES DE COMPÉTENCE

8. *Domaines respectifs : loi de financement et loi de finances.* Dès lors que la loi organique réserve à la loi de financement de la sécurité sociale la détermination des conditions de l'équilibre financier de la sécurité sociale, celles-ci ne sauraient être affectées par des charges nouvelles résultant de dispositions législatives ou réglementaires, dont les incidences n'ont pu être prises en compte au préalable soit par la loi de financement de l'année, soit par une loi de financement rectificative. • Cons. const. 20 mars 1997, n° 97-388 DC, Loi créant les plans d'épargne retraite, consid. 21 : *Rec. Cons. const. 31 ; Dr. soc. 1997. 476, note Prétot* ; *JCP 1997. I. 4039, obs. Fabre-Magnan ; ibid. 4066, chron. Mathieu et Verpeaux ; ibid. 4072, chron. Petit ; RTD civ. 1998. 99, obs. Molfessis* ; *D. 1999 Somm. 236, obs. Mélin-Soucramanien ; RJS 1997, n° 478* • 28 déc. 2000, n° 2000-441 DC, consid. 10 : *JO 31 déc., p. 21204 ; LPA 1er-2 janv. 2001, p. 8, chron. Schoettl ; RFDC 2001. 140, note Philip ; RRJ 2001. 659, note Cottin ; RD publ. 2001. 913, note Pellet ; RFFP 2001, n° 74, p. 257, chron. Prétot ; RJS 2001, n° 231 (1re esp.).* ♦ Tel n'est pas le cas des mesures d'exonération découlant de la loi instituant les fonds d'épargne retraite, celles-ci ne pouvant recevoir application qu'une fois intervenus, d'une part, les mesures d'application relevant du pouvoir réglementaire, d'autre part, les accords collectifs appropriés. • Cons. const. 20 mars 1997, n° 97-388 DC, consid. 22 : *préc.* ♦ Tel n'est pas le cas également des dispositions de la loi de finances rectificative pour 2000 qui procèdent à une majoration mineure du prélèvement opéré au profit du budget annexe des prestations sociales agricoles pour 2000 sur le produit de la contribution sociale de solidarité. • Cons. const. 28 déc. 2000, n° 2000-441 DC, consid. 15 : *préc.* ♦ Les dispositions de la même loi, qui affectent pour un montant de trois milliards de francs au fonds de financement de la réforme des cotisations patronales le reliquat du droit de consommation sur les tabacs manufacturés perçu par l'État en 2000, portent atteinte en revanche à l'exclusivité reconnue dans leur domaine aux lois de financement, dans la mesure où elles affectent significativement les conditions de l'équilibre financier de la sécurité sociale et interviennent à une date telle qu'elles ne sauraient être prises en compte par une loi de financement rectificative. • Cons. const. 28 déc. 2000, n° 2000-441 DC, consid. 11 et 12 : *préc.* ♦ Une même loi de financement adoptée à la fin de l'année peut valoir à la fois loi de financement rectificative pour l'année en cours et loi de financement pour l'année à venir dès lors que les dispositions peuvent être mises en œuvre avant la clôture de l'exercice. • Cons. const. 18 déc. 2001, n° 2001-453 DC, consid. 79 : *préc. note 4.*

9. *Contenu de la loi de financement (dispositions relatives à l'équilibre financier) : notion.* L'équilibre financier de la sécurité sociale revêt le caractère d'une exigence de valeur constitutionnelle. • Cons. const. 18 déc. 1997, n° 97-393 DC, consid. 23 : *préc. note 3.* ♦ Le législateur doit procéder à la conciliation de l'exigence qui s'attache à l'équilibre financier de la sécurité sociale et du principe de la protection de la santé qui découle des dispositions du 11e al. du Préambule de 1946. • Cons. const. 12 déc. 2002, n° 2002-463 DC, consid. 22 : *préc. note 7.* ♦ Le souci de l'équilibre financier de la sécurité sociale peut justifier, le cas échéant, le recours à des mesures de validation législative. • Cons. const. 18 déc. 1997, n° 97-393 DC, consid. 25 : *préc. note 3.* ♦ L'exigence constitutionnelle qui s'attache à l'équilibre financier de la sécurité sociale n'implique pas que cet équilibre soit strictement réalisé pour chaque branche et pour chaque régime au cours de chaque exercice. • Cons. const. 18 déc. 2001, n° 2001-453 DC, consid. 20 : *préc. note 4.*

10. Principe d'autonomie financière des branches. Si la distinction des branches procède des dispositions de l'art. L.O. 111-3, leur autonomie financière ne constitue pas par elle-même un principe de valeur constitutionnelle ; le législateur ne saurait décider des transferts de ressources et de charges entre branches tels qu'ils compromettraient manifestement la réalisation de leurs objectifs et remettraient ainsi en cause tant l'existence des branches que les exigences constitutionnelles qui s'attachent à l'exercice de leurs missions. • Cons. const. 18 déc. 2001, n° 2001-453 DC, consid. 64 : *préc. note 4* • 12 déc. 2002, n° 2002-463 DC, consid. 27 : *préc. note 7.*

11. Dispositions pouvant figurer dans une loi de financement. Les modifications qui affectent la contribution sociale généralisée peuvent figurer dans la loi de financement de la sécurité sociale, dès lors que la contribution entre dans la catégorie des « impositions de toutes natures » dont il appartient au législateur de fixer les règles concernant l'assiette, le taux et les modalités de recouvrement, que son produit est appelé à concourir de manière significative à l'équilibre financier des régimes obligatoires de base, que la détermination de son assiette a une incidence directe sur le volume de ses recettes et que les règles relatives aux conditions de son recouvrement garantissent l'application effective des règles d'assiette et en sont, par là même, le complément nécessaire. • Cons. const. 19 déc. 1996, n° 96-384 DC, consid. 8 : *préc. note 3.* ♦ Peuvent figurer de même dans la loi de financement, en raison de leur incidence sur les conditions de l'équilibre financier de la sécurité sociale, d'une part, les dispositions qui transfèrent pour partie à la Caisse d'amortissement de la dette sociale le déficit constaté de l'exercice précédent et le déficit prévisionnel de l'exercice à venir, d'autre part, les dispositions qui valident les décisions fixant la cotation de certains actes de scanographie pour prévenir le développement des contentieux s'y rapportant. • Cons. const. 18 déc. 1997, n° 97-393 DC, consid. 50 et 55 : *préc. note 3.* ♦ Peuvent aussi être insérées, dans une loi de financement, des dispositions qui habilitent les parties à la convention nationale des médecins à définir de nouvelles modalités de tarification et de prise en compte des soins en raison même de leur objet, qui est d'engager des réformes structurelles dans les modes d'exercice de la médecine libérale s'accompagnant de nouvelles modalités de rémunération des médecins et des effets financiers attendus de ces innovations. • Cons. const. 18 déc. 1998, n° 98-404 DC, consid. 10 : *préc. note 3.* ♦ Pouvaient être insérées dans la loi de financement pour 2002, en raison de leur incidence sur l'équilibre financier de la sécurité sociale, les dispositions relatives à la réduction du temps de travail à l'hôpital, à la réorganisation de l'UCANSS ou au paiement par voie électronique des cotisations sociales. • Cons. const. 18 déc. 2001, n° 2001-453 DC, consid. 73, 74 et 75 : *préc. note 4.* ♦ La loi de financement peut mettre à la charge de la branche maladie du régime général une contribution exceptionnelle de 1,3 milliard de francs pour le financement du plan « BIOTOX », dès lors que cette mesure n'est pas étrangère aux objectifs assignés à l'assurance maladie, d'ailleurs financée pour partie par le produit d'impositions de toutes natures. • Cons. const. 18 déc. 2001, n° 2001-453 DC, consid. 21 : *préc. note 4.* ♦ Peuvent figurer dans la loi de financement, compte tenu de leur incidence sur l'équilibre financier des régimes obligatoires de base, les dispositions qui confèrent au ministre le pouvoir d'encadrer la négociation salariale au sein des établissements privés sanitaires, sociaux et médico-sociaux. • Cons. const. 11 déc. 2003, n° 2003-486 DC, consid. 16 : *préc. note 7.* ♦ Les dispositions qui valident pour partie le régime de la durée du travail dans la branche des hôtels, cafés et restaurants peuvent figurer dans la loi de financement, dès lors qu'elles emportent une réduction de l'assiette des cotisations de sécurité sociale. • Cons. const. 14 déc. 2006, n° 2006-544 DC, consid. 17 : *préc. note 1.* ♦ Peuvent figurer de même dans la loi de financement, en raison de leurs incidences sur l'utilité et la qualité des soins et ainsi que sur la modération des coûts, les dispositions qui se rapportent aux conventions nationales de l'assurance maladie. • Même décision, consid. 27. ♦ ***Assurance chômage.*** Si les dispositions relatives aux contributions salariales d'assurance chômage sont étrangères au domaine de la loi de financement de la sécurité sociale, le législateur a entendu procéder à une réforme d'ensemble consistant à diminuer les cotisations sociales des actifs et, à cette fin, à faire prendre en charge par l'Agence centrale des organismes de sécurité sociale le financement, en 2018, de la réduction des contributions salariales d'assurance chômage. Dès lors, dans les circonstances particulières de l'espèce, les paragraphes VI et VII de l'art. 8 trouvent leur place dans la loi de financement de la sécurité sociale. • Cons. const. 21 déc. 2017, n° 2017-756 DC, consid. 8.

12. Dispositions étrangères à l'objet de la loi de financement (cavaliers sociaux). Ne peut en revanche figurer dans une loi de financement, le régime de la garantie de ressources institué au profit de la CNAF dès lors que, revêtant un caractère pluriannuel et impliquant l'insertion de mesures appropriées dans la loi de finances et dans la loi de financement pour 2003, elle n'intéresse pas l'équilibre de l'année. • Cons. const. 21 déc. 1999, n° 99-422 DC, consid. 34 : *préc. note 6.* ♦ Ne peuvent de même figurer dans une loi de financement des dispositions qui modifient le régime de la contribution pour le remboursement de la dette sociale, abrogent la loi relative aux fonds d'épargne retraite, mettent à la charge du Fonds de solidarité vieillesse la validation au titre des régimes complémentaires de retraite de certaines périodes de chômage et de préretraite ou aménagent le régime de la publicité des mesures de radiation de la liste des médicaments et spécialités remboursables. • Cons. const. 19 déc. 2000, n° 2000-437 DC, consid. 51, 52, 53 et 54 : *préc. note 4.* ♦ Ne pouvaient davantage figurer dans la loi de financement pour 2002 les dispositions relatives au reclassement de certains personnels hospitaliers ou aux conditions de la représentation des victimes en cas d'action contre le fonds d'indemnisation des victimes de l'amiante. • Cons. const. 18 déc. 2001, n° 2001-453 DC, consid. 88 : *préc. note 4.* ♦ Doivent être exclues, de même, de la loi de financement pour 2003 les dispositions qui modifient l'organisation du service du contrôle médical ou précisent le régime de la désignation des membres de la Commission des accidents du travail au sein de la CNAMTS. • Cons. const. 12 déc. 2002, n° 2002-463 DC, consid. 45 : *préc. note 7.* ♦ ... Également, les dispositions qui créent auprès du ministre chargé de la santé un comité ayant pour mission principale d'évaluer l'application de la tarification à l'activité. • Cons. const. 11 déc. 2003, n° 2003-86 DC, consid. 19 : *D. 2004. 1270, note Ribes* ; *AJDA 2003. 2347, obs. Brondel ; LPA 27 déc. 2004, p. 11, note Baghestani-Perrey.* ♦ En l'absence d'incidence significative sur les conditions de l'équilibre financier de la sécurité sociale, des dispositions qui modifient le régime des taxes sur la consommation des cigarettes dans les départements d'outre-mer, ou qui reconduisent la prise en charge par l'État d'une partie des arriérés des cotisations dues par les exploitants agricoles en Corse, ne pouvaient pas figurer dans la loi de financement pour 2004. • Cons. const. 11 déc. 2003, n° 2003-486 DC, consid. 18 : *préc. note 7.* ♦ Dès lors qu'elles sont sans effet sur les dépenses de l'année des régimes obligatoires de base, ne présentant pas un caractère permanent ou ne touchant pas à la gestion des risques, des dispositions relatives à la gestion des laboratoires d'analyses de biologie médicale, à la modification des chambres disciplinaires de l'ordre des pharmaciens, à la gestion des carrières de certains personnels de direction et des praticiens des hôpitaux publics, au transfert du contentieux de certaines pénalités des tribunaux administratifs, aux tribunaux des affaires de sécurité sociale, ou encore à la création de certains régimes complémentaires facultatifs de retraite ne peuvent figurer dans la partie de la loi de financement relative aux dépenses pour l'année à venir. • Cons. const. 14 déc. 2006, n° 2006-544 DC, consid. 10 : *préc. note 1.* ♦ Les dispositions prévoyant la signature par les organisations les plus représentatives des organismes d'assurance maladie complémentaire d'une convention définissant les modalités de mise en œuvre par les assureurs de la procédure du recours contre les tiers responsables comme celles qui disposent que ces mêmes organismes seront informés par les Caisses d'assurance maladie de la mise en œuvre des procédures définies aux art. L. 133-4 et L. 314-1 CSS sont étrangères au champ des lois de financement dès lors que ces organismes ne sont pas des régimes obligatoires de base de la sécurité sociale et qu'ils ne relèvent pas non plus des autres organismes mentionnés par l'art. L.O. 111-3 CSS. • Cons. const. 15 déc. 2005, n° 2005-528 DC, consid. 27 : *AJDA 2005. 2428, obs. Brondel* ; *LPA 20 janv. 2006, p. 6, note Chamussy et Fraisse ; ibid. 13 juin 2006, p. 11, note Valembois ; RFDA 2006. 126, note Schoettl* ; *RRJ 2006. 651, note Disant ; RRJ 2007. 719, note Sabete.* **BIBL.** Aglaë, Les cavaliers sociaux, *RD publ. 2000. 1153.* – Calmette, Les cavaliers sociaux dans la jurisprudence du Conseil constitutionnel, une autonomie à petit trot, *RFDC 2005. 171.* – Camby, Cavaliers, *Mél. Philip, Economica, 2005, p. 319.* – Disant, Le contrôle des cavaliers sociaux par le Conseil constitutionnel à l'aune de la décision du 13 décembre 2007 relative à la LFSS pour 2008, *LPA 4 mars 2008, p. 5.* – Fraisse et Chamussy, Il existe encore des cavaliers sociaux !, *LPA 20 janv. 2006, p. 6.* – Lignières et Lazar, Les cavaliers et l'élaboration des lois, *Dr. adm. 2007. 38.* – Ribes, Les cavaliers sociaux : coup d'arrêt d'une dérive ?, *RFDC 2001. 134.*

13. Domaine législatif et domaine réglementaire. Si prévoir l'existence de plafonds de ressources ou d'allocations est de la compétence du législateur, préciser le montant de ces plafonds revient au pouvoir réglementaire. Le conseil encadre toutefois l'action de ce denier : celui-ci devra, d'une part, fixer le niveau de revenu au-delà duquel les allocations familiales sont supprimées sans dénaturer la politique familiale menée dans le cadre des exigences du Préambule de 1946 et, d'autre part, déterminer les divers plafonds de revenus de manière à ne pas créer entre familles de différences de traitements injustifiées. • Cons. const. 18 déc. 1997, n° 97-393 DC, consid. 39 et 43 : *préc. note 3.* ♦ V. aussi à propos de la modulation des allocations familiales en fonction des ressources : la fixation des montants et du barème des prestations familiales en fonction des ressources des bénéficiaires relève du pouvoir réglementaire (consid. 29) • Cons. const. 18 déc 2014, n° 2014-706 DC, consid. 29 et 34 : *JO 24 déc., p. 21789 ; Constitutions 2015. 92, obs. Kessler* ✎. ♦ Les art. 13 et 21 de la Constitution ne font pas obstacle à ce que le législateur confie à une autorité de l'État autre que le Premier ministre le soin de fixer des normes permettant de mettre en œuvre une loi dès lors que cette habilitation ne concerne que des mesures de portée limitée tant par leur champ d'application que par leur contenu. Elles ne l'autorisent cependant pas à subordonner à l'avis conforme d'une telle autorité l'exercice, par le Premier ministre, de son pouvoir réglementaire. • Cons. const. 14 déc. 2006, n° 2006-544 DC, consid. 37 : *préc note 1.* ♦ Pour l'admission du pouvoir de fixer, par le directeur de l'Uncam, pour une seule année et pour les seuls chirurgiens-dentistes, la part des cotisations d'assurance maladie prise en charge, V. • Cons. const. 11 déc. 2008, n° 2008-571 DC, consid. 9 : *V. note 18.*

14. La loi, l'acte administratif et la décision juridictionnelle (les validations législatives). Eu égard à l'exigence constitutionnelle qui s'attache à l'équilibre financier de la sécurité sociale et compte tenu des sommes en jeu, le législateur pouvait prendre la mesure de validation en cause • Cons. const. 18 déc. 1997, n° 97-393 DC, consid. 25 : *préc. note 3.* ♦ Comp. • Cons. const. 19 nov. 1997, n° 97-390 DC, consid. 13 : *AJDA 1997. 966, chron. Schoettl* ✎ *; RD publ. 1998. 23, note Luchaire ; RFDA 1998. 148, note Mathieu* ✎ *; RFDC 1998. 157, note Philip ; D. 1999. Somm. 233, obs. Roux* ✎.

B. CONFORMITÉ À LA CONSTITUTION

15. Principe d'égalité (traitement identique justifié par une situation identique). Les charges familiales étant indépendantes de l'état civil des membres du couple, il n'y a pas rupture d'égalité entre couples mariés et concubins dans la mise sous condition de ressources des allocations familiales. • Cons. const. 18 déc. 1997, n° 97-393 DC, consid. 41 : *préc. note 3.* ♦ Si, en règle générale, le principe d'égalité impose de traiter de la même façon des personnes qui se trouvent dans la même situation, il n'en résulte pas pour autant qu'il oblige à traiter différemment des personnes se trouvant dans des situations différentes (admission de la franchise médicale à caractère forfaitaire). • Cons. const. 13 déc. 2007, n° 2007-558 DC, consid. 4 : *Dr. soc. 2008. 366, note Bernaud* ✎ *; LPA 31 janv. 2008, p. 16, note Mangiavillano ; ibid. 4 mars 2008, p. 5, note Disant ; RFFP 2008, n° 103, p. 202, note Prétot ; RFDC 2008. 839, note Benessiano et Gay.* ♦ V. aussi • Cons. const. 18 déc. 2014, n° 2014-706 DC, consid. 34 : *préc. note 13.*

16. Différence de traitement justifiée par une différence de situation. Le principe d'égalité ne s'oppose pas à ce que le législateur règle de façon différente des situations différentes, ni à ce qu'il déroge à l'égalité pour des raisons d'intérêt général, pourvu que, dans l'un et l'autre cas, la différence de traitement qui en résulte soit en rapport direct avec l'objet de la loi qui l'établit. • Cons. const. 11 déc. 2008, n° 2008-571 DC, consid. 20 : *V. note 18.* ♦ En réservant le bénéfice du revenu de solidarité active à ceux qui, parmi les étrangers, sont titulaires depuis au moins cinq ans d'un titre de séjour les autorisant à travailler, le législateur a institué entre les Français et les étrangers, d'une part, et entre les étrangers, d'autre part, selon qu'ils ont ou non une résidence stable en France, une différence de traitement en rapport direct avec l'objet de la loi. Il a fixé un critère qui n'est pas manifestement inapproprié au but poursuivi. De même, les ressortissants de l'Union européenne, d'un autre État partie à l'accord sur l'Espace économique européen ou de la Confédération suisse sont, au regard de l'objet de la loi, dans une situation différente de celle des autres étrangers. En conséquence, les griefs tirés de la violation du principe d'égalité et du onzième alinéa du Préambule de 1946 doivent être écartés. • Cons. const. 17 juin 2011, n° 2011-137 QPC, consid. 5 : *AJDA 2011. 1232* ✎. ♦ Dans le même sens : le législateur a, dans l'exercice de la compétence que lui reconnaît l'art. 34 de la Constitution, défini trois régimes de vie de couple qui soumettent les personnes à des droits et obligations différents. La différence de traitement quant au bénéfice de la pension de réversion, réservée aux couples mariés à l'exclusion des couples qui vivent en concubinage ou sont unis par un pacte civil de solidarité, ne méconnaît pas le principe d'égalité. • Cons. const. 29 juill. 2011, n° 2011-155 QPC, consid. 5 à 8 : *AJDA 2011. 1591* ✎ *; AJ fam. 2011. 436, obs. Jean-Baptiste* ✎. ♦ Même à revenu et nombre d'enfants égaux, la charge liée à la présence d'enfants au foyer est sensiblement différente selon qu'un seul membre du couple exerce une activité professionnelle ou selon qu'il s'agit d'une personne seule ou d'un couple dont les deux membres exercent une activité professionnelle effective, il s'ensuit qu'une différence de traitement peut être admise. • Cons. const. 18 déc. 1997, n° 97-393 DC, consid. 39 : *préc. note 3.* ♦ V. aussi à propos d'accords collectifs antérieurement conclus et étendus. • Cons. const. 14 déc. 2006, n° 2006-544 DC, consid. 32 : *préc. note 1.* ♦ En instituant une différence de traitement, au regard des modalités de gestion de la prise en charge des frais de santé, d'une part, entre les mineurs et les autres assurés sociaux, et, d'autre part, entre les mineurs de moins de seize ans et les autres mineurs, le législateur a institué des différences de traitement qui correspondent à des différences de situation. • Cons. const. 17 déc. 2015, n° 2015-723 DC, consid. 27 : *JO 22 déc. 2015, p. 23685.* ♦ ***(Rupture d'égalité).*** S'il est loisible au législateur de modifier l'assiette de la CSG afin d'alléger la charge pesant sur les contribuables les plus modestes, c'est à la condition de ne pas provoquer de rupture caractérisée de l'égalité entre ces contribuables : en ne tenant compte ni des revenus des contribuables autres que ceux tirés d'une activité, ni des revenus des autres membres du foyer, ni des personnes à charge au sein de celui-ci, le choix ainsi effectué par le législateur de ne pas prendre en considération l'ensemble des facultés contributives crée entre les contribuables concernés une disparité manifeste contraire à l'art. 13 de la DDHC de 1789. • Cons. const. 19 déc. 2000, n° 2000-437 DC, consid. 9 : *préc. note 4.* ♦ En instituant, aux fins d'augmenter le pouvoir d'achat des salariés dont la rémunération est modeste, une réduction dégressive des cotisations salariales de sécurité sociale, tout en maintenant inchangés, pour tous les salariés, l'assiette des cotisations et les prestations et avantages auxquels celles-ci ouvrent droit, de sorte qu'un même régime de sécurité sociale continuerait à financer, pour l'ensemble des assurés, les mêmes prestations malgré l'absence de versement, pour près d'un tiers de ceux-ci, de la totalité des cotisations salariales y ouvrant droit, le législateur a institué une différence de traitement qui ne repose pas sur une différence de situation entre les assurés d'un même régime de sécurité sociale, sans rapport avec l'objet des cotisations salariales de sécurité sociale et a ainsi méconnu le principe d'égalité. • Cons. const. 6 août 2014, n° 2014-698 DC, consid. 13 : *Dr. soc. 2014. 867, note Barthélemy ; RJS 2014, n° 807 ; RFFP 2014. 217, obs. Barilari.* ♦ A comparer avec • Cons. const. 21 déc. 2017, n° 2017-756 DC (selon lequel, la dégressivité des cotisations familiales et des cotisations d'assurance maladie et maternité à la charge des travailleurs indépendants ne méconnait pas le principe d'égalité, dès lors que le niveau des prestations auxquelles elles ouvrent droit ne dépend pas de la durée de cotisation ni du niveau des revenus d'activité sur lesquels ont porté ces cotisations).

17. Différence de traitement justifiée par le but visé et fondée sur des critères rationnels et objectifs. La disposition qui crée une nouvelle contribution de 2,5 % assise sur le chiffre d'affaires hors taxe réalisé en France par les laboratoires pharmaceutiques et institue ainsi une différence de traitement se fonde sur des critères objectifs et rationnels en rapport avec les buts que s'est fixés le législateur. • Cons. const. 18 déc. 1997, n° 97-393 DC, consid. 17 : *préc. note 3.* ♦ Pour assurer le respect du principe d'égalité, le législateur doit fonder son appréciation sur des critères objectifs et rationnels en fonction des buts qu'il se propose. • Cons. const. 19 déc. 2000, n° 2000-437 DC, consid. 32 : *préc. note 4.* ♦ Pour une application à la CSG. • Même décision. ♦ V. pour une application à l'exonération de cotisations patronales prévue par l'art. L. 241-10 CSS pour l'aide à domicile. • Cons. const. 5 août 2011, n° 2011-158 QPC, consid. 4 : *D. 2011. 2050 ; JCP Adm. 2011, n° 42, p. 15, note Neveu.* ♦ Pour un exemple de méconnaissance de l'art. 13 de la DDH : V. • Cons. const. 13 déc. 2012, n° 2012-659 DC, consid. 26 : *préc. note 5* (en taxant des boissons ne contenant pas d'alcool à des fins de lutte contre la consommation alcoolique des jeunes, le législateur a établi une imposition qui n'est pas fondée sur des critères objectifs et rationnels en rapport avec l'objectif poursuivi).

18. Conformité aux autres principes constitutionnels (PFRLR). L'attribution d'allocations familiales à toutes les familles, quelle que soit leur situation, ne peut être regardée comme figurant au nombre des principes fondamentaux reconnus par les lois de la République (PFRLR) mentionnés par le Préambule de la Constitution. • Cons. const. 18 déc. 1997, n° 97-393 DC, consid. 29 : *préc. note 3.* ♦ Le principe fondamental de détermination des catégories de personnes assujetties à l'obligation de cotiser relève, certes, de la loi, mais pas la fixation du montant acquitté par les professionnels. • Cons. const. 11 déc. 2008, n° 2008-571 DC, consid. 7 : *RJS 2009. 181 ; Gaz. Pal. 11-12 mars 2009, p. 23, note Cabannes ; Dr. soc. 2009. 450, note Bernaud ; RFDC 2009. 332, note Mangiavillan ; RFFP 2009. 317, note Prétot.* ♦ V. aussi • Cons. const. 20 déc. 1960 : *décis. n° 60-10 L, consid. 2* • Cons. const. 28 févr. 1984 : *décis. n° 84-136 L, consid. 3.* ♦ V. aussi • Cons. const. 27 nov. 2001 : *décis. n° 2001-451 DC, consid. 7.* ♦ En instaurant un régime d'assurance sociale pour couvrir les charges de maladie et de maternité pour l'ensemble des personnes résidant en France de façon stable et régulière ainsi que pour garantir les risques susceptibles de réduire ou de supprimer les revenus des travailleurs, le législateur a mis en œuvre les exigences énoncées par le onzième alinéa du Préambule de la Constitution de 1946. • Cons. const. 17 déc. 2015, n° 2015-723 DC : *consid. 20 : préc. note 10.*

Loi constitutionnelle n° 96-138 du 22 février 1996,

Instituant les lois de financement de la sécurité sociale (JO 23 févr.).

Art. 1er Avant l'avant-dernier alinéa de l'article 34 de la Constitution, il est inséré un alinéa ainsi rédigé :

"Les lois de financement de la sécurité sociale déterminent les conditions générales de son équilibre financier et, compte tenu de leurs prévisions de recettes, fixent ses objectifs de dépenses, dans les conditions et sous les réserves prévues par une loi organique."

Art. 2 La dernière phrase de l'article 39 de la Constitution est ainsi rédigée :

"Les projets de loi de finances et de loi de financement de la sécurité sociale sont soumis en premier lieu à l'Assemblée nationale."

Art. 3 Il est inséré, après l'article 47 de la Constitution, un article 47-1 ainsi rédigé :

Art. 47-1 Le Parlement vote les projets de loi de financement de la sécurité sociale dans les conditions prévues par une loi organique.

Si l'Assemblée nationale ne s'est pas prononcée en première lecture dans le délai de vingt jours après le dépôt d'un projet, le Gouvernement saisit le Sénat qui doit statuer dans un délai de quinze jours. Il est ensuite procédé dans les conditions prévues à l'article 45.

Si le Parlement ne s'est pas prononcé dans un délai de cinquante jours, les dispositions du projet peuvent être mises en œuvre par ordonnance.

Les délais prévus au présent article sont suspendus lorsque le Parlement n'est pas en session et, pour chaque assemblée, au cours des semaines où elle a décidé de ne pas tenir séance, conformément au deuxième alinéa de l'article 28.

La Cour des comptes assiste le Parlement et le Gouvernement dans le contrôle de l'application des lois de financement de la sécurité sociale.

Art. L.O. 111-4 I. — Le projet de loi de financement de la sécurité sociale de l'année est accompagné d'un rapport décrivant les prévisions de recettes et les objectifs de dépenses par branche des régimes obligatoires de base et du régime général, les prévisions de recettes et de dépenses des organismes concourant au financement de ces régimes ainsi que l'objectif national de dépenses d'assurance maladie pour les quatre années à venir. Ces prévisions sont établies de manière cohérente avec les perspectives d'évolution des recettes, des dépenses et du solde de l'ensemble des administrations publiques présentées dans le rapport joint au projet de loi de finances de l'année en application de l'article 50 de la loi organique n° 2001-692 du 1er août 2001 relative aux lois de finances. *(L. org. n° 2010-1380 du 13 nov. 2010, art. 2-2°-a et 5, applicable à compter de la LFSS pour 2011)* « Le rapport précise les hypothèses sur lesquelles repose la prévision de l'objectif national de dépenses d'assurance maladie pour les quatre années à venir. Ces hypothèses prennent en compte les perspectives d'évolution des dépenses et les mesures nouvelles envisagées. »

(L. org. n° 2012-1403 du 17 déc. 2012, art. 24-III-1°) « Ce rapport comporte, en outre, les éléments mentionnés au II de l'article 9 de la loi organique n° 2012-1403 du 17 décembre 2012 relative à la programmation et à la gouvernance des finances publiques. » — *Sur l'entrée en vigueur de la L. org. n° 2012-1403 du 17 déc. 2012 : V. dernière note ss. l'art.*

II. — Le projet de loi de financement de la sécurité sociale de l'année est accompagné d'un rapport décrivant les mesures prévues pour l'affectation des excédents ou la couverture des déficits constatés à l'occasion de l'approbation des tableaux d'équilibre relatifs au dernier exercice clos dans la partie de la loi de financement de l'année comprenant les dispositions relatives au dernier exercice clos. *(L. org. n° 2010-1380 du 13 nov. 2010, art. 2-2°-b et 5, applicable à compter de la LFSS pour 2012)* « Ce rapport présente également un tableau, établi au 31 décembre du dernier exercice clos, retraçant la situation patrimoniale des régimes obligatoires de base et des organismes concourant à leur financement, à l'amortissement de leur dette ou à la mise en réserve de recettes à leur profit. »

III. — Sont jointes au projet de loi de financement de la sécurité sociale de l'année des annexes :

1° Présentant, pour les années à venir, les programmes de qualité et d'efficience relatifs aux dépenses et aux recettes de chaque branche de la sécurité sociale ; ces programmes comportent un diagnostic de situation appuyé notamment sur les données sanitaires et sociales de la population, des objectifs retracés au moyen d'indicateurs précis dont le choix est justifié, une présentation des moyens mis en œuvre pour réaliser ces objectifs et l'exposé des résultats atteints lors des deux derniers exercices clos et, le cas échéant, lors de l'année en cours. Cette annexe comprend également un programme de qualité et d'efficience relatif aux dépenses et aux recettes des organismes qui financent et gèrent des dépenses relevant de l'objectif national de dépenses d'assurance maladie ;

2° Présentant, pour les années à venir, les objectifs pluriannuels de gestion et les moyens de fonctionnement dont les organismes des régimes obligatoires de base disposent pour les atteindre, tels qu'ils sont déterminés conjointement entre l'État et les organismes nationaux des régimes obligatoires de base et indiquant, pour le dernier exercice clos, les résultats atteints au regard des moyens de fonctionnement effectivement utilisés ;

3° Rendant compte de la mise en œuvre des dispositions de la loi de financement de la sécurité sociale de l'année en cours et des mesures de simplification en matière de recouvrement des recettes et de gestion des prestations de la sécurité sociale mises en œuvre au cours de cette même année ;

4° Détaillant, par catégorie et par branche, la liste et l'évaluation des recettes de l'ensemble des régimes obligatoires de base et, de manière spécifique, du régime général, du régime des salariés agricoles, du régime des non-salariés agricoles et des régimes des non-salariés non agricoles, ainsi que de chaque organisme concourant au financement de ces régimes, à l'amortissement de leur dette, à la mise en réserve de recettes à leur profit ou gérant des dépenses relevant de l'objectif national de dépenses d'assurance maladie de l'ensemble de ces régimes ;

5° Énumérant l'ensemble des mesures de réduction ou d'exonération de cotisations ou de contributions de sécurité sociale affectées aux régimes obligatoires de base ou aux organismes concourant à leur financement et de réduction de l'assiette ou d'abattement sur l'assiette de ces cotisations et contributions, présentant les mesures nouvelles introduites au cours de l'année précédente et de l'année en cours ainsi que celles envisagées pour l'année à venir et évaluant l'impact financier de l'ensemble de ces mesures, en précisant les modalités et le montant de la compensation financière à laquelle elles donnent lieu, les moyens permettant d'assurer la neutralité de cette compensation pour la trésorerie desdits régimes et organismes ainsi que l'état des créances. Ces mesures sont ventilées par nature, par branche et par régime ou organisme ;

6° Détaillant les mesures ayant affecté les champs respectifs d'intervention de la sécurité sociale, de l'État et des autres collectivités publiques, ainsi que l'effet de ces mesures sur les recettes, les dépenses et les tableaux d'équilibre de l'année des régimes obligatoires de base de sécurité sociale, du régime général et des organismes concourant au financement de ces régimes, et présentant les mesures destinées à assurer la neutralité des opérations pour compte de tiers effectuées par les régimes obligatoires de base de sécurité sociale et les organismes concourant à leur financement pour la trésorerie desdits régimes et organismes ;

7° Précisant le périmètre de l'objectif national de dépenses d'assurance maladie et sa décomposition en sous-objectifs, et analysant l'évolution, au regard des besoins de santé publique, des soins financés au titre de cet objectif. Cette annexe présente les modifications éventuelles du périmètre de l'objectif national de dépenses d'assurance maladie ou de la composition des sous-objectifs, en indiquant l'évolution à structure constante de l'objectif ou des sous-objectifs concernés par les modifications de périmètre. Elle précise les modalités de passage des objectifs de dépenses des différentes branches à l'objectif national de dépenses d'assurance maladie. *(L. org. n° 2010-1380 du 13 nov. 2010, art. 2-2°-c et 5, applicable à compter de la LFSS pour 2011)* « Elle fournit des éléments précis sur l'exécution de l'objectif national au cours de l'exercice clos et de l'exercice en cours ainsi que sur les modalités de construction de l'objectif pour l'année à venir en détaillant, le cas échéant, les mesures correctrices envisagées. » Cette annexe indique également l'évolution de la dépense nationale de santé ainsi que les modes de prise en charge de cette dépense. Elle rappelle, le cas échéant, l'alerte émise par une autorité indépendante désignée par la loi *[.] (L. org. n° 2010-1380 du 13 nov. 2010, art. 2-2°-d et 5, applicable à compter de la LFSS pour 2012)* « Elle fournit également le montant des objectifs d'engagement inscrits pour l'année à venir pour les établissements et services médico-sociaux relevant de l'objectif de dépenses. Elle présente en outre le taux prévisionnel de consommation pluriannuel se rattachant aux objectifs d'engagement inscrits pour l'année à venir, ainsi que le bilan des taux de consommation des objectifs d'engagement arrivés à échéance au cours des deux derniers exercices clos et de l'exercice en cours ; »

8° Présentant, pour le dernier exercice clos, le compte définitif et, pour l'année en cours et *(L. org. n° 2010-1380 du 13 nov. 2010, art. 2-2°-e et 5, applicable à compter de la LFSS pour 2012)* « les trois années suivantes », les comptes prévisionnels, justifiant l'évolution des recettes et des dépenses et détaillant l'impact, au titre de l'année à

venir et, le cas échéant, des années ultérieures, des mesures contenues dans le projet de loi de financement de l'année sur les comptes :

***a)* Des organismes concourant au financement des régimes obligatoires de base, à l'amortissement de leur dette et à la mise en réserve de recettes à leur profit ;**

***b)* Des organismes financés par des régimes obligatoires de base ;**

***c)* Des fonds comptables retraçant le financement de dépenses spécifiques relevant d'un régime obligatoire de base ;**

***d)* Des organismes qui financent et gèrent des dépenses relevant de l'objectif national de dépenses d'assurance maladie ;**

(L. org. n° 2010-1380 du 13 nov. 2010, art. 2-2°-f et 5, applicable à compter de la LFSS pour 2012) **« Lorsqu'un projet de loi de financement de la sécurité sociale prévoit le transfert d'actifs à la Caisse d'amortissement de la dette sociale ou l'augmentation de ses ressources par la réalisation d'actifs publics, cette annexe fournit les éléments permettant d'apprécier l'intérêt financier de cette opération. Elle indique notamment la rentabilité passée et la rentabilité prévisionnelle des actifs concernés et le coût de la dette amortie par la Caisse d'amortissement de la dette sociale ; »**

9° Justifiant, d'une part, les besoins de trésorerie des régimes et organismes habilités par le projet de loi de financement de l'année à recourir à des ressources non permanentes et détaillant, d'autre part, l'effet des mesures du projet de loi de financement ainsi que des mesures réglementaires ou conventionnelles prises en compte par ce projet sur les comptes des régimes de base et de manière spécifique sur ceux du régime général, ainsi que sur l'objectif national de dépenses d'assurance maladie, au titre de l'année à venir et, le cas échéant, des années ultérieures *[;]*

(L. org. n° 2009-403 du 15 avr. 2009, art. 12-III) **« 10° Comportant, pour les dispositions relevant du V de l'article L.O. 111-3, les documents visés aux dix derniers alinéas de l'article 8 de la loi organique n° 2009-403 du 15 avril 2009 relative à l'application des articles 34-1, 39 et 44 de la Constitution ; »** — *Le Gouvernement transmet chaque année au Parlement, avant le 15 oct., un rapport présentant un bilan de la politique financière d'emprunt ou de placement des régimes obligatoires de base de sécurité sociale et des organismes financés par ces régimes ainsi que des organismes et des fonds visés au 8° du III de l'art. L.O. 111-4 (L. n° 2008-1330 du 17 déc. 2008, art. 34). — Les données de cadrage, les objectifs et les indicateurs du programme de qualité et d'efficience visé au 1° du III de l'art. L.O. 111-4 relatif à la branche Maladie comportent des éléments relatifs aux effectifs et à la masse salariale des établissements de santé, permettant notamment d'apprécier les conditions dans lesquelles sont appliqués les art. L. 3151-1 s. C. trav. (L. n° 2008-1330 du 17 déc. 2008, art. 60).*

(L. org. n° 2012-1403 du 17 déc. 2012, art. 24-III-2°) **« 11° Présentant le rapport mentionné au III de l'article 23 de la loi organique n° 2012-1403 du 17 décembre 2012 précitée. »** — *Sur l'entrée en vigueur de la L. org. n° 2012-1403 du 17 déc. 2012 : V. dernière note ss. l'art.*

IV. — Tous les trois ans, le Gouvernement adresse au Parlement, en même temps que le projet de loi de financement de l'année, un document présentant la liste des régimes obligatoires de base de sécurité sociale et précisant le nombre de leurs cotisants actifs et retraités titulaires de droits propres.

V. — Sont également transmis au Parlement :

1° Le rapport de la Cour des comptes prévu à l'article L.O. 132-3 du code des juridictions financières ;

2° Un rapport présentant les comptes, au titre de l'année en cours et de l'année à venir, des régimes obligatoires de base et, de manière spécifique, ceux du régime général, ainsi que les comptes des organismes concourant à leur financement, à l'amortissement de leur dette, à la mise en réserve de recettes à leur profit et des organismes qui financent et gèrent des dépenses relevant de l'objectif national de dépenses d'assurance maladie ;

3° Un rapport présentant le compte rendu des vérifications opérées notamment en application du 3° du VIII de l'article L.O. 111-3 du présent code.

Les dispositions de l'art. L.O. 111-4 issues de la L. org. n° 2005-881 du 2 août 2005 s'appliquent pour la première fois à la loi de financement de la sécurité sociale pour 2006.

Toutefois, l'annexe prévue au 7° du III est jointe pour la première fois au projet de loi de financement de la sécurité sociale pour 2007. A titre transitoire, est jointe au projet de loi de financement de la sécurité sociale pour 2006 une annexe précisant le périmètre de l'objectif national de dépenses d'assurance maladie et sa décomposition en sous-objectifs, ainsi qu'analysant l'évolution, au regard des besoins de santé publique, des soins financés au titre de cet objectif. Cette annexe indique également l'évolution de la dépense nationale de santé ainsi que les modes de prise en charge de cette dépense. Elle rappelle, le cas échéant, l'alerte émise par une autorité indépendante désignée par la loi (L. org. n° 2005-881 du 2 août 2005, art. 23).

La L. org. n° 2012-1403 du 17 déc. 2012 s'applique à compter du 1er mars 2013 ou, si l'entrée en vigueur du traité sur la stabilité, la coordination et la gouvernance au sein de l'Union économique et monétaire, signé le 2 mars 2012, est plus tardive, un mois après son entrée en vigueur (L. org. préc., art. 28).

Documents annexés au PLFSS. Un éventuel retard dans la mise en distribution de tout ou partie des documents exigés ne saurait faire obstacle à la mise en discussion du projet de la loi de financement. • Cons. const. 29 juill. 2005, n° 2005-519 DC, consid. 18 : *JO 3 août, p. 12661 ; RFDA 2005. 1030, note Schoettl ; RFFP 2006, n° 94, p. 185, chron. Prétot ; RD publ. 2006. 245, chron. Rousseau ; RFDC 2006. 146, obs. Philip.* Si un tel retard ou une telle méconnaissance se produisait, la conformité de la loi de financement à la Constitution serait appréciée au regard tant des exigences de la continuité de la vie nationale que de l'impératif de sincérité qui s'attache à l'examen des lois de financement pendant toute la durée de celui-ci. • Même décision, même consid.

Ancien art. L.O. 111-4 (L. n° 96-646 du 22 juill. 1996, art. 1er) *I. — Le projet de loi de financement de la sécurité sociale de l'année est accompagné d'un rapport présentant les orientations de la politique de santé et de sécurité sociale et les objectifs qui déterminent les conditions générales de l'équilibre financier de la sécurité sociale.*

II. — Sont jointes au projet de loi des annexes :

a) Présentant les données de la situation sanitaire et sociale de la population ;

b) Rendant compte de la mise en œuvre des dispositions des lois de financement de la sécurité sociale de l'exercice précédent ;

c) Décrivant l'évolution prévisible, pour l'année en cours et l'année suivante, des recettes et des dépenses des régimes obligatoires de base de sécurité sociale comptant plus de 20 000 cotisants actifs ou retraités titulaires de droits propres et, le cas échéant, de leurs besoins de trésorerie en cours d'exercice, ainsi que les perspectives d'évolution de ces recettes et de ces dépenses pour les deux années postérieures ;

d) Décrivant, pour l'année en cours et l'année suivante, par catégorie, les ressources des régimes obligatoires de base de sécurité sociale ;

e) Faisant apparaître, pour l'année en cours, les compensations financières entre régimes ;

f) Décrivant, pour l'année en cours et l'année suivante, les comptes prévisionnels des organismes ayant pour mission de concourir au financement de ces mêmes régimes et, s'il y a lieu, à l'apurement de la dette ;

g) Retraçant pour les trois années précédentes, d'une part, les comptes de la protection sociale qui regroupent l'ensemble des prestations sociales et les moyens de leur financement en mettant en évidence leur place dans les équilibres généraux économiques et financiers, d'autre part, l'effort social de la nation qui regroupe les prestations sociales et les charges qui en découlent pour l'État, les collectivités locales, les employeurs, les assurés et les contribuables.

III. — Est également joint le rapport de la Cour des comptes prévu par l'article LO. 132-3 du code des juridictions financières.

IV. — Tous les trois ans, le Gouvernement adresse au Parlement, en même temps que le projet de loi de financement, un document présentant la liste des régimes obligatoires de base de sécurité sociale et précisant le nombre de leurs cotisants actifs ou retraités titulaires de droits propres.

1. Domaine de la loi organique. Les dispositions de l'art. 47-1 de la Constitution renvoyant à la loi organique le soin de préciser les conditions d'examen et d'adoption des lois de financement, une loi de financement ne peut, sans méconnaître ces dispositions, faire obligation au Gouvernement d'assortir le projet de loi de financement de pièces et annexes non prévues par la loi organique. • Cons. const. 18 déc. 1998, n° 98-404 DC, consid. 21 : *Rec. Cons. const. 312 ; AJDA 1999. 22, chron. Schoettl ; RFDA 1999. 89, note Mathieu ; RFDC 1999. 123, note Mélin-Soucramanien ; RFFP 1999, n° 65, p. 191, chron. Prétot ; RJS 1999, n° 265.*

2. Valeur. Les orientations et les objectifs qui figurent dans le rapport sur la politique de santé et de sécurité sociale qui accompagne la loi de financement ne sont pas revêtus de la portée normative qui s'attache aux dispositions de celle-ci ; par suite, il ne saurait être utilement soutenu que les dispositions d'un décret réglementaire les méconnaissent. • CE, sect., 5 mars 1999 : *Lebon*

37 ; AJDA 1999. 462, chron. Raynaud et Fombeur ; Dr. adm. 1999. Comm. 138, obs. C. M. ; RFDA 1999. 537, concl. Maugüé ; RJS 1999, n° 609 • 17 mars 1999 : *RJS 1999, n° 727.* ♦ Les annexes jointes au projet de loi de financement n'ont d'autre objet que l'information des parlementaires et sont dépourvues de la portée qui s'attache aux dispositions mêmes de la loi ; dès lors, elles ne peuvent être invoquées à l'appui de l'argumentation relative à l'insincérité de la loi de financement. • Cons. const. 12 janv. 2002, n° 2001-455 DC : *Rec. Cons. const. 49 ; Dr. soc. 2002. 244, note Prétot ; LPA 24 sept. 2002, n° 191, p. 15, note Mathieu ; RD publ. 2002. 635, chron. Rousseau ; RJS 2002, n°s 255, 275, 302, 314 et 325.*

SECTION II **PRÉPARATION DES PROJETS DE LOI DE FINANCEMENT** *(L. org. n° 2005-881 du 2 août 2005, art. 22).*

(L. org. n° 2005-881 du 2 août 2005)

Les dispositions de cette section issue de la loi organique n° 2005-881 du 2 août 2005 s'appliquent pour la première fois à la loi de financement de la sécurité sociale pour 2006 (L. n° 2005-881 du 2 août 2005, art. 23).

Art. L.O. 111-5 **Sous l'autorité du Premier ministre, le ministre chargé de la sécurité sociale prépare les projets de loi de financement de la sécurité sociale, qui sont délibérés en conseil des ministres.**

Art. L.O. 111-5-1 **Pour la préparation du projet de loi de financement, les organismes gestionnaires d'un régime obligatoire de protection sociale doivent transmettre au ministre chargé de la sécurité sociale les données dont ils disposent concernant les recettes et dépenses relatives au dernier exercice clos et à l'année en cours, ainsi que leurs perspectives d'évolution au titre des quatre années à venir.**

Art. L.O. 111-5-2 **En vue de l'examen et du vote du projet de loi de financement de la sécurité sociale de l'année suivante par le Parlement, le Gouvernement présente, au cours du dernier trimestre de la session ordinaire, un rapport sur les orientations des finances sociales comportant :**

1° Une description des grandes orientations de sa politique de sécurité sociale au regard des engagements européens de la France ;

2° Une évaluation pluriannuelle de l'évolution des recettes et des dépenses des administrations de sécurité sociale ainsi que de l'objectif national de dépenses d'assurance maladie.

Ce rapport peut donner lieu à un débat à l'Assemblée nationale et au Sénat. Ce débat peut être concomitant du débat prévu à l'article 48 de la loi organique n° 2001-692 du 1er août 2001 relative aux lois de finances.

SECTION III **EXAMEN ET VOTE DES LOIS DE FINANCEMENT** *(L. org. n° 2005-881 du 2 août 2005, art. 22).*

Art. L.O. 111-6 *(L. n° 96-646 du 22 juill. 1996, art. 1er)* **Le projet de loi de financement de la sécurité sociale de l'année, y compris** *(L. org. n° 2005-881 du 2 août 2005, art. 2)* **« les rapports et les annexes mentionnés aux I, II et III » de l'article L.O. 111-4, est déposé sur le bureau de l'Assemblée nationale au plus tard le 15 octobre ou, si cette date est un** *(L. org. n° 2010-1380 du 13 nov. 2010, art. 2-3° et 5, applicable à compter de la LFSS pour 2011)* **« dimanche », le premier jour ouvrable qui suit.**

1. Rapports et annexes. Dès lors qu'elle n'a pu avoir pour effet, dans les circonstances de l'espèce, de priver l'Assemblée nationale de l'information à laquelle celle-ci a droit, la mise en distribution en nombre insuffisant à la date prévue par les dispositions de l'art. L.O. 111-6 des documents qui doivent accompagner le projet de loi de financement n'a pas affecté la régularité de la procédure suivie pour l'examen et l'adoption de celui-ci. • Cons. const. 18 déc. 1997, n° 97-393 DC : *Rec. Cons. const. 320 ; AJDA 1998. 181, chron. Schoettl ; RFDA 1998. 148, note Mathieu ; D. 1998. 523, note Champeil-Desplats ; RDSS 1998. 116, obs. Verkindt ; ibid. 169, obs. Monéger ; Dr. soc. 1998. 164, note Prétot ; RJS 1998, n° 92 ; RD publ. 1988. 11, note Prétot ; RFDC 1998. 167, note Philip.*

2. Droit de priorité de l'Assemblée nationale (règle de recevabilité des amendements). Les amendements du Gouvernement, qui introduisent des mesures nouvelles dans une loi de financement, doivent être soumis en premier lieu à l'Assemblée nationale. • Cons. const. 14 déc. 2006, n° 2006-544 DC, consid. 6 : *JO 22 déc., p. 19356 ; AJDA 2006. 2426, note Aubert ; RFDA 2007. 134,* *note Schoettl ; RJS 2/07, n° 301 ; JCP 2007. I. 134, note Mathieu ; LPA 2 mars 2007, n° 45, p. 3, note Disant ; RD publ. 2007. 571, note Camby ; RFDC 2007. 749, note Luppi ; RFFP 2007, n° 97, p. 265, note Prétot.*

Art. L.O. 111-7 *(L. n° 96-646 du 22 juill. 1996, art. 1er)* **L'Assemblée nationale doit se prononcer, en première lecture, dans le délai de vingt jours après le dépôt d'un projet de loi de financement de la sécurité sociale.**

Le Sénat doit se prononcer, en première lecture, dans un délai de quinze jours après avoir été saisi.

Si l'Assemblée nationale n'a pas émis un vote en première lecture sur l'ensemble du projet de loi de financement de la sécurité sociale dans le délai prévu à l'article 47-1 de la Constitution, le Gouvernement saisit le Sénat du texte qu'il a initialement présenté, modifié le cas échéant, par les amendements votés par l'Assemblée nationale et acceptés par lui. Le Sénat doit alors se prononcer dans un délai de quinze jours après avoir été saisi.

Si le Sénat n'a pas émis un vote en première lecture sur l'ensemble du projet dans le délai imparti, le Gouvernement saisit à nouveau l'Assemblée nationale du texte soumis au Sénat, modifié, le cas échéant, par les amendements votés par le Sénat et acceptés par lui.

Le projet de loi de financement de la sécurité sociale est ensuite examiné selon la procédure *(L. org. n° 2010-1380 du 13 nov. 2010, art. 2-4° et 5, applicable à compter de la LFSS pour 2011)* **« accélérée » dans les conditions prévues à l'article 45 de la Constitution.**

Délai d'examen du projet de loi de financement. La circonstance que le Sénat ait disposé d'un jour de plus que prévu pour l'examen en première lecture du projet de loi de financement pour 2000 demeure sans incidence sur la régularité de la procédure, dans la mesure où les délais d'examen du projet en seconde lecture par les deux assemblées n'ont pas été affectés par cet allongement. • Cons. const. 21 déc. 1999, n° 99-422 DC, consid. 4 : *Rec. Cons. const. 143 ; AJDA 2000. 31, chron. Schoettl ; RFFP 2000, n° 69, p. 255, chron. Prétot ; RJS 2000, n° 205.*

Art. L.O. 111-7-1 *(L. org. n° 2005-881 du 2 août 2005, art. 7)* **I. — La partie du projet de loi de financement de la sécurité sociale de l'année comprenant les dispositions rectificatives pour l'année en cours ne peut être mise en discussion devant une assemblée avant le vote par cette assemblée de la partie du même projet comprenant les dispositions relatives au dernier exercice clos.**

La partie du projet de loi de financement de la sécurité sociale de l'année relative aux recettes et à l'équilibre général pour l'année à venir ne peut être mise en discussion devant une assemblée avant le vote par cette assemblée de la partie du même projet comprenant les dispositions rectificatives pour l'année en cours.

La partie du projet de loi de financement de l'année comprenant les dispositions relatives aux dépenses pour l'année à venir ne peut être mise en discussion devant une assemblée avant l'adoption par la même assemblée de la partie du même projet comprenant les dispositions relatives aux recettes et à l'équilibre général pour la même année.

II. — La partie du projet de loi de financement rectificative comprenant les dispositions relatives aux dépenses ne peut être mise en discussion devant une assemblée avant l'adoption par la même assemblée de la partie du même projet comprenant les dispositions relatives aux recettes et à l'équilibre général.

III. — Dans la partie comprenant les dispositions relatives au dernier exercice clos, l'approbation des tableaux d'équilibre des régimes obligatoires de base, du régime général, des organismes concourant au financement de ces régimes, celle des dépenses relevant de l'objectif national de dépenses d'assurance maladie constatées au titre de cet exercice, celle des montants correspondant aux recettes affectées aux organismes chargés de la mise en réserve de recettes au profit des régimes obligatoires de base de sécurité sociale ainsi que celle des montants correspondant à l'amortissement de leur dette font l'objet d'un vote unique.

Dans la partie comprenant les dispositions relatives à l'année en cours, la rectification des prévisions de recettes et des tableaux d'équilibre des régimes obligatoires de base de sécurité sociale, du régime général ou des organismes concourant au finance-

ment de ces régimes fait l'objet d'un vote unique. La rectification de l'objectif d'amortissement des organismes chargés de l'amortissement de la dette des régimes obligatoires de base de sécurité sociale et celle des prévisions de recettes affectées aux organismes chargés de la mise en réserve de recettes au profit de ces régimes font l'objet d'un vote unique. La rectification des objectifs de dépenses par branche, décomposés le cas échéant en sous-objectifs, est assurée par un vote unique portant tant sur l'ensemble des régimes obligatoires de base de sécurité sociale que sur le régime général. La rectification de l'objectif national de dépenses d'assurance maladie décomposé en sous-objectifs fait l'objet d'un vote distinct.

Dans la partie comprenant les dispositions relatives aux recettes et à l'équilibre général pour l'année à venir, les prévisions de recettes de l'ensemble des régimes obligatoires de base, du régime général ou des organismes concourant au financement de ces régimes font l'objet d'un vote unique. Les tableaux d'équilibre font l'objet de votes distincts selon qu'il s'agit de l'ensemble des régimes obligatoires de base, du régime général ou des organismes concourant au financement de ces régimes. La détermination de l'objectif d'amortissement des organismes chargés de l'amortissement de la dette des régimes obligatoires de base de sécurité sociale et celle des prévisions de recettes affectées aux organismes chargés de la mise en réserve de recettes au profit de ces régimes font l'objet d'un vote unique. La liste des régimes obligatoires de base de sécurité sociale et des organismes concourant à leur financement habilités à recourir à des ressources non permanentes ainsi que les limites dans lesquelles leurs besoins de trésorerie peuvent être couverts par de telles ressources font l'objet d'un vote unique.

Dans la partie comprenant les dispositions relatives aux dépenses pour l'année à venir, les charges prévisionnelles des organismes concourant au financement des régimes obligatoires de base de sécurité sociale font l'objet d'un vote unique. Chaque objectif de dépenses par branche, décomposé le cas échéant en sous-objectifs, fait l'objet d'un vote unique portant tant sur l'ensemble des régimes obligatoires de base de sécurité sociale que sur le régime général. L'objectif national de dépenses d'assurance maladie de l'ensemble des régimes obligatoires de base, décomposé en sous-objectifs, fait l'objet d'un vote unique.

IV. — Au sens de l'article 40 de la Constitution, la charge s'entend, s'agissant des amendements aux projets de loi de financement de la sécurité sociale s'appliquant aux objectifs de dépenses, de chaque objectif de dépenses par branche ou de l'objectif national de dépenses d'assurance maladie.

Tout amendement doit être motivé et accompagné des justifications qui en permettent la mise en œuvre.

Les amendements non conformes aux dispositions du présent chapitre sont irrecevables.

Les dispositions de l'art. L.O. 111-7-1 issues de la L. org. nº 2005-881 du 2 août 2005 s'appliquent pour la première fois à la loi de financement de la sécurité sociale pour 2006 (L. préc., art. 23).

SECTION IV **INFORMATION ET CONTRÔLE SUR LE FINANCEMENT DE LA SÉCURITÉ SOCIALE** *(L. org. nº 2005-881 du 2 août 2005, art. 22).*

Les dispositions de cette section issues de la L. org. nº 2005-881 du 2 août 2005 s'appliquent pour la première fois à la loi de financement de la sécurité sociale pour 2006 (L. préc., art. 23).

Art. L.O. 111-8 *(L. org. nº 2005-881 du 2 août 2005, art. 8)* En vue de l'examen et du vote du projet de loi de financement de la sécurité sociale de l'année, et sans préjudice de toute autre disposition relative à l'information et au contrôle du Parlement, les commissions de l'Assemblée nationale et du Sénat saisies au fond de ce projet et les autres commissions concernées adressent au Gouvernement, avant le 10 juillet de chaque année, des questionnaires relatifs à l'application des lois de financement de la sécurité sociale. Celui-ci y répond par écrit au plus tard le 8 octobre.

Art. L.O. 111-9 *(L. org. nº 2005-881 du 2 août 2005, art. 9)* Les commissions de l'Assemblée nationale et du Sénat saisies au fond du projet de loi de financement de la sécurité sociale suivent et contrôlent l'application de ces lois et procèdent à l'évaluation de toute question relative aux finances de la sécurité sociale. Cette mission est confiée à leur président, au président de la mission mentionnée à l'article L.O. 111-

10, ainsi que, dans leurs domaines d'attributions, à leurs rapporteurs et, pour un objet et une durée déterminés, à des membres d'une de ces commissions désignés par elle à cet effet. A cet effet, ils procèdent à toutes auditions qu'ils jugent utiles et à toutes investigations sur pièces et sur place auprès des administrations de l'État, des organismes de sécurité sociale, de tout autre organisme privé gérant un régime de base de sécurité sociale légalement obligatoire et des établissements publics compétents. Tous les renseignements et documents d'ordre financier et administratif qu'ils demandent, y compris tout rapport établi par les organismes et services chargés du contrôle de l'administration, réserve faite des sujets à caractère secret concernant la défense nationale et la sécurité intérieure ou extérieure de l'État et du respect du secret de l'instruction et du secret médical, doivent leur être fournis.

Les personnes dont l'audition est jugée nécessaire par le président et le ou les rapporteurs de la commission, dans leur domaine d'attribution, ont l'obligation de s'y soumettre. Elles sont déliées du secret professionnel sous les réserves prévues au premier alinéa.

Art. L.O. 111-9-1 *(L. org. n° 2005-881 du 2 août 2005, art. 10 et 22)* Lorsque, dans le cadre d'une mission d'évaluation et de contrôle, la communication des renseignements demandés au titre de l'article L.O. 111-9 ne peut être obtenue au terme d'un délai raisonnable, apprécié au regard de la difficulté de les réunir, le président des commissions de l'Assemblée nationale et du Sénat saisies au fond des projets de loi de financement de la sécurité sociale peut demander à la juridiction compétente, statuant en référé, de faire cesser l'entrave sous astreinte.

Art. L.O. 111-9-2 *(L. n° 96-646 du 22 juill. 1996, art. 1er ; L. org. n° 2005-881 du 2 août 2005, art. 3 et 22)* En cas d'urgence, les limites prévues au *e* du 2° du C du I de l'article L.O. 111-3 peuvent être relevées par décret pris en conseil des ministres après avis du Conseil d'État et information des commissions parlementaires saisies au fond des projets de loi de financement de la sécurité sociale. La ratification de ces décrets est demandée au Parlement dans le plus prochain projet de loi de financement de la sécurité sociale.

Art. L.O. 111-9-3 *(L. org. n° 2005-881 du 2 août 2005, art. 19 et 22)* Lorsqu'une mission d'évaluation et de contrôle donne lieu à des observations notifiées au Gouvernement ou à un organisme de sécurité sociale, ceux-ci disposent d'un délai de deux mois pour y répondre.

Art. L.O. 111-10 *(L. n° 2004-810 du 13 août 2004, art. 38 ; L. org. n° 2005-881 du 2 août 2005, art. 22)* Il peut être créé au sein de la commission de chaque assemblée saisie au fond des projets de loi de financement de la sécurité sociale une mission d'évaluation et de contrôle chargée de l'évaluation permanente de ces lois.

Information et contrôle du Parlement. Conformément à la conception française de la séparation des pouvoirs, ces dispositions ne peuvent être comprises que comme permettant au juge administratif d'ordonner en référé à une personne morale investie de prérogatives de puissance publique la communication sous astreinte des documents ou renseignements demandés au titre de l'art. L.O. 111-9-1. • Cons. const. 29 juill. 2005, n° 2005-519 DC, consid. 31 : *JO 3 août, p. 22661 ; RFDA 2005. 1030, note Schoettl* .

Art. L.O. 111-10-1 *(L. org. n° 2005-881 du 2 août 2005, art. 17)* Avant la fin des mois de janvier et de juillet de chaque année, le Gouvernement transmet au Parlement un état semestriel des sommes restant dues par l'État aux régimes obligatoires de base. *– L'art. L. 111-10-1 résultant de l'art. 17 de la L. org. n° 2005-881 du 2 août 2005 devient l'art. L.O. 111-10-1 (Cons. const. 29 juill. 2005, n° 2005-519 DC).*

Art. L.O. 111-10-2 *(L. org. n° 2005-881 du 2 août 2005, art. 21)* Les avis formulés par les commissions saisies au fond des projets de loi de financement de la sécurité sociale dans le cadre de leurs consultations sur la liste des sous-objectifs de dépenses de l'objectif national d'assurance maladie et celle des éventuels sous-objectifs de dépenses par branche prévues aux 2° et 3° du D du I de l'article L.O. 111-3 sont rendus dans un délai de quinze jours francs à compter de leur réception. A défaut de notification au ministre chargé de la sécurité sociale dans ce délai, l'avis est réputé rendu. –

L'art. L. 111-10-2 résultant de l'art. 17 de la L. org. n° 2005-881 du 2 août 2005 devient l'art. L.O. 111-10-2 (Cons. const. 29 juill. 2005, n° 2005-519 DC).

CHAPITRE PREMIER *TER* OBJECTIFS DE DÉPENSES ET DE RECETTES

(L. n° 2004-810 du 13 août 2004, art. 39)

V. Cons. const. n° 2004-504 DC du 12 août 2004, consid. n° 33.

Art. L. 111-11 *(L. n° 2005-1579 du 19 déc. 2005, art. 69)* **« L'Union nationale des Caisses » d'assurance maladie transmet avant le** *(L. org. n° 2005-881 du 2 août 2005, art. 18)* **« 15 juin » de chaque année au ministre chargé de la sécurité sociale et au Parlement des propositions relatives à** *(L. n° 2005-1579 du 19 déc. 2005, art. 69)* **« l'évolution des charges et des produits de la Caisse nationale de l'assurance maladie** *(Abrogé par L. n° 2017-1836 du 30 déc. 2017, art. 15-V, à compter du 1er janv. 2018)* ***« des travailleurs salariés, de la Caisse nationale d'assurance maladie et maternité des travailleurs*** *(L. n° 2016-1827 du 23 déc. 2016, art. 50-I)* ***« indépendants » non agricoles »*** **et de la Caisse centrale de mutualité sociale agricole » au titre de l'année suivante et aux mesures nécessaires pour atteindre l'équilibre prévu par le cadrage financier pluriannuel des dépenses d'assurance maladie. Ces propositions tiennent compte des objectifs de santé publique.** — *Sur les dispositions transitoires de l'art. 15 de la L. n° 2017-1836 du 30 déc. 2017, V. ss. le livre VI « Dispositions applicables aux travailleurs indépendants ».*

Les propositions de *(L. n° 2005-1579 du 19 déc. 2005, art. 69)* **« l'Union nationale des Caisses d'assurance maladie » sont soumises, préalablement à leur transmission, à l'avis** *(L. n° 2005-1579 du 19 déc. 2005, art. 69)* **« du conseil mentionné à l'article L. 182-2-2 ».**

(L. n° 2008-1330 du 17 déc. 2008, art. 38-I) **« Ces propositions sont accompagnées d'un bilan détaillé de la mise en œuvre et de l'impact financier des propositions de l'année précédente qui ont été retenues dans le cadre de la mise en œuvre de la loi de financement de la sécurité sociale, ainsi que des négociations avec les professionnels de santé conduites en vertu de l'article L. 182-2. »**

(L. n° 2010-1594 du 20 déc. 2010, art. 53-III) **« Ces propositions sont accompagnées également d'un bilan détaillé de la mise en œuvre du 22° de l'article L. 162-5 et du 9° de l'article L. 162-32-1. Ce bilan présente les engagements souscrits par les professionnels, analyse l'exigence des objectifs retenus et présente le taux d'atteinte de ces objectifs. Il indique les critères retenus pour l'attribution de la rémunération versée et le montant moyen de cette rémunération. Il évalue les économies résultant, pour l'assurance maladie, de l'atteinte des objectifs susmentionnés. »**

La L. org. n° 2005-881 du 2 août 2005 modifie et complète de même les dispositions des art. L.O. 132-2-1, L.O. 132-3 et L.O. 132-3-1 CJF relatives aux attributions de la sécurité sociale.

Art. L. 111-12 *(L. n° 2011-525 du 17 mai 2011, art. 193)* **L'objectif prévisionnel des dépenses de soins de ville prend en compte les évolutions de toute nature à la suite desquelles des établissements, des services ou des activités sanitaires ou médico-sociales se trouvent placés, pour tout ou partie, sous un régime juridique ou de financement différent de celui sous lequel ils étaient placés auparavant.**

Il peut être corrigé en fin d'année pour prendre en compte ces évolutions réalisées en cours d'année.

CHAPITRE II MINISTRES COMPÉTENTS

V. art. R. 112-1 et R. 112-2.

CHAPITRE III INSPECTION GÉNÉRALE

V. art. R. 113-1 et D. 113-1 à D. 113-5.

CHAPITRE IV COMMISSIONS ET CONSEILS

V. art. D. 114-1 à D. 114-4-0-18.

SECTION PREMIÈRE **HAUT CONSEIL DU FINANCEMENT DE LA PROTECTION SOCIALE**

(L. n° 2018-699 du 3 août 2018, art. 23)

Art. L. 114-1 A I. – Le Haut Conseil du financement de la protection sociale comprend parmi ses membres deux députés et deux sénateurs.

II. – Les missions, la composition, l'organisation et le fonctionnement du haut conseil sont précisés par décret.

SECTION III **COMMISSION DES COMPTES DE LA SÉCURITÉ SOCIALE**

Art. L. 114-1 *(L. n° 94-637 du 25 juill. 1994, art. 15)* La Commission des comptes de la sécurité sociale analyse les comptes des régimes de sécurité sociale.

Elle prend, en outre, connaissance des comptes des régimes complémentaires de retraite rendus obligatoires par la loi, ainsi que d'un bilan relatif aux relations financières entretenues par le régime général de la sécurité sociale avec l'État et tous autres institutions et organismes. Elle inclut, chaque année, dans un de ses rapports, un bilan de l'application des dispositions de l'article L. 131-7.

La commission, placée sous la présidence du ministre chargé de la sécurité sociale, comprend notamment *(L. n° 2018-699 du 3 août 2018, art. 74)* « quatre députés et quatre sénateurs, des représentants » du Conseil économique, social et environnemental, de la Cour des comptes, des organisations professionnelles, syndicales, familiales et sociales, *(L. n° 2004-810 du 13 août 2004, art. 69-I)* « des conseils ou conseils d'administration » des organismes de sécurité sociale, des organismes mutualistes, des professions et établissements de santé, ainsi que des personnalités qualifiées.

Elle est assistée par un secrétaire général permanent, nommé *(L. n° 2004-810 du 13 août 2004, art. 40-II)* « par le premier président de la Cour des comptes pour une durée de trois ans », qui assure l'organisation de ses travaux ainsi que l'établissement de ses rapports.

(L. n° 96-646 du 22 juill. 1996, art. 3-II) « Les rapports de la Commission des comptes de la sécurité sociale sont communiqués au Parlement. »

(L. n° 2010-1594 du 20 déc. 2010, art. 49) « La Commission des comptes de la sécurité sociale inclut chaque année dans ses rapports un bilan d'évaluation du respect des engagements financiers contenus dans les conventions conclues par les professions de santé avec l'assurance maladie. »

Un décret détermine les modalités d'application du présent article et précise notamment les périodes au cours desquelles se tiendront les deux réunions annuelles obligatoires de la commission.

V. art. D. 114-1 à D. 114-4.

SECTION IV **CONSEIL D'ORIENTATION DES RETRAITES**

(L. n° 2003-775 du 21 août 2003, art. 6-II)

Art. L. 114-2 Le Conseil d'orientation des retraites a pour missions :

1° De décrire les évolutions et les perspectives à moyen et long terme des régimes de retraite légalement obligatoires, au regard des évolutions économiques, sociales et démographiques, et d'élaborer, au moins tous les cinq ans, des projections de leur situation financière ;

2° D'apprécier les conditions requises pour assurer la viabilité financière à terme de ces régimes ;

3° De mener une réflexion sur le financement des régimes de retraite susmentionnés et de suivre l'évolution de ce financement ;

(L. n° 2014-40 du 20 janv. 2014, art. 4-I-1°) « 4° De produire, au plus tard le 15 juin, un document annuel et public sur le système de retraite, fondé sur des indicateurs de suivi définis par décret au regard des objectifs énoncés au II de l'article L. 111-2-1 ; »

5° De participer à l'information sur le système de retraite et les effets des réformes conduites pour garantir son financement ;

6° De suivre la mise en œuvre des principes communs aux régimes de retraite et l'évolution des niveaux de vie des actifs et des retraités, ainsi que de l'ensemble des indicateurs des régimes de retraite, dont les taux de remplacement ;

(L. n° 2014-40 du 20 janv. 2014, art. 4-I-2°) « 7° De suivre l'évolution des écarts et inégalités de pensions des femmes et des hommes et d'analyser les phénomènes pénalisant les retraites des femmes, dont les inégalités professionnelles, le travail à temps partiel et l'impact d'une plus grande prise en charge de l'éducation des enfants. »

Le conseil formule toutes recommandations ou propositions de réforme qui lui paraissent de nature à faciliter la mise en œuvre des objectifs et principes énoncés *(L. n° 2014-40 du 20 janv. 2014, art. 4-I-3°)* « au II de l'article L. 111-2-1 » ainsi qu'aux *(L. n° 2014-40 du 20 janv. 2014, art. 39-II)* « I à V » de l'article L. 161-17.

Le Conseil d'orientation des retraites est composé, outre son président nommé en conseil des ministres, notamment de *(L. n° 2018-699 du 3 août 2018, art. 74)* « quatre députés et quatre sénateurs, de représentants » des organisations professionnelles, syndicales, familiales et sociales les plus représentatives et des départements ministériels intéressés, ainsi que de personnalités qualifiées. *(L. n° 2014-40 du 20 janv. 2014, art. 4-I-4°)* « Lorsqu'une assemblée parlementaire ou une organisation est appelée à désigner plus d'un membre du conseil, elle procède à ces désignations de telle sorte que l'écart entre le nombre des hommes désignés, d'une part, et des femmes désignées, d'autre part, ne soit pas supérieur à un. Le conseil compte parmi ses personnalités qualifiées autant de femmes que d'hommes. » — *Les dispositions issues du 4° du I de l'art. 4 de la L. n° 2014-40 du 20 janv. 2014 entrent en vigueur le 20 juill. 2014 (L. préc., art. 4-VI).*

Les administrations de l'État, les établissements publics de l'État et les organismes chargés de la gestion d'un régime de retraite légalement obligatoire ou du régime d'assurance chômage sont tenus de communiquer au Conseil d'orientation des retraites les éléments d'information et les études dont ils disposent et qui sont nécessaires au conseil pour l'exercice de ses missions. Le conseil fait connaître ses besoins afin qu'ils soient pris en compte dans les programmes de travaux statistiques et d'études de ces administrations, organismes et établissements.

Les conditions d'application du présent article sont fixées par décret. — *V. art. D. 114-4-0-1 s.*

SECTION V COMMISSION DE COMPENSATION

(L. n° 2003-775 du 21 août 2003, art. 7-I)

Art. L. 114-3 Il est institué auprès du ministre en charge de la sécurité sociale une commission de compensation, présidée par un magistrat désigné par le premier président de la Cour des comptes, comprenant des représentants des régimes de sécurité sociale et des représentants des ministres en charge de la sécurité sociale et du budget.

La commission de compensation est consultée pour avis sur la fixation des soldes de la compensation prévue à l'article L. 134-1 et, éventuellement, sur le versement des acomptes.

Elle contrôle les informations quantitatives fournies par les régimes pour servir de base aux calculs.

Tout projet de modification des règles affectant les mécanismes de compensation entre régimes de sécurité sociale fait l'objet d'un avis de la commission, qui est transmis au Parlement.

Un décret détermine les modalités d'application du présent article.

SECTION VI COMITÉ DE SUIVI DES RETRAITES

(L. n° 2014-40 du 20 janv. 2014, art. 4-II)

Art. L. 114-4 I. — Le comité de suivi des retraites est composé de deux femmes et de deux hommes, désignés en raison de leurs compétences en matière de retraite, nommés pour cinq ans par décret, et d'un président nommé en conseil des ministres.

Le Conseil d'orientation des retraites, les administrations de l'État, les établissements publics de l'État, le fonds mentionné à l'article L. 4162-17 du code du travail et les organismes chargés de la gestion d'un régime de retraite légalement obligatoire ou du régime d'assurance chômage sont tenus de communiquer au comité les éléments d'information et les études dont ils disposent et qui sont nécessaires au comité pour l'exercice de ses missions. Le comité de suivi des retraites fait connaître ses besoins afin qu'ils soient pris en compte dans les programmes de travaux statistiques et d'études de ces administrations, organismes et établissements.

Un décret en Conseil d'État précise les missions du comité ainsi que ses modalités d'organisation et de fonctionnement. Le comité de suivi est accompagné dans ses travaux par un jury citoyen constitué de neuf femmes et de neuf hommes tirés au sort dans des conditions définies par décret.

II. — Le comité rend, au plus tard le 15 juillet, en s'appuyant notamment sur les documents du Conseil d'orientation des retraites mentionnés aux 1° et 4° de l'article L. 114-2 du présent code, un avis annuel et public :

1° Indiquant s'il considère que le système de retraite s'éloigne, de façon significative, des objectifs définis au II de l'article L. 111-2-1. Il prend en compte les indicateurs de suivi mentionnés au 4° de l'article L. 114-2 et examine la situation du système de retraite au regard, en particulier, de la prise en considération de la pénibilité au travail, de la situation comparée des droits à pension dans les différents régimes de retraite et des dispositifs de départ en retraite anticipée ;

2° Analysant la situation comparée des femmes et des hommes au regard de l'assurance vieillesse, en tenant compte des différences de montants de pension, de la durée d'assurance respective et de l'impact des avantages familiaux de vieillesse sur les écarts de pensions ;

3° Analysant l'évolution du pouvoir d'achat des retraités, avec une attention prioritaire à ceux dont les revenus sont inférieurs au seuil de pauvreté.

Dans le cas prévu au 1°, le comité :

a) Adresse au Parlement, au Gouvernement, aux Caisses nationales des régimes obligatoires de base d'assurance vieillesse, aux services de l'État chargés de la liquidation des pensions et aux régimes de retraite complémentaire légalement obligatoires des recommandations, rendues publiques, destinées à garantir le respect des objectifs mentionnés au 1° du présent II, dans les conditions prévues aux III et IV ;

b) Remet, au plus tard un an après avoir adressé les recommandations prévues au *a*, un avis public relatif à leur suivi.

III. — Les recommandations mentionnées au II portent notamment sur :

1° L'évolution de la durée d'assurance requise pour le bénéfice d'une pension sans décote, au regard notamment de l'évolution de l'espérance de vie, de l'espérance de vie à soixante ans en bonne santé, de l'espérance de vie sans incapacité, de la durée de retraite, du niveau de la population active, du taux de chômage, en particulier des jeunes et des seniors, des besoins de financement et de la productivité ;

2° Les transferts du Fonds de réserve pour les retraites vers les régimes de retraite, tenant compte de l'ampleur et de la nature d'éventuels écarts avec les prévisions financières de l'assurance retraite ;

3° En cas d'évolutions économiques ou démographiques plus favorables que celles retenues pour fonder les prévisions d'équilibre du régime de retraite par répartition, des mesures permettant de renforcer la solidarité du régime, prioritairement au profit du pouvoir d'achat des retraités les plus modestes, de l'égalité entre les femmes et les hommes et de la prise en compte de la pénibilité et des accidents de la vie professionnelle ;

4° Le niveau du taux de cotisation d'assurance vieillesse, de base et complémentaire ;

5° L'affectation d'autres ressources au système de retraite, notamment pour financer les prestations non contributives.

IV. — Les recommandations mentionnées au II ne peuvent tendre à :

1° Augmenter le taux de cotisation d'assurance vieillesse, de base et complémentaire, au-delà de limites fixées par décret ;

2° Réduire le taux de remplacement assuré par les pensions, tel que défini par décret, en deçà de limites fixées par décret.

V. — Le Gouvernement, après consultation des organisations représentatives des employeurs et des salariés, présente au Parlement les suites qu'il entend donner aux recommandations prévues au II.

SECTION VII COMITÉ D'ALERTE SUR L'ÉVOLUTION DES DÉPENSES DE L'ASSURANCE MALADIE

(L. n° 2004-810 du 13 août 2004, art. 40-I)

Art. L. 114-4-1 Le Comité d'alerte sur l'évolution des dépenses de l'assurance maladie est chargé d'alerter le Parlement, le Gouvernement *(L. n° 2007-1786 du 19 déc. 2007, art. 36-II)* « , les Caisses nationales d'assurance maladie et l'Union nationale des organismes d'assurance maladie complémentaire » en cas d'évolution des dépenses d'assurance maladie incompatible avec le respect de l'objectif national voté par le Parlement. Le comité est composé du secrétaire général de la Commission des comptes de la sécurité sociale, du directeur général de l'Institut national de la statistique et des études économiques et d'une personnalité qualifiée nommée par le président du Conseil économique, social et environnemental.

Ce comité est placé auprès de la Commission des comptes de la sécurité sociale.

(L. n° 2010-1594 du 20 déc. 2010, art. 48-1°) « Chaque année, au plus tard le 15 avril, le comité rend un avis public dans lequel il analyse les anticipations de réalisation de l'objectif national de dépenses d'assurance maladie de l'année précédente en se fondant sur les données statistiques disponibles. Il en déduit les conséquences sur le respect de l'objectif de l'exercice en cours. »

Chaque année, au plus tard le 1er juin, et en tant que de besoin, le comité rend un avis sur le respect de l'objectif national de dépenses d'assurance maladie pour l'exercice en cours. Il analyse notamment l'impact des mesures conventionnelles et celui des déterminants conjoncturels et structurels des dépenses d'assurance maladie. *(L. n° 2008-1330 du 17 déc. 2008, art. 38-II)* « Il analyse les conditions d'exécution de l'objectif national de dépenses d'assurance maladie pour l'année précédente et le risque qui en résulte pour le respect de l'objectif de l'année en cours. »

Lorsque le comité considère qu'il existe un risque sérieux que les dépenses d'assurance maladie dépassent l'objectif national de dépenses d'assurance maladie avec une ampleur supérieure à un seuil fixé par décret qui ne peut excéder 1 %, il le notifie au Parlement, au Gouvernement et aux Caisses nationales d'assurance maladie. Celles-ci proposent des mesures de redressement *(L. n° 2007-1786 du 19 déc. 2007, art. 36-II ; L. n° 2008-1330 du 17 déc. 2008, art. 38-III)* « qui sont transmises dans un délai d'un mois au comité par l'Union nationale des Caisses d'assurance maladie. Le comité notifie également le risque sérieux de dépassement à l'Union nationale des organismes d'assurance maladie complémentaire qui propose des mesures de redressement ». Le comité rend un avis sur l'impact financier de ces mesures et, le cas échéant, de celles que l'État entend prendre pour sa part.

(L. n° 2010-1594 du 20 déc. 2010, art. 48-2°) « Le comité rend un avis, au plus tard le 15 octobre, dans lequel il contrôle les éléments ayant permis l'élaboration de l'objectif national de dépenses d'assurance maladie envisagé pour l'année à venir et présente ses réserves s'il constate, compte tenu des données dont il dispose, que cet objectif ne peut pas être respecté au vu de l'évolution prévisionnelle des dépenses d'assurance maladie. *(L. n° 2012-1404 du 17 déc. 2012, art. 60-1°)* « Cet avis porte également sur le respect de l'objectif national de dépenses d'assurance maladie de l'année en cours. »

« Cet avis est rendu public et transmis au Parlement. »

SECTION VIII *[ABROGÉE]* COMITÉ DE PILOTAGE DES RÉGIMES DE RETRAITE

(Abrogée par L. n° 2014-40 du 20 janv. 2014, art. 4-III)

Art. L. 114-4-2 et L. 114-4-3 *Abrogés par L. n° 2014-40 du 20 janv. 2014, art. 4-III.*

CHAPITRE IV *BIS* ORGANISATION COMPTABLE

Art. L. 114-5 *(L. org. n° 2005-881 du 2 août 2005, art. 1er)* Les régimes obligatoires de base de sécurité sociale et les organismes concourant à leur financement *(L. n° 2015-1776 du 28 déc. 2015, art. 72-1°)* « , ainsi que la Caisse nationale de solidarité pour l'autonomie »*[,]* appliquent un plan comptable unique fondé sur le principe de la constatation des droits et obligations. Les opérations sont prises en compte au titre de l'exercice auquel elles se rattachent, indépendamment de leur date de paiement ou d'encaissement.

Un décret fixe les règles comptables applicables aux régimes et organismes visés au premier alinéa, ainsi que les modalités de transmission et de centralisation des comptes de ces régimes et organismes.

Art. L. 114-6 *(L. org. nº 2005-881 du 2 août 2005, art. 1er)* « Pour l'application du VII de l'article L.O. 111-3, les organismes nationaux et les organismes de base des régimes obligatoires de sécurité sociale respectent les dispositions prévues aux alinéas suivants. »

(L. nº 2004-1370 du 20 déc. 2004, art. 64) Les comptes annuels et infra-annuels des organismes de base de sécurité sociale, présentés par *(L. nº 2018-1203 du 22 déc. 2018, art. 25-I)* « le directeur comptable et financier », établis sous sa responsabilité et visés par le directeur, sont transmis à l'organisme national chargé de leur centralisation. Ce dernier valide ces comptes et établit le compte combiné de la branche ou de l'activité de recouvrement, ou du régime. *(L. nº 2018-1203 du 22 déc. 2018, art. 25-I)* « Pour l'établissement des comptes combinés, le directeur comptable et financier de l'organisme national identifie et enregistre celles des écritures d'inventaire comptables, afférentes aux opérations des organismes de base et établies à partir d'estimations, ayant vocation à être retracées dans les comptes de l'organisme national. » — *V. Arr. du 27 nov. 2006 portant adoption des règles de combinaison des comptes des organismes de la sécurité sociale (JO 10 déc.).*

Les organismes nationaux de sécurité sociale qui gèrent un régime obligatoire de base transmettent leurs comptes annuels au ministre chargé de la sécurité sociale et à la Cour des comptes.

Les organismes nationaux de sécurité sociale qui gèrent un régime obligatoire de base comportant un réseau de caisses locales ou régionales transmettent les comptes combinés annuels au ministre chargé de la sécurité sociale et à la Cour des comptes.

Les comptes des régimes de protection sociale agricole sont également transmis au ministre de l'agriculture.

Les modalités d'application du présent article sont définies par décret. — *V. art. D. 114-4-1 s.*

Art. L. 114-6-1 *(L. nº 2007-1786 du 19 déc. 2007, art. 34-I)* Les règles d'établissement et d'arrêté des comptes annuels ainsi que des comptes combinés sont communes à l'ensemble des régimes et organismes de sécurité sociale. Un décret en Conseil d'État définit les compétences respectives des organes de direction et de l'instance délibérative compétente, et précise leur rôle, notamment au regard des missions de certification des comptes prévues aux articles L.O. 132-2-1 du code des juridictions financières et L. 114-8 du présent code.

Art. L. 114-7 *(L. nº 2004-1370 du 20 déc. 2004, art. 65)* Les organismes nationaux visés au deuxième alinéa de l'article L. 114-6 sont chargés d'alerter le Gouvernement et le Parlement en cas d'évolution des dépenses de la branche ou du régime manifestement incompatible avec le respect des objectifs votés par le Parlement en loi de financement de la sécurité sociale.

Le Gouvernement informe les commissions compétentes des deux assemblées des mesures prises ou envisagées pour y remédier.

Art. L. 114-8 *(L. nº 2005-1579 du 19 déc. 2005, art. 31-I)* Les comptes des organismes nationaux de sécurité sociale, autres que ceux mentionnés à l'article L.O. 132-2-1 du code des juridictions financières, ainsi que ceux des organismes créés pour concourir au financement de l'ensemble des régimes *(L. nº 2015-1776 du 28 déc. 2015, art. 72-2º)* « et ceux de la Caisse nationale de solidarité pour l'autonomie », sont certifiés par un commissaire aux comptes. Lorsque ces organismes établissent des comptes combinés, la certification est effectuée par deux commissaires aux comptes au moins.

Une norme d'exercice professionnel homologuée par voie réglementaire précise les diligences devant être accomplies par les commissaires aux comptes. Les dispositions de *(Ord. nº 2016-1360 du 13 oct. 2016, art. 51-VI, en vigueur au plus tard le 1er juill. 2017)* « l'article L. 141-10 *[ancienne rédaction : L. 141-3]* du code des juridictions financières » sont applicables à ces derniers.

(L. nº 2007-1786 du 19 déc. 2007, art. 34) « Les commissaires aux comptes sont également tenus de communiquer leur rapport aux autorités administratives compétentes

en ce qui concerne les comptes annuels et les comptes combinés mentionnés au premier alinéa du présent article.

« Les autorités administratives compétentes peuvent demander aux commissaires aux comptes des organismes mentionnés au présent article tout renseignement sur l'activité de l'organisme contrôlé. Les commissaires aux comptes sont alors déliés, à leur égard, du secret professionnel. Les autorités administratives compétentes peuvent également transmettre aux commissaires aux comptes de ces organismes les informations nécessaires à l'accomplissement de leur mission. Ces informations sont couvertes par le secret professionnel.

« Les autorités administratives compétentes peuvent en outre transmettre des observations écrites aux commissaires aux comptes qui sont alors tenus d'apporter des réponses en cette forme.

« Les commissaires aux comptes sont tenus de signaler dans les meilleurs délais aux autorités administratives compétentes tout fait concernant l'organisme ou toute décision prise par ses organes de direction, dont ils ont eu connaissance dans l'exercice de leur mission, de nature :

« 1° A constituer une violation aux dispositions législatives et réglementaires qui leur sont applicables ;

« 2° A entraîner le refus de la certification de ses comptes ou l'émission de réserves.

« La même obligation s'applique aux faits et aux décisions dont ils viendraient à avoir connaissance dans l'exercice de leur mission de commissaire aux comptes dans une entité entrant dans le périmètre d'établissement des comptes combinés au sens de l'article L. 114-6.

« La responsabilité des commissaires aux comptes ne peut être engagée pour les informations ou divulgations de faits auxquelles ils procèdent en exécution des obligations imposées par le présent article. »

BIBL. ▶ Le Gall, La certification des comptes à la sécurité sociale : historique et philosophie, *Regards EN3S, janv. 2010, p. 9*. – Vachia, Qu'est-ce que l'on entend par certification ?, *Regards EN3S, janv. 2010, p. 33*. – Certification des comptes du régime général de Sécurité sociale pour 2009, *C. comptes juin 2010*.

CHAPITRE IV *TER* DISPOSITIFS DE CONTRÔLE ET RELATIFS À LA LUTTE CONTRE LA FRAUDE *(L. n° 2018-1203 du 22 déc. 2018, art. 25-I)*.

(L. n° 2005-1579 du 19 déc. 2005, art. 92-I)

BIBL. ▶ François-Lubin, La lutte contre la fraude aux prestations à l'épreuve du droit de l'aide sociale, *RDSS 2011. 116*. – Salomon, Le particularisme de la fraude pénale en droit de la sécurité sociale, *Dr. soc. 2014. 931*. – Fraudes et protection sociale : Les entretiens du Conseil d'État (II), *Dr. soc. 2011. 481 s. (n° spécial)*.

SECTION PREMIERE CONTRÔLE INTERNE

(L. n° 2018-1203 du 22 déc. 2018, art. 25-I)

Art. L. 114-8-1 Le directeur et le directeur comptable et financier d'un organisme de sécurité sociale conçoivent et mettent en place conjointement un plan de contrôle interne dont l'objet est d'assurer la maîtrise des risques de toute nature, notamment financiers, inhérents aux missions confiées à cet organisme. Ils élaborent et mettent en œuvre les plans d'action permettant de remédier aux déficiences constatées et d'améliorer l'efficience de la gestion des missions de leurs organismes.

SECTION II CONTRÔLES ET LUTTE CONTRE LA FRAUDE *(L. n° 2018-1203 du 22 déc. 2018, art. 25-I)*.

Art. L. 114-9 Les directeurs des organismes *(L. n° 2015-1702 du 21 déc. 2015, art. 92-I-1°)* « chargés de la gestion d'un régime obligatoire » de sécurité sociale, ainsi que les directeurs des organismes *(L. n° 2016-1827 du 23 déc. 2016, art. 106-I)* « chargés du recouvrement des cotisations de sécurité sociale ou du service des allocations et prestations mentionnées au présent code » sont tenus, lorsqu'ils ont connaissance d'informations ou de faits pouvant être de nature à constituer une fraude, de procéder aux contrôles et enquêtes nécessaires. Ils transmettent à l'autorité compétente de l'État le rapport établi à l'issue des investigations menées.

(L. n° 2007-1786 du 19 déc. 2007, art. 104) « L'organisme local d'assurance maladie informe le cas échéant, s'il peut être identifié, l'organisme d'assurance maladie complémentaire de l'assuré de la mise en œuvre de la procédure visée au présent article. »

Les organismes nationaux des différents régimes suivent les opérations réalisées par les organismes mentionnés au premier alinéa. Ils en établissent annuellement une synthèse qui est transmise au ministre chargé de la sécurité sociale. Un arrêté du ministre chargé de la sécurité sociale en définit le contenu et le calendrier d'élaboration.

Lorsque à l'issue des investigations prévues au présent article une fraude est constatée pour un montant supérieur à un seuil fixé par décret, les organismes visés au premier alinéa portent plainte en se constituant partie civile. En ce cas, ils sont dispensés de la consignation prévue à l'article 88 du code de procédure pénale.

(L. n° 2007-1786 du 19 déc. 2007, art. 105) « Les organismes nationaux sont avisés par l'organisme de sécurité sociale de cette fraude et de la suite donnée. A défaut de plainte avec constitution de partie civile de l'organisme lésé, les organismes nationaux peuvent agir, en son nom et pour son compte, à l'expiration d'un délai d'un mois après une mise en demeure de ce dernier restée infructueuse. Les organismes nationaux peuvent aussi déposer plainte avec constitution de partie civile au nom et pour le compte d'un ou *[de]* plusieurs organismes de sécurité sociale qui les mandatent à cette fin. »

V. Décr. n° 2012-1200 du 29 oct. 2012 autorisant la création d'un traitement de données à caractère personnel relatif à la gestion des fraudes au régime général de l'assurance vieillesse (JO 31 oct.).

Art. L. 114-10 Les directeurs des organismes *(L. n° 2015-1702 du 21 déc. 2015, art. 92-I-1°)* « chargés de la gestion d'un régime obligatoire » de sécurité sociale *(L. n° 2016-1827 du 23 déc. 2016, art. 106-I)* « ou du service des allocations et prestations mentionnées au présent code » confient à des agents chargés du contrôle, assermentés et agréés dans des conditions définies par arrêté du ministre chargé de la sécurité sociale *(L. n° 2015-1702 du 21 déc. 2015, art. 92-I-2°)* « ou par arrêté du ministre chargé de l'agriculture », le soin de procéder à toutes vérifications ou enquêtes administratives concernant l'attribution des prestations *(L. n° 2015-1702 du 21 déc. 2015, art. 59-II-1°, en vigueur le 1er janv. 2016)* « , le contrôle du respect des conditions de résidence » et la tarification des accidents du travail et des maladies professionnelles. Des praticiens conseils *(L. n° 2011-2012 du 29 déc. 2011, art. 36-II)* « et auditeurs comptables » peuvent, à ce titre, être assermentés et agréés dans des conditions définies par le même arrêté. Ces agents ont qualité pour dresser des procès-verbaux faisant foi jusqu'à preuve du contraire. — *V. Arr. du 23 avr. 2017 fixant les conditions d'agrément et d'assermentation des agents et des praticiens conseils chargés du contrôle de l'application des législations de sécurité sociale (JO 2 mai).*

Lorsque cela est nécessaire à l'accomplissement de sa mission, un agent chargé du contrôle peut être habilité par le directeur de son organisme à effectuer, dans des conditions précisées par décret, des enquêtes administratives et des vérifications complémentaires dans le ressort d'un autre organisme. Les constatations établies à cette occasion font également foi à l'égard de ce dernier organisme dont le directeur tire, le cas échéant, les conséquences concernant l'attribution des prestations et la tarification des accidents du travail et des maladies professionnelles.

Les agents chargés du contrôle peuvent mener leurs vérifications et enquêtes pour le compte de plusieurs organismes appartenant éventuellement à différentes branches *(L. n° 2015-1702 du 21 déc. 2015, art. 92-I-2°)* « et différents régimes de la sécurité sociale.

« Les procès-verbaux transmis à un autre organisme de protection sociale font foi à son égard jusqu'à preuve du contraire. Le directeur de cet organisme en tire, le cas échéant, les conséquences, selon les procédures applicables à cet organisme concernant l'attribution des prestations dont il a la charge. »

Les modalités de cette coopération sont définies par décret.

*(Abrogé par L. n° 2015-1702 du 21 déc. 2015, art. 92-I-2°) « **Les dispositions du présent article ne s'appliquent pas aux agents mentionnés à l'article L. 243-7.** »*

Art. L. 114-10-1 *(L. nº 2015-1702 du 21 déc. 2015, art. 59-II-2º, en vigueur le 1er janv. 2016)* Les organismes chargés de la gestion d'un régime obligatoire de sécurité sociale *(L. nº 2016-1827 du 23 déc. 2016, art. 106-I)* « , du recouvrement des cotisations de sécurité sociale ou du service des allocations et prestations mentionnées au présent code » organisent le contrôle du respect des conditions de résidence en France. Ce contrôle est, chaque fois que possible, réalisé à partir des vérifications opérées par un autre organisme de sécurité sociale.

Art. L. 114-10-2 *(L. nº 93-1027 du 24 août 1993, art. 36-I) (L. nº 2016-1827 du 23 déc. 2016, art. 106-I)* « Les organismes mentionnés à l'article L. 114-10-1 sont tenus » de vérifier lors de l'affiliation et périodiquement que les assurés étrangers satisfont aux conditions de régularité de leur situation en France prévues au présent code. La vérification peut également être faite lors de la déclaration nominative effectuée par l'employeur prévue par l'article L. 320 *[L. 1221-10 s.]* du code du travail. Ils peuvent avoir accès aux fichiers des services de l'État pour obtenir les informations administratives nécessaires à cette vérification.

Lorsque ces informations sont conservées sur support informatique, elles peuvent faire l'objet d'une transmission *(Ord. nº 2018-1125 du 12 déc. 2018, art. 23, en vigueur au plus tard le 1er juin 2019)* « dans le respect des dispositions » de la loi nº 78-17 du 6 janvier 1978 relative à l'informatique, aux fichiers et aux libertés. — *[Anc. art. L. 115-7.]*

Sur les exceptions à l'application du droit des usagers de saisir l'administration par voie électronique concernant les démarches effectuées auprès des organismes de sécurité sociale, V. CRPA, App., vº Saisine par voie électronique — Exceptions. — **CRPA.**

Les dispositions de l'Ord. nº 2018-1125 du 12 déc. 2018 entrent en vigueur en même temps que le décret modifiant le Décr. nº 2005-1309 du 20 oct. 2005 pris pour l'application de la L. nº 78-17 du 6 janv. 1978 relative à l'informatique, aux fichiers et aux libertés, dans sa rédaction résultant de l'ord. préc., et au plus tard le 1er juin 2019.

Jurisprudence rendue sous l'empire des textes antérieurs à la L. nº 2016-1827 du 23 déc. 2016.

Conformité à la Constitution. En prévoyant que les organismes chargés de la gestion d'un régime obligatoire de sécurité sociale pourront avoir accès aux fichiers de l'État pour vérifier que les assurés étrangers satisfont aux conditions de régularité de leur situation en France, le législateur a explicitement entendu assurer l'application des dispositions protectrices de la liberté individuelle prévues par la législation relative à l'informatique, aux fichiers et aux libertés. • Cons. const. 13 août 1993, nº 93-325 DC, consid. 121 : *Rec. Cons. const. 224 ; Dr. soc. 1994. 69, note Dupeyroux et Prétot ; RFDA 1993. 871, note Genevois ; RFDC 1993. 583, obs. Favoreu ; RJS 1993, nº 1041.*

Art. L. 114-10-3 *(L. nº 2015-1702 du 21 déc. 2015, art. 59-II-4º, en vigueur le 1er janv. 2016)* I. — L'Union nationale des caisses d'assurance maladie établit un référentiel, homologué par l'État, précisant les modalités de contrôle appliquées par les organismes assurant la prise en charge des frais de santé, prévue à l'article L. 160-1, pour garantir le respect des conditions requises pour en bénéficier, notamment celles prévues aux articles L. 114-10-1 et L. 114-10-2. Ce référentiel distingue les procédés de contrôle faisant appel à des échanges d'informations et ceux nécessitant un contrôle direct auprès des assurés sociaux.

II. — Lorsqu'un organisme constate, après avoir procédé aux vérifications nécessaires, qu'une personne n'a pas droit à la prise en charge des frais de santé par la sécurité sociale, elle lui notifie son constat et l'invite à présenter ses observations. La personne fait connaître à l'organisme ses observations et fournit, le cas échéant, les pièces justificatives nécessaires au maintien de ses droits. Si les observations présentées et les pièces produites sont insuffisantes pour justifier le maintien des droits ou en l'absence de réponse de l'intéressé, il est mis fin au service des prestations. La personne concernée en est préalablement informée.

III. — Les modalités d'application du II du présent article sont définies par décret en Conseil d'État.

Art. L. 114-11 *(L. nº 2011-1906 du 21 déc. 2011, art. 121)* « Dans l'exercice de leurs missions respectives, les organismes *(L. nº 2016-1827 du 23 déc. 2016, art. 106-I)* « mentionnés à l'article L. 114-10-1 », les services de l'État chargés des affaires consulaires ainsi que l'établissement mentionné à l'article L. 452-1 du code de l'éducation se communiquent toutes informations qui sont utiles :

« 1° A l'appréciation et au contrôle des conditions d'ouverture ou de service des prestations et des aides qu'ils versent ;

« 2° Au recouvrement des créances qu'ils détiennent ;

« 3° Aux vérifications par les autorités consulaires des conditions de délivrance des documents d'entrée et de séjour sur le territoire français. »

Les constatations relatives à la situation de fait des assurés sociaux résidant hors de France ou à des soins reçus hors de France faites à la demande des organismes de sécurité sociale par des personnes physiques ou morales agréées par l'autorité consulaire française font foi jusqu'à preuve du contraire.

Art. L. 114-12 *(L. n° 2008-126 du 13 févr. 2008)* « Les organismes chargés de la gestion d'un régime obligatoire de sécurité sociale *(L. n° 2016-1827 du 23 déc. 2016, art. 106-I)* « , du recouvrement des cotisations de sécurité sociale ou du service des allocations et prestations mentionnées au présent code », les caisses assurant le service des congés payés *(L. n° 2016-1827 du 23 déc. 2016, art. 106-I)* « , Pôle emploi et les administrations de l'État » se communiquent les renseignements qui : »

1° Sont nécessaires à l'appréciation de droits ou à l'exécution d'obligations entrant dans le fonctionnement normal du service public dont sont chargés ces organismes ;

2° Sont nécessaires à l'information des *(L. n° 2008-126 du 13 févr. 2008)* « personnes » sur l'ensemble de leurs droits *(Abrogé par L. n° 2016-1827 du 23 déc. 2016, art. 106-I) « en cas de partage de la gestion d'une prestation par ces organismes »* ;

3° Sont nécessaires au contrôle, à la justification dans la constitution des droits *(Abrogé par L. n° 2015-1702 du 21 déc. 2015, art. 59-II-5°, à compter du 1er janv. 2016)* « *, notamment à pension de vieillesse* » et à la justification de la liquidation et du versement des prestations dont sont chargés respectivement ces organismes ;

(L. n° 2015-1702 du 21 déc. 2015, art. 59-II-5°, en vigueur le 1er janv. 2016) « 4° Permettent d'établir le respect des conditions de résidence prévues pour l'ouverture des droits et le service des prestations. »

Al. abrogé par L. n° 2007-1786 du 19 déc. 2007, art. 106-I.

(L. n° 2016-1827 du 23 déc. 2016, art. 106-I) « Les informations ainsi obtenues ont la même valeur que les données détenues en propre. »

Art. L. 114-12-1 *(L. n° 2006-1640 du 21 déc. 2006, art. 138-I)* Il est créé un répertoire national commun aux organismes chargés de la gestion d'un régime obligatoire de sécurité sociale *(L. n° 2016-1827 du 23 déc. 2016, art. 106-I)* « ou du service des allocations et prestations mentionnées au présent code », aux caisses assurant le service des congés payés, *(L. n° 2016-1827 du 23 déc. 2016, art. 106-I et 108-1°)* « à la Caisse des Français de l'étranger ainsi qu'à Pôle emploi », relatif aux bénéficiaires des prestations et avantages de toute nature qu'ils servent.

Ce répertoire est utilisé par ces organismes, notamment pour les échanges mentionnés à l'article L. 114-12 du présent code et pour ceux prévus, en application du présent code, avec les administrations fiscales.

Les échanges d'informations et *[de]* données relatives à ce répertoire peuvent prendre la forme de transmissions de données par voie électronique. *(Abrogé par L. n° 2014-1554 du 22 déc. 2014, art. 92-1°) (L. n° 2011-1906 du 21 déc. 2011, art. 117) « Ces échanges peuvent notamment porter sur les montants des prestations en espèces servies par les organismes mentionnés au premier alinéa. Cette nouvelle fonctionnalité est mise en œuvre avant la fin de l'année 2012. »* Les traitements automatisés de données qui se limitent à l'organisation de ces échanges, notamment en vue de garantir l'authenticité, la fiabilité, la provenance, l'intégrité et la confidentialité des données échangées, sont soumis aux dispositions de la loi n° 78-17 du 6 janvier 1978 relative à l'informatique, aux fichiers et aux libertés, dès lors que les informations et données échangées sont celles définies par les dispositions législatives et réglementaires relatives au répertoire défini au premier alinéa.

Ont également accès aux données de ce répertoire :

1° Les organismes de la branche recouvrement du régime général *(L. n° 2010-1330 du 9 nov. 2010, art. 7)* « et le Centre de liaisons européennes et internationales de sécurité sociale » dans le cadre de l'exercice de leurs missions ;

2° Les collectivités territoriales *(L. n° 2016-1827 du 23 déc. 2016, art. 108-1°)* « et leurs groupements, ainsi que les métropoles, » pour les procédures d'attribution d'une forme quelconque d'aide sociale[,] *(L. n° 2007-1786 du 19 déc. 2007, art. 111)* « et les centres communaux et intercommunaux d'action sociale mentionnés aux articles L. 123-4 à L. 123-9 du code de l'action sociale et des familles » ;

(L. n° 2014-288 du 5 mars 2014, art. 1er-III-1°, en vigueur le 1er janv. 2015) « 3° L'organisme chargé de la gestion du système d'information du compte personnel de formation mentionné *(L. n° 2018-771 du 5 sept. 2018, art. 1er-VI)* « à l'article L. 6323-9 » du code du travail, dans le cadre de la gestion de ce compte » ;

(L. n° 2015-990 du 6 août 2015, art. 280-VI) « 4° Les institutions mentionnées à l'article L. 3253-14 du code du travail » ;

(L. n° 2016-1827 du 23 déc. 2016, art. 108-1°) « 5° Les entreprises qui fournissent des services faisant l'objet d'une tarification définie par la loi sur la base de critères sociaux, s'agissant des données strictement nécessaires à la mise en œuvre de ces tarifs » ;

(L. n° 2018-898 du 23 oct. 2018, art. 6) « 6° Sous réserve d'être individuellement désignés et dûment habilités, dans le cadre de leurs missions, les agents de contrôle de l'inspection du travail mentionnés à l'article L. 8112-1 du code du travail, les officiers et agents de police judiciaire, les agents des douanes et des services fiscaux, y compris ceux habilités à effectuer des enquêtes judiciaires en application des articles 28-1 et 28-2 du code de procédure pénale, les agents du service à compétence nationale prévu à l'article L. 561-23 du code monétaire et financier. »

Le répertoire contient les données communes d'identification des individus, les informations relatives à leur affiliation aux différents régimes concernés, à leur rattachement à l'organisme qui leur sert les prestations ou avantages, à la nature de ces derniers, *(L. n° 2015-1702 du 21 déc. 2015, art. 59-II-6°, en vigueur le 1er janv. 2016)* « l'adresse déclarée aux organismes pour les percevoir, ainsi que les informations permettant d'attester du respect des conditions de résidence ». *(L. n° 2014-1554 du 22 déc. 2014, art. 92-2°)* « Au 1er janvier 2016, il contient également le montant des prestations en espèces servies par les organismes mentionnés au premier alinéa. »

Le numéro d'inscription au répertoire national d'identification des personnes physiques est l'identifiant utilisé.

Le contenu ainsi que les modalités de gestion et d'utilisation de ce répertoire sont fixés par décret en Conseil d'État, après avis *[Dispositions déclarées non conformes à la Constitution par la décision du Conseil constitutionnel n° 2006-544 DC du 14 décembre 2006]* de la Commission nationale de l'informatique et des libertés. Ce décret détermine également les conditions d'identification des personnes qui ne disposent pas d'un numéro d'inscription au répertoire mentionné à l'avant-dernier alinéa.

Art. L. 114-12-2 *(L. n° 2011-1906 du 21 déc. 2011, art. 109)* Chacun des organismes chargés de la gestion des régimes obligatoires de sécurité sociale peut être désigné pour réaliser et gérer un système d'information commun à tout ou partie d'entre eux, ainsi qu'à d'autres organismes mentionnés à l'article L. 114-12-1, en vue de l'accomplissement de leurs missions.

Cette désignation peut être prévue par une convention conclue entre les organismes concernés et publiée au *Bulletin officiel* du ministère chargé de la sécurité sociale ou, à défaut, par décret.

Art. L. 114-12-3 *(L. n° 2011-1906 du 21 déc. 2011, art. 118)* La constatation de l'obtention frauduleuse, notamment à l'aide de faux documents ou de fausses déclarations, d'un numéro d'inscription au répertoire national d'identification des personnes physiques entraîne la suspension du versement des prestations dans les conditions prévues à l'article L. 161-1-4 et le réexamen du droit à l'ensemble des prestations versées par les organismes mentionnés à l'article L. 114-12. Le cas échéant, le service chargé du répertoire national d'identification des personnes physiques procède à l'annulation du numéro d'inscription obtenu frauduleusement.

Art. L. 114-12-4 *(L. n° 2015-1702 du 21 déc. 2015, art. 59-II-7°, en vigueur le 1er janv. 2016)* Dans le respect de la loi n° 78-17 du 6 janvier 1978 relative à l'informatique, aux fichiers et aux libertés, les organismes et administrations mentionnés aux articles

L. 114-12 et L. 114-14 procèdent à des échanges d'informations strictement nécessaires au contrôle du respect des conditions de résidence prévues pour l'ouverture des droits et le service des prestations, en utilisant le numéro d'inscription au répertoire national d'identification des personnes physiques mentionné à l'article L. 114-12-1.

Art. L. 114-13 *Abrogé par L. n° 2013-1203 du 23 déc. 2013, art. 86-II-1°.*

Art. L. 114-14 Les échanges d'informations entre les agents des administrations fiscales, d'une part, et les agents des administrations chargées de l'application de la législation sociale et du travail et des organismes de protection sociale, d'autre part, sont effectués conformément aux dispositions prévues par le livre des procédures fiscales, et notamment ses articles L. 97 à L. 99 et L. 152 à L. 162 B.

Art. L. 114-15 Lorsqu'il apparaît, au cours d'un contrôle accompli dans l'entreprise par l'un des agents de contrôle mentionnés à l'article L. 325-1 *[L. 8211-1 et L. 8271-1]* du code du travail, que le salarié *(L. n° 2007-1786 du 19 déc. 2007, art. 113)* « a travaillé » sans que les formalités prévues aux articles L. 143-3 *[L. 3243-1, L. 3243-2 et L. 3243-4]* et L. 320 *[L. 1221-10 s.]* du même code aient été accomplies par son ou ses employeurs, cette information est portée à la connaissance des organismes chargés d'un régime de protection sociale en vue, notamment, de la mise en œuvre des procédures et des sanctions prévues aux articles L. 114-16 *(L. n° 2009-1646 du 24 déc. 2009, art. 87-II)* « , L. 114-17 », *(L. n° 2015-1702 du 21 déc. 2015, art. 59-XII-A-1°, en vigueur le 1er janv. 2016)* « L. 114-17-1 » et L. 323-6 du présent code.

Cette information est également portée à la connaissance des institutions gestionnaires du régime de l'assurance chômage, afin de mettre en œuvre les sanctions prévues aux articles L. 351-17 *[L. 5426-2 et L. 5426-9]* et L. 365-1 *[L. 5124-1, L. 5135-1 et L. 5429-1]* du code du travail.

Art. L. 114-15-1 *(L. n° 2016-1827 du 23 déc. 2016, art. 27, en vigueur le 1er avr. 2017)* Les travailleurs salariés ou non salariés qui exercent une activité en France tout en relevant de la législation de sécurité sociale d'un État autre que la France ou, à défaut, leur employeur ou son représentant en France doivent tenir à la disposition des agents de contrôle mentionnés à l'article L. 8271-1-2 du code du travail, à l'article L. 243-7 du présent code et à l'article L. 724-7 du code rural et de la pêche maritime, sur le lieu d'exécution du travail et chez la personne mentionnée à l'article L. 8222-1 du code du travail, le formulaire concernant la législation de sécurité sociale applicable prévu par les règlements européens et les conventions internationales en vigueur portant sur la coordination des systèmes de sécurité sociale.

Le défaut de production de ce document, lors du contrôle, par le travailleur, l'employeur ou son représentant en France ou la personne mentionnée au même article L. 8222-1 entraîne l'application d'une pénalité.

La pénalité mentionnée au deuxième alinéa du présent article est fixée pour chaque travailleur concerné à hauteur du plafond mensuel de *[la]* sécurité sociale en vigueur. Ce montant est doublé en cas de nouveau manquement constaté dans un délai de deux ans à compter de la notification de la pénalité concernant un précédent manquement.

La pénalité est due par la personne mentionnée audit article L. 8222-1.

La pénalité n'est pas applicable en cas de production, lors du contrôle, d'un justificatif attestant du dépôt de la demande d'obtention du formulaire mentionné au premier alinéa du présent article, suivie de la production, dans un délai de deux mois à compter du contrôle, du formulaire délivré à la suite de cette demande.

La pénalité est recouvrée par les organismes en charge du recouvrement des cotisations ou contributions de sécurité sociale, selon les règles et sous les garanties et sanctions applicables au recouvrement de ces cotisations ou contributions.

Art. L. 114-16 L'autorité judiciaire est habilitée à communiquer aux organismes de protection sociale toute indication qu'elle *(L. n° 2016-1827 du 23 déc. 2016, art. 108-2° et 109-I)* « recueille, à l'occasion de toute procédure judiciaire, de nature à faire présumer une fraude commise en matière sociale ou une manœuvre quelconque ayant eu pour objet ou pour résultat de frauder ou de compromettre le recouvrement des cotisations et contributions sociales.

« L'Agence de gestion et de recouvrement des avoirs saisis et confisqués peut communiquer aux organismes de protection sociale toute information utile à l'accomplissement de leur mission de recouvrement des cotisations et contributions dues et des prestations versées indûment.

« Lorsqu'une personne physique ou morale autorisée à dispenser des soins, à réaliser une prestation de service *[services]* ou des analyses de biologie médicale ou à délivrer des produits ou dispositifs médicaux susceptibles de donner lieu à un remboursement de l'assurance maladie a été sanctionnée ou condamnée, par décision devenue définitive, à une interdiction temporaire ou définitive d'exercer sa profession par une juridiction pénale ou une instance ordinale, le directeur de l'Union nationale des caisses d'assurance maladie en est avisé sans délai et diffuse cette information à l'ensemble des organismes mentionnés à l'article L. 160-17.

« Cette information est communiquée par le ministère public près la juridiction pénale ayant prononcé la condamnation définitive ou par le conseil de l'ordre dont la chambre disciplinaire a prononcé la sanction définitive.

« Les sommes indument versées par l'organisme de prise en charge font l'objet d'une récupération dans les conditions définies au troisième alinéa de l'article L. 133-4. »

Les dispositions de l'art. 109-I de la L. n° 2016-1827 du 23 déc. 2016 sont applicables aux condamnations ou sanctions prononcées à compter du 1er janv. 2017 (L. préc., art. 109-II).

Jurisprudence rendue sous l'empire des textes antérieurs à la L. n° 2016-1827 du 23 déc. 2016.

Conformité à la Constitution. Les dispositions des art. L. 114-16 CSS et L. 8271-8 C. trav. ne portent atteinte ni à la présomption d'innocence ni au respect des droits de la défense et ne méconnaissent pas davantage la liberté contractuelle, la liberté d'entreprendre ou le droit de propriété • Cons. const. 26 nov. 2010, n° 2010-69 QPC : *RJS 2011, n° 172 ; JCP E 2011, n° 1424, obs. Bugada.*

Art. L. 114-16-1 *(L. n° 2011-267 du 14 mars 2011, art. 104-I)* Les agents de l'État ou des organismes de protection sociale, mentionnés à l'article L. 114-16-3, sont habilités à s'échanger tous renseignements et tous documents utiles à l'accomplissement des missions de recherche et de constatation des fraudes en matière sociale énumérées à l'article L. 114-16-2, ainsi qu'au recouvrement des cotisations et contributions dues et des prestations sociales versées indûment.

Les agents des services préfectoraux désignés par arrêté préfectoral sont habilités à transmettre aux agents mentionnés à l'article L. 114-16-3 tous renseignements et tous documents utiles à l'accomplissement par ceux-ci de leur mission de recherche et de constatation des fraudes en matière sociale visées à l'article L. 114-16-2, ainsi qu'au recouvrement des cotisations et contributions dues et des prestations sociales versées indûment.

(L. n° 2015-1702 du 21 déc. 2015, art. 94-IV) « Sans préjudice des facultés d'échange d'informations dont ils disposent avec les agents des autorités administratives mentionnées à l'article 1er de l'ordonnance n° 2005-1516 du 8 décembre 2005 relative aux échanges électroniques entre les usagers et les autorités administratives et entre les autorités administratives, les agents des services mentionnés à l'article L. 811-2 du code de la sécurité intérieure ou des services désignés par le décret en Conseil d'État prévu à l'article L. 811-4 du même code sont habilités à transmettre aux agents mentionnés à l'article L. 114-16-3 du présent code les informations strictement utiles à l'accomplissement de leurs missions, lorsque la transmission de ces informations participe directement à la poursuite de l'une des finalités prévues à l'article L. 811-3 du code de la sécurité intérieure. »

Les dispositions issues de la L. n° 2011-267 du 14 mars 2011 ne sont pas applicables dans les îles Wallis-et-Futuna, en Polynésie française et en Nouvelle-Calédonie (L. préc., art. 125).

Art. L. 114-16-2 *(L. n° 2011-267 du 14 mars 2011, art. 104-I)* Les fraudes en matière sociale mentionnées à l'article L. 114-16-1 sont celles définies par :

– les articles 313-1, 441-1, 441-6 et 441-7 du code pénal lorsqu'elles portent un préjudice aux organismes de protection sociale ;

– les articles *(Abrogé par L. n° 2013-1203 du 23 déc. 2013, art. 86-II-2°)* « *L. 114-13, L. 162-36,* » L. 272-1, L. 377-5, L. 583-3 et L. 831-7 du présent code ;

(L. nº 2013-1203 du 23 déc. 2013, art. 86-II-2º) « – l'article L. 351-1 du code » de l'action sociale et des familles ;

– les articles L. 351-12 *(Abrogé par L. nº 2013-1203 du 23 déc. 2013, art. 86-II-2º)* « *, L. 351-13* » et L. 651-1 du code de la construction et de l'habitation ;

– les articles L. 5124-1 *(Abrogé par L. nº 2014-288 du 5 mars 2014, art. 20-II)* « *, L. 5135-1* », L. 5413-1, L. 5429-1, L. 5429-3 et L. 5522-28 du code du travail ;

(Abrogé par L. nº 2013-1203 du 23 déc. 2013, art. 86-II-2º) « ***– l'article 1er de la loi du 27 septembre 1941 relative aux déclarations inexactes des créanciers de l'État ou des collectivités publiques ;*** »

– l'article 22 de la loi nº 68-690 du 31 juillet 1968 portant diverses dispositions d'ordre économique et financier ; *– V. note ss. art. L. 114-16-1.*

(L. nº 2015-994 du 17 août 2015, art. 59-IV-1º, en vigueur le 1er janv. 2016) « – les articles 313-1, 313-3, 441-1, 441-6 et 441-7 du code pénal, lorsqu'elles visent à obtenir, faire obtenir ou tenter de faire obtenir le revenu de solidarité active prévu à l'article L. 262-1 du code de l'action sociale et des familles ou la prime d'activité prévue à l'article L. 841-1 du présent code. »

Art. L. 114-16-3 *(L. nº 2011-267 du 14 mars 2011, art. 104-I)* Les agents mentionnés au premier alinéa de l'article L. 114-16-1 sont les suivants :

1º Les agents mentionnés à l'article *(L. nº 2011-672 du 16 juin 2011, art. 84-V)* « L. 8271-1-2 » du code du travail ;

2º Les agents des administrations centrales de l'État chargés de la lutte contre la fraude aux finances publiques désignés par le directeur ou le directeur général de chaque administration à cet effet ;

(L. nº 2012-1404 du 17 déc. 2012, art. 99-1º) « 3º Les agents de direction des organismes chargés de la gestion d'un régime obligatoire de sécurité sociale ; les agents chargés du contrôle mentionnés aux articles L. 114-10, L. 243-7 et L. 611-16 du présent code et aux articles L. 724-7 et L. 724-8 du code rural et de la pêche maritime ; »

4º Les agents des organismes nationaux mentionnés au titre II du livre II du présent code désignés par le directeur ou le directeur général de chaque organisme à cet effet ; les agents de la Caisse centrale de la mutualité sociale agricole désignés par son directeur à cet effet *(Abrogé par L. nº 2017-1836 du 30 déc. 2017, art. 15-V, à compter du 1er janv. 2018) (L. nº 2012-1404 du 17 déc. 2012, art. 99-2º)* « ***; les agents de la Caisse nationale du régime social des indépendants désignés par son directeur à cet effet*** » ; *– Sur les dispositions transitoires de l'art. 15 de la L. nº 2017-1836 du 30 déc. 2017, V. ss. le livre VI « Dispositions applicables aux travailleurs indépendants ».*

5º Les agents de l'institution mentionnée à l'article L. 5312-1 du code du travail désignés par son directeur général à cet effet ;

6º Les agents de l'organisme mentionné à l'article L. 5427-1 du même code désignés par son directeur général à cet effet et les agents agissant en application de l'article L. 3253-14 du même code désignés par le directeur de l'institution prévue au premier alinéa du même article à cet effet.

(Abrogé par L. nº 2012-1404 du 17 déc. 2012, art. 100) « ***Pour l'application de l'article L. 114-16-1 du présent code, les agents des impôts et les agents des douanes mentionnés au 1º du présent article doivent être désignés par le ministre du budget.*** » *– V. note ss. art. L. 114-16-1.*

Art. L. 114-17 *(L. nº 2006-339 du 23 mars 2006, art. 15 ; L. nº 2009-1646 du 24 déc. 2009, art. 87-I ; L. nº 2011-1906 du 21 déc. 2011, art. 114-I)* I. — Peuvent faire l'objet *(L. nº 2017-1836 du 30 déc. 2017, art. 78-I)* « d'un avertissement ou » d'une pénalité prononcée par le directeur de l'organisme chargé de la gestion des prestations familiales ou des prestations d'assurance vieillesse, au titre de toute prestation servie par l'organisme concerné :

1º L'inexactitude ou le caractère incomplet des déclarations faites pour le service des prestations *(L. nº 2018-727 du 10 août 2018, art. 3)* « , sauf en cas de bonne foi de la personne concernée » ;

2º L'absence de déclaration d'un changement dans la situation justifiant le service des prestations *(L. nº 2018-727 du 10 août 2018, art. 3)* « , sauf en cas de bonne foi de la personne concernée » ;

3° L'exercice d'un travail dissimulé, constaté dans les conditions prévues à l'article L. 114-15, par le bénéficiaire de prestations versées sous conditions de ressources ou de cessation d'activité ;

4° Les agissements visant à obtenir ou à tenter de faire obtenir le versement indu de prestations servies par un organisme mentionné au premier alinéa, même sans en être le bénéficiaire ;

(L. n° 2014-1554 du 22 déc. 2014, art. 90-I-1°) « 5° Les actions ou omissions ayant pour objet de faire obstacle ou de se soustraire aux opérations de contrôle exercées, en application de l'article L. 114-10 du présent code et de l'article L. 724-7 du code rural et de la pêche maritime, par les agents mentionnés au présent article, visant à refuser l'accès à une information formellement sollicitée, à ne pas répondre ou à apporter une réponse fausse, incomplète ou abusivement tardive à toute demande de pièce justificative, d'information, d'accès à une information, ou à une convocation, émanant des organismes chargés de la gestion des prestations familiales et des prestations d'assurance vieillesse, dès lors que la demande est nécessaire à l'exercice du contrôle ou de l'enquête. »

Le montant de la pénalité est fixé en fonction de la gravité des faits, dans la limite de deux fois le plafond mensuel de la sécurité sociale. Cette limite est doublée en cas de récidive dans un délai fixé par voie réglementaire. *(L. n° 2014-1554 du 22 déc. 2014, art. 90-I-1°)* « Tout fait ayant donné lieu à une sanction devenue définitive en application du présent article peut constituer le premier terme de récidive d'un nouveau manquement sanctionné par le présent article. » Le directeur de l'organisme concerné notifie le montant envisagé de la pénalité et les faits reprochés à la personne en cause, afin qu'elle puisse présenter ses observations écrites ou orales dans un délai d'un mois. A l'issue de ce délai, le directeur de l'organisme prononce, le cas échéant, la pénalité et la notifie à l'intéressé en lui indiquant le délai dans lequel il doit s'en acquitter ou les modalités selon lesquelles elle sera récupérée sur les prestations à venir.

La personne concernée peut former, dans un délai fixé par voie réglementaire, un recours gracieux contre cette décision auprès du directeur. Ce dernier statue après avis d'une commission composée et constituée au sein du conseil d'administration de l'organisme. Cette commission apprécie la responsabilité de la personne concernée dans la réalisation des faits reprochés. Si elle l'estime établie, elle propose le prononcé d'une pénalité dont elle évalue le montant. L'avis de la commission est adressé simultanément au directeur de l'organisme et à l'intéressé.

La mesure prononcée est motivée et peut être contestée devant le *(Ord. n° 2018-358 du 16 mai 2018, art. 1er, en vigueur le 1er janv. 2019)* « tribunal de grande instance spécialement désigné en application de l'article L. 211-16 du code de l'organisation judiciaire ». La pénalité ne peut pas être prononcée s'il a été fait application, pour les mêmes faits, des articles L. 262-52 ou L. 262-53 du code de l'action sociale et des familles.

En l'absence de paiement dans le délai prévu par la notification de la pénalité, le directeur de l'organisme envoie une mise en demeure à l'intéressé de payer dans le délai d'un mois. Le directeur de l'organisme, lorsque la mise en demeure est restée sans effet, peut délivrer une contrainte qui, à défaut d'opposition du débiteur devant le tribunal des affaires de sécurité sociale, comporte tous les effets d'un jugement et confère notamment le bénéfice de l'hypothèque judiciaire. Une majoration de 10 % est applicable aux pénalités qui n'ont pas été réglées aux dates d'exigibilité mentionnées sur la mise en demeure.

La pénalité peut être recouvrée par retenues sur les prestations à venir. Il est fait application, pour les retenues sur les prestations versées par les organismes débiteurs de prestations familiales, des articles *(L. n° 2015-994 du 17 août 2015, art. 59-IV-2°, en vigueur le 1er janv. 2016)* « L. 553-2, L. 835-3 et L. 845-3 » du présent code, de l'article L. 262-46 du code de l'action sociale et des familles et de l'article L. 351-11 du code de la construction et de l'habitation et, pour les retenues sur les prestations versées par les organismes d'assurance vieillesse, des articles L. 355-2 et L. 815-10 du présent code.

Les faits pouvant donner lieu au prononcé d'une pénalité se prescrivent selon les règles définies à l'article 2224 du code civil. L'action en recouvrement de la pénalité se

prescrit par deux ans à compter de la date d'envoi de la notification de la pénalité par le directeur de l'organisme concerné.

Les modalités d'application du présent I sont fixées par décret en Conseil d'État.

II. — Lorsque l'intention de frauder est établie, le montant de la pénalité ne peut être inférieur à un *(L. n° 2014-1554 du 22 déc. 2014, art. 90-I-2°)* **« trentième » du plafond mensuel de la sécurité sociale. En outre, la limite du montant de la pénalité prévue au I du présent article est portée à quatre fois le plafond mensuel de la sécurité sociale. Dans le cas d'une fraude commise en bande organisée au sens de l'article 132-71 du code pénal, cette limite est portée à huit fois le plafond mensuel de la sécurité sociale.** — *Ces dispositions s'appliquent aux faits commis postérieurement à la date de publication du décret pris pour l'application de l'art. L. 114-17 dans sa rédaction résultant de la L. n° 2009-1646 du 24 déc. 2009 (L. préc., art. 87-IV).*

V. Circ. intermin. DSS n° 2010-260 du 12 juill. 2010 relative aux règles de prescription applicables en matière de sécurité sociale (BO Santé n° 2010/8 du 15 sept. 2010, p. 171).

1. Condition. Une sanction financière ne peut être prononcée dans les conditions prévues à l'art. L. 162-1-14 que si l'activité non autorisée à laquelle s'est prêtée le bénéficiaire des indemnités journalières a donné lieu à une rémunération. • Civ. 2e, 17 sept. 2015, n° 14-20.343 P : *JCP S 2015, n° 1446, note Vachet.* ♦ V. aussi note ss. art. R. 114-18.

2. Contrôle du juge. Il appartient au juge du contentieux de la sécurité sociale, saisi d'un recours formé contre la pénalité prononcée dans les conditions qu'il précise, de vérifier la matérialité, la qualification et la gravité des faits reprochés à la personne concernée ainsi que l'adéquation du montant de la pénalité à l'importance de l'infraction commise par cette dernière. En l'espèce, le tribunal ne pouvait retenir, pour annuler la pénalité financière prononcée à l'égard de l'intéressé âgé de 76 ans, atteint de la maladie d'Alzheimer et analphabète, que l'intention frauduleuse de celui-ci n'était pas établie. • Civ. 2e, 15 févr. 2018, n° 17-12.966 P : *RJS 4/2018, n° 291 ; RDSS 2018. 371, note Tauran ; JCP S 2018. 1121, note Bouilloux ; RD rur. 2018. 102, note Tauran.*

3. Formalité substantielle. L'avis motivé de la commission portant notamment sur la matérialité des faits reprochés, sur la responsabilité de la personne et le montant de la pénalité susceptible d'être appliqué est adressé simultanément au directeur de l'organisme et à l'intéressé. Cette communication, destinée à assurer le caractère contradictoire de la procédure et la sauvegarde des droits de la défense, constitue une formalité substantielle dont dépend la validité de la pénalité prononcée par le directeur de l'organisme, sans que soit exigée la preuve d'un préjudice. • Civ. 2e, 29 nov. 2018, n° 17-18.248 P : *JCP S 2018, n° 1421, note Auméran.*

Art. L. 114-17-1 *(L. n° 2008-1330 du 17 déc. 2008, art. 115-I)* **I. — Peuvent faire l'objet d'une pénalité prononcée par le directeur de l'organisme local d'assurance maladie** *(L. n° 2013-1203 du 23 déc. 2013, art. 84-II-1°)* **« , de la caisse mentionnée à l'article** *[aux articles]* **L. 215-1 ou L. 215-3 ou de l'organisme local chargé de verser les prestations au titre des assurances obligatoires contre les accidents de travail et les maladies professionnelles des professions agricoles » :**

1° Les bénéficiaires des régimes obligatoires des assurances maladie, maternité, invalidité, décès, accidents du travail et maladies professionnelles, de la protection complémentaire en matière de santé mentionnée à l'article L. 861-1 *(Abrogé par L. n° 2018-1203 du 22 déc. 2018, art. 52-II, à compter du 1er nov. 2019)* **«** ***, de l'aide au paiement d'une assurance complémentaire de santé mentionnée à l'article L. 863-1*** **» ou de l'aide médicale de l'État mentionnée au premier alinéa de l'article L. 251-1 du code de l'action sociale et des familles ;**

2° Les employeurs ;

3° Les professionnels et établissements de santé, ou toute autre personne physique ou morale autorisée à dispenser des soins, à réaliser une prestation de service *[services]* **ou des** *(Ord. n° 2010-49 du 13 janv. 2010, art. 6)* **« examens de biologie médicale » ou à délivrer des produits ou dispositifs médicaux aux bénéficiaires mentionnés au 1° ;**

4° Tout individu impliqué dans le fonctionnement d'une fraude en bande organisée.

II. — La pénalité mentionnée au I est due pour :

1° Toute inobservation des règles du présent code, du code de la santé publique *(L. n° 2009-1646 du 24 déc. 2009, art. 95-I)* **« , du code rural » et de la pêche maritime ou du code de l'action sociale et des familles ayant abouti à une demande, une prise en charge ou un versement indu d'une prestation en nature ou en espèces par l'orga-**

nisme local d'assurance maladie *(L. n° 2018-727 du 10 août 2018, art. 3)* « , sauf en cas de bonne foi de la personne concernée » ; *(Abrogé par L. n° 2018-727 du 10 août 2018, art. 3)* *« il en va de même lorsque l'inobservation de ces règles a pour effet de faire obstacle aux contrôles ou à la bonne gestion de l'organisme ; »*

(L. n° 2018-727 du 10 août 2018, art. 3) « 1° *bis* L'inobservation des règles mentionnées au 1° du présent II lorsque celle-ci a pour effet de faire obstacle aux contrôles ou à la bonne gestion de l'organisme ; »

2° L'absence de déclaration, par les bénéficiaires mentionnés au 1° du I, d'un changement dans leur situation justifiant *(L. n° 2015-1702 du 21 déc. 2015, art. 59-II-8°, en vigueur le 1er janv. 2016)* « l'ouverture de leurs droits et » le service des prestations *(L. n° 2018-727 du 10 août 2018, art. 3)* « , sauf en cas de bonne foi de la personne concernée » ;

3° Les agissements visant à obtenir ou à tenter de faire obtenir par toute fausse déclaration, manœuvre ou inobservation des règles du présent code la protection complémentaire en matière de santé ou le bénéfice du droit à la déduction mentionnés à l'article L. 863-2 ;

4° Les agissements visant à obtenir ou à tenter de faire obtenir par toute fausse déclaration, manœuvre ou inobservation des règles du code de l'action sociale et des familles l'admission à l'aide médicale de l'État mentionnée au premier alinéa de l'article L. 251-1 du même code ;

5° Le refus d'accès à une information, l'absence de réponse ou la réponse fausse, incomplète ou abusivement tardive à toute demande de pièce justificative, d'information, d'accès à une information ou à une convocation émanant de l'organisme local d'assurance maladie ou du service du contrôle médical *(L. n° 2013-1203 du 23 déc. 2013, art. 84-II-1°)* « , de la caisse mentionnée à l'article *[aux articles]* L. 215-1 ou L. 215-3 ou de l'organisme local chargé de verser les prestations au titre des assurances obligatoires contre les accidents de travail et les maladies professionnelles des professions agricoles » dans le cadre d'un contrôle, d'une enquête ou d'une mise sous accord préalable prévus aux articles L. 114-9 à L. 114-21, L. 162-1-15, L. 162-1-17*[,]* *(L. n° 2011-2012 du 29 déc. 2011, art. 36-III)* « L. 162-1-20 » et L. 315-1 ;

6° Une récidive après deux périodes de mise sous accord préalable en application de l'article L. 162-1-15 *(L. n° 2009-1646 du 24 déc. 2009, art. 41-I)* « ou lorsque le médecin n'atteint pas l'objectif de réduction des prescriptions ou réalisations prévu au II du même article » ; – *Les dispositions issues de la L. n° 2009-1646 du 24 déc. 2009 s'appliquent aux faits postérieurs à la date de publication du décret pris conformément au III de l'art. L. 162-1-15 CSS (L. préc., art. 41-III).*

7° Les abus constatés dans les conditions prévues au II de l'article L. 315-1 ;

(Abrogé par L. n° 2016-41 du 26 janv. 2016, art. 96-II-1°) *« 8° Le refus par un professionnel de santé de reporter dans le dossier médical personnel les éléments issus de chaque acte ou consultation, dès lors que le patient ne s'est pas explicitement opposé au report de cet acte ou consultation dans son dossier médical personnel ; »*

(L. n° 2010-1594 du 20 déc. 2010, art. 93-II-2°) « 9° Toute fausse déclaration portée sur la déclaration d'accident du travail ou tout non-respect par les employeurs des obligations relatives à ladite déclaration ou à la remise de la feuille d'accident à la victime ; »

10° Le fait d'organiser ou de participer au fonctionnement d'une fraude en bande organisée.

III. – Le montant de la pénalité mentionnée au I est fixé en fonction de la gravité des faits reprochés, soit proportionnellement aux sommes concernées dans la limite de *(L. n° 2017-1836 du 30 déc. 2017, art. 78-I)* « 70 % » de celles-ci, soit, à défaut de sommes déterminées ou clairement déterminables *(L. n° 2009-1646 du 24 déc. 2009, art. 92-I)* « , réserve faite de l'application de l'article L. 162-1-14-2 », forfaitairement dans la limite de *(L. n° 2017-1836 du 30 déc. 2017, art. 78-I)* « quatre » fois le plafond mensuel de la sécurité sociale. Il est tenu compte des prestations servies au titre de la protection complémentaire en matière de santé et de l'aide médicale de l'État pour la fixation de la pénalité.

(L. n° 2017-1836 du 30 déc. 2017, art. 78-I) « En cas de manœuvre frauduleuse ou de fausse déclaration, le montant de la pénalité ne peut être inférieur au montant des

sommes concernées, majoré d'une pénalité dont le montant est fixé dans la limite de quatre fois le plafond mensuel de la sécurité sociale. »

Le montant de la pénalité est doublé en cas de récidive dans un délai fixé par voie réglementaire.

IV. – Le directeur de l'organisme local d'assurance maladie *(L. nº 2013-1203 du 23 déc. 2013, art. 84-II-1º)* « , de la caisse mentionnée à l'article *[aux articles]* L. 215-1 ou L. 215-3 ou de l'organisme local chargé de verser les prestations au titre des assurances obligatoires contre les accidents de travail et les maladies professionnelles des professions agricoles » notifie les faits reprochés à la personne physique ou morale en cause afin qu'elle puisse présenter ses observations dans un délai fixé par voie réglementaire. A l'expiration de ce délai, le directeur :

1º Décide de ne pas poursuivre la procédure ;

2º Notifie à l'intéressé un avertissement *(Abrogé par L. nº 2017-1836 du 30 déc. 2017, art. 78-I) « , sauf dans les cas prévus aux 3º et 4º du II »* ;

3º Ou saisit la commission mentionnée au V. A réception de l'avis de la commission, le directeur :

a) Soit décide de ne pas poursuivre la procédure ;

(L. nº 2017-1836 du 30 déc. 2017, art. 78-I) « *b)* Soit notifie à l'intéressé un avertissement » ;

« *c)* » Soit notifie à l'intéressé la pénalité qu'il décide de lui infliger, en indiquant le délai dans lequel il doit s'en acquitter *(L. nº 2011-1906 du 21 déc. 2011, art. 114-III-1º)* « ou les modalités selon lesquelles elle sera récupérée sur les prestations à venir ». La pénalité est motivée et peut être contestée devant le *(Ord. nº 2018-358 du 16 mai 2018, art. 1er, en vigueur le 1er janv. 2019)* « tribunal de grande instance spécialement désigné en application de l'article L. 211-16 du code de l'organisation judiciaire ».

En l'absence de paiement de la pénalité dans le délai prévu, le directeur envoie une mise en demeure à l'intéressé de payer dans un délai fixé par voie réglementaire. *(Abrogé par L. nº 2011-1906 du 21 déc. 2011, art. 114-II-2º) « La mise en demeure ne peut concerner que des pénalités notifiées dans un délai fixé par voie réglementaire. »* Lorsque la mise en demeure est restée sans effet, le directeur peut délivrer une contrainte qui, à défaut d'opposition du débiteur devant le *(Ord. nº 2018-358 du 16 mai 2018, art. 1er, en vigueur le 1er janv. 2019)* « tribunal de grande instance spécialement désigné en application de l'article L. 211-16 du code de l'organisation judiciaire », comporte tous les effets d'un jugement et confère notamment le bénéfice de l'hypothèque judiciaire. Une majoration de 10 % est applicable aux pénalités qui n'ont pas été réglées aux dates d'exigibilité mentionnées dans la mise en demeure.

(L. nº 2011-1906 du 21 déc. 2011, art. 114-III-3º) « La pénalité peut être recouvrée par retenues sur les prestations à venir. Il est fait application pour les assurés sociaux de l'article L. 133-4-1.

« Les faits pouvant donner lieu au prononcé d'une pénalité se prescrivent selon les règles définies à l'article 2224 du code civil. L'action en recouvrement de la pénalité se prescrit par deux ans à compter de la date d'envoi de la notification de la pénalité par le directeur de l'organisme concerné. »

Le directeur ne peut concurremment recourir au dispositif de pénalité prévu par le présent article et aux procédures conventionnelles visant à sanctionner les mêmes faits.

V. – La pénalité ne peut être prononcée qu'après avis d'une commission composée et constituée au sein du conseil ou du conseil d'administration de l'organisme local d'assurance maladie *(L. nº 2013-1203 du 23 déc. 2013, art. 84-II-1º)* « , de la caisse mentionnée à l'article *[aux articles]* L. 215-1 ou L. 215-3 ou de l'organisme local chargé de verser les prestations au titre des assurances obligatoires contre les accidents de travail et les maladies professionnelles des professions agricoles ». Lorsque est en cause une des personnes mentionnées au 3º du I, des représentants de la même profession ou des établissements concernés participent à cette commission.

La commission mentionnée au premier alinéa du présent V apprécie la responsabilité de la personne physique ou morale dans la réalisation des faits reprochés. Si elle l'estime établie, elle propose le prononcé d'une pénalité dont elle évalue le montant.

L'avis de la commission est adressé simultanément au directeur de l'organisme et à l'intéressé.

VI. — Lorsque plusieurs organismes locaux d'assurance maladie *(L. n° 2013-1203 du 23 déc. 2013, art. 84-II-2°)* « , plusieurs caisses mentionnées aux articles L. 215-1 ou L. 215-3 ou l'organisme local chargé de verser les prestations au titre des assurances obligatoires contre les accidents de travail et les maladies professionnelles des professions agricoles » sont concernés par les mêmes faits mettant en cause une des personnes mentionnées au 3° *(L. n° 2009-1646 du 24 déc. 2009, art. 95-I)* « ou au 4° » du I, ils peuvent mandater le directeur de l'un d'entre eux pour instruire la procédure ainsi que pour prononcer et recouvrer la pénalité en leur nom.

La constitution et la gestion de la commission mentionnée au V peuvent être déléguées à un autre organisme local d'assurance maladie *(L. n° 2013-1203 du 23 déc. 2013, art. 84-II-2°)* « , une autre caisse mentionnée aux articles L. 215-1 ou L. 215-3 ou à l'organisme local chargé de verser les prestations au titre des assurances obligatoires contre les accidents de travail et les maladies professionnelles des professions agricoles » par une convention qui doit être approuvée par les conseils d'administration des organismes concernés.

VII. — En cas de fraude établie dans des cas définis par voie réglementaire :

1° Le directeur de l'organisme local d'assurance maladie *(L. n° 2013-1203 du 23 déc. 2013, art. 84-II-3°)* « , des caisses mentionnées aux articles L. 215-1 ou L. 215-3 ou de l'organisme local chargé de verser les prestations au titre des assurances obligatoires contre les accidents de travail et les maladies professionnelles des professions agricoles » peut prononcer une pénalité sans solliciter l'avis de la commission mentionnée au V ;

2° Les plafonds prévus au premier alinéa du III sont portés respectivement à 200 % et quatre fois le plafond mensuel de la sécurité sociale. Dans le cas particulier de fraude commise en bande organisée, le plafond est porté à 300 % des sommes indûment présentées au remboursement *(L. n° 2017-1836 du 30 déc. 2017, art. 78-I)* « dans la limite de huit fois le plafond mensuel de la sécurité sociale » ;

3° La pénalité prononcée ne peut être inférieure au dixième du plafond mensuel de la sécurité sociale s'agissant des personnes mentionnées au 1° du I, à la moitié du plafond s'agissant des personnes physiques mentionnées au 3° du même I et au montant de ce plafond pour les personnes mentionnées au 2° du même I et les personnes morales mentionnées au 3° du même I ;

4° Le délai mentionné au dernier alinéa du III est majoré par voie réglementaire *(L. n° 2010-1594 du 20 déc. 2010, art. 120-I-1°)* « VII *bis*. — Les pénalités prononcées en application du présent article sont notifiées après avis conforme du directeur de l'Union nationale des caisses d'assurance maladie ou de son représentant désigné à cet effet. Son avis est réputé conforme dans un délai précisé par voie réglementaire. »

VIII. — Les modalités d'application du présent article sont déterminées par décret en Conseil d'État. — *[Anc. art. L. 162-1-14.]*

L'art. L. 162-1-14 [devenu l'art. L. 114-17-1] s'applique aux faits commis postérieurement à la date de publication du décret pris en application du VIII dudit art. (L. n° 2008-1330 du 17 déc. 2008, art. 115-II).

V. Circ. intermin. DSS n° 2010-260 du 12 juill. 2010 relative aux règles de prescription applicables en matière de sécurité sociale (BO Santé n° 2010/8 du 15 sept. 2010, p. 171).

Charge de la preuve. Viole les art. L. 162-2-1 et L. 162-1-14 (devenu L. 114-17-1), le tribunal qui inverse la charge de la preuve alors que le recours à une prescription assortie de la mention « non substituable » doit être dûment justifié par le médecin prescripteur. • Civ. 2e, 31 mai 2018, n° 17-17.749 P : *RDSS 2018. 731, note Tauran*.

Art. L. 114-18 *(L. n° 2006-1640 du 21 déc. 2006, art. 129-I)* Toute personne qui, par quelque moyen que ce soit, incite les assujettis à refuser de se conformer aux prescriptions de la législation de sécurité sociale, et notamment de s'affilier à un organisme de sécurité sociale ou de payer les cotisations et contributions dues, est punie d'un emprisonnement de *(L. n° 2014-1554 du 22 déc. 2014, art. 90-II-1°)* « deux ans » et d'une amende de *(L. n° 2014-1554 du 22 déc. 2014, art. 90-II-2°)* « 30 000 € » ou de l'une de ces deux peines seulement.

(L. n° 2014-1554 du 22 déc. 2014, art. 90-II-3°) « Toute personne qui refuse délibérément de s'affilier ou qui persiste à ne pas engager les démarches en vue de son affiliation obligatoire à un régime de sécurité sociale, en méconnaissance des prescriptions de la législation en matière de sécurité sociale, est punie d'un emprisonnement de six mois et d'une amende de 15 000 €, ou seulement de l'une de ces deux peines. »

Art. L. 114-18-1 *(L. n° 2018-898 du 23 oct. 2018, art. 19)* I. — Lorsque les organismes mentionnés aux articles L. 213-1 et L. 752-1 notifient à un cotisant des rectifications sur le fondement de l'article L. 243-7-2 ou lorsque les caisses de mutualité sociale agricole notifient à un cotisant des rectifications sur le fondement de l'article L. 725-25 du code rural et de la pêche maritime, toute personne physique ou morale qui, dans l'exercice d'une activité professionnelle de conseil à caractère juridique, financier ou comptable ou de détention de biens ou de fonds pour le compte d'un tiers, a intentionnellement fourni à ce cotisant une prestation ayant directement contribué à la commission des actes constitutifs de l'abus de droit en cause ou à la dissimulation de ces actes est redevable d'une amende.

II. — L'amende est égale à 50 % des revenus tirés de la prestation fournie au cotisant. Son montant ne peut être inférieur à 10 000 €.

En cas de désaccord portant sur les actes du cotisant ou la dissimulation de ces actes mentionnés au I, les garanties et voies de recours qui sont offertes au cotisant bénéficient également à la personne contre laquelle l'amende mentionnée au premier alinéa du présent II a été prononcée.

Lorsque les rectifications mentionnées au I font l'objet d'un dégrèvement ou d'une décharge pour un motif lié à leur bien-fondé, l'amende qui a été prononcée à l'encontre du tiers fait l'objet d'une décision de dégrèvement.

La prescription applicable à l'amende prévue au même I est acquise à la fin de la quatrième année suivant celle au cours de laquelle la prestation sanctionnée a été fournie.

III. — Le directeur de l'organisme de recouvrement ou de la caisse de mutualité sociale agricole lésé notifie les faits reprochés à la personne en cause et le montant envisagé de la pénalité, afin qu'elle puisse présenter ses observations écrites. Après avoir répondu auxdites observations, le directeur de l'organisme ou de la caisse prononce, le cas échéant, la pénalité et la notifie à l'intéressé par une mise en demeure adressée par tout moyen donnant date certaine à sa réception, en lui indiquant les voies et délais de recours applicables.

Le présent art. s'applique aux prestations fournies à compter du lendemain de la publication de la L n° 2018-898 du 23 oct. 2018 (L. préc. art. 19-IV, JO 24 oct.).

Art. L. 114-19 *(L. n° 2007-1786 du 19 déc. 2007, art. 115)* Le droit de communication permet d'obtenir, sans que s'y oppose le secret professionnel, les documents et informations nécessaires :

1° Aux agents des organismes *(L. n° 2015-1702 du 21 déc. 2015, art. 92-I-1°)* « chargés de la gestion d'un régime obligatoire » de sécurité sociale pour contrôler la sincérité et l'exactitude des déclarations souscrites ou l'authenticité des pièces produites en vue de l'attribution et du paiement des prestations servies par lesdits organismes ;

2° Aux agents chargés du contrôle mentionnés aux articles L. 243-7 du présent code et L. 724-7 du code rural et de la pêche maritime pour accomplir leurs missions de contrôle définies aux mêmes articles et leur mission de lutte contre le travail dissimulé définie à l'article L. 324-12 *[L. 8271-7 s.]* du code du travail ;

(L. n° 2010-1594 du 20 déc. 2010, art. 116-1°) « 3° Aux agents *(Abrogé par L. n° 2018-898 du 23 oct. 2018, art. 8) « de contrôle »* des organismes de sécurité sociale pour recouvrer les prestations versées indûment *(Abrogé par L. n° 2018-898 du 23 oct. 2018, art. 8) « à des tiers »* *(L. n° 2016-1827 du 23 déc. 2016, art. 107-1°)* « ou des prestations recouvrables sur la succession ». »

(L. n° 2015-1702 du 21 déc. 2015, art. 95-1°) « Le droit prévu au premier alinéa peut porter sur des informations relatives à des personnes non identifiées, dans des conditions fixées par décret en Conseil d'État pris après avis de la Commission nationale de l'informatique et des libertés. »

Le droit prévu au premier alinéa s'exerce quel que soit le support utilisé pour la conservation des documents et peut s'accompagner de la prise immédiate d'extraits et de copies.

(L. nº 2011-1906 du 21 déc. 2011, art. 122) « Les documents et informations sont communiqués à titre gratuit dans les trente jours qui suivent la réception de la demande. »

(L. nº 2018-898 du 23 oct. 2018, art. 8) « Le silence gardé ou » *(L. nº 2010-1594 du 20 déc. 2010, art. 116-2º)* « le refus de déférer à une demande relevant *(L. nº 2017-1836 du 30 déc. 2017, art. 78-I)* « du premier alinéa » du présent article est puni d'une amende de *(L. nº 2015-1702 du 21 déc. 2015, art. 95-2º)* « 1500 € par cotisant, assuré ou allocataire concerné, sans que le total de *(L. nº 2017-1836 du 30 déc. 2017, art. 78-I)* « la pénalité » puisse être supérieur à 10 000 € ».

(L. nº 2018-898 du 23 oct. 2018, art. 8) « Le silence gardé ou » *(L. nº 2017-1836 du 30 déc. 2017, art. 78-I)* « le refus de déférer à une demande relevant du cinquième alinéa du présent article est puni d'une pénalité de 5 000 €. Cette pénalité s'applique pour chaque demande, dès lors que tout ou partie des documents ou renseignements sollicités n'est pas communiqué. »

(Abrogé par L. nº 2017-1836 du 30 déc. 2017, art. 78-I) « Ce délit peut faire l'objet de la procédure simplifiée de l'ordonnance pénale prévue aux articles 495 à 495-6 du code de procédure pénale. »

(L. nº 2018-898 du 23 oct. 2018, art. 8) « Ces montants sont doublés en cas de récidive de refus ou de silence gardé du tiers dans le délai de cinq ans à compter de l'expiration du délai de trente jours octroyé au tiers pour faire droit à la première demande de l'organisme de sécurité sociale. »

Art. L. 114-19-1 *(L. nº 2015-1785 du 29 déc. 2015, art. 87-III)* Toute entreprise mentionnée *(L. nº 2018-898 du 23 oct. 2018, art. 10)* « à » l'article 242 *bis* du code général des impôts est tenue d'informer les personnes qui réalisent des transactions commerciales par son intermédiaire des obligations sociales qui en résultent, dans les conditions fixées au même article.

(L. nº 2018-898 du 23 oct. 2018, art. 10) « Le document mentionné au 3º de l'article 242 *bis* du code général des impôts est adressé par l'administration fiscale à l'Agence centrale des organismes de sécurité sociale au plus tard le 31 janvier de l'année suivant celle au titre de laquelle les informations sont données. Les données ainsi obtenues peuvent faire l'objet d'une interconnexion avec les données des organismes mentionnés à l'article L. 213-1 du présent code au titre de l'accomplissement de leurs missions de contrôle et de lutte contre le travail dissimulé. »

Les dispositions issues de la L. nº 2018-898 du 23 oct. 2018 s'appliquent aux revenus perçus à compter de la date d'entrée en vigueur de l'arrêté mentionné à l'avant-dern. al. de l'art. 242 bis du CGI, dans sa nouvelle rédaction et au plus tard le 1er juill. 2019 (L. préc. art. 10-VI).

Art. L. 114-20 *(L. nº 2007-1786 du 19 déc. 2007, art. 115)* Sans préjudice des autres dispositions législatives applicables en matière d'échanges d'informations, le droit de communication défini à l'article L. 114-19 est exercé dans les conditions prévues et auprès des personnes mentionnées à la section I du chapitre II du titre II du livre des procédures fiscales[,] à l'exception des personnes mentionnées aux articles L. 82 C, L. 83 A, *(Abrogé par L. nº 2016-1691 du 9 déc. 2016, art. 160-III) « L. 83 B, »* L. 84, L. 84 A, L. 91, L. 95 et L. 96 B à L. 96 F.

Art. L. 114-21 *(L. nº 2007-1786 du 19 déc. 2007, art. 115)* L'organisme ayant usé du droit de communication en application de l'article L. 114-19 est tenu d'informer la personne physique ou morale à l'encontre de laquelle est prise la décision de supprimer le service d'une prestation ou de mettre des sommes en recouvrement, de la teneur et de l'origine des informations et documents obtenus auprès de tiers sur lesquels il s'est fondé pour prendre cette décision. Il communique, avant la mise en recouvrement ou la suppression du service de la prestation, une copie des documents susmentionnés à la personne qui en fait la demande.

1. Mise en œuvre. Lorsqu'une caisse peut obtenir une même information auprès d'une même administration ou d'un même organisme tant sur le fondement de l'art. L. 262-40 CASF, prévoyant des échanges d'informations avec les administrations publiques, les collectivités territoriales et les organismes sociaux, qu'au titre du droit de communication prévu par l'art. L. 114-19 CSS, elle n'est tenue de mettre en œuvre les garanties prévues par l'art. L. 114-21 du même code que si elle a entendu se placer dans le cadre du droit de communication. • CE 20 juin 2018, n° 409189 A : *AJDA 2018. 2110*.

2. Sanction. Le non-respect de l'art. L. 114-21 CSS entache la procédure de contrôle (et de la procédure de recouvrement qui en découle) de nullité car elle n'a pas été effectuée contradictoirement : • Civ. 2e, 21 juin 2018, n° 17-20.227 P : *RJS 10/2018, n° 631 ; JCP S 2018. 1260, note Tauran.*

Art. L. 114-22 *(L. n° 2008-1330 du 17 déc. 2008, art. 119-I)* **Les organismes chargés de la gestion d'un régime obligatoire de sécurité sociale et** *(L. n° 2016-1827 du 23 déc. 2016, art. 106-I)* **« du recouvrement des cotisations de sécurité sociale ou du service des allocations et prestations mentionnées au présent code ainsi que Pôle emploi » peuvent échanger des données à caractère personnel, y compris des données relatives aux revenus des personnes, avec les organismes et institutions chargés de la gestion d'un régime équivalent au sein d'un État membre de l'Union européenne, d'un autre État partie à l'accord sur l'Espace économique européen ou d'un État inscrit sur une liste fixée par voie réglementaire sous réserve qu'il impose à ses organismes et institutions des conditions de protection des** *(Ord. n° 2018-1125 du 12 déc. 2018, art. 23, en vigueur au plus tard le 1er juin 2019)* **« données à caractère personnel » équivalentes à celles existant en France, aux fins de :**

1° Déterminer la législation applicable et prévenir ou sanctionner le cumul indu de prestations ;

2° Déterminer l'éligibilité aux prestations et contrôler le droit au bénéfice de prestations lié à la résidence, à l'appréciation des ressources, à l'exercice ou non d'une activité professionnelle et à la composition de la famille ;

3° Procéder au recouvrement des cotisations et contributions dues et contrôler leur assiette.

Les dispositions de l'Ord. n° 2018-1125 entrent en vigueur en même temps que le Décr. modifiant le Décr. n° 2005-1309 du 20 oct. 2005 pris pour l'application de la L. n° 78-17 du 6 janv. 1978 relative à l'informatique, aux fichiers et aux libertés, dans sa rédaction résultant de l'Ord. préc., et au plus tard le 1er juin 2019.

Art. L. 114-22-1 *(L. n° 2012-387 du 22 mars 2012, art. 78)* **L'article L. 243-15 est applicable aux employeurs relevant d'un régime de protection sociale agricole.**

CHAPITRE IV *QUATER* PROSPECTIVE ET PERFORMANCE DU SERVICE PUBLIC DE LA SÉCURITÉ SOCIALE

(L. n° 2011-1906 du 21 déc. 2011, art. 110-I-1°)

Art. L. 114-23 **I. — Dans le respect des lois de financement de la sécurité sociale, l'autorité compétente de l'État conclut avec les organismes nationaux de sécurité sociale une convention-cadre de performance du service public de la sécurité sociale.**

Cette convention est signée, pour le compte de chaque organisme national du régime général *(Abrogé par L. n° 2017-1836 du 30 déc. 2017, art. 15-V, à compter du 1er janv. 2018)* *« , de la Caisse nationale du régime social des indépendants »* **et de la Caisse centrale de la mutualité sociale agricole, par le président du conseil ou du conseil d'administration et par le directeur général ou le directeur et, pour les régimes spéciaux mentionnés à l'article L. 711-1, dans des conditions fixées par décret.** — *V. note ss. art.*

Cette convention détermine les objectifs transversaux aux différents organismes de sécurité sociale en vue de fixer des actions communes en matière :

1° De mise en œuvre des mesures de simplification et d'amélioration de la qualité du service aux assurés, allocataires et cotisants ;

2° De mutualisation entre organismes, notamment dans le domaine de la gestion immobilière, des achats, des ressources humaines, de la communication et des systèmes d'information, en cohérence avec le plan stratégique des systèmes d'information du service public de la sécurité sociale arrêté par le ministre chargé de la sécurité sociale ;

3° De présence territoriale des différents régimes et différentes branches mentionnés aux articles L. 200-2 *(Abrogé par L. n° 2017-1836 du 30 déc. 2017, art. 15-V, à compter du 1er janv. 2018) « et L. 611-1 »* du présent code et L. 721-1 du code rural et de la pêche maritime sur le territoire national ; – *V. note ss. art.*

4° D'évaluation de la performance des différents régimes.

Cette convention prévoit, le cas échéant, les outils de mesure quantitatifs et qualitatifs associés à la définition des objectifs.

Elle détermine également :

a) Les conditions de conclusion des avenants à la présente convention ;

b) Le processus d'évaluation contradictoire des résultats obtenus au regard des objectifs fixés.

II. – La convention-cadre de performance du service public de la sécurité sociale est conclue pour une période minimale de quatre ans. La convention et, le cas échéant, les avenants qui la modifient sont transmis aux commissions permanentes parlementaires mentionnées à l'article L.O. 111-9.

III. – Les conventions mentionnées *(L. n° 2017-1836 du 30 déc. 2017, art. 15-V, en vigueur le 1er janv. 2018)* « à l'article L. 227-1 » du présent code, à l'article L. 723-12 du code rural et de la pêche maritime et dans les dispositions réglementaires ayant le même objet sont négociées dans le respect de la convention mentionnée au I du présent article. – *V. note ss. art.*

Sur les dispositions transitoires de l'art. 15 de la L. n° 2017-1836 du 30 déc. 2017, V. ss. le livre VI « Dispositions applicables aux travailleurs indépendants ».

Art. L. 114-24 Le fonds de prospective et de performance de la sécurité sociale finance des études et des actions concourant à la modernisation et à l'amélioration de la performance du service public de la sécurité sociale, notamment la réalisation d'audits ou de projets, et contribue aux dépenses de fonctionnement résultant des missions de contrôle et d'évaluation des organismes de sécurité sociale.

Les dépenses du fonds sont imputées sur les budgets de gestion des Caisses nationales du régime général, de l'Agence centrale des organismes de sécurité sociale *(Abrogé par L. n° 2017-1836 du 30 déc. 2017, art. 15-V, à compter du 1er janv. 2018) « , de la Caisse nationale du régime social des indépendants »*, de la Caisse centrale de la mutualité sociale agricole ainsi que des régimes spéciaux dans des conditions fixées chaque année par arrêté des ministres chargés de la sécurité sociale et du budget. – *Sur les dispositions transitoires de l'art. 15 de la L. n° 2017-1836 du 30 déc. 2017, V. ss. le livre VI « Dispositions applicables aux travailleurs indépendants ».*

Les modalités de gestion du fonds sont déterminées par décret.

Art. L. 114-25 *(L. n° 2012-1404 du 17 déc. 2012, art. 68-1°)* Des conventions de mise à disposition de services, d'équipements et de biens peuvent être conclues entre les organismes chargés de la gestion d'un régime obligatoire de sécurité sociale en vue de l'accomplissement de leurs missions.

Ces conventions fixent les conditions de remboursement par le bénéficiaire des frais lui incombant.

Elles ne sont pas soumises aux règles prévues par le code des marchés publics ou par l'ordonnance n° 2005-649 du 6 juin 2005 relative aux marchés passés par certaines personnes publiques ou privées non soumises au code des marchés publics si ces conventions portent sur des services, biens et équipements assurés ou gérés par l'un des organismes chargés de la gestion d'un régime obligatoire de sécurité sociale.

CHAPITRE V **DISPOSITIONS DIVERSES**

Art. L. 115-1 Les organismes de sécurité sociale chargés de la gestion d'un régime obligatoire communiquent au comptable *(Ord. n° 2010-420 du 27 avr. 2010, art. 119-1°)* « public de l'État » chargé du recouvrement des créances hospitalières, sur sa demande, les informations qu'ils détiennent relatives à l'état civil, *(Ord. n° 96-346 du 24 avr. 1996, art. 57)* « au domicile des assurés sociaux débiteurs, au nom et à l'adresse de leur employeur et des établissements ou organismes auprès desquels un compte de dépôt est ouvert à leur nom » sans pouvoir opposer le secret professionnel.

Art. L. 115-2 *(L. n° 2008-1249 du 1er déc. 2008, art. 11, en vigueur le 1er juin 2009)* Les collectivités territoriales, les groupements de collectivités, les établissements publics et les organismes chargés de la gestion d'un service public peuvent recueillir auprès des organismes de sécurité sociale chargés de la gestion d'un régime obligatoire de sécurité sociale des informations sur un de leurs ressortissants, après l'en avoir informé et aux seules fins d'apprécier sa situation pour l'accès à des prestations et avantages sociaux qu'ils servent.

La nature des informations et les conditions de cette communication sont fixées par un décret en Conseil d'État pris après avis de la Commission nationale de l'informatique et des libertés.

Art. L. 115-2-1 *(L. n° 2015-1776 du 28 déc. 2015, art. 6-1°)* Les organismes chargés de la gestion d'un régime obligatoire de sécurité sociale échangent les informations, autres que médicales, qu'ils détiennent et qui sont nécessaires à l'appréciation de la situation de leurs ressortissants pour l'accès à des prestations et avantages sociaux qu'ils servent ainsi qu'aux actions qu'ils mettent en œuvre en vue de prévenir la perte d'autonomie des personnes âgées.

Un décret en Conseil d'État, pris après avis de la Commission nationale de l'informatique et des libertés, précise la nature des informations qui peuvent être transmises, les conditions de cette transmission ainsi que les organismes susceptibles d'en être destinataires.

V. Décr. n° 2017-334 du 14 mars 2017 relatif aux traitements de données à caractère personnel pour la mise en œuvre des échanges d'informations entre organismes de sécurité sociale en vue de prévenir la perte d'autonomie des personnes âgées (JO 16 mars).

Art. L. 115-3 Sont fixées par la loi n° 79-587 du 11 juillet 1979 *[V. désormais* ***CRPA****, titre Ier du livre II]* les conditions dans lesquelles les organismes de sécurité sociale doivent faire connaître les motifs de leurs décisions individuelles. — *V. L. n° 79-587 du 11 juill. 1979 (ANNEXE I) ; Circ. 23 juin 1980 (JONC 9 juill.) ; Circ. 4 juin 1992 (JO 22 juill.). — V. aussi (ANNEXE I), L. n° 2000-321 du 12 avr. 2000 (JO 13 avr.) relative aux relations des citoyens avec les administrations, not. art. 24 et 25.*

1. Répartition des compétences. L'application de ces dispositions est sans incidence sur l'attribution du contentieux des décisions en cause ; par suite, les juridictions de l'ordre administratif ne peuvent être saisies du litige né du défaut de motivation d'une décision dont le contentieux ne relève pas, au principal, de leur compétence. • CE 15 mai 1987, *Sté Amway-France : D. 1988. Somm. 34, obs. Prétot* • 30 nov. 1990, *Sté Amway-France : RJS 1991, n° 254.*

2. Obligation de motivation. Le juge du contentieux général ne saurait, sans méconnaître ses pouvoirs, se borner à annuler la décision d'un organisme de sécurité sociale au motif qu'elle n'est pas motivée ou est assortie d'une motivation insuffisante ou erronée. • Soc. 6 mars 1997 : *RJS 1997, n° 750* • 11 mai 2000 : *TPS 2000. Comm. 252, obs. Prétot.*

Art. L. 115-4 *(L. n° 91-748 du 31 juill. 1991, art. 17)* Les conditions dans lesquelles les autorités compétentes de l'État et les organismes d'assurance maladie échangent dans le respect du secret médical les informations non nominatives nécessaires à la mise en œuvre des dispositions du titre Ier du livre VII du code de la santé publique sont fixées par décret en Conseil d'État. — *V. art. R. 115-1 et R. 115-2.*

Art. L. 115-5 *(L. n° 93-121 du 27 janv. 1993, art. 24)* Les Caisses nationales des régimes de base d'assurance maladie peuvent constituer un groupement d'intérêt économique, afin de lui confier des tâches communes de traitement de l'information, à l'exclusion du service des prestations.

Le groupement ainsi constitué est soumis au contrôle des autorités compétentes de l'État dans des conditions fixées par décret en Conseil d'État. — *V. art. R. 115-4 et R. 115-5.*

Compétence administrative. Le GIE Sesam-Vitale devant être regardé comme agissant au nom et pour le compte des trois organismes nationaux, dont l'un (la CNAMTS) a la qualité d'un établissement public à caractère administratif, les contrats qu'il est amené à conclure pour l'exercice de ses missions relèvent, en cas de contentieux, de la compétence des juridictions de l'ordre administratif. • T. confl. 23 sept. 2002, *Stés Sotrame et Metalform c/ Gie Sesam-Vitale : AJDA 2002. 996, obs. Royer ; RJS 2003, n° 92 (2e esp.) ; TPS 2003. Comm. 386, obs. Prétot.*

Art. L. 115-6 *(L. n° 93-1027 du 24 août 1993, art. 36-I)* Les personnes de nationalité étrangère ne peuvent être affiliées à un régime obligatoire de sécurité sociale que si elles *(L. n° 2016-1827 du 23 déc. 2016, art. 64-I)* « **remplissent la condition de régularité du séjour prévue à l'article L. 111-2-3.** » *(Abrogé par L. n° 2016-1827 du 23 déc. 2016, art. 64-I)* « ***Un décret fixe la liste des titres ou documents attestant la régularité de leur situation.*** » *— V. art. D. 115-1 et D. 115-2.*

En cas de méconnaissance des dispositions du premier alinéa et des législations qu'il mentionne, les cotisations restent dues.

BIBL. ▶ BELORGEY, Sécurité sociale et droits de l'homme, *RF aff. soc. 1995, n° 4, p. 13.* – CAMAJI, La personne dans la protection sociale. Recherche sur la nature des droits des bénéficiaires de prestations sociales, *Dalloz, 2008* ; La justiciabilité du droit à la sécurité sociale : éléments de droit français, *RDSS 2010. 847*. – CHAUCHARD, la sécurité sociale et les droits de l'homme, *Dr. soc. 1997. 48*. – DUPEYROUX et PRÉTOT, Le droit de l'étranger à la protection sociale, *Dr. soc. 1994. 69*. – MICHELET, Les droits sociaux des étrangers (préf. Borgetto), *L'Harmattan, 2003.* – RIVERO, Sécurité sociale et droits de l'homme, *RF aff. soc. 1985, n° spécial juill-sept, p. 37.* – ROMAN, L'universalité des droits sociaux à travers l'exemple du droit à la protection sociale, *Cahiers de la recherche sur les droits fondamentaux, n° 7, 2009. 117* ; Les droits sociaux, entre « injusticiabilité » et « conditionnalité » : éléments pour une comparaison, *RID comp. 2009. 285.* – SCHOUKENS et PIETERS, L'accès des travailleurs migrants irréguliers à la protection sociale, *RDSS 2005. 529*.

Jurisprudence rendue sous l'empire des textes antérieurs à la L. n° 2016-1827 du 23 déc. 2016.

1. Conformité à la Constitution. V. • Cons. const. 13 août 1993, n° 93-325 DC, consid. 120 : *Rec. Cons. const. 224 ; Dr. soc. 1994. 69, note Dupeyroux et Prétot ; RFDA 1993. 871, note Genevois ; RFDC 1993. 583, obs. Favoreu ; RJS 1993, n° 1041.* ♦ ... A la CEDH. La subordination de l'accès de l'étranger à la sécurité sociale à l'obtention préalable d'un titre de séjour n'est pas incompatible avec les stipulations de la Convention européenne des droits de l'homme (art. 8 et 14) et du protocole additionnel n° 2 (art. 1er). • CE 6 nov. 2000, *Gisti : Lebon 649 ; RJS 2001, n° 374* • Soc. 19 déc. 2002 : *Dr. soc. 2003. 420, note Prétot ; RJS 2003, n° 395 ; TPS 2003. 124, obs. Prétot.*

2. Non-conformité à la Convention internationale des droits de l'enfant. La Convention internationale des droits de l'enfant interdit que les moins de dix-huit ans connaissent des restrictions dans l'accès aux soins nécessaires à leur santé. Le Conseil d'État a jugé illégaux en tant qu'ils s'appliquent aux mineurs les Décr. n° 2005-859 et n° 2005-860 du 28 juill. 2005 relatifs à l'aide médicale de l'État. • CE 7 juin 2006, *Assoc. Aides et Gisti : AJDA 2006. 2233, note Rihal ; RDSS 2006. 1047, note Gay ; Dr. soc. 2006. 1637 ; JCP S 2006, n° 1702, obs. Coursier.*

Art. L. 115-7 *Devient l'art. L. 114-10-2 (L. n° 2015-1702 du 21 déc. 2015, art. 59-II-3°, en vigueur le 1er janv. 2016).*

Art. L. 115-8 *(L. n° 2004-1370 du 20 déc. 2004, art. 4-III)* **Dans le respect des lois de financement de la sécurité sociale, l'autorité compétente de l'État peut conclure des conventions comportant des engagements réciproques avec les organismes nationaux relevant des dispositions des articles L. 151-1 ou L. 152-1. Ces conventions comportent les dispositions prévues à l'article L. 227-1 correspondant aux missions de ces organismes.**

Art. L. 115-9 *(L. n° 2015-1776 du 28 déc. 2015, art. 6-2°)* **La Caisse nationale d'assurance vieillesse** *(Abrogé par Ord. n° 2018-470 du 12 juin 2018, art. 9)* « ***des travailleurs salariés*** », **la Caisse centrale de la mutualité sociale agricole** *(Abrogé par L. n° 2017-1836 du 30 déc. 2017, art. 15-V, à compter du 1er janv. 2018)* « ***, la Caisse nationale du régime social des indépendants*** » **et la Caisse nationale de retraites des agents des collectivités locales concluent avec l'État une convention pluriannuelle fixant les principes et les objectifs d'une politique coordonnée d'action sociale en vue de la préservation de l'autonomie des personnes âgées, conduite par les régimes que ces organismes gèrent. Elle est conclue dans le respect des conventions d'objectifs et de gestion que ces organismes signent avec l'État.** *— Sur les dispositions transitoires de l'art. 15 de la L. n° 2017-1836 du 30 déc. 2017, V. ss. le livre VI « Dispositions applicables aux travailleurs indépendants ».*

Cette convention pluriannuelle peut également, à leur demande, être signée par les autres organismes nationaux chargés de la gestion d'un régime de retraite obligatoire de base et par les organismes nationaux chargés de la gestion des régimes complémentaires légalement obligatoires d'assurance retraite.

Sur les exceptions à l'application du droit des usagers de saisir l'administration par voie électronique concernant les démarches effectuées auprès des organismes de sécurité sociale, V. CRPA, App., v° Saisine par voie électronique — Exceptions. — **CRPA.**

TITRE DEUXIÈME ADMINISTRATION, FONCTIONNEMENT ET PERSONNEL DES ORGANISMES

CHAPITRE PREMIER CONSEILS ET CONSEILS D'ADMINISTRATION *(L. n° 2004-810 du 13 août 2004, art. 69-I).*

BIBL. GÉN. ▶ ARSÉGUEL et CABANIS, Quelle gestion pour la sécurité sociale ? Les controverses et les choix de 1945, *LPA, n° 91, 30 juill. 1997, p. 16.* – BORDELOUP, Une remise en cause de la démocratie dans la gestion de la sécurité sociale, *Dr. soc. 1991. 528* ; Information et responsabilité dans les structures de gestion des institutions sanitaires et sociales, *Dr. soc. 1993. 201.* – FROMENTIN, La gestion des caisses de Sécurité sociale par les partenaires sociaux est-elle possible ? *Dr. soc. 1993. 307*. – HUGUET, Sécurité sociale : pouvoirs, missions, sanctions (préface Pradel), *Cujas, 2001.* – LAGRAVE, Qui gère la sécurité sociale ?, *Projet, n° 133, 1979, p. 291.* – LAROQUE, L'évolution des structures de gestion de la Sécurité sociale, *Dr. soc. 1994. 908*. – PRÉTOT, L'État et la sécurité sociale : réflexions sur le service public, *Dr. soc. 1981. 799.* – PALIER, Gouverner la sécurité sociale, *PUF, 2002.* – VOIRIN, Les organes des caisses de sécurité sociale et leurs pouvoirs (préface Doublet), *LGDJ, 1961* ; L'organisation administrative de la sécurité sociale, *BIT, 1990.* – ZACHER et KESSLER, Rôle respectif du service public et de l'initiative privée dans la politique de sécurité sociale, *RID comp. 1990. 203.* – Partenaires sociaux, État et protection sociale (div. auteurs), *Regards CNESSS, 2001, n° 19, p. 1-168.* – La gouvernance de la protection sociale, *Regards EN3S, juill. 2009, n° 36.*

SECTION PREMIÈRE ORGANISATION ET POUVOIRS DES CONSEILS

Art. L. 121-1 Sauf dispositions particulières propres à certains régimes et à certains organismes, le conseil d'administration règle par ses délibérations les affaires de l'organisme. – *V. art. R. 121-1 à R. 121-4.*

SECTION II STATUT DES ADMINISTRATEURS

Art. L. 121-2 Les *(L. n° 2004-810 du 13 août 2004, art. 69-I)* « membres du conseil ou les administrateurs » disposent pour l'exercice de leur fonction de tous les moyens nécessaires, notamment en matière d'information, de documentation et de secrétariat, auprès de la caisse ou de l'organisme dans *(L. n° 2004-810 du 13 août 2004, art. 69-I)* « le conseil ou le conseil d'administration » desquels ils siègent.

Un décret fixe, en tant que de besoin, les modalités d'application du présent article.

CHAPITRE II DIRECTEUR ET DIRECTEUR COMPTABLE ET FINANCIER *(L. n° 2018-1203 du 22 déc. 2018, art. 25-I).*

Art. L. 122-1 Tout organisme de sécurité sociale est tenu d'avoir un directeur *(L. n° 2004-810 du 13 août 2004, art. 69-I)* « général ou un directeur » et un *(L. n° 2018-1203 du 22 déc. 2018, art. 25-I)* « directeur comptable et financier ». – *V. art. R. 122-1 à R. 122-5.*

(L. n° 94-114 du 10 févr. 1994, art. 26) « Les dispositions du premier alinéa du présent article sont applicables à tous les organismes de droit privé jouissant de la personnalité civile ou de l'autonomie financière et assurant en tout ou en partie la gestion d'un régime légalement obligatoire d'assurance contre la maladie, la maternité, la vieillesse, l'invalidité, le décès, le veuvage, les accidents du travail et les maladies professionnelles ou de prestations familiales, ainsi qu'aux unions ou fédérations desdits organismes ». *(Abrogé par Ord. n° 2018-470 du 12 juin 2018, art. 9) « En ce qui concerne les organismes (L. n° 2016-1827 du 23 déc. 2016, art. 50-I) « du régime social des indépendants », les dispositions du premier alinéa du présent article peuvent faire l'objet d'adaptations par décret. »*

(Ord. n° 96-344 du 24 avr. 1996, art. 19 ; L. n° 2004-810 du 13 août 2004, art. 69-I) « Le directeur général ou le directeur décide des actions en justice à intenter au nom de l'organisme dans les matières concernant les rapports dudit organisme avec les

bénéficiaires des prestations, les cotisants, les producteurs de biens et services médicaux et les établissements de santé, ainsi qu'avec son personnel, à l'exception du directeur général ou du directeur lui-même. Dans les autres matières, il peut recevoir délégation permanente du conseil ou du conseil d'administration pour agir en justice. Il informe périodiquement le conseil ou le conseil d'administration des actions qu'il a engagées, de leur déroulement et de leurs suites.

« Le directeur général ou le directeur représente l'organisme en justice et dans tous les actes de la vie civile. Il peut donner mandat à cet effet à certains agents de son organisme ou à un agent d'un autre organisme de sécurité sociale. »

(L. nº 94-114 du 10 févr. 1994, art. 26 ; Ord. nº 96-344 du 24 avr. 1996, art. 19-2º) « Les dispositions des troisième et quatrième alinéas du présent article sont applicables à tous organismes de tous régimes de sécurité sociale sauf :

« 1º Aux caisses ayant la forme d'établissements publics ;

« 2º A la Caisse autonome nationale de la sécurité sociale dans les mines ;

« 3º *Abrogé par L. nº 99-641 du 27 juill. 1999, art. 71-C ;*

« 4º A la Caisse des Français à l'étranger ».

BIBL. ▶ BANCAREL, La nomination des directeurs des caisses du régime général par les directeurs des caisses nationales, *Dr. soc. 1996. 339*. – BRAS, La loi du 13 août 2004 et le renforcement des pouvoirs de la CNAMTS sur son réseau : l'aboutissement d'une évolution et un modèle à suivre ?, *Regards EN3S 2005, nº 28*. – GARBAR, Les directeurs des caisses locales et régionales du régime général : des agents du troisième type, *Dr. soc. 1996. 803*. – PRÉTOT, La réforme de l'organisation et du fonctionnement de la sécurité sociale (Ord. nº 96-344 du 24 avr. 1996), *D. 1996. Chron. 219*.

1. Représentation des organismes en justice (Jurispr. antérieure à l'Ord. de 1996). V. • CE 29 juill. 1983, nº 34420 B : (légalité de l'art. 15 du décret du 12 mai 1960). ♦ Irrecevabilité de l'appel formé par un directeur d'une CPAM en l'absence de délibération du conseil d'administration (nécessité d'une délibération). • 16 juin 1989, nºs 72484 et 79778 B : *D. 1990. Somm. 148, obs. Prétot*. ♦ Lorsqu'une association revêt le caractère non d'un organisme de sécurité sociale mais d'un organisme conventionné pour la gestion du régime d'assurance maladie et maternité des travailleurs indépendants des professions non agricoles au sens de l'art. L. 611-20 CSS, les règles de représentation en justice et dans les actes de la vie civile fixées par les art. L. 122-1 et R. 121-2 CSS ne lui sont pas applicables. • Civ. 2e, 29 nov. 2018, nº 17-27.666 P : *JCP S 2018, nº 1422, note Tauran.*

2. Mandat. Il résulte des art. L. 122-1 et R. 121-2 CSS que le directeur de la Caisse autonome de sécurité sociale des mines n'a pas, comme les autres directeurs d'organismes sociaux, le pouvoir de décider des actions en justice à intenter au nom de cette caisse, de sorte qu'en application de l'art. 931 NCPC [C. pr. civ.], il ne peut, dans les affaires jugées sans représentation obligatoire, interjeter appel qu'à la condition d'avoir reçu un mandat comportant un pouvoir spécial du président du conseil d'administration. • Civ. 2e, 27 janv. 2004, nº 02-30.807 P : *RJS 2004, nº 471 ; TPS 2004. Comm. 122, obs. Prétot.*

3. Recours subrogatoire. Le directeur de l'organisme est compétent pour introduire devant les juridictions administratives un recours subrogatoire à l'encontre de la personne tenue à réparation des conséquences d'un accident subi par une personne affiliée auprès de cet organisme. • CE 10 nov. 2004 : *RJS 2005, nº 315 ; TPS 2005. Comm. nº 65, obs. Prétot.*

4. Portée des dispositions issues de l'Ord. de 1996. Les dispositions relatives à la représentation des organismes, issues de l'Ord. du 24 avr. 1996, ne s'appliquent pas aux actions introduites en premier ressort antérieurement à l'entrée en vigueur de l'ordonnance. • CE 29 déc. 2000 : *RJS 2001, nº 670.*

Art. L. 122-2 *(L. nº 2005-1579 du 19 déc. 2005, art. 32) (L. nº 2018-1203 du 22 déc. 2018, art. 25-I)* « Le directeur comptable et financier » d'un organisme de sécurité sociale est chargé de la tenue de la comptabilité et veille à retracer dans ses comptes l'ensemble des droits et obligations de l'organisme.

(L. nº 2018-1203 du 22 déc. 2018, art. 25-I) « Le directeur comptable et financier veille à la cohérence des données issues de la comptabilité et des données d'exécution des budgets de gestion et de leur analyse au regard des objectifs votés par le Parlement en loi de financement de la sécurité sociale.

« Le directeur comptable et financier établit, sur la base des résultats des opérations de contrôle interne, la synthèse des risques financiers majeurs auxquels l'organisme est exposé et des conditions dans lesquelles ces risques sont maîtrisés.

« Le directeur comptable et financier » est personnellement et pécuniairement responsable des opérations effectuées, à l'exception de celles faites sur réquisition régulière du directeur de l'organisme. La réquisition a pour effet de transférer la responsabilité au directeur.

La responsabilité personnelle et pécuniaire *(L. nº 2018-1203 du 22 déc. 2018, art. 25-I)* « du directeur comptable et financier » se trouve engagée dès lors qu'un déficit ou un manquant en deniers ou en valeurs a été constaté, qu'un encaissement n'a pas été effectué, qu'une dépense a été indûment payée ou que, du fait *(L. nº 2018-1203 du 22 déc. 2018, art. 25-I)* « du directeur comptable et financier », l'organisme a dû procéder à l'indemnisation d'un autre organisme ou d'un tiers.

Si le préjudice financier est reconnu imputable à un cas de force majeure par l'autorité compétente, la responsabilité pécuniaire *(L. nº 2018-1203 du 22 déc. 2018, art. 25-I)* « du directeur comptable et financier » ne peut être engagée.

Avant d'être installé, *(L. nº 2018-1203 du 22 déc. 2018, art. 25-I)* « le directeur comptable et financier » doit fournir en garantie un cautionnement.

Les opérations et les contrôles dont il assume la responsabilité sont précisés par décret. *(L. nº 2006-1640 du 21 déc. 2006, art. 140-VII)* « Ce décret précise également les conséquences de la mise en œuvre des articles *(L. nº 2015-1702 du 21 déc. 2015, art. 91-1º)* « L. 122-6, L. 122-7, L. 122-8, L. 122-9 et L. 611-11 » sur la responsabilité des *(L. nº 2018-1203 du 22 déc. 2018, art. 25-I)* « directeurs comptables et financiers » concernés. »

BIBL. ▶ DERVILLERS, L'apport récent du droit à la fonction coupable dans les caisses de sécurité sociale, *Regards EN3S nº 32 (juill. 2007), p. 40.* – HÉNON et DERVILLERS, Le nouveau régime de responsabilité des agents comptables des organismes de sécurité sociale, *Regards ENS3 nº 27 (2005), p. 67.*

Art. L. 122-3 *(L. nº 2005-1579 du 19 déc. 2005, art. 32)* La responsabilité personnelle et pécuniaire *(L. nº 2018-1203 du 22 déc. 2018, art. 25-I)* « du directeur comptable et financier » s'étend à toutes les opérations effectuées depuis la date de son installation jusqu'à la date de cessation des fonctions. Cette responsabilité s'étend aux opérations des régisseurs dans la limite des contrôles que *(L. nº 2018-1203 du 22 déc. 2018, art. 25-I)* « le directeur comptable et financier » est tenu d'exercer. Elle ne peut être mise en jeu à raison de la gestion de ses prédécesseurs que pour les opérations prises en charge sans réserve lors de la remise de service ou qui n'auraient pas été contestées par *(L. nº 2018-1203 du 22 déc. 2018, art. 25-I)* « le directeur comptable et financier » entrant, dans un délai fixé par décret.

Le premier acte de la mise en jeu de la responsabilité ne peut plus intervenir au-delà du 31 décembre de la sixième année suivant l'exercice comptable en cause.

Les régisseurs chargés pour le compte *(L. nº 2018-1203 du 22 déc. 2018, art. 25-I)* « du directeur comptable et financier » d'opérations d'encaissement et de paiement, les fondés de pouvoirs *[pouvoir]* *(L. nº 2018-1203 du 22 déc. 2018, art. 25-I)* « du directeur comptable et financier » et les responsables des centres agréés par le ministre chargé du budget et le ministre chargé de la sécurité sociale pour effectuer des opérations d'encaissement de certains moyens de paiement sont soumis aux règles, obligations et responsabilité des *(L. nº 2018-1203 du 22 déc. 2018, art. 25-I)* « directeurs comptables et financiers ». Ils peuvent être déclarés responsables des opérations effectuées dans la limite du montant du cautionnement qu'ils sont astreints de fournir.

Art. L. 122-4 *(L. nº 2005-1579 du 19 déc. 2005, art. 32)* Les conditions de mise en œuvre de la responsabilité prévue aux articles L. 122-2 et L. 122-3, notamment la procédure applicable, les modalités de mise en débet et, le cas échéant, de remise gracieuse ainsi que celles relatives à la délivrance du quitus, sont fixées par décret.

Art. L. 122-5 *(L. nº 2005-1579 du 19 déc. 2005, art. 32)* Les dispositions des articles L. 122-2 à L. 122-4 sont applicables à tous les organismes de sécurité sociale à l'exception des organismes ayant le statut d'établissement public.

CHAPITRE II *BIS* ORGANISATION ET GESTION DES MISSIONS ET ACTIVITÉS

(L. n° 2015-1702 du 21 déc. 2015, art. 91-2°)

Art. L. 122-6 I. — Les conseils d'administration des organismes nationaux définissent les orientations relatives à l'organisation du réseau des organismes de la branche ou du régime concerné.

Pour l'application de ces orientations, le directeur de l'organisme national peut confier à un ou à plusieurs organismes de la branche ou du régime la réalisation de missions ou d'activités relatives à la gestion des organismes, au service des prestations, au recouvrement et à la gestion des activités de trésorerie.

Les modalités de mise en œuvre des orientations mentionnées au deuxième alinéa sont fixées par une convention établie entre l'organisme national et les organismes locaux ou régionaux, à l'exception des modalités de traitement des litiges et des contentieux y afférents ainsi que de leurs suites, qui sont précisées par décret. Les directeurs signent la convention, après avis des conseils d'administration des organismes locaux ou régionaux concernés.

II. — Pour les missions liées au service des prestations, l'organisme désigné peut, pour le compte des autres organismes locaux ou régionaux, participer à l'accueil et à l'information des bénéficiaires, servir des prestations, procéder à des vérifications et enquêtes administratives concernant leur attribution et exercer les poursuites contentieuses afférentes à ces opérations, notamment agir en demande et en défense devant les juridictions. Il peut également, pour ces mêmes missions, se voir attribuer certaines compétences d'autres organismes locaux ou régionaux.

III. — L'*(L. n° 2016-1827 du 23 déc. 2016, art. 105-II)* « organisme chargé du recouvrement désigné » peut assurer, pour le compte d'autres *(L. n° 2016-1827 du 23 déc. 2016, art. 105-II)* « organismes chargés du recouvrement », des missions liées au recouvrement, au contrôle et au contentieux du recouvrement ainsi qu'à la gestion des activités de trésorerie. *(L. n° 2016-1827 du 23 déc. 2016, art. 105-II)* « Il » peut également, pour ces mêmes missions, se voir attribuer certaines compétences d'autres *(L. n° 2016-1827 du 23 déc. 2016, art. 105-II)* « organismes chargés du recouvrement ».

IV. — Les modalités d'application du présent article sont déterminées par décret.

Art. L. 122-7 Le directeur d'un organisme local ou régional peut déléguer à un organisme local ou régional la réalisation des missions ou activités liées à la gestion des organismes *(L. n° 2016-1827 du 23 déc. 2016, art. 105-II)* « , au service des prestations, au recouvrement et à la gestion des activités de trésorerie », par une convention qui prend effet après approbation par le directeur de l'organisme national de chaque branche concernée.

Lorsque la mutualisation inclut des activités comptables, financières ou de contrôle relevant *(L. n° 2018-1203 du 22 déc. 2018, art. 25-I)* « du directeur comptable et financier », la convention est également signée par les *(L. n° 2018-1203 du 22 déc. 2018, art. 25-I)* « directeurs comptables et financiers » des organismes concernés.

Art. L. 122-8 Les directeurs d'organismes nationaux peuvent confier à un ou plusieurs organismes de sécurité sociale d'une autre branche ou d'un autre régime des missions ou activités relatives à la gestion des organismes de leur réseau, au service des prestations, au recouvrement et à la gestion des activités de trésorerie.

Les modalités de mise en œuvre du premier alinéa, à l'exception des modalités de traitement des litiges et des contentieux y afférents ainsi que de leurs suites, qui sont précisées par décret, sont fixées par une convention signée par les directeurs des organismes nationaux concernés.

Art. L. 122-9 Lorsque l'organisme délégant conserve la responsabilité des opérations de paiement, *(L. n° 2018-1203 du 22 déc. 2018, art. 25-I)* « le directeur comptable et financier » de l'organisme délégataire chargé des opérations de liquidation des sommes à payer effectue des vérifications permettant d'attester l'exactitude de ces opérations préalablement à leur mise en paiement par *(L. n° 2018-1203 du 22 déc. 2018, art. 25-I)* « le directeur comptable et financier » de l'organisme délégant. Ces vérifications sont effectuées selon des orientations fixées conjointement avec *(L. n° 2018-1203 du 22 déc. 2018, art. 25-I)* « le directeur comptable et financier » de l'organisme délégant et sous sa responsabilité, en cohérence avec les référentiels de contrôle interne des branches ou régimes concernés.

CHAPITRE III PERSONNEL

SECTION PREMIÈRE DISPOSITIONS GÉNÉRALES

BIBL. ▶ Tauran, Le personnel des organismes de sécurité sociale : entre droit du travail et droit de la sécurité sociale, *Dr. ouvrier 2011. 409.*

Art. L. 123-1 En ce qui concerne le personnel autre que les agents de direction *(L. n° 2004-810 du 13 août 2004, art. 61-I ; L. n° 2018-1203 du 22 déc. 2018, art. 25-I)* **« et les directeurs comptables et financiers, » les conditions de travail du personnel des organismes de sécurité sociale, de leurs unions ou fédérations, de leurs établissements et œuvres sociales sont fixées par conventions collectives de travail et, en ce qui concerne** *(Abrogé par L. n° 2017-1836 du 30 déc. 2017, art. 15-V, à compter du 1er janv. 2018)* ***« d'une part »*** **le régime général** *(Abrogé par L. n° 2017-1836 du 30 déc. 2017, art. 15-V, à compter du 1er janv. 2018)* ***« , d'autre part*** *(Ord. n° 2005-1528 du 8 déc. 2005)* ***« le régime social des indépendants »*****, par convention collective nationale.** — *Sur les dispositions transitoires de l'art. 15 de la L. n° 2017-1836 du 30 déc. 2017, V. ss. le livre VI « Dispositions applicables aux travailleurs indépendants ».*

Toutefois, les dispositions de ces conventions ne deviennent applicables qu'après avoir reçu l'agrément de l'autorité compétente de l'État. — *V. art. R. 123-1.*

Les dispositions du présent article sont applicables à tous organismes de tous régimes de sécurité sociale, sauf :

1° Aux caisses ayant la forme d'établissements publics ;

2° A la Caisse autonome nationale de la sécurité sociale dans les mines ;

3° Aux organismes d'assurance vieillesse des professions libérales ;

4° A la Caisse nationale des barreaux français ;

5° *(L. n° 99-641 du 27 juill. 1999, art. 71-C)* **« A la Caisse d'assurance vieillesse, invalidité et maladie des cultes ».**

(L. n° 2006-1640 du 21 déc. 2006, art. 69-V) **« Dans les établissements de santé, les conséquences financières des conventions agréées prévues au premier alinéa ne sont pas opposables à l'autorité de tarification de ces établissements. »**

En application du II de l'art. 21 de la L. n° 2000-321 du 12 avr. 2000 relative aux droits des citoyens dans leurs relations avec les administrations [V. désormais CRPA, art. L. 231-5 et L. 231-6. — ***CRPA****], et par exception à l'application du délai de deux mois prévu au 1er al. du I de cet art. [V. désormais CRPA, art. L. 231-1], le délai à l'expiration duquel le silence gardé par l'administration vaut décision d'acceptation est fixé à quatre mois pour les demandes d'agrément des conventions collectives de travail du personnel des organismes de sécurité sociale (Décr. n° 2014-1287 du 23 oct. 2014, applicable aux demandes présentées à compter du 12 nov. 2014).*

BIBL. ▶ Prétot, L'agrément des conventions et accords dans le droit du travail et de la protection sociale, Études J. Barthélemy, *Dr. trav., Hors-série, 1994, p. 65* ; La sécurité sociale : un service public à caractère administratif confié à des personnels de droit privé, *Cah. fonct. publ., n° 155, mars 1997, p. 5.* - Saint-Jours, La situation juridique du personnel de la sécurité sociale, *RDSS 1989. 258.*

A. GÉNÉRALITÉS

1. Compétence de l'autorité judiciaire. Les litiges qui s'élèvent entre les caisses de sécurité sociale, organismes de droit privé chargés de la gestion d'un service public, et leur personnel à l'occasion des contrats de travail ressortissent à la compétence de l'autorité judiciaire. • T. confl. 19 juin 1976, *Dame Loncle*, n° 02022.

2. Application du droit commun du travail. Sauf disposition particulière expresse, il y a lieu à application des règles du droit commun des relations du travail, la seule référence à la mission de service public des organismes ne pouvant suffire à en écarter l'application. • Soc. 21 avr. 1988, n° 85-14.659 P : *D. 1989. Somm. 240, obs. Prétot.* ♦ Les organismes de sécurité sociale sont ainsi normalement soumis aux règles de l'assurance garantie des salaires. • Soc. 21 avr. 1988 : *préc.* ♦ ... Aux règles de la représentation du personnel. • CE 22 juin 1992 : *RJS 1992, n° 1132* • 1er févr. 1993 (2 esp.) : *RJS 1993, n° 525, concl. Le Chatelier.*

B. AGRÉMENT DES CONVENTIONS ET ACCORDS COLLECTIFS

3. Champ d'application. La procédure de l'agrément s'applique à l'ensemble des conventions et accords collectifs : accord salarial national. • CE 6 mars 1987 : *D. 1988. Somm. 30, obs. Prétot.* ♦ ... Aux accords de retraite et de prévoyance. • CE 1er avr. 1987 : *D. 1988. Somm. 30, obs. Prétot* • 8 nov. 1996 : *Dr. soc. 1997. 179, note Prétot* ; *RJS 1997, n° 323* (intégration aux régimes complémentaires généraux AGIRC et ARRCO). ♦ ... Aux accords d'entreprise. • Soc. 17 nov. 1988 : *RJS 1989, n° 179* • CE, sect., 23 juill. 1976 : *Lebon 362 ; AJDA 1976. 434, chron. Nauwelaers et Fabius* • 31 oct. 1990 : *D. 1991. Somm. 342, obs. Prétot ; RJS 1991, n° 79.*

4. Limite (usage plus favorable). Les organismes de sécurité sociale entretenant avec leur personnel des relations de droit privé régies par le droit du travail, la fixation des conditions de travail de ce personnel par des conventions collectives, soumises à l'agrément du ministre des Affaires sociales, ne fait pas obstacle à l'existence, dans ces organismes, d'usages plus favorables aux salariés. • Soc. 22 janv. 1991, n° 87-40.113 P : *D. 1991. Somm. 342, obs. Prétot ; RJS 1991, n° 378 ; RDSS 1991. 312, concl. contr. Chauvy* • 8 oct. 1996, n° 92-44.361 P : *Dr. soc. 1996. 1046, note Savatier ; RJS 1996, n° 1202 ; TPS 1996. Comm. 512.*

5. Refus d'agrément. L'autorité publique peut légalement refuser d'agréer une convention ou un accord en raison de l'illicéité de ses clauses ou de leur incidence financière. • CE 6 mars 1987 : *préc. note 3* • 31 oct. 1990 : *préc. note 3.* ♦ Le ministre peut également refuser d'agréer un accord conclu dans le cadre d'un organisme en raison de l'intérêt qui s'attache à la préservation de l'unité de statut des personnels d'un même régime. • CE 27 oct. 1995 : *RJS 1995, n° 1276* • 1er déc. 1995 (2 esp.) : *Dr. soc. 1996. 436, obs. Prétot ; RJS 1996, n° 155.* ♦ Le ministre ne peut distraire de l'agrément que les seules clauses illicites de la convention ou de l'accord. • CE 18 juin 1980 : *Lebon 33 ; Dr. soc. 1980. 282, concl. Latournerie.* ♦ Le ministre ne peut pas davantage procéder à l'agrément de la convention ou de l'accord pour une durée déterminée. • CE 9 déc. 1994 : *RJS 1995, n° 143.*

6. Nature juridique de l'agrément. L'agrément des conventions et accords collectifs revêt le caractère d'un acte administratif non réglementaire et créateur de droits. • CE, sect., 11 févr. 1992 : *EDCE 1993, n° 44, p. 443 ; Dr. soc. 1992. 729, note Prétot ; RJS 1993, n° 781* • CE, sect., 8 nov. 1996 : *préc. note 3.* ♦ L'agrément peut être abrogé lorsque, en raison de l'évolution des circonstances de droit ou de fait, les clauses de la convention ou de l'accord sont entachées d'illicéité, ou que leur exécution est susceptible d'entraîner des conséquences financières importantes. • CE, sect., 11 févr. 1992 : *préc.* ♦ L'agrément ou le refus d'agrément d'un accord conclu entre un organisme et les organisations syndicales revêt le caractère d'un acte administratif non réglementaire, dont le contentieux relève du tribunal administratif dans le ressort duquel l'organisme intéressé a son siège. • CE 2 févr. 2001 : *RJS 2001, n° 623.*

7. Nullité de la convention. La circonstance que la convention collective ait été déclarée nulle et de nul effet par l'autorité judiciaire ne rend pas sans objet le recours aux fins d'annulation de l'approbation de la convention. • CE 17 mai 1999 : *RJS 1999, n° 1129.* ♦ Mais la légalité de l'approbation étant nécessairement subordonnée à la validité de la convention, la déclaration de nullité de celle-ci entraîne l'annulation de l'approbation. • CE 17 mai 1999 : *préc.*

C. APPLICATION DES CONVENTIONS ET ACCORDS COLLECTIFS

8. Tutelle budgétaire. Les incidences de la tutelle budgétaire et financière ne sauraient faire échec à l'application d'une mesure impérative découlant de la loi ou de la convention collective. • Soc. 3 mars 1987, n° 83-44.799 P : *Dr. soc. 1987. 769, note Prétot.* ♦ Un agent ne peut réclamer cependant un avantage dont l'attribution ne constitue qu'une faculté, lorsque les mesures prises par l'autorité de tutelle s'y opposent. • Soc. 3 mars 1987, n° 83-40.179 P : *Dr. soc. 1987. 769, note Prétot* • 21 oct. 1992, n° 91-40.613 P : *AJDA 1993. 230, obs. Prétot ; RJS 1993, n° 123.*

9. Rôle des organismes nationaux. Les lettres-circulaires que l'UCANSS adresse aux organismes du régime général pour l'application de la convention collective nationale s'imposent à ceux-ci. • Soc. 27 mars 1996, n° 92-42.309 P : *Dr. soc. 1996. 645, obs. Prétot ; RJS 1996, n° 709* • 17 déc. 1996 : *RJS 1997, n° 90.* ♦ L'UCANSS ne peut se substituer cependant aux partenaires sociaux défaillants ; le ministre peut, dès lors, s'opposer à la délibération adoptée par le conseil d'administration de l'UCANSS pour pallier l'absence d'accord salarial. • CE 26 févr. 1997 : *RJS 1997, n° 598.*

10. Règlement intérieur. Le règlement intérieur type annexé à la convention collective nationale s'applique à défaut d'adoption de son propre règlement intérieur par un organisme. • Soc. 3 nov. 2005, n° 03-45.838 P : *RJS 2006, n° 80.* ♦ Les clauses de la convention collective nationale et celles du règlement intérieur doivent, s'il y a lieu, être combinées. • Même arrêt.

Art. L. 123-2 **Sous réserve des dispositions fixées par décret en Conseil d'État, les conditions de travail des agents de direction et** *(L. n° 2018-1203 du 22 déc. 2018, art. 25-I)* **« du directeur comptable et financier » font l'objet de conventions collectives spéciales qui ne deviennent applicables qu'après avoir reçu l'agrément de l'autorité compétente de l'État.** – *V. art. R. 123-1.*

Le présent article a le même champ d'application que l'article précédent. – *V. art. R. 123-2 à R. 123-6.*

*En application du II de l'art. 21 de la L. n° 2000-321 du 12 avr. 2000 relative aux droits des citoyens dans leurs relations avec les administrations [V. désormais CRPA, art. L. 231-5 et L. 231-6. — **CRPA**], et par exception à l'application du délai de deux mois prévu au 1er al. du I de cet art. [V. désormais CRPA, art. L. 231-1. — **CRPA**], le délai à l'expiration duquel le silence gardé par l'administration vaut décision d'acceptation est fixé à quatre mois pour les demandes d'agrément des conventions collectives spéciales des agents de direction et du directeur comptable et financier des organismes de sécurité sociale (Décr. n° 2014-1287 du 23 oct. 2014, applicable aux demandes présentées à compter du 12 nov. 2014).*

Compétence du pouvoir réglementaire. Le Gouvernement tient des dispositions de l'art. L. 123-2 le pouvoir de subordonner l'accès aux fonctions de directeur d'un organisme à l'exercice antérieur d'une autre fonction de direction, le cas échéant dans un organisme distinct. • CE 10 nov. 1999 : *RJS 2000, n° 206.*

Art. L. 123-2-1 *(L. n° 2004-810 du 13 août 2004, art. 61-II)* **Les conditions de travail des praticiens conseils exerçant dans le service du contrôle médical du régime général** *(Abrogé par L. n° 2017-1836 du 30 déc. 2017, art. 15-V, à compter du 1er janv. 2018)* ***« et du*** *(Ord. n° 2005-1528 du 8 déc. 2005)* ***« régime social des indépendants »*** **font l'objet de conventions collectives spéciales qui ne deviennent applicables qu'après avoir reçu l'agrément de l'autorité compétente de l'État.** — *Sur les dispositions transitoires de l'art. 15 de la L. n° 2017-1836 du 30 déc. 2017, V. ss. le livre VI « Dispositions applicables aux travailleurs indépendants ».*

*En application du II de l'art. 21 de la L. n° 2000-321 du 12 avr. 2000 relative aux droits des citoyens dans leurs relations avec les administrations [V. désormais **CRPA**, art. L. 231-5 et L. 231-6], et par exception à l'application du délai de deux mois prévu au 1er al. du I de cet art. [V. désormais **CRPA**, art. L. 231-1], le délai à l'expiration duquel le silence gardé par l'administration vaut décision d'acceptation est fixé à quatre mois pour les demandes d'agrément des conventions collectives spéciales des praticiens conseils du service du contrôle médical (Décr. n° 2014-1287 du 23 oct. 2014, applicable aux demandes présentées à compter du 12 nov. 2014).*

Art. L. 123-2-2 *(L. n° 2007-148 du 2 févr. 2007, art. 22)* **Les règles relatives au cumul d'activités et de rémunérations des fonctionnaires et agents non titulaires de droit public sont applicables aux agents de droit privé des organismes de sécurité sociale régis par les conventions collectives nationales. Pour ces agents, des adaptations à ces règles peuvent être apportées par décret en Conseil d'État.**

Art. L. 123-2-3 *(L. n° 2009-879 du 21 juill. 2009, art. 129-IV)* **Les accords collectifs nationaux agréés en application des articles L. 123-1, L. 123-2 et L. 123-2-1 ainsi que leurs avenants sont applicables aux personnels régis par les conventions collectives nationales des organismes de sécurité sociale salariés par des organismes habilités à recruter ces personnels.**

SECTION II AGENTS DE DIRECTION ET DIRECTEURS COMPTABLES ET FINANCIERS *(L. n° 2018-1203 du 22 déc. 2018, art. 25-I).*

SOUS-SECTION 1 DISPOSITIONS GÉNÉRALES

Néant. — V. art. R. 123-7.

SOUS-SECTION 2 ÉCOLE NATIONALE SUPÉRIEURE DE SÉCURITÉ SOCIALE *(L. n° 2004-810 du 13 août 2004, art. 62-II).*

Le Centre national d'études supérieures de sécurité sociale (CNESSS) est transformé en École nationale supérieure de sécurité sociale (EN3S) (L. n° 2004-810 du 13 août 2004, art. 62-I).

BIBL. GÉN. ▶ LAGRAVE, La place du CNESSS dans la Sécurité sociale française, *Regards CNESSS, Economica, 1992, p. 11.* - PRÉTOT, Le statut du CNESSS, une ambiguité fondamentale ?, *Regards CNESSS, Economica, 1992, p. 199.*

§ 1er DISPOSITIONS GÉNÉRALES

Art. L. 123-3 La formation et le perfectionnement du personnel d'encadrement, des agents de direction et des *(L. n° 2018-1203 du 22 déc. 2018, art. 25-I)* **« directeurs comptables et financiers » des organismes de sécurité sociale sont assurés par** *(L.*

n° 2004-810 du 13 août 2004, art. 62-III) « une École nationale supérieure de sécurité sociale financée » pour partie par les organismes ou régimes de sécurité sociale.

(L. n° 99-641 du 27 juill. 1999, art. 71-C) « Les dispositions du précédent alinéa sont applicables aux organismes de sécurité sociale ainsi qu'à leurs unions et fédérations, à l'exception des organismes relevant des organisations autonomes d'assurance vieillesse des travailleurs non salariés des professions libérales et de la Caisse des Français de l'étranger ».

Les organismes qui comptent un nombre d'agents inférieur à un minimum fixé par arrêté ministériel ou dont les ressources annuelles sont inférieures à un montant minimum fixé par le même arrêté peuvent être autorisés à déroger aux dispositions du premier alinéa. — *V. art. R. 123-8 à R. 123-10.*

§ 2

V. art. R. 123-11 à R. 123-20-1 : administration de l'EN3S.

§ 3 PERSONNEL

Art. L. 123-4 *(L. n° 2004-810 du 13 août 2004, art. 62-IV)* L'École nationale supérieure de sécurité sociale peut recruter des agents de droit privé régis par les conventions collectives applicables au personnel des organismes de sécurité sociale.

Les dispositions du chapitre Ier du titre IV du livre IV *[titre Ier du livre III de la partie III nouv.]* du code du travail sont applicables à l'École nationale supérieure de sécurité sociale. — *V. art. R. 123-21 et R. 123-22.*

V. art. R. 123-23 à R. 123-27 : régime financier, marchés, biens ; R. 123-28 à R. 123-37 : accès, scolarité ; R. 123-40 et R. 123-41 : formation continue ; R. 123-45 à R. 123-47-10 : nomination et parcours professionnel ; R. 123-48 à R. 123-50-1 : agrément ; R. 123-51 à R. 123-53 : mesures disciplinaires.

CHAPITRE IV DISPOSITIONS DIVERSES — DISPOSITIONS D'APPLICATION

Art. L. 124-1 Les pièces relatives à l'application de la législation de sécurité sociale sont délivrées gratuitement à la condition de s'y référer expressément.

En matière de droit de timbre et d'enregistrement, l'exonération des pièces relatives à l'application de la législation de sécurité sociale est régie par l'article 1083 du code général des impôts.

En ce qui concerne les droits de mutation à titre gratuit, l'exonération des libéralités faites aux organismes de sécurité sociale est régie par l'article 794 II du code général des impôts.

Art. L. 124-2 En ce qui concerne le droit de timbre, l'exonération des affiches, imprimées ou non, apposées par les organismes de sécurité sociale, ayant pour objet exclusif la vulgarisation de la législation de la sécurité sociale, ainsi que de la publication de comptes rendus et conditions de fonctionnement de ces organismes, est régie par l'article 1083 du code général des impôts.

Art. L. 124-3 En matière de droits de timbre et d'enregistrement et de taxe de publicité foncière, l'exonération des actes relatifs aux acquisitions d'immeubles et aux prêts que les caisses sont autorisées à effectuer est régie par l'article 1084 du code général des impôts.

Art. L. 124-4 *(L. n° 94-637 du 25 juill. 1994, art. 24)* Les travaux, les fournitures, les prestations intellectuelles et les services pour le compte des organismes de droit privé jouissant de la personnalité civile assurant en tout ou partie la gestion d'un régime légalement obligatoire d'assurance contre la maladie, la maternité, la vieillesse, l'invalidité, le décès, le veuvage, les accidents du travail et les maladies professionnelles ou de prestations familiales, ainsi que des unions ou fédérations desdits organismes, font l'objet de marchés dont le mode de passation et les conditions d'exécution respectent les garanties prévues en matière de marchés de l'État.

(L. n° 2007-1786 du 19 déc. 2007, art. 101-IV) « Les dispositions du premier alinéa sont également applicables aux groupements d'intérêt public et aux groupements d'inté-

rêt économique financés majoritairement par un ou plusieurs organismes mentionnés au premier alinéa, ou par un ou plusieurs organismes nationaux cités à l'article L. 200-2. »

Les conditions d'application du présent article sont fixées par arrêté interministériel. – *V. Arr. du 16 juin 2008 (JO 24 juin), mod. par Arr. du 21 oct. 2011 (JO 3 nov.).*

BIBL. ▶ PENAUD, Nouvelles technologies de l'information : quel impact sur les organismes de sécurité sociale ?, *Dr. soc. 1995. 769* ; Marchés informatiques des organismes locaux de sécurité sociale, *Dr. soc. 1996. 725* .

Art. L. 124-5 **Tout organisme de sécurité sociale, partie à une instance contentieuse, peut s'y faire représenter par un de ses administrateurs, un de ses employés ou un employé d'un autre organisme de sécurité sociale.**

Art. L. 124-6 Des décrets en Conseil d'État peuvent, pour certains régimes et en tant que de besoin, apporter les adaptations nécessaires aux dispositions des articles L. 121-1, L. 122-1, L. 123-1, L. 123-2 et L. 123-3. – *V. art. R. 124-1 et R. 124-2.*

TITRE TROISIÈME DISPOSITIONS COMMUNES RELATIVES AU FINANCEMENT

CHAPITRE PREMIER ASSIETTE ET RÉGIME FISCAL DES COTISATIONS

SECTION PREMIÈRE COTISATIONS ET CONTRIBUTIONS SUR LES REVENUS DE REMPLACEMENT *(L. nº 2014-1554 du 22 déc. 2014, art. 7-I-A).*

Art. L. 130-1 (Abrogé par L. nº 2014-1554 du 22 déc. 2014, art. 7-I-A) (L. nº 95-116 du 4 févr. 1995, art. 58) ***Le montant des cotisations et des assiettes sociales visées au présent code*** (L. nº 2001-1276 du 28 déc. 2001, art. 51-IV) ***« et au code rural » et de la pêche maritime est arrondi au franc*** (L. nº 98-546 du 2 juill. 1998, art. 29) ***« ou à l'euro le plus proche. La fraction de franc ou d'euro égale à 0,50 est comptée pour 1 ».*** – Les dispositions de l'art. 7-I de la L. nº 2014-1554 du 22 déc. 2014 s'appliquent aux revenus de remplacement dont le fait générateur intervient à compter du 1er janv. 2015 (L. préc., art. 7-VI).

Art. L. 131-1 *(L. nº 2014-1554 du 22 déc. 2014, art. 7-I-A)* **Les cotisations et contributions sociales dues sur les avantages de retraite et d'invalidité, les indemnités journalières, les allocations de chômage et de préretraite et les autres revenus mentionnés à l'article L. 131-2 et** *(Ord. nº 2018-474 du 12 juin 2018, art. 4)* **« à l'article L. 136-1-2 » sont, sous réserve du II *bis* de l'article L. 136-5, précomptées au moment du versement de ces avantages, indemnités, allocations ou revenus par l'organisme débiteur de ces revenus.**

Les dispositions de l'art. 7-I de la L. nº 2014-1554 du 22 déc. 2014 s'appliquent aux revenus de remplacement dont le fait générateur intervient à compter du 1er janv. 2015 (L. préc., art. 7-VI).

Les dispositions de l'Ord. nº 2018-474 du 12 juin 2018 s'appliquent aux cotisations et contributions dues pour les périodes courant à compter du 1er sept. 2018 (Ord. préc., art. 16).

Art. L. 131-1-1 (Abrogé par Ord. nº 2018-474 du 12 juin 2018, art. 4, à compter du 1er sept. 2018) ***Les cotisations d'assurance maladie assises sur les pensions servies au titre d'une activité professionnelle déterminée sont dues au régime d'assurance maladie correspondant à cette activité, même si le droit aux prestations d'assurance maladie est ouvert au titre d'un autre régime.*** – [Anc. art. L. 131-1.]

V. dernière note ss. art. L. 131-1.

Art. L. 131-2 *(Ord. nº 2018-474 du 12 juin 2018, art. 4)* **Sont soumis à une cotisation d'assurance maladie, maternité, invalidité et décès :**

1º Les avantages de retraite servis aux assurés du régime général, soit qu'ils aient été financés en tout ou partie par une contribution de l'employeur, soit qu'ils aient donné lieu à rachat de cotisations, ainsi que les avantages de retraite versés au titre des articles L. 381-1 et L. 742-1, à l'exclusion des bonifications ou majorations pour enfants autres que les annuités supplémentaires et des pensions servies au titre d'une activité indépendante ;

2° Les allocations de chômage, les avantages attachés à la cessation d'activité et les aides à la reprise d'activité, versés aux travailleurs involontairement privés d'emploi totalement, partiellement ou temporairement ;

3° Les avantages alloués aux assurés en situation de préretraite ou de cessation anticipée d'activité en application de dispositions réglementaires ou conventionnelles, d'une décision unilatérale de l'employeur, ou de l'article 15 de l'ordonnance n° 82-108 du 30 janvier 1982 relative aux contrats de solidarité des collectivités locales.

Les conditions d'exonération accordée aux titulaires de ces avantages en fonction de leurs ressources et le taux de cotisation sont fixées par décret.

Le prélèvement de la cotisation ne peut avoir pour effet de porter les avantages mentionnés aux 2° et 3° à un montant net inférieur à un seuil fixé par décret.

V. dernière note ss. art. L. 131-1.

Ancien art. L. 131-2 (L. n° 2014-1554 du 22 déc. 2014, art. 7-I-A) *« Une cotisation d'assurance maladie, maternité, invalidité et décès est prélevée sur les allocations et indemnités des travailleurs involontairement privés d'emploi ou placés en situation de cessation anticipée totale ou partielle d'activité versées en application des articles L. 1233-68 et L. 1233-72, du II de l'article L. 5122-1 et des articles L. 5123-2, L. 5123-3, L. 5421-2, L. 5422-1, L. 5424-6 et L. 5425-2 du code du travail, ainsi que de l'article L. 5343-18 du code des transports.*

« Une cotisation d'assurance maladie, maternité, invalidité et décès est prélevée sur les avantages alloués aux assurés en situation de préretraite ou de cessation anticipée d'activité en application de l'article 15 de l'ordonnance n° 82-108 du 30 janvier 1982 relative aux contrats de solidarité des collectivités locales ou de dispositions réglementaires ou conventionnelles. »

Le prélèvement de la cotisation ne peut avoir pour effet de réduire les avantages mentionnés au présent article à un montant net inférieur au seuil d'exonération établi en application des articles L. 242-12 et L. 711-2 du présent code et (L. n° 2014-1554 du 22 déc. 2014, art. 7-I-A) *« L. 741-14 du code rural et de la pêche maritime ».*

Un décret fixe, en tant que de besoin, les modalités d'application du présent article (L. n° 2014-1554 du 22 déc. 2014, art. 7-I-A) *« , notamment les taux des cotisations ».*

Les dispositions issues de la L. n° 2011-893 du 28 juill. 2011 ne s'appliquent pas à Mayotte (L. préc., art. 44-VI).

Les dispositions de l'art. 7-I de la L. n° 2014-1554 du 22 déc. 2014 s'appliquent aux revenus de remplacement dont le fait générateur intervient à compter du 1er janv. 2015 (L. préc., art. 7-VI).

1. Avantages versés en cas de cessation anticipée d'activité (spécifiques à un établissement bancaire). Les sommes versées aux salariés d'une banque en application des dispositions de la convention collective nationale du personnel des banques organisant la fin de carrière bancaire avant l'âge de soixante ans entrent dans les prévisions de l'art. L. 131-2, al. 2. • Soc. 13 oct. 1994 : *RJS 1994, n° 1290.* ♦ V. aussi • Soc. 23 mai 1996, n° 93-21.506 P : *D. 1996. IR 163* • 13 févr. 1997 : *CSB 1997, S. 77.*

2. Contrepartie de la diminution de la pension de retraite. Les versements effectués par une entreprise à une caisse de retraite complémentaire afin d'éviter que la rupture anticipée du contrat ou la mise en préretraite n'entraînent pour les salariés un préjudice après la rupture du contrat de travail sous la forme d'une diminution de leur pension de retraite ont une nature indemnitaire et ne sont pas soumis à cotisations sociales. • Soc. 13 déc. 2001 : *RJS 2002, n° 213.* ♦ V. aussi • Soc. 19 juill. 2001, n° 00-16.671 P : *Dr. soc. 2001. 1024, note Radé.*

Art. L. 131-3 *(Ord. n° 2018-474 du 12 juin 2018, art. 4, en vigueur le 1er sept. 2018)* Les cotisations d'assurance maladie assises sur les avantages de retraite mentionnés au 1° de l'article L. 131-2 servis au titre d'une activité professionnelle déterminée sont dues au régime d'assurance maladie correspondant à cette activité, même si le droit aux prestations d'assurance maladie est ouvert au titre d'un autre régime.

Les cotisations d'assurance maladie assises sur les avantages mentionnés aux 2° et 3° de l'article L. 131-2 sont dues au régime d'assurance maladie dont l'intéressé relevait à la date à laquelle le revenu de remplacement ou l'allocation lui a été attribué. — *V. dernière note ss. art. L. 131-1.*

Ancien art. L. 131-3 *Les cotisations d'assurance maladie assises sur les revenus de remplacement et allocations mentionnés à l'article L. 131-2 sont dues au régime d'assurance maladie dont l'intéressé relevait à la date à laquelle le revenu de remplacement ou l'allocation lui a été attribué.*

SECTION III *[ABROGÉE]* EXONÉRATION

(Abrogée par Ord. n° 2018-474 du 12 juin 2018, art. 4, à compter du 1er sept. 2018)

V. dernière note ss. art. L. 131-1.

Art. L. 131-4 ***La part contributive de l'employeur dans les titres-restaurant est exonérée des cotisations de sécurité sociale sous les conditions prévues aux articles 81-19°, 231 bis F et 902, 3, 6° du code général des impôts.***

1. Conditions de l'exonération. Dès lors que la contribution patronale dépasse les limites prévues par l'art. L. 131-4 le redressement doit être opéré sur la totalité des sommes versées. • Soc. 23 oct. 1997 : *RJS 1998, n° 93.* ♦ Rappr. : pour une contribution réelle de l'employeur au coût des repas qui s'est élevée à près de 90 % de la valeur du titre-restaurant impliquant un dépassement du plafond de 60 % et le retrait de l'exonération de cotisation. • Soc. 14 juin 1990, n° 87-18.536 P : *D. 1990. IR 194* • 22 févr. 1996, n° 94-10.105 P : *D. 1996. IR 96.*

2. Forme des bons (mentions insuffisantes). Les « bons de remises » litigieux, qui ne répondaient pas aux exigences de forme prévues par le Décr. n° 67-1165 du 22 déc. 1967 pris pour l'application des art. 19 s. de l'Ord. n° 67-830 du 27 sept. 1967 relatifs aux tickets-restaurant, étaient dépourvus d'indications suffisantes pour permettre de vérifier l'étendue de la participation respective de l'employeur et des salariés aux frais de repas. • Soc. 1er oct. 1992 : *RJS 1993, n° 188.*

3. Prime versée en sus des titres-restaurant. La contribution patronale à l'acquisition de titres-restaurant doit être comprise dans l'assiette des cotisations de sécurité sociale dès lors que le montant de cette contribution, augmentée de la valeur de la prime de repas versée aux bénéficiaires des titres, est supérieure aux limites prévues par l'art. L. 131-4 CSS et qu'il existe une corrélation entre la prime destinée à couvrir les frais de repas et les titres-restaurant distribués aux salariés. • Soc. 4 juin 1992 : *RJS 1992, n° 925.* ♦ Une prime supplémentaire dite de « complément déjeuner » allouée par une banque à ses salariés et devant s'imputer sur un éventuel relèvement de la participation de l'employeur au financement des titres de repas, peut être considérée comme en corrélation étroite avec ces titres et doit en conséquence être comprise dans le montant effectif de ladite participation pour déterminer si celle-ci, dépassant le plafond réglementaire, doit être soumise à cotisations. • Soc. 9 juill. 1992 : *RJS 1992, n° 1029 ; CSB 1992, p. 219.*

Art. L. 131-4-1 (L. n° 2008-1330 du 17 déc. 2008, art. 20-III) ***Les sommes versées par l'employeur à ses salariés en application*** (L. n° 2015-1786 du 29 déc. 2015, art. 15-II-1°, en vigueur le 1er janv. 2016) ***« des articles L. 3261-3 et L. 3261-3-1 » du code du travail sont exonérées de toute cotisation d'origine légale ou d'origine conventionnelle rendue obligatoire par la loi, dans la limite prévue au b du 19° ter de l'article 81 du code général des impôts.***

Le présent article est applicable à Saint-Pierre-et-Miquelon.

Art. L. 131-4-2 (Ord. n° 2007-329 du 12 mars 2007, art. 9) ***I. — Les gains et rémunérations, au sens de l'article L. 242-1 ou de l'article L. 741-10 du code rural et de la pêche maritime, versés au cours d'un mois civil aux salariés embauchés*** (Abrogé par L. n° 2014-173 du 21 févr. 2014, art. 19) ***« dans les zones de redynamisation urbaine définies au A du 3 de l'article 42 de la loi n° 95-115 du 4 février 1995 d'orientation pour l'aménagement et le développement du territoire et » dans les zones de revitalisation rurale définies à l'article 1465 A du code général des impôts sont, dans les conditions fixées aux II et III, exonérés des cotisations à la charge de l'employeur au titre des assurances sociales,*** (L. n° 2007-1786 du 19 déc. 2007, art. 22-I) ***« et des allocations familiales »*** (L. n° 2007-1822 du 24 déc. 2007, art. 133-I) ***« conformément à un barème dégressif déterminé par décret et tel que l'exonération soit totale pour une rémunération horaire inférieure ou égale au salaire minimum de croissance majoré de 50 % et devienne nulle pour une rémunération horaire égale ou supérieure au salaire minimum de croissance majoré de 140 % ».*** — Ces dispositions issues de la L. n° 2007-1822 du 24 déc. 2007 sont applicables aux contrats de travail dont la date d'effet est postérieure au 1er janvier 2008. Les exonérations applicables aux contrats de travail ayant pris effet avant cette date restent régies par les dispositions antérieures à la loi du 24 déc. 2007 [« dans la limite du produit du nombre d'heures rémunérées par le montant du salaire minimum de croissance majoré de 50 % »].

(L. n° 2015-1702 du 21 déc. 2015, art. 17-IV) ***« L'article L. 2242-5-1 du code du travail est applicable à cette exonération. »***

(Abrogé par L. n° 2015-1702 du 21 déc. 2015, art. 17-V) (L. n° 2015-994 du 17 août 2015, art. 19-VII-2°) ***« Dans le cas où la périodicité de la négociation sur les salaires effec-***

tifs a été portée à une durée supérieure à un an en application de l'article L. 2242-20 dudit code, le deuxième alinéa du présent I n'est pas applicable pendant la durée fixée par l'accord. Au terme de cette durée ou si une organisation signataire a demandé que cette négociation soit engagée sans délai, lorsque l'employeur n'a pas rempli au cours d'une année civile l'obligation définie au 1° de l'article L. 2242-5 du même code, dans les conditions prévues aux articles L. 2242-1 à L. 2242-4 dudit code, le montant de l'exonération est diminué de 10 % au titre des rémunérations versées cette même année. Il est diminué de 100 % lorsque l'employeur ne remplit pas cette obligation pour la troisième année consécutive. »

II. — Ouvrent droit à l'exonération prévue au I, lorsqu'elles n'ont pas pour effet de porter l'effectif total de l'entreprise à plus de cinquante salariés, les embauches réalisées par les entreprises et les groupements d'employeurs exerçant une activité artisanale, industrielle, commerciale, au sens de l'article 34 du code général des impôts, une activité agricole, au sens de l'article 63 du même code, ou non commerciale, au sens du 1 de l'article 92 du même code, à l'exclusion des organismes mentionnés à l'article 1er de la loi n° 90-568 du 2 juillet 1990 relative à l'organisation du service public de la poste et des télécommunications et des employeurs relevant des dispositions du titre Ier du livre VII du présent code.

Pour bénéficier de cette exonération, l'employeur ne doit pas avoir procédé à un licenciement (L. n° 2007-1786 du 19 déc. 2007, art. 19-III) *« au sens de l'article L. 1233-3 du code du travail » dans les douze mois précédant la ou les embauches.*

III. — L'exonération prévue au I est applicable, pour une durée de douze mois à compter de la date d'effet du contrat de travail, aux gains et rémunérations versés aux salariés au titre desquels l'employeur est soumis à l'obligation édictée par l'article L. 5422-13 du code du travail et dont le contrat de travail est à durée indéterminée ou a été conclu en application du 2° de l'article L. 1242-2 du code du travail pour une durée d'au moins douze mois.

IV. — l'employeur qui remplit les conditions fixées ci-dessus en fait la déclaration par écrit à la direction départementale du travail, de l'emploi et de la formation professionnelle dans les trente jours à compter de la date d'effet du contrat de travail. A défaut d'envoi de cette déclaration dans le délai imparti, le droit à l'exonération n'est pas applicable aux cotisations dues sur les gains et rémunérations versés de la date de l'embauche au jour de l'envoi ou du dépôt de la déclaration, cette période étant imputée sur la durée d'application de l'exonération.

Le bénéfice de l'exonération ne peut être cumulé, pour l'emploi d'un même salarié, avec celui d'une aide de l'État à l'emploi ou d'une autre exonération totale ou partielle de cotisations patronales de sécurité sociale ou l'application de taux spécifiques, d'assiettes ou montants forfaitaires de cotisations (L. n° 2007-1223 du 21 août 2007, art. 1-VI) *« , à l'exception de la déduction forfaitaire prévue à l'article L. 241-18 ».*

Cet art. a été créé par la renumérotation de l'art. L. 131-4-1 issu de l'Ord. n° 2007-329 du 12 mars 2007 et est applicable au 1er mars 2008. Les dispositions issues de la L. n° 2007-1223 du 21 août 2007 sont, quant à elles, applicables au 1er oct. 2007.

Cet art. devient l'art. L. 241-19 à compter du 1er sept. 2018 (Ord. n° 2018-474 du 12 juin 2018, art. 4).

Art. L. 131-4-3 (L. n° 2007-1786 du 19 déc. 2007, art. 19-III) *L'exonération définie à l'article L. 131-4-2 est applicable, dans les mêmes conditions, aux gains et rémunérations versés aux salariés embauchés à compter du 1er novembre 2007 dans les zones de revitalisation rurale définies à l'article 1465 A du code général des impôts par les organismes visés au 1 de l'article 200 du même code ayant leur siège social dans ces mêmes zones.* — Cet art. devient l'art. L. 241-20 à compter du 1er sept. 2018 (Ord. n° 2018-474 du 12 juin 2018, art. 4).

Art. L. 131-4-4 (Abrogé par L. n° 2015-1786 du 29 déc. 2015, art. 15-II-2°, à compter du 1er janv. 2016) (L. n° 2015-992 du 17 août 2015, art. 50-II) *La participation de l'employeur aux frais de déplacements de ses salariés entre leur domicile et le lieu de travail réalisés à vélo ou à vélo à assistance électrique est exonérée de cotisations sociales, dans la limite d'un montant défini par décret.*

SECTION IV *[ABROGÉE]* RÉGIME FISCAL

(Abrogée par Ord. n° 2018-474 du 12 juin 2018, art. 4, à compter du 1er sept. 2018)

Art. L. 131-5 *En ce qui concerne l'assiette de l'impôt sur le revenu, la déduction des versements effectués à titre de cotisations de sécurité sociale tant par l'employeur que par l'assuré*

est régie par le 4° du II de l'article 156 du code général des impôts. — V. dernière note ss. art. L. 131-1.

SECTION V COTISATIONS SUR LES REVENUS D'ACTIVITÉ DES TRAVAILLEURS INDÉPENDANTS NON AGRICOLES *(L. n° 2016-1827 du 23 déc. 2016, art. 50-I, en vigueur le 1er janv. 2017).*

(L. n° 94-126 du 11 févr. 1994)

Art. L. 131-6 *(Ord. n° 2018-474 du 12 juin 2018, art. 2, en vigueur le 1er sept. 2018)* **I. — L'assiette des cotisations d'assurance maladie et maternité, d'allocations familiales, d'assurance invalidité-décès et d'assurance vieillesse des travailleurs indépendants non agricoles ne relevant pas du dispositif prévu à l'article** *(L. n° 2018-1203 du 22 déc. 2018, art. 30-IV)* **« L. 613-7 » du présent code est constituée des revenus d'activité indépendante à retenir pour le calcul de l'impôt sur le revenu, sous réserve des dispositions des présents II et III.**

II. — L'assiette prévue au I inclut :

1° Les sommes qui ont été déduites pour le calcul de l'impôt sur le revenu :

a) **Les exonérations fiscales ;**

b) **Les moins-values à long terme prévues à l'article 39 *quindecies* du code général des impôts ;**

c) **Les reports déficitaires ;**

d) **Les déductions du chef des frais professionnels prévues au deuxième alinéa du 3° de l'article 83 du même code ;**

e) **Les frais, droits et intérêts d'emprunt prévus au dernier alinéa du 3° de l'article 83 du même code ;**

f) **Les cotisations versées aux régimes facultatifs mentionnés au second alinéa du I de l'article 154 *bis* du même code pour les assurés ayant adhéré aux régimes en cause à compter du 13 février 1994 ;**

2° Les revenus tirés de la location de tout ou partie d'un fonds de commerce, d'un établissement artisanal, commercial ou industriel, muni du mobilier ou du matériel nécessaire à son exploitation, que la location, dans ce dernier cas, comprenne ou non tout ou partie des éléments incorporels du fonds de commerce ou d'industrie, lorsque ces revenus sont perçus par une personne qui réalise des actes de commerce au titre de l'entreprise louée ou y exerce une activité ;

3° La part des revenus mentionnés aux articles 108 à 115 du même code perçus par le travailleur indépendant non agricole, son conjoint ou le partenaire auquel il est lié par un pacte civil de solidarité ou leurs enfants mineurs non émancipés et des revenus mentionnés au 4° de l'article 124 du même code qui est supérieure à 10 % du capital social et des primes d'émission et des sommes versées en compte courant détenus en toute propriété ou en usufruit par ces mêmes personnes. Un décret en Conseil d'État précise la nature des apports retenus pour la détermination du capital social au sens du présent 3° ainsi que les modalités de prise en compte des sommes versées en compte courant ;

4° Pour les travailleurs indépendants non agricoles qui font application de la section II du chapitre VI du titre II du livre V du code de commerce et sont assujettis à ce titre à l'impôt sur les sociétés, la part des revenus mentionnés aux articles 108 à 115 du code général des impôts qui excède 10 % du montant de la valeur des biens du patrimoine affecté constaté en fin d'exercice ou la part de ces revenus qui excède 10 % du montant du bénéfice net au sens de l'article 38 du même code si ce dernier montant est supérieur. Un décret en Conseil d'État précise les modalités d'application du présent 4°.

III. — Sont exclus de l'assiette prévue au I :

1° Le montant des plus-values professionnelles à long terme prévues à l'article 39 *quindecies* et au *a* du I de l'article 219 *quinquies* du code général des impôts ;

2° La majoration de 25 % prévue au 7 de l'article 158 du même code.

Les dispositions de l'Ord. n° 2018-474 du 12 juin 2018 s'appliquent aux cotisations et contributions dues pour les périodes courant à compter du 1er sept. 2018 (Ord. préc., art. 16).

Jurisprudence rendue ss. l'empire des textes antérieurs à la L. n° 2018-1203 du 22 déc. 2018.

1. Conformité à la Constitution. L'institution, pour l'ensemble des travailleurs non salariés des professions artisanales et des professions industrielles et commerciales relevant des régimes d'assurance vieillesse de base et des régimes complémentaires d'assurance vieillesse et d'invalidité et décès, de cotisations minimales concourant à l'équilibre financier de ces régimes et ayant pour contrepartie l'ouverture de droits aux prestations servies par ces derniers, il ne saurait être sérieusement soutenu que les dispositions critiquées méconnaissent les exigences du principe de l'égalité devant les charges publiques énoncé à l'art. 13 de la DDHC du 26 août 1789. • Civ. 2e, QPC, 5 mars 2015, n° 14-40.055 P.

2. Assiette des cotisations. Selon l'art. L. 131-6, les cotisations d'allocations familiales des travailleurs indépendants sont assises sur le revenu professionnel non salarié. • Soc. 27 févr. 2003, n° 01-20.666 P : *RJS 2003. 441, n° 671.* ♦ C'est à bon droit qu'une cour d'appel décide qu'en application de l'art. L. 131-6, les bénéfices de la société qui ont été distribués à un chirurgien-dentiste et qui constituent le produit de son activité professionnelle doivent entrer dans l'assiette des cotisations sociales. • Civ. 2e, 15 mai 2008, n° 06-21.741 P : *Dr. soc. 2008. 862, note Barthélemy ; ibid. 1278, obs. Jonin et Kessler ; RDSS 2008. 774, obs. Tauran ; RJS 2008, n° 825,* et plus récemment encore, • Civ. 2e, 9 oct. 2014 : *RJS 2014, n° 897.* ♦ Même solution s'agissant des revenus tirés d'un *partnership* de droit anglais ayant son siège à Londres par un avocat exerçant son activité professionnelle en France. • Civ. 2e, 3 nov. 2016, n° 15-21.958 P : *RJS 2017, n° 63.*

3. Revenu professionnel. (Détermination). Le revenu professionnel pris en compte est celui retenu pour le calcul de l'impôt sur le revenu. • Soc. 27 févr. 2003 : *préc. note 2.* ♦ V. aussi • Civ. 2e, 13 déc. 2007 : *RJS 2008, n° 223.* ♦ V. également, • Civ. 2e, 3 nov. 2016, n° 15-21.958 P : *préc. note 2.* ♦ ***(Déductions).*** L'art. L. 131-6 assimile le revenu professionnel sur lequel sont assises les cotisations au revenu retenu pour le calcul de l'impôt avant les déductions, abattements et exonérations qu'il désigne. • TASS Rennes, 21 févr. 2002 : *RJS 2002, n° 1033.* ♦ V. aussi pour les déficits professionnels : seuls peuvent être déduits de l'assiette des cotisations d'allocations familiales les déficits engendrés par l'exercice d'une activité professionnelle exercée, même à titre accessoire, régulièrement et personnellement par l'intéressé. • Soc. 28 mars 2002 : *RJS 2002, n° 746.* ♦ ***(Plus-values réalisées par un inventeur à la suite de la cession d'un brevet).*** Selon l'art. L. 131-6, pour la détermination du revenu professionnel sur lequel sont assises les cotisations des travailleurs non salariés des professions non agricoles, il n'est pas tenu compte des plus-values et moins-values professionnelles à long terme. • Civ. 2e, 11 juin 2009, n° 08-13.011 P.

4. Revenu fiscal et revenu professionnel. (Différence). Les juges du fond ne sauraient annuler la contrainte délivrée par l'URSSAF à l'encontre d'un travailleur indépendant au motif que l'avis d'imposition de l'intéressé indique un revenu fiscal de référence inférieur au revenu retenu par l'organisme de recouvrement sans rechercher si le revenu fiscal ainsi mentionné sur l'avis d'imposition était le revenu professionnel tel que défini par l'art. L. 131-6, al. 2. • Civ. 2e, 16 déc. 2003 : *RJS 2004. 242, n° 349.* ♦ ***(Redressement contradictoire).*** L'URSSAF ne peut délivrer une contrainte pour le recouvrement des cotisations sociales dues sans vérifier si une procédure fiscale de redressement contradictoire a abouti à la détermination du revenu imposable. • Civ. 2e, 22 juin 2004, n° 03-30.044 P.

5. Régime des dividendes des sociétés d'exercice libéral à responsabilité limitée. (Conformité). Les dispositions de l'art. L. 131-6, al. 3, issues de la L. n° 2008-1330 du 17 déc. 2008, ne sont pas contraires au principe d'égalité devant la loi et les charges publiques posé par les art. 6 et 13 de la DDH de 1789, ni à aucun autre droit ou liberté garanti par la Constitution. • Cons. const. 6 août 2010, *Assoc. nat. des stés d'exercice libéral,* n° 2010-24 QPC, consid. nos 9 et 11 : *D. actu. 3 sept. 2010, obs. Lavric ; RJS 2010, n° 992.* ♦ A rappr. : • Civ. 2e, 15 mai 2008, n° 06-21.741 P : *RJS 2008, n° 825 ; JCP E 2008, n° 2347, note Davodet, Kesztenbaum et Terrenoire ; Gaz. Pal. 2008. 24, note Coursier ; Dr. soc. 2008. 862, obs. Barthélemy ; RDSS 2008. 774, note Tauran ; JCP S 2008, n° 1381, note Piau.* ♦ C'est à bon droit qu'une cour d'appel a décidé, en application des dispositions des art. L. 131-6 s., que les bénéfices de la société qui ont été distribués à M. X. et qui constituaient le produit de son activité professionnelle de chirurgien-dentiste devaient entrer dans l'assiette des cotisations litigieuses et dans un sens contraire. • CE 14 nov. 2007, *Ansel,* n° 293642 : *RJS 2008, n° 224 concl. Courrèges ; Dr. soc. 2008.190, note Barthélemy .* ♦ ***(Situation du notaire gérant majoritaire d'une SELARL).*** Les art. L. 131-6 et L. 642-1 ne sont pas applicables au recouvrement des cotisations du régime de retraite obligatoire de la Caisse de retraite des notaires. • Civ. 2e, 1er juill. 2003 : *RJS 2003. 1228.* ♦ Lorsqu'un notaire est le seul, parmi les associés d'une SELARL, titulaire d'un office notarial à exercer son activité au sein de la société, il est redevable des cotisations établies sur la totalité des produits de celle-ci et non sur la base de ses revenus professionnels. • Civ. 2e, 1er juill. 2003 : *préc.*

6. Situation de l'agent d'assurance. Les cotisations des travailleurs indépendants que sont les agents généraux d'assurance sont assises sur le revenu professionnel retenu pour le calcul de l'impôt sur le revenu, qui correspond, conformément à l'art. 931 *ter* CGI, à l'excédent des recettes totales sur les dépenses nécessitées par l'exercice de la profession, et le fait d'avoir opté pour le régime fiscal des salariés et de bénéficier à ce titre d'un abattement de 20 % après déduction de ses frais professionnels ne saurait influer sur la détermination du montant des revenus professionnels nets devant servir de base au calcul des cotisations sociales et des contributions. • Civ. 2e, 22 nov. 2007, n° 06-17.700 P : *JCP S 2008, n° 1124, note Tauran.* ♦ V. aussi • Civ. 2e, 12 juill. 2007, n° 06-18.156.

Nouvel art. L. 131-6 (Ord. n° 2018-474 du 12 juin 2018, art. 2, en vigueur le 1er sept. 2018) (L. n° 2018-1203 du 22 déc. 2018, art. 22-I) « ***I. — Les cotisations de sécurité sociale dues par les travailleurs indépendants non agricoles ne relevant pas du dispositif prévu à l'article L. 613-7 sont assises sur une assiette nette constituée du montant des revenus d'activité indépendante à retenir, sous réserve des dispositions des II à IV du présent article, pour le calcul de l'impôt sur le revenu, diminuée du montant de cotisations calculé selon les modalités fixées au V.***

II. — Les revenus mentionnés au I sont établis avant déduction au titre de l'impôt sur le revenu des sommes suivantes : »

1° Les exonérations fiscales ;

2° Les moins-values à long terme prévues à l'article 39 quindecies du code général des impôts ;

3° Les reports déficitaires ;

4° Les déductions du chef des frais professionnels prévues au deuxième alinéa du 3° de l'article 83 du même code ;

5° Les frais, droits et intérêts d'emprunt prévus au dernier alinéa du 3° de l'article 83 du même code ; — *Les a, b, c, d et e deviennent, respectivement, les 1°, 2°, 3°, 4° et 5° (L. n° 2018-1203 du 22 déc. 2018, art. 22-I).*

(L. n° 2018-1203 du 22 déc. 2018, art. 22-I) « ***6° Les cotisations versées à des régimes obligatoires, de base ou complémentaires, de sécurité sociale et les autres sommes mentionnées au I de l'article 154 bis du même code.***

« ***III. — Les revenus mentionnés au I comprennent en outre :*** »

1° Les revenus tirés de la location de tout ou partie d'un fonds de commerce, d'un établissement artisanal, commercial ou industriel, muni du mobilier ou du matériel nécessaire à son exploitation, que la location, dans ce dernier cas, comprenne ou non tout ou partie des éléments incorporels du fonds de commerce ou d'industrie, lorsque ces revenus sont perçus par une personne qui réalise des actes de commerce au titre de l'entreprise louée ou y exerce une activité ;

2° La part des revenus mentionnés aux articles 108 à 115 du même code perçus par le travailleur indépendant non agricole, son conjoint ou le partenaire auquel il est lié par un pacte civil de solidarité ou leurs enfants mineurs non émancipés et des revenus mentionnés au 4° de l'article 124 du même code qui est supérieure à 10 % du capital social et des primes d'émission et des sommes versées en compte courant détenus en toute propriété ou en usufruit par ces mêmes personnes. Un décret en Conseil d'État précise la nature des apports retenus pour la détermination du capital social au sens du présent 3° ainsi que les modalités de prise en compte des sommes versées en compte courant ;

3° Pour les travailleurs indépendants non agricoles qui font application de la section II du chapitre VI du titre II du livre V du code de commerce et sont assujettis à ce titre à l'impôt sur les sociétés, la part des revenus mentionnés aux articles 108 à 115 du code général des impôts qui excède 10 % du montant de la valeur des biens du patrimoine affecté constaté en fin d'exercice ou la part de ces revenus qui excède 10 % du montant du bénéfice net au sens de l'article 38 du même code si ce dernier montant est supérieur. Un décret en Conseil d'État précise les modalités d'application du présent 3°. — Les 2°, 3° et 4° dudit II deviennent, respectivement, les 1°, 2° et 3° (L. n° 2018-1203 du 22 déc. 2018, art. 22-I).

IV. — Sont exclus (L. n° 2018-1203 du 22 déc. 2018, art. 22-I) « ***des revenus mentionnés*** » ***au I :***

1° Le montant des plus-values professionnelles à long terme prévues à l'article 39 quindecies et au a du I de l'article 219 quinquies du code général des impôts ;

2° La majoration de 25 % prévue au 7 de l'article 158 du même code. — *Le III devient le IV (L. n° 2018-1203 du 22 déc. 2018, art. 22-I).*

(L. n° 2018-1203 du 22 déc. 2018, art. 22-I) « ***V. — Le montant de cotisations mentionné au I est égal au produit du montant des revenus établi en application des II à IV et de la somme des taux de cotisations*** [cotisation] ***en vigueur l'année au titre de laquelle les cotisations sont dues, applicables pour l'assiette nette mentionnée au I, rapporté à cette même somme de taux de cotisations*** [cotisation] ***augmentée de un.***

« En vue de l'établissement des comptes des travailleurs indépendants dont le bénéfice est déterminé en application des articles 38 et 93 A du code général des impôts, les organismes mentionnés aux articles L. 213-1 et L. 752-4 du présent code communiquent à l'issue de la déclaration des revenus énumérés aux II et III du présent article le montant de cotisations calculé selon les modalités fixées au premier alinéa du présent V. Ces organismes mettent en place, avec le concours des organismes mentionnés aux articles L. 641-2, L. 641-5 et L. 651-1, un téléservice permettant de procéder à tout moment à ce calcul. »

Les dispositions de l'Ord. n° 2018-474 du 12 juin 2018 s'appliquent aux cotisations et contributions dues pour les périodes courant à compter du 1er sept. 2018 (Ord. préc., art. 16).

Les dispositions de l'art. 22 de la L. n° 2018-1203 du 22 déc. 2018 entrent en vigueur le 1er janv. 2020 (L. préc., art. 22-IV).

Art. L. 131-6-1 *(Ord. n° 2003-1213 du 18 déc. 2003, art. 4-III)* **« Par dérogation** *(L. n° 2011-1906 du 21 déc. 2011, art. 37-II)* **« à l'article L. 131-6-2 » et au quatrième alinéa de l'article L. 953-1** *[premier al. de l'art. L. 6331-51]* **du code du travail** *(L. n° 2014-626 du 18 juin 2014, art. 25-I-2°)* **« , le travailleur indépendant non agricole** *(Ord. n° 2018-470 du 12 juin 2018, art. 1er)* **« autres** *[autre]* **que ceux** *[celui]* **mentionnés** *[mentionné]* **à l'article L. 613-7 » du présent code peut demander qu'il ne lui soit » exigé aucune cotisation ou contribution, provisionnelle ou définitive, pendant les douze premiers mois suivant le début de l'activité non salariée. »** — *Les dispositions issues de la L. n° 2014-626 du 18 juin 2014 s'appliquent aux cotisations et aux contributions de sécurité sociale dues au titre des périodes courant à compter du 1er janv. 2015 (L. préc., art. 25-VI-A). — V. art. R. 131-1.*

(L. n° 2003-721 du 1er août 2003, art. 36-I) **« Les cotisations définitives dues au titre de cette période peuvent faire l'objet, à la demande du travailleur non salarié, d'un paiement par fractions annuelles sur une période qui ne peut excéder cinq ans. Chaque fraction annuelle ne peut être inférieure à 20 % du montant total des cotisations dues. Le bénéfice de cet étalement n'emporte aucune majoration de retard.**

« Le bénéfice de ces dispositions ne peut être obtenu plus d'une fois par période de cinq ans, au titre d'une création ou reprise d'entreprise.

« Le présent article n'est pas applicable à raison d'une modification des conditions dans lesquelles une entreprise exerce son activité. » — *Les dispositions de l'art. 36-I sont applicables aux entreprises créées ou reprises à compter du 1er janv. 2004 (L. n° 2003-721 du 1er août 2003, art. 36-IV).*

Art. L. 131-6-1-1 *(L. n° 2018-1203 du 22 déc. 2018, art. 73-I)* **Par dérogation à l'article L. 131-6-2 du présent code et au premier alinéa de l'article L. 6331-51 du code du travail, les travailleurs indépendants non agricoles autres que ceux mentionnés à l'article L. 613-7 du présent code et les travailleurs indépendants affiliés au régime mentionné au 3° de l'article L. 722-8 du code rural et de la pêche maritime bénéficient d'un report des cotisations ou contributions, provisionnelles ou définitives, pour toute la période pendant laquelle ils perçoivent une indemnité journalière mentionnée soit aux 2° des I et III de l'article L. 623-1 du présent code, soit aux articles L. 732-10 et L. 732-10-1 du code rural et de la pêche maritime.**

Les cotisations ou contributions ayant fait l'objet d'un report mentionnées *[mentionné]* **au premier alinéa du présent article peuvent faire l'objet d'un plan de paiement échelonné d'une durée maximale de douze mois, qui peut être portée à vingt-quatre mois par le directeur de l'Union de recouvrement des cotisations de sécurité sociale et d'allocations familiales, de la Caisse générale de sécurité sociale ou de la caisse de mutualité sociale agricole en cas de circonstances exceptionnelles.**

Ce report ne donne lieu à aucune majoration ni pénalité de retard.

L'art. L. 131-6-1-1, dans sa rédaction issue de la L. n° 2018-1203 du 22 déc. 2018, est applicable à compter du 1er janv. 2020 pour les travailleurs indépendants mentionnés à l'art. L. 640-1 CSS (L. préc., art. 73-II).

Art. L. 131-6-2 *(L. n° 2011-1906 du 21 déc. 2011, art. 37-III) (L. n° 2014-626 du 18 juin 2014, art. 25-I-3°)* **« Les cotisations des travailleurs indépendants non agricoles** *(Ord. n° 2018-474 du 12 juin 2018, art. 1er)* **« autres que ceux mentionnés à l'article L. 613-7 » sont dues annuellement. Leurs taux respectifs sont fixés par décret. »**

Elles sont calculées, à titre provisionnel, *(L. n° 2014-626 du 18 juin 2014, art. 25-I-3°)* **« sur la base » du revenu d'activité de l'avant-dernière année. Pour les deux premières années d'activité, les cotisations provisionnelles sont calculées sur** *(L. n° 2014-626 du 18 juin 2014, art. 25-I-3°)* **« la base d' » un revenu forfaitaire fixé par décret après consultation des conseils d'administration des organismes de sécurité sociale concernés.** *(L. n° 2013-1203 du 23 déc. 2013, art. 26-I-1°)* **« Lorsque le revenu d'activité de la dernière année écoulée est définitivement connu, les cotisations provisionnelles, à l'exception de celles dues au titre de la première année d'activité, sont recalculées sur la base de ce revenu. »** *— Sur l'expérimentation permettant aux URSSAF de déroger aux dispositions de cet al., V. L. n° 2017-1836 du 30 déc. 2017, art. 15-XVII ss. le présent art.*

Lorsque le revenu d'activité *(L. n° 2013-1203 du 23 déc. 2013, art. 26-I-1°)* **« de l'année au titre de laquelle elles sont dues » est définitivement connu, les cotisations font l'objet d'une régularisation** *(L. n° 2014-626 du 18 juin 2014, art. 25-I-3°)* **« sur la base de ce revenu ».**

Par dérogation au deuxième alinéa, sur demande du cotisant, les cotisations provisionnelles peuvent être calculées *(Abrogé par L. n° 2013-1203 du 23 déc. 2013, art. 26-I-1°)* ***« sur la base du dernier revenu d'activité connu ou »*** **sur la base du revenu estimé de l'année en cours. Lorsque le revenu définitif est supérieur de plus d'un tiers au revenu estimé par le cotisant, une majoration de retard est appliquée sur la différence entre les cotisations provisionnelles calculées dans les conditions de droit commun et les cotisations provisionnelles calculées sur la base des revenus estimés, sauf si les éléments en la possession du cotisant au moment de sa demande justifiaient son estimation. Le montant et les conditions d'application de cette majoration sont fixés par décret.**

Lorsque les données nécessaires au calcul des cotisations n'ont pas été transmises, celles-ci sont calculées dans les conditions prévues à l'article L. 242-12-1.

Les dispositions issues de la L. n° 2013-1203 du 23 déc. 2013 s'appliquent aux cotisations et contributions sociales dues au titre des périodes courant à compter du 1er janv. 2015.

Par dérogation au précédent al., ces dispositions s'appliquent aux cotisations de sécurité sociale recouvrées par les organismes mentionnés aux art. L. 642-1 et L. 723-1 dues au titre des périodes courant à compter du 1er janv. 2016 (L. préc., art. 26-II-A et B).

Les dispositions issues de la L. n° 2014-626 du 18 juin 2014 s'appliquent aux cotisations et aux contributions de sécurité sociale dues au titre des périodes courant à compter du 1er janv. 2015 (L. préc., art. 25-VI-A).

Loi n° 2017-1836 du 30 décembre 2017,

De financement de la sécurité sociale pour 2018 (JO 31 déc.).

Art. 15 ....

XVII. — Jusqu'au *(L. n° 2018-1203 du 22 déc. 2018, art. 22-III)* « 31 décembre 2019 », à titre expérimental et par dérogation au deuxième alinéa de l'article L. 131-6-2 du code de la sécurité sociale, les organismes mentionnés à l'article L. 213-1 du même code peuvent proposer à des travailleurs indépendants d'acquitter leurs cotisations et contributions sociales provisionnelles sur une base mensuelle ou trimestrielle établie à partir des informations communiquées par ces travailleurs indépendants en fonction de leur activité ou de leurs revenus mensuels ou trimestriels.

Les travailleurs indépendants concernés participent à titre volontaire à l'expérimentation et à la réalisation de son bilan.

Les modalités de mise en œuvre de cette expérimentation sont précisées par décret. *— V. Décr. n° 2018-533 du 27 juin 2018 (JO 29 juin).*

L'organisme mentionné à l'article L. 225-1 du même code propose au Gouvernement, à l'échéance de l'expérimentation mentionnée au présent XVII, les pistes d'amélioration de son offre de services en matière de recouvrement des cotisations et contributions sociales des travailleurs indépendants.

Un rapport d'évaluation est réalisé par le Gouvernement au terme de l'expérimentation et de la mission de réflexion mentionnées au présent XVII et transmis au Parlement. Il précise les propositions retenues par le Gouvernement en matière de simplification du calcul de l'assiette des cotisations et contributions sociales des travailleurs indépendants.

Les deux dernières phrases de l'avant-dernier alinéa de l'article L. 131-6-2 du même code et le second alinéa de l'article L. 731-22 du code rural et de la pêche maritime ne sont pas applicables aux cotisations et contributions dues au titre des exercices 2018 et 2019.

Art. L. 131-6-3 *Devient l'art. L. 613-9 (L. n° 2017-1836 du 30 déc. 2017, art. 15-II, en vigueur le 1er janv. 2018).*

Sur les dispositions transitoires de l'art. 15 de la L. n° 2017-1836 du 30 déc. 2017, V. ss. le livre VI « Dispositions applicables aux travailleurs indépendants ».

SECTION VI **ÉXONÉRATION DE DÉBUT D'ACTIVITÉ DE CRÉATION OU REPRISE D'ENTREPRISE** *(L. n° 2017-1836 du 30 déc. 2017, art. 13-I, en vigueur le 1er janv. 2019).*

Art. L. 131-6-4 *(L. n° 2017-1836 du 30 déc. 2017, art. 13-I, en vigueur le 1er janv. 2019)* **« I. — Bénéficient de l'exonération des cotisations dues aux régimes d'assurance maladie, maternité, veuvage, vieillesse, invalidité et décès et d'allocations familiales dont elles sont redevables au titre de l'exercice de leur activité les personnes qui créent ou reprennent une activité professionnelle ou entreprennent l'exercice d'une autre profession non salariée soit à titre indépendant relevant de l'article L. 611-1 du présent code ou de l'article L. 722-4 du code rural et de la pêche maritime, soit sous la forme d'une société, à condition d'en exercer effectivement le contrôle, notamment dans le cas où cette création ou reprise prend la forme d'une société mentionnée aux 11°, 12° ou 23° de l'article L. 311-3 du présent code ou aux 8° ou 9° de l'article L. 722-20 du code rural et de la pêche maritime.**

« II. — L'exonération mentionnée au I est accordée pour une période de douze mois. »

(L. n° 95-116 du 4 févr. 1995, art. 36-II) (L. n° 2016-1827 du 23 déc. 2016, art. 6-I) **« Lorsque le revenu ou la rémunération est inférieur ou égal aux trois quarts du plafond mentionné à l'article L. 241-3 du présent code,** *(L. n° 2017-1836 du 30 déc. 2017, art. 13-I, en vigueur le 1er janv. 2019)* **« l'exonération est totale ». Au-delà de ce seuil de revenu ou de rémunération, le montant de l'exonération décroît linéairement et devient nul lorsque le revenu ou la rémunération est égal au plafond annuel de la sécurité sociale.** *(L. n° 2005-32 du 18 janv. 2005, art. 59)* **« La durée de l'exonération, totale ou partielle, peut être prolongée dans des conditions et limites fixées par décret lorsque l'entreprise créée ou reprise entre dans le champ de l'article 50-0** *(L. n° 2018-1203 du 22 déc. 2018, art. 10)* **« ou de l'article 64 *bis* » du code général des impôts. Il en va de même lorsque les personnes mentionnées** *(L. n° 2017-1836 du 30 déc. 2017, art. 13-I, en vigueur le 1er janv. 2019)* **« au I » ont opté pour le régime prévu à l'article 102 *ter* du même code. »** — *Les dispositions issues de la L. n° 2016-1827 du 23 déc. 2016 s'appliquent aux cotisations sociales dues au titre des périodes courant à compter du 1er janv. 2017 pour les créations et reprises d'entreprise intervenues à compter de cette même date (L. préc., art. 6-III).*

L'exonération prévue à l'alinéa précédent porte :

1° Sur les cotisations à la charge de l'employeur et du salarié et afférentes à la fraction des rémunérations versées au cours de la période d'exonération, si ces personnes relèvent d'un régime de salariés ;

2° Sur les cotisations dues au titre de l'activité exercée au cours de la période d'exonération, si ces personnes relèvent d'un régime de non-salariés.

L'exonération doit être demandée par l'employeur dans le cas mentionné au 1° et par le non-salarié dans le cas mentionné au 2°.

(L. n° 2014-626 du 18 juin 2014, art. 24-I-4°) **« Pour les travailleurs indépendants** *(Ord. n° 2018-474 du 12 juin 2018, art. 1er)* **« mentionnés à l'article L. 613-7 »** *(L. n° 2018-1203 du 22 déc. 2018, art. 10)* **« du présent code ou relevant du régime prévu à l'article L. 722-1 du code rural et de la pêche maritime », l'exonération de cotisations de sécurité sociale prévue au présent article cesse de s'appliquer, dans des condi-**

tions définies par décret, à la date à laquelle ces travailleurs indépendants cessent de bénéficier des régimes prévus aux articles 50-0 *(L. n° 2018-1203 du 22 déc. 2018, art. 10)* **« , 64 *bis* » et 102 *ter* du code général des impôts. »** *(L. n° 2014-1554 du 22 déc. 2014, art. 9-I-7°)* **« Le cas échéant, les cotisations de sécurité sociale ayant fait l'objet de cette exonération et dues au titre de la période courant à compter de cette date font l'objet d'une régularisation, dans des conditions définies par décret. »** – *Les dispositions issues de la L. n° 2014-626 du 18 juin 2014 et de la L. n° 2014-1554 du 22 déc. 2014 s'appliquent aux cotisations et aux contributions de sécurité sociale dues au titre des périodes courant, à compter du 1er janv. 2016 (L. n° 2014-626 du 18 juin 2014, art. 26-III, et L. n° 2014-1554 du 22 déc. 2014, art. 9-IV-B).*

(L. n° 2017-1836 du 30 déc. 2017, art. 13-I, en vigueur le 1er janv. 2019) **« III. – Le bénéfice de l'exonération mentionnée au I du présent article ne peut être cumulé avec aucun autre dispositif de réduction ou d'abattement applicable à ces cotisations, à l'exception de ceux prévus aux articles L. 613-1 et L. 621-3 du présent code et à l'article L. 731-13 du code rural et de la pêche maritime.**

« IV. – Une personne ne peut bénéficier de l'exonération mentionnée au I pendant une période de trois ans à compter de la date à laquelle elle a cessé d'en bénéficier au titre d'une activité antérieure. » – *[Ancien art. L. 161-1-1.]*

Les dispositions de l'art. 13-I de la L. n° 2017-1836 du 30 déc. 2017 s'appliquent aux cotisations et contributions sociales dues au titre des périodes courant à compter du 1er janv. 2019 pour les créations et reprises d'entreprise intervenues à compter de cette même date (L. préc., art. 13-IV).

CHAPITRE PREMIER *BIS* MESURES VISANT À GARANTIR LES RESSOURCES DE LA SÉCURITÉ SOCIALE *(L. n° 2004-810 du 13 août 2004, art. 70-I).*

Art. L. 131-7 *(L. n° 94-637 du 25 juill. 1994, art. 5)* **Toute mesure** *(L. n° 2004-810 du 13 août 2004, art. 70-II)* **« de réduction ou d'exonération » de cotisations de sécurité sociale, instituée à compter de la date d'entrée en vigueur de la loi n° 94-637 du 25 juillet 1994 relative à la sécurité sociale, donne lieu à compensation intégrale aux régimes concernés par le budget de l'État pendant toute la durée de son application.**

Cette compensation s'effectue sans préjudice des compensations appliquées à la date d'entrée en vigueur de ladite loi.

(L. n° 2004-810 du 13 août 2004, art. 70-II) **« La règle définie au premier alinéa s'applique également :**

« 1° A toute mesure de réduction ou d'exonération de contribution affectée aux régimes susmentionnés, aux organismes concourant à leur financement ou à l'amortissement de leur endettement et instituée à compter de la publication de la loi n° 2004-810 du 13 août 2004 relative à l'assurance maladie ;

« 2° A toute mesure de réduction ou d'abattement de l'assiette de ces cotisations et contributions instituée à compter de la publication de la loi n° 2004-810 du 13 août 2004 précitée.

« A compter de la date de publication de la loi n° 2004-810 du 13 août 2004 précitée, tout transfert de charges opéré entre l'État et les régimes et organismes mentionnés au 1° donne lieu à compensation intégrale entre lesdits régimes ou organismes et le budget de l'État. »

(Ord. n° 2018-470 du 12 juin 2018, art. 3) **« Le premier alinéa du présent article n'est pas applicable aux réductions et exonérations prévues aux articles L. 241-6-1,** *(Abrogé par L. n° 2018-1203 du 22 déc. 2018, art. 8-I, à compter du 1er janv. 2019)* **« L. 241-6-4, » L. 241-13, au deuxième alinéa de l'article L. 242-1 et aux articles L. 613-1 et L. 621-3, ainsi qu'à la réduction de la contribution mentionnée à l'article L. 651-1 résultant de l'abattement d'assiette prévu à l'article L. 651-3 »** *(L. n° 2018-1203 du 22 déc. 2018, art. 26-I)* **« , et à l'exonération prévue à l'article L. 241-17 ».** – *Sur l'entrée en vigueur des dispositions issues de la L. n° 2018-1203 du 22 déc. 2018, V. L. préc. art. 26-XIV ss. art. L. 131-8.*

Art. L. 131-8 *(L. nº 2010-1594 du 20 déc. 2010, art. 13-I-2º)* Les organismes de sécurité sociale *(L. nº 2011-1906 du 21 déc. 2011, art. 16-II-1º)* « et les fonds mentionnés au présent article » perçoivent le produit d'impôts et taxes dans les conditions fixées ci-dessous :

1º Le produit de la taxe sur les salaires mentionnée à l'article 231 du code général des impôts, nette des frais d'assiette et de recouvrement déterminés dans les conditions prévues au III de l'article 1647 du même code, est versé :

– à la branche mentionnée au 3º de l'article L. 200-2 du présent code, pour une fraction correspondant à *(L. nº 2018-1203 du 22 déc. 2018, art. 26-I)* « 44,97 % » ;

– à la branche mentionnée au 4º du même article, pour une fraction correspondant à *(L. nº 2018-1203 du 22 déc. 2018, art. 26-I)* « 35,24 % » ;

(L. nº 2015-1702 du 21 déc. 2015, art. 24-I-B-1º) « – à la branche mentionnée au 1º du même article, pour une fraction correspondant à *(L. nº 2018-1203 du 22 déc. 2018, art. 26-I)* « 9,79 % ;

« – à l'Agence centrale des organismes de sécurité sociale, pour une fraction correspondant à 10,01 % ; »

(L. nº 2011-1906 du 21 déc. 2011, art. 16-II-1º) « 2º Le produit de la taxe mentionnée à l'article 1010 du code général des impôts est affecté à la branche mentionnée au 4º de l'article L. 200-2 du présent code ; »

(L. nº 2018-1203 du 22 déc. 2018, art. 26-I) « 3º Le produit des contributions mentionnées aux 1º et 3º du I et aux II *(L. nº 2018-1213 du 24 déc. 2018, art. 3-III)* « , III et III *bis* » de l'article L. 136-8 du présent code est versé :

« *a)* A la Caisse nationale des allocations familiales, pour la part correspondant à un taux de 0,95 % ;

« *b)* Aux régimes obligatoires d'assurance maladie, en proportion des contributions sur les revenus d'activité acquittées par les personnes affiliées à chaque régime pour la contribution sur les revenus d'activité ou, pour la contribution assise sur les autres revenus, à la Caisse nationale de l'assurance maladie ou, lorsqu'un régime n'est pas intégré financièrement au sens de l'article L. 134-4, à ce même régime, dans des conditions fixées par décret et pour la part correspondant à un taux de :

« – 5,95 % pour la contribution mentionnée au 1º du I de l'article L. 136-8 ;

« – 7,35 % pour la contribution mentionnée au 3º du même I ;

« – 4,65 % pour les revenus mentionnés au 1º du II du même article L. 136-8 ;

« – 5,03 % pour les revenus mentionnés au 2º du même II ;

« – 2,25 % pour les revenus mentionnés au III du même article L. 136-8 ;

(L. nº 2018-1213 du 24 déc. 2018, art. 3-III) « – 5,05 % pour les revenus mentionnés au III *bis* dudit article L. 136-8 ; »

« *c)* A la Caisse d'amortissement de la dette sociale instituée par l'ordonnance nº 96-50 du 24 janvier 1996 relative au remboursement de la dette sociale, pour la part correspondant au taux de 0,60 %, à l'exception de la contribution mentionnée au 3º du I de l'article L. 136-8 du présent code, pour laquelle le taux est fixé à 0,30 % ;

« *d)* A l'organisme mentionné au premier alinéa de l'article L. 5427-1 du code du travail pour la contribution sur les revenus d'activité mentionnée au 1º du I de l'article L. 136-8 du présent code, pour la part correspondant à un taux de 1,47 % ;

« *e)* Au fonds mentionné à l'article L. 135-1 pour la contribution sur les revenus de remplacement mentionnée au 2º du II de l'article L. 136-8, pour la part correspondant à un taux de 1,72 % ;

« *f)* A la Caisse nationale de solidarité pour l'autonomie pour les contributions mentionnées au 1º du I de l'article L. 136-8, pour la part correspondant à un taux de 0,23 % ;

« 3º *bis* Le produit des contributions mentionnées au 2º du I de l'article L. 136-8 est versé :

« *a)* Au fonds mentionné à l'article L. 135-1, pour la part correspondant à un taux de 8,6 % ;

« *b)* A la Caisse d'amortissement de la dette sociale, pour la part correspondant à un taux de 0,60 % ;

« 3º *ter* Le produit de la contribution mentionnée au III de l'article L. 136-7-1 est ainsi réparti :

« *a)* A la branche mentionnée au 4º de l'article L. 200-2 pour 18 % ;

« *b)* A la branche mentionnée au 1° de l'article L. 200-2 pour 82 % ; »

(L. n° 2014-1554 du 22 déc. 2014, art. 22-II-A) « 4° La fraction du produit de la taxe mentionnée au *b* de l'article 1001 du code général des impôts est affectée à la *(L. n° 2017-1836 du 30 déc. 2017, art. 28-I)* « branche mentionnée au 4° de l'article L. 200-2 » ; »

(L. n° 2011-1906 du 21 déc. 2011, art. 16-II-1°) « 5° Le produit des contributions mentionnées aux articles L. 137-14 *(L. n° 2018-1203 du 22 déc. 2018, art. 26-I)* « et L. 137-18 » et au deuxième alinéa de l'article L. 137-24 est affecté à la branche mentionnée au 4° de l'article L. 200-2 ; »

6° Le produit du droit de licence sur la rémunération des débitants de tabacs mentionné à l'article 568 du code général des impôts est versé à la branche mentionnée au même 1° ;

(L. n° 2011-1906 du 21 déc. 2011, art. 16-II-3°) « 7° Le produit du droit de consommation sur les tabacs mentionné à l'article 575 du code général des impôts est versé :

« *a)* A la branche mentionnée au 1° de l'article L. 200-2 du présent code, pour une fraction correspondant à *(L. n° 2017-1836 du 30 déc. 2017, art. 28-I)* « 99,56 % » ;

(L. n° 2015-1785 du 29 déc. 2015, art. 71-2° ; L. n° 2017-1836 du 30 déc. 2017, art. 28-I) « *b)* Au régime d'allocations viagères des gérants de débits de tabac, pour une fraction correspondant à 0,44 %. » — *Le j devient le b (L. n° 2016-1827 du 23 déc. 2016, art. 34-I).*

(L. n° 2017-1836 du 30 déc. 2017, art. 28-I) « 8° Le produit de la taxe mentionnée au I de l'article L. 862-4 perçue au titre des contrats mentionnés au II *bis* du même article L. 862-4 est affecté au fonds mentionné à l'article L. 862-1. Le produit de cette même taxe perçue au titre des contrats mentionnés au II de l'article L. 862-4 est affecté au fonds mentionné à l'article L. 862-1 à hauteur de l'écart entre ses charges et ses autres produits, selon des modalités fixées par arrêté du ministre chargé de la sécurité sociale. Le solde du produit de la taxe est affecté à la branche mentionnée au 1° de l'article L. 200-2 ; »

(L. n° 2018-1317 du 28 déc. 2018, art. 96-I, en vigueur le 1er févr. 2019) « 9° Une fraction de 26,00 % de la taxe sur la valeur ajoutée brute budgétaire, déduction faite des remboursements et restitutions effectués pour l'année en cours par les comptables assignataires, est affectée :

« *a)* A la branche mentionnée au 1° de l'article L. 200-2, à concurrence de 23,13 points ; le montant correspondant est minoré de 1,5 milliard d'euros en 2020, de 3,5 milliards d'euros en 2021 et de 5 milliards d'euros par an à compter de 2022 ;

« *b)* A l'Agence centrale des organismes de sécurité sociale au titre de sa mission prévue au 7° de l'article L. 225-1-1, à concurrence de 2,87 points. »

(L. n° 2013-1278 du 29 déc. 2013, art. 56-V) « L'Agence centrale des organismes de sécurité sociale est chargée de centraliser et de répartir entre leurs affectataires le produit des taxes et des impôts mentionnés au présent article. La répartition entre les affectataires est effectuée en appliquant les fractions définies au présent article pour leur valeur en vigueur à la date du fait générateur de ces taxes et impôts. »

Les dispositions issues de la L. n° 2013-1203 du 23 déc. 2013 s'appliquent aux produits assis sur les opérations dont le fait générateur intervient à compter du 1er janv. 2014, à l'exception des dispositions relatives aux contributions sur les revenus du patrimoine qui s'appliquent aux revenus perçus en 2013 et assujettis en 2014 (L. préc., art. 17-XVII).

Les dispositions de l'art. 33-I de la L. n° 2014-1554 du 22 déc. 2014 s'appliquent aux produits des impositions et contributions assises sur les opérations dont le fait générateur intervient à compter du 1er janv. 2015 (L. préc., art. 33-III).

Les dispositions issues du B du I de l'art. 24 de la L. n° 2015-1702 du 21 déc. 2015 s'appliquent aux produits des impositions assises sur les opérations dont le fait générateur intervient à compter du 1er janv. 2016, à l'exception des dispositions relatives aux impositions sur les revenus du patrimoine, qui s'appliquent aux produits recouvrés par la voie des rôles émis à compter du 1er janv. 2016 (L. préc., art. 24-X-A).

Sur l'entrée en vigueur des dispositions issues de la L. n° 2018-1203 du 22 déc. 2018, V. L. préc., art. 26-XIV ss. cet art.

Les dispositions de la L. n° 2018-1213 du 24 déc. 2018 s'appliquent aux contributions dues pour les périodes courant à compter du 1er janv. 2019 (L. préc., art. 3-V).

Loi nº 2018-1203 du 22 décembre 2018,

De financement de la sécurité sociale pour 2019 (JO 23 déc.).

Art. 26 *[...]*

XIV. A. — Les dispositions des I à VIII, X et XI du présent article s'appliquent :

1º Sous les réserves et dans les conditions définies aux 2º à 6º du présent A, aux faits générateurs d'imposition intervenant à compter du 1er janvier 2019 ;

2º A compter de l'imposition des revenus de l'année 2018 pour les prélèvements assis sur les revenus mentionnés à l'article L. 136-6 du code de la sécurité sociale, sous réserve du II de l'article 34 de la loi nº 2016-1918 du 29 décembre 2016 de finances rectificative pour 2016 ;

3º A compter de l'imposition des revenus de l'année 2019 pour le prélèvement prévu à l'article L. 136-6-1 du code de la sécurité sociale ;

4º Sauf en ce qui concerne les 5º et 6º du I du présent article, aux produits mentionnés au D du V de l'article 8 de la loi nº 2017-1836 du 30 décembre 2017 de financement de la sécurité sociale pour 2018 acquis ou constatés à compter du 1er janvier 2019 ;

5º En ce qui concerne les 3º et 4º du III du présent article, aux transferts de domicile fiscal hors de France intervenus à compter du 1er janvier 2018 ;

6º Pour l'application du 5º du I du présent article aux gains mentionnés à l'article 150-0 B *bis* du code général des impôts et aux plus-values mentionnées au I de l'article 150-0 B *ter* du même code, aux gains et plus-values placés en report d'imposition à compter du 1er janvier 2018.

B. — Les dispositions des I à VIII, X et XI du présent article, à l'exception des 5º et 6º du I, ne s'appliquent pas aux produits visés aux C et D du V de l'article 8 de la loi nº 2017-1836 du 30 décembre 2017 précitée acquis ou constatés avant le 1er janvier 2019.

C. — Nonobstant les A et B du présent XIV, le produit des prélèvements prévus à l'article 1600-0 S du code général des impôts, aux articles L. 245-14 et L. 245-15 du code de la sécurité sociale et à l'article L. 14-10-4 du code de l'action sociale et des familles, dans leurs rédactions antérieures à la présente loi, ainsi que des contributions additionnelles prévues au III de l'article L. 262-24 du code de l'action sociale et des familles dans sa rédaction résultant de l'article 3 de la loi nº 2008-1249 du 1er décembre 2008 généralisant le revenu de solidarité active et réformant les politiques d'insertion est affecté dans les mêmes conditions que celles prévues pour les prélèvements mentionnés à l'article 235 *ter* du code général des impôts, dans sa rédaction résultant de la présente loi.

[...] **XVI à XVIII.** *Modification dans le temps de l'article L. 131-8. — V. les rédactions futures de cet art. sur Dalloz.fr.*

XIX. Par dérogation à l'article L. 131-7 du code de la sécurité sociale, les exonérations prévues au I *ter* des articles L. 136-6 et L. 136-7 du même code ne donnent pas lieu à compensation à la sécurité sociale.

CHAPITRE PREMIER *TER* TAUX PARTICULIERS DE COTISATIONS D'ASSURANCE MALADIE, MATERNITÉ, INVALIDITÉ ET DÉCÈS À LA CHARGE DE CERTAINS ASSURÉS *(Ord. nº 2018-474 du 12 juin 2018, art. 4).*

A compter du 1er sept. 2018, l'intitulé du présent chap. est remplacé par l'intitulé suivant : « Taux particuliers de cotisations d'assurance maladie, maternité, invalidité et décès à la charge de certains assurés » (Ord. nº 2018-474 du 12 juin 2018, art. 4).

Art. L. 131-9 *(L. nº 97-1164 du 19 déc. 1997, art. 5-IV) (Abrogé par L. nº 2017-1836 du 30 déc. 2017, art. 8-I)* ***« Les cotisations d'assurance maladie, maternité, invalidité et décès à la charge des assurés qui ne sont pas dues par les personnes visées à l'alinéa suivant sont supprimées lorsque le taux de ces cotisations, en vigueur au 31 décembre 1997, est inférieur ou égal à 2,8 % pour les revenus de remplacement, à 4,75 % pour les revenus d'activité. »***

Des taux particuliers de cotisations d'assurance maladie, maternité, invalidité et décès à la charge des assurés sont applicables aux revenus d'activité et de remplacement perçus par les personnes qui ne remplissent pas les conditions de résidence définies à l'article L. 136-1 et qui *(L. nº 2015-1702 du 21 déc. 2015, art. 59-XI-A-1º, en vigueur le*

1er janv. 2016) **« bénéficient à titre obligatoire de la prise en charge de leurs frais de santé en application de l'article L. 160-1 »** *(Abrogé par L. no 2015-1702 du 21 déc. 2015, art. 59-XII-A-2o, à compter du 1er janv. 2016) (L. no 98-349 du 11 mai 1998, art. 40-I)* ***« ou qui sont soumises au second alinéa de l'article L. 161-25-3 ».*** *(L. no 2008-1330 du 17 déc. 2008, art. 24-I)* **« Ces taux particuliers sont également applicables aux** *(L. no 2015-1702 du 21 déc. 2015, art. 59-XI-A-2o, en vigueur le 1er janv. 2016)* **« personnes bénéficiant de la prise en charge de leurs frais de santé en application de l'article L. 160-1 » exonérés en tout ou partie d'impôts directs en application d'une convention ou d'un accord international, au titre de leurs revenus d'activité définis aux articles L. 131-6 et L. 242-1** *(L. no 2011-1906 du 21 déc. 2011, art. 19-2o)* **« et de leurs revenus de remplacement » qui ne sont pas assujettis à l'impôt sur le revenu. »** *(L. no 2011-1906 du 21 déc. 2011, art. 18-I-2o)* **« Ils sont également applicables aux redevances mentionnées** *(L. no 2017-261 du 1er mars 2017, art. 17-II)* **« aux IV et V » de l'article L. 136-6 versées aux personnes qui ne remplissent pas la condition de résidence fiscale fixée au I du même article. »** – *[Anc. art. L. 131-7-1.]*

Les dispositions issues de la L. no 2011-1906 du 21 déc. 2011 s'appliquent aux revenus perçus à compter du 1er janv. 2011 (L. préc., art. 18-III).

Sur l'entrée en vigueur de l'art. 8-I de la L. no 2017-1836 du 30 déc. 2017, V. dispositions transitoires ss. art. L. 136-8.

En soumettant à un régime dérogatoire de taux de cotisations certains des assurés d'un régime français d'assurance maladie, le second al. de l'art. L. 131-9 CSS issu de la LFSS pour 2013 crée une rupture d'égalité entre les assurés d'un même régime qui ne repose pas sur une différence de situation en lien avec l'objet de la contribution sociale. • Cons. const. 13 déc. 2012, no 2012-659 DC, consid. 14 et 15 : *JO 18 déc. 2012, p. 19861 ; AJDA 2012. 2410.*

CHAPITRE PREMIER *QUATER [ABROGÉ]* FONDS DE FINANCEMENT DE LA RÉFORME DES COTISATIONS PATRONALES DE SÉCURITÉ SOCIALE

(Abrogé par L. no 2003-1199 du 18 déc. 2003, art. 3-I)

CHAPITRE II PRISE EN CHARGE PAR L'ASSURANCE MALADIE DES DÉPENSES AFFÉRENTES AUX INTERRUPTIONS VOLONTAIRES DE GROSSESSE MENTIONNÉES AU TROISIÈME ALINÉA DE L'ARTICLE L. 2212-7 DU CODE DE LA SANTÉ PUBLIQUE *(L. no 2002-1487 du 20 déc. 2002, art. 39).*

Art. L. 132-1 *(L. no 2001-588 du 4 juill. 2001, art. 20)* **« L'intégralité des dépenses exposées à l'occasion des interruptions volontaires de grossesse pratiquées dans les conditions prévues au troisième alinéa de l'article L. 2212-7 du code de la santé publique est prise en charge par »** *(L. no 2002-1487 du 20 déc. 2002, art. 39)* **« les organismes d'assurance maladie ».**

Un décret fixe, en tant que de besoin, les modalités d'application du présent article, *(L. no 2001-588 du 4 juill. 2001, art. 20)* **« et notamment les conditions permettant, pour les personnes visées à l'alinéa précédent, de respecter l'anonymat dans les procédures de prise en charge ».**

CHAPITRE III RECOUVREMENT DES COTISATIONS ET VERSEMENT DES PRESTATIONS

(L. no 89-18 du 13 janv. 1989)

SECTION PREMIÈRE RECOUVREMENT DES CRÉANCES EN MATIÈRE DE TRAVAIL ILLÉGAL *(L. no 2016-1827 du 23 déc. 2016, art. 24-I).*

BIBL. ▸ ARSÉGUEL, Actualité du recouvrement forcé des cotisations sociales, *LPA 11 févr. 1994*. – ARSÉGUEL et ISOUX, Les vices de la procédure dans le contrôle et le recouvrement des cotisations de sécurité sociale, *Dr. soc. 1993. 85.* – BANCAREL, La crise du recouvrement des cotisations de

Sécurité sociale, *Dr. soc. 1993. 779*. – Bascou et Coursier, L'obligation d'information du cotisant mise à la charge des URSSAF, *Dr. soc. 1997. 721*. – Bascou et Ranc, La procédure de contrôle et de recouvrement des cotisations URSSAF, *Gaz. Pal. 1999. 10*. – Bascou et Taquet, La nécessaire réforme de la procédure de contrôle et de recouvrement des cotisations URSSAF. Réflexions et propositions, *Dr. et patr. 1999. 33*. – Del Sol, La lutte contre la fraude en matière sociale, *JCP S 2008, n° 1057*. – Fouquet, Cotisations sociales, cotisations fiscales : même combat, *Dr. soc. 2009. 320*. – Gatineau, De la sécurité juridique en droit de la Sécurité sociale, *Dr. soc. 2009. 332*. – Leplaideur, Présentation des modifications apportées par le décret du 11 avril 2007 aux procédures de vérification des URSSAF, *Gaz. Pal. 2007. 10*. – Nachin, L'évolution du contrôle des cotisations par l'URSSAF, *Dr. soc. 1993. 571*. – Pigaglio, Les recours amiables devant l'URSSAF, *Dr. soc. 1997. 550*. – Prétot, De l'esprit des circulaires et instructions et des rapports qu'elles entretiennent avec le droit social, *RJS 6/1997. 415* ; Les pouvoirs de contrôle de l'URSSAF. A propos du décret n° 99-434 du 28 mai 1999, *JCP 1999. I. 179* ; Du bon usage du pouvoir normatif en matière d'assiette et de recouvrement des cotisations de Sécurité sociale, *Dr. soc. 2009. 322*. – Ravoux, Vers un renforcement de l'accompagnement et des droits des cotisants dans leurs relations avec l'URSSAF, *Dr. soc. 2007. 843*. – Taquet, Brèves réflexions sur les nouvelles dispositions relatives aux droits des cotisants, *Dr. soc. 2007. 848* ; Le contrôle URSSAF et ses conséquences... évolutions et propositions, *JCP E 2004, n° 68* ; La réforme inachevée des règles relatives au contrôle URSSAF, *Dr. soc. 2000. 1100*. – Taquet et Demessine, Premier aperçu sur le décret n° 2007-546 du 11 avril 2007 relatif aux droits des cotisants, *JCP E 2007, n° 1587*. – Venel, Renforcement des droits des cotisants par le décret du 8 juillet 2016 : quelles contreparties ?, *JCP S 2017, n° 1010*.

Art. L. 133-1 *(L. n° 2016-1827 du 23 déc. 2016, art. 24-I)* **I. — Lorsqu'un procès-verbal de travail dissimulé a été établi par les agents chargés du contrôle mentionnés au premier alinéa de l'article L. 243-7** *(L. n° 2017-1836 du 30 déc. 2017, art. 78-I)* **« du présent code ou à l'article L. 724-7 du code rural et de la pêche maritime, » ou transmis aux organismes de recouvrement mentionnés aux articles L. 213-1 et L. 752-1 du présent code et à l'article L. 723-3 du code rural et de la pêche maritime en application de l'article L. 8271-6-4 du code du travail, l'inspecteur du recouvrement** *(L. n° 2017-1836 du 30 déc. 2017, art. 78-I)* **« ou l'agent chargé du contrôle mentionné à l'article L. 724-7 du code rural et de la pêche maritime » remet à la personne contrôlée un document constatant cette situation et comportant l'évaluation du montant des cotisations et contributions éludées, des majorations prévues à l'article L. 243-7-7 du présent code et, le cas échéant, des majorations et pénalités afférentes, ainsi que du montant des réductions ou exonérations de cotisations ou contributions sociales dont a pu bénéficier le débiteur annulées en application du deuxième alinéa de l'article L. 133-4-2.**

Ce document fait état *(L. n° 2017-1836 du 30 déc. 2017, art. 78-I)* **« des dispositions légales applicables à cette infraction ainsi que celles applicables à la procédure prévue au présent article. » Il mentionne notamment les dispositions du II du présent article ainsi que les voies et délais de recours applicables. Ce document est signé par l'inspecteur** *(L. n° 2018-1203 du 22 déc. 2018, art. 8-I, en vigueur le 1er janv. 2019)* **« ou par l'agent chargé du contrôle mentionné à l'article L. 724-7 du code rural et de la pêche maritime ».**

II. — A la suite de la remise du document mentionné au I, la personne contrôlée produit des éléments justifiant, dans des conditions précisées par décret en Conseil d'État, de l'existence de garanties suffisant à couvrir les montants évalués. A défaut, le directeur de l'organisme de recouvrement peut procéder, sans solliciter l'autorisation du juge prévue au premier alinéa de l'article L. 511-1 du code des procédures civiles d'exécution, à une ou plusieurs des mesures conservatoires mentionnées aux articles L. 521-1 à L. 533-1 du même code, dans la limite des montants mentionnés au I du présent article.

A tout moment de la procédure, la personne contrôlée peut solliciter la mainlevée des mesures conservatoires prises à son encontre en apportant auprès du directeur de l'organisme des garanties suffisantes de paiement.

III. — La décision du directeur de l'organisme peut être contestée selon les dispositions applicables à la saisine en urgence du juge de l'exécution prévues au code des procédures civiles d'exécution. Le juge statue au plus tard dans un délai de quinze jours. Le juge peut donner mainlevée de la mesure conservatoire, notamment s'il apparaît que les conditions de mise en œuvre des mesures ne sont pas respectées ou

s'il estime que les garanties produites par la personne contrôlée sont suffisantes. Le recours n'a pas d'effet suspensif.

Les dispositions de l'art. 24-I de la L. n° 2016-1827 du 23 déc. 2016 s'appliquent aux contrôles engagés à compter du 1er janv. 2017 (L. préc., art. 24-IV).

Les dispositions de l'art. 78-I de la L. n° 2017-1836 du 30 déc. 2017 sont applicables aux contrôles en cours à la date du 1er janv. 2018 (L. préc., art. 78-II).

SECTION II *[ABROGÉE]* RECOUVREMENT DES COTISATIONS ET CONTRIBUTIONS DE SÉCURITÉ SOCIALE DES TRAVAILLEURS INDÉPENDANTS *(Abrogée par L. n° 2017-1836 du 30 déc. 2017, art. 15-XV, à compter du 1er janv. 2018).*

Sur les dispositions transitoires de l'art. 15 de la L. n° 2017-1836 du 30 déc. 2017, V. ss. le livre VI « Dispositions applicables aux travailleurs indépendants ».

Art. L. 133-1-1 (Abrogé par L. n° 2017-1836 du 30 déc. 2017, art. 15-XV, à compter du 1er janv. 2018) ***I. — Le recouvrement des cotisations et contributions sociales dues à titre personnel, à l'exception de celles mentionnées aux articles L. 642-1 et L. 723-3, par les personnes mentionnées à l'article L. 611-1 relève de la compétence des organismes mentionnés aux articles L. 213-1, L. 225-1, L. 611-4, L. 611-8 et L. 752-4, en application des chapitres III et IV du titre IV du livre II, sous réserve d'adaptations par décret en Conseil d'État.***

II. — Le directeur de l'organisme mentionné à l'article L. 225-1 et le directeur général de l'organisme mentionné à l'article L. 611-4 désignent conjointement un directeur national chargé du recouvrement pour la réalisation de cette mission, auquel ils délèguent leur signature.

Ce directeur est responsable, au niveau national, du pilotage et de l'organisation du recouvrement. Il fixe les orientations et l'organisation des missions mentionnées à l'article L. 133-1-2.

Le directeur national participe à la préparation et au suivi de l'exécution des stipulations relatives aux objectifs et aux moyens du recouvrement des conventions mentionnées aux articles L. 227-1 et L. 611-7 conclues avec l'État.

Il est responsable de la maîtrise d'ouvrage des systèmes d'information concourant au recouvrement des cotisations et contributions sociales mentionnées au I du présent article et s'assure de la mise en œuvre des actions nécessaires à leur fonctionnement.

Il rend compte aux conseils d'administration des organismes mentionnés aux articles L. 225-1 et L. 611-4 de la situation générale du recouvrement.

III. — Après avis du directeur national mentionné au II du présent article, le directeur et le directeur général mentionnés aux articles L. 225-1 et L. 611-4 désignent conjointement, sur proposition des directions des organismes et des caisses mentionnés aux articles L. 213-1, L. 611-8 et L. 752-4, des responsables locaux du recouvrement relevant de ces directions. Ces responsables sont chargés, dans le respect des directives fixées par le directeur national, de la mise en œuvre des missions prévues à l'article L. 133-1-2 et de l'organisation y afférent de l'activité des caisses et organismes mentionnés aux articles L. 213-1, L. 611-8 et L. 752-4. Les directeurs de ces caisses et organismes leur délèguent leur signature à cette fin.

Art. L. 133-1-2 (Abrogé par L. n° 2017-1836 du 30 déc. 2017, art. 15-XV, à compter du 1er janv. 2018) ***Les caisses de base du régime social des indépendants et les organismes mentionnés aux articles L. 213-1 et L. 752-4 assurent, s'agissant des personnes mentionnées à l'article L. 611-1, les missions suivantes :***

1° La collecte et le traitement des déclarations de revenus ;

2° Le calcul et l'appel des cotisations et contributions sociales mentionnées à l'article L. 133-1-1 ;

3° Le recouvrement amiable et contentieux des cotisations et contributions mentionnées au même article L. 133-1-1 ;

4° Le traitement des demandes et réclamations ;

5° Le traitement des demandes mentionnées au second alinéa du I de l'article L. 133-6-9 ;

6° La gestion du contentieux du recouvrement des cotisations et contributions, à l'exception des recours formés dans le cadre du contentieux général de la sécurité sociale prévu au

chapitre II du titre IV du présent livre, qui sont examinés par les commissions de recours amiable des caisses de base du régime social des indépendants ;

7° L'accueil et l'information.

Art. L. 133-1-3 (Abrogé par L. n° 2017-1836 du 30 déc. 2017, art. 15-XV, à compter du 1er janv. 2018) ***Le contrôle de la législation sociale applicable au recouvrement des cotisations et contributions sociales des personnes mentionnées à l'article L. 611-1 est exercé par les organismes mentionnés aux articles L. 213-1 et L. 752-4 dans les conditions prévues à la section IV du chapitre III du titre IV du livre II.***

Art. L. 133-1-4 *Devient l'art. L. 133-4-11 (L. n° 2017-1836 du 30 déc. 2017, art. 15-V, en vigueur le 1er janv. 2018).*

Art. L. 133-1-5 (Abrogé par L. n° 2017-1836 du 30 déc. 2017, art. 15-XV, à compter du 1er janv. 2019) ***Le Fonds national d'action sociale institué auprès de la Caisse nationale du régime social des indépendants est chargé de financer des actions destinées à venir en aide aux personnes mentionnées à l'article L. 611-1 qui éprouvent des difficultés pour régler les cotisations et contributions sociales mentionnées à l'article L. 133-1-1.***

Ce fonds est administré par une commission d'action sociale composée de membres désignés en son sein par le conseil d'administration mentionné à l'article L. 611-5.

Un décret en Conseil d'État fixe les conditions d'application du présent article, notamment le taux du prélèvement à opérer sur les ressources de chaque régime pour alimenter le fonds, les modalités de répartition des ressources de ce fonds entre les caisses de base du régime social des indépendants ainsi que les modalités d'organisation et de fonctionnement de la commission d'action sociale.

L'art. L. 133-1-5 demeure applicable jusqu'au 31 déc. 2018 (L. n° 2017-1836 du 30 déc. 2017, art. 15-XVI).

Art. L. 133-1-6 (Abrogé par L. n° 2017-1836 du 30 déc. 2017, art. 15-XV, à compter du 1er janv. 2018) ***La comptabilisation des produits et des charges ainsi que des éléments d'actif et de passif afférents qui découlent des opérations de recouvrement des cotisations et contributions sociales effectuées en application de la présente section est réalisée à l'échelon local par les organismes mentionnés aux articles L. 213-1 et L. 752-4.***

L'organisme mentionné à l'article L. 225-1 combine les produits et les charges liés à ces opérations ainsi que les éléments d'actif et de passif afférents. Il les notifie à l'organisme mentionné à l'article L. 611-4, qui procède à leur enregistrement dans ses comptes selon les mêmes règles d'évaluation et de présentation.

SECTION III **DISPOSITIONS DIVERSES**

Art. L. 133-2 **Les dispositions de l'article L. 243-3 peuvent être rendues applicables, avec, éventuellement, les adaptations nécessaires, par décrets en Conseil d'État, à tous organismes de sécurité sociale jouissant de la personnalité civile et soumis au contrôle de la Cour des comptes en application des dispositions des articles L. 154-1 et L. 154-2.** – *V. art. R. 133-9.*

Art. L. 133-3 *(L. n° 89-18 du 13 janv. 1989, art. 12-I)* **Les organismes de sécurité sociale sont autorisés à différer ou à abandonner la mise en recouvrement ou en paiement de leurs créances ou de leurs dettes à l'égard des cotisants ou des assurés** *(L. n° 94-637 du 25 juill. 1994, art. 30-I)* **« ou des tiers » en deçà des montants et dans des conditions fixés par décret.** – *V. art. D. 133-1 s.*

(L. n° 2003-1199 du 18 déc. 2003, art. 69-I) **« L'admission en non-valeur des créances autres que les cotisations sociales, les impôts et taxes affectés, en principal et accessoire, est prononcée par** *(L. n° 2004-810 du 13 août 2004, art. 69-I)* **« le conseil ou le conseil d'administration » de l'organisme de sécurité sociale dans des conditions fixées par décret. »**

Art. L. 133-4 *(L. n° 2004-1370 du 20 déc. 2004, art. 38-I)* **En cas d'inobservation des règles de tarification** *(L. n° 2018-1203 du 22 déc. 2018, art. 51-I, en vigueur le 1er janv. 2019)* **« , de distribution » ou de facturation :**

1° Des actes, prestations et produits figurant sur les listes mentionnées aux articles L. 162-1-7, L. 162-17, L. 165-1, L. 162-22-7 *(L. n° 2016-1827 du 23 déc. 2016,* *art. 95-I)* « **L. 162-22-7-3** » *(L. n° 2015-1702 du 21 déc. 2015, art. 78-I-1°, en vigueur le 1er janv. 2017)* « **et L. 162-23-6** » **ou relevant des dispositions des articles** *(L. n° 2018-1203 du 22 déc. 2018, art. 65-I, en vigueur le 1er mars 2019)* « **L. 162-16-5-1-1, L. 162-16-5-2, L. 162-17-2-1,** » **L. 162-22-1** *(L. n° 2015-1702 du 21 déc. 2015, art. 78-I-1° ; L. n° 2018-1203 du 22 déc. 2018, art. 65-I, en vigueur le 1er mars 2019)* « **, L. 162-22-6, L. 162-23-1 et L. 165-1-5** » **;**

2° Des frais de transports mentionnés à l'article *(L. n° 2015-1702 du 21 déc. 2015, art. 59-XII-A-3°, en vigueur le 1er janv. 2016)* « **L. 160-8** »**,**

l'organisme de prise en charge recouvre l'indu correspondant auprès du professionnel *(L. n° 2018-1203 du 22 déc. 2018, art. 51-I, en vigueur le 1er janv. 2019)* « **, du distributeur** » **ou de l'établissement à l'origine du non-respect de ces règles** *(L. n° 2007-1786 du 19 déc. 2007, art. 107)* « **et ce, que le paiement ait été effectué à l'assuré, à un autre professionnel de santé** *(L. n° 2018-1203 du 22 déc. 2018, art. 51-I, en vigueur le 1er janv. 2019)* « **, à un distributeur** » **ou à un établissement** »**.**

Il en est de même en cas de facturation en vue du remboursement, par les organismes d'assurance maladie, d'un acte non effectué ou de prestations et produits non délivrés *(L. n° 2018-1203 du 22 déc. 2018, art. 77-I, en vigueur le 1er janv. 2019)* « **ou lorsque ces actes sont effectués ou ces prestations et produits délivrés alors que le professionnel fait l'objet d'une interdiction d'exercer son activité libérale dans les conditions prévues au III de l'article L. 641-9 du code de commerce** »**.**

(L. n° 2006-1640 du 21 déc. 2006, art. 78) « **Lorsque le professionnel ou l'établissement faisant l'objet de la notification d'indu est également débiteur à l'égard de l'assuré ou de son organisme complémentaire, l'organisme de prise en charge peut récupérer la totalité de l'indu. Il restitue à l'assuré et, le cas échéant, à son organisme complémentaire les montants qu'ils ont versés à tort.** »

(L. n° 2016-1827 du 23 déc. 2016, art. 79-III) « **Lorsque l'action en recouvrement porte sur une activité d'hospitalisation à domicile facturée par un établissement de santé mentionné à l'article L. 6125-2 du code de la santé publique, l'indu notifié par l'organisme de prise en charge est minoré d'une somme égale à un pourcentage des prestations facturées par l'établissement. Ce pourcentage est fixé par arrêté des ministres chargés de la santé et de la sécurité sociale.** »

L'action en recouvrement, qui se prescrit par *(L. n° 2005-1579 du 19 déc. 2005, art. 43-VI)* « **trois ans** » *(L. n° 2007-1786 du 19 déc. 2007, art. 107)* « **, sauf en cas de fraude,** » **à compter de la date de paiement de la somme indue, s'ouvre par l'envoi au professionnel ou à l'établissement d'une notification de payer le montant réclamé ou de produire, le cas échéant, leurs observations.**

(L. n° 2016-41 du 26 janv. 2016, art. 83-III-1°) « **Si le professionnel ou l'établissement n'a ni payé le montant réclamé, ni produit d'observations et sous réserve qu'il n'en conteste pas le caractère indu, l'organisme de prise en charge peut récupérer ce montant par retenue sur les versements de toute nature à venir.** »

En cas de rejet total ou partiel des observations de l'intéressé, le directeur de l'organisme d'assurance maladie adresse, par lettre recommandée, une mise en demeure à l'intéressé de payer dans le délai d'un mois. La mise en demeure ne peut concerner que des sommes portées sur la notification. *(Abrogé par L. n° 2011-1906 du 21 déc. 2011, art. 114-II-1°)* « ***Elle comporte une majoration de 10 % du montant des sommes réclamées non réglées à la date de son envoi ; ces majorations peuvent faire l'objet d'une remise.*** »

Lorsque la mise en demeure reste sans effet, le directeur de l'organisme peut délivrer une contrainte qui, à défaut d'opposition du débiteur devant le *(Ord. n° 2018-358 du 16 mai 2018, art. 1er, en vigueur le 1er janv. 2019)* « **tribunal de grande instance spécialement désigné en application de l'article L. 211-16 du code de l'organisation judiciaire** »**, comporte tous les effets d'un jugement et confère notamment le bénéfice de l'hypothèque judiciaire.** *(L. n° 2011-1906 du 21 déc. 2011, art. 114-II-2°)* « **Une majoration de 10 % est applicable aux sommes réclamées qui n'ont pas été réglées aux dates d'exigibilité mentionnées dans la mise en demeure. Cette majoration peut faire l'objet d'une remise.** »

Un décret en Conseil d'État définit les modalités d'application *(L. n° 2018-1203 du 22 déc. 2018, art. 51-I, en vigueur le 1er janv. 2019)* « **du présent article** »**.**

V. Circ. interministérielle DSS n° 2010-260 du 12 juill. 2010 relative aux règles de prescription applicables en matière de sécurité sociale (BO Santé n° 2010/8 du 15 sept. 2010, p. 171).

A. ACTION EN RECOUVREMENT DE L'INDU

1. Champ d'application. (Prestations indues). En matière d'inobservation de la Nomenclature générale des actes professionnels, la procédure de recouvrement de l'indu obéit aux seules dispositions de l'art. L. 133-4 CSS. • Soc. 31 mars 2003, ♎ n° 01-21.470 P : *RJS 2003. 623, n° 934.* ♦ Ne vaut pas inobservation de la Nomenclature générale des actes professionnels une situation dans laquelle sont seules en cause les conditions médicales d'exécution des actes litigieux. • Soc. 3 déc. 1998 : ♎ *RJS 1999, n° 272.* ♦ ***(Exclusion).*** Les organismes d'assurance maladie ne peuvent poursuivre contre un médecin le remboursement de l'indu sur le fondement de l'art. L. 133-4 CSS qu'en cas d'inobservation de la Nomenclature des actes professionnels ou lorsque les actes facturés n'ont pas été effectués ; dès lors, est légalement justifié le jugement qui décide que la violation des conditions auxquelles l'Arr. du 29 juin 1978 subordonne le classement des lits d'un établissement de santé privé en médecine à soins particulièrement coûteux ne peut retentir que sur la tarification des prestations fournies par cet établissement et non sur le droit à remboursement des actes correctement cotés et effectivement réalisés par un praticien. • Civ. 2e, 16 déc. 2003, ♎ n° 02-30.907 P : *TPS 2004, comm. 93, obs. Prétot ; D. 2004. 1553, obs. Prétot* ✎. ♦ ***(Recouvrement à l'encontre du pharmacien).*** L'organisme de prise en charge est fondé, en cas de non-respect des règles de tarification et de facturation des médicaments et spécialités pharmaceutiques, à engager le recouvrement de l'indu correspondant auprès du pharmacien titulaire de l'officine qui a délivré ces derniers quelle que soit la forme juridique de l'exploitation (en l'espèce, entreprise unipersonnelle à responsabilité limitée). • Civ. 2e, 7 nov. 2013, ♎ n° 12-15.610. ♦ ***(Recouvrement à l'encontre d'un laboratoire).*** Le tribunal a exactement déduit que le laboratoire étant à l'origine du non-respect des règles de tarification ou de facturation, l'assuré était fondé en sa demande tendant à voir admettre que l'indu devait être récupéré auprès du professionnel de santé. • Civ. 2e, 9 juill. 2015, ♎ n° 14-22.235 P : *RDSS 2015. 934, obs. Tauran* ✎ *; JCP S 2015, n° 1350, Comm. Michalletz.* ♦ ***(Approbation de la cotation).*** Une caisse primaire d'assurance maladie ayant accepté tacitement de prendre en charge des actes de rééducation soumis à la formalité de l'entente préalable en approuve la cotation à la Nomenclature générale des actes professionnels et ne peut ultérieurement invoquer les dispositions de l'art. L. 133-4 CSS pour recouvrer auprès du praticien les prestations qu'elle a versées. • Soc. 23 janv. 1997, ♎ n° 94-18.438 P : *RJS 1997, n° 330 ; D. 1997. IR 49.* ♦ V. aussi • Soc. 23 janv. 1997, ♎ n° 94-18.739 P : *D. 1997. IR 49 ; CSB 1997, S. 53.* ♦ ***(Silence de la caisse).*** L'assentiment de la caisse résultant du silence gardé vaut approbation de la cotation proposée par la demande d'entente préalable. • Soc. 4 déc. 1997, ♎ n° 96-11.104 P : *RJS 1998, n° 213.* ♦ V. aussi • Soc. 26 sept. 2002, ♎ n° 01-20.064 P : *RJS 2002, n° 1433.* ♦ ***(Limite).*** Mais le silence gardé par la caisse ne vaut approbation de la cotation proposée que si l'acte peut être pris en charge au regard de la Nomenclature générale des actes professionnels ; à défaut, la demande d'entente préalable est inopérante. • Soc. 18 juin 1998 : ♎ *RJS 1998, n° 1064.*

2. Preuve. Le défaut de présentation du compte rendu opératoire ne prive pas l'établissement du droit de faire la preuve de ce que l'acte litigieux a bien été effectué et de ce que la cotation qui a servi de base au versement des prestations est conforme aux prévisions de la Nomenclature générale des actes professionnels. • Soc. 1er avr. 1999, ♎ n° 97-13.679 P: *RJS 1999, n° 854.* ♦ V. aussi : la caisse primaire d'assurance maladie établit sa demande de remboursement d'un indu fondée sur les dispositions de l'art. L. 133-4 CSS au vu des renseignements qu'elle a recueillis, sans être préalablement tenue de faire procéder à une analyse médicale de l'activité du professionnel de santé dans les conditions prévues par les art. R. 315-1 s. CSS. • Civ. 2e, 3 mai 2006, n° 04.30-705 P.

3. Exigence de motivation. L'action en recouvrement de l'indu exercée en cas d'inobservation alléguée des règles de tarification ou de facturation est soumise à une obligation de motivation. Viole l'art. L. 133-4 CSS une cour d'appel qui relève que le tableau récapitulatif joint à la notification des indus indiquait, pour chacun des patients, le motif du désaccord pour la prise en charge des frais d'hospitalisation, sans rechercher, comme la caisse et la MGEN l'y invitaient, si la clinique n'avait pas été en mesure de comprendre, lors du contrôle effectué par l'ARH et lors des demandes de remboursement de l'indu, les raisons qui justifiaient la réclamation de celui-ci. • Civ. 2e, 20 janv. 2012 : ♎ *RDSS 2012. 387, note Rousset* ✎.

B. CONTENTIEUX DE L'ACTION EN RECOUVREMENT

4. Action en recouvrement de l'indu. (Étendue). Le tribunal saisi d'un recours contre une décision de la caisse relative au remboursement d'une somme indue ne peut s'abstenir de statuer sur le bien-fondé de la créance de l'organisme social. • Soc. 11 mai 2000, ♎ n° 98-21.755 P : *RJS 2000, n° 731.* ♦ Il résulte de la combinaison des art. 1235 et 1376 C. civ. et L. 133-4 CSS que l'action en recouvrement de l'indu ne peut tendre qu'à la restitution par le praticien concerné des sommes qu'il a perçues à tort, et non de l'intégralité des sommes versées aux assurés sociaux à la suite de l'application d'une cotation erronée. • Civ. 2e, 11 oct. 2005 : *JCP S 2005. 1079, note Jacotot.* ♦ V. sur la possible délivrance d'une contrainte par la CPAM, • Civ. 2e, 23 avr. 2003 : *RJS 2003. 624, no 935.* ♦ ***(Application exclusive).*** La procédure de mise en recouvrement de l'indu ne saurait être annulée, faute pour l'organisme d'avoir procédé, au préalable, à la notification et à la discussion des griefs telles que prévues par les dispositions de l'art. L. 315-1 CSS. • Soc. 31 mars 2003, no 01-21.470 P : *RJS 2003, no 934 ; TPS 2003, comm. 236, obs Prétot.*

5. Assimilation à une cotisation de sécurité sociale. Sur l'assimilation de l'indu à une cotisation de sécurité sociale, V. • Soc. 6 mai 1999 : *D. 1999. IR 145 ; RJS 1999, no 977.* ♦ ***Majorations de retard.*** Les dispositions de l'art. L. 133-4 CSS, aux termes desquelles l'indu résultant de l'inobservation de la nomenclature est assimilé pour son recouvrement à une cotisation de sécurité sociale, n'autorisent pas la Caisse d'assurance maladie, qui n'est pas un organisme de recouvrement, à appliquer à la somme réclamée des majorations de retard. • Soc. 14 déc. 2000 : *RJS 2001, no 659.* ♦ Les dispositions de l'art. D. 612-20 CSS, relatives à la majoration des cotisations du régime des travailleurs non salariés, acquittées après leur échéance, ne sont pas applicables au recouvrement de l'indu résultant de l'inobservation de la nomenclature des actes professionnels. • Soc. 20 déc. 2001, no 00-07.413 P : *RJS 2001, no 335 ; TPS 2002, comm. 55, obs. Prétot.* ♦ V. aussi • Soc. 6 mai 1999 : *préc.*

6. Prescription. Le délai de prescription triennale institué par les art. L. 133-4 et L. 244-3 CSS ne concerne que l'action en recouvrement de prestations dont le caractère indu résulte, d'une part, de l'inobservation de la Nomenclature générale des actes professionnels, de la Nomenclature des actes de biologie médicale, du tarif interministériel des prestations sanitaires et des règles de tarification des frais de transport mentionnés à l'art. L. 321-1, d'autre part, de la facturation d'un acte non effectué ou d'un dispositif médical ou de frais de transport non conformes à la prescription. • Soc. 31 janv. 2002 : *RJS 2002, no 616.*

Art. L. 133-4-1 *(L. no 2004-810 du 13 août 2004, art. 29)* En cas de versement indu d'une prestation, hormis les cas mentionnés à l'article L. 133-4 et les autres cas où une récupération peut être opérée auprès d'un professionnel de santé, l'organisme chargé de la gestion d'un régime obligatoire ou volontaire d'assurance maladie ou d'accidents du travail et de maladies professionnelles récupère l'indu correspondant auprès de l'assuré. Celui-ci, y compris lorsqu'il a été fait dans le cadre de la dispense d'avance des frais, peut, sous réserve que l'assuré n'en conteste pas le caractère indu, être récupéré par un ou plusieurs versements ou par retenue sur les prestations à venir en fonction de la situation sociale du ménage.

(L. no 2004-1370 du 20 déc. 2004, art. 38-II) « L'organisme mentionné au premier alinéa informe le cas échéant, s'il peut être identifié, l'organisme d'assurance maladie complémentaire de l'assuré de la mise en œuvre de la procédure visée au présent article. »

(L. no 2018-1203 du 22 déc. 2018, art. 77-I, en vigueur le 1er janv. 2020) « Lorsque l'indu notifié ne peut être recouvré sur les prestations mentionnées au même premier alinéa, la récupération peut être opérée, sous réserve que l'assuré ne conteste pas le caractère indu et n'opte pas pour le remboursement en un ou plusieurs versements dans un délai fixé par décret qui ne peut excéder douze mois, par retenue sur les prestations mentionnées aux titres IV et V du livre III, à l'article L. 511-1 et aux titres Ier à IV du livre VIII du présent code, à l'article L. 351-1 du code de la construction et de l'habitation et à l'article L. 262-46 du code de l'action sociale et des familles, par l'organisme gestionnaire de ces prestations et avec son accord. Toutefois, suite à cet accord, le recouvrement ne peut être effectué que si l'assuré n'est débiteur d'aucun indu sur ces mêmes prestations. Ce recouvrement est opéré selon les modalités applicables aux prestations sur lesquelles les retenues sont effectuées. Un décret fixe les modalités d'application et le traitement comptable afférant *[afférent]* à ces opérations. »

Art. L. 133-4-2 *(L. no 2018-1203 du 22 déc. 2018, art. 23-I)* I. — Le bénéfice de toute mesure de réduction ou d'exonération, totale ou partielle, de cotisations de sécurité sociale, de contributions dues aux organismes de sécurité sociale ou de cotisations ou contributions mentionnées au I de l'article L. 241-13 est supprimé en cas de constat des infractions mentionnées aux 1° à 4° de l'article L. 8211-1 du code du travail.

II. — Lorsque l'infraction est constatée par procès-verbal dans les conditions déterminées aux articles L. 8271-1 à L. 8271-19 du même code, l'organisme de recouvrement procède, dans la limite de la prescription applicable à l'infraction, à l'annulation des réductions et exonérations des cotisations ou contributions mentionnées au I du présent article.

III. — Par dérogation aux I et II du présent article et sauf dans les cas mentionnés au second alinéa du I de l'article L. 243-7-7, lorsque la dissimulation d'activité ou de salarié résulte uniquement de l'application du II de l'article L. 8221-6 du code du travail ou qu'elle représente une proportion limitée de l'activité, l'annulation des réductions et exonérations de cotisations de sécurité sociale ou de contributions est partielle.

Dans ce cas, la proportion des réductions et exonérations annulées est égale au rapport entre le double des rémunérations éludées et le montant des rémunérations, soumises à cotisations de sécurité sociale, versées à l'ensemble du personnel par l'employeur, sur la période concernée, dans la limite de 100 %.

IV. — Un décret en Conseil d'État détermine les conditions dans lesquelles la dissimulation peut, au regard des obligations mentionnées aux articles L. 8221-3 et L. 8221-5 du code du travail, être considérée comme limitée pour l'application du III du présent article, sans que la proportion de l'activité dissimulée puisse excéder 10 % de l'activité.

Les dispositions de la L. n° 2018-1203 du 22 déc. 2018 s'appliquent aux opérations de contrôle engagées à compter du 1er janv. 2019. Toutefois, le III de l'art. L. 133-4-2 et le II de l'art. L. 243-7-7 CSS dans leur rédaction résultant de la loi susvisée s'appliquent aux procédures de contrôle en cours au 1er janv. 2019 ainsi qu'à toute annulation de réductions ou d'exonérations de cotisations de sécurité sociale ou de contributions n'ayant pas donné lieu à une décision de justice ayant un caractère irrévocable (L. préc., art. 23-II).

Travail dissimulé et bénéfice des mesures de réduction ou d'exonération de cotisations sociales (non). Les faits établissant l'élément matériel du délit de travail dissimulé constituent le fait générateur du versement des cotisations et contributions dues au titre du redressement et justifient l'annulation par un organisme de recouvrement des mesures d'exonération et de réduction de celles-ci. • Civ. 2e, 10 oct. 2013 : *RJS 2014, n° 66 ; JCP E 2013, n° 1697, obs. Ronet-Yague.*

Art. L. 133-4-3 *(L. n° 2008-776 du 4 août 2008, art. 6)* **Lorsqu'un redressement a pour origine la mauvaise application d'une mesure d'exonération des cotisations ou contributions de sécurité sociale portant sur les titres-restaurant** *(Ord. n° 2018-474 du 12 juin 2018, art. 4)* **« mentionnés au *a* du 4° du III de l'article L. 136-1-1 »** *(Abrogé par L. n° 2008-1330 du 17 déc. 2008, art. 20-III) « ou les chèques-transport visés à l'article L. 131-4-1 »*, **ce redressement ne porte que sur la fraction des cotisations et contributions indûment exonérées ou réduites, sauf en cas de mauvaise foi ou d'agissements répétés du cotisant.**

Les dispositions de l'Ord. n° 2018-474 du 12 juin 2018 s'appliquent aux cotisations et contributions dues pour les périodes courant à compter du 1er sept. 2018 (Ord. préc., art. 16).

Art. L. 133-4-4 *(L. n° 2008-1330 du 17 déc. 2008, art. 62-I)* **Lorsqu'un organisme chargé de la gestion d'un régime obligatoire d'assurance maladie prend en charge, pour une personne résidant dans un établissement mentionné** *(L. n° 2015-1776 du 28 déc. 2015, art. 58-III)* **« aux I, II et IV *bis* » de l'article L. 313-12 du code de l'action sociale et des familles, à titre individuel, des prestations d'assurance maladie qui relèvent des tarifs afférents aux soins fixés en application de l'article L. 314-2 du même code, les sommes en cause, y compris lorsque celles-ci ont été prises en charge dans le cadre de la dispense d'avance des frais, sont déduites par la caisse mentionnée à l'article L. 174-8 du présent code, sous réserve que l'établissement n'en conteste pas le caractère indu, des versements ultérieurs que la caisse alloue à l'établissement au titre du forfait de soins. Les modalités de reversement de ces sommes aux différents organismes d'assurance maladie concernés sont définies par décret.**

L'action en recouvrement se prescrit par trois ans à compter de la date de paiement à la personne de la somme en cause. Elle s'ouvre par l'envoi à l'établissement d'une notification du montant réclamé. — *V. Circ. interministérielle DSS n° 2010-260 du 12 juill. 2010 relative aux règles de prescription applicables en matière de sécurité sociale (BO Santé n° 2010/8 du 15 sept. 2010, p. 171).*

La commission de recours amiable de la caisse mentionnée à l'article L. 174-8 est compétente pour traiter des réclamations relatives aux sommes en cause.

Les dispositions issues de la L. nº 2008-1330 du 17 déc. 2008 sont applicables aux notifications de payer adressées à compter du 19 déc. 2008, date de l'entrée en vigueur du présent art. (L. nº 2008-1330 du 17 déc. 2008, art. 62-II).

Art. L. 133-4-5 *(L. nº 2012-1404 du 17 déc. 2012, art. 101)* Lorsqu'il est constaté que le donneur d'ordre n'a pas rempli l'une des obligations définies à l'article L. 8222-1 du code du travail et que son cocontractant a, au cours de la même période, exercé un travail dissimulé par dissimulation d'activité ou d'emploi salarié, l'organisme de recouvrement procède à l'annulation des réductions ou exonérations des cotisations ou contributions dont le donneur d'ordre a bénéficié au titre des rémunérations versées à ses salariés. Le donneur d'ordre ou le maître d'ouvrage encourt la même sanction, dans les mêmes conditions, lorsqu'il est constaté qu'il a manqué à l'obligation mentionnée à l'article L. 8222-5 du code du travail.

L'annulation s'applique pour chacun des mois au cours desquels les conditions mentionnées au premier alinéa du présent article sont vérifiées. Elle est calculée selon les modalités prévues aux *(L. nº 2016-1827 du 23 déc. 2016, art. 24-I)* « deuxième et troisième alinéas » de l'article L. 133-4-2, sans que son montant global puisse excéder 15 000 € pour une personne physique et 75 000 € pour une personne morale.

Les modalités d'application du présent article, en particulier la manière dont est assuré le respect du principe du contradictoire, sont déterminées par décret en Conseil d'État.

Les dispositions de l'art. 24-I de la L. nº 2016-1827 du 23 déc. 2016 s'appliquent aux contrôles engagés à compter du 1er janv. 2017 (L. préc., art. 24-IV).

Art. L. 133-4-6 *(L. nº 2009-1646 du 24 déc. 2009, art. 93-I)* La prescription est interrompue par une des causes prévues par le code civil. A l'exception des taxes, cotisations et contributions dues ou recouvrées par les organismes chargés du recouvrement, l'interruption de la prescription peut, en outre, résulter de l'envoi d'une lettre recommandée avec demande d'avis de réception, quels qu'en aient été les modes de délivrance. – *V. Circ. interministérielle DSS nº 2010-260 du 12 juill. 2010 relative aux règles de prescription applicables en matière de sécurité sociale (BO Santé nº 2010/8 du 15 sept. 2010, p. 171).*

Art. L. 133-4-7 *(L. nº 2010-658 du 15 juin 2010, art. 7)* Lorsque dans l'exercice de son activité professionnelle l'entrepreneur individuel à responsabilité limitée dont le statut est défini aux articles L. 526-6 à L. 526-21 du code de commerce a, par des manœuvres frauduleuses ou à la suite de l'inobservation grave et répétée des prescriptions de la législation de la sécurité sociale, rendu impossible le recouvrement des cotisations et contributions sociales et des pénalités et majorations afférentes dont il est redevable au titre de cette activité, le recouvrement de ces sommes peut être recherché sur la totalité de ses biens et droits dès lors que le tribunal compétent a constaté la réalité de ces agissements. – *Les dispositions issues de la L. nº 2010-658 du 15 juin 2010 entrent en vigueur à compter de la publication de l'ordonnance prévue au I de l'art. 8 de celle-là (L. préc., art. 14) : V. Ord. nº 2010-1512 du 9 déc. 2010 (JO 10 déc.).*

Art. L. 133-4-8 *(L. nº 2015-1702 du 21 déc. 2015, art. 12-I)* I. – Les redressements opérés dans le cadre d'un contrôle effectué en application des articles L. 243-7 du présent code et L. 724-7 du code rural et de la pêche maritime et relatif à l'application des règles liées au caractère obligatoire et collectif des systèmes de garanties de protection sociale complémentaire mentionné au sixième alinéa de l'article L. 242-1 du présent code portent sur le montant global des cotisations dues sur les contributions que les employeurs ont versées pour le financement de ces garanties.

II. – Par dérogation au I du présent article et dans les conditions définies au présent II, l'agent chargé du contrôle réduit le redressement à hauteur d'un montant calculé sur la seule base des sommes faisant défaut ou excédant les contributions nécessaires pour que la couverture du régime revête un caractère obligatoire et collectif, au sens du sixième alinéa de l'article L. 242-1 et des textes pris pour son application, sous réserve que l'employeur reconstitue ces sommes de manière probante.

Le redressement ainsi réduit est fixé à hauteur :

1° D'une fois et demie ces sommes, lorsque le motif du redressement repose sur l'absence de production d'une demande de dispense ou de tout autre document ou justificatif nécessaire à l'appréciation du caractère obligatoire et collectif ;

2° De trois fois ces sommes, dans les cas autres que ceux mentionnés au 1° et lorsque le manquement à l'origine du redressement ne révèle pas une méconnaissance d'une particulière gravité des règles prises en application du sixième alinéa de l'article L. 242-1.

Lorsque le manquement à l'origine du redressement révèle une méconnaissance d'une particulière gravité des règles liées au caractère obligatoire et collectif des systèmes de garanties de protection sociale complémentaire mentionné au même alinéa, l'agent chargé du contrôle en informe l'employeur, en justifiant sa décision dans le cadre de la procédure contradictoire préalable à la fin du contrôle.

Le montant du redressement ainsi établi par l'agent chargé du contrôle ne peut être supérieur à celui résultant de l'assujettissement de l'ensemble des contributions de l'employeur au financement du régime.

III. — Le II du présent article n'est pas applicable lorsque le redressement procède d'un cas d'octroi d'avantage personnel ou d'une discrimination, au sens de l'article 1er de la loi n° 2008-496 du 27 mai 2008 portant diverses dispositions d'adaptation au droit communautaire dans le domaine de la lutte contre les discriminations, lorsque l'irrégularité en cause a déjà fait l'objet d'une observation lors d'un précédent contrôle, dans la limite des cinq années civiles qui précèdent l'année où est initié le contrôle, ou lorsqu'est établie au cours de cette période l'une ou l'autre des situations suivantes :

1° Une situation de travail dissimulé, défini aux articles L. 8221-3 et L. 8221-5 du code du travail ;

2° Une situation d'obstacle à contrôle, mentionnée à l'article L. 243-12-1 du présent code ;

3° Une situation d'abus de droit, défini à l'article L. 243-7-2.

IV. — Par dérogation à l'article L. 243-1, les employeurs ne peuvent, dans les cas prévus au présent article, demander aux salariés le remboursement des cotisations salariales dues sur les montants donnant lieu à redressement.

L'art. L. 133-4-8, tel qu'issu de la L. n° 2015-1702 du 21 déc. 2015, s'applique aux contrôles engagés à compter du 1er janv. 2016 (L. préc., art. 12-II).

Définition et portée du redressement de cotisation. Ayant pour objet la régularisation des sommes dues par le cotisant en application des règles d'assiette, le redressement des cotisations et contributions sociales ne revêt pas le caractère d'une sanction à caractère de punition au sens de l'art. 8 DDH, ni de l'art. 6, § 1, CEDH. • Civ 2e, 15 juin 2017, n° 16-18.532 P : *RJS 2017, n° 630 ; JCP S 2017, n° 1257, obs. Jean-Marie et Lepoutre.*

Art. L. 133-4-9 *(L. n° 2016-1827 du 23 déc. 2016, art. 24-I)* Lorsqu'ils sont munis d'un titre exécutoire, au sens de l'article L. 111-3 du code des procédures civiles d'exécution, les organismes de recouvrement et les organismes chargés de la gestion d'un régime obligatoire de sécurité sociale habilités à décerner une contrainte peuvent, au moyen d'une opposition, enjoindre aux tiers dépositaires, détenteurs ou redevables de sommes appartenant ou devant revenir au débiteur de verser au lieu et place de celui-ci auxdits organismes les fonds qu'ils détiennent ou qu'ils doivent à concurrence des cotisations, des contributions et des majorations et pénalités de retard ou des prestations indûment versées.

L'opposition motivée est notifiée au tiers détenteur et au débiteur par le directeur de l'un des organismes mentionnés au premier alinéa du présent article. Elle affecte, dès réception par le tiers, les sommes faisant l'objet du titre exécutoire au paiement desdites sommes, quelle que soit la date à laquelle les créances, même conditionnelles ou à terme, que le débiteur possède à l'encontre du tiers deviennent exigibles. L'opposition emporte l'effet d'attribution immédiate prévu à l'article L. 211-2 du code des procédures civiles d'exécution à concurrence des sommes pour lesquelles elle est pratiquée. Lorsqu'une personne est simultanément destinataire de plusieurs oppositions établies au nom du débiteur, elle doit, en cas d'insuffisance des fonds, exécuter ces demandes en proportion de leurs montants respectifs.

Les contestations sont portées devant le juge de l'exécution. A peine d'irrecevabilité, les contestations sont formées par le débiteur dans un délai d'un mois à compter de la notification de l'opposition. En cas de contestation, le paiement est différé pendant ce délai et, le cas échéant, jusqu'à ce qu'il soit statué, sauf si le juge autorise le paiement pour la somme qu'il détermine. Le paiement n'est pas différé, sauf si le juge en décide autrement :

1° Lorsque la créance de l'organisme fait suite à un contrôle au cours duquel a été établie une situation d'obstacle à contrôle, mentionnée à l'article L. 243-12-1 du présent code ;

2° Lorsque le recours contre le titre exécutoire a été jugé dilatoire ou abusif.

Sont en outre applicables les articles L. 123-1, L. 162-1, L. 162-2 et L. 211-3 du code des procédures civiles d'exécution.

Le présent article n'est pas applicable aux sommes dues par le tiers détenteur au titre des rémunérations qui ne peuvent être saisies que dans les conditions et selon la procédure prévues aux articles L. 3252-1 à L. 3252-13 du code du travail.

Les dispositions de l'art. 24-I de la L. n° 2016-1827 du 23 déc. 2016 s'appliquent aux contrôles engagés à compter du 1er janv. 2017 (L. préc., art. 24-IV).

Art. L. 133-4-10 *(L. n° 2016-1827 du 23 déc. 2016, art. 24-I)* Lorsque le recouvrement est assuré par le Trésor comme en matière de contributions directes, il est effectué sur les cotisations recouvrées au profit des organismes de sécurité sociale soumis au contrôle de la Cour des comptes, dans les conditions déterminées aux articles L. 154-1 et L. 154-2, un prélèvement pour frais de perception dont le taux et les modalités de remboursement sont fixés par arrêté ministériel. *— V. note ss. art. L. 133-4-9.*

Art. L. 133-4-11 *(L. n° 2016-1827 du 23 déc. 2016, art. 16-I)* En cas de recouvrement partiel des cotisations et contributions sociales *(Abrogé par L. n° 2017-1836 du 30 déc. 2017, art. 15-V, à compter du 1er janv. 2018)* *« du régime social des indépendants »*, les contributions mentionnées à l'article L. 136-3 du présent code et à l'article 14 de l'ordonnance n° 96-50 du 24 janvier 1996 relative au remboursement de la dette sociale sont prélevées par priorité et dans des proportions identiques sur les sommes recouvrées. Le solde éventuel est affecté aux cotisations selon un ordre fixé par décret. *— [Ancien art. L. 133-1-4.]*

Sur les dispositions transitoires de l'art. 15 de la L. n° 2017-1836 du 30 déc. 2017, V. ss. le livre VI « Dispositions applicables aux travailleurs indépendants ».

CHAPITRE III *BIS* MODERNISATION ET SIMPLIFICATION DES DÉCLARATIONS SOCIALES AINSI QUE DU RECOUVREMENT DES COTISATIONS ET CONTRIBUTIONS SOCIALES *(L. n° 2012-387 du 22 mars 2012, art. 35-I)*.

SECTION PREMIÈRE MODERNISATION ET SIMPLIFICATION DES FORMALITÉS AU REGARD DES EMPLOYEURS *(Ord. n° 2015-682 du 18 juin 2015, art. 1er-1°, en vigueur le 1er juill. 2015)*.

SOUS-SECTION 1 DISPOSITIONS GÉNÉRALES *(Ord. n° 2015-682 du 18 juin 2015, art. 1er-2°, en vigueur le 1er juill. 2015)*.

Art. L. 133-5 *(L. n° 2001-1246 du 21 déc. 2001, art. 73-I ; Ord. n° 2003-1213 du 18 déc. 2003, art. 5-II)* Les déclarations sociales que les entreprises et autres cotisants sont tenus d'adresser aux organismes gérant des régimes de protection sociale relevant du présent code et du code rural et de la pêche maritime ou visés aux articles *(L. n° 2016-1088 du 8 août 2016, art. 8-IX)* « L. 3141-32 » *(L. n° 2008-776 du 4 août 2008, art. 55-II)* « et L. 5427-1 » du code du travail peuvent être faites par voie électronique soit directement auprès de chacun de ces organismes, soit auprès d'un organisme désigné par eux à cet effet et agréé ou, à défaut, désigné par l'État. *— V. art. D. 133-5.*

L'accusé de réception des déclarations effectuées par voie électronique est établi dans les mêmes conditions.

Un arrêté du ministre chargé de la sécurité sociale ou du ministre chargé de l'agriculture fixe la liste des déclarations et la date à compter de laquelle celles-ci peuvent être effectuées par voie électronique. — *V. Arr. du 29 juill. 2002 (JO 10 août).*

Pour les déclarations devant être accompagnées d'un paiement, l'inscription au service de télérèglement dispense l'entreprise ou autre cotisant, à l'égard des organismes visés au premier alinéa du présent article, de toute autre formalité préalable à l'utilisation du télérèglement. La transmission aux établissements de crédit de l'adhésion de l'entreprise ou autre cotisant à ce service de télérèglement pourra être effectuée par voie électronique dans des conditions fixées par convention conclue entre les établissements de crédit et les organismes visés au premier alinéa.

Dern. al. abrogé par Ord. n° 2003-1213 du 18 déc. 2003, art. 5-II.

Art. L. 133-5-1 *(L. n° 2008-776 du 4 août 2008, art. 55-II)* Toute association employant moins de dix salariés, qui ne peut ou ne souhaite recourir au service prévu à l'article L. 133-5, bénéficie d'un service d'aide à l'accomplissement de ses obligations déclaratives en matière sociale, dénommé "service emploi associations". Ce service est organisé par les unions de recouvrement des cotisations de sécurité sociale et d'allocations familiales, les caisses générales de sécurité sociale et les caisses de mutualité sociale agricole dans leurs champs respectifs de compétence ou par un tiers après signature d'une convention avec l'un de ces organismes. Les relations entre l'association employeur et le tiers sont régies par une convention qui peut prévoir une participation financière de l'association au fonctionnement du service, dans une limite fixée par décision de l'autorité administrative.

Ce service permet à l'association :

1° De recevoir les documents ou modèles de documents nécessaires au respect des obligations qui lui incombent en application des articles *(L. n° 2016-1088 du 8 août 2016, art. 8-IX)* « L. 1221-1, L. 1221-3, L. 1221-10 à L. 1221-12, L. 1234-19, L. 1242-12, L. 1242-13, L. 3123-6, L. 3123-9 à L. 3123-13, L. 3123-20, L. 3123-24, L. 3123-25, L. 3123-28, L. 3123-31, L. 3243-1, L. 3243-2 et L. 3243-4 » du code du travail ;

2° D'obtenir le calcul des rémunérations dues aux salariés en application du présent code et des conventions collectives ainsi que de l'ensemble des cotisations et contributions d'origine légale et des cotisations et contributions conventionnelles rendues obligatoires par la loi ;

3° D'effectuer les déclarations obligatoires relatives aux cotisations et contributions sociales qui doivent être adressées aux organismes gérant les régimes mentionnés au présent code, au code rural et de la pêche maritime et à l'article *(L. n° 2016-1088 du 8 août 2016, art. 8-IX)* « L. 5427-1 » du code du travail.

Les cotisations et contributions sociales des associations ayant recours au "service emploi associations" sont réglées par virement ou par tout autre mode de paiement dématérialisé proposé par l'organisme de recouvrement. — *[Anc. art. L. 133-5-4.]*

Art. L. 133-5-2 *est devenu l'art. L. 613-2 (L. n° 2017-1836 du 30 déc. 2017, art. 15-II, en vigueur le 1er janv. 2018).*

Sur les dispositions transitoires de l'art. 15 de la L. n° 2017-1836 du 30 déc. 2017, V. ss. le livre VI « Dispositions applicables aux travailleurs indépendants ».

Art. L. 133-5-3 *(Ord. n° 2015-682 du 18 juin 2015, art. 9, en vigueur le 1er janv. 2016)* I. — Tout employeur de personnel salarié ou assimilé adresse à un organisme désigné par décret une déclaration sociale nominative établissant pour chacun des salariés ou assimilés le lieu d'activité et les caractéristiques *(L. n° 2018-771 du 5 sept. 2018, art. 71)* « de l'emploi et » du contrat de travail, les montants des rémunérations, des cotisations et contributions sociales et la durée de travail retenus ou établis pour la paie de chaque mois, les dates de début et de fin de contrat, de suspension et de reprise du contrat de travail intervenant au cours de ce mois, ainsi que, le cas échéant, une régularisation au titre des données inexactes ou incomplètes transmises au cours des mois précédents. Cette déclaration est effectuée par voie électronique selon des modalités fixées chaque année par arrêté du ministre chargé de la sécurité sociale.

Les données de cette déclaration servent au recouvrement des cotisations, des contributions sociales et de certaines impositions, à la vérification de leur montant, à l'ouverture et au calcul des droits des salariés en matière d'assurances sociales, *(Ord. n° 2017-1389 du 22 sept. 2017, art. 3-1°)* « de formation et de prévention des effets de l'exposition à certains facteurs de risques professionnels », à la détermination du taux de certaines cotisations, au versement de certains revenus de remplacement ainsi qu'à l'accomplissement par les administrations et organismes destinataires de leurs missions. — *Par dérogation au I de l'art. L. 133-5-3, dans sa rédaction résultant de l'Ord. n° 2015-682 du 18 juin 2015 relative à la simplification des déclarations sociales des employeurs, les employeurs ainsi que les tiers mandatés pour effectuer les déclarations sociales de ceux-ci transmettent pour la première fois une déclaration sociale nominative à des dates fixées par décret, et au plus tard le 1er juill. 2017, en fonction du montant annuel des cotisations versées ou des effectifs ainsi que de la qualité de déclarant ou de tiers déclarant (L. n° 2015-1702 du 21 déc. 2015, art. 22).*

II. — La transmission de la déclaration sociale nominative permet aux employeurs d'accomplir les formalités déclaratives suivantes :

(L. n° 2016-1917 du 29 déc. 2016, art. 60-I, en vigueur le 1er janv. 2019) « 1° Les déclarations leur incombant auprès des organismes de sécurité sociale pour la détermination des droits aux prestations de sécurité sociale de leurs salariés ;

« 2° Les déclarations prévues aux articles 87 et 87-0 A » du code général des impôts ;

3° Toute autre déclaration portant sur les mêmes données que celles transmises au titre des déclarations mentionnées aux 1° et 2°, lorsque la déclaration sociale nominative permet de s'y substituer. — *Les dispositions de l'art. 60-I de la L. n° 2016-1917 du 29 déc. 2016 s'appliquent aux revenus perçus ou réalisés à compter du 1er janv. 2019 (L. préc., art. 60-I-G-1, mod. par L. n° 2017-1775 du 28 déc. 2017, art. 11).*

(L. n° 2018-1203 du 22 déc. 2018, art. 78-I, en vigueur le 1er janv. 2019) « II *bis*. — Tout organisme versant des sommes imposables autres que des salaires transmis via la déclaration prévue au I ainsi que tout organisme versant des prestations sociales, y compris au titre de la protection sociale complémentaire, non imposables, dont la liste est fixée par décret, adresse mensuellement à un organisme désigné par décret une déclaration sociale nominative comportant pour chacune des personnes attributaires de ces sommes et prestations, et après information de celles-ci, les informations relatives à ces versements. Cette déclaration est effectuée par voie électronique selon des modalités fixées chaque année par arrêté des ministres chargés de la sécurité sociale et du budget.

« Les données de cette déclaration servent uniquement au recouvrement des cotisations sociales, des contributions sociales et de certaines impositions, à la vérification de leur montant, à l'ouverture et au calcul des droits des assurés en matière de prestations sociales ainsi qu'à l'accomplissement, par les administrations et organismes destinataires, de leurs missions.

« La transmission de cette déclaration permet d'accomplir les formalités déclaratives prévues à l'article 87-0 A du code général des impôts. »

(L. n° 2018-1203 du 22 déc. 2018, art. 78-IV, en vigueur le 1er janv. 2020 au plus tard) « Les données issues de cette déclaration sont conservées pendant la durée nécessaire à l'ouverture et au calcul des prestations, dont la liste est fixée par décret, et pour la gestion desquelles ces données sont utilisées. » — *Les dispositions de cet al., issues de l'art. 78-IV de la L. n° 2018-1203 du 22 déc. 2018, entrent en vigueur à une date fixée par décret, et au plus tard le 1er janv. 2020. — V. dernière note ss. art.*

III. — Les modalités d'application du présent article, la liste des déclarations et formalités auxquelles elle se substitue ainsi que le délai à l'issue duquel l'employeur ayant rempli la déclaration sociale nominative est réputé avoir accompli ces déclarations ou ces formalités sont précisés par décret en Conseil d'État.

L'art. L. 133-5-3 est entré en vigueur le 1er janv. 2016.

Par dérogation à l'al. précédent, les dispositions de l'art. L. 133-5-3 dans leur rédaction issue de l'Ord. n° 2015-682 du 18 juin 2015 entrent en vigueur dans les conditions suivantes :

1° Elles s'appliquent à compter d'une date fixée par décret pour chacun des régimes mentionnés à l'art. L. 711-1, le cas échéant en distinguant plusieurs échéances selon la nature des données de la déclaration sociale nominative, et au plus tard le 1er janv. 2020 pour les employeurs dont les salariés relèvent de ces régimes ;

2° Jusqu'au 31 déc. 2016, les employeurs transmettent l'attestation délivrée lors de la rupture du contrat de travail et permettant d'exercer les droits aux prestations mentionnées à l'art. L. 5422-1 C. trav., soit au moyen d'une déclaration directe auprès de Pôle emploi, soit, dans les situations définies par décret, au moyen de la déclaration sociale nominative.

Pour l'accomplissement des missions mentionnées au deuxième al. du I de l'art. L. 133-5-3, les employeurs pour lesquels la déclaration mentionnée au même I n'a pas été mise en œuvre pendant la totalité des mois de l'année sont tenus d'adresser à un organisme désigné par décret, au plus tard à une date fixée par arrêté du ministre chargé de la sécurité sociale, une déclaration des données sociales faisant apparaître le montant des rémunérations versées à chacun de ses salariés ou assimilés.

Dans l'hypothèse mentionnée à l'al. précédent, les dispositions du IV de l'art. L. 133-5-4 dans leur rédaction issue de l'Ord. n° 2015-682 du 18 juin 2015 ainsi que celles des II et III du même art. dans leur rédaction antérieure à l'Ord. préc. sont applicables à cette déclaration (Ord. n° 2015-682 du 18 juin 2015, art. 13-III).

La déclaration des données sociales mentionnée au troisième al. de l'art. 13 de l'Ord. du 18 juin 2015 susvisée se rapportant aux rémunérations de l'année 2016 est adressée par les employeurs concernés à la Caisse nationale d'assurance vieillesse des travailleurs salariés selon un calendrier et une norme fixés par arrêté du ministre chargé de la sécurité sociale ou, le cas échéant, pour les personnes ne relevant pas du régime général de sécurité sociale, selon les modalités spécifiques prévues par le CGI pour la déclaration mentionnée à l'art. 87 de ce code.

Les mêmes modalités sont applicables aux rémunérations des années 2017, 2018, 2019 et 2020 pour les employeurs qui ne sont pas soumis aux dispositions sur la déclaration sociale nominative pour ces années ou pour lesquels une déclaration sociale nominative n'a pas été mise en œuvre pendant la totalité des mois de celles-ci.

Les dispositions du CSS relatives à la déclaration annuelle des données sociales dans leur rédaction antérieure au Décr. n° 2016-1567 du 21 nov. 2016 restent applicables aux employeurs mentionnés au présent V pour les années considérées.

En cas de cession de l'entreprise ou de cessation d'activité de l'entreprise ou de l'un de ses établissements, les employeurs mentionnés au présent V transmettent la déclaration annuelle des données sociales dans un délai de soixante jours à compter du premier jour suivant la date de cession de l'entreprise ou de cessation d'activité de l'entreprise ou de l'un de ses établissements définie dans les conditions prévues à l'art. R. 243-7 CSS dans sa rédaction issue du Décr. n° 2016-1567 du 21 nov. 2016 (Décr. préc., art. 8-V).

Une base des ressources commune aux organismes de sécurité sociale est créée le 1er janv. 2019 et utilisée par ces organismes jusqu'à une date fixée par décret, et au plus tard le 1er janv. 2020, pour l'attribution de prestations ou leur calcul, en fonction des ressources des assurés ou allocataires.

Cette base contient les données relatives aux ressources des personnes pouvant demander ou percevant l'une de ces prestations, issues des déclarations mentionnées à l'art. L. 133-5-3 et nécessaires pour la détermination des droits et le calcul de ces prestations.

Les personnels des organismes de sécurité sociale sont destinataires des seules données strictement nécessaires à l'exercice de leurs missions pour les allocataires relevant de leur champ de compétence, dans des conditions définies par décret en Conseil d'État.

Le numéro d'inscription au répertoire national d'identification des personnes physiques est l'identifiant utilisé. Les données sont opposables aux bénéficiaires des prestations pour la gestion desquelles la base de ressources mensuelles est utilisée. En cas d'erreur constatée par une personne sur les données issues de cette base, la rectification est opérée par la personne ayant assuré le versement et la déclaration des ressources concernées en application de l'art. L. 133-5-3.

Les personnes dont les données figurent dans la base susmentionnée en sont individuellement informées.

Les personnes demandant ou bénéficiant d'une prestation pour laquelle les données sur les ressources figurant dans la base prévue par les présentes dispositions sont utilisées ne peuvent faire valoir le droit d'opposition à ce traitement de données.

Ladite base est supprimée à une date fixée par décret, et au plus tard le 1er janv. 2020.

Au cours de l'année 2019, pour les revenus de l'année 2018, l'administration fiscale communique à la Caisse nationale des allocations familiales et à la Caisse centrale de la mutualité sociale agricole, selon les modalités prévues pour l'application de l'art. L. 152 LPF, les informations nominatives nécessaires pour déterminer, parmi les allocataires de ces caisses, ceux pouvant bénéficier des aides au logement (L. n° 2018-1203 du 22 déc. 2018, art. 78-V et VI).

Art. L. 133-5-4 I. à III. – *Abrogés par Ord. n° 2015-682 du 18 juin 2015, art. 10-1°, à compter du 1er févr. 2016.*

IV. — Le défaut de production *(Ord. n° 2015-682 du 18 juin 2015, art. 10-2°, en vigueur le 1er févr. 2016 ; L. n° 2018-1203 du 22 déc. 2018, art. 78-I, en vigueur le 1er janv. 2019)* **« des déclarations mentionnées à l'article L. 133-5-3 » dans les délais prescrits, l'omission de données devant y figurer ou l'inexactitude des données déclarées entraînent l'application d'une pénalité.**

Cette pénalité est fixée par décret en Conseil d'État dans la limite de 1,5 % du plafond mensuel de *[la]* **sécurité sociale en vigueur, arrondi à l'euro supérieur, au titre de chaque** *(L. n° 2018-1203 du 22 déc. 2018, art. 78-I, en vigueur le 1er janv. 2019)* **« personne pour laquelle » est constaté le défaut de déclaration, l'omission ou l'inexactitude.**

Elle est recouvrée et contrôlée par les organismes mentionnés aux articles L. 213-1 et L. 752-4 *(Ord. n° 2015-682 du 18 juin 2015, art. 10-3°, en vigueur le 1er févr. 2016)* **« du présent code ainsi que ceux mentionnés à l'article L. 721-1 du code rural et de la pêche maritime », selon les règles et sous les garanties et sanctions applicables au recouvrement des cotisations assises sur les rémunérations.**

V. Arr. du 6 mai 2014 fixant les données de la déclaration annuelle des données sociales adressées aux administrations et organismes compétents (JO 5 juin).

Art. L. 133-5-5 *(L. n° 2013-1203 du 23 déc. 2013, art. 27-II-A)* **I. — Tout employeur est tenu d'effectuer les déclarations pour le calcul de ses cotisations et contributions sociales et de procéder au versement de celles-ci par voie dématérialisée, dans des conditions fixées par décret. Les seuils au-delà desquels ces formalités s'imposent sont fixés par décret, en fonction du montant des cotisations et contributions sociales.**

II. — La méconnaissance de l'obligation de déclaration prévue au I entraîne l'application d'une majoration, fixée par décret, dans la limite de 0,2 % des sommes dont la déclaration a été effectuée par une autre voie que la voie dématérialisée. La méconnaissance de l'obligation de versement prévue au même I entraîne l'application d'une majoration, fixée par décret, dans la limite du montant des sommes dont le versement a été effectué selon un autre mode de paiement. Ces majorations sont versées auprès de l'organisme chargé du recouvrement des cotisations et contributions sociales dont l'employeur relève, selon les règles, garanties et sanctions applicables à ces cotisations et contributions.

SOUS-SECTION 2 DISPOSITIFS SIMPLIFIÉS DE DÉCLARATION ET DE RECOUVREMENT DE COTISATIONS ET DE CONTRIBUTIONS SOCIALES

(Ord. n° 2015-682 du 18 juin 2015, art. 1er-3°, en vigueur le 1er juill. 2015)

Art. L. 133-5-6 **Peuvent utiliser, à leur demande, un dispositif simplifié de déclaration et de recouvrement de cotisations et de contributions sociales** *(L. n° 2016-1917 du 29 déc. 2016, art. 60-I, en vigueur le 1er janv. 2019)* **« ainsi que de la retenue à la source prévue à l'article 204 A du code général des impôts » auprès de l'organisme mentionné à l'article L. 133-5-10 :**

1° Les entreprises, autres que celles mentionnées à l'article L. 7122-22 du code du travail ou dont les salariés relèvent du régime agricole *(Abrogé par L. n° 2018-1203 du 22 déc. 2018, art. 18-I)* **«** ***, qui emploient moins de vingt salariés*** **;**

2° ***« Lorsqu'elles emploient moins de vingt salariés, »*** **Les associations à but non lucratif et les fondations dotées de la personnalité morale, ainsi que** *(Abrogé par L. n° 2018-1203 du 22 déc. 2018, art. 18-1)* **«** ***, quel que soit le nombre de leurs salariés,*** **» les associations de financement électoral mentionnées à l'article L. 52-5 du code électoral, à l'exception des associations relevant du régime obligatoire de protection sociale des salariés agricoles ;**

3° Les particuliers *(L. n° 2017-1836 du 30 déc. 2017, art. 14-II, en vigueur le 1er janv. 2019)* **« mentionnés à l'article L. 7221-1 du code du travail » qui emploient des salariés** *(L. n° 2017-1836 du 30 déc. 2017, art. 14-II, en vigueur le 1er janv. 2019)* **« , à l'exception de ceux mentionnés au 4° du présent article » ;**

4° Les particuliers qui emploient des salariés exerçant une activité de garde d'enfants ;

5° Les employeurs agricoles mentionnés à l'article L. 712-2 du code rural et de la pêche maritime ;

6° Les particuliers qui ont recours à des stagiaires aides familiaux placés au pair ; – *Les dispositions du 6° de l'art. L. 133-5-6 sont entrées en vigueur le 1er janv. 2016 (Ord. n° 2015-682 du 18 juin 2015, art. 13-I).*

(L. n° 2015-1776 du 28 déc. 2015, art. 56-III-1°, en vigueur le 1er janv. 2016) « 7° Les particuliers accueillis par les accueillants familiaux mentionnés à l'article L. 441-1 du code de l'action sociale et des familles » ; – *Les dispositions issues de l'art. 56-III de la L. n° 2015-1776 du 28 déc. 2015 ne sont pas applicables à Mayotte (L. préc., art. 84-III-A).*

(L. n° 2017-1836 du 30 déc. 2017, art. 14-II, en vigueur le 1er janv. 2019) « 8° Les particuliers qui font appel pour leur usage personnel à d'autres particuliers pour effectuer de manière ponctuelle un service de conseil ou de formation en contrepartie d'une rémunération au sens de l'article L. 242-1 du présent code. Un décret précise la durée et les activités entrant dans le champ d'application du présent 8° ;

« 9° Les personnes dont l'activité consiste à mettre en relation un particulier avec un salarié, un stagiaire aide familial placé au pair, un accueillant familial ou une personne effectuant un service mentionné au 8°, lorsqu'elles sont mandatées par ce particulier pour effectuer tout ou partie des démarches mentionnées aux articles L. 133-5-7 et L. 133-5-8. »

Lorsqu'un employeur *(L. n° 2017-1836 du 30 déc. 2017, art. 14-II, en vigueur le 1er janv. 2019 ; L. n° 2018-1203 du 22 déc. 2018, art. 18-IV)* « mentionné aux 1° ou 2° » adhère à un dispositif simplifié, il l'utilise pour l'ensemble de ses salariés.

Les dispositions de l'art. 60-I de la L. n° 2016-1917 du 29 déc. 2016 s'appliquent aux revenus perçus ou réalisés à compter du 1er janv. 2019 (L. préc., art. 60-I-G-1, mod. par L. n° 2017-1775 du 28 déc. 2017, art. 11).

Art. L. 133-5-7 Dans le respect des dispositions propres à chaque dispositif, les dispositifs mentionnés à l'article L. 133-5-6 permettent aux *(L. n° 2017-1836 du 30 déc. 2017, art. 14-I, en vigueur le 1er janv. 2019)* « personnes les utilisant » de :

1° Déclarer et payer les cotisations et contributions sociales d'origine légale ou conventionnelle prévues par la loi, ainsi que, le cas échéant et dans des conditions fixées par convention, d'autres cotisations et contributions sociales ;

2° Satisfaire *(L. n° 2017-1836 du 30 déc. 2017, art. 14-I, en vigueur le 1er janv. 2019)* « , le cas échéant, » aux formalités obligatoires liées à l'embauche et à l'emploi de leurs salariés ;

(L. n° 2016-1917 du 29 déc. 2016, art. 60-I, en vigueur le 1er janv. 2019) « 3° Déclarer et reverser les montants donnant lieu à la retenue à la source prévue à l'article 204 A du code général des impôts ». – *Les dispositions de l'art. 60-I de la L. n° 2016-1917 du 29 déc. 2016 s'appliquent aux revenus perçus ou réalisés à compter du 1er janv. 2019 (L. préc., art. 60-I-G-1, mod. par L. n° 2017-1775 du 28 déc. 2017, art. 11).*

Art. L. 133-5-8 *(L. n° 2017-1836 du 30 déc. 2017, art. 14-I, en vigueur le 1er janv. 2019)* Toute personne utilisant un des dispositifs simplifiés mentionnés à l'article L. 133-5-6 est tenue de procéder par voie dématérialisée à son adhésion, à l'identification du salarié, du stagiaire aide familial placé au pair, de l'accueillant familial ou du particulier mentionné au 8° du même article L. 133-5-6 qui a effectué un service, à la déclaration des rémunérations dues ainsi qu'au paiement des cotisations et contributions sociales dues. *(L. n° 2018-1203 du 22 déc. 2018, art. 18-IV)* « Le non-respect de l'obligation de procéder par voie dématérialisée à ces différentes formalités entraîne l'application de la sanction prévue en cas de défaut de production de la déclaration sociale nominative dans le décret pris en application de l'article L. 133-5-4. Toutefois, peuvent procéder aux formalités du présent article sur des supports papier les particuliers mentionnés à l'article L. 133-5-6 qui, en application de l'article 1649 *quater* B *quinquies* du code général des impôts, ne sont pas tenus d'effectuer par voie dématérialisée la déclaration prévue à l'article 170 du même code.

« Toute » personne est tenue de procéder, au plus tard à une date fixée par décret, à la déclaration des rémunérations dues au titre de chaque mois au cours duquel une activité a été effectuée par une des personnes mentionnées au premier alinéa du présent article.

L'employeur ou le particulier ayant recours à ces dispositifs et son salarié, son stagiaire aide familial placé au pair, son accueillant familial ou le particulier qui effectue un service mentionné au 8° de l'article L. 133-5-6 reçoivent, le cas échéant et chacun

pour ce qui les concerne, par voie dématérialisée, un décompte des cotisations et contributions, une attestation fiscale et le bulletin de paie mentionné à l'article L. 3243-2 du code du travail ou, à destination des accueillants familiaux mentionnés au 7° de l'article L. 133-5-6 du présent code, le relevé mensuel des rémunérations et indemnités prévues aux 1° à 4° de l'article L. 442-1 du code de l'action sociale et des familles. La délivrance du bulletin de paie par l'organisme de recouvrement au salarié se substitue à sa remise par l'employeur prévue à l'article L. 3243-2 du code du travail. Les modalités de ces transmissions sont fixées par décret.

(Abrogé par L. n° 2018-1203 du 22 déc. 2018, art. 18-IV) ***« Par dérogation au présent article, lorsqu'elles ne sont pas en capacité de procéder à ces déclarations et formalités par voie dématérialisée, les personnes mentionnées aux 3°, 5°, 6° et 7° de l'article L. 133-5-6 peuvent, après en avoir fait la demande auprès de l'organisme mentionné à l'article L. 133-5-10, y procéder sur des supports papier et recevoir les documents mentionnés au troisième alinéa du présent article sur papier également. »***

Art. L. 133-5-9 **L'organisme mentionné à l'article L. 133-5-10 est chargé, pour le compte des employeurs ayant recours aux dispositifs simplifiés prévus à l'article L. 133-5-6, d'établir les formalités et déclarations auxquelles la déclaration sociale nominative mentionnée à l'article L. 133-5-3 se substitue.**

Art. L. 133-5-10 *(Ord. n° 2015-682 du 18 juin 2015, art. 1er-3°, en vigueur le 1er juill. 2015)* **Les cotisations** *(L. n° 2016-1917 du 29 déc. 2016, art. 60-I, en vigueur le 1er janv. 2019)* **« , les contributions et la retenue à la source » dues par les employeurs** *(L. n° 2017-1836 du 30 déc. 2017, art. 14-I, en vigueur le 1er janv. 2019)* **« ou par les particuliers » utilisant les dispositifs mentionnés à l'article L. 133-5-6 sont recouvrées et contrôlées par un** *(L. n° 2018-1203 du 22 déc. 2018, art. 18-I)* **« ou plusieurs organismes désignés » par arrêté du ministre chargé de la sécurité sociale ou, pour les employeurs agricoles, par les caisses de mutualité sociale agricole dont ils relèvent, selon les règles et sous les garanties et sanctions applicables au recouvrement des cotisations de sécurité sociale assises sur les salaires.** — *Les dispositions de l'art. 60-I de la L. n° 2016-1917 du 29 déc. 2016 s'appliquent aux revenus perçus ou réalisés à compter du 1er janv. 2019 (L. préc., art. 60-I-G-1, mod. par L. n° 2017-1775 du 28 déc. 2017, art. 11).*

Un bilan des contrôles effectués auprès des personnes optant pour ces dispositifs ainsi que pour le service mentionné à l'article L. 133-5-1 est réalisé annuellement par les organismes de sécurité sociale et transmis à leur tutelle.

(L. n° 2017-1836 du 30 déc. 2017, art. 14-I, en vigueur le 1er janv. 2019) **« Les particuliers qui effectuent de manière ponctuelle un service à d'autres particuliers au titre du 8° de l'article L. 133-5-6 sont informés par l'organisme mentionné au premier alinéa du présent article qu'ils peuvent être tenus, le cas échéant, d'effectuer d'autres formalités de nature fiscale, sociale ou économique auprès d'autres administrations ou organismes, pour exercer leur activité dans les conditions prévues par la législation en vigueur. »**

Art. L. 133-5-11 *(L. n° 2016-1917 du 29 déc. 2016, art. 60-I, en vigueur le 1er janv. 2019)* **Les modalités de transmission des déclarations aux régimes et à l'administration fiscale pour le compte desquels sont recouvrées les cotisations, les contributions et la retenue à la source mentionnées à l'article L. 133-5-10 ainsi que les modalités des versements correspondants font l'objet de conventions entre les organismes gérant ces régimes ainsi que d'une convention avec l'administration fiscale.** — *Les dispositions de l'art. 60-I de la L. n° 2016-1917 du 29 déc. 2016 s'appliquent aux revenus perçus ou réalisés à compter du 1er janv. 2019 (L. préc., art. 60-I-G-1, mod. par L. n° 2017-1775 du 28 déc. 2017, art. 11).*

Art. L. 133-5-12 *(L. n° 2016-1827 du 23 déc. 2016, art. 42-I)* **Par dérogation à l'article L. 3241-1 du code du travail, sous réserve** *(Abrogé par L. n° 2018-1203 du 22 déc. 2018, art. 18-III)* ***« de la communication à l'organisme mentionné à l'article L. 133-5-10 du présent code »*** **de l'accord écrit et préalable du salarié, tout employeur ou toute personne ayant recours au dispositif mentionné aux 3°, 4° et 6° de l'article L. 133-5-6 peut procéder au versement des rémunérations dues au titre de l'emploi de ce salarié par voie dématérialisée, par l'intermédiaire de l'organisme mentionné à l'article L. 133-5-10.**

Dans ce cas, la retenue à la source de l'impôt sur le revenu du salarié prévue au 1° du 2 de l'article 204 A du code général des impôts est effectuée par l'intermédiaire de l'organisme mentionné à l'article L. 133-5-10 du présent code dans les conditions prévues au 3 de l'article 1671 du code général des impôts.

L'organisme procède au prélèvement des sommes effectivement dues par l'employeur après la transmission de la déclaration mentionnée au premier alinéa de l'article L. 133-5-8 du présent code et *(L. n° 2018-1203 du 22 déc. 2018, art. 18-III)* « verse » au salarié la rémunération due dans des délais fixés par décret. Le salarié est informé par l'organisme mentionné à l'article L. 133-5-10 de la transmission par son employeur de la déclaration mentionnée au deuxième alinéa de l'article L. 133-5-8.

L'employeur qui recourt au dispositif prévu au premier alinéa du présent article est réputé satisfaire à l'obligation de paiement du salaire lorsqu'il a mis à disposition de l'organisme mentionné à l'article L. 133-5-10 la somme correspondante à la rémunération due au salarié. *(L. n° 2018-1203 du 22 déc. 2018, art. 18-III)* « En cas de défaut de paiement par l'employeur des sommes mentionnées au troisième alinéa, celui-ci est exclu de la possibilité d'utiliser ce dispositif, dans des conditions fixées par décret. Dans ce cas, la créance de la rémunération due au salarié est transférée à l'organisme mentionné à l'article L. 133-5-10 qui recouvre les sommes dues selon les règles et sous les garanties et sanctions applicables au recouvrement des cotisations de sécurité sociale assises sur les salaires. »

Le montant du prélèvement mentionné au troisième alinéa du présent article tient compte, le cas échéant :

1° Des articles L. 531-8 et L. 531-8-1 ;

2° Des sommes que l'employeur décide d'acquitter sur la base du 1° du B de l'article L. 1271-1 du code du travail, si une convention entre l'organisme mentionné à l'article L. 133-5-10 du présent code et l'organisme ou l'établissement habilité mentionné à l'article L. 1271-10 du code du travail ayant émis le titre spécial de paiement mentionné au B de l'article L. 1271-1 du même code prévoit les modalités de transmission des informations nécessaires à une telle opération ;

3° Du montant des cotisations et contributions sociales prises en charge en application de l'article L. 133-8-3 du présent code ;

4° De toute aide dont dispose l'employeur pour l'emploi de son salarié, si une convention entre l'organisme mentionné à l'article L. 133-5-10 et la personne ayant accordé cette aide prévoit les modalités de transmission des informations nécessaires à une telle opération.

Les dispositions de l'art. 42-I de la L. n° 2016-1827 du 23 déc. 2016 s'appliquent aux rémunérations dues au titre des périodes courant à compter du 1er janv. 2019 (L. préc., art. 42-III, mod. par L. n° 2017-1836 du 30 déc. 2017, art. 36-III).

SECTION II *[ABROGÉE]* INTERLOCUTEUR SOCIAL UNIQUE POUR LES INDÉPENDANTS

(Ord. n° 2005-1529 du 8 déc. 2005) (Abrogée par L. n° 2016-1827 du 23 déc. 2016, art. 16-V, à compter du 1er janv. 2017)

BIBL. ▶ Barthélemy, Les régimes des travailleurs indépendants, *Dr. soc. 2009. 343*. – Morvan, L'avènement du RSI, Ordonnances n° 2005-1528 et n° 2005-1529, *JCP S 2006, n° 1152*. – Postel-Vinay, La création du régime social des indépendants (RSI) : un essai à transformer ?, *Dr. soc. 2007. 207*. – Prétot, Les cotisations de sécurité sociale des travailleurs indépendants, *RJS mai 2016*. – Tauran, Le régime social des indépendants et l'interlocuteur social unique, *RDSS 2006. 302* ; La protection sociale des indépendants à la lumière de la jurisprudence récente, *RDSS 2006. 869*.

Art. L. 133-6 *Les personnes exerçant les professions artisanales, industrielles et commerciales disposent d'un interlocuteur social unique pour le recouvrement des cotisations et contributions sociales, dont elles sont redevables à titre personnel, mentionnées aux articles L. 131-6, L. 136-3, L. 612-13, L. 635-1 et L. 635-5 du présent code, à l'article L. 953-1* [L. 6312-2 et L. 6331-48 s. nouv.] *du code du travail et à l'article 14 de l'ordonnance n° 96-50 du 24 janvier 1996 relative au remboursement de la dette sociale.*

Les caisses de base du régime social des indépendants créé par le titre Ier du livre VI exercent cette mission de l'interlocuteur social unique.

Art. L. 133-6-1 *Le régime social des indépendants affilie les personnes exerçant les professions artisanales, industrielles et commerciales redevables des cotisations et contributions sociales mentionnées à l'article L. 133-6. Il affilie également les membres des professions libérales au titre de la branche maladie et maternité du régime.*

Art. L. 133-6-2 (L. n° 2011-1906 du 21 déc. 2011, art. 37-V) *« I. — Les travailleurs indépendants relevant du régime social des indépendants souscrivent une déclaration pour le calcul de leurs cotisations et contributions sociales. Le régime social des indépendants peut déléguer par convention tout ou partie de la collecte et du traitement de ces déclarations aux organismes de recouvrement mentionnés aux articles L. 213-1 et L. 752-4 et, pour les travailleurs indépendants relevant du c du 1° de l'article L. 613-1, aux organismes conventionnés mentionnés à l'article L. 611-20. »*

(Abrogé par L. n° 2013-1203 du 23 déc. 2013, art. 26-I-2°) *« Lorsque la déclaration prévue au premier alinéa du présent I est réalisée par voie dématérialisée, le travailleur indépendant peut demander simultanément que la régularisation mentionnée à l'article L. 131-6-2 soit effectuée sans délai. Un décret fixe les conditions dans lesquelles cette régularisation est effectuée ainsi que le montant forfaitaire servi à titre d'intérêt au travailleur indépendant qui choisit de régler immédiatement les sommes dues. »* — Les dispositions issues de la L. n° 2013-1203 du 23 déc. 2013 s'appliquent aux cotisations et contributions sociales dues au titre des périodes courant à compter du 1er janv. 2015 (L. préc., art. 26-II-A).

(L. n° 2008-776 du 4 août 2008, art. 1er-I) *« II. — Lorsque les données relèvent de l'article L. 642-1, les organismes mentionnés aux articles L. 213-1 et L. 752-4 les transmettent aux organismes mentionnés à l'article L. 641-1.*

« Lorsque les données concernent la cotisation due par les travailleurs indépendants mentionnés au c du 1° de l'article L. 613-1, les organismes mentionnés aux articles L. 213-1 et L. 752-4 les transmettent aux organismes mentionnés à l'article L. 611-3. »

Art. L. 133-6-3 *Le régime social des indépendants délègue aux organismes mentionnés aux articles L. 213-1 et L. 752-4, qui les exercent pour son compte et sous son appellation, les fonctions suivantes :*

1° Le calcul et l'encaissement des cotisations et contributions sociales mentionnées à l'article L. 133-6 dont sont redevables les personnes exerçant les professions artisanales, industrielles et commerciales. Les organismes mentionnés aux articles L. 213-1 et L. 752-4 transmettent le montant des cotisations et contributions sociales encaissées à l'organisme mentionné à l'article L. 225-1, qui transfère à la Caisse nationale du régime social des indépendants le produit des cotisations lui revenant ;

2° La participation à l'accueil et à l'information des personnes exerçant les professions artisanales, industrielles et commerciales, dans le cadre d'une convention type signée avec les caisses de base du régime social des indépendants.

Art. L. 133-6-4 *I. — Le régime social des indépendants définit les orientations du recouvrement amiable et contentieux des cotisations et contributions mentionnées à l'article L. 133-6 dont sont redevables les personnes exerçant les professions artisanales, industrielles et commerciales.*

(L. n° 2012-387 du 22 mars 2012, art. 36-I) *« Le régime social des indépendants assure le recouvrement amiable des cotisations et contributions mentionnées à l'article L. 133-6 dont sont redevables les personnes exerçant les professions artisanales, industrielles et commerciales. » Il* (L. n° 2012-387 du 22 mars 2012, art. 36-I) *« peut déléguer », dans des conditions fixées par décret en Conseil d'État, aux organismes mentionnés aux articles L. 213-1 et L. 752-4, qui agissent pour son compte et sous son appellation, tout ou partie du recouvrement amiable des cotisations et contributions sociales* (Abrogé par L. n° 2012-387 du 22 mars 2012, art. 36-I) *« , jusqu'au trentième jour suivant la date d'échéance ou la date limite de paiement lorsqu'elle est distincte. Il assure la poursuite du recouvrement amiable au-delà de ce trentième jour ».*

Le régime social des indépendants assure le recouvrement contentieux des cotisations et contributions mentionnées à l'article L. 133-6 dont sont redevables les personnes exerçant les professions artisanales, industrielles et commerciales, conformément aux dispositions du chapitre IV du titre IV du livre II.

II. — A défaut d'encaissement à la date d'échéance ou à la date limite de paiement lorsque celle-ci est distincte, la mise en demeure prévue à l'article L. 244-2 invitant le cotisant à régulariser sa situation est transmise par la caisse du régime social des indépendants chargée du contentieux.

En l'absence de régularisation et sauf réclamation introduite devant la commission de recours amiable de la caisse de base du régime social des indépendants, la caisse chargée du contentieux adresse la contrainte mentionnée à l'article L. 244-9.

III. — En cas de recouvrement partiel des cotisations et contributions sociales du régime social des indépendants, les contributions mentionnées aux articles L. 136-3 et 14 de l'ordonnance n° 96-50 du 24 janvier 1996 relative au remboursement de la dette sociale sont prélevées par priorité et dans des proportions identiques sur les sommes recouvrées. Le solde éventuel est affecté aux cotisations selon un ordre fixé par décret.

Art. L. 133-6-5 *Le régime social des indépendants définit les orientations en matière de contrôle.*

Le contrôle de la législation sociale applicable au recouvrement des cotisations et des contributions des personnes exerçant les professions artisanales, industrielles et commerciales est délégué, par dérogation à l'article L. 611-16, aux organismes mentionnés aux articles L. 213-1 et L. 752-4 et s'exerce dans les conditions prévues à la section IV du chapitre III du titre IV du livre II.

Art. L. 133-6-6 *Il est créé auprès de la Caisse nationale du régime social des indépendants un Fonds national d'action sociale destiné à financer des actions pour venir en aide aux travailleurs indépendants appartenant aux groupes professionnels mentionnés aux 1°, 2° et 3° de l'article L. 621-3, éprouvant des difficultés pour régler les cotisations et contributions sociales dues auprès de ce régime.*

Ce fonds est administré par une commission d'action sociale composée de représentants du conseil d'administration mentionné à l'article L. 611-5 et désignés en son sein.

Un décret en Conseil d'État fixe le taux du prélèvement à opérer sur les ressources de chaque régime pour alimenter le fonds, les modalités de répartition des ressources de ce fonds entre les caisses de base du régime social des indépendants ainsi que les modalités d'organisation et de fonctionnement de la commission d'action sociale.

SECTION II *BIS [ABROGÉE]* MODERNISATION ET SIMPLIFICATION DES FORMALITÉS AU REGARD DES TRAVAILLEURS INDÉPENDANTS

(Abrogée par L. n° 2017-1836 du 30 déc. 2017, art. 15-XV, à compter du 1er janv. 2018)

Sur les dispositions transitoires de l'art. 15 de la L. n° 2017-1836 du 30 déc. 2017, V. ss. le livre VI « Dispositions applicables aux travailleurs indépendants ».

Art. L. 133-6-7 *Devient l'art. L. 613-3 (L. n° 2017-1836 du 30 déc. 2017, art. 15-II, en vigueur le 1er janv. 2018).*

Art. L. 133-6-7-1 *Devient l'art. L. 613-4 (L. n° 2017-1836 du 30 déc. 2017, art. 15-II, en vigueur le 1er janv. 2018).*

Art. L. 133-6-7-2 *Devient l'art. L. 613-5 (L. n° 2017-1836 du 30 déc. 2017, art. 15-II, en vigueur le 1er janv. 2018).*

Art. L. 133-6-7-3 *Devient l'art. L. 613-6 (L. n° 2017-1836 du 30 déc. 2017, art. 15-II, en vigueur le 1er janv. 2018).*

SECTION II *TER [TRANSFÉRÉE]* RÈGLEMENT SIMPLIFIÉ DES COTISATIONS ET CONTRIBUTIONS DES TRAVAILLEURS INDÉPENDANTS — RÉGIME MICRO-SOCIAL

(L. n° 2008-776 du 4 août 2008, art. 1er-I)

La présente sect. II ter devient la sect. III du chap. III du titre Ier du livre VI (Ord. n° 2018-470 du 12 juin 2018, art. 1er).

Art. L. 133-6-8 *Devient l'art. L. 613-7 (Ord. n° 2018-470 du 12 juin 2018, art. 1er).*

Art. L. 133-6-8-1 *Devient l'art. L. 613-8 (Ord. n° 2018-470 du 12 juin 2018, art. 1er).*

Art. L. 133-6-8-2 (Abrogé par L. n° 2014-626 du 18 juin 2014, art. 24-I-3°) (L. n° 2009-1646 du 24 déc. 2009, art. 71-I) *Sans préjudice des droits aux prestations des* *assurances maladie, maternité et invalidité-décès, les bénéficiaires du régime prévu à l'article L. 133-6-8 qui déclarent, au titre d'une année civile, un montant de chiffre d'affaires ou de revenus non commerciaux correspondant, compte tenu des taux d'abattement définis aux articles 50-0 et 102 ter du code général des impôts, à un revenu inférieur à un montant minimal fixé par décret n'entrent pas dans le champ de la compensation assurée par l'État aux organismes de sécurité sociale dans le cadre dudit régime.*

Art. L. 133-6-8-3 *Devient l'art. L. 613-9 (Ord. n° 2018-470 du 12 juin 2018, art. 1er).*

Art. L. 133-6-8-4 *Devient l'art. L. 613-10 (Ord. n° 2018-470 du 12 juin 2018, art. 1er).*

SECTION II *QUATER [ABROGÉE]* DROITS DES COTISANTS *(Abrogée par L. n° 2017-1836 du 30 déc. 2017, art. 15-XV, à compter du 1er janv. 2018).*

(L. n° 2008-776 du 4 août 2008, art. 5-I, en vigueur le 1er juill. 2009)

Sur les dispositions transitoires de l'art. 15 de la L. n° 2017-1836 du 30 déc. 2017, V. ss. le livre VI « Dispositions applicables aux travailleurs indépendants ».

Art. L. 133-6-9 (Abrogé par L. n° 2017-1836 du 30 déc. 2017, art. 15-XV, à compter du 1er janv. 2018) (Ord. n° 2015-1628 du 10 déc. 2015, art. 4-1°) *« I. — Les organismes du régime social des indépendants se prononcent »* *de manière explicite sur toute demande d'un cotisant ou futur cotisant relevant de ce régime en application de l'article L. 611-1, ayant pour objet de connaître l'application à sa situation de la législation relative aux conditions d'affiliation au régime social des indépendants.*

(L. n° 2016-1827 du 23 déc. 2016, art. 16-I) *« Ils sont également compétents pour se prononcer avec les organismes mentionnés aux articles L. 213-1 et L. 752-4 sur les demandes des personnes mentionnées au premier alinéa du présent article, relatives à l'application à leur situation de la législation relative aux exonérations de cotisations de sécurité sociale dues à titre personnel. »*

(Ord. n° 2015-1628 du 10 déc. 2015, art. 4-1°) *« II. — La décision explicite intervient dans un délai fixé par décret en Conseil d'État. Ce décret peut également prévoir les modalités suivant lesquelles certaines demandes qu'il détermine peuvent faire l'objet de décisions d'acceptation tacite.*

« Lorsqu'à l'issue du délai imparti l'organisme de recouvrement n'a pas notifié au demandeur sa décision, il ne peut être procédé à un redressement de cotisations ou contributions sociales, fondé sur la législation au regard de laquelle devait être appréciée la situation de fait exposée dans la demande, au titre de la période comprise entre la date à laquelle le délai a expiré et la date de la notification de la réponse explicite.

« La décision ne s'applique qu'au seul demandeur et est opposable pour l'avenir à l'organisme qui l'a prononcée, tant que la situation de fait exposée dans la demande ou la législation au regard de laquelle la situation du demandeur a été appréciée n'ont pas été modifiées.

« Un cotisant affilié auprès d'un nouvel organisme peut se prévaloir d'une décision explicite prise par l'organisme dont il relevait précédemment tant que la situation de fait exposée dans sa demande ou la législation au regard de laquelle sa situation a été appréciée n'ont pas été modifiées. »

Un rapport est réalisé chaque année sur les principales questions posées et les réponses apportées, dans des conditions fixées par décret en Conseil d'État.

(Ord. n° 2015-1628 du 10 déc. 2015, art. 4-1°) *« III. — La demande du cotisant ne peut être formulée lorsqu'un contrôle a été engagé en application de l'article* (L. n° 2016-1827 du 23 déc. 2016, art. 16-I) *« L. 133-1-3 » ou lorsqu'un contentieux en rapport avec cette demande est en cours. »*

(L. n° 2016-1827 du 23 déc. 2016, art. 16-I) *« IV. — Lorsque les organismes mentionnés aux articles L. 213-1, L. 611-8 et L. 752-4 entendent modifier pour l'avenir leur décision, ils en informent le cotisant.*

« Ce dernier peut solliciter, sans préjudice des autres recours, l'intervention de l'organisme mentionné à l'article L. 611-4 dans les matières relevant de l'affiliation au régime social des indépendants et l'intervention des organismes mentionnés aux articles L. 225-1 et L. 611-4 dans les matières relevant des exonérations de cotisations sociales. Ces organismes transmettent leur position quant à l'interprétation à retenir aux organismes mentionnés au premier alinéa du présent IV, qui la notifient au demandeur dans un délai d'un mois, de manière motivée, en indiquant les possibilités de recours. »

Art. L. 133-6-10 *Devient l'art. L. 643-1 A (L. n° 2017-1836 du 30 déc. 2017, art. 15-II, en vigueur le 1er janv. 2018).*

Art. L. 133-6-11 (Abrogé par L. n° 2017-1836 du 30 déc. 2017, art. 15-XV, à compter du 1er janv. 2018) (L. n° 2016-1827 du 23 déc. 2016, art. 21-I) ***Toute démarche réalisée en application de la présente section peut être effectuée par un tiers pour le compte d'un cotisant ou d'un futur cotisant.***

SECTION III RECOUVREMENT DES COTISATIONS ET CONTRIBUTIONS SOCIALES DUES PAR LES PARTICULIERS EMPLOYEURS

(Ord. n° 2003-1213 du 18 déc. 2003, art. 6-I)

Art. L. 133-7 *(L. n° 2012-1404 du 17 déc. 2012, art. 14-I)* **« L'ensemble des cotisations et contributions sociales dues au titre des rémunérations versées aux salariés mentionnés à l'article L. 7221-1 du code du travail et aux personnes mentionnées aux 2° et 3° de l'article L. 722-20 du code rural et de la pêche maritime sont recouvrées sous les garanties et sanctions applicables, respectivement, au recouvrement des cotisations du régime général de sécurité sociale assises sur les salaires et au recouvrement des cotisations du régime de protection sociale des salariés des professions agricoles assises sur les salaires. »**

(Abrogé par L. n° 2010-1657 du 29 déc. 2010, art. 200-I-2°) ***« Le bénéfice de l'abattement prévu à ce 2° n'est cumulable ni avec celui d'une autre exonération totale ou partielle de cotisations patronales, ni avec l'application de taux ou d'assiettes spécifiques ou de montants forfaitaires de cotisations. »***

Des conventions fixent les conditions dans lesquelles les institutions mentionnées au livre IX *(Abrogé par L. n° 2012-1404 du 17 déc. 2012, art. 14-I)* ***« et à l'article L. 351-21 du code du travail »*** **délèguent le recouvrement** *(L. n° 2012-1404 du 17 déc. 2012, art. 14-I)* **« des cotisations d'origine légale ou conventionnelle qui leur sont dues » aux organismes de recouvrement du régime général et, pour les salariés relevant du régime agricole, aux caisses de mutualité sociale agricole.**

(Abrogé par L. n° 2012-1404 du 17 déc. 2012, art. 14-I) ***« Le recouvrement par voie amiable et contentieuse de ces cotisations et contributions sociales est assuré pour le compte de l'ensemble des organismes intéressés :***

« 1° Pour les salariés relevant du régime général, par les organismes mentionnés aux articles L. 213-1 et L. 752-4, sous les garanties et sanctions applicables au recouvrement des cotisations du régime général de sécurité sociale assises sur les salaires ;

« 2° Pour les salariés relevant du régime agricole, par les caisses de mutualité sociale agricole, sous les garanties et sanctions applicables au recouvrement des cotisations de ce régime assises sur les salaires. »

Les dispositions issues de la L. n° 2012-1404 du 17 déc. 2012 s'appliquent aux modalités de calcul des cotisations et contributions sociales dues au titre des rémunérations versées à compter du 1er janv. 2013 (L. préc., art. 14-IV).

SECTION IV MODERNISATION ET SIMPLIFICATION DES FORMALITÉS POUR LES PARTICULIERS EMPLOYEURS

(Ord. n° 2007-329 du 12 mars 2007, art. 9)

SOUS-SECTION 1 CHÈQUE EMPLOI-SERVICE UNIVERSEL

BIBL. ▶ Bousez, Le chèque-emploi pour les très petites entreprises (Ord. du 2 août 2005), *JCP S 2005. 1170*. – Kerbouc'h, Le développement des services à la personne, *JCP S 2005. 1254*. – A. Lyon-Caen, Le chèque-service, *Dr. soc. 1994. 109*. – Riquoir, Le développement des services à la personne, *LPA 2005. 13*. – Verkindt, Le chèque emploi-service universel, *RDSS 2006. 37*.

Art. L. 133-8 à L. 133-8-2 *Abrogés par Ord. n° 2015-682 du 18 juin 2015, art. 8, à compter du 1er juill. 2015.*

Art. L. 133-8-3 *(L. n° 2011-1906 du 21 déc. 2011, art. 40-I-2°)* **Lorsque l'employeur bénéficie d'une prise en charge des cotisations et contributions sociales en tant que bénéficiaire de l'allocation prévue à l'article L. 232-1 du code de l'action sociale et des familles ou de celle prévue à l'article L. 245-1 du même code et que cette allocation**

est versée sous forme de chèque emploi-service universel préfinancé, le montant de cette prise en charge est déterminé par l'organisme de recouvrement mentionné à l'article *(L. n° 2016-1827 du 23 déc. 2016, art. 42-I)* « L. 133-5-10 » du présent code au vu des éléments déclarés par l'employeur, dans la limite des montants prévus par le plan d'aide ou le plan personnalisé de compensation. Les modalités de versement des cotisations et contributions correspondantes, directement auprès de cet organisme, par le département qui sert l'allocation pour le compte de l'employeur et, le cas échéant, par ce dernier pour la part qui demeure à sa charge sont prévues par décret.

Les dispositions de l'art. 42-I de la L. n° 2016-1827 du 23 déc. 2016 s'appliquent aux rémunérations dues au titre des périodes courant à compter du 1er janv. 2019 (L. préc., art. 42-III, mod. par L. n° 2017-1836 du 30 déc. 2017, art. 36-III).

SOUS-SECTION 2 CHÈQUE-EMPLOI ASSOCIATIF

BIBL. ▶ TAQUET, Le chèque-emploi associatif. Loi n° 2003-442 du 19 mai 2003, *JCP 2003. I. 384.*

Art. L. 133-8-4 *Abrogé par Ord. n° 2015-682 du 18 juin 2015, art. 8, à compter du 1er juill. 2015.*

SECTION V GUICHET UNIQUE POUR LE SPECTACLE VIVANT

(Ord. n° 2007-329 du 12 mars 2007, art. 9)

Art. L. 133-9 Les groupements d'artistes et les personnes physiques ou morales, publiques ou privées, mentionnés à l'article L. 7122-22 du code du travail, lorsqu'ils exercent l'activité d'entrepreneur de spectacles vivants, procèdent auprès d'un organisme habilité par l'État au versement de l'ensemble des cotisations et contributions sociales, d'origine légale ou conventionnelle, prévues par la loi, *(L. n° 2016-1917 du 29 déc. 2016, art. 60-I, en vigueur le 1er janv. 2019)* « de la retenue à la source prévue à l'article 204 A du code général des impôts, » *(Ord. n° 2015-682 du 18 juin 2015, art. 5-1°, en vigueur le 1er juill. 2015)* « ainsi que, le cas échéant et dans des conditions fixées par convention, d'autres cotisations et contributions sociales, » et se rapportant uniquement à leur activité de spectacle. — *Les dispositions de l'art. 60-I de la L. n° 2016-1917 du 29 déc. 2016 s'appliquent aux revenus perçus ou réalisés à compter du 1er janv. 2019 (L. préc., art. 60-I-G-1, mod. par L. n° 2017-1775 du 28 déc. 2017, art. 11).*

Art. L. 133-9-1 L'organisme habilité par l'État mentionné à l'article L. 133-9 recouvre les cotisations *(L. n° 2016-1917 du 29 déc. 2016, art. 60-I, en vigueur le 1er janv. 2019)* « , les contributions et la retenue à la source » pour le compte des administrations et organismes devant conclure l'une des conventions mentionnées à l'alinéa suivant.

Des conventions homologuées par l'État définissent les relations entre l'organisme habilité et les administrations ou organismes destinataires des déclarations ou au nom desquelles les cotisations *(L. n° 2016-1917 du 29 déc. 2016, art. 60-I, en vigueur le 1er janv. 2019)* « , les contributions et la retenue à la source » mentionnées à l'article L. 133-9 sont recouvrées. En l'absence de convention, ces modalités sont fixées par voie réglementaire.

Les dispositions de l'art. 60-I de la L. n° 2016-1917 du 29 déc. 2016 s'appliquent aux revenus perçus ou réalisés à compter du 1er janv. 2019 (L. préc., art. 60-I-G-1, mod. par L. n° 2017-1775 du 28 déc. 2017, art. 11).

Art. L. 133-9-2 Les cotisations *(L. n° 2016-1917 du 29 déc. 2016, art. 60-I, en vigueur le 1er janv. 2019)* « , les contributions et la retenue à la source » mentionnées à l'article L. 133-9 sont recouvrées selon les règles et sous les garanties et sanctions applicables au recouvrement des contributions mentionnées aux articles L. 5422-9 et suivants du code du travail.

Toutefois :

1° Le versement des cotisations *(L. n° 2016-1917 du 29 déc. 2016, art. 60-I, en vigueur le 1er janv. 2019)* « , des contributions et de la retenue à la source » est exigible au plus tard le quinzième jour suivant le terme du contrat de travail ;

2° Il est appliqué une majoration de retard de 6 % du montant des cotisations *(L. n° 2016-1917 du 29 déc. 2016, art. 60-I, en vigueur le 1er janv. 2019)* « , des contributions et de la retenue à la source » qui n'ont pas été versées à la date d'exigibilité. Cette majoration est augmentée de 1 % du montant des cotisations *(L. n° 2016-1917 du 29 déc. 2016, art. 60-I, en vigueur le 1er janv. 2019)* « , des contributions et de la retenue à la source » dues par mois ou fraction de mois écoulé, après l'expiration d'un délai de trois mois à compter de la date limite d'exigibilité des cotisations *(L. n° 2016-1917 du 29 déc. 2016, art. 60-I, en vigueur le 1er janv. 2019)* « , des contributions et de la retenue à la source ».

Les employeurs mentionnés à l'article L. 133-9 peuvent présenter auprès du directeur de l'organisme habilité une demande gracieuse de réduction, totale ou partielle, des majorations prévues ci-dessus ;

3° Si la mise en demeure de régulariser la situation dans un délai de quinze jours reste sans effet, le directeur de l'organisme habilité peut délivrer une contrainte notifiée au débiteur par lettre recommandée avec accusé de réception. A défaut d'opposition du débiteur devant le *(Ord. n° 2018-358 du 16 mai 2018, art. 1er, en vigueur le 1er janv. 2019)* « tribunal de grande instance spécialement désigné en application de l'article L. 211-16 du code de l'organisation judiciaire » compétent, la contrainte comporte tous les effets d'un jugement et confère notamment le bénéfice de l'hypothèque judiciaire ;

4° Les sûretés applicables sont celles prévues par les articles L. 243-4 et L. 243-5.

Les dispositions de l'art. 60-I de la L. n° 2016-1917 du 29 déc. 2016 s'appliquent aux revenus perçus ou réalisés à compter du 1er janv. 2019 (L. préc., art. 60-I-G-1, mod. par L. n° 2017-1775 du 28 déc. 2017, art. 11).

Art. L. 133-9-3 Sans préjudice des missions et pouvoirs des agents des administrations et des organismes parties aux conventions prévues à l'article L. 133-9-1 du présent code et de ceux des fonctionnaires et agents mentionnés à l'article *(L. n° 2011-672 du 16 juin 2011, art. 84-V)* « L. 8271-1-2 » du code du travail, les organismes chargés du recouvrement des cotisations du régime général de sécurité sociale sont habilités, dans les conditions définies à la section IV du chapitre III du titre IV du livre II du présent code, à contrôler l'application par les employeurs des dispositions des articles L. 7122-22 à L. 7122-27 du code du travail et des articles L. 133-9 à L. 133-9-2 pour le compte de l'organisme habilité par l'État.

A ce titre, ils sont habilités à communiquer aux fonctionnaires et agents de contrôle mentionnés à l'article *(L. n° 2011-672 du 16 juin 2011, art. 84-V)* « L. 8271-1-2 » du code du travail et à recevoir de ces derniers tous renseignements et tous documents nécessaires à la lutte contre le travail dissimulé.

Art. L. 133-9-4 Les litiges résultant de l'application des dispositions de l'article L. 133-9 aux employeurs mentionnés aux articles L. 5424-1 et L. 5424-2 du code du travail *(L. n° 2016-1917 du 29 déc. 2016, art. 60-I, en vigueur le 1er janv. 2019)* « , à l'exception de ceux relatifs à la retenue à la source prévue à l'article 204 A du code général des impôts, » relèvent *(Ord. n° 2015-682 du 18 juin 2015, art. 5-2°, en vigueur le 1er juill. 2015)* « du contentieux général de la sécurité sociale mentionné à l'article L. 142-1 ». — *Les dispositions de l'art. 60-I de la L. n° 2016-1917 du 29 déc. 2016 s'appliquent aux revenus perçus ou réalisés à compter du 1er janv. 2019 (L. préc., art. 60-I-G-1, mod. par L. n° 2017-1775 du 28 déc. 2017, art. 11).*

Art. L. 133-9-5 L'action civile prévue par l'article 2 du code de procédure pénale est exercée par l'organisme habilité au nom des organismes et administrations parties aux conventions prévues à l'article L. 133-9-1.

Art. L. 133-9-6 Les modalités d'application des articles L. 133-9 à L. 133-9-5 sont déterminées par décret en Conseil d'État.

SECTION VI **RÈGLES D'ARRONDIS**

(L. n° 2014-1554 du 22 déc. 2014, art. 7-I-B)

Art. L. 133-10 Le montant des cotisations et contributions sociales et de leurs assiettes déclarées aux organismes de sécurité sociale en application du présent code, du code de l'action sociale et des familles ou du code rural et de la pêche maritime est arrondi à l'euro le plus proche. La fraction d'euro égale à 0,50 est comptée pour 1. —

Les dispositions de l'art. 7-I de la L. nº 2014-1554 du 22 déc. 2014 s'appliquent aux revenus de remplacement dont le fait générateur intervient à compter du 1er janv. 2015 (L. préc., art. 7-VI).

SECTION VII MODERNISATION ET SIMPLIFICATION DES FORMALITÉS POUR LES COTISANTS AYANT RECOURS À UN TIERS DÉCLARANT

(L. nº 2016-1827 du 23 déc. 2016, art. 21-I)

Les dispositions de l'art. 21-I de la L. nº 2016-1827 du 23 déc. 2016 s'appliquent au titre des démarches et formalités effectuées pour le compte des travailleurs indépendants à compter du 1er janv. 2018 (L. préc., art. 21-III).

Art. L. 133-11 I. — Toute déclaration ou toute formalité sociale incombant aux employeurs et aux travailleurs indépendants en application du présent code peut être effectuée pour leur compte par un tiers.

La mission confiée au tiers déclarant fait l'objet d'une déclaration effectuée par le cotisant ou, par délégation, par ce tiers auprès d'un organisme désigné par décret. Dans ce cas, le tiers déclarant est réputé accomplir l'ensemble des déclarations ou formalités sociales pour le compte de son client auprès des organismes de sécurité sociale, sauf disposition contraire prévue par les parties ou résiliation du contrat.

Le recours à un tiers déclarant ne dispense pas l'employeur ou le travailleur indépendant de répondre, le cas échéant, aux demandes des organismes de sécurité sociale, quel qu'en soit le motif. Sont nulles de plein droit, quelle qu'en soit la forme, les stipulations des conventions qui visent à faire échec à ces demandes.

En cas de fraude propre au tiers déclarant ou de complicité de fraude constatées par un organisme de sécurité sociale prévues à l'article L. 114-16-2 du présent code et à l'article 433-17 du code pénal, l'organisme désigné par décret mentionné au deuxième alinéa du présent I lui retire la faculté d'exercer sa mission de mandataire auprès de l'ensemble des organismes de sécurité sociale pour une durée maximale de cinq ans. Il en informe le cotisant sans délai. Le tiers déclarant informe son client de la décision de retrait dans un délai défini par décret en Conseil d'État.

II. — Le présent article s'applique sans préjudice des règles applicables en matière de contrôle, de recouvrement et de sanctions mises en œuvre à l'égard de l'employeur ou du travailleur indépendant.

III. — Les tiers déclarants sont tenus de procéder aux déclarations pour le calcul des cotisations et contributions sociales et, le cas échéant, au paiement, effectués pour le compte de leurs clients par voie dématérialisée. La méconnaissance de cette obligation entraîne l'application aux tiers déclarants de la majoration prévue au II de l'article L. 133-5-5, calculée à partir des sommes dont la déclaration ou le versement a été effectué par une autre voie que la voie dématérialisée. Le produit des majorations est versé à l'organisme chargé du recouvrement des cotisations et contributions sociales dont l'employeur ou le travailleur indépendant relève, selon les règles, garanties et sanctions applicables à ces cotisations et contributions.

IV. — Les modalités d'application du présent article sont précisées par décret en Conseil d'État, notamment la mission du tiers déclarant et les obligations respectives du tiers déclarant et de l'employeur ou du travailleur indépendant.

CHAPITRE IV RELATIONS INTER-RÉGIMES *(L. nº 2012-1404 du 17 déc. 2012, art. 19-II-1º).*

SECTION PREMIÈRE RELATIONS FINANCIÈRES ENTRE LES RÉGIMES D'ASSURANCE VIEILLESSE *(L. nº 2015-1702 du 21 déc. 2015, art. 32-I-A-1º, en vigueur le 1er janv. 2016).*

BIBL. ▸ CHADELAT, La compensation, *Dr. soc. 1978. 85.* – DU CRAY, La surcompensation : une dérive du modèle social français, *Dr. soc. 2006. 1170*. – LUCAS, Quelle compensation ?, *Dr. soc. 1975. 148.* – MARTIN, La Caisse nationale du barreau et le principe de la compensation entre les régimes de retraite, *JCP S 1997, nº 42.* – TAURAN, La Caisse des dépôts et consignations et la protection sociale, *RDSS 2006. 895*.

Art. L. 134-1 *(L. nº 2017-1836 du 30 déc. 2017, art. 15-V, en vigueur le 1er janv. 2018)* « Il est institué une compensation entre les régimes obligatoires d'assurance vieillesse de base comportant un effectif minimal. Pour les besoins de cette compensation, sont distinguées au sein du régime général les personnes mentionnées aux articles L. 311-2, L. 311-3, L. 311-6, L. 381-1, L. 382-1 et L. 382-31, d'une part, et les personnes mentionnées à l'article L. 611-1, d'autre part. » — *V. dernière note ss. art.*

(Décr. n° 86-838 du 16 juill. 1986) La compensation tend à remédier aux inégalités provenant des déséquilibres démographiques et des disparités de capacités contributives entre les différents régimes *(L. n° 2017-1836 du 30 déc. 2017, art. 15-V, en vigueur le 1er janv. 2018)* « au titre des droits propres ». Toutefois, tant que les capacités contributives de l'ensemble des non-salariés ne pourront être définies dans les mêmes conditions que celles des salariés, la compensation entre l'ensemble des régimes de salariés et les régimes de non-salariés aura uniquement pour objet de remédier aux déséquilibres démographiques. — *V. dernière note ss. art.*

La compensation prévue au présent article est calculée sur la base d'une prestation de référence et d'une cotisation moyenne ; elle est opérée après application des compensations existantes.

Les soldes qui en résultent entre les divers régimes sont fixés par arrêtés interministériels, après consultation *(L. n° 2003-775 du 21 août 2003, art. 7-II)* « de la commission de compensation prévue à l'article L. 114-3 ».

Les fonds consignés au 31 déc. 2003 au titre des compensations prévues à l'art. L. 134-1 CSS sur un compte de la Caisse des dépôts et consignations sont versés au fonds mentionné à l'art. L. 135-1 dudit code (L. n° 2003-775 du 21 août 2003, art. 8-I).

Les dispositions des 2e et 3e al. de l'art. L. 134-1 CSS cessent d'être applicables au titre des exercices postérieurs au 1er janv. 2012. Les versements effectués à partir de l'exercice 2003 sont progressivement réduits à cette fin dans des conditions prévues par décret (L. n° 2003-775 du 21 août 2003, art. 9).

Sur les dispositions transitoires de l'art. 15 de la L. n° 2017-1836 du 30 déc. 2017, V. ss. le livre VI « Dispositions applicables aux travailleurs indépendants ».

Art. L. 134-2 Des décrets fixent les conditions d'application de l'article L. 134-1 et déterminent notamment :

1° L'effectif minimum nécessaire pour qu'un régime de sécurité sociale puisse participer à la compensation instituée par cet article ;

2° Les modalités de détermination des bases de calcul des transferts opérés au titre de la compensation prévue à cet article. — *V. art. D. 134-1 à D. 134-9.*

Art. L. 134-3 *(L. n° 2015-1702 du 21 déc. 2015, art. 32-I-A-1°)* Sont retracés dans les comptes de la Caisse nationale d'assurance vieillesse *(Abrogé par L. n° 2017-1836 du 30 déc. 2017, art. 15-V, à compter du 1er janv. 2018)* *« des travailleurs salariés »*, qui en assure l'équilibre financier, l'ensemble des charges et des produits :

(Abrogé par L. n° 2017-1836 du 30 déc. 2017, art. 15-V, à compter du 1er janv. 2018) *(L. n° 2016-1827 du 23 déc. 2016, art. 50-I)* *« 1° De la branche mentionnée au 2° de l'article L. 611-2 ; »* — *V. note ss. art.*

1° Du régime spécial mentionné à l'article L. 715-1 ;

2° Des risques vieillesse et veuvage de la branche mentionnée au 2° de l'article L. 722-27 du code rural et de la pêche maritime. — *Le 1° est abrogé et les 2° et 3° deviennent respectivement les 1° et 2° (L. n° 2017-1836 du 30 déc. 2017, art. 15-V).*

Les organismes du régime général assurent la gestion du régime spécial mentionné au *(L. n° 2017-1836 du 30 déc. 2017, art. 15-V, en vigueur le 1er janv. 2018)* « 1° » du présent article.

Un décret fixe les modalités d'application du présent article.

Le 1° de l'art. L. 134-3, dans sa rédaction antérieure à la L. n° 2017-1836 du 30 déc. 2017, demeure applicable jusqu'au 31 déc. 2019 en ce qui concerne les charges et produits de gestion administrative des caisses déléguées pour la sécurité sociale des travailleurs indépendants (L. préc., art. 15-XVI).

Sur les autres dispositions transitoires de l'art. 15 de la L. n° 2017-1836 du 30 déc. 2017, V. ss. le livre VI « Dispositions applicables aux travailleurs indépendants ».

SECTION II **RELATIONS FINANCIÈRES ENTRE LA CAISSE NATIONALE DE L'ASSURANCE MALADIE ET LES AUTRES RÉGIMES** *(Ord. nº 2018-470 du 12 juin 2018, art. 9).*

SOUS-SECTION 1 **DISPOSITIONS COMMUNES** *(Abrogée par L. nº 2015-1702 du 21 déc. 2015, art. 32-I-A-2º).*

Art. L. 134-3 *Abrogé par L. nº 2015-1702 du 21 déc. 2015, art. 32-I-A-2º, à compter du 1er janv. 2016. — V. art. L. 134-3 de la sect. Ire supra.*

Art. L. 134-4 *(L. nº 2015-1702 du 21 déc. 2015, art. 32-I-A-2º)* Sont retracés dans les comptes de la *(L. nº 2016-1827 du 23 déc. 2016, art. 64-I)* « branche maladie, maternité, invalidité et décès du régime général de sécurité sociale », qui en assure l'équilibre financier, *(L. nº 2016-1827 du 23 déc. 2016, art. 64-I)* « les soldes » des charges et produits :

(Abrogé par L. nº 2017-1836 du 30 déc. 2017, art. 15-V, à compter du 1er janv. 2018) « 1º De la branche mentionnée au 1º de l'article L. 611-2 ; » — V. note ss. art.

1º De la branche mentionnée au 2º de l'article L. 722-8 du code rural et de la pêche maritime, à l'exception des charges relatives aux indemnités journalières mentionnées aux articles L. 732-4 et L. 762-18-1 du même code et des frais de gestion et de contrôle médical associés à ces indemnités ainsi que des produits relatifs aux cotisations qui couvrent ces indemnités et ces frais ;

2º Des risques maladie, maternité, invalidité et décès de la branche mentionnée au 2º de l'article L. 722-27 du code rural et de la pêche maritime ;

3º Des risques maladie, maternité, invalidité et décès des régimes mentionnés à l'article L. 711-1 du présent code ; pour ces régimes, il est fait un suivi des dépenses n'entrant pas dans le champ de l'article L. 160-1. — *Le 1º est abrogé et les 2º, 3º et 4º deviennent respectivement les 1º, 2º et 3º (L. nº 2017-1836 du 30 déc. 2017, art. 15-V).*

Un décret fixe les modalités d'application du présent article.

Le 1º de l'art. L. 134-4, dans sa rédaction antérieure à la L. nº 2017-1836 du 30 déc. 2017, demeure applicable jusqu'au 31 déc. 2019 en ce qui concerne les charges et produits de gestion administrative des caisses déléguées pour la sécurité sociale des travailleurs indépendants (L. préc., art. 15-XVI).

Sur les autres dispositions transitoires de l'art. 15 de la L. nº 2017-1836 du 30 déc. 2017, V. ss. le livre VI « Dispositions applicables aux travailleurs indépendants ».

Art. L. 134-5 *Abrogé par L. nº 2015-1702 du 21 déc. 2015, art. 32-I-A-2º, à compter du 1er janv. 2016.*

SOUS-SECTION 2 **DISPOSITIONS PARTICULIÈRES**

Néant.

SECTION III **RELATIONS FINANCIÈRES ENTRE RÉGIMES AU TITRE DE LA COUVERTURE DES ACCIDENTS DU TRAVAIL ET MALADIES PROFESSIONNELLES** *(L. nº 2015-1702 du 21 déc. 2015, art. 32-I-A-3º, en vigueur le 1er janv. 2016).*

(L. nº 2010-1594 du 20 déc. 2010, art. 30-I-5º)

Art. L. 134-5-1 *Abrogé par L. nº 2015-1702 du 21 déc. 2015, art. 32-I-A-3º, à compter du 1er janv. 2016.*

Art. L. 134-6 *(L. nº 2017-1836 du 30 déc. 2017, art. 28-I)* Est retracé dans les comptes de la branche accidents du travail et maladies professionnelles du régime général de sécurité sociale, qui en assure l'équilibre financier, le solde des charges et produits du risque accidents du travail et maladies professionnelles du régime d'assurance des marins prévu par le décret-loi du 17 juin 1938 relatif à la réorganisation et à l'unification du régime d'assurance des marins.

Art. L. 134-7 Il est institué entre le régime général de sécurité sociale et le régime des salariés agricoles défini au chapitre Ier du titre II du livre VII du code rural et de la pêche maritime une compensation en matière d'assurance contre les accidents du travail et les maladies professionnelles destinée à remédier aux inégalités provenant du déséquilibre démographique et de la disparité des capacités contributives entre ces deux régimes.

Cette compensation est limitée aux charges que les deux régimes susmentionnés supportent au titre des rentes de l'assurance contre les accidents du travail et les maladies professionnelles.

Les art. L. 134-7, L. 134-8, L. 134-10 et L. 134-11 ont été transférés de la sect. IV à la sect. III du présent chap. (L. nº 2015-1702 du 21 déc. 2015, art. 32-I-A-3º, en vigueur le 1er janv. 2016).

Art. L. 134-8 Cette compensation ne doit pas avoir pour effet d'abaisser le taux moyen des cotisations d'accidents du travail du régime agricole à un niveau inférieur à celui du taux moyen interprofessionnel du régime général.

V. note ss. art. L. 134-7.

....

Art. L. 134-10 Les dispositions des articles L. 134-7 *(L. nº 2012-1404 du 17 déc. 2012, art. 37-II-3º)* « et L. 134-8 » sont applicables aux salariés agricoles relevant du régime d'assurance contre les accidents définis par le code local des assurances sociales en vigueur dans les départements du Bas-Rhin, du Haut-Rhin et de la Moselle.

V. note ss. art. L. 134-7.

Art. L. 134-11 Les mesures d'application de la présente sous-section, et notamment les règles de calcul et les modalités de versement des transferts opérés entre les régimes concernés au titre de la compensation qu'elle institue, sont fixées par décret. — *V. art. D. 134-42 à D. 134-45.*

V. note ss. art. L. 134-7.

....

Art. L. 134-15 Il est institué une surcompensation interprofessionnelle des prestations d'accidents du travail, servies aux travailleurs salariés ou assimilés ressortissant du régime général de sécurité sociale et du régime de la sécurité sociale dans les mines, en tenant compte des différences existant entre les prestations des deux régimes. — *V. art. R. 134-5.*

L'art. L. 134-15 a été transféré de la sect. VII à la sect. III du présent chap. (L. nº 2015-1702 du 21 déc. 2015, art. 32-I-A-3º, en vigueur le 1er janv. 2016).

SECTION IV *[ABROGÉE]* RELATIONS FINANCIÈRES ENTRE LE RÉGIME GÉNÉRAL ET LE RÉGIME DES SALARIÉS AGRICOLES

(Abrogée par L. nº 2015-1702 du 21 déc. 2015, art. 32-I-A-5º)

SOUS-SECTION 1 *[ABROGÉE]* ASSURANCES SOCIALES ET PRESTATIONS FAMILIALES *(Abrogée par L. nº 2015-1702 du 21 déc. 2015, art. 32-I-A-5º).*

Néant.

SOUS-SECTION 2 *[ABROGÉE]* ACCIDENTS DU TRAVAIL ET MALADIES PROFESSIONNELLES *(Abrogée par L. nº 2015-1702 du 21 déc. 2015, art. 32-I-A-5º, à compter du 1er janv. 2016).*

Les art. L. 134-7 et L. 134-8 ont été transférés dans la sect. III du présent chap. (L. nº 2015-1702 du 21 déc. 2015, art. 32-I-A-3º, en vigueur le 1er janv. 2016).

Art. L. 134-9 *Abrogé par L. nº 2012-1404 du 17 déc. 2012, art. 37-II-2º. — V. art. D. 134-46.*

Les art. L. 134-10 et L. 134-11 ont été transférés dans la sect. III du présent chap. (L. nº 2015-1702 du 21 déc. 2015, art. 32-I-A-3º, en vigueur le 1er janv. 2016).

SECTION IV *BIS [ABROGÉE]* RELATIONS FINANCIÈRES ENTRE LE RÉGIME GÉNÉRAL ET LES AUTRES RÉGIMES *(Abrogée par L. n° 2015-1702 du 21 déc. 2015, art. 32-I-A-5°, à compter du 1er janv. 2016).*

Art. L. 134-11-1 *Abrogé par L. n° 2015-1702 du 21 déc. 2015, art. 32-I-A-6°, à compter du 1er janv. 2016.*

SECTION V *[ABROGÉE]* COMPENSATION ENTRE LA CAISSE NATIONALE DES BARREAUX FRANÇAIS ET L'ORGANISATION AUTONOME D'ASSURANCE VIEILLESSE DES PROFESSIONS LIBÉRALES *(Abrogée par L. n° 2015-1702 du 21 déc. 2015, art. 32-I-A-5°, à compter du 1er janv. 2016).*

Art. L. 134-12 *Abrogé par L. n° 2015-1702 du 21 déc. 2015, art. 32-I-A-6°, à compter du 1er janv. 2016. — V. art. R. 134-2 et R. 134-3.*

Art. L. 134-13 *Abrogé par L. n° 2015-1702 du 21 déc. 2015, art. 32-I-A-6°, à compter du 1er janv. 2016.*

SECTION VI *[ABROGÉE]* RELATIONS ENTRE LE RÉGIME GÉNÉRAL ET LES RÉGIMES SPÉCIAUX

(Abrogée par L. n° 2014-892 du 8 août 2014, art. 3-I-1°, à compter du 1er janv. 2015)

Art. L. 134-14 *Abrogé par L. n° 2014-892 du 8 août 2014, art. 3-I-1°, à compter du 1er janv. 2015.*

SECTION VII *[ABROGÉE]* SURCOMPENSATION INTERPROFESSIONNELLE DES PRESTATIONS D'ACCIDENTS DU TRAVAIL SERVIES AUX RESSORTISSANTS DU RÉGIME GÉNÉRAL DE SÉCURITÉ SOCIALE ET DU RÉGIME DE LA SÉCURITÉ SOCIALE DANS LES MINES *(Abrogée par L. n° 2015-1702 du 21 déc. 2015, art. 32-I-A-5°, à compter du 1er janv. 2016).*

L'art. L. 134-15 a été transféré dans la sect. III du présent chap. (L. n° 2015-1702 du 21 déc. 2015, art. 32-I-A-3°, en vigueur le 1er janv. 2016).

CHAPITRE V FONDS DE SOLIDARITÉ VIEILLESSE

(L. n° 93-936 du 22 juill. 1993)

Art. L. 135-1 *(Ord. n° 96-50 du 24 janv. 1996, art. 12-I)* **« Il est créé un fonds dont la mission est de prendre en charge les avantages d'assurance vieillesse à caractère non contributif relevant de la solidarité nationale, tels qu'ils sont définis par l'article L. 135-2. »**

Ce fonds, dénommé : fonds de solidarité vieillesse, est un établissement public de l'État à caractère administratif. La composition du conseil d'administration, *(L. n° 98-1194 du 23 déc. 1998, art. 2-IV ; L. n° 2001-647 du 20 juill. 2001, art. 6-II)* **« qui est assisté d'un comité de surveillance composé notamment de** *(L. n° 2018-699 du 3 août 2018, art. 74)* **« deux députés et deux sénateurs », de représentants des assurés sociaux désignés par les organisations syndicales de salariés interprofessionnelles représentatives au plan national ainsi que de représentants des employeurs et travailleurs indépendants désignés par les organisations professionnelles d'employeurs et de travailleurs indépendants représentatives », ainsi que les conditions de fonctionnement et de gestion du fonds sont fixées par décret en Conseil d'État.** — *V. art. R. 135-1 à R. 135-14 : dispositions générales ; art. R. 135-15 à R. 135-17 : dépenses du FSV.*

(Abrogé par L. n° 2015-1702 du 21 déc. 2015, art. 24-I-C, à compter du 1er janv. 2016) (L. n° 2004-626 du 30 juin 2004, art. 15-II) ***« A titre transitoire,*** *(L. n° 2005-102 du 11 févr. 2005, art. 100-I)* ***« jusqu'à une date fixée par arrêté des ministres chargés des personnes âgées, des personnes handicapées, du budget et de la sécurité sociale qui ne peut être***

postérieure au 31 décembre 2005 », le Fonds de solidarité vieillesse gère la Caisse nationale de solidarité pour l'autonomie instituée par la loi nº 2004-626 du 30 juin 2004 relative à la solidarité pour l'autonomie des personnes âgées et des personnes handicapées. »

(L. nº 94-43 du 18 janv. 1994, art. 79) **« Le fonds de solidarité vieillesse peut à titre dérogatoire recruter des agents de droit privé régis par les conventions collectives applicables au personnel des organismes de sécurité sociale. »**

Art. L. 135-2 *(L. nº 2015-1702 du 21 déc. 2015, art. 24-I-D, en vigueur le 1er janv. 2016) (L. nº 2016-1827 du 23 déc. 2016, art. 34-I)* **« Les dépenses prises en charge par le Fonds de solidarité vieillesse comprennent : »**

1º Le financement des allocations mentionnées au dernier alinéa de l'article L. 643-1, au chapitre V du titre Ier du livre VIII et à l'article 2 de l'ordonnance nº 2004-605 du 24 juin 2004 simplifiant le minimum vieillesse ;

2º Les sommes représentatives de la prise en compte par le régime *(Ord. nº 2018-470 du 12 juin 2018, art. 9)* **« général »** *(L. nº 2018-771 du 5 sept. 2018, art. 51-III, en vigueur le 1er janv. 2019)* **« , le régime des salariés agricoles, le régime des non-salariés agricoles, le régime d'assurance vieillesse des professions libérales et la Caisse nationale des barreaux français »** *(Abrogé par Ord. nº 2018-470 du 12 juin 2018, art. 9) « et (L. nº 2016-1827 du 23 déc. 2016, art. 50-I) « le régime social des indépendants »*, **dans la durée d'assurance :**

***a)* Des périodes mentionnées aux 1º, 3º et 8º de l'article L. 351-3 ;**

***b)* Des périodes pendant lesquelles les assurés ont bénéficié des allocations mentionnées aux articles L. 1233-68, L. 5422-1, L. 5423-1** *(L. nº 2018-771 du 5 sept. 2018, art. 51-III, en vigueur le 1er janv. 2019)* **« , L. 5423-7 et L. 5424-25 » du code du travail, des allocations spéciales mentionnées au 2º de l'article L. 5123-2 du même code et de la rémunération mentionnée au dernier alinéa de l'article L. 1233-72 dudit code ;** — *Les dispositions de l'art. 87-IV de la L. nº 2016-1917 du 29 déc. 2016 entrent en vigueur à une date fixée par décret et au plus tard le 1er sept. 2017 (L. préc., art. 87-IV-F).*

***c)* Des périodes pendant lesquelles l'assuré a bénéficié, en cas d'absence complète d'activité, d'un revenu de remplacement de la part de son entreprise en application d'un accord professionnel national mentionné à l'article L. 5123-6 du code du travail ;**

3º Les sommes correspondant à la prise en compte par le régime général *(L. nº 2017-1836 du 30 déc. 2017, art. 15-V, en vigueur le 1er janv. 2018)* **« et le régime des salariés agricoles » des réductions de la durée d'assurance ou de périodes reconnues équivalentes, définies à l'article L. 351-7-1 du présent code ;** — *Sur les dispositions transitoires de l'art. 15 de la L. nº 2017-1836 du 30 déc. 2017, V. ss. le livre VI « Dispositions applicables aux travailleurs indépendants ».*

4º Les dépenses mentionnées au I de l'article 49 de la loi nº 2002-73 du 17 janvier 2002 de modernisation sociale ;

5º Les sommes représentatives de la prise en compte par les régimes d'assurance vieillesse de base des périodes de volontariat du service national de leurs assurés ;

6º Les dépenses attachées au service de l'allocation spéciale pour les personnes âgées prévue à l'article 28 de l'ordonnance nº 2002-411 du 27 mars 2002 relative à la protection sanitaire et sociale à Mayotte et, selon des modalités de calcul fixées par décret, les sommes représentatives de la prise en compte au titre de la durée d'assurance, par le régime de retraite de base obligatoire de sécurité sociale mentionné à l'article 5 de cette ordonnance, des périodes définies à l'article 8 de ladite ordonnance ;

7º Les sommes représentatives de la prise en compte par les régimes d'assurance vieillesse de base, dans le salaire de base mentionné à l'article L. 351-1, des indemnités journalières mentionnées au même article ;

8º Les sommes correspondant à la prise en charge mentionnée au dernier alinéa de l'article L. 6243-3 du code du travail ;

9º Le remboursement à la caisse de prévoyance sociale de Saint-Pierre-et-Miquelon des dépenses correspondant à l'application au régime d'assurance vieillesse de cette collectivité, dans les conditions prévues par la loi nº 87-563 du 17 juillet 1987 portant réforme du régime d'assurance vieillesse applicable à Saint-Pierre-et-Miquelon, des avantages non contributifs mentionnés aux 1º à 5º, 7º et 8º du présent I ;

(Abrogé par L. nº 2017-1836 du 30 déc. 2017, art. 28-I) ***« 10º Le financement d'avantages non contributifs instaurés au bénéfice des retraités de l'ensemble des régimes, lorsque les dispositions les instituant le prévoient. »***

Les sommes mentionnées aux 2°, 5° et 7° sont calculées sur une base forfaitaire, dans des conditions fixées par décret en Conseil d'État.

II à IV. — *Abrogés par L. nº 2016-1827 du 23 déc. 2016, art. 34-I.*

Les sommes correspondant au service par le régime général, le régime des salariés agricoles et le régime d'assurance vieillesse des travailleurs indépendants non agricoles, qui ne sont pas affiliées aux régimes mentionnés aux art. L. 640-1 et L. 723-1 CSS, de la majoration mentionnée au 1º du II de l'art. L. 135-2 du même code, dans sa rédaction résultant de la L. nº 2015-1702 du 21 déc. 2015 de financement de la sécurité sociale pour 2016, demeurent prises en charge, dans une section comptable distincte, jusqu'à une date ne pouvant excéder le 31 déc. 2019 et à hauteur d'une fraction fixée par décret, par le fonds institué à l'art. L. 135-1 dudit code. Les frais de gestion afférents à la prise en charge de ces majorations sont retracés au sein de cette même section comptable.

La branche mentionnée au 3º de l'art. L. 200-2 CSS prend en charge les régularisations des versements effectués au titre de 2016 en application du III de l'art. L. 135-2 du même code dans sa rédaction résultant de la L. nº 2015-1702 du 21 déc. 2015, dans des conditions fixées par arrêté du ministre chargé de la sécurité sociale (L. nº 2016-1827 du 23 déc. 2016, art. 34-IX).

Art. L. 135-3 *(L. nº 2018-1203 du 22 déc. 2018, art. 26-I)* **Les recettes du fonds sont constituées par une fraction du produit de la contribution sociale généralisée, dans les conditions prévues à l'article L. 131-8.** — *Sur l'entrée en vigueur des dispositions issues de la L. nº 2018-1203 du 22 déc. 2018, V. L. préc. art. 26-XIV ss. art. L. 131-8.*

Art. L. 135-3-1 (Abrogé par L. n° 2015-1702 du 21 déc. 2015, art. 24-I-F, à compter du 1er janv. 2016) (L. n° 2010-1594 du 20 déc. 2010, art. 109-III) ***Le fonds est en outre chargé de la mise en réserve de recettes pour le financement des dispositifs prévus aux III et IV de l'article 20 de la loi nº 2010-1330 du 9 novembre 2010 portant réforme des retraites. Cette mission est suivie au sein d'une*** (L. n° 2014-1554 du 22 déc. 2014, art. 5-III-1°, en vigueur le 1er janv. 2014) ***« section distincte » qui retrace :***

I. — En recettes :

(Abrogé par L. n° 2014-1554 du 22 déc. 2014, art. 5-III-2°, à compter du 1er janv. 2014) ***« 1º Une part fixée*** (L. n° 2012-958 du 16 août 2012, art. 33-II) ***« à » l'article L. 137-16 de la contribution mentionnée à l'article L. 137-15 ;***

« 2º Une part fixée à l'article L. 245-16 des prélèvements mentionnés aux articles L. 245-14 et L. 245-15 ; »

3º Les produits financiers résultant du placement des disponibilités excédant les besoins de trésorerie de cette section.

II. — En dépenses, à partir de 2016, les versements du fonds au régime général, au régime des salariés agricoles et aux régimes d'assurance vieillesse des professions artisanales, industrielles et commerciales, au titre des dépenses que ces régimes engagent pour les dispositifs mentionnés au premier alinéa. Le montant annuel de ces versements est fixé par la loi de financement de la sécurité sociale.

Les excédents constatés chaque année au titre de cette section donnent lieu à report automatique sur les exercices suivants.

Art. L. 135-4 (Abrogé par L. n° 2015-1702 du 21 déc. 2015, art. 24-I-F, à compter du 1er janv. 2016) (L. n° 93-936 du 22 juill. 1993) ***La part des contributions sociales qui revient au fonds en application du 1º de l'article L. 135-3 lui est versée, dans des conditions fixées par décret, par l'Agence centrale des organismes de sécurité sociale s'agissant du produit correspondant à la contribution sociale mentionnée à l'article L. 136-1 et par l'État s'agissant du produit correspondant aux contributions sociales mentionnées aux articles L. 136-6 et L. 136-7.***

Art. L. 135-5 *(L. nº 93-936 du 22 juill. 1993)* **Les frais d'assiette et de recouvrement des impôts, droits, taxes et contributions mentionnés à l'article L. 135-3 sont à la charge du fonds en proportion du produit qui lui est affecté ; leur montant est fixé par arrêté du ministre chargé du budget et du ministre chargé de la sécurité sociale.**

La loi de finances rectificative nº 2001-1276 du 28 déc. 2001, art. 91, abroge l'art. 11 de la loi de financement de la sécurité sociale qui abrogeait l'art. L. 135-5.

CHAPITRE V *BIS* FONDS DE RÉSERVE POUR LES RETRAITES

Art. L. 135-6 *(L. n° 2001-624 du 17 juill. 2001, art. 6-I)* Il est créé un établissement public de l'État à caractère administratif, dénommé "Fonds de réserve pour les retraites", placé sous la tutelle de l'État.

(L. n° 2014-40 du 20 janv. 2014, art. 4-V-1°) « I. — » Ce fonds a pour mission *(L. n° 2004-1370 du 20 déc. 2004, art. 56-II-1°)* « principale » de gérer les sommes qui lui sont affectées afin de constituer des réserves destinées à contribuer à la pérennité des régimes de retraite.

Les réserves sont constituées au profit *(L. n° 2017-1836 du 30 déc. 2017, art. 15-V, en vigueur le 1er janv. 2018)* « de l'assurance vieillesse du régime général » *(L. n° 2010-1594 du 20 déc. 2010, art. 9-II-2°)* « ainsi que du fonds mentionné à l'article L. 135-1.

— Sur les dispositions transitoires de l'art. 15 de la L. n° 2017-1836 du 30 déc. 2017, V. ss. le livre VI « Dispositions applicables aux travailleurs indépendants ».

« Les sommes affectées au fonds sont mises en réserve jusqu'au 1er janvier 2011. A compter de cette date et jusqu'en 2024, le fonds verse chaque année, au plus tard le 31 octobre, 2,1 milliards d'euros à la Caisse d'amortissement de la dette sociale afin de participer au financement des déficits, au titre des exercices 2011 à 2018, des organismes mentionnés à l'alinéa précédent. Le calendrier et les modalités de ces versements sont fixés par convention entre les deux établissements. »

(L. n° 2014-40 du 20 janv. 2014, art. 4-V-2° et 3°) « II. — Les réserves qui excèdent la couverture des engagements mentionnés au dernier alinéa du I peuvent être affectées par la loi de financement de la sécurité sociale au financement, le cas échéant, de la correction de déséquilibres financiers conjoncturels des régimes de retraite ou du fonds mentionné au deuxième alinéa du même I, notamment ceux identifiés dans les conditions prévues à l'article L. 114-4.

« III. — » *(L. n° 2004-1370 du 20 déc. 2004, art. 56-II-2°)* « Le Fonds de réserve pour les retraites assure également la gestion financière d'une partie de la contribution exceptionnelle, forfaitaire et libératoire due à la Caisse nationale d'assurance vieillesse *(Abrogé par Ord. n° 2018-470 du 12 juin 2018, art. 9)* ***« des travailleurs salariés »*** en application du 3° de l'article 19 de la loi n° 2004-803 du 9 août 2004 relative au service public de l'électricité et du gaz et aux entreprises électriques et gazières.

« Les conditions et les résultats de la gestion de cette partie de la contribution sont retracés chaque année dans l'annexe des comptes du fonds. Cette partie de la contribution et ses produits financiers, nets des frais engagés par le fonds, sont rétrocédés à la Caisse nationale d'assurance vieillesse *(Abrogé par Ord. n° 2018-470 du 12 juin 2018, art. 9)* ***« des travailleurs salariés »*** à compter de 2020, dans des conditions fixées par convention entre la Caisse nationale d'assurance vieillesse *(Abrogé par Ord. n° 2018-470 du 12 juin 2018, art. 9)* ***« des travailleurs salariés »*** et le Fonds de réserve pour les retraites. »

Le Fonds de réserve pour les retraites visé à l'art. L. 135-6 est exonéré de l'impôt sur les sociétés prévu au 5 de l'art. 206 CGI (L. n° 2001-624 du 17 juill. 2001, art. 6-III).

Art. L. 135-7 *(L. n° 2001-624 du 17 juill. 2001, art. 6-I)* Les ressources du fonds sont constituées par :

(Abrogé par L. n° 2010-1594 du 20 déc. 2010, art. 9-II-3°) ***« 1° Une fraction, fixée par arrêté des ministres chargés de la sécurité sociale et du budget, du solde du produit de la contribution sociale de solidarité à la charge des sociétés visé au deuxième alinéa de l'article L. 651-2-1 ; »***

2° Tout ou partie du résultat excédentaire du Fonds de solidarité vieillesse mentionné à l'article L. 135-1, dans des conditions fixées par arrêté des ministres chargés de la sécurité sociale et du budget ;

3° Le cas échéant, en cours d'exercice, un montant représentatif d'une fraction de l'excédent prévisionnel de l'exercice excédentaire du Fonds de solidarité vieillesse mentionné à l'article L. 135-1 tel que présenté par la Commission des comptes de la sécurité sociale lors de sa réunion du second semestre de ce même exercice ; un arrêté conjoint des ministres chargés de la sécurité sociale et du budget détermine les montants à verser ainsi que les dates de versement ;

4° Les montants résultant de l'application de l'article L. 251-6-1 ;

(Abrogé par L. n° 2010-1594 du 20 déc. 2010, art. 9-II-3°) « 5° Une fraction égale à (L. n° 2001-1246 du 21 déc. 2001, art. 67-II) « 65 % » du produit des prélèvements visés aux articles L. 245-14 à L. 245-16 ; »

(Abrogé par L. n° 2005-1719 du 30 déc. 2005, art. 45) « 6° Les versements du compte d'affectation institué par le II de l'article 36 de la loi de finances pour 2001 (n° 2000-1352 du 30 décembre 2000) ; »

(Abrogé par L. n° 2010-1594 du 20 déc. 2010, art. 9-II-3°) « 7° Les sommes issues de l'application du titre IV du livre IV [Livre III de la partie III nouv.] du code du travail et reçues en consignation par la Caisse des dépôts et consignations (L. n° 2003-775 du 21 août 2003, art. 110) « ou résultant de la liquidation des parts de fonds commun de placement par les organismes gestionnaires, des titres émis par des SICAV, des actions émises par les sociétés créées par les salariés en vue de la reprise de leur entreprise ou des actions ou coupures d'actions de l'entreprise, » (L. n° 2008-561 du 17 juin 2008) « n'ayant fait l'objet de la part des ayants droit d'aucune opération ou réclamation depuis trente années » ;

« 8° Le produit de la contribution instituée à l'article L. 137-5 ; »

9° Toute autre ressource affectée au Fonds de réserve pour les retraites ;

10° Le produit des placements effectués au titre du Fonds de réserve pour les retraites.

(Abrogé par L. n° 2010-1594 du 20 déc. 2010, art. 9-II-3°) (L. n° 2006-1640 du 21 déc. 2006, art. 18-III) « 11° Les sommes acquises à l'État conformément au 5° de l'article L. 1126-1 du code général de la propriété des personnes publiques. »

Art. L. 135-8 *(L. n° 2001-624 du 17 juill. 2001, art. 6-I)* Le fonds est doté d'un conseil de surveillance et d'un directoire.

Un décret en Conseil d'État fixe la composition du conseil de surveillance, constitué de *(L. n° 2018-699 du 3 août 2018, art. 74)* « deux députés et deux sénateurs », de représentants des assurés sociaux désignés par les organisations syndicales interprofessionnelles représentatives au plan national, de représentants des employeurs et travailleurs indépendants désignés par les organisations professionnelles d'employeurs et de travailleurs indépendants représentatives, de représentants de l'État et de personnalités qualifiées.

Sur proposition du directoire, le conseil de surveillance fixe les orientations générales de la politique de placement des actifs du fonds en respectant *(L. n° 2010-1594 du 20 déc. 2010, art. 9-II-4°)* « les principes de prudence et de répartition des risques compte tenu de l'objectif et de l'horizon d'utilisation des ressources du fonds, notamment les obligations de versements prévues à l'article L. 135-6 ». Il contrôle les résultats, approuve les comptes annuels et établit un rapport annuel public sur la gestion du fonds.

Lorsque la proposition du directoire n'est pas approuvée, le directoire présente une nouvelle proposition au conseil de surveillance. Si cette proposition n'est pas approuvée, le directoire met en œuvre les mesures nécessaires à la gestion du fonds.

Le fonds est doté d'un directoire composé de trois membres dont le directeur général de la Caisse des dépôts et consignations qui en assure la présidence. Les membres du directoire autres que le président sont nommés par décret pour une durée de six ans, après consultation du conseil de surveillance.

Le directoire assure la direction de l'établissement et est responsable de sa gestion. Il met en œuvre les orientations de la politique de placement. Il contrôle le respect de celles-ci *(L. n° 2010-1594 du 20 déc. 2010, art. 9-II-4°)* « et en particulier leur adéquation avec les obligations de versements prévues à l'article L. 135-6 ». Il en rend compte régulièrement au conseil de surveillance et retrace notamment, à cet effet, la manière dont les orientations générales de la politique de placement du fonds ont pris en compte des considérations sociales, environnementales et éthiques.

Art. L. 135-9 *(L. n° 2001-624 du 17 juill. 2001, art. 6-I)* Le fonds peut employer des agents de droit privé, ainsi que des contractuels de droit public ; il conclut avec eux des contrats à durée déterminée ou indéterminée.

L'ensemble des frais de gestion du fonds est à sa charge.

Art. L. 135-10 *(L. n° 2001-624 du 17 juill. 2001, art. 6-I)* La Caisse des dépôts et consignations assure la gestion administrative du fonds, sous l'autorité du directoire, selon des modalités fixées par décret en Conseil d'État. Cette activité est indépendante de toute autre activité de la Caisse des dépôts et consignations et de ses filiales.

(L. n° 2003-775 du 21 août 2003, art. 37) « La gestion financière du fonds est confiée, par voie de mandats périodiquement renouvelés et dans le cadre des procédures prévues par le code des marchés publics, à des *(L. n° 2006-1640 du 21 déc. 2006, art. 19)* « prestataires de services d'investissement qui exercent » le service visé au 4 de l'article L. 321-1 du code monétaire et financier.

« Par dérogation à l'alinéa précédent, la gestion financière des actifs du fonds peut être assurée par ce dernier, sans recourir à des prestataires visés audit alinéa :

« – soit dans des cas exceptionnels, à titre temporaire et pour préserver la sécurité des actifs détenus par le fonds ;

« – soit quand le fonds décide d'investir dans des parts ou actions d'organismes de placement collectif et des parts, actions ou droits représentatifs d'un placement financier émis par ou dans des organismes de droit étranger ayant un objet équivalent, quelle que soit leur forme.

« Les conditions d'application de cette dérogation sont fixées par arrêté conjoint des ministres chargés de l'économie et de la sécurité sociale. »

Les *(L. n° 2006-1640 du 21 déc. 2006, art. 19)* « actifs » que le Fonds de réserve pour les retraites est autorisé à détenir ou à utiliser sont *(L. n° 2006-1640 du 21 déc. 2006, art. 19)* « les instruments financiers » énumérés *(Ord. n° 2009-107 du 30 janv. 2009, art. 5)* « à l'article L. 211-1 » du code monétaire et financier *(L. n° 2006-1640 du 21 déc. 2006, art. 19)* « et les droits représentatifs d'un placement financier ».

Art. L. 135-11 *(L. n° 2010-1594 du 20 déc. 2010, art. 9-II-5°)* Les règles prudentielles auxquelles est soumis le fonds sont déterminées par arrêté conjoint des ministres chargés de l'économie, du budget et de la sécurité sociale.

Art. L. 135-12 *(L. n° 2001-624 du 17 juill. 2001, art. 6-I)* Deux commissaires aux comptes sont désignés pour six exercices par le conseil de surveillance.

(L. n° 2004-1370 du 20 déc. 2004, art. 56-II-4°) « Ils certifient les comptes annuels *(Abrogé par L. n° 2010-1594 du 20 déc. 2010, art. 9-II-6°)* *« et émettent un rapport d'examen limité sur les comptes intermédiaires semestriels du fonds »* avant qu'ils soient soumis par le directoire au conseil de surveillance et qu'ils soient publiés. »

(Ord. n° 2016-315 du 17 mars 2016, art. 51-I, en vigueur le 17 juin 2016) « Les dispositions des articles L. 822-9 à L. 822-18, L. 823-6, L. 823-7, L. 823-12 à L. 823-17 du code de commerce sont applicables aux commissaires aux comptes désignés pour le fonds. »

Les membres du conseil de surveillance exercent les droits reconnus aux actionnaires et à leurs assemblées générales par les articles L. 823-6 et L. 823-7 du code de commerce.

Art. L. 135-13 *(L. n° 2001-624 du 17 juill. 2001, art. 6-I)* Tout membre du directoire doit informer le président du conseil de surveillance des intérêts qu'il détient ou vient à détenir et des fonctions qu'il exerce ou vient à exercer dans une activité économique ou financière ainsi que de tout mandat qu'il détient ou vient à détenir au sein d'une personne morale. Ces informations sont tenues à la disposition des membres du directoire.

Pour la mise en œuvre de la gestion financière, aucun membre du directoire ne peut délibérer dans une affaire dans laquelle lui-même ou, le cas échéant, une personne morale au sein de laquelle il exerce des fonctions ou détient un mandat a un intérêt. Il ne peut davantage participer à une délibération concernant une affaire dans laquelle lui-même ou, le cas échéant, une personne morale au sein de laquelle il exerce des fonctions ou détient un mandat a représenté une des parties intéressées au cours des dix-huit mois précédant la délibération.

Le président du conseil de surveillance prend les mesures appropriées pour assurer le respect des obligations et interdictions résultant des deux alinéas précédents.

Les membres du directoire, ainsi que les salariés et préposés du fonds, sont tenus au secret professionnel dans les conditions et sous les peines prévues aux articles 226-13 et 226-14 du code pénal. Les experts et les personnes consultées sont tenus au secret professionnel dans les mêmes conditions et sous les mêmes peines.

Art. L. 135-14 *(L. n° 2001-624 du 17 juill. 2001, art. 6-I)* **Le fonds est soumis au contrôle de la Cour des comptes, de l'Inspection générale des affaires sociales et de l'Inspection générale des finances.**

Les rapports des corps d'inspection et de contrôle et les rapports particuliers de la Cour des comptes relatifs au fonds sont transmis au conseil de surveillance.

Le conseil de surveillance peut également entendre tout membre du corps d'inspection et de contrôle ayant effectué une mission sur la gestion du fonds.

Art. L. 135-15 *(L. n° 2001-624 du 17 juill. 2001, art. 6-I)* **Un décret en Conseil d'État détermine les modalités d'application du présent chapitre. Il précise notamment :**

— les attributions et les modalités de fonctionnement du conseil de surveillance et du directoire ;

— les modalités de la tutelle et, notamment, les cas et conditions dans lesquels les délibérations du conseil de surveillance et les décisions du directoire sont soumises à approbation ;

— les modalités de préparation et d'approbation du budget du fonds.

CHAPITRE VI CONTRIBUTION SOCIALE GÉNÉRALISÉE

(L. n° 93-936 du 22 juill. 1993, art. 7)

SECTION PREMIÈRE DE LA CONTRIBUTION SOCIALE SUR LES REVENUS D'ACTIVITÉ ET SUR LES REVENUS DE REMPLACEMENT

BIBL. ▶ AMAGLIO-TÉRISSE, Les travailleurs transfrontaliers n'ont plus à payer la CSG et la CRDS, *LPA 2000, n° 94, p. 8.* – BOUTAYEB, La CSG, la CRDS et le juge de l'Union : l'érosion d'une conception française des prélèvements sociaux, *RDSS 2015. 833* ✐. – DAUGAREILH, Le paiement de la contribution sociale généralisée et de la contribution pour le remboursement de la dette sociale au regard du droit communautaire et du principe de non-discrimination, *RDSS 2000. 871* ✐. – EUZÉBY, Faut-il fiscaliser la Sécurité sociale ?, *Dr. soc. 1978. 181.* – LHERNOUD, Le principe de non-discrimination à l'égard des frontaliers en matière de Sécurité sociale : un principe aux multiples facettes, *RJS 2006. 551.* – LE PELLETIER, Existe-t-il une approche post-moderne de la fiscalité ? L'exemple de la CSG, *Archives Phil. droit 2002, p. 209.* – PRÉTOT, La conformité à la Constitution de la loi instituant la CSG, *Dr. soc. 1991. 398* ; Le principe de la progressivité de l'impôt sur le revenu revêt-il un caractère constitutionnel ? En marge de la modification du régime de la contribution sociale généralisée (CSG), *Dr. soc. 1993. 787* ✐ ; La Cour de justice des Communautés européennes (CJCE), le travailleur frontalier et la contribution sociale généralisée, *Dr. soc. 2000. 529* ✐. – RAVOUX et REBOUILLAT, À propos du débat sur la fusion de l'impôt sur le revenu et de la cotisation sociale généralisée, *Dr. soc. 2010. 1103* ✐. – SAUVIAT, L'exemplaire singularité de la CSG, *LPA 1995, n° 97, p. 10.*

Art. L. 136-1 *(Ord. n° 2001-377 du 2 mai 2001)* **Il est institué une contribution sociale sur les revenus d'activité et sur les revenus de remplacement à laquelle sont assujettis :**

1° Les personnes physiques qui sont à la fois considérées comme domiciliées en France pour l'établissement de l'impôt sur le revenu et à la charge, à quelque titre que ce soit, d'un régime obligatoire français d'assurance maladie ;

2° Les agents de l'État, des collectivités locales et de leurs établissements publics à caractère administratif qui exercent leurs fonctions ou sont chargés de mission hors de France, dans la mesure où leur rémunération est imposable en France et où ils sont à la charge, à quelque titre que ce soit, d'un régime obligatoire français d'assurance maladie.

(L. n° 2016-1827 du 23 déc. 2016, art. 13-I) **« Cette contribution est due pour les périodes au titre desquelles les revenus mentionnés au premier alinéa sont attribués. »**

– Les dispositions de l'art. 13-I de la L. n° 2016-1827 du 23 déc. 2016 sont applicables aux périodes courant à compter du 1er janv. 2018 (L. préc., art. 13-III).

1. Nature juridique de la CSG. La contribution sociale généralisée entre dans la catégorie des « impositions de toute nature » prévue à l'art. 34 Const. dont il appartient au législateur de fixer les règles concernant l'assiette, le taux et les modalités de recouvrement. • Cons. const. 19 déc. 1996, n° 96-384 DC, consid. 8 : *JO 29 déc., p. 19380 ; RJS 1997, n° 89 ; Rec. Cons. const. 141 ; RD publ. 1997. 289, note Luchaire ; RFFP 1997, n° 59, p. 205, obs. Prétot.* ♦ Le produit de la contribution sociale généralisée étant appelé à concourir de façon significative à l'équilibre financier des régimes obligatoires de base, la détermination de son assiette a une incidence directe sur le volume de ses recettes et les règles relatives aux conditions de son recouvrement garantissent l'application effective des règles d'assiette et en sont par là même le complément nécessaire. Les dispositions relatives à cette contribution sont en conséquence au nombre de celles qui peuvent figurer dans une loi de financement de la sécurité sociale. • Même arrêt. ♦ Il résulte de la jurisprudence du Cons. const., dont les décisions s'imposent à toutes les autorités administratives et juridictionnelles, que la contribution sociale généralisée entre dans la catégorie des impositions de toute nature au sens de l'art. 34 Const. • Soc. 25 mars 1998, n° 95-45.198 P. ♦ V. dans le même sens • CE 7 janv. 2004, n° 23395, *Mme Martin : Lebon 1 ; RJS 2004, n° 451 ; D. 2004. Somm. 1553, obs Prétot.* ♦ Comp. : il résulte des dispositions de l'art. L. 136-1, telles qu'interprétées par la Cour de justice des Communautés européennes, qu'en raison de l'affectation sociale de la contribution sociale généralisée sur les revenus d'activité et de remplacement créée par ce texte, celle-ci a la nature d'une cotisation sociale, et non d'une imposition. Il en résulte qu'un ressortissant français résidant en France, mais affilié au régime de sécurité sociale suisse en application de la Convention franco-suisse de sécurité sociale, n'en est pas redevable. • Soc. 18 oct. 2001, n° 00-12.463 P. ♦ Dans le même sens : si la contribution sociale généralisée entre dans la catégorie des « impositions de toute nature » au sens de l'art. 34, dont il appartient dès lors au législateur de fixer les règles concernant l'assiette, le taux et les modalités de recouvrement, cette contribution revêt également, du fait de son affectation exclusive au financement de divers régimes de sécurité sociale, la nature d'une cotisation sociale au sens de l'art. 13 du Règl. (CEE) n° 1408/71 du 14 juin 1971. • Soc. 31 mai 2012 : *D. 2012. 1765, chron. Bailly, Wurtz, Ducloz, Flores, Pécaut-Rivolier et Contamine ; JCP S 2012, n° 1336, obs. Dauxerre ; CSBP 2012. 255, note Pansier.*

2. Personnes assujetties. Sont assujetties à la CSG et à la CRDS les personnes physiques considérées comme domiciliées en France pour l'établissement de l'impôt sur le revenu. • Civ. 2e, 4 nov. 2003 : *RJS 2004, n° 256.*

3. Frontaliers. Les dispositions de l'art. L. 136-1, telles qu'interprétées par la Cour de justice des Communautés européennes, impliquent qu'en raison de leur affectation sociale, la CSG et la CRDS entrent dans le champ d'application de l'art. 13 du Règl. (CEE) n° 1408/71 du Conseil du 14 janv. 1971. Elles ne s'appliquent pas en conséquence aux travailleurs domiciliés en France et qui exercent leur activité dans un autre État membre. La différence de traitement qui en résulte n'est pas discriminatoire. • Soc. 15 juin 2000, n° 98-12.469 P : *RDSS 2000. 871, obs. Daugareilh* • CJCE 15 févr. 2000 : *Dr. soc. 2000. 106, obs. Prétot*. ♦ La CSG ou la CRDS, est recouvrée, selon la législation du pays de l'État membre dans lequel le travailleur salarié ou non salarié exerce son activité, même si celui-ci réside sur le territoire d'un autre État membre. Les ressortissants d'un État membre de l'Union européenne, qui exercent leur activité salariée ou non salariée en France et résident sur le territoire d'un autre État membre, sont en conséquence soumis à la CSG et à la CRDS, sauf s'ils sont affiliés dans un autre État membre en application des art. 14 à 17 du Règl. (CEE) du 14 juin 1971. Un salarié non affilié à un régime de sécurité sociale en Belgique où il avait fixé sa résidence est donc tenu au versement de ces contributions sur les rémunérations versées à raison de ses activités exercées en France. • Civ. 2e, 8 mars 2005, n° 03-30.700 P : *Gaz. Pal. 2005, n° 182, p. 12, obs. Coursier ; RDSS 2005. 503, obs. Borgetto* • Soc. 5 avr. 2001, n° 99-18.886 P.

4. Travailleurs migrants. Le Règl. (CEE) n° 1408/71 du Conseil, du 14 juin 1971, dans sa version modifiée et mise à jour par le Règl. (CE) n° 307/1999 du Conseil, du 8 févr. 1999, doit être interprété en ce sens qu'il ne s'oppose pas à ce qu'un État membre, dont la législation sociale est seule applicable à un travailleur indépendant résident, exclue de l'assiette de contributions telles que la CSG et la CRDS les revenus perçus par ledit travailleur dans un autre État membre, par application, notamment, d'une convention préventive de la double imposition en matière d'impôts sur les revenus. • CJCE 3 avr. 2008, n° C-103/06, *Derouin : Dr. soc. 2008. 886, obs. Kessler ; JCP S 2008. 1339, note Bergerès.* ♦ En appliquant la CSG aux revenus d'activité et de remplacement des travailleurs salariés et indépendants qui résident en France, mais qui, en vertu du Règl. (CEE) n° 1408/71, ne sont pas soumis à la législation française de sécurité sociale, la République française a manqué aux obligations qui lui incombent en vertu de l'art. 13 dudit règlement. • CJCE 15 févr. 2000, n° C-169/98, *Comm. c/ France : Dr. soc. 2000. 629, obs. Prétot ; JDI 2001. 638, obs. Luby.*

5. Détenus. Il résulte des art. 717-3, D. 366, et D. 433-4 C. pr. pén., du I de l'art. L. 136-2, des art. L. 136-1 et L. 242-1 CSS et du I de l'art. 14 de l'Ord. n° 96-50 du 24 janv. 1996 relative au remboursement de la dette sociale que les personnes détenues sont au nombre de celles qui sont assujetties à la contribution sociale généralisée (CSG) et que la rémunération qu'elles perçoivent en contrepartie du travail qu'elles effectuent, dans les conditions prévues à l'art. 717-3 C. pr. pén., entre dans l'assiette de la CSG ainsi que dans celle de la contribution pour le remboursement de la dette sociale (CRDS). • CE 29 juin 2018, n° 409214 A : *AJDA 2018. 1360* .

6. Agents des collectivités publiques. Les

primes versées par un comité des œuvres sociales à des salariés communaux constituent un complément de rémunération soumis au versement de la CSG. • Soc. 4 mai 2000, ♔ n° 98-19.507 P.

7. Remboursement de dépenses inhérentes à une activité bénévole. Les dépenses exposées par le président d'un organisme professionnel, exerçant son mandat à titre bénévole, à raison de la nécessité d'assurer son remplacement dans son exploitation agricole pendant le temps consacré à l'exercice de son mandat, constituent des dépenses inhérentes à sa fonction et supportées au titre de l'accomplissement de ses missions. En les prenant en charge, l'organisme professionnel ne procure pas à son dirigeant un revenu entrant dans l'assiette de la CSG et de la CRDS. • Civ. 2e, 6 nov. 2014, ♔ n° 13-23.468.

Art. L. 136-1-1 *(Ord. n° 2018-474 du 12 juin 2018, art. 1er)* **I. — La contribution prévue à l'article L. 136-1 est due sur toutes les sommes, ainsi que les avantages et accessoires en nature ou en argent qui y sont associés, dus en contrepartie ou à l'occasion d'un travail, d'une activité ou de l'exercice d'un mandat ou d'une fonction élective, quelles qu'en soient la dénomination ainsi que la qualité de celui qui les attribue, que cette attribution soit directe ou indirecte.**

Ne constituent pas un revenu d'activité les remboursements effectués au titre de frais professionnels correspondant dans les conditions et limites fixées par arrêté des ministres chargés de la sécurité sociale et du budget à des charges de caractère spécial inhérentes à la fonction ou à l'emploi des travailleurs salariés ou assimilés que ceux-ci supportent lors de l'accomplissement de leurs missions.

II. — L'assiette de la contribution inclut notamment :

1° Les revenus professionnels des travailleurs indépendants, dans les conditions définies par les articles L. 136-3 et L. 136-4 ;

2° Les revenus des artistes-auteurs mentionnés au troisième alinéa de l'article L. 382-3 ;

3° ***a)*** **L'indemnité parlementaire et l'indemnité de fonction prévues aux articles 1er et 2 de l'ordonnance n° 58-1210 du 13 décembre 1958 portant loi organique relative à l'indemnité des membres du Parlement, l'indemnité de résidence, ainsi que, la plus élevée d'entre elles ne pouvant être supérieure de plus de la moitié à ce montant, les indemnités de fonction complémentaires versées, au même titre, en vertu d'une décision prise par le bureau desdites assemblées, à certains de leurs membres exerçant des fonctions particulières ;**

b) **Les indemnités versées aux représentants français au Parlement européen dans les conditions prévues à l'article 1er de la loi n° 79-563 du 6 juillet 1979 relative à l'indemnité des représentants au Parlement européen et aux indemnités versées à ses membres par le Parlement européen ;**

c) **La rémunération et les indemnités par jour de présence versées aux membres du Conseil économique, social et environnemental en application de l'article 22 de l'ordonnance n° 58-1360 du 29 décembre 1958 portant loi organique relative au Conseil économique et social ainsi que l'indemnité versée au Président et aux membres du Conseil constitutionnel en application de l'article 6 de l'ordonnance n° 58-1067 du 7 novembre 1958 portant loi organique sur le Conseil constitutionnel ;**

d) **Les indemnités versées par les collectivités locales, leurs groupements ou leurs établissements publics aux élus municipaux, cantonaux et régionaux ;**

e) **Les allocations versées à l'issue des mandats locaux par le fonds mentionné par l'article L. 1621-2 du code général des collectivités territoriales ;**

4° Les revenus pris en compte dans les conditions prévues à l'article L. 611-1 tirés de la location de tout ou partie d'un fonds de commerce, d'un établissement artisanal, ou d'un établissement commercial ou industriel muni du mobilier ou du matériel nécessaire à son exploitation, que la location, dans ce dernier cas, comprenne ou non tout ou partie des éléments incorporels du fonds de commerce ou d'industrie, lorsque ces revenus sont perçus par une personne qui réalise des actes de commerce au titre de l'entreprise louée ou y exerce une activité ;

5° Les avantages mentionnés au I et au II de l'article 80 ***bis*** **du code général des impôts lorsque ces derniers sont imposés à l'impôt sur le revenu suivant les règles de droit commun des traitements et salaires ;**

6° La garantie de ressources des travailleurs handicapés prévue à l'article L. 243-4 du code de l'action sociale et des familles.

III. — Par dérogation au I, sont exclus de l'assiette de la contribution mentionnée à l'article L. 136-1 les revenus suivants :

1° *a)* Les rémunérations des apprentis mentionnées à l'article L. 6221-1 du code du travail ;

b) La fraction de la gratification versée aux personnes mentionnées aux *a*, *b* et *f* du 2° de l'article L. 412-8 du présent code et aux 1° et 8° du II de l'article L. 751-1 du code rural et de la pêche maritime, qui n'excède pas, au titre d'un mois civil, le produit d'un pourcentage, fixé par décret, du plafond horaire défini en application du premier alinéa de l'article L. 241-3 du présent code et du nombre d'heures de stage effectuées au cours du mois considéré. Les dispositions de l'article L. 131-7 ne sont pas applicables ;

c) La rémunération des stagiaires de la formation professionnelle mentionnée à l'article L. 6341-1 et à l'article L. 6341-7 du code du travail ;

d) L'allocation de formation mentionnée à l'article L. 6321-10 du même code ;

2° *a)* Les cotisations mises à la charge des employeurs dues auprès des régimes obligatoires de sécurité sociale ;

b) Les contributions mises à la charge des employeurs en application d'une disposition législative ou réglementaire ou d'un accord national interprofessionnel mentionné à l'article L. 921-4 du présent code, destinées au financement des régimes de retraite complémentaire mentionnés au chapitre Ier du titre II du livre IX ou versées en couverture d'engagements de retraite complémentaire souscrits antérieurement à l'adhésion des employeurs aux institutions mettant en œuvre les régimes institués en application de l'article L. 921-4 ;

c) Les contributions mises à la charge des employeurs en application de l'article L. 5422-9 du code du travail destinées au financement du régime d'assurance chômage, ainsi que celles finançant les fonds d'assurance-formation mentionnés à l'article L. 6332-7 du même code ;

d) La part des cotisations salariales prise en charge par l'employeur dans les conditions prévues aux articles L. 241-3-1 et L. 241-3-2 du présent code ;

e) Les contributions des employeurs consacrées au financement des régimes de retraite mentionnés au I de l'article L. 137-11, lorsqu'elles sont assujetties à la contribution mentionnée au 1° ou au 2° du I du même article ;

f) La participation des employeurs à l'effort de construction, prévue par l'article L. 313-1 du code de la construction et de l'habitation ;

g) Le versement destiné au financement des transports en commun, prévu par les articles L. 2333-64, L. 2531-2 et L. 5722-7 du code général des collectivités territoriales ;

h) La contribution des employeurs au financement mutualisé des organisations syndicales de salariés et des organisations professionnelles d'employeurs, prévue par l'article L. 2135-10 du code du travail ;

3° *a)* L'avantage salarial correspondant à la valeur, à leur date d'acquisition, des actions attribuées dans les conditions définies aux articles L. 225-197-1 à L. 225-197-6 du code de commerce, dans la limite annuelle prévue par le I de l'article 80 *quaterdecies* du code général des impôts ;

b) L'indemnisation mentionnée au II de l'article L. 225-270 du code de commerce versée en cas de dissolution de la société coopérative de main-d'œuvre ou, le cas échéant, la valeur des actions attribuées à ce titre ;

c) Les avantages d'actionnariat attribués aux salariés dans le cadre des dispositions de la loi n° 80-834 du 24 octobre 1980 créant une distribution d'actions en faveur des salariés des entreprises industrielles et commerciales ;

d) Les rémunérations mentionnées aux articles L. 225-44 et L. 225-85 du code de commerce perçues par les administrateurs et membres des conseils de surveillance de sociétés anonymes et des sociétés d'exercice libéral à forme anonyme ; celles-ci sont assujetties à la contribution mentionnée à l'article L. 136-6 du présent code au titre des revenus de capitaux mobiliers ;

4° *a)* Les sommes consacrées par les employeurs pour l'acquisition de titres-restaurant dans les conditions prévues au 19° de l'article 81 du code général des impôts ;

b) L'avantage résultant pour le bénévole de la contribution de l'association au financement de chèques-repas en application de l'article 12 de la loi n° 2006-586 du 23 mai 2006 relative à l'engagement éducatif ;

c) L'aide financière du comité social et économique de l'entreprise ou celle de l'entreprise destinée au financement d'activités de services à la personne mentionnées aux articles L. 7233-4 et L. 7233-5 du code du travail ;

d) L'avantage résultant de la prise en charge obligatoire par l'employeur des frais de transports publics dans les conditions prévues à l'article L. 3261-2 du même code ;

e) L'avantage résultant de la prise en charge par l'employeur des frais de carburant ou des frais exposés pour l'alimentation de véhicules électriques engagés par les salariés dans les conditions prévues à l'article L. 3261-3 du même code et des frais mentionnés à l'article L. 3261-3-1 du même code, dans la limite prévue au *b* du 19° *ter* de l'article 81 du code général des impôts *(L. n° 2018-1317 du 28 déc. 2018, art. 3-II)* « , ainsi que l'avantage mentionné au *c* du même 19° *ter*, dans la limite prévue au même *c* » ;

(Abrogé par L. n° 2018-1317 du 28 déc. 2018, art. 30) ***« f) L'avantage résultant pour le salarié de la remise gratuite par son employeur de matériels informatiques et de logiciels nécessaires à leur utilisation entièrement amortis et pouvant permettre l'accès à des services de communications électroniques et de communication au public en ligne, dans la limite prévue par le 31° bis de l'article 81 du même code ; »*** *— Les dispositions de l'art. 30 de la L. n° 2018-1317 du 28 déc. 2018 s'appliquent à compter de l'imposition des revenus de l'année 2019 (L. préc., art. 30-V-B).*

5° *a)* Indépendamment de leur assujettissement à l'impôt sur le revenu, les indemnités versées à l'occasion de la rupture du contrat de travail, dans la limite du plus petit des montants suivants :

— le montant prévu par la convention collective de branche, l'accord professionnel ou interprofessionnel ou la loi si ce dernier est le plus élevé, ou, en l'absence de montant légal ou conventionnel pour le motif concerné, le montant de l'indemnité légale ou conventionnelle de licenciement ;

— le montant fixé en application du 7° du II de l'article L. 242-1 du présent code.

Toutefois, les indemnités versées à l'occasion de la rupture du contrat de travail d'un montant supérieur à dix fois le plafond annuel défini par l'article L. 241-3 sont intégralement assujetties ;

b) Les indemnités versées à l'occasion de la cessation forcée de leurs fonctions aux mandataires sociaux, dirigeants et personnes mentionnées à l'article 80 *ter* du code général des impôts, qui ne sont pas imposables en application de l'article 80 *duodecies* du même code, dans la limite d'un montant égal à deux fois la valeur annuelle du plafond mentionné à l'article L. 241-3 du présent code. Toutefois, les indemnités versées à l'occasion de la cessation forcée des fonctions d'un montant supérieur à cinq fois le plafond annuel défini par l'article L. 241-3 sont intégralement assujetties. Pour l'appréciation des seuils et plafonds du présent alinéa, il est fait masse, le cas échéant, des indemnités mentionnées au *a* du présent 5° ;

6° *a)* L'indemnité mentionnée à l'article 11 de la loi n° 96-370 du 3 mai 1996 relative au développement du volontariat dans les corps de sapeurs-pompiers ;

b) Les prestations de subsistance, d'équipement et de logement ainsi que l'indemnité forfaitaire d'entretien allouées, en application de l'article L. 104 du code du service national, au personnel accomplissant le service national actif dans le service de la coopération ou dans le service de l'aide technique ;

c) L'indemnité mensuelle et l'indemnité supplémentaire versées dans le cadre de l'accomplissement d'un volontariat international en application de l'article L. 122-12 du même code ;

d) L'indemnité versée dans le cadre d'un contrat de volontariat de solidarité internationale en application de l'article 7 de la loi n° 2005-159 du 23 février 2005 relative au contrat de volontariat de solidarité internationale ;

e) L'indemnité versée dans le cadre de la recherche médicale dans les conditions prévues à l'article L. 1121-11 du code de la santé publique ;

f) Les prestations mentionnées aux articles L. 325-1 et L. 325-2 du code rural et de la pêche maritime dans le cadre de l'entraide entre agriculteurs ;

7° Les revenus d'activité versés à des bénéficiaires redevables de la cotisation mentionnée au deuxième alinéa du IV de l'article L. 380-3-1 du présent code.

Les dispositions de l'Ord. n° 2018-474 du 12 juin 2018 s'appliquent aux cotisations et contributions dues pour les périodes courant à compter du 1er sept. 2018 (Ord. préc., art. 16).

Art. L. 136-1-2 *(Ord. n° 2018-474 du 12 juin 2018, art. 1er)* **I. — La contribution prévue à l'article L. 136-1 est due sur toute somme destinée à compenser la perte de revenu d'activité, y compris en tant qu'ayant droit, et versée sous quelque forme que ce soit et quelle qu'en soit la dénomination.**

II. — Par dérogation au I, sont exclus de l'assiette de la contribution les revenus suivants :

1° Les pensions de retraite et d'invalidité des personnes dont le montant des revenus de l'avant-dernière année tels que définis au IV de l'article 1417 du code général des impôts n'excède pas les seuils mentionnés au 1° du III de l'article L. 136-8 du présent code ou qui sont titulaires d'un avantage de vieillesse ou d'invalidité non contributif attribué par un régime de base de sécurité sociale sous conditions de ressources ou par le service mentionné à l'article L. 815-7 ;

2° Les pensions servies en vertu des dispositions du code des pensions militaires d'invalidité et des victimes de guerre ainsi que la retraite du combattant mentionnée aux articles L. 321-1 à L. 321-3 du même code ;

3° Les retraites mutuelles servies aux anciens combattants et victimes de la guerre dans le cadre des dispositions de l'article L. 222-2 du code de la mutualité ;

4° Les allocations de chômage et avantages attachés à la cessation d'activité, versés aux travailleurs privés d'emploi, totalement ou partiellement, hors ceux mentionnés au 3° de l'article L. 131-2 du présent code, perçus par des personnes dont le montant des revenus de l'avant-dernière année tels que définis au IV de l'article 1417 du code général des impôts n'excède pas les seuils mentionnés au 1° du III de l'article L. 136-8 du présent code.

En outre, la contribution due sur ces allocations ne peut avoir pour effet de porter le montant net de celles-ci ou, en cas de cessation partielle d'activité, le montant cumulé de la rémunération d'activité et de l'allocation perçue, en deçà du montant du salaire minimum de croissance ;

5° L'allocation de solidarité spécifique prévue à l'article L. 5423-1 du code du travail ;

6° Les rentes viagères et indemnités en capital servies aux victimes d'accident du travail ou de maladie professionnelle, ou à leurs ayants droit, par les organismes de sécurité sociale ou, pour leur compte, par les employeurs ;

7° L'indemnité de cessation d'activité des travailleurs de l'amiante prévue au V de l'article 41 de la loi n° 98-1194 du 23 décembre 1998 de financement de la sécurité sociale pour 1999 ;

8° L'allocation veuvage mentionnée à l'article L. 356-1 du présent code et à l'article L. 722-16 du code rural et de la pêche maritime ;

9° Le capital versé au titre de l'assurance décès prévue à l'article L. 361-1 du présent code ainsi que le capital décès versé par un organisme habilité et bénéficiant d'un financement patronal délivré dans le cadre d'un régime collectif et obligatoire de protection sociale complémentaire ;

10° Les revenus de remplacement versés à des bénéficiaires redevables de la cotisation mentionnée au deuxième alinéa du IV de l'article L. 380-3-1.

Sur l'entrée en vigueur de l'Ord. n° 2018-474 du 12 juin 2018, V. note ss. art. L. 136-1-1.

Art. L. 136-1-3 *(Ord. n° 2018-474 du 12 juin 2018, art. 1er)* **I. — Ne sont pas assujetties à la contribution sociale prévue à l'article L. 136-1 les prestations sociales suivantes :**

1° Les prestations familiales mentionnées aux articles L. 511-1 et L. 755-1 ;

2° La prime d'activité mentionnée à l'article L. 841-1 ;

3° L'allocation aux adultes handicapés prévue à l'article L. 821-1 ;

4° L'allocation de solidarité aux personnes âgées prévue à l'article L. 815-1 et les allocations mentionnées à l'article 2 de l'ordonnance n° 2004-605 du 24 juin 2004 simplifiant le minimum vieillesse ;

5° L'allocation supplémentaire d'invalidité prévue à l'article L. 815-24 ;

6° L'allocation de logement prévue par les articles L. 831-1 à L. 831-7, ainsi que l'aide personnalisée au logement prévue par les articles L. 351-1 à L. 351-14 du code de la construction et de l'habitation ;

7° L'allocation personnalisée d'autonomie prévue à l'article L. 232-1 du code de l'action sociale et des familles ;

8° Le revenu de solidarité active prévu à l'article L. 262-1 du même code ;

9° La prestation de compensation servie en vertu des dispositions de l'article L. 245-1 du code de l'action sociale et des familles, à l'exception du dédommagement mentionné à l'article L. 245-12 du même code ;

10° L'allocation pour demandeur d'asile prévue à l'article L. 744-9 du code de l'entrée et du séjour des étrangers et du droit d'asile ;

(L. n° 2018-1317 du 28 déc. 2018, art. 223-II) « 11° L'allocation de reconnaissance prévue à l'article 6 de la loi n° 2005-158 du 23 février 2005 portant reconnaissance de la Nation et contribution nationale en faveur des Français rapatriés ; »

12° L'allocation versée au profit des conjoints et ex-conjoints, mariés ou ayant conclu un pacte civil de solidarité, survivants de harkis, moghaznis et personnels des autres formations supplétives de statut civil de droit local ayant servi en Algérie qui ont fixé leur domicile en France dans les conditions prévues à l'article 133 de la loi n° 2015-1785 du 29 décembre 2015 de finances pour 2016 ;

13° Les pensions temporaires d'orphelin versées en application du code des pensions civiles et militaires de retraite, à concurrence de l'allocation aux adultes handicapés, lorsqu'elles remplacent cette allocation en tout ou partie du fait de la loi, ainsi que la fraction de ces pensions temporaires qui correspond au montant des prestations familiales auxquelles aurait eu droit le parent décédé ;

14° Les allocations, indemnités et prestations mentionnées au 9° de l'article 81 du code général des impôts.

II. – Ne sont pas non plus assujettis :

1° La prise en charge des frais de santé ;

2° Les pensions alimentaires répondant aux conditions fixées par les articles 205 à 211 du code civil, les rentes prévues à l'article 276 du même code et les pensions alimentaires versées en vertu d'une décision de justice, en cas de séparation de corps ou de divorce, ou en cas d'instance en séparation de corps ou en divorce ;

3° Les rentes servies en représentation de dommages-intérêts en vertu d'une condamnation prononcée judiciairement ou au titre de la solidarité nationale pour la réparation d'un préjudice corporel ayant entraîné pour la victime une incapacité permanente totale l'obligeant à avoir recours à l'assistance d'une tierce personne pour effectuer les actes ordinaires de la vie ;

4° Les traitements attachés à la légion d'honneur et à la médaille militaire ;

5° Les mesures de réparation instaurées en faveur des victimes de persécutions ou d'actes de barbarie durant la Deuxième Guerre mondiale ou de leurs ayants droit.

Sur l'entrée en vigueur de l'Ord. n° 2018-474 du 12 juin 2018, V. note ss. art. L. 136-1-1.

Art. L. 136-2 *(Ord. n° 2018-474 du 12 juin 2018, art. 1er, en vigueur le 1er sept. 2018)* I. – Pour le calcul de l'assiette de la contribution prévue à l'article L. 136-1 du présent code, les revenus bruts suivants bénéficient d'une réduction représentative de frais professionnels fixée à 1,75 % pour leur montant inférieur à quatre fois la valeur du plafond mentionné à l'article L. 241-3 :

1° Les revenus d'activité, à l'exception de ceux mentionnés au II de l'article L. 242-1, de ceux perçus par les travailleurs indépendants assujettis dans les conditions prévues aux articles L. 136-3 et L. 136-4, et des indemnités perçues à l'occasion d'un mandat ou d'une fonction élective ;

2° Les revenus d'activité assimilés fiscalement à des traitements et salaires des artistes-auteurs mentionnés à l'article L. 382-1 ;

3° Les allocations de chômage mentionnées au I de l'article L. 136-1-2.

II. – La contribution est établie sur l'assiette correspondant aux cotisations forfaitaires applicables aux catégories de salariés ou assimilés visées par les décrets pris en application de l'article L. 242-4-4, dans leur rédaction en vigueur à la date de publication de la dernière loi de financement de la sécurité sociale.

Les dispositions de l'Ord. n° 2018-474 du 12 juin 2018 s'appliquent aux cotisations et contributions dues pour les périodes courant à compter du 1er sept. 2018 (Ord. préc., art. 16).

Ancien art. L. 136-2 ***I. — La contribution est assise sur le montant brut des traitements, indemnités, émoluments, salaires, allocations, pensions y compris les majorations et bonifications pour enfants, des rentes viagères autres que celles visées au 6 de l'article 158 du code général des impôts et des revenus tirés des activités exercées par les personnes mentionnées aux articles L. 311-2 et L. 311-3.*** (L. n° 94-43 du 18 janv. 1994, art. 82-II) ***« L'assiette de la contribution due par les artistes-auteurs est celle prévue au troisième alinéa de l'article L. 382-3. »***

(L. n° 94-43 du 18 janv. 1994, art. 82-II ; L. n° 2010-1594 du 20 déc. 2010, art. 20-1° ; L. n° 2011-1906 du 21 déc. 2011, art. 17-I) ***« Sur le montant brut inférieur à quatre fois la valeur du plafond mentionné à l'article L. 241-3 des traitements, indemnités, émoluments, salaires, des revenus des artistes-auteurs assimilés fiscalement à des traitements et salaires et des allocations de chômage, il est opéré une réduction représentative de frais professionnels forfaitairement fixée à 1,75 % de ce montant. Cette réduction ne s'applique ni aux éléments mentionnés au II du présent article ni à ceux mentionnés aux 1° et 4° de l'article L. 137-15. »***

Elle est également assise sur tous les avantages en nature ou en argent accordés aux intéressés en sus des revenus visés au premier alinéa.

Pour l'application du présent article, les traitements, salaires et toutes sommes versées en contrepartie ou à l'occasion du travail sont évalués selon les règles fixées à l'article L. 242-1. Toutefois, les déductions visées au 3° de l'article 83 du code général des impôts ne sont pas applicables.

(L. n° 2002-73 du 17 janv. 2002, art. 72) ***« I bis. — La contribution est établie sur l'assiette correspondant aux cotisations forfaitaires applicables aux catégories de salariés ou assimilés visées par les arrêtés pris en application des articles L. 241-2 et L. 241-3 du présent code et L. 741-13 du code rural et de la pêche maritime, dans leur rédaction en vigueur à la date de publication de la dernière loi de financement de la sécurité sociale. »***

II. — Sont inclus dans l'assiette de la contribution :

1° Les sommes allouées au salarié au titre de l'intéressement prévu à l'article (L. n° 94-640 du 25 juill. 1994, art. 33 ; L. n° 2008-1258 du 3 déc. 2008, art. 11) ***« L. 3312-4 du code du travail » ;***

2° (L. n° 96-1160 du 27 déc. 1996, art. 10-2° ; L. n° 2008-1258 du 3 déc. 2008, art. 11) ***« Les sommes réparties au titre de la réserve spéciale de participation conformément aux dispositions de l'article L. 3324-5 du code du travail, ainsi que les sommes versées par l'entreprise en application de l'article L. 3332-27 du même code ; la contribution est précomptée par l'entreprise ou l'organisme de gestion respectivement lors de la répartition de la réserve spéciale, ou lors du versement au plan d'épargne d'entreprise. »***

3° a) (L. n° 2002-1576 du 30 déc. 2002, art. 55) ***« L'indemnité parlementaire et l'indemnité de fonction prévues aux articles 1er et 2 de l'ordonnance n° 58-1210 du 13 décembre 1958 portant loi organique relative à l'indemnité des membres du Parlement,*** (L. n° 2011-1906 du 21 déc. 2011, art. 17-III-1°) ***« l'indemnité de résidence, »*** (Abrogé par L. n° 2017-1339 du 15 sept. 2017, art. 20-I, à compter du 1er janv. 2018) ***« l'indemnité représentative de frais de mandat, au plus égale au montant brut cumulé des deux*** (L. n° 2011-1906 du 21 déc. 2011, art. 17-III-1°) ***« premières » et versée à titre d'allocation spéciale pour frais par les assemblées à tous leurs membres, » ainsi que, la plus élevée d'entre elles ne pouvant être supérieure de plus de la moitié à ce montant, les indemnités de fonction complémentaires versées, au même titre, en vertu d'une décision prise par le Bureau desdites assemblées, à certains de leurs membres exerçant des fonctions particulières ; »***

b) Les indemnités versées aux représentants français au Parlement européen dans les conditions prévues à l'article 1er de la loi n° 79-563 du 6 juillet 1979 relative à l'indemnité des représentants au Parlement européen et aux indemnités versées à ses membres par le Parlement européen ;

c) La rémunération et les indemnités par jour de présence versées aux membres du Conseil économique social, et environnemental en application de l'article 22 de l'ordonnance n° 58-1360 du 29 décembre 1958 portant loi organique relative au Conseil économique et social ainsi que l'indemnité versée au Président et aux membres du Conseil constitutionnel en application de l'article 6 de l'ordonnance n° 58-1067 du 7 novembre 1958 portant loi organique sur le Conseil constitutionnel ;

d) Les indemnités versées par les collectivités locales, leurs groupements ou leurs établissements publics aux élus municipaux, cantonaux et régionaux ;

(L. n° 2002-276 du 27 févr. 2002, art. 69-IV) *« e) Les allocations versées à l'issue des mandats locaux par le fonds mentionné par l'article L. 1621-2 du code général des collectivités territoriales. »*

4° (L. n° 2003-775 du 21 août 2003, art. 113-III) *« Les contributions des employeurs destinées au financement des prestations complémentaires de retraite et de prévoyance, à l'exception de celles visées au cinquième alinéa de l'article L. 242-1 du présent code »* (L. n° 2010-1594 du 20 déc. 2010, art. 24-II-1°) *« et de celles destinées au financement des régimes de retraite visés au I de l'article L. 137-11 ; »* — Les dispositions issues de la L. n° 2010-1594 du 20 déc. 2010 sont applicables aux revenus perçus à compter du 1er janv. 2011 (L. préc., art. 24-III).

5° (L. n° 96-1160 du 27 déc. 1996, art. 10-3° ; L. n° 99-1140 du 29 déc. 1999, art. 2-I-1° ; L. n° 2006-1640 du 21 déc. 2006, art. 16-IV ; L. n° 2008-1330 du 17 déc. 2008, art. 14-III ; L. n° 2010-1594 du 20 déc. 2010, art. 18-II-1° ; L. n° 2012-1404 du 17 déc. 2012, art. 21-II) *« Indépendamment de leur assujettissement à l'impôt sur le revenu, les indemnités de licenciement ou de mise à la retraite et toutes autres sommes versées à l'occasion de la rupture du contrat de travail pour la fraction qui excède le montant prévu par la convention collective de branche, l'accord professionnel ou interprofessionnel ou à défaut par la loi ou, en l'absence de montant légal ou conventionnel pour ce motif, pour la fraction qui excède l'indemnité légale ou conventionnelle de licenciement. En tout état de cause, cette fraction ne peut être inférieure au montant assujetti aux cotisations de sécurité sociale en application du douzième alinéa de l'article L. 242-1. Toutefois, les indemnités d'un montant supérieur à* (L. n° 2012-958 du 16 août 2012, art. 30-I-1°) *« dix » fois le plafond annuel défini par l'article L. 241-3 du présent code sont assujetties dès le premier euro* (Abrogé par L. n° 2016-1827 du 23 déc. 2016, art. 14-I) *« ; pour l'application des présentes dispositions, il est fait masse des indemnités liées à la rupture du contrat de travail et de celles versées en cas de cessation forcée des fonctions des personnes visées au 5° bis du présent II ». Sont également assujetties toutes sommes versées à l'occasion de la modification du contrat de travail ; »* — La disposition issue de la L. n° 2012-958 du 16 août 2012 s'applique aux indemnités versées à compter du 1er sept. 2012 (L. préc., art. 30-II). — V. Circ. interministérielle n° DSS/SD5B/2011/145 du 14 avr. 2011 relative aux modalités d'assujettissement aux cotisations et contributions de sécurité sociale des indemnités versées à l'occasion de la rupture du contrat de travail ou de la cessation forcée des fonctions de mandataires sociaux, dirigeants et personnes visées à l'art. 80 ter CGI. — Sur l'entrée en vigueur de l'art. 14-I de la L. n° 2016-1827 du 23 déc. 2016, V. dernière note au 5° bis ci-dessous.

5° bis (L. n° 99-1140 du 29 déc. 1999, art. 2-I-2°) *« Les indemnités versées à l'occasion de la cessation de leurs fonctions aux mandataires sociaux, dirigeants et personnes visées à l'article 80 ter du code général des impôts, ou, en cas de cessation forcée de ces fonctions, la fraction de ces indemnités qui excède »* (L. n° 2010-1594 du 20 déc. 2010, art. 18-II-2°) *« la part des indemnités exclue de l'assiette des cotisations de sécurité sociale en application du douzième alinéa de l'article L. 242-1 du présent code ».* (L. n° 2008-1330 du 17 déc. 2008, art. 14-III) *« Toutefois, en cas de cessation forcée des fonctions, les indemnités d'un montant supérieur à* (L. n° 2015-1702 du 21 déc. 2015, art. 8-I-1°) *« cinq » fois le plafond annuel défini par l'article L. 241-3 du présent code sont assujetties dès le premier euro* (Abrogé par L. n° 2016-1827 du 23 déc. 2016, art. 14-I) *« ; pour l'application des présentes dispositions, il est fait masse des indemnités liées à la cessation forcée des fonctions et de celles visées à la première phrase du 5° ». »* (L. n° 2016-1827 du 23 déc. 2016, art. 14-I) *« Lorsque les personnes mentionnées à la première phrase du présent 5° bis perçoivent des indemnités mentionnées à la première phrase du 5°, il est fait masse de ces indemnités et de celles mentionnées à la première phrase du présent 5° bis. La somme de l'ensemble de ces indemnités est assujettie au premier euro dans les conditions prévues à la deuxième phrase du présent 5° bis ; »* — Les dispositions issues de la L. n° 2015-1702 du 21 déc. 2015 sont applicables aux indemnités versées au titre d'une rupture du contrat de travail ou d'une cessation forcée notifiée à compter du 1er janv. 2016 ou aux indemnités versées à l'occasion d'une rupture mentionnée à l'art. L. 1237-11 C. trav. dont la demande d'homologation a été transmise à compter de cette date. Toutefois, les dispositions préc. ne s'appliquent pas aux indemnités versées à l'occasion de la rupture du contrat de travail intervenant dans le cadre d'un projet établi en application des art. L. 1233-8 et L. 1233-61 C. trav. et pour lequel la réunion mentionnée à l'art. L. 1233-8 ou la première réunion mentionnée aux articles L. 1233-29 ou L. 1233-30 du même code est intervenue le 31 déc. 2015 au plus tard (L. n° 2015-1702 du 21 déc. 2015, art. 8-II). — Les dispositions issues de la L. n° 2016-1827 du 23 déc. 2016 s'appliquent aux indemnités versées au titre des ruptures de contrat de travail notifiées à compter du 1er janv. 2017 ou aux indemnités versées à l'occasion d'une rupture mentionnée à l'art. L. 1237-11 C. trav. dont la demande d'homologation a été transmise à compter de cette date (L. préc., art. 14-II).

(L. n° 2015-990 du 6 août 2015, art. 135-II-A) *« 6° L'avantage mentionné au I de l'article 80 bis du code général des impôts* (L. n° 2016-1917 du 29 déc. 2016, art. 61-II) *« , ainsi que l'avantage mentionné au I de l'article 80 quaterdecies du même code lorsque ce dernier est imposé à l'impôt sur le revenu suivant les règles de droit commun des traitements et salaires » ; »* — Les dispositions de la L. n° 2015-990 du 6 août 2015 s'appliquent aux actions gratuites dont l'attribution a été autorisée par une décision de l'assemblée générale extraordinaire postérieure à la publication de la loi susvisée (L. préc., art. 135-VII, JO 7 août). — Les dispositions de l'art. 61-II de la L. n° 2016-1917 du 29 déc. 2016 s'appliquent aux actions gratuites dont l'attribution a été autorisée par une décision de l'assemblée générale extraordinaire postérieure à la publication de la loi survisée (L. préc., art. 61-III, JO 30 déc.).

(L. n° 96-1160 du 17 déc. 1996, art. 10-3°) *« 7° Les indemnités journalières ou allocations versées par les organismes de sécurité sociale ou, pour leur compte, par les employeurs à l'occasion de la maladie,* (L. n° 2001-1246 du 21 déc. 2001, art. 55-IX ; L. n° 2012-1404 du 17 déc. 2012, art. 94-VII-E) *« de la maternité ou de la paternité et de l'accueil de l'enfant », des accidents du travail et des maladies professionnelles, à l'exception des rentes viagères* (L. n° 97-1164 du 19 déc. 1997, art. 3) *« et indemnités en capital » servies aux victimes d'accident du travail ou de maladie professionnelle ou à leurs ayants droit » ;*

(L. n° 2017-1836 du 30 déc. 2017, art. 8-I) *« 8° Le dédommagement versé à l'aidant familial en application de l'article L. 245-12 du code de l'action sociale et des familles. »* — Sur l'entrée en vigueur de l'art. 8-I de la L. n° 2017-1836 du 30 déc. 2017, V. dispositions transitoires ss. art. L. 136-8.

III. — Ne sont pas inclus dans l'assiette de la contribution :

1° Les allocations de chômage (Abrogé par L. n° 2007-1786 du 19 déc. 2007, art. 16-I) *« et de préretraite » visées à l'article L. 131-2, perçues par des personnes* (L. n° 97-1164 du 19 déc. 1997, art. 2-I ; L. n° 2000-656 du 13 juill. 2000, art. 11-V-9) *« dont le montant des revenus de l'avant-dernière année tels que définis au IV de l'article 1417 du code général des impôts n'excède pas les seuils »* (L. n° 2014-1554 du 22 déc. 2014, art. 7-I-C) *« mentionnés au 1° du III de l'article L. 136-8 ». En outre, la contribution pesant sur ces allocations ne peut avoir pour effet de réduire le montant net de celles-ci ou, en cas de cessation partielle d'activité, le montant cumulé de la rémunération d'activité et de l'allocation perçue, en deçà du montant du salaire minimum de croissance ;*

2° Les pensions de retraite et d'invalidité des personnes (L. n° 97-1164 du 19 déc. 1997, art. 2-I ; L. n° 2000-656 du 13 juill. 2000, art. 11-V-9) *« dont le montant des revenus de l'avant-dernière année tels que définis au IV de l'article 1417 du code général des impôts n'excède pas les seuils »* (L. n° 2014-1554 du 22 déc. 2014, art. 7-I-C) *« mentionnés au 1° du III de l'article L. 136-8 » ou qui sont titulaires d'un avantage de vieillesse ou d'invalidité non contributif attribué par un régime de base de sécurité sociale sous conditions de ressources ou par le fonds spécial visé à l'article L. 814-5. Ces conditions de ressources sont celles qui sont applicables pour l'attribution de l'allocation supplémentaire du Fonds national de solidarité ;*

3° Les revenus visés aux (L. n° 96-1160 du 27 déc. 1996, art. 10-5° ; L. n° 2003-1199 du 18 déc. 2003, art. 60-V ; L. n° 2006-339 du 23 mars 2006, art. 6-II ; L. n° 2006-1770 du 30 déc. 2006, art. 70-II ; L. n° 2010-1594 du 20 déc. 2010, art. 20-2° ; L. n° 2013-1278 du 29 déc. 2013, art. 26-IV ; L. n° 2016-1088 du 8 août 2016, art. 48-II) *« 2°, 2° bis, 4°, 7°, 9°, 9° bis,* (Abrogé par L. n° 2016-1917 du 29 déc. 2016, art. 87-III) *« 9° quater, » 9° quinquies, 10°, 12°, 13°, 14°, 14° bis, 14° ter, 15°, a, b, d et f du 17°, 19° et b du 19° ter » de l'article 81 du code général des impôts ainsi que ceux visés aux articles L. 6341-1 et L. 6341-7 du code du travail ;* — V. notes ss. art.

4° Les pensions alimentaires répondant aux conditions fixées par les articles 205 à 211 du code civil, les rentes prévues à l'article 276 du code civil et les pensions alimentaires versées en vertu d'une décision de justice, en cas de séparation de corps ou de divorce, ou en cas d'instance en séparation de corps ou en divorce ;

5° (L. n° 96-1160 du 27 déc. 1996, art. 10-6°) *« Les salaires versés au titre des contrats conclus en application de l'article L. 6221-1 du code du travail » ;*

(L. n° 2010-1330 du 9 nov. 2010, art. 93-I) *« 6° L'allocation de veuvage visée à l'article L. 356-1 du présent code et à l'article L. 722-16 du code rural et de la pêche maritime ; »*

7° (L. n° 2000-1257 du 23 déc. 2000, art. 5-II) *« L'indemnité de cessation d'activité visée au V de l'article 41 de la loi de financement de la sécurité sociale pour 1999 (n° 98-1194 du 23 décembre 1998) ».*

(Abrogé par L. n° 2010-241 du 10 mars 2010, art. 19) (L. n° 2006-586 du 23 mai 2006, art. 14-II) *« 8° L'indemnité prévue à l'article 9 de la loi n° 2006-586 du 23 mai 2006 relative au volontariat associatif et à l'engagement éducatif. »*

Sur l'entrée en vigueur des dispositions issues de la L. n° 2003-1199 du 18 déc. 2003, V. note ss. art. L. 511-1.

Les dispositions issues de la L. n° 2007-1786 du 19 déc. 2007 sont applicables aux allocations ou avantages perçus par les salariés dont la préretraite ou la cessation anticipée d'activité a pris effet à compter du 11 oct. 2007 (L. n° 2007-1786 du 19 déc. 2007, art. 16-II).

Les dispositions issues de la L. n° 2012-1509 du 29 déc. 2012 sont applicables aux options sur titres et aux actions gratuites attribuées à compter du 28 sept. 2012 (L. préc., art. 11-IV).

Les dispositions de la L. n° 2013-1278 du 29 déc. 2013 s'appliquent aux sommes attribuées aux héritiers d'exploitants agricoles ou aux conjoints d'héritiers d'exploitants agricoles qui participent directement et gratuitement à l'exploitation agricole après le 30 juin 2014 (L. préc., art. 26-XI).

Les dispositions de l'art. 7-I de la L. n° 2014-1554 du 22 déc. 2014 s'appliquent aux revenus de remplacement dont le fait générateur intervient à compter du 1er janv. 2015 (L. préc., art. 7-VI).

Les dispositions issues de l'art. 48 de la L. n° 2016-1088 du 8 août 2016 s'appliquent au titre des cotisations dues pour les périodes courant à compter du 1er janv. 2016 (L. préc., art. 48-III).

Les dispositions de l'art. 87-III de la L. n° 2016-1917 du 29 déc. 2016 entrent en vigueur à une date fixée par décret, et au plus tard le 1er sept. 2017 (L. préc., art. 87-III-F).

I. DÉTERMINATION DE L'ASSIETTE

1. Principe. Il ressort de l'art. L. 136-2 que la contribution est due sur toutes les rémunérations définies à l'art. L. 242-1. • Soc. 7 déc. 2000 : *RJS 2001, n° 239.* ♦ ***(Sommes constitutives de rémunération).*** Dès lors que les sommes provisionnées par l'employeur pour le financement de prestations complémentaires de retraite garanties aux salariés cadres ayant une certaine ancienneté par un accord d'entreprise ont pour objet de procurer aux intéressés un complément de retraite leur permettant de bénéficier d'une pension globale égale à un pourcentage de leur traitement d'activité, ces sommes, individualisées lors de leur règlement, ont le caractère d'un avantage lié au contrat de travail dont le montant financé exclusivement par l'employeur est soumis à cotisations. • Civ. 2e, 18 nov. 2003 : *RJS 2004, n° 252.* ♦ Sont incluses dans la base des cotisations les allocations complémentaires aux indemnités journalières de sécurité sociale, versées au titre de périodes d'incapacité temporaire de travail consécutives à une maladie, un accident, une maternité, en application du contrat de travail ou d'une convention collective de travail, lorsqu'elles sont destinées à maintenir en tout ou en partie, pendant ces périodes, le salaire d'activité, que ces allocations soient versées directement par l'employeur ou pour son compte par l'intermédiaire d'un tiers. • Soc. 7 déc. 2000, n° 99-13.173.

2. Avantages en nature. La CSG est assise sur l'ensemble des rémunérations ainsi que sur les avantages en nature accordés aux intéressés. • Soc. 13 déc. 2001, n° 00-13.509 P : *RJS 2002, n° 216.*

3. Dommages et intérêts en cas de rupture anticipée d'un CDD. En application de la loi du 29 déc. 1999 portant financement de la sécurité sociale, laquelle a complété les art. L. 136-2 et L. 242-1, et de la loi de finances du 30 déc. 1999 qui a introduit dans le CGI l'art. 80 *duodecies*, les dommages et intérêts versés par l'employeur à l'occasion de la rupture anticipée d'un contrat de travail à durée déterminée sont assujettis à la CSG et à la CRDS. • Civ. 2e, 7 juin 2006, n° 04-10.326 P : *Dr. soc. 2006. 941, obs. Coursier ; JCP S 2006. Étude 1833, note Jacotot ; RJS 8-9/2006, n° 991.*

4. Situation des fonctionnaires. (Rémunérations). L'art. L. 136-2 et l'art. 14 de l'Ord. n° 96-50 du 24 janv. 1996, qui n'opèrent aucune distinction au profit des fonctionnaires de l'État, soumettent à cotisations au titre de la CSG et de la CRDS toutes les rémunérations définies par l'art. L. 242-1. • Soc. 13 déc. 2001, n° 00-12.540 P : *RJS 2002, n° 216.* ♦ ***(Chèques-vacances).*** La subvention versée aux chèques-vacances octroyés par la Caisse des dépôts et consignations à ses fonctionnaires n'a pas le caractère de secours attribués en considération de situations individuelles dignes d'intérêt. Les chèques-vacances constituent des avantages en argent alloués en contrepartie ou à l'occasion du travail, soumis à la contribution sur les revenus d'activité et sur les revenus de remplacement perçue au titre de la CSG et de la CRDS. • Civ. 2e, 7 mai 2015 : *JCP S 2015, n° 1271, comm. Tauran ; RJS 2015, n° 531.* ♦ ***(Avantages en nature).*** En l'absence de disposition expresse, l'exonération de cotisations sociales des avantages en nature dont bénéficient les agents publics hospitaliers ne peut être étendue à la CSG. • Soc. 13 déc. 2001, n° 00-13.509 P : *RJS 2002, n° 216 (2e esp.).* ♦ ***(Gratuité des soins médicaux et des médicaments).*** La gratuité des soins médicaux et des médicaments dont bénéficient les agents des établissements publics de santé constitue un avantage en nature, alloué par l'employeur à son personnel en contrepartie ou à l'occasion du travail, qui entre dès lors dans l'assiette des cotisations au titre de la CSG et de la CRDS. • Soc. 13 déc. 2001 : *préc.* ♦ ***(Mise à disposition de véhicules et de téléphones).*** Dès lors que les véhicules et téléphones mis par l'employeur à la disposition de certains salariés n'ont pas un usage exclusivement professionnel, il en résulte pour les intéressés un avantage en nature entrant dans l'assiette de la CSG. • Soc. 13 déc. 2001 : préc. ♦ *(Repas).* L'avantage en nature constitué par l'économie procurée aux salariés par la fourniture gratuite d'un repas doit être intégré dans l'assiette des cotisations sociales. • Soc. 13 déc. 2001 : préc. ♦ *(Logement et soins).* La fourniture du logement et la prise en charge de soins hospitaliers, médicaux et pharmaceutiques accordées aux personnels d'un centre hospitalier constituent des avantages en nature alloués par l'employeur à son personnel en contrepartie ou à l'occasion du travail qui entrent dès lors dans l'assiette des cotisations au titre de la CSG et de la CRDS. • Civ. 2e, 17 juin 2003 : *RJS 2003, n° 1219.*

II. ÉTENDUE DES EXONÉRATIONS

5. *Contributions patronales au financement de régime de prévoyance ou de retraite complémentaire (art. L. 136-2-II-4°).* Le nouveau traitement social des contributions des employeurs au financement de régime de retraite complémentaire ou de prévoyance (art. L. 242-1, al. 6 à 9, et D. 242-1) a été commenté par :

– *Lettre-circulaire ACOSS n° 2005-089, 9 juin 2005 : Liaisons sociales (Législation sociale), 15 juill. 2005, n° 8606.*

– *Circulaire DSS/5B/2005/396, 25 août 2005 : Liaisons sociales (Législation sociale), 4 nov. 2005, n° 8638.*

– *Circulaire DSS/5B/2006/330, 21 juill. 2006 : Liaisons sociales (Législation sociale), 22 août 2006, n° 8721.* ♦ Est exclue de l'exonération de CSG et de CRDS la contribution mise à la charge d'un conseil général par la L. n° 92-108 du 3 févr. 1992 en vue de participer à la constitution d'une retraite par rente supplémentaire qui a un caractère facultatif, résultant du libre choix du seul bénéficiaire. • Civ. 2e, 9 févr. 2006 : *RJS 5/2006, n° 631 ; Dr. soc. 2006. 579, note Coursier ; AJDA 2006. 839* .

6. *Contribution patronale pour garantir le maintien de salaire.* Si le revenu de remplacement que constitue pour le salarié absent le maintien du salaire auquel est tenu l'employeur en application de la loi sur la mensualisation ou d'un accord collectif est assujetti à la CSG et à la CRDS, la prime acquittée par l'employeur dans le cadre d'une assurance souscrite pour garantir le risque d'avoir à financer cette prestation, qui n'a pas pour objet de conférer au salarié un avantage supplémentaire, ne constitue pas une contribution au financement d'un régime de prévoyance instituant des garanties complémentaires au profit des salariés. • Civ. 2e, 23 nov. 2006, n° 05-11.364 P : *D. 2006. 3013 ; RJS 2007, n° 274 ; JCP E 2007. 1768, obs. Wismer ; SSL 2006, n° 1287, p. 12* • 23 nov. 2006, n° 04-30.208 P : *D. 2006. 3013 ; RJS 2007, n° 274 ; JCP S 2007. 1209 ; ibid., 1704, note Bugada ; JCP E 2008. 1565, note Bugada ; Dr. soc. 2007. 251, obs. Coursier* • 22 févr. 2007 : *RJS 5/07, n° 660.* ♦ *Adde* chron. Kessler, *SSL 2006, n° 1287, p. 12 ;* Barthélemy, *Dr. soc. 2007. 472.*

7. *Indemnités de rupture du contrat de travail.* L'exonération prévue par l'art. L. 136-2-II-5° ne porte que sur l'indemnité conventionnelle de licenciement, sur l'indemnité prévue par l'art. L. 122-9 C. trav. ainsi que sur le minimum légal de 6 mois fixé par l'art. L. 122-14-4 C. trav. • Civ. 2e, 19 avr. 2005, n° 03-30.759 P : *RJS 2005, n° 773.* ♦ La fraction de l'indemnité de licenciement qui excède le montant de l'indemnité légale ou conventionnelle à laquelle le salarié aurait pu prétendre si elle avait été calculée sur la base de son ancienneté légale ou conventionnelle est soumise à la CSG et à la CRDS. • Soc. 12 nov. 2008 : *RJS 2009, n° 16.* ♦ V. aussi • Civ. 2e, 5 juin 2008, n° 07-14.408 P : *RJS 2008, n° 24.* ♦ V. pour une application à un journaliste professionnel : n'est pas exonérée de CSG et de CRDS la fraction de l'indemnité de licenciement versée à un journaliste excédant 15 mois de salaire, dont le montant est laissé à la discrétion d'une commission arbitrale et, en conséquence, n'est pas prévu par la loi, à la différence de ce dernier seuil fixé par l'art. L. 761-5 C. trav. • Civ. 2e, 21 juin 2005, n° 03-30.754 P : *RJS 2005, n° 1035 (3e esp.) ; JCP S 2006. 1211, note Morvan.*

8. *Situation des apprentis.* L'exonération visée par l'art. L. 136-2-III-5° ne s'applique qu'aux salaires versés aux apprentis. Les sommes allouées à ces derniers au titre de l'intéressement et de la participation entrent dans l'assiette de la CSG et de la CRDS. • Soc. 26 avr. 2001, n° 99-18.773 P : *RJS 2001, n° 917.*

Art. L. 136-3 *(Abrogé par Ord. n° 2018-474 du 12 juin 2018, art. 1er, à compter du 1er sept. 2018)* ***« Sont soumis à la contribution les revenus professionnels des travailleurs indépendants non agricoles. »***

(L. n° 2006-1640 du 21 déc. 2006, art. 10-I ; L. n° 2008-1258 du 3 déc. 2008, art. 11) **« La contribution** *(L. n° 2014-626 du 18 juin 2014, art. 25-I-5°)* **« due par les travailleurs indépendants non agricoles** *(Ord. n° 2018-470 du 12 juin 2018, art. 1er)* **« autres que ceux mentionnés à l'article L. 613-7 » est assise sur les revenus déterminés par application des dispositions** *(L. n° 2018-1203 du 22 déc. 2018, art. 22-I, en vigueur le 1er janv. 2020)* **« des II à IV » de l'article L. 131-6. Les** *(Abrogé par L. n° 2018-1203 du 22 déc. 2018, art. 22-I, à compter du 1er janv. 2020)* ***« cotisations personnelles de sécurité sociale mentionnées à l'article 154 bis du code général des impôts ainsi que les »*** **sommes mentionnées aux articles** *(Ord. n° 2018-470 du 12 juin 2018, art. 1er)*

« L. 3312-4, L. 3324-5 et L. 3332-27 du code du travail et versées au bénéfice du travailleur indépendant sont ajoutées à ces revenus pour le calcul de la contribution ». »

(L. n° 2011-1906 du 21 déc. 2011, art. 37-VII-3°) « La contribution est due *(Ord. n° 2018-470 du 12 juin 2018, art. 1er)* « dans les conditions définies aux articles L. 131-6-1, L. 131-6-2 et L. 613-7 », ainsi que par leurs dispositions réglementaires d'application dans leur rédaction en vigueur à la date de la publication de la dernière loi de financement de la sécurité sociale. »

Les dispositions issues de la L. n° 2014-626 du 18 juin 2014 s'appliquent aux cotisations et aux contributions de sécurité sociale dues au titre des périodes courant à compter du 1er janv. 2015 (L. préc., art. 25-VI-A).

Les dispositions de l'Ord. n° 2018-474 du 12 juin 2018 s'appliquent aux cotisations et contributions dues pour les périodes courant à compter du 1er sept. 2018 (Ord. préc., art. 16).

Art. L. 136-4 *(L. n° 2000-1257 du 23 déc. 2000, art. 11-I ; L. n° 2011-1906 du 21 déc. 2011, art. 37-VIII-A)* I. — « Sont soumis à la contribution les revenus professionnels déterminés en application des articles L. 731-14 à L. 731-15 du code rural et de la pêche maritime.

« Les revenus pris en compte sont constitués par la moyenne des revenus se rapportant aux trois années antérieures à celle au titre de laquelle la contribution est due. Lorsque le chef d'exploitation ou d'entreprise agricole a exercé l'option prévue à l'article L. 731-19 du code rural et de la pêche maritime, les revenus pris en compte sont constitués par les revenus afférents à l'année précédant celle au titre de laquelle la contribution est due.

« Les revenus sont majorés des cotisations personnelles de sécurité sociale de l'exploitant, de son collaborateur d'exploitation ou d'entreprise agricole et des membres de sa famille, ainsi que des sommes mentionnées aux articles *(L. n° 2008-1258 du 3 déc. 2008, art. 11)* « L. 3312-4, L. 3324-5 et L. 3332-27 » du code du travail et versées au bénéfice des intéressés, à l'exception de celles prises en compte dans le revenu défini *(Ord. n° 2018-474 du 12 juin 2018, art. 1er)* « aux articles L. 731-14 et L. 731-15 » du code rural et de la pêche maritime.

(Ord. n° 2018-474 du 12 juin 2018, art. 1er) « Les articles L. 731-18 et L. 731-22 du code rural et de la pêche maritime sont applicables » au calcul et au recouvrement de la contribution. » — *V. note ss. art.*

II. — *(L. n° 2000-1257 du 23 déc. 2000, art. 11-I-3°)* « Lorsque la durée d'assujettissement au régime de protection sociale des non-salariés agricoles d'un chef d'exploitation ou d'entreprise agricole ne permet pas de calculer la moyenne des revenus professionnels se rapportant aux trois années de référence prévues au premier alinéa de l'article L. 731-15 du code rural et de la pêche maritime, l'assiette de la contribution est déterminée forfaitairement à titre provisoire dans les conditions suivantes :

« *a)* Pour la première année au titre de laquelle la contribution est due, l'assiette forfaitaire provisoire est fixée conformément *(L. n° 2007-1786 du 19 déc. 2007, art. 17-I)* « au III » ci-dessous ; cette assiette fait l'objet d'une régularisation sur la base des revenus professionnels afférents à la première année lorsque ceux-ci sont définitivement connus ;

« *b)* Pour la deuxième année au titre de laquelle la contribution est due, l'assiette est égale à la somme de la moitié de l'assiette forfaitaire prévue au *a* et de la moitié des revenus professionnels de l'année précédente ; cette assiette fait l'objet d'une régularisation sur la base de la moyenne des revenus afférents à la première et à la deuxième année lorsque ceux-ci sont définitivement connus ;

« *c)* Pour la troisième année au titre de laquelle la contribution est due, l'assiette est égale au tiers de la somme de l'assiette forfaitaire prévue au *a* et des revenus professionnels des deux années précédentes ; cette assiette fait l'objet d'une régularisation sur la base de la moyenne des revenus afférents aux trois premières années lorsque ceux-ci sont définitivement connus.

« Lorsque le chef d'exploitation ou d'entreprise agricole a opté pour l'assiette prévue à l'article L. 731-19 du code rural et de la pêche maritime, pour la première année au titre de laquelle la contribution est due, celle-ci est calculée à titre provisoire sur la base de l'assiette forfaitaire fixée conformément *(L. nº 2007-1786 du 19 déc. 2007, art. 17-I)* « au III » ci-dessous. Cette assiette fait l'objet d'une régularisation sur la base des revenus professionnels afférents à la première année lorsque ceux-ci sont définitivement connus.

« Par dérogation aux dispositions ci-dessus du présent II, pour les personnes mentionnées au deuxième et au troisième alinéa de l'article **L. 731-16** du code rural et de la pêche maritime, l'assiette de la contribution est déterminée selon les modalités des deuxième, troisième et quatrième alinéas du même article ».

III. — *(L. nº 2007-1786 du 19 déc. 2007, art. 17-I)* « L'assiette forfaitaire provisoire prévue au *a* du II est égale à six cents fois le montant du salaire minimum de croissance en vigueur au 1er janvier de l'année au titre de laquelle la contribution est due. »

(Abrogé par L. nº 2007-1786 du 19 déc. 2007, art. 17-I) *« IV. — (L. nº 2000-1257 du 23 déc. 2000, art. 11-I-5º) « Pour les chefs d'exploitation ou d'entreprise agricole dont l'importance de l'exploitation ou de l'entreprise ne peut être appréciée en pourcentage de la surface minimum d'installation, l'assiette forfaitaire prévue au a du II est égale à 1 000 fois le montant du salaire minimum de croissance.*

« Pour les chefs d'exploitation ou d'entreprise agricole qui débutent simultanément deux activités agricoles non salariées dont l'une ne peut être appréciée en pourcentage de la surface minimum d'installation, à l'élément d'assiette déterminé au III s'ajoute, au titre de la seconde activité, 800 fois le montant du salaire minimum de croissance, sans que le montant total de l'assiette puisse être supérieur à 2 028 fois le salaire minimum de croissance. »

« V. — (L. nº 2000-1257 du 23 déc. 2000, art. 11-I-6º) « Pour l'application des III et IV, le salaire minimum de croissance à prendre en considération est celui en vigueur au 1er janvier de l'année au titre de laquelle la contribution est due.

« Pour l'application du III, l'importance de l'exploitation ainsi que la valeur de la surface minimum d'installation sont appréciées au 1er janvier de l'année au titre de laquelle la contribution est due. »

(Abrogé par Ord. nº 2018-474 du 12 juin 2018, art. 1er, à compter du 1er sept. 2018) (L. nº 2011-1906 du 21 déc. 2011, art. 37-VIII-B) « VI. — L'article ***L. 731-18*** *du code rural et de la pêche maritime est applicable au calcul de la contribution. » — V. note ss. art.*

VII. — *(L. nº 2000-1257 du 23 déc. 2000, art. 11-I-7º)* « Sont soumis à la contribution les revenus professionnels, définis *(Ord. nº 2018-474 du 12 juin 2018, art. 1er)* « aux articles **L. 731-14** et **L. 731-15** *[ancienne rédaction : à l'article L. 731-14]* » du code rural et de la pêche maritime, des personnes redevables *(L. nº 2006-11 du 5 janv. 2006, art. 20-II)* « de la cotisation de solidarité visée à l'article **L. 731-23** » du même code.

« Les revenus pris en compte sont ceux afférents à l'année précédant celle au titre de laquelle la contribution est due. *(L. nº 2006-1640 du 21 déc. 2006, art. 29)* « Ces revenus proviennent de l'ensemble des activités agricoles exercées au cours de la ou des années de référence, y compris lorsque l'une de ces activités a cessé au cours de la ou desdites années. »

« Les revenus sont majorés *(L. nº 2006-11 du 5 janv. 2006, art. 20-II)* « de la cotisation de solidarité visée à l'article **L. 731-23** » du code rural et de la pêche maritime.

(L. nº 2007-1786 du 19 déc. 2007, art. 17-I) « Pour les personnes redevables de la cotisation de solidarité définie à l'article **L. 731-23** du code rural et de la pêche maritime, lorsque les revenus professionnels ne sont pas connus, la contribution est calculée sur une assiette forfaitaire provisoire égale à cent fois le montant du salaire minimum de croissance en vigueur au 1er janvier de l'année au titre de laquelle la contribution est due. »

(L. nº 2000-1257 du 23 déc. 2000, art. 11-I-7º) « Cette assiette forfaitaire est régularisée lorsque les revenus sont connus ».

(L. nº 2016-1827 du 23 déc. 2016, art. 12-II) « VIII. — Pour l'application de la seconde phrase du deuxième alinéa du I et des III et VII, les revenus imposés au titre de l'article **64** *bis* du code général des impôts s'entendent des recettes afférentes à l'année précédant celle au titre de laquelle la contribution est due, diminuées de l'abattement prévu au même article **64** *bis*. » — *Les dispositions issues de l'art. 12 de la L.*

nº 2016-1827 du 23 déc. 2016 sont applicables aux cotisations et contributions sociales dues au titre des périodes courant à compter du 1er janv. 2017 (L. préc., art. 12-IV).

Les dispositions de l'Ord. nº 2018-474 du 12 juin 2018 s'appliquent aux cotisations et contributions dues pour les périodes courant à compter du 1er sept. 2018 (Ord. préc., art. 16).

Art. L. 136-5 **I. –** *(L. nº 2012-1509 du 29 déc. 2012, art. 11-II-B)* **« Sous réserve des dispositions particulières mentionnées au présent article, la contribution portant sur les revenus mentionnés aux articles L. 136-1 à L. 136-4 est recouvrée » par les organismes chargés du recouvrement des cotisations du régime général de sécurité sociale selon les règles et sous les garanties et sanctions applicables au recouvrement des cotisations au régime général pour la même catégorie de revenus.** *(Ord. nº 2018-474 du 12 juin 2018, art. 4, en vigueur le 1er sept. 2018)* **« Les unions pour le recouvrement des cotisations de sécurité sociale et d'allocations familiales et les caisses générales de sécurité sociale sont habilitées à faire tout contrôle sur la contribution dans les conditions fixées au chapitre III du titre IV du livre II dans sa rédaction publiée à la date de la publication de la dernière loi de financement de la sécurité sociale. »** *(Abrogé par Ord. nº 2018-474 du 12 juin 2018, art. 4, à compter du 1er sept. 2018)* ***« La contribution portant sur les revenus non soumis à cotisations au régime général de la sécurité sociale est, sauf disposition expresse contraire, précomptée par les entreprises ou par les organismes débiteurs de ces revenus et versée aux organismes chargés du recouvrement des cotisations du régime général selon les règles et sous les garanties et sanctions applicables au recouvrement des cotisations du régime général assises sur les salaires.*** *(L. nº 2010-1594 du 20 déc. 2010, art. 55-II)* ***« La contribution portant sur*** *(L. nº 2012-409 du 27 mars 2012, art. 9-III ; L. nº 2012-1404 du 17 déc. 2012, art. 47-IV)* ***« les allocations mentionnées aux articles L. 632-6, L. 632-7 et L. 634-2 » du code de l'éducation est précomptée par le Centre national de gestion des praticiens hospitaliers et des personnels de direction de la fonction publique hospitalière ; elle est recouvrée et contrôlée selon les règles et sous les garanties et sanctions applicables au recouvrement des cotisations du régime général de la sécurité sociale assises sur les rémunérations ». »***

(Ord. nº 2018-474 du 12 juin 2018, art. 4, en vigueur le 1er sept. 2018) **« Les caisses de mutualité sociale agricole sont chargées du recouvrement et du contrôle de la contribution due sur les revenus des personnes assujetties au régime de sécurité sociale des salariés des professions agricoles, selon les règles et sous les garanties et sanctions applicables au recouvrement des cotisations dues à ce régime.**

« La contribution due sur les revenus des personnes assujetties au régime de sécurité sociale des non-salariés des professions agricoles ainsi que la contribution due sur les revenus des personnes redevables de la cotisation de solidarité mentionnée à l'article L. 731-23 du code rural et de la pêche maritime sont recouvrées et contrôlées par les caisses de mutualité sociale agricole, selon les règles et sous les garanties et sanctions applicables, respectivement, au recouvrement des cotisations d'assurance maladie, maternité et invalidité dues au régime de sécurité sociale des non-salariés des professions agricoles et au recouvrement de la cotisation de solidarité mentionnée à l'article L. 731-23 du même code.

« Les dispositions des articles L. 133-3 et L. 133-4-9 du présent code ainsi que celles prévues aux chapitres IV et V du titre II du livre VII du code rural et de la pêche maritime sont applicables à la contribution prévue à l'article L. 136-1 du présent code.

« II. – La contribution portant sur les revenus tirés de l'activité d'artiste-auteur mentionnés au 2° du I de l'article L. 136-2 est recouvrée par l'organisme mentionné au premier alinéa de l'article L. 382-5, dans les conditions prévues à la sous-section 4 de la section I du chapitre II du titre VIII du livre III.

« La contribution due sur les indemnités de congés payés et sur les avantages conventionnels y afférents, servis par les caisses de congés payés en application de l'article L. 3141-30 du code du travail, est précomptée par la caisse de congés payés instituée pour les employeurs mentionnés à l'article L. 5424-22 du même code, responsable, en application de la dérogation prévue au dernier alinéa de l'article L. 243-1-3 du présent code, du versement des cotisations de sécurité sociale et des contributions mentionnées à l'article L. 136-2, à l'article 14 de l'ordonnance nº 96-50 du 24 janvier 1996 relative au remboursement de la dette sociale et au 1° de l'article L. 14-10-4 du code de l'action sociale et des familles.

« La contribution portant sur les allocations mentionnées aux articles L. 632-6, L. 632-7 et L. 634-2 du code de l'éducation est précomptée par le Centre national de gestion des praticiens hospitaliers et des personnels de direction de la fonction publique hospitalière.

« La contribution due par les personnes mentionnées à l'article L. 611-1 du présent code portant sur les revenus mentionnés à l'article L. 136-3 est recouvrée selon les règles, garanties et sanctions applicables au recouvrement des cotisations du régime général dues par ces personnes.

« II *bis*. — La contribution due sur les revenus de source étrangère, sous réserve s'agissant des revenus d'activité qu'elle n'ait pas fait l'objet d'un précompte par l'employeur, et la contribution sur l'avantage mentionné au I de l'article 80 *bis* du code général des impôts, ainsi que sur l'avantage mentionné au I de l'article 80 *quaterdecies* du même code lorsque ce dernier est imposé à l'impôt sur le revenu suivant les règles de droit commun des traitements et salaires, ainsi que sur le dédommagement mentionné à l'article L. 245-12 du code de l'action sociale et des familles, sont établies, recouvrées et contrôlées dans les conditions et selon les modalités prévues au III de l'article L. 136-6 du présent code.

« III. — La contribution portant sur les revenus non soumis à cotisations au régime général de la sécurité sociale est, sauf disposition expresse contraire, précomptée par les débiteurs de ces revenus et versée aux organismes chargés du recouvrement des cotisations du régime général selon les règles et sous les garanties et sanctions applicables au recouvrement des cotisations du régime général assises sur les salaires. »

IV. — La contribution sociale entre dans les obligations financières incombant aux employeurs, ou personnes qui y sont substituées en droit, en vertu des articles *(Ord. n° 2018-474 du 12 juin 2018, art. 4, en vigueur le 1er sept. 2018)* « L. 1251-49 et L. 7123-19 » du code du travail.

V. — *(Abrogé par Ord. n° 2018-474 du 12 juin 2018, art. 4, à compter du 1er sept. 2018)* ***« Les règles édictées ci-dessus donnent lieu à application :***

« 1° Des dispositions de l'article L. 133-3 et des chapitres III et IV du titre IV du livre II dans leur rédaction publiée *(L. n° 96-1160 du 27 déc. 1996, art. 12)* ***« à la date de la publication de la dernière loi de financement de la sécurité sociale »*** *(JO 30 déc. 1999)* ***;***

« 2° *(L. n° 99-641 du 27 juill. 1999, art. 14-IV)* ***« Des dispositions de l'article*** *(L. n° 2016-1827 du 23 déc. 2016, art. 24-I)* ***« L. 133-4-9 » pour ce qui concerne le recouvrement, par les organismes visés à l'article L. 213-1, de la contribution prévue à l'article L. 136-3 et, par les caisses de mutualité sociale agricole, de la contribution prévue à l'article L. 136-4 » ;***

« 3° Des dispositions des articles 1034, 1035 et 1036 du chapitre V du titre II du livre VII du code rural et du décret n° 79-707 du 8 août 1979 dans sa rédaction publiée *(L. n° 96-1160 du 27 déc. 1996, art. 12)* ***« à la date de la publication de la dernière loi de financement de la sécurité sociale »*** *(JO 30 déc. 1999)*. ***»***

Les différends nés de l'assujettissement à la contribution des revenus mentionnés *(L. n° 96-1160 du 27 déc. 1996, art. 12-4°)* « aux articles L. 136-1 à L. 136-4 » relèvent du contentieux de la sécurité sociale et sont réglés selon les dispositions applicables aux cotisations de sécurité sociale, conformément aux dispositions du chapitre III du titre III et des chapitres II, III et IV du titre IV du livre Ier dans leur rédaction publiée *(L. n° 96-1160 du 27 déc. 1996, art. 12)* « à la date de la publication de la dernière loi de financement de la sécurité sociale » *(JO 30 déc. 1999)*. Toutefois, les décisions rendues par *(Ord. n° 2018-358 du 16 mai 2018, art. 1er, en vigueur le 1er janv. 2019)* « les tribunaux de grande instance spécialement désignés en application de l'article L. 211-16 du code de l'organisation judiciaire » jugeant des différends portant sur la contribution sociale sur les revenus d'activité et de remplacement sont susceptibles d'appel quel que soit le montant du litige. — *V. dernière note ss. art.*

Les dispositions issues de la L. n° 2012-1509 du 29 déc. 2012 sont applicables aux options sur titres et aux actions gratuites attribuées à compter du 28 sept. 2012 (L. préc., art. 11-IV).

Les dispositions de l'Ord. n° 2018-474 du 12 juin 2018 s'appliquent aux cotisations et contributions dues pour les périodes courant à compter du 1er sept. 2018 (Ord. préc., art. 16).

Ancien art. L. 136-5 *I.* — (L. n° 2012-1509 du 29 déc. 2012, art. 11-II-B) ***« Sous réserve des dispositions particulières mentionnées au présent article, la contribution portant sur les revenus***

mentionnés aux articles L. 136-1 à L. 136-4 est recouvrée » par les organismes chargés du recouvrement des cotisations du régime général de sécurité sociale selon les règles et sous les garanties et sanctions applicables au recouvrement des cotisations au régime général pour la même catégorie de revenus. La contribution portant sur les revenus tirés de l'activité d'artiste-auteur et visés au premier alinéa du I (L. n° 96-1160 du 27 déc. 1996, art. 12-2°) *« de l'article L. 136-2 » est recouvrée dans les conditions et par les organismes agréés, prévus au chapitre II du titre VIII du livre III. La contribution portant sur les revenus non soumis à cotisations au régime général de la sécurité sociale est, sauf disposition expresse contraire, précomptée par les entreprises ou par les organismes débiteurs de ces revenus et versée aux organismes chargés du recouvrement des cotisations du régime général selon les règles et sous les garanties et sanctions applicables au recouvrement des cotisations du régime général assises sur les salaires.* (L. n° 2010-1594 du 20 déc. 2010, art. 55-II) *« La contribution portant sur* (L. n° 2012-409 du 27 mars 2012, art. 9-III ; L. n° 2012-1404 du 17 déc. 2012, art. 47-IV) *« les allocations mentionnées aux articles L. 632-6, L. 632-7 et L. 634-2 » du code de l'éducation est précomptée par le Centre national de gestion des praticiens hospitaliers et des personnels de direction de la fonction publique hospitalière ; elle est recouvrée et contrôlée selon les règles et sous les garanties et sanctions applicables au recouvrement des cotisations du régime général de la sécurité sociale assises sur les rémunérations. »*

(Ord. n° 2005-1529 du 8 déc. 2005) *« Pour les personnes* (L. n° 2016-1827 du 23 déc. 2016, art. 16-I) *« mentionnées à l'article L. 611-1 », la contribution portant sur les revenus mentionnés à l'article L. 136-3 est recouvrée* (Abrogé par L. n° 2017-1836 du 30 déc. 2017, art. 15-V, à compter du 1er janv. 2018) *« , conformément aux dispositions prévues* (L. n° 2016-1827 du 23 déc. 2016, art. 16-I) *« aux articles L. 133-1-1 à L. 133-1-6 », en même temps que les cotisations d'allocations familiales des travailleurs* (L. n° 2016-1827 du 23 déc. 2016, art. 50-I) *« indépendants » non agricoles et » selon les règles, garanties et sanctions applicables au recouvrement des cotisations du régime général »* (L. n° 2017-1836 du 30 déc. 2017, art. 15-V, en vigueur le 1er janv. 2018) *« dues par ces personnes ».* — Sur les dispositions transitoires de l'art. 15 de la L. n° 2017-1836 du 30 déc. 2017, V. ss. le livre VI « Dispositions applicables aux travailleurs indépendants ».

Les unions pour le recouvrement des cotisations de sécurité sociale et d'allocations familiales et les caisses générales de sécurité sociale sont habilitées à faire tout contrôle sur le versement de la contribution dans les conditions fixées au chapitre III du titre IV du livre II du code de la sécurité sociale dans sa rédaction publiée (L. n° 96-1160 du 27 déc. 1996, art. 12) *« à la date de la publication de la dernière loi de financement de la sécurité sociale »* (JO 30 déc. 1999).

Al. abrogé par L. n° 2015-1702 du 21 déc. 2015, art. 16-I-1°.

II. — (L. n° 2007-1786 du 19 déc. 2007, art. 17-II) *« La contribution due sur les revenus des personnes assujetties au régime de la sécurité sociale des salariés des professions agricoles est directement recouvrée et contrôlée par les caisses de mutualité sociale agricole, selon les règles et sous les garanties et sanctions applicables au recouvrement des cotisations dues au régime de la sécurité sociale des salariés des professions agricoles.*

« La contribution due sur les revenus des personnes assujetties au régime de la sécurité sociale des non-salariés des professions agricoles ainsi que la contribution due sur les revenus des personnes redevables de la cotisation de solidarité visée à l'article L. 731-23 du code rural et de la pêche maritime sont directement recouvrées et contrôlées par les caisses de mutualité sociale agricole, selon les règles et sous les garanties et sanctions applicables (L. n° 2012-387 du 22 mars 2012, art. 80-1°) *« , respectivement, au recouvrement des cotisations d'assurance maladie, maternité et invalidité dues au régime de la sécurité sociale des non-salariés des professions agricoles et au recouvrement de la cotisation de solidarité mentionnée à l'article L. 731-23 du code rural et de la pêche maritime ». »*

(L. n° 2011-1906 du 21 déc. 2011, art. 18-I-2°) *« II bis. — La contribution due sur les revenus de source étrangère, sous réserve s'agissant des revenus d'activité qu'elle n'ait pas fait l'objet d'un précompte par l'employeur,* (L. n° 2017-1836 du 30 déc. 2017, art. 8-I) *« la contribution portant sur les avantages mentionnés au 6° du II de l'article L. 136-2 et le dédommagement mentionné au 8° du même II sont établis, recouvrés et contrôlés » dans les conditions et selon les modalités prévues au III de l'article L. 136-6. »* — Sur l'entrée en vigueur de l'art. 8-I de la L. n° 2017-1836 du 30 déc. 2017, V. dispositions transitoires ss. art. L. 136-8.

(L. n° 2016-925 du 7 juill. 2016, art. 49) *« III. — La contribution sociale généralisée due sur les indemnités de congés payés et sur les avantages conventionnels y afférents, servis par les caisses de congés payés en application de l'article L. 3141-30 du code du travail, est précomptée par la caisse de congés payés instituée pour les employeurs mentionnés à l'article L. 5424-22 du même code, responsable, en application de la dérogation prévue au dernier alinéa de l'article*

L. 243-1-3 du présent code, du versement des cotisations de sécurité sociale et des contributions mentionnées à l'article L. 136-2, à l'article 14 de l'ordonnance n° 96-50 du 24 janvier 1996 relative au remboursement de la dette sociale et au 1° de l'article L. 14-10-4 du code de l'action sociale et des familles. »

IV. – La contribution sociale entre dans les obligations financières incombant aux employeurs, ou personnes qui y sont substituées en droit, en vertu des articles L. 124-8 [L. 1251-49 et L. 1251-51 s. nouv.] *et L. 763-9* [L. 7123-19 et L. 7123-21 s. nouv.] *du code du travail.*

V. – Les règles édictées ci-dessus donnent lieu à application :

1° Des dispositions de l'article L. 133-3 et des chapitres III et IV du titre IV du livre II dans leur rédaction publiée (L. n° 96-1160 du 27 déc. 1996, art. 12) *« à la date de la publication de la dernière loi de financement de la sécurité sociale »* (JO 30 déc. 1999) ;

2° (L. n° 99-641 du 27 juill. 1999, art. 14-IV) *« Des dispositions de l'article* (L. n° 2016-1827 du 23 déc. 2016, art. 24-I) *« L. 133-4-9 » pour ce qui concerne le recouvrement, par les organismes visés à l'article L. 213-1, de la contribution prévue à l'article L. 136-3 et, par les caisses de mutualité sociale agricole, de la contribution prévue à l'article L. 136-4 » ;* — Les dispositions de l'art. 24-I de la L. n° 2016-1827 du 23 déc. 2016 s'appliquent aux contrôles engagés à compter du 1er janv. 2017 (L. préc., art. 24-IV).

3° Des dispositions des articles 1034, 1035 et 1036 du chapitre V du titre II du livre VII du code rural et du décret n° 79-707 du 8 août 1979 dans sa rédaction publiée (L. n° 96-1160 du 27 déc. 1996, art. 12) *« à la date de la publication de la dernière loi de financement de la sécurité sociale »* (JO 30 déc. 1999).

Les différends nés de l'assujettissement à la contribution des revenus mentionnés (L. n° 96-1160 du 27 déc. 1996, art. 12-4°) *« aux articles L. 136-1 à L. 136-4 » relèvent du contentieux de la sécurité sociale et sont réglés selon les dispositions applicables aux cotisations de sécurité sociale, conformément aux dispositions du chapitre III du titre III et des chapitres II, III et IV du titre IV du livre Ier dans leur rédaction publiée* (L. n° 96-1160 du 27 déc. 1996, art. 12) *« à la date de la publication de la dernière loi de financement de la sécurité sociale »* (JO 30 déc. 1999). *Toutefois, les décisions rendues par les tribunaux de sécurité sociale* [nouvelle rédaction issue de l'Ord. n° 2018-358 du 16 mai 2018, art. 1er : « les tribunaux de grande instance spécialement désignés en application de l'article L. 211-16 du code de l'organisation judiciaire »] *jugeant des différends portant sur la contribution sociale sur les revenus d'activité et de remplacement sont susceptibles d'appel quel que soit le montant du litige.* — V. dernière note ss. art.

Les dispositions issues de la L. n° 2012-1509 du 29 déc. 2012 sont applicables aux options sur titres et aux actions gratuites attribuées à compter du 28 sept. 2012 (L. préc., art. 11-IV).

Les dispositions issues de l'art. 1er de l'Ord. n° 2018-358 du 16 mai 2018 entrent en vigueur à la date fixée par le décret mentionné au 1er al. du I de l'art. 114 [V. cet art. ss. le chap. II [nouv.] du titre IV du présent livre] de la L. n° 2016-1547 du 18 nov. 2016, et au plus tard le 1er janv. 2019 (Ord. préc., art. 8).

1. Règles de recouvrement de la CSG. En vertu de l'art. L. 136-5, la CSG est recouvrée selon les règles applicables au recouvrement des cotisations du régime général, de sorte que c'est le versement de la rémunération qui constitue le fait générateur de l'obligation au paiement de cette contribution. • Civ. 2e, 10 mai 2005 : *RJS 2005, n° 1034.* ♦ ***(Détermination du taux applicable).*** Lorsque des sommes sont versées aux salariés dans le courant d'un mois, constituant la rémunération partielle du travail effectué au cours de ce même mois, l'employeur doit verser la CSG sur cette partie de la rémunération au taux en vigueur lors de son versement. • Soc. 18 févr. 1999, n° 97-14.422 P : *RJS 1999, n° 573.* ♦ V. aussi • Soc. 24 nov. 1999 : *RJS 2000, n° 92.*

2. Répartition des compétences entre les deux ordres de juridiction (compétence judiciaire). Les juridictions du contentieux général de la sécurité sociale sont compétentes pour connaître des litiges relatifs aux prélèvements opérés sur les revenus d'activité et de remplacement au titre de la CSG et de la CRDS. • CE 26 mars 1999 : *RJS 2000, n° 324.* ♦ V. aussi • CE 28 avr. 2000 : *RJS 2000, n° 712.* ♦ Selon le dernier al. du V de l'art. L. 136-5, les différends nés de l'assujettissement à la contribution des revenus mentionnés aux art. L. 136-1 à L. 136-4 relèvent du contentieux de la sécurité sociale et sont réglés selon les dispositions applicables aux cotisations de sécurité sociale ; il suit de là qu'à la différence des litiges relatifs aux prélèvements opérés au titre de la CSG sur les revenus du patrimoine et de la CSG sur les revenus de placement, qui sont régis par les art. L. 136-6 et L. 136-7 et pour lesquels demeurent en vigueur les règles de droit commun attribuant compétence à la juridiction administrative, les litiges relatifs aux prélèvements opérés au titre de la CSG sur les revenus d'activité et les revenus de remplacement relèvent de la compétence de l'autorité judiciaire ; ainsi, et alors même que ladite contribution présente le caractère d'une imposition de toute nature et non celui d'une cotisation de sécurité sociale au sens des dispositions constitutionnelles et législatives nationales et qu'elle peut être regardée comme un impôt direct au sens de l'art. L. 199 LPF, le président d'une cour administrative d'appel n'a pas commis d'erreur de droit en jugeant qu'une demande de décharge de cotisations supplémentaires dues au titre de la CSG à raison de revenus d'activité de source américaine n'était pas au nombre de celles dont la juridiction administrative peut connaître. • CE 4 juin 2007 : *RJS 2007, n° 991 ; JCP E 2008. 2489.*

3. Voies de recours. Il résulte de l'art. L. 136-5-V et de l'art. 14-III de l'Ord. n° 96-50 du 24 janv. 1996 que les décisions rendues par les tribunaux des affaires de sécurité sociale sur les différends portant sur les contributions sur les revenus d'activité et de remplacement perçues au titre de la CSG et de la CRDS sont susceptibles d'appel quel que soit le montant du litige. • Civ. 2e, 7 févr. 2008, n° 07-10.269 P : *RJS 2008, n° 475 ; Gaz. Pal. 2008. 33, note Garcia ; JCP S 2008, n° 1675 ; Dr. fisc. 2007, n° 25.*

4. CRDS. La CRDS sur les revenus d'activité et de remplacement instituée par le I de l'art. 14 de l'Ord. du 24 janv. 1996 modifiée est, en vertu du III du même art., recouvrée et contrôlée dans les conditions et sous les garanties et sanctions visées à l'art. L. 136-5 ; ainsi, les litiges concernant les prélèvements opérés à ce titre relèvent de la compétence de l'autorité judiciaire ; toutefois, cette règle doit s'entendre sous réserve, notamment, des dispositions du 1° du III et du I de l'art. 15 de la même ord., combinées avec celles du III de l'art. L. 136-6, en vertu desquelles la contribution sur les prélèvements opérés au titre des revenus d'activité et de remplacement de source étrangère est assise, contrôlée et recouvrée selon les mêmes règles et sous les mêmes sûretés, privilèges et sanctions que l'impôt sur le revenu ; les litiges nés des prélèvements effectués à ce dernier titre ressortissent, par l'effet de ce renvoi, à la juridiction administrative ; ainsi, une demande de décharge de cotisations supplémentaires, au titre de la CRDS, dues à raison de revenus d'activité de source américaine relève de la compétence du juge administratif ; une URSSAF n'a pas compétence pour procéder à un tel prélèvement. • CE 4 juin 2007 : *RJS 2007, n° 991 ; JCP E 2008. 2489 ; JCP S 2008. 1675 ; Dr. fisc. 2007, n° 25.*

SECTION II DE LA CONTRIBUTION SOCIALE SUR LES REVENUS DU PATRIMOINE

Art. L. 136-6 I. – *(L. n° 96-1160 du 27 déc. 1996, art. 13-1° ; L. n° 2008-1330 du 17 déc. 2008, art. 22-I ; L. n° 2010-1594 du 20 déc. 2010, art. 24-II-3°)* « Les personnes physiques fiscalement domiciliées en France au sens de l'article 4 B du code général des impôts sont assujetties à une contribution sur les revenus du patrimoine assise sur le montant net retenu pour l'établissement de l'impôt sur le revenu, à l'exception de ceux ayant déjà supporté la contribution au titre des articles L. 136-3, L. 136-4 et L. 136-7 » :

a) Des revenus fonciers ;

b) Des rentes viagères constituées à titre onéreux ;

c) Des revenus de capitaux mobiliers ;

d) Abrogé par L. n° 2004-810 du 13 août 2004, art. 72-IV.

e) Des plus-values, gains en capital et profits soumis à l'impôt sur le revenu *(L. n° 2006-1770 du 30 déc. 2006, art. 44-II ; L. n° 2007-1223 du 21 août 2007, art. 16-VIII ; L. n° 2008-1425 du 27 déc. 2008, art. 15-II ; L. n° 2013-1278 du 29 déc. 2013, art. 17-II-1° ; L. n° 2015-990 du 6 août 2015, art. 135-II-B ; L. n° 2016-1917 du 29 déc. 2016, art. 61-II ; L. n° 2017-1837du 30 déc. 2017, art. 28-IV)* « , de même que des distributions définies aux 7, 7 *bis* *(L. n° 2018-1317 du 28 déc. 2018, art. 42-II)* « , 8 et 9 » du II de l'article 150-0 A, à l'article 150-0 F et au 1 du II de l'article 163 *quinquies* C du code général des impôts, de l'avantage mentionné au I de l'article 80 *quaterdecies* du même code lorsque celui-ci est imposé à l'impôt sur le revenu dans la catégorie des traitements et salaires selon les modalités prévues au 3 de l'article 200 A dudit code, et du gain défini à l'article 150 *duodecies* du même code » ;

(L. n° 2011-900 du 29 juill. 2011, art. 48-III-1° ; L. n° 2011-1977 du 28 déc. 2011, art. 80-VI) « *e bis)* Des plus-values et des créances mentionnées au I et au II de l'article 167 *bis* du code général des impôts ;

(Abrogé par L. n° 2017-1837 du 30 déc. 2017, art. 28-IV) (L. n° 2015-1786 du 29 déc. 2015, art. 20-II) ***« e ter) Des plus-values placées en report d'imposition en application des I et II de l'article 150-0 B quater du code général des impôts ; »***

f) *(L. n° 98-1194 du 23 déc. 1998, art. 7-4°)* « De tous revenus qui entrent dans la catégorie des bénéfices industriels et *(L. n° 2018-1317 du 28 déc. 2018, art. 112-II)* « , lorsque la plus-value est imposée conformément aux dispositions de l'article 244 *bis* B du code général des impôts, » commerciaux, des bénéfices non commerciaux ou des bénéfices agricoles au sens du *(L. nº 2018-1317 du 28 déc. 2018, art. 112-II)* « même code », à l'exception de ceux qui sont assujettis à la contribution sur les revenus d'activité et de remplacement définie aux articles L. 136-1 à L. 136-5 » ;

g) Abrogé par L. nº 98-1194 du 23 déc. 1998, art. 7-5º.

(L. nº 96-1160 du 27 déc. 1996, art. 13-4º ; L. nº 97-1269 du 30 déc. 1997, art. 21-VII ; L. nº 2003-1311 du 30 déc. 2003, art. 93-I-C ; L. nº 2005-1719 du 30 déc. 2005, art. 76-XIII ; L. nº 2005-1720 du 30 déc. 2005, art. 29-V ; L. nº 2007-1822 du 24 déc. 2007, art. 10 « Pour la détermination de l'assiette de la contribution, il n'est pas fait application des abattements mentionnés au I de l'article 125-0 A *(L. nº 2017-1837 du 30 déc. 2017, art. 28-IV)* « , aux 1 *ter* et 1 *quater* de l'article 150-0 D, à l'article 150-0 D *ter*, au 2° du 3 de l'article 158 et au 3 de l'article 200 A » du code général des impôts », *(L. nº 2016-1918 du 29 déc. 2016, art. 31-III ; L. nº 2017-1837 du 30 déc. 2017, art. 28-IV)* « et il n'est pas tenu compte de la moins-value mentionnée au second alinéa du III de l'article 150-0 B *quinquies* du même code et du coefficient multiplicateur mentionné au 7 de l'article 158 dudit code, » ainsi que, pour les revenus des capitaux mobiliers, des dépenses effectuées en vue de l'acquisition et de la conservation du revenu.

(L. nº 2011-900 du 29 juill. 2011, art. 48-III-2º ; L. nº 2013-1279 du 29 déc. 2013, art. 42-II) « Il n'est pas fait application à la contribution du dégrèvement ou de la restitution prévus au dernier alinéa du 2 du VII et au premier alinéa du 4 du VIII de l'article 167 *bis* du code général des impôts *(L. nº 2015-1786 du 29 déc. 2015, art. 25-II)* « et de l'imputation prévue à l'article 125-00 A du même code ». »

(L. nº 2009-1646 du 24 déc. 2009, art. 17-I) « Sont également soumis à cette contribution :

1° *Abrogé par L. nº 2010-1657 du 29 déc. 2010, art. 8-VII-1º.*

2° *Abrogé par L. nº 2013-1278 du 29 déc. 2013, art. 17-II.*

« 3° Les plus-values à long terme exonérées en application de l'article 151 *septies* A du même code ;

« 4° Les revenus, produits et gains exonérés en application du II de l'article 155 B du même code. »

(L. nº 2012-958 du 16 août 2012, art. 29-I-A) « I *bis*. — Sont également assujetties à la contribution les personnes physiques qui ne sont pas fiscalement domiciliées en France au sens de l'article 4 B du code général des impôts à raison du montant net des revenus, visés au *a* du I de l'article 164 B du même code, retenu pour l'établissement de l'impôt sur le revenu. »

(L. nº 2018-1203 du 22 déc. 2018, art. 26-I) « I *ter* — Par dérogation aux I et I *bis*, ne sont pas redevables de la contribution les personnes qui, par application des dispositions du règlement (CE) nº 883/2004 du Parlement européen et du Conseil du 29 avril 2004 sur la coordination des systèmes de sécurité sociale, relèvent en matière d'assurance maladie d'une législation soumise à ces dispositions et qui ne sont pas à la charge d'un régime obligatoire de sécurité sociale français.

« Pour l'application du premier alinéa du présent I *ter* aux gains mentionnés à l'article 150-0 B *bis* du code général des impôts et aux plus-values mentionnées au I de l'article 150-0 B *ter* du même code, la condition d'affiliation à un autre régime obligatoire de sécurité sociale s'apprécie à la date de réalisation de ces gains ou plus-values. » — *Sur l'entrée en vigueur des dispositions issues de la L. nº 2018-1203 du 22 déc. 2018, V. L. préc. art. 26-XIV ss. art. L. 131-8.*

II. — *(L. nº 96-1160 du 27 déc. 1996, art. 13-5º ; L. nº 2006-1640 du 21 déc. 2006, art. 11-I ; L. nº 2009-1674 du 30 déc. 2009, art. 19-X ; L. nº 2012-354 du 14 mars 2012, art. 14-II,)* « Sont également assujettis à la contribution, dans les conditions et selon les modalités prévues au I ci-dessus :

« *a)* Les sommes soumises à l'impôt sur le revenu en application des articles 168, 1649 A, 1649 AA, 1649 *quater* A et 1649 *quater*-0 B *bis* à 1649 *quater*-0 B *ter* du code général des impôts, ainsi que de l'article L. 69 du livre des procédures fiscales ;

« *a bis)* Les sommes soumises à l'impôt sur le revenu en application du 1° de l'article L. 66 du livre des procédures fiscales et qui ne sont pas assujetties à la contribution en vertu d'une autre disposition ; »

« *b)* Tous autres revenus dont l'imposition est attribuée à la France par une convention internationale relative aux doubles impositions et qui n'ont pas supporté la contribution prévue à l'article L. 136-1 ».

II *bis*. – *Abrogé par L. nº 2009-1646 du 24 déc. 2009, art. 17-I.*

III. – *(L. nº 99-1173 du 30 déc. 1999, art. 51 ; L. nº 2012-958 du 16 août 2012, art. 29-I-A ; L. nº 2014-1554 du 22 déc. 2014, art. 34-I-1º)* « La contribution portant sur les revenus mentionnés aux I à II, à l'exception du *e bis* du I, est assise, contrôlée et recouvrée selon les mêmes règles et sous les mêmes sûretés, privilèges et sanctions que l'impôt sur le revenu ». *(L. nº 2016-1917 du 29 déc. 2016, art. 60-I)* « Le produit annuel de cette contribution résultant, d'une part, des prélèvements prévus à l'article L. 136-6-1 et, d'autre part, des montants des rôles généraux et supplémentaires mis en recouvrement au cours d'une année est versé à l'Agence centrale des organismes de sécurité sociale dans des conditions fixées par convention. »

(L. nº 2014-1554 du 22 déc. 2014, art. 34-I-2º, en vigueur le 1er janv. 2015) « La contribution portant sur les revenus mentionnés au *e bis* du I est assise, contrôlée et recouvrée selon les mêmes règles et sous les mêmes sûretés, privilèges et sanctions que l'impôt sur le revenu. Le produit annuel de cette contribution est versé aux organismes affectataires pour le montant effectivement recouvré, sans qu'il soit fait application du prélèvement prévu au B du I de l'article 1641 du code général des impôts. »

Les dispositions de l'article L. 80 du livre des procédures fiscales sont applicables.

Il n'est pas procédé au recouvrement de la contribution lorsque *(L. nº 99-1140 du 29 déc. 1999, art. 4)* « le montant total par article de rôle *(L. nº 2016-1917 du 29 déc. 2016, art. 60-I)* « , avant imputation des prélèvements prévus à l'article L. 136-6-1, » est inférieur à 61 € ».

La majoration de 10 % prévue à l'article *(Ord. nº 2005-1512 du 7 déc. 2005, art. 24-VII)* « 1730 » *(L. nº 2009-1646 du 24 déc. 2009, art. 17-I)* « du code général des impôts » est appliquée au montant de la contribution qui n'a pas été réglé dans les *(L. nº 2016-1917 du 29 déc. 2016, art. 60-I)* « quarante-cinq » jours suivant la mise en recouvrement.

(L. nº 2011-1906 du 21 déc. 2011, art. 19-1º) « IV. – Par dérogation aux dispositions du III, la contribution portant sur les redevances visées aux articles L. 7121-8 et L. 7123-6 du code du travail et versées aux artistes du spectacle et aux mannequins est précomptée, recouvrée et contrôlée selon les règles et sous les garanties et sanctions applicables au recouvrement des cotisations du régime général de sécurité sociale. » – *Le texte de l'art. L. 136-6 est repris à l'art. 1600-0 C du CGI. – V. CGI, Ann. III, art. 42 et 49 F. –* **CGI.**

(L. nº 2017-261 du 1er mars 2017, art. 17-II) « V. – Par dérogation au III du présent article, la contribution portant sur les redevances mentionnées à l'article L. 222-2-10-1 du code du sport et versées aux sportifs et entraîneurs professionnels est précomptée, recouvrée et contrôlée selon les règles et sous les garanties et sanctions applicables au recouvrement des cotisations du régime général de sécurité sociale. »

Les dispositions issues de la L. nº 2015-1786 du 29 déc. 2015 s'appliquent aux prêts consentis à compter du 1er janv. 2016 (L. préc., art. 25-III).

Les dispositions de l'art. 60-I de la L. nº 2016-1917 du 29 déc. 2016 s'appliquent aux revenus perçus ou réalisés à compter du 1er janv. 2018 (L. préc., art. 60-I-G-1).

Les dispositions de l'art. 28-IV de la L. nº 2017-1836 du 30 déc. 2017 s'appliquent aux impositions dont le fait générateur intervient à compter du 1er janv. 2018 (L. préc., art. 28-VI).

Les dispositions de l'art. 42-II de la L. nº 2018-1317 du 28 déc. 2018 s'appliquent aux gains nets réalisés et aux distributions perçues à compter du 11 juill. 2018 (L. préc., art. 42-III).

L'art. L. 136-6, dans sa rédaction résultant de l'art. 112-II de la L. nº 2018-1317 du 28 déc. 2018, s'applique aux transferts de domicile fiscal hors de France intervenus à compter du 1er janv. 2019 (L. préc., art. 112-III).

Art. L. 136-6-1 *(L. nº 2016-1917 du 29 déc. 2016, art. 60-I)* 1. Les revenus mentionnés à l'article 204 C du code général des impôts, lorsqu'ils sont soumis à la contribution prévue à l'article L. 136-6 du présent code, dans les conditions prévues au III du même article L. 136-6, *(Abrogé par L. nº 2017-1775 du 28 déc. 2017, art. 11-II)* « *ou lorsqu'ils entrent dans le champ d'application du II bis de l'article L. 136-5,* » donnent lieu, l'année de leur réalisation ou celle au cours de laquelle le contribuable en a la disposition, à un prélèvement acquitté par le contribuable dans les mêmes conditions et selon la même périodicité de versement que celles applicables à l'acompte prévu au 2° du 2 de l'article 204 A du code général des impôts.

2. L'assiette du prélèvement afférent aux revenus mentionnés au 1 du présent article est déterminée par application des règles définies à l'article 204 du code général des impôts *(L. n° 2017-1775 du 28 déc. 2017, art. 11-II)* « , sans qu'il soit fait application, le cas échéant, du coefficient multiplicateur mentionné au 7 de l'article 158 du même code ».

Le montant du prélèvement est calculé en appliquant à cette assiette le taux des contributions prévues *(L. n° 2017-1775 du 28 déc. 2017, art. 11-II)* « à l'article » L. 136-6 du présent code et *(L. n° 2017-1775 du 28 déc. 2017, art. 11-II)* « à l'article » 15 de l'ordonnance n° 96-50 du 24 janvier 1996 relative au remboursement de la dette sociale, *(L. n° 2018-1203 du 22 déc. 2018, art. 26-I)* « et du prélèvement prévu au 1° du I de l'article 235 *ter* du code général des impôts », afférents à ces mêmes revenus. — *Sur l'entrée en vigueur des dispositions issues de la L. n° 2018-1203 du 22 déc. 2018, V. L. préc., art. 26-XIV ss. art. L. 131-8.*

Les demandes présentées en application des articles 204 J à 204 L du code général des impôts s'appliquent également aux prélèvements définis au présent article.

3. Le montant du prélèvement payé au cours d'une année s'impute sur le montant des contributions et prélèvements mentionnés au deuxième alinéa du 2 du présent article dû au titre de cette même année. S'il excède le montant dû, l'excédent est restitué.

4. Le prélèvement est recouvré et contrôlé selon les mêmes modalités et sous les mêmes garanties, sanctions et sûretés que l'acompte prévu au 2° du 2 de l'article 204 A du code général des impôts.

Les dispositions de l'art. 60-I de la L. n° 2016-1917 du 29 déc. 2016 s'appliquent aux revenus perçus ou réalisés à compter du 1er janv. 2018 (L. préc., art. 60-I-G-1).

Les dispositions de l'art. 11-II de la L. n° 2017-1775 du 28 déc. 2017 s'appliquent aux revenus perçus ou réalisés à compter du 1er janv. 2019 (L. préc., art. 11-IV-A).

SECTION III DE LA CONTRIBUTION SOCIALE SUR LES PRODUITS DE PLACEMENT

Art. L. 136-7 *(L. n° 96-1160 du 27 déc. 1996, art. 14 ; L. n° 2009-1674 du 30 déc. 2009, art. 22-III)* I. — Lorsqu'ils sont payés à des personnes physiques fiscalement domiciliées en France au sens de l'article 4 B du code général des impôts, les produits de placements sur lesquels *(L. n° 2012-1509 du 29 déc. 2012, art. 9-III-B ; L. n° 2013-1203 du 23 déc. 2013, art. 8-I-A)* « sont opérés les prélèvements prévus *(L. n° 2017-1836 du 30 déc. 2017, art. 28-IV)* « aux 1 ou 2 du II de l'article 125-0 A, aux II et III » de l'article 125 A et au I de l'article 125 D du même code, ainsi que les produits de placements mentionnés au I des articles 125 A et 125-0 A du même code » *(L. n° 2006-1640 du 21 déc. 2006, art. 20-IV)* « retenus pour l'établissement de l'impôt sur le revenu lorsque la personne qui en assure le paiement est établie en France, » sont assujettis à une contribution, à l'exception de ceux ayant déjà supporté la contribution au titre *(L. n° 2008-1330 du 17 déc. 2008, art. 22-I ; L. n° 2013-1203 du 23 déc. 2013, art. 9-III-1°)* « des articles L. 136-3 et L. 136-4 du présent code ou des 3° et 4° du II du présent article » *(Abrogé par L. n° 2009-1674 du 30 déc. 2009, art. 22-III)* « *, et sauf s'ils sont versés aux personnes visées au* *(L. n° 2008-1330 du 17 déc. 2008, art. 22-I)* « *III de l'article 125 A précité* ». »

(L. n° 2007-1822 du 24 déc. 2007) « Sont également assujettis à cette contribution :

« 1° Lorsqu'ils sont payés à des personnes physiques fiscalement domiciliées en France au sens de l'article 4 B du code général des impôts, *(L. n° 2013-1203 du 23 déc. 2013, art. 8-I-A)* « les revenus distribués sur lesquels est opéré le prélèvement prévu à l'article 117 *quater* du même code, ainsi que » les revenus *(L. n° 2012-1509 du 29 déc. 2012, art. 9-III-B)* « distribués mentionnés au 1° du 3 de l'article 158 du même code » dont le paiement est assuré par une personne établie en France et retenus pour l'établissement de l'impôt sur le revenu *(L. n° 2008-1330 du 17 déc. 2008, art. 22-I ; L. n° 2013-1203 du 23 déc. 2013, art. 9-III-2°)* « , à l'exception de ceux ayant déjà supporté la contribution au titre des articles L. 136-3 et L. 136-4 du présent code ». Le présent 1° ne s'applique pas aux revenus perçus dans un plan d'épargne en actions défini au 5° du II du présent article ; – *V. dispositions transitoires de la L. n° 2013-1203 du 23 déc. 2013 ss. l'art.*

« 2° Les plus-values mentionnées aux articles 150 U à 150 UC du code général des impôts » ; – *V. 1re note ss. art. L. 245-16.*

(L. n° 2014-1655 du 29 déc. 2014, art. 89-II) « 3° Lorsqu'ils sont versés à des personnes physiques fiscalement domiciliées en France, au sens de l'article 4 B du code général des impôts, les revenus soumis à l'impôt sur le revenu en application de l'article 125 *ter* du même code, à l'exception de ceux ayant déjà supporté la contribution au titre du présent I. » – *V. dispositions transitoires de la L. n° 2014-1655 du 29 déc. 2014 ss. l'art.*

(L. n° 2012-958 du 16 août 2012, art. 29-I-B) « I *bis*. – Sont également soumises à la contribution les plus-values imposées au prélèvement mentionné à l'article 244 *bis* A du code général des impôts lorsqu'elles sont réalisées, directement ou indirectement, par des personnes physiques. »

(L. n° 2018-1203 du 22 déc. 2018, art. 26-I) « I *ter*. – Par dérogation aux I et I *bis*, ne sont pas redevables de la contribution les personnes qui, par application des dispositions du règlement (CE) n° 883/2004 du Parlement européen et du Conseil du 29 avril 2004 sur la coordination des systèmes de sécurité sociale, relèvent en matière d'assurance maladie d'une législation soumise à ces dispositions et qui ne sont pas à la charge d'un régime obligatoire de sécurité sociale français.

« L'établissement payeur mentionné au 1 du IV ne prélève pas la contribution assise sur les revenus de placement dès lors que les personnes titulaires de ces revenus justifient, selon des modalités définies par décret, des conditions définies au premier alinéa du présent I *ter*.

« En cas de prélèvement indu par l'établissement payeur, ce dernier peut restituer le trop-perçu à la personne concernée et régulariser l'opération sur sa déclaration ou la personne concernée peut solliciter auprès de l'administration fiscale la restitution de la contribution prélevée par l'établissement payeur.

« La contribution assise sur les plus-values mentionnées au 2° du I n'est pas due dès lors que les personnes titulaires de ces plus-values justifient, selon des modalités définies par décret, des conditions définies au premier alinéa du présent I *ter*. » – *Sur l'entrée en vigueur des dispositions issues de la L. n° 2018-1203 du 22 déc. 2018, V. L. préc., art. 26-XIV ss. art. L. 131-8.*

II. – *(L. n° 96-1160 du 27 déc. 1996, art. 14-4°)* « Sont également assujettis à la contribution selon les modalités *(L. n° 2004-1485 du 30 déc. 2004, art. 50)* « prévues au premier alinéa du I », pour la part acquise à compter du 1er janvier 1997 et, le cas échéant, constatée à compter de cette même date en ce qui concerne les placements visés du *(L. n° 99-1173 du 30 déc. 1999, art. 12-III)* « 3° au 9° » ;

« 1° Les intérêts et primes d'épargne des comptes d'épargne logement visés à l'article L. 315-1 du code de la construction et de l'habitation, *(L. n° 2017-1836 du 30 déc. 2017, art. 28-IV)* « ouverts jusqu'au 31 décembre 2017, » *(L. n° 2005-1579 du 19 déc. 2005, art. 10)* « à l'exception des plans d'épargne-logement, » respectivement lors de leur inscription en compte et de leur versement ;

(L. n° 2005-1579 du 19 déc. 2005, art. 10) « 2° Les intérêts des plans d'épargne-logement, exonérés d'impôt sur le revenu en application du 9° *bis* de l'article 157 du code général des impôts : »

(Abrogé par L. n° 2010-1658 du 29 déc. 2010, art. 26-IV-A) ***« a) Au 1er janvier 2006, pour les plans de plus de dix ans à cette date et pour ceux ouverts avant le 1er avril 1992 dont le terme est échu avant le 1er janvier 2006 ; »***

(L. n° 2005-1579 du 19 déc. 2005, art. 10 ; L. n° 2010-1658 du 29 déc. 2010, art. 26-IV-A) « *a)* A la date du dixième anniversaire du plan pour les plans ouverts du 1er avril 1992 au 28 février 2011 ou, pour ceux ouverts avant le 1er avril 1992, à leur date d'échéance ;

« *b)* Lors du dénouement du plan, pour les plans ouverts du 1er avril 1992 au 28 février 2011, si ce dénouement intervient antérieurement au dixième anniversaire ou antérieurement à leur date d'échéance pour ceux ouverts avant le 1er avril 1992 ;

« *c)* Lors de leur inscription en compte, pour les intérêts courus sur des plans de plus de dix ans ouverts avant le 1er mars 2011 et sur les plans ouverts à compter de cette même date ;

« 2° *bis* Les primes d'épargne des plans d'épargne-logement lors de leur versement ; » *(L. n° 2009-1646 du 24 déc. 2009, art. 18-I)* « 3° Les produits attachés aux bons ou contrats de capitalisation, ainsi qu'aux placements de même nature mentionnés à l'article 125-0 A du code général des impôts, quelle que soit leur date de souscription, à l'exception des produits attachés aux contrats mentionnés à l'article 199 *septies* du même code : »

(L. n° 2010-1657 du 29 déc. 2010, art. 22-I-1°) « *a)* Lors de leur inscription au bon ou contrat pour :

« – les bons ou contrats dont les droits sont exprimés en euros ou en devises ;

« – la part des produits attachés aux droits exprimés en euros ou en devises dans les bons ou contrats en unités de compte mentionnées au second alinéa de l'article L. 131-1 du code des assurances ; – *Le quatrième al. du 3° du paragraphe II de l'art. L. 136-7 est conforme à la Constitution (Cons. const. 17 sept. 2015, n° 2015-483 QPC, JO 19 sept., p. 16587 s.).*

(L. n° 2013-1279 du 29 déc. 2013, art. 9-II-A) « – la part des produits attachés aux droits exclusivement exprimés en euros ou en devises dans les bons ou contrats dont une part peut être affectée à l'acquisition de droits exprimés en unités de compte définies au troisième alinéa du présent *a* ou de droits donnant lieu à la constitution d'une provision de diversification ;

« *b)* A l'atteinte de la garantie pour les engagements donnant lieu à la constitution d'une provision de diversification et pour lesquels un capital ou une rente est garantie à une échéance fixée au contrat. L'assiette de la contribution est alors égale à la différence entre la valeur de rachat de ces engagements à l'atteinte de la garantie et la somme des primes versées affectées à ces engagements nette des primes comprises, le cas échéant, dans des rachats partiels ; »

« *c)* Lors du dénouement des bons ou contrats ou lors du décès de l'assuré. L'assiette de la contribution est calculée déduction faite des produits ayant déjà supporté la contribution au titre *(L. n° 2013-1279 du 29 déc. 2013, art. 9-II-A)* « des *a* et *b* » nets de cette contribution. – *Le b devient le c (L. n° 2013-1279 du 29 déc. 2013, art. 9-II-A).*

« En cas de rachat partiel d'un bon ou contrat en unités de compte qui a été soumis à la contribution au titre *(L. n° 2013-1279 du 29 déc. 2013, art. 9-II-A)* « des *a* et *b* », l'assiette de la contribution due au titre du rachat est égale au produit de l'assiette définie au premier alinéa du présent *(L. n° 2013-1279 du 29 déc. 2013, art. 9-II-A)* « *c* » par le rapport existant entre les primes comprises dans ledit rachat partiel et le montant total des primes versées net des primes comprises, le cas échéant, dans un rachat partiel antérieur. » – *Les dispositions du 3° du II du présent art., issues de la L. n° 2013-1279 du 29 déc. 2013, s'appliquent pour les prélèvements sociaux dus à raison des faits générateurs intervenant à compter du 1er janv. 2014 (L. préc., art. 9-VI-B).*

(L. n° 97-1164 du 19 déc. 1997, art. 5-II) « 4° Les produits des plans d'épargne populaire, ainsi que les rentes viagères et les primes d'épargne visés au premier alinéa du 22° de l'article 157 du code général des impôts, respectivement lors de leur inscription en compte et de leur versement ;

« 5° Le gain net réalisé ou la rente viagère versée lors d'un retrait de sommes ou valeurs ou de la clôture d'un plan d'épargne en actions défini à l'article 163 *quinquies* D du code général des impôts dans les conditions ci-après :

« *a)* *(L. n° 2003-721 du 1er août 2003, art. 31-III-1°)* « En cas de retrait ou de rachat entraînant la clôture du plan » *(L. n° 2014-1554 du 22 déc. 2014, art. 20-I)* « ou en cas de clôture du plan en application du II de l'article L. 312-20 du code monétaire et financier, dans sa rédaction résultant de la loi n° 2014-617 du 13 juin 2014 relative aux comptes bancaires inactifs et aux contrats d'assurance vie en déshérence », le gain net est déterminé par différence entre, d'une part, la valeur liquidative du plan ou la valeur de rachat pour les contrats de capitalisation à la date du retrait ou du rachat et, d'autre part, la valeur liquidative ou de rachat au 1er janvier 1997 majorée des versements effectués depuis cette date *(L. n° 2003-721 du 1er août 2003, art. 31-III-1°)* « et diminuée du montant des sommes déjà retenues à ce titre lors des précédents retraits

ou rachats » ; — *Les dispositions issues de la L. n° 2014-1554 du 22 déc. 2014 s'appliquent pour les faits générateurs intervenant à compter du 1er janv. 2016 (L. préc., art. 20-II).*

« *b)* *(L. n° 2003-721 du 1er août 2003, art. 31-III-2°)* « En cas de retrait ou de rachat n'entraînant pas la clôture du plan », le gain net afférent à chaque retrait ou rachat est déterminé par différence entre, d'une part, le montant du retrait ou rachat et, d'autre part, une fraction de la valeur liquidative ou de rachat au 1er janvier 1997 augmentée des versements effectués sur le plan depuis cette date et diminuée du montant des sommes déjà retenues à ce titre lors des précédents retraits ou rachats ; cette fraction est égale au rapport du montant du retrait ou rachat effectué à la valeur liquidative totale du plan à la date du retrait ou du rachat ;

***(L. n° 2001-1275 du 28 déc. 2001, art. 79-III)* « La valeur liquidative ou de rachat ne tient pas compte des gains nets et produits de placement mentionnés au 8° afférents aux parts des fonds communs de placement à risques *(Ord. n° 2013-676 du 25 juill. 2013, art. 43-1°)* « ou des fonds professionnels de capital investissement » et aux actions des sociétés de capital-risque détenues dans le plan. »**

« 6° Lorsque les intéressés demandent la délivrance des droits constitués à leur profit au titre de la participation aux résultats de l'entreprise en application du chapitre II du titre IV du livre IV *[titre II du livre III de la partie III]* du code du travail, le revenu constitué par la différence entre le montant de ces droits et le montant des sommes résultant de la répartition de la réserve spéciale de participation dans les conditions prévues à l'article L. 442-4 *[L. 3324-5 s.]* du même code ;

« 7° Lorsque les intéressés demandent la délivrance des sommes ou valeurs provenant d'un plan d'épargne entreprise au sens du chapitre III du titre IV du livre IV *[titre III du livre III de la partie III]* du code du travail, le revenu constitué par la différence entre le montant de ces sommes ou valeurs et le montant des sommes versées dans le plan *(L. n° 2001-152 du 19 févr. 2001, art. 3-II)* « augmentées, le cas échéant, des sommes attribuées au titre de la réserve spéciale de la participation des salariés aux résultats de l'entreprise et des sommes versées dans le ou les précédents plans, à concurrence du montant des sommes transférées dans les conditions prévues aux articles L. 442-5 *[L. 3323-1 s. et L. 3324-11 s.]* et L. 443-2 *[L. 3332-10]* du code du travail, l'opération de transfert ne constituant pas une délivrance des sommes concernées » ;

8° *(L. n° 2000-1352 du 30 déc. 2000, art. 8-III)* « Les répartitions de sommes ou valeurs effectuées par un fonds commun de placement à risques *(Ord. n° 2013-676 du 25 juill. 2013, art. 43-1°)* « ou par un fonds professionnel de capital investissement » dans les conditions prévues aux I et II *(L. n° 2006-1666 du 21 déc. 2006, art. 65-VII)* « ou aux I et III *bis* » de l'article 163 *quinquies* B du code général des impôts, les distributions effectuées par les sociétés de capital-risque dans les conditions prévues aux deuxième à cinquième alinéas du I et *(L. n° 2008-1425 du 27 déc. 2008, art. 15-II)* « au 2 » du II de l'article 163 *quinquies* C du même code *(L. n° 2003-1311 du 30 déc. 2003, art. 91-II)* « et celles effectuées par les sociétés unipersonnelles d'investissement à risque dans les conditions prévues à l'article 163 *quinquies* C *bis* du même code » *[applicable aux sociétés unipersonnelles d'investissement à risque créées à compter du 1er janv. 2004]*, lors de leur versement, ainsi que les gains nets mentionnés aux 1 et 1 *bis* du III de l'article 150-0A du même code » ;

***(L. n° 2008-776 du 4 août 2008, art. 121-X ; L. n° 2009-1646 du 24 déc. 2009, art. 18-I)* « 8° *bis* Les revenus, produits et gains non pris en compte pour le calcul *(L. n° 2012-1509 du 29 déc. 2012, art. 9-III-B)* « des prélèvements prévus aux articles 117 *quater*, 125-0 A et 125 A » du code général des impôts, en application du II de l'article 155 B du même code, lors de leur perception ; »** — *Disposition applicable aux personnes dont la prise de fonctions en France est intervenue à compter du 1er janv. 2008 (L. n° 2008-776 du 4 août 2008, art. 121-XI).*

***(L. n° 2016-1918 du 29 déc. 2016, art. 31-III)* « 8° *ter* Sous réserve du 8°, les plus-values retirées, au cours d'une même année civile, d'opérations réalisées dans le compte PME innovation défini à l'article L. 221-32-4 du code monétaire et financier ainsi que les distributions mentionnées aux 7 et 7 *bis* du II de l'article 150-0 A du code général des impôts perçues dans ce compte au cours de la même année, au 31 décembre de cette même année ou, en cas de retrait en cours d'année, à la date de ce retrait. Ces plus-values et distributions sont déterminées, après imputation, le cas échéant, des moins-values subies, à raison d'opérations réalisées dans le compte men-**

tionné à la première phrase du présent 8° *ter*, au cours de la même année et, le cas échéant, des dix années précédentes. Pour la détermination de l'assiette de la contribution, il n'est pas fait application des abattements mentionnés au 1 de l'article 150-0 D ou à l'article 150-0 D *ter* du même code ; »

9° *(L. n° 97-1164 du 19 déc. 1997, art. 5-II)* « Les gains nets et les produits des placements en valeurs mobilières effectués en vertu d'un engagement d'épargne à long terme respectivement visés aux *(L. n° 99-1172 du 30 déc. 1999, art. 94-IV)* « 5 du III de l'article 150-0A » et 16° de l'article 157 du code général des impôts, lors de l'expiration du contrat » ;

(L. n° 2010-874 du 27 juill. 2010, art. 68-IV) « 10° Les intérêts des comptes épargne d'assurance pour la forêt exonérés d'impôt sur le revenu en application du 23° de l'article 157 du code général des impôts, lors de leur inscription en compte. »

(L. n° 2010-1658 du 29 déc. 2010, art. 26-I-B) « III. — 1. Lorsqu'un plan d'épargne-logement est résilié dans les deux ans à compter de son ouverture ou transformé en compte épargne-logement à la demande de son titulaire, la contribution calculée dans les conditions du *c* du 2° du II est restituée à hauteur du montant qui excède celui de la contribution due sur les intérêts recalculés, en appliquant à l'ensemble des dépôts du plan concerné le taux de rémunération du compte épargne-logement en vigueur à la date de sa résiliation ou de sa transformation.

« 2. L'établissement payeur reverse au titulaire du plan l'excédent de la contribution déterminé dans les conditions du 1, à charge pour cet établissement d'en demander la restitution.

« La restitution s'effectue par voie d'imputation sur la contribution due par l'établissement payeur à raison des autres produits de placements. A défaut d'une base d'imputation suffisante, l'excédent de contribution non imputé est reporté ou remboursé. » — *Les dispositions issues de la L. n° 2010-1658 du 29 déc. 2010 s'appliquent aux plans d'épargne-logement ouverts à compter du 1er mars 2011 (L. préc., art. 26-VIII).*

(L. n° 2010-1657 du 29 déc. 2010, art. 22-I-2°) « III *bis*. — 1. Lorsque, au dénouement d'un bon ou contrat mentionné au 3° du II ou lors du décès de l'assuré, le montant *(L. n° 2013-1203 du 23 déc. 2013, art. 8-I-A)* « de l'assiette déterminée en application du *(L. n° 2014-1655 du 29 déc. 2014, art. 105-I-1°)* « *c* » du même 3° est négatif, un excédent est reversé au contrat, correspondant à la contribution calculée sur la base de ce montant, sans pouvoir excéder le montant de la contribution déjà acquittée dans les conditions prévues *(L. n° 2014-1655 du 29 déc. 2014, art. 105-I-2°)* « aux *a* et *b* » dudit 3°. » — *V. dispositions transitoires des L. n° 2013-1203 du 23 déc. 2013 et L. n° 2014-1655 du 29 déc. 2014 ss. l'art.*

« En cas de rachat partiel, cet excédent n'est reversé qu'à proportion du rapport existant entre les primes comprises dans ce rachat et le montant total des primes versées net des primes comprises, le cas échéant, dans un rachat partiel antérieur.

« 2. L'établissement payeur reverse au contrat l'excédent de la contribution déterminé dans les conditions du 1 lors du dénouement du bon ou du contrat ou du décès de l'assuré, à charge pour cet établissement d'en demander la restitution.

« La restitution s'effectue par voie d'imputation sur la contribution due par l'établissement payeur à raison des autres produits de placements. A défaut d'une base d'imputation suffisante, l'excédent de contribution non imputé est reporté ou remboursé. »

IV. — *(L. n° 2006-1640 du 21 déc. 2006, art. 20-I)* « 1. La contribution sociale généralisée due par les établissements payeurs au titre des mois de décembre et janvier sur les revenus de placement mentionnés au présent article *(L. n° 2007-1822 du 24 déc. 2007, art. 10-XIV)* « , à l'exception de celle due sur les revenus et plus-values mentionnés aux 1° et 2° du I *(L. n° 2016-1918 du 29 déc. 2016, art. 31-III)* « et au 8° *ter* du II », fait l'objet d'un versement déterminé sur la base du montant des revenus de placement soumis l'année précédente à la contribution sociale généralisée au titre des mois de décembre et janvier.

(L. n° 2013-1203 du 23 déc. 2013, art. 8-I-A) « Ce versement est égal à 90 % du produit de l'assiette de référence ainsi déterminée par le taux de la contribution fixé à l'article L. 136-8. Son paiement intervient le 15 octobre au plus tard. » Il est reversé dans un délai de dix jours francs après *(L. n° 2013-1203 du 23 déc. 2013, art. 8-I-A)* « cette date » par l'État aux organismes affectataires. — *V. dispositions transitoires de la L. n° 2013-1203 du 23 déc. 2013 ss. l'art.*

« 2. Lorsque l'établissement payeur estime que le versement dû en application du 1 est supérieur à la contribution dont il sera redevable au titre des mois de décembre et janvier, il peut réduire ce versement à concurrence de l'excédent estimé. »

(L. n° 96-1160 du 27 déc. 1996, art. 14-5° ; L. n° 2006-1640 du 21 déc. 2006, art. 20-I) « 3. Lors du dépôt en janvier et février des déclarations, l'établissement payeur procède à la liquidation de la contribution. Lorsque le versement effectué en application des 1 et 2 est supérieur à la contribution réellement due, le surplus est imputé sur la contribution sociale généralisée due à raison des autres produits de placement et, le cas échéant, sur les autres prélèvements ; l'excédent éventuel est restitué. »

(L. n° 2006-1640 du 21 déc. 2006, art. 20-I) « 4. Lorsque la contribution sociale généralisée réellement due au titre des mois de décembre et janvier est supérieure au versement réduit par l'établissement payeur en application du 2, la majoration prévue au 1 de l'article 1731 du code général des impôts s'applique à cette différence. L'assiette de cette majoration est toutefois limitée à la différence entre le montant du versement calculé dans les conditions du 1 et celui réduit dans les conditions du 2. »

V. – *(L. n° 96-1160 du 27 déc. 1996, art. 14-3°)* « La contribution *(L. n° 2004-1485 du 30 déc. 2004, art. 50-II)* « visée au premier alinéa du I et aux » II et IV ci-dessus est assise, contrôlée et recouvrée selon les mêmes règles et sous les mêmes sûretés, privilèges et sanctions que le prélèvement mentionné à l'article 125 A du code général des impôts. » *(L. n° 2016-1918 du 29 déc. 2016, art. 31-III)* « Toutefois, la contribution mentionnée au 8° *ter* du II est versée au Trésor dans les quinze premiers jours du mois qui suit la date mentionnée à la première phrase du même 8° *ter*. »

(L. n° 2007-1822 du 24 déc. 2007) « La contribution visée au 1° du I est assise, contrôlée et recouvrée selon les mêmes règles et sous les mêmes sûretés, privilèges et sanctions que le prélèvement mentionné à l'article 117 *quater* du code général des impôts. »

(L. n° 2004-1485 du 30 déc. 2004, art. 50-II) « VI. – *(L. n° 2013-1278 du 29 déc. 2013, art. 27-II-1°)* « 1. » La contribution portant sur les plus-values mentionnées au 2° du I est *(L. n° 2013-1278 du 29 déc. 2013, art. 27-II-2°)* « , sous réserve du 2 du présent VI, » assise, contrôlée et recouvrée selon les mêmes règles et sous les mêmes sûretés, privilèges et sanctions que l'impôt sur le revenu. »

(L. n° 2012-958 du 16 août 2012, art. 29-I-B) « La contribution portant sur les plus-values mentionnées au I *bis* est *(L. n° 2013-1278 du 29 déc. 2013, art. 27-II-2°)* « , sous réserve du 2 du présent VI, » assise, contrôlée et recouvrée selon les mêmes règles et sous les mêmes sûretés, privilèges et sanctions que le prélèvement mentionné à l'article 244 *bis* A du code général des impôts. »

(L. n° 2013-1278 du 29 déc. 2013, art. 27-II-3°) « 2. Pour la détermination de l'assiette de la contribution portant sur les plus-values mentionnées au 1, autres que celles mentionnées à l'article 150 UA du code général des impôts, *[Dispositions déclarées non conformes à la Constitution par la décision du Cons. const. n° 2013-685 DC du 29 déc. 2013]* il est fait application, en lieu et place de l'abattement mentionné aux premier à troisième alinéas du I de l'article 150 VC dudit code, d'un abattement fixé à :

« *a)* 1,65 % pour chaque année de détention au-delà de la cinquième ;

« *b)* 1,60 % pour la vingt-deuxième année de détention ;

« *c)* 9 % pour chaque année de détention au-delà de la vingt-deuxième.

« Pour l'application de l'abattement, la durée de détention est décomptée selon les modalités prévues aux 1° à 3° du I du même article 150 VC. » – *Les dispositions de la L. n° 2013-1278 du 29 déc. 2013 s'appliquent aux plus-values réalisées au titre des cessions intervenant à compter du 1er sept. 2013, à l'exception de celles réalisées au titre des cessions de terrains à bâtir définis au 1° du 2 du I de l'art. 257 du CGI ou de droits s'y rapportant (L. préc., art. 27-IV-B).*

Les dispositions issues de la L. n° 2005-1579 du 19 déc. 2005 sont applicables à compter du 1er janv. 2006 (L. préc., art. 10-III).

Les dispositions issues de la L. n° 2008-1330 du 17 déc. 2008 sont applicables aux revenus distribués ou payés à compter du 1er janv. 2009 (L. préc., art. 22-II).

Les dispositions, issues de la L. n° 2008-1425 du 27 déc. 2008, s'appliquent aux fonds communs de placement à risques créés à compter de la date de publication du décret mentionné au 8 du II de l'art. 150-0 A et du II de l'art. 163 quinquies C CGI et au plus tard le 30 juin 2009 et, pour les sociétés de capital risque et les entités, aux actions et droits émis à compter de la même date (L. n° 2008-1425 du 27 déc. 2008, art. 15-III).

Les dispositions issues de la L. n° 2010-1657 du 29 déc. 2010 s'appliquent aux produits inscrits aux bons ou contrats à compter du 1er juill. 2011, à l'exception de ceux inscrits en compte au titre des intérêts techniques et des participations aux bénéfices de l'exercice 2010 (L. préc., art. 22-V).

Les dispositions du B du I de l'art. 29 de la L. n° 2012-958 du 16 août 2012 s'appliquent aux plus-values réalisées au titre des cessions intervenues à compter de la date de publication de cette loi (L. préc., art. 29-III-B).

Les dispositions de l'art. 9 de la L. n° 2012-1509 du 29 déc. 2012 s'appliquent aux revenus perçus à compter du 1er janv. 2013 (L. préc., art. 9-VI).

Dispositions transitoires de la L. n° 2013-1203 du 23 déc. 2013, mod. par L. n° 2014-1655 du 29 déc. 2014, art. 105-III :

***Art. 8-V** Les dispositions du I et du second al. du 1 du IV de l'art. L. 136-7, issues de la L. n° 2013-1203 du 23 déc. 2013, en tant qu'elles rendent le IV de ce même art. L. 136-7 applicable à la contribution mentionnée au I de l'art. 16 de l'Ord. n° 96-50 du 24 janv. 1996, entrent en vigueur le 1er janv. 2014.*

Sous réserve de l'al. précédent, les dispositions du 1 du III bis de l'art. L. 136-7 et de l'art. 8-IV ci-dessus, issues de la L. n° 2013-1203 du 23 déc. 2013, s'appliquent aux faits générateurs intervenant à compter du 26 sept. 2013, nonobstant les art. 5 et 9 de la loi de financement de la sécurité sociale pour 1998 (n° 97-1164 du 19 déc. 1997), l'art. 19 de la L. n° 2004-626 du 30 juin 2004 relative à la solidarité pour l'autonomie des personnes âgées et des personnes handicapées, l'art. 72 de la L. n° 2004-810 du 13 août 2004 relative à l'assurance maladie, l'art. 28 de la L. n° 2008-1249 du 1er déc. 2008 généralisant le revenu de solidarité active et réformant les politiques d'insertion, l'art. 6 de la L. n° 2010-1657 du 9 déc. 2010 de finances pour 2011, l'art. 10 de la L. n° 2011-1117 du 19 sept. 2011 de finances rectificative pour 2011, l'art. 2 de la L. n° 2012-354 du 14 mars 2012 de finances rectificative pour 2012 et l'art. 3 de la L. n° 2012-1404 du 17 déc. 2012 de financement de la sécurité sociale pour 2013.

Pour l'application de l'al. précédent, pour les faits générateurs intervenus entre le 26 sept. 2013 et le 30 avr. 2014 inclus, les établissements payeurs procèdent à titre provisoire à la liquidation, au précompte et à la déclaration des contributions et prélèvements sociaux dus, selon les règles et sous les conditions applicables avant l'entrée en vigueur des dispositions issues de la L. n° 2013-1203 du 23 déc. 2013.

La différence entre le montant total dû en application des dispositions issues de la L. n° 2013-1203 du 23 déc. 2013 et le montant liquidé et précompté à titre provisoire dans les conditions prévues à l'alinéa précédent donne lieu à une régularisation en 2015. Cette régularisation est opérée selon les règles prévues au III de l'art. L. 136-6 et sur le même art. de rôle que l'impôt sur le revenu dû au titre de 2014.

Pour l'application des deux précédents al., les établissements payeurs informent, avant le 31 mai 2014, les personnes physiques assujetties, par écrit ou par voie dématérialisée, du caractère provisoire de la liquidation des contributions et prélèvements sociaux et des modalités de régularisation définies au précédent al. Ils indiquent sur la déclaration prévue à l'art. 242 ter CGI déposée en 2015, pour les faits générateurs intervenus, d'une part, entre le 26 sept. 2013 et le 31 déc. 2013 inclus et, d'autre part, entre le 1er janv. 2014 et le 30 avr. 2014 inclus, l'assiette déterminée selon les modalités prévues au c du 3° du II de l'art. L. 136-7, le montant des contributions et prélèvements déjà précomptés en application du a du même 3° et le montant des contributions et prélèvements déjà précomptés, ou le cas échéant restitués, à titre provisoire.

Dispositions transitoires de la L. n° 2014-1655 du 29 déc. 2014, art. 105-V :

Les dispositions issues des I à IV de la L. n° 2014-1655 du 29 déc. 2014 s'appliquent aux prélèvements sociaux dus à raison des faits générateurs intervenant à compter du 1er janv. 2014.

Les dispositions de l'art. 28-IV de la L. n° 2017-1836 du 30 déc. 2017 s'appliquent aux impositions dont le fait générateur intervient à compter du 1er janv. 2018 (L. préc., art. 28-VI).

SECTION IV **DE LA CONTRIBUTION SOCIALE SUR LES SOMMES ENGAGÉES OU PRODUITS RÉALISÉS À L'OCCASION DES JEUX**

Art. L. 136-7-1 *(L. n° 96-1160 du 27 déc. 1996, art. 16)* **I. — Il est institué une contribution sur une fraction des sommes misées, en France métropolitaine et dans les départements d'outre-mer, sur les jeux exploités par La Française des jeux pour les**

tirages *(Abrogé par L. n° 2010-476 du 12 mai 2010, art. 48-II-1°)* « , *les événements sportifs* » et les émissions. Cette fraction est égale à *(L. n° 2010-476 du 12 mai 2010, art. 48-II-1°)* « 25,5 % » des sommes misées.

Cette contribution est recouvrée et contrôlée selon les mêmes règles et sous les mêmes sûretés, privilèges et sanctions que le prélèvement prévu au I de l'article 48 de la loi de finances pour 1994 (n° 93-1352 du 30 décembre 1993).

II. — *Abrogé par L. n° 2010-476 du 12 mai 2010, art. 48-II-2°.*

III. — Il est institué une contribution sur le produit brut de certains jeux réalisé dans les casinos régis par la loi du 15 juin 1907 *(L. n° 2006-437 du 14 avr. 2006, art. 7)* « relative aux casinos ».

Cette contribution est, d'une part, de *(L. n° 2017-1836 du 30 déc. 2017, art. 8-I)* « 11,2 % » sur une fraction égale à 68 % du produit brut des jeux automatiques des casinos et, d'autre part, de *(L. n° 2017-1836 du 30 déc. 2017, art. 8-I)* « 13,7 % » prélevés sur tous les gains d'un montant supérieur ou égal à 1 500 €, réglés aux joueurs par des bons de paiement manuels définis à l'article 69-20 de l'arrêté du 23 décembre 1959 portant réglementation des jeux dans les casinos. — *Sur l'entrée en vigueur de l'art. 8-I de la L. n° 2017-1836 du 30 déc. 2017, V. dispositions transitoires ss. art. L. 136-8.*

Cette contribution est recouvrée et contrôlée selon les mêmes règles et sous les mêmes sûretés, privilèges et sanctions que le prélèvement prévu à l'article 50 de la loi de finances pour 1991 (n° 90-1168 du 29 décembre 1990).

Les dispositions de l'art. L. 136-7-1 et celles de l'art. L. 136-8 [réd. L. n° 96-1160 du 27 déc. 1996, art. 16 et 17], en tant qu'elles concernent la contribution visée à l'art. L. 136-7-1, sont applicables dans les conditions définies ci-après : a) Le I de l'art. L. 136-7-1 aux tirages, événements sportifs et émissions postérieurs au 31 déc. 1996 ; b) Le II du même art. sur les sommes engagées à partir du 1er janv. 1997 ; c) Le III du même article sur le produit brut des jeux et les gains réalisés à compter du 1er janv. 1997.

SECTION V **DISPOSITIONS COMMUNES**

Art. L. 136-8 *(L. n° 2004-810 du 13 août 2004, art. 72-II)* « I. — Le taux des contributions sociales est fixé :

« 1° A *(L. n° 2017-1836 du 30 déc. 2017, art. 8-I)* « 9,2 % » pour la contribution sociale mentionnée à l'article L. 136-1 ;

« 2° A *(L. n° 2018-1203 du 22 déc. 2018, art. 26-I)* « 9,2 % » pour les contributions sociales mentionnées aux articles L. 136-6 et L. 136-7 ;

(L. n° 2010-476 du 12 mai 2010, art. 49-I-1° ; L. n° 2017-1836 du 30 déc. 2017, art. 8-I) « 3° A « 8,6 % » pour la contribution sociale mentionnée au I de l'article L. 136-7-1. »

(L. n° 2004-810 du 13 août 2004, art. 72-II) « II. — Par dérogation au I :

« 1° Sont assujetties à la contribution au taux de 6,2 % les allocations de chômage ainsi que les indemnités *(Ord. n° 2018-474 du 12 juin 2018, art. 4)* « journalières et allocations versées par les organismes de sécurité sociale ou, pour leur compte, par les employeurs, à l'occasion de la maladie, de la maternité ou de la paternité et de l'accueil de l'enfant, des accidents du travail et des maladies professionnelles » ;

« 2° Sont assujetties à la contribution au taux de *(L. n° 2017-1836 du 30 déc. 2017, art. 8-I)* « 8,3 % » les pensions de retraite *(L. n° 2007-1786 du 19 déc. 2007, art. 16-I)* « et les pensions d'invalidité ». »

(L. n° 2018-1213 du 24 déc. 2018, art. 3-III) « III. — Par dérogation aux I, II et III *bis*, sont assujettis à la contribution sociale au taux de 3,8 % les revenus mentionnés aux 1° et 4° du II de l'article L. 136-1-2 des personnes :

« 1° D'une part, dont les revenus définis au IV de l'article 1417 du code général des impôts perçus l'avant-dernière année excèdent 11 128 € pour la première part de quotient familial, majorés de 2 971 € pour chaque demi-part supplémentaire. Pour la Martinique, la Guadeloupe et La Réunion, les montants des revenus sont fixés à 13 167 € pour la première part, majorés de 3 268 € pour la première demi-part et 2 971 € pour chaque demi-part supplémentaire à compter de la deuxième. Pour la Guyane et Mayotte, ces montants sont fixés, respectivement, à 13 768 €, 3 417 € et 2 971 € ;

« 2° D'autre part, dont les revenus définis au IV de l'article 1417 du code général des impôts perçus l'avant-dernière ou l'antépénultième année sont inférieurs à

14 548 € pour la première part de quotient familial, majorés de 3 884 € pour chaque demi-part supplémentaire. Pour la Martinique, la Guadeloupe et La Réunion, les montants des revenus sont fixés à 15 915 € pour la première part, majorés de 4 271 € pour la première demi-part et 3 884 € pour chaque demi-part supplémentaire à compter de la deuxième. Pour la Guyane et Mayotte, ces montants sont fixés, respectivement, à 16 672 €, 4 467 € et 3 884 €.

« III *bis*. — Par dérogation aux I et II, sont assujettis à la contribution sociale au taux de 6,6 % les revenus mentionnés au 1° du II de l'article L. 136-1-2 perçus par les personnes dont les revenus de l'avant-dernière année, définis au IV de l'article 1417 du code général des impôts :

« 1° D'une part, excèdent 14 548 € pour la première part de quotient familial, majorés de 3 884 € pour chaque demi-part supplémentaire. Pour la Martinique, la Guadeloupe et La Réunion, les montants des revenus sont fixés à 15 915 € pour la première part, majorés de 4 271 € pour la première demi-part et 3 884 € pour chaque demi-part supplémentaire à compter de la deuxième. Pour la Guyane et Mayotte, ces montants sont fixés, respectivement, à 16 672 €, 4 467 € et 3 884 € ;

« 2° D'autre part, sont inférieurs à 22 580 € pour la première part de quotient familial, majorés de 6 028 € pour chaque demi-part supplémentaire.

« III *ter*. — Les seuils mentionnés aux III et III *bis* sont revalorisés au 1er janvier de chaque année, conformément à l'évolution en moyenne annuelle des prix à la consommation, hors tabac, constatée pour l'avant-dernière année et arrondis à l'euro le plus proche, la fraction d'euro égale à 0,50 étant comptée pour 1. »

(Abrogé par L. n° 2018-1203 du 22 déc. 2018, art. 26-I) ***« IV. — Le produit des contributions mentionnées aux 1° et 3° du I et aux II et III est versé :***

« 1° A la Caisse nationale des allocations familiales pour la part correspondant à un taux de 0,85 % ;

« 4° Aux régimes obligatoires d'assurance maladie, pour la contribution sur les revenus d'activité en proportion des contributions sur les revenus d'activité acquittées par les personnes affiliées à chaque régime ou, pour la contribution assise sur les autres revenus, à la Caisse nationale de l'assurance maladie ou, lorsqu'un régime n'est pas intégré financièrement au sens de l'article L. 134-4 du présent code, à ce même régime, dans des conditions fixées par décret, et pour la part correspondant à un taux de :

« a) De 7,75 % pour les contributions mentionnées au 1° du 1 ;

« b) De 7,45 % pour la contribution mentionnée au 3° du I ;

« d) De 4,75 % pour les revenus mentionnés au 1° du II ;

« e) De 6,85 % pour les revenus mentionnés au 2° du II ;

« f) De 3,8 % pour les revenus mentionnés au III ;

« 5° A la Caisse d'amortissement de la dette sociale instituée par l'ordonnance n° 96-50 du 24 janvier 1996 relative au remboursement de la dette sociale, pour la part correspondant au taux de 0,60 %, à l'exception de la contribution mentionnée au 3° du I pour laquelle le taux est fixé à 0,30 %.

« IV bis — Le produit des contributions mentionnées au 2° du I est versé :

« 1° Au fonds mentionné à l'article L. 135-1, pour la part correspondant à un taux de 9,3 % ;

« 2° A la Caisse d'amortissement de la dette sociale, pour la part correspondant à un taux de 0,60 %.

« V. — Le produit de la contribution mentionnée au III de l'article L. 136-7-1 est ainsi réparti :

« 1° A la Caisse nationale des allocations familiales, pour 18 % ;

« 4° A la Caisse nationale de l'assurance maladie, pour 82 %. »

(L. n° 2013-1203 du 23 déc. 2013, art. 17-XIII-2°) « VI. — 1. L'Agence centrale des organismes de sécurité sociale est chargée de centraliser et de répartir le produit de la contribution mentionnée au présent chapitre, dans les conditions prévues au présent article *(L. n° 2018-1203 du 22 déc. 2018, art. 26-I)* « et à l'article L. 131-8 ». — *Sur l'entrée en vigueur des dispositions issues de la L. n° 2018-1203 du 22 déc. 2018, V. L. préc., art. 26-XIV ss. art. L. 131-8.*

« 2. Il en est de même pour les produits recouvrés simultanément aux contributions mentionnées aux articles L. 136-6 et L. 136-7 *(L. n° 2014-1554 du 22 déc. 2014, art. 33-I-C)* **« et pour les produits mentionnés aux I et III de l'article 18 de l'ordonnance n° 96-50 du 24 janvier 1996 précitée ». »** — *V. notes ss. art.*

(L. n° 2013-1278 du 29 déc. 2013, art. 56-VI) **« 3. Pour l'application du présent VI, le montant global des contributions et prélèvements sociaux mentionnés à l'article L. 138-21 qui est reversé par l'État à l'agence est réparti entre les affectataires de ces contributions et prélèvements au prorata des taux des contributions et prélèvements qui leur sont affectés à la date de leur fait générateur. »**

Les dispositions issues de la L. n° 2013-1203 du 23 déc. 2013 s'appliquent aux produits assis sur les opérations dont le fait générateur intervient à compter du 1er janv. 2014, à l'exception des dispositions relatives aux contributions sur les revenus du patrimoine qui s'appliquent aux revenus perçus en 2013 et assujettis en 2014 (L. préc., art. 17-XVII).

Les dispositions de l'art. 33-I de la L. n° 2014-1554 du 22 déc. 2014 s'appliquent aux produits des impositions et contributions assises sur les opérations dont le fait générateur intervient à compter du 1er janv. 2015 (L. préc., art. 33-III).

Les dispositions issues du G du I de l'art. 24 de la L. n° 2015-1702 du 21 déc. 2015 s'appliquent aux produits des impositions assises sur les opérations dont le fait générateur intervient à compter du 1er janv. 2016, à l'exception des dispositions relatives aux impositions sur les revenus du patrimoine, qui s'appliquent aux produits recouvrés par la voie des rôles émis à compter du 1er janv. 2016 (L. préc., art. 24-X-A).

Les dispositions de l'Ord. n° 2018-474 du 12 juin 2018 s'appliquent aux cotisations et contributions dues pour les périodes courant à compter du 1er sept. 2018 (Ord. préc., art. 16).

Les dispositions issues de la L. n° 2018-1203 du 22 déc. 2018 s'appliquent aux contributions dues pour les périodes courant à compter du 1er janv. 2019 (L. préc., art. 14-III).

Les dispositions de la L. n° 2018-1213 du 24 déc. 2018 s'appliquent aux contributions dues pour les périodes courant à compter du 1er janv. 2019.

Le III bis de l'art. L. 136-8, dans sa rédaction résultant de la L. n° 2018-1213 du 24 déc. 2018, s'applique à compter du versement des revenus intervenant en mai 2019 et donne lieu à la même date à une régularisation pour la période courant depuis le 1er janv. 2019 (L. préc., art. 3-V).

Loi n° 2017-1836 du 30 décembre 2017, *de financement de la sécurité sociale pour 2018 (JO 31 déc.).* **Art. 8-V** A. — Les I et II du présent article s'appliquent :

1° Sous la réserve prévue au 2° du présent A, pour les revenus d'activité, les revenus de remplacement et les sommes engagées ou produits réalisés à l'occasion des jeux, aux cotisations et contributions dues au titre des périodes intervenant à compter du 1er janvier 2018 ;

2° Pour le dédommagement versé à l'aidant familial en application de l'article L. 245-12 du code de l'action sociale et des familles, aux contributions assises sur les dédommagements perçus à compter du 1er janvier 2017 ;

3° A compter de l'imposition des revenus de l'année 2017, en ce qu'ils concernent la contribution mentionnée à l'article L. 136-6 du code de la sécurité sociale, sous réserve du II de l'article 34 de la loi n° 2016-1918 du 29 décembre 2016 de finances rectificative pour 2016 ;

4° Dans les conditions et sous les réserves définies par le présent V, aux faits générateurs intervenant à compter du 1er janvier 2018, en ce qu'ils concernent la contribution mentionnée à l'article L. 136-7 du code de la sécurité sociale.

B. — Au titre des faits générateurs intervenant à compter du 1er janvier 2018, pour les primes d'épargne mentionnées aux 1° et 2° *bis* du II de l'article L. 136-7 du code de la sécurité sociale et les produits définis au *c* du 3° et aux 4° à 8° du même II, nonobstant les articles 5 et 9 de la loi de financement de la sécurité sociale pour 1998 (n° 97-1164 du 19 décembre 1997), l'article 19 de la loi n° 2004-626 du 30 juin 2004 relative à la solidarité pour l'autonomie des personnes âgées et des personnes handicapées, l'article 72 de la loi n° 2004-810 du 13 août 2004 relative à l'assurance maladie, l'article 28 de la loi n° 2008-1249 du 1er décembre 2008 généralisant le revenu de solidarité active et réformant les politiques d'insertion, l'article 6 de la loi n° 2010-1657 du 9 décembre 2010 de finances pour 2011, l'article 10 de la loi n° 2011-1117 du 19 septembre 2011 de finances rectificative pour 2011, l'article 2 de la loi n° 2012-354 du 14 mars 2012 de finances rectificative pour 2012 et l'article 3 de la loi n° 2012-1404 du 17 décembre 2012 de financement de la sécurité sociale pour 2013 :

1° L'assiette des contributions et prélèvements sociaux définis aux articles L. 136-7 et L. 245-15 du code de la sécurité sociale, au 2° de l'article L. 14-10-4 du code de l'action sociale et des familles en ce qu'il renvoie à l'article L. 245-15 du code de la sécurité sociale, au 2° du I de l'article 1600-0 S du code général des impôts et à l'article 16 de l'ordonnance n° 96-50 du 24 janvier 1996 relative au remboursement de la dette sociale est celle définie au II de l'article L. 136-7 du code de la sécurité sociale ;

2° Les taux mentionnés au 2° du I de l'article L. 136-8 du code de la sécurité sociale, au I de l'article L. 245-16 du même code, au 2° de l'article L. 14-10-4 du code de l'action sociale et des familles, au III de l'article 1600-0 S du code général des impôts et à l'article 19 de l'ordonnance n° 96-50 du 24 janvier 1996 précitée s'appliquent à la totalité de l'assiette définie au II de l'article L. 136-7 du code de la sécurité sociale.

C. — Le B n'est pas applicable :

1° Aux produits des contrats d'assurance vie mentionnés au *c* du 3° du II de l'article L. 136-7 du code de la sécurité sociale, pour la fraction de ces produits attachés à des primes versées avant le 26 septembre 1997 acquis ou constatés au cours des huit premières années suivant la date d'ouverture du contrat, pour ceux de ces contrats souscrits entre le 1er janvier 1990 et le 25 septembre 1997 ;

2° Aux produits et primes de plans d'épargne populaire mentionnés au 4° du II du même article L. 136-7, pour la fraction acquise ou constatée au cours des huit premières années suivant la date d'ouverture du plan ;

3° A la fraction des gains de plans d'épargne en actions mentionnés au 5° du II dudit article L. 136-7, acquise ou constatée avant le 1er janvier 2018 et, pour ceux de ces plans détenus à cette date depuis moins de cinq ans, au cours des cinq premières années suivant leur date d'ouverture ;

4° Au revenu mentionné au 6° du II du même article L. 136-7, acquis ou constaté avant le 1er janvier 2018 et, le cas échéant, au cours des périodes d'indisponibilité mentionnées aux articles L. 3323-5 ou L. 3324-10 du code du travail lorsqu'il est attaché à des sommes résultant de répartitions de la réserve spéciale de participation intervenant avant le 1er janvier 2018 ;

5° Au revenu mentionné au 7° du II de l'article L. 136-7 du code de la sécurité sociale, attaché à des sommes versées sur un plan d'épargne pour la retraite collectif, au sens du chapitre IV du titre III du livre III de la troisième partie du code du travail, antérieurement au 1er janvier 2018 ;

6° Au revenu mentionné au 7° du II du même article L. 136-7, attaché à des sommes versées sur un plan d'épargne entreprise ou interentreprises, au sens des chapitres II et III du titre III du livre III de la troisième partie du code du travail, antérieurement au 1er janvier 2018, pour la part de ce revenu acquise ou constatée avant cette date ou au cours des cinq premières années suivant ce versement lorsque celui-ci est intervenu entre le 1er janvier 2013 et le 31 décembre 2017 ;

7° A la fraction des gains nets mentionnés au 8° du II dudit article L. 136-7, réalisés dans les conditions prévues aux 1 et 1 *bis* du III de l'article 150-0 A du code général des impôts, acquise ou constatée avant le 1er janvier 2018 ou, le cas échéant, au cours des cinq premières années suivant la date de souscription ou d'acquisition des titres lorsque ces titres ont été souscrits ou acquis entre le 1er janvier 2013 et le 31 décembre 2017.

D. — Le *b* du 6° du I du présent article ne s'applique qu'aux produits acquis ou constatés à compter du 1er janvier 2018 pour ce qui concerne, le cas échéant, les produits mentionnés au C du présent V ainsi qu'aux *a* et *b* du 2° et au 9° du II de l'article L. 136-7 du code de la sécurité sociale.

E. — Le IV de l'article 8 de la loi n° 2013-1203 du 23 décembre 2013 de financement de la sécurité sociale pour 2014 est abrogé pour les faits générateurs intervenant à compter du 1er janvier 2018.

……………………………………………………………………………………………

VIII. — Par dérogation à l'article L. 131-7 du code de la sécurité sociale, les dispositions du présent article ne donnent pas lieu à compensation intégrale par le budget de l'État.

IX. — Le *b* du 6° du I et le V du présent article sont applicables à Mayotte.

Art. L. 136-9 *Abrogé par L. n° 94-637 du 25 juill. 1994, art. 14-III.*

CHAPITRE VII RECETTES DIVERSES

(Ord. n° 96-51 du 24 janv. 1996)

SECTION PREMIÈRE DISPOSITIONS COMMUNES *(L. n° 2011-1906 du 21 déc. 2011, art. 12-III-1°).*

Art. L. 137-1 (Abrogé par L. n° 2011-1906 du 21 déc. 2011, art. 12-III-2°) (L. n° 2001-1246 du 21 déc. 2001, art. 13-V ; L. n° 2003-1199 du 18 déc. 2003, art. 3-III) ***Il est institué à la charge des employeurs une taxe sur les contributions des employeurs et des organismes de représentation collective du personnel versées, à compter du 1er janvier 1996, au bénéfice des salariés*** (L. n° 2010-1594 du 20 déc. 2010, art. 17-I) ***« , anciens salariés et de leurs ayants droit, » pour le financement de prestations complémentaires de prévoyance.*** (L. n° 97-1164 du 19 déc. 1997, art. 14-I) ***« Toutefois, ne sont pas assujettis à la taxe les employeurs occupant neuf salariés au plus tels que définis pour les règles de recouvrement des cotisations de sécurité sociale. »***

1. Assiette. Les dispositions de la circulaire n° 96-248 du ministre du travail et des affaires sociales en date du 11 avr. 1996 et de la circulaire n° 96-39 de l'Agence centrale des organismes de sécurité sociale en date du 15 avr. 1996 sont annulées en tant qu'elles prévoient que les contributions de prévoyance complémentaire versées au bénéfice d'anciens salariés ou de leurs ayants droit sont comprises dans l'assiette de la taxe prévue à l'art. L. 137-1 CSS. • CE 12 juin 1998 : *RJS 1998, n° 1059.* ♦ Pour l'application des textes relatifs à l'assiette de la CSG, de la CRDS et de la taxe prévue par l'art. L. 137-1 ancien CSS, les contributions des employeurs destinées au financement des prestations complémentaires de prévoyance s'entendent du montant des sommes versées par l'employeur à l'organisme de prévoyance, y compris le coût de la gestion de la couverture des risques. • Civ. 2e, 18 juin 2015, n° 14-18.632 P : *RJS 2015, n° 669 ; JCP S 2015, n° 1376, comm. Tauran.*

2. Recours. l'employeur, qui a la charge de la taxe visée à l'art. L. 137-1 CSS, ne dispose pas de recours contre son comité d'entreprise. • Soc. 11 juill. 2002 : *RJS 2002, n° 1169.*

Art. L. 137-2 (Abrogé par L. n° 2011-1906 du 21 déc. 2011, art. 12-III-2°) ***Le taux de cette taxe est fixé à*** (L. n° 97-1164 du 19 déc. 1997, art. 14-II) ***« 8 % ».***

Art. L. 137-3 *(L. n° 2011-1906 du 21 déc. 2011, art. 12-III-3°)* **« Les contributions mentionnées au présent chapitre, sauf dispositions expresses contraires, sont recouvrées et contrôlées par les » organismes chargés du recouvrement des cotisations du régime général de sécurité sociale, selon les règles et sous les garanties et sanctions applicables au recouvrement des cotisations à la charge des employeurs assises sur les** *(Ord. n° 2018-474 du 12 juin 2018, art. 4, en vigueur le 1er sept. 2018)* **« revenus d'activité de leurs salariés tels qu'ils sont pris en compte pour la détermination de l'assiette des cotisations définie à l'article L. 242-1 ». Sont applicables les dispositions de l'article L. 133-3 et des chapitres III et IV du titre IV du livre II dans leur rédaction en vigueur à la date de publication de** *(L. n° 97-1164 du 19 déc. 1997, art. 14-III)* **« la dernière loi de financement de la sécurité sociale »** *[JO 30 déc. 1999].*

Les unions pour le recouvrement des cotisations de sécurité sociale et d'allocations familiales et les caisses générales de sécurité sociale sont habilitées à effectuer tout contrôle sur le versement de *(L. n° 2011-1906 du 21 déc. 2011, art. 12-III-3°)* **« ces contributions » dans les conditions fixées au chapitre III du titre IV du livre II dans sa rédaction en vigueur à la date de la publication de** *(L. n° 97-1164 du 19 déc. 1997, art. 14-III)* **« la dernière loi de financement de la sécurité sociale »** *[JO 30 déc. 1999].*

(Ord. n° 2018-474 du 12 juin 2018, art. 4, en vigueur le 1er sept. 2018) **« Les caisses de mutualité sociale agricole sont chargées du recouvrement et du contrôle des contributions à la charge des employeurs relevant du régime agricole, selon les règles et sous les garanties et sanctions prévues aux chapitres IV et V du titre II du livre VII du code rural et de la pêche maritime dans leur rédaction en vigueur à la date de la publication de la dernière loi de financement de la sécurité sociale. »**

Les dispositions de l'Ord. n° 2018-474 du 12 juin 2018 s'appliquent aux cotisations et contributions dues pour les périodes courant à compter du 1er sept. 2018 (Ord. préc., art. 16).

Art. L. 137-4 **Les différends nés de l'assujettissement** *(L. n° 2011-1906 du 21 déc. 2011, art. 12-III-4°)* **« aux contributions mentionnées au présent chapitre relèvent, sauf**

dispositions expresses contraires, » du contentieux général de la sécurité sociale et sont réglés selon les dispositions applicables aux cotisations de sécurité sociale, conformément aux dispositions du chapitre III du titre III et *(Ord. n° 2018-358 du 16 mai 2018, art. 1er, en vigueur le 1er janv. 2019)* **« du chapitre II » du titre IV du livre Ier du présent code et, en outre, du chapitre V du titre II du livre VII du code rural et de la pêche maritime pour le régime agricole, dans leur rédaction en vigueur à la date de publication de** *(L. n° 97-1164 du 19 déc. 1997, art. 14-III)* **« la dernière loi de financement de la sécurité sociale »** *[JO 30 déc. 1999]*. **Toutefois, les décisions rendues par** *(Ord. n° 2018-358 du 16 mai 2018, art. 1er, en vigueur le 1er janv. 2019)* **« les tribunaux de grande instance spécialement désignés en application de l'article L. 211-16 du code de l'organisation judiciaire » jugeant de ces différends sont susceptibles d'appel quel que soit le montant du litige.**

V. art. R. 137-1 à R. 137-3.

Les décisions rendues par les TASS jugeant des différends nés de l'assujettissement à la contribution sur les rentes versées dans le cadre des régimes mentionnés à l'art. L. 137-11, I, CSS à la charge du bénéficiaire sont susceptibles d'appel, quel que soit le montant du litige. • Civ. 2e, 22 janv. 2015, nos 13-28.279 à 13-28.306 : *RJS 2015, n° 284 ; JCP S 2015, n° 1210, note Bouilloux.*

SECTION II *[ABROGÉE]* CONTRIBUTION SUR LES ABONDEMENTS DES EMPLOYEURS AUX PLANS D'ÉPARGNE POUR LA RETRAITE COLLECTIFS

(L. n° 2001-1246 du 21 déc. 2001, art. 13-II ; L. n° 2003-1311 du 30 déc. 2003, art. 82-IV).

(Abrogée par L. n° 2015-990 du 6 août 2015, art. 148-I-2°)

Art. L. 137-5 (L. n° 2001-152 du 19 févr. 2001, art. 16-II ; L. n° 2001-647 du 20 juill. 2001, art. 6-II) ***1. Il est institué à la charge des employeurs et au profit du*** (L. n° 2010-1594 du 20 déc. 2010, art. 9-II-8°) ***« Fonds de solidarité vieillesse mentionné à l'article L. 135-1 » une contribution sur la fraction de l'abondement de l'employeur au*** (L. n° 2003-1311 du 30 déc. 2003, art. 82-IV) ***« plan d'épargne pour la retraite collectif » défini à l'article L. 443-1-2*** [L. 3334-1 à L. 3334-9 et L. 3334-11 s. nouv.] ***du code du travail, qui excède, annuellement pour chaque salarié*** (L. n° 2003-775 du 21 août 2003, art. 112) ***« ou personne mentionnée au troisième alinéa de l'article L. 443-1*** [L. 3332-2 et L. 3332-6 nouv.] ***du code du travail », la somme de 2 300 € majorée, le cas échéant, dans les conditions prévues au deuxième alinéa de l'article L. 443-7*** [L. 3332-11 nouv.] ***du même code.***

2. Le taux de cette contribution est fixé à 8,2 %.

(Abrogé par L. n° 2011-1906 du 21 déc. 2011, art. 12-IV) ***« 3. Les dispositions des articles L. 137-3 et L. 137-4 sont applicables s'agissant de la présente contribution. »***

Les dispositions issues de la L. n° 2015-990 du 6 août 2015 sont applicables aux abondements versés par les employeurs à compter du 1er janv. 2016 (L. préc., art. 148-II).

SECTION III *[ABROGÉE]* CONTRIBUTION ASSISE SUR LES CONTRATS D'ASSURANCE EN MATIÈRE DE CIRCULATION DE VÉHICULES TERRESTRES À MOTEUR

(Abrogée par L. n° 2014-1554 du 22 déc. 2014, art. 22-II-B)

Art. L. 137-6 ***Une contribution est due par toute personne physique ou morale qui est soumise à l'obligation d'assurance en matière de circulation de véhicules terrestres à moteur instituée par l'article L. 211-1 du code des assurances.***

Al. 2 abrogé par L. n° 2003-1199 du 18 déc. 2003, art. 3-IV.

Le taux de la contribution est fixé à 15 % du montant des primes, cotisations ou fractions de prime ou de cotisation afférentes à l'assurance obligatoire susmentionnée.

Les dispositions issues de la L. n° 2014-1554 du 22 déc. 2014 s'appliquent aux primes, cotisations ou fractions de primes ou de cotisations pour lesquelles un fait générateur d'imposition intervient à compter du 1er janv. 2016.

Toutefois, les primes ou cotisations d'assurance relatives aux véhicules terrestres à moteur dont le fait générateur d'imposition est intervenu antérieurement au 1er janv. 2016, en application de l'art. L. 137-6, dans sa rédaction en vigueur avant la publication de la L. n° 2014-1554 du 22 déc. 2014, ne sont taxées à la taxe sur les conventions d'assurance qu'au taux prévu au 5° bis de l'art. 1001 CGI et à hauteur de 18/33 du taux prévu au second al. du 5° quater du même art., dans sa rédaction résultant de la loi précitée (L. préc., art. 22-IV).

Art. L. 137-7 ***La contribution est perçue par les entreprises d'assurance, dans les mêmes conditions et en même temps que ces primes.***

(L. n° 2003-1199 du 18 déc. 2003, art. 15-V) ***« Les entreprises d'assurance versent le produit de la contribution au plus tard le 15 du deuxième mois suivant le dernier jour de chaque bimestre. Ce produit correspond au montant des primes, cotisations ou fractions de prime ou de cotisation d'assurance émises au cours de chaque bimestre, déduction faite des annulations et remboursements constatés durant la même période et après déduction du prélèvement destiné à compenser les frais de gestion dont le taux est fixé par arrêté du ministre chargé de la sécurité sociale et du ministre chargé des assurances.***

« La contribution est recouvrée et contrôlée en application des dispositions prévues (L. n° 2005-1579 du 19 déc. 2005, art. 22-I) ***« aux » articles L. 138-20 à L. 138-23. Les modalités particulières de recouvrement de la contribution, notamment les majorations, les pénalités, les taxations provisionnelles ou forfaitaires, sont précisées par décret en Conseil d'État. »***

V. note ss. art. L. 137-6.

Art. L. 137-8 *Abrogé par L. n° 2002-1487 du 20 déc. 2002, art. 65. — V. note ss. art. L. 137-6.*

Art. L. 137-9 ***Un décret en Conseil d'État fixe, en tant que de besoin, les modalités d'application de la présente section.*** — V. note ss. art. L. 137-6.

SECTION IV CONTRIBUTION SUR LES AVANTAGES DE PRÉRETRAITE D'ENTREPRISE

(L. n° 2003-775 du 21 août 2003, art. 17-I)

Art. L. 137-10 **I. — Il est institué, à la charge des employeurs et au profit** *(L. n° 2007-1786 du 19 déc. 2007, art. 16-III)* **« de la Caisse nationale d'assurance vieillesse** *(Abrogé par Ord. n° 2018-470 du 12 juin 2018, art. 9)* ***« des travailleurs salariés »*, une contribution sur les avantages de préretraite ou de cessation anticipée d'activité versés, sous quelque forme que ce soit, à d'anciens salariés directement par l'employeur, ou pour son compte, par l'intermédiaire d'un tiers, en vertu d'une convention, d'un accord collectif, de toute autre stipulation contractuelle ou d'une décision unilatérale de l'employeur.**

II. — *(L. n° 2007-1786 du 19 déc. 2007, art. 16-III)* **« Le taux de cette contribution est fixé à 50 %. »**

(Abrogé par L. n° 2011-1906 du 21 déc. 2011, art. 12-IV) ***« III. — Les dispositions des articles L. 137-3 et L. 137-4 sont applicables s'agissant de la présente contribution. »***

IV. — Les dispositions du présent article ne sont pas applicables aux contributions des employeurs mentionnées *(Ord. n° 2018-474 du 12 juin 2018, art. 4)* **« à l'article L. 5123-5 du code du travail », ni aux allocations et contributions des employeurs mentionnées** *(Ord. n° 2018-474 du 12 juin 2018, art. 4)* **« aux articles L. 5122-4 et L. 5123-6 » du même code.** — *Les dispositions de l'Ord. n° 2018-474 du 12 juin 2018 s'appliquent aux cotisations et contributions dues pour les périodes courant à compter du 1er sept. 2018 (Ord. préc., art. 16).*

Les dispositions issues de la L. n° 2007-1786 du 19 déc. 2007 sont applicables aux avantages versés à compter du 11 oct. 2007.

Par dérogation au précédent al., la contribution sur les avantages versés aux anciens salariés qui bénéficiaient d'un avantage de préretraite ou de cessation anticipée d'activité antérieurement au 11 oct. 2007 demeure régie par le II de l'art. L. 137-10 CSS et le III de l'art. 17 de la loi n° 2003-775 du 21 août 2003 dans leur rédaction en vigueur au 10 oct. 2007 (L. n° 2007-1786 du 19 déc. 2007, art. 16-VI).

SECTION V **CONTRIBUTIONS SUR LES RÉGIMES DE RETRAITE CONDITIONNANT LA CONSTITUTION DE DROITS À PRESTATIONS À L'ACHÈVEMENT DE LA CARRIÈRE DU BÉNÉFICIAIRE DANS L'ENTREPRISE**

(L. n° 2010-1594 du 20 déc. 2010, art. 10-I-2°).

(L. n° 2003-775 du 21 août 2003, art. 115)

Art. L. 137-11 I. – Dans le cadre des régimes de retraite à prestations définies gérés soit par l'un des organismes visés au *a* du 2° du présent I, soit par une entreprise, conditionnant la constitution de droits à prestations à l'achèvement de la carrière du bénéficiaire dans l'entreprise et dont le financement par l'employeur n'est pas individualisable par salarié, il est institué *(Abrogé par L. n° 2010-1594 du 20 déc. 2010, art. 10-I-3°)* « *, au profit du fonds mentionné à l'article L. 135-1 du présent code,* » une contribution assise, sur option de l'employeur :

1° Soit sur les rentes liquidées à compter du 1er janvier 2001 *(Abrogé par L. n° 2010-1594 du 20 déc. 2010, art. 10-I-3°)* « *, pour la partie excédant un tiers du plafond mentionné à l'article L. 241-3* » ; la contribution, dont le taux est fixé à *(L. n° 2012-958 du 16 août 2012, art. 32-I-1°)* « 32 % », est à la charge de l'employeur *(L. n° 2010-1594 du 20 déc. 2010, art. 10-I-3°)* « , versée par l'organisme payeur et recouvrée et contrôlée dans les mêmes conditions que la contribution mentionnée à l'article L. 136-1 due sur ces rentes. » – *Dispositions applicables aux rentes versées au titre des retraites liquidées à compter du 1er janv. 2013 (L. n° 2012-958 du 16 août 2012, art. 32-II).*

2° Soit :

a) Sur les primes versées à un organisme régi par le titre III ou le titre IV du livre IX du présent code, le livre II du code de la mutualité ou le code des assurances, destinées au financement des régimes visés au présent I ;

b) Ou sur la partie de la dotation aux provisions, ou du montant mentionné en annexe au bilan, correspondant au coût des services rendus au cours de l'exercice ; lorsque ces éléments donnent ensuite lieu au versement de primes visées au *a*, ces dernières ne sont pas assujetties.

(L. n° 2009-1646 du 24 déc. 2009, art. 15-I) « Les contributions dues au titre des *a* et *b* du 2°, dont les taux sont respectivement fixés à *(L. n° 2012-958 du 16 août 2012, art. 32-I-2°)* « 24 % » et à *(L. n° 2012-958 du 16 août 2012, art. 32-I-2°)* « 48 % », sont à la charge de l'employeur. » – *Dispositions applicables aux versements, comptabilisations ou mentions réalisés à compter des exercices ouverts après le 31 déc. 2012 (L. n° 2012-958 du 16 août 2012, art. 32-II). – V. art. R. 137-3.*

II. – L'option de l'employeur visée au I est effectuée de manière irrévocable pour chaque régime. Pour les régimes existant à la date de publication de la loi n° 2003-775 du 21 août 2003 portant réforme des retraites, l'option est exercée avant le 31 décembre 2003. *(L. n° 2010-1594 du 20 déc. 2010, art. 10-I-3°)* « Pour les régimes existant à la date de publication de la loi n° 2010-1594 du 20 décembre 2010 de financement de la sécurité sociale pour 2011 qui ont opté préalablement pour l'assiette mentionnée au 1° du I du présent article, l'option peut être exercée à nouveau entre le 1er janvier 2011 et le 31 décembre 2011. L'employeur qui exerce cette option est redevable d'un montant équivalent à la différence, si elle est positive, entre, d'une part, la somme des contributions qui auraient été acquittées depuis le 1er janvier 2004 ou la date de création du régime si elle est postérieure s'il avait choisi l'assiette définie au 2° du même I dans les conditions prévues au présent II et, d'autre part, la somme des contributions effectivement versées depuis cette date. l'employeur acquitte cette somme au plus tard concomitamment au versement de la contribution due sur les sommes mentionnées au 2° dudit I de l'exercice 2011 ou de manière fractionnée, sur quatre années au plus, selon des modalités définies par arrêté. » Pour les régimes créés ultérieurement, l'option est exercée lors de la mise en place du régime. Si l'option n'est pas exercée aux dates prévues, les dispositions des 1° et 2° du I s'appliquent.

(Abrogé par Cons. const. n° 2015-498 QPC du 20 nov. 2015) (L. n° 2014-1554 du 22 déc. 2014, art. 17-I) « ***II bis. – S'ajoute à la contribution prévue au I, indépendamment de l'option exercée par l'employeur mentionnée au même I, une contribution additionnelle de***

45 %, à la charge de l'employeur, sur les rentes excédant huit fois le plafond annuel défini à l'article L. 241-3. » *— La déclaration d'inconstitutionnalité du paragr. II bis de l'art. L. 137-11 prend effet à compter de la publication de la Décis. Cons. const. nº 2015-498 QPC du 20 nov. 2015, soit le 22 nov. 2015. Elle peut être invoquée dans toutes les instances introduites à la date du 22 nov. 2015 et non jugées définitivement à cette date (Décis. nº 2015-498 QPC du 20 nov. 2015, JO 22 nov.).*

(Abrogé par L. nº 2011-1906 du 21 déc. 2011, art. 12-IV) ***« III. — Les dispositions des articles L. 137-3 et L. 137-4 sont applicables à la présente contribution. »***

(Abrogé par Ord. nº 2018-474 du 12 juin 2018, art. 4) ***« IV. — Les contributions des employeurs destinées au financement des régimes de retraite visés au I ne sont soumises ni aux cotisations et taxes dont l'assiette est définie à l'article L. 242-1*** *(L. nº 2006-1640 du 21 déc. 2006, art. 27-I)* ***« ou pour les salariés du secteur agricole à l'article L. 741-10 du code rural » et de la pêche maritime, ni aux contributions instituées à l'article L. 136-1 et à l'article 14 de l'ordonnance nº 96-50 du 24 janvier 1996 relative au remboursement de la dette sociale*** *[V. cet art., Annexe I]*. ***»*** *— Les dispositions de l'Ord. nº 2018-474 du 12 juin 2018 s'appliquent aux cotisations et contributions dues pour les périodes courant à compter du 1er sept. 2018 (Ord. préc., art. 16).*

(L. nº 2009-1646 du 24 déc. 2009, art. 15-I) **« V. — Les régimes de retraite à prestations définies, mentionnés au I, créés à compter du 1er janvier 2010 sont gérés exclusivement par l'un des organismes régis par le titre III du livre IX du présent code, le livre II du code de la mutualité ou le code des assurances. »** *— Dispositions applicables aux versements, comptabilisations ou mentions réalisés à compter des exercices ouverts après le 31 déc. 2009 (L. nº 2009-1646 du 24 déc. 2009, art. 15-II).*

Sous réserve des décisions de justice passées en force de chose jugée, il est fait application des dispositions du 2º du I, du III et du IV de l'art. L. 137-11 CSS :

1º pour régler les litiges en cours au 1er janv. 2004 portant sur les contributions des employeurs destinées au financement des régimes de retraite visés au I de ce même article ;

2º pour effectuer les redressements suite à des contrôles portant sur les mêmes contributions, opérés par les organismes de recouvrement, et afférents aux années antérieures au 1er janv. 2004 (L. nº 2003-775 du 21 août 2003, art. 115-II).

BIBL. ▶ LANGLOIS, Variations sur les régimes à prestations définies, *Dr. soc. 2009. 462*.

1. Modalité de l'attribution des fonds. Viole les art. L. 137-11-I-2º, L. 941-1, L. 941-3 et L. 951-1 CSS, issus des art. 115 et 116 de la L. nº 2003-775 du 21 août 2003, la cour d'appel qui, pour juger que la contribution sur les régimes de retraite à prestations définies susceptible d'être recouvrée contre une société sera assise sur la partie de la dotation aux provisions ou du montant mentionné à l'annexe du bilan, correspondant au coût des services rendus au cours de l'exercice, retient essentiellement que la caisse complémentaire de retraite de cette société et l'institution de retraite et de prévoyance pour le financement du régime de retraite supplémentaire de ses salariés, qui n'ont ni adresse personnelle ni salariés et ne disposent pas de fonds propres, ne sont que des émanations du groupe, de sorte que le financement litigieux relève de la gestion interne de cette entreprise ; en effet, après approbation de leurs nouveaux statuts par arrêtés ministériels, cette caisse et cette institution s'étaient transformées en « institution de gestion de retraite supplémentaire » (IGRS) régie par les art. L. 941-1 s. CSS (issus de la L. du 21 août 2003) de sorte que, soumises aux contrôles propres à ces institutions, les sommes qui leur étaient versées par l'employeur au titre du financement du régime supplémentaire de retraite entraient seules dans l'assiette de la nouvelle contribution, peu important les modalités d'attribution de ces fonds ou le concours apporté par la société dans le service des rentes. • Civ. 2e, 12 juin 2007 : *RJS 10/07, nº 1114 ; Dr. soc. 2007. 1190, obs. Barthélemy*.

2. Achèvement de la carrière dans l'entreprise. Il résulte des art. L. 137-11 et L. 137-11-1 CSS qu'est soumise à la contribution qu'ils prévoient la retraite supplémentaire à prestations définies dont le bénéfice est conditionné à l'achèvement de la carrière du bénéficiaire dans l'entreprise. Ne sauraient donc bénéficier du régime spécifique prévu par ces textes un dispositif prévoyant, dans l'intérêt du salarié, une exception à cette règle en vue du maintien des droits lorsque le salarié n'a pu effectivement achever sa carrière dans l'entreprise pour une raison indépendante de sa volonté. • Civ. 2e, 12 juill. 2018, nos 17-22.521, 17-22.520 P : *RDSS 2018. 1116, obs. Kessler ; RJS 11/2018, nº 700.*

Ordonnance n° 2015-839 du 9 juillet 2015,

Relative à la sécurisation des rentes versées dans le cadre des régimes de retraite mentionnés à l'article L. 137-11 du code de la sécurité sociale (JO 10 juill.).

Art. 1er Les droits à retraite liquidés au titre des régimes de retraite mentionnés à l'article L. 137-11 du code de la sécurité sociale sont sécurisés à hauteur d'au moins 50 % dans les conditions mentionnées à l'article 2.

Toutefois, la garantie des droits mentionnée à l'alinéa précédent peut être limitée, pour chaque bénéficiaire et par année, à une fois et demi *[demie]* le plafond mentionné à l'article L. 241-3 du code de la sécurité sociale.

Art. 2 Les engagements représentatifs des droits mentionnés à l'article 1er sont garantis par les entreprises par au moins l'un des dispositifs suivants :

1° Un ou plusieurs contrats souscrits auprès d'un ou plusieurs organismes régis par le titre III du livre IX du code de la sécurité sociale, le livre II du code de la mutualité ou le code des assurances ;

2° Une ou plusieurs fiducies souscrites dans le cadre d'un contrat régi par le titre XIV du livre III du code civil ;

3° Une ou plusieurs sûretés réelles ou personnelles régies par le livre IV du code civil.

Art. 3 Les engagements mentionnés à l'article 2 correspondent à la fraction des engagements mentionnés au troisième alinéa de l'article L. 123-13 du code de commerce qui est représentative des droits mentionnés à l'article 1er de la présente ordonnance.

Art. 4 La proportion sécurisée des engagements doit augmenter selon le calendrier suivant :

1° A compter de la clôture des comptes immédiatement postérieure au 1er janvier 2017, au moins 10 % des engagements constatés au titre de l'exercice comptable clos ;

2° A compter de la clôture des comptes immédiatement postérieure au 1er janvier 2020, au moins 20 % des engagements constatés au titre de l'exercice comptable clos ;

3° A compter de la clôture des comptes immédiatement postérieure au 1er janvier 2025, au moins 40 % des engagements constatés au titre de l'exercice comptable clos ;

4° A compter de la clôture des comptes immédiatement postérieurs au 1er janvier 2030, au moins 50 % des engagements constatés au titre de l'exercice comptable clos.

Art. 5 I. — Par dérogation aux dispositions de la première phrase du II de l'article L. 137-11 du code de la sécurité sociale relatives à l'irrévocabilité de l'option de l'employeur, les entreprises gérant les régimes mentionnés à l'article 1er de la présente ordonnance qui décident d'externaliser leur gestion auprès d'un des organismes mentionnés au 2° du I de l'article L. 137-11 du même code et ayant opté préalablement pour l'assiette mentionnée au 1° du I du même article peuvent à nouveau exercer l'option mentionnée au a du 2° du I de cet article. En cas de changement d'option, il est calculé une contribution libératoire correspondant à la différence, si elle est positive, entre, d'une part, la somme des contributions que l'employeur aurait versées s'il avait, dès le 1er janvier 2004, ou dès la création du régime si cette date est postérieure, choisi l'assiette définie au 2° du I de l'article L. 137-11 du code de la sécurité sociale et, d'autre part, la somme des contributions effectivement versées par l'employeur depuis cette même date.

L'employeur est redevable de la contribution libératoire auprès de l'organisme de recouvrement mentionné aux articles L. 213-1 et L. 752-2 du code de la sécurité dont il relève et lui adresse un tableau récapitulatif dans lequel il fait apparaître, pour chacune des années, de l'année de création du régime à l'année du changement d'option, le coût des services rendus.

II. — Pour les entreprises qui sont assujetties à la contribution mentionnée à l'article L. 137-11 du code de la sécurité sociale selon les dispositions du 2° du I du même article, lorsque la provision ou le montant mentionné en annexe au bilan*[,]* initialement comptabilisés avant ou après le 31 décembre 2003 donnent lieu au versement de primes dans le cadre des contrats mentionnés au 1° de l'article 2 de la présente ordonnance, ces primes ne sont pas assujetties.

Art. 6 I. — L'entreprise adresse chaque année à l'organisme mentionné aux articles L. 213-1 et L. 752-2 du code de la sécurité sociale dont il relève, dans les trois mois suivant la clôture de l'exercice comptable, un état faisant apparaître le montant des engagements et celui des garanties afférentes mentionnés à l'article 2. L'exactitude de ces montants est certifiée par les commissaires aux comptes.

Le défaut de production de cet état dans le délai prescrit entraîne l'application, selon la procédure prévue en vertu de l'article L. 244-3 du même code, de la pénalité applicable en cas de production tardive des déclarations obligatoires relatives aux cotisations et contributions sociales.

II. — En cas de non-respect des dispositions des articles 1er à 4 de la présente ordonnance, l'employeur est soumis à une pénalité annuelle correspondant à 30 % de la différence entre, d'une part, les engagements représentatifs des droits à retraite liquidés devant être garantis conformément aux articles 1er et 4 et, d'autre part, les engagements effectivement garantis par l'entreprise dans les conditions mentionnées à l'article 2.

III. — Les articles L. 137-3 et L. 137-4 du code de la sécurité sociale sont applicables à cette pénalité.

IV. — Le produit de la pénalité est affecté au fonds mentionné à l'article L. 135-3 du code de la sécurité sociale.

Art. 7 La présente ordonnance entre en vigueur à compter du 1er janvier 2016.

Art. L. 137-11-1 *(L. nº 2010-1657 du 29 déc. 2010, art. 16)* **Les rentes versées dans le cadre des régimes mentionnés au I de l'article L. 137-11 sont soumises à une contribution à la charge du bénéficiaire.**

Les rentes versées au titre des retraites liquidées avant le 1er janvier 2011 sont soumises à une contribution sur la part qui excède 500 € par mois. Le taux de cette contribution est fixé à *(L. nº 2011-1978 du 28 déc. 2011, art. 28-I)* **« :**

« – 7 % pour la part de ces rentes supérieure à 500 € et inférieure ou égale à 1 000 € par mois ;

« – 14 % pour la part de ces rentes supérieure à 1 000 € et inférieure ou égale à 24 000 € par mois ;

« – 21 % pour la part de ces rentes supérieure à 24 000 € par mois. »

Les rentes versées au titre des retraites liquidées à compter du 1er janvier 2011 sont soumises à une contribution *(L. nº 2011-1978 du 28 déc. 2011, art. 28-I)* **« sur la part qui excède 400 € par mois. Le taux de cette contribution est fixé à :**

« – 7 % pour la part de ces rentes supérieure à 400 € et inférieure ou égale à 600 € par mois ;

« – 14 % pour la part de ces rentes supérieure à 600 € et inférieure ou égale à 24 000 € par mois ;

« – 21 % pour la part de ces rentes supérieure à 24 000 € par mois. »

Ces valeurs sont revalorisées chaque année en fonction de l'évolution du plafond défini à l'article L. 241-3 et arrondies *(L. nº 2014-1554 du 22 déc. 2014, art. 7-I-F)* **« à l'euro le plus proche, la fraction d'euro égale à 0,50 étant comptée pour 1. » La contribution est précomptée et versée par les organismes débiteurs des rentes et recouvrée et contrôlée dans les mêmes conditions que la contribution mentionnée à l'article L. 136-1 due sur ces rentes.**

(L. nº 2015-990 du 6 août 2015, art. 228) **« Chaque année, les organismes et entreprises mentionnés au I de l'article L. 137-11 débiteurs des rentes établissent un rapport de suivi qui retrace, pour l'année précédente, le montant des engagements souscrits, le nombre de rentes servies, les montants minimal, moyen, médian et maximal de rentes servies ainsi que le nombre de bénéficiaires potentiels. Ce rapport est adressé à l'Institut national de la statistique et des études économiques et aux ministres chargés de la sécurité sociale et de la mutualité. Une version consolidée, après anonymisation éventuelle, de ces rapports de suivi est également mise à la disposition du public, dans un format ouvert permettant sa libre réutilisation. »** — *V. Arr. du 5 déc. 2016 fixant la présentation des données agrégées transmises par les organismes gérant certaines opérations de retraite en application de l'art. 114 de la loi nº 2003-775 du 21 avril 2003 portant réforme des retraites et du dernier al. de l'art. L. 137-11-1 CSS (JO 13 déc.).*

Les dispositions issues de la L. nº 2011-1978 du 28 déc. 2011 sont applicables aux rentes versées à compter du 1er janv. 2012 (L. préc., art. 28-III).

Les dispositions des cinquième et neuvième al. de l'art. L. 137-11-1 et les mots : « et inférieure ou égale à 24 000 € par mois » figurant aux quatrième et huitième al. de ce même art. sont contraires à la Constitution (Cons. const. 29 déc. 2012, Décis. nº 2012-662 DC, JO 30 déc. 2012, p. 20966).

Les dispositions de l'art. 7-I de la L. n° 2014-1554 du 22 déc. 2014 s'appliquent aux revenus de remplacement dont le fait générateur intervient à compter du 1er janv. 2015 (L. préc., art. 7-VI).

SECTION VI CONTRIBUTION SUR LES INDEMNITÉS DE MISE À LA RETRAITE

(L. n° 2007-1786 du 19 déc. 2007, art. 16-VIII)

Art. L. 137-12 Il est institué, à la charge de l'employeur et au profit de la Caisse nationale d'assurance vieillesse *(Abrogé par Ord. n° 2018-470 du 12 juin 2018, art. 9) « des travailleurs salariés »*, une contribution sur les indemnités versées en cas de mise à la retraite d'un salarié à l'initiative de l'employeur.

Le taux de cette contribution est fixé à 50 % ; toutefois, ce taux est limité à 25 % sur les indemnités versées du 11 octobre 2007 au 31 décembre 2008.

(Abrogé par L. n° 2011-1906 du 21 déc. 2011, art. 12-IV) « Les articles L. 137-3 et L. 137-4 sont applicables à la présente contribution. »

Ces dispositions sont applicables aux indemnités de mise à la retraite versées à compter du 11 oct. 2007 (L. n° 2007-1786 du 19 déc. 2007, art. 16-IX).

Date d'entrée en vigueur. L'assujettissement à une contribution nouvelle d'un fait générateur antérieur ne confère pas à la loi un caractère rétroactif. Est ainsi censurée une cour d'appel qui avait entendu écarter l'application des dispositions s'appliquant, aux termes de l'art. 16-IX de la loi du 19 déc. 2007, « aux indemnités de mise à la retraite versées à compter du 11 oct. 2007, pour la période antérieure à l'entrée en vigueur de la loi en se fondant explicitement sur l'art. 2 C. civ. • Civ. 2e, 9 juill. 2015, n° 14-23.556 P : *RJS 2015, n° 690.*

SECTION VII CONTRIBUTION PATRONALE SUR LES ATTRIBUTIONS D'OPTIONS DE SOUSCRIPTION OU D'ACHAT D'ACTIONS ET SUR LES ATTRIBUTIONS D'ACTIONS GRATUITES

(L. n° 2007-1786 du 19 déc. 2007, art. 13-I)

Art. L. 137-13 I. — Il est institué, au profit *(L. n° 2013-1203 du 23 déc. 2013, art. 17-II)* « de la Caisse nationale des allocations familiales », une contribution due par les employeurs :

— sur les options consenties dans les conditions prévues aux articles L. 225-177 à L. 225-186 du code de commerce ;

— sur les actions attribuées dans les conditions prévues aux articles L. 225-197-1 à *(L. n° 2015-990 du 6 août 2015, art. 135-II-C-1°)* « L. 225-197-6 » du même code.

(L. n° 2015-990 du 6 août 2015, art. 135-II-C-1°) « Cette contribution ne s'applique pas aux attributions d'actions gratuites décidées par les sociétés qui n'ont procédé à aucune distribution de dividendes depuis leur création et qui répondent à la définition des petites et moyennes entreprises donnée à l'annexe à la recommandation 2003/361/CE de la Commission, du 6 mai 2003, concernant la définition des micro, petites et moyennes entreprises, dans la limite, par salarié, du plafond mentionné à l'article L. 241-3 du présent code. Cette limite s'apprécie en faisant masse des actions gratuites dont l'acquisition est intervenue pendant l'année en cours et les trois années précédentes. L'ensemble de ces conditions s'apprécie à la date de la décision d'attribution. Le bénéfice de cet abattement est subordonné au respect du règlement (UE) n° 1407/2013 de la Commission, du 18 décembre 2013, relatif à l'application des articles 107 et 108 du traité sur le fonctionnement de l'Union européenne aux aides *de minimis*. » — *V. avant-dernière note ss. art.*

En cas d'options de souscription ou d'achat d'actions, cette contribution s'applique, au choix de l'employeur, sur une assiette égale soit à la juste valeur des options telle qu'elle est estimée pour l'établissement des comptes consolidés pour les sociétés appliquant les normes comptables internationales adoptées par le règlement (CE) n° 1606/2002 du Parlement européen et du Conseil du 19 juillet 2002 sur l'application des normes comptables internationales, soit à 25 % de la valeur des actions sur lesquelles portent ces options, à la date de décision d'attribution. Ce choix est exercé par l'employeur pour la durée de l'exercice pour l'ensemble des options de souscription ou d'achat d'actions qu'il attribue ; il est irrévocable durant cette période.

(L. n° 2015-990 du 6 août 2015, art. 135-II-C-1° et 2°) « En cas d'attribution d'actions gratuites, cette contribution s'applique sur la valeur, à leur date d'acquisition, des actions attribuées.

« II. — Le taux de cette contribution est fixé à :

« 1° 30 % sur les options consenties dans les conditions prévues aux articles L. 225-177 à L. 225-186-1 du code de commerce. Elle est exigible le mois suivant la date de décision d'attribution des options ;

« 2° *(L. n° 2017-1836 du 30 déc. 2017, art. 11-I)* « 20 % » sur les actions attribuées dans les conditions prévues aux articles L. 225-197-1 à L. 225-197-6 du même code. Elle est exigible le mois suivant la date d'acquisition des actions par le bénéficiaire. » — *V. notes ss. art.*

III. — Ces dispositions sont également applicables lorsque l'option est consentie ou l'attribution est effectuée, dans les mêmes conditions, par une société dont le siège est situé à l'étranger et qui est mère ou filiale de l'entreprise dans laquelle le bénéficiaire exerce son activité.

(Abrogé par L. n° 2011-1906 du 21 déc. 2011, art. 12-IV) ***« IV. — Les articles L. 137-3 et L. 137-4 s'appliquent à la présente contribution. »***

Les dispositions issues de la L. n° 2007-1786 du 19 déc. 2007 sont applicables aux attributions consenties à compter du 16 oct. 2007 (L. préc., art. 13-II).

Les dispositions issues de la L. n° 2013-1203 du 23 déc. 2013 s'appliquent aux produits assis sur les opérations dont le fait générateur intervient à compter du 1er janv. 2014, à l'exception des dispositions relatives aux contributions sur les revenus du patrimoine qui s'appliquent aux revenus perçus en 2013 et assujettis en 2014 (L. préc., art. 17-XVII).

Les dispositions de la L. n° 2015-990 du 6 août 2015 s'appliquent aux actions gratuites dont l'attribution a été autorisée par une décision de l'assemblée générale extraordinaire postérieure à la publication de la loi susvisée (L. préc., art. 135-VII, JO 7 août).

Les dispositions de l'art. 11-I de la L. n° 2017-1836 du 30 déc. 2017 s'appliquent aux actions gratuites dont l'attribution est autorisée par une décision de l'assemblée générale extraordinaire postérieure à la publication de la loi susvisée (L. préc., art. 11-II, JO 31 déc.).

Fait générateur. Il résulte de l'art. L. 137-13 CSS que le fait générateur de la contribution instituée, au profit des régimes obligatoires d'assurance maladie dont relèvent les bénéficiaires, sur les actions attribuées gratuitement dans les conditions prévues aux art. L. 225-197-1 à L. 225-197-5 C. com. est constitué par la décision d'attribution de celles-ci, même assortie de conditions. Doit être cassé l'arrêt qui, pour accueillir la demande en remboursement de l'employeur de la contribution acquittée sur des actions n'ayant pas fait l'objet d'une attribution définitive, retient que la décision d'attribution était conditionnée par la réalisation de performances, que cette condition suspensive n'ayant pas été remplie, l'employeur a finalement renoncé à la distribution prévue ; que la date d'exigibilité de la contribution, qui correspond à la décision d'attribution des actions, ne peut être confondue avec le fait générateur, qui est l'attribution des actions gratuites et non la simple décision de les attribuer non suivie d'effets ; qu'en l'absence d'attribution des actions du fait de la non-réalisation de la condition suspensive, la contribution patronale est constitutive d'un indu dont l'employeur est fondé à obtenir la restitution. • Civ. 2e, 7 mai 2014, n° 13-15.790.

SECTION VIII CONTRIBUTION SALARIALE SUR LES ATTRIBUTIONS D'OPTIONS DE SOUSCRIPTION OU D'ACHAT D'ACTIONS ET SUR LES ATTRIBUTIONS D'ACTIONS GRATUITES

(L. n° 2007-1786 du 19 déc. 2007, art. 13-I)

Art. L. 137-14 Il est institué, au profit *(L. n° 2013-1203 du 23 déc. 2013, art. 17-II)* « de la Caisse nationale des allocations familiales », une contribution salariale de *(L. n° 2012-958 du 16 août 2012, art. 31-II-1°)* « 10 % » assise sur le montant des avantages *(L. n° 2013-1203 du 23 déc. 2013, art. 17-III)* « mentionnés au I *(L. n° 2015-990 du 6 août 2015, art. 135-II-D)* « de l'article 80 *bis* » du code général des impôts *(L. n° 2016-1917 du 29 déc. 2016, art. 61-II)* « et au I de l'article 80 *quaterdecies* du même code lorsque ces derniers sont imposés à l'impôt sur le revenu suivant les règles de droit commun des traitements et salaires ». *(Abrogé par L. n° 2012-958 du 16 août 2012, art. 31-II-2°) (L. n° 2010-1594 du 20 déc. 2010, art. 11-2°)* ***« Toutefois, le taux de cette contribution est fixé à 2,5 % sur le montant des avantages définis au même 6 bis dont la valeur est inférieure à la moitié du plafond annuel mentionné à l'article L. 241-3 du présent code. »*** — *Les dispositions de la L. n° 2015-990 du 6 août 2015 s'appliquent aux actions gratuites dont l'attribution a été autorisée par une décision de l'assemblée générale extraordinaire* *postérieure à la publication de la loi susvisée (L. préc., art. 135-VII, JO 7 août). — Les dispositions de la L. n° 2016-1917 du 29 déc. 2016 s'appliquent aux actions gratuites dont l'attribution a été autorisée par une décision de l'assemblée générale extraordinaire postérieure à la publication de la loi susvisée (L. préc., art. 61-III, JO 30 déc.).*

Cette contribution est établie, recouvrée et contrôlée dans les conditions et selon les modalités prévues au III de l'article L. 136-6 du présent code.

Les dispositions issues de la L. n° 2007-1786 du 19 déc. 2007 sont applicables aux attributions consenties à compter du 16 oct. 2007 (L. préc., art. 13-II).

Les dispositions issues de la L. n° 2013-1203 du 23 déc. 2013 s'appliquent aux produits assis sur les opérations dont le fait générateur intervient à compter du 1er janv. 2014, à l'exception des dispositions relatives aux contributions sur les revenus du patrimoine qui s'appliquent aux revenus perçus en 2013 et assujettis en 2014 (L. préc., art. 17-XVII).

SECTION IX **FORFAIT SOCIAL**

(L. n° 2008-1330 du 17 déc. 2008, art. 13-I)

Art. L. 137-15 Les *(Ord. n° 2018-474 du 12 juin 2018, art. 4, en vigueur le 1er sept. 2018)* **« revenus d'activité » assujettis à la contribution mentionnée à l'article L. 136-1 et exclus de l'assiette des cotisations de sécurité sociale définie au premier alinéa de l'article L. 242-1 du présent code et au deuxième alinéa de l'article L. 741-10 du code rural et de la pêche maritime sont soumis à une contribution à la charge de l'employeur, à l'exception :**

1° De ceux assujettis à la contribution prévue à l'article L. 137-13 du présent code *(L. n° 2015-990 du 6 août 2015, art. 135-II-E)* **« et de ceux exonérés en application du quatrième alinéa du I du même article » ;** *— Les dispositions de la L. n° 2015-990 du 6 août 2015 s'appliquent aux actions gratuites dont l'attribution a été autorisée par une décision de l'assemblée générale extraordinaire postérieure à la publication de la loi susvisée (L. préc., art. 135-VII, JO 7 août).*

(Abrogé par L. n° 2011-1906 du 21 déc. 2011, 12-I-1°) ***« 2° Des contributions des employeurs mentionnées au 2° des articles L. 242-1 du présent code et L. 741-10 du code rural et de la pêche maritime ; »***

(L. n° 2012-1404 du 17 déc. 2012, art. 21-I-1°) **« 3° Des indemnités de licenciement, de mise à la retraite ainsi que de départ volontaire versées dans le cadre d'un plan de sauvegarde de l'emploi** *(L. n° 2018-1203 du 22 déc. 2018, art. 16-I)* **« et des indemnités mentionnées au 7° de l'article L. 1237-18-2 du code du travail et aux 5° et 7° de l'article L. 1237-19-1 du même code, » qui sont exclues de l'assiette des cotisations de sécurité sociale en application du douzième alinéa de l'article L. 242-1 du présent code ; »**

4° De l'avantage prévu à l'article L. 411-9 du code du tourisme.

(L. n° 2009-1646 du 24 déc. 2009, art. 16-III) **« Sont également soumises à cette contribution les sommes entrant dans l'assiette définie au premier alinéa du présent article versées aux personnes mentionnées à l'article L. 3312-3 du code du travail.**

« Sont également soumises à cette contribution les rémunérations visées aux articles L. 225-44 et L. 225-85 du code de commerce perçues par les administrateurs et membres des conseils de surveillance de sociétés anonymes et des sociétés d'exercice libéral à forme anonyme. »

(L. n° 2010-1330 du 9 nov. 2010, art. 100-I) **« Sont également soumises à cette contribution les sommes correspondant à la prise en charge par l'employeur de la part salariale des cotisations ou contributions destinées au financement des régimes de retraite complémentaire mentionnée au** *(Ord. n° 2018-474 du 12 juin 2018, art. 4, en vigueur le 1er sept. 2018)* **« *b* du 2° du III de l'article L. 136-1-1. »**

(L. n° 2012-1404 du 17 déc. 2012, art. 21-I-2°) **« Sont également soumises à cette contribution les indemnités versées à l'occasion de la rupture conventionnelle mentionnée aux articles L. 1237-11 à L. 1237-15 du code du travail, pour leur part exclue de l'assiette de la contribution mentionnée à l'article L. 136-1 du présent code en application du** *(Ord. n° 2018-474 du 12 juin 2018, art. 4, en vigueur le 1er sept. 2018)* **« *a* du 5° du III de l'article L. 136-1-1. »**

(L. n° 2011-1906 du 21 déc. 2011, art. 12-I-2°) **« Par dérogation au premier alinéa, ne sont pas assujettis à cette contribution les employeurs de moins de** *(L. n° 2015-1785*

du 29 déc. 2015, art. 15-III-1°) « onze » salariés au titre des contributions versées au bénéfice des salariés, anciens salariés et de leurs ayants droit pour le financement de prestations complémentaires de prévoyance. »

(L. n° 2015-1785 du 29 déc. 2015, art. 15-III-1°) « L'exonération prévue à l'avant-dernier alinéa continue de s'appliquer pendant trois ans aux employeurs qui atteignent ou dépassent au titre des années 2016, 2017 ou 2018 l'effectif de onze salariés. »

(L. n° 2018-1203 du 22 déc. 2018, art. 16-I, en vigueur le 1er janv. 2019) « Par dérogation au premier alinéa du présent article, ne sont pas assujetties à cette contribution les sommes versées au titre de la participation aux résultats de l'entreprise mentionnée au titre II du livre III de la troisième partie du code du travail et au titre de l'intéressement mentionné au titre Ier du même livre III ainsi que les versements des entreprises mentionnés au titre III dudit livre III quel que soit le support sur lequel ces sommes sont investies, dans les entreprises qui ne sont pas soumises à l'obligation de mettre en place un dispositif de participation des salariés aux résultats de l'entreprise prévue à l'article L. 3322-2 du même code.

« Par dérogation au premier alinéa du présent article, ne sont pas assujetties les entreprises qui emploient au moins cinquante salariés et moins de deux cent cinquante salariés pour les sommes versées au titre de l'intéressement mentionné au titre Ier du livre III de la troisième partie du code du travail. »

Les dispositions de l'Ord. n° 2018-474 du 12 juin 2018 s'appliquent aux cotisations et contributions dues pour les périodes courant à compter du 1er sept. 2018 (Ord. préc., art. 16).

Art. L. 137-16 Le taux de la contribution mentionnée à l'article L. 137-15 est fixé à *(L. n° 2012-958 du 16 août 2012, art. 33-I)* « 20 %.

« Toutefois, ce taux est fixé à 8 % pour les contributions des employeurs destinées au financement des prestations complémentaires de prévoyance versées au bénéfice de leurs salariés, anciens salariés et de leurs ayants droit, ainsi que pour les sommes affectées à la réserve spéciale de participation conformément aux modalités définies à l'article L. 3323-3 du code du travail au sein des sociétés coopératives de production soumises à la loi n° 78-763 du 19 juillet 1978 portant statut des sociétés coopératives de production *(L. n° 2018-1203 du 22 déc. 2018, art. 16-I, en vigueur le 1er janv. 2019)* « sans préjudice de l'application des quatrième à dernier alinéas du présent article. — *Les dispositions issues de la L. n° 2012-958 du 16 août 2012 s'appliquent aux rémunérations ou gains versés à compter du 1er août 2012 (L. préc., art. 33-V).*

« Ce taux est fixé à 10% pour les versements des entreprises prévus à l'article L. 3332-11 du code du travail lorsque l'entreprise abonde la contribution versée par le salarié ou la personne mentionnée à l'article L. 3332-2 du même code pour l'acquisition d'actions ou de certificats d'investissement émis par l'entreprise ou par une entreprise incluse dans le même périmètre de consolidation ou de combinaison des comptes au sens de l'article L. 3344-1 dudit code. »

(L. n° 2015-990 du 6 août 2015, art. 149-I) « Le taux de la contribution mentionnée à l'article L. 137-15 du présent code est fixé à 16 % pour les versements des sommes issues de l'intéressement et de la participation ainsi que pour les contributions des entreprises mentionnées au premier alinéa de l'article L. 3334-6 du code du travail et versées sur un plan d'épargne pour la retraite collectif dont le règlement respecte les conditions suivantes :

« 1° Les sommes recueillies sont affectées par défaut, dans les conditions prévues au second alinéa de l'article L. 3334-11 du même code ;

« 2° L'allocation de l'épargne est affectée à l'acquisition de parts de fonds, dans des conditions fixées par décret, qui comportent au moins 7 % de titres susceptibles d'être employés dans un plan d'épargne en actions destiné au financement des petites et moyennes entreprises et des entreprises de taille intermédiaire, dans les conditions prévues à l'article L. 221-32-2 du code monétaire et financier. » — *V. art. D. 137-1.*

Les dispositions issues de la L. n° 2015-990 du 6 août 2015 sont applicables aux sommes versées à compter du 1er janv. 2016 (L. préc., art. 171-II).

Art. L. 137-17 *(L. n° 2015-1702 du 21 déc. 2015, art. 24-I-H, en vigueur le 1er janv. 2016)* Le produit de la contribution mentionnée à l'article L. 137-15 est versé à la Caisse nationale d'assurance vieillesse *(Abrogé par Ord. n° 2018-470 du 12 juin 2018, art. 9) « des travailleurs salariés ».*

SECTION X CONTRIBUTION SALARIALE SUR LES DISTRIBUTIONS ET GAINS NETS AFFÉRENTS À DES PARTS DE FONDS COMMUNS DE PLACEMENT À RISQUES, DES ACTIONS DE SOCIÉTÉS DE CAPITAL-RISQUE OU DES DROITS REPRÉSENTATIFS D'UN PLACEMENT FINANCIER DANS UNE ENTITÉ MENTIONNÉE AU DERNIER ALINÉA DU 8 DU II DE L'ARTICLE 150-0 A DU CODE GÉNÉRAL DES IMPÔTS

(L. n° 2009-1646 du 24 déc. 2009, art. 21-I)

Art. L. 137-18 Il est institué une contribution sociale libératoire au taux de 30 % assise sur les distributions et gains nets mentionnés à l'article 80 *quindecies* du code général des impôts qui, en application du même article, sont imposables à l'impôt sur le revenu au nom des salariés et dirigeants bénéficiaires selon les règles applicables aux traitements et salaires. Elle est mise à la charge de ces salariés et dirigeants et affectée *(L. n° 2013-1203 du 23 déc. 2013, art. 17-IV)* « à la Caisse nationale des allocations familiales ».

Cette contribution est établie, recouvrée et contrôlée dans les conditions et selon les modalités prévues au III de l'article L. 136-6.

Les dispositions issues de la L. n° 2009-1646 du 24 déc. 2009 s'appliquent aux distributions et gains nets afférents aux fonds communs de placement à risques créés à compter du 1er janv. 2010 et, pour les sociétés de capital-risque et les entités mentionnées au dernier alinéa du 8 du II de l'art. 150-0 A CGI, aux actions et droits émis à compter de la même date (L. préc., art. 21-III).

Les dispositions issues de la L. n° 2013-1203 du 23 déc. 2013 s'appliquent aux produits assis sur les opérations dont le fait générateur intervient à compter du 1er janv. 2014, à l'exception des dispositions relatives aux contributions sur les revenus du patrimoine qui s'appliquent aux revenus perçus en 2013 et assujettis en 2014 (L. préc., art. 17-XVII).

SECTION XI PRÉLÈVEMENTS SUR LES JEUX, CONCOURS ET PARIS

(L. n° 2009-1646 du 24 déc. 2009, art. 19)

Art. L. 137-19 (Abrogé par L. n° 2018-1317 du 28 déc. 2018, art. 26-VI) *Il est institué, au profit de la Caisse nationale* (L. n° 2013-1203 du 23 déc. 2013, art. 17-V) *« des allocations familiales », un prélèvement sur le produit des appels à des numéros surtaxés effectués dans le cadre des programmes télévisés et radiodiffusés comportant des jeux et concours.*

Le prélèvement est assis sur le montant des appels effectués au moyen de numéros audiotels ou de messages écrits adressés, net des coûts de l'opérateur de téléphonie et des remboursements de la participation aux jeux et concours, et diminué de la valeur des gains distribués aux spectateurs, aux auditeurs et aux candidats.

Le prélèvement est acquitté par l'organisateur du jeu ou du concours.

Le taux du prélèvement est fixé à 9,5 %.

(Ord. n° 2015-459 du 23 avr. 2015, art. 2-1°) *« L'exigibilité du prélèvement est constituée par l'encaissement des sommes versées au titre des appels à des numéros surtaxés mentionnés au premier alinéa. Ce prélèvement est déclaré et liquidé :*

« 1° Pour les redevables de la taxe sur la valeur ajoutée soumis au régime réel normal d'imposition prévu au 2 de l'article 287 du code général des impôts, sur l'annexe à la déclaration mentionnée au 1 du même article 287 déposée au titre du mois ou du trimestre au cours duquel l'exigibilité est intervenue ;

« 2° Pour les redevables de la taxe sur la valeur ajoutée soumis au régime simplifié d'imposition prévu à l'article 302 septies A du même code, sur la déclaration annuelle mentionnée au 3 de l'article 287 du même code déposée au titre de l'exercice au cours duquel l'exigibilité est intervenue ;

« 3° Pour les personnes non redevables de la taxe sur la valeur ajoutée et les assujettis non établis en France se prévalant d'un des régimes particuliers mentionnés aux articles 359 et 369 ter de la directive 2006/112/CE du Conseil du 28 novembre 2006 relative au système commun de la taxe sur la valeur ajoutée, sur l'annexe à la déclaration prévue au 1 de l'article 287 du code général des impôts déposée auprès du service chargé du recouvrement dont relève le siège ou le principal établissement au plus tard le 25 du mois qui suit celui au cours duquel l'exigibilité est intervenue. »

Ce prélèvement est recouvré et contrôlé selon les mêmes procédures et sous les mêmes sanctions, garanties, sûretés et privilèges que les taxes sur le chiffre d'affaires. Les réclamations sont présentées, instruites et jugées selon les règles applicables à ces mêmes taxes.

Art. L. 137-20 *(L. n° 2010-476 du 12 mai 2010, art. 48-I)* **Il est institué, pour le pari mutuel organisé et exploité par les sociétés de courses dans les conditions fixées par l'article 5 de la loi du 2 juin 1891 ayant pour objet de réglementer l'autorisation et le fonctionnement des courses de chevaux et pour les paris hippiques en ligne mentionnés à l'article 11 de la loi n° 2010-476 du 12 mai 2010 relative à l'ouverture à la concurrence et à la régulation du secteur des jeux d'argent et de hasard en ligne, un prélèvement de 1,8 % sur les sommes engagées par les parieurs.**

Ce prélèvement est dû par le Pari mutuel urbain ou les sociétés de courses intéressées pour les paris organisés dans les conditions fixées par l'article 5 de la loi du 2 juin 1891 précitée et par les personnes *(L. n° 2012-354 du 14 mars 2012, art. 8-II)* **« devant être soumises », en tant qu'opérateur de paris hippiques en ligne,** *(L. n° 2012-354 du 14 mars 2012, art. 8-II)* **« à » l'agrément mentionné à l'article 21 de la loi n° 2010-476 du 12 mai 2010 précitée.**

Art. L. 137-21 *(L. n° 2010-476 du 12 mai 2010, art. 48-I)* **Il est institué, pour les paris sportifs organisés et exploités dans les conditions fixées par l'article 42 de la loi de finances pour 1985 (n° 84-1208 du 29 décembre 1984) et pour les paris sportifs en ligne organisés et exploités dans les conditions fixées à l'article 12 de la loi n° 2010-476 du 12 mai 2010 précitée, un prélèvement de 1,8 % sur les sommes engagées par les parieurs.**

Ce prélèvement est dû par la personne morale chargée de l'exploitation des paris sportifs dans les conditions fixées par l'article 42 de la loi de finances pour 1985 précitée et par les personnes *(L. n° 2012-354 du 14 mars 2012, art. 8-II)* **« devant être soumises », en tant qu'opérateur de paris sportifs en ligne,** *(L. n° 2012-354 du 14 mars 2012, art. 8-II)* **« à » l'agrément mentionné à l'article 21 de la loi n° 2010-476 du 12 mai 2010 précitée.**

Art. L. 137-22 *(L. n° 2010-476 du 12 mai 2010, art. 48-I)* **Il est institué, pour les jeux de cercle en ligne organisés et exploités dans les conditions fixées par l'article 14 de la loi n° 2010-476 du 12 mai 2010 précitée, un prélèvement de 0,2 % sur les sommes engagées par les joueurs.**

Ce prélèvement est dû par les personnes *(L. n° 2012-354 du 14 mars 2012, art. 8-II)* **« devant être soumises », en tant qu'opérateur de jeux de cercle en ligne,** *(L. n° 2012-354 du 14 mars 2012, art. 8-II)* **« à » l'agrément mentionné à l'article 21 de la loi n° 2010-476 du 12 mai 2010 précitée.**

Art. L. 137-23 *(L. n° 2010-476 du 12 mai 2010, art. 48-I)* **Les prélèvements mentionnés aux articles L. 137-20, L. 137-21 et L. 137-22 sont assis sur le montant brut des sommes engagées par les joueurs et parieurs. Les gains réinvestis par ces derniers sous forme de nouvelles mises sont également assujettis à ces prélèvements.**

S'agissant des jeux de cercle organisés sous forme de tournoi et donnant lieu au paiement, par chaque joueur, d'un droit d'entrée représentatif d'une somme déterminée que celui-ci engagera au jeu, le prélèvement mentionné à l'article L. 137-22 est assis sur le montant de ce droit d'entrée et, le cas échéant, sur le ou les droits d'entrée ultérieurement acquittés par le joueur afin de continuer à jouer.

S'agissant des autres jeux de cercle, le prélèvement mentionné à l'article L. 137-22 est plafonné à 0,1 € par donne.

Art. L. 137-24 *(L. n° 2010-476 du 12 mai 2010, art. 48-I)* **Le produit des prélèvements prévus aux articles L. 137-20, L. 137-21 et L. 137-22 est affecté à concurrence de 5 % et dans la limite** *(L. n° 2011-1977 du 28 déc. 2011, art. 46-V-Z quinquies)* **« du plafond fixé au I de l'article 46 de la loi n° 2011-1977 du 28 décembre 2011 de finances pour 2012 » à l'***(Ord. n° 2016-462 du 14 avr. 2016, art. 3-II, en vigueur le 1er mai 2016)* **« Agence nationale de santé publique ».**

(L. n° 2013-1203 du 23 déc. 2013, art. 17-VI) **« Le surplus du produit de ces prélèvements est affecté à la Caisse nationale des allocations familiales. »** — *Les dispositions issues de la L. n° 2013-1203 du 23 déc. 2013 s'appliquent aux produits assis sur les opérations dont le fait générateur intervient à compter du 1er janv. 2014, à l'exception des dispositions relatives aux*

contributions sur les revenus du patrimoine qui s'appliquent aux revenus perçus en 2013 et assujettis en 2014 (L. préc., art. 17-XVII).

Art. L. 137-25 *(L. nº 2010-476 du 12 mai 2010, art. 48-I)* Dans le cas d'un jeu ou d'un pari en ligne, le prélèvement est dû au titre des sommes engagées dans le cadre d'une session de jeu ou de pari réalisée au moyen d'un compte joueur ouvert sur un site dédié tel que défini à l'article 24 de la loi nº 2010-476 du 12 mai 2010 précitée.

Art. L. 137-26 *(Ord. nº 2015-459 du 23 avr. 2015, art. 2-2º)* « L'exigibilité des prélèvements mentionnés aux articles L. 137-20, L. 137-21 et L. 137-22 est constituée par l'encaissement des sommes engagées par les parieurs ou joueurs.

« Le produit de ces prélèvements est déclaré et liquidé par les opérateurs de jeux ou de paris en ligne mentionnés au second alinéa de ces mêmes articles selon les modalités suivantes :

« 1º Pour les redevables de la taxe sur la valeur ajoutée soumis au régime réel normal d'imposition prévu au 2 de l'article 287 du code général des impôts, sur l'annexe à la déclaration mentionnée au 1 du même article 287 déposée au titre du mois ou du trimestre au cours duquel l'exigibilité est intervenue ;

« 2º Pour les redevables de la taxe sur la valeur ajoutée soumis au régime simplifié d'imposition prévu à l'article 302 septies A du même code, sur la déclaration annuelle mentionnée au 3 de l'article 287 du même code déposée au titre de l'exercice au cours duquel l'exigibilité est intervenue ;

« 3º Pour les personnes non redevables de la taxe sur la valeur ajoutée et les assujettis non établis en France se prévalant d'un des régimes particuliers mentionnés aux articles 359 et 369 *ter* de la directive 2006/112/CE du Conseil du 28 novembre 2006 relative au système commun de la taxe sur la valeur ajoutée, sur l'annexe à la déclaration prévue au 1 de l'article 287 du code général des impôts déposée auprès du service chargé du recouvrement dont relève le siège ou le principal établissement au plus tard le 25 du mois qui suit celui au cours duquel l'exigibilité est intervenue. » — *Les dispositions de l'Ord. nº 2015-459 du 23 avr. 2015 s'appliquent aux déclarations portant sur une période d'imposition postérieure au 1er janv. 2016 (Ord. préc., art. 3).*

Ces prélèvements sont recouvrés et contrôlés selon les mêmes procédures et sous les mêmes sanctions, garanties, sûretés et privilèges que les taxes sur le chiffre d'affaires. Les réclamations sont présentées, instruites et jugées selon les règles applicables à ces mêmes taxes.

SECTION XII CONTRIBUTION SOCIALE À LA CHARGE DES FOURNISSEURS AGRÉÉS DE PRODUITS DU TABAC

(L. nº 2016-1827 du 23 déc. 2016, art. 28-I)

Art. L. 137-27 Les fournisseurs agréés de tabacs manufacturés mentionnés au 1 de l'article 565 du code général des impôts sont soumis à une contribution sociale sur leur chiffre d'affaires. Le produit de cette contribution est affecté *(L. nº 2018-1203 du 22 déc. 2018, art. 57-I)* « au fonds mentionné à l'article L. 221-1-4 du présent code ».

Le fait générateur de la contribution et son exigibilité sont ceux prévus à l'article 298 *quaterdecies* *(L. nº 2018-1203 du 22 déc. 2018, art. 57-I)* « du code général des impôts ».

L'assiette de la contribution est constituée par le montant total du chiffre d'affaires du redevable relatif à la commercialisation des tabacs manufacturés, hors taxe sur la valeur ajoutée, réalisé en France métropolitaine, en Guadeloupe, en Guyane, en Martinique, à Mayotte et à La Réunion, déduction faite de la remise consentie par ce redevable aux débitants en application du 3º du I de l'article 570 *(L. nº 2018-1203 du 22 déc. 2018, art. 57-I)* « du même » code et du droit de consommation prévu aux articles 575 ou 575 E *(L. nº 2018-1203 du 22 déc. 2018, art. 57-I)* « dudit » code.

Le taux de la contribution est fixé à 5,6 %.

Art. L. 137-28 La contribution exigible au cours d'une année civile est déclarée en une seule fois par les redevables sur l'annexe à la déclaration de chiffre d'affaires prévue au 1 de l'article 287 du code général des impôts et déposée dans les délais prévus pour les opérations réalisées au cours du mois de mars ou du premier trimestre de l'année civile suivante. La contribution est acquittée lors du dépôt de la déclaration.

Les redevables placés sous le régime simplifié d'imposition prévu à l'article 302 *septies* A du même code déclarent et acquittent en une seule fois la contribution exigible au cours d'une période lors du dépôt de la déclaration portant sur les opérations de cette période mentionnée au 3 de l'article 287 dudit code.

Art. L. 137-29 La contribution mentionnée à l'article L. 137-27 est constatée, recouvrée et contrôlée selon les mêmes procédures et sous les mêmes sanctions, garanties et privilèges que la taxe sur la valeur ajoutée. Les réclamations sont présentées, instruites et jugées et le droit de reprise de l'administration s'exerce selon les règles applicables à cette même taxe.

SECTION XIII **CONTRIBUTION SOCIALE DE SOLIDARITÉ À LA CHARGE DES SOCIÉTÉS** *(Ord. nº 2018-470 du 12 juin 2018, art. 3).*

Art. L. 137-30 Il est institué *(Abrogé par L. nº 2010-1594 du 20 déc. 2010, art. 30-I-7º) « (Ord. nº 2005-1528 du 8 déc. 2005) «* ***, au profit du régime social des indépendants mentionné à l'article L. 611-1*** *» (L. nº 98-1194 du 23 déc. 1998, art. 2-III ; L. nº 2000-1352 du 30 déc. 2000, art. 38) «* ***, ainsi qu'au profit du Fonds de solidarité vieillesse mentionné à l'article L. 135-1*** *» et (L. nº 2001-624 du 17 juill. 2001, art. 6-II)* ***« du Fonds de réserve pour les retraites mentionné à l'article L. 135-6, »*** une contribution sociale de solidarité à la charge :

1º Des sociétés anonymes *(L. nº 95-1346 du 30 déc. 1995, art. 88)* « et des sociétés par actions simplifiées » *(L. nº 2005-1579 du 19 déc. 2005, art. 19)* « , quelles que soient, le cas échéant, la nature et la répartition de leur capital » ;

2º Des sociétés à responsabilité limitée ;

3º Des sociétés en commandite ;

(L. nº 2005-1579 du 19 déc. 2005, art. 19) « 4º Des personnes morales de droit public, *(L. nº 2007-1786 du 19 déc. 2007, art. 23)* « dans les limites de leur activité concurrentielle » ;

« 4º *bis* Des groupements d'intérêt public assujettis à la taxe sur la valeur ajoutée en application de dispositions du chapitre Ier du titre II de la première partie du livre Ier du code général des impôts autres que celles de l'article 256 B ; »

5º Des personnes morales dont le siège est situé hors du territoire de la France métropolitaine ou des départements d'outre-mer, à raison des affaires réalisées sur ce territoire et les rendant passibles de l'impôt sur les sociétés ;

(L. nº 95-885 du 4 août 1995, art. 30-I ; L. nº 96-1182 du 30 déc. 1996, art. 47-I) « 6º Des sociétés en nom collectif ;

« 7º Des groupements d'intérêt économique ;

« 8º Des groupements européens d'intérêt économique à raison des affaires réalisées sur le territoire de la France métropolitaine ou des départements d'outre-mer ;

(L. nº 2012-1404 du 17 déc. 2012, art. 12-I-B) « 9º Indépendamment de leur forme juridique, des établissements et entreprises *(Ord. nº 2013-544 du 27 juin 2013, art. 15, en vigueur le 1er janv. 2014)* « mentionnés aux I et II de" l'article L. 511-1 du code monétaire et financier et relevant des chapitres Ier à VII ainsi que de la section II du chapitre VIII du titre Ier du livre V du même code ;

« 9º *bis* Indépendamment de leur forme juridique, des entreprises ou sociétés d'assurance, de capitalisation et de réassurance de toute nature régies par le code des assurances, des mutuelles et unions de mutuelles relevant du livre II du code de la mutualité, des institutions de prévoyance et unions d'institutions de prévoyance relevant du titre III du livre IX du présent code ou du titre VII du livre VII du code rural et de la pêche maritime ; »

(Ord. nº 2017-484 du 6 avr. 2017, art. 9-1º) « 9º *ter* Indépendamment de leur forme juridique, des fonds de retraite professionnelle supplémentaire mentionnés à l'article L. 381-1 du code des assurances, des mutuelles ou unions de retraite professionnelle supplémentaire mentionnées à l'article L. 222-12 du code de la mutualité et des institutions de retraite professionnelle supplémentaire ; »

(L. nº 95-885 du 4 août 1995, art. 30-I ; L. nº 96-1182 du 30 déc. 1996, art. 47-I) « 10º Des sociétés ou organismes non visés aux 1º à *(L. nº 2012-1404 du 17 déc. 2012, art. 12-I-B)* « 9º *bis* » qui sont régis par la loi nº 47-1775 du 10 septembre 1947 portant statut de la coopération, à l'exception de ceux visés à l'article L. 521-1 du code

rural et de la pêche maritime *(L. n° 2014-1554 du 22 déc. 2014, art. 21-I)* **« , au titre Ier de la loi n° 83-657 du 20 juillet 1983 relative au développement de certaines activités d'économie sociale, aux articles L. 3441-2 et L. 4431-2 du code des transports et aux articles L. 931-5, L. 931-24 et L. 931-28 du code rural et de la pêche maritime »** *(Abrogé par L. n° 2014-892 du 8 août 2014, art. 3-I-9°)* ***« qui ont pour objet exclusif d'assurer l'approvisionnement de leurs associés coopérateurs en leur procurant les produits, les équipements, les instruments et les animaux nécessaires à leurs exploitations agricoles et des sociétés coopératives agricoles ayant pour objet exclusif l'utilisation de matériels agricoles par les associés coopérateurs »*** ; — *Les dispositions issues de la L. n° 2014-892 du 8 août 2014 s'appliquent à la contribution sociale de solidarité à la charge des sociétés due à compter du 1er janv. 2015 (L. préc., art. 3-III-A).*

(L. n° 2007-1786 du 19 déc. 2007, art. 23) **« 11° Des sociétés européennes au sens de l'article L. 229-1 du code de commerce et des sociétés coopératives européennes, au sens du règlement (CE) 1435/2003 du Conseil du 22 juillet 2003 relatif au statut de la société coopérative européenne. »** — *[Anc. art. L. 651-1.]*

Les dispositions issues de la L. n° 2012-1404 du 17 déc. 2012 sont applicables à la contribution due à compter du 1er janv. 2013 (L. préc., art. 12-II).

Jurispr. rendue ss. l'empire des textes antérieurs à l'Ord. n° 2018-470 du 12 juin 2018.

1. Il résulte des art. L. 651-1, L. 651-3 et D. 651-16 CSS que si l'assiette de la contribution sociale de solidarité mise à la charge de certaines sociétés et entreprises est constituée par le chiffre d'affaires défini à l'art. L. 651-5 CSS, son fait générateur réside dans l'existence de l'entreprise débitrice au 1er janv. de l'année au titre de laquelle elle est due. • Com. 28 juin 1994 : *D. 1994. IR 198* (la créance entre dans le champ d'application de l'art. 40 de la L. n° 85-98 du 25 janv. 1985).

2. Justifie légalement sa décision la cour d'appel qui, pour condamner une société au paiement de la contribution sociale de solidarité, énonce que celle-ci, instituée au profit des régimes de sécurité sociale, qui n'est pas recouvrée par le Trésor public, ni versée à son bénéfice, est dépourvue de caractère fiscal et estime dès lors, à bon droit, que cette contribution n'est pas de nature fiscale au sens de la sixième directive du Conseil des Communautés (dir. CEE n° 77-388 du 17 mai 1977) et qu'elle entre dans la notion de droits et taxes n'ayant pas le caractère de taxes sur le chiffre d'affaires au maintien desquels cette directive, en son art. 33, ne fait pas obstacle. • Soc. 16 nov. 1995 : *D. 1996. IR 8.* ♦ Rappr. de • Civ. 2e, 22 janv. 2009 : *D. 2009. AJ 572* ; *JCP S 2009. 1204, note Vachet.*

3. GIE. Doivent être intégrées dans le chiffre d'affaires servant d'assiette à la contribution sociale de solidarité les sommes perçues en paiement de fournitures de services facturées par le GIE à ses membres. • Soc. 27 févr. 2003 : *JCP 2003. IV. 1758 ; TPS 2003. 201, obs. Prétot.*

Art. L. 137-31 **Sont exonérés de la contribution sociale de solidarité :**

1° Les sociétés d'habitation à loyer modéré et de crédit immobilier régies par les articles L. 411-1 et suivants du code de la construction et de l'habitation, ainsi que les unions de ces sociétés ;

2° Les sociétés immobilières de copropriété régies par les articles L. 212-1 à L. 212-13 du code de la construction et de l'habitation ;

(L. n° 2006-872 du 13 juill. 2006, art. 52) **« 3° Les sociétés d'économie mixte de construction ou d'aménagement pour les activités qu'elles réalisent dans le cadre des missions de service d'intérêt général mentionnées aux** *(L. n° 2018-1021 du 23 nov. 2018, art. 88)* **« onzième à treizième » alinéas de l'article L. 411-2 du code de la construction et de l'habitation ; »**

4° Les sociétés de rédacteurs de presse ;

5° Les sociétés mentionnées à l'article 4 de la loi n° 69-717 du 8 juillet 1969 relative à certaines dispositions concernant les sociétés ;

6° *Abrogé par L. n° 95-885 du 4 août 1995, art. 30-II.*

(L. n° 2012-1404 du 17 déc. 2012, art. 12-I-C) **« 7° Les sociétés d'investissement régies par les articles** *(Ord. n° 2013-676 du 25 juill. 2013, art. 43-2°)* **« L. 214-7 à L. 214-7-4, L. 214-24-29 à L. 214-24-33 et L. 214-127 à L. 214-135 » du code monétaire et financier ; »** — *Les dispositions issues de la L. n° 2012-1404 du 17 déc. 2012 sont applicables à la contribution due à compter du 1er janv. 2013 (L. préc., art. 12-II).*

8° Les sociétés d'aménagement foncier et d'établissement rural régies par l'article 15 de la loi n° 60-808 du 5 août 1960 dite loi d'orientation agricole ;

9° *Abrogé par L. n° 91-1322 du 30 déc. 1991, art. 52 ;*

10° *(L. n° 95-885 du 4 août 1995, art. 30-II)* « Les sociétés en nom collectif et les groupements d'intérêt économique constitués exclusivement entre des sociétés exonérées par application des dispositions prévues aux 1° à 8°, pour la réalisation d'opérations que ces sociétés peuvent mettre en œuvre directement avec le bénéfice de cette exonération » ;

11° *(L. n° 96-1182 du 30 déc. 1996, art. 47-II)* « Des sociétés coopératives maritimes visées au chapitre Ier du titre III de la loi n° 83-657 du 20 juillet 1983 relative au développement de certaines activités d'économie sociale, ayant pour objet exclusif soit l'avitaillement, soit l'armement de leurs associés coopérateurs » ;

(L. n° 2015-990 du 6 août 2015, art. 145-III) « 12° Les sociétés de libre partenariat régies par l'article L. 214-154 du code monétaire et financier. » — *[Anc. art. L. 651-2.]*

Art. L. 137-32 La contribution sociale de solidarité est annuelle. *(L. n° 2016-1918 du 29 déc. 2016, art. 112-I)* « Son fait générateur est constitué par l'existence de l'entreprise débitrice au 1er janvier de l'année au titre de laquelle elle est due. » Son taux est fixé *(L. n° 2017-1836 du 30 déc. 2017, art. 10-II, en vigueur le 1er janv. 2018)* « à 0,16 % ». *(L. n° 2014-892 du 8 août 2014, art. 3-I-11° ; L. n° 2015-1702 du 21 déc. 2015, art. 9-I-1°)* « Elle est assise sur le chiffre d'affaires défini à l'article *(Ord. n° 2018-470 du 12 juin 2018, art. 3)* « L. 137-33 » *(L. n° 2016-1918 du 29 déc. 2016, art. 112-I, en vigueur le 1er janv. 2017)* « réalisé l'année précédant celle au titre de laquelle elle est due », après application d'un abattement égal à 19 millions d'euros. » *(Ord. n° 2018-470 du 12 juin 2018, art. 3)* « Elle est recouvrée par une union de recouvrement des cotisations de sécurité sociale et d'allocations familiales désignée par le directeur de l'Agence centrale des organismes de sécurité sociale. » *(L. n° 2016-1918 du 29 déc. 2016, art. 112-I)* « Elle est exigible au 15 mai de l'année qui suit la réalisation de ce chiffre d'affaires. » Des décrets peuvent prévoir un plafonnement en fonction de la marge pour les entreprises de commerce international *(L. n° 92-1476 du 31 déc. 1992, art. 28-I)* « et intracommunautaire » fonctionnant avec une marge brute particulièrement réduite et pour les entreprises du négoce en l'état des produits du sol et de l'élevage, engrais et produits connexes, achetant ou vendant directement à la production et pour les entreprises du négoce en gros des combustibles *(L. n° 2003-1199 du 18 déc. 2003, art. 10-I)* « et de commerce de détail de carburants ». — *Sur l'entrée en vigueur des L. n° 2003-1199 du 18 déc. 2003, L. n° 2014-892 du 8 août 2014 et L. n° 2015-1702 du 21 déc. 2015, V. note ss. art.*

(L. n° 95-885 du 4 août 1995, art. 30-III) « Pour les sociétés ou groupements *(L. n° 2005-1579 du 19 déc. 2005, art. 19-II)* « mentionnés aux 4° *bis*, 6°, 7° et 8° de l'article *(Ord. n° 2018-470 du 12 juin 2018, art. 3)* « L. 137-30 » ainsi que les groupements d'intérêt public assujettis à la taxe sur la valeur ajoutée en application de l'article 256 B du code général des impôts », la part du chiffre d'affaires correspondant à des refacturations de prestations de services à leurs membres ou associés n'est pas soumise à la contribution.

« En outre, les redevables *(L. n° 2005-1579 du 19 déc. 2005, art. 19-II ; L. n° 2007-1786 du 19 déc. 2007, art. 23 ; Ord. n° 2018-470 du 12 juin 2018, art. 3)* « mentionnés aux 1° à 3°, 4°, sauf s'il s'agit de groupements d'intérêt public assujettis à la taxe sur la valeur ajoutée en application de l'article 256 B du code général des impôts, 5°, 10° et 11° de l'article L. 137-30 » ne tiennent pas compte, pour la détermination de leur contribution, de la part du chiffre d'affaires correspondant à des ventes de biens réalisées avec les sociétés ou groupements visés à l'alinéa précédent et acquittant la contribution, dans lesquels ils détiennent une participation au moins égale à *(L. n° 95-1346 du 30 déc. 1995, art. 90-1°)* « 20 %, à condition que ces biens soient utilisés pour les besoins d'opérations de production effectuées par ces sociétés ou groupements. »

« La contribution des organismes coopératifs relevant du chapitre Ier du titre III de la loi n° 83-657 du 20 juillet 1983 relative au développement de certaines activités d'économie sociale est établie sans tenir compte du chiffre d'affaires qu'ils réalisent, au titre des opérations de vente de produits issus des entreprises exploitées par leurs membres, avec d'autres organismes coopératifs régis par les mêmes dispositions et dont ils sont associés coopérateurs. »

(L. n° 95-1346 du 30 déc. 1995, art. 90) « Pour la détermination de leur contribution, les sociétés ou groupements visés au deuxième alinéa ne tiennent pas compte des ventes de biens réalisées à ceux de leurs membres ou associés acquittant la contribution et détenant au moins 20 % des droits à leurs résultats, à condition que ces biens soient vendus à l'issue d'opérations de production effectuées par ces sociétés ou groupements. »

(L. n° 95-1346 du 30 déc. 1995, art. 92 ; L. n° 2004-1370 du 20 déc. 2004, art. 8-II) « Pour les redevables visés à l'article *(Ord. n° 2018-470 du 12 juin 2018, art. 3)* « L. 137-30 » affiliés à l'un des organes centraux mentionnés à l'article L. 511-30 du code monétaire et financier, la part du chiffre d'affaires correspondant à des intérêts reçus à raison d'opérations de centralisation, à l'échelon régional ou national, de leurs ressources financières n'est pas soumise à la contribution dans la limite du montant des intérêts servis en contrepartie de ces mêmes opérations.

« Les dispositions du premier alinéa sont applicables aux entreprises de négoce en l'état des produits du sol et de l'élevage, engrais et produits connexes, achetant et vendant directement aux coopératives agricoles. » – *[Anc. art. L. 651-3.]*

Les dispositions de l'art. 10 de la L. n° 2003-1199 du 18 déc. 2003 s'appliquent pour les contributions dues à compter du 1er janv. 2004, selon des modalités déterminées par décret (L. préc., art. 10-III).

Les dispositions issues de la L. n° 2014-892 du 8 août 2014 s'appliquent à la contribution sociale de solidarité à la charge des sociétés due à compter du 1er janv. 2015 (L. préc., art. 3-III-A).

Les dispositions issues de l'art. 9-I de la L. n° 2015-1702 du 21 déc. 2015 s'appliquent à la contribution sociale de solidarité à la charge des sociétés due à compter du 1er janv. 2016 (L. préc., art. 9-II).

Jusqu'au 31 déc. 2018 et par dérogation aux dispositions de l'art. L. 137-32 CSS, l'art. L. 651-4 du même code reste applicable, dans sa rédaction antérieure à l'Ord. n° 2018-470 du 12 juin 2018, pour le recouvrement de la contribution sociale de solidarité à la charge des sociétés (Ord. préc., art. 10-III).

Art. L. 137-33 Les sociétés et entreprises assujetties à la contribution sociale de solidarité sont tenues d'indiquer annuellement à l'organisme chargé du recouvrement de cette contribution le montant de leur chiffre d'affaires global déclaré à l'administration fiscale, calculé hors taxes sur le chiffre d'affaires et taxes assimilées *(Abrogé par L. n° 2012-1404 du 17 déc. 2012, art. 12-I-E)* « ***; à ce montant doivent être ajoutés pour les sociétés d'assurances et de capitalisation et les sociétés de réassurances, les produits de leur exploitation n'entrant pas dans le champ d'application des taxes sur le chiffre d'affaires*** ». De ce montant sont déduits, en outre, les droits ou taxes indirects et les taxes intérieures de consommation, versés par ces sociétés et entreprises, grevant les produits médicamenteux et de parfumerie, les boissons, ainsi que les produits pétroliers.

(L. n° 2011-1906 du 21 déc. 2011, art. 20-I-2°) « Pour les établissements de crédit *(Ord. n° 2013-544 du 27 juin 2013, art. 15, en vigueur le 1er janv. 2014)* « , les sociétés de financement » et, lorsqu'elles sont agréées par l'Autorité de contrôle prudentiel et de résolution, les entreprises mentionnées à l'article L. 531-4 du code monétaire et financier, le chiffre d'affaires est celui défini au 1 du III de l'article 1586 *sexies* du code général des impôts. Toutefois, le chiffre d'affaires annuel afférent aux contrats d'échanges de taux d'intérêt, aux opérations sur devises et aux autres instruments financiers à terme est constitué par le résultat net positif de chacune de ces catégories.

« Pour les établissements et entreprises mentionnés au deuxième alinéa du présent article dont le produit net bancaire est au plus égal à 10 % du chiffre d'affaires ainsi déterminé, le montant *(Abrogé par L. n° 2017-1836 du 30 déc. 2017, art. 10-II, à compter du 1er janv. 2018)* « ***cumulé*** » de la contribution sociale de solidarité *(Abrogé par L. n° 2017-1836 du 30 déc. 2017, art. 10-II, à compter du 1er janv. 2018)* « ***et de la contribution additionnelle instituée à l'article L. 245-13 du présent code*** » ne peut excéder 1,6 % du produit net bancaire. » – *Les dispositions issues de la L. n° 2011-1906 du 21 déc. 2011 sont applicables à la contribution sociale de solidarité à la charge des sociétés due à compter du 1er janv. 2012 (L. préc., art. 20-II).*

(L. n° 2012-1404 du 17 déc. 2012, art. 12-I-E) « Pour les redevables mentionnés au 9° *bis* de l'article *(Ord. n° 2018-470 du 12 juin 2018, art. 3)* « L. 137-30 », le chiffre d'affaires est celui défini au 1 du VI de l'article 1586 *sexies* du code général des

impôts, à l'exception des reprises sur réserves sur capitalisation. Toutefois, le chiffre d'affaires annuel afférent aux opérations sur devises et aux ajustements sur opérations à capital variable est constitué par le résultat net positif de chacune de ces catégories. Ne sont comprises dans le chiffre d'affaires retenu pour asseoir la contribution ni les cotisations, primes et acceptations provenant de contrats d'assurance maladie relatifs à des opérations individuelles et collectives à adhésion facultative à la condition que l'organisme ne recueille pas d'informations médicales auprès de l'assuré au titre de ce contrat ou des personnes souhaitant bénéficier de cette couverture, que les cotisations ou les primes ne soient pas fixées en fonction de l'état de santé de l'assuré et que ces garanties respectent les conditions mentionnées à l'article L. 871-1, ou de contrats d'assurance maladie relatifs à des opérations collectives à adhésion obligatoire à la condition que les cotisations ou les primes ne soient pas fixées en fonction de l'état de santé de l'assuré et que ces garanties respectent les conditions mentionnées au même article L. 871-1, ni les remises qui leur sont versées dans le cadre de leur participation à la gestion d'un régime légal d'assurance maladie et maternité, ni les subventions accordées par le fonds prévu à l'article L. 421-1 du code de la mutualité.

« Pour les commissionnaires au sens de l'article L. 132-1 du code de commerce qui s'entremettent dans une livraison de biens ou de services, l'assiette de la contribution est constituée par le montant de leur commission, sous réserve que les conditions suivantes soient simultanément remplies :

« 1° L'opération d'entremise est rémunérée exclusivement par une commission dont le taux est fixé au préalable d'après le prix, la quantité ou la nature des biens ou des services ;

« 2° Il est rendu compte au commettant du prix auquel l'intermédiaire a traité l'opération avec l'autre contractant ;

« 3° L'intermédiaire qui réalise ces opérations d'entremise doit agir en vertu d'un mandat préalable et ne jamais devenir propriétaire des biens ;

« 4° Les opérations ne sont pas réalisées par des personnes établies en France qui s'entremettent dans la livraison de biens ou l'exécution des services par des redevables qui n'ont pas établi dans l'Union européenne le siège de leur activité, un établissement stable, leur domicile ou leur résidence habituelle.

« Dans le cas d'entremise à la vente, les commettants des intermédiaires auxquels les cinquième à neuvième alinéas s'appliquent majorent leur chiffre d'affaires du montant des commissions versées. »

(L. n° 95-885 du 4 août 1995, art. 30-IV ; L. n° 96-314 du 12 avr. 1996, art. 76-II) « Le chiffre d'affaires retenu pour asseoir la contribution prévue par l'article L. 138-1 est exclu de l'assiette de la contribution sociale de solidarité. »

(Abrogé par L. n° 2012-1404 du 17 déc. 2012, art. 12-I-E) « Pour les sociétés d'assurances et de capitalisation régies par le code des assurances et les sociétés de réassurances, l'assiette de la contribution sociale de solidarité est constituée, pour leur activité principale, par les primes et acceptations de l'exercice, nettes de cessions et rétrocessions, telles qu'elles ressortent du compte (L. n° 2004-1370 du 20 déc. 2004, art. 8-III) « de résultat, conforme aux » dispositions relatives à la comptabilité des entreprises d'assurances et de capitalisation.

« (L. n° 2004-1370 du 20 déc. 2004, art. 8-IV) « Pour les mutuelles et unions de mutuelles relevant du livre II du code de la mutualité, institutions de prévoyance et unions d'institutions de prévoyance relevant du titre III du livre IX du présent code et institutions de prévoyance relevant de la section IV du chapitre II du titre II du livre VII du code rural et de la pêche maritime, l'assiette de la contribution sociale de solidarité est constituée, pour leur activité principale, par les cotisations, primes et acceptations de l'exercice, nettes de cessions et de rétrocessions, telles qu'elles ressortent du compte de résultat, conforme aux dispositions relatives à la comptabilité des mutuelles et institutions de prévoyance.

« Pour les redevables mentionnés aux deux alinéas précédents, ne sont comprises dans le chiffre d'affaires retenu pour asseoir la contribution ni les cotisations, primes et acceptations provenant de contrats (L. n° 2010-1594 du 20 déc. 2010, art. 45) « d'assurance maladie relatifs à des opérations individuelles et collectives à adhésion facultative à la condition que l'organisme ne recueille pas d'informations médicales auprès de l'assuré au titre de ce contrat ou des personnes souhaitant bénéficier de cette couverture, que les cotisations ou les primes ne soient pas fixées en fonction de l'état de santé de l'assuré et que ces garanties respectent les conditions mentionnées à l'article L. 871-1, ou de contrats d'assurance maladie relatifs à

des opérations collectives à adhésion obligatoire à la condition que les cotisations ou les primes ne soient pas fixées en fonction de l'état de santé de l'assuré et que ces garanties respectent les conditions mentionnées au même article L. 871-1, » ni les remises qui leur sont versées dans le cadre de leur participation à la gestion d'un régime légal d'assurance maladie et maternité.

« Pour les redevables mentionnés au cinquième alinéa, ne sont pas comprises dans le chiffre d'affaires retenu pour asseoir la contribution des subventions accordées par le fonds prévu à l'article L. 421-1 du code de la mutualité. »

(Ord. n° 2003-1213 du 18 déc. 2003, art. 7-I) **« Par dérogation au premier alinéa, les entreprises dont le chiffre d'affaires, calculé selon les modalités prévues aux alinéas précédents, est inférieur** *(L. n° 2014-892 du 8 août 2014, art. 3-I-12°)* **« ou égal au montant de l'abattement » mentionné par le premier alinéa de l'article** *(Ord. n° 2018-470 du 12 juin 2018, art. 3)* **« L. 137-32 » ne sont pas tenues de souscrire une déclaration au titre de la contribution sociale de solidarité. »** *— Sur l'entrée en vigueur de la L. n° 2014-892 du 8 août 2014, V. note ss. art.*

(L. n° 2004-810 du 13 août 2004, art. 75-IV) **« Lorsque la société ou l'entreprise assujettie n'a pas effectué la déclaration de son chiffre d'affaires selon les modalités et dans les délais prescrits pour l'application du présent article, le chiffre d'affaires sur lequel est assise la contribution est fixé d'office par l'organisme chargé du recouvrement à partir des éléments dont il dispose ou des comptes annuels dont il est fait publicité.** *(Abrogé par L. n° 2014-892 du 8 août 2014, art. 3-I-12°, à compter du 1er janv. 2015)* ***« A défaut d'éléments suffisants, le chiffre d'affaires est fixé forfaitairement par rapport au seuil mentionné au premier alinéa de l'article L. 651-3. »***

« Les montants dus, lorsque le chiffre d'affaires estimé est supérieur *(L. n° 2014-892 du 8 août 2014, art. 3-I-12°)* **« au montant de l'abattement » fixé par le premier alinéa de l'article** *(Ord. n° 2018-470 du 12 juin 2018, art. 3)* **« L. 137-32 », sont réclamés à titre provisionnel, par voie de mise en demeure dans les conditions mentionnées à l'article L. 244-2. »** *— Sur l'entrée en vigueur de la L. n° 2014-892 du 8 août 2014, V. note ss. art. — [Anc. art. L. 651-5.]*

Les dispositions issues de la L. n° 2012-1404 du 17 déc. 2012 sont applicables à la contribution due à compter du 1er janv. 2013 (L. préc., art. 12-II).

Les dispositions issues de la L. n° 2014-892 du 8 août 2014 s'appliquent à la contribution sociale de solidarité à la charge des sociétés due à compter du 1er janv. 2015 (L. préc., art. 3-III-A).

Jurispr. rendue ss. l'empire des textes antérieurs à l'Ord. n° 2018-470 du 12 juin 2018.

1. Il résulte de l'art. L. 651-5 que la contribution sociale de solidarité s'applique sur le montant du chiffre d'affaires global déclaré à l'administration fiscale, réalisé par les sociétés et entreprises assujetties, calculé hors taxes sur le chiffre d'affaires et taxes assimilées.

Les droits ou taxes indirects et les taxes intérieures de consommation grevant les produits médicamenteux et de parfumerie, les boissons ainsi que les produits pétroliers ne sont déduits du montant du chiffre d'affaires global visé à l'art. L. 651-5 qu'autant qu'ils sont versés par ces sociétés et entreprises. Cassation, pour violation de ce texte, de l'arrêt qui, pour autoriser une société qui exerce le négoce au détail de produits pétroliers, à déduire du montant de son chiffre d'affaires les droits et taxes sur les produits pétroliers compris dans le prix de vente au public, énonce essentiellement que l'art. L. 651-5 n'exige pas que le droit à déduction des taxes grevant les produits pétroliers soit limité aux seules sociétés qui acquittent ces taxes au trésor public, alors que cette société ne verse pas au trésor public le montant des taxes intérieures sur les produits pétroliers. • Soc. 13 févr. 1997 : *D. 1997. IR 77* (cassation de • Paris, 5 avr. 1995 : *D. 1995. IR 162).*

2. En vertu des art. L. 651-3, L. 651-5 et D. 651-3, bénéficient du plafonnement de la contribution sociale de solidarité les entreprises du négoce en gros des combustibles si le total de cinq postes déterminés figurant dans le compte d'exploitation générale est au plus égal à 4 % du montant de leur chiffre d'affaires global déclaré à l'administration fiscale, calculé hors taxes sur le chiffre d'affaires et taxes assimilées, déduction faite en outre des droits ou taxes indirects et des taxes intérieures de consommation versés par ces entreprises et grevant les produits pétroliers. La loi ne distinguant pas suivant que le négoce porte sur des combustibles en l'état ou transformés, toute société du négoce en gros des combustibles, si elle remplit la condition de pourcentage par rapport au montant de son chiffre d'affaires global, bénéficie du plafonnement de la contribution sociale de solidarité. • Soc. 24 juin 1993 : *D. 1993. IR 179.*

3. Le régime fiscal des sociétés au regard de l'impôt sur les bénéfices est sans incidence sur leur obligation au versement de la contribution sociale de solidarité, laquelle est assise sur le chiffre d'affaires. Une SARL, en sa qualité de gérante et de mandataire des membres de sociétés en participation, est dès lors tenue, quand bien même elle aurait pu être autorisée sur le plan fiscal à déclarer séparément les opérations en participation, au paiement de la contribution sur le chiffre d'affaires des sociétés en participation qu'elle gère. • Soc. 12 déc. 1991 : *D. 1992. IR 56.* ♦ V. aussi • Civ. 2e, 7 nov. 2013, nº 12-25.776 (en l'espèce, le montant des transferts de stocks en Allemagne effectués par la société doit être inclus dans l'assiette de la contribution sociale de solidarité des sociétés et de la contribution additionnelle à ladite contribution dues par la société).

4. La contribution sociale de solidarité instituée au profit de régimes de sécurité sociale non recouvrée par le Trésor public, ni versée à son bénéfice, est dépourvue de caractère fiscal. Les opérations de change, objet du litige, si elles sont exonérées de la TVA, ne sont pas pour autant exclues de l'assiette de la contribution sociale de solidarité puisque seul doit être pris en considération le chiffre d'affaires global entrant dans le champ d'application des taxes sur le chiffre d'affaires. • Paris, 17 juin 1996 : *D. 1996. IR 195.*

Art. L. 137-34 *(L. nº 2010-1594 du 20 déc. 2010, art. 44-1º)* **I. — L'organisme chargé du recouvrement de la contribution peut obtenir des administrations fiscales communication des éléments nécessaires à la détermination de son assiette et de son montant dans les conditions prévues à l'article L. 152 du livre des procédures fiscales.**

II. — Les sociétés *(L. nº 2012-1404 du 17 déc. 2012, art. 12-I-F)* **« , entreprises et établissements mentionnés » à l'article** *(Ord. nº 2018-470 du 12 juin 2018, art. 3)* **« L. 137-30 » du présent code sont tenues** *[tenus]* **de fournir, à la demande de l'organisme de recouvrement, tous renseignements et documents nécessaires à la détermination de l'assiette de la contribution et de son montant dans un délai de soixante jours. Lorsque le redevable a répondu de façon insuffisante à cette demande, l'organisme de recouvrement le met en demeure de compléter sa réponse dans un délai de trente jours en précisant les compléments de réponse attendus.**

Le délai de reprise de la créance de contribution mentionné au premier alinéa de l'article L. 244-3 est interrompu à la date d'envoi des demandes mentionnées au premier alinéa du présent II.

Le contrôle des déclarations transmises par les sociétés *(L. nº 2012-1404 du 17 déc. 2012, art. 12-I-F)* **« , entreprises et établissements assujettis » à la contribution sociale de solidarité est effectué dans les conditions prévues à l'article L. 113 du livre des procédures fiscales.**

III. — En cas de défaut de réponse à la demande de renseignements et de documents ou à la mise en demeure mentionnée au II ou en cas de réponse insuffisante à la mise en demeure, il est appliqué une majoration dans la limite de 5 % du montant des sommes dues par le redevable.

IV. — L'organisme de recouvrement ayant constaté une inexactitude, une insuffisance, une omission ou une dissimulation dans les éléments servant au calcul de la contribution notifie au redevable, par lettre recommandée avec demande d'avis de réception, un document mentionnant l'objet des opérations de contrôle, les documents consultés, la période vérifiée, le mode de calcul et le montant de la rectification envisagée.

Lorsque le redevable n'a pas répondu dans les délais prescrits à la demande et, le cas échéant, à la mise en demeure mentionnées au II du présent article ou que sa réponse demeure insuffisante, le montant de la rectification envisagée est estimé selon les règles fixées par l'avant-dernier alinéa de l'article *(Ord. nº 2018-470 du 12 juin 2018, art. 3)* **« L. 137-33 ».**

Le redevable dispose d'un délai de trente jours pour faire part à l'organisme de recouvrement de sa réponse.

L'organisme de recouvrement est tenu de notifier à l'intéressé, par lettre recommandée avec demande d'avis de réception, la modification de la rectification envisagée dès lors que les observations fournies par le redevable sont reconnues fondées ou de motiver leur rejet.

L'organisme de recouvrement ne peut engager la mise en recouvrement de la contribution et des majorations avant l'expiration du délai de réponse mentionné au troisième alinéa du présent IV. — *[Anc. art. L. 651-5-1.]*

Jurispr. rendue ss. l'empire des textes antérieurs à l'Ord. nº 2018-470 du 12 juin 2018.

Voies de recours. Le tribunal des affaires de sécurité sociale statue en dernier ressort jusqu'à la valeur de 4 000 € pour les contentieux relatifs aux majorations prévues par l'art. L. 651-5-1-III, en application des art. R. 142-25 CSS et 605 C. pr. civ., applicables à compter du 1er janv. 2011. • Civ. 2e, 19 janv. 2017, nº 16-12.298 P : *JCP S 2017, nº 1076, obs. Brissy.*

Conformité à la Constitution. Les dispositions contestées (§ III de l'ancien art. L. 651-5-1 CSS devenu art. L. 137-34) sanctionnent d'une majoration, dans la limite de 5 % du montant total de la contribution due au titre de l'année, le défaut de réponse à la demande de renseignements et de documents ou à la mise en demeure, ainsi que la réponse insuffisante à cette dernière. En punissant d'une majoration de la contribution due au titre de l'année le manquement à des obligations destinées à assurer l'établissement de cette contribution et en retenant un taux de 5 %, qui ne constitue qu'un taux maximal pouvant être modulé, sous le contrôle du juge, par l'organisme chargé du recouvrement, le législateur a retenu une sanction conforme au principe de proportionnalité des peines tel qu'il découle de l'art. 8 DDH. • Cons. const. 5 oct. 2018, nº 2018-736 QPC : *D. 2018. 1919*.

Art. L. 137-35 *(L. nº 2006-1640 du 21 déc. 2006, art. 40-IV)* **Les sociétés** *(L. nº 2012-1404 du 17 déc. 2012, art. 12-I-G)* **« , entreprises et établissements » dont le chiffre d'affaires défini à l'article** *(Ord. nº 2018-470 du 12 juin 2018, art. 3)* **« L. 137-33 » est supérieur** *(L. nº 2014-892 du 8 août 2014, art. 3-I-13º ; Ord. nº 2018-470 du 12 juin 2018, art. 3)* **« au montant de l'abattement mentionné au premier alinéa de l'article L. 137-32 » sont tenues** *[tenus]* **d'effectuer la déclaration prévue** *(L. nº 2014-892 du 8 août 2014, art. 3-I-13º ; Ord. nº 2018-470 du 12 juin 2018, art. 3)* **« à l'article L. 137-33 » et le paiement de la contribution sociale de solidarité par voie** *(L. nº 2015-1702 du 21 déc. 2015, art. 9-I-2º)* **« dématérialisée » auprès de l'organisme chargé du recouvrement** *(Ord. nº 2018-470 du 12 juin 2018, art. 3)* **« de la contribution »** *(L. nº 2016-1918 du 29 déc. 2016, art. 112-I, en vigueur le 1er janv. 2017)* **« au plus tard le 15 mai de l'année qui suit celle au cours de laquelle a été réalisé le chiffre d'affaires sur lequel la contribution est assise ». Pour se conformer à cette obligation, les sociétés** *(L. nº 2012-1404 du 17 déc. 2012, art. 12-I-G)* **« , entreprises et établissements » utilisent les services de télédéclaration** *(L. nº 2017-1836 du 30 déc. 2017, art. 10-II, en vigueur le 1er janv. 2018)* **« et de télérèglement » mis à disposition dans les conditions prévues à l'article L. 133-5.**

Lorsque la transmission de la déclaration n'est pas faite suivant les modalités définies à l'alinéa précédent, il est appliqué une majoration de 0,2 % du montant de la contribution sociale de solidarité dont est redevable la société *(L. nº 2012-1404 du 17 déc. 2012, art. 12-I-G)* **« , l'entreprise ou l'établissement ».**

Il est également appliqué une majoration de 0,2 % du montant des sommes dont le versement a été effectué dans des conditions différentes de celles prévues au premier alinéa. — *[Anc. art. L. 651-5-3.]*

Ces dispositions sont applicables pour la première fois à la contribution sociale de solidarité à la charge des sociétés dues à compter du 1er janv. 2007 (L. nº 2006-1640 du 21 déc. 2006, art. 40-VII).

Les dispositions issues de la L. nº 2014-892 du 8 août 2014 s'appliquent à la contribution sociale de solidarité à la charge des sociétés due à compter du 1er janv. 2015 (L. préc., art. 3-III-A).

Les dispositions issues de l'art. 9-I de la L. nº 2015-1702 du 21 déc. 2015 s'appliquent à la contribution sociale de solidarité à la charge des sociétés due à compter du 1er janv. 2016 (L. préc., art. 9-II).

Art. L. 137-36 *(L. nº 2010-1594 du 20 déc. 2010, art. 44-3º)* **I. — Le défaut de production par le redevable, dans les délais prescrits, de la déclaration de son chiffre d'affaires prévue à l'article** *(Ord. nº 2018-470 du 12 juin 2018, art. 3)* **« L. 137-33 » entraîne l'application d'une majoration fixée dans la limite de 10 % du montant de la contribution mise à sa charge ou résultant de la déclaration produite tardivement.**

II. **— Une majoration identique à celle mentionnée au I du présent article est applicable sur le supplément de contribution mis à la charge du redevable en cas d'application des rectifications mentionnées au IV de l'article** *(Ord. nº 2018-470 du 12 juin 2018, art. 3)* **« L. 137-34 ».** — *[Anc. art. L. 651-5-4.]*

Art. L. 137-37 *(L. nº 2010-1594 du 20 déc. 2010, art. 44-3º)* **Une majoration fixée dans la limite de 10 % est appliquée de plein droit à la contribution sociale de solida-**

rité qui n'a pas été acquittée aux dates limites de versement de la contribution. Toute contribution restée impayée plus d'un an après ces dates est augmentée de plein droit d'une nouvelle majoration fixée dans la limite de 4,8 % par année ou par fraction d'année de retard. – *[Anc. art. L. 651-5-5.]*

Art. L. 137-38 *(L. nº 2010-1594 du 20 déc. 2010, art. 44-3º)* Les majorations mentionnées à l'article *(Ord. nº 2018-470 du 12 juin 2018, art. 3)* « L. 137-35, au I de l'article L. 137-36 et à l'article L. 137-37 » sont applicables dans le cadre de la taxation d'office à titre provisionnel prévue pour le recouvrement de la contribution sociale de solidarité. – *[Anc. art. L. 651-5-6.]*

Art. L. 137-39 *(L. nº 90-86 du 23 janv. 1990, art. 8-II ; L. nº 96-314 du 12 avr. 1996, art. 77-I-4º)* Un décret fixe les conditions d'application des *(Ord. nº 2018-470 du 12 juin 2018, art. 3)* « dispositions de la présente section ». *(Abrogé par Ord. nº 2018-470 du 12 juin 2018, art. 3) (L. nº 2010-1594 du 20 déc. 2010, art. 44-4º)* « ***Il détermine en particulier les modalités de recouvrement de la contribution et des majorations mentionnées aux articles L. 651-5-1 et L. 651-5-3 à L. 651-5-5.*** » – *[Anc. art. L. 651-9.]*

CHAPITRE VIII CONTRIBUTIONS À LA CHARGE DES ENTREPRISES DE VENTE EN GROS DE SPÉCIALITÉS PHARMACEUTIQUES ET DES ENTREPRISES ASSURANT L'EXPLOITATION D'UNE OU PLUSIEURS SPÉCIALITÉS PHARMACEUTIQUES *(L. nº 2014-1554 du 22 déc. 2014, art. 14-I-1º).*

SECTION PREMIÈRE CONTRIBUTION À LA CHARGE DES ÉTABLISSEMENTS DE VENTE EN GROS DE SPÉCIALITÉS PHARMACEUTIQUES ET DES ENTREPRISES ASSURANT L'EXPLOITATION D'UNE OU DE PLUSIEURS SPÉCIALITÉS PHARMACEUTIQUES *(L. nº 2014-1554 du 22 déc. 2014, art. 14-I-1º).*

Art. L. 138-1 *(L. nº 96-1160 du 27 déc. 1996, art. 32-II)* Une contribution assise sur le chiffre d'affaires hors taxes réalisé en France auprès des pharmacies d'officine, des pharmacies mutualistes et des pharmacies de sociétés de secours minières au titre des spécialités inscrites sur la liste mentionnée au premier alinéa de l'article L. 162-17 est due par les entreprises de vente en gros de spécialités pharmaceutiques ainsi que par les entreprises assurant l'exploitation d'une ou plusieurs spécialités pharmaceutiques au sens des articles L. 5124-1, L. 5124-2 et L. 5124-18 du code de la santé publique lorsqu'elles vendent en gros des spécialités inscrites sur la liste mentionnée au premier alinéa de l'article L. 162-17 auprès des pharmacies d'officine, des pharmacies mutualistes et des pharmacies de sociétés de secours minières, *(L. nº 2000-1257 du 23 déc. 2000, art. 48-I et IV)* « à l'exception des médicaments orphelins désignés comme tels en application des dispositions du règlement (CE) nº 141/2000 du Parlement européen et du Conseil, du 16 décembre 1999, concernant les médicaments orphelins » *(L. nº 2010-1594 du 20 déc. 2010, art. 29-I)* « dont le chiffre d'affaires hors taxes n'excède pas 30 millions d'euros ». – *Application des dispositions issues de la L. nº 2000-1257 du 23 déc. 2000 aux chiffres d'affaires réalisés à compter du 1er janv. 2001.*

(L. nº 2003-1199 du 18 déc. 2003, art. 15-I) « Pour la détermination de l'assiette de la contribution, il n'est tenu compte que de la partie du prix de vente hors taxes aux officines inférieure à un montant de 150 € augmenté de la marge maximum que les entreprises visées à l'alinéa précédent sont autorisées à percevoir sur cette somme en application de l'arrêté prévu à l'article L. 162-38. » – *Disposition applicable aux chiffres d'affaires réalisés à compter du 1er janv. 2004.*

Art. L. 138-2 *(L. nº 2003-1199 du 18 déc. 2003, art. 15-II)* La contribution due par chaque entreprise est assise sur le montant du chiffre d'affaires hors taxes défini à l'article L. 138-1.

L'assiette de la contribution est composée de *(L. nº 2013-1203 du 23 déc. 2013, art. 13-1º)* « trois » parts. Une première part est constituée par le chiffre d'affaires hors taxes réalisé par l'entreprise au cours de l'année civile ; une *(L. nº 2013-1203 du 23 déc. 2013, art. 13-1º)* « deuxième » part est constituée par la différence entre le chiffre d'affaires hors taxes réalisé au cours de l'année civile et celui réalisé l'année civile précédente. *(L. nº 2017-1836 du 30 déc. 2017, art. 22)* « Une troisième part est constituée, pour les spécialités autres que celles mentionnées aux deux dernières phrases du premier alinéa de l'article L. 138-9, de la fraction du chiffre d'affaires hors taxes réalisée par l'entreprise au cours de l'année civile correspondant, pour l'ensemble des unités vendues, à la différence entre le prix fabricant hors taxes, augmenté de la marge maximale mentionnée au second alinéa de l'article L. 138-1 et minoré des remises maximales autorisées à l'article L. 138-9 dans la limite de 3,75 €, et le prix de vente hors taxes aux officines. Si cette différence est négative, cette troisième part est ramenée à zéro. »

(L. nº 2013-1203 du 23 déc. 2013, art. 13-1º et 2º) « Le montant de la contribution est calculé en appliquant :

« *a)* Un taux de 1,75 % à la première part ;

« *b)* Un taux de 2,25 % à la deuxième part, y compris lorsqu'elle est négative ;

« *c)* Un taux de 20 % à la troisième part.

« Le montant cumulé résultant des opérations effectuées sur les deux premières part de l'assiette de la contribution, conformément aux *a* et *b*, ne peut ni excéder 2,55 %, ni être inférieur à 1,25 % du chiffre d'affaires hors taxes réalisé par l'entreprise au cours de l'année civile. »

Lorsqu'une entreprise est soumise pour la première fois à la contribution, elle n'est redevable la première année que de la première *(L. nº 2013-1203 du 23 déc. 2013, art. 13-3º)* « et de la troisième parts. » En ce qui concerne le calcul de la seconde part pour la deuxième année d'acquittement de la contribution, et dans le cas où l'entreprise n'a pas eu d'activité commerciale tout au long de la première année civile, le chiffre d'affaires pris en compte au titre de la première année est calculé au prorata de la durée écoulée afin de couvrir une année civile dans son intégralité. – *Disposition applicable au chiffre d'affaires réalisé à compter du 1er janv. 2004.*

Les modalités d'application du présent article sont fixées par décret en Conseil d'État.

Art. L. 138-3 *Abrogé par L. nº 2002-1487 du 20 déc. 2002, art. 65.*

Art. L. 138-4 *(L. nº 2003-1199 du 18 déc. 2003, art. 15-III)* La contribution est versée de manière provisionnelle le *(L. nº 2012-1404 du 17 déc. 2012, art. 26-II-1º)* « 1er juin » de chaque année, pour un montant correspondant à 80 % de la contribution due au titre de l'année civile précédente. Une régularisation annuelle intervient au *(L. nº 2012-1404 du 17 déc. 2012, art. 26-II-1º)* « 1er mars » de l'année suivante, sur la base du chiffre d'affaires réalisé *(L. nº 2012-1404 du 17 déc. 2012, art. 26-II-1º)* « au cours de l'année civile ».

Art. L. 138-5 et L. 138-6 *Abrogés par L. nº 2003-1199 du 18 déc. 2003, art. 15-V.*

Art. L. 138-7 *(L. nº 2003-1199 du 18 déc. 2003, art. 15-V)* La contribution est recouvrée et contrôlée en application des dispositions prévues *(L. nº 2004-1370 du 20 déc. 2004, art. 61-IV)* « aux articles L. 138-20 à L. 138-23 ». Les modalités particulières de recouvrement de la contribution, notamment les majorations, les pénalités, les taxations provisionnelles ou forfaitaires, sont précisées par décret en Conseil d'État.

Art. L. 138-8 *(L. nº 2012-1404 du 17 déc. 2012, art. 73-VIII-A)* Le produit de la contribution est affecté à la Caisse nationale de l'assurance maladie *(Abrogé par Ord. nº 2018-470 du 12 juin 2018, art. 9) « des travailleurs salariés »*.

Art. L. 138-9 *(L. nº 2008-3 du 3 janv. 2008, art. 3)* « Les remises, ristournes et avantages commerciaux et financiers assimilés de toute nature, y compris les rémunérations de services prévues à l'article L. 441-7 du code de commerce, consentis par tout fournisseur des officines en spécialités pharmaceutiques remboursables ne peuvent excéder par année civile et par ligne de produits, pour chaque officine, 2,5 % du prix fabricant hors taxes de ces spécialités. » *(L. nº 2013-1203 du 23 déc. 2013, art. 49-I-1º)* « Pour les spécialités génériques définies au *a* du 5° de l'article L. 5121-1 du code de la santé publique, pour les spécialités inscrites au répertoire des groupes génériques en application des deux dernières phrases du *b* du même 5° et pour les spécialités de référence définies au *a* dudit 5° dont le prix de vente au public est identique à celui des autres spécialités du groupe générique auquel elles appartiennent, ce plafond est fixé par arrêté des ministres chargés de la santé, de la sécurité sociale, de l'économie et du budget, dans la limite de 50 % du prix fabricant hors taxes. Pour les spécialités non génériques soumises à un tarif forfaitaire de responsabilité, le plafond est fixé par l'arrêté précité, dans la limite de 50 % du prix fabricant hors taxes correspondant au tarif forfaitaire de responsabilité. »

(Ord. n° 2017-1092 du 8 juin 2017, art. 1er) « Pour l'application du plafond fixé à l'alinéa précédent, il n'est pas tenu compte du montant de la marge prévue à l'article L. 162-38 que le fournisseur rétrocède le cas échéant à l'officine. »

(L. n° 98-1194 du 23 déc. 1998, art. 29-VI-2) « Les infractions aux dispositions prévues au présent article sont passibles des sanctions pénales applicables aux infractions mentionnées à l'article L. 162-38. *(L. n° 2014-344 du 17 mars 2014, art. 140-III-1°)* « Ces infractions sont constatées et poursuivies dans les conditions prévues au titre V du livre IV du code de commerce. »

Toutefois, ce plafonnement ne s'applique pas pendant la durée de validité d'un accord de bonnes pratiques commerciales, agréé par le ministre chargé de la sécurité sociale, conclu entre les organisations représentatives des établissements de vente en gros de spécialités pharmaceutiques et celles des pharmaciens d'officine.

V. art. R. 138-1.

A compter du 1er sept. 2014, les plafonds mentionnés aux deux dernières phrases du 1er al. de l'art. L. 138-9 sont respectivement fixés, pour les spécialités concernées, à 40 % du prix fabricant hors taxes ou du prix fabricant hors taxes correspondant au tarif forfaitaire de responsabilité, par année civile et par ligne de produits, pour chaque officine (Arr. du 22 août 2014, JO 28 août).

Art. L. 138-9-1 *(L. n° 2013-1203 du 23 déc. 2013, art. 49-I-2°)* Tout fournisseur des officines de spécialités génériques définies au *a* du 5° de l'article L. 5121-1 du code de la santé publique est tenu de déclarer au Comité économique des produits de santé mentionné à l'article L. 162-17-3 du présent code les montants totaux, par année civile et par spécialité pharmaceutique, des chiffres d'affaires hors taxes réalisés en France et des remises, ristournes et avantages commerciaux et financiers assimilés de toute nature, y compris les rémunérations de services prévues à l'article L. 441-7 du code de commerce, consentis, conformément à l'article L. 138-9 du présent code, au titre des ventes de ces spécialités pharmaceutiques remboursables aux officines de pharmacie.

Lorsque la déclaration prévue au présent article n'a pas été effectuée dans les délais requis ou lorsque cette déclaration s'avère manifestement inexacte au vu, notamment, des éléments transmis par les organismes chargés du recouvrement des cotisations de sécurité sociale, le Comité économique des produits de santé peut fixer, après que le fournisseur concerné a été mis en mesure de présenter ses observations, une pénalité financière annuelle à la charge du fournisseur. Le montant de la pénalité ne peut être supérieur à 5 % du chiffre d'affaires hors taxes des ventes mentionnées au premier alinéa du présent article réalisé en France par le fournisseur au titre du dernier exercice clos. La pénalité est reconductible, le cas échéant, chaque année.

Le montant de la pénalité est fixé en fonction de la gravité du manquement sanctionné.

La pénalité est recouvrée par les organismes mentionnés à l'article L. 213-1 désignés par le directeur de l'Agence centrale des organismes de sécurité sociale. Les articles L. 137-3 et L. 137-4 sont applicables au recouvrement de la pénalité. Son produit est affecté à la Caisse nationale de l'assurance maladie *(Abrogé par Ord. n° 2018-470 du 12 juin 2018, art. 9) « des travailleurs salariés »*. Le recours présenté contre la décision prononçant cette pénalité est un recours de pleine juridiction.

Les organismes chargés du recouvrement des cotisations de sécurité sociale sont habilités à vérifier, dans le cadre des contrôles qu'ils effectuent, les données relatives aux déclarations faites par les fournisseurs. Ces éléments de contrôle sont transmis au Comité économique des produits de santé.

(L. n° 2014-1554 du 22 déc. 2014, art. 15-III-1°) « La déclaration prévue au présent article est effectuée par voie dématérialisée. En cas de méconnaissance de l'obligation de déclaration dématérialisée, le comité peut prononcer, après mise en demeure au fabricant ou au distributeur de présenter ses observations, une pénalité dans la limite de 0,2 % du chiffre d'affaires hors taxes des ventes réalisées en France. Les troisième

et quatrième alinéas du présent article sont applicables à cette pénalité. » – *Les dispositions issues de l'art. 15 de la L. n° 2014-1554 du 22 déc. 2014 s'appliquent aux déclarations et versements effectués à compter du 1er janv. 2015 (L. préc., art. 15-V-A).*

SECTION II CONTRIBUTION À LA CHARGE DES ENTREPRISES ASSURANT L'EXPLOITATION D'UNE OU DE PLUSIEURS SPÉCIALITES PHARMACEUTIQUES

(L. n° 2014-1554 du 22 déc. 2014, art. 14-I-2°)

Les dispositions issues de la L. n° 2014-1554 du 22 déc. 2014 s'appliquent pour le calcul de la contribution due à compter de l'année 2015 (L. préc., art. 14-II).

Art. L. 138-10 *(L. n° 2016-1827 du 23 déc. 2016, art. 30-I)* **I. – Lorsque** *(L. n° 2018-1203 du 22 déc. 2018, art. 21-I, en vigueur le 1er janv. 2019)* **« le chiffre d'affaires hors taxes réalisé » au cours de l'année civile en France métropolitaine, en Guadeloupe, en Guyane, en Martinique, à La Réunion, à Saint-Barthélemy et à Saint-Martin au titre des médicaments mentionnés au II du présent article par l'ensemble des entreprises assurant l'exploitation d'une ou de plusieurs spécialités pharmaceutiques, au sens des articles L. 5124-1 et L. 5124-2 du code de la santé publique,** *(L. n° 2018-1203 du 22 déc. 2018, art. 21-I, en vigueur le 1er janv. 2019)* **« minoré des remises mentionnées aux articles L. 162-16-5-1, L. 162-17-5, L. 162-18 et L. 162-22-7-1 du présent code, est supérieur à un montant M, déterminé » par la loi afin d'assurer le respect de l'objectif national de dépenses d'assurance maladie,** *(Abrogé par L. n° 2018-1203 du 22 déc. 2018, art. 21-I, à compter du 1er janv. 2019)* ***« par rapport aux mêmes chiffres d'affaires respectifs réalisés l'année précédente, minorés des remises mentionnées à l'article L. 138-13 et des contributions prévues au présent article, »*** **ces entreprises sont assujetties à** *(L. n° 2018-1203 du 22 déc. 2018, art. 21-I, en vigueur le 1er janv. 2019)* **« une contribution ».**

II. – Les médicaments pris en compte pour le calcul des chiffres d'affaires mentionnés au I du présent article sont :

1° *(Abrogé par L. n° 2018-1203 du 22 déc. 2018, art. 21-I, à compter du 1er janv. 2019)* ***« S'agissant du taux (Lv), »*** **Ceux inscrits sur la liste mentionnée au premier alinéa de l'article L. 162-17 ;**

(Abrogé par L. n° 2018-1203 du 22 déc. 2018, art. 21-I, à compter du 1er janv. 2019) ***« 2° S'agissant du taux (Lh) : »***

2° Ceux inscrits sur les listes prévues à l'article L. 162-22-7 du présent code ou à l'article L. 5126-4 du code de la santé publique ;

3° Ceux bénéficiant d'une autorisation temporaire d'utilisation prévue à l'article L. 5121-12 du même code ;

4° Ceux pris en charge en application de l'article L. 162-16-5-2 du présent code. – *Les a, b et c du 2° deviennent les 2°, 3° et 4°.*

(Abrogé par L. n° 2018-1203 du 22 déc. 2018, art. 21-I, à compter du 1er janv. 2019) ***« Ne sont toutefois pas pris en compte :***

« – les médicaments ayant, au 31 décembre de l'année civile au titre de laquelle chaque contribution est due, au moins une indication désignée comme orpheline en application du règlement (CE) n° 141/2000 du Parlement européen et du Conseil du 16 décembre 1999 concernant les médicaments orphelins et pour lesquels le chiffre d'affaires total, hors taxes, n'excède pas 30 millions d'euros ;

« – les spécialités génériques définies au a du 5° de l'article L. 5121-1 du code de la santé publique, hormis celles qui, au 31 décembre de l'année civile au titre de laquelle chaque contribution est due, sont remboursées sur la base du tarif forfaitaire de responsabilité fixé en application de l'article L. 162-16 du présent code ou celles pour lesquelles, en l'absence de tarif forfaitaire de responsabilité, le prix de vente au public des spécialités de référence définies au a du 5° du même article L. 5121-1 est identique à celui des autres spécialités appartenant au même groupe générique.

« III. – Les remises mentionnées à l'article L. 138-13 du présent code ainsi que les contributions prévues au présent article s'imputent sur le chiffre d'affaires au titre duquel elles sont dues. Pour chaque année civile considérée, dans le cas où un médicament relève simultanément ou consécutivement des taux d'évolution (Lv) et (Lh), les chiffres d'affaires mentionnés au I du présent article sont *(L. n° 2017-1836 du 30 déc. 2017, art. 20-I)* ***« répartis :***

« 1° Pour l'année au titre de laquelle la contribution est due, au prorata des montants remboursés pour ce médicament par les régimes obligatoires d'assurance maladie au titre, respectivement, des 1° et 2° du II ;

« 2° Pour l'année précédant celle au titre de laquelle la contribution est due, selon la proratisation définie au 1° du présent III, en utilisant de nouveau les montants remboursés au titre de l'année au titre de laquelle la contribution est due ». »

Pour l'année 2019, le montant M mentionné à l'art. L. 138-10 est égal à 1,005 multiplié par le chiffre d'affaires hors taxes réalisé au cours de l'année 2018 en France métropolitaine, en Guadeloupe, en Guyane, en Martinique, à La Réunion, à Saint-Barthélemy et à Saint-Martin au titre des médicaments mentionnés au II du même art. L. 138-10 par l'ensemble des entreprises assurant l'exploitation d'une ou de plusieurs spécialités pharmaceutiques, au sens des art. L. 5124-1 et L. 5124-2 CSP, minoré des remises mentionnées aux art. L. 162-16-5-1, L. 162-17-5, L. 162-18 et L. 162-22-7-1 CSS dues au titre de l'année 2018 et du montant S.

Le montant S est égal à la contribution qui aurait été due, au titre de l'année 2018, par les entreprises assurant l'exploitation d'une ou de plusieurs spécialités pharmaceutiques en application de l'art. L. 138-10, dans sa rédaction résultant de la L. n° 2018-1203 du 22 déc. 2018. Pour calculer ce montant S au titre de l'année 2018, le montant M mentionné au même art. L. 138-10 est fixé à 1,005 multiplié par le chiffre d'affaires hors taxes réalisé au cours de l'année 2017 en France métropolitaine, en Guadeloupe, en Guyane, en Martinique, à La Réunion, à Saint-Barthélemy et à Saint-Martin au titre des médicaments mentionnés au II dudit art. L. 138-10 par l'ensemble des entreprises assurant l'exploitation d'une ou de plusieurs spécialités pharmaceutiques, au sens des art. L. 5124-1 et L. 5124-2 CSP, minoré des remises mentionnées aux art. L. 138-13, L. 162-16-5-1, L. 162-17-5, L. 162-18 et L. 162-22-7-1 CSS et des contributions mentionnées à l'art. L. 138-10 dues au titre de l'année 2017 (L. n° 2018-1203 du 22 déc. 2018, art. 21-II).

Ancien art. L. 138-10 ***Lorsque le chiffre d'affaires hors taxes réalisé en France métropolitaine et dans les départements d'outre-mer au cours de l'année civile au titre des médicaments mentionnés au deuxième alinéa du présent article par l'ensemble des entreprises assurant l'exploitation d'une ou de plusieurs spécialités pharmaceutiques, au sens des articles L. 5124-1 et L. 5124-2 du code de la santé publique, minoré des remises mentionnées aux articles L. 138-19-4, L. 162-16-5-1*** (L. n° 2015-1702 du 21 déc. 2015, art. 4-I-1°) ***« , L. 162-17-5, L. 162-18 et L. 162-22-7-1 » du présent code et de la contribution prévue à l'article L. 138-19-1, a évolué de plus d'un taux (L), déterminé par la loi afin d'assurer le respect de l'objectif national de dépenses d'assurance maladie, par rapport au même chiffre d'affaires réalisé l'année précédente, minoré des remises mentionnées aux articles L. 138-13, L. 138-19-4, L. 162-16-5-1*** (L. n° 2015-1702 du 21 déc. 2015, art. 4-I-1°) ***« , L. 162-17-5, L. 162-18 et L. 162-22-7-1 » et des contributions prévues au présent article et à l'article L. 138-19-1, ces entreprises sont assujetties à une contribution.***

Les médicaments pris en compte pour le calcul des chiffres d'affaires mentionnés au premier alinéa du présent article sont ceux inscrits sur les listes mentionnées au premier alinéa de l'article L. 162-17 (L. n° 2015-1702 du 21 déc. 2015, art. 78-I-2°, en vigueur le 1er janv. 2017) ***« ou aux articles L. 162-22-7 et L. 162-23-6 » du présent code ou*** (Ord. n° 2016-1729 du 15 déc. 2016, art. 2-III, en vigueur le 1er juill. 2017) ***« au 1° de l'article L. 5126-6*** [ancienne rédaction applicable jusqu'au 30 juin 2017 : à l'article L. 5126-4] ***» du code de la santé publique, ceux bénéficiant d'une autorisation temporaire d'utilisation prévue à l'article L. 5121-12 du même code et ceux pris en charge en application de l'article L. 162-16-5-2 du présent code. Ne sont toutefois pas pris en compte :***

(L. n° 2015-1702 du 21 déc. 2015, art. 4-I-1°) ***« 1° Les médicaments ayant, au 31 décembre de l'année civile au titre de laquelle la contribution est due, au moins une indication désignée comme orpheline en application du règlement (CE) n° 141/2000 du Parlement européen et du Conseil du 16 décembre 1999 concernant les médicaments orphelins, pour lesquels le chiffre d'affaires, hors taxes, n'excède pas 30 millions d'euros ; »***

2° Les spécialités génériques définies au a du 5° de l'article L. 5121-1 du code de la santé publique, hormis celles qui (L. n° 2015-1702 du 21 déc. 2015, art. 4-I-1°) ***« , au 31 décembre de l'année civile au titre de laquelle la contribution est due, » sont remboursées sur la base d'un tarif fixé en application de l'article L. 162-16 du présent code ou celles pour lesquelles, en l'absence de tarif forfaitaire de responsabilité, le prix de vente au public des spécialités de référence définies au a du 5° de l'article L. 5121-1 du code de la santé publique est identique à celui des autres spécialités appartenant au même groupe générique.***

Les dispositions issues de l'art. 4-I de la L. n° 2015-1702 du 21 déc. 2015 s'appliquent à compter des contributions et remises dues au titre de 2015 (L. préc., art. 4-II).

Les montants appelés, au titre de l'année 2015 et de l'année 2016, pour la contribution mentionnée à l'art. L. 138-10 du même code, dans sa rédaction antérieure à la L. nº 2016-1827 du 23 déc. 2016 de financement de la sécurité sociale pour 2017, ne peuvent faire l'objet de la régularisation prévue à l'art. L. 138-15 du même code, dans cette même rédaction (L. nº 2017-1836 du 30 déc. 2017, art. 20-III).

Jurisprudence rendue sous l'empire des textes antérieurs à la L. nº 2014-1554 du 22 déc. 2014.

1. *Principe d'égalité.* Les modifications apportées par la L. nº 2000-1257 du 23 déc. 2000 au régime des contributions dues par les entreprises pharmaceutiques en application des dispositions des art. L. 138-2 et L. 138-10 CSS ne sont pas contraires au principe d'égalité, dès lors qu'elles reposent sur des critères objectifs et rationnels en fonction des buts poursuivis par la loi. • Cons. const. 19 déc. 2000 : *RJS 2001, nº 232.*

2. *Liberté contractuelle.* La finalité du régime de la contribution instituée à l'art. L. 138-10, qui tend à inciter les entreprises intéressées à conclure une convention relative à la modération du prix des médicaments, n'apporte pas, en raison des motifs d'intérêt général qui l'inspirent, une atteinte contraire à la Constitution à la liberté contractuelle qui découle de l'art. 4 de la Déclaration de 1789. • Cons. const. 19 déc. 2000 : *préc. note 1.*

3. *Conclusion d'une convention.* Le Comité économique des produits de santé n'est pas tenu de conclure une convention au seul motif que le projet présenté par l'entreprise fixe les prix des médicaments et comporte des engagements sur le chiffre d'affaires. • CE 16 mai 2001 : *RJS 2001, nº 1188.*

Art. L. 138-11 *(L. nº 2016-1827 du 23 déc. 2016, art. 30-I)* **L'assiette de** *(L. nº 2018-1203 du 22 déc. 2018, art. 21-I, en vigueur le 1er janv. 2019)* **« la » contribution définie à l'article L. 138-10 est égale** *(L. nº 2018-1203 du 22 déc. 2018, art. 21-I, en vigueur le 1er janv. 2019)* **« au chiffre d'affaires de l'année civile mentionné » au I du même article L. 138-10** *(L. nº 2018-1203 du 22 déc. 2018, art. 21-I, en vigueur le 1er janv. 2019)* **« minoré des remises mentionnées aux articles L. 162-16-5-1, L. 162-17-5, L. 162-18 et L. 162-22-7-1.**

« Le Comité économique des produits de santé transmet directement à l'Agence centrale des organismes de sécurité sociale, selon des modalités définies par décret, les montants des remises mentionnées au premier alinéa du présent article pour les entreprises redevables. »

Art. L. 138-12 *(L. nº 2016-1827 du 23 déc. 2016, art. 30-I)* **« Le montant total de** *(L. nº 2018-1203 du 22 déc. 2018, art. 21-I, en vigueur le 1er janv. 2019)* **« la contribution » est calculé comme suit** *(Abrogé par L. nº 2018-1203 du 22 déc. 2018, art. 21-I, à compter du 1er janv. 2019)* ***« , en prenant comme taux (L) mentionné dans le tableau ci-dessous soit le taux (Lv) s'agissant du chiffre d'affaires des médicaments mentionnés au 1º du II de l'article L. 138-10, soit le taux (Lh) s'agissant du chiffre d'affaires des médicaments mentionnés au 2º du même II » :*** **»**

CHIFFRE D'AFFAIRES de l'ensemble des entreprises redevables (CA)	**TAUX DE LA CONTRIBUTION (exprimé en % de la part du chiffre d'affaires concernée)**
CA supérieur à M et inférieur ou égal à M multiplié par 1,005	50 %
CA supérieur à M multiplié par 1,005 et inférieur ou égal à M multiplié par 1,01	60 %
CA supérieur à M multiplié par 1,01	70 %

Le tableau a été modifié par la L. nº 2018-1203 du 22 déc. 2018 (L. préc., art. 21-I).

(L. nº 2018-1203 du 22 déc. 2018, art. 21-I, en vigueur le 1er janv. 2019) **« La contribution » due par chaque entreprise redevable est déterminée,** *(Abrogé par L. nº 2018-1203 du 22 déc. 2018, art. 21-I, à compter du 1er janv. 2019)* ***« à concurrence de 50 % »*****, au prorata de son chiffre d'affaires** *(Abrogé par L. nº 2018-1203 du 22 déc. 2018, art. 21-I, à compter du 1er janv. 2019)* ***« respectif »*** **calculé selon les modalités définies à l'article L. 138-11** *(Abrogé par L. nº 2018-1203 du 22 déc. 2018, art. 21-I, à compter du 1er janv. 2019)* ***« et, à concurrence de 50 %, en fonction de la progression de son chiffre d'affaires***

défini à l'article L. 138-10 ». Elle est minorée, le cas échéant, des remises versées au titre de l'article L. 138-13. *(Abrogé par L. n° 2018-1203 du 22 déc. 2018, art. 21-I, à compter du 1er janv. 2019)* *« Les entreprises créées depuis moins d'un an ne sont pas redevables de la part de la contribution répartie en fonction de la progression du chiffre d'affaires, sauf si la création résulte d'une scission ou d'une fusion d'une entreprise ou d'un groupe. »*

Le montant *(L. n° 2018-1203 du 22 déc. 2018, art. 21-I, en vigueur le 1er janv. 2019)* « de la contribution due » par chaque entreprise redevable ne peut excéder 10 % de son chiffre d'affaires hors taxes réalisé en France métropolitaine *(L. n° 2016-1827 du 23 déc. 2016, art. 30-I)* « , en Guadeloupe, en Guyane, en Martinique, à La Réunion, à Saint-Barthélemy et à Saint-Martin », au cours de l'année civile considérée, au titre des médicaments mentionnés à l'article L. 5111-1 du code de la santé publique.

Art. L. 138-13 Les entreprises redevables de *(L. n° 2016-1827 du 23 déc. 2016, art. 30-I ; L. n° 2018-1203 du 22 déc. 2018, art. 21-I, en vigueur le 1er janv. 2019)* « la contribution » qui, en application des articles L. 162-16-4 à L. 162-16-5 et L. 162-16-6, ont conclu avec le Comité économique des produits de santé, pour *(L. n° 2015-1702 du 21 déc. 2015, art. 4-I-3°)* « au moins 90 % de leur chiffre d'affaires réalisé au cours de l'année civile au titre » des médicaments mentionnés à l'article L. 138-10 qu'elles exploitent, une convention en cours de validité au 31 décembre de l'année civile au titre de laquelle *(L. n° 2016-1827 du 23 déc. 2016, art. 30-I ; L. n° 2018-1203 du 22 déc. 2018, art. 21-I, en vigueur le 1er janv. 2019)* « la contribution » est due et conforme aux modalités définies par un accord conclu, le cas échéant, en application du premier alinéa de l'article L. 162-17-4 peuvent signer avec le comité, avant le 31 janvier de l'année suivant l'année civile au titre de laquelle *(L. n° 2016-1827 du 23 déc. 2016, art. 30-I ; L. n° 2018-1203 du 22 déc. 2018, art. 21-I, en vigueur le 1er janv. 2019)* « la contribution » est due, un accord prévoyant le versement, sous forme de remise, à un des organismes mentionnés à l'article L. 213-1 désigné par le directeur de l'Agence centrale des organismes de sécurité sociale, de tout ou partie du montant dû au titre de *(L. n° 2016-1827 du 23 déc. 2016, art. 30-I ; L. n° 2018-1203 du 22 déc. 2018, art. 21-I, en vigueur le 1er janv. 2019)* « la contribution ». Les entreprises exploitant les médicaments mentionnés à l'article L. 138-10 bénéficiant d'une autorisation prévue à l'article L. 5121-12 du code de la santé publique ou pris en charge en application de l'article L. 162-16-5-2 du présent code, dont le syndicat représentatif est signataire de l'accord mentionné au premier alinéa de l'article L. 162-17-4, peuvent également signer avec le comité un accord prévoyant le versement *(L. n° 2015-1702 du 21 déc. 2015, art. 4-I-3°)* « d'une remise ».

Les entreprises signataires d'un accord mentionné au premier alinéa du présent article sont exonérées de *(L. n° 2016-1827 du 23 déc. 2016, art. 30-I ; L. n° 2018-1203 du 22 déc. 2018, art. 21-I, en vigueur le 1er janv. 2019)* « la contribution » si la somme des remises versées *(L. n° 2015-1702 du 21 déc. 2015, art. 4-I-3°)* « en application de ces accords » est supérieure à 80 % du total des montants dont elles sont redevables au titre de *(L. n° 2016-1827 du 23 déc. 2016, art. 30-I ; L. n° 2018-1203 du 22 déc. 2018, art. 21-I, en vigueur le 1er janv. 2019)* « la contribution ». A défaut, une entreprise signataire d'un tel accord est exonérée de *(L. n° 2016-1827 du 23 déc. 2016, art. 30-I ; L. n° 2018-1203 du 22 déc. 2018, art. 21-I, en vigueur le 1er janv. 2019)* « la contribution » si *(L. n° 2015-1702 du 21 déc. 2015, art. 4-I-3°)* « la remise qu'elle verse en application de l'accord est supérieure ou égale » à 80 % du montant dont elle est redevable au titre de *(L. n° 2016-1827 du 23 déc. 2016, art. 30-I ; L. n° 2018-1203 du 22 déc. 2018, art. 21-I, en vigueur le 1er janv. 2019)* « la contribution ».

Les dispositions issues de l'art. 4-I de la L. n° 2015-1702 du 21 déc. 2015 s'appliquent à compter des contributions et remises dues au titre de 2015 (L. préc., art. 4-II).

Art. L. 138-14 *(Abrogé par L. n° 2015-1702 du 21 déc. 2015, art. 4-I-4°)* *« Lorsqu'une entreprise assurant l'exploitation d'une ou de plusieurs spécialités pharmaceutiques appartient à un groupe, ce groupe constitue une entreprise au sens de l'article L. 138-10.*

« Le groupe mentionné au premier alinéa du présent article est constitué, d'une part, par une entreprise ayant, en application de l'article L. 233-16 du code de commerce, publié des comptes consolidés au titre du dernier exercice clos avant l'année au cours de laquelle la

contribution est due et, d'autre part, par les sociétés qu'elle contrôle ou sur lesquelles elle exerce une influence notable, au sens du même article.

« La société qui acquitte la contribution adresse à un des organismes mentionnés à l'article L. 213-1 du présent code désigné par le directeur de l'Agence centrale des organismes de sécurité sociale, d'une part, une déclaration consolidée pour l'ensemble du groupe et, d'autre part, pour chacune des sociétés du groupe, une déclaration contenant les éléments non consolidés y afférents. »

En cas de scission ou de fusion d'une entreprise *(Abrogé par L. n° 2015-1702 du 21 déc. 2015, art. 4-I-4°)* ***« ou d'un groupe »*, le champ des éléments pris en compte pour le calcul de** *(L. n° 2018-1203 du 22 déc. 2018, art. 21-I, en vigueur le 1er janv. 2019)* **« la » contribution est défini à périmètre constant.**

Les dispositions issues de l'art. 4-I de la L. n° 2015-1702 du 21 déc. 2015 s'appliquent à compter des contributions et remises dues au titre de 2015 (L. préc., art. 4-II).

Art. L. 138-15 *(L. n° 2016-1827 du 23 déc. 2016, art. 30-I ; L. n° 2018-1203 du 22 déc. 2018, art. 21-I, en vigueur le 1er janv. 2019)* **« La contribution due par chaque entreprise redevable fait l'objet d'un versement au plus tard le 1er juillet suivant l'année civile au titre de laquelle la contribution est due. »**

Al. abrogé par L. n° 2016-1827 du 23 déc. 2016, art. 30-I.

Les entreprises redevables de *(L. n° 2016-1827 du 23 déc. 2016, art. 30-I ; L. n° 2018-1203 du 22 déc. 2018, art. 21-I, en vigueur le 1er janv. 2019)* **« la contribution » sont tenues de remettre à un des organismes mentionnés à l'article L. 213-1 désigné par le directeur de l'Agence centrale des organismes de sécurité sociale la déclaration, conforme à un modèle fixé par arrêté du ministre chargé de la sécurité sociale, permettant de déterminer le chiffre d'affaires** *(Abrogé par L. n° 2018-1203 du 22 déc. 2018, art. 21-I, à compter du 1er janv. 2019)* ***« respectif »* réalisé au cours de l'année au titre de laquelle** *(L. n° 2016-1827 du 23 déc. 2016, art. 30-I ; L. n° 2018-1203 du 22 déc. 2018, art. 21-I, en vigueur le 1er janv. 2019)* **« la contribution » est due, avant le** *(L. n° 2015-1702 du 21 déc. 2015, art. 4-I-5°)* **« 1er avril » de l'année suivante.** *(L. n° 2017-1836 du 30 déc. 2017, art. 20-I)* **« Selon des modalités fixées par décret, ces déclarations sont transmises au Comité économique des produits de santé, afin que celui-ci signale le cas échéant les rectifications des données à opérer. »**

Les dispositions issues de l'art. 4-I de la L. n° 2015-1702 du 21 déc. 2015 s'appliquent à compter des contributions et remises dues au titre de 2015 (L. préc., art. 4-II).

Art. L. 138-16 *(L. n° 2016-1827 du 23 déc. 2016, art. 30-I)* **Le produit** *(L. n° 2018-1203 du 22 déc. 2018, art. 4-I)* **« des contributions » et des remises mentionnées à l'article L. 138-13** *(Abrogé par L. n° 2018-1203 du 22 déc. 2018, art. 4-I)* ***« , dû au titre du taux (Lv), »*** **est affecté à la Caisse nationale de l'assurance maladie** *(Abrogé par Ord. n° 2018-470 du 12 juin 2018, art. 9)* ***« des travailleurs salariés »*.**

(Abrogé par L. n° 2018-1203 du 22 déc. 2018, art. 4-I) ***« Le produit de la contribution et des remises mentionnées au même article L. 138-13, dû au titre du taux (Lh), est affecté au Fonds pour le financement de l'innovation pharmaceutique mentionné à l'article L. 221-1-1. »***

Art. L. 138-17 (Abrogé par L. n° 2014-1554 du 22 déc. 2014, art. 14-I-3°) (L. n° 2003-1199 du 18 déc. 2003, art. 15-V) ***La contribution est recouvrée et contrôlée en application des dispositions prévues*** (L. n° 2004-1370 du 20 déc. 2004, art. 61-IV) ***« aux articles L. 138-20 à L. 138-23 ». Les modalités particulières de recouvrement de la contribution, notamment les majorations, les pénalités, les taxations provisionnelles ou forfaitaires, sont précisées par décret en Conseil d'État.***

Art. L. 138-18 (Abrogé par L. n° 2014-1554 du 22 déc. 2014, art. 14-I-3°) (L. n° 2012-1404 du 17 déc. 2012, art. 73-VIII-A) ***Le produit de la contribution est affecté à la Caisse nationale de l'assurance maladie des travailleurs salariés.***

Art. L. 138-19 (Abrogé par L. n° 2014-1554 du 22 déc. 2014, art. 14-I-3°) (L. n° 98-1194 du 23 déc. 1998, art. 31) ***Lorsqu'une entreprise assurant l'exploitation d'une ou plusieurs spécialités pharmaceutiques appartient à un groupe, la notion d'entreprise mentionnée à l'article L. 138-10 s'entend de ce groupe.***

Le groupe mentionné à l'alinéa précédent est constitué par une entreprise ayant publié des comptes consolidés au titre du dernier exercice clos avant l'année au cours de laquelle est

appelée la contribution, en application des dispositions de l'article 357-1 de la loi n° 66-537 du 24 juillet 1966 [devenu C. com., art. L. 233-16] ***sur les sociétés commerciales, et les sociétés qu'elle contrôle ou sur lesquelles elle exerce une influence notable au sens du même article.***

Toutefois, la société qui acquitte la contribution adresse à (L. n° 2004-1370 du 20 déc. 2004, art. 61-IV) ***« l'union de recouvrement des cotisations de sécurité sociale et d'allocations familiales désignée à cet effet », d'une part, une déclaration consolidée pour l'ensemble du groupe et, d'autre part, pour chacune des sociétés du groupe, une déclaration contenant les éléments non consolidés y afférents.***

SECTION III **CONTRIBUTION AU TITRE DE MÉDICAMENTS DESTINÉS AU TRAITEMENT DE L'HÉPATITE C**

(L. n° 2014-1554 du 22 déc. 2014, art. 3-I-1°)

Art. L. 138-19-1 **Lorsque le chiffre d'affaires hors taxes réalisé en France métropolitaine** *(L. n° 2016-1827 du 23 déc. 2016, art. 30-II)* **« , en Guadeloupe, en Guyane, en Martinique, à La Réunion, à Saint-Barthélemy et à Saint-Martin, » au cours de l'année civile, au titre des médicaments destinés au traitement de l'infection chronique par le virus de l'hépatite C, minoré des remises mentionnées aux articles L. 162-16-5-1** *(L. n° 2015-1702 du 21 déc. 2015, art. 4-I-6°)* **« , L. 162-17-5 » et L. 162-18, est supérieur à un montant W déterminé par la loi et s'est accru de plus de 10 % par rapport au même chiffre d'affaires réalisé l'année précédente, minoré des remises mentionnées aux articles** *(Abrogé par L. n° 2016-1827 du 23 déc. 2016, art. 30-II)* ***« L. 138-19-4, »*** **L. 162-16-5-1** *(L. n° 2015-1702 du 21 déc. 2015, art. 4-I-6°)* **« , L. 162-17-5 » et L. 162-18 et de la contribution prévue au présent article, les entreprises titulaires des droits d'exploitation de ces médicaments sont assujetties à une contribution.**

La liste des médicaments mentionnés au premier alinéa du présent article est établie et publiée par la Haute Autorité de santé. Le cas échéant, cette liste est actualisée après chaque autorisation de mise sur le marché ou autorisation temporaire d'utilisation de médicaments qui en relèvent.

Les dispositions issues de l'art. 4-I de la L. n° 2015-1702 du 21 déc. 2015 s'appliquent à compter des contributions et remises dues au titre de 2015 (L. préc., art. 4-II).

Les art. L. 138-19-1 et L. 138-19-3, dans leur rédaction résultant de l'art. 30-II de la L. n° 2016-1827 du 23 déc. 2016, s'appliquent pour l'année 2017 (L. préc., art. 30-II-B).

Pour l'année 2017, le montant W mentionné aux art. L. 138-19-1 et L. 138-19-3 est fixé à 600 millions d'euros (L. n° 2016-1827 du 23 déc. 2016, art. 30-II-B).

Art. L. 138-19-2 **L'assiette de la contribution est égale au chiffre d'affaires de l'année civile mentionné au premier alinéa de l'article L. 138-19-1, minoré des remises mentionnées aux articles L. 162-16-5-1** *(L. n° 2015-1702 du 21 déc. 2015, art. 4-I-7°)* **« , L. 162-17-5 » et L. 162-18 et après déduction de la part du chiffre d'affaires afférente à chaque médicament figurant sur la liste mentionnée au second alinéa de l'article L. 138-19-1 dont le chiffre d'affaires hors taxes correspondant est inférieur à 45 millions d'euros.** — *Les dispositions issues de l'art. 4-I de la L. n° 2015-1702 du 21 déc. 2015 s'appliquent à compter des contributions et remises dues au titre de 2015 (L. préc., art. 4-II).*

Pour les médicaments bénéficiant d'une autorisation prévue à l'article L. 5121-12 du code de la santé publique ou pris en charge en application de l'article L. 162-16-5-2 du présent code et dont le prix ou le tarif de remboursement n'a pas encore été fixé en application des articles L. 162-16-4, L. 162-16-5 ou L. 162-16-6, un montant prévisionnel de la remise due en application de l'article L. 162-16-5-1 est calculé pour la détermination de l'assiette de la contribution. Ce montant prévisionnel est égal au nombre d'unités déclarées sur l'année considérée par l'entreprise concernée au Comité économique des produits de santé en application du deuxième alinéa du même article L. 162-16-5-1, multiplié par un montant correspondant à 30 % de l'indemnité maximale déclarée en application du premier alinéa dudit article.

L'art. L. 138-19-2 s'applique pour l'année 2017 (L. n° 2016-1827 du 23 déc. 2016, art. 30-II-B).

Art. L. 138-19-3 Le montant total de la contribution est calculé comme suit :

MONTANT DU CHIFFRE D'AFFAIRES de l'ensemble des entreprises redevables (S)	TAUX DE LA CONTRIBUTION (exprimé en % de la part du chiffre d'affaires concernée)
S supérieur à W et inférieur ou égal à W + 10 %	50 %
S supérieur à W + 10 % et inférieur ou égal à W + 20 %	60 %
S supérieur à W + 20 %	70 %

La contribution due par chaque entreprise redevable est déterminée au prorata de son chiffre d'affaires calculé selon les modalités définies à l'article L. 138-19-2. *(Abrogé par L. n° 2016-1827 du 23 déc. 2016, art. 30-II) « Elle est minorée, le cas échéant, des remises versées au titre de l'article L. 138-19-4. »*

Le montant de la contribution due par chaque entreprise redevable ne peut excéder 15 % de son chiffre d'affaires hors taxes réalisé en France métropolitaine et dans les départements d'outre-mer, au cours de l'année civile considérée, au titre des médicaments mentionnés à l'article L. 5111-1 du code de la santé publique.

Le montant cumulé des contributions mentionnées aux articles L. 138-10 et L. 138-19-1 du présent code dues par chaque entreprise redevable ne peut excéder 15 % de son chiffre d'affaires hors taxes réalisé en France métropolitaine et dans les départements d'outre-mer, au cours de l'année civile considérée, au titre des médicaments mentionnés à l'article L. 5111-1 du code de la santé publique. L'excédent éventuel s'impute sur *(L. n° 2016-1827 du 23 déc. 2016, art. 30-II)* « chaque » contribution mentionnée à l'article L. 138-10 du présent code *(L. n° 2016-1827 du 23 déc. 2016, art. 30-II)* « , au prorata des montants de chaque contribution dus par l'entreprise ».

V. notes ss. art. L. 138-19-1.

Art. L. 138-19-4 (Abrogé par L. n° 2016-1827 du 23 déc. 2016, art. 30-II) *Les entreprises redevables de la contribution qui, en application des articles L. 162-16-4 à L. 162-16-5 et L. 162-16-6, ont conclu avec le Comité économique des produits de santé, pour l'ensemble des médicaments de la liste mentionnée au second alinéa de l'article L. 138-19-1 qu'elles exploitent, une convention en cours de validité au 31 décembre de l'année civile au titre de laquelle la contribution est due et conforme aux modalités définies par un accord conclu, le cas échéant, en application du premier alinéa de l'article L. 162-17-4 peuvent signer avec le comité, avant le 31 janvier de l'année suivant l'année civile au titre de laquelle la contribution est due, un accord prévoyant le versement sous forme de remise, à un des organismes mentionnés à l'article L. 213-1 désigné par le directeur de l'Agence centrale des organismes de sécurité sociale, de tout ou partie du montant dû au titre de la contribution. Les entreprises exploitant les médicaments de la liste précitée bénéficiant d'une autorisation prévue à l'article L. 5121-12 du code de la santé publique ou pris en charge en application de l'article L. 162-16-5-2 du présent code, dont le syndicat représentatif est signataire de l'accord mentionné au premier alinéa de l'article L. 162-17-4, peuvent également signer avec le comité un accord prévoyant le versement de remises.*

Une entreprise signataire d'un accord mentionné au premier alinéa du présent article est exonérée de la contribution si (L. n° 2015-1702 du 21 déc. 2015, art. 4-I-8°) *« la remise qu'elle verse en application de cet accord est supérieure ou égale » à 90 % du montant dont elle est redevable au titre de la contribution.* — V. 1re note ss. art. L. 138-19-1.

Art. L. 138-19-5 *(Abrogé par L. n° 2015-1702 du 21 déc. 2015, art. 4-I-9°) « Lorsqu'une entreprise assurant l'exploitation d'une ou de plusieurs spécialités pharmaceutiques appartient à un groupe, ce groupe constitue une entreprise au sens de l'article L. 138-19-1.*

« Le groupe mentionné au premier alinéa du présent article est constitué, d'une part, par une entreprise ayant, en application de l'article L. 233-16 du code de commerce, publié des

comptes consolidés au titre du dernier exercice clos avant l'année au cours de laquelle la contribution est due et, d'autre part, par les sociétés qu'elle contrôle ou sur lesquelles elle exerce une influence notable, au sens du même article.

« La société qui acquitte la contribution adresse à un des organismes mentionnés à l'article L. 213-1 du présent code désigné par le directeur de l'Agence centrale des organismes de sécurité sociale, d'une part, une déclaration consolidée pour l'ensemble du groupe et, d'autre part, pour chacune des sociétés du groupe, une déclaration contenant les éléments non consolidés y afférents. »

En cas de scission ou de fusion d'une entreprise *(Abrogé par L. nº 2015-1702 du 21 déc. 2015, art. 4-I-9º)* **« ou d'un groupe », le champ des éléments pris en compte pour le calcul de la contribution est défini à périmètre constant.**

L'art. L. 138-19-5 s'applique pour l'année 2017 (L. nº 2016-1827 du 23 déc. 2016, art. 30-II-B).

Art. L. 138-19-6 **La contribution due par chaque entreprise redevable fait l'objet d'un versement au plus tard le 1er avril suivant l'année civile au titre de laquelle la contribution est due.**

Le montant total de la contribution et sa répartition entre les entreprises redevables fait l'objet d'une régularisation l'année suivant celle au cours de laquelle le prix ou le tarif des médicaments concernés par les remises dues en application de l'article L. 162-16-5-1 a été fixé. Cette régularisation s'impute sur la contribution due au titre de l'année au cours de laquelle le prix ou le tarif de ces médicaments a été fixé.

Les entreprises redevables de la contribution sont tenues de remettre à un des organismes mentionnés à l'article L. 213-1 désigné par le directeur de l'Agence centrale des organismes de sécurité sociale la déclaration, conforme à un modèle fixé par arrêté du ministre chargé de la sécurité sociale, permettant de déterminer le chiffre d'affaires réalisé au cours de l'année au titre de laquelle la contribution est due, avant le 31 janvier de l'année suivante.

L'art. L. 138-19-6 s'applique pour l'année 2017 (L. nº 2016-1827 du 23 déc. 2016, art. 30-II-B).

Art. L. 138-19-7 **Le produit de la contribution** *(Abrogé par L. nº 2016-1827 du 23 déc. 2016, art. 30-II)* **« et des remises mentionnées à l'article L. 138-19-4 » est affecté à la Caisse nationale de l'assurance maladie** *(Abrogé par Ord. nº 2018-470 du 12 juin 2018, art. 9)* **« des travailleurs salariés ».** *— L'art. L. 138-19-7, dans sa rédaction résultant de l'art. 30-II de la L. nº 2016-1827 du 23 déc. 2016, s'applique pour l'année 2017 (L. préc., art. 30-II-B).*

CHAPITRE VIII *BIS* DISPOSITIONS COMMUNES AUX CONTRIBUTIONS RECOUVRÉES PAR LES ORGANISMES DE RECOUVREMENT DU RÉGIME GÉNÉRAL ET PAR L'ADMINISTRATION FISCALE *(L. nº 2013-1203 du 23 déc. 2013, art. 8-I-B).*

(L. nº 2002-1487 du 20 déc. 2002, art. 65)

Art. L. 138-20 *(L. nº 2004-1370 du 20 déc. 2004, art. 61-II)* **Les contributions instituées aux articles** *(L. nº 2005-1579 du 19 déc. 2005, art. 22-I) (Abrogé par L. nº 2014-1554 du 22 déc. 2014, art. 22-II-C)* **« L. 137-6, » L. 138-1, L. 138-10,** *(L. nº 2014-1554 du 22 déc. 2014, art. 3-I-2º)* **« L. 138-19-1, » L. 245-1, L. 245-5-1** *(L. nº 2014-1554 du 22 déc. 2014, art. 15-III-2º)* **« , L. 245-5-5-1 » et L. 245-6 sont recouvrées et contrôlées, selon les règles et sous les sanctions et garanties applicables au recouvrement des cotisations du régime général assises sur les rémunérations, par des organismes mentionnés à l'article L. 213-1 désignés par le directeur de l'Agence centrale des organismes de sécurité sociale.** *— Sur l'entrée en vigueur des dispositions issues de l'art. 22 de la L. nº 2014-1554 du 22 déc. 2014, V. note ss. art. L. 137-6.*

(L. nº 2014-1554 du 22 déc. 2014, art. 15-III-2º) **« Les déclarations et versements afférents à ces contributions sont effectués par voie dématérialisée, dans des conditions fixées par décret.**

« La méconnaissance de l'obligation de déclaration ou de versement par voie dématérialisée prévue au deuxième alinéa du présent article entraîne l'application d'une majoration, fixée par décret, dans la limite de 0,2 % des contributions dont la déclaration ou le versement a été effectué par une autre voie que la voie dématérialisée. Ces majo-

rations sont versées à l'organisme chargé du recouvrement de ces contributions dont le redevable relève, selon les règles, garanties et sanctions applicables à ces contributions. » — *Les dispositions issues de l'art. 15 de la L. n° 2014-1554 du 22 déc. 2014 s'appliquent aux déclarations et versements effectués à compter du 1er janv. 2015 (L. préc., art. 15-V-A).*

Al. abrogé par L. n° 2005-1579 du 19 déc. 2005, art. 22-I.

Les agents chargés du contrôle sont habilités à recueillir auprès des assujettis tous les renseignements de nature à permettre le contrôle de l'assiette et du champ d'application des contributions.

Les dispositions issues de la loi de financement n° 2005-1579 du 19 déc. 2005 s'appliquent au recouvrement de la contribution assise sur les primes définies au 2e al. de l'art. L. 137-7 et émises après le 31 déc. 2006.

Les organismes mentionnés au 1er al. de l'art. L. 138-20 reprennent les droits et obligations, actions et poursuites, dettes et créances de l'Agence centrale des organismes de sécurité sociale, nés des opérations de recouvrement et de contrôle de la contribution instituée à l'art. L. 137-6 intervenues jusqu'au 31 mars 2007 (L. n° 2005-1579 du 19 déc. 2005, art. 22-II).

Les dispositions de l'art. 61 de la L. n° 2004-1370 du 20 déc. 2004 s'appliquent pour le recouvrement des contributions exigibles à compter du 1er janv. 2005, à l'exception du solde de la contribution prévue au VII de l'art. 12 de la loi de financement de la sécurité sociale pour 2004 (n° 2003-1199 du 18 déc. 2003) ainsi que de la régularisation de la contribution prévue à l'art. L. 138-4 CSS intervenant le 31 mars 2005, dont le recouvrement et le contrôle relèvent de l'Agence centrale des organismes de sécurité sociale dans les conditions prévues au 2e al. de l'art. L. 138-20 CSS.

Les organismes mentionnés au 1er al. de l'art. L. 138-20 reprennent les droits et obligations, actions et poursuites, dettes et créances de l'Agence centrale des organismes de sécurité sociale, nés des opérations de recouvrement et de contrôle intervenues jusqu'au 31 déc. 2004, à l'exception de ceux relatifs au solde et à la régularisation mentionnés à l'alinéa précédent (L. préc., art. 61-V).

Art. L. 138-21 *(L. n° 2013-1203 du 23 déc. 2013, art. 8-I-B) (L. n° 2018-1203 du 22 déc. 2018, art. 26-I)* **« Les prélèvements définis à l'article L. 136-7 du présent code, à l'article 235 *ter* » du code général des impôts et à l'article 16 de l'ordonnance n° 96-50 du 24 janvier 1996 relative au remboursement de la dette sociale pour son renvoi à l'article L. 136-7 du présent code sont déclarés et versés simultanément par les établissements payeurs.** — *Sur l'entrée en vigueur des dispositions issues de la L. n° 2018-1203 du 22 déc. 2018, V. L. préc., art. 26-XIV ss. art. L. 131-8.*

Les acomptes dus en application du IV du même article L. 136-7 en ce qu'il s'applique aux contributions et prélèvements mentionnés au premier alinéa du présent article autres que la contribution définie audit article L. 136-7 sont déterminés sur la base de l'assiette de cette contribution et font l'objet d'un versement global.

L'art. L. 138-21, tel qu'issu de la L. n° 2013-1203 du 23 déc. 2013, en tant qu'il rend le IV de l'art. L. 136-7 applicable à la contribution mentionnée au I de l'art. 16 de l'Ord. n° 96-50 du 24 janv. 1996, entre en vigueur le 1er janv. 2014 (L. préc., art. 8-V).

Art. L. 138-22 **Les entreprises ou les groupes non établis en France désignent un représentant résidant en France personnellement responsable des opérations déclaratives et du versement des sommes dues.**

Art. L. 138-23 **Un décret en Conseil d'État fixe, en tant que de besoin, les modalités d'application des dispositions du présent chapitre.**

CHAPITRE VIII *TER* PÉNALITÉS

(L. n° 2008-1330 du 17 déc. 2008, art. 87-II)

SECTION PREMIÈRE *[ABROGÉE]* ACCORDS EN FAVEUR DE L'EMPLOI DES SALARIÉS ÂGÉS

(Abrogée par L. n° 2013-185 du 1er mars 2013, art. 3-I)

Art. L. 138-24 à L. 138-28 *Abrogés par L. n° 2013-185 du 1er mars 2013, art. 3-I.*

SECTION II *[ABROGÉE]* ACCORDS EN FAVEUR DE LA PRÉVENTION DE LA PÉNIBILITÉ

(Abrogée par L. n° 2014-40 du 20 janv. 2014, art. 13-III, à compter du 1er janv. 2015)

Les accords d'entreprise ou de groupe, les plans d'action et les accords de branche étendus conclus en application des art. L. 138-29 s. dans leur version antérieure à la L. n° 2014-40 du 20 janv. 2014 et en vigueur au 1er janv. 2015 continuent de produire leurs effets jusqu'à leur terme (Décr. n° 2014-1160 du 9 oct. 2014, art. 5).

Art. L. 138-29 (L. n° 2010-1330 du 9 nov. 2010, art. 77-I, en vigueur le 1er janv. 2012) ***Pour les salariés exposés aux facteurs de risques professionnels mentionnés à l'article L. 4121-3-1 du code du travail, les entreprises employant une proportion minimale fixée par décret de ces salariés, y compris les établissements publics, mentionnées aux articles L. 2211-1 et L. 2233-1 du même code employant au moins cinquante salariés, ou appartenant à un groupe au sens de l'article L. 2331-1 du même code dont l'effectif comprend au moins cinquante salariés, sont soumises à une pénalité à la charge de l'employeur lorsqu'elles ne sont pas couvertes par un accord ou un plan d'action relatif à la prévention de la pénibilité.***

Le montant de cette pénalité est fixé à 1 % au maximum des rémunérations ou gains, au sens du premier alinéa de l'article L. 242-1 du présent code et du premier alinéa de l'article L. 741-10 du code rural et de la pêche maritime, versés aux travailleurs salariés ou assimilés concernés au cours des périodes au titre desquelles l'entreprise n'est pas couverte par l'accord ou le plan d'action mentionné au premier alinéa du présent article.

Le montant est fixé par l'autorité administrative, dans des conditions fixées par décret en Conseil d'État, en fonction des efforts constatés dans l'entreprise en matière de prévention de la pénibilité.

Le produit de cette pénalité est affecté à la branche accidents du travail et maladies professionnelles de la sécurité sociale.

Les articles L. 137-3 et L. 137-4 du présent code sont applicables à cette pénalité.

V. Circ. DGT n° 08 du 28 oct. 2011 relative aux accords et plans d'action en faveur de la prévention de la pénibilité prévus à l'art. L. 138-29 CSS.

L'art. L. 138-29 devient l'art. L. 4163-2 C. trav. à compter du 1er janv. 2015 (L. n° 2014-40 du 20 janv. 2014, art. 13-III et 16-II).

Art. L. 138-30 (L. n° 2010-1330 du 9 nov. 2010, art. 77-I, en vigueur le 1er janv. 2012) ***L'accord d'entreprise ou de groupe portant sur la prévention de la pénibilité mentionné à l'article L. 138-29 est conclu pour une durée maximale de trois ans. Une liste de thèmes obligatoires devant figurer dans ces accords est fixée par décret.*** — L'art. L. 138-30 devient l'art. L. 4163-3 C. trav. à compter du 1er janv. 2015 (L. n° 2014-40 du 20 janv. 2014, art. 13-III et 16-II).

Art. L. 138-31 (L. n° 2010-1330 du 9 nov. 2010, art. 77-I, en vigueur le 1er janv. 2012) ***Les entreprises mentionnées au premier alinéa de l'article L. 138-29 ne sont pas soumises à la pénalité lorsque, en l'absence d'accord d'entreprise ou de groupe, elles ont élaboré, après avis du comité d'entreprise ou, à défaut, des délégués du personnel, un plan d'action établi au niveau de l'entreprise ou du groupe relatif à la prévention de la pénibilité dont le contenu est conforme à celui mentionné à l'article L. 138-30. La durée maximale de ce plan d'action est de trois ans. Il fait l'objet d'un dépôt auprès de l'autorité administrative.***

En outre, les entreprises dont l'effectif comprend au moins cinquante salariés et est inférieur à trois cents salariés ou appartenant à un groupe dont l'effectif comprend au moins cinquante salariés et est inférieur à trois cents salariés ne sont pas soumises à cette pénalité lorsqu'elles sont couvertes par un accord de branche étendu dont le contenu est conforme au décret mentionné à l'article L. 138-30. — L'art. L. 138-31 devient l'art. L. 4163-4 C. trav. à compter du 1er janv. 2015 (L. n° 2014-40 du 20 janv. 2014, art. 13-III et 16-II).

CHAPITRE IX *[ABROGÉ]* RÉPARTITION DE RESSOURCES ENTRE LES RÉGIMES OBLIGATOIRES D'ASSURANCE MALADIE

(Abrogé par L. n° 2015-1702 du 21 déc. 2015, art. 32-I-B, à compter du 1er janv. 2016)

Art. L. 139-1 (Abrogé par L. n° 2015-1702 du 21 déc. 2015, art. 32-I-B, à compter du 1er janv. 2016) (L. n° 99-1140 du 29 déc. 1999, art. 9-I) ***L'Agence centrale des organismes***

de sécurité sociale centralise la part du produit des contributions attribuée aux régimes obligatoires d'assurance maladie en application du IV (L. n° 2010-476 du 12 mai 2010, art. 49-II) ***« et du V » de l'article L. 136-8*** (Abrogé par L. n° 2013-1203 du 23 déc. 2013, art. 17-VII) (L. n° 2010-476 du 12 mai 2010, art. 48-III) ***« et des articles L. 137-20, L. 137-21 et L. 137-22 » et la répartit entre les régimes obligatoires d'assurance maladie.***

Chaque régime d'assurance maladie, à l'exception de la Caisse nationale de l'assurance maladie des travailleurs salariés, reçoit un montant égal à celui perçu au titre de l'année 1998 en ce qui concerne la répartition tant de ces contributions que des droits de consommation sur les alcools, corrigé de l'impact sur douze mois civils de la substitution de la contribution sociale généralisée aux cotisations d'assurance maladie. Ce montant est réactualisé au 1er janvier de chaque année en fonction de l'évolution (L. n° 2006-1640 du 21 déc. 2006, art. 21) ***« , avant application de la réduction représentative de frais professionnels mentionnée au I de l'article L. 136-2, » de l'assiette de la contribution visée à l'article L. 136-1 attribuée aux régimes obligatoires d'assurance maladie entre les deux derniers exercices connus.***

Ces montants et les modalités de leur versement sont fixés par arrêté conjoint des ministres chargés de la sécurité sociale et du budget après consultation d'une commission de répartition de la contribution sociale généralisée, composée notamment de représentants des régimes concernés et présidée par le secrétaire général de la Commission des comptes de la sécurité sociale. (L. n° 2006-1640 du 21 déc. 2006, art. 21) ***« Les montants fixés par cet arrêté peuvent être majorés tous les trois ans, selon des modalités fixées par décret en Conseil d'État, sur demande des régimes intéressés adressée au président de la commission de répartition, lorsque la réactualisation mentionnée à l'alinéa précédent, appliquée sur les trois derniers exercices, est inférieure à l'accroissement, sur la même période, de l'assiette des cotisations d'assurance maladie du régime demandeur. »***

La Caisse nationale de l'assurance maladie des travailleurs salariés reçoit le solde de la contribution sociale généralisée après la répartition prévue au deuxième alinéa du présent article.

La commission de répartition dresse, au terme d'un délai de cinq ans, un bilan de l'application des présentes dispositions qu'elle présente au Parlement et propose, le cas échéant, une modification des modalités de calcul des montants versés à chaque régime.

CHAPITRE IX *BIS* NEUTRALISATION DES EFFETS DE TRÉSORERIE DES RELATIONS FINANCIÈRES ENTRE L'ÉTAT, LES ORGANISMES CONCOURANT AU FINANCEMENT DES RÉGIMES OBLIGATOIRES DE BASE ET CES RÉGIMES

Art. L. 139-2 *(L. n° 99-1140 du 29 déc. 1999, art. 9-III et 42)* Les relations financières entre l'État et les organismes concourant au financement des régimes obligatoires de base, d'une part, l'État et ces régimes, d'autre part, les organismes concourant à leur financement et les régimes obligatoires de base, enfin, sont régies par des conventions qui garantissent en particulier la neutralité des flux financiers pour la trésorerie des régimes obligatoires de base.

(L. n° 2003-1199 du 18 déc. 2003, art. 3-VI) « Ces conventions ne peuvent prévoir, pour le versement des sommes dues par l'État au titre de l'article L. 131-7, une périodicité supérieure à dix jours. Toutefois, lorsque le dixième jour n'est pas un jour ouvré, les conventions précitées peuvent prévoir que ce versement sera effectué le premier jour ouvré suivant. Les régimes mentionnés à l'article L. 131-7 peuvent renoncer au bénéfice des dispositions prévues par le présent alinéa. »

(L. n° 2008-1443 du 30 déc. 2008, art. 9-II) « Pour les prestations versées pour le compte de l'État ou pour les mesures qui font l'objet d'une compensation intégrale par l'État mentionnée à l'article L. 131-7, la différence entre le montant définitif de la dépense ou de la perte de recettes qui en résulte pour les organismes de base de sécurité sociale, du 1er janvier au 31 décembre de l'exercice considéré, et le montant des versements de l'État au titre de cette compensation, sur la même période, est retracée dans l'état semestriel des sommes restant dues par l'État transmis par le Gouvernement au Parlement avant la fin du mois de janvier de l'exercice suivant, mentionné à l'article L.O. 111-10-1.

« Pour l'application de l'alinéa précédent, les versements ou reversements effectués par l'État ou les organismes concernés en application d'une loi de finances rectificative ou d'une loi de financement de la sécurité sociale sont réputés intervenir à la date de publication de ladite loi. »

CHAPITRE IX *TER* GESTION DES RISQUES FINANCIERS

(L. n° 2011-1906 du 21 déc. 2011, art. 42-I)

Art. L. 139-3 Les ressources non permanentes auxquelles peuvent recourir les régimes obligatoires de base de sécurité sociale et les organismes concourant à leur financement ne peuvent consister qu'en des avances de trésorerie ou des emprunts contractés pour une durée inférieure ou égale à douze mois auprès de la Caisse des dépôts et consignations ou *(Ord. n° 2013-544 du 27 juin 2013, art. 15, en vigueur le 1er janv. 2014)* « d'une ou de plusieurs sociétés de financement ou » d'un ou de plusieurs établissements de crédit agréés dans un État membre de l'Union européenne ou dans un autre État partie à l'accord sur l'Espace économique européen ou, dans les conditions fixées à l'article L. 225-1-4, de l'Agence centrale des organismes de sécurité sociale, dans le cadre d'une convention soumise à l'approbation des ministres chargés de la tutelle du régime ou de l'organisme concerné.

Toutefois, l'Agence centrale des organismes de sécurité sociale est également autorisée à émettre des titres de créances négociables, dans les mêmes conditions de durée. Son programme d'émission fait l'objet chaque année d'une approbation par les ministres chargés de sa tutelle.

Ces dispositions sont sans préjudice de prêts et avances pouvant être consentis aux régimes et organismes mentionnés au premier alinéa du présent article, dans les mêmes conditions d'approbation et de durée, par un organisme gestionnaire d'un régime obligatoire de protection sociale ou par un organisme ou fonds mentionné au 8° du III de l'article L.O. 111-4.

Art. L. 139-4 Les régimes obligatoires de base de sécurité sociale, les organismes concourant à leur financement et les organismes qui financent et gèrent des dépenses relevant de l'objectif national de dépenses d'assurance maladie ne peuvent placer leurs disponibilités excédant leurs besoins de trésorerie que dans des actifs réalisables à des échéances compatibles avec la durée prévisible de ces disponibilités.

Art. L. 139-5 Le Gouvernement transmet chaque année au Parlement les résultats d'un audit contractuel sur la politique de gestion du risque de liquidité mise en œuvre par l'Agence centrale des organismes de sécurité sociale, notamment dans le cadre de ses opérations d'émission de titres de créances négociables et de placement de ses excédents.

TITRE QUATRIÈME EXPERTISE MÉDICALE — CONTENTIEUX — PÉNALITÉS

CHAPITRE PREMIER EXPERTISE MÉDICALE

Art. L. 141-1 Les contestations d'ordre médical relatives à l'état du malade ou à l'état de la victime, et notamment à la date de consolidation en cas d'accident du travail et de maladie professionnelle *(L. n° 2004-1370 du 20 déc. 2004, art. 39)* « et celles relatives à leur prise en charge thérapeutique », à l'exclusion des contestations régies par l'article *(L. n° 2016-1547 du 18 nov. 2016, art. 12-I et 114-I)* « L. 142-2 », donnent lieu à une procédure d'expertise médicale dans les conditions fixées par décret en Conseil d'État. — *V. art. R. 141-1 à R. 141-8.*

(L. n° 2007-1786 du 19 déc. 2007, art. 96) « Ces dispositions sont également applicables aux contestations d'ordre médical relatives à l'état de santé de l'enfant pour l'ouverture du droit à l'allocation journalière de présence parentale prévue aux articles L. 544-1 à L. 544-9. »

Sur les exceptions à l'application du droit des usagers de saisir l'administration par voie électronique concernant les démarches effectuées auprès des organismes de sécurité sociale, V. CRPA, App., v° Saisine par voie électronique — Exceptions. — ***CRPA.***

1. Expertise médicale (champ d'application). La procédure d'expertise régie par le Décr. n° 59-160 du 7 janv. 1959 ne concerne que le règlement des contestations d'ordre médical opposant les assurés aux caisses de sécurité sociale et soumis aux juridictions du contentieux général de la sécurité sociale Elle est donc étrangère au litige portant sur le point de savoir si, pour l'application de la loi du 7 janv. 1981, l'inaptitude d'un salarié résulte d'une maladie professionnelle. • Soc. 17 mars 1988 : *Bull. civ. V, n° 195.* ♦ ***(Parties).*** La contestation qui oppose l'employeur à un organisme social sur le caractère professionnel d'une affection ne relève pas de la procédure d'expertise technique. • Soc. 11 mai 2000 : *RJS 2000, n° 877.* ♦ V. aussi • Soc. 12 oct. 2000 : *RJS 2000, n° 1300.*

2. Exclusion de l'expertise (décès assuré). En cas de décès de la victime, l'expertise ordonnée n'a pas le caractère d'une expertise technique au sens de l'art. L. 141-1 mais d'une expertise judiciaire de droit commun. • Soc. 22 mai 1997, n° 95-18.108 P : *RJS 1997, n° 1026.* ♦ V. aussi • Soc. 3 févr. 2000, n° 98-16.149 P : *RJS 2000, n° 457 (1re esp.).*

3. Contestation d'ordre médical (existence). En l'absence d'un certificat de consolidation fourni par la victime d'un accident de travail, il appartient à la caisse, après avis du médecin-conseil, de notifier à l'assuré la date de guérison ou de consolidation qu'elle entend retenir. Elle ne peut, pour déterminer celle-ci, recourir à une expertise médicale. • Soc. 4 avr. 1996, n° 94-15.785 P : *Gaz. Pal. 1997, n° 127, p. 9.*

4. Contestation d'ordre médical (oui). (Soins appropriés à l'état de santé). La divergence existant entre le médecin de l'hôpital et le service du contrôle médical d'une caisse sur le point de savoir si une personne pouvait recevoir les soins appropriés à son état à l'hôpital où elle avait été initialement soignée ou si son transfert avait été opéré pour convenance personnelle constitue une difficulté d'ordre médical qui ne peut être tranchée qu'après mise en œuvre de la procédure d'expertise médicale prévue à l'art. L. 141-1. • Soc. 17 févr. 1994 : *RJS 1994, n° 471.* ♦ V. aussi • Civ. 2e, 23 sept. 2010 : *JCP S 2010. 1476, note Tauran.* ♦ Le point de savoir si l'assuré pouvait recevoir les soins appropriés à son état dans une structure médicale plus proche de son domicile constitue une difficulté d'ordre médical soumise à expertise. • Civ. 2e, 15 févr. 2005 : *RJS 2005, n° 580.* ♦ ***(Nature des soins).*** Un différend sur la nature des soins dispensés et leur conformité au traitement ayant fait l'objet de l'entente préalable ne peut être tranché qu'après mise en œuvre d'une expertise technique. • Soc. 14 juin 1973, n° 72-11.148 P. ♦ ***(Caractère des soins dispensés à l'étranger).*** La question de savoir si une personne peut, compte tenu de son état actuel de santé et de l'évolution probable de sa maladie, recevoir en France, dans le délai normalement nécessaire prévu par l'art. 22, § 2, al. 2, du Règl. (CEE) 1408/71 du 14 juin 1971 (réd. Règl. 17 sept. 1981), les soins appropriés à son état constitue une difficulté d'ordre médical qui ne peut être tranchée qu'après mise en œuvre d'une expertise technique. • Soc. 21 mars 1996, n° 95-13.914 P : *RJS 1996, n° 609.* ♦ V. aussi, à propos du caractère nécessaire de soins dispensés à l'étranger • Soc. 29 oct. 1998 : *RJS 1998, n° 1553.* ♦ ***(Choix de la structure de soins).*** La question de savoir si le centre de rééducation choisi par un assuré constitue la structure compatible avec son état de santé fait apparaître une difficulté d'ordre médical relative à l'état de santé du malade. Le tribunal ne peut la trancher en se fondant sur le certificat du médecin traitant sans rechercher, au besoin par la mise en œuvre d'une expertise médicale dans les formes de l'art. L. 141-1, si, en l'absence de spécialité en kinésithérapie, le cabinet d'un masseur-kinésithérapeute, plus proche du domicile de l'assuré que le centre de rééducation, ne constituait pas la structure de soins appropriée à son état. • Soc. 10 oct. 1996, n° 94-18.799 P : *RJS 1996, n° 1325.* ♦ Il convient, lorsque le litige fait apparaître une question d'ordre médical, d'ordonner une expertise tendant à déterminer si le cabinet d'un masseur-kinésithérapeute situé dans la localité la plus proche du domicile de l'assuré ne constituait pas la structure de soins appropriée à l'état du malade la plus proche de son domicile sans tenir compte de prétendue spécialisation de l'auxiliaire médical. • Soc. 27 mai 1999 : *RJS 1999, n° 1155.* ♦ ***(Contentieux de cotation).*** Le différend opposant une CPAM et un kinésithérapeute au sujet de la détermination de la cotation applicable au traitement nécessité par l'état de la victime d'un accident du travail constitue une difficulté d'ordre médical. • Soc. 2 déc. 1999, n° 97-21.156 P. ♦ La divergence existant entre le médecin conseil de la caisse et l'auxiliaire médical sur la détermination de la cotation applicable au traitement nécessité par l'état de l'assurée sociale constitue une difficulté d'ordre médical qui ne pouvait être tranchée qu'après mise en œuvre d'une expertise médicale dans les formes de l'art. L. 141-1. • Soc. 17 mars 1994 : *RJS 1994, n° 619.* ♦ Rappr. : • Soc. 8 avr. 1974 : *Bull. civ. V, n° 227* (contestation portant tant sur l'état du malade que sur l'objet et la nature du traitement prescrit). ♦ *Contra*, lorsque le différend porte uniquement sur la cotation des actes dispensés au regard de la nomenclature des actes médicaux utilisant les radiations ionisantes effectués, ce qui lui conférait un caractère purement administratif (avant Ord. n° 96-345 du 24 avr. 1996, l'art. L. 141-2-1 CSS qui crée une expertise technique spécifique) • Soc. 21 déc. 1988, n° 86-11.961 P : *D. 1990. Somm. 192, obs. Prétot* • 22 oct. 1998 : *RJS 1998, n° 1552 (2e esp.)* • Soc. 17 juin 1999, n° 97-21.100. ♦ ***(Méthodes d'évaluation des affections).*** Dès lors que la solution du litige dépend de l'appréciation de l'état de la victime au regard des maladies désignées dans un tableau des maladies professionnelles, la difficulté est d'ordre médical et ne peut être résolue qu'après la mise en œuvre de la procédure d'expertise médicale technique prévue par l'art. R. 142-24 CSS. • Civ. 2e, 24 mai 2017, ♗ n° 16-18.027 P : *JCP S 2017, n° 1219, obs. Tauran ; RJS 8-9/2017, n° 620.*

5. Contestation d'ordre médical (non). (Litiges sur le coût). Ne constitue pas, en revanche, une difficulté d'ordre médical relevant de l'expertise technique de l'art. L. 141-1 le différend portant non sur l'état du malade ou la nécessité de la thérapeutique suivie mais sur le coût de celle-ci. • Soc. 8 mars 1973, ♗ n° 71-14.655 P. ♦ Ne relève pas de la procédure d'expertise technique le différend opposant une clinique à une caisse, qui porte seulement sur l'interprétation de l'arrêté du 29 juin 1978 mentionnant en son annexe A les disciplines, actes et traitements chirurgicaux relevant de la chirurgie à soins particulièrement coûteux. • Soc. 3 déc. 1998, ♗ n° 97-10.930 P : *TPS 1999 Comm. 83.* ♦ ***(Litiges en matière d'accidents du travail).*** Le point de savoir si les troubles présentés par l'assuré trouvent leur origine dans un accident du travail ou dans un état préexistant ne constitue pas une difficulté d'ordre médical. • Soc. 29 janv. 1998 : ♗ *RJS 1998, n° 532.* ♦ V. aussi la contestation qui opposait l'employeur et la caisse au salarié victime, quant au caractère professionnel du malaise et qui ne relevait pas de la procédure technique d'expertise médicale. • Civ. 2e, 1er juill. 2003 : ♗ *RJS 2003. n° 1318.* ♦ Le point de savoir si les travaux exécutés et les risques pris par un salarié relèvent, par leur nature, de l'une des activités énumérées au tableau des maladies professionnelles qu'il invoque ne relève pas de la procédure d'expertise médicale. • Soc. 22 mai 1984, ♗ n° 82-16.401 P. ♦ Comp., sur la relation entre des troubles postérieurs à la consolidation et un accident du travail. • Soc. 18 janv. 2001 : ♗ *RJS 2001, n° 525.* ♦ Sur la matérialité de l'accident : encourt la cassation l'arrêt qui, après avoir rappelé que la caisse niait la réalité de l'accident allégué par l'assuré, ordonne néanmoins la mise en œuvre d'une expertise en énonçant que les parties étaient en désaccord sur l'origine traumatique ou pathologique des troubles invoqués, alors que le litige portait au premier chef sur la matérialité de l'accident allégué et sa survenance au temps et au lieu du travail et qu'une telle question de caractère préalable n'était pas d'ordre médical. • Soc. 24 juin 1987, ♗ n° 85-13.854 P. ♦ ***(Capacité à réaliser certains soins).*** Si la question de savoir dans quel établissement un assuré est susceptible de recevoir des soins appropriés à son état est une difficulté d'ordre médical qui ne peut être tranchée que par une expertise médicale technique, il n'en est pas de même lorsqu'il s'agit de déterminer si un établissement de soins est en mesure de réaliser certains types de soins. • Soc. 16 mai 2002, ♗ n° 00-17.253 P : *RJS 2002, n° 895.*

6. Spécificité de l'expertise médicale. L'expertise sur pièces sollicitée par la caisse n'entrait pas dans les prévisions de l'art. L. 141-1 qui ne s'applique qu'à l'examen de la victime ou du malade. Elle ne vaut donc pas comme expertise technique et n'a pas la force irréfragable de celle-ci. • Soc. 20 janv. 1994, ♗ n° 91-17.282 P : *RJS 1994, n° 316 ; D. 1994. 229, concl. Chauvy* ✎. ♦ L'art. L. 141-1 ne fait obligation aux juridictions contentieuses de la sécurité sociale de mettre en œuvre la procédure d'arbitrage médical dite « expertise technique » que lorsque l'expert a la possibilité d'examiner la victime elle-même. • Soc. 14 nov. 1991, ♗ n° 90-12.927 P : *D. 1992. IR 3.*

Art. L. 141-2 **Quand l'avis technique de l'expert ou du comité prévu pour certaines catégories de cas a été pris dans les conditions fixées par le décret en Conseil d'État auquel il est renvoyé à l'article L. 141-1, il s'impose à l'intéressé comme à la caisse.** *(L. n° 90-86 du 23 janv. 1990, art. 3)* **« Au vu de l'avis technique, le juge peut, sur demande d'une partie, ordonner une nouvelle expertise. »** — *V. note ss. art. L. 141-1.*

1. Nouvelle expertise. Les dispositions de l'art. L. 141-2 issues de la L. n° 90-86 du 23 janv. 1990, permettant aux parties de demander aux juges d'ordonner une nouvelle expertise sont d'application immédiate. • Soc. 25 nov. 1993, ♗ n° 91-19.909 P : *RJS 1994, n° 82.* ♦ La demande d'un assuré qui, contestant les conclusions d'une expertise réalisée par un médecin généraliste, sollicite la désignation, comme expert technique, d'un médecin spécialiste constitue bien une demande de nouvelle expertise. • Soc. 25 nov. 1993 : ♗ *préc.* ♦ ***Frais de la nouvelle expertise.*** Les honoraires et frais liés à une seconde expertise médicale technique, ordonnée par la juridiction en application de l'art. L. 141-2, sont mis à la charge de la partie qui succombe, à moins que le juge, par décision motivée, n'en mette la totalité ou une fraction à la charge d'une autre partie. • Civ. 2e, 22 mars 2005, ♗ n° 03-20.044 P : *TPS 2005, Comm. 149, obs. Prétot.*

2. Portée de l'avis. Conclusions claires et précises. Dès lors que la régularité de l'avis de l'expert n'est pas contestée et qu'aucune partie n'a demandé une nouvelle expertise, le juge est lié par les conclusions de l'expert. • Soc. 20 janv. 1994, ♗ n° 91-14.984 P : *D. 1995. Somm. 38, obs. Prétot* ✎ ; *RJS 1994, n° 321.* ♦ V. aussi • Soc. 9 mai 1994, ♗ n° 92-14.637 P : *RJS 1994, n° 767 ; D. 1994. IR 149* • 9 mai 1996, ♗ n° 94-17.952 P • 10 févr. 2000 : ♗ *RJS 2000, n° 592* • 20 déc. 2000 : ♗ *RJS 2001, n° 365.*

3. Appréciation de la clarté de l'avis. L'appréciation de la clarté de l'avis de l'expert relève du pouvoir souverain des juges du fond. En conséquence, la demande de nouvelle expertise formée par une partie ne s'impose pas au juge. • Soc. 27 mai 1993 : *RJS 1993, n° 796.* ♦ V. aussi • Soc. 31 oct. 2000 : *RJS 2001, n° 121.* ♦ Dès lors que son jugement ne fait l'objet d'aucun grief de dénaturation, il ne peut être reproché au tribunal d'avoir suivi les conclusions claires et précises de l'expertise médicale technique. • Soc. 18 janv. 2001 : *RJS 2001, n° 525.*

4. Avis technique insuffisamment clair et précis. Si le juge estime nécessaires des précisions complémentaires sur l'avis de l'expert technique, il doit soit ordonner un complément d'expertise (c'est-à-dire demander ces précisions à l'expert précédemment désigné), soit, sur la demande d'une partie, recourir à une nouvelle expertise telle que prévue par l'art. L. 141-1. Il ne peut ordonner d'office pareille expertise. • Soc. 26 janv. 1995, n° 91-18.713 P : *RJS 1995, n° 444.* ♦ V. aussi • Soc. 1er oct. 1992, n° 90-17.264 P : *D. 1992. IR 255.* ♦ Les juges saisis d'un litige portant sur une contestation d'ordre médical, en l'espèce la détermination de la date de consolidation des blessures de la victime d'un accident du travail, ne peuvent ordonner une expertise judiciaire de droit commun. Par suite, s'ils estiment nécessaires des précisions complémentaires sur l'avis de l'expert technique, il leur appartient soit d'ordonner un complément d'expertise, soit, sur la demande d'une partie, de recourir à une nouvelle expertise technique. • Soc. 26 juin 1997, n° 95-21.498 P : *RJS 1997, n° 1164 ; D. 1997. IR 170* • 22 oct. 1998 : *RJS 1998, n° 1552 (1re esp.).* ♦ Dans le même sens, • Civ. 2e, 5 nov. 2015, n° 14-23.226 P : *JCP S 2015, n° 1465, note Tauran.* ♦ Pas davantage, il ne peut trancher lui-même une difficulté d'ordre médical. • Soc. 14 oct. 1993 : *RJS 1993, n° 1141* • 9 mai 1994, n° 92-14.637 P : *RJS 1994, n° 767* • 30 avr. 1997 : *RJS 1997, n° 753.* ♦ Les juges saisis d'un différend faisant apparaître une difficulté d'ordre médical doivent, dès lors qu'ils écartent les conclusions d'une expertise médicale technique, ordonner une nouvelle expertise demandée par l'une des parties. • Soc. 3 févr. 2000, n° 98-17.768 P : *RJS 2000, n° 457 (2e esp.).* ♦ Dans le même sens, à propos d'un jugement ayant écarté les conclusions de l'expert au motif qu'elles avaient été prises au seul regard de sa discipline étrangère aux troubles pathologiques de l'intéressé. • Soc. 5 mars 1998 : *RJS 1998, n° 533.*

5. Inopposabilité aux tiers. Les conclusions de l'expert technique désigné à l'occasion du litige entre l'assuré et la caisse ne sont pas opposables à l'employeur. Par suite, celui-ci est fondé à solliciter une mesure d'expertise judiciaire dans le cadre du différend l'opposant à l'organisme social. La juridiction du fond saisie d'une telle demande décide, dans l'exercice de son pouvoir d'appréciation, s'il y a lieu de l'ordonner. • Soc. 20 juill. 1995, n° 93-12.043 P : *RJS 1995, n° 1292.* ♦ ***Portée.*** Si la procédure d'expertise médicale technique mise en œuvre dans les seuls rapports entre la caisse et l'assuré n'est pas opposable à l'employeur, cette inopposabilité n'entraîne pas celle de la décision de la caisse prise à la suite de cette expertise. • Civ. 2e, 16 nov. 2004, n° 03-16.484 P : *RJS 2005, n° 219.*

6. Voies de recours. Eu égard à la portée qui s'attache à l'avis de l'expert désigné en application de l'art. L. 141-1, la décision qui ordonne une expertise, une nouvelle expertise ou un complément d'expertise tranche par là même une question touchant au fond du litige et peut, en conséquence, être immédiatement frappée d'appel ou de pourvoi. • Soc. 26 janv. 1995, n° 91-18.713 P : *RJS 1995, n° 444* • 11 janv. 1996, n° 94-12.269 P : *RJS 1996, n° 169 ; D. 1996. IR 64* • 17 oct. 1996 : *D. 1996. IR 251* • 14 oct. 1999, n° 97-20.826 P : *RJS 2000, n° 217* • Civ. 2e, 29 juin 2004 : *RJS 2004, n° 1101* • 28 nov. 2013, n° 12-28.331. ♦ ... Même si une expertise de droit commun a été ordonnée par erreur. • Soc. 22 oct. 1998, n° 97-12.052 P : *RJS 1998, n° 1552 (3e esp.).* ♦ ... Même dans cette dernière hypothèse, l'appel n'est pas soumis aux dispositions de l'art. 272 NCPC [C. pr. civ.]. • Soc. 23 mars 2000, n° 98-15.298 P : *RJS 2000, n° 593 ; TPS 2000. Comm. 175.*

Art. L. 141-2-1 *(Ord. n° 96-345 du 24 avr. 1996, art. 14)* **Sans préjudice des dispositions des articles L. 141-1 et L. 141-2, les contestations portant sur l'application par les professionnels de santé des nomenclatures d'actes professionnels et d'actes de biologie médicale peuvent donner lieu, à la demande du juge, à une expertise technique spécifique, dans des conditions fixées par décret en Conseil d'État.** — *V. note ss. art. L. 141-1.*

Art. L. 141-2-2 (Abrogé par Ord. n° 2018-358 du 16 mai 2018, art. 1er) (L. n° 2016-41 du 26 janv. 2016, art. 202) ***Lorsque sont contestées, en application de l'article L. 142-1 du présent code, les conditions de reconnaissance du caractère professionnel d'un accident du travail ou d'une maladie professionnelle ou l'imputabilité des lésions ou des prestations servies à ce titre, le praticien-conseil du contrôle médical du régime de sécurité sociale concerné transmet, sans que puisse lui être opposé l'article 226-13 du code pénal, à l'attention du médecin expert désigné par la juridiction compétente, les éléments médicaux ayant***

contribué à la décision de prise en charge ou de refus et à la justification des prestations servies à ce titre.

A la demande de l'employeur, ces éléments sont notifiés au médecin qu'il mandate à cet effet. La victime de l'accident du travail ou de la maladie professionnelle est informée de cette notification.

Les dispositions issues de l'art. 1er de l'Ord. n° 2018-358 du 16 mai 2018 entrent en vigueur à la date fixée par le décret mentionné au premier al. du I de l'art. 114 [V. cet art. ss. le Chap. II [nouv.] du présent titre] de la L. n° 2016-1547 du 18 nov. 2016, et au plus tard le 1er janv. 2019 (Ord. préc., art. 8).

V. note ss. art. L. 141-1.

Art. L. 141-3 **Les dispositions du présent chapitre s'appliquent au régime général de sécurité sociale,** *(Abrogé par Ord. n° 2018-470 du 12 juin 2018, art. 9) (Ord. n° 2005-1528 du 8 déc. 2005) « au régime social des indépendant, »* **au régime de la mutualité sociale agricole, et, en ce qui concerne les accidents du travail en agriculture, aux départements du Haut-Rhin, du Bas-Rhin et de la Moselle.** – *V. art. R. 141-9 et R. 141-10.*

Elles sont également applicables aux divers régimes spéciaux avec les adaptations nécessaires déterminées par arrêté ministériel.

V. note ss. art. L. 141-1.

CHAPITRE II CONTENTIEUX GÉNÉRAL ET TECHNIQUE DE LA SÉCURITÉ SOCIALE ET CONTENTIEUX DE L'ADMISSION À L'AIDE SOCIALE

(L. n° 2016-1547 du 18 nov. 2016, art. 12-I)

L'art. 12 de la L. n° 2016-1547 du 18 nov. 2016 entre en vigueur à une date fixée par décret, et au plus tard le 1er janv. 2019.

A cette date, les procédures en cours devant les tribunaux des affaires de sécurité sociale et les tribunaux du contentieux de l'incapacité sont transférées en l'état aux tribunaux mentionnés au 1° du III de l'art. 12 [V. ***COJ****, art. L. 211-16 et L. 218-1 s.]. Les procédures relevant du contentieux général en cours devant les cours d'appel sont transférées en l'état aux cours d'appel spécialement désignées à l'art. L. 311-15 COJ. A cette même date, les affaires en cours devant les commissions départementales d'aide sociale sont, selon leur nature, transférées en l'état aux tribunaux de grande instance ou aux tribunaux administratifs territorialement compétents. Les procédures en cours devant la Commission centrale d'aide sociale en application de l'art. L. 134-2 CASF sont, selon leur nature, transférées en l'état aux cours d'appel ou à une juridiction administrative désignée par décret en Conseil d'État. Les procédures en cours devant la même commission en application de l'art. L. 134-3 du même code sont transférées en l'état à une juridiction administrative désignée par décret en Conseil d'État.*

Par dérogation aux deux précédents alinéas, la Cour nationale de l'incapacité et de la tarification de l'assurance des accidents du travail demeure compétente pour connaître des procédures introduites avant cette date et jusqu'au 31 déc. 2020, ou à une date ultérieure qui sera fixée par décret, sans pouvoir dépasser le 31 déc. 2022, date à compter de laquelle ces procédures sont transférées en l'état aux cours d'appel territorialement compétentes spécialement désignées en vertu des art. L. 311-15 et L. 311-16 COJ. Les dispositions du CSS, du C. rur. et du CASF qui lui sont applicables demeurent en vigueur jusqu'à cette date.

Les convocations et citations données aux parties peuvent être délivrées avant la date d'entrée en vigueur de l'art. 12 de la loi susvisée pour une comparution postérieure à cette date devant la juridiction nouvellement compétente. Il n'y a pas lieu de renouveler les actes, formalités et jugements régulièrement intervenus avant le transfert des procédures, à l'exception des convocations et citations données aux parties qui n'auraient pas été suivies d'une comparution devant la juridiction supprimée ou antérieurement compétente. Les parties ayant comparu devant la juridiction supprimée ou antérieurement compétente sont informées par l'une ou l'autre des juridictions qu'il leur appartient d'accomplir les actes de la procédure devant la juridiction à laquelle les procédures sont transférées. Les archives et les minutes du secrétariat des juridictions supprimées ou antérieurement compétentes sont transférées au greffe de la juridiction nouvellement compétente. Les frais de transfert de ces archives et minutes sont imputés sur le crédit ouvert à cet effet au budget du ministère de la justice (L. n° 2016-1547 du 18 nov. 2016, art. 114-I, mod. par Ord. n° 2018-358 du 16 mai 2018, art. 7-I).

SECTION PREMIÈRE **DISPOSITIONS GÉNÉRALES**

Art. L. 142-1 **Le contentieux général de la sécurité sociale comprend les litiges relatifs :**

1° A l'application des législations et réglementations de sécurité sociale et de mutualité sociale agricole, à l'exception des litiges relevant du contentieux technique de la sécurité sociale ;

2° Au recouvrement des contributions, versements et cotisations mentionné au 5° de l'article L. 213-1 ;

3° Au recouvrement des contributions, versements et cotisations mentionnés aux articles L. 1233-66, L. 1233-69, L. 3253-18, L. 5422-6, L. 5422-9, L. 5422-11, L. 5422-12 et L. 5424-20 du code du travail.

Le critère de compétence des juridictions du contentieux général de la sécurité sociale est, s'agissant des fonctionnaires et agents de l'État et des collectivités publiques, lié, non à la qualité des personnes en cause, mais à la nature même du différend. Dès lors, les litiges relatifs à l'application à ces agents du régime de sécurité sociale, qu'il s'agisse du régime général ou d'un régime spécial, échappent à la juridiction administrative. En revanche, les litiges portant sur des prestations ou avantages inhérents à leur statut relèvent de la juridiction administrative. Tel est le cas s'agissant du droit à pension de réversion dont bénéficie le conjoint survivant divorcé d'un agent affilié à la CNRACL. • Civ. 1re, 12 déc. 2018, n° 18-10.977 P : *AJDA 2018. 2474*.

Art. L. 142-2 **Le contentieux technique de la sécurité sociale comprend les litiges relatifs :**

1° A l'état ou au degré d'invalidité, en cas d'accident ou de maladie non régie par le livre IV, et à l'état d'inaptitude au travail ;

2° A l'état d'incapacité permanente de travail, notamment au taux de cette incapacité, en cas d'accident du travail ou de maladie professionnelle ;

3° A l'état d'incapacité de travail pour l'application des dispositions du livre VII du code rural et de la pêche maritime autres que celles relevant du contentieux général de la sécurité sociale ;

4° Aux décisions des caisses d'assurance retraite et de la santé au travail et des caisses de mutualité sociale agricole concernant, en matière d'accidents du travail agricoles et non agricoles, la fixation du taux de cotisation, l'octroi de ristournes, l'imposition de cotisations supplémentaires et, pour les accidents régis par le livre IV du présent code, la détermination de la contribution prévue à l'article L. 437-1 ; — *V.* **COJ**, *art. L. 311-16 et D. 311-12.*

5° Aux décisions de la commission des droits et de l'autonomie des personnes handicapées mentionnées au premier alinéa de l'article L. 241-9 du code de l'action sociale et des familles ;

(L. n° 2017-86 du 27 janv. 2017, art. 221-III) **« 6° Aux décisions du président du conseil départemental mentionnées à l'article L. 241-3 du code de l'action sociale et des familles relatives aux mentions "invalidité" et "priorité". »** — *Cet al., issu de la L. n° 2017-86 du 27 janv. 2017, entre en vigueur à la date fixée par le décret mentionné au premier al. du I de l'art. 114 de la L. n° 2016-1547 du 18 nov. 2016 de modernisation de la justice du XXIe siècle [V. cet art. ss. le présent chap. II], et au plus tard le 1er janv. 2019 (L. n° 2017-86 du 27 janv. 2017, art. 221-IV).*

Le contentieux technique ne comprend pas les litiges relatifs aux matières mentionnées aux 1° à 3° du présent article en cas d'accident du travail survenu et de maladie professionnelle constatée dans l'exercice des professions agricoles dans les départements autres que ceux du Haut-Rhin, du Bas-Rhin et de la Moselle.

V. art. R. 142-8 s.

Art. L. 142-3 **Le contentieux de l'admission à l'aide sociale relevant du présent code comprend les litiges relatifs aux décisions prises en application des articles L. 861-5 et L. 863-3** *[Nouvelle rédaction issue de la L. n° 2018-1203 du 22 déc. 2018, art. 52-II, en vigueur le 1er nov. 2019 : « de l'article L. 861-5 »].*

SECTION II **RECOURS PRÉALABLE OBLIGATOIRE**

Art. L. 142-4 **Les recours contentieux formés dans les matières mentionnées aux articles L. 142-1 et L. 142-3 sont précédés d'un recours administratif préalable, dans des conditions prévues par décret en Conseil d'État.**

Dans les matières mentionnées à l'article L. 142-3, les recours peuvent être formés par le demandeur, ses débiteurs d'aliments, l'établissement ou le service qui fournit les prestations, *(Abrogé par Ord. n° 2018-358 du 16 mai 2018, art. 1er)* ***« le maire, le président du conseil départemental, »*** le représentant de l'État dans le département, les organismes de sécurité sociale et de mutualité sociale agricole intéressés *(Abrogé par Ord. n° 2018-358 du 16 mai 2018, art. 1er)* ***« ou par tout habitant ou contribuable de la commune ou du département ayant un intérêt direct à la réformation de la décision ».***

(Ord. n° 2018-358 du 16 mai 2018, art. 1er) « Le présent article n'est pas applicable aux décisions mentionnées aux articles L. 114-17, L. 114-17-1, L. 162-12-16 et L. 162-34. »

Les dispositions issues de l'art. 1er de l'Ord. n° 2018-358 du 16 mai 2018 entrent en vigueur à la date fixée par le décret mentionné au premier al. du I de l'art. 114 [V. cet art. ss. le Chap. II du présent titre] de la L. n° 2016-1547 du 18 nov. 2016, et au plus tard le 1er janv. 2019 (Ord. préc., art. 8).

Art. L. 142-5 Les recours contentieux formés dans les matières mentionnées à l'article L. 142-2, à l'exception du 4°, sont précédés d'un recours préalable, dans des conditions prévues par décret en Conseil d'État.

V. art. R. 142-8 s.

Art. L. 142-6 Pour les contestations mentionnées aux 1°, 2° et 3° de l'article L. 142-2, le praticien-conseil du contrôle médical du régime de sécurité sociale concerné transmet, sans que puisse lui être opposé l'article 226-13 du code pénal, à l'attention exclusive de l'autorité compétente pour examiner le recours préalable, l'intégralité du rapport médical reprenant les constats résultant de l'examen clinique de l'assuré ainsi que ceux résultant des examens consultés par le praticien-conseil justifiant sa décision. A la demande de l'employeur, ce rapport est notifié au médecin qu'il mandate à cet effet. La victime de l'accident du travail ou de la maladie professionnelle est informée de cette notification.

Un décret en Conseil d'État détermine les conditions d'application du présent article.

Art. L. 142-7 *(Ord. n° 2018-358 du 16 mai 2018, art. 1er)* « Pour les contestations mentionnées au 5° de l'article L. 142-2, les membres de l'équipe pluridisciplinaire communiquent à l'autorité compétente pour examiner le recours préalable, sans que puisse être opposé l'article 226-13 du code pénal, tous les éléments ou informations à caractère secret ayant fondé la décision contestée dès lors que leur transmission est strictement limitée à ceux qui sont nécessaires à la prise de décision. »

Un décret en Conseil d'État détermine les conditions d'application du présent article.

Les dispositions issues de l'art. 1er de l'Ord. n° 2018-358 du 16 mai 2018 entrent en vigueur à la date fixée par le décret mentionné au premier al. du I de l'art. 114 [V. cet art. ss. le Chap. II du présent titre] de la L. n° 2016-1547 du 18 nov. 2016, et au plus tard le 1er janv. 2019 (Ord. préc., art. 8).

Art. L. 142-7-1 *(Ord. n° 2018-358 du 16 mai 2018, art. 1er)* La décision rendue sur le recours préalable dans les matières mentionnées aux 1°, 2° et 3° de l'article L. 142-2 s'impose à l'organisme de prise en charge. — *V. note ss. art. L. 142-7.*

SECTION III COMPÉTENCE JURIDICTIONNELLE

Art. L. 142-8 Le juge judiciaire connaît des contestations relatives :

1° Au contentieux général de la sécurité sociale défini à l'article L. 142-1 ;

2° Au contentieux technique de la sécurité sociale défini à l'article L. 142-2 ;

3° Au contentieux de l'admission à l'aide sociale défini à l'article L. 142-3.

SECTION IV ASSISTANCE ET REPRÉSENTATION

Art. L. 142-9 Les parties peuvent se défendre elles-mêmes.

Outre les avocats, peuvent assister ou représenter les parties :

1° Leur conjoint ou un ascendant ou descendant en ligne directe ;

2° Leur concubin ou la personne à laquelle elles sont liées par un pacte civil de solidarité ;

3° Suivant le cas, un travailleur salarié ou un employeur ou un travailleur indépendant exerçant la même profession ou un représentant qualifié des organisations syndicales de salariés ou des organisations professionnelles d'employeurs ;
4° Un administrateur ou un employé de l'organisme partie à l'instance ou un employé d'un autre organisme de sécurité sociale ;
5° Un délégué des associations de mutilés et invalides du travail les plus représentatives ou des associations régulièrement constituées depuis cinq ans au moins pour œuvrer dans les domaines des droits économiques et sociaux des usagers ainsi que dans ceux de l'insertion et de la lutte contre l'exclusion et la pauvreté.
Le représentant doit, s'il n'est pas avocat, justifier d'un pouvoir spécial.

SECTION V **MESURES D'INSTRUCTION** *(Ord. nº 2018-358 du 16 mai 2018, art. 1er).*

Art. L. 142-10 *(Ord. nº 2018-358 du 16 mai 2018, art. 1er)* « Pour les contestations mentionnées au 1° de l'article L. 142-1 et pour celles mentionnées aux 1°, 2°, 3° de l'article L. 142-2, le praticien-conseil ou l'autorité compétente pour examiner le recours préalable transmet à l'expert ou au médecin consultant désigné par la juridiction compétente, sans que puisse lui être opposé l'article 226-13 du code pénal, l'intégralité du rapport médical ayant fondé sa décision. A la demande de l'employeur, partie à l'instance, ce rapport est notifié au médecin qu'il mandate à cet effet. La victime de l'accident du travail ou de la maladie professionnelle est informée de cette notification.
« Pour les contestations mentionnées aux 5° et 6° de l'article L. 142-2 du présent code, les éléments ou informations à caractère secret ayant fondé la décision de l'autorité compétente pour examiner le recours préalable sont transmis à l'expert ou au médecin consultant désigné par la juridiction compétente, sans que puisse être opposé l'article 226-13 du code pénal. »
Un décret en Conseil d'État détermine les conditions d'application du présent article.

Les dispositions issues de l'art. 1er de l'Ord. nº 2018-358 du 16 mai 2018 entrent en vigueur à la date fixée par le décret mentionné au premier al. du I de l'art. 114 [V. cet art. ss. le Chap. II du présent titre] de la L. nº 2016-1547 du 18 nov. 2016, et au plus tard le 1er janv. 2019 (Ord. préc., art. 8).

Art. L. 142-10-1 *(Ord. nº 2018-358 du 16 mai 2018, art. 1er)* Pour les contestations mentionnées au 1° de l'article L. 142-1 et aux 1°, 2° et 3° de l'article L. 142-2, tout rapport de l'expert désigné par la juridiction compétente est notifié, sans que puisse être opposé l'article 226-13 du code pénal, au médecin mandaté à cet effet par l'employeur, partie à l'instance. La victime de l'accident du travail ou de la maladie professionnelle en est informée. — *V. note ss. art. L. 142-10.*

SECTION VI

(Ord. nº 2018-358 du 16 mai 2018, art. 1er)

V. note ss. art. L. 142-10.

Art. L. 142-11 *(L. nº 2018-1203 du 22 déc. 2018, art. 80, en vigueur le 1er janv. 2019)* Les frais résultant des consultations et expertises ordonnées par les juridictions compétentes en application des articles L. 141-1 et L. 141-2 ainsi que dans le cadre des contentieux mentionnés aux 5° et 6° de l'article L. 142-2 sont pris en charge par l'organisme mentionné à l'article L. 221-1.

Un décret fixe les conditions dans lesquelles les frais exposés à ce titre peuvent être avancés par l'État ainsi que les conditions dans lesquelles ils sont, dans ce cas, remboursés à ce dernier par l'organisme mentionné à l'article L. 221-1.

Un arrêté détermine les conditions dans lesquelles les dépenses acquittées par la Caisse nationale de l'assurance maladie en application du présent article sont réparties entre les organismes du régime général de sécurité sociale, du régime de la mutualité sociale agricole, des régimes spéciaux mentionnés au livre VII et les organismes institués par le livre VI.

SECTION VII DÉPARTEMENTS DU HAUT-RHIN, DU BAS-RHIN ET DE LA MOSELLE

(Ord. n° 2018-358 du 16 mai 2018, art. 1er)

V. note ss. art. L. 142-10.

La présente section ne comprend pas de dispositions législatives.

CHAPITRE II *[ANCIEN]* CONTENTIEUX GÉNÉRAL

SECTION PREMIÈRE *[ANCIENNE]* DISPOSITIONS GÉNÉRALES

Ancien art. L. 142-1 ***Il est institué une organisation du contentieux général de la sécurité sociale.***

Cette organisation règle les différends auxquels "donnent" lieu l'application des législations et réglementations de sécurité sociale et de mutualité sociale agricole, et qui ne relèvent pas, par leur nature, d'un autre contentieux (L. n° 2008-126 du 13 févr. 2008) ***« , ainsi que le recouvrement mentionné au 5° de l'article L. 213-1 ».***

Sur les exceptions à l'application du droit des usagers de saisir l'administration par voie électronique concernant les démarches effectuées auprès des organismes de sécurité sociale, V. CRPA, App., v° Saisine par voie électronique — Exceptions — **CRPA.**

BIBL. ▶ AMIEL, Comment se présente actuellement le contentieux de la sécurité sociale ?, *Quest. SS 1979. 303* ; Les divers aspects du contentieux de la sécurité sociale, *Quest. SS 1984. 141.* – BLONDET, Le recours gracieux préalable dans le contentieux de la sécurité sociale, *JCP 1964. I. 1853.* – BRUN, Sécurité sociale et compétence juridictionnelle, *Mémoire DEA, Univ. Grenoble - Dir. Tercinet, 1997.* – COURSIER et DERUE, Le contradictoire en matière de pré-contentieux de sécurité sociale, *Gaz. Pal., 25 sept. 2004, n° 269.* – HENNION-MOREAU, L'impartialité et l'indépendance des juridictions sociales, *Mél. J. Normand, Litec 2003, p. 219.* – LAROQUE, Le problème de la répartition des compétences juridictionnelles sur les actes réglementaires des organismes de sécurité sociale, *Dr. soc. 1979. 297.* – LE GOUTHY, Le contentieux de la sécurité sociale et l'expertise médicale, *RPDS 1992. 347.* – MANDEVILLE, La répartition des compétences juridictionnelles dans le contentieux de la sécurité sociale, *Thèse Droit, Université de Toulouse, 1972.* – MICHALLETZ, De l'intervention des tiers dans le contentieux judiciaire de la sécurité sociale, *RDSS 2018. 342.* – PETIT, Décisions des organismes de sécurité sociale, *RJS 03/2002, p. 212.* – PIERCHON, Guide du contentieux de la sécurité sociale, *Ed. Cedat, 3e éd. 2001* ; Les contentieux de la sécurité sociale, *RESOC, 2006* ; Le contentieux de la Sécurité sociale modifié par deux lois du 5 mars 2007, *Procédures 2007. 9* ; A propos du projet de réforme de l'oralité dans le contentieux de la sécurité sociale : modernisation ou régression ? *JCP S 2010. Actu. 308.* – PRÉTOT, La modification du contentieux des relations entre l'assurance maladie et les professions de santé, *BS Lefebvre, 2/97, p. 65* ; Le contentieux des sanctions appliquées aux praticiens et auxiliaires médicaux : un contentieux administratif par nature ?, *RJS 1998, p. 871 et RJS 2001, p. 391.* – ROCHE et PUJOL, L'expertise médicale en matière de sécurité sociale, *RDSS 1976. 186.* – ROMAN, Le contentieux technique de la Sécurité sociale à l'épreuve du procès équitable, *Dr. soc. 2001. 734.* – SAINT-JOURS, De la nature juridique des actes unilatéraux et des conventions conclues par les organismes de sécurité sociale, *JCP 1983. I. 1113* ; De la nécessité d'une réforme de l'expertise médicale en matière de sécurité sociale, *RDSS 1988. 75* ; L'intervention du droit public dans la gestion de la sécurité sociale, *RDSS 1988. 532* ; Un ordre juridictionnel social : pourquoi ?, *RF Aff. soc. 1993. 87.* – TAQUET, Le contentieux de la sécurité sociale, *Litec, 1993.* – TAURAN, La mise en œuvre du droit des obligations dans le contentieux de la sécurité sociale, *RDSS 2015. 903* ; La jurisprudence du Tribunal des conflits et le contentieux de la sécurité sociale, *RDSS 2014. 720.* – VERKINDT, Contentieux de la sécurité sociale et principes directeurs du procès civil, *RDSS 2016. 338* ; Du respect de la contradiction et des droits de la défense dans le « précontentieux » de la Sécurité sociale, *RDSS 2004. 954* ; Les droits de la défense dans le contentieux de la sécurité sociale, *RDSS 2004. 406.* – L'avenir des juridictions spécialisées dans le domaine social (Étude adoptée le 4 déc. 2003 par l'Assemblée générale du Conseil d'État), *Doc. fr. 2004.*

I. PRINCIPES

1. Compétence législative. La loi fixant, en vertu de l'art. 34 de la Constitution, les règles concernant les garanties fondamentales accordées aux citoyens pour l'exercice des libertés publiques, c'est au législateur seul qu'il appartient de fixer les limites de la compétence des juridictions administratives et judiciaires. Par suite, la loi d'habilitation du 30 déc. 1995 n'autorisant le Gouvernement à agir par voie d'ordonnances que dans le domaine de la sécurité sociale, l'Ord. n° 96-345 du 24 avr. 1996 ne pouvait transférer aux TASS le contentieux des mesures de mise hors convention des praticiens et auxiliaires médicaux. Les tribunaux administratifs demeurent donc compétents pour connaître de ces litiges. • T. confl. 20 oct. 1997 : *Bull. T. conflits, n° 17.* ♦ V. sur cet arrêt et • CE 1er déc. 1997, n° 176352 : *TPS 1998. Chron. 5, obs. Prétot* (illégalité du transfert à l'autorité judiciaire du contentieux de la mise hors convention des praticiens et auxiliaires médicaux). ♦ Les dispositions qui confient au TASS compétence pour connaître d'une partie du contentieux de la CSG ne sont pas contraires à la Constitution. • Cons. const. 28 déc. 1990, n° 90-285 DC, consid. 50 : *Rec. Cons. const. 95 ; Dr. fisc. 1991. 612, note Philip ; Dr. soc. 1991. 342, note Prétot ; RFDC 1991. 136, obs. Philip ; ibid. 145, obs. Favoreu ; RJS 1991, n° 258.* ♦ V. aussi Quérol, Le Conseil constitutionnel et la loi de finances pour 1991 : *JCP 1991. I. 3522.*

2. Limites. La bonne administration de la justice ne justifie pas qu'il soit dérogé à la répartition normale des compétences entre les deux ordres de juridiction en attribuant la connaissance du contentieux de l'agrément par l'État des organismes privés appelés à concourir à la gestion du régime « accidents du travail » propre aux exploitants agricoles aux juridictions du contentieux général de la sécurité sociale. • Cons. const. 27 nov. 2001, n° 2001-451 DC, consid. 45 : *LPA 24 déc. 2001, p. 4, note Schoettl ; ibid. 17 sept. 2002, p. 5, note Mathieu et Verpeaux ; RJS 2002, n° 34 ; Dr. adm. 2001. Comm. 259, obs. Prétot ; RFDC 2002. 174, note Ribes ; D. 2002. Somm. 1950, obs. Ribes.*

3. Ordre administratif ou ordre judiciaire. En l'absence de toute personne publique parmi les parties, les conventions conclues entre les caisses mutuelles régionales et les organismes conventionnés pour la gestion du régime d'assurance maladie et maternité des travailleurs indépendants revêtent le caractère de contrats de droit privé et échappent à la compétence des juridictions administratives. • CE 15 mars 1999 : *RJS 1999, n° 864 ; TPS 1999. Comm. 210.* ♦ Eu égard aux attributions et aux règles de fonctionnement de la CAFAT de Nouvelle-Calédonie, laquelle revêt le caractère d'un organisme de droit privé, les litiges nés de ses relations avec les assurés et les bénéficiaires de ses prestations relèvent de la compétence judiciaire. • T. confl. 26 mai 2003 : *TPS 2003. Comm. 345, obs. Prétot.* ♦ Les administrateurs provisoires nommés par la Commission de contrôle des mutuelles et organismes de prévoyance n'exerçant leur activité ni pour le compte ni sous l'autorité de cette commission, l'action engagée contre eux en raison de leur gestion ressortit à la compétence des juridictions judiciaires. • T. confl. 12 déc. 2005 : *Bull. T. confl. n° 39 ; RJS 2006, n° 623.*

4. Répartition des compétences en matière de CSG. Les litiges entre les employeurs et l'Union pour le recouvrement de la sécurité sociale et des allocations familiales (URSSAF) relatifs à la composition de l'assiette des cotisations sociales sont au nombre de ceux qui relèvent du contentieux de la sécurité sociale. • CE 30 juill. 1997 : *RJS 1997, n° 1161 ; TPS 1997. Comm. 298, note Prétot.* ♦ A la différence des litiges relatifs aux prélèvements opérés au titre de la CSG sur les revenus du patrimoine et sur les revenus de placement, qui sont régis par les art. L. 136-6 et L. 136-7 et pour lesquels demeurent en vigueur les règles de droit commun attribuant compétence à la juridiction administrative, les litiges relatifs aux prélèvements opérés au titre de la CSG sur les revenus d'activité et les revenus de remplacement relèvent, en vertu des dispositions du dernier al. du V de l'art. L. 136-5, de la compétence de l'autorité judiciaire. • CE 4 juin 2007 : *RJS 2007, n° 991.* ♦ *Adde* • CE 26 mars 1999 : *RJS 2000, n° 324* (compétence du TASS), qui vise aussi la CRDS. ♦ Comp., pour cette dernière, lorsque les revenus ont une source étrangère, V. note 16.

II. CONTENTIEUX GÉNÉRAL ET CONTENTIEUX ADMINISTRATIF

A. CONTENTIEUX GÉNÉRAL

5. Principe. Les juridictions du contentieux général de la sécurité sociale sont compétentes pour connaître des litiges à caractère individuel qui se rapportent à l'application des lois et règlements en matière de sécurité sociale et de mutualité sociale agricole. Il en va ainsi même lorsque le litige résulte de la décision d'une autorité administrative dès lors que celle-ci agit en qualité de gestionnaire d'un régime de sécurité sociale. ♦ V., en matière d'affiliation • CE 11 mars 1959, *Sté des produits barytiques nord-africains : Lebon 170* • 16 mars 1994 : *RJS 1994, n° 766* • 6 oct. 1999 : *RJS 1999, n° 1531* • 15 déc. 2000 : *RJS 2001, n° 529.* ♦ ... D'assiette et de recouvrement des cotisations. • T. confl. 6 juill. 1957 : *Lebon 817 ; D. 1958. 296, note Garagnon ; JCP 1958. II. 10351, note P. A.* ♦ ... D'attribution et de service des prestations. • Cass., ass. plén., 12 déc. 1969 : *JCP 1970. II. 16224, note P. L.* • T. confl. 21 janv. 1985 : *Lebon 404 ; AJDA 1985. 163, obs. Moreau* • CE 23 juill. 1993 : *RJS 1993, n° 1032* • 5 mai 1995 : *RJS 1995, n° 829 (2e esp).* ♦ Rappr. • T. confl. 10 avr. 1995 : *D. 1995. IR 154 ; RJS 1995, n° 829.* ♦ V. en matière de détermination de la date de guérison complète ou de consolidation de l'état de santé de la victime d'un accident du travail ou d'une maladie professionnelle. • Civ. 2e, 4 avr. 2018, n° 17-16.430 P : *RJS 2018, n° 446 ; JCP S 2018. 1191, note Bouilloux.*

6. Cas d'une substitution d'organisme. Cette règle s'applique notamment lorsque l'ANPE se substitue à la CPAM pour le service de prestations à certains de ses agents. • CE 29 nov. 2004 :

RJS 2005, n° 317 ; TPS 2005 Comm. 61, obs. Prétot.

7. Litiges individuels relatifs aux prestations versées au titre de l'action sanitaire et sociale. La compétence des juridictions du contentieux général s'étend aux litiges individuels se rapportant aux prestations que les organismes de sécurité sociale sont appelés à servir à leurs assurés ou allocataires dans le cadre de l'action sanitaire et sociale. • T. confl. 10 mars 1997 : *Dr. soc. 1997. 633, concl. Sainte-Rose ; RJS 1997, n° 873 ; TPS 1997. Comm. 190, obs. Prétot.*

8. Actions en responsabilité. Cette compétence s'étend aux actions en responsabilité contre les organismes pris en leur qualité de gestionnaires d'un régime de sécurité sociale. • Soc. 5 juin 1975, n° 73-114.70 P (selon lequel, les juridictions du contentieux général de la sécurité sociale sont compétentes pour connaître d'une demande en dommages-intérêts dirigée par un assuré social contre un organisme de sécurité sociale et fondée sur une violation de la réglementation de sécurité sociale) • 28 mai 1986 : *Dr. soc. 1986. 821, obs. Prétot* • T. confl. 11 oct. 1993 : *D. 1995. Somm. 38, obs. Prétot ; RJS 1994, n° 189* • Civ. 1re, 3 oct. 2006 : *JCP S 2006. 2019, note Bugada.* ♦ V. aussi • CE 29 nov. 2004 : *RJS 2005, n° 317.* ♦ Comp. notes 21 s. ♦ L'action en responsabilité contre la CNAM (établissement public administratif) fondée sur les agissements de son médecin-conseil doit être portée devant les juridictions de sécurité sociale et non devant la juridiction administrative. • T. confl. 20 nov. 2006 : *RJS 2007, n° 283 ; JCP S 2007. 1060, note Bugada.* ♦ Les juridictions du contentieux général de la sécurité sociale sont compétentes pour connaître de la demande de condamnation à dommages-intérêts d'un organisme de sécurité sociale du fait des fautes commises à l'encontre des bénéficiaires dans l'application des législations et réglementations de sécurité sociale et de mutualité sociale agricole. • Civ. 2e, 23 janv. 2014 : *RJS 4/2014, n° 357.*

9. Régime spécial des marins. Les contestations relatives au régime d'assurance des marins du commerce relèvent du contentieux général de la sécurité sociale. • Civ. 2e, 12 juill. 2006, n° 04-30.406 P : *JCP S 2007. 1013, note Martinon* (à propos d'un salarié de la station de pilotage du Havre).

10. Versement destiné au financement des transports. Les juridictions judiciaires qui connaissent des litiges individuels relatifs à l'assujettissement d'un employeur au versement ainsi qu'à l'assiette et au recouvrement du prélèvement relatif au frais de transport sont également compétentes pour apprécier par voie d'exception la légalité de la délibération par laquelle une collectivité institue le versement ou en fixe le taux. • T. confl. 7 déc. 1998 : *RJS 1999, n° 416, et concl. Sainte-Rose.*

B. CONTENTIEUX ADMINISTRATIF

11. Exercice du pouvoir réglementaire. Les juridictions de l'ordre administratif sont seules compétentes pour connaître des litiges nés de l'intervention de l'État dans l'exercice de son pouvoir réglementaire. • Soc. 18 oct. 1990 :, n° 87-19.334 P : *RJS 1990, n° 1036.* ♦ ... La création et la modification des organismes et la détermination de leur circonscription. • CE 4 juin 1982 : *Lebon 212 ; Dr. soc. 1982. 793, note Prétot.* ♦ ... La désignation des membres des conseils d'administration. • CE 27 juill. 1988 : *Lebon 1031 ; D. 1989. Somm. 238, obs. Prétot* • 4 nov. 1996 : *RJS 1997, n° 198.* ♦ ... La tutelle administrative et financière. • CE 25 avr. 1969 : *Lebon 227*.

12. Actes administratifs unilatéraux. Les juridictions de l'ordre administratif sont compétentes pour connaître du contentieux des actes des organismes de sécurité sociale qui revêtent un caractère administratif : circulaires et instructions. • T. confl. 22 avr. 1974, *Directeur régional de la sécurité sociale d'Orléans c/ Sieur Blanchet : Lebon 791 et 792 ; D. 1974. 773, note Lachaume ; Dr. soc. 1974. 493, concl. Blondeau et Braibant ; JCP 1974. II. 17856, note Saint-Jours* • 9 juin 1986, *Mazuali : Lebon 300 ; AJDA 1986. 596, obs. Moreau ; D. 1987. Somm. 166, obs. Prétot ; Dr. soc. 1987. 169, note Prétot ; RDSS 1987. 34, obs. Dubouis.* ♦ ... Règlement. • CE 16 déc. 1994 : *RJS 1995, n° 293.* ♦ ... Délibérations réglementaires du conseil d'administration. • CE 29 juin 1988 : *D. 1989. Somm. 308, obs. Prétot.* ♦ ... Ou du directeur de l'organisme. • CE 29 déc. 2000 : *Dr. soc. 2001. 280, concl. Boissard ; RJS 2001, n° 551.* ♦ *Adde*, pour une circulaire, même illégale, de la CNAMTS : • Civ. 1re, 6 oct. 1998, n° 96-10.390 P : *RJS 1999, n° 134.*

13. Personne morale de droit privé chargée de l'exécution d'un service public administratif. Les décisions du GIE Sésam-Vitale qui exerce ses missions au nom et pour le compte des organismes nationaux d'assurance maladie, dont la CNAMTS, établissement public, pour l'exécution même du service public relèvent des juridictions de l'ordre administratif. • T. confl. 23 sept. 2002 : *AJDA 2002. 996, obs. Royer ; RJS 2003, n° 92 ; TPS 2002. Comm. 386, obs. Prétot.*

14. Relations avec les professions de santé. Le contentieux du reversement exigé des infirmiers en cas de dépassement des objectifs prescrits par la convention nationale se rapporte à l'exécution de prérogatives de puissance publique et ressortit, dès lors, à la compétence du juge administratif. • T. confl. 12 févr. 2001 : *RJS 2001, n° 668, et obs. Prétot, p. 391.*

15. Aide personnalisée au logement. Le contentieux de l'aide personnalisée au logement relève de la compétence des juridictions administratives. • T. confl. 23 oct. 1989 : *D. 1990. Somm. 191, obs. Prétot* • Soc. 20 déc. 2000, n° 99-17.095 P : *TPS 2001. Comm. 107, obs. Prétot* • 25 mars 2003, n° 01-20.753 P : *TPS 2003. Comm. 240, obs. Prétot.*

16. CRDS. Les litiges nés des prélèvements effectués au titre de la CRDS sur les revenus d'activité ou de remplacement de source étrangère ressortissent à la juridiction administrative. • CE 4 juin 2007 : *RJS 2007, n° 991.* ♦ Comp. note 4 pour la CSG.

17. Prescription. Il appartient à la seule juridiction administrative de connaître de la légalité de la décision d'une autorité administrative refusant de faire usage de la faculté de relever un créancier de la prescription opposée à une demande (remboursement d'un trop-perçu) relevant du contentieux général de la sécurité sociale. • CE 20 juill. 2007 : *JCP S 2007. 1734.*

18. Contrat type. Expression d'une décision de principe adoptée unilatéralement, le contrat type proposé par une CPAM à la signature des praticiens de son ressort et attaquée indépendamment de sa signature par des praticiens déterminés revêt un caractère administratif, de sorte qu'il appartient au juge administratif d'en connaître. • Civ. 2e, 15 juin 2004, n° 02-31.128 P : *RJS 2004, n° 988.*

19. Contrats (aide à l'informatisation). Conclus avec la CNAMTS, établissement public à caractère administratif, ayant pour objet de faciliter la mise en œuvre de la télétransmission des feuilles de soins et associant ainsi les praticiens à l'exécution même du service public de l'assurance maladie, les contrats d'informatisation des cabinets médicaux constituent des contrats administratifs, dont le contentieux relève des juridictions administratives. • CE 3 déc. 2003 : *RJS 2004, n° 264 ; D. 2004. Somm. 1557, obs. Prétot ; TPS 2004. Comm. 58, obs. Prétot.*

20. Agents publics. Les juridictions administratives ont compétence pour les litiges se rapportant aux prestations et avantages que les agents publics tirent de leur statut, non d'un régime, général ou spécial, de sécurité sociale. • CE 22 mars 1957 : *Lebon 881* • T. confl. 28 janv. 1966 : *AJDA 1967. 43* • CE 24 juin 1991 : *Lebon 251 ; AJDA 1992. 162, note Salon.* ♦ V. Prétot, obs. ss. • CE 31 mars 1989 : *D. 1990. Somm. 147.*

21. ... Et pour connaître de la responsabilité de l'administration du fait du défaut d'affiliation de ses agents à un régime de sécurité sociale. • CE 28 juill. 1999 : *RJS 1999, n° 1307* • T. confl. 29 déc. 2004 : *RJS 2005, n° 448.*

22. Responsabilité. Les juridictions administratives ont compétence pour connaître de la responsabilité d'une caisse d'allocations familiales en raison des fautes commises dans l'instruction et le service du RMI. • T. confl. 19 nov. 2001 : *Dr. soc. 2002. 210, concl. Commaret ; RJS 2002, n° 229.*

III. CONTENTIEUX GÉNÉRAL ET AUTRES CONTENTIEUX JUDICIAIRES

A. CONTENTIEUX GÉNÉRAL

23. JAF. Il n'entre pas dans la compétence du juge aux affaires familiales de décider au bénéfice de quel parent doit être attribué le droit aux prestations familiales, cette question relevant du TASS en vertu de l'art. L. 142-1. • Cass., avis, 26 juin 2006, n° 06-00004 P.

24. Redressement et liquidation judiciaires. La compétence du TASS englobe la question de savoir si une créance de cotisations sociales afférente aux sommes versées aux salariés licenciés est née antérieurement ou postérieurement à l'ouverture du redressement judiciaire. • Com. 2 mai 1990, n° 88-16.527 P : *D. 1991. Somm. 129, obs. Prétot ; RJS 1990, n° 731 (1re esp).* ♦ ... Si doit jouer l'art. 1106-12 C. rur. excluant les assurés du bénéfice de l'assurance en cas de défaut de versement des cotisations lorsque celui-ci ne résulte que de l'application de l'art. 33 de la loi du 25 janv. 1985 (aujourd'hui C. com., art. L. 621-24). • Soc. 8 juill. 1999, n° 96-14.064 P : *RJS 1999, n° 1308.* ♦ ***Opposition.*** Seul compétent pour connaître de l'opposition à une contrainte délivrée par un organisme de sécurité sociale, le TASS demeure saisi de l'opposition en cas d'ouverture d'une procédure de redressement judiciaire à l'égard du débiteur prétendu des cotisations litigieuses, sauf à constater, s'il y a lieu, la suspension de l'instance. • Soc. 14 juin 1990, n° 87-18.761 P : *D. 1991. Somm. 129, obs. Prétot ; RJS 1990, n° 731 (2e esp.).*

B. AUTRES CONTENTIEUX JUDICIAIRES

25. Caisse nationale du barreau français. Le contentieux de l'affiliation des avocats exerçant à titre libéral ainsi que celui portant sur le calcul et le recouvrement des cotisations relèvent des juridictions de droit commun et non du TASS. • Soc. 6 févr. 2003, n° 99-12.655 P : *RJS 2003, n° 538 ; TPS 2003. Comm. 157, obs. Prétot* • Civ. 2e, 18 janv. 2005 : *RJS 2005, n° 450.*

26. Compétence des juridictions civiles. Les juridictions civiles de droit commun demeurent compétentes pour connaître d'une action en remboursement d'une pension alimentaire. • Soc. 28 nov. 1991, n° 89-20.290 P : *D. 1993. Somm. 276, obs. Prétot.* ♦ ... Les vérifications d'écriture. • Civ. 2e, 19 mai 1958 : *Bull. civ. II, n° 332.* ♦ ... La fixation du montant de l'indemnité due par la personne tenue à réparation d'un accident ayant donné lieu par ailleurs au service de prestations. • Civ. 2e, 8 nov. 1995, n° 93-21.317 P : *RJS 1996, n° 77.* ♦ ... La validité d'un cautionnement. • Soc. 1er avr. 1999 : *RJS 1999,* *n° 867.* ♦ Le recours en garantie fondé sur un contrat de cession engagé par l'employeur contre le co-obligé en cas d'action en réparation des conséquences de la faute inexcusable. • Civ. 2e, 12 févr. 2015, n° 13-25.524 P : *Dr. soc. 2015. 554, obs. Morvan ; RCA mai 2015, Comm. 148, obs. Groutel ; JCP S 2015, n° 1130, obs. Brissy ; RJS 5/2015, n° 369.*

27. Sur la distinction du contentieux général et du contentieux technique, V. art. L. 142-3 et L. 143-1, ainsi que note ss. art. L. 142-3 et notes ss. art. L. 143-1.

Ancien art. L. 142-2 ***Le tribunal des affaires de sécurité sociale connaît en première instance des litiges relevant du contentieux général de la sécurité sociale*** (L. n° 2014-40 du 20 janv. 2014, art. 11-I, en vigueur le 1er janv. 2015) ***« , de ceux relatifs à l'application de l'article L. 4162-13 du code du travail »*** (L. n° 2008-126 du 13 févr. 2008) ***« ainsi que de ceux relatifs au recouvrement des contributions*** (L. n° 2011-893 du 28 juill. 2011, art. 44-II-3°) ***« , versements » et cotisations*** (L. n° 2011-893 du 28 juill. 2011, art. 44-II-3°) ***« mentionnés » aux articles L. 143-11-6*** [L. 3253-18 nouv.], (L. n° 2011-893 du 28 juill. 2011, art. 44-II-3°) ***« L. 1233-66, L. 1233-69 », L. 351-3-1*** [L. 5422-9 et L. 5422-11 s. nouv.] ***et L. 351-14*** [L. 5422-6, L. 5423-4 et L. 5424-20 nouv.] ***du code du travail ».*** — Les dispositions issues de la L. n° 2011-893 du 28 juill. 2011 ne s'appliquent pas à Mayotte (L. préc., art. 44-VI).

La cour d'appel statue sur les appels interjetés contre les décisions rendues par le tribunal des affaires de sécurité sociale.

Intervention forcée. Le TASS peut, sans méconnaître les limites de sa compétence, ordonner la mise en cause d'une compagnie d'assurances en vue d'une déclaration de jugement commun puisque, par celle-ci, il ne se prononce pas sur les relations entre les parties et les intervenants. • Soc. 28 févr. 2002, n° 00-13.172 P : *RJS 2002, n° 629.*

Ancien art. L. 142-3 ***Les dispositions de l'article L. 142-2 ne sont pas applicables :***

1° Aux contestations régies par l'article L. 143-1 ;

2° Au contrôle technique exercé à l'égard des praticiens ;

3° Aux recours formés contre les décisions des autorités administratives ou tendant à mettre en jeu la responsabilité des collectivités publiques à raison de telles décisions ;

4° Aux poursuites pénales engagées en application des législations et réglementations de sécurité sociale et de mutualité sociale agricole.

(Abrogé par Ord. n° 2015-682 du 18 juin 2015, art. 5-3°, à compter du 1er juill. 2015) (Ord. n° 2003-1059 du 6 nov. 2003, art. 1er-II) ***« 5° Aux contestations nées à l'occasion du recouvrement par l'organisme habilité en vertu de l'article L. 620-9*** [L. 133-9 s. du CSS, L. 7122-22 s. et R. 7122-29 nouv.] ***du code du travail à recouvrer les contributions et cotisations mentionnées par cet article. »***

BIBL. ▸ V. Bibl. ss. art. L. 142-1.

Contentieux général. Relèvent du contentieux général de la sécurité sociale, et non du contentieux technique, les litiges concernant le caractère professionnel d'un accident et son imputabilité éventuelle à la faute d'un tiers. • Soc. 4 oct. 1979 : *Bull. civ. V, n° 700.* ♦ ... Le caractère professionnel d'une rechute. • Civ. 2e, 21 juin 2005, n° 04-30.335 P : *RJS 2005, n° 1044.* ♦ V. aussi, sur la distinction du contentieux général et du contentieux technique, art. L. 143-1 et notes.

SECTION II *[ANCIENNE]* COMMISSION DE RECOURS AMIABLE

Néant. — V. ancien art. R. 142-1 à R. 142-7.

SECTION III *[ANCIENNE]* JURIDICTIONS

SOUS-SECTION 1 *[ANCIENNE]* TRIBUNAL DES AFFAIRES DE SÉCURITÉ SOCIALE

Ancien art. L. 142-4 ***Le tribunal des affaires de sécurité sociale est présidé par un magistrat du siège du tribunal de grande instance dans le ressort duquel le tribunal des affaires de sécurité sociale a son siège ou par un magistrat du siège honoraire, désigné pour trois ans par ordonnance du premier président de la cour d'appel prise après avis de l'assemblée générale des magistrats du siège de la cour d'appel. Il comprend, en outre, un assesseur représentant les travailleurs salariés et un assesseur représentant les employeurs et travailleurs indépendants.*** — Indemnités : V. Décr. n° 87-610 du 29 juill. 1987 (JO 4 août).

Les assesseurs appartiennent aux professions agricoles lorsque le litige intéresse un ressortissant de ces professions et aux professions non agricoles dans le cas contraire.

Toutefois, lorsque le tribunal des affaires de sécurité sociale est appelé à déterminer si le régime applicable à l'une des parties à l'instance est celui d'une profession agricole ou celui d'une profession non agricole, il est composé, outre son président, de deux assesseurs représentant les travailleurs salariés dont l'un appartient à une profession agricole et l'autre à une profession non agricole, et de deux assesseurs représentant les employeurs et travailleurs indépendants, dont l'un appartient à une profession agricole et l'autre à une profession non agricole.

Ancien art. L. 142-5 *Les assesseurs* (Ord. n° 2005-656 du 8 juin 2005) *« sont désignés pour une durée de trois ans » par ordonnance du premier président de la cour d'appel, prise après avis du président du tribunal des affaires de sécurité sociale, sur une liste dressée dans le ressort de chaque tribunal par* (L. n° 2011-525 du 17 mai 2011, art. 91-1°) *« l'autorité compétente de l'État, sur proposition des organisations professionnelles les plus représentatives intéressées ».* (Ord. n° 2005-656 du 8 juin 2005) *« Leurs fonctions peuvent être renouvelées suivant les mêmes formes. En l'absence de liste ou de proposition, le premier président de la cour d'appel peut renouveler les fonctions d'un ou plusieurs assesseurs pour une nouvelle durée de trois ans.*

« Des assesseurs suppléants sont désignés concomitamment dans les mêmes formes. »

(L. n° 2011-525 du 17 mai 2011, art. 91-1°) *« Un décret en Conseil d'État détermine les modalités d'application du présent article. »*

1. Conformité à la Constitution (mode de désignation des assesseurs). La composition du TASS correspond au caractère paritaire du mode de gestion de la sécurité sociale et à la compétence particulière de cette juridiction pour connaître du contentieux général de la sécurité sociale. Les personnes nommées pour siéger en tant qu'assesseur ont vocation à apporter leur compétence et leur expérience professionnelle. Les modalités retenues pour assurer la sélection des candidats sont en lien direct avec l'objet de la loi et eu égard aux objectifs que s'est fixé le législateur, elles ne méconnaissent ni le principe d'égalité devant la loi ni celui d'égal accès aux emplois publics. • Cons. const. 3 déc. 2010, n° 2010-76 QPC, consid. n° 7 : *JO 4 déc., p. 21360 ; JCP E 2010. Actu. 672 ; RJS 2011, n° 180.* ♦ ***(règles de composition du TASS).*** Les règles de composition du TASS ne méconnaissent pas les exigences d'indépendance et d'impartialité qui résultent de l'art. 16 de la DDHC. • Même décision, consid. 9.

2. Exigence d'impartialité. Il résulte de l'art. 6, § 1, de la Conv. EDH que toute personne a droit à ce que sa cause soit entendue par un tribunal impartial, cette exigence s'appréciant objectivement. Méconnaît les exigences de ce texte le TASS qui statue sur la contestation par une société de taxi d'un indu de facturation de frais de transports et d'une pénalité financière, alors qu'un des assesseurs avait siégé au sein de la commission des pénalités de l'organisme social, de sorte qu'il avait porté une appréciation sur les mêmes faits litigieux entre les mêmes parties. • Civ. 2e 10 mars 2016, nos 15-12.970 et 15-12.971 P : *JCP S 2016, n° 1180, note Brissy ; Procédures 2016. 164, note Bugada.*

Ancien art. L. 142-6 Abrogé par Ord. n° 2005-656 du 8 juin 2005, art. 9.

Ancien art. L. 142-7 *Dans le cas où le tribunal des affaires de sécurité sociale ne peut siéger avec la composition prévue à l'article L. 142-4, l'audience est reportée à une date ultérieure, dans les conditions fixées par décret en Conseil d'État, sauf accord des parties pour que le président statue seul* (L. n° 2007-308 du 5 mars 2007, art. 37) *« après avoir recueilli, le cas échéant, l'avis de l'assesseur présent ».* — V. art. R. 142-10 à R. 142-16.

L'audience ne peut être reportée plus d'une fois. Dans le cas où, à la deuxième audience, le tribunal des affaires de sécurité sociale ne peut à nouveau siéger avec la composition prévue à l'article L. 142-4, le président statue seul (Ord. n° 2005-656 du 8 juin 2005) *« après avoir recueilli, le cas échéant, l'avis de l'assesseur présent ».*

1. Accord des parties. Le jugement rendu par un TASS ne peut se borner à énoncer que le tribunal était composé de son président statuant à juge unique sans mentionner que les parties avaient donné leur accord pour que celui-ci statue seul et immédiatement. • Soc. 9 juill. 1992, n° 90-17.302 P : *RJS 1992, n° 1162.* ♦ V. aussi • Soc. 13 oct. 1994, n° 92-10.036 P : *D. 1994. IR 244.* ♦ Les parties dont l'accord est requis par l'art. L. 142-7 sont celles qui sont présentes ou représentées à l'audience. • Soc. 11 mars 1999 : *RJS 1999, n° 598.*

2. Composition. Pour l'exigence de la même mention en cas de simple omission du nom des assesseurs. • Soc. 31 mai 2001 : *RJS 2001, n° 1359.* ♦ ... De même que dans l'hypothèse où, lors des débats et du délibéré, le tribunal était composé du président et d'un assesseur. • Soc. 14 mars 1991, n° 89-13.060 P : *RJS 1991, n° 630 ; D. 1991. Somm. 347, obs. Prétot* • 3 juill. 1997, n° 95-18.382 P : *D. 1997. IR 190.* ♦ Pour l'absence de voix, même consultative, de l'assesseur présent • Civ. 2e, 9 janv. 1963 : *Bull. civ. II, n° 36.*

3. Composition du tribunal. Le tribunal des affaires de sécurité sociale est présidé par un magistrat du siège assisté d'un assesseur représentant les travailleurs salariés et d'un assesseur représentant les employeurs et les travailleurs indépendants. Dans le cas où le tribunal ne peut siéger dans la composition prescrite, l'audience est reportée à une audience ultérieure, sauf accord des parties pour que le président statue seul, après avoir recueilli, le cas échéant, l'avis de l'assesseur présent. Les juges se doivent en conséquence de mentionner que les parties ont donné leur accord pour que le président statue seul et immédiatement. • Civ. 2e, 21 sept. 2017, n° 16-21.934 P : *RJS 12/2017, n° 835 ; JSP S 2017, n° 1375, obs. Bouilloux*

Ancien art. L. 142-8 (Ord. n° 2011-337 du 29 mars 2011, art. 10-1°, en vigueur le 1er avr. 2011) ***Dans les circonscriptions où il n'est pas établi de tribunal des affaires de sécurité sociale, le tribunal de grande instance connaît des matières attribuées aux tribunaux des affaires de sécurité sociale.***

SOUS-SECTION 2 *[ANCIENNE]* PROCÉDURE

Néant. — V. anciens art. R. 142-17 à R. 142-27-1.

SOUS-SECTION 3 *[ANCIENNE]* APPEL ET OPPOSITION

Néant. — V. anciens art. R. 142-28 à R. 142-31.

SECTION IV *[ANCIENNE]* DISPOSITIONS SPÉCIALES RELATIVES À LA RÉPARATION DES ACCIDENTS DU TRAVAIL ET DES MALADIES PROFESSIONNELLES SURVENUS AUX SALARIÉS AGRICOLES

Néant. — V. art. R. 142-32 à R. 142-40.

SECTION V *[ANCIENNE]* DISPOSITIONS DIVERSES

Ancien art. L. 142-9 ***Les juridictions mentionnées à l'article L. 142-2 soulèvent d'office les prescriptions prévues au présent code et au livre VII du code rural et de la pêche maritime.***

V. Circ. interministérielle DSS n° 2010-260 du 12 juill. 2010 relative aux règles de prescription applicables en matière de sécurité sociale (BO Santé n° 2010/8 du 15 sept. 2010, p. 171).

1. Pouvoir d'appréciation du juge. Les dispositions de l'art. L. 142-9 ne font pas obligation aux juges du fond de soulever d'office le moyen tiré de la prescription. • Soc. 16 nov. 1995, n° 94-11.079 P : *RJS 1996, n° 168.* ♦ V. Pour une illustration en matière de prestation • Soc. 17 mars 1994, n° 91-13.919 P : *RJS 1994, n° 618 ; D. 1995. Somm. 39, obs. Prétot*

2. Application du principe du contradictoire. Si le TASS tient de l'art. L. 142-9 le pouvoir de soulever d'office les prescriptions prévues par le CSS, il ne peut le faire sans avoir invité préalablement les parties à présenter leurs observations. • Soc. 17 mars 1994 : *préc. note 1.*

CHAPITRE III *[ABROGÉ]* CONTENTIEUX TECHNIQUE DE LA SÉCURITÉ SOCIALE

(Abrogé par L. n° 2016-1547 du 18 nov. 2016, art. 12, à compter du 1er janv. 2019)

Sur les dispositions transitoires de la L. n° 2016-1547 du 18 nov. 2016, V. note ss. le chap. II du présent titre.

BIBL. ▶ Dauge, À propos de la CNITAAT : contribution au débat, *JCP S 2007. 1180.*–Voxeur, Faut-il supprimer la Cour nationale de l'incapacité et de la tarification et les tribunaux du contentieux de l'incapacité ?, *JCP S 2006. 1634.*

SECTION PREMIÈRE *[ABROGÉE]* DISPOSITIONS GÉNÉRALES

BIBL. ▶ Pierchon, Le contentieux de la sécurité sociale modifié par deux lois du 5 mars 2007, *JCP S 2007, n° 1343 ; Procédures 2007. Étude 9.*

Art. L. 143-1 ***Il est institué une organisation du contentieux technique de la sécurité sociale.***

Cette organisation règle les contestations relatives :

1° A l'état ou au degré d'invalidité, en cas d'accident ou de maladie non régie par le livre IV du présent code et à l'état d'inaptitude au travail ;

2° A l'état d'incapacité permanente de travail et notamment au taux de cette incapacité, en cas d'accident du travail ou de maladie professionnelle ;

(Ord. n° 2010-104 du 28 janv. 2010, art. 7) *« 3° A l'état d'incapacité de travail pour l'application des dispositions du livre VII du code rural et de la pêche maritime autres que celles relevant du contentieux général de la sécurité sociale ; »*

4° Aux décisions des (Ord. n° 2010-177 du 23 févr. 2010, art. 24) *« caisses d'assurance retraite et de la santé au travail » et des caisses de mutualité sociale agricole concernant, en matière d'accident du travail agricole et non agricole, la fixation du taux de cotisation, l'octroi de ristournes* (L. n° 2016-1827 du 23 déc. 2016, art. 34-I) *« et l'imposition de cotisations supplémentaires ; »*

(L. n° 2011-901 du 28 juill. 2011, art. 10-I) *« 5° Aux décisions de la commission des droits et de l'autonomie des personnes handicapées mentionnées au premier alinéa de l'article L. 241-9 du code de l'action sociale et des familles » ;*

(L. n° 2017-86 du 27 janv. 2017, art. 221-I, en vigueur le 1er janv. 2017) *« 6° Aux décisions du président du conseil départemental mentionnées à l'article L. 241-3 du code de l'action sociale et des familles relatives aux mentions "invalidités" et "priorité". »*

Les dispositions des 1° à 3° du présent article ne sont pas applicables aux accidents du travail survenus et aux maladies professionnelles constatées dans l'exercice des professions agricoles dans les départements autres que ceux du Haut-Rhin, du Bas-Rhin et de la Moselle.

1. Compétence (oui). Relève du contentieux technique, et non du contentieux général, l'appréciation de la réduction de la capacité de travail ou de gain de l'intéressé par rapport à celle qui était la sienne avant son affiliation. • Soc. 12 juin 1980, n° 79-13.540 P. ♦ Il en va de même : de la demande de majoration d'une rente fondée sur la nécessité de l'assistance d'une tierce personne, car elle tend à l'appréciation de l'état d'incapacité. • Soc. 22 févr. 1962 : *Bull. civ. IV, n° 226.* ♦ ... Du litige relatif à la date de consolidation de blessures consécutives à un accident du travail. • Soc. 9 janv. 1974, n° 72-14.074 P. ♦ ... De la contestation des décisions de la COTOREP concernant l'état ou le taux d'incapacité pour l'attribution de l'allocation compensatrice, quels que soient les motifs de ces décisions. • T. confl. 18 avr. 2005 : *RJS 2005, n° 921.* ♦ ... Des contestations relatives à l'état d'incapacité permanente au travail en cas d'accident du travail ou de maladie professionnelle. • Civ. 2e, 25 janv. 2018, n° 16-26.887 P : *RJS 4/2018, n° 293 ; JCP S 2018. 1101, note Auméran.* ♦ ... De la demande tendant non à faire juger qu'un accident est imputable à la faute d'un tiers, mais simplement à contester le droit pour une caisse de mettre au compte de l'employeur, pour le calcul des cotisations relatives aux accidents du travail, les prestations afférentes à l'accident en cause. • Soc. 4 oct. 1979, n° 78-14.366 P. ♦ ... Des contestations relatives à la prise d'effet du taux de cotisation. • Soc. 18 janv. 1996, n° 93-20.695 P : *RJS 1996, n° 456 ; D. 1996. IR 51.* ♦ ... De la demande de communication de rapports médicaux ayant conduit un organisme de sécurité sociale à évaluer des taux d'IPP, dans la mesure où elle tend à prévenir l'éventuelle prise en compte, pour le calcul des cotisations relatives aux accidents du travail, des décisions d'attribution de rente au bénéfice des salariés. • Soc. 15 nov. 2001, n° 00-10.107 P : *RJS 2002, n° 98.* ♦ ... De la demande d'un employeur tendant à lui voir déclarer inopposable la décision d'un tribunal du contentieux de l'incapacité fixant un taux d'incapacité permanente partielle. • Civ. 2e, 31 mai 2005 : *RJS 2005, n° 912.* ♦ Comp., pour le régime agricole (TASS) • Civ. 2e, 25 oct. 2006, n° 05-12.684 P : *RJS 2006, n° 118 ; JCP S 1996. 1995, note Tauran.* ♦ Méconnaît l'étendue de sa compétence et viole ainsi les art. L. 143-1 et L. 143-4 CSS la Cour nationale de l'incapacité et de la tarification de l'assurance des accidents du travail qui, pour écarter le moyen tiré de la nullité de la décision d'une caisse régionale imposant une cotisation supplémentaire à un employeur, énonce qu'il ne lui appartient pas de se prononcer sur la validité de la délégation de signature donnée par le directeur de l'organisme à l'un de ses agents et qu'il appartenait à l'employeur de saisir à cette fin les juridictions administratives compétentes. • Civ. 2e, 7 avr. 2011 : *à paraître au Bull. ; RJS 2011, n° 555 ; JCP S 2011, n° 1264, note Prétot.*

2. Étendue de la compétence. Il appartient à la CNITAAT, saisie de la contestation du taux d'incapacité permanente partielle retenu après consolidation, de se prononcer sur l'ensemble des éléments concourant à la fixation de celui-ci. • Civ. 2e, 19 janv. 2017, n° 16-11.053 P : *JCP S 2017, n° 1075, obs. Brissy ; RJS 5/2017, n° 234.*

3. Cas d'exclusion de compétence. Pour l'exclusion du contentieux technique du litige portant non sur le calcul du taux des cotisations dues au titre des accidents du travail mais sur l'incidence de la loi du 23 janv. 1990 sur un abattement antérieurement prévu, V. • Soc. 11 avr. 2002, n° 00-16.085 P : *RJS 2002, n° 911* • Civ. 2e, 18 nov. 2003 : *RJS 2004, n° 128.* ♦ De façon plus générale, pour les questions d'ordre juridique, V. • Soc. 19 nov. 1964 : *Bull. civ. IV, n° 780* (à propos de la date d'application d'un arrêté relatif au taux des cotisations « accidents du travail »). ♦ V. aussi sur la contestation d'une décision d'attribution d'indemnités journalières ou d'une rente au titre de la législation professionnelle • Civ. 2e, 2 avr. 2009, n° 08-11.811 P : *RJS 2009, n° 573* et • Civ. 2e, 12 mars 2015, n° 14-10.278 P : *RDSS 2015. 560, obs Tauran* ; *RJS*

2015, n° 446 ; Procédures 2015. 160, note Bugada ; JCP E 2015, n° 1459, obs. Berra. ♦ V. pour les litiges qui touchent à la cause de l'accident du travail • Civ. 2e, 11 juin 2009, n° 08-10.028 P : *Procédures 2009. 24, note Bugada* (il résulte des dispositions de l'art. L. 143-1, 1° que les juridictions du contentieux technique n'ont compétence qu'à l'égard des contestations relatives à l'état ou au degré d'invalidité en cas d'accident ou de maladie ne relevant pas de la législation professionnelle et à l'état d'inaptitude au travail à l'exclusion des litiges touchant à la cause de l'arrêt de travail). ♦ Les litiges portant sur la contestation de l'opposabilité à l'employeur d'une décision attributive de rente relèvent de la compétence des juridictions de la sécurité sociale et non de la juridiction du contentieux technique de la sécurité sociale. • Civ. 2e, 12 mars 2015, n° 14-10.728 P : *RDSS 2015. 560, note Tauran ; RJS 6/2015, n° 446 ; Procédures mai 2015, Comm. 160, obs. Bugada.* ♦ Les juridictions du contentieux technique n'ont compétence qu'à l'égard des contestations relatives à l'état d'incapacité permanente de travail et notamment au taux de cette incapacité, en cas d'accident du travail ou de maladie professionnelle, à l'exclusion des litiges relatifs à l'imputabilité d'une lésion à l'accident ou à la maladie. Les litiges portant sur la contestation de l'imputabilité à la maladie professionnelle de certaines des séquelles retenues par le médecin conseil de la caisse relèvent en conséquence des seules juridictions du contentieux général de la sécurité sociale. • Civ. 2e, 10 mars 2016, n° 14-29.145 P : *D. actu. 1er avr. 2016, obs. Fraisse ; JCP S 2016, n° 1181, obs. Jeansen ; RJS 5/2016, n° 376.* ♦ Les litiges relatifs à la détermination de la date de guérison complète ou de consolidation de l'état de la victime après un accident du travail ou une maladie professionnelle relèvent de la compétence des juridictions du contentieux général de la sécurité sociale. • Civ. 2e, 4 avr. 2018, n° 17-16.430 P : *RJS 6/2018, n° 446.* ♦ En matière de travail temporaire, l'entreprise utilisatrice, qui n'est pas l'employeur juridique du salarié mis à sa disposition, n'a pas qualité pour contester devant les juridictions du contentieux de l'incapacité la décision portant fixation du taux d'incapacité permanente du salarié, victime d'un accident du travail ou d'une maladie professionnelle à l'occasion d'une mission. • Civ. 2e, 15 mars 2018, n° 16-19.043 P : *RJS 5/2018, n° 315 ; JCP S 2018. 1149, note Michalletz.*

Art. L. 143-1-1 (L. n° 2011-901 du 28 juill. 2011, art. 10-II) ***Pour les contestations mentionnées au 5° de l'article L. 143-1, le médecin de la maison départementale des personnes handicapées concernée transmet, sans que puisse lui être opposé l'article 226-13 du code pénal, à l'attention exclusive du médecin expert ou du médecin consultant désigné par la juridiction compétente, l'intégralité du rapport médical ayant contribué à la fixation du taux d'incapacité ou à la décision critiquée. Le requérant est informé de cette notification. Un décret en Conseil d'État détermine les conditions d'application du présent article.***

SECTION II *[ABROGÉE]* LES TRIBUNAUX DU CONTENTIEUX DE L'INCAPACITÉ

(L. n° 94-43 du 18 janv. 1994, art. 80)

SOUS-SECTION 1 *[ABROGÉE]* COMPÉTENCE ET ORGANISATION

Art. L. 143-2 (L. n° 2002-73 du 17 janv. 2002, art. 35-III) ***Les contestations mentionnées aux 1°,*** (L. n° 2011-901 du 28 juill. 2011, art. 10-III) ***« 2°, 3° et 5° » de l'article L. 143-1 sont soumises à des tribunaux du contentieux de l'incapacité.***

Les tribunaux du contentieux de l'incapacité comprennent (Ord. n° 2005-656 du 8 juin 2005) ***« trois » membres. Ils se composent d'un président, magistrat honoraire de l'ordre administratif ou judiciaire,*** (Ord. n° 2005-656 du 8 juin 2005) ***« d'un assesseur » représentant les travailleurs salariés et*** (Ord. n° 2005-656 du 8 juin 2005) ***« d'un assesseur » représentant les employeurs ou travailleurs indépendants.***

Si un magistrat honoraire ne peut être désigné en qualité de président, la présidence est assurée par une personnalité présentant des garanties d'indépendance et d'impartialité, et que sa compétence et son expérience dans les domaines juridiques qualifient pour l'exercice de ces fonctions.

Le président est désigné pour trois ans renouvelables par arrêté du garde des sceaux, ministre de la justice, sur une liste de quatre noms dressée par le premier président de la cour d'appel dans le ressort de laquelle le tribunal a son siège.

Un président suppléant est désigné concomitamment dans les mêmes formes et sous les mêmes conditions.

La présidence d'une formation de jugement peut être assurée par un magistrat honoraire ou une personnalité qualifiée autre que le président du tribunal, désigné dans les mêmes formes.

Le remplacement d'un président de formation de jugement peut être assuré, en cas d'empêchement, par le président du tribunal ou l'un quelconque des présidents de formation de jugement, désigné par ordonnance du président du tribunal.

Les assesseurs appartiennent aux professions agricoles lorsque le litige intéresse un ressortissant de ces professions et aux professions non agricoles dans le cas contraire.

Ils sont désignés pour une durée de trois ans par le premier président de la cour d'appel dans le ressort de laquelle le tribunal a son siège sur des listes dressées sur proposition des organisations professionnelles les plus représentatives intéressées (Abrogé par Ord. n° 2010-104 du 28 janv. 2010, art. 7) *« selon le cas, par le chef du service régional de l'inspection du travail, de l'emploi et de la politique sociale agricoles »* (L. n° 2011-525 du 17 mai 2011, art. 91-2°) *« par l'autorité compétente de l'État ».* (Ord. n° 2005-656 du 8 juin 2005) *« Leurs fonctions peuvent être renouvelées suivant les mêmes formes. En l'absence de liste ou de proposition, le premier président de la cour d'appel peut renouveler les fonctions d'un ou plusieurs assesseurs pour une nouvelle durée de trois ans. »*

Des assesseurs suppléants sont désignés concomitamment dans les mêmes formes.

Une indemnité est allouée aux membres du tribunal pour l'exercice de leurs fonctions.

(Abrogé par Ord. n° 2005-656 du 8 juin 2005, art. 9) *« Les employeurs sont tenus de laisser aux salariés de leur entreprise, assesseurs d'un tribunal du contentieux de l'incapacité, le temps nécessaire pour l'exercice de leurs fonctions. »*

Un décret en Conseil d'État détermine les modalités d'application du présent article.

V. art. R. 143-1 s.

Tribunal indépendant et impartial (non). Jugé, sous l'empire du texte antérieur à la loi du 17 janv. 2002, que le tribunal du contentieux de l'incapacité n'était pas indépendant et impartial au sens de l'art. 6, § 1, Conv. EDH. • Soc. 17 déc. 1998, n° 97-15.389 P : *RJS 1999, n° 436* • 9 mars 2000, n° 98-22.435 P : *RJS 2000, n° 459* • 28 mars 2002 : *RJS 2002, n° 739* • Civ. 2e, 16 nov. 2004 : *RJS 2005, n° 229* • 8 mars 2005, n° 03-19.747 P : *RJS 2005, n° 581.*

Art. L. 143-2-1 (Abrogé par L. n° 2008-308 du 5 mars 2007, art. 37) (Ord. n° 2005-656 du 8 juin 2005, art. 9 ; L. n° 2002-73 du 17 janv. 2002, art. 35-III) *Les assesseurs titulaires et suppléants des tribunaux du contentieux de l'incapacité doivent être de nationalité française, âgés de vingt-trois ans au moins, avoir la capacité d'être juré de cour d'assises et n'avoir fait l'objet d'aucune condamnation prévue et réprimée par le code de la sécurité sociale.*

Avant d'entrer en fonctions, ils prêtent individuellement serment devant la cour d'appel de remplir leurs fonctions avec zèle et intégrité et de garder le secret des délibérations. Leurs fonctions sont incompatibles avec celles de membre (L. n° 2004-810 du 13 août 2004, art. 69-I) *« des conseils ou des conseils d'administration » des organismes de sécurité sociale ou de mutualité sociale agricole.*

La récusation d'un assesseur d'un tribunal du contentieux de l'incapacité peut être demandée dans les conditions fixées à l'article L. 143-8.

L'assesseur titulaire ou suppléant qui, sans motif légitime et après mise en demeure, s'abstient d'assister à une audience peut être déclaré démissionnaire. Le président du tribunal du contentieux de l'incapacité constate le refus de service par procès-verbal, l'assesseur préalablement entendu ou dûment appelé. Au vu du procès-verbal, la cour d'appel dans le ressort de laquelle le tribunal a son siège statue en audience solennelle, après avoir appelé l'intéressé.

Tout manquement d'un assesseur à l'honneur, à la probité, à la dignité ou aux devoirs de sa charge constitue une faute.

Les sanctions qui peuvent lui être infligées sont le blâme, la suspension pour une durée qui ne peut excéder six mois, la déchéance. Le blâme et la suspension sont prononcés par arrêté du garde des sceaux, ministre de la justice. La déchéance est prononcée par décret.

L'assesseur est appelé par le président du tribunal auquel il appartient pour s'expliquer sur les faits qui lui sont reprochés. Dans le délai d'un mois à dater de la convocation, le procès-verbal de la séance de comparution est adressé par le président du tribunal au premier président de la cour d'appel dans le ressort de laquelle le tribunal a son siège et au procureur général près ladite cour d'appel, qui le transmettent sans délai au garde des sceaux, ministre de la justice.

L'assesseur qui, postérieurement à sa désignation, perd sa capacité d'être juré ou est condamné pour une infraction prévue et réprimée par le code de la sécurité sociale est déchu de plein droit.

Sur proposition du premier président de la cour d'appel dans le ressort de laquelle le tribunal du contentieux de l'incapacité a son siège, le garde des sceaux, ministre de la justice, saisi d'une plainte ou informé de faits de nature à entraîner des poursuites pénales contre un assesseur, peut suspendre l'intéressé pour une durée qui ne peut excéder six mois. Il est fait application de la procédure prévue au septième alinéa. — Cet art. est abrogé sauf en tant qu'il s'applique aux présidents des tribunaux du contentieux de l'incapacité qui ne sont pas des magistrats honoraires (Ord. n° 2005-656 du 8 juin 2005, art. 9).

Art. L. 143-2-2 (Abrogé par L. n° 2007-308 du 5 mars 2007, art. 37) (L. n° 2002-73 du 17 janv. 2002, art. 35-III) *Les dispositions de l'article L. 143-2-1, à l'exception de son quatrième alinéa, sont applicables aux présidents des tribunaux du contentieux de l'incapacité qui ne sont pas des magistrats honoraires.*

Pour l'application du septième alinéa de cet article, les fonctions confiées au président du tribunal sont exercées par le premier président de la cour d'appel dans le ressort de laquelle le tribunal a son siège, qui transmet le procès-verbal de la séance de comparution au garde des sceaux, ministre de la justice.

Art. L. 143-2-3 (Ord. n° 2005-656 du 8 juin 2005, art. 4) *Lorsque, par suite de l'absence d'assesseurs, titulaires ou suppléants, régulièrement convoqués, ou de leur récusation, le tribunal du contentieux de l'incapacité ne peut se réunir au complet, l'audience est reportée à une date ultérieure, dans les conditions fixées par décret en Conseil d'État, sauf accord des parties pour que le président statue seul* (L. n° 2007-308 du 5 mars 2007, art. 37) *« après avoir recueilli, le cas échéant, l'avis de l'assesseur présent ».*

L'audience ne peut être reportée plus d'une fois pour l'un des motifs précédemment indiqués. Dans les cas où le tribunal ne peut de nouveau siéger "pour l'un de ces motifs" le président statue seul après avoir recueilli, le cas échéant, l'avis de l'assesseur présent.

Art. L. 143-2-4 (Ord. n° 2011-337 du 29 mars 2011, art. 10-2°, en vigueur le 1er avr. 2011) *Dans les circonscriptions où il n'est pas établi de tribunal du contentieux de l'incapacité, le tribunal de grande instance connaît des matières attribuées aux tribunaux du contentieux de l'incapacité.*

SOUS-SECTION 2 *[ABROGÉE]* PROCÉDURE

Néant. — V. art. R. 143-6 à R. 143-14.

SECTION III *[ABROGÉE]* COUR NATIONALE DE L'INCAPACITÉ ET DE LA TARIFICATION DE L'ASSURANCE DES ACCIDENTS DU TRAVAIL

(L. n° 94-43 du 18 janv. 1994, art. 80-III)

SOUS-SECTION 1 *[ABROGÉE]* COMPÉTENCE ET ORGANISATION

Art. L. 143-3 (L. n° 94-43 du 18 janv. 1994, art. 80-IV) *« Les contestations mentionnées aux 1°,* (L. n° 2011-901 du 28 juill. 2011, art. 10-III) *« 2°, 3° et 5° » de l'article L. 143-1 sont portées en appel devant une Cour nationale de l'incapacité et de la tarification de l'assurance des accidents du travail » composée* (L. n° 2002-73 du 17 janv. 2002, art. 35-I) *« d'un président, magistrat du siège de la cour d'appel dans le ressort de laquelle la Cour nationale de l'incapacité et de la tarification de l'assurance des accidents du travail a son siège, désigné pour trois ans dans les formes prévues pour la nomination des magistrats du siège, de présidents de section, magistrats du siège de ladite cour d'appel désignés pour trois ans par ordonnance du premier président prise avec leur consentement et après avis de l'assemblée générale des magistrats du siège et d'assesseurs représentant les travailleurs salariés, d'une part, et les employeurs ou travailleurs indépendants, d'autre part ».* — V. art. R. 143-15 à R. 143-20.

Tribunal indépendant et impartial (non). Jugé, avant la loi du 17 janv. 2002, que cette juridiction n'était pas un tribunal indépendant et impartial au sens de la Conv. EDH. • Cass., ass. plén., 22 déc. 2000 : *Bull. ass. plén. n° 12, arrêts n°s 1 et 2 ; RJS 2001, n° 366 ; D. 2001. 1652, note Saint-Jours ; ibid. Somm. 2454, obs. Prétot.* ♦ *Contra :* • Soc. 28 mai 1998, n° 96-19.096 P : *RJS 1998, n° 921 (2e esp.).* ♦ Comp. : • Civ. 2e, 16 sept. 2003 : *RJS 2004, n° 114.* ♦ Comp., à propos du tribunal supérieur de Saint-Pierre-et-Miquelon • Civ. 2e, 29 juin 2004, n° 02-31.024 P : *RJS 2004, n° 1099* (où l'assesseur par ailleurs agent de la caisse partie au litige n'avait pas siégé).

Art. L. 143-4 (L. n° 94-43 du 18 janv. 1994, art. 80-IV et V) *Les contestations mentionnées au 4° de l'article L. 143-1 sont soumises en premier et dernier ressort à la Cour nationale de l'incapacité et de la tarification de l'assurance des accidents du travail prévue à l'article L. 143-3.*

Art. L. 143-5 (L. n° 2002-73 du 17 janv. 2002, art. 35-I) *I. — Les assesseurs représentant les salariés et les assesseurs représentant les employeurs ou travailleurs indépendants sont nommés pour trois ans renouvelables par arrêté du garde des sceaux, ministre de la justice, sur une liste dressée par le premier président de la Cour de cassation sur proposition des organisations professionnelles les plus représentatives intéressées.*

Un nombre égal d'assesseurs suppléants est désigné concomitamment et dans les mêmes formes.

II. — Les employeurs sont tenus de laisser aux salariés de leur entreprise, membres assesseurs de la Cour nationale de l'incapacité et de la tarification de l'assurance des accidents du travail, le temps nécessaire pour l'exercice de leurs fonctions.

Compatibilité avec les droits de l'homme (mode de nomination des assesseurs). Les assesseurs de la Cour nationale de l'incapacité et de la tarification de l'assurance des accidents du travail ne sont pas choisis par les organisations représentatives de salariés et d'employeurs, lesquelles se bornent à des propositions, mais sont nommés par arrêté du garde des Sceaux sur une liste dressée par le premier président de la Cour de cassation. • Civ. 2e, 21 déc. 2006 : *RJS 2007, n° 490.*

Art. L. 143-6 (L. n° 2002-73 du 17 janv. 2002, art. 35-I) *La Cour nationale de l'incapacité et de la tarification de l'assurance des accidents du travail comprend des sections dont le nombre et les attributions sont déterminés par décret en Conseil d'État. Chaque section se compose de son président et de deux assesseurs représentant l'un les travailleurs salariés, l'autre les employeurs ou travailleurs indépendants.*

Les assesseurs appartiennent aux professions agricoles lorsque le litige intéresse un ressortissant de ces professions et aux professions non agricoles dans le cas contraire.

Le siège de la Cour nationale de l'incapacité et de la tarification de l'assurance des accidents du travail est fixé par décret en Conseil d'État.

Art. L. 143-7 (L. n° 2002-73 du 17 janv. 2002, art. 35-IV) *Les assesseurs titulaires et suppléants de la Cour nationale de l'incapacité et de la tarification de l'assurance des accidents du travail doivent être de nationalité française, âgés de vingt-trois ans au moins, avoir la capacité d'être juré de cour d'assises et n'avoir fait l'objet d'aucune condamnation prévue et réprimée par le présent code.*

Avant d'entrer en fonctions, ils prêtent individuellement serment devant la cour d'appel de remplir leurs fonctions avec zèle et intégrité et de garder le secret des délibérations. Leurs fonctions sont incompatibles avec celles de membre des (L. n° 2004-810 du 13 août 2004, art. 69-I) *« conseils ou conseils d'administration » des organismes de sécurité sociale ou de mutualité sociale agricole.*

Art. L. 143-8 (L. n° 2002-73 du 17 janv. 2002, art. 35-IV) *La récusation d'un assesseur peut être demandée :*

1° Si lui ou son conjoint a un intérêt personnel à la contestation ;

2° Si lui ou son conjoint est parent ou allié d'une des parties jusqu'au quatrième degré inclusivement ;

3° S'il y a eu ou s'il y a procès entre lui ou son conjoint et l'une des parties ou son conjoint ;

4° S'il a précédemment connu de l'affaire comme assesseur ;

5° S'il existe un lien de subordination entre l'assesseur ou son conjoint et l'une des parties ou son conjoint ;

6° S'il y a amitié ou inimitié notoire entre l'assesseur et l'une des parties.

Composition. L'assesseur d'une juridiction (CNITAAT) qui a participé au jugement d'une affaire ne peut connaître du renvoi de celle-ci après cassation. • Civ. 2e, 5 avr. 2006 : *RJS 2006, n° 774* (annulation sur la base de l'art. 6 Conv. EDH).

Art. L. 143-9 (L. n° 2002-73 du 17 janv. 2002, art. 35-IV) *L'assesseur titulaire ou suppléant qui, sans motif légitime et après mise en demeure, s'abstient d'assister à une audience peut être déclaré démissionnaire. Le président de la Cour nationale de l'incapacité et de la tarification de l'assurance des accidents du travail constate le refus de service par procès-verbal, l'assesseur préalablement entendu ou dûment appelé. Au vu du procès-verbal, la cour d'appel dans le ressort de laquelle la cour a son siège statue en audience solennelle, après avoir appelé l'intéressé.*

Tout manquement d'un assesseur à l'honneur, à la probité, à la dignité ou aux devoirs de sa charge constitue une faute.

Les sanctions qui peuvent lui être infligées sont le blâme, la suspension pour une durée qui ne peut excéder six mois, la déchéance. Le blâme et la suspension sont prononcés par arrêté du garde des sceaux, ministre de la justice. La déchéance est prononcée par décret.

L'assesseur est appelé par le président de la Cour nationale de l'incapacité et de la tarification de l'assurance des accidents du travail devant la section à laquelle il appartient pour s'expliquer sur les faits qui lui sont reprochés. Dans le délai d'un mois à dater de la convocation, le procès-verbal de la séance de comparution est adressé par le président de la juridiction au premier président de la cour d'appel dans le ressort de laquelle la Cour nationale a son siège et au procureur général près ladite cour d'appel, qui le transmettent sans délai au garde des sceaux, ministre de la justice.

L'assesseur qui, postérieurement à sa désignation, perd sa capacité d'être juré ou est condamné pour une infraction prévue et réprimée par le présent code est déchu de plein droit.

Sur proposition du premier président de la cour d'appel dans le ressort de laquelle la Cour nationale de l'incapacité et de la tarification de l'assurance des accidents du travail a son siège, le garde des sceaux, ministre de la justice, saisi d'une plainte ou informé de faits de nature à entraîner des poursuites pénales contre un assesseur, peut suspendre l'intéressé pour une durée qui ne peut excéder six mois. Il est fait application de la procédure prévue au quatrième alinéa.

Art. L. 143-9-1 (L. n° 2011-901 du 28 juill. 2011, art. 10-IV) *Les notifications des décisions rendues par la commission des droits et de l'autonomie des personnes handicapées rappellent à la personne les voies de recours, ainsi que le droit de demander l'intervention d'une personne qualifiée chargée de proposer des mesures de conciliation conformément à l'article L. 146-10 du code de l'action sociale et des familles ou de bénéficier des procédures de traitement amiable des litiges prévues à l'article L. 146-13 du même code.*

Art. L. 143-10 (L. n° 2009-879 du 21 juill. 2009, art. 79) *Pour les contestations mentionnées aux 2° et 3° de l'article L. 143-1, le praticien-conseil du contrôle médical du régime de sécurité sociale concerné transmet, sans que puissent lui être opposées les dispositions de l'article 226-13 du code pénal, à l'attention du médecin expert ou du médecin consultant désigné par la juridiction compétente, l'entier rapport médical ayant contribué à la fixation du taux d'incapacité de travail permanente. A la demande de l'employeur, ce rapport est notifié au médecin qu'il mandate à cet effet. La victime de l'accident du travail ou de la maladie professionnelle est informée de cette notification.*

(L. n° 2011-901 du 28 juill. 2011, art. 10-V) *« Pour les contestations mentionnées au 5° de l'article L. 143-1, la juridiction compétente peut solliciter, outre l'avis du médecin, l'expertise d'une ou plusieurs personnes qualifiées dans le domaine concerné par la décision mise en cause. »*

Un décret en Conseil d'État détermine les conditions d'application du présent article. — V. art. R. 143-33.

BIBL. ▶ ASQUINAZI-BAILLEUX, Communication des pièces médicales dans le contentieux technique, *JCP S 2015, n° 1001.*

Contenu du rapport médical. Les documents communiqués selon les modalités fixées par l'art. L. 143-10 comportent l'entier rapport médical défini par l'art. R. 143-33 CSS et comprennent, d'une part, l'avis et les conclusions motivées données à la Caisse d'assurance maladie sur le taux d'incapacité permanente à retenir, d'autre part, les constatations et les éléments d'appréciation sur lesquels l'avis s'est fondé. • Civ. 2e, 18 déc. 2014, n° 13-25.714 P : *JCP S 2015, n° 1043, obs. Humbert et Nauleau ; ibid. 1252, obs. Michalletz et Caffin ; Procédures n° 3, mars 2015, Comm. 86, obs. Bugada ; RJS 3/2015, n° 218* • Civ. 2e, 10 mars 2016, n° 14-29.145 P : *D. actu. 1er avr. 2016, obs. Fraisse ; JCP S 2016, n° 1181, obs. Jeansen ; RJS 5/2015, n° 376.* ♦ Pour les contestations mentionnées aux 2° et 3° de l'art. L. 143-1, le praticien-conseil du contrôle médical du régime de sécurité sociale concerné transmet, sans que puissent lui être opposées les dispositions de l'art. 226-13 C. pén., à l'attention du médecin expert ou du médecin consultant désigné par la juridiction compétente, l'entier rapport médical ayant contribué à la fixation du taux d'incapacité de travail permanente. Celui-ci doit s'entendre de l'avis et des conclusions motivées données à la caisse d'assurance maladie sur le taux d'incapacité permanente à retenir et des constatations et éléments d'appréciation sur lesquels l'avis s'est fondé, à l'exclusion des pièces et documents consultés ou détenus par le médecin-conseil. • Civ. 2e, 12 oct. 2017, n° 16-13.969 P : *RJS 12/2017, n° 836 ; JCP S 2017, n° 1365, obs. Tauran.*

Art. L. 143-11 (L. n° 2011-901 du 28 juill. 2011, art. 10-VII) ***Chaque année, la Cour nationale de l'incapacité et de la tarification de l'assurance des accidents du travail rend public un rapport sur son activité.***

SOUS-SECTION 2 *[ABROGÉE]* PROCÉDURE

Néant. — V. art. R. 143-20-1 à R. 143-30.

SECTION IV *[ABROGÉE]* DISPOSITIONS COMMUNES AUX TRIBUNAUX DU CONTENTIEUX DE L'INCAPACITÉ ET À LA COUR NATIONALE DE L'INCAPACITÉ ET DE LA TARIFICATION DE L'ASSURANCE DES ACCIDENTS DU TRAVAIL

Néant. — V. art. R. 143-31 s.

CHAPITRE IV *[ABROGÉ]* DISPOSITIONS COMMUNES — DISPOSITIONS DIVERSES

(Abrogé par L. n° 2016-1547 du 18 nov. 2016, art. 12, à compter du 1er janv. 2019)

Sur les dispositions transitoires de la L. n° 2016-1547 du 18 nov. 2016, V. note ss. le chap. II du présent titre.

SECTION PREMIÈRE *[ABROGÉE]* DISPOSITIONS RELATIVES AUX MEMBRES DES JURIDICTIONS DE SÉCURITÉ SOCIALE DU PREMIER DEGRÉ

(Ord. n° 2005-656 du 8 juin 2005)

Art. L. 144-1 ***Les assesseurs des tribunaux des affaires de sécurité sociale et des tribunaux du contentieux de l'incapacité doivent être de nationalité française, âgés de vingt-trois ans au moins, remplir les conditions d'aptitude pour être juré fixées par les articles 255 à 257 du code de procédure pénale et n'avoir fait l'objet d'aucune condamnation pour une infraction pénale prévue par le livre VII du code rural et de la pêche maritime ou par le code de la sécurité sociale.***

(Ord. n° 2017-1387 du 22 sept. 2017, art. 37) ***« Nonobstant le 2° de l'article 257 du code de procédure pénale, la fonction d'assesseur n'est pas incompatible avec celle de conseiller prud'homme. »***

Avant d'entrer en fonctions, les assesseurs titulaires et suppléants prêtent serment devant la cour d'appel de remplir leurs fonctions avec zèle et intégrité et de garder le secret des délibérations.

Les membres des conseils ou des conseils d'administration des organismes de sécurité sociale ou de mutualité sociale agricole ne peuvent être désignés en qualité d'assesseurs ou d'assesseurs suppléants du tribunal des affaires de sécurité sociale et du tribunal du contentieux de l'incapacité.

Les employeurs sont tenus de laisser aux salariés de leur entreprise, membres assesseurs d'un tribunal des affaires de sécurité sociale ou d'un tribunal du contentieux de l'incapacité, le temps nécessaire pour l'exercice de leurs fonctions.

Art. L. 144-2 *L'assesseur d'un tribunal des affaires de sécurité sociale ou d'un tribunal du contentieux de l'incapacité, titulaire ou suppléant, qui, sans motif légitime et après mise en demeure, s'abstient d'assister à une audience peut être déclaré démissionnaire. Le président du tribunal constate le refus de service par procès-verbal, l'assesseur préalablement entendu ou dûment appelé. Au vu du procès-verbal, la cour d'appel dans le ressort de laquelle le tribunal a son siège statue en audience solennelle, après avoir appelé l'intéressé.*

Les sanctions qui peuvent lui être infligées en cas de faute disciplinaire sont le blâme, la suspension pour une durée qui ne peut excéder six mois, la déchéance. Le blâme et la suspension sont prononcés par arrêté du garde des sceaux, ministre de la justice. La déchéance est prononcée par décret.

L'assesseur est appelé par le président du tribunal auquel il appartient pour s'expliquer sur les faits qui lui sont reprochés.

L'assesseur qui, postérieurement à sa désignation, perd la capacité d'être juré ou est condamné pour une infraction pénale mentionnée au premier alinéa de l'article L. 144-1 est déchu de plein droit.

Sur proposition du premier président de la cour d'appel dans le ressort de laquelle le tribunal a son siège, le garde des sceaux, ministre de la justice, saisi d'une plainte ou informé de faits de nature à entraîner des poursuites pénales contre un assesseur, peut suspendre l'intéressé pour une durée qui ne peut excéder six mois. Il est fait application de la procédure prévue au (L. n° 2007-308 du 5 mars 2007, art. 37) *« troisième » alinéa.*

(L. n° 2007-308 du 5 mars 2007, art. 37) *« L'article L. 144-1 et le présent article sont applicables aux présidents des tribunaux du contentieux de l'incapacité qui ne sont pas des magistrats honoraires. Pour l'application du troisième alinéa du présent article, les fonctions conférées au président du tribunal sont exercées par le premier président de la cour d'appel dans le ressort de laquelle est situé le tribunal, qui transmet le procès-verbal de la séance de comparution au garde des sceaux, ministre de la justice. »*

SECTION II *[ABROGÉE]* DISPOSITIONS RELATIVES À L'ASSISTANCE ET À LA REPRÉSENTATION

(*Ord. n° 2005-656 du 8 juin 2005*)

Art. L. 144-3 *Devant le tribunal du contentieux de l'incapacité* (L. n° 2007-308 du 5 mars 2007, art. 37) *« , le tribunal des affaires de sécurité sociale » et la Cour nationale de l'incapacité et de la tarification de l'assurance des accidents du travail, les parties se défendent elles-mêmes. Outre les avocats, peuvent assister ou représenter les parties :*

1° Leur conjoint ou un ascendant ou descendant en ligne directe ;

(L. n° 2007-1787 du 20 déc. 2007, art. 2) *« 1° bis Leur concubin ou la personne avec laquelle elles ont conclu un pacte civil de solidarité ; »*

2° Suivant le cas, un travailleur salarié ou un employeur ou un travailleur indépendant exerçant la même profession ou un représentant qualifié des organisations syndicales de salariés ou d'employeurs ;

3° Un administrateur ou un employé de l'organisme partie à l'instance ou un employé d'un autre organisme de sécurité sociale ;

4° Un délégué des associations de mutilés et invalides du travail les plus représentatives.

(Abrogé par L. n° 2011-94 du 25 janv. 2011, art. 33-10°, à compter du 1er janv. 2012) *« Devant la Cour nationale de l'incapacité et de la tarification de l'assurance des accidents du travail, les parties peuvent également se faire assister ou représenter par un avoué. »*

Le représentant doit, s'il n'est avocat (Abrogé par L. n° 2011-94 du 25 janv. 2011, art. 32-3°, à compter du 1er janv. 2012) *« ou avoué », justifier d'un pouvoir spécial.*

1. Nécessité d'un pouvoir spécial pour le mandataire. Il résulte de la combinaison des art. L. 144-3 et R. 143-24 CSS que, devant la Cour nationale de l'incapacité et de la tarification de l'assurance des accidents du travail, le mandataire doit, s'il n'est avoué ou avocat, justifier d'un pouvoir spécial tant pour interjeter appel que pour assister ou représenter les parties devant ladite Cour nationale. • Civ. 2e, 16 déc. 2011 : *RJS 2012, n° 392 ; JCP S 2012, n° 1105, comm. Brissy.*

2. Ministre de la Défense. Le ministre de la Défense qui délègue sa signature, en vue d'assurer sa défense devant les juridictions du contentieux technique de la sécurité sociale, à un fonctionnaire agissant à sa place, mais sous son contrôle et sa responsabilité, se défend lui-même au sens de l'art. L. 144-3 CSS, de sorte que ce fonctionnaire n'a pas à justifier d'un pouvoir spécial pour former appel. • Civ. 2e, 19 sept. 2013, ♔ n° 12-23.485.

SECTION III *[ABROGÉE]* POURVOI EN CASSATION *(Ord. n° 2005-656 du 8 juin 2005).*

Art. L. 144-4 (L. n° 94-43 du 18 janv. 1994, art. 80-VII ; L. n° 2002-73 du 17 janv. 2002, art. 35-III-2°) *Les décisions rendues, en dernier ressort, par les tribunaux des affaires de sécurité sociale, les arrêts de la cour d'appel et les décisions de la Cour nationale de l'incapacité et de la tarification de l'assurance des accidents du travail prévue à l'article L. 143-3 peuvent être attaqués devant la Cour de cassation.* — [Anc. art. L. 144-1.] — V. art. R. 144-7 à R. 144-9.

V. art. R. 144-10 : gratuité de la procédure ; art. R. 144-18 : secret professionnel.

1. *Voies de recours.* N'est pas susceptible de pourvoi, en application des art. 606 et 608 NCPC [C. pr. civ.], la décision qui se borne à ordonner une expertise judiciaire de droit commun. • Soc. 13 nov. 1997 : ♔ *RJS 1998, n° 227.* ♦ ... Ou une expertise devant être ainsi qualifiée. • Soc. 22 oct. 1998 : ♔ *RJS 1998, n° 1552 (2e esp.).*

2. Sur la recevabilité du pourvoi lorsqu'est ordonnée l'expertise technique de l'art. L. 141-1 ou une expertise devant recevoir cette qualification, V. note 1 ss. art. L. 141-2.

SECTION IV *[ABROGÉE]* DÉPENSES DE CONTENTIEUX

Art. L. 144-5 (L. n° 2002-1487 du 20 déc. 2002, art. 66) *« A l'exclusion des rémunérations des présidents des juridictions et de celles de leurs secrétaires ainsi que de celles du secrétaire général et des secrétaires généraux adjoints de la Cour nationale de l'incapacité et de la tarification de l'assurance des accidents du travail, les dépenses de toute nature résultant de l'application des chapitres II et III du présent titre sont : »*

1° Ou bien réglées directement par la Caisse nationale compétente du régime général ou par (L. n° 2002-1487 du 20 déc. 2002, art. 66) *« la Caisse centrale de la mutualité sociale agricole » ;*

2° Ou bien avancées par la caisse primaire d'assurance maladie ou la caisse départementale ou pluri-départementale de mutualité sociale agricole du siège de la juridiction et remboursées par la Caisse nationale compétente du régime général ou par (L. n° 2002-1487 du 20 déc. 2002, art. 66) *« la Caisse centrale de la mutualité sociale agricole » ;*

(L. n° 2002-1487 du 20 déc. 2002, art. 66) *« 3° Ou bien remboursées par la Caisse nationale compétente du régime général au budget de l'État » ;*

Les modalités suivant lesquelles les dépenses précitées sont avancées, réglées et remboursées par les organismes mentionnés (L. n° 2002-1487 du 20 déc. 2002, art. 66) *« aux 1°, 2° et 3° » sont fixées par arrêtés interministériels.* — V. Arr. du 3 déc. 2012 (JO 12 déc.).

(L. n° 93-936 du 22 juill. 1993, art. 12-I-2°) *Des arrêtés interministériels déterminent les conditions dans lesquelles les dépenses acquittées par la Caisse nationale compétente, en application du présent article, sont réparties entre les organismes du régime général de sécurité sociale, du régime de la mutualité sociale agricole, des régimes spéciaux,* (Ord. n° 2005-1528 du 8 déc. 2005, art. 6-5°) *« les organismes de sécurité sociale mentionnés au livre VI du présent code »,* (L. n° 2002-1487 du 20 déc. 2002, art. 66) *« le fonds spécial d'invalidité mentionné par l'article L. 815-3-1 et le fonds de solidarité vieillesse institué par l'article L. 135-1 ».* — [Anc. art. L. 144-2.] — V. art. R. 144-10 s.

Gratuité de la procédure. En application de l'art. L. 144-5 CSS, selon lequel la procédure devant les juridictions de sécurité sociale est gratuite et sans frais, les dépenses liées à la désignation d'un mandataire *ad hoc* pour représenter la société liquidée judiciairement doivent rester à la charge de la caisse. • Civ. 2e, 24 mai 2017, ♔ n° 16-16.038 P : *JCP S 2017, n° 1228, obs. Michalletz ; RJS 8-9/2017, n° 627.*

SECTION V *[ABROGÉE]* DÉPARTEMENTS DU HAUT-RHIN, DU BAS-RHIN ET DE LA MOSELLE

Néant. — V. art. R. 144-19.

CHAPITRE V CONTENTIEUX DU CONTRÔLE TECHNIQUE

SECTION PREMIÈRE DISPOSITIONS GÉNÉRALES

SOUS-SECTION 1 DISPOSITIONS GÉNÉRALES RELATIVES AUX MÉDECINS, CHIRURGIENS-DENTISTES ET SAGES-FEMMES *(L. nº 2002-303 du 4 mars 2002, art. 74-II)*.

BIBL. ▸ Dubouis, Les obligations du médecin à l'égard de la sécurité sociale, *RDSS 1976. 153*. – Keim-Bigot, Le contentieux technique de la Sécurité sociale : un contentieux en péril ?, *Regards, 2015. 61, nº 47*. – Julliot-Bernard et Moret-Bailly, Les nouveaux contentieux des professions de santé, *Dr. soc. 1996. 840*. – Lambeau, Le contentieux du contrôle technique des praticiens, aspects jurisprudentiels, *Dr. soc. 1980. 670*. – Prétot, Le contentieux des sanctions appliquées aux praticiens et auxiliaires médicaux : un contentieux administratif par nature, *RJS 05/2001, p. 391*. – Prieur, Le contentieux du contrôle technique entre les médecins et les caisses d'assurance maladie (I). Quelques aspects de son élaboration, des années 30 à nos jours, *Revue médicale de l'assurance maladie, 3/1996, p. 66*. – Rogastini, Les juridictions de contentieux technique dans l'incapacité de respecter les droits fondamentaux du procès, *RGDM 2004. 201*. – Thomas et Duguet, La qualité des soins aux assurés sociaux à travers le contentieux du contrôle technique, *Journal méd. légale 2002. 109*.

Art. L. 145-1 *(L. nº 95-116 du 4 févr. 1995, art. 13-I)* **Les fautes, abus, fraudes et tous faits intéressant l'exercice de la profession, relevés à l'encontre des médecins, chirurgiens-dentistes ou sages-femmes à l'occasion des soins dispensés aux assurés sociaux, sont soumis en première instance à une section** *(L. nº 2002-303 du 4 mars 2002, art. 62-XV)* **« de la chambre disciplinaire de première instance » des médecins ou des chirurgiens-dentistes ou des sages-femmes dite section des assurances sociales** *(L. nº 2002-303 du 4 mars 2002, art. 62-XV)* **« de la chambre disciplinaire de première instance » et, en appel, à une section** *(L. nº 2002-303 du 4 mars 2002, art. 62-XV)* **« de la chambre disciplinaire nationale » du Conseil national de l'ordre des médecins ou des chirurgiens-dentistes ou des sages-femmes, dite section des assurances sociales du Conseil national de l'ordre des médecins ou section des assurances sociales du Conseil national de l'ordre des chirurgiens-dentistes ou section des assurances sociales du Conseil national de l'ordre des sages-femmes.**

1. *Faits constitutifs d'une faute.* Constitue une faute au sens de l'art. L. 145-1 la facturation d'actes fictifs consistant pour un praticien à mentionner deux actes comme ayant été effectués à des dates différentes pour une seule consultation effective. • CE 29 juill. 1998 : *RJS 1998, nº 1298*. ♦ Les honoraires qui sont réclamés pour un acte facturé sans avoir jamais été réalisé, pour un acte surcoté, pour un acte réalisé dans des conditions telles qu'alors même qu'il a été effectivement pratiqué il équivaut à une absence de soins, ou encore ceux dont le montant est établi sans tact ni mesure. • CE 24 oct. 2008 : *RDSS 2008. 1152, note Tauran ; AJDA 2008. 2036*. ♦ Constituent également une faute : la méconnaissance de certaines des dispositions de la nomenclature générale des actes professionnels, lesquelles peuvent être interprétées par le juge disciplinaire. • CE 19 oct. 2001 : *RJS 2002, nº 99*. ♦ ... La prescription, à près d'une centaine d'assurés sociaux, de traitements comportant des associations dangereuses de substances. • CE 30 janv. 2002 : *RJS 2002, nº 899*. ♦ ... Le fait pour un médecin de conserver par-devers lui certains éléments du dossier médical des patients traités dans une clinique et de faire ainsi obstacle à la communication de leur dossier. • CE 28 avr. 2003 : *RJS 2003, nº 1078*. ♦ ... Le fait pour un médecin de n'avoir pas tenu compte, pour dispenser ses soins à ses patients, des données acquises de la science, telles qu'elles résultent notamment des recommandations de bonnes pratiques élaborées par l'ANAES, en s'abstenant de prescrire le dépistage systématique du cancer du col utérin chez ses patientes âgées de 25 à 65 ans. • CE 12 janv. 2005 : *RJS 2005, nº 781 ; RDSS 2005. 495, note Moret-Bailly ; AJDA 2005. 1008*. ♦ ... V. aussi, à propos d'un manquement au code de déontologie médicale • CE 21 nov. 2003 : *RJS 2004, nº 265*.

2. *Cas d'exclusion de faute.* Le dépassement du seuil d'activité prévu par la Convention nationale des infirmiers n'est pas une faute au sens de l'art. L. 145-1. • CE 14 mars 2005 : *RJS 2005, nº 782*.

3. *Calculs statistiques.* L'art. 2 de la L. du 6 janv. 1978 n'interdit pas au juge de prendre en compte, parmi d'autres éléments d'appréciation, les résultats d'un traitement automatisé d'informations. • CE 11 févr. 2004 : *RJS 2004, nº 611*.

4. *Exclusion du droit pénal (audition de témoins).* Le contentieux du contrôle technique se rattachant aux contestations sur des droits et obligations de caractère civil n'entre dans le champ des prévisions ni du § 3 de l'art. 6 de la Conv. EDH, ni du § 3 de l'art. 14 du Pacte international relatif aux droits civils et politiques, lesquels visent uniquement les droits de tout accusé, ce qui limite leur champ d'application à la matière pénale ; qu'il suit de là que le respect des stipulations du *d* du § 3 de l'art. 6 de la Convention et du *e* du § 3 de l'art. 14 du Pacte international, qui reconnaissent le droit de tout accusé à interroger ou faire interroger des témoins, ne s'imposait pas à la section des assurances sociales du Conseil national de l'Ordre des médecins. La décision de procéder, le cas échéant, à l'audition de témoins relève de l'appréciation souveraine des juges du fond. • CE 30 janv. 2002 : *RJS 2002, n° 899.*

5. Appréciation souveraine du juge. Il n'appartient pas au Conseil d'État, juge de cassation, de contrôler l'adéquation de la sanction à la gravité des fautes reprochées. • CE 30 janv. 2002, n° 203328. ♦ V. aussi • CE 25 oct. 2004, n° 254894 (compte tenu du nombre d'actes facturés en 1995 et réalisés par les infirmiers dont il était l'employeur, et de la durée moyenne de trente minutes prévue pour ces soins par la nomenclature générale des actes professionnels, lesdits soins n'avaient pu être effectués dans des conditions satisfaisantes pour les patients, la section des assurances sociales s'est livrée, sans commettre d'erreur de droit, à une appréciation souveraine des faits qui n'est pas susceptible d'être discutée devant le juge de cassation).

6. Ordonnance de non-lieu. Alors que les constatations de fait retenues au soutien d'une décision du juge pénal s'imposent au juge disciplinaire, une ordonnance de non-lieu fondée sur l'absence de charges suffisantes quant au chef d'escroquerie ne lui interdit pas de prononcer une sanction. • CE 19 oct. 2001 : *RJS 2002, n° 99.* ♦ V. aussi • CE 30 janv. 2002 : *préc. note 1.*

7. Suspicion légitime. Dès lors qu'ils ont pu estimer ne pouvoir se prononcer sur la plainte formée à l'encontre d'un praticien en raison des liens qu'ils avaient avec celui-ci, les membres de la section des assurances sociales du conseil régional de l'Ordre des chirurgiens-dentistes ont pu en conscience décider de s'abstenir comme le leur permettaient les principes rappelés par l'art. 339 NCPC [C. pr. civ.]. Dans ces conditions, la section des assurances sociales du Conseil national, dont l'appréciation sur lesdits liens échappe au juge de cassation, a légalement procédé comme en matière de renvoi pour cause de suspicion légitime et transmis, en conséquence, le jugement de la plainte à une autre juridiction. • CE 5 févr. 1997 : *RJS 1997, n° 476.*

8. Autorité de la chose jugée (défaut). La décision du conseil de l'ordre sanctionnant un manquement au code de déontologie n'a pas l'autorité de la chose jugée devant le juge judiciaire. • Soc. 7 nov. 2006 : *RJS 2007, n° 53.*

9. Amnistie. L'application d'une loi d'amnistie doit être assurée, au besoin, d'office. V., à propos d'un appel, privé en conséquence d'objet • CE 24 févr. 2006 : *RJS 2006, n° 637.* ♦ Comp., dans l'hypothèse où la sanction a reçu un commencement d'exécution • CE 2 nov. 2005 : *RJS 2006, n° 264.*

Art. L. 145-2 **Les sanctions susceptibles d'être prononcées par** *(L. n° 2002-303 du 4 mars 2002, art. 62-XV)* **« la section des assurances sociales de la chambre disciplinaire de première instance » ou par la section spéciale des assurances sociales du Conseil national de l'ordre des médecins ou des chirurgiens-dentistes** *(L. n° 95-116 du 4 févr. 1995, art. 13-II)* **« ou des sages-femmes » sont :**

1° L'avertissement ;

2° Le blâme, avec ou sans publication ;

3° *(Ord. n° 96-345 du 24 avr. 1996, art. 15-I)* **« L'interdiction temporaire ou permanente, avec ou sans sursis, du droit de donner des soins aux assurés sociaux ;**

« 4° Dans le cas d'abus d'honoraires *(L. n° 2017-1836 du 30 déc. 2017, art. 78-I)* **« ou d'actes ou prestations réalisés dans des conditions méconnaissant les règles prévues à l'article L. 162-1-7 », le remboursement à l'assuré du trop-perçu ou le reversement aux organismes de sécurité sociale du trop-remboursé, même s'il n'est prononcé aucune des sanctions prévues ci-dessus.**

« Les sanctions prévues aux 3° et 4° ci-dessus peuvent faire l'objet d'une publication.

« Si, pour des faits commis dans un délai de cinq ans à compter de la notification au *(L. n° 2007-127 du 30 janv. 2007, art. 20-1°)* **« praticien » d'une sanction assortie du sursis et devenue définitive, la juridiction prononce la sanction mentionnée au 3°, elle peut décider que la sanction pour la partie assortie du sursis devient exécutoire sans préjudice de l'application de la nouvelle sanction.**

« Est considérée comme non avenue une sanction, pour la partie assortie du sursis, lorsque le praticien sanctionné n'aura commis aucune nouvelle faute suivie d'une sanction dans le délai fixé à l'alinéa précédent.

« Les sanctions prévues au présent article ne sont pas cumulables avec les peines prévues à l'article L. 4124-6 du code de la santé publique lorsqu'elles ont été pronon-

cées à l'occasion des mêmes faits. Si les juridictions compétentes prononcent des sanctions différentes, la sanction la plus forte peut être seule mise à exécution. »

Les décisions devenues définitives ont force exécutoire. Elles doivent, dans le cas prévu au 3° du premier alinéa, ou si le jugement le prévoit, faire l'objet d'une publication par les soins des organismes de sécurité sociale.

1. Fondement. Le juge du contentieux du contrôle technique peut légalement tenir compte de l'ensemble du comportement du praticien et fonder une sanction y compris sur des faits et griefs non dénoncés dans la plainte, dès lors que, l'intéressé ayant été mis à même de prendre connaissance de ces faits et griefs et de présenter sa défense, les droits de la défense ont été respectés. Dans ces conditions, un organisme de sécurité sociale est fondé à soutenir que le juge a méconnu l'étendue de sa compétence en s'abstenant de retenir lesdits faits et griefs pour prendre une sanction au seul motif qu'ils ne constituaient pas le fondement juridique de la plainte. • CE 29 janv. 1997 : *RJS 1997, n° 475.*

2. Indépendance du contentieux technique. Le fait que, pour les mêmes agissements, la section disciplinaire du conseil de l'ordre ait estimé que l'amnistie devait jouer n'empêche pas la section des assurances sociales de retenir la solution inverse. • CE 13 oct. 2003 : *RJS 2004, n° 117.* ♦ Les poursuites engagées contre un praticien devant la section des assurances sociales d'un conseil de l'ordre sont indépendantes de la procédure de sanction prévue par la Convention nationale applicable à la profession intéressée. Dès lors, le juge du contentieux du contrôle technique ne commet pas d'erreur de droit en déclarant recevable la plainte dont il est saisi à l'initiative du service du contrôle médical, alors même qu'elle n'a pas été précédée de la mise en œuvre des procédures conventionnelles. • CE 26 avr. 2000 : *RJS 2000, n° 878.*

3. Interdiction. Le juge du contentieux du contrôle technique peut légalement ordonner que l'interdiction temporaire d'exercer sa profession prononcée à l'encontre d'un praticien s'exécutera pendant la même période que la sanction prononcée pour les mêmes faits par la section disciplinaire du même ordre. • CE 14 mars 1994 : *Lebon 1144 ; RJS 1994, n° 769 ; D. 1995. Somm. 97, obs. Penneau.* ♦ La sanction d'interdiction temporaire ou permanente, avec ou sans sursis, du droit de donner des soins aux assurés sociaux fait obligation au praticien concerné de s'abstenir de donner des soins aux assurés sociaux, même à titre gratuit ; elle fait également obstacle à ce que le praticien se fasse remplacer dans son exercice pour donner de tels soins, même s'il ne tire aucune contrepartie financière de ce remplacement. • CE 13 avr. 2018, n° 391895 A : *AJDA 2018. 830 ; RDSS 2018.507, concl. Dieu.*

4. Remboursement du trop-perçu. Un remboursement d'honoraires ne peut être exigé d'un praticien qui, ayant effectué un acte hors nomenclature, a omis d'apposer la mention « HN » sur une feuille de soins alors que la cotation retenue par ledit praticien était conforme à la nomenclature générale des actes et que l'indication de l'âge de la patiente permettait à la caisse de refuser la prise en charge. • Civ. 2e, 6 avr. 2004 : *RJS 2004, n° 763 (1re esp.).* ♦ Ayant relevé la pratique par l'intéressé d'un nombre significativement excessif de cotations journalières d'AIS 3, la section des assurances sociales ne peut, sans commettre d'erreur de droit, écarter le grief tiré de ce qu'un tel comportement est constitutif d'un abus d'honoraires, en se fondant sur le seul motif qu'il n'était établi que par un relevé comptable des remboursements de l'assurance maladie. Il lui appartient au contraire de déterminer si ce nombre global d'actes effectués par l'intéressé au cours d'une même journée révèle la cotation d'actes fictifs, ou d'actes effectués dans des conditions telles qu'ils équivalent à une absence de soins, constitutifs par suite d'un abus d'honoraires pouvant donner lieu à reversement de sa part aux organismes de sécurité sociale. • CE 8 nov. 2017, n° 398480 : *Lebon.* ♦ Le dépassement du seuil d'activité prévu par la Convention nationale des infirmiers n'est pas un abus d'honoraires au sens de l'art. L. 145-2, 4°. • CE 14 mars 2005 : *RJS 2005, n° 782.* ♦ La condamnation visée au 4° ne peut être prononcée qu'à l'encontre du praticien ou de l'auxiliaire qui a délivré les soins, peu important qu'il ait reversé les honoraires perçus à un confrère. • CE 10 nov. 1972 : *Lebon 725.* ♦ L'organisme d'assurance maladie peut, même sans mandat exprès, engager pour le compte des assurés, à l'encontre du praticien, une action en remboursement du trop-perçu et l'exécution de la condamnation prononcée à leur profit par le juge du contentieux du contrôle technique. • Soc. 4 juin 1986 : *Bull. civ. V, n° 283 ; D. 1987. Somm. 167, obs. Prétot.* ♦ Le prononcé du reversement n'est pas subordonné à une demande en ce sens de l'organisme. • CE 17 mai 2006 : *RJS 2006, n° 1325.*

5. Mesures de publicité. Le directeur d'un journal d'annonces légales ne saurait encourir une condamnation pour diffamation du fait de l'insertion d'une annonce dont il ne peut légalement se dispenser (annonce faisant état d'une interdiction de donner des soins aux assurés sociaux requise par la directrice d'une CPAM). • Crim. 17 oct. 1995, n° 93-85.440 P : *D. 1995. IR 276.* ♦ La publication prévue par l'art. L. 145-2, al. 2, qui revêt le caractère d'une sanction complémentaire, ne pouvant être décidée que par la juridiction du contentieux du contrôle technique, à laquelle il appartient d'en déterminer les modalités, une convention entre organismes d'assurance maladie et syndicats représentatifs ne peut prévoir un mécanisme de publicité à l'initiative de la profession. • CE 8 juill. 1998 : *RJS 1998, n° 1266.* ♦ Sur les modalités de la publication, V. aussi notes ss. art. R. 145-26. ♦ Une telle convention ne peut ouvrir aux organismes de sécurité sociale la faculté de prescrire cette publicité sans préciser que les sanctions en cause doivent avoir revêtu un caractère définitif conformément au dernier al. de l'art. L. 145-2. • CE 8 juill. 1998 : *préc.* ♦ La décision du Conseil national de l'Ordre des médecins n'étant susceptible d'aucun recours à caractère suspensif et ayant acquis force exécutoire, la caisse qui procède à l'affichage de l'interdiction prononcée dans les locaux professionnels du praticien ne commet pas de faute et n'est tenue d'aucune réparation à la suite de l'annulation de cette décision. • Soc. 27 janv. 2000, n° 98-16.114 P : *RJS 2000, n° 461.*

6. Conv. EDH. Délai raisonnable de la procédure. La circonstance que la durée de la procédure aurait été anormalement longue en méconnaissance de l'exigence de délai raisonnable résultant de l'art. 6, § 1er, Conv. EDH n'est pas, par elle-même, de nature à entacher d'irrégularité la décision rendue à l'issue de cette procédure. • CE 30 janv. 2002 : *RJS 2002, n° 899.*

Art. L. 145-2-1 *(Ord. n° 96-345 du 24 avr. 1996, art. 15-II)* **Les sanctions prévues au 1° et au 2° de l'article L. 145-2 entraînent la privation du droit de faire partie du conseil départemental, du conseil régional ou interrégional ou du Conseil national de l'ordre pendant une durée de trois ans. La sanction prévue au 3° du même article, qu'elle soit ou non assortie du sursis, ainsi que la sanction prévue au 4° de cet article, entraînent la privation de ce droit à titre définitif.**

La décision de sursis est sans effet sur les incapacités prévues à l'alinéa qui précède.

Après qu'un intervalle de trois ans se sera écoulé depuis une décision définitive d'interdiction permanente du droit de donner des soins aux assurés sociaux, le praticien frappé de cette sanction pourra être relevé de l'incapacité en résultant par une décision de la section des assurances sociales *(L. n° 2002-303 du 4 mars 2002, art. 62-XV)* **« de la chambre disciplinaire de première instance » qui a prononcé la sanction.**

Lorsque la demande aura été rejetée après examen au fond, elle ne pourra être représentée qu'après un nouveau délai de trois années.

Art. L. 145-3 *(Ord. n° 96-345 du 24 avr. 1996, art. 15-III)* **Tout praticien qui contrevient aux décisions** *(L. n° 2002-303 du 4 mars 2002, art. 62-XV)* **« de la chambre disciplinaire de première instance » ou de la section disciplinaire du Conseil national ou de la section des assurances sociales** *(L. n° 2002-303 du 4 mars 2002, art. 62-XV)* **« de la chambre disciplinaire de première instance » ou de la section des assurances sociales du Conseil national de l'ordre des médecins ou des chirurgiens-dentistes ou des sages-femmes, en donnant des soins à un assuré social alors qu'il est privé du droit de le faire, est tenu de rembourser à l'organisme de sécurité sociale le montant de toutes les prestations médicales, dentaires, pharmaceutiques ou autres que celui-ci a été amené à payer audit assuré social du fait des soins que le praticien a donnés ou des prescriptions qu'il a ordonnées.**

Prestations antérieures. S'agissant de prestations antérieures à la mesure d'interdiction, une caisse est sans qualité pour demander la répétition à l'auxiliaire médical frappé d'interdiction. • Soc. 1er oct. 1992, n° 90-19.877 P : *RJS 1992, n° 1303.*

Art. L. 145-4 Un décret en Conseil d'État détermine les conditions dans lesquelles les dispositions du présent chapitre sont étendues et adaptées aux difficultés nées de l'exécution du contrôle des services techniques en ce qui concerne *(L. n° 95-116 du 4 févr. 1995, art. 13-III)* **« les pharmaciens et les auxiliaires médicaux »** *(L. n° 2002-303 du 4 mars 2002, art. 74-I)* **« autres que ceux visés à l'article L. 4391-1 du code de la santé publique ».** — *V. art. R. 145-1 à R. 145-3.*

Il édicte également les mesures nécessaires à l'application des dispositions du présent chapitre et fixe notamment les règles de la procédure.

Portée de l'habilitation. L'art. L. 145-4 prévoit que les règles applicables au contentieux du contrôle technique des pharmaciens, définies par décret en Conseil d'État, résultent de l'extension des normes que le législateur fixe dans cette matière pour les médecins, chirurgiens-dentistes et sages-femmes, sous réserve des adaptations rendues nécessaires par d'éventuelles difficultés nées de l'exécution du contrôle des services techniques. Le Gouvernement ne pouvait, sans méconnaître les prescriptions de l'art. L. 145-4, laisser subsister, au-delà d'un délai raisonnable, à l'art. R. 145-2, des dispositions dont le maintien ne peut être justifié par des difficultés relatives à l'exécution du contrôle des services techniques et qui, faute de permettre aux sections des assurances sociales de l'Ordre des pharmaciens d'assortir du sursis une interdiction de servir des prestations aux assurés sociaux, sont plus rigoureuses que celles que la loi prévoit désormais pour les professions médicales. Ainsi, le 3° de l'art. R. 145-2 est devenu illégal en tant qu'il ne prévoit pas expressément cette faculté. • CE 25 févr. 2005, *M. Barbier : AJDA 2005. 753, concl. Chavaux ; ibid. 1002, note Landais et Lénica ; RJS 2005, n° 783.*

Art. L. 145-5 Les décisions rendues par les sections des assurances sociales du Conseil national de l'ordre des médecins, du Conseil national de l'ordre des chirurgiens-dentistes *(L. n° 95-116 du 4 févr. 1995, art. 13-IV)* « ou du Conseil national de l'ordre des sages-femmes » et du Conseil national de l'ordre des pharmaciens ne sont susceptibles de recours que devant le Conseil d'État, par la voie du recours en cassation.

Même si elle modifie la date d'effet d'une sanction, la lettre du secrétaire de la section des assurances sociales du Conseil national de l'Ordre des chirurgiens-dentistes informant un praticien du rejet de son pourvoi en cassation et fixant la date d'effet de l'interdiction d'exercice prononcée initialement par ladite section ne saurait, eu égard à son auteur et à sa forme, être regardée comme une décision juridictionnelle. Dès lors, elle ne peut faire l'objet d'un pourvoi en cassation devant le Conseil d'État et doit être renvoyée devant le tribunal administratif territorialement compétent. • CE 26 janv. 1996 : *RJS 1996, n° 333.*

SOUS-SECTION 2 DISPOSITIONS GÉNÉRALES RELATIVES À CERTAINES PROFESSIONS PARAMÉDICALES

(L. n° 2006-1668 du 21 déc. 2006, art. 6)

Art. L. 145-5-1 Les fautes, abus, fraudes et tous faits intéressant l'exercice de la profession relevés à l'encontre des masseurs-kinésithérapeutes et des infirmiers à l'occasion des soins dispensés aux assurés sociaux sont soumis en première instance à une section de la chambre disciplinaire de première instance des masseurs-kinésithérapeutes ou à une section de la chambre disciplinaire de première instance des infirmiers dites "section des assurances sociales de la chambre disciplinaire de première instance" et, en appel, à une section de la chambre disciplinaire du Conseil national de l'ordre des masseurs-kinésithérapeutes ou du Conseil national de l'ordre des infirmiers, dites "section des assurances sociales du Conseil national de l'ordre des masseurs-kinésithérapeutes" et "section des assurances sociales du Conseil national de l'ordre des infirmiers".

Art. L. 145-5-2 Les sanctions susceptibles d'être prononcées par la section des assurances sociales de la chambre disciplinaire de première instance et par la section des assurances sociales du Conseil national de l'ordre des masseurs-kinésithérapeutes et du Conseil national de l'ordre des infirmiers sont :

1° L'avertissement ;

2° Le blâme, avec ou sans publication ;

3° L'interdiction temporaire ou permanente, avec ou sans sursis, du droit de dispenser des soins aux assurés sociaux ;

4° Dans le cas d'abus d'honoraires, le remboursement à l'assuré du trop-perçu ou le reversement aux organismes de sécurité sociale du trop-remboursé, même s'il n'est prononcé aucune des sanctions prévues aux 1° à 3°.

La section des assurances sociales peut assortir les sanctions prévues au présent article de leur publication selon les modalités qu'elle fixe.

Si, pour des faits commis dans un délai de cinq ans à compter de la notification d'une sanction assortie du sursis, dès lors que cette sanction est devenue définitive, la juridiction prononce la sanction mentionnée au 3°, elle peut décider que la sanction, pour la partie assortie du sursis, devient exécutoire sans préjudice de l'application de la nouvelle sanction.

Les sanctions prévues au présent article ne sont pas cumulables avec celles mentionnées à l'article L. 4124-6 du code de la santé publique lorsqu'elles ont été prononcées à l'occasion des mêmes faits. Si les juridictions compétentes prononcent des sanctions différentes, seule la sanction la plus lourde est mise à exécution.

Les décisions devenues définitives ont force exécutoire. Elles doivent, dans le cas prévu au 3° ou si le jugement le prévoit, faire l'objet d'une publication par les organismes de sécurité sociale.

Art. L. 145-5-3 Les sanctions prévues aux 1° et 2° de l'article L. 145-5-2 entraînent la privation du droit de faire partie du conseil départemental, régional, interrégional et

national de l'ordre des masseurs-kinésithérapeutes ou de l'ordre des infirmiers pendant une durée de trois ans. Les sanctions prévues aux 3° et 4° du même article entraînent la privation de ce droit à titre définitif.

Le professionnel frappé d'une sanction définitive d'interdiction permanente du droit de dispenser des soins aux assurés sociaux peut être relevé, après un délai de trois ans suivant la sanction, de l'incapacité en résultant par une décision de la chambre disciplinaire de première instance qui a prononcé la sanction.

Lorsque la demande a été rejetée après examen au fond, elle ne peut être représentée qu'après un nouveau délai de trois années.

Art. L. 145-5-4 **Tout professionnel, qui contrevient aux décisions du conseil régional ou interrégional, de la section disciplinaire du Conseil national, de la section des assurances sociales de la chambre disciplinaire de première instance ou de la section des assurances sociales du Conseil national de l'ordre des masseurs-kinésithérapeutes ou de l'ordre des infirmiers en dispensant des soins à un assuré social alors qu'il est privé du droit de le faire, est tenu de rembourser à l'organisme de sécurité sociale le montant de toutes les prestations que celui-ci a été amené à payer audit assuré social du fait des soins dispensés.**

Art. L. 145-5-5 **Les décisions rendues par la section des assurances sociales du Conseil national de l'ordre des masseurs-kinésithérapeutes et de l'ordre des infirmiers sont susceptibles de recours devant le Conseil d'État, par la voie du recours en cassation.**

SOUS-SECTION 3 AUTRES DISPOSITIONS

(Ord. nº 2010-49 du 13 janv. 2010, art. 4-1º)

Art. L. 145-5-6 *(L. nº 2013-442 du 30 mai 2013, art. 8-II-1º)* **Les sections des assurances sociales de l'ordre des médecins ou de l'ordre des pharmaciens sont compétentes pour statuer sur une plainte déposée à l'encontre d'une société qui exploite un laboratoire de biologie médicale privé lorsque cette société est inscrite au tableau de l'ordre des pharmaciens ou de l'ordre des médecins.**

Lorsque la société mentionnée au premier alinéa est inscrite simultanément au tableau de l'ordre des médecins et au tableau de l'ordre des pharmaciens, doit être saisie de la plainte soit la section des assurances sociales de la chambre disciplinaire de première instance de l'ordre des médecins si les biologistes médicaux exerçant au sein du laboratoire de biologie médicale sont majoritairement inscrits au tableau de l'ordre des médecins, soit la section des assurances sociales compétente de l'ordre des pharmaciens dans l'hypothèse inverse. Si le nombre de médecins biologistes et de pharmaciens biologistes est le même, le plaignant saisit la chambre de son choix.

Les sanctions prononcées sont celles prévues aux articles L. 145-2 et L. 145-4, à l'exception de l'interdiction, avec ou sans sursis, de donner des soins aux assurés sociaux qui est remplacée par l'interdiction, avec ou sans sursis, de pratiquer des examens de biologie médicale pour les assurés sociaux. L'interdiction temporaire, avec ou sans sursis, d'exercer des activités de biologie médicale ne peut excéder un an.

SECTION II ORGANISATION DES JURIDICTIONS

SOUS-SECTION 1 ORGANISATION DES JURIDICTIONS RELATIVES AUX MÉDECINS, CHIRURGIENS-DENTISTES, SAGES-FEMMES ET PHARMACIENS

(Ord. nº 2017-644 du 27 avr. 2017, art. 11-1º, ratifiée par L. nº 2017-1841 du 30 déc. 2017)

Ordonnance nº 2017-644 du 27 avril 2017,

Relative à l'adaptation des dispositions législatives relatives au fonctionnement des ordres des professions de santé (JO 28 avr.).

Art. 14 I. — Les dispositions relatives *(L. nº 2017-1841 du 30 déc. 2017, art. 7-I)* « au régime des incompatibilités des membres élus ainsi qu' » aux limites d'âge, à la durée du mandat et à la détermination de l'autorité en charge de la désignation des membres des conseils, des chambres de discipline, des chambres disciplinaires et des sections des assurances sociales des chambres disciplinaires et des chambres de discipline des ordres s'appliquent aux désignations et aux renouvellements intervenant à compter du lendemain de la publication de la présente ordonnance.

Les dispositions relatives au régime indemnitaire *(Abrogé par L. n° 2017-1841 du 30 déc. 2017, art. 7-I)* « *et au régime des incompatibilités* » dans les conseils, les chambres disciplinaires, les chambres de discipline et les sections des assurances sociales des chambres disciplinaires et des chambres de discipline sont rendues applicables aux membres qui les composent le 1er janvier 2018.

(L. n° 2017-1841 du 30 déc. 2017, art. 7-I) « Les dispositions relatives aux incompatibilités concernant les présidents des chambres disciplinaires nationales, des chambres de discipline nationales et des sections des assurances sociales de ces chambres sont applicables au 1er janvier 2018. »

Art. 15 I. — Lorsque les sections des assurances sociales des chambres disciplinaires ou des chambres de discipline de première instance des ordres sont créées dans les régions constituées par regroupement de plusieurs régions en application du I de l'article premier de la loi *[n° 2015-29]* du 16 janvier 2015 susvisée, elles bénéficient du transfert des biens, droits et obligations des sections des assurances sociales des chambres disciplinaires ou des chambres de discipline de première instance des ordres constituées dans les ressorts territoriaux correspondant aux régions en vigueur au 31 décembre 2015.

Ces transferts sont effectués à titre gratuit et ne donnent lieu à aucune imposition.

II. — Les dossiers en cours d'instruction devant les sections des assurances sociales des chambres disciplinaires ou des chambres de discipline de première instance des ordres sont transférés aux sections des assurances sociales des chambres disciplinaires ou des chambres de discipline de première instance constituées en application de la présente ordonnance, à la date d'installation de ces nouvelles sections des assurances sociales des chambres disciplinaires ou chambres de discipline, sans qu'il y ait lieu de renouveler les actes régulièrement exécutés.

III. — Après qu'un intervalle de trois ans au moins se soit *[s'est]* écoulé depuis une décision définitive d'interdiction de donner des soins, le médecin, le chirurgien-dentiste ou la sage-femme frappé de cette sanction peut être relevé de l'incapacité en résultant par une décision de la section des assurances sociales de la chambre disciplinaire de première instance à laquelle a été transférée la compétence territoriale de la section des assurances sociales de la chambre disciplinaire qui a prononcé la sanction.

Après qu'un intervalle de trois ans au moins s'est écoulé depuis une décision définitive de radiation du tableau, l'infirmier, le masseur-kinésithérapeute ou le pédicure-podologue frappé de cette peine peut être relevé de l'incapacité en résultant par une décision de la chambre disciplinaire de première instance à laquelle a été transférée la compétence territoriale de la chambre disciplinaire qui a statué en première instance.

....

Art. L. 145-6 La section des assurances sociales de la chambre disciplinaire de première instance de l'ordre est une juridiction. Elle est présidée par un membre du corps des tribunaux administratifs et des cours administratives d'appel nommé par le vice-président du Conseil d'État pour une durée de six ans renouvelable au vu des propositions du président de la cour administrative d'appel dans le ressort duquel se trouve le siège du conseil régional ou interrégional. Le cas échéant, plusieurs présidents suppléants peuvent être nommés dans les mêmes conditions.

***(L. n° 2017-1841 du 30 déc. 2017, art. 6-II)* « L'âge limite pour exercer les fonctions de président ou de président suppléant d'une section des assurances sociales d'une chambre disciplinaire de première instance est de 77 ans révolus. »**

Elle comprend un nombre égal d'assesseurs, membres, selon le cas, de l'ordre des médecins, de l'ordre des chirurgiens-dentistes ou de l'ordre des sages-femmes, et d'assesseurs représentant des organismes de sécurité sociale, dont au moins un praticien conseil, nommés par l'autorité compétente de l'État. Les assesseurs membres de l'ordre sont désignés pour une durée de six ans renouvelables *[renouvelable]* par le conseil régional ou interrégional de l'ordre en son sein.

En cas de remplacement d'un assesseur, le nouvel assesseur est nommé pour la durée du mandat restant à courir.

Les fonctions d'assesseur sont incompatibles avec les fonctions de président ou de secrétaire général d'un conseil régional ou interrégional.

Aucun membre de la section des assurances sociales de la chambre disciplinaire de première instance ne peut siéger lorsqu'il a eu connaissance des faits de la cause à raison de l'exercice d'autres fonctions ordinales.

Le montant des indemnités allouées aux présidents ou aux présidents suppléants des sections des assurances sociales des chambres disciplinaires de première instance est fixé par arrêté des ministres chargés du budget et de la santé *(L. nº 2017-1841 du 30 déc. 2017, art. 2-II)* « , après consultation de l'ordre ».

Leurs frais de déplacement sont remboursés dans les conditions prévues par la réglementation applicable aux fonctionnaires de l'État.

Ces indemnités et frais sont à la charge du conseil régional ou interrégional.

Art. L. 145-6-1 I. — Les médecins et les chirurgiens-dentistes inscrits au tableau de l'ordre compétent pour La Réunion et pour Mayotte sont soumis respectivement à la compétence de la section des assurances sociales de la chambre disciplinaire de première instance de l'ordre des médecins et de la section des assurances sociales de la chambre disciplinaire de première instance de l'ordre des chirurgiens-dentistes de La Réunion-Mayotte.

Les sages-femmes inscrites au tableau de l'ordre de La Réunion et de Mayotte sont soumises à la compétence de la section des assurances sociales de la chambre disciplinaire de première instance de l'ordre des sages-femmes d'Occitanie.

II. — Les médecins et les chirurgiens-dentistes inscrits au tableau de l'ordre compétent pour la Guyane, de la Martinique et de la Guadeloupe sont soumis respectivement à la compétence de la section des assurances sociales de la chambre disciplinaire de première instance de l'ordre des médecins et de la section des assurances sociales de la chambre disciplinaire de première instance de l'ordre des chirurgiens-dentistes des Antilles-Guyane.

Les sages-femmes inscrites au tableau de l'ordre compétent pour la Guyane, de la Martinique et de la Guadeloupe sont soumises à la compétence de la section des assurances sociales de la chambre disciplinaire de première instance de l'ordre des sages-femmes de Bretagne.

III. — Les médecins et les chirurgiens-dentistes inscrits au tableau de l'ordre compétent pour Saint-Pierre-et-Miquelon sont soumis à la compétence de la section des assurances sociales de la chambre disciplinaire de première instance de l'ordre compétent de la région Normandie.

Les sages-femmes inscrites au tableau de l'ordre compétent pour Saint-Pierre-et-Miquelon sont soumis *[soumises]* à la compétence de la section des assurances sociales de la chambre disciplinaire de première instance de l'ordre compétent de la région Bretagne.

IV. — Les médecins et les chirurgiens-dentistes inscrits au tableau de l'ordre des départements de la région *[des régions]* Provence-Alpes-Côte d'Azur et de Corse sont soumis à la compétence de la section des assurances sociales de la chambre disciplinaire de première instance de l'ordre compétent de la région *[des régions]* Provence-Alpes-Côte d'Azur et de Corse.

Les dispositions de l'art. L. 145-6-1, issues de l'Ord. nº 2017-644 du 27 avr. 2017, entrent en vigueur à compter des prochains renouvellements des instances en cause (Ord. préc., art. 15-VI).

Art. L. 145-6-2 Les magistrats délégués en qualité de présidents *[président]* et, le cas échéant, les présidents suppléants des sections des assurances sociales des conseils régionaux, des conseils centraux des sections D, E, G et H et du Conseil national de l'ordre des pharmaciens sont nommés pour une durée de six ans renouvelable.

(L. nº 2017-1841 du 30 déc. 2017, art. 6-II) « L'âge limite pour exercer les fonctions de président ou de président suppléant est de 77 ans révolus. »

La section des assurances sociales du Conseil national de l'ordre des pharmaciens est présidée par un conseiller d'État, nommé en même temps que plusieurs suppléants par le vice-président du Conseil d'État pour une durée de six ans renouvelable.

Les fonctions de président ou de président suppléant de la section des assurances sociales du Conseil national de l'ordre des pharmaciens sont incompatibles avec celles prévues à l'article L. 4231-6 du code de la santé publique.

Les assesseurs des sections des assurances sociales des conseils régionaux, des conseils centraux des sections D, E, G et H et du Conseil national de l'ordre des pharmaciens sont désignés pour une durée de six ans renouvelable par les conseils concernés parmi leurs membres.

En cas de remplacement d'un assesseur, le nouvel assesseur est nommé pour la durée du mandat restant à courir.

Les fonctions d'assesseur sont incompatibles avec les fonctions de président ou de secrétaire général d'un conseil régional, d'un conseil central ou du Conseil national.

Le montant des indemnités allouées aux présidents ou aux présidents suppléants des sections des assurances sociales des conseils régionaux, des conseils centraux des sections D, E, G et H et du Conseil national est fixé par arrêté des ministres chargés du budget et de la santé *(L. n° 2017-1841 du 30 déc. 2017, art. 2-II)* « , après consultation de l'ordre ».

Leurs frais de déplacement sont remboursés dans les conditions prévues par la réglementation applicable aux fonctionnaires de l'État.

Ces indemnités et frais sont à la charge, selon le cas, des conseils régionaux, des conseils centraux ou du Conseil national de l'ordre des pharmaciens.

Aucun membre des sections des assurances sociales des conseils régionaux et des conseils centraux des sections D, E, G et H et du Conseil national de l'ordre des pharmaciens ne peut siéger lorsqu'il a eu connaissance des faits de la cause à raison de l'exercice d'autres fonctions ordinales.

Art. L. 145-7 La section des assurances sociales du Conseil national de l'ordre des médecins est présidée par un conseiller d'État, nommé en même temps qu'un ou *[que]* plusieurs conseillers d'État suppléants par le vice-président du Conseil d'État pour une durée de six ans renouvelable. Elle comprend un nombre égal d'assesseurs membres de l'ordre et d'assesseurs représentant des organismes de sécurité sociale, nommés par l'autorité compétente de l'État sur proposition de la Caisse nationale de l'assurance maladie *(Abrogé par Ord. n° 2018-470 du 12 juin 2018, art. 9)* *« des travailleurs salariés »*.

Les fonctions de président ou de président suppléant de la section des assurances sociales du Conseil national de l'ordre des médecins sont incompatibles avec celles prévues à l'article L. 4122-1-1 du code de la santé publique.

Les fonctions d'assesseur à la section des assurances sociales de l'ordre des médecins sont incompatibles avec les fonctions de président ou de secrétaire général d'un conseil.

Les sections des assurances sociales du Conseil national de l'ordre des chirurgiens-dentistes et du Conseil national de l'ordre des sages-femmes sont présidées par le conseiller d'État qui préside la formation disciplinaire de chacun de ces conseils. Elles comprennent un nombre égal d'assesseurs membres de l'ordre et d'assesseurs représentant des organismes de sécurité sociale, dont au moins un praticien conseil nommé par l'autorité compétente de l'État sur proposition de la Caisse nationale de l'assurance maladie *(Abrogé par Ord. n° 2018-470 du 12 juin 2018, art. 9)* *« des travailleurs salariés »*.

Les assesseurs membres de l'ordre des médecins sont désignés pour une durée de six ans renouvelables *[renouvelable]* par le Conseil national parmi les membres et anciens membres des conseils de l'ordre.

Les assesseurs membres de l'ordre des chirurgiens-dentistes et de l'ordre des sages-femmes sont nommés pour une durée de six ans renouvelables *[renouvelable]* par le Conseil national de chacun de ces ordres en son sein.

En cas de remplacement d'un assesseur, le nouvel assesseur est nommé pour la durée du mandat restant à courir.

Les fonctions exercées par les membres des sections des assurances sociales des Conseils nationaux sont incompatibles avec la fonction d'assesseur dans la section des assurances sociales d'une chambre disciplinaire de première instance.

Aucun membre de la section des assurances sociales d'un Conseil national ne peut siéger lorsqu'il a eu connaissance des faits de la cause à raison de l'exercice d'autres fonctions ordinales, et notamment lorsqu'il a participé à la délibération par laquelle le Conseil national a, le cas échéant, initié l'action disciplinaire ou fait appel de la décision rendue par la section des assurances sociales d'une chambre disciplinaire de première instance.

Le montant des indemnités allouées aux présidents et aux présidents suppléants des sections des assurances sociales des Conseils nationaux est fixé par arrêté des ministres chargés du budget et de la santé *(L. nº 2017-1841 du 30 déc. 2017, art. 2-II)* « , après consultation de l'ordre ».

Leurs frais de déplacement sont remboursés dans les conditions prévues par la réglementation applicable aux fonctionnaires de l'État.

Ces indemnités et frais sont à la charge du Conseil national.

(L. nº 2017-1841 du 30 déc. 2017, art. 6-II) « L'âge limite pour exercer les fonctions de président ou de président suppléant d'une section des assurances sociales d'un conseil national est de 77 ans révolus. »

SOUS-SECTION 2 ORGANISATION DES JURIDICTIONS RELATIVES À CERTAINES PROFESSIONS PARAMÉDICALES

(Ord. nº 2017-644 du 27 avr. 2017, art. 11, ratifiée par L. nº 2017-1841 du 30 déc. 2017)

Art. L. 145-7-1 La section *[Les sections]* des assurances sociales des chambres disciplinaires de première instance de l'ordre des infirmiers, de l'ordre des masseurs-kinésithérapeutes et de l'ordre des pédicures-podologues sont des juridictions. Elles sont présidées par un membre du corps des tribunaux administratifs et des cours administratives d'appel nommé par le vice-président du Conseil d'État pour une durée de six ans renouvelable au vu des propositions du président de la cour administrative d'appel dans le ressort de laquelle se trouve le siège du conseil régional ou interrégional. Le cas échéant, deux présidents suppléants peuvent être nommés dans les mêmes conditions.

(L. nº 2017-1841 du 30 déc. 2017, art. 6-II) « L'âge limite pour exercer les fonctions de président ou de président suppléant d'une section des assurances sociales d'une chambre disciplinaire de première instance est de 77 ans révolus. »

Elles comprennent un nombre égal d'assesseurs membres, selon le cas, de l'ordre des infirmiers, de l'ordre des masseurs-kinésithérapeutes ou de l'ordre des pédicures-podologues, et d'assesseurs représentants des organismes de sécurité sociale, dont au moins un praticien conseil, nommés pour une durée de six ans renouvelable par l'autorité compétente de l'État. Les assesseurs membres des ordres sont désignés par le conseil régional ou interrégional de chacun de ces ordres, en son sein.

En cas de remplacement d'un assesseur, le nouvel assesseur est nommé pour la durée du mandat restant à courir.

Les fonctions d'assesseurs *[assesseur]* sont incompatibles avec les fonctions de président ou de secrétaire général du conseil régional ou interrégional.

Aucun membre de la section des assurances sociales d'une chambre disciplinaire de première instance ne peut siéger lorsqu'il a eu connaissance des faits de la cause à raison de l'exercice d'autres fonctions ordinales.

Le montant des indemnités allouées aux présidents et aux présidents des sections des assurances sociales des chambres disciplinaires de première instance est fixé par arrêté des ministres chargés du budget et de la santé *(L. nº 2017-1841 du 30 déc. 2017, art. 2-III)* « , après consultation de l'ordre ».

Leurs frais de déplacement sont remboursés dans les conditions prévues par la réglementation applicable aux fonctionnaires de l'État.

Ces indemnités et frais sont à la charge du conseil régional.

Art. L. 145-7-2 I. — Les infirmiers et les masseurs-kinésithérapeutes inscrits au tableau de l'ordre de Saint-Pierre-et-Miquelon sont soumis respectivement à la compétence de la section des assurances sociales de la chambre disciplinaire de première instance de l'ordre des infirmiers et de la section des assurances sociales de la chambre disciplinaire de première instance de l'ordre des masseurs-kinésithérapeutes de la région Normandie.

II. — Les infirmiers et les masseurs-kinésithérapeutes inscrits au tableau de l'ordre de La Réunion et de Mayotte sont soumis respectivement à la compétence de la section des assurances sociales de la chambre disciplinaire de première instance de l'ordre des infirmiers et de la section des assurances sociales de la chambre disciplinaire de première instance de l'ordre des masseurs-kinésithérapeutes de La Réunion-Mayotte.

III. — Les infirmiers et les masseurs-kinésithérapeutes inscrits au tableau de l'ordre de la Guyane, de la Martinique, de la Guadeloupe, de Saint-Martin et de Saint-Barthélemy sont soumis respectivement à la compétence de la section des assurances sociales de la chambre disciplinaire de première instance de l'ordre des infirmiers et de la section des assurances sociales de la chambre disciplinaire de première instance de l'ordre des masseurs-kinésithérapeutes des Antilles-Guyane.

IV. — Les infirmiers inscrits au tableau de l'ordre de Provence-Alpes-Côte d'Azur et de Corse sont soumis respectivement à la compétence de la section des assurances sociales de la chambre disciplinaire de première instance de l'ordre des infirmiers de Provence-Alpes-Côte d'Azur.

Les dispositions de l'art. L. 145-7-2, issues de l'Ord. n° 2017-644 du 27 avr. 2017, entrent en vigueur à compter des prochains renouvellements des instances en cause (Ord. préc., art. 15-VI).

Art. L. 145-7-3 I. — Les pédicures-podologues inscrits au tableau de l'ordre de l'Île-de-France, de la Guyane, de la Martinique, de la Guadeloupe, de Saint-Martin, de Saint-Barthélemy, de La Réunion et de Mayotte sont soumis à la compétence de la section des assurances sociales de la chambre disciplinaire de première instance de l'ordre compétent de la région *[des régions]* Île-de-France, Antilles-Guyane, La Réunion et Mayotte.

II. — Les pédicures-podologues inscrits au tableau de l'ordre de Bretagne et de Saint-Pierre-et-Miquelon sont soumis à la compétence de la section des assurances sociales de la chambre disciplinaire de première instance de l'ordre compétent de la région Bretagne et *[de]* Saint-Pierre-et-Miquelon.

III. — Les pédicures-podologues inscrits au tableau de l'ordre de Provence-Alpes-Côte d'Azur et de Corse sont soumis à la compétence de la section des assurances sociales de la chambre disciplinaire de première instance de l'ordre compétent pour la région *[les régions]* Provence-Alpes-Côte d'Azur et la Corse.

Les dispositions de l'art. L. 145-7-3, issues de l'Ord. n° 2017-644 du 27 avr. 2017, entrent en vigueur à compter des prochains renouvellements des instances en cause (Ord. préc., art. 15-VI).

Art. L. 145-7-4 La section des assurances sociales du Conseil national de l'ordre des infirmiers et de l'ordre des masseurs-kinésithérapeutes est présidée par un conseiller d'État, nommé en même temps qu'un ou que plusieurs conseillers d'État suppléants par le vice-président du Conseil d'État pour une durée de six ans renouvelable. Elles comprennent un nombre égal d'assesseurs *(L. n° 2017-1841 du 30 déc. 2017, art. 10)* « membres de ces ordres » et d'assesseurs représentant des organismes de sécurité sociale, nommés par l'autorité compétente de l'État sur proposition de la Caisse nationale de l'assurance maladie *(Abrogé par Ord. n° 2018-470 du 12 juin 2018, art. 9) « des travailleurs salariés »*.

Les fonctions de président ou de président suppléant de la section des assurances sociales du Conseil national de l'ordre des infirmiers sont incompatibles avec celles prévues à l'article L. 4312-7 du code de la santé publique et celles de président ou de président suppléant de la section des assurances sociales du Conseil national de l'ordre des masseurs-kinésithérapeutes avec celles prévues à l'article L. 4122-1-1 du même code.

La section des assurances sociales du Conseil national de l'ordre des pédicures-podologues est présidée par le conseiller d'État qui préside la formation disciplinaire de ce conseil. Elle comprend un nombre égal d'assesseurs membres de l'ordre et d'assesseurs représentants des organismes de sécurité sociale, dont au moins un praticien conseil nommé par l'autorité compétente de l'État sur proposition de la Caisse nationale de l'assurance maladie *(Abrogé par Ord. n° 2018-470 du 12 juin 2018, art. 9) « des travailleurs salariés »*.

Les assesseurs membres des ordres sont nommés pour une durée de six ans renouvelable par le Conseil national de chacun de ces ordres en son sein.

En cas de remplacement d'un assesseur, le nouvel assesseur est nommé pour la durée du mandat restant à courir.

Les fonctions exercées par les membres des sections des assurances sociales des Conseils nationaux sont incompatibles avec la fonction d'assesseur dans la section des assurances sociales d'une chambre disciplinaire de première instance.

Aucun membre de la section des assurances sociales d'un Conseil national ne peut siéger lorsqu'il a eu connaissance des faits de la cause à raison de l'exercice d'autres fonctions ordinales.

Le montant des indemnités allouées aux présidents et aux présidents suppléants des sections des assurances sociales des Conseils nationaux est fixé par arrêté des ministres chargés du budget et de la santé *(L. nº 2017-1841 du 30 déc. 2017, art. 2-II)* « , après consultation de l'ordre ».

Leurs frais de déplacement sont remboursés dans les conditions prévues par la réglementation applicable aux fonctionnaires de l'État.

Ces indemnités et frais sont à la charge du Conseil national.

(L. nº 2017-1841 du 30 déc. 2017, art. 6-II) « L'âge limite pour exercer les fonctions de président ou de président suppléant d'une section des assurances sociales d'un conseil national est de 77 ans révolus. »

SECTION III PROCÉDURE

SOUS-SECTION 1 PROCÉDURE RELATIVE AUX MÉDECINS, CHIRURGIENS-DENTISTES ET SAGES-FEMMES *(L. nº 2002-303 du 27 févr. 2002).*

Art. L. 145-8 La procédure devant la section des assurances sociales *(L. nº 2002-303 du 4 mars 2002, art. 62-XV)* « de la chambre disciplinaire de première instance » et devant la section des assurances sociales du Conseil national de discipline est contradictoire. — *V. art. R. 145-15 s.*

Art. L. 145-9 *(Ord. nº 96-345 du 24 avr. 1996, art. 15-VI)* Le président de la section des assurances sociales *(L. nº 2002-303 du 4 mars 2002, art. 62-XV)* « de la chambre disciplinaire de première instance » et le président de la section des assurances sociales du Conseil national de l'ordre des médecins, des chirurgiens-dentistes et des sages-femmes peuvent, par ordonnance, donner acte des désistements, *(L. nº 2007-127 du 30 janv. 2007, art. 20)* « rejeter une requête ne relevant manifestement pas de la compétence de leur juridiction, statuer sur les requêtes qui ne présentent plus à juger de questions autres que la condamnation prévue à l'article L. 761-1 du code de justice administrative, la charge des dépens ou la fixation des dates d'exécution des sanctions mentionnées à l'article L. 145-2 du présent code, » constater qu'il n'y a pas lieu de statuer sur une requête et rejeter les conclusions entachées d'une irrecevabilité manifeste non susceptible d'être couverte en cours d'instance.

Compatibilité avec les droits de l'homme. Les dispositions de l'art. L. 145-9 ne sont pas incompatibles avec l'art. 6, § 1, Conv. EDH. • CE 29 déc. 2000 : *RJS 2001, nº 671.*

SOUS-SECTION 2 PROCÉDURE RELATIVE À CERTAINES PROFESSIONS PARAMÉDICALES

(L. nº 2006-1668 du 21 déc. 2006, art. 6)

Art. L. 145-9-1 La procédure devant la section des assurances sociales de la chambre disciplinaire de première instance et devant la section des assurances sociales du Conseil national de l'ordre des masseurs-kinésithérapeutes et de l'ordre des infirmiers est contradictoire.

Art. L. 145-9-2 Le président de la section des assurances sociales de la chambre disciplinaire de première instance et le président de la section des assurances sociales du Conseil national de l'ordre des masseurs-kinésithérapeutes, ainsi que le président de la section des assurances sociales de la chambre disciplinaire de première instance et le président de la section des assurances sociales du Conseil national de l'ordre des infirmiers peuvent, par ordonnance, donner acte des désistements, rejeter une requête ne relevant manifestement pas de la compétence de leur juridiction, constater qu'il n'y a pas lieu de statuer sur une requête, rejeter les conclusions entachées d'une irrecevabilité manifeste non susceptible d'être couverte en cours d'instance et statuer sur les requêtes qui ne présentent plus à juger de questions autres que la condamnation prévue à l'article L. 761-1 du code de justice administrative, la charge des dépens ou la fixation des dates d'exécution des sanctions mentionnées à l'article L. 145-5-2 du présent code.

SECTION IV DISPOSITIONS DIVERSES

Néant.

CHAPITRE VI CONTENTIEUX DU CONTRÔLE TECHNIQUE EN NOUVELLE-CALÉDONIE ET EN POLYNÉSIE FRANÇAISE

(Ord. n° 2003-166 du 27 févr. 2003)

SECTION PREMIÈRE DISPOSITIONS GÉNÉRALES

Art. L. 146-1 En Nouvelle-Calédonie et en Polynésie française, les fautes, abus, fraudes et tous faits intéressant l'exercice de la profession, relevés à l'encontre des médecins, chirurgiens-dentistes, sages-femmes ou pharmaciens à l'occasion des soins dispensés ou des prestations servies aux assurés sociaux, sont soumis en première instance à une section de l'une des chambres disciplinaires prévues aux chapitres Ier et III du titre IV du livre IV de la partie IV du code de la santé publique dite : "section des assurances sociales de la chambre disciplinaire" et, en appel, à une section de la chambre disciplinaire nationale du Conseil national de l'ordre des médecins ou des chirurgiens-dentistes ou des sages-femmes ou des pharmaciens dite : "section des assurances sociales du Conseil national de l'ordre des médecins" ou "section des assurances sociales du Conseil national de l'ordre des chirurgiens-dentistes" ou "section des assurances sociales du Conseil national de l'ordre des sages-femmes" ou "section des assurances sociales du Conseil national de l'ordre des pharmaciens".

Art. L. 146-2 I. – Les sanctions susceptibles d'être prononcées par la section des assurances sociales des chambres disciplinaires ou des Conseils nationaux de l'ordre des médecins, des chirurgiens-dentistes ou des sages-femmes sont :

1° L'avertissement ;

2° Le blâme ;

3° L'interdiction temporaire ou permanente, avec ou sans sursis, du droit de donner des soins aux assurés sociaux ;

4° Dans le cas d'abus d'honoraires, le remboursement à l'assuré du trop-perçu ou le reversement aux organismes de sécurité sociale du trop-remboursé, même s'il n'est prononcé aucune des sanctions prévues ci-dessus.

II. – Les sanctions susceptibles d'être prononcées par la section des assurances sociales des chambres disciplinaires ou du Conseil national de l'ordre des pharmaciens sont :

1° L'avertissement ;

2° Le blâme ;

3° L'interdiction temporaire ou permanente de servir des prestations aux assurés sociaux ;

4° Dans le cas d'abus des prix de vente des médicaments et des fournitures ou des prix d'analyses, le remboursement du trop perçu à l'assuré, même s'il n'est prononcé aucune des sanctions prévues ci-dessus.

III. – Les sanctions prévues aux 2°, 3° et 4° du I et du II du présent article peuvent faire l'objet d'une publication si le jugement le prévoit.

Si, pour des faits commis dans un délai de cinq ans à compter de la notification d'une sanction assortie du sursis et devenue définitive, la juridiction prononce la sanction mentionnée au 3° du I ou du II du présent article, elle peut décider que la sanction, pour la partie assortie du sursis, devient exécutoire sans préjudice de l'application de la nouvelle sanction.

Est considérée comme non avenue une sanction, pour la partie assortie du sursis, lorsque le praticien sanctionné n'aura commis aucune nouvelle faute suivie d'une sanction dans le délai fixé à l'alinéa précédent.

Les sanctions prévues au présent article ne sont pas cumulables avec les peines prévues aux articles L. 4124-6, L. 4234-6, L. 4441-10 ou L. 4443-4 du code de la santé publique lorsqu'elles ont été prononcées à l'occasion des mêmes faits. Si les juridictions compétentes prononcent des sanctions différentes, la sanction la plus forte peut être seule mise à exécution.

Les sanctions devenues définitives ont force exécutoire. Elles doivent, si le jugement le prévoit, faire l'objet d'une publication par les soins des organismes de sécurité sociale.

Art. L. 146-3 Les sanctions prévues aux 1° et 2° des I et II de l'article L. 146-2 entraînent la privation du droit d'exercer des fonctions ordinales administratives ou disciplinaires, quelles qu'elles soient, pendant une durée de trois ans. La sanction prévue au 3° du même article, qu'elle soit ou non assortie du sursis, ainsi que la sanction prévue au 4° de cet article, entraînent la privation de ce droit à titre définitif.

La décision de sursis est sans effet sur les incapacités prévues à l'alinéa qui précède.

Après qu'un intervalle de trois ans se sera écoulé depuis une décision définitive d'interdiction permanente du droit de donner des soins aux assurés sociaux, le praticien frappé de cette sanction pourra être relevé de l'incapacité en résultant par une décision de la section des assurances sociales de la chambre disciplinaire de première instance qui a prononcé la sanction.

Lorsque la demande aura été rejetée après examen au fond, elle ne peut être représentée qu'après un nouveau délai de trois années.

Art. L. 146-4 I. – Tout praticien qui contrevient aux décisions de la chambre disciplinaire de première instance ou de la section disciplinaire du Conseil national de l'ordre ou de la section des assurances sociales de la chambre disciplinaire de première instance ou de la section des assurances sociales du Conseil national de l'ordre des médecins, des chirurgiens-dentistes, des sages-femmes ou des pharmaciens, en donnant des soins ou en servant des prestations à un assuré social alors qu'il est privé du droit de le faire, est tenu de rembourser à l'organisme de sécurité sociale le montant de toutes les prestations médicales, dentaires, pharmaceutiques ou autres que celui-ci a été amené à payer audit assuré social du fait des soins que le praticien a donnés ou des prescriptions qu'il a ordonnées.

II. – Tout pharmacien qui sert des prestations à un assuré social alors qu'il est privé du droit de le faire à la suite d'une décision de la chambre disciplinaire de première instance ou de la section disciplinaire du Conseil national de l'ordre ou de la section des assurances sociales de la chambre disciplinaire de première instance ou de la section des assurances sociales du Conseil national de l'ordre des pharmaciens est tenu de rembourser à l'organisme de sécurité sociale toutes les sommes versées du fait des ordonnances exécutées.

Art. L. 146-5 Les décisions rendues par les sections des assurances sociales du Conseil national de l'ordre des médecins, du Conseil national de l'ordre des chirurgiens-dentistes ou du Conseil national de l'ordre des sages-femmes et du Conseil national de l'ordre des pharmaciens ne sont susceptibles de recours que devant le Conseil d'État, par la voie du recours en cassation.

SECTION II ORGANISATION DES JURIDICTIONS

(Ord. nº 2017-644 du 27 avr. 2017, art. 12, en vigueur le 1er janv. 2018, ratifiée par L. nº 2017-1841 du 30 déc. 2017)

Art. L. 146-6 La section des assurances sociales de la chambre disciplinaire des médecins, des chirurgiens-dentistes et des sages-femmes de Nouvelle-Calédonie et de Polynésie française est une juridiction. Elle est présidée par un membre du corps des tribunaux administratifs et des cours administratives d'appel désigné par le vice-président du Conseil d'État pour une durée de six ans renouvelable. Le cas échéant, deux présidents suppléants peuvent être nommés dans les mêmes conditions.

(L. nº 2017-1841 du 30 déc. 2017, art. 6-III) « L'âge limite pour exercer les fonctions de président ou de président suppléant d'une section des assurances sociales d'une chambre disciplinaire est de 77 ans révolus. »

Elle comprend un nombre égal d'assesseurs, membres, selon le cas, de l'ordre des médecins, de l'ordre des chirurgiens-dentistes ou de l'ordre des sages-femmes, et d'assesseurs représentant l'organisme de sécurité sociale, dont un praticien conseil. Ces derniers sont nommés pour une durée de six ans renouvelable par le président du tri-

bunal administratif dans le ressort territorial duquel se trouve le siège de la section. Les assesseurs membres de l'ordre sont désignés par les chambres disciplinaires en leur sein.

En cas de remplacement d'un assesseur, le nouvel assesseur est nommé pour la durée du mandat restant à courir.

Les fonctions d'assesseurs *[assesseur]* **sont incompatibles avec les fonctions de président ou de secrétaire général de l'organe de l'ordre.**

Aucun membre de la section des assurances sociales de la chambre disciplinaire ne peut siéger lorsqu'il a eu connaissance des faits de la cause à raison de l'exercice d'autres fonctions ordinales.

Aucun des membres de l'organe de l'ordre ayant déposé une plainte auprès de la section des assurances sociales de la chambre disciplinaire ne peut siéger en tant qu'assesseur dans la formation de jugement statuant sur cette plainte.

Le montant des indemnités allouées aux présidents et aux présidents suppléants des sections des assurances sociales des chambres disciplinaires est fixé par arrêté des ministres chargés du budget et de la santé *(L. n° 2017-1841 du 30 déc. 2017, art. 6-III)* **« , après consultation de l'ordre ».**

Leurs frais de déplacement sont remboursés dans les conditions prévues par la réglementation applicable aux fonctionnaires de l'État.

Ces indemnités et frais sont à la charge de l'organe de l'ordre.

Art. L. 146-7 **La section des assurances sociales de la chambre de discipline des pharmaciens est une juridiction. Elle est présidée par un membre du corps des tribunaux administratifs et des cours administratives d'appel désigné par le vice-président du Conseil d'État pour une durée de six ans renouvelable. Le cas échéant, deux présidents suppléants peuvent être nommés dans les mêmes conditions.**

(L. n° 2017-1841 du 30 déc. 2017, art. 6-III) **« L'âge limite pour exercer les fonctions de président ou de président suppléant d'une section des assurances sociales d'une chambre disciplinaire est de 77 ans révolus. »**

Elle comprend un nombre égal d'assesseurs, membres de l'ordre des pharmaciens*[,]* **et d'assesseurs représentant l'organisme de sécurité sociale, dont un praticien conseil. Ces derniers sont nommés par le président du tribunal administratif dans le ressort territorial duquel se trouve le siège de la section. Les assesseurs membres de l'ordre sont désignés au sein de la chambre de discipline.**

En cas de remplacement d'un assesseur, le nouvel assesseur est nommé pour la durée du mandat restant à courir.

Les fonctions d'assesseur sont incompatibles avec les fonctions de président ou de secrétaire général de l'organe de l'ordre.

Aucun membre de la section des assurances sociales de la chambre de discipline ne peut siéger lorsqu'il a eu connaissance des faits de la cause à raison de l'exercice d'autres fonctions ordinales.

Aucun des membres de l'organe de l'ordre ayant déposé une plainte auprès de la section des assurances sociales de la chambre de discipline ne peut siéger en tant qu'assesseur dans la formation de jugement statuant sur cette plainte.

Le montant des indemnités allouées aux présidents et aux présidents suppléants de la section des assurances sociales de la chambre de discipline est fixé par arrêté des ministres chargés du budget et de la santé *(L. n° 2017-1841 du 30 déc. 2017, art. 2-III)* **« , après consultation de l'ordre ».**

Leurs frais de déplacement sont remboursés dans les conditions prévues par la réglementation applicable aux fonctionnaires de l'État.

Ces indemnités et frais sont à la charge de l'organe de l'ordre.

SECTION III PROCÉDURE

Art. L. 146-8 **La procédure devant la section des assurances sociales de la chambre disciplinaire de première instance et devant la section des assurances sociales du Conseil national de discipline est contradictoire.**

Art. L. 146-9 **Le président de la section des assurances sociales de la chambre disciplinaire de première instance et le président de la section des assurances sociales du Conseil national de l'ordre des médecins, des chirurgiens-dentistes, des sages-femmes**

et des pharmaciens peuvent, par ordonnance, donner acte des désistements, constater qu'il n'y a pas lieu de statuer sur une requête et rejeter les conclusions entachées d'une irrecevabilité manifeste non susceptible d'être couverte en cours d'instance.

Les dispositions de ce chap. s'appliquent à la date des premières élections des membres de l'organe de l'ordre des médecins, des chirurgiens-dentistes et des pharmaciens en Nouvelle-Calédonie et en Polynésie française qui suivront la publication des dispositions réglementaires d'application des art. L. 146-5 à L. 146-9. Après la date de cette publication, elles s'appliquent à l'ordre des sages-femmes dès la création d'une chambre disciplinaire de première instance des sages-femmes en Nouvelle-Calédonie ou en Polynésie française (Ord. n° 2003-166 du 27 févr. 2003, art. 14).

TITRE CINQUIÈME CONTRÔLES

CHAPITRE PREMIER DISPOSITIONS APPLICABLES AU RÉGIME GÉNÉRAL, AUX RÉGIMES SPÉCIAUX MENTIONNÉS À L'ARTICLE L. 711-1 ET À CERTAINS RÉGIMES DE TRAVAILLEURS INDÉPENDANTS NON AGRICOLES *(L. n° 2016-1827 du 23 déc. 2016, art. 50-I, en vigueur le 1er janv. 2017).*

BIBL. GÉN. ► Bordeloup, De quelques problèmes posés par les pouvoirs du directeur régional de la Sécurité sociale, *Dr. soc. 1974. 246 ;* Le déplacement des pouvoirs dans les services publics de la Sécurité sociale et de l'action sanitaire et sociale, *ibid. 1981. 83 ;* Sur le nouveau code de la sécurité sociale : vers une nouvelle étape dans le déplacement des pouvoirs dans le service public de la sécurité sociale, *ibid. 1986. 269.* – Borgetto, Quelle démocratie sociale ?, *RD publ. 2002. 194.* – Ceccaldi, Les institutions sociales au crible de la Cour des comptes, *RDSS 1985. 443.* – Darragon, Le contrôle des organismes sociaux. Les finances sociales, unité ou diversité ? (dir. L. Philip), *Economica, 1995, p. 39 ;* Contrôle des organismes de sécurité sociale, *J.-Cl. adm., fasc. 1256.* – Lagrave, Qui gère la Sécurité sociale ?, *Projet 1979, n° 133. 291.* – Laroque, La contractualisation comme nouvelle technique de tutelle des organismes de sécurité sociale, *Regards EN3S, n° 28, 2005.* – Le Bellec, La tutelle de l'État sur les organismes nationaux du régime général de sécurité sociale, *Dr. soc. 1990. 454.* – Martinez, Le difficile accès des usagers de la sécurité sociale au recours pour excès de pouvoir contre une décision de l'autorité de tutelle, *RDSS 1996. 784.* – Moitrier, La tutelle sur les organismes de sécurité sociale, *Dr. soc. 1973. 186.* – Prétot, La tutelle de l'État sur les organismes de sécurité sociale, Aspects juridiques, *Dr. soc. 1985. 592 ;* La tutelle de l'État sur les organismes de sécurité sociale, Aspects contentieux, *ibid. 1987. 769 ;* L'incidence des mesures de tutelle sur le contentieux général de la sécurité sociale, *RJS 1996, p. 3 ;* La réforme de l'organisation et du fonctionnement de la sécurité sociale (Ordonnance n° 96-344 du 24 avr. 1996), *D. 1996. Chron. 219 ;* La réorganisation de la Sécurité sociale : la clarification des pouvoirs et ses limites, *RDSS 1996. 825.* – Regourd, L'acte de tutelle en droit administratif, *LGDJ,* 1982. – *Adde,* Tutelle et contrôle des organismes de sécurité sociale *(Mémoire CNESSS. - dir. M. Lagrave),* 1979.

Art. L. 151-1 **Les décisions** *(L. n° 2004-810 du 13 août 2004, art. 69-I ; Ord. n° 2010-177 du 23 févr. 2010, art. 24)* **« des conseils ou des conseils d'administration des caisses primaires d'assurance maladie, des caisses d'assurance retraite et de la santé au travail »** *(Abrogé par Ord. n° 2018-470 du 12 juin 2018, art. 9)* ***« des travailleurs salariés »*, des caisses d'allocations familiales et des unions de recouvrement sont soumises au contrôle de l'autorité compétente de l'État.**

L'autorité compétente de l'État peut annuler ces décisions lorsqu'elles sont contraires à la loi. Un décret en Conseil d'État détermine les modalités d'exercice de ce contrôle de légalité, notamment les règles de communication des décisions, les conditions de délai imparties à l'autorité compétente pour en prononcer l'annulation, la procédure selon laquelle elles peuvent être provisoirement suspendues et les modalités d'intervention des organismes nationaux. — *V. art. R. 151-1.*

L'autorité compétente de l'État peut également suspendre, dans un délai déterminé, les décisions *(L. n° 2004-810 du 13 août 2004, art. 69-I)* **« d'un conseil ou d'un conseil » d'administration qui lui paraissent de nature à compromettre l'équilibre financier des risques. Si elle maintient sa décision, la caisse intéressée saisit la Caisse nationale compétente. Cette décision demeure suspendue tant que** *(L. n° 2004-810 du 13 août 2004, art. 69-I)* **« le conseil ou le conseil » d'administration de la Caisse nationale ne l'a pas explicitement confirmée ou infirmée et que sa délibération n'est pas devenue définitive conformément à l'article L. 226-4.**

(Ord. n° 96-344 du 24 avr. 1996, art. 23) « **Des décrets en Conseil d'État déterminent les conditions d'application du présent article** *(Abrogé par Ord. n° 2010-177 du 23 févr. 2010, art. 24)* ***« aux unions régionales des caisses d'assurance maladie, »*** **aux régimes spéciaux mentionnés à l'article L. 711-1** *(Abrogé par Ord. n° 2018-470 du 12 juin 2018, art. 9)* ***« et aux*** *(Ord. n° 2005-1528 du 8 déc. 2005)* ***« organismes du régime social des indépendants. »***

Al. abrogé par Ord. n° 2005-1528 du 8 déc. 2005.

A. PRINCIPES

1. Autonomie des organismes (principe fondamental). L'autonomie des organismes de sécurité sociale revêt le caractère d'un principe fondamental de la sécurité sociale au sens de l'art. 34 de la Constitution ; dès lors, le pouvoir de tutelle ne peut s'exercer que dans les cas et limites autorisés par le législateur. • CE, ass., 27 nov. 1964 (deux esp.), *Caisse centrale de secours mutuels agricoles et a, UNAF : Lebon 584 et 587 ; Dr. soc. 1965. 327, concl. Braibant ; JCP 1965. I. 1921, étude Dupeyroux et Lamarque* • CE, sect., 15 déc. 1967 : *Lebon 496, concl. Braibant* • Cons. const. 8 août 1995, n° 85-139 L : *Rec. Cons. const. 94 ; Dr. soc. 1986. 258, étude Prétot ; RD publ. 1986. 395, chron. Favoreu.* ♦ Sur l'étendue de la compétence du pouvoir réglementaire, V. aussi • CE, sect., 18 juin 1965 : *Lebon 367* • CE 11 mars 1988 : *D. 1989. Somm. 239, obs. Prétot.*

2. Mesure de tutelle (qualification). La dissolution du conseil d'administration d'un organisme revêt le caractère d'une mesure de tutelle, non d'une sanction ; elle n'a pas, dès lors, à être motivée ni précédée d'une procédure contradictoire. • CE 30 mars 2005 : *TPS 2005. Comm. 191, obs. Prétot.*

3. Application du principe de légalité. Le pouvoir de tutelle ne peut légalement s'exercer que dans les cas et dans les limites autorisés par le législateur. • CE, sect., 15 déc. 1967 : *Lebon 496, concl. Braibant ; AJDA 1968. 104, chron. Massot et Dewost.* ♦ En l'absence de texte, l'autorité publique ne peut enjoindre au directeur d'une caisse primaire de substituer sa propre décision à celle du conseil d'administration de la caisse. • CE 19 mars 1969 : *Lebon 158*. ♦ Le pouvoir de tutelle sur les organismes de sécurité sociale implique celui de fixer par voie réglementaire les conditions de formation et de recrutement du personnel et, en particulier, les conditions d'aptitude que ce personnel doit remplir. • CE 6 oct. 1999 : *RJS 1999, n° 1505* • 10 nov. 1999 : *RJS 2000, n° 206.*

B. ÉTENDUE DU POUVOIR DE TUTELLE

4. Usage du pouvoir de tutelle. Si l'autorité de tutelle est tenue de faire usage de ses pouvoirs de tutelle, il lui appartient d'apprécier, sous le contrôle restreint du juge, par quelle voie et à quel moment il y a lieu pour elle, compte tenu des circonstances, d'user de ses pouvoirs. • CE, sect., 26 juin 1970 : *Lebon 442* • 6 oct. 1995, n° 118534 B : *Dr. adm. 1995. 786, obs. C. M. ; RJS 1996, n° 62.*

5. Exercice du pouvoir de tutelle. Conditions. L'autorité de tutelle ne peut se fonder sur la méconnaissance des stipulations d'une convention ou d'un accord collectif, même s'ils ont fait l'objet d'un agrément. • CE 22 mars 1972 : *Lebon 243* • 2 oct. 1981, n° 18145 B. • 2 déc. 1988 : *D. 1989. Somm. 239, obs. Prétot* • 18 oct. 1991 : *RJS 1991, n° 1355.* ♦ Le ministre est fondé à annuler la délibération d'un conseil d'administration accordant au secrétaire du comité d'entreprise un crédit supplémentaire de vingt heures par mois dès lors que cette décision n'est pas justifiée par des circonstances exceptionnelles, ni fondée sur des dispositions plus favorables résultant d'accords collectifs ou d'usages. • CE 26 juill. 1996 : *Lebon 315 ; RJS 1996, n° 1054.* ♦ Sur l'attribution par le conseil d'administration d'une caisse primaire d'assurance maladie d'une subvention de fonctionnement supplémentaire au comité d'entreprise, V. • CE 14 oct. 1996 : *RJS 1997, n° 88.* ♦ L'arrêté du 13 avr. 1988 relatif à l'indemnisation des administrateurs des organismes de sécurité sociale prévoyant l'attribution d'une indemnisation supplémentaire pour toute réunion exigeant un déplacement supérieur à 50 km, le ministre ne pouvait, sans entacher sa décision d'erreur de droit, subordonner à d'autres conditions l'attribution de l'indemnisation litigieuse et annuler pour ce motif la délibération du conseil d'administration. • CE 8 sept. 1995 : *RJS 1995, n° 1166.* ♦ Compte tenu de la structure propre du régime général, l'incidence financière des décisions de l'organisme doit être appréciée par référence à l'équilibre, non du régime général dans son ensemble, mais de chacune de ses branches. • CE 25 juill. 1975 : *Lebon 477*.

C. CONTENTIEUX DE LA TUTELLE

6. Compétence du juge administratif. Le juge administratif est seul compétent pour connaître des recours formés contre les décisions de tutelle. • T. confl. 19 mai 1958 : *Lebon 794 ; JCP 1958. II. 10658, note P. L.* ♦ Le juge administratif est compétent pour connaître par voie d'exception de la légalité de la décision de l'organisme à laquelle la mesure de tutelle se rapporte lorsque la question à résoudre est une question d'interprétation et d'application des textes. • CE, sect., 25 avr. 1969 : *Lebon 227* • 16 juin 1971 : *Lebon 453* • 16 juin 1978 :

Lebon 263. ♦ Mais il y a lieu à question préjudicielle dès lors que le litige met en cause la portée ou la validité d'un contrat de droit privé. • CE 29 nov. 1968 : *Lebon 609* • 5 juill. 1972 : *Lebon 512* (convention collective). ♦ Le recours formé devant le juge administratif contre une décision de l'autorité de tutelle devient sans objet dès lors que le bien-fondé de celle-ci a été confirmé par l'autorité judiciaire par une décision devenue définitive. • CE 31 mars 1995, n° 106333 B : *RJS 1995, n° 693.*

7. Annulation par l'autorité de tutelle. Compétence judiciaire. Le recours formé devant le juge administratif à l'encontre d'une mesure de tutelle n'impose pas au juge du contentieux général de surseoir à l'examen du recours dont il est lui-même saisi. • Soc. 4 févr. 1987, n° 84-12.583 P : *AJDA 1987. 424, obs. Prétot* • 14 déc. 1988, n° 86-10.311 P : *D. 1989. Somm. 239, obs. Prétot ; RJS 1989, n° 82.* ♦ Peu importe la position prise par l'autorité de tutelle à l'occasion de la procédure amiable préalable. • Soc. 10 déc. 1965 : *Bull. civ. IV, n° 909 ; D. 1966. 695, note Catala-Franjou* • 5 mai 1977, n° 75-15.777 P • 9 nov. 1978, n° 77-11.201 P. ♦ ***Limites.*** Par contre, le juge judiciaire n'est pas compétent pour apprécier la régularité d'une mesure de tutelle. • Soc. 5 mai 1977 : *préc.* • 8 mars 1979, n° 77-14.443 P • 16 mai 1991, n° 89-14.610 P : *D. 1991. Somm. 349, obs. Prétot ; RJS 1991, n° 891.*

8. Détermination de la compétence du juge administratif. Quel que soit le champ d'application de la délibération contestée, le tribunal administratif compétent est celui dans le ressort duquel l'organisme destinataire de la mesure de tutelle a son siège. • CE 3 juill. 1996 : *RJS 1996, n° 975.* ♦ Ne présente pas le caractère d'une décision faisant grief une simple invitation adressée à un organisme par l'autorité publique. • CE 11 oct. 1989 : *D. 1990. Somm. 148, obs. Prétot*. ♦ Un organisme sous tutelle est recevable à contester les mesures prises à son encontre par l'autorité de tutelle. • CE 27 oct. 1995 : *RJS 1995, n° 1274.* ♦ S'il n'appartient qu'au juge administratif de connaître de la légalité des décisions prises par l'autorité publique dans l'exercice de ses pouvoirs de tutelle, l'existence de la voie de recours dont dispose l'usager de l'organisme devant les juridictions du contentieux général de la sécurité sociale fait obstacle à ce qu'il forme devant le juge administratif un recours dirigé contre la décision de tutelle et entièrement fondé sur une contestation de l'application de la législation de sécurité sociale. • CE, sect., 6 janv. 1995 : *Lebon 15 ; AJDA 1995. 347, obs. Prétot ; D. 1995. Somm. 242, obs. Barthélemy ; JCP 1995. II. 22456, note Taquet ; LPA 5 juin 1995, n° 67, p. 11, concl. Bonichot ; RJS 1995, n° 306.* ♦ Mais il en va autrement lorsque, devant les juridictions du contentieux de la sécurité sociale, les assurés sociaux ne disposent pas d'une voie de droit qui leur permette d'obtenir une satisfaction équivalente à celle que leur assurerait l'annulation pour excès de pouvoir de la mesure de tutelle contestée. Ainsi, le juge administratif peut être saisi de la décision d'une autorité de tutelle prononçant l'annulation d'une décision par laquelle un organisme de sécurité sociale fait remise à un assuré de sa dette, dès lors que les juridictions du contentieux général de la sécurité sociale ne disposent pas du pouvoir de contrôler l'usage que font les organismes de sécurité sociale de leur faculté de procéder à des remises de dettes. • CE 1er avr. 1998 : *D. 1998. Somm. 389, obs. Prétot ; RJS 1998, n° 920.* ♦ Un usager est recevable à former un recours pour excès de pouvoir contre une mesure de tutelle dès lors que son recours est fondé sur la méconnaissance des règles d'exercice de la tutelle. • CE 28 juin 1995 : *RJS 1995, n° 1050* • 17 juin 1998 : *RJS 1998, n° 1053.*

D. RESPONSABILITÉ

9. L'exercice de la tutelle n'est de nature à engager la responsabilité de l'État que pour faute lourde. • CE 23 févr. 1977 : *Lebon 112.* ♦ Sur l'absence de droit à réparation, V. • T. confl. 4 nov. 1985 : *Lebon 408 ; AJDA 1986. 51, obs. Moreau ; D. 1986. IR 148, obs. Llorens ; Gaz. Pal. 18-20 mai 1986, p. 11, note Prétot.*

CHAPITRE II **DISPOSITIONS APPLICABLES AU RÉGIME D'ASSURANCE VIEILLESSE DES PROFESSIONS LIBÉRALES ET DES AVOCATS ET AUX RÉGIMES DE LA PROTECTION SOCIALE AGRICOLE DU CODE RURAL ET DE LA PÊCHE MARITIME** *(L. n° 2003-775 du 21 août 2003, art. 97 ; Ord. n° 2010-104 du 28 janv. 2010, art. 7).*

SECTION PREMIÈRE **DISPOSITIONS COMMUNES**

Art. L. 152-1 Les décisions des conseils d'administration des organismes d'assurance vieillesse des professions libérales *(L. n° 2003-775 du 21 août 2003, art. 97)* « et des avocats » *[et]* *(L. n° 2010-1330 du 9 nov. 2010, art. 56-II)* « des organismes mentionnés à l'article L. 723-1 du code rural et de la pêche maritime et de l'organisme mentionné à l'article L. 382-12 du présent code » sont soumises au contrôle de l'État dans les conditions fixées au présent chapitre.

L'autorité compétente de l'État peut annuler ces décisions lorsqu'elles sont contraires à la loi ou de nature à compromettre l'équilibre financier de la caisse.

Un décret en Conseil d'État détermine les modalités d'exercice du contrôle prévu au premier alinéa et notamment les règles de communication des décisions, les conditions de délai imparties à l'autorité compétente pour prononcer l'annulation et la procédure de suspension provisoire des décisions des organismes.

Des décrets en Conseil d'État peuvent, en ce qui concerne les organismes de mutualité sociale agricole, apporter les adaptations nécessaires à ces dispositions.

SECTION II DISPOSITIONS APPLICABLES AU RÉGIME D'ASSURANCE VIEILLESSE DES PROFESSIONS LIBÉRALES

Néant. — V. art. R. 152-1.

SECTION III DISPOSITIONS APPLICABLES AUX RÉGIMES DE LA PROTECTION SOCIALE AGRICOLE DU CODE RURAL ET DE LA PÊCHE MARITIME *(Ord. nº 2010-104 du 28 janv. 2010, art. 7).*

Néant. — V. art. R. 152-2 à R. 152-6.

CHAPITRE III CONTRÔLE DES BUDGETS — CONTRÔLES DIVERS

Art. L. 153-1 *(L. nº 94-637 du 25 juill. 1994, art. 17-II ; L. nº 2008-1330 du 17 déc. 2008, art. 112-I)* Les dispositions du présent chapitre s'appliquent au régime *(Ord. nº 2018-470 du 12 juin 2018, art. 9)* « général et » aux régimes de protection sociale agricole *(Abrogé par Ord. nº 2018-470 du 12 juin 2018, art. 9) « et au régime social des indépendants »* ainsi que, sous réserve d'adaptations par décret en Conseil d'État, au régime de base de l'Organisation autonome d'assurance vieillesse des professions libérales *(Ord. nº 2018-470 du 12 juin 2018, art. 9)* « et au Conseil de la protection sociale des travailleurs indépendants ». Elles sont également applicables au régime d'assurance vieillesse de base des avocats. Elles ne sont pas applicables *(Abrogé par L. nº 2007-1786 du 19 déc. 2007, art. 100-IV) « à l'Union des caisses nationales de sécurité sociale, » (L. nº 99-641 du 27 juill. 1999, art. 71-C)* « à la Caisse d'assurance vieillesse, invalidité et maladie des cultes » et à la Caisse des Français de l'étranger ; les budgets de ces derniers organismes ou régimes demeurent soumis à l'approbation du ministre chargé de la sécurité sociale et du ministre chargé du budget, qui exercent, dans ce cas, les attributions dévolues à l'organisme national par les articles L. 153-4 et L. 153-5.

Les dispositions du présent chapitre sont applicables au régime de la sécurité sociale dans les mines, ainsi que, sous réserve d'adaptations introduites par un décret en Conseil d'État, aux autres régimes spéciaux de sécurité sociale mentionnés au titre Ier du livre VII. Dans ce cas, les attributions dévolues à l'organisme national par les articles L. 153-2, L. 153-4 et L. 153-5 sont exercées conjointement par le ministre chargé de la sécurité sociale et le ministre chargé du budget. *— V. art. R. 226-1, R. 226-2, R. 281-9.*

Art. L. 153-2 *(L. nº 94-637 du 25 juill. 1994, art. 17-III)* Les budgets des organismes de base ainsi que des établissements qu'ils gèrent sont soumis à l'approbation de leur organisme national de rattachement. Toutefois, les budgets des établissements relevant de la compétence tarifaire de l'État demeurent soumis à l'approbation de l'autorité compétente de l'État. *— V. art. R. 153-2.*

L'autorité de tutelle ne peut se borner, lorsqu'elle approuve le budget d'action sanitaire et sociale d'un organisme de sécurité sociale, à faire application d'une instruction ministérielle qui limite la progression des dépenses d'une année sur l'autre, sans procéder à l'examen de la situation particulière de l'organisme. • CE 17 mars 1997 : *RJS 1997, nº 735.* ♦ Est entachée d'incompétence la décision par laquelle l'autorité de tutelle déclare approuver le budget de gestion administrative d'une caisse primaire, sans que ce budget ait été voté par le conseil d'administration de celle-ci, compte tenu de la dotation allouée par la Caisse nationale. • CE 29 juill. 1983 : *Lebon 358.* ♦ En refusant d'approuver la dépense correspondant à la création d'un poste supplémentaire d'animateur au service d'éducation sanitaire de la caisse requérante, au motif que cette dépense n'était pas opportune au regard de l'effectif du service, l'autorité de tutelle n'a pas commis d'erreur de droit ni, en l'espèce, d'erreur manifeste d'appréciation. • CE 13 juin 1997 : *Lebon 233 ; RJS 1997, n° 1012.* ♦ La décision par laquelle l'autorité publique refuse d'approuver une des dépenses inscrites au projet de budget d'action sanitaire et sociale d'un organisme de sécurité sociale n'entre dans aucune des catégories de décisions qui doivent être motivées en application de la loi du 11 juill. 1979. • CE 13 juin 1997 : *préc.*

Art. L. 153-3 *(L. n° 2008-1330 du 17 déc. 2008, art. 112-I)* **Les budgets établis par les organismes à compétence nationale mentionnés aux articles L. 723-1 et L. 723-5 du code rural et de la pêche maritime sont approuvés par l'autorité compétente de l'État.**

Art. L. 153-4 *(L. n° 94-637 du 25 juill. 1994, art. 17-V)* **Si les budgets prévus à l'article L. 153-2 n'ont pas été, selon le cas, votés, arrêtés ou délibérés par le** *(L. n° 2004-810 du 13 août 2004, art. 69-I)* **« conseil ou le conseil d'administration » au 1er janvier de l'année à laquelle ils se rapportent, l'organisme national compétent peut établir d'office lesdits budgets** *[V. art. R. 153-6]***. En cas de carence de ce dernier, l'autorité compétente de l'État procède elle-même à l'établissement d'office de ces budgets.**

Art. L. 153-5 *(L. n° 94-637 du 25 juill. 1994, art. 17-VI)* **Si** *(L. n° 2004-810 du 13 août 2004, art. 69-I)* **« le conseil ou le conseil d'administration » d'un organisme de sécurité sociale omet ou refuse d'inscrire aux budgets prévus à l'article L. 153-2 un crédit suffisant pour le paiement des dépenses rendues obligatoires par des dispositions législatives ou réglementaires ou par des stipulations conventionnelles prises en vertu des articles L. 123-1 et L. 123-2 et agréées par l'autorité compétente de l'État** *[V. art. R. 153-6]***, le crédit nécessaire est inscrit d'office au budget correspondant par décision de l'organisme national. En cas de carence de ce dernier, l'autorité compétente de l'État procède elle-même à cette inscription d'office.**

Art. L. 153-6 **L'octroi par un organisme de sécurité sociale quelconque d'un avantage financier à un établissement, œuvre ou institution dont la gestion n'est pas assujettie aux règles de la comptabilité publique, et quelle que soit sa nature juridique, peut faire l'objet de l'opposition de l'autorité compétente de l'État, dans les cas, dans les conditions et dans les délais fixés par décret.** — *V. art. R. 153-2.*

Al. 2 abrogé par L. n° 94-637 du 25 juill. 1994, art. 17-VII.

Art. L. 153-7 **Les dispositions de l'article L. 281-2 peuvent être rendues applicables, avec, éventuellement, les adaptations nécessaires, par décrets en Conseil d'État, à tout organisme de sécurité sociale jouissant de la personnalité civile et soumis au contrôle de la Cour des comptes en application des dispositions des articles L. 154-1 et L. 154-2.**

Art. L. 153-8 *(L. n° 94-637 du 25 juill. 1994, art. 17-VIII ; L. n° 2004-810 du 13 août 2004, art. 69-I)* **Le conseil ou les conseils d'administration des organismes nationaux des régimes mentionnés à l'article L. 153-1 peuvent fixer, pour une durée de trois ans, les règles et les modalités d'évolution de leurs dépenses budgétaires. Ces délibérations sont soumises à l'approbation du ministre chargé de la sécurité sociale et du ministre chargé du budget.** — *V. aussi art. R. 153-3, R. 153-8 et R. 153-9.*

Art. L. 153-9 *(Décr. n° 86-839 du 16 juill. 1986, art. 3 ; L. n° 94-637 du 25 juill. 1994, art. 16-I)* **Les schémas directeurs informatiques des organismes de sécurité sociale mentionnés au deuxième alinéa du présent article sont soumis à l'approbation de l'autorité compétente de l'État.** — *V. Décr. n° 91-993 du 24 sept. 1991 (JO 29 sept.).*

Ces dispositions sont applicables, dans des conditions définies par décret, aux organismes du régime général, *(L. n° 89-18 du 13 janv. 1989, art. 20)* **« aux organismes de mutualité sociale agricole » et aux organismes des régimes des travailleurs** *(L. n° 2016-1827 du 23 déc. 2016, art. 50-I, en vigueur le 1er janv. 2017)* **« indépendants » non agricoles relevant du livre VI.**

CHAPITRE III *BIS* CONTRÔLE *A POSTERIORI* ET ÉVALUATION

Art. L. 153-10 *(L. n° 94-637 du 25 juill. 1994, art. 18)* **L'autorité compétente de l'État exerce sur les organismes de sécurité sociale un contrôle destiné à évaluer l'efficacité de l'action de ces organismes et à mesurer leurs résultats au regard des objectifs fixés par eux-mêmes et par l'État.**

CHAPITRE IV CONTRÔLE DE LA COUR DES COMPTES

Art. L. 154-1 Les organismes de la sécurité sociale sont soumis au contrôle de la Cour des comptes dans les conditions et selon les modalités qui sont fixées par décret en Conseil d'État *[art. R. 154-1 renvoyant au chap. IV, titre III, livre Ier CJF]. (Abrogé par L. nº 2006-1640 du 21 déc. 2006, art. 41-II)* ***« Les sanctions qui pourront être appliquées à la suite de ce contrôle seront prévues par une loi ultérieure. »***

Art. L. 154-2 Les dispositions de l'article précédent sont applicables en France métropolitaine et dans les *(L. nº 2015-1268 du 14 oct. 2015, art. 7-I-3º)* « collectivités mentionnées » à l'article L. 751-1 à tous les organismes de droit privé jouissant de la personnalité civile ou de l'autonomie financière et assurant en tout ou partie la gestion d'un régime légalement obligatoire d'assurance contre la maladie, la maternité, la vieillesse, l'invalidité, le décès, les accidents du travail et les maladies professionnelles ou de prestations familiales, ainsi qu'aux unions ou fédérations desdits organismes.

(Abrogé par L. nº 2006-1640 du 21 déc. 2006, art. 41-II) ***« Les frais du contrôle institué par l'article L. 154-1 sont supportés par le budget général. »***

TITRE SIXIÈME DISPOSITIONS RELATIVES AUX PRESTATIONS ET AUX SOINS — CONTRÔLE MÉDICAL — TUTELLE AUX PRESTATIONS SOCIALES

CHAPITRE PRÉLIMINAIRE DISPOSITIONS RELATIVES À LA PRISE EN CHARGE DES FRAIS DE SANTÉ *(L. nº 2015-1702 du 21 déc. 2015, art. 59-III-1º, en vigueur le 1er janv. 2016).*

BIBL. GÉN. ▶ Dossier : la loi du 13 août 2004 relative à l'assurance maladie : cinq ans après, *RDSS 2009. 593* .

SECTION PREMIÈRE DISPOSITIONS RELATIVES AUX BÉNÉFICIAIRES *(L. nº 2015-1702 du 21 déc. 2015, art. 59-III-2º, en vigueur le 1er janv. 2016).*

Art. L. 160-1 *(L. nº 2015-1702 du 21 déc. 2015, art. 59-III-3º, en vigueur le 1er janv. 2016)* Toute personne travaillant ou, lorsqu'elle n'exerce pas d'activité professionnelle, résidant en France de manière stable et régulière bénéficie, en cas de maladie ou de maternité, de la prise en charge de ses frais de santé dans les conditions fixées au présent livre.

L'exercice d'une activité professionnelle et les conditions de résidence en France sont appréciées selon les règles prévues, respectivement, aux articles L. 111-2-2 et L. 111-2-3.

(L. nº 2016-1827 du 23 déc. 2016, art. 64-I) « Un décret en Conseil d'État prévoit les conditions dans lesquelles les personnes qui résident en France et cessent de remplir les autres conditions mentionnées à l'article L. 111-2-3 bénéficient, dans la limite d'un an, d'une prolongation du droit à la prise en charge des frais de santé mentionnée à l'article L. 160-8 et, le cas échéant, à la couverture complémentaire *[nouvelle rédaction issue de la L. nº 2018-1203 du 22 déc. 2018, art. 52-II, en vigueur le 1er nov. 2019 : [le cas échéant, à la] « protection complémentaire en matière de santé »]* prévue à l'article L. 861-1. »

*Sur les exceptions à l'application du droit des usagers de saisir l'administration par voie électronique concernant les démarches effectuées auprès des organismes de sécurité sociale, V. CRPA, App., vº Saisine par voie électronique — Exceptions —***CRPA**.

Art. L. 160-2 *(L. nº 2015-1702 du 21 déc. 2015, art. 59-III-3º, en vigueur le 1er janv. 2016)* Par dérogation à l'article L. 160-1, bénéficient de la prise en charge de leurs frais de santé en tant qu'ayants droit d'un assuré social les enfants *(L. nº 2018-166 du 8 mars 2018, art. 11-I, en vigueur le 1er sept. 2018)* « mineurs » n'exerçant pas d'activité professionnelle qui sont à sa charge, à condition que la filiation, y compris adoptive, soit légalement établie ou qu'ils soient pupilles de la Nation *(Abrogé par L. nº 2016-1827 du 23 déc. 2016, art. 64-I)* ***« dont l'assuré est tuteur »*** ou enfants recueillis.

(L. nº 2018-166 du 8 mars 2018, art. 11-I, en vigueur le 1er sept. 2018) « Le statut d'ayant droit prend fin, à une date fixée par décret, l'année au cours de laquelle l'enfant atteint l'âge de sa majorité. »

L'enfant qui a atteint l'âge de seize ans peut demander, selon des modalités fixées par décret, à bénéficier, à titre personnel, de la prise en charge de ses frais de santé en cas de maladie ou de maternité.

(Abrogé par L. nº 2018-166 du 8 mars 2018, art. 11-I, à compter du 1er sept. 2018) ***« L'enfant qui, ayant atteint l'âge de seize ans, poursuit des études dans les établissements, écoles ou classes mentionnés au même article L. 381-4 bénéficie automatiquement de la prise en charge de ses frais de santé à titre personnel. »***

Les enfants mineurs pris en charge par les services de l'aide sociale à l'enfance peuvent, sur demande des personnes ou des établissements qui en assurent l'accueil ou la garde, être identifiés de façon autonome au sein du régime de l'assuré social. Ces personnes ou établissements bénéficient, pour le compte de l'assuré, de la prise en charge des frais de santé de ce dernier en cas de maladie ou de maternité.

V. note ss. art. L. 160-1.

Art. L. 160-3 *(L. nº 2015-1702 du 21 déc. 2015, art. 59-III-3º, en vigueur le 1er janv. 2016)* Lorsqu'ils résident à l'étranger et n'exercent pas d'activité professionnelle, bénéficient, lors de leurs séjours temporaires en France, de la prise en charge de leurs frais de santé prévue à l'article L. 160-1, sous réserve que la prestation susceptible d'ouvrir droit à cette prise en charge ne soit pas celle mentionnée à l'article L. 161-22-2 :

1º Les titulaires d'une pension ou rente de vieillesse ou d'une pension de réversion servie par un régime de base de sécurité sociale français ;

2º Les titulaires d'une rente ou d'une allocation allouée en application de dispositions législatives sur les accidents du travail et les maladies professionnelles applicables aux professions non agricoles ;

3º Les titulaires d'une pension de vieillesse substituée à une pension d'invalidité ou d'une pension d'invalidité, servie par un ou plusieurs régimes de base français ;

4º Les personnes mentionnées à l'article L. 117-3 du code de l'action sociale et des familles.

En cas d'hospitalisation, la prise en charge des frais est subordonnée à un contrôle effectué dans des conditions fixées par décret en Conseil d'État.

Lorsque la prise en charge mentionnée au premier alinéa du présent article est prévue par les règlements européens ou les accords internationaux, elle est étendue, dans les conditions prévues par ces règlements ou accords, aux soins de santé reçus à l'étranger par les titulaires d'une pension, rente ou allocation mentionnés aux 1º à 4º.

V. note ss. art. L. 160-1.

Nouvel art. L. 160-3 (L. nº 2015-1702 du 21 déc. 2015, art. 59-III-3º) *Lorsqu'ils résident à l'étranger et n'exercent pas d'activité professionnelle, bénéficient, lors de leurs séjours temporaires en France, de la prise en charge de leurs frais de santé prévue à l'article L. 160-1, sous réserve que la prestation susceptible d'ouvrir droit à cette prise en charge ne soit pas celle mentionnée à l'article L. 161-22-2 :*

1º Les titulaires d'une pension ou rente de vieillesse ou d'une pension de réversion servie par un régime de base de sécurité sociale français ;

2º Les titulaires d'une rente ou d'une allocation allouée en application de dispositions législatives sur les accidents du travail et les maladies professionnelles applicables aux professions non agricoles ;

3º Les titulaires d'une pension de vieillesse substituée à une pension d'invalidité ou d'une pension d'invalidité, servie par un ou plusieurs régimes de base français ;

4º Les personnes mentionnées à l'article L. 117-3 du code de l'action sociale et des familles.

(L. nº 2018-1203 du 22 déc. 2018, art. 52-II, en vigueur le 1er juill. 2019) *« Sous réserve des dispositions relatives au séjour temporaire prévues dans les règlements européens et les conventions internationales de sécurité sociale ou des dispositions, applicables dans les États dans lesquels ces personnes résident, prévoyant une prise en charge des soins dispensés hors de leur territoire, les dispositions du premier alinéa du présent article s'appliquent :*

« a) Aux personnes mentionnées aux 1º à 3º, lorsque la France est exclusivement compétente pour la prise en charge des soins de santé dispensés dans l'État dans lequel elles résident en vertu des conventions internationales de sécurité sociale ;

« b) Aux personnes mentionnées aux 1º et 3º, non mentionnées au a et dont la pension rémunère une durée d'assurance supérieure ou égale à quinze années au titre d'un régime français ;

« c) Aux enfants mineurs n'exerçant pas d'activité professionnelle et à la charge des personnes mentionnées aux a et b. »

V. note ss. art. L. 160-1.

Art. L. 160-4 *(L. n° 2015-1702 du 21 déc. 2015, art. 59-III-3°, en vigueur le 1er janv. 2016)* **Bénéficient également de la prise en charge des frais de santé lorsqu'ils n'exercent pas d'activité professionnelle en France :**

1° Les membres de la famille qui accompagnent les travailleurs détachés temporairement à l'étranger depuis la France pour y exercer une activité professionnelle et qui sont exemptés d'affiliation au régime de sécurité sociale de l'État de détachement en application d'une convention internationale de sécurité sociale ou d'un règlement européen ;

2° Les membres de la famille à la charge d'un assuré du régime de sécurité sociale français qui ne résident pas en France et bénéficient d'une telle prise en charge en application d'une convention internationale de sécurité sociale ou d'un règlement européen ;

3° Les membres du personnel diplomatique et consulaire ou les fonctionnaires de la République française et les personnes assimilées en poste à l'étranger, ainsi que les membres de leur famille qui les accompagnent.

V. note ss. art. L. 160-1.

Art. L. 160-5 *(L. n° 99-641 du 27 juill. 1999, art. 4) (L. n° 2015-1702 du 21 déc. 2015, art. 59-III-4°, en vigueur le 1er janv. 2016)* **« Toute personne qui déclare auprès d'une caisse primaire d'assurance maladie, dans des conditions fixées par décret, ne pas bénéficier de la prise en charge des frais de santé mentionnée à l'article L. 160-1 bénéficie de cette prise en charge auprès de cette caisse dès qu'elle justifie de son identité et de sa résidence stable et régulière. »**

Les services sociaux ou les associations et organismes à but non lucratif agréés par décision du représentant de l'État dans le département, ainsi que les établissements de santé, apportent leur concours aux intéressés dans leur demande d'affiliation et sont habilités à transmettre les documents afférents à l'organisme compétent avec l'accord de l'intéressé.

(L. n° 2007-290 du 5 mars 2007, art. 51-III) **« Les personnes sans domicile stable doivent élire domicile dans les conditions prévues au chapitre IV du titre VI du livre II du code de l'action sociale et des familles.** *(Abrogé par L. n° 2016-1827 du 23 déc. 2016, art. 64-I)* ***« Dans le but de simplifier les démarches des intéressés, les organismes de sécurité sociale concernés et le département sont informés par l'organisme agréé des décisions d'attribution ou de retrait des attestations d'élection de domicile mentionnées à l'article L. 264-2 du même code, dans des conditions définies par décret ». »***

(Abrogé par L. n° 2015-1702 du 21 déc. 2015, art. 59-III-4°, à compter du 1er janv. 2016) ***« Les modalités d'application du présent article sont définies par décret en Conseil d'État. »*** *— [Anc. art. L. 161-2-1.]*

V. note ss. art. L. 160-1.

Art. L. 160-6 *(L. n° 99-641 du 27 juill. 1999, art. 8) (L. n° 2015-1702 du 21 déc. 2015, art. 59-III-5°, en vigueur le 1er janv. 2016)* **« L'article L. 160-1 ne s'applique pas aux personnes suivantes si elles n'exercent pas une activité professionnelle complémentaire en France : »**

1° Les membres du personnel diplomatique et consulaire en poste en France, les fonctionnaires d'un État étranger et personnes assimilées, ainsi que les membres de leur famille qui les accompagnent ;

2° Les personnes qui sont venues en France pour suivre un traitement médical ou une cure ;

(L. n° 2015-1702 du 21 déc. 2015, art. 59-III-5°, en vigueur le 1er janv. 2016) **« 3° Les personnes titulaires d'une pension étrangère qui ne bénéficient pas par ailleurs d'un avantage viager d'un régime obligatoire de sécurité sociale français lorsque, en application d'un règlement européen ou d'un accord international, la prise en charge de leurs frais de santé ainsi que de ceux des membres de leur famille qui résident avec elles relève du régime étranger qui sert la pension ; »**

4° Les agents retraités d'une organisation internationale qui ne sont pas également titulaires d'une pension française, ainsi que les membres de leur famille, dès lors qu'ils sont couverts dans des conditions analogues à celles du régime général français d'assu-

rance maladie et maternité par le régime propre à l'organisation dont ils relevaient quand ils étaient en activité ;

(L. nº 2006-1640 du 21 déc. 2006, art. 130-I) **« 5º Les travailleurs détachés temporairement en France pour y exercer une activité professionnelle et exemptés d'affiliation au régime français de sécurité sociale en application d'une convention internationale de sécurité sociale ou d'un règlement »** *(L. nº 2015-1702 du 21 déc. 2015, art. 59-III-5º, en vigueur le 1er janv. 2016)* **« européen, les membres de leur famille qui les accompagnent ou toute autre personne relevant de la législation de sécurité sociale d'un autre État en raison de son activité professionnelle, ainsi que les membres de la famille de cette personne qui résident avec elle de manière stable et régulière en France ; »**

(L. nº 2007-290 du 5 mars 2007, art. 63-II) **« 6º Les ressortissants des États membres de** *(L. nº 2015-1702 du 21 déc. 2015, art. 59-III-5º, en vigueur le 1er janv. 2016)* **« l'Union » européenne et des autres États parties à l'accord sur l'Espace économique européen** *(L. nº 2015-1702 du 21 déc. 2015, art. 59-III-5º, en vigueur le 1er janv. 2016)* **« ou de la Confédération suisse », entrés en France pour y chercher un emploi et qui s'y maintiennent à ce titre. »** — *[Anc. art. L. 380-3.]*

V. note ss. art. L. 160-1.

Art. L. 160-7 **Sous réserve des conventions** *(L. nº 2015-1702 du 21 déc. 2015, art. 59-III-6º, en vigueur le 1er janv. 2016)* **« internationales et** *[des]* **règlements européens » et de l'article L. 766-1, lorsque les soins sont dispensés hors de France aux assurés et** *(L. nº 2015-1702 du 21 déc. 2015, art. 59-III-6º, en vigueur le 1er janv. 2016)* **« aux personnes mentionnées à l'article L. 160-2 », les prestations** *(L. nº 2015-1702 du 21 déc. 2015, art. 59-III-6º, en vigueur le 1er janv. 2016)* **« en cas de » maladie et maternité ne sont pas servies.**

Un décret en Conseil d'État fixe les conditions dans lesquelles des dérogations peuvent être apportées au principe posé à l'alinéa précédent dans le cas où l'assuré ou *(L. nº 2015-1702 du 21 déc. 2015, art. 59-III-6º, en vigueur le 1er janv. 2016)* **« les personnes mentionnées à l'article L. 160-2 » tombent malades inopinément au cours d'un séjour** *(Ord. nº 2004-329 du 15 avr. 2004, art. 5)* **« hors d'un État membre de l'Union européenne ou partie à l'accord sur l'Espace économique européen »** *(L. nº 2015-1702 du 21 déc. 2015, art. 59-III-6º, en vigueur le 1er janv. 2016)* **« ou de la Confédération suisse » ou lorsque le malade ne peut recevoir en France les soins appropriés à son état.** *(Abrogé par L. nº 2015-1702 du 21 déc. 2015, art. 59-III-6º, à compter du 1er janv. 2016) (Ord. nº 2004-329 du 15 avr. 2004, art. 5)* ***« Ce décret fixe également les adaptations nécessaires à la prise en charge des soins lorsque ceux-ci sont dispensés dans un État membre de l'Union européenne ou partie à l'accord sur l'Espace économique européen. »*** *(L. nº 2004-810 du 13 août 2004, art. 58-VIII)* ***« Ce décret peut également prévoir les modalités selon lesquelles le service des prestations en nature est confié à un ou plusieurs organismes agissant pour le compte de l'ensemble des régimes d'assurance maladie. »*** — *[Anc. art. L. 332-3.]*

Jurisprudence rendue sous l'empire des textes antérieurs à la L. nº 2015-1702 du 21 déc. 2015.

1. Prise en charge des soins inopinés. Le remboursement des soins dispensés à l'étranger ne constitue pour les caisses qu'une simple faculté. • Soc. 18 mars 1970, nº 68-11.472 • Soc. 5 juill. 1968 : *Bull. civ. V, nº 375.* ♦ V. aussi • Soc. 22 févr. 1996, nº 94-10.056 P. ♦ L'art. L. 332-3 *[devenu art. L. 160-7]* CSS ne fait pas de distinction entre les prestations en nature et les prestations en espèces, lesquelles ne sont pas servies lorsque l'assuré réside hors de France, sous réserve de l'application des dispositions des conventions et règlements internationaux. La convention franco-suisse du 3 juill. 1975 ne comportant pas de telles dispositions, les indemnités journalières de l'assurance maladie ne peuvent être accordées en cas de séjour temporaire en Suisse. • Soc. 7 oct. 1987 : *Bull. civ. V, nº 533.* ♦ Dans le même sens : • Soc. 27 janv. 1982, nº 06-13.096 P (s'agissant d'un séjour autorisé par la caisse) • Civ. 2e, 25 avr. 2007 : *RJS 2007, nº 889* (refusant l'indemnisation au motif qu'aucune convention n'a été signée entre la France et l'Égypte). ♦ Les prestations des assurances maladie et maternité ne sont pas servies, sous réserve des conventions et règlements internationaux, lorsque l'assuré séjourne hors de France. • Civ. 2e, 10 avr. 2008, nº 07-12.982 P : *RJS 6/08, nº 719.* ♦ V. pour un refus de prise en charge en l'absence de convention avec l'Australie. • Civ. 2e, 28 avr. 2011 : *RDSS 2011. 767, obs. Dagorne-Labbe ; RJS 2011, nº 726 ; JCP S 2011, nº 1290, note Asquinazi-Bailleux.* ♦ En revanche, les indemnités journalières sont susceptibles d'être servies en cas de repos pris sur le territoire espagnol dès lors que, selon la convention conclue entre la France et cet État, le travailleur salarié ou assimilé admis à bénéficier des prestations maladie maternité à la charge de l'institution compétente du pays où il est occupé conserve ce bénéfice lorsqu'il transfère sa résidence sur le territoire de l'autre pays et à la condition d'y avoir été autorisé par l'institution débitrice. • Soc. 27 janv. 1982 : *préc.*

2. Prise en charge de soins appropriés dispensés à l'étranger avec convention. V. pour une application de la règle sous l'empire de l'anc. art. R. 332-2 *[devenu art. R. 160-4]* CSS. • Soc. 5 avr. 1990, 87-19.313 P. ♦ Un assuré ne peut prétendre au remboursement des soins dispensés à l'étranger (Suisse) que pour la seule période autorisée de prise en charge initiale, dès lors qu'il ne conteste pas que la poursuite du traitement pouvait avoir lieu en France. • Soc. 11 juin 1998 : *RJS 1998, n° 1065.*

3. Compatibilité avec la Conv. CEDH. En subordonnant le service des prestations à la résidence du bénéficiaire sur le territoire national, les dispositions de l'art. L. 332-3 *[devenu art. L. 160-7]* n'introduisent aucune atteinte au droit au respect de la vie privée et familiale, incompatible avec les stipulations combinées des art. 8 et 14 Conv. EDH, ni aucune discrimination dans le respect du droit aux biens, incompatible avec les stipulations de l'art. 1er du protocole additionnel n° 1 de ladite convention. • Civ. 2e, 28 avr. 2011 : *préc. note 1.*

SECTION II DISPOSITIONS RELATIVES AUX PRESTATIONS *(L. n° 2015-1702 du 21 déc. 2015, art. 59-III-7°, en vigueur le 1er janv. 2016).*

Art. L. 160-8 *(L. n° 2015-1702 du 21 déc. 2015, art. 59-III-8°, en vigueur le 1er janv. 2016)* **La protection sociale contre le risque et les conséquences de la maladie prévue à l'article L. 111-2-1 comporte :**

1° La couverture des frais de médecine générale et spéciale, des frais de soins et de prothèses dentaires, des frais pharmaceutiques et d'appareils, des frais d'examens de biologie médicale, y compris la couverture des frais relatifs aux actes d'investigation individuels, des frais d'hospitalisation et de traitement dans des établissements de soins, de réadaptation fonctionnelle et de rééducation ou d'éducation professionnelle, ainsi que des frais d'interventions chirurgicales, y compris la couverture des médicaments, produits et objets contraceptifs et des frais d'examens et de biologie médicale ordonnés en vue de prescriptions contraceptives ;

2° La couverture des frais de transport des personnes se trouvant dans l'obligation de se déplacer pour recevoir les soins ou subir les examens appropriés à leur état ainsi que pour se soumettre à un contrôle prescrit en application de la législation de sécurité sociale, selon les règles définies aux articles L. 162-4-1 et L. 322-5 et dans les conditions et limites tenant compte de l'état du malade et du coût du transport fixées par décret en Conseil d'État ;

(L. n° 2015-1702 du 21 déc. 2015, art. 74-II-1°) **« 3° La couverture, sur décision de la commission mentionnée à l'article L. 146-9 du code de l'action sociale et des familles :**

« *a)* Des frais d'hébergement et de traitement des enfants ou adolescents handicapés dans les établissements mentionnés aux 2° et 12° du I de l'article L. 312-1 du même code ainsi que celle des frais de traitement concourant à leur éducation dispensée en dehors de ces établissements, à l'exception de la partie de ces frais incombant à l'État en application des articles L. 112-1 à L. 112-4, L. 123-4-2, L. 351-1 à L. 351-3 et L. 352-1 du code de l'éducation ;

« *b)* Des frais de fonctionnement liés à l'activité sociale ou médico-sociale des établissements mentionnés au 5° du I de l'article L. 312-1 du code de l'action sociale et des familles ; »

4° La couverture des frais de soins et d'hospitalisation afférents à l'interruption volontaire de grossesse effectuée dans les conditions prévues au titre Ier du livre II de la deuxième partie du code de la santé publique ;

5° La couverture des frais relatifs aux actes et traitements à visée préventive réalisés dans le cadre des programmes mentionnés à l'article L. 1411-6 du même code, notamment des frais relatifs aux examens de dépistage et aux consultations de prévention effectués au titre des programmes prévus à l'article L. 1411-2 dudit code ainsi que des frais afférents aux vaccinations dont la liste est fixée par arrêté des ministres chargés de la santé et de la sécurité sociale ;

6° La couverture des frais relatifs *(L. n° 2018-1203 du 22 déc. 2018, art. 51-I, en vigueur le 1er janv. 2019)* **« aux examens de prévention bucco-dentaire mentionnés » à l'article L. 2132-2-1 du même code.**

V. note ss. art. L. 160-1.

Art. L. 160-9 *(Ord. n° 2004-329 du 15 avr. 2004, art. 4-II) (L. n° 2015-1702 du 21 déc. 2015, art. 59-III-9°, en vigueur le 1er janv. 2016)* **« La protection sociale contre**

les risques et conséquences de la maternité » couvre l'ensemble des frais médicaux, pharmaceutiques, d'analyse et d'examens de laboratoires, d'appareils et d'hospitalisation relatifs ou non à la grossesse, à l'accouchement et à ses suites, intervenant au cours d'une période définie par décret. Lorsque l'accouchement a lieu avant le début de cette période, l'assurance maternité prend en charge l'ensemble des frais mentionnés ci-dessus à compter de la date d'accouchement et jusqu'à l'expiration de ladite période. – *V. art. D. 160-3.*

(L. n° 2015-1702 du 21 déc. 2015, art. 59-III-9°, en vigueur le 1er janv. 2016) **« La protection sociale contre les risques et conséquences de la maternité » couvre également :**

1° Les frais d'examens prescrits en application du deuxième alinéa de l'article L. 2122-1 *(L. n° 2018-1203 du 22 déc. 2018, art. 56-II, en vigueur au plus tard le 1er mars 2019)* **« et de l'article L. 2122-3 du code de la santé publique, ainsi que les frais d'examens de l'enfant réalisés en application de l'article L. 2132-2 du même code jusqu'à la fin de la période mentionnée au première alinéa du présent article ».** – *Les dispositions issues de la L. n° 2018-1203 du 22 déc. 2018 entrent en vigueur à une date fixée par décret, et au plus tard le 1er mars 2019 (L. préc., art. 56-III).*

2° Les autres frais médicaux, pharmaceutiques, *(Ord. n° 2010-49 du 13 janv. 2010, art. 6)* **« d'examens de biologie médicale », d'appareils et d'hospitalisation relatifs à la grossesse, à l'accouchement et à ses suites, dont la liste est fixée par arrêté du ministre chargé de la sécurité sociale.** – *V. Arr. du 23 déc. 2004 (JO 30 déc.).*

(L. n° 2015-1702 du 21 déc. 2015, art. 59-III-9°, en vigueur le 1er janv. 2016) **« L'assuré et ses ayants droit ne supportent aucune participation aux frais prévus au présent article. »** – *[Anc. art. L. 331-2.]*

V. note ss. art. L. 160-1.

Jurisprudence rendue sous l'empire des textes antérieurs à la L. n° 2015-1702 du 21 déc. 2015.

Examen du père. L'examen médical du père est pris en charge au titre de l'assurance maternité même si le futur père n'est pas l'époux de l'assurée (Lettre DGSS, 26 déc. 1962 : *Bull. jur. FNOSS, n° 12/63*). ♦ V. art. L. 2122-3 **CSP**.

Art. L. 160-10 **La part garantie par** *(L. n° 2015-1702 du 21 déc. 2015, art. 59-III-10°, en vigueur le 1er janv. 2016)* **« les organismes servant les prestations » ne peut excéder le montant des frais exposés. Elle est** *(L. n° 2015-1702 du 21 déc. 2015, art. 59-III-10°, en vigueur le 1er janv. 2016)* **« versée au professionnel de santé dans le cadre du mécanisme du tiers payant ou elle est remboursée** *(Abrogé par L. n° 2016-1827 du 23 déc. 2016, art. 64-I)* **« soit » directement à l'assuré »** *(Abrogé par L. n° 2016-1827 du 23 déc. 2016, art. 64-I)* ***« soit à l'organisme ayant reçu délégation de l'assuré dès lors que les soins ont été dispensés par un établissement ou un praticien ayant passé convention avec cet organisme, et dans la mesure où cette convention respecte la réglementation conventionnelle de l'assurance maladie.***

« Un décret en Conseil d'État fixe les conditions et limites dans lesquelles l'assuré peut déléguer un tiers pour l'encaissement des prestations qui lui sont dues. » – *[Anc. art. L. 322-1.]*

V. note ss. art. L. 160-1.

BIBL. ▶ BOISSARD, Remboursement des dépenses de soins : les caisses primaires d'assurance maladie ne peuvent s'opposer à la mise en œuvre de conventions de tiers payant délégué, *Dr. soc. 2001. 276* ✎. – BONNIN, L'évolution des prestations en nature de l'assurance maladie : pour quelques euros de plus ou de moins, *RDSS 2014.847* ✎. – LEGOUHY, Les prestations en nature de l'assurance maladie, *RPDS 1998, p. 383 s.* – PRÉTOT, De l'esprit des circulaires et instructions… et des rapports qu'elles entretiennent avec le droit social, *RJS 1997. 415*. – RUELLAN, Vers une réconciliation de la politique de la santé et de l'assurance maladie, *Dr. soc. 2003. 410* ✎.

Jurisprudence rendue sous l'empire des textes antérieurs à la L. n° 2015-1702 du 21 déc. 2015.

1. Pharmacie hospitalière. La délivrance des produits et médicaments par une pharmacie hospitalière s'inscrivant nécessairement dans le cadre de soins dispensés dans l'établissement hospitalier, les règles de prise en charge s'appliquent y compris lorsque la délivrance des produits répond à un traitement ambulatoire. • Soc. 11 juin 2002 : *TPS 2002. Comm. 319, obs. Prétot* • Civ. 2e, 14 oct. 2003, n° 02-30.413 P. ♦ Rappr. • Soc. 11 juill. 2002, n° 01-20.625 P : *TPS 2002. Comm. 319, obs. Prétot.*

2. Convention de paiement. La réglementation conventionnelle de l'assurance maladie visée à l'art. L. 322-1 *[devenu art. L. 160-10]* CSS est celle qui, en vertu du même code, régit la conclusion et la mise en œuvre de conventions passées entre les organismes d'assurance maladie et les professionnels de santé, mais n'inclut pas les dispositions de ces conventions. La cour d'appel, statuant en référé, qui a constaté que la caisse n'a relevé de la part de l'Union des mutuelles d'Île-de-France pratiquant le système du tiers payant délégué aucun manquement à cette réglementation, a pu en déduire que dépourvue de tout fondement juridique, la décision de la caisse de suspendre ses remboursement était constitutive d'une trouble manifestement illicite auquel il convenait de mettre fin. • Soc. 15 avr. 1999, n° 97-19.195 P.

3. L'art. L. 322-1 *[devenu art. L. 160-10]* CSS renvoie à un décret la détermination des conditions et limites dans lesquelles l'assuré peut déléguer un tiers pour l'encaissement des prestations qui lui sont dues. Dès lors, le ministre chargé de la sécurité sociale n'est pas compétent et la circulaire fixant les modalités d'application de ces dispositions doit être annulée. • CE 1er déc. 1995 : *RJS 1996, n° 150.* ♦ V. aussi : • CE 29 déc. 2000 : *RJS 2001, n° 551 ; Dr. soc. 2001. 280, concl. Boissard* (qui annule la lettre-circulaire du directeur de la CPAM réservant l'application de la délégation de paiement aux seules professions dont les organisations syndicales ont conclu une convention de tiers payant avec l'assurance maladie).

Art. L. 160-11 *(L. n° 2015-1702 du 21 déc. 2015, art. 59-III-11°)* **L'action de l'assuré pour le paiement des prestations de l'assurance maladie se prescrit par deux ans à compter du premier jour du trimestre suivant celui auquel se rapportent lesdites prestations. Pour le paiement des prestations de l'assurance maternité, elle se prescrit par deux ans à compter de la date de la première constatation médicale de la grossesse.**

(Abrogé par L. n° 2016-1827 du 23 déc. 2016, art. 64-I) ***« L'action des ayants droit de l'assuré pour le paiement du capital prévu à l'article L. 361-1 se prescrit par deux ans à compter du jour du décès. »***

Cette prescription est également applicable, à compter du paiement des prestations entre les mains du bénéficiaire, à l'action intentée par un organisme payeur en recouvrement des prestations indûment payées, sauf en cas de fraude ou de fausse déclaration.

V. note ss. art. L. 160-1.

Art. L. 160-12 *(L. n° 98-657 du 29 juill. 1998, art. 130)* **Les prestations** *(Abrogé par L. n° 2015-1702 du 21 déc. 2015, art. 59-III-12°, à compter du 1er janv. 2016)* ***« en nature »*** **visées aux** *(L. n° 2015-1702 du 21 déc. 2015, art. 59-III-12°, en vigueur le 1er janv. 2016)* **« 1° à 6° de l'article L. 160-8 » sont incessibles et insaisissables sauf pour le recouvrement des prestations indûment versées à la suite d'une manœuvre frauduleuse ou d'une fausse déclaration de l'assuré.**

Les blocages des sommes déposées sur un compte ne peuvent avoir pour effet de faire obstacle à l'insaisissabilité et à l'incessibilité des prestations visées au premier alinéa. – *[Anc. art. L. 322-7.]*

V. note ss. art. L. 160-1.

SECTION III **PARTICIPATION DE L'ASSURÉ SOCIAL** *(L. n° 2015-1702 du 21 déc. 2015, art. 59-III-13°, en vigueur le 1er janv. 2016).*

Sur le déploiement du mécanisme du tiers payant, V. L. n° 2016-41 du 26 janv. 2016, art. 83, Annexe I.

Art. L. 160-13 *(L. n° 2004-810 du 13 août 2004, art. 41-I)* **« I. – La participation de l'assuré aux tarifs servant de base au calcul des prestations prévues aux 1°, 2° et 3° de l'article »** *(L. n° 2015-1702 du 21 déc. 2015, art. 59-III-14°, en vigueur le 1er janv. 2016)* **« L. 160-8 » peut être proportionnelle auxdits tarifs ou être fixée à une somme forfaitaire. Elle peut varier selon les catégories de prestations, les conditions dans lesquelles sont dispensés les soins, les conditions d'hébergement, la nature de l'établissement où les soins sont donnés. La participation de l'assuré peut être réduite en fonction de l'âge ou de la situation de famille du bénéficiaire des prestations.** – *V. Arr. du 27 juin 1955 (JO 28 juin), mod. par Arr. du 6 juin 1957 (JO 19 juin).*

(L. n° 2004-810 du 13 août 2004, art. 41-I) **« La participation est fixée dans des limites et des conditions fixées par décret en Conseil d'État, par décision de l'Union nationale des caisses d'assurance maladie, après avis de l'Union nationale des organismes d'assurance maladie complémentaire. Le ministre chargé de la santé peut s'opposer à**

cette décision pour des motifs de santé publique. La décision du ministre est motivée. *(L. n° 2011-1906 du 21 déc. 2011, art. 82)* « Le décret en Conseil d'État précise notamment le délai dont dispose l'Union nationale des caisses d'assurance maladie pour se prononcer et les conditions dans lesquelles le ministre chargé de la sécurité sociale se substitue à l'Union nationale des caisses d'assurance maladie en cas d'absence de décision de celle-ci, une fois ce délai expiré. »

« L'application aux spécialités pharmaceutiques mentionnées à l'article L. 162-17 des taux de participation mentionnés à l'alinéa précédent est déterminée par décision de l'Union nationale des caisses d'assurance maladie. »

(L. n° 2004-810 du 13 août 2004, art. 20-I) « II. – L'assuré acquitte une participation forfaitaire pour chaque acte ou pour chaque consultation pris en charge par l'assurance maladie et réalisé par un médecin, en ville, dans un établissement ou un centre de santé, à l'exclusion des actes ou consultations réalisés au cours d'une hospitalisation. L'assuré acquitte également cette participation pour tout acte de biologie médicale. Cette participation se cumule avec celle mentionnée au I. Son montant est fixé, dans des limites et conditions prévues par décret en Conseil d'État, par l'Union nationale des caisses d'assurance maladie conformément à la procédure fixée au I.

« Un décret fixe le nombre maximum de participations forfaitaires supportées par chaque bénéficiaire au titre d'une année civile.

« Lorsque plusieurs actes ou consultations sont effectués par un même professionnel de santé au cours d'une même journée, le nombre de participations forfaitaires supportées par le bénéficiaire ne peut être supérieur à un maximum fixé par décret.

« Un décret fixe les conditions dans lesquelles, lorsque l'assuré bénéficie de la dispense d'avance des frais, la participation forfaitaire peut être *(L. n° 2016-41 du 26 janv. 2016, art. 83-III-4°)* « payée directement par l'assuré à l'organisme d'assurance maladie, prélevée sur le compte bancaire de l'assuré après autorisation de ce dernier ou encore récupérée par l'organisme d'assurance maladie sur les prestations de toute nature à venir. Ce décret fixe également les modalités de recueil de l'autorisation de l'assuré de prélèvement sur son compte bancaire et de renoncement à cette autorisation. » Il peut être dérogé aux dispositions de l'article L. 133-3. »

(L. n° 2007-1786 du 19 déc. 2007, art. 52-I) « III. – En sus de la participation mentionnée au premier alinéa du I, une franchise annuelle est laissée à la charge de l'assuré pour les frais relatifs à chaque prestation et produit de santé suivants, pris en charge par l'assurance maladie :

« 1° Médicaments mentionnés aux articles L. 5111-2, L. 5121-1 et L. 5126-4 du code de la santé publique, à l'exception de ceux délivrés au cours d'une hospitalisation ;

« 2° Actes effectués par un auxiliaire médical soit en ville, soit dans un établissement ou un centre de santé, à l'exclusion des actes pratiqués au cours d'une hospitalisation ;

« 3° Transports mentionnés au 2° de l'article *(L. n° 2015-1702 du 21 déc. 2015, art. 59-III-14°, en vigueur le 1er janv. 2016)* « L. 160-8 » du présent code effectués en véhicule sanitaire terrestre ou en taxi, à l'exception des transports d'urgence.

« Le montant de la franchise est forfaitaire. Il peut être distinct selon les produits ou prestations de santé mentionnés aux 1°, 2° et 3° du présent III. La franchise est due dans la limite globale d'un plafond annuel.

« Lorsque plusieurs actes mentionnés au 2° sont effectués au cours d'une même journée sur le même patient, le montant total de la franchise supportée par l'intéressé ne peut être supérieur à un maximum. Il en est de même pour les transports mentionnés au 3°.

« Lorsque le bénéficiaire des prestations et produits de santé mentionnés aux 1°, 2° et 3° bénéficie de la dispense d'avance de frais, les sommes dues au titre de la franchise peuvent être *(L. n° 2016-41 du 26 janv. 2016, art. 83-III-4°)* « payées, prélevées ou récupérées selon les modalités prévues au dernier alinéa du II. » Il peut être dérogé à l'article L. 133-3.

« Le Gouvernement présente chaque année au Parlement un rapport précisant les conditions dans lesquelles les montants correspondant à la franchise instituée par le présent III ont été utilisés.

« Un décret fixe les modalités de mise en œuvre du présent III. » – *[Anc. art. L. 322-2.]*

V. Décis. Cons. const. n° 2004-504 DC du 12 août 2004, considérant n° 19, et Décis. Cons. const. n° 2007-558 DC du 13 déc. 2007, consid. nos 2 s.

Le montant de la participation forfaitaire prévue au II de l'art. L. 322-2 [devenu art. L. 160-13] CSS est fixé à un euro (Décr. n° 2004-1453 du 23 déc. 2004, art. 1er).

Les garanties complémentaires des salariés, mentionnées à l'art. L. 911-1, sont réputées ne pas couvrir la participation forfaitaire prévue au II de l'art. L. 322-2 [devenu art. L. 160-13] dès lors que le bulletin d'adhésion ou le règlement ne prévoit pas expressément la prise en charge de cette participation (L. n° 2004-1370 du 20 déc. 2004, art. 40-II).

Jurisprudence rendue sous l'empire des textes antérieurs à la L. n° 2015-1702 du 21 déc. 2015.

1. Franchises médicales. Principe. Il est loisible au législateur, pour satisfaire l'exigence de valeur constitutionnelle qui s'attache à l'équilibre financier de la sécurité sociale, d'instituer une franchise médicale pour le remboursement de certains actes et produits dont le caractère est forfaitaire. • Cons. const. 13 déc. 2007 : *décis. n° 2007-558 DC.*

2. Compétence. Illégalité de dispositions contenues dans un décret qui ont pour effet, en cas de refus ou de carence prolongée pendant deux mois de l'UNCAM de fixer un taux de participation de l'assuré relative à un catégorie de frais compatible avec les nouvelles limites de la fourchette de taux afférente à cette catégorie, arrêtées par décret en Conseil d'État, de provoquer la fixation automatique du taux à une valeur égale à la limite de la nouvelle fourchette la plus proche de l'ancien taux, en dehors de toute décision de l'UNCAM. • CE 2 déc. 2011, n° 347497 : *RDSS 2012. 175, note Peigné ; AJDA 2011. 1704.*

3. Pouvoir du juge (modulation dans le temps de l'annulation). Compte tenu des effets excessifs d'un retour immédiat au taux antérieur de 65 % de participation des assurés et des difficultés importantes qu'entraînerait une régularisation des sommes à rembourser aux assurés sociaux ainsi que des coûts élevés de gestion qui en résulteraient pour l'assurance maladie eu égard au nombre important de boîtes des spécialités concernées vendues, alors que les sommes remboursées aux assurés sociaux seraient inférieures à ces coûts, il y a lieu de différer l'effet de l'annulation – sous réserve des droits des personnes qui ont engagé une action contentieuse à la date de la présente décision – jusqu'au 1er nov. 2011. • CE 27 mai 2011, n° 337369 : *RDSS 2012. 171 ; AJDA 2011. 1704.* – V. aussi : • CE 2 déc. 2011, n° 347497 : *RDSS 2012. 175, note Peigné.*

4. Montant des franchises. Dès lors que le montant de la franchise et le niveau des plafonds devront être fixés de façon telle que ne soient pas remises en cause les exigences du onzième al. du Préambule de la Const. du 27 oct. 1946 aux termes duquel la Nation garantit à tous notamment à l'enfant, à la mère et aux vieux travailleurs la protection de la santé, la franchise ne porte pas atteinte au droit à réparation des victimes d'accidents du travail et des maladies professionnelles. • Cons. const. 13 déc. 2007 : *préc. note 1.* ♦ Le respect des exigences primordiales de solidarité nationale découlant du onzième al. du Préambule de la Const. de 1946 doit être apprécié, d'une part, compte tenu de l'ensemble des dispositions en vertu desquelles des sommes sont susceptibles d'être laissées à la charge des assurés sociaux à raison des dépenses de santé qu'ils exposent, notamment au titre des participations prévues à l'art. L. 322-2 *[devenu art. L. 160-13]* CSS, et, d'autre part, au regard des incidences de telles mesures sur la situation des personnes les plus vulnérables ou défavorisées. • CE 6 mai 2009, n° 312462 : *Dr. ouvrier 2009. 570, note Ginon.*

5. Droit communautaire et nature juridique de la participation forfaitaire (art. L. 322-2-II). La participation forfaitaire que l'assuré acquitte en application des dispositions de l'art. L. 322-2-II *[devenu art. L. 160-13]* CSS pour chaque acte ou consultation pris en charge par l'assurance maladie et réalisé par un médecin constitue une retenue opérée sur le remboursement par la caisse des frais engagés par l'assuré. Elle ne revêt pas le caractère d'une contribution pour le financement de la sécurité sociale au sens de l'art. 13 du Règl. (CEE) n° 1408/71 du 14 juin 1971, tel qu'interprété par la CJUE. • Civ. 2e, 10 oct. 2013 : *D. actu. 31 oct. 2013, obs. Dechristé ; RJS 2014, n° 78 ; RDSS 2013. 1138, note Tauran ; Dr. ouvrier 2014. 14, note Ginon ; JCP S 2014, n° 1088, note Tauran.*

6. Droit communautaire et nature juridique de la franchise annuelle (art. L. 322-2-III). La franchise annuelle, laissée à la charge de l'assuré en application de l'art. L. 322-2-III *[devenu art. L. 160-13]* CSS pour les frais, pris en charge par l'assurance maladie, relatifs à chaque prestation et produit de santé que le texte énumère, ne revêt pas le caractère d'une contribution pour le financement de la sécurité sociale au sens de l'art. 11 du Règl. (CE) n° 883/2004 du 29 avr. 2004 portant sur la coordination des systèmes de sécurité sociale, applicable à la date des soins litigieux. En conséquence, elle doit être définitivement supportée par le ressortissant européen bénéficiant de la prestation à laquelle la contribution est attachée. • Civ. 2e, 18 juin 2015, n° 14-19.890 P : *RJS 2015, n° 671.*

Art. L. 160-14 *(L. n° 2004-810 du 13 août 2004, art. 41-II)* **« La participation de l'assuré mentionnée au premier alinéa de l'article** *(L. n° 2015-1702 du 21 déc. 2015, art. 59-III-15°, en vigueur le 1er janv. 2016)* **« L. 160-13 » peut être limitée ou suppri-**

mée » *(L. n° 2005-1579 du 19 déc. 2005, art. 70-II)* « dans des conditions fixées par décret en Conseil d'État, pris après avis de l'Union nationale des caisses d'assurance maladie et de l'Union nationale des organismes d'assurance maladie complémentaire, » dans les cas suivants :

1° Lorsque, à l'occasion d'une hospitalisation ou au cours d'une période de temps déterminée, la dépense demeurant à la charge de l'intéressé dépasse un certain montant ; *– V. art. R. 160-16.*

2° Lorsque l'état du bénéficiaire justifie la fourniture d'un appareil appartenant à une catégorie déterminée par ledit décret, pour les frais d'acquisition de l'appareil ; *– V. art. R. 160-16.*

3° Lorsque le bénéficiaire a été reconnu atteint d'une des affections, comportant un traitement prolongé et une thérapeutique particulièrement coûteuse, inscrites sur une liste établie par décret après avis *(L. n° 2004-810 du 13 août 2004, art. 6-I)* « de la Haute Autorité mentionnée à l'article L. 161-37 » ;

4° *(L. n° 2007-1786 du 19 déc. 2007, art. 57-VI)* « Lorsque les deux conditions suivantes sont cumulativement remplies :

« *a)* Le bénéficiaire est reconnu atteint par le service du contrôle médical soit d'une affection grave caractérisée ne figurant pas sur la liste mentionnée ci-dessus, soit de plusieurs affections entraînant un état pathologique invalidant ;

« *b)* Cette ou ces affections nécessitent un traitement prolongé et une thérapeutique particulièrement coûteuse ; »

5° Lorsque l'assuré est titulaire de l'allocation de solidarité aux personnes âgées au titre d'un avantage vieillesse ;

6° Lorsque le bénéficiaire est un enfant ou adolescent handicapé pour les frais couverts au titre du 2° *[3°]* de l'article *(L. n° 2015-1702 du 21 déc. 2015, art. 59-III-15°, en vigueur le 1er janv. 2016)* « L. 160-8 » ;

7° Lorsque l'assuré est hébergé dans un établissement mentionné à l'article 3 de la loi n° 75-535 du 30 juin 1975 *[CASF, art. L. 312-1]* *(L. n° 98-1194 du 23 déc. 1998, art. 35-II)* « ou lorsqu'il bénéficie de soins dispensés par un centre mentionné à l'article L. 355-1-1 du code de la santé publique *[devenu CSP, art. L. 3311-2]* » ;

8° Lorsque l'assuré est hébergé dans une unité ou un centre de long séjour mentionné à l'article L. 174-5 ou à l'article 52-1 de la loi n° 70-1318 du 31 décembre 1970 ;

9° Lorsque l'assuré bénéficie de soins paramédicaux dispensés dans le cadre d'une action médico-sociale de maintien à domicile par les institutions mentionnées au 1° de l'article 1er de la loi n° 75-535 du 30 juin 1975 *[CASF, art. L. 311-1]* ;

(L. n° 2009-1646 du 24 déc. 2009, art. 35) « 10° Lorsque l'assuré ne relève plus du 3° mais se trouve dans une situation clinique déterminée sur la base de recommandations de la Haute Autorité de santé et justifiant des actes et examens médicaux ou biologiques de suivi de son état, pour ces actes et examens, dans des conditions et pour une durée définies par décret pris après avis de la Haute Autorité de santé ; »

11° *(L. n° 94-629 du 25 juill. 1994, art. 32)* « Pour l'hospitalisation des nouveau-nés lorsqu'elle se produit pendant une période fixée par décret en Conseil d'État, ainsi que pour tous les soins qui leur sont dispensés en établissement de santé, jusqu'à un âge fixé par décret en Conseil d'État *[art. R. 322-9 : 30 jours]* » ;

12° Pour les investigations nécessaires au diagnostic de la stérilité et pour le traitement de celle-ci, y compris au moyen de l'insémination artificielle ;

13° Pour les *(L. n° 2015-1702 du 21 déc. 2015, art. 59-III-15°, en vigueur le 1er janv. 2016)* « titulaires d'une pension d'invalidité et les bénéficiaires des articles L. 341-15 », L. 341-16 et L. 371-1 en ce qui concerne les frais engagés pour eux-mêmes ;

14° Pour les *(L. n° 2015-1702 du 21 déc. 2015, art. 59-III-15°, en vigueur le 1er janv. 2016)* « personnes mentionnées à l'article L. 161-1 rattachées aux » bénéficiaires des dispositions de l'article L. 371-1 ;

15° *(L. n° 98-468 du 17 juin 1998, art. 31)* « Pour les soins consécutifs aux sévices subis par les mineurs victimes d'actes prévus et réprimés par les articles 222-23 à 222-32 et 227-22 à 227-27 du code pénal » ;

16° *(L. n° 2006-1640 du 21 déc. 2006, art. 91-I ; L. n° 2015-1702 du 21 déc. 2015, art. 59-III-15°, en vigueur le 1er janv. 2016)* « Dans le cadre des programmes mentionnés au 5° de l'article L. 160-8, pour les frais d'examens de dépistage et les frais liés

aux consultations de prévention destinées aux mineurs et à une unique consultation de prévention pour les personnes de plus de soixante-dix ans ; »

(L. n° 2001-1246 du 21 déc. 2001, art. 34-VI ; L. n° 2015-1702 du 21 déc. 2015, art. 59-III-15°, en vigueur le 1er janv. 2016) **« 17° Pour les frais relatifs à l'examen de prévention bucco-dentaire mentionné au 6° de l'article L. 160-8 ; »**

(L. n° 2006-1640 du 21 déc. 2006, art. 70) **« 18° Pour les donneurs mentionnés à l'article L. 1211-2 du code de la santé publique, en ce qui concerne l'ensemble des frais engagés au titre du prélèvement d'éléments du corps humain et de la collecte de ces produits ; »**

(L. n° 2011-1906 du 21 déc. 2011, art. 54) **« 19° Pour les frais de transport liés aux soins ou traitements dans les centres mentionnés au 3° du I de l'article L. 312-1 du code de l'action sociale et des familles et les centres médico-psycho-pédagogiques autorisés dans des conditions fixées par voie réglementaire, après accord préalable de l'organisme qui sert les prestations, dans les conditions prévues au 2° de l'article** *(L. n° 2015-1702 du 21 déc. 2015, art. 59-III-15°, en vigueur le 1er janv. 2016)* **« L. 160-8 » et à l'article L. 322-5 du présent code ; »**

(L. n° 2012-1404 du 17 déc. 2012, art. 50 et 52-I) **« 20° Pour les frais liés à une interruption volontaire de grossesse mentionnée au 4° de l'article** *(L. n° 2015-1702 du 21 déc. 2015, art. 59-III-15°, en vigueur le 1er janv. 2016)* **« L. 160-8 » ; »**

« 21° Pour l'assurée mineure d'au moins quinze ans, pour les frais d'acquisition de certains contraceptifs » *(L. n° 2015-1702 du 21 déc. 2015, art. 64-I)* **« et pour les frais relatifs aux actes et consultations entrant dans le champ des articles L. 162-4-5 et L. 162-8-1 » ;**

(L. n° 2014-1554 du 22 déc. 2014, art. 43) **« 22° Pour certains frais dus au titre des honoraires de dispensation des pharmaciens mentionnés au 7° de l'article L. 162-16-1 » ;**

(L. n° 2015-1702 du 21 déc. 2015, art. 65) **« 23° Lorsque l'assuré ne relève ni du 3° ni du 10° mais se trouve dans une situation clinique nécessitant un dépistage spécifique du cancer du sein, fixée par décret en Conseil d'État, pour les frais d'examens de dépistage, dans des conditions fixées par ce même décret ; »**

(L. n° 2017-1836 du 30 déc. 2017, art. 50) **« 24° Pour les frais liés à une consultation unique de prévention du cancer du sein et du cancer du col de l'utérus, pour les assurées âgées de vingt-cinq ans » ;**

(L. n° 2018-1203 du 22 déc. 2018, art. 56-II, en vigueur au plus tard le 1er mars 2019) **« 25° Pour les frais liés aux examens prévus à l'article L. 2132-2 du code de la santé publique, à l'exception de ceux pris en charge au titre du risque maternité en application de l'article L. 160-9 du présent code. »** — *Les dispositions issues de la L. n° 2018-1203 du 22 déc. 2018 entrent en vigueur à une date fixée par décret, et au plus tard le 1er mars 2019 (L. préc., art. 56-III).*

(L. n° 2003-1199 du 18 déc. 2003, art. 38-II) **« La liste mentionnée au 3° du présent article comporte également en annexe les critères médicaux utilisés pour la définition de l'affection et ouvrant droit à la limitation ou à la suppression de la participation de l'assuré. »** — *Disposition applicable aux patients pour lesquels un protocole de soins est élaboré ou renouvelé à compter de l'entrée en vigueur du décret qui en fixe les conditions d'application (L. n° 2003-1199 du 18 déc. 2003, art. 38-III).*

(L. n° 2004-810 du 13 août 2004, art. 6-IV) **« Sur proposition de l'Union nationale des caisses d'assurance maladie, un décret, pris après avis de la Haute Autorité mentionnée à l'article L. 161-37, peut réserver la limitation ou la suppression de la participation des assurés en application des 3° et 4° du présent article aux prestations exécutées dans le cadre d'un réseau de santé ou d'un dispositif coordonné de soins. »** — *[Anc. art. L. 322-3.]*

Sur le déploiement du mécanisme du tiers payant, V. L. n° 2016-41 du 26 janv. 2016, art. 83, Annexe I.

Jurisprudence rendue sous l'empire des textes antérieurs à la L. n° 2015-1702 du 21 déc. 2015.

1. Prise en charge au tarif de responsabilité d'un appareillage de correction auditive. La suppression de la participation de l'assuré social aux tarifs servant de base au calcul des prestations ne peut avoir pour effet d'imposer à la caisse la prise en charge d'appareils dans des conditions non prévues par la législation et la réglementation en vigueur, lesquelles subordonnent leur remboursement à leur inscription au tarif interministériel des prestations sanitaires. • Soc. 5 mai 1995, n° 92-16.247 P.

2. L'exonération du ticket modérateur doit être

accordée au malade reconnu atteint d'une affection qui, bien que non inscrite sur la liste de celles mentionnées à l'art. D. 322-1 CSS, comporte un traitement prolongé et une thérapeutique particulièrement coûteuse. • Soc. 23 janv. 1992, n° 89-19.034 P.

Arrêté du 19 juin 1947

Règlement intérieur type

PRISE EN CHARGE DU TICKET MODÉRATEUR POUR LES SOINS EN RAPPORT AVEC UNE AFFECTION GRAVE NE FIGURANT PAS SUR LA LISTE MENTIONNÉE AU 3° DE L'ART. L. 322-3 [L. 160-14]

Art. 71-4 *(Arr. du 7 sept. 1988)* « Lorsque le malade est, sur sa demande, reconnu par le contrôle médical atteint d'une forme évolutive ou invalidante d'une affection grave caractérisée ne figurant pas sur la liste des affections mentionnée au 3° de l'article L. 322-3 du code de la sécurité sociale, pour des soins continus d'une durée prévisible supérieure à six mois, la participation laissée à la charge de l'assuré pour les frais relatifs au traitement de l'affection considérée, au sens de l'article L. 324-1 du code de la sécurité sociale, peut être prise en charge sur le Fonds national d'action sanitaire et sociale. »

La prise en charge est accordée, par les caisses primaires d'assurance maladie, pour une période ne pouvant excéder vingt-quatre mois, sur avis conforme du contrôle médical.

L'avis du contrôle médical est rendu au vu d'un dossier médical établi par le médecin traitant comportant, outre le diagnostic précis et confirmé par les examens nécessaires, un programme thérapeutique adapté et conforme aux données acquises de la science.

Les litiges d'ordre médical relatifs au diagnostic ou au traitement de l'affection sont soumis à la procédure d'expertise mentionnée aux articles R. 141-1 à R. 141-10 du code de la sécurité sociale.

Art. 71-4-1 *(Arr. du 7 sept. 1988)* « Lorsque le malade est, sur sa demande, reconnu par le contrôle médical atteint de plusieurs affections caractérisées entraînant un état pathologique invalidant pour lequel des soins continus d'une durée prévisible supérieure à six mois sont nécessaires, la participation laissée à la charge de l'assuré pour les frais relatifs au traitement de l'état pathologique considéré, au sens de l'article L. 324-1 du code de la sécurité sociale, peut être prise en charge sur le Fonds national d'action sanitaire et sociale. »

Les deuxième, troisième et quatrième alinéas de l'article 71-4 sont applicables.

Art. 71-5 *(Arr. du 22 déc. 1988)* « Les caisses primaires d'assurance maladie font connaître à la Caisse nationale de l'assurance maladie des travailleurs salariés, avant la clôture de l'exercice, le montant des participations prises en charge au titre des articles 71-4 et 71-4-1. A titre transitoire en 1987, 1988 et 1989, ces participations sont réglées par les caisses primaires d'assurance maladie pour le compte de la Caisse nationale de l'assurance maladie des travailleurs salariés. »

Les dépenses correspondantes sont imputées au Fonds national d'action sanitaire et sociale avant la clôture des comptes de la Caisse nationale de l'assurance maladie des travailleurs salariés pour ces exercices. — *Dans les départements d'outre-mer, les caisses générales de sécurité sociale exercent les attributions dévolues aux caisses primaires d'assurance maladie par le présent arrêté.*

Art. L. 160-15 *(L. n° 2004-810 du 13 août 2004, art. 20-II ; L. n° 2015-1702 du 21 déc. 2015, art. 59-III-16°)* **La participation de l'assuré mentionnée au II de l'article L. 160-13 n'est pas exigée pour les mineurs, pour** *[Nouvelle rédaction issue de la L. n° 2018-1203 du 22 déc. 2018, art. 52-II, en vigueur le 1er nov. 2019 : [pour] « les mineurs et »]* **les bénéficiaires de la protection complémentaire en matière de santé mentionnée à l'article L. 861-1** *(Abrogé par L. n° 2018-1203 du 22 déc. 2018, art. 52-II, à compter du 1er nov. 2019) (L. n° 2014-1554 du 22 déc. 2014, art. 42-I)* ***« ainsi que pour les bénéficiaires de l'attestation mentionnée au second alinéa de l'article L. 863-3 ».***

(L. n° 2007-1786 du 19 déc. 2007, art. 52-I) **« Il en est de même pour la franchise prévue au III de l'article » L. 160-13.** — *[Anc. art. L. 322-4.]*

Art. L. 160-16 *(L. n° 2011-1906 du 21 déc. 2011, art. 77)* **Les** *(L. n° 2015-1702 du 21 déc. 2015, art. 59-III-17°, en vigueur le 1er janv. 2016)* **« personnes » relevant du régime spécial de sécurité sociale des entreprises minières et assimilées bénéficient de la** *(L. n° 2015-1702 du 21 déc. 2015, art. 59-III-16°, en vigueur le 1er janv. 2016)* **« prise en charge intégrale des frais de santé dans les conditions prévues » au présent chapitre.** — *[Anc. art. L. 322-8.]*

SECTION IV **DISPOSITIONS RELATIVES À L'ORGANISATION ET AU SERVICE DES PRESTATIONS**

(L. n° 2015-1702 du 21 déc. 2015, art. 59-III-18°, en vigueur le 1er janv. 2016)

Art. L. 160-17 La prise en charge des frais de santé mentionnée à l'article L. 160-1 est *(L. n° 2016-1827 du 23 déc. 2016, art. 62-I)* « , sous réserve de l'article L. 160-18, » effectuée, pour les personnes exerçant une activité professionnelle, par les organismes chargés de la gestion des régimes obligatoires auxquels elles sont affiliées pour le service des prestations d'assurances sociales, dans des conditions définies par décret. Ce décret détermine également les conditions dans lesquelles ces organismes prennent en charge les frais de santé des personnes n'exerçant pas d'activité professionnelle. *(Abrogé par L. n° 2017-1836 du 30 déc. 2017, art. 24-I)* *« Ce décret précise en outre les modalités selon lesquelles les personnes qui ne sont pas affiliées à titre professionnel peuvent demander à être gérées par l'organisme dont relève leur conjoint, la personne à laquelle elles sont liées par un pacte civil de solidarité ou leur concubin. »*

Les mutuelles ou groupements de mutuelles régis par le code de la mutualité sont habilités à réaliser des opérations de gestion pour la prise en charge des frais de santé des assurés mentionnés aux articles *(Abrogé par L. n° 2018-166 du 8 mars 2018, art. 11-I, à compter du 1er sept. 2018)* « **L. 381-4,** » **L. 712-1** et **L. 712-2.** *(Abrogé par L. n° 2017-1836 du 30 déc. 2017, art. 15-III, à compter du 1er janv. 2019)* *« Pour les assurés mentionnés à l'article **L. 613-1**, les mêmes organismes ainsi que les organismes chargés de la gestion des régimes obligatoires et les assureurs ou groupements d'assureurs régis par le code des assurances reçoivent délégation pour l'exécution, en tout ou partie, d'opérations de gestion. »* — *V. dernière note ss. art.*

Les organismes bénéficiant d'une délégation de gestion concluent une convention avec les organismes chargés de la gestion des régimes obligatoires. *(Abrogé par L. n° 2017-1836 du 30 déc. 2017, art. 15-III, à compter du 1er janv. 2019)* *« Les conventions concernant les opérations de gestion des prestations versées aux assurés mentionnés à l'article **L. 613-1** sont conclues au niveau national entre la Caisse nationale et les organes nationaux représentant les organismes mentionnés au troisième alinéa du présent article. La mise en œuvre de la convention nationale fait l'objet de contrats locaux entre les organes nationaux précités et les organismes qui leur sont affiliés. »* — *V. dernière note ss. art.*

Les organismes à qui sont confiées des opérations de gestion reçoivent des caisses d'assurance maladie des remises de gestion en contrepartie des dépenses de fonctionnement exposées pour l'exécution des opérations de gestion.

Un décret en Conseil d'État détermine les modalités d'organisation, de mise en œuvre et de financement de ces opérations de gestion, notamment dans le cadre de conventions, ainsi que les modalités d'évaluation de leurs résultats. Les conventions précisent, le cas échéant, les conditions dans lesquelles les organismes concernés peuvent participer aux actions portant sur l'accès aux droits et sur la gestion du risque.

Ce décret détermine également les conditions dans lesquelles il peut être mis fin à ces opérations de gestion en cas de défaillance rendant impossible la gestion des régimes obligatoires dans des conditions normales.

Le dernier al. de l'art. L. 160-17 s'applique aux mutuelles ou groupements mutualistes habilités avant le 1er janv. 2016 en application de l'art. L. 211-4, dans sa rédaction antérieure à la L. n° 2015-1702 du 21 déc. 2015.

Un décret détermine, le cas échéant, les conditions d'évolution du contenu des délégations liées à ces habilitations.

Le préjudice susceptible de résulter, pour les organismes mentionnés à l'art. L. 160-17, du transfert, en tout ou partie, d'opérations de gestion de la prise en charge des frais de santé qu'ils assurent à la date d'entrée en vigueur de la L. n° 2015-1702 du 21 déc. 2015 fait l'objet d'une indemnité s'il a pour origine les modifications apportées aux règles régissant les délégations de gestion et présente un caractère anormal et spécial. Cette indemnité est fixée dans le cadre d'un constat établi à la suite d'une procédure contradictoire. Les conditions et le montant de l'indemnité sont fixés par décret (L. préc., art. 59-XIII-A et B).

Sur les exceptions à l'application du droit des usagers de saisir l'administration par voie électronique concernant les démarches effectuées auprès des organismes de sécurité sociale, V. CRPA, App., v° Saisine par voie électronique — Exceptions. — **CRPA.**

Sur les dispositions transitoires de l'art. 15 de la L. n° 2017-1836 du 30 déc. 2017, V. ss. le livre VI « Dispositions applicables aux travailleurs indépendants » (art. 15-XVI-7°).

Art. L. 160-18 *(L. n° 2016-1827 du 23 déc. 2016, art. 62-I, en vigueur le 1er janv. 2017)* En cas de changement d'organisme assurant la prise en charge des frais de santé d'une personne, l'organisme qui assure cette prise en charge ne peut l'interrompre tant que l'organisme nouvellement compétent ne s'est pas substitué à lui. Il continue d'assurer la prise en charge des frais de santé jusqu'à la date à laquelle la substitution prend effet.

Le changement d'organisme de rattachement est effectué à l'initiative du bénéficiaire de la prise en charge mentionnée à l'article L. 160-1 ou, dans des conditions fixées par décret, par l'organisme mentionné aux premier, deuxième ou troisième alinéas de l'article L. 160-17, après en avoir informé le bénéficiaire :

1° Lorsque le bénéficiaire commence à exercer une activité salariée *(L. n° 2017-1836 du 30 déc. 2017, art. 24-I)* « dont la durée ou la quotité de travail prévues par le contrat sont supérieures à des seuils fixés » par décret ;

2° En cas d'accident du travail ou de maladie professionnelle, lorsqu'au moment de la déclaration de cet accident ou de cette maladie la victime n'était pas rattachée pour la prise en charge de ses frais de santé à l'organisme compétent pour servir les prestations liées à cet accident ou à cette maladie ;

3° Lorsque le bénéficiaire commence à exercer une activité le conduisant à relever d'une organisation spéciale de sécurité sociale au sens de l'article L. 711-1 *(Abrogé par L. n° 2017-1836 du 30 déc. 2017, art. 24-I) « ou de l'article L. 382-15 » (Abrogé par L. n° 2018-166 du 8 mars 2018, art. 11-I, à compter du 1er sept. 2018)* ***« ou entreprend des études le conduisant à relever du troisième alinéa de l'article L. 160-17 »*** ;

4° Lorsque le bénéficiaire commence à exercer une activité non salariée agricole à titre exclusif ou principal, ou lorsque le bénéficiaire commence à exercer une activité de travailleur indépendant non agricole sans exercer une autre activité ;

5° Lorsqu'un des organismes chargé de la prise en charge des frais de santé d'une personne relevant du 3° du présent article constate, au vu des éléments dont il dispose et après en avoir informé l'organisme appelé à lui succéder, que cette personne ne remplit plus les conditions pour pouvoir lui être rattachée.

Les personnes rattachées pour la prise en charge de leurs frais de santé à un régime obligatoire qui couvre tout ou partie de la participation fixée en application des articles L. 160-13 à L. 160-15 ne peuvent être tenues de rembourser les frais pris en charge par cet organisme, au titre d'une période au cours de laquelle elles ne pouvaient plus lui être rattachées, à raison de l'absence de démarche de leur part en vue de changer d'organisme de rattachement dans les cas autres que ceux mentionnés aux 1° à 5° du présent article, qu'à hauteur de la part de la participation fixée en application des mêmes articles L. 160-13 à L. 160-15 couverte par l'organisme auquel elles ont continué d'être rattachées.

CHAPITRE PREMIER DISPOSITIONS RELATIVES AUX PRESTATIONS

SECTION PREMIÈRE BÉNÉFICIAIRES

SOUS-SECTION 1 DISPOSITIONS COMMUNES

Art. L. 161-1 *(L. n° 2015-1702 du 21 déc. 2015, art. 59-IV-1°, en vigueur le 1er janv. 2016)* Sauf dispositions contraires, par membre de la famille, on entend au sens du présent code :

1° Le conjoint de l'assuré social, son concubin ou la personne à laquelle il est lié par un pacte civil de solidarité ;

2° Les enfants mineurs à leur charge et, jusqu'à un âge limite et dans des conditions déterminées par décret en Conseil d'État :

a) Les enfants qui poursuivent leurs études ;

b) Les enfants qui, par suite d'infirmités ou de maladies chroniques, sont dans l'impossibilité permanente d'exercer un travail salarié ;

3° L'ascendant, le descendant, le collatéral jusqu'au troisième degré ou l'allié au même degré de l'assuré social, qui vit au domicile de celui-ci et qui se consacre exclusivement aux travaux du ménage et à l'éducation d'enfants à la charge de l'assuré social. Le nombre et la limite d'âge des enfants sont fixés par décret en Conseil d'État.

Ancien art. L. 161-1-1 [Art. transféré et modifié au 1er janv. 2019, V. note ss. art.] (L. n° 95-116 du 4 févr. 1995, art. 36-II) ***Par dérogation aux dispositions en vigueur, l'exercice de leur nouvelle activité par les personnes mentionnées aux*** (L. n° 2003-721 du 1er août 2003, art. 37-II ; L. n° 2006-1640 du 21 déc. 2006, art. 12-II) ***« 1° à 9° » de l'article L. 5141-1 du code du travail*** (L. n° 2002-1487 du 20 déc. 2002, art. 19) ***« qui bénéficient de l'aide à la création ou reprise d'entreprise instituée par ledit article » ouvre droit, pour une période*** (L. n° 2016-1827 du 23 déc. 2016, art. 6-I) ***« fixée » par décret*** *[V. art. D. 161-1-1]*, ***à l'exonération des cotisations dues aux régimes d'assurance maladie, maternité, veuvage, vieillesse, invalidité et décès et d'allocations familiales auxquels elles sont affiliées en raison de l'exercice de cette activité et aux prestations servies par ces régimes.*** (L. n° 2016-1827 du 23 déc. 2016, art. 6-I) ***« Lorsque le revenu ou la rémunération est inférieur ou égal aux trois quarts du plafond mentionné à l'article L. 241-3 du présent code, ces cotisations ne sont pas dues. Au-delà de ce seuil de revenu ou de rémunération, le montant de l'exonération décroît linéairement et devient nul lorsque le revenu ou la rémunération est égal au plafond annuel de la sécurité sociale. »*** (L. n° 2005-32 du 18 janv. 2005, art. 59) ***« La durée de l'exonération, totale ou partielle, peut être prolongée dans des conditions et limites fixées par décret lorsque l'entreprise créée ou reprise entre dans le champ de l'article 50-0 du code général des impôts. Il en va de même lorsque les personnes mentionnées au premier alinéa ont opté pour le régime prévu à l'article 102 ter du même code. »*** — Les dispositions issues de la L. n° 2016-1827 du 23 déc. 2016 s'appliquent aux cotisations sociales dues au titre des périodes courant à compter du 1er janv. 2017 pour les créations et reprises d'entreprise intervenues à compter de cette même date (L. préc., art. 6-III).

L'exonération prévue à l'alinéa précédent porte :

1° Sur les cotisations à la charge de l'employeur et du salarié et afférentes à la fraction des rémunérations versées au cours de la période d'exonération, si ces personnes relèvent d'un régime de salariés ;

2° Sur les cotisations dues au titre de l'activité exercée au cours de la période d'exonération, si ces personnes relèvent d'un régime de non-salariés.

L'exonération doit être demandée par l'employeur dans le cas mentionné au 1° et par le non-salarié dans le cas mentionné au 2°.

(Abrogé par L. n° 2016-1917 du 29 déc. 2016, art. 48-III) (L. n° 2006-1640 du 21 déc. 2006, art. 31-IV) ***« L'exonération dont bénéficient les personnes mentionnées aux 8° et 9° de l'article L. 351-24 du code du travail ainsi que la prolongation de la durée d'exonération prévue au premier alinéa du présent article ne donnent pas lieu à application de l'article L. 131-7 du code de la sécurité sociale. »*** — *Les dispositions de l'art. 48-III de la L. n° 2016-1917 du 29 déc. 2016 s'appliquent aux cotisations sociales dues au titre des périodes courant à compter du 1er janv. 2017 (L. préc., art. 48-VI).*

(L. n° 2014-626 du 18 juin 2014, art. 24-I-4°) ***« Pour les travailleurs indépendants*** (Ord. n° 2018-470 du 12 juin 2018, art. 9) ***« mentionnés à l'article L. 613-7 », l'exonération de cotisations de sécurité sociale prévue au présent article cesse de s'appliquer, dans des conditions définies par décret, à la date à laquelle ces travailleurs indépendants cessent de bénéficier des régimes prévus aux articles 50-0 et 102 ter du code général des impôts. »*** (L. n° 2014-1554 du 22 déc. 2014, art. 9-I-7°) ***« Le cas échéant, les cotisations de sécurité sociale ayant fait l'objet de cette exonération et dues au titre de la période courant à compter de cette date font l'objet d'une régularisation, dans des conditions définies par décret. »*** — Les dispositions issues de la L. n° 2014-626 du 18 juin 2014 et de la L. n° 2014-1554 du 22 déc. 2014 s'appliquent aux cotisations et aux contributions de sécurité sociale dues au titre des périodes courant, à compter du 1er janv. 2016 (L. n° 2014-626 du 18 juin 2014, art. 26-III, et L. n° 2014-1554 du 22 déc. 2014, art. 9-IV-B).

A compter du 1er janv. 2019, cet art. devient l'art. L. 131-6-4 (L. n° 2017-1836 du 30 déc. 2017, art. 13-I).

Demandeurs d'emploi créateurs d'entreprise (conditions). Les textes ne subordonnent pas le droit à l'exonération de cotisations, prévue par l'art. L. 161-1-1 dans sa rédaction antérieure à la loi du 20 déc. 2002 en faveur de certaines catégories de chômeurs ayant créé leur propre entreprise, à l'octroi ou à la demande de l'aide instituée par l'art. L. 351-24 C. trav. • Soc. 11 juill. 2002, ☎ n° 00-17.416 P : *RJS 2002, n° 1159 ; TPS 2002. Comm. 327, obs. Prétot.*

Art. L. 161-1-2 (Abrogé par L. n° 2012-1509 du 29 déc. 2012, art. 117-I) (L. n° 2003-721 du 1er août 2003, art. 16-I) ***Par dérogation aux dispositions en vigueur, la création ou la reprise d'une entreprise, au sens de l'article L. 351-24*** [L. 5141-1, L. 5141-2 et L. 5141-5 nouv.] ***du code du travail, ouvre droit pour les créateurs ou repreneurs, au titre des douze premiers mois d'exercice de cette activité et dans la limite d'un plafond de revenus ou de rémunérations, à l'exonération des cotisations dues aux régimes d'assurance maladie, maternité, veuvage, vieillesse, invalidité et décès et d'allocations familiales auxquels ils sont affiliés en raison de l'exercice de cette activité et aux prestations servies par ces régimes lorsqu'ils exercent simultanément une ou plusieurs activités salariées soumises à l'obligation prévue par l'article L. 351-4*** [L. 5422-13 nouv.] ***du code du travail et qui ont débuté avant cette création ou cette reprise.***

Cette exonération porte :

1° Sur les cotisations à la charge de l'employeur et du salarié et afférentes à la fraction des rémunérations versées au cours de la période d'exonération, si les intéressés relèvent d'un régime de salariés ;

2° Sur les cotisations dues au titre de l'activité exercée au cours de la période d'exonération, si les intéressés relèvent d'un régime de non-salariés. (Abrogé par L. n° 2007-1786 du 19 déc. 2007, art. 22-I) ***« Dans ce cas, l'exonération porte également sur les cotisations des accidents du travail. »***

L'exonération doit être demandée par l'employeur dans le cas mentionné au 1° et par le non-salarié dans le cas mentionné au 2°.

Un décret détermine les modalités d'application du présent article. Il prévoit notamment le plafond de revenu et le nombre minimum d'heures d'activité salariée ou leur durée équivalente ou assimilée qui, d'une part, doit avoir été effectué préalablement à la création ou reprise de l'entreprise, d'autre part, devra l'être pendant les douze mois suivants.

Cette exonération ne pourra être obtenue pour une nouvelle création ou reprise d'entreprise intervenant moins de trois ans après la précédente.

L'art. L. 161-1-2 CSS reste applicable aux revenus perçus au titre des périodes antérieures au 1er janv. 2013 (L. n° 2012-1509 du 29 déc. 2012, art. 117-II).

Art. L. 161-1-3 (Abrogé par L. n° 2014-626 du 18 juin 2014, art. 24-I-5°) (L. n° 2009-431 du 20 avr. 2009, art. 24) ***Par dérogation aux dispositions du premier alinéa de l'article L. 133-6-8, lorsque les créateurs ou repreneurs d'entreprise bénéficient de l'exonération prévue à l'article L. 161-1-1 et relèvent des régimes définis aux articles 50-0 et 102 ter du code général des impôts :***

1° Les dispositions de l'article L. 133-6-8 du présent code leur sont appliquées sans demande préalable ;

2° En cas de dépassement des seuils prévus aux articles 50-0 et 102 ter du code général des impôts, les travailleurs indépendants cessent de bénéficier de l'exonération de cotisations de sécurité sociale prévue à l'article L. 161-1-1 du présent code, et les cotisations dues au titre de la part du chiffre d'affaires excédant lesdits seuils font l'objet d'une régularisation émise par l'organisme chargé du calcul et de l'encaissement des cotisations sociales ;

3° Un décret prévoit les modalités de mise en œuvre du présent article.

Les dispositions de la L. n° 2014-626 du 18 juin 2014 s'appliquent aux cotisations et aux contributions de sécurité sociale dues au titre des périodes courant à compter d'une date fixée par décret et, au plus tard, à compter du 1er janv. 2016 (L. préc., art. 24-III-A).

Art. L. 161-1-4 *(L. n° 2005-1579 du 19 déc. 2005, art. 92-III)* **Les organismes de sécurité sociale demandent, pour le service d'une prestation** *(L. n° 2010-1594 du 20 déc. 2010, art. 118-1°)* **« ou le contrôle de sa régularité », toutes pièces justificatives utiles** *(L. n° 2010-1594 du 20 déc. 2010, art. 118-1°)* **« pour vérifier l'identité du demandeur ou du bénéficiaire d'une prestation ainsi que » pour apprécier les conditions du droit à la prestation, notamment la production d'avis d'imposition ou de déclarations déposées auprès des administrations fiscales compétentes. Les organismes peuvent se dispenser de** *(L. n° 2010-1594 du 20 déc. 2010, art. 118-2°)* **« ces demandes » lorsqu'ils sont en mesure d'effectuer des contrôles par d'autres moyens mis à leur disposition.**

(L. n° 2006-1640 du 21 déc. 2006, art. 139-II) **« Les organismes de sécurité sociale peuvent notamment se dispenser de solliciter la production de pièces justificatives par le demandeur ou le bénéficiaire d'une prestation lorsqu'ils peuvent obtenir directement les informations ou pièces justificatives nécessaires auprès des personnes morales de droit public ou des personnes morales de droit privé gérant un service public compétentes, notamment par transmission électronique de données. Les traitements automatisés de données qui se limitent à l'organisation de ces transmissions, notamment en vue de garantir l'authenticité et la fiabilité des données échangées, sont soumis aux dispositions de la loi n° 78-17 du 6 janvier 1978 relative à l'informatique, aux fichiers et aux libertés, dès lors que les informations et pièces justificatives échangées au titre d'une prestation sont celles définies par les dispositions législatives et réglementaires relatives au service de la prestation concernée. »**

Sauf cas de force majeure, la non-présentation par le demandeur *(L. n° 2011-1906 du 21 déc. 2011, art. 119)* **« de pièces justificatives, la présentation de faux documents ou de fausses informations ou l'absence réitérée de réponse aux convocations d'un organisme de sécurité sociale entraînent la suspension, selon le cas, soit du délai d'instruction de la demande pendant une durée maximale fixée par décret, soit du versement de la prestation jusqu'à la production des pièces demandées ou la réponse à la convocation adressée. »**

Pour le service des prestations sous condition de ressources, l'appréciation des ressources prend en compte les prestations et ressources d'origine française, étrangère ou versées par une organisation internationale. *(L. n° 2008-1330 du 17 déc. 2008, art. 119-II)* **« Afin de permettre l'appréciation de ressources d'origine étrangère, le demandeur doit produire tout renseignement ou pièce justificative utile à l'identification de sa situation fiscale et sociale dans le pays dans lequel il a résidé à l'étranger au cours des douze mois précédant sa demande ou dans lequel il continue à percevoir des ressources. » Un décret en Conseil d'État prévoit les conditions dans lesquelles la vérification de l'exactitude des déclarations relatives aux revenus de source étrangère peut être confiée à un ou plusieurs organismes du régime général de sécurité sociale agissant pour le compte de l'ensemble des régimes. Les dispositions de l'article L. 114-11 sont applicables à cette vérification.**

(L. n° 2016-41 du 26 janv. 2016, art. 83-III-2°) **« Le présent article ne peut, conformément à l'article L. 161-15-1, avoir de conséquences sur le service des prestations en nature de l'assurance maladie que pour les seules situations touchant au non-respect de la condition de résidence mentionnée à l'article L. 160-1. »**

Sur les exceptions à l'application du droit des usagers de saisir l'administration par voie électronique concernant les démarches effectuées auprès des organismes de sécurité sociale, V. CRPA, App., v° Saisine par voie électronique — Exceptions. — ***CRPA.***

Art. L. 161-1-5 *(L. n° 2008-1330 du 17 déc. 2008, art. 118)* **Pour le recouvrement d'une prestation indûment versée** *(L. n° 2016-1827 du 23 déc. 2016, art. 107-2°)* **« ou d'une prestation recouvrable sur la succession » et sans préjudice des articles L. 133-4 du présent code et L. 725-3-1 du code rural et de la pêche maritime, le directeur d'un organisme de sécurité sociale peut, dans les délais et selon les conditions fixés par voie réglementaire, délivrer une contrainte qui, à défaut d'opposition du débiteur devant la juridiction compétente, comporte tous les effets d'un jugement et confère notamment le bénéfice de l'hypothèque judiciaire.** *— En vigueur le 1er janv. 2010.*

Art. L. 161-1-6 et L. 161-1-7 *Les art. L. 161-1-6 et L. 161-1-7 deviennent, respectivement, les art. L. 161-17-1-1 et L. 161-17-1-2 (L. n° 2014-40 du 20 janv. 2014, art. 41-III).*

SOUS-SECTION 2 ASSURANCES MALADIE-MATERNITÉ-DÉCÈS

Art. L. 161-2 (Abrogé par L. n° 2015-1702 du 21 déc. 2015, art. 59-IV-2°, à compter du 1er janv. 2016) ***Les conditions de durée minimale d'immatriculation ou d'affiliation exigées pour percevoir les prestations en nature de l'assurance maladie et maternité sont supprimées dans tous les régimes obligatoires.***

Pour le travailleur salarié entrant dans un régime obligatoire d'assurance maladie et maternité, la condition (L. n° 92-722 du 29 juill. 1992, art. 13-I-1° et 33) ***« d'un montant minimum de cotisations » ou d'un nombre minimum d'heures de travail salarié ou assimilé***

exigé pour percevoir ces prestations en nature de l'assurance maladie et maternité est suspendue pendant un délai s'ouvrant au moment de cette entrée et dont la durée est fixée par décret en Conseil d'État.

BIBL. ▸ CHAUCHARD, Les querelles de ménage de l'assurance maladie et de la solidarité, *RDSS 2006. 288* . – LAGRAVE, Quelques réflexions sur l'assurance maladie, *Dr. soc. 1995. 1022* . – LANGLOIS, Quelles voies pour une réforme en profondeur de l'assurance maladie ?, *Dr. soc. 2008. 187* . – LEGOUHY, L'ouverture des droits à l'assurance maladie du régime général, *RPDS 1995. 331*. – MALLET, L'assurance maladie de demain dépend des choix que nous ferons aujourd'hui, *Dr. soc. 1995. 785* ; Ce que doit être l'évolution de l'assurance maladie, *Dr. soc. 1996. 304* . – MAQUART, L'assurance maladie : le temps des rapports, *Dr. soc. 1995. 119* .

Art. L. 161-2-1 *Devient l'art. L. 160-5 (L. n° 2015-1702 du 21 déc. 2015, art. 59-III-4°, en vigueur le 1er janv. 2016).*

Art. L. 161-3 *Devient l'art. L. 161-5 (Ord. n° 2018-470 du 12 juin 2018, art. 6).*

Art. L. 161-4 L'inobservation des procédures et réglementations ouvrant droit aux prestations des régimes de l'assurance maladie et maternité ne fait pas perdre le bénéfice de ces prestations quand il est reconnu, dans des conditions fixées par décret, qu'elle est totalement indépendante de la volonté de l'intéressé, en particulier quand elle est due à son état de santé.

Art. L. 161-5 *(L. n° 2015-1702 du 21 déc. 2015, art. 59-IV-3°, en vigueur le 1er janv. 2016)* **« Les prestations en espèces de l'assurance maternité sont attribuées » dans les mêmes conditions** *(L. n° 92-722 du 29 juill. 1992, art. 13-I-2°)* **« d'un montant minimum de cotisations ou » de durée minimale de travail salarié que** *(L. n° 2015-1702 du 21 déc. 2015, art. 59-IV-3°, en vigueur le 1er janv. 2016)* **« les prestations en espèces de » l'assurance maladie, la date de référence étant celle du début, soit de la grossesse, soit du repos prénatal.** – *[Anc. art. L. 161-3.]*

Art. L. 161-6 *(Ord. n° 2018-470 du 12 juin 2018, art. 6)* **Lorsque l'un et l'autre des parents bénéficient d'une indemnisation ou d'un maintien de traitement accordés aux assurés qui adoptent ou accueillent un enfant dans les conditions mentionnées au deuxième alinéa, la durée cumulée de ces indemnisations ou maintiens de salaire est égale à la plus élevée des durées d'indemnisation ou** *[de]* **maintien de salaire des deux parents pris isolément, majorée de onze ou, en cas d'adoptions multiples, de dix-huit jours. Elle doit être répartie entre les deux parents de telle sorte que chacun bénéficie, dans le régime auquel il est affilié, d'une indemnisation ou d'un maintien de salaire au titre de la cessation temporaire de son activité pendant une période qui ne peut être inférieure à onze jours et ne peut excéder la durée maximale d'indemnisation ou de maintien de salaire applicable dans le régime considéré en cas d'adoption.**

Les dispositions de l'alinéa précédent s'appliquent aux assurés à qui un service départemental d'aide sociale à l'enfance, un organisme français autorisé pour l'adoption ou l'Agence française de l'adoption confie un enfant en vue de son adoption, ainsi qu'aux assurés titulaires de l'agrément mentionné à l'article L. 225-2 du code de l'action sociale et des familles lorsqu'ils adoptent ou accueillent un enfant en vue de son adoption par décision de l'autorité étrangère compétente, à condition que l'enfant ait été autorisé, à ce titre, à entrer sur le territoire français.

Art. L. 161-7 (Abrogé par L. n° 2015-1702 du 21 déc. 2015, art. 59-XI-N, à compter du 1er janv. 2016) ***Les rapatriés, anciens salariés, ayant dépassé un âge fixé par décret en Conseil d'État*** [art. R. 161-2], ***qui ne se livrent à aucune activité professionnelle, ont droit et ouvrent droit aux prestations en nature de l'assurance maladie dans les conditions prévues à l'article L. 311-9.***

Les prestations sont servies par les caisses des régimes auxquels les intéressés auraient été rattachés si leur dernière activité professionnelle avant leur retour avait été exercée en France.

Art. L. 161-8 *(L. n° 2017-1836 du 30 déc. 2017, art. 15-IV, en vigueur le 1er janv. 2018)* **Tant qu'elles continuent de remplir les conditions de résidence et de séjour mentionnées à l'article L. 111-2-3 et ne viennent pas à justifier de nouveau des conditions d'ouverture du droit aux mêmes prestations dans ce régime ou un autre régime, les personnes qui cessent de remplir les conditions d'activité requises pour l'affiliation à l'assurance maladie, maternité, invalidité, décès d'un régime dont elles relevaient**

jusqu'alors bénéficient du maintien de leur droit aux prestations en espèces pour ces risques pendant une durée déterminée par décret. Cette durée est prolongée, dans des conditions fixées par décret, pour les personnes qui relèvent de l'article L. 5411-1 du code du travail. – *Sur les dispositions transitoires de l'art. 15 de la L. n° 2017-1836 du 30 déc. 2017, V. ss. le livre VI « Dispositions applicables aux travailleurs indépendants ».*

1. Point de départ du délai de maintien. Le délai de maintien du droit aux prestations court de la date à laquelle l'assuré cesse de remplir les conditions exigées pour être assujetti au régime général de la sécurité sociale : il s'agit d'un délai de rigueur édicté à peine de forclusion et de déchéance. • Soc. 8 févr. 1973, n° 71-14.765 P. ♦ L'assuré dont le contrat de travail est rompu, et qui perçoit une indemnité compensatrice de congés payés ou une indemnité de préavis, conserve la qualité de salarié pendant toute la durée de la période correspondant à l'une comme à l'autre de ces indemnités. C'est donc seulement à la fin de cette période que commence à courir le délai d'un an prévu à l'art. L. 161-8 (Lettre 13 nov. 1963 : *Bull. jur. UCANSS, n° 63/48 ;* Lettre CNAMTS-DGR 24 avr. 1984 : *Bull. jur. UCANSS, n° 84/18-19*).

2. Durée de l'indemnisation. Toute indemnisation débutant au cours d'une période de maintien de droit, que celle-ci se poursuive ou non audelà du douzième mois, ne peut avoir pour effet de faire renaître des droits nouveaux. En particulier, elle ne peut permettre l'ouverture du droit à une nouvelle période de maintien de droits de douze mois (Circ. DGR n° 1089-81, 18 mars 1981 : *Bull. jur. UCANSS, n° 81/12 ;* Lettre CNAMTS-SDAM 20 nov. 1981 : *Bull. jur. UCANSS, n° 81/49*). ♦ Les conditions d'ouverture du droit aux indemnités journalières attribuées aux artisans sont appréciées au jour de la constatation médicale de l'incapacité de travail, et le service de ces prestations en espèces se poursuit pendant toute la durée de l'arrêt de travail, peu important que la période de douze mois de maintien des droits de l'assurance maladie et maternité soit expirée. • Civ. 2e, 11 sept. 2008, n° 07-16.031 P : *RJS 2008, n° 1242 ; JCP S 2008. 1662, note Asquinazi-Bailleux.* ♦ Par application combinée des art. L. 161-8 et R. 161-3, toute personne qui cesse de remplir les conditions pour être assujettie au régime général de la sécurité sociale bénéficie du maintien de son droit aux prestations de ce régime pendant une période de douze mois à compter de la date à laquelle les conditions ne sont plus remplies, de sorte que l'intéressé, qui se trouvait en période de maintien de droits au régime général pendant douze mois du 6 juill. 2001 au 5 juill. 2002, avait, à la date de constatation de son état d'invalidité à partir du 1er janv. 2004, perdu la qualité d'assuré social depuis près de deux ans. • Civ. 2e, 2 avr. 2009 : *RJS 2009, n° 8.*

3. Changement de régime. Bénéfice des mêmes prestations dans un autre régime obligatoire d'assurance maladie maternité. Pendant la période de maintien des droits, en application de l'art. L. 161-8, al. 2, la personne ne remplissant pas les conditions d'ouverture du droit au paiement des indemnités journalières d'assurance maladie du régime général continue à bénéficier des prestations en espèces du régime des non-salariés. • Civ. 2e, 12 juill. 2006 : *JCP S 2006. 1785, note Vachet ; JCP E 2006. 2396 ; RJS 2006, n° 1118.*

4. Assurance maternité. Les prestations en espèces de l'assurance maternité sont dues à une assurée qui se trouve en période de maintien des droits à la date du début de la grossesse. • Soc. 11 avr. 1996, n° 93-17.067 P : *RJS 1996, n° 600.* ♦ V. art. L. 331-1.

5. Étrangers. Les paragraphes 2-2 de la circulaire du 17 févr. 1995 et 5 de la circulaire du 19 oct. 1995 doivent être annulés dans la mesure où ils limitent aux seuls cas prévus par la L. n° 93-1027 du 27 août 1993 la possibilité de maintien des droits aux prestations des étrangers en situation irrégulière, sans réserver l'application des dispositions de l'art. L. 161-8. • CE 14 janv. 1998 : *RJS 1998, n° 660 ; D. 1998. Somm. 384, obs. Prétot ; TPS 1998. Comm. 138.* ♦ Pour l'application de l'art. L. 161-8, il n'est fait aucune distinction selon que le bénéficiaire du droit est ou non de nationalité française. Dans ces conditions, les dispositions issues de la L. n° 93-1027 du 27 août 1993, qui subordonnent l'accès des étrangers au système de sécurité sociale à la régularité de leur situation, ne sauraient être interprétées comme excluant les étrangers qui cessent de remplir cette condition du bénéfice du régime du maintien des droits pendant un an. • CE 14 janv. 1998 : *préc.*

Art. L. 161-9 *(L. n° 2015-1702 du 21 déc. 2015, art. 59-XI-B-1°, en vigueur le 1er janv. 2016)* **« En cas de reprise du travail, » les personnes bénéficiaires** *(L. n° 2014-873 du 4 août 2014, art. 8-I-1°)* **« de la prestation partagée d'éducation de l'enfant prévue »** *(L. n° 2003-1199 du 18 déc. 2003, art. 60-IV)* **« à l'article L. 531-4 » du titre III du livre V du code de la sécurité sociale, ou du congé parental d'éducation prévu à l'article** *(L. n° 95-116 du 4 févr. 1995, art. 37)* **« L. 122-28-1** *[L. 1225-47 s. et R. 1225-13 nouv.]* **» du code du travail,** *(Abrogé par L. n° 2015-1702 du 21 déc. 2015, art. 59-XI-B-1°, à compter du 1er janv. 2016)* ***« conservent leurs droits aux prestations en nature de l'assurance maladie et maternité de leur régime d'origine aussi longtemps qu'elles bénéficient***

(L. n° 2014-873 du 4 août 2014, art. 8-I-1°) **« *de cette prestation* »** *(L. n° 2003-1199 du 18 déc. 2003, art. 60-IV)* **« *ou de ce congé* ». *En cas de reprise du travail, les personnes susmentionnées* »** **retrouvent leurs droits aux prestations** *(Abrogé par L. n° 2015-1702 du 21 déc. 2015, art. 59-XI-B-1°, à compter du 1er janv. 2016)* **« *en nature et* »** **en espèces** *(L. n° 91-73 du 18 janv. 1991, art. 14 ; L. n° 95-116 du 4 févr. 1995, art. 37)* **« de l'assurance maladie, maternité, invalidité et décès », pendant une période fixée par décret.** — *V. art. D. 161-2.*

(L. n° 95-116 du 4 févr. 1995, art. 37) **« En cas de non-reprise du travail à l'issue du congé parental d'éducation, en raison d'une maladie ou d'une nouvelle maternité, les personnes retrouvent leurs droits aux prestations** *(Abrogé par L. n° 2015-1702 du 21 déc. 2015, art. 59-XI-B-1°, à compter du 1er janv. 2016)* **« *en nature et* »** **en espèces du régime antérieur au congé parental d'éducation dont elles relevaient. Ces dispositions s'appliquent pendant la durée de l'arrêt de travail pour cause de maladie ou du congé légal de maternité postérieur au congé parental.**

« Lors de la reprise du travail à l'issue du congé de maladie ou de maternité, les personnes susmentionnées retrouvent leurs droits aux prestations pendant une période fixée par décret. »

Les dispositions issues de la L. n° 2014-873 du 4 août 2014 sont applicables aux enfants nés ou adoptés à compter du 1er oct. 2014.

Pour les enfants nés ou adoptés avant le 1er oct. 2014, les dispositions du CSS demeurent applicables dans leur rédaction antérieure au 6 août 2014, date d'entrée en vigueur des dispositions précitées à l'al. précédent (L. préc., art. 8-VI).

Ancien art. L. 161-9 *Les personnes bénéficiaires* (L. n° 2003-1199 du 18 déc. 2003, art. 60-IV) ***« du complément de libre choix d'activité de la prestation d'accueil du jeune enfant prévu à l'article L. 531-4 » du titre III du livre V du code de la sécurité sociale, ou du congé parental d'éducation prévu à l'article*** (L. n° 95-116 du 4 févr. 1995, art. 37) ***« L. 122-28-1*** [L. 1225-47 s. et R. 1225-13 nouv.] ***» du code du travail, conservent leurs droits aux prestations en nature de l'assurance maladie et maternité de leur régime d'origine aussi longtemps qu'elles bénéficient*** (L. n° 2003-1199 du 18 déc. 2003, art. 60-IV) ***« de ce complément ou de ce congé ». En cas de reprise du travail, les personnes susmentionnées retrouvent leurs droits aux prestations en nature et en espèces*** (L. n° 91-73 du 18 janv. 1991, art. 14 ; L. n° 95-116 du 4 févr. 1995, art. 37) ***« de l'assurance maladie, maternité, invalidité et décès », pendant une période fixée par décret.*** — V. art. D. 161-2.

(L. n° 95-116 du 4 févr. 1995, art. 37) ***« En cas de non-reprise du travail à l'issue du congé parental d'éducation, en raison d'une maladie ou d'une nouvelle maternité, les personnes retrouvent leurs droits aux prestations en nature et en espèces du régime antérieur au congé parental d'éducation dont elles relevaient. Ces dispositions s'appliquent pendant la durée de l'arrêt de travail pour cause de maladie ou du congé légal de maternité postérieur au congé parental.***

« Lors de la reprise du travail à l'issue du congé de maladie ou de maternité, les personnes susmentionnées retrouvent leurs droits aux prestations pendant une période fixée par décret. »

Les dispositions issues de l'art. 60 de la loi n° 2003-1199 du 18 déc. 2003 mettant en place la prestation d'accueil du jeune enfant entrent en vigueur à compter du 1er janv. 2004 pour les enfants nés ou adoptés à compter du 1er janv. 2004 ainsi que pour les enfants nés avant cette date alors que leur date de naissance présumée était postérieure au 31 déc. 2003. A compter du 1er janv. 2007, l'ensemble des ménages et personnes bénéficient de la prestation d'accueil du jeune enfant dès lors qu'ils répondent à ses conditions de droit (L. préc., art. 60-VIII).

1. Congé parental d'éducation. Le bénéficiaire d'un congé parental, bien que demeurant assujetti au régime général de la sécurité sociale, ne saurait prétendre au versement d'indemnités journalières en raison de la maladie survenue pendant le congé, n'étant privé d'aucun salaire ni d'aucune allocation par le fait de la maladie invoquée. • Soc. 8 févr. 1984, n° 82-14.341 P. ♦ Le titulaire d'une pension d'invalidité de première catégorie, qui n'a pas repris le travail et qui, bien qu'inscrit comme demandeur d'emploi, n'a reçu à aucun moment les allocations de chômage compte tenu du montant de sa pension, ne peut, en raison d'un arrêt de travail médicalement prescrit, prétendre au versement des indemnités journalières de l'assurance maladie qui sont servies pour compenser le préjudice causé par l'arrêt de travail ou la cessation du droit aux allocations de chômage et ne rentre pas dans les prévisions de l'art. 289, a. • Soc. 23 oct. 1980, n° 79-13.666 P.

2. Droits à l'issue du congé parental d'éducation. La salariée en congé parental d'éducation qui s'est trouvée dans l'impossibilité de reprendre le travail à l'issue de ce congé en raison d'une maladie ayant nécessité un arrêt de travail peut prétendre aux prestations en nature et en espèces du régime dont elle relevait antérieurement au congé parental. • Civ. 2e, 11 juill. 2005, n° 04-30.153 P : *RJS 2005, n° 1109.* ♦ La salariée qui adhère à une convention de conversion à l'issue de son congé parental d'éducation, au cours duquel elle ne bénéficie pas des indemnités journalières, ne peut prétendre aux prestations en espèces de l'assurance maternité. • Soc. 10 oct. 1996 : *RJS 1996, n° 1185 ; Dr. soc. 1996. 1111, obs. Saint-Jours.* ♦ La salariée qui s'est inscrite à l'ANPE et n'a pas repris le travail à l'issue de son congé parental d'éducation ne retrouve pas son droit aux prestations en espèces de l'assurance maladie. • Soc. 11 mars 1999 : *RJS 1999, n° 534.*

Art. L. 161-9-1 (Abrogé par L. n° 2005-1579 du 19 déc. 2005, art. 87-VII) (L. n° 2000-1257 du 23 déc. 2000, art. 20-V) ***Les personnes bénéficiaires de l'allocation de présence parentale*** (Ord. n° 2004-329 du 15 avr. 2004, art. 1er-I-1°) ***« ou du congé de présence parentale prévu à l'article L. 122-28-9*** [L. 1225-62 s. et R. 1225-14 nouv.] ***du code du travail » conservent leurs droits aux prestations en nature de l'assurance maladie, maternité, de leur régime d'origine pendant la durée de perception de l'allocation*** (Ord. n° 2004-329 du 15 avr. 2004, art. 1er-I) ***« ou la durée du congé. En cas de reprise d'activité » à l'issue de cette période, elles retrouvent les droits aux prestations en espèces de l'assurance maladie, maternité, invalidité et décès, acquis antérieurement à l'ouverture*** (Ord. n° 2004-329 du 15 avr. 2004, art. 1er-I-2°) ***« du droit à l'allocation ou au congé ».***

Les personnes qui bénéficient de l'allocation de présence parentale en vertu de la réglementation applicable avant le 1er mai 2006 continuent à en bénéficier jusqu'à son terme (L. n° 2005-1579 du 19 déc. 2005, art. 87-XI).

Art. L. 161-9-2 *(L. n° 2005-1579 du 19 déc. 2005, art. 87-VII)* **Lorsqu'une personne bénéficie, successivement et sans interruption d'un congé parental d'éducation ou** *(L. n° 2014-873 du 4 août 2014, art. 8-I-2°)* **« de la prestation prévue » au 3° de l'article L. 531-1 et d'un congé de présence parentale ou de l'allocation journalière de présence parentale, ou inversement, elle retrouve, en cas de reprise d'activité, ses droits aux prestations acquis antérieurement au bénéfice du congé parental d'éducation** *(L. n° 2014-873 du 4 août 2014, art. 8-I-2°)* **« ou de ladite prestation » dans les conditions prévues à l'article L. 161-9.**

Les dispositions issues de la L. n° 2014-873 du 4 août 2014 sont applicables aux enfants nés ou adoptés à compter du 1er oct. 2014.

Pour les enfants nés ou adoptés avant le 1er oct. 2014, les dispositions du CSS demeurent applicables dans leur rédaction antérieure au 6 août 2014, date d'entrée en vigueur des dispositions précitées à l'al. précédent (L. préc., art. 8-VI).

Ancien art. L. 161-9-2 (L. n° 2005-1579 du 19 déc. 2005, art. 87-VII) ***Lorsqu'une personne bénéficie, successivement et sans interruption d'un congé parental d'éducation ou du complément prévu au 3° de l'article L. 531-1 et d'un congé de présence parentale ou de l'allocation journalière de présence parentale, ou inversement, elle retrouve, en cas de reprise d'activité, ses droits aux prestations acquis antérieurement au bénéfice du congé parental d'éducation ou dudit complément dans les conditions prévues à l'article L. 161-9.***

Art. L. 161-9-3 *(L. n° 2010-209 du 2 mars 2010, art. 2)* **Les personnes bénéficiaires du congé prévu à l'article** *(L. n° 2016-1088 du 8 août 2016, art. 9-IV)* **« L. 3142-6 » du code du travail, au 9° de l'article 34 de la loi n° 84-16 du 11 janvier 1984 portant dispositions statutaires relatives à la fonction publique de l'État, au 10° de l'article 57 de la loi n° 84-53 du 26 janvier 1984 portant dispositions statutaires relatives à la fonction publique territoriale, au 9° de l'article 41 de la loi n° 86-33 du 9 janvier 1986 portant dispositions statutaires relatives à la fonction publique hospitalière et à l'article L. 4138-6 du code de la défense conservent leurs droits aux prestations** *(Abrogé par L. n° 2015-1702 du 21 déc. 2015, art. 59-XI-B-2°, à compter du 1er janv. 2016)* ***« en nature et »*** **en espèces de l'assurance maladie, maternité, invalidité et décès de leur régime d'origine aussi longtemps qu'elles bénéficient de ce congé.**

Les personnes ayant bénéficié de ces dispositions conservent leurs droits aux prestations *(Abrogé par L. n° 2015-1702 du 21 déc. 2015, art. 59-XI-B-2°, à compter du 1er janv. 2016)* ***« en nature et »*** **en espèces d'assurance maladie, maternité, invalidité et décès auprès du régime obligatoire dont elles relevaient avant et pendant ce congé, dans les situations suivantes :**

1° Lors de la reprise de leur travail à l'issue du congé ;

2° En cas de non-reprise du travail à l'issue du congé, en raison d'une maladie ou d'une maternité ;

3° Lors de la reprise du travail à l'issue du congé de maladie ou de maternité.

Les périodes pendant lesquelles les bénéficiaires conservent leurs droits sont fixées par décret et sont applicables, sans préjudice des dispositions de l'article L. 161-8 du présent code.

V. Circ. n° DSS/2A/2011/117 du 24 mars 2011 relative au régime juridique applicable à l'allocation d'accompagnement en fin de vie.

Art. L. 161-10 (Abrogé par L. n° 2015-1702 du 21 déc. 2015, art. 59-XI-N, à compter du 1er janv. 2016) ***La personne qui accomplit le service national a droit, pour les membres de sa famille, au bénéfice des prestations en nature des assurances maladie et maternité du régime obligatoire d'assurances maladie et maternité dont elle relevait au moment de son départ ou, à défaut, du régime général de sécurité sociale.*** — V. art. R. 161-3.

V. art. L. 372-1 s.

Art. L. 161-11 (Abrogé par L. n° 2015-1702 du 21 déc. 2015, art. 59-XI-N, à compter du 1er janv. 2016) ***Par dérogation au premier alinéa de l'article L. 161-8 et à toutes dispositions contraires, la personne libérée du service national, si elle ne bénéficie pas de l'assurance maladie et maternité à un autre titre, bénéficie pour elle-même et ses ayants droit des prestations en nature de l'assurance maladie et maternité du régime obligatoire, dont elle relevait au moment de son départ ou, à défaut, du régime général, pendant une période dont la durée, à compter de la date de la libération, est fixée par décret en Conseil d'État.***

1. Service national. La règle du maintien de droit pendant un an après la libération du service militaire ne s'applique pas aux assurés qui effectuent leur service militaire pour le compte d'un État étranger, alors même que la France a conclu avec cet État un accord permettant aux ressortissants français possédant une seconde nationalité de n'effectuer leurs obligations militaires que dans un seul pays (Lettre CNAMTS 31 mars 1987 : *Bull. jur. UCANSS, n° 87/18*).

2. Portée de la territorialité. La législation de la sécurité sociale étant d'application territoriale, l'ouverture des droits est subordonnée à la résidence de l'assuré sur le territoire national. • Soc. 8 oct. 1998, n° 96-21.606 P : *D. 1998. IR 231 ; RJS 1998, n° 1403 ; JCP E 1998. 1863, note Taquet* (pour un assuré qui, après sa libération du service national, a fixé sa résidence sur le territoire suisse).

Art. L. 161-12 *Abrogé par L. n° 94-43 du 18 janv. 1994, art. 5.*

Art. L. 161-13 (Abrogé par L. n° 2015-1702 du 21 déc. 2015, art. 59-XI-N, à compter du 1er janv. 2016) ***Par dérogation au premier alinéa de l'article L. 161-8 et à toutes dispositions contraires, les détenus libérés, s'ils ne bénéficient pas de l'assurance maladie et maternité à un autre titre, bénéficient pour eux-mêmes et leurs ayants droit des prestations en nature de l'assurance maladie et maternité du régime obligatoire dont ils relevaient avant leur détention, ou, à défaut, du régime général, pendant une période dont la durée, à compter de la date de la libération, est fixée par décret en Conseil d'État*** [art. R. 161-4 : 1 an.]

BIBL. ▸ Pedrot et Rebecq, La protection sociale des détenus, *RDSS 1995. 829*.

Reprise d'activité. En cas de reprise d'une activité salariée insuffisante pour conférer un droit aux prestations en espèces, et en l'absence de tout salariat hors détention, au cours des douze mois précédant la date d'interruption de travail, les indemnités journalières ne sont pas dues. En aucun cas la durée du travail pénal ne peut être ajoutée à celle du salariat ultérieur pour la compléter. Dans l'hypothèse où la détention est suivie d'une reprise du travail interrompue par la maladie au cours d'une période du maintien de droits, l'assuré peut se prévaloir du reliquat de la période de douze mois restant à courir (Lettre CNAM-DGR n° 159, 2 févr. 1983 : *Bull. jur. UCANSS, n° 83/6*).

Art. L. 161-13-1 *(L. n° 2005-1579 du 19 déc. 2005, art. 34-I)* **Les personnes ayant relevé des dispositions de l'article L. 381-30 retrouvent, dans des conditions fixées par décret en Conseil d'État,** *(L. n° 2017-1837 du 30 déc. 2017, art. 55-II, en vigueur le 1er janv. 2018)* **« lorsqu'elles ne sont plus écrouées » pour la détermination des conditions d'attribution des prestations en espèces, le bénéfice des droits ouverts dans le régime dont elles relevaient avant la date de** *(L. n° 2017-1837 du 30 déc. 2017, art. 55-II, en vigueur le 1er janv. 2018)* **« leur mise sous écrou », augmenté, le cas échéant, des**

droits ouverts pendant la période de détention provisoire. Ce décret fixe notamment la durée maximale *(L. n° 2017-1837 du 30 déc. 2017, art. 55-II, en vigueur le 1er janv. 2018)* **« de mise sous écrou » ouvrant droit au bénéfice de ces dispositions et la durée de maintien des droits aux prestations en espèces pour les personnes n'ayant pas repris d'activité professionnelle à la fin de** *(L. n° 2017-1837 du 30 déc. 2017, art. 55-II, en vigueur le 1er janv. 2018)* **« leur mise sous écrou ».**

Montant des prestations en espèces. La personne incarcérée retrouve à sa libération le bénéfice des droits ouverts dans le régime dont elle relevait avant la date de son incarcération, augmenté, le cas échéant, des droits ouverts pendant la période de détention provisoire, le droit aux prestations en espèces n'étant maintenu que durant trois mois en l'absence de reprise d'activité professionnelle après l'incarcération. • Civ. 2e, 2 avr. 2015 : *JCP S 2015, n° 1231, Comm. Asquinazi-Bailleux.*

Art. L. 161-14 (Abrogé par L. n° 2015-1702 du 21 déc. 2015, art. 59-XI-N, à compter du 1er janv. 2016) ***La personne qui vit maritalement avec un assuré social, et qui se trouve à sa charge effective, totale et permanente, a, à condition d'en apporter la preuve, la qualité d'ayant droit de l'assuré pour l'ouverture du droit aux prestations en nature des assurances maladie et maternité.*** (L. n° 99-944 du 15 nov. 1999, art. 7) ***« Il en est de même de la personne liée à un assuré social par un pacte civil de solidarité lorsqu'elle ne peut bénéficier de la qualité d'assuré social à un autre titre. »***

(L. n° 93-121 du 27 janv. 1993, art. 78) ***« La personne non visée par le premier alinéa du présent article et par les articles L. 313-3 et L. 381-4, qui vit depuis une durée fixée par décret en Conseil d'État*** [art. R. 161-8-1 : douze mois consécutifs] ***avec un assuré social, et se trouve à sa charge effective, totale et permanente, a, à condition d'en apporter la preuve dans des conditions fixées par décret en Conseil d'État, la qualité d'ayant droit de l'assuré pour l'ouverture du droit aux prestations en nature des assurances maladie et maternité.***

« L'alinéa précédent ne peut s'appliquer qu'à une seule personne remplissant ces conditions par assuré social. » — V. art. L. 313-3, 4°.

Art. L. 161-14-1 (Abrogé par L. n° 2015-1702 du 21 déc. 2015, art. 59-XI-N, à compter du 1er janv. 2016)(L. n° 95-116 du 4 févr. 1995, art. 59-I ; L. n° 99-641 du 27 juill. 1999, art. 7-I) ***« L'enfant ayant droit d'un assuré social en vertu des 2° et 3° de l'article L. 313-3, qui a atteint l'âge de seize ans » peut demander, selon des modalités fixées par décret en Conseil d'État, à être identifié de façon autonome au sein du régime dudit assuré social et à bénéficier à titre personnel du remboursement des prestations en nature de l'assurance maladie et maternité de ce régime. Toutefois, cette identification et ce remboursement à titre personnel sont obligatoires pour l'enfant ayant droit d'un assuré social en vertu des 2° et 3° de l'article L. 313-3, qui a atteint l'âge de seize ans poursuivant des études dans les établissements, écoles ou classes mentionnés à l'article L. 381-4.*** — V. art. R. 161-8-13 et R. 161-8-14.

(L. n° 99-641 du 27 juill. 1999, art. 7-I) ***« Sauf refus exprès de leur part, les ayants droit mentionnés aux 1° et 4° de l'article L. 313-3 et à l'article L. 161-14 sont identifiés de façon autonome au sein du régime de l'assuré et perçoivent à titre personnel les prestations en nature des assurances maladie et maternité.***

« Les enfants mineurs pris en charge par les services de l'aide sociale à l'enfance peuvent, à la diligence et sur demande des personnes ou des établissements qui en assurent l'accueil ou la garde, être identifiés de façon autonome au sein du régime de l'assuré. Ces personnes ou établissements perçoivent pour le compte de l'assuré les prestations en nature des assurances maladie et maternité. » — V. art. L. 313-3, 2°.

Art. L. 161-15 *(L. n° 2015-1702 du 21 déc. 2015, art. 59-IV-5°, en vigueur le 1er janv. 2016)* **Le conjoint séparé de droit ou de fait qui se trouve, du fait de défaut de présentation par l'autre conjoint des justifications requises, dans l'impossibilité d'obtenir pour ses enfants mineurs la prise en charge des frais de santé en cas de maladie et de maternité dispose d'une action directe en paiement de ces prestations, dans des conditions fixées par décret en Conseil d'État.**

Sauf demande contraire, la prise en charge des frais de santé des personnes majeures ayant la qualité d'ayant droit au 31 déc. 2015 reste effectuée, tant que ces personnes ne deviennent pas affiliées à un régime de sécurité sociale au titre d'une activité professionnelle, y compris antérieure, par ratta-

chement à l'assuré social dont elles dépendent, et par les organismes dont elles relèvent à cette date, jusqu'au 31 déc. 2019 au plus tard.

L'art. L. 161-15, dans sa rédaction antérieure à la L. n° 2015-1702 du 21 déc. 2015, demeure applicable aux personnes majeures conservant la qualité d'ayant droit jusqu'au 31 déc. 2019 (L. préc., art. 59-XIII-C).

Ancien art. L. 161-15 ***Les ayants droit de l'assuré décédé, s'ils ne bénéficient pas de l'assurance maladie et maternité à un autre titre, continuent à bénéficier, pendant une période dont la durée est fixée par décret en Conseil d'État*** [art. R. 161-5 : un an], ***des prestations en nature du régime obligatoire d'assurance maladie et maternité dont l'assuré relevait au moment du décès. Cette durée est prolongée jusqu'à ce que le dernier enfant à charge ait atteint un âge fixé par décret en Conseil d'État*** [art. R. 161-5 : 3 ans].

La personne divorcée qui ne bénéficie pas, à un autre titre, de l'assurance maladie et maternité continue à bénéficier, pour elle-même et les membres de sa famille qui sont à sa charge, pendant une période dont la durée est fixée par décret en Conseil d'État, des prestations en nature du régime obligatoire d'assurance maladie et maternité dont elle relevait à titre d'ayant droit au moment de la mention du divorce en marge de l'acte de mariage ou de la transcription du jugement de divorce. Cette durée est prolongée jusqu'à ce que le dernier enfant à charge ait atteint un âge fixé par décret en Conseil d'État. — V. art. R. 161-5.

(L. n° 93-121 du 27 janv. 1993, art. 1er ; L. n° 99-641 du 27 juill. 1999, art. 10-I) ***« A l'expiration des périodes de maintien de droits prévues aux premier et deuxième alinéas, lorsqu'elles ont ou ont eu à leur charge au sens de l'article L. 313-3 un nombre d'enfants fixé par décret en Conseil d'État, les personnes visées aux deux premiers alinéas qui ne bénéficient pas de l'assurance maladie et maternité à un autre titre sont obligatoirement affiliées au régime général de sécurité sociale en ce qui concerne la couverture des prestations en nature de l'assurance maladie et maternité. »***

Le conjoint séparé de droit ou de fait, ayant droit de son époux, qui se trouve, du fait du défaut de présentation par celui-ci des justifications requises, dans l'impossibilité d'obtenir, pour lui-même ou les membres de sa famille à sa charge, les prestations en nature du régime obligatoire d'assurance maladie et maternité dont il relève, dispose d'une action directe en paiement de ces prestations dans les conditions fixées par décret en Conseil d'État. — V. art. R. 161-6.

A l'expiration du délai fixé en application du deuxième alinéa du présent article, le bénéfice de l'action directe est également accordé, en tant que de besoin, à la personne divorcée au profit des ayants droit de l'autre personne divorcée, dans des conditions fixées par décret en Conseil d'État. — V. art. R. 161-7 et R. 161-8.

1. Conditions. Après décès, divorce ou séparation de la vie commune de l'assuré relevant d'un autre régime, les ayants droit continuent de bénéficier des prestations de ce régime pendant un an ou jusqu'au troisième anniversaire du dernier enfant à charge, puis, à l'issue de ces délais sont immatriculés au régime général au titre des dispositions du troisième al. de l'art. L. 161-15 si les conditions sont remplies (Circ. DGR n° 24-94, 30 mars 1994 : *Bull. jur. UCANSS, n° 94/23*). ♦ Les ayants droit de l'assuré(e) décédé(e), le ou la conjointe divorcé(e) ou l'ex-concubin(e) déclarant avoir ou avoir eu trois enfants à charge devront, s'il ne s'agit pas d'enfants légitimes, adoptifs ou naturels reconnus, en apporter la preuve par une déclaration sur l'honneur établissant la charge effective et bénévole de l'enfant, ainsi que le caractère permanent ou durable de l'accueil, ces conditions devant être réalisées, au plus tard, au moment du décès de l'assuré(e), du divorce ou de la rupture de la vie commune (Circ. DGR n° 24-94, 30 mars 1994 : *préc.*).

2. Durée. La protection assurée par le dispositif visé au troisième al. de l'art. L. 161-15 est prévue pour être illimitée. Lorsque l'intéressé vient à remplir les conditions pour devenir assuré à titre obligatoire, le maintien de droit illimité s'efface, mais peut à nouveau être reconnu lorsque le droit obligatoire cesse (Circ. DGR n° 24-94, 30 mars 1994 : *préc. note 1*).

3. Portée de la circulaire du 15 juill. 1988. La circulaire du 15 juill. 1988 (Circ. DGR n° 2243-88, *Bull. jur. UCANSS, n° 35/88*), aux termes de laquelle les dispositions de la loi du 5 janv. 1988 relatives au maintien du droit aux prestations en nature d'assurance maladie des personnes divorcées n'ont pas pour objet de conférer ou faire renaître un droit mais seulement de maintenir des droits existants, est reconnue légale. Elle se borne à une simple interprétation des textes de sécurité sociale sans édicter aucune disposition nouvelle ni modifier celles en vigueur. • CE 12 févr. 1997 : *RJS 1997, n° 593.* ♦ V. • Soc. 10 nov. 1994 : *RJS 1994, n° 1433* (question préjudicielle posée devant le Conseil d'État concernant la légalité de la circulaire du 15 juill. 1988).

Art. L. 161-15-1 *(L. n° 99-641 du 27 juill. 1999, art. 5)* **Une personne ne peut perdre le bénéfice** *(L. n° 2015-1702 du 21 déc. 2015, art. 59-IV-6°, en vigueur le 1er janv. 2016)*

« de la prise en charge des frais de santé en cas de » maladie et maternité que si elle cesse de remplir la condition de résidence mentionnée à l'article *(L. nº 2015-1702 du 21 déc. 2015, art. 59-IV-6º, en vigueur le 1er janv. 2016)* « **L. 160-1** » ou si elle est présumée absente dans les conditions prévues par l'article **112** du code civil.

Art. L. 161-15-2 *(L. nº 2016-1827 du 23 déc. 2016, art. 62-I, en vigueur le 1er janv. 2017)* En cas de changement d'organisme d'affiliation, l'organisme qui assure le service des prestations en espèces ne peut l'interrompre tant que l'organisme nouvellement compétent ne s'est pas substitué à lui. Il continue d'assurer ce service jusqu'à la date à laquelle la substitution prend effet.

Art. L. 161-15-3 *(L. nº 2002-305 du 4 mars 2002, art. 12)* Par dérogation à toutes dispositions contraires, les enfants de parents tous deux assurés d'un régime d'assurance maladie et maternité peuvent être rattachés en qualité d'ayant droit à chacun des deux parents.

Les modalités d'application du présent article sont déterminées par décret en Conseil d'État.

Sur les exceptions à l'application du droit des usagers de saisir l'administration par voie électronique concernant les démarches effectuées auprès des organismes de sécurité sociale, V. CRPA, App., vº Saisine par voie électronique — Exceptions. — ***CRPA.***

Art. L. 161-15-4 *(L. nº 2006-1640 du 21 déc. 2006, art. 131-II)* Toute personne qui cesse de bénéficier des droits aux prestations à l'assurance maladie en application *(Abrogé par L. nº 2017-1836 du 30 déc. 2017, art. 15-V, en vigueur le 1er janv. 2018)* « *des dispositions du dernier alinéa* » de l'article **L. 161-8** ou de l'article *(L. nº 2015-1702 du 21 déc. 2015, art. 59-XI-B-3º)* « **L. 160-1** » est tenue d'en informer, dans un délai fixé par arrêté, l'organisme d'assurance maladie auquel elle est rattachée ainsi que de restituer la carte électronique individuelle interrégimes mentionnée à l'article **L. 161-31** qui lui a été délivrée. — *Sur les dispositions transitoires de l'art. 15 de la L. nº 2017-1836 du 30 déc. 2017, V. ss. le livre VI « Dispositions applicables aux travailleurs indépendants ».*

En cas de manquement aux obligations fixées à l'alinéa précédent, il est fait application des dispositions de l'article *(L. nº 2015-1702 du 21 déc. 2015, art. 59-XI-B-3º)* « **L. 114-17-1** ». — *Le délai prévu au premier al. du présent art. est fixé à un mois à compter de la date à partir de laquelle toute personne bénéficiant de droits à prestations de l'assurance maladie cesse de résider en France au sens de l'art. R. 115-6 (Arr. du 21 nov. 2008, JO 29 nov.).*

(L. nº 2016-1827 du 23 déc. 2016, art. 64-I) « Par dérogation au premier alinéa du présent article, les adhérents à l'une des assurances volontaires maladie-maternité-invalidité ou maladie-maternité prévues aux chapitres II, III et V du titre VI du livre VII du présent code sont dispensés de cette restitution afin de faciliter le service et la prise en charge par la Caisse des Français de l'étranger des soins mentionnés à l'article **L. 766-2**. »

SOUS-SECTION 3 ASSURANCE INVALIDITÉ

Art. L. 161-16 Les assurés sociaux, anciens déportés ou internés, titulaires de la carte de déporté ou interné de la Résistance ou de la carte de déporté ou interné politique, dont la pension militaire d'invalidité a été accordée pour un taux d'invalidité global déterminé *[art. R. 161-9 : au moins 60 %]*, qui cessent toute activité professionnelle sont présumés atteints, s'ils ont atteint un âge minimum *[art. R. 161-9 : 55 ans]*, d'une invalidité les rendant absolument incapables d'exercer une profession quelconque.

La pension d'invalidité qui leur est accordée, sur leur demande, en application de ces dispositions au titre du régime d'assurance invalidité dont ils relèvent, peut être cumulée sans limitation de montant avec la pension militaire d'invalidité.

Bénéficiaires. La loi nº 77-773 du 12 juill. 1977 s'est bornée à instituer en faveur des assurés sociaux ayant la qualité de déportés ou d'internés une présomption d'invalidité absolue et une possibilité de cumul d'avantages sans déroger pour autant aux conditions d'ouverture du droit à une pension d'invalidité édictées par le régime dont ils relèvent pour ce risque, au titre de leur activité professionnelle. Encourt la cassation la décision accordant à un déporté, titulaire d'une pension d'invalidité correspondant à un taux d'incapacité de plus de 85 %, le bénéfice d'une pension d'invalidité servie par le régime général auquel il n'était rattaché que pour le service des prestations en nature des assurances maladie et maternité. • Soc. 22 mars 1982, n° 81-11.260 P.

Art. L. 161-16-1 *(L. n° 93-1027 du 24 août 1993, art. 36-II)* **Pour l'attribution d'un avantage d'invalidité, la personne de nationalité étrangère résidant en France doit justifier de la régularité de son séjour en France** *(L. n° 2016-1827 du 23 déc. 2016, art. 64-I)* **« dans les conditions prévues à l'article L. 111-2-3 ».** – *V. art. D. 161-2-1-1 et D. 161-2-1-2.*

SOUS-SECTION 4 ASSURANCE VIEILLESSE

§ 1er A OBJECTIFS DE L'ASSURANCE VIEILLESSE

(L. n° 2010-1330 du 9 nov. 2010, art. 1er)

Art. L. 161-17 A *Abrogé par L. n° 2014-40 du 20 janv. 2014, art. 1er-II.*

§ 1er INFORMATION ET SIMPLIFICATION DES DÉMARCHES DES ASSURÉS *(L. n° 2014-40 du 20 janv. 2014, art. 41-I et VI).*

Art. L. 161-17 *(L. n° 2014-40 du 20 janv. 2014, art. 39-I-1° et 2°)* **« I. — Les assurés bénéficient gratuitement d'un droit à l'information sur le système de retraite par répartition, qui est assuré selon les modalités suivantes.**

« II. — » *(L. n° 2010-1330 du 9 nov. 2010, art. 6-I et 118-I, en vigueur le 1er janv. 2012)* **« Dans l'année qui suit la première année au cours de laquelle il a validé une durée d'assurance d'au moins deux trimestres dans un des régimes de retraite légalement obligatoires, l'assuré bénéficie d'une information générale sur le système de retraite par répartition, notamment sur les règles d'acquisition de droits à pension et l'incidence sur ces derniers des modalités d'exercice de son activité et des événements susceptibles d'affecter sa carrière. Cette information rappelle la possibilité, prévue par l'article L. 241-3-1, en cas d'emploi à temps partiel ou en cas d'emploi dont la rémunération ne peut être déterminée selon un nombre d'heures travaillées, de maintenir à la hauteur du salaire correspondant au même emploi exercé à temps plein l'assiette des cotisations destinées à financer l'assurance vieillesse. Les conditions d'application du présent alinéa sont définies par décret.**

« Les assurés, qu'ils résident en France ou à l'étranger, bénéficient à leur demande, à partir de quarante-cinq ans et dans des conditions fixées par décret, d'un entretien portant notamment sur les droits qu'ils se sont constitués dans les régimes de retraite légalement obligatoires, sur les perspectives d'évolution de ces droits, compte tenu des choix et des aléas de carrière éventuels, sur les possibilités de cumuler un emploi et une retraite, tels que des périodes d'étude *[d'études]* **ou de formation, de chômage, de travail pénible, d'emploi à temps partiel, de maladie, d'accident du travail ou de maladie professionnelle ou de congé maternité, ainsi que sur les dispositifs leur permettant d'améliorer le montant futur de leur pension de retraite.**

(Abrogé par L. n° 2014-40 du 20 janv. 2014, art. 39-I-3°) ***« Cet entretien s'appuie sur les éléments d'information permettant d'éclairer les conséquences, en matière de retraite, des choix professionnels, en particulier en cas d'expatriation.***

« En amont de tout projet d'expatriation, l'assuré bénéficie à sa demande d'une information, par le biais d'un entretien, sur les règles d'acquisition de droits à pension, l'incidence sur ces derniers de l'exercice de son activité à l'étranger et sur les dispositifs lui permettant d'améliorer le montant futur de sa pension de retraite. Une information est également apportée au conjoint du futur expatrié. Les conditions d'application du présent alinéa sont définies par décret. »

« Lors de cet entretien, l'assuré se voit communiquer des simulations du montant potentiel de sa future pension, selon qu'il décide de partir en retraite à l'âge d'ouverture du droit à pension de retraite mentionné à l'article L. 161-17-2 ou à l'âge du taux plein mentionné au 1° de l'article L. 351-8. Ces simulations sont réalisées à législation constante et sur la base d'hypothèses économiques et d'évolution salariale fixées chaque année par le groupement d'intérêt public mentionné au *(L. n° 2014-40 du 20 janv. 2014, art. 39-I-4°)* **« premier alinéa de l'article L. 161-17-1 ». Les informa-**

tions et données transmises aux assurés lors de l'entretien n'engagent pas la responsabilité des organismes et services en charge de les délivrer. »

(L. n° 2014-40 du 20 janv. 2014, art. 39-I-5°) « III. — » *(L. n° 2003-775 du 21 août 2003, art. 10)* Toute personne a le droit d'obtenir, dans des conditions précisées par décret, un relevé de sa situation individuelle au regard de l'ensemble des droits qu'elle s'est constitués dans les régimes de retraite légalement obligatoires. *(Abrogé par L. n° 2010-1330 du 9 nov. 2010, art. 6-I et 118-I, à compter du 1er janv. 2012) (L. n° 2010-241 du 10 mars 2010, art. 11) « Ce relevé fait également état de la possibilité offerte à toute personne d'assurer le tutorat des personnes effectuant un engagement de service civique régi par le titre Ier bis du livre Ier du code du service national au sein de personnes morales agréées. »*

Les régimes de retraite légalement obligatoires et les services de l'État chargés de la liquidation des pensions sont tenus d'adresser périodiquement, à titre de renseignement, un relevé de la situation individuelle de l'assuré au regard de l'ensemble des droits qu'il s'est constitués dans ces régimes. *(L. n° 2014-40 du 20 janv. 2014, art. 39-I-6°, en vigueur le 1er janv. 2017)* « L'assuré bénéficie d'un service en ligne lui donnant accès à tout moment à son relevé actualisé, l'informant sur les régimes dont il relève et lui permettant de réaliser certaines démarches administratives et d'échanger avec les régimes concernés des documents dématérialisés. » Les conditions d'application du présent alinéa sont définies par décret.

(L. n° 2014-40 du 20 janv. 2014, art. 39-I-7°) « IV. — » Dans des conditions fixées par décret, à partir d'un certain âge et selon une périodicité déterminée par le décret susmentionné, chaque personne reçoit, d'un des régimes auquel elle est ou a été affiliée, une estimation indicative globale du montant des pensions de retraite auxquelles les durées d'assurance, de services ou les points qu'elle totalise lui donnent droit, à la date à laquelle la liquidation pourra intervenir, eu égard aux dispositions législatives, réglementaires et conventionnelles en vigueur. *(L. n° 2010-1330 du 9 nov. 2010, art. 6-I et 118-I, en vigueur le 1er janv. 2012)* « Cette estimation indicative globale est accompagnée d'une information sur les dispositifs mentionnés aux articles **L. 161-22**, **L. 351-15** et **L. 241-3-1** *(Abrogé par L. n° 2014-40 du 20 janv. 2014, art. 39-I-7°) « Cette estimation est effectuée quel que soit l'âge de l'assuré si celui-ci est engagé dans une procédure de divorce ou de séparation de corps ».* »

(L. n° 2014-40 du 20 janv. 2014, art. 39-I-8° et 9°) « V. — Dans le cadre de tout projet d'expatriation, l'assuré bénéficie à sa demande d'une information, par le biais d'un entretien, sur les règles d'acquisition de droits à pension, l'incidence sur ces derniers de l'exercice de son activité à l'étranger et sur les dispositifs lui permettant d'améliorer le montant futur de sa pension de retraite. Une information est également apportée au conjoint du futur expatrié. Les conditions d'application du présent V sont définies par décret.

« VI. — » *(Abrogé par L. n° 2014-40 du 20 janv. 2014, art. 39-I-9°) « Afin d'assurer les droits prévus aux (L. n° 2010-1330 du 9 nov. 2010, art. 6-I et 118-I, en vigueur le 1er janv. 2012) « alinéas précédents » aux futurs retraités, il est institué un groupement d'intérêt public doté de la personnalité morale et de l'autonomie financière composé de l'ensemble des organismes assurant la gestion des régimes mentionnés au premier alinéa ainsi que des services de l'État chargés de la liquidation des pensions en application du code des pensions civiles et militaires de retraite. Les dispositions (L. n° 2011-525 du 17 mai 2011, art. 119-I) « du chapitre II de la loi n° 2011-525 du 17 mai 2011 de simplification et d'amélioration de la qualité du droit » sont applicables à ce groupement d'intérêt public. »* La mise en œuvre progressive des obligations définies par le présent article sera effectuée selon un calendrier défini par décret en Conseil d'État.

Pour la mise en œuvre des droits prévus aux *(L. n° 2014-40 du 20 janv. 2014, art. 39-I-10°)* « I à V », les membres du groupement *(L. n° 2014-40 du 20 janv. 2014, art. 39-I-10°)* « mentionné au premier alinéa de l'article **L. 161-17-1** » mettent notamment à la disposition de celui-ci, dans des conditions définies par décret en Conseil d'État, les durées d'assurance et périodes correspondantes, les salaires ou revenus non salariés et le nombre de points pris en compte pour la détermination des droits à pension de la personne intéressée.

Pour assurer les services définis au présent article, les organismes mentionnés au présent article sont autorisés à collecter et conserver le numéro d'inscription au répertoire national d'identification des personnes physiques des personnes concernées, dans des conditions définies par décret en Conseil d'État, pris après avis de la Commission nationale de l'informatique et des libertés.

V. notes ss. l'art. R. 161-11.

Art. L. 161-17-1 *(L. nº 2014-40 du 20 janv. 2014, art. 41-II)* L'Union des institutions et services de retraites est un groupement d'intérêt public, créé dans les conditions prévues au chapitre II de la loi nº 2011-525 du 17 mai 2011 de simplification et d'amélioration de la qualité du droit, regroupant l'ensemble des organismes assurant la gestion des régimes de retraite légalement obligatoires, la Caisse des dépôts et consignations ainsi que les services de l'État chargés de la liquidation des pensions en application du code des pensions civiles et militaires de retraite. Elle est dotée d'un conseil d'administration.

L'union assure le pilotage stratégique de l'ensemble des projets de coordination, de simplification et de mutualisation ayant pour objet d'améliorer les relations des régimes avec leurs usagers dans lesquels tout ou partie de ses membres sont engagés et veille à leur mise en œuvre. Elle assure notamment la mise en œuvre des droits prévus aux I à V de l'article L. 161-17 et le pilotage des projets prévus aux articles L. 161-17-1-1 et L. 161-17-1-2.

L'autorité compétente de l'État conclut avec l'Union des institutions et services de retraites un contrat qui détermine les objectifs pluriannuels de simplification et de mutualisation de l'assurance vieillesse ; il comprend un schéma directeur des systèmes d'information. Ce contrat est conclu pour une période minimale de quatre ans.

Les modalités d'application du présent article sont précisées, en tant que de besoin, par décret en Conseil d'État.

Cet art. entre en vigueur à une date fixée par décret et au plus tard le 1er juill. 2014 (L. nº 2014-40 du 20 janv. 2014, art. 41-VI).

Art. L. 161-17-1-1 *(L. nº 2008-1330 du 17 déc. 2008, art. 76)* Les organismes et services chargés de la gestion des régimes de retraite de base et complémentaires légaux ou rendus légalement obligatoires communiquent par voie électronique les informations nécessaires à la détermination du droit au bénéfice des prestations de retraite *(L. nº 2010-1330 du 9 nov. 2010, art. 8)* « , au maintien des droits » et, s'il y a lieu, au calcul de ces dernières, notamment pour la mise en œuvre *(L. nº 2010-1330 du 9 nov. 2010, art. 8)* « de l'article 2 de l'ordonnance nº 2004-605 du 24 juin 2004 simplifiant le minimum vieillesse, » des articles L. 173-2 *(L. nº 2010-1330 du 9 nov. 2010, art. 8 ; L. nº 2014-40 du 20 janv. 2014, art. 41-IV ; L. nº 2018-1203 du 22 déc. 2018, art. 77-I, en vigueur le 1er janv. 2019)* « , L. 353-1, L. 353-6, L. 355-3, L. 815-1, L. 815-7 et L. 815-24 » du présent code et L. 732-51-1 et L. 732-54-3 du code rural et de la pêche maritime. Un décret en Conseil d'État fixe les modalités d'application du présent article. Ce décret peut, aux mêmes fins, prévoir la création d'un répertoire national. – *[Anc. art. L. 161-1-6.]*

Art. L. 161-17-1-2 *(L. nº 2010-1330 du 9 nov. 2010, art. 9)* Il est créé un répertoire de gestion des carrières unique pour lequel les régimes de retraite de base *(L. nº 2014-40 du 20 janv. 2014, art. 41-V-1º)* « et complémentaires » légalement obligatoires et les services de l'État chargés de la liquidation des pensions adressent de manière régulière à la Caisse nationale mentionnée à l'article L. 222-1 l'ensemble des informations concernant la carrière de leurs assurés. *(L. nº 2014-40 du 20 janv. 2014, art. 41-V-2º)* « Ce répertoire contient également les points acquis au titre du compte mentionné à l'article L. 4162-1 du code du travail. » Les modalités d'application du présent article sont fixées par décret en Conseil d'État. – *[Anc. art. L. 161-1-7.]*

§ 2 OUVERTURE DU DROIT ET LIQUIDATION

Art. L. 161-17-2 *(L. nº 2010-1330 du 9 nov. 2010, art. 18)* L'âge d'ouverture du droit à une pension de retraite mentionné au premier alinéa de l'article L. 351-1 du présent code, à l'article L. 732-18 du code rural et de la pêche maritime, au 1º du I de l'article L. 24 et au 1º de l'article L. 25 du code des pensions civiles et militaires de retraite est fixé à soixante-deux ans pour les assurés nés à compter du 1er janvier *(L. nº 2011-1906 du 21 déc. 2011, art. 88-I)* « 1955.

« Cet âge est fixé par décret dans la limite de l'âge mentionné au premier alinéa pour les assurés nés avant le 1er janvier 1955 et, pour ceux nés entre le 1er juillet 1951 et le 31 décembre 1954, de manière croissante :

« 1° A raison de quatre mois par génération pour les assurés nés entre le 1er juillet 1951 et le 31 décembre 1951 ;

« 2° A raison de cinq mois par génération pour les assurés nés entre le 1er janvier 1952 et le 31 décembre 1954. » — *V. art. D. 161-2-1-9.*

Ces dispositions sont applicables aux pensions prenant effet à compter du 1er juill. 2011 (L. nº 2010-1330 du 9 nov. 2010, art. 118-II).

V. Circ. CNAV nº 2012/6 du 25 janv. 2012.

Art. L. 161-17-3 *(L. nº 2014-40 du 20 janv. 2014, art. 2-I)* Pour les assurés des régimes auxquels s'applique l'article L. 161-17-2, la durée d'assurance nécessaire pour bénéficier d'une pension de retraite au taux plein et la durée des services et bonifications nécessaire pour obtenir le pourcentage maximum *[maximal]* d'une pension civile ou militaire de retraite sont fixées à :

1° 167 trimestres, pour les assurés nés entre le 1er janvier 1958 et le 31 décembre 1960 ;

2° 168 trimestres, pour les assurés nés entre le 1er janvier 1961 et le 31 décembre 1963 ;

3° 169 trimestres, pour les assurés nés entre le 1er janvier 1964 et le 31 décembre 1966 ;

4° 170 trimestres, pour les assurés nés entre le 1er janvier 1967 et le 31 décembre 1969 ;

5° 171 trimestres, pour les assurés nés entre le 1er janvier 1970 et le 31 décembre 1972 ;

6° 172 trimestres, pour les assurés nés à partir du 1er janvier 1973.

Art. L. 161-17-4 *(L. nº 2014-40 du 20 janv. 2014, art. 14-I, en vigueur le 1er janv. 2015)* L'âge prévu à l'article L. 161-17-2 est abaissé à due concurrence du nombre de trimestres attribués au titre de la majoration de durée d'assurance prévue à l'article L. 351-6-1, dans des conditions et limites fixées par décret.

Sur les exceptions à l'application du droit des usagers de saisir l'administration par voie électronique concernant les démarches effectuées auprès des organismes de sécurité sociale, V. CRPA, App., vº Saisine par voie électronique — Exceptions. — **CRPA.**

Art. L. 161-18 Pour la liquidation des droits à l'assurance vieillesse, l'appréciation de l'inaptitude au travail dans les conditions prévues à l'article L. 351-7 du présent code par *(L. nº 2017-1836 du 30 déc. 2017, art. 15-IV, en vigueur le 1er janv. 2018)* « le régime général et le régime des salariés agricoles » est valable à l'égard de l'un ou l'autre des régimes en cause. — *Sur les dispositions transitoires de l'art. 15 de la L. nº 2017-1836 du 30 déc. 2017, V. ss. le livre VI « Dispositions applicables aux travailleurs indépendants ».*

Cette disposition est applicable au régime des non-salariés des professions agricoles en ce qui concerne les assurés mentionnés à l'avant-dernier alinéa de l'article *(Ord. nº 2010-104 du 28 janv. 2010, art. 7)* « L. 732-23 » du code rural et de la pêche maritime. — *V. art. D. 161-2-1 et D. 161-2-2.*

Art. L. 161-18-1 *(L. nº 93-1027 du 24 août 1993, art. 36-II)* Pour l'attribution d'un avantage de vieillesse, la personne de nationalité étrangère résidant en France doit justifier de la régularité de son séjour en France par la production d'un titre ou document figurant sur une liste fixée par décret. — *V. art. D. 161-2-4.*

Art. L. 161-19 Toute période *(L. nº 2001-1246 du 21 déc. 2001, art. 63-I)* « de service national légal, de mobilisation ou de captivité » est, sans condition préalable, assimilée à une période d'assurance pour l'ouverture du droit et la liquidation des avantages vieillesse.

Sur les exceptions à l'application du droit des usagers de saisir l'administration par voie électronique concernant les démarches effectuées auprès des organismes de sécurité sociale, V. CRPA, App., vº Saisine par voie électronique — Exceptions. — **CRPA.**

Période de présence sous les drapeaux. Pour le calcul de la pension de retraite du régime général, le seul fait d'avoir été présent sous les drapeaux comme engagé volontaire en temps de guerre suffit pour bénéficier de la validation des périodes militaires correspondantes. • Soc. 12 oct. 1995, ☎ nº 92-16.353 P : *RJS 1995, nº 1175.* ♦ V. notes ss. art. L. 351-3.

Art. L. 161-19-1 *(L. nº 2008-1330 du 17 déc. 2008, art. 85)* Sont prises en compte, pour la détermination de la durée d'assurance visée au deuxième alinéa de l'article L. 351-1, du I des articles L. 643-3 et *(Ord. nº 2018-470 du 12 juin 2018, art. 5)* « L. 653-2 » du présent code, au premier alinéa du I de l'article L. 14 du code des pensions civiles et militaires de retraite et à l'article L. 732-25 du code rural et de la pêche maritime, les périodes durant lesquelles l'assuré a été affilié à un régime obligatoire de pension d'une institution européenne ou d'une organisation internationale à laquelle la France est partie, dès lors qu'il est affilié à ce seul régime de retraite obligatoire.

Application de la loi dans le temps. Les dispositions de l'art. L. 161-19-1 ne sont applicables, en l'absence de toute dérogation expresse au principe de la non-rétroactivité de la loi civile énoncé à l'art. 2 C. civ., qu'à compter de la publication de la loi. • Civ. 2e, 12 févr. 2015, ☎ nº 14-10.609 P : *JCP S 2015, nº 1196, obs. Tricoit ; RJS 5/2015, nº 367.* ♦ Le principe de l'intangibilité des pensions, qui se rapporte aux modalités de liquidation et d'attribution des pensions de retraite, et le principe de non-rétroactivité des lois n'affectent pas le principe de la libre circulation des travailleurs énoncé à l'art. 45 du Traité sur le fonctionnement de l'Union européenne. • Même arrêt.

Art. L. 161-20 Des décrets fixent, nonobstant toute disposition législative contraire, les conditions dans lesquelles les périodes de détention provisoire sont prises en considération pour l'ouverture du droit à pension au titre des régimes législatifs ou réglementaires d'assurance vieillesse auxquels les articles L. 351-3 du présent code et *(Ord. nº 2010-104 du 28 janv. 2010, art. 7)* « L. 732-21 » du code rural et de la pêche maritime ne sont pas applicables. La situation des personnes en détention provisoire ne peut, en aucun cas, être plus favorable que celle qui est faite par ces différents régimes aux personnes en état de chômage involontaire. — *V. art. R. 381-104 s.*

Art. L. 161-21 Les périodes de versement de l'indemnité de soins aux tuberculeux prévue à l'article L. 41 du code des pensions militaires d'invalidité et des victimes de la guerre, y compris celles au cours desquelles les intéressés ont été hospitalisés en raison de l'affection ayant justifié le service de cette indemnité, sont prises en considération pour l'ouverture et le calcul des droits à pension de vieillesse, dans des conditions et limites fixées par décret en Conseil d'État, lorsqu'elles succèdent à des périodes d'assurance ou à des périodes validables au titre de l'article L. 161-19.

Ont la faculté de demander la validation des périodes mentionnées au premier alinéa du présent article les personnes qui ont cessé de bénéficier de l'indemnité de soins aux tuberculeux ou leurs conjoints survivants.

Cette faculté leur est offerte quelle que soit la date d'entrée en jouissance de la pension.

Les rachats afférents aux périodes validées en application du premier alinéa du présent article, opérés en application de l'article L. 742-4, sont annulés et remboursés aux intéressés.

Les dispositions des premier, deuxième et troisième alinéas du présent article s'appliquent aux assurés des régimes d'assurance vieillesse d'origine législative ou réglementaire, dans le cadre des règles propres à chacun desdits régimes.

Art. L. 161-21-1 *(L. nº 2016-1827 du 23 déc. 2016, art. 45)* L'assuré qui justifie des durées d'assurance mentionnées au premier alinéa *(Ord. nº 2018-470 du 12 juin 2018, art. 9)* « de l'article L. 351-1-3 », au premier alinéa du III des articles L. 643-3 et *(Ord. nº 2018-470 du 12 juin 2018, art. 5)* « L. 653-2 » du présent code et au premier alinéa de l'article L. 732-18-2 du code rural et de la pêche maritime, ainsi qu'au 5º du I de l'article L. 24 du code des pensions civiles et militaires de retraites sans pouvoir attester, sur une fraction de ces durées, de la reconnaissance administrative de l'incapacité requise au premier alinéa de l'article L. 351-1-3 du présent code et qui est atteint d'une incapacité permanente d'au moins 80 % au moment de la demande de liquidation de sa pension peut obtenir, sur sa demande, l'examen de sa situation par une commission placée auprès de la Caisse nationale d'assurance vieillesse *(Abrogé par Ord. n° 2018-470 du 12 juin 2018, art. 9) « des travailleurs salariés ».*

Cette commission est saisie par la caisse ou le service chargé de la liquidation de la pension de retraite. L'examen de la situation est fondé sur un dossier à caractère médical transmis par l'assuré permettant d'établir l'ampleur de l'incapacité, de la déficience ou du désavantage pour les périodes considérées. L'avis motivé de la commission est notifié à l'organisme débiteur de la pension, auquel il s'impose.

Les membres de la commission exercent leur fonction dans le respect du secret professionnel et du secret médical.

Un décret détermine les modalités d'application du présent article et fixe, notamment, le fonctionnement et la composition de la commission, qui comprend au moins un médecin-conseil et un membre de l'équipe mentionnée à l'article L. 146-8 du code de l'action sociale et des familles, ainsi que la fraction des durées d'assurance requises susceptible d'être validée par la commission.

Les attributions faites avant le 1er janvier 2016 de la reconnaissance de la qualité de travailleur handicapé mentionnée à l'article L. 5213-1 du code du travail peuvent, sur demande de l'intéressé, donner lieu à une évaluation de son incapacité permanente par la commission mentionnée à l'article L. 241-5 du code de l'action sociale et des familles.

§ 3 SERVICE DES PENSIONS DE VIEILLESSE

Art. L. 161-22 Le service d'une pension de vieillesse prenant effet postérieurement au 31 mars 1983, liquidée au titre *(L. n° 2014-40 du 20 janv. 2014, art. 19-I-1°)* « d'un régime de retraite de base légalement obligatoire, » et dont l'entrée en jouissance intervient à compter d'un âge fixé par décret en Conseil d'État *[art. R. 161-18 : 55 ans]*, ou ultérieurement, est subordonné à la rupture de tout lien professionnel avec l'employeur ou, pour les assurés exerçant une activité non salariée *(L. n° 2003-775 du 21 août 2003, art. 15-I)* « relevant du ou desdits régimes », à la cessation de cette activité.

(L. n° 2014-40 du 20 janv. 2014, art. 19-I-2°) « Par dérogation, » *(L. n° 2003-775 du 21 août 2003, art. 15-I)* « les dispositions du premier alinéa ne font pas obstacle à la reprise d'une activité » *(L. n° 2015-1702 du 21 déc. 2015, art. 50-1°)* « relevant du régime général de sécurité sociale, du régime des salariés agricoles ou de l'un des régimes spéciaux de retraite au sens de l'article L. 711-1 et procurant des revenus qui, ajoutés aux pensions servies par ces mêmes régimes » ainsi que par les régimes complémentaires légalement obligatoires régis par le livre IX, sont inférieurs *(L. n° 2006-1640 du 21 déc. 2006, art. 105-I)* « à 160 % du salaire minimum de croissance ou » au dernier salaire d'activité perçu avant la liquidation de la ou desdites pensions et sous réserve que cette reprise d'activité, lorsqu'elle a lieu chez le dernier employeur, intervienne au plus tôt six mois après la date d'entrée en jouissance de la pension.

(L. n° 2015-1702 du 21 déc. 2015, art. 50-1°) « Lorsque l'addition des revenus et pensions mentionnés au deuxième alinéa est supérieure au plafond mentionné au même alinéa, l'assuré en informe la ou les caisses compétentes et chacune des pensions servies par ces régimes est réduite à due concurrence du dépassement, dans des conditions fixées par décret. »

(L. n° 2008-1330 du 17 déc. 2008, art. 88-I) « Par dérogation aux deux précédents alinéas, et sous réserve que l'assuré ait liquidé ses pensions de vieillesse personnelles auprès de la totalité des régimes légaux ou rendus légalement obligatoires, de base et complémentaires, français et étrangers, ainsi que des régimes des organisations internationales dont il a relevé, une pension de vieillesse peut être entièrement cumulée avec une activité professionnelle :

« *a)* A partir de l'âge prévu au 1° de l'article L. 351-8 ;

« *b)* A partir de l'âge prévu au premier alinéa de l'article L. 351-1, lorsque l'assuré justifie d'une durée d'assurance et de périodes reconnues équivalentes mentionnée au deuxième alinéa du même article au moins égale à la limite mentionnée au même alinéa. »

(L. n° 2014-40 du 20 janv. 2014, art. 20-III) « La pension due par un régime de retraite légalement obligatoire dont l'âge d'ouverture des droits, le cas échéant sans minoration, est supérieur à l'âge prévu à l'article L. 161-17-2 n'est pas retenue pour

apprécier la condition de liquidation de l'ensemble des pensions de retraite, et ce jusqu'à ce que l'assuré ait atteint l'âge à partir duquel il peut liquider cette pension ou, en cas de minoration, l'âge auquel celles-ci prennent fin. »

Les dispositions *(L. n° 2014-40 du 20 janv. 2014, art. 19-I-4°)* « des trois premiers alinéas » ne font pas obstacle à l'exercice des activités suivantes :

1° Activités entraînant affiliation au régime général de la sécurité sociale en application du 15° de l'article L. 311-3 *(L. n° 2015-994 du 17 août 2015, art. 35)* « , sauf pour les salariés artistes-interprètes qui exercent dans le cadre d'un contrat de travail à durée indéterminée, » et de l'article L. 382-1 ainsi que les activités exercées par les artistes-interprètes rattachés au régime mentionné au premier alinéa de l'article *(L. n° 2016-1827 du 23 déc. 2016, art. 50-I, en vigueur le 1er janv. 2017)* « L. 640-1 » ;

2° Activités à caractère artistique, littéraire ou scientifique, exercées accessoirement avant la liquidation de la pension de retraite ;

3° Participation aux activités juridictionnelles ou assimilées, consultations données occasionnellement, participation à des jurys de concours publics ou à des instances consultatives ou délibératives réunies en vertu d'un texte législatif ou réglementaire ;

4° *(L. n° 91-1406 du 31 déc. 1991, art. 23-III)* « Activités exercées par des personnes bénéficiant de l'article L. 634-6-1 » ;

5° *(L. n° 93-1313 du 20 déc. 1993, art. 12-I)* « Activités d'hébergement en milieu rural réalisées avec des biens patrimoniaux » ;

6° *(L. n° 2000-1207 du 13 déc. 2000, art. 10-II)* « Des activités de parrainage définies à l'article L. 811-2 *[L. 6522-2, L. 6523-3 s. et R. 6523-4 nouv.]* du code du travail » ;

(L. n° 2002-1487 du 20 déc. 2002, art. 46-I) « 7° Activités correspondant à des vacations accomplies dans des établissements de santé ou dans des établissements ou services sociaux et médico-sociaux et à leur demande par des médecins ou infirmiers en retraite, dans la limite d'une durée et d'un plafond prévus par décret en Conseil d'État. Le dépassement du plafond entraîne une réduction à due concurrence de la pension de retraite. Cette possibilité de cumul n'est ouverte qu'à compter de l'âge légal ou réglementaire de départ à la retraite. » — *Dans les établissements publics de santé, pour les médecins et infirmiers visés au 7° de l'art. L. 161-22 CSS ou visés à l'art. L. 84 C. pens. retr., la limite d'âge fixée à l'art. 20 de la L. n° 47-1455 du 4 août 1947 n'est pas opposable (L. n° 2004-806 du 9 août 2004, art. 138).*

(L. n° 2014-40 du 20 janv. 2014, art. 19-I-5°) « Le premier alinéa ne fait pas obstacle à la perception des indemnités mentionnées à l'article L. 382-31 du présent code. »

(L. n° 2003-775 du 21 août 2003, art. 15-I) « Les dispositions du premier alinéa ne sont pas opposables à l'assuré qui demande le bénéfice d'une pension au titre d'une retraite progressive prévue par des dispositions législatives ou réglementaires, notamment par les articles L. 351-15 du présent code et L. 732-29 du code rural et de la pêche maritime. »

Les dispositions de l'art. 15 de la L. n° 2003-775 du 21 août 2003 sont applicables aux pensions prenant effet à compter du 1er janv. 2004 (L. préc., art. 15-III).

Les dispositions issues de l'art. 19 de la L. n° 2014-40 du 20 janv. 2014, à l'exception du 5° du I, sont applicables aux assurés dont la première pension prend effet à compter du 1er janv. 2015 (L. préc., art. 19-VIII).

Exercice simultané d'activités salariées et non salariées. Un assuré ne saurait se prévaloir de la qualité de pluriactif pour l'application des dispositions de l'art. L. 161-22, dès lors qu'il a cessé son activité salariée plus d'un an avant de demander la liquidation de ses droits à l'assurance vieillesse du régime général. • Soc. 1er févr. 1996, n° 93-21.872 P : *RJS 1996, n° 332.* ♦ Le droit au cumul d'une pension vieillesse du régime général et d'une activité non salariée s'apprécie à la date de la demande de pension vieillesse du régime général ; l'assuré ne peut s'en prévaloir dès lors qu'à cette date, il n'exerce plus d'activité salariée. • Soc. 5 nov. 1998 : *RJS 1999, n° 111.* ♦ Pour l'application de l'art. L. 161-22, al. 1er, seules les activités qui entraînent l'assujettissement à un régime d'assurance vieillesse peuvent être regardées comme des activités salariées ou non salariées. • CE 26 janv. 2000 : *D. 2000. IR 47* (qui décide que les interventions effectuées à temps partiel par un ambassadeur – actions de formation dans le domaine de la géopolitique et de la géostratégie et activité de conseil et d'études pour la délégation générale et la délégation internationale de Gaz de France – ne sont pas au nombre des activités à la cessation desquelles l'art. L. 161-22 subordonne le versement d'une pension de vieillesse).

Art. L. 161-22-1 A *(L. n° 2014-40 du 20 janv. 2014, art. 19-II)* **La reprise d'activité par le bénéficiaire d'une pension de vieillesse personnelle servie par un régime de retraite de base légalement obligatoire n'ouvre droit à aucun avantage de vieillesse, de droit direct ou dérivé, auprès d'aucun régime légal ou rendu légalement obligatoire d'assurance vieillesse, de base ou complémentaire.**

Le premier alinéa du présent article n'est pas opposable à l'assuré qui demande le bénéfice d'une pension au titre d'une retraite progressive prévue par des dispositions législatives ou réglementaires, notamment à l'article L. 351-15.

Ces dispositions sont applicables aux assurés dont la première pension prend effet à compter du 1er janv. 2015. Pour les assurés relevant du régime mentionné à l'art. L. 5551-1 C. transp. et les artistes du ballet relevant de la caisse de retraites des personnels de l'Opéra national de Paris, ces dispositions entrent en vigueur à compter du 1er janv. 2018. Un décret en Conseil d'État fixe les modalités particulières d'application de ces dispositions pour les anciens agents, relevant du régime de retraite des mines, d'une des entreprises minières ou ardoisières mentionnées au titre Ier de la L. n° 2004-105 du 3 févr. 2004 portant création de l'Agence nationale pour la garantie des droits des mineurs et diverses dispositions relatives aux mines, lorsque l'entreprise a cessé définitivement son activité ou a été mise en liquidation avant le 31 déc. 2015 (L. n° 2014-40 du 20 janv. 2014, art. 19-VIII, IX, X et XI mod. par L. n° 2014-1554 du 22 déc. 2014, art. 80 et L. n° 2015-1702 du 21 déc. 2015, art. 55).

Art. L. 161-22-1 *(Décr. n° 86-838 du 16 juill. 1986, art. 3)* **Le service des pensions de vieillesse dont bénéficient les salariés assujettis à la contribution de solidarité définie à l'article 4 de l'ordonnance n° 82-290 du 30 mars 1982 est suspendu à leur demande.**

La suspension de l'ensemble de ces pensions exonère les intéressés et leurs employeurs du versement de cette contribution.

Art. L. 161-22-2 *(L. n° 2014-40 du 20 janv. 2014, art. 44-I)* **Lorsqu'un assuré n'a relevé au cours de sa carrière que d'un régime de retraite de base et ne justifie pas d'une durée d'assurance, au sens du deuxième alinéa de l'article L. 351-1, au moins égale à un nombre de trimestres fixé par décret en Conseil d'État, il perçoit, à sa demande, au plus tôt à l'âge fixé à l'article L. 161-17-2, un versement égal au montant des cotisations versées à son régime de retraite, auxquelles sont appliqués les coefficients de revalorisation en vigueur au 1er janvier de l'année de la demande applicables aux salaires et cotisations servant de base au calcul des pensions.** — *Ces dispositions s'appliquent aux assurés dont l'ensemble des pensions prend effet à compter du 1er janv. 2016 (L. n° 2014-40 du 20 janv. 2014, art. 44-V).*

§ 4 PENSIONS DE RÉVERSION

BIBL. ▶ VEZIN-DAVID, Faut-il remplacer les droits dérivés à protection sociale par des droits autonomes ?, *RDSS 2003. 1* ✎.

Art. L. 161-23 **Lorsqu'un conjoint survivant ou divorcé remarié n'est susceptible de bénéficier d'aucun droit à pension de réversion du chef de son dernier conjoint, il recouvre le droit à pension de réversion du chef d'un précédent conjoint dont l'a privé son remariage, à condition que ce droit ne soit pas ouvert au profit d'un autre ayant cause.**

Les dispositions ci-dessus sont applicables aux pensions de réversion prenant effet postérieurement au 14 juillet 1982.

§ 5 REVALORISATION DES PENSIONS DE VIEILLESSE *(L. n° 2003-775 du 21 août 2003, art. 27-I).*

Art. L. 161-23-1 *(L. n° 2008-1330 du 17 déc. 2008, art. 79-I)* **« Le coefficient annuel de revalorisation des pensions de vieillesse servies par le régime général et les régimes alignés sur lui est fixé, au 1er** *(L. n° 2017-1836 du 30 déc. 2017, art. 41-I)* **« janvier » de chaque année,** *(L. n° 2015-1702 du 21 déc. 2015, art. 89-I-1°)* **« par application du coefficient mentionné à l'article L. 161-25. »**

(Abrogé par L. n° 2015-1702 du 21 déc. 2015, art. 89-I-1°) ***« Si l'évolution en moyenne annuelle des prix à la consommation hors tabac de l'année considérée établie à titre définitif***

par l'Institut national de la statistique et des études économiques est différente de celle qui avait été initialement prévue, il est procédé à un ajustement du coefficient fixé au 1er** (L. n° 2014-40 du 20 janv. 2014, art. 5-I-1°)* ***« octobre » de l'année suivante, égal à la différence entre cette évolution et celle initialement prévue. »

(Abrogé par L. n° 2014-40 du 20 janv. 2014, art. 5-I-3°) ***« Par dérogation aux dispositions du premier alinéa et sur proposition** (L. n° 2010-1330 du 9 nov. 2010, art. 5)* ***« du Comité de pilotage des régimes de retraite, » une correction au taux de revalorisation de l'année suivante peut être proposée au Parlement dans le cadre du plus prochain projet de loi de financement de la sécurité sociale. »***

SOUS-SECTION 5 *[ABROGÉE]* ACCIDENTS DU TRAVAIL

(Abrogée par L. n° 2007-1786 du 19 déc. 2007, art. 22-I)

SECTION II DISPOSITIONS DIVERSES

Art. L. 161-25 *(L. n° 2015-1785 du 29 déc. 2015, art. 67-I-1°, en vigueur le 1er janv. 2016)* **La revalorisation annuelle des montants de prestations dont les dispositions renvoient au présent article est effectuée sur la base d'un coefficient égal à l'évolution de la moyenne annuelle des prix à la consommation, hors tabac, calculée sur les douze derniers indices mensuels de ces prix publiés par l'Institut national de la statistique et des études économiques l'avant-dernier mois qui précède la date de revalorisation des prestations concernées.**

Si ce coefficient est inférieur à un, il est porté à cette valeur.

Loi n° 2018-1203 du 22 décembre 2018

De financement de la sécurité sociale pour 2019 (JO 23 déc.).

Art. 68 Au titre de 2019 *[Dispositions déclarées non conformes à la Constitution par la décision du Conseil constitutionnel n° 2018-776 DC du 21 décembre 2018]*, par dérogation à l'article L. 161-25 du code de la sécurité sociale, les montants des prestations et des plafonds de ressources relevant du même article L. 161-25 sont revalorisés annuellement de 0,3 %.

Toutefois, ne sont pas concernés par cette dérogation :

1° L'allocation de veuvage mentionnée à l'article L. 356-2 du même code ;

2° L'allocation de solidarité aux personnes âgées mentionnée à l'article L. 815-1 dudit code et les prestations mentionnées à l'article 2 de l'ordonnance n° 2004-605 du 24 juin 2004 simplifiant le minimum vieillesse, ainsi que les plafonds de ressources prévus pour le service de ces allocations ;

3° L'allocation supplémentaire d'invalidité mentionnée à l'article L. 815-24 du code de la sécurité sociale ainsi que les plafonds de ressources prévus pour le service de cette allocation ;

4° Le plafond de ressources prises en compte pour l'attribution de la protection complémentaire en matière de santé prévu à l'article L. 861-1 du même code ;

5° Le revenu de solidarité active mentionné à l'article L. 262-2 du code de l'action sociale et des familles et l'aide à la réinsertion familiale et sociale des anciens migrants mentionnée à l'article L. 117-3 du même code ;

6° Les allocations mentionnées au 2° de l'article L. 5421-2 du code du travail et l'allocation temporaire d'attente mentionnée à l'article L. 5423-8 du même code ;

7° L'allocation pour demandeur d'asile mentionnée à l'article L. 744-9 du code de l'entrée et du séjour des étrangers et du droit d'asile ;

8° L'allocation spéciale pour les personnes âgées mentionnée à l'article 28 de l'ordonnance n° 2002-411 du 27 mars 2002 relative à la protection sanitaire et sociale à Mayotte, ainsi que le plafond de ressources prévu pour le service de cette allocation ;

9° L'allocation de solidarité aux personnes âgées et les prestations mentionnées, respectivement, aux 1° et 9° de l'article 7 de la loi n° 87-563 du 17 juillet 1987 portant réforme du régime d'assurance vieillesse applicable à Saint-Pierre-et-Miquelon ainsi que les plafonds de ressources prévus pour le service de ces allocations.

Art. L. 161-25-1 *(L. n° 93-1027 du 24 août 1993, art. 36-III)* **Les personnes de nationalité étrangère ont droit et ouvrent droit aux prestations d'assurance maladie, mater-**

nité et décès si elles remplissent les conditions fixées par l'article L. 115-6 pour être affiliées à un régime de sécurité sociale. – *V. art. D. 161-14.*

Art. L. 161-25-2 (Abrogé par L. n° 2015-1702 du 21 déc. 2015, art. 59-XI-N, à compter du 1er janv. 2016) (L. n° 93-1027 du 24 août 1993, art. 36-III) ***Les ayants droit de nationalité étrangère majeurs d'un assuré bénéficient des prestations d'assurance maladie, maternité et décès s'ils sont en situation régulière au regard de la législation sur le séjour des étrangers en France.***

Un décret fixe la liste des titres et documents attestant la régularité de leur résidence en France. – V. art. D. 161-15.

BIBL. ▶ PRÉTOT, La Convention européenne des droits de l'Homme implique-t-elle l'accès aux prestations sociales de l'étranger en situation irrégulière ?, *Dr. soc. 2003. 420*. – V. Bibl. ss. art. L. 115-6.

Principe de non-discrimination (distinction justifiée). L'art. L. 161-25-2 revêt un caractère objectif puisqu'un refus d'entrée sur le territoire ne peut, en vertu de l'art. 3 § 2 du Protocole n° 4, être opposé par un État à ses propres ressortissants. Cette disposition est justifiée par la nécessité pour un État démocratique d'exercer un contrôle à l'entrée sur son territoire. L'ouverture des droits sociaux pour le conjoint de l'assuré n'est subordonnée qu'à la production d'un récépissé de demande de titre de séjour et non à une autorisation administrative. Il résulte de l'ensemble de ces éléments que la distinction résultant des art. L. 161-25-2 et D. 161-15 n'est pas contraire aux exigences des articles susvisés de la Convention européenne de sauvegarde des droits de l'homme et des libertés fondamentales et de son Protocole additionnel. • Soc. 19 déc. 2002, n° 00-22.085 P : *RJS 2003, n° 395 ; TPS 2003. Comm. 124, obs. Prétot ; JCP 2003. IV. 1340.* ♦ Comp. notes ss. art. L. 115-6.

Art. L. 161-25-3 (Abrogé par L. n° 2015-1702 du 21 déc. 2015, art. 59-XI-N, à compter du 1er janv. 2016) (L. n° 98-349 du 11 mai 1998, art. 39) ***La personne de nationalité étrangère titulaire d'une carte de séjour "retraité", qui bénéficie d'une ou de plusieurs pensions rémunérant une durée d'assurance égale ou supérieure à quinze ans, appréciée selon des conditions fixées par décret, a droit aux prestations en nature de l'assurance maladie du régime de retraite dont elle relevait au moment de son départ de France, pour elle-même et son conjoint, lors de leurs séjours temporaires sur le territoire métropolitain et dans les départements d'outre-mer, si leur état de santé vient à nécessiter des soins immédiats.***

Sous réserve des engagements internationaux souscrits par la France, une cotisation d'assurance maladie est prélevée, dans les conditions visées à l'article (L. n° 2008-1330 du 17 déc. 2008, art. 24-II) ***« L. 131-9 », sur l'ensemble des pensions des personnes de nationalité étrangère, dès lors que la condition d'assurance mentionnée à l'alinéa précédent est remplie.***

Art. L. 161-26 Les dispositions de l'article L. 355-3 sont étendues par décret aux bénéficiaires de tous régimes obligatoires d'assurance vieillesse ou invalidité.

SECTION III DISPOSITIONS D'APPLICATION

Art. L. 161-27 Des décrets fixent, en tant que de besoin, les modalités d'application des articles *(L. n° 2015-1702 du 21 déc. 2015, art. 59-XII-A-4°, en vigueur le 1er janv. 2016)* **« L. 161-1 à L. 161-6 », L. 161-15, L. 161-17 à** *(L. n° 2007-1786 du 19 déc. 2007, art. 22-I)* **« L. 161-23-1 ».**

SECTION IV SYSTÈMES D'INFORMATION DE L'ASSURANCE MALADIE ET TIERS PAYANT *(L. n° 2014-1554 du 22 déc. 2014, art. 41-I-1°).*

(Ord. n° 96-345 du 24 avr. 1996, art. 8-II)

BIBL. GÉN. ▶ ANAHORY, Le dossier médical personnel, dix-huit mois après, *Option finance 2006, n° 870, p. 35.* – CHABERT, La généralisation du dossier médical personnel en question, *Gaz. Pal. 2007, n° 108, p. 22.* – CHEMTOB-CONCÉ, Dossier médical personnel et dossier pharmaceutique, la revalorisation du parcours de soins et de l'acte pharmaceutique, *Gaz. Pal. 2007, n° 173, p. 2.* – FIESCHI, Vers le dossier médical personnel. Les données partagées : un atout à ne pas gâcher pour faire évoluer le système de santé, *Dr. soc. 2005. 80*. – FORGERON, L'informatisation des données des assurés sociaux au moyen de la carte santé : le cadre juridique, *Gaz. Pal. 1998, n° 210, p. 3.* – HARRICHAUX, Nomenclature et tarification des actes médicaux, *RDSS 1985. 394.* – La télétransmission des feuilles de soins, *RDSS 1998. 496*. – HOUSSIN, Le secret médical dans les nouvelles pratiques et les nouveaux champs de la médecine, *D. 2009. 2619*.

– Loth, Systèmes d'information et cartes de santé, *Dr. soc. 1996. 829*. – Mesli, Quelles articulations entre le dossier médical personnel et le dossier médical en santé au travail ?, *RDSS 2014. 266*. – Millet, La carte vitale 2 : quel bilan ?, *Gaz. Pal. 2008, n° 363, p. 67*. – Pellet, La protection des personnes à l'égard des traitements informatisés des données à caractère médical depuis les ordonnances du 24 avril 1996, *RDSS 1997. 853*. – P. Penaud, Nouvelles technologies de l'information : quel impact sur les organismes de sécurité sociale ?, *Dr. soc. 1995. 769* ; Sur les marchés informatiques des organismes locaux de sécurité sociale, *Dr. soc. 1996. 725*. – Pidoux, La responsabilité médicale au regard de la télétransmission et de la télémédecine, *LPA 2000, n° 149, p. 5*. – Rozenfeld, Informatisation de l'assurance maladie : télétransmission du NIR et des codes des actes et pathologies : un gisement de données sensibles, *Expertises des systèmes d'information 1996, n° 199, p. 380*. – Tabuteau, Le secret médical et l'évolution du système de santé, *D. 2009. 2629*. – Zorn, Bellivier et Noiville, Contrat et vivant ; Gestion et partage des données de santé : démarrage poussif du contrat, *RDC 2009. 711*.

Art. L. 161-28 *(L. n° 93-8 du 4 janv. 1993, art. 15)* **Les caisses nationales des régimes d'assurance maladie ont pour mission de participer à la maîtrise de l'évolution des dépenses. A cette fin, elles prennent toutes mesures d'organisation et de coordination internes à ces régimes, notamment de collecte, de vérification et de sécurité des informations relatives à leurs bénéficiaires et aux prestations qui leur sont servies.**

Création de dispositifs de contrôle. En application des art. L. 161-28 et L. 221-3-1, il appartient au directeur de la général de la CNAMTS, dans le cadre des pouvoirs qu'il tient de ces dispositions combinées, d'instaurer un dispositif de contrôle de la cotation des majorations spécifiques liées à la mise en œuvre du système de permanence des soins. • CE 18 juin 2007, *Conseil national de l'Ordre des médecins*, n° 285022.

Art. L. 161-28-1 *(L. n° 98-1194 du 23 déc. 1998, art. 21)* **Il est créé un système national d'information interrégimes de l'assurance maladie qui contribue :**

1° A la connaissance des dépenses de l'ensemble des régimes d'assurance maladie par circonscription géographique, par nature de dépenses, par catégorie de professionnels responsables de ces dépenses et par professionnel ou établissement ;

2° A la transmission en retour aux prestataires de soins d'informations pertinentes relatives à leur activité et leurs recettes, et s'il y a lieu à leurs prescriptions ;

(L. n° 2004-806 du 9 août 2004, art. 24-III) **« 3° A la définition, à la mise en œuvre et à l'évaluation de politiques de santé publique » ;**

(L. n° 2016-41 du 26 janv. 2016, art. 193-III-1°) **« 4° A la constitution du système national des données de santé, mentionné à l'article L. 1461-1 du code de la santé publique. »**

Le système national d'information interrégimes est mis en place par les organismes gérant un régime de base d'assurance maladie. Ces derniers transmettent au système national d'information interrégimes de l'assurance maladie les données nécessaires.

Les modalités de gestion et de renseignement du système national d'information interrégimes de l'assurance maladie, définies conjointement par protocole passé entre au moins la Caisse nationale de l'assurance maladie *(Abrogé par Ord. n° 2018-470 du 12 juin 2018, art. 9)* ***« des travailleurs salariés »*** *(Ord. n° 2018-470 du 12 juin 2018, art. 9, en vigueur le 1er janv. 2020)* **« et la Caisse centrale » de mutualité sociale agricole** *(Abrogé par Ord. n° 2018-470 du 12 juin 2018, art. 9, à compter du 1er janv. 2020)* ***« et*** *(Ord. n° 2005-1528 du 8 déc. 2005)* ***« la Caisse nationale du régime social des indépendants »*, sont approuvées par un arrêté du ministre chargé de la sécurité sociale.** – *V. Arr. du 6 oct. 2016 relatif à la mise en œuvre du système national d'information interrégimes de l'assurance maladie (JO 19 oct.).*

(L. n° 2004-801 du 6 août 2004, art. 18-VI) **« Cet arrêté est pris après avis motivé de la Commission nationale de l'informatique et des libertés. »**

Les données reçues et traitées par le système national d'information interrégimes de l'assurance maladie préservent *(L. n° 2016-41 du 26 janv. 2016, art. 193-III-2°)* **« la vie privée » des personnes ayant bénéficié des prestations de soins.**

Art. L. 161-28-2 à L. 161-28-4 *Abrogés par L. n° 2004-810 du 13 août 2004, art. 64-II.*

Art. L. 161-29 *(L. n° 2003-1199 du 18 déc. 2003, art. 28)* **« Dans l'intérêt de la santé publique et en vue de contribuer à la maîtrise des dépenses d'assurance maladie, les**

professionnels et les organismes ou établissements dispensant des actes ou prestations remboursables par l'assurance maladie à des assurés sociaux ou à leurs ayants droit communiquent aux organismes d'assurance maladie concernés le numéro de code des actes effectués, des prestations servies à ces assurés sociaux ou à leurs ayants droit, y compris lorsque ces prestations sont établies à partir des données mentionnées aux articles L. 6113-7 et L. 6113-8 du code de la santé publique, et des pathologies diagnostiquées. Les documents prévus au premier alinéa de l'article L. 161-33 doivent comporter l'ensemble de ces informations. Les personnels des établissements de santé chargés de la facturation des prestations, les directeurs de ces établissements ou leur représentant ont connaissance, dans le cadre de leur fonction et pour la durée de leur accomplissement, du numéro de code de ces prestations. »

Pour assurer l'exécution de leur mission, les caisses nationales mettent en œuvre un traitement automatisé des données mentionnées à l'alinéa précédent.

(L. n° 2003-1199 du 18 déc. 2003, art. 28) « Sous réserve des dispositions de l'alinéa suivant, le personnel des organismes d'assurance maladie a connaissance, dans le cadre de ses fonctions et pour la durée nécessaire à leur accomplissement, des numéros de code des pathologies diagnostiquées, des actes effectués et des prestations servies au bénéfice d'une personne déterminée, y compris lorsque ces prestations sont établies à partir des données mentionnées aux articles L. 6113-7 et L. 6113-8 du code de la santé publique, tels qu'ils figurent sur le support utilisé pour la transmission prévue au premier alinéa ou dans les données issues du traitement susmentionné. »

Seuls les praticiens conseils et les personnels placés sous leur autorité ont accès aux données nominatives issues du traitement susvisé, lorsqu'elles sont associées au numéro de code d'une pathologie diagnostiquée.

(L. n° 2016-41 du 26 janv. 2016, art. 193-IV-1°) « Le personnel des organismes d'assurance maladie est soumis au secret professionnel dans les conditions et sous les peines prévues à l'article 226-13 du code pénal. »

Un décret en Conseil d'État, pris *(Abrogé par L. n° 2016-41 du 26 janv. 2016, art. 193-IV-2°) « après consultation du comité national paritaire de l'information médicale visé à l'article L. 161-30 et »* après avis de la Commission nationale de l'informatique et des libertés, précisera les modalités d'application du premier alinéa du présent article. — *V. art. R. 161-31 s.*

Art. L. 161-30 (Abrogé par L. n° 2016-41 du 26 janv. 2016, art. 193-XIII) (L. n° 93-8 du 4 janv. 1993, art. 15) ***Il est créé un comité national paritaire de l'information médicale présidé par un magistrat comprenant, d'une part, des représentants des caisses nationales d'assurance maladie et, d'autre part, des représentants des professions et établissements de santé.***

Le comité national est consulté sur la mise en œuvre des dispositions du premier alinéa de l'article L. 161-29.

Le comité national définit les conditions d'élaboration du codage des pathologies diagnostiquées ainsi que les modalités de collecte, de traitement et d'utilisation des données issues de ce traitement.

La composition et les modalités de fonctionnement du comité sont fixées par un décret. Les membres du comité sont nommés par un arrêté conjoint du ministre de la justice et du ministre chargé de la sécurité sociale. — V. art. D. 161-6 à D. 161-13-1.

Art. L. 161-31 *(Ord. n° 96-345 du 24 avr. 1996, art. 8-IV)* I. — Les organismes d'assurance maladie délivrent une carte électronique individuelle interrégimes à tout bénéficiaire de l'assurance maladie *(L. n° 2004-810 du 13 août 2004, art. 3-III, 21-II et IV)* « qui comporte une photographie de celui-ci.

« Cette carte est valable partout en France et tout au long de la vie de son titulaire, sous réserve que la personne bénéficie de prestations au titre d'un régime d'assurance maladie et des mises à jour concernant un changement de régime ou des conditions de prise en charge. Elle est délivrée gratuitement.

« En cas de vol, perte ou dysfonctionnement, la carte est remplacée par l'organisme d'affiliation de l'assuré. »

Le contenu de la carte, les modalités d'identification de son titulaire et ses modes de délivrance, de renouvellement, de mise à jour et d'utilisation sont fixés par décret en Conseil d'État. — *V. art. R. 161-33-1 s.*

(L. n° 2004-1370 du 20 déc. 2004, art. 35-I) « I *bis.* — Les organismes servant les prestations d'un régime de base d'assurance maladie inscrivent sur une liste d'opposition les numéros des cartes en circulation et en cours de validité perdues, volées ou dénoncées. Les conditions de mise en œuvre de cette liste sont fixées par les conventions nationales, accords nationaux et contrats ou autres dispositions applicables mentionnés à l'article L. 161-34. »

II. — *(L. n° 2004-810 du 13 août 2004, art. 21-V, VI et 22)* « Cette carte électronique comporte un volet d'urgence destiné à recevoir les informations nécessaires aux interventions urgentes. Les professionnels de santé peuvent porter sur le volet, avec le consentement exprès du titulaire de la carte, les informations nécessaires aux interventions urgentes *(L. n° 2011-814 du 7 juill. 2011, art. 13)* « ainsi que la mention : "A été informé de la législation relative au don d'organes" ». Un décret en Conseil d'État, pris après avis du Conseil national de l'ordre des médecins et de la Commission nationale de l'informatique et des libertés, fixe les conditions d'application de cette mesure ainsi que les conditions d'accès aux différentes informations figurant dans ce volet d'urgence.

« III. — L'utilisation de cette carte permet d'exprimer l'accord du titulaire pour autoriser un médecin ayant adhéré à la convention mentionnée à l'article L. 162-5 ou exerçant dans un établissement ou un centre de santé et dûment authentifié au moyen de la carte mentionnée au dernier alinéa de l'article L. 161-33 à prendre connaissance des informations contenues sur le relevé mis à sa disposition en application de l'article L. 162-4-3.

« IV. — Sur le premier décompte de l'année civile envoyé à l'assuré figure le montant des dépenses engagées par celui-ci au cours de l'année civile précédente.

« V. — Le pharmacien qui délivre à un assuré social porteur de la carte électronique individuelle interrégimes ou à un de ses ayants droit une spécialité pharmaceutique remboursable par les régimes de l'assurance maladie lui communique, pour information, la charge que la spécialité représente pour ces régimes. Un décret précise les conditions de cette obligation de communication. »

Les dispositions relatives à la présence d'une photographie sur la carte électronique et au volet d'urgence individuelle entrent en vigueur à compter du prochain renouvellement de la carte (L. n° 2004-810 du 13 août 2004, art. 21-III et V).

Art. L. 161-32 *(Ord. n° 96-345 du 24 avr. 1996, art. 8-IV)* Il est créé un répertoire national interrégimes des bénéficiaires de l'assurance maladie, comportant les informations nécessaires au rattachement de chaque bénéficiaire à l'organisme d'assurance maladie auquel il est affilié et, éventuellement, à un organisme complémentaire de son choix.

Le contenu ainsi que les modalités de gestion et d'utilisation de ce répertoire sont fixés par décret en Conseil d'État, après avis de la Commission nationale de l'informatique et des libertés. — *V. art. R. 161-34 à R. 161-38.*

Art. L. 161-33 *(Ord. n° 96-345 du 24 avr. 1996, art. 8-IV)* L'ouverture du droit aux prestations de l'assurance maladie est subordonnée à la production de documents dont le contenu, le support ainsi que les conditions et délais de transmission à la caisse du bénéficiaire sont fixés par décret en Conseil d'État. — *V. art. R. 161-39 à R. 161-51.*

Si le bénéficiaire, ayant reçu du professionnel, de l'organisme ou de l'établissement dispensant des actes ou prestations remboursables par l'assurance maladie les documents nécessaires à la constatation des soins ou d'une incapacité de travail les transmet à la caisse hors du délai prévu, il encourt une sanction fixée par voie réglementaire, pouvant aller jusqu'à la déchéance du droit aux prestations pour la période pendant laquelle le contrôle de celles-ci aurait été rendu impossible.

En cas de transmission électronique, si le professionnel, l'organisme ou l'établissement dispensant des actes ou prestations remboursables par l'assurance maladie est responsable d'un défaut de transmission à la caisse du bénéficiaire de documents mentionnés à l'alinéa précédent ou s'il les a transmis hors du délai prévu, et sans préjudice d'éventuelles sanctions prévues par les conventions nationales mentionnées au chapitre II du présent titre, la caisse peut exiger du professionnel ou de l'organisme concerné la restitution de tout ou partie des prestations servies à l'assuré. Pour son recouvrement, cette restitution est assimilée à une cotisation de sécurité sociale.

Dans le cas de transmission électronique par les professionnels, organismes ou établissements dispensant des actes ou prestations remboursables par l'assurance maladie, l'identification de l'émetteur, son authentification et la sécurisation des échanges sont assurées par une carte électronique individuelle, appelée carte de professionnel de santé. Le contenu, les modalités de délivrance et d'utilisation de cette carte sont fixés par décret en Conseil d'État après avis de la Commission nationale Informatique et libertés.

En application du II de l'art. 21 de la L. n° 2000-321 du 12 avr. 2000 relative aux droits des citoyens dans leurs relations avec les administrations [V. désormais **CRPA**, *art. L. 231-5 et L. 231-6], le silence gardé pendant deux mois par l'administration vaut décision de rejet pour les demandes de délivrance de la carte de professionnel de santé (Décr. n° 2015-1451 du 10 nov. 2015, applicable pour les demandes présentées à compter du 12 nov. 2015).*

Art. L. 161-34 *(Ord. n° 96-345 du 24 avr. 1996, art. 8-IV ; L. n° 99-641 du 27 juill. 1999, art. 39-III-1° ; L. n° 2002-1487 du 20 déc. 2002, art. 41)* « Pour les professions concernées par les dispositions des chapitres II et V du présent titre et par les dispositions des articles L. 322-5 à L. 322-5-4, les conventions nationales, accords nationaux et contrats ou les dispositions applicables en l'absence de convention, de contrat ou d'accord précisent, pour chaque profession ou établissement concerné et en complément des dispositions de l'article L. 161-33, les modalités de transmission par voie électronique des documents nécessaires au remboursement ou à la prise en charge et les sanctions en cas de non-respect de ces modalités. » A défaut, ces modalités et ces sanctions sont arrêtées par le ministre chargé de la sécurité sociale. — *V. Arr. du 12 août 1999 (JO 14 août ; Rect. JO 18 sept.) : modalités de transmission entre les caisses et les syndicats représentant les pharmaciens d'officine.*

Art. L. 161-35 *(L. n° 2011-940 du 10 août 2011, art. 11-I)* I. — Les professionnels de santé et centres de santé mentionnés aux articles L. 162-14-1, L. 162-16-1 et L. 162-32-1 sont tenus d'assurer, pour les bénéficiaires de l'assurance maladie, la transmission électronique des documents visés à l'article L. 161-33 et servant à la prise en charge des soins, produits ou prestations remboursables par l'assurance maladie.

II. — Sans préjudice des dispositions de l'article L. 161-33, le non-respect de l'obligation de transmission électronique par les professionnels et centres de santé donne lieu à l'application d'une sanction conventionnelle.

III. — Les conventions mentionnées aux articles L. 162-14-1, L. 162-16-1 et L. 162-32-1 déterminent le mode de mise en œuvre de cette sanction conventionnelle ainsi que les conditions de sa modulation en fonction notamment des conditions d'activité des professionnels, de réalisation de la prestation et du taux de transmission électronique des documents concernés. Elles précisent également les modalités de la procédure applicable, notamment les conditions dans lesquelles les professionnels et centres concernés peuvent faire valoir leurs observations.

IV. — A défaut de dispositions conventionnelles applicables au titre du présent article, le directeur général de l'Union nationale des caisses d'assurance maladie fixe les dispositions mentionnées au III.

Pour un cas d'incompétence du directeur général de l'UNCAM à prévoir d'autres mesures que le montant de la contribution. V. • CE 7 avr. 2011, n° 339813 : *RDSS 2011. 557, obs. Vioujas.*

Art. L. 161-35-1 *(Ord. n° 2004-329 du 15 avr. 2004, art. 2)* Les dispositions des articles L. 161-33, L. 161-34 et du premier alinéa de l'article L. 161-35 relatives à la transmission électronique des documents nécessaires à la prise en charge des prestations sont applicables aux prestations mentionnées au 1° de l'article L. 431-1.

Art. L. 161-36 (Abrogé par L. n° 2014-1554 du 22 déc. 2014, art. 44-1°) (L. n° 99-641 du 27 juill. 1999, art. 39-III-2°) ***Le conditionnement des médicaments inscrits sur la liste mentionnée au premier alinéa de l'article L. 162-17 doit comporter des informations relatives à ces médicaments et destinées aux organismes d'assurance maladie.***

Le contenu, le support et le format de ces informations sont fixés par décret en Conseil d'État. Ce décret précise également les modalités d'utilisation de ces informations, notamment aux fins de contrôle par les organismes d'assurance maladie.

Art. L. 161-36-1 A (Abrogé par L. n° 2016-41 du 26 janv. 2016, art. 96-II-1°) (L. n° 2004-810 du 13 août 2004, art. 2-I) *I. — Toute personne prise en charge par un professionnel, un établissement, un réseau de santé ou tout autre organisme participant à la prévention et aux soins a droit au respect de sa vie privée et du secret des informations la concernant.*

Excepté dans les cas de dérogation expressément prévus par la loi, ce secret couvre l'ensemble des informations concernant la personne venues à la connaissance du professionnel de santé, de tout membre du personnel de ces établissements ou organismes et de toute autre personne en relation, de par ses activités, avec ces établissements ou organismes. Il s'impose à tout professionnel de santé ainsi qu'à tous les professionnels intervenant dans le système de santé.

Deux ou plusieurs professionnels de santé peuvent toutefois, sauf opposition de la personne dûment avertie, échanger des informations relatives à une même personne prise en charge, afin d'assurer la continuité des soins ou de déterminer la meilleure prise en charge sanitaire possible. Lorsque la personne est prise en charge par une équipe de soins dans un établissement de santé, les informations la concernant sont réputées confiées par le malade à l'ensemble de l'équipe.

Afin de garantir la confidentialité des informations médicales mentionnées aux alinéas précédents, leur conservation sur support informatique, comme leur transmission par voie électronique entre professionnels, sont soumises à des règles définies par décret en Conseil d'État pris après avis public et motivé de la Commission nationale de l'informatique et des libertés. Ce décret détermine les cas où l'utilisation de la carte de professionnel de santé mentionnée au dernier alinéa de l'article L. 161-33 est obligatoire.

Le fait d'obtenir ou de tenter d'obtenir la communication de ces informations en violation du présent article est puni d'un an d'emprisonnement et de 15 000 € d'amende.

En cas de diagnostic ou de pronostic grave, le secret médical ne s'oppose pas à ce que la famille, les proches de la personne malade ou la personne de confiance définie à l'article L. 1111-6 du code de la santé publique reçoivent les informations nécessaires destinées à leur permettre d'apporter un soutien direct à celle-ci, sauf opposition de sa part. Seul un médecin est habilité à délivrer, ou à faire délivrer sous sa responsabilité, ces informations.

Le secret médical ne fait pas obstacle à ce que les informations concernant une personne décédée soient délivrées à ses ayants droit, dans la mesure où elles leur sont nécessaires pour leur permettre de connaître les causes de la mort, de défendre la mémoire du défunt ou de faire valoir leurs droits, sauf volonté contraire exprimée par la personne avant son décès.

Art. L. 161-36-2 *(L. n° 2014-1554 du 22 déc. 2014, art. 41-I-2°)* Les organismes d'assurance maladie sont habilités, dans le cadre du tiers payant, à verser au professionnel ou à l'établissement de santé la part des dépenses prise en charge par l'assurance maladie obligatoire ainsi que, le cas échéant, lorsqu'ils ont reçu délégation de gestion, celle prise en charge par l'organisme servant les prestations d'assurance complémentaire de santé de l'assuré.

Art. L. 161-36-3 *(L. n° 2016-41 du 26 janv. 2016, art. 83-III-5°)* Lorsque le professionnel de santé applique le tiers payant, le paiement de la part prise en charge par l'assurance maladie est garanti, dès lors qu'il utilise la carte électronique de l'assuré mentionnée à l'article L. 161-31 et qu'elle ne figure pas sur la liste d'opposition prévue au même article. Ce paiement intervient dans un délai maximal fixé par décret. Ce décret fixe également les cas dans lesquels le paiement peut être garanti au professionnel s'il est amené exceptionnellement à pratiquer le tiers payant au vu d'autres justificatifs de droits.

Le non-respect du délai mentionné au premier alinéa du présent article ouvre droit, pour le professionnel de santé concerné, sans préjudice des sommes dues, au versement d'une pénalité, selon des modalités fixées par décret.

Les délais de paiement de chaque organisme d'assurance maladie font l'objet d'une publication périodique, dans des conditions définies par décret.

Les organismes d'assurance maladie fournissent au professionnel de santé les informations nécessaires au suivi du paiement de chaque acte ou consultation pour lequel il a pratiqué le tiers payant.

Sur le déploiement du mécanisme du tiers payant, V. L. n° 2016-41 du 26 janv. 2016, art. 83, Annexe I.

Art. L. 161-36-4 *(L. n° 2016-41 du 26 janv. 2016, art. 83-III-5°)* **Pour bénéficier du tiers payant chez un professionnel de santé exerçant en ville, l'assuré doit remplir les conditions suivantes :**

1° Présenter au professionnel de santé la carte électronique mentionnée à l'article L. 161-31 ;

2° Avoir donné l'autorisation prévue au II de l'article L. 160-13 lorsque le montant dû par le bénéficiaire au titre des II et III du même article excède un seuil fixé par décret et n'a pas été acquitté ;

3° S'agissant des actes et des prestations dispensés par les médecins, ne pas se trouver dans l'une des situations prévues à l'avant-dernier alinéa de l'article L. 162-5-3 ;

4° S'agissant de la délivrance de médicaments, respecter les conditions fixées au *(L. n° 2018-1203 du 22 déc. 2018, art. 66-II, en vigueur le 1er janv. 2019)* **« dernier » alinéa de l'article L. 162-16-7.**

V. note ss. art. L. 161-36-3.

Art. L. 161-36-5 *(L. n° 2016-1827 du 23 déc. 2016, art. 64-I)* **Les dispositions de la présente section, en tant qu'elles sont nécessaires à la mise en œuvre du dernier alinéa de l'article L. 161-15-4, sont applicables à la Caisse des Français de l'étranger selon des modalités fixées par décret en Conseil d'État.**

SECTION V *[ABROGÉE]* DOSSIER MÉDICAL PERSONNEL

(Abrogée par L. n° 2009-879 du 21 juill. 2009, art. 50-I)

Art. L. 161-36-1 à L. 161-36-4-3 *Abrogés par L. n° 2009-879 du 21 juill. 2009, art. 50-I. — V. CSP, art. L. 1111-14 à L. 1111-24. —* **CSP.**

SECTION VI INSTITUT DES DONNÉES DE SANTÉ

(L. n° 2004-810 du 13 août 2004, art. 64-I)

Art. L. 161-36-5 (Abrogé par L. n° 2016-41 du 26 janv. 2016, art. 193-XIII) *Un groupement d'intérêt public dénommé "Institut des données de santé", régi par* (L. n° 2011-525 du 17 mai 2011, art. 119-V) *« le chapitre II de la loi n° 2011-525 du 17 mai 2011 de simplification et d'amélioration de la qualité du droit », est constitué notamment entre l'État, les caisses nationales d'assurance maladie, l'Union nationale des organismes d'assurance maladie complémentaire et l'Union nationale des professionnels de santé, mentionnées au chapitre II bis du titre VIII du livre Ier.*

L'Institut des données de santé a pour mission d'assurer la cohérence et de veiller à la qualité des systèmes d'information utilisés pour la gestion du risque maladie et de veiller à la mise à disposition de ses membres, de la Haute Autorité de santé, des unions régionales des (Ord. n° 2010-177 du 23 févr. 2010, art. 10-I-1°) *« professionnels de santé » ainsi que d'organismes désignés par décret en Conseil d'État, à des fins de gestion du risque maladie ou pour des préoccupations de santé publique, des données issues des systèmes d'information de ses membres, dans des conditions garantissant l'anonymat fixées par décret en Conseil d'État pris après avis de la Commission nationale de l'informatique et des libertés.*

Chaque année, l'Institut des données de santé transmet son rapport d'activité au Parlement.

CHAPITRE PREMIER *BIS* HAUTE AUTORITÉ DE SANTÉ

(L. n° 2004-810 du 13 août 2004, art. 35-I)

BIBL. ▶ BOUVENOT, Les apports et les limites de la notion de service médical rendu, *RDSS 2011. 403*. – BRAS, Notre système de soins sera-t-il mieux gouverné ?, *Dr. soc. 2004. 967*. – DEGOS, Bilan de la loi du 13 août 2004 : le rôle de la Haute Autorité de Santé, *RDSS 2009. 635*. – MASCRET, Émission des avis et recommandations de la HAS, *RGDM 2009. 47*. – PRADEL et PRADEL-BOUREUX, Quelle place pour les référentiels de prescription d'arrêts de travail dans la lutte contre les abus ?, *JCP S 2013, n° 1132*. – VILLENEUVE, La Haute Autorité de Santé : vers une nouvelle gouvernance du système de santé ?, *JCP 2005. I. Actu. 1.*

Art. L. 161-37 **La Haute Autorité de santé, autorité publique indépendante à caractère scientifique** *(Abrogé par L. n° 2017-55 du 20 janv. 2017, art. 46-1°)* ***« dotée de la personnalité morale »*, est chargée de :**

1° Procéder à l'évaluation périodique du service attendu des produits, actes ou prestations de santé et du service qu'ils rendent, et contribuer par ses avis à l'élaboration

des décisions relatives à l'inscription, au remboursement et à la prise en charge par l'assurance maladie des produits, actes ou prestations de santé ainsi qu'aux conditions particulières de prise en charge des soins dispensés aux personnes atteintes d'affections de longue durée. *(L. nº 2011-1906 du 21 déc. 2011, art. 47-I-1º)* « A cet effet, elle émet également un avis sur les conditions de prescription, de réalisation ou d'emploi des actes, produits ou prestations de santé ainsi que sur leur efficience. Elle réalise ou valide notamment les études médico-économiques nécessaires à l'évaluation *(L. nº 2014-1554 du 22 déc. 2014, art. 57-1º)* « des actes mentionnés aux articles L. 162-1-7-1 et L. 162-1-8 et » des produits et technologies de santé. Un décret en Conseil d'État précise les cas dans lesquels cette évaluation médico-économique est requise, en raison notamment *(L. nº 2014-1554 du 22 déc. 2014, art. 57-1º)* « de l'amélioration du service attendu de l'acte, » de l'amélioration du service médical rendu par le produit ou la technologie et des coûts prévisibles de son utilisation ou prescription, et les conditions dans lesquelles elle est réalisée, notamment les critères d'appréciation et les délais applicables » ;

(L. nº 2016-41 du 26 janv. 2016, art. 143-1º) « 1º *bis* Élaborer ou mettre à jour des fiches sur le bon usage de certains médicaments permettant notamment de définir leur place dans la stratégie thérapeutique, à l'exclusion des médicaments anticancéreux pour lesquels l'Institut national du cancer élabore ou met à jour les fiches de bon usage ; »

2º Élaborer les guides de bon usage des soins ou les recommandations de bonne pratique, procéder à leur diffusion et contribuer à l'information des professionnels de santé et du public dans ces domaines, sans préjudice des mesures prises par *(L. nº 2011-2012 du 29 déc. 2011, art. 5-IV-B)* « l'Agence nationale de sécurité du médicament et des produits de santé » dans le cadre de ses missions de sécurité sanitaire. *(L. nº 2016-41 du 26 janv. 2016, art. 143-2º)* « Elle élabore ou valide également, à destination des professionnels de santé, dans des conditions définies par décret, un guide des stratégies diagnostiques et thérapeutiques les plus efficientes ainsi que des listes de médicaments à utiliser préférentiellement, après avis de l'Institut national du cancer s'agissant des médicaments anticancéreux ; »

3º Établir et mettre en œuvre des procédures *(Abrogé par Ord. nº 2010-177 du 23 févr. 2010, art. 28) « d'évaluation des pratiques professionnelles et »* d'accréditation des professionnels et des équipes médicales mentionnées à l'article L. 1414-3-3 du code de la santé publique ;

4º Établir et mettre en œuvre les procédures de certification des établissements de santé prévues aux articles L. 6113-3 et L. 6113-4 du code de la santé publique *(L. nº 2017-1836 du 30 déc. 2017, art. 58-I)* « , notamment en évaluant, lors de cette procédure, la mise en œuvre par les établissements de santé des dispositions du 18º de l'article L. 6143-7 du même code » ;

5º Participer au développement de l'évaluation de la qualité de la prise en charge sanitaire de la population par le système de santé *(L. nº 2016-41 du 26 janv. 2016, art. 90-II)* « et élaborer des référentiels de compétences, de formation et de bonnes pratiques dans le domaine de la médiation sanitaire et de l'interprétariat linguistique » ;

(L. nº 2006-1640 du 21 déc. 2006, art. 60-V) « 6º Rendre un avis sur tout projet de loi ou de décret instituant des modes particuliers de soins préventifs ou curatifs ; »

(Ord. nº 2010-49 du 13 janv. 2010, art. 4-2º) « 7º Rendre l'avis mentionné à l'article L. 1414-5 du code de la santé publique sur les références aux normes harmonisées prévues pour l'accréditation des laboratoires de biologie médicale ; »

(L. nº 2011-1906 du 21 déc. 2011, art. 47-I-2º) « 8º Coordonner l'élaboration et assurer la diffusion d'une information adaptée sur la qualité des prises en charge dans les établissements de santé à destination des usagers et de leurs représentants » ;

(L. nº 2015-1702 du 21 déc. 2015, art. 71-II-1º) « 9º Rendre l'avis mentionné au *[à l']* *(L. nº 2017-1836 du 30 déc. 2017, art. 55-I)* « avant-dernier » alinéa de l'article L. 4011-2 du code de la santé publique ;

« 10º Rendre l'avis mentionné au second alinéa du I de l'article L. 4011-2-3 du code de la santé publique, ainsi qu'un avis portant évaluation de chacun des actes prévus par les protocoles de coopération conformément au 1º du présent article. »

(L. nº 2017-220 du 23 févr. 2017, art. 4-I) « 11º » *(L. nº 2016-41 du 26 janv. 2016, art. 156)* « Organiser des consultations précoces avec ses services à la demande des

entreprises développant des spécialités pharmaceutiques, des produits ou prestations innovants du fait de leur nouveau mécanisme d'action et d'un besoin médical insuffisamment couvert, avant la mise en œuvre des essais cliniques nécessaires à l'évaluation mentionnée au 1° du présent article » ;

(L. nº 2017-220 du 23 févr. 2017, art. 4-I) « 12° Participer à l'élaboration de la politique de vaccination et émettre des recommandations vaccinales, y compris, dans des situations d'urgence, à la demande du ministre chargé de la santé, en fonction des données épidémiologiques, d'études sur les bénéfices et risques de la vaccination et de l'absence de vaccination aux niveaux individuel et collectif et d'études médico-économiques ; » — *Les dispositions de la L. nº 2017-220 du 23 févr. 2017 sont entrées en vigueur trois mois après la promulgation de la loi susvisée, soit le 23 mai 2017 (L. préc., art. 4-V).*

(L. nº 2017-1836 du 30 déc. 2017, art. 58 et 72-III) « 13° Établir la procédure de certification des activités de présentation, d'information ou de promotion en faveur des produits de santé et prestations éventuellement associées. Cette procédure de certification a notamment pour finalité de garantir le respect des chartes mentionnées aux articles L. 162-17-8 et L. 162-17-9 ;

« 14° Rendre l'avis mentionné au III de l'article L. 162-31-1 ;

« 15° Mettre en œuvre les missions qui lui sont dévolues par l'article L. 312-8 du code de l'action sociale et des familles. » — *Le présent al. entre en vigueur le 1er avr. 2018 (L. nº 2017-1836 du 30 déc. 2017, art. 72-V).*

Pour l'accomplissement de ses missions, la Haute Autorité de santé travaille en liaison notamment avec *(L. nº 2011-2012 du 29 déc. 2011, art. 5-IV-B)* « l'Agence nationale de sécurité du médicament et des produits de santé », l'*(Ord. nº 2016-462 du 14 avr. 2016, art. 3-II, en vigueur le 1er mai 2016)* « Agence nationale de santé publique » et l'*(Ord. nº 2010-18 du 7 janv. 2010, art. 3)* « Agence nationale chargée de la sécurité sanitaire de l'alimentation, de l'environnement et du travail ». Elle peut mener toute action commune avec les organismes ayant compétence en matière de recherche dans le domaine de la santé.

(L. nº 2016-41 du 26 janv. 2016, art. 181) « Sans préjudice de l'application de la loi nº 2013-316 du 16 avril 2013 relative à l'indépendance de l'expertise en matière de santé et d'environnement et à la protection des lanceurs d'alerte, les associations agréées au titre de l'article L. 1114-1 du code de la santé publique disposent également d'un droit d'alerte auprès de la Haute Autorité de santé. A ce titre, elles peuvent la saisir de tout fait ayant des incidences importantes sur la santé, nécessitant que la Haute Autorité fasse usage de ses compétences définies au présent chapitre.

« La Haute Autorité de santé rend publiques les suites qu'elle apporte aux saisines des associations ainsi que les modalités selon lesquelles elle les a instruites. Elle peut entendre publiquement l'association auteur de la saisine ainsi que toute personne intéressée. »

(Ord. nº 2018-21 du 17 janv. 2018, art. 9) « La Haute Autorité de santé rend publics l'ordre du jour et les comptes rendus assortis des détails et explications des votes, y compris les opinions minoritaires, à l'exclusion des informations relatives au secret des stratégies commerciales, des réunions de la commission prévue à l'article L. 5123-3 du code de la santé publique siégeant auprès d'elle et consultée sur l'inscription des médicaments inscrits sur les listes prévues à l'article L. 162-17 du présent code et à l'article L. 5126-6 du code de la santé publique, ainsi que son règlement intérieur.

« Dans l'exercice de ses missions, la Haute Autorité tient compte des domaines d'action prioritaires et des objectifs de la stratégie nationale de santé mentionnée à l'article L. 1411-1-1 du code de la santé publique. »

(Ord. nº 2017-84 du 26 janv. 2017, art. 1er-1°) « Dans le cadre des missions confiées à la Haute Autorité de santé, une commission spécialisée de la Haute Autorité, distincte des commissions mentionnées aux articles L. 5123-3 du code de la santé publique et L. 165-1 du présent code, est chargée d'établir et de diffuser des recommandations et avis médico-économiques sur les stratégies de soins, de prescription ou de prise en charge les plus efficientes, ainsi que d'évaluer l'impact sur les dépenses d'assurance maladie.

« La Haute Autorité de santé établit un rapport annuel d'activité adressé au Parlement et au Gouvernement avant le 1er juillet qui rend compte de la réalisation du programme de travail et des travaux des commissions mentionnées à l'article L. 161-41 du présent code ainsi que des actions d'information mises en œuvre en application du 2° du présent article.

« Pour les commissions mentionnées aux articles L. 5123-3 du code de la santé publique, L. 165-1 et L. 161-37 du présent code, sont précisées les modalités et les principes selon lesquels sont mis en œuvre les critères d'évaluation des produits de santé en vue de leur prise en charge par l'assurance maladie.

« Pour les autres commissions spécialisées sont précisés dans ce rapport annuel les critères d'évaluation et les mesures d'impact des dispositifs contribuant à l'amélioration de la qualité et de la sécurité des soins ainsi qu'à l'information des publics.

« Le rapport annuel comporte également une analyse prospective du système de santé comportant des propositions d'amélioration de la qualité, de l'efficacité et de l'efficience. » — *A l'exception du 1er al., les dispositions introduites par l'Ord. n° 2017-84 du 26 janv. 2017 s'appliquent pour la première fois au rapport établi au titre de l'année 2017 (Ord. préc., art. 2-II).*

Les décisions et communications prises en vertu des 1° et 2° du présent article sont transmises sans délai à la Conférence nationale de santé prévue à l'article L. 1411-3 du code de la santé publique.

Les dispositions issues de la L. n° 2011-2012 du 29 déc. 2011 entrent en vigueur le 1er mai 2012, date prévue par le décret pris pour leur application (Décr. n° 2012-597 du 27 avr. 2012, art. 6-I). Dès cette entrée en vigueur, l'Agence nationale de sécurité du médicament et des produits de santé exerce l'ensemble des droits et supporte l'ensemble des obligations de l'Agence française de sécurité sanitaire des produits de santé (L. préc., art. 41-III).

1. Nature juridique des avis de la Commission de la transparence. Les avis rendus et propositions faites par la Commission de la transparence, dont la nature de commission spécialisée de la Haute Autorité de santé créée par la loi du 13 août 2004 n'a pas modifié l'étendue des attributions, sont des éléments de la procédure d'élaboration des décisions d'inscription d'une spécialité pharmaceutique sur les listes qu'elle prévoit. Pour procéder à ces inscriptions, les autorités compétentes ne sont pas liées dans leurs décisions par les positions prises par cette commission. Par suite, ces avis ne constituent pas par eux-mêmes des décisions susceptibles de faire l'objet d'un recours pour excès de pouvoir. • CE 12 mai 2010 : *AJDA 2010. 1889, obs. Arvis ; JCP A 2010. 2228, obs. Ciaudo ; RJEP 2010. 13, concl. Derepas.* ♦ V. déjà • CE 16 févr. 2001 : *RDSS 2001. 493, note Laude* (les avis rendus par la Commission de la transparence prévue par l'art. R. 163-15, dans sa rédaction issue du décret du 27 oct. 1999, sont des éléments de la procédure d'élaboration de la décision d'inscrire une spécialité pharmaceutique sur la liste prévue à l'art. L. 162-17, de modifier les conditions d'inscription d'une telle spécialité sur la liste ou de la radier de cette liste).

2. Fiche de bon usage des médicaments. La fiche de bon usage des médicaments attaquée, élaborée par la Haute Autorité de santé (HAS) et publiée sur son site internet, explique les motifs pour lesquels la décision a été prise de ne plus rembourser les spécialités à base d'olmésartan et recommande l'arrêt médicalement encadré de toutes les prescriptions à base d'olmésartan, au profit d'un autre sartan ou d'un autre anti-hypertenseur, en décrivant les alternatives disponibles et en précisant la conduite à tenir pour changer de traitement. Une telle recommandation est de nature à modifier les habitudes de prescription des praticiens dans le traitement de l'hypertension artérielle essentielle, ainsi que les comportements des pharmaciens et des patients eux-mêmes. Elle est par suite susceptible de faire l'objet d'un recours pour excès de pouvoir. • CE 19 juill. 2017, n° 399766 : *Lebon.*

3. Communiqué de presse. Par le communiqué de presse attaqué, l'Agence nationale de sécurité du médicament et des produits de santé (ANSM) et la HAS informent du déremboursement des spécialités à base d'olmésartan résultant d'arrêtés ministériels, en donnent les motifs tels qu'ils ressortent de l'avis de la commission de la transparence, recommandent d'encadrer médicalement ce déremboursement et renvoient aux éléments d'information complémentaires, tels que les fiches de bon usage des médicaments ou les lettres aux professionnels de santé, mis à disposition des professionnels de santé et des patients sur leurs sites internet. Ce communiqué de presse, qui ne révèle par lui-même aucune décision et ne contient pas d'autres informations que celles qui ont été portées à la connaissance des professionnels de santé, notamment des prescripteurs, à la suite des Arr. du 31 mars 2016, par la fiche de bon usage des médicaments de l'hypertension artérielle à base d'olmésartan, ne saurait être regardé comme de nature à produire des effets notables ou comme ayant pour objet d'influer de manière significative sur les comportements des personnes auxquelles il s'adresse. Par suite, il n'est pas susceptible de faire l'objet d'un recours pour excès de pouvoir. • CE 19 juill. 2017, n° 399766 : *préc. note 2.*

Art. L. 161-37-1 *Abrogé par L. n° 2012-1404 du 17 déc. 2012, art. 27-I.*

Art. L. 161-38 *(L. n° 2011-2012 du 29 déc. 2011, art. 32)* I. – La Haute Autorité de santé établit la procédure de certification des sites informatiques dédiés à la santé.

(L. n° 2016-41 du 26 janv. 2016, art. 148-I-1°) « I *bis*. – Elle est chargée de l'agrément des bases de données sur les médicaments *(L. n° 2017-1836 du 30 déc. 2017, art. 58-I)* « , les dispositifs médicaux et les prestations associées » destinées à l'usage des logiciels d'aide à la prescription médicale et des logiciels d'aide à la dispensation mentionnés aux II et III, sur la base d'une charte de qualité qu'elle élabore. »

II. – Elle établit également la procédure de certification des logiciels d'aide à la prescription médicale ayant respecté un ensemble de règles de bonne pratique. Elle veille à ce que les règles de bonne pratique spécifient que ces logiciels intègrent les recommandations et avis médico-économiques identifiés par la Haute Autorité de santé, permettent de prescrire directement en dénomination commune internationale, d'afficher les prix des produits *(L. n° 2017-1836 du 30 déc. 2017, art. 58-I)* « de santé et des prestations éventuellement associées » au moment de la prescription et le montant total de la prescription, d'indiquer l'appartenance d'un produit au répertoire des génériques *(L. n° 2018-1203 du 22 déc. 2018, art. 49-1°)* « , au registre des médicaments hybrides » *(L. n° 2016-41 du 26 janv. 2016, art. 148-I-2°)* « ou à la liste de référence des groupes biologiques similaires » et comportent une information relative à leur concepteur et à la nature de leur financement.

Cette procédure de certification participe à l'amélioration des pratiques de prescription *(L. n° 2017-1836 du 30 déc. 2017, art. 58-I)* « des médicaments, des dispositifs médicaux et des prestations qui leur sont associées ». Elle garantit la conformité des logiciels à des exigences minimales en termes de sécurité, de conformité et d'efficience de la prescription.

(L. n° 2017-1836 du 30 déc. 2017, art. 58-I) « Elle garantit que ces logiciels informent les prescripteurs des conditions spécifiques de prescription ou de prise en charge des produits de santé et des prestations éventuellement associées, notamment en mettant à leur disposition le code prévu à l'article L. 165-5 pour les produits de la liste mentionnée à l'article L. 165-1 et en permettant son utilisation lors de la prescription. Elle garantit que ces logiciels intègrent les référentiels de prescription ou tout autre document relatif à la prescription dont la liste est fixée par arrêté des ministres chargés de la santé et de la sécurité sociale. Elle garantit que ces logiciels permettent l'accès aux services dématérialisés déployés par l'assurance maladie et dont la liste est fixée par arrêté des mêmes ministres. »

III. – La Haute Autorité de santé établit la procédure de certification des logiciels d'aide à la dispensation. Elle garantit que ces logiciels assurent la traduction des principes actifs des médicaments selon leur dénomination commune internationale recommandée par l'Organisation mondiale de la santé ou, à défaut, leur dénomination dans la pharmacopée européenne ou française. *(L. n° 2017-1836 du 30 déc. 2017, art. 58-I)* « Cette procédure comprend également la certification des fonctions relatives à la délivrance des dispositifs médicaux et des prestations qui leur sont associées. »

Cette procédure de certification participe à l'amélioration des pratiques de dispensation officinale *(L. n° 2016-41 du 26 janv. 2016, art. 148-I-3°)* « ou de dispensation par les pharmacies à usage intérieur ». Elle garantit la conformité des logiciels d'aide à la dispensation à des exigences minimales en termes de sécurité *(L. n° 2017-1836 du 30 déc. 2017, art. 58-I)* « , de conformité et d'efficience de la dispensation et de la délivrance des dispositifs médicaux et des prestations qui leur sont associées ».

IV. – Les certifications prévues aux I à III sont mises en œuvre et délivrées par des organismes certificateurs accrédités par le Comité français d'accréditation ou par l'organisme compétent d'un autre État membre de l'Union européenne attestant du respect des règles de bonne pratique édictées par la Haute Autorité de santé.

Ces certifications *(L. n° 2018-1203 du 22 déc. 2018, art. 49-1°)* « peuvent être demandées par les éditeurs » pour tout logiciel dont au moins une des fonctionnalités est de proposer une aide à l'édition des prescriptions médicales ou une aide à la dispensation des médicaments *(L. n° 2018-1203 du 22 déc. 2018, art. 49-1°)* « , produits de santé et prestations éventuellement associées, le cas échéant par les pharmacies d'officine ou les pharmacies à usage intérieur. Les fonctionnalités qui doivent être fournies par le logiciel en vue d'obtenir la certification sont fixées par décret en Conseil d'État. »

(Abrogé par L. n° 2018-1203 du 22 déc. 2018, art. 49-1°) (L. n° 2016-41 du 26 janv. 2016, art. 148-I-4°) ***« Ces certifications sont rendues obligatoires pour tout logiciel dont au moins une des fonctionnalités est de proposer une aide à la dispensation de médicaments par les pharmacies à usage intérieur, dans des conditions prévues par décret en Conseil d'État et au plus tard le 1er janvier 2018. »***

(L. n° 2018-1203 du 22 déc. 2018, art. 49-1°) « V. — Les éditeurs de logiciels demandant une certification en application du IV s'engagent à faire évoluer leur*[s]* logiciel*[s]* pour en assurer la conformité avec les évolutions des fonctionnalités mentionnées au second alinéa du même IV.

« En cas de retard de la mise à jour d'un logiciel certifié ou de non-respect des éléments de certification, hors les cas d'impossibilité technique, le ministre chargé de la sécurité sociale peut prononcer une pénalité financière à l'encontre de l'entreprise éditant le logiciel qui n'a pas respecté les engagements mentionnés au premier alinéa du présent V, après mise en demeure et recueil des observations de celle-ci.

« Le montant de la pénalité est fixé en fonction de la gravité et de la durée du manquement constaté et, le cas échéant, du nombre de réitérations des manquements, sans pouvoir être supérieur à 10 % du chiffre d'affaires hors taxes réalisé en France par l'entreprise au titre du dernier exercice clos pour le ou les logiciels concernés par le manquement.

« La pénalité est recouvrée par les organismes mentionnés à l'article L. 213-1 désignés par le directeur de l'Agence centrale des organismes de sécurité sociale. Les articles L. 137-3 et L. 137-4 sont applicables au recouvrement de la pénalité. Son produit est affecté à la Caisse nationale de l'assurance maladie.

« En cas de manquement répété de l'éditeur à ses engagements, les logiciels concernés peuvent perdre leur certification. »

Art. L. 161-39 La Haute Autorité de santé peut procéder, à tout moment, à l'évaluation du service attendu d'un produit, d'un acte ou d'une prestation de santé ou du service qu'ils rendent. Elle peut être également consultée, notamment par l'Union nationale des caisses d'assurance maladie, sur le bien-fondé et les conditions de remboursement d'un ensemble de soins ou catégorie de produits ou prestations et, le cas échéant, des protocoles de soins les associant. *(L. n° 2004-1370 du 20 déc. 2004, art. 22-I)* « Les entreprises, établissements, organismes et professionnels concernés sont tenus de lui transmettre les informations qu'elle demande à cet effet après les avoir rendues anonymes. »

(L. n° 2009-879 du 21 juill. 2009, art. 53-III) « L'Union nationale des caisses d'assurance maladie et les caisses nationales chargées de la gestion d'un régime obligatoire d'assurance maladie peuvent consulter la Haute Autorité de santé sur tout projet de référentiel de pratique médicale élaboré dans le cadre de leur mission de gestion des risques ainsi que sur tout projet de référentiel visant à encadrer la prise en charge par l'assurance maladie d'un type particulier de soins. La Haute Autorité de santé rend un avis dans un délai de deux mois à compter de la réception de la demande. A l'expiration de ce délai, l'avis est réputé favorable. »

(Abrogé par Ord. n° 2016-966 du 15 juill. 2016, art. 1er) ***« Sans préjudice des mesures prises par*** *(L. n° 2011-2012 du 29 déc. 2011, art. 5-IV-B)* ***« l'Agence nationale de sécurité du médicament et des produits de santé » dans le cadre de ses missions de sécurité sanitaire, et notamment celles prises en application du 2° de l'article L. 5311-2 du code de la santé publique, la Haute Autorité de santé fixe les orientations en vue de l'élaboration et de la diffusion des recommandations de bonne pratique de*** *(L. n° 2011-2012 du 29 déc. 2011, art. 5-IV-B)* ***« l'Agence nationale de sécurité du médicament et des produits de santé » mentionnée à l'article L. 5311-1 du même code et procède à leur diffusion. »***

La Haute Autorité peut saisir *(L. n° 2011-2012 du 29 déc. 2011, art. 5-IV-B)* « l'Agence nationale de sécurité du médicament et des produits de santé » de toute demande d'examen de la publicité pour un produit de santé diffusée auprès des professions de santé.

Dans le respect des règles relatives à la transmission et au traitement des données à caractère personnel, les caisses d'assurance maladie et l'Institut des données de santé transmettent à la Haute Autorité les informations nécessaires à sa mission, après les avoir rendues anonymes.

Les dispositions issues de la L. n° 2011-2012 du 29 déc. 2011 sont entrées en vigueur le 1er mai 2012, date prévue par le décret pris pour leur application (Décr. n° 2012-597 du 27 avr. 2012, art. 6-I). Depuis cette entrée en vigueur, l'Agence nationale de sécurité du médicament et des produits de santé exerce l'ensemble des droits et supporte l'ensemble des obligations de l'Agence française de sécurité sanitaire des produits de santé (L. préc., art. 41-III).

Art. L. 161-40 Au titre de sa mission d'évaluation de la qualité de la prise en charge sanitaire de la population, la Haute Autorité de santé est chargée :

(Ord. n° 2010-177 du 23 févr. 2010, art. 28) « 1° De contribuer à la qualité des actions concourant au développement professionnel continu et de participer à leur évaluation ; »

2° D'analyser les modalités d'organisation et les pratiques professionnelles à l'origine des faits mentionnés à l'article L. 1413-14 du code de la santé publique relevant de son champ de compétence et de proposer aux autorités sanitaires toute mesure utile pour y remédier ;

(L. n° 2006-1640 du 21 déc. 2006, art. 60-V) « 2° *bis [De]* Rendre un avis sur la liste des consultations médicales périodiques de prévention et des examens de dépistage mis en œuvre dans le cadre des programmes de santé visés à l'article L. 1411-6 du code de la santé publique ; »

3° D'évaluer la qualité et l'efficacité des actions ou programmes de prévention, notamment d'éducation pour la santé, de diagnostic ou de soins.

Art. L. 161-40-1 *(L. n° 2011-2012 du 29 déc. 2011, art. 8)* L'Agence nationale de sécurité du médicament et des produits de santé, en liaison avec la Haute Autorité de santé et l'Union nationale des caisses d'assurance maladie, sous l'égide du ministère chargé de la santé, met en œuvre une base de données administratives et scientifiques sur les traitements ainsi que sur le bon usage des produits de santé, consultable et téléchargeable gratuitement sur le site internet du ministère chargé de la santé, destinée à servir de référence pour l'information des professionnels de santé, des usagers et des administrations compétentes en matière de produits de santé. Cette base de données répond aux critères définis dans la charte de qualité des bases de données médicamenteuses destinées aux éditeurs de logiciels d'aide à la prescription candidats à la procédure de certification prévue à l'article L. 161-38.

Un décret fixe les conditions d'application du présent article, et notamment les conditions dans lesquelles celle-ci est rendue gratuitement accessible au public.

Art. L. 161-41 *(Ord. n° 2017-84 du 26 janv. 2017, art. 1er-2°)* La Haute Autorité de santé comprend un collège et des commissions spécialisées présidées par un membre du collège et auxquelles elle peut déléguer certaines de ses attributions.

Le président de la Haute Autorité de santé nomme les présidents des commissions spécialisées. Il met fin à leurs fonctions après avis du collège.

Les commissions mentionnées aux articles L. 5123-3 du code de la santé publique, *(L. n° 2017-1836 du 30 déc. 2017, art. 72-III, en vigueur le 1er avr. 2018)* « L. 312-8 du code de l'action sociale et des familles, » L. 165-1 et L. 161-37 du présent code constituent des commissions spécialisées de la Haute Autorité. Un décret en Conseil d'État définit leur dénomination, leur composition et les règles de leur fonctionnement. Les attributions de la commission mentionnée à l'article L. 161-37 peuvent être exercées par le collège à l'exception de celles relatives à l'évaluation des produits de santé.

La Haute Autorité peut créer d'autres commissions spécialisées. Elle en fixe alors la composition et les règles de fonctionnement. Leurs attributions peuvent être exercées par le collège.

Sur décision du président de la Haute Autorité, deux commissions spécialisées réunies sous sa présidence peuvent rendre conjointement toute délibération relative à l'évaluation des produits de santé, dans des conditions définies par décret en Conseil d'État.

Art. L. 161-42 *(Ord. n° 2017-84 du 26 janv. 2017, art. 1er-3°)* Le collège est composé de sept membres choisis en raison de leur expertise et de leur expérience dans les domaines de compétence de la Haute Autorité de santé, et notamment de ses commissions spécialisées :

1° Le président du collège, président de la Haute Autorité de santé, désigné par le Président de la République ;

2° Trois membres désignés par les ministres chargés de la santé et de la sécurité sociale ;

3° Un membre désigné par le président de l'Assemblée nationale ;

4° Un membre désigné par le président du Sénat ;

5° Un membre désigné par le président du Conseil économique, social et environnemental.

Les six membres mentionnés aux 2° à 5° sont trois femmes et trois hommes. Parmi les trois membres mentionnés au 2° sont désignés au moins un homme et au moins une femme.

Les membres du collège sont nommés par décret.

La durée du mandat des membres du collège est de six ans, renouvelable une fois sous réserve des dispositions du septième alinéa du présent article. A l'exception de son président, le collège est renouvelé par moitié tous les trois ans. Les membres sont âgés de moins de soixante-dix ans le jour de leur nomination ou de leur renouvellement.

Lorsque les désignations faites par chacune des quatre autorités mentionnées aux 2°, 3°, 4° et 5° en vue de la nomination de ces membres ne permettent pas de respecter les règles mentionnées au septième alinéa ou en l'absence de désignation à l'expiration d'un délai fixé par décret, il est procédé à un tirage au sort, dont les modalités sont fixées par décret, entre les autorités ayant désigné une personne du sexe surreprésenté, afin de déterminer lesquelles doivent désigner une femme ou un homme.

En cas de vacance survenant plus de six mois avant l'expiration du mandat, il est procédé à la nomination, dans les conditions prévues au présent article, d'un nouveau membre du même sexe.

Les mandats des membres du collège en cours à la date de publication de la présente ordonnance prennent fin à la date des nominations des membres du collège effectuées en application des dispositions de l'art. L. 161-42 dans sa rédaction issue de l'Ord. n° 2017-84 du 26 janv. 2017, et au plus tard trois mois après la publication de l'ordonnance susvisée.

A l'occasion de la première constitution du collège en application des dispositions de l'Ord. n° 2017-84 du 26 janv. 2017, sont désignés par tirage au sort, à l'exception du président, les trois membres, parmi lesquels deux membres mentionnés au 2° de l'art. L. 161-42 dans sa rédaction issue de l'ordonnance précitée, dont les mandats prendront fin à l'issue d'un délai de trois ans. Figurent parmi les membres désignés par tirage au sort, dont les modalités sont fixées par décret, au moins un homme et au moins une femme.

Pour l'appréciation du caractère renouvelable du mandat mentionné au neuvième al. de l'art. L. 161-42 dans sa rédaction issue de l'Ord. n° 2017-84 du 26 janv. 2017, il est tenu compte, le cas échéant, du ou des mandats déjà accomplis avant l'entrée en vigueur des dispositions de l'ordonnance susvisée par le membre faisant l'objet d'une nomination au titre du présent art. (Ord. préc., art. 2-I).

Art. L. 161-43 *(Abrogé par L. n° 2017-55 du 20 janv. 2017, art. 46-3°)* ***« La Haute Autorité de santé dispose de services placés sous l'autorité d'un directeur nommé, après avis du collège, par le président de celui-ci.***

« Sur proposition du directeur, le collège fixe le règlement intérieur des services. »

Le président du collège représente la Haute Autorité en justice et dans tous les actes de la vie civile. Il peut donner mandat à cet effet au directeur.

(Abrogé par L. n° 2017-55 du 20 janv. 2017, art. 46-2°) ***« Le personnel de la Haute Autorité est composé d'agents contractuels de droit public, de salariés de droit privé ainsi que d'agents de droit privé régis soit par les conventions collectives applicables au personnel des organismes de sécurité sociale, soit par un statut fixé par décret. Dans des conditions fixées par décret en Conseil d'État, des agents publics peuvent être placés auprès de la Haute Autorité dans une position prévue par le statut qui les régit. »***

Les dispositions des articles L. 412-1 *[L. 2111-1 et L. 2141-4 nouv.]*, L. 421-1 *[L. 2311-1, L. 2312-1 s.]*, L. 431-1 *[L. 2321-1, L. 2322-1 s. nouv.]* et L. 236-1 *[L. 4523-11, L. 4523-12, L. 4523-14 s., L. 4524-1 et L. 4611-1 s. nouv.]* du code du travail sont applicables au personnel des services de la Haute Autorité. Toutefois, ces dispositions peuvent faire l'objet, par décret en Conseil d'État, d'adaptations rendues nécessaires par les conditions de travail propres à la Haute Autorité et les différentes catégories de personnels qu'elle emploie.

Art. L. 161-44 (Abrogé par L. n° 2011-2012 du 29 déc. 2011, art. 1er-II-2) ***Les membres de la Haute Autorité de santé, les personnes qui lui apportent leur concours ou qui collaborent occasionnellement à ses travaux ainsi que le personnel de ses services sont soumis, chacun pour ce qui le concerne, aux dispositions de l'article L. 5323-4 du code de la santé publique. Toutefois, ces dispositions peuvent faire l'objet, par décret en Conseil d'État, d'adaptations rendues nécessaires par les missions, l'organisation ou le fonctionnement de la Haute Autorité. Ce décret précise en particulier ceux des membres du collège ou des commissions spécialisées qui ne peuvent avoir, par eux-mêmes ou par personne interposée, dans les établissements ou entreprises en relation avec la Haute Autorité, des intérêts de nature à compromettre leur indépendance. Les membres concernés qui auraient de tels intérêts sont déclarés démissionnaires d'office par le collège statuant à la majorité de ses membres.*** — Cet art. est abrogé le 1er juill. 2012, date d'entrée en vigueur du décret prévu à l'art. L. 1451-3 CSP (L. n° 2011-2012 du 29 déc. 2011, art. 41-I ; Décr. n° 2012-745 du 9 mai 2012).

Principe d'impartialité. Conflit d'intérêts. V. l'annulation d'une recommandation professionnelle sur le « traitement médicamenteux du diabète de type 2 ». • CE 27 avr. 2011, n° 334396 : *RDSS 2011. 483, obs. Peigné ; JCP 2011, n° 559, obs. Dubreuil ; JCP A 2011, n° 2244, obs. Villeneuve ; RJEP 2011. Comm. 37, Fiboulet.*

Art. L. 161-45 *(Abrogé par L. n° 2017-55 du 20 janv. 2017, art. 46-4°)* **« *La Haute Autorité de santé dispose de l'autonomie financière. Son budget est arrêté par le collège sur proposition du directeur.* »**

Les ressources de la Haute Autorité *(L. n° 2017-55 du 20 janv. 2017, art. 46-4°)* **« de santé » sont constituées notamment par :**

1° Des subventions de l'État ;

2° *(L. n° 2006-1640 du 21 déc. 2006, art. 60-II ; L. n° 2012-1404 du 17 déc. 2012, art. 73-VIII-A)* **« Une dotation des régimes obligatoires d'assurance maladie dont le montant est fixé chaque année par arrêté des ministres chargés de la santé et de la sécurité sociale, versée et répartie dans des conditions fixées par décret. »** *(L. n° 2007-1786 du 19 déc. 2007, art. 61)* **« Cette dotation est composée de deux parts, l'une au titre de la procédure prévue par les articles L. 6113-3, L. 6113-4 et L. 6322-1 du code de la santé publique, l'autre au titre de la contribution de l'assurance maladie au fonctionnement de la Haute Autorité de santé » ;**

3° Le produit des redevances pour services rendus, dont les montants sont déterminés sur proposition du directeur par le collège ;

(L. n° 2013-1203 du 23 déc. 2013, art. 11-I-1°) **« 4° Des produits divers, des dons et legs ; »**

4° bis à 6° abrogés par L. n° 2013-1203 du 23 déc. 2013, art. 11-I-1°.

7° et dern. al. abrogés par L. n° 2007-1786 du 19 déc. 2007, art. 61.

Art. L. 161-45-1 (Abrogé par L. n° 2017-55 du 20 janv. 2017, art. 46-5°) (Ord. n° 2006-460 du 21 avr. 2006, art. 3-XIV) ***Les biens immobiliers appartenant à la Haute Autorité de santé sont soumis aux dispositions du code général de la propriété des personnes publiques applicables aux établissements publics de l'État.***

Art. L. 161-46 Les modalités d'application du présent chapitre sont fixées par décret en Conseil d'État, notamment :

1° Les conditions dans lesquelles la Haute Autorité de santé procède aux évaluations et émet les avis mentionnés à l'article L. 161-37 ;

2° Les critères d'évaluation des produits, actes ou prestations de santé ;

(Ord. n° 2017-45 du 19 janv. 2017, art. 3-II) **« 3° Les modalités selon lesquelles un ou plusieurs services d'appui et de soutien de la Haute Autorité de santé peuvent être mutualisés avec un ou plusieurs services d'autres organismes en application de l'article L. 1411-5-3 du code de la santé publique. »**

V. art. R. 161-70 s. et R. 162-52-1.

CHAPITRE II **DISPOSITIONS GÉNÉRALES RELATIVES AUX SOINS ET À LA PREVENTION** *(L. n° 2018-166 du 8 mars 2018, art. 11-I, en vigueur le 1er sept. 2018).*

BIBL. GÉN. ▶ AUBRY, Approfondir les solidarités et conforter notre système de protection sociale, *Dr. soc. 1998. 863*. – BADEL, Liberté et système de santé, *RDSS 2005. 951*. – BONNICI, La maîtrise des dépenses de santé : réflexions sur la problématique, *RDSS 1993. 411*. – CAUSSAT et RAYNAUD, La régulation de la demande de soins : le rôle de l'assurance maladie dans la formation de la consommation de biens et de services de santé, *REF 2004. 129*. – COUDREAU, Les partenaires sociaux, l'État et la régulation de l'assurance maladie (1967-2003). Chronique d'un échec, *Sève 2004. 39*. – COURSIER et NONNENMACHER, Les nouvelles sanctions financières issues de la réforme de l'assurance maladie, *Gaz. Pal. 23-24 févr. 2005, p. 4*. – COUSTEIX, ROUSSEAU et LAPORTE, Les nouvelles missions du contrôle médical ; Commentaires concernant le décret d'application de l'ordonnance relative à la maîtrise médicalisée des dépenses de soins, *Méd. et Droit 1996. 16*. – DERUE, La nouvelle maîtrise des dépenses de santé, *LPA 2005. 14*. – FONTANIER, Un vent de « folie » souffle-t-il sur la définition de l'accès spécifique direct en matière de psychiatrie ?, *Gaz. Pal. 9-10 juin 2006, p. 20*. – GEOFFARD, La réforme de l'assurance maladie confrontée à la théorie économique de la santé, *Sève 2004. 71*. – HARICHAUX, Réformes de l'assurance maladie et protection des assurés, *RDSS 1996. 842*. – KLESTA, Le patient est-il un consommateur ?, *Rev. europ. dr. consom. 2010. 225*. – LEQUET-SLAMA, Régulation des systèmes de santé : quelques expériences étrangères de réformes en Europe, *REF 2004. 39* – MARIÉ, Quel avenir pour les conseils régionaux en matière de politique de santé ?, *Dr. soc. 2012. 190*. – MILLET, L'accès des praticiens aux informations concernant les prestations versées par les régimes d'assurance-maladie, *Gaz. Pal. mai-juin 2006. 69*. – SAINT-JOURS, L'ambiguïté endémique de la maîtrise des dépenses de santé, *D. 2004. 1675*. – SCHOETTL, La réforme de l'assurance maladie devant le Conseil constitutionnel, *LPA 15 sept. 2004, p. 6*. – VACARIE, ALLOUACHE, GINON, LEROY et FERKANE, Crise de l'État-providence ou crise de la régulation économique ? Les leçons des réformes de l'assurance maladie, *Dr. soc. 2008. 1103*. – Dossier : La loi du 13 août 2004 relative à l'assurance maladie : cinq ans après, *RDSS 2009. 593*.

Art. L. 162-1 Sous réserve des dispositions relatives aux assurés bénéficiaires de l'aide sociale, les soins sont dispensés aux assurés sociaux dans les conditions définies par les articles ci-après.

Art. L. 162-1-1 (Abrogé par L. n° 2004-810 du 13 août 2004, art. 3-III) (Ord. n° 96-345 du 24 avr. 1996, art. 7-I) ***Afin de favoriser la continuité des soins, tout bénéficiaire de l'assurance maladie âgé de plus de seize ans reçoit un carnet de santé qui lui est attribué gratuitement par les organismes d'assurance maladie. Ce carnet est détenu par le patient.***

BIBL. ▶ GÉLASIME, Le carnet de santé, *Dr. soc. 1996. 827*. – TRUCHET, Quelques problèmes juridiques posés par le carnet de santé, *Dr. soc. 1997. 56*.

Compétence. Les dispositions de la loi du 30 déc. 1995 habilitaient le Gouvernement à instituer par voie d'ordonnance un carnet de santé. • CE 1er déc. 1997 : *TPS 1998. Comm. 93; D. 1997. IR 33*. ♦ Sur la compatibilité du carnet de santé avec le respect de la liberté individuelle, V. • CE 1er déc. 1997 : *préc.*

Art. L. 162-1-2 à L. 162-1-6 *Abrogés par L. n° 2004-810 du 13 août 2004, art. 3-III.*

Médecins du travail. Il résulte de l'art. L. 162-1-2, de l'art. L. 241-2 C. trav. et de l'art. 99 du Décr. n° 95-1000 du 6 sept. 1995 portant code de déontologie médicale que les médecins du travail ne sont pas au nombre des médecins qui sont appelés à donner des soins aux patients au sens des dispositions précitées de l'art. L. 162-1-2 et auxquels doit être obligatoirement présenté le carnet de santé. Dès lors, en mentionnant dans le carnet de santé que les médecins du travail ne pouvaient avoir accès au contenu dudit carnet, le ministre du Travail et des Affaires sociales n'a pas méconnu le sens des dispositions de l'art. L. 162-1-2. • CE 1er déc. 1997 : *D. 1998. IR 33 ; RJS 1998, n° 368.*

Art. L. 162-1-7 *(L. n° 2003-1199 du 18 déc. 2003, art. 41)* **La prise en charge ou le remboursement par l'assurance maladie de tout acte ou prestation réalisé par un professionnel de santé, dans le cadre d'un exercice libéral ou d'un exercice salarié** *(L. n° 2007-1786 du 19 déc. 2007, art. 48-II)* **« auprès d'un autre professionnel de santé libéral, ou » en centre de santé** *(L. n° 2018-1203 du 22 déc. 2018, art. 48-II)* **« , en maison de santé » ou dans un établissement ou un service médico-social, ainsi que, à**

compter du 1er janvier 2005, d'un exercice salarié dans un établissement de santé, à l'exception des prestations mentionnées à l'article L. 165-1, est subordonné à leur inscription sur une liste *(L. nº 2004-810 du 13 août 2004, art. 42)* **« établie dans les conditions fixées au présent article ». L'inscription sur la liste peut elle-même être subordonnée au respect d'indications thérapeutiques ou diagnostiques, à l'état du patient ainsi qu'à des conditions particulières de prescription, d'utilisation ou de réalisation de l'acte ou de la prestation.** *(L. nº 2008-1330 du 17 déc. 2008, art. 42-I)* **« Lorsqu'il s'agit d'actes réalisés en série, ces conditions de prescription peuvent préciser le nombre d'actes au-delà duquel un accord préalable du service du contrôle médical est nécessaire en application de l'article L. 315-2 pour poursuivre à titre exceptionnel la prise en charge, sur le fondement d'un référentiel élaboré par la Haute Autorité de santé ou validé par celle-ci sur proposition de l'Union nationale des caisses d'assurance maladie. »**

(L. nº 2004-810 du 13 août 2004, art. 42) **« La hiérarchisation des prestations et des actes est établie dans le respect des règles déterminées par des commissions créées pour chacune des professions dont les rapports avec les organismes d'assurance maladie sont régis par une convention mentionnée à l'article L. 162-14-1. Ces commissions, présidées par une personnalité désignée d'un commun accord par leurs membres, sont composées de représentants des syndicats représentatifs des professionnels de santé et de représentants de l'Union nationale des caisses d'assurance maladie. Un représentant de l'État assiste à leurs travaux.**

« Les conditions d'inscription d'un acte ou d'une prestation, leur inscription et leur radiation sont décidées par l'Union nationale des caisses d'assurance maladie, » *(L. nº 2017-1836 du 30 déc. 2017, art. 55-I)* **« après avis de l'Union nationale des organismes d'assurance maladie complémentaire et après avis, le cas échéant, de la Haute Autorité de santé lorsque la décision porte sur l'évaluation du service attendu ou du service rendu d'un acte ou d'une prestation ». »** *(Abrogé par L. nº 2017-1836 du 30 déc. 2017, art. 55-I) (L. nº 2006-1640 du 21 déc. 2006, art. 60-I)* ***« L'avis de la Haute Autorité de santé n'est pas nécessaire lorsque la décision ne modifie que la hiérarchisation d'un acte ou d'une prestation. »*** *(Ord. nº 2017-84 du 26 janv. 2017, art. 1er-4º)* **« A la demande du collège, l'avis de la Haute Autorité de santé peut être préparé par la commission spécialisée mentionnée à l'article L. 165-1. »**

(L. nº 2004-810 du 13 août 2004, art. 42) **« Les décisions de l'Union nationale des caisses d'assurance maladie sont réputées approuvées sauf opposition motivée des ministres chargés de la santé et de la sécurité sociale. Le ministre chargé de la santé peut procéder d'office à l'inscription ou à la radiation d'un acte ou d'une prestation pour des raisons de santé publique par arrêté pris après avis de la Haute Autorité de santé. Dans ce cas, il fixe la hiérarchisation de l'acte ou de la prestation dans le respect des règles mentionnées ci-dessus. Les tarifs de ces actes et prestations sont publiés au *Journal officiel* de la République française. »**

(Abrogé par L. nº 2008-1330 du 17 déc. 2008, art. 51-II) ***« Après avis de la Haute Autorité de santé, un acte en phase de recherche clinique ou d'évaluation du service qu'il rend peut être inscrit, pour une période déterminée, sur la liste visée au premier alinéa. L'inscription et la prise en charge sont soumises au respect d'une procédure et de conditions particulières définies par convention entre l'Union nationale des caisses d'assurance maladie et la Haute Autorité de santé. »***

(L. nº 2010-1594 du 20 déc. 2010, art. 50) **« Tout acte ou prestation nouvellement inscrit fait l'objet d'un examen en vue d'une nouvelle hiérarchisation dans les cinq ans qui suivent l'entrée en vigueur de la décision de l'Union nationale des caisses d'assurance maladie mentionnée au troisième alinéa. »**

V. Décis. du 11 mars 2005 de l'Union nationale des caisses d'assurance maladie relative à la liste des actes et prestations pris en charge ou remboursés par l'assurance maladie (JO 30 mars), mod. en dernier lieu par Décis. du 17 juin 2015 (JO 21 août) et Décis. du 10 juill. 2018 (JO 28 août).

1. Répartition des compétences. Ces dispositions sont d'application exclusive : les ministres compétents ne sauraient user des pouvoirs dont ils disposent, par ailleurs, pour arrêter les nomenclatures des actes professionnels et des actes de biologie pour fixer des conditions à la prise en charge de certains actes, soins et prestations, *a fortiori* pour restreindre les droits des assurés. • CE 27 nov. 2000 : *RJS 2001, nº 342.* ♦ La décision du collège des directeurs de l'UNCAM qui ouvrait la possibilité, par dérogation au principe énoncé au livre Ier de la liste des actes pris en charge ou remboursés par l'assurance maladie, aux chirurgiens-dentistes de réaliser 98 actes techniques de chirurgie ne peut être regardée comme se bornant à mettre en œuvre les orientations arrêtées par le conseil de l'UNCAM lors de sa délibération. En effet, ces orientations ne concernaient que la cotation des actes réalisés par des médecins et n'envisageaient pas l'extension de la classification commune des actes médicaux à d'autres professionnels de santé, comme les chirurgiens-dentistes. • CE 7 avr. 2010, *Conseil national de l'Ordre des médecins et a. : Dr. ouvrier 2010. 616, note Ginon.*

2. Avis de la Haute Autorité de santé. La décision du collège des directeurs de l'UNCAM relative au forfait de prise en charge pré-analytique du patient ayant pour objet de créer et de définir une prestation nouvelle prise en charge forfaitairement par l'assurance maladie devait, eu égard à son objet, être soumise préalablement à la Haute Autorité de santé en application de l'art. L. 162-1-7 même si cette absence de consultation préalable ne présente pas, en l'espèce, le caractère d'un vice substantiel de nature à entacher d'illégalité la décision contestée. • CE 7 avr. 2010, *Laboratoire Pasteur-Cerba,* nº 325833.

3. Tarification et respect de la nomenclature. Conformément à la nomenclature (art. III-3-B de la CCAM), l'acte de guidage échographique ne peut être tarifé qu'en association avec les actes dont le libellé précise qu'ils nécessitent un guidage échographique, ce qui n'est pas le cas en l'espèce de l'anesthésie locorégionale. • Civ. 2e, 12 juill. 2012 : *D. actu. 24 sept. 2012, obs. Bertignac ; CSBP 2012. 317, note Pansier ; RDSS 2012. 949, note Tauran.* ♦ V. aussi les notes ss. l'art. L. 321-1.

4. Exonération de la TVA pour les seuls actes à finalité thérapeutique pris en charge par l'assurance maladie. Il résulte des dispositions du *c* du 1º du A de l'art. 3 de la Dir. 77/388/CEE du 17 mai 1977, repris au *c* du § 1 de l'art. 132 de la Dir. 2006/112/CE du 28 nov. 2006, telles qu'interprétées par la CJUE, notamment dans son arrêt *Skatteverket c/ PFC Clinic AB* du 21 mars 2013, que seuls les actes de médecine et de chirurgie esthétique dispensés dans le but de diagnostiquer, de soigner et, dans la mesure du possible, de guérir des personnes qui, par suite d'une maladie, d'une blessure ou d'un handicap physique congénital, nécessitent une telle intervention, poursuivent une finalité thérapeutique et doivent, dès lors, être regardés comme des soins à la personne exonérés de taxe sur la valeur ajoutée (TVA). Il en va différemment lorsque ces actes n'obéissent en aucun cas à une telle finalité. En prévoyant que, lorsqu'ils ne poursuivent pas une finalité thérapeutique, les actes de médecine et de chirurgie esthétique sont assujettis à la TVA, la décision de rescrit nº 2012/25, publiée au *BOFIP*, se borne à réitérer la loi, laquelle est conforme aux objectifs des directives ainsi interprétées par la CJUE. Il s'ensuit qu'en vertu des dispositions combinées des art. L. 6322-1 et R. 6322-1 CSP, les actes de chirurgie esthétique, qui n'entrent pas dans le champ des prestations couvertes par l'assurance maladie au sens de l'art. L. 321-1 CSS, sont des actes qui tendent à modifier l'apparence corporelle d'une personne, à sa demande, sans visée thérapeutique ou reconstructrice. Les actes de médecine ou de chirurgie esthétique à finalité thérapeutique relèvent des dispositions de l'art. L. 162-1-7 CSS, aux termes desquelles la prise en charge par l'assurance maladie est subordonnée à l'inscription sur la liste qu'elles prévoient. Cette liste prévoit le remboursement des actes de médecine ou de chirurgie esthétique répondant, pour le patient, à une indication thérapeutique, évaluée le cas échéant selon un dispositif d'entente préalable avec l'assurance maladie. Dans ces conditions, en l'état de la législation applicable, la décision de rescrit nº 2012/25, en subordonnant le bénéfice de l'exonération de TVA des actes de médecine et de chirurgie esthétique à la condition qu'ils soient pris en charge totalement ou partiellement par l'assurance maladie, explicite, sans les méconnaître, pour les actes de chirurgie et de médecine esthétique, la portée des dispositions du 1º du 4 de l'art. 261 du CGI, lesquelles ne portent pas atteinte au principe de neutralité du système commun de TVA. • CE 5 juill. 2013, nº 363118 B.

Art. L. 162-1-7-1 *(L. nº 2005-1579 du 19 déc. 2005, art. 37-1)* **Les règles de hiérarchisation des actes effectués par les** *(Ord. nº 2010-49 du 13 janv. 2010, art. 6)* **« biologiste-responsable et biologistes coresponsables » mentionnés à l'article L. 162-14 sont arrêtées par l'Union nationale des caisses d'assurance maladie après avis de la commission mentionnée au deuxième alinéa de l'article L. 162-1-7.**

(L. nº 2014-1554 du 22 déc. 2014, art. 57-2º) **« L'Union nationale des caisses de l'assurance maladie fait connaître aux ministres chargés de la santé et de la sécurité sociale, dans un délai qui ne peut être supérieur à six mois à compter de la transmission à l'union de l'avis de la Haute Autorité de santé mentionné au troisième alinéa de l'article L. 162-1-7** *(L. nº 2015-1702 du 21 déc. 2015, art. 71-II-2º)* **« du présent code ou au I de l'article L. 4011-2-3 du code de la santé publique », les motifs de l'absence de décision d'inscription :**

« 1° Des actes présentant un niveau d'amélioration du service attendu déterminé et dont l'inscription sur la liste prévue au même article L. 162-1-7 est nécessaire à l'utilisation ou à la prise en charge par l'assurance maladie d'un des produits de santé définis aux articles L. 5211-1 ou L. 5221-1 du code de la santé publique ;
« 2° Des actes pratiqués uniquement au sein d'un établissement de santé et ayant ou étant susceptibles d'avoir un impact significatif sur l'organisation des soins et les dépenses de l'assurance maladie ;
« 3° Des actes ayant fait l'objet d'une tarification provisoire dans le cadre d'une expérimentation, notamment dans les conditions prévues à l'article L. 162-31-1, et présentant un niveau d'amélioration du service attendu déterminé, ou étant susceptibles d'avoir un impact significatif sur l'organisation des soins et les dépenses de l'assurance maladie ;
(L. n° 2015-1702 du 21 déc. 2015, art. 71-II-2°) « 4° Des actes inscrits dans un protocole de coopération ayant recueilli un avis favorable du collège des financeurs en application du III de l'article L. 4011-2-3 du code de la santé publique. »
« L'impact sur l'organisation des soins et les dépenses de l'assurance maladie des actes mentionnés aux 2° et 3° du présent article fait l'objet d'une évaluation médico-économique réalisée par la Haute Autorité de santé.
« Les actes mentionnés au 3° demeurent pris en charge dans les conditions de l'expérimentation si une demande d'évaluation a été déposée auprès de la Haute Autorité de santé dans le délai de six mois avant la fin de l'expérimentation. Cette prise en charge est valable au maximum un an à compter du dépôt de cette demande, jusqu'à la décision de l'Union nationale des caisses d'assurance maladie. »
(L. n° 2013-1203 du 23 déc. 2013, art. 52-2°) « Les modalités d'application du présent article, notamment la définition de *(L. n° 2014-1554 du 22 déc. 2014, art. 57-2°)* « l'amélioration du service attendu de l'acte et les conditions de réalisation de l'évaluation médico-économique par la Haute Autorité de santé », sont déterminées par décret en Conseil d'État. Les modalités relatives aux délais sont fixées par décret. »

Art. L. 162-1-7-2 *(L. n° 2006-1640 du 21 déc. 2006, art. 100-III)* La prise en charge ou le remboursement par l'assurance maladie de tout acte ou prestation réalisé par un salarié d'un établissement thermal est subordonné à leur inscription sur une liste établie dans les conditions fixées au présent article. L'inscription sur la liste peut elle-même être subordonnée au respect d'indications thérapeutiques ou diagnostiques, à l'état du patient ainsi qu'à des conditions particulières de prescription, d'utilisation ou de réalisation de l'acte ou de la prestation.

Les conditions d'inscription d'un acte ou d'une prestation, leur inscription et leur radiation sont décidées par l'Union nationale des caisses d'assurance maladie, après avis de la Haute Autorité de santé et de l'Union nationale des organismes d'assurance maladie complémentaire.

Les décisions de l'Union nationale des caisses d'assurance maladie sont réputées approuvées sauf opposition motivée des ministres chargés de la santé et de la sécurité sociale. Le ministre chargé de la santé peut procéder d'office à l'inscription ou à la radiation d'un acte ou d'une prestation pour des raisons de santé publique par arrêté pris après avis de la Haute Autorité de santé. Les tarifs de ces actes et prestations sont publiés au *Journal officiel*.

Art. L. 162-1-7-3 *(L. n° 2016-1827 du 23 déc. 2016, art. 84)* Par dérogation à l'article L. 162-2 du présent code et à l'article L. 4113-5 du code de la santé publique, lorsqu'un établissement thermal emploie des médecins qui choisissent le mode d'exercice salarié, la prise en charge de l'acte ou de la prestation réalisé au sein de l'établissement peut être facturée par l'établissement dans les conditions prévues à l'article L. 162-1-7-2 du présent code, dans la limite des tarifs fixés en application du même article L. 162-1-7-2.

Art. L. 162-1-7-4 *(L. n° 2017-1836 du 30 déc. 2017, art. 55-I)* Les actes ou prestations réalisés en équipe par plusieurs professionnels de santé, à l'exception des prestations mentionnées à l'article L. 165-1, peuvent faire l'objet d'une inscription spécifique sur la liste mentionnée à l'article L. 162-1-7 lorsqu'ils sont réalisés dans une ou plusieurs des situations suivantes :
1° Dans le cadre d'un exercice libéral ou d'un exercice salarié auprès d'un professionnel de santé libéral ;

2° Dans un centre de santé ;
3° Dans le cadre d'un exercice salarié dans un établissement de santé.
Les conditions d'inscription spécifique de ces actes ou prestations, leur inscription et leur radiation sont décidées par l'Union nationale des caisses d'assurance maladie, après avis de la Haute Autorité de santé et de l'Union nationale des organismes d'assurance maladie complémentaire.

Les décisions de l'Union nationale des caisses d'assurance maladie sont réputées approuvées sauf opposition motivée des ministres chargés de la santé et de la sécurité sociale.

Lorsque les actes ou prestations réalisés en équipe ont fait l'objet d'un avis favorable du collège des financeurs, prévu à l'article L. 4011-2-3 du code de la santé publique, l'avis de la Haute Autorité de santé mentionné au cinquième alinéa du présent article n'est pas nécessaire.

Art. L. 162-1-8 *(L. n° 2014-1554 du 22 déc. 2014, art. 57-3°)* « En l'absence de hiérarchisation par les commissions prévues au deuxième alinéa de l'article L. 162-1-7, dans un délai qui ne peut être supérieur à cinq mois à compter de la transmission à l'Union nationale des caisses d'assurance maladie de l'avis de la Haute Autorité de santé mentionné au troisième alinéa du même article et de l'évaluation mentionnée au deuxième alinéa du présent article, l'Union nationale des caisses d'assurance maladie peut procéder à la hiérarchisation d'un acte dont le service attendu est suffisant, lorsqu'il appartient à l'une ou l'autre des catégories mentionnées aux 1° à *(L. n° 2015-1702 du 21 déc. 2015, art. 71-II-3°)* « 4° » de l'article L. 162-1-7-1, sans relever des actes mentionnés au premier alinéa du même article.

« L'impact sur l'organisation des soins et les dépenses de l'assurance maladie des actes mentionnés aux 2° et 3° dudit article est évalué par la Haute Autorité de santé. »

Lorsqu'il est fait usage de la faculté prévue au premier alinéa du présent article, la décision d'inscription de cet acte est adressée par l'Union nationale des caisses d'assurance maladie aux ministres chargés de la santé et de la sécurité sociale dans un délai maximal de trente jours à compter de l'expiration du délai mentionné à ce même premier alinéa.

En l'absence de décision de l'Union nationale des caisses d'assurance maladie dans le délai mentionné au *(L. n° 2017-1836 du 30 déc. 2017, art. 55-I)* « troisième » alinéa, l'Union en informe les ministres chargés de la santé et de la sécurité sociale et en précise les motifs.

(L. n° 2014-1554 du 22 déc. 2014, art. 57-3°) « Dans le cas prévu au 3° de l'article L. 162-1-7-1, l'acte reste pris en charge dans les conditions de l'expérimentation si une demande d'évaluation a été déposée auprès de la Haute Autorité de santé dans un délai maximal de six mois avant la fin de l'expérimentation. Cette prise en charge est valable au maximum un an à compter du dépôt de cette demande, jusqu'à l'intervention de la décision de l'Union nationale des caisses d'assurance maladie. »

Les modalités d'application du présent article, notamment la définition *(L. n° 2014-1554 du 22 déc. 2014, art. 57-3°)* « des critères mentionnés aux 1° à 3° du même article L. 162-1-7-1 », sont déterminées par décret en Conseil d'État. Les modalités relatives aux délais sont fixées par décret.

Art. L. 162-1-9 *(L. n° 2016-1827 du 23 déc. 2016, art. 99-I)* Une commission des équipements matériels lourds d'imagerie médicale est créée auprès de l'Union nationale des caisses d'assurance maladie. Cette commission, présidée par le directeur général de l'Union nationale des caisses d'assurance maladie, est composée de représentants des médecins libéraux et hospitaliers spécialistes en radiodiagnostic et en imagerie médicale, de représentants des médecins spécialistes en médecine nucléaire, de représentants des fédérations hospitalières représentatives et de représentants de l'Union nationale des caisses d'assurance maladie. Un représentant de l'État assiste à ses travaux.

Cette commission rend un avis motivé sur les propositions présentées par l'Union nationale des caisses d'assurance maladie, prévues à l'article L. 162-1-9-1.

La composition et les règles de fonctionnement de la commission sont fixées par arrêté.

Art. L. 162-1-9-1 *(L. nº 2016-1827 du 23 déc. 2016, art. 99-I)* I. – Le directeur général de l'Union nationale des caisses d'assurance maladie transmet à la commission prévue à l'article L. 162-1-9, au moins une fois tous les trois ans, avant le 1er mars de l'année :

1º Des éléments relatifs à l'évolution constatée sur la période concernée des charges associées aux équipements matériels lourds d'imagerie médicale soumis à l'autorisation prévue à l'article L. 6122-1 du code de la santé publique et utilisés dans le cadre d'actes et de prestations délivrés par des professionnels de santé libéraux ou hospitaliers ;

2º S'il y a lieu, une analyse de l'évolution de l'organisation et des modalités de fonctionnement des différentes structures utilisant ces équipements ;

3º Des propositions d'évolution pluriannuelle des rémunérations liées à l'acquisition et au fonctionnement de ces équipements ;

4º Des propositions d'évolution de la classification de ces équipements ;

5º Un bilan de l'impact financier des propositions mentionnées aux 3º et 4º.

Les propositions mentionnées aux 3º et 4º sont également transmises aux organisations syndicales représentatives des médecins généralistes et des médecins spécialistes et aux ministres chargés de la santé et de la sécurité sociale.

L'avis de la commission est rendu avant l'expiration d'un délai de trente jours à compter de la transmission des propositions mentionnées aux 3º et 4º. A l'expiration de ce délai, l'avis est réputé rendu. L'avis est transmis par le directeur général de l'Union aux organisations nationales représentatives de médecins généralistes et de médecins spécialistes et aux ministres chargés de la santé et de la sécurité sociale.

La convention mentionnée à l'article L. 162-5 définit l'évolution des rémunérations liées à l'acquisition et au fonctionnement de ces équipements matériels lourds d'imagerie médicale, ainsi que la classification associée. A défaut d'accord sur l'évolution des rémunérations et de la classification à l'expiration d'un délai de soixante jours à compter de la transmission mentionnée au septième alinéa du présent article, le directeur général de l'Union nationale des caisses d'assurance maladie peut procéder à leur détermination.

Lorsqu'il est fait usage de la faculté prévue au neuvième alinéa, la décision déterminant les rémunérations et la classification est transmise par le directeur général de l'Union nationale des caisses d'assurance maladie aux ministres chargés de la santé et de la sécurité sociale au plus tard dans un délai de trente jours.

Les décisions de l'Union nationale des caisses d'assurance maladie sont réputées approuvées sauf opposition motivée des ministres chargés de la santé et de la sécurité sociale avant l'expiration d'un délai de quarante-cinq jours.

En l'absence de décision de l'Union nationale des caisses d'assurance maladie à la fin du délai mentionné au dixième alinéa, le directeur général de l'Union en informe les ministres chargés de la santé et de la sécurité sociale et en précise les motifs.

Par dérogation à la procédure prévue à l'art. L. 162-1-9-1, dans un délai d'un mois à compter de la publication de la L. nº 2016-1827 du 23 déc. 2016, le directeur général de l'Union nationale des caisses d'assurance maladie peut procéder à la fixation des rémunérations et de la classification mentionnées au même art. L. 162-1-9-1. Cette décision est transmise par le directeur général de l'Union nationale des caisses d'assurance maladie aux ministres chargés de la santé et de la sécurité sociale. Elle est réputée approuvée sauf opposition motivée des ministres chargés de la santé et de la sécurité sociale avant l'expiration d'un délai de quarante-cinq jours (L. préc., art. 99-II).

Art. L. 162-1-10 *(L. nº 99-477 du 9 juin 1999, art. 5)* Des conditions particulières d'exercice des professionnels de santé exerçant à titre libéral ou qui sont salariés des centres de santé sont mises en œuvre pour délivrer des soins palliatifs à domicile. Ces conditions peuvent porter sur des modes de rémunération particuliers autres que le paiement à l'acte et sur le paiement direct des professionnels par les organismes d'assurance maladie. *(L. nº 2005-1579 du 19 déc. 2005, art. 47)* « Les modes de rémunération particuliers et leur montant sont déterminés par un accord au conventionnel interprofessionnel prévu au II de l'article L. 162-14-1 *(Abrogé par Ord. nº 2010-177 du 23 févr. 2010, art. 24)* *« ou des contrats de santé publique prévus à l'article L. 162-12-20 ».*

« Les modalités d'application du présent article sont définies par décret. »

Art. L. 162-1-11 *(L. n° 2002-303 du 4 mars 2002, art. 76)* Les organismes gestionnaires des régimes obligatoires de base de l'assurance maladie assurent, par tous moyens adaptés, une mission générale d'information des assurés sociaux, en vue notamment de faciliter l'accès aux soins et à la protection sociale et de leur permettre de connaître les conditions dans lesquelles les actes de prévention, de diagnostic ou de soins qu'ils reçoivent sont pris en charge.

Les assurés sociaux peuvent obtenir toutes informations utiles portant notamment sur les tarifs applicables, les taux de remboursement et les conditions de prise en charge des services et des produits de santé, ainsi que sur le bon usage des soins ou de ces produits.

Les caisses peuvent également mettre en œuvre des services de conseils administratifs ou d'orientation. Ces services doivent permettre aux assurés de disposer des informations nécessaires pour accéder à la prévention et aux soins dans les meilleures conditions. Ils peuvent en particulier fournir tous éléments d'information sur les services assurés par les établissements de santé et sur la situation des professionnels de santé au regard des dispositions conventionnelles ou réglementaires les régissant *(L. n° 2004-810 du 13 août 2004, art. 18)* « , ainsi que sur leur adhésion aux contrats prévus *(Ord. n° 2010-177 du 23 févr. 2010, art. 24)* « à l'article L. 162-12-21 du présent code et à l'article L. 1435-4 du code de la santé publique », *(Ord. n° 2017-31 du 12 janv. 2017, art. 6-1°)* « leur participation à la coordination des soins et leur engagement dans la démarche de développement professionnel continu prévue à l'article L. 4021-1 du code de la santé publique. » Ils fournissent également tous éléments d'information sur les tarifs d'honoraires habituellement demandés et toutes informations utiles à la bonne orientation du patient dans le système de soins ».

(L. n° 2006-1640 du 21 déc. 2006, art. 91-II) « Les caisses nationales d'assurance maladie peuvent mettre en place des programmes d'accompagnement des patients atteints de maladies chroniques visant à leur apporter des conseils en termes d'orientation dans le système de soins et d'éducation à la santé. »

(L. n° 2013-1203 du 23 déc. 2013, art. 54) « Les caisses nationales d'assurance maladie peuvent mettre en place des programmes d'aide au sevrage tabagique visant à apporter des conseils et un soutien pour favoriser l'arrêt du tabac à l'attention des personnes bénéficiaires de la prescription d'un traitement de substitution nicotinique. »

Les différents régimes d'assurance maladie assurent cette mission en coordonnant leurs actions et veillent à mettre en commun par voie, le cas échéant, de conventions les moyens nécessaires.

Les organismes qui gèrent un régime obligatoire pour le compte d'une Caisse d'assurance maladie peuvent, dans le cadre d'une convention spécifique, être associés à la mission prévue par le présent article.

(L. n° 2004-810 du 13 août 2004, art. 18) « Les différents régimes d'assurance maladie assurent cette mission en coordonnant leurs actions, en veillant à mettre en commun par voie, le cas échéant, de conventions les moyens nécessaires, et en l'évaluant chaque année avec le concours de représentants des familles et des usagers. »

Art. L. 162-1-12 *(L. n° 2005-1579 du 19 déc. 2005, art. 38-III)* L'examen bucco-dentaire de prévention mentionné à l'article L. 2132-2-1 du code de la santé publique ainsi que les soins dentaires réalisés dans les six mois suivant cet examen, à l'exception des soins prothétiques et d'orthopédie dento-faciale, sont pris en charge en totalité par les régimes obligatoires de l'assurance maladie et maternité, et les bénéficiaires de ces actes sont dispensés de l'avance des frais.

Art. L. 162-1-12-1 *(L. n° 2017-86 du 27 janv. 2017, art. 62)* Toute personne âgée de seize ans, lors de sa sortie du statut d'ayant droit à l'assurance maladie puis à l'âge de vingt-trois ans, bénéficie d'une information individualisée, délivrée par les organismes gestionnaires des régimes obligatoires d'assurance maladie, sur ses droits en matière de couverture *(L. n° 2018-166 du 8 mars 2018, art. 11-I, en vigueur le 1er sept. 2018)* « obligatoire et complémentaire » du risque maladie, sur les dispositifs et programmes de prévention, sur les consultations accessibles aux jeunes consommateurs proposées par les centres de soins, d'accompagnement et de prévention en addictologie mentionnés au 9° de l'article L. 312-1 du code de l'action sociale et des familles ainsi que sur les examens de santé gratuits, notamment celui prévu à l'article L. 321-3 du code de la sécurité sociale, dont elle peut bénéficier. Cette information comporte un volet relatif à l'éducation à la sexualité, à la contraception et à l'interruption volontaire de grossesse. – *[Ancien art. L. 262-2.]*

(L. nº 2018-166 du 8 mars 2018, art. 11-I, en vigueur le 1er sept. 2018) « Les organismes gestionnaires des régimes obligatoires assurent des actions de prévention et de pédagogie visant à améliorer l'état de santé de leurs ressortissants âgés de seize à vingt-cinq ans ; ces actions sont prolongées jusqu'à vingt-huit ans lorsque les personnes concernées sont encore étudiantes.

« Parmi les actions prévues au deuxième alinéa du présent article, celles destinées aux étudiants sont conduites conjointement avec les services communs mentionnés au chapitre IV du titre Ier du livre VII de la troisième partie du code de l'éducation.

« Ces actions, lorsqu'elles sont conduites en direction des étudiants, s'inscrivent dans un programme annuel de prévention élaboré, dans le cadre des orientations de la stratégie nationale de santé mentionnée à l'article L. 1411-1-1 du code de la santé publique, après concertation avec les représentants des associations d'étudiants mentionnées à l'article L. 811-3 du code de l'éducation.

« Il en est de même des actions mentionnées à l'article L. 841-5 du même code, lorsqu'elles ont pour but la prévention, l'éducation ou la promotion des comportements favorables à la santé ou le développement de l'accès des étudiants à des actes de soins, de dépistage et de vaccination.

« Une conférence de prévention étudiante associe à la programmation ou à l'organisation des actions mentionnées à l'avant-dernier alinéa du présent article et de celles coordonnées par les services universitaires de médecine préventive les organismes gestionnaires des régimes obligatoires, les mutuelles mentionnées à l'article L. 111-1 du code de la mutualité, les conférences de chefs d'établissements de l'enseignement supérieur mentionnées aux articles L. 233-1 et L. 233-2 du code de l'éducation, les associations d'étudiants mentionnées à l'article L. 811-3 du même code et les associations d'éducation à la santé. Le fonctionnement et la composition de cette instance sont précisés par un arrêté conjoint des ministres chargés de la santé et de l'enseignement supérieur. »

Art. L. 162-1-13 *(L. nº 2002-322 du 6 mars 2002, art. 1er)* Les rapports entre les organismes d'assurance maladie et les professions mentionnées aux articles L. 162-5, L. 162-9, L. 162-12-2, L. 162-12-9, L. 162-14 *(L. nº 2006-1640 du 21 déc. 2006, art. 62)* « , L. 162-16-1 » et L. 322-5-2 sont définis par un accord-cadre conclu *(L. nº 2004-810 du 13 août 2004, art. 55-II)* « par l'Union nationale des caisses d'assurance maladie et l'Union nationale des professionnels de santé ».

Cet accord-cadre ne s'applique à une des professions susmentionnées que si au moins une organisation syndicale représentative de cette profession l'a signé.

Cet accord-cadre, conclu pour une durée au plus égale à cinq ans, fixe des dispositions communes à l'ensemble des professions entrant dans le champ des conventions prévues aux sections I, II et III du présent chapitre *(L. nº 2006-1640 du 21 déc. 2006, art. 62)* « , à l'article L. 162-16-1 » et à l'article L. 322-5-2. Il peut notamment déterminer les obligations respectives des organismes d'assurance maladie et des professionnels de santé exerçant en ville, ainsi que les mesures que les partenaires conventionnels jugent appropriées pour garantir la qualité des soins dispensés et une meilleure coordination des soins ou pour promouvoir des actions de santé publique.

Art. L. 162-1-14 *Devient l'art. L. 114-17-1 (L. nº 2015-1702 du 21 déc. 2015, art. 59-II-8º, en vigueur le 1er janv. 2016).*

Art. L. 162-1-14-1 *(L. nº 2009-879 du 21 juill. 2009, art. 54-II)* Peuvent faire l'objet d'une sanction, prononcée par le directeur de l'organisme local d'assurance maladie, les professionnels de santé qui :

1º Pratiquent une discrimination dans l'accès à la prévention ou aux soins, définie à l'article L. 1110-3 du code de la santé publique ;

2º Exposent les assurés à des dépassements d'honoraires excédant le tact et la mesure ;

3º Exposent les assurés à des dépassements d'honoraires non conformes à la convention dont relève le professionnel de santé, au I de l'article L. 162-5-13, au dernier alinéa de l'article L. 162-9 ou aux deuxième et troisième alinéas de l'article L. 165-6 ;

4° Ont omis l'information écrite préalable prévue par l'article *(L. n° 2016-41 du 26 janv. 2016, art. 217-II-2°)* « L. 1111-3-2 » du code de la santé publique.

La sanction, prononcée après avis de la commission et selon la procédure prévus *[prévue]* à l'article *(L. n° 2015-1702 du 21 déc. 2015, art. 59-XII-A-5°, en vigueur le 1er janv. 2016)* « L. 114-17-1 » du présent code, peut consister en :

– une pénalité financière forfaitaire, dans la limite de deux fois le plafond mensuel de la sécurité sociale pour les cas mentionnés au 1° du présent article ;

– une pénalité financière proportionnelle aux dépassements facturés pour les cas mentionnés aux 2°, 3° et 4°, dans la limite de deux fois le montant des dépassements en cause ;

– en cas de récidive *(L. n° 2011-1906 du 21 déc. 2011, art. 114-IV-1°)* « dans un délai fixé par voie réglementaire », un retrait temporaire du droit à dépassement ou une suspension de la participation des caisses au financement des cotisations sociales telle que prévue au 5° du I de l'article L. 162-14-1.

(L. n° 2010-1594 du 20 déc. 2010, art. 120-I-2°) « Les sanctions prononcées en application du présent article sont notifiées après avis conforme du directeur de l'Union nationale des caisses d'assurance maladie ou de son représentant désigné à cet effet. Son avis est réputé conforme dans un délai précisé par voie réglementaire. »

Les sanctions prononcées en vertu du présent article peuvent faire l'objet d'un affichage au sein des locaux de l'organisme local d'assurance maladie et peuvent être rendues publiques, en cas de récidive et après épuisement des voies de recours, par voie de presse.

(L. n° 2011-1906 du 21 déc. 2011, art. 114-IV-2°) « Les décisions prononçant les sanctions prévues au présent article peuvent être contestées devant le *(Ord. n° 2018-358 du 16 mai 2018, art. 1er, en vigueur le 1er janv. 2019)* « tribunal de grande instance spécialement désigné en application de l'article L. 211-16 du code de l'organisation judiciaire ». Quand ces sanctions consistent en des pénalités financières, elles sont recouvrées selon les modalités définies aux *(L. n° 2017-1836 du 30 déc. 2017, art. 78-I)* « huitième et avant-dernier » alinéas du IV de l'article *(L. n° 2015-1702 du 21 déc. 2015, art. 59-XII-A-5°, en vigueur le 1er janv. 2016)* « L. 114-17-1 ». »

L'organisme local d'assurance maladie ne peut concurremment recourir au dispositif de pénalités prévu par le présent article et aux procédures conventionnelles visant à sanctionner le même comportement du professionnel de santé.

Les modalités d'application du présent article, notamment les modalités d'affichage et le barème des sanctions applicables, sont fixées par voie réglementaire.

Art. L. 162-1-14-2 *(L. n° 2009-1646 du 24 déc. 2009, art. 92-II)* Le contrôle d'une pharmacie, d'un laboratoire de biologie médicale, d'un établissement de santé, d'un fournisseur de produits ou prestations inscrits sur la liste mentionnée à l'article L. 165-1, d'une société de transport sanitaire ou d'une entreprise de taxi mentionnée au *(L. n° 2014-1554 du 22 déc. 2014, art. 65-II)* « deuxième » alinéa de l'article L. 322-5 concernant l'ensemble de son activité ou un ou plusieurs des éléments de celle-ci énumérés par décret en Conseil d'État est réalisé par le directeur de l'organisme local d'assurance maladie sur la base d'un échantillon dont la méthode d'élaboration est définie par décret en Conseil d'État, après avis conforme du directeur de l'union prévue à l'article L. 182-2, lorsque le chiffre d'affaires annuel de ces structures excède un seuil fixé, pour chacune de ces catégories de structures, par ce décret. Pour les établissements de santé, le contrôle de l'activité ou des éléments d'activité réalisé dans ce cadre ne peut porter sur les manquements aux règles de facturation fixées en application *(L. n° 2015-1702 du 21 déc. 2015, art. 78-I-3°, en vigueur le 1er janv. 2017)* « des articles L. 162-22-6 et L. 162-23-1 ».

En cas de constat de sommes indûment versées par l'organisme local d'assurance maladie, le directeur de l'organisme local d'assurance maladie peut alors prononcer une pénalité selon la procédure prévue à l'article *(L. n° 2015-1702 du 21 déc. 2015, art. 59-XII-A-6°, en vigueur le 1er janv. 2016)* « L. 114-17-1 », *(L. n° 2010-1594 du 20 déc. 2010, art. 120-I-3° ; L. n° 2011-1906 du 21 déc. 2011, art. 114-V-1°)* « pénalité qui est notifiée et recouvrée dans les conditions prévues au même article. La pénalité peut être contestée devant le *(Ord. n° 2018-358 du 16 mai 2018, art. 1er, en vigueur le*

1er janv. 2019) « tribunal de grande instance spécialement désigné en application de l'article L. 211-16 du code de l'organisation judiciaire ».

« Le montant de cette pénalité est fonction du pourcentage des sommes indûment perçues par rapport aux sommes dues. » Il est calculé sur la base des dépenses prises en charge par l'organisme local d'assurance maladie au cours de la période contrôlée ou, si le contrôle porte sur un ou plusieurs éléments d'activité ou prestations en particulier, sur la base des dépenses afférentes à ceux-ci. Il est tenu compte des prestations servies au titre de la protection complémentaire en matière de santé et de l'aide médicale de l'État pour la fixation de cette base. Le montant ainsi calculé peut être supprimé, minoré ou majoré dans la limite de 25 %, en fonction de la gravité des faits reprochés. Lorsque les sommes indûment versées sont principalement liées à des fraudes au sens de l'article *(L. n° 2015-1702 du 21 déc. 2015, art. 59-XII-A-6°, en vigueur le 1er janv. 2016)* « L. 114-17-1 », ce pourcentage de majoration peut être porté à 100 %.

La notification prévue au premier alinéa du IV de l'article *(L. n° 2015-1702 du 21 déc. 2015, art. 59-XII-A-6°, en vigueur le 1er janv. 2016)* « L. 114-17-1 » fait état de la méthodologie de contrôle employée.

Les modalités d'application du présent article sont précisées par décret en Conseil d'État.

Les dispositions issues de la L. n° 2009-1646 du 24 déc. 2009 s'appliquent aux faits postérieurs à la date de publication du décret pris pour l'application de l'art. L. 162-1-14-2 (L. préc., art. 92-III).

Les dispositions issues de la L. n° 2010-1594 du 20 déc. 2010 sont applicables à compter de la publication des textes réglementaires pris pour leur application et au plus tard à compter du 1er juill. 2011 (L. préc., art. 120-II).

Art. L. 162-1-15 *(L. n° 2004-810 du 13 août 2004, art. 25 ; L. n° 2009-1646 du 24 déc. 2009, art. 41-II)* I. — Le directeur de l'organisme local d'assurance maladie peut décider, après que le *(L. n° 2017-1836 du 30 déc. 2017, art. 61-I)* « professionnel de santé » a été mis en mesure de présenter ses observations et après avis de la commission prévue à l'article *(L. n° 2015-1702 du 21 déc. 2015, art. 59-XII-A-7°, en vigueur le 1er janv. 2016)* « L. 114-17-1 », à laquelle participent des professionnels de santé, de subordonner à l'accord préalable du service du contrôle médical, pour une durée ne pouvant excéder six mois, la couverture *(L. n° 2007-1786 du 19 déc. 2007, art. 37-I)* « d'actes, produits ou prestations figurant sur les listes mentionnées aux articles L. 162-1-7, L. 162-17 et L. 165-1 ainsi que » des frais de transport ou le versement des indemnités journalières mentionnés *(L. n° 2015-1702 du 21 déc. 2015, art. 59-XII-A-7°, en vigueur le 1er janv. 2016)* « , respectivement, au 2° de l'article L. 160-8 et à » l'article L. 321-1 *(L. n° 2006-1640 du 21 déc. 2006, art. 104-II)* « et aux 1° et 2° de l'article L. 431-1 du présent code ainsi qu'aux 1° et 2° de l'article L. 752-3 du code rural » et de la pêche maritime, en cas de constatation par ce service :

1° Du non-respect par le *(L. n° 2017-1836 du 30 déc. 2017, art. 61-I)* « professionnel de santé » des conditions prévues *(L. n° 2015-1702 du 21 déc. 2015, art. 59-XII-A-7°, en vigueur le 1er janv. 2016)* « , respectivement, au 2° de l'article L. 160-8 et à » l'article L. 321-1 *(L. n° 2006-1640 du 21 déc. 2006, art. 104-II)* « et au 1° ou au 2° de l'article L. 431-1 du présent code ainsi qu'aux 1° et 2° de l'article L. 752-3 du code rural » et de la pêche maritime ;

2° Ou d'un nombre ou d'une durée d'arrêts de travail prescrits par le *(L. n° 2017-1836 du 30 déc. 2017, art. 61-I)* « professionnel de santé » et donnant lieu au versement d'indemnités journalières ou d'un nombre de tels arrêts de travail rapporté au nombre de *(L. n° 2017-1836 du 30 déc. 2017, art. 61-I)* « patients pour lesquels au moins un acte ou une consultation a été facturé au cours de la période considérée » significativement supérieurs aux données moyennes constatées, pour une activité comparable, pour les *(L. n° 2017-1836 du 30 déc. 2017, art. 61-I)* « professionnels de santé » exerçant *(L. n° 2017-1836 du 30 déc. 2017, art. 61-I)* « la même profession » dans le ressort de la même *(Ord. n° 2010-177 du 23 févr. 2010, art. 24)* « agence régionale de santé » ou dans le ressort du même organisme local d'assurance maladie ;

3° Ou d'un nombre de prescriptions de transports ou d'un *(L. n° 2017-1836 du 30 déc. 2017, art. 61-I)* « montant de remboursement de transports occasionné par lesdites prescriptions, ou encore d'un tel nombre ou d'un tel montant rapporté au nombre de patients pour lesquels au moins un acte ou une consultation a été facturé au cours de la période considérée, » significativement supérieur à la moyenne des prescriptions de transport constatée, pour une activité comparable, pour les médecins *[professionnels de santé]* exerçant dans le ressort de la même *(Ord. n° 2010-177 du 23 févr. 2010, art. 24)* « agence régionale de santé » ou dans le ressort du même organisme local d'assurance maladie ;

(L. n° 2007-1786 du 19 déc. 2007, art. 37-I ; L. n° 2009-1646 du 24 déc. 2009, art. 41-II) « 4° Ou d'un taux de prescription de transports en ambulance, rapporté à l'ensemble des transports prescrits, significativement supérieur aux données moyennes constatées, pour une activité comparable, pour les médecins *[professionnels de santé]* installés dans le ressort de la même *(Ord. n° 2010-177 du 23 févr. 2010, art. 24)* « agence régionale de santé » ou dans le ressort du même organisme local d'assurance maladie ;

« 5° Ou d'un nombre de réalisations ou de prescriptions d'un acte, produit ou prestation ou d'un nombre de telles réalisations ou prescriptions rapporté au nombre de *(L. n° 2017-1836 du 30 déc. 2017, art. 61-I)* « patients pour lesquels au moins un acte ou une consultation a été facturé au cours de la période considérée » figurant sur les listes mentionnées au premier alinéa ou d'un groupe desdits actes, produits ou prestations significativement supérieur à la moyenne des réalisations ou des prescriptions constatée, pour une activité comparable, pour les *(L. n° 2017-1836 du 30 déc. 2017, art. 61-I)* « professionnels de santé » exerçant *(L. n° 2017-1836 du 30 déc. 2017, art. 61-I)* « la même profession » dans le ressort de la même *(Ord. n° 2010-177 du 23 févr. 2010, art. 24)* « agence régionale de santé » ou dans le ressort du même organisme local d'assurance maladie. *(L. n° 2017-1836 du 30 déc. 2017, art. 61-I)* « Pour la constatation du nombre de réalisations d'actes, sont exclus ceux réalisés en application et dans le respect d'une prescription médicale précisant expressément leur nombre. » Un décret définit les modalités de constitution éventuelle de groupes d'actes, de produits ou de prestations pour la mise en œuvre des dispositions du présent alinéa. »

Toutefois, en cas d'urgence attestée par le *(L. n° 2017-1836 du 30 déc. 2017, art. 61-I)* « professionnel de santé » prescripteur, l'accord préalable de l'organisme débiteur des prestations n'est pas requis pour la prise en charge des frais de transport *(L. n° 2007-1786 du 19 déc. 2007, art. 37-I)* « , actes, produits ou prestations figurant sur les listes mentionnées au premier alinéa ».

II. — Le directeur peut également, conjointement avec le service du contrôle médical, proposer au *(L. n° 2017-1836 du 30 déc. 2017, art. 61-I)* « professionnel de santé », en alternative à la procédure de mise sous accord préalable prévue au I, de s'engager à atteindre un objectif de réduction des prescriptions ou réalisations en cause dans un certain délai. En cas de refus du *(L. n° 2017-1836 du 30 déc. 2017, art. 61-I)* « professionnel de santé », le directeur poursuit la procédure prévue au I.

(L. n° 2010-1594 du 20 déc. 2010, art. 120-I-4°) « II *bis*. — La décision mentionnée au premier alinéa du I est notifiée après avis conforme du directeur de l'Union nationale des caisses d'assurance maladie ou de son représentant désigné à cet effet. Son avis est réputé conforme dans un délai précisé par voie réglementaire. » — *Cet al. est applicable à compter du 1er juill. 2011 (L. n° 2010-1594 du 20 déc. 2010, art. 120-II).*

III. — Les modalités d'application du présent article sont fixées par décret en Conseil d'État.

Les dispositions issues de la L. n° 2009-1646 du 24 déc. 2009 s'appliquent aux faits postérieurs à la date de publication du décret pris conformément au III de l'art. L. 162-1-15 CSS (L. préc., art. 41-III).

1. Contentieux de la mise sous accord préalable. Compétence. Si les rapports entre les organismes de protection sociale, qui sont des personnes morales de droit privé, et les médecins sont en principe des rapports de droit privé, les litiges nés de décisions de ces organismes à l'encontre de praticiens et auxiliaires médicaux, qui se rattachent à l'exercice des prérogatives de puissance publique dont ces organismes sont dotés en vue de l'accomplissement de leurs missions de service public, relèvent de la compétence de la juridiction administrative ; il en est ainsi des décisions par lesquelles, en application des dispositions précitées, le directeur d'un organisme local d'assurance maladie soumet la prise en charge par l'assurance maladie de certaines prescriptions d'un médecin à l'accord préalable du service du contrôle médical. • CE 4 mai 2011, n° 341407 : *RJS 2011, n° 643 ; Dr. ouvrier 2011. 525, note Ginon ; Dr. soc. 2011. 974, concl. Maud-Vialettes.*

2. Non-respect de la mise sous accord préalable (conséquences). Il résulte de l'art. L. 162-1-15 CSS qu'aucune prise en charge des actes, produits ou prescriptions visés par ce texte ne peut être imposée à la caisse en cas de méconnaissance, par le médecin prescripteur, de la procédure d'accord amiable du service médical. La violation de cette règle cause à la caisse un préjudice direct et certain, constitué par la prise en charge des prestations en nature dispensées aux assurés. • Civ. 2e, 9 mai 2018, nº 17-17.984 P : *RDSS 2018. 734, note Tauran* ; *JCP S 2018. 1211, note Tauran.*

Art. L. 162-1-16 *(L. nº 2007-294 du 5 mars 2007, art. 5)* **I. — Les actes ou prestations mentionnés sur la liste prévue à l'article L. 162-1-7 et réalisés par un réserviste mentionné à l'article L. 3132-1 du code de la santé publique durant son affectation donnent lieu :**

— sous réserve du II du présent article et dans les cas de remplacement de professionnels de santé exerçant à titre libéral ou de concours apporté à ces professionnels, à un reversement à l'*(Ord. nº 2016-462 du 14 avr. 2016, art. 3-II, en vigueur le 1er mai 2016)* **« Agence nationale de santé publique »** *[V.* ***CSP****, art. L. 1413-1 s.]* **du montant des honoraires perçus par le réserviste, qui est tenu de respecter les tarifs mentionnés aux articles L. 162-14-1 et L. 162-1-7. Ce reversement s'effectue, le cas échéant, déduction faite d'une part reversée au cabinet libéral ou à la structure d'affectation selon des modalités fixées par arrêté du ministre chargé de la sécurité sociale ;**

— dans le cas d'une mise à disposition auprès d'une personne morale, au remboursement par cette personne à l'*(Ord. nº 2016-462 du 14 avr. 2016, art. 3-II, en vigueur le 1er mai 2016)* **« Agence nationale de santé publique » des indemnités ou rémunérations perçues par le réserviste durant la période relative à cette mise à disposition.**

II. — Un décret en Conseil d'État détermine les conditions dans lesquelles un arrêté de l'autorité compétente de l'État peut fixer les modalités particulières de rémunération des professionnels de santé libéraux exerçant dans le cadre des mesures d'urgence prises en application de l'article L. 3131-1 du code de la santé publique.

Cet art. est entré en vigueur le 29 août 2007, soit le jour suivant la date de publication au Journal officiel du décret en Conseil d'État prévu par l'art. L. 3135-5 CSP (L. nº 2007-294 du 5 mars 2007, art. 12-I ; Décr. nº 2007-1273 du 27 août 2007, JO 28 août).

Art. L. 162-1-17 *(L. nº 2014-1554 du 22 déc. 2014, art. 58-1º) (L. nº 2015-1702 du 21 déc. 2015, art. 81-I-1º)* **« Lorsqu'il constate que les pratiques ou les prescriptions d'un établissement de santé ne sont pas conformes à l'un des référentiels mentionnés à l'article L. 162-30-3 ou lorsque l'établissement est identifié en application du plan d'actions », le directeur général de l'agence régionale de santé peut, après avis de l'organisme local d'assurance maladie et après mise en œuvre d'une procédure contradictoire, décider de subordonner à l'accord préalable du service du contrôle médical placé près de l'organisme local d'assurance maladie, pour une durée ne pouvant excéder six mois, la prise en charge par l'assurance maladie d'actes, de prestations ou de prescriptions délivrés par un établissement de santé. La procédure contradictoire est mise en œuvre dans des conditions prévues par décret.** — *V. dispositions transitoires de la L. nº 2015-1702 du 21 déc. 2015 ss. art.*

La mise sous accord préalable est justifiée par l'un des constats suivants :

1º Une proportion élevée de prestations d'hospitalisation avec hébergement qui auraient pu donner lieu à des prises en charge sans hébergement ou sans hospitalisation ;

2º Une proportion élevée de prescriptions de ces prestations d'hospitalisation avec hébergement qui auraient pu donner lieu à des prises en charge sans hébergement ou sans hospitalisation ;

3º Un écart significatif entre le nombre d'actes, de prestations ou de prescriptions réalisés par l'établissement de santé et les moyennes régionales ou nationales pour une activité comparable ;

4º Une proportion élevée d'actes, de prestations ou de prescriptions réalisés par l'établissement de santé non conformes aux référentiels établis par la Haute Autorité de santé.

Dans le cas où l'établissement de santé, informé par l'agence régionale de santé de sa mise sous accord préalable, délivre des actes ou prestations *(L. nº 2017-1836 du 30 déc. 2017, art. 61)* **« en l'absence d'accord préalable », ces actes ou prestations ne**

sont pas pris en charge par l'assurance maladie et l'établissement ne peut pas les facturer au patient. Lorsque la procédure d'accord préalable porte sur les prescriptions réalisées par l'établissement de santé, le non-respect de la procédure entraîne l'application d'une pénalité financière, dans les conditions prévues à *(Abrogé par L. n° 2015-1702 du 21 déc. 2015, art. 81-I-2°)* « *l'avant-dernier alinéa du II de* » l'article L. 162-30-4. — *V. dispositions transitoires de la L. n° 2015-1702 du 21 déc. 2015 ss. art.*

Toutefois, en cas d'urgence attestée par le médecin ou par l'établissement de santé prescripteur, l'accord préalable du service du contrôle médical n'est pas requis pour la prise en charge des actes, prestations et prescriptions précités.

Les dispositions issues du I de l'art. 81 de la L. n° 2015-1702 du 21 déc. 2015 entrent en vigueur le lendemain de la publication du décret mentionné à l'art. L. 162-30-2 pour les nouveaux contrats, et au plus tard au 1er janv. 2018.

Les contrats conclus avant la publication du Décr. préc. continuent à produire leurs effets jusqu'au 31 déc. 2017 (L. préc., art. 81-V).

Art. L. 162-1-18 *(L. n° 2009-879 du 21 juill. 2009, art. 55)* Les assurés ou ayants droit âgés de seize à vingt-cinq ans peuvent bénéficier chaque année d'une consultation de prévention, réalisée par un médecin généraliste, pour laquelle ils sont dispensés de l'avance des frais.

Un décret fixe le contenu, les modalités et les conditions de mise en œuvre de la visite *[Dispositions déclarées non conformes à la Constitution par la décision du Cons. const. n° 2009-584 DC du 16 juill. 2009.] (L. n° 2009-1646 du 24 déc. 2009, art. 40)* « Ces conditions peuvent prévoir, pour une période limitée à deux ans à compter de l'entrée en vigueur de la loi n° 2009-1646 du 24 décembre 2009 de financement de la sécurité sociale pour 2010, une expérimentation au bénéfice d'une partie de la population visée au premier alinéa. »

Art. L. 162-1-18-1 *(L. n° 2016-41 du 26 janv. 2016, art. 39-V)* Lorsqu'un ayant droit mineur a fait usage, pour certains actes et prestations, du droit défini au premier alinéa de l'article L. 1111-5 et à l'article L. 1111-5-1 du code de la santé publique, la prise en charge par les organismes d'assurance maladie de certaines dépenses est protégée par le secret. La liste de ces actes et prestations et de ces dépenses est définie par arrêté conjoint des ministres chargés de la santé et de la sécurité sociale.

Ce secret est également protégé, dans les mêmes conditions, pour l'ayant droit majeur qui le demande.

Art. L. 162-1-19 *(L. n° 2009-879 du 21 juill. 2009, art. 56)* Les directeurs des organismes locaux d'assurance maladie et les services médicaux de ces organismes sont tenus de communiquer à l'ordre compétent les informations qu'ils ont recueillies dans le cadre de leur activité et qui sont susceptibles de constituer un manquement à la déontologie de la part d'un professionnel de santé inscrit à un ordre professionnel.

L'ordre est tenu de faire connaître à l'organisme qui l'a saisi, dans les trois mois, les suites qu'il y a apportées.

Art. L. 162-1-20 *(L. n° 2011-2012 du 29 déc. 2011, art. 36-I)* Les agents assermentés et agréés des organismes locaux d'assurance maladie mentionnés à l'article L. 114-10 peuvent réaliser leurs vérifications et enquêtes administratives sur pièces et sur place aux fins d'obtenir communication des documents et informations mentionnés à l'article L. 114-19. A cet effet, ils doivent être reçus dans les établissements de santé ou par toute autre personne physique ou morale autorisée à délivrer les produits ou les prestations de services et d'adaptation associées inscrits sur les listes prévues aux articles L. 165-1 et L. 162-17 aux bénéficiaires mentionnés au 1° du I de l'article *(L. n° 2015-1702 du 21 déc. 2015, art. 59-XII-A-8°, en vigueur le 1er janv. 2016)* « L. 114-17-1 », sous réserve qu'ils aient avisé la personne concernée dans un délai et dans des formes définis par décret en Conseil d'État et, notamment, qu'ils l'aient informée de son droit de se faire assister pendant les vérifications ou l'enquête administrative du conseil de son choix.

Lorsque les vérifications ou l'enquête administrative ont pour objet des faits relevant du VII du même article *(L. n° 2015-1702 du 21 déc. 2015, art. 59-XII-A-8°, en vigueur le 1er janv. 2016)* « L. 114-17-1 », cette information préalable n'est pas requise.

Art. L. 162-1-21 *(L. n° 2017-1836 du 30 déc. 2017, art. 63-I)* **Sans préjudice des articles L. 381-30-1, L. 432-1, L. 861-3 et L. 863-7-1** *[Nouvelle rédaction issue de la L. n° 2018-1203 du 22 déc. 2018, art. 52-II, en vigueur le 1er nov. 2019 : [L. 432-1] « et L. 861-3 »]*, **les bénéficiaires de l'assurance maternité et les bénéficiaires de l'assurance maladie atteints d'une affection de longue durée mentionnée aux 3° et 4° de l'article L. 160-14 bénéficient du tiers payant sur la part des dépenses prise en charge par l'assurance maladie obligatoire, pour les soins en relation avec l'affection concernée. Les professionnels de santé exerçant en ville le mettent en œuvre dans les conditions prévues aux articles L. 161-36-3 et L. 161-36-4.**

Art. L. 162-1-22 *(L. n° 2018-1203 du 22 déc. 2018, art. 56-II, en vigueur au plus tard le 1er mars 2019)* **Les bénéficiaires de l'assurance maladie bénéficient du tiers payant sur la part des dépenses prise en charge par l'assurance maladie obligatoire pour les frais relatifs aux examens prévus au 25° de l'article L. 160-14. Les professionnels de santé exerçant en ville le mettent en œuvre dans les conditions prévues aux articles L. 161-36-3 et L. 161-36-4.** – *Les dispositions issues de la L. n° 2018-1203 du 22 déc. 2018 entrent en vigueur à une date fixée par décret, et au plus tard le 1er mars 2019 (L. préc., art. 56-III).*

SECTION PREMIÈRE **MÉDECINS**

Art. L. 162-2 Dans l'intérêt des assurés sociaux et de la santé publique, le respect de la liberté d'exercice et de l'indépendance professionnelle et morale des médecins est assuré conformément aux principes déontologiques fondamentaux que sont le libre choix du médecin par le malade, la liberté de prescription du médecin, le secret professionnel, le paiement direct des honoraires par le malade, la liberté d'installation du médecin, sauf dispositions contraires en vigueur à la date de promulgation de la loi n° 71-525 du 3 juillet 1971.

BIBL. ▶ Badel, Liberté et système de santé, *RDSS 2005. 951*. – Bichot, Quel avenir pour la médecine libérale ? Le cas des spécialités du bloc opératoire, *Dr. soc. 2011. 1283*. – Bras, Le médecin traitant, raisons et déraisons d'une politique publique, *Dr. soc. 2006. 59*. – Brun, De l'illégalité du transfert par voie d'ordonnance du contentieux de la mise hors convention des praticiens et auxiliaires médicaux, *Dr. soc. 1998. 603*. – Driguez, Le droit de la concurrence au secours des patients. A propos d'une décision du Conseil de la concurrence du 2 avril 2008, *Dr. soc. 2008. 1115*. – Dubouis, La réforme de la médecine libérale : le statut des médecins, *RDSS 1996. 743*. – Dupont, Le libre choix du médecin : son évolution depuis la loi du 4 mars 2002, *RDSS 2007. 759*. – Ginon, La pertinence des soins, nouvelle valeur du système de santé ?, *RDSS 2018. 428*. – Harichaux, Vers un tournant de la médecine libérale en France ?, *RDSS 1994. 226* ; Réformes de l'assurance maladie et évolution des honoraires, *RDSS 1997. 545*. – Kerschen et Sopena, Le grand tournant de la médecine générale. Convention spécifique et coordination des soins, *Dr. soc. 1997. 471*. – Marié, Dépassements d'honoraires et accès aux soins, *RDSS 2010. 511* ; La politique d'amélioration de la répartition géographique des médecins libéraux en question, *Dr. soc. 2012. 404* ; Les évolutions à l'œuvre en matière de rémunération des médecins libéraux, *Dr. soc. 2012. 517* ; Dépassements d'honoraires et augmentation de l'offre à tarifs opposables : entre renoncements et timides avancées, *RDSS 2013. 101* ; La généralisation du tiers payant : entre amélioration de l'accès aux soins et défiance des médecins, *Dr. soc. 2014. 847*. – Marty et Pellet, Les dépassements d'honoraires, l'assurance maladie et le projet de loi relatif à la santé, *Dr. soc. 2014. 839*. – Moderne, Les principes généraux de la médecine libérale et le contentieux de la nomenclature des actes professionnels des professions médicales et para-médicales, *Dr. soc. 1975. 75*. – Prétot, Les litiges entre les organismes d'assurance maladie et les professions de santé : questions de compétence, *Dr. soc. 1987. 166*. – Rebecq, La prescription médicale, *Thèse Droit - Université de Toulon et du Var, 1997*. – Saint-Jours, L'assurance maladie resituée dans une logique libérale, *D. 2004. 2795*. – Steudler, La médecine libérale : coexistence avec un système de sécurité sociale, *RDSS 1976. 246*. – Tabuteau, La métamorphose silencieuse des assurances maladie, *Dr. soc. 2010. 85* ; L'avenir de la médecine libérale et le spectre de Monsieur Bovary, *Dr. soc. 2009. 383* ; La concurrence des droits de la santé révélée par la régulation des dépenses de santé, *RDSS 2008. 879* ; La liberté tarifaire ?, *Dr. soc. 2003. 424* ; Les pouvoirs de la santé : la complexité d'un système en quête de régulation, *Trib. Santé,2013/4, n° 41*.– Tauran, Les ordonnances médicales dans le giron du droit de la sécurité sociale, *RDSS 2018. 907*. – Truchet, L'autorité juridique des principes d'exercice de la médecine, Études de droit et d'économie de la santé (dir. Truchet), *Economica, 1981, p. 43* ; La décision médicale et le droit, *AJDA 1995.*

611 ⁄. – VACARIE, Les tensions entre le droit de la santé et le droit de la sécurité sociale, *RDSS 2005. 899* ⁄.

1. Sur la valeur des principes de l'exercice libéral de la médecine. • Cons. const. 18 janv. 1978, n° 77-92 DC, consid. 1 : *Rec. Cons. const. 21 ; RD publ. 1978. 834, chron. Favoreu ; Pouvoirs 1978. 186, obs. Avril et Gicquel* • 22 janv. 1990, n° 89-269 DC, consid. 28 : *Rec. Cons. const. 33 ; AJDA 1990. 473, note Benoît-Rohmer* ⁄ *; Dr. soc. 1990. 352, note Prétot* ⁄ *; Rev. crit. DIP 1990. 497, note Simon-Depitre* ⁄ *; RFDA 1990. 406, note Genevois* ⁄ *; RFDC 1990. 330, obs. Favoreu ; RJS 1990, n*os *259 et 269 ; RDSS 1990. 637, note Dubouis* ⁄ • CE 30 avr. 1997 : *Dr. soc. 1997. 845, étude Prétot* ⁄ *; RFDA 1997. 474, concl. Maugüé* ⁄ *; RJS 1997, n° 857 ; TPS 1997. Comm. 217.*

2. Sur le secret médical. Chacun a droit au respect de sa vie privée et le secret médical, institué dans l'intérêt des patients, s'impose à tout médecin. Il en résulte que ni l'accord de la victime ni son absence d'opposition à la levée du secret médical ne peuvent résulter de la simple sollicitation de prestations. • Civ. 2e, 13 nov. 2008, n° 07-18.364 P : *D. 2008. AJ 2948* ⁄ *; RDSS 2009. 185, note Tauran* ⁄ *; JCP S 2009. 1194, note Asquinazi-Bailleux ; RJS 2009, n° 218.* ♦ V. également • Civ. 2e, 19 févr. 2009 : *Bull. civ. II, n° 62*, rectifié par • Civ. 2e, 9 avr. 2009 : *RJS 2009, n° 576.*

3. Sur le principe du paiement direct. Le paiement direct des honoraires par le malade constitue un principe déontologique fondamental. • Civ. 2e, 25 juin 2009, n° 08-18.259 P.

Art. L. 162-2-1 *(Ord. n° 96-345 du 24 avr. 1996, art. 17-I)* **Les médecins sont tenus, dans tous leurs actes et prescriptions, d'observer, dans le cadre de la législation et de la réglementation en vigueur, la plus stricte économie compatible avec la qualité, la sécurité et l'efficacité des soins.**

Art. L. 162-2-2 *(L. n° 2005-1579 du 19 déc. 2005, art. 37-II)* **Le médecin qui prescrit des soins de masso-kinésithérapie doit se conformer, pour apprécier l'opportunité de recourir, pour son patient, à une hospitalisation en vue de la dispensation des soins de suite ou de réadaptation** *(Abrogé par Ord. n° 2010-177 du 23 févr. 2010, art. 2-1°)* ***« mentionnés à l'article L. 6111-2 du code de la santé publique »*****, aux recommandations établies par la Haute Autorité de santé.**

Art. L. 162-2-3 *(L. n° 2018-1203 du 22 déc. 2018, art. 49-2°)* **Dans le cadre des actions de prévention ou participant à la pertinence de soins identifiés, mises en œuvre dans le cadre des missions mentionnées au 3° de l'article L. 221-1 et aux III *bis* et IV de l'article L. 315-1, l'assurance maladie peut transmettre aux médecins et aux pharmaciens certaines données personnelles des patients traités par ces professionnels, sauf opposition des patients dûment informés par ces professionnels ou par l'assurance maladie, dans le respect des dispositions du chapitre IX de la loi n° 78-17 du 6 janvier 1978 relative à l'informatique, aux fichiers et aux libertés.**

Les informations transmises ont un lien direct avec l'objet des actions mentionnées au premier alinéa du présent article et sont nécessaires à une meilleure prise en charge du patient, en termes de qualité ou de pertinence. Elles peuvent comprendre des données administratives relatives aux patients, des données liées au remboursement par l'assurance maladie ou encore des données à caractère médical dont dispose l'assurance maladie. L'information peut être transmise aux professionnels à l'aide de services dématérialisés par l'assurance maladie, directement par ses agents dûment habilités, ou à l'aide du système d'information prévu à l'article L. 6113-7 du code de la santé publique.

Art. L. 162-3 **Les consultations médicales sont données au cabinet du praticien, sauf lorsque l'assuré ne peut se déplacer en raison de son état** *(L. n° 2009-1646 du 24 déc. 2009, art. 37-II)* **« ou lorsqu'il s'agit d'une activité de télémédecine telle que définie à l'article L. 6316-1 du code de la santé publique ».** *(L. n° 2004-810 du 13 août 2004, art. 12 ; L. n° 2009-1646 du 24 déc. 2009, art. 37-II)* **« Les consultations médicales sont également données dans les maisons médicales. »**

Al. 2 abrogé par Ord. n° 96-345 du 24 avr. 1996, art. 8-V.

BIBL. ▶ VIOUJAS, La télémédecine : entre expérimentations réussies et généralisation au ralenti, *RDSS 2015. 681* ⁄.

Art. L. 162-4 *(L. n° 2003-1199 du 18 déc. 2003, art. 40-I)* **Les médecins sont tenus de signaler sur l'ordonnance, support de la prescription, le caractère non remboursable des produits, prestations et actes qu'ils prescrivent :**

1° Lorsqu'ils prescrivent une spécialité pharmaceutique en dehors des indications thérapeutiques *(L. n° 2018-1203 du 22 déc. 2018, art. 65-I, en vigueur le 1er mars 2019)* « ou des conditions » ouvrant droit au remboursement ou à la prise en charge par l'assurance maladie, telles qu'elles figurent sur la liste mentionnée au premier alinéa de l'article L. 162-17 ;

2° Lorsqu'ils prescrivent un produit ou une prestation en dehors des indications thérapeutiques ou diagnostiques, telles qu'elles figurent sur la liste mentionnée à l'article L. 165-1 *(L. n° 2018-1203 du 22 déc. 2018, art. 65-I, en vigueur le 1er mars 2019)* « , ou des conditions figurant sur cette même liste » ;

3° Lorsqu'ils prescrivent des actes ou prestations en dehors des indications ou des conditions de prise en charge ou de remboursement, telles qu'elles figurent sur la liste mentionnée au premier alinéa de l'article L. 162-1-7 ;

4° Lorsqu'ils prescrivent des actes et prestations non remboursables en application de l'article *(L. n° 2015-1702 du 21 déc. 2015, art. 59-XII-A-9°, en vigueur le 1er janv. 2016)* « L. 160-8 » ;

(L. n° 2017-1836 du 30 déc. 2017, art. 60-I) « 5° Lorsqu'ils prescrivent des prestations mentionnées au I de l'article L. 315-1 en l'absence de l'accord sur la prise en charge de ces prestations prévu à l'article L. 315-2. Lorsque cette demande d'accord est en cours d'instruction, les médecins inscrivent que la prise en charge est subordonnée à un accord préalable du service du contrôle médical. »

Lorsque les médecins réalisent des actes non remboursables, ils n'établissent pas le document prévu à l'article L. 161-33.

(L. n° 2011-2012 du 29 déc. 2011, art. 18-II) « Pour les spécialités pharmaceutiques mentionnées au 1°, l'inscription de la mention : "Prescription hors autorisation de mise sur le marché" prévue à l'article L. 5121-12-1 du code de la santé publique dispense de signaler leur caractère non remboursable. »

Action en répétition de l'indu par l'organisme social (oui). Selon l'art. L. 162-4, lorsqu'ils prescrivent des actes ou prestations en dehors des indications ou des conditions de prise en charge ou de remboursement, telles qu'elles figurent sur la liste des produits et prestations remboursables, les médecins sont tenus de signaler sur l'ordonnance, support de la prescription, le caractère non remboursable des produits, prestations et actes qu'ils prescrivent. L'absence de mention sur l'ordonnance, support de la prescription, du caractère non remboursable du produit (en l'espèce, des solutions viscoélastiques contenant de l'acide hyaluronique) constitue une inobservation des règles de facturation prévues à l'art. L. 133-4. • Civ. 2e, 15 févr. 2018, n° 17-10.089 P : *JCP S 2018. 1100, note Tauran ; RDSS 2018. 363, note Tauran.*

Art. L. 162-4-1 *(L. n° 99-1140 du 29 déc. 1999, art. 25-I)* Les médecins sont tenus de mentionner sur les documents produits en application de l'article L. 161-33 et destinés au service du contrôle médical :

1° Lorsqu'ils établissent une prescription d'arrêt de travail donnant lieu à l'octroi de l'indemnité mentionnée *(L. n° 2016-1827 du 23 déc. 2016, art. 64-I)* « à l'article L. 321-1 », les éléments d'ordre médical justifiant l'interruption de travail ;

2° Lorsqu'ils établissent une prescription de transport en vue d'un remboursement, les éléments d'ordre médical précisant le motif du déplacement et justifiant le mode de transport prescrit.

Ils sont tenus en outre de porter sur ces mêmes documents les indications permettant leur identification par la caisse et l'authentification de leur prescription.

Art. L. 162-4-2 *(L. n° 2006-1640 du 21 déc. 2006, art. 63)* La prise en charge par l'assurance maladie de soins ou traitements susceptibles de faire l'objet de mésusage, d'un usage détourné ou abusif, dont la liste est fixée par arrêté des ministres chargés de la santé et de la sécurité sociale après avis de *(L. n° 2011-2012 du 29 déc. 2011, art. 5-IV-B)* « l'Agence nationale de sécurité du médicament et des produits de santé », est subordonnée à l'obligation faite au patient d'indiquer au prescripteur, à chaque prescription, le nom du pharmacien qui sera chargé de la délivrance et à l'obligation faite au médecin de mentionner ce nom sur la prescription qui doit alors être exécutée par ce pharmacien.

L'arrêté mentionné à l'alinéa précédent désigne, parmi les soins ou traitements figurant sur la liste, ceux pour lesquels, compte tenu des risques importants de mésusage, d'usage détourné ou abusif, la prise en charge par l'assurance maladie est subordonnée

à l'élaboration du protocole de soins prévu par l'article L. 324-1 soit pour l'ensemble des patients en cas de risque majeur pour leur santé, soit seulement en cas de constatation par les services du contrôle médical de l'assurance maladie d'usage détourné ou abusif. La prescription des soins et traitements ainsi désignés peut être antérieure à l'établissement du protocole prévu à l'article L. 324-1. – *V. Arr. du 1er avr. 2008 (JO 8 avr.).*

Les dispositions issues de la L. n° 2011-2012 du 29 déc. 2011 sont entrées en vigueur le 1er mai 2012, date prévue par le décret pris pour leur application (Décr. n° 2012-597 du 27 avr. 2012, art. 6-I). Depuis cette entrée en vigueur, l'Agence nationale de sécurité du médicament et des produits de santé exerce l'ensemble des droits et supporte l'ensemble des obligations de l'Agence française de sécurité sanitaire des produits de santé (L. préc., art. 41-III).

Art. L. 162-4-3 *(L. n° 2004-810 du 13 août 2004, art. 21-I)* **Les médecins peuvent, à l'occasion des soins qu'ils délivrent et sous les conditions** *(Ord. n° 2005-804 du 18 juill. 2005, art. 3)* **« prévues à l'article L. 161-31 », consulter les données issues des procédures de remboursement ou de prise en charge qui sont détenues par l'organisme dont relève chaque bénéficiaire de l'assurance maladie. Dans ce cas, ils en informent préalablement le patient. Le bénéficiaire des soins donne son accord à cet accès en permettant au médecin d'utiliser, à cet effet, la carte mentionnée à l'article L. 161-31.**

Le relevé des données mis à la disposition du médecin contient les informations nécessaires à l'identification des actes, produits ou prestations pris en charge pour les soins délivrés en ville ou en établissement de santé, au regard notamment des listes mentionnées aux articles L. 162-1-7, L. 165-1 et L. 162-17. Il comporte également le code prévu pour les identifier dans ces listes, le niveau de prise en charge et, pour les patients atteints d'une affection de longue durée, les éléments constitutifs du protocole de soins mentionné au septième alinéa de l'article L. 324-1. Il ne contient aucune information relative à l'identification des professionnels de santé prescripteurs.

Un décret en Conseil d'État, pris après avis de la Commission nationale de l'informatique et des libertés et du Conseil national de l'ordre des médecins, détermine les modalités d'application du présent article.

Art. L. 162-4-4 *(L. n° 2004-810 du 13 août 2004, art. 28)* **En cas de prolongation d'un arrêt de travail, l'indemnisation n'est maintenue que si la prolongation de l'arrêt est prescrite par le médecin prescripteur de l'arrêt initial ou par le médecin traitant, sauf impossibilité dûment justifiée par l'assuré et à l'exception des cas définis par décret.**

Arrêt de travail et indemnisation. En cas de prolongation d'un arrêt de travail, l'indemnisation n'est maintenue que si la prolongation de l'arrêt est prescrite par le médecin prescripteur de l'arrêt initial ou par le médecin traitant, sauf impossibilité dûment justifiée par l'assuré et à l'exception des cas définis par l'art. R. 162-1-9-1 CSS. • Civ. 2e, 16 juin 2016, n° 15-19.443 P : *RJS 2016, n° 658 ; RDSS 2016. 777, note Tauran.*

Art. L. 162-4-5 *(L. n° 2013-1203 du 23 déc. 2013, art. 55-1°)* **Le médecin qui prescrit un contraceptif à une assurée mineure d'au moins quinze ans mentionnée au 21° de l'article L. 322-3 ou qui lui prescrit des examens de biologie médicale en vue d'une prescription contraceptive et le biologiste médical qui effectue ces examens sont tenus de faire bénéficier cette assurée d'une dispense d'avance des frais sur la part des dépenses prise en charge par l'assurance maladie. Le médecin est également tenu de la faire bénéficier de cette dispense pour les actes donnant lieu à la pose, au changement ou au retrait d'un contraceptif ; cette dispense étant prise en charge par l'assurance maladie via la carte professionnelle du praticien.**

SOUS-SECTION 1 DISPOSITIONS RELATIVES AUX RELATIONS CONVENTIONNELLES

(Ord. n° 96-345 du 24 avr. 1996, art. 17-III)

BIBL. GÉN. ▶ L'exercice de la médecine face aux mutations du modèle libéral, *RDSS 2013. 573 s., dossier.* – ARSÉGUEL, La représentativité des syndicats dans les conventions médicales, *Dr. soc. 1981. 349.* – ATIAS, Sur les reversements et les références médicales opposables, *Dr. soc. 1997. 830* ; Les références médicales opposables : révolution ou continuité ?, *RDSS 1995. 21*. – BADEL, La convention médicale de 2011 : la montagne a-t-elle accouché d'une souris ?, *RDSS 2012. 520*. – BORGETTO, La représentativité des syndicats en droit de l'assurance maladie,

Sève 2008/1, nº 18, p. 39. – BRAS, Organisation des soins et régulation des dépenses ambulatoires : le rôle des syndicats médicaux, *Sève 2008/1, nº 18, p. 47* ; Les rapports entre les médecins libéraux et l'assurance maladie : l'avenant n° 12 à la convention médicale, *Gaz. Pal. 2006, nº 160, p. 67.* – BROCAS, La convention médicale après les ordonnances, *Dr. soc. 1996. 814* ; Pour une régulation du système de santé, *Dr. soc. 1995. 608* ; La maîtrise des dépenses dans le secteur de la santé après la loi du 4 janvier 1993, *Dr. soc. 1993. 235* ; La convention médicale de 1993, *Dr. soc. 1994. 422*. – CAYLA, Le conventionnement des honoraires médicaux, *RDSS 1976. 327.* – CHASSANG, Brèves réflexions sur l'avenir de la médecine libérale, *RDSS 2011. 7*. – CHASSANG et OLIVIER-KOEHRET, Les nouveaux défis des professions de santé. Le syndicalisme médical entre contestation et cogestion, *Sève 2008/1, nº 18, p. 61.* – CHAUCHARD, La représentativité des syndicats de médecins libéraux dans la convention médicale, *RDSS 2013. 599* ; A propos de la convention médicale : observations informelles sur la représentativité des organisations syndicales, *TPS 2002, p. 7.* – CHENEVOY-GUERIAUD, Les conventions nationales médicales, *Thèse, Fondation Varenne, 2004.* – COUDREAU, Pour une véritable gestion de l'assurance maladie : un partage clair des pouvoirs, *Dr. soc. 1991. 69*. – DUBOUIS, La cinquième convention nationale médicale : la crise du système conventionnel, *RDSS 1990. 310* ; La sixième convention nationale médicale : la mise en chantier de la maîtrise médicalisée des dépenses médicales, *RDSS 1994. 40*. – DUPEYROUX, La sécurité sociale et les médecins : analyse d'une réforme, *D. 1960. 183* ; Pour une démystification du problème, *Dr. soc. 1966. 453* ; Introduction au plan Juppé, *Dr. soc. 1996. 213*. – EMANE, La liberté de choix de l'espace tarifaire pour le médecin, *LPA 9 oct. 2003, nº 202, p. 10.* – GENEVOIS, Du dédoublement de la convention nationale des médecins aux droits des étrangers, *RFDA 1990. 406*. – GRANIER, L'avenir de la médecine libérale à la lumière de l'évolution des structures sociétales accueillant l'activité, *RDSS 2011. 21 (nº hors-série)*. – HARICHAUX, La convention médicale de 1980, *JCP 1982. I. 3068* ; Vers de nouvelles règles conventionnelles ? *RDSS 1992. 614*. – HASSENTEUFEL, Syndicalisme et médecine libérale : le poids de l'histoire, *Sève 2008/1, nº 18, p. 21.* – HUTEAU, Déclin ou renouveau des professions de santé dans l'élaboration de la norme de protection sociale, *Dr. soc. 2016. 121*. – LAMAIGNÈRE, Les trois erreurs des conventions médicales de 1997, propos dissidents, *Dr. soc. 1997. 825*. – LAROQUE, Le problème de la répartition des compétences juridictionnelles sur les actes réglementaires des organismes de sécurité sociale, *Dr. soc. 1979. 297.* – LECAS, La médecine libérale : quelle réalité juridique ?, *RDSS 2011. 91*. – LHÉRITHIER, De la médecine libérale à la médecine radicale (observations relatives à l'évolution des formes d'action collective des médecins), *RGDM 2003. 175.* – MANDY, Les conséquences de la convention du 26 juillet 2011 sur les droits des patients, *RDSS 2013. 623*. – MAUGÜÉ, La conclusion d'un avenant à une convention médicale, *RFDA 1997. 1139* ; Le contrôle de la régulation professionnelle collective des dépenses médicales, *RFDA 1998. 942* ; La résiliation unilatérale des conventions médicales, *RFDA 1999. 97*. – MARIE, Les avenants à la convention médicale : de la continuité à la nouveauté, *RDSS 2018. 311* ; Nouvelle convention médicale : quelques changements mais guère d'innovations !, *Dr. soc. 2017. 71*. – MICHEL, L'évolution du régime des conventions entre les médecins et l'assurance maladie, *Dr. soc. 1977. 50.* – MORDEFROY, L'option conventionnelle : de nouvelles relations entre caisses, médecins et patients, *RDSS 1999. 152*. – PEJOUT et LHÉRITHIER, La revendication du secteur à honoraires différents par les médecins spécialistes, *Dr. soc. 2004. 656*. – PRÉTOT, L'incompétence de la juridiction administrative à connaître des conventions conclues par les organismes de sécurité sociale, *Dr. soc. 1981. 645* ; Les litiges entre les organismes d'assurance maladie et les professions de santé : questions de compétence, *Dr. soc. 1987. 166* ; La quatrième convention nationale entre les organismes d'assurance maladie et le corps médical, *Dr. soc. 1985. 784* ; Le champ d'application de la négociation conventionnelle entre les organismes d'assurance maladie et les professions de santé, *Dr. soc. 1985. 512* ; La conformité à la Constitution de la loi portant diverses dispositions relatives à la Sécurité sociale et à la santé, *Dr. soc. 1990. 352* ; L'agrément des conventions et accords collectifs dans le droit du travail et de la protection sociale, Sur l'entreprise et le droit social/Études J. Barthélemy, *Dr. trav., hors-série 1994, p. 65* ; Le contentieux des conventions nationales conclues entre l'assurance maladie et les praticiens et auxiliaires médicaux, *Dr. trav. 1996. Chron. 5* ; L'évolution du régime juridique des conventions médicales : du contrat doué d'effets réglementaires au règlement à élaboration concertée, *Dr. soc. 1997. 845* ; L'annulation de la convention nationale des médecins généralistes, *Dr. soc. 1998. 817* ; Le contentieux des sanctions appliquées aux praticiens et auxiliaires médicaux : un contentieux administratif par nature ?, *RJS 1998, nº 12, p. 871.* – PRIEUR, L'évolution historique de l'organisation des relations entre la médecine libérale et les régimes d'assurance maladie : 1930-1976, *RDSS 1976. 306.* – RAVOUX, La maîtrise médicalisée de l'évolution des dépenses de santé : contribution à l'analyse d'un concept, *Dr. soc. 1994. 578*. – REBECQ, Médecins libéraux : les rapports avec les caisses de sécurité sociale, *RDSS 2011. 45*. – SAINT-JOURS, De la nature juridique des actes unilatéraux et des conventions conclues par les organismes de sécurité sociale, *JCP*

1983. I. 3113 ; L'association du corps médical au service public de la Sécurité sociale, *RDSS 1976. 201* ; Sécurité sociale : la médecine en butte aux restrictions des soins, *Dr. ouvrier 2004. 301*. – Savy, Sécurité sociale et droit public, *Dr. soc. 1966. 363*. – Spaeth, Les syndicats et l'assurance maladie, *Sève 2008/1, n° 18, p. 29*. – Tabuteau, Éléments pour une analyse des mécanismes de maîtrise de l'évolution des dépenses de santé, *Dr. soc. 1992. 410* ; Pouvoirs publics et professions de santé, *Sève 2010/1, n° 26, p. 103*. – Truchet, Conventions médicales : une nouvelle jurisprudence du Conseil d'État, *Dr. soc. 1999. 600*. – Viriot-Barral, Les nouvelles obligations de la médecine libérale dans l'exercice de leur profession, *RDSS 2011. 73*, *n° hors-série*.

Art. L. 162-5 *(L. n° 90-86 du 23 janv. 1990, art. 17-I ; Ord. n° 96-345 du 24 avr. 1996, art. 17-III)* **« Les rapports entre les organismes d'assurance maladie et les médecins sont définis par des conventions nationales conclues séparément pour les médecins généralistes et les médecins spécialistes, par** *(L. n° 2004-810 du 13 août 2004, art. 55-II)* **« l'Union nationale des caisses d'assurance maladie » et une ou plusieurs organisations syndicales les plus représentatives pour l'ensemble du territoire de médecins généralistes ou de médecins spécialistes ou par une convention nationale conclue par** *(L. n° 2004-810 du 13 août 2004, art. 55-II)* **« l'Union nationale des caisses d'assurance maladie » et au moins une organisation syndicale représentative pour l'ensemble du territoire de médecins généralistes et une organisation syndicale représentative pour l'ensemble du territoire de médecins spécialistes ».**

Al. abrogé par L. n° 2016-41 du 26 janv. 2016, art. 164-I-1°.

(L. n° 93-8 du 4 janv. 1993, art. 2) **« La ou les conventions déterminent notamment :**

« 1° Les obligations respectives des caisses primaires d'assurance maladie et des médecins d'exercice libéral ;

« 2° Les conditions de l'exercice de la médecine générale et de la médecine spécialisée ainsi que les dispositions permettant, d'une part, une meilleure coordination de leurs interventions et, d'autre part, l'amélioration du recours aux » *(Ord. n° 2010-177 du 23 févr. 2010, art. 21)* **« établissements de santé » ;**

(L. n° 98-1194 du 23 déc. 1998, art. 22-I) **« 2° *bis* Le cas échéant, les conditions tendant à éviter à l'assuré social de payer directement les honoraires aux médecins » ;**

3° *Abrogé par L. n° 2002-303 du 4 mars 2002 ;*

3° *bis Abrogé par Ord. n° 2010-177 du 23 févr. 2010, art. 21 ;*

4° *(L. n° 93-8 du 4 janv. 1993, art. 2)* **« Les modalités de financement des expérimentations et des actions innovantes ;**

« 5° Les modalités de réalisation et de financement de programmes d'évaluation des stratégies diagnostiques et thérapeutiques permettant l'établissement de références médicales nationales et locales » ;

6° *(Ord. n° 96-345 du 24 avr. 1996, art. 17-III)* **« Les mécanismes de maîtrise des dépenses médicales concourant au respect des dispositions prévues à l'article L. 162-5-2, et notamment des mesures appropriées pour garantir la qualité des soins dispensés, la sélection des thèmes de références médicales, l'opposabilité de ces références et ses conditions d'application, et la mise en œuvre de contrats locaux de maîtrise de dépenses dans chaque circonscription de caisse » ;**

7° *(L. n° 93-8 du 4 janv. 1993, art. 2)* **« Le cas échéant, les modalités de financement et d'organisation de la reconversion professionnelle des médecins exerçant à titre libéral et les conditions d'attribution d'une aide à la reconversion** *(L. n° 98-1194 du 23 déc. 1998, art. 24-III)* **« dont le montant peut varier en fonction de la zone géographique et de l'exercice, par le médecin, d'une spécialité ou de la médecine générale ». Elles peuvent prévoir de subordonner cette aide à l'engagement du médecin à renoncer à tout exercice de la médecine nécessitant une inscription au tableau de l'ordre des médecins ainsi que les modalités de son remboursement en cas de reprise d'une activité telle que définie ci-dessus ;**

« 8° Le cas échéant, les conditions dans lesquelles les tarifs et les rémunérations visés à l'article L. 162-5-2 peuvent être majorés pour certains médecins conventionnés ou certaines activités en vue de valoriser une pratique médicale correspondant à des critères de qualité qu'elles déterminent ;

« 9° Les conditions de l'utilisation pour l'application de la convention des informations mentionnées aux articles L. 161-28 et L. 161-29, relatives à l'activité des prati-

ciens et notamment les modalités de transmission de ces données aux instances conventionnelles » ;

10° *(Ord. n° 96-345 du 24 avr. 1996, art. 17-III-5°)* « Les conditions dans lesquelles est assuré le suivi des dépassements d'honoraires et de leur évolution » ;

11° *[...]*

12° *(L. n° 98-1194 du 23 déc. 1998, art. 22-III)* « Le cas échéant :

« *a)* Les conditions particulières d'exercice propres à favoriser la coordination des soins par un médecin généraliste choisi par le patient, et les modes de rémunération, autres que le paiement à l'acte, y afférents ;

« *b)* Les conditions particulières d'exercice permettant la prise en charge globale de patients dans le cadre de réseaux de soins et les modes de rémunération des médecins participant à ces réseaux ;

« *c)* Les droits et obligations respectifs des médecins, des patients et des caisses, ainsi que des modalités d'évaluation associées aux formes d'exercice et modes de rémunération mentionnés aux *a* et *b* ci-dessus ;

« 13° Le cas échéant, les modes de rémunération, autres que le paiement à l'acte, des activités de soins ainsi que les modes de rémunération des activités non curatives des médecins, et notamment de prévention, d'éducation pour la santé, de formation, d'évaluation, d'études de santé publique, de veille sanitaire » ; — *Sur l'institution d'une contribution due par les organismes complémentaires à la prise en charge des modes de rémunération mentionnés au présent 13° de l'art. L. 162-5, V. CSS, art. L. 862-4-1.*

(L. n° 2016-41 du 26 janv. 2016, art. 114-II-1°) « 13° *bis* Les propositions d'orientations pluriannuelles prioritaires en matière de développement professionnel continu, relevant de l'article L. 4021-2 du code de la santé publique ; »

14° *Abrogé par L. n° 2011-940 du 10 août 2011, art. 62-I ;*

(L. n° 2002-1487 du 20 déc. 2002, art. 33 et 40) « 15° Les mesures et procédures applicables aux médecins dont les pratiques abusives sont contraires aux objectifs de bonnes pratiques et de bon usage des soins fixés par la convention » ;

16° *Abrogé par L. n° 2009-879 du 21 juill. 2009, art. 128-II ;*

(L. n° 2004-810 du 13 août 2004, art. 8-I) « 17° Les missions particulières des médecins traitants mentionnés à l'article L. 162-5-3 et les modalités de l'organisation de la coordination des soins. *(L. n° 2016-41 du 26 janv. 2016, art. 76-III-1°)* « Ces missions et modalités d'organisation sont distinctes de celles prévues au 23° ; »

« 18° Les modalités selon lesquelles les médecins relevant de certaines spécialités sont autorisés à pratiquer, dans certaines limites respectant les dispositions de l'article L. 162-2-1, des dépassements d'honoraires sur le tarif des actes et consultations pour les patients qui les consultent sans prescription préalable de leur médecin traitant et qui ne relèvent pas d'un protocole de soins, et les engagements des professionnels pour assurer l'égalité de traitement des patients au regard des délais d'accès au médecin ». *(L. n° 2016-41 du 26 janv. 2016, art. 76-III-1°)* « Ces modalités ne sont pas applicables aux patients âgés de moins de seize ans ; »

(L. n° 2007-1786 du 19 déc. 2007, art. 43-II) « 19° Des objectifs de prescription de médicaments appartenant à un groupe générique tel que défini à l'article L. 5121-1 du code de la santé publique » ;

(L. n° 2007-1786 du 19 déc. 2007, art. 48-I) « 20° Les mesures d'adaptation, notamment incitatives, des dispositions de l'article L. 162-14-1 et du présent article applicables aux médecins en fonction du niveau de l'offre en *[de]* soins au sein de chaque région dans les zones *(Ord. n° 2010-177 du 23 févr. 2010, art. 21)* « définies par l'agence régionale de santé en application de l'article L. 1434-7 du code de la santé publique ». Ces modalités sont définies après concertation des organisations les plus représentatives des étudiants en médecine, des internes, des chefs de clinique et des médecins récemment diplômés ou installés avec l'Union nationale des caisses d'assurance maladie » ;

(Abrogé par L. n° 2018-1203 du 22 déc. 2018, art. 49-3°) (L. n° 2010-1594 du 20 déc. 2010, art. 53-I et 60-II) ***« 21° Le cas échéant, le montant et les conditions d'attribution d'une aide à l'utilisation ou à l'acquisition d'un logiciel d'aide à la prescription certifié suivant la procédure prévue à l'article L. 161-38 ; »***

(L. n° 2010-1594 du 20 déc. 2010, art. 53-I et 60-II) « 22° Le cas échéant, *(L. n° 2016-1827 du 23 déc. 2016, art. 74-1°)* « des engagements individualisés et la contrepartie

financière associée ». Ces engagements peuvent porter sur la prescription, *(L. n° 2018-1203 du 22 déc. 2018, art. 49-3°)* **« l'utilisation d'un logiciel d'aide à la prescription certifié suivant la procédure prévue au même article L. 161-38, » la participation à des actions de dépistage, de prévention, la prise en charge de patients atteints de pathologies chroniques, des actions destinées à favoriser la continuité et la coordination des soins, ainsi que toute action d'amélioration des pratiques, de formation et d'information des professionnels.** *(L. n° 2016-41 du 26 janv. 2016, art. 76-III-1°)* **« Ces engagements sont distincts de ceux prévus au 23°. » La contrepartie financière est fonction de l'atteinte des objectifs par le professionnel de santé. »** *(L. n° 2016-1827 du 23 déc. 2016, art. 74-2°)* **« Ces engagements et cette contrepartie peuvent être révisés durant la période conventionnelle par les instances conventionnelles compétentes. Ces révisions sont mises en œuvre par décision du directeur général de l'Union nationale des caisses d'assurance maladie ; »**

(L. n° 2016-41 du 26 janv. 2016, art. 76-III-1°) **« 23° Les missions particulières des médecins traitants des patients de moins de seize ans mentionnés à l'article L. 162-5-3 et les modalités de l'organisation de la coordination des soins spécifique à ces patients, le cas échéant, avec les médecins d'autres spécialités, notamment en ce qui concerne le parcours de soins des enfants atteints d'une maladie chronique et la transition vers le parcours de soins de l'adulte ;**

« 24° Le cas échéant, les modes de rémunération autres que le paiement à l'acte, y compris ceux intervenant en contrepartie d'engagements individualisés définis au 22° relatifs aux missions et aux modalités d'organisation prévues au 23° » ;

(L. n° 2016-1827 du 23 déc. 2016, art. 72-I et 99-I) **« 25° Le cas échéant, les modalités de versement d'une aide financière complémentaire aux médecins interrompant leur activité médicale pour cause de maternité ou de paternité ;**

« 26° S'agissant des médecins spécialistes en radiodiagnostic et en imagerie médicale et des médecins spécialistes en médecine nucléaire, les rémunérations liées à l'acquisition et au fonctionnement des équipements lourds d'imagerie médicale ainsi que la classification associée, dans le respect des dispositions des articles L. 162-1-9 et L. 162-1-9-1 » ;

(L. n° 2018-1203 du 22 déc. 2018, art. 42-I) **« 27° Les conditions et modalités de participation financière au recrutement de personnels salariés intervenant auprès de médecins exerçant dans le cadre d'un exercice coordonné et ayant vocation à les assister dans leur pratique quotidienne et améliorer ainsi l'accès aux soins. »** — *Le directeur général de l'Union nationale des caisses d'assurance maladie engage, dans un délai d'un mois à compter de la promulgation de la L. n° 2018-1203 du 22 déc. 2018, des négociations conventionnelles en vue de déterminer des mesures visant à inciter au développement de l'exercice coordonné et au recrutement de personnels salariés ayant vocation à assister les médecins dans leur pratique quotidienne. Le délai d'entrée en vigueur mentionné au premier al. du I de l'art. L. 162-14-1-1 CSS n'est pas applicable aux mesures conventionnelles susmentionnées (L. préc., art. 42-II et IV).*

CONVENTION NATIONALE ORGANISANT LES RAPPORTS ENTRE LES MÉDECINS LIBÉRAUX ET L'ASSURANCE MALADIE, SIGNÉE LE 25 AOÛT 2016 : Arr. du 20 oct. 2016 (*JO 23 oct.*).

1. Médecin référent. Un organisme d'assurance maladie ne peut diffuser un document laissant entendre que seul le médecin référent offre certaines garanties d'ordre médical. • Soc. 28 mars 2002 : *TPS 2002. 238, obs. Prétot.*

A. ACTE CONVENTIONNEL

2. Cas de recours aux conventions. Le recours à la convention pour la détermination des relations entre l'assurance maladie et les praticiens et auxiliaires médicaux revêt le caractère d'un principe fondamental de la sécurité sociale au sens de l'art. 34 de la Constitution. • Cons. const. 22 janv. 1990, n° 89-269 DC : *Rec. Cons. const. 33 ; AJDA 1990. 473, note Benoit-Rohmer ; Dr. soc. 1990. 352, note Prétot ; RFDA 1990. 406, note Genevois ; RFDC 1990. 330, obs. Favoreu ; RJS 1990, n°s 259 et 269 ; RDSS 1990. 637, note Dubouis* • CE, ass., 18 juill. 1962 : *Lebon 479 ; RD publ. 1962. 739, concl. Braibant.* ♦ Aucun principe, ni aucune règle de valeur constitutionnelle n'interdit au législateur d'instituer des conventions nationales distinctes pour les médecins généralistes et pour les médecins spécialistes. • Cons. const. 22 janv. 1990, n° 89-269 DC : *préc.*

3. Répartition des compétences. Figure au nombre des principes fondamentaux relevant de la compétence du législateur celui d'après lequel le tarif des honoraires médicaux pour les soins délivrés aux assurés sociaux est fixé par voie de convention passée avec les praticiens ou leurs organisations représentatives ou, à défaut, par voie d'autorité ; en revanche, ressortit à la compétence du pouvoir réglementaire la détermination des modalités de mise en œuvre des principes fondamentaux posés par le législateur. • Cons. const. 22 janv. 1990, consid. 20 : *préc. note 2.* ♦ V. aussi pour les établissements de santé. • Cons. const. 16 janv. 1991, n° 90-287 DC, consid. 27 : *Pouvoirs 1991. 134, obs. Avril et Gicquel ; RFDC 1991. 293, note Favoreu ; RDSS 1991. 246, note Prétot ; RJS 1991, n° 388.* ♦ V. pour les frais d'analyses et d'examens de laboratoires • Cons. const. 29 juill. 1991, décis. 91-296 DC, consid. 27 : *Dr. soc. 1991. 807, note Prétot ; RFDC 1991. 716, note Roux ; RD publ. 1992. 80, obs. Rousseau ; RJS 1991, n° 1138.*

4. Nature juridique. Les conventions nationales et leurs avenants revêtent le caractère de contrats administratifs. • CE, sect., 18 oct. 1974 : *Lebon 495, concl. Dondoux ; AJDA 1974. 535, chron. Franc et Boyon ; Dr. soc. 1975. 335, note Moderne.* ♦ L'approbation de la convention par l'autorité publique confère à ses stipulations les effets qui s'attachent aux actes réglementaires. • CE, sect., 9 oct. 1981 : *Lebon 360 ; AJDA 1982. 364, chron. Tiberghien et Lasserre ; RDSS 1982. 106, concl. Bacquet.* ♦ L'approbation de la convention par l'autorité publique lui confère le caractère d'un acte réglementaire ; dès lors, le renvoi à la convention de la mise en œuvre des principes fondamentaux définis par la loi n'est pas contraire aux dispositions des art. 21 et 37 de la Constitution. • Cons. const. 22 janv. 1990, n° 89-269 DC, consid. 23 : *préc. note 2* • Soc. 18 mai 2000, n° 98-22.330 P : *RJS 2000, n° 858.*

B. CONDITIONS DE NÉGOCIATION ET DE CONCLUSION DES CONVENTIONS

5. Négociation de la convention. Si l'ensemble des organisations représentatives doit être appelé à la négociation, celle-ci n'est pas entachée d'irrégularité lorsqu'une organisation décide d'elle-même d'abandonner les négociations. • CE, ass., 2 déc. 1983, *Confédération des synd. médicaux français et a. : Lebon 469 ; AJDA 1983. 667, chron. Lasserre et Delarue ; Dr. soc. 1984. 144, concl. Labetoulle, note Prétot.* ♦ V. aussi • CE 8 juill. 1998, *Féd. des chirurgiens-dentistes de France et a. : RJS 1998, n° 1266.* ♦ Il résulte des termes mêmes des dispositions précitées de l'art. L. 162-5 dans la rédaction que leur a donnée l'art. 17 de la loi du 23 janv. 1990 que la Convention nationale des médecins, lorsqu'elle n'est pas conclue séparément pour les médecins généralistes et les médecins spécialistes, doit être signée par au moins deux organisations syndicales représentatives, l'une de médecins généralistes et l'autre de médecins spécialistes. Dès lors, la conclusion de la convention par une seule organisation est irrégulière, celle-ci fut-elle représentative des généralistes et des spécialistes. • CE 10 juill. 1992 : *RJS 1992, n° 1032.* ♦ Il en est de même de ses avenants. • 13 mai 1996 : *RJS 1996, n° 834.*

6. Représentativité (jurispr. antérieure à la loi du 21 juill. 2009). S'il ne regroupe qu'une faible part de l'ensemble des chirurgiens-dentistes, le syndicat qui représente 60 % des spécialistes en orthodontie faciale, seule spécialité reconnue en chirurgie dentaire, doit être regardé comme représentatif pour la négociation et la conclusion de la Convention nationale des chirurgiens-dentistes. • TA Paris, 27 juin 2000 : *RJS 2201, n° 486.*

7. Négociation d'un avenant. La modification de la convention par voie d'avenant peut légalement intervenir dès lors que l'avenant est signé par une ou plusieurs organisations représentatives à la date de la conclusion de l'avenant, nonobstant la circonstance qu'elles n'aient pas conclu la convention initiale. • CE, sect., 17 mars 1997, *Synd. des médecins d'Aix et région et a. : Dr. soc. 1997. 845, étude Prétot ; RJS 1997, n° 595 ; TPS 1997. Comm. 160 ; RFDA 1997. 1139.*

C. CONDITIONS D'APPROBATION DE LA CONVENTION

8. Approbation (nécessité). A défaut d'approbation, la convention et ses avenants ne peuvent recevoir application. • CE 17 nov. 1997 : *RJS 1998, n° 91 ; TPS 1998. Comm. 20.*

9. Approbation (moment). L'autorité publique ne peut procéder à l'approbation de la convention qui comprend des stipulations qui réservent la modification nécessaire des lois et règlements, dès lors que lesdites modifications ne sont pas intervenues à la date de l'approbation. • CE, sect., 20 déc. 1995, *Collectif national Kiné-France et a. : Lebon 442 ; AJDA 1996. 139, concl. Maugüé ; Dr. trav. 1996. Chron. 5, étude Prétot ; RJS 1996. 154 ; RDSS 1996. 532, note Dubouis* • 13 mai 1996 : *RJS 1996, n° 835.*

10. Approbation (partielle). L'autorité publique ne peut procéder à la disjonction de certaines stipulations de la convention en vue de son approbation, dès lors que la disjonction porte atteinte à l'économie générale de la convention. • CE, ass., 2 déc. 1983 : *préc. note 5* • CE 27 juill. 1984, *Confédération nationale des synd. dentaires : Dr. soc. 1984. 688, concl. Dandelot* • CE, ass., 17 déc. 1993 (deux esp.) : *Lebon 370 ; AJDA 1994. 61, concl. Le Chatelier ; D. 1995. Somm. 30, obs. Prétot ; RJS 1994, n° 181.*

11. Approbation (refus). Le refus d'approbation d'une convention ne peut pas procéder de simples motifs d'opportunité. • CE 5 juin 2002 : *RJS 2002, n° 1167 ; TPS 2002. 271, obs. Prétot.*

D. CONTENU DE LA CONVENTION

12. Compétence respective loi-convention. (principe). Les dispositions du CSS habilitent les parties à la convention, sous réserve de l'approbation ministérielle, à intervenir dans les domaines qu'elles fixent. Toutefois, l'habilitation qui leur est ainsi consentie doit être interprétée compte tenu de ce qu'en vertu de l'art. 34 de la Constitution, il revient à la loi de fixer les principes fondamentaux de la sécurité sociale et de charger des décrets, notamment en Conseil d'État, de fixer certaines obligations incombant aux organismes d'assurance maladie. • CE, sect., 14 avr. 1999, *Synd. des médecins libéraux et a. : Dr. soc. 1999. 600, note Truchet ; RJS 1999, n° 1125 ; RDSS 1999. 511, note Dubouis .* ♦ ***(Limites).*** Les clauses conventionnelles ne peuvent être substituées aux dispositions des lois et des décrets, sauf lorsque ces textes en ouvrent eux-mêmes la possibilité. La convention ne peut pas contredire la loi et les décrets, mais elle peut ajouter à leur dispositions, afin notamment de faciliter les relations entre les caisses et les médecins, d'assurer de concert la maîtrise des dépenses d'assurances maladie, d'inciter les praticiens à l'autodiscipline ou d'organiser des actions communes, telles que celles tendant à développer l'éducation sanitaire. • CE, sect. soc. avis, 2 avr. 1985 : *ECDE 1986, n° 37, p. 165 ; Dr. soc. 1985. 512, note Prétot.* ♦ Les dispositions des art. L. 162-5 et L. 162-14-1 qui définissent le champ des conventions régissant les rapports entre les médecins et l'assurance maladie n'imposent pas aux parties conventionnelles de traiter toutes les questions relevant de leur compétence dans un même acte, à la condition que le choix ainsi opéré ne méconnaisse pas la volonté du législateur. • CE 30 nov. 2005, *Synd. des médecins d'Aix et région et a. : RDSS 2006. 218, note Dubouis ; RFDA 2006. 218, note Terneyre.*

13. Compétence des parties conventionnelles : détermination des tarifs. Si les conventions nationales des médecins fixent la valeur des lettres-clés, les cotations proprement dites des actes figurent à la nomenclature des actes professionnels, laquelle est établie par voie réglementaire. • Soc. 11 janv. 1989, n° 86-15.804 P : *D. 1989. Somm. 237, obs. Prétot.* ♦ V. aussi • CE, ass., 18 juill. 1962 : *préc. note 2.* ♦ Les parties à la négociation ne peuvent donc pas « se saisir de la nomenclature », mais les classifications et cotations d'actes que comporte celle-ci constituent avec les tarifs conventionnels un ensemble de dispositions qui commandent le calcul des honoraires. Il convient donc que les modifications apportées à la nomenclature, qui relèvent en droit de l'exercice unilatéral du pouvoir réglementaire, soient arrêtées le plus possible en concertation avec les parties à la convention. • CE, sect. soc. avis, 2 avr. 1985 : *préc. note 12.* – V. aussi • Civ. 2e, 12 mai 2011 : *Dr. soc. 2011. 829, rapp. Prétot ; RDSS 2011. 764, note Tauran .* ♦ Il résulte de la combinaison des art. L. 161-33, L. 162-14-1, R. 162-52, L. 162-7 et L. 162-5-8° que la tarification des actes remboursés par l'assurance maladie résulte, pour chaque acte, d'une part, du code et du coefficient qui lui sont attribués dans la liste établie en application de l'art. L. 162-1-7 et, d'autre part, du tarif alloué à ce code par voie conventionnelle. Les partenaires conventionnels ne sauraient, sans excéder leur compétence, définir des actes médicaux non prévus par la liste établie par voie réglementaire en application de l'art. L. 162-1-7, ni adopter des tarifs ne respectant pas la hiérarchisation des actes résultant de cette liste. • CE 30 nov. 2005, *Synd. des médecins d'Aix et région et a. : préc. note 12 ;* – V. aussi • Civ. 2e, 12 mai 2011 : *Dr. soc. 2011. 829, rapp. Prétot ; RDSS 2011. 764, note Tauran .* ♦ Si les partenaires conventionnels pouvaient, conformément aux compétences qui leur sont reconnues, fixer les tarifs d'actes nouveaux dénommés suppléments d'archivages sous réserve de leur inscription par l'UNCAM sur la liste prévue à l'art. L. 162-1-7, elles ne pouvaient en revanche compétemment en subordonner la facturation aux seuls médecins ayant adhéré à l'option conventionnelle qu'elles instituaient, cette condition relevant exclusivement de la compétence de l'UNCAM. • CE 21 juill. 2009, *Synd. des radiologues hospitaliers,* n° 314015 B. ♦ L'art. 1er de l'avenant à la Convention nationale des directeurs de laboratoires privés d'analyse médicale et son annexe, en tant qu'ils se bornent à recommander aux ministres de modifier la nomenclature des actes de biologie médicale en vue notamment de baisser la cotation de l'acte biomédical n° 1203, sont dépourvus de caractère normatif. • CE 6 févr. 2009, *Sté Biomédical Diagnostics et a.,* n° 264019. ♦ Pour l'application de l'art. L. 162-5 et de l'art. 2.1 de l'arrêté du 27 mars 1972 portant nomenclature générale des actes professionnels, qui seuls régissent la tarification et la prise en charge de soins par l'assurance maladie, le généraliste doit s'entendre du praticien qui exerce la médecin générale, et le spécialiste du praticien qui exerce, à titre exclusif, une spécialité déterminée. Il s'ensuit que le médecin à qui la qualification en médecin générale a été reconnue par le conseil départemental de l'Ordre des médecins ne peut faire application, pour la tarification de ses actes, des lettres-clé propres aux spécialistes. • Civ. 2e, 8 avr. 2010, n° 09-13.772 P : *Dr. soc. 2010. 676, note Prétot ; RJS 2010, n° 711 ; RDSS 2010. 563 . note Tauran ; Dr. ouvrier 2010. 616, note Ginon ; Gaz. Pal. 2010, n° 176, p. 46, note Fontaine.* ♦ ***(Secteurs 1 et 2).*** La coexistence d'un secteur à honoraires opposables et d'un secteur à honoraires différents trouve un fondement légal dans les dispositions de l'art. L. 162-14-1, telles qu'elles résultent de la loi du 6 mars 2002. Dans ces conditions, le moyen tiré de ce que cette situation n'entrerait pas dans la prévision du 8° de l'art. L. 162-5 CSS, qui permet à la convention de prévoir des majorations de tarifs « en vue de valoriser une pratique médiale correspondant à des critères de qualité » ne peut qu'être écarté. • CE 30 nov. 2005, *Synd. des médecins d'Aix et région et a. : préc. note 12.* ♦ Les parties à la convention ont pu décider de ne pas soumettre aux tarifs opposables les médecins titulaires de certains titres relatifs une activité hospitalière qui s'installeraient en exercice libéral, pour la première fois, après l'entrée en vigueur de la convention. La différence de traitement qui en résulte au regard des autres médecins s'installant après l'entrée en vigueur de la convention trouve son origine dans l'objectif d'intérêt général qui consiste à favoriser l'activité des médecins dans les établissements hospitaliers et les établissements privés participant au service public hospitalier et n'est pas manifestement disproportionnée à cet objectif. • CE 30 nov. 2005, *Synd. des médecins d'Aix et région et a. : préc. note 12.* ♦ ***(Secteur 2 et liberté d'établissement).*** L'obligation, pour les médecins ressortissant de l'Union européenne qui ne possèdent pas les titres relatifs à l'activité hospitalière mentionnés dans la convention de 2005 et s'installent en France, de respecter les tarifs opposables définis par la convention, sauf à accepter de ne pas être conventionnés, s'impose à tous les médecins placés dans la même situation quelle que soit leur nationalité, est justifiée par l'objectif de maintien d'une médecine libérale accessible à tous et assurant un juste équilibre entre la qualité des soins et leur coût, dans un but de protection de la santé et ne peut être regardée comme méconnaissant l'art. 43 du traité instituant l'Union européenne. Il résulte de l'interprétation donnée par la CJCE des art. 85 s. du traité de Rome que les organismes qui pourvoient à la gestion d'un régime de sécurité sociale dans le cadre du principe de la solidarité ne constituent pas des entreprises. Dès lors, le moyen tiré de la méconnaissance desdits articles par le régime de l'option conventionnelle (médecin référent) est inopérant. • CE 30 nov. 2005, *Synd. des médecins d'Aix et région et a. : préc. note 12.* – V. aussi • Civ. 2e, 12 mai 2011 : *Bull. civ. I, n° 111 ; Dr. soc. 2011. 829, rapp. Prétot ; RDSS 2011. 764, note Tauran.* ♦ ***(Majorations).*** Les partenaires conventionnels peuvent en revanche définir des majorations de rémunération visant à satisfaire à l'objectif défini au 8° de l'art. L. 162-5, dès lors que ces majorations ne sont pas fixées à un niveau tel que la hiérarchie résultant de la liste des actes serait remise en cause. • CE 30 nov. 2005, *Synd. des médecins d'Aix et région et a. : préc. note 12.* ♦ Ont excédé leur compétence les partenaires conventionnels qui ont adopté des stipulations qui ont pour effet de définir de nouvelles catégories d'actes médicaux et d'attribuer des cotations. ♦ ***(Dépassements d'honoraires autorisés).*** Le plafonnement des dépassements d'honoraires autorisés visés à l'art. L. 162-2-1 n'est pas contraire à l'art. R. 4127-53 CSP selon lequel, les honoraires « doivent être déterminés avec tact et mesure, en tenant compte de la réglementation en vigueur, des actes dispensés ou de circonstances particulières ». • CE 20 déc. 2006, *Assoc. Conférence nationale des assoc. de médecins libéraux et a. : RFDA 1997. 474, concl. Maugüé.* ♦ Les dispositions de l'art. L. 162-5-3 ne faisaient pas obligation aux partenaires conventionnels d'autoriser toutes les catégories de médecins spécialistes soumis aux tarifs conventionnels à pratiquer des dépassements de tarif en cas de consultation sans prescription préalable du médecin traitant. En particulier, la convention pouvait légalement exclure du droit à dépassement les médecins spécialistes pour lesquels l'exigence d'une prescription préalable du médecin traitant n'apparaissait pas pertinente du point de vue de la coordination des soins. • CE 30 nov. 2005, *Synd. des médecins d'Aix et région et a. : préc. note 12.*

14. ... Création d'instances paritaires. La Convention nationale a pu valablement prévoir que la fédération signataire désignerait les représentants de la profession aux instances paritaires qu'elle crée. • CE 9 mars 1979, *Synd. nat. des masseurs-kinésithérapeutes et a.*, n° 04963 B. ♦ En prévoyant, d'une part, que l'attribution de sièges au sein des commissions paritaires départementales, régionales et nationale serait subordonnée à la qualité de signataire de la convention et, d'autre part, que l'Organisation nationale des syndicats d'infirmiers libéraux, qui n'a pas signé la convention, disposerait de sièges dans ces commissions les auteurs de la convention ont entaché celle-ci d'une contradiction de nature à affecter sa validité. • CE 29 déc. 1995, *Synd. Profil Infirmier : Lebon 480 ; Dr. trav. 1996. Chron. 5, étude Prétot ; RDSS 1996. 532, note Dubouis ; RJS 1996, n° 153.*

15. ... Détermination d'obligations. Interdiction de la publicité. • CE 20 févr. 1976, *Organisation nationale des Synd. d'infirmiers libéraux et synd. national des infirmiers et infirmiers libéraux : Lebon 107* • 9 mars 1979 : *préc. note 14.* ♦ Interdiction de discrimination dans la prise de rendez-vous chez le médecin correspondant. • CE 30 nov. 2005, *Synd. des médecins d'Aix et région et a. : préc. note 12.*

16. ... Formation professionnelle continue. Les dispositions des art. L. 162-5 et L. 162-5-12 instituent la possibilité pour les parties à la Convention nationale des médecins de définir et d'organiser dans un cadre conventionnel des actions de formation professionnelle destinées aux médecins conventionnés et financées par un organisme gestionnaire conventionnel doté de la personnalité morale et bénéficiant de dotations annuelles des Caisses d'assurance maladie signataires de la convention. En renvoyant à une convention de financement conclue entre l'organisme gestionnaire conventionnel et la Caisse nationale de l'assurance maladie la définition des modalités de versement audit organisme de la contribution annuelle affectée à la formation professionnelle conventionnelle, l'avenant, qui s'est borné à reprendre les termes de l'art. L. 162-5-12, n'a pas empiété sur les compétences dévolues au pouvoir réglementaire pour préciser les modalités d'application de cet article. • CE 24 oct. 2001, *Conseil national de l'Ordre des médecins : Lebon 334*. ♦ V. aussi • CE 10 juill. 1992, *Synd. des médecins libéraux et a. : AJDA 1992. 697 ; ibid. 654, chron. Maugüé et Schwartz*.

17. … Mesures de maîtrise des dépenses de santé. La convention a légalement pu prévoir, à partir d'un système de prévisions et d'objectifs, d'organiser la maîtrise concertée des dépenses de santé. • CE 17 nov. 1982, *Synd. de la médecine générale : Lebon 386*. ♦ V. aussi • CE, sect. soc. avis, 2 avr. 1985 : *préc. note 12.* ♦ ***(Création d'enveloppes limitatives de l'activité).*** Des stipulations qui instituent un principe de limitations quantitatives des actes que les masseurs-kinésithérapeutes peuvent pratiquer dans le cadre conventionnel touchent aux principes fondamentaux de la sécurité sociale dont les dispositions de l'art. 34 de la Constitution réservent la détermination à la loi. • CE 20 déc. 1995, *Collectif national Kiné-France et a. : préc. note 9.* ♦ Le Gouvernement peut, en revanche, habiliter, par voie d'ordonnances, les partenaires à la convention à agir ainsi. Ainsi, l'institution, par les art. 17, 19 et 20 de l'Ord. du 24 avr. 1996 relative à la maîtrise médicalisée des dépenses de soins, d'un objectif prévisionnel d'évolution des dépenses médicales, fixé chaque année par une annexe à la ou les conventions nationales des médecins, et dont le dépassement peut entraîner un reversement exigible des médecins conventionnés, n'est pas en elle-même contraire au principe de protection de la santé garanti par le Préambule de la Constitution de 1946, qui implique toutefois que l'objectif soit fixé à un niveau compatible avec la couverture des besoins sanitaires de la population. • CE 30 avr. 1997, *Assoc. nationale pour l'éthique de la médecine libérale et a. : Dr. soc. 1997. 845, étude Prétot ; RFDA 1997. 474, concl. Maugüé ; RJS 1997, n° 857 ; TPS 1997. Comm. 217.* ♦ V. aussi La détermination d'un plafond d'efficience par la convention doit être compatible avec la qualité des soins. En l'espèce, il ne ressort pas des pièces du dossier que la fixation à 47 000 coefficients AMC ou AMK, en prenant en compte l'une et l'autre de ces composantes, du plafond d'efficience d'activité individuelle compatible avec la distribution de soins de qualité, soit entachée d'erreur manifeste d'appréciation. • 30 avr. 1997, *Synd. nat. des masseurs-kinésithérapeutes-rééducateurs et a. : Dr. soc. 1997. 845, étude Prétot ; RJS 1997, n° 860.*

18. … Mise en œuvre d'un système de sanctions. L'institution de sanctions nouvelles par l'art. 18 de l'avenant, qui n'impose pas une obligation de faire, n'est pas contraire aux dispositions de l'art. 1142 C. civ. • CE 10 juill. 1992, *Synd. des médecins libéraux et a. : préc. note 16.*

19. … Détermination de conditions d'accès au conventionnement. Une convention ne peut, dans le silence de la loi, subordonner l'accès des praticiens et auxiliaires médicaux à des conditions qui touchent au libre exercice de leur activité. • CE, ass., 17 déc. 1993, *Groupement nat. des éts de gérontologie et de retraite privés et a. (2 esp.) : Lebon 370 ; AJDA 1994. 61, concl. Le Chatelier ; D. 1995. Somm. 30, obs Prétot ; RJS 1994, n° 181.* ♦ Des stipulations qui tendent à définir les conditions à remplir par les médecins pour être conventionnés touchent au champ d'application du régimes des conventions prévues par l'art. L. 162-14 et, par suite, aux principes fondamentaux de la sécurité sociale. • CE 10 juin 1994, *Confédération française des synd. de biologistes et a. : RJS 1994, n° 1043 ; RFDA 1995. 645, concl. Le Chatelier*.

20. … Accès au secteur des honoraires libres (selon l'art. 4.3 d de la convention nationale du 12 janv. 2005). Peuvent seulement demander à être autorisés à pratiquer des dépassements différents les médecins qui, à compter de la date d'entrée en vigueur de la convention, s'installent pour la première fois en exercice libéral et sont titulaires des titres qu'elle énumère. • Civ. 2e, 12 mai 2011 : *RDSS 2011. 764, note Tauran ; Dr. soc. 2011. 829, obs. Prétot*. ♦ Selon l'art. 35.1 de la convention nationale des médecins généralistes et des médecins spécialistes signée le 26 juill. 2011, peuvent être autorisés à pratiquer des honoraires différents les médecins titulaires des titres qu'il énumère, l'équivalence à ces derniers des titres acquis au sein de l'Union européenne et de la Confédération helvétique faisant l'objet d'une reconnaissance par la CPAM du lieu d'implantation du cabinet principal du médecin conformément aux décisions de la CNAMTS après avis du Conseil national de l'ordre des médecins et, en tant que de besoin, des services ministériels compétents. • Civ. 2e, 16 juin 2016, n° 15-20.772 P : *RDSS 2016. 773, note Tauran*.

E. DROIT DE LA CONCURRENCE ET DROIT COMMUNAUTAIRE

BIBL. Brocas et Hadolph, Monopole ou concurrence en matière de protection sociale, *Dr. soc. 1995. 748*. – Driguez, Le droit de la concurrence au secours des patients. A propos d'une décision du Conseil de la concurrence du 2 avril 2008, *Dr. soc. 2008. 1115*.

21. Application de l'Ord. du 1er déc. 1986. Dès lors que les dispositions des art. L. 162-5 et L. 162-5-2 ont pour objet d'autoriser les organismes d'assurance maladie, d'une part, et les organisations syndicales les plus représentatives de médecins, d'autre part, à définir par voie de convention les tarifs applicables dans le secteur de la médecin libérale conventionnée ainsi que les conditions dans lesquelles ces soins doivent être dispensés, ces conventions ainsi que leurs avenants et annexes n'entrent pas dans le champ d'application de l'art. 7 de l'Ord. du 1er déc. 1986 qui prohibe les actions concertées, conventions et ententes. • CE 10 nov. 1999, *Synd. nat. de l'industrie pharmaceutique : RJS 2000, n° 316.* ♦ V. aussi les marchés de consultations des actes techniques et chirurgicaux des médecins spécialistes libéraux du secteur I qui sont soumis à une réglementation des prix excluant toute possibilité d'une concurrence susceptible d'être empêchée, restreinte ou faussée par les consignes syndicales d'honoraires, c'est à juste titre que la cour d'appel a dit inapplicables les dispositions de l'art. L. 401-1 du C. com. • Com. 7 avr. 2010, n° 09-13.494 P : *CCC 2010. 28, note Bazex.*

22. Principe de territorialité de la convention. Il résulte des dispositions combinées des art. L. 162-1, L. 162-5 et L. 332-3 *[devenu art. L. 160-7]* que les conventions régissant les rapports entre les médecins et l'assurance maladie ne sont pas applicables aux activités de soins réalisées hors de France. Par suite, les requérants ne sont pas fondés à soutenir que la convention litigieuse méconnaîtrait les stipulations de l'art. 49 du Traité instituant la Communauté européenne relative à la liberté de prestation de services. • CE 30 nov. 2005, *Synd. des médecins d'Aix et région et a. : préc. note 12.* ♦ Il résulte de l'interprétation donnée par la CJCE des art. 85 s. du Traité de Rome que les organismes qui pourvoient à la gestion d'un régime de sécurité sociale dans le cadre du principe de la solidarité ne constituent pas des entreprises. Dès lors, le moyen tiré de la méconnaissance desdits articles par le régime de l'option conventionnelle (médecin référent) est inopérant. • CE 10 nov. 1999, *Synd. nat. de l'industrie pharmaceutique : préc. note 21.*

F. CONTENTIEUX

23. Juridictions. Les juridictions de l'ordre administratif sont compétentes pour connaître du contentieux des conventions nationales et de leurs avenants par voie d'exception. • CE, sect., 18 oct. 1974 : *préc. note 4.* ♦ ... Ou par voie d'action. • CE 17 nov. 1997 : *préc. note 8.*

24. Divisibilité. Dès lors que, eu égard à leur contenu et à leur place dans le dispositif conventionnel, les dispositions de la convention qui sont entachées d'illicéité sont divisibles de l'ensemble de celle-ci, il n'y a lieu à annuler l'arrêté d'approbation qu'en tant qu'il porte sur lesdites dispositions. • CE, ass., 3 juill. 1998, *Synd. des médecins de l'Ain et a. : Lebon 277 ; AJDA 1998. 633, chron. Raynaud et Fombeur ; RJS 1998, n° 1050 ; Dr. soc. 1998. 817, obs. Prétot ; JCP 1999. I. 10012, note Guiheux ; TPS 1998. Comm. 294, obs. Prétot* • CE 8 juill. 1998, *Féd. des chirurgiens-dentistes de France : préc. note 5* • CE, sect., 14 avr. 1999 : *préc. note 12.*

25. Validation législative. La loi peut procéder à la validation de la convention ou des actes pris pour son application, sous réserve qu'ils ne méconnaissent pas les dispositions, règles et principes de valeur constitutionnelle. • Cons. const. 25 janv. 1995, n° 94-357 DC, consid. 16 et 19 : *Rec. Cons. const. 179 ; RJS 1995, nos 284, 294 et 309 ; LPA 1995. 10, obs. Mathieu ; RFDC 1995. 384, obs. Oliva ; RDSS 1995. 578, obs. Alfandari ; D. 1997. Somm. 121, obs. Trémeau ; ibid. 134, obs. Oliva ; ibid. 139, obs. Mélin-Soucramanien .* ♦ La validation de la convention ne fait pas obstacle à ce que les parties usent de leurs pouvoirs pour modifier la convention par voie d'avenant. • CE, sect., 17 mars 1997, *Synd. des médecins d'Aix et région et a. : préc. note 7* • 27 avr. 1998, *Conféd. des synd. médicaux français : RJS 1998, n° 901.*

26. Absence de convention. A défaut de convention ou en cas d'annulation de celle-ci, les relations entre les organismes et les praticiens et auxiliaires médicaux ne peuvent être légalement fixées par des mesures transitoires édictées unilatéralement par la Caisse nationale. • CE 30 avr. 1997, *Assoc. nat. pour l'éthique de la médecine libérale et a. : préc. note 17.* ♦ ... Ni par un accord informel conclu entre les parties. • CE 17 nov. 1997 : *RJS 1998, n° 91.* ♦ Toutefois, il appartient au juge du fond de donner effet à l'engagement synallagmatique souscrit par le praticien ou l'auxiliaire médical à l'égard de la caisse primaire sur la base des mesures provisoires ou de l'accord informel. • Soc. 9 avr. 1998, n° 96-17.567 P : *RJS 1998, n° 653.*

27. Causes de suspension du conventionnement. La suspension temporaire d'exercice de l'activité professionnelle de médecin pour raison de santé n'entre pas parmi les causes de retrait du bénéfice du régime des praticiens et auxiliaires médicaux conventionnés. Par suite, ne peut être régulièrement radié du régime des praticiens et auxiliaires médicaux conventionnés un médecin conventionné, qui a fait l'objet en raison de son état de santé d'une mesure de suspension temporaire, sans que la cessation définitive de son activité professionnelle de médecin ait été constatée. • Soc. 23 janv. 1992, n° 87-12.954 P : *D. 1993. Somm. 268, obs. Prétot.*

Art. L. 162-5-1 *(L. n° 94-43 du 18 janv. 1994, art. 81)* **En l'absence de convention, les dispositions prises en application du 9° de l'article L. 162-5 continuent à s'appliquer à l'égard des unions de médecins.**

Art. L. 162-5-1-1 *(L. nº 2007-1786 du 19 déc. 2007, art. 43-II)* Les engagements conventionnels sur les dépenses liées aux prescriptions sont exprimés en volume, indépendamment de toute évolution tarifaire.

Art. L. 162-5-2 *(L. nº 93-8 du 4 janv. 1993, art. 4 ; Ord. nº 96-345 du 24 avr. 1996, art. 17-VII ; L. nº 99-1140 du 29 déc. 1999, art. 24-XVI)* La ou les conventions prévoient la possibilité de mettre à la charge du médecin dont la pratique ne respecte pas les références médicales prévues au 6º de l'article L. 162-5 *(L. nº 2004-810 du 13 août 2004, art. 49-VII)* « une contribution ».

Al. 2 abrogé par L. nº 2004-810 du 13 août 2004, art. 49-VII.

Cette contribution est assise sur les revenus professionnels servant de base au calcul de la cotisation personnelle d'allocations familiales. Elle est recouvrée par les organismes chargés du recouvrement des cotisations du régime général selon les règles et sous les garanties et sanctions applicables au recouvrement des cotisations personnelles d'allocations familiales. *(L. nº 2004-810 du 13 août 2004, art. 49-VII)* « Les niveaux de cette contribution, leurs modalités d'application, de modulation ou de répartition entre régimes sont définis dans la ou les conventions mentionnées à l'article L. 162-5. »

Art. L. 162-5-3 *(L. nº 2004-810 du 13 août 2004, art. 7)* Afin de favoriser la coordination des soins, tout assuré ou ayant droit âgé de seize ans ou plus indique à son organisme gestionnaire de régime de base d'assurance maladie le nom du médecin traitant qu'il a choisi, avec l'accord de celui-ci. Le choix du médecin traitant suppose, pour les ayants droit mineurs, l'accord de l'un au moins des deux parents ou du titulaire de l'autorité parentale. Le médecin traitant choisi peut être un généraliste ou un spécialiste. Il peut être un médecin hospitalier.

(L. nº 2016-41 du 26 janv. 2016, art. 76-III-2º) « Pour les ayants droit âgés de moins de seize ans, l'un au moins des deux parents ou le titulaire de l'autorité parentale choisit le médecin traitant et l'indique à l'organisme gestionnaire. »

Le médecin traitant peut être un médecin salarié d'un centre de santé mentionné à l'article L. 6323-1 du code de la santé publique ou d'un établissement ou service visé à l'article L. 312-1 du code de l'action sociale et des familles. *(L. nº 2005-1579 du 19 déc. 2005, art. 37-III)* « Les médecins exerçant dans le cadre de la même spécialité au sein d'un cabinet médical situé dans les mêmes locaux ou dans un centre de santé mentionné à l'article L. 6323-1 du code de la santé publique peuvent être conjointement désignés médecins traitants. » Un arrêté fixe les missions du médecin traitant quand celui-ci est un médecin salarié. — *V. Arr. du 2 août 2005 (JO 10 août).*

Le médecin traitant participe à la mise en place et à la gestion du dossier *(L. nº 2016-41 du 26 janv. 2016, art. 96-IV)* « médical partagé » prévu à l'article L. 161-36-1 du présent code.

Dans le cas où l'assuré désigne un médecin traitant autre que son médecin référent, ce dernier, pour ce qui concerne cet assuré, perd les avantages relatifs à l'adhésion à cette option conventionnelle. L'assuré perd également ces avantages.

(L. nº 2016-41 du 26 janv. 2016, art. 76-III-2º) « Sauf pour les patients âgés de moins de seize ans, la participation » prévue au I de l'article L. 322-2 peut être majorée pour les assurés et les ayants droit n'ayant pas choisi de médecin traitant ou consultant un autre médecin sans prescription de leur médecin traitant. Un décret fixe les cas dans lesquels cette majoration n'est pas appliquée, notamment lorsqu'est mis en œuvre un protocole de soins *(L. nº 2009-879 du 21 juill. 2009, art. 80-I)* « ou lors d'une consultation dans une structure de médecine humanitaire ou un centre de planification ou d'éducation familiale ».

(Ord. nº 2018-20 du 17 janv. 2018, art. 32-I) « Les dispositions prévues à l'alinéa précédent ne sont pas applicables :

« 1º Lorsque la consultation se fait en cas d'urgence auprès d'un autre médecin que celui désigné à l'organisme gestionnaire du régime de base d'assurance maladie ;

« 2º Lorsque la consultation se fait en dehors du lieu où réside de façon stable et durable l'assuré social ou l'ayant droit âgé de seize ans ou plus ;

« 3º Lorsqu'un militaire consulte sur prescription d'un médecin des armées. »

V. Décis. Cons. const. nº 2004-504 DC du 12 août 2004, consid. nº 13.

Changement de médecin traitant. Les dispositions de l'art. L. 162-5-3 n'ont ni pour objet ni pour effet de limiter le libre choix du médecin, dont le principe est énoncé à l'art. L. 162-2 ; que par suite, les partenaires conventionnels ont pu légalement prévoir au § 1.1.2 de la convention, que « l'assuré peut changer à tout moment de médecin traitant ». • CE 30 nov. 2005, *Synd. des médecins d'Aix et région et a. : RDSS 2006. 218, note Dubouis ; RFDA 2006. 218, note Terneyre.* ♦ Sur la légalité du décret n° 2005-1369 du 13 nov. 2005, V. • CE 27 sept. 2006 : *AJDA 2006. 2198*.

Art. L. 162-5-4 *(L. n° 2005-1579 du 19 déc. 2005, art. 42)* **Un décret prévoit la durée pendant laquelle les dispositions prises en application du 18° de l'article L. 162-5,** *(L. n° 2016-41 du 26 janv. 2016, art. 76-III-3°)* **« de l'avant-dernier » alinéa de l'article L. 162-5-3 et du troisième alinéa de l'article L. 162-26 ne sont pas applicables aux consultations assurées ou prescrites par un médecin généraliste installé pour la première fois en exercice libéral. Il prévoit également la durée pendant laquelle les mêmes dispositions ne sont pas applicables** *(L. n° 2006-1640 du 21 déc. 2006, art. 72)* **« aux consultations assurées ou prescrites par un médecin généraliste qui s'installe ou exerçant dans un centre de santé nouvellement agréé » dans une zone définie par** *(Ord. n° 2010-177 du 23 févr. 2010, art. 24)* **« l'agence régionale de santé ».**

Art. L. 162-5-5 à L. 162-5-8 *Abrogés par L. n° 99-1140 du 29 déc. 1999, art. 24-XVI.*

SOUS-SECTION 2 RÈGLEMENT CONVENTIONNEL

Art. L. 162-5-9 *Abrogé par L. n° 2004-810 du 13 août 2004, art. 48-III.*

BIBL. ▶ DUBOUIS, De la spécificité du règlement conventionnel minimal applicable en l'absence de convention, *RDSS 2000. 45*.

1. Habilitation par la voie d'une ordonnance. Les dispositions de la L. n° 95-1348 du 31 déc. 1995 habilitaient le Gouvernement à instituer par voie d'ordonnance un règlement conventionnel minimal en l'absence de convention nationale, c'est-à-dire que les auteurs de l'ordonnance ont pu légalement édicter des règles destinées, en cas d'absence de convention, à assurer la continuité des remboursements versés aux assurés sociaux et habiliter les ministres intéressés à fixer, dans cette hypothèse, les tarifs des honoraires, rémunérations et frais accessoires dus aux médecins. • CE 7 mai 1999 : *RJS 1999, n° 1127.*

2. Règlement conventionnel minimal. Le règlement conventionnel minimal peut être édicté non seulement en l'absence de convention nationale approuvée, mais aussi à la suite de l'annulation de l'approbation de la convention en cours. • CE 7 mai 1999 : *préc. note 1.* ♦ Le règlement conventionnel minimal peut comprendre toute mesure relevant du domaine d'intervention de la convention nationale à laquelle il se substitue. • CE 28 juill. 1999, *Synd. des médecins libéraux et a. : RJS 1999, n° 1280 ; RDSS 2000. 45, note Dubouis*.

3. Situation individuelle du praticien. Le médecin précédemment conventionné en secteur 1 qui poursuit son exercice professionnel dans le même secteur conventionné sous les dispositions du règlement conventionnel minimal issu de l'arrêté interministériel du 13 nov. 1998, sans faire connaître à la CPAM une décision contraire, doit, par application de l'art. L. 162-5-9, II, de l'art. 12 c, al. 3, et de l'art. 15 du règlement précité, être considéré comme adhérent de plein droit à ce règlement dans les conditions de la même option. En conséquence, violent ces dispositions les juges du fond qui décident que la faculté d'opter pour le secteur à honoraires différents reste ouverte à ce praticien. • Civ. 2e, 17 janv. 2007, n° 05-17.100 P. ♦ V. aussi • Civ. 2e, 14 juin 2005, n° 04-30.540 P : *JCP S 2005. 1042, obs. Prétot.* ♦ Le défaut de transmission de feuille de soins peut donner lieu à une sanction infligée sur le fondement de l'art. 17 du règlement conventionnel minimal en tant qu'il constitue un manquement aux dispositions du règlement conventionnel minimal, lesquelles énoncent, dans des termes suffisamment précis, l'obligation faite aux médecins adhérents d'assurer la transmission des feuilles de soins par voie électronique dans les conditions qu'il prévoit. • CE 2 oct. 2009, n° 319316.

4. Effet de l'abrogation. Si l'art. 48, III, de la L. n° 2004-810 du 13 août 2004 relative à l'assurance maladie fait obstacle, en abrogeant l'art. L. 162-5-9 CSS, à ce que les ministres chargés de la santé et de la sécurité sociale édictent ou modifient, à compter de l'entrée en vigueur de la loi, un règlement conventionnel minimal, ces dispositions n'ont pas pour objet ni pour effet de rendre inapplicable, à dater de l'entrée en vigueur de la loi, le règlement conventionnel minimal arrêté antérieurement. • Civ. 2e, 4 avr. 2013 : *RDSS 2013. 451, Prétot* (rapp.).

SOUS-SECTION 3 DISPOSITIONS DIVERSES

Art. L. 162-5-10 *(Ord. nº 96-345 du 24 avr. 1996, art. 17-IX)* Les honoraires, rémunérations et frais accessoires des médecins qui n'adhèrent pas à la convention nationale des médecins ou qui ne sont pas régis par le règlement mentionné à l'article *(L. nº 2004-810 du 13 août 2004, art. 48-III)* « **L. 162-14-2** » donnent lieu à remboursement par les organismes d'assurance maladie sur la base d'un tarif d'autorité fixé par arrêté interministériel.

Art. L. 162-5-11 *Abrogé par L. nº 2004-810 du 13 août 2004, art. 49-III.*

Art. L. 162-5-12 *Abrogé par L. nº 2009-879 du 21 juill. 2009, art. 59-V.*

Art. L. 162-5-13 I. — *(L. nº 99-641 du 27 juill. 1999, art. 24 ; L. nº 99-1140 du 29 déc. 1999, art. 24-VIII ; L. nº 2004-810 du 13 août 2004, art. 10 ; L. nº 2005-1579 du 19 déc. 2005, art. 54-V)* « Les tarifs des médecins mentionnés à l'article **L. 162-5** ne peuvent donner lieu à dépassement pour les actes dispensés aux bénéficiaires du droit à la protection complémentaire en matière de santé, sauf en cas d'exigence particulière du patient, notamment en cas de visite médicalement injustifiée, et sauf dans le cas prévu au 18° de l'article **L. 162-5**. »

(L. nº 2012-1404 du 17 déc. 2012, art. 64-1°) « I *bis*. — Les tarifs mentionnés au I ne peuvent pas donner lieu à dépassement pour les actes dispensés aux personnes *(L. nº 2017-1837 du 30 déc. 2017, art. 55-II, en vigueur le 1er janv. 2018)* « écrouées » affiliées aux assurances maladie et maternité du régime général en application du premier alinéa de l'article **L. 381-30**. »

II. — *(L. nº 99-1140 du 29 déc. 1999, art. 24-VIII-2°)* « La ou les conventions médicales prévues à l'article **L. 162-5** peuvent prévoir, lorsqu'elles autorisent la pratique des honoraires différents des tarifs qu'elles fixent, soit un plafond de dépassement par acte soit un plafond annuel pour les dépassements perçus par un praticien pour l'ensemble de son activité, ce plafond pouvant être déterminé en fonction du montant total des dépassements constatés l'année précédente. » *(Abrogé par Ord. nº 2010-177 du 23 févr. 2010, art. 24)* ***« Elles peuvent fixer des plafonds différents pour les médecins ayant adhéré au contrat prévu à l'article*** **L. 162-12-18. »**

Art. L. 162-5-14 *(L. nº 2012-1404 du 17 déc. 2012, art. 43-II)* « Les frais relatifs aux actes effectués dans le cadre de la permanence des soins prévue à l'article **L. 6314-1** du code de la santé publique par les médecins mentionnés au premier alinéa du même article sont pris en charge par l'assurance maladie sur la base des tarifs fixés pour les médecins conventionnés régis par les articles **L. 162-5** et **L. 162-14-1** du présent code. » *(L. nº 2003-1199 du 18 déc. 2003, art. 46-II)* « Ces médecins sont tenus de respecter ces tarifs. »

(L. nº 2015-1702 du 21 déc. 2015, art. 69-I) « Pour l'application du II de l'article **L. 1435-5** du code de la santé publique et par dérogation au premier alinéa du présent article, les frais relatifs aux actes effectués dans le cadre de la permanence des soins prévue à l'article **L. 6314-1** du même code par les médecins mentionnés au premier alinéa du même article sont financés par le fonds défini à l'article **L. 1435-8** dudit code, sur la base des tarifs fixés pour les médecins conventionnés régis par les articles **L. 162-5** et **L. 162-14-1** du présent code. »

Art. L. 162-5-14-1 *(L. nº 2012-1404 du 17 déc. 2012, art. 46-II)* Les frais relatifs aux actes effectués par les médecins au titre de leurs fonctions de praticien territorial de médecine générale régies par l'article **L. 1435-4-2** du code de la santé publique sont, lorsque les médecins ne sont pas adhérents à la convention médicale mentionnée à l'article **L. 162-5** du présent code, pris en charge par l'assurance maladie sur la base des tarifs fixés pour les médecins conventionnés régis par les articles **L. 162-5** et **L. 162-14-1**. Les praticiens territoriaux de médecine générale sont tenus, dans l'exercice de leurs fonctions, de respecter les tarifs opposables.

Art. L. 162-5-14-2 *(L. nº 2015-1702 du 21 déc. 2015, art. 70)* Les frais relatifs à l'examen nécessaire à l'établissement du certificat de décès mentionné au premier alinéa de l'article **L. 2223-42** du code général des collectivités territoriales, réalisé au domicile du patient aux horaires et dans les conditions fixés par décret, sont pris en charge par l'assurance maladie sur la base d'un forfait fixé par arrêté des ministres chargés de la santé et de la sécurité sociale. Les médecins sont tenus de respecter ces tarifs.

Art. L. 162-5-15 *(L. n° 2004-1370 du 20 déc. 2004, art. 16)* Les médecins *(L. n° 2018-1203 du 22 déc. 2018, art. 49-4°)* « exerçant en totalité ou pour partie leurs fonctions, à titre libéral ou salarié, dans les établissements mentionnés à l'article L. 162-22-6 du présent code, » ainsi que les médecins salariés d'un centre de santé mentionné à l'article L. 6323-1 du *(L. n° 2018-1203 du 22 déc. 2018, art. 49-4°)* « code de la santé publique » sont identifiés par un numéro personnel distinct du numéro identifiant la structure où ils exercent *(L. n° 2018-1203 du 22 déc. 2018, art. 49-4°)* « , au moins en partie, » leur activité.

Le décret prévu au premier alinéa de l'article L. 161-33 du présent code précise les cas dans lesquels ce numéro *(L. n° 2018-1203 du 22 déc. 2018, art. 49-4°)* « personnel ainsi que, le cas échéant, le numéro identifiant la structure au sein de laquelle l'acte, la consultation ou la prescription a été réalisé figurent » sur les documents transmis aux caisses d'assurance maladie en vue du remboursement ou de la prise en charge des soins dispensés par ces praticiens.

Art. L. 162-5-16 *(L. n° 2007-1786 du 19 déc. 2007, art. 65-I)* A défaut d'identification *(L. n° 2018-1203 du 22 déc. 2018, art. 49-5°)* « exacte » par le numéro personnel mentionné à l'article L. 162-5-15 *(L. n° 2018-1203 du 22 déc. 2018, art. 49-5°)* « et par le numéro identifiant la structure, » des prescriptions dont l'exécution est assurée par des professionnels de santé exerçant en ville, *[et]* les dépenses y afférentes constatées par les organismes de sécurité sociale sont imputées sur leurs versements à l'établissement de santé ou au centre de santé dans lequel exerce le médecin ayant effectué la prescription. – *Entrée en vigueur le 1er janv. 2009.*

Art. L. 162-5-17 *(L. n° 2008-1330 du 17 déc. 2008, art. 47-II, en vigueur le 1er janv. 2010)* A défaut d'identification par le numéro personnel mentionné à l'article L. 162-5-15 des prescriptions de spécialités pharmaceutiques mentionnées *(L. n° 2015-1702 du 21 déc. 2015, art. 78-I-4°, en vigueur le 1er janv. 2017)* « aux articles L. 162-22-7 et L. 162-23-6 », les dépenses y afférentes ne sont pas prises en charge par les organismes de sécurité sociale.

Ces dépenses ne peuvent être facturées au patient.

Art. L. 162-5-18 *(L. n° 2018-1203 du 22 déc. 2018, art. 49-6°)* Le pharmacien exécutant l'ordonnance comportant ou devant comporter le numéro personnel et le numéro identifiant la structure mentionnés à l'article L. 162-5-15 est tenu de reporter ces numéros, ou le cas échéant leur absence, sur les documents transmis aux caisses d'assurance maladie.

Le non-respect de cette obligation ou la transmission d'éléments erronés peuvent donner lieu à une procédure de recouvrement de l'indu, selon les modalités prévues à l'article L. 133-4, auprès du pharmacien.

SECTION II CHIRURGIENS-DENTISTES, SAGES-FEMMES ET AUXILIAIRES MÉDICAUX

Art. L. 162-8 *(L. n° 2003-1199 du 18 déc. 2003, art. 40-II)* Les dispositions de l'article L. 162-4 s'appliquent aux chirurgiens-dentistes, aux sages-femmes et aux auxiliaires médicaux pour ce qui les concerne.

Art. L. 162-8-1 *(L. n° 2013-1203 du 23 déc. 2013, art. 55-2°)* La sage-femme qui prescrit un contraceptif à une assurée mineure d'au moins quinze ans mentionnée au 21° de l'article L. 322-3 ou qui lui prescrit des examens de biologie médicale en vue d'une prescription contraceptive est tenue de faire bénéficier cette assurée d'une dispense d'avance de frais sur la part des dépenses prises en charge par l'assurance maladie. Elle est également tenue de la faire bénéficier de cette dispense pour les actes donnant lieu à la pose, au changement ou au retrait d'un contraceptif ; cette dispense étant prise en charge par l'assurance maladie via la carte professionnelle du praticien.

SOUS-SECTION 1 CONVENTIONS NATIONALES

BIBL. GÉN. ▶ V. Bibl. gén. avant art. L. 162-5.

Art. L. 162-9 Les rapports entre les *(Ord. n° 96-345 du 24 avr. 1996, art. 26-I ; L. n° 99-1140 du 29 déc. 1999, art. 24-I)* « organismes d'assurance maladie et les chirurgiens-dentistes, les sages-femmes et les auxiliaires médicaux sont définis par des conventions nationales conclues entre » *(L. n° 2004-810 du 13 août 2004, art. 55-II)* « l'Union nationale des caisses d'assurance maladie » et une ou plusieurs des organisations syndicales nationales les plus représentatives de chacune de ces professions.

Ces conventions déterminent :

1° Les obligations des caisses primaires d'assurance maladie et celles des chirurgiens-dentistes, des sages-femmes et des auxiliaires médicaux ;

2° *(Ord. n° 96-345 du 24 avr. 1996, art. 18-I)* « Les mesures que les partenaires conventionnels jugent appropriées pour garantir la qualité des soins dispensés aux assurés sociaux par les chirurgiens-dentistes, les sages-femmes ou les auxiliaires médicaux et notamment la sélection des thèmes des références professionnelles, l'opposabilité de ces références et ses conditions d'application ;

« 3° La possibilité de mettre à la charge du chirurgien-dentiste, de la sage-femme ou de l'auxiliaire médical qui ne respecte pas les mesures prévues au *(L. n° 2018-1203 du 22 déc. 2018, art. 51-I, en vigueur le 1er janv. 2019)* « 2° » du présent article, tout ou partie des cotisations mentionnées aux articles *(Ord. n° 2018-470 du 12 juin 2018, art. 2)* « L. 621-2 » et L. 645-2, ou une partie de la dépense des régimes d'assurance maladie, correspondant aux honoraires perçus au titre des soins dispensés dans des conditions ne respectant pas ces mesures ; »

4° *(L. n° 99-641 du 27 juill. 1999, art. 26)* « Pour les chirurgiens-dentistes, le cas échéant, les conditions tendant à éviter à l'assuré social de payer directement les honoraires » ;

5° *(L. n° 99-1140 du 29 déc. 1999, art. 24-I-4°)* « Le cas échéant :

« *a)* Les conditions particulières d'exercice propres à favoriser la coordination des soins ;

« *b)* Les conditions particulières d'exercice permettant la prise en charge globale de patients dans le cadre de réseaux de soins et les modes de rémunération des professionnels mentionnés au 1° participant à ces réseaux ;

« *c)* Les droits et obligations respectifs des professionnels mentionnés au 1°, des patients et des caisses, ainsi que les modalités d'évaluation associées aux formes d'exercice et modes de rémunération mentionnés aux *a* et *b* ci-dessus ;

« 6° Le cas échéant, les modes de rémunération, autres que le paiement à l'acte, des activités de soins ainsi que les modes de rémunération des activités non curatives des professionnels mentionnés au 1° ; »

(L. n° 2007-1786 du 19 déc. 2007, art. 47-I) « 7° Les mesures d'adaptation, notamment incitatives, des dispositions de l'article L. 162-14-1 et du présent article applicables aux chirurgiens-dentistes, sages-femmes et auxiliaires médicaux en fonction du niveau de l'offre en soins au sein de chaque région dans les zones *(Ord. n° 2010-177 du 23 févr. 2010, art. 21)* « définies par l'agence régionale de santé en application de l'article *(L. n° 2016-41 du 26 janv. 2016, art. 158-III-2°)* « L. 1434-4 » du code de la santé publique ». Ces modalités sont définies après concertation des organisations les plus représentatives des étudiants et jeunes chirurgiens-dentistes, sages-femmes et auxiliaires médicaux » ;

(L. n° 2016-41 du 26 janv. 2016, art. 114-II-2°) « 7° *bis* Les propositions d'orientations pluriannuelles prioritaires en matière de développement professionnel continu, relevant de l'article L. 4021-2 du code de la santé publique ; »

(L. n° 2015-1702 du 21 déc. 2015, art. 72-1°) « 8° Les conditions à remplir par les sages-femmes et les chirurgiens-dentistes pour être conventionné *[conventionnés]*, notamment celles relatives aux modalités de leur exercice professionnel et à leur formation, ainsi que celles relatives aux zones d'exercice définies par l'agence régionale de santé en application de l'article *(Ord. n° 2018-21 du 17 janv. 2018, art. 7)* « L. 1434-4 » du code de la santé publique. »

(Ord. n° 96-345 du 24 avr. 1996, art. 17-VI) « Elles fixent également les modalités d'application *(L. n° 99-1140 du 29 déc. 1999, art. 24-I-5°)* « du 3° », et notamment les conditions dans lesquelles le professionnel concerné présente ses observations. »

(Abrogé par Ord. n° 2010-177 du 23 févr. 2010, art. 21) (L. n° 99-1140 du 29 déc. 1999, art. 24-I-7°) ***« Pour la mise en œuvre des 5° et 6°, il peut être fait application des dérogations mentionnées au II de l'article L. 162-31-1. »***

(L. n° 99-641 du 27 juill. 1999, art. 26 ; L. n° 99-1140 du 29 déc. 1999, art. 24-I) **« Si elle autorise un dépassement pour les soins visés au 3° de l'article L. 861-3, la convention nationale intéressant les chirurgiens-dentistes fixe le montant maximal de ce dépassement applicable aux bénéficiaires du droit à la protection complémentaire en matière de santé** *(L. n° 2016-41 du 26 janv. 2016, art. 86-I)* **« et aux bénéficiaires de l'aide au paiement d'une assurance complémentaire de santé** *[Nouvelle rédaction issue de la L. n° 2018-1203 du 22 déc. 2018, art. 52-II, en vigueur le 1er nov. 2019 : [en matière de santé] « mentionnés à l'article L. 861-1 »]* **» ; à défaut de convention, ou si la convention ne prévoit pas de dispositions spécifiques aux bénéficiaires de cette protection** *(Abrogé par L. n° 2018-1203 du 22 déc. 2018, art. 52-II, à compter du 1er nov. 2019) (L. n° 2016-41 du 26 janv. 2016, art. 86-I)* ***« ou de cette aide »*****, un arrêté interministériel** *[Nouvelle rédaction issue de la L. n° 2018-1203 du 22 déc. 2018, art. 52-II, en vigueur le 1er nov. 2019 : [un arrêté] « des ministres chargés de la santé et de la sécurité sociale »]* **détermine la limite applicable à ces dépassements pour les intéressés. »**

CONVENTIONS NATIONALES. — Audioprothésistes : *Arr. du 13 août 1992 (JO 25 août).* — Chirurgiens-dentistes (règlement arbitral) : *Arr. du 29 mars 2017 (JO 31 mars).* — Infirmiers : *Arr. du 18 juill. 2007 (JO 25 juill.) ; avenant n° 1 : Arr. du 17 oct. 2008 (JO 18 oct.) ; avenant n° 2 : Arr. du 15 juill. 2011 (JO 23 juill.) ; avenant n° 3 : Arr. du 25 nov. 2011 (JO 26 nov.) ; avenant n° 4 du 19 déc. 2013 : Avis (JO 19 mars 2014).* — Masseurs-kinésithérapeutes : *Arr. du 10 mai 2007 (JO 16 mai) ; avenant n° 1 du 17 déc. 2007 (JO 8 mars 2008) ; avenant n° 2 : Arr. du 15 juill. 2011 (JO 23 juill.) ; avenant n° 3 : Arr. du 10 janv. 2012 (JO 14 janv.).* — Orthophonistes : *Arr. du 31 déc. 1996 (JO 9 janv. 1997) ; avenant : Arr. du 30 oct. 1998 (JO 3 nov.) ; avenant : Arr. du 29 déc. 1999 (JO 9 janv. 2000) ; avenant du 22 mai 2000 (JO 11 août) ; avenant : Arr. du 13 mars 2002 (JO 15 mars) ; avenant du 18 déc. 2002 (JO 27 févr. 2003) ; avenant du 20 févr. 2003 (JO 23 mai) ; avenant du 20 nov. 2003 (JO 19 mars 2004) ; avenant du 25 oct. 2004 (JO 20 janv. 2005) ; avenant : Arr. du 4 août 2006 (JO 19 août) ; avenant : Arr. du 17 août 2006 (JO 30 août) ; avenant : Arr. du 19 avr. 2007 (JO 3 mai) ; avenant du 15 nov. 2007 (JO 26 déc. 2007) ; avenant : Arr. du 15 juill. 2011 (JO 23 juill.) ; avenant du 29 mars 2012 : Arr. du 4 mai 2012 (JO 5 mai).* — Orthoptistes : *Arr. du 7 juill. 1999 (JO 5 août) ; avenant : Arr. du 29 déc. 1999 (JO 9 janv. 2000) ; avenant du 27 mars 2002 (JO 27 juin) ; avenant du 18 déc. 2002 (JO 27 févr. 2003) ; avenant du 17 nov. 2003 (JO 17 mars 2004) ; avenant du 17 mai 2004 (JO 21 août) ; avenant n° 6 : Arr. du 11 mai 2007 (JO 16 mai) ; avenant n° 7 : Arr. du 16 mai 2008 (JO 27 mai) ; avenant n° 8 : Arr. du 15 juill. 2011 (JO 23 juill.) ; avenant n° 9 : Arr. du 30 avr. 2012 (JO 5 mai).* — Pédicure-podologue : *Arr. du 24 déc. 2007 (JO 29 déc.) ; avenant n° 1 du 15 oct. 2008 (JO 11 févr. 2009) ; avenant n° 2 : Arr. du 15 juill. 2011 (JO 23 juill.) ; avenant n° 3 du 19 sept. 2012 : Arr. du 23 nov. (JO 28 nov.).* — Sages-femmes : *Arr. du 10 déc. 2007 (JO 19 déc.) ; avenant n° 1 : Arr. du 12 mars 2012 (JO 14 mars) ; avenant n° 2 du 6 déc. 2013 : Avis (JO 27 févr. 2014) ; avenant n° 3 du 11 mai 2015 (JO 11 sept.).*

1. Prise en charge d'un implant dentaire. Les actes médicaux ne sont pris en charge par l'assurance maladie que s'ils figurent sur une nomenclature établie par l'arrêté ministériel. • Civ. 2e, 29 juin 2004, n° 02-30.985 P : *TPS 2004. Comm. 270, obs. Prétot* (qui rejette la prise en charge au motif que les implants dentaires ne figurent pas dans la nomenclature, laquelle ne vise que les appareils de prothèse).

2. V. notes ss. art. L. 162-5.

Art. L. 162-10 *Abrogé par Ord. n° 96-345 du 24 avr. 1996, art. 26-II.*

SOUS-SECTION 2 CONVENTIONS DÉPARTEMENTALES

Art. L. 162-11 **A défaut de convention nationale, les tarifs des honoraires et frais accessoires** *(L. n° 2004-810 du 13 août 2004, art. 49-II)* **« et la participation au financement des cotisations prévue au 5° du I de l'article L. 162-14-1 » dus aux chirurgiens-dentistes, sages-femmes et auxiliaires médicaux pour les soins dispensés aux assurés sociaux et à leurs ayants droit sont fixés par des conventions conclues entre les caisses primaires d'assurance maladie et un ou plusieurs des syndicats les plus représentatifs de chacune de ces professions, dans la limite des tarifs fixés par arrêté interministériel.**

Les conventions doivent être conformes aux clauses de conventions types établies par décret en Conseil d'État et n'entrent en vigueur qu'après approbation par l'autorité administrative.

Dès leur approbation, les conventions sont applicables à l'ensemble des membres des professions intéressées, exerçant dans la circonscription de la caisse primaire, à l'exception de ceux qui, dans les conditions déterminées par la convention type, ont fait connaître à cet organisme qu'ils n'acceptent pas d'être régis par la convention.

En cas de violation des engagements conventionnels par un membre de l'une des professions intéressées, la caisse primaire d'assurance maladie peut décider, selon les conditions prévues par la convention type, de le placer hors de la convention.

En l'absence de conventions conclues avec la caisse primaire, les chirurgiens-dentistes, les sages-femmes et les auxiliaires médicaux peuvent adhérer personnellement aux clauses de la convention type sur la base de tarifs fixés dans les conditions prévues au premier alinéa du présent article. — *V. art. R. 162-2 à R. 162-9.*

SOUS-SECTION 3 COMMISSIONS PARITAIRES DÉPARTEMENTALES — COMMISSION PARITAIRE NATIONALE

Néant. — V. art. R. 162-10 à R. 162-16.

SOUS-SECTION 4 DISPOSITIONS DIVERSES

Art. L. 162-12 A défaut de convention ou en l'absence d'adhésion personnelle à la convention type, les tarifs servant de base au remboursement des honoraires des chirurgiens-dentistes, des sages-femmes et des auxiliaires médicaux sont fixés par arrêtés interministériels.

SOUS-SECTION 5 DISPOSITIONS RELATIVES AUX INFIRMIERS

BIBL. GÉN. ▸ V. Bibl. gén. avant art. L. 162-5. - V. aussi BAILLON, Nouveaux éclairages sur une convention discutée, retour sur la convention nationale des infirmiers de 1996, *LPA 1999. 8* ; À propos de la Convention nationale des infirmiers de 1996, dissuader l'infirmier et dérouter le plaideur, *LPA 1998. 12.*

Art. L. 162-12-1 *(L. n° 93-8 du 4 janv. 1993, art. 1er)* Les infirmiers sont tenus d'effectuer leurs actes dans le respect des dispositions prises pour l'application du titre Ier du livre III de la quatrième partie du code de la santé publique et en observant la plus stricte économie compatible avec l'exécution des prescriptions.

Art. L. 162-12-2 *(L. n° 93-8 du 4 janv. 1993, art. 1er)* Les rapports entre les *(Ord. n° 96-345 du 24 avr. 1996, art. 26)* « organismes d'assurance maladie » et les infirmiers sont définis, dans le respect des règles déontologiques fixées par le code de la santé publique, par une convention nationale conclue pour une durée au plus égale à cinq ans entre une ou plusieurs organisations syndicales les plus représentatives des infirmiers et *(L. n° 2004-810 du 13 août 2004, art. 55-II)* « l'Union nationale des caisses d'assurance maladie ».

Cette convention détermine notamment :

1° Les obligations respectives des caisses primaires d'assurance maladie et des infirmiers ainsi que les conditions dans lesquelles sont pris en charge les actes effectués par un infirmier remplaçant un infirmier conventionné et les actes effectués par les infirmiers conventionnés dans les établissements et structures d'hébergement de toute nature ;

(L. n° 2016-41 du 26 janv. 2016, art. 114-II-3°) « 1° *bis* Les orientations pluriannuelles prioritaires en matière de développement professionnel continu, relevant de l'article L. 4021-2 du code de la santé publique ; »

(Abrogé par L. n° 2011-940 du 10 août 2011, art. 62-I) (L. n° 2009-879 du 21 juill. 2009, art. 59-IV) « *2° Le montant de la contribution annuelle des caisses nationales d'assurance maladie au développement professionnel continu ;* »

3° Les conditions, à remplir par les infirmiers pour être conventionnés et notamment celles relatives à la durée minimum d'expérience professionnelle acquise en équipe de soins généraux au sein d'un service organisé, aux sanctions prononcées le cas échéant à leur encontre pour des faits liés à l'exercice de leur profession et au suivi d'actions de formation *(L. n° 2007-1786 du 19 déc. 2007, art. 46-I ; Ord. n° 2010-177 du 23 févr. 2010, art. 21)* « , ainsi qu'à la zone d'exercice définies par l'agence régionale de santé en application de l'article *(Ord. n° 2018-21 du 17 janv. 2018, art. 7)*

« L. 1434-4 » du code de la santé publique » ; – *V. Arr. du 29 déc. 2008 relatif aux critères de classification de zones des infirmiers libéraux prévus à l'art. L. 162-47 CSS (JO 18 janv. 2009).*

4° Le financement des instances nécessaires à la mise en œuvre de la convention et de ses annexes annuelles ;

5° Les mesures que les partenaires conventionnels jugent appropriées pour garantir la qualité des soins infirmiers dispensés aux assurés sociaux *(Ord. n° 96-345 du 24 avr. 1996, art. 18-III)* « et notamment la sélection des thèmes des références professionnelles, l'opposabilité de ces références et ses conditions d'application » ;

(L. n° 99-1140 du 29 déc. 1999, art. 24-II) « 6° Le cas échéant :

« *a)* Les conditions particulières d'exercice propres à favoriser la coordination des soins ;

« *b)* Les conditions particulières d'exercice permettant la prise en charge globale de patients dans le cadre de réseaux de soins et les modes de rémunération des infirmiers participant à ces réseaux ;

« *c)* Les droits et obligations respectifs des infirmiers, des patients et des caisses, ainsi que les modalités d'évaluation associées aux formes d'exercice et modes de rémunération mentionnés aux *a* et *b* ci-dessus ;

« 7° Le cas échéant, les modes de rémunération, autres que le paiement à l'acte, des activités de soins ainsi que les modes de rémunération des activités non curatives des infirmiers ;

(L. n° 2007-1786 du 19 déc. 2007, art. 46-I) « 8° Les mesures d'adaptation, notamment incitatives, des dispositions de l'article L. 162-14-1 et des dispositions du présent article applicables aux infirmiers en fonction du niveau de l'offre en soins au sein de chaque région dans les zones *(Ord. n° 2010-177 du 23 févr. 2010, art. 21)* « définies par l'agence régionale de santé en application de l'article *(Ord. n° 2018-21 du 17 janv. 2018, art. 7)* « L. 1434-4 » du code de la santé publique ». Ces modalités sont définies après concertation avec les organisations les plus représentatives des étudiants et jeunes infirmiers. »

(Abrogé par Ord. n° 2010-177 du 23 févr. 2010, art. 21) ***« Pour la mise en œuvre des 6° et 7°, il peut être fait application des dérogations mentionnées au II de l'article L. 162-31-1. »***

Dans le code de la sécurité sociale, les références à l'art. L. 162-9 sont complétées, en tant qu'elles concernent les infirmiers, par une référence à l'art. L. 162-12-2.

Art. L. 162-12-3 *(Ord. n° 96-345 du 24 avr. 1996, art. 18-IV ; L. n° 99-1140 du 29 déc. 1999, art. 24-XVII ; L. n° 2004-810 du 13 août 2004, art. 49-VIII)* La convention nationale prévoit la possibilité de mettre à la charge de l'infirmier qui ne respecte pas les mesures prévues au 5° de l'article L. 162-12-2 une partie de la dépense des régimes d'assurance maladie correspondant aux honoraires perçus au titre des soins dispensés dans des conditions ne respectant pas ces mesures.

Elle fixe également les modalités d'application de l'alinéa précédent, et notamment les conditions dans lesquelles le professionnel concerné présente ses observations. – *[Anc. art. L. 162-12-6.]*

Art. L. 162-12-4 *(L. n° 93-8 du 4 janv. 1993, art. 1er ; L. n° 99-1140 du 29 déc. 1999, art. 24-XVII)* Les dispositions des articles L. 162-9 à L. 162-12 ne sont pas applicables aux infirmiers. – *[Anc. art. L. 162-12-7.]*

SOUS-SECTION 6 DISPOSITIONS RELATIVES AUX MASSEURS-KINÉSITHÉRAPEUTES

BIBL. GÉN. ▶ V. Bibl. gén. avant art. L. 162-5.

Art. L. 162-12-8 *(L. n° 94-637 du 25 juill. 1994, art. 26)* Les masseurs-kinésithérapeutes sont tenus d'effectuer leurs actes dans le respect des dispositions du titre II du livre III de la quatrième partie du code de la santé publique et de leurs mesures d'application en observant la plus stricte économie compatible avec l'exécution des prescriptions.

Art. L. 162-12-9 *(L. n° 94-637 du 25 juill. 1994, art. 26)* Les rapports entre les *(Ord. n° 96-345 du 24 avr. 1996, art. 26-I)* « organismes d'assurance maladie » et les masseurs-kinésithérapeutes sont définis par une convention nationale conclue pour une durée au plus égale à cinq ans entre une ou plusieurs des organisations syndicales

les plus représentatives des masseurs-kinésithérapeutes et *(L. nº 2004-810 du 13 août 2004, art. 55-II)* « l'Union nationale des caisses d'assurance maladie ».

Cette convention détermine notamment :

1° Les obligations respectives des caisses primaires d'assurance maladie et des masseurs-kinésithérapeutes, y compris les conditions dans lesquelles sont pris en charge les actes effectués par un masseur-kinésithérapeute remplaçant un masseur-kinésithérapeute conventionné et les actes effectués par les masseurs-kinésithérapeutes conventionnés dans les établissements et structures d'hébergement de toute nature ;

(L. nº 2016-41 du 26 janv. 2016, art. 114-II-4º) « 1° *bis* Les orientations pluriannuelles prioritaires en matière de développement professionnel continu, relevant de l'article L. 4021-2 du code de la santé publique ; »

(Abrogé par L. nº 2011-940 du 10 août 2011, art. 62-I) (L. nº 2009-879 du 21 juill. 2009, art. 59-IV) ***« 2º Le montant de la contribution annuelle des caisses nationales d'assurance maladie au développement professionnel continu ; »***

3° Les conditions à remplir par les masseurs-kinésithérapeutes pour être conventionnés et notamment celles relatives aux modalités de leur exercice professionnel et à leur formation *(L. nº 2015-1702 du 21 déc. 2015, art. 72-2º)* « ainsi que celles relatives aux zones d'exercice définies par l'agence régionale de santé en application de l'article *(Ord. nº 2018-21 du 17 janv. 2018, art. 7)* « L. 1434-4 » du code de la santé publique » ;

4° Le financement du fonctionnement des instances nécessaires à la mise en œuvre de la convention et de ses annexes annuelles ;

5° Les mesures que les partenaires conventionnels jugent appropriées pour garantir la qualité des soins de masso-kinésithérapie dispensés aux assurés sociaux *(Ord. nº 96-345 du 24 avr. 1996, art. 18-III)* « et notamment la sélection des thèmes des références professionnelles, l'opposabilité de ces références et ses conditions d'application » ;

6° *(Ord. nº 96-345 du 24 avr. 1996, art. 18-V)* « La possibilité de mettre à la charge du masseur-kinésithérapeute qui ne respecte pas les mesures prévues au 5° ci-dessus tout ou partie des cotisations mentionnées aux articles *(Ord. nº 2018-470 du 12 juin 2018, art. 2)* « L. 621-2 » et L. 645-2 ou une partie de la dépense des régimes d'assurance maladie correspondant aux honoraires perçus au titre des soins dispensés dans des conditions ne respectant pas ces mesures ; »

(L. nº 99-1140 du 29 déc. 1999, art. 24-III-1º) « 7° Le cas échéant :

« *a)* Les conditions particulières d'exercice propres à favoriser la coordination des soins ;

« *b)* Les conditions particulières d'exercice permettant la prise en charge globale de patients dans le cadre de réseaux de soins et les modes de rémunération des masseurs-kinésithérapeutes participant à ces réseaux ;

« *c)* Les droits et obligations respectifs des masseurs-kinésithérapeutes, des patients et des caisses, ainsi que les modalités d'évaluation associées aux formes d'exercice et modes de rémunération mentionnés aux *a* et *b* ci-dessus ;

« 8° Le cas échéant, les modes de rémunération, autres que le paiement à l'acte, des activités de soins ainsi que les modes de rémunération des activités autres que curatives des masseurs-kinésithérapeutes ».

(L. nº 2007-1786 du 19 déc. 2007, art. 47-II) « 9° Les mesures d'adaptation, notamment incitatives, des dispositions de l'article L. 162-14-1 et du présent article applicables aux masseurs-kinésithérapeutes en fonction du niveau de l'offre en soins au sein de chaque région dans les zones *(Ord. nº 2010-177 du 23 févr. 2010, art. 21)* « définies par l'agence régionale de santé en application de l'article *(Ord. nº 2018-21 du 17 janv. 2018, art. 7)* « L. 1434-4 » du code de la santé publique ». Ces modalités sont définies après concertation des organisations les plus représentatives des étudiants et jeunes masseurs-kinésithérapeutes. »

(Ord. nº 96-345 du 24 janv. 1996, art. 18-V) « Elle fixe également les modalités d'application de l'alinéa précédent, et notamment les conditions dans lesquelles le masseur-kinésithérapeute concerné présente ses observations. »

(Abrogé par Ord. nº 2010-177 du 23 févr. 2010, art. 21) (L. nº 99-1140 du 29 déc. 1999, art. 24-III-2º) ***« Pour la mise en œuvre des 7º et 8º, il peut être fait application des dérogations mentionnées au II de l'article L. 162-31-1. »***

1. V. notes ss. art. L. 162-5.

2. Nécessité d'une habilitation législative pour limiter le nombre de professionnels en zones sur dotées. Les stipulations par lesquelles la convention conclue entre une ou plusieurs organisations syndicales représentatives des masseurs-kinésithérapeutes et l'UNCAM institue une limitation du nombre de professionnels susceptibles d'être conventionnés dans les zones sur dotées touchent aux principes fondamentaux de la sécurité sociale au sens de l'art. 34 de la Constitution et ne peuvent dès lors être également approuvées qu'en présence d'une habilitation expresse du législateur. Il résulte des dispositions du 3° de l'art. L. 162-12-9 CSS, selon lesquelles cette convention détermine les conditions de conventionnement des masseurs-kinésithérapeutes, et de celles du 9° du même art., selon lesquelles elle détermine les mesures d'adaptation, notamment incitatives, des dispositions de cet art. L. 162-12-9 et de l'art. L. 162-14-1 du même code, en fonction du niveau de l'offre en soins au sein de chaque région dans les zones définies à cet effet par l'agence régionale de santé, éclairées par les travaux parlementaires qui ont précédé l'adoption de la loi du 19 déc. 2007 de financement de sécurité sociale pour 2008 dont le 9° est issu, que le législateur n'a pas entendu permettre l'adoption par les partenaires conventionnels de mesures limitant de façon contraignante les possibilités de conventionnement en fonction de la zone géographique d'installation. • CE 17 mars 2014, n° 357594 B.

Art. L. 162-12-10 *(L. n° 94-637 du 25 juill. 1994, art. 26 ; L. n° 99-1140 du 29 déc. 1999, art. 24-XVII)* **La convention nationale prévoit la possibilité de mettre à la charge du masseur-kinésithérapeute qui ne respecte pas les mesures prévues au 5° de l'article L. 162-12-9** *(L. n° 2004-810 du 13 août 2004, art. 49-IX)* **« une partie de la dépense des régimes d'assurance maladie correspondant aux honoraires perçus au titre des soins dispensés dans des conditions ne respectant pas ces mesures ».**

Elle fixe également les modalités d'application de l'alinéa précédent, et notamment les conditions dans lesquelles le masseur-kinésithérapeute concerné présente ses observations. – *[Anc. art. L. 162-12-13.]*

Art. L. 162-12-11 *(L. n° 94-637 du 25 juill. 1994, art. 26 ; L. n° 99-1140 du 29 déc. 1999, art. 24-XVII)* **Les dispositions des articles L. 162-9 à L. 162-11 ne sont pas applicables aux masseurs-kinésithérapeutes.** – *[Anc. art. L. 162-12-14.]*

SECTION II-1 RÉFÉRENCES PROFESSIONNELLES

BIBL. ▸ ATIAS, Les références médicales opposables : révolution ou continuité ?, *RDSS 1994. 23* ; Sur les reversements et les références médicales opposables, *Dr. soc. 1997. 830*. – FRAISSEX, L'opposabilité des références médicales obligatoires aux médecins de ville et aux médecins hospitaliers, *LPA 1994. 23*. – GARDEUR, Des références médicales opposables aux références professionnelles, *Dr. soc. 1996. 819*. – LAUDE, La force juridique des références médicales opposables, *Méd. et droit 1998, n° 28, p. 1*. – LUCAS-BALOUP et LORIT, Médecins/Caisses : 20 questions sur les références médicales opposables, *éd. Scrof, 1995*. – M. et J. PENNEAU, Recommandations professionnelles et responsabilité médicale, *Méd. et droit 1998, n° 28, p. 4*. – SAINT-JOURS, Les références médicales opposables : sauvetage ou naufrage de l'assurance maladie ?, *JCP 1996, Actu. n° 16*. – SARGOS, Références médicales opposables et responsabilité des médecins, *Méd. et droit 1998, n° 28, p. 9*. – TAPIE, Les recommandations de bonne pratique et les références médicales : des outils à généraliser, *Dr. soc. 1997. 828*. – Bonnes pratiques médicales : la Cnam anticipe la loi, *Lamy protection sociale 2004, n° 188, p. 1*.

Art. L. 162-12-15 *(Ord. n° 96-345 du 24 avr. 1996, art. 19)* **Les références mentionnées au 6° du troisième alinéa de l'article L. 162-5, au 3° du deuxième alinéa de l'article L. 162-9 et au 5° du deuxième alinéa de l'article L. 162-12-2 et de l'article L. 162-12-9 identifient des soins et des prescriptions médicalement inutiles ou dangereux. Elles sont établies par** *(L. n° 2004-810 du 13 août 2004, art. 36-IV)* **« la Haute Autorité de santé », à partir de critères scientifiques reconnus et, pour le domaine du médicament, par** *(L. n° 2011-2012 du 29 déc. 2011, art. 5-IV-B)* **« l'Agence nationale de sécurité du médicament et des produits de santé », à partir des évaluations réalisées pour délivrer l'autorisation de mise sur le marché et pour apprécier le service médical rendu.**

Les conventions prévues aux articles L. 162-5, L. 162-9, L. 162-12-2 et L. 162-12-9, ou, à défaut, le règlement prévu à l'article *(L. n° 2004-810 du 13 août 2004, art. 48-III-D)* **« L. 162-14-2 », déterminent les références rendues opposables aux professionnels de santé et les conditions de cette opposabilité.**

Des recommandations de bonne pratique établies par *(L. nº 2004-810 du 13 août 2004, art. 36-IV)* « la Haute Autorité de santé » ou par *(L. nº 2011-2012 du 29 déc. 2011, art. 5-IV-B)* « l'Agence nationale de sécurité du médicament et des produits de santé » accompagnent, pour chaque thème, les références opposables. Les recommandations concernant le médicament sont diffusées par *(L. nº 2011-2012 du 29 déc. 2011, art. 5-IV-B)* « l'Agence nationale de sécurité du médicament et des produits de santé » ; les autres sont, en ce qui concerne les *(Ord. nº 2010-177 du 23 févr. 2010, art. 10-I-3º)* « professions de santé », diffusées par l'intermédiaire des unions régionales des *(Ord. nº 2010-177 du 23 févr. 2010, art. 10-I-3º)* « professionnels de santé ».

Ces références sont également mises en œuvre par les établissements de santé *(Ord. nº 2017-31 du 12 janv. 2017, art. 2-1º)* « assurant le service public hospitalier » pour ce qui concerne leurs activités de consultation externe. Leur respect est, le cas échéant, pris en compte dans la procédure *(Ord. nº 2010-177 du 23 févr. 2010, art. 28)* « de certification prévue à l'article L. 6113-3 » du code de la santé publique.

Les recommandations mentionnées au troisième alinéa sont également diffusées dans les établissements de santé *(Abrogé par Ord. nº 2017-31 du 12 janv. 2017, art. 2-1º)* ***« publics ou privés participant au secteur public hospitalier ».***

La liste des références opposables est régulièrement actualisée par les parties conventionnelles dans les conditions prévues au présent article, en fonction notamment des données de la science.

A défaut d'actualisation, les ministres chargés de la santé et de la sécurité sociale peuvent, dans l'intérêt de la santé publique, après consultation de *(L. nº 2004-810 du 13 août 2004, art. 36-IV)* « la Haute Autorité de santé » ou de *(L. nº 2011-2012 du 29 déc. 2011, art. 5-IV-B)* « l'Agence nationale de sécurité du médicament et des produits de santé » dans leur domaine de compétence respectif, demander aux parties à la convention concernée d'abroger une référence opposable dont le maintien en l'état n'est plus justifié ; en l'absence d'accord des parties, constaté deux mois après leur saisine, un arrêté des mêmes ministres peut procéder à cette abrogation.

Les dispositions issues de la L. nº 2011-2012 du 29 déc. 2011 sont entrées en vigueur le 1er mai 2012, date prévue par le décret pris pour leur application (Décr. nº 2012-597 du 27 avr. 2012, art. 6-I). Depuis cette entrée en vigueur, l'Agence nationale de sécurité du médicament et des produits de santé exerce l'ensemble des droits et supporte l'ensemble des obligations de l'Agence française de sécurité sanitaire des produits de santé (L. préc., art. 41-III).

Effets attachés à la méconnaissance des références médicales opposables. Si la Convention nationale des médecins peut mettre à la charge du médecin qui ne respecte pas les références médicales opposables une sanction financière correspondant à tout ou partie des cotisations dues au titre des avantages sociaux complémentaires des praticiens et auxiliaires médicaux conventionnés, le montant de celles-ci constitue un plafond qui ne saurait être dépassé, y compris en cas de pluralité de sanctions. • CE 10 nov. 1999, *Synd. national de l'industrie pharmaceutique et a. : RJS 2000, nº 316.*

Art. L. 162-12-16 *(Ord. nº 96-345 du 24 avr. 1996, art. 19)* La ou les conventions mentionnées à l'article L. 162-5, ou, le cas échéant, le règlement mentionné à l'article *(L. nº 2004-810 du 13 août 2004, art. 48-III-D)* « L. 162-14-2 », instituent un comité médical paritaire local composé pour moitié de représentants des caisses et pour moitié de représentants des organisations syndicales de médecins liées par convention avec des organismes d'assurance maladie. Ce comité est chargé notamment d'instruire les dossiers qui lui sont soumis concernant le respect des références mentionnées à l'article L. 162-5 ou, le cas échéant, des références figurant dans le règlement mentionné à l'article *(L. nº 2004-810 du 13 août 2004, art. 48-III-D)* « L. 162-14-2 ».

Le comité médical paritaire local entend le médecin mis en cause et se prononce par un vote dans un délai fixé par arrêté du ministre chargé de la sécurité sociale. — *V. Arr. du 6 mars 1997 ss. art. L. 162-12-16.*

(Abrogé par L. nº 2002-1487 du 20 déc. 2002, art. 29-VII) ***« A défaut de mise en place du comité médical paritaire local ou à défaut d'un avis rendu dans le délai prévu ou en cas de partage égal des voix, le comité médical régional mentionné à l'article L. 315-3 est saisi. »***

Sur la base des faits litigieux retenus par le comité médical paritaire local, le service du contrôle médical propose à la caisse la sanction financière prévue par les conventions ou le règlement mentionnés au premier alinéa.

La décision prise par la caisse est exécutoire dès sa notification. *(L. nº 2004-810 du 13 août 2004, art. 23-II)* **« Elle peut être contestée devant le tribunal administratif. »**

Les sanctions prononcées par les caisses ou les tribunaux en application du présent article sont transmises pour information à l'instance ordinale dont relève le médecin.

Arrêté du 6 mars 1997, *fixant le délai prévu à l'article L. 162-12-16 CSS (JO 14 mars).* **Art. 1er** Le délai prévu à l'article L. 162-12-16 CSS est fixé à deux mois à compter de la date de réception de la saisine effectuée par lettre recommandée avec demande d'avis de réception du comité médical paritaire local par le service du contrôle médical ou à compter de la date du récépissé délivré par le secrétariat du comité médical paritaire local lors du dépôt du dossier par le service du contrôle médical.

Art. 2 Les dossiers dont le comité médical paritaire local se trouve saisi à la date de publication du présent arrêté sont transmis au comité médical régional, mentionné à l'article L. 315-3 CSS, s'ils n'ont pas fait l'objet d'un avis dans les deux mois qui suivent la parution dudit arrêté.

SECTION II-2 ACCORDS DE BON USAGE ET CONTRATS DE BONNE PRATIQUE DES SOINS

BIBL. ▶ Courrèges, Sur la nature et la portée juridiques des accords de bon usage des soins, *RDSS 2009. 128*. – Cristol, Le possible contrôle, par le juge de l'excès de pouvoir, des recommandations de bonne pratique, *RDSS 2006. 53*. – Markus, Nature juridique des recommandations de bonnes pratiques médicales, *AJDA 2006. 308* ; La faute du médecin et les bonnes pratiques médicales, *AJDA 2005. 1008*. – Saint-Jours, L'ambiguïté endémique de la maîtrise des dépenses de santé, *D. 2004. 1675*. – Tabuteau, Assurance maladie : les « standards » de la réforme, *Dr. soc. 2004. 872*.

Art. L. 162-12-17 *(L. nº 99-1140 du 29 déc. 1999, art. 24-XIV)* **Un ou des accords de bon usage des soins peuvent être conclus, à l'échelon national, par les parties à la ou les conventions** *(L. nº 2004-810 du 13 août 2004, art. 50-I)* **« et l'accord national mentionnés »** *(L. nº 2002-322 du 6 mars 2002, art. 3 ; L. nº 2004-810 du 13 août 2004, art. 50-I)* **« aux articles L. 162-5, L. 162-9, L. 162-12-2, L. 162-12-9, L. 162-14, L. 162-32-1 et L. 322-5-2 »** *(Abrogé par Ord. nº 2010-177 du 23 févr. 2010, art. 22)* ***« et, à l'échelon régional, entre les unions régionales de caisses d'assurance maladie et les représentants désignés par le ou les syndicats signataires de la ou des conventions nationales*** *(L. nº 2004-810 du 13 août 2004, art. 50-I)* ***« ou dans l'accord national ». Ces accords sont transmis*** *(L. nº 2002-322 du 6 mars 2002, art. 3)* ***« , en tant qu'ils concernent les médecins, » par*** *(L. nº 2004-810 du 13 août 2004, art. 55-II)* ***« l'Union nationale des caisses d'assurance maladie » ou par l'union régionale des caisses d'assurance maladie aux unions régionales de médecins exerçant à titre libéral. »***

En l'absence de convention, ces accords peuvent être conclus, à l'échelon national, entre *(L. nº 2004-810 du 13 août 2004, art. 55-II)* **« l'Union nationale des caisses d'assurance maladie » et au moins un syndicat représentatif** *(L. nº 2002-322 du 6 mars 2002, art. 3)* **« de chaque profession concernée »** *(Abrogé par Ord. nº 2010-177 du 23 févr. 2010, art. 22)* ***« et, à l'échelon régional, entre l'union régionale de caisses d'assurance maladie et les représentants, dans la région, des syndicats représentatifs au niveau national*** *(L. nº 2002-322 du 6 mars 2002, art. 3)* ***« de chaque profession concernée. »***

Les accords nationaux *(Abrogé par Ord. nº 2010-177 du 23 févr. 2010, art. 22)* ***« et régionaux »*** **prévoient des objectifs médicalisés d'évolution des pratiques ainsi que les actions permettant de les atteindre. Ils peuvent fixer des objectifs quantifiés d'évolution de certaines dépenses et prévoir les modalités selon lesquelles** *(L. nº 2002-322 du 6 mars 2002, art. 3)* **« les professionnels conventionnés** *(L. nº 2004-810 du 13 août 2004, art. 50-I)* **« ou les centres de santé adhérant à l'accord national » peuvent percevoir, notamment sous forme de forfaits » une partie du montant des dépenses évitées par la mise en œuvre de l'accord.**

Cette partie est versée aux professionnels *(L. nº 2004-810 du 13 août 2004, art. 50-I)* **« ou aux centres de santé » concernés par l'action engagée, dans la limite, le cas échéant, d'un plafond, en fonction de critères définis par l'accord.**

Les dispositions du précédent alinéa ne peuvent être mises en œuvre que lorsque les résultats de ces actions ont été évalués dans les conditions prévues par l'accord et qu'ils établissent que les objectifs fixés ont été atteints.

(L. nº 2003-1199 du 18 déc. 2003, art. 43-I) « Si les accords comportent des engagements relatifs à la sécurité, la qualité ou l'efficience des pratiques, ils ne peuvent être conclus qu'après avoir reçu l'avis de *(L. nº 2004-810 du 13 août 2004, art. 36-IV)* « la Haute Autorité de santé ». Cet avis est rendu dans un délai maximum de deux mois à compter de la réception du texte par l'agence. A l'expiration de ce délai, l'avis est réputé favorable.

(Abrogé par Ord. nº 2010-177 du 23 févr. 2010, art. 22) ***« Les accords régionaux sont approuvés par*** *(L. nº 2004-810 du 13 août 2004, art. 55-II)* ***« l'Union nationale des caisses d'assurance maladie » qui dispose d'un délai de quarante-cinq jours pour se prononcer à compter de la réception du texte transmis par les signataires. A l'expiration de ce délai, l'accord est réputé approuvé. »*** Les accords nationaux *(Abrogé par Ord. nº 2010-177 du 23 févr. 2010, art. 22)* ***« ou régionaux »*** entrent en vigueur à compter de leur publication.

« Toutefois, pour des motifs de santé publique ou de sécurité sanitaire, ou lorsque les effets constatés de ces accords sont contraires aux objectifs qu'ils poursuivent, le ministre chargé de la santé *(Ord. nº 2010-177 du 23 févr. 2010, art. 22)* « peut » en suspendre l'application. Cette décision est notifiée aux parties signataires.

« Les accords nationaux sont transmis dès leur entrée en vigueur par *(L. nº 2004-810 du 13 août 2004, art. 55-II)* « l'Union nationale des caisses d'assurance maladie » aux ministres chargés de la santé et de la sécurité sociale *(Ord. nº 2010-177 du 23 févr. 2010, art. 22)* « et aux unions régionales des professionnels de santé ». *(Abrogé par Ord. nº 2010-177 du 23 févr. 2010, art. 22)* ***« Les accords régionaux sont transmis dès leur entrée en vigueur par l'union régionale des caisses d'assurance maladie au représentant de l'État dans la région. Les accords sont également transmis, en tant qu'ils concernent les médecins, aux unions régionales des médecins exerçant à titre libéral. »***

Contenu d'un accord de bon usage des soins. Les termes d'une autorisation de mise sur le marché (AMM) prévue par l'art. L. 5121-8 CSP ne font pas obstacle à ce qu'un médicament soit recommandé par un accord de bon usage des soins, compte tenu des études scientifiques connues, pour un usage non mentionné dans l'AMM. • CE 31 déc. 2008, *Sté Sanofi Pharma Bristol-Myers Squibb : RDSS 2009. 128, concl. Courrèges*.

Art. L. 162-12-18 à L. 162-12-20 *Abrogés par Ord. nº 2010-177 du 23 févr. 2010, art. 22.*

Art. L. 162-12-21 *(L. nº 2007-1786 du 19 déc. 2007, art. 43-I)* Les organismes locaux d'assurance maladie peuvent proposer aux médecins conventionnés et aux centres de santé adhérant à l'accord national mentionné à l'article L. 162-32-1 de leur ressort d'adhérer à un contrat conforme à un contrat type élaboré par l'Union nationale des caisses d'assurance maladie, après avis de l'Union nationale des organismes d'assurance maladie complémentaire et après avis des organisations syndicales signataires de la convention mentionnée à l'article L. 162-5 ou à l'article L. 162-32-1 pour ce qui les concerne.

Ce contrat comporte des engagements individualisés qui peuvent porter sur la prescription, la participation à des actions de dépistage et de prévention, des actions destinées à favoriser la continuité et la coordination des soins, la participation à la permanence de soins, le contrôle médical, ainsi que toute action d'amélioration des pratiques, de la formation et de l'information des professionnels. *(L. nº 2009-1646 du 24 déc. 2009, art. 39)* « Le contrat peut faire l'objet d'avenants destinés à y intégrer les objectifs fixés chaque année en matière de maîtrise médicalisée des dépenses d'assurance maladie. »

Ce contrat détermine les contreparties financières, qui sont liées à l'atteinte des objectifs par le professionnel ou le centre de santé.

Le contrat type est transmis par l'Union nationale des caisses d'assurance maladie aux ministres chargés de la santé et de la sécurité sociale qui peuvent s'y opposer dans un délai fixé par décret.

Ces ministres peuvent suspendre l'application des contrats pour des motifs de santé publique ou de sécurité sanitaire, ou lorsque les effets constatés de ces contrats ne sont pas conformes aux objectifs poursuivis.

Légalité du CAPI. Il résulte des art. L. 162-2, L. 162-2-1 et L. 162-12-21 CSS, et de l'art. R. 4127-8 CSP que le législateur a habilité l'UNCAM à élaborer un contrat type comportant des engagements individualisés sur l'activité des médecins conventionnés, notamment en matière de prescriptions médicamenteuses. Si, par l'adhésion à ce contrat, laquelle est volontaire, le praticien s'engage « à promouvoir des prescriptions moins onéreuses à l'efficacité comparable conformément aux données actuelles de la science » et à respecter des objectifs quantifiés en matière de prescriptions et si l'assurance maladie s'engage à lui verser une contrepartie financière, calculée en fonction de la moyenne globale des taux de réalisation de ces objectifs, la souscription du contrat ne saurait avoir pour effet de dispenser le médecin du respect des règles qui s'imposent à lui en vertu des dispositions précitées ainsi que du code de déontologie médicale et notamment de celles qui, comme la liberté de prescription, ont été instituées dans l'intérêt des patients, et de celles figurant à l'art. R. 4127-24 CSP. L'adhésion au contrat étant laissée à la décision du praticien, le moyen tiré de ce qu'il serait porté atteinte au principe selon lequel les médecins sont indépendants dans l'exercice de leur art ne peut qu'être écarté. • CE 7 avr. 2011, n° 329069 : *Gaz. Pal. 2011. 29, obs. Baylocq.* ♦ V. aussi sur la légalité des incitations financières. • CJUE 22 avr. 2010, aff.C-62/09, *Assoc. of the British Pharmaceutical Industry : RDSS 2010. 765, obs. Mascret ; Gaz. Pal. 2010. 40, obs. Le Goffic.*

Art. L. 162-12-22 *(L. n° 2015-1702 du 21 déc. 2015, art. 67)* **I. — Un contrat de coopération pour les soins visuels peut être conclu avec les médecins conventionnés spécialisés en ophtalmologie, en vue d'inciter le médecin à recruter ou à former un orthoptiste.**

Ce contrat, conclu pour une durée de trois ans non renouvelable, prévoit des engagements individualisés qui portent notamment sur l'augmentation du nombre de patients différents reçus en consultation, le respect des tarifs conventionnels et les actions destinées à favoriser la continuité des soins. Il détermine des objectifs en matière d'organisation des soins, notamment sur la formation, si celle-ci s'avère nécessaire, ou le recrutement d'un orthoptiste ainsi que sur la participation à des actions de dépistage et de prévention. Il prévoit les contreparties financières qui sont liées à l'atteinte des objectifs par le médecin, ainsi que les modalités d'évaluation de ces objectifs.

Ce contrat est conforme à un contrat type défini par la convention mentionnée à l'article L. 162-5. A défaut d'accord avant le 1er septembre 2016, un contrat type est fixé par décision conjointe des ministres chargés de la santé et de la sécurité sociale et de l'Union nationale des caisses d'assurance maladie, après avis des organisations syndicales représentatives des professionnels concernés et de l'Union nationale des organismes d'assurance maladie complémentaire.

Une évaluation du contrat de coopération pour les soins visuels, portant notamment sur le nombre d'ophtalmologistes conventionnés l'ayant signé, sur les dépenses afférentes aux soins qu'ils ont effectués ainsi que sur le respect des engagements prévus, est réalisée au plus tard durant le premier semestre 2018 par l'Union nationale des caisses d'assurance maladie et transmise au Parlement ainsi qu'aux partenaires conventionnels.

Un décret en Conseil d'État précise les conditions particulières requises pour conclure un contrat de coopération avec la profession d'orthoptiste.

II. — Les agences régionales de santé et les organismes locaux d'assurance maladie peuvent conclure un contrat collectif pour les soins visuels avec les maisons de santé et les centres de santé adhérant à l'accord national mentionné à l'article L. 162-32-1 en vue d'inciter au développement de coopérations entre les professionnels de santé pour la réalisation de consultations ophtalmologiques au sein de ces structures.

Le contrat collectif pour les soins visuels, d'une durée de trois ans, prévoit les engagements respectifs des parties, qui portent notamment sur le respect des tarifs conventionnels et l'organisation des soins.

Ce contrat est conforme à un contrat type fixé par décision conjointe des ministres chargés de la santé et de la sécurité sociale et de l'Union nationale des caisses d'assurance maladie après avis des organisations syndicales représentatives des professionnels concernés, des organisations représentatives des centres de santé et de l'Union natio-

nale des organismes d'assurance maladie complémentaire. Les contreparties financières de ce contrat collectif ne peuvent excéder le maximum prévu par le contrat de coopération pour les soins visuels prévu au premier alinéa du I du présent article.

Une évaluation annuelle du contrat collectif pour les soins visuels, portant notamment sur le nombre de professionnels de santé, de centres de santé et de maisons de santé qui y prennent part, sur les dépenses afférentes aux soins qu'ils ont effectués ainsi que sur la qualité de ces soins, est réalisée par les agences régionales de santé et les organismes locaux d'assurance maladie. Cette évaluation est transmise au Parlement et aux partenaires conventionnels en vue de l'intégration de ce contrat dans la négociation, à compter du 1er janvier 2018, d'un accord conventionnel interprofessionnel mentionné au II de l'article L. 162-14-1.

III. – Les dépenses mises à la charge de l'ensemble des régimes obligatoires de base d'assurance maladie qui résultent des contrats prévus au présent article sont prises en compte dans l'objectif national de dépenses d'assurance maladie mentionné au 3° du D du I de l'article L.O. 111-3.

SECTION III **DIRECTEURS DE LABORATOIRES**

BIBL. ▶ BEDOSSA, Histoire du syndicalisme des biologistes, *Sève 2008/1, n° 18, p. 77.*

Art. L. 162-13 *(Ord. n° 2010-49 du 13 janv. 2010, art. 4-3°)* **Sous réserve des dispositions de l'article L. 1110-8 du code de la santé publique, le patient non hospitalisé a la liberté d'aller dans le laboratoire de biologie médicale de son choix.**

Art. L. 162-13-1 *(Ord. n° 2010-49 du 13 janv. 2010, art. 4-3°)* **Le biologiste médical effectue les examens de biologie médicale en observant la plus stricte économie compatible avec l'***(Abrogé par L. n° 2013-442 du 30 mai 2013, art. 8-II-2°) « exacte »* **exécution des prescriptions. Cette disposition s'applique également aux examens réalisés en application des dispositions de l'article L. 6211-8 et L. 6211-9 du code de la santé publique.**

Art. L. 162-13-2 *(Ord. n° 2010-49 du 13 janv. 2010, art. 4-3°)* **Un examen de biologie médicale réalisé à la demande du patient ne fait pas l'objet d'un remboursement. Lorsque le biologiste médical effectue de tels examens, il informe le patient de leur caractère non remboursable et demande son accord pour les réaliser. Le biologiste médical mentionne ces examens non remboursables sur la feuille de soins. Il en va de même pour les examens prescrits et non remboursables.**

Art. L. 162-13-3 *(Ord. n° 2010-49 du 13 janv. 2010, art. 4-3°)* **En cas de transmission d'un échantillon biologique dans les conditions mentionnées aux articles L. 6211-19 et L. 6211-20 du code de la santé publique, le laboratoire de biologie médicale qui a pris en charge le prélèvement et transmis l'échantillon biologique mentionne sur sa propre feuille de soins la totalité des honoraires correspondant à l'ensemble des examens de biologie médicale réalisés.**

Art. L. 162-13-4 *(Ord. n° 2010-49 du 13 janv. 2010, art. 4-3°)* **Aucun acte technique médical** *(L. n° 2016-41 du 26 janv. 2016, art. 150-1°)* **« ni aucune consultation », à l'exception de ceux** *(Abrogé par L. n° 2016-41 du 26 janv. 2016, art. 150-2°) « directement »* **liés à l'exercice de la biologie médicale,** *(Abrogé par L. n° 2016-41 du 26 janv. 2016, art. 150-3°) « ni aucune consultation »* **ne peuvent être facturés au sein d'un laboratoire de biologie médicale.**

Art. L. 162-14 *(L. n° 91-738 du 31 juill. 1991, art. 2)* **Les rapports entre les** *(Ord. n° 96-345 du 24 avr. 1996, art. 26-I)* **« organismes d'assurance maladie » et les directeurs de laboratoires privés d'analyses médicales sont définis par une convention nationale conclue pour une durée au plus égale à cinq ans entre** *(L. n° 99-1140 du 29 déc. 1999, art. 24-IV-1°)* **« une ou plusieurs organisations syndicales les plus représentatives des directeurs de »** *(Ord. n° 2010-49 du 13 janv. 2010, art. 6)* **« laboratoire de biologie médicale » et** *(L. n° 2004-810 du 13 août 2004, art. 55-II)* **« l'Union nationale des caisses d'assurance maladie ».** *– V. Arr. du 30 sept. 1994 (JO 14 oct.), Arr. du 14 févr. 1995 (JO 18 mars) ; Arr. du 24 août 1995 (JO 6 sept.) : approbation de l'annexe ; avenant du 25 avr. 1996 (JO 28 sept.) ; avenant du 26 août 1997 (JO 26 mars 1998), avenant du 25 mai 1998 (JO 22 sept.) ; avenant du 13 mars 2002 (JO 3 juill.) ; avenant du 18 déc. 2002 (JO 27 févr. 2003) ;*

avenant du 30 juin 2003 (JO 28 nov.) ; avenant du 16 janv. 2004 (JO 11 avr.) ; avis relatif à la convention nationale (JO 4 nov. 2004) ; avenant nº 1 du 24 janv. 2006 (JO 3 mars) ; avenants nºs 2 et 3 du 31 août 2007 (JO 8 déc.) ; avenant nº 4 du 16 févr. 2009 (JO 29 août) ; avenant nº 5 du 30 sept. 2016 (JO 13 nov.) ; avenants nºs 6 et 7 du 7 nov. 2016 (JO 13 janv. 2017).

Cette convention détermine notamment :

1° Les obligations respectives des caisses primaires d'assurance maladie et des directeurs de laboratoires privés d'analyses médicales ;

2° Les modalités du contrôle de l'exécution par les laboratoires des obligations qui découlent pour eux de l'application de la convention ;

(L. nº 2016-41 du 26 janv. 2016, art. 114-II-5°) **« 2° *bis* Les orientations pluriannuelles prioritaires en matière de développement professionnel continu, relevant de l'article L. 4021-2 du code de la santé publique ; »**

(Abrogé par L. nº 2011-940 du 10 août 2011, art. 62-I) (L. nº 2009-879 du 21 juill. 2009, art. 59-IV) ***« 3° Le montant de la contribution annuelle des caisses nationales d'assurance maladie au développement professionnel continu ; »***

4° *Abrogé par L. nº 2002-322 du 6 mars 2002, art. 6.*

(L. nº 99-1140 du 29 déc. 1999, art. 24-IV-2°) **« 5° Le cas échéant :**

« *a)* Les conditions particulières d'exercice propres à favoriser la coordination des soins ;

« *b)* Les conditions particulières d'exercice permettant la prise en charge globale de patients dans le cadre de réseaux de soins et les modes de rémunération des directeurs de *(Ord. nº 2010-49 du 13 janv. 2010, art. 6)* **« laboratoire de biologie médicale » participant à ces réseaux ;**

« *c)* Les droits et obligations respectifs des directeurs de *(Ord. nº 2010-49 du 13 janv. 2010, art. 6)* **« laboratoire de biologie médicale », des patients et des caisses, ainsi que les modalités d'évaluation associées aux formes d'exercice et modes de rémunération mentionnés aux *a* et *b* ci-dessus ; »**

« 6° Le cas échéant, les modes de rémunération, autres que le paiement à l'acte, des *(Ord. nº 2010-49 du 13 janv. 2010, art. 6)* **« examens de biologie médicale » ainsi que les modes de rémunération des activités non curatives des directeurs de** *(Ord. nº 2010-49 du 13 janv. 2010, art. 6)* **« laboratoire de biologie médicale ».**

(Abrogé par Ord. nº 2010-177 du 23 févr. 2010, art. 21) (Ord. nº 2010-49 du 13 janv. 2010, art. 4-3°) ***« Pour la mise en œuvre des 5° et 6°, il peut être fait applications** [application]* ***des dérogations mentionnées à l'article L. 162-45. »***

La convention définit les exigences particulières sans motif médical des patients donnant lieu à dépassement des tarifs.

SECTION III-1 DISPOSITIONS COMMUNES AUX CONVENTIONS PRÉVUES AUX SECTIONS I, II ET III

Art. L. 162-14-1 *(L. nº 2002-322 du 6 mars 2002, art. 2 ; L. nº 2003-1199 du 18 déc. 2003, art. 43-VI ; L. nº 2004-810 du 13 août 2004, art. 11)* **I. — La ou les conventions prévues aux articles L. 162-5, L. 162-9, L. 162-12-2, L. 162-12-9, L. 162-14 et L. 322-5-2 sont conclues pour une durée égale au plus à cinq ans. Elles définissent :**

1° Les tarifs des honoraires, rémunérations et frais accessoires dus aux professionnels par les assurés sociaux en dehors des cas de dépassement autorisés par la convention pour les médecins et les chirurgiens-dentistes. *(L. nº 2017-1836 du 30 déc. 2017, art. 54-I)* **« Le cas échéant, la ou les conventions définissent en particulier le tarif et les modalités de réalisation des actes de télémédecine, définie à l'article L. 6316-1 du code de la santé publique. Les actes de téléconsultation remboursés par l'assurance maladie sont effectués par vidéotransmission ; »**

2° Des engagements des signataires, collectifs et individuels, le cas échéant pluriannuels, portant sur l'évolution de l'activité des professions concernées ; la ou les conventions prévoient les modalités permettant de s'assurer de la cohérence de leur mise en œuvre avec les dispositions définies au deuxième alinéa du II de l'article L. 227-1 ; la ou les conventions définissent à cet effet les mesures de toute nature propres à assurer le respect de ces engagements et, en particulier, les modalités du suivi annuel et, le cas échéant, pluriannuel, de l'évolution des dépenses de la profession concernée ; elles précisent également les actions d'information, de promotion des références professionnelles opposables et des recommandations de bonne pratique *(Abrogé par Ord. nº 2010-*

177 du 23 févr. 2010, art. 21) « *ou d'évaluation des pratiques* » ainsi que les dispositions applicables en cas de non-respect des engagements ;

3° Le cas échéant, les modalités de constitution, d'organisation et de fonctionnement de fonds de modernisation de la profession considérée ;

(L. n° 2004-810 du 13 août 2004, art. 11 et 49-I) « 4° Le cas échéant, des dispositifs d'aides visant à faciliter l'installation des professionnels de santé libéraux ou des centres de santé mentionnés à l'article L. **6323-1** du code de la santé publique, *(L. n° 2005-1579 du 19 déc. 2005, art. 42-II)* « ou le remplacement de professionnels de santé libéraux, » dans les zones *(Ord. n° 2010-177 du 23 févr. 2010, art. 21)* « définies à l'article *(L. n° 2016-41 du 26 janv. 2016, art. 158-III-1°)* « L. **1434-4** » du code de la santé publique » ainsi que les conditions dans lesquelles les praticiens libéraux exerçant dans ces zones *(L. n° 2006-1640 du 21 déc. 2006, art. 71)* « ou les centres de santé qui y sont implantés » bénéficient, en contrepartie, d'une rémunération forfaitaire annuelle *(L. n° 2005-1579 du 19 déc. 2005, art. 37-V)* « qui peut être modulée en fonction de leur niveau d'activité et de leurs modalités d'exercice *(L. n° 2006-1640 du 21 déc. 2006, art. 71)* « ou d'organisation », notamment pour favoriser l'exercice regroupé ». La convention fixe également les modalités de calcul et de répartition, entre régimes, de cette rémunération. Les obligations auxquelles sont soumis les professionnels ou les centres de santé qui bénéficient de ces aides peuvent être adaptées par les *(Ord. n° 2010-177 du 23 févr. 2010, art. 21)* « agences régionales de santé » après consultation des organisations représentatives des professionnels de santé pour tenir compte de la situation régionale ;

« 5° Les conditions dans lesquelles les caisses d'assurance maladie participent au financement des cotisations dues par les professionnels de santé au titre de leurs honoraires *(L. n° 2011-940 du 10 août 2011, art. 7-III)* « ou de leurs revenus tirés des activités non salariées réalisées *(L. n° 2015-1702 du 21 déc. 2015, art. 84-I-1°)* « dans le cadre des activités de permanence des soins, mentionnées à l'article L. **1435-5** du code de la santé publique, et » dans des structures dont le financement inclut leur rémunération, » en application des articles *(L. n° 2017-1836 du 30 déc. 2017, art. 8-I)* « L. **613-1**, *(Abrogé par Ord. n° 2018-470 du 12 juin 2018, art. 2)* « L. **621-1**, » L. **621-2**, L. **642-1** », L. **645-2** et *(Ord. n° 2018-470 du 12 juin 2018, art. 2)* « L. **646-3** » ; la ou les conventions fixent *(L. n° 2015-1702 du 21 déc. 2015, art. 84-I-1°)* « les catégories de revenus pour lesquelles ces cotisations peuvent être prises en charge, » le niveau de cette participation et les modalités de sa modulation, notamment en fonction du lieu d'installation ou d'exercice ; elles fixent également les modalités de calcul et de répartition entre régimes de cette participation ; la participation ne peut être allouée que si le professionnel de santé *(L. n° 2010-1594 du 20 déc. 2010, art. 119)* « est à jour du versement des cotisations et contributions sociales dues aux organismes mentionnés aux articles L. **213-1** et L. **752-4**, ou a souscrit et respecte un plan d'apurement accordé par eux dans des conditions fixées » par décret ; elle peut être en outre partiellement ou totalement suspendue, dans les conditions prévues par les conventions, pour les professionnels de santé ne respectant pas tout ou partie des obligations qu'elles déterminent ; — *V. notes ss. art.*

« 6° Les modalités d'organisation et de fonctionnement des commissions mentionnées à l'article L. **162-1-7** » ;

(L. n° 2018-1203 du 22 déc. 2018, art. 42-I) « 7° Les conditions de modulation de la rémunération des professionnels de santé en fonction de leur participation à un cadre d'exercice coordonné. »

(L. n° 2004-810 du 13 août 2004, art. 11 et 49-I) « II. — Des accords conventionnels interprofessionnels intéressant plusieurs professions de santé *(L. n° 2012-1404 du 17 déc. 2012, art. 45-I)* « et visant à améliorer l'organisation, la coordination et la continuité des soins ou la prise en charge des patients » peuvent être conclus pour une durée au plus égale à cinq ans entre l'Union nationale des caisses d'assurance maladie et *(L. n° 2012-1404 du 17 déc. 2012, art. 45-I)* « une ou plusieurs organisations représentatives habilitées à participer aux négociations des conventions nationales de ces professions et, le cas échéant, des centres de santé, après avis des conseils de l'ordre concernés, sur leurs dispositions relatives à la déontologie ».

« Ces accords peuvent déterminer les objectifs et les modalités de mise en œuvre et d'évaluation de dispositifs visant à favoriser une meilleure organisation et coordination des professionnels de santé, notamment par la création de réseaux de santé, *(L. n° 2016-41 du 26 janv. 2016, art. 114-II-6°)* « la proposition d'orientations pluriannuelles relevant de l'article L. 4021-2 du code de la santé publique et » la promotion *(Ord. n° 2010-177 du 23 févr. 2010, art. 21)* « du développement professionnel continu » ainsi que de dispositifs visant à améliorer la qualité des soins. »

(L. n° 2012-1404 du 17 déc. 2012, art. 45-I) « Ces accords définissent les engagements et objectifs, notamment de santé publique, de qualité et d'efficience des soins, *(L. n° 2018-1203 du 22 déc. 2018, art. 42-I)* « des communautés professionnelles territoriales de santé, des équipes de soins primaires », des maisons, centres et professionnels de santé, sous la forme d'un ou de plusieurs contrats types. Des contrats conformes à ces contrats types peuvent être conclus conjointement par l'agence régionale de santé et un organisme local d'assurance maladie avec *(L. n° 2018-1203 du 22 déc. 2018, art. 42-I)* « des communautés professionnelles territoriales de santé, des équipes de soins primaires, » des maisons, centres et professionnels de santé intéressés. Ces accords conventionnels interprofessionnels établissent les modalités de calcul d'une rémunération annuelle versée en contrepartie, d'une part, du respect de ces engagements et, d'autre part, du respect des objectifs fixés. Ils précisent les possibilités d'adaptation de ces engagements et objectifs et de modulation des rémunérations prévues, par décision conjointe de l'agence régionale de santé et de l'organisme local d'assurance maladie. » — *Le directeur général de l'Union nationale des caisses d'assurance maladie engage, dans un délai d'un mois à compter de la promulgation de la L. n° 2018-1203 du 22 déc. 2018, des négociations conventionnelles en vue de déterminer, dans le cadre d'un accord conventionnel interprofessionnel, les mesures visant à accompagner le déploiement sur l'ensemble du territoire des communautés professionnelles territoriales de santé, conformément au II de l'art. L. 162-14-1. Le délai d'entrée en vigueur mentionné au premier al. du I de l'art. L. 162-14-1-1 CSS n'est pas applicable aux mesures conventionnelles susmentionnées (L. préc., art. 42-III et IV).*

Sur l'entrée en vigueur de l'art. 8-I de la L. n° 2017-1836 du 30 déc. 2017, V. dispositions transitoires ss. art. L. 136-8.

L'art. L. 162-14-1 n'édicte aucune obligation de suspendre la participation des caisses d'assurance maladie au financement des cotisations dues par les professionnels de santé faisant l'objet de sanctions disciplinaires ; par suite, le moyen tiré de ce que cette disposition édicterait des sanctions accessoires portant atteinte aux droits et libertés garantis par la Const. ne présente pas un caractère sérieux. • CE 2 mars 2011, n° 339595 : *RDSS 2011. 682, note Éoche-Duval.*

Art. L. 162-14-1-1 *(L. n° 2007-1786 du 19 déc. 2007, art. 36-I)* I. — **Toute mesure conventionnelle ayant pour effet une revalorisation des tarifs des honoraires, rémunérations et frais accessoires mentionnés au 1° du I de l'article L. 162-14-1 ou des rémunérations mentionnées par les conventions ou accords prévus aux articles L. 162-5, L. 162-9, L. 162-12-2, L. 162-12-9, L. 162-14, L. 162-32-1 et L. 322-5-2 entre en vigueur au plus tôt à l'expiration d'un délai de six mois à compter de l'approbation prévue à l'article L. 162-15 de la convention, de l'accord ou de l'avenant comportant cette mesure.**

II. — Lorsque le comité d'alerte sur l'évolution des dépenses de l'assurance maladie émet un avis considérant qu'il existe un risque sérieux de dépassement de l'objectif national des dépenses d'assurance maladie au sens du dernier alinéa de l'article L. 114-4-1, et dès lors qu'il apparaît que ce risque de dépassement est en tout ou partie imputable à l'évolution de celui des sous-objectifs mentionnés au 3° du D du I de l'article L.O. 111-3 comprenant les dépenses de soins de ville, l'entrée en vigueur de toute mesure conventionnelle ayant pour effet une revalorisation au cours de l'année des tarifs des honoraires, rémunérations et frais accessoires mentionnés au 1° du I de l'article L. 162-14-1 ou des rémunérations mentionnées par les conventions ou accords prévus aux articles L. 162-5, L. 162-9, L. 162-12-2, L. 162-12-9, L. 162-14, L. 162-32-1 et L. 322-5-2 est suspendue, après consultation des parties signataires à la convention nationale concernée. A défaut d'un avenant fixant à nouveau une date d'entrée en vigueur des revalorisations compatible avec les mesures de redressement mentionnées à l'article L. 114-4-1, l'entrée en vigueur est reportée au 1er janvier de l'année suivante.

Art. L. 162-14-1-2 *(L. n° 2009-879 du 21 juill. 2009, art. 123-V)* I. — **La validité des conventions et accords mentionnés à l'article L. 162-5** *(L. n° 2012-1404 du 17 déc.*

2012, art. 45-II) « et des accords mentionnés au II de l'article L. 162-14-1 lorsque les médecins sont concernés » est subordonnée à leur signature par une ou plusieurs organisations reconnues représentatives au niveau national en application de l'article L. 162-33 et ayant réuni, aux élections à l'union régionale des professionnels de santé regroupant les médecins, au moins 30 % des suffrages exprimés au niveau national *(L. nº 2016-41 du 26 janv. 2016, art. 164-I-4º)* « dans chacun des deux collèges. »

II. — La validité des conventions et accords mentionnés aux articles L. 162-9, L. 162-12-2, L. 162-12-9, L. 162-14, L. 162-16-1 et *(L. nº 2012-1404 du 17 déc. 2012, art. 45-II)* « L. 322-5-2 et des accords mentionnés au II de l'article L. 162-14-1, lorsqu'ils portent sur les professions concernées par les conventions et accords susmentionnés, » est subordonnée à leur signature par une ou plusieurs organisations reconnues représentatives au niveau national en application de l'article L. 162-33 et ayant réuni, aux élections aux unions régionales des professionnels de santé prévues à l'article L. 4031-2 du code de la santé publique, au moins 30 % des suffrages exprimés au niveau national. Pour les professions pour lesquelles, en application du même article, ne sont pas organisées d'élections aux unions régionales des professionnels de santé, les conventions ou accords sont valides dès lors qu'ils sont signés par une organisation syndicale représentative au niveau national au sens de l'article L. 162-33 du présent code.

Art. L. 162-14-2 *(L. nº 2004-810 du 13 août 2004, art. 48-III)* I. — En cas de rupture des négociations préalables à l'élaboration d'une convention *(L. nº 2013-1203 du 23 déc. 2013, art. 33-II-1º)* « ou d'un accord conventionnel interprofessionnel mentionnés » *(L. nº 2016-1827 du 23 déc. 2016, art. 76)* « aux articles L. 162-14-1 ou L. 162-16-1 » ou d'opposition à la nouvelle convention *(L. nº 2013-1203 du 23 déc. 2013, art. 33-II-1º)* « ou à l'accord » dans les conditions prévues à l'article L. 162-15, un arbitre arrête un projet de convention *(L. nº 2013-1203 du 23 déc. 2013, art. 33-II-1º)* « ou d'accord » dans le respect du cadre financier pluriannuel des dépenses de santé.

Le projet est soumis aux ministres pour approbation et publication, selon les règles prévues à l'article L. 162-15, sous la forme d'un règlement arbitral.

Les dispositions conventionnelles antérieures continuent de produire leurs effets jusqu'à la date d'entrée en vigueur du règlement.

Le règlement arbitral est arrêté pour une durée de cinq ans. Toutefois, les partenaires conventionnels engagent des négociations en vue d'élaborer une nouvelle convention *(L. nº 2013-1203 du 23 déc. 2013, art. 33-II-2º)* « ou un nouvel accord » au plus tard dans les deux ans qui suivent l'entrée en vigueur du règlement arbitral. Celui-ci cesse d'être applicable à compter de l'entrée en vigueur d'une nouvelle convention *(L. nº 2013-1203 du 23 déc. 2013, art. 33-II-2º)* « ou d'un nouvel accord ». Les dispositions du présent article sont applicables à son renouvellement.

II. — L'arbitre est désigné par l'Union nationale des caisses d'assurance maladie et au moins une organisation syndicale représentative des professionnels de santé libéraux concernés. A défaut ou en cas d'opposition à cette désignation, formée dans les mêmes conditions que celles définies au quatrième alinéa de l'article L. 162-15, il est désigné par le président du Haut Conseil pour l'avenir de l'assurance maladie.

Exigence d'impartialité de l'arbitre. Si le principe d'impartialité découlant de l'art. 16 DDH ne s'applique pas à une autorité telle que l'arbitre qui, aux termes du I de l'art. 75 de la L. nº 2016-1827 du 23 déc. 2016, pouvait être chargé d'arrêter un projet de nouvelle convention nationale des chirurgiens-dentistes à défaut de signature avant le 1er févr. 2017 d'un avenant à la convention en vigueur, il résulte toutefois de cet article que le législateur a entendu que soit désignée à cette fin une personnalité qui non seulement remplisse ses fonctions avec impartialité, comme toute autorité administrative, mais dispose également des qualifications nécessaires à l'exercice de la mission particulière qui lui est ainsi confiée. • CE 30 mai 2018, nº 409440 A.

Art. L. 162-14-3 *(L. nº 2008-1330 du 17 déc. 2008, art. 36-I)* L'Union nationale des organismes d'assurance maladie complémentaire peut participer à la négociation et à la conclusion d'un accord, d'une convention ou d'un avenant prévus aux articles L. 162-1-13, L. 162-12-17, L. 162-12-18, L. 162-12-20, L. 162-14-1, L. 162-16-1, L. 162-32-1, L. 165-6 et L. 322-5-1. L'Union nationale des caisses d'assurance maladie informe l'Union nationale des organismes d'assurance maladie complémentaire de son intention d'ouvrir une négociation. L'Union nationale des organismes d'assurance maladie complémentaire fait part, dans un délai fixé par décret, de sa décision d'y participer. En ce cas, elle peut demander à être auditionnée par le conseil de l'Union nationale des caisses d'assurance maladie.

Les accords, conventions ou avenants concernant des professions ou prestations, définies par arrêté des ministres chargés de la santé et de la sécurité sociale, pour lesquelles la part des dépenses prises en charge par l'assurance maladie est minoritaire, ne sont valides que s'ils sont également conclus par l'Union nationale des organismes d'assurance maladie complémentaire. — *V. Arr. du 5 mai 2009 (JO 7 mai).*

En cas de refus de l'Union nationale des organismes d'assurance maladie complémentaire de conclure un accord, une convention ou un avenant, constaté dans des conditions fixées par décret, l'Union nationale des caisses d'assurance maladie fait part aux ministres chargés de la santé et de la sécurité sociale du constat de désaccord. S'il s'agit d'un accord, d'une convention ou d'un avenant mentionnés au deuxième alinéa, elle ne peut alors leur transmettre l'accord, la convention ou l'avenant en vue de l'approbation prévue à l'article L. 162-15 qu'après un délai minimal fixé par décret.

Un décret fixe les conditions d'application du présent article.

BIBL. ▶ GINON et TRÉPREAU, La participation de l'Unocam aux négociations conventionnelles, *RDSS 2011. 105* .

Art. L. 162-14-4 *(L. n° 2016-41 du 26 janv. 2016, art. 164-I-2°)* I. — Les conventions nationales mentionnées aux articles L. 162-5, L. 162-9, L. 162-12-2, L. 162-12-9, L. 162-14 et L. 162-32-1 précisent, par un ou plusieurs contrats types nationaux, les modalités d'adaptation régionale des dispositifs définis au 4° du I de l'article L. 162-14-1 du présent code visant à favoriser l'installation des professionnels de santé ou des centres de santé en fonction des zones d'exercice déterminées en application de *(Ord. n° 2017-31 du 12 janv. 2017, art. 6-2°)* « l'article L. 1434-4 du code de la santé publique ».

Elles peuvent prévoir, par les mêmes contrats types, des modalités d'adaptation régionale d'autres mesures conventionnelles, à l'exception de celles relatives aux tarifs prévus au 1° du I de l'article L. 162-14-1 du présent code et aux rémunérations de nature forfaitaire fixées par les conventions.

Le directeur général de l'agence régionale de santé arrête, dans le respect des contrats types nationaux, les contrats types régionaux comportant les adaptations applicables dans la région.

II. — Chaque professionnel de santé ou centre de santé conventionné établi dans le ressort de l'agence peut signer un ou plusieurs contrats conformes à ces contrats types régionaux avec le directeur général de l'agence régionale de santé et un représentant des régimes d'assurance maladie désigné à cet effet par le directeur général de l'Union nationale des caisses d'assurance maladie. En l'absence de désignation de son représentant par l'Union nationale des caisses d'assurance maladie, ce dernier est désigné par arrêté du ministre chargé de la sécurité sociale.

III. — La participation des régimes obligatoires de base d'assurance maladie au financement de tout avantage financier prévu par ces contrats est prise en compte dans l'objectif national de dépenses d'assurance maladie mentionné au 3° du D du I de l'article L.O. 111-3.

Art. L. 162-14-5 *(L. n° 2016-41 du 26 janv. 2016, art. 164-I-2°)* Les ministres chargés de la santé et de la sécurité sociale peuvent définir conjointement des lignes directrices préalablement aux négociations des accords, contrats et conventions prévus aux articles L. 162-1-13, L. 162-5, L. 162-9, L. 162-12-2, L. 162-12-9, L. 162-14, L. 162-14-1, L. 162-16-1, L. 162-32-1 et L. 322-5-2. Le conseil de l'Union nationale des caisses d'assurance maladie prend en compte ces lignes directrices dans la définition des orientations mentionnées au 4° de l'article L. 182-2-3.

SOUS-SECTION 1 CONDITIONS D'APPLICATION DES CONVENTIONS, DE LEURS ANNEXES ET AVENANTS

Art. L. 162-15 *(L. n° 99-1140 du 29 déc. 1999, art. 24-V ; L. n° 2002-322 du 6 mars 2002 ; L. n° 2002-1487 du 20 déc. 2002, art. 29-V ; L. n° 2004-810 du 13 août 2004)* Les conventions prévues aux sections I, II et III du présent chapitre, l'accord-cadre prévu à l'article L. 162-1-13 et les accords conventionnels interprofessionnels prévus à l'article L. 162-14-1, leurs annexes et avenants sont transmis, au nom des parties signataires, lors de leur conclusion ou d'une tacite reconduction, par l'Union nationale des caisses d'assurance maladie aux ministres chargés de la santé et de la sécurité sociale. Le Conseil national de l'ordre des médecins, des chirurgiens-dentistes *(L. n° 2009-879 du 21 juill. 2009, art. 63-XVII)* « , des sages-femmes, des masseurs-kinésithérapeutes, des infirmiers ou des pédicures-podologues » est consulté par l'Union nationale des caisses d'assurance maladie sur les dispositions conventionnelles relatives à la déontologie de ces professions. L'avis rendu est transmis simultanément à l'union et aux ministres chargés de la santé et de la sécurité sociale.

L'accord-cadre, les accords conventionnels interprofessionnels, les conventions, annexes et avenants sont approuvés par les ministres chargés de la santé et de la sécurité sociale. Ils sont réputés approuvés si les ministres n'ont pas fait connaître aux signataires, dans le délai de vingt et un jours à compter de la réception du texte, qu'ils s'opposent à leur approbation du fait de leur non-conformité aux lois et règlements en vigueur ou pour des motifs de santé publique ou de sécurité sanitaire ou lorsqu'il est porté atteinte au principe d'un égal accès aux soins.

Toutefois, lorsque la non-conformité aux lois et règlements en vigueur de l'accord-cadre, des accords conventionnels interprofessionnels, de la convention, de l'avenant ou de l'annexe concerne seulement une ou plusieurs dispositions divisibles, les ministres compétents peuvent, dans le délai prévu ci-dessus, disjoindre cette ou ces seules dispositions de l'approbation. Ils notifient cette disjonction à l'Union nationale des caisses d'assurance maladie. Ils peuvent également, dans les mêmes conditions, lorsque l'accord-cadre, une convention ou un avenant a pour objet de rendre opposables les références professionnelles mentionnées à l'article L. 162-12-15, exclure certaines références de l'approbation dans l'intérêt de la santé publique. Il est fait mention de ces exclusions lors de la publication.

(L. n° 2009-879 du 21 juill. 2009, art. 123-VI) « L'opposition formée à l'encontre d'une convention ou d'un accord prévu à la section I du présent chapitre par une ou plusieurs organisations syndicales représentatives au niveau national au sens de l'article L. 162-33 réunissant la majorité des suffrages exprimés, dans chacun des *(Abrogé par Ord. n° 2017-31 du 12 janv. 2017, art. 6-3°) (L. n° 2016-41 du 26 janv. 2016, art. 164-I-5°) « deux »* collèges, lors des élections à l'union régionale des professionnels de santé regroupant les médecins fait obstacle à sa mise en œuvre.

« L'opposition formée à l'encontre d'une convention ou d'un accord prévu aux sections II et III du présent chapitre, de l'accord-cadre prévu à l'article L. 162-1-13 et des accords conventionnels interprofessionnels prévus à l'article L. 162-14-1 par une ou plusieurs organisations syndicales représentatives au niveau national au sens de l'article L. 162-33 réunissant la majorité des suffrages exprimés lors des élections aux unions régionales des professionnels de santé prévues à l'article L. 4031-2 du code de la santé publique fait obstacle à sa mise en œuvre.

« Pour les professions pour lesquelles, en application de l'article L. 4031-2 du même code, ne sont pas organisées d'élections aux unions régionales des professionnels de santé, l'opposition fait obstacle à la mise en œuvre de la convention ou de l'accord si elle est formée par une ou plusieurs organisations syndicales représentatives au niveau national au sens de l'article L. 162-33 du présent code réunissant au moins le double des effectifs de professionnels représentés par les organisations syndicales signataires. »

L'accord-cadre, les accords conventionnels interprofessionnels, les conventions et leurs avenants approuvés sont publiés au *Journal officiel* de la République française.

L'accord-cadre, les conventions nationales, leurs avenants, le règlement et les accords de bon usage des soins mentionnés à l'article L. 162-12-17 sont applicables :

1° Aux professionnels de santé qui s'installent en exercice libéral ou qui souhaitent adhérer à la convention pour la première fois s'ils en font la demande ;

2° Aux autres professionnels de santé tant qu'ils n'ont pas fait connaître à la caisse primaire d'assurance maladie qu'ils ne souhaitent plus être régis par ces dispositions.

(L. n° 2007-1786 du 19 déc. 2007, art. 36-III) « L'Union nationale des caisses d'assurance maladie soumet pour avis à l'Union nationale des organismes d'assurance maladie complémentaire, avant transmission aux ministres chargés de la santé et de la

sécurité sociale, toute mesure conventionnelle ayant pour effet une revalorisation des tarifs des honoraires, rémunérations et frais accessoires mentionnés au 1° du I de l'article L. 162-14-1 ou des rémunérations mentionnées par les conventions ou accords prévus aux articles L. 162-5, L. 162-9, L. 162-12-2, L. 162-12-9, L. 162-14, L. 162-32-1 et L. 322-5-2. Cet avis est réputé rendu au terme d'un délai de vingt et un jours à compter de la réception du texte. Il est transmis à l'Union nationale des caisses d'assurance maladie, qui en assure la transmission aux ministres chargés de la santé et de la sécurité sociale simultanément à celle de la convention, l'avenant, l'accord-cadre ou l'accord interprofessionnel. » *(L. n° 2008-1330 du 17 déc. 2008, art. 36-II)* « Le présent alinéa ne s'applique pas lorsque l'Union nationale des organismes d'assurance maladie complémentaire participe aux négociations dans les conditions prévues à l'article L. 162-14-3. »

Art. L. 162-15-1 *(Ord. n° 96-345 du 24 avr. 1996, art. 17-IX ; L. n° 99-1140 du 29 déc. 1999, art. 24-IX)* La caisse primaire d'assurance maladie peut décider de placer un professionnel de santé hors de la convention pour violation des engagements prévus par celle-ci ; cette décision doit être prononcée selon les conditions prévues par la convention, lui permettant notamment de présenter ses observations ; elle ne fait pas obstacle à l'application éventuelle des dispositions de l'article L. 133-4 et du chapitre V du titre IV du présent livre. – *[Anc. art. L. 162-5-7.]*

(L. n° 2006-1640 du 21 déc. 2006, art. 104-IV) « En cas d'urgence, lorsque la violation des engagements prévus par la convention est particulièrement grave ou qu'il en résulte pour l'organisme un préjudice financier, la caisse primaire d'assurance maladie peut décider de suspendre les effets de la convention après avoir mis à même le professionnel de présenter ses observations. Un décret en Conseil d'État précise les conditions et les modalités d'application du présent alinéa. »

Art. L. 162-15-2 *(L. n° 2004-810 du 13 août 2004, art. 48-II)* En l'absence d'opposition à leur reconduction formée, dans des conditions prévues par voie réglementaire, par l'un au moins des signataires ou par un ou plusieurs syndicats représentatifs des professions concernées, les conventions prévues aux sections I, II et III du présent chapitre et l'accord-cadre prévu à l'article L. 162-1-13 sont renouvelés par tacite reconduction.

(L. n° 2004-1370 du 20 déc. 2004, art. 34) « Les conventions, l'accord-cadre et les accords conventionnels interprofessionnels, arrivés à échéance ou résiliés, continuent de produire leurs effets jusqu'à la publication au *Journal officiel* des nouvelles conventions ou des nouveaux accord-cadre et accords conventionnels interprofessionnels ou du règlement arbitral qui les remplacent.

« Lorsqu'une convention mentionnée à l'article L. 162-14-1 est conclue et approuvée dans les conditions prévues à l'article L. 162-15, la convention précédente est réputée caduque. »

SOUS-SECTION 2 *[ABROGÉE]* DISPOSITIONS RELATIVES À LA FIXATION ET AU SUIVI DES OBJECTIFS DE DÉPENSES

(Abrogée par L. n° 2002-1487 du 20 déc. 2002, art. 29-II)

Art. L. 162-15-3 *Abrogé par L. n° 2002-1487 du 20 déc. 2002, art. 29-II.*

SOUS-SECTION 3 DISPOSITIONS DIVERSES

Art. L. 162-15-4 *(L. n° 2004-810 du 13 août 2004, art. 58-VII)* Les réclamations concernant les relations d'un organisme local d'assurance maladie avec ses usagers sont reçues par une personne désignée par le directeur après avis du conseil au sein de cet organisme afin d'exercer la fonction de conciliateur pour le compte de celui-ci. Son intervention ne peut pas être demandée si une procédure a été engagée devant une juridiction compétente par l'usager la sollicitant. L'engagement d'une telle procédure met fin à la conciliation.

Un conciliateur commun à plusieurs organismes locaux d'assurance maladie peut être désigné conjointement par les directeurs des organismes concernés après avis de leurs conseils respectifs.

SECTION IV PHARMACIENS, ENTREPRISES PHARMACEUTIQUES

BIBL. ▶ Aulois-Griot et Maurain, La politique conventionnelle, outil privilégié de la régulation des dépenses des biens de santé, *Dr. soc. 2005. 1027*. – Baghestani-Perrey, Le tarif forfaitaire de remboursement : Une nouvelle étape inédite de responsabilisation dans la politique de développement des médicaments génériques, *LPA 2003. 3*. – Baumevieille et Lambert, La maîtrise des dépenses pharmaceutiques : Des approches multiples, *RDSS 1996. 756*. – Blum-Boisgard, Médicament et assurance maladie ?, *Conc. et consomm. 2004. 1*. – Bouvenot, Les apports et les limites de la notion de service médical rendu, *RDSS 2011. 403*. – Bras, Les caractéristiques de la politique du médicament remboursable, *RDSS 2011. 391*. – Chemtob-Concé, Les nouveaux mécanismes de régulation des dépenses pharmaceutiques, *LPA 2006, nº 98, p. 5*. – Crampes, Régulation des prix et politique de remboursement des médicaments, *RGDM 2009. 273*. – Cristol et Peigné, Le nouveau régime de la maîtrise des dépenses pharmaceutiques, *Dr. soc. 2000. 533*. – Fouassier et Van den Brink, Médicaments génériques : les avancées jurisprudentielles, *RDSS 2006. 96*. – Julliart-Condat et Taboulet, Le périmètre en mosaïque des médicaments remboursables : pourquoi tant d'exceptions ?, *Méd. et Droit 2010. 122*. – C. Le Pen, La place du médicament dans les dépenses de santé, *Concurr. Cons. 2004. 6*. – Paubel, L'évolution des dépenses de médicaments à l'hôpital, *RDSS 2011. 409*. – Peigné, Les conventions régissant le prix des médicaments remboursables, *Dr. soc. 2002. 199* ; La rétrocession hospitalière ou la délicate maîtrise du coût des médicaments vendus par les établissements de santé, *RDSS 2005. 79*. – Perriot, Le fonctionnement concurrentiel du secteur pharmaceutique français, *RDSS 2011. 430*. – Renaudin, Le Comité économique des produits de santé : dix ans après, *RDSS 2011. 423*. – Trepreau, Sur les instruments de régulation des dépenses de médicaments remboursés, *RDSS 2016. 107*.

Art. L. 162-16 Le remboursement des frais exposés par les assurés à l'occasion de l'achat de médicaments est effectué sur la base des prix réellement facturés. Ceux-ci ne peuvent pas dépasser les prix limites résultant de l'application de l'article L. 5123-1 du code de la santé publique.

(L. nº 2002-1487 du 20 déc. 2002, art. 43) **« Pour les médicaments figurant dans un groupe générique prévu au 5º de l'article L. 5121-1 du code de la santé publique, la base de remboursement des frais exposés par les assurés peut être limitée à un tarif forfaitaire de responsabilité »** *(L. nº 2004-810 du 13 août 2004, art. 43-I)* **« décidé par le Comité économique des produits de santé institué par l'article L. 162-17-3 du présent code, sauf opposition conjointe des ministres concernés, qui arrêtent dans ce cas le tarif forfaitaire de responsabilité dans un délai de quinze jours après la décision du comité ».**

(Abrogé par L. nº 2008-3 du 3 janv. 2008, art. 3-II) ***« Lorsque le tarif forfaitaire s'applique, le plafond mentionné à l'article L. 138-9 est fixé à 2,5 % du prix des médicaments. »***

(L. nº 2004-810 du 13 août 2004, art. 43-I) **« Les dispositions du cinquième alinéa du présent article ne s'appliquent pas aux médicaments remboursés sur la base d'un tarif forfaitaire. »**

(L. nº 2001-1246 du 21 déc. 2001, art. 19-II) **« Lorsque le pharmacien d'officine délivre une spécialité sur présentation d'une prescription libellée en dénomination commune, en application du deuxième alinéa de l'article L. 5125-23 du code de la santé publique, »** *(L. nº 2002-1487 du 20 déc. 2002, art. 43)* **« la délivrance de cette spécialité ne doit pas entraîner une dépense supplémentaire pour l'assurance maladie supérieure à la dépense qu'aurait entraînée la délivrance de la spécialité générique la plus chère du même groupe ».**

(L. nº 98-1194 du 23 déc. 1998, art. 29-IV) **« Lorsque le pharmacien d'officine délivre,** *(L. nº 2001-1246 du 21 déc. 2001, art. 19-II)* **« en application du troisième alinéa de l'article L. 5125-23** *(L. nº 2014-1554 du 22 déc. 2014, art. 62-II)* **« , de l'article L. 5125-23-3 ou de l'article L. 5125-23-4 » du code de la santé publique », une spécialité figurant sur la liste mentionnée au premier alinéa de l'article L. 162-17 autre que celle qui a été prescrite, cette substitution ne doit pas entraîner une dépense supplémentaire pour l'assurance maladie supérieure à** *(L. nº 2002-1487 du 20 déc. 2002, art. 43)* **« la dépense qu'aurait entraînée la délivrance de la spécialité générique** *(L. nº 2013-1203 du 23 déc. 2013, art. 47-II)* **« ou du médicament biologique similaire le plus cher » du même groupe ».**

(L. nº 2002-1487 du 20 déc. 2002, art. 43) **« En cas d'inobservation des dispositions des cinquième et sixième alinéas, le pharmacien verse à l'organisme de prise en charge, après qu'il a été mis en mesure de présenter ses observations écrites et si, après réception de celles-ci, l'organisme maintient la demande, une somme correspondant à la dépense supplémentaire mentionnée aux cinquième et sixième alinéas, qui ne peut toutefois être inférieure à un montant forfaitaire déterminé par la convention prévue à l'article L. 162-16-1. A défaut, ce montant est arrêté par les ministres chargés de la sécurité sociale, de la santé, de l'économie et du budget. »**

(L. nº 98-1194 du 23 déc. 1998, art. 29-IV) **« Pour son recouvrement, ce versement est assimilé à une cotisation de sécurité sociale ».**

(L. nº 2006-1640 du 21 déc. 2006, art. 64-II) **« Les médicaments dispensés par un pharmacien en application de l'article L. 5125-23-1 du code de la santé publique sont pris en charge par les organismes d'assurance maladie dans la limite d'une seule boîte par ligne d'ordonnance au-delà de la durée de traitement initialement prescrite. »**

(L. nº 2009-879 du 21 juill. 2009, art. 88-III et 89-II) **« Les médicaments renouvelés par une infirmière ou un infirmier en application du quatrième alinéa de l'article L. 4311-1 du code de la santé publique sont pris en charge par les organismes d'assurance maladie, sous réserve que ces médicaments soient inscrits sur la liste des spécialités remboursables prévue au premier alinéa de l'article L. 162-17 du présent code.**

« Les médicaments dispensés par un pharmacien en application du deuxième alinéa de l'article L. 5125-23-1 du code de la santé publique sont pris en charge par les organismes d'assurance maladie, sous réserve que ces médicaments soient inscrits sur la liste des spécialités remboursables prévue au premier alinéa de l'article L. 162-17 du présent code. »

1. Contentieux. Le contentieux de la convention de remise pharmaceutique et de son approbation relève de la compétence des juridictions de l'ordre administratif. • CE 31 oct. 1986 : *D. 1987. Somm. 162, obs. Prétot.* ♦ Le contentieux du versement de la quote-part due par chaque pharmacien relève, en revanche, de la compétence des juridictions de l'ordre judiciaire. • T. confl. 23 nov. 1992 : *Lebon 493 ; Dr. soc. 1993. 398, note Prétot ; RJS 1993, nº 201.*

2. Tarif forfaitaire de responsabilité (génériques). Le Comité économique des produits de santé (CEPS) doit concilier l'objectif de développement de la vente des génériques en vue de réduire le montant des dépenses d'assurance maladie avec l'obligation qui lui incombe, compte tenu du caractère partiellement administré de ce secteur économique qui reste soumis aux lois du marché et à la concurrence entre les entreprises qui exploitent les médicaments, de ne pas adopter de décision dont les effets économiques porteraient au principe d'égalité une atteinte qui excéderait ce qui est nécessaire à l'objectif poursuivi de maîtrise des dépenses publiques de santé et, de ce fait, porterait également atteinte au libre jeu de la concurrence. En l'espèce, le maintien de la différence de traitement résultant de l'application d'un taux de remise supérieur en faveur des génériques n'était plus justifié au début de l'année 2006 par une différence de situation entre la spécialité de référence et ses génériques. • CE 11 juin 2007, *Sté Laboratoire GlaxoSmithKline : Lamy conc. 2007. 51, obs. Destours ; CCC 2007. 10, obs. Beaux et a.*

Nouvel art. L. 162-16 (L. nº 2018-1203 du 22 déc. 2018, art. 66-II, en vigueur le 1er janv. 2020) ***« I. — » Le remboursement des frais exposés par les assurés à l'occasion de l'achat de médicaments est effectué sur la base des prix réellement facturés. Ceux-ci ne peuvent pas dépasser les prix limites résultant de l'application de l'article L. 5123-1 du code de la santé publique.***

(L. nº 2002-1487 du 20 déc. 2002, art. 43 ; L. nº 2018-1203 du 22 déc. 2018, art. 66-II, en vigueur le 1er janv. 2020) ***« II. — Pour les médicaments figurant dans un groupe générique prévu au 5º de l'article L. 5121-1 du code de la santé publique, la base de remboursement des frais exposés par les assurés peut être limitée à un tarif forfaitaire de responsabilité »*** (L. nº 2004-810 du 13 août 2004, art. 43-I) ***« décidé par le Comité économique des produits de santé institué par l'article L. 162-17-3 du présent code, sauf opposition conjointe des ministres concernés, qui arrêtent dans ce cas le tarif forfaitaire de responsabilité dans un délai de quinze jours après la décision du comité. »***

(L. nº 2004-810 du 13 août 2004, art. 43-I ; L. nº 2018-1203 du 22 déc. 2018, art. 66-II, en vigueur le 1er janv. 2020) ***« Les dispositions du III du présent article ne s'appliquent pas aux médicaments remboursés sur la base d'un tarif forfaitaire. »***

(L. nº 2018-1203 du 22 déc. 2018, art. 66-II, en vigueur le 1er janv. 2020) ***« III. — La base de remboursement des frais exposés par l'assuré au titre de la spécialité délivrée par le pharmacien d'officine, ou d'une pharmacie à usage intérieur en application du 1º de l'article L. 5126-6*** *du code de la santé publique, est limitée à la base de remboursement la plus chère en vigueur pour les spécialités génériques ou hybrides appartenant au groupe générique ou hybride concerné, lorsque le pharmacien délivre une spécialité :*

« 1° Sur présentation d'une prescription libellée en dénomination commune qui peut être respectée par la délivrance d'une spécialité figurant au sein d'un groupe générique ou hybride mentionné au 5° de l'article L. 5121-1 du même code ;

« 2° Ou pour laquelle la spécialité prescrite ou délivrée appartient à un groupe générique ou hybride.

« Le pharmacien délivre pour la spécialité concernée le conditionnement le moins coûteux pour l'assurance maladie.

« Le pharmacien propose au patient, le cas échéant par substitution, une spécialité dont la base de remboursement n'excède pas la plus chère en vigueur pour les spécialités génériques ou hybrides appartenant au groupe générique ou hybride concerné.

« Pour l'application du présent III, seules les spécialités inscrites sur l'une des listes mentionnées aux premier et deuxième alinéas de l'article L. 162-17 sont prises en compte.

« IV. — Le III, à l'exception de l'avant-dernier alinéa, n'est pas applicable lorsque le prescripteur a exclu sur justification médicale la possibilité de substitution conformément au deuxième alinéa du II de l'article L. 5125-23 du code de la santé publique, ou lorsque la délivrance par substitution d'une spécialité hybride n'est pas admise en application du dernier alinéa du II du présent article.

« V. — » (L. n° 98-1194 du 23 déc. 1998, art. 29-IV ; L. n° 2001-1246 du 21 déc. 2001, art. 19-II ; L. n° 2002-1487 du 20 déc. 2002, art. 43 ; L. n° 2013-1203 du 23 déc. 2013, art. 47-II ; L. n° 2014-1554 du 22 déc. 2014, art. 62-II ; L. n° 2018-1203 du 22 déc. 2018, art. 66-II, en vigueur le 1er janv. 2020) *« Lorsque le pharmacien d'officine délivre, en application de l'article L. 5125-23-3 du code de la santé publique, une spécialité figurant sur la liste mentionnée au premier alinéa de l'article L. 162-17 autre que celle qui a été prescrite, cette substitution ne doit pas entraîner une dépense supplémentaire pour l'assurance maladie supérieure à la dépense qu'aurait entraînée la délivrance du médicament biologique similaire le plus cher du même groupe. »*

(L. n° 2002-1487 du 20 déc. 2002, art. 43 ; L. n° 2018-1203 du 22 déc. 2018, art. 66-II, en vigueur le 1er janv. 2020) *« VI. — En cas d'inobservation des dispositions des III et V du présent article, le pharmacien verse à l'organisme de prise en charge, après qu'il a été mis en mesure de présenter ses observations écrites et si, après réception de celles-ci, l'organisme maintient la demande, une somme correspondant à la dépense supplémentaire mentionnée aux mêmes III et V, qui ne peut toutefois être inférieure à un montant forfaitaire déterminé par la convention prévue à l'article L. 162-16-1. A défaut, ce montant est arrêté par les ministres chargés de la sécurité sociale et de la santé. »*

(L. n° 98-1194 du 23 déc. 1998, art. 29-IV) *« Pour son recouvrement, ce versement est assimilé à une cotisation de sécurité sociale. »*

(L. n° 2006-1640 du 21 déc. 2006, art. 64-II ; L. n° 2018-1203 du 22 déc. 2018, art. 66-II, en vigueur le 1er janv. 2020) *« VII. — Les médicaments dispensés par un pharmacien en application de l'article L. 5125-23-1 du code de la santé publique sont pris en charge par les organismes d'assurance maladie dans la limite d'une seule boîte par ligne d'ordonnance au-delà de la durée de traitement initialement prescrite. »*

(L. n° 2009-879 du 21 juill. 2009, art. 88-III et 89-II) *« Les médicaments renouvelés par une infirmière ou un infirmier en application du quatrième alinéa de l'article L. 4311-1 du code de la santé publique sont pris en charge par les organismes d'assurance maladie, sous réserve que ces médicaments soient inscrits sur la liste des spécialités remboursables prévue au premier alinéa de l'article L. 162-17 du présent code.*

« Les médicaments dispensés par un pharmacien en application du deuxième alinéa de l'article L. 5125-23-1 du code de la santé publique sont pris en charge par les organismes d'assurance maladie, sous réserve que ces médicaments soient inscrits sur la liste des spécialités remboursables prévue au premier alinéa de l'article L. 162-17 du présent code. »

Art. L. 162-16-1 *(L. n° 99-641 du 27 juill. 1999, art. 39-I-2°)* **Les rapports entre les organismes d'assurance maladie et l'ensemble des pharmaciens titulaires d'officine sont définis par une convention nationale conclue pour une durée au plus égale à cinq ans entre une (ou plusieurs) organisation(s) syndicale(s) représentative(s) des pharmaciens titulaires d'officine, d'une part, et** *(L. n° 2004-810 du 13 août 2004, art. 55-II)* **« l'Union nationale des caisses d'assurance maladie », d'autre part.** — *V. Conv. nat. des pharmaciens titulaires d'officines du 4 avr. 2012 (Arr. du 4 mai 2012, JO 6 mai) ; avenant n° 1* *du 10 janv. 2013 : Arr. du 24 juin 2013 (JO 27 juin) ; avenant n° 2 du 21 mai 2013 : Arr. du 7 nov. 2013 (JO 15 nov.) ; avenants n°s 3, 4 et 5 du 21 mai 2014 : Arr. du 28 nov. 2014 (JO 2 déc.) ; avenant n° 6 du 14 nov. 2014 : Arr. du 27 mai 2015 (JO 4 juin) ; avenant n° 7 du 22 juill. 2015 : Arr. du 14 déc. 2015 (JO 19 déc.) ; avenants n°s 8 et 9 du 22 déc. 2015 : Arr. du 24 juin 2016 (JO 28 juin). Reconduction tacite de la Conv. nat. : Arr. du 5 mai 2017 (JO 6 mai) ; avenant n° 10 du 22 févr. 2017 : Arr. du 14 déc. 2017 (JO 16 déc.) ; avenant n° 11 du 20 juill. 2017 : Arr. du 14 déc. 2017 (JO 16 déc.) ; avenant n° 12 du 21 nov. 2017 : Arr. du 9 mars 2018 (JO 16 mars).*

La convention détermine notamment :

1° Les obligations respectives des organismes d'assurance maladie et des pharmaciens titulaires d'officine ;

2° Les mesures tendant à favoriser la qualité de la dispensation pharmaceutique aux assurés sociaux, le bon usage du médicament et les conditions dans lesquelles les pharmaciens peuvent être appelés à participer à la coordination des soins ;

(L. n° 2016-41 du 26 janv. 2016, art. 114-II-7°) **« 2° *bis* Les orientations pluriannuelles prioritaires en matière de développement professionnel continu, relevant de l'article L. 4021-2 du code de la santé publique ; »**

*(Abrogé par L. n° 2011-940 du 10 août 2011, art. 62-I) (L. n° 2009-879 du 21 juill. 2009, art. 59-IV) « **3° Le montant de la contribution annuelle des caisses nationales d'assurance maladie au développement professionnel continu ;** »*

4° Les mesures tendant à favoriser le développement de la dispense d'avance des frais ;

5° La participation des pharmaciens au développement des médicaments génériques ;

(L. n° 2006-1640 du 21 déc. 2006, art. 104-III) **« 6° Les modes de rémunération par l'assurance maladie de la participation des pharmaciens au dispositif de permanence pharmaceutique en application des dispositions prévues à l'article L. 5125-22 du code de la santé publique » ;**

(L. n° 2011-1906 du 21 déc. 2011, art. 74-I-1°) **« 7° La tarification des honoraires de dispensation, autre que les marges prévues à l'article L. 162-38, dus aux pharmaciens par les assurés sociaux ;**

« 8° La rémunération, autre que celle des marges prévues au même article L. 162-38, versée par les régimes obligatoires d'assurance maladie en contrepartie du respect d'engagements individualisés. Ces engagements peuvent porter sur la dispensation, *(L. n° 2018-1203 du 22 déc. 2018, art. 49-7°)* **« l'utilisation d'un logiciel d'aide à la dispensation certifié suivant la procédure prévue à l'article L. 161-38, » la participation à des actions de dépistage ou de prévention, l'accompagnement de patients atteints de pathologies chroniques, des actions destinées à favoriser la continuité et la coordination des soins, ainsi que sur toute action d'amélioration des pratiques et de l'efficience de la dispensation. La rémunération est fonction de la réalisation des objectifs par le pharmacien ;**

« 9° Des objectifs quantifiés d'évolution du réseau des officines dans le respect des articles L. 5125-3 *(Ord. n° 2018-3 du 3 janv. 2018, art. 2, en vigueur au plus tard le 31 juill. 2018)* **« à L. 5125-5 et L. 5125-18 » du code de la santé publique ;** *— V. note ss. art.*

« 10° Les mesures et procédures applicables aux pharmaciens dont les pratiques sont contraires aux engagements fixés par la convention ;

(L. n° 2017-1836 du 30 déc. 2017, art. 54-II) **« 11° Les modalités de participation des pharmaciens à l'activité de télémédecine définie à l'article L. 6316-1 du code de la santé publique ; »**

(Ord. n° 2018-3 du 3 janv. 2018, art. 2, en vigueur au plus tard le 31 juill. 2018 ; L. n° 2018-1203 du 22 déc. 2018, art. 42-I) **« 12° Des mesures tendant à favoriser ou maintenir une offre pharmaceutique dans les territoires définis à l'article L. 5125-6 du code de la santé publique ;** *— V. note ss. art.*

« 13° Les conditions de modulation de la rémunération des pharmaciens en fonction de leur participation à un cadre d'exercice coordonné ; »

(L. n° 2018-1203 du 22 déc. 2018, art. 59-III, en vigueur le 1er mars 2019) **« 14° La tarification des honoraires dus aux pharmaciens par les assurés sociaux, lorsque le pharmacien effectue, en application du 9° de l'article L. 5125-1-1 A du code de la**

santé publique, des vaccinations dont la liste et les conditions sont fixées par arrêté des ministres en charge de la santé et de la sécurité sociale. »

« L'Union nationale des caisses d'assurance maladie soumet pour avis à l'Union nationale des organismes d'assurance maladie complémentaire, avant transmission aux ministres chargés de la santé et de la sécurité sociale, toute mesure conventionnelle ayant pour effet une revalorisation des frais de dispensation ou de la rémunération mentionnés aux 7° et 8° du présent article. Cet avis est réputé rendu au terme d'un délai de vingt et un jours à compter de la réception du texte. Il est transmis à l'Union nationale des caisses d'assurance maladie qui en assure la transmission aux ministres chargés de la santé et de la sécurité sociale simultanément à celle de la convention ou de l'avenant comportant la mesure conventionnelle. Le présent alinéa ne s'applique pas lorsque l'Union nationale des organismes d'assurance maladie complémentaire participe aux négociations dans les conditions prévues à l'article L. 162-14-3. »

Le Conseil national de l'ordre des pharmaciens est, avant l'approbation, consulté sur les dispositions conventionnelles relatives à la déontologie.

La convention et ses avenants, lors de leur conclusion ou lors d'une tacite reconduction, n'entrent en vigueur qu'après approbation par arrêté des ministres chargés de la sécurité sociale, de la santé, de l'agriculture, de l'économie et du budget.

L'arrêté peut, lorsque la convention ou un avenant de celle-ci comporte des clauses non conformes aux lois et règlements en vigueur, exclure ces clauses de l'approbation.

(L. nº 2011-1906 du 21 déc. 2011, art. 74-I-2°) « Toute mesure conventionnelle ayant pour effet une revalorisation des tarifs des honoraires, rémunérations et frais accessoires mentionnés aux 6° à 8° *(L. nº 2018-1203 du 22 déc. 2018, art. 59-III, en vigueur le 1er mars 2019)* « et au 13° » du présent article entre en vigueur au plus tôt à l'expiration d'un délai de six mois à compter de l'approbation de la convention ou de l'avenant comportant cette mesure.

« Lorsque le Comité d'alerte sur l'évolution des dépenses de l'assurance maladie émet un avis considérant qu'il existe un risque sérieux de dépassement de l'objectif national des dépenses d'assurance maladie au sens du cinquième alinéa de l'article L. 114-4-1 et dès lors qu'il apparaît que ce risque de dépassement est en tout ou partie imputable à l'évolution de celui des sous-objectifs mentionnés au 3° du D du I de l'article L.O. 111-3 comprenant les dépenses de soins de ville, l'entrée en vigueur de toute mesure conventionnelle ayant pour effet une revalorisation au cours de l'année des tarifs des honoraires, rémunérations et frais accessoires mentionnés aux 6° à 8° *(L. nº 2018-1203 du 22 déc. 2018, art. 59-III, en vigueur le 1er mars 2019)* « et au 13° » du présent article est suspendue, après consultation des parties signataires à la convention nationale. A défaut d'un avenant fixant une nouvelle date d'entrée en vigueur des revalorisations compatible avec les mesures de redressement mentionnées à l'article L. 114-4-1, l'entrée en vigueur est reportée au 1er janvier de l'année suivante.

« Le II de l'article L. 162-14-1 est applicable aux pharmaciens titulaires d'officine. »

Les dispositions de l'Ord. nº 2018-3 du 3 janv. 2018 sont applicables à la date de publication des décrets pris pour leur application, et au plus tard le 31 juill. 2018, sous réserve des dispositions suivantes :

Les demandes d'autorisation de création, transfert ou regroupement d'officines déposées auprès des ARS et dont la complétude a été constatée avant l'entrée en vigueur de l'Ord. nº 2018-3 du 3 janv. 2018 demeurent soumises aux dispositions du CSP dans leur rédaction antérieure à la date de publication des décrets pris pour l'application de l'ordonnance susvisée (Ord. préc., art. 5).

BIBL. ▶ LE GAL-FONTES, La convention pharmaceutique : nouvel eldorado du pharmacien ?, *RDSS 2013. 487*. – MÉGERLIN, Apport et limites de la convention nationale assurance maladie-pharmaciens d'officine de 2006. De la qualification à l'évaluation du service pharmaceutique, *RDSS 2007. 269*.

Art. L. 162-16-1-1 *(L. nº 2013-1203 du 23 déc. 2013, art. 50)* **Pour les pharmacies mutualistes et les pharmacies de sociétés de secours minières, un arrêté précise, au vu de la convention mentionnée à l'article L. 162-16-1, notamment pour les dispositions prévues aux 2°, 4°, 5°, 7° et 8° de ce même article, celles qui leur sont rendues applicables ainsi que, le cas échéant, les conditions particulières auxquelles est subordonnée leur mise en œuvre.**

Art. L. 162-16-1-2 *(L. n° 2014-1554 du 22 déc. 2014, art. 44-2°)* Les médecins mentionnés à l'article L. 4211-3 du code de la santé publique peuvent facturer certains des honoraires mentionnés au 7° de l'article L. 162-16-1.

Les modalités d'application du présent article sont fixées par décret en Conseil d'État.

Art. L. 162-16-2 *(L. n° 99-641 du 27 juill. 1999, art. 39-I-2°)* Un bilan annuel relatif à l'application de la convention et à la situation économique des officines auxquelles s'applique ladite convention et en relation avec les prestations prises en charge par l'assurance maladie est établi par les parties signataires.

Art. L. 162-16-3 *(L. n° 99-641 du 27 juill. 1999, art. 39-I-2°)* I. — Les dispositions qui s'imposent aux pharmaciens titulaires d'officine au titre du deuxième alinéa de l'article L. 162-16-1 sont applicables à la personne qui remplace régulièrement le pharmacien titulaire de l'officine, pour la durée du remplacement, dans les conditions prévues à l'article L. 5125-21 du code de la santé publique.

II. — Les dispositions qui s'imposent aux pharmaciens titulaires d'officine au titre de l'article L. 162-16-1 sont applicables aux pharmaciens assistants de l'officine.

Art. L. 162-16-3-1 *(L. n° 2004-1370 du 20 déc. 2004, art. 35-II)* Selon des modalités déterminées en application des articles L. 162-16-1 et L. 161-34, les organismes d'assurance maladie peuvent s'engager, en cas de dispense d'avance de frais totale ou partielle consentie à l'assuré, à effectuer le calcul des sommes dues aux pharmaciens titulaires d'officines sur la base des informations transmises par la carte de cet assuré. Toutefois, ce paiement ne peut être effectué lorsque la carte fait l'objet d'une inscription sur la liste d'opposition mentionnée à l'article L. 161-31.

Art. L. 162-16-4 *(L. n° 98-1194 du 23 déc. 1998, art. 30-I ; L. n° 99-641 du 27 juill. 1999, art. 39-I-1° ; L. n° 99-1140 du 29 déc. 1999, art. 32-IV) (L. n° 2016-1827 du 23 déc. 2016, art. 98-I)* « I. — » Le prix de vente au public de chacun des médicaments mentionnés au premier alinéa de l'article L. 162-17 est fixé par convention entre l'entreprise exploitant le médicament et le Comité économique des produits de santé conformément à l'article L. 162-17-4 ou, à défaut, *(L. n° 2004-810 du 13 août 2004, art. 43-I)* « par décision du comité, sauf opposition conjointe des ministres concernés qui arrêtent dans ce cas le prix dans un délai de quinze jours après la décision du comité ». La fixation de ce prix tient compte principalement de l'amélioration du service médical rendu *(Abrogé par L. n° 2016-1827 du 23 déc. 2016, art. 98-I) « apportée »* par le médicament, *(L. n° 2011-1906 du 21 déc. 2011, art. 47-V)* « le cas échéant des résultats de l'évaluation médico-économique, » des prix des médicaments à même visée thérapeutique, des volumes de vente prévus ou constatés ainsi que des conditions prévisibles et réelles d'utilisation du médicament. *(Abrogé par L. n° 2016-1827 du 23 déc. 2016, art. 98-I) (L. n° 2011-1906 du 21 déc. 2011, art. 48) « Lorsque la fixation du prix du médicament est fondée sur une appréciation de l'amélioration du service médical rendu différente de celle de la commission mentionnée à l'article L. 5123-3 du code de la santé publique, le Comité économique des produits de santé fait connaître à la commission les motifs de son appréciation. »*

Ce prix comprend les marges prévues par *(L. n° 2004-810 du 13 août 2004, art. 43-I)* « la décision mentionnée » à l'article L. 162-38 ainsi que les taxes en vigueur.

(Ord. n° 2017-1092 du 8 juin 2017, art. 2) « Le cas échéant, s'ajoutent aux prix de vente au public des médicaments les honoraires de dispensation définis par la convention nationale prévue à l'article L. 162-16-1, y compris ceux de ces honoraires pratiqués, dans des conditions et limites fixées par décret, lorsque les médicaments délivrés ne sont pas pris en charge par l'assurance maladie. »

(L. n° 2016-1827 du 23 déc. 2016, art. 98-I) « II. — Le prix de vente mentionné au I peut être fixé à un niveau inférieur ou baissé, par convention ou, à défaut, par décision du Comité économique des produits de santé, au regard d'au moins l'un des critères suivants :

« 1° L'ancienneté de l'inscription de la spécialité concernée ou des médicaments à même visée thérapeutique sur la liste prévue au premier alinéa de l'article L. 162-17 ou sur celle mentionnée au premier alinéa de l'article L. 5123-2 du code de la santé publique, ou la fin des droits de propriété intellectuelle conférant une exclusivité de

commercialisation de la spécialité, notamment en cas de commercialisation d'un premier médicament générique ou d'un premier médicament biologique similaire ;

« 2° Le prix net ou le tarif net, au sens du *(L. nº 2018-1203 du 22 déc. 2018, art. 65-I, en vigueur le 1er mars 2019)* **« III » de l'article L. 162-18 du présent code, de la spécialité et des médicaments à même visée thérapeutique ;**

« 3° Le prix d'achat constaté de la spécialité concernée et des médicaments à même visée thérapeutique par les établissements de santé ou les distributeurs de gros ou de détail, compte tenu des remises, ristournes et avantages commerciaux et financiers assimilés de toute nature consentis, y compris les rémunérations de services prévues à l'article L. 441-7 du code de commerce ;

« 4° Le coût net, au sens de l'article L. 162-18 du présent code, du traitement médicamenteux pour l'assurance maladie obligatoire lorsque la spécialité concernée est utilisée concomitamment ou séquentiellement avec d'autres médicaments, notamment au regard du coût net des traitements à même visée thérapeutique ;

« 5° Les montants remboursés, prévus ou constatés, par l'assurance maladie obligatoire pour le médicament concerné et ceux à même visée thérapeutique ;

« 6° L'existence de prix ou de tarifs inférieurs, déduction faite des différentes remises ou taxes en vigueur, dans d'autres pays européens présentant une taille totale de marché comparable et dont la liste est fixée par décret.

« III. — » Un décret en Conseil d'État détermine les conditions d'application du présent article, et notamment les procédures et délais de fixation des prix.

(L. nº 2016-1827 du 23 déc. 2016, art. 98-I) **« IV. — » Sont constatées et poursuivies, dans les conditions** *(L. nº 2014-344 du 17 mars 2014, art. 140-III-2°)* **« prévues au titre V du livre IV du code de commerce », les infractions aux conventions et arrêtés mentionnés ci-dessus.**

(L. nº 2016-1827 du 23 déc. 2016, art. 98-I) **« V. — Le cadre des conventions mentionnées aux I et II du présent article peut être, le cas échéant, précisé par l'accord mentionné à l'article L. 162-17-4. »**

Sous réserve des décisions de justice passées en force de chose jugée, sont validés les actes pris en application de l'art. L. 162-17 avant le 1er juill. 2003, en tant que leur légalité serait contestée pour un motif tiré de l'irrégularité des avis rendus par la Commission de la transparence (L. nº 2003-1199 du 18 déc. 2003, art. 20).

1. Exigence de motivation. Eu égard à la nature, à la composition et aux attributions du Comité économique des produits de santé, les décisions prises par ce comité sur le fondement de l'art. L. 162-16-4 doivent être motivées. • CE 11 janv. 2002 : *JCP 2002. II. 10156, obs. Cristol.* ♦ V. aussi la lettre par laquelle le président du Comité économique des produits de santé rejette la demande d'une société tendant à l'augmentation du prix de vente au public de spécialités que celle-ci commercialise n'est pas une mesure préparatoire mais un acte administratif faisant grief à l'intéressée qui doit être motivée. • CE 26 févr. 2001 : *JCP 2001. II. 10550, note Truchet.* ♦ V. pour une motivation insuffisante • CE, sect. 20 juin 2003, *Sté Servier Monde : Lebon 283 ; JCP A 2003. Actu. 1719, comm. Tchen ; ibid. 1869, comm. Chavrier ; RDSS 2003. 610, concl. Fombeur ; JCP 2003. II. 10156, note Peigné.*

2. Nature réglementaire de la convention. En vertu des dispositions de l'art. L. 162-16-4, la décision de fixer le prix d'un médicament remboursable incombe au Comité économique des produits de santé lorsque l'entreprise qui commercialise le médicament donne son accord au prix qu'il entend retenir et résulte d'un arrêté ministériel dans le cas contraire. Cette décision présente dans les deux cas le caractère d'un acte réglementaire, alors même qu'elle se présente dans le premier d'entre eux sous la forme d'une convention. • CE 3 mai 2004, *Sté des Laboratoires Servier,* nº 257698 B : *RDSS 2004. 914, note Peigné.*

3. Méthode. Sous réserve des cas dans lesquels l'évolution du prix de vente au public de la spécialité remboursable a été prévue par convention avec l'entreprise exploitant le médicament, il appartient au Comité économique des produits de santé, saisi d'une demande en ce sens de l'entreprise, d'apprécier s'il y a lieu de procéder à la modification de prix sollicitée au regard notamment des critères indiqués à l'art. L. 162-16-4 CSS. A cette fin, il lui incombe notamment de déterminer dans chaque cas, sur la base de critères objectifs et vérifiables, la méthode de comparaison des prix des médicaments à même visée thérapeutique la plus adaptée aux caractéristiques des spécialités en cause, en tenant compte des conditions réelles et prévisibles d'utilisation de celles-ci. En particulier, lorsqu'il compare le coût de traitement journalier ou le coût de cure de spécialités déjà commercialisées, il lui revient d'apprécier les posologies à prendre en considération dans cette comparaison au vu non seulement des mentions de leurs autorisations de mise sur le marché mais également de leurs conditions réelles d'utilisation. Enfin, eu égard à la lettre même de l'art. L. 162-16-4 CSS et à l'objectif poursuivi par ces dispositions, de maîtrise du coût des spécialités remboursées par l'assurance maladie, la comparaison doit porter, en principe, sur le prix de vente au public. • CE 24 févr. 2016, *Sté Les laboratoires Grimberg*, n° 376574 : *RDSS 2016. 378, note Peigné*.

4. Indépendance des décisions sur les prix. La fixation du prix de vente au public des spécialités pharmaceutiques, effectuée par le Comité économique des produits de santé en application de l'art. L. 162-16-4, a pour seul objet de déterminer l'un des éléments permettant le remboursement des médicaments par l'assurance maladie ; qu'elle n'a pas pour effet d'autoriser la commercialisation du produit, laquelle interviendra sous la responsabilité du laboratoire au regard du respect des dispositions du CPI. • CE 6 mars 2009, *Sté Laboratoires Negma : Propr. ind. 2009. 32, obs. Ciaudo.*

Art. L. 162-16-4-1 *(L. n° 2012-1404 du 17 déc. 2012, art. 56)* **Le prix de vente au public des allergènes préparés spécialement pour un seul individu, définis à l'article L. 4211-6 du code de la santé publique et pris en charge par les organismes d'assurance maladie, est établi par convention entre la personne autorisée à les préparer et à les délivrer et le Comité économique des produits de santé ou, à défaut, par décision du comité, sauf opposition conjointe des ministres chargés de la santé et de la sécurité sociale, qui arrêtent dans ce cas le prix dans un délai de quinze jours après la décision du comité.**

La fixation de ce prix tient principalement compte des prix des produits comparables, des volumes de vente prévus ou constatés et des conditions prévisibles et réelles d'utilisation.

Un décret en Conseil d'État détermine les conditions d'application du présent article, et notamment les procédures et délais de fixation du prix, ainsi que les règles selon lesquelles certains de ces allergènes peuvent être exclus de la prise en charge par l'assurance maladie.

Art. L. 162-16-5 *(L. n° 2016-1827 du 23 déc. 2016, art. 98-II)* **« I. — Le prix de cession au public des spécialités disposant d'une autorisation de mise sur le marché, de l'autorisation d'importation parallèle en application de l'article L. 5124-13 du code de la santé publique ou de l'autorisation mentionnée à l'article L. 5121-9-1 du même code et inscrites sur la liste prévue** *(Ord. n° 2016-1729 du 15 déc. 2016, art. 2-III, en vigueur le 1er juill. 2017)* **« au 1° de l'article L. 5126-6 » dudit code, majoré le cas échéant du montant de la taxe sur la valeur ajoutée et d'une marge dont la valeur est fixée par arrêté des ministres chargés de la santé** *(L. n° 2017-1836 du 30 déc. 2017, art. 56-I, en vigueur le 1er janv. 2018)* **« et de la sécurité sociale » prenant en compte les frais inhérents à la gestion et à la dispensation de ces spécialités, est fixé par convention entre l'entreprise exploitant le médicament et le Comité économique des produits de santé conformément à l'article L. 162-17-4 du présent code ou, à défaut, par décision du comité. Il est fixé au plus tard dans un délai de soixante-quinze jours à compter de l'inscription de la spécialité sur la liste prévue** *(Ord. n° 2016-1729 du 15 déc. 2016, art. 2, en vigueur le 1er juill. 2017)* **« au 1° de l'article L. 5126-6 » du code de la santé publique ou, lorsque la spécialité figurait sur cette liste préalablement à l'obtention de l'autorisation de mise sur le marché, dans un délai de soixante-quinze jours à compter de l'obtention de cette autorisation. Les ministres concernés peuvent faire opposition conjointe à la décision du comité et arrêtent dans ce cas le tarif de responsabilité dans un délai de quinze jours à compter de cette décision.**

« Ce prix est fixé dans les conditions prévues au I de l'article L. 162-16-4. Il peut être fixé à un niveau inférieur ou baissé dans les conditions prévues au II de ce même article. »

(L. n° 2017-1836 du 30 déc. 2017, art. 56-I ; L. n° 2018-1203 du 22 déc. 2018, art. 65-I, en vigueur le 1er mars 2019) **« Sous réserve du respect des articles L. 162-16-5-1-1 et L. 162-16-5-2, et notamment de la prise en charge des spécialités concernées à ce titre, » La marge mentionnée au premier alinéa du I du présent article peut être réduite compte tenu de la modicité du prix de cession de la spécialité. »**

Tant que *(Abrogé par L. n° 2016-1827 du 23 déc. 2016, art. 98-II) « le prix de vente déclaré ou »* **le prix de cession au public n'est pas publié, les spécialités pharmaceutiques qui figuraient sur cette liste préalablement à l'obtention de l'autorisation de mise sur le marché sont prises en charge ou donnent lieu à remboursement par l'assu-**

rance maladie lorsqu'elles sont délivrées par une pharmacie à usage intérieur d'un établissement de santé dûment autorisé sur la base de leur prix d'achat majoré de la marge mentionnée au premier alinéa et, le cas échéant, du montant de la taxe sur la valeur ajoutée.

(Abrogé par L. n° 2016-1827 du 23 déc. 2016, art. 98-II) ***« Un accord conclu à cet effet entre le comité et une ou plusieurs organisations syndicales représentatives des entreprises concernées ou, à défaut, un décret en Conseil d'État précise** (L. n° 2006-1640 du 21 déc. 2006, art. 59-I)* ***« la procédure, » les conditions dans lesquelles sont effectuées les déclarations des laboratoires exploitants, les critères de l'opposition du comité, les conditions dans lesquelles les prix de vente déclarés peuvent être révisés et les engagements que doit prendre l'entreprise. »***

Sont constatées et poursuivies dans les conditions fixées par le titre V du livre IV du code de commerce les infractions aux conventions et arrêtés mentionnés ci-dessus.

(L. n° 2017-1836 du 30 déc. 2017, art. 56-I, en vigueur le 1er juill. 2018) **« II. — Le prix d'achat des spécialités acquitté par l'établissement ne peut être supérieur au prix de cession prévu au I minoré de la marge mentionnée au premier alinéa du même I. »**

(L. n° 2014-1554 du 22 déc. 2014, art. 66-2°) **« III. — Lorsque le prix d'achat des spécialités acquitté par l'établissement est inférieur** *(Abrogé par L. n° 2016-1827 du 23 déc. 2016, art. 98-II)* ***« au prix de vente publié par le Comité économique des produits de santé ou, le cas échéant, »*** **au prix de cession fixé en application du** *(L. n° 2016-1827 du 23 déc. 2016, art. 98-II)* **« premier » alinéa du I minoré de la marge mentionnée au premier alinéa du même I, le prix de cession facturable et servant de base au calcul de la participation de l'assuré est égal au prix d'achat majoré d'une fraction de la différence entre ces deux éléments, fixée par arrêté conjoint des ministres chargés de la santé et de la sécurité sociale, auquel s'ajoute la marge précitée. »** — *A compter du 1er juill. 2018, le II devient le III (L. n° 2017-1836 du 30 déc. 2017, art. 56-I et III).*

(L. n° 2017-1836 du 30 déc. 2017, art. 56-I, en vigueur le 1er janv. 2018) **« IV. — La base de remboursement d'une spécialité peut faire l'objet d'un tarif unifié fixé par décision du Comité économique des produits de santé. Dans ce cas, ce tarif unifié est appliqué aux spécialités génériques et à leurs spécialités princeps, aux spécialités biologiques similaires et à leurs spécialités biologiques de référence, ainsi qu'à toute spécialité comparable en ce qui concerne les indications ou la visée thérapeutique. Le cas échéant, le tarif unifié peut être modulé au regard de différences de posologie ou du circuit de distribution de la spécialité, notamment l'importation prévue à l'article L. 5124-13 du code de la santé publique.**

« Lorsqu'un tarif unifié a été fixé pour une spécialité, l'application du III du présent article est effectuée par rapport à ce seul tarif unifié. »

Les prix de cession des spécialités pharmaceutiques fixés sur le fondement de l'art. L. 162-16-5 dans sa rédaction antérieure à la L. n° 2016-1827 du 23 déc. 2016 restent valables jusqu'à leur modification par une nouvelle convention ou, à défaut, une nouvelle décision du Comité économique des produits de santé (L. préc., art. 98-XIII).

Ancien art. L. 162-16-5 (L. n° 2014-1554 du 22 déc. 2014, art. 66-1°) *« I. — »* (L. n° 2003-1199 du 18 déc. 2003, art. 21) *Le prix de cession au public des spécialités disposant d'une autorisation de mise sur le marché* (L. n° 2006-1640 du 21 déc. 2006, art. 58-III ; L. n° 2008-1425 du 27 déc. 2008, art. 177-XI) *« , de l'autorisation d'importation parallèle* (L. n° 2011-1906 du 21 déc. 2011, 26-II-1°) *« en application de l'article L. 5124-13 » du code de la santé publique ou de l'autorisation mentionnée à l'article L. 5121-9-1 du même code » et inscrites sur la liste prévue* (Ord. n° 2016-1729 du 15 déc. 2016, art. 2-III, en vigueur le 1er juill. 2017) *« au 1° de l'article L. 5126-6 » du code de la santé publique, majoré le cas échéant du montant de la taxe sur la valeur ajoutée, est égal au prix de vente aux établissements de santé déclaré par l'entreprise au Comité économique des produits de santé et publié par ce dernier, auquel s'ajoute une marge dont la valeur est fixée par arrêté des ministres chargés de la santé, de la sécurité sociale et de l'économie prenant en compte les frais inhérents à la gestion et à la dispensation de ces spécialités.*

A défaut de déclaration ou en cas d'opposition définitive du comité, le prix de cession au public est fixé (L. n° 2004-810 du 13 août 2004, art. 43-I) *« par décision du Comité économique des produits de santé » et au plus tard dans un délai de soixante-quinze jours après l'inscription de la spécialité sur la liste prévue* (Ord. n° 2016-1729 du 15 déc. 2016, art. 2-III, en vigueur le 1er juill. 2017) *« au 1° de l'article L. 5126-6 » du code de la santé publique, ou lorsque la spé-*

cialité figurait sur cette liste préalablement à l'obtention de l'autorisation de mise sur le marché, dans un délai de soixante-quinze jours après l'obtention de cette autorisation. (L. n° 2004-810 du 13 août 2004, art. 43-I) *« Les ministres concernés peuvent faire opposition conjointe à la décision du comité et arrêtent dans ce cas le tarif de responsabilité dans un délai de quinze jours après cette décision. » La fixation du prix de cession tient compte principalement des prix de vente pratiqués pour cette spécialité, des prix des médicaments à même visée thérapeutique, des volumes de vente prévus ou constatés, des conditions prévisibles ou réelles d'utilisation du médicament* (L. n° 2011-1906 du 21 déc. 2011, art. 47-VI)*« , de l'amélioration du service médical apporté par le médicament appréciée par la commission prévue à l'article L. 5123-3 du même code et, le cas échéant, des résultats de l'évaluation médico-économique », ainsi que des frais inhérents à la gestion et à la délivrance de la spécialité pharmaceutique.*

Tant que le prix de vente déclaré ou le prix de cession au public n'est pas publié, les spécialités pharmaceutiques qui figuraient sur cette liste préalablement à l'obtention de l'autorisation de mise sur le marché sont prises en charge ou donnent lieu à remboursement par l'assurance maladie lorsqu'elles sont délivrées par une pharmacie à usage intérieur d'un établissement de santé dûment autorisé sur la base de leur prix d'achat majoré de la marge mentionnée au premier alinéa et, le cas échéant, du montant de la taxe sur la valeur ajoutée.

Un accord conclu à cet effet entre le comité et une ou plusieurs organisations syndicales représentatives des entreprises concernées ou, à défaut, un décret en Conseil d'État précise (L. n° 2006-1640 du 21 déc. 2006, art. 59-I) *« la procédure, » les conditions dans lesquelles sont effectuées les déclarations des laboratoires exploitants, les critères de l'opposition du comité, les conditions dans lesquelles les prix de vente déclarés peuvent être révisés et les engagements que doit prendre l'entreprise.*

Sont constatées et poursuivies dans les conditions fixées par le titre V du livre IV du code de commerce les infractions aux conventions et arrêtés mentionnés ci-dessus.

(L. n° 2014-1554 du 22 déc. 2014, art. 66-2°) *« II. – Lorsque le prix d'achat des spécialités acquitté par l'établissement est inférieur au prix de vente publié par le Comité économique des produits de santé ou, le cas échéant, au prix de cession fixé en application du deuxième alinéa du I minoré de la marge mentionnée au premier alinéa du même I, le prix de cession facturable et servant de base au calcul de la participation de l'assuré est égal au prix d'achat majoré d'une fraction de la différence entre ces deux éléments, fixée par arrêté conjoint des ministres chargés de la santé et de la sécurité sociale, auquel s'ajoute la marge précitée. »*

Art. L. 162-16-5-1 *(L. n° 2016-1827 du 23 déc. 2016, art. 97-I)* **I. – Le laboratoire titulaire des droits d'exploitation d'une spécialité bénéficiant d'une ou de plusieurs autorisations mentionnées à l'article L. 5121-12 du code de la santé publique** *(L. n° 2018-1203 du 22 déc. 2018, art. 65-I, en vigueur le 1er mars 2019)* **« prises en charge selon les modalités fixées à l'article L. 162-16-5-1-1 du présent code, » ou pris** *[prises]* **en charge en application de l'article L. 162-16-5-2 du présent code***[,]* **déclare au Comité économique des produits de santé le montant de l'indemnité maximale qu'il réclame** *(L. n° 2018-1203 du 22 déc. 2018, art. 65-I, en vigueur le 1er mars 2019)* **« , le cas échéant, » aux établissements de santé pour le produit** *(L. n° 2018-1203 du 22 déc. 2018, art. 65-I, en vigueur le 1er mars 2019)* **« dès lors que celui-ci ne fait pas l'objet d'une prise en charge au titre des articles L. 162-17 du présent code ou L. 5123-2 du code de la santé publique pour au moins l'une de ses indications ». Le comité rend publiques ces déclarations.**

Le 15 février de chaque année, le laboratoire titulaire des droits d'exploitation de la spécialité informe le comité du chiffre d'affaires correspondant à ces spécialités ainsi que du nombre d'unités fournies, au titre de l'année civile précédente.

II. – Si, au 31 mars de chaque année, sur la base des données fournies au Comité économique des produits de santé par la Caisse nationale de l'assurance maladie *(Abrogé par Ord. n° 2018-470 du 12 juin 2018, art. 9) « des travailleurs salariés »* **et des données issues du système d'information prévu à l'article L. 6113-7 du code de la santé publique, il apparaît que, pour un médicament dont au moins une des indications est prise en charge au titre d'une autorisation temporaire d'utilisation** *(L. n° 2018-1203 du 22 déc. 2018, art. 65-I, en vigueur le 1er mars 2019)* **« selon les modalités fixées à l'article L. 162-16-5-1-1 du présent code » ou en application de l'article L. 162-16-5-2 du présent code, le montant moyen pris en charge par patient à ce titre pour l'année civile précédente excède 10 000 euros, le laboratoire titulaire des droits**

d'exploitation de ce médicament, après qu'il a été mis en mesure de présenter ses observations, reverse aux organismes mentionnés à l'article L. 213-1 du présent code désignés par le directeur de l'Agence centrale des organismes de sécurité sociale, sous forme de remises, la différence entre le chiffre d'affaires facturé aux établissements de santé et le montant de 10 000 euros multiplié par le nombre de patients traités. Le nombre de patients traités, et en conséquence le montant moyen pris en charge par patient, sont déterminés au prorata de la durée de traitement moyenne sur l'année civile considérée.

Par dérogation au premier alinéa du présent II, les médicaments dont le chiffre d'affaires hors taxes au titre de l'année civile mentionnée au premier alinéa du présent II, est inférieur à un montant de 30 millions d'euros ne sont pas soumis au versement des remises mentionnées au premier alinéa du présent II. *(L. n° 2018-1203 du 22 déc. 2018, art. 65-I, en vigueur le 1er mars 2019)* « Lorsque toutes les indications prises en charge d'un médicament, au titre des articles L. 162-16-5-1-1 et L. 162-16-5-2, relèvent des dispositions du V du présent article, pour la partie de l'année civile sur laquelle cette condition est satisfaite, le chiffre d'affaires mentionné à la première phrase du présent alinéa pris en compte pour l'application du premier alinéa du présent II s'entend uniquement du chiffre d'affaires réalisé au titre des indications prises en charge au titre des articles L. 162-16-5-1-1 et L. 162-16-5-2. Le chiffre d'affaires réalisé au titre de ces indications, pour la période de temps concernée, est obtenu en multipliant le chiffre d'affaires total pour le médicament par la part d'utilisation de ce médicament dans les indications considérées. » — *V. note ss. art.*

III. — Lors d'une première inscription au remboursement au titre d'une autorisation de mise sur le marché, si le prix net de référence d'une spécialité, mentionné à l'article L. 162-18, est inférieur au montant de l'indemnité déclarée au comité, le laboratoire reverse aux organismes mentionnés à l'article L. 213-1 désignés par le directeur de l'Agence centrale des organismes de sécurité sociale, sous forme de remise, la différence entre le chiffre d'affaires facturé aux établissements de santé, au titre de la période s'étendant de l'obtention de l'autorisation mentionnée à l'article L. 5121-12 du code de la santé publique à la première date d'inscription au remboursement, minoré le cas échéant des remises mentionnées au II du présent article au titre de cette même période, et celui qui aurait résulté de la valorisation des unités vendues au prix net de référence.

Pour les médicaments pour lesquels la prise en charge s'effectue*[,]* à la fois selon un remboursement au titre d'une autorisation de mise sur le marché et en application de l'article L. 162-16-5-2 du présent code, à chaque nouvelle inscription au remboursement au titre d'une nouvelle indication thérapeutique, si le prix net de référence nouvellement calculé est inférieur au précédent prix net de référence*[,]* le Comité économique des produits de santé calcule, après que le laboratoire a été mis à même de présenter ses observations :

1° Le chiffre d'affaires facturé aux établissements qui aurait résulté de la valorisation des unités vendues au dernier prix net de référence pour la période s'étendant de la précédente fixation d'un prix ou tarif de remboursement jusqu'à la date de nouvelle inscription au remboursement, au titre de l'indication nouvellement inscrite et de celles faisant encore l'objet d'une prise en charge en application de l'article L. 162-16-5-2. Ce chiffre d'affaires est minoré le cas échéant des remises mentionnées au II du présent article au titre de cette même période ;

2° Le chiffre d'affaires qui aurait résulté de la valorisation de ces mêmes unités vendues au nouveau prix net de référence.

Le laboratoire reverse aux organismes mentionnés à l'article L. 213-1 désignés par le directeur de l'Agence centrale des organismes de sécurité sociale, sous forme de remise, la différence entre les montants mentionnés aux 1° et 2° du présent III. — *V. note ss. art.*

IV. — Pour l'application du III du présent article, lorsque, pour une indication particulière, l'inscription est réalisée sur la seule liste mentionnée à l'article L. 5123-2 du code de la santé publique sans qu'intervienne, dans les deux mois suivants, une inscription sur une autre liste ouvrant droit à une prise en charge au titre de cette indication, le Comité économique des produits de santé peut retenir un prix de référence, ou faire évoluer le prix de référence précédemment retenu, en fonction des critères de fixation et de modification des prix et tarifs prévus aux articles L. 162-16-4, L. 162-16-5 et L. 162-16-6 du présent code.

Le III du présent article est également applicable lorsque, pour une indication thérapeutique, il est mis fin à la prise en charge :

1° Soit au titre de l'autorisation prévue à l'article L. 5121-12 du code de la santé publique, sans que soit mise en place la prise en charge au titre de l'article L. 162-16-5-2 du présent code ;

2° Soit au titre de l'autorisation prévue à l'article L. 5121-12 du code de la santé publique ou au titre de l'article L. 162-16-5-2 du présent code, sans que soit mis en place un remboursement au titre d'une autorisation de mise sur le marché.

Dans les deux cas, le premier alinéa du présent IV s'applique pour la fixation du prix de référence ou sa modification éventuelle ; — *V. note ss. art.*

(L. n° 2018-1203 du 22 déc. 2018, art. 65-I, en vigueur le 1er mars 2019) « Le III du présent article et le présent IV sont applicables aux indications ne faisant pas l'objet de la fixation d'une compensation mentionnée au V du présent article.

« V. — Lorsque qu'une *[Lorsqu'une]* spécialité pharmaceutique dispose d'une autorisation de mise sur le marché pour au moins l'une de ses indications, et qu'une prise en charge de cette spécialité est autorisée en application du I de l'article L. 162-16-5-1-1, les ministres chargés de la santé et de la sécurité sociale fixent la compensation accordée à l'entreprise exploitant la spécialité pour sa mise à disposition dans le cadre de l'indication pour laquelle une prise en charge est autorisée. La compensation ainsi fixée reste applicable en cas de prise en charge au titre de l'article L. 162-16-5-2.

« Les ministres chargés de la santé et de la sécurité sociale fixent également une compensation lorsque la spécialité pharmaceutique fait l'objet d'une prise en charge en application du II du même article L. 162-16-5-2.

« Pour les indications faisant l'objet d'une compensation mentionnée au présent V, l'entreprise exploitant la spécialité reverse chaque année aux organismes mentionnés à l'article L. 213-1 désignés par le directeur de l'Agence centrale des organismes de sécurité sociale, sous forme de remises, la différence entre le chiffre d'affaires facturé par l'entreprise au titre de cette indication, minoré le cas échéant des remises mentionnées au II du présent article au titre la période et pour l'indication considérées, et le montant qui aurait résulté de la valorisation des unités vendues et utilisées dans le cadre de cette indication selon la compensation fixée par les ministres chargés de la santé et de la sécurité sociale. Le chiffre d'affaires facturé au titre de l'indication est obtenu en multipliant le chiffre d'affaires total facturé par l'entreprise pour cette spécialité par la part d'utilisation de la spécialité dans l'indication considérée.

« Un décret en Conseil d'État fixe les conditions d'application du présent V, notamment les conditions de prise en charge des spécialités concernées.

« VI ». — Lorsqu'un médicament ayant fait l'objet d'un versement de remises au sens du II *(L. n° 2018-1203 du 22 déc. 2018, art. 65-I, en vigueur le 1er mars 2019)* « ou du V » est inscrit au remboursement au titre d'une autorisation de mise sur le marché et fait l'objet d'un prix ou d'un tarif fixé par convention avec le Comité économique des produits de santé au titre de l'une ou de plusieurs de ses indications, la convention détermine le prix ou tarif net de référence du médicament au sens de l'article L. 162-18 et, le cas échéant, la restitution consécutive de tout ou partie de la remise versée en application du II *(L. n° 2018-1203 du 22 déc. 2018, art. 65-I, en vigueur le 1er mars 2019)* « ou du V » du présent article. Le montant de cette restitution résulte de la valorisation des unités vendues, et prises en charge au titre d'une autorisation temporaire d'utilisation *(L. n° 2018-1203 du 22 déc. 2018, art. 65-I, en vigueur le 1er mars 2019)* « dans le cadre de l'article L. 162-16-5-1-1 » ou en application de l'article L. 162-16-5-2 du présent code, au prix ou tarif net de référence, minorée du chiffre d'affaires facturé aux établissements de santé après déduction de la remise prévue au II *(L. n° 2018-1203 du 22 déc. 2018, art. 65-I, en vigueur le 1er mars 2019)* « ou au V » du présent article, au titre des indications considérées et de l'année civile pour laquelle la remise avait été versée. Le montant de cette restitution ne peut excéder la remise versée en application du II *(L. n° 2018-1203 du 22 déc. 2018, art. 65-I, en vigueur le 1er mars 2019)* « ou au *[du]* V », au titre des indications considérées et de l'année civile pour laquelle la remise avait été versée. — *V. note ss. art.*

VII. – La prise en charge *(L. n° 2018-1203 du 22 déc. 2018, art. 65-I, en vigueur le 1er mars 2019)* « accordée dans le cadre de l'article L. 162-16-5-1-1 du présent code » au titre de l'autorisation mentionnée à l'article L. 5121-12 du code de la santé publique *(L. n° 2018-1203 du 22 déc. 2018, art. 65-I, en vigueur le 1er mars 2019)* « , octroyée au titre du 1° du I du même article L. 5121-12 ou au titre du 2° du même I, » est subordonnée, pour chaque indication considérée, au respect des conditions et engagements prévus au même article L. 5121-12. Il peut en outre être mis fin à cette prise en charge *(L. n° 2018-1203 du 22 déc. 2018, art. 65-I, en vigueur le 1er mars 2019)* « accordée dans le cadre de l'article L. 162-16-5-1-1 du présent code » selon les mêmes conditions et modalités que celles mentionnées au III de l'article L. 162-16-5-2 du présent code.– *Les V et VI sont devenus respectivement les VI et VII du présent art. (L. n° 2018-1203 du 22 déc. 2018, art. 65-I, en vigueur le 1er mars 2019).*

Les II et V [devenu VI] de l'art. L. 162-16-5-1 et la condition de délai maximal mentionnée au 1° du I de l'art. L. 5121-12 CSP sont applicables aux autorisations délivrées au titre du même art. L. 5121-12 à compter du 1er janv. 2017.

Les III et IV [devenu VI] de l'art. L. 162-16-5-1 sont applicables aux chiffres d'affaires réalisés à compter du 1er janv. 2016 (L. n° 2016-1827 du 23 déc. 2016, art. 97-IV).

Art. L. 162-16-5-1-1 *(L. n° 2018-1203 du 22 déc. 2018, art. 65-I, en vigueur le 1er mars 2019)* I. – Les spécialités pharmaceutiques disposant, pour des indications particulières, d'une autorisation temporaire d'utilisation mentionnée à l'article L. 5121-12 du code de la santé publique font l'objet d'une prise en charge par l'assurance maladie dans certains établissements de santé mentionnés à l'article L. 162-22-6 du présent code ou dans certains établissements de santé disposant d'une pharmacie à usage intérieur.

Les autorisations temporaires d'utilisation*[,]* délivrées au titre du 2° du I de l'article L. 5121-12 du code de la santé publique, ne peuvent faire l'objet d'une prise en charge qu'avant la délivrance d'une première autorisation de mise sur le marché pour le médicament considéré ainsi que dans le cadre de la continuité de traitement mentionné *[mentionnée]* à l'article L. 162-16-5-2 du présent code.

En cas de prise en charge d'une indication au titre du présent article ou de l'article L. 162-16-5-2, un arrêté des ministres chargés de la santé et de la sécurité sociale peut modifier les conditions de dispensation des spécialités déjà prises en charge au titre d'une autorisation de mise sur le marché.

II. – Les modalités d'application du présent article, et notamment les conditions de prise en charge des spécialités disposant d'une autorisation temporaire d'utilisation, sont définies par décret en Conseil d'État.

Le Gouvernement remet au Parlement, dans un délai de deux ans à compter de la promulgation de la L. n° 2018-1203 du 22 déc. 2018, un rapport évaluant la mise en œuvre de l'ouverture des autorisations temporaires d'utilisation à de nouvelles indications (L. préc., art. 65-V).

Art. L. 162-16-5-2 *(L. n° 2013-1203 du 23 déc. 2013, art. 48-I-2°)* I. – Un médicament qui *(Abrogé par L. n° 2018-1203 du 22 déc. 2018, art. 65-I, à compter du 1er mars 2019)* « ***, préalablement à l'obtention de*** *(L. n° 2016-1827 du 23 déc. 2016, art. 97-I)* « ***sa première*** » ***autorisation de mise sur le marché,*** » a bénéficié d'une autorisation temporaire d'utilisation prévue au 1° du I de l'article L. 5121-12 du code de la santé publique *(L. n° 2018-1203 du 22 déc. 2018, art. 65-I, en vigueur le 1er mars 2019)* « et qui a fait l'objet d'une prise en charge en application de l'article L. 162-16-5-1-1 du présent code » peut, à compter de la date à laquelle l'autorisation temporaire d'utilisation cesse de produire ses effets, être acheté, fourni, pris en charge et utilisé au profit des patients par les collectivités publiques pour *(L. n° 2018-1203 du 22 déc. 2018, art. 65-I, en vigueur le 1er mars 2019)* « l'indication ayant fait l'objet de l'autorisation temporaire d'utilisation dès lors que cette indication est mentionnée dans une autorisation de mise sur le marché délivrée pour ce médicament. »

(Abrogé par L. n° 2018-1203 du 22 déc. 2018, art. 65-I, à compter du 1er mars 2019) « ***1° L'indication a fait l'objet de l'autorisation temporaire d'utilisation et est mentionnée soit dans l'autorisation de mise sur le marché, soit dans une extension d'autorisation de mise sur le marché en cours d'évaluation par les autorités compétentes ;***

« ***2° L'indication n'a pas fait l'objet de l'autorisation temporaire d'utilisation, est mentionnée dans*** *(L. n° 2016-1827 du 23 déc. 2016, art. 97-I)* « ***sa première autorisation*** » ***de mise*** *sur le marché et soit il n'existe pas d'alternative thérapeutique prise en charge par les régimes obligatoires de sécurité sociale identifiée par la Haute Autorité de santé, soit le patient est en échec de traitement ou présente une contre-indication aux alternatives thérapeutiques prises en charge identifiées. »*

(L. n° 2018-1203 du 22 déc. 2018, art. 65-I, en vigueur le 1er mars 2019) « Par dérogation au premier alinéa du présent I, la poursuite de la prise en charge d'un traitement, pour un patient donné, initié dans le cadre d'une autorisation temporaire d'utilisation délivrée au titre du 2° du I de l'article L. 5121-12 du code de la santé publique, et ayant fait l'objet d'une prise en charge au titre du I de l'article L. 162-16-5-1-1 du présent code, est autorisée, sous réserve que l'indication n'ait pas fait l'objet d'une évaluation défavorable au titre de l'autorisation de mise sur le marché au sens du premier alinéa de l'article L. 5121-9 du code de la santé publique.

« II. — Les entreprises exploitant des spécialités pharmaceutiques n'ayant pas fait l'objet, pour une indication particulière, d'une autorisation temporaire d'utilisation mais disposant d'une autorisation de mise sur le marché dans cette indication peuvent demander leur prise en charge temporaire par l'assurance maladie. La prise en charge est décidée par arrêté des ministres chargés de la santé et de la sécurité sociale, pris après avis de la commission mentionnée à l'article L. 5123-3 du code de la santé publique et selon des conditions et modalités définies par décret en Conseil d'État. »

(L. n° 2016-1827 du 23 déc. 2016, art. 97-I) « III. — A. — Pour chaque indication thérapeutique considérée individuellement, la prise en charge mentionnée au I *(L. n° 2018-1203 du 22 déc. 2018, art. 65-I, en vigueur le 1er mars 2019)* « et au II » du présent article dure jusqu'à ce que l'un des événements suivants intervienne :

« 1° Une décision relative à l'inscription *(L. n° 2018-1203 du 22 déc. 2018, art. 65-I, en vigueur le 1er mars 2019)* « ou au refus d'inscription » de cette indication, au titre de son autorisation de mise sur le marché, sur l'une des listes mentionnées au premier alinéa de l'article L. 5123-2 du code de la santé publique ou aux deux premiers alinéas de l'article L. 162-17 du présent code est prise et, lorsqu'un tel avis est prévu, l'avis de fixation du tarif de responsabilité ou du prix est publié ;

« 2° L'indication considérée fait l'objet d'une évaluation défavorable au titre de l'autorisation de mise sur le marché ;

« 3° Aucune demande d'inscription sur une des listes mentionnées au premier alinéa de l'article L. 5123-2 du code de la santé publique ou à l'article L. 162-17 du présent code n'est déposée pour l'indication considérée dans le mois suivant l'obtention de son autorisation de mise sur le *(L. n° 2018-1203 du 22 déc. 2018, art. 65-I, en vigueur le 1er mars 2019)* « marché pour les indications relevant du I du présent article, ou aucune demande d'inscription n'est déposée concomitamment à la demande de prise en charge pour les indications relevant du II, ou, pour les indications relevant des I ou II, » le laboratoire retire sa demande d'inscription sur l'une de ces listes.

« B. — Pour chaque indication considérée, il peut également être mis fin, par arrêté des ministres chargés de la santé et de la sécurité sociale, à cette prise en charge si l'une des conditions suivantes est remplie :

« 1° Une alternative thérapeutique, identifiée par la Haute Autorité de santé, est prise en charge au titre de l'une des listes mentionnées au premier alinéa de l'article L. 5123-2 du code de la santé publique, aux deux premiers alinéas de l'article L. 162-17 ou au premier alinéa de l'article L. 162-22-7 du présent code ;

« 2° Les conditions et engagements prévus au 1° du I et au V de l'article L. 5121-12 du code de la santé publique n'ont pas été respectés.

« Dans le cas où une demande d'inscription sur la liste mentionnée à l'article L. 162-22-7 du présent code est envisagée, celle-ci est adressée au ministre chargé de la santé dans un délai de deux semaines à compter de l'avis de la Haute Autorité de santé relatif à l'inscription de ce médicament, au titre de son autorisation de mise sur le marché, sur la liste mentionnée au premier alinéa de l'article L. 5123-2 du code de la santé publique.

« C. — Lorsque le laboratoire titulaire des droits d'exploitation de la spécialité n'a pas respecté les différentes conditions de délai relevant du présent III, le Comité économique des produits de santé peut prononcer une pénalité financière selon les modalités prévues à l'article L. 162-17-4 du présent code, dans des conditions fixées par décret en Conseil d'État.

(L. nº 2018-1203 du 22 déc. 2018, art. 65-I, en vigueur le 1er mars 2019) « D. – Le présent III est notamment applicable aux spécialités disposant ou ayant disposé d'une autorisation temporaire d'utilisation au titre des 1° ou 2° du I de l'article L. 5121-12 du code de la santé publique et d'une prise en charge à ce titre.

« IV. – Le dernier alinéa du I de l'article L. 162-16-5-1-1 est applicable aux prises en charge au titre du présent article. »

(L. nº 2016-1827 du 23 déc. 2016, art. 97-I) « V. – Les modalités d'application du présent article sont définies par décret en Conseil d'État. »

Art. L. 162-16-5-3 *(L. nº 2016-1827 du 23 déc. 2016, art. 97-I)* La prescription d'une spécialité faisant l'objet de l'autorisation mentionnée à l'article L. 5121-12 du code de la santé publique ou d'une prise en charge au titre de *(L. nº 2018-1203 du 22 déc. 2018, art. 65-I, en vigueur le 1er mars 2019)* « l'article L. 162-16-5-1-1 ou de » l'article L. 162-16-5-2 du présent code pour au moins l'une de ses indications doit contenir l'indication pour laquelle le produit est prescrit. La prise en charge au titre de cette autorisation ou au titre des dispositions de *(L. nº 2018-1203 du 22 déc. 2018, art. 65-I, en vigueur le 1er mars 2019)* « l'article L. 162-16-5-1-1 ou de » l'article L. 162-16-5-2 est conditionnée à la transmission, lors de la facturation, de l'indication pour laquelle la spécialité a été prescrite. Les conditions d'application du présent alinéa sont précisées par décret.

Le non-respect de ces obligations et de celles concernant le recueil d'information ou de transmission des données de suivi des patients traités mentionnées à l'article L. 5121-12 du code de la santé publique peut donner lieu à une procédure de recouvrement de l'indu selon les modalités prévues à l'article L. 133-4 du présent code.

Jusqu'à l'entrée en vigueur du décret relatif aux conditions de transmission de l'indication mentionné à l'art. L. 162-16-5-3, la répartition des volumes de ventes selon les indications nécessaires à l'application de l'art. L. 162-16-5-1 est calculée au prorata des estimations des populations cibles réalisées par le Comité économique des produits de santé (L. nº 2018-1203 du 22 déc. 2018, art. 65-V).

Art. L. 162-16-5-4 *(L. nº 2018-1203 du 22 déc. 2018, art. 65-I, en vigueur le 1er mars 2019)* I. – La prise en charge d'une spécialité pharmaceutique, pour une indication particulière, au titre des articles L. 162-16-5-1-1 ou L. 162-16-5-2, implique l'engagement par le laboratoire exploitant la spécialité de permettre d'assurer la continuité des traitements initiés :

1° Pendant la durée de la prise en charge au titre des mêmes articles L. 162-16-5-1-1 ou L. 162-16-5-2 ;

2° Et pendant une durée d'au moins un an à compter, pour l'indication considérée, de l'arrêt de la prise en charge au titre desdits articles L. 162-16-5-1-1 ou L. 162-16-5-2.

Ces dispositions ne s'appliquent pas si la spécialité, pour l'indication concernée, fait l'objet d'un arrêt de commercialisation pour des raisons sérieuses relatives à la sécurité des patients. Le délai d'un an est ramené à quarante-cinq jours lorsque l'indication concernée fait l'objet d'un refus de prise en charge au titre de l'article L. 162-17 du présent code ou au titre de l'article L. 5123-2 du code de la santé publique.

Durant la période de continuité de traitement postérieure à la prise en charge au titre des articles L. 162-16-5-1-1 ou L. 162-16-5-2, les conditions de prise en charge, le cas échéant, fixées par le Comité économique des produits de santé s'appliquent. Lorsque l'inscription est prononcée uniquement sur la liste mentionnée au premier alinéa de l'article L. 5123-2 du code de la santé publique, le laboratoire permet l'achat de son produit pour les continuités de traitement à un tarif qui n'excède pas, le cas échéant après l'application de remises, le prix de référence mentionné à l'article L. 162-16-5-1 du présent code.

II. – En cas de manquement aux dispositions du I, le Comité économique des produits de santé peut prononcer une pénalité financière à l'encontre du laboratoire exploitant selon les modalités prévues aux onzième à avant-dernier alinéas de l'article L. 162-17-4, dans des conditions fixées par décret en Conseil d'État. Le montant de cette pénalité ne peut être supérieur à 30 % du chiffre d'affaires hors taxes réalisé en France par l'entreprise au titre de la spécialité mentionnée au I du présent article, durant les vingt-quatre mois précédant la constatation du manquement.

Art. L. 162-16-6 *(L. nº 2003-1199 du 18 déc. 2003, art. 27-I)* **I. – Le tarif de responsabilité** *(L. nº 2017-1836 du 30 déc. 2017, art. 56-I, en vigueur le 1er janv. 2018)* **« et le prix limite de vente aux établissements » des spécialités pharmaceutiques mentionnées** *(L. nº 2014-1554 du 22 déc. 2014, art. 67-I ; L. nº 2015-1702 du 21 déc. 2015, art. 78-I-5º, en vigueur le 1er janv. 2017 ; L. nº 2017-1836 du 30 déc. 2017, art. 56-I, en vigueur le 1er janv. 2018)* **« aux articles L. 162-22-7 et L. 162-23-6 sont fixés par convention entre l'entreprise et le » Comité économique des produits de santé et** *(L. nº 2017-1836 du 30 déc. 2017, art. 56-I, en vigueur le 1er janv. 2018)* **« publiés » par ce dernier** *(L. nº 2014-1554 du 22 déc. 2014, art. 67-I-A)* **« au plus tard dans un délai de cent quatre-vingts jours à compter de la réception de la demande d'inscription de l'entreprise sur la liste mentionnée** *(L. nº 2015-1702 du 21 déc. 2015, art. 78-I-5º, en vigueur le 1er janv. 2017)* **« aux mêmes articles » ou, en cas d'inscription sur cette même liste à l'initiative des ministres chargés de la santé et de la sécurité sociale, dans un délai de quatre-vingt-dix jours à compter du jour où l'avis de la commission mentionnée à l'article L. 5123-3 du code de la santé publique a été rendu public. A défaut d'accord conventionnel au terme des délais mentionnés à la première phrase du présent alinéa, le tarif de responsabilité** *(L. nº 2017-1836 du 30 déc. 2017, art. 56-I, en vigueur le 1er janv. 2018)* **« et le prix limite de vente aux établissements sont fixés et publiés » par le comité dans les quinze jours suivant le terme de ces mêmes délais. »** *(L. nº 2004-810 du 13 août 2004, art. 43-I)* **« Les ministres concernés peuvent faire opposition conjointe** *(L. nº 2014-1554 du 22 déc. 2014, art. 67-I-A ; L. nº 2017-1836 du 30 déc. 2017, art. 56-I, en vigueur le 1er janv. 2018)* **« au tarif et au prix limites publiés par le » comité et arrêtent dans ce cas le tarif de responsabilité** *(L. nº 2017-1836 du 30 déc. 2017, art. 56-I, en vigueur le 1er janv. 2018)* **« et le prix limite de vente aux établissements » dans un délai de quinze jours après cette** *(L. nº 2014-1554 du 22 déc. 2014, art. 67-I-A)* **« publication ». »** *(Abrogé par L. nº 2016-1827 du 23 déc. 2016, art. 98-III)* ***« La fixation du tarif de responsabilité tient compte principalement des prix de vente pratiqués pour cette spécialité, des prix des médicaments à même visée thérapeutique, des volumes de vente prévus ou constatés, des conditions prévisibles ou réelles d'utilisation de la spécialité pharmaceutique*** *(L. nº 2011-1906 du 21 déc. 2011, art. 47-VII)* ***« , de l'amélioration du service médical apportée par la spécialité appréciée par la commission prévue à l'article L. 5123-3 du code de la santé publique et, le cas échéant, des résultats de l'évaluation médico-économique ». »***

(L. nº 2016-1827 du 23 déc. 2016, art. 98-III ; L. nº 2017-1836 du 30 déc. 2017, art. 56-I, en vigueur le 1er janv. 2018) **« Ce tarif et ce prix limite sont fixés dans les conditions prévues au I de l'article L. 162-16-4. Ils peuvent être fixés à un niveau inférieur ou baissés dans les conditions prévues au II du même article L. 162-16-4. »**

En aucun cas la différence entre le tarif de responsabilité et le prix de vente aux établissements ne peut être facturée aux patients.

(Abrogé par L. nº 2016-1827 du 23 déc. 2016, art. 98-III) ***« Un accord conclu*** *(Abrogé par L. nº 2014-1554 du 22 déc. 2014, art. 67-I-A)* ***« à cet effet » entre le Comité économique des produits de santé et une ou plusieurs organisations syndicales représentatives des entreprises concernées ou, à défaut, un décret en Conseil d'État précise*** *(L. nº 2014-1554 du 22 déc. 2014, art. 67-I-A)* ***« notamment » les conditions dans lesquelles les*** *(L. nº 2014-1554 du 22 déc. 2014, art. 67-I-A)* ***« tarifs » peuvent être révisés et les engagements que doit prendre l'entreprise. »***

Sont constatées et poursuivies dans les conditions fixées aux articles L. 450-1 à L. 450-8 du code de commerce les infractions aux conventions et arrêtés mentionnés ci-dessus.

(L. nº 2017-1836 du 30 déc. 2017, art. 56-I, en vigueur le 1er juill. 2018) **« II. – Le prix d'achat des spécialités acquitté par l'établissement ne peut être supérieur au prix limite de vente défini au I. »**

III. – Les spécialités pharmaceutiques mentionnées au I sont remboursées en sus des prestations d'hospitalisation mentionnées *(L. nº 2015-1702 du 21 déc. 2015, art. 78-I-5º, en vigueur le 1er janv. 2017)* **« au 1º des articles L. 162-22-6 et L. 162-23-1 » dans les conditions fixées** *(L. nº 2015-1702 du 21 déc. 2015, art. 78-I-5º, en vigueur le 1er janv. 2017)* **« aux articles L. 162-22-7 et L. 162-23-6 », sur la base du tarif de responsabilité mentionné au I. Lorsque le montant de la facture est inférieur à ce tarif, le remboursement à l'établissement s'effectue sur la base du montant de la facture**

majoré d'une partie de la différence entre ces deux éléments définie par arrêté conjoint des ministres chargés de la santé et de la sécurité sociale. – *V. Arr. du 9 mai 2005 (JO 26 mai). – A compter du 1er juill. 2018, le II devient le III (L. n° 2017-1836 du 30 déc. 2017, art. 56-I).*

(L. n° 2017-1836 du 30 déc. 2017, art. 56-I, en vigueur le 1er janv. 2018) « IV. – La base de remboursement d'une spécialité peut faire l'objet d'un tarif unifié fixé par décision du Comité économique des produits de santé. Dans ce cas, ce tarif unifié est appliqué aux spécialités génériques et à leurs spécialités princeps, aux spécialités biologiques similaires et à leurs spécialités biologiques de référence, ainsi qu'à toute spécialité comparable en ce qui concerne les indications ou la visée thérapeutique. Le cas échéant, le tarif unifié peut être modulé au regard de différences de posologie ou du circuit de distribution de la spécialité, notamment l'importation prévue à l'article L. 5124-13 du code de la santé publique.

« Lorsqu'un tarif unifié a été fixé pour une spécialité, l'application du III du présent article est effectuée par rapport à ce seul tarif unifié. »

Les dispositions issues de la L. n° 2014-1554 du 22 déc. 2014 s'appliquent à la prise en charge, au titre de la liste mentionnée à l'art. L. 162-22-7, des spécialités pharmaceutiques ou produits et prestations pour lesquels le dernier avis de la commission mentionnée à l'art. L. 5123-3 CSP ou de la commission mentionnée à l'art. L. 165-1 a été rendu public postérieurement au 1er janv. 2015. La prise en charge, au titre de la liste mentionnée à l'art. L. 162-22-7, des spécialités pharmaceutiques ou produits et prestations pour lesquels les avis mentionnés ci-dessus ont été rendus publics avant le 1er janv. 2015 demeure régie par les dispositions législatives dans leur rédaction en vigueur avant cette date (L. n° 2014-1554 du 22 déc. 2014, art. 67-II).

Les dispositions du II du présent art. L. 162-16-6, issues de l'art. 56-I de la L. n° 2017-1836 du 30 déc. 2017, entrent en vigueur le 1er juill. 2018. A cette date, le prix limite de vente des spécialités aux établissements mentionné au I de l'art. L. 162-16-6, dans sa rédaction résultant de la loi susvisée, est égal au tarif de responsabilité applicable à ces spécialités (L. préc., art. 56-III-1°).

Art. L. 162-16-7 *(L. n° 2005-1579 du 19 déc. 2005, art. 48-V)* Un accord national conclu entre l'Union nationale des caisses d'assurance maladie et une ou plusieurs organisations syndicales représentatives des pharmaciens d'officine et soumis à l'approbation des ministres chargés de la santé et de la sécurité sociale fixe annuellement des objectifs chiffrés moyens relatifs à la délivrance par les pharmaciens de spécialités génériques figurant dans un groupe générique prévu au 5° de l'article L. 5121-1 du code de la santé publique non soumis au tarif forfaitaire de responsabilité prévu par l'article L. 162-16 du présent code.

Ces objectifs peuvent, le cas échéant, faire l'objet d'une modulation en fonction des spécificités propres à certaines zones géographiques et notamment du niveau constaté de délivrance des spécialités mentionnées au précédent alinéa.

(L. n° 2006-1640 du 21 déc. 2006, art. 56-VI) « La dispense d'avance de frais totale ou partielle mentionnée au 4° de l'article L. 162-16-1 consentie aux assurés ainsi qu'aux bénéficiaires de la couverture maladie universelle complémentaire *[Nouvelle rédaction issue de la L. n° 2018-1203 du 22 déc. 2018, art. 52-II, en vigueur le 1er nov. 2019 : [bénéficiaires de la] « protection complémentaire en matière de santé »]* prévue à l'article L. 861-1 *(Abrogé par L. n° 2018-1203 du 22 déc. 2018, art. 52-II, à compter du 1er nov. 2019) (L. n° 2014-1554 du 22 déc. 2014, art. 41-I-3°)* « ***et aux bénéficiaires de la déduction prévue à l'article L. 863-2*** » du présent code, lors de la facturation à l'assurance maladie de médicaments appartenant à un groupe générique tel que défini à l'article L. 5121-1 du code de la santé publique, est subordonnée à l'acceptation par ces derniers de la délivrance d'un médicament générique, sauf dans les groupes génériques soumis au tarif forfaitaire de responsabilité défini à l'article L. 162-16 ou lorsqu'il existe des génériques commercialisés dans le groupe dont le prix est supérieur ou égal à celui du princeps. Cette disposition ne s'applique pas non plus dans les cas pour lesquels la substitution peut poser des problèmes particuliers au patient, *(L. n° 2018-1203 du 22 déc. 2018, art. 66-II, en vigueur le 1er janv. 2019)* « dans » les cas prévus à l'article L. 5125-23 du code de la santé publique.

(Abrogé par L. n° 2018-1203 du 22 déc. 2018, art. 66-II, à compter du 1er janv. 2019) ***« L'accord national mentionné au premier alinéa peut décider de maintenir la dispense d'avance de frais dans les zones géographiques pour lesquelles les niveaux de substitution sont***

supérieurs aux objectifs fixés par cet accord. La suppression de la dispense d'avance de frais s'applique dans les zones géographiques n'ayant pas atteint, au début d'une année, les objectifs fixés pour l'année précédente par les partenaires conventionnels mentionnés au premier alinéa. »

Art. L. 162-17 **Les médicaments spécialisés, mentionnés à l'article L. 5121-8 du code de la santé publique** *(L. nº 2004-810 du 13 août 2004, art. 31-IV ; L. nº 2008-1425 du 27 déc. 2008, art. 177-XII)* **« et les médicaments bénéficiant d'une autorisation d'importation parallèle** *(L. nº 2011-1906 du 21 déc. 2011, art. 26-II-1º)* **« en application de l'article L. 5124-13 » du même code », ne peuvent être pris en charge ou donner lieu à remboursement par les caisses d'assurance maladie** *(L. nº 2001-1246 du 21 déc. 2001, art. 40-I)* **« , lorsqu'ils sont dispensés en officine, » que s'ils figurent sur une liste établie dans les conditions fixées par décret en Conseil d'État.** *(L. nº 2011-2012 du 29 déc. 2011, art. 14)* **« La demande d'inscription d'un médicament sur cette liste est subordonnée à la réalisation d'essais cliniques contre des stratégies thérapeutiques, lorsqu'elles existent, dans des conditions définies par décret en Conseil d'État. »** *(Ord. nº 96-345 du 24 avr. 1996, art. 22-I)* **« La liste précise les seules indications thérapeutiques ouvrant droit à la prise en charge ou au remboursement des médicaments. »**

(L. nº 2001-1246 du 21 déc. 2001, art. 40-I) **« Les médicaments inscrits sur la liste prévue** *(Ord. nº 2016-1729 du 15 déc. 2016, art. 2-III, en vigueur le 1er juill. 2017)* **« au 1º de l'article L. 5126-6 » du code de la santé publique sont pris en charge ou donnent lieu à remboursement par l'assurance maladie lorsqu'ils sont délivrés par une pharmacie à usage intérieur d'un établissement de santé dûment autorisée. Cette liste précise les seules indications thérapeutiques ouvrant droit à la prise en charge ou au remboursement des médicaments. »** *(Ord. nº 2016-1729 du 15 déc. 2016, art. 2-III, en vigueur le 1er juill. 2017)* **« La part prise en charge par les régimes obligatoires d'assurance maladie au titre des remboursements afférents à ces médicaments est facturée à la caisse désignée en application de l'article L. 174-2 ou L. 174-18. »**

(L. nº 2004-806 du 9 août 2004, art. 128-I) **« L'inscription d'un médicament sur les listes mentionnées aux premier et deuxième alinéas peut, au vu des exigences de qualité et de sécurité des soins mettant en œuvre ce médicament, énoncées le cas échéant par la commission prévue à l'article L. 5123-3 du code de la santé publique, être assortie de conditions concernant la qualification ou la compétence des prescripteurs, l'environnement technique ou l'organisation de ces soins et d'un dispositif de suivi des patients traités. »** *(L. nº 2018-1203 du 22 déc. 2018, art. 65-I, en vigueur le 1er mars 2019)* **« L'inscription peut également être assortie de conditions particulières de prescription, de dispensation ou d'utilisation, notamment de durées de prise en charge. »**

En ce qui concerne les médicaments officinaux et les préparations magistrales, un décret en Conseil d'État détermine les règles selon lesquelles certaines catégories de ces médicaments peuvent être exclues du remboursement par arrêté interministériel. — *V. art. R. 162-19.*

V. notes ss. art. R. 163-18 et R. 160-5.

Sous réserve des décisions de justice passées en force de chose jugée, sont validés les actes pris en application de l'art. L. 162-17 avant le 1er juill. 2003, en tant que leur légalité serait contestée pour un motif tiré de l'irrégularité des avis rendus par la Commission de la transparence (L. nº 2003-1199 du 18 déc. 2003, art. 20).

Les ministres chargés de la santé et de la sécurité sociale peuvent décider le maintien temporaire de la prise en charge de certaines spécialités pharmaceutiques inscrites sur la liste prévue au 1er al. de l'art. L. 162-17 dont le service médical rendu, apprécié par la Commission de la transparence, est insuffisant au regard des autres médicaments ou thérapies disponibles.

Un arrêté des ministres chargés de la santé et de la sécurité sociale fixe la liste des spécialités pharmaceutiques concernées. Par dérogation au 2e al. du I de l'art. L. 160-13, la participation de l'assuré aux tarifs servant de base au calcul des prestations est fixée à 85 % pour ces spécialités (L. nº 2005-1579 du 19 déc. 2005, art. 41-I).

L'art. L. 162-17 est applicable aux demandes déposées à compter du 1er janv. 2012 (L. nº 2011-2012 du 29 déc. 2011, art. 41-V).

1. Nature réglementaire. Les mesures d'inscription d'une spécialité sur la liste des médicaments et spécialités remboursables revêtent un caractère réglementaire. • CE 22 nov. 1957, *Sté* *des Laboratoires Ciba : Lebon 637 ; RD publ. 1958. 516, note Waline* • 18 déc. 1991, *Synd. national de l'industrie pharmaceutique : Lebon 447 ; RJS 1992, n° 377.*

2. Application du droit communautaire. Les mesures d'inscription d'une spécialité sur la liste des médicaments et spécialités remboursables ressortissent au champ d'application des dispositions de la directive n° 89/105/CEE du 21 déc. 1988 régissant la fixation des prix des médicaments à usage humain et leur inclusion dans le champ d'application des systèmes nationaux d'assurance maladie. • CE 9 juill. 1993 : *Lebon 212* ; *RJS 1993, n° 1044, concl. Le Chatelier* • 29 juill. 1994 : *RJS 1994, n° 1185.* ♦ Lorsqu'ils mettent en place leurs procédures d'admission au remboursement des médicaments, les États membres sont tenus de se conformer aux prescriptions de la Dir. (CEE) n° 89/105 du 21 déc. 1988, notamment de prévoir la possibilité d'introduire un recours juridictionnel et non seulement administratif contre les décisions de refus d'inscription sur la liste positive des médicaments remboursables. • CJCE 27 nov. 2001, n° C-424/99, *Commission c/ Autriche : Rec. I. 9285.*

3. Pouvoir d'appréciation du juge. Le juge de l'excès de pouvoir exerce un contrôle minimum sur les mesures d'inscription sur la liste des médicaments et spécialités remboursables. • CE 18 déc. 1991, *Synd. national de l'industrie pharmaceutique : préc. note 1.* ♦ Le ministre chargé de la santé n'a pas commis d'erreur manifeste dans l'appréciation du service médical rendu par la spécialité « Tarceva » en refusant de l'inscrire sur la liste des médicaments remboursables prévue au premier al. de l'art. L. 162-17, compte tenu de la fréquence et de la gravité de ses effets indésirables et de l'intérêt de la santé publique, et alors même qu'elle permettrait une certaine amélioration de la médiane de survie globale des patients atteints d'un cancer métastasique du pancréas. • CE 12 mai 2010 : *AJDA 2010. 1889, obs. Arvis* ; *JCP A 2010. 2228, obs. Ciaudo ; RJEP 2010. 13, concl. Derepas.*

4. Indépendance de la décision d'inscription avec les règles de la propriété industrielle. L'inscription d'un médicament sur la liste mentionné à l'art. L. 162-17 a pour objet de permettre la prise en charge ou le remboursement de ce médicament par les caisses d'assurance maladie. Cette inscription, qui doit être sollicitée par le fabricant, n'a pas pour effet d'autoriser la commercialisation du produit, subordonnée au respect des dispositions de l'art. L. 163-3 CPI qui interdit, à défaut de consentement du propriétaire du brevet, la mise dans le commerce du produit objet du brevet, et qui n'emporte, par elle-même, aucune conséquence directe sur l'offre ou la vente de ce produit. Par suite, le moyen tiré de ce que l'autorité administrative aurait méconnu les dispositions de l'art. L. 163-3 CPI en prenant, avant la date d'expiration du certificat complémentaire protégeant une spécialité de référence, les arrêtés inscrivant ses spécialités génériques sur la liste des médicaments remboursables doit être écarté. • CE 23 oct. 2002, *SA Lilly France : AJDA 2002. 1361, obs. Pintant* .

Art. L. 162-17-1 *(Ord. n° 96-345 du 24 avr. 1996, art. 22-II)* Ne peuvent être inscrites sur les listes prévues aux articles L. 162-17 du présent code et L. 618 *[L. 5123-2]* du code de la santé publique les spécialités définies à l'article L. 5121-1 du code de la santé publique dont le nom commercial ne serait pas constitué soit par la dénomination commune assortie d'une marque ou du nom du fabricant, soit par une dénomination de fantaisie suivie d'un suffixe spécifique identifiant la nature générique de la spécialité, déterminé par arrêté des ministres chargés de la santé et de la sécurité sociale. — *Suffixe « Gé » (V. Arr. du 13 mars 1997, JO 14 mars, Rect. JO 5 avr., mod. par Arr. du 12 sept. 1997, JO 13 sept.).*

V. notes ss. art. L. 162-17.

Art. L. 162-17-1-1 *(L. n° 2004-810 du 13 août 2004, art. 31-VI)* Les spécialités pharmaceutiques inscrites sur l'une des listes prévues aux premier et deuxième alinéas de l'article L. 162-17 sont présentées sous des conditionnements appropriés au regard des indications thérapeutiques justifiant la prise en charge par l'assurance maladie, de la posologie et de la durée du traitement.

Art. L. 162-17-1-2 *(L. n° 2018-1203 du 22 déc. 2018, art. 65-I)* La prise en charge des produits de santé et *[des]* prestations éventuellement associées au titre de l'une des listes mentionnées aux premier et deuxième alinéas de l'article L. 162-17 et aux articles L. 162-22-7, L. 162-23-6 et L. 165-1 du présent code, au premier alinéa de l'article L. 5123-2 du code de la santé publique ou au titre des articles L. 162-16-5-1-1, L. 162-16-5-2, L. 162-17-2-1 ou L. 165-1-5 du présent code peut être subordonnée au recueil et à la transmission d'informations relatives aux patients traités, au contexte de la prescription, aux indications dans lesquelles le produit de santé ou la prestation est prescrit et aux résultats ou effets de ces traitements. Un arrêté des ministres chargés de la santé et de la sécurité sociale précise les produits de santé et prestations associées et les informations concernés par ces dispositions.

Ces informations sont transmises aux systèmes d'information prévus à l'article L. 161-28-1 du présent code et à l'article L. 6113-7 du code de la santé publique. Elles peuvent être transmises au service du contrôle médical dans des conditions fixées par décret en Conseil d'État.

Le non-respect de ces obligations peut donner lieu à une procédure de recouvrement d'un indu correspondant aux sommes prises en charge par l'assurance maladie, selon les modalités prévues à l'article L. 133-4 du présent code.

Art. L. 162-17-2 *(Ord. n° 96-345 du 24 avr. 1996, art. 22-II)* **L'inscription des médicaments sur la liste mentionnée au premier alinéa de l'article L. 162-17 vaut inscription sur la liste mentionnée à l'article L. 5123-2 du code de la santé publique, en cas de demandes d'inscription simultanée sur les deux listes.**

V. notes ss. art. L. 162-17.

Art. L. 162-17-2-1 *(L. n° 2006-1640 du 21 déc. 2006, art. 56-IV ; L. n° 2011-2012 du 29 déc. 2011, art. 27) (L. n° 2014-892 du 8 août 2014, art. 10-II-1°)* **« Toute spécialité pharmaceutique faisant l'objet d'une recommandation temporaire d'utilisation prévue au I de l'article** *(L. n° 2017-1836 du 30 déc. 2017, art. 56-I, en vigueur le 1er janv. 2018)* **« L. 5121-12-1 » du code de la santé publique, tout produit ou toute prestation prescrit en dehors du périmètre de biens et de services remboursables lorsqu'il n'existe pas d'alternative appropriée peut faire l'objet, à titre dérogatoire et pour une durée limitée, d'une prise en charge ou d'un remboursement. » La spécialité, le produit ou la prestation doit figurer dans un avis ou une recommandation relatifs à une catégorie de malades formulés par la Haute Autorité de santé, après consultation de l'Agence nationale de sécurité du médicament et des produits de santé pour les produits mentionnés à l'article L. 5311-1 du code de la santé publique, à l'exception des spécialités pharmaceutiques faisant déjà l'objet, dans l'indication thérapeutique concernée, d'une recommandation temporaire d'utilisation prévue à l'article L. 5121-12-1 du même code. La prise en charge ou le remboursement sont décidés par arrêté des ministres chargés de la santé et de la sécurité sociale** *(Abrogé par L. n° 2018-1203 du 22 déc. 2018, art. 65-I, à compter du 1er mars 2019)* ***« après avis de l'Union nationale des caisses d'assurance maladie »*****. En accord, le cas échéant, avec la recommandation temporaire d'utilisation mentionnée ci-dessus et** *(L. n° 2014-892 du 8 août 2014, art. 10-II-2°)* **« le protocole de suivi mentionné au même article L. 5121-12-1 », l'arrêté peut fixer des conditions de prise en charge et comporter l'obligation pour le laboratoire ou le fabricant de déposer, notamment, pour l'indication considérée, une demande d'autorisation de mise sur le marché ou une demande d'inscription du produit ou de la prestation sur les listes mentionnées aux articles L. 162-17 ou L. 165-1 du présent code ou à l'article L. 5123-2 du code de la santé publique. Il peut également comporter l'obligation pour le laboratoire ou le fabricant de mettre en place un suivi particulier des patients. Cet arrêté peut également fixer les conditions de prise en charge d'une catégorie de spécialités pharmaceutiques, produits ou prestations présentant des caractéristiques analogues.**

Les spécialités, produits ou prestations faisant l'objet de l'arrêté ne peuvent être pris en charge que si leur utilisation est indispensable à l'amélioration de l'état de santé du patient ou pour éviter sa dégradation. Ils doivent *(L. n° 2014-892 du 8 août 2014, art. 10-II-3°)* **« , le cas échéant, » être inscrits explicitement dans le protocole de soins mentionné à l'article L. 324-1 du présent code. L'arrêté précise le délai au terme duquel le médecin-conseil et le médecin traitant évaluent conjointement l'opportunité médicale du maintien de la prescription de la spécialité, du produit ou de la prestation.**

Lorsque la spécialité pharmaceutique, le produit ou la prestation bénéficie d'au moins une indication remboursable, *(L. n° 2017-1836 du 30 déc. 2017, art. 56-I, en vigueur le 1er janv. 2018)* **« le Comité économique des produits de santé fixe, en vue de sa prise en charge ou de son remboursement, un nouveau tarif ou un nouveau prix par convention avec l'entreprise ou, à défaut, par décision, selon les règles et critères d'appréciation applicables à l'indication ou aux indications déjà prises en charge. »** *(L. n° 2014-892 du 8 août 2014, art. 10-II-4°)* **« Lorsque la spécialité a fait l'objet d'une**

préparation, d'une division ou d'un changement de conditionnement ou d'un changement de présentation en vue de sa délivrance au détail, *(L. nº 2017-1836 du 30 déc. 2017, art. 56-I, en vigueur le 1er janv. 2018)* **« ce nouveau tarif ou ce nouveau prix tient également compte, au moins pour partie », du coût lié à cette opération et de la posologie indiquée dans la recommandation temporaire d'utilisation. »**

Lorsque la spécialité pharmaceutique, le produit ou la prestation n'est inscrit sur aucune des listes mentionnées aux articles L. 162-17 *(L. nº 2017-1836 du 30 déc. 2017, art. 56-I, en vigueur le 1er janv. 2018)* **« , L. 162-22-7 » ou L. 165-1 du présent code ou à l'article L. 5123-2 du code de la santé publique, il est pris en charge ou remboursé dans la limite d'une base forfaitaire annuelle par patient fixée par décision des ministres chargés de la santé et de la sécurité sociale** *(Abrogé par L. nº 2018-1203 du 22 déc. 2018, art. 65-I, à compter du 1er mars 2019)* ***« , après avis de l'Union nationale des caisses d'assurance maladie ».*** *(L. nº 2017-1836 du 30 déc. 2017, art. 56-I, en vigueur le 1er janv. 2018)* **« Dans ce cas, ces mêmes ministres peuvent également fixer un prix de vente aux patients ou aux établissements dans les conditions prévues aux I et II de l'article L. 162-16-4 du présent code. »**

Si l'arrêté de prise en charge comporte une obligation pour le laboratoire ou le fabricant édictée en application du premier alinéa du présent article et que, passé un délai de vingt-quatre mois après la publication de l'arrêté, cette obligation n'a pas été respectée, le Comité économique des produits de santé peut fixer, après que l'entreprise a été mise en mesure de présenter ses observations, une pénalité annuelle à la charge du laboratoire ou du fabricant. Le montant de la pénalité ne peut être supérieur à 10 % du chiffre d'affaires réalisé en France par l'entreprise au titre du dernier exercice clos pour le produit considéré ; elle est reconductible, le cas échéant, chaque année.

(L. nº 2007-1786 du 19 déc. 2007, art. 14 ; L. nº 2012-1404 du 17 déc. 2012, art. 73-VIII-A) **« La pénalité est recouvrée par les organismes mentionnés à l'article L. 213-1 désignés par le directeur de l'Agence centrale des organismes de sécurité sociale, son produit est affecté selon les modalités prévues à l'article L. 162-37. »** *(L. nº 2013-1203 du 23 déc. 2013, art. 28)* **« Les articles L. 137-3 et L. 137-4 sont applicables au recouvrement de la pénalité. » Son produit est affecté aux régimes d'assurance maladie selon les règles prévues à l'article L. 138-8** *[La L. nº 2012-1404 du 17 déc. 2012 a omis d'abroger cette phrase]*. **Le recours présenté contre la décision prononçant cette pénalité est un recours de pleine juridiction.**

Les modalités d'application du présent article, notamment la procédure de prise en charge dérogatoire prévue au premier alinéa ainsi que les règles *(L. nº 2012-1404 du 17 déc. 2012, art. 73-VIII-A)* **« , les délais de procédure et les modes de calcul » de la pénalité financière mentionnée aux deux alinéas précédents** *(Abrogé par L. nº 2012-1404 du 17 déc. 2012, art. 73-VIII-A)* ***« et la répartition de son produit entre les organismes de sécurité sociale »*** **sont déterminés par décret en Conseil d'État.**

Les décisions de prise en charge ou de remboursement, les tarifs ou les prix édictés en application de l'art. L. 162-17-2-1, dans sa rédaction antérieure à la L. nº 2017-1836 du 30 déc. 2017 (V. ancien art. ci-dessous), demeurent en vigueur jusqu'à leur modification éventuelle au titre des dispositions de la loi susvisée (L. préc., art. 56-III-2º).

Ancien art. L. 162-17-2-1 (L. nº 2006-1640 du 21 déc. 2006, art. 56-IV ; L. nº 2011-2012 du 29 déc. 2011, art. 27) (L. nº 2014-892 du 8 août 2014, art. 10-II-1º) *« Toute spécialité pharmaceutique faisant l'objet d'une recommandation temporaire d'utilisation prévue au I de l'article L. 5121-12-1 du code de la santé publique, tout produit ou toute prestation prescrit en dehors du périmètre de biens et de services remboursables lorsqu'il n'existe pas d'alternative appropriée peut faire l'objet, à titre dérogatoire et pour une durée limitée, d'une prise en charge ou d'un remboursement. » La spécialité, le produit ou la prestation doit figurer dans un avis ou une recommandation relatifs à une catégorie de malades formulés par la Haute Autorité de santé, après consultation de l'Agence nationale de sécurité du médicament et des produits de santé pour les produits mentionnés à l'article L. 5311-1 du code de la santé publique, à l'exception des spécialités pharmaceutiques faisant déjà l'objet, dans l'indication thérapeutique concernée, d'une recommandation temporaire d'utilisation prévue à l'article L. 5121-12-1 du même code. La prise en charge ou le remboursement sont décidés par arrêté des ministres chargés de la santé et de la sécurité sociale après avis de l'Union nationale des caisses d'assurance maladie. En accord, le cas échéant, avec la recommandation temporaire d'utilisation mentionnée ci-dessus et* (L. nº 2014-892 du 8 août 2014, art. 10-II-2º) *« le protocole de suivi mentionné au même article L. 5121-*

12-1 », l'arrêté peut fixer des conditions de prise en charge et comporter l'obligation pour le laboratoire ou le fabricant de déposer, notamment, pour l'indication considérée, une demande d'autorisation de mise sur le marché ou une demande d'inscription du produit ou de la prestation sur les listes mentionnées aux articles L. 162-17 ou L. 165-1 du présent code ou à l'article L. 5123-2 du code de la santé publique. Il peut également comporter l'obligation pour le laboratoire ou le fabricant de mettre en place un suivi particulier des patients. Cet arrêté peut également fixer les conditions de prise en charge d'une catégorie de spécialités pharmaceutiques, produits ou prestations présentant des caractéristiques analogues.

Les spécialités, produits ou prestations faisant l'objet de l'arrêté ne peuvent être pris en charge que si leur utilisation est indispensable à l'amélioration de l'état de santé du patient ou pour éviter sa dégradation. Ils doivent (L. n° 2014-892 du 8 août 2014, art. 10-II-3°) *« , le cas échéant, » être inscrits explicitement dans le protocole de soins mentionné à l'article L. 324-1 du présent code. L'arrêté précise le délai au terme duquel le médecin-conseil et le médecin traitant évaluent conjointement l'opportunité médicale du maintien de la prescription de la spécialité, du produit ou de la prestation.*

Lorsque la spécialité pharmaceutique, le produit ou la prestation bénéficie d'au moins une indication remboursable, il est pris en charge ou remboursé en application des dispositions des alinéas précédents dans les mêmes conditions que celles qui s'appliquent à l'indication ou aux indications prises en charge. (L. n° 2014-892 du 8 août 2014, art. 10-II-4°) *« Lorsque la spécialité a fait l'objet d'une préparation, d'une division ou d'un changement de conditionnement ou d'un changement de présentation en vue de sa délivrance au détail, le prix est fixé par décision des ministres chargés de la santé et de la sécurité sociale, en tenant compte du prix ou du tarif de responsabilité en vigueur pour les indications remboursées, du coût lié à cette opération et de la posologie indiquée dans la recommandation temporaire d'utilisation. »*

Lorsque la spécialité pharmaceutique, le produit ou la prestation n'est inscrit sur aucune des listes mentionnées aux articles L. 162-17 ou L. 165-1 du présent code ou à l'article L. 5123-2 du code de la santé publique, il est pris en charge ou remboursé dans la limite d'une base forfaitaire annuelle par patient fixée par décision des ministres chargés de la santé et de la sécurité sociale, après avis de l'Union nationale des caisses d'assurance maladie.

Si l'arrêté de prise en charge comporte une obligation pour le laboratoire ou le fabricant édictée en application du premier alinéa du présent article et que, passé un délai de vingt-quatre mois après la publication de l'arrêté, cette obligation n'a pas été respectée, le Comité économique des produits de santé peut fixer, après que l'entreprise a été mise en mesure de présenter ses observations, une pénalité annuelle à la charge du laboratoire ou du fabricant. Le montant de la pénalité ne peut être supérieur à 10 % du chiffre d'affaires réalisé en France par l'entreprise au titre du dernier exercice clos pour le produit considéré ; elle est reconductible, le cas échéant, chaque année.

(L. n° 2007-1786 du 19 déc. 2007, art. 14 ; L. n° 2012-1404 du 17 déc. 2012, art. 73-VIII-A) *« La pénalité est recouvrée par les organismes mentionnés à l'article L. 213-1 désignés par le directeur de l'Agence centrale des organismes de sécurité sociale, son produit est affecté selon les modalités prévues à l'article L. 162-37. »* (L. n° 2013-1203 du 23 déc. 2013, art. 28) *« Les articles L. 137-3 et L. 137-4 sont applicables au recouvrement de la pénalité. » Son produit est affecté aux régimes d'assurance maladie selon les règles prévues à l'article L. 138-8* [La L. n° 2012-1404 du 17 déc. 2012 a omis d'abroger cette phrase]. *Le recours présenté contre la décision prononçant cette pénalité est un recours de pleine juridiction.*

Les modalités d'application du présent article, notamment la procédure de prise en charge dérogatoire prévue au premier alinéa ainsi que les règles (L. n° 2012-1404 du 17 déc. 2012, art. 73-VIII-A) *« , les délais de procédure et les modes de calcul » de la pénalité financière mentionnée aux deux alinéas précédents* (Abrogé par L. n° 2012-1404 du 17 déc. 2012, art. 73-VIII-A) *« et la répartition de son produit entre les organismes de sécurité sociale » sont déterminés par décret en Conseil d'État.*

Art. L. 162-17-2-2 *(L. n° 2018-1203 du 22 déc. 2018, art. 65-I)* Les règles de prise en charge par l'assurance maladie des médicaments homéopathiques relevant ou ayant vocation à relever de l'enregistrement prévu à l'article L. 5121-13 du code de la santé publique, ou de tout ou partie d'entre eux, sont définies par décret en Conseil d'État.

Ce décret précise notamment la procédure et les modalités d'évaluation ou de réévaluation de ces médicaments, ou de tout ou partie d'entre eux, par la commission mentionnée à l'article L. 5123-3 du même code, ainsi que les conditions dans lesquelles ces médicaments homéopathiques, ou tout ou partie d'entre eux, peuvent, le cas échéant, être admis ou exclus de la prise en charge par l'assurance maladie.

L'art. L. 162-17-2-2 est également applicable aux médicaments homéopathiques pris en charge, à la date de publication de la L. n° 2018-1203 du 22 déc. 2018, au titre de l'une des listes mentionnées à l'art. L. 162-17 CSS (L. préc., art. 65-III).

Art. L. 162-17-3 *(L. n° 98-1194 du 23 déc. 1998, art. 30-II)* I. — Il est créé, auprès des ministres compétents, un *(L. n° 99-1140 du 29 déc. 1999, art. 32-IV)* « Comité économique des produits de santé ». Le comité contribue à l'élaboration de la politique économique du médicament *(L. n° 2015-1702 du 21 déc. 2015, art. 73-1°)* « et des produits et prestations mentionnés à l'article L. 165-1 ». Il met en œuvre les orientations qu'il reçoit des ministres compétents, en application de la loi de financement de la sécurité sociale.

Ces orientations portent notamment sur les moyens propres à assurer le respect de l'objectif national de dépenses d'assurance maladie mentionné à l'article L.O. 111-3. En particulier, le comité applique ces orientations *(L. n° 2004-810 du 13 août 2004, art. 43-I)* « aux décisions qu'il prend en application des articles L. 162-16, L. 162-16-4 à L. 162-16-6 et L. 165-2 à L. 165-4.

« Les prix de vente au public des médicaments, les tarifs et, le cas échéant, les prix des produits et prestations fixés par le comité sont publiés au *Journal officiel* de la République française.

« Le comité comprend, outre son président et deux vice-présidents choisis par l'autorité compétente de l'État en raison de leur compétence dans le domaine de l'économie de la santé, quatre représentants de l'État, trois représentants des caisses nationales d'assurance maladie et un représentant de l'Union nationale des organismes d'assurance maladie complémentaire.

« Un décret précise la composition et les règles de fonctionnement du comité, notamment les conditions dans lesquelles assistent sans voix délibérative à ses séances d'autres représentants de l'État que ceux mentionnés à l'alinéa précédent » *(L. n° 2005-102 du 11 févr. 2005, art. 62-II)* « ainsi qu'un représentant de la Caisse nationale de solidarité pour l'autonomie mentionnée à l'article L. 14-10-1 du code de l'action sociale et des familles ».

II. — Le Comité économique des produits de santé assure un suivi périodique des dépenses de médicaments *(L. n° 2015-1702 du 21 déc. 2015, art. 73-1°)* « ainsi que des produits et prestations mentionnés à l'article L. 165-1 » en vue de constater si l'évolution de ces dépenses est compatible avec le respect de l'objectif national de dépenses d'assurance maladie.

Ce suivi comporte au moins deux constats à l'issue des quatre et huit premiers mois de l'année. — *V. art. D. 162-2-1 à D. 162-2-6.*

(L. n° 2001-1246 du 21 déc. 2001, art. 22) « III. — Le rapport d'activité établi par le Comité économique des produits de santé est remis chaque année au Parlement. »

(L. n° 2004-810 du 13 août 2004, art. 43-I) « IV. — Les membres du comité ne peuvent, sous les peines prévues à l'article 432-12 du code pénal, prendre part ni aux délibérations ni aux votes s'ils ont un intérêt direct ou indirect à l'affaire examinée. Les personnes collaborant aux travaux du comité ne peuvent, sous les mêmes peines, traiter une question dans laquelle elles auraient un intérêt direct ou indirect.

« Les membres du comité et les personnes collaborant à ses travaux sont soumis aux dispositions de l'article L. 4113-6 du code de la santé publique et du premier alinéa de l'article L. 4113-13 du même code.

« Les membres du comité adressent au président de celui-ci, à l'occasion de leur nomination ou de leur entrée en fonctions, une déclaration mentionnant leurs liens, directs ou indirects, avec les entreprises ou établissements dont les produits entrent dans son champ de compétence, ainsi qu'avec les sociétés ou organismes de conseil intervenant dans ces secteurs. Le président adresse la même déclaration à l'autorité compétente de l'État. Cette déclaration est rendue publique et est actualisée par ses auteurs à leur initiative. »

(L. n° 2016-41 du 26 janv. 2016, art. 179-III) « Les ministres auprès desquels est placé le Comité économique des produits de santé désignent, dans les conditions définies au II de l'article L. 1451-4 du code de la santé publique, un déontologue chargé, pour le Comité, de la mission définie au même II. »

1. Pouvoir des ministres compétents. Il résulte des dispositions de l'art. L. 162-17-3 que le ministre de l'Économie, des finances et de l'industrie, le ministre de la Santé et le ministre délégué à l'industrie sont habilités à définir les orientations que le Comité économique des produits de santé doit retenir pour la fixation du prix des médicaments remboursables. • CE 3 mai 2004, *Sté des Laboratoires Servier*, n° 257698 B : *RDSS 2004. 914, note Peigné*.

2. Publication au Journal officiel. Il résulte des art. L. 162-16-4 et L. 162-17-3 CSS que la fixation du prix de vente au public des médicaments, revêtant, quelle qu'en soit la forme, un caractère réglementaire, n'est opposable aux tiers qu'après publication au *Journal officiel*. Il appartenait ainsi au juge de rechercher si les décisions du Comité économique des produits de santé modifiant le prix des médicaments avait été publiées au *Journal officiel*, de sorte qu'elles ne pouvaient recevoir application pour la période antérieure. • Civ. 2e, 8 nov. 2012 : *D. actu. 18 déc. 2012, obs. Bertignac.*

Art. L. 162-17-3-1 *(L. n° 2017-1836 du 30 déc. 2017, art. 59-1°)* I. — Les caisses nationales d'assurance maladie peuvent participer au fonctionnement du Comité économique des produits de santé par la mise à disposition de leurs personnels. Par dérogation au premier alinéa de l'article 43 de la loi n° 84-16 du 11 janvier 1984 portant dispositions statutaires relatives à la fonction publique de l'État, ces mises à disposition ne sont pas assorties de remboursement par l'État. Les conditions d'application du présent I, notamment le nombre maximum de personnels mis à disposition, sont fixées par décret.

II. — Les systèmes d'information portant sur la gestion économique ou administrative, le recueil d'informations ou l'information des acteurs du système de santé relatifs aux médicaments et aux produits et prestations mentionnés à l'article L. 165-1 sont mis à la disposition du Comité économique des produits de santé et de ses membres ou de l'État par la Caisse nationale d'assurance maladie, qui en assure le développement et la maintenance. Un décret détermine les conditions d'application du présent II.

Art. L. 162-17-4 *(L. n° 98-1194 du 23 déc. 1998, art. 30-III ; L. n° 99-1140 du 29 déc. 1999, art. 32-IV)* En application des orientations qu'il reçoit annuellement des ministres compétents, le Comité économique des produits de santé peut conclure avec des entreprises ou groupes d'entreprises des conventions d'une durée maximum de quatre années relatives à un ou à des médicaments visés *(L. n° 2003-1199 du 18 déc. 2003, art. 27-I ; L. n° 2016-1827 du 23 déc. 2016, art. 98-IV)* « au premier alinéa du I de l'article L. 162-16-6 et aux premier et deuxième alinéas de l'article L. 162-17 ». *(L. n° 2004-810 du 13 août 2004, art. 31-III)* « Les entreprises signataires doivent s'engager à respecter la charte mentionnée à l'article L. 162-17-8 et, selon une procédure établie par la Haute Autorité de santé, à faire évaluer et certifier par des organismes accrédités la qualité et la conformité à cette charte de la visite médicale qu'elles organisent ou qu'elles commanditent. » *(L. n° 2002-1487 du 20 déc. 2002, art. 34-I)* « Ces conventions, dont le cadre peut être précisé par un accord conclu avec un ou plusieurs syndicats représentatifs des entreprises concernées, déterminent les relations entre le comité et chaque entreprise », et notamment :

1° Le prix *(Abrogé par L. n° 2016-1827 du 23 déc. 2016, art. 98-IV) « **ou le prix de vente déclaré** »* *(L. n° 2003-1199 du 18 déc. 2003, art. 21-II)* « mentionné à l'article L. 162-16-5 » de ces médicaments *(L. n° 2003-1199 du 18 déc. 2003, art. 21-II)* « , à l'exception de ceux inscrits sur la liste prévue *(Ord. n° 2016-1729 du 15 déc. 2016, art. 2-III, en vigueur le 1er juill. 2017)* « au 1° de l'article L. 5126-6 » du code de la santé publique qui ne bénéficient pas d'une autorisation de mise sur le marché » et, le cas échéant, l'évolution de *(L. n° 2016-1827 du 23 déc. 2016, art. 98-IV)* « ce » prix, notamment en fonction des volumes de vente ;

2° Le cas échéant, les remises prévues en application *(L. n° 2006-1640 du 21 déc. 2006, art. 56-II)* « des articles *(L. n° 2014-1554 du 22 déc. 2014, art. 14-IV)* « L. 138-13, L. 138-19-4, » L. 162-18 et L. 162-16-5-1 » ;

3° *(L. n° 2004-810 du 13 août 2004, art. 31-III)* « Dans le respect de la charte mentionnée à l'article L. 162-17-8, les engagements de l'entreprise » visant à la maîtrise de sa politique de promotion permettant d'assurer le bon usage du médicament ainsi que le respect des volumes de vente précités ;

4° Les modalités de participation de l'entreprise à la mise en œuvre des orientations ministérielles précitées ;

(L. n° 2006-1640 du 21 déc. 2006, art. 61) « 4° *bis* Les conditions et les modalités de mise en œuvre des études pharmaco-épidémiologiques *(L. n° 2011-1906 du 21 déc. 2011, art. 47-VIII)* « et des études médico-économiques », postérieurement à l'obtention de l'autorisation de mise sur le marché visée à l'article L. 5121-8 du code de la santé publique ou dans le règlement (CEE) n° 2309/93 du Conseil, du 22 juillet 1993, établissant des procédures communautaires pour l'autorisation et la surveillance des médicaments à usage humain et à usage vétérinaire et instituant une agence européenne pour l'évaluation des médicaments *(Abrogé par L. n° 2009-879 du 21 juill. 2009, art. 73) (L. n° 2008-337 du 15 avr. 2008)* « *, ainsi que les sanctions encourues en cas de non-réalisation ou de retard dans la réalisation de ces études qui pourront aboutir, après que l'entreprise a été mise en mesure de présenter ses observations, à une baisse de prix du médicament concerné, fixée exclusivement sur la base des conséquences entraînées pour l'assurance maladie par la non-réalisation des études* ».

5° Les dispositions conventionnelles applicables en cas de non-respect des engagements mentionnés *(L. n° 2009-879 du 21 juill. 2009, art. 73)* « aux 3° et 4° ».

(L. n° 2007-248 du 26 févr. 2007, art. 33) « L'accord-cadre visé ci-dessus peut prévoir également les modalités d'information des entreprises titulaires d'une autorisation de mise sur le marché d'un médicament princeps sur l'avancement de la procédure d'inscription au remboursement des spécialités génériques de ce médicament. »

Lorsque les orientations reçues par le comité ne sont pas compatibles avec les conventions précédemment conclues, lorsque l'évolution des dépenses de médicaments n'est manifestement pas compatible avec le respect de l'objectif national de dépenses d'assurance maladie ou en cas d'évolution significative des données scientifiques et épidémiologiques prises en compte pour la conclusion des conventions, le comité demande à l'entreprise concernée de conclure un avenant permettant d'adapter la convention à cette situation. En cas de refus de l'entreprise, le comité peut résilier la convention ou certaines de ses dispositions. *(L. n° 2004-810 du 13 août 2004, art. 43-I-6° ; L. n° 2018-1203 du 22 déc. 2018, art. 65-I, en vigueur le 1er mars 2019)* « Dans ce cas, le comité peut fixer le prix de ces médicaments par décision prise en application des articles L. 162-16-4, L. 162-16-5 ou L. 162-16-6. Les dispositions du présent alinéa sont indépendantes et ne font pas obstacle à l'application des articles L. 162-16-4, L. 162-16-5, L. 162-16-6 et L. 162-18. »

(L. n° 2002-1487 du 20 déc. 2002, art. 37-I ; L. n° 2011-2012 du 29 déc. 2011, art. 5-VIII) « Lorsqu'un retrait de visa de publicité a été prononcé par l'Agence nationale de sécurité du médicament et des produits de santé dans les conditions prévues à l'article L. 5122-9 du code de la santé publique, *(L. n° 2004-810 du 13 août 2004, art. 43-I-6°)* « le Comité économique des produits de santé prononce, » après que l'entreprise a été mise en mesure de présenter ses observations, une pénalité financière à l'encontre de ladite entreprise.

« Cette pénalité ne peut être supérieure à 10 % du chiffre d'affaires hors taxes réalisé en France par l'entreprise au titre des spécialités ayant fait l'objet du retrait de visa de publicité durant les six mois précédant et les six mois suivant la date de retrait de visa.

« Son montant est fixé en fonction de la gravité de l'infraction sanctionnée par le retrait de visa de publicité et de l'évolution des ventes des spécialités concernées durant la période définie à l'alinéa précédent. »

(L. n° 2009-879 du 21 juill. 2009, art. 73) « En cas de manquement par une entreprise à un engagement souscrit en application du 4° *bis*, le Comité économique des produits de santé peut prononcer, après que l'entreprise a été mise en mesure de présenter ses observations, une pénalité financière à l'encontre de ladite entreprise.

« Le montant de cette pénalité ne peut être supérieur à 10 % du chiffre d'affaires hors taxes réalisé en France par l'entreprise, au titre des spécialités objets de l'engagement souscrit, durant les douze mois précédant la constatation du manquement.

« Le montant de la pénalité est fixé en fonction de l'importance du manquement constaté. »

(L. n° 2002-1487 du 20 déc. 2002, art. 37-I ; L. n° 2009-879 du 21 juill. 2009, art. 73) « La pénalité prononcée au titre *(L. n° 2011-2012 du 29 déc. 2011, art. 5-VIII-4°)* « d'un retrait de visa » de publicité ou de la non-réalisation des études mentionnées au 4° *bis* est recouvrée par *(L. n° 2007-1786 du 19 déc. 2007, art. 14)* « les organismes

mentionnés à l'article L. 213-1 désignés par le directeur de » l'Agence centrale des organismes de sécurité sociale. *(L. n° 2013-1203 du 23 déc. 2013, art. 28)* **« Les articles L. 137-3 et L. 137-4 sont applicables au recouvrement de la pénalité. » Son produit est affecté** *(L. n° 2012-1404 du 17 déc. 2012, art. 73-VIII-A)* **« selon les modalités prévues à l'article L. 162-37 ».**

« Le recours présenté contre la décision prononçant cette pénalité est un recours de pleine juridiction. »

Les modalités d'application du présent article, et notamment les conditions de révision et de résiliation des conventions, sont définies par décret en Conseil d'État.

Les dispositions issues de la L. n° 2011-2012 du 29 déc. 2011 sont entrées en vigueur le 1er mai 2012, date prévue par le décret pris pour leur application (Décr. n° 2012-597 du 27 avr. 2012, art. 6-I). Depuis cette entrée en vigueur, l'Agence nationale de sécurité du médicament et des produits de santé exerce l'ensemble des droits et supporte l'ensemble des obligations de l'Agence française de sécurité sanitaire des produits de santé (L. préc., art. 41-III).

1. Voies de recours. Le Comité économique des produits de santé (CEPS) peut, en vertu des dispositions combinées des art. L. 162-16-4, L. 162-17-3 et L. 162-17-4, conclure une convention avec une entreprise pharmaceutique afin de fixer le prix d'un médicament et, le cas échéant, prévoir une évolution de ce prix en fonction du volume global de l'ensemble des spécialités appartenant à la classe thérapeutique de ce médicament. En vertu de l'art. L. 162-17-4, le Conseil d'État est juge de plein contentieux des décisions du CEPS prises en application d'une telle convention. • CE 29 oct. 2008, n° 305279.

2. Étendue des pouvoirs du CEPS. Le Comité économique des produits de santé n'a fait qu'user de ses pouvoirs en prévoyant de subordonner en principe la conclusion des conventions prévues à l'art. L. 162-16-1, auquel renvoie l'art. L. 138-10, à l'acceptation par les laboratoires d'un certain nombre d'engagements relatifs notamment aux remises prévues à l'art. L. 162-18 figurant dans un document qu'il avait élaboré et porté à la connaissance de l'ensemble des entreprises concernées. • CE 16 mai 2001, *SA Jansen-Cilag,* n° 218081 B.

Art. L. 162-17-4-1 *(L. n° 2011-2012 du 29 déc. 2011, art. 21)* **I. — Les conventions mentionnées à l'article L. 162-17-4 peuvent comporter l'engagement de l'entreprise ou du groupe d'entreprises de mettre en œuvre des moyens tendant à limiter l'usage constaté des médicaments en dehors des indications de leur autorisation de mise sur le marché lorsque cet usage ne correspond pas à des recommandations des autorités sanitaires compétentes.**

Ces moyens consistent notamment en des actions d'information spécifiques mises en œuvre par l'entreprise ou le groupe d'entreprises en direction des prescripteurs.

II. — En cas de manquement d'une entreprise ou d'un groupe d'entreprises à un engagement souscrit en application du I, le Comité économique des produits de santé peut prononcer, après qu'ils ont été mis en mesure de présenter leurs observations, une pénalité financière à l'encontre de cette entreprise ou de ce groupe d'entreprises. La pénalité est reconductible chaque année, dans les mêmes conditions, en cas de persistance du manquement.

Le montant de cette pénalité ne peut être supérieur à 10 % du chiffre d'affaires hors taxes réalisé en France par l'entreprise ou le groupe d'entreprises au titre du ou des médicaments objets de l'engagement souscrit durant les douze mois précédant la constatation du manquement. Le montant de la pénalité est fixé en fonction de la gravité du manquement.

La pénalité est recouvrée par les organismes mentionnés à l'article L. 213-1 désignés par le directeur de l'Agence centrale des organismes de sécurité sociale. *(L. n° 2013-1203 du 23 déc. 2013, art. 28)* **« Les articles L. 137-3 et L. 137-4 sont applicables au recouvrement de la pénalité. » Son produit est affecté** *(Abrogé par L. n° 2012-1404 du 17 déc. 2012, art. 73-VIII-A) « aux régimes obligatoires de base d'assurance maladie »* **selon les modalités prévues à l'article L. 162-37. Le recours présenté contre la décision prononçant cette pénalité est un recours de pleine juridiction.**

Les règles et délais de procédure ainsi que les modes de calcul de la pénalité financière sont définis par décret en Conseil d'État.

Art. L. 162-17-4-2 *(L. n° 2016-41 du 26 janv. 2016, art. 182-I)* **Le Comité économique des produits de santé peut conclure un accord cadre, d'une durée maximale de trois ans renouvelable, avec une ou plusieurs associations représentant les malades et**

les usagers du système de santé agréées au niveau national en application de l'article L. 1114-1 du code de la santé publique et une ou plusieurs associations de lutte contre les inégalités de santé. Cet accord a notamment pour objet de favoriser la concertation et les échanges d'informations concernant la fixation, dans le domaine de compétence du comité, des prix et des tarifs des produits de santé remboursables par la solidarité nationale.

L'accord peut être conclu entre le Comité économique des produits de santé et les associations mentionnées au premier alinéa du présent article ayant transmis au Comité une demande de participation aux négociations en vue de sa signature. La demande est accompagnée d'un dossier présentant l'activité de l'association ainsi que, le cas échéant, les liens de toute nature, directs ou indirects, qu'elle entretient avec les entreprises ou établissements dont les produits entrent dans le champ de compétence du Comité, ainsi qu'avec les sociétés ou les organismes de conseil intervenant dans ce champ de compétence.

Les associations représentant les malades et les usagers du système de santé agréées au niveau national en application de l'article L. 1114-1 du code de la santé publique et les associations de lutte contre les inégalités de santé peuvent présenter une demande d'adhésion à un accord cadre en cours de validité ou une demande de participation aux négociations en vue du renouvellement de l'accord ; dans les deux cas l'association est tenue de produire le dossier mentionné au deuxième alinéa du présent article.

L'accord cadre détermine notamment :

1° Les conditions dans lesquelles les associations agréées en application de l'article L. 1114-1 du code de la santé publique et les associations de lutte contre les inégalités de santé sont auditionnées, à leur demande, par le Comité économique des produits de santé, sous réserve d'avoir déposé auprès du Comité le dossier mentionné au deuxième alinéa du présent article ;

2° Les modalités selon lesquelles, en vue d'exercer leur droit d'audition, les associations mentionnées au 1° sont régulièrement informées des dates de réunion du Comité et des sujets figurant à son ordre du jour ;

3° La composition et les modalités de fonctionnement d'un comité d'interface, réuni au moins deux fois par an, au cours duquel le président du Comité économique des produits de santé présente aux associations mentionnées au 1° un bilan de l'activité du Comité. Cette présentation est suivie d'un débat ;

4° Les règles et délais applicables à la procédure d'adhésion à l'accord cadre et de renouvellement de celui-ci ;

5° Les modalités selon lesquelles les associations agréées en application de l'article L. 1114-1 du code de la santé publique et les associations de lutte contre les inégalités de santé respectent des obligations de réserve et de confidentialité au regard des informations qu'elles reçoivent dans le cadre de l'application du présent article.

La demande mentionnée au deuxième al. de l'art. L. 162-17-4-2 est transmise dans un délai de six mois à compter de la promulgation de la L. n° 2016-41 du 26 janv. 2016, en vue de la première conclusion d'un accord-cadre (L. préc., art. 182-II).

Art. L. 162-17-5 *(L. n° 2014-1554 du 22 déc. 2014, art. 14-V) (L. n° 2017-1836 du 30 déc. 2017, art. 59-2°)* « Le Comité économique des produits de santé peut fixer, pour les médicaments inscrits sur l'une des listes ouvrant droit au remboursement au titre de leur autorisation de mise sur le marché ou pour les produits et prestations pris en charge au titre de la liste mentionnée à l'article L. 165-1 ou pris en charge en sus des prestations d'hospitalisation au titre des articles L. 162-22-7 et L. 162-23-6, le montant des dépenses des régimes obligatoires de sécurité sociale au-delà duquel il peut décider de baisser le prix ou le tarif de responsabilité, mentionnés aux articles L. 162-16-4 à L. 162-16-5, L. 162-16-6, L. 165-2, L. 165-3 et L. 165-7, des produits et prestations concernés. » *(L. n° 2016-1827 du 23 déc. 2016, art. 98-V)* « La fixation de ce montant tient compte des critères ou conditions mentionnés aux I et II de l'article L. 162-16-4 concernant les médicaments, et aux I et II de l'article L. 165-2 concernant les produits ou prestations. »

Les entreprises exploitant ces produits et prestations peuvent toutefois solliciter auprès du Comité économique des produits de santé de verser, sous forme de remise à l'assurance maladie, un montant égal à la perte de chiffre d'affaires annuel qui résulterait de l'application de la décision de baisse tarifaire.

Art. L. 162-17-6 *(L. n° 2002-1487 du 20 déc. 2000, art. 36)* L'entreprise qui exploite un médicament peut, lorsque ce médicament présente, par son amélioration du service médical rendu, un intérêt particulier pour la santé publique, demander à bénéficier d'une procédure d'inscription accélérée sur la liste mentionnée au premier alinéa de l'article L. 162-17.

Un accord conclu en application du premier alinéa de l'article L. 162-17-4 ou, à défaut, un décret en Conseil d'État précise notamment les médicaments auxquels cette procédure est applicable, les modalités de mise en œuvre et la nature des engagements que doit prendre l'entreprise.

Art. L. 162-17-7 *(L. n° 2002-1487 du 20 déc. 2002, art. 37-II)* S'il s'avère, postérieurement à l'inscription d'un médicament sur la liste mentionnée au premier alinéa de l'article L. 162-17, que l'entreprise qui exploite le médicament n'a pas fourni, en en signalant la portée, des informations connues d'elle avant ou après l'inscription et que ces informations conduisent à modifier les appréciations portées par la commission mentionnée à l'article L. 5123-3 du code de la santé publique notamment pour ce qui concerne le service médical rendu ou l'amélioration du service médical rendu par ce médicament, *(L. n° 2004-810 du 13 août 2004, art. 43-I)* « le Comité économique des produits de santé peut prononcer, » après que l'entreprise a été mise en mesure de présenter ses observations, une pénalité financière à l'encontre de ladite entreprise.

Le montant de la pénalité ne peut être supérieur à 5 % du chiffre d'affaires total hors taxes réalisé en France par l'entreprise au cours du dernier exercice clos.

Les modalités d'application du présent article, notamment la nature des informations concernées, les règles et délais de procédure *(L. n° 2012-1404 du 17 déc. 2012, art. 73-VIII-A)* « et les modes de calcul de la pénalité financière », sont déterminées par décret en Conseil d'État.

La pénalité est recouvrée par *(L. n° 2007-1786 du 19 déc. 2007, art. 14)* « les organismes mentionnés à l'article L. 213-1 désignés par le directeur de » l'Agence centrale des organismes de sécurité sociale. *(L. n° 2013-1203 du 23 déc. 2013, art. 28)* « Les articles L. 137-3 et L. 137-4 sont applicables au recouvrement de la pénalité. » Son produit est affecté *(L. n° 2012-1404 du 17 déc. 2012, art. 73-VIII-A)* « selon les modalités prévues à l'article L. 162-37 ».

Le recours présenté contre la décision prononçant cette pénalité est un recours de pleine juridiction.

Art. L. 162-17-8 *(L. n° 2004-810 du 13 août 2004, art. 31-I)* Une charte de qualité des pratiques professionnelles des personnes chargées de la promotion des spécialités pharmaceutiques par prospection ou démarchage est conclue entre le Comité économique des produits de santé et un ou plusieurs syndicats représentatifs des entreprises du médicament.

Elle vise, notamment, à mieux encadrer les pratiques commerciales et promotionnelles qui pourraient nuire à la qualité des soins. *(L. n° 2011-2012 du 29 déc. 2011, art. 30-II)* « A cet effet, le Comité économique des produits de santé peut fixer des objectifs annuels chiffrés d'évolution de ces pratiques, le cas échéant pour certaines classes pharmaco-thérapeutiques ou pour certains produits.

« Le Comité économique des produits de santé peut fixer, après que l'entreprise a été mise en mesure de présenter ses observations, une pénalité financière à l'encontre de l'entreprise qui n'a pas respecté les décisions du comité mentionnées au deuxième alinéa prises à son encontre. Le montant de la pénalité ne peut être supérieur à 10 % du chiffre d'affaires hors taxes réalisé en France par l'entreprise au titre du dernier exercice clos pour le ou les produits considérés. La pénalité est déterminée en fonction de la gravité du manquement constaté.

« La pénalité est recouvrée par les organismes mentionnés à l'article L. 213-1 désignés par le directeur de l'Agence centrale des organismes de sécurité sociale. *(L. n° 2013-1203 du 23 déc. 2013, art. 28)* « Les articles L. 137-3 et L. 137-4 sont applicables au recouvrement de la pénalité. » Son produit est affecté *(Abrogé par L. n° 2012-1404 du 17 déc. 2012, art. 73-VIII-A)* ***« aux régimes obligatoires de base d'assurance*** *maladie* » selon les modalités prévues à l'article L. 162-37. Le recours présenté contre la décision prononçant cette pénalité est un recours de pleine juridiction.

« Les règles et délais de procédure ainsi que les modes de calcul de la pénalité financière sont définis par décret en Conseil d'État. »

Une nouvelle Charte de l'information par démarchage ou prospection visant à la promotion des médicaments a été signée le 15 oct. 2014 entre le CEPS et les entreprises du médicament (LEEM).

Art. L. 162-17-9 *(L. n° 2017-1836 du 30 déc. 2017, art. 58-I)* Une charte de qualité des pratiques professionnelles des personnes chargées de la présentation, de l'information ou de la promotion des dispositifs médicaux à usage individuel, des produits de santé autres que les médicaments et des prestations de service *[services]* éventuellement associées est conclue entre le Comité économique des produits de santé et un ou plusieurs syndicats ou organisations regroupant les fabricants ou distributeurs des produits et prestations mentionnés à l'article L. 165-1.

La charte vise, notamment, à mieux encadrer les pratiques commerciales, promotionnelles, de présentation ou d'information qui pourraient nuire à la qualité des soins ou conduire à des dépenses injustifiées pour l'assurance maladie. La charte précise les conditions dans lesquelles les entreprises rendent compte de leur activité de présentation, d'information et de promotion.

La charte est valablement conclue dès lors que les signataires au titre des syndicats ou organisations représentent plus du tiers des montants remboursés au titre de la liste mentionnée au même article L. 165-1, exception faite des distributeurs pour le champ hospitalier.

La charte conclue s'applique à l'ensemble des fabricants ou distributeurs de produits et prestations mentionnés audit article L. 165-1.

La charte est approuvée par les ministres chargés de la santé et de la sécurité sociale. En cas de refus d'approbation, ou en l'absence d'accord, les ministres chargés de la santé et de la sécurité sociale arrêtent la charte de qualité de la promotion des produits ou prestations. Les conditions de refus d'approbation, de renouvellement et de dénonciation de la charte par les ministres sont fixées par décret en Conseil d'État.

Le Comité économique des produits de santé peut fixer par décisions des objectifs chiffrés d'évolution des pratiques commerciales, promotionnelles, de présentation ou d'information, le cas échéant pour un ensemble de produits ou prestations comparables ou pour certains produits ou prestations.

Le Comité économique des produits de santé peut fixer, après que l'entreprise a été mise en mesure de présenter ses observations, une pénalité financière à l'encontre de l'entreprise qui n'a pas respecté les décisions du comité mentionnées au septième alinéa prises à son encontre ou qui n'a pas respecté une ou plusieurs dispositions de la charte.

Le montant de la pénalité ne peut être supérieur à 10 % du chiffre d'affaires hors taxes réalisé en France par l'entreprise au titre du dernier exercice clos pour le ou les produits ou prestations concernés par le manquement. La pénalité est déterminée en fonction de la gravité du manquement constaté.

La pénalité est recouvrée par les organismes mentionnés à l'article L. 213-1 désignés par le directeur de l'Agence centrale des organismes de sécurité sociale. Les articles L. 137-3 et L. 137-4 sont applicables au recouvrement de la pénalité. Son produit est affecté à la Caisse nationale de l'assurance maladie. Le recours présenté contre la décision prononçant cette pénalité est un recours de pleine juridiction.

Les conditions dans lesquelles le Comité économique des produits de santé constate les manquements à la charte sont précisées par décret en Conseil d'État. Les agences régionales de santé et les organismes locaux et régionaux d'assurance maladie peuvent en contrôler la bonne application.

Les modalités d'application du présent article, notamment les règles et délais de procédure relatifs à la pénalité financière, sont fixées par décret en Conseil d'État.

A défaut de conclusion entre le CEPS et les syndicats ou organisations de la charte prévue à l'art. L. 162-17-9 avant le 30 sept. 2018, cette charte est arrêtée par les ministres chargés de la santé et de la sécurité sociale (L. n° 2017-1836 du 30 déc. 2017, art. 58-II).

Art. L. 162-17-10 *(L. n° 2017-1836 du 30 déc. 2017, art. 58-I, en vigueur le 1er janv. 2019)* Les conditions de mise en œuvre de la procédure de certification des activités de présentation, d'information ou de promotion en faveur des produits de santé et prestations éventuellement associées mentionnée au 13° de l'article L. 161-37 sont fixées par décret en Conseil d'État.

Art. L. 162-18 *(L. n° 2018-1203 du 22 déc. 2018, art. 65-I, en vigueur le 1er mars 2019)* « I. — » Les entreprises qui exploitent une ou plusieurs spécialités pharmaceutiques remboursables aux assurés sociaux peuvent s'engager collectivement par une convention nationale à faire bénéficier la Caisse nationale de l'assurance maladie *(Abrogé par Ord. n° 2018-470 du 12 juin 2018, art. 9) « des travailleurs salariés »* d'une remise sur tout ou partie du chiffre d'affaires de ces spécialités réalisé en France.

Elles peuvent s'engager individuellement par des conventions ayant le même objet.

Ces conventions, individuelles ou collectives, déterminent le taux de ces remises et les conditions auxquelles se trouve subordonné leur versement qui présente un caractère exceptionnel et temporaire. *(L. n° 97-1164 du 19 déc. 1997, art. 11-III)* « Elles peuvent notamment contribuer au respect d'objectifs relatifs aux dépenses de promotion des spécialités pharmaceutiques remboursables ou des médicaments agréés à l'usage des collectivités ». — *Ces dispositions entrent en vigueur pour la détermination de la contribution due le 1er déc. 1998.*

(L. n° 96-452 du 28 mai 1996, art. 61-II) « Ces conventions sont conclues entre, d'une part, le comité visé à l'article L. 162-17-3 et, d'autre part, soit une ou plusieurs des organisations syndicales nationales les plus représentatives de la profession, soit une entreprise. » *(L. n° 2016-1827 du 23 déc. 2016, art. 98-VI)* « Lorsqu'il traite des remises, le comité respecte l'ensemble des obligations relatives au secret *(L. n° 2018-670 du 30 juill. 2018, art. 4)* « des affaires ». » *(Abrogé par L. n° 2018-1203 du 22 déc. 2018, art. 65-I, à compter du 1er mars 2019) (L. n° 2007-1786 du 19 déc. 2007, art. 14)* ***« Les remises sont recouvrées par les organismes mentionnés à l'article L. 213-1 désignés par le directeur de l'Agence centrale des organismes de sécurité sociale. »*** *(L. n° 2016-1827 du 23 déc. 2016, art. 98-VI)* ***« Les prix nets, tarifs nets ou coûts nets s'entendent déduction faite de ces remises. »***

(L. n° 2018-1203 du 22 déc. 2018, art. 65-I, en vigueur le 1er mars 2019) « II. — Pour les spécialités susceptibles d'être utilisées, au moins en partie, concomitamment ou séquentiellement avec d'autres médicaments, le remboursement par l'assurance maladie des spécialités pharmaceutiques inscrites, au moins pour l'une de leurs indications, sur les listes prévues aux premier et deuxième alinéas de l'article L. 162-17, aux articles L. 162-22-7 ou L. 162-23-6, ou prises en charge au titre de l'article L. 162-17-2-1, peut être subordonné au versement obligatoire de remises par les entreprises qui exploitent ces spécialités. Les remises peuvent concerner une spécialité ou, le cas échéant, un ensemble de spécialités comparables ou répondant à des visées thérapeutiques similaires. Les remises peuvent notamment prendre en compte au moins l'un des critères prévus aux I ou II de l'article L. 162-16-4, appliqué aux prix nets ou aux tarifs nets au sens du dernier alinéa du I du présent article.

« Ces remises sont fixées par convention entre l'entreprise exploitant la spécialité et le Comité économique des produits de santé ou, à défaut, par décision de ce dernier.

« III. — Les remises sont recouvrées par les organismes mentionnés à l'article L. 213-1 désignés par le directeur de l'Agence centrale des organismes de sécurité sociale. Les prix nets, tarifs nets ou coûts nets s'entendent déduction faite de ces remises.

« IV. — » *(L. n° 2016-1827 du 23 déc. 2016, art. 97-I)* « Les conventions conclues au titre des spécialités bénéficiant, pour l'une de leurs indications, d'une autorisation mentionnée à l'article L. 5121-12 du code de la santé publique ou d'une prise en charge au titre de l'article L. 162-16-5-2 du présent code n'incluent que des remises portant sur les unités vendues à compter de la signature de la convention. Elles incluent également des prévisions relatives aux volumes de vente, le cas échéant indication par indication, pour les trois prochaines années.

« Sur la base de ces éléments et après que l'entreprise a été mise en mesure de présenter ses observations, le Comité économique des produits de santé fixe un prix net de référence pour chaque spécialité. Ce prix net de référence est calculé en défalquant les remises mentionnées *(L. n° 2018-1203 du 22 déc. 2018, art. 65-I, en vigueur le 1er mars 2019)* « aux I et II » du présent article, qui pourraient être dues au titre *(L.*

n° 2018-1203 du 22 déc. 2018, art. 65-I, en vigueur le 1er mars 2019) **« de la prochaine année », du prix ou du tarif de remboursement mentionnés aux articles L. 162-16-4, L. 162-16-5 ou L. 162-16-6.**

« Les conventions peuvent déterminer un prix net de référence plus bas que celui qui résulterait de l'application du *(L. n° 2018-1203 du 22 déc. 2018, art. 65-I, en vigueur le 1er mars 2019)* **« deuxième alinéa du présent IV ».**

« A défaut de convention *(L. n° 2018-1203 du 22 déc. 2018, art. 65-I, en vigueur le 1er mars 2019)* **« ou de décision » prévoyant des remises, le prix ou** *[le]* **tarif de remboursement tient lieu de prix net de référence. »**

Art. L. 162-19 (Abrogé par Ord. n° 2018-470 du 12 juin 2018, art. 9) (Ord. n° 2005-1528 du 8 déc. 2005) ***« La Caisse nationale du régime social des indépendants » et la Caisse centrale de secours mutuels agricoles peuvent conclure conjointement avec la Caisse nationale de l'assurance maladie des travailleurs salariés les conventions prévues*** (L. n° 96-452 du 28 mai 1996, art. 61-III) ***« à l'article L. 162-16 ».***

Art. L. 162-19-1 *(L. n° 2017-1836 du 30 déc. 2017, art. 58-I)* **La prise en charge par l'assurance maladie d'un produit de santé et de ses prestations éventuellement associées peut être subordonnée au renseignement sur l'ordonnance par le professionnel de santé d'éléments relatifs aux circonstances et aux indications de la prescription, lorsque ce produit et, le cas échéant, ses prestations associées présentent un intérêt particulier pour la santé publique, un impact financier pour les dépenses d'assurance maladie ou un risque de mésusage.**

Ces éléments ainsi que tout autre élément requis sur l'ordonnance sont transmis au service du contrôle médical par le prescripteur, le pharmacien ou, le cas échéant, par un autre professionnel de santé dans des conditions fixées par voie réglementaire.

Le non-respect de ces obligations peut donner lieu au constat d'un indu correspondant aux sommes prises en charge par l'assurance maladie, qui est recouvré selon la procédure prévue à l'article L. 133-4.

SECTION V **ÉTABLISSEMENTS DE SANTÉ** *(Ord. n° 2010-177 du 23 févr. 2010, art. 2-3°).*

Les dispositions des art. 22 à 32 de la loi n° 2003-1199 du 18 déc. 2003 sont applicables à compter du 1er janv. 2005, à l'exception des dispositions de l'art. L. 162-22-1 (art. 23) et des dispositions de l'art. L. 162-22-6 (art. 25) qui s'appliquent à compter du 1er oct. 2004 dans les établissements de santé privés mentionnés aux d et e de l'art. L. 162-22-6, et sous réserve des dispositions du I à V de l'art. 33 de la loi (L. n° 2003-1199 du 18 déc. 2003, art. 33).

BIBL. ▶ ARCEGA, Loi « hôpital patients santé et territoire » : des agences régionales de santé à responsabilités limitées ?, *Regards EN3S 2009, n° 35, p. 65.* – BONNICI, Établissements de santé et territoire, *RDSS 2009. 98* ; La réforme du financement des établissements de santé, *Gaz. Pal. 2007. 13.* – BORGETTO et BERGOIGNAN-ESPER, La loi « Hôpital, patients, santé et territoires », *RDSS 2009. 789*. – BRAS, La création des agences régionales de santé : notre système de santé sera-t-il encore mieux gouverné ?, *Dr. soc. 2009. 1126*. – BUGNON, La loi HPST : une nouvelle répartition des pouvoirs au sein de la gouvernance hospitalière, *RGDM 2010. 65.* – CARDON, La tarification à l'activité (T2A) dans les établissements de soins privés : la transition amorcée, *RDSS 2005. 963*. – CHAVRIER, Établissement public de santé, logique économique et droit de la concurrence, *RDSS 2006. 274*. – CLÉMENT, Les relations entre établissements de santé publics et privés, *AJDA 1995. 604*. – DUPONT, La nouvelle gouvernance des établissements publics de santé : l'aboutissement d'une longue mutation ?, *RDSS 2009. 791*. – LEMOYNE DE FORGES, L'apport de la loi HPST sur le fonctionnement et l'organisation des établissements publics de santé, *RGDM 2009. 51* ; Établissements de santé, système hospitalier, politique hospitalière, *RDSS 2001. 63* ; Le volet hospitalier de la réforme de la protection sociale de 1996, *RDSS 1996. 713*. – LOPEZ, Les agences régionales de santé, une question d'équilibres entre des objectifs différents et des mécanismes de régulation complémentaires, *Dr. soc. 2010. 567*. – MAHERZI, Le développement des agences : un choix risqué ?, *Rev. adm. 2010. 86.* – MAINGUY, Quelques aspects des obligations des établissements de soins en matière d'hébergement, *JCP E 2001, n° 1, p. 28.* – MORDELET, L'évolution du cadre juridique des hôpitaux publics en Europe et l'avenir de l'établissement public de santé français, *RDSS 2008. 851*. – NGAMPIO-OBELE-BELE, À propos de la nouvelle gouvernance hospitalière : vers une gestion entrepreneuriale des établissements publics de santé ?, *RRJ 2009. 1421.* – SAISON-DEMARS, Un patron dans l'hôpital : mythe ou réalité ?, *AJDA 2010. 888*. – TRUCHET, Établissement public de santé et système de santé,

AJDA 2006. 401 ✐. – Villeneuve, Une nouvelle approche territoriale de l'offre de soins ? À propos de la loi du 21 juillet 2009, *JCP 2009, n° 210* – Vioujas, La « nouvelle nouvelle » gouvernance hospitalière après la loi HPST : une autonomie de plus en plus contrôlée, *RGDM 2009. 69.* – Le report de la convergence intersectorielle public/privé : retour sur la « guerre des tarifs », *RDSS 2009. 1075* ✐.

SOUS-SECTION 1 DISPOSITIONS GÉNÉRALES *(L. n° 2003-1199 du 18 déc. 2003, art. 22-I).*

Art. L. 162-20 *(L. n° 2009-879 du 21 juill. 2009, art. 1er-XIII)* **Les assurés sociaux sont hospitalisés dans les établissements publics de santé aux tarifs fixés par l'autorité administrative compétente.**

Art. L. 162-21 L'assuré ne peut être couvert de ses frais de traitement dans les *(L. n° 2003-1199 du 18 déc. 2003, art. 22-II)* **« établissements de santé » de toute nature que si ces établissements sont autorisés à dispenser des soins aux assurés sociaux.**

(L. n° 2004-810 du 13 août 2004, art. 21-VII) **« Dans ces établissements de santé, il peut être demandé à l'assuré d'attester auprès des services administratifs de son identité, à l'occasion des soins qui lui sont dispensés, par la production d'un titre d'identité comportant sa photographie. »**

Art. L. 162-21-1 *(L. n° 2003-1199 du 18 déc. 2003, art. 22-III)* **L'assuré est dispensé, pour la part garantie par les régimes obligatoires d'assurance maladie, dans les cas et conditions fixés par voie réglementaire, de l'avance des frais d'hospitalisation** *(L. n° 2016-41 du 26 janv. 2016, art. 83-III-6°)* **« et des frais relatifs aux actes et consultations externes mentionnés aux articles L. 162-26 et L. 162-26-1 » dans les établissements de santé mentionnés aux *a*, *b*, *c* et *d* de l'article L. 162-22-6 et à l'article L. 174-1.**

Art. L. 162-21-2 *(L. n° 2016-1827 du 23 déc. 2016, art. 80-I, en vigueur le 1er oct. 2018)* **Les transports réalisés au sein d'un même établissement de santé ou entre deux établissements de santé sont pris en charge par l'établissement à l'origine de la prescription de transport et sont inclus dans les tarifs des prestations mentionnés au 1° des articles L. 162-22-1 et L. 162-22-6 et à l'article L. 162-23-1 ou dans la dotation mentionnée à l'article L. 174-1. Un décret précise les conditions d'application du présent article.**

Art. L. 162-21-3 *(L. n° 2006-1640 du 21 déc. 2006, art. 73-I)* **Il est créé, auprès des ministres chargés de la santé et de la sécurité sociale,** *(Abrogé par L. n° 2011-1906 du 21 déc. 2011, art. 59-1°)* ***« pour une période de cinq ans à compter du 1er janvier 2007, »*** **un observatoire économique de l'hospitalisation publique et privée.** *(Abrogé par L. n° 2011-1906 du 21 déc. 2011, art. 59-1°)* ***« Avant la fin du dernier semestre de cette période de cinq ans, il est procédé à une évaluation du fonctionnement de cet observatoire ; celle-ci devra se prononcer sur l'opportunité de le voir poursuivre son activité de façon autonome ou de le fusionner avec le conseil de l'hospitalisation mentionné à l'article L. 162-21-2. »***

L'observatoire est chargé du suivi *(L. n° 2011-1906 du 21 déc. 2011, art. 59-2°)* **« des dépenses d'assurance maladie relatives aux frais d'hospitalisation et de la situation financière des établissements de santé publics et privés. Il se fonde notamment » sur l'analyse des données d'activité de soins et des dépenses engendrées par ces activités.**

Afin de remplir ses missions, l'observatoire est rendu destinataire, à sa demande, des données nécessaires à l'analyse de l'activité des établissements de santé publics et privés.

Il remet au Gouvernement et au Parlement un rapport semestriel sur l'évolution des dépenses d'assurance maladie relatives aux frais d'hospitalisation. Le Gouvernement consulte l'observatoire préalablement à la mise en œuvre de la procédure prévue *(L. n° 2008-1330 du 17 déc. 2008, art. 53-VI)* **« au II *bis* » des articles L. 162-22-3 et L. 162-22-10.**

L'observatoire est composé :

1° De représentants des services de l'État ;

2° De représentants des organisations nationales les plus représentatives des établissements de santé publics et privés ;

3° De représentants des organismes nationaux de l'assurance maladie.

Les règles relatives à la constitution, à la composition et au fonctionnement de l'observatoire sont définies par décret.

Art. L. 162-22 *(L. nº 2015-1702 du 21 déc. 2015, art. 78-I-7º, en vigueur le 1er janv. 2017)* Les établissements de santé autorisés en application de l'article L. 6122-1 du code de la santé publique sont financés :

1° Pour les activités de médecine, de chirurgie, de gynécologie-obstétrique et d'odontologie, conformément à l'article L. 162-22-6 du présent code ;

2° Pour les activités de psychiatrie, conformément à l'article L. 162-22-1 dans les établissements mentionnés aux *d* et *e* de l'article L. 162-22-6 et conformément à l'article L. 174-1 dans les établissements mentionnés aux *a*, *b* et *c* de l'article L. 162-22-6 ;

3° Pour les activités réalisées dans les unités ou centres de soins de longue durée mentionnés à l'article L. 174-5, conformément à l'article L. 174-1 ;

4° Pour les activités de soins de suite et de réadaptation, conformément à l'article L. 162-23-1.

SOUS-SECTION 2 FRAIS D'HOSPITALISATION REMBOURSÉS SUR LA BASE DE TARIFS JOURNALIERS PROPRES À CERTAINS ÉTABLISSEMENTS DE SANTÉ PRIVÉS *(Ord. nº 2010-177 du 23 févr. 2010, art. 2-5º).*

Art. L. 162-22-1 *(L. nº 2003-1199 du 18 déc. 2003, art. 23-II ; Ord. nº 2010-177 du 23 févr. 2010, art. 2-6º)* « Pour les activités mentionnées au 2° de l'article L. 162-22 qui sont exercées par les établissements de santé privés mentionnés aux *d* et *e* de l'article L. 162-22-6 », un décret en Conseil d'État, pris après avis des organisations nationales les plus représentatives de ces établissements, détermine :

1° Les catégories de prestations d'hospitalisation, sur la base desquelles les ministres chargés de la santé et de la sécurité sociale arrêtent la classification des prestations donnant lieu à une prise en charge par les régimes obligatoires de sécurité sociale ;

2° Les catégories de prestations pour exigence particulière des patients, sans fondement médical, qui donnent lieu à facturation sans prise en charge par les régimes obligatoires de sécurité sociale ;

3° Les modalités de détermination par l'*(Ord. nº 2010-177 du 23 févr. 2010, art. 10-I-4º)* « agence régionale de santé » des tarifs des prestations des établissements nouvellement créés ou issus d'un regroupement entre établissements *(L. nº 2003-1199 du 18 déc. 2003, art. 23-II)* « ainsi que des tarifs des prestations correspondant à des activités nouvellement autorisées ou reconnues au sein d'un établissement » ;

4° Les méthodes permettant de calculer le montant des prestations d'hospitalisation faisant l'objet d'une prise en charge par l'assurance maladie ;

(L. nº 2003-1199 du 18 déc. 2003, art. 23-II) « 5° Les modalités de facturation des prestations d'hospitalisation faisant l'objet d'une prise en charge par l'assurance maladie. »

6° et 7° abrogés par L. nº 2003-1199 du 18 déc. 2003, art. 23-II. — V. Décr. nº 2001-356 du 23 avr. 2001 (JO 25 avr.).

Les dispositions de l'art. L. 162-22-1 issu de la loi nº 2003-1199 du 18 déc. 2003 (art. 23) s'appliquent à compter du 1er mars 2005 dans les établissements de santé privés mentionnés aux d et e de l'art. L. 162-22-6, et sous réserve des dispositions du I à IX de l'art. 33 de la loi (L. nº 2003-1199 du 18 déc. 2003, art. 33, mod. par L. nº 2004-1370 du 20 déc. 2004, art. 17 et 63, et en dernier lieu par L. nº 2012-1404 du 17 déc. 2012, art. 59 et 63 ; V. Annexe I).

Art. L. 162-22-2 *(L. nº 2003-1199 du 18 déc. 2003, art. 23-III)* « I. — Chaque année est défini un objectif quantifié national relatif aux activités *(Ord. nº 2010-177 du 23 févr. 2010, art. 2-7º)* « mentionnées au 2° de l'article L. 162-22 qui sont » exercées par les établissements de santé privés mentionnés aux *d* et *e* de l'article L. 162-22-6. Cet objectif est constitué par le montant annuel des charges afférentes aux frais d'hospitalisation au titre des soins dispensés dans le cadre de ces activités au cours de l'année et supportées par les régimes obligatoires d'assurance maladie *(L. nº 2005-1579 du 19 déc. 2005, art. 68)* « et tient compte notamment des créations et fermetures d'établissements ». Le contenu de cet objectif est défini par décret.

« Le montant de l'objectif quantifié national est arrêté par l'État en fonction de l'objectif national de dépenses d'assurance maladie. *(L. n° 2010-1594 du 20 déc. 2010, art. 70-II)* « Il distingue la part afférente à chacune des activités mentionnées au 2° de l'article L. 162-22. » Ce montant prend en compte *(Abrogé par L. n° 2006-1640 du 21 déc. 2006, art. 94-IV) « , outre la part mentionnée à l'article L. 162-43, »* les évolutions de toute nature *(L. n° 2004-1370 du 20 déc. 2004, art. 28-I)* « à la suite desquelles des établissements, des services ou des activités sanitaires ou médico-sociaux » se trouvent placés pour tout ou partie sous un régime juridique ou de financement différent de celui sous lequel ils étaient placés auparavant, notamment celles relatives aux conversions d'activité ». *(L. n° 2008-1330 du 17 déc. 2008, art. 53-II et VII)* « Il peut être corrigé en fin d'année pour prendre en compte ces évolutions réalisées en cours d'année. — *V. Arr. du 28 févr. 2018 fixant pour l'année 2018 l'objectif quantifié national mentionné à l'art. L. 162-22-2 (JO 3 mars).*

« II. — Un décret en Conseil d'État, pris après avis des organisations nationales les plus représentatives de ces établissements, précise les éléments pris en compte pour la détermination de cet objectif ainsi que les modalités selon lesquelles, chaque année, sont déterminées les évolutions des tarifs des prestations compatibles avec le respect de cet objectif. Il prend en compte à cet effet, notamment, les prévisions de l'évolution de l'activité des établissements pour l'année en cours. »

Art. L. 162-22-2-1 *(L. n° 2014-1554 du 22 déc. 2014, art. 68-1°)* I. — Lors de la détermination annuelle de l'objectif mentionné au I de l'article L. 162-22-2, une part de son montant peut être affectée, par arrêté des ministres chargés de la santé et de la sécurité sociale, à la constitution d'une dotation mise en réserve, de manière à concourir au respect de l'objectif national de dépenses d'assurance maladie. Cette part peut être différenciée selon les activités mentionnées au premier alinéa de l'article L. 162-22-1. — *V. Arr. du 23 mai 2018 (JO 29 mai).*

II. — Au regard notamment de l'avis mentionné à l'avant-dernier alinéa de l'article L. 114-4-1, l'État peut décider de verser aux établissements de santé mentionnés aux *d* et *e* de l'article L. 162-22-6 tout ou partie de la dotation mise en réserve en application du I du présent article, en fonction des montants versés par l'assurance maladie à chacun de ces établissements au titre de l'année pour laquelle l'objectif a été fixé.

La part de la dotation ainsi versée peut être différenciée selon les activités mentionnées au premier alinéa de l'article L. 162-22-1.

III. — Les modalités d'application du présent article sont fixées par décret en Conseil d'État.

Art. L. 162-22-3 *(L. n° 2003-1199 du 18 déc. 2003, art. 23-IV)* I. — Chaque année, l'État détermine :

1° L'évolution moyenne nationale et l'évolution moyenne dans chaque région des tarifs des prestations mentionnées au 1° de l'article L. 162-22-1, selon les modalités prévues à l'article L. 162-22-2 *(L. n° 2014-1554 du 22 déc. 2014, art. 68-2°)* « et au I de l'article L. 162-22-2-1 ». Ces évolutions peuvent être différentes pour certaines activités médicales ;

2° Les variations maximales et minimales des taux d'évolution des tarifs des prestations qui peuvent être allouées aux établissements par les agences régionales ;

3° Les tarifs des prestations d'hospitalisation nouvellement créées dans les conditions prévues au 1° de l'article L. 162-22-1. — *V. Arr. du 23 mai 2018 (JO 29 mai).*

II. — La Caisse nationale de l'assurance maladie *(Abrogé par Ord. n° 2018-470 du 12 juin 2018, art. 9) « des travailleurs salariés »* communique à l'État, aux *(Ord. n° 2010-177 du 23 févr. 2010, art. 10-I-5°)* « agences régionales de santé » *(Abrogé par L. n° 2006-1640 du 21 déc. 2006, art. 73-III) « ainsi qu'aux organisations nationales les plus représentatives des établissements de santé »*, pour l'ensemble des régimes obligatoires d'assurance maladie, des états provisoires et des états définitifs du montant total des charges mentionnées au I de l'article L. 162-22-2 et sa répartition par région, par établissement et par nature d'activité.

(L. n° 2008-1330 du 17 déc. 2008, art. 53-V) « II *bis*. — Lorsque le Comité d'alerte sur l'évolution des dépenses de l'assurance maladie émet un avis considérant qu'il existe un risque sérieux de dépassement de l'objectif national de dépenses d'assurance maladie en application du dernier alinéa de l'article L. 114-4-1 et dès lors qu'il appa-

raît que ce risque de dépassement est en tout ou partie imputable à l'évolution de l'objectif mentionné au I de l'article L. 162-22-2, l'État peut, après consultation de l'observatoire économique de l'hospitalisation publique et privée, modifier les tarifs des prestations mentionnées au 1° de l'article L. 162-22-1 de manière à concourir au respect de l'objectif mentionné au I de l'article L. 162-22-2. ».

III. — Le décret prévu au II de l'article L. 162-22-2 détermine les modalités du suivi statistique des charges supportées par les régimes obligatoires d'assurance maladie.

Absence de convention. A défaut de conclusion dans les délais prescrits de l'avenant annuel à la convention, les parties se trouvent dessaisies ; les ministres sont alors compétents pour édicter par voie d'arrêté les tarifs et objectifs. • CE 7 juill. 2000 : *RJS 2000, n° 1131.* ♦ Dans l'exercice de cette compétence, les ministres doivent respecter les dispositions de l'art. L. 162-22-3 : ils ne peuvent notamment répartir le montant de l'enveloppe par discipline. • CE 7 juill. 2000 : *préc.* ♦ ... Ni se refuser à procéder à la répartition par région. • CE 17 déc. 1999 : *RJS 2000, n° 204.*

Art. L. 162-22-4 *(L. n° 2003-1199 du 18 déc. 2003, art. 23-V)* Chaque année, l'État détermine, dans le respect des dispositions des articles L. 162-22-1 à L. 162-22-3, les règles générales de modulation des tarifs des prestations mentionnées au 1° de l'article L. 162-22-1 des établissements de la région, en fonction des données disponibles sur l'activité des établissements et notamment des informations mentionnées aux articles L. 6113-7 à L. 6113-9 du code de la santé publique. L'État détermine, en outre, compte tenu des objectifs du *(Ord. n° 2018-21 du 17 janv. 2018, art. 2-1°)* « schéma régional ou interrégional de santé, » les critères susceptibles d'être pris en compte pour accorder à certains établissements, notamment en vue de l'amélioration de la qualité des soins, des évolutions de tarifs différentes du taux moyen d'évolution arrêté dans les conditions prévues au 1° du I de l'article L. 162-22-3.

Art. L. 162-22-5 *(L. n° 2003-1199 du 18 déc. 2003, art. 23-VI)* I. — Les tarifs des prestations afférents aux activités *(Ord. n° 2010-177 du 23 févr. 2010, art. 2-8°)* « mentionnées au 2° de l'article L. 162-22 qui sont exercées par les » établissements de santé privés mentionnés au *d* de l'article L. 162-22-6 sont fixés dans le cadre d'un avenant tarifaire au contrat pluriannuel d'objectifs et de moyens.

Ils prennent effet, à l'exception de ceux arrêtés en application du II de l'article L. 162-22-3, au 1er mars de l'année en cours.

II. — L'État fixe les tarifs de responsabilité applicables aux activités *(Ord. n° 2010-177 du 23 févr. 2010, art. 2-8°)* « mentionnées au 2° de l'article L. 162-22 qui sont exercées par les » établissements de santé privés mentionnés au *e* de l'article L. 162-22-6. *(L. n° 2014-1554 du 22 déc. 2014, art. 68-3°)* « Ces tarifs sont établis en prenant en compte les effets de la constitution de la dotation mise en réserve en application du I de l'article L. 162-22-2-1. »

SOUS-SECTION 3 DISPOSITIONS RELATIVES AUX ACTIVITÉS DE MÉDECINE, DE CHIRURGIE, DE GYNÉCOLOGIE-OBSTÉTRIQUE ET D'ODONTOLOGIE *(L. n° 2015-1702 du 21 déc. 2015, art. 78-I-8°, en vigueur le 1er janv. 2017).*

(L. n° 2003-1199 du 18 déc. 2003, art. 25-I)

Art. L. 162-22-6 Un décret en Conseil d'État, pris après avis des organisations nationales les plus représentatives des établissements de santé, détermine les catégories de prestations donnant lieu à facturation pour les activités *(Ord. n° 2010-177 du 23 févr. 2010, art. 2-10°)* « mentionnées au 1° de l'article L. 162-22 qui sont » exercées par les établissements suivants :

a) Les établissements publics de santé, à l'exception *(Abrogé par Ord. n° 2010-177 du 23 févr. 2010, art. 2-10°)* ***« des hôpitaux locaux mentionnés à l'article L. 6141-2 du code de la santé publique et »*** des établissements dispensant des soins aux personnes incarcérées mentionnés à l'article L. 6141-5 du *(Ord. n° 2010-177 du 23 févr. 2010, art. 2-10°)* « code de la santé publique » ;

b) Les établissements de santé privés à but non lucratif *(Ord. n° 2010-177 du 23 févr. 2010, art. 2-10°)* « qui ont été admis à participer à l'exécution du service public hospitalier à la date de publication de la loi n° 2009-879 du 21 juillet 2009 portant

réforme de l'hôpital et relative aux patients, à la santé et aux territoires *(Abrogé par L. n° 2016-41 du 26 janv. 2016, art. 112-III, à compter du 1er janv. 2017)* **« *, jusqu'à la date retenue en application du premier alinéa du XX de l'article 1er de cette loi* » ;**

c) **Les établissements de santé privés à but non lucratif ayant opté pour la dotation globale de financement en application de l'article 25 de l'ordonnance n° 96-346 du 24 avril 1996 portant réforme de l'hospitalisation publique et privée** *(Abrogé par L. n° 2016-41 du 26 janv. 2016, art. 112-III, à compter du 1er janv. 2017) (Ord. n° 2010-177 du 23 févr. 2010, art. 2-10°)* **« *, jusqu'à la date retenue en application du premier alinéa du XXI de l'article 1er de la loi n° 2009-879 du 21 juillet 2009 précitée* » ;** *— V. Décr. n° 2011-1217 du 29 sept. 2011 relatif à l'expérimentation de la facturation individuelle des établissements de santé publics et privés visés aux b et c de l'art. L. 162-22-6 (JO 1er oct.). — V. également Décr. n° 2018-513 du 26 juin 2018 relatif aux modalités calendaires de la généralisation de la facturation individuelle des établissements de santé visés aux a, b et c de l'art. L. 162-22-6 (JO 27 juin).*

d) **Les établissements de santé privés autres que ceux mentionnés aux *b* et *c* ayant conclu un contrat pluriannuel d'objectifs et de moyens avec l'***(Ord. n° 2010-177 du 23 févr. 2010, art. 10-I-4°)* **« agence régionale de santé » ;**

e) **Les établissements de santé privés autres que ceux mentionnés aux *b*, *c* et *d*.**

Ce décret précise :

1° Les catégories de prestations d'hospitalisation sur la base desquelles les ministres chargés de la santé et de la sécurité sociale arrêtent la classification des prestations, tenant compte notamment des moyens techniques, matériels et humains mis en œuvre pour la prise en charge des patients, donnant lieu à une prise en charge par les régimes obligatoires de sécurité sociale et établies notamment à partir des données mentionnées aux articles L. 6113-7 et L. 6113-8 du code de la santé publique ;

2° Les catégories de prestations pour exigence particulière des patients, sans fondement médical, qui donnent lieu à facturation sans prise en charge par les régimes obligatoires de sécurité sociale ;

3° Les modalités de facturation des prestations d'hospitalisation faisant l'objet d'une prise en charge par l'assurance maladie.

Les dispositions des art. 22 à 32 de la L. n° 2003-1199 du 18 déc. 2003 sont applicables à compter du 1er janv. 2005, à l'exception des dispositions de l'art. L. 162-22-1 et de l'art. L. 162-22-6 qui s'appliquent à compter du 1er mars 2005 dans les établissements de santé privés mentionnés aux d et e de l'art. L. 162-22-6 dans sa rédaction issue de la présente loi, sous réserve des dispositions transitoires prévues à l'art. 33 (art. 33 de cette loi, V. Annexe I).

Pour les établissements mentionnés aux a à c de l'art. L. 162-22-6, outre les éléments mentionnés à l'art. L. 162-22-11-1, les tarifs permettant la facturation de l'aide médicale de l'État sont majorés d'un coefficient de transition. Ce coefficient atteint la valeur 1 au plus tard en 2013 selon un calendrier et des modalités de calcul fixés par arrêté des ministres chargés de la santé, du budget et de la sécurité sociale (L. n° 2011-900 du 29 juill. 2011, art. 50-III).

A compter du 1er janv. 2012, un établissement de santé mentionné aux b et c de l'art. L. 162-22-6 ne peut être admis par le directeur général de l'agence régionale de santé à recourir à des professionnels médicaux et à des auxiliaires médicaux libéraux, en application de l'art. L. 6161-9, que dans les conditions prévues au même art.

Les contrats d'exercice libéral conclus avant le 1er janv. 2012 sont mis en conformité avec les dispositions du même art. L. 6161-9 dans un délai de deux ans à compter de la promulgation de la L. n° 2011-940 du 10 août 2011 (L. préc., art. 9).

A titre expérimental, pour une durée de trois ans et sur autorisation de l'État, la réorientation d'un patient effectuée par un service ou une unité d'accueil et de traitement des urgences peut donner lieu à la facturation, par certains établissements de santé mentionnés à l'art. L. 162-22-6, d'une prestation d'hospitalisation mentionnée au 1° du même art. L. 162-22-6.

Par dérogation à l'art. L. 160-13 CSS, la prestation susvisée est intégralement prise en charge par les régimes obligatoires d'assurance maladie pendant une durée de trois ans à compter du début de l'expérimentation. Un décret en Conseil d'État précise les modalités de mise en œuvre de cette expérimentation, notamment les conditions de désignation des établissements retenus pour y participer ainsi que ses conditions d'évaluation en vue d'une éventuelle généralisation (L. n° 2018-1203 du 22 déc. 2018, art. 43).

Art. L. 162-22-6-1 *(L. n° 2016-1827 du 23 déc. 2016, art. 79-III)* **La prise en charge d'une affection nécessitant l'intervention coordonnée de plusieurs professionnels médi-**

caux, paramédicaux et, le cas échéant, socio-éducatifs ainsi que la réalisation d'une synthèse médicale peut donner lieu à la facturation, par les établissements de santé mentionnés aux *a* à *e* de l'article L. 162-22-6, d'une prestation d'hospitalisation mentionnée au 1° du même article L. 162-22-6.

Un décret en Conseil d'État définit les modalités d'application du présent article, notamment les critères permettant la prise en charge de cette prestation par les régimes obligatoires de sécurité sociale.

Art. L. 162-22-6-2 *(L. nº 2018-1203 du 22 déc. 2018, art. 38-1º)* Afin d'améliorer le parcours de soins des patients atteints de pathologies chroniques dont la liste est précisée par arrêté des ministres chargés de la santé et de la sécurité sociale, la prise en charge par l'assurance maladie obligatoire des prestations mentionnées aux articles L. 162-22-6, L. 162-26 et L. 162-26-1 peut donner lieu, par dérogation aux mêmes articles L. 162-22-6, L. 162-26 et L. 162-26-1, à une rémunération forfaitaire.

Art. L. 162-22-7 *(L. nº 2013-1203 du 23 déc. 2013, art. 51-I-A)* « I. — » L'État fixe *(L. nº 2014-1554 du 22 déc. 2014, art. 67-I-B)* « , sur demande du titulaire de l'autorisation de mise sur le marché ou à l'initiative des ministres chargés de la santé et de la sécurité sociale, » la liste des spécialités pharmaceutiques bénéficiant d'une autorisation de mise sur le marché dispensées aux patients *(Abrogé par L. nº 2016-1827 du 23 déc. 2016, art. 79-III) « hospitalisés »* dans les établissements de santé mentionnés à l'article L. 162-22-6 qui peuvent être prises en charge, sur présentation des factures, par les régimes obligatoires d'assurance maladie en sus des prestations d'hospitalisation mentionnées au 1° du même article, ainsi que les conditions dans lesquelles certains produits et prestations mentionnés à l'article L. 165-1 peuvent faire l'objet d'une prise en charge en sus des prestations d'hospitalisation susmentionnées. *(L. nº 2013-1203 du 23 déc. 2013, art. 51-I-A)* « Cette liste précise les seules indications thérapeutiques ouvrant droit à la prise en charge des médicaments en sus des prestations d'hospitalisation mentionnées à l'article L. 162-22-6. » — *V. 1re note ss. art.*

(Abrogé par L. nº 2015-1702 du 21 déc. 2015, art. 81-II-1º) « Bénéficient d'un remboursement intégral de la part prise en charge par les régimes obligatoires d'assurance maladie les établissements qui ont adhéré au contrat de bon usage des médicaments et des produits et prestations (L. nº 2005-1579 du 19 déc. 2005, art. 43-VII ; Ord. nº 2010-177 du 23 févr. 2010, art. 10-I-6º) « établi conjointement par le directeur général de l'agence régionale de santé et l'assurance maladie » dans des conditions définies par décret.

« Lorsque l'établissement adhérent ne respecte pas les stipulations de ce contrat et après qu'il a été mis en demeure de présenter ses observations, ce remboursement peut être réduit dans la limite de 30 % de la part prise en charge par l'assurance maladie et en tenant compte des manquements constatés.

« Les établissements qui n'ont pas adhéré au contrat de bon usage des médicaments et des produits et prestations bénéficient d'un remboursement à hauteur de 70 % de la part prise en charge par les régimes obligatoires d'assurance maladie.

« Dans tous les cas, la différence entre le montant remboursable et le montant remboursé ne peut être facturée aux patients. » — *V. dispositions transitoires de la L. nº 2015-1702 du 21 déc. 2015, 2e note ss. art. — V. art. D. 162-9 à D. 162-16.*

(L. nº 2008-1330 du 17 déc. 2008, art. 47-III) « La prise en charge des médicaments orphelins au sens du règlement (CE) n° 141/2000 du Parlement européen et du Conseil du 16 décembre 1999 concernant les médicaments orphelins est subordonnée à la validation de la prescription initiale par le centre de référence de la maladie pour le traitement de laquelle la prescription est envisagée, lorsqu'il existe, ou par l'un des centres de compétence qui lui sont rattachés. »

(Abrogé par L. nº 2015-1702 du 21 déc. 2015, art. 81-II-2º) (L. nº 2013-1203 du 23 déc. 2013, art. 51-I-A) « II. — Lorsque l'agence régionale de santé constate, notamment sur la base de l'analyse nationale de l'évolution des prescriptions des spécialités pharmaceutiques et des produits et prestations mentionnés au I, au sein d'un établissement de santé, des prescriptions non conformes aux référentiels et recommandations élaborés par la Haute Autorité de santé, l'Institut national du cancer ou l'Agence nationale de sécurité du médicament et des produits de santé, elle peut conclure un avenant annuel au contrat mentionné au même I comportant les mesures nécessaires à l'amélioration et à une plus grande efficience des pratiques de prescription de cet établissement pour les produits concernés.

« En cas de refus de l'établissement de signer l'avenant mentionné au premier alinéa du présent II ou en cas de non-respect manifeste de ces dispositions, l'agence régionale de santé peut, après que l'établissement a été mis en mesure de présenter ses observations et en tenant compte des manquements constatés, prononcer la réduction du remboursement de 10 % de la part prise en charge par l'assurance maladie pour une durée d'un an. Le cas échéant, cette réduction se cumule avec celle résultant du I, dans la limite maximale de 30 % de la part prise en charge par l'assurance maladie.

« Les modalités d'application du présent II sont fixées par décret. » — *V. dispositions transitoires de la L. n° 2015-1702 du 21 déc. 2015, 2e note ss. art.*

Les dispositions issues du II de l'art. 81 de la L. n° 2014-1554 du 22 déc. 2014 s'appliquent à la prise en charge, au titre de la liste mentionnée à l'art. L. 162-22-7, des spécialités pharmaceutiques ou produits et prestations pour lesquels le dernier avis de la commission mentionnée à l'art. L. 5123-3 CSP ou de la commission mentionnée à l'art. L. 165-1 a été rendu public postérieurement au 1er janv. 2015. La prise en charge, au titre de la liste mentionnée à l'art. L. 162-22-7, des spécialités pharmaceutiques ou produits et prestations pour lesquels les avis mentionnés ci-dessus ont été rendus publics avant le 1er janv. 2015 demeure régie par les dispositions législatives dans leur rédaction en vigueur avant cette date (L. n° 2014-1554 du 22 déc. 2014, art. 67-II).

Les dispositions issues du II de l'art. 81 de la L. n° 2015-1702 du 21 déc. 2015 entrent en vigueur le lendemain de la publication du décret mentionné à l'art. L. 162-30-2 pour les nouveaux contrats, et au plus tard au 1er janv. 2018.

Les contrats conclus avant la publication du Décr. préc. continuent à produire leurs effets jusqu'au 31 déc. 2017 (L. préc., art. 81-V).

1. Contenu du contrat de bon usage des soins. Si le remboursement intégral dont bénéficient les établissements respectant le contrat de bon usage des médicaments et des produits et prestations qu'ils ont signé ne peut porter que sur les médicaments, produits et prestations remboursables en sus des frais d'hospitalisation, ni les dispositions de l'art. L. 162-22-7, ni aucune autre disposition ne font obstacle à ce que le contrat type, prévu par le Décr. n° 2005-1023 du 24 août 2005 relatif à ce contrat de bon usage, institue des obligations tenant au bon usage de l'ensemble des médicaments, produits et prestations délivrés par les établissements signataires. • CE 2 juill. 2007, *Féd. de l'hospitalisation privée : JCP S 2007, n° 1172.* ♦ V. Circ. DHOS/E2/DSS/1C n° 2006-30 du 19 janv. 2006.

2. Radiation et prestation d'hospitalisation. La décision de radier, en application des art. L. 162-22-7 et R. 162-42-7, certains produits et prestations de la liste des produits et prestations pris en charge par l'assurance maladie en sus des prestations d'hospitalisation a eu, par elle-même, pour effet d'incorporer la prise en charge de ces produits et prestations dans le tarif des prestations d'hospitalisation facturées par l'ensemble des établissements de santé. La circonstance que ces tarifs d'hospitalisation seraient demeurés inchangés, nonobstant le changement de circonstances de droit que constitue le fait qu'ils étaient désormais réputés couvrir le coût des produits et prestations en question, ne peut être utilement invoquée à l'encontre de la décision de radiation prise sur le fondement de l'art. R. 162-42-7. • CE 20 nov. 2009, n° 293024.

Art. L. 162-22-7-1 (Abrogé par L. n° 2014-1554 du 22 déc. 2014, art. 14-VI) (L. n° 2005-1579 du 19 déc. 2005, art. 40) ***Le Comité économique des produits de santé peut fixer pour chacun des médicaments ou produits et prestations pris en charge en sus des prestations d'hospitalisation le montant des dépenses des régimes obligatoires de sécurité sociale au-delà duquel il peut décider de baisser le tarif de responsabilité mentionné aux articles L. 162-16-6 et L. 165-7. Les entreprises peuvent toutefois solliciter auprès du Comité économique des produits de santé de verser sous forme de remise à l'assurance maladie un montant égal à la perte de chiffre d'affaires annuel qui résulterait de l'application de la décision de baisse tarifaire.*** — Cet art. est abrogé par la L. n° 2014-1554 du 22 déc. 2014. Toutefois, il continue de s'appliquer aux spécialités, produits ou prestations pour lesquels le Comité économique des produits de santé a fixé un montant maximal de dépenses (L. préc., art. 14-VI).

Art. L. 162-22-7-2 (Abrogé par L. n° 2017-1836 du 30 déc. 2017, art. 56-I, à compter du 1er janv. 2018) (L. n° 2014-1554 du 22 déc. 2014, art. 63-I) ***Les tarifs nationaux mentionnés au 1° du I de l'article L. 162-22-10 applicables aux prestations d'hospitalisation mentionnées à l'article L. 162-22-6 répondant aux conditions définies au deuxième alinéa du présent article sont minorés d'un montant forfaitaire, lorsque au moins une spécialité pharmaceutique mentionnée à l'article L. 162-22-7 est facturée en sus de cette prestation. Ce montant forfaitaire est fixé par arrêté des ministres chargés de la santé et de la sécurité sociale.***

La minoration forfaitaire s'applique aux prestations d'hospitalisation pour lesquelles la fréquence de prescription de spécialités pharmaceutiques de la liste mentionnée au premier alinéa du I du même article L. 162-22-7 est au moins égale à 25 % de l'activité afférente à ces prestations et lorsque ces spécialités pharmaceutiques représentent au moins 15 % des dépenses totales afférentes aux spécialités inscrites sur cette même liste.

La liste des prestations d'hospitalisation concernées est fixée par arrêté des ministres chargés de la santé et de la sécurité sociale.

Le montant de la minoration ne peut en aucun cas être facturé aux patients.

Art. L. 162-22-7-3 *(L. nº 2016-1827 du 23 déc. 2016, art. 95-I)* Les médicaments *(L. nº 2018-1203 du 22 déc. 2018, art. 65-I, en vigueur le 1er mars 2019)* « qui bénéficient d'un dispositif de prise en charge » mentionnés aux articles *(L. nº 2018-1203 du 22 déc. 2018, art. 65-I, en vigueur le 1er mars 2019)* « L. 162-16-5-1-1 » et L. 162-16-5-2 du présent code administrés au cours d'une hospitalisation sont pris en charge par les régimes obligatoires d'assurance maladie en sus des prestations d'hospitalisation mentionnées à l'article L. 162-22-6 *(L. nº 2018-1203 du 22 déc. 2018, art. 65-I, en vigueur le 1er mars 2019)* « , dans les conditions fixées aux articles L. 162-16-5-1-1 ou L. 162-16-5-2 ».

Art. L. 162-22-7-4 *(L. nº 2018-1203 du 22 déc. 2018, art. 66-II, en vigueur le 1er janv. 2019)* Les établissements de santé exerçant les activités mentionnées au 1° de l'article L. 162-22 peuvent bénéficier d'une dotation du fonds mentionné à l'article L. 1435-8 du code de la santé publique lorsqu'ils atteignent des résultats évalués à l'aide d'indicateurs relatifs à la pertinence et à l'efficience de leurs prescriptions de produits de santé, mesurés tous les ans par établissement.

Un arrêté des ministres chargés de la santé et de la sécurité sociale dresse la liste des indicateurs relatifs à la pertinence et à l'efficience des prescriptions et précise, pour chaque indicateur, les modalités de calcul du montant de la dotation par établissement.

Les modalités de détermination de la dotation mentionnées à l'art. L. 162-22-7-4 peuvent se fonder sur l'analyse des prescriptions effectuées à compter du 1er janv. 2018 (L. nº 2018-1203 du 22 déc. 2018, art. 66-III).

Art. L. 162-22-8 Par dérogation aux dispositions de l'article L. 162-22-6, certaines activités *(Ord. nº 2010-177 du 23 févr. 2010, art. 2-11°)* « mentionnées au 1° de l'article L. 162-22 qui sont » exercées par les établissements de santé mentionnés aux *a*, *b*, *c* et *d* de l'article L. 162-22-6 et qui, par leur nature, nécessitent la mobilisation de moyens importants, quel que soit le volume d'activité réalisé, peuvent bénéficier *(L. nº 2008-1330 du 17 déc. 2008, art. 53-XI)* « d'un forfait annuel ou » d'un financement conjoint sous la forme de tarifs de prestations d'hospitalisation et d'un forfait annuel versé, dans les conditions prévues à l'article L. 162-22-15. La liste de ces activités est fixée par décret.

Art. L. 162-22-8-1 *(L. nº 2013-1203 du 23 déc. 2013, art. 41-I-1°)* Lorsqu'elles répondent à des critères d'isolement géographique, les activités mentionnées au 1° de l'article L. 162-22 exercées par des établissements de santé *(Abrogé par L. nº 2016-1827 du 23 déc. 2016, art. 79-III)* « ***situés dans des zones à faible densité de population*** » peuvent être financées selon des modalités dérogatoires aux articles L. 162-22-6 et L. 162-22-10, sous réserve que les prestations d'hospitalisation assurées par ces établissements et la situation financière de ceux-ci le justifient. Un décret en Conseil d'État détermine ces modalités dérogatoires de financement, les critères permettant de caractériser l'isolement géographique des activités concernées ainsi que les critères d'éligibilité des établissements de santé tenant, d'une part, à la densité de population des zones dans lesquelles ils sont situés *(L. nº 2016-1827 du 23 déc. 2016, art. 79-III)* « , sauf lorsqu'il s'agit d'un territoire insulaire, » et, d'autre part, aux prestations qu'ils assurent et à leur situation financière.

La liste des établissements exerçant des activités auxquelles s'appliquent les modalités de financement définies au premier alinéa est fixée par arrêté des ministres chargés de la santé et de la sécurité sociale, sur proposition, pour chaque région, du directeur général de l'agence régionale de santé. — *V. Arr. du 4 mars 2015 relatif au financement des activités de soins répondant à des critères d'isolement géographique (JO 11 mars), mod. par Arr. du 13 mars 2017 (JO 17 mars).*

Art. L. 162-22-8-2 (Abrogé par L. n° 2016-1827 du 23 déc. 2016, art. 82-I) (L. n° 2014-1554 du 22 déc. 2014, art. 52-II) ***Par dérogation à l'article L. 162-22-6 du présent code, les activités de médecine exercées par les hôpitaux de proximité mentionnés à l'article L. 6111-3-1 du code de la santé publique bénéficient d'un financement mixte sous la forme de tarifs nationaux des prestations mentionnés au 1° du I de l'article L. 162-22-10 du présent code et d'une dotation forfaitaire, dans des conditions définies par décret en Conseil d'État.***

Art. L. 162-22-8-3 *(L. n° 2016-1827 du 23 déc. 2016, art. 79-III)* **Par dérogation à l'article L. 162-22-6, les établissements de santé mentionnés aux *a, b, c* et *d* du même article L. 162-22-6 exerçant des activités de soins critiques définies par arrêté des ministres chargés de la santé et de la sécurité sociale peuvent bénéficier d'un financement mixte sous la forme de tarifs nationaux des prestations mentionnés au 1° dudit article L. 162-22-6 et d'une dotation complémentaire, eu égard notamment aux conditions de fonctionnement des unités dans lesquelles ces activités sont réalisées et aux caractéristiques des personnes prises en charge.**

Art. L. 162-22-9 **I. — Chaque année est défini un objectif des dépenses d'assurance maladie commun aux activités** *(Ord. n° 2010-177 du 23 févr. 2010, art. 2-12°)* **« mentionnées au 1° de l'article L. 162-22 qui sont » exercées par les établissements de santé mentionnés à l'article L. 162-22-6. Cet objectif est constitué du montant annuel des charges supportées par les régimes obligatoires d'assurance maladie afférentes aux frais d'hospitalisation au titre des soins dispensés au cours de l'année dans le cadre de ces activités. Le contenu de cet objectif est défini par décret.** — *V. art. D. 162-3.*

Le montant de cet objectif commun est arrêté par l'État en fonction de l'objectif national de dépenses d'assurance maladie. — *V. Arr. du 28 févr. 2018 fixant pour l'année 2018 l'objectif des dépenses d'assurance maladie commun aux activités de médecine, chirurgie, obstétrique et odontologie mentionné à l'art. L. 162-22-9 CSS (JO 3 mars).*

Cet objectif prend en compte *(Abrogé par L. n° 2006-1640 du 21 déc. 2006, art. 94-IV)* ***« , outre la part mentionnée à l'article L. 162-43, »*** **les évolutions de toute nature** *(L. n° 2004-1370 du 20 déc. 2004, art. 28-I)* **« à la suite desquelles des établissements, des services ou des activités sanitaires ou médico-sociaux » se trouvent placés pour tout ou partie sous un régime juridique ou de financement différent de celui sous lequel ils étaient placés auparavant, notamment celles relatives aux conversions d'activité.** *(L. n° 2008-1330 du 17 déc. 2008, art. 53-VII)* **« Il peut être corrigé en fin d'année pour prendre en compte ces évolutions réalisées en cours d'année. »**

(L. n° 2008-1330 du 17 déc. 2008, art. 53-III) **« II. — Un décret en Conseil d'État précise les éléments pris en compte pour la détermination de cet objectif commun ainsi que les modalités selon lesquelles, chaque année, sont déterminés les éléments mentionnés aux 1° à** *(L. n° 2012-1404 du 17 déc. 2012, art. 60-2°)* **« 4° » du I de l'article L. 162-22-10 compatibles avec le respect de l'objectif, en prenant en compte à cet effet, notamment, les prévisions d'évolution de l'activité des établissements pour l'année en cours, mesurée notamment à partir des données mentionnées aux articles L. 6113-7 et L. 6113-8 du code de la santé publique. Les tarifs nationaux des prestations mentionnées au 1° du I du même article peuvent également être déterminés en tout ou partie à partir des données afférentes au coût relatif des prestations** *(L. n° 2015-1702 du 21 déc. 2015, art. 83-I)* **« issues notamment des études nationales de coûts mentionnées à l'article L. 6113-11 du code de la santé publique ». »**

Art. L. 162-22-9-1 *(L. n° 2012-1404 du 17 déc. 2012, art. 60-3°)* **I. — Les tarifs nationaux des prestations mentionnés au 1° du I de l'article L. 162-22-10 des établissements de santé mentionnés à l'article L. 162-22-6 peuvent être minorés par l'application d'un coefficient, de manière à concourir au respect de l'objectif national de dépenses d'assurance maladie. La valeur de ce coefficient peut être différenciée par catégorie d'établissements.** — *V. Arr. du 28 févr. 2018 (JO 6 mars).*

(L. n° 2016-1827 du 23 déc. 2016, art. 79-III) **« II. — Le montant de la dotation complémentaire mentionnée à l'article L. 162-22-8-3, déterminé selon les modalités prévues au 2° de l'article L. 162-22-10, peut être minoré par l'application du coefficient défini au I du présent article. »**

III. — Au regard notamment de l'avis mentionné à l'avant-dernier alinéa de l'article L. 114-4-1, l'État peut décider de verser aux établissements de santé tout ou partie du

montant correspondant à la différence entre les montants issus de la valorisation de l'activité des établissements par les tarifs mentionnés au 1° du I de l'article L. 162-22-10 et ceux issus de la valorisation de cette même activité par les tarifs minorés du coefficient mentionné au I du présent article. *— Le II devient le III (L. n° 2016-1827 du 23 déc. 2016, art. 79-III).*

(L. n° 2016-1827 du 23 déc. 2016, art. 79-III) « IV. — Au regard notamment de l'avis mentionné à l'avant-dernier alinéa de l'article L. 114-4-1, l'État peut décider de verser aux établissements de santé tout ou partie du montant correspondant à la différence entre le montant de la dotation complémentaire mentionnée à l'article L. 162-22-8-3, déterminé selon les modalités prévues au 2° de l'article L. 162-22-10, et le montant de cette dotation complémentaire minoré dans les conditions définies au II du présent article. »

Les modalités d'application du présent article sont définies par décret en Conseil d'État.

Art. L. 162-22-9-2 (Abrogé par L. n° 2017-1836 du 30 déc. 2017, art. 66) (L. n° 2013-1203 du 23 déc. 2013, art. 41-I-3°) *L'État peut fixer, pour tout ou partie des prestations d'hospitalisation mentionnées au 1° de l'article L. 162-22, des seuils exprimés en taux d'évolution ou en volume d'activité.*

Lorsque le taux d'évolution ou le volume d'activité d'une prestation ou d'un ensemble de prestations d'hospitalisation d'un établissement de santé soumis aux dispositions du premier alinéa du présent article est supérieur au seuil fixé en application du même alinéa, les tarifs mentionnés au 1° du I de l'article L. 162-22-10 applicables à la prestation ou à l'ensemble de prestations concernés sont minorés pour la part d'activité réalisée au-delà de ce seuil par l'établissement.

Un décret en Conseil d'État détermine les modalités d'application du présent article, notamment les critères pris en compte pour fixer les seuils, les modalités de mesure de l'activité et de minoration des tarifs ainsi que les conditions de mise en œuvre des minorations après constatation du dépassement des seuils. La mesure de l'activité tient compte des situations de création ou de regroupement d'activités.

Art. L. 162-22-10 I. — Chaque année, l'État fixe, selon les modalités prévues au II de l'article L. 162-22-9, les éléments suivants :

1° Les tarifs nationaux des prestations mentionnées au 1° de l'article L. 162-22-6 servant de base au calcul de la participation de l'assuré, qui peuvent être différenciés par catégories d'établissements, notamment en fonction des conditions d'emploi du personnel médical ;

(L. n° 2016-1827 du 23 déc. 2016, art. 79-III) « 2° Les modalités de détermination du montant des forfaits annuels mentionnés à l'article L. 162-22-8 et de la dotation complémentaire mentionnée à l'article L. 162-22-8-3 » *(L. n° 2018-1203 du 22 déc. 2018, art. 38-2°)* « ainsi que du forfait mentionné à l'article L. 162-22-6-2 » ;

3° Le cas échéant, les coefficients géographiques s'appliquant aux tarifs nationaux *(L. n° 2016-1827 du 23 déc. 2016, art. 79-III)* « , aux forfaits annuels et à la dotation complémentaire mentionnés au 2° » des établissements implantés dans certaines zones afin de tenir compte d'éventuels facteurs spécifiques, qui modifient de manière manifeste, permanente et substantielle le prix de revient de certaines prestations dans la zone considérée ;

(L. n° 2012-1404 du 17 déc. 2012, art. 60-4°) « 4° Le coefficient mentionné au I de l'article L. 162-22-9-1 » ;

(Abrogé par L. n° 2018-1203 du 22 déc. 2018, art. 38-2°) (L. n° 2013-1203 du 23 déc. 2013, art. 41-I-3°) « 5° Les seuils mentionnés à l'article L. 162-22-9-2. »

(L. n° 2006-1640 du 21 déc. 2006, art. 69-I ; L. n° 2009-1646 du 24 déc. 2009, art. 48-II ; L. n° 2012-1404 du 17 déc. 2012, art. 60-4°) « Les éléments mentionnés aux 1°, 3° et 4° prennent effet le 1er mars de l'année en cours et ceux mentionnés *(L. n° 2018-1203 du 22 déc. 2018, art. 38-2°)* « au 2° » le 1er janvier de la même année, à l'exception de ceux fixés en application du II *bis*. »

II. — La Caisse nationale de l'assurance maladie *(Abrogé par Ord. n° 2018-470 du 12 juin 2018, art. 9) « des travailleurs salariés »* communique à l'État, *(Abrogé par L. n° 2008-1330 du 17 déc. 2008, art. 53-I) « aux agences régionales de l'hospitalisation » (Abrogé par L. n° 2006-1640 du 21 déc. 2006, art. 73-III) « ainsi qu'aux organisations*

nationales les plus représentatives des établissements de santé* »** pour l'ensemble des régimes obligatoires d'assurance maladie, des états provisoires et des états définitifs du montant total des charges mentionnées au I de l'article L. 162-22-9 en distinguant, d'une part, le montant annuel des charges afférentes à la fourniture des spécialités pharmaceutiques et des produits et prestations mentionnés à l'article L. 162-22-7 et, d'autre part, le montant annuel des autres charges *(Abrogé par L. n° 2008-1330 du 17 déc. 2008, art. 53-I)* ***« et la répartition de ce montant total par région, par établissement et, le cas échéant, par nature d'activité » en identifiant les dépenses relatives aux activités d'alternative à la dialyse en centre et d'hospitalisation à domicile.

(L. n° 2008-1330 du 17 déc. 2008, art. 53-IV) « II *bis*. — Lorsque le Comité d'alerte sur l'évolution des dépenses de l'assurance maladie émet un avis considérant qu'il existe un risque sérieux de dépassement de l'objectif national de dépenses d'assurance maladie en application du dernier alinéa de l'article L. 114-4-1 et dès lors qu'il apparaît que ce risque de dépassement est en tout ou partie imputable à l'évolution de l'objectif mentionné au I de l'article L. 162-22-9, l'État peut, après consultation de l'observatoire économique de l'hospitalisation publique et privée, modifier les tarifs des prestations mentionnées au 1° de l'article L. 162-22-6 de manière à concourir au respect de l'objectif mentionné au I de l'article L. 162-22-9. Cette modification est différenciée, le cas échéant, par catégories d'établissements et par tarifs de prestations. »

III. — Le décret prévu au II de l'article L. 162-22-9 détermine les modalités du suivi statistique des charges supportées par les régimes obligatoires d'assurance maladie.

IV. — Les tarifs de responsabilité afférents aux activités de médecine, chirurgie, obstétrique et odontologie exercées par les établissements de santé privés mentionnés au *e* de l'article L. 162-22-6 sont fixés par l'État.

V. — *Abrogé par L. n° 2011-1906 du 21 déc. 2011, art. 60-I-1°.*

Sur les dispositions transitoires applicables de 2004 à 2012, V. art. 33 de la loi n° 2003-1199 du 18 déc. 2003, Annexe I.

V. Arr. du 28 févr. 2018 fixant pour l'année 2018 les éléments tarifaires mentionnés aux I et IV de l'art. L. 162-22-10 CSS (JO 6 mars).

Art. L. 162-22-11 *(L. n° 2011-1906 du 21 déc. 2011, art. 75-I)* Dans les établissements mentionnés aux *a* à *c* de l'article L. 162-22-6, les tarifs nationaux des prestations prévus au 1° du I de l'article L. 162-22-10, affectés le cas échéant du coefficient géographique prévu au 3° du même I, servent de base à l'exercice des recours contre tiers et à la facturation des soins et de l'hébergement des malades non couverts par un régime d'assurance maladie, sous réserve des dispositions de l'article L. 174-20 du présent code et à l'exception des patients bénéficiant de l'aide médicale de l'État *(L. n° 2014-1554 du 22 déc. 2014, art. 69-II-1°)* « ou de la prise en charge des soins urgents » en application *(L. n° 2014-1554 du 22 déc. 2014, art. 69-II-2°)* « des articles L. 251-1 et L. 254-1 » du code de l'action sociale et des familles.

Les dispositions issues de la L. n° 2014-1554 du 22 déc. 2014 s'appliquent aux prestations réalisées à compter du 1er janv. 2015. Pour les prestations réalisées antérieurement à cette date, le délai dans lequel les demandes en paiement doivent être présentées sous peine de forclusion continue de courir jusqu'au terme prévu en application de l'art. 2224 C. civ., sans pouvoir excéder le 31 déc. 2016 (L. préc., art. 69-IV).

Art. L. 162-22-11-1 *(L. n° 2011-900 du 29 juill. 2011, art. 50-I, en vigueur le 1er déc. 2011)* Pour la prise en charge, dans le cadre des activités mentionnées au 1° de l'article L. 162-22, des patients bénéficiant de l'aide médicale de l'État *(L. n° 2014-1554 du 22 déc. 2014, art. 69-II-1°)* « ou de la prise en charge des soins urgents » en application *(L. n° 2014-1554 du 22 déc. 2014, art. 69-II)* « des articles L. 251-1 et L. 254-1 » du code de l'action sociale et des familles, les tarifs des prestations d'hospitalisation sont basés, selon un mode de calcul fixé par arrêté des ministres chargés de la santé, du budget et de la sécurité sociale, sur :

1° Une fraction, au moins égale à 80 %, des tarifs nationaux mentionnés au I de l'article L. 162-22-10 du présent code ;

2° Pour les établissements visés aux *a*, *b* et *c* de l'article L. 162-22-6, une fraction au plus égale à 20 % des tarifs permettant de fixer les conditions et modalités de la participation du patient mentionnées au II de l'article 33 de la loi de financement de la sécurité sociale pour 2004 (n° 2003-1199 du 18 décembre 2003) ;

3° Un coefficient permettant la prise en compte des spécificités liées à l'accueil et à la prise en charge de ces patients.

La facturation de la prise en charge de ces patients tient également compte :

a) Des spécialités pharmaceutiques, produits et prestations mentionnés à l'article L. 162-22-7 ;

b) Du forfait journalier hospitalier mentionné à l'article L. 174-4.

V. note ss. art. L. 162-22-11.

Art. L. 162-22-12 L'État arrête le montant *(L. n° 2018-1203 du 22 déc. 2018, art. 38-3°)* « du forfait mentionné à l'article L. 162-22-6-2, » des forfaits annuels mentionnés à l'article L. 162-22-8 *(L. n° 2016-1827 du 23 déc. 2016, art. 79-III)* « et de la dotation complémentaire mentionnée à l'article L. 162-22-8-3, minorée, le cas échéant, dans les conditions définies au II de l'article L. 162-22-9-1, » de chaque établissement.

Art. L. 162-22-13 Il est créé, au sein de l'objectif national de dépenses d'assurance maladie prévu au 4° du I de l'article L.O. 111-3, une dotation nationale de financement des missions d'intérêt général et d'aide à la contractualisation des établissements de santé mentionnés aux *a*, *b*, *c* et *d* de l'article L. 162-22-6. *(Ord. n° 2017-31 du 12 janv. 2017, art. 2-2°)* « Cette dotation participe notamment au financement de la recherche, de la formation des professionnels de santé et du personnel paramédical à l'exception des formations prises en charge par la région en application des articles L. 4151-9, L. 4244-1 et L. 4383-5 du code de la santé publique, des engagements relatifs à la mise en œuvre des orientations du schéma régional de santé, de ceux visant à améliorer la qualité des soins ou à répondre aux priorités nationales ou locales en matière de politique sanitaire, notamment la création de groupements hospitaliers de territoire, par dérogation aux dispositions de l'article L. 162-1-7 *(Ord. n° 2018-21 du 17 janv. 2018, art. 2-2°)* « du présent code », et de ceux relatifs à la mise en œuvre de la politique nationale en matière d'innovation médicale ou au rôle de recours dévolu à certains établissements. » Par dérogation aux dispositions de l'article L. 162-22-6, cette dotation participe également au financement des activités de soins dispensés à certaines populations spécifiques. Ces engagements sont mentionnés au contrat pluriannuel d'objectifs et de moyens mentionné à l'article L. 6114-2 du code de la santé publique ou, à défaut, dans un engagement contractuel spécifique. — *V. Arr. du 28 févr. 2018 portant détermination pour 2018 de la dotation nationale de financement des missions d'intérêt général et d'aide à la contractualisation mentionnée à l'art. L. 162-22-13 CSS (JO 3 mars), mod. par Arr. du 28 déc. 2018 (JO 3 janv. 2019).*

(L. n° 2009-879 du 21 juill. 2009, art. 23-II) « Lorsque des établissements de santé ont constitué un groupement de coopération sanitaire pour mettre en œuvre tout ou partie de leurs missions d'intérêt général et d'aide à la contractualisation, la dotation de financement relative aux missions transférées peut être versée directement au groupement de coopération sanitaire par la Caisse d'assurance maladie désignée en application de l'article L. 174-2 ou de l'article L. 174-18, selon le cas. »

L'État détermine, en fonction de l'objectif national de dépenses d'assurance maladie, le montant de la dotation nationale et fixe, après avis des organisations nationales les plus représentatives des établissements de santé publics et privés, le montant des dotations régionales et la part des dotations régionales affectée à l'ensemble des missions d'intérêt général ou à une ou plusieurs de ces missions ainsi que les critères d'attribution aux établissements. — *V. Arr. du 27 déc. 2018 fixant pour l'année 2018 les dotations régionales mentionnées à l'art. L. 174-1-1 CSS, les dotations régionales de financement des missions d'intérêt général et d'aide à la contractualisation prévues aux art. L. 162-22-13 et L. 162-23-8 CSS ainsi que le montant des transferts prévus à l'art. L. 174-1-2 du même code (JO 30 déc.).*

Al. abrogé par L. n° 2011-1906 du 21 déc. 2011, art. 61-I-2°.

Un décret, pris après avis des organisations nationales les plus représentatives des établissements de santé, fixe la liste des missions d'intérêt général et des activités de soins dispensés à certaines populations spécifiques susceptibles de donner lieu à l'attribution d'une dotation. — *V. art. D. 162-6 à art. D. 162-8.*

Art. L. 162-22-14 Le montant annuel de la dotation de chaque établissement est fixé par l'État en fonction des missions d'intérêt général, des activités de soins dispensés à des populations spécifiques et des objectifs et des orientations prévus dans le cadre de son contrat pluriannuel d'objectifs et de moyens et de leur état d'avancement, ou, à

défaut, dans le cadre de l'engagement contractuel spécifique prévu à l'article L. 162-22-13.

Les modalités de versement et de prise en charge de cette dotation *(Abrogé par L. n° 2013-1203 du 23 déc. 2013, art. 45-I-1°)* ***« ainsi que les modalités de répartition entre les régimes des sommes versées à ce titre par les régimes obligatoires d'assurance maladie »*** **sont fixées à l'article L. 162-22-15.**

Le I de l'art. 45 de la L. n° 2013-1203 du 23 déc. 2013 entre en vigueur à compter du 1er janv. 2014 et s'applique, le cas échéant, à la régularisation comptable de l'exercice 2013 faite en 2014 (L. préc., art. 45-V).

Art. L. 162-22-15 *(L. n° 2016-1827 du 23 déc. 2016, art. 79-III)* **« Les forfaits** *(L. n° 2018-1203 du 22 déc. 2018, art. 38-4°)* **« et dotations mentionnés » aux articles** *(L. n° 2018-1203 du 22 déc. 2018, art. 38-4°)* **« L. 162-22-6-2, » L. 162-22-8, L. 162-22-8-3 et L. 162-22-14 » sont versés** *(L. n° 2013-1203 du 23 déc. 2013, art. 45-I-2°)* **« aux établissements mentionnés aux *a*, *b* et *c* de l'article L. 162-22-6, d'une part, et aux établissements mentionnés au *d* du même article, d'autre part »** *(L. n° 2007-1786 du 19 déc. 2007, art. 62-V)* **« , dans les conditions fixées par voie réglementaire, » par les caisses mentionnées aux articles L. 174-2 ou L. 174-18.**

Les modalités d'application du présent article sont précisées par un décret en Conseil d'État.

Art. L. 162-22-16 La part des frais d'hospitalisation prise en charge par les régimes obligatoires d'assurance maladie au titre des soins dispensés dans le cadre des activités *(Ord. n° 2010-177 du 23 févr. 2010, art. 2-13°)* **« mentionnées aux 1° et 2° de l'article L. 162-22 qui sont exercées par » les établissements dispensant des soins aux personnes incarcérées mentionnés à l'article L. 6141-5 du** *(Ord. n° 2010-177 du 23 févr. 2010, art. 2-13°)* **« code de la santé publique » est financée par une dotation annuelle de financement dans les conditions prévues à l'article L. 174-1.**

Art. L. 162-22-17 *(L. n° 2018-1203 du 22 déc. 2018, art. 44)* **Un décret en Conseil d'État précise les modalités de récupération des sommes indûment facturées par des établissements de santé au titre des activités pour lesquelles ils ne disposent pas d'autorisation au sens de l'article L. 6122-1 du code de la santé publique.**

Art. L. 162-22-18 *Devient l'art. L. 162-23-13 (L. n° 2015-1702 du 21 déc. 2015, art. 78-I-11°, en vigueur le 1er janv. 2017).*

Art. L. 162-22-19 *Devient l'art. L. 162-23-14 (L. n° 2015-1702 du 21 déc. 2015, art. 78-I-11°, en vigueur le 1er janv. 2017).*

Art. L. 162-22-20 *Devient l'art. L. 162-23-15 (L. n° 2015-1702 du 21 déc. 2015, art. 78-I-11°, en vigueur le 1er janv. 2017).*

SOUS-SECTION 4 DISPOSITIONS RELATIVES AUX ACTIVITÉS DE SOINS DE SUITE ET DE RÉADAPTATION

(L. n° 2015-1702 du 21 déc. 2015, art. 78-I-10°, en vigueur le 1er janv. 2017)

Loi n° 2015-1702 du 21 décembre 2015,

De financement de la sécurité sociale pour 2016 (JO 22 déc.).

Art. 78-III *[...] (L. n° 2016-1827 du 23 déc. 2016, art. 82-III)* « D. — A compter du 1er mars 2017 et au plus tard jusqu'au 1er mars 2022, afin de prendre en compte le niveau de spécialisation de chaque établissement, les prestations d'hospitalisation mentionnées au 1° de l'article L. 162-23-1 du code de la sécurité sociale, prises en charge par les régimes obligatoires d'assurance maladie sur la base des tarifs mentionnés à l'article L. 162-23-4 du même code, dans les conditions définies à l'article L. 162-23-3 dudit code, sont affectées d'un coefficient de majoration.

« Ce coefficient *(Abrogé par L. n° 2017-1836 du 30 déc. 2017, art. 68-II) « est réduit chaque année et »* doit atteindre la valeur 1 au plus tard le 1er mars 2022.

« Les modalités de détermination de ce coefficient sont définies par décret en Conseil d'État.

« E. — Par dérogation aux articles L. 162-23 à L. 162-23-13 du code de la sécurité sociale, les activités de soins de suite et de réadaptation, mentionnées au 4° de l'article L. 162-22 du même code exercées par les établissements mentionnés à l'article L. 162-22-6 dudit code sont financées selon les modalités suivantes :

« 1° Du 1er janvier 2017 au 28 février 2017, elles demeurent financées selon les modalités antérieures à la publication de la présente loi sous réserve des exceptions prévues au 3° ci-après ;

« 2° Du 1er mars 2017 au *(L. n° 2017-1836 du 30 déc. 2017, art. 68-II)* « 31 décembre 2019 », elles sont financées par deux montants cumulatifs :

« *a)* Un montant correspondant, pour chaque établissement, à une fraction des recettes issues de l'application des modalités de financement antérieures à la présente loi.

« En application du premier alinéa du présent *a*, les tarifs des prestations mentionnées au 1° de l'article L. 162-22-1 du même code des établissements mentionnés aux *d* et e de l'article L. 162-22-6 du même code sont *(L. n° 2017-1836 du 30 déc. 2017, art. 68-II)* « minorés à hauteur de la fraction mentionnée au premier alinéa du *b* du présent 2° dans des conditions définies par décret en Conseil d'État ; »

« *b)* Un montant correspondant, pour chaque établissement, à une fraction des recettes issues de l'application des modalités de financement prévues au 1° de l'article L. 162-23-2 du code de la sécurité sociale. Ce montant peut être affecté d'un coefficient de transition défini selon des modalités de calcul fixées par arrêté des ministres chargés de la santé et de la sécurité sociale *(L. n° 2017-1836 du 30 déc. 2017, art. 68-II, en vigueur le 1er mars 2018)* « , qui peuvent être différentes en fonction des catégories d'établissements mentionnés à l'article L. 162-22-6 du code de la sécurité sociale » ; — *Les dispositions du présent al., issues de la L. n° 2017-1836 du 30 déc. 2017, entrent en vigueur le 1er mars 2018 et sont applicables pour le calcul des montants alloués aux établissements à compter de cette date (L. préc., art. 68-III).*

« Pour chaque établissement mentionné aux *d* et e de l'article L. 162-22-6 du même code, ce montant est minoré afin de neutraliser une fraction du montant des honoraires facturés dans les conditions définies à l'article L. 162-1-7 dudit code par les professionnels médicaux et auxiliaires médicaux exerçant à titre libéral au sein de ces établissements et précisées par décret en Conseil d'État. Cette fraction est identique à celle mentionnée au premier alinéa du présent *b* ;

(L. n° 2017-1836 du 30 déc. 2017, art. 68-II) « Le niveau des fractions prévues aux *a* et *b* du présent 2° peut être différencié par catégorie d'établissements mentionnés à l'article L. 162-22-6 du code de la sécurité sociale ; »

« 3° Les financements complémentaires prévus au 2° de l'article L. 162-23-2 du code de la sécurité sociale sont applicables au 1er janvier 2017 sauf en ce qui concerne :

« *a)* Le financement complémentaire mentionné au *a* du 2° du même article L. 162-23-2 prenant en charge les molécules onéreuses, applicable à compter du *(L. n° 2017-1836 du 30 déc. 2017, art. 68-II)* « 1er janvier 2020 » ;

« *b)* Le financement complémentaire mentionné au *b* du même 2° prenant en charge les plateaux techniques spécialisés, applicable *(L. n° 2017-1836 du 30 déc. 2017, art. 68-II)* « au plus tard le 1er janvier 2020 » ;

« 4° Du 1er janvier 2017 au 31 décembre 2017, les actes et consultations externes pour les activités de soins de suite ou de réadaptation, définies à l'article L. 162-26 du code de la sécurité sociale, sont financés par deux montants cumulatifs :

« *a)* Un montant correspondant, pour chaque établissement, à une fraction des recettes issues de l'application des modalités de financement définies au même article L. 162-26 dans sa rédaction résultant de la loi n° 2016-41 du 26 janvier 2016 de modernisation de notre système de santé ;

« *b)* Un montant correspondant, pour chaque établissement, à une fraction des recettes issues de l'application des modalités de financement définies à l'article L. 162-26 du code de la sécurité sociale ;

« 5° Du 1er janvier 2017 au 31 décembre 2017, l'objectif de dépenses prévu à l'article L. 162-23 du même code est constitué :

« *a)* Des dépenses afférentes aux activités mentionnées au 4° de l'article L. 162-22 dudit code, dans les conditions prévues aux 1°, 3° et 4° du présent E, pour la période du 1er janvier 2017 au 28 février 2017 ;

« *b)* Des dépenses afférentes aux activités mentionnées au 4° de l'article L. 162-22 du code de la sécurité sociale, dans les conditions prévues aux 2°, 3° et 4° du présent E, pour la période du 1er mars 2017 au 31 décembre 2017 ;

« 6° Du 1er janvier 2018 au *(L. n° 2017-1836 du 30 déc. 2017, art. 68-II)* « 31 décembre 2019 », l'objectif de dépenses mentionné au I de l'article L. 162-23 du code de la sécurité sociale est constitué *(L. n° 2017-1836 du 30 déc. 2017, art. 68-II)* « des dépenses afférentes aux activités mentionnées au 4° de l'article L. 162-22 du même code dans les conditions prévues aux 2° et 3° du présent E. »

(Abrogé par L. n° 2017-1836 du 30 déc. 2017, art. 68-II) « a) Pour la période du 1er janvier 2018 au 28 février 2018, des dépenses afférentes aux activités mentionnées au 4° de l'article L. 162-22 du même code dans les conditions prévues aux 2°, 3° et 4° du présent E ;

« b) Pour la période du 1er mars 2018 au 31 décembre 2018, des dépenses afférentes aux activités mentionnées au 4° de l'article L. 162-22 du code de la sécurité sociale telles que prévues à l'article L. 162-23 du même code. »

« F. — Par dérogation à l'article L. 174-18 du code de la sécurité sociale, du 1er mars 2017 au *(L. n° 2017-1836 du 30 déc. 2017, art. 68-II)* « 31 décembre 2019 », le montant forfaitaire prévu au *b* du 2° du E du présent III n'est pas facturé par les établissements mentionnés aux *d* et e de l'article L. 162-22-6 du même code à la caisse désignée en application de l'article L. 174-2 dudit code.

« Ces établissements transmettent leurs données d'activité à échéances régulières à l'agence régionale de santé, au titre de leurs activités mentionnées au 4° de l'article L. 162-22 du même code.

« Ces établissements transmettent une copie de ces informations à la caisse mentionnée à l'article L. 174-2 du même code.

« L'agence régionale de santé procède, pour chaque établissement, à la valorisation, pour la part prise en charge par les régimes obligatoires d'assurance maladie, du montant forfaitaire prévu au *b* du 2° du E du présent III, arrête le montant ainsi calculé et le notifie à l'établissement et à la caisse mentionnée à l'article L. 174-2 du code de la sécurité sociale.

« L'agence régionale de santé procède à un contrôle des données transmises. Sans préjudice de l'article L. 162-23-13 du même code, lorsqu'elle constate des anomalies, après que l'établissement a été mis en mesure de faire connaître ses observations, elle déduit les sommes indûment versées du montant des périodes suivantes.

« Les modalités d'application du présent F sont définies par décret en Conseil d'État.

« G. — Dans les établissements de santé mentionnés aux *a*, *b* et *c* de l'article L. 162-22-6 du code de la sécurité sociale, par exception au 2° de l'article L. 162-23-4 du même code, les tarifs nationaux des prestations des séjours ne servent pas de base au calcul de la participation du patient, jusqu'à la date mentionnée au II de l'article 33 de la loi de financement de la sécurité sociale pour 2004 (n° 2003-1199 du 18 décembre 2003).

« Les conditions et modalités de la participation du patient aux tarifs des prestations mentionnées à l'article L. 162-23-1 du code de la sécurité sociale sont fixées par voie réglementaire.

« L'augmentation de la base de calcul de cette participation ne peut excéder la limite maximale fixée par le décret mentionné au II de l'article 33 de la loi n° 2003-1199 du 18 décembre 2003 précitée.

« Les tarifs servant de base au calcul de la participation de l'assuré servent également à l'exercice des recours contre tiers, à la facturation des soins de patients relevant d'un système de sécurité sociale coordonné avec le régime français pour les risques maladie, maternité, accidents du travail et maladies professionnelles, à l'exception de ceux affiliés au régime d'assurance maladie, maternité, invalidité et décès de Mayotte ou de ceux relevant d'un des régimes de la protection sociale généralisée de la Polynésie française. Ces tarifs servent également à la facturation des soins et de l'hébergement des patients non couverts par un régime d'assurance maladie, sous réserve de l'article L. 174-20 du code de la sécurité sociale, et à l'exception des patients bénéficiant de l'aide médicale de l'État en application de l'article L. 251-1 du code de l'action sociale et des familles ou de la prise en charge des soins urgents en application de l'article L. 254-1 du même code. »

Art. L. 162-23 **I. — Chaque année, est défini un objectif de dépenses d'assurance maladie afférent aux activités mentionnées au 4° de l'article L. 162-22 qui sont exercées par les établissements de santé mentionnés à l'article L. 162-22-6. Cet objectif est constitué du montant annuel des charges supportées par les régimes obligatoires d'assurance maladie afférentes aux frais d'hospitalisation au titre des soins dispensés au cours de l'année dans le cadre de ces activités. Le contenu de cet objectif est défini par décret.**

Le montant de cet objectif est arrêté par l'État en fonction de l'objectif national de dépenses d'assurance maladie. – *V. Arr. 14 avr. 2017 (JO 29 avr.).*

Il prend en compte les évolutions de toute nature à la suite desquelles des établissements, des services ou des activités sanitaires ou médico-sociaux se trouvent placés, pour tout ou partie, sous un régime juridique ou de financement différent de celui sous lequel ils étaient placés auparavant, notamment les conversions d'activité. Il peut être corrigé en fin d'année pour prendre en compte les évolutions intervenues en cours d'année.

Il distingue les parts afférentes :

1° Aux dépenses relatives au financement de la liste des spécialités pharmaceutiques définie à l'article L. 162-23-6 ;

2° A la dotation nationale définie à l'article L. 162-23-8.

II. – Un décret en Conseil d'État précise les éléments pris en compte pour la détermination de cet objectif ainsi que les modalités selon lesquelles, chaque année, sont déterminés les éléments mentionnés aux 1° à 6° de l'article L. 162-23-4 compatibles avec le respect de l'objectif, en prenant en compte à cet effet, notamment, les prévisions d'évolution de l'activité des établissements pour l'année en cours, mesurée notamment à partir des données mentionnées aux articles L. 6113-7 et L. 6113-8 du code de la santé publique. Les tarifs nationaux des prestations mentionnées au 2° de l'article L. 162-23-4 du présent code peuvent être déterminés, en tout ou partie, à partir des données afférentes au coût relatif des prestations, issues notamment de l'étude nationale de coûts définie à l'article L. 6113-11 du code de la santé publique.

Art. L. 162-23-1 Pour les activités mentionnées au 4° de l'article L. 162-22, un décret en Conseil d'État, pris après avis des organisations les plus représentatives des établissements de santé, détermine :

1° Les catégories de prestations d'hospitalisation sur la base desquelles les ministres chargés de la santé et de la sécurité sociale arrêtent la classification des prestations donnant lieu à une prise en charge par les régimes obligatoires de sécurité sociale ;

2° Les catégories de prestations pour exigence particulière des patients, sans fondement médical, qui donnent lieu à une facturation sans prise en charge par les régimes obligatoires de sécurité sociale ;

3° Les modalités de facturation des prestations d'hospitalisation faisant l'objet d'une prise en charge par l'assurance maladie.

Art. L. 162-23-2 Les activités mentionnées au 4° de l'article L. 162-22 sont financées par :

1° Des recettes issues de l'activité de soins, dans les conditions définies à l'article L. 162-23-3 ;

2° Le cas échéant, des financements complémentaires prenant en charge :

a) Les spécialités pharmaceutiques, dans les conditions définies à l'article L. 162-23-6 ;

b) Les plateaux techniques spécialisés, dans les conditions définies à l'article L. 162-23-7 ;

c) Les missions mentionnées à l'article L. 162-23-8 ;

d) L'amélioration de la qualité et de la sécurité des soins, dans les conditions définies à l'article L. 162-23-15.

Art. L. 162-23-3 Les activités de soins mentionnées au 1° de l'article L. 162-23-2 exercées par les établissements mentionnés à l'article L. 162-22-6 sont financées par :

1° Une dotation calculée chaque année sur la base de l'activité antérieure, mesurée par les données prévues aux articles L. 6113-7 et L. 6113-8 du code de la santé publique, valorisée par une fraction des tarifs mentionnés au 2° de l'article L. 162-23-4 du présent code et par le taux moyen de prise en charge par l'assurance maladie au titre de cette activité, affectés le cas échéant du coefficient géographique mentionné au 3° de l'article L. 162-23-4 ainsi que du coefficient mentionné au I de l'article L. 162-23-5 ;

2° Pour chaque séjour, un montant forfaitaire correspondant à une fraction des tarifs mentionnés au 2° de l'article L. 162-23-4, affectés le cas échéant du coefficient géographique mentionné au 3° de l'article L. 162-23-4 ainsi que du coefficient mentionné au I de l'article L. 162-23-5.

V. dispositions transitoires de l'art. 78 de la L. n° 2015-1702 du 21 déc. 2015 ss. art. L. 162-23-4.

Art. L. 162-23-4 *(L. n° 2016-1827 du 23 déc. 2016, art. 82-I)* **« I. — » Chaque année, les ministres chargés de la santé et de la sécurité sociale arrêtent, selon les modalités prévues au II de l'article L. 162-23 :**

1° Le niveau des fractions mentionnées aux 1° et 2° de l'article L. 162-23-3 ;

2° Les tarifs nationaux des prestations mentionnées au 1° de l'article L. 162-23-1 servant de base au calcul de la participation de l'assuré, qui peuvent être différenciés par catégories d'établissements *(L. n° 2016-1827 du 23 déc. 2016, art. 82-I)* **« , notamment en fonction des conditions d'emploi du personnel médical ». Ces tarifs sont calculés en fonction de l'objectif défini à l'article L. 162-23 ;**

3° Le cas échéant, les coefficients géographiques s'appliquant aux tarifs nationaux mentionnés au 2° du présent article et au forfait prévu à l'article L. 162-23-7 des établissements implantés dans certaines zones, afin de tenir compte d'éventuels facteurs spécifiques qui modifient de manière manifeste, permanente et substantielle le prix de revient de certaines prestations dans la zone considérée ;

4° Le coefficient mentionné au I de l'article L. 162-23-5 ;

5° Le coefficient mentionné au II de l'article L. 162-23-6 ;

6° Le montant des forfaits annuels mentionnés à l'article L. 162-23-7. — *V. Arr. du 5 mai 2017 (JO 10 mai).*

Sont applicables au 1er mars de l'année en cours les éléments mentionnés aux 1° à 3°.

Sont applicables au 1er janvier de l'année en cours les éléments mentionnés aux 4° à 6°.

(L. n° 2016-1827 du 23 déc. 2016, art. 82-I) **« II. — Les tarifs de responsabilité afférents aux activités de soins de suite et de réadaptation exercées par les établissements de santé privés mentionnés au *e* de l'article L. 162-22-6 sont fixés par l'État. »**

V. dispositions transitoires de l'art. 78 de la L. n° 2015-1702 du 21 déc. 2015 ss. le présent art.

Loi n° 2015-1702 du 21 décembre 2015,

De financement de la sécurité sociale pour 2016 (JO 22 déc.).

Art. 78-III A. — Par dérogation à l'article L. 162-23-4 du code de la sécurité sociale *(L. n° 2016-1827 du 23 déc. 2016, art. 82-III ; L. n° 2017-1836 du 30 déc. 2017, art. 68-II)* « , à compter du 1er janvier 2020 et au plus tard jusqu'au 1er mars 2022, le niveau des fractions mentionnées au 1° du même article peut être différencié entre les établissements mentionnés aux *a*, *b* et *c* de l'article L. 162-22-6 du même code, d'une part, et les établissements mentionnés aux *d* et *e* du même article, d'autre part.

B. — Par dérogation aux articles L. 162-23-3 et L. 162-23-4 du code de la sécurité sociale *(L. n° 2016-1827 du 23 déc. 2016, art. 82-III ; L. n° 2017-1836 du 30 déc. 2017, art. 68-II)* « , à compter du 1er janvier 2020 » et au plus tard jusqu'au 1er mars 2022, les prestations d'hospitalisation mentionnées au 1° de l'article L. 162-23-1 du même code sont prises en charge par les régimes obligatoires d'assurance maladie sur la base des tarifs mentionnés à l'article L. 162-23-4 dudit code, dans les conditions définies aux articles L. 162-23-2 et L. 162-23-3 du même code, affectés d'un coefficient de transition, déduction faite, le cas échéant, de la participation de l'assuré.

Le coefficient de transition mentionné au premier alinéa du présent B est calculé, pour chaque établissement, afin de prendre en compte les conséquences sur les recettes d'assurance maladie de celui-ci des modalités de financement définies aux articles L. 162-23-2, L. 162-23-3 et L. 162-23-4 du code de la sécurité sociale par rapport à celles préexistantes. Le coefficient ainsi calculé prend effet à compter du *(L. n° 2017-1836 du 30 déc. 2017, art. 68-II)* « 1er janvier 2020 » et s'applique jusqu'au 28 février 2022 au plus tard. Le coefficient doit atteindre la valeur 1 au plus tard le 1er mars 2022.

Chaque année, les ministres chargés de la santé et de la sécurité sociale arrêtent le taux moyen régional de convergence des coefficients de transition des établissements de santé.

L'État fixe les règles générales de modulation du taux moyen régional de convergence entre les établissements de la région. Le taux moyen de convergence des coefficients de transition des établissements pour lesquels la valeur du coefficient est inférieure à 1 peut excéder le taux moyen régional de convergence à la condition que la masse financière supplémentaire résultant de ce dépassement soit prélevée sur les établissements pour lesquels la valeur du coefficient de transition est supérieure à 1. Ce prélèvement résulte de l'application d'un taux de convergence pour ces établissements supérieur au taux moyen régional.

La valeur du coefficient de transition de chaque établissement est fixée par le directeur général de l'agence régionale de santé et prend effet à la date d'entrée en vigueur des tarifs de prestation mentionnés à l'article L. 162-23-4 du même code. Le coefficient de transition de chaque établissement doit atteindre la valeur 1 au plus tard le 1er mars 2022.

Un décret en Conseil d'État fixe les modalités d'application du présent B.

………

Art. L. 162-23-5 I. – Les tarifs nationaux des prestations mentionnés au 2° de l'article L. 162-23-4 servant de base au calcul de la dotation mentionnée au 1° de l'article L. 162-23-3 et du montant forfaitaire mentionné au 2° du même article peuvent être minorés par l'application d'un coefficient, de manière à concourir au respect de l'objectif national de dépenses d'assurance maladie. La valeur de ce coefficient peut être différenciée par catégorie d'établissements de santé.

II. – Au regard notamment de l'avis mentionné à l'avant-dernier alinéa de l'article L. 114-4-1, l'État peut décider de verser aux établissements de santé tout ou partie du montant correspondant à la différence entre les montants issus de la valorisation de l'activité des établissements par les tarifs mentionnés au 2° de l'article L. 162-23-4 et ceux issus de la valorisation de cette même activité par les tarifs minorés du coefficient mentionné au I du présent article.

Art. L. 162-23-6 I. – L'État fixe, sur demande du titulaire de l'autorisation de mise sur le marché ou à l'initiative des ministres chargés de la santé et de la sécurité sociale, la liste des spécialités pharmaceutiques dispensées aux patients pris en charge dans les établissements de santé mentionnés à l'article L. 162-22-6 et bénéficiant d'une autorisation de mise sur le marché qui peuvent être prises en charge par les régimes obligatoires d'assurance maladie en sus des prestations d'hospitalisation mentionnées au 1° de l'article L. 162-23-1. Cette liste précise les seules indications thérapeutiques ouvrant droit à la prise en charge des spécialités pharmaceutiques mentionnées au même 1°.

II. – Les établissements sont remboursés sur présentation des factures, dans le respect du montant affecté aux dépenses relatives au financement de la liste des spécialités pharmaceutiques prévu au 1° du I de l'article L. 162-23. Ces remboursements peuvent être minorés par l'application d'un coefficient, de manière à concourir au respect de ce montant.

Sous réserve du respect du montant défini au même 1°, l'État peut verser aux établissements de santé le montant correspondant à la différence entre les montants issus des factures et ceux issus des factures minorés du coefficient mentionné au premier alinéa du présent II. Avant le 1er mai de l'année suivante, l'État arrête le montant à verser aux établissements de santé.

Art. L. 162-23-7 Les charges non prises en compte par les tarifs des prestations mentionnés au 2° de l'article L. 162-23-4 liées à l'utilisation de plateaux techniques spécialisés par les établissements de santé mentionnés à l'article L. 162-22-6 qui, par leur nature, nécessitent la mobilisation de moyens importants peuvent être compensées en tout ou partie par un forfait.

Les ministres chargés de la santé et de la sécurité sociale arrêtent la liste des plateaux techniques spécialisés mentionnés au premier alinéa du présent article.

Art. L. 162-23-8 I. – La part prévue au 2° du I de l'article L. 162-23, affectée à la dotation nationale de financement des missions d'intérêt général et d'aide à la contractualisation des établissements de santé mentionnés aux *a*, *b*, *c* et *d* de l'article L. 162-22-6, participe notamment au financement des engagements relatifs :

1° *(Ord. n° 2018-21 du 17 janv. 2018, art. 2-3°)* « A la recherche et à la formation des professionnels de santé et du personnel paramédical à l'exception des formations prises en charge par la région en application des articles L. 4151-9, L. 4244-1 et L. 4383-5 du code de la santé publique » ;

2° A la mise en œuvre des orientations du *(Ord. nº 2018-21 du 17 janv. 2018, art. 2-3º)* « schéma régional ou interrégional de santé » ;

3° A l'amélioration de la qualité des soins ;

4° A la réponse aux priorités nationales ou locales en matière de politique sanitaire, notamment la création de *(Ord. nº 2018-21 du 17 janv. 2018, art. 2-3º)* « groupements hospitaliers » de territoire, par dérogation à l'article L. 162-1-7 du présent code ;

5° A la mise en œuvre de la politique nationale en matière d'innovation médicale ou au rôle de recours dévolu à certains établissements.

Par dérogation à l'article L. 162-23-1, cette dotation participe également au financement des activités de soins dispensés à certaines populations spécifiques.

Les ministres chargés de la santé et de la sécurité sociale arrêtent la liste des missions financées par cette dotation.

Les engagements mentionnés aux 1° à 5° sont mentionnés au contrat pluriannuel d'objectifs et de moyens prévu à l'article L. 6114-2 du code de la santé publique ou, à défaut, dans un engagement contractuel spécifique.

Lorsque des établissements de santé ont constitué un groupement de coopération sanitaire pour mettre en œuvre tout ou partie de leurs missions d'intérêt général et d'aide à la contractualisation, la dotation de financement relative aux missions transférées peut être versée directement au groupement de coopération sanitaire par la Caisse d'assurance maladie désignée en application des articles L. 174-2 ou L. 174-18, selon le cas.

Les ministres chargés de la santé et de la sécurité sociale arrêtent, en fonction du montant mentionné au 2° du I de l'article L. 162-23 et après avis des organisations nationales les plus représentatives des établissements de santé publics et privés, le montant des dotations régionales ainsi que les critères d'attribution aux établissements. *— V. Arr. du 27 déc. 2018 fixant pour l'année 2018 les dotations régionales mentionnées à l'art. L. 174-1-1 CSS, les dotations régionales de financement des missions d'intérêt général et d'aide à la contractualisation prévues aux art. L. 162-22-13 et L. 162-23-8 CSS ainsi que le montant des transferts prévus à l'art. L. 174-1-2 du même code (JO 30 déc.).*

II. — Le montant annuel de la dotation de chaque établissement de santé est fixé par le directeur général de l'agence régionale de santé en fonction des missions d'intérêt général, des activités de soins dispensés à certaines populations spécifiques et des objectifs et des orientations prévus dans le cadre du contrat pluriannuel d'objectifs et de moyens et de leur état d'avancement ou, à défaut, dans le cadre de l'engagement contractuel spécifique prévu au 1° du I du présent article.

Les modalités de versement et de prise en charge de cette dotation sont fixées à l'article L. 162-23-10.

Art. L. 162-23-9 Dans les établissements mentionnés à l'article L. 162-22-6, les tarifs nationaux prévus au 2° de l'article L. 162-23-4, affectés le cas échéant du coefficient géographique prévu au 3° de l'article L. 162-23-4, servent de base à l'exercice des recours contre les tiers et à la facturation des prestations prévues au 1° de l'article L. 162-23-1 des malades non couverts par un régime d'assurance maladie, sous réserve de l'article L. 174-20.

Art. L. 162-23-10 Le forfait relatif aux plateaux techniques spécialisés et les dotations de financement des missions d'intérêt général et d'aide à la contractualisation mentionnés, respectivement, aux articles L. 162-23-7 et L. 162-23-8 sont versés par les caisses mentionnées aux articles L. 174-2 ou L. 174-18 aux établissements de santé dans les conditions fixées par voie réglementaire.

Art. L. 162-23-11 Les modalités d'application de la présente sous-section sont fixées par décret en Conseil d'État.

SOUS-SECTION 5 DISPOSITIONS COMMUNES AUX ACTIVITÉS DE MÉDECINE, DE CHIRURGIE, DE GYNÉCOLOGIE-OBSTÉTRIQUE ET D'ODONTOLOGIE ET AUX ACTIVITÉS DE SOINS DE SUITE ET DE RÉADAPTATION

(L. nº 2015-1702 du 21 déc. 2015, art. 78-I-11º, en vigueur le 1er janv. 2017)

Art. L. 162-23-12 Sans préjudice des dispositions prévues par le code de la santé publique, un décret en Conseil d'État, pris après avis des organisations nationales les plus représentatives des établissements de santé, détermine les modalités de contrôle, par les *(Ord. n° 2010-177 du 23 févr. 2010, art. 10-I-5°)* « agences régionales de santé », de l'exécution des obligations législatives, réglementaires ou contractuelles qui s'imposent aux établissements. – *[Anc. art. L. 162-22-17.]*

Art. L. 162-23-13 Les établissements de santé sont passibles, après qu'ils ont été mis en demeure de présenter leurs observations, d'une sanction financière en cas de manquement aux règles de facturation fixées en application *(L. n° 2015-1702 du 21 déc. 2015, art. 78-I-12°, en vigueur le 1er janv. 2017)* « des articles L. 162-22-6 et L. 162-23-1 », d'erreur de codage ou d'absence de réalisation d'une prestation facturée.

(L. n° 2004-810 du 13 août 2004, art. 46-I ; Ord. n° 2010-177 du 23 févr. 2010, art. 10-I-8° et 19-II-1°) « Cette sanction est prise par le directeur général de l'agence régionale de santé, à la suite d'un contrôle réalisé sur pièces et sur place par les médecins inspecteurs de santé publique*[,]* les inspecteurs de l'agence régionale de santé ayant la qualité de médecin ou les praticiens conseils des organismes d'assurance maladie en application du programme de contrôle régional établi par l'agence. Le directeur général de l'agence prononce la sanction après avis d'une commission de contrôle composée à parité de représentants de l'agence et de représentants des organismes d'assurance maladie et du contrôle médical. La motivation de la sanction indique, si tel est le cas, les raisons pour lesquelles le directeur général n'a pas suivi l'avis de la commission de contrôle. La sanction est notifiée à l'établissement. »

Son montant est fonction du pourcentage des sommes indûment perçues par rapport aux sommes dues *(L. n° 2010-1594 du 20 déc. 2010, art. 115)* « et du caractère réitéré des manquements ». *(L. n° 2004-810 du 13 août 2004, art. 46-I)* « Il est calculé sur la base des recettes annuelles d'assurance maladie de l'établissement ou, si le contrôle porte sur une activité, une prestation en particulier ou des séjours présentant des caractéristiques communes, sur la base des recettes annuelles d'assurance maladie afférentes à cette activité, cette prestation ou ces séjours, dans la limite de 5 % des recettes annuelles d'assurance maladie de l'établissement. »

(L. n° 2006-1640 du 21 déc. 2006, art. 69-XIV) « Les établissements qui font obstacle à la préparation et à la réalisation du contrôle sont passibles d'une sanction dont le montant ne peut excéder la limite fixée au troisième alinéa. »

Les modalités d'application du présent article sont définies par décret en Conseil d'État. – *[Anc. art. L. 162-22-18.]*

V. Circ. interministérielle DSS n° 2010-260 du 12 juill. 2010 relative aux règles de prescription applicables en matière de sécurité sociale (BO Santé n° 2010/8 du 15 sept. 2010, p. 171).

Art. L. 162-23-14 *(L. n° 2011-1906 du 21 déc. 2011, art. 61-I-3°)* Le Gouvernement présente au Parlement, avant le 15 septembre de chaque année, un rapport sur les actions menées sur le champ du financement des établissements de santé incluant un bilan rétrospectif et présentant les évolutions envisagées. Ce rapport précise notamment les dispositions prises sur :

1° La tarification à l'activité des établissements de santé et ses conséquences sur l'activité et l'équilibre financier des établissements publics et privés. *(Abrogé par Ord. n° 2017-31 du 12 janv. 2017, art. 2-3°)* ***« A ce titre, sont notamment décrites les dispositions prises afin de prendre en compte les spécificités des actes réalisés dans les établissements publics de santé et mesurer l'impact sur le coût de leurs missions de service public. En outre, »*** Le rapport souligne les actions engagées afin de mesurer et prévenir les conséquences de la tarification à l'activité sur le nombre des actes, la qualité des soins, les activités de santé publique et la prise en charge des pathologies chroniques. Enfin, le rapport souligne les dispositions prises pour tenir compte du cas particulier des établissements situés dans les zones de faible densité démographique, zones de revitalisation rurale ou zones de montagne ;

(L. n° 2015-1702 du 21 déc. 2015, art. 78-I-13°, en vigueur le 1er janv. 2017) « 1° *bis* Le financement des activités de soins de suite et de réadaptation et ses conséquences sur l'activité et l'équilibre financier des établissements publics et privés ; »

2° Les dotations finançant les missions d'intérêt général et d'aide à la contractualisation telles que mentionnées *(L. n° 2015-1702 du 21 déc. 2015, art. 78-I-13°, en vigueur le 1er janv. 2017)* « aux articles L. 162-22-13 et L. 162-23-8 ». A ce titre, le rapport contient une analyse du bien-fondé du périmètre des missions d'intérêt géné-

ral et d'aide à la contractualisation des établissements de santé, de l'évolution du montant annuel de la dotation nationale de financement de ces missions, de celle du montant des dotations régionales et de celle du montant des dotations attribuées à chaque établissement ainsi que des critères d'attribution de ces dernières aux établissements.

3° *Abrogé par L. n° 2012-1404 du 17 déc. 2012, art. 59-II. – [Anc. art. L. 162-22-19.]*

Art. L. 162-23-15 *(L. n° 2014-1554 du 22 déc. 2014, art. 51-I-1°, en vigueur le 1er janv. 2016)* **Les établissements de santé exerçant les activités mentionnées** *(L. n° 2015-1702 du 21 déc. 2015, art. 78-I-14°, en vigueur le 1er janv. 2017)* **« aux 1° et 4° » de l'article L. 162-22 bénéficient d'une dotation complémentaire lorsqu'ils satisfont aux critères liés à l'amélioration de la qualité et de la sécurité des soins, mesurés chaque année par établissement.**

Un décret en Conseil d'État précise les critères d'appréciation retenus ainsi que les modalités de détermination de la dotation complémentaire. La liste des indicateurs pris en compte pour l'évaluation des critères ainsi que les modalités de calcul par établissement sont *(L. n° 2015-1702 du 21 déc. 2015, art. 78-I-14°, en vigueur le 1er janv. 2017)* **« définies » par arrêté des ministres chargés de la santé et de la sécurité sociale.** *– [Anc. art. L. 162-22-20.]*

Nouvel art. L. 162-23-15 (L. n° 2018-1203 du 22 déc. 2018, art. 37-I-1°-a) *« I. – »* (L. n° 2014-1554 du 22 déc. 2014, art. 51-I-1°, en vigueur le 1er janv. 2016) *Les établissements de santé exerçant les activités mentionnées* (L. n° 2015-1702 du 21 déc. 2015, art. 78-I-14°, en vigueur le 1er janv. 2017 ; L. n° 2018-1203 du 22 déc. 2018, art. 37-I-1°-b, en vigueur le 1er janv. 2020) *« aux 1°, 2° et 4° » de l'article L. 162-22 bénéficient d'une dotation complémentaire lorsqu'ils* (L. n° 2018-1203 du 22 déc. 2018, art. 37-I-1°-c) *« atteignent des résultats évalués à l'aide d'indicateurs liés à la qualité et* [à] *la sécurité des soins, mesurés tous les ans » par établissement.* (L. n° 2018-1203 du 22 déc. 2018, art. 37-I-1°-d, en vigueur le 1er janv. 2020) *« Ces indicateurs prennent en compte les résultats et les expériences rapportés par les patients. »* (L. n° 2018-1203 du 22 déc. 2018, art. 37-I-2° et 3°, en vigueur le 1er janv. 2020) *« II. – Pour certains des indicateurs liés à la qualité et* [à] *la sécurité des soins mentionnés au I, un seuil minimal de résultats est requis. Ce seuil est fixé par indicateur en fonction de la répartition des résultats de l'ensemble des établissements concernés. Lorsqu'un établissement mentionné au même I n'atteint pas, pendant trois années consécutives, un tel seuil minimal pour un même indicateur, l'établissement concerné fait l'objet d'une pénalité financière notifiée par le directeur général de l'agence régionale de santé, après qu'il a été mis en demeure de présenter ses observations. Toutefois, le directeur général de l'agence régionale de santé peut estimer, par décision spécialement motivée, qu'il n'y a pas lieu à sanction au regard de circonstances particulières propres à l'établissement concerné.*

« Le montant de la pénalité financière globale est apprécié en fonction du nombre d'indicateurs concernés et de la gravité des manquements constatés. La pénalité financière globale ne peut excéder un montant équivalent à 0,5 % des recettes annuelles d'assurance maladie de l'établissement.

« Lorsque, pour une année donnée, un établissement n'atteint pas le seuil minimal requis pour un indicateur, il en est alerté par le directeur général de l'agence régionale de santé qui lui indique la pénalité financière encourue en cas de manquement constaté pendant trois années consécutives et propose des mesures d'accompagnement.

« L'établissement faisant l'objet d'une pénalité financière présente un plan d'amélioration de la qualité et de la sécurité des soins, élaboré dans les conditions prévues aux articles L. 6144-1 ou L. 6161-2-2 du code de la santé publique.

« III. – Un décret en Conseil d'État précise les modalités de détermination et de mise en œuvre de la dotation complémentaire et de la pénalité financière, les catégories des indicateurs liés à la qualité et [à] *la sécurité des soins recueillis annuellement par chaque établissement mentionné au premier alinéa du I et définit les modalités de détermination des seuils minimaux de résultats requis pour certains indicateurs.*

« Avant le 31 décembre de chaque année, un arrêté des ministres chargés de la santé et de la sécurité sociale dresse la liste des indicateurs liés à la qualité et [à] *la sécurité des soins, fixe les seuils minimaux de résultats requis pour certains indicateurs et prévoit les modalités de calcul de la dotation complémentaire et de la pénalité financière. »* – V. dispositions transitoires de la L. n° 2018-1203 du 22 déc. 2018 ss. le présent. art.

Les 2° et 3° du I de la L. n° 2018-1203 du 22 déc. 2018 entrent en vigueur le 1er janv. 2020.

Le b du 1° du I de la loi susvisée entre en vigueur le 1er janv. 2020.

La première année d'entrée en vigueur du même b est une année de recueil des indicateurs qui ne donne pas lieu au versement de la dotation complémentaire mentionnée au I de l'art. L. 162-23-15, dans sa rédaction résultant de la loi susvisée, et n'est pas prise en compte pour l'appréciation de la pénalité financière mentionnée au II du même art.

Le d du 1° du I entre en vigueur le 1er janv. 2020 pour les activités mentionnées au 4° de l'art. L. 162-22 ainsi que pour les structures d'hospitalisation à domicile, et le 1er janv. 2021 pour les activités mentionnées au 2° du même art. (L. préc., art. 37-II).

Art. L. 162-23-16 *(L. n° 2016-1827 du 23 déc. 2016, art. 82-I)* **Par dérogation aux articles L. 162-22-6 et L. 162-23-1 du présent code, les activités de médecine ou de soins de suite et de réadaptation exercées par les hôpitaux de proximité mentionnés à l'article L. 6111-3-1 du code de la santé publique bénéficient d'un financement mixte sous la forme de recettes issues de leur activité et d'une dotation forfaitaire, dans des conditions définies par décret en Conseil d'État.** – *L'art. L. 162-23-15, dans sa rédaction résultant du 3° du I de l'art. 82 de la L. n° 2016-1827 du 23 déc. 2016 de financement de la sécurité sociale pour 2017, devient l'article L. 162-23-16 (L. n° 2017-1836 du 30 déc. 2017, art. 68-I).*

SOUS-SECTION 6 **DISPOSITIONS DIVERSES** *(L. n° 2003-1199 du 18 déc. 2003, art. 25-II).*

Art. L. 162-24-1 *(L. n° 2002-2 du 2 janv. 2002, art. 76)* **La tarification des prestations supportées par l'assurance maladie et délivrées par les établissements et services mentionnés à l'article L. 312-1 du code de l'action sociale et des familles** *(Ord. n° 2010-177 du 23 févr. 2010, art. 24)* **« est fixée dans les conditions prévues à l'article L. 314-1 du même code ».**

Les tribunaux interrégionaux de la tarification sanitaire et sociale sont compétents en premier ressort pour statuer en matière contentieuse sur les recours contre les décisions de l'autorité susmentionnée.

Art. L. 162-24-2 *(L. n° 2015-1702 du 21 déc. 2015, art. 75-II)* **L'action des établissements et services mentionnés aux 2°, 5° et 7° du I de l'article L. 312-1 du code de l'action sociale et des familles pour le paiement, par la caisse de rattachement mentionnée à l'article L. 174-8 du présent code, des prestations et soins médicaux à la charge de l'assurance maladie se prescrit par un an à compter du premier jour du mois suivant celui auquel se rapporte la prestation facturée à la caisse, ou par trois mois à compter du premier jour du mois suivant celui où la décision de la commission mentionnée à l'article L. 146-9 du code de l'action sociale et des familles a été notifiée à l'établissement si cela conduit à appliquer une échéance plus tardive.**

Cette prescription est également applicable à l'action intentée par l'organisme payeur en recouvrement des prestations indûment supportées, sauf en cas de fraude ou de fausse déclaration, à compter de la date de paiement des sommes indues.

Les modalités de reversement des sommes payées par la caisse de rattachement mentionnée à l'article L. 174-8 du présent code aux différents organismes d'assurance maladie ainsi que des sommes recouvrées par la caisse en application du deuxième alinéa du présent article sont fixées par décret.

La commission de recours amiable de la caisse de rattachement mentionnée à l'article L. 174-8 est compétente pour traiter des réclamations relatives aux sommes en cause.

L'art. L. 162-24-2, tel qu'il résulte de l'art. 75-II de la L. n° 2015-1702 du 21 déc. 2015, s'applique aux prestations et soins médicaux délivrés par les établissements médico-sociaux concernés à compter du 1er janv. 2016 (L. préc., art. 75-III-C).

Art. L. 162-25 *(L. n° 2011-1906 du 21 déc. 2011, art. 62)* **Par dérogation à l'article L. 160-11, l'action des établissements de santé mentionnés aux *a* à *d* de l'article L. 162-22-6 pour le paiement des prestations de l'assurance maladie se prescrit par un an à compter de la date de fin de séjour hospitalier ou, pour les consultations et actes externes mentionnés à l'article L. 162-26, à compter de la date de réalisation de l'acte.** *(L. n° 2016-1827 du 23 déc. 2016, art. 79-III)* **« Lorsqu'elle porte sur des prestations d'hospitalisation à domicile, l'action se prescrit par un an à compter de la date à laquelle ces établissements doivent transmettre, pour chaque séjour, les données mentionnées aux articles L. 6113-7 et L. 6113-8 du code de la santé publique. »**

Le présent article s'applique aux prestations réalisées à compter du 1er janvier 2012.

Art. L. 162-26 *(L. n° 2004-1370 du 20 déc. 2004, art. 17-I-2°)* « Les consultations et actes externes, ainsi que ceux réalisés dans un service chargé des urgences d'un établissement de santé mentionné aux *a*, *b* et *c* de l'article L. 162-22-6, sont pris en charge par les régimes obligatoires d'assurance maladie dans les conditions prévues aux articles L. 162-1-7 *(L. n° 2015-1702 du 21 déc. 2015, art. 78-I-15°, en vigueur le 1er janv. 2017)* « , L. 162-14-1 et L. 162-21-1 » et dans la limite des tarifs fixés en application de ces articles. Les tarifs des consultations et des actes ainsi fixés servent de base au calcul de la participation de l'assuré, à la facturation de ces prestations aux patients non couverts par un régime de l'assurance maladie et à l'exercice des recours contre tiers.

« Pour les activités *(Abrogé par L. n° 2015-1702 du 21 déc. 2015, art. 78-I-15°, à compter du 1er janv. 2017) « de soins de suite ou de réadaptation et »* de psychiatrie, la part prise en charge par l'assurance maladie des consultations et actes mentionnés à l'alinéa précédent est incluse dans la dotation annuelle mentionnée à l'article L. 174-1. »

(L. n° 2004-810 du 13 août 2004, art. 8-II) Un arrêté fixe le montant de la majoration appliquée aux patients *(L. n° 2016-41 du 26 janv. 2016, art. 76-III-4°)* « âgés de plus de seize ans » qui, sans prescription préalable de leur médecin traitant, consultent un médecin spécialiste hospitalier. Cette majoration ne s'applique pas aux patients suivant un protocole de soins. Elle ne s'applique pas aux consultations et actes *(Abrogé par L. n° 2004-1370 du 20 déc. 2004, art. 17-I-1°) « réalisés dans le cadre de l'activité libérale des praticiens hospitaliers, ni aux consultations et actes »* réalisés en cas d'urgence.

(L. n° 2004-1370 du 20 déc. 2004, art. 17-I-3°) « Les dispositions du présent article ne s'appliquent pas aux consultations et actes réalisés par les praticiens hospitaliers dans le cadre de l'activité libérale définie à l'article L. 6154-2 du code de la santé publique. »

V. Arr. du 28 juill. 2005, Annexe I.

Art. L. 162-26-1 *(L. n° 2009-879 du 21 juill. 2009, art. 29)* Par dérogation aux dispositions de l'article L. 162-2 du présent code et de l'article L. 4113-5 du code de la santé publique, lorsqu'un établissement de santé prévu au *d* de l'article L. 162-22-6 du présent code emploie des médecins qui choisissent le mode d'exercice salarié *(Abrogé par L. n° 2013-1203 du 23 déc. 2013, art. 41-I-2°) « pour assurer des activités de soins »*, les honoraires *(L. n° 2013-1203 du 23 déc. 2013, art. 41-I-2°)* « liés à l'activité réalisée au sein de l'établissement par ces praticiens » peuvent être facturés par l'établissement dans les conditions prévues aux articles L. 162-1-7 et L. 162-14-1 et dans la limite des tarifs fixés en application de ces articles.

Art. L. 162-27 (Abrogé par L. n° 2016-1827 du 23 déc. 2016, art. 79-III) (L. n° 2008-1330 du 17 déc. 2008, art. 48) *Les spécialités pharmaceutiques classées par leur autorisation de mise sur le marché dans la catégorie des médicaments à prescription hospitalière et devant être administrées dans un environnement hospitalier peuvent être directement fournies par la pharmacie à usage intérieur en vue de leur administration au cours de la prise en charge d'un patient dont l'état de santé nécessite des soins non suivis d'hospitalisation dans un établissement de santé.*

Dans ce cas, ces spécialités font l'objet d'une prise en charge, en sus des prestations d'hospitalisation mentionnées (L. n° 2015-1702 du 21 déc. 2015, art. 78-I-16°) *« au 1° des articles L. 162-22-6 et L. 162-23-1 » ou des actes et consultations mentionnés au premier alinéa de l'article L. 162-26, sur la base des tarifs définis aux alinéas suivants du présent article. Lorsque le montant de la facture est inférieur au tarif, le remboursement à l'établissement s'effectue sur la base du montant de la facture, majoré d'une partie de la différence entre ces deux éléments définie par arrêté conjoint des ministres chargés de la santé et de la sécurité sociale.*

Lorsque ces spécialités sont inscrites sur la liste mentionnée à l'article L. 162-22-7, elles bénéficient d'un remboursement sur facture de la part prise en charge par les régimes obligatoires d'assurance maladie, sur la base du tarif de responsabilité prévu à l'article L. 162-16-6.

(L. n° 2015-1702 du 21 déc. 2015, art. 78-I-16°) *« Lorsque ces spécialités sont inscrites sur la liste mentionnée à l'article L. 162-23-6, elles bénéficient d'un remboursement sur fac-*

ture dans les conditions définies au même article et sur la base du tarif de responsabilité prévu à l'article L. 162-16-6. »

Lorsque ces spécialités ne sont pas inscrites sur la liste mentionnée à l'article L. 162-22-7 (L. n° 2015-1702 du 21 déc. 2015, art. 78-I-16°) *« ou à l'article L. 162-23-6 », le Comité économique des produits de santé fixe un tarif de prise en charge des spécialités selon la procédure mentionnée au I de l'article L. 162-16-6. Toutefois, dans ce cas, la décision du comité mentionnée au premier alinéa du I de l'article L. 162-16-6 intervient au plus tard dans un délai de soixante-quinze jours suivant, soit l'inscription sur la liste mentionnée à l'article L. 5123-2 du code de la santé publique, soit, pour les médicaments déjà inscrits sur cette liste, la notification de la décision prévoyant leur classement dans la catégorie des médicaments à prescription hospitalière mentionnée au premier alinéa du présent article.*

Art. L. 162-28 *(Ord. n° 2001-350 du 19 avr. 2001, art. 6-I)* « Les caisses peuvent conclure des contrats avec les mutuelles ou unions régies par le livre III *[livre Ier nouv.]* du code de la mutualité, en vue d'offrir aux assurés sociaux les services proposés par les réalisations sanitaires et sociales créées par ces organismes mutualistes. »

Les tarifs d'hospitalisation fixés par ces contrats sont soumis à l'homologation dans les conditions prévues aux articles L. 162-22, L. 162-23 et L. 162-24 *[abrogés]*.

Art. L. 162-29 Les établissements *(Ord. n° 2017-31 du 12 janv. 2017, art. 2-4°)* « de santé » sont tenus de permettre aux organismes d'assurance maladie d'exercer leur contrôle en vertu de l'article L. 162-30 sur les assurés hospitalisés et sur l'activité des services dans les conditions définies par un décret en Conseil d'État qui fixe notamment la teneur, la périodicité et les délais de production des informations qui doivent être adressées à cette fin aux organismes d'assurance maladie. *— V. art. R. 166-1 à R. 166-8.*

Art. L. 162-29-1 (Abrogé par Ord. n° 2017-31 du 12 janv. 2017, art. 2-5°) (L. n° 91-748 du 31 juill. 1991, art. 18) *Les établissements de santé privés ne participant pas au service public hospitalier sont tenus de fournir aux organismes d'assurance maladie les informations nécessaires au contrôle de l'activité des services.*

Ces informations peuvent être recueillies sur pièces et sur place.

Un décret en Conseil d'État fixe notamment la teneur, la périodicité et les délais de production des informations qui doivent être adressées à cette fin aux organismes d'assurance maladie ainsi que les catégories d'agents de ces organismes qui ont qualité pour recueillir ces informations sur place.

Art. L. 162-30 Les établissements publics de santé ou privés sont tenus d'aviser la caisse primaire intéressée, dans un délai lui permettant d'assurer son contrôle, si le séjour du malade paraît devoir être prolongé au-delà d'un délai déterminé, sauf s'il s'agit d'un malade mentionné aux 3° et 4° de l'article L. 322-3.

En cas de carence de l'établissement, la Caisse d'assurance maladie est fondée à refuser le remboursement de tout ou partie des éléments constituant les frais d'hospitalisation correspondant au séjour au-delà du délai prévu à l'alinéa précédent. L'établissement hospitalier ne peut alors réclamer à l'assuré le paiement de la partie des frais non remboursés.

Les frais de séjour sont supportés par l'établissement sur ses ressources propres.

Art. L. 162-30-1 *(Ord. n° 96-346 du 24 avr. 1996, art. 50-II)* Conformément aux dispositions du quatrième alinéa de l'article L. 710-2 *[L. 1112-1]* du code de la santé publique, les médecins membres de l'inspection générale des affaires sociales, les médecins inspecteurs de la santé publique*[,]* *(Ord. n° 2010-177 du 23 févr. 2010, art. 19-II-1°)* « les inspecteurs de l'agence régionale de santé ayant la qualité de médecin » et les médecins conseils des organismes d'assurance maladie ont accès, dans le respect des règles de déontologie médicale, aux informations médicales visées audit article lorsqu'elles sont nécessaires à l'exercice de leurs missions.

Art. L. 162-30-2 *(L. n° 2015-1702 du 21 déc. 2015, art. 81-III)* Un contrat d'amélioration de la qualité et de l'efficience des soins est conclu entre le directeur général de l'agence régionale de santé, le directeur de l'organisme local d'assurance maladie et le représentant légal de chaque établissement de santé relevant de leur ressort géographique. *(L. n° 2017-1836 du 30 déc. 2017, art. 57-I, en vigueur le 1er janv. 2018)* « Les commissions et conférences médicales d'établissement donnent leur avis préalablement à la conclusion du contrat. » Il a pour objet d'améliorer la qualité, la sécurité et la pertinence des soins et des prescriptions et de permettre une diminution des dépenses de l'assurance maladie. — *Les dispositions de l'art. 57-I de la L. n° 2017-1836 du 30 déc. 2017 s'appliquent à l'évaluation des contrats ou avenants entrant en vigueur le 1er janv. 2018 en application du présent art. (L. préc., art. 57-II).*

Ce contrat comporte :

1° Un volet obligatoire relatif au bon usage des médicaments, des produits et des prestations ;

2° Le cas échéant, un ou plusieurs volets additionnels conclus avec les établissements identifiés en application du plan d'actions pluriannuel régional d'amélioration de la pertinence des soins ou ne respectant pas, pour certains actes, prestations ou prescriptions des établissements de santé ou des professionnels y exerçant, un ou plusieurs référentiels de qualité, de sécurité des soins ou de seuils exprimés en volume ou en dépenses d'assurance maladie mentionnés à l'article L. 162-30-3.

Le contrat est conclu pour une durée indéterminée. Par dérogation, les volets additionnels peuvent être conclus pour une durée maximale de cinq ans. Il prévoit notamment, conformément à un contrat type fixé par arrêté des ministres chargés de la santé et de la sécurité sociale, les obligations respectives des parties, les objectifs à atteindre par l'établissement ainsi que leurs modalités d'évaluation. En l'absence de contrat type national, l'agence régionale de santé peut arrêter un contrat type régional.

En cas de refus par un établissement de santé de conclure ce contrat ou l'un de ses volets, le directeur général de l'agence régionale de santé prononce, après que l'établissement a été mis en mesure de présenter ses observations, une sanction financière correspondant à 1 % des produits reçus des régimes obligatoires d'assurance maladie par l'établissement de santé au titre du dernier exercice clos. La somme de cette sanction et de celles mentionnées à l'article L. 162-30-4 ne peut être supérieure à 5 % des produits reçus des régimes obligatoires d'assurance maladie par l'établissement de santé au titre du dernier exercice clos. Le produit de ces sanctions est versé à l'assurance maladie. En cas de refus de conclure les volets relatifs aux produits de santé, le directeur général de l'agence régionale de santé peut choisir, à la place de la sanction mentionnée à la première phrase du présent alinéa, de réduire de 30 % la part prise en charge par les régimes obligatoires d'assurance maladie des spécialités pharmaceutiques, produits et prestations mentionnés à l'article L. 162-22-7. Dans tous les cas, la différence entre le montant remboursable et le montant remboursé ne peut être facturée aux patients.

Les modalités d'application du présent article sont déterminées par décret.

L'art. L. 162-30-2, dans sa rédaction résultant de l'art. 81 de la L. n° 2015-1702 du 21 déc. 2015, entre en vigueur le lendemain de la publication du décret mentionné à ce même art. L. 162-30-2 pour les nouveaux contrats, et au plus tard au 1er janv. 2018.

Les contrats conclus avant la publication du Décr. préc. continuent à produire leurs effets jusqu'au 31 déc. 2017 (L. préc., art. 81-V).

Art. L. 162-30-3 *(L. n° 2015-1702 du 21 déc. 2015, art. 81-III)* L'État arrête, sur la base de l'analyse nationale ou régionale des dépenses d'assurance maladie ou des recommandations élaborées par la Haute Autorité de santé, l'Institut national du cancer ou l'Agence nationale de sécurité du médicament et des produits de santé, des référentiels de pertinence, de qualité, de sécurité des soins ou de seuils, exprimés en volume ou en dépenses d'assurance maladie, sur certains actes, prestations ou prescriptions des établissements de santé ou des professionnels de santé y exerçant. Ils peuvent porter sur l'ensemble des prestations d'assurance maladie, dès lors qu'elles sont prescrites ou dispensées au sein d'un établissement de santé. Ils peuvent être nationaux ou régionaux.

L'agence régionale de santé élabore un plan d'actions pluriannuel régional d'amélioration de la pertinence des soins, qui définit les domaines d'actions prioritaires en matière d'amélioration de la pertinence des soins dans la région, précisant notamment les critères retenus pour identifier les établissements de santé devant conclure un volet additionnel au contrat mentionné à l'article L. 162-30-2. *(L. n° 2018-1203 du 22 déc. 2018, art. 40-II)* « Ce plan identifie les écarts significatifs entre le nombre ou l'évolution du nombre d'actes, de prestations ou de prescriptions réalisés par les établissements de la région ou les professionnels y exerçant et les moyennes régionales ou nationales pour une activité comparable. »

Lorsque l'agence régionale de santé, conjointement avec l'organisme local d'assurance maladie, constate que les pratiques d'un établissement ou les prescriptions des professionnels de santé y exerçant ne sont pas conformes à un ou plusieurs des référentiels arrêtés par l'État ou en application du plan d'actions régional susmentionné, elle *(L. nº 2018-1203 du 22 déc. 2018, art. 40-II)* « saisit l'établissement concerné et lui enjoint d'élaborer un programme d'amélioration de la pertinence des soins, servant de base à la conclusion d'un volet additionnel au contrat mentionné au même article L. 162-30-2 ».

Les modalités d'élaboration du plan d'actions, les catégories d'actes, prestations ou prescriptions qui font l'objet de ces contrats ainsi que la nature des données prises en compte et les méthodes utilisées pour arrêter ces référentiels et vérifier la conformité des pratiques des établissements sont déterminées par décret.

L'art. L. 162-30-3, dans sa rédaction résultant de l'art. 81 de la L. nº 2015-1702 du 21 déc. 2015, entre en vigueur le lendemain de la publication du décret mentionné à l'art. L. 162-30-2 pour les nouveaux contrats. Les contrats conclus avant la publication du Décr. préc. continuent à produire leurs effets jusqu'au 31 déc. 2017 (L. préc., art. 81-V).

Art. L. 162-30-4 *(L. nº 2015-1702 du 21 déc. 2015, art. 81-III)* La réalisation des objectifs fixés par le contrat mentionné à l'article L. 162-30-2 fait l'objet d'une évaluation annuelle. En cas de non-réalisation ou de réalisation partielle de ces objectifs, le directeur général de l'agence régionale de santé peut, après avis de l'organisme local d'assurance maladie et après que l'établissement a été mis en mesure de présenter ses observations, prononcer une sanction financière proportionnelle à l'ampleur des manquements constatés et à leur impact sur les dépenses d'assurance maladie, dans la limite, pour chaque volet du contrat, de 1 % des produits reçus des régimes obligatoires d'assurance maladie par l'établissement de santé au titre du dernier exercice clos et dans la limite totale, pour l'ensemble des volets, de 5 % de ces produits par an. *(L. nº 2016-1827 du 23 déc. 2016, art. 79-V)* « Cette pénalité est versée à l'assurance maladie. »

(L. nº 2017-1836 du 30 déc. 2017, art. 57-I, en vigueur le 1er janv. 2018) « Le directeur général de l'agence régionale de santé peut, après avis de l'organisme local d'assurance maladie, allouer un intéressement à l'établissement sous la forme d'une dotation du fonds d'intervention régional mentionné à l'article L. 1435-8 du code de la santé publique, en fonction des économies constatées sur les dépenses d'assurance maladie et du degré de réalisation de l'ensemble des objectifs fixés au contrat. » — *Les dispositions de l'art. 57-I de la L. nº 2017-1836 du 30 déc. 2017 s'appliquent à l'évaluation des contrats ou avenants entrant en vigueur le 1er janv. 2018 en application de l'art. L. 162-30-2 CSS (L. préc., art. 57-II).*

La non-réalisation ou la réalisation partielle des objectifs peut également donner lieu à la mise sous accord préalable de certaines prestations ou prescriptions, dans les conditions prévues à l'article L. 162-1-17, ou, lorsqu'il s'agit de manquements relatifs à des produits de santé, à la réduction, dans la limite de 30 % et en tenant compte des manquements constatés, de la part prise en charge par l'assurance maladie des spécialités pharmaceutiques et des produits et prestations mentionnés à l'article L. 162-22-7 en lieu et place de la sanction mentionnée au premier alinéa du présent article. Dans tous les cas, la différence entre le montant remboursable et le montant remboursé ne peut être facturée aux patients.

L'art. L. 162-30-4, dans sa rédaction résultant de la L. nº 2015-1702 du 21 déc. 2015, entre en vigueur le lendemain de la publication du décret mentionné à l'art. L. 162-30-2 pour les nouveaux contrats, et au plus tard au 1er janv. 2018.

Les contrats conclus avant la publication du Décr. préc. continuent à produire leurs effets jusqu'au 31 déc. 2017 (L. préc., art. 81-V).

Art. L. 162-30-5 *(L. nº 2016-1827 du 23 déc. 2016, art. 81)* I. — Par dérogation aux articles L. 6122-1 et L. 6122-2 du code de la santé publique, l'agence régionale de santé peut, après avis conforme d'un comité national constitué à cet effet, autoriser un établissement de santé à pratiquer une activité de greffe exceptionnelle d'organes ou de tissus ou de greffe composite exceptionnelle de tissus vascularisés.

La durée de cette autorisation ne peut être supérieure à cinq ans.

En cas de manquement aux lois et règlements pris pour la protection de la santé publique ou à la continuité des soins ou en cas d'urgence tenant à la sécurité des personnes, il est fait application des dispositions de l'article L. 6122-13 du code de la santé publique.

Les conditions et modalités d'autorisations ainsi que les règles relatives à la constitution, à la composition et au fonctionnement du comité mentionné au premier alinéa du présent article sont définies par décret en Conseil d'État.

II. – La prise en charge relevant d'une activité mentionnée au I est assurée par un forfait qui inclut notamment la prise en charge des frais d'hospitalisation, des produits de santé ou des prestations associés. Les praticiens exerçant à titre libéral sont rémunérés par l'intermédiaire de l'établissement de santé.

A cet effet, il peut être dérogé aux dispositions du présent chapitre.

Le périmètre, le montant par catégorie de greffe, la durée de prise en charge, les conditions particulières associées ainsi que les modalités d'allocation du forfait sont définis par arrêté des ministres chargés de la santé et de la sécurité sociale.

Par dérogation aux articles L. 160-10, L. 160-13 et L. 160-14, ce forfait est intégralement pris en charge par les régimes obligatoires de l'assurance maladie.

SECTION VI ACTIONS EXPÉRIMENTALES

Art. L. 162-31 Lorsque les actions expérimentales de caractère médical et social sont menées par des personnes physiques ou morales, de droit public ou privé, faisant l'objet, à cette fin, d'un agrément *[V. art. R. 162-46 et R. 162-47]* par l'autorité administrative, les dépenses prises en charge au titre *(Abrogé par L. n° 2015-1702 du 21 déc. 2015, art. 59-XII-A-10°, à compter du 1er janv. 2016)* *« de l'article L. 313-4, »* du 1° de l'article *(L. n° 2015-1702 du 21 déc. 2015, art. 59-XII-A-10°, en vigueur le 1er janv. 2016)* « L. 160-8 », de l'article *(L. n° 2015-1702 du 21 déc. 2015, art. 59-XII-A-10°, en vigueur le 1er janv. 2016)* « L. 160-9 » et du 1° de l'article L. 431-1 peuvent faire l'objet d'un règlement forfaitaire par les caisses d'assurance maladie.

Les modalités de règlement font l'objet de conventions soumises à l'approbation de l'autorité administrative et passées entre les organismes d'assurance maladie et les personnes en cause.

Un décret en Conseil d'État *[art. R. 162-46 à R. 162-50]* fixe les conditions d'application du présent article ainsi que les modalités d'évaluation de ces actions, en relation, notamment, avec les élus locaux, les organismes d'assurance maladie et les professions de santé.

Art. L. 162-31-1 *(L. n° 2017-1836 du 30 déc. 2017, art. 51-I)* I. – Des expérimentations dérogatoires à au moins une des dispositions mentionnées au II peuvent être mises en œuvre, pour une durée qui ne peut excéder cinq ans.

Ces expérimentations ont l'un ou l'autre des buts suivants :

1° Permettre l'émergence d'organisations innovantes dans les secteurs sanitaire et médico-social concourant à l'amélioration de la prise en charge et du parcours des patients, de l'efficience du système de santé et de l'accès aux soins, en visant à :

a) Optimiser par une meilleure coordination le parcours de santé ainsi que la pertinence et la qualité de la prise en charge sanitaire, sociale ou médico-sociale ;

b) Organiser pour une séquence de soins la prise en charge des patients ;

c) Développer les modes d'exercice coordonné en participant à la structuration des soins ambulatoires ;

d) Favoriser la présence de professionnels de santé dans les zones caractérisées par une offre de soins insuffisante ou des difficultés dans l'accès aux soins ;

2° Améliorer la pertinence de la prise en charge par l'assurance maladie des médicaments ou des produits et prestations associées mentionnés à l'article L. 165-1 et la qualité des prescriptions, en modifiant :

a) Les conditions de prise en charge des médicaments et des produits et prestations associées onéreux au sein des établissements de santé et les modalités du recueil d'informations relatives au contexte, à la motivation et à l'impact de la prescription et de l'utilisation de ces médicaments, produits et prestations associées ;

b) Les modalités de rémunération, les dispositions prévoyant des mesures incitatives ou de modulation concernant les professionnels de santé ou les établissements de santé, ainsi que des mesures d'organisation dans l'objectif de promouvoir un recours pertinent aux médicaments et aux produits et prestations associées ;

c) Les conditions d'accès au dispositif prévu à l'article L. 165-1-1.

II. – Pour la mise en œuvre de ces expérimentations, il peut être dérogé en tant que de besoin :

1° Aux dispositions suivantes :

a) Les règles de facturation, de tarification et de remboursement mentionnées aux articles L. 162-1-7, L. 162-5, L. 162-9, L. 162-12-2, L. 162-12-9, L. 162-14, L. 162-14-1, L. 162-16-1, L. 162-22-1, L. 162-22-6, L. 162-22-6-1, L. 162-22-8, L. 162-22-8-1, L. 162-22-8-3, L. 162-22-10, L. 162-22-13, L. 162-22-14, L. 162-22-15, L. 162-23-1, L. 162-23-2, L. 162-23-3, L. 162-23-4, L. 162-23-6, L. 162-23-7, L. 162-23-8, L. 162-23-15, L. 162-23-16, L. 162-26, L. 162-26-1, L. 162-32-1, L. 165-1, L. 174-1, L. 322-5 et L. 322-5-2 du présent code et aux III, V et VI de l'article 78 de la loi n° 2015-1702 du 21 décembre 2015 de financement de la sécurité sociale pour 2016, en tant qu'ils concernent les tarifs, honoraires, rémunérations et frais accessoires dus aux établissements de santé, centres de santé, professionnels de santé, prestataires de transports sanitaires ou entreprises de taxi ;

b) L'article L. 162-2 du présent code, en tant qu'il concerne le paiement direct des honoraires par le malade ;

c) Les 1°, 2° et 6° de l'article L. 160-8, en tant qu'ils concernent les frais couverts par l'assurance maladie ;

d) Les articles L. 160-13, L. 160-14 et L. 160-15, relatifs à la participation de l'assuré aux tarifs servant de base au calcul des prestations, et l'article L. 174-4 relatif au forfait journalier hospitalier ;

e) Les articles L. 162-16 à L. 162-19, L. 162-22-7, L. 162-22-7-1, L. 162-23-6, L. 162-38 et L. 165-1 à L. 165-7, en tant qu'ils concernent la prise en charge des médicaments et dispositifs médicaux par l'assurance maladie ;

2° Aux dispositions suivantes du code de la santé publique, lorsque cette dérogation est indispensable à la mise en œuvre de l'expérimentation et sous réserve, le cas échéant, de l'avis de la Haute Autorité de santé :

a) L'article L. 4113-5, en ce qu'il concerne les règles relatives au partage d'honoraires entre professionnels de santé ;

b) Le premier alinéa de l'article L. 6111-1, en tant qu'il limite les missions des établissements de santé, afin de leur permettre de proposer à leurs patients une prestation d'hébergement temporaire non médicalisé, en amont ou en aval de leur hospitalisation, le cas échéant en déléguant cette prestation ;

c) L'article L. 6122-3, afin de permettre que soit accordée une autorisation d'activité de soins et d'équipements matériels lourds à des groupements constitués soit d'établissements de santé, soit de professionnels de santé, soit de ces deux ensembles ;

d) L'article L. 4211-1, afin de permettre l'intervention des prestataires de service *[s]* et distributeurs de matériels mentionnés à l'article L. 5232-3 pour dispenser à domicile des dialysats, sous la responsabilité d'un pharmacien inscrit à l'ordre des pharmaciens en sections A et D ;

(L. n° 2018-1203 du 22 déc. 2018, art. 39-1°) « *e)* Le 3° de l'article L. 6122-2, en tant qu'il impose la satisfaction des conditions techniques de fonctionnement prévues à l'article L. 6124-1 relatives à l'organisation et à la dispensation des soins, pour la durée de l'expérimentation ;

« *f)* Les articles L. 6154-2 et L. 6154-3, afin de permettre, dans les zones caractérisées par une offre de soins insuffisante ou par des difficultés d'accès aux soins, à un praticien de réaliser, sans dépassement d'honoraires, une activité libérale hors de l'établissement où il est nommé ou exerce à titre principal son activité ;

« *g)* Les articles L. 4041-2 et L. 4042-1, afin de permettre à des sociétés interprofessionnelles de soins ambulatoires d'adapter leur statut pour la durée de l'expérimentation pour rendre possible l'encaissement sur le compte de la société de tout ou partie des rémunérations des activités de prise en charge sanitaire, sociale ou médico-sociale de ses membres et le reversement de ces rémunérations à chacun d'eux ;

« *h)* Le dernier alinéa de l'article L. 6133-1, afin de permettre la redistribution d'un intéressement collectif aux membres d'un groupement de coopération sanitaire, pour la durée de l'expérimentation ;

« *i)* L'article L. 6323-1-5, afin de permettre, dans les zones caractérisées par une offre de soins insuffisante ou par des difficultés d'accès aux soins, à un praticien de réaliser une activité libérale au sein d'un centre de santé. Les honoraires sont reversés au praticien par le centre de santé après déduction des frais de fonctionnement du centre liés à la prestation ;

« *j)* L'article L. 5125-1-1 A, afin de permettre aux pharmaciens d'officine, en dehors du cadre des coopérations prévues à l'article L. 4011-1, d'être désignés comme correspondants au sein d'une équipe de soins par le patient, à la demande ou avec l'accord du médecin traitant, et ainsi de renouveler des traitements chroniques ou d'ajuster leur posologie. Le médecin traitant et le pharmacien correspondant sont signataires d'un projet de santé au sens des articles L. 1411-11-1, L. 1434-12, L. 6323-1-10 ou L. 6323-3. »

3° Aux règles de tarification *(L. n° 2018-1203 du 22 déc. 2018, art. 39-2°)* « et d'organisation » applicables aux établissements et services mentionnés à l'article L. 312-1 du code de l'action sociale et des familles.

III. — Les expérimentations à dimension nationale sont autorisées, le cas échéant après avis de la Haute Autorité de santé, par arrêté des ministres chargés de la sécurité sociale et de la santé. Les expérimentations à dimension régionale sont autorisées, le cas échéant après avis conforme de la Haute Autorité de santé, par arrêté des directeurs généraux des agences régionales de santé.

Un conseil stratégique, institué au niveau national, est chargé de formuler des propositions sur les innovations dans le système de santé. Il est associé au suivi des expérimentations et formule un avis en vue de leur éventuelle généralisation.

Un comité technique composé de représentants de l'assurance maladie, des ministres chargés de la sécurité sociale et de la santé et des agences régionales de santé émet un avis sur ces expérimentations, leur mode de financement ainsi que leurs modalités d'évaluation et détermine leur champ d'application territorial.

Le comité technique saisit pour avis la Haute Autorité de santé des projets d'expérimentation comportant des dérogations à des dispositions du code de la santé publique relatives à l'organisation ou *[à]* la dispensation des soins. Un décret en Conseil d'État précise la liste des dispositions auxquelles il ne peut être dérogé qu'après avis de la Haute Autorité de santé et le délai dans lequel son avis est rendu.

Les catégories d'expérimentations, les modalités de sélection, d'autorisation, de financement et d'évaluation des expérimentations selon le niveau territorial ou national de celles-ci, les modalités d'information des patients ainsi que la composition et les missions du conseil stratégique et du comité technique sont précisées par décret en Conseil d'État.

(L. n° 2018-1203 du 22 déc. 2018, art. 39-4°) « IV. — Pour les expérimentations mentionnées au I dérogeant à une ou *à* plusieurs règles mentionnées au II et comportant une démarche de coopération telle que celles mentionnées à l'article L. 4011-1 du code de la santé publique, les dispositions des articles L. 4011-2 à L. 4011-3 du même code ne sont pas applicables, sous réserve des deux premiers alinéas de l'article L. 4011-3 dudit code.

« Les expérimentations mentionnées au I du présent article dérogeant à une ou *à* plusieurs règles mentionnées au II et comportant la réalisation d'actes de télésurveillance tels que ceux mentionnés au V de l'article 54 de la loi n° 2017-1836 du 30 décembre 2017 de financement de la sécurité sociale pour 2018 sont soumises à la procédure et au financement prévus au III du présent article, qui se substituent à la procédure et au financement prévus au V de l'article 54 de la loi n° 2017-1836 du 30 décembre 2017 précitée. »

V. — Les professionnels intervenant dans le cadre d'une expérimentation prévue au présent article sont réputés appartenir à des équipes de soins, au sens de l'article L. 1110-12 du code de la santé publique.

Les personnes chargées de l'évaluation des expérimentations ont accès aux données individuelles non nominatives contenues dans le système d'information prévu à l'article L. 161-28-1 du présent code lorsque ces données sont nécessaires à la préparation, à la mise en œuvre et à l'évaluation prévues au présent article, dans le respect des conditions prévues au chapitre Ier du titre VI du livre IV de la première partie du code de la santé publique, sous réserve, le cas échéant, d'adaptations établies par décret en Conseil d'État.

VI. — Sans préjudice des règles de financement prévues au titre VI du livre Ier du présent code ou des missions du fonds d'intervention régional mentionné à l'article L. 1435-8 du code de la santé publique, le financement de tout ou partie des expérimentations peut être assuré par un fonds pour l'innovation du système de santé, géré par la Caisse nationale d'assurance maladie.

Les ressources du fonds sont constituées par une dotation de la branche maladie, maternité, invalidité et décès du régime général, dont le montant est fixé chaque année par arrêté des ministres chargés de la sécurité sociale et de la santé. L'évaluation des expérimentations régies par le présent article est financée par le fonds pour l'innovation du système de santé.

VII. — Le Gouvernement présente chaque année au Parlement un état des lieux des expérimentations en cours et lui remet, au plus tard un an après la fin de chaque expérimentation, le rapport d'évaluation la concernant. — *Les IV, V, VI deviennent respectivement les V, VI et VII (L. n° 2018-1203 du 22 déc. 2018, art. 39-3°).*

SECTION VII CENTRES DE SANTÉ

(L. n° 99-1140 du 29 déc. 1999, art. 23-II)

Art. L. 162-32 Les caisses primaires d'assurance maladie versent aux centres de santé une subvention égale à une partie des cotisations dues par ces centres en application de l'article L. 241-1 pour les personnes qu'ils emploient et qui relèvent des catégories de praticiens ou d'auxiliaires médicaux relevant des sections I et II du présent chapitre.

Lorsque le personnel des centres de soins infirmiers est affilié aux assurances sociales agricoles, la partie des cotisations d'assurance maladie versées en application de l'article 1031 du code rural et de la pêche maritime *[devenu C. rur., art. L. 741-9]* est prise en charge par la caisse de mutualité sociale agricole compétente et imputée sur les dépenses d'assurance maladie.

Les centres de santé font bénéficier les assurés sociaux de la dispense d'avance de frais pour la part garantie par l'assurance maladie.

Les conditions d'application du présent article sont fixées par décret.

Art. L. 162-32-1 Les rapports entre les organismes d'assurance maladie et les centres de santé sont définis par un accord national conclu pour une durée au plus égale à cinq ans par *(L. n° 2004-810 du 13 août 2004, art. 55-II)* « l'Union nationale des caisses d'assurance maladie » et une ou plusieurs organisations représentatives des centres de soins infirmiers, ainsi qu'une ou plusieurs organisations représentatives des centres de soins médicaux, dentaires et polyvalents.

Cet accord détermine notamment :

1° Les obligations respectives des caisses primaires d'assurance maladie et des centres de santé ;

2° Les conditions générales d'application des conventions mentionnées aux sections I, II et III du présent chapitre aux différents professionnels exerçant dans des centres de santé ; ces conditions ne peuvent pas modifier les tarifs des honoraires, rémunérations et frais accessoires déterminés par ces conventions. *(L. n° 2016-41 du 26 janv. 2016, art. 78-I)* « Ces conditions prévoient que les modes de rémunération définis par ces conventions, autres que le paiement à l'acte, font l'objet, au plus tard six mois après la conclusion de ces conventions ou d'avenants à ces conventions, d'un examen dans les conditions prévues par l'accord en vue de leur intégration au sein de celui-ci, conformément au premier alinéa de l'article L. 162-32-2 ; »

3° Les modalités d'organisation des actions de prévention sanitaire menées par les centres de santé ;

4° Les mesures jugées appropriées pour favoriser l'accès aux soins des assurés sociaux et garantir la qualité et la coordination des soins ;

5° Les modes de rémunération, autres que le paiement à l'acte, des activités de soins ainsi que les modes de rémunération des activités non curatives des centres de santé et notamment d'actions de prévention et d'éducation pour la santé ;

(L. n° 2001-1246 du 21 déc. 2001, art. 28) « 6° Les conditions dans lesquelles les organismes d'assurance maladie participent à des actions d'accompagnement de l'informatisation des centres de santé, notamment pour ce qui concerne la transmission par voie électronique des documents nécessaires au remboursement ou à la prise en charge. Les centres s'engagent dans ce cadre à réaliser un taux significatif de télétransmission de documents nécessaires au remboursement des actes ou des prestations qu'ils dispensent ;

(L. n° 2016-41 du 26 janv. 2016, art. 114-II-8°) « 6° *bis* Les orientations pluriannuelles prioritaires en matière de développement professionnel continu, relevant de l'article L. 4021-2 du code de la santé publique ; »

(Abrogé par L. n° 2011-940 du 10 août 2011, art. 62-I) (L. n° 2009-879 du 21 juill. 2009, art. 59-IV) « 7° Le montant de la contribution annuelle des caisses nationales d'assurance maladie au développement professionnel continu ; »

(L. n° 2004-1370 du 20 déc. 2004, art. 19) « 8° Le cas échéant, des dispositifs d'aide visant à faciliter l'installation des centres de santé dans les zones *(Ord. n° 2010-177 du 23 févr. 2010, art. 21)* « définies par l'agence régionale de santé en application de l'article *(Ord. n° 2018-21 du 17 janv. 2018, art. 7)* « L. 1434-4 » du code de la santé publique » *(L. n° 2006-1640 du 21 déc. 2006, art. 7)* « ainsi que les conditions dans lesquelles ces centres bénéficient, en contrepartie, d'une rémunération forfaitaire annuelle qui peut être modulée en fonction de leur niveau d'activité et leurs modalités d'exercice ou d'organisation, notamment pour les conduire à intégrer dans leurs équipes des professionnels de santé exerçant des activités numériquement déficitaires dans ces zones ». Les obligations auxquelles sont soumis les centres de santé qui bénéficient de ces aides peuvent être adaptées par les *(Ord. n° 2010-177 du 23 févr. 2010, art. 24)* « agences régionales de santé » après consultation des organisations représentatives des centres de santé mentionnées au premier alinéa du présent article pour tenir compte de la situation régionale. »

(L. n° 2010-1594 du 20 déc. 2010, art. 53-II) « 9° Le cas échéant, la rémunération versée en contrepartie du respect d'engagements individualisés. Ces engagements individualisés du centre de santé peuvent porter sur la prescription, la participation à des actions de dépistage et de prévention, la prise en charge des patients atteints de pathologies chroniques, des actions destinées à favoriser la continuité et la coordination des soins, ainsi que toute action d'amélioration des pratiques, de formation et d'information des professionnels. Le versement de la contrepartie financière au centre de santé est fonction de l'atteinte des objectifs par celui-ci. »

Art. L. 162-32-2 L'accord national, ses annexes et avenants sont approuvés dans les conditions prévues à l'article L. 162-15.

(L. n° 2016-41 du 26 janv. 2016, art. 78-II) « L'opposition formée, dans des conditions prévues par décret, à l'encontre d'un accord national par au moins la moitié des organisations représentatives des centres de soins infirmiers ou au moins la moitié des organisations représentatives des centres de santé médicaux, dentaires et polyvalents fait obstacle à sa mise en œuvre.

« L'accord national, ses annexes, ses avenants et le règlement arbitral sont applicables aux centres de santé tant qu'ils n'ont pas fait connaître à la caisse primaire d'assurance maladie qu'ils ne souhaitent pas être régis par ces dispositions.

« En l'absence d'opposition à sa reconduction formée, dans les conditions réglementaires prévues à l'article L. 162-15-2, par l'un au moins des signataires ou par une ou plusieurs organisations représentatives des centres de santé, l'accord national est renouvelé par tacite reconduction.

« L'accord national arrivé à échéance ou résilié continue de produire ses effets jusqu'à la publication au *Journal officiel* du nouvel accord national ou du règlement arbitral qui le remplace.

« Lorsqu'un accord est conclu et approuvé dans les conditions prévues à l'article L. 162-15, l'accord précédent est réputé caduc.

« En cas de rupture des négociations préalables à l'élaboration de l'accord national ou d'opposition au nouvel accord national ou à l'issue d'un délai de six mois à compter du début des négociations, un arbitre arrête un projet d'accord dans le respect du cadre financier pluriannuel des dépenses de santé et dans les conditions prévues aux quatre derniers alinéas du I de l'article L. 162-14-2.

« L'arbitre est désigné par l'Union nationale des caisses d'assurance maladie et au moins une organisation représentative des centres de santé. A défaut ou en cas d'opposition à cette désignation par la majorité des organisations représentatives des centres de santé, il est désigné par le président du Haut Conseil pour l'avenir de l'assurance maladie. »

A défaut d'accord national, les tarifs applicables aux centres de santé sont ceux fixés pour chacune des professions dans les conditions prévues aux sections I, II et III du présent chapitre. Ces dispositions sont également applicables aux centres de santé qui n'ont pas adhéré à l'accord national.

Art. L. 162-32-3 La caisse primaire d'assurance maladie peut décider de placer un centre de santé hors de la convention pour violation des engagements prévus par l'accord national ; cette décision doit être prononcée selon les conditions prévues par cet accord et permettre au centre de présenter ses observations ; elle ne fait pas obstacle à l'application des dispositions de l'article L. 133-4 et du chapitre V du titre IV du livre Ier.

Lorsqu'un centre de santé est placé hors de la convention par la caisse primaire d'assurance maladie, les tarifs qui lui sont applicables sont ceux fixés pour chacune des professions dans les conventions prévues aux sections I, II et III du présent chapitre.

L'ensemble des centres de santé agréés dans le cadre des dispositions applicables avant l'entrée en vigueur de la présente loi conserve le bénéfice de l'agrément qui leur a été antérieurement accordé par l'autorité administrative tant qu'ils répondent aux caractéristiques de cet agrément. — Pour ceux des centres qui ne remplissent pas les conditions prévues au deuxième alinéa de l'art. L. 6147-3 CSP, les tarifs applicables sont ceux fixés pour chacune des professions dans les conditions prévues aux sections I, II et III du chapitre II du titre VI du livre Ier du code de la sécurité sociale (L. n° 99-1140 du 29 déc. 1999, art. 23-III).

SECTION VIII DISPOSITIONS DIVERSES

Art. L. 162-33 *(L. n° 2009-879 du 21 juill. 2009, art. 123-IV)* Sont habilitées à participer aux négociations des conventions mentionnées aux articles L. 162-14-1, L. 162-16-1 et L. 162-32-1 les organisations syndicales reconnues représentatives au niveau national par les ministres chargés de la santé et de la sécurité sociale. Les conditions sont fixées par décret en Conseil d'État et tiennent compte de leur indépendance, d'une ancienneté minimale de deux ans à compter de la date de dépôt légal des statuts, de leurs effectifs et de leur audience.

Ancien art. L. 162-33 *Dans un délai déterminé, précédant l'échéance, tacite ou expresse, de la convention, le ou les ministres compétents provoquent une enquête de représentativité afin de déterminer les organisations syndicales nationales les plus représentatives qui participeront à la négociation et à la signature éventuelles des conventions prévues aux articles L. 162-5,* (L. n° 94-637 du 25 juill. 1994, art. 26 ; L. n° 99-641 du 27 juill. 1999, art. 39-II) *« L. 162-9, L. 162-12-2, L. 162-12-9 et L. 162-16-1 », en fonction des critères suivants : effectifs, indépendance, cotisations, expérience* (L. n° 2006-1640 du 21 déc. 2006, art. 102-II) *« , audience électorale » et ancienneté du syndicat.* — V. art. R. 162-54.

Par dérogation à l'anc. art. L. 162-33, les enquêtes de représentativité qui doivent être organisées compte tenu des échéances conventionnelles sont reportées jusqu'à la mise en place des unions régionales des professionnels de santé. Les organisations syndicales reconnues représentatives à la date d'entrée en vigueur de la L. n° 2009-879 du 21 juill. 2009 le restent jusqu'à l'organisation des enquêtes de représentativité suivantes (L. n° 2009-879 du 21 juill. 2009, art. 123-VII).

BIBL. ▶ ARSÉGUEL, La représentativité des syndicats dans les conventions médicales, *Dr. soc. 1981. 349 ;* La représentativité syndicale en matière de sécurité sociale, *Annales Univ. Toulouse, t. XXX, 1982, p. 274.*

1. Déclenchement de l'enquête (jurispr. antérieure à la loi du 21 juill. 2009). L'autorité publique doit procéder à l'enquête de représentativité, fût-ce sans respecter les délais prévus par la loi lorsque le calendrier résultant de l'échéance conventionnelle l'interdit. • CE

19 déc. 1980 : *Lebon T. 898.* ♦ L'enquête doit comprendre au moins une initiative de l'autorité publique, portée à la connaissance des organisations intéressées par une publicité adéquate, les invitant à produire, dans un délai convenable, les justifications de nature à fonder leur représentativité. • CE, sect., 25 mai 1979 : *Lebon 242* • 10 juill. 1992 : *RJS 1992, n° 1157.*

2. Détermination de la représentativité. Pour l'appréciation de la représentativité des organisations syndicales, il y a lieu d'appliquer les mêmes critères que ceux retenus par le code du travail. • CE 17 févr. 1969 : *Lebon 33.* ♦ Pour l'application du critère des effectifs, V. • CE 10 juill. 1992 : *préc. note 1* • 15 mai 1995 (deux esp.) : *Lebon 294 ; D. 1993. Somm. 268, obs. Prétot ; Dr. soc. 1992. 927, concl. Le Chatelier ; RJS 1992, n° 1032* • 26 juin 1998 : *RJS 1998, n° 1051* • TA Paris, 27 juin 2000 : *RJS 2001, n° 486.*

Art. L. 162-34 *(Ord. n° 96-345 du 24 avr. 1996, art. 28-I)* **Les litiges pouvant survenir à l'occasion de la décision d'une caisse primaire d'assurance maladie de placer un professionnel hors de l'une des conventions ou, en ce qui concerne les médecins, du règlement, mentionnés aux sections I, II et III du présent chapitre, sont de la compétence** *(Ord. n° 2018-358 du 16 mai 2018, art. 1er, en vigueur le 1er janv. 2019)* **« des tribunaux de grande instance spécialement désignés en application de l'article L. 211-16 du code de l'organisation judiciaire ».**

BIBL. ► JULLIOT-BERNARD et MORET-BAILLY, Les nouveaux contentieux des professions de santé, *Dr. soc. 1996. 840.* – PRÉTOT, La modification du contentieux des relations entre l'assurance maladie et les professions de santé, *BS Lefebvre 2/97, p. 65.*

1. Nature des règles de détermination des compétences juridictionnelles. La détermination des règles de compétence juridictionnelle relève de la compétence du législateur, dès lors qu'elle touche aux garanties fondamentales accordées aux citoyens pour l'exercice des libertés publiques ; par suite, la loi d'habilitation du 30 déc. 1995 n'autorisant le Gouvernement à agir par voie d'ordonnances que dans le seul domaine de la sécurité sociale, c'est en méconnaissance de l'art. 34 de la Constitution que les dispositions de l'art. 28-I de l'Ord. n° 96-345 du 24 avr. 1996 ont transféré des tribunaux administratifs aux tribunaux des affaires de sécurité sociale le contentieux des mesures de mise hors convention des praticiens et auxiliaires médicaux. • T. confl. 20 oct. 1997 et • CE 1er déc. 1997 : *TPS 1998. Chron. 5, par Prétot ; D. 1998. IR 37* • Cass., avis, 14 déc. 1998 (2 avis) : *RJS 1999, n° 569.*

2. Mise hors convention. Même illégale, une mesure de mise hors convention n'est pas insusceptible de se rattacher aux pouvoirs des organismes d'assurance maladie et ne peut constituer une voie de fait. • Soc. 17 juin 1999 : *RJS 1999, n° 1279 ; TPS 1999. Comm. 334.* ♦ Les mesures de mise hors convention doivent également faire l'objet d'une décision conjointe des organismes représentant les régimes d'assurance maladie signataires de la convention. • CE 15 mars 1999 : *RJS 1999, n° 726.*

Ancien art. L. 162-34 (L. n° 93-8 du 4 janv. 1993, art. 14) *Les litiges pouvant survenir à l'occasion de l'application du dernier alinéa (2°) de l'article L. 162-6, du quatrième alinéa de l'article L. 162-11, du cinquième alinéa (3°) de l'article L. 162-12-3 et du quatrième alinéa (2°) de l'article L. 162-14-3 sont de la compétence des tribunaux administratifs.*

1. Jurispr. rendue sous l'empire de l'anc. art. L. 162-34. Les dispositions de l'art. L. 162-34 s'appliquent à l'ensemble des sanctions prononcées sur le fondement de la convention. • TA Versailles, 19 janv. 1996 : *RJS 1996, n° 442.* ♦ L'annulation de l'approbation de la convention ne prive pas le juge administratif de sa compétence pour se prononcer sur la légalité des mesures de sanction prononcées en application de celle-ci. • CE 28 juill. 1995 : *RJS 1995, n° 1165.* ♦ Le juge administratif n'est pas compétent, en revanche, pour connaître du contentieux de mesures de sanctions intervenues en l'absence de convention. • T. confl. 9 juin 1986 : *Lebon 300 ; AJDA 1986. 596, obs. Moreau ; D. 1987. Somm. 166, obs. Prétot ; Dr. soc. 1987. 166, note Prétot ; RDSS 1987. 34, chron. Dubouis.*

2. Compétence des juridictions administratives. La compétence du juge administratif en application des dispositions de l'art. L. 162-34 s'étend au contentieux de l'indemnisation des mesures de sanction. • CE 19 déc. 1986 : *Lebon T. 739 ; D. 1987. Somm. 322, obs. Prétot.* ♦ Le contentieux des sanctions infligées aux praticiens et auxiliaires médicaux en application des dispositions législatives, réglementaires et conventionnelles se rapporte à l'exercice par les organismes d'assurance maladie de prérogatives de puissance publique, et relève donc par nature de la compétence des juridictions administratives. • CE 12 juin 1998 : *RJS 1998, n° 1048, étude Prétot ; TPS 1998. Comm. 297* • T. confl. 12 févr. 2001 : *RJS 2001, n° 668, note Prétot.*

3. Respect des droits de la défense. L'application des sanctions prévues par la convention doit respecter le principe des droits de la défense. • CE 5 juin 2002, *Mme Batalla : TPS 2002. 72, obs. Prétot.*

Art. L. 162-35 Tout chirurgien-dentiste, toute sage-femme, tout auxiliaire médical conventionné ou ayant donné son adhésion personnelle à une convention type ou tout médecin conventionné qui demande à un assuré social des tarifs supérieurs à ceux résultant du tarif fixé conformément aux dispositions du présent chapitre, peut, à la requête d'un assuré ou d'un service ou organisme de sécurité sociale, être invité à justifier des motifs de ce dépassement.

Ces justifications sont soumises à une commission.

Art. L. 162-36 Toute pharmacie, quel qu'en soit le statut et, d'une manière générale, toute personne physique ou morale délivrant des produits ou articles donnant lieu à remboursement au titre de l'assurance maladie ou maternité est tenue de mentionner sur les feuilles de maladie ou les documents en tenant lieu, ainsi que sur les ordonnances médicales correspondantes, le montant de la somme effectivement payée par l'assuré pour l'achat de chacun des produits ou articles délivrés en mentionnant, le cas échéant, le montant ou le taux de la réduction accordée.

A défaut de ces indications, aucun remboursement n'est effectué par l'organisme de sécurité sociale.

(Abrogé par L. n° 2013-1203 du 23 déc. 2013, art. 86-II-3°) ***« Les auteurs de fraudes ou de fausses déclarations, faites à l'occasion de l'application des dispositions mentionnées au premier alinéa, sont passibles des sanctions prévues à l'article*** *(L. n° 2005-1579 du 19 déc. 2005, art. 92-VI)* ***« L. 114-13 », sans préjudice des peines résultant de l'application d'autres lois, s'il y échet. »***

Art. L. 162-37 *(L. n° 2012-1404 du 17 déc. 2012, art. 73-VIII-A)* Le montant des remises prévues aux articles **L. 162-18** et **L. 165-4** est versé à la Caisse nationale de l'assurance maladie *(Abrogé par Ord. n° 2018-470 du 12 juin 2018, art. 9)* ***« des travailleurs salariés ».***

Art. L. 162-38 *(L. n° 2004-810 du 13 août 2004, art. 43-I)* Sans préjudice des dispositions relatives aux conventions conclues entre les organismes d'assurance maladie et les professions de santé *(Abrogé par L. n° 2016-1827 du 23 déc. 2016, art. 98-VII)* ***« ou entre le comité institué par l'article L. 162-17-3 et les entreprises exploitant des médicaments ou les fabricants ou distributeurs de produits ou prestations »,*** les ministres chargés de l'économie, de la santé et de la sécurité sociale *(Abrogé par L. n° 2016-1827 du 23 déc. 2016, art. 98-VII)* ***« , ou ledit comité pour ce qui concerne les produits mentionnés à l'article L. 165-1, »*** peuvent fixer par décision les prix et les marges des produits et les prix des prestations de services pris en charge par les régimes obligatoires de sécurité sociale. *(L. n° 2016-1827 du 23 déc. 2016, art. 98-VII)* « Le comité institué par l'article **L. 162-17-3** peut fixer, pour ce qui concerne les produits ou prestations mentionnés à l'article **L. 165-1**, le prix de cession maximal auquel peut être vendu le produit ou la prestation au distributeur en détail. Ces fixations tiennent » compte de l'évolution des charges, des revenus et du volume d'activité des praticiens ou entreprises concernés.

Les dispositions du titre V du livre IV du code de commerce sont applicables aux infractions à ces décisions.

Ancien art. L. 162-38 (L. n° 87-588 du 30 juill. 1987, art. 28) ***Sans préjudice des dispositions du présent code relatives aux conventions conclues entre les organismes d'assurance maladie et les professions de santé, les ministres chargés de l'économie, de la santé et de la sécurité sociale peuvent fixer par arrêtés les prix et les marges des produits et les prix des prestations de services pris en charge par les régimes obligatoires de sécurité sociale. Cette fixation tient compte de l'évolution des charges, des revenus et du volume d'activité des praticiens ou entreprises concernés.***

Les dispositions du titre VI de l'ordonnance n° 86-1243 du 1er décembre 1986 [titre V du livre IV du code de commerce] ***relative à la liberté des prix et de la concurrence sont applicables aux infractions prévues par ces arrêtés.*** — Sanctions applicables aux infractions aux arrêtés, V. ANNEXE I, Décr. n° 88-854 du 28 juill. 1988.

1. Pour la fixation du prix et des marges des médicaments remboursables, l'art. L. 162-38 s'est substitué aux dispositions de l'art. 1er de l'ordonnance du 1er déc. 1986 modifiée relative à la liberté des prix et de la concurrence. • CE 12 juin 1992 : *Lebon 230* ; *D. 1993. Somm. 268, obs. Prétot* ; *RJS 1992, n° 1034* ; *RDSS 1993. 56, concl. Le Chatelier*. ♦ En vertu de l'art. L. 162-38, les ministres chargés de l'économie, de la santé et de la sécurité sociale peuvent fixer par arrêtés les prix et les marges des produits et les prix des services pris en charge par la sécurité sociale. • CE 1er juill. 1992 : *RJS 1992, n° 1159.*

2. Modes de détermination du prix. L'autorité publique peut tenir compte, pour user des pouvoirs qu'elle tient de l'art. L. 162-38, de l'incidence sur les régimes d'assurance maladie de l'évolution de l'activité des professions et établissements intéressés et, notamment, de l'évolution de leurs charges, de leurs revenus et de leur volume d'activité. • CE 1er juill. 1992 : *préc. note 1.*

3. Contrôle minimal du juge. Le juge de l'excès de pouvoir exerce un contrôle minimal sur le contenu des mesures prises en application des dispositions de l'art. L. 162-38. • CE 1er juill. 1992 : *préc. note 1* • 29 juill. 1994 : *RJS 1994, n° 1186.*

SECTION IX ÉTABLISSEMENTS THERMAUX

Art. L. 162-39 *(L. n° 96-452 du 28 mai 1996, art. 28)* **Les rapports entre les organismes d'assurance maladie et les établissements thermaux sont définis par une convention nationale conclue pour une durée au plus égale à cinq ans entre une ou plusieurs des organisations nationales les plus représentatives des établissements thermaux,** *(L. n° 2006-1640 du 21 déc. 2006, art. 100-I)* **« et l'Union nationale des caisses d'assurance maladie ».**

Cette convention détermine notamment :

1° Les obligations respectives des organismes d'assurance maladie et des établissements thermaux ;

2° Les mesures appropriées pour garantir la qualité des soins dispensés aux assurés sociaux ;

(L. n° 2013-1203 du 23 déc. 2013, art. 66-1°) **« 3° Les tarifs forfaitaires de responsabilité des soins thermaux pris en charge ; le prix limite de facturation des soins thermaux par forfait, tenant compte des facteurs de coûts d'exploitation ; »**

4° Les mesures prévues en cas de manquement des établissements aux obligations de la convention, ainsi que la procédure permettant à ces établissements de présenter leurs observations. — *V. Convention nationale thermale du 13 déc. 2002 (Arr. du 1er avr. 2003, JO 23 avr.) et avis relatif à la reconduction pour cinq ans de la Convention nationale thermale conclue le 13 déc. 2002 (JO 11 avr. 2013).*

Forfait de gestion des dossiers. Un établissement thermal ne peut légalement instituer, en sus des tarifs conventionnels payés par la sécurité sociale, un forfait de gestion des dossiers des curistes réclamé directement aux patients. • TA Clermont-Ferrand, 7 févr. 2007 : *AJDA 2007. 1252, obs. Damarey.* ♦ V. aussi sur ce même point • Décis. AMF 18 déc. 2009 : *Lamy conc. 2010. 57, obs. Destours ; CCC 2010. Comm. 51, obs. Decocq.*

Art. L. 162-40 *(L. n° 2013-1203 du 23 déc. 2013, art. 66-2°)* **Les établissements thermaux doivent proposer aux bénéficiaires de la protection complémentaire en matière de santé, prévue à l'article L. 861-3** *(Abrogé par L. n° 2018-1203 du 22 déc. 2018, art. 52-II, à compter du 1er nov. 2019)* **« *, et de l'aide au paiement d'une assurance complémentaire de santé, mentionnée à l'article L. 863-2* », les soins thermaux à des prix n'excédant pas les tarifs forfaitaires de responsabilité mentionnés au 3° de l'article L. 162-39.**

Art. L. 162-41 *(L. n° 96-452 du 28 mai 1996, art. 28 ; L. n° 2006-1640 du 21 déc. 2006, art. 100-VI)* **« La convention, ses annexes et avenants sont approuvés, lors de leur conclusion ou d'une tacite reconduction, selon les dispositions des trois premiers alinéas de l'article L. 162-15 et entrent en vigueur à compter de leur publication au *Journal officiel*.**

« Les dispositions de l'article L. 162-15-2 s'appliquent à la convention mentionnée à l'article L. 162-39 pour ce qui la concerne. »

La convention est applicable aux établissements thermaux autorisés à dispenser des soins aux assurés sociaux qui font connaître à *(L. n° 2006-1640 du 21 déc. 2006, art. 100-VI)* **« l'Union nationale des caisses d'assurance maladie », dans un délai fixé par cette convention, qu'ils souhaitent y adhérer.**

Les soins dispensés dans les établissements thermaux qui n'ont pas adhéré à la convention ne donnent pas lieu à remboursement par les organismes d'assurance maladie.

(L. n° 2006-1640 du 21 déc. 2006, art. 100-VI) **« L'Union nationale des caisses d'assurance maladie » peut décider de placer un établissement thermal hors de la conven-**

tion, pour violation des engagements prévus par celle-ci ; cette décision doit être prononcée selon les conditions prévues par la convention, lui permettant notamment de présenter ses observations. Les litiges survenant à l'occasion de la mise hors convention d'un établissement sont de la compétence de la juridiction administrative.

Art. L. 162-42 *(L. n° 2006-1640 du 21 déc. 2006, art. 100-VII)* Les dispositions du I de l'article L. 162-14-2 s'appliquent à la convention mentionnée à l'article L. 162-39 pour ce qui la concerne.

L'arbitre est désigné par l'Union nationale des caisses d'assurance maladie et au moins une organisation nationale représentative des établissements thermaux. A défaut, il est désigné par le président du Haut Conseil pour l'avenir de l'assurance maladie.

SECTION X ORGANISATION DES SOINS *(L. n° 2004-810 du 13 août 2004, art. 67-I).*

SOUS-SECTION 1 RÉSEAUX *(L. n° 2004-810 du 13 août 2004, art. 67-II).*

Art. L. 162-43 (Abrogé par L. n° 2006-1640 du 21 déc. 2006, art. 94-III) ***Il est créé, au sein de l'objectif national de dépenses d'assurance maladie visé au 4° du I de l'article L.O. 111-3, une dotation nationale de développement des réseaux. Un arrêté des ministres chargés de la sécurité sociale et de la santé détermine le montant de cette dotation, ainsi que, pour chaque région, le montant limitatif de la dotation régionale de développement des réseaux.***

(L. n° 2003-1199 du 18 déc. 2003, art. 31-I) ***« Cet arrêté précise également la constitution de la dotation nationale en parts qui s'imputent respectivement sur l'objectif quantifié national mentionné à l'article L. 162-22-2, sur l'objectif des dépenses d'assurance maladie commun mentionné à l'article L. 162-22-9, sur l'objectif des dépenses d'assurance maladie mentionné à l'article L. 174-1-1, sur*** (L. n° 2005-1579 du 19 déc. 2005, art. 50-III) ***« les objectifs de dépenses mentionnés respectivement aux articles L. 314-3 et L. 314-3-2 » du code de l'action sociale et des familles et sur l'objectif prévisionnel des dépenses de soins de ville mentionné au deuxième alinéa du II de l'article L. 227-1 du présent code. »***

A titre transitoire, les dispositions relatives à la fixation de la dotation nationale des réseaux demeurent en vigueur dans leur rédaction antérieure au 22 déc. 2006, date de la publication de la loi n° 2006-1640 jusqu'à la date d'entrée en vigueur des décrets mentionnés à l'art. 94-IV de la L. n° 2006-1640. A cette date, la dotation nationale de développement des réseaux et la dotation au fonds d'aide à la qualité des soins de ville sont transférées au fonds d'intervention pour la qualité et la coordination des soins.

Durant cette période transitoire, le fonds d'aide à la qualité des soins de ville peut notamment contribuer aux expérimentations d'une offre d'hébergement des données de santé des assurés sociaux permettant le partage de données médicales visée à l'art. L. 1111-8 CSP ainsi qu'à la mise en œuvre du dossier médical personnel visé aux art. L. 161-36-1 s. (L. n° 2006-1640 du 21 déc. 2006, art. 94-V).

Art. L. 162-44 (Abrogé par L. n° 2006-1640 du 21 déc. 2006, art. 94-III) ***Dans le cadre des priorités pluriannuelles de santé, le directeur de l'agence régionale de l'hospitalisation et le directeur de l'union régionale des caisses d'assurance maladie décident conjointement, dans la limite de la dotation régionale de développement des réseaux prévue à l'article L. 162-43, des financements mentionnés à l'article L. 162-45, supportés par les régimes d'assurance maladie et qui sont accordés aux actions réalisées dans le cadre des réseaux de santé.***

V. notes ss. art. L. 162-43.

Art. L. 162-45 *(Abrogé par L. n° 2011-1906 du 21 déc. 2011, art. 65-II-2°, à compter du 1er janv. 2013) (L. n° 2006-1640 du 21 déc. 2006, art. 94-III)* ***« Le comité national de gestion du fonds mentionné à l'article L. 221-1-1 et »*** *(Ord. n° 2010-177 du 23 févr. 2010, art. 24)* **« Les agences régionales de santé peuvent » prévoir la prise en charge par l'assurance maladie sous la forme d'un règlement forfaitaire de tout ou partie des dépenses du réseau. Les financements forfaitaires correspondants peuvent être versés aux professionnels de santé concernés ou, le cas échéant, directement à la structure gestionnaire du réseau. La décision détermine les modalités de ces versements ainsi que, le cas échéant, les prix facturés aux assurés sociaux des prestations fournies par le réseau.**

En tant que de besoin, elle peut déroger aux dispositions suivantes du code de la sécurité sociale :

1° Articles L. 162-5, L. 162-5-9, L. 162-9, L. 162-11, L. 162-12-2, L. 162-12-9 *(L. n° 2002-1487 du 20 déc. 2002, art. 29-IV)* « et L. 162-14 » en tant qu'ils concernent les tarifs, honoraires, rémunérations et frais accessoires dus aux professionnels de santé par les assurés sociaux ;

2° *(Ord. n° 2018-470 du 12 juin 2018, art. 9)* « Article L. 160-8 en tant qu'il concerne » les frais couverts par l'assurance maladie ;

3° Article L. 162-2 en tant qu'il concerne le paiement direct des honoraires par le malade ;

4° Article *(L. n° 2015-1702 du 21 déc. 2015, art. 59-XII-A-12°, en vigueur le 1er janv. 2016)* « L. 160-14 » relatif à la participation de l'assuré aux tarifs servant de base au calcul des prestations.

Art. L. 162-46 Un décret en Conseil d'État précise en tant que de besoin les modalités d'application de la présente section et fixe les modalités de l'évaluation des procédures de financement mises en œuvre au titre des dispositions prévues par ces articles et de l'évaluation des actions qui bénéficient de ces financements.

SOUS-SECTION 2 *[ABROGÉE]* COORDINATION DES SOINS

(Abrogée par L. n° 2009-879 du 21 juill. 2009)

Art. L. 162-47 *Abrogé par L. n° 2009-879 du 21 juill. 2009, art. 128-IV.*

CHAPITRE III SPÉCIALITÉS REMBOURSABLES

V. art. R. 163-1 à R. 163-14 : prise en charge, liste des spécialités remboursables ; R. 163-15 à R. 163-21-1 : commission de la transparence.

CHAPITRE IV PRODUITS D'ORIGINE HUMAINE

Art. L. 164-1 Les frais occasionnés par le prélèvement et le conditionnement des produits et organes d'origine humaine sont remboursés par les caisses lorsqu'un tarif de responsabilité a été fixé par arrêté interministériel *[art. R. 164-1]*.

V. pour les prélèvements de reins humains, Arr. du 27 avr. 1979 (JO 16 mai), mod. par Arr. du 26 nov. 1980 (JO 11 mars 1981), Arr. du 23 févr. 1983 (JO 12 mars) ; ... pour les produits d'origine humaine utilisés pour les inséminations artificielles, V. Arr. du 22 août 1980 (JONC 19 sept.), mod. par Arr. du 28 sept. 1984 (JO 12 oct.), Arr. du 18 févr. 1986 (JO 26 févr.), Arr. du 4 déc. 1989 (JO 30 janv. 1990), Arr. du 22 mars 1993 (JO 28 mars) ; ... pour les produits sanguins labiles, V. Arr. du 9 mars 2010 (JO 12 mars), mod. en dernier lieu par Arr. du 12 avr. 2016 (JO 15 avr.).

Les dispositions prévues par l'art. L. 164-1 ci-dessus sont applicables dans tous les régimes obligatoires d'assurance maladie (L. 12 juill. 1978, art. 9).

CHAPITRE V DISPOSITIFS MÉDICAUX À USAGE INDIVIDUEL *(L. n° 99-641 du 27 juill. 1999, art. 25).*

SECTION PREMIÈRE DISPOSITIONS GÉNÉRALES RELATIVES AUX FOURNITURES ET APPAREILS PRIS EN CHARGE AU TITRE DES PRESTATIONS SANITAIRES

SOUS-SECTION 1 CONDITIONS DE PRISE EN CHARGE

Art. L. 165-1 *(L. n° 99-1140 du 29 déc. 1999, art. 32-III)* Le remboursement par l'assurance maladie des dispositifs médicaux à usage individuel, des tissus et cellules issus du corps humain quel qu'en soit le degré de transformation et de leurs dérivés, des produits de santé autres que les médicaments visés à l'article L. 162-17 et des prestations de services et d'adaptation associées est subordonné à leur inscription sur une liste établie après avis d'une *(L. n° 2004-810 du 13 août 2004, art. 36-I)* « commission de la Haute Autorité de santé mentionnée à l'article L. 161-37 ». L'inscription est effectuée soit par la description générique de tout ou partie du produit concerné, soit sous forme de marque ou de nom commercial. L'inscription sur la liste peut elle-même être subordonnée au respect de spécifications techniques, d'indications thérapeutiques ou diagnostiques et de conditions particulières de prescription *(L. n° 2018-1203 du 22 déc. 2018, art. 51-I, en vigueur le 1er janv. 2019)* « , d'utilisation et de distribution.

« L'inscription sur la liste peut distinguer au sein d'une même catégorie de produits ou de prestations plusieurs classes, définies, d'une part, en fonction du caractère primordial du service rendu et, d'autre part, en fonction du rapport entre ce service et le tarif ou le prix envisagé. L'une au moins de ces classes a vocation à faire l'objet d'une prise en charge renforcée, par l'application des dispositions des articles L. 165-2, L. 165-3 ou L. 871-1. »

(L. n° 2014-1554 du 22 déc. 2014, art. 60-I-1°) « L'inscription sur la liste mentionnée au premier alinéa des produits répondant pour tout ou partie à des descriptions génériques particulières peut être subordonnée au dépôt auprès de l'Agence nationale de sécurité du médicament et des produits de santé, par les fabricants, leurs mandataires ou distributeurs, d'une déclaration de conformité aux spécifications techniques des descriptions génériques concernées. L'inscription de ces produits sur la liste prend la forme d'une description générique renforcée permettant leur identification individuelle. La déclaration de conformité est établie par un organisme compétent désigné à cet effet par l'agence précitée.

« La liste des descriptions génériques renforcées mentionnées au *(L. n° 2018-1203 du 22 déc. 2018, art. 51-I, en vigueur le 1er janv. 2019)* « troisième » alinéa est fixée par arrêté des ministres chargés de la santé et de la sécurité sociale, selon une procédure et dans des conditions déterminées par décret en Conseil d'État, compte tenu de l'intérêt pour la santé publique que présentent les produits relevant de ces descriptions ou de leur incidence sur les dépenses de l'assurance maladie. »

Les conditions d'application du présent article, notamment les conditions d'inscription sur la liste, ainsi que la composition et le fonctionnement de la commission, sont fixées par décret en Conseil d'État. — *V. art. R. 165-15.*

La procédure et les conditions d'inscription peuvent être adaptées en fonction des dispositifs selon leur finalité et leur mode d'utilisation.

(Abrogé par L. n° 2009-879 du 21 juill. 2009, art. 5-X) (L. n° 2004-1370 du 20 déc. 2004, art. 17-III) ***« Lorsque l'utilisation de produits ou prestations fait appel à des soins pratiqués par des établissements de santé, les ministres chargés de la santé et de la sécurité sociale peuvent décider de subordonner l'inscription sur la liste des conditions relatives à l'évaluation de ces produits ou prestations aux modalités de délivrance des soins ou à la qualification ou à la compétence des praticiens des établissements de santé utilisant ces produits ou pratiquant ces prestations. La liste précise, le cas échéant, les modalités selon lesquelles le directeur de l'agence régionale de l'hospitalisation établit la liste des établissements de santé pour lesquels l'assurance maladie prend en charge ces produits ou prestations au vu notamment des capacités hospitalières nécessaires pour répondre aux besoins de la population, ainsi que de l'implantation et de l'expérience pour les soins concernés des établissements de santé. »*** — *Les mesures prises au titre de cet art., dans sa rédaction antérieure à la L. n° 2009-879 du 21 juill. 2009, demeurent applicables (L. préc., art. 5-X).*

Les dispositions de l'art. 60 de la L. n° 2014-1554 du 22 déc. 2014 s'appliquent aux produits qui répondent aux descriptions génériques particulières prévues à l'art. L. 165-1, dans sa rédaction résultant de la loi précitée, à compter de son entrée en vigueur et qui font l'objet, à compter de cette date, d'une inscription sur la liste prévue au même art. L. 165-1. Il s'applique également, à compter de la même date et dans des conditions prévues par le décret en Conseil d'État mentionné au troisième al. dudit art., aux produits qui répondent aux descriptions génériques particulières précitées et qui sont inscrits sur ladite liste (L. n° 2014-1554 du 22 déc. 2014, art. 60-II).

BIBL. ▸ VIOUJAS, L'observance du patient, une nouvelle condition de remboursement par l'assurance maladie ?, *RDSS 2014. 517.*

1. Détermination des tarifs (erreur manifeste d'appréciation). Les dispositions des art. L. 165-1 et L. 165-3 ne font pas obstacle à ce que les ministres compétents pour fixer le prix des dispositifs médicaux à usage individuel remboursés par l'assurance maladie assortissent les prix qu'ils fixent de possibilités de dépassement, notamment pour tenir compte de besoins ou de circonstances particuliers. En excluant, dans la fixation du prix de vente maximum au public de chaussures orthopédiques, toute possibilité de dépassement de prix pour ces dispositifs médicaux dont les fonctions ne sont pas exclusivement thérapeutiques, et pour lesquels les patients peuvent demander aux fabricants des modifications ou des adaptations non liées aux fonctions thérapeutiques, les ministres ont entaché leur appréciation d'une erreur manifeste. • CE 2 avr. 2003, n° 243340. ♦ La circonstance invoquée par la requérante que le coût de revient des vis d'interférence biorésorbables serait de beaucoup supérieur au tarif de responsabilité retenu n'est pas à elle seule, en l'absence notamment d'indications précises sur les avantages que présente l'utilisation de ces produits, de nature à faire regarder le tarif retenu comme entaché d'erreur manifeste. • CE 12 juin 1998, n° 181489.

2. Condition d'observance. En faisant dépendre la prise en charge du traitement par dispositif médical à pression positive continue (PPC) non seulement de sa prescription et de son utilisation dans des conditions conformes aux exigences qu'il pose mais aussi de l'observation effective par les patients de leur traitement, en fixant une durée minimale d'utilisation de l'appareil à pression positive continue, contrôlée par un dispositif de transmission automatique de l'observation, les ministres signataires ont excédé les prévisions des dispositions de l'art. L. 165-1 CSS. • CE 28 nov. 2014, n° 366931 : *RDSS 2015. 300* , *P.-A. Adèle. – V. pour le référé :* • CE, réf., 14 févr. 2014, n° 374699 : *D. 2014. Point de vue 936, obs. Laude.* Doivent être annulées les dispositions des arrêtés du 9 janv. 2013 et du 22 oct. 2013. ♦ V. aussi • Civ. 2e, 18 juin 2015, n° 14-18.285 P (en l'absence de texte sanctionnant une éventuelle inobservance d'utilisation, la prise en charge de la prolongation de l'assistance respiratoire ne pouvait être refusée par la caisse).

Art. L. 165-1-1 *(L. n° 2008-1330 du 17 déc. 2008, art. 51) (L. n° 2014-1554 du 22 déc. 2014, art. 57-4°)* **« Tout produit de santé mentionné aux articles L. 5211-1 ou L. 5221-1 du code de la santé publique ou acte innovant susceptible de présenter un bénéfice clinique ou médico-économique peut faire l'objet, à titre dérogatoire et pour une durée limitée, d'une prise en charge partielle ou totale conditionnée à la réalisation d'une étude clinique ou médico-économique. Cette prise en charge relève de l'assurance maladie. Le caractère innovant est notamment apprécié par son degré de nouveauté, son niveau de diffusion et de caractérisation des risques pour le patient et sa capacité potentielle à répondre significativement à un besoin médical pertinent ou à réduire significativement les dépenses de santé. » La prise en charge est décidée par arrêté des ministres chargés de la santé et de la sécurité sociale après avis de la Haute Autorité de santé. L'arrêté fixe le forfait de prise en charge par patient, le nombre de patients concernés, la durée de prise en charge, les conditions particulières d'utilisation, la liste des établissements de santé** *(L. n° 2014-1554 du 22 déc. 2014, art. 57-4°)* **« , des centres de santé et maisons de santé » pour lesquels l'assurance maladie prend en charge ce forfait, et détermine les études auxquelles la mise en œuvre du traitement innovant doit donner lieu** *(L. n° 2009-879 du 21 juill. 2009, art. 5-XI, en vigueur le 1er mars 2010)* **« , ainsi que les modalités d'allocation du forfait »** *(Abrogé par L. n° 2014-1554 du 22 déc. 2014, art. 57-4°) « aux établissements de santé »*. **Cet arrêté peut préciser leurs modalités d'identification dans les systèmes d'information hospitaliers. Le forfait inclut la prise en charge de l'acte** *(Abrogé par L. n° 2014-1554 du 22 déc. 2014, art. 57-4°) « et des frais d'hospitalisation associés »* **et, le cas échéant, la prise en charge** *(L. n° 2014-1554 du 22 déc. 2014, art. 57-4°)* **« des frais d'hospitalisation, du produit de santé ou de la prestation associés. » Par dérogation aux dispositions de l'article L. 162-2, les praticiens exerçant à titre libéral sont rémunérés par l'intermédiaire de l'établissement de santé. »**

(L. n° 2014-1554 du 22 déc. 2014, art. 57-4°) **« Les critères d'éligibilité et la procédure d'accès ainsi que les modalités de la prise en charge forfaitaire prévue au présent article sont fixés par décret en Conseil d'État. »**

V. Arr. du 12 juin 2015 relatif aux modèles de documents à fournir lors du dépôt d'une demande de prise en charge au titre de l'art. L. 165-1-1 CSS (JO 26 juin) et Arr. du 12 juin 2015 relatif au référentiel précisant les éléments justificatifs requis pour l'évaluation d'un produit de santé ou d'un acte faisant l'objet d'une demande de prise en charge au titre de l'article L. 165-1-1 du code de la sécurité sociale (JO 30 juin).

Art. L. 165-1-2 *(L. n° 2011-2012 du 29 déc. 2011, art. 35)* **I. – Pour les produits inscrits sur la liste prévue à l'article L. 165-1 et relevant de son champ de compétence, l'Agence nationale de sécurité du médicament et des produits de santé peut effectuer ou faire effectuer par des organismes compétents un contrôle du respect des spécifications techniques auxquelles l'inscription sur la liste est subordonnée. Les fabricants ou leurs mandataires ou les distributeurs sont tenus de compenser la perte financière**

subie par l'acheteur des produits qui sont saisis par l'agence dans le cadre de ses contrôles.

II. – Lorsqu'elle constate qu'une spécification technique requise pour l'inscription du produit mentionné au I du présent article sur la liste mentionnée à l'article L. 165-1 n'est pas respectée et après qu'elle a mis l'entreprise concernée en mesure de présenter ses observations, l'agence adresse au fabricant ou à son mandataire ou au distributeur un courrier lui notifiant les manquements retenus à son encontre ainsi que les pénalités encourues.

Une copie de ce courrier est adressée aux ministres chargés de la santé et de la sécurité sociale, au Comité économique des produits de santé et au directeur général de l'Union nationale des caisses d'assurance maladie.

Le comité peut fixer, après que le fabricant ou son mandataire ou le distributeur concerné a été mis en mesure de présenter ses observations, une pénalité financière à la charge du fabricant ou de son mandataire ou du distributeur.

Le montant de cette pénalité ne peut être supérieur à 10 % du chiffre d'affaires hors taxes réalisé en France par le fabricant ou distributeur au titre du dernier exercice clos pour le ou les produits considérés. Le montant de la pénalité est fixé en fonction de la gravité du manquement constaté.

La pénalité est recouvrée par les organismes mentionnés à l'article L. 213-1 désignés par le directeur de l'Agence centrale des organismes de sécurité sociale. *(L. nº 2013-1203 du 23 déc. 2013, art. 28)* « Les articles L. 137-3 et L. 137-4 sont applicables au recouvrement de la pénalité. » Son produit est affecté *(Abrogé par L. nº 2012-1404 du 17 déc. 2012, art. 73-VIII-A) « aux régimes obligatoires de base d'assurance maladie »* selon les modalités prévues à l'article L. 162-37. Le recours présenté contre la décision prononçant cette pénalité est un recours de pleine juridiction.

III. – Lorsqu'un manquement retenu par l'agence en application du II a entraîné un remboursement indu par l'assurance maladie, les organismes nationaux des régimes obligatoires d'assurance maladie engagent, par subrogation aux organismes locaux d'assurance maladie concernés, la procédure de recouvrement de l'indu prévue à l'article L. 133-4 à l'encontre du fabricant ou de son mandataire ou du distributeur du produit concerné. Les directeurs des organismes nationaux exercent, dans les mêmes conditions, les pouvoirs que les directeurs des organismes locaux tirent des dispositions de l'avant-dernier alinéa de ce même article L. 133-4.

IV. – Si le manquement retenu par l'agence en application du II a rendu nécessaire la dispensation d'actes de soins, de prestations ou de produits de santé à un assuré, le professionnel ou l'établissement de santé qui a connaissance de ce manquement et a accompli cette dispensation en informe, dans le respect du secret médical, l'organisme local d'assurance maladie auquel l'assuré est affilié.

V. – Les conditions d'application du présent article, notamment les modalités de réalisation des contrôles prévus au I, les règles et délais de procédure et les modes de calcul de la pénalité financière mentionnée au II, sont déterminées par décret en Conseil d'État.

Art. L. 165-1-3 *(L. nº 2016-1827 du 23 déc. 2016, art. 92)* Dans le cadre de la mise en œuvre de certains traitements d'affections chroniques, dont la liste est fixée par arrêté des ministres chargés de la santé et de la sécurité sociale après avis de la Haute Autorité de santé, les prestataires mentionnés à l'article L. 5232-3 du code de la santé publique peuvent recueillir, avec l'accord du patient, les données issues d'un dispositif médical inscrit sur la liste prévue à l'article L. 165-1 du présent code qu'ils ont mis à la disposition du patient et qui est nécessaire à son traitement. Pour l'application du présent article, le recueil des données s'entend des seules données résultant de l'utilisation par le patient du dispositif médical concerné.

Ces données peuvent, avec l'accord du patient, être télétransmises au médecin prescripteur, au prestataire et au service du contrôle médical mentionné à l'article L. 315-1. Au regard de ces données, le prestataire peut conduire, en lien avec le prescripteur qui réévalue, le cas échéant, sa prescription, des actions ayant pour objet de favoriser une bonne utilisation du dispositif médical inscrit ainsi que ses prestations de services et d'adaptation associées, sur la liste mentionnée à l'article L. 165-1.

Le recueil et la transmission des données personnelles de santé relevant du présent article sont effectués dans le respect de la loi n° 78-17 du 6 janvier 1978 relative à l'informatique, aux fichiers et aux libertés.

Les tarifs de responsabilité ou les prix mentionnés, respectivement, aux articles L. 165-2 et L. 165-3 peuvent être modulés, sans préjudice des autres critères d'appréciation prévus aux mêmes articles L. 165-2 et L. 165-3, en fonction de certaines données collectées, notamment celles relatives aux modalités d'utilisation du dispositif médical mis à disposition. Dans le cadre de la procédure d'inscription d'un tel dispositif médical sur la liste mentionnée à l'article L. 165-1, la commission spécialisée de la Haute Autorité de santé mentionnée au même article L. 165-1 se prononce dans son avis sur les modalités selon lesquelles sont prises en compte les données collectées pouvant, le cas échéant, donner lieu à une modulation du tarif de responsabilité ou du prix, notamment au regard du bon usage des produits ou prestations concernés. Cette modulation du tarif de responsabilité ou du prix des produits et prestations mentionnés audit article L. 165-1 ne peut avoir d'incidence sur la qualité de la prise en charge du patient par les prestataires. Une moindre utilisation du dispositif médical ne peut en aucun cas conduire à une augmentation de la participation de l'assuré mentionnée au I de l'article L. 160-13 aux frais afférents à ce dispositif et à ses prestations associées.

Les modalités d'application du présent article sont définies par décret en Conseil d'État.

Art. L. 165-1-4 *(L. n° 2018-1203 du 22 déc. 2018, art. 51-I, en vigueur le 1er janv. 2019)* I. — Les règles de distribution mentionnées au premier alinéa de l'article L. 165-1 peuvent comporter l'obligation, pour le fabricant ou pour le distributeur, de proposer et de disposer de certains produits ou prestations appartenant aux classes à prise en charge renforcée définies en application du deuxième alinéa du même article L. 165-1.

II. — La distribution, en vue de leur prise en charge par l'assurance maladie, de produits ou prestations inscrits sur la liste mentionnée au même article L. 165-1 peut donner lieu à l'obligation pour le distributeur de participer à un dispositif d'évaluation visant à établir la qualité de la prise en charge du patient et la mise en œuvre conforme des modalités de prise en charge et de distribution des produits ou prestations, notamment au regard des exigences fixées par la liste mentionnée audit article L. 165-1 et de celles fixées au I du présent article, ainsi que la satisfaction des patients.

III. — Les sommes dues en application des dispositions de l'article L. 133-4 sont recouvrées auprès du distributeur concerné lorsqu'elles résultent du non-respect des dispositions du I du présent article ou de l'article L. 165-9 par ce distributeur.

IV. — Le directeur de l'organisme d'assurance maladie compétent peut prononcer à l'encontre du fabricant ou du distributeur, après que celui-ci a été mis en mesure de présenter ses observations, une pénalité financière :

1° D'un montant maximal de 5 % du chiffre d'affaires hors taxes total réalisé en France en cas de méconnaissance des obligations mentionnées au I ;

2° D'un montant maximal de 10 % du chiffre d'affaires hors taxes réalisé en France pour les produits ou prestations pour lesquels les obligations mentionnées au II ou à l'article L. 165-9 ont été méconnues.

Le montant de la pénalité est fixé en fonction de la gravité, de la durée et de la réitération éventuelle des manquements.

V. — Le distributeur qui n'entend pas mettre en œuvre les obligations mentionnées au présent article et à l'article L. 165-9 en informe les assurés sociaux selon des modalités appropriées, définies par le décret mentionné au VI du présent article. L'ensemble des produits et prestations qu'il distribue ne peuvent alors être admis au remboursement.

VI. — Un décret en Conseil d'État définit les conditions d'application du présent article.

Art. L. 165-1-5 *(L. n° 2018-1203 du 22 déc. 2018, art. 65-I, en vigueur le 1er mars 2019)* I. — Certains produits et prestations*[,]* pour lesquels, pour une indication particulière, une inscription sur la liste mentionnée à l'article L. 165-1 est demandée et est en cours d'instruction, peuvent faire l'objet d'une prise en charge temporaire par l'assurance maladie, décidée par arrêté des ministres chargés de la santé et de la sécurité sociale, après avis de la commission mentionnée au même article L. 165-1 et selon des conditions et modalités définies par décret en Conseil d'État. Ce décret fixe également les situations dans lesquelles il peut être mis fin à la prise en charge temporaire. Seuls certains établissements de santé peuvent distribuer ce produit ou cette prestation en vue de sa prise en charge. Cette prise en charge peut conduire les ministres chargés de la santé et de la sécurité sociale à modifier les conditions de délivrance des produits concernés au titre de leur éventuelle prise en charge au titre dudit article L. 165-1.

Les ministres chargés de la santé et de la sécurité sociale fixent la compensation accordée à l'entreprise commercialisant le produit ou la prestation dans le cadre de l'indication pour laquelle une prise en charge est autorisée en application du présent I.

II. — Pour les indications faisant l'objet d'une compensation mentionnée au I du présent article, l'entreprise commercialisant le produit ou la prestation reverse chaque année aux organismes mentionnés à l'article L. 213-1 désignés par le directeur de l'Agence centrale des organismes de sécurité sociale, sous forme de remises, la différence entre le chiffre d'affaires facturé par l'entreprise au titre de cette indication et le montant qui aurait résulté de la valorisation des unités vendues et utilisées dans le cadre de cette indication selon la compensation fixée par les ministres chargés de la santé et de la sécurité sociale. Le chiffre d'affaires facturé au titre de l'indication est obtenu en multipliant le chiffre d'affaires total facturé par l'entreprise pour ce produit ou cette prestation par la part d'utilisation du produit ou de la prestation dans l'indication considérée.

III. — Lorsqu'un produit ou une prestation ayant fait l'objet d'un versement de remises au sens du II du présent article est inscrit au remboursement au titre de l'article L. 165-1 et fait l'objet d'un prix ou d'un tarif fixé par convention avec le Comité économique des produits de santé au titre de l'une ou de plusieurs de ses indications, la convention détermine le prix ou *[le]* tarif net de référence du produit ou de la prestation au sens de l'article L. 165-4 et, le cas échéant, la restitution consécutive de tout ou partie de la remise versée en application du II du présent article. Le montant de cette restitution résulte de la valorisation des unités vendues, et prises en charge au titre du I, au prix ou *[au]* tarif net de référence, minorée du chiffre d'affaires facturé aux établissements de santé après déduction de la remise prévue au II, au titre des indications considérées et de l'année civile pour laquelle la remise avait été versée. Le montant de cette restitution ne peut excéder la remise versée en application du même II, au titre des indications considérées et de l'année civile pour laquelle la remise avait été versée.

IV. — L'article L. 162-16-5-4 est applicable aux produits et prestations faisant l'objet de la prise en charge mentionnée au I du présent article.

Art. L. 165-2 *(L. n° 2004-810 du 13 août 2004, art. 43-I) (L. n° 2016-1827 du 23 déc. 2016, art. 98-VIII)* « I. — » Les tarifs de responsabilité de chacun des produits ou prestations mentionnés à l'article L. 165-1 inscrits sous forme de nom de marque ou de nom commercial sont établis par convention entre le fabricant ou le distributeur du produit ou de la prestation concerné et le Comité économique des produits de santé dans les mêmes conditions que les conventions visées à l'article L. 162-17-4 ou, à défaut, par décision du Comité économique des produits de santé.

Les tarifs de responsabilité des produits ou prestations mentionnés à l'article L. 165-1 inscrits par description générique *(L. n° 2014-1554 du 22 déc. 2014, art. 60-I-2°)* « ou par description générique renforcée » sont établis par convention entre un ou plusieurs fabricants ou distributeurs des produits ou prestations répondant à la description générique ou, le cas échéant, une organisation regroupant ces fabricants ou distributeurs et le Comité économique des produits de santé dans les *(L. n° 2016-1827 du 23 déc. 2016, art. 98-VIII)* « conditions prévues à l'article L. 165-3-3 » ou, à défaut, par décision du Comité économique des produits de santé. — *V. note ss. art. L. 165-1.*

La fixation de ce tarif tient compte principalement *(L. n° 2016-1827 du 23 déc. 2016, art. 98-VIII)* « de l'amélioration éventuelle du service attendu ou rendu », *(L. n° 2011-1906 du 21 déc. 2011, art. 47-IX)* « le cas échéant, des résultats de l'évaluation médico-économique » des tarifs *(Abrogé par L. n° 2016-1827 du 23 déc. 2016, art. 98-VIII) « et des prix* » des produits ou prestations comparables, des volumes de vente prévus ou constatés *(L. n° 2016-1827 du 23 déc. 2016, art. 98-VIII)* « , des montants remboursés par l'assurance maladie obligatoire prévus ou constatés » et des conditions prévisibles et réelles d'utilisation. *(L. n° 2018-1203 du 22 déc. 2018, art. 51-I, en vigueur le 1er janv. 2019)* « Elle peut également tenir compte, à la demande des ministres chargés de la santé et de la sécurité sociale, de l'appartenance aux classes définies en application du deuxième alinéa de l'article L. 165-1. »

(L. n° 2016-1827 du 23 déc. 2016, art. 98-VIII) « II. — Le tarif de responsabilité mentionné au I peut être fixé à un niveau inférieur ou baissé, par convention ou, à défaut, par décision du Comité économique des produits de santé, au regard d'au moins l'un des critères suivants :

« 1° L'ancienneté de l'inscription du produit ou de la prestation associée, ou d'un ensemble de produits et de prestations comparables, sur la liste prévue à l'article L. 165-1 ;

« 2° Les tarifs des produits et prestations comparables et les remises applicables au produit ou à la prestation et à ceux comparables recouvrées dans les conditions prévues à l'article L. 165-4 au bénéfice de la Caisse nationale de l'assurance maladie *(Abrogé par Ord. n° 2018-470 du 12 juin 2018, art. 9)* « *des travailleurs salariés* » ;

« 3° Le prix d'achat des produits et prestations constaté par les établissements de santé ou les distributeurs de gros ou de détail, compte tenu des remises, ristournes et avantages commerciaux et financiers assimilés de toute nature consentis, y compris les rémunérations de services prévues à l'article L. 441-7 du code de commerce ;

« 4° Le coût net de remises pour l'assurance maladie obligatoire du produit ou de la prestation concernés et des autres produits ou prestations utilisés concomitamment ou séquentiellement avec ce produit ou cette prestation, notamment par rapport au coût net de remises de produits ou de prestations comparables utilisés seuls ou, le cas échéant, en association concomitamment ou séquentiellement ;

« 5° L'existence de tarifs, de prix ou de coûts de traitement inférieurs, déduction faite des différentes remises ou taxes en vigueur, dans d'autres pays européens présentant une taille totale de marché comparable et dont la liste est fixée par décret ;

« 6° Les volumes de vente prévus ou constatés des produits ou prestations ;

« 7° Les montants des produits ou prestations remboursés par l'assurance maladie obligatoire prévus ou constatés ;

(L. n° 2018-1203 du 22 déc. 2018, art. 51-I, en vigueur le 1er janv. 2019) « 8° L'appartenance du produit ou de la prestation à une classe autre que les classes à prise en charge renforcée définies en application du deuxième alinéa de l'article L. 165-1 du présent code. »

« Les tarifs d'une catégorie de produits et prestations comparables peuvent être baissés simultanément. L'application d'un taux de baisse uniforme est possible lorsqu'au moins l'un des critères précédents est considéré pour l'ensemble de la catégorie de produits et prestations comparables.

(L. n° 2016-1827 du 23 déc. 2016, art. 98-VIII) « III. — » *(L. n° 2014-1554 du 22 déc. 2014, art. 67-I-C)* « La publication du tarif des produits ou prestations mentionnés à l'article L. 162-22-7 intervient au plus tard dans un délai de cent quatre-vingts jours à compter de la réception de la demande d'inscription de l'entreprise sur la liste mentionnée au même article L. 162-22-7 ou, en cas d'inscription sur cette même liste à l'initiative des ministres chargés de la santé et de la sécurité sociale, dans un délai de quatre-vingt-dix jours à compter du jour où l'avis de la commission mentionnée à l'article L. 165-1 a été rendu public. » — *Les dispositions issues de la L. n° 2014-1554 du 22 déc. 2014 s'appliquent à la prise en charge, au titre de la liste mentionnée à l'art. L. 162-22-7, des spécialités pharmaceutiques ou produits et prestations pour lesquels le dernier avis de la commission mentionnée à l'art. L. 5123-3 CSP ou de la commission mentionnée à l'art. L. 165-1 a été rendu public postérieurement au 1er janv. 2015. La prise en charge, au titre de la liste mentionnée à l'art. L. 162-22-7, des spécialités pharmaceutiques ou produits et prestations pour lesquels les avis mentionnés ci-dessus ont été rendus publics avant le 1er janv. 2015 demeure régie par les dispositions législatives dans leur rédaction en vigueur avant cette date (L. n° 2014-1554 du 22 déc. 2014, art. 67-II).*

(L. n° 2016-1827 du 23 déc. 2016, art. 98-VIII) « IV. — Le cadre des conventions mentionnées aux I et II du présent article peut être, le cas échéant, précisé par l'accord mentionné à l'article L. 165-4-1. »

(L. n° 2018-1203 du 22 déc. 2018, art. 51-I, en vigueur le 1er janv. 2019) « V. — Par dérogation aux I et II, le tarif de responsabilité des produits et prestations n'appartenant pas aux classes à prise en charge renforcée définies en application du deuxième alinéa de l'article L. 165-1 peut être fixé par arrêté des ministres chargés de la santé et de la sécurité sociale. »

Art. L. 165-2-1 *(L. n° 2017-1836 du 30 déc. 2017, art. 59-3°)* Lorsque, dans le cadre de l'inscription ou du maintien de l'inscription, sous quelque forme que ce soit, de produits ou prestations sur la liste prévue à l'article L. 165-1, ou dans le cadre d'une négociation tarifaire, le fabricant ou le distributeur produit, à son initiative ou sur demande, des données manifestement erronées relatives aux conditions de prise en charge, aux volumes de vente *[ventes]* ou aux montants remboursés par les régimes d'assurance maladie dans d'autres États membres de l'Union européenne, ainsi qu'aux conditions réelles ou prévisibles d'utilisation ou aux volumes de vente *[ventes]* en France, le Comité économique des produits de santé peut prononcer, après que le fabricant ou le distributeur a été mis en mesure de présenter ses observations, une pénalité financière à la charge de ce fabricant ou de ce distributeur.

Le montant de la pénalité ne peut être supérieur à 10 % du chiffre d'affaires, hors taxes, réalisé en France par le fabricant ou le distributeur au titre du dernier exercice clos pour les produits ou prestations considérés. Dans le cas d'une première demande d'inscription de produits ou prestations sur la liste prévue à l'article L. 165-1, la pénalité ne peut être supérieure à 10 % du chiffre d'affaires annuel, hors taxes, pour la France, estimé sur la base de la population de patients ayant vocation à bénéficier du traitement correspondant aux produits ou prestations concernés. Le montant de la pénalité est fixé en fonction de la gravité du manquement constaté.

La pénalité est recouvrée par les organismes mentionnés à l'article L. 213-1 désignés par le directeur de l'Agence centrale des organismes de sécurité sociale. Les articles L. 137-3 et L. 137-4 sont applicables au recouvrement de la pénalité. Son produit est affecté à la Caisse nationale de l'assurance maladie. Le recours présenté contre la décision prononçant cette pénalité est un recours de pleine juridiction.

Les modalités d'application du présent article sont fixées par décret en Conseil d'État.

Art. L. 165-3 *(L. n° 2004-810 du 13 août 2004, art. 43-I) (Abrogé par L. n° 2015-1702 du 21 déc. 2015, art. 73-2°)* « *I. —* » Le Comité économique des produits de santé peut fixer par convention ou, à défaut, par décision les prix des produits et prestations mentionnés à l'article L. 165-1 *(Abrogé par L. n° 2016-1827 du 23 déc. 2016, art. 98-IX)* « *dans les conditions prévues à l'article L. 162-38* ». Lorsque le produit ou la prestation est inscrit sous forme de nom de marque ou de nom commercial, la convention est établie entre le fabricant ou le distributeur du produit ou de la prestation concerné et le Comité économique des produits de santé dans les mêmes conditions que les conventions visées à l'article L. 162-17-4 ou, à défaut, par décision du Comité économique des produits de santé.

Lorsque les produits ou prestations mentionnés à l'article L. 165-1 sont inscrits par description générique *(L. n° 2014-1554 du 22 déc. 2014, art. 60-I-2°)* « ou par description générique renforcée », la convention est établie entre un ou plusieurs fabricants ou distributeurs des produits ou prestations répondant à la description générique ou, le cas échéant, une organisation regroupant ces fabricants ou distributeurs et le Comité économique des produits de santé dans les *(L. n° 2016-1827 du 23 déc. 2016, art. 98-IX)* « conditions prévues à l'article L. 165-3-3 » ou, à défaut, par décision du Comité économique des produits de santé. — *V. note ss. art. L. 165-1.*

Al. 3 à 10 abrogés par L. n° 2015-1702 du 21 déc. 2015, art. 73-2°.

(L. n° 2016-1827 du 23 déc. 2016, art. 98-IX) « Les prix mentionnés au premier alinéa du présent article sont fixés dans les conditions prévues au I de l'article L. 165-2. Ils peuvent être fixés à un niveau inférieur ou baissés dans les conditions prévues au II du même article L. 165-2. »

Art. L. 165-3-1 *(L. n° 2001-1246 du 21 déc. 2001, art. 24)* Lorsqu'un organisme d'assurance maladie constate à l'encontre *(Ord. n° 2004-329 du 15 avr. 2004, art. 3-I-1°)* « de la personne ayant facturé » l'un des produits ou prestations inscrits sur la liste prévue à l'article L. 165-1 le non-respect du prix fixé dans les conditions mentionnées à l'article L. 165-3, le directeur de cet organisme adresse *(Ord. n° 2004-329* *du 15 avr. 2004, art. 3-I-1°)* « à la personne » une notification par laquelle il lui indique les faits reprochés. Une copie de ce courrier est adressée à l'assuré. *(Ord. n° 2004-329 du 15 avr. 2004, art. 3-I-1°)* « La personne » a la possibilité de faire parvenir ses observations à l'organisme, notamment lorsque *(L. n° 2004-810 du 13 août 2004)* « la décision mentionnée » à l'article L. 165-3 a prévu des possibilités de dépassement. L'assuré peut également faire part de ses propres observations à l'organisme d'assurance maladie.

(Ord. n° 2004-329 du 15 avr. 2004, art. 3-I-2° ; L. n° 2004-810 du 13 août 2004, art. 43-I) « En cas de confirmation de la matérialité des faits, l'organisme d'assurance maladie verse à l'assuré la différence entre le prix facturé et le prix fixé. Il adresse à la personne ayant facturé le produit ou la prestation une mise en demeure de lui rembourser cette somme. »

En cas de non-exécution de la mise en demeure, l'organisme peut prononcer à l'encontre *(Ord. n° 2004-329 du 15 avr. 2004, art. 3-I-3°)* « de la personne ayant facturé le produit ou la prestation », en fonction de la gravité des faits reprochés, une pénalité financière dans la limite de deux fois le plafond mensuel de la sécurité sociale. *(Abrogé par Ord. n° 2004-329 du 15 avr. 2004, art. 3-I-3°)* *« L'organisme verse à l'assuré la différence entre le prix facturé et le prix fixé par arrêté. »*

Lorsque la gravité ou la répétition des faits est constatée, une suspension du conventionnement, pour une durée maximale de deux ans, peut également être prononcée. La mesure prononcée par l'organisme d'assurance maladie est exécutoire à compter de sa notification *(Ord. n° 2004-329 du 15 avr. 2004, art. 3-I-4°)* « à la personne ayant facturé le produit ou la prestation ». La mesure prononcée par l'organisme d'assurance maladie est motivée et peut faire l'objet d'un recours de pleine juridiction devant le tribunal administratif.

Les modalités d'application du présent article, notamment les règles et délais de procédures, ainsi que les modes de calcul de la pénalité financière, sont déterminées par décret en Conseil d'État. — *V. art. R. 165-31 à R. 165-31-3.*

Art. L. 165-3-2 *(L. n° 2001-1246 du 21 déc. 2001, art. 24)* Pour le recouvrement des sommes exigées *(Ord. n° 2004-329 du 15 avr. 2004, art. 3-II)* « des personnes ayant facturé le produit ou la prestation » au titre des dispositions de l'article L. 165-3-1, l'organisme d'assurance maladie peut faire usage des prérogatives et des règles applicables par les organismes de recouvrement des cotisations de sécurité sociale. L'organisme d'assurance maladie, lorsqu'il est débiteur vis-à-vis *(Ord. n° 2004-329 du 15 avr. 2004, art. 3-II)* « des personnes ayant facturé le produit ou la prestation », peut également déduire la somme des montants dus.

Art. L. 165-3-3 *(L. n° 2016-1827 du 23 déc. 2016, art. 98-X)* I. — Les fabricants ou, le cas échéant, les organisations regroupant ces fabricants sont habilités à négocier et à conclure les conventions fixant, en application des articles L. 165-2 et L. 165-3, les tarifs de responsabilité et, le cas échéant, les prix des produits et prestations inscrits sur la liste prévue à l'article L. 165-1 par description générique ou description générique renforcée, lorsque les conditions cumulatives suivantes sont remplies :

1° Les fabricants ou organisations ont fait connaître au Comité économique des produits de santé leur intention de négocier à la suite d'un avis de projet de fixer les tarifs de responsabilité et, le cas échéant, les prix ;

2° Chaque fabricant ou organisation participant à cette négociation justifie d'une part du montant remboursé, constaté ou prévisionnel, représentant au moins 10 % du montant relatif des produits et prestations concernés remboursé par l'assurance maladie obligatoire.

Pour chaque fabricant ou organisation, et pour chaque inscription sur la liste prévue à l'article L. 165-1, cette part du montant remboursé est calculée en multipliant les volumes de vente du fabricant ou de l'organisation par les tarifs de responsabilité correspondants et en appliquant le taux moyen de prise en charge par l'assurance maladie obligatoire. Lorsque l'inscription de produits et prestations sur cette liste est réalisée conjointement pour plusieurs produits, le Comité économique des produits de santé peut appliquer à chaque produit un taux de pondération, compris entre 0 et 1 ; la somme des taux employés est égale à 1.

Pour l'appréciation de la part du montant remboursé, chaque organisation participant à la négociation indique au Comité économique des produits de santé les fabricants qui lui ont donné mandat pour les représenter dans le cadre de cette négociation. Chaque fabricant participant à la négociation déclare s'il participe en son nom propre ou au titre d'une organisation. L'application de cette règle s'apprécie négociation par négociation.

II. — Les distributeurs ou, le cas échéant, les organisations regroupant ces distributeurs sont habilités à négocier et à conclure les conventions fixant, en application des articles L. 165-2 et L. 165-3, les tarifs de responsabilité et, le cas échéant, les prix des produits et prestations inscrits sur la liste prévue à l'article L. 165-1 par description générique ou description générique renforcée, lorsque les conditions cumulatives suivantes sont remplies :

1° Les distributeurs ou organisations ont fait connaître au Comité économique des produits de santé leur intention de négocier à la suite d'une information relative à la fixation de ces tarifs de responsabilité et, le cas échéant, de ces prix ;

2° Chaque distributeur ou organisation participant à cette négociation justifie d'une part du montant remboursé, constaté ou prévisionnel, représentant au moins 10 % du montant relatif des produits et prestations concernés remboursé par l'assurance maladie obligatoire.

Pour chaque distributeur ou organisation, et pour chaque inscription sur la liste prévue à l'article L. 165-1, cette part du montant remboursé est calculée en multipliant les volumes de vente du distributeur ou de l'organisation par les tarifs de responsabilité correspondants et en appliquant le taux moyen de prise en charge par l'assurance maladie obligatoire.

Pour l'appréciation de la part du montant remboursé, chaque organisation participant à la négociation indique au Comité économique des produits de santé les distributeurs qui lui ont donné mandat pour les représenter dans le cadre de cette négociation. Chaque distributeur participant à la négociation déclare s'il participe en son nom propre ou au titre d'une organisation. L'application de cette règle s'apprécie négociation par négociation.

(L. n° 2017-1836 du 30 déc. 2017, art. 59-4°) « Par dérogation à l'avant-dernier alinéa du présent II, les pharmaciens titulaires d'officine sont considérés comme étant représentés par le ou les syndicats représentatifs, au sens de l'article L. 162-33, des pharmaciens titulaires d'officine, sauf opposition d'un ou *[de]* plusieurs pharmaciens titulaires d'officine qui, dans ce cas, relèvent des modalités prévues aux quatrième et avant-dernier alinéas du présent II. Les volumes de vente *[ventes]* affectés à chaque syndicat sont établis sur la base des données de l'assurance maladie, en multipliant l'audience de ce syndicat par les volumes de vente *[ventes]* de l'ensemble des pharmaciens titulaires d'officine, à l'exception de ceux ayant notifié leur opposition. »

III. — La convention mentionnée au I est valablement conclue si elle est signée par des fabricants ou organisations qui représentent une part du montant remboursé, constaté ou prévisionnel, représentant au moins le tiers de la somme des montants remboursés relatifs aux produits et prestations concernés, sur le champ résultant de l'application du 2° du même I pour les descriptions génériques ou descriptions génériques renforcées concernées.

La convention mentionnée au II est valablement conclue si elle est signée par des distributeurs ou organisations qui représentent une part du montant remboursé, constaté ou prévisionnel, représentant au moins le tiers de la somme des montants remboursés relatifs aux produits et prestations concernés, sur le champ résultant de l'application du 2° du même II pour les descriptions génériques ou descriptions génériques renforcées concernées.

Dès lors que l'une des conventions mentionnées aux deux premiers alinéas du présent III est valablement conclue, le prix ou le tarif fixé par convention s'applique à l'ensemble des acteurs concernés, y compris à ceux qui n'ont pas signé de convention.

IV. — Pour l'application des I, II et III, les produits et prestations concernés peuvent regrouper plusieurs produits et prestations comparables, au sens de l'article L. 165-2.

Les parts des montants remboursés mentionnées au présent article sont calculées sur une période temporelle définie par le Comité économique des produits de santé.

V. – Lorsqu'il apparaît qu'un fabricant, un distributeur ou une organisation regroupant certains fabricants ou distributeurs a déclaré sciemment, pour l'application du présent article, des volumes de vente *[ventes]* ou un chiffre d'affaires ou une part du montant remboursé manifestement erronés, le Comité économique des produits de santé peut fixer, après que le fabricant, le distributeur ou l'organisation a été mis en mesure de présenter ses observations, une pénalité financière à la charge du fabricant, du distributeur ou de l'organisation.

Le montant de la pénalité ne peut être supérieur à 10 % du chiffre d'affaires, hors taxes, réalisé en France par le fabricant ou le distributeur, ou les fabricants ou distributeurs regroupés au sein de l'organisation, au titre du dernier exercice clos pour la ou les descriptions génériques ou descriptions génériques renforcées considérées. Le montant de la pénalité est fixé en fonction de la gravité du manquement constaté.

La pénalité est recouvrée par les organismes mentionnés à l'article L. 213-1 désignés par le directeur de l'Agence centrale des organismes de sécurité sociale. Les articles L. 137-3 et L. 137-4 sont applicables au recouvrement de la pénalité. Son produit est affecté à la Caisse nationale de l'assurance maladie *(Abrogé par Ord. n° 2018-470 du 12 juin 2018, art. 9) « des travailleurs salariés »*. Le recours présenté contre la décision prononçant cette pénalité est un recours de pleine juridiction.

Lorsqu'une procédure de sanction est engagée par le Comité économique des produits de santé conformément au premier alinéa du présent V, l'invalidation de la convention conclue sur la base des éléments de chiffre d'affaires, de part du montant remboursé ou des volumes de vente *[ventes]* en cause n'intervient qu'à l'issue d'un délai de six mois à compter de l'engagement de cette procédure. Ce délai de six mois s'applique également en cas d'invalidation, pour les mêmes motifs, de la décision du comité fixant le tarif ou le prix de la description en l'absence d'accord conventionnel.

VI. – Les modalités d'application du présent article sont définies par décret en Conseil d'État.

Art. L. 165-4 *(L. n° 2017-1836 du 30 déc. 2017, art. 59-5°)* « I. – » *(L. n° 99-1140 du 29 déc. 1999, art. 32-III ; L. n° 2004-810 du 13 août 2004, art. 43-I)* Le Comité économique des produits de santé peut conclure, avec les fabricants ou les distributeurs, des conventions qui peuvent notamment porter sur les volumes de ventes *(L. n° 2017-1836 du 30 déc. 2017, art. 59-5°)* « , les dépenses remboursées par l'assurance maladie, le cas échéant par indication thérapeutique, les conditions réelles d'usage des produits ou prestations, les niveaux de recours au sein d'une catégorie de produits ou prestations comparables, ainsi que sur les autres critères prévus aux I et II de l'article L. 165-2. Ces critères peuvent être considérés pour un ensemble de produits ou prestations comparables même si la convention ne porte que sur certains de ces produits ou prestations. » Dans le cadre de ces conventions, les entreprises ou groupement*[s]* d'entreprises peuvent s'engager à faire bénéficier la Caisse nationale de l'assurance maladie *(Abrogé par Ord. n° 2018-470 du 12 juin 2018, art. 9) « des travailleurs salariés »* d'une remise sur tout ou partie du chiffre d'affaires réalisé en France sur les produits *(L. n° 2017-1836 du 30 déc. 2017, art. 59-5°)* « ou prestations » mentionnés à l'article L. 165-1 et pris en charge par l'assurance maladie. *(L. n° 2009-1646 du 24 déc. 2009, art. 11-II)* « Le produit des remises est recouvré par les organismes mentionnés à l'article L. 213-1 désignés pour le recouvrement des contributions mentionnées à l'article L. 138-20. »

(L. n° 2017-1836 du 30 déc. 2017, art. 59-5°) « II. – Le remboursement par l'assurance maladie des produits et prestations mentionnés à l'article L. 165-1 peut être subordonné au versement obligatoire de remises par les fabricants ou distributeurs. Le cas échéant, une décision du Comité économique des produits de santé précise si ces remises sont dues par les fabricants ou par les distributeurs. Les remises peuvent concerner un produit ou une prestation ou, le cas échéant, un ensemble de produits ou prestations comparables ou répondant à des visées thérapeutiques similaires. Les remises peuvent notamment prendre en compte l'évolution globale des volumes de ventes pour cet ensemble de produits ou *[de]* prestations.

« S'agissant des produits ou prestations inscrits sur la liste mentionnée au même article L. 165-1 sous forme de marque ou de nom commercial, les remises sont fixées par convention entre le fabricant ou le distributeur et le Comité économique des produits de santé ou, à défaut, par décision du comité.

« S'agissant des produits ou prestations inscrits sur la liste par description générique ou description générique renforcée, les remises sont fixées par convention entre le comité et un ou plusieurs fabricants ou distributeurs des produits ou prestations répondant à la description générique ou une organisation regroupant ces fabricants ou distributeurs dans les conditions prévues à l'article L. 165-3-3 ou, à défaut, par décision du comité.

« III. — » Le Comité économique des produits de santé assure un suivi périodique des dépenses des produits *(L. n° 2017-1836 du 30 déc. 2017, art. 59-5°)* « ou prestations » mentionnés à l'article L. 165-1 en vue de constater si l'évolution de ces dépenses est compatible avec le respect de l'objectif national de dépenses d'assurance maladie. Ce suivi comporte au moins deux constats à l'issue des quatre et huit premiers mois de l'année.

(L. n° 2018-1203 du 22 déc. 2018, art. 65-I, en vigueur le 1er mars 2019) « IV. — Les conventions conclues au titre des produits ou prestations bénéficiant, pour l'une de leurs indications, d'une prise en charge mentionnée à l'article L. 165-1-5 n'incluent que des remises portant sur les unités vendues à compter de la signature de la convention. Elles incluent également des prévisions relatives aux volumes de vente, le cas échéant indication par indication, pour la prochaine année.

« Sur la base de ces éléments et après que l'entreprise a été mise en mesure de présenter ses observations, le Comité économique des produits de santé fixe un prix net de référence pour chaque produit ou prestation. Ce prix net de référence est calculé en défalquant les remises mentionnées au I du présent article, qui pourraient être dues au titre de la prochaine année, du tarif de responsabilité mentionné à l'article L. 165-2.

« Les conventions peuvent déterminer un prix net de référence plus bas que celui qui résulterait de l'application du présent IV.

« A défaut de convention prévoyant des remises, le tarif de responsabilité tient lieu de prix net de référence.

« V. — » Les conditions d'application du présent article sont fixées par décret en Conseil d'État.

Art. L. 165-4-1 *(L. n° 2015-1702 du 21 déc. 2015, art. 73-3°)* I. — Le cadre des conventions mentionnées aux articles L. 165-2, L. 165-3 et L. 165-4 peut être précisé par un accord-cadre conclu entre le Comité économique des produits de santé et un ou plusieurs syndicats représentatifs ou organisations regroupant les fabricants ou distributeurs des produits et prestations mentionnés à l'article L. 165-1.

Sans préjudice de l'article L. 162-17-4, cet accord-cadre prévoit notamment les conditions dans lesquelles les conventions déterminent :

1° Les modalités d'échanges d'informations avec le comité en matière de suivi et de contrôle des dépenses de produits et prestations remboursables ;

2° Les conditions et les modalités de mise en œuvre, par les fabricants ou distributeurs, d'études, y compris d'études médico-économiques, postérieures à l'inscription des produits et prestations sur la liste prévue à l'article L. 165-1.

L'accord-cadre prévoit également les conditions dans lesquelles le comité met en œuvre une réduction des tarifs de responsabilité et, le cas échéant, des prix de certaines catégories de produits et prestations mentionnés au même article L. 165-1 pour garantir la compatibilité du taux d'évolution prévisionnel des dépenses correspondantes avec l'objectif national de dépenses d'assurance maladie mentionné au II de l'article L. 162-17-3 et à l'article L. 165-4.

II. — En cas de manquement par un fabricant ou un distributeur à un engagement souscrit *en application* du 2° du I du présent article, le Comité économique des produits de santé peut prononcer à son encontre, après que le fabricant ou le distributeur a été mis en mesure de présenter ses observations, une pénalité financière.

Le montant de cette pénalité ne peut être supérieur à 10 % du chiffre d'affaires hors taxes réalisé en France par le fabricant ou le distributeur au titre des produits ou prestations faisant l'objet de l'engagement souscrit, durant les douze mois précédant la constatation du manquement. Le montant de la pénalité est fixé en fonction de l'importance du manquement constaté.

La pénalité est recouvrée par les organismes mentionnés à l'article L. 213-1 désignés par le directeur de l'Agence centrale des organismes de sécurité sociale. Les articles L. 137-3 et L. 137-4 sont applicables au recouvrement de la pénalité. Son produit est affecté à la Caisse nationale de l'assurance maladie *(Abrogé par Ord. n° 2018-470 du 12 juin 2018, art. 9)* *« des travailleurs salariés »*. Le recours présenté contre la décision prononçant cette pénalité est un recours de pleine juridiction.

Les règles, les délais de procédure et les modes de calcul de la pénalité financière mentionnée au présent II sont définis par décret en Conseil d'État.

Art. L. 165-5 *(L. n° 2014-1554 du 22 déc. 2014, art. 15-III-3°)* « I. — » *(L. n° 2008-337 du 15 avr. 2008)* Les fabricants ou distributeurs sont tenus, sans préjudice des dispositions de l'article L. 5211-4 du code de la santé publique, de déclarer auprès de *(L. n° 2011-2012 du 29 déc. 20112, art. 5-IV-B)* « l'Agence nationale de sécurité du médicament et des produits de santé » l'ensemble des produits ou prestations qu'ils commercialisent et inscrivent, sous quelque forme que ce soit, sur la liste mentionnée à l'article L. 165-1 du présent code, en précisant pour chaque produit ou prestation le code correspondant à l'inscription du produit ou de la prestation sur la liste. Ils sont tenus de la même obligation pour toute modification affectant le code d'un produit ou d'une prestation antérieurement déclaré.

Lorsque la déclaration prévue par le présent article n'a pas été effectuée dans les délais requis, *(L. n° 2011-2012 du 29 déc. 2011, art. 5-IV-B)* « l'Agence nationale de sécurité du médicament et des produits de santé » peut fixer, après que le fabricant ou le distributeur a été mis en mesure de présenter ses observations, une pénalité annuelle à la charge du fabricant ou du distributeur. Le montant de la pénalité ne peut être supérieur à 5 % du chiffre d'affaires réalisé en France par le fabricant ou le distributeur au titre du dernier exercice clos pour le ou les produits ou prestations considérés ; elle est reconductible, le cas échéant, chaque année.

La pénalité mentionnée au deuxième alinéa est recouvrée par les organismes mentionnés à l'article L. 213-1 désignés par le directeur de l'Agence centrale des organismes de sécurité sociale. *(L. n° 2013-1203 du 23 déc. 2013, art. 28)* « Les articles L. 137-3 et L. 137-4 sont applicables au recouvrement de la pénalité. » Son produit est affecté *(L. n° 2012-1404 du 17 déc. 2012, art. 73-VIII-A)* « selon les modalités prévues à l'article L. 162-37 ». Le recours présenté contre la décision prononçant cette pénalité est un recours en pleine juridiction.

(L. n° 2014-1554 du 22 déc. 2014, art. 15-III-3°) « II. — La déclaration prévue au I est effectuée par voie dématérialisée. En cas de méconnaissance de l'obligation de déclaration dématérialisée, l'agence peut prononcer, après mise en demeure au fabricant ou distributeur de présenter ses observations, une pénalité dans la limite de 0,2 % du chiffre d'affaires mentionné au deuxième alinéa du I. Le dernier alinéa du même I est applicable à cette pénalité. » — *Les dispositions issues de l'art. 15 de la L. n° 2014-1554 du 22 déc. 2014 s'appliquent aux déclarations et versements effectués à compter du 1er janv. 2015 (L. préc., art. 15-V-A).*

Les dispositions issues de la L. n° 2011-2012 du 29 déc. 2011 sont entrées en vigueur le 1er mai 2012, date prévue par le décret pris pour leur application (Décr. n° 2012-597 du 27 avr. 2012, art. 6-I). Depuis cette entrée en vigueur, l'Agence nationale de sécurité du médicament et des produits de santé exerce l'ensemble des droits et supporte l'ensemble des obligations de l'Agence française de sécurité sanitaire des produits de santé (L. préc., art. 41-III).

Art. L. 165-5-1 *(L. n° 2016-1827 du 23 déc. 2016, art. 98-XII)* A une date et dans des conditions fixées par décret en Conseil d'État, et au plus tard le 1er janvier 2020, l'inscription par description générique des produits et prestations sur la liste prévue à l'article L. 165-1 est subordonnée à la détention d'un code permettant une identification individuelle de chacun de ces produits et prestations et de son fabricant ou distributeur. Ces codes identifiants sont collectés par la Caisse nationale de l'assurance maladie *(Abrogé par Ord. n° 2018-470 du 12 juin 2018, art. 9)* *« des travailleurs salariés »* et rendus publics sur son site internet.

Le décret mentionné au premier alinéa précise notamment les obligations respectives des fabricants ou distributeurs et de la Caisse nationale pour l'élaboration de ces codes identifiants dans les délais requis. Ce code est exigé par la caisse locale d'assurance maladie compétente en vue de la prise en charge ou du remboursement du produit ou de la prestation.

Art. L. 165-5-2 *(L. n° 2000-1257 du 23 déc. 2000, art. 51-II)* En l'absence d'accord prévu à l'article L. 165-6 ou lorsque les dispositions de cet accord n'en traitent pas, un arrêté des ministres chargés de la sécurité sociale et de la santé peut préciser les produits et prestations inscrits sur la liste prévue à l'article L. 165-1 pour lesquels la part garantie par les organismes de prise en charge peut être versée directement aux distributeurs. *– L'art. L. 165-5-1 devient l'art. L. 165-5-2 (L. n° 2016-1827 du 23 déc. 2016, art. 98-XII-A).*

Art. L. 165-6 *(L. n° 99-641 du 27 juill. 1999, art. 25 ; L. n° 99-1140 du 29 déc. 1999, art. 32-III-1°) (L. n° 2016-41 du 26 janv. 2016, art. 86-II-1°)* « L'Union nationale des caisses d'assurance maladie, les organismes d'assurance maladie, ainsi que les mutuelles, les institutions de prévoyance et les sociétés d'assurance, peuvent conclure des accords, à l'échelon local ou national, avec les distributeurs de produits et prestations de santé mentionnés à l'article L. 165-1, notamment en ce qui concerne la qualité, les prix maximaux pratiqués, sous réserve que ces produits ou prestations ne fassent pas l'objet d'une décision prise en application du I de l'article L. 165-3, et les modalités du mécanisme de tiers payant.

« Des accords peuvent également être conclus au niveau national pour prévoir des dispositions adaptées à la situation des bénéficiaires du droit à la protection complémentaire en matière de santé et des bénéficiaires de l'aide au paiement d'une assurance complémentaire de santé mentionnés aux articles L. 861-3 et L. 863-2 *[Nouvelle rédaction issue de la L. n° 2018-1203 du 22 déc. 2018, art. 52-II, en vigueur le 1er nov. 2019 : [protection complémentaire en matière de santé] « mentionnés à l'article L. 861-1 »].* » A ce titre, pour les *(L. n° 2000-1257 du 23 déc. 2000, art. 51-I-1°)* « produits ou prestations de santé mentionnés à l'article L. 165-1 » figurant sur la liste mentionnée au *(L. n° 2005-1579 du 19 déc. 2005, art. 54-VII)* « sixième » alinéa de l'article L. 861-3, ces accords prévoient soit l'obligation pour les distributeurs de proposer un produit ou *[une]* prestation à un prix n'excédant pas le montant des frais pris en charge défini par l'arrêté mentionné à l'article L. 861-3, soit le montant maximal pouvant être facturé aux bénéficiaires du droit à la protection complémentaire en matière de santé *(Abrogé par L. n° 2018-1203 du 22 déc. 2018, art. 52-II, à compter du 1er nov. 2019) (L. n° 2016-41 du 26 janv. 2016, art. 86-II-2°)* ***« et aux bénéficiaires de l'aide au paiement d'une assurance complémentaire de santé »***.

En l'absence d'accord ou lorsque les dispositions de l'accord ne répondent pas aux conditions définies à l'alinéa précédent, un arrêté fixe, *(L. n° 2000-1257 du 23 déc. 2000, art. 51-I-3°)* « après avis du Comité économique des produits de santé », les obligations mentionnées à l'alinéa précédent s'imposant aux distributeurs.

(L. n° 2014-344 du 17 mars 2014, art. 140-III-3°) « Les infractions à l'arrêté mentionné au troisième alinéa sont constatées et poursuivies dans les conditions prévues au titre V du livre IV du code de commerce. »

(L. n° 2000-1257 du 23 déc. 2000, art. 51-I-5°) « Les accords nationaux signés par *(L. n° 2016-41 du 26 janv. 2016, art. 86-II-3°)* « l'Union nationale des caisses » d'assurance maladie et une ou plusieurs organisations nationales syndicales des distributeurs de produits ou prestations mentionnés à l'article L. 165-1 peuvent être rendus applicables à l'ensemble des distributeurs par arrêté interministériel, pris après avis du Comité économique des produits de santé. Les ministres peuvent, lorsque l'accord ou un avenant comporte une ou des dispositions non conformes aux lois et règlements en vigueur ou lorsqu'une ou des dispositions relatives aux prix proposés ne sont pas compatibles avec les critères de l'article L. 162-38, disjoindre ces dispositions dans l'arrêté. »

Art. L. 165-7 *(L. n° 2003-1199 du 18 déc. 2003, art. 27-II)* Les frais d'acquisition et de renouvellement des produits et prestations figurant sur la liste mentionnée à l'article L. 162-22-7 sont remboursés en sus des prestations d'hospitalisation mentionnées au 1° de l'article L. 162-22-1 et au 1° de l'article L. 162-22-6 dans les conditions fixées à l'article L. 162-22-7, à concurrence du tarif de responsabilité mentionné à l'article L. 165-2. Lorsque le montant de la facture est inférieur à ce tarif, le remboursement à l'établissement s'effectue sur la base du montant de la facture majoré d'une partie de la différence entre ces deux éléments définie par arrêté conjoint des ministres chargés de la santé et de la sécurité sociale. – *V. Arr. du 9 mai 2005 (JO 26 mai).*

(L. n° 2010-1594 du 20 déc. 2010, art. 54) « En aucun cas la différence entre le tarif de responsabilité et le prix de vente aux établissements ne peut être facturée aux patients. »

(L. n° 2017-1836 du 30 déc. 2017, art. 59-6°) « Le prix d'achat des produits ou prestations acquitté par l'établissement ne peut, le cas échéant, être supérieur au prix mentionné à l'article L. 165-3. »

Art. L. 165-8 *(L. n° 2011-2012 du 29 déc. 2011, art. 34-III)* « La mention, dans la publicité auprès du public pour des produits ou prestations inscrits sur la liste prévue à l'article L. 165-1 autres que des dispositifs médicaux mentionnés à l'article L. 5213-3 du code de la santé publique, que ces produits sont remboursés, même partiellement, par les régimes obligatoires d'assurance maladie ou par un régime complémentaire est interdite. »

(L. n° 2006-1640 du 21 déc. 2006, art. 65) « Cette disposition ne s'oppose pas à ce que tout opérateur vendant au public de tels produits ou prestations fournisse au consommateur, sur le lieu de la vente et au moment de celle-ci, toute information sur son prix ainsi que sur les conditions de prise en charge par l'assurance maladie du produit ou de la prestation offerte à la vente, de ses différents éléments constitutifs dans le cas de dispositifs modulaires et des adjonctions ou suppléments éventuels.

« Les infractions au présent article sont constatées et poursuivies dans les conditions prévues pour les infractions à l'article L. 121-1 du code de la consommation. Elles sont punies d'une amende de 37 500 €, dont le montant maximum peut être porté à 50 % des dépenses de la publicité constituant l'infraction. »

Art. L. 165-8-1 *(L. n° 2012-1404 du 17 déc. 2012, art. 55-IV)* Lorsqu'un retrait d'autorisation de publicité ou une interdiction de publicité a été prononcée *[prononcé]* par l'Agence nationale de sécurité du médicament et des produits de santé dans les conditions prévues aux articles L. 5213-4 ou L. 5213-5 du code de la santé publique, le Comité économique des produits de santé peut fixer, après que le fabricant ou son mandataire ou le distributeur concerné a été mis en mesure de présenter ses observations, une pénalité financière à leur encontre.

Le montant de la pénalité ne peut être supérieur à 10 % du chiffre d'affaires hors taxes réalisé en France par le fabricant ou son mandataire ou par le distributeur au titre du ou des produits ayant fait l'objet du retrait d'autorisation ou de l'interdiction de publicité, durant les six mois précédant et les six mois suivant la date de retrait d'autorisation ou d'interdiction de publicité.

Le montant de la pénalité est fixé en fonction de la gravité du manquement sanctionné par le retrait d'autorisation ou l'interdiction de publicité.

La pénalité est recouvrée par les organismes mentionnés à l'article L. 213-1 désignés par le directeur de l'Agence centrale des organismes de sécurité sociale. *(L. n° 2013-1203 du 23 déc. 2013, art. 28)* « Les articles L. 137-3 et L. 137-4 sont applicables au recouvrement de la pénalité. » Son produit est affecté selon les modalités prévues à l'article L. 162-37. Le recours présenté contre la décision prononçant cette pénalité est un recours de pleine juridiction.

Les règles et délais de procédure applicables à la pénalité financière sont définis par décret en Conseil d'État.

Art. L. 165-9 *(L. n° 2006-1640 du 21 déc. 2006, art. 65) (L. n° 2015-990 du 6 août 2015, art. 44-I-1°)* « Le professionnel de santé qui délivre au public un produit ou une prestation d'appareillage des déficients de l'ouïe ou d'optique-lunetterie inscrit sur la liste mentionnée au premier alinéa de l'article L. 165-1 remet à l'assuré social *(Abrogé par L. n° 2015-1702 du 21 déc. 2015, art. 59-IV-7°, à compter du 1er janv. 2016) « ou à son ayant droit »*, avant la conclusion du contrat de vente, un devis normalisé comportant le prix de vente de chaque produit *(L. n° 2018-1203 du 22 déc. 2018, art. 51-I, en vigueur le 1er janv. 2019)* « proposé, incluant la fourniture du produit et précisant les prestations indissociables, » ainsi que les modalités de prise en charge par les organismes d'assurance maladie obligatoire et, le cas échéant, complémentaire. » *(L. n° 2018-1203 du 22 déc. 2018, art. 51-I, en vigueur le 1er janv. 2019)* « Le devis comporte au moins un équipement d'optique médicale ou une aide auditive appartenant à l'une des classes à prise en charge renforcée définies en application du deuxième alinéa du même article L. 165-1, sous réserve qu'il existe un tel équipement ou une telle aide qui réponde au besoin de santé. » – *V. Arr. du 31 oct. 2008 (JO 4 nov.).*

Avant le paiement, *(L. nº 2015-990 du 6 août 2015, art. 44-I-1º)* « le professionnel de santé qui délivre au public un produit ou une prestation d'appareillage des déficients de l'ouïe ou d'optique-lunetterie » remet à l'assuré *(Abrogé par L. nº 2015-1702 du 21 déc. 2015, art. 59-IV-7º, à compter du 1er janv. 2016)* « *ou à son ayant droit* » une note détaillée reprenant les mêmes éléments *(L. nº 2015-990 du 6 août 2015,art. 44-I-1º)* « ainsi que les informations permettant d'assurer l'identification et la traçabilité des dispositifs médicaux fournis.

« La note *(L. nº 2018-1203 du 22 déc. 2018, art. 51-I, en vigueur le 1er janv. 2019)* « est transmise » à l'organisme de sécurité sociale auquel est affilié l'assuré ».

(L. nº 2018-1203 du 22 déc. 2018, art. 51-I, en vigueur le 1er janv. 2019) « Le contenu et la présentation du devis et de la note, y compris les informations permettant d'assurer l'identification et la traçabilité, sont fixés par arrêté des ministres chargés de la santé, de la sécurité sociale et de l'économie, après consultation du Conseil national de la consommation mentionné à l'article L. 112-1 du code de la consommation. »

Art. L. 165-9-1 *(L.nº 2015-990 du 6 août 2015, art. 44-I-2º)* Les manquements aux obligations prévues à l'article L. 165-9 du présent code *(Ord. nº 2016-301 du 14 mars 2016, art. 18, en vigueur le 1er juill. 2016)* « sont recherchés et constatés par les agents mentionnés aux articles L. 511-3 et L. 511-21 du code de la consommation, dans les conditions prévues à l'article L. 511-7 du même code. Ils » sont passibles d'une amende administrative dont le montant ne peut excéder 3 000 € pour une personne physique et 15 000 € pour une personne morale. L'amende est prononcée dans les conditions prévues *(Ord. nº 2016-301 du 14 mars 2016, art. 18, en vigueur le 1er juill. 2016)* « au chapitre II du titre II du livre V » du code de la consommation.

Art. L. 165-10 *(L. nº 2010-1594 du 20 déc. 2010, art. 61)* Un décret en Conseil d'État définit les conditions de validité de la prescription et les modalités de délivrance des produits ou d'exécution des prestations auxquelles peut être subordonnée la prise en charge des produits et prestations inscrits sur la liste prévue à l'article L. 165-1.

Art. L. 165-11 *(L. nº 2011-2012 du 29 déc. 2011, art. 37)* I. – L'achat, la fourniture, la prise en charge et l'utilisation par les établissements de santé mentionnés à l'article L. 162-22-6 des produits de santé autres que les médicaments mentionnés à l'article L. 162-17, financés au titre des prestations d'hospitalisation définies à l'article L. 162-22-6 et qui entrent dans des catégories homogènes définies par arrêté des ministres chargés de la santé et de la sécurité sociale, sont limités aux produits inscrits sur une liste établie par arrêté des mêmes ministres après avis de la commission mentionnée à l'article L. 165-1.

II. – Les catégories homogènes mentionnées au I du présent article comprennent les produits de santé qui, pour justifier de leur financement dans le cadre des prestations d'hospitalisation définies à l'article L. 162-22-6, doivent répondre, au regard de leur caractère invasif ou des risques qu'ils peuvent présenter pour la santé humaine, à au moins l'une des exigences suivantes :

1º La validation de leur efficacité clinique ;

2º La définition de spécifications techniques particulières ;

3º L'appréciation de leur efficience au regard des alternatives thérapeutiques disponibles.

III. – En vue de l'inscription éventuelle sur la liste prévue au I du présent article, les fabricants ou leurs mandataires ou les distributeurs de produits de santé appartenant aux catégories homogènes déposent une demande d'inscription auprès de la commission prévue à l'article L. 165-1.

IV. – L'inscription sur la liste est prononcée pour une durée déterminée, renouvelable. L'inscription ou le renouvellement d'inscription peuvent être notamment assortis de conditions de prescription et d'utilisation et subordonnés à la réalisation par les fabricants ou leurs mandataires ou par les distributeurs d'études complémentaires demandées sur les produits de santé.

V. – Les conditions d'application du présent article, notamment les modalités de détermination des catégories homogènes de produits de santé concernées, les modalités d'inscription de ces produits sur la liste mentionnée au I, les modalités d'évaluation et les délais de procédure, sont fixées par décret en Conseil d'État.

Art. L. 165-12 *(L. n° 2011-2012 du 29 déc. 2011, art. 37)* Les établissements de santé qui achètent ou utilisent des produits de santé appartenant aux catégories homogènes mentionnées au I de l'article L. 165-11 sans être inscrits sur la liste prévue au même I sont passibles d'une sanction financière.

Cette sanction est prononcée par le directeur général de l'agence régionale de santé à la suite d'un contrôle réalisé sur pièces et sur place par les inspecteurs de santé publique ou les praticiens conseils et auditeurs comptables des organismes d'assurance maladie et après que l'établissement a été mis en mesure de présenter ses observations. Le montant de cette sanction, fixé en fonction de la gravité du manquement constaté, ne peut excéder le coût total d'achat par l'établissement des produits considérés durant l'année précédant la constatation du manquement. La sanction est notifiée à l'établissement et est recouvrée par la caisse mentionnée aux articles L. 174-2-1 ou L. 174-18, dans les conditions prévues à l'avant-dernier alinéa du IV de l'article *(L. n° 2015-1702 du 21 déc. 2015, art. 59-XII-A-13°, en vigueur le 1er janv. 2016)* « L. 114-17-1 ».

Art. L. 165-13 *(L. n° 2011-2012 du 29 déc. 2011, art. 37)* En cas d'absence de réalisation dans les délais requis, par le fabricant ou le mandataire ou par le distributeur d'un dispositif médical, des études complémentaires demandées en application du IV de l'article L. 165-11, les ministres chargés de la santé et de la sécurité sociale peuvent prononcer, après que les intéressés ont été mis en mesure de présenter leurs observations, une pénalité financière à leur encontre.

Le montant de cette pénalité ne peut être supérieur à 10 % du chiffre d'affaires hors taxes réalisé en France par le fabricant ou le mandataire ou par le distributeur, au titre du ou des produits considérés, durant les douze mois précédant la constatation du manquement. Le montant de la pénalité est fixé en fonction de la gravité du manquement constaté.

La pénalité est recouvrée par les organismes mentionnés à l'article L. 213-1 désignés par le directeur de l'Agence centrale des organismes de sécurité sociale. *(L. n° 2013-1203 du 23 déc. 2013, art. 28)* « Les articles L. 137-3 et L. 137-4 sont applicables au recouvrement de la pénalité. » Son produit est affecté *(Abrogé par L. n° 2012-1404 du 17 déc. 2012, art. 73-VIII-A)* ***« aux régimes obligatoires de base d'assurance maladie »*** selon les modalités prévues à l'article L. 162-37. Le recours présenté contre la décision prononçant cette pénalité est un recours de pleine juridiction.

Les règles et délais de procédure ainsi que les modes de calcul de la pénalité financière sont définis par décret en Conseil d'État.

SECTION II DISPOSITIONS COMPLÉMENTAIRES RELATIVES À CERTAINS APPAREILS DE PROTHÈSE ET D'ORTHÈSE

SOUS-SECTION 1 DISPOSITIONS GÉNÉRALES

Néant.

SOUS-SECTION 2 AGRÉMENT DES FOURNISSEURS

Néant.

SOUS-SECTION 3 CONDITIONS DE PRISE EN CHARGE

Néant.

SECTION III DISPOSITIONS DIVERSES

Néant.

CHAPITRE VI CONTRÔLE MÉDICAL

V. art. R. 166-1 à R. 166-8.

CHAPITRE VII *[ABROGÉ]* TUTELLE AUX PRESTATIONS SOCIALES

(Abrogé par L. nº 2007-308 du 5 mars 2007, art. 32, à compter du 1er janv. 2009)

SECTION PREMIÈRE *[ABROGÉE]* DISPOSITIONS GÉNÉRALES

Art. L. 167-1 à L. 167-5 *Abrogés par L. nº 2007-308 du 5 mars 2007, art. 32, à compter du 1er janv. 2009.*

SECTION II INSTITUTION DES TUTELLES AUX PRESTATIONS SOCIALES

Néant.

SECTION III TUTEURS

Néant.

SECTION IV DÉLÉGUÉS À LA TUTELLE

Néant.

SECTION V COMMISSION DÉPARTEMENTALE DES TUTELLES AUX PRESTATIONS SOCIALES

Néant.

SECTION VI RÔLE DES TUTEURS — CONTRÔLE DE LEUR GESTION ET FONCTIONNEMENT DES SERVICES DE TUTELLE

Néant.

CHAPITRE VIII ALLOCATION JOURNALIÈRE D'ACCOMPAGNEMENT D'UNE PERSONNE EN FIN DE VIE

(L. nº 2010-209 du 2 mars 2010, art. 1er)

Le Gouvernement remet chaque année, avant le 31 déc., un rapport aux commissions parlementaires compétentes faisant état de la mise en œuvre du versement de l'allocation journalière d'accompagnement d'une personne en fin de vie.

Ce rapport établit aussi un état des lieux de l'application de la politique de développement des soins palliatifs à domicile (L. nº 2010-209 du 2 mars 2010, art. 7).

V. Circ. nº DSS/2A/2011/117 du 24 mars 2011 relative au régime juridique applicable à l'allocation d'accompagnement en fin de vie.

Art. L. 168-1 **Une allocation journalière d'accompagnement d'une personne en fin de vie est versée aux personnes qui accompagnent à domicile une personne en phase avancée ou terminale d'une affection grave et incurable, quelle qu'en soit la cause, et qui remplissent les conditions suivantes :**

1° Soit être bénéficiaires du congé de solidarité familiale ou l'avoir transformé en période d'activité à temps partiel comme prévu aux articles *(L. nº 2016-1088 du 8 août 2016, art. 9-IV)* **« L. 3142-6 à L. 3142-15 » du code du travail ou du congé prévu au 9° de l'article 34 de la loi nº 84-16 du 11 janvier 1984 portant dispositions statutaires relatives à la fonction publique de l'État, au 10° de l'article 57 de la loi nº 84-53 du 26 janvier 1984 portant dispositions statutaires relatives à la fonction publique territoriale, au 9° de l'article 41 de la loi nº 86-33 du 9 janvier 1986 portant dispositions statutaires relatives à la fonction publique hospitalière ou à l'article L. 4138-6 du code de la défense ;**

2° Soit avoir suspendu ou réduit leur activité professionnelle et être un ascendant, un descendant, un frère, une sœur, une personne de confiance au sens de l'article L. 1111-6 du code de la santé publique ou partager le même domicile que la personne accompagnée.

Sur les exceptions à l'application du droit des usagers de saisir l'administration par voie électronique concernant les démarches effectuées auprès des organismes de sécurité sociale, V. CRPA, App., vº Saisine par voie électronique — Exceptions. — ***CRPA.***

Art. L. 168-2 Les personnes mentionnées aux articles L. 5421-1 à L. 5422-8 du code du travail peuvent bénéficier de l'allocation journalière d'accompagnement d'une personne en fin de vie dans des conditions fixées par décret. – *V. note ss. art. L. 168-1.*

Art. L. 168-3 L'allocation journalière d'accompagnement d'une personne en fin de vie est également versée dans les *(L. n° 2015-1268 du 14 oct. 2015, art. 7-I-3°)* « collectivités mentionnées » à l'article L. 751-1. – *V. note ss. art. L. 168-1.*

Art. L. 168-4 Le nombre maximal d'allocations journalières versées est égal à 21. L'allocation est versée pour chaque jour ouvrable ou non. Lorsque la personne accompagnée à domicile doit être hospitalisée, l'allocation continue d'être servie les jours d'hospitalisation.

Le montant de cette allocation est fixé par décret. Lorsque le bénéficiaire a réduit sa quotité de travail et travaille à temps partiel, ce montant et la durée de l'allocation sont modulés dans des conditions prévues par décret.

L'allocation cesse d'être due à compter du jour suivant le décès de la personne accompagnée.

L'allocation peut être versée à plusieurs bénéficiaires, au titre d'un même patient, dans la limite totale maximale fixée au premier alinéa.

Art. L. 168-5 Les documents et les attestations requis pour prétendre au bénéfice de l'allocation journalière d'accompagnement d'une personne en fin de vie, ainsi que les procédures de versement de cette allocation, sont définis par décret.

Art. L. 168-6 L'allocation journalière d'accompagnement d'une personne en fin de vie est financée et servie par le régime d'assurance maladie dont relève l'accompagnant, après accord du régime d'assurance maladie dont relève l'accompagné.

Lorsque l'intervention du régime d'assurance maladie se limite aux prestations en nature, l'allocation journalière d'accompagnement d'une personne en fin de vie est financée et servie par l'organisme compétent, en cas de maladie, pour le service des prestations en espèces ou le maintien de tout ou partie de la rémunération.

Art. L. 168-7 L'allocation journalière d'accompagnement d'une personne en fin de vie n'est pas cumulable avec :

1° L'indemnisation des congés de maternité, de paternité *(L. n° 2012-1404 du 17 déc. 2012, art. 94-VII-D)* « et d'accueil de l'enfant » ou d'adoption ;

(Ord. n° 2018-470 du 12 juin 2018, art. 2) « 2° L'indemnité d'interruption d'activité ou l'allocation de remplacement pour maternité ou paternité, prévues aux articles L. 623-1 et L. 663-1 du présent code, aux articles L. 732-10 à L. 732-12-2 du code rural et de la pêche maritime et aux articles L. 5556-9 et L. 5556-10 du code des transports ; »

3° L'indemnisation des congés de maladie ou d'accident du travail ;

4° Les indemnités servies aux demandeurs d'emploi ;

(L. n° 2014-873 du 4 août 2014, art. 8-I-3°) « 5° La prestation partagée d'éducation de l'enfant. »

Toutefois, l'allocation journalière d'accompagnement d'une personne en fin de vie est cumulable en cours de droit avec l'indemnisation mentionnée au 3° perçue au titre de l'activité exercée à temps partiel.

Les dispositions issues de la L. n° 2014-873 du 4 août 2014 sont applicables aux enfants nés ou adoptés à partir du 1er oct. 2014.

Pour les enfants nés ou adoptés avant le 1er oct. 2014, les dispositions du CSS demeurent applicables dans leur rédaction antérieure au 6 août 2014, date d'entrée en vigueur des dispositions précitées à l'al. précédent (L. n° 2014-873 du 4 août 2014, art. 8-VI).

Ancien art. L. 168-7 *L'allocation journalière d'accompagnement d'une personne en fin de vie n'est pas cumulable avec :*

1° L'indemnisation des congés de maternité, de paternité (L. n° 2012-1404 du 17 déc. 2012, art. 94-VII-D) *« et d'accueil de l'enfant » ou d'adoption ;*

2° L'indemnité d'interruption d'activité ou l'allocation de remplacement pour maternité ou paternité, prévues aux articles L. 613-19 à L. 613-19-2 et L. 722-8 à L. 722-8-3 du présent code, aux articles L. 732-10 à L. 732-12-1 du code rural et de la pêche maritime et à l'article 17 de la loi n° 97-1051 du 18 novembre 1997 d'orientation sur la pêche maritime et les cultures marines ;

3° L'indemnisation des congés de maladie ou d'accident du travail ;

4° Les indemnités servies aux demandeurs d'emploi ;

5° L'allocation parentale d'éducation ou le complément de libre choix d'activité de la prestation d'accueil du jeune enfant.

Toutefois, l'allocation journalière d'accompagnement d'une personne en fin de vie est cumulable en cours de droit avec l'indemnisation mentionnée au 3° perçue au titre de l'activité exercée à temps partiel.

CHAPITRE IX PRISE EN CHARGE DES VICTIMES D'UN ACTE DE TERRORISME

(L. n° 2015-1702 du 21 déc. 2015, art. 63-I)

SECTION PREMIÈRE DISPOSITIONS APPLICABLES AUX PERSONNES PRÉSENTES SUR LES LIEUX DE L'ACTE DE TERRORISME

Art. L. 169-1 La présente section est applicable aux personnes victimes d'un acte de terrorisme, blessées ou impliquées lors de cet acte dans des conditions précisées par décret et dont l'identité a été communiquée par l'autorité judiciaire compétente au fonds de garantie mentionné au premier alinéa de l'article L. 422-1 du code des assurances *(L. n° 2016-1827 du 23 déc. 2016, art. 60-I)* « ou qui ont bénéficié d'une provision versée par le fonds de garantie en application de l'article L. 422-2 du code des assurances ou d'une indemnisation accordée au titre des articles L. 126-1 et L. 422-1 du même code par une décision du juge civil ayant autorité de la chose jugée. L'État notifie à la Caisse nationale d'assurance maladie, au titre du rôle de coordination mentionné à l'article L. 169-11 du présent code, l'identité de ces personnes. » — *Les dispositions de l'art. 60-I de la L. n° 2016-1827 du 23 déc. 2016 sont applicables aux actes et prestations inscrits sur la liste prévue à l'art. L. 162-1-7 et à la délivrance de produits et prestations inscrits sur la liste mentionnée à l'art. L. 165-1 intervenus postérieurement au 14 juill. 2016 (L. préc., art. 60-VI).*

Art. L. 169-2 Ne sont pas applicables aux personnes mentionnées à l'article L. 169-1 :

1° Le forfait journalier mentionné à l'article L. 174-4, pour les hospitalisations résultant directement de l'acte de terrorisme ;

2° L'article L. 313-1 en tant qu'il concerne les indemnités journalières mentionnées à l'article L. 321-1, pour les prestations rendues nécessaires par l'acte de terrorisme ;

3° Le délai et les sanctions mentionnées au premier alinéa de l'article L. 321-2, pour les interruptions de travail résultant de l'acte de terrorisme ;

4° La participation de l'assuré mentionnée au premier alinéa du I de l'article L. 160-13, pour les prestations, actes et consultations résultant de l'acte de terrorisme ;

5° La participation forfaitaire mentionnée au premier alinéa du II du même article, pour les prestations, actes et consultations résultant de l'acte de terrorisme ;

6° La franchise mentionnée au premier alinéa du III du même article, pour les prestations, actes et consultations résultant de l'acte de terrorisme ;

7° Le délai mentionné au premier alinéa de l'article L. 323-1, pour les incapacités de travail rendues nécessaires par l'acte de terrorisme ;

8° Les délais mentionnés aux articles L. 441-1 et L. 441-2, lorsque l'accident de travail résulte d'un acte de terrorisme ;

(L. n° 2018-1203 du 22 déc. 2018, art. 55) « 8° *bis* Les conditions d'ouverture du droit prévu à l'article L. 341-2 lorsque la mise en invalidité résulte de l'acte de terrorisme ; »

9° Le délai et la durée minimale d'affiliation mentionnés au cinquième alinéa de l'article L. 732-4 du code rural et de la pêche maritime, le délai et la sanction mentionnés au sixième alinéa du même article, le délai mentionné au premier alinéa de l'article L. 751-26 du même code, le délai mentionné à l'avant-dernier alinéa de l'article L. 752-5 dudit code et le délai et la sanction mentionnés au premier alinéa de l'article L. 752-24 du même code, pour les interruptions de travail résultant de l'acte de terrorisme.

Art. L. 169-2-1 *(L. n° 2016-1827 du 23 déc. 2016, art. 60-I)* Les personnes mentionnées à l'article L. 169-1 bénéficient de la prise en charge des dépassements d'honoraires pour les actes et prestations inscrits sur la liste prévue à l'article L. 162-1-7 et résultant de l'acte de terrorisme. — *Les dispositions de l'art. 60-I de la L. nº 2016-1827 du 23 déc. 2016 sont applicables aux actes et prestations inscrits sur la liste prévue à l'art. L. 162-1-7 et à la délivrance de produits et prestations inscrits sur la liste mentionnée à l'art. L. 165-1 intervenus postérieurement au 14 juill. 2016 (L. préc., art. 60-VI).*

Art. L. 169-3 Dès lors que leur délivrance résulte directement de l'acte de terrorisme, les produits et prestations inscrits sur la liste prévue à l'article L. 165-1 et les prothèses dentaires inscrites sur la liste prévue à l'article L. 162-1-7 sont remboursés dans la limite des frais réellement exposés *(Abrogé par L. nº 2016-1827 du 23 déc. 2016, art. 60-I)* ***« , sans pouvoir excéder des limites fixées par arrêté en référence aux tarifs fixés en application de l'article L. 432-3 »***. — *V. Arr. du 2 janv. 2016 pris en application de l'art. L. 169-3 CSS (JO 3 janv.). — Les dispositions de l'art. 60-I de la L. nº 2016-1827 du 23 déc. 2016 sont applicables aux actes et prestations inscrits sur la liste prévue à l'art. L. 162-1-7 et à la délivrance de produits et prestations inscrits sur la liste mentionnée à l'art. L. 165-1 intervenus postérieurement au 14 juill. 2016 (L. préc., art. 60-VI).*

Art. L. 169-4 *(L. nº 2016-1827 du 23 déc. 2016, art. 60-I)* I. — Les articles L. 169-2, L. 169-2-1 et L. 169-3 sont applicables, pour chaque personne mentionnée à l'article L. 169-1, à compter du jour de survenance de l'acte de terrorisme.

Ces dispositions cessent d'être applicables :

1º A l'issue d'un délai de deux mois à compter de la notification de la décision du fonds institué par l'article L. 422-1 du code des assurances relative à l'indemnisation prévue au deuxième alinéa de l'article L. 422-2 du même code ;

2º Ou, à défaut, à l'issue d'un délai de trois ans à compter de la survenance de l'acte de terrorisme pour les personnes mentionnées à l'article L. 169-1 du présent code pour lesquelles aucune procédure d'indemnisation n'est en cours à cette date auprès du fonds mentionné à l'article L. 422-1 du code des assurances.

II. — Toutefois, les 1º, 4º, 5º et 6º de l'article L. 169-2 et l'article L. 169-3 du présent code continuent de s'appliquer aux demandeurs d'une pension d'invalidité mentionnée à l'article L. 113-13 du code des pensions militaires d'invalidité et des victimes de guerre qui, à la date de présentation de l'offre mentionnée au deuxième alinéa de l'article L. 422-2 du code des assurances, sont susceptibles d'obtenir la concession de cette pension. Ces dispositions cessent d'être applicables à la date de notification de la décision relative à la concession de la pension mentionnée à l'article L. 113-13 du code des pensions militaires d'invalidité et des victimes de guerre.

III. — Pour la mise en œuvre des dispositions du présent article :

1º Le fonds institué par l'article L. 422-1 du code des assurances notifie à la Caisse nationale de l'assurance maladie *(Abrogé par Ord. nº 2018-470 du 12 juin 2018, art. 9)* ***« des travailleurs salariés »***, au titre du rôle de coordination mentionné à l'article L. 169-11 du présent code :

a) La date de la notification de sa décision relative à l'indemnisation mentionnée au deuxième alinéa de l'article L. 422-2 du code des assurances ;

b) L'identité des personnes mentionnées à l'article L. 169-1 du présent code pour lesquelles aucune procédure d'indemnisation n'est en cours auprès du fonds institué par l'article L. 422-1 du code des assurances à l'issue d'une période de trois ans à compter de la survenance de l'acte de terrorisme ;

2º Le ministre de la défense notifie à la Caisse nationale de l'assurance maladie *(Abrogé par Ord. nº 2018-470 du 12 juin 2018, art. 9)* ***« des travailleurs salariés »***, au titre du rôle de coordination mentionné à l'article L. 169-11, la date de notification de la décision relative à la concession d'une pension d'invalidité mentionnée à l'article L. 113-13 du code des pensions militaires d'invalidité et des victimes de guerre.

Les dispositions de l'art. 60-I de la L. nº 2016-1827 du 23 déc. 2016 sont applicables aux actes et prestations inscrits sur la liste prévue à l'art. L. 162-1-7 et à la délivrance de produits et prestations inscrits sur la liste mentionnée à l'art. L. 165-1 intervenus postérieurement au 14 juill. 2016 (L. préc., art. 60-VI).

Art. L. 169-5 *(L. nº 2016-1827 du 23 déc. 2016, art. 60-I)* « Par dérogation au I de l'article L. 169-4, pour les consultations de suivi psychiatrique résultant de l'acte de terrorisme et les médicaments prescrits à cette occasion, les droits prévus aux 4º à 6º de l'article L. 169-2 et à l'article L. 169-2-1 peuvent être ouverts » pendant une période de dix ans à compter de la survenance de l'acte de terrorisme. La durée du bénéfice du présent article ne peut excéder deux ans. – *Les dispositions de l'art. 60-I de la L. n° 2016-1827 du 23 déc. 2016 sont applicables aux actes et prestations inscrits sur la liste prévue à l'art. L. 162-1-7 et à la délivrance de produits et prestations inscrits sur la liste mentionnée à l'art. L. 165-1 intervenus postérieurement au 14 juill. 2016 (L. préc., art. 60-VI).*

SECTION II DISPOSITIONS APPLICABLES AUX PROCHES PARENTS DES PERSONNES DÉCÉDÉES OU BLESSÉES LORS D'UN ACTE DE TERRORISME

SOUS-SECTION 1 CAPITAL DÉCÈS

Art. L. 169-6 L'article L. 313-1 en tant qu'il concerne l'assurance décès n'est pas applicable lorsque le décès résulte d'un acte de terrorisme.

SOUS-SECTION 2 CONSULTATIONS DE SUIVI PSYCHIATRIQUE

Art. L. 169-7 L'article L. 169-5 est applicable aux proches parents des personnes décédées ou blessées dans un acte de terrorisme dont l'identité a été communiquée par l'autorité judiciaire compétente au fonds de garantie mentionné au premier alinéa de l'article L. 422-1 du code des assurances.

Les proches parents, au sens du présent article, sont :

1° Le conjoint, le concubin ou le partenaire lié par un pacte civil de solidarité ;

2° Les ascendants jusqu'au troisième degré ;

3° Les descendants jusqu'au troisième degré ;

4° Les frères et sœurs.

SECTION III DISPOSITIONS COMMUNES

Art. L. 169-8 Les caisses versent directement aux professionnels de santé et aux distributeurs de produits et prestations inscrits sur la liste prévue à l'article L. 165-1 ainsi qu'aux établissements de santé le montant des prestations mentionnées aux 1° et 4° de l'article L. 169-2 et *(L. n° 2016-1827 du 23 déc. 2016, art. 60-I, en vigueur le 1er juill. 2017)* « aux articles L. 169-2-1 et L. 169-3 ».

Art. L. 169-9 Lorsqu'un assuré change d'organisme gestionnaire au cours des périodes mentionnées, respectivement, aux articles L. 169-4 et L. 169-5, ce changement est sans incidence sur l'appréciation de la durée prévue aux mêmes articles.

Art. L. 169-10 *(L. n° 2016-1827 du 23 déc. 2016, art. 60-I)* « I. – » Le financement des dépenses résultant des articles L. 169-2 et L. 169-6 est assuré par l'État.

(L. n° 2016-1827 du 23 déc. 2016, art. 60-I) « II. – Pour chaque personne mentionnée à l'article L. 169-1 à qui le fonds institué par l'article L. 422-1 du code des assurances a présenté l'offre d'indemnisation prévue au deuxième alinéa de l'article L. 422-2 du même code :

« 1° Le financement des dépenses résultant de l'article L. 169-2-1 du présent code est assuré par le fonds institué par l'article L. 422-1 du code des assurances, déduction faite des sommes mentionnées au IV du présent article ;

« 2° Pour la mise en œuvre de l'article L. 169-3, le financement de la différence entre la part servant de base au remboursement par l'assurance maladie et les frais réellement exposés est assuré :

« *a)* Jusqu'à la date de présentation de l'offre mentionnée au premier alinéa du présent II, par le fonds institué par l'article L. 422-1 du code des assurances, déduction faite des sommes mentionnées au IV du présent article ;

« *b)* A compter de la mise en œuvre du II de l'article L. 169-4, par l'État.

« III. – Pour chaque personne mentionnée à l'article L. 169-1 du présent code à qui le fonds institué par l'article L. 422-1 du code des assurances notifie une décision de refus d'indemnisation ou pour laquelle aucune procédure d'indemnisation n'est en cours à l'issue d'une période de trois ans à compter de la survenance de l'acte de terrorisme, le financement des dépenses mentionnées aux 1° et 2° du II du présent article est à la charge de l'État, déduction faite des sommes mentionnées au IV.

« L'État prend également en charge, déduction faite des sommes mentionnées au IV, le financement des dépenses mentionnées au 1° du II pour la mise en œuvre de l'article L. 169-5 postérieurement à la présentation de l'offre mentionnée au premier alinéa du même II et de l'article L. 169-7.

« IV. – Un décret fixe les conditions dans lesquelles les régimes d'assurance maladie se substituent aux personnes mentionnées à l'article L. 169-1 pour l'obtention des sommes qui auraient été versées par d'autres dispositifs de prise en charge des mêmes préjudices en l'absence des dispositions des articles L. 169-2-1 et L. 169-3, notamment par les organismes mentionnés au premier alinéa de l'article L. 182-3. »

Les dispositions de l'art. 60-I de la L. n° 2016-1827 du 23 déc. 2016 sont applicables aux actes et prestations inscrits sur la liste prévue à l'art. L. 162-1-7 et à la délivrance de produits et prestations inscrits sur la liste mentionnée à l'art. L. 165-1 intervenus postérieurement au 14 juill. 2016 (L. préc., art. 60-VI).

Art. L. 169-11 Pour la mise en œuvre des articles L. 169-2 à L. 169-8 *(L. n° 2016-1827 du 23 déc. 2016, art. 60-I)* « et de l'article L. 169-10 », la Caisse nationale de l'assurance maladie *(Abrogé par Ord. n° 2018-470 du 12 juin 2018, art. 9)* « *des travailleurs salariés* » assure un rôle de coordination des régimes obligatoires d'assurance maladie. – *Les dispositions de l'art. 60-I de la L. n° 2016-1827 du 23 déc. 2016 sont applicables aux actes et prestations inscrits sur la liste prévue à l'art. L. 162-1-7 et à la délivrance de produits et prestations inscrits sur la liste mentionnée à l'art. L. 165-1 intervenus postérieurement au 14 juill. 2016 (L. préc., art. 60-VI).*

Art. L. 169-12 Un décret détermine les modalités d'application des sections I et II du présent chapitre et de la présente section III.

SECTION IV DISPOSITIONS COMMUNES À PLUSIEURS RÉGIMES DE RÉPARATION

Art. L. 169-13 Pour la mise en œuvre de l'article 9 de la loi n° 86-1020 du 9 septembre 1986 relative à la lutte contre le terrorisme, de l'article 26 de la loi n° 90-86 du 13 janvier 1990 portant diverses dispositions relatives à la sécurité sociale et à la santé et du présent code, une expertise médicale commune est diligentée à l'initiative du fonds mentionné à l'article L. 422-1 du code des assurances, dans des délais et conditions fixés par décret.

CHAPITRE X DISPOSITIONS APPLICABLES À LA PRISE EN CHARGE DES ASSURÉS EN CAS DE RISQUE SANITAIRE GRAVE ET EXCEPTIONNEL

(L. n° 2018-1203 du 22 déc. 2018, art. 54-I)

Art. L. 16-10-1 Lorsque la protection de la santé publique le justifie, en cas de risque sanitaire grave et exceptionnel, notamment d'épidémie, nécessitant l'adoption en urgence de règles de prise en charge renforcée des frais de santé ainsi que des conditions adaptées pour le bénéfice des prestations en espèce*[s]*, dérogatoires au droit commun, celles-ci peuvent être prévues par décret, pour une durée limitée qui ne peut excéder une année.

Dans les conditions et limites fixées par ce décret, les dérogations mises en œuvre en application du premier alinéa peuvent porter, en fonction de la nature du risque en cause, sur :

1° La participation de l'assuré, la participation forfaitaire et la franchise mentionnées, respectivement, au premier alinéa des I, II et III de l'article L. 160-13 ;

2° Le forfait journalier mentionné à l'article L. 174-4 ;

3° Les dépassements d'honoraires pour les actes et prestations inscrits sur la liste prévue à l'article L. 162-1-7 ;

4° Les dépassements de tarifs pour les produits et prestations inscrits sur la liste prévue à l'article L. 165-1 et pour les prothèses dentaires inscrites sur la liste prévue à l'article L. 162-1-7 ;

5° Certaines conditions dans lesquelles est limitée à diverses situations la prise en charge par l'assurance maladie obligatoire de prestations ou produits de santé prévues aux articles L. 162-1-7, L. 162-14-1, L. 162-16, L. 165-1 et L. 322-5 ;

6° Les conditions mentionnées aux articles L. 313-1 et L. 622-3, en tant qu'elles concernent les indemnités journalières mentionnées aux articles L. 321-1, L. 331-3, L. 331-7, L. 331-8, L. 622-1, L. 622-2 et L. 623-1 du présent code et à l'article L. 732-4 du code rural et de la pêche maritime, ainsi que le capital prévu aux articles L. 361-1 et L. 632-1 du présent code ;

7° Le délai mentionné au premier alinéa de l'article L. 323-1 du présent code, au cinquième alinéa de l'article L. 732-4 du code rural et de la pêche maritime et à l'avant-dernier alinéa de l'article L. 752-5 du même code ;

8° Les délais et les sanctions mentionnés au premier alinéa de l'article L. 321-2 du présent code et au sixième alinéa de l'article L. 732-4 du code rural et de la pêche maritime pour les incapacités de travail, ainsi qu'aux articles L. 441-1 et L. 441-2 du présent code, au premier alinéa de l'article L. 751-26 du code rural et de la pêche maritime et au premier alinéa de l'article L. 752-24 du même code pour les accidents de travail.

Ces dérogations ne peuvent être prévues que pour les actes et prestations directement en lien avec le risque en cause et pour les assurés exposés à ce risque.

Le décret mentionné au premier alinéa détermine les prestations et les assurés concernés, ainsi que la nature, le niveau, la durée et les conditions de mise en œuvre des dérogations et des prises en charge applicables. Il fixe, le cas échéant, des modalités d'organisation et de coordination des organismes de sécurité sociale, spécifiques à la procédure de prise en charge.

TITRE SEPTIÈME COORDINATION ENTRE LES RÉGIMES — PRISE EN CHARGE DE CERTAINES DÉPENSES PAR LES RÉGIMES

BIBL. GÉN. ▶ TAURAN, La coordination des régimes de sécurité sociale en droit interne. Les conséquences de la mobilité professionnelle sur le régime applicable, *Dr. soc. 2009. 1254.*

CHAPITRE PREMIER DISPOSITIONS GÉNÉRALES *(L. n° 2017-1836 du 30 déc. 2017, art. 15-IV).*

Art. L. 171-1 Des règles de coordination sont applicables aux travailleurs qui passent d'une organisation spéciale de sécurité sociale *(Ord. n° 2018-470 du 12 juin 2018, art. 9)* « , de celle applicable aux travailleurs indépendants ou de celle applicable aux autres assurés du régime général à l'autre », ainsi qu'aux travailleurs exerçant simultanément une activité relevant *(Ord. n° 2018-470 du 12 juin 2018, art. 9)* « d'une de ces organisations ». Ces règles sont fixées par décret. — *V. art. D. 171-2 à D. 171-11.*

Art. L. 171-2 Des règles de coordination sont applicables aux travailleurs relevant successivement ou simultanément du régime agricole des assurances sociales et d'un autre régime de sécurité sociale. Ces règles sont fixées par un décret en Conseil d'État. — *V. art. R. 171-1.*

Art. L. 171-2-1 *(L. n° 2017-1836 du 30 déc. 2017, art. 15-IV, en vigueur le 1er janv. 2018)* Les personnes exerçant simultanément plusieurs activités sont affiliées et cotisent simultanément aux régimes dont relèvent ces activités. — *Sur les dispositions transitoires de l'art. 15 de la L. n° 2017-1836 du 30 déc. 2017, V. ss. le livre VI « Dispositions applicables aux travailleurs indépendants ».*

Art. L. 171-3 *(L. n° 2017-1836 du 30 déc. 2017, art. 15-IV, en vigueur le 1er janv. 2018)* Par dérogation à l'article L. 171-2-1, les personnes qui exercent simultanément une activité indépendante agricole et une activité indépendante non agricole sont affiliées, dans le seul régime de leur activité la plus ancienne, sauf option contraire exercée dans des conditions fixées par décret.

Elles cotisent et s'acquittent des contributions sociales sur l'ensemble de leurs revenus selon les modalités en vigueur dans ce seul régime.

Le premier alinéa ne s'applique pas :

1° Aux personnes dont l'une des activités est permanente et l'autre saisonnière. Ces personnes sont alors affiliées au régime qui correspond à leur activité permanente ;

2° Aux personnes exerçant simultanément une activité indépendante agricole et une activité entrant dans le champ d'application de l'article *(Ord. nº 2018-470 du 12 juin 2018, art. 1er)* **« L. 613-7 ». Ces personnes sont affiliées et cotisent simultanément aux régimes dont relèvent ces activités.**

Sur les dispositions transitoires de l'art. 15 de la L. nº 2017-1836 du 30 déc. 2017, V. ss. le livre VI « Dispositions applicables aux travailleurs indépendants ».

Jurisprudence rendue sous l'empire des textes antérieurs à la L. nº 2017-1836 du 30 déc. 2017.

1. Le travailleur indépendant qui exerce la profession d'administrateur judiciaire (affilié en cette qualité auprès de la CAVOM, section de la CNAVPL) et celle d'avocat ne peut invoquer l'art. L. 622-1 CSS car l'art. 723-1 lui impose de s'affilier auprès de la CNBF ; mais les cotisations dues à chaque caisse sont assises séparément sur chaque type de revenus (pas de double cotisation). • Paris, 10 nov. 2003 : *Gaz. Pal. 13-14 févr. 2004, p. 15.*

2. Exclusion des médecins conventionnés. Si les personnes qui exercent simultanément une activité non salariée agricole et une activité non salariée non agricole sont affiliées, en application de l'art. L. 171-3 CSS, au seul régime de leur activité principale et cotisent et s'acquittent des cotisations sociales sur l'ensemble de leurs revenus d'activité selon les modalités en vigueur dans le régime de leur activité principale, ces dispositions ne s'appliquent pas aux médecins qui, exerçant leur activité professionnelle dans le cadre de la convention nationale mentionnée à l'art. L. 162-5 CSS, sont affiliés au régime des praticiens et auxiliaires médicaux conventionnés prévu par les art. L. 722-1 s. CSS. • Civ. 2e, 4 mai 2016, nº 15-16.645 P : *RJS 2016, nº 526 ; JCP S 2016, nº 1221, note Marié ; RDSS 2016. 582, note Tauran.*

Art. L. 171-4 *(L. nº 2014-1554 du 22 déc. 2014, art. 16-I-1º, en vigueur le 1er juill. 2015)* **La Caisse nationale de l'assurance maladie** *(Abrogé par Ord. nº 2018-470 du 12 juin 2018, art. 9)* ***« des travailleurs salariés »,*** *(Abrogé par Ord. nº 2018-470 du 12 juin 2018, art. 9, à compter du 1er janv. 2020)* ***« la Caisse nationale du régime social des indépendants, »*** **la Caisse centrale de la mutualité sociale agricole, la Caisse nationale d'assurance vieillesse** *(Abrogé par Ord. nº 2018-470 du 12 juin 2018, art. 9)* ***« des travailleurs salariés »,*** **la Caisse nationale d'assurance vieillesse des professions libérales et la Caisse nationale des barreaux français peuvent conclure des conventions entre elles afin de confier à une ou plusieurs caisses de sécurité sociale l'exercice des recours subrogatoires prévus aux articles L. 376-1 et L. 454-1 du présent code et à l'article L. 752-23 du code rural et de la pêche maritime.**

Art. L. 171-5 *(L. nº 2014-1554 du 22 déc. 2014, art. 16-I-1º, en vigueur le 1er juill. 2015)* **Une convention signée par la Caisse nationale de l'assurance maladie** *(Abrogé par Ord. nº 2018-470 du 12 juin 2018, art. 9)* ***« des travailleurs salariés »,*** *(Abrogé par Ord. nº 2018-470 du 12 juin 2018, art. 9, à compter du 1er janv. 2020)* ***« la Caisse nationale du régime social des indépendants, »*** **la Caisse centrale de la mutualité sociale agricole et, le cas échéant, la Caisse nationale d'assurance vieillesse des professions libérales et la Caisse nationale des barreaux français avec les organisations représentatives des assureurs peut définir les modalités de mise en œuvre de l'action amiable mentionnée au sixième alinéa de l'article L. 376-1 et au quatrième alinéa de l'article L. 454-1.** — *Sur les exceptions à l'application du droit des usagers de saisir l'administration par voie électronique concernant les démarches effectuées auprès des organismes de sécurité sociale, V. CRPA, App., vº Saisine par voie électronique — Exceptions.* — **CRPA.**

Art. L. 171-6 *(L. nº 2014-1554 du 22 déc. 2014, art. 9-I-2º)* **Des règles de coordination sont instituées, par décret, entre régimes d'assurance maladie et maternité pour les personnes n'exerçant pas d'activité professionnelle les assujettissant à un régime de sécurité sociale qui :**

1º Ont relevé, simultanément ou successivement, soit de régimes de travailleurs salariés, soit d'un régime de travailleurs salariés et d'un régime de travailleurs non salariés, soit de plusieurs régimes de travailleurs non salariés ;

2º Ou sont titulaires de plusieurs pensions servies soit par des régimes de travailleurs salariés, soit par des régimes de travailleurs salariés et non salariés, soit par des régimes de travailleurs non salariés.

Les dispositions issues de la L. nº 2014-1554 du 22 déc. 2014 s'appliquent aux cotisations et aux contributions de sécurité sociale dues au titre des périodes courant à compter du 1er janv. 2015 (L. préc., art. 9-IV-A).

Art. L. 171-6-1 *(L. nº 2017-1836 du 30 déc. 2017, art. 15-IV, en vigueur le 1er janv. 2018)* Les personnes exerçant simultanément plusieurs activités professionnelles indépendantes sont affiliées et cotisent, dans des conditions fixées par décret, au régime d'assurance vieillesse dont relève leur activité principale.

Pour les personnes ayant exercé simultanément plusieurs activités professionnelles indépendantes relevant de régimes d'assurance vieillesse distincts, l'allocation est à la charge du régime d'assurance vieillesse dont relevait ou aurait relevé son *[leur]* activité principale. Toutefois, les personnes admises à percevoir une demi-allocation agricole et une demi-allocation d'un autre régime non salarié continuent à recevoir ces deux demi-allocations jusqu'à ce qu'elles soient appelées à percevoir une allocation intégrale du régime dont relève leur activité principale.

Sur les dispositions transitoires de l'art. 15 de la L. nº 2017-1836 du 30 déc. 2017, V. ss. le livre VI « Dispositions applicables aux travailleurs indépendants ».

Art. L. 171-7 *(L. nº 2016-41 du 26 janv. 2016, art. 186-2º)* En cas de faute civile ou d'infraction pénale susceptible de leur avoir causé préjudice, la Caisse nationale de l'assurance maladie *(Abrogé par L. nº 2017-1836 du 30 déc. 2017, art. 15-IV, à compter du 1er janv. 2018) « des travailleurs salariés, la Caisse nationale du régime social des indépendants »* et la Caisse centrale de la mutualité sociale agricole peuvent se substituer aux caisses locales de leur réseau pour régler à l'amiable les litiges ou pour agir en justice pour leur compte, selon des modalités et des conditions fixées par décret.

Sur les dispositions transitoires de l'art. 15 de la L. nº 2017-1836 du 30 déc. 2017, V. ss. le livre VI « Dispositions applicables aux travailleurs indépendants ».

CHAPITRE II COORDINATION EN MATIÈRE D'ASSURANCE MALADIE, MATERNITÉ, INVALIDITÉ, DÉCÈS

SECTION PREMIÈRE COORDINATION ENTRE LE RÉGIME GÉNÉRAL ET LES RÉGIMES SPÉCIAUX

V. art. D. 172-2 à D. 172-19.

SECTION II COORDINATION DU RÉGIME AGRICOLE ET DES AUTRES RÉGIMES

(L. nº 2016-1827 du 23 déc. 2016, art. 62-I et III)

Art. L. 172-1 *(L. nº 2017-1836 du 30 déc. 2017, art. 24-I)* « Les organismes du régime général ou du régime des salariés agricoles assurent pour les salariés et assimilés qui leur sont rattachés le versement global des indemnités journalières maladie ou maternité dues, le cas échéant, au titre de ces deux régimes. »

La compensation financière de ces opérations s'effectue entre les régimes concernés selon les modalités prévues pour l'application de l'article L. 134-4.

V. art. R. 172-1 à R. 172-9.

Règles de coordination entre les régimes (conditions d'ouverture des droits et modalités de calcul). Selon l'art. L. 172-1, applicable à l'ouverture des droits aux prestations en nature ou en espèces des assurances maladie et maternité, lorsque le versement de celles-ci est subordonné à des conditions d'affiliation, d'immatriculation, de cotisation ou de durée du travail préalable, les organismes de sécurité sociale tiennent compte, dans les conditions fixées par l'art. R. 172-12-1, de l'ensemble des périodes d'affiliation, d'immatriculation, de cotisations versées ou de travail effectuées, même lorsqu'elles relèvent d'un autre régime de sécurité sociale ou de mutualité sociale agricole. En application de l'art. D. 613-21, qui fixe les modalités du calcul des prestations du régime d'indemnités journalières des groupes des professions artisanales, industrielles et commerciales au sein du régime d'assurance maladie et maternité des travailleurs indépendants des professions non agricoles, le montant de l'indemnité journalière est égal à 1/730e du revenu professionnel annuel moyen des trois dernières années civiles pris en compte pour le calcul de la cotisation visée à l'art. D. 612-9, émise et échue à la date de la constatation médicale de l'incapacité de travail, dans la limite du plafond annuel mentionné à l'art. L. 241-3 en vigueur à la date du constat médical. • Civ. 2e, 21 juin 2018, nº 16-26.894 P : *RJS 10/2018, nº 637 ; JCPS 2018. 1258, note Tauran ; RDSS 2018. 919, note Tauran.*

SECTION III COORDINATION ENTRE DIVERS RÉGIMES

SOUS-SECTION 1 ASSURANCE MALADIE MATERNITÉ *(L. nº 2016-1827 du 23 déc. 2016, art. 62-I et III).*

Art. L. 172-2 *(L. nº 2017-1836 du 30 déc. 2017, art. 15-IV, en vigueur le 1er janv. 2018)* La coordination entre régimes pour l'indemnisation en cas de maladie ou de maternité est assurée par l'application des dispositions de maintien de droit prévues à l'article L. 161-8.

Lorsqu'un assuré ne peut bénéficier des dispositions mentionnées au premier alinéa du présent article et que le versement de l'indemnisation en cas de maladie ou de maternité est subordonné par les dispositions du présent code ou du code rural et de la pêche maritime à des conditions d'affiliation, de cotisation ou de durée du travail préalables, les organismes de sécurité sociale tiennent compte, pour la mise en œuvre de ces dispositions, de l'ensemble des périodes d'affiliation, de cotisations versées ou de travail effectuées, même lorsqu'elles relèvent d'un autre régime de sécurité sociale régi par le présent code ou le code rural et de la pêche maritime.

Sur les dispositions transitoires de l'art. 15 de la L. nº 2017-1836 du 30 déc. 2017, V. ss. le livre VI « Dispositions applicables aux travailleurs indépendants ».

SOUS-SECTION 2 ASSURANCE INVALIDITÉ

Art. L. 172-3 Il est institué une coordination entre régimes d'assurance invalidité pour les personnes ayant relevé successivement ou alternativement soit de régimes de salariés, soit d'un régime de salariés et d'un régime de non-salariés, soit de plusieurs régimes de travailleurs non salariés.

Un décret en Conseil d'État fixe les conditions dans lesquelles sont ouverts et maintenus les droits à pension d'invalidité dans les régimes en cause *(L. nº 2010-1594 du 20 déc. 2010, art. 94)* « , ainsi que les conditions dans lesquelles sont calculés ces droits, lorsque le montant de la pension servie par le régime représente une fraction annuelle des revenus *(L. nº 2017-1836 du 30 déc. 2017, art. 8-I)* « soumis à cotisations au sens de l'article L. 242-1 perçus » au cours des dix années civiles d'assurance les plus avantageuses ». – *Sur l'entrée en vigueur de l'art. 8-I de la L. nº 2017-1836 du 30 déc. 2017, V. dispositions transitoires ss. art. L. 136-8.*

Les dispositions du présent article s'appliquent également au régime d'assurance invalidité des ministres des cultes et membres des congrégations et collectivités religieuses. – *V. art. R. 172-16 à R. 172-21-4.* – *[Anc. art. L. 172-1.]*

CHAPITRE III COORDINATION EN MATIÈRE D'ASSURANCE VIEILLESSE ET D'ASSURANCE VEUVAGE

SECTION PREMIÈRE COORDINATION EN MATIÈRE D'ASSURANCE VIEILLESSE ENTRE LE RÉGIME GÉNÉRAL ET LES RÉGIMES SPÉCIAUX

SOUS-SECTION 1 DISPOSITIONS GÉNÉRALES

Art. L. 173-1 L'assuré ayant appartenu successivement ou alternativement à un régime spécial et au régime général ou réciproquement peut, dans les conditions et limites fixées par décret *[art. D. 173-1 à D. 173-21]*, cumuler les avantages auxquels il pourrait prétendre du fait de son affiliation à ces régimes.

(L. nº 2003-775 du 21 août 2003, art. 13) « Les caisses et services gestionnaires des régimes de base d'assurance vieillesse ont l'obligation de se transmettre directement ou indirectement, lorsque ces informations sont nécessaires à la liquidation des pensions, les données relatives à la carrière de leurs ressortissants et notamment les périodes prises en compte, la durée d'assurance et la nature des trimestres validés au plus tard en décembre de l'année qui précède le cinquante-sixième anniversaire de l'assuré puis, en cas de modification, en décembre de chaque année suivante. »

SECTION II COORDINATION EN MATIÈRE D'ASSURANCE VIEILLESSE ENTRE LE RÉGIME AGRICOLE ET LES AUTRES RÉGIMES

V. art. R. 173-2 s.

SECTION III COORDINATION EN MATIÈRE D'ASSURANCE VIEILLESSE ENTRE DIVERS RÉGIMES

SOUS-SECTION 1 DISPOSITIONS GÉNÉRALES

V. art. R. 173-4 à R. 173-4-5.

Art. L. 173-1-1 *(L. n° 2008-1330 du 17 déc. 2008, art. 77-IV)* Dans le cas où un assuré peut prétendre à la fois à la majoration mentionnée aux articles L. 353-6 du présent code et L. 732-51-1 du code rural et de la pêche maritime et à la majoration mentionnée à l'article L. 732-54-1 du même code, la majoration mentionnée aux articles L. 353-6 du présent code et L. 732-51-1 du code rural et de la pêche maritime est servie en priorité.

Art. L. 173-1-2 *(L. n° 2014-40 du 20 janv. 2014, art. 43-I)* I. — Lorsqu'un assuré relève ou a relevé successivement, alternativement ou simultanément du régime général de sécurité sociale, du régime des salariés agricoles et *(L. n° 2016-1827 du 23 déc. 2016, art. 50-II, en vigueur le 1er janv. 2017)* « du régime social des indépendants » et demande à liquider l'un de ses droits à pension de vieillesse auprès d'un des régimes concernés, il est réputé avoir demandé à liquider l'ensemble de ses pensions de droit direct auprès desdits régimes. Le total de ses droits à pension dans ces régimes est déterminé selon les modalités suivantes.

Pour le calcul du total des droits à pension, sont additionnés, pour chaque année civile ayant donné lieu à affiliation à l'assurance vieillesse auprès d'un des régimes concernés :

1° L'ensemble des rémunérations ayant donné lieu à cotisation d'assurance vieillesse, afin de déterminer annuellement le nombre de trimestres d'assurance pour l'ensemble des régimes concernés ;

2° L'ensemble des périodes d'assurance retenues pour la détermination du droit à pension dans l'un de ces régimes ;

3° Les salaires et revenus annuels de base de chacun des régimes, sans que leur somme puisse excéder le montant du plafond annuel défini au premier alinéa de l'article L. 241-3 en vigueur au cours de chaque année considérée.

Le nombre de trimestres validés qui résulte de la somme des périodes mentionnées aux 1° et 2° du présent I ne peut être supérieur à quatre par an.

II. — La pension est calculée, en fonction des paramètres prévus au I, par un seul des régimes concernés, en fonction de ses modalités et règles de liquidation. Un décret en Conseil d'État détermine la règle de priorité permettant de désigner le régime compétent pour liquider la pension.

III. — Le régime qui a calculé et qui sert la pension en supporte intégralement la charge. Un décret précise les modalités de compensation financière forfaitaire entre les régimes concernés.

(L. n° 2015-1702 du 21 déc. 2015, art. 51) « III *bis*. — Le présent article est applicable aux assurés nés à compter du 1er janvier 1953.

« III *ter*. — Le II du présent article est également applicable aux pensions de réversion lorsque les pensions de vieillesse de droit propre du conjoint décédé ou disparu ont ou auraient relevé du présent article. »

IV. — Sauf disposition contraire, un décret en Conseil d'État détermine les modalités d'application du présent article.

Cet art. issu de la L. n° 2014-40 du 20 janv. 2014 s'applique aux pensions prenant effet à la date fixée par le Décr. n° 2017-737 du 3 mai 2017, soit le 1er juill. 2017 (L. préc., art. 43-II, mod. par L. n° 2016-1827 du 23 déc. 2016, art. 54 Décr. n° 2017-737 du 3 mai 2017, art. 4).

Art. L. 173-1-3 *(L. n° 2014-40 du 20 janv. 2014, art. 44-III)* Lorsque les droits à pension d'un assuré établis dans un régime d'assurance vieillesse de base légalement obligatoire sont inférieurs à un seuil fixé par décret et que l'assuré relève ou a relevé

alternativement, successivement ou simultanément de plusieurs régimes obligatoires de base, le régime auprès duquel l'assuré justifie de la plus longue durée d'assurance peut assurer, pour le compte du premier régime, le versement de la pension due. Un décret précise les modalités de mise en œuvre du présent article, notamment les modalités de remboursement entre les régimes concernés.

Le premier alinéa peut s'appliquer aux pensions de réversion ; un décret en Conseil d'État établit les adaptations nécessaires, liées notamment aux évolutions dans le temps des pensions de réversion servies.

Cet art. issu de la L. nº 2014-40 du 20 janv. 2014 s'applique aux assurés dont l'ensemble des pensions prend effet à compter du 1er janv. 2016 (L. préc., art. 44-V).

Art. L. 173-1-4 *(L. nº 2018-771 du 5 sept. 2018, art. 51-III, en vigueur le 1er janv. 2019)* **Lorsque l'assuré a relevé successivement, alternativement ou simultanément de plusieurs régimes d'assurance vieillesse de base, le régime auquel incombe la charge de valider les périodes assimilées est déterminé par décret.**

SOUS-SECTION 2 PENSIONS PORTÉES AU MINIMUM

Art. L. 173-2 *(L. nº 2008-1330 du 17 déc. 2008, art. 80-II) (L. nº 2017-1836 du 30 déc. 2017, art. 15-V, en vigueur le 1er janv. 2018)* **« Dans le cas où l'assuré a relevé du régime général de sécurité sociale, du régime des salariés agricoles ou du régime social des indépendants et lorsqu'il » est susceptible de bénéficier du minimum de pension prévu à l'article L. 351-10 dans un ou plusieurs de ces régimes, ce minimum de pension lui est versé sous réserve que le montant mensuel total de ses pensions personnelles de retraite attribuées au titre d'un ou** *[de]* **plusieurs régimes légaux ou rendus légalement obligatoires, de base et complémentaires, français et étrangers, ainsi que des régimes des organisations internationales, portées le cas échéant au minimum de pension, n'excède pas un montant fixé par décret.** — *Sur les dispositions transitoires de l'art. 15 de la L. nº 2017-1836 du 30 déc. 2017, V. ss. le livre VI « Dispositions applicables aux travailleurs indépendants ».*

En cas de dépassement de ce montant, la majoration résultant de l'article L. 351-10 est réduite à due concurrence du dépassement.

Lorsque l'assuré est susceptible de bénéficier du minimum de pension prévu à l'article L. 351-10 dans plusieurs régimes, les modalités d'application du présent article sont fixées par décret. — *Cet art. est applicable aux pensions prenant effet à compter du 1er janv. 2012 (L. nº 2008-1330 du 17 déc. 2008, art. 80-V, mod. par L. nº 2010-1594 du 20 déc. 2010, art. 109-IV ; Décr. nº 2011-772 du 28 juin 2011, art. 3). — V. art. R. 173-5 à R. 173-8.*

Art. L. 173-2-0-1 A *(L. nº 2010-1330 du 9 nov. 2010, art. 45-III et VI, applicable aux pensions liquidées à compter du 1er juill. 2013)* **Un décret détermine les modalités d'application de l'article L. 173-2 du présent code et des** *(L. nº 2012-347 du 12 mars 2012, art. 127-II)* **« septième et huitième » alinéas de l'article L. 17 du code des pensions civiles et militaires de retraite dans le cas où ces dispositions sont applicables à l'assuré susceptible de bénéficier du minimum de pension dans plusieurs régimes au titre de l'article L. 351-10 du présent code et de l'article L. 17 susmentionné.**

Les dispositions issues de l'art. 45 de la L. nº 2010-1330 du 9 nov. 2010 sont applicables aux fonctionnaires affiliés à la Caisse nationale de retraites des agents des collectivités locales ainsi qu'aux ouvriers régis par le régime des pensions des ouvriers des établissements industriels de l'État, dans des conditions déterminées, en tant que de besoin, par décret en Conseil d'État (L. préc., art. 45-VII).

SOUS-SECTION 3 MAJORATIONS DE DURÉE D'ASSURANCE ACCORDÉES AU TITRE DES ENFANTS

(L. nº 2009-1646 du 24 déc. 2009, art. 65-III)

Art. L. 173-2-0-1 **Au titre d'un même enfant, le total des trimestres attribués à chacun des parents en application des II et III de l'article L. 351-4 ou de dispositions renvoyant à cet article ne peut être supérieur à quatre. Les mêmes II et III sont, le cas échéant, applicables à la répartition de ces trimestres entre les parents relevant de régimes d'assurance vieillesse différents.** — *V. note ss. art. L. 351-4.*

Art. L. 173-2-0-2 Lorsque les deux parents remplissent, au titre d'un même enfant, l'un dans le régime général d'assurance vieillesse ou dans un régime appliquant les mêmes dispositions que celles de l'article L. 351-4, et l'autre dans un régime spécial de retraite, les conditions pour bénéficier de périodes d'assurance accordées au titre de l'accouchement, de la grossesse, de l'adoption ou de l'éducation d'un enfant, il est fait application des seules règles du régime dont relève la mère de l'enfant *(L. nº 2014-40 du 20 janv. 2014, art. 23)* « ; lorsque les deux parents sont de même sexe, il est fait application des règles d'un seul des régimes, en application d'une règle de priorité entre régimes définie par décret en Conseil d'État ». La liste des avantages attribuables dans les régimes spéciaux soumis aux règles prévues au présent article est fixée par décret. — *V. note ss. art. L. 351-4.*

SOUS-SECTION 4 PENSIONS DE RÉVERSION

Art. L. 173-2-1 *(L. nº 88-16 du 5 janv. 1988, art. 7-IV)* Dans le cas où le conjoint survivant bénéficie de plusieurs pensions de réversion, le régime auquel incombe la charge du versement de la majoration mentionnée à l'article L. 353-5 est déterminé par décret. — *V. art. R. 173-17 et D. 173-21-1.*

SOUS-SECTION 5 PENSIONS OU ALLOCATIONS DE VIEILLESSE DES NON-SALARIÉS

Art. L. 173-3 (Abrogé par L. nº 2017-1836 du 30 déc. 2017, art. 15-XV, à compter du 1er janv. 2018) ***Il est institué une coordination de l'assurance vieillesse*** (L. nº 2016-1827 du 23 déc. 2016, art. 50-I) ***« des travailleurs indépendants » avec les assurances facultatives ou volontaires prévues par la législation concernant les divers régimes de sécurité sociale. Les règles de cette coordination sont fixées par décret.*** — Sur les dispositions transitoires de l'art. 15 de la L. nº 2017-1836 du 30 déc. 2017, V. ss. le livre VI « Dispositions applicables aux travailleurs indépendants ».

Art. L. 173-4 Des décrets en Conseil d'État fixent les conditions dans lesquelles la charge des allocations est répartie entre les caisses lorsqu'un bénéficiaire a exercé successivement des activités professionnelles relevant de plusieurs caisses appartenant à *(Ord. nº 2005-1528 du 8 déc. 2005)* « des régimes différents » de non-salariés ou à des régimes de salariés.

SOUS-SECTION 6 BÉNÉFICIAIRES DE L'INDEMNITÉ DE SOINS AUX TUBERCULEUX

Néant. — V. art. R. 173-18.

SOUS-SECTION 7 CLERCS, SECRÉTAIRES ET EMPLOYÉS D'AVOUÉ, D'AGRÉÉ OU D'AVOCAT

Art. L. 173-5 Il est organisé une coordination entre les régimes de retraite dont relevaient les clercs, secrétaires et employés d'avoué, d'agréé et d'avocat et les régimes dont ils relèvent ou peuvent relever du fait de leur nouvelle profession ou de leur nouvel emploi. Le fonds d'organisation de la nouvelle profession d'avocat garantit le paiement des sommes nécessaires au maintien des droits acquis ou en cours d'acquisition au 16 septembre 1972, y compris en ce qui concerne les régimes de retraite complémentaires.

SOUS-SECTION 8 MINISTRES DES CULTES ET MEMBRES DES CONGRÉGATIONS ET COLLECTIVITÉS RELIGIEUSES

Art. L. 173-6 En cas d'affiliations successives ou simultanées au régime d'assurance vieillesse applicable aux ministres des cultes et membres des congrégations et collectivités religieuses et à un ou plusieurs autres régimes obligatoires d'assurance vieillesse de base, les avantages dus aux intéressés par chaque régime se cumulent dans les conditions et, éventuellement, dans les limites fixées par décret. — *V. art. D. 173-23.*

[V. art. R. 173-19 : bénéficiaires de l'allocation de préparation à la retraite.]

SOUS-SECTION 9 RACHAT

(L. n° 2008-1330 du 17 déc. 2008, art. 83-I)

Art. L. 173-7 *(L. n° 2014-40 du 20 janv. 2014, art. 27-V)* « Les versements mentionnés aux articles L. 351-14-1, L. 351-17 *(Abrogé par L. n° 2017-1836 du 30 déc. 2017, art. 15-V, à compter du 1er janv. 2018)* *« , L. 634-2-2 »*, L. 643-2 et *(Ord. n° 2018-470 du 12 juin 2018, art. 5)* « L. 653-5 » du présent code, à l'article L. 732-27-1 du code rural et de la pêche maritime et à l'article L. 9 *bis* » *(L. n° 2008-1330 du 17 déc. 2008, art. 83-I)* du code des pensions civiles et militaires de retraite, ainsi que ceux prévus par des dispositions réglementaires ayant le même objet, ne sont pas pris en compte pour le bénéfice des dispositions des articles L. 351-1-1, L. 351-1-3 *(Abrogé par L. n° 2017-1836 du 30 déc. 2017, art. 15-V, à compter du 1er janv. 2018)* *« , L. 634-3-2 et L. 634-3-3 »*, des II et III des articles L. 643-3 et *(Ord. n° 2018-470 du 12 juin 2018, art. 5)* « L. 653-2 » du présent code, des articles L. 732-18-1 et L. 732-18-2 du code rural et de la pêche maritime, du 5° du I de l'article L. 24 et de l'article L. 25 *bis* du code des pensions civiles et militaires de retraite et de l'article 57 de la loi n° 2004-1370 du 20 décembre 2004 de financement de la sécurité sociale pour 2005. – *Cet art. est applicable aux demandes de versement déposées à compter du 13 oct. 2008 et prises en compte pour le calcul de pensions d'assurance vieillesse prenant effet à compter du 1er janv. 2009 (L. n° 2008-1330 du 17 déc. 2008, art. 83-V).*

Sur les dispositions transitoires de l'art. 15 de la L. n° 2017-1836 du 30 déc. 2017, V. ss. le livre VI « Dispositions applicables aux travailleurs indépendants ».

SECTION IV COORDINATION EN MATIÈRE D'ASSURANCE VEUVAGE

(L. n° 2010-1330 du 9 nov. 2010, art. 93-I)

Art. L. 173-8 Dans le cas où l'assuré décédé relevait simultanément de plusieurs régimes de protection sociale, le régime auquel incombe la charge du versement de l'allocation de veuvage est déterminé par décret.

Art. L. 173-9 Un décret détermine l'ordre de priorité dans lequel sont versées l'allocation de veuvage et les autres prestations sociales subordonnées à des conditions de ressources.

CHAPITRE IV PRISE EN CHARGE PAR LES RÉGIMES D'ASSURANCE MALADIE DES DÉPENSES AFFÉRENTES AUX SOINS MÉDICAUX DISPENSÉS DANS CERTAINS ÉTABLISSEMENTS

SECTION PREMIÈRE DOTATION ANNUELLE DE FINANCEMENT ET FORFAIT JOURNALIER *(L. n° 2003-1199 du 18 déc. 2003, art. 26-I)*

Art. L. 174-1 *(L. n° 2003-1199 du 18 déc. 2003, art. 26-II)* Dans les établissements de santé mentionnés aux *a*, *b* et *c* de l'article L. 162-22-6, la part des frais d'hospitalisation au titre des soins dispensés dans le cadre des activités *(Ord. n° 2010-177 du 23 févr. 2010, art. 2-14°)* « mentionnées au 2° de l'article L. 162-22 qui est » prise en charge par les régimes obligatoires d'assurance maladie est financée par une dotation annuelle de financement.

Le montant de la dotation annuelle de financement de chaque établissement est arrêté par l'État dans le respect des dispositions de l'article L. 174-1-1, dans les conditions prévues par l'article L. 6145-1 du code de la santé publique et précisées par décret en Conseil d'État.

Ces dispositions sont applicables à compter du 1er janv. 2005 (L. n° 2003-1199 du 18 déc. 2003, art. 33). – Sur les dispositions transitoires applicables de 2004 à 2012, V. art. 33 et 34 de la loi, Annexe I.

Du 1er janv. 2016 au 31 déc. 2019, un montant afférent aux dépenses relatives à la consommation de molécules onéreuses est identifié au sein de la dotation annuelle de financement mentionnée à l'art. L. 174-1 allouée aux établissements de santé mentionnés aux a, b et c de l'art. L. 162-22-6, au titre de leurs activités de soins de suite et de réadaptation (L. n° 2015-1702 du 21 déc. 2015, art. 78-V, mod. par L. n° 2016-1827 du 23 déc. 2016, art. 82-III et L. n° 2017-1836 du 30 déc. 2017, art. 68-III).

1. Il résulte de l'art. L. 174-1 CSS que la part des dépenses prises en charge par l'assurance maladie dans les établissements publics de santé et dans les établissements privés à but non lucratif admis à participer à l'exécution du service public hospitalier fait l'objet d'une dotation globale annuelle qui couvre les charges d'exploitation inscrites au budget général de l'établissement. • CE 7 mai 1999 : *RJS 1999, n° 1139.*

2. Les honoraires médicaux constituant pour l'établissement une charge d'exploitation couverte par la dotation globale, la dérogation au principe du paiement direct des honoraires énoncé par l'art. L. 162-2 CSS trouve son fondement dans les dispositions de l'art. L. 174-1 du même code. • CE 7 mai 1999 : *préc. note 1.*

Art. L. 174-1-1 *(L. n° 2003-1199 du 18 déc. 2003, art. 26-III)* **Chaque année est défini un objectif des dépenses d'assurance maladie constitué des activités suivantes :**

(L. n° 2010-1594 du 20 déc. 2010, art. 70-III-1°) **« 1° Les activités mentionnées au 2° de l'article L. 162-22 exercées par les établissements de santé mentionnés aux *a*, *b* et *c* de l'article L. 162-22-6 ; »**

2° L'ensemble des activités des établissements mentionnés à l'article L. 162-22-16 ;

3° Les activités *(L. n° 2010-1594 du 20 déc. 2010, art. 70-III-2°)* **« mentionnées au 3° de l'article L. 162-22 » ;**

4° *(L. n° 2006-1640 du 21 déc. 2006, art. 69-VIII ; L. n° 2010-1594 du 20 déc. 2010, art. 70-III-3°)* **« Les activités mentionnées au 2° de l'article L. 162-22 dispensées par le service de santé des armées et l'ensemble des activités de soins de l'Institution nationale des invalides » ;**

5° Les activités de soins dispensés par l'établissement public territorial de Saint-Pierre-et-Miquelon ;

6° Les activités de soins dispensés par l'établissement public de santé de Mayotte ;

(L. n° 2009-1646 du 24 déc. 2009, art. 48-II) **« 7° Les activités de soins dispensés par un hôpital établi dans un autre État à des patients relevant d'un régime obligatoire d'assurance maladie français, en application d'un accord conclu entre la France et l'État concerné » ;**

(L. n° 2016-1827 du 23 déc. 2016, art. 82-I) **« 8° Les activités de soins dispensés par les maisons d'enfants à caractère sanitaire mentionnées à l'article L. 2321-2 du code de la santé publique. »**

Cet objectif est constitué du montant total des charges supportées par les régimes obligatoires d'assurance maladie au titre *(L. n° 2009-1646 du 24 déc. 2009, art. 48-II)* **« du 7° du présent article et » des dotations annuelles de financement fixées en application des articles L. 162-22-16, L. 174-1, L. 174-5 et L. 174-15 et de celles fixées en application des articles L. 6147-5 et** *(Ord. n° 2004-688 du 12 juill. 2004, art. 2)* **« L. 6416-1 » du code de la santé publique.**

Le montant de cet objectif est arrêté par l'État en fonction de l'objectif national de dépenses d'assurance maladie. *(L. n° 2010-1594 du 20 déc. 2010, art. 70-III-4°)* **« Il distingue la part afférente à chacune des activités mentionnées au 1°. » Ce montant prend en compte** *(Abrogé par L. n° 2006-1640 du 21 déc. 2006, art. 94-IV)* **«** ***, outre la part mentionnée à l'article L. 162-43,*** **» les évolutions de toute nature** *(L. n° 2004-1370 du 20 déc. 2004, art. 28-I)* **« à la suite desquelles des établissements, des services ou des activités sanitaires ou médico-sociaux » se trouvent placés pour tout ou partie sous un régime juridique ou de financement différent de celui sous lequel ils étaient placés auparavant.** *(L. n° 2008-1330 du 17 déc. 2008, art. 53-VII)* **« Il peut être corrigé en fin d'année pour prendre en compte ces évolutions réalisées en cours d'année. »** — *V. Arr. du 28 févr. 2018 fixant pour l'année 2018 l'objectif des dépenses d'assurance maladie mentionné à l'art. L. 174-1-1 CSS (JO 3 mars), mod. par Arr. du 28 déc. 2018 (JO 4 janv. 2019).*

Le montant de cet objectif est constitué *(Abrogé par L. n° 2006-1640 du 21 déc. 2006, art. 94-IV)* **«** ***, après imputation de la part mentionnée à l'article L. 162-43,*** **» en dotations régionales. Certaines des dépenses incluses dans l'objectif mentionné au premier alinéa peuvent ne pas être incluses dans ces dotations régionales. Le montant des dotations régionales, qui présente un caractère limitatif, est fixé par l'État en tenant compte de l'activité des établissements, des orientations des** *(Ord. n° 2018-21 du 17 janv. 2018, art. 2-4°)* **« schémas régionaux ou interrégionaux de santé » et des priorités nationales**

ou locales en matière de politique sanitaire. – *V. Arr. du 23 avr. 2018 fixant pour l'année 2018 les dotations régionales mentionnées à l'art. L. 174-1-1 CSS, les dotations régionales de financement des missions d'intérêt général et d'aide à la contractualisation prévues aux art. L. 162-22-13 et L. 162-23-8 CSS ainsi que le montant des transferts prévus à l'art. L. 174-1-2 du même code (JO 2 mai).*

Art. L. 174-1-2 *(L. n° 2013-1203 du 23 déc. 2013, art. 44-I)* **Une part du montant de la dotation régionale mentionnée à l'article L. 174-1-1 peut être transférée, par arrêté du directeur général de l'agence régionale de santé, au fonds d'intervention régional mentionné à l'article L. 1435-8 du code de la santé publique. De la même manière, une part du montant du fonds d'intervention régional dont la gestion est déléguée à l'agence régionale de santé peut être transférée vers la dotation régionale mentionnée à l'article L. 174-1-1. Ces transferts ne peuvent conduire à ce que l'une ou l'autre des dotations concernées soit diminuée au-delà d'un montant fixé par arrêté des ministres chargés de la santé et de la sécurité sociale dans la limite de 1 % du montant des dotations régionales concernées.**

Les transferts réalisés en cours d'année sont pris en compte en fin d'année par correction, d'une part, du montant de l'objectif mentionné au même article L. 174-1-1 et, d'autre part, de la dotation mentionnée au 1° de l'article L. 1435-9 du code de la santé publique.

V. Arr. du 27 déc. 2018 fixant pour l'année 2018 les dotations régionales mentionnées à l'art. L. 174-1-1 CSS, les dotations régionales de financement des missions d'intérêt général et d'aide à la contractualisation prévues aux art. L. 162-22-13 et L. 162-23-8 CSS ainsi que le montant des transferts prévus à l'art. L. 174-1-2 du même code (JO 30 déc.).

V. également Arr. du 2 mai 2018 fixant pour l'année 2018 le montant des crédits attribués aux agences régionales de santé au titre du fonds d'intervention régional et le montant des transferts prévus à l'art. L. 174-1-2 CSS (JO 5 mai), mod. par Arr. du 22 juin 2018 (JO 28 juin) et Arr. du 18 déc. 2018 (JO 21 déc.).

Art. L. 174-2 *(L. n° 2003-1199 du 18 déc. 2003, art. 26-IV)* **Les** *(Abrogé par L. n° 2004-1370 du 20 déc. 2004, art. 63-I)* ***« prestations d'hospitalisation mentionnées au 1° de l'article L. 162-22-6 des établissements de santé mentionnés aux a, b et c du même article et les »*** **dotations annuelles mentionnées aux articles L. 162-22-16 et L. 174-1 sont versées pour le compte de l'ensemble des régimes d'assurance maladie par la caisse primaire d'assurance maladie dans la circonscription de laquelle est implanté l'établissement. Toutefois, par convention entre les régimes, ce rôle peut être rempli par une caisse relevant d'un autre régime.**

(Abrogé par L. n° 2013-1203 du 23 déc. 2013, art. 45-I-3°) ***« Le montant des dotations annuelles mentionnées aux articles L. 162-22-16 et L. 174-1 est réparti après accord entre tous les régimes ayant une organisation financière propre. A défaut d'accord entre les régimes, l'État fixe cette répartition. »***

Un décret en Conseil d'État détermine les modalités d'application du présent article *(Abrogé par L. n° 2013-1203 du 23 déc. 2013, art. 45-I-3°)* ***« et notamment les critères de la répartition entre régimes de ces dotations ».***

Ces dispositions sont applicables à compter du 1er janv. 2005 (L. n° 2003-1199 du 18 déc. 2003, art. 33). – Sur les dispositions transitoires, V. art. 33 de la loi, Annexe I.

Le I de l'art. 45 de la L. n° 2013-1203 du 23 déc. 2013 entre en vigueur le 1er janv. 2014 et s'applique, le cas échéant, à la régularisation comptable de l'exercice 2013 faite en 2014 (L. préc., art. 45-V).

Art. L. 174-2-1 *(L. n° 2004-1370 du 20 déc. 2004, art. 63-II)* **La part prise en charge par l'assurance maladie pour les prestations d'hospitalisation prévues** *(L. n° 2015-1702 du 21 déc. 2015, art. 78-I-17°, en vigueur le 1er janv. 2017)* **« au 1° des articles L. 162-22-6 et L. 162-23-1 » et réalisées dans les établissements de santé mentionnés aux *a*, *b* et *c* du même article, les médicaments et produits et prestations mentionnés** *(L. n° 2015-1702 du 21 déc. 2015, art. 78-I-17°, en vigueur le 1er janv. 2017)* **« aux articles L. 162-22-7** *(L. n° 2016-1827 du 23 déc. 2016, art. 95-I)* **« , L. 162-22-7-3 » et L. 162-23-6 » ainsi que les actes et consultations mentionnés à l'article L. 162-26 est remboursée aux établissements pour le compte de l'ensemble des régimes par la caisse mentionnée à l'article L. 174-2.**

Un décret en Conseil d'État, pris après avis consultatif des organisations représentatives des établissements de santé, détermine les modalités d'application du présent article, notamment les responsabilités respectives de cette caisse et de l'organisme dont dépend le bénéficiaire des soins, en particulier les conditions et les délais dans lesquels cet organisme peut assurer la vérification des sommes à rembourser et autoriser leur paiement.

V. dispositions transitoires de l'art. 78 de la L. n° 2015-1702 du 21 déc. 2015 ss. le présent art.

Par dérogation à l'art. L. 174-2-1 CSS, pour les établissements de santé mentionnés aux a, b et c de l'art. L. 162-22-6 du même code, les prestations hospitalières mentionnées au 1° du même art. L. 162-22-6 et les dépenses afférentes aux spécialités pharmaceutiques et produits et prestations mentionnés aux art. L. 162-22-7 et L. 162-22-7-3 dudit code ne sont pas facturées à la caisse désignée à l'art. L. 174-2 du même code. Les établissements transmettent à l'agence régionale de santé (ARS), à échéances régulières, leurs données d'activité et la consommation des spécialités pharmaceutiques et des produits et prestations.

Les établissements transmettent une copie de ces informations à la caisse mentionnée au même art. L. 174-2.

L'ARS procède, pour chaque établissement, à la valorisation, pour la part prise en charge par les régimes obligatoires d'assurance maladie, de l'activité et de la consommation des spécialités pharmaceutiques et des produits et prestations mentionnés au premier al. L'agence régionale arrête le montant ainsi calculé et le notifie à l'établissement et à la caisse mentionnée audit art. L. 174-2.

L'ARS procède à un contrôle des données transmises. Sans préjudice de l'art. L. 162-23-13 du même code, lorsqu'elle constate des anomalies, après que l'établissement a été mis en mesure de faire connaître ses observations, elle déduit les sommes indûment versées du montant des valorisations à venir.

La dérogation prévue par les dispositions précitées prend fin au plus tard le 1er mars 2022 selon des modalités calendaires précisées par décret (L. n° 2017-1836 du 30 déc. 2017, art. 65-I et III).

Loi n° 2015-1702 du 21 décembre 2015,

De financement de la sécurité sociale pour 2016 (JO 22 déc.).

Art. 78-III *[…]*

C. — Par dérogation à l'article L. 174-2-1 du code de la sécurité sociale, dans sa rédaction résultant de la présente loi, les prestations d'hospitalisation, les actes et consultations externes ainsi que les spécialités pharmaceutiques mentionnées à l'article L. 162-23-6 du même code ne sont pas facturés à la caisse désignée en application de l'article L. 174-2 dudit code. Les établissements mentionnés aux *a, b* et *c* de l'article L. 162-22-6 du même code transmettent à échéances régulières à l'agence régionale de santé, pour les activités mentionnées au 4° de l'article L. 162-22 dudit code, leurs données d'activité, y compris celles relatives aux consultations externes. Ils lui transmettent simultanément la consommation des spécialités pharmaceutiques mentionnées au présent alinéa.

Les établissements transmettent une copie de ces informations à la caisse mentionnée à l'article L. 174-2 du même code.

L'agence régionale de santé procède, pour chaque établissement, à la valorisation, pour la part prise en charge par les régimes obligatoires d'assurance maladie, d'une part, de l'activité par application des tarifs des prestations fixés en application de l'article L. 162-23-4 dudit code dans les conditions prévues au B du présent III *[V. art. 78-III-B, ss. art. L. 162-23-4]* et, d'autre part, de la consommation des spécialités pharmaceutiques mentionnées au premier alinéa du présent C. L'agence régionale arrête le montant ainsi calculé et le notifie à l'établissement et à la caisse mentionnée à l'article L. 174-2 du code de la sécurité sociale.

L'agence régionale de santé procède à un contrôle des données transmises. Sans préjudice de l'article L. 162-23-13 du même code, lorsqu'elle constate des anomalies, après que l'établissement a été mis en mesure de faire connaître ses observations, elle déduit les sommes indûment versées du montant des périodes suivantes.

La dérogation prévue au présent C prend fin au plus tard le 1er mars *(L. n° 2017-1836 du 30 déc. 2017, art. 68-II)* « 2022 » selon des modalités calendaires, précisées par décret, qui peuvent être différentes en fonction de la catégorie des établissements et selon qu'il s'agit, d'une part, d'actes et de consultations externes ou, d'autre part, de prestations d'hospitalisation et de spécialités pharmaceutiques, mentionnées à l'article L. 162-23-6 dudit code.

Art. L. 174-2-2 *(L. nº 2009-1646 du 24 déc. 2009, art. 48-II)* Une caisse primaire d'assurance maladie désignée par arrêté du ministre chargé de la sécurité sociale peut verser à l'hôpital mentionné au 7º de l'article L. 174-1-1, pour le compte de l'ensemble des régimes d'assurance maladie, les sommes dues au titre des soins dispensés à des patients relevant d'un régime obligatoire d'assurance maladie français, en application de l'accord mentionné à ce même 7º.

Les sommes versées sont réparties entre les régimes selon les modalités prévues à l'article *(L. nº 2013-1203 du 23 déc. 2013, art. 45-I-4º)* « L. 175-2 ». — *Le I de l'art. 45 de la L. nº 2013-1203 du 23 déc. 2013 entre en vigueur le 1er janv. 2014 et s'applique, le cas échéant, à la régularisation comptable de l'exercice 2013 faite en 2014 (L. préc., art. 45-V).*

Art. L. 174-3 *(L. nº 2003-1199 du 18 déc. 2003, art. 26-V)* « Dans les établissements mentionnés aux articles L. 162-22-16 et L. 174-1 », une tarification des prestations fixée par arrêté servira de base :

1º A la facturation des soins et de l'hébergement des malades non couverts par un régime d'assurance maladie *(L. nº 2011-1906 du 21 déc. 2011, art. 75-II)* « , sous réserve des dispositions de l'article L. 174-20 » ;

2º Au calcul de la participation laissée à la charge des assurés dans le cas où le régime d'assurance maladie dont ils relèvent comporte une disposition de cet ordre ;

3º A l'exercice des recours contre tiers.

Art. L. 174-4 Un forfait journalier est supporté par les personnes admises dans des établissements hospitaliers ou médico-sociaux, à l'exclusion des établissements mentionnés à l'article L. 174-6 du présent code *(L. nº 2007-1786 du 19 déc. 2007, art. 69-VI)* « et au 6º du I de l'article L. 312-1 du code de l'action sociale et des familles ». Ce forfait n'est pas pris en charge par les régimes obligatoires de protection sociale, sauf dans le cas des enfants et adolescents handicapés hébergés dans des établissements d'éducation spéciale ou professionnelle, des victimes d'accidents du travail et de maladies professionnelles, des bénéficiaires de l'assurance maternité et des bénéficiaires de l'article L. 115 du code des pensions militaires d'invalidité et des victimes de la guerre *(L. nº 2006-1640 du 21 déc. 2006, art. 70)* « , ainsi que des donneurs d'éléments et produits du corps humain mentionnés à l'article L. 1211-2 du code de la santé publique ».

(L. nº 87-39 du 27 janv. 1987, art. 12) « Le forfait journalier peut être modulé dans des conditions fixées par décret en Conseil d'État, en fonction de l'un ou de plusieurs des critères suivants : catégorie de l'établissement, nature du service, durée du séjour. Ses différents montants sont fixés par arrêté. » — *V. Arr. du 23 déc. 2009 (JO 30 déc.).*

Le forfait journalier s'impute à due concurrence sur la participation laissée éventuellement à la charge des assurés par leurs régimes respectifs d'assurance maladie, lorsque le montant de cette participation est supérieur ou égal à celui du forfait journalier ; dans le cas contraire, la participation est imputée sur le forfait. *(L. nº 2005-1579 du 19 déc. 2005, art. 56)* « Cette disposition n'est toutefois pas applicable lorsqu'en vertu du 1º de l'article L. 322-3 la participation de l'assuré à l'occasion d'une hospitalisation est limitée au motif que la dépense demeurant à sa charge dépasse un certain montant. »

(L. nº 94-43 du 18 janv. 1994, art. 66-IV) « Le forfait journalier peut être pris en charge par le régime local d'assurance maladie dans les départements du Bas-Rhin, du Haut-Rhin et de la Moselle dans des conditions fixées par décret ». — *V. pour le régime agricole, Décr. nº 99-1096 du 21 déc. 1999 (JO 24 déc.) et art. D. 174-1.*

Dans les unités de long séjour des centres hospitaliers, la partie du prix du séjour qui correspond aux frais d'hébergement n'entre pas dans les prévisions de l'art. L. 174-4 CSS relatives au forfait hospitalier et n'est pas comprise dans les dépenses prises en charge au titre de l'art. L. 431-1-1º du même code. • Soc. 7 nov. 1997 : *RJS 1997, nº 1437 ; D. 1997. IR 253*.

SECTION II DÉPENSES AFFÉRENTES AUX SOINS DISPENSÉS DANS LES UNITÉS OU CENTRES DE LONG SÉJOUR

(L. nº 2001-1246 du 21 déc. 2001, art. 30)

Art. L. 174-5 Dans les unités ou centres de soins de longue durée *(Abrogé par Ord. nº 2010-177 du 23 févr. 2010, art. 2-15º)* « *mentionnés au 2º de l'article L. 6111-2 du* *code de la santé publique* », le montant des dépenses afférentes aux soins est fixé par le *(Ord. n° 2010-177 du 23 févr. 2010, art. 10-I-6°)* « directeur général de l'agence régionale de santé » après avis du président du conseil départemental.

Les dépenses afférentes aux soins dispensés aux assurés sociaux et aux bénéficiaires de l'aide sociale dans les unités ou centres de long séjour *(Abrogé par Ord. n° 2010-177 du 23 févr. 2010, art. 2-16°)* « *, mentionnés au 2° de l'article L. 6111-2 du code de la santé publique,* » sont prises en charge suivant des modalités fixées par voie réglementaire soit par les régimes d'assurance maladie, soit par l'aide médicale de l'État. Le montant annuel de ces dépenses prises en charge par l'assurance maladie est inclus dans le montant total annuel *(L. n° 2005-1579 du 19 déc. 2005, art. 46-II)* « mentionné à l'article L. 174-1-1 ».

L'accord de prise en charge délivré par une caisse primaire d'assurance maladie en vue de l'admission d'un assuré social dans une unité de long séjour d'une maison de cure médicale n'entraîne pour la caisse que l'obligation de prendre en charge la partie du prix du séjour correspondant aux soins dispensés à l'intéressé, à l'exclusion des frais d'hébergement. • Soc. 31 mai 2001 : *RJS 2001, n° 1074.*

Art. L. 174-6 Les sommes dues au titre des dépenses prises en charge par les organismes d'assurance maladie dans les unités ou centres de soins de longue durée *(Abrogé par Ord. n° 2010-177 du 23 févr. 2010, art. 2-15°)* « *mentionnés au 2° de l'article L. 6111-2 du code de la santé publique* » sont versées à l'établissement ou au service, pour le compte de l'ensemble des régimes d'assurance maladie, par la caisse primaire d'assurance maladie dans la circonscription de laquelle est implanté l'unité ou le centre de soins de longue durée. Toutefois, par convention entre les régimes, ce rôle peut être rempli par une caisse relevant d'un autre régime, lorsque dans une unité ou un centre le nombre de ses ressortissants est le plus élevé.

Les sommes versées aux unités et centres de soins de longue durée pour le compte des différents régimes sont réparties après accord entre tous les régimes ayant une organisation propre. A défaut d'accord entre les régimes, un arrêté du ministre chargé de la sécurité sociale fixe cette répartition.

(L. n° 2008-1330 du 17 déc. 2008, art. 53-IX) « Les ministres chargés de la sécurité sociale et de la santé peuvent fixer annuellement les tarifs plafonds ou les règles de calcul de ces tarifs plafonds pour les unités ou centres de soins de longue durée mentionnés ci-dessus ainsi que les règles permettant de ramener les tarifs pratiqués au niveau des tarifs plafonds. » *— V. Arr. du 8 déc. 2010 (JO 17 déc.), mod. par Arr. du 19 déc. 2011 (JO 27 déc.), Arr. du 21 déc. 2012 (JO 28 déc.), Arr. du 26 déc. 2013 (JO 29 déc.) et Arr. du 23 déc. 2014 (JO 28 déc.).*

Un décret en Conseil d'État détermine les modalités d'application du présent article.

SECTION III DÉPENSES AFFÉRENTES AUX SOINS DISPENSÉS DANS CERTAINS ÉTABLISSEMENTS SOCIAUX

Art. L. 174-7 *(L. n° 2001-647 du 20 juill. 2001, art. 10-II)* Les dépenses afférentes aux soins médicaux dispensés aux assurés sociaux et aux bénéficiaires de l'aide sociale dans les établissements et services mentionnés à l'article L. 162-24-1 sont supportées par les régimes d'assurance maladie ou au titre de l'aide sociale, suivant les modalités fixées par voie réglementaire, éventuellement suivant des formules forfaitaires.

Al. abrogé par L. n° 98-1194 du 23 déc. 1998, art. 33-V.

Art. L. 174-8 *(L. n° 2001-647 du 20 juill. 2001, art. 10-III)* Les sommes dues au titre des dépenses prises en charge par les organismes d'assurance maladie dans les établissements et services mentionnés à l'article L. 162-24-1 sont versées à l'établissement ou au service par la caisse primaire d'assurance maladie dans la circonscription de laquelle est implanté l'établissement ou le service, pour le compte de l'ensemble des régimes obligatoires d'assurance maladie. Toutefois, par convention entre les régimes, ce rôle peut être rempli par une caisse relevant d'un autre régime, lorsque dans un établissement ou un service le nombre de ses ressortissants est le plus élevé.

(L. n° 2013-1203 du 23 déc. 2013, art. 45-I-5°) « La répartition des sommes versées aux établissements et services est fixée par arrêté des ministres chargés de la sécurité sociale et de la santé. » *— V. Arr. du 23 juill. 2018 (JO 10 août).*

Les modalités d'application des alinéas précédents sont fixées par décret en Conseil d'État.

La participation de l'assuré social aux dépenses relatives aux soins prévus à l'article L. 174-7 peut être réduite ou supprimée dans des conditions fixées par décret en Conseil d'État.

Les organismes d'assurance maladie et l'aide sociale versent directement à l'établissement leur participation aux dépenses de soins non compris dans le forfait mentionné à l'article L. 174-7, lorsque ceux-ci sont demandés par le ou les médecins attachés audit établissement et que ce dernier en a assuré le paiement.

Le I de l'art. 45 de la L. n° 2013-1203 du 23 déc. 2013 entre en vigueur le 1er janv. 2014 et s'applique, le cas échéant, à la régularisation comptable de l'exercice 2013 faite en 2014 (L. préc., art. 45-V).

Art. L. 174-9 **Les dépenses afférentes aux soins médicaux dispensés aux personnes hébergées dans les hospices ou services d'hospice sont prises en charge conformément aux dispositions** *(L. n° 2001-647 du 20 juill. 2001, art. 10-IV)* **« des articles L. 162-24-1 et L. 174-8 ».**

En l'absence de textes le prévoyant, les frais de séjour dans un hospice n'ont pas à être pris en charge par la sécurité sociale. • Soc. 16 janv. 1992, n° 89-14.801 P : *RJS 1992, n° 355.*

Art. L. 174-9-1 *(L. n° 2002-1487 du 20 déc. 2002, art. 38-III)* **Les centres** *(L. n° 2006-1640 du 21 déc. 2006, art. 92-I)* **« de soins, d'accompagnement et de prévention en addictologie »** *(L. n° 2005-1579 du 19 déc. 2005, art. 50-III ; L. n° 2012-1404 du 17 déc. 2012, art. 65-II)* **« , ainsi que les structures dénommées "lits halte soins santé", les structures dénommées "lits d'accueil médicalisés" et les centres d'accueil et d'accompagnement à la réduction des risques pour usagers de drogue mentionnés au 9° du I de l'article L. 312-1 du »** *(L. n° 2006-1640 du 21 déc. 2006, art. 92-I)* **« code de l'action sociale et des familles » sont financés sous la forme d'une dotation globale annuelle.**

« La répartition des sommes versées à ces établissements au titre de l'alinéa précédent entre les régimes d'assurance maladie est effectuée chaque année suivant la répartition qui résulte de l'application de l'article *(L. n° 2013-1203 du 23 déc. 2013, art. 45-I-4°)* **« L. 175-2 ». »** *— V. art. R. 174-7 et R. 174-8.*

Le I de l'art. 45 de la L. n° 2013-1203 du 23 déc. 2013 entre en vigueur le du 1er janv. 2014 et s'applique, le cas échéant, à la régularisation comptable de l'exercice 2013 faite en 2014 (L. préc., art. 45-V).

SECTION IV DÉPENSES DE SOINS PARAMÉDICAUX DISPENSÉS DANS LE CADRE D'UNE ACTION MÉDICO-SOCIALE DE MAINTIEN À DOMICILE

Art. L. 174-10 **Les dépenses de soins paramédicaux dispensés par des professionnels de statut libéral ou salarié dans le cadre d'une action médico-sociale de maintien à domicile par les institutions mentionnées au 1° de l'article premier de la loi n° 75-535 du 30 juin 1975 modifiée** *[CASF, art. L. 311-1]* **peuvent être prises en charge par les organismes d'assurance maladie suivant une formule forfaitaire et, dans ce cas, réglées directement par ces organismes aux institutions dans les conditions fixées par décret.**

La participation de l'assuré social aux dépenses de soins paramédicaux dispensés par les institutions précitées peut être réduite ou supprimée dans les conditions fixées par un décret en Conseil d'État. *— V. art. D. 174-9 à D. 174-14.*

SECTION V DÉPENSES DE LUTTE CONTRE LES MALADIES MENTALES

(Décr. n° 86-838 du 16 juill. 1986, art. 9)

Art. L. 174-11 **Les régimes de base d'assurance maladie remboursent les dépenses de lutte contre les maladies mentales exposées au titre de** *(Ord. n° 2003-850 du 4 sept. 2003, art. 4)* **« l'article L. 3221-1 » du code de la santé publique.**

Al. abrogé par Ord. n° 2003-850 du 4 sept. 2003.

Art. L. 174-12 *(Ord. n° 2003-850 du 4 sept. 2003, art. 4 ; L. n° 2003-1199 du 18 déc. 2003, art. 31-II)* **Les dépenses des services gérés par les personnes morales de droit public ou privé mentionnées à l'article L. 3221-1 du code de la santé publique ayant**

passé avec l'État une convention pour participer à la lutte contre les maladies mentales font l'objet d'une dotation annuelle à la charge de l'assurance maladie. Le montant des dépenses correspondantes est inclus dans le montant total annuel défini à l'article L. 174-1-1 du présent code.

La dotation est arrêtée par le *(Ord. n° 2010-177 du 23 févr. 2010, art. 10-I-6°)* « directeur général de l'agence régionale de santé » dans les conditions prévues *(Ord. n° 2010-177 du 23 févr. 2010, art. 2-17°)* « au dernier alinéa de l'article L. 174-1 ».

La dotation est versée *(Abrogé par L. n° 2013-1203 du 23 déc. 2013, art. 45-I-6°)* « ***et répartie entre les régimes*** » dans les conditions prévues à l'article L. 174-2. – *Le I de l'art. 45 de la L. n° 2013-1203 du 23 déc. 2013 entre en vigueur le 1er janv. 2014 et s'applique, le cas échéant, à la régularisation comptable de l'exercice 2013 faite en 2014 (L. préc., art. 45-V).*

SECTION VI DÉPENSES AFFÉRENTES AUX SOINS DISPENSÉS DANS LES CENTRES D'ACTION MÉDICO-SOCIALE PRÉCOCE *(L. n° 89-899 du 18 déc. 1989, art. 13-I).*

Art. L. 174-13 *(L. n° 2001-647 du 20 juill. 2001, art. 10-V)* La dotation globale des centres d'action médico-sociale précoce mentionnés à l'article L. 2112-8 du code de la santé publique, partiellement à charge des régimes d'assurance maladie, est fixée conformément aux dispositions de l'article L. 343-2 du code de l'action sociale et des familles ; elle est répartie entre les différents régimes pour la part qui leur incombe dans les conditions fixées par l'article L. 174-8 du présent code.

SECTION VII DÉPENSES AFFÉRENTES AUX SOINS DISPENSÉS DANS LES MAISONS D'ENFANTS À CARACTÈRE SANITAIRE

Art. L. 174-14 *Abrogé par L. n° 2003-1199 du 18 déc. 2003, art. 31-III.*

SECTION VIII DÉPENSES AFFÉRENTES AUX SOINS DISPENSÉS PAR LE SERVICE DE SANTÉ DES ARMÉES ET L'INSTITUTION NATIONALE DES INVALIDES

Art. L. 174-15 *(L. n° 2006-1640 du 21 déc. 2006, art. 69-IX ; Ord. n° 2010-177 du 23 févr. 2010, art. 2-18° et 10-I)* Sont applicables aux activités mentionnées au 1° de l'article L. 162-22 exercées par le service de santé des armées les dispositions des articles L. 162-21-1, L. 162-22-6, *(L. n° 2016-1827 du 23 déc. 2016, art. 79-III)* « L. 162-22-6-1, » L. 162-22-7, *(L. n° 2016-1827 du 23 déc. 2016, art. 95-I)* « L. 162-22-7-3, » L. 162-22-8, *(L. n° 2016-1827 du 23 déc. 2016, art. 79-III)* « L. 162-22-8-3, » *(L. n° 2014-1554 du 22 déc. 2014, art. 68-4°)* « L. 162-22-9-1, » L. 162-22-10, L. 162-22-11, L. 162-22-13, L. 162-22-14, L. 162-22-15 *(Abrogé par L. n° 2015-1702 du 21 déc. 2015, art. 78-I-18°, à compter du 1er janv. 2017)* « ***, L. 162-22-18*** » et L. 162-26.

(L. n° 2015-1702 du 21 déc. 2015, art. 78-I-18°, en vigueur le 1er janv. 2017) « Sont applicables aux activités mentionnées au 4° de l'article L. 162-22 exercées par le service de santé des armées les articles L. 162-23-1 à L. 162-23-11.

« Sont applicables aux activités mentionnées aux 1° et 4° de l'article L. 162-22, lorsqu'elles sont exercées par le service de santé des armées, les articles L. 162-23-12 à L. 162-23-15. »

(Abrogé par Ord. n° 2018-20 du 17 janv. 2018, art. 32-II) « ***Les compétences du directeur général de l'agence régionale de santé mentionnées aux articles visés au premier alinéa sont exercées en ce qui concerne le service de santé des armées par les ministres chargés de la santé et de la sécurité sociale.*** »

Les missions des caisses mentionnées aux articles L. 174-2 et L. 174-2-1 sont assurées en ce qui concerne le service de santé des armées par la Caisse nationale militaire de sécurité sociale.

Les dépenses afférentes aux activités visées au premier alinéa sont prises en compte au sein de l'objectif mentionné à l'article L. 162-22-9.

(L. n° 2015-1702 du 21 déc. 2015, art. 78-I-18°, en vigueur le 1er janv. 2017) « Les dépenses afférentes aux activités mentionnées au deuxième alinéa sont prises en compte au sein de l'objectif mentionné à l'article L. 162-23. »

(Ord. n° 2018-20 du 17 janv. 2018, art. 32-II) « Un décret en Conseil d'État détermine, en tant que de besoin, les modalités d'application du présent article, notamment

celles relatives aux compétences exercées par *[le]* directeur général de l'agence régionale de santé. »

Art. L. 174-15-1 *(L. nº 2006-1640 du 21 déc. 2006, art. 69-IX)* Les dépenses d'hospitalisation au titre des soins dispensés dans le cadre des activités réalisées en psychiatrie ou en soins de suite et de réadaptation du service de santé des armées prises en compte dans l'objectif national de dépenses d'assurance maladie mentionné à l'article L. 174-1-1 sont financées sous la forme d'une dotation annuelle. Chaque année, le montant de cette dotation, qui présente un caractère limitatif, est fixé par les ministres chargés de la santé et de la sécurité sociale. Elle est versée pour l'ensemble des régimes par la Caisse nationale militaire de sécurité sociale. *(Abrogé par L. nº 2013-1203 du 23 déc. 2013, art. 45-I-7º)* ***« Pour la répartition entre les régimes d'assurance maladie, les sommes versées au service de santé des armées s'ajoutent à celles prévues au deuxième alinéa de l'article L. 174-2. »*** *— Le I de l'art. 45 de la L. nº 2013-1203 du 23 déc. 2013 entre en vigueur le 1er janv. 2014 et s'applique, le cas échéant, à la régularisation comptable de l'exercice 2013 faite en 2014 (L. préc., art. 45-V).*

Les dispositions de l'article L. 174-3 sont applicables au service de santé des armées.

Art. L. 174-15-2 *(L. nº 2006-1640 du 21 déc. 2006, art. 69-IX)* Les dispositions de l'article L. 174-15-1 sont applicables aux dépenses d'hospitalisation de l'ensemble des activités de soins de l'Institution nationale des invalides.

Art. L. 174-15-3 *(L. nº 2006-1640 du 21 déc. 2006, art. 69-IX)* Les dispositions de l'article L. 174-4 sont applicables au service de santé des armées et à l'Institution nationale des invalides.

SECTION IX DÉPENSES RELATIVES AUX PRESTATIONS DISPENSÉES DANS LES CONSULTATIONS À VOCATION PRÉVENTIVE

(L. nº 99-1140 du 29 déc. 1999, art. 21-II)

Art. L. 174-16 *(L. nº 2014-1554 du 22 déc. 2014, art. 47-II, en vigueur le 1er janv. 2016)* Les dépenses des centres gratuits d'information, de dépistage et de diagnostic prévus à l'article L. 3121-2 du code de la santé publique s'imputent sur le fonds mentionné à l'article L. 1435-8 du même code et sont financées sous la forme d'une dotation forfaitaire annuelle.

Les modalités d'application du présent article sont fixées par décret.

SECTION X DÉPENSES RELATIVES AU PARCOURS DE BILAN ET INTERVENTION PRÉCOCE POUR LES TROUBLES DU NEURO-DÉVELOPPEMENT

(L. nº 2018-1203 du 22 déc. 2018, art. 62-II)

Art. L. 174-17 Les structures désignées en application de l'article L. 2135-1 du code de la santé publique perçoivent une dotation pour financer le parcours de bilan et intervention précoce pour les troubles du neuro-développement, versée par la caisse mentionnée au premier alinéa des articles L. 174-2 ou L. 174-8 du présent code. *— Le présent art., dans sa rédaction issue de l'art. 62-III de la L. nº 2018-1203 du 22 déc. 2018, est applicable à Saint-Pierre-et-Miquelon (L. préc., art. 62-III).*

SECTION XI FRAIS D'HOSPITALISATION AFFÉRENTS AUX SOINS DISPENSÉS DANS LES ÉTABLISSEMENTS DE SANTÉ PRIVÉS MENTIONNÉS AUX *d* ET *e* DE L'ARTICLE L. 162-22-6 DU CODE DE LA SÉCURITÉ SOCIALE *(L. nº 2007-1786 du 19 déc. 2007, art. 65-III).*

Art. L. 174-18 *(L. nº 99-1140 du 29 déc. 1999, art. 33-VI ; L. nº 2004-1370 du 20 déc. 2004, art. 63-III-1º)* « Les frais d'hospitalisation afférents aux soins dispensés dans les établissements de santé privés mentionnés aux *d* et *e* de l'article L. 162-22-6, pris en charge par les régimes obligatoires d'assurance maladie, sont remboursés, pour le compte de l'ensemble des régimes d'assurance maladie, par la caisse primaire d'assurance maladie dans la circonscription de laquelle est implanté l'établissement. » Toutefois, par convention entre les régimes, ce rôle peut être rempli par une caisse relevant d'un autre régime.

Les sommes versées aux établissements pour le compte des différents régimes en application de l'alinéa précédent sont réparties après accord entre tous les régimes ayant une organisation financière propre. A défaut d'accord entre les régimes, un arrêté interministériel fixe cette répartition.

(L. nº 2004-1370 du 20 déc. 2004, art. 63-III-2º) « Un décret en Conseil d'État, pris après avis des organisations représentatives des établissements de santé, détermine les modalités d'application du présent article, notamment les responsabilités respectives de cette caisse et de l'organisme dont dépend le bénéficiaire des soins, en particulier les conditions et les délais dans lesquels cet organisme peut assurer la vérification des sommes à rembourser et autoriser leur paiement. »

SECTION XII **DISPOSITIONS DIVERSES**

(L. nº 2002-303 du 4 mars 2002, art. 77)

Art. L. 174-19 Les dépenses afférentes aux activités exercées à titre accessoire mentionnées au deuxième alinéa de l'article L. 1223-1 du code de la santé publique sont prises en charge par les organismes d'assurance maladie sur la base des tarifs déterminés dans les conditions prévues au chapitre II du titre VI du présent livre.

Art. L. 174-20 *(L. nº 2011-1906 du 21 déc. 2011, art. 75-III)* Pour les soins hospitaliers programmés *(Ord. nº 2017-31 du 12 janv. 2017, art. 2-6º)* « , à l'exclusion de ceux mentionnés à l'article L. 6111-1-2 », les établissements de santé peuvent déterminer les tarifs de soins et d'hébergement facturés aux patients non couverts par un régime d'assurance maladie régi par le présent code, à l'exception des patients bénéficiant de l'aide médicale de l'État définie à l'article L. 251-1 du code de l'action sociale et des familles, des patients relevant des soins urgents définis à l'article L. 254-1 du même code, des patients accueillis dans le cadre d'une intervention humanitaire et des patients relevant d'une législation de sécurité sociale coordonnée avec la législation française pour les risques maladie, maternité, accidents du travail et maladies professionnelles en application des traités, accords et règlements internationaux auxquels la France est partie.

Les conditions d'application du présent article sont déterminées par décret.

CHAPITRE V **DISPOSITIONS DIVERSES — DISPOSITIONS D'APPLICATION**

Art. L. 175-1 Des décrets fixent, en tant que de besoin, les modalités d'application des articles L. 174-1 et L. 174-3.

Art. L. 175-2 *(L. nº 2013-1203 du 23 déc. 2013, art. 45-I-8º)* Les sommes versées au titre des forfaits et des dotations annuels mentionnés aux articles L. 162-22-15, L. 162-22-16, L. 174-1, L. 174-12 et L. 174-15-1 sont réparties entre les régimes d'assurance maladie selon des coefficients fixés par arrêté des ministres chargés de la sécurité sociale et de la santé en fonction des charges observées, pour chacun des régimes, dans le système commun d'informations mentionné à l'article L. 6113-8 du code de la santé publique pour le dernier exercice connu. – *Le I de l'art. 45 de la L. nº 2013-1203 du 23 déc. 2013 entre en vigueur à compter du 1er janv. 2014 et s'applique, le cas échéant, à la régularisation comptable de l'exercice 2013 faite en 2014 (L. préc., art. 45-V).*

V. Arr. du 28 août 2018 fixant pour les années 2015 à 2017 les coefficients de répartition des contributions entre les régimes d'assurance maladie aux différents forfaits et dotations mentionnés à l'art. L. 175-2 CSS (JO 31 août ; NOR : SSAS1823607A).

Art. L. 175-3 *(L. nº 2014-1545 du 20 déc. 2014, art. 39)* Pour l'application du chapitre IV du présent titre, les biens des organismes de base d'assurance maladie sont insaisissables.

CHAPITRE VI **REVERSEMENT FORFAITAIRE À L'ASSURANCE MALADIE AU TITRE DES ACCIDENTS DU TRAVAIL ET DES MALADIES PROFESSIONNELLES** *(L. n° 2001-1246 du 21 déc. 2001, art. 54-I).*

(Ord. n° 96-51 du 24 janv. 1996)

Art. L. 176-1 *(L. n° 96-1160 du 27 déc. 1996, art. 30-I)* Il est institué à la charge de la branche accidents du travail et maladies professionnelles, au profit de la branche maladie, maternité, invalidité, décès du régime général, un versement annuel pour tenir compte des dépenses supportées par cette dernière branche au titre des *(L. n° 2001-1246 du 21 déc. 2001, art. 54-II)* « accidents et affections non pris en charge » en application du livre IV. — *Montant fixé à un milliard d'euros pour l'année 2019 (L. n° 2018-1203 du 22 déc. 2018, art. 83-III).*

Le montant de ce versement est pris en compte dans la détermination des éléments de calcul de la cotisation due au titre des accidents du travail et des maladies professionnelles.

Un décret détermine les modalités de la participation au financement de ce versement forfaitaire des collectivités, établissements et entreprises mentionnés à l'article L. 413-13 et assumant directement la charge totale de la réparation des accidents du travail et des maladies professionnelles, en fonction des effectifs et des risques professionnels encourus dans les secteurs d'activité dont ils relèvent. — *V. art. D. 176-4.*

Art. L. 176-2 *(L. n° 2001-1246 du 21 déc. 2001, art. 54-III)* Le montant du versement mentionné à l'article L. 176-1 est fixé chaque année par la loi de financement de la sécurité sociale.

Une commission présidée par un magistrat à la Cour des comptes remet tous les trois ans, au Parlement et au Gouvernement, un rapport évaluant le coût réel pour la branche maladie de la sous-déclaration des accidents du travail et des maladies professionnelles. La commission des accidents du travail et des maladies professionnelles mentionnée à l'article L. 221-4 rend un avis sur ce rapport, qui est également transmis au Parlement et au Gouvernement *(L. n° 2002-1487 du 20 déc. 2002, art. 55-II)* « avant le 1er juillet de l'année considérée ». — *Sur la composition de la commission, V. Arr. du 14 févr. 2011 (JO 17 févr.), mod. par Arr. du 5 déc. 2016 (JO 11 déc.).*

CHAPITRE VII **ACTION SANITAIRE ET SOCIALE DES RÉGIMES**

Art. L. 177-1 *(L. n° 98-1194 du 23 déc. 1998, art. 5-II)* Les caisses de sécurité sociale procèdent, au moins une fois par an, au contrôle, dans des conditions déterminées par décret, des associations et organismes chargés de l'exécution des prestations à caractère familial ou domestique dont elles assurent, en tout ou partie, le financement, afin de s'assurer de la régularité des opérations financières et comptables et d'apprécier la qualité des prestations servies.

Art. L. 177-2 *(L. n° 2005-157 du 23 févr. 2005, art. 110)* Les caisses de sécurité sociale coordonnent leur politique d'action sanitaire et sociale en faveur des personnes résidant en zone rurale.

Le département assure la coordination globale des dispositifs et services qui concourent à l'insertion et à l'action médico-sociale. Il s'assure à cet effet de la participation de l'ensemble des acteurs concernés.

TITRE HUITIÈME **DISPOSITIONS DIVERSES — DISPOSITIONS D'APPLICATION**

CHAPITRE PREMIER **DISPOSITIONS PROPRES AUX DÉPARTEMENTS DU HAUT-RHIN, DU BAS-RHIN ET DE LA MOSELLE**

Art. L. 181-1 *(L. n° 98-278 du 14 avr. 1998, art. 1er)* Sont applicables dans les départements du Haut-Rhin, du Bas-Rhin et de la Moselle les dispositions particulières prévues :

1° Pour l'assurance maladie, par les articles L. 242-13, L. 325-1 et L. 325-2 ;

2° Pour l'assurance vieillesse, par les articles L. 215-5 à L. 215-7, L. 357-1 à L. 357-4-1 et L. 357-14 à L. 357-21 ;

3° Pour l'assurance invalidité, par les articles L. 215-5 à L. 215-7, L. 357-1, L. 357-5 à L. 357-8 et L. 357-14 à L. 357-21 ;

4° Pour l'assurance veuvage, par les articles L. 215-5 à L. 215-7, L. 357-1 et L. 357-9 à L. 357-21 ;

5° Pour l'assurance accidents du travail et maladies professionnelles, par les articles L. 242-7-1, L. 434-19 et L. 482-1 à L. 482-3.

CHAPITRE II DISPOSITIONS RELATIVES AUX BÉNÉFICIAIRES DE L'AIDE MÉDICALE

Art. L. 182-1 *(L. nº 99-641 du 27 juill. 1999, art. 33-II)* Une convention conclue entre, d'une part, l'État et, d'autre part, la Caisse nationale de l'assurance maladie *(Abrogé par Ord. nº 2018-470 du 12 juin 2018, art. 9) « des travailleurs salariés »* prévoit les conditions dans lesquelles les caisses primaires d'assurance maladie exercent, au nom de l'État, les compétences dévolues à ce dernier pour l'attribution des prestations d'aide médicale prévues en application de l'article L. 252-3 du code de l'action sociale et des familles.

Elle fixe les conditions dans lesquelles lesdites prestations sont payées aux prestataires de soins ou de services par les caisses primaires d'assurance maladie et sous leur contrôle, sur la base des tarifs de responsabilité de ces organismes. Elle détermine les modalités du versement par l'État des sommes dues à ce titre à la Caisse nationale de l'assurance maladie *(Abrogé par Ord. nº 2018-470 du 12 juin 2018, art. 9) « des travailleurs salariés »*, ainsi qu'au titre des frais de gestion.

CHAPITRE II *BIS* UNION NATIONALE DES CAISSES D'ASSURANCE MALADIE – UNION NATIONALE DES ORGANISMES D'ASSURANCE MALADIE COMPLÉMENTAIRE – UNION NATIONALE DES PROFESSIONNELS DE SANTÉ

(L. nº 2004-810 du 13 août 2004, art. 55-I)

SECTION PREMIÈRE UNION NATIONALE DES CAISSES D'ASSURANCE MALADIE

Art. L. 182-2 L'Union nationale des caisses d'assurance maladie a pour rôle, dans le respect des objectifs de la politique de santé *(L. nº 2016-41 du 26 janv. 2016, art. 1er-IV-3º)* « et des plans et programmes de santé qui en résultent ainsi que » des objectifs fixés par les lois de financement de la sécurité sociale :

1° De négocier et signer l'accord-cadre, les conventions, leurs avenants et annexes et les accords et contrats régissant les relations avec les professions de santé mentionnées à l'article L. 162-14-1 *(L. nº 2006-1640 du 21 déc. 2006, art. 100-IV)* « , les centres de santé mentionnés à l'article L. 162-32-1 et les établissements thermaux mentionnés à l'article L. 162-39 ; »

2° De prendre les décisions en matière d'actes et prestations prévus *(L. nº 2006-1640 du 21 déc. 2006, art. 100-IV)* « aux articles L. 162-1-7 et L. 162-1-7-2 » ;

3° De fixer la participation prévue en application *(L. nº 2005-1579 du 19 déc. 2005, art. 70-III)* « de l'article » *(L. nº 2015-1702 du 21 déc. 2015, art. 59-V-1º, en vigueur le 1er janv. 2016)* « L. 160-13 » ;

4° D'assurer les relations des régimes obligatoires de base de l'assurance maladie avec l'Union nationale des organismes d'assurance maladie complémentaire ;

5° De rendre un avis motivé et public sur les projets de loi et de décret relatifs à l'assurance maladie ;

(L. nº 2006-1640 du 21 déc. 2006, art. 56-V) « 6° De rendre un avis sur le montant de la base forfaitaire annuelle mentionnée à l'article L. 162-17-2-1 » ;

(L. nº 2015-1702 du 21 déc. 2015, art. 59-V-2º, en vigueur le 1er janv. 2016) « 7° D'établir le référentiel mentionné à l'article L. 114-10-3. »

Dern. al. abrogé par L. nº 2008-1330 du 17 déc. 2008, art. 36-III.

Art. L. 182-2-1 L'Union nationale des caisses d'assurance maladie est un établissement public national à caractère administratif. Elle est soumise au contrôle des autorités compétentes de l'État.

Celles-ci sont représentées auprès de l'Union par des commissaires du Gouvernement.

Art. L. 182-2-1-1 *(L. nº 2016-41 du 26 janv. 2016, art. 162-I-1º)* Dans le respect des lois de financement de la sécurité sociale et afin d'assurer la mise en œuvre de la politique de santé définie à l'article L. 1411-1 du code de la santé publique, l'autorité compétente de l'État conclut avec l'Union nationale des caisses d'assurance maladie un contrat dénommé "plan national de gestion du risque et d'efficience du système de soins", qui définit, pour une durée de deux ans, les objectifs pluriannuels de gestion du risque et les objectifs relatifs à l'efficience du système de soins communs aux trois régimes membres de l'Union nationale des caisses d'assurance maladie.

Ce plan définit, au sein de programmes nationaux, les actions concourant à la mise en œuvre de ces objectifs et relevant de chacun des signataires. Les programmes nationaux sont établis par un Comité national de la gestion du risque et de l'efficience du système de soins, dont la composition et les modalités de fonctionnement sont définis par arrêté.

Le plan national de gestion du risque et d'efficience du système de soins est décliné dans chaque région par un plan pluriannuel régional de gestion du risque et d'efficience du système de soins, défini dans les conditions prévues à l'article L. 1432-2 du code de la santé publique.

Les modalités de mise en œuvre du plan pluriannuel régional de gestion du risque et d'efficience du système de soins sont déterminées par une convention établie dans le respect d'un contrat type défini par le Conseil national de pilotage des agences régionales de santé et conclue, pour le compte de l'État, par le directeur général de l'agence régionale de santé et, pour les régimes d'assurance maladie, par leur représentant désigné par le directeur général de l'Union nationale des caisses d'assurance maladie. En l'absence de désignation de son représentant par l'Union nationale des caisses d'assurance maladie, ce dernier est désigné par arrêté du ministre chargé de la sécurité sociale.

La convention prévue au quatrième alinéa du présent article prend en compte les particularités territoriales et peut adapter les actions de gestion du risque et relatives à l'efficience du système de soins en fonction de celles-ci ou prévoir des actions spécifiques.

Le suivi de la mise en œuvre du plan national et des plans régionaux est assuré par le Comité national de la gestion du risque et de l'efficience du système de soins.

Art. L. 182-2-2 L'Union nationale des caisses d'assurance maladie est dotée d'un conseil, d'un collège des directeurs et d'un directeur général.

Le conseil est composé de :

1º Douze membres, dont le président, désignés par le conseil de la Caisse nationale de l'assurance maladie *(Abrogé par Ord. nº 2018-470 du 12 juin 2018, art. 9)* *« des travailleurs salariés »* en son sein ;

2º Trois membres, dont le président, désignés par *(L. nº 2017-1836 du 30 déc. 2017, art. 15-V, en vigueur le 1er janv. 2018)* « l'assemblée générale du Conseil de la protection sociale des travailleurs indépendants » en son sein ;

3º Trois membres, dont le président, désignés par le conseil central d'administration de la mutualité sociale agricole en son sein.

Les trois présidents visés aux alinéas précédents composent le bureau du conseil de l'Union nationale des caisses d'assurance maladie. Ce bureau assure la permanence de l'Union entre les réunions du conseil. Il est informé des décisions prises en collège des directeurs ou par le directeur général de l'Union. Il est consulté sur l'ordre du jour du conseil par le président de l'Union nationale des caisses d'assurance maladie.

Le collège des directeurs est composé :

1º Du directeur général de la Caisse nationale de l'assurance maladie *(Abrogé par Ord. nº 2018-470 du 12 juin 2018, art. 9)* *« des travailleurs salariés »* ;

(Abrogé par L. n° 2017-1836 du 30 déc. 2017, art. 15-V, à compter du 1er janv. 2018) « 2° *(Ord. n° 2005-1528 du 8 déc. 2005)* « ***Du directeur général de la Caisse nationale du régime social des indépendants*** » ; »

3° Du directeur de la Caisse centrale de mutualité sociale agricole.

Le directeur général de la Caisse nationale de l'assurance maladie *(Abrogé par Ord. n° 2018-470 du 12 juin 2018, art. 9)* « ***des travailleurs salariés*** » **dispose de deux voix. Il assure les fonctions de directeur général de l'Union.**

Sur les dispositions transitoires de l'art. 15 de la L. n° 2017-1836 du 30 déc. 2017, V. ss. le livre VI « Dispositions applicables aux travailleurs indépendants ».

Art. L. 182-2-3 **Le conseil délibère sur :**

1° Les orientations de l'union dans ses domaines de compétence ;

2° La participation mentionnée aux articles *(L. n° 2015-1702 du 21 déc. 2015, art. 59-VI, en vigueur le 1er janv. 2016)* « **L. 160-13** » **et** *(L. n° 2015-1702 du 21 déc. 2015, art. 59-VI, en vigueur le 1er janv. 2016)* « **L. 160-14** »**, sur proposition du collège des directeurs ;**

3° Les orientations de l'union relatives aux inscriptions d'actes et de prestations prévues *(L. n° 2006-1640 du 21 déc. 2006, art. 100-VIII)* « **aux articles L. 162-1-7 et L. 162-1-7-2** »**, sur la base des principes généraux définis annuellement par les ministres chargés de la santé et de la sécurité sociale ;**

4° Les orientations relatives à la négociation des accords, contrats et conventions qui sont de la compétence de l'union *(L. n° 2016-41 du 26 janv. 2016, art. 164-III)* « **et des contrats types nationaux prévus à l'article L. 162-14-4** » **;**

5° Les projets de loi et de décret transmis par le ministre chargé de la sécurité sociale ;

6° Le budget annuel de gestion administrative ;

(L. n° 2016-41 du 26 janv. 2016, art. 162-I-2°) « **7° Les orientations relatives au projet de plan national de gestion du risque et d'efficience du système de soins prévu à l'article L. 182-2-1-1.** »

Le collège des directeurs prépare, en vue de son adoption par le conseil, un projet sur la participation mentionnée au 2°. Le conseil peut, sur la base d'un avis motivé, demander au directeur un second projet. Il ne peut s'opposer à ce second projet qu'à la majorité qualifiée des deux tiers.

Le conseil est tenu informé par le collège des directeurs de la mise en œuvre des orientations prévues *(L. n° 2009-879 du 21 juill. 2009, art. 117)* « **aux 3°, 4° et 7°** »**. Il peut rendre un avis motivé sur la mise en œuvre de ces orientations et notamment sur l'accord cadre, les conventions, les avenants et annexes régissant les relations avec les professions de santé et les centres de santé.**

(L. n° 2009-879 du 21 juill. 2009, art. 117) « **Le collège des directeurs prépare, en vue de leur adoption par le conseil, les orientations mentionnées au 7°.** »

Art. L. 182-2-4 *(Ord. n° 2010-177 du 23 févr. 2010, art. 24)* « **I.** » — **Le directeur général** *(Abrogé par L. n° 2017-1836 du 30 déc. 2017, art. 15-V, à compter du 1er janv. 2018)* « ***, sur mandat du collège des directeurs*** » **:** — *Sur les dispositions transitoires de l'art. 15 de la L. n° 2017-1836 du 30 déc. 2017, V. ss. le livre VI « Dispositions applicables aux travailleurs indépendants ».*

1° Négocie et signe l'accord-cadre, les conventions, leurs avenants et annexes et les accords et contrats régissant les relations avec les professions de santé mentionnées à l'article L. 162-14-1 *(L. n° 2006-1640 du 21 déc. 2006, art. 100-V)* « **, les centres de santé mentionnés à l'article L. 162-32-1 et les établissements thermaux mentionnés à l'article L. 162-39** » *(L. n° 2005-1579 du 19 déc. 2005, art. 48-V)* « **ainsi que l'accord national mentionné à l'article L. 162-16-7** » **;**

(L. n° 2004-810 du 13 août 2004, art. 55 ; L. n° 2009-879 du 21 juill. 2009, art. 117 ; Ord. n° 2010-177 du 23 févr. 2010, art. 24) « **2° Négocie le** *(L. n° 2016-41 du 26 janv. 2016, art. 162-I-3°)* « **plan national de gestion du risque et d'efficience du système de soins** » **prévu à l'article L. 182-2-1-1 ;**

« **II. — Le collège des directeurs :** »

(Ord. n° 2010-177 du 23 févr. 2010, art. 24) « **1°** » **Met en œuvre les orientations fixées par le conseil relatives aux inscriptions d'actes et prestations prévues** *(L. n° 2006-1640 du 21 déc. 2006, art. 100-V)* « **aux articles L. 162-1-7 et L. 162-1-7-2** » **;**

(Ord. nº 2010-177 du 23 févr. 2010, art. 24) **« 2° » Met en œuvre les orientations fixées par le conseil dans les relations de l'assurance maladie avec l'Union nationale des organismes d'assurance maladie complémentaire ;**

(L. nº 2009-1646 du 24 déc. 2009, art. 42-II ; Ord. nº 2010-177 du 23 févr. 2010, art. 24) **« 3° Arrête le montant de la contribution annuelle des caisses nationales d'assurance maladie au développement professionnel continu pour chaque catégorie de professionnels mentionnée aux articles L. 162-5, L. 162-9, L. 162-12-2, L. 162-12-9, L. 162-14, L. 162-16-1 et L. 162-32-1. »**

(L. nº 2009-879 du 21 juill. 2009, art. 117) **« Le président et le directeur général signent le** *(L. nº 2016-41 du 26 janv. 2016, art. 162-I-3°)* **« plan national de gestion du risque et d'efficience du système de soins » prévu à l'article L. 182-2-1-1. »**

Art. L. 182-2-5 **La Caisse nationale de l'assurance maladie** *(Abrogé par Ord. nº 2018-470 du 12 juin 2018, art. 9)* ***« des travailleurs salariés »*** **assure la gestion administrative de l'Union sous l'autorité du directeur général. Celui-ci exerce les compétences qui ne sont pas attribuées à une autre autorité et met en œuvre les orientations fixées par le conseil.**

Art. L. 182-2-6 **Les ressources de l'union sont constituées notamment par des contributions des** *(L. nº 2017-1836 du 30 déc. 2017, art. 15-V, en vigueur le 1er janv. 2018)* **« deux » caisses nationales d'assurance maladie.** – *Sur les dispositions transitoires de l'art. 15 de la L. nº 2017-1836 du 30 déc. 2017, V. ss. le livre VI « Dispositions applicables aux travailleurs indépendants ».*

Art. L. 182-2-7 **Sous réserve des dispositions du présent chapitre, l'Union nationale des caisses d'assurance maladie est régie par les dispositions du livre II.**

SECTION II UNION NATIONALE DES ORGANISMES D'ASSURANCE MALADIE COMPLÉMENTAIRE

Art. L. 182-3 **L'Union nationale des organismes d'assurance maladie complémentaire regroupe des représentants des mutuelles régies par le code de la mutualité, des institutions de prévoyance régies par le présent code, de l'instance de gestion du régime local d'assurance maladie complémentaire obligatoire des départements du Haut-Rhin, du Bas-Rhin et de la Moselle et des entreprises mentionnées à l'article L. 310-1 du code des assurances et offrant des garanties portant sur le remboursement ou l'indemnisation de frais occasionnés par une maladie, une maternité ou un accident. Cette union est dotée d'un conseil.**

(L. nº 2005-1579 du 19 déc. 2005, art. 55) **« L'Union nationale des organismes d'assurance maladie complémentaire rend un avis motivé et public sur les projets de loi relatifs à l'assurance maladie et de financement de la sécurité sociale.**

« Ces avis sont rendus dans les mêmes conditions que les avis mentionnés à l'article L. 200-3. »

L'Union nationale des organismes d'assurance maladie complémentaire émet des avis sur les propositions de décisions de l'Union nationale des caisses d'assurance maladie prises en application des articles L. 160-13 et L. 162-1-7, à l'exception de celles mentionnées au troisième alinéa du I de l'article L. 160-13.

L'Union nationale des organismes d'assurance maladie complémentaire et l'Union nationale des caisses d'assurance maladie examinent conjointement leurs programmes annuels de négociations avec les professionnels et les centres de santé portant sur leur champ respectif. Elles déterminent annuellement les actions communes menées en matière de gestion du risque.

(L. nº 2006-1640 du 21 déc. 2006, art. 135-I) **« L'Union nationale des organismes d'assurance maladie complémentaire peut être constituée sous la forme d'une association régie par la loi du 1er juillet 1901. »**

(L. nº 2008-1330 du 17 déc. 2008, art. 36-IV) **« La décision de signer un accord, une convention ou un avenant mentionnés à l'article L. 162-14-3 est prise par le conseil de l'Union nationale des organismes d'assurance maladie complémentaire. Elle est prise à la majorité de 60 % au moins des voix exprimées en ce qui concerne les accords mentionnés au deuxième alinéa de l'article L. 162-14-3.**

« L'Union nationale des organismes d'assurance maladie complémentaire transmet, avant le 15 juin de chaque année, au Parlement et au ministre chargé de la sécurité

sociale, un bilan détaillé des négociations auxquelles elle a décidé de participer en application de l'article L. 162-14-3, ainsi que de la mise en œuvre des accords, conventions ou avenants qu'elle a signés à l'issue de ces négociations. »

Sous réserve des décisions passées en force de chose jugée, sont validées toutes dispositions réglementaires et décisions en tant qu'elles pourraient être contestées sur le fondement du défaut ou de l'irrégularité de la consultation de l'Union nationale des organismes d'assurance maladie complémentaire (L. n° 2006-1640 du 21 déc. 2006, art. 135-II).

SECTION III UNION NATIONALE DES PROFESSIONNELS DE SANTÉ

Art. L. 182-4 L'Union nationale des professionnels de santé regroupe des représentants de l'ensemble des professions de santé libérales mentionnées au titre VI du présent livre. Sa composition, qui prend en compte les effectifs des professions concernées, est fixée par décret en Conseil d'État.

L'Union nationale des professionnels de santé émet des avis sur les propositions de décisions de l'Union nationale des caisses d'assurance maladie prises en application des articles L. 160-13, L. 160-14 et L. 160-15, à l'exception de la décision mentionnée au troisième alinéa du I de l'article L. 160-13.

L'Union nationale des professionnels de santé examine annuellement un programme annuel de concertation avec l'Union nationale des caisses d'assurance maladie et l'Union nationale des organismes d'assurance maladie complémentaire.

(L. n° 2005-1579 du 19 déc. 2005, art. 37-VI) « L'Union nationale des professionnels de santé reçoit une contribution à son fonctionnement de la Caisse nationale de l'assurance maladie *(Abrogé par Ord. n° 2018-470 du 12 juin 2018, art. 9) « des travailleurs salariés »*. Le montant de cette contribution est défini par l'accord mentionné à l'article L. 162-1-13 ou, à défaut, par arrêté du ministre chargé de la sécurité sociale. »

CHAPITRE III *[ABROGÉ]* UNIONS RÉGIONALES DES CAISSES D'ASSURANCE MALADIE

(Abrogé par L. n° 2009-879 du 21 juill. 2009, art. 128-II)

Art. L. 183-1 à L. 183-4 *Abrogés par L. n° 2009-879 du 21 juill. 2009, art. 128-II.*

CHAPITRE IV DISPOSITIONS D'APPLICATION

Art. L. 184-1 *(Ord. n° 96-344 du 24 avr. 1996, art. 22-I-1°)* Des dispositions réglementaires déterminent, en tant que de besoin, les modalités d'application du livre Ier. Sauf disposition contraire, elles sont prises par décret en Conseil d'État. – *[Anc. art. L. 183-1.]*

LIVRE DEUXIÈME ORGANISATION DU RÉGIME GÉNÉRAL, ACTION DE PRÉVENTION, ACTION SANITAIRE ET SOCIALE DES CAISSES

(L. n° 88-16 du 5 janv. 1988, art. 1er-II)

BIBL. GÉN. ▶ ADAM, Quelques évidences sur le paritarisme, *Dr. soc. 1995. 744*. – BORDELOUP, Une remise en cause de la démocratie dans la gestion de la sécurité sociale, *Dr. soc. 1991. 528* ; Information et responsabilité dans les structures et les organes de gestion des institutions sanitaires et sociales, *Dr. soc. 1993. 201*. – BORGETTO, Quelle démocratie sociale ?, *RD publ. 2002. 194* ; Sécurité sociale et démocratie sociale : état des lieux, *RFFP n° 64, 1998. 7*. – COUDREAU, Pour une véritable gestion de l'assurance maladie : un partage clair des pouvoirs, *Dr. soc. 1991. 69*. – DOUBLET, La réforme de la sécurité sociale de 1960, *Rev. belge de séc. soc. 1960. 1007*. – DUFOURCQ, Démocratie sociale et sécurité sociale, *Dr. soc. 1994. 1008*. – FROMENTIN, La gestion des caisses de sécurité sociale par les partenaires sociaux est-elle possible ?, *Dr. soc. 1993. 307*. – LAGRAVE, Qui gère la sécurité sociale ?, *Projet n° 133, mars 1979, p. 291*. – LAROQUE, L'évolution des structures de gestion de la sécurité sociale, *Dr. soc. 1994. 908*. – LE FRIANT, La démocratie sociale entre formule et concept, *Regards CNESS, n° 19-2001. 48*. – MATT, La sécurité sociale : organisation et financement, *LGDJ 2001*. – PALIER, Gouverner la sécurité sociale, *PUF 2002*. – PRÉTOT, L'État et la sécurité sociale, Réflexions sur le service public, *Dr. soc.*

1981. 799. – Rey, Assurance maladie : la dispersion des pouvoirs, *Dr. soc. 1994. 1021*. – Verkindt, Octobre 1946 : assurances sociales et médecine du travail : au miroir de la démocratie sociale, *RDSS 2014. 251*. – Voirin, Les organes de sécurité sociale et leurs pouvoirs, *LGDJ, 1961* ; L'organisation administrative de la sécurité sociale, *BIT, 1990.*

▸ **Ord. n° 96-344 du 24 avr. 1996 :** Adam, Le retour des syndicats, *Dr. soc. 1996. 344*. – Amalric, Sur la réorganisation des structures de l'assurance maladie, *Dr. soc. 1996. 791*; L'ordonnance n° 96-344 du 24 avril 1996 et la répartition des pouvoirs dans une caisse primaire, *Dr. soc. 1996. 1061*. – Bergeal, La nouvelle politique contractuelle, *Dr. soc. 1997. 788*. – Laborde, La nouvelle organisation des caisses, *Dr. soc. 1996. 799*. – Prétot, La réforme de l'organisation et du fonctionnement de la sécurité sociale (Ord. n° 96-344 du 24 avr. 1996), *D. 1996. Chron. 219* ; La réorganisation de la sécurité sociale : la clarification des pouvoirs et ses limites, *RDSS 1996. 825*. – Ruellan, Clarification des pouvoirs et rénovation du système, *Dr. soc. 1996. 779*.

Art. L. 200-1 Le régime général de sécurité sociale couvre :

(*L. n° 2017-1836 du 30 déc. 2017, art. 15-I, en vigueur le 1er janv. 2018*) « 1° D'une part, pour le versement des prestations en espèces mentionnées à l'article L. 311-1, les personnes salariées ou assimilées mentionnées aux articles L. 311-2, L. 311-3, L. 311-6, L. 381-1, L. 382-1 et L. 382-31 et, d'autre part, pour le versement des prestations en espèces au titre des assurances maladie, maternité, paternité et vieillesse, les personnes non salariées mentionnées respectivement aux articles L. 611-1 et L. 631-1 ;

« 2° Au titre des accidents du travail et des maladies professionnelles, les personnes mentionnées aux articles L. 412-1, L. 412-2 et L. 412-9 ;

« 3° Au titre des prestations familiales, les personnes mentionnées à l'article L. 512-1 ;

« 4° Au titre de la protection universelle maladie, telle que définie à l'article L. 160-1, les personnes mentionnées au 1° du présent article et aux articles (*Abrogé par Ord. n° 2018-470 du 12 juin 2018, art. 9, à compter du 1er sept. 2018*) « L. 381-4, » L. 381-20, L. 381-25 et L. 381-30 ainsi que les personnes inactives rattachées aux organismes du régime général en application de la seconde phrase du premier alinéa de l'article L. 160-17.

« La couverture des risques mentionnés aux 1° et 2° du présent article s'exerce par l'affiliation au régime général, à titre obligatoire, des personnes mentionnées aux mêmes 1° et 2°. » — *Sur les dispositions transitoires de l'art. 15 de la L. n° 2017-1836 du 30 déc. 2017, V. ss. le livre VI « Dispositions applicables aux travailleurs indépendants ».*

Il peut être fait appel également au régime général pour couvrir un ou plusieurs risques ou charges pour des catégories d'assurés définies par la loi.

Art. L. 200-2 (*L. n° 94-637 du 25 juill. 1994, art. 1er*) **Le régime général comprend quatre branches :**

1° Maladie, maternité, invalidité et décès ;

2° Accidents du travail et maladies professionnelles ;

3° Vieillesse et veuvage ;

4° Famille.

(*Abrogé par L. n° 2017-1836 du 30 déc. 2017, art. 15-I, à compter du 1er janv. 2018*) ***« L'équilibre financier de chaque branche est assuré par la caisse chargée de la gérer.***

« Les branches visées au 1° et au 2° sont gérées par la Caisse nationale de l'assurance maladie des travailleurs salariés, celle visée au 3° par la Caisse nationale d'assurance vieillesse des travailleurs salariés et celle visée au 4° par la Caisse nationale des allocations familiales.

« Les ressources du régime général sont collectées et centralisées par les organismes chargés du recouvrement.

« (L. n° 2001-1246 du 21 déc. 2001, art. 75-I) « L'Union des caisses nationales de sécurité sociale exerce pour le compte de ces caisses et de l'Agence centrale des organismes de sécurité sociale des tâches qui leur sont communes. »

« La gestion commune de trésorerie des différentes branches relevant des caisses nationales du régime général définie par l'article L. 225-1 ne fait pas obstacle à l'obligation prévue au sixième alinéa. » — *Sur les dispositions transitoires de l'art. 15 de la L. n° 2017-1836 du 30 déc. 2017, V. ss. le livre VI « Dispositions applicables aux travailleurs indépendants ».*

Art. L. 200-2-1 (*L. n° 2001-1246 du 21 déc. 2001, art. 75-II*) **Les ressources nécessaires au financement de la gestion administrative de l'Union des caisses nationales de**

sécurité sociale sont prélevées chaque année sur les encaissements du régime général de sécurité sociale, dans des conditions fixées par arrêté interministériel.

Art. L. 200-3 *(L. nº 94-637 du 25 juill. 1994, art. 7-I) (L. nº 2004-810 du 13 août 2004, art. 69-I)* « Le conseil ou les conseils d'administration » de la Caisse nationale de l'assurance maladie *(Abrogé par L. nº 2017-1836 du 30 déc. 2017, art. 15-I, à compter du 1er janv. 2018)* *« des travailleurs salariés »*, de la Caisse nationale d'assurance vieillesse *(Abrogé par L. nº 2017-1836 du 30 déc. 2017, art. 15-I, à compter du 1er janv. 2018)* *« des travailleurs salariés »*, de la Caisse nationale des allocations familiales et de l'Agence centrale des organismes de sécurité sociale et la commission prévue à l'article L. 221-4 sont saisis, pour avis et dans le cadre de leurs compétences respectives, de tout projet de mesure législative ou réglementaire ayant des incidences sur l'équilibre financier de la branche ou entrant dans leur domaine de compétence *(Ord. nº 96-344 du 24 avr. 1996, art. 15)* « et notamment des projets de loi de financement de la sécurité sociale ». Les avis *(L. nº 2009-879 du 21 juill. 2009, art. 116-I)* « sur les projets de loi » sont motivés. – *Sur les dispositions transitoires de l'art. 15 de la L. nº 2017-1836 du 30 déc. 2017, V. ss. le livre VI « Dispositions applicables aux travailleurs indépendants ».*

(Ord. nº 96-344 du 24 avr. 1996, art. 15-2º) « Le conseil d'administration de l'Agence centrale des organismes de sécurité sociale peut recevoir délégation des conseils des caisses nationales et de la commission prévue à l'article L. 221-4 pour examiner tout projet de texte relatif aux ressources du régime général ».

Le Gouvernement transmet au Parlement les avis rendus sur les projets de loi.

(Ord. nº 96-344 du 24 avr. 1996, art. 15-3º ; L. nº 2004-810 du 13 août 2004, art. 69-I) « Le conseil ou les conseils d'administration des caisses nationales, de l'Agence centrale des organismes de sécurité sociale et la commission visée à l'article L. 221-4 peuvent faire toutes propositions de modification législative ou réglementaire dans leur domaine de compétence. Les propositions de nature législative sont transmises au Parlement *(Abrogé par L. nº 2011-1906 du 21 déc. 2011, art. 110-I-3º)* *« et au conseil de surveillance »*. Le Gouvernement fait connaître dans un délai d'un mois les suites qu'il réserve aux propositions de nature réglementaire. »

(L. nº 2004-810 du 13 août 2004, art. 69-I) « Le conseil ou les conseils d'administration » et la commission prévue à l'article L. 221-4 sont habilités, dans le respect de l'équilibre financier de chacune des branches, à proposer des réformes au Gouvernement.

Un décret en Conseil d'État fixe les modalités d'application du présent article, et notamment les délais dans lesquels *(L. nº 2004-810 du 13 août 2004, art. 69-I)* « le conseil ou les conseils d'administration » et la commission prévue à l'article L. 221-4 ou les commissions habilitées par eux à cet effet rendent leurs avis *(L. nº 2009-879 du 21 juill. 2009, art. 116-I)* « , ainsi que les conditions dans lesquelles les avis rendus sur les projets de loi sont motivés ». – *V. art. R. 200-1 à R. 200-6.*

1. Des textes n'ayant qu'une incidence indirecte sur l'équilibre financier de la branche de l'assurance maladie ont pu légalement intervenir sans la consultation préalable du conseil d'administration de la Caisse nationale de l'assurance maladie des travailleurs salariés. • CE 14 oct. 1996 : *RJS 1997, nº 196.*

2. Si certaines des mesures prévues par la convention nationale des infirmiers approuvée par un arrêté interministériel du 31 juillet 1997 sont susceptibles d'avoir une incidence sur les ressources des caisses primaires d'assurance maladie et, partant, sur l'équilibre financier de la branche maladie de la sécurité sociale, aucune ne touche au domaine propre de compétence de l'Agence centrale des organismes de sécurité sociale (ACOSS), tel que défini par les art. L. 225-1 et L. 225-1-1 CSS. Absence d'obligation de consulter le conseil d'administration de l'ACOSS au titre des dispositions de l'art. L. 200-3 CSS. • CE 26 mars 1999 : *RJS 1999, nº 1126.*

TITRE PREMIER **ORGANISMES LOCAUX ET RÉGIONAUX — ORGANISMES À CIRCONSCRIPTION NATIONALE**

CHAPITRE PREMIER **CAISSES PRIMAIRES D'ASSURANCE MALADIE**

Art. L. 211-1 *(L. nº 2017-1836 du 30 déc. 2017, art. 15-I, en vigueur le 1er janv. 2018)* Les caisses primaires d'assurance maladie assurent la prise en charge des frais de santé et le service des prestations d'assurance maladie, maternité, paternité, invalidité, décès

et d'accidents du travail et maladies professionnelles *(L. nº 2018-1203 du 22 déc. 2018, art. 52-II, en vigueur le 1er nov. 2019)* **« et l'attribution de la protection complémentaire en matière de santé prévue à l'article L. 861-1 » dont bénéficient dans leur circonscription les assurés salariés et non salariés, ainsi que les autres personnes mentionnées aux 1° et 4° de l'article L. 200-1.** – *V. art. R. 211-1 et R. 211-2.*

Sur les dispositions transitoires de l'art. 15 de la L. nº 2017-1836 du 30 déc. 2017, V. ss. le livre VI « Dispositions applicables aux travailleurs indépendants ».

Art. L. 211-2 *(L. nº 2004-810 du 13 août 2004, art. 58-I)* **Chaque caisse primaire d'assurance maladie est dotée d'un conseil et d'un directeur.**

Le conseil est composé :

1° D'un nombre égal de représentants des assurés sociaux désignés par les organisations syndicales nationales de salariés représentatives au sens de l'article L. 133-2 *[L. 2121-1 nouv.]* **du code du travail et de représentants d'employeurs désignés par les organisations professionnelles nationales d'employeurs représentatives ;**

2° De représentants de la Fédération nationale de la mutualité française ;

3° De représentants d'institutions désignées par l'État intervenant dans le domaine de l'assurance maladie ;

(L. nº 2009-879 du 21 juill. 2009, art. 116-II) **« 4° D'une personnalité qualifiée dans les domaines d'activité des organismes d'assurance maladie et désignée par l'autorité compétente de l'État. »** – *Les dispositions issues de la L. nº 2009-879 du 21 juill. 2009 entrent en vigueur à l'échéance des mandats en cours des membres des conseils des caisses primaires d'assurance maladie (L. préc., art. 116-IV).*

Siègent également avec voix consultative *(Ord. nº 2018-470 du 12 juin 2018, art. 8, en vigueur le 1er janv. 2019)* **« un représentant désigné en son sein par l'instance régionale du Conseil de la protection sociale des travailleurs indépendants mentionnée au quatrième alinéa de l'article L. 612-4 et » des représentants du personnel élus.**

Le directeur assiste aux séances du conseil.

Les auteurs de l'Ord. du 24 avr. 1996 n'ont pas méconnu le principe d'égalité en maintenant le principe d'une participation des représentants des mutuelles dans les conseils d'administration des caisses d'assurance maladie sans prévoir une représentation analogue des entreprises gérées par le code des assurances. • CE 12 févr. 1997, nº 180079 B : *Dr. adm. 1997. 251, note C. M. ; Dr. soc. 1997. 436, obs. Laigre ; RFDA 1997. 463, concl. C. Maugüé ; RJS 1997, nº 597.* ♦ En estimant que la Fédération nationale de la mutualité française était, à la date de l'Ord. du 24 avr. 1996, la plus représentative au plan national, ses auteurs n'ont pas enfreint le principe d'égalité. • CE 12 févr. 1997 : *préc.*

Art. L. 211-2-1 *(L. nº 2004-810 du 13 août 2004, art. 58-I)* **Le conseil de la caisse primaire d'assurance maladie a pour rôle de déterminer, sur proposition du directeur :**

1° Les orientations du contrat pluriannuel de gestion mentionné à l'article L. 227-3 ;

2° Les objectifs poursuivis pour améliorer la qualité des services rendus à l'usager ;

3° Les axes de la politique de communication à l'égard des usagers ;

4° Les axes de la politique de gestion du risque, *(Abrogé par Ord. nº 2010-177 du 23 févr. 2010, art. 24)* ***« en application du contrat visé à l'article L. 183-2-3 ».***

Il est périodiquement tenu informé par le directeur de la mise en œuvre des orientations qu'il définit et formule, en tant que de besoin, les recommandations qu'il estime nécessaires pour leur aboutissement. Il approuve, sur proposition du directeur, les budgets de gestion et d'intervention. Ces propositions sont réputées approuvées sauf opposition du conseil à la majorité qualifiée, dans des conditions et selon des modalités fixées par décret.

Le conseil délibère également sur :

1° La politique d'action sanitaire et sociale menée par la caisse dans le cadre des orientations définies par la Caisse nationale de l'assurance maladie *(Abrogé par Ord. nº 2018-470 du 12 juin 2018, art. 9)* ***« des travailleurs salariés »*** **;**

2° Les modalités de traitement des réclamations déposées par les usagers, notamment par une commission spécifique constituée à cet effet ;

3° Les opérations immobilières et la gestion du patrimoine de la caisse ;

4° L'acceptation et le refus des dons et legs ;

5° La représentation de la caisse dans les instances ou organismes au sein desquels celle-ci est amenée à siéger.

Il délibère sur le contrat pluriannuel de gestion mentionné à l'article L. 227-3.

Le conseil peut être saisi par le directeur de toute question relative au fonctionnement de la caisse.

Le conseil peut, sur le fondement d'un avis motivé rendu à la majorité des deux tiers de ses membres, diligenter tout contrôle nécessaire à l'exercice de ses missions.

Les modalités de mise en œuvre du présent article, notamment les conditions de fonctionnement du conseil, sont précisées par voie réglementaire.

Art. L. 211-2-2 *(L. n° 2004-810 du 13 août 2004, art. 58-I)* Le directeur dirige la caisse primaire d'assurance maladie et est responsable de son bon fonctionnement. Il met en œuvre les orientations décidées par le conseil. Il prend toutes décisions nécessaires et exerce toutes les compétences qui ne sont pas attribuées à une autre autorité.

Il négocie et signe le contrat pluriannuel de gestion mentionné à l'article L. 227-3.

Il est notamment chargé :

1° De préparer les travaux du conseil, de mettre en œuvre les orientations qu'il définit et d'exécuter ses décisions ;

2° De prendre toutes décisions et d'assurer toutes les opérations relatives à l'organisation et au fonctionnement de la caisse, à sa gestion administrative, financière et immobilière ;

3° D'établir et d'exécuter les budgets de gestion et d'intervention, de conclure au nom de la caisse toute convention et d'en contrôler la bonne application.

Le directeur représente la caisse en justice et dans tous les actes de la vie civile. Il signe les marchés et conventions, est l'ordonnateur des dépenses et des recettes de la caisse, et vise le compte financier. Il recrute le personnel et a autorité sur lui. Il peut déléguer sa signature.

Le directeur nomme les agents de direction dans les conditions prévues à l'article L. 217-6.

Le directeur rend compte au conseil de la gestion de la caisse après la clôture de chaque exercice.

Il rend également compte périodiquement au conseil de la mise en œuvre des orientations définies par ce dernier.

Les modalités d'application du présent article sont précisées par voie réglementaire.

Art. L. 211-2-3 *(L. n° 2016-41 du 26 janv. 2016, art. 203)* Lorsque la commission que le conseil de la caisse primaire d'assurance maladie a désignée à cet effet se prononce sur les différends auxquels donne lieu l'application de la législation relative aux accidents du travail et aux maladies professionnelles, seuls les membres du conseil désignés en application du 1° de l'article L. 211-2 sont habilités à siéger et à prendre part au vote.

Art. L. 211-3 (Abrogé par L. n° 2015-1702 du 21 déc. 2015, art. 59-XI-N, à compter du 1er janv. 2016) *Les caisses primaires d'assurance maladie effectuent le service des prestations, soit directement à leurs guichets, soit par l'entremise des sections locales, de correspondants locaux ou d'entreprises et d'agents locaux.*

Il peut être fait appel aux mutuelles et unions de mutuelles pour l'accomplissement des différentes missions qui incombent aux sections locales, aux correspondants locaux ou d'entreprises et aux agents locaux.

Art. L. 211-4 (Abrogé par L. n° 2015-1702 du 21 déc. 2015, art. 59-XI-N, à compter du 1er janv. 2016) *Tout groupement mutualiste comptant au moins cent assurés est habilité de plein droit, sur sa demande, à jouer au moins le rôle de correspondant pour ses membres.*

Tout groupement mutualiste dont l'effectif et l'organisation permettent de remplir des missions plus étendues et, le cas échéant, le rôle de section locale à circonscription territoriale peut être habilité par la caisse primaire concernée, à cet effet, pour ses membres.

Toutes difficultés soulevées par l'application des conditions ci-dessus fixées seront appréciées par une commission nationale paritaire composée des délégués des organisations représentatives de la mutualité et de la sécurité sociale. En cas de désaccord, la commission désignera un tiers arbitre.

Les habilitations accordées aux groupements mutualistes en application de l'art. L. 211-4, dans sa rédaction antérieure à la L. n° 2015-1702 du 21 déc. 2015, demeurent en vigueur. Un décret détermine, le cas échéant, les conditions d'évolution du contenu des délégations liées à ces habilitations (L. préc., art. 59-XIII-A).— Les contrats pluriannuels de gestion conclus en application des art. L. 211-4, L. 381-9 et L. 712-6 CSS dans leur rédaction antérieure à la L. n° 2015-1702 du 21 déc. 2015 de financement de la sécurité sociale pour 2016 demeurent en vigueur jusqu'au 31 déc. 2017 (Décr. n° 2017-656 du 27 avr. 2017, art. 4-I).

Dès lors qu'un groupement mutualiste remplit la condition d'effectif prévue par le premier al., il doit être habilité, s'il en fait la demande, en qualité de correspondant. • CE, sect., 7 déc. 1979 : *Lebon 459 ; Dr. soc. 1980. 350, concl. B. Genevois.*

Art. L. 211-5 (Abrogé par L. n° 2015-1702 du 21 déc. 2015, art. 59-XI-N, à compter du 1er janv. 2016) ***Chaque section est administrée par un comité de gestion dont les membres sont désignés dans les conditions prévues par décret en Conseil d'État.*** — V. art. R. 211-3 à R. 211-11.

Art. L. 211-6 (Abrogé par L. n° 2015-1702 du 21 déc. 2015, art. 59-XI-N, à compter du 1er janv. 2016) ***La caisse primaire d'assurance maladie est tenue de verser à chacune de ses sections, outre le montant des prestations servies par celles-ci, une fraction des cotisations perçues en vue de couvrir les frais de gestion propres à la section et de tenir compte tant des services rendus aux assurés que de la qualité de la gestion de la section.***

Art. L. 211-7 (Abrogé par L. n° 2015-1702 du 21 déc. 2015, art. 59-XI-N, à compter du 1er janv. 2016) ***Les sections des caisses primaires d'assurance maladie sont soumises aux mêmes prescriptions que les caisses primaires dans la limite des pouvoirs et de la compétence qui leur sont attribués.***

CHAPITRE II **CAISSES D'ALLOCATIONS FAMILIALES**

SECTION PREMIÈRE **DISPOSITIONS GÉNÉRALES**

Art. L. 212-1 **Le service des prestations familiales dues aux salariés de toute profession, aux employeurs et aux travailleurs indépendants des professions non agricoles ainsi qu'à la population non active incombe aux caisses d'allocations familiales.** *(Abrogé par L. n° 2015-1702 du 21 déc. 2015, art. 45-I-1°) (L. n° 2001-624 du 17 juill. 2001, art. 33)* ***« Cette disposition est étendue, à compter du 1er octobre 2001, aux retraités de la Caisse nationale de retraite des agents des collectivités locales et du Fonds spécial des pensions des ouvriers des établissements industriels de l'État, domiciliés dans les départements d'outre-mer ». »*** *— V. art. R. 212-1 et R. 212-2.*

(Ord. n° 96-51 du 24 janv. 1996, art. 7-I) **« Toutefois, certains organismes ou services peuvent être autorisés, par décret** *[art. D. 212-1 à D. 212-4]*, **à servir ces prestations aux salariés agricoles** *(Abrogé par L. n° 2015-1702 du 21 déc. 2015, art. 45-I-1°)* ***« et aux personnels de l'État ». »*** *— V. aussi Décr. n° 71-612 du 15 juill. 1971 (JO 22 juill.), mod. par Décr. n° 79-22 du 10 janv. 1979 (JO 11 janv.), Décr. n° 85-1354 du 17 déc. 1985 (JO 21 déc.).*

Les dispositions issues du I de l'art. 45 de la L. n° 2015-1702 du 21 déc. 2015 sont applicables à Saint-Barthélemy et à Saint-Martin, elles entrent en vigueur à une date fixée par décret, et au plus tard le 1er janv. 2017 (L. préc., art. 45-II et III).

Art. L. 212-2 *(Ord. n° 96-344 du 24 avr. 1996, art. 6)* **Chaque caisse d'allocations familiales est administrée par un conseil d'administration de vingt-quatre membres comprenant :**

1° Huit représentants des assurés sociaux désignés par les organisations syndicales de salariés interprofessionnelles représentatives au plan national ;

2° Huit représentants des employeurs et travailleurs indépendants à raison de :

— cinq représentants des employeurs désignés par les organisations professionnelles nationales d'employeurs représentatives ;

— trois représentants des travailleurs indépendants désignés par les institutions ou les organisations professionnelles des travailleurs indépendants les plus représentatives au plan national ;

3° Quatre représentants des associations familiales désignés par l'union départementale des associations familiales ; la désignation est effectuée par l'Union nationale des

associations familiales si, dans la circonscription de la caisse régionale, il n'existe pas d'union départementale ou si, en cas de pluralité d'unions départementales dans cette circonscription, elles ne sont pas parvenues à un accord ;

4° Quatre personnes qualifiées dans les domaines d'activité des caisses d'allocations familiales et désignées par l'autorité compétente de l'État.

Siègent également, avec voix consultative, trois représentants du personnel élus dans des conditions fixées par décret.

Pouvoir du conseil d'administration. Le conseil d'administration de la CAF a seul compétence pour prendre les mesures unilatérales applicables à tout ou partie du personnel de l'organisme. • Soc. 12 nov. 1997, n° 96-12.314 P : *RJS 1997, n° 1391 ; TPS 1997. Comm. 324* • TA Versailles, 13 avr. 1995 : *RJS 1995, n° 558.*

SECTION II *[ABROGÉE]* CAISSE MARITIME D'ALLOCATIONS FAMILIALES

(Abrogée par L. n° 2014-1554 du 22 déc. 2014, art. 30-II-4°, à compter du 1er janv. 2016)

La Caisse maritime d'allocations familiales est dissoute à la date du 1er janv. 2016.

Les droits et obligations afférents au service des prestations familiales des personnes affiliées au régime spécial de sécurité sociale des marins et assurés, avant cette date, par la Caisse maritime d'allocations familiales sont transférés aux caisses d'allocations familiales de leur lieu de résidence.

Les droits et obligations afférents au recouvrement des cotisations et contributions sociales dues par les employeurs et les travailleurs indépendants et assurés, avant cette date, par la Caisse maritime d'allocations familiales sont transférés à l'organisme mentionné à l'art. L. 213-4.

Les contrats de travail des salariés de la Caisse maritime d'allocations familiales sont transférés à la caisse d'allocations familiales du département de leur lieu d'activité et à l'union de recouvrement des cotisations de sécurité sociale et d'allocations familiales de Poitou-Charentes.

Les modalités relatives à ces transferts sont définies par des conventions conclues, en fonction de leur objet, entre le directeur de la Caisse maritime d'allocations familiales et le directeur de la Caisse nationale des allocations familiales ou celui de l'Agence centrale des organismes de sécurité sociale.

Ces conventions déterminent également les modalités de transfert, à compter du 1er janv. 2016, des biens meubles et immeubles de la Caisse maritime d'allocations familiales vers les caisses d'allocations familiales des départements et l'union de recouvrement des cotisations de sécurité sociale et d'allocations familiales de Poitou-Charentes (L. n° 2014-1554 du 22 déc. 2014, art. 30-IV, mod. par la L. n° 2015-1702 du 21 déc. 2015, art. 16-III).

Art. L. 212-3 (L. n° 2004-1370 du 20 déc. 2004, art. 62-I-1°) ***« I. — La Caisse maritime d'allocations familiales assure en faveur des personnes affiliées au régime spécial de sécurité sociale des gens de mer le service des prestations familiales.***

« Elle assure également pour ces personnes :

« 1° Le recouvrement des cotisations d'allocations familiales dues par les employeurs et les travailleurs indépendants selon les règles et sous les garanties et sanctions applicables à ce recouvrement par les unions pour le recouvrement des cotisations de sécurité sociale et d'allocations familiales et les caisses générales de sécurité sociale ;

« 2° Le recouvrement de la contribution sociale généralisée selon les dispositions des articles L. 136-1 et suivants ;

« 3° Le recouvrement de la contribution pour le remboursement de la dette sociale instituée par l'article 14 de l'ordonnance n° 96-50 du 24 janvier 1996 relative au remboursement de la dette sociale [V. ce texte, Annexe I] ***;***

« 4° Le contrôle et le contentieux du recouvrement prévu aux 1°, 2° et 3°. »

(L. n° 2002-73 du 17 janv. 2002, art. 43-I) ***« Par dérogation aux dispositions de l'article L. 212-2, le conseil d'administration de la caisse maritime d'allocations familiales est composé de trente-cinq membres dont quinze représentants des armateurs et travailleurs indépendants, quinze représentants des salariés, quatre représentants des associations familiales et une personne qualifiée. »***

Art. L. 212-4 *Abrogé par L. n° 2002-73 du 17 janv. 2002, art. 43-I.*

CHAPITRE III UNIONS POUR LE RECOUVREMENT DES COTISATIONS DE SÉCURITÉ SOCIALE ET D'ALLOCATIONS FAMILIALES (URSSAF)

Art. L. 213-1 *(L. n° 94-637 du 25 juill. 1994, art. 20-I) (L. n° 2016-1827 du 23 déc. 2016, art. 16-I, en vigueur le 1er janv. 2017)* **« Les unions de recouvrement des cotisations de sécurité sociale et d'allocations familiales assurent :**

« 1° Le recouvrement des cotisations et des contributions de sécurité sociale dues par les *(L. n° 2017-1836 du 30 déc. 2017, art. 15-I, en vigueur le 1er janv. 2018)* **« salariés ou assimilés » relevant du régime général et par leurs employeurs ainsi que par les** *(L. n° 2017-1836 du 30 déc. 2017, art. 15-I, en vigueur le 1er janv. 2018)* **« salariés ou assimilés » volontaires ; »** — *V. dernière note ss. art.*

2° Le recouvrement des cotisations d'allocations familiales dues par *(L. n° 2016-1827 du 23 déc. 2016, art. 16-I, en vigueur le 1er janv. 2017)* **« l'ensemble des personnes autres que celles mentionnées aux 1° et 3° du présent article ou aux articles L. 722-1 et L. 722-20 du code rural et de la pêche maritime ;**

(Abrogé par Ord. n° 2018-470 du 12 juin 2018, art. 2) ***« 2° bis Le recouvrement des cotisations d'assurance maladie, maternité et décès dues par les personnes mentionnées à l'article L. 722-1 du présent code ; »***

« 3° *(Abrogé par L. n° 2017-1836 du 30 déc. 2017, art. 15-I, à compter du 1er janv. 2018)* ***« Avec les caisses de base du régime social des indépendants, »*** **le recouvrement des cotisations et contributions sociales dues par les personnes mentionnées à l'article L. 611-1,** *(L. n° 2017-1836 du 30 déc. 2017, art. 15-I, en vigueur le 1er janv. 2018)* **« autres que celles mentionnées également aux articles L. 642-1 et** *(Ord. n° 2018-470 du 12 juin 2018, art. 5)* **« L. 652-6 ; »**

« 4° Le recouvrement de la contribution sociale généralisée mentionnée à l'article L. 136-1 due par l'ensemble des assurés autres que ceux mentionnés au 3° du présent article ou aux articles L. 722-1 et L. 722-20 du code rural et de la pêche maritime ; »

(L. n° 2008-126 du 13 févr. 2008) **« 5° Le recouvrement des contributions** *(L. n° 2011-893 du 28 juill. 2011, art. 44-II-3°)* **« , versements » et cotisations** *(L. n° 2011-893 du 28 juill. 2011, art. 44-II-3°)* **« mentionnés »** *(L. n° 2018-771 du 5 sept. 2018, art. 54-III, en vigueur le 1er janv. 2019)* **« à l'article L. 3253-18, aux 1° à 3° de l'article L. 5422-9 ainsi qu'à l'article L. 5422-11 » du code du travail ; »** — *Les dispositions issues de la L. n° 2011-893 du 28 juill. 2011 ne s'appliquent pas à Mayotte (L. préc., art. 44-VI).*

(L. n° 2016-1827 du 23 déc. 2016, art. 16-I) **« 5° *bis* Le calcul et l'encaissement des cotisations sociales mentionnées aux articles L. 642-1, L. 644-1 et L. 644-2 du présent code dues par les personnes mentionnées à l'article L. 640-1 dans les cas prévus au II de l'article** *(Ord. n° 2018-470 du 12 juin 2018, art. 1er)* **« L. 613-7 »** *(L. n° 2018-1203 du 22 déc. 2018, art. 47-I, en vigueur le 1er janv. 2020)* **« et à l'article L. 642-4-2 » ; »** — *Sur l'entrée en vigueur des dispositions issues de l'art. 16-I de la L. n° 2016-1827 du 23 déc. 2016, V. 1re note ss. art.*

(L. n° 2008-126 du 13 févr. 2008) **« 6° Le contrôle** *(Abrogé par L. n° 2016-1827 du 23 déc. 2016, art. 16-I, à compter du 1er janv. 2017)* ***« et le contentieux »*** **du recouvrement prévu aux 1°** *(L. n° 2016-1827 du 23 déc. 2016, art. 16-I, en vigueur le 1er janv. 2017)* **« à » 5° » ;**

(L. n° 2017-1836 du 30 déc. 2017, art. 15-I, en vigueur le 1er janv. 2019) **« 7° La mise en œuvre des décisions prises par les instances régionales du conseil mentionné à l'article L. 612-1 destinées à venir en aide aux travailleurs indépendants qui éprouvent des difficultés pour régler leurs cotisations et contributions sociales. »**

Les unions sont constituées et fonctionnent conformément aux prescriptions de l'article L. 216-1.

Un décret détermine les modalités d'organisation administrative et financière de ces unions. — *V. art. D. 213-1 à D. 213-7.*

(L. n° 2000-1257 du 23 déc. 2000, art. 8) **« En matière de** *(L. n° 2006-1640 du 21 déc. 2006, art. 140-IV)* **« recouvrement, de contrôle et de contentieux », une union de recouvrement peut déléguer à une autre union ses compétences dans des conditions fixées par décret ».** — *Sous réserve des décisions juridictionnelles passées en force de chose jugée, sont validés sur le plan procédural les contrôles en cours ou clos et susceptibles de recours, dès lors qu'ils ont été effectués par des unions pour le recouvrement des cotisations de sécurité sociale et*

d'allocations familiales pour le compte d'autres unions pour le recouvrement des cotisations de sécurité sociale et d'allocations familiales (L. n° 2000-1257 du 23 déc. 2000, art. 8-II).

Les dispositions du présent art., issues de l'art. 16-I de la L. n° 2016-1827 du 23 déc. 2016, entrent en vigueur le 1er janv. 2017, à l'exception de celles du 5° bis, qui entrent en vigueur selon les modalités suivantes prévues aux 1° et 2° du X de l'art. 50 de la même loi :

1° A compter d'une date fixée par décret, et au plus tard le 1er janv. 2018, pour les travailleurs indépendants créant leur activité qui relèvent de l'art. L. 133-6-8 [devenu art. L. 613-7] CSS ;

2° A compter d'une date fixée par décret, et au plus tard le 1er janv. 2019, pour ceux ne relevant pas du même art. L. 133-6-8 [devenu art. L. 613-7] (L. n° 2016-1827 du 23 déc. 2016, art. 16-VI).

Sur les dispositions transitoires de l'art. 15 de la L. n° 2017-1836 du 30 déc. 2017, V. ss. le livre VI « Dispositions applicables aux travailleurs indépendants ».

1. Le législateur ne méconnaît aucune règle, ni principe de valeur constitutionnelle en attribuant à l'URSSAF compétence pour l'assiette et le recouvrement d'une partie de la contribution sociale généralisée, dès lors que l'URSSAF revêt le caractère d'un organisme chargé d'une mission de service public et qu'elle est placée sous le contrôle de l'autorité publique. • Cons. const. 28 déc. 1990, n° 90-285 DC : *Rec. Cons. const., p. 95 ; Dr. fisc. 1991. 612, note Philip ; Dr. soc. 1991. 338, note Prétot ; JCP 1991. I. 3522, étude Quérol ; RFDC 1991. 136, obs. Philip, et 141, obs. Favoreu ; RJS 1991, n° 258.*

2. Les URSSAF instituées par l'art. L. 213-1 tiennent de ce texte de nature législative leur capacité juridique et leur qualité pour agir dans l'exécution des missions qui leur ont été confiées par la loi. • Soc. 1er mars 2001 : *RJS 2001, n° 640 ; TPS 2001. Comm. 195 (1re esp.) ; D. 2001. IR 983* (absence d'obligation de déposer leurs statuts à la préfecture). ♦ De même, les caisses de mutualité sociale agricole sont, aux termes de l'art. 1002 C. rur., dotées de plein droit de la personnalité morale ; l'omission du dépôt des statuts en mairie ne prive pas leurs organes représentatifs du pouvoir d'ester en justice. • Civ. 2e, 18 sept. 2003, n° 01-16.176 P.

3. Si l'URSSAF a qualité, en vertu de l'art. L. 213-1 CSS, pour prendre des décisions sur tout ce qui concerne le recouvrement des cotisations, ce qui implique qu'elle peut se prononcer sur la nature des activités exercées, c'est en revanche la caisse primaire d'assurance maladie qui, par application de l'art. R. 312-1 du même code, est seule compétente pour procéder à l'affiliation des assurés sociaux relevant du régime général. • Soc. 7 nov. 1991 : *D. 1991. IR 281 ; RJS 1991, n° 1357.* ♦ La restitution des sommes indûment versées par l'employeur au titre du versement de transport incombe aux URSSAF. • Civ. 2e, 15 juin 2017, n° 16-12.551 P : *RJS 2017, n° 619.* ♦ Les URSSAF sont seules compétentes pour procéder aux opérations d'assiette et de recouvrement du versement de transport, les autorités organisatrices de transport étant étrangères à celles-ci. • Civ. 2e, 15 juin 2017, n° 16-12.510 P : *D. actu. 26 juin 2017, obs. de Monteclerc ; RJS 2017, n° 619 ; JCP E 2017, n° 1497, note Leplaideur ; JCP S 2017, n° 1246, note Tauran ; AJDA 2017. 1256.*

4. Les unions de recouvrement constituant autant de personnes morales distinctes, la décision prise par l'une d'elles n'engage pas les autres. • Soc. 29 juin 1995 : *D. 1996. Somm. 44, obs. Prétot.* ♦ L'habilitation du directeur d'un organisme de recouvrement à signer une convention générale de réciprocité pour la délégation de compétences entre organismes ne revêt pas le caractère d'un acte authentique, de sorte qu'elle ne relève pas de la procédure d'inscription de faux. • Civ. 2e, 17 sept. 2015, n° 14-20.652 : *RJS 2015, n° 807.*

5. Sur la délégation de compétences entre URSSAF, V. notes ss. art. L. 243-7.

Art. L. 213-2 *(Ord. n° 96-344 du 24 avr. 1996, art. 6)* **Chaque union de recouvrement des cotisations de sécurité sociale et d'allocations familiales est administrée par un conseil d'administration de vingt membres comprenant :**

1° Huit représentants des assurés sociaux désignés par les organisations syndicales de salariés interprofessionnelles représentatives au plan national ;

2° Huit représentants des employeurs et travailleurs indépendants à raison de :

— cinq représentants des employeurs désignés par les organisations professionnelles nationales d'employeurs représentatives ;

— trois représentants des travailleurs indépendants désignés par les institutions ou les organisations professionnelles des travailleurs indépendants les plus représentatives au plan national ;

3° Quatre personnes qualifiées dans les domaines d'activité des unions de recouvrement et désignées par l'autorité compétente de l'État.

Siègent également, avec voix consultative, *(Ord. n° 2018-470 du 12 juin 2018, art. 8, en vigueur le 1er janv. 2019)* « un représentant désigné en son sein par l'instance régionale du Conseil de la protection sociale des travailleurs indépendants mentionnée au quatrième alinéa de l'article L. 612-4 et » trois représentants du personnel élus dans des conditions fixées par décret. — *V. art. R. 213-1 à R. 213-5.*

Art. L. 213-3 Le *(Ord. n° 2010-420 du 27 avr. 2010, art. 119-2°)* « directeur départemental des finances publiques » ou son représentant assiste avec voix consultative aux délibérations du conseil d'administration des unions de recouvrement des cotisations de sécurité sociale et d'allocations familiales.

Art. L. 213-4 *(L. n° 2015-1702 du 21 déc. 2015, art. 16-I-3°)* Les cotisations et contributions mentionnées aux 2°, 4° et 5° de l'article L. 213-1 dues au titre des personnes qui relèvent du régime spécial de sécurité sociale des marins sont recouvrées et contrôlées par une union pour le recouvrement des cotisations de sécurité sociale et d'allocations familiales désignée par le directeur général de l'Agence centrale des organismes de sécurité sociale.

CHAPITRE IV ÉLECTIONS

SECTION PREMIÈRE ÉLECTORAT — ÉLIGIBILITÉ

Art. L. 214-1 à L. 214-15 *Abrogés par Ord. n° 96-344 du 24 avr. 1996, art. 7-I et 14-I.*

CHAPITRE V CAISSES D'ASSURANCE RETRAITE ET DE LA SANTÉ AU TRAVAIL *(Ord. n° 2010-177 du 23 févr. 2010, art. 24).*

SECTION PREMIÈRE DISPOSITIONS GÉNÉRALES *(Ord. n° 2010-177 du 23 févr. 2010, art. 24).*

Art. L. 215-1 *(L. n° 2009-879 du 21 juill. 2009, art. 128-II)* Les caisses d'assurance retraite et de la santé au travail :

1° Enregistrent et contrôlent les données nécessaires à la détermination des droits à retraite des assurés du régime général. Elles liquident et servent les pensions résultant de ces droits. Elles informent et conseillent les assurés et leurs employeurs sur la législation de l'assurance vieillesse ;

2° Interviennent dans le domaine des risques professionnels, en développant et coordonnant la prévention des accidents du travail et des maladies professionnelles et en concourant à l'application des règles de tarification des accidents du travail et des maladies professionnelles et à la fixation des tarifs ;

3° Mettent en œuvre les programmes d'action sanitaire et sociale définis par les caisses nationales mentionnées aux articles L. 221-2 et L. 222-4 ;

4° Assurent un service social à destination des assurés sociaux de leur circonscription ;

(L. n° 2017-1836 du 30 déc. 2017, art. 15-I, en vigueur le 1er janv. 2019) « 4° *bis* Mettent en œuvre les décisions prises par les instances régionales du conseil mentionné à l'article L. 612-1 destinées à venir en aide aux travailleurs indépendants en vue de leur retraite ; » — *Sur les dispositions transitoires de l'art. 15 de la L. n° 2017-1836 du 30 déc. 2017, V. ss. le livre VI « Dispositions applicables aux travailleurs indépendants ».*

5° Peuvent assurer les tâches d'intérêt commun aux caisses de leur circonscription.

Les circonscriptions des caisses d'assurance retraite et de la santé au travail sont fixées par décret. — *V. art. D. 215-1.*

Les dispositions issues de la L. n° 2009-879 du 21 juill. 2009 entrent en vigueur au plus tard le 1er juill. 2010 (L. préc., art. 131-I).

Sur les exceptions à l'application du droit des usagers de saisir l'administration par voie électronique concernant les démarches effectuées auprès des organismes de sécurité sociale, V. CRPA, App., v° Saisine par voie électronique — Exceptions. —**CRPA.**

Art. L. 215-2 *(Ord. n° 96-344 du 24 avr. 1996, art. 6)* Chaque *(Ord. n° 2010-177 du 23 févr. 2010, art. 24)* « Caisse d'assurance retraite et de la santé au travail » est administrée par un conseil d'administration de vingt et un membres comprenant :

1° Huit représentants des assurés sociaux désignés par les organisations syndicales de salariés interprofessionnelles représentatives au plan national ;

2° Huit représentants des employeurs désignés par les organisations professionnelles nationales d'employeurs représentatives ;

3° Un représentant désigné par la Fédération nationale de la mutualité française ;

4° Quatre personnes qualifiées dans les domaines d'activité des *(Ord. n° 2010-177 du 23 févr. 2010, art. 24)* « caisses d'assurance retraite et de la santé au travail » et désignées par l'autorité compétente de l'État, dont au moins un représentant des retraités.

Siègent également avec voix consultative :

1° Un représentant des associations familiales désigné par les unions départementales des associations familiales territorialement compétentes dans la circonscription de la caisse ; la désignation est effectuée par l'Union nationale des associations familiales si, dans la circonscription de la caisse régionale, il n'existe pas d'union départementale ou si, en cas de pluralité d'unions départementales dans cette circonscription, elles ne sont pas parvenues à un accord ;

(Ord. n° 2018-470 du 12 juin 2018, art. 8, en vigueur le 1er janv. 2019) « 2° Un représentant désigné en son sein par l'instance régionale du Conseil de la protection sociale des travailleurs indépendants mentionnée au quatrième alinéa de l'article L. 612-4 ;

« 3° » Trois représentants du personnel élus dans des conditions fixées par décret. – *A compter du 1er janv. 2019, le 2° devient le 3° (Ord. n° 2018-470 du 12 juin 2018, art. 8).*

(L. n° 2009-879 du 21 juill. 2009, art. 128-II) « Lorsque le conseil d'administration se prononce au titre du 2 de l'article L. 215-1, seuls prennent part au vote les membres mentionnés aux deuxième et troisième alinéas du présent article. » – *Les dispositions issues de la L. n° 2009-879 du 21 juill. 2009 entrent en vigueur au plus tard le 1er juill. 2010 (L. n° 2009-879 du 21 juill. 2009, art. 131-I).*

Art. L. 215-3 *(Ord. n° 2010-177 du 23 févr. 2010, art. 24) (L. n° 2012-355 du 14 mars 2012, art. 1er-I-2°, en vigueur le 1er avr. 2012)* « Pour la région d'Île-de-France, la caisse compétente mentionnée à l'article L. 215-1 n'exerce pas » les missions fixées au 1° de cet article, ni celles fixées au 3° pour ce qui concerne le programme d'action sanitaire et sociale défini par la Caisse nationale mentionnée à l'article L. 222-4.

Le conseil d'administration *(L. n° 2012-355 du 14 mars 2012, art. 1er-I-2°, en vigueur le 1er avr. 2012)* « de la caisse mentionnée au premier alinéa du présent article » est composé dans les conditions fixées à l'article L. 215-2. Toutefois, n'est pas applicable la disposition relative à la présence d'au moins un représentant des retraités parmi les quatre personnes qualifiées.

Art. L. 215-4 Il est constitué auprès du conseil d'administration et par branche ou groupe de branches d'activités des comités techniques composés, par parties égales, de représentants des organisations professionnelles de travailleurs et d'employeurs et chargés de l'assister dans la gestion des risques d'accident du travail et de maladie professionnelle. – *V. Arr. du 9 avr. 1968 (JO 11 mai), mod. par Arr. du 30 janv. 1969 (JO 26 févr.), Arr. du 17 nov. 1971 (JO 28 nov.), Arr. du 4 oct. 1976 (JO 17 oct.), Arr. du 10 oct. 1978 (JO 29 nov.), Arr. du 18 mars 1981 (JONC 14 avr.), Arr. du 15 févr. 2001 (JO 24 févr.), Arr. du 1er juin 2010 (JO 9 juin).*

Art. L. 215-4-1 *(L. n° 2009-879 du 21 juill. 2009, art. 128-II)* I. – Il est constitué auprès du conseil d'administration une commission des accidents du travail et des maladies professionnelles composée de :

1° Cinq membres choisis par les représentants des assurés sociaux au conseil d'administration au titre de chacune des organisations syndicales nationales de salariés interprofessionnelles qui y sont représentées, parmi les membres titulaires ou suppléants du conseil d'administration et des comités techniques mentionnés à l'article L. 215-4 ;

2° Cinq membres choisis par les représentants des employeurs au conseil d'administration au titre de chacune des organisations professionnelles nationales d'employeurs représentatives qui y sont représentées, parmi les membres titulaires ou suppléants du conseil d'administration et des comités techniques mentionnés à l'article L. 215-4.

Dans les mêmes conditions, sont choisis autant de membres suppléants.

Le président de la commission est élu en son sein par cette instance parmi les membres du conseil d'administration.

II. – La commission donne son avis au conseil d'administration sur les affaires relevant du 2° de l'article L. 215-1. Le conseil d'administration peut lui déléguer une partie de ses pouvoirs dans des conditions qu'il détermine sur ces mêmes affaires. – *[Anc. art. L. 215-5-1.]*

Les dispositions issues de la L. n° 2009-879 du 21 juill. 2009 entrent en vigueur au plus tard le 1er juill. 2010 (L. préc., art. 131-I).

SECTION II **CAISSE D'ASSURANCE RETRAITE ET DE LA SANTÉ AU TRAVAIL D'ALSACE-MOSELLE** *(L. n° 2012-355 du 14 mars 2012, art. 1er-I-1°, en vigueur le 1er avr. 2012).*

Art. L. 215-5 La *(L. n° 2012-355 du 14 mars 2012, art. 1er-I-3°, en vigueur le 1er avr. 2012)* « Caisse d'assurance retraite et de la santé au travail d'Alsace-Moselle » gère le régime particulier prévu par le chapitre VII du titre V du livre III du présent code.

Les assurés ou leurs ayants droit bénéficiaires du code des assurances sociales du 19 juillet 1911 et de la loi du 20 décembre 1911 demeurent affiliés à la caisse *(L. n° 2012-355 du 14 mars 2012, art. 1er-I-3°, en vigueur le 1er avr. 2012)* « mentionnée au premier alinéa ».

Art. L. 215-6 *(Ord. n° 2010-177 du 23 févr. 2010, art. 24)* La caisse *(L. n° 2012-355 du 14 mars 2012, art. 1er-I-4°, en vigueur le 1er avr. 2012)* « d'assurance retraite et de la santé au travail d'Alsace-Moselle » assure, selon les règles de droit commun de l'assurance vieillesse *(Ord. n° 2018-470 du 12 juin 2018, art. 9)* « du régime général », les missions fixées au 1° de l'article L. 215-1 et met en œuvre le programme d'action sanitaire et sociale défini par la Caisse nationale mentionnée à l'article L. 222-4, pour les assurés qui n'optent pas pour le régime défini aux articles L. 357-1 et suivants.

Art. L. 215-7 *(L. n° 2012-355 du 14 mars 2012, art. 1er-I-5°, en vigueur le 1er avr. 2012)* I. – La Caisse d'assurance retraite et de la santé au travail d'Alsace-Moselle est administrée par un conseil d'administration de vingt et un membres comprenant :

1° Huit représentants des assurés sociaux désignés par les organisations syndicales interprofessionnelles de salariés représentatives au plan national ;

2° Huit représentants des employeurs désignés par les organisations professionnelles nationales d'employeurs représentatives ;

3° Un représentant désigné par la Fédération nationale de la mutualité française ;

4° Quatre personnes qualifiées dans les domaines d'activité des caisses d'assurance retraite et de la santé au travail et désignées par l'autorité compétente de l'État, dont au moins un représentant des retraités et un représentant de l'instance de gestion du régime local d'assurance maladie d'Alsace-Moselle.

II. – Siègent également avec voix consultative :

1° Un représentant des associations familiales désigné par les unions départementales des associations familiales territorialement compétentes dans la circonscription de la caisse ; la désignation est effectuée par l'Union nationale des associations familiales si, dans la circonscription de la caisse régionale, il n'existe pas d'union départementale ou si, en cas de pluralité d'unions départementales dans cette circonscription, elles ne sont pas parvenues à un accord ;

(Ord. n° 2018-470 du 12 juin 2018, art. 8, en vigueur le 1er janv. 2019) « 2° Un représentant désigné en son sein par l'instance régionale du Conseil de la protection sociale des travailleurs indépendants mentionnée au quatrième alinéa de l'article L. 612-4 ;

« 3° » Trois représentants du personnel élus dans des conditions fixées par décret. – *A compter du 1er janv. 2019, le 2° devient le 3° (Ord. n° 2018-470 du 12 juin 2018, art. 8).*

III. – Lorsque le conseil d'administration se prononce au titre du 2° de l'article L. 215-1, seuls prennent part au vote les membres mentionnés aux 1° et 2° du I du présent article.

SECTION III **DISPOSITIONS COMMUNES**

Art. L. 215-8 *Abrogé par Ord. n° 96-344 du 24 avr. 1996, art. 7-I et 14-I.*

CHAPITRE VI CONSTITUTION, GROUPEMENT DE CAISSES ET DÉLÉGATIONS (*L. n° 2006-1640 du 21 déc. 2006, art. 140-I*).

SECTION PREMIÈRE CONSTITUTION

Art. L. 216-1 Les caisses primaires (*Ord. n° 2010-177 du 23 févr. 2010, art. 24*) « d'assurance maladie et les caisses d'assurance retraite et de la santé au travail », la caisse (*L. n° 2012-355 du 14 mars 2012, art. 1er-I-6°, en vigueur le 1er avr. 2012*) « d'assurance retraite et de la santé au travail d'Alsace-Moselle » et les caisses d'allocations familiales sont constituées et fonctionnent conformément aux (*Abrogé par Ord. n° 2005-804 du 18 juill. 2005, art. 6-I*) *« prescriptions du code de la mutualité, sous réserve des »* dispositions du présent code et des textes pris pour son application.

Elles disposent dans les conditions prévues par le (*Ord. n° 2005-804 du 18 juill. 2005, art. 6-II*) « présent code » des dons et legs reçus par elles.

Les organismes de sécurité sociale revêtent le caractère d'organismes de droit privé chargés d'une mission de service public. • CE 13 mai 1938 : *Lebon 417 ; D. 1939. 3. 65, concl. R. Latournerie, note A. Pépy ; RD publ. 1938. 830, concl. R. Latournerie* • CE, ass., 16 mars 1956 : *Lebon 125 ; Rev. adm. 1956. 380, note R.-E. C* • Cons. const. 14 déc. 1982, n° 82-148 DC : *Rec. Cons. const. p. 73 ; D. 1985. IR 48, obs. H. Maisl ; Dr. soc. 1984. 170, note L. Hamon ; RD publ. 1983. 333, chron. L. Favoreu.*

SECTION II GROUPEMENT DE CAISSES, DÉLÉGATIONS DE MISSIONS ET D'ACTIVITÉS (*L. n° 2006-1640 du 21 déc. 2006, art. 140-II*).

Art. L. 216-2 (*Ord. n° 96-344 du 24 avr. 1996, art. 24-I*) Dans chaque département où existent plusieurs Caisses primaires d'assurance maladie, plusieurs caisses d'allocations familiales ou plusieurs unions pour le recouvrement des cotisations de sécurité sociale et d'allocations familiales, le (*L. n° 2004-810 du 13 août 2004, art. 69-I*) « conseil ou le conseil d'administration » de la Caisse nationale compétente ou celui de l'Agence centrale des organismes de sécurité sociale peut désigner parmi elles une caisse ou une union habilitée à assumer des missions communes.

Dans les départements comportant plus de trois organismes de même nature, l'habilitation prévue ci-dessus peut être accordée à plusieurs caisses ou unions.

Les modalités d'application du présent article sont fixées par décret en Conseil d'État. *— V. art. R. 216-1 et R. 216-2.*

Art. L. 216-2-1 (Abrogé par L. n° 2015-1702 du 21 déc. 2015, art. 91-3°) (L. n° 2006-1640 du 21 déc. 2006, art. 140-III) *I. — Les conseils d'administration des organismes nationaux mentionnés aux articles L. 222-1, L. 223-1 et L. 225-1 définissent les orientations relatives à l'organisation du réseau des organismes relevant de la branche concernée.*

Pour l'application de ces orientations, le directeur de l'organisme national peut confier à un ou plusieurs organismes de la branche la réalisation de missions ou d'activités relatives à la gestion des organismes, au service des prestations et au recouvrement.

Les modalités de mise en œuvre sont fixées par convention établie entre l'organisme national et les organismes locaux ou régionaux (L. n° 2010-1594 du 20 déc. 2010, art. 39-III) *« , sauf en ce qui concerne le traitement des litiges et des contentieux y afférents ainsi que de leurs suites qui sont précisés par décret ». Les directeurs signent la convention, après avis des conseils d'administration des organismes locaux ou régionaux concernés.*

II. — Pour les missions liées au service des prestations, l'organisme désigné peut, pour le compte des autres organismes locaux ou régionaux, participer à l'accueil et à l'information des bénéficiaires, servir des prestations, procéder à des vérifications et enquêtes administratives concernant leur attribution et exercer les poursuites contentieuses afférentes à ces opérations (L. n° 2012-1404 du 17 déc. 2012, art. 68-2°) *« , notamment agir en demande et en défense devant les juridictions ». Il peut également, pour ces mêmes missions, se voir attribuer certaines compétences d'autres organismes locaux ou régionaux.*

III. — L'union de recouvrement désignée peut assurer pour le compte d'autres unions des missions liées au recouvrement, au contrôle et au contentieux du recouvrement. Elle peut également, pour ces mêmes missions, se voir attribuer certaines compétences d'autres unions.

IV. — Les modalités d'application du présent article sont déterminées, en tant que de besoin, par décret.

Art. L. 216-2-2 (Abrogé par L. n° 2015-1702 du 21 déc. 2015, art. 91-3°) (L. n° 2006-1640 du 21 déc. 2006, art. 140-III) ***Les directeurs des organismes locaux ou régionaux peuvent déléguer à un organisme local ou régional la réalisation des missions liées à leur gestion, par convention qui prend effet après approbation par le directeur de l'organisme national de la ou des branches concernées.***

Art. L. 216-3 *(Ord. n° 96-344 du 24 avr. 1996, art. 24-I ; L. n° 2001-1246 du 21 déc. 2001, art. 75-III)* Les organismes locaux, régionaux et nationaux du régime général peuvent se grouper en unions ou fédérations en vue de créer des œuvres et des services communs ou d'assumer des missions communes.

Les unions ou fédérations ne sont autorisées à fonctionner qu'après approbation de leurs statuts par l'autorité compétente de l'État.

Les unions ou fédérations sont constituées et fonctionnent dans les conditions fixées à l'article L. 216-1.

SECTION II *BIS* CAISSE COMMUNE DE SÉCURITÉ SOCIALE

(L. n° 2006-1640 du 21 déc. 2006, art. 141)

Art. L. 216-4 Des organismes locaux du régime général de sécurité sociale des départements dont toutes les communes ont été classées en zone de revitalisation rurale en application de l'article 1465 A du code général des impôts peuvent, sur l'initiative de leurs conseils et conseils d'administration, proposer la création, à titre expérimental pour une durée de cinq ans, d'une caisse commune exerçant les missions des organismes concernés. Cette caisse est créée par arrêté du ministre chargé de la sécurité sociale pris après avis des conseils et conseils d'administration des organismes nationaux concernés.

Art. L. 216-5 La caisse commune de sécurité sociale créée à titre expérimental est dotée d'un conseil et d'un directeur. Le conseil est composé d'un nombre égal de représentants des assurés sociaux désignés par les organisations syndicales nationales de salariés représentatives au sens de l'article L. 133-2 *[L. 2121-1 nouv.]* du code du travail et d'employeurs et de travailleurs indépendants désignés par les organisations professionnelles nationales d'employeurs et de travailleurs indépendants représentatives ainsi que, selon les missions exercées par la caisse commune :

1° De représentants de la Fédération nationale de la mutualité française ;

2° De représentants des associations familiales ;

3° De représentants d'institutions désignées par l'État et intervenant dans le domaine de l'assurance maladie ;

4° De personnes qualifiées.

(Ord. n° 2018-470 du 12 juin 2018, art. 8, en vigueur le 1er janv. 2019) « Siège également, avec voix consultative, un représentant désigné en son sein par l'instance régionale du Conseil de la protection sociale des travailleurs indépendants mentionnée au quatrième alinéa de l'article L. 612-4. »

Le conseil délibère et a les mêmes missions que celles définies à l'article L. 211-2-1 du présent code. Toutefois, en matière de politique d'action sanitaire et sociale, il est également tenu compte des orientations définies par la Caisse nationale d'allocations familiales.

Le directeur dirige la caisse commune et exerce les mêmes compétences que celles définies à l'article L. 211-2-2. *— V. art. R. 216-3.*

Art. L. 216-6 Le directeur et *(L. n° 2018-1203 du 22 déc. 2018, art. 25-I)* « le directeur comptable et financier » sont nommés et il peut être mis fin à leurs fonctions dans les conditions prévues à l'article L. 217-3-1. Toutefois, les décisions relatives à la nomination ou à la cessation de fonctions sont prises conjointement par les directeurs des caisses nationales concernées. Les mêmes directeurs exercent sur cette caisse les compétences visées au douzième alinéa de l'article L. 221-3-1 et à l'avant-dernier alinéa de l'article L. 227-3, le cas échéant par décision conjointe.

Art. L. 216-7 *(L. n° 2014-1 du 2 janv. 2014, art. 24)* A l'issue de l'expérimentation, le ministre chargé de la sécurité sociale peut constituer de manière définitive, par arrêté, une caisse commune chargée d'assurer tout ou partie des missions exercées par la caisse créée en application de l'article L. 216-4.

Cet arrêté est pris après avis du conseil de la caisse commune et des conseils et conseils d'administration des organismes nationaux concernés.

La caisse commune fonctionne conformément aux articles L. 216-5 et L. 216-6.

CHAPITRE VII DISPOSITIONS COMMUNES — DISPOSITIONS D'APPLICATION

SECTION PREMIÈRE RÈGLEMENT INTÉRIEUR

Art. L. 217-1 Toute caisse élabore un règlement intérieur relatif aux formalités que doivent remplir les intéressés pour bénéficier des prestations de l'assurance. Ce règlement est opposable aux assurés lorsqu'il a été porté à leur connaissance.

SECTION II DISPOSITIONS DIVERSES CONCERNANT LES MEMBRES DU CONSEIL ET LES ADMINISTRATEURS DES CAISSES *(L. n° 2004-810 du 13 août 2004, art. 69-I)*.

Art. L. 217-2 L'exercice d'une fonction rémunérée par une caisse est interdit aux anciens *(L. n° 2004-810 du 13 août 2004, art. 69-I)* « membres du conseil ou administrateurs » de ces organismes autres que les représentants du personnel pendant un délai de quatre ans à dater de la cessation de leurs fonctions *(L. n° 2004-810 du 13 août 2004, art. 69-I)* « de membres du conseil ou d'administrateurs ».

Cette interdiction ne s'applique ni aux salariés des fédérations nationales de caisses de sécurité sociale ou d'allocations familiales, ni aux personnes qui, avant l'exercice de leur mandat *(L. n° 2004-810 du 13 août 2004, art. 69-I)* « de membre du conseil ou d'administrateurs », étaient salariées d'un organisme de sécurité sociale.

SECTION III OPÉRATIONS IMMOBILIÈRES DES ORGANISMES DE SÉCURITÉ SOCIALE CONCERNANT L'INSTALLATION DE LEURS SERVICES ADMINISTRATIFS

Néant. — V. art. R. 217-1 et R. 217-2.

SECTION IV DISPOSITIONS RELATIVES AUX AGENTS DE DIRECTION

BIBL. GÉN. ▶ BANCAREL, La nomination des directeurs des caisses du régime général par les directeurs des caisses nationales, *Dr. soc. 1996. 339* . — GARBAR, Les directeurs des caisses locales et régionales du régime général : des agents du troisième type, *Dr. soc. 1996. 803* .

Art. L. 217-3 *(Ord. n° 96-344 du 24 avr. 1996, art. 20-I)* Les directeurs et les *(L. n° 2018-1203 du 22 déc. 2018, art. 25-I)* « directeurs comptables et financiers » des organismes régionaux et locaux sont nommés parmi les personnes inscrites sur une liste d'aptitude établie dans des conditions fixées par décret en Conseil d'État *(L. n° 2004-810 du 13 août 2004, art. 58-III)* « sous réserve des dispositions prévues à l'article L. 217-3-1 ».

(L. n° 2009-879 du 21 juill. 2009, art. 121) « Le directeur de la Caisse nationale nomme le directeur ou *(L. n° 2018-1203 du 22 déc. 2018, art. 25-I)* « le directeur comptable et financier » après concertation avec le président du conseil d'administration de l'organisme concerné et après avis du comité des carrières institué à l'article L. 217-5. Il en informe préalablement le conseil d'administration de l'organisme concerné qui peut s'y opposer à la majorité des deux tiers de ses membres.

« Le directeur de la Caisse nationale peut mettre fin aux fonctions des directeurs et des *(L. n° 2018-1203 du 22 déc. 2018, art. 25-I)* « directeurs comptables et financiers » mentionnés au premier alinéa du présent article après avoir recueilli l'avis du président du conseil d'administration de l'organisme concerné et sous les garanties, notamment de reclassement, prévues par la convention collective. » — *Les dispositions issues de la L. n° 2009-879 du 21 juill. 2009 entrent en vigueur au plus tard le 1er juill. 2010 (L. n° 2009-879 du 21 juill. 2009, art. 131-I).*

Les directeurs et les *(L. n° 2018-1203 du 22 déc. 2018, art. 25-I)* « directeurs comptables et financiers » sont salariés des organismes dans lesquels ils exercent leurs fonctions.

Les modalités d'application du présent article sont fixées par décret en Conseil d'État. *– V. art. R. 217-9.*

Art. L. 217-3-1 *(L. nº 2004-810 du 13 août 2004, art. 58-II)* Les directeurs et les *(L. nº 2018-1203 du 22 déc. 2018, art. 25-I)* « directeurs comptables et financiers » des organismes locaux et régionaux de la branche maladie sont nommés parmi les personnes inscrites sur une liste d'aptitude établie dans des conditions fixées par décret en Conseil d'État.

Le directeur général de la Caisse nationale de l'assurance maladie *(Abrogé par Ord. nº 2018-470 du 12 juin 2018, art. 9) « des travailleurs salariés »* nomme le directeur ou *(L. nº 2018-1203 du 22 déc. 2018, art. 25-I)* « le directeur comptable et financier » après avis du comité des carrières institué à l'article L. 217-5. Il informe préalablement le conseil de l'organisme concerné qui peut s'y opposer à la majorité des deux tiers de ses membres.

Le directeur général de la Caisse nationale de l'assurance maladie *(Abrogé par Ord. nº 2018-470 du 12 juin 2018, art. 9) « des travailleurs salariés »* peut mettre fin à ses fonctions, sous les garanties, notamment de reclassement, prévues par la convention collective. Les modalités d'application du présent article sont fixées par décret en Conseil d'État.

Art. L. 217-4 *(Ord. nº 96-344 du 24 avr. 1996, art. 20-I)* Pour les organismes régionaux et locaux entrant dans le champ de compétence de plusieurs organismes nationaux et pour les postes de directeurs et *(L. nº 2018-1203 du 22 déc. 2018, art. 25-I)* « de directeurs comptables et financiers » régionaux et locaux communs à plusieurs organismes nationaux, les compétences du directeur d'un organisme national définies à l'article L. 217-3 sont exercées conjointement par les directeurs des caisses nationales concernées.

Art. L. 217-5 *(Ord. nº 96-344 du 24 avr. 1996, art. 20-I)* Il est institué auprès de l'Union des caisses nationales, visée à l'article L. 224-5, un comité des carrières des agents de direction.

Ce comité est présidé par un membre de l'inspection générale des affaires sociales.

Le comité des carrières émet un avis motivé sur les nominations des directeurs et des *(L. nº 2018-1203 du 22 déc. 2018, art. 25-I)* « directeurs comptables et financiers » dans les conditions prévues à l'article L. 217-3.

Dans le respect des dispositions réglementaires et conventionnelles en vigueur, le comité a pour mission de veiller à l'évolution des carrières des directeurs et des autres agents de direction et notamment à la mobilité des directeurs entre les caisses et entre les différentes branches et organismes de recouvrement du régime général.

Les modalités d'application du présent article sont fixées par décret en Conseil d'État.

Art. L. 217-6 *(Ord. nº 96-344 du 24 avr. 1996, art. 20-I)* Les directeurs des organismes auxquels s'appliquent les dispositions du présent titre *(L. nº 2004-810 du 13 août 2004, art. 58-IV)* « nomment les agents de direction » autres que *(L. nº 2018-1203 du 22 déc. 2018, art. 25-I)* « le directeur comptable et financier » parmi les personnes inscrites sur une liste d'aptitude établie dans des conditions fixées par décret en Conseil d'État.

Art. L. 217-7 *(Ord. nº 96-344 du 24 avr. 1996, art. 20-I)* Par dérogation aux dispositions de l'article L. 434-2 *[L. 2325-1 et R. 2325-1 nouv.]* du code du travail, la présidence des comités d'entreprise des organismes régionaux et locaux de sécurité sociale est assurée par le directeur.

SECTION IV *BIS* MÉDIATION

(L. nº 2018-727 du 10 août 2018, art. 34)

Art. L. 217-7-1 I. – Les réclamations concernant les relations entre un organisme de sécurité sociale relevant du présent livre et ses usagers peuvent être présentées, sans préjudice des voies de recours existantes, devant le médiateur de l'organisme concerné.

Le médiateur est désigné par le directeur de l'organisme. Il exerce ses fonctions en toute impartialité et dans le respect de la confidentialité des informations dont il a à connaître.

Il formule auprès du directeur ou des services de l'organisme des recommandations pour le traitement de ces réclamations, dans le respect des dispositions législatives et réglementaires en vigueur.

II. – Toute réclamation mentionnée au I ne peut être traitée par le médiateur que si elle a été précédée d'une démarche du demandeur auprès des services concernés de l'organisme et si aucun recours contentieux n'a été formé. L'engagement d'un recours contentieux met fin à la médiation.

L'engagement de la procédure de médiation suspend, à compter de la notification portant sur la recevabilité de la réclamation soumise au médiateur et jusqu'à ce que celui-ci ait communiqué ses recommandations aux deux parties, les délais de recours prévus pour ces réclamations.

III. – Un médiateur national est désigné, pour chacune des caisses nationales mentionnées au présent livre, par le directeur de la caisse nationale, après consultation du président du conseil ou du conseil d'administration.

Le médiateur national évalue la médiation dans l'ensemble de la branche concernée, notamment par la réalisation d'un rapport annuel. Ce rapport formule des recommandations pour améliorer le traitement des réclamations et propose, le cas échéant, des modifications de la réglementation. Le rapport est présenté au conseil ou au conseil d'administration de la caisse nationale et transmis au Défenseur des droits.

IV. – Le conciliateur mentionné à l'article L. 162-15-4 exerce les attributions prévues au I du présent article. Le II est applicable aux réclamations qui lui sont présentées.

V. – Lorsque la réclamation mentionnée au I du présent article concerne le montant des cotisations dues par les travailleurs indépendants non agricoles en application de l'article L. 131-6, l'organisme chargé du recouvrement de celles-ci transmet à l'usager, à sa demande ou à celle du médiateur, les modalités de calcul retenues dans des conditions fixées par décret. – *Le V de l'art. L. 217-7-1 entre en vigueur le 1er janv. 2020 (L. nº 2018-727 du 10 août 2018, art. 34-II).*

VI. – Un décret précise les garanties encadrant l'exercice de la médiation prévue au I, notamment en matière de formation préalable, de compétences requises, d'indépendance, d'impartialité et de confidentialité dans le traitement des réclamations et dans la formulation de ses recommandations.

SECTION V DISPOSITIONS D'APPLICATION

Art. L. 217-8 *(Ord. nº 96-344 du 24 avr. 1996, art. 7-II et 20-I)* Des décrets fixent, en tant que de besoin, les dispositions d'application des articles L. 211-2, L. 212-2, L. 213-2, L. 215-2, L. 215-3 et L. 215-7.

TITRE DEUXIÈME ORGANISMES NATIONAUX

CHAPITRE PREMIER CAISSE NATIONALE DE L'ASSURANCE MALADIE

(Ord. nº 2018-470 du 12 juin 2018, art. 9).

Art. L. 221-1 *(L. nº 2015-1702 du 21 déc. 2015, art. 32-II-A-1º)* « La Caisse nationale de l'assurance maladie *(Abrogé par L. nº 2017-1836 du 30 déc. 2017, art. 15-I, à compter du 1er janv. 2018) « des travailleurs salariés »* gère les branches mentionnées aux 1º et 2º de l'article L. 200-2 et, à cet effet, a pour rôle :

« 1º De veiller à l'équilibre financier de ces deux branches. A ce titre, elle établit les comptes *(L. nº 2018-1203 du 22 déc. 2018, art. 25-I)* « combinés » de celles-ci, assure en lien avec l'Agence centrale des organismes de sécurité sociale le financement des organismes locaux, effectue le règlement *(L. nº 2018-1203 du 22 déc. 2018, art. 25-I)* « et la comptabilisation » de toute opération relevant de ces branches dont la responsabilité n'est pas attribuée aux organismes locaux et est chargée de la gestion du risque ; » – *V. note ss. art.*

(L. nº 2016-1827 du 23 déc. 2016, art. 95-I) « 1º *bis* D'établir les états financiers combinant les opérations mentionnées à l'article L. 241-2 ; »

2º *(L. nº 94-637 du 25 juill. 1994, art. 8)* « De définir et de mettre en œuvre les mesures de prévention des accidents du travail et des maladies professionnelles ainsi que de concourir à la détermination des recettes nécessaires au maintien de l'équilibre de cette branche selon les règles fixées par les chapitres Ier et II du titre IV du présent livre » *(L. nº 97-1164 du 19 déc. 1997, art. 13-I)* « et dans le respect de la loi de financement de la sécurité sociale » ;

3º *(L. nº 88-16 du 5 janv. 1988, art. 1er-III)* « De promouvoir une action de prévention, d'éducation et d'information de nature à améliorer l'état de santé de ses ressortissants et de coordonner les actions menées à cet effet par les *(Ord. nº 2010-177 du 23 févr. 2010, art. 24)* « caisses d'assurance retraite et de la santé au travail » et les caisses primaires d'assurance maladie, » *(L. nº 2002-303 du 4 mars 2002, art. 81-II)* « dans le cadre des *(Ord. nº 2016-462 du 14 avr. 2016, art. 3-II)* « programmes de santé publique mentionnés à l'article L. 1413-1 », déclinés par la convention prévue à l'article L. 227-1 du présent code » ;

4º D'exercer une action sanitaire et sociale et de coordonner l'action sanitaire et sociale des *(Ord. nº 2010-177 du 23 févr. 2010, art. 24)* « caisses d'assurance retraite et de la santé au travail » et des caisses primaires d'assurance maladie ;

(L. nº 2018-1203 du 22 déc. 2018, art. 78-I, en vigueur le 1er janv. 2019) « 4º *bis* De définir les orientations mises en œuvre par les organismes de son réseau en matière de lutte contre le non-recours aux prestations et de simplification des démarches des demandeurs et de ses ressortissants ; »

5º D'organiser et de diriger le contrôle médical ;

6º D'exercer un contrôle sur les opérations immobilières des *(Ord. nº 2010-177 du 23 févr. 2010, art. 24)* « caisses d'assurance retraite et de la santé au travail » et des caisses primaires d'assurance maladie, et sur la gestion de leur patrimoine immobilier ;

7º *(L. nº 90-86 du 23 janv. 1990, art. 7-II)* « De mettre en œuvre les actions conventionnelles ;

(L. nº 2016-1827 du 23 déc. 2016, art. 95-I) « 8º De gérer les fonds mentionnés aux articles *(Abrogé par L. nº 2018-1203 du 22 déc. 2018, art. 4-I)* « *L. 221-1-1,* » L. 221-1-2 et L. 221-1-3. Elle établit les comptes de ces fonds, lesquels sont combinés au sein du périmètre couvert par les états financiers mentionnés au 1º *bis* du présent article ; »

(L. nº 2017-1836 du 30 déc. 2017, art. 51-II) « 9º De participer au financement des dispositifs qui organisent le travail en équipe entre professionnels de santé ; »

(L. nº 2013-1203 du 23 déc. 2013, art. 81-I-1º) « 10º De procéder, pour l'ensemble des institutions françaises de sécurité sociale intéressées, avec les institutions étrangères et les autres institutions concernées, au suivi, au recouvrement des créances et au règlement des dettes, à l'exception de celles relatives aux prestations de chômage, découlant de l'application des règlements de l'Union européenne, des accords internationaux de sécurité sociale et des accords de coordination avec les régimes des collectivités territoriales et des territoires français ayant leur autonomie en matière de sécurité sociale ; » — *Le recouvrement des créances et le règlement des dettes prévus à cet al. et exigibles avant le 1er janv. 2015 sont assurés à compter de cette même date par l'organisme mentionné à l'art. L. 221-1 (L. nº 2013-1203 du 23 déc. 2013, art. 81-II).*

11º *Abrogé par L. nº 2016-1827 du 23 déc. 2016, art. 70-II ;*

(L. nº 2016-41 du 26 janv. 2016, art. 186-1º) « 12º De se prononcer sur l'opportunité, pour les organismes mentionnés aux articles L. 211-1, L. 215-1 et L. 752-4 du présent code, de porter les litiges devant la Cour de cassation. »

La Caisse nationale exerce, au titre des attributions énoncées ci-dessus, un pouvoir de contrôle sur les *(Ord. nº 2010-177 du 23 févr. 2010, art. 24)* « caisses d'assurance retraite et de la santé au travail » et *[caisses]* primaires d'assurance maladie. *(L. nº 2016-41 du 26 janv. 2016, art. 96-II-2º)* « Elle exerce également la mission qui lui est confiée au quatrième alinéa de l'article L. 1111-14 du même code. »

(L. nº 2016-41 du 26 janv. 2016, art. 163-I) « La Caisse nationale de l'assurance maladie *(Abrogé par L. nº 2017-1836 du 30 déc. 2017, art. 15-I, à compter du 1er janv. 2018)* « *des travailleurs salariés* » publie chaque année un rapport d'activité et de gestion, qui comporte des données présentées par sexe, en particulier sur les accidents du travail et les maladies professionnelles » *(L. nº 2017-1836 du 30 déc. 2017, art. 15-I, en vigueur le 1er janv. 2018)* « , et des données relatives aux services rendus aux travailleurs indépendants ». — *V. note ss. art.*

Sur les dispositions transitoires de l'art. 15 de la L. nº 2017-1836 du 30 déc. 2017, V. ss. le livre VI « Dispositions applicables aux travailleurs indépendants ».

En l'absence de texte, le pouvoir de tutelle ne peut s'exercer à l'égard des délibérations du conseil d'administration de l'INRS, qui est une association de droit privé distincte de la Caisse nationale d'assurance maladie des travailleurs salariés. • CE 19 déc. 1986 : *Lebon 284 ; D. 1987. Somm. 325, obs. Prétot ; RDSS 1987. 473, concl. Robineau.*

Art. L. 221-1-1 (Abrogé par L. n° 2018-1203 du 22 déc. 2018, art. 4-I) (L. n° 2016-1827 du 23 déc. 2016, art. 95-I) *I. — Il est créé un fonds pour le financement de l'innovation pharmaceutique.*

II. — Ce fonds enregistre en recettes :

1° Une dotation des régimes obligatoires de base d'assurance maladie incluse dans le champ des dépenses relevant de l'objectif national de dépenses d'assurance maladie, fixée chaque année en fonction de cet objectif par arrêté des ministres chargés de la sécurité sociale et du budget et qui ne peut être inférieure au montant fixé l'année précédente majoré du taux d'évolution moyen des dépenses du fonds, nettes des recettes mentionnées aux 2° à 5° du présent II constatées au cours des cinq exercices précédents. Cette dotation est répartie entre les régimes selon les modalités définies à l'article L. 175-2 ;

2° La part des remises recouvrées par les organismes désignés en application de l'article L. 162-18 correspondant à l'usage de médicaments pris en charge au titre de leur inscription sur les listes mentionnées à l'article L. 162-22-7 du présent code et au 1° de l'article L. 5126-6 du code de la santé publique ;

3° Les remises mentionnées à l'article L. 162-16-5-1 du présent code ;

4° Les contributions et remises dues en application de la contribution relative au taux (Lh) mentionnée à l'article L. 138-10 ;

5° Les contributions dues en application de la contribution au titre de médicaments destinés au traitement de l'hépatite C mentionnée à l'article L. 138-19-1.

Pour les médicaments inscrits à la fois sur les listes mentionnées :

a) Au premier alinéa de l'article L. 162-17 et

b) A l'article L. 162-22-7 du présent code ou au 1° de l'article L. 5126-6 du code de la santé publique ;

La part des remises retenues pour l'application du 2° du présent II correspond au montant de ces remises calculé au prorata des dépenses de médicaments remboursées par l'assurance maladie au titre de leur inscription sur l'une des listes mentionnées au b, par rapport à ces mêmes dépenses au titre de leur inscription sur les listes mentionnées aux a et b.

III. — Le fonds enregistre en dépenses le montant des frais pharmaceutiques relatifs aux médicaments couverts par l'assurance maladie au titre :

1° De leur inscription sur la liste mentionnée à l'article L. 162-22-7 du présent code ;

2° De leur inscription sur la liste mentionnée au 1° de l'article L. 5126-6 du code de la santé publique ;

3° Du bénéfice d'une autorisation temporaire d'utilisation prévue à l'article L. 5121-12 du même code ;

4° De leur prise en charge en application de l'article L. 162-16-5-2 du présent code ;

5° De leur prise en charge en application du quatrième alinéa de l'article L. 162-17-2-1 du présent code.

IV. — Le solde du fonds est retracé dans les comptes de la Caisse nationale de l'assurance maladie. Le déficit du fonds ne peut être supérieur à 25 % du montant cumulé de la dotation reçue en application du III de l'article 95 de la loi n° 2016-1827 du 23 décembre 2016 de financement de la sécurité sociale pour 2017 et du report à nouveau issu des résultats des exercices antérieurs. L'excédent du fonds ne peut être supérieur à 25 % de la valeur absolue du report à nouveau issu des résultats des exercices antérieurs.

Le fonds ne peut présenter un résultat déficitaire s'il a été constaté au moins trois déficits au cours des cinq exercices précédents.

Le montant de la dotation mentionnée au 1° du II du présent article est modifié, le cas échéant, pour assurer le respect des dispositions des deux premiers alinéas du présent IV.

V. — Un rapport annuel retraçant l'activité du fonds est établi par la Caisse nationale de l'assurance maladie. Ce rapport dresse notamment un bilan des dotations allouées et établit une trajectoire budgétaire pluriannuelle permettant un équilibre des recettes et des dépenses du fonds à un horizon de cinq ans.

Dans son avis rendu en application de l'avant-dernier alinéa de l'article L. 114-4-1, le Comité d'alerte sur l'évolution des dépenses de l'assurance maladie tient compte de la situation financière du fonds.

Les modalités de suivi et de comptabilisation des recettes et dépenses mentionnées aux II et III du présent art., dans sa rédaction antérieure à la L. nº 2018-1203 du 22 déc. 2018, telles que mises en œuvre pour l'exercice 2017, sont maintenues pour l'établissement des comptes des régimes obligatoires de base d'assurance maladie de l'exercice 2018.

Le montant de la dotation des régimes obligatoires de base d'assurance maladie, comptabilisée par ces derniers et incluse dans le champ des dépenses relevant de l'objectif national de dépenses d'assurance maladie, correspond au solde des recettes et dépenses susmentionnées (L. préc., art. 4-III).

Art. L. 221-1-2 *(L. nº 2007-127 du 30 janv. 2007)* **Il est créé, au sein de la Caisse nationale de l'assurance maladie** *(Abrogé par Ord. nº 2018-470 du 12 juin 2018, art. 9)* ***« des travailleurs salariés »*****, un fonds des actions conventionnelles.**

(L. nº 2012-1404 du 17 déc. 2012, art. 78-I) **« I. — Les ressources de ce fonds sont celles qui lui sont spécifiquement affectées par les parties conventionnelles.**

« II. — Pour les médecins libéraux, le fonds peut participer au financement de l'aide mentionnée à l'article 16 de la loi nº 2004-810 du 13 août 2004 relative à l'assurance maladie.

« Pour l'ensemble des professionnels de santé libéraux conventionnés et pour les professionnels exerçant au sein de structures mentionnées à l'article L. 6323-1 du code de la santé publique, le fonds peut financer le développement professionnel continu et participer à des actions d'accompagnement de l'informatisation. »

(L. nº 2011-940 du 10 août 2011, art. 62-IV-2º) **« III. — A l'exception des décisions relatives au développement professionnel continu, les décisions de financement sont prises, pour chacune des professions concernées, par les parties aux conventions ou à l'accord mentionnés aux articles L. 162-14-1 et L. 162-32-1, dans des conditions déterminées par ces conventions ou cet accord. Les décisions de financement relatives au développement professionnel continu sont prises par le directeur général de l'Union nationale des caisses d'assurance maladie. »**

IV. — Les conditions d'application du présent article sont définies par décret.

Le solde, constaté au 31 déc. 2012, de la sous-section du fonds mentionné à l'art. L. 221-1-2 retraçant les recettes et les dépenses liées au produit de la cotisation et au service de l'allocation de remplacement, prévues à l'art. 4 de la L. nº 88-16 du 5 janv. 1988 relative à la sécurité sociale (V. annexe I), est affecté à la section du fonds relative aux médecins (L. nº 2012-1404 du 17 déc. 2012, art. 78-III).

Art. L. 221-1-3 *(L. nº 2016-1827 du 23 déc. 2016, art. 70-II)* **I. — Il est créé, au sein de la Caisse nationale de l'assurance maladie** *(Abrogé par Ord. nº 2018-470 du 12 juin 2018, art. 9)* ***« des travailleurs salariés »*****, un fonds national pour la démocratie sanitaire.**

II. — Les ressources de ce fonds sont constituées d'une fraction égale à 0,11 % du produit du droit de consommation sur les tabacs mentionné à l'article 575 du code général des impôts, prélevée sur la part de cette taxe affectée à la Caisse nationale de l'assurance maladie *(Abrogé par Ord. nº 2018-470 du 12 juin 2018, art. 9)* ***« des travailleurs salariés »*** **en application de l'article L. 131-8 du présent code.** — *A titre dérogatoire, la fraction mentionnée au II de l'art. L. 221-1-3, dans sa rédaction résultant de l'art. 70-II de la L. nº 2016-1827 du 23 déc. 2016, est fixée à 0,07 % pour l'année 2017 (L. préc., art. 70-III).*

III. — Ce fonds finance :

1º Le fonctionnement et les activités de l'Union nationale des associations agréées d'usagers du système de santé mentionnée à l'article L. 1114-6 du code de la santé publique ;

2º La formation de base dispensée aux représentants des usagers par les associations d'usagers du système de santé agréées au niveau national et habilitées par le ministre chargé de la santé à délivrer cette formation en application du II de l'article L. 1114-1 du même code ainsi que les indemnités des représentants d'usagers ayant participé à ces formations.

Le fonds peut également participer au financement d'actions des associations d'usagers du système de santé agréées au titre du même article L. 1114-1 et d'organismes

publics développant des activités de recherche et de formation consacrées au thème de la démocratie sanitaire ainsi que des appels à projets nationaux portant sur les mêmes sujets.

IV. – Un arrêté des ministres chargés de la santé, de la sécurité sociale et du budget fixe, chaque année, la liste des bénéficiaires des financements assurés par le fonds et les montants des sommes qui leur sont versées en application du présent article. Préalablement à l'attribution du financement et sans préjudice de l'article 10 de la loi n° 2000-321 du 12 avril 2000 relative aux droits des citoyens dans leurs relations avec les administrations, tout bénéficiaire transmet à la Caisse nationale de l'assurance maladie *(Abrogé par Ord. n° 2018-470 du 12 juin 2018, art. 9)* *« des travailleurs salariés »* une liste détaillant le montant ainsi que l'origine de l'ensemble des ressources et financements de toute nature dont il bénéficie. Toute déclaration manifestement erronée ou toute omission volontaire entraîne le remboursement par le bénéficiaire de la somme qui lui a éventuellement été versée.

V. – Les modalités d'application du présent article sont précisées par décret.

Art. L. 221-1-4 *(L. n° 2018-1203 du 22 déc. 2018, art. 57-II)* I. – Il est créé, au sein de la Caisse nationale de l'assurance maladie, un fonds de lutte contre les addictions liées aux substances psychoactives.

II. – Une section du fonds retrace les actions à destination de l'outre-mer.

III. – Un arrêté des ministres chargés de la santé et de la sécurité sociale fixe, chaque année, la liste des bénéficiaires des financements attribués par le fonds ainsi que les montants et la destination des sommes qui leur sont versées en application du présent article. Il identifie les actions de la section du fonds à destination de l'outre-mer.

IV. – Les modalités d'application du présent article sont précisées par décret.

Art. L. 221-2 La Caisse nationale de l'assurance maladie est un établissement public national à caractère administratif. Elle jouit de la personnalité juridique et de l'autonomie financière. Elle est soumise au contrôle des autorités compétentes de l'État.

Celles-ci sont représentées auprès de la Caisse nationale par des commissaires du Gouvernement.

(L. n° 2004-810 du 13 août 2004, art. 53-I) « La Caisse nationale est dotée d'un conseil et d'un directeur général. »

Art. L. 221-3 *(L. n° 2004-810 du 13 août 2004, art. 53-II) (L. n° 2018-166 du 8 mars 2018, art. 11-I, en vigueur le 1er sept. 2018)* « I. – » Le conseil est composé :

1° D'un nombre égal de représentants des assurés sociaux désignés par les organisations syndicales nationales de salariés représentatives au sens de l'article L. 133-2 *[L. 2121-1 nouv.]* du code du travail et de représentants d'employeurs désignés par les organisations professionnelles nationales d'employeurs représentatives ;

2° De représentants de la Fédération nationale de la mutualité française ;

3° De représentants d'institutions désignées par l'État intervenant dans le domaine de l'assurance maladie ; *– V. Arr. du 28 oct. 2009 (JO 29 oct.).*

(L. n° 2009-879 du 21 juill. 2009, art. 116-III) « 4° *(L. n° 2018-166 du 8 mars 2018, art. 11-I, en vigueur le 1er sept. 2018)* « D'une personnalité qualifiée » dans les domaines d'activité des organismes d'assurance maladie et *(L. n° 2018-166 du 8 mars 2018, art. 11-I, en vigueur le 1er sept. 2018)* « désignée » par l'autorité compétente de l'État » ; *(L. n° 2018-166 du 8 mars 2018, art. 11-I, en vigueur le 1er sept. 2018)* « 5° D'un représentant des associations d'étudiants mentionnées à l'article L. 811-3 du code de l'éducation. »

Le conseil est majoritairement composé de représentants visés au deuxième alinéa.

Siègent également avec voix consultative *(Ord. n° 2018-470 du 12 juin 2018, art. 8, en vigueur le 1er janv. 2019)* « un représentant désigné en son sein par l'assemblée générale du Conseil de la protection sociale des travailleurs indépendants et » des représentants du personnel élus.

Le conseil élit en son sein son président dans des conditions fixées par décret en Conseil d'État.

Les organisations et institutions mentionnées aux *(L. n° 2018-166 du 8 mars 2018, art. 11-I, en vigueur le 1er sept. 2018)* « 1°, 2°, 3° et 5° du présent I » désignent pour chaque siège un membre titulaire et un membre suppléant. En cas de démission, d'empêchement ou de décès d'un membre, titulaire ou suppléant, un membre est désigné en remplacement pour la durée du mandat restant à courir.

(L. n° 2018-166 du 8 mars 2018, art. 11-I, en vigueur le 1er sept. 2018) « II. – » Le directeur général assiste aux séances du conseil.

Le conseil a pour rôle de déterminer :

1° Les orientations relatives à la contribution de l'assurance maladie à la mise en œuvre de la politique de santé ainsi qu'à l'organisation du système de soins, y compris les établissements de santé, et au bon usage de la prévention et des soins ;

2° Les orientations de la politique de gestion du risque et les objectifs prévus pour sa mise en œuvre ;

3° Les propositions prévues à l'article L. 111-11 relatives à l'évolution des charges et des produits de la caisse ;

4° Les orientations de la convention d'objectifs et de gestion prévue à l'article L. 227-1 ;

5° Les principes régissant les actions de contrôle, de prévention et de lutte contre les abus et les fraudes ;

6° Les objectifs poursuivis pour améliorer la qualité des services rendus à l'usager ;

7° Les axes de la politique de communication à l'égard des assurés sociaux et des professions de santé, dans le respect des guides de bon usage des soins et de bonne pratique établis par la Haute Autorité de santé ;

8° Les orientations d'organisation du réseau des organismes régionaux, locaux et de leurs groupements ou unions ;

9° Les budgets nationaux de gestion et d'intervention.

Le directeur général prépare les orientations mentionnées au *(L. n° 2018-166 du 8 mars 2018, art. 11-I, en vigueur le 1er sept. 2018)* « 2° du présent II », les propositions mentionnées au *(L. n° 2018-166 du 8 mars 2018, art. 11-I, en vigueur le 1er sept. 2018)* « 3° » et les budgets prévus au *(L. n° 2018-166 du 8 mars 2018, art. 11-I, en vigueur le 1er sept. 2018)* « 9° » en vue de leur approbation par le conseil. Le conseil peut, sur la base d'un avis motivé, demander au directeur général un second projet. Il ne peut s'opposer à ce second projet qu'à la majorité des deux tiers de ses membres.

Le président du conseil et le directeur général signent la convention d'objectifs et de gestion mentionnée à l'article L. 227-1.

Le directeur général met en œuvre les orientations fixées par le conseil et le tient périodiquement informé. Le conseil formule, en tant que de besoin, les recommandations qu'il estime nécessaires pour leur aboutissement.

Le conseil procède aux désignations nécessaires à la représentation de la caisse dans les instances ou organismes européens ou internationaux au sein desquels celle-ci est amenée à siéger.

Le conseil peut être saisi par le ministre chargé de la sécurité sociale de toute question relative à l'assurance maladie.

Le conseil peut, sur le fondement d'un avis motivé rendu à la majorité des deux tiers de ses membres, diligenter tout contrôle nécessaire à l'exercice de ses missions.

Le conseil se réunit au moins une fois par trimestre sur convocation de son président. La convocation est de droit lorsqu'elle est demandée par l'un des ministres chargés de la tutelle de l'établissement. Elle est également de droit sur demande de la moitié des membres du conseil. Le président fixe l'ordre du jour. En cas de partage des voix, il a voix prépondérante.

(L. n° 2018-166 du 8 mars 2018, art. 11-I, en vigueur le 1er sept. 2018) « III. – » Les modalités de mise en œuvre du présent article, notamment les conditions de fonctionnement du conseil, sont précisées par voie réglementaire.

Art. L. 221-3-1 *(L. n° 2004-810 du 13 août 2004, art. 53-IV)* Le conseil, saisi pour avis par le ministre chargé de la sécurité sociale, peut à la majorité des deux tiers de ses membres s'opposer à la proposition de nomination du directeur général.

Le directeur général est nommé par décret pour une durée de cinq ans. Avant ce terme, il ne peut être mis fin à ses fonctions qu'après avis favorable du conseil à la majorité des deux tiers.

Le directeur général dirige l'établissement et a autorité sur le réseau des caisses *(Abrogé par Ord. n° 2010-177 du 23 févr. 2010, art. 24)* « *régionales et* » locales. Il est responsable de leur bon fonctionnement. A ce titre, il prend toutes décisions nécessaires et exerce toutes les compétences qui ne sont pas attribuées à une autre autorité. Il négocie et signe la convention d'objectifs et de gestion mentionnée à l'article L. 227-1 ainsi que les contrats pluriannuels de gestion mentionnés à l'article L. 227-3.

Il est notamment chargé pour ce qui concerne la gestion de la Caisse nationale et du réseau des caisses *(Abrogé par Ord. n° 2010-177 du 23 févr. 2010, art. 24)* « *régionales et* » locales et de leurs groupements :

1° De prendre toutes décisions et d'assurer toutes les opérations relatives à l'organisation et au fonctionnement de la Caisse nationale, à sa gestion administrative, financière et immobilière, et dans le cadre de cette gestion de contracter, le cas échéant, des emprunts ;

2° D'établir et d'exécuter les budgets de gestion et d'intervention et les budgets des différents fonds, de conclure au nom de la caisse toute convention et d'en contrôler la bonne application ;

3° De prendre les mesures nécessaires à l'organisation et au pilotage du réseau des caisses du régime général ; il peut notamment définir les circonscriptions d'intervention des organismes locaux, prendre les décisions prévues aux articles L. 224-11, L. 224-12, L. 224-13 et L. 281-2, et confier à certains organismes, *(L. n° 2006-1640 du 21 déc. 2006, art. 140-V)* « à l'échelon national, interrégional, régional ou départemental, la charge d'assumer certaines missions *(Abrogé par L. n° 2015-1702 du 21 déc. 2015, art. 91-4°)* « *, notamment celles mentionnées au II de l'article L. 216-2-1* » ; »

4° D'assurer pour les systèmes d'information les responsabilités prévues à l'article L. 161-28.

Le directeur général prend les décisions nécessaires au respect des objectifs de dépenses fixés par le Parlement. Il informe dans les meilleurs délais, outre le conseil de la Caisse nationale de l'assurance maladie *(Abrogé par L. n° 2017-1836 du 30 déc. 2017, art. 15-I, à compter du 1er janv. 2018)* « *des travailleurs salariés* », les commissions compétentes des assemblées, le ministre chargé de la sécurité sociale et le comité d'alerte visé à l'article L. 114-4-1 des circonstances imprévues susceptibles d'entraîner un dépassement de ces objectifs. – *V. note ss. art.*

Le directeur général représente la Caisse nationale en justice et dans tous les actes de la vie civile. Il signe les marchés, conventions et transactions au sens de l'article 2044 du code civil, est l'ordonnateur des dépenses et des recettes de la caisse et vise le compte financier. Il recrute le personnel et a autorité sur lui. Il peut déléguer sa signature.

Dans le cadre de l'exercice de ses missions, le directeur général peut suspendre ou annuler toute délibération ou décision prise par une caisse locale *(Abrogé par Ord. n° 2010-177 du 23 févr. 2010, art. 24)* « *ou régionale* » qui méconnaîtrait les dispositions de la convention d'objectifs et de gestion mentionnée à l'article L. 227-1 ou du contrat pluriannuel de gestion mentionné à l'article L. 227-3.

Le directeur général rend compte au conseil de la gestion de la Caisse nationale et du réseau après la clôture de chaque exercice.

Il rend également compte périodiquement au conseil de la mise en œuvre des orientations définies par ce dernier. *(L. n° 2017-1836 du 30 déc. 2017, art. 15-I, en vigueur le 1er janv. 2018)* « Il rend également compte au conseil mentionné à l'article L. 612-1 du service rendu aux travailleurs indépendants. » – *V. note ss. art.*

Sur les dispositions transitoires de l'art. 15 de la L. n° 2017-1836 du 30 déc. 2017, V. ss. le livre VI « Dispositions applicables aux travailleurs indépendants ».

Convention de mutualisation. Les dispositions combinées de l'art. L. 221-3-1 et du II de l'art. L. 216-2-1 CSS permettent au directeur général de la Caisse nationale de l'assurance maladie des travailleurs salariés de confier à une Caisse primaire la charge d'agir en justice pour le compte de la caisse d'affiliation de l'assuré dans tous les contentieux liés au service des prestations d'assurance maladie. A ce titre, une caisse peut se voir confier la mission d'exercer, pour le compte d'une ou de plusieurs autres caisses, le recours subrogatoire prévu par les dispositions de l'art. L. 376-1 du même code à l'encontre du tiers responsable de l'accident, un tel recours tendant au remboursement des prestations servies à l'assuré à la suite de l'accident. La décision prise en ce sens par le directeur général de la Caisse nationale de l'assurance maladie des travailleurs salariés peut, le cas échéant, être formalisée dans un document, signé également par les caisses locales concernées, qui détermine les modalités concrètes de sa mise en œuvre. • CE, avis, 12 avr. 2013, n° 362009 : *AJDA 2013. 767, obs. Poupeau*.

Art. L. 221-3-2 *(L. nº 2004-810 du 13 août 2004, art. 53-III)* **Tout financement par l'assurance maladie, sous forme de subvention ou de dotation, d'un organisme intervenant dans le champ de l'assurance maladie, à l'exclusion des établissements de santé et des établissements médico-sociaux, donne lieu à une convention entre l'assurance maladie et l'organisme bénéficiaire.**

Art. L. 221-4 *(L. nº 2004-810 du 13 août 2004, art. 53-V)* **Sous réserve des dispositions particulières applicables à la branche accidents du travail et maladies professionnelles, la commission mentionnée à l'article L. 221-5 exerce pour cette branche les compétences dévolues au conseil mentionné à l'article L. 221-3, notamment pour les missions définies au 2º de l'article L. 221-1.**

Un décret détermine les conditions dans lesquelles la commission est consultée pour les affaires communes aux deux branches.

Les dispositions relatives au fonctionnement du conseil de la Caisse nationale de l'assurance maladie *(Abrogé par Ord. nº 2018-470 du 12 juin 2018, art. 9)* **« *des travailleurs salariés* » sont applicables à cette commission.**

La Commission nationale des accidents du travail et des maladies professionnelles doit être consultée, indépendamment de la consultation du conseil d'administration, sur tout projet de mesure législative ou réglementaire ayant une incidence sur l'équilibre financier de la branche accidents du travail. • CE 24 oct. 2001 : *RJS 2002, nº 79.*

Art. L. 221-5 *(L. nº 94-637 du 25 juill. 1994, art. 9 ; L. nº 2004-810 du 13 août 2004, art. 69-I-20º)* **La commission des accidents du travail et des maladies professionnelles comprend pour moitié des représentants des assurés sociaux et pour moitié des représentants des employeurs.**

Cinq membres sont choisis par les représentants des assurés sociaux au conseil de la Caisse nationale de l'assurance maladie *(Abrogé par Ord. nº 2018-470 du 12 juin 2018, art. 9)* **« *des travailleurs salariés* », au titre de chacune des organisations syndicales nationales qui y sont représentées, parmi ces membres, leurs suppléants et les membres des comités techniques nationaux et régionaux des accidents du travail.**

Cinq membres sont choisis par les représentants des employeurs à ce conseil parmi ces membres, leurs suppléants et les membres des comités techniques nationaux et régionaux des accidents du travail.

Dans les mêmes conditions, sont choisis autant de membres suppléants.

Le mandat des membres de la commission est renouvelé en même temps que celui des membres du conseil de la Caisse nationale de l'assurance maladie *(Abrogé par Ord. nº 2018-470 du 12 juin 2018, art. 9)* **« *des travailleurs salariés* ».**

Le président de la commission est élu en son sein par cette instance parmi les membres du conseil de la Caisse nationale de l'assurance maladie *(Abrogé par Ord. nº 2018-470 du 12 juin 2018, art. 9)* **« *des travailleurs salariés* ».**

CHAPITRE II **CAISSE NATIONALE D'ASSURANCE VIEILLESSE** *(L. nº 2017-1836 du 30 déc. 2017, art. 15-I, en vigueur le 1er janv. 2018).*

Art. L. 222-1 *(Ord. nº 2010-177 du 23 févr. 2010, art. 24)* **La Caisse nationale d'assurance vieillesse** *(L. nº 2017-1836 du 30 déc. 2017, art. 15-I, en vigueur le 1er janv. 2018)* **« gère la branche mentionnée au 3º de l'article L. 200-2 et, à cet effet, » a pour rôle :** *(L. nº 2017-1836 du 30 déc. 2017, art. 15-I, en vigueur le 1er janv. 2018)* **« 1º De veiller à l'équilibre financier de cette branche. A ce titre, elle établit les comptes** *(L. nº 2018-1203 du 22 déc. 2018, art. 25-I)* **« combinés » de celle-ci, assure en lien avec l'Agence centrale des organismes de sécurité sociale le financement des organismes locaux et effectue le règlement** *(L. nº 2018-1203 du 22 déc. 2018, art. 25-I)* **« et la comptabilisation » de toute opération relevant de cette branche dont la responsabilité n'est pas attribuée aux organismes locaux ; »**

2º De définir les orientations de la gestion de l'assurance retraite des travailleurs salariés *(L. nº 2017-1836 du 30 déc. 2017, art. 15-I, en vigueur le 1er janv. 2018)* **« et non salariés », et d'en assurer la coordination ;**

3º D'exercer un pouvoir de contrôle sur les caisses d'assurance retraite et de la santé au travail et sur les caisses générales de sécurité sociale concernant leurs attributions

en matière de vieillesse *(Abrogé par L. n° 2012-355 du 14 mars 2012, art. 1er-I-7°)* « , *ainsi que sur la caisse régionale d'assurance vieillesse de Strasbourg* » ;

4° D'exercer une action sanitaire et sociale en faveur des travailleurs salariés après consultation de son conseil d'administration *(L. n° 2017-1836 du 30 déc. 2017, art. 15-I, en vigueur le 1er janv. 2019)* « et de mettre en œuvre, pour les travailleurs indépendants, les décisions prises dans le même domaine par les instances régionales du conseil mentionné à l'article L. 612-1 » ;

(L. n° 2018-1203 du 22 déc. 2018, art. 78-I, en vigueur le 1er janv. 2019) « 4° *bis* De définir les orientations mises en œuvre par les organismes de son réseau en matière de lutte contre le non-recours aux prestations et de simplification des démarches des demandeurs et assurés ; »

5° De proposer, par l'intermédiaire de son conseil d'administration, toute mesure, notamment dans le cadre de l'élaboration du projet de loi de financement de la sécurité sociale, qui lui paraît nécessaire pour garantir dans la durée l'équilibre financier de l'assurance vieillesse *(L. n° 2017-1836 du 30 déc. 2017, art. 15-I, en vigueur le 1er janv. 2018)* « du régime général » ;

(Abrogé par L. n° 2017-1836 du 30 déc. 2017, art. 15-I, à compter du 1er janv. 2018) « ***6° De centraliser l'ensemble des opérations, y compris les opérations pour compte de tiers, des caisses d'assurance retraite et de la santé au travail,*** *(L. n° 2012-355 du 14 mars 2012, art. 1er-I-7°)* « ***et des caisses générales de sécurité sociale*** ». »

Les propositions et les avis qu'elle émet sont rendus publics.

Sur les dispositions transitoires de l'art. 15 de la L. n° 2017-1836 du 30 déc. 2017, V. ss. le livre VI « Dispositions applicables aux travailleurs indépendants ».

Art. L. 222-1-1 *(Ord. n° 2010-177 du 23 févr. 2010, art. 24)* La Caisse nationale d'assurance vieillesse *(Abrogé par Ord. n° 2018-470 du 12 juin 2018, art. 9)* « *des travailleurs salariés* » exerce, pour la région Île-de-France, les missions fixées aux 1° et, pour ce qui la concerne, 3° de l'article L. 215-1.

Art. L. 222-2 *(L. n° 2010-1330 du 9 nov. 2010, art. 93-I)* La Caisse nationale d'assurance vieillesse *(Abrogé par Ord. n° 2018-470 du 12 juin 2018, art. 9)* « *des travailleurs salariés* » assure la gestion de l'assurance veuvage.

Les prestations de l'assurance veuvage sont versées par les organismes qui assurent le service des pensions de vieillesse.

Art. L. 222-3 La Caisse nationale peut faire appel au concours des caisses régionales et des caisses primaires pour l'exécution de certaines missions se situant sur le plan local.

Al. *abrogé par Ord. n° 2010-177 du 23 févr. 2010, art. 24.*

Art. L. 222-4 La Caisse nationale est un établissement public national à caractère administratif. Elle jouit de la personnalité juridique et de l'autonomie financière. Elle est soumise au contrôle des autorités compétentes de l'État.

Celles-ci sont représentées auprès de la Caisse nationale par des commissaires du Gouvernement.

Art. L. 222-5 *(Ord. n° 96-344 du 24 avr. 1996, art. 6)* La Caisse nationale d'assurance vieillesse *(Abrogé par Ord. n° 2018-470 du 12 juin 2018, art. 9)* « *des travailleurs salariés* » est administrée par un conseil d'administration de trente membres comprenant :

1° Treize représentants des assurés sociaux désignés par les organisations syndicales de salariés interprofessionnelles représentatives au plan national ;

2° Treize représentants des employeurs désignés par les organisations professionnelles nationales d'employeurs représentatives ;

3° Quatre personnes qualifiées dans les domaines d'activité des caisses d'assurance vieillesse et désignées par l'autorité compétente de l'État, dont au moins un représentant des retraités.

Siègent également, avec voix consultative :

1° Une personne désignée par l'Union nationale des associations familiales ;

(Ord. n° 2018-470 du 12 juin 2018, art. 8, en vigueur le 1er janv. 2019) « 2° Un représentant désigné en son sein par l'assemblée générale du Conseil de la protection sociale des travailleurs indépendants ;

« 3° » Trois représentants du personnel élus dans des conditions fixées par décret. – *A compter du 1er janv. 2019, le 2° devient le 3° (Ord. n° 2018-470 du 12 juin 2018, art. 8).*

Art. L. 222-6 *(L. n° 2004-803 du 9 août 2004, art. 20-1°)* La Caisse nationale d'assurance vieillesse *(Abrogé par Ord. n° 2018-470 du 12 juin 2018, art. 9)* *« des travailleurs salariés »* peut intervenir pour la partie des prestations servies par des régimes spéciaux existant avant le 6 octobre 1945, équivalente aux prestations d'assurance vieillesse servies aux travailleurs salariés du régime général.

Elle passe une convention financière avec la personne morale en charge de la gestion du risque vieillesse au sein du régime spécial. Les dispositions prévues au premier alinéa ne peuvent entrer en application que si l'Agence centrale des organismes de sécurité sociale conclut parallèlement une convention financière avec la même personne morale, dans des conditions prévues à l'article L. 225-1-2.

Cette convention est soumise à l'approbation des ministres de tutelle des régimes de sécurité sociale concernés.

(L. n° 2005-1579 du 19 déc. 2005, art. 80) « L'opération définie au premier alinéa constitue un adossement de la branche vieillesse d'un régime spécial sur la Caisse nationale d'assurance vieillesse *(Abrogé par Ord. n° 2018-470 du 12 juin 2018, art. 9)* *« des travailleurs salariés »*. Elle fait l'objet, préalablement à la signature de la convention, d'une information appropriée des commissions de l'Assemblée nationale et du Sénat en charge des affaires sociales ainsi que des autres commissions concernées, qui disposent d'un délai raisonnable pour évaluer les documents qui leur sont transmis. L'information préalable du Parlement porte sur les modalités des opérations d'adossement, qu'elles soient réalisées par voie législative ou réglementaire.

« Les commissions saisies au fond du projet de loi de financement de la sécurité sociale agissent dans le cadre de leurs prérogatives de suivi et de contrôle énoncées aux articles L.O. 111-9 et L.O. 111-10. »

Art. L. 222-7 *(L. n° 2005-1579 du 19 déc. 2005, art. 79)* L'adossement d'un régime de retraite spécial ou de tout autre régime de retraite sur la Caisse nationale d'assurance vieillesse *(Abrogé par Ord. n° 2018-470 du 12 juin 2018, art. 9)* *« des travailleurs salariés »* est réalisé conformément aux dispositions de l'article L. 222-6 et respecte le principe de stricte neutralité financière de l'opération pour les assurés sociaux du régime général.

La personne morale en charge, pour le régime adossé, de la gestion du risque vieillesse présente chaque année, dans le cadre de son rapport public annuel, l'ensemble des informations démographiques, financières et économiques permettant d'apprécier le respect du principe de stricte neutralité de l'adossement à l'égard des assurés sociaux relevant de la Caisse nationale d'assurance vieillesse *(Abrogé par Ord. n° 2018-470 du 12 juin 2018, art. 9)* *« des travailleurs salariés »* et des fédérations d'institutions de retraite complémentaire.

La personne morale en charge, pour le régime adossé, de la gestion du risque vieillesse, la Caisse nationale d'assurance vieillesse *(Abrogé par Ord. n° 2018-470 du 12 juin 2018, art. 9)* *« des travailleurs salariés »* et les fédérations d'institutions de retraite complémentaire établissent un rapport sur la neutralité du dispositif d'adossement à l'égard des assurés sociaux relevant du régime général et des régimes de retraite complémentaire. A compter de la date d'entrée en vigueur de l'adossement, ces rapports sont adressés tous les cinq ans au Parlement.

CHAPITRE III CAISSE NATIONALE DES ALLOCATIONS FAMILIALES

Art. L. 223-1 La Caisse nationale des allocations familiales *(L. n° 2017-1836 du 30 déc. 2017, art. 15-I, en vigueur le 1er janv. 2018)* « gère la branche mentionnée au 4° de l'article L. 200-2 et, à cet effet, » a pour rôle :

(L. n° 2017-1836 du 30 déc. 2017, art. 15-I, en vigueur le 1er janv. 2018) « 1° De veiller à l'équilibre financier de cette branche. A ce titre, elle établit les comptes *(L. n° 2018-1203 du 22 déc. 2018, art. 25-I)* « combinés » de celle-ci, assure en lien avec l'Agence centrale des organismes de sécurité sociale le financement des organismes locaux et effectue le règlement *(L. n° 2018-1203 du 22 déc. 2018, art. 25-I)* « et la comptabilisation » de toute opération relevant de cette branche dont la responsabilité n'est pas attribuée aux organismes locaux ; »

2° De gérer un fonds d'action sanitaire et sociale dans le cadre d'un programme fixé par arrêté ministériel après avis de son conseil d'administration ;

3° D'exercer un contrôle sur les opérations immobilières des caisses d'allocations familiales et sur la gestion de leur patrimoine immobilier ;

(L. n° 2018-1203 du 22 déc. 2018, art. 78-I, en vigueur le 1er janv. 2019) « 4° De définir les orientations mises en œuvre par les organismes de son réseau en matière de lutte contre le non-recours aux prestations et de simplification des démarches des demandeurs et allocataires ; »

(L. n° 2015-1702 du 21 déc. 2015, art. 24-I-I) « 5° De rembourser les sommes correspondant au service par le régime général, le régime des salariés agricoles *(L. n° 2017-1836 du 30 déc. 2017, art. 15-I, en vigueur le 1er janv. 2018)* « et le régime des exploitants agricoles » des majorations de pensions accordées en fonction du nombre d'enfants ; » — *V. note ss. art.*

(L. n° 2001-1246 du 21 déc. 2001, art. 56) « 6° D'assurer le remboursement des indemnités ou allocations versées dans les conditions fixées par *(Ord. n° 2018-470 du 12 juin 2018, art. 6)* « l'article L. 331-8 et le II de l'article L. 623-1 » du présent code, les articles L. 732-12-1 et L. 742-3 du code rural et de la pêche maritime et le dernier alinéa de l'article 17 de la loi n° 97-1051 du 18 novembre 1997 d'orientation sur la pêche maritime et les cultures marines, ainsi que des frais de gestion afférents au service de ces indemnités ou allocations dont le montant est fixé par arrêté ministériel ;

« 7° D'assurer le remboursement, dans la limite du plafond de la sécurité sociale, de la rémunération brute, déduction faite des indemnités, des avantages familiaux et des cotisations et contributions sociales salariales, servie pendant la durée du congé de paternité *(L. n° 2012-1404 du 17 déc. 2012, art. 94-VII-D)* « et d'accueil de l'enfant » aux ouvriers sous statut de l'État, aux magistrats, aux militaires et aux fonctionnaires visés à l'article 2 de la loi n° 83-634 du 13 juillet 1983 portant droits et obligations des fonctionnaires ; les modalités de ce remboursement sont fixées par décret ;

« 8° D'assurer le remboursement, dans la limite du plafond de la sécurité sociale, de la rémunération soumise à cotisation au titre des allocations familiales, déduction faite des cotisations et contributions sociales salariales, versée aux agents bénéficiant des régimes spéciaux de *(Ord. n° 2015-855 du 15 juill. 2015, art. 32)* « la SNCF, SNCF Mobilités et SNCF Réseau », de la Régie autonome des transports parisiens, des industries électriques et gazières et de la Banque de France, pendant la durée du congé de paternité *(L. n° 2012-1404 du 17 déc. 2012, art. 94-VII-D)* « et d'accueil de l'enfant » ; les modalités de ce remboursement sont fixées par décret. »

Sur les dispositions transitoires de l'art. 15 de la L. n° 2017-1836 du 30 déc. 2017, V. ss. le livre VI « Dispositions applicables aux travailleurs indépendants ».

Art. L. 223-2 La Caisse nationale des allocations familiales est un établissement public national à caractère administratif. Elle jouit de la personnalité juridique et de l'autonomie financière. Elle est soumise au contrôle des autorités compétentes de l'État.

Celles-ci sont représentées auprès de la Caisse nationale par des commissaires du Gouvernement.

Art. L. 223-3 *(Ord. n° 96-344 du 24 avr. 1996, art. 6)* La Caisse nationale des allocations familiales est administrée par un conseil d'administration de trente-cinq membres comprenant :

1° Treize représentants des assurés sociaux désignés par les organisations syndicales de salariés interprofessionnelles représentatives au plan national ;

2° Treize représentants des employeurs et travailleurs indépendants à raison de :

— dix représentants des employeurs désignés par les organisations professionnelles nationales d'employeurs représentatives ;

— trois représentants des travailleurs indépendants désignés par les institutions ou organisations professionnelles des travailleurs indépendants représentatives sur le plan national ;

3° Cinq représentants des associations familiales désignés par l'Union nationale des associations familiales ;

4° Quatre personnes qualifiées dans les domaines d'activité des Caisses d'allocations familiales désignées par l'autorité compétente de l'État.

Siègent également, avec voix consultative, trois représentants du personnel élus dans des conditions fixées par décret.

Art. L. 223-4 *(L. n° 2006-1640 du 21 déc. 2006, art. 127)* En cas d'adossement d'un régime de retraite spécial sur la Caisse nationale d'assurance vieillesse *(Abrogé par Ord. n° 2018-470 du 12 juin 2018, art. 9) « des travailleurs salariés »* réalisé dans les conditions prévues à l'article L. 222-6, le principe de stricte neutralité financière de l'opération pour les assurés sociaux du régime général posé par l'article L. 222-7 s'applique également à l'égard des assurés sociaux relevant de la Caisse nationale des allocations familiales pour le calcul de la participation mentionnée au 5° de l'article L. 223-1.

Les rapports établis en application des deuxième et troisième alinéas de l'article L. 222-7 mentionnent les éléments d'information démographiques, financiers et économiques permettant d'apprécier le respect du principe de stricte neutralité de l'adossement à l'égard des assurés sociaux relevant de la Caisse nationale des allocations familiales.

CHAPITRE IV **DISPOSITIONS COMMUNES AUX CAISSES NATIONALES ET À L'AGENCE CENTRALE**

(L. n° 94-637 du 25 juill. 1994, art. 19-III)

Art. L. 224-1 *(L. n° 94-637 du 25 juill. 1994, art. 19-III ; L. n° 2004-810 du 13 août 2004, art. 69-I)* Le conseil ou les conseils d'administration des caisses nationales de l'assurance maladie, des allocations familiales et d'assurance vieillesse *(Abrogé par Ord. n° 2018-470 du 12 juin 2018, art. 9) « des travailleurs salariés »*, ainsi que de l'Agence centrale des organismes de sécurité sociale, peuvent déléguer certaines de leurs attributions à des commissions comprenant des personnalités n'appartenant pas aux conseils et ayant la qualité de membres *[membre]* du conseil ou d'administrateurs *[administrateur]* de caisse primaire d'assurance maladie, de caisse d'allocations familiales, d'union pour le recouvrement des cotisations de sécurité sociale et d'allocations familiales ou encore, en ce qui concerne les accidents du travail, de membres *[membre]* des comités techniques nationaux mentionnés à l'article L. 422-1.

Un décret en Conseil d'État *[art. R. 224-3]* fixe les règles de constitution de ces commissions et le mode de désignation de leurs membres par le conseil ou les conseils d'administration des caisses nationales intéressées.

Art. L. 224-2 *Abrogé par Ord. n° 96-344 du 24 avr. 1996, art. 7-I et 14-I.*

Art. L. 224-3 *(L. n° 94-637 du 25 juill. 1994, art. 19-III)* Le directeur de chaque Caisse nationale et de l'Agence centrale des organismes de sécurité sociale représente la caisse ou l'agence en justice et dans les actes de la vie civile. Il peut donner mandat à cet effet à certains agents de la caisse ou de l'agence. *— V. art. R. 224-6 et R. 224-7.*

Art. L. 224-4 *(L. n° 94-637 du 25 juill. 1994, art. 19)* Les représentants des trois Caisses nationales des allocations familiales, de l'assurance maladie, d'assurance vieillesse et de l'Agence centrale des organismes de sécurité sociale disposent d'un droit d'inspection sur les organismes qui relèvent de ces caisses ou de l'agence.

Art. L. 224-5 *(L. n° 2001-1246 du 21 déc. 2001, art. 75-IV)* L'Union des caisses nationales de sécurité sociale, union nationale au sens de l'article L. 216-3, assure les tâches mutualisées de la gestion des ressources humaines du régime général de sécurité sociale. Elle négocie et conclut les conventions collectives nationales prévues aux articles L. 123-1 et L. 123-2.

Elle évalue, coordonne et participe à la mise en œuvre des politiques de formation du personnel. Elle assure le suivi de la gestion prévisionnelle de l'emploi, des effectifs, de la masse salariale et des politiques de recrutement du régime général. Elle promeut la sécurité et la santé au travail.

(L. n° 2007-1786 du 19 déc. 2007, art. 101-I ; L. n° 2012-1404 du 17 déc. 2012, art. 68-3° ; L. n° 2017-1836 du 30 déc. 2017, art. 27-1°) « Sous réserve du 8° de l'article L. 225-1-1, elle peut assurer la fonction de centrale d'achat au sens du code des marchés publics, pour le compte des caisses nationales du régime général, de l'Agence centrale des organismes de sécurité sociale, des organismes locaux du régime général,

de tout organisme de tout autre régime de sécurité sociale et de la Caisse nationale de solidarité pour l'autonomie. »

Elle peut se voir confier par l'État, les caisses nationales du régime général ou l'Agence centrale des organismes de sécurité sociale des missions sur les questions relatives aux conditions de travail du personnel des organismes de sécurité sociale, ou sur tout sujet de fonctionnement des organismes d'intérêt commun, notamment pour les opérations immobilières. Elle peut également passer convention avec les caisses nationales des autres régimes de sécurité sociale *(L. n° 2012-1404 du 17 déc. 2012, art. 68-3°)* « pour la réalisation de travaux portant sur des sujets d'intérêt commun, notamment pour les opérations immobilières ».

(L. n° 2011-1906 du 21 déc. 2011, art. 110-I-2°) « Elle assure la gestion administrative et comptable du fonds mentionné à l'article L. 114-24. »

1. L'Union des caisses nationales de sécurité sociale (UCANSS) ayant dans ses attributions la détermination du montant des gratifications liées à l'attribution des médailles du travail du personnel des caisses de sécurité sociale, ses décisions relatives aux modalités de paiement de ces gratifications s'imposent aux caisses de sécurité sociale. • Soc. 27 mars 1996, n° 92-42.309 P : *RJS 1996, n° 709* • 17 déc. 1996 : *RJS 1997, n° 90.*

2. Le pouvoir de tutelle peut s'exercer à l'égard des décisions du conseil d'administration de l'UCANSS lorsque celui-ci agit pour le compte et par délégation des caisses nationales. • CE 22 févr. 1989 : *Dr. soc. 1989. 516, note Prétot.*

Art. L. 224-5-1 *(L. n° 2001-1246 du 21 déc. 2001, art. 75-V)* L'union est dotée d'un conseil d'orientation composé :

– d'une part, des représentants des assurés sociaux désignés par les organisations syndicales nationales de salariés représentatives au sens de l'article L. 133-2 *[L. 2121-1 nouv.]* du code du travail et, en nombre égal, des représentants d'employeurs désignés par des organisations professionnelles nationales d'employeurs représentatives ;

– d'autre part, du président et du vice-président des caisses nationales et de l'Agence centrale des organismes de sécurité sociale qui ne peuvent appartenir au même collège.

(Abrogé par Décr. n° 2017-322 du 13 mars 2017, art. 1er-1°) « Les membres du conseil d'orientation sont désignés pour une durée de cinq ans. » — *Le quatrième al. de l'art. L. 224-5-1 a un caractère réglementaire (Cons. const. 31 janv. 2017, n° 2017-267 L : JO 3 févr.).*

Le conseil d'orientation élit en son sein son président.

Le directeur et le président du comité exécutif des directeurs prévu à l'article L. 224-5-2 assistent aux séances du conseil.

Le conseil d'orientation définit les orientations générales de la gestion des ressources humaines du régime général de sécurité sociale. Dans le cadre de ces orientations générales, il arrête le programme de la négociation collective sur proposition du comité exécutif des directeurs.

(L. n° 2007-1786 du 19 déc. 2007, art. 100-I) « Il donne son avis sur les orientations de la convention d'objectifs et de gestion mentionnée à l'article L. 224-5-5. »

Il donne son avis sur le rapport d'activité de l'union.

Il nomme le directeur, *(L. n° 2018-1203 du 22 déc. 2018, art. 25-I)* « le directeur comptable et financier » et le directeur adjoint de l'union sur proposition du comité exécutif des directeurs.

Il approuve le budget annuel de gestion administrative sur proposition du comité exécutif des directeurs.

Il établit son règlement intérieur.

Il adopte et modifie les statuts de l'union sur proposition du comité exécutif des directeurs.

Sous réserve de l'agrément ministériel, les accords collectifs nationaux deviennent exécutoires à l'expiration d'un délai d'un mois pendant lequel le conseil d'orientation peut s'y opposer à la majorité des trois quarts de ses membres désignés. A la même majorité le comité peut demander l'évocation d'un sujet pendant la négociation d'un accord collectif national.

Art. L. 224-5-2 *(L. n° 2001-1246 du 21 déc. 2001, art. 75-V)* L'union est dotée d'un comité exécutif des directeurs composé *(L. n° 2004-810 du 13 août 2004, art. 69-I)* « du directeur général de la Caisse nationale de l'assurance maladie *(Abrogé par Ord. n° 2018-470 du 12 juin 2018, art. 9) « des travailleurs salariés »* et des directeurs » de la

Caisse nationale des allocations familiales, de la Caisse nationale d'assurance vieillesse *(Abrogé par Ord. nº 2018-470 du 12 juin 2018, art. 9) « des travailleurs salariés »*, de l'Agence centrale des organismes de sécurité sociale et de quatre directeurs d'organismes régionaux ou locaux de sécurité sociale du régime général désignés dans des conditions fixées par décret.

Le comité exécutif peut s'adjoindre deux personnes qualifiées.

Le comité élit en son sein un président parmi les directeurs d'organismes. En cas de partage des voix, le président a voix prépondérante.

Le comité peut constituer en son sein des commissions.

Le directeur de l'union assiste aux séances du comité.

Le comité a notamment pour rôle :

1º D'élaborer le budget de gestion administrative et de prendre toute décision budgétaire, à l'exception de celles prévues à l'article L. 224-5-1 ;

2º De proposer au conseil d'orientation la nomination du directeur, du directeur adjoint et *[du] (L. nº 2018-1203 du 22 déc. 2018, art. 25-I)* « directeur comptable et financier » ;

(L. nº 2007-1786 du 19 déc. 2007, art. 100-II) « 2º *bis* De déterminer, pour la conclusion de la convention mentionnée à l'article L. 224-5-5, les orientations pluriannuelles relatives aux missions de l'union ainsi que l'ensemble des moyens nécessaires à la réalisation de ces orientations ; »

3º D'élaborer, après concertation avec les fédérations syndicales, le programme de la négociation collective proposé au conseil d'orientation ;

4º De donner mandat au directeur pour négocier et conclure des accords collectifs nationaux. Le directeur informe le comité de l'état de la négociation ;

5º De mettre en place dans des conditions définies par négociation avec les fédérations signataires de la convention collective nationale une instance nationale de concertation réunissant les caisses nationales et ces fédérations consultée, au moins une fois par an, sur toutes les questions institutionnelles ayant un impact sur l'organisation du travail et l'emploi, notamment à l'occasion de l'élaboration des conventions d'objectifs et de gestion, des plans stratégiques de branche, des projets nationaux et schémas directeurs informatiques.

Art. L. 224-5-3 *(L. nº 2001-1246 du 21 déc. 2001, art. 75-V)* Par dérogation aux articles L. 123-1 et L. 123-2, les décisions et les accords de l'Union des caisses nationales de sécurité sociale s'appliquent de plein droit dès lors qu'ils sont d'application automatique d'un accord collectif national.

(L. nº 2006-1640 du 21 déc. 2006, art. 69-VI) « Dans les établissements de santé, les décisions et les accords de l'Union des caisses nationales de sécurité sociale ne s'imposent pas à l'autorité de tarification. »

Art. L. 224-5-4 *(L. nº 2001-1246 du 21 déc. 2001, art. 75)* Sous réserve des dispositions des articles L. 224-5 à L. 224-5-3, l'Union des caisses nationales de sécurité sociale est régie par les dispositions du présent livre, et notamment les articles L. 224-3, L. 224-10 et L. 281-3.

Art. L. 224-5-5 *(L. nº 2007-1786 du 19 déc. 2007, art. 100-III)* Une convention d'objectifs et de gestion conclue entre l'État et l'Union des caisses nationales de sécurité sociale détermine les orientations pluriannuelles liées à la mise en œuvre des missions confiées à l'union.

Cette convention détermine également les moyens de fonctionnement dont l'union dispose et fixe les règles de calcul et d'évolution de son budget. Elle prévoit les indicateurs associés aux objectifs fixés. Elle précise les conditions de conclusion des avenants en cours d'exécution, notamment pour tenir compte du renouvellement des conventions mentionnées à l'article L. 227-1.

La convention est signée par le président du conseil d'orientation, le président du comité exécutif et le directeur de l'union.

La convention, conclue pour une durée minimale de quatre ans, et, le cas échéant, les avenants qui la modifient sont transmis aux commissions parlementaires mentionnées à l'article L.O. 111-9.

Art. L. 224-5-6 *(L. nº 2007-1786 du 19 déc. 2007, art. 100-III)* **Les caisses nationales du régime général et l'Agence centrale des organismes de sécurité sociale concluent chacune avec l'Union des caisses nationales de sécurité sociale une convention précisant leurs objectifs et leurs engagements réciproques pour la réalisation des missions de l'union. Cette convention est signée par le directeur général ou le directeur de chaque Caisse nationale et de l'Agence centrale et, pour l'Union, par le président du comité exécutif et le directeur. Elle est transmise au ministre chargé de la sécurité sociale.**

Art. L. 224-6 *(L. nº 2001-1246 du 21 déc. 2001, art. 75)* **Les modalités spécifiques de tutelle et de fonctionnement de l'Union des caisses nationales de sécurité sociale sont fixées, en tant que de besoin, par décret.**

Art. L. 224-7 *(L. nº 94-637 du 25 juill. 1994, art. 19)* **Le personnel des Caisses nationales de l'assurance maladie, des allocations familiales, d'assurance vieillesse et de l'Agence centrale des organismes de sécurité sociale comprend :**

1º Des agents régis par le statut général de la fonction publique ;

2º Des agents soumis à un statut de droit public fixé par décret ;

3º Des agents de droit privé régis *(Abrogé par L. nº 2004-810 du 13 août 2004, art. 61-III)* **« *soit par un statut, soit* » par les conventions collectives applicables au personnel des organismes de sécurité sociale.**

Les praticiens conseils du service du contrôle médical sont des agents de la Caisse nationale de l'assurance maladie *(Abrogé par L. nº 2004-810 du 13 août 2004, art. 61-III)* **« *soumis à un statut de droit privé fixé par décret* ».** – *[Anc. art. L. 226-1.]*

Jurisprudence rendue sous l'empire des dispositions du dern. al. de l'art. L. 224-7, aujourd'hui abrogées.

1. Il ressort des termes mêmes des dispositions des art. L. 123-1, L. 224-7 et R. 315-7 CSS que les règles statutaires applicables aux praticiens conseils du service du contrôle médical ne peuvent être légalement édictées que par voie de décret ou de mesures réglementaires prises sur le fondement du décret statutaire. Par suite, les conditions de cessation anticipée d'activité des praticiens conseils ne peuvent légalement être définies par voie de convention passée entre la Caisse nationale de l'assurance maladie des travailleurs salariés et les organisations syndicales, alors même que le décret fixant le statut de ces agents ne comporte pas de dispositions en cette matière. • CE 28 juill. 1999 : *RJS 1999, nº 1281.*

2. Les praticiens conseils du service de contrôle médical, qui sont des agents de la Caisse nationale de l'assurance maladie des travailleurs salariés soumis à un statut de droit privé, sont régis, sauf dispositions statutaires plus favorables, par le code du travail et notamment en matière disciplinaire, par les dispositions d'ordre public des art. L. 122-40 et L. 122-41 de ce code. Il s'ensuit que lorsque l'employeur envisage d'infliger à un praticien conseil un blâme avec inscription au dossier, qui est une sanction susceptible d'avoir une influence sur la carrière du salarié, il doit le convoquer à l'entretien préalable prévu à l'art. L. 122-41 C. trav. • Soc. 7 déc. 1999, nº 97-43.059 P : *RJS 2000, nº 88.*

Art. L. 224-8 *(L. nº 94-637 du 25 juill. 1994, art. 19)* **Les agents des organismes de sécurité sociale nommés dans un emploi d'agent soumis à un statut de droit public ou éventuellement de droit privé de l'un des organismes mentionnés au premier alinéa de l'article L. 224-7 peuvent opter pour le maintien de leur rattachement au régime de la convention collective qui leur est applicable, dans les conditions et limites fixées par un décret en Conseil d'État.** – *[Anc. art. L. 226-2.]*

Art. L. 224-9 *(L. nº 94-637 du 25 juill. 1994, art. 19)* **Les articles L. 231-5 et L. 281-3 sont applicables** *(L. nº 2004-810 du 13 août 2004, art. 69-I)* **« au conseil de la Caisse nationale de l'assurance maladie** *(Abrogé par Ord. nº 2018-470 du 12 juin 2018, art. 9)* **« *des travailleurs salariés* » et aux conseils d'administration » de la Caisse nationale des allocations familiales, de la Caisse nationale d'assurance vieillesse et de l'Agence centrale des organismes de sécurité sociale, ainsi qu'aux membres desdits conseils d'administration.** – *[Anc. art. L. 226-3.]*

Art. L. 224-10 *(L. nº 94-637 du 25 juill. 1994, art. 19)* **Les délibérations** *(L. nº 2004-810 du 13 août 2004, art. 69-I)* **« du conseil et de la commission des accidents du travail et des maladies professionnelles de la Caisse nationale de l'assurance maladie** *(Abrogé par Ord. nº 2018-470 du 12 juin 2018, art. 9)* **« *des travailleurs salariés* », des conseils d'administration, » de la Caisse nationale des allocations familiales, de la**

Caisse nationale d'assurance vieillesse *(Abrogé par Ord. n° 2018-470 du 12 juin 2018, art. 9) « des travailleurs salariés » (L. n° 2007-1786 du 19 déc. 2007, art. 100-V)* « , de l'Agence centrale des organismes de sécurité sociale ainsi que du conseil d'orientation et du comité exécutif des directeurs de l'Union des caisses nationales de sécurité sociale », à l'exception de celles qui, en vertu des dispositions législatives ou réglementaires, doivent être soumises à approbation, ne deviennent exécutoires que s'il n'y a pas opposition des autorités compétentes de l'État dans un délai fixé par décret en Conseil d'État. – *[Anc. art. L. 226-4.] – V. art. R. 226-4 : 20 jours. – V. aussi art. R. 226-1 à R. 226-3, R. 226-5 et R. 226-6.*

(Ord. n° 96-344 du 24 avr. 1996, art. 1er-II) « Les décisions *(L. n° 2004-810 du 13 août 2004, art. 69-I ; L. n° 2007-1786 du 19 déc. 2007, art. 100-V)* « du conseil, des conseils d'administration, du conseil d'orientation ou du comité exécutif des directeurs » prises en application des conventions d'objectifs et de gestion, y compris celles relatives aux budgets de la Caisse nationale de l'assurance maladie *(Abrogé par Ord. n° 2018-470 du 12 juin 2018, art. 9) « des travailleurs salariés »*, de la Caisse nationale d'assurance vieillesse *(Abrogé par Ord. n° 2018-470 du 12 juin 2018, art. 9) « des travailleurs salariés »*, de la Caisse nationale d'allocations familiales *(L. n° 2007-1786 du 19 déc. 2007, art. 100-V)* « , de l'Agence centrale des organismes de sécurité sociale et de l'Union des caisses nationales de sécurité sociale » sont exécutoires de plein droit vingt jours après la réception des délibérations par les ministres chargés de la sécurité sociale et du budget, sauf opposition motivée de l'un ou l'autre d'entre eux.

« A défaut de signature de la convention avant le 1er janvier de la première année de sa mise en œuvre, les dispositions du premier alinéa du présent article s'appliquent ».

Art. L. 224-11 *(L. n° 94-637 du 25 juill. 1994, art. 21-I)* Les organismes nationaux peuvent prescrire aux organismes de base mentionnés au titre Ier du livre II toutes mesures tendant à améliorer leur gestion ou à garantir le respect des dispositions prévues à l'article L. 224-13. Au cas où ces prescriptions ne sont pas suivies, l'organisme national peut mettre en demeure l'organisme de base de prendre, dans un délai déterminé, toutes mesures de redressement utiles. En cas de carence, l'organisme national peut se substituer à l'organisme de base et ordonner la mise en application des mesures qu'il estime nécessaires pour rétablir la situation de cet organisme.

Art. L. 224-12 *(L. n° 2007-1786 du 19 déc. 2007, art. 101-II)* Les caisses nationales, l'Agence centrale des organismes de sécurité sociale et l'Union des caisses nationales de sécurité sociale peuvent passer, pour leur propre compte *(L. n° 2009-879 du 21 juill. 2009, art. 119)* « , celui des organismes locaux et celui des agences régionales de santé », des marchés ou des accords-cadres. Les marchés subséquents aux accords-cadres sont passés par les caisses nationales, l'Agence centrale des organismes de sécurité sociale *(L. n° 2009-879 du 21 juill. 2009, art. 119)* « , les organismes locaux ou les agences régionales de santé ».

Les dispositions issues de la L. n° 2009-879 du 21 juill. 2009 entrent en vigueur au plus tard le 1er juill. 2010 (L. préc., art. 131-I).

Art. L. 224-13 *(L. n° 94-637 du 25 juill. 1994, art. 23-I)* Les caisses nationales et l'Agence centrale des organismes de sécurité sociale assurent le financement des dépenses budgétaires prévues par les articles L. 225-6, L. 251-1, L. 251-6 et L. 251-8. Elles procèdent à la répartition des dotations nécessaires au financement de ces dépenses. Elles approuvent les budgets établis à cet effet par les organismes mentionnés au titre Ier du livre II dans les conditions prévues à l'article L. 153-2. Elles établissent et mettent en œuvre des schémas directeurs informatiques en vue d'assurer une coordination au sein des branches qu'elles gèrent ou de l'organisation des organismes de recouvrement. Elles contrôlent la compatibilité de l'informatique locale avec ce schéma.

Art. L. 224-14 *(L. n° 2007-1786 du 19 déc. 2007, art. 109-I)* Les caisses nationales mentionnées aux articles L. 221-2, L. 222-4 et L. 223-2 mettent en œuvre ou coordonnent des actions de contrôle sur le service des prestations afin de détecter les fraudes et les comportements abusifs. Elles peuvent à ce titre utiliser des traitements automatisés des données relatives au service des prestations.

Elles peuvent requérir la participation de leurs organismes régionaux et locaux à ces actions.

CHAPITRE V AGENCE CENTRALE DES ORGANISMES DE SÉCURITÉ SOCIALE

SECTION PREMIÈRE MISSIONS DE L'AGENCE CENTRALE DES ORGANISMES DE SÉCURITÉ SOCIALE

Art. L. 225-1 *(L. nº 94-637 du 25 juill. 1994, art. 2)* L'Agence centrale des organismes de sécurité sociale est chargée d'assurer la gestion commune de la trésorerie des différentes branches gérées par la Caisse nationale des allocations familiales, par la Caisse nationale de l'assurance maladie et par la Caisse nationale d'assurance vieillesse *(Abrogé par Ord. nº 2018-470 du 12 juin 2018, art. 9) « des travailleurs salariés »*, dans les conditions fixées par décret pris sur le rapport des ministres intéressés.

En vue de clarifier la gestion des branches du régime général, l'Agence centrale des organismes de sécurité sociale assure l'individualisation de la trésorerie de chaque branche par un suivi permanent en prévision et en réalisation comptable ; elle établit l'état prévisionnel de la trésorerie de chaque branche.

(L. nº 98-1194 du 23 déc. 1998, art. 46-I) « Un décret *[art. D. 225-1]* détermine les modalités d'application du présent article, ainsi que les conditions de placement des excédents de trésorerie globalement constatés pour l'ensemble des branches mentionnées au premier alinéa. »

Les pertes de recettes éventuelles pour les branches du régime général sont compensées à due concurrence par des taxes additionnelles aux droits visés à l'art. 575 A du CGI (L. 23 déc. 1998, art. 46-III).

Art. L. 225-1-1 *(L. nº 94-637 du 25 juill. 1994, art. 19)* L'Agence centrale des organismes de sécurité sociale est également chargée :

1º D'exercer un pouvoir de direction et de contrôle sur les unions de recouvrement en matière de gestion de trésorerie ;

(L. nº 2017-1836 du 30 déc. 2017, art. 15-I, en vigueur le 1er janv. 2018) « 2º De définir, pour les travailleurs salariés et non salariés, ses orientations en matière de contrôle et de recouvrement des cotisations et des contributions de sécurité sociale ainsi que de coordonner et de vérifier leur mise en œuvre par les organismes locaux ; » — *Sur les dispositions transitoires de l'art. 15 de la L. nº 2017-1836 du 30 déc. 2017, V. ss. le livre VI « Dispositions applicables aux travailleurs indépendants ».*

(Abrogé par L. nº 2016-1827 du 23 déc. 2016, art. 16-I, à compter du 1er janv. 2017) (Ord. nº 2005-1529 du 8 déc. 2005) « 2º bis De coordonner ses orientations en matière de recouvrement contentieux des cotisations et contributions sociales dues par les employeurs et les personnes exerçant les professions artisanales, industrielles et commerciales, au titre de leurs salariés, avec celles définies, en application du I de l'article L. 133-6-4, par le régime social des indépendants pour leurs cotisations et contributions sociales personnelles ; »

3º Dans les cas prévus par la loi *(L. nº 2018-1203 du 22 déc. 2018, art. 25-I)* « ou, pour les régimes obligatoires de sécurité sociale, par décret », de recouvrer directement des cotisations et des contributions ; ce recouvrement s'effectue sous les garanties et sanctions applicables aux cotisations du régime général en vertu des chapitres II, III, IV et V du titre IV du livre Ier et des chapitres III et IV du titre IV du présent livre ;

(L. nº 2003-1199 du 18 déc. 2003, art. 72-II) « 3º *bis* D'assurer l'application homogène des lois et des règlements relatifs aux cotisations et aux contributions de sécurité sociale recouvrées par les organismes de recouvrement visés aux articles L. 213-1 et L. 752-4 ;

« 3º *ter* D'autoriser *(L. nº 2009-526 du 12 mai 2009, art. 75)* « les organismes de recouvrement à saisir le comité mentionné à l'article L. 243-7-2 et » à porter les litiges devant la Cour de cassation ;

« 3º *quater* D'harmoniser les positions prises par les organismes de recouvrement en application des dispositions de l'article L. 243-6-1 ;

« 3º *quinquies* D'initier et de coordonner des actions concertées de contrôle et de recouvrement menées par les organismes de recouvrement. L'Agence centrale des organismes de sécurité sociale peut requérir la participation des organismes de recouvrement à ces actions ; »

4° De recevoir, sauf disposition contraire, le produit des cotisations et contributions recouvrées par des tiers. Un décret en Conseil d'État fixe les garanties et sanctions applicables en la matière ; ces garanties et sanctions ne sont pas applicables à l'État ;

5° De centraliser l'ensemble des opérations *(Abrogé par L. n° 2016-1827 du 23 déc. 2016, art. 16-I, à compter du 1er janv. 2017)* « *, y compris les opérations pour compte de tiers* », des unions de recouvrement des cotisations de sécurité sociale et des cotisations d'allocations familiales, des caisses générales de sécurité sociale, ainsi que des unions et fédérations desdits organismes, *(L. n° 2016-1827 du 23 déc. 2016, art. 16-I, en vigueur le 1er janv. 2017)* « de centraliser les opérations pour compte de tiers et » d'en opérer le règlement vers tous organismes désignés à cet effet, conformément aux dispositions législatives et réglementaires en vigueur, ainsi qu'aux stipulations conventionnelles prises en vertu des articles L. 123-1 et L. 123-2 et agréées par l'autorité compétente de l'État ;

(L. n° 2005-1719 du 30 déc. 2005, art. 56-II ; L. n° 2012-1404 du 17 déc. 2012, art. 38-II) « 5° *bis* De gérer, pour le compte des régimes de sécurité sociale et fonds concernés, la répartition des impôts et taxes mentionnés à l'article L. 131-8 ; »

6° De contrôler les opérations immobilières des unions de recouvrement et la gestion de leur patrimoine immobilier ;

(L. n° 2018-1317 du 28 déc. 2018, art. 96-I, en vigueur le 1er févr. 2019) « 7° De compenser la perte de cotisations sociales effectivement recouvrées résultant, pour les régimes mentionnés à l'article L. 921-4, du dispositif de réduction dégressive prévu à l'article L. 241-13 ; »

« 8° D'assurer, en matière de marchés publics de services bancaires, la fonction de centrale d'achat, au sens de l'article 26 de l'ordonnance n° 2015-899 du 23 juillet 2015, pour le compte des caisses nationales et des organismes locaux du régime général. »

V. Arr. du 5 mai 2014 fixant les conditions d'agrément des agents chargés du contrôle de l'application des législations de sécurité sociale et de certaines dispositions du code du travail (JO 23 mai).

Recours pour excès de pouvoir. L'art. L. 225-1-1 donne notamment pour mission à l'ACOSS qui, en vertu de l'art. L. 225-2 du même code, est un établissement public national à caractère administratif, d'assurer l'application homogène des lois et règlements relatifs aux cotisations de sécurité sociale et d'allocations familiales (URSSAF) et les caisses générales de sécurité sociale et d'harmoniser les positions prises par ces organismes de recouvrement. La prise de position de l'ACOSS, en réponse à la sollicitation de l'assemblée des chambres de commerce et d'industrie (CCI France) face aux interprétations divergentes de la part des URSSAF sur l'application de l'art. L. 242-1 CSS, qui prévoit certaines exclusions de l'assiette des cotisations de sécurité sociale, aux indemnités versées aux agents des chambres de commerce et d'industrie en cas de rupture de la relation de travail au titre du dispositif de cessation d'un commun accord de la relation de travail, créé par la commission paritaire nationale du 9 févr. 2012, constitue un acte susceptible de faire l'objet d'un recours pour excès de pouvoir. • CE 13 juin 2018, n° 404485 A.

Art. L. 225-1-2 *(L. n° 2004-803 du 9 août 2004, art. 20-2°)* Lorsque la Caisse nationale d'assurance vieillesse *(Abrogé par Ord. n° 2018-470 du 12 juin 2018, art. 9)* « *des travailleurs salariés* » passe une convention financière en application de l'article L. 222-6, l'Agence centrale des organismes de sécurité sociale peut parallèlement conclure une convention financière avec la personne morale en charge de la gestion du risque vieillesse au sein du régime spécial.

La conclusion de cette convention conditionne l'entrée en application du premier alinéa de l'article L. 222-6.

Cette convention est soumise à l'approbation des ministres de tutelle des régimes de sécurité sociale concernés.

Art. L. 225-1-3 *(L. n° 2008-1330 du 17 déc. 2008, art. 33-I)* Les régimes obligatoires de base autres que le régime général ainsi que les organismes et fonds mentionnés au 8° du III de l'article L.O. 111-4 peuvent déposer, contre rémunération, tout ou partie de leurs disponibilités auprès de l'Agence centrale des organismes de sécurité sociale.

Les modalités du dépôt sont fixées par une convention qui est soumise à l'approbation des ministres de tutelle de l'agence et du régime, de l'organisme ou du fonds concerné.

Un décret en Conseil d'État précise les conditions d'application du présent article. – *Les dispositions du présent art. sont applicables aux conventions conclues à compter de 2008 (L. nº 2008-1330 du 17 déc. 2008, art. 33-II).*

Art. L. 225-1-4 *(L. nº 2014-1554 du 22 déc. 2014, art. 31-I)* Dans la limite des plafonds de ressources non permanentes fixés en application du *e* du 2° du C du I de l'article L.O. 111-3, l'Agence centrale des organismes de sécurité sociale peut *(L. nº 2018-1203 du 22 déc. 2018, art. 25-I)* « consentir, contre rémunération » :

1° *(Abrogé par L. nº 2018-1203 du 22 déc. 2018, art. 25-I) « Consentir, contre rémunération, »* des prêts et avances d'une durée inférieure à douze mois au régime d'assurance vieillesse des non-salariés agricoles *(L. nº 2015-1702 du 21 déc. 2015, art. 42-II)* « et au régime d'assurance vieillesse du régime spécial de sécurité sociale dans les mines » ;

2° *(Abrogé par L. nº 2018-1203 du 22 déc. 2018, art. 25-I) « A titre exceptionnel et contre rémunération, consentir »* des avances d'une durée inférieure à un mois aux régimes obligatoires de base autres que le régime général ainsi qu'aux organismes et fonds mentionnés au 8° du III de l'article L.O. 111-4 *(Abrogé par L. nº 2018-1203 du 22 déc. 2018, art. 25-I) « , dans la limite du montant prévisionnel des flux financiers de l'année en cours entre l'agence et le régime, l'organisme ou le fonds concerné »* ;

(L. nº 2018-1203 du 22 déc. 2018, art. 25-I) « 3° Sans préjudice de l'exercice par l'agence des missions prévues aux 1° et 2°, des avances d'une durée inférieure à un mois aux organismes, dont la liste est fixée par arrêté des ministres chargés de la sécurité sociale et du budget, dont elle centralise des recettes ou pour le compte desquels elle assure le recouvrement de tout ou partie des cotisations et contributions. »

Pour déterminer les conditions de chacune des avances mentionnées *(L. nº 2018-1203 du 22 déc. 2018, art. 25-I)* « au présent article », une convention est conclue entre l'agence et le régime, l'organisme ou le fonds concerné. La convention est soumise à l'approbation des ministres chargés de la sécurité sociale et du budget.

Par dérogation à l'art. L. 225-1-4 CSS et pour les besoins de ce transfert, l'ACOSS peut consentir en 2018, contre rémunération, des avances aux organismes mentionnés au 2° de l'art. L. 6331-48 C. trav. dans la limite du montant prévisionnel des flux financiers de l'année en cours ainsi que du plafond individuel de l'année précédente prévu à l'art. L. 6331-50 C. trav. applicable aux chambres mentionnées au a de l'art. 1601 CGI (L. nº 2016-1088 du 8 août 2016, art. 41, mod. par L. nº 2018-771 du 5 sept. 2018, art. 38-II).

SECTION II ORGANISATION ET MOYENS DE L'AGENCE CENTRALE DES ORGANISMES DE SÉCURITÉ SOCIALE

Art. L. 225-2 L'Agence centrale des organismes de sécurité sociale est un établissement public national à caractère administratif. Elle jouit de la personnalité juridique et de l'autonomie financière. Elle est soumise au contrôle des autorités compétentes de l'État.

Art. L. 225-3 *(Ord. nº 96-344 du 24 avr. 1996, art. 6)* L'Agence centrale des organismes de sécurité sociale est administrée par un conseil d'administration de trente membres comprenant :

1° Treize représentants des assurés sociaux désignés par les organisations syndicales de salariés interprofessionnelles représentatives au plan national ;

2° Treize représentants des employeurs et des travailleurs indépendants à raison de :

– dix représentants des employeurs désignés par les organisations professionnelles nationales d'employeurs représentatives ;

– trois représentants des travailleurs indépendants désignés par les institutions ou organisations professionnelles des travailleurs indépendants représentatives sur le plan national ;

3° Quatre personnes qualifiées dans les domaines d'activité des unions de recouvrement et désignées par l'autorité compétente de l'État.

Siègent également, avec voix consultative, *(Ord. nº 2018-470 du 12 juin 2018, art. 8, en vigueur le 1er janv. 2019)* « un représentant désigné en son sein par l'assemblée générale du Conseil de la protection sociale des travailleurs indépendants et » trois représentants du personnel élus dans des conditions fixées par décret. – *V. art. R. 225-1 à R. 225-7.*

Art. L. 225-4 Les caisses de sécurité sociale communiquent à l'Agence centrale toute information nécessaire à l'exercice de la mission qui lui est confiée à l'article L. 225-1.

Art. L. 225-5 *Abrogé par L. nº 94-637 du 25 juill. 1994, art. 19-III-6º.*

Art. L. 225-6 *(L. nº 2000-1257 du 23 déc. 2000, art. 56-III)* Les ressources nécessaires au financement du Fonds national de gestion administrative de l'Agence centrale des organismes de sécurité sociale sont prélevées chaque année sur les encaissements du régime général de sécurité sociale, dans des conditions fixées par arrêté interministériel *[art. D. 225-2]*.

CHAPITRE VI DISPOSITIONS RELATIVES AUX AGENTS DE DIRECTION DES ORGANISMES NATIONAUX

Art. L. 226-1 *(Ord. nº 96-344 du 24 avr. 1996, art. 21-I)* Le directeur de chaque Caisse nationale et de l'Agence centrale des organismes de sécurité sociale est nommé par l'autorité compétente de l'État après avis du président du conseil d'administration de l'organisme concerné *(L. nº 2004-810 du 13 août 2004, art. 69-I)* « sous réserve des dispositions des premier et deuxième alinéas de l'article L. 221-3-1 ». — *V. art. R. 226-1 à R. 226-6.*

CHAPITRE VII DISPOSITIONS RELATIVES AUX CONVENTIONS D'OBJECTIFS ET DE GESTION

BIBL. GÉN. ▸ GARBAR, Les conventions d'objectifs et de gestion : nouvel avatar du contractualisme, *Dr. soc. 1997. 816* ; Nouvelles réflexions sur la circonstance juridique des COG, *RDSS 2004. 946* ; Acte unilatéral et contractualisation : quelques remarques sur les conséquences juridiques de la nouvelles « gouvernance » de la sécurité sociale, *Regards, nº 32 (juill. 2007), p. 18.* – FONTAINE, L'efficacité de la sécurité sociale dans la gestion des organismes, *Regards, nº 29 (juill. 2006), p. 60.* – LIBAULT, Réformer de l'intérieur la sécurité sociale : les conventions d'objectifs et de gestion, *Dr. soc. 1997. 800*. – MARIE, La convention d'objectifs et de gestion entre l'État et la CNAF, *Dr. soc. 1997. 810*. – SOULIÉ, Les conventions d'objectifs et de gestion : le nouveau cadre d'exercice des responsabilités respectives de l'État et de la sécurité sociale, *Dr. soc. 1996. 794*. – SPAETH, La convention d'objectifs et de gestion : davantage de démocratie et de transparence dans les relations entre l'État et l'assurance maladie, *Dr. soc. 1997. 805*. ▸ V. également : La contractualisation au service de l'usager (Actes du forum des 4 et 5 mars 2003), *Min. Aff. soc. et CNESSS, 2003* ; Rapport de la Cour des comptes sur la loi de financement de la sécurité sociale, *Rapport 2004.*

Art. L. 227-1 *(Ord. nº 96-344 du 24 avr. 1996, art. 1er-I)* I. — Dans le respect des lois de financement de la sécurité sociale, l'autorité compétente de l'État conclut respectivement avec la Caisse nationale de l'assurance maladie *(Abrogé par Ord. nº 2018-470 du 12 juin 2018, art. 9) « des travailleurs salariés »*, la Caisse nationale d'assurance vieillesse *(Abrogé par Ord. nº 2018-470 du 12 juin 2018, art. 9) « des travailleurs salariés »*, la Caisse nationale des allocations familiales et l'Agence centrale des organismes de sécurité sociale des conventions d'objectifs et de gestion comportant des engagements réciproques des signataires.

Ces conventions déterminent, pour les branches *(L. nº 2002-1487 du 20 déc. 2002, art. 56-IV)* « mentionnées aux 1º, 2º, 3º et 4º » de l'article L. 200-2 et pour les organismes de recouvrement, les objectifs pluriannuels de gestion, les moyens de fonctionnement dont les branches et les organismes disposent pour les atteindre et les actions mises en œuvre à ces fins par chacun des signataires.

Elles précisent :

1º Les objectifs liés à la mise en œuvre des dispositions législatives et réglementaires qui régissent la gestion du risque, le service des prestations ou le recouvrement des cotisations et des impôts affectés ;

2º Les objectifs liés à l'amélioration de la qualité du service aux usagers ;

(L. nº 2004-1370 du 20 déc. 2004, art. 4-I-1º) « 2º *bis* Les objectifs d'amélioration de la productivité du réseau et de son organisation territoriale ; »

3º *(L. nº 98-657 du 29 juill. 1998, art. 68)* « Les objectifs de l'action sociale, de prévention et de lutte contre l'exclusion » ;

4° Les règles de calcul et d'évolution *(L. n° 2007-1786 du 19 déc. 2007, art. 101-VI)* « des budgets de gestion et, s'il y a lieu, » d'action sanitaire et sociale et de prévention ;

5° Le cas échéant, les conditions de constitution ou d'amélioration et d'évolution du réseau des caisses locales.

Ces conventions prévoient, le cas échéant, les indicateurs quantitatifs et qualitatifs associés à la définition des objectifs.

(L. n° 2017-1836 du 30 déc. 2017, art. 15-I, en vigueur le 1er janv. 2018) « Les conventions relatives aux branches mentionnées aux 1° et 3° de l'article L. 200-2 et la convention relative aux organismes du régime général chargés du recouvrement identifient les objectifs et actions dédiés au service des prestations et au recouvrement des cotisations des travailleurs indépendants. » — *Sur les dispositions transitoires de l'art. 15 de la L. n° 2017-1836 du 30 déc. 2017, V. ss. le livre VI « Dispositions applicables aux travailleurs indépendants ».*

Elles déterminent également :

1° Les conditions de conclusion des avenants en cours d'exécution de chaque convention, notamment en fonction des lois de financement de la sécurité sociale et des modifications importantes de la charge de travail des organismes liées à l'évolution du cadre législatif et réglementaire de leur action ;

2° Le processus d'évaluation contradictoire des résultats obtenus au regard des objectifs fixés.

II. — *Abrogé par L. n° 2009-526 du 12 mai 2009, art. 91.*

III. — Les conventions d'objectifs et de gestion sont conclues pour une période *(L. n° 2004-1370 du 20 déc. 2004, art. 4-I-2°)* « minimale de quatre ans ». *(Abrogé par L. n° 2011-1906 du 21 déc. 2011, art. 110-I-4°)* ***« Elles sont communiquées aux conseils de surveillance mentionnés à l'article L. 228-1. »***

(L. n° 2004-1370 du 20 déc. 2004, art. 4-I-2°) « Les conventions et, le cas échéant, les avenants qui les modifient sont transmis *(L. n° 2005-881 du 2 août 2005)* « aux commissions parlementaires mentionnées à l'article L.O. 111-9 ». »

Art. L. 227-2 *(Ord. n° 96-344 du 24 avr. 1996, art. 1er-I)* Les conventions d'objectifs et de gestion sont signées, pour le compte de chaque organisme national, par le président du conseil *(L. n° 2004-810 du 13 août 2004, art. 69-I)* « ou du conseil d'administration et par le directeur général ou le directeur » *(L. n° 2002-1487 du 20 déc. 2002, art. 56-V)* « et, en ce qui concerne la convention d'objectifs et de gestion relative à la branche accidents du travail et maladies professionnelles, par le président de la commission des accidents du travail et des maladies professionnelles et par le *(L. n° 2004-810 du 13 août 2004, art. 69-I)* « directeur général de la Caisse » nationale de l'assurance maladie *(Abrogé par Ord. n° 2018-470 du 12 juin 2018, art. 9)* ***« des travailleurs salariés »***.

Art. L. 227-3 *(Ord. n° 96-344 du 24 avr. 1996, art. 1er-I)* La mise en œuvre des conventions d'objectifs et de gestion fait l'objet de contrats pluriannuels de gestion conclus entre, d'une part, chaque caisse nationale et l'Agence centrale des organismes de sécurité sociale et, d'autre part, chacun de leurs organismes régionaux ou locaux. *(L. n° 2002-1487 du 20 déc. 2002, art. 56-VI ; L. n° 2004-810 du 13 août 2004, art. 69-I)* « Ces contrats pluriannuels de gestion sont signés, pour le compte de chaque organisme national, par le président du conseil ou du conseil d'administration ou, selon le cas, par le président de la commission des accidents du travail et des maladies professionnelles et par le directeur général et, pour le compte de l'organisme régional ou local, par le président du conseil ou du conseil d'administration et le directeur de l'organisme concerné. »

(L. n° 2004-810 du 13 août 2004, art. 58-V ; Ord. n° 2010-177 du 23 févr. 2010, art. 24) « Toutefois, pour les organismes de la branche maladie, ces contrats sont signés par le directeur général de la Caisse nationale de l'assurance maladie *(Abrogé par Ord. n° 2018-470 du 12 juin 2018, art. 9)* ***« des travailleurs salariés »*** et le directeur de l'organisme concerné. »

La CNAF doit tenir compte, lorsqu'elle fixe le montant des dotations allouées à chaque caisse d'allocations familiales au titre de l'action sanitaire et sociale, des règles retenues par la convention d'objectifs et de gestion qui la lie elle-même à l'État. • CE 3 avr. 2002 : *TPS 2002. Comm. 206, obs. Prétot.*

CHAPITRE VIII **INSTITUT NATIONAL DE FORMATION**

(L. n° 2014-288 du 5 mars 2014, art. 28, en vigueur le 1er janv. 2016)

Art. L. 228-1 I. — L'Institut national de formation est une union nationale au sens de l'article L. 216-3 et est régi par le présent livre, sous réserve du présent chapitre.

II. — Dans le cadre de la politique définie par l'Union des caisses nationales de sécurité sociale, l'institut a pour missions d'intérêt général :

1° De concevoir et de mettre en œuvre des actions de formation et de perfectionnement des personnels des organismes de sécurité sociale mentionnés au présent livre, à l'exception de ceux mentionnés à l'article L. 123-3 ;

2° De dispenser, sans préjudice des dispositions de l'article L. 123-3, des formations au personnel d'encadrement des organismes de sécurité sociale ;

3° De réaliser les formations institutionnelles spécifiques au service public de la sécurité sociale pour les organismes du régime général ;

4° De concevoir et de délivrer toute autre offre de formation aux organismes du régime général ainsi qu'à tout autre organisme de protection sociale ou toute institution ayant des sujets d'intérêt public commun avec la sécurité sociale.

III. — L'Institut national de formation peut assurer la fonction de centrale d'achat au sens du code des marchés publics, pour le compte des organismes de sécurité sociale et de tout organisme employant des agents régis par les conventions collectives applicables au personnel des organismes de sécurité sociale.

Il peut également passer des accords-cadres selon les règles prévues à l'article L. 224-12.

IV. — Le financement de l'Institut national de formation est assuré :

1° Par des fonds ou dotations en provenance de l'Union des caisses nationales de sécurité sociale ou de toute autre caisse nationale du régime général ;

2° Par la rémunération des services rendus ;

3° Par toute autre source de financement.

V. — Un décret prévoit les modalités d'application du présent chapitre, notamment les modalités de contrôle et de tutelle exercées par l'État et l'Union nationale des caisses de sécurité sociale sur cet organisme, la composition et le fonctionnement de son conseil d'administration, ainsi que les modalités de nomination de son directeur et *(L. n° 2018-1203 du 22 déc. 2018, art. 25-I)* « de son directeur comptable et financier ». — *L'Institut national de formation s'est substitué, le 1er janv. 2016, aux centres régionaux pour la formation et le perfectionnement professionnels dans l'ensemble de leurs droits et obligations. Le transfert des droits et obligations ainsi que des biens de toute nature s'est effectué à titre gratuit et n'a pas donné lieu à la perception des droits de mutation conformément à l'art. L. 124-3 CSS (L. n° 2014-288 du 5 mars 2014, art. 28-II-2).*

TITRE TROISIÈME **DISPOSITIONS COMMUNES À TOUTES LES CAISSES**

CHAPITRE PREMIER **DISPOSITIONS RELATIVES AUX CONSEILS OU AUX CONSEILS D'ADMINISTRATION** *(L. n° 2004-810 du 13 août 2004, art. 69-I).*

SECTION PREMIÈRE **COMPOSITION DES CONSEILS OU DES CONSEILS D'ADMINISTRATION** *(L. n° 2004-810 du 13 août 2004, art. 69-I).*

SOUS-SECTION 1 **DISPOSITIONS GÉNÉRALES**

Art. L. 231-1 *(L. n° 2014-873 du 4 août 2014, art. 75-I-2°)* Le conseil et les conseils d'administration des caisses nationales et de l'Agence centrale mentionnés aux articles L. 221-3, L. 222-5, L. 223-3 et L. 225-3 et la commission mentionnée à l'article L. 221-5 comprennent autant de femmes que d'hommes. Lorsque le nombre de membres est impair, l'écart entre les hommes et les femmes n'est pas supérieur à un. Un décret en Conseil d'État détermine les conditions dans lesquelles il est procédé aux désignations pour garantir cet objectif. — *V. Annexe I, L. n° 2014-873 du 4 août 2014, art. 75-II et III.*

Art. L. 231-2 (Abrogé par Décr. n° 2014-1163 du 9 oct. 2014, art. 1er-1°) *Le mandat des membres* (L. n° 2004-810 du 13 août 2004, art. 69-I) *« des conseils ou des conseils d'administration » des organismes du régime général de sécurité sociale est de* (Ord. n° 96-344 du 24 avr. 1996, art. 8 et 14-I) *« cinq ans ».* — L'art. L. 231-2 a un caractère réglementaire (Cons. const. 23 mai 2014, n° 2014-48 L : JO 25 mai 2014, p. 8584 s.).

Art. L. 231-3 *(Ord. n° 96-344 du 24 avr. 1996, art. 9 et 14-I)* I. — Chaque organisation ayant désigné un ou plusieurs représentants au conseil *(L. n° 2004-810 du 13 août 2004, art. 69-I)* « ou au conseil d'administration » des organismes de sécurité sociale mentionnés aux titres Ier et II du présent livre désigne un nombre égal *(L. n° 2004-810 du 13 août 2004, art. 69-I)* « de membres du conseil ou d'administrateurs » suppléants.

Les suppléants sont appelés à siéger au *(L. n° 2004-810 du 13 août 2004, art. 69-I)* « conseil ou au conseil d'administration » en l'absence des titulaires et à remplacer ceux dont le siège deviendrait vacant. Le nombre de suppléants est égal au nombre de titulaires. *(L. n° 2014-873 du 4 août 2014, art. 75-I-1°)* « Le suppléant appelé à remplacer le titulaire qui siège au sein du conseil d'administration ou du conseil d'une Caisse nationale est du même sexe que celui-ci. » Lorsque le siège d'un de ses représentants titulaire ou suppléant devient vacant, l'organisation nationale concernée désigne un ou plusieurs nouveaux représentants. Ces nouveaux représentants siègent jusqu'au renouvellement suivant de l'ensemble des *(L. n° 2004-810 du 13 août 2004, art. 69-I)* « conseils et des conseils d'administration ». — *V. Annexe I, L. n° 2014-873 du 4 août, art. 75-III.*

II. — Les fonctions de suppléant des représentants du personnel sont exercées par les candidats venant sur la liste immédiatement après le dernier candidat élu de cette liste.

Art. L. 231-4 En cas de dissolution du *(L. n° 2004-810 du 13 août 2004, art. 69-I)* « conseil ou du conseil d'administration » d'un organisme du régime général de sécurité sociale au cours des quatre premières années suivant *(Ord. n° 96-344 du 24 avr. 1996, art. 10 et 13-I)* « sa désignation », il est procédé à de nouvelles désignations pour la durée du mandat restant à courir jusqu'au renouvellement suivant de l'ensemble des *(L. n° 2004-810 du 13 août 2004, art. 69-I)* « conseils ou des conseils d'administration ».

Art. L. 231-5 *(L. n° 2004-810 du 13 août 2004, art. 69-I)* « Le membre du conseil ou l'administrateur » révoqué ne peut être désigné à ces mêmes fonctions pendant une durée de quatre ans à dater de l'arrêté de révocation.

En cas de dissolution *(L. n° 2004-810 du 13 août 2004, art. 69-I)* « d'un conseil ou d'un conseil d'administration », les membres dudit conseil ne peuvent être désignés aux mêmes fonctions avant l'expiration d'un délai de quatre ans.

Art. L. 231-5-1 *(Ord. n° 96-344 du 24 avr. 1996, art. 7-IV et 14-I)* Des décrets fixent, en tant que de besoin, les modalités d'application des articles L. 221-3, L. 222-5, L. 223-3 et L. 225-3.

SOUS-SECTION 2 RÈGLES APPLICABLES POUR LA DÉSIGNATION DES MEMBRES DU CONSEIL ET DES ADMINISTRATEURS *(L. n° 2004-810 du 13 août 2004, art. 69-I).*

Art. L. 231-6 *(Ord. n° 96-344 du 24 avr. 1996, art. 11-II et 14-I)* Les membres *(L. n° 2004-810 du 13 août 2004, art. 69-I)* « des conseils ou des conseils d'administration » doivent être âgés de dix-huit ans au moins et de soixante-cinq ans au plus à la date de leur nomination, n'avoir fait l'objet d'aucune des condamnations mentionnées aux articles L. 6 et L. 7 du code électoral et ne pas avoir fait l'objet d'une condamnation à une peine correctionnelle prononcée en application des dispositions du code de la sécurité sociale ou dans les cinq années précédant la date susmentionnée à une peine contraventionnelle prononcée en application de ce code.

Toutefois la limite d'âge de soixante-cinq ans n'est pas applicable aux *(L. n° 2004-810 du 13 août 2004, art. 69-I)* « membres du conseil ou administrateurs » représentants des retraités désignés au titre des personnes qualifiées.

Art. L. 231-6-1 *(Ord. nº 96-344 du 24 avr. 1996, art. 11-IV et 14-I)* Ne peuvent être désignés comme *(L. nº 2004-810 du 13 août 2004, art. 69-I)* « membre*[s]* du conseil ou administrateur*[s]* » ou perdent le bénéfice de leur mandat :

1º Les assurés volontaires, les assurés personnels, les employeurs et les travailleurs indépendants qui n'ont pas satisfait à leurs obligations à l'égard des organismes de recouvrement de sécurité sociale dont ils relèvent ;

2º Les membres du personnel des organismes du régime général de sécurité sociale, de leurs unions, fédérations ou de leurs établissements, ainsi que les anciens membres qui ont cessé leur activité depuis moins de cinq ans, s'ils exerçaient une fonction de direction dans la branche pour laquelle ils sollicitent un mandat, ou qui ont fait l'objet depuis moins de dix ans d'un licenciement pour motif disciplinaire ;

3º Au conseil *(Abrogé par L. nº 2004-810 du 13 août 2004, art. 69-I) « d'administration »* de la caisse primaire d'assurance maladie, les agents des sections locales de la caisse dont ils assurent une partie des attributions ;

4º Les agents exerçant effectivement, ou ayant cessé d'exercer depuis moins de cinq ans, dans le cadre de leurs attributions, des fonctions de contrôle ou de tutelle sur l'organisme concerné ;

5º Dans le ressort de l'organisme de sécurité sociale :

a) Pour la Caisse nationale de l'assurance maladie *(Abrogé par Ord. nº 2018-470 du 12 juin 2018, art. 9) « des travailleurs salariés »*, les *(Ord. nº 2010-177 du 23 févr. 2010, art. 24)* « caisses d'assurance retraite et de la santé au travail » et les caisses primaires d'assurance maladie :

— les personnes qui exercent des fonctions de direction dans un établissement public de santé ou des fonctions de direction ou un mandat d'administrateur dans un établissement de santé privé à but lucratif ou non lucratif ;

— les personnes qui produisent, offrent ou délivrent des soins, des biens ou des services médicaux donnant lieu à prise en charge par l'assurance maladie, ainsi que les mandataires d'organisations représentant les professions de ces personnes ;

b) Les personnes, salariées ou non, exerçant les fonctions d'administrateur, de directeur ou de gérant d'une entreprise, institution ou association à but lucratif, qui bénéficient d'un concours financier de la part de l'organisme de sécurité sociale, ou qui participent à la prestation de travaux, de fournitures ou de services ou à l'exécution de contrats d'assurance, de bail ou de location ;

c) Les personnes qui perçoivent, à quelque titre que ce soit, des honoraires de la part d'un organisme du régime général de sécurité sociale ;

d) Les personnes qui, dans l'exercice de leur activité professionnelle, plaident, consultent pour ou contre l'organisme où elles siègent, ou effectuent des expertises pour l'application de la législation de sécurité sociale à des ressortissants dudit organisme.

Perdent également le bénéfice de leur mandat :

1º Les personnes qui cessent d'appartenir à l'organisation qui a procédé à leur désignation au sein d'un conseil *(L. nº 2004-810 du 13 août 2004, art. 69-I)* « ou d'un conseil » d'administration ;

2º Les personnes dont le remplacement est demandé par l'organisation qui a procédé à leur désignation.

V. art. D. 231-1-1 à D. 231-4 : membres désignés.

1. Il résulte du *a)* du 5º de l'art. L. 236-6-1 que, les frais de prothèse dentaire donnant lieu à la prise en charge par l'assurance maladie, les personnes qui les produisent ne peuvent être désignées comme administrateurs, nonobstant la circonstance que cette prise en charge n'est assurée que par l'intermédiaire des prescriptions des chirurgiens-dentistes. • CE 30 déc. 2002, nº 240517 B : *RJS 2003. 344, nº 513 ; TPS 2003. Comm. 125, obs. Prétot.*

2. Aucune disposition législative ou réglementaire ne fait obstacle à ce qu'un salarié représente une organisation d'employeurs au sein du conseil d'administration d'une caisse d'allocations familiales. • CE 28 avr. 2004 : *TPS 2004. Comm. 241, obs. Prétot.*

3. Dès lors que le salarié d'une société siège au conseil d'administration de l'URSSAF au titre du collège employeur, il y a lieu de faire application, en cas de contrôle de la société, de la procédure particulière prévue par l'art. R. 243-59, al. 4, CSS [aujourd'hui art. R. 243-60]. • Civ. 2e, 9 déc. 2003, nº 02-30.505 P : *TPS 2004. Comm. 59, obs. Prétot.*

SOUS-SECTION 3 REPRÉSENTANTS DU PERSONNEL

Néant. — V. art. D. 231-5 à D. 231-23.

SECTION II FONCTIONNEMENT

Art. L. 231-7 *(Ord. n° 96-344 du 24 avr. 1996, art. 13 et 14-I)* Le président et, le cas échéant, le ou les vice-présidents de chacun des *(L. n° 2004-810 du 13 août 2004, art. 69-I-40°)* « conseils ou conseils d'administration » des caisses locales *(Abrogé par Ord. n° 2010-177 du 23 févr. 2010, art. 24)* « *, des caisses régionales* » et des organismes nationaux du régime général de sécurité sociale sont élus par les membres du *(L. n° 2004-810 du 13 août 2004, art. 69-I-40°)* « conseil ou du conseil d'administration ».

Les personnes qualifiées ne sont ni électeurs ni éligibles aux fonctions de président et de vice-président.

(Abrogé par Décr. n° 2014-1163 du 9 oct. 2014, art. 1er-2°) « *La durée du mandat du président est fixée à cinq ans renouvelable une fois.* » — *Le troisième al. de l'art. L. 231-7 a un caractère réglementaire (Cons. const. 23 mai 2014, n° 2014-48 L : JO 25 mai 2014, p. 8584).*

(L. n° 2009-879 du 21 juill. 2009, art. 116-V) « Les membres du conseil ou du conseil d'administration d'un organisme régional ou local créé à la suite de la fusion d'au moins deux organismes ne sont pas éligibles aux fonctions de président quand ils les ont exercées deux fois dans un des précédents conseils ou conseils d'administration de l'un de ces organismes. »

Art. L. 231-8 Le *(L. n° 2004-810 du 13 août 2004, art. 69-I)* « conseil ou le conseil d'administration » d'une caisse siège valablement dès lors que le nombre de ses membres est supérieur à la moitié du nombre total des membres dont il est composé. — *V. art. R. 231-1, R. 231-2 et R. 231-4.*

Art. L. 231-8-1 *(Ord. n° 96-344 du 24 avr. 1996, art. 17)* Le conseil d'administration règle par ses délibérations les affaires de l'organisme, à l'exception de celles déléguées par lui-même ou les caisses nationales à une union ou à un groupement d'organismes.

(L. n° 2004-810 du 13 août 2004, art. 69-I) « Le conseil ou le conseil d'administration » oriente et contrôle l'activité de la caisse, en se prononçant notamment sur les rapports qui lui sont soumis par le directeur dans des conditions définies par décret en Conseil d'État. Ces rapports comprennent au moins un rapport sur les relations avec les usagers et, à l'exception des unions de recouvrement des cotisations de sécurité sociale et d'allocations familiales, un rapport sur l'action sanitaire et sociale. Au moins une séance annuelle du conseil *(L. n° 2004-810 du 13 août 2004, art. 69-I)* « ou du conseil d'administration » est consacrée aux relations de la caisse avec les usagers. Cette séance est publique.

Le conseil *(L. n° 2004-810 du 13 août 2004, art. 69-I)* « ou le conseil » d'administration peut entendre toute personne ou organisation utile à son action. Le conseil *(Abrogé par L. n° 2004-810 du 13 août 2004, art. 69-I)* « *d'administration* » des caisses primaires d'assurance maladie entend au moins deux fois par an les représentants des professions de santé.

Art. L. 231-9 Les employeurs sont tenus de laisser aux salariés de leur entreprise, membres *(L. n° 2004-810 du 13 août 2004, art. 69-I)* « d'un conseil ou d'un conseil d'administration » d'un organisme de sécurité sociale, le temps nécessaire pour se rendre et participer aux séances plénières de ce conseil ou des commissions qui en dépendent.

Le temps passé hors de l'entreprise pendant les heures de travail par les *(L. n° 2004-810 du 13 août 2004, art. 69-I)* « membres d'un conseil ou administrateurs salariés » pour l'exercice de leurs fonctions est assimilé à une durée de travail effectif pour la détermination de la durée des congés payés, du droit aux prestations d'assurances sociales et aux prestations familiales ainsi qu'au regard de tous les droits que le salarié tient du fait de son ancienneté dans l'entreprise.

Les absences de l'entreprise des *(L. n° 2004-810 du 13 août 2004, art. 69-I)* « membres d'un conseil ou administrateurs salariés », justifiées par l'exercice de leurs fonctions, n'entraînent aucune diminution de leurs rémunérations et des avantages y afférents.

Les *(L. nº 2004-810 du 13 août 2004, art. 69-I)* « membres d'un conseil ou administrateurs salariés », travaillant en service continu ou discontinu posté, ont droit à un aménagement d'horaires de leur travail de façon à leur garantir un temps de repos minimum.

Un décret détermine les modalités d'indemnisation des salariés qui exercent leur activité professionnelle en dehors de tout établissement ou dépendent de plusieurs employeurs.

1. L'autorisation d'absence prévue par l'art. L. 47 (devenu l'art. L. 231-9) bénéficie à tous les membres des organismes de sécurité sociale, que ces membres soient des salariés de droit privé ou des agents publics. • CE 16 déc. 1994, nº 99459 B : *RJS 1995, nº 297.* ♦ Toutefois, elle ne vaut que pour les séances des conseils d'administration, ou des commissions qui en dépendent directement. • Même arrêt.

2. L'exercice des fonctions d'administrateur ne peut conduire à priver le salarié des avantages résultant des dispositions législatives et conventionnelles sur la durée du travail ; le salarié, qui ne peut, en raison d'une séance du conseil d'administration, bénéficier d'une demi-journée de congé au titre de la réduction du temps de travail, a droit à la rémunération correspondante. • Soc. 31 janv. 2006 : *RJS 2006, nº 490.*

Art. L. 231-10 Les employeurs sont tenus d'accorder aux salariés de leur entreprise, membres *(L. nº 2004-810 du 13 août 2004, art. 69-I)* « d'un conseil ou d'un conseil d'administration » d'un organisme de sécurité sociale, sur leur demande, des autorisations d'absence pour leur permettre d'assister aux sessions de formation organisées pour l'exercice de leurs fonctions.

Les organismes de sécurité sociale peuvent assurer, dans des conditions prévues par décret, le financement de la formation des membres *(L. nº 2004-810 du 13 août 2004, art. 69-I)* « des conseils ou conseils d'administration » des organismes de sécurité sociale pour les préparer à l'exercice de leurs fonctions.

Art. L. 231-11 L'exercice du mandat *(L. nº 2004-810 du 13 août 2004, art. 69-I)* « de membre du conseil ou d'administrateur » ne peut être une cause de rupture par l'employeur du contrat de travail, à peine de dommages et intérêts au profit du salarié.

Le licenciement par l'employeur d'un salarié exerçant le mandat *(L. nº 2004-810 du 13 août 2004, art. 69-I)* « de membre du conseil ou d'administrateur » ou ayant cessé son mandat depuis moins de six mois est soumis à la procédure prévue par l'article L. 412-18 *[L. 2411-3, L. 2412-2, L. 2421-1, L. 2421-2 et L. 2421-8 s. nouv.]* du code du travail. Il en est de même du licenciement des candidats aux mandats *(L. nº 2004-810 du 13 août 2004, art. 69-I)* « de membre du conseil ou d'administrateur » dès la publication des candidatures et pendant une durée de trois mois.

Lorsque *(L. nº 2004-810 du 13 août 2004, art. 69-I)* « le membre du conseil ou l'administrateur salarié » est titulaire d'un contrat à durée déterminée ou d'un contrat de travail temporaire, il bénéficie des mêmes garanties et protections que celles qui sont accordées par ce même article L. 412-18 aux délégués syndicaux titulaires de tels contrats.

Dans les branches d'activité à caractère saisonnier, les délais de protection définis au deuxième alinéa du présent article sont prolongés d'une durée égale à la période habituelle.

1. La nomination d'un salarié comme administrateur de l'Urssaf ayant été publiée aux recueils des actes administratifs de la préfecture de région et du département, il en résulte qu'en raison de cette publicité, cette nomination est opposable à tous et, notamment, à l'employeur procédant à son licenciement. • Soc. 22 mai 2002, nº 00-42.213 P : *RJS 2002, nº 1017.*

2. Si l'employeur peut demander à être informé des absences des salariés liés à l'exercice de son mandat d'administrateur d'un organisme de sécurité sociale, il ne peut prétendre exercer un contrôle *a priori* sur l'usage qu'en fait le salarié. • Soc. 13 mai 2003, nº 01-42.728 P : *RJS 2003. 721, nº 1059.*

Art. L. 231-12 Les organismes de sécurité sociale ne peuvent, en aucun cas, allouer un traitement à leurs *(L. nº 2004-810 du 13 août 2004, art. 69-I)* « membres du conseil ou administrateurs ». Toutefois, ils leur remboursent leurs frais de déplacement.

Ils remboursent également aux employeurs des *(L. nº 2004-810 du 13 août 2004, art. 69-I)* « membres du conseil ou administrateurs » salariés les salaires maintenus

pour leur permettre d'exercer leurs fonctions pendant le temps de travail ainsi que les avantages et les charges sociales y afférents.

Les *(L. n° 2004-810 du 13 août 2004, art. 69-I)* **« membres du conseil ou administrateurs » des organismes de sécurité sociale ayant la qualité de travailleur indépendant peuvent percevoir des indemnités pour perte de leurs gains, fixées par arrêté ministériel** *[art. D. 231-25]***.**

L'arrêté du 13 avr. 1988 prévoyant l'attribution d'une indemnisation supplémentaire pour toute réunion exigeant un déplacement supérieur à 50 km, l'autorité publique ne pouvait subordonner à d'autres conditions l'attribution de l'indemnisation litigieuse et annuler pour ce motif une délibération du conseil d'administration de l'URSSAF. • CE 8 sept. 1995 : *RJS 1995, n° 1166.*

SECTION III DISPOSITION D'APPLICATION

Art. L. 231-13 **Des décrets fixent, en tant que de besoin, les modalités d'application des articles** *(L. n° 2006-1640 du 21 déc. 2006, art. 140-VI)* **« L. 231-2 » à L. 231-4 et L. 231-6 à L. 231-8.**

CHAPITRE II TRANSMISSION D'INFORMATIONS ENTRE CAISSES EN MATIÈRE D'ASSURANCE VIEILLESSE

Néant. – V. art. R. 232-1.

CHAPITRE III DISPOSITIONS PROPRES AU SERVICE DES PRESTATIONS ET AU RECOUVREMENT DES COTISATIONS DES TRAVAILLEURS INDÉPENDANTS

(L. n° 2017-1836 du 30 déc. 2017, art. 15-I, en vigueur le 1er janv. 2018)

Sur les dispositions transitoires de l'art. 15 de la L. n° 2017-1836 du 30 déc. 2017, V. ss. le livre VI « Dispositions applicables aux travailleurs indépendants ».

Art. L. 233-1 **Les missions que les organismes mentionnés aux articles L. 211-1, L. 213-1, L. 215-1, L. 221-1, L. 222-1, L. 225-1 et L. 752-4 exercent auprès des travailleurs indépendants le sont dans le cadre d'un schéma stratégique d'organisation établi conjointement par le directeur général de la caisse mentionnée à l'article L. 221-1 et par les directeurs des organismes mentionnés aux articles L. 222-1 et L. 225-1 et approuvé par les ministres chargés de la sécurité sociale et du budget. Ce schéma fixe les orientations et les modalités d'organisation permettant :**

1° D'assurer, lorsqu'elles le nécessitent, une bonne articulation des activités réalisées auprès des travailleurs indépendants par les organismes mentionnés aux articles L. 211-1, L. 213-1, L. 215-1 et L. 752-4, notamment la mise en place d'un accueil et d'un accompagnement dédiés des assurés, la réception de leurs demandes, l'instruction de leurs demandes d'action sociale, l'enregistrement et la fiabilisation des droits futurs que le paiement de leurs cotisations permet d'ouvrir ;

2° De sécuriser l'atteinte des objectifs de qualité de service fixés par les conventions mentionnées à l'article L. 227-1 en ce qui concerne les assurés mentionnés au premier alinéa du présent article.

CHAPITRE IV REMBOURSEMENT DU FORFAIT POSTAL

Art. L. 234-1 *Abrogé par L. n° 87-39 du 27 janv. 1987, art. 13-I.*

TITRE QUATRIÈME RESSOURCES

CHAPITRE PREMIER GÉNÉRALITÉS

SECTION PREMIÈRE MALADIE, MATERNITÉ, INVALIDITÉ, DÉCÈS *(L. n° 2015-1702 du 21 déc. 2015, art. 32-II-B-1°, en vigueur le 1er janv. 2016).*

Art. L. 241-1 (Abrogé par L. n° 2015-1702 du 21 déc. 2015, art. 32-II-B-3°, à compter du 1er janv. 2016) ***Les ressources des gestions mentionnées à l'article L. 221-1 du présent***

code sont constituées, indépendamment des contributions de l'État prévues par les dispositions législatives et réglementaires en vigueur, par des cotisations proportionnelles aux rémunérations ou gains perçus par les assurés, (L. n° 2001-1246 du 21 déc. 2001, art. 13-II) ***« et par une fraction du produit des contributions sociales mentionnées aux articles L. 136-1, L. 136-6, L. 136-7 et L. 136-7-1 ».***

Selon les art. D. 322-2 et D. 322-4 C. trav., l'entreprise qui conclut une convention de conversion avec un salarié qu'elle licencie verse, auprès de l'ASSEDIC, l'indemnité de préavis qu'aurait perçue celui-ci s'il n'avait pas adhéré à la convention, et les cotisations sociales aux organismes chargés de leur recouvrement ; toutefois, dans le cadre d'un licenciement de moins de dix salariés dans une même période de trente jours, ce versement est diminué d'un montant correspondant à quatorze jours de salaire, l'État assurant la compensation de la perte de recette résultant de cette diminution à hauteur de quatorze jours de salaire et de charges patronales et salariales, à l'exclusion des cotisations de sécurité sociale ; en conséquence, la seule diminution prévue est celle de la somme due à l'ASSEDIC, prise en charge par l'État, à l'exclusion des cotisations de sécurité sociale correspondantes dont l'employeur ne peut se prétendre libéré. • Soc. 27 nov. 1997, n° 96-13.636 P : *JCP E 1998. I. 107, obs. Taquet.*

Art. L. 241-2 *(L. n° 2015-1702 du 21 déc. 2015, art. 32-II-B-4°)* **« I. — La couverture des dépenses afférentes à la prise en charge des frais de santé mentionnés à l'article L. 160-1, des prestations mentionnées aux titres II à IV et VI du livre III, des frais de gestion et des autres charges de la branche maladie est assurée par les cotisations, contributions et autres ressources mentionnées aux II à IV du présent article centralisées par la Caisse nationale de l'assurance maladie** *(Abrogé par L. n° 2017-1836 du 30 déc. 2017, art. 15-V, à compter du 1er janv. 2018)* **« des travailleurs salariés », qui assure l'enregistrement de l'ensemble de ces opérations.** — *Sur les dispositions transitoires de l'art. 15 de la L. n° 2017-1836 du 30 déc. 2017, V. ss. le livre VI « Dispositions applicables aux travailleurs indépendants ».*

« II. — Les ressources mentionnées au I sont constituées de cotisations acquittées, dans chacun des régimes :

« 1° Par les *(L. n° 2017-1836 du 30 déc. 2017, art. 8-I)* **« employeurs des professions agricoles et non agricoles ; »** — *Sur l'entrée en vigueur de l'art. 8-I de la L. n° 2017-1836 du 30 déc. 2017, V. dispositions transitoires ss. art. L. 136-8.*

« 2° Par les travailleurs indépendants des professions non agricoles et des personnes non salariées des professions agricoles ;

« 3° Par les personnes mentionnées aux articles L. 380-2 et L. 380-3-1. »

(Ord. n° 2018-474 du 12 juin 2018, art. 4, en vigueur le 1er sept. 2018) **« III. — Les ressources mentionnées au I du présent article sont également constituées de cotisations assises sur les revenus mentionnés à l'article L. 131-2. »**

(L. n° 2016-1827 du 23 déc. 2016, art. 95-I) **« IV. — »** *(L. n° 99-641 du 27 juill. 1999, art. 11 ; L. n° 2000-1257 du 23 déc. 2000, art. 16-III)* **« Les ressources des assurances maladie, maternité, invalidité et décès sont en outre constituées »** *(L. n° 2016-1827 du 23 déc. 2016, art. 95-I)* **« des impositions et remboursements suivants attribués à la branche maladie, maternité, invalidité et décès du régime général : »**

(L. n° 2011-1906 du 21 déc. 2011, art. 16-IV-1°) **« 1° Le produit des impôts et taxes mentionnés à l'article L. 131-8, dans les conditions fixées par ce même article ; »**

(L. n° 2001-1246 du 21 déc. 2001, art. 56-II) **« 2° Le remboursement par la Caisse nationale des allocations familiales des indemnités versées en application** *(Ord. n° 2018-470 du 12 juin 2018, art. 6)* **« de l'article L. 331-8 et du II de l'article L. 623-1 » ; »**

(L. n° 2018-1317 du 28 déc. 2018, art. 96-I, en vigueur le 1er févr. 2019) **« 3° Une fraction de la taxe sur la valeur ajoutée, dans les conditions fixées à l'article L. 131-8 ; »**

4° *Abrogé par L. n° 2016-1827 du 23 déc. 2016, art. 34-I ;*

(L. n° 2010-1594 du 20 déc. 2010, art. 19-I-3°) **« 5° Une fraction des prélèvements sur les jeux et paris prévus aux articles L. 137-20, L. 137-21 et L. 137-22 » ;**

(L. n° 2013-1203 du 23 déc. 2013, art. 11-I-3° ; L. n° 2014-1554 du 22 déc. 2014, art. 15-III-4°) **« 6° Les contributions prévues aux articles L. 245-1, L. 245-5-1, L. 245-5-5-1 et L. 245-6 ; »**

(L. n° 2011-1906 du 21 déc. 2011, art. 16-IV-II et art. 26-II-3° ; L. n° 2013-1203 du 23 déc. 2013, art. 11-I-3° ; L. n° 2014-1554 du 22 déc. 2014, art. 15-III-4° ; L. n° 2016-

1917 du 29 déc. 2016, art. 83-III) **« 7° Les droits perçus au titre des articles 1635 *bis* AE, 1635 *bis* AF, 1635 *bis* AG et 1635 *bis* AH du code général des impôts et de l'article L. 5321-3 du code de la santé publique ; »**

(L. n° 2017-1836 du 30 déc. 2017, art. 28-I) **« 8° Le produit de la taxe perçue au titre des contrats mentionnés au II de l'article L. 862-4 dans les conditions fixées par l'arrêté mentionné au 8° de l'article L. 131-8 ; »**

(L. n° 2015-1702 du 21 déc. 2015, art. 32 ; L. n° 2018-1203 du 22 déc. 2018, art. 26-I) **« 9° La fraction du produit de la contribution sociale généralisée mentionnée au *b* du 3° de l'article L. 131-8 ; »** *– Sur l'entrée en vigueur des dispositions issues de la L. n° 2018-1203 du 22 déc. 2018, V. L. préc., art. 26-XIV ss. art. L. 131-8.*

(L. n° 2018-1203 du 22 déc. 2018, art. 17-I, en vigueur le 1er janv. 2019) **« 10° Le produit de la contribution mentionnée à l'article L. 862-4-1. »**

Les dispositions issues de l'art. 15 de la L. n° 2014-1554 du 22 déc. 2014 s'appliquent aux déclarations et versements effectués à compter du 1er janv. 2015 (L. préc., art. 15-V-A).

Les dispositions de l'Ord. n° 2018-474 du 12 juin 2018 s'appliquent aux cotisations et contributions dues pour les périodes courant à compter du 1er sept. 2018 (Ord. préc., art. 16).

Ancien art. L. 241-2 (L. n° 2015-1702 du 21 déc. 2015, art. 32-II-B-4°) ***« I. — La couverture des dépenses afférentes à la prise en charge des frais de santé mentionnés à l'article L. 160-1, des prestations mentionnées aux titres II à IV et VI du livre III, des frais de gestion et des autres charges de la branche maladie est assurée par les cotisations, contributions et autres ressources mentionnées aux II à IV du présent article centralisées par la Caisse nationale de l'assurance maladie*** (Abrogé par L. n° 2017-1836 du 30 déc. 2017, art. 15-V, à compter du 1er janv. 2018) ***« des travailleurs salariés », qui assure l'enregistrement de l'ensemble de ces opérations.*** — Sur les dispositions transitoires de l'art. 15 de la L. n° 2017-1836 du 30 déc. 2017, V. ss. le livre VI « Dispositions applicables aux travailleurs indépendants ».

« II. — Les ressources mentionnées au I sont constituées de cotisations acquittées, dans chacun des régimes :

« 1° Par les (L. n° 2017-1836 du 30 déc. 2017, art. 8-I) ***« employeurs des professions agricoles et non agricoles ; »*** — Sur l'entrée en vigueur de l'art. 8-I de la L. n° 2017-1836 du 30 déc. 2017, V. dispositions transitoires ss. art. L. 136-8.

« 2° Par les travailleurs indépendants des professions non agricoles et des personnes non salariées des professions agricoles ;

« 3° Par les personnes mentionnées aux articles L. 380-2 et L. 380-3-1.

« III. — Les ressources mentionnées au I du présent article sont constituées, en outre, de cotisations assises sur : »

1° Les avantages de retraite, soit qu'ils aient été financés en tout ou partie par une contribution de l'employeur, soit qu'ils aient donné lieu à rachat de cotisations ainsi que les avantages de retraite versés au titre des articles L. 381-1 et L. 742-1 du présent code, à l'exclusion des bonifications ou majorations pour enfants autres que les annuités supplémentaires ;

2° Les allocations et revenus de remplacement mentionnés à l'article L. 131-2 ;

3° Abrogé par L. n° 2010-1594 du 20 déc. 2010, art. 19-I-3°.

(Abrogé par L. n° 2016-1827 du 23 déc. 2016, art. 95-I) (L. n° 2015-1702 du 21 déc. 2015, art. 32-II-B-4°) ***« IV. — » Les cotisations dues au titre des assurances maladie, maternité, invalidité et décès sont à la charge des employeurs et des travailleurs salariés et personnes assimilées ainsi que des titulaires des avantages de retraite et des allocations et revenus de remplacement mentionnés aux 1° et 2° du présent*** (L. n° 2016-1827 du 23 déc. 2016, art. 95-I) ***« III.***

« IV. — » (L. n° 99-641 du 27 juill. 1999, art. 11 ; L. n° 2000-1257 du 23 déc. 2000, art. 16-III) ***« Les ressources des assurances maladie, maternité, invalidité et décès sont en outre constituées »*** (L. n° 2016-1827 du 23 déc. 2016, art. 95-I) ***« des impositions et remboursements suivants attribués à la branche maladie, maternité, invalidité et décès du régime général : »***

(L. n° 2011-1906 du 21 déc. 2011, art. 16-IV-1°) ***« 1° Le produit des impôts et taxes mentionnés à l'article L. 131-8, dans les conditions fixées par ce même article ; »***

(L. n° 2001-1246 du 21 déc. 2001, art. 56-II) ***« 2° Le remboursement par la Caisse nationale des allocations familiales des indemnités versées en application*** (Ord. n° 2018-470 du 12 juin 2018, art. 6) ***« de l'article L. 331-8 et du II de l'article L. 623-1 » ; »***

(L. n° 2012-354 du 14 mars 2012, art. 2-VII-B) ***« 3° Une fraction égale à*** (L. n° 2017-1837 du 30 déc. 2017, art. 55-II, en vigueur le 1er janv. 2018) ***« 0,34 % » du produit de la taxe sur la valeur ajoutée*** (L. n° 2013-1278 du 29 déc. 2013, art. 56-I-A) ***« brute budgétaire », déduction faite des remboursements et restitutions effectués pour*** (L. n° 2013-1278 du 29 déc. 2013, art. 56-I-A) ***« l'année en cours » par les comptables assignataires ; »***

4° Abrogé par L. n° 2016-1827 du 23 déc. 2016, art. 34-I ;

(L. n° 2010-1594 du 20 déc. 2010, art. 19-I-3°) *« 5° Une fraction des prélèvements sur les jeux et paris prévus aux articles L. 137-20, L. 137-21 et L. 137-22 » ;*

(L. n° 2013-1203 du 23 déc. 2013, art. 11-I-3°) *« 6° Les contributions prévues aux articles L. 245-1, L. 245-5-1* (L. n° 2014-1554 du 22 déc. 2014, art. 15-III-4°) *« , L. 245-5-5-1 » et L. 245-6 ; »*

(L. n° 2011-1906 du 21 déc. 2011, art. 16-IV-II et art. 26-II-3° ; L. n° 2013-1203 du 23 déc. 2013, art. 11-I-3° ; L. n° 2014-1554 du 22 déc. 2014, art. 15-III-4° ; L. n° 2016-1917 du 29 déc. 2016, art. 83-III) *« 7° Les droits perçus au titre des articles 1635 bis AE, 1635 bis AF, 1635 bis AG et 1635 bis AH du code général des impôts et de l'article L. 5321-3 du code de la santé publique ; »*

(L. n° 2017-1836 du 30 déc. 2017, art. 28-I) *« 8° Le produit de la taxe perçue au titre des contrats mentionnés au II de l'article L. 862-4 dans les conditions fixées par l'arrêté mentionné au 8° de l'article L. 131-8 ; »*

(L. n° 2015-1702 du 21 déc. 2015, art. 32) *« 9° La fraction du produit de la contribution sociale généralisée mentionnée au 4° du IV de l'article L. 136-8. »*

Les dispositions issues de l'art. 15 de la L. n° 2014-1554 du 22 déc. 2014 s'appliquent aux déclarations et versements effectués à compter du 1er janv. 2015 (L. préc., art. 15-V-A).

1. Employeur débiteur des cotisations. La résolution judiciaire d'une vente de fonds industriel ne faisant pas perdre à l'acquéreur sa qualité d'employeur pendant la période, antérieure au jugement la prononçant, où il a exploité le fonds, cet acquéreur reste débiteur des cotisations de sécurité sociale dues pour le personnel employé pendant cette période. • Soc. 24 juin 1987 : *D. 1988. Somm. 364, obs. Prétot.* ♦ Cependant, il cesse d'avoir cette qualité pour la période postérieure au jugement, lequel n'étant soumis à aucune forme particulière de publicité ne peut être déclaré inopposable à l'URSSAF. • Soc. 24 juin 1987 : *préc.*

2. En vertu des art. L. 241-2 et L. 241-3, tout employeur a l'obligation de cotiser sur les rémunérations et avantages servis aux personnes travaillant sous son autorité, quel que soit leur âge. • Soc. 7 mai 1991, n° 89-10.128 P (mineurs de 14 à 16 ans).

3. Cotisations sur les avantages de retraite. La contribution versée par une entreprise à une mutuelle pour le compte d'anciens salariés en retraite constitue un complément de retraite assujetti. • Soc. 27 avr. 2000 : *JS UIMM 2000, p. 206 ; JCP E 2000, p. 1614, obs. Vachet.* ♦ Ne sont pas recrutés à titre temporaire au sens de l'Arr. du 11 oct. 1976, prévoyant un calcul forfaitaire du montant des cotisations dues pour l'emploi de personnes recrutées afin d'assurer l'encadrement d'enfants dans des centres de vacances ou loisirs, les salariés engagés pour occuper de façon permanente un emploi lié à l'activité de ces centres. • Soc. 11 mars 1999 : *RJS 1999, n° 572.* ♦ *Adde :* • Soc. 18 nov. 1999 : *RJS 2000, n° 319.*

Art. L. 241-2-1 *(L. n° 2017-1836 du 30 déc. 2017, art. 9-I)* **Le taux des cotisations** *(L. n° 2018-1203 du 22 déc. 2018, art. 8-I, en vigueur le 1er janv. 2019)* **« d'assurance maladie » est réduit de 6 points pour les salariés dont l'employeur entre dans le champ d'application du II de l'article L. 241-13 et dont les** *(Ord. n° 2018-474 du 12 juin 2018, art. 4)* **« revenus d'activité tels qu'ils sont pris en compte pour la détermination de l'assiette des cotisations définie à l'article L. 242-1 » n'excèdent pas 2,5 fois le salaire minimum de croissance calculé selon les modalités prévues au deuxième alinéa du III du même article L. 241-13.**

(L. n° 2018-1203 du 22 déc. 2018, art. 8-I, en vigueur le 1er janv. 2019) **« La réduction est également applicable aux rémunérations des salariés mentionnés aux 3° ou 6° de l'article L. 5424-1 du code du travail affiliés à un régime mentionné à la section I du chapitre Ier du titre Ier du livre VII du présent code. »**

Les dispositions de l'Ord. n° 2018-474 du 12 juin 2018 s'appliquent aux cotisations et contributions dues pour les périodes courant à compter du 1er sept. 2018 (Ord. préc., art. 16).

Les dispositions de l'art. 9-I de la L. n° 2017-1836 du 30 déc. 2017 s'appliquent aux cotisations et contributions dues pour les périodes courant à compter du 1er janv. 2019 (L. préc., art. 9-V).

SECTION PREMIÈRE *BIS* VIEILLESSE. — VEUVAGE *(L. n° 2015-1702 du 21 déc. 2015, art. 32-II-6°, en vigueur le 1er janv. 2016).*

Art. L. 241-3 **La couverture des charges de l'assurance vieillesse** *(L. n° 2010-1330 du 9 nov. 2010, art. 93-I)* **« et de l'assurance veuvage » est, indépendamment des contributions de l'État prévues par les dispositions législatives et réglementaires en vigueur,**

assurée par *(L. n° 93-936 du 22 juill. 1993, art. 9-II)* « une contribution du fonds institué par l'article *(L. n° 2014-1554 du 22 déc. 2014, art. 7-I-G)* « L. 135-1 » dans les conditions fixées par l'article L. 135-2, » *(L. n° 2007-1786 du 19 déc. 2007, art. 16-X ; L. n° 2008-1330 du 17 déc. 2008, art. 87-III ; L. n° 2010-1330 du 9 nov. 2010, art. 81-I)* « par une contribution de la branche accidents du travail et maladies professionnelles couvrant les dépenses supplémentaires engendrées par les départs en retraite à l'âge fixé en application de l'article L. 351-1-4 *(Ord. n° 2017-1389 du 22 sept. 2017, art. 3-2°)* « et les dépenses supplémentaires engendrées par les départs en retraite mentionnées au 3° du I de l'article L. 4163-7 du code du travail » *(Abrogé par Ord. n° 2018-470 du 12 juin 2018, art. 3)* *« , par les contributions prévues aux articles L. 137-10, L. 137-12 et L. 137-15, par le produit* *(L. n° 2017-1836 du 30 déc. 2017, art. 10-II)* *« de la contribution mentionnée à l'article »* L. 651-1 » et par des cotisations assises sur les *(Ord.n° 2018-474 du 12 juin 2018, art. 4)* « revenus d'activité tels qu'ils sont pris en compte pour la détermination de l'assiette des cotisations définie à l'article L. 242-1 » perçus par les travailleurs salariés ou assimilés, *(Ord. n° 2005-804 du 18 juill. 2005, art. 7)* « dans la limite d'un plafond fixé à intervalles qui ne peuvent être inférieurs au semestre ni supérieurs à l'année et en fonction de l'évolution générale des salaires dans des conditions prévues par décret. Le montant du plafond, calculé selon les règles fixées par ce décret, est arrêté par le ministre chargé de la sécurité sociale ».

Ces cotisations, dont le taux est fixé par décret *[art. D. 242-4]*, sont pour partie à la charge de l'employeur et pour partie à la charge du salarié.

(L. n° 91-73 du 18 janv. 1991, art. 19) « La couverture des charges de l'assurance vieillesse *(L. n° 2010-1330 du 9 nov. 2010, art. 93-I)* « et de l'assurance veuvage » est également assurée par des cotisations à la charge des employeurs *(L. n° 2003-775 du 21 août 2003, art. 31-IV et V)* « et des salariés » et assises sur la totalité des *(Ord.n° 2018-474 du 12 juin 2018, art. 4)* « revenus d'activité tels qu'ils sont pris en compte pour la détermination de l'assiette des cotisations définie à l'article L. 242-1 perçus par les travailleurs salariés ou assimilés. Le taux de ces cotisations est fixé par décret. »

(L. n° 2016-1827 du 23 déc. 2016, art. 34-I) « La couverture des charges de l'assurance vieillesse et de l'assurance veuvage est également assurée par :

« 1° Le produit des contributions mentionnées aux articles *(Ord. n° 2018-470 du 12 juin 2018, art. 3)* « L. 137-10 à L. 137-12, L. 137-15 et L. 137-30 » du présent code ;

« 2° Les sommes issues de l'application du livre III de la troisième partie du code du travail et reçues en consignation par la Caisse des dépôts et consignations ou résultant de la liquidation des parts de fonds communs de placement par les organismes gestionnaires, des titres émis par des sociétés d'investissement à capital variable, des actions émises par les sociétés créées par les salariés en vue de la reprise de leur entreprise ou des actions ou coupures d'action de l'entreprise et n'ayant fait l'objet de la part des ayants droit d'aucune opération ou réclamation depuis trente ans ;

« 3° Les sommes versées par les employeurs au titre de l'article L. 2242-5-1 du même code ;

« 4° Les sommes acquises à l'État en application du 5° de l'article L. 1126-1 du code général de la propriété des personnes publiques ;

« 5° Le produit des parts fixes des redevances dues au titre de l'utilisation des fréquences 1 900-1 980 mégahertz et 2 110-2 170 mégahertz attribuées pour l'exploitation d'un réseau mobile en métropole en application du code des postes et des communications électroniques ;

« 6° Une fraction égale à 35 % du produit de l'ensemble des parts variables des redevances payées chaque année au titre de l'utilisation des fréquences 880-915 mégahertz, 925-960 mégahertz, 1 710-1 785 mégahertz, 1 805-1 880 mégahertz, 1 900-1 980 mégahertz et 2 110-2 170 mégahertz attribuées pour l'exploitation d'un réseau mobile en métropole en application du code des postes et des communications électroniques. »

Le recouvrement des cotisations mentionnées au présent article est assuré pour le compte de la Caisse nationale d'assurance vieillesse par les unions de recouvrement. Le contrôle et le contentieux du recouvrement sont également exercés par ces unions.

Les dispositions issues de la L. n° 2007-1786 du 19 déc. 2007 sont applicables à compter du 11 oct. 2007 (L. préc., art. 16-XI).

Les dispositions issues de l'art. 33-IV de la L. n° 2012-958 du 16 août 2012 s'appliquent aux rémunérations ou gains versés à compter du 1er août 2012 (L. préc., art. 33-V).

Les dispositions de l'art. 7-I de la L. n° 2014-1554 du 22 déc. 2014 s'appliquent aux revenus de remplacement dont le fait générateur intervient à compter du 1er janv. 2015 (L. préc., art. 7-VI).

Le montant de la contribution mentionnée à l'art. L. 241-3 couvrant les dépenses supplémentaires engendrées par les départs en retraite à l'âge fixé en application de l'art. L. 351-1-4 CSS est fixé à 67,4 millions d'euros pour l'année 2017 (L. n° 2016-1827 du 23 déc. 2016, art. 57-IV, mod. par L. n° 2017-1836 du 30 déc. 2017, art. 3-I).

Les dispositions de l'Ord. n° 2018-474 du 12 juin 2018 s'appliquent aux cotisations et contributions dues pour les périodes courant à compter du 1er sept. 2018 (Ord. préc., art. 16).

Art. L. 241-3-1 *(L. n° 98-461 du 13 juin 1998, art. 12)* **Par dérogation aux dispositions de l'article L. 241-3,** *(L. n° 2003-775 du 21 août 2003, art. 35-I et III, en vigueur le 1er janv. 2004)* **« en cas d'emploi exercé à temps partiel au sens de l'article** *(L. n° 2016-1088 du 8 août 2016, art. 8-IX)* **« L. 3123-1 » du code du travail ou, dans des conditions fixées par décret, en cas d'emploi dont la rémunération ne peut être déterminée selon un nombre d'heures travaillées », l'assiette des cotisations destinées à financer l'assurance vieillesse peut être maintenue à la hauteur du salaire correspondant à son activité exercée à temps plein.** *(Ord.n° 2018-474 du 12 juin 2018, art. 4, en vigueur le 1er sept. 2018)* **« Lorsqu'elle est prise en charge par l'employeur, la part salariale est exclue de l'assiette de la contribution prévue à l'article L. 136-1. » Un décret en Conseil d'État détermine les conditions d'exercice de cette disposition par les employeurs.** *(Abrogé par L. n° 2003-775 du 21 août 2003, art. 35-I et III, à compter du 1er janv. 2004)* ***« L'option retenue lors de la transformation de l'emploi vaut seulement dans le cas d'une activité à temps partiel exercée à titre exclusif et tant que l'activité reste exercée dans ces conditions. »***

Un décret en Conseil d'État fixe le taux de ces cotisations.

Les dispositions de l'Ord. n° 2018-474 du 12 juin 2018 s'appliquent aux cotisations et contributions dues pour les périodes courant à compter du 1er sept. 2018 (Ord. préc., art. 16).

Art. L. 241-3-2 *(L. n° 2010-1330 du 9 nov. 2010, art. 100-II)* **Par dérogation aux dispositions de l'article L. 241-3, en cas de suspension du contrat de travail pour le bénéfice d'un congé parental d'éducation visé à l'article L. 1225-47 du code du travail, d'un congé de solidarité familiale** *(L. n° 2016-1088 du 8 août 2016, art. 9-IV)* **« mentionné à l'article L. 3142-6 » du même code, d'un congé de** *(L. n° 2015-1776 du 28 déc. 2015, art. 53-II-1°)* **« proche aidant mentionné » à l'article** *(L. n° 2016-1088 du 8 août 2016, art. 9-IV)* **« L. 3142-16 » du même code et d'un congé de présence parentale visé à l'article L. 1225-62 du même code, des cotisations ou contributions destinées à financer les régimes de retraite complémentaire mentionnés** *(Ord.n° 2018-474 du 12 juin 2018, art. 4)* **« au *b* du 2° du III de l'article L. 136-1-1 » du présent code peuvent être versées par l'employeur et le salarié dans des conditions déterminées par accord collectif.** *(Ord. n° 2018-474 du 12 juin 2018, art. 4)* **« Lorsqu'elle est prise en charge par l'employeur, la part salariale est exclue de l'assiette de la contribution prévue à l'article L. 136-1 » pour les six premiers mois de prise en charge à compter du début du congé.** *– V. note ss. art. L. 241-3-1.*

Art. L. 241-4 *Abrogé par L. n° 2003-775 du 21 août 2003, art. 31-IV et V, à compter du 1er juill. 2004.*

SECTION II **ACCIDENTS DU TRAVAIL ET MALADIES PROFESSIONNELLES**

Art. L. 241-5 Les cotisations dues au titre des accidents du travail et des maladies professionnelles sont à la charge exclusive des employeurs. *(L. n° 90-86 du 23 janv. 1990, art. 1er-I)* **« Elles sont assises sur** *(Ord. n° 2018-474 du 12 juin 2018, art. 4)* **« les revenus d'activité des salariés tels qu'ils sont pris en compte pour la détermination de l'assiette des cotisations définie à l'article L. 242-1.**

(Abrogé par L. nº 2014-1554 du 22 déc. 2014, art. 13-I-2º) (L. nº 88-1088 du 1er déc. 1988, art. 47-I) ***« Des cotisations forfaitaires peuvent être fixées par arrêté ministériel pour certaines catégories de salariés ou assimilés. »***

(L. nº 2007-1786 du 19 déc. 2007, art. 22-I) **« Les cotisations dues au titre des accidents du travail et des maladies professionnelles ne peuvent faire l'objet d'une exonération totale, y compris lorsque celle-ci ne porte que sur une partie de la rémunération. »** *(L. nº 2014-892 du 8 août 2014, art. 2-I-1º)* **« La réduction mentionnée** *(L. nº 2018-1203 du 22 déc. 2018, art. 8-I, en vigueur le 1er janv. 2019)* **« au III de l'article L. 241-10 et » à l'article L. 241-13 peut s'imputer sur ces cotisations, sans pouvoir excéder un taux fixé par arrêté ministériel dans la limite du taux applicable à une entreprise où aucun accident du travail ou maladie professionnelle n'est jamais survenu. »** — *Les dispositions issues de la L. nº 2014-892 du 8 août 2014 s'appliquent aux modalités de calcul des cotisations et contributions sociales dues au titre des rémunérations versées à compter du 1er janv. 2015 (L. préc., art. 2-VI-A).*

(L. nº 2010-1330 du 9 nov. 2010, art. 77-II, en vigueur le 1er janv. 2012) **« Les ressources de la branche accidents du travail et maladies professionnelles sont en outre constituées par le produit de la pénalité prévue à l'article** *(L. nº 2014-40 du 20 janv. 2014, art. 13-VII, en vigueur le 1er janv. 2015)* **« L. 4163-2 du code du travail ». »**

Les dispositions de l'Ord. nº 2018-474 du 12 juin 2018 s'appliquent aux cotisations et contributions dues pour les périodes courant à compter du 1er sept. 2018 (Ord. préc., art. 16).

Art. L. 241-5-1 *(L. nº 90-613 du 12 juill. 1990, art. 40)* **Pour tenir compte des risques particuliers encourus par les salariés mis à la disposition d'utilisateurs par les entreprises de travail temporaire, le coût de l'accident et de la maladie professionnelle définis aux articles L. 411-1 et L. 461-1 est mis, pour partie à la charge de l'entreprise utilisatrice si celle-ci, au moment de l'accident, est soumise au paiement des cotisations mentionnées à l'article L. 241-5. En cas de défaillance de cette dernière, ce coût est supporté intégralement par l'employeur. Ces dispositions ne font pas obstacle à ce que le juge procède à une répartition différente, en fonction des données de l'espèce.**

Les mêmes dispositions s'appliquent lorsque l'entreprise utilisatrice est une collectivité, un établissement ou une entreprise auxquels est accordée l'autorisation d'assumer la charge totale ou partielle de la réparation des accidents du travail en vertu des articles L. 413-13 ou L. 413-14.

Dans le cas où le salarié intérimaire engage une action en responsabilité fondée sur la faute inexcusable de l'employeur, sans qu'il y ait eu mise en cause de l'entreprise utilisatrice, l'entreprise de travail temporaire est tenue d'appeler en la cause l'entreprise utilisatrice pour qu'il soit statué dans la même instance sur la demande du salarié intérimaire et sur la garantie des conséquences financières d'une reconnaissance éventuelle de faute inexcusable.

Un décret en Conseil d'État détermine les cas et les modalités d'application du présent article et notamment la part du coût de l'accident du travail ou de la maladie professionnelle mise à la charge de l'entreprise utilisatrice ainsi que les documents que l'entreprise de travail temporaire et l'entreprise utilisatrice doivent s'adresser, sur leur demande. — *V. art. R. 242-6-1 à R. 242-6-3.*

1. Répartition des compétences. Seule l'entreprise de travail temporaire, employeur juridique du salarié mis à disposition, a qualité pour contester l'opposabilité de la prise en charge d'un accident du travail au titre de la législation professionnelle, à raison tant du caractère non contradictoire de la procédure d'instruction que de l'absence de caractère professionnel de l'accident. La demande de l'entreprise utilisatrice est irrecevable, faute de qualité à agir de celle-ci. • Civ. 2e, 15 mars 2018, ☎ nos 16-28.333 et 17-10.640 P : *RJS 5/2018, nº 315.* ♦ Si elle peut agir en responsabilité contractuelle contre l'entreprise de travail temporaire devant la juridiction de droit commun, ou contester devant la juridiction du contentieux général de la sécurité sociale l'imputation pour partie du coût de l'accident du travail ou de la maladie professionnelle prévue par l'art. L. 241-5-1 CSS, l'entreprise utilisatrice, qui n'est pas l'employeur juridique du salarié mis à sa disposition, n'a pas qualité pour contester devant les juridictions du contentieux de l'incapacité la décision portant fixation du taux d'incapacité permanente du salarié, victime d'un accident du travail ou d'une maladie professionnelle à l'occasion d'une mission. • Civ. 2e, 15 mars 2018, ☎ nº 16-19.043 P : *RJS 5/2018, nº 315 ; JCP S 2018. 1149, note Michalletz.*

2. Calcul du coût de l'accident. Le coût de l'accident du travail s'entend exclusivement du capital versé aux ayants droit en cas d'accident mortel et du capital représentatif de la rente servi à la victime, peu important la reconnaissance d'une faute inexcusable. • Civ. 2e, 15 févr. 2018, n° 16-22.441 P : *RJS 5/2018, n° 315 ; RCA mai 2018. 134, obs. Groutel ; JCP S 2018. 1111, obs. Asquinazi-Bailleux.*

Art. L. 241-5-2 *(L. n° 2007-294 du 5 mars 2007, art. 5)* **Le coût de l'accident du travail ou de la maladie professionnelle, tels que définis aux articles L. 411-1, L. 411-2 et L. 461-1 et imputables au service du salarié dans la réserve sanitaire définie au chapitre II du titre III du livre Ier de la troisième partie du code de la santé publique, est mis en totalité à la charge de l'État, selon des modalités définies par décret.**

SECTION III **PRESTATIONS FAMILIALES**

Art. L. 241-6 *(L. n° 2012-1404 du 17 déc. 2012, art. 37-II-5°, en vigueur le 1er janv. 2014)* « Les charges de prestations familiales *(L. n° 2015-1785 du 29 déc. 2015, art. 53-I-2°)* « , à l'exception de l'allocation de logement familiale prévue à l'article L. 542-1, » dont bénéficient les salariés et les non-salariés des professions agricoles et non agricoles ainsi que la population non active, ainsi que les charges afférentes à la gestion et au service de ces prestations, sont couvertes par des cotisations, contributions et autres ressources centralisées par la Caisse nationale des allocations familiales, qui suit l'exécution de toutes les dépenses. — *Les dispositions issues de l'art. 53-I-2° de la L. n° 2015-1785 du 29 déc. 2015 s'appliquent aux droits constatés à compter du 1er janv. 2016 (L. préc., art. 53-VI).*

« Les cotisations, contributions et autres ressources mentionnées au premier alinéa comprennent : »

(L. n° 2014-892 du 8 août 2014, art. 2-I-3°) « 1° Des cotisations assises sur les *(Ord. n° 2018-474 du 12 juin 2018, art. 4)* « revenus d'activité tels qu'ils sont pris en compte pour la détermination de l'assiette des cotisations définie à l'article L. 242-1 » perçus par les salariés des professions non agricoles et agricoles. Ces cotisations sont intégralement à la charge de l'employeur. *(Abrogé par L. n° 2014-1554 du 22 déc. 2014, art. 13-I-3°)* ***« Des cotisations forfaitaires peuvent être fixées par arrêté ministériel pour certaines catégories de travailleurs salariés ou assimilés ; »***

« 2° Des cotisations dues par les travailleurs indépendants des professions non agricoles ;

(L. n° 2012-1404 du 17 déc. 2012, art. 37-II-5°, en vigueur le 1er janv. 2014) « 3° Des cotisations dues par les personnes *(Abrogé par L. n° 2014-892 du 8 août 2014, art. 2-I-2°)* ***« salariées et »*** non salariées des professions agricoles ; »

(Abrogé par L. n° 2013-1203 du 23 déc. 2013, art. 17-XV) ***« 4°*** *(L. n° 96-1160 du 27 déc. 1996, art. 20 ; L. n° 2012-354 du 14 mars 2012, art. 2-II-A-3°)* ***« Une fraction du produit des contributions sociales mentionnées aux articles L. 136-1, L. 136-6, L. 136-7, L. 136-7-1, L. 245-14 et L. 245-15, dans les conditions fixées aux articles L. 136-8 et L. 245-16 ; »***

(Abrogé par L. n° 2017-1836 du 30 déc. 2017, art. 28-I) (L. n° 2014-1554 du 22 déc. 2014, art. 22-II-D) ***« 5° Le produit de la taxe mentionnée au IV de l'article L. 862-4 ; »***

(L. n° 2010-1594 du 20 déc. 2010, art. 9) « 6° La taxe exceptionnelle sur les sommes placées sur la réserve de capitalisation des entreprises d'assurance ;

« 7° Le prélèvement résultant de l'aménagement des règles d'imposition aux prélèvements sociaux de la part en euros des contrats d'assurance vie multisupports ; »

(L. n° 2011-1906 du 21 déc. 2011, art. 16-V) « 8° Le produit des impôts et taxes mentionnés à l'article L. 131-8 du présent code, dans les conditions fixées par ce même article ; »

(Abrogé par L. n° 2012-958 du 16 août 2012, art. 1er-II-C-3°) (L. n° 2012-354 du 14 mars 2012, art. 2-II-A-4°) ***« 9° Une fraction égale à 6,70 % du produit de la taxe sur la valeur ajoutée nette correspondant aux montants de cette taxe enregistrés au titre de l'année par les comptables publics, déduction faite des remboursements et restitutions effectués pour la même période par les comptables assignataires. »***

Les dispositions issues de la L. n° 2013-1203 du 23 déc. 2013 s'appliquent aux produits assis sur les opérations dont le fait générateur intervient à compter du 1er janv. 2014, à l'exception des dispositions relatives aux contributions sur les revenus du patrimoine qui s'appliquent aux revenus perçus en 2013 et assujettis en 2014 (L. préc., art. 17-XVII).

Les dispositions issues de la L. n° 2014-892 du 8 août 2014 s'appliquent aux modalités de calcul des cotisations et contributions sociales dues au titre des rémunérations versées à compter du 1er janv. 2015 (L. préc., art. 2-VI-A).

Les dispositions de l'Ord. n° 2018-474 du 12 juin 2018 s'appliquent aux cotisations et contributions dues pour les périodes courant à compter du 1er sept. 2018 (Ord. préc., art. 16).

Art. L. 241-6-1 *(L. n° 2014-892 du 8 août 2014, art. 2-I-3°)* **Le taux des cotisations** *(L. n° 2018-1203 du 22 déc. 2018, art. 8-I, en vigueur le 1er janv. 2019)* **« d'allocations familiales » est réduit de 1, 8 point pour les salariés dont l'employeur entre dans le champ d'application du II de l'article L. 241-13 et dont les** *(Ord. n° 2018-474 du 12 juin 2018, art. 4)* **« revenus d'activité tels qu'ils sont pris en compte pour la détermination des assiettes des cotisations définies à l'article L. 242-1 n'excèdent pas** *(L. n° 2015-1702 du 21 déc. 2015, art. 7-I)* **« 3, 5 » fois le salaire minimum de croissance calculé selon les modalités prévues au deuxième alinéa du III** *(Ord.n° 2018-474 du 12 juin 2018, art. 4)* **« de l'article L. 241-13 ».**

(L. n° 2018-1203 du 22 déc. 2018, art. 8-I, en vigueur le 1er janv. 2019) **« La réduction est également applicable aux rémunérations des salariés mentionnés au 3° de l'article L. 5424-1 du code du travail affiliés à un régime mentionné à la section I du chapitre Ier du titre Ier du livre VII du présent code. »**

Les dispositions issues de la L. n° 2014-892 du 8 août 2014 s'appliquent aux modalités de calcul des cotisations et contributions sociales dues au titre des rémunérations versées à compter du 1er janv. 2015 (L. préc., art. 2-VI-A).

Les dispositions issues du I de l'art. 7 de la L. n° 2015-1702 du 21 déc. 2015 s'appliquent aux cotisations dues au titre des rémunérations versées à compter du 1er avr. 2016. Pour chacune des périodes du 1er janv. au 31 mars 2016 et du 1er avr. au 31 déc. 2016, la réduction de taux mentionnée à l'art. L. 241-6-1 est calculée en fonction de la rémunération annuelle totale perçue en 2016 (L. préc., art. 7-II).

Les dispositions de l'Ord. n° 2018-474 du 12 juin 2018 s'appliquent aux cotisations et contributions dues pour les périodes courant à compter du 1er sept. 2018 (Ord. préc., art. 16).

Art. L. 241-6-2 (Abrogé par L. n° 2015-1702 du 21 déc. 2015, art. 16-I-4°) (L. n° 2014-1554 du 22 déc. 2014, art. 30-II-2°) ***Le recouvrement des cotisations d'allocations familiales dues au titre des personnes qui relèvent du régime spécial de sécurité sociale des marins, ainsi que le contrôle et le contentieux du recouvrement, sont assurés par l'organisme gestionnaire de ce régime.***

Un décret fixe les conditions dans lesquelles cette mission peut être en tout ou partie déléguée, par convention, à des organismes du régime général de la sécurité sociale.

Art. L. 241-6-3 *Abrogé par L. n° 97-1269 du 30 déc. 1997, art. 115-III, à compter du 1er janv. 1998.*

Art. L. 241-6-4 (Abrogé par L. n° 2018-1203 du 22 déc. 2018, art. 8-I, à compter du 1er janv. 2019) (L. n° 95-1346 du 30 déc. 1995, art. 113-II et VIII ; L. n° 97-1269 du 30 déc. 1997, art. 115-IV) ***A compter du 1er octobre 1996, les*** (Ord. n° 2018-474 du 12 juin 2018, art. 4) ***« revenus d'activité tels qu'ils sont pris en compte pour la détermination de l'assiette des cotisations définie à l'article L. 242-1 » versés au cours du mois civil sont exonérés de cotisation d'allocations familiales lorsqu'ils sont inférieurs ou égaux à 169 fois le salaire minimum de croissance majoré de 20 %.***

Le montant de la cotisation d'allocations familiales est réduit de moitié pour les (Ord. n° 2018-474 du 12 juin 2018, art. 4) ***« revenus d'activité tels qu'ils sont pris en compte pour la détermination de l'assiette des cotisations définie à l'article L. 242-1 » versés au cours d'un mois civil supérieurs à 169 fois le salaire minimum de croissance majoré de 20 % et inférieurs ou égaux à 169 fois le salaire minimum de croissance majoré de 30 %.***

Les dispositions du présent article sont applicables aux (Ord. n° 2018-474 du 12 juin 2018, art. 4) ***« revenus d'activité tels qu'ils sont pris en compte pour la détermination de l'assiette des cotisations définie à l'article L. 242-1 » versés à des salariés dont l'emploi emporte l'obligation édictée par l'article L. 351-4*** [L. 5422-13] ***du code du travail et à des salariés mentionnés au 3° de l'article L. 351-12*** [L. 5424-1 s. et R. 5424-1] ***du même code, par des employeurs relevant des dispositions du titre premier du livre VII du présent code, à l'exclusion de ceux visés à l'article L. 711-13 et au IV de l'article 1er de la loi n° 95-882 du 4 août 1995 relative à des mesures d'urgence pour l'emploi et la sécurité sociale.***

(L. n° 97-1269 du 30 déc. 1997, art. 115-IV) *« Elles ne sont pas applicables aux* (Ord. n° 2018-474 du 12 juin 2018, art. 4) *« revenus d'activité tels qu'ils sont pris en compte pour la détermination de l'assiette des cotisations définie à l'article L. 242-1 » versés par les organismes visés à l'article 1er de la loi n° 90-568 du 2 juillet 1990 relative à l'organisation du service public de la poste et des télécommunications.*

« Le bénéfice des dispositions du présent article ne peut être cumulé avec celui d'une autre exonération totale ou partielle de cotisations patronales de sécurité sociale, à l'exception (L. n° 2007-1223 du 21 août 2007, art. 1-VI) *« de la déduction forfaitaire prévue à l'article L. 241-18 et » de l'abattement prévu à l'article L. 322-12* [L. 5133-1 s. et R. 5133-7] *du code du travail, ni avec l'application de taux spécifiques, d'assiettes ou montants forfaitaires de cotisations. »*

SECTION IV DISPOSITIONS COMMUNES

Art. L. 241-7 **L'assuré est tenu de verser entre les mains de l'employeur sa contribution sur les sommes perçues par lui directement ou par l'entremise d'un tiers à titre de pourboires. Le non-versement de cette contribution est une cause de résiliation du contrat de travail.**

Art. L. 241-8 **La contribution de l'employeur reste exclusivement à sa charge, toute convention contraire étant nulle de plein droit.**

1. Il n'est pas illicite, au regard de l'art. L. 241-8 CSS, de convenir d'une rémunération proportionnelle au chiffre d'affaires déduction faite de différentes charges d'exploitation de l'employeur, y compris les charges sociales salariales et patronales. • Soc. 10 nov. 1993 : *RJS 1994, n° 76 ; D. 1993. IR 262.* ♦ *Contra :* Est nulle la clause d'un contrat de travail conclu entre un chauffeur de taxi et la société qui lui loue son véhicule imposant au chauffeur le paiement d'un loyer et de charges sociales dont le montant correspond aux parts salariale et patronale acquittées par l'employeur. • TGI Nanterre, 8 nov. 1995 : *D. 1996. 242, note Chauchard.* ♦ La clause contractuelle selon laquelle les commissions revenant au salarié sont diminuées du montant des cotisations sociales patronales est nulle. • Soc. 17 oct. 2000 : *RJS 2000, n° 1285.* ♦ De même, il y a lieu d'ordonner à l'employeur de réintégrer dans l'assiette de calcul de l'intéressement d'un salarié le montant des charges sociales patronales. • Soc. 14 sept. 2005 : *RJS 2005, n° 1139 ; JCP S 2005. 1424, obs. Martinon* (l'ensemble des charges d'une agence de travail temporaire était déduit de la marge annuelle brute servant de base de calcul à l'investissement). ♦ V. aussi • Soc. 23 avr. 2013 : *RJS 2013, n° 564 ; JCP S 2013, n° 1279, obs. Passerone* (est nulle de plein droit la clause contractuelle prévoyant la prise en charge par le fonctionnaire détaché de la contribution dont est redevable l'employeur envers le Trésor pour la constitution des droits à pension de l'intéressé). ♦ La convention par laquelle l'employeur dont l'entreprise ne comporte pas d'établissement en France désigne un salarié de son entreprise pour remplir ses obligations déclaratives et de versement des cotisations sociales est nulle de plein droit et ne peut produire aucun effet, quand bien même elle prévoit que le salarié ne supportera pas définitivement la charge résultant de ce versement. • Civ. 2e, 9 févr. 2017, n° 16-10.796 P : *D. actu. 28 févr. 2017, obs. Roussel ; RJS 2017, n° 289 ; JCP S 2017, n° 1092, note Coursier.*

2. Il incombe au salarié de prouver que l'employeur a entendu supporter la part salariale des cotisations sociales dues. • Soc. 9 oct. 1990 : *RJS 1990, n° 923.*

3. Il résulte de la combinaison des art. L. 241-7 et L. 241-8 CSS qu'il est seulement interdit à l'employeur de mettre à la charge des salariés tout ou partie de la part patronale des cotisations sociales. • Soc. 13 mai 1993 : *D. 1993. IR 147.*

4. Sur la légalité de l'art. R. 243-4, al. 2, CSS, V. notes ss. ce texte. V. désormais art. L. 243-1-2 issu de la L. n° 2003-1199 du 18 déc. 2003.

Art. L. 241-9 **Si le travailleur à domicile, rémunéré à façon, aux pièces ou à la tâche, est lui-même assuré obligatoire, vis-à-vis du fabricant pour le compte duquel il travaille, il n'est point tenu au versement des contributions patronales afférentes à l'emploi des ouvriers qui travaillent avec lui pour ledit fabricant. Ces contributions sont à la charge du fabricant et calculées d'après les déclarations de rémunération fournies à ce dernier.**

La rémunération propre au travailleur à domicile est obtenue en déduisant de la rémunération globale versée par l'employeur, d'une part, les rémunérations des personnes travaillant avec lui, d'autre part, s'il y a lieu, le montant des frais d'atelier fixés

forfaitairement par arrêté ministériel *[art. D. 241-4]*. — *V. Arr. du 29 déc. 1969 (JO 7 janv. 1970)*.

Art. L. 241-10 *(L. n° 98-1194 du 23 déc. 1998, art. 5)* I. — La rémunération d'une aide à domicile est exonérée *(Abrogé par L. n° 2007-1786 du 19 déc. 2007, art. 22-I)* « *totalement* » des cotisations patronales *(L. n° 2015-1702 du 21 déc. 2015, art. 59-XI-E-1°, en vigueur le 1er janv. 2016)* « de sécurité sociale, à l'exception de celles dues au titre des accidents du travail et des maladies professionnelles, » lorsque celle-ci est employée effectivement à leur service personnel, à leur domicile ou chez des membres de leur famille, par :

a) Des personnes ayant atteint un âge déterminé et dans la limite, par foyer, et pour l'ensemble des rémunérations versées, d'un plafond de rémunération fixé par décret ;

b) Des personnes ayant à charge un enfant ouvrant droit au complément de l'*(L. n° 2005-102 du 11 févr. 2005, art. 68-2°)* « allocation d'éducation de l'enfant handicapé » mentionné à l'article L. 541-1 *(L. n° 2007-1786 du 19 déc. 2007, art. 94-IV)* « ou à la prestation de compensation dans les conditions définies au 1° du III de l'article L. 245-1 du code de l'action sociale et des familles » ;

c) Des personnes titulaires :

(L. n° 2005-102 du 11 févr. 2005, art. 14) « — soit de l'élément de la prestation de compensation mentionnée au 1° de l'article L. 245-3 du code de l'action sociale et des familles ; »

— soit d'une majoration pour tierce personne servie au titre de l'assurance invalidité, *(Abrogé par L. n° 2012-1404 du 17 déc. 2012, art. 85-I-1°, à compter du 1er mars 2013)* *« de la législation des accidents du travail ou »* d'un régime spécial de sécurité sociale ou de l'article L. 18 du code des pensions militaires d'invalidité et des victimes de la guerre ;

(L. n° 2012-1404 du 17 déc. 2012, art. 85-I-1°, en vigueur le 1er mars 2013) « — soit d'une prestation complémentaire pour recours à tierce personne servie au titre de la législation des accidents du travail ; »

(L. n° 2001-1246 du 21 déc. 2001, art. 6-II) « *d)* Des personnes se trouvant, dans des conditions définies par décret, dans l'obligation de recourir à l'assistance d'une tierce personne pour accomplir les actes ordinaires de la vie, sous réserve d'avoir dépassé un âge fixé par décret ; »

e) *(L. n° 2001-647 du 20 juill. 2001, art. 12)* « Des personnes remplissant la condition de perte d'autonomie prévue à l'article L. 232-2 du code de l'action sociale et des familles, dans des conditions définies par décret ».

(L. n° 2005-841 du 26 juill. 2005, art. 6) « Sauf dans le cas mentionné au *a*, l'exonération est accordée sur la demande des intéressés par l'organisme chargé du recouvrement des cotisations dans des conditions fixées par arrêté ministériel. » — *V. Arr. du 27 mars 1987 (JO 31 mars), mod. par Arr. du 27 avr. 1987 (JO 10 mai) et Arr. du 9 juin 1999 (JO 11 juin)*.

Le bénéfice de ces dispositions ne peut se cumuler pour une même aide à domicile avec *(L. n° 2003-1199 du 18 déc. 2003, art. 60-IV-4)* « le complément de libre choix du mode de garde de la prestation d'accueil du jeune enfant versé au titre de la garde à domicile ». — *Sur l'entrée en vigueur de la L. n° 2003-1199, V. note ss. art. L. 511-1.*

(L. n° 2014-1554 du 22 déc. 2014, art. 10) « I *bis*. — Chaque heure de travail effectuée par les salariés mentionnés à l'article L. 7221-1 du code du travail ouvre droit à une déduction forfaitaire patronale :

(L. n° 2015-1786 du 29 déc. 2015, art. 99-I-1°) « 1° Des cotisations de sécurité sociale, à hauteur de 2 €, dans les cas autres que celui mentionné au 3° ; »

(Abrogé par L. n° 2015-1786 du 29 déc. 2015, art. 99-I-2°) *« 2° Des cotisations de sécurité sociale, à hauteur de 1,50 €, pour les salariés à domicile employés pour des activités de garde d'enfants dont l'âge dépasse l'âge limite mentionné au IV de l'article L. 531-5 et n'excède pas celui mentionné au premier alinéa de l'article L. 521-3, dans la limite d'un nombre d'heures fixé par décret et sous réserve, pour l'employeur, de se conformer aux modalités de déclaration fixées par le décret mentionné au deuxième alinéa de l'article L. 531-8 ; »* — *Les dispositions issues du I de l'art. 99 de la L. n° 2015-1786 du 29 déc. 2015 entrent en vigueur pour les cotisations dues au titre des périodes courant à compter du 1er déc. 2015 (L. préc., art. 99-II).*

(L. n° 2014-1554 du 22 déc. 2014, art. 10) « 3° Des cotisations et contributions sociales d'origine légale et conventionnelle, à hauteur de 3,70 €, dans les départements d'outre-mer ainsi que dans les collectivités de Saint-Barthélemy, de Saint-Martin et de Saint-Pierre-et-Miquelon.

« Ces déductions ne sont cumulables avec aucune exonération de cotisations sociales, ni avec l'application de taux ou d'assiettes spécifiques ou de montants forfaitaires de cotisations. »

(L. n° 2007-290 du 5 mars 2007, art. 57-IV) « II. — Les particuliers et personnes morales qui ont passé un contrat conforme aux articles L. 442-1 et L. 444-3 du code de l'action sociale et des familles pour l'accueil par des particuliers à leur domicile, à titre onéreux, de personnes mentionnées aux *a, c, d* et *e* du I du présent article sont exonérés *(Abrogé par L. n° 2007-1786 du 19 déc. 2007, art. 22-I)* « ***totalement*** », dans les conditions prévues à l'avant-dernier alinéa du même I, des cotisations *(L. n° 2007-1786 du 19 déc. 2007, art. 22-I)* « patronales » *(L. n° 2015-1702 du 21 déc. 2015, art. 59-XI-E-1°, en vigueur le 1er janv. 2016)* « de sécurité sociale, à l'exception de celles dues au titre des accidents du travail et des maladies professionnelles, » dues sur la rémunération qu'elles versent à ces accueillants familiaux. »

III. — *(L. n° 2011-1906 du 21 déc. 2011, art. 13-I-1°)* « Sont exonérées de cotisations patronales *(L. n° 2015-1702 du 21 déc. 2015, art. 59-XI-E-1°, en vigueur le 1er janv. 2016)* « de sécurité sociale, à l'exception de celles dues au titre des accidents du travail et des maladies professionnelles, » les rémunérations versées aux aides à domicile employées sous contrat à durée indéterminée ou sous contrat à durée déterminée pour remplacer les salariés absents ou dont le contrat de travail est suspendu dans les conditions prévues à l'article L. 1242-2 du code du travail, par les structures suivantes :

« 1° Les associations et entreprises déclarées dans les conditions fixées à l'article L. 7232-1-1 du même code pour l'exercice des activités concernant la garde d'enfant ou l'assistance aux personnes âgées ou handicapées ;

« 2° Les centres communaux ou intercommunaux d'action sociale ;

« 3° Les organismes habilités au titre de l'aide sociale ou ayant passé convention avec un organisme de sécurité sociale.

(L. n° 2018-1203 du 22 déc. 2018, art. 8-I, en vigueur le 1er janv. 2019) « Les structures mentionnées aux 1° et 3° du présent III, lorsqu'elles constituent des employeurs de droit privé, sont en outre exonérées, pour les rémunérations versées aux aides à domicile employées dans les conditions définies au premier alinéa du présent III, de la contribution mentionnée au 1° de l'article L. 14-10-4 du code de l'action sociale et des familles, des contributions mentionnées à l'article L. 834-1 du présent code, des cotisations dues au titre des accidents du travail et des maladies professionnelles à hauteur du taux fixé par l'arrêté mentionné à la seconde phrase du deuxième alinéa de l'article L. 241-5, des cotisations à la charge de l'employeur dues au titre des régimes de retraite complémentaire et des contributions à la charge de l'employeur dues au titre de l'assurance chômage prévues à l'article L. 5422-9 du code du travail.

« Pour les structures mentionnées au cinquième alinéa du présent III, lorsque la rémunération est inférieure à un seuil égal au salaire minimum de croissance annuel majoré de 20 %, le montant de l'exonération est égal au montant des cotisations et contributions à la charge de l'employeur. A partir de ce seuil, la part de la rémunération sur laquelle est calculée l'exonération décroît et devient nulle lorsque la rémunération est égale au salaire minimum de croissance annuel majoré de 60 %. — *Les exonérations prévues par l'art. 8-I de la L. n° 2018-1203 du 22 déc. 2018 donnent lieu à compensation par le budget général de l'État (L. préc., art. 8-II).*

« Ces exonérations s'appliquent » à la fraction des rémunérations versée en contrepartie de l'exécution des tâches effectuées au domicile à usage privatif :

« *a)* Des personnes mentionnées au I ;

« *b)* Des bénéficiaires soit de prestations d'aide ménagère aux personnes âgées ou handicapées au titre de l'aide sociale légale ou dans le cadre d'une convention conclue entre les structures susmentionnées et un organisme de sécurité sociale, soit des prestations mentionnées au deuxième alinéa de l'article L. 222-3 du code de l'action sociale et des familles ou des mêmes prestations d'aide et d'accompagnement aux familles dans le cadre d'une convention conclue entre ces structures et un organisme

de sécurité sociale, dans la limite, pour les tâches effectuées au bénéfice des personnes visées au *a* du I du présent article, du plafond prévu par ce même *a*. »

(L. n° 2014-1554 du 22 déc. 2014, art. 11) **« Le bénéfice du présent III ne peut s'appliquer dans les établissements, centres et services mentionnés aux 2° et 3°, au *b* du 5° et aux 6°, 7°, 11° et 12° du I de l'article L. 312-1 du code de l'action sociale et des familles, au titre des prestations financées par les organismes de sécurité sociale en application de l'article L. 314-3 du même code. »**

Un décret détermine les modalités d'application de l'exonération prévue par *(L. n° 2011-1906 du 21 déc. 2011, art. 13-I-2°)* **« le présent III » et notamment :**

— les informations et pièces que les associations, les centres communaux et intercommunaux d'action sociale et les organismes visés au précédent alinéa doivent produire auprès des organismes chargés du recouvrement des cotisations de sécurité sociale du régime général ;

— les modalités selon lesquelles les organismes chargés du recouvrement des cotisations de sécurité sociale du régime général vérifient auprès des organismes servant les prestations mentionnées aux *b*, *c*, *d* et *e* du I ou les prestations d'aide ménagère visées au précédent alinéa que les personnes au titre desquelles cette exonération a été appliquée ont la qualité de bénéficiaires desdites prestations.

Les rémunérations des aides à domicile ayant la qualité d'agent titulaire *(L. n° 2009-1646 du 24 déc. 2009, art. 23)* **« relevant du cadre d'emplois des agents sociaux territoriaux en fonction dans un » centre communal ou intercommunal d'action sociale bénéficient d'une exonération de 100 % de la cotisation d'assurance vieillesse due au régime visé au 2° de l'article R. 711-1 du présent code pour la fraction de ces rémunérations remplissant les conditions définies au** *(L. n° 2011-1906 du 21 déc. 2011, art. 13-I-3°)* **« présent III ».**

(Abrogé par L. n° 2010-1657 du 29 déc. 2010, art. 200-I-2°) (L. n° 2005-841 du 26 juill. 2005, art. 6) ***« III bis. — Les rémunérations des salariés qui, employés par des*** *(L. n° 2006-1640 du 21 déc. 2006, art. 14-II)* ***« personnes »*** *(L. n° 2010-853 du 23 juill. 2010, art. 31-VI)* ***« déclarées dans les conditions fixées à l'article L. 7232-1-1 » du code du travail, assurent une activité mentionnée à cet article, sont exonérées des cotisations patronales d'assurances sociales et d'allocations familiales, dans la limite, lorsqu'elles ne sont pas éligibles à une autre exonération mentionnée au présent article, d'un plafond déterminé par décret. Le bénéfice de cette exonération n'est pas cumulable avec celui d'une autre exonération totale ou partielle de cotisations patronales ou l'application de taux ou d'assiettes spécifiques ou de montants forfaitaires de cotisations*** *(L. n° 2007-1223 du 21 août 2007, art. 1-VI)* ***« , à l'exception de la déduction forfaitaire prévue à l'article L. 241-18 ». »***

(Abrogé par L. n° 2016-1917 du 29 déc. 2016, art. 48-III) ***« IV. — Par dérogation aux dispositions de l'article L. 131-7 du présent code, l'exonération prévue au III n'est pas compensée par le budget de l'État.***

« V. — Les dispositions du présent article sont applicables aux périodes d'emploi postérieures au 31 décembre 1998 ; toutefois, la limite prévue au a du I est applicable aux périodes d'emploi postérieures au 31 mars 1999. » *— Les dispositions de l'art. 48-III de la L. n° 2016-1917 du 29 déc. 2016 s'appliquent aux cotisations sociales dues au titre des périodes courant à compter du 1er janv. 2017 (L. préc., art. 48-VI).*

Les pertes de recettes résultant de l'avant-dernier alinéa du III de l'art. L. 241-10 sont compensées à due concurrence par une taxe additionnelle aux droits mentionnés aux art. 575 et 575-A CGI (L. n° 98-1194 du 23 déc. 1998, art. 5-III).

Les dispositions issues de la L. n° 2007-1223 du 21 août 2007 sont applicables aux rémunérations perçues à raison des heures supplémentaires effectuées à compter du 1er oct. 2007 (L. préc., art. 1-XIII).

Les dispositions issues de la L. n° 2007-1786 du 19 déc. 2007 entrent en vigueur le 1er avr. 2008 (L. préc., art. 94-VII).

Les dispositions issues de la L. n° 2010-1657 du 29 déc. 2010 s'appliquent aux cotisations et contributions sociales dues à compter du 1er janv. 2011 (L. préc., art. 200-V).

1. Compétence. Sur l'annulation de la lettre ministérielle du 26 août 1987 qui subordonnait le bénéfice de l'exonération de la rémunération d'une aide à domicile au conventionnement de l'association employant cette dernière, ajoutant ainsi à l'art. L. 241-10 une disposition impérative à caractère général et réglementaire que le ministre n'avait pas le pouvoir d'édicter, V. • CE 27 mars 1996 : ⚖ *RJS 1996, n° 706.*

2. Conformité du dispositif. L'exonération de cotisations patronales prévue par l'art. L. 241-10 CSS tend à favoriser le maintien chez elles des personnes dépendantes ; le 5e al. du § III de cette disposition limite le bénéfice de l'exonération de la cotisation d'assurance vieillesse due par les employeurs publics aux seuls centres communaux ou intercommunaux d'action sociale ; le législateur a ainsi entendu favoriser, pour le suivi social des personnes dépendantes, la coopération intercommunale spécialisée en matière d'aide sociale ; il s'est fondé sur un critère objectif et rationnel ; la différence de traitement qui en résulte ne crée pas de rupture caractérisée de l'égalité devant les charges publiques ; dès lors, le grief tiré de la méconnaissance de l'art. 13 de la Déclaration de 1789 doit être rejeté • Cons. const. 5 août 2011, n° 2011-158 QPC, consid. n° 4 : *D. 2011. AJ 2050*. ♦ Sur la conformité de la modification introduite par la L. n° 2010-1594 du 20 déc. 2010 (modification du III) : • CEDH 8 nov. 2018, *Hôpital local Saint-Pierre d'Oléron et a. c/ France*, n° 18096/12 : *RJS 2019, n° 68.*

3. Soins infirmiers à domicile. Les soins infirmiers à domicile mentionnés à l'art. D. 312-1 CASF ne revêtent pas le caractère de tâches d'aide à domicile au sens du I de l'art. L. 241-10 CSS, de sorte que la rémunération de ceux qui les dispensent n'ouvre pas droit, pour l'employeur, à l'exonération prévue par le III du même texte. • Civ. 2e, 26 mai 2016, n° 15-16.193 P : *RJS 2016, n° 593 ; JCP S 2016, n° 1267, note Tauran.*

Art. L. 241-11 (Abrogé par L. n° 2018-1203 du 22 déc. 2018, art. 8-I, à compter du 1er janv. 2019) (L. n° 91-1405 du 31 déc. 1991, art. 46) ***« La partie de la rémunération des personnes visées au 1 de l'article*** (L. n° 98-657 du 29 juill. 1998, art. 20-I) ***« L. 322-4-16-3*** [L. 5132-2, L. 5132-7] ***du code du travail », correspondant à une durée d'activité inférieure ou égale à une limite fixée par décret*** [V. art. D. 241-6], ***est exonérée des cotisations*** (L. n° 2015-1702 du 21 déc. 2015, art. 59-XI-E-1°) ***« de sécurité sociale, à l'exception de celles dues au titre des accidents du travail et des maladies professionnelles, » à la charge de l'employeur. »***

(L. n° 96-63 du 29 janv. 1996, art. 4) ***« Le bénéfice de ces dispositions ne peut être cumulé avec celui de l'exonération prévue au dernier alinéa de l'article L. 241-10. »***

Art. L. 241-12 *(L. n° 94-43 du 18 janv. 1994, art. 88)* **Les cotisations** *(L. n° 2015-1702 du 21 déc. 2015, art. 59-XI-E-1°, en vigueur le 1er janv. 2016)* **« de sécurité sociale, à l'exception de celles dues au titre des accidents du travail et des maladies professionnelles, » dues au titre des activités exercées dans un but de réinsertion socioprofessionnelle par les personnes en difficulté sont calculées sur une assiette forfaitaire fixée par arrêté lorsque les rémunérations qui leur sont versées sont inférieures ou égales au montant de cette assiette.**

(L. n° 98-657 du 29 juill. 1998, art. 20-II) **« Il n'est pas dû de cotisations patronales** *(L. n° 2015-1702 du 21 déc. 2015, art. 59-XI-E-1°, en vigueur le 1er janv. 2016)* **« de sécurité sociale, à l'exception de celles dues au titre des accidents du travail et des maladies professionnelles, » au titre des activités mentionnées au présent article et calculées sur l'assiette forfaitaire mentionnée au précédent alinéa ou sur la rémunération ou la partie de la rémunération inférieure ou égale, par heure d'activité rémunérée, au salaire minimum de croissance. Les présentes dispositions sont applicables aux périodes d'activité accomplies à compter du 1er janvier 1999 ».**

Les dispositions du présent article sont applicables aux personnes accueillies dans les structures suivantes :

— centres d'hébergement et de réadaptation sociale visés à l'article 185 du code de la famille et de l'aide sociale *[CASF, art. L. 345-1]* **ainsi que les services ou établissements habilités qui organisent des activités professionnelles dans un but de réinsertion socioprofessionnelle en application des articles 45 et 46 du même code** *[CASF, art. L. 121-2 et L. 222-5]* **;**

— structures agréées au titre de l'article 185-2 du même code *[non repris au CASF]* **et des textes pris en application dudit article organisant des activités professionnelles en vue de favoriser leur insertion sociale et les structures assimilées dont la liste est fixée par arrêté du ministre chargé de l'action sociale.**

(L. n° 2008-1249 du 1er déc. 2008, art. 17-II, en vigueur le 1er juin 2009) **« — organismes visés à l'article L. 265-1 du code de l'action sociale et des familles qui en font la demande. »**

Activité de réinsertion professionnelle (pécule versé en faveur des compagnons d'Emmaüs). Il résulte de l'art. L. 241-12 CSS que, dès lors qu'elle est la contrepartie d'une activité de réinsertion professionnelle, la rémunération versée aux personnes en difficulté par l'un des organismes mentionnés par ce texte donne lieu au versement des cotisations sociales calculées sur une base forfaitaire, peu important, notamment, que cette activité s'exerce hors de tout lien de subordination. • Civ. 2e, 14 févr. 2013, *Assoc. familiale d'Emmaüs Saint-Omer c/ URSSAF d'Arras-Calais-Douai : D. actu. 13 mars 2013, obs. Fraisse ; RJS 2013 n° 318 ; RDSS 2013. 317, note Tauran ; CSBP 2013. 98, note Pansier.*

Art. L. 241-13 *(L. n° 2017-1836 du 30 déc. 2017, art. 9-I)* « I. – Les cotisations à la charge de l'employeur dues au titre des assurances sociales et des allocations familiales, les cotisations dues au titre des accidents du travail et des maladies professionnelles, les contributions mentionnées à l'article L. 834-1, les cotisations à la charge de l'employeur dues au titre des régimes de retraite complémentaire légalement obligatoires mentionnés à l'article L. 921-4, la contribution mentionnée au 1° de l'article L. 14-10-4 du code de l'action sociale et des familles et les contributions à la charge de l'employeur dues au titre de l'assurance chômage prévues à l'article L. 5422-9 du code du travail qui sont assises sur les rémunérations ou gains inférieurs au salaire minimum de croissance majoré de 60 % font l'objet d'une réduction dégressive. »

II. – Cette réduction est appliquée *(Ord. n° 2018-474 du 12 juin 2018, art. 4)* « aux revenus d'activité tels qu'ils sont pris en compte pour la détermination de l'assiette des cotisations définie à l'article L. 242-1 » versés aux salariés au titre desquels l'employeur est soumis à l'obligation édictée par l'article L. 5422-13 du code du travail et aux salariés mentionnés au 3° de l'article L. 5424-1 du même code, *(Ord. n° 2018-474 du 12 juin 2018, art. 4)* « à l'exception des revenus d'activité » versés par *(L. n° 2005-516 du 20 mai 2005, art. 24)* « les particuliers employeurs » *(Abrogé par L. n° 2010-1594 du 20 déc. 2010, art. 12-I-2°) « et, jusqu'au 31 décembre 2005, par l'organisme mentionné à l'article 2 de la loi n° 90-568 du 2 juillet 1990 relative à l'organisation du service public de La Poste et à France Télécom ».* *(L. n° 2018-1203 du 22 déc. 2018, art. 8-I, en vigueur le 1er janv. 2019)* « Elle s'applique également aux gains et rémunérations des apprentis pour lesquels l'employeur n'est pas éligible à l'exonération prévue à l'article L. 6227-8-1 dudit code. »

Cette réduction n'est pas applicable *(Ord. n° 2018-474 du 12 juin 2018, art. 4)* « aux revenus d'activité tels qu'ils sont pris en compte pour la détermination de l'assiette des cotisations définie à l'article L. 242-1 » versés par les employeurs relevant des dispositions du titre Ier du livre VII du présent code, à l'exception des employeurs relevant des régimes spéciaux de sécurité sociale des marins, des mines et des clercs et employés de notaires.

III. – *(L. n° 2014-892 du 8 août 2014, art. 2-I-5°)* « Le montant de la réduction est calculé chaque année civile, pour chaque salarié et pour chaque contrat de travail, selon des modalités fixées par décret. Il est égal au produit *(Ord. n° 2018-474 du 12 juin 2018, art. 4)* « des revenus d'activité de l'année tels qu'ils sont pris en compte pour la détermination de l'assiette des cotisations » définie à l'article L. 242-1 et d'un coefficient.

« Ce coefficient est déterminé par application d'une formule fixée par décret. Il est fonction du rapport entre *(Ord. n° 2018-474 du 12 juin 2018, art. 4)* « les revenus d'activité de l'année tels qu'ils sont pris en compte pour la détermination de l'assiette des cotisations » *(L. n° 2017-1836 du 30 déc. 2017, art. 9-I)* « définie au quatrième alinéa du présent III » et le salaire minimum de croissance calculé pour un an sur la base de la durée légale du travail augmentée, le cas échéant, du nombre d'heures complémentaires ou supplémentaires, sans prise en compte des majorations auxquelles elles donnent lieu. Pour les salariés qui ne sont pas employés à temps plein ou qui ne sont pas employés sur toute l'année, le salaire minimum de croissance pris en compte est celui qui correspond à la durée de travail prévue au contrat au titre de la période pendant laquelle ils sont présents dans l'entreprise.

« La valeur maximale du coefficient est fixée par décret dans la limite de la somme des taux des cotisations et *(L. n° 2017-1836 du 30 déc. 2017, art. 9-I)* « des contributions » mentionnées au I du présent article, sous réserve de la dernière phrase du troisième alinéa de l'article L. 241-5. La valeur du coefficient décroît en fonction du rapport mentionné au deuxième alinéa du présent III et devient nulle lorsque ce rapport est égal à 1,6. – *V. art. D. 241-10 s.*

(L. n° 2017-1836 du 30 déc. 2017, art. 9-I) « La rémunération prise en compte pour la détermination du coefficient est celle définie à l'article L. 242-1. Toutefois, elle ne

tient compte des déductions au titre de frais professionnels calculées forfaitairement en pourcentage de cette rémunération que dans des limites et conditions fixées par arrêté. »

(L. n° 2014-892 du 8 août 2014, art. 2-I-5°) « Un décret » précise les modalités de calcul de la réduction dans le cas des salariés *(Abrogé par L. n° 2007-1223 du 21 août 2007, art. 1er-V)* ***« dont la rémunération ne peut être déterminée selon un nombre d'heures de travail effectuées et dans celui des salariés »*** dont le contrat de travail est suspendu avec maintien de tout ou partie de la rémunération. *— Les dispositions issues de la L. n° 2007-1223 du 21 août 2007 sont applicables aux rémunérations perçues à raison des heures supplémentaires effectuées à compter du 1er oct. 2007 (L. préc., art. 1er-XIII).*

Al. 8 à 12 Abrogés par L. n° 2014-892 du 8 août 2014, art. 2-I-5°.

(L. n° 2014-892 du 8 août 2014, art. 2-I-5°) « IV. — Le rapport ou le coefficient mentionné au deuxième alinéa du III est corrigé, dans des conditions fixées par décret, d'un facteur déterminé en fonction des stipulations légales ou conventionnelles applicables :

« 1° Aux salariés soumis à un régime d'heures d'équivalences payées à un taux majoré en application d'une convention ou d'un accord collectif étendu en vigueur au 1er janvier 2010 ;

« 2° Aux salariés auxquels l'employeur est tenu de verser une indemnité compensatrice de congé payé en application de l'article L. 1251-19 du code du travail ;

« 3° Aux salariés des professions dans lesquelles le paiement des congés et des charges sur les indemnités de congés est mutualisé entre les employeurs affiliés aux caisses de congés mentionnées à l'article *(L. n° 2016-1088 du 8 août 2016, art. 8-IX)* « L. 3141-32 » du même code. La réduction prévue au présent article n'est pas applicable aux cotisations dues par ces caisses au titre de ces indemnités. »

(L. n° 2010-1594 du 20 déc. 2010, art. 12-I-5°) « V. — Les modalités selon lesquelles les cotisations dues au titre des rémunérations versées au cours d'un mois civil tiennent compte de cette réduction ainsi que les modalités de régularisation du différentiel éventuel entre la somme des montants de la réduction appliquée au cours de l'année et le montant calculé pour l'année sont précisées par décret.

« VI. — » *(L. n° 2010-1657 du 29 déc. 2010, art. 201-I-2°)* « Le bénéfice des dispositions du présent article est cumulable avec les déductions forfaitaires prévues à l'article L. 241-18 *(Abrogé par Ord. n° 2015-1248 du 7 oct. 2015, art. 6-II) (L. n° 2011-1977 du 28 déc. 2011, art. 114-II)* ***« et avec l'exonération prévue à l'article L. 741-15-1 du code rural et de la pêche maritime »***. »

Le bénéfice des dispositions du présent article ne peut être cumulé, *(L. n° 2010-1657 du 29 déc. 2010, art. 201-I-2°)* « à l'exception du cas prévu à l'alinéa précédent », avec celui d'une autre exonération totale ou partielle de cotisations patronales ou l'application de taux spécifiques, d'assiettes ou de montants forfaitaires de cotisations. *— Les dispositions issues de la L. n° 2010-1657 du 29 déc. 2010 s'appliquent aux cotisations et contributions sociales dues à compter du 1er janv. 2011 (L. préc., art. 201-III).*

(L. n° 2017-1836 du 30 déc. 2017, art. 9-I) « VII. — Le montant de la réduction est imputé, lors de leur paiement, sur les cotisations et contributions mentionnées au I déclarées, d'une part, aux organismes de recouvrement mentionnés aux articles L. 213-1 et L. 752-4 et, d'autre part, aux institutions mentionnées à l'article L. 922-4 en fonction de la part que représente le taux de ces cotisations et contributions, tel que retenu pour l'établissement de la réduction, dans la valeur maximale fixée par le décret mentionné au troisième alinéa du III du présent article. »

(L. n° 2018-1203 du 22 déc. 2018, art. 8-I, en vigueur le 1er janv. 2019) « Pour les salariés expatriés mentionnés au a de l'article L. 5427-1 du code du travail et les salariés mentionnés au *e* du même article L. 5427-1, le montant de la réduction s'impute en outre, selon les mêmes règles, sur les cotisations recouvrées par l'institution mentionnée à l'article L. 5312-1 du même code.

« Pour les salariés mentionnés à l'article L. 133-9 du présent code, le montant de la réduction s'impute en outre, selon les mêmes règles, sur les cotisations recouvrées par l'organisme de recouvrement habilité par l'État en application du même article L. 133-9. » *— V. dernière note ss. art.*

(Abrogé par L. n° 2017-1836 du 30 déc. 2017, art. 9-I) (L. n° 2014-892 du 8 août 2014, art. 2-I-5°) ***« VIII. — Le montant de la réduction est imputé sur les cotisations à la charge***

de l'employeur au titre des assurances sociales et des allocations familiales, sur la *(L. nº 2014-1655 du 29 déc. 2014, art. 29-I-1º)* ***« contribution » mentionnée à l'article L. 834-1 du présent code et sur la contribution mentionnée au 1º de l'article L. 14-10-4 du code de l'action sociale et des familles.***

« Lorsque le montant de la réduction est supérieur au montant des cotisations et de la contribution mentionnées au premier alinéa du présent VIII, la réduction est également imputée sur les cotisations dues au titre des accidents du travail et des maladies professionnelles à hauteur du taux fixé par l'arrêté mentionné à la dernière phrase du troisième alinéa de l'article L. 241-5. »

Sur la mise en œuvre de la réduction générale des cotisations et contributions sociales à la charge des employeurs et de la baisse du taux de cotisations d'allocations familiales, V. Circ. nº DSS/SD5B/2015/99 du 1er janv. 2015, complétée par Circ. interministérielle nº DSS/5B/2016/71 du 1er janv. 2016.

Les dispositions issues de la L. nº 2014-892 du 8 août 2014 s'appliquent aux modalités de calcul des cotisations et contributions sociales dues au titre des rémunérations versées à compter du 1er janv. 2015 (L. préc., art. 2-VI-A).

Les dispositions de l'art. 9-I de la L. nº 2017-1836 du 30 déc. 2017 s'appliquent aux cotisations et contributions dues pour les périodes courant à compter du 1er janv. 2019 (L. préc., art. 9-III et V).

Les dispositions de l'Ord. nº 2018-474 du 12 juin 2018 s'appliquent aux cotisations et contributions dues pour les périodes courant à compter du 1er sept. 2018 (Ord. préc., art. 16).

Pour les rémunérations dues au titre des salariés relevant de l'art. L. 241-13, la valeur maximale du coefficient mentionné au 3e al. du III est limitée, pour l'année 2019, à la somme des taux des cotisations et des contributions mentionnées au I, à l'exception des contributions à la charge de l'employeur dues au titre de l'assurance chômage prévues à l'art. L. 5422-9 C. trav.

Pour les rémunérations de ces salariés, un coefficient limité au taux des contributions à la charge de l'employeur dues au titre de l'assurance chômage prévues au même art. L. 5422-9 s'ajoute, pour la période du 1er oct. au 31 déc. 2019, au coefficient mentionné au précédent al.

Chacun des coefficients mentionnés aux deux précédents al. est calculé en fonction de la rémunération annuelle totale prise en compte pour la détermination de l'assiette des cotisations définie à l'art. L. 242-1 CSS.

Les dispositions précitées ne sont pas applicables aux rémunérations dues pour des salariés employés :

1º Par les associations intermédiaires mentionnées à l'art. L. 5132-7 C. trav. et par les ateliers et chantiers d'insertion mentionnés à l'art. L. 5132-15 du même code ;

2º Au titre des contrats d'apprentissage mentionnés à l'art. L. 6221-1 C. trav. et des contrats de professionnalisation mentionnés à l'art. L. 6325-1 du même code conclus avec des demandeurs d'emploi de 45 ans et plus ou conclus par les groupements d'employeurs pour l'insertion et la qualification mentionnés à l'art. L. 1253-1 C. trav. ;

3º Par les employeurs occupés aux activités mentionnées aux 1º à 4º de l'art. L. 722-1 C. rur. ;

4º Par les employeurs localisés en Guadeloupe, en Guyane, en Martinique, à La Réunion, à Saint-Barthélemy et à Saint-Martin (L. nº 2018-1203 du 22 déc. 2018, art. 8-IX).

Jurisprudence rendue ss. l'empire des textes antérieurs à la LFSS pour 2019 (L. nº 2018-1203 du 22 déc. 2018).

1. Réduction « Fillon ». Exclusion des chambres de commerce et d'industrie (conformité à la Constitution). En excluant les chambres de commerce et d'industrie du bénéfice de la réduction générale des cotisations, l'art. L. 241-13-II CSS ne méconnaît pas le principe d'égalité devant les charges publiques garanti par l'art. 13 de la DDH de 1789. • Cons. const. 5 avr. 2013, nº 2013-300 QPC : *JO 7 avr. 2013, p. 5797 ; D. 2013. 928 ; AJDA 2013. 1553*. ♦ **Modification du taux de la contribution patronale après le 1er janv. 2005.** Quand un employeur a modifié après le 1er janv. 2005 le taux de sa contribution à un régime de retraite à cotisations définies, la cour d'appel, sans être tenue par l'interprétation de circulaires administratives, en déduit exactement, hors toute dénaturation, qu'ainsi modifiée, cette contribution n'entre pas dans le champ d'application de l'exonération mentionnée à l'art. 113-IV de la loi du 21 août 2003. • Civ. 2e, 15 sept. 2016, nº 15-22.346 P : *RJS 2016, nº 823 ; JCP S 2016, nº 1438, note Jeansen.*

2. Assiette des cotisations et rémunération des temps de pause. Il résulte des art. L. 241-13 et D. 241-7 CSS, dans leur rédaction applicable à la date d'exigibilité des cotisations litigieuses, que la rémunération des temps de pause est exclue de la rémunération mensuelle du salarié prise en compte pour le calcul du coefficient de réduction des cotisations sur les bas salaires, peu important qu'elle corresponde à la rémunération d'un temps effectif de travail. • Civ. 2e, 31 mars 2016, n° 15-17.143 P : *D. actu. 11 mai 2016, obs. Fraisse ; RJS 2016, n° 517 ; JCP S 2016, n° 1178, note Tauran ; ibid., n° 1202, note Marié.* ♦ **Critère purement objectif du champ d'application.** Ces dispositions qui excluent les temps de pause, d'habillage et de déshabillage n'introduisent dans l'exercice du droit au respect des biens, garanti par l'art. 1er du Protocole additionnel n° 1, aucune discrimination prohibée par l'art. 14 de la Conv. EDH : • Civ. 2e, 15 sept. 2016, n° 15-22.346 P : *préc. note 1.* ♦ **Date d'appréciation.** L'assiette de la contribution due par les employeurs sur les options consenties dans les conditions prévues aux art. L. 225-177 à L. 225-186 C. com. est constituée par la valeur des actions au jour où l'option a été consentie. • Civ. 2e, 15 sept. 2016, n° 15-22.346 P : *préc. note 1.*

3. Calcul du SMIC. Il résulte des art. L. 241-13, III, CSS, dans sa rédaction issue de la L. n° 2007-1223 du 21 août 2007, et D. 241-7 du même code dans sa rédaction issue du Décr. n° 2007-1380 du 24 sept. 2007 que le salaire minimum de croissance pris en compte pour le calcul du coefficient de réduction des cotisations sur les bas salaires est calculé pour un mois sur la base de la durée légale du travail ou sur la base de la durée de travail prévue au contrat si celle-ci est inférieure à la durée légale, laquelle s'entend de la durée effective de travail et ne peut, sauf exception, englober les temps de pause, cette règle étant applicable à la situation des salariés dont la rémunération contractuelle est fixée, pour l'ensemble du mois considéré, sur la base d'une durée hebdomadaire, ou rapportée à la durée du cycle, de 35 heures ou d'une durée annuelle de 1 607 heures. En outre, l'art. L. 241-15 CSS n'est plus applicable au calcul du coefficient de réduction des cotisations sur les bas salaires, lequel n'est plus assis sur les heures rémunérées depuis l'entrée en vigueur de la L. n° 2005-1579 du 19 déc. 2005. • Civ. 2e, 31 mars 2016, n° 15-12.303 P : *D. actu. 11 mai 2016, obs. Fraisse ; RJS 2016, n° 517 ; JCP S 2016, n° 1178, note Tauran ; ibid., n° 1202, note Marié.*

4. Exclusion de sommes. Les sommes versées par l'employeur, postérieurement à la rupture du contrat de travail, pour l'exécution d'une clause de non-concurrence, n'entrent pas dans le champ d'application de la réduction de cotisations sur les bas salaires prévue par l'art. L. 241-13, III et D. 241-7, I CSS. • Civ. 2e, 30 nov. 2017, n° 16-12.403 P.

Art. L. 241-13-1 (Abrogé par L. n° 2003-47 du 17 janv. 2003, art. 11) (L. n° 2000-37 du 19 janv. 2000, art. 21) ***I. — Les entreprises remplissant les conditions fixées à l'article 19 de la loi n° 2000-37 du 19 janvier 2000 relative à la réduction négociée du temps de travail bénéficient d'un allégement des cotisations à la charge de l'employeur au titre des assurances sociales, des accidents du travail et des maladies professionnelles et des allocations familiales qui sont assises sur les gains et rémunérations tels que définis à l'article L. 242-1, versés au cours d'un mois civil aux salariés.***

II. — Peuvent bénéficier de cet allégement les entreprises soumises aux dispositions du premier alinéa de l'article L. 212-1 [L. 3121-10 nouv.] ***du code du travail ainsi que, d'une part, les entreprises d'armement maritime et, d'autre part, les entreprises de transport public urbain de voyageurs ou exploitant des chemins de fer secondaires d'intérêt général ou des voies ferrées d'intérêt local, que ces entreprises soient constituées sous forme de sociétés ou organismes de droit privé, de sociétés d'économie mixte ou d'établissements publics industriels et commerciaux.***

Toutefois, ne peuvent bénéficier de cet allégement, eu égard au caractère de monopole de leurs activités principales ou au caractère prépondérant des concours de l'État dans leurs produits d'exploitation, certains organismes publics dépendant de l'État dont la liste est fixée par décret. Pour ces organismes, les modalités d'accompagnement de l'application de la durée légale du travail seront déterminées dans le cadre des procédures régissant leurs relations avec l'État.

Peuvent également bénéficier de l'allégement les groupements d'employeurs prévus à l'article L. 127-1 [L. 1253-1 s. nouv.] ***du code du travail.***

III. — Les entreprises appartenant aux catégories mentionnées au II ci-dessus bénéficient de l'allégement pour leurs salariés occupés selon une durée collective de travail ou une durée de travail stipulée au contrat fixées dans les limites définies au I de l'article 19 de la loi n° 2000-37 du 19 janvier 2000 précitée. L'allégement est également applicable aux salariés mis à la disposition de ces entreprises dans les conditions prévues à l'article L. 124-3 [L. 1251-42 s. nouv.] ***du code du travail.***

Les entreprises appartenant aux catégories mentionnées au II ci-dessus bénéficient de l'allégement pour leurs salariés cadres ou itinérants dont la durée de travail, fixée par une convention de forfait établie dans les conditions prévues à l'article L. 212-15-3 [L. 3121-38,

L. 3121-40, L. 3121-42 à L. 3121-49, L. 3121-51, L. 3171-3 et D. 3171-16 nouv.] *du code du travail, est compatible avec les limites définies au I de l'article 19 de la loi n° 2000-37 du 19 janvier 2000 précitée.*

Il est majoré dans les zones de revitalisation rurale (L. n° 2001-1246 du 21 déc. 2001, art. 15-II) *« et de redynamisation urbaine » mentionnées à l'article L. 322-13* [L. 131-4-1 du CSS] *du code du travail.*

Le montant de cet allégement est calculé chaque mois civil, pour chaque salarié, en fonction décroissante de la rémunération et dans la limite d'un minimum, selon un barème déterminé par décret. (L. n° 2000-1257 du 23 déc. 2000, art. 14-III) *« Pour ceux des salariés de ces entreprises qui sont soumis à des dispositions spécifiques en matière de durée maximale du travail et sous réserve du respect de ces dispositions, le calcul de l'allégement peut être adapté pour tenir compte de la rémunération mensuelle minimale, dans des conditions et selon des modalités fixées par décret en Conseil d'État. »*

(L. n° 2001-1246 du 21 déc. 2001, art. 15-I) *« Dans les entreprises de transport routier où la durée des temps de service des personnels de conduite marchandises "grands routiers" ou "longue distance" ainsi que des personnels "courte distance" est fixée conformément aux dispositions de l'article 19 de la loi n° 2000-37 du 19 janvier 2000 précitée au plus soit à trente-cinq heures hebdomadaires, soit à 1 600 heures sur l'année, le montant de l'allégement auquel ouvrent droit les salariés dont la durée du travail est fixée dans ces limites est majoré d'un montant fixé par décret. »*

Dans les entreprises où la durée du travail est fixée conformément aux dispositions de l'article 19 de la loi n° 2000-37 du 19 janvier 2000 précitée et au plus soit à trente-deux heures hebdomadaires, soit à 1 460 heures sur l'année, le montant de l'allégement auquel ouvrent droit les salariés dont la durée du travail est fixée dans ces limites est majoré d'un montant forfaitaire fixé par décret.

Il est revalorisé au 1er juillet en fonction de l'évolution de l'indice des prix à la consommation mentionné à l'article L. 141-3 [L. 3231-4 s. et R. 3231-1 nouv.] *du code du travail et de la moitié de l'augmentation du pouvoir d'achat du salaire mensuel de base ouvrier enregistré par l'enquête trimestrielle du ministère du travail. Le taux de la revalorisation est fixé par arrêté.* — V. Arr. du 20 déc. 2002 (JO 26 déc.) : taux fixé à 1,8 %.

IV. — L'allégement auquel ouvrent droit les salariés est calculé au prorata du nombre d'heures rémunérées rapporté à la durée collective du travail applicable dans l'entreprise (L. n° 2000-1257 du 23 déc. 2000, art. 14-III) *« ou la durée prise en compte pour l'application du quatrième alinéa du III » calculée sur le mois. Si la durée collective du travail est inférieure ou égale à trente-deux heures hebdomadaires, le nombre d'heures rémunérées est rapporté à la durée mensuelle correspondant à la durée hebdomadaire de trente-deux heures.*

Les salariés dont la durée stipulée au contrat de travail est inférieure à la moitié de la durée collective du travail applicable (L. n° 2000-1257 du 23 déc. 2000, art. 14-III-2°) *« ou à la moitié de la durée prise en compte pour l'application du quatrième alinéa du III » n'ouvrent pas droit à l'allégement. Ces dispositions ne sont pas applicables aux salariés recrutés dans le cadre de contrats, dont la liste est fixée par décret, conclus afin de favoriser l'insertion professionnelle de personnes rencontrant des difficultés d'accès à l'emploi.*

V. — Dans les professions dans lesquelles le paiement des congés des salariés et des charges sur les indemnités de congés est mutualisé entre les employeurs affiliés aux caisses de compensation prévues à l'article L. 223-16 [L. 3141-30 nouv.] *du code du travail, l'allégement, déterminé selon des modalités prévues aux III et IV ci-dessus, est majoré d'un taux fixé par décret.*

VI. — Le bénéfice des dispositions du présent article est cumulable :

a) Avec l'aide prévue à l'article 3 de la loi n° 98-461 du 13 juin 1998 d'orientation et d'incitation relative à la réduction du temps de travail ou avec l'exonération prévue à l'article 39 ou à l'article 39-1 de la loi n° 93-1313 du 20 décembre 1993 quinquennale relative au travail, à l'emploi et à la formation professionnelle ;

b) Avec la réduction forfaitaire prévue à l'article L. 241-14.

Dans le cas prévu au a) ci-dessus, le montant de l'allégement est minoré d'un montant forfaitaire fixé par décret.

Le cumul ne peut excéder le montant total des cotisations à la charge des employeurs dues au titre des gains et rémunérations versés au cours du mois à l'ensemble des salariés titulaires d'un contrat de travail employés dans l'entreprise ou l'établissement, que leur emploi ouvre ou non droit à l'une des mesures précitées.

Le bénéfice des dispositions du présent article ne peut être cumulé avec celui d'une autre exonération totale ou partielle de cotisations patronales que celles mentionnées au a) et au b) du présent article ou l'application de taux spécifiques, d'assiettes ou de montants forfaitaires de cotisations. — Ces dispositions restent applicables aux cotisations dues au titre de gains et rémunérations versés jusqu'au 30 juin 2003 (L. n° 2003-47 du 17 janv. 2003, art. 14).

Selon les art. L. 241-13-1, D. 241-21 et D. 241-22 CSS, alors en vigueur, l'allègement prévu au premier de ces textes en faveur des entreprises remplissant les conditions fixées à l'art. 19 de la loi du 19 janv. 2000 relative à la réduction négociée du temps de travail était applicable aux cotisations dues au titre des gains et rémunérations versés à compter du premier jour du mois suivant celui au cours duquel l'organisme de recouvrement avait reçu la déclaration comportant les mentions prévues par le troisième ; si l'art. 3 du Décr. n° 2000-73 du 28 janv. 2000 ouvrait la possibilité aux entreprises où était entrée en vigueur la nouvelle durée du travail avant le 1er févr. 2000, c'était à condition que la déclaration parvienne à l'Urssaf avant le 1er avr. 2000, délai porté ensuite au 1er mai ; les entreprises où la réduction de la durée du travail était intervenue dans le cadre de la loi dite Aubry I n'avait pas été dispensées de la déclaration conforme à ces prestations réglementaires. • Civ. 2e, 11 oct. 2006 : *RJS 12/2006, n° 1307.*

Art. L. 241-14 (Abrogé par L. n° 2010-1657 du 29 déc. 2010, art. 201-I-1°) (L. n° 97-1269 du 30 déc. 1997, art. 116-I) ***Pour les professions dans lesquelles le salaire minimum de croissance est, en vertu de dispositions réglementaires, calculé sur une base différente de 169 heures par mois, les employeurs bénéficient d'une réduction des cotisations d'assurances sociales et d'allocations familiales qui sont à leur charge au titre de l'obligation de nourriture des salariés.***

Cette réduction est égale à un montant forfaitaire, fixé par décret, par repas fourni ou donnant lieu au versement d'une indemnité compensatrice, dans la limite des cotisations correspondantes. — V. art. D. 241-12.

Le bénéfice des dispositions du présent article ne peut être cumulé avec celui d'une autre exonération totale ou partielle de cotisations de sécurité sociale ou l'application de taux spécifiques, d'assiettes ou de montants forfaitaires de cotisations, à l'exception de l'exonération prévue à l'article L. 241-13 (L. n° 2007-1223 du 21 août 2007, art. 1-VI) ***« et de la déduction forfaitaire prévue à l'article L. 241-18 ».***

Sur diverses mesures en faveur de l'emploi, à titre expérimental et temporaire, dans les branches professionnelles du textile, de l'habillement et du cuir, V. L. n° 96-314 du 12 avr. 1996, art. 99 (JO 13 avr.), Annexe I (JO 13 avr.). — Pour les exonérations de cotisations sociales patronales sur les salaires des salariés employés dans les zones franches urbaines, V. L. n° 96-987 du 14 nov. 1996, art. 12 (JO 15 nov.), Annexe I ; Décr. n° 97-127 du 12 févr. 1997 (JO 13 févr.), Annexe I.

1. Le bénéfice de la réduction des cotisations sociales qui sont à la charge des employeurs au titre de l'obligation de nourriture des salariés est soumis aux conditions de présence du salarié dans l'établissement au moment des repas du personnel ou de la clientèle et à l'ouverture de l'entreprise à la clientèle à l'heure normale des repas. • Civ. 2e, 22 févr. 2007 : *RJS 5/07, n° 678.*

2. Selon les art. L. 241-14 et D. 241-12 CSS, ensemble l'art. D. 149-7 C. trav., peuvent bénéficier de la réduction des cotisations d'assurance sociale et d'allocations familiales qui sont à leur charge au titre de l'obligation de nourriture des salariés, les employeurs de personnels des hôtels, cafés et restaurants où est applicable le salaire minimum de croissance sur la base de 43 h par semaine, que cette base minimale de rémunération soit ou non appliquée. • Civ. 2e, 4 juill. 2007 : *RJS 10/07, n° 1133.*

Art. L. 241-15 *(L. n° 2005-1579 du 19 déc. 2005, art. 14-I)* **Pour la mise en œuvre des mesures d'exonération ou de réduction de cotisations de sécurité sociale prévues par le présent code ou par toute autre disposition législative ou réglementaire, l'assiette de calcul s'entend des heures rémunérées quelle qu'en soit la nature.**

Sous réserve des décisions de justice passées en force de chose jugée et des instances en cours au 20 déc. 2005, ces dispositions sont applicables aux cotisations dues au titre des gains et rémunérations versés à compter du 1er janv. 2006 (L. n° 2005-1579 du 19 déc. 2005, art. 14-III).

Art. L. 241-16 *(L. n° 2006-1294 du 23 oct. 2006, art. 3-II)* **Les sommes versées aux arbitres et juges mentionnés au 29° de l'article L. 311-3** *(L. n° 2016-1827 du 23 déc. 2016, art. 15)* **« , qui ne sont pas titulaires d'un contrat de travail, » sont exonérées des cotisations et contributions de sécurité sociale lorsque leur montant n'excède pas,**

pour une année civile, la limite définie au présent alinéa, plafonné à 14,5 % du montant annuel du plafond mentionné à l'article L. 241-3.

Dès lors que les sommes mentionnées au premier alinéa dépassent le montant prévu au même alinéa, elles sont soumises aux cotisations et contributions de sécurité sociale, à l'exception de celles ayant le caractère de remboursement de frais qui sont soumises aux dispositions définies par l'arrêté prévu au troisième alinéa de l'article L. 242-1 du code de la sécurité sociale.

Les fédérations sportives, ou les organes déconcentrés et ligues qu'elles ont créés en application des articles L. 131-11 et L. 132-1 du code du sport, remplissent les obligations relatives aux déclarations et versements des cotisations et contributions visées au deuxième alinéa, dans des conditions précisées par décret.

(Abrogé par L. nº 2016-1917 du 29 déc. 2016, art. 48-III) (L. nº 2007-1786 du 19 déc. 2007, art. 24-I) ***« Les dispositions du premier alinéa du présent article ne donnent pas lieu à application de l'article L. 131-7. »*** *— Les dispositions de l'art. 48-III de la L. nº 2016-1917 du 29 déc. 2016 s'appliquent aux cotisations sociales dues au titre des périodes courant à compter du 1er janv. 2017 (L. préc., art. 48-VI).*

Art. L. 241-17 *(L. nº 2018-1203 du 22 déc. 2018, art. 7-I)* I. — Ouvrent droit à une réduction des cotisations salariales d'origine légale mentionnées à l'article L. 241-3 :

1º Les rémunérations versées aux salariés au titre des heures supplémentaires de travail définies aux articles L. 3121-28 à L. 3121-39 du code du travail et, pour les salariés ayant conclu la convention de forfait en heures sur l'année prévue au deuxième alinéa de l'article L. 3121-56 du même code, des heures effectuées au-delà de 1 607 heures ;

2º Les rémunérations versées au titre des heures mentionnées au troisième alinéa de l'article L. 3123-2 du même code ;

3º Les rémunérations versées au titre des heures supplémentaires mentionnées à l'article L. 3121-41 du même code, à l'exception des heures effectuées en deçà de 1 607 heures lorsque la durée annuelle fixée par l'accord mentionné au même article L. 3121-41 est inférieure à ce niveau ;

4º La majoration de rémunération versée aux salariés ayant conclu la convention de forfait en jours sur l'année prévue à l'article L. 3121-58 du même code, en contrepartie de leur renonciation, au-delà de la limite du nombre de jours fixée en application du 3º du I de l'article L. 3121-64 du même code, à des jours de repos dans les conditions prévues à l'article L. 3121-59 du même code ;

5º Les rémunérations versées aux salariés à temps partiel au titre des heures complémentaires de travail accomplies en application des articles L. 3123-8, L. 3123-9, L. 3123-20 et L. 3123-21, du dernier alinéa de l'article L. 3123-22 et des articles L. 3123-28 et L. 3123-29 du même code ;

6º Les rémunérations versées aux salariés des particuliers employeurs au titre des heures supplémentaires qu'ils réalisent ;

7º Les rémunérations versées aux assistants maternels définis à l'article L. 421-1 du code de l'action sociale et des familles au titre des heures supplémentaires qu'ils accomplissent au-delà d'une durée hebdomadaire de quarante-cinq heures, ainsi que les salaires qui leur sont versés au titre des heures complémentaires accomplies au sens de la convention collective nationale qui leur est applicable ;

8º Les rémunérations versées aux autres salariés dont la durée du travail ne relève pas des dispositions du titre II du livre Ier de la troisième partie du code du travail ou du chapitre III du titre Ier du livre VII du code rural et de la pêche maritime au titre des heures supplémentaires ou complémentaires de travail qu'ils effectuent ou, dans le cadre de conventions de forfait en jours sur l'année, les salaires versés en contrepartie des jours de repos auxquels les salariés auront renoncé au-delà du plafond de deux cent dix-huit jours.

II. — Le montant de la réduction, prévue au I, de cotisations salariales d'origine légale mentionnées à l'article L. 241-3 du présent code est égal au produit d'un taux fixé par décret et des rémunérations mentionnées au même I, dans la limite des cotisations d'origine légale et conventionnelle dont le salarié est redevable au titre des heures concernées. La réduction est imputée sur le montant des cotisations salariales d'origine légale mentionnées à l'article L. 241-3 dues pour chaque salarié concerné au

titre de l'ensemble de sa rémunération définie à l'article L. 242-1 pour les périodes au titre desquelles elle est attribuée et ne peut dépasser ce montant.

III. — Les I et II sont également applicables, selon des modalités prévues par décret :

1° Aux éléments de rémunération versés aux agents publics titulaires et non titulaires au titre des heures supplémentaires qu'ils réalisent ou du temps de travail additionnel effectif ;

2° A la rémunération des heures supplémentaires ou complémentaires effectuées par les salariés relevant des régimes spéciaux mentionnés à l'article L. 711-1.

IV. — La réduction prévue au I s'applique :

1° Aux rémunérations mentionnées au même I et, en ce qui concerne la majoration salariale correspondante, dans la limite :

***a)* Des taux prévus par la convention ou l'accord collectif applicable mentionné au I de l'article L. 3121-33 du code du travail s'agissant des heures supplémentaires et à l'article L. 3123-21 ou au dernier alinéa de l'article L. 3123-22 du même code s'agissant des heures complémentaires ;**

***b)* A défaut d'une telle convention ou d'un tel accord :**

— pour les heures supplémentaires, des taux de 25 % ou de 50 % prévus, selon les cas, à l'article L. 3121-36 du même code ;

— pour les heures complémentaires, des taux de 10 % ou de 25 % prévus, selon les cas, au dernier alinéa de l'article L. 3123-22 ou à l'article L. 3123-29 du même code ;

2° Aux éléments de rémunération mentionnés au 1° du III du présent article dans la limite des dispositions applicables aux agents concernés.

V. — Les dispositions du présent article ne sont pas applicables lorsque les salaires ou éléments de rémunération qui y sont mentionnés se substituent à d'autres éléments de rémunération au sens de l'article L. 242-1, à moins qu'un délai de douze mois ne se soit écoulé entre le dernier versement de l'élément de rémunération en tout ou partie supprimé et le premier versement des salaires ou éléments de rémunération précités.

VI. — Le cumul de la réduction prévue au présent article avec l'application d'une exonération totale ou partielle de cotisations salariales de sécurité sociale ou avec l'application de taux réduits, d'assiettes ou de montants forfaitaires de cotisations ne peut être autorisé, dans la limite mentionnée au II, que dans des conditions fixées par décret, compte tenu du niveau des cotisations dont sont redevables les salariés concernés.

Les dispositions issues de la L. n° 2018-1203 du 22 déc. 2018 sont applicables à Mayotte et à Saint-Pierre-et-Miquelon, dans la limite des taux de cotisations en vigueur dans ces territoires.

Ces mêmes dispositions s'appliquent aux cotisations dues pour les périodes courant à compter du 1er janv. 2019 (L. préc., art. 7-IV et V, mod. par L. n° 2018-1213 du 24 déc. 2018, art. 2).

Jurisprudence rendue ss. l'empire des textes antérieurs à la LFSS pour 2019 (L. n° 2018-1203 du 22 déc. 2018).

1. L'exonération d'impôt sur le revenu (CGI, art. 81 *quater*) et de charges sociales (CSS, art. L. 241-17 et L. 241-18) des heures supplémentaires et complémentaires a pour but d'augmenter le nombre d'heures travaillées afin de stimuler la croissance et l'emploi ; ainsi, par sa finalité, ce dispositif tend à mettre en œuvre l'exigence résultant du cinquième al. du Préambule de 1946 (droit à l'emploi). • Cons. const. 16 août 2007, n° 2007-555 DC : *JO 22 août 2007, p. 13959.*

2. Le comité d'entreprise ou, à défaut, les délégués du personnel sont informés et consultés par l'employeur sur l'utilisation et le volume des heures supplémentaires et complémentaires effectuées par les salariés de l'entreprise ou de l'établissement dans les conditions prévues par le code du travail ; par ailleurs, le dispositif légal ne comporte aucune dérogation aux durées maximales du travail ; le législateur n'a donc méconnu ni les exigences du huitième al. du Préambule de 1946 selon lesquelles « Tout travailleur participe, par l'intermédiaire de ses délégués, à la détermination collective des conditions de travail », ni celles du onzième al. selon lesquelles la Nation « garantit à tous... la protection de la santé ». • Cons. const. 16 août 2007, n° 2007-555 DC : *préc. note 1.*

3. Selon les art. L. 241-17 et L. 241-18 CSS, dans leur rédaction issue de la L. n° 2007-1223 du 21 août 2007, le bénéfice de la réduction des cotisations salariales et de la déduction forfaitaire des cotisations employeur litigieuses ne peut porter que sur des heures supplémentaires dont l'employeur assure personnellement le paiement, ce qui n'était pas le cas des paiements effectués par une caisse de congés payés. • Civ. 2e, 19 déc. 2013 : *D. actu. 22 janv. 2014, obs. Fraisse.*

Art. L. 241-18 (*L. n° 2007-1223 du 21 août 2007 ; L. n° 2012-958 du 16 août 2012, art. 3-I-B*) **I. — Dans les entreprises employant moins de vingt salariés, toute heure**

supplémentaire effectuée par les salariés mentionnés au II de l'article L. 241-13 ouvre droit à une déduction forfaitaire des cotisations patronales à hauteur d'un montant fixé par décret.

(L. nº 2018-1203 du 22 déc. 2018, art. 7-II) « La réduction s'applique au titre des heures mentionnées aux 1° à 3° du I de l'article L. 241-17. »

II. — Dans les mêmes entreprises, une déduction forfaitaire égale à sept fois le montant défini au I est également applicable pour chaque jour de repos auquel renonce un salarié relevant d'une convention de forfait en jours sur l'année, au-delà du plafond de deux cent dix-huit jours mentionné *(L. nº 2016-1088 du 8 août 2016, art. 8-IX)* « au 3° du I de l'article L. 3121-64 » du code du travail, dans les conditions prévues à l'article *(L. nº 2016-1088 du 8 août 2016, art. 8-IX)* « L. 3121-59 » du même code.

III. — Les déductions mentionnées aux I et II sont imputées sur les sommes dues par les employeurs aux organismes de recouvrement mentionnés aux articles L. 213-1 du présent code et L. 725-3 du code rural et de la pêche maritime pour chaque salarié concerné au titre de l'ensemble de sa rémunération versée au moment du paiement de cette durée de travail supplémentaire et ne peuvent dépasser ce montant.

IV. — Les déductions mentionnées aux I et II sont cumulables avec des exonérations de cotisations patronales de sécurité sociale dans la limite des cotisations patronales de sécurité sociale, ainsi que des contributions patronales recouvrées suivant les mêmes règles, restant dues par l'employeur au titre de l'ensemble de la rémunération du salarié concerné.

Les I et II sont applicables sous réserve du respect par l'employeur des dispositions légales et conventionnelles relatives à la durée du travail et sous réserve que l'heure supplémentaire effectuée fasse l'objet d'une rémunération au moins égale à celle d'une heure non majorée.

(Ord. nº 2018-474 du 12 juin 2018, art. 4) « Ils ne sont pas applicables lorsque ces revenus d'activité se substituent à des sommes soumises à cotisations de sécurité sociale en application du premier alinéa de l'article L. 242-1 du présent code, à moins qu'un délai de douze mois ne se soit écoulé entre le dernier versement de l'élément de rémunération en tout ou partie supprimé et le premier versement des revenus mentionnés aux I et II du présent article. » — *Les dispositions de l'Ord. nº 2018-474 du 12 juin 2018 s'appliquent aux cotisations et contributions dues pour les périodes courant à compter du 1er sept. 2018 (Ord. préc., art. 16).*

Le bénéfice des déductions mentionnées aux I et II du présent article est subordonné au respect du règlement *(L. nº 2014-1545 du 20 déc. 2014, art. 53-II)* « (UE) nº 1407/2013 de la Commission, du 18 décembre 2013, relatif à l'application des articles 107 et 108 du traité sur le fonctionnement de l'Union européenne » aux aides *de minimis*.

V. — Le bénéfice des déductions mentionnées aux I et II est subordonné, pour l'employeur, à la mise à la disposition des agents chargés du contrôle mentionnés à l'article L. 243-7 du présent code et à l'article L. 724-7 du code rural et de la pêche maritime d'un document en vue du contrôle de l'application du présent article.

(L. nº 2015-1785 du 29 déc. 2015, art. 15-III-2°) « V *bis*. — La déduction mentionnée au I continue de s'appliquer pendant trois ans aux employeurs qui atteignent ou dépassent au titre des années 2016, 2017 ou 2018 l'effectif de vingt salariés. »

VI. — Un décret fixe les modalités d'application du présent article ainsi que les modalités selon lesquelles les heures supplémentaires effectuées par les salariés affiliés au régime général dont la durée du travail ne relève pas du titre II du livre Ier de la troisième partie du code du travail ou du chapitre III du titre Ier du livre VII du code rural et de la pêche maritime ouvrent droit aux déductions mentionnées au présent article.

V. notes ss. art. L. 241-17.

Art. L. 241-19 *[Art. en vigueur le 1er sept. 2018, V. note ss. art.] (Ord. nº 2007-329 du 12 mars 2007, art. 9)* I. — *(Ord. nº 2018-474 du 12 juin 2018, art. 4)* « Les revenus d'activité tels qu'ils sont pris en compte pour la détermination de l'assiette des cotisations définie à l'article L. 242-1 ou à » l'article L. 741-10 du code rural et de la pêche maritime, versés au cours d'un mois civil aux salariés embauchés *(Abrogé par L. nº 2014-173 du 21 févr. 2014, art. 19) « dans les zones de redynamisation urbaine définies* *au A du 3 de l'article 42 de la loi n° 95-115 du 4 février 1995 d'orientation pour l'aménagement et le développement du territoire et* » dans les zones de revitalisation rurale définies à l'article 1465 A du code général des impôts sont, dans les conditions fixées aux II et III, exonérés des cotisations à la charge de l'employeur au titre des assurances sociales, *(L. n° 2007-1786 du 19 déc. 2007, art. 22-I)* « et des allocations familiales » *(L. n° 2007-1822 du 24 déc. 2007, art. 133-I)* « conformément à un barème dégressif déterminé par décret et tel que l'exonération soit totale pour une rémunération horaire inférieure ou égale au salaire minimum de croissance majoré de 50 % et devienne nulle pour une rémunération horaire égale ou supérieure au salaire minimum de croissance majoré de 140 % ». — *Ces dispositions issues de la L. n° 2007-1822 du 24 déc. 2007 sont applicables aux contrats de travail dont la date d'effet est postérieure au 1er janvier 2008. Les exonérations applicables aux contrats de travail ayant pris effet avant cette date restent régies par les dispositions antérieures à la loi du 24 déc. 2007 [« dans la limite du produit du nombre d'heures rémunérées par le montant du salaire minimum de croissance majoré de 50 % »].*

(L. n° 2015-1702 du 21 déc. 2015, art. 17-IV) « L'article L. 2242-5-1 du code du travail est applicable à cette exonération. »

(Abrogé par L. n° 2015-1702 du 21 déc. 2015, art. 17-V) (L. n° 2015-994 du 17 août 2015, art. 19-VII-2°) ***« Dans le cas où la périodicité de la négociation sur les salaires effectifs a été portée à une durée supérieure à un an en application de l'article L. 2242-20 dudit code, le deuxième alinéa du présent I n'est pas applicable pendant la durée fixée par l'accord. Au terme de cette durée ou si une organisation signataire a demandé que cette négociation soit engagée sans délai, lorsque l'employeur n'a pas rempli au cours d'une année civile l'obligation définie au 1° de l'article L. 2242-5 du même code, dans les conditions prévues aux articles L. 2242-1 à L. 2242-4 dudit code, le montant de l'exonération est diminué de 10 % au titre des rémunérations versées cette même année. Il est diminué de 100 % lorsque l'employeur ne remplit pas cette obligation pour la troisième année consécutive. »***

II. — Ouvrent droit à l'exonération prévue au I, lorsqu'elles n'ont pas pour effet de porter l'effectif total de l'entreprise à plus de cinquante salariés, les embauches réalisées par les entreprises et les groupements d'employeurs exerçant une activité artisanale, industrielle, commerciale, au sens de l'article 34 du code général des impôts, une activité agricole, au sens de l'article 63 du même code, ou non commerciale, au sens du 1 de l'article 92 du même code, à l'exclusion des organismes mentionnés à l'article 1er de la loi n° 90-568 du 2 juillet 1990 relative à l'organisation du service public de la poste et des télécommunications et des employeurs relevant des dispositions du titre Ier du livre VII du présent code.

Pour bénéficier de cette exonération, l'employeur ne doit pas avoir procédé à un licenciement *(L. n° 2007-1786 du 19 déc. 2007, art. 19-III)* « au sens de l'article L. 1233-3 du code du travail » dans les douze mois précédant la ou les embauches.

III. — L'exonération prévue au I est applicable, pour une durée de douze mois à compter de la date d'effet du contrat de travail, aux *(Ord. n° 2018-474 du 12 juin 2018, art. 4)* « revenus d'activité » versés aux salariés au titre desquels l'employeur est soumis à l'obligation édictée par l'article L. 5422-13 du code du travail et dont le contrat de travail est à durée indéterminée ou a été conclu en application du 2° de l'article L. 1242-2 du code du travail pour une durée d'au moins douze mois.

IV. — l'employeur qui remplit les conditions fixées ci-dessus en fait la déclaration par écrit à la direction départementale du travail, de l'emploi et de la formation professionnelle dans les trente jours à compter de la date d'effet du contrat de travail. A défaut d'envoi de cette déclaration dans le délai imparti, le droit à l'exonération n'est pas applicable aux cotisations dues sur les *(Ord. n° 2018-474 du 12 juin 2018, art. 4)* « revenus d'activité » versés de la date de l'embauche au jour de l'envoi ou du dépôt de la déclaration, cette période étant imputée sur la durée d'application de l'exonération.

Le bénéfice de l'exonération ne peut être cumulé, pour l'emploi d'un même salarié, avec celui d'une aide de l'État à l'emploi ou d'une autre exonération totale ou partielle de cotisations patronales de sécurité sociale ou l'application de taux spécifiques, d'assiettes ou montants forfaitaires de cotisations *(L. n° 2007-1223 du 21 août 2007, art. 1-VI)* « , à l'exception de la déduction forfaitaire prévue à l'article L. 241-18 ». — *[Anc. art. L. 131-4-2.] — Cet art., issu de l'Ord. n° 2007-329 du 12 mars 2007, est applicable au*

1er mars 2008. Les dispositions issues de la L. n° 2007-1223 du 21 août 2007 sont, quant à elles, applicables au 1er oct. 2007.

Les dispositions de l'Ord. n° 2018-474 du 12 juin 2018 s'appliquent aux cotisations et contributions dues pour les périodes courant à compter du 1er sept. 2018 (Ord. préc., art. 16).

Art. L. 241-20 *[Art. en vigueur le 1er sept. 2018] (L. n° 2007-1786 du 19 déc. 2007, art. 19-III)* **L'exonération définie à l'article** *(Ord. n° 2018-474 du 12 juin 2018, art. 4)* **« L. 241-19 » est applicable, dans les mêmes conditions, aux** *(Ord. n° 2018-474 du 12 juin 2018, art. 4)* **« revenus d'activité tels qu'ils sont pris en compte pour la détermination de l'assiette des cotisations définie à l'article L. 242-1 » versés aux salariés embauchés à compter du 1er novembre 2007 dans les zones de revitalisation rurale définies à l'article 1465 A du code général des impôts par les organismes visés au 1 de l'article 200 du même code ayant leur siège social dans ces mêmes zones.** – *[Anc. art. L. 131-4-3.] — V. note ss. art. L. 241-19.*

CHAPITRE II ASSIETTE, TAUX ET CALCUL DES COTISATIONS

SECTION PREMIÈRE COTISATIONS ASSISES SUR LES REVENUS D'ACTIVITÉ DES TRAVAILLEURS SALARIÉS ET ASSIMILÉS *(Ord. n° 2018-474 du 12 juin 2018, art. 2).*

SOUS-SECTION 1 DISPOSITIONS GÉNÉRALES

BIBL. GÉN. ▶ Amselek, Impositions et cotisations obligatoires, *Mél. L. Philip, Constitution et finances publiques, Économica 2005. 239.* – Auzéro, Le dispositif d'allégement des cotisations sociales, *Dr. soc. 1999. 1026*. – Barthélemy, Bénéfices de société d'exercice libéral et assiette des cotisations sociales, *Dr. soc. 2008. 862* ; Dividendes versés aux associés de société d'exercice libéral et assiette de cotisations sociales, *Dr. soc. 2008. 190* ; Égalité de traitement et sort social des cotisations de prévoyance. À propos de l'art. 17 de la LFSS du 20 décembre 2010 et du décret y afférent du 9 janvier 2012, *Dr. soc. 2012. 510*. – Coursier, Rémunération et protection sociale : un couple infernal, *Gaz. Pal. 2011. 32.* – Coursier et Coleu, Affres et dérives en matière de droit des cotisations, *Dr. soc. 2009. 81*. – Coursier et Platel, Le contrôle URSSAF en questions, *Lexisnexis, 2e éd., 2012.* – David, La nature juridique des cotisations de la sécurité sociale, *Dr. soc. 1952. 174.* – Davodet, Kesztenbaum et Terrenoire, Le traitement social des dividendes de SELARL, *JCP E 2008, n° 2347.* – Derue, L'abus de droit en matière de cotisations et prélèvements sociaux, *Dr. soc. 2009. 339*. – Didier et Martinez, Contribution au Conseil d'analyse économique sur le basculement des cotisations patronales, *Dr. soc. 2012. 564*. – Dupeyroux, Un nouveau regard sur la notion de rémunération, *Dr. soc. 1996. 506*. – Euzéby, L'allégement des cotisations sociales patronales : quels espoirs pour l'emploi ?, *Dr. soc. 2000. 368*. – Fouquet, Cotisations sociales, cotisations fiscales : même combat, *Dr. soc. 2009. 320*. – Millet-Ursin, LFSS pour 2011 : principales mesures relatives aux cotisations et contributions sociales, *JCP S 2011, n° 1017.* – Platel et Coursier, Travailler plus, gagner plus... et cotiser moins, *Cah. dr. entr. nov. 2007. 43.* – Prétot, Du bon usage du pouvoir normatif en matière d'assiette et de recouvrement des cotisations de Sécurité sociale, *Dr. soc. 2009. 322* ; L'entreprise, l'URSSAF et les cotisations de Sécurité sociale, *Dr. soc. 2006. 415* ; Prélèvements sociaux et prélèvements fiscaux : les finances sociales, unité ou diversité, *Économica (dir. L. Philip) 1995. 121* ; La notion de cotisation sociale, *Dr. soc. 1993. 517*. – Sinibaldi, Réflexions sur l'abus de droit en matière de prélèvements de sécurité sociale, *RJS 2011. 435.* – Tauran, La responsabilité civile des URSSAF, *RDSS 2012. 544*. – Vachet, La répétition des cotisations indues, *JCP S 2010, n° 1097* ; Moins d'impôts, moins de cotisations = plus de travail ?, *Dr. soc. 2007. 1199*. – Vatinet, LFSS pour 2010 : dispositions relatives aux charges et contributions sociales, *JCP S 2010, n° 1004.* – Wanecq, Les cotisations sociales, un enjeu économique et financier complexe, *Dr. soc. 2009. 349*. – Willmann, Le consentement aux cotisations sociales, *Dr. soc. 2018. 559* ; La fraude aux cotisations, *Dr. soc. 2009 (numéro spéc.)* ; *Dr. soc. 1993. 508* (Colloque : « Les cotisations de sécurité sociale »).

Art. L. 242-1 *(Ord. n° 2018-474 du 12 juin 2018, art. 2)* **I. — Les cotisations de sécurité sociale dues au titre de l'affiliation au régime général des personnes mentionnées aux articles L. 311-2 et L. 311-3 sont assises sur les revenus d'activité tels qu'ils sont pris en compte pour la détermination de l'assiette définie à l'article L. 136-1-1. Elles sont dues pour les périodes au titre desquelles ces revenus sont attribués.**

II. — Par dérogation au I, sont exclus de l'assiette des cotisations de sécurité sociale :

1° Les sommes allouées au salarié au titre de l'intéressement prévu à l'article L. 3312-4 du code du travail ;

2° Les sommes réparties au titre de la réserve spéciale de participation conformément aux dispositions de l'article L. 3324-5 du même code ;

3° Les sommes versées par l'employeur à un plan d'épargne en application de l'article L. 3332-11 du même code ;

4° Les contributions des employeurs destinées au financement des prestations de protection sociale complémentaire entrant dans le champ des articles L. 911-1 et L. 911-2 du présent code, servies au bénéfice de leurs salariés, anciens salariés et de leurs ayants droit, par des institutions de prévoyance, par des institutions de gestion de retraite supplémentaire, par des mutuelles et unions pratiquant des opérations d'assurance et de capitalisation ou par des entreprises régies par le code des assurances, lorsque les garanties revêtent un caractère obligatoire et bénéficient à titre collectif à l'ensemble des salariés ou à une partie d'entre eux, sous réserve qu'ils appartiennent à une catégorie établie à partir de critères objectifs déterminés par décret en Conseil d'État :

a) Dans des limites fixées par décret, pour les contributions au financement de prestations de retraite supplémentaire déterminées par décret. L'abondement de l'employeur à un plan d'épargne pour la retraite collectif exonéré aux termes de l'article L. 3334-6 du code du travail est pris en compte pour l'application de ces limites ;

b) Dans des limites fixées par décret, pour les contributions au financement de prestations complémentaires de prévoyance, à condition, lorsque ces contributions financent des garanties portant sur la prise en charge de frais de santé, que ces garanties soient conformes aux dispositions de l'article L. 871-1 du présent code. L'exclusion d'assiette est aussi applicable au versement de l'employeur mentionné à l'article L. 911-7-1.

Les dispositions du présent 4° ne sont pas applicables lorsque les contributions des employeurs se substituent à d'autres revenus d'activité qui ont été soumis à cotisations en application du I du présent article et versés au cours des douze derniers mois ;

5° La contribution de l'employeur d'une entreprise de moins de cinquante salariés à l'acquisition des chèques-vacances, dans les conditions fixées aux articles L. 411-9 et L. 411-10 du code du tourisme ;

6° Les avantages mentionnés au I des articles 80 *bis* et 80 *quaterdecies* du code général des impôts. L'avantage correspondant à la différence définie au II de l'article 80 *bis* du même code est pris en compte dans la détermination de l'assiette définie au I du présent article lors de la levée de l'option ;

7° Dans la limite de deux fois le montant annuel du plafond défini à l'article L. 241-3 du présent code, les indemnités versées à l'occasion de la rupture du contrat de travail ou de la cessation forcée des fonctions de mandataires sociaux, dirigeants et personnes mentionnées à l'article 80 *ter* du code général des impôts qui ne sont pas imposables en application de l'article 80 *duodecies* du même code. Toutefois, sont intégralement assujetties à cotisations les indemnités versées à l'occasion de la cessation forcée des fonctions de mandataires sociaux, dirigeants et personnes mentionnées à l'article 80 *ter* du même code d'un montant supérieur à cinq fois le montant annuel du plafond défini à l'article L. 241-3 du présent code, ainsi que celles versées à l'occasion de la rupture du contrat de travail d'un montant supérieur à dix fois le montant de ce même plafond. En cas de cumul d'indemnités versées à l'occasion de la cessation forcée des fonctions et de la rupture du contrat de travail, il est fait masse de l'ensemble de ces indemnités ; lorsque le montant de celles-ci est supérieure à cinq fois le montant annuel du plafond défini à l'article L. 241-3, ces indemnités sont intégralement assujetties à cotisations.

Les dispositions de l'Ord. n° 2018-474 du 12 juin 2018 s'appliquent aux cotisations et contributions dues pour les périodes courant à compter du 1er sept. 2018 (Ord. préc., art. 16).

Ancien art. L. 242-1 *Pour le calcul des cotisations* (L. n° 2015-1702 du 21 déc. 2015, art. 59-XI-E-4°) *« de sécurité sociale »* (L. n° 2016-1827 du 23 déc. 2016, art. 13-I, en vigueur le 1er janv. 2018) *« dues pour les périodes au titre desquelles les revenus d'activité sont attribués », sont considérées comme rémunérations toutes les sommes versées aux travailleurs en contrepartie* *ou à l'occasion du travail, notamment les salaires ou gains, les indemnités de congés payés, le montant des retenues pour cotisations ouvrières, les indemnités, primes, gratifications et tous autres avantages en argent, les avantages en nature, ainsi que les sommes perçues directement ou par l'entremise d'un tiers à titre de pourboire.* (L. n° 2005-1579 du 19 déc. 2005, art. 14-II) *« La compensation salariale d'une perte de rémunération induite par une mesure de réduction du temps de travail est également considérée comme une rémunération, qu'elle prenne la forme, notamment, d'un complément différentiel de salaire ou d'une hausse du taux de salaire horaire. »* — Sous réserve des décisions de justice passées en force de chose jugée et des instances en cours au 20 déc. 2005, ces dispositions s'appliquent aux compensations salariales versées à compter du 1er janv. 2006 dans le cadre d'accords collectifs réduisant la durée du travail conclus à compter du 1er oct. 1996 (L. n° 2005-1579 du 19 déc. 2005, art. 14-III). — Les dispositions de l'art. 13-I de la L. n° 2016-1827 du 23 déc. 2016 sont applicables aux périodes courant à compter du 1er janv. 2018 (L. préc., art. 13-III).

(L. n° 2012-1509 du 29 déc. 2012, art. 11-II-E) *« L'avantage correspondant à la différence définie au II de l'article 80 bis du code général des impôts est considéré comme une rémunération lors de la levée de l'option. En revanche, sont exclus de l'assiette des cotisations mentionnées au premier alinéa du présent article les avantages mentionnés au I des articles 80 bis et 80 quaterdecies du même code si l'employeur notifie à son organisme de recouvrement l'identité de ses salariés ou mandataires sociaux auxquels des actions ont été attribuées au cours de l'année civile précédente, ainsi que le nombre et la valeur des actions attribuées à chacun d'entre eux. A défaut, l'employeur est tenu au paiement de la totalité des cotisations sociales, y compris pour leur part salariale. Il en est de même lorsque l'attribution est effectuée par une société dont le siège est situé à l'étranger et qui est mère ou filiale de l'entreprise dans laquelle l'attributaire exerce son activité. »*

Il ne peut être opéré sur la rémunération ou le gain des intéressés servant au calcul des cotisations (L. n° 2015-1702 du 21 déc. 2015, art. 59-XI-E-4°) *« de sécurité sociale » de déduction au titre de frais professionnels que dans les conditions et limites fixées par arrêté interministériel* [V. Arr. du 20 déc. 2002, ANNEXE I]. *Il ne pourra également être procédé à des déductions au titre de frais d'atelier que dans les conditions et limites fixées par arrêté ministériel.* — V. art. R. 242-1, R. 242-2 et R. 242-5. — V. ANNEXE I, Arr. du 10 déc. 2002 pour l'évaluation des avantages en nature.

Ne seront pas comprises dans la rémunération les prestations de sécurité sociale versées par l'entremise de l'employeur.

(L. n° 2005-1579 du 19 déc. 2005, art. 14-II) *« Sont exclues de l'assiette des cotisations mentionnées au premier alinéa les contributions mises à la charge des employeurs en application d'une disposition législative ou réglementaire ou d'un accord national interprofessionnel mentionné à l'article L. 921-4, destinées au financement des régimes de retraite complémentaire mentionnés au chapitre Ier du titre II du livre IX ou versées en couverture d'engagements de retraite complémentaire souscrits antérieurement à l'adhésion des employeurs aux institutions mettant en œuvre les régimes institués en application de l'article L. 921-4 et dues au titre de la part patronale en application des textes régissant ces couvertures d'engagements de retraite complémentaire. »* — Sous réserve des décisions de justice passées en force de chose jugée et des instances en cours au 20 déc. 2005, ces dispositions s'appliquent aux cotisations dues au titre des contributions versées à compter du 1er janv. 2006 (L. n° 2005-1579 du 19 déc. 2005, art. 14-III).

(Ord. n° 2006-344 du 23 mars 2006, art. 3) *« Sont exclues de l'assiette des cotisations mentionnées au premier alinéa les contributions des employeurs destinées au financement des prestations complémentaires de retraite et de prévoyance versées* (L. n° 2010-1594 du 20 déc. 2010, art. 17-II-1°) *« au bénéfice de leurs salariés, anciens salariés et de leurs ayants droit » par les organismes régis par les titres III et IV du livre IX du présent code ou le livre II du code de la mutualité, par des entreprises régies par le code des assurances ainsi que par les institutions mentionnées à l'article L. 370-1 du code des assurances et proposant des contrats mentionnés à l'article L. 143-1 dudit code, à la section IX du chapitre II du titre III du livre IX du code de la sécurité sociale ou au chapitre II bis du titre II du livre II du code de la mutualité »*[,] (L. n° 2010-1594 du 20 déc. 2010, art. 17-II-2°) *« lorsque ces garanties entrent dans le champ des articles L. 911-1 et L. 911-2 du présent code, revêtent un caractère obligatoire et bénéficient à titre collectif à l'ensemble des salariés ou à une partie d'entre eux sous réserve qu'ils appartiennent à une catégorie établie à partir de critères objectifs déterminés par décret en Conseil d'État : »* — V. art. R. 242-1-1 s.

(L. n° 2003-775 du 21 août 2003, art. 113) *« 1° Dans des limites fixées par décret, pour les contributions au financement d'opérations de retraite déterminées par décret ; l'abondement de l'employeur à un plan d'épargne pour la retraite collectif exonéré aux termes du deuxième alinéa de l'article L. 3332-27 du code du travail est pris en compte pour l'application de ces limites ;*

« 2° Dans des limites fixées par décret, pour les contributions au financement de prestations complémentaires de prévoyance (L. n° 2004-810 du 13 août 2004, art. 57-VI) *« , à condition, lorsque ces contributions financent des garanties portant sur le remboursement ou l'indemnisation de frais occasionnés par une maladie, une maternité ou un accident, que ces garanties* (L. n° 2015-1702 du 21 déc. 2015, art. 34-I) *« soient conformes aux dispositions de l'article L. 871-1. Le sixième et le présent alinéas sont applicables aux versements de l'employeur mentionnés à l'article L. 911-7-1. »*

« Toutefois, les dispositions des trois alinéas précédents ne sont pas applicables lorsque lesdites contributions se substituent à d'autres éléments de rémunération au sens du présent article, à moins qu'un délai de douze mois ne se soit écoulé entre le dernier versement de l'élément de rémunération en tout ou partie supprimé et le premier versement desdites contributions. »

(L. n° 93-121 du 27 janv. 1993, art. 2-III) *« Les personnes visées au 20° de l'article L. 311-3 qui procèdent par achat et revente de produits ou de services sont tenues de communiquer le pourcentage de leur marge bénéficiaire à l'entreprise avec laquelle elles sont liées ».* — Pour les options levées à compter du 1er avr. 1998, les dispositions de la 1re phrase du 2e al. de l'art. L. 242-1 CSS ne s'appliquent pas aux options attribuées avant le 1er janv. 1997 par les sociétés de capitaux immatriculées au registre du commerce et des sociétés depuis moins de 15 ans à la date d'attribution des options (L. n° 98-546 du 2 juill. 1998, art. 92).

(L. n° 98-1194 du 23 déc. 1998, art. 7) *« Sont également pris en compte, dans les conditions prévues à l'article* (L. n° 2017-1836 du 30 déc. 2017, art. 8-I) *« L. 613-1 », les revenus tirés de la location de tout ou partie d'un fonds de commerce, d'un établissement artisanal, ou d'un établissement commercial ou industriel muni du mobilier ou du matériel nécessaire à son exploitation, que la location, dans ce dernier cas, comprenne ou non tout ou partie des éléments incorporels du fonds de commerce ou d'industrie, lorsque ces revenus sont perçus par une personne qui réalise des actes de commerce au titre de l'entreprise louée ou y exerce une activité. »* — Sur l'entrée en vigueur de l'art. 8-I de la L. n° 2017-1836 du 30 déc. 2017, V. dispositions transitoires ss. art. L. 136-8.

(L. n° 2010-1594 du 20 déc. 2010, art. 18-I) *« Est exclue de l'assiette des cotisations mentionnées au premier alinéa, dans la limite d'un montant fixé à* (L. n° 2011-1906 du 21 déc. 2011, art. 14-I) *« deux » fois la valeur annuelle du plafond mentionné à l'article L. 241-3, la part des indemnités versées à l'occasion de la rupture du contrat de travail ou de la cessation forcée des fonctions de mandataires sociaux, dirigeants et personnes visées à l'article 80 ter du code général des impôts qui n'est pas imposable en application de l'article 80 duodecies du même code. »* (L. n° 2008-1330 du 17 déc. 2008, art. 14-I) *« Toutefois, les indemnités* (L. n° 2015-1702 du 21 déc. 2015, art. 8-I-2°) *« versées à l'occasion de la cessation forcée des fonctions de mandataires sociaux, dirigeants et personnes mentionnées à l'article 80 ter du code général des impôts d'un montant supérieur à cinq » fois le plafond annuel défini par l'article L. 241-3 du présent code* (L. n° 2016-1827 du 23 déc. 2016, art. 14-I) *« et celles, versées à l'occasion de la rupture du contrat de travail, d'un montant supérieur à dix fois ce même plafond » sont intégralement assimilées à des rémunérations pour le calcul des cotisations visées au premier alinéa du présent article.* (L. n° 2016-1827 du 23 déc. 2016, art. 14-I) *« Lorsque les mandataires sociaux, dirigeants et personnes mentionnés à l'article 80 ter du code général des impôts perçoivent à la fois des indemnités à l'occasion de la cessation forcée de leurs fonctions et des indemnités versées à l'occasion de la rupture du contrat de travail, il est fait masse de l'ensemble de ces indemnités ; la somme de ces indemnités est intégralement assimilée à des rémunérations pour le calcul des cotisations mentionnées au premier alinéa du présent article dès lors que le montant de ces indemnités est supérieur à cinq fois le plafond annuel défini au même article L. 241-3. »* — Les dispositions issues de la L. n° 2016-1827 du 23 déc. 2016 s'appliquent aux indemnités versées au titre des ruptures de contrat de travail notifiées à compter du 1er janv. 2017 ou aux indemnités versées à l'occasion d'une rupture mentionnée à l'art. L. 1237-11 C. trav. dont la demande d'homologation a été transmise à compter de cette date (L. préc., art. 14-II).

3 derniers al. abrogés par L. n° 2012-1509 du 29 déc. 2012, art. 11-II-E.

V. CGI, art. 80 duodecies. — **CGI.**

V. Circ. DSS n° 2011-145 du 14 avr. 2011.

V. également Circ. DSS n° 2013-344 du 25 sept. 2013.

Sur les contributions des employeurs destinées au financement des prestations complémentaires de retraite et de prévoyance (art. L. 242-1, al. 6 à 9), V. Lettre circulaire ACOSS n° 20150000045, 12 août 2015.

Les dispositions issues de la L. n° 2012-1509 du 29 déc. 2012 sont applicables aux options sur titres et aux actions gratuites attribuées à compter du 28 sept. 2012 (L. préc., art. 11-IV).

Les dispositions issues de l'art. 8 de la L. n° 2015-1702 du 21 déc. 2015 sont applicables aux indemnités versées au titre d'une rupture du contrat de travail ou d'une cessation forcée notifiée à compter du 1er janv. 2016 ou aux indemnités versées à l'occasion d'une rupture mentionnée à l'art. L. 1237-11 C. trav. dont la demande d'homologation a été transmise à compter de cette date. Toutefois, les dispositions précitées ne s'appliquent pas aux indemnités versées à l'occasion de la rupture du contrat de travail intervenant dans le cadre d'un projet établi en application des art. L. 1233-8 et L. 1233-61 C. trav. et pour lequel la réunion mentionnée à l'art. L. 1233-8 ou la première réunion mentionnée aux art. L. 1233-29 ou L. 1233-30 du même code est intervenue le 31 déc. 2015 au plus tard (L. n° 2015-1702 du 21 déc. 2015, art. 8-II).

I. NOTIONS

1. Cotisation. Notion de dette. Il résulte des dispositions combinées des art. L. 242-1 et R. 243-6 CSS que le versement des rémunérations constitue le fait générateur des cotisations. • Soc. 11 oct. 1990 : *RJS 1990, n° 1022* • 25 nov. 1992, n° 89-45.027 P. ♦ Il en résulte que celles-ci doivent être acquittées sur la base du tarif applicable à la date de ce versement et dans la limite du seul plafond prévu pour l'année au cours de laquelle il est intervenu, quelles que soient les périodes de travail correspondantes ou les modalités retenues par l'employeur pour leur versement. • Soc. 11 oct. 1990 : *préc.* • 25 nov. 1992 : *préc.* • Soc. 18 févr. 1999, n° 97-14.422 P : *RJS 1999, n° 573* (acompte sur salaire non assujetti au taux en vigueur au jour du versement du solde). ♦ « C'est le versement des rémunérations par l'employeur et non l'exercice de l'activité à l'origine de l'assujettissement qui détermine le fait générateur de son obligation de cotiser au régime général de la sécurité sociale », si bien que les sommes versées en France à des salariés qui devaient partir en expatriation ou en revenaient sont soumises aux cotisations. • Civ. 2e, 25 mai 2004, n° 02-31.083 P : *BS Lefebvre 2004. 413.* ♦ V. aussi notes ss. l'art. L. 136-5 (à propos de la CSG).

2. Rémunération. Notion de sommes versées. Dirigeants et associés de société. Rémunérations inscrites en provisions. Sont réputées versées les sommes mises à disposition d'un gérant salarié de SARL par l'effet d'une inscription en comptabilité, quelle que soit la dénomination de la rubrique, ce qui constitue un transfert de propriété à son bénéfice lui permettant de les utiliser comme il lui plaît. • Soc. 13 oct. 1971, n° 70-11.804 P. ♦ V. aussi s'agissant de dividendes • Civ. 2e, 25 mai 2004, n° 03-30.030 P (qui exige que les dividendes avancés en compte courant soient mis en évidence par un bilan certifié par un commissaire aux comptes pour échapper à la qualification d'avantages en espèces). ♦ *Contra* depuis : Des sommes inscrites au bilan d'une SARL sur un compte de provisions ne peuvent être réintégrées par l'URSSAF sans qu'il soit établi que le montant de la rémunération du gérant de la société avait été fixé pour la période litigieuse par les dispositions statutaires ou autrement, ou que les sommes avaient été mises à sa disposition par inscription à un compte personnel ou par tout autre moyen, condition nécessaire pour qu'elles puissent être versées au sens de l'art. L. 120 (L. 242-1) CSS. • Soc. 8 févr. 1990, *Sebban c/ URSSAF de la Moselle*, n° 87-12.238 P : *D. 1991. Somm. 128, obs. Prétot* ; *RJS 3/90, n° 268.* • Civ. 2e, 25 avr. 2013 : *D. actu. 24 mai 2013, obs. Fraisse ; RJS 2013, n° 644.* ♦ Rappr. : • Soc. 10 juill. 1969 : *Bull. civ. V, n° 488* (décidant que la dette de cotisation naît de la perception de la rémunération réalisée dès le versement effectif de celle-ci sur un compte courant d'associé, sans qu'une convention ultérieure stipulant entre les parties une remise partielle de la dette de la société puisse être opposée à la caisse).

3. Inscription du salaire en compte courant. Ayant fait ressortir que des sommes qualifiées d'honoraires ont été mises à disposition d'un dirigeant par inscription à son compte courant pour la rémunération de son travail de président du conseil d'administration, une cour d'appel décide à bon droit que ces sommes doivent entrer dans l'assiette des cotisations, même si, sans y avoir renoncé, l'intéressé n'a pas disposé effectivement desdites sommes. • Soc. 16 avr. 1992, n° 90-11.296 P • 4 mai 2000 : *RJS 2000, n° 747.* ♦ L'avance en compte courant consentie par une société à son gérant s'analyse comme un avantage en espèces entrant dans le champ de l'art. L. 242-1. • Civ. 2e, 1er juill. 2003 : *RJS 2003. 843, n° 1229 ; D 2003. 2054.* ♦ V. aussi • Civ. 2e, 6 déc. 2006, n° 05-20.016 P : *RJS 2007, n° 288.* ♦ Les sommes enregistrées au compte « rémunérations dues » dont le président du conseil d'administration n'a pas eu effectivement, par inscription à un compte personnel ou par tout autre moyen, la disposition avant d'y renoncer, condition nécessaire pour qu'elles puissent être considérées comme versées au sens de l'art. L. 242-1 CSS, ne sont pas soumises à cotisations. • Soc. 3 juin 1993 : *RJS 1993, n° 810.*

4. Indemnités à paiement différé. Pour le calcul des cotisations de sécurité sociale, sont considérées comme rémunérations toutes les sommes versées aux travailleurs en contrepartie ou à l'occasion du travail et tous avantages en argent ou en nature, quelles que soient les modalités du versement et la destination ultérieure de ces sommes ou avantages ; il s'ensuit que des indemnités dites à paiement différé allouées par un employeur à partir d'un an d'ancienneté aux membres de son personnel et versées sur un compte spécial bloqué ouvert au nom de chaque bénéficiaire, qui peut les réinvestir immédiatement en titres, constituent un avantage en argent entrant dans l'assiette des cotisations, quel que puisse être leur emploi lors du déblocage lié à la cessation des fonctions et au départ des salariés. • Soc. 21 nov. 1991, ☎ n° 89-14.177 P : *D. 1992. IR 20.*

5. Intérêts des comptes de dépôt ouverts par les salariés. La rémunération de comptes de dépôt à vue, qui n'est autorisée qu'au profit du personnel en activité ou en retraite d'un établissement bancaire ou financier, constitue un avantage consenti à ses bénéficiaires en raison de leur appartenance à cette entreprise, peu important les finalités commerciales poursuivies et les modalités d'imposition fiscale des intérêts servis, quelle que soit l'origine des sommes déposées et même si l'ouverture de ces comptes ne présente pas pour les salariés un caractère obligatoire. • Soc. 25 févr. 1993 (2 arrêts), ☎ n° 90-17.628 P : *D. 1995. Somm. 37, obs. Prétot* ✎ ; *JCP 1993. II. 22123, note Arseguel et Couret* • 12 juill. 1995, ☎ n° 93-12.775 P : *D. 1995. IR 229* ✎ • 30 mai 1996 : ☎ *RJS 1996, n° 979* • 29 mai 1997 : ☎ *RJS 1997, n° 1019* • 30 oct. 1997 : ☎ *RJS 1997, n° 1430* • 1er avr. 1999, ☎ n° 97-12.912 P : *RJS 1999, n° 731.*

6. Sommes indisponibles pendant 5 ans (accord de participation). Les sommes versées par un employeur en contrepartie des prestations fournies par un salarié sont soumises à cotisations de sécurité sociale dès la date de leur versement, peu important que partie de ces sommes ait été affectée à une réserve spéciale la rendant momentanément indisponible. • Soc. 30 mars 1995 : ☎ *RJS 1995, n° 542* (sommes déposées à la réserve spéciale de participation n'ouvrant pas droit à exonération de cotisations faute de dépôt de l'accord de participation à la DDTE). ♦ En vertu des art. R. 442-1 (recodifié D. 3324-1) C. trav. et L. 242-1 CSS, les rémunérations servant de base au calcul de la réserve spéciale de participation s'apprécient par référence à l'assiette de calcul des cotisations de sécurité sociale en sorte que les frais professionnels peuvent être déduits des rémunérations pour ce calcul dans les conditions et limites fixées par arrêté interministériel. • Soc. 17 mai 2001 : *RJS 2011, n° 718.*

7. Contribution salariale à un régime de prévoyance. Une convention collective prévoyant l'affectation exclusive des cotisations salariales au financement d'une indemnité versée à certains salariés en arrêt de travail, les allocations versées sont financées entièrement par la participation des salariés au régime de prévoyance, aucune cotisation de l'employeur ne leur ayant été affectée, et sont en conséquence exclues de l'assiette des cotisations sociales. • Soc. 21 févr. 1991, ☎ n° 88-17.032 P : *D. 1991. Somm. 343, obs. Prétot* ✎ • 25 juin 1992, ☎ n° 90-18.193 P. ♦ l'employeur qui, en application d'une convention collective et d'un régime complémentaire obligatoire de prévoyance, ne participe pas au financement des allocations complémentaires d'indisponibilité temporaire versées à ses salariés, n'est redevable d'aucune cotisation de sécurité sociale du chef de ces indemnités. • Soc. 11 juin 1992, ☎ n° 90-15.335 P.

8. Sportifs professionnels. Sommes versées en contrepartie de l'image ou de la notoriété. Dès lors que l'image et la notoriété de champion du monde ont été acquise par un joueur de football dans le cadre de l'exécution de son contrat de travail qui le liait à l'association sportive, les sommes versées par celle-ci à l'intéressé pour leur exploitation revêtent le caractère d'une rémunération versée à l'occasion d'un travail accompli dans un lien de subordination, et doivent être réintégrées dans l'assiette des cotisations sociales dues par l'association. • Civ. 2e, 14 déc. 2004, ☎ n° 03-30.368 P : *Dr. soc. 2005. 483, obs. Prétot* ✎ ; *RJS 3/05, n° 311* ; *Gaz. Pal. 24 févr. 2005, p. 30, obs. Coursier.*

9. Formule de calcul. Calcul forfaitaire. L'adoption d'une base de calcul forfaitaire, dérogatoire au droit commun, est subordonnée à l'exercice d'une activité accessoire. • Soc. 28 janv. 1993, ☎ n° 90-20.743 P : *D. 1993. Somm. 338, obs. Karaquillo* ✎ ♦ L'exercice par des joueurs de basket-ball d'une activité rémunérée dont ils tirent l'essentiel de leurs ressources en dehors de l'association sportive qui les emploie et qui est admise, en vertu de l'Arr. du 20 mai 1985 (mod. par Arr. du 25 sept. 1986), à calculer les cotisations sociales dues sur une base forfaitaire, est la condition nécessaire pour que leur activité sportive soit considérée comme accessoire. • Soc. 28 janv. 1993 : ☎ *préc.*

10. Lorsque les cotisations sont calculées sur une base forfaitaire, celle-ci inclut l'indemnité de congés payés (contrat emploi solidarité). • Soc. 29 oct. 1998 : ☎ *RJS 1998, n° 1523.*

11. Le redevable des cotisations. V. pour les fonctionnaires notes ss. art. D. 171-11 CSS.

II. CONDITIONS

12. Nécessité d'un lien de subordination. V. la notes ss. art. L. 311-2.

13. Rémunération de collaborateurs occasionnels. Toutes les sommes versées aux salariés en contrepartie ou à l'occasion du travail constituent, en principe, des rémunérations soumises à cotisations ; il incombe à l'employeur d'établir, autrement que par de simples informations ou même par des mentions comptables non assorties de justifications, l'identité des bénéficiaires des rémunérations accordées, sous peine d'être soumis à une taxation forfaitaire. • Soc. 13 janv. 1988, ☎ n° 85-14.505 P. ♦ Sur la taxation forfaitaire, V. notes ss. art. R. 242-5.

14. Personnes apportant un concours occasionnel. Un concours occasionnel et épisodique en dehors d'un lien de subordination exclut l'existence d'un contrat de travail salarié et le versement d'une rémunération est insuffisant à lui seul pour caractériser l'existence d'un travail salarié. • Soc. 11 févr. 1981, n° 79-15.446 P • 28 oct. 1981, n° 80-12.330 P. ♦ N'est pas tenue de cotiser une société de boucherie qui verse des « commissions » aux employés des abattoirs pour la renseigner sur la provenance des peaux dès lors que ces derniers ne reçoivent pas d'ordres d'elle et n'exécutent aucun travail supplémentaire sur les peaux dont le rangement en fonction de leur provenance est effectué sous la direction de leur employeur. Il en résulte que ces sommes ont pour but non de rémunérer une activité accomplie dans l'intérêt et pour le compte de ladite société mais de récompenser des salariés tiers pour la fourniture d'un simple renseignement. • Soc. 11 mars 1987, n° 84-17.201 P. ♦ Dans le même sens, • Soc. 28 nov. 2002 : *RJS 2003, n° 247* (remise de chèques-vacances et de bons de voyage par une société de crédit à des salariés de concessions automobiles ayant fait souscrire des contrats de financement auprès d'elle) • 12 déc. 2002, n° 00-22.450 P : *RJS 2003, n° 376* (remise de cadeaux à titre de prix de concours de vente par un constructeur automobile aux salariés des concessions) • Civ. 2e, 2 mars 2004 : *RJS 2004. 401, n° 595* (exonération des commissions versées par une banque à des agents d'affaires en contrepartie de contrats de prêt qu'ils ont fait souscrire, en l'absence de tout pouvoir de direction ou disciplinaire exercé par elle sur eux) • Civ. 2e, 17 janv. 2007 : *RJS 4/07, n° 475* (absence de redressement au titre de sommes versées à des fonctionnaires qui exerçaient une activité de correspondants locaux, centralisant les abonnements de communes à divers bulletins pour le compte d'une société vis-à-vis de laquelle ils n'étaient pas dans un lien de subordination).

15. Sommes versées à des travailleurs occasionnels. Doivent être réintégrées dans l'assiette des cotisations dues des sommes qualifiées en comptabilité de « distributions occultes », dès lors que leur importance empêche de les considérer comme la simple récompense d'un service rendu de manière occasionnelle et que la société se refuse à fournir le moindre renseignement sur les bénéficiaires ; l'impossibilité de vérifier les conditions dans lesquelles ceux-ci ont exercé leur activité provenant de la carence propre de l'employeur, celui-ci ne saurait faire grief au juge de ne pas s'être expliqué sur cette activité. • Soc. 13 mai 1993, n° 90-21.043 P.

16. Sommes forfaitaires allouées à d'anciens clients en parrainant de nouveaux. Les sommes forfaitaires versées à des anciens clients pour avoir parrainé de nouveaux clients ne sont soumises à cotisations que si est établie l'existence d'un lien de subordination entre la société et les bénéficiaires. • Soc. 14 mars 1996, n° 94-15.387 P : *D. 1996. IR 124.*

17. Supplément de prix sur les clients. L'employeur (restaurateur) qui, tout en rémunérant son personnel par un salaire fixe, perçoit sur les clients un supplément de prix pour le service doit cotiser au titre de ces revenus alors même qu'il ne les répartit pas entre les bénéficiaires comme l'art. L. 147-1 [L. 3244-1 nouv.] C. trav. lui en fait obligation. • Soc. 20 févr. 1997, n° 94-20.427 P : *D. 1997. IR 77*.

18. Versement de commissions. Est tenue de cotiser la société d'assurances qui verse à des personnes qualifiées d'indicateurs d'affaires, étrangères à l'entreprise, ainsi qu'à ses salariés retraités et à des salariés et retraités d'autres sociétés du même groupe, des commissions sur les contrats qu'ils apportent, rémunérant ainsi une tâche accomplie à titre accessoire par ces personnes pour son propre compte. • Soc. 30 avr. 1997 : *RJS 1997, n° 1020.*

19. Primes de publicité dans le cadre de contrats de location. La conclusion de contrats de location avec certains salariés, anciens salariés, ou des tiers à l'entreprise en vue d'apposer de la publicité sur leurs véhicules personnels moyennant versement mensuel d'un loyer constitue pour la salariée concernée une rémunération en contrepartie d'une prestation complémentaire qu'elle avait accepté de fournir et doit ainsi être soumise à cotisation. • Civ. 2e, 5 nov. 2015, n° 14-23.184 P : *RDSS 2015. 1130, note Tauran*.

20. Indemnités versées aux membres d'un conseil de l'ordre. Les membres élus des conseils départementaux de l'ordre des médecins n'en étant pas les salariés, une cour d'appel viole l'art. L. 242-1, al. 1er, en énonçant que les indemnités versées réunissent les critères de soumission au principe général d'assujettissement à cotisations et ne bénéficient d'aucune exonération légale ou réglementaire. • Civ. 2e, 15 sept. 2016, n° 15-22.375 P : *RDSS 2016. 1177, note Tauran*.

III. ASSIETTE DES COTISATIONS

BIBL. Del Sol, *Bull. soc. F. Lefebvre 1998, p. 485* (assiette des cotisations). – Joubert, L'assiette des cotisations de sécurité sociale, *Dr. soc. 1993. 528*. – Prétot, Le financement de la sécurité sociale : jurisprudence récente en matière de cotisations, *Dr. soc. 1986. 164.*

A. SOMMES VERSÉES PAR LE COMITÉ D'ENTREPRISE

BIBL. Cohen, Les comités d'entreprise, les URSSAF et les cotisations sociales, *RPDS 2001. 7.* – Descamps, L'assujettissement aux cotisations de Sécurité sociale des avantages en espèces alloués par le comité d'entreprise, *Dr. soc. 1991. 80*. – Donnadieu, Les cotisations de Sécurité sociale et les activités sociales des comités d'entreprise, *Dr.*

soc. 1987. 37. – Dupeyroux, Les cotisations sociales sur les avantages fournis par le comité d'entreprise, *Dr. soc. 1988. 499.* – Savatier, Vers l'exonération de cotisations de Sécurité sociale pour les avantages procurés par les comités d'entreprise ?, *Dr. soc. 1989. 729.* – Saint-Jours, Œuvres sociales des Comités d'entreprise et cotisations de Sécurité sociale, *RDSS 1985. 66.* — Vachet, Les avantages versés par le comité d'entreprise et les cotisations de Sécurité sociale, *JCP E 1988. II. 15345* ; *RDSS 1991. 87.* – Vellieux, Les limites de la notion de salaire : œuvres sociales et cotisations de Sécurité sociale, *Dr. soc. 1984. 720.*

21. Soumission à cotisations. « Sont soumises à cotisations sociales les sommes attribuées par un comité d'entreprise lorsqu'elle le sont en raison de la qualité des intéressés et à l'occasion du travail, selon des sommes objectives préalables, même si tous n'en bénéficient pas, seules étant exclues de l'assiette des cotisations les sommes ayant un caractère de secours lié à des situations exceptionnelles » ; peu importe que les prestations soient versées par l'intermédiaire d'une société mutualiste (participation aux frais d'envoi des enfants du personnel en vacances). • Civ. 2e, 9 févr. 2006, n° 04-30.549 P : *RJS 2006, n° 626.* ♦ Bien qu'ayant été versées aux salariés en considération d'événements personnels ou familiaux, des primes de mariage et de départ au régiment par l'intermédiaire de son comité d'entreprise constituent, même si elles sont bénévoles, des avantages qui, du fait de leur attribution aux seuls salariés et en raison de cette qualité, ne peuvent l'être qu'à l'occasion du travail accompli par eux pour leur employeur. • Cass., ass. plén., 28 janv. 1972, n° 70-13.261 P : *Dr. soc. 1972. 582, obs. Groutel ; JCP 1972. II. 17005, concl. Lindon.* ♦ Dans le même sens : • Soc. 27 janv. 1977, n° 75-14.797 P • 22 mai 1979, n° 77-12.453 P • 22 juin 1983, n° 81-14.893 P (s'agissant de versements à une mutuelle).

22. Avantages. L'avantage offert en raison de l'appartenance à l'entreprise et à l'occasion du travail accompli est soumis à cotisations sociales (bon d'achat). • Soc. 25 mars 1985, n° 83-13.596 P. ♦ Les sommes attribuées par un comité d'entreprise aux salariés en raison de cette qualité et à l'occasion du travail accompli doivent être incluses dans l'assiette des cotisations sociales. • Soc. 11 mai 1988 (six arrêts), n° 85-10.860 P : *D. 1988. 550, note Saint-Jours ; D. 1989. Somm. 305, obs. Prétot ; Dr. soc. 1988. 499, note Dupeyroux* (s'agissant d'indemnités forfaitaires de colonies de vacances, de participations au paiement de la cotisation salariale à un régime obligatoire de retraite complémentaire, de bourses d'études, de primes de mariage et de naissance, d'aides à l'enfance handicapée, de compléments d'allocations familiales, d'allocations de garde d'enfant et de transport scolaire, de primes de crèche, de bons d'achat, d'indemnités complémentaires de maladie). ♦ Sont soumises à cotisations les sommes attribuées par un comité d'entreprise qui ne présentent pas le caractère de secours lié à des situations individuelles particulièrement dignes d'intérêt, mais sont attribuées selon des normes constantes, en raison de la qualité des intéressés et à l'occasion du travail accompli par les bénéficiaires. • Soc. 21 juin 1990 : *RJS 1990, n° 818 ; D. 1991. Somm. 344, obs. Prétot* • 9 juin 1992, n° 89-18.539 P : *D. 1993. Somm. 273, obs. Prétot ; Dr. soc. 1993. 80, note Savatier* • 5 mai 1995, n° 92-19.024 P : *D. 1995. 530, note Saint-Jours*.

23. Bourses d'études et d'équipement. Des avantages tels que des bourses d'études et d'équipement allouées par un comité d'établissement à des salariés dont les enfants poursuivent des études secondaires, sont attribués en fonction de critères objectifs et selon des normes préétablies aux seuls salariés de l'entreprise, ce qui exclut, même si tous n'en bénéficient pas, qu'ils aient le caractère de secours liés à des situations individuelles particulièrement dignes d'intérêt, peu important qu'ils aient été versés par le comité sur les dons affectés aux activités sociales et culturelles prévues par l'art. R. 432-2 C. trav. • Soc. 11 janv. 1990, n° 87-16.181 P : *D. 1990. 339 (2e esp.), note Saint-Jours ; D. 1991. Somm. 125, obs. Prétot*.

24. Bons d'achat. Des gratifications sous la forme de bons d'achat dont la valeur est uniforme et dont l'ensemble du personnel est attributaire ne sont pas constitutives de secours et entrent dans le champ d'application de l'art. L. 242-1 ; il importe peu que les retraités en aient aussi bénéficié, cette circonstance n'empêchant pas que, pour les travailleurs en activité, l'octroi d'un tel avantage soit attaché à la qualité de salarié et accordé à l'occasion du travail accompli. • Soc. 20 juin 1991, n° 89-10.579 P.

25. Exclusion de l'assiette. Nature de secours. Allocations versées pour des enfants handicapés. Mais une cour d'appel a pu faire ressortir que des allocations versées pour les enfants handicapés avaient été attribuées en fonction de situations individuelles exceptionnelles particulièrement dignes d'intérêt. • Soc. 17 avr. 1996 : *RJS 1996, n° 717 ; JCP 1997. II. 22762, note Daverat ; RDSS 1997. 104, note Lamarche*. ♦ Il en est de même de bourses d'études qui n'ont été attribuées qu'à une fraction réduite des salariés après examen particulier de leurs difficultés financières et des besoins de leurs enfants, pour des montants fixés après évaluation des ressources nécessaires à un niveau de vie minimum. • Soc. 11 avr. 2002, n° 00-13.023 P : *RJS 7/2002, n° 876.*

26. Fonds issus des activités sociales et culturelles. Il importe peu, au regard des art. L. 242-1 et R. 242-1 CSS que le financement d'avantages en nature ou en espèces servis aux salariés par le comité d'entreprise, en contrepartie ou à raison du travail, ait été assuré à l'aide des fonds destinés aux activités sociales et culturelles. • Soc. 1er avr. 1993, n° 90-15.009 P : *D. 1993. IR 124* (prestations familiales complémentaires) • 5 mai 1994, n° 91-16.001 P : *D. 1994. IR 150.* ♦ Dans le même sens : • CE 19 févr. 1988 : *D. 1988. Somm. 364, obs. Prétot ; Dr. soc. 1988. 499, note Dupeyroux ; AJDA 1988. 410, obs. Prétot.*

27. L'instruction ministérielle du 17 avr. 1985 qui se borne à énumérer, sous la réserve expresse de l'appréciation des tribunaux, les prestations servies par les comités d'entreprise susceptibles d'être comprises ou non dans l'assiette des cotisations de sécurité sociale, n'est pas créatrice de droits et ne saurait restreindre ceux que tiennent de la loi les organismes de recouvrement. • Soc. 23 mars 1995, n° 92-11.833 P (gratification versée à l'occasion de la remise de la médaille d'honneur du travail). ♦ V. aussi • Civ. 2e, 16 sept. 2010 : *RJS 2010, n° 879* • 5 mai 1995, n° 92-19.024 P • 17 avr. 1996 : *RJS 1996, n° 717 ; JCP 1997. II. 22762, note Daverat ; RDSS 1997. 104, note Lamarche.*

28. Paiement des cotisations. Le comité d'entreprise doit garantir l'employeur de sa condamnation au paiement des cotisations sociales correspondant aux allocations et primes non exonérées servies par le comité ; si le paiement des cotisations de sécurité sociale incombe à l'employeur, il ne doit pas en supporter définitivement la charge lorsque ces sommes ont été attribuées, en dehors de toute intervention déterminante de sa part, à l'initiative du comité d'entreprise, organisme doté de la personnalité morale, cette initiative ne pouvant avoir pour conséquence d'augmenter indirectement la contribution patronale au financement des activités sociales et culturelles prévue aux art. L. 432-8 et R. 432-12-1° C. trav. • Soc. 11 mai 1988, n° 86-13.959 P. ♦ Le versement des cotisations incombe à l'employeur sauf son recours éventuel contre le comité d'entreprise. • Soc. 11 mai 1988, n° 86-10.122 P.

29. Recours de l'employeur contre le comité (conditions). Si les activités sociales et culturelles énumérées à l'art. R. 432-2 C. trav. échappent au paiement de cotisations de sécurité sociale, en revanche, lorsque le comité d'établissement a créé des avantages non compris dans la liste du texte précité, l'employeur, tenu de verser les cotisations en vertu de l'art. R. 243-6 CSS, peut agir contre le comité en remboursement de celles-ci. • Soc. 13 mai 1993, n° 91-14.362 P. ♦ Des bourses d'études ayant été attribuées, en dehors de toute intervention de l'employeur, à l'initiative du comité d'établissement, organisme autonome doté de la personnalité morale, cette initiative ne peut avoir pour conséquence d'augmenter la contribution patronale au financement des activités sociales et culturelles prévues aux art. L. 433 et R. 433-12-1° C. trav., et la société est fondée à réclamer au comité le remboursement des cotisations qu'elle était tenue de verser au titre desdites cotisations. • Soc. 13 mai 1993 : *préc.*

B. AVANTAGES EN ARGENT ALLOUÉS PAR L'EMPLOYEUR

1° SOMMES LIÉES À LA RUPTURE DU CONTRAT

a. Licenciement (jurisprudence antérieure au renvoi à l'art. 80 duodecies CGI)

BIBL. Aknin, Les seuils d'assujettissement à charges sociales des indemnités de rupture après la réforme, *Gaz. Pal. 17-18 juin 2011, p. 20.* – Chelle et Prétot, Indemnités de rupture des salariés : prélèvements sociaux et fiscaux ; étude comparée, *RJS 1990. 16* et *Dr. soc. 1993. 535*. – Béal et Terrenoire, Le nouveau régime social des indemnités de rupture du contrat de travail ou du mandat, *SSL 2011, n° 1479, p. 7.* – Colomer, Les indemnités de rupture au regard de l'assiette des cotisations, *Cah. dr. entr. 2008. 27.* – Coursier, Assiette des cotisations du régime général de Sécurité sociale et sommes à caractère indemnitaire liées à la rupture du contrat de travail, *JCP E 1997. II, n° 919* ; Le régime social des sommes liées à la rupture du contrat de travail, *TPS 1998. 4.* – Coursier et Pichon, À propos des indemnités de fin de carrières, les incidences d'un changement de régime, *SSL 2007, n° 1332, p. 5.* – David, Régime fiscal et régime de Sécurité sociale applicable aux indemnités perçues par un salarié lors de la rupture du contrat de travail, *Dr. soc. 1981. 684.* – Derue, L'article L. 242-1 dernier alinéa du CSS : le casse-tête du cotisant, *JCP E 2001. 1223.* – Douaoui, Le nouveau régime social des indemnités de rupture du contrat de travail, *JCP S 2011, n° 1089.* – Girodroux, Départ volontaire et cotisations, *Lamy social 1996. 1.* – Goasguen, Sommes versées à l'occasion de la rupture du contrat de travail : la voie étroite de l'exonération, *SSL 1997, n° 823, p. 3.* – Gouret, Plan de sauvegarde de l'emploi, indemnités complémentaires et rupture négociée, *JCP E 2008, n° 1365* – Jacotot, La soumission des indemnités de rupture du contrat de travail à durée déterminée aux cotisations et contributions de sécurité sociale, *JCP S 2006, n° 1833.* – Lavielle, Traitement fiscal des indemnités versées en cas de rupture du contrat de travail, *JS Lamy 1998, n° 11, p. 4.* – Wismer et Allanic, Indemnités de rupture du contrat de travail et charges sociales : la fin d'une époque ?, *SSL 2010, n° 1468, p. 6.*

30. Inclusion dans l'assiette. Indemnités de préavis. L'indemnité compensatrice de préavis non effectué, due en vertu du contrat de travail, est versée au titre du salaire afférent à la période du délai-congé et doit donc être comprise dans les rémunérations servant de base au calcul des cotisations de sécurité sociale. • Civ. 2e,

24 juin 1959 : *Bull. civ. II, n° 495* • Cass., ass. plén., 18 juin 1963, n° 58-50.474 P : *D. 1963. 643, note Minjoz ; Dr. soc. 1964. 123, obs. G. Lyon-Caen ; JCP 1963. II. 13324, note P. A.* • Soc. 10 juin 1965 : *Bull. civ. V, n° 448* • 26 nov. 1969 : *Bull. civ. V, n° 642.*

31. Les indemnités compensatrices de préavis calculées en fonction de périodes de travail ou de périodes assimilées à celles-ci tiennent lieu de salaires et doivent être soumises à cotisations. • Soc. 26 nov. 1969 : *Bull. civ. V, n° 642.*

32. Le juge ne peut déduire du seul fait de l'existence d'un licenciement le droit de l'URSSAF à percevoir des cotisations sur l'indemnité de préavis puisque celle-ci n'est due que si le délai-congé n'a pas été respecté, le salarié pouvant renoncer expressément à la percevoir en tout ou partie. • Soc. 8 févr. 1989, n° 86-11.022 P : *D. 1990. 339, note Saint-Jours* .

33. L'indemnité représentative de préavis versée le cas échéant, selon l'art. L. 321-6 C. trav., à un salarié ayant accepté une convention de conversion est assimilable à un salaire et doit donc être soumise à cotisations. • Soc. 16 nov. 1993, n° 91-45.573 P.

34. Indemnité due en cas de rupture consécutive à un accident du travail. Quelles que soient ses modalités de calcul, l'indemnité compensatrice allouée en application de l'art. L. 122-32-6 C. trav. (licenciement pour inaptitude physique du salarié atteint d'une maladie professionnelle) est assimilée par la loi à l'indemnité compensatrice de préavis et doit être incluse, au même titre, dans l'assiette des cotisations. • Soc. 4 oct. 1990, n° 88-16.990 P : *D. 1991. Somm. 343, obs. Prétot* .

35. Indemnités de congés payés. L'indemnité compensatrice de congés payés attribuée au travailleur qui quitte son emploi afin de lui permettre de prendre, le moment venu, le congé annuel auquel il a droit, présente, comme l'indemnité de congés payés proprement dite, le caractère d'un salaire assujetti au paiement des cotisations de sécurité sociale. • Civ. 2e, 16 nov. 1956 : *Bull. civ. II, n° 609* • 18 févr. 1959 : *Bull. civ. II, n° 160.* ♦ L'indemnité compensatrice de congés payés constitue un élément de salaire à paiement différé. • Soc. 28 mars 1979, n° 77-13.647 P. ♦ La circonstance qu'elle soit versée aux ayants droit d'un salarié décédé avant de prendre son congé annuel, qui ont qualité pour obtenir le paiement des salaires arriérés, n'en modifie pas le caractère. • Soc. 28 mars 1979 : *préc.*

36. Indemnités de précarité. Une entreprise qui fabrique des produits glacés en toutes saisons avec seulement un accroissement périodique de production n'a pas d'activité saisonnière et doit verser aux salariés engagés, par contrat à durée déterminée l'indemnité de précarité visée à l'article L. 122-3-4 C trav., ce qui suffit à rendre exigible les cotisations recouvrées à ce titre par l'URSSAF. Doit être en conséquence censuré l'arrêt qui annule le redressement opéré par cet organisme aux motifs que l'indemnité n'était pas due et que seuls les salariés concernés pouvaient se prévaloir d'un défaut de paiement. • Soc. 17 janv. 2002, n° 00-14.709 P : *Dr. soc. 2002. 769, obs. Roy-Loutaunau ; JCP E 2002. 2058, note Vachet, Morin et Pennanéac'h.*

37. Indemnité pour violation du statut protecteur. L'indemnité pour violation du statut protecteur, qui n'est pas au nombre des indemnités non imposables au titre de l'impôt sur le revenu limitativement énumérées par l'art. 80 *duodecies* CGI, est soumise aux cotisations sociales et d'assurance chômage. • Civ. 2e, 12 févr. 2015, n° 14-10.886 P : *D. actu. 9 mars 2015, obs. Peyronnet ; RJS 2015, n° 279 ; JCP S 2015, n° 1128, comm. Crevel.*

38. Inclusion dans l'assiette. Indemnité de non-concurrence. L'engagement de non-concurrence assumé par des inspecteurs et visiteurs à cartes multiples étant une des conditions du contrat de travail, en rapport direct avec le travail précédemment accompli, les sommes allouées par l'ancien employeur en contrepartie de l'obligation acceptée, bien que versées après la cessation des fonctions, l'ont été à raison et à l'occasion d'un travail antérieur, comme conséquence de la relation de travail ayant existé, dont les effets se trouvent à cet égard prolongés de l'accord des parties, et doivent être soumises à cotisations. • Soc. 19 mars 1974, n° 73-10.345 P : *JCP 1975. II. 18067, note Saint-Jours* • Versailles, 21 avr. 1995 : *D. 1996. Somm. 247, obs. Serra* • 6 juill. 2000 : *RJS 2000, n° 993.* ♦ L'indemnité de non-concurrence constituant la contrepartie d'une servitude imposée par le contrat de travail, calculée au prorata du salaire antérieur, elle est le prolongement direct du travail à l'occasion duquel elle est versée. • Soc. 19 mars 1974, n° 73-10.345 P. ♦ ***Indemnité de licenciement.*** L'indemnité de licenciement versée, en application de l'art. 51 du Décr. n° 86-83 du 17 janv. 1986 modifié par l'art. 5 du Décr. n° 2008-281 du 21 mars 2008, par une personne publique à l'agent contractuel engagé à terme et licencié avant ce terme n'est pas au nombre de celles limitativement énumérées par les dispositions combinées des art. L. 242-1 CSS et 80 *duodecies* CGI, de sorte qu'elle entre dans l'assiette des cotisations sociales et contributions d'assurance chômage. • Civ. 2e, 25 janv. 2018, n° 17-11.442 P : *AJDA 2018. 195* ; *JCP S 2018. 1081, note Auméran.*

39. Exclusion de l'assiette. Nature de dommages et intérêts. Une indemnité conventionnelle de licenciement, acquise par le salarié par le fait et à l'instant de la rupture du louage de services, n'est pas la contrepartie du travail fourni et n'est donc pas un élément du salaire. • Soc. 9 mars 1957 : *Dr. soc. 1957. 278, concl. Blanchet* • 10 nov. 1960 : *Bull. civ. V, n° 1016.* ♦ Une indemnité de licenciement, bien qu'elle ait pour origine le contrat, constitue non un revenu mais des dommages-intérêts, c'est-à-dire la réparation d'un préjudice, ce qui ne saurait être assimilé à un revenu quel qu'il soit. • Civ. 2e, 9 juin 1966 : *Bull. civ. II, no 661.* ♦ A la différence de l'indemnité compensatrice de préavis correspondant à la rémunération du travail qu'aurait accompli le salarié s'il était resté au service de son employeur pendant la durée du délai-congé, les indemnités de licenciement sont destinées à réparer, en fonction de l'ancienneté, le préjudice qu'a subi le travailleur du fait de la perte de son emploi et ne constituent pas un supplément de rémunération versé en raison ou à l'occasion du travail. • Soc. 10 mars 1971, no 69-13.791 P.

40. Participation salariale au FNE. La prise en charge par l'employeur de la participation des salariés au Fonds national de l'emploi ayant pour objet d'en éviter l'imputation sur l'indemnité conventionnelle de licenciement, cette prise en charge ne constitue qu'un complément de ladite indemnité qui doit être exclu de l'assiette des cotisations. • Soc. 19 déc. 1991, no 88-13.681 P • 9 avr. 1992, no 90-10.734 P : *D. 1992. IR 150* • 9 déc. 1993, no 90-21.268 P : *D. 1994. IR 23* • 10 févr. 1994, no 91-19.783 P.

41. Indemnité forfaitaire pour travail dissimulé. L'indemnité forfaitaire prévue par l'art. L. 324-11-1 C. trav., qui répare le préjudice subi par le salarié du fait du travail dissimulé, a un caractère indemnitaire. • Soc. 20 févr. 2008, no 06-44.967 P : *RJS 2008, no 579.*

42. Indemnité transactionnelle versée à l'occasion de la rupture du contrat. Inclusion dans l'assiette. L'indemnité transactionnelle n'est pas au nombre de celles limitativement énumérées par l'art. 80 *duodecies* CGI auquel renvoie l'art. L. 242-1 CSS qui sont exclues de l'assiette des cotisations de sécurité sociale. Elle est donc soumise à cotisation dans les limites posées par l'art. 80 *duodecies* CGI. • Civ. 2e, 28 mai 2015, no 14-14.494 P : *RJS 2015, no 585 ; JPS S 2015, no 1316, comm. Vachet.* ♦ Les sommes accordées, à titre transactionnel, en complément des indemnités de licenciement ou de départ volontaire versées dans le cadre du plan de sauvegarde de l'emploi au sens des art. L. 1233-32 et L. 1233-61 à L. 1233-64 C. trav., n'étant pas au nombre de celles limitativement énumérées par l'art. 80 *duodecies* CGI, sont soumises aux cotisations de sécurité sociale et d'allocations familiales, à moins que l'employeur rapporte la preuve qu'elles concourent, pour tout ou partie de leur montant, à l'indemnisation d'un préjudice. • Civ. 2e, 21 juin 2018, no 17-19.432 P : *RJS 10/2018, no 633 ; JCP S 2018. 1256, note Credez-Rosier et Guichard.* ♦ V. aussi : • Civ. 2e, 15 mars 2018, nos 17-11.336 et 17-10.325 : *RJS 5/2018, no 363 ; JCP S 2018. 1156, note Auméran ; RDSS 2018. 556, note Tauran ; Cah. soc. 2018, no 308, obs. Keim-Bigot.*

b. Rupture anticipée de contrat à durée déterminée

43. Exclusion de l'assiette. Les indemnités reçues par des salariés d'un club de football professionnel en réparation de préjudices subis à la suite de la rupture avant terme de leurs contrats à durée déterminée ne constituent pas des rémunérations liées au travail accompli et sont ainsi exonérées de charges sociales. • TASS Nantes, 14 janv. 1993 : *D. 1996. Somm. 33, obs. Karaquillo*. ♦ ***Cas d'inclusion.*** Sont en revanche à réintégrer les indemnités allouées à certains joueurs en contrepartie de la rupture de leur contrat de travail alors que celui-ci continuait à s'exécuter. • TASS Nantes, 14 janv. 1993 : *préc.* ♦ V. pour une jurispr. plus récente : ***indemnités transactionnelles en cas de rupture d'un CDD.*** Les sommes accordées, même à titre transactionnel, en cas de rupture anticipée d'un contrat de travail à durée déterminée ne sont pas au nombre des celles limitativement énumérées par l'art. 80 *duodecies* CGI auquel renvoie l'art. L. 242-1 CSS et n'ont donc pas à être exclues de l'assiette des cotisations. • Civ. 2e, 7 oct. 2010, no 09-12.404 P : *JCP E 2011, no 1122, obs. Vachet ; RJS 2010, no 983 ; Dr. soc. 2011. 218, obs. Barthélemy ; JCP S 2010, no 1488, note Tauran ; LPA 11 avr. 2011. 16, note Brignon et Buy.*

c. Décès

44. Exclusion de la notion de secours et inclusion dans l'assiette. L'aide forfaitaire versée aux ayants droit d'un salarié décédé, même si elle est destinée à compenser la perte de ressources éprouvée par les proches du disparu, constitue non un secours attribué en considération de situations individuelles particulièrement dignes d'intérêt, qui est exclu à titre exceptionnel de l'assiette des cotisations, mais un avantage en argent alloué en fonction de critères objectifs et en raison de l'appartenance à l'entreprise du salarié décédé à l'occasion du travail accompli par celui-ci. • Soc. 30 janv. 1992 : *RJS 1992, no 346* • 4 févr. 1993, no 91-14.438 P : *D. 1993. IR 70* • 2 déc. 1993 : *JCP 1994. II. 22278, note Saint-Jours ; D. 1994. IR 20* • 12 oct. 1995, no 93-16.993 P : *Dr. soc. 1996. 437, obs. Laigre ; D. 1995. IR 254.* ♦ A propos d'allocations d'invalidité versées par l'employeur, V. • Cass., ass. plén., 26 janv. 2001 : *RJS 2001, no 490 ; JCP E 2001, p. 671, note F. Taquet ; D. 2001. IR 678* (cassant • Paris, 4 déc. 1998 : *RJS 1999, no 1507,* estimant au contraire que le bénéficiaire n'a pas la qualité de salarié).

45. Allocations de décès. Les indemnités de décès versées aux ayants droit d'agents mandataires d'une société d'assurances constituent un avantage en argent alloué en raison de la seule appartenance passée des défunts à l'entreprise et doivent être considérées comme versées à l'occasion du travail. • Soc. 23 janv. 1997 : *RJS 1997,* *n° 457.* ♦ La somme versée à la veuve du salarié, directement due à celle-ci en vertu d'une disposition de la convention collective, constitue un avantage en argent alloué en raison de l'appartenance du salarié à l'entreprise et à l'occasion du travail accompli par lui. • Soc. 24 avr. 1997, n° 95-18.039 P : *D. 1997. IR 128* • Soc. 26 sept. 2002, n° 00-19.250 P : *RJS 2003, n° 246, obs. Briens* (selon lequel les sommes versées par l'employeur aux ayants droit des salariés décédés en activité constituent, quelles qu'en soient les modalités de calcul et de versement, des avantages en argent procurés en contrepartie ou à l'occasion du travail). ♦ V. aussi • Civ. 2e, 16 sept. 2010 : *RJS 2010, n° 879.*

d. Départ négocié, retraite

46. Exclusion de l'assiette. Nature de dommages et intérêts. Indemnités de réparation du préjudice. Les indemnités versées par l'employeur aux salariés qui acceptent de quitter volontairement l'entreprise et qui ont, comme les indemnités légales ou conventionnelles de licenciement, le caractère de dommages-intérêts compensant le préjudice résultant de la rupture de leur contrat de travail et la perte prématurée de leur emploi, ne doivent pas être incluses dans l'assiette des cotisations de sécurité sociale. • Soc. 28 juin 1979, n° 78-12.874 P (soulignant que la société éprouvait de grosses difficultés économiques et s'efforçait de diminuer ses charges) • Cass., ass. plén., 2 avr. 1993, n° 89-15.490 P • Soc. 13 janv. 1994, n° 91-21.800 P : *D. 1994. IR 76* • 12 janv. 1995, n° 92-13.637 P : *D. 1995. IR 52* • 10 oct. 1996, n° 94-20.161 P : *JCP E 1997. II. 919, note Coursier ; D. 1996. IR 235* • 6 janv. 1998 : *D. 1998. IR 45 ; Dr. soc. 1998. 177, obs. P. Lyon-Caen* • 23 mai 2000 : *RJS 2000, n° 992.* ♦ Dès lors, les cotisations litigieuses n'étant pas dues, le débiteur est en droit, sans être tenu à aucune autre preuve, d'en obtenir restitution. • Cass., ass. plén., 2 avr. 1993 : *préc.* ♦ Un salarié subit, du fait de la cessation prématurée de son activité dans le cadre d'un plan social, qui constitue une forme atténuée de licenciement, un préjudice matériel et moral ; dès lors, l'indemnité qui lui est versée a pour objet de réparer ce préjudice et ne constitue pas la rémunération d'un travail. • Soc. 6 oct. 1994 : *RJS 1994, n° 1296.* ♦ L'indemnisation volontaire supplémentaire allouée aux salariés en raison de leur acceptation d'un départ anticipé de l'entreprise présente le caractère de dommages-intérêts et doit en conséquence être exclue de l'assiette des cotisations. • Soc. 8 janv. 1997 : *Dr. soc. 1997. 210, obs. Saint-Jours* .

47. Il importe peu que les sommes aient été versées par l'employeur ou le comité d'entreprise. • Soc. 9 juin 1992 : *RJS 1992, n° 918 ; D. 1993. Somm. 273, obs. Prétot* . ♦ Sur les sommes allouées par le comité d'entreprise, V. la jurisprudence citée au III.

48. Indemnité de départ à la retraite dans le cadre d'un PSE. Le versement anticipé de l'indemnité de départ à la retraite, dans le cadre d'un protocole d'accord organisant la réduction des effectifs de l'entreprise au moyen de cessations anticipées d'activité, a pour objet de compenser le préjudice résultant de la rupture du contrat de travail. • Soc. 16 juin 1994 : *RJS 1994, n° 1049.*

49. L'indemnité de départ anticipé perçue par le salarié ayant accepté de démissionner en application du contrat de solidarité préretraite constitue la compensation du préjudice causé par la perte de l'emploi et, à ce titre, présente le caractère de dommages-intérêts. • Soc. 9 nov. 1989, n° 87-12.241 P : *D. 1990. Somm. 148, obs. Prétot* . ♦ Dès lors que le bénéficiaire d'une convention de préretraite progressive ne pouvait plus, ayant atteint l'âge de 60 ans, prétendre au versement de l'allocation de préretraite progressive et a dû faire valider ses droits à pension de vieillesse, l'indemnité de départ à la retraite qu'il a perçue présentait un caractère indemnitaire et se trouvait exonérée des cotisations sociales. • Soc. 9 oct. 2001 : *RJS 2001, n° 1450.*

50. En prenant en charge un complément de cotisations au régime de retraite complémentaire pour éviter au salarié de subir un préjudice après la rupture du contrat de travail sous la forme d'une diminution de sa pension de retraite, l'employeur ne verse pas un complément d'allocation mensuelle mais effectue des versements de nature indemnitaire non soumis à cotisations. • Soc. 6 oct. 1994 : *RJS 1994, n° 1296.* ♦ Dans le même sens, • Soc. 13 déc. 2001 : *RJS 2002, n° 213.*

51. Indemnité contractuelle de fin de carrière. A la nature de dommages-intérêts une indemnité de fin de carrière versée à l'occasion d'un licenciement. • Soc. 13 oct. 2004, n° 02-42.814 P : *RJS 2004, n° 1319.*

52. Aide à la création d'entreprise. Le montant d'un prêt accordé à un salarié dans le cadre d'un plan social au titre de l'aide à la création d'entreprise (C. trav., art. L. 122-32-12), qui était remboursable en cas d'échec du projet et de retour du créateur d'entreprise dans un certain délai au sein de la société, doit être réintégré dans l'assiette des cotisations après que le délai imparti a expiré ou que le salarié intéressé a démissionné en renonçant à prendre le congé pour création d'entreprise. • Soc. 18 juill. 1997 : *RJS 1997, n° 1277.*

e. Transaction

53. Exclusion de l'assiette. Nature de dommages et intérêts. Sont exclues de l'assiette des cotisations les sommes allouées en vertu d'une transaction conclue avec l'employeur en vue de mettre fin à toutes contestations sur les conditions de la rupture, ce qui implique qu'elles englobent les dommages-intérêts qui, pour le cas où cette rupture aurait été jugée abusive, auraient pu lui être accordés sans préjudice, le cas échéant, de l'indemnité de licenciement visée à l'art. L. 122-9 C. trav. • Soc. 28 avr. 1986, n° 84-13.246 P : *D. 1986. Somm. 375, obs. Prétot.* ♦ Les sommes allouées à titre transactionnel à des salariés qui renoncent en contrepartie à réclamer des dommages-intérêts pour rupture injustifiée du contrat de travail ont pour seul objet de compenser le préjudice né de la rupture du contrat de travail et sont exclues de l'assiette des cotisations sociales, même pour la part de ces sommes qui excède le montant de l'indemnité conventionnelle de licenciement. • Soc. 10 févr. 1994, n° 91-19.783 P. ♦ Dans le cadre d'une transaction, l'employeur et les salariés peuvent convenir du versement d'une indemnité excédant le montant de l'indemnité de licenciement prévu par la loi ou la convention collective, ce complément ayant, comme l'indemnité elle-même, le caractère de dommages-intérêts compensant le préjudice né de la rupture du contrat de travail. • Soc. 27 nov. 1985, n° 83-16.653 P. ♦ Selon l'art. 80 *duodecies* CGI, dans sa rédaction applicable à la date d'exigibilité des cotisations et contributions litigieuses (2008), auquel renvoie l'art. L. 242-1 CSS, ne constitue pas une rémunération imposable la fraction des indemnités de rupture du contrat de travail qu'il énumère, qui n'excède pas, notamment, deux fois le montant de la rémunération annuelle brute perçue par le salarié au cours de l'année civile précédant le rupture de son contrat de travail. • Civ. 2e, 21 sept. 2017, n° 16-20.580 P.

54. Rôle du juge. Le juge est tenu de rechercher si la somme versée dans le cadre d'une transaction et qualifiée par les parties d'« indemnité transactionnelle et définitive » n'englobe pas des éléments de rémunération soumis à cotisations, quelle que soit la qualification retenue par les parties. • Soc. 28 oct. 1987, n° 84-13.704 P • 7 avr. 1994, n° 91-22.147 P : *D. 1996. Somm. 42, obs. Prétot* • 30 juin 1994, n° 92-14.952 P : *Dr. soc. 1994. 809, obs. Antonmattéi* ; *D. 1996. Somm. 42, obs. Prétot* • 30 avr. 1997 : *RJS 1997, n° 1020* (ce dernier arrêt condamnant à payer des cotisations l'employeur qui n'a pas rapporté la preuve lui incombant que les salariés avaient renoncé à percevoir tout ou partie de l'indemnité compensatrice de préavis) • 28 mars 2002 : *RJS 2002, n° 717* (exonération des versements dont il s'avère, après analyse de l'accord transactionnel, qu'ils ne correspondaient pas à des droits acquis ayant le caractère de salaire au sens de l'art. L. 212-5-1 C. trav. relatif à l'indemnité compensatrice de repos compensateur non pris). – V. aussi • Civ. 2e, 4 avr. 2013 : *RJS 2013, n° 482.* ♦ La somme versée à titre global et forfaitaire lors d'une transaction peut comprendre des éléments de rémunérations qui doivent donner lieu à l'établissement d'un bulletin de paie détaillant ces différents éléments. • Soc. 16 juin 1998 : *RJS 1998, n° 984* ; *Rev. fiduciaire 2005. 63.*

55. Démission du salarié (sommes versées par l'employeur). Les sommes versées par l'employeur lors de la démission d'un salarié n'ont pas, en principe, la nature de dommages-intérêts, mais constituent des éléments de rémunération soumis aux cotisations de sécurité sociale ; elles peuvent toutefois avoir, en tout ou partie, le caractère de dommages-intérêts s'il est établi qu'en réalité, la rupture du contrat de travail a été provoquée par l'employeur, notamment pour l'une des causes énoncées à l'art. L. 321-1 C. trav. (motif économique) et que les sommes versées réparent le préjudice né de la perte de l'emploi ; en ce cas, le juge est tenu de préciser si, pour chacun des salariés, la rupture du contrat a été provoquée par l'employeur et si les sommes versées à cette occasion ont eu pour seul objet de réparer le préjudice né de la perte de leur emploi. • Soc. 6 janv. 1998, n° 94-21.159 P : *Dr. soc. 1998. 177, concl. Lyon-Caen* ; *D. 1998. Somm. 387, obs. Prétot* ; *JCP E 1998. 756, obs. Derue* ; *SSL 2003, n° 1133, p. 37, obs. Jonin et Kessler.* ♦ Confirmation pour des faits postérieurs à la LFSS pour 2000 : Dès lors que le départ du salarié a pour origine la restructuration des activités de l'entreprise et que la rupture des relations de travail a été ainsi provoquée par l'employeur, les sommes allouées au titre de cette rupture intervenue d'un commun accord revêtent un caractère indemnitaire et n'ont pas à être soumises aux cotisations de sécurité sociale. • Civ. 2e, 6 mars 2008, n° 07-40.591 P : *RJS 2008, n° 588* ; *JCP S 2008, n° 1326, note Vachet.* ♦ V. pour un exemple d'inclusion dans l'assiette d'une indemnité de départ volontaire versée en dehors d'un plan social : • Civ. 2e, 8 juill. 2010 : *RJS 2010 n° 880* ; *JCP E 2011, n° 1424, obs. Vachet.*

56. Indemnité versée à l'occasion du départ d'une société. Constitue un élément de rémunération soumis à cotisations l'indemnité versée à un directeur général à l'occasion de son départ de la société qui ne constitue ni le dédommagement d'une révocation qui serait intervenue dans des conditions abusives, ni la réparation du préjudice qui serait résulté pour lui de la cessation forcée de ses fonctions. • Soc. 24 mars 1994 : *RJS 1994, n° 921.* ♦ ***Sommes représentant des commissions dues.*** Constitue un complément de rémunération versé en contrepartie ou à l'occasion du travail la somme versée lors de la résiliation négociée du contrat de travail d'un salarié, intervenue en dehors de tout litige, ce dernier demeurant président-directeur général de la société, correspondant aux commissions qui auraient été dues si le contrat s'était poursuivi. • Soc. 16 oct. 1997, n° 95-18.853 P : *RJS 1997, n° 1448.*

57. Engagement contractuel de non-concurrence. Après avoir analysé les termes d'une transaction, une cour d'appel peut estimer que la somme attribuée au salarié à titre indemnitaire comprenait en réalité l'indemnité contractuelle compensatrice de l'engagement de non-concurrence pendant deux ans, à laquelle le salarié n'avait pas renoncé. • Soc. 7 mai 1998 : *JCP 1998. II. 10184, note Derue.* ♦ Entrent dans l'assiette des cotisations les sommes versées à des salariés en vertu d'un accord d'établissement transactionnel, conclu hors de tout projet de licenciement économique, moyennant renonciation définitive à toute réclamation née de la suppression d'un ancien mode de rémunération. • Civ. 2e, 24 mai 2005 : *RJS 2005, no 897.*

2o SOMMES LIÉES À LA CESSATION PARTIELLE D'ACTIVITÉ

a. Réduction de l'activité d'un salarié

BIBL. Radé, SMIC et réduction du temps de travail ; la politique des petits pas, *Dr. soc. 1999. 986* ; SMIC et réduction du temps de travail : la fin du cauchemar, *Dr. soc. 2003. 18*. – Willmann, « Réduction Fillon » : la Cour de cassation modifie le calcul de l'assiette, *JCP S 2011, no 1204.*

58. Les indemnités versées aux salariés ayant accepté la transformation de leur emploi à temps plein en emploi à temps partiel ont le caractère de dommages-intérêts compensant le préjudice né pour les intéressés, de la réduction de leur temps de travail, de sorte qu'elles ne doivent pas être incluses dans l'assiette des cotisations de sécurité sociale. • Soc. 7 avr. 1994, no 91-22.147 P : *D. 1995. Somm. 37, obs. Prétot* ; *JCP E 1994. II. 608, note Taquet.* ♦ Il résulte de l'art. L. 242-1, al. 1er, CSS, dans sa rédaction en vigueur avant la L. no 2005-1579 du 19 déc. 2005, que sont soumises à cotisations toutes les sommes versées aux salariés en contrepartie ou à l'occasion du travail, y compris les sommes compensant les pertes de rémunération induites par la réduction du temps de travail. • Civ. 2e, 19 juin 2008, no 07-16.135 P : *RJS 10/08, no 1026* • Civ. 2e, 13 déc. 2007, no 06-21.649 P : *JCP S 2008, no 1257, note Vachet.* ♦ V. *Contra*, antérieurement : destinées à compenser les pertes de rémunération induites par la réduction du temps de travail, les sommes versées aux salariés en application de l'accord d'entreprise prévu par l'art. 39-1, al. 2, de la L. no 93-1313 du 20 déc. 1993 (accord défensif de la loi « Robien ») ont le caractère de dommages-intérêts. • Civ. 2e, 20 janv. 2004 : *RJS 2004. 291, no 419* (jurisprudence censurée par la loi no 2005-1579 du 19 déc. 2005 ayant modifié l'art. L. 242-1, al. 1er). ♦ Elles sont, en revanche, assujetties aux cotisations d'assurance chômage. • Soc. 17 juin 2003, no 00-21.407 P : *RJS 2003. 809, no 1176 ; Dr. soc. 2003. 1031, obs. Radé*.

59. Indemnités de chômage-intempéries. Les indemnités de chômage-intempéries versées en exécution d'un accord national agréé par arrêté ministériel selon la procédure prévue à l'art. L. 352-2 C. trav. sont en principe exonérées de cotisations de sécurité sociale en vertu de l'art. L. 352-3 du même code. • Soc. 7 déc. 1988, no 86-10.700 P.

60. Perte de clientèle. Les indemnités dites de reprise de bordereau allouées, en cas de mutation ou de retrait de clientèle, aux agents producteurs salariés d'une société d'assurance, chargés de recueillir les souscriptions à des contrats de capitalisation et d'assurance et d'assurer l'encaissement des primes, ont pour fait générateur une mutation, un changement de fonction ou une réduction du secteur géographique d'activité des agents concernés ; elles sont ainsi destinées à réparer le préjudice subi par les salariés du fait de l'employeur et ont le caractère de dommages-intérêts, exclues en conséquence de l'assiette des cotisations. • Soc. 12 oct. 1995, no 93-16.992 P : *D. 1995. IR 254.*

61. Lock-out irrégulier. Aucun salaire n'étant dû lors de la période de fermeture d'une entreprise et l'employeur ayant commis une faute consistant en la fermeture jugée irrégulière, les sommes allouées aux salariés en réparation du préjudice subi ont la nature de dommages-intérêts et n'entrent pas dans l'assiette des cotisations. • Soc. 23 oct. 1997 : *RJS 1997, no 1427.*

62. Ont un caractère de rémunération les sommes allouées aux salariés en cas de déclassement disciplinaire, afin d'assurer le maintien provisoire de leur précédent salaire. • Soc. 25 nov. 1999, no 97-18.919 P : *RJS 2000, no 207.*

b. Invalidité, maladie

63. Invalidité. L'allocation d'invalidité, même si elle est destinée à réparer un préjudice indépendant du travail, représente un avantage en argent qui, alloué en raison de la seule appartenance de l'intéressé à l'entreprise, doit être considéré comme versé, sinon en contrepartie, du moins à l'occasion du travail au sens de l'art. L. 242-1 CSS. • Soc. 12 oct. 1995, no 93-16.993 P : *D. 1995. IR 254.* ♦ *Contra :* • Paris, 4 déc. 1998 : *RJS 1999, no 1507* (au motif que le bénéficiaire n'a pas la qualité de salarié).

64. Maladie. Les prestations de sécurité sociale ne supportant pas de cotisations, en cas de maintien du salaire au profit d'un salarié absent pour cause de maladie, seul peut être déduit de l'assiette des cotisations sociales le montant des indemnités journalières versées par la caisse à l'employeur. • Soc. 30 oct. 1997, no 96-11.928 P : *RJS 1997, no 1426* • 21 mai 2002, no 99-45.454 P : *RJS 2002, no 1019 ; Dr. ouvrier 2003. 34 ; JS Lamy 2002, no 111, p. 27, note Rérolle.*

65. Les indemnités journalières complémentaires prévues par un régime complémentaire de prévoyance auquel adhère l'employeur en application d'un accord d'entreprise ou d'une convention collective, si ce régime est cofinancé par les salariés, doivent être soumises aux cotisations de sécurité sociale au prorata de la contribution de l'employeur au financement dudit régime. • Soc. 26 avr. 1990 : RJS 1990, n° 524 ; D. 1991. Somm. 126, obs. Prétot • 17 oct. 1991, n° 88-17.501 P : RJS 1991, n° 1361. ♦ Seules sont soumises à cotisations les allocations complémentaires versées au titre des périodes pendant lesquelles le contrat individuel de travail qui lie le salarié à l'employeur reste en vigueur. • Soc. 29 oct. 1998 : RJS 1998, n° 1523. ♦ V. art. R. 242-1, al. 2.

c. Mise en disponibilité

66. L'allocation accordée par l'Association nationale pour la formation permanente du personnel hospitalier aux membres de ce personnel mis en disponibilité en vue de la réalisation d'études ou de recherches d'intérêt général, qui est destinée à faciliter aux bénéficiaires la réalisation de ces études ou recherches, n'est attribuée ni en contrepartie ni à l'occasion d'un travail exécuté pour un employeur ; en outre, elle n'est pas assimilable aux aides financières de l'État dont peuvent bénéficier, en qualité de stagiaires de la formation professionnelle, les agents placés en disponibilité pour convenances personnelles à l'effet de parfaire leur formation et, en l'absence de dispositions en ce sens, ne constitue pas une rémunération de substitution soumise aux cotisations du régime général de sécurité sociale. • Soc. 27 sept. 1989, n° 86-16.864 P : *D. 1990. Somm. 148, obs. Prétot* • 23 janv. 1992, n° 89-16.630 P.

67. Doit être incluse dans l'assiette des cotisations la part des indemnités pour congé d'éducation ouvrière et de formation syndicale servies par le comité d'entreprise qui est destinée à compenser une perte de salaire et constitue une rémunération. • Soc. 5 mai 1995, n° 92-19.024 P.

3° INDEMNITÉS LIÉES AU CHANGEMENT DU LIEU DE TRAVAIL

Sur la qualification de frais professionnels éventuellement applicable aux indemnités d'expatriation et aux indemnités liées à une mutation, V. la jurisprudence citée ss. Arr. du 20 déc. 2002, art. 1er (Annexe I).

68. Prime de transfert prévue par un plan social. Une prime de transfert, versée en application d'un plan social et ayant pour objet de compenser le préjudice subi par les salariés du fait du changement d'entreprise et de la modification des conditions de vie et de travail qui en découle, a une nature indemnitaire et n'entre donc pas dans l'assiette des cotisations. • Soc. 3 juin 1999, n° 97-22.691 P : *RJS 1999, n° 964 ; SSL 2003, n° 1133, p. 37, obs. Jonin et Kessler.*

4° INTÉRESSEMENT

BIBL. Boulmier, Primes d'intéressement et cotisations de Sécurité sociale, *Dr. ouvrier 1997. 233.* – Chonnier, Accord d'intéressement : la suppression précède la substitution !, *SSL 1997, n° 849, p. 2.* – Cormier et Lemercier, Les apports de la loi du 30 déc. 2006 en matière de participation et d'actionnariat salarié, *Dr. soc. 2007. 152*. – Derue, Intéressement et substitution dans la loi relative à l'amélioration de la participation des salariés dans l'entreprise, *Dr. trav. 1994. 19.* – Jourdan et Morand, Participation, intéressement, PEE et actionnariat : 2007, l'année du développement dans l'entreprise, *JCP E 2007, n° 1395.* – P. Lyon-Caen, Les accords d'intéressement et la Sécurité sociale, *Dr. soc. 1996. 953*. – Morvan, Le nouveau droit de la rémunération, *Dr. soc. 2008. 643*. – Renard, Accords d'intéressement : caractère aléatoire de l'intéressement calculé en pourcentage du chiffre d'affaires consolidé, *JCP 1997. II. 22920* ; La notion d'aléa dans les accords d'intéressement, *TPS 1997, n° 18.* – Sauret, L'intéressement des salariés aux résultats ou aux performances de l'entreprise : l'impact de la recodification, *JCP S 2009, n° 1279.* – Vacarie et Allouache, La composition et la charge de la rémunération, *Dr. soc. 2009. 1025*. – Vachet, La notion de rémunération au regard de la sécurité sociale, *Mél. Despax, Toulouse, 2002. 359.*

a. Principe de non-substitution au salaire

69. Substitution illicite à un élément du salaire. **BIBL.** Savatier, *Dr. soc. 1991. 756*. ♦ Il résulte de l'art. 4 de l'Ord. n° 86-1134 du 21 oct. 1986 relative à l'intéressement et à la participation des salariés aux résultats de l'entreprise (art. L. 441-4 C. trav.) que les sommes attribuées aux salariés en vertu d'un accord d'intéressement n'ont pas le caractère d'éléments de salaire pour l'application de la législation du travail et celle de la sécurité sociale, et n'entrent donc pas dans l'assiette des cotisations sociales, à condition qu'elles ne se substituent pas à l'un des éléments du salaire en vigueur dans l'entreprise. • Soc. 27 janv. 1994, n° 91-17.528 P : *D. 1994. IR 56* • Civ. 2e, 17 févr. 2004 : *RJS 2004. 391, n° 583.*

70. Prime de fin d'année. Une prime de fin d'année instituée par un accord d'entreprise lui conférant un caractère obligatoire pour l'employeur constitue un élément du salaire au sens de l'art. 4 de l'ordonnance de 1986 et ne peut se voir substituer une prime dite de progression et de performance exonérée de charges sociales. • Soc. 27 janv. 1994, n° 91-17.528 P. ♦ ***Prime de bilan.*** Il est procédé à une substitution d'avantages contraire aux dispositions de l'art. 4 de l'ordonnance de 1986 lorsque, à une prime de bilan calculée en fonction du salaire et des compétences professionnelles de chaque salarié, non exonérée de cotisations et allouée en vertu d'un accord collectif d'entreprise, est substituée une prime d'intéressement qui remplace de ce fait un élément du salaire, quelles que soient les modalités d'attribution de ce dernier. • Soc. 5 mai 1994, n° 92-11.049 P. ♦ Dès lors que la mise en œuvre d'un accord d'intéressement comportant une formule ayant pour effet d'augmenter le produit de l'intéressement quand la prime de bilan diminue, s'est accompagnée d'une réduction, sans raison objective, du montant de cette prime, il apparaît que l'intéressement s'est en partie substitué à un élément du salaire. • Civ. 2e, 17 févr. 2004 : *préc. note 69.* ♦ ***Primes versées à intervalles réguliers à l'ensemble du personnel et en fonction de critères précis.*** Des primes, bien que qualifiées d'exceptionnelles, qui ont été versées par un employeur avec régularité à l'ensemble du personnel, dont le mode de calcul obéissait à des critères précis, objectifs et définis préalablement, de sorte qu'elles ne sont pas des gratifications discrétionnaires et aléatoires, constituent des éléments du salaire au sens de l'ordonnance de 1986. • Soc. 21 mars 1996, n° 94-11.611 P • 23 mai 1996, n° 94-13.462 P : *Dr. soc. 1996. 746, obs. Saint-Jours* • 7 déc. 2000 : *RJS 2001, n° 218* (suppression d'une prime régulière, contemporaine de la conclusion d'un accord d'intéressement stipulant une clause de sauvegarde empêchant l'intéressement distribué d'être d'un montant inférieur). ♦ Des primes qui ne sont ni fixes, c'est-à-dire issues de règles permettant un calcul, ni constantes, conservent un caractère aléatoire et discrétionnaire ; n'ayant pas davantage acquis le caractère d'un usage, elles ne font pas l'objet d'un droit et ne constituent pas un élément de salaire obligatoire en vertu de règles légales, contractuelles ou de jurisprudence. • Paris, 7 oct. 1992 : *RJS 1993, n° 295.*

71. Caractère concomitant (non). Une substitution contraire à l'art. 4 de l'Ord. du 21 oct. 1986 est également interdite lorsque la prime d'intéressement n'a pas été instituée de manière rigoureusement concomitante à la suppression de la prime présentant un caractère d'élément de salaire mais que les deux opérations n'ont été séparées que par un court intervalle de temps et ont été mises au point corrélativement dans le cadre d'un projet d'ensemble de la direction destiné à remplacer le système ancien par un autre moins onéreux. • Soc. 27 janv. 1994, n° 91-16.528 P. ♦ Se substituent à un élément de salaire en vigueur dans l'entreprise les sommes versées dans le cadre d'un accord d'intéressement de groupe dès lors que chaque société prenait en charge sa quote-part de l'intéressement et qu'une prime ayant un caractère de salaire a été remplacée pour la majorité des salariés par lesdites sommes. • Soc. 14 oct. 1999 : *RJS 1999, n° 1491.* ♦ Un accord d'intéressement ayant été conclu en même temps qu'un autre supprimant une prime, cette simultanéité réalise la substitution prohibée d'un accord d'intéressement à un élément de la rémunération et un salarié est alors fondé à réclamer le paiement d'un rappel de salaire. • Soc. 9 oct. 2001 : *RJS 2001, n° 1448.*

72. Substitution partielle (non). Les sommes attribuées aux salariés ne peuvent se substituer, fût-ce partiellement, au salaire en vigueur dans l'entreprise. • Soc. 21 mars 1996, n° 94-11.611 P • 26 mars 1998 : *RJS 1998, n° 770.* ♦ En conséquence, la réintégration dans l'assiette des cotisations ne peut être limitée à la seule fraction constitutive de l'intéressement de substitution. • Soc. 21 mars 1996 : *préc.* ♦ ***Compatibilité avec les droits de l'homme.*** • Soc. 15 juin 2000 : *RJS 2000, n° 1268* (jugeant inapplicable l'art. 6 Conv. EDH, la réintégration n'ayant pas le caractère d'une pénalité).

b. Exigence du caractère collectif

73. Mode de rémunération collective. Les conditions dans lesquelles a été exécuté un accord d'intéressement sont sans effet sur sa validité. • Soc. 12 déc. 1996, n° 95-11.487 P : *Dr. soc. 1996. 208, obs. Savatier* (jugeant que la conformité de l'accord aux exigences légales doit être appréciée indépendamment de sa dénaturation par l'entreprise) • 5 nov. 1998 : *RJS 1999, n° 84* (autorisant une société à bénéficier des exonérations au titre d'un accord régulier mais imparfaitement appliqué, après avoir relevé l'absence de fraude et la régularisation d'une répartition antérieure erronée) • 21 oct. 2003, n° 01-21.353 P : *RJS 2004. 72, n° 85* (condamnant, à l'inverse, une condition illicite, « peu important l'application qui a pu en être faite et l'action indemnitaire dont disposeraient les salariés »). ♦ *Contra :* • Poitiers, 7 déc. 1994 : *RJS 1995, n° 145.* ♦ Comp. • Soc. 9 déc. 2003 : *RJS 2004. 164, n° 243* (réintégrant les primes versées en vertu d'accords conformes à la loi dont l'application ne respectait pas le caractère collectif de l'intéressement).

74. Conséquence. En vertu de l'art. 2 de l'Ord. du 21 oct. 1986, les accords d'intéressement doivent instituer un mode de rémunération collective ; toute stipulation non conforme à cette exigence entraîne la perte totale du droit à exonération. • Soc. 23 mai 1996, n° 94-15.177 P. ♦ Il importe peu que la clause litigieuse n'affecte qu'une partie des sommes distribuées en vertu de l'accord puisqu'elle leur fait perdre en totalité leur caractère de rémunération collective. • Soc. 23 mai 1996 : *préc.*

75. Intéressement lié à des critères de performance individuelle des salariés. L'intéressement de nature à ouvrir droit aux exonérations prévues par l'ordonnance de 1986 doit être un mode de rémunération collective et ne peut résulter d'un accord prévoyant une répartition fondée sur des critères de performances individuelles des salariés. • Soc. 13 avr. 1995, n° 93-15.295 P (prise en compte illicite d'une notation basée sur la qualité du travail, le respect des consignes de sécurité, le respect du matériel et les initiatives) • 9 mai 1996, n° 93-21.888 P : *D. 1997. 137, note Keller ; Dr. soc. 1996. 953, concl. Lyon-Caen*. ♦ Un accord ne saurait instituer une véritable individualisation de l'intéressement en tenant compte des performances de chacun des salariés en fonction des objectifs qui lui étaient fixés, alors que le recours à de tels critères, fondés sur le mérite individuel et l'assiduité, est contraire au caractère collectif de l'intéressement, qui consacre la récompense d'une réussite non pas individuelle, mais collective. • Paris, 18 févr. 1992 : *D. 1992. IR 150.*

76. Intéressement lié à l'absentéisme. Perdent leur caractère de rémunération collective les primes versées en application d'un accord d'intéressement qui exclut de son bénéfice les salariés qui ne sont pas présents dans l'entreprise à la fois à l'ouverture et à la clôture de l'exercice qui y donne lieu ainsi que ceux ayant reçu au cours de l'exercice notification d'une sanction prévue par la convention collective, et qui minore l'intéressement par jour d'absence pour maladie, maternité, allaitement, ou soins à enfant malade. • Soc. 9 mai 1996, n° 94-12.650 P : *D. 1996. IR 155.* ♦ V. aussi • Soc. 9 mars 1995 : *Dr. soc. 1995. 514, note Savatier* (illicéité de l'accord excluant du bénéfice des primes les salariés partis en cours d'année, absents pour maladie, maternité ou ayant fait l'objet d'une sanction disciplinaire) • 11 juill. 1996 : *RJS 1996, n° 958 ; D. 1996. IR 200* (illicéité de l'accord qui subordonne le calcul de la prime d'intéressement aux effets conjugués de deux critères liés à la sécurité et à l'absentéisme) • Soc. 14 juin 2005 : *RJS 2005, n° 882* (illicéité de l'accord qui soumet le calcul de la prime d'intéressement à l'application conjuguée de deux critères liés au salaire et à l'absentéisme) • 13 mars 1997 : *RJS 1997, n° 578* (illicéité de l'accord subordonnant le paiement des primes à une présence continue et effective de six mois dans l'entreprise). ♦ Dans le même sens, • Soc. 21 oct. 2003 : *préc. note 73* • 5 févr. 1998 : *RJS 1998, n° 342* (illicéité de la minoration des primes en cas d'absence pour maladie, pendant les congés sans solde, la période de préavis rémunéré non effectué et les heures d'absence pour recherche d'emploi) • 1er avr. 1999 : *RJS 1999, n° 837* (illicéité d'une clause de pénalisation des absences, sans que l'intéressement soit réparti en fonction de la durée de présence). ♦ V. dans le même sens : • Soc. 7 mai 2003 : *RJS 2003. 615, n° 923* • 3 juin 1999 : *RJS 1999, n° 1109* • 19 juill. 2000 : *RJS 2001, n° 71* (illicéité d'un barème, même établissant des paliers de réduction en fonction de la durée de l'absence, qui n'est pas fondé sur un principe de proportionnalité) • 18 mai 2000 : *RJS 2000, n° 836* (illicéité de l'accord qui exclut les salariés n'appartenant plus à l'entreprise lors du versement de la prime) • 7 déc. 2000 : *RJS 2001, n° 218* (illicéité de l'accord qui pose une condition de présence à une date déterminée, tel le début du trimestre au titre duquel est versé l'intéressement) • 1er mars 2001 : *RJS 2001, n° 624* (illicéité de l'accord excluant les salariés qui ne sont pas présents dans l'entreprise à la date de clôture de l'exercice) • Civ. 2e, 16 déc. 2003 : *inédit* (répartition jugée non uniforme en raison d'une clause qui n'instaurait une stricte répartition de la prime que jusqu'à un seuil de quarante jours d'absence au-delà duquel les absences n'avaient plus aucune incidence, avantageant ainsi les salariés dont l'absentéisme excédait cette durée).

77. Répartition proportionnelle au nombre de primes hebdomadaires d'assiduité perçues dans l'année. Constitue un accord instituant un mode de rémunération collective contribuant à réaliser l'intéressement des salariés de l'entreprise et ouvrant droit à exonération de cotisations l'accord instituant une prime répartie entre les salariés proportionnellement au nombre de primes hebdomadaires d'assiduité perçues dans l'année par ceux-ci, prime basée sur la participation collective aux résultats financiers de l'entreprise. • Soc. 5 janv. 1995, n° 92-14.912 P : *Dr. soc. 1995. 194, note Savatier*. ♦ La répartition de primes d'intéressement entre les salariés étant strictement proportionnelle à la durée de leur présence au sein de celle-ci au cours de l'exercice, le fait qu'un salarié puisse être privé du bénéfice de la répartition en raison de son absence pendant la durée de tout l'exercice n'a pas pour conséquence de priver l'intéressement de son caractère collectif. • Soc. 25 févr. 2003 : *RJS 2003, n° 648.*

78. Intéressement lié à la fréquence des accidents du travail. Selon l'art. L. 230-3 C. trav., il incombe à chaque travailleur de prendre soin, en fonction de sa formation et selon ses possibilités, de sa sécurité et de sa santé ainsi que de celles des autres personnes concernées du fait de ses actes ou de ses omissions au travail ; dès lors, la formule d'un accord d'intéressement peut adopter comme référence le taux de fréquence des accidents du travail survenus dans l'entreprise, soit un critère lié à l'amélioration de la sécurité ; une telle formule de calcul ne méconnaît pas le caractère collectif de l'intéressement, n'aboutit pas à sanctionner les salariés absents à la suite d'un accident et ne fait pas obstacle au principe de la responsabilité, tant civile que pénale, de l'employeur ou du chef d'établissement. • Soc. 24 sept. 2002, n° 00-18.290 P : *RJS 2002, n° 1422.* ♦ *Contra,* • Soc. 21 mars 2002 : *D. 2002, 2563, note D. Boulmier*.

79. Intéressement et licenciement. Les salariés ne peuvent être privés, en raison des motifs de leur licenciement, des droits à l'intéressement qu'ils ont acquis en application de l'ordonnance de 1986. • Soc. 12 oct. 1995, n° 93-18.391 P :

Dr. soc. 1995. 1039, note Savatier ; *D. 1995. IR 254.* ♦ Pour ouvrir droit à l'exonération des cotisations de sécurité sociale, l'accord d'intéressement doit bénéficier à l'ensemble du personnel, et l'exclusion des salariés licenciés pour faute grave ou lourde du bénéfice de l'intéressement fait échec à cette exonération, peu important que de tels licenciements ne soient pas intervenus au cours de l'exercice considéré. • Soc. 9 mai 1996, n° 94-17.175 P : *D. 1996. IR 155* • 3 juill. 1997 : *RJS 1997, n° 1003.*

80. Qualité de salarié (nécessité). La loi réservant le bénéfice de l'intéressement aux seuls salariés, un gérant de SARL ne peut en cette seule qualité en percevoir les produits, sauf à démontrer qu'il est lié à la société par un contrat de travail. • Versailles, 23 janv. 1996 : *RJS 1996, n° 957.*

81. Charge de la preuve. Il appartient à l'employeur de démontrer qu'une répartition inégale des primes d'intéressement entre des cadres et des non-cadres ne résulte pas de l'adoption de critères personnels privant les primes du caractère de rémunération collective qu'elles doivent présenter pour donner droit à exonération. • Soc. 11 juin 1998 : *RJS 1998, n° 1035.*

c. Appréciation du caractère aléatoire

82. Pouvoir souverain des juges du fond. Les modalités d'attribution des primes d'intéressement liées à la situation de l'entreprise ne doivent pas être laissées à la discrétion de l'employeur, sans être liées aux résultats de l'entreprise. • Soc. 20 mars 1997, n° 95-16.930 P : *D. 1997. IR 100* . ♦ C'est dans l'exercice de son pouvoir souverain d'appréciation qu'une cour d'appel estime si l'intéressement présente un caractère aléatoire. • Soc. 17 déc. 2002, n° 01-20.472 P : *RJS 2003, n° 370* • 29 oct. 2003 : *RJS 2004. 71, n° 84.* ♦ Il suffit que l'aléa existe même s'il est faible. • Soc. 2 juill. 2003 : *JCP E 2003. II. 1512, note Boulmier.* ♦ Il suffit que la formule de calcul soit liée aux résultats, quelle que soit l'interprétation envisagée. • Soc. 21 sept. 2005 : *RJS 2005, n° 1236* (censurant l'arrêt ayant jugé imprécise cette référence).

83. Formule de calcul. Des modalités de calcul de la prime d'intéressement qui ne laissent pas aux unités de travail la maîtrise des paramètres sur lesquels la prime est calculée, sont conformes aux dispositions de l'Ord. du 21 oct. 1986. • Soc. 10 oct. 1996 : *RJS 1996, n° 1195.*

84. Ce n'est pas seulement sur le montant des sommes attribuées, nécessairement variable quand elles sont déterminées en pourcentage d'une base en soi changeante, que doit porter l'aléa, mais sur l'éventualité même d'une quelconque perception. • Poitiers, 7 déc. 1994 : *RJS 1995, n° 145.* ♦ Cet aléa n'existe pas lorsque l'intéressement est calculé sur le chiffre d'affaires puisque l'entreprise réalise toujours un chiffre d'affaires à proportion duquel, si modeste serait-il, il y aura toujours en vertu de l'accord litigieux une répartition à opérer. • Poitiers, 7 déc. 1994 : *préc.* ♦ L'aléa n'existe pas non plus lorsque les seuils retenus dans l'une des tranches de chiffre d'affaires fixées pour la détermination de l'intéressement avaient pour résultat de bloquer le montant de la prime, de sorte que son évolution n'avait pas suivi celle des résultats de l'entreprise. • Soc. 28 mars 2002 : *RJS 2002, n° 863.* ♦ C'est uniquement un pourcentage sur la différence entre des chiffres d'affaires comparés d'une année sur l'autre, ou par rapport à un chiffre d'affaire conventionnellement défini, qui satisfait au critère d'accroissement de la productivité prévu par l'art. 2 de l'ord. du 21 oct. 1986. • Poitiers, 7 déc. 1994 : *préc.* ♦ V. toutefois, note suivante.

85. Des primes présentent un caractère aléatoire lorsque l'accord d'intéressement prévoit le versement de primes calculées en pourcentage du chiffre d'affaires consolidé des sociétés du groupe auquel appartient la société, du fait du caractère variable de cet élément. • Soc. 5 juin 1997 : *JCP E 1997. II. 1019, obs. Renard* • Soc. 11 juin 1998 : *RJS 1998, n° 1035* (dès lors que ce critère exclut toute garantie d'un montant minimum ou forfaitaire de primes). ♦ L'accord d'intéressement peut prendre en compte les résultats du groupe auquel appartient l'entreprise. • Soc. 28 mars 2006 : *RJS 2006, n° 883* ; *JCP S 2006. 1550, note Vatinet.* ♦ *Adde* : • Soc. 25 mars 1999 : *RJS 1999, n° 708* (validant le versement de primes calculées en pourcentage du chiffre d'affaires de la société *et* de l'augmentation de celui-ci).

86. Formule de calcul liée aux résultats de l'entreprise. Institue un mode de rémunération collective contribuant à réaliser l'intéressement des salariés à l'entreprise l'accord attribuant une prime calculée en pourcentage de la valeur ajoutée annuelle des trois années à venir, dès lors que la valeur ajoutée définie dans l'accord n'est pas indépendante de l'activité de l'entreprise, qu'un comportement actif des salariés est susceptible d'influer sur le montant des ventes à partir duquel est calculée la valeur ajoutée, et que les primes versées ne se sont substituées à aucun élément du salaire alors existant ou devenu obligatoire en vertu de règles légales ou conventionnelles, peu important que la somme à répartir ne soit pas calculée à partir des résultats de l'exploitation. • Soc. 24 oct. 1996, n° 94-16.484 P : *Dr. soc. 1996. 1109, note Savatier* . ♦ Est lié à la performance de l'entreprise l'intéressement calculé en fonction de la valeur ajoutée due au personnel correspondant au rapport entre l'activité brute de l'entreprise et la durée effective de travail ; en outre, il n'est pas interdit de calculer et de verser l'intéressement selon une périodicité inférieure à un an. • Civ. 2e, 7 avr. 2004, n° 02-30.797 P.

87. L'accord prévoyant qu'une prime sera versée aux salariés au cours de l'exercice à la double condition que la marge brute de l'exercice atteigne un certain pourcentage et que le résultat net atteigne un certain pourcentage du chiffre d'affaires hors taxes énonce deux conditions objectivement mesurables dont la survenance simultanée révèle la bonne marche économique de l'entreprise, le versement de la prime présentant en outre un caractère aléatoire. • Soc. 13 févr. 1997 : *RJS 1997, n° 1269.*

88. Capacité d'autofinancement positive. La condition d'une capacité d'autofinancement positive, liée à l'activité de l'entreprise et dont la réalisation n'est pas certaine, présente un caractère aléatoire. • Soc. 18 janv. 2001 : *RJS 2001, n° 481.*

d. Formalisme

89. Dépôt de l'accord. Pour ouvrir droit aux exonérations prévues par l'Ord. du 21 oct. 1986, les accords intervenus doivent avoir été déposés à la direction départementale du travail et de l'emploi du lieu où ils ont été conclus. • Soc. 24 nov. 1994 : *RJS 1995, n° 47* • 20 févr. 1997 : *RJS 1997, n° 447* (solution relative à un accord d'intéressement, antérieure à la loi du 25 juill. 1994 modifiant l'art. L. 441-2 C. trav.) • 22 oct. 1998 : *RJS 1998, n° 1537.* ♦ Dans le même sens, pour un accord de participation : • Soc. 30 mars 1995 : *RJS 1995, n° 542.* ♦ La formalité du dépôt s'impose lors du renouvellement de l'accord. • Soc. 5 nov. 1999, n° 97-22.485 P : *RJS 1999, n° 1490* • 31 oct. 2000 : *RJS 2001, n° 72.* ♦ L'absence d'observation de la DDTE lors du dépôt de l'accord ne vaut pas approbation et l'URSSAF n'a pas à solliciter son avis lors d'un contrôle. • Soc. 19 juill. 2000 : *RJS 2001, n° 90.* ♦ Cette formalité s'impose également aux avenants qui modifient l'accord initial. • Civ. 2e, 22 janv. 2015, n° 14-10.701 P : *D. actu. 9 févr. 2015, obs. Fraisse ; RJS 2015, n° 273 ; JCP S 2015, n° 1159, comm. Kovac et Gaudemet-Toulemonde.*

90. Date de conclusion. Conformément à l'art. L. 441-2 C. trav., l'accord doit être conclu avant le premier jour du septième mois suivant la date de sa prise d'effet ; en cas de reconduction d'un accord préexistant, le nouvel accord est conclu à la date de la décision de le reconduire, non de sa signature. • Soc. 15 juill. 1999 : *RJS 1999, n° 1108.* ♦ Il suffit que l'accord d'intéressement ait été conclu par l'échange des consentements des parties sur les conditions et modalités de calcul et de répartition des sommes distribuées avant le premier jour du septième mois suivant sa prise d'effet pour ouvrir droit aux exonérations légales, peu important qu'il ait été ultérieurement constaté dans un écrit. • Soc. 29 oct. 2003 : *RJS 2004. 70, n° 83.*

91. Entreprises concernées. Il résulte des art. L. 441-1, L. 131-2 et L. 134-1 C. trav. que les dispositions relatives à l'intéressement des salariés ne sont applicables aux établissements publics qui assurent tout à la fois une mission de service public à caractère administratif et à caractère industriel et commercial que s'ils figurent sur une liste déterminée par décret et emploient du personnel dans les conditions du droit privé ; les chambres de commerce et d'industrie ne sont pas dans le champ de ces dispositions dès lors qu'aucun décret n'est intervenu. • Soc. 11 mars 2003, n° 01-20.967 P.

92. Ampleur de la réintégration. La réintégration dans l'assiette des cotisations de la totalité des sommes litigieuses ne constitue pas une pénalité violant le principe de proportionnalité de la sanction. • Soc. 18 mai 2000 : *RJS 2000, n° 836* (refusant de limiter le redressement aux primes d'intéressement qui auraient dû être versées aux salariés irrégulièrement exclus). ♦ V., cependant, art. L. 441-2, dern. al., C. trav. (issu de L. 19 févr. 2001). – **C. trav.**

5° PLANS D'ÉPARGNE D'ENTREPRISE

BIBL. Cormier et Lemercier, Les apports de la loi du 30 déc. 2006 en matière de participation et d'actionnariat salarié, *Dr. soc. 2007. 152*. – Jourdan, Les modifications apportées aux dispositifs traditionnels d'épargne, *LPA 2001, n° 38, p. 8*. – Jourdan et Morand, Participation, intéressement, PEE et actionnariat : 2007, l'année du développement dans l'entreprise, *JCP E 2007, n° 1395*. – Morvan, Le nouveau droit de la rémunération, *Dr. soc. 2008. 643*. – Rigaud, La réforme des retraites : l'épargne retraite et l'épargne salariale, *JCP S 2010, n° 1526*. – Salomé et Bordier, Restructurations juridiques et épargne salariale. Mesurer et anticiper les conséquences de ces opérations, *JCP S 2010, n° 1478*. – Taquet, La réforme de l'épargne salariale (Loi n° 2001-152 du 19 févr. 2001), *Gaz. Pal. 15-16 août 2001, p. 12*. – Vacarie et Allouache, La composition et la charge de la rémunération, *Dr. soc. 2009. 1025*. – Vachet, La notion de rémunération au regard de la sécurité sociale, *Mél. Despax, Toulouse, 2002. 359*.

93. Le caractère collectif du système d'épargne d'entreprise prévu par l'Ord. du 21 oct. 1986 s'oppose à ce que le montant des versements de l'employeur puisse être fixé par celui-ci en dehors de tout critère prédéterminé résultant de l'acte ou de l'accord ayant établi le plan d'épargne d'entreprise. • Soc. 12 déc. 1996, n° 95-11.487 P : *Dr. soc. 1996. 208, obs. Savatier* • Soc. 10 janv. 2006 : *RJS 2006, n° 368.* ♦ ... à ce que le montant des versements de l'employeur soit fondé sur les critères de performance individuelle des salariés. • Soc. 10 déc. 2003 : *RJS 2004. 165, n° 244.* ♦ La charge de la preuve du caractère collectif de l'attribution des sommes abondées, sur la base de critères prédéterminés, incombe à l'employeur. • Soc. 23 mars 2000, n° 98-20.398 P : *RJS 2000, n° 691.* ♦ Sur les critères illicites : • Soc. 26 oct. 2000, n° 99-11.401 P : *RJS 2001. 45, n° 73* • 4 juill. 2002 : *RJS 2002. 943, n° 1265* (abondement ayant pour objet d'inciter les salariés à faire preuve de diligence, ainsi fondé sur des critères de performance individuelle).

6° STOCK-OPTIONS

BIBL. Jonin et Rostolan, Stock-options : les risques URSSAF, *SSL 2003, n° 1141, p. 6.*

94. Avantage résultant de la levée de l'option. Il résulte des dispositions de l'art. L. 242-1, al. 2, CSS, dans sa rédaction issue de l'art. 49-1 L. n° 95-116 du 4 févr. 1995, que lorsque le bénéficiaire d'une option accordée dans les conditions prévues aux art. 208-1 à 208-8-2 de la L. n° 66-537 du 24 juill. 1966 (C. com., art. L. 225-177 à L. 225-186) lève cette option, est considéré comme une rémunération l'avantage correspondant à la différence définie au II de l'art. 80 *bis* CGI ; selon ce dernier texte dans sa rédaction issue de la loi de finances rectificative du 22 juin 1993, l'avantage visé est la partie du rabais excédant 5 % du cours de l'action au moment où l'option est proposée ; c'est donc à bon droit qu'une cour d'appel, qui a constaté qu'une société n'avait soumis à charges sociales qu'une fraction de 10 % du rabais consenti alors que celui-ci s'élevait à 20 % du prix de l'action, a réintégré dans l'assiette des cotisations la fraction du rabais dépassant 5 %, peu important la date d'attribution des options. • Soc. 24 oct. 2002, n° 01-20.699 P : *RJS 2003. 48, n° 61.* ♦ La disposition abaissant de 10 % à 5 % le seuil au-delà duquel le rabais consenti par la société sur le prix d'option était soumis à impôt sur le revenu et cotisations était expressément applicable aux options levées à compter du 1er janv. 1995. • Civ. 2e, 20 sept. 2005, n° 03-30.709 P : *RJS 2005, n° 1237 ; D. 2005 IR 2706 ; JCP E 2006, n° 1047, note Vatinet ; JCP S 2005, n° 45, note Vatinet.* ♦ C'est la date d'attribution des droits d'option qui permet de déterminer si les bénéficiaires de ces droits se sont vus consentir un rabais excédant le seuil de 5%. En l'espèce, la société émettrice avait été absorbée par une autre société avant l'expiration du délai prévu pour la levée des options. • Civ. 2e, 27 nov. 2014 : *D. 2014. 2467* .

95. Conditions d'exonération des actions attribuées gratuitement à certains salariés. En fixant les conditions auxquelles il subordonne le bénéfice de l'exonération de cotisations de sécurité sociale, l'al. 2 de l'art. L. 242-1 n'institue pas une sanction à caractère de punition et ne ressortit pas, dès lors, au champ d'application de l'art. 8 de la DDH du 26 août 1789. Le cotisant pouvant saisir, en cas de litige, les juridictions du contentieux général de la sécurité sociale, la disposition ne méconnaît pas davantage les exigences de l'art. 16 de la DDH. • Civ. 2e, 8 oct. 2014, n° 14-40.035.

7° RÉMUNÉRATIONS DIVERSES

a. Versement à l'occasion du travail

96. Gratification. Sont soumises à cotisations des gratifications versées aux employés en service et à la retraite lors d'une augmentation de capital. • Civ. 2e, 19 juin 1959 : *Bull. civ. II, n° 484.* ♦ Une prime allouée à l'occasion du cinquantenaire de la fondation de la société est versée en contrepartie et à l'occasion du travail, peu important qu'elle ait été allouée non seulement aux agents en fonctions mais encore aux retraités, aux veuves et aux agents en congé. • Civ. 2e, 13 févr. 1964 : *Bull. civ. II, n° 141.*

97. Prime de responsabilité. Doivent être réintégrées des primes de responsabilité versées à des chauffeurs-livreurs de façon uniforme et forfaitaire qu'ils eussent ou non justifié de frais inhérents à leur emploi, sans que soit établi un rapport entre la prime et des remboursements isolés et exceptionnels faits par les chauffeurs. • Soc. 26 oct. 1979, n° 78-10.197 P. ♦ V. aussi • Soc. 23 févr. 1995 : *RJS 1995, n° 423 ; JCP E 1995, n° 10, obs. Vachet.*

98. Primes de suggestions d'innovations techniques. Entrent dans l'assiette des cotisations sociales les primes versées pour un GIE aux salariés d'une société membre de ce groupement pour les rémunérer de prestations qu'ils conçoivent et inventent en dehors de leur temps de travail et hors de leurs obligations salariales, dès lors que c'est cette société qui exploite ces inventions et fixe le montant de la prime dont elle supporte la charge définitive ; même si cette activité s'exerce indépendamment de toute obligation contractuelle et en dehors du temps de travail, elle est indissociable des occupations professionnelles des salariés, de sorte que les sommes allouées le sont en contrepartie ou à l'occasion du travail au sens de l'art. L. 242-1 CSS. • Soc. 12 oct. 1995, n° 93-14.001 P : *D. 1995. IR 254.* ♦ Dans le même sens : • Versailles, 16 janv. 1996 : *RJS 1996, n° 646* (rémunération d'une invention de salarié dont l'employeur a l'entière propriété sous forme d'un intéressement semestriel et sur le chiffre d'affaires produit par l'invention).

99. Gratification versée à l'occasion de la remise d'une médaille du travail. La prime dite gratification à l'occasion de la remise de la médaille d'honneur du travail ayant été accordée à des salariés en raison du travail qu'ils ont accompli au service de l'entreprise, elle doit être incluse dans l'assiette des cotisations. • Soc. 26 mai 1987 : *D. 1988. Somm. 363, obs. Prétot* • 23 mars 1995, n° 92-11.833 P : *D. 1995. IR 155.* ♦ V aussi • Civ. 2e, 16 sept. 2010 : *RJS 2010, n° 879* • Civ. 2e, 10 déc. 2009 : *RJS 2010, n° 214 ; JCP S 2010. 46, note Tauran.* ♦ Dans le même sens, pour la remise d'une médaille du travail spécifique à l'entreprise : • Soc. 30 oct. 1997 : *RJS 1997, n° 1430 ; D. 1998. IR 16*.

100. Gratification « hold up ». Les gratifications « hold up » consenties à l'occasion de leur travail aux salariés d'une banque qui, pour protéger les valeurs dont ils ont la charge, ont subi des violences physiques ou eu une attitude spécifique constituent des compléments de rémunération entrant dans l'assiette des cotisations. • Soc. 13 nov. 1996, n° 94-13.187 P : *D. 1996. IR 268*.

101. Primes dites de remplissage. Sont soumises à cotisations les primes dites « de remplissage » versées à certains de ses salariés par une société pétrolière lorsque la réalisation d'installations de chauffage est suivie de la conclusion de contrats d'approvisionnement en produits de cette société. • Soc. 13 oct. 1994 : *RJS 1994, n° 1301*.

102. Rémunérations conventionnelles. Modulation du bonus exceptionnel issu de la loi du 19 déc. 2005. Le bonus exceptionnel prévu par l'art. 17 de la L. n° 2005-1579 du 19 déc. 2005 peut être modulé par l'employeur, d'une part, entre les apprentis et les autres salariés en raison de la différence de qualification existant entre eux, d'autre part, entre les salariés à temps plein et les salariés à temps partiel au prorata de leur durée de travail. • Civ. 2e, 20 sept. 2012 : *CSBP 2012. 351, note Pansier.* ♦ Cette modulation ne peut s'effectuer qu'en fonction du salaire, de la qualification, du niveau de classification, de l'ancienneté et de la durée dans l'entreprise. Si le montant du bonus peut être modulé en fonction de la durée de présence dans l'entreprise, aucun salarié présent lors de son versement ne saurait en être exclu. • Civ. 2e, 22 janv. 2015, n° 14-10.701 P : *D. actu. 9 févr. 2015, obs. Fraisse ; RJS 2015, n° 273 ; JCP S 2015, n° 1159, comm. Kovac et Gaudemet-Toulemonde.*

b. Rémunération et mandat social

103. Rémunérations de dirigeants (rémunérations versées par une société anonyme à son « président directeur »). Le « président-directeur » d'une société anonyme étant obligatoirement assujetti au régime général de la sécurité sociale, en application de l'art. L. 311-3 (12°) CSS, il s'ensuit que les rémunérations qui lui sont versées par la société en raison de ses fonctions, quelle qu'en soit la nature, sont incluses dans l'assiette des cotisations incombant à la société. • Soc. 17 nov. 1994 : *RJS 1995, n° 79.* ♦ ... Quelle que soit la qualification retenue par l'administration fiscale. • Civ. 2e, 14 sept. 2006 : *RJS 2006, n° 1227.* ♦ ... A moins qu'elles constituent un remboursement de frais professionnels. • Civ. 2e, 3 avr. 2003 : *RJS 2003. 537, n° 815.* ♦ ... Ou que les honoraires perçus par le PDG lui aient été versés à titre de travailleurs indépendant ou libéral. • Civ. 2e, 15 nov. 2005 : *RJS 2006, n° 282.* ♦ ... Ou qu'il s'agisse de frais de déplacement. • Soc. 18 juin 1998 : *RJS 1998, n° 1088* (ne doivent pas être soumises à cotisations les sommes versées au gérant minoritaire d'une SARL, en remboursement de frais professionnels exposés dans l'exécution d'un contrat de travail qu'il cumule avec son mandat social).

104. Jetons de présence versés à des salariés ayant la qualité d'administrateur d'une société anonyme. Les sommes allouées à des salariés en leur seule qualité d'administrateurs de la société en contrepartie des responsabilités qu'ils assument effectivement de ce chef, la modicité de ces versements annuels écartant tout risque de dissimulation de salaire, constituent la rémunération de leur activité indépendante en tant que membres du conseil d'administration ; n'ayant pas été allouées en contrepartie ou à l'occasion d'un travail salarié, dès lors que la licéité de ce cumul n'est pas contestée, elles ne sont pas soumises à cotisations. • Soc. 16 mars 1976, n° 74-13.824 P. ♦ Dans le même sens : • Soc. 3 déc. 1981 : *Bull. civ. V, n° 938* (des cotisations ne peuvent être réclamées qu'en cas de cumul régulier du contrat de travail avec un mandat social). ♦ Les jetons de présence qui n'ont été versés à un administrateur de société anonyme occupant un emploi salarié de directeur technique qu'en raison de son activité non salariée de mandataire social ne sont pas soumis à cotisations. • Soc. 19 oct. 1995 : *RJS 1995, n° 1300.* ♦ V. aussi • Civ. 2e, 6 mars 2008 : *RJS 2008, n° 610.* ♦ Au contraire, entrent dans l'assiette des cotisations les jetons de présence versés aux administrateurs d'une société coopérative ouvrière de production dès lors que tous étaient salariés et que leur l'activité n'était qu'une des formes de leur travail au sein de la coopérative. • Soc. 6 mars 2003 : *RJS 2003, n° 682.*

105. Sommes versées à un administrateur dans le cadre de missions ponctuelles. Les sommes versées aux administrateurs de sociétés anonymes dans le cadre de leurs fonctions ne sont pas en principe soumises à cotisations. • Soc. 26 mai 1987, n° 85-12.333 P. ♦ N'est donc pas soumise à cotisations la rémunération versée à un salarié à l'occasion d'une mission d'étude ponctuelle qui lui a été confiée par le conseil d'administration pour l'éclairer sur la situation de l'entreprise. • Soc. 26 mai 1987 : *préc.*

106. Dommages et intérêts alloués par une juridiction à la suite de la révocation d'un mandat social (non). Les dommages-intérêts alloués par décision de justice au président-directeur général d'une société anonyme en réparation du préjudice subi du fait de la révocation de son mandat social ne sont pas soumises à cotisations. • Soc. 27 févr. 1992 : *RJS 1992, n° 534* • Civ. 2e, 16 nov. 1994 : *RJS 2005, n° 232.* ♦ Mais une somme versée en exécution d'un protocole d'accord, conclu lors de la démission du président intervenue à la suite d'un désaccord sur la réorganisation de la société, est soumise à cotisations si elle n'a pas de caractère indemnitaire. • Soc. 20 nov. 1997 : *RJS 1998, n° 234.* ♦ Constitue également un complément de rémunération la somme versée par une société à son président-directeur général, titulaire d'un contrat de travail, dès lors que la résiliation du contrat a été négociée entre les parties en dehors de tout litige et que la somme versée correspondait aux commissions qui auraient été dues si le contrat s'était poursuivi. • Soc. 16 oct. 1997, n° 95-18.853 P. ♦ V. aujourd'hui, en cas de cessation forcée des fonctions de dirigeants, art. L. 242-1, dern. al. ♦ L'indemnité versée à l'occasion de la cessation forcée des fonctions des mandataires sociaux est exclue de l'assiette des cotisations et contributions sociales à hauteur de la fraction de cette indemnité qui est exonérée de l'impôt sur le revenu. • Civ. 2e, 22 janv. 2015, n° 13-27.601 P : *RJS 2015, n° 294 ; JCP S 2015, n° 1118, comm. Douaoui.*

c. Cas particuliers

107. Sportifs. Est assujettie à cotisations une somme versée par un club à un joueur professionnel de football champion du monde en contrepartie du droit d'exploiter son image et sa notoriété, mais non celle versée aux parents d'un futur jeune joueur. • Civ. 2e, 14 déc. 2004, n° 03-30.368 P : *Dr. soc. 2005. 483, obs. Prétot ; RJS 2005, n° 311 ; Gaz. Pal. 24 févr. 2005, p. 30, obs. Coursier.* ♦ V. toutefois le cas d'exonération prévue à l'art. L. 785-1 C. trav., réd. L. n° 2004-1366 du 15 déc. 2004. ♦ V. aussi • Civ. 2e, 29 juin 2004, n° 03-30.088 P (primes de courses versées à des entraîneurs hippiques) • 13 déc. 2005 : *RJS 2006, n° 268* (prix et primes litigieux attribués à des coureurs cyclistes à la suite de leur participation à des compétitions en prévision desquelles ils avaient été préparés par une association, peu important que leur versement ait été opéré par une fédération de cyclisme ou à l'occasion d'une compétition étrangère à la sélection de l'association).

108. Collectivités locales. Les indemnités de fonction versées au président ou au vice-président d'un syndicat de communes, lequel ne peut être *révoqué ni par* le comité du syndicat de communes ni par la commune qui l'a désigné, ne peuvent, en l'absence de lien de subordination entre celui-ci et ledit comité, avoir le caractère de salaire. • Soc. 23 mai 1996, n° 94-15.610 P : *D. 1996. IR 155.* ♦ Ne sont pas des rémunérations les indemnités versées, en vertu de l'art. L. 2123-18 CGCT, à des conseillers municipaux en remboursement des frais que nécessite l'exécution de mandats spéciaux au sein d'organismes extérieurs. • Soc. 6 mai 1999 : *RJS 1999, n° 1134.* ♦ Ne peuvent non plus avoir un caractère de salaire des indemnités forfaitaires de déplacement versées par un Office public d'aménagement et de construction (OPAC) à ses administrateurs, qui ne sont révocables que par arrêté interministériel. • Soc. 14 oct. 1999, n° 97-21.362 P : *RJS 1999, n° 1400.*

109. Garantie de maintien des salaires. Les indemnités complémentaires, financées entièrement par les cotisations de l'employeur, au titre de la garantie de revenu instaurée par la loi du 19 janv. 1978, sont incluses dans l'assiette des cotisations sociales, de même que les indemnités complémentaires versées au titre de la prévoyance, au prorata de la participation financière de l'employeur. • Soc. 13 janv. 2000, n° 97-17.766 P.

110. Remboursement de sommes dues à l'État par un ancien fonctionnaire. L'indemnisation qu'un agent de l'administration fiscale est tenu de verser à l'État, en vertu de l'art. 13 du Décr. n° 57-986 du 30 août 1957, lorsqu'il rompt son engagement de rester à son service pendant au moins huit ans, résulte d'une obligation strictement personnelle qui n'est pas liée au nouvel emploi occupé mais à la résiliation de ses fonctions par l'intéressé ; les sommes versées par le nouvel employeur en sus du salaire pour lui permettre de rembourser au Trésor les sommes dues constituent donc, pour le salarié, un complément de rémunération et non le remboursement de frais professionnels, en sorte qu'elles rentrent dans l'assiette des cotisations. • Soc. 4 déc. 1997 : *RJS 1998, n° 208 ; D. 1998. IR 45 .*

IV. AVANTAGES EN NATURE

BIBL. Cabrillac et Rives-Langes, Les titres-restaurant, *Dr. soc. 1970. 91.* – Chautard et Le Berre, Cotisations sociales : réforme de l'évaluation des avantages en nature et des remboursements de frais professionnels, *JCP E 2003, n° 491.* – Vachet, Les avantages en nature au regard de l'assiette des cotisations de sécurité sociale, *RJS 1996. 646* ; La notion de frais professionnels au regard du droit social, *JCP S 2011, n° 1129.*

V. notes citée ss. Arr. du 10 déc. 2002, ANNEXE I.

111. Fourniture de vêtements. La valeur de bleus de travail fournis à titre gratuit ne peut être réintégrée dans l'assiette des cotisations sociales sans qu'ait été vérifié s'il existait dans l'entreprise des contraintes particulières permettant de considérer ces vêtements comme des équipements de protection dont la fourniture serait constitutive de frais d'entreprise. • Soc. 15 mars 1990, n° 87-14.780 P.

112. La mise à disposition gratuite de vêtements ne présentant pas de propriétés protectrices particulières constitue un avantage en nature. • Soc. 7 mars 1991, n° 88-15.954 P. ♦ Ne doivent pas être réintégrés les vêtements de travail fournis aux salariés et adaptés aux risques de brûlure inhérents à leurs activités dans les installations de chauffage. • Soc. 19 juill. 2000 : *RJS 2001, n° 90.*

113. La fourniture gratuite de vêtements de travail aux salariés constitue un avantage en nature soumis à cotisations à moins que ces vêtements ne répondent à la qualification d'équipement de protection individuelle au sens de l'art. 16 du Décr. n° 65-48 du 8 janv. 1965 ; tel n'est pas le cas lorsque le fournisseur n'est pas spécialisé en vêtements de protection. • Soc. 13 févr. 1992, n° 89-20.725 P. ♦ Tel n'est pas le cas non plus lorsque les vêtements ne sont pas mis à disposition des salariés dans le seul intérêt de l'employeur. • Soc. 5 juin 1998 : *RJS 1998, n° 908.* ♦ Dans le même sens : • Soc. 31 oct. 2000 : *RJS 2001, n° 89* (séances hebdomadaires de coiffure offertes au personnel d'un parfumeur). ♦ V. aussi pour la fourniture d'uniformes aux personnels navigants des compagnies aériennes. • Soc. 17 janv. 2002, n° 00-13.091 P : *RJS 2002, n° 482.*

114. Repas. L'employeur ne peut déduire au titre des frais professionnels que les frais supplémentaires de nourriture entraînés par le déplacement, la prise en charge intégrale des frais de repas représentant en conséquence pour le salarié un avantage en nature qui doit être soumis à cotisations pour la valeur fixée par l'Arr. du 9 janv. 1975. • Soc. 18 janv. 1990, n° 87-10.019 P • 19 sept. 1991, n° 88-20.483 P • 14 oct. 1993, n° 91-14.397 P • 12 oct. 1995, n° 93-14.001 P.

115. S'agissant de salariés en déplacement dont les frais de repas doivent faire l'objet d'un remboursement par l'employeur dans les conditions prévues par l'art. 3 de l'Arr. du 26 mai 1975, la prise en charge de cette dépense par des tiers au lieu et place de l'employeur constitue, pour les bénéficiaires, dans la limite de l'économie de frais de repas personnels réalisée par eux, un avantage en nature lié aux conditions d'exercice de la profession. • Soc. 23 févr. 1995, n° 92-16.563 P : *D. 1995. IR 91.* ♦ Il résulte de l'art. L. 242-1 CSS, et des art. 1 et 2 de l'Arr. du 26 mai 1975 alors applicable (abrogé et remplacé par l'Arr. du 20 déc. 2002, Annexe I) que, pour constituer des frais professionnels, les dépenses exposées par les salariés doivent correspondre à une charge de caractère spécial inhérente à la fonction et à l'emploi. Constituent des frais de cette nature les dépenses supplémentaires engagées afin de s'alimenter à l'heure habituelle du déjeuner par des salariés qui se trouvent en déplacement pour leur travail ou sur un chantier hors des locaux de l'entreprise lorsque leurs conditions de travail leur interdisent de regagner leur résidence. • Civ. 2e, *21 févr. 2008, n° 07-12.230 P : RJS 2008, n° 589.*

116. Ne sont pas des frais professionnels au sens de l'art. 1er de l'Arr. du 26 mai 1975 (abrogé et remplacé par l'Arr. du 20 déc. 2002, Annexe I) des dépenses supplémentaires engagées afin de s'alimenter à l'heure habituelle du déjeuner par des salariés qui ne se trouvent pas en déplacement pour leur travail ou sur un chantier hors des locaux de l'entreprise ; une telle indemnisation de frais de repas accordée à des salariés sédentaires travaillant dans des conditions normales au sein d'un établissement de l'entreprise constitue un avantage en nature. • Soc. 4 mars 1993, n° 90-20.968 P : *D. 1993. IR 78.*

117. Ne constitue pas un avantage en nature la fourniture gratuite de repas à des salariés assurant la formation d'animateurs stagiaires, tenus par les instructions reçues d'être présents en permanence pendant la durée d'une session, ce qui les contraint de prendre leur repas en commun avec les stagiaires dont ils ont la charge, cette obligation faisant partie de leur mission. • Soc. 12 janv. 1995, n° 92-15.558 P : *D. 1995. IR 52.* ♦ La fourniture gratuite de repas à des éducateurs tenus d'y participer avec les toxicomanes dont ils ont la charge, repas pris dans l'accomplissement même de leur travail, ne constitue pas pour eux un avantage en nature devant être soumis à cotisations. • Soc. 11 juill. 1991, n° 88-19.986 P. ♦ Dans le même sens : • Soc. 29 juin 2000 : *RJS 2000, n° 991* • 13 déc. 2001 : *RJS 2002, n° 216* (au regard de l'assiette de la CSG).

118. Ne constitue pas un avantage en nature la fourniture de repas par l'exploitant d'un restaurant à son conjoint employé dans l'établissement sur les ressources du ménage et en exécution du devoir mutuel de secours et d'assistance entre époux. • Soc. 21 mai 1992 : *RJS 1992, n° 917.* ♦ Dans le même sens : • Soc. 3 juin 1982 : *Bull. civ. V, n° 365* (fourniture de repas et de logement aux enfants salariés de l'employeur à raison de liens de parenté et d'affection et non en contrepartie du travail).

119. Mise à disposition d'un véhicule de l'entreprise. L'utilisation permanente par les salariés d'un véhicule dont l'entreprise assume entièrement la charge permet aux bénéficiaires de faire l'économie des frais de transport qu'ils devraient normalement assumer pour se rendre à leur lieu de travail ou en revenir ; cette économie constitue un avantage en nature et les sommes représentant cet avantage doivent être soumises à cotisations. • Soc. 23 mars 1988, n° 86-11.935 P • 6 juin 1996 : *RJS 1996, n° 1092* • 19 juill. 2000 : *RJS 2001, n° 90.* ♦ Il en est de même de la participation de l'employeur à l'achat par les salariés d'un véhicule personnel et de la prise en charge totale de leurs frais d'utilisation. • Soc. 31 mai 2001 : *RJS 2001, n° 1069.* ♦ V. aussi • Soc. 13 déc. 2001, n° 00-13.509 P : *RJS 2002, n° 216* (au regard de l'assiette de la CSG).

120. Les salariés ne retirent aucun avantage en nature de la mise à disposition par leur employeur, dans le seul intérêt de son entreprise, de fourgonnettes spécialement aménagées pour le transport d'un matériel d'intervention d'urgence, les déplacements devant, le cas échéant, s'effectuer depuis leur domicile pour éviter tout retard. • Soc. 3 mars 1994 : *RJS 1994, n° 461.*

121. Doivent être soumises à cotisations les sommes versées par un employeur à ses salariés, avec leur accord, en contrepartie de la suppression d'avantages en nature soumis à cotisations correspondant à l'utilisation d'un véhicule de fonction pour leurs besoins personnels, les salariés étant par ailleurs dédommagés par des indemnités kilométriques et ne subissant aucun préjudice. • Soc. 21 nov. 1996, n° 94-13.717 P.

122. Sur l'évaluation de l'avantage en nature résultant de la mise à disposition gratuite d'un véhicule de l'entreprise, V. la jurisprudence citée ss. art. 6, Arr. du 10 déc. 2002 (Annexe I). ♦ Rappr. : • Soc. 5 nov. 1999, n° 98-10.152 P (conditions de la déduction supplémentaire pour frais professionnels en cas de mise à disposition gratuite, en faveur de salariés, d'un véhicule de service).

123. Prise en charge des amendes pour infraction routière. Constitue un avantage, la prise en charge, par l'employeur, des amendes réprimant une contravention au code de la route commise par un salarié de l'entreprise. • Civ. 2e, 9 mars 2017, n° 15-27.538 P : *RJS 2017, nos 368 et 387 ; RDSS 2017. 574, note Tauran ; JCP S 2017, n° 1176, note Derue ; Dr. pén. 2017. Comm. 129, Robert ; ibid. mai 2017, n° 296, Asquinazi-Bailleux ; CSB juin 2017, n° 297, Casado.*

124. Voyages d'agrément. La prise en charge par un employeur du coût des voyages d'agrément accomplis par son personnel cadre constitue non un remboursement de frais professionnels mais un avantage soumis à cotisations sans que le fait d'accompagner des salariés non cadres de l'entreprise, eux-mêmes en voyage d'agrément aux frais de celle-ci, puisse leur faire perdre ce caractère. • Soc. 26 sept. 1991, n° 89-14.226 P : *D. 1991. IR 251.* ♦ Il appartient à l'employeur d'établir que, pendant ces voyages, le personnel cadre, sans être en congé, était investi, dans l'intérêt de l'entreprise, d'une mission distincte de l'accompagnement d'autres salariés de la société, condition nécessaire pour que les frais litigieux correspondent à une charge de caractère spécial inhérente à la fonction ou à l'emploi. • Soc. 26 sept. 1991 : *préc.* • 7 mai 1998 : *RJS 1998, n° 906* • Soc. 13 févr. 2003 : *RJS 2003, n° 516.*

125. Constitue un avantage en nature la prise en charge par l'employeur des frais de voyages d'agrément offerts aux conjoints des cadres de l'entreprise, les conjoints intéressés n'ayant pas d'obligations professionnelles justifiant l'indemnisation de leurs frais. • Soc. 26 sept. 1991 : *préc. note 124.*

126. La prise en charge totale ou partielle du coût des voyages d'agrément effectués par les membres du personnel représente pour les intéressés un avantage qui leur a été consenti en raison de leur appartenance et donc à l'occasion du travail au sens de l'art. L. 242-1, al. 1er, CSS, peu important à cet égard que ces voyages aient également été offerts à des personnes étrangères à la société et que les dépenses aient été incorporées sur le plan fiscal dans les frais généraux. • Soc. 21 juin 1989, n° 86-18.717 P.

127. Après avoir analysé les conditions dans lesquelles des titres de transport ont été délivrés à l'ensemble du personnel, une cour d'appel peut décider que les frais de voyage exposés à l'occasion de leur congé annuel par des salariés métropolitains détachés en Guyane ne constituent pas des charges de caractère spécial inhérentes à la fonction ou à l'emploi et que les sommes versées à ce titre représentent un avantage en nature soumis à cotisations. • Soc. 6 juin 1996 : *RJS 1996, n° 1092.*

128. Le montant des voyages offerts gratuitement par la société à certains de ses salariés et à leurs conjoints doit être retenu pour sa valeur réelle, ce qui exclut toute évaluation forfaitaire, même partielle. • Soc. 5 mai 1995, n° 92-18.435 P : *D. 1995. IR 144.*

129. Avantages retirés de l'activité de l'employeur. La délivrance gratuite de la carte bleue par une banque à ses salariés est la conséquence de leur qualité, dès lors que tous les clients ne bénéficient pas de la même faveur, et constitue un avantage en nature soumis à cotisations. • Soc. 9 nov. 1995 : *RJS 1995, n° 1280.* ♦ La fourniture de logement et la prise en charge de frais de soins hospitaliers, médicaux et pharmaceutiques accordées aux personnels d'un centre hospitalier constituent, de même, des avantages en nature. • Civ. 2e, 17 juin 2003 : *RJS 2003. 835, n° 1219.* ♦ Sur la rémunération des comptes de dépôt au profit du personnel de banque, V. note 5.

130. Détermination de l'assiette des cotisations dans un groupe de sociétés. La prise en charge par la société mère d'un groupe, au lieu et place de l'employeur, des remises sur le prix de réparations et de pièces détachées accordées aux salariés d'une filiale constitue pour les bénéficiaires un avantage qui doit être soumis à cotisations. • Soc. 28 mars 2006 : *RJS 2006, n° 883 ; JCP S 2006. 1550, note Vatinet ; Gaz. Pal. 1er août 2006, p. 17, note Ageron.* ♦ V. aussi • Civ. 2e, 14 sept. 2006, n° 05-11.840 P : *RJS 2006, n° 1218* (contrats d'abonnement téléphonique à conditions préférentielles fournis par des sociétés tierces du même groupe). ♦ V. aussi • Civ. 2e, 28 janv. 2010, n° 08-21.783 P : *RJS 2010, n° 377 ; JCP E 2010, n° 2090, obs. Morin* (la possibilité offerte aux salariés d'une société appartenant à un groupe d'acquérir des actions de la société mère du groupe à un prix préférentiel étant nécessairement liée à leur appartenance à l'entreprise, un tribunal en déduit exactement que les rabais consentis constituent des avantages soumis à cotisations) • Civ. 2e, 1er juill. 2010, n° 09-14.364 P : *RJS 2010, n° 803 ; JCP E 2011, n° 1424, note Morin ; JCP S 2010, n° 1420, note Vachet* (seuls les produits fabriqués par l'employeur vendus à prix préférentiel aux salariés dans les limites des tolérances définies par la Circ. DSS n° 2003/07 du 7 janv. 2003 ne sont pas pris en compte comme avantages en nature dans le calcul des cotisations sociales). ♦ Dans le même sens • Civ. 2e, 13 janv. 2011 : *RJS 2011, n° 457 ; JCP S 2011, n° 1371, note Vachet.* ♦ V. aussi le nouveau régime instauré par l'art. 21 LFSS pour 2011.

V. CONTRIBUTION DE L'EMPLOYEUR AU FINANCEMENT DES PRESTATIONS DE RETRAITE COMPLÉMENTAIRE ET DE PRÉVOYANCE (art. L. 242-1, al. 6 à 9 ; al. 5 anc.)

BIBL. Barthélemy, Contributions patronales aux régimes de retraite et de prévoyance et cotisations de Sécurité sociale, *Dr. soc. 1986. 332 ; Dr. soc. 1989. 330 ;* Cotisations des régimes complémentaires et cotisations du régime général, *Dr. soc. 1993. 550* ; « Retraite chapeau article 39 » et droit social, *JCP E 1994. I. 405* ; Retraite et prévoyance : qualification de la quote-part salariale non retenue, *JCP E 1996. I. 588* ; Sommes dues au titre des taux d'appel dans les régimes AGIRC/ARRCO et assiette des cotisations de Sécurité sociale, *JCP E 1997. I. 704* ; Protection sociale complémentaire : champ de la règle de la neutralité fiscale et sociale des contributions, *Dr. soc. 2006. 1026* ; A propos des circulaires du 30 janvier 2009 sur le sort social des contributions de retraite et de prévoyance, *JCP S 2009. Actu. 64*. – Borgetto, La nature juridique des versements destinés à assurer l'équilibre financier des régimes complémentaires de retraite par répartition, *Dr. soc. 1999. 816* . – Del Sol, *Bull. soc. F. Lefebvre 2006. 149* (nouveau régime social applicable aux dispositifs de protection sociale d'entreprise). – Dupeyroux, Un nouveau regard sur la notion de rémunération ?, *Dr. soc. 1996. 506* ; Sur l'incidence de la prise en charge par l'employeur des contributions salariales aux régimes complémentaires, *Dr. soc. 1996. 624* . – Laigre, Faut-il abroger le dernier alinéa de l'art. L. 242-1 ?, *Dr. soc. 1993. 556* ; Réflexions sur les contrats de retraite à prestations définies dite « article 39 », *RJS 1994, p. 742 ;* Nature des contributions des employeurs au financement des régimes de retraite d'entreprise, *RJS 1996, p. 737*. – Millet, La protection sociale complémentaire, entre caractère collectif, égalité et équité, *JCP S 2009, n° 1303*. – Pignaud et Rigaud, Caractère complémentaire des garanties de prévoyance et redressement Urssaf, *SSL 2008, n° 1363, p. 8*. – Rigaud, Retraite « chapeau » et notion de gestion externe, *JCP S 2010, n° 1099*. – Serizay, Financement des engagements de retraite et chargements sociaux : après l'arrêt « Lyonnaise des eaux », *Dr. soc. 1996. 719* ; Nature juridique des contrats de retraite « Chapeau article 39 » et conséquences sociales, *JCP E 1996. I. 553*. – Serizay et Coursier, La protection sociale complémentaire est-elle en danger ?, *Gaz. Pal. 8-12 mai 2009, p. 4*. – Saint-Jours, Les retraites supplémentaires par capitalisation, *Dr. soc. 1996. 627* .

A. NOTION D'AVANTAGE COMPLÉMENTAIRE

1° CONTRATS D'ASSURANCE EXCLUS

131. *Notion d'avantage de retraite.* Les prestations au financement desquelles les employeurs peuvent contribuer avec le bénéfice d'une exonération partielle doivent s'entendre de celles qui permettent d'assurer un avantage de retraite complémentaire. • Soc. 5 mai 1994, n° 92-12.960 P : *D. 1995. Somm. 37, obs. Prétot* • 30 mars 1995 : *RJS 1995, n° 560* • 20 juin 1996, n° 94-17.591 P : *D. 1996. IR 175* • 3 avr. 1997 : *RJS 1997, n° 602.* ♦ Ne présente pas cette caractéristique le contrat d'assurance vie qui comporte une clause de rachat permettant au bénéficiaire de renoncer au contrat et de recevoir en contrepartie un capital. • Mêmes arrêts. ♦ A cet égard, la loi du 16 juill. 1992, modifiant l'art. L. 132-23 C. assur., qui interdit la possibilité de rachat dans les contrats de groupe en cas de vie dont les prestations sont liées à la cessation d'activité professionnelle, est d'application immédiate aux contrats en cours. • Soc. 8 févr. 2001 : *RJS 2001, n° 488 ; D. 2001. IR 910* (exonérant en conséquence les cotisations versées à compter du 1er janv. 1993 dans la limite du plafond, après mise en conformité du contrat de groupe par un avenant signé en déc. 1992) • Civ. 2e, 16 sept. 2003, n° 02-30.578 P : *RJS 2003. 997, n° 1432* (peu importe la date de l'avenant de régularisation émis par l'assureur).

132. La tontine, qui repose sur une association à durée déterminée dont les membres versent des cotisations afin de constituer un capital qui sera partagé entre les survivants au terme prévu (le cas échéant, avant leur mise à la retraite), constitue une opération d'épargne et non de retraite complémentaire si bien que les contributions de l'employeur doivent être incluses dans l'assiette des cotisations sans exonération possible. • Soc. 21 mars 2002 : *RJS 2002, n° 877.*

133. En revanche, l'usage, par le bénéficiaire d'un contrat d'assurance collective sur la vie qui cesse son activité professionnelle, de la faculté de demander, à partir de l'âge de 55 ans, l'anticipation de la retraite normalement acquise à 65 ans, reste subordonné à la réalisation de la condition prévue ; dès lors, l'affilié ne disposant d'aucune possibilité de rachat ou de retrait partiel de l'épargne accumulée, les versements de l'employeur sont exonérés de cotisations dans les conditions prévues par l'art. L. 242-1, al. 5, CSS. • Soc. 30 oct. 1997, n° 96-12.809 P : *Dr. soc. 1998. 98, obs. Barthélemy* . ♦ Il en va de même dans un contrat d'assurance retraite complémentaire prévoyant que le complément de retraite ne peut être perçu par anticipation qu'en cas de cessation d'activité professionnelle du salarié ouvrant droit à l'allocation vieillesse du régime général. • Soc. 15 juill. 1999, n° 96-19.245 P : *RJS 1999, n° 1131.*

134. Le juge doit rechercher si un contrat d'assurance retraite entre dans les prévisions de l'art. L. 242-1 sans se fonder sur les recommandations de l'ACOSS, dépourvues de valeur obligatoire. • Soc. 14 mars 1996, n° 94-13.118 P : *D. 1996. IR 128.*

2° RÉGIMES D'ASSURANCE ADMIS

135. Nombre de bénéficiaires (jurisprudence antérieure à la L. n° 2003-775 du 21 août 2003). L'exonération prévue n'est pas limitée aux contributions versées par les entreprises au profit de plusieurs salariés bénéficiaires des garanties souscrites. • Soc. 18 nov. 1999, n° 98-12.269 P : *RJS 2000, n° 89* (contrat de prévoyance-retraite souscrit par une SARL au profit de son gérant et unique salarié) • 31 oct. 2000 : *RJS 2001, n° 83 (2e esp.)* (au profit du seul P-DG). ♦ La qualification d'avantages en nature donnée aux primes au regard du droit fiscal est sans incidence sur le régime social de celles-ci. • Soc. 19 juill. 2000 : *RJS 2001, n° 83 (1re esp.)* (au profit des deux associés de la société, dont le gérant). ♦ Souscrit au profit d'une « catégorie déterminée de personnels » (cadres de l'entreprise), le contrat d'assurance retraite est un contrat de groupe et entre dans les prévisions de l'art. L. 242-1, al. 4 (al. 6 nouv.), CSS. • Civ. 2e, 16 sept. 2003 : *préc. note 131.*

136. Notion de prestation complémentaire. Le fait que le contrat d'assurance souscrit par la société prévoit, en cas de décès du salarié bénéficiaire avant liquidation de sa pension, des conditions plus favorables que les conditions légales pour l'attribution d'une pension de réversion au conjoint survivant et aux orphelins de père et mère, ne fait pas perdre aux prestations contractuelles leur caractère de prestations complémentaires de retraite. • Soc. 15 mars 2001 : *RJS 2001, n° 784.* ♦ La possibilité pour le bénéficiaire de percevoir un complément de pension dès l'âge de 60 ans, alors même qu'à cette date la liquidation de la pension du régime de base n'est pas effectuée, ne modifie pas la nature du contrat d'assurance. • Soc. 11 juill. 2002, n° 00-19.300 P : *RJS 2002, n° 1284.*

137. Garantie de maintien des salaires. Si le revenu de remplacement, que constitue pour le salarié absent le maintien du salaire auquel est tenu l'employeur en application de la loi sur la mensualisation ou d'un accord collectif, est assujetti à la CSG et à la CRDS, la prime acquittée par l'employeur dans le cadre d'une assurance souscrite pour garantir le risque d'avoir à financer cette prestation, qui n'a pas pour objet de conférer au salarié un avantage supplémentaire, ne constitue pas une contribution au financement d'un régime de prévoyance instituant des garanties complémentaires au profit des salariés. • Civ. 2e, 23 nov. 2006, n° 05-11.364 P : *SSL 18 déc. 2006, n° 1287, chron. Kessler et Logeais* • 23 nov. 2006, n° 04-30.208 P : *JCP S 2007. 1209 ; Dr. soc. 2007. 251, obs. Coursier* • 22 févr. 2007 : *RJS 5/07, n° 660.* ♦ *Adde* chron. Kessler, *SSL 18 déc. 2006, n° 1287, p. 12 ;* Barthélemy, *Dr. soc. 2007. 472* .

138. Retraite complémentaire obligatoire. Les cotisations versées à l'AGIRC et à l'ARRCO par un employeur correspondant au différentiel entre le taux d'appel et le taux contractuel et destinées à assurer l'équilibre financier des régimes de retraite complémentaire par répartition constituent une contribution au financement de prestations complémentaires de retraite, individualisées lors de leur règlement. • Soc. 20 mai 1999 : *RJS 1999, n° 963* (cassant • Versailles, 4 avr. 1997 : *RJS 1997, n° 1424 ; JCP E 1997. I. 704, chron. Barthélemy)* • 4 mai 2001 : *RJS 2001, n° 914* • 23 janv. 2003, n° 01-20.847 P : *RJS 2003, n° 517.*

B. SOMMES EXONÉRÉES OU ASSUJETTIES

1° RÉGIMES À PRESTATIONS DÉFINIES (JURISPRUDENCE ANTÉRIEURE À LA LOI DU 21 AOÛT 2003)

Note importante : L'art. L. 137-11 CSS (issu de l'art. 115, L. n° 2003-775 du 21 août 2003) exonère de cotisations de sécurité sociale, de CSG et de CRDS les contributions de l'employeur au financement des régimes de retraite à prestations définies, moyennant le versement d'une nouvelle contribution (Décr. n° 2004-201 du 4 mars 2004). Sur l'application immédiate de ces nouvelles dispositions, V. note ss. l'art. L. 137-1.

a. Financement interne à l'entreprise

139. Sommes exonérées. Constitue une contribution destinée au financement de prestations complémentaires de retraite et de prévoyance représentant un avantage pour chaque salarié lié à son contrat de travail, soumise en conséquence à cotisations pour la fraction excédant la limite prévue à l'art. D. 242-1 CSS, la contribution de l'employeur finançant l'allocation d'un complément de retraite au profit de certains de ses cadres supérieurs, et donc d'une catégorie déterminée de salariés, sous la forme d'un versement annuel sur un compte spécial d'un montant correspondant à 20 % de la rémunération des cadres supérieurs en activité, complété par une subvention d'équilibre. • Soc. 13 nov. 1996, n° 94-13.187 P.

140. La charge, inscrite en comptabilité, que représente pour une société le versement par elle-même de prestations complémentaires de retraite à certains salariés retraités, afin qu'ils bénéficient d'une pension globale égale à un pourcentage de leur dernier salaire brut (régime différentiel ou « retraite chapeau »), charge que l'entreprise répartit par salarié de chaque établissement, constitue pour chaque salarié un avantage lié à son contrat de travail qui doit être soumis à cotisations pour la fraction excédant la limite prévue à l'art. D. 242-1 CSS. • Soc. 28 mars 1996, n° 93-18.572 P : *Dr. soc. 1996. 506, chron. Dupeyroux ; ibid. 719, chron. Serizay ; RJS 1996, p. 737, chron. Laigre ; D. 1996. IR 112.* ♦ Les sommes inscrites en dotation aux provisions qui ont pour objet de procurer aux cadres salariés ayant une certaine ancienneté un complément de retraite leur permettant de bénéficier d'une pension globale égale à un pourcentage de leur traitement d'activité, individualisées lors de leur règlement, ont le caractère d'un avantage lié au contrat de travail dont le montant financé exclusivement par l'employeur est soumis à cotisation au-delà du plafond réglementaire. • Civ. 2e, 18 nov. 2003 : *RJS 2004. 171, n° 252.*

b. Financement externe à l'entreprise (souscription d'un contrat d'assurance)

BIBL. Rigaud, *JS Lamy 8 avr. 2003, n° 121, p. 4* (nécessité d'une condamnation de la jurisprudence – effectuée par la L. n° 2003-775 du 21 août 2003).

141. Une société ayant conclu avec une compagnie d'assurance un contrat qui a pour objet de procurer aux salariés appartenant à une catégorie déterminée (cadres) et remplissant certaines conditions un avantage consistant en la garantie du versement d'une pension de retraite de nature à leur assurer un revenu égal à une fraction déterminée de leur salaire d'activité, cet avantage complémentaire financé exclusivement par l'employeur est assuré aux salariés en bénéficiant en contrepartie du travail accompli. • Soc. 23 juin 1994, n° 92-13.247 P : *RJS 1994, n° 1050 et p. 742, obs. Laigre ; JCP E 1994. I. 405, chron. Barthélemy ; Dr. soc. 1994. 829, concl. Kessous ; LPA 3 févr. 1995, note Sardinha Marques ; D. 1994. IR 206.* ♦ Les primes que verse la société à un fonds géré par l'assureur, individualisées lors de leur règlement, constituant une contribution au financement de prestations complémentaires de retraite, la fraction de ces primes dépassant les limites prévues à l'art. D. 242-1 CSS est soumise à cotisations. • Soc. 23 juin 1994 : *préc.* • 6 juill. 1995, n° 93-18.212 P : *Dr. soc. 1995. 842, obs. Dupeyroux* • Paris, 16 févr. 1996 : *RJS 1996, n° 645.* ♦ *... Quand bien même* le paiement des prestations complémentaires de retraite serait assorti d'une condition suspensive, telle la condition de la présence dans l'entreprise des bénéficiaires jusqu'à l'âge de la retraite. • Soc. 5 mai 1995, n° 93-12.233 P : *D. 1995. 530, note Saint-Jours ; Dr. soc. 1995. 600, obs. Dupeyroux* • 6 juill. 1995 : *préc.* • 21 nov. 1996 : *RJS 1997, n° 92.*

142. La contribution de l'employeur, certes globale, est individualisable pour chaque adhérent au contrat d'assurance et s'il est vrai que ce n'est que lors de sa retraite que le salarié bénéficiera de cet avantage et à la condition qu'il termine sa carrière au sein de la société, il n'empêche que cet avantage est certain et existe en fait dès que l'employeur souscrit pour le salarié, même si sa réalisation est chiffrée au jour de son départ en retraite. • Paris, 9 juill. 1993 : *RJS 1993, n° 1022.* ♦ *Contra* • Paris, 16 mai 2003 : *RJS 2003. 723, n° 1063* (résistant à la jurisprudence citée à la note précédente).

143. Dès lors que des contrats ont pour objet de procurer aux cadres remplissant certaines conditions d'ancienneté dans l'entreprise une retraite supplémentaire et que les versements, même s'ils sont effectués par la société de façon globale, sont calculés à partir de critères individuels tels que l'âge et la rémunération des salariés concernés, peu important que la société ait la faculté d'y mettre fin unilatéralement et que les salariés bénéficiaires n'y soient pas parties, les versements de l'employeur constituent des avantages consentis aux salariés concernés à l'occasion du travail et ces contributions au financement de prestations complémentaires de retraite doivent être soumises à cotisations dans les limites fixées par l'art. D. 242-1 CSS. • Soc. 28 nov. 1996 : *RJS 1997, n° 92.*

144. Discrimination. L'inspecteur du recouvrement, à bon droit, a considéré que le critère d'âge du salarié au moment de l'embauche revêt un caractère discriminatoire et contrevient à l'art. L. 1132-1 C. trav., et que la limitation du bénéfice du régime aux seules personnes de nationalité française est contraire à la législation de l'UE et au même art. L. 1132-1. Il est indifférent que la société soutienne qu'elle n'applique pas ce critère et ait pu faire bénéficier du régime litigieux certains de ses salariés qui ne remplissaient pas ces conditions, et que, même si l'URSSAF n'est pas le gendarme de la discrimination, il entre nécessairement dans ses prérogatives de réintégrer dans l'assiette des cotisations les dépenses qui ne peuvent bénéficier de l'exonération prévue par l'art. L. 242-1, al. 7, CSS lorsque leur affectation est contraire aux dispositions législatives et réglementaires ayant un caractère d'ordre public. • Civ. 2e, 20 déc. 2018, n° 17-27.021 P.

2° RÉGIMES À COTISATIONS DÉFINIES

145. Si la prise en charge par l'employeur de cotisations dont la charge incombe aux salariés constitue pour ceux-ci un avantage financier normalement soumis à cotisations, un tel avantage est exonéré de cotisations par la loi du 28 févr 1979 (art. L. 242-1, al. 4, CSS) dans la limite du plafond fixé par le Décr. du 23 juill. 1985 (art. D. 242-1, al. 3, CSS). • Soc. 4 avr. 1996 : *Dr. soc. 1996. 624, chron. Dupeyroux* ; *RJS 1996, n° 592* • 31 oct. 2000, n° 98-18.307 P : *RJS 2001, n° 84.* ♦ Il importe peu que la part des cotisations payées à une caisse de prévoyance et de retraite complémentaire excède celle prévue par la convention collective. • Soc. 5 avr. 2001 : *RJS 2001, n° 915.*

146. Une cotisation d'assurance vieillesse au régime des travailleurs non salariés, dont seul le cotisant retire un avantage, ne fait pas partie des frais professionnels déductibles en application de l'art. L. 242-1, al. 2, et sa prise en charge n'est pas assimilable à une contribution de l'employeur au financement de prestations complémentaires de retraite ou de prévoyance entrant dans les prévisions (du 5e) al. du même texte. • Soc. 20 févr. 1992, n° 90-11.860 P.

147. La prise en charge par l'employeur de la cotisation dont l'expert-comptable salarié est personnellement redevable à la CAVEC en vertu de l'art. 27 *bis* de l'Ord. du 19 sept. 1945 n'est pas assimilable à une contribution au financement de prestations complémentaires de retraite ou de prévoyance ouvrant droit à l'exonération prévue par l'art. L. 242-1. • Soc. 4 mars 1999 : *RJS 1999, n° 732* • 23 nov. 2000, n° 99-11.827 P : *RJS 2001, n° 234* (étant observé que cette cotisation à un régime complémentaire obligatoire de travailleurs non salariés des professions libérales résulte de l'inscription du salarié au tableau de l'Ordre des experts-comptables). • Civ. 2e, 27 janv. 2004, n° 02-30.452 P : *RJS 2004. 402, n° 596.* ♦ Même solution à propos de la prise en charge par une SARL de cotisations d'assurance chômage au profit d'un gérant minoritaire qui, n'étant pas salarié, ne bénéficie pas de ce régime d'assurance. • Soc. 18 mars 1999 : *RJS 1999, n° 756.* ♦ V. aussi note 40 ss. art. 1er Arr. du 20 déc. 2002 (Annexe I).

VI. SOMMES DIVERSES

148. Sommes versées par une mutuelle. Les prestations versées par une mutuelle, en relation avec l'action de prévoyance, de solidarité et d'entraide qui lui est dévolue par les art. L. 111-1 et L. 121-1 C. mut., ne sont pas soumises à cotisations de sécurité sociale, quelle que soit la contribution financière apportée par l'employeur à leur financement. • Soc. 25 mars 2003, n° 00-17.199 P : *RJS 2003. 522, n° 792* • Civ. 2e, 29 juin 2004, n° 03-13.049 P : *D. 2004. 2255 et Somm. 2615* .

149. Bourses d'études. Entrent dans les prévisions de l'art. L. 242-1 CSS des bourses d'études allouées par la commission régionale paritaire des Pays de Loire, qui n'est pas un organisme mutualiste, sur un Fonds national alimenté par une contribution des entreprises minières, dont les ressources sont réparties entre les régions par la commission nationale paritaire en vertu des dispositions du Décr. du 14 juin 1946 portant statut du mineur ; les avantages litigieux étant attribués aux enfants des salariés ou des anciens salariés de l'entreprise en raison de la qualité de ces derniers, et à l'occasion du travail par eux accompli, en fonction de critères objectifs et selon un barème préétabli, ces bourses d'études n'avaient pas le caractère de secours liés à des situations individuelles particulièrement dignes d'intérêt. • Civ. 2e, 16 sept. 2003 : *RJS 2003. 1008, n° 1449.* ♦ Peu importe que ces avantages et ces sommes soient perçus par l'intermédiaire d'un tiers (V. à propos de bourses d'études et de comptes bancaires au profit des enfants des salariés versés par l'association Institut social Hennessy. • Civ. 2e, 16 juin 2016, n° 15-18.079 P : *Dr. soc. 2016. 872, obs. Boulmier* ; *RJS 2016, n° 654* ; *JCP S 2016, n° 1325, note Michalletz.*

150. Revenus tirés de la location d'un fonds de commerce (art. L. 242-1, avant-dernier al., et L. 131-6, al. 3, CSS). Doivent être réintégrées dans l'assiette des cotisations sociales dues par une société anonyme les sommes versées au président du conseil d'administration au titre de la location-gérance du fonds de commerce ; en assumant la direction générale de la société, mission définie par l'art. 113 de la L. n° 66-537 du 24 juill. 1966 (V. aussi C. com., art. L. 225-51-1), le président exerce une activité dans l'entreprise louée au sens des art. L. 242-1, al. 7 (al. 10 nouv.), et L. 131-6, al. 3, CSS, peu important que le mandat social ne soit pas lui-même rémunéré. • Civ. 2e, 2 mars 2004, n° 02-19.393 P : *RJS 2004. 402, n° 598* ; *JCP E 2004. 1513.*

151. Condamnation judiciaire. La somme versée à un salarié en exécution d'une décision de justice par la suite annulée, que le bénéficiaire a conservée à défaut de recouvrement de sa créance par l'employeur, ne constitue pas un versement opéré à l'occasion ou en contrepartie du travail et n'a pas le caractère de rémunération au sens de l'art. L. 242-1 CSS. • Soc. 31 mars 2003, n° 02-30.034 P.

Art. L. 242-1-1 *(L. n° 2005-1579 du 19 déc. 2005, art. 25-II)* **Les rémunérations, versées ou dues à des salariés, qui sont réintégrées dans l'assiette des cotisations à la suite du constat** *(L. n° 2016-1827 du 23 déc. 2016, art. 24-I)* **« des infractions mentionnées aux 1° à 4° de l'article L. 8211-1 » du code du travail ne peuvent faire l'objet d'aucune mesure de réduction ou d'exonération de cotisations de sécurité sociale ou de minoration de l'assiette de ces cotisations.** — *Les dispositions de l'art. 24-I de la L. n° 2016-1827 du 23 déc. 2016 s'appliquent aux contrôles engagés à compter du 1er janv. 2017 (L. préc., art. 24-IV).*

Art. L. 242-1-2 *(L. nº 2007-1786 du 19 déc. 2007, art. 112-I)* **Pour le calcul des cotisations et contributions de sécurité sociale et par dérogation à l'article L. 242-1, les rémunérations qui ont été versées ou qui sont dues à un salarié en contrepartie d'un travail dissimulé au sens** *(L. nº 2012-1404 du 17 déc. 2012, art. 98-I-1º)* **« des articles L. 8221-3 et L. 8221-5 » du code du travail sont, à défaut de preuve contraire** *(L. nº 2015-1702 du 21 déc. 2015, art. 18-I)* **« en termes de durée effective d'emploi et de rémunération versée, évaluées forfaitairement à 25 % du plafond annuel défini à l'article L. 241-3 du présent code » en vigueur au moment du constat du délit de travail dissimulé. Ces rémunérations sont soumises à l'article L. 242-1-1 du présent code et sont réputées avoir été versées au cours du mois où le délit de travail dissimulé est constaté.** — *Les dispositions issues de l'art. 18 de la L. nº 2015-1702 du 21 déc. 2015 sont applicables aux constats de délit de travail dissimulé établis à compter du 1er janv. 2016 (L. préc., art. 18-II).*

(Abrogé par L. nº 2012-1404 du 17 déc. 2012, art. 98-I-2º) ***« Sur la base des informations contenues dans les procès-verbaux de travail dissimulé qui leur sont transmis, les organismes de recouvrement mentionnés aux articles L. 213-1 et L. 752-1 du présent code procèdent au recouvrement des cotisations et contributions qui leur sont dues au titre des rémunérations évaluées conformément à l'alinéa précédent. »***

(L. nº 2016-1827 du 23 déc. 2016, art. 23-I) **« Lorsque la situation relevée concerne un particulier employeur mentionné aux 3º, 4º ou 6º de l'article L. 133-5-6 du présent code, l'évaluation forfaitaire par salarié est égale à la moitié du plafond retenu au premier alinéa du présent article. »**

Les modalités de prise en compte *(Abrogé par L. nº 2011-1906 du 21 déc. 2011, art. 127-1º)* ***« , au titre de l'assurance vieillesse, »*** **de la rémunération forfaitaire prévue** *(L. nº 2016-1827 du 23 déc. 2016, art. 23-I)* **« aux deux premiers alinéas »** *(L. nº 2011-1906 du 21 déc. 2011, art. 127-2º)* **« en matière d'ouverture des droits et de calcul des ressources au titre des prestations servies par les organismes de sécurité sociale »** *(Abrogé par L. nº 2012-1404 du 17 déc. 2012, art. 98-I-3º)* ***« ainsi que la procédure décrite au deuxième alinéa, en particulier la manière dont est assuré le respect du principe du contradictoire, »*** **sont précisées par décret en Conseil d'État.**

1. Redressement forfaitaire en cas de travail dissimulé. Selon l'art. L. 242-1-2, pour le calcul des cotisations et contributions de sécurité sociale, les rémunérations versées ou dues à un salarié en contrepartie d'un travail dissimulé sont, à défaut de preuve contraire, évaluées forfaitairement. Pour faire obstacle à l'application de l'évaluation forfaitaire de la rémunération servant de base au calcul du redressement, l'employeur doit apporter la preuve non seulement de la durée réelle d'emploi du travailleur dissimulé, mais encore du montant exact de la rémunération versée à ce dernier pendant cette période. • Civ. 2e, 19 déc. 2013 : *D. actu. 16 janv. 2014, obs. Fraisse.* ♦ Dans le même sens, • Civ. 2e, 9 nov. 2017, nº 16-25.690 P : *RJS 2018, nº 64.*

2. Preuve. S'il procède du constat d'infraction de travail dissimulé par dissimulation frauduleuse d'emploi salarié, le redressement a pour objet exclusif le recouvrement des cotisations afférentes à cet emploi, sans qu'il soit nécessaire d'établir l'intention frauduleuse de l'employeur. • Civ. 2e, 9 oct. 2014 : *RJS 2014, nº 53.* ♦ ***(Charge de la preuve).*** Il appartient à l'employeur de rapporter, lors des opérations de contrôle, les éléments de preuve nécessaires à la détermination de l'assiette des cotisations. • Civ. 2e, 9 nov. 2017, nº 16-25.690 P : *préc. note 1.*

Art. L. 242-1-3 *(L. nº 2014-1554 du 22 déc. 2014, art. 91-I)* **Lorsqu'un redressement de cotisations sociales opéré par les organismes mentionnés aux articles L. 213-1 ou L. 752-4 a une incidence sur les droits des salariés au titre de l'assurance vieillesse, ces organismes transmettent les informations nécessaires aux caisses mentionnées à l'article L. 215-1, afin que ces dernières procèdent à la rectification des droits des salariés concernés.**

En cas de constat de travail dissimulé, au sens des articles L. 8221-3 et L. 8221-5 du code du travail, révélant une situation de collusion entre l'employeur et son salarié, cette rectification ne peut être réalisée qu'à compter du paiement du redressement. — *Cet art. s'applique aux redressements notifiés à compter du 1er janv. 2015 (L. nº 2014-1554 du 22 déc. 2014, art. 91-III).*

Art. L. 242-1-4 *(L. nº 2010-1594 du 20 déc. 2010, art. 21-1º ; L. nº 2011-1906 du 21 déc. 2011, art. 15)* **« Toute somme ou avantage alloué à un salarié par une per-**

sonne n'ayant pas la qualité d'employeur en contrepartie d'une activité accomplie dans l'intérêt de ladite personne est une rémunération assujettie aux cotisations de sécurité sociale et aux contributions mentionnées aux articles L. 136-1 du présent code, L. 14-10-4 du code de l'action sociale et des familles et 14 de l'ordonnance n° 96-50 du 24 janvier 1996 relative au remboursement de la dette sociale.

« Dans les cas où le salarié concerné exerce une activité commerciale ou en lien direct avec la clientèle pour laquelle il est d'usage qu'une personne tierce à l'employeur alloue des sommes ou avantages au salarié au titre de cette activité, cette personne tierce verse à l'organisme de recouvrement dont elle dépend une contribution libératoire dont le montant est égal à 20 % de la part de ces rémunérations qui excède pour l'année considérée un montant égal à 15 % de la valeur du salaire minimum interprofessionnel de croissance calculée pour un mois sur la base de la durée légale du travail. Les cotisations et les contributions d'origine légale ou conventionnelle rendues obligatoires par la loi ne sont pas dues sur ces rémunérations. Cette contribution libératoire ne s'applique que sur la part des rémunérations versées pour un an qui n'excède pas 1,5 fois la valeur du salaire minimum interprofessionnel de croissance calculée pour un mois ; la part supérieure à ce plafond est assujettie aux cotisations et contributions mentionnées au premier alinéa. »

Lorsque la personne tierce appartient au même groupe que l'employeur au sens de l'article L. 2331-1 du code du travail, elle ne peut s'acquitter de ses cotisations et contributions sociales par le versement de la contribution libératoire prévue au deuxième alinéa du présent article.

La personne tierce remplit les obligations relatives aux déclarations et aux versements de la contribution libératoire ou des cotisations et contributions sociales relatifs à ces rémunérations selon les règles et sous les garanties et sanctions applicables au recouvrement des cotisations du régime général assises sur les salaires. Elle informe l'employeur des sommes ou avantages versés à son salarié.

Le deuxième alinéa du présent article n'est ni applicable ni opposable aux organismes mentionnés aux articles L. 213-1 et L. 752-1 du présent code si la personne tierce et l'employeur ont accompli des actes ayant pour objet d'éviter, en totalité ou en partie, le paiement des cotisations et contributions sociales. Dans ce cas, l'article L. 243-7-2 est applicable à l'employeur en cas de constat d'opérations litigieuses.

Un décret fixe les modalités d'application du présent article, notamment les modalités d'information de l'employeur par la personne tierce sur les sommes ou avantages versés aux salariés.

Un arrêté du ministre chargé de la sécurité sociale détermine les règles selon lesquelles les sommes recouvrées au titre de la contribution libératoire mentionnée au deuxième alinéa sont réparties entre les attributaires des cotisations et contributions mentionnées au premier alinéa.

Art. L. 242-2 L'assujettissement aux cotisations de sécurité sociale de la garantie de ressources prévue à l'article 32 de la loi n° 75-534 du 30 juin 1975 *[CASF, art. L. 243-4]* est fixé par les premier et deuxième alinéas de l'article 33 de la même loi *[CASF, art. L. 243-5]*.

Art. L. 242-3 Pour tout assuré qui travaille régulièrement et simultanément pour le compte de deux ou plusieurs employeurs, la part des cotisations incombant à chacun des employeurs est déterminée au prorata des rémunérations qu'ils ont respectivement versées dans la limite des maxima fixés en application de l'article L. 241-3.

(L. nº 2001-1246 du 21 déc. 2001, art. 73-II) « Par dérogation au précédent alinéa, la part de cotisations incombant à chaque employeur peut être déterminée comme si le salarié occupait un emploi à temps partiel dans chacun des établissements employeurs. »

En ce qui concerne certaines catégories de travailleurs salariés ou assimilés définies par arrêté ministériel et qui travaillent régulièrement et simultanément pour le compte de deux ou plusieurs employeurs, le montant des cotisations *(L. nº 2015-1702 du 21 déc. 2015, art. 59-XI-E-4º, en vigueur le 1er janv. 2016)* « de sécurité sociale » incombant à chacun des employeurs peut être déterminé compte tenu des conditions d'exercice de la profession considérée d'après les rémunérations qu'ils ont respectivement versées soit dans la limite d'un forfait fixé par lesdits arrêtés, soit en appliquant au

taux des cotisations prévues aux articles L. 241-7 à L. 241-9, L. 242-5, L. 242-7, L. 243-1 et L. 243-2 un abattement forfaitaire fixé par lesdits arrêtés. — *V. art. R. 242-3 et R. 242-4.*

1. Pluralité d'employeurs. Règle du prorata. Si une circulaire administrative prévoit la possibilité pour les employeurs utilisant du personnel en commun de passer un accord en vue de faire payer par l'un d'eux, pour le compte de tous, les cotisations afférentes aux salariés employés en commun, la tolérance ainsi envisagée implique que l'URSSAF ne soit pas étrangère à un tel accord et ait connaissance par la production et la présentation des bordereaux de la rémunération totale des salariés et de la part des cotisations qui incombe à chacun des employeurs. • Soc. 13 janv. 1972, ☎ n° 70-12.316 P. ♦ ***Artistes du spectacle.*** L'art. L. 242-3, al. 2, CSS, dérogation au principe résultant de l'art. L. 242-1, s'applique aux artistes qui, d'une manière effective, travaillent régulièrement et simultanément pour le compte de plusieurs employeurs. • Soc. 11 oct. 1990, ☎ n° 88-13.174 P. ♦ V. aussi • Civ. 2e, 18 févr. 2010, ☎ n° 08-70.212 P : *RJS 2010, n° 470 ; JCP E 2010, n° 2090, note Vachet.*

2. Salariés à temps partiel ne travaillant pas exclusivement pour un employeur. La situation dans laquelle aucun des salariés employés à temps partiel par une association ne travaille pour celle-ci à titre exclusif implique un fractionnement du plafond entre les divers employeurs conformément à l'art. L. 242-3 CSS et non un abattement d'assiette en vertu de l'art. L. 242-8. • Soc. 19 déc. 1991 : ☎ *RJS 1992, n° 209.*

3. Journalistes rémunérés à la pige. L'art. 1er de l'arrêté ministériel du 5 févr. 1975 (Arr. du 26 mars 1987) qui se réfère à l'art. L. 242-3 CSS n'a instauré un taux réduit de cotisations qu'en ce qui concerne les journalistes professionnels ou assimilés dont les prestations à une agence de presse ou à une entreprise de presse quotidienne ou périodique sont réglés à la pige, et non ceux employés de manière permanente moyennant un salaire fixe. • Soc. 17 janv. 1991, ☎ n° 88-12.417 P.

4. Preuve. Les dispositions de l'art. L. 242-3 CSS (règle du prorata) sont inapplicables lorsque la société qui prétend en bénéficier n'a pas produit les justifications prévues à l'art. R. 242-3 du même code. • Soc. 16 mars 1995 : ☎ *RJS 1995, n° 565.*

Art. L. 242-4 Des décrets peuvent, compte tenu du plafond des rémunérations soumises à cotisations, fixer, en ce qui concerne le personnel artistique des entreprises de spectacle, définies par lesdits décrets, des chiffres forfaitaires à prendre en considération pour le calcul des cotisations de sécurité sociale et d'allocations familiales et déterminés suivant la catégorie professionnelle et l'importance des rémunérations.

Art. L. 242-4-1 (Abrogé par Ord. n° 2018-474 du 12 juin 2018, art. 4, à compter du 1er sept. 2018) (L. n° 2006-396 du 31 mars 2006) ***N'est pas considérée comme une rémunération au sens de l'article L. 242-1 la fraction de la gratification, en espèces ou en nature, versée aux personnes mentionnées aux a, b et f du 2° de l'article L. 412-8 qui n'excède pas, au titre d'un mois civil, le produit d'un pourcentage, fixé par décret, du plafond horaire défini en application du premier alinéa de l'article L. 241-3 et du nombre d'heures de stage effectuées au cours du mois considéré.***

(L. n° 2006-1640 du 21 déc. 2006, art. 31-I) ***« Les dispositions de l'alinéa précédent ne donnent pas lieu à application de l'article L. 131-7. »***

Les dispositions de l'Ord. n° 2018-474 du 12 juin 2018 s'appliquent aux cotisations et contributions dues pour les périodes courant à compter du 1er sept. 2018 (Ord. préc., art. 16).

Art. L. 242-4-2 (Abrogé par Ord. n° 2018-474 du 12 juin 2018, art. 4, à compter du 1er sept. 2018) (L. n° 2007-1822 du 24 déc. 2007) ***N'est pas considéré comme une rémunération au sens de l'article L. 242-1 l'avantage mentionné au 31° bis de l'article 81 du code général des impôts.*** — V. note ss. art. L. 242-4-1.

Art. L. 242-4-3 *(L. n° 2008-789 du 20 août 2008, art. 26-II)* **La rémunération due en contrepartie des droits constitués par un salarié sur son compte épargne-temps, à l'exception de ceux qui correspondent à un abondement en temps ou en argent de l'employeur, est exonérée des cotisations salariales de sécurité sociale et des cotisations** *(L. n° 2015-1702 du 21 déc. 2015, art. 59-XI-E-5°, en vigueur le 1er janv. 2016)* **« de sécurité sociale à la charge de l'employeur » dès lors qu'elle est utilisée à l'initiative de ce salarié pour alimenter un plan d'épargne pour la retraite collectif prévu aux articles L. 3334-1 à L. 3334-9 et L. 3334-11 à L. 3334-16 du code du travail ou pour contribuer au financement de prestations de retraite qui revêtent un caractère collectif et obligatoire déterminé dans le cadre d'une des procédures mentionnées à l'article L. 911-1 du présent code.**

Art. L. 242-4-4 *(L. nº 2014-1554 du 22 déc. 2014, art. 13-I-1º)* Pour l'application des articles L. 241-2, L. 241-3, L. 241-5 et L. 241-6 du présent code ainsi que des articles L. 741-9 et L. 751-10 du code rural et de la pêche maritime, des cotisations forfaitaires peuvent être fixées par décret pour certaines catégories de travailleurs salariés ou assimilés auxquels ne s'applique pas le salaire minimum de croissance ou qui sont soumis à l'obligation d'affiliation prévue à l'article L. 311-3 du présent code, afin de préserver leurs droits aux assurances sociales. Ces cotisations ne peuvent excéder celles qui s'appliquent au salaire minimum de croissance à temps plein.

Des cotisations forfaitaires peuvent également être fixées par décret pour certaines activités revêtant un caractère occasionnel ou saisonnier, sous réserve, pour les rémunérations égales ou supérieures à 1,5 fois la valeur du plafond mentionné à l'article L. 241-3 correspondant à la durée du travail, que la base de calcul des cotisations soit au moins égale à 70 % de la rémunération.

SOUS-SECTION 2 DISPOSITIONS PROPRES À CHAQUE BRANCHE

§ 1er ASSURANCES MALADIE, MATERNITÉ, INVALIDITÉ ET DÉCÈS

Néant. — V. art. D. 242-3.

§ 2 ASSURANCE VIEILLESSE

Néant. — V. art. D. 242-4.

§ 3 ASSURANCE VEUVAGE

Néant.

§ 4 ASSURANCE ACCIDENTS DU TRAVAIL ET MALADIES PROFESSIONNELLES

[V. art. R. 242-6 à R. 242-6-3, D. 242-6 à D. 242-6-23]

Art. L. 242-5 *(L. nº 94-637 du 25 juill. 1994, art. 10 ; L. nº 97-1164 du 19 déc. 1997, art. 13)* Le taux de la cotisation due au titre des accidents du travail et des maladies professionnelles est déterminé annuellement pour chaque catégorie de risques par la *(Ord. nº 2010-177 du 23 févr. 2010, art. 24)* « Caisse d'assurance retraite et de la santé au travail » d'après les règles fixées par décret.

Les risques sont classés dans les différentes catégories par la *(Ord. nº 2010-177 du 23 févr. 2010, art. 24)* « Caisse d'assurance retraite et de la santé au travail », sauf recours, de la part soit de l'employeur, soit de l'autorité administrative, à la *(L. nº 2016-1547 du 18 nov. 2016, art. 12-I et 114-I)* « juridiction compétente pour connaître du contentieux mentionné au 4º de l'article L. 142-2 », laquelle statue en premier et dernier ressort. — *Sur les dispositions transitoires de la L. nº 2016-1547 du 18 nov. 2016, V. note ss. chapitre II du titre IV du livre 1er*

Le classement d'un risque dans une catégorie peut être modifié à toute époque. L'employeur est tenu de déclarer à la *(Ord. nº 2010-177 du 23 févr. 2010, art. 24)* « Caisse d'assurance retraite et de la santé au travail » toute circonstance de nature à aggraver les risques.

(Ord. nº 2017-1389 du 22 sept. 2017, art. 3-3º) « Le montant couvrant les dépenses supplémentaires engendrées par les départs en retraite à l'âge fixé en application de l'article L. 351-1-4 et les dépenses supplémentaires engendrées par le dispositif mentionné à l'article L. 4163-1 du code du travail » *(L. nº 2010-1330 du 9 nov. 2010, art. 81-II)* « est pris en compte dans les éléments de calcul de la cotisation qui peuvent être modulés par secteur d'activité. Un décret détermine les conditions d'application du présent alinéa.

« *(Ord. nº 2017-1389 du 22 sept. 2017, art. 3-3º)* « Le montant mentionné à l'alinéa précédent » est fixé chaque année par la loi de financement de la sécurité sociale. *(Ord. nº 2017-1389 du 22 sept. 2017, art. 3-3º)* « Ce montant peut tenir compte des prévisions financières pour les cinq prochaines années et, le cas échéant, des recommandations du comité de suivi mentionné à l'article L. 114-4 du code de la sécurité sociale. » Un rapport annexé au projet de loi de financement de la sécurité sociale évalue le coût réel des dépenses supplémentaires engendrées par les départs en retraite

à l'âge prévu à l'article L. 351-1-4 *(Ord. nº 2017-1389 du 22 sept. 2017, art. 3-3º)* **« et par le dispositif mentionné à l'article L. 4163-1 du code du travail » pour la branche accidents du travail et maladies professionnelles. »**

(L. nº 97-1164 du 19 déc. 1997, art. 13-II) **« Dans des conditions fixées par décret, la commission des accidents du travail et des maladies professionnelles fixe les éléments de calcul des cotisations dues au titre des accidents du travail et des maladies professionnelles conformément aux conditions générales de** *(L. nº 2004-1370 du 20 déc. 2004, art. 49)* **« l'équilibre financier de la branche » déterminées par la loi de financement de la sécurité sociale ;**

« La délibération de la commission est transmise au ministre chargé de la sécurité sociale avant le 31 janvier de chaque année ;

« Si la commission n'a pas délibéré à cette date ou n'a pas retenu des éléments de calcul conformes aux dispositions du *(L. nº 2010-1330 du 9 nov. 2010, art. 81-II)* **« sixième » alinéa, l'autorité compétente de l'État les détermine par arrêté ;**

« Si les mesures prises en application du présent article ne permettent pas d'assurer la couverture des charges de gestion, l'équilibre de la branche tel que résultant de la loi de financement de la sécurité sociale doit être maintenu ou rétabli par un prélèvement sur les excédents financiers ou, à défaut, par une modification des éléments de calcul des cotisations. »

(Abrogé par L. nº 2004-810 du 13 août 2004, art. 53-VI) ***« Un arrêté interministériel détermine le montant ou la fraction maximum des cotisations affectées au Fonds de prévention des accidents du travail et des maladies professionnelles. »***

V. art. R. 242-6-1 à R. 242-6-3. – Pour la tarification des risques, V. Annexe I, Arr. du 16 oct. 1995 et 17 oct. 1995 mod.

Le montant mentionné à l'art. L. 242-5 couvrant les dépenses supplémentaires engendrées par les départs en retraite à l'âge fixé en application de l'art. L. 351-1-4 CSS et les dépenses supplémentaires engendrées par le dispositif mentionné à l'art. L. 4163-1 C. trav. sont fixés, respectivement, à 254,2 millions d'euros et 8 millions d'euros pour l'année 2019 (L. nº 2018-1203 du 22 déc. 2018, art. 83-IV).

1. Procédure de tarification. Recouvrement. Le principe de la détermination annuelle du taux de cotisations accident du travail destinée seulement à éviter des modifications de taux en cours d'année, ne peut, dans les limites de la prescription, faire obstacle au recouvrement de cotisations légalement dues pour les années antérieures à la suite de la création d'un établissement tardivement déclaré. • Soc. 19 mai 1967 : *Bull. civ. V, nº 414.* ♦ La CRAM est fondée à notifier des taux rectificatifs pour des exercices annuels antérieurs, dès lors que les taux primitivement notifiés ne tenaient pas compte de la véritable situation des établissements concernés laquelle avait été dissimulée à la caisse. • Soc. 2 déc. 1987, nº 85-15.828 P.

2. Portée du classement INSEE. La caisse régionale d'assurance maladie n'est pas liée par le classement des entreprises opéré par les services de l'INSEE. • Soc. 20 mars 1961 : *Bull. civ. IV, nº 380.*

3. Fusion de sociétés. Effet. La caisse régionale qui n'a été avertie d'une fusion absorption qu'après l'expiration du délai de recours ouvert à l'employeur peut se prévaloir de la clause de rétroactivité incluse dans le traité de fusion, dont le jeu rend caduques les notifications initiales, et procéder ainsi à une nouvelle tarification pour l'année en tenant compte des effets de la fusion. • Soc. 20 avr. 1988, nº 86-16.416 P (une fusion réalisée en 1980 avec rétroactivité au 1er janvier permet à la caisse de notifier de nouveaux taux en 1981 nonobstant les notifications délivrées au cours de l'année 1980).

4. Formalités. En adressant à l'URSSAF, qui les avait transmis à la caisse régionale, les renseignements concernant l'activité de ses salariés, conformément à l'art. R. 241-1 CSS, l'employeur, qui n'est pas responsable des retards dans les transmissions entre les deux organismes, n'a commis aucune dissimulation ou fraude ; dès lors, la décision de la caisse de reclasser un établissement en vue de la tarification des risques d'accidents du travail ne peut avoir d'effet rétroactif. • Soc. 4 juin 1986, nº 84-13.674 P.

5. Légalité. Pour un exemple de recours pour excès de pouvoir formé contre un arrêté de tarification collective pour rupture de l'égalité entre les citoyens du fait de la différenciation des taux applicables à des activités similaires. • CE 12 juin 1987 : *D. 1988. Somm. 290, obs. Prétot* • 24 juin 1987 : *ibid.*

6. V. aussi la jurisprudence citée ss. art. D. 242-6-1.

7. Contestation du caractère professionnel de l'accident. Sans attendre la notification périodique des taux applicables au risque d'accident du travail prévue par l'art. D. 242-6-17 CSS, l'employeur est en droit de contester dans ses rapports avec la sécurité sociale le caractère professionnel de l'accident devant la juridiction du contentieux général, seule compétente pour se prononcer sur une telle contestation. • Soc. 11 juin 1992, n° 90-13.032 P.

8. Délai de recours. Il résulte des art. L. 242-5 et R. 143-21 CSS que les taux des cotisations d'accident du travail sont déterminés annuellement et deviennent définitifs s'ils ne sont pas contestés dans le délai de deux mois à compter de la date de réception de la notification ; la contestation par l'employeur des éléments de calcul figurant au débit du compte employeur de la période triennale de référence ne le dispense pas d'exercer un recours conservatoire contre la décision qui prend en compte ces éléments. • Soc. 7 mai 1998 : *RJS 1998, n° 786.* ♦ Le taux de la cotisation due au titre des accidents du travail qui n'a pas été contesté par l'employeur dans le délai de deux mois prévu à l'art. R. 143-21 devient définitif au titre de l'exercice en cours. • Soc. 31 mai 2001, n° 99-20.844 P : *D. 2001. 1922 ; RDSS 2001. 792, obs. Verkindt ; RJS 2001, n° 1079.*

9. Recours tardif. L'employeur qui ne conteste pas dans le délai réglementaire les décisions de la caisse régionale d'assurance maladie fixant le taux de la cotisation due au titre des accidents du travail ne peut plus les remettre en question sur le fondement de la répétition de l'indu. • Soc. 12 juill. 1990, n° 87-18.099 P : *D. 1990. IR 203.* ♦ ***Répétition de l'indû. Détermination du point de départ.*** Lorsque la CRAM a calculé les cotisations, selon des modalités non contestées, sur la base du montant des prestations servies par la caisse primaire à la suite du décès de cinq salariés de l'entreprise, ce calcul ne peut être remis en cause avant qu'une décision de justice irrévocable ait attribué à un tiers l'entière responsabilité de l'accident mortel, si bien que la CRAM ne doit pas être considérée comme étant de mauvaise foi au sens de l'art. 1378 C. civ. (répétition de l'indu) et tenu de payer des intérêts moratoires avant cette décision. • Soc. 5 nov. 1999, n° 97-11.722 P : *RJS 2000, n° 212.*

10. Contestation élevée à l'occasion du recouvrement des cotisations. La société qui s'abstient de saisir la Commission technique nationale (Cour nationale de l'incapacité et de la tarification de l'assurance des accidents du travail), seule compétente pour connaître des contestations portant sur le taux des cotisations d'accident du travail, ne peut plus remettre en cause ce dernier. • Soc. 15 nov. 1990, n° 89-10.392 P. ♦ L'URSSAF est alors fondée à en faire application, sans enfreindre la règle posée à l'art. L. 132 (L. 242-5) CSS, en mettant en recouvrement au titre d'une année le redressement opéré sur la base d'un taux majoré par la CRAM l'année suivante. • Soc. 15 nov. 1990 : *préc.*

11. Validation rétroactive. La caisse régionale d'assurance maladie qui a commis une erreur sur le mode de tarification applicable à une entreprise peut, avant l'expiration du délai de recours ouvert par la notification de cette décision, la retirer pour lui en substituer une nouvelle prenant effet à la même date. • Soc. 28 nov. 1991, n° 89-15.989 P.

12. La validation rétroactive par le législateur de décisions individuelles de CRAM fixant, dans les conditions déterminées à l'art. L. 242-5 CSS, la tarification des accidents du travail et des maladies professionnelles, prises sur le fondement d'arrêtés qui furent ensuite annulés par le Conseil d'État, est conforme à la Constitution dès lors qu'elle répond à un but d'intérêt général. • Cons. const. 13 janv. 1994 : *RJS 1994, n° 314.*

13. V. jurisprudence ss. art. D. 242-6-6.

14. Fixation du taux. Aggravation du risque. Les cotisations accidents du travail relatives au personnel administratif d'une société de transports ne sauraient être calculées selon le tarif « bureau » dès lors que ce personnel doit emprunter le quai de chargement pour accéder à son lieu de travail, ce dont il résultait que son risque d'accident du travail était aggravé par l'activité de la société elle-même, peu important que le risque soit également aggravé pour le personnel des autres entreprises installées dans le bâtiment. • Soc. 6 janv. 2000, n° 98-13.443 P.

Art. L. 242-6 **Les employeurs communiquent le montant total des salaires par catégories de risques telles que prévues à l'article L. 242-5.**

Art. L. 242-7 **La** *(Ord. n° 2010-177 du 23 févr. 2010, art. 24)* **« Caisse d'assurance retraite et de la santé au travail » peut accorder des ristournes sur la cotisation ou imposer des cotisations supplémentaires dans les conditions fixées par arrêté** *[art. R. 242-6]* **interministériel** *[V. Arr. du 9 déc. 2010 (JO 15 déc.)]* **pour tenir compte selon le cas, soit des mesures de prévention ou de soins prises par l'employeur, soit des risques exceptionnels présentés par l'exploitation, révélés notamment par une infraction constatée en application de l'article L. 611-10** *[L. 8113-7 nouv.]* **du code du travail ou résultant d'une inobservation des mesures de prévention prescrites en application des articles L. 422-1 et L. 422-4 du présent code.** — *Sur l'attribution de ristournes sur la majoration forfaitaire correspondant à la couverture des accidents de trajet, V. Arr. du 19 sept. 1977 (JO 13 oct.), mod. par Arr. du 25 févr. 1985 (JO 15 mars), Arr. du 15 déc. 1987 (JO 20 déc. ; Rect. JO 16 janv. 1988), Arr. du 30 juill. 1991 (JO 10 août), Arr. du 23 déc. 1992 (JO 21 janv. 1993), Arr. du 1er août 2005 (JO 23 août).*

La cotisation supplémentaire est due à partir de la date à laquelle ont été constatés les risques exceptionnels ci-dessus mentionnés. *(L. n° 2009-1646 du 24 déc. 2009, art. 74)* **« Son taux, la durée pendant laquelle elle est due et son montant forfaitaire minimal sont fixés par arrêté. »**

(L. n° 87-39 du 27 janv. 1987, art. 18-II) **« L'arrêté mentionné au premier alinéa du présent article fixe le pourcentage du montant des cotisations d'accidents du travail et des maladies professionnelles et la part minimale du produit des cotisations supplémentaires qui doivent être affectés à l'attribution des ristournes et des avances prévues à l'article L. 422-5. »**

La décision de la *(Ord. n° 2010-177 du 23 févr. 2010, art. 24)* **« Caisse d'assurance retraite et de la santé au travail » est susceptible de recours devant la commission mentionnée à l'article L. 242-5.**

En cas de carence de la caisse, l'autorité compétente de l'État peut statuer, sauf recours devant ladite commission. — *V. art. R. 242-7.*

Pour la cotisation supplémentaire, V. Arr. du 26 août 1971 (D. et BLD 1971. 369) ; Arr. du 12 oct. 1971 (JO 23 oct.). — Pour la mise en œuvre de la procédure d'injonction, V. 3 Arr. du 2 juill. 1979 (JO 8 juill.) : diverses branches professionnelles (p. 1670) ; industries des cuirs et peaux (p. 1670) ; industries chimiques et commerces de l'alimentation (p. 1671).

Les comités techniques régionaux peuvent, pour les questions relatives à l'attribution de ristournes sur la cotisation ou à l'imposition de cotisations supplémentaires prévues à l'art. L. 133 CSS [art. L. 242-7], déléguer la totalité ou une partie de leurs pouvoirs à des commissions paritaires permanentes comprenant au moins deux représentants des employeurs et deux représentants des travailleurs choisis parmi les membres des comités techniques intéressés (Arr. du 9 avr. 1968, JO 13 avr., art. 7 bis, mod. par Arr. du 30 janv. 1969, JO 26 févr., et Arr. du 26 août 1971, JO 15 sept. ; Rect. JO 29 sept.).

1. Ristournes. La société qui ne conteste ni par la voie hiérarchique ni devant les juridictions de l'ordre administratif l'avis du directeur régional du travail, défavorable à l'octroi de ristournes sur les cotisations d'accident du travail, ne peut plus contester celui-ci devant la Commission nationale technique (la Cour nationale de l'incapacité et de la tarification de l'assurance des accidents du travail). • Soc. 30 janv. 1992, n° 89-16.905 P.

2. La Commission (la Cour) nationale n'a pas qualité pour passer outre à l'absence d'avis favorable du directeur du travail, avis dont l'obtention préalable est une condition nécessaire pour l'octroi des ristournes. • Soc. 6 déc. 1978, n° 77-14.957 P.

3. La Cour nationale de l'incapacité saisie d'un recours contre la décision de la caisse ayant refusé le bénéfice d'une ristourne ne peut refuser de surseoir à statuer dans l'attente du recours exercé par l'entreprise redevable contre l'avis défavorable donné par le directeur régional du travail. • Soc. 25 juin 1998 : *RJS 1998, n° 1297.*

4. Cotisation supplémentaire pour risque exceptionnel. Une société nouvelle étant gérée par les mêmes personnes que celles qui dirigeaient une société en cessation de paiement, reprise depuis lors par la première en location-gérance, le chef d'entreprise, connaissant les risques de l'exploitation, quelles que soient les modifications intervenues dans sa situation juridique, reste tenu de la majoration imposée à la précédente entreprise jusqu'à exécution des mesures de prévention prescrites par la caisse. • Soc. 3 mai 1979, n° 77-14.899 P. ♦ V. déjà : • Soc. 14 nov. 1973, n° 72-13.781 P (la cotisation supplémentaire peut être maintenue en cas de modification dans la situation juridique du chef d'entreprise dès lors que celui-ci connaissait les risques et ne les a pas fait disparaître).

5. Lorsque la caisse de sécurité sociale a notifié à la société un taux de cotisation collectif après l'avoir considéré non comme ayant purement et simplement succédé à la première société mais comme formant un établissement nouvellement créé, générateur d'un risque différent, elle ne peut lui appliquer la majoration pour risque exceptionnel notifiée au précédent employeur du fait de la persistance de sa carence. • Soc. 1er déc. 1982, n° 81-14.021 P. ♦ Sur la notion d'établissement nouvellement créé, V. la jurisprudence citée ss. art. D. 242-6-13 (anc.).

6. L'appréciation par la Commission nationale technique (Cour nationale) qu'un taux de majoration pour risque exceptionnel est justifié compte tenu de la non-réalisation des mesures de sécurité prescrites et de la subsistance de risques supplémentaires auxquels la société expose ses ouvriers, ne peut faire l'objet de critiques devant la Cour de cassation. • Soc. 22 nov. 1972, n° 71-14.569 P • 7 juill. 1981, n° 80-13.594 P.

Art. L. 242-7-1 *(L. n° 98-278 du 14 avr. 1998, art. 2)* **Un décret détermine les modalités selon lesquelles s'effectue le passage des règles applicables pour la tarification des risques d'accidents du travail et des maladies professionnelles dans les départements du Haut-Rhin, du Bas-Rhin et de la Moselle aux règles applicables dans ce domaine dans le régime général des salariés.**

§ 5 PRESTATIONS FAMILIALES

Néant.

SECTION II COTISATIONS ASSISES SUR LES AVANTAGES DE VIEILLESSE

SOUS-SECTION 1 TAUX

Néant. — V. art. D. 242-8.

SOUS-SECTION 2 EXONÉRATION

Néant. — V. art. D. 242-9 à D. 242-11.

SECTION III COTISATIONS ASSISES SUR LES RÉMUNÉRATIONS DES SALARIÉS À TEMPS PARTIEL

Art. L. 242-8 *(Décr. n° 86-838 du 16 juill. 1986, art. 10)* **Pour le calcul des cotisations de sécurité sociale dues au titre des salariés employés à temps partiel, au sens de l'article** *(L. n° 2016-1088 du 8 août 2016, art. 8-IX)* **« L. 3123-1 » du code du travail, et qui sont déterminées compte tenu du plafond prévu** *(L. n° 90-86 du 23 janv. 1990, art. 1er-III)* **« à l'article L. 241-3 », il est opéré un abattement d'assiette destiné à compenser la différence entre le montant des cotisations dues au titre de chacun de ces salariés et le montant des cotisations qui seraient dues pour une durée de travail identique dans le cas où chacun d'eux travaillerait à temps complet.** — *V. art. R. 242-12.*

1. L'art. L. 212-4-3 C. trav. n'excluant pas d'apporter la preuve du contrat de travail à temps partiel dans le cas où il n'a pas été rédigé par écrit, le fait que la durée de travail de salariés soit inférieure de plus d'un cinquième à la durée légale ou conventionnelle permet à l'employeur, s'agissant de travailleurs à temps partiel, de s'acquitter des cotisations sociales par des versements trimestriels. • Soc. 20 déc. 1990, n° 88-15.692 P. ♦ Il importe peu que les formalités prévues à l'art. R. 242-11 CSS aient été ou non respectées. • Soc. 7 mars 1991, n° 89-10.328 P.

2. La situation dans laquelle aucun des salariés employés à temps partiel par une association ne travaille pour celle-ci à titre exclusif implique un fractionnement du plafond entre les divers employeurs conformément à l'art. L. 242-3 CSS et non un abattement d'assiette en vertu de l'art. L. 242-8. • Soc. 19 déc. 1991 : *RJS 1992, n° 209.*

3. L'abattement d'assiette peut être opéré même si aucun salarié à temps complet n'est employé dans l'entreprise, la durée de travail à prendre en compte étant dans ce cas la durée légale de travail. • Soc. 14 févr. 1991 : *RJS 1991, n° 530.*

Art. L. 242-9 *(Décr. n° 86-838 du 16 juill. 1986, art. 11)* **« A chaque échéance de versement des cotisations, l'employeur procède à l'abattement d'assiette mentionné à l'article L. 242-8. »**

L'abattement d'assiette prévu par l'article L. 242-8 ne peut être maintenu au bénéfice des employeurs, pour ceux de leurs salariés qui auront accompli au-delà de la durée fixée par le contrat de travail définie *(L. n° 2016-1088 du 8 août 2016, art. 8-IX)* **« à l'article L. 3123-6 » du code du travail, un nombre d'heures complémentaires tel que la durée hebdomadaire effective accomplie par ces salariés est égale à la durée normale du travail dans l'établissement.**

Un arrêté interministériel fixe les conditions d'application du présent article.

Abattement. Condition. L'accomplissement de la formalité exigée par l'art. L. 242-9 CSS est la condition nécessaire pour l'octroi de l'avantage constitué par l'abattement d'assiette ; l'employeur qui néglige de procéder à celui-ci à chaque échéance des cotisations n'est plus en droit de le faire lors d'une régularisation annuelle. • Soc. 1er avr. 1999 : *RJS 1999, n° 1003.*

Art. L. 242-10 **Les dispositions des articles L. 242-8 et L. 242-9 ci-dessus ne sont pas applicables :**

1° Aux salariés ou assimilés dont l'emploi donne lieu à des taux, assiettes ou montants spécifiques de cotisations, en application *(L. n° 2015-1702 du 21 déc. 2015, art. 32-II-B-5°, en vigueur le 1er janv. 2016)* **« des articles L. 242-4-4 » et L. 242-3 ;**

2° Aux salariés ou assimilés dont l'emploi régulier et simultané par plusieurs employeurs entraîne, quant au calcul des cotisations, un fractionnement entre lesdits employeurs du plafond fixé pour l'assiette des cotisations de sécurité sociale.

Elles ne s'appliquent pas non plus aux personnels intérimaires des entreprises de travail temporaire ni aux salariés concernés par des mesures de réduction d'horaire ouvrant droit à une indemnisation au titre *(L. n° 2013-504 du 14 juin 2013, art. 16-XI)* **« de l'activité partielle ».**

SECTION IV COTISATIONS ASSISES SUR LES REVENUS DE REMPLACEMENT

SOUS-SECTION 1 TAUX

Néant. — V. art. D. 242-12.

SOUS-SECTION 2 EXONÉRATION

Néant. — V. art. D. 242-13 à D. 242-15.

SECTION V *[ABROGÉE]* COTISATIONS DES EMPLOYEURS ET TRAVAILLEURS INDÉPENDANTS *(Abrogée par L. n° 2017-1836 du 30 déc. 2017, art. 15-XV).*

Art. L. 242-11 (Abrogé par L. n° 2017-1836 du 30 déc. 2017, art. 8-I) (L. n° 94-126 du 11 févr. 1994, art. 33-III et IV) ***Les cotisations d'allocations familiales des travailleurs indépendants*** (L. n° 2014-626 du 18 juin 2014, art. 26-I-15°) ***« non agricoles sont calculées conformément aux dispositions »*** (L. n° 2011-1906 du 21 déc. 2011, art. 37-IX-1°) ***« des articles L. 131-6, L. 131-6-1 »*** (L. n° 2014-626 du 18 juin 2014, art. 26-I-15°) ***« , L. 131-6-2 et L. 133-6-8 ».*** (L. n° 99-641 du 27 juill. 1999, art. 14-III) ***« Les dispositions de l'article*** (L. n° 2016-1827 du 23 déc. 2016, art. 24-I) ***« L. 133-4-9 » sont applicables au recouvrement de ces cotisations par les organismes*** (Ord. n° 2005-1529 du 8 déc. 2005) ***« mentionnés à l'article L. 213-1 et à l'article L. 611-3 ».***

(L. n° 2014-892 du 8 août 2014, art. 2-I-6°) ***« Le taux des cotisations d'allocations familiales des travailleurs indépendants non agricoles dont les revenus d'activité sont inférieurs à un seuil fixé par décret fait l'objet, dans des conditions fixées par décret, d'une réduction dans la limite de 3,1 points. Le bénéfice de cette réduction ne peut être cumulé avec tout autre dispositif de réduction ou d'abattement applicable à ces cotisations. »***

Sur l'entrée en vigueur de l'art. 8-I de la L. n° 2017-1836 du 30 déc. 2017, V. dispositions transitoires ss. art. L. 136-8.

1. Référence à l'assiette de l'impôt sur le revenu (CSS, art. L. 131-6). L'exonération fiscale dont le travailleur indépendant a bénéficié en qualité de créateur d'une nouvelle entreprise n'a aucune incidence sur la cotisation d'allocation familiale lui incombant, les cotisations d'allocations familiales étant calculées en pourcentage du revenu professionnel retenu pour le calcul de l'impôt sur le revenu. • Soc. 5 déc. 1991, n° 89-21.043 P : *D. 1992. IR 37.* ♦ *A fortiori,* une déduction accordée sur les résultats des entreprises soumis à l'impôt sur les sociétés reste sans incidence sur le revenu professionnel tiré d'autres activités, en sorte que le travailleur doit la cotisation d'allocations familiales des travailleurs indépendants calculée en pourcentage de son revenu professionnel retenu pour le calcul de l'impôt sur le revenu. • Soc. 15 oct. 1998, n° 97-10.852 P. ♦ Il en est ainsi même si cette déduction a pu avoir pour effet de supprimer l'impôt. • Soc. 1er mars 2001, n° 99-15.026 P. ♦ V. dans le même sens, refusant d'étendre les exonérations de cotisations sociales au calcul de la CSG, en dépit du renvoi de l'art. L. 136-2 CSS à l'art. L. 242-1, • Soc. 13 déc. 2001, n° 00-13.268 P : *RJS 2002, n° 216 ; JCP E 2002. Pan. 214.* ♦ Il résulte des art. L. 242-11 et L. 131-3 CSS dans leur rédaction issue de la loi n° 94-126 du 11 févr. 1994 que les cotisations d'allocations familiales des employeurs et travailleurs indépendants sont assises sur le revenu professionnel non salarié pris en compte pour le calcul de l'impôt sur le revenu avant la déduction mentionnée à l'art. 238 *bis* HA CGI correspondant à un investissement dans un département d'outre-mer. • Civ. 2e, 21 juin 2006, n° 04-30.792 P : *RJS 2006, n° 1122 ; JCP S 2006, n° 1929, note Vachet.* ♦ Mais l'exonération fiscale des plus-values à court terme réalisées à l'occasion de la cessation d'activité des petites entreprises, prévue aux art. 151 *septies* et 202 *bis* CGI, ne fait pas partie de celles dont l'art. L. 131-6 CSS impose la réintégration pour le calcul de l'assiette des cotisations sociales dues par les travailleurs indépendants. • TASS Rennes, 21 févr. 2002 : *RJS 2002, n° 1033* (peu important l'abrogation de l'art. 2, al. 1er, de l'Arr. du 9 août 1974 qui prévoyait une semblable exonération au regard du droit de la sécurité sociale).

2. Référence au revenu professionnel. Selon les art. L. 131-6, al. 1er et 2, et L. 242-11 CSS, les cotisations d'allocations familiales des employeurs et travailleurs indépendants sont assises sur le revenu professionnel retenu pour le calcul de l'impôt sur le revenu avant déductions, abattements et exonérations fiscaux, reports déficitaires et amortissements réputés différés, plus-values et moins-values à long terme ; le TASS ne saurait donc annuler une contrainte émise par l'URSSAF au motif que les cotisations auraient été calculées sur une base erronée, l'avis d'imposition du débiteur révélant un revenu fiscal de référence inférieur au revenu retenu par l'URSSAF. • Civ. 2e, 16 déc. 2003 : *RJS 2004. 242, n° 349.*

3. Effet d'un recours devant le juge administratif. Le sursis à paiement obtenu sur le fondement de l'art. L. 277 LPF par un travailleur indépendant qui a contesté le montant de l'impôt sur le revenu mis à sa charge n'a pas pour effet de conférer au recours devant le tribunal administratif un caractère suspensif si bien que les cotisations de sécurité sociale (cotisation personnelle d'allocations familiales), qui sont calculées sur l'assiette fiscale (CSS, art. L. 131-6), demeurent exigibles. • Soc. 27 févr. 2003, n° 01-20.666 P : *RJS 2003, n° 671 ; JCP E 2003. Pan. 654.*

4. Travailleur ou employeur indépendant. Champ d'application de l'exonération. Les dispositions dérogatoires de l'art. L. 242-11, al. 2, et de l'art. R. 242-15-2° CSS s'appliquent aux seuls travailleurs indépendants ; elles ne bénéficient pas à un travailleur non salarié qui emploie du personnel salarié dans l'exercice de l'une de ses activités et revêt ainsi la qualité d'employeur. • Soc. 12 oct. 1995 : *RJS 1995, n° 1185.*

5. Conditions de validité de la contrainte. En annulant la contrainte au motif que le directeur adjoint de la caisse générale de sécurité sociale n'avait pas compétence pour signer la contrainte puisque la délégation de pouvoir et de signature ne vise pas le régime des indépendants, alors que la contrainte se rapportait pour partie au recouvrement des cotisations d'allocations familiales réclamées au travailleur indépendant, la cour d'appel a violé les art. L. 213-1, L. 242-11 et L. 752-4 CSS. • Civ. 2e, 19 sept. 2013 : *RJS 2013, n° 857.*

6. Définition du travailleur indépendant. V. la jurisprudence citée ss. art. R. 241-2 et R. 242-15.

7. Déduction des déficits provenant d'activités distinctes. Seuls peuvent être déduits de l'assiette des cotisations d'allocations familiales, conformément à l'art. 2 de l'Arr. du 9 août 1974 (Annexe I), les déficits engendrés par l'exercice d'une activité professionnelle exercée, même à titre accessoire, régulièrement et personnellement par l'intéressé. • Soc. 28 mars 2002 : *RJS 2002, n° 746* (médecin libéral associé par ailleurs dans une société en participation) • Civ. 2e, 18 nov. 2003 : *RJS 2004. 180, n° 269* (agent commercial dont l'inscription au RCS en tant qu'associé d'une société en participation ne suffisait pas à démontrer qu'il participait personnellement à l'activité de celle-ci) • Soc. 11 juill. 2002 : *RJS 2002, n° 1305* • 13 févr. 2003 : *RJS 2003, n° 540 (2e esp.)* (approuvant des travailleurs indépendants, par ailleurs dirigeants d'une EURL, d'avoir déduit le déficit de celle-ci).

8. Déficit d'une activité prohibée. Le mandataire judiciaire à la liquidation des entreprises qui exerce l'activité de gérant d'EURL en violation de l'interdiction faite par l'art. 27 de la loi du 25 janv. 1985 est redevable des cotisations personnelles d'allocations familiales calculées non sur le résultat déficitaire des deux activités cumulées mais sur les seuls revenus de l'activité de mandataire judiciaire, le déficit invoqué n'étant que la conséquence d'une activité prohibée. • Soc. 18 juill. 1997, n° 95-21.973 P : *RJS 1997, n° 1156 ; JCP E 1997. Pan. 1107.*

9. Prescription. Si les cotisations provisionnelles versées à la date fixée par l'art. R. 243-22 CSS, dont les dates d'exigibilité sont antérieures de plus de trois ans à l'envoi de la mise en demeure de l'URSSAF pour avoir paiement des cotisations personnelles d'allocations familiales d'un commerçant, se trouvent atteintes par la prescription, il appartient en revanche aux juges du fond de déterminer si les cotisations définitives établies lors de la régularisation prévue par l'art. R. 243-26 CSS sur la base des revenus définitivement connus de chacune des années considérées étaient supérieures aux cotisations provisionnelles qui auraient dû être versées par l'intéressé au titre de ces mêmes années, en sorte que, dans l'affirmative, les soldes restant dus ne pouvaient se prescrire qu'en même temps et dans les mêmes conditions et délais que la cotisation provisionnelle due au titre de l'année en cours au moment de la régularisation. • Soc. 30 juin 1994, n° 91-21.891 P : *D. 1994. IR 235.*

SECTION VI DISPOSITIONS COMMUNES

Art. L. 242-12 (Abrogé par Ord. n° 2018-474 du 12 juin 2018, art. 4, à compter du 1er sept. 2018) (L. n° 90-86 du 23 janv. 1990, art. 1er-IV) ***Sous réserve des dispositions de l'article L. 242-5, des décrets fixent les différents taux de cotisations ainsi que les exonérations accordées aux titulaires d'avantages de retraite ou des revenus de remplacement mentionnés à l'article L. 131-2, dont les ressources sont insuffisantes.***

Les dispositions de l'Ord. n° 2018-474 du 12 juin 2018 s'appliquent aux cotisations et contributions dues pour les périodes courant à compter du 1er sept. 2018 (Ord. préc., art. 16).

Art. L. 242-12-1 *(L. nº 2011-1906 du 21 déc. 2011, art. 37-IV)* Lorsque les données nécessaires au calcul des cotisations n'ont pas été transmises, celles-ci sont calculées à titre provisoire par les organismes chargés du recouvrement sur une base majorée déterminée par référence aux dernières données connues ou sur une base forfaitaire.

Dans ce cas, il n'est tenu compte d'aucune exonération dont pourrait bénéficier le cotisant.

Le cotisant reste tenu de fournir les données mentionnées au premier alinéa. Sous réserve qu'il continue d'en remplir les conditions éventuelles, le montant des cotisations finalement dues tient alors compte des exonérations applicables. Le cotisant est, en outre, redevable d'une pénalité calculée sur ce montant et recouvrée sous les mêmes garanties et sanctions que ces cotisations.

Les modalités d'application du présent article sont fixées par décret en Conseil d'État.

SECTION VII PROCÉDURE DE FIXATION DU PLAFOND DES COTISATIONS

Néant. — V. art. D. 242-16 à D. 242-19.

SECTION VIII DISPOSITIONS PROPRES AUX DÉPARTEMENTS DU HAUT-RHIN, DU BAS-RHIN ET DE LA MOSELLE

Art. L. 242-13 *(L. nº 98-278 du 14 avr. 1998, art. 3)* I. — Le régime local d'assurance maladie complémentaire obligatoire des départements du Haut-Rhin, du Bas-Rhin et de la Moselle est financé par :

1º Une cotisation à la charge des assurés mentionnés aux 1º à 3º du II de l'article L. 325-1, assise sur *(Ord. nº 2018-474 du 12 juin 2018, art. 4)* « leurs revenus d'activité tels qu'ils sont pris en compte pour la détermination de l'assiette des cotisations définie à l'article L. 242-1 », précomptée par leurs employeurs au bénéfice de ce régime et recouvrée par les unions pour le recouvrement des cotisations de sécurité sociale et d'allocations familiales selon les règles et sous les garanties et sanctions applicables au recouvrement des cotisations du régime général ; — *Les dispositions de l'Ord. nº 2018-474 du 12 juin 2018 s'appliquent aux cotisations et contributions dues pour les périodes courant à compter du 1er sept. 2018 (Ord. préc., art. 16).*

(L. nº 2002-73 du 17 janv. 2002, art. 36-I) « 2º Une cotisation à la charge des assurés mentionnés aux 5º à 11º et à l'avant-dernier alinéa du II de l'article L. 325-1, assise sur les avantages de vieillesse d'un régime de base, d'un régime complémentaire ou d'un régime à la charge de l'employeur, que ces avantages soient servis au titre d'une législation française ou d'une législation d'un autre État, et sur les allocations et revenus de remplacement mentionnés à l'article L. 131-2. Les modalités de prise en compte des avantages de vieillesse acquis au titre de la législation d'un autre État pour le calcul de la cotisation prélevée sur les avantages servis par un régime français sont déterminées par décret. La cotisation est précomptée par les organismes débiteurs français au bénéfice du régime local lors de chaque versement de ces avantages ou allocations et versée directement à ce régime. »

II. — Le conseil d'administration de l'instance de gestion du régime local détermine les exonérations accordées en cas d'insuffisance de ressources, *(L. nº 2014-1554 du 22 déc. 2014, art. 7-I-H)* « selon les modalités prévues au deuxième » *(L. nº 2002-73 du 17 janv. 2002, art. 36-I)* « alinéa de l'article L. 380-2 ».

Il fixe les taux de cotisation permettant de garantir le respect de l'équilibre financier du régime dans la limite d'une fourchette fixée par décret. L'article *(L. nº 2008-1330 du 17 déc. 2008, art. 24-II)* « L. 131-9 » n'est pas applicable à ces cotisations. — *V. antérieurement art. D. 242-20 à D. 242-36.*

Les dispositions de l'art. 7-I de la L. nº 2014-1554 du 22 déc. 2014 s'appliquent aux revenus de remplacement dont le fait générateur intervient à compter du 1er janv. 2015 (L. préc., art. 7-VI).

SECTION IX DISPOSITIONS CONCERNANT LES ATTRIBUTIONS D'OPTIONS DE SOUSCRIPTION OU D'ACHAT D'ACTIONS ET LES ATTRIBUTIONS D'ACTIONS GRATUITES

(Ord. nº 2018-474 u 12 juin 2018, art. 4).

Art. L. 242-14 *(Ord. nº 2018-474 du 12 juin 2018, art. 4)* L'exclusion de l'assiette des cotisations de sécurité sociale prévue au 6º du II de l'article L. 242-1 est applicable si

l'employeur notifie à son organisme de recouvrement l'identité de ses salariés ou mandataires sociaux auxquels des actions ont été attribuées au cours de l'année civile précédente, ainsi que le nombre et la valeur des actions attribuées à chacun d'entre eux. A défaut, l'employeur est tenu au paiement de la totalité des cotisations sociales, y compris pour leur part salariale. Il en est de même lorsque l'attribution est effectuée par une société dont le siège est situé à l'étranger et qui est mère ou filiale de l'entreprise dans laquelle l'attributaire exerce son activité. — *Les dispositions de l'Ord. n° 2018-474 du 12 juin 2018 s'appliquent aux cotisations et contributions dues pour les périodes courant à compter du 1er sept. 2018 (Ord. préc., art. 16).*

CHAPITRE III RECOUVREMENT — SÛRETÉS — PRESCRIPTION — CONTRÔLE

BIBL. ▶ V. Cotisations sociales et sécurité juridique, *Dr. soc. 2009. 320 s*. – ARSÉGUEL et ISOUX, Les vices de procédure dans le contrôle et le recouvrement des cotisations de Sécurité sociale, *Dr. soc. 1993. 85*. – BANCAREL, La crise du recouvrement des cotisations de Sécurité sociale, *Dr. soc. 1994. 779*. – BASCOU et RANC, La procédure de contrôle et de recouvrement des cotisations URSSAF, *Gaz. Pal. 23 nov. 1999, p. 10*. – COUTENCEAU et RAPAUD, Le recouvrement des cotisations de Sécurité sociale dans la Communauté européenne, *Dr. soc. 1993. 580*. – FLAMENT, Les implications juridiques du refus de paiement des cotisations sociales, *RDSS 2015. 153*. – GIRODROUX, Du pouvoir du contrôleur URSSAF, *SSL 1996, n° 91, p. 1*. – NGO KY, Contrôle URSSAF, une réforme d'ampleur, *D. 2007. Chron. 1068*. – SAINT-JOURS, Délimitation de l'assiette et recouvrement des cotisations, *JCP 1994, n° 22278* – SAVATIER, Les incidences d'un redressement de cotisations dans les rapports entre employeur et salarié, *Dr. soc. 1997. 451*. – TAQUET, Le contrôle URSSAF ou l'insuffisante protection des cotisants, *Dr. soc. 1993.565* ; De la remise des majorations de retard en matière de Sécurité sociale, *SSL 1998, n° 886* ; Les majorations de retard en matière de cotisations de Sécurité sociale : état des lieux et réflexions, *Gaz. Pal. 21 nov. 1999, p. 19* ; La réforme inachevée des règles relatives au contrôle URSSAF, *Dr. soc. 2000. 1100* ; Le contentieux du recouvrement en matière de Sécurité sociale : à propos de quelques décisions récentes, *JS Lamy 2001, n° 88, p. 4*. – VACHET, Le paiement des cotisations sociales, *Dr. soc. 1993. 560*. – VENEL, L'engagement d'une « relation de confiance » entre cotisants et organismes de recouvrement, *RDSS 2015. 325*.

Les dispositions législatives et réglementaires du chapitre III sont applicables dans la collectivité territoriale de Saint-Pierre-et-Miquelon sous réserve des adaptations prévues par le décret n° 98-994 du 30 oct. 1998 (JO 6 nov.).

SECTION PREMIÈRE RECOUVREMENT

BIBL. ▶ RAVOUX, La politique de gestion du risque des organismes de recouvrement est-elle compatible avec le principe de l'égalité devant les charges publiques ?, *Dr. soc. 2011. 977*.

SOUS-SECTION 1 RECOUVREMENT DES COTISATIONS ASSISES SUR LES RÉMUNÉRATIONS PAYÉES AUX TRAVAILLEURS SALARIÉS ET ASSIMILÉS

Art. L. 243-1 La contribution du salarié est précomptée sur la rémunération ou gain de l'assuré lors de chaque paye.

Le salarié ne peut s'opposer au prélèvement de cette contribution. Le paiement de la rémunération effectué sous déduction de la retenue de la contribution du salarié vaut acquit de cette contribution à l'égard du salarié de la part de l'employeur. — *V. art. R. 243-1-1 à R. 243-21.*

V. art. R. 243-27 à R. 243-35 : … cotisations assises sur les avantages de retraite ; art. R. 243-36 à R. 243-43 : cotisations sur les revenus de remplacement ; art. R. 244-1 à R. 244-6 : dispositions diverses et communes.

1. Opposition au précompte. L'art. 9 de la Convention européenne de sauvegarde des droits de l'homme et des libertés fondamentales garantissant à toute personne le droit à la liberté de pensée, de conscience et de religion, ne confère pas le droit d'invoquer ses convictions pour s'opposer à l'affectation, quelle qu'elle soit, des cotisations conformément à la législation en vigueur. • Soc. 13 déc. 1990 : *RJS 1991, n° 245 ; D. 1991. Somm. 345, obs. Prétot* • 9 déc. 1993, n° 90-12.333 P : *RDSS 1994. 279, concl. Chauvy* (salarié demandant le remboursement d'une fraction des cotisations précomptées sur son salaire au motif qu'elles avaient été affectées à la couverture d'interruptions volontaires de grossesse).

2. Omission du précompte. Si le précompte de la contribution ouvrière sur le salaire ou le gain de l'assuré, lors de chaque paye, est le mode normal de recouvrement par l'employeur de la part ouvrière des assurances sociales dont le versement lui est imposé, aucun texte ne prévoit, au cas où il n'y a pas été recouru, la déchéance du droit de l'employeur de répéter par une autre voie contre l'assuré le montant de la contribution ouvrière qu'il a dû payer pour son compte. • Soc. 5 janv. 1967 : *Bull. civ. V, n° 15.* ♦ Si, vis-à-vis des organismes de sécurité sociale, l'employeur est tenu de précompter la part ouvrière des cotisations, il est fondé à en réclamer le remboursement au salarié en cas d'omission du précompte. • Soc. 12 juin 1981, n° 79-41.657 P.

3. Obligation au paiement. L'obligation au paiement de cotisations salariales ne trouve pas sa source dans la faute commise par l'employeur (qui avait omis de déclarer le salarié à l'URSSAF), laquelle ne peut que justifier, le cas échéant, des dommages-intérêts, mais dans la loi qui met à la charge de tout salarié cette obligation. • Soc. 25 févr. 1997, n° 94-44.788 P : *Dr. soc. 1997. 455* et 451, chron. Savatier ; *RJS 1997*, *n° 462.* ♦ Dès lors, l'employeur qui a réglé la part ouvrière des cotisations sociales est titulaire à l'encontre du salarié d'une créance en remboursement de la somme versée. • Soc. 25 févr. 1997 : *préc.* ♦ A ce titre, il peut pratiquer une compensation entre le montant de cette créance et le montant des salaires que lui réclame le salarié, sans se heurter à la limite posée par l'art. L. 144-2 C. trav. ; en application de l'art. L. 145-2 C. trav., la compensation s'opère alors sur la fraction saisissable du salaire. • Soc. 25 févr. 1997 : *préc.*

4. Prescription (point de départ). La prescription d'une action en responsabilité résultant d'un manquement aux obligations nées du contrat de travail ne court qu'à compter de la réalisation du dommage ou de la date à laquelle il est révélé à la victime si celle-ci établit qu'elle n'en avait pas eu précédemment connaissance. • Soc. 1er avr. 1997, n° 94-43.381 P. ♦ L'action en responsabilité contractuelle fondée sur la faute de l'employeur qui a omis de cotiser au titre de l'assurance vieillesse pendant une certaine période, empêchant ainsi son salarié de valider ses droits à une pension de retraite et le contraignant à un rachat de droits au titre de cette période, se prescrit par trente ans à compter de la date à laquelle cette faute a été connue du salarié. • Soc. 1er avr. 1997, n° 94-43.381 P. ♦ Le préjudice né de la perte des droits correspondant aux cotisations non versées aux régimes de base et complémentaire de retraite ne devient certain qu'au moment où le salarié se trouve en droit de prétendre à la liquidation de ses droits à pension. • Soc. 26 avr. 2006, n° 03-47.525 P : *RJS 2006, n° 894 ; D. 2006. 1250* ; *JCP S 2006, n° 1501, note Asquinazi-Bailleux.* ♦ V. déjà • Soc. 18 déc. 1991, n° 88-45.083 P : *Rev. fiduciaires. 2005. 525.*

5. Responsabilité. Si l'obligation de payer les cotisations aux régimes d'assurance vieillesse obligatoires pèse au premier chef sur l'employeur, le salarié concerné a néanmoins la possibilité de remédier à la carence du chef d'entreprise en demandant lui-même son immatriculation aux caisses compétentes. • Soc. 21 mai 1992, n° 91-41.581 P : *JCP 1992. II. 21907, note Saint-Jours.* ♦ Il appartient donc au juge de s'expliquer sur les conclusions de l'employeur invoquant le propre comportement du salarié, qui s'était inscrit au régime des travailleurs non salariés, et tendant à établir qu'il avait contribué à la réalisation du dommage. • Soc. 21 mai 1992 : *préc.* ♦ Il résulte des dispositions de l'art. L. 243-1 CSS que seul l'employeur qui paie les rémunérations après avoir précompté la contribution des salariés est redevable des cotisations, lesquelles sont versées, sous sa responsabilité personnelle, à l'organisme de recouvrement : il s'ensuit que la clause de rétroactivité insérée dans l'acte de cession d'un fonds de commerce ne peut avoir pour effet de rendre indus les paiements précédemment effectués par le cédant. • Civ. 2e, 6 nov. 2014, n° 13-23.571.

6. Précompte indu de cotisations (calcul). BIBL. Perruchot-Triboulet, L'indu à trois, *RTD civ. 2003. 427*. – Vachet, La répétition des cotisations indues, *JCP S 2010, n° 1097.* ♦ Les retenues opérées par l'employeur sur la rémunération de ses salariés au titre du précompte des cotisations de sécurité sociale ne peuvent être supérieures au montant des cotisations effectivement acquittées. • Soc. 26 sept. 1990, n° 87-41.438 P : *RJS 1990, n° 923.* ♦ Ayant effectué le précompte des cotisations sur le salaire réel, l'employeur doit cotiser à l'URSSAF sur la même base, sans pouvoir adopter une assiette forfaitaire d'un montant inférieur. • Soc. 27 sept. 1990, n° 88-10.602 P : *RJS 1990, n° 932.*

7. Action en répétition de l'indu. Conditions. Les dispositions légales et réglementaires qui imposent à l'employeur le versement de l'ensemble des cotisations sociales ne peuvent être étendues au-delà de leurs prévisions et ne sauraient être invoquées pour retirer aux salariés la qualité pour agir en restitution de la part de ces cotisations ayant fait l'objet d'un précompte. • Soc. 14 oct. 1993, n° 91-12.892 P : *D. 1993. 246*. ♦ N'étant pas discuté que des sommes allouées par un employeur présentaient un caractère indemnitaire, les cotisations précomptées avaient été payées sans cause et étaient sujettes à répétition sans que soit exigée la preuve de l'erreur commise par celui qui les avait acquittées, les art. 1235 et 1376 C. civ. ne faisant pas de l'erreur une condition nécessaire de la répétition de l'indu dans le cas où le paiement se trouve dépourvu de cause en raison de l'inexistence de la dette. • Soc. 14 oct. 1993, n° 91-12.892 P. ♦

V. déjà : • Cass., ass. plén., 2 avr. 1993, n° 89-15.490 P : *D. 1993. 373, concl. Jéol* ; *D. 1993. Somm. 274, obs. Prétot* ; *D. 1994. Somm. 14, obs. Aubert* ; *JCP 1993. II. 22051, concl. Jéol* ; *RTD civ. 1993. 820, obs. Mestre* ; *Dr. soc. 1993. 901, chron. Chauvel*.

8. Personne contre laquelle elle doit être dirigée. L'action en répétition de l'indu, si elle peut être engagée contre celui qui a reçu le paiement ou contre celui pour le compte duquel il a été reçu, ne peut être dirigée contre celui pour le compte duquel le paiement a été effectué. • Soc. 31 janv. 1996, n° 93-43.801 P : *D. 1997. 306, note Thuillier*. ♦ L'action formée par des salariés contre leur employeur qui n'a pas respecté, lors du prélèvement sur les salaires d'une cotisation de retraite complémentaire destinée à un organisme de retraite, le pourcentage conventionnel de répartition de cette cotisation entre l'employeur et les salariés, constitue une demande en paiement de rappel d'éléments de salaires et non une action en répétition de l'indu, laquelle ne peut être exercée qu'à l'encontre de la caisse de retraite. • Soc. 31 janv. 1996 : *préc.*

9. Responsabilité contractuelle de l'employeur. Employeur est tenu de s'acquitter de l'intégralité du salaire dû au salarié ; à défaut, il engage sa responsabilité contractuelle, peu important que ce manquement résulte d'une erreur dans la détermination du précompte des charges sociales salariales. • Soc. 31 oct. 2006, n° 05-40.302 P : *RJS 2007, n° 11* ; *RDSS 2007. 170, note Willmann* (précompte illégal de CSG et de CRDS sur la rémunération d'un salarié non résident fiscal en France).

10. Prescription. V. notes ss. art. L. 243-6 et V. note ss. R. 244-3.

Art. L. 243-1-1 *(L. n° 2003-721 du 1er août 2003, art. 36-II)* Sans perdre les droits aux prestations correspondantes, la date limite de paiement des cotisations salariales et patronales afférentes aux rémunérations perçues, au cours des douze premiers mois d'activité de l'entreprise, par les personnes visées aux 6°, 11°, 12°, 13°, 23° et 25° de l'article L. 311-3 ne peut, sur demande de l'employeur, être antérieure au treizième mois suivant la date à laquelle ces personnes ont créé ou repris une entreprise. Ces cotisations font, sur demande, l'objet d'un paiement par fractions annuelles sur une période qui ne peut excéder cinq ans. Chaque fraction annuelle ne peut être inférieure à 20 % du montant total des cotisations dues. Le bénéfice de cet étalement n'emporte aucune majoration de retard.

Le bénéfice de ces dispositions ne peut être obtenu plus d'une fois par période de cinq ans, au titre d'une création ou reprise d'entreprise.

Le présent article n'est pas applicable à raison d'une modification des conditions dans lesquelles une entreprise exerce son activité. — *Ces dispositions sont applicables aux entreprises créées ou reprises à compter du 1er janv. 2004 (L., art. 36-IV).*

Art. L. 243-1-2 *[I. —] (L. n° 2003-1199 du 18 déc. 2003, art. 71-I)* L'employeur dont l'entreprise ne comporte pas d'établissement en France *(L. n° 2010-1594 du 20 déc. 2010, art. 41-I-1°)* « ou, s'il est un particulier, qui n'est pas considéré comme domicilié en France pour l'établissement de l'impôt sur le revenu et souhaite bénéficier de cette faculté, » remplit ses obligations relatives aux déclarations et versements des contributions et cotisations sociales d'origine légale ou conventionnelle auxquelles il est tenu au titre de l'emploi de personnel salarié auprès d'un organisme de recouvrement unique, désigné par arrêté du ministre chargé de la sécurité sociale. Pour remplir ses obligations *(L. n° 2017-1836 du 30 déc. 2017, art. 14-IV)* « et par dérogation à l'article L. 241-8 », l'employeur peut désigner un représentant résidant en France qui est personnellement responsable des opérations déclaratives et du versement des sommes dues. *(Abrogé par L. n° 2010-1594 du 20 déc. 2010, art. 41-I-2°) « Les modalités d'application du présent article sont, en tant que de besoin, déterminées par décret en Conseil d'État. »*

II. — *(Ord. n° 2015-682 du 18 juin 2015, art. 6, en vigueur le 1er juill. 2015)* « L'employeur mentionné au I peut bénéficier, s'il est un particulier entrant dans le champ d'application du 3° de l'article L. 133-5-6 du code de la sécurité sociale ou une entreprise entrant dans le champ d'application du 1° du même article, des dispositions prévues à la sous-section 2 de la section I du chapitre III *bis* du livre Ier du même code. Les documents établis par l'organisme mentionné au I, notamment le bulletin de paie, sont transmis à l'employeur sous forme électronique. »

(L. n° 2010-1594 du 20 déc. 2010, art. 41-I-3°) « Lorsque le salarié est employé pour une durée n'excédant pas un plafond fixé par décret et que sa rémunération n'excède pas un montant fixé par ce même décret, les cotisations et contributions sociales dues

peuvent être payées par avance auprès de l'organisme mentionné au I et sur une base forfaitaire, en fonction de la durée totale de la période d'emploi ou du séjour en France. Dans ce cas, les articles L. 133-7 et L. 241-10 ne sont pas applicables.

« III. – Les déclarations sociales de l'employeur mentionné au I sont transmises à l'organisme de recouvrement par voie électronique dans les conditions prévues à l'article L. 133-5. Les cotisations et contributions sociales dues sont réglées par les moyens de paiement prévus par décret.

« IV. – Un décret fixe les modalités d'application du présent article. »

Art. L. 243-1-3 *(L. nº 2016-1827 du 23 déc. 2016, art. 22-I)* « Au titre des périodes de congés des salariés des employeurs affiliés aux caisses de congés mentionnées à l'article L. 3141-32 du code du travail, les cotisations et contributions auprès des organismes mentionnés aux articles L. 213-1 et L. 752-4 du présent code sont acquittées dans les conditions suivantes :

« 1º Les employeurs affiliés auxdites caisses de congés s'acquittent de leurs cotisations mentionnées à l'article L. 834-1 du présent code et de leurs versements mentionnés aux articles L. 2333-64 et L. 2531-2 du code général des collectivités territoriales par le versement libératoire de majorations proportionnelles aux cotisations et contributions correspondantes dont ils sont redevables au titre des rémunérations qu'ils versent pour l'emploi de leurs salariés. Le taux de ces majorations est fixé par décret ;

« 2º Pour les cotisations de sécurité sociale et les contributions mentionnées à l'article L. 136-2 du présent code, à l'article 14 de l'ordonnance nº 96-50 du 24 janvier 1996 relative au remboursement de la dette sociale et au 1º de l'article L. 14-10-4 du code de l'action sociale et des familles, les caisses de congés mentionnées à l'article L. 3141-32 du code du travail effectuent, avant la fin du mois au cours duquel les cotisations leur sont versées, un versement égal au produit du montant des cotisations encaissées par les caisses de congés payés par un taux fixé par décret, en fonction des taux de cotisations et contributions en vigueur. Le cas échéant, ce versement fait l'objet d'un ajustement, dans des conditions fixées par décret, sur la base des montants d'indemnités de congés payés effectivement versés. »

(L. nº 2016-925 du 7 juill. 2016, art. 49) « Le 2º du présent article ne s'applique pas aux employeurs mentionnés à l'article L. 5424-22 du code du travail. »

L'art. L. 243-1-3 s'applique aux périodes d'acquisition de droits à congés postérieures au 1er avr. 2015 pour les cotisations et contributions mentionnées au 2º du même art. L. 243-1-3 (L. nº 2014-1554 du 22 déc. 2014, art. 23-II, mod. par L. nº 2016-1827 du 23 déc. 2016, art. 22-II).

SOUS-SECTION 5 DISPOSITIONS COMMUNES – DISPOSITIONS DIVERSES

Art. L. 243-2 *(Abrogé par L. nº 2014-1554 du 22 déc. 2014, art. 7-I-I) « Les cotisations dues sur les avantages de retraite et sur les allocations et revenus de remplacement mentionnés à l'article L. 131-2 sont précomptées lors de chaque versement par l'organisme débiteur de ces avantages ou allocations. »*

Les dispositions des sections II à V du présent chapitre, du chapitre IV du titre IV du présent livre et des articles *(L. nº 2016-1827 du 23 déc. 2016, art. 24-I)* « L. 133-4-10 » et L. 374-1 du présent code s'appliquent au recouvrement des cotisations *(L. nº 2014-1554 du 22 déc. 2014, art. 7-I-I)* « dues sur les revenus de remplacement mentionnés à la section I du chapitre Ier du titre III du livre Ier », sous réserve d'adaptations fixées par voie réglementaire. – *Les dispositions de l'art. 7-I de la L. nº 2014-1554 du 22 déc. 2014 s'appliquent aux revenus de remplacement dont le fait générateur intervient à compter du 1er janv. 2015 (L. préc., art. 7-VI).*

Les dispositions de l'art. 24-I de la L. nº 2016-1827 du 23 déc. 2016 s'appliquent aux contrôles engagés à compter du 1er janv. 2017 (L. préc., art. 24-IV).

Art. L. 243-3 *(L. nº 2003-1199 du 18 déc. 2003, art. 69-II)* L'admission en non-valeur des cotisations sociales, des impôts et taxes affectés, en principal et accessoire, est prononcée par le conseil d'administration de l'organisme de sécurité sociale dans des conditions fixées par décret. – *V. art. D. 243-1 et D. 243-2.*

Art. L. 243-3-1 (Abrogé par L. n° 2016-1827 du 23 déc. 2016, art. 24-I) (L. n° 2009-1646 du 24 déc. 2009, art. 96) ***L'article L. 652-3 est applicable au recouvrement des contributions et cotisations sociales dues au titre de l'emploi de personnel salarié*** (Abrogé par L. n° 2010-1594 du 20 déc. 2010, art. 121) ***« dès lors qu'elles font l'objet d'un redressement, opéré à la suite d'un constat d'une infraction définie aux articles L. 8221-3 et L. 8221-5 du code du travail, » ainsi qu'aux majorations et pénalités y afférentes.*** — Les dispositions de l'art. 24-I de la L. n° 2016-1827 du 23 déc. 2016 s'appliquent aux contrôles engagés à compter du 1er janv. 2017 (L. préc., art. 24-IV).

Art. L. 243-3-2 *(L. n° 2011-1906 du 21 déc. 2011, art. 124)* **Lorsqu'un dirigeant d'une société, d'une personne morale ou de tout autre groupement ayant fait l'objet d'une verbalisation pour travail dissimulé est responsable des manœuvres frauduleuses ou de l'inobservation grave et répétée des obligations sociales qui ont rendu impossible le recouvrement des cotisations, contributions et sanctions pécuniaires dues par la société, la personne morale ou le groupement, ce dirigeant peut être déclaré solidairement responsable du paiement de ces cotisations, contributions et sanctions pécuniaires par le président du tribunal de grande instance.**

A cette fin, le directeur de l'organisme créancier assigne le dirigeant devant le président du tribunal de grande instance du lieu du siège social.

Le présent article est applicable à toute personne exerçant en droit ou en fait, directement ou indirectement, la direction effective de la société, de la personne morale ou du groupement.

Les voies de recours qui peuvent être exercées contre la décision du président du tribunal de grande instance ne font pas obstacle à ce que le directeur de l'organisme créancier prenne à l'encontre du dirigeant des mesures conservatoires en vue de préserver le recouvrement de la créance sociale.

SECTION II **SÛRETÉS**

Art. L. 243-4 *(L. n° 99-641 du 27 juill. 1999, art. 14-I)* **Le paiement des cotisations et des majorations et pénalités de retard est garanti pendant un an à compter de leur date d'exigibilité, par un privilège sur les biens meubles du débiteur, lequel privilège prend rang concurremment avec celui des gens de service et celui des salariés établis respectivement par l'article 2331 du code civil et les articles L. 625-7 et L. 625-8 du code de commerce.** — *Entrée en vigueur : 1er janv. 2000.*

(L. n° 2002-73 du 17 janv. 2002, art. 25) **« Le paiement des cotisations et des majorations et pénalités de retard est également garanti, à compter du 1er janvier 1956, par une hypothèque légale en exécution des prescriptions applicables en matière de publicité foncière. »**

Jugé, sous l'empire de l'ancien art. L. 243-4, al. 2, qu'une mise en demeure délivrée par l'URSSAF pour obtenir paiement d'une créance à son profit ne peut servir de titre permettant l'inscription de son hypothèque légale. • Civ. 3e, 8 juill. 1992, n° 88-12.553 P : *D. 1992. IR 222.*

Art. L. 243-5 *(L. n° 2006-1640 du 21 déc. 2006, art. 39-III)* **« Dès lors qu'elles dépassent un montant fixé par décret, »** *(L. n° 2005-845 du 26 juill. 2005, art. 184)* **« les créances privilégiées en application du premier alinéa de l'article L. 243-4, dues par un commerçant,** *(L. n° 2011-525 du 17 mai 2011, art. 90)* **« une personne immatriculée au répertoire des métiers, une personne physique exerçant une activité professionnelle indépendante, y compris une profession libérale, ou une personne morale de droit privé », doivent être inscrites à un registre public tenu au greffe du tribunal de commerce ou du tribunal de grande instance dans le délai de** *(L. n° 2008-1443 du 30 déc. 2008, art. 58-III)* **« neuf » mois suivant leur date limite de paiement ou, le cas échéant, la date de notification de l'avertissement ou de la mise en demeure prévus à l'article L. 244-2, lorsque la créance est constatée lors d'un contrôle organisé en application des dispositions de l'article L. 243-7. »** *(L. n° 2006-1640 du 21 déc. 2006, art. 39-III)* **« Le montant mentionné au présent alinéa est fixé en fonction de la catégorie à laquelle appartient le cotisant et de l'effectif de son entreprise. »**

(L. n° 2008-1443 du 30 déc. 2008, art. 58-III) **« Toutefois, l'organisme créancier n'est pas tenu d'inscrire ces créances lorsque le débiteur respecte un plan d'apurement**

échelonné de sa dette. Dès que le plan est dénoncé, l'organisme créancier doit procéder à l'inscription dans un délai de deux mois. »

(L. nº 94-475 du 10 juin 1994, art. 1er-II) « En cas de procédure de sauvegarde ou de redressement ou de liquidation judiciaires du redevable ou d'un tiers tenu légalement au paiement de ces sommes, le privilège dont l'inscription n'a pas été régulièrement requise à l'encontre du redevable ne peut plus être exercé pour les créances qui étaient soumises à titre obligatoire à cette inscription. »

L'inscription conserve le privilège *(L. nº 2003-1199 du 18 déc. 2003, art. 70-IV)* « pendant deux années et six mois » à compter du jour où elle est effectuée. Elle ne peut être renouvelée.

Une inscription peut faire l'objet à tout moment d'une radiation totale ou partielle à la diligence des organismes de sécurité sociale ou du redevable sur présentation au greffier d'un certificat délivré par l'organisme créancier ou d'un acte de mainlevée émanant du créancier subrogé. *(L. nº 2005-845 du 26 juill. 2005, art. 184)* « Toutefois, lorsque l'inscription est devenue sans objet, dès lors que le débiteur s'est acquitté de sa dette et sous réserve du règlement, auprès de l'organisme créancier, des frais liés aux formalités d'inscription et de radiation, cet organisme en demande la radiation totale dans un délai d'un mois. »

Toutefois, le privilège est conservé au-delà du délai prévu au *(L. nº 2008-1443 du 30 déc. 2008, art. 58-III)* « troisième » alinéa sur les biens qui ont fait l'objet d'une saisie avant l'expiration de ce délai. — *V. art. R. 243-46 à R. 243-58.*

(L. nº 94-475 du 10 juin 1994, art. 30-I ; L. nº 2010-1594 du 20 déc. 2010, art. 122) « En cas de procédure de sauvegarde ou de redressement ou de liquidation judiciaires, les pénalités, majorations de retard et frais de poursuites dus par le redevable à la date du jugement d'ouverture sont remis, sauf si le passif déclaré résulte en tout ou partie du constat de l'infraction mentionnée à l'article L. 8221-1 du code du travail. »

(L. nº 2006-1640 du 21 déc. 2006, art. 39-III) « La règle d'antériorité du rang de l'inscription hypothécaire fixée à l'avant-dernier alinéa de l'article 2425 du code civil et à l'article 45-5 de la loi du 1er juin 1924 mettant en vigueur la législation civile française dans les départements du Bas-Rhin, du Haut-Rhin et de la Moselle s'applique aux hypothèques mentionnées aux articles L. 243-4 et L. 244-9 du présent code. »

Les dispositions issues de la L. nº 2005-845 du 26 juill. 2005 entrent en vigueur le 1er janv. 2006 (L. préc., art. 190).

Les dispositions issues de la L. nº 2006-1640 du 21 déc. 2006 entrent en vigueur le 1er janv. 2007 (L. préc., art. 41-IV).

Les dispositions issues de la L. nº 2008-1443 du 30 déc. 2008 s'appliquent aux créances nées à compter du 1er juill. 2008 (L. préc., art. 58-IV).

1. Champ d'application. Le premier al. de l'art. L. 243-5 ne concerne que les créances dues par un commerçant, un artisan ou une personne morale de droit privé même non commerçante. Il en résulte que les remises prévues par le sixième al. du même texte ne s'appliquent pas aux créances dues par une personne physique exerçant à titre libéral. • Civ. 2e, 14 janv. 2010, nº 09-65.485 P : *D. actu. 25 janv. 2010, obs. Lienhard ; RJS 2010, nº 289 ; JCP S 2010, nº 1120, note Vachet.* ♦ V. aussi • Civ. 2e, 12 févr. 2009 : *D. actu. 8 avr. 2009, obs. Lienhard ; D. 2009. AJ 1085 ; JCP S 2009. 1218, note Tauran* (le premier al. de l'art. L. 243-5, qui en fixe le champ d'application, ne vise que les créances dues par un commerçant, un artisan, ou une personne morale de droit privé même non commerçante. Il en résulte que les remises prévues par le sixième al. du même art. ne s'appliquent pas aux créances dues par une personne physique exerçant à titre libéral, le fait que l'art. L. 243-5 figure dans la liste des textes du régime général que l'art. L. 623-1 rend applicable au régime des non-salariés non agricoles n'étant pas de nature à en modifier la portée). ♦ ***Contra*** • Cons. const. 11 févr. 2011, nº 2010-101 QPC : *RJS 2011, nº 469 ; LPA 2011. 21, note Sortais ; Gaz. Pal. 2011. 11, note Lebel ; D. 2010. 835, note Lebel* (principe d'égalité devant la loi). ♦ Pour son application devant la C. cass., V. • Civ. 2e, 17 févr. 2011 : *D. 2011. 673, obs. Lienhard.*

2. Inscription du privilège. L'inscription prévue par l'art. L. 243-5 n'est plus recevable après l'expiration du délai de trois mois (6 mois) à dater de l'échéance des cotisations dues, sans qu'aucune dérogation n'ait été prévue dans l'hypothèse de la vente du fonds de commerce du débiteur. • Versailles, 31 janv. 1991 : *RJS 1991, nº 551 ; D. 1991. IR 98.* ♦ V. aussi • Soc. 16 mai 2002, nº 00-18.067 P : *D. 2002. 1885* (il résulte de l'art. L. 243-5 CSS, alors applicable, que pour conserver les effets du privilège accordé par l'art. L. 243-4 du même code, en garantie du paiement des cotisations sociales dues par un commerçant ou une personne morale de droit privé, même non commerçante, les organismes sociaux doivent inscrire les sommes privilégiées à un registre public tenu au greffe du tribunal de commerce ou au tribunal de grande instance, dans les trois mois de l'échéance, dès lors que le montant cumulé de la dette dépasse 80 000 F. (12 000 €). Ayant constaté que l'URSSAF dont la créance globale avait excédé le seuil légal à la date d'une échéance n'avait pas publié cette créance dans le délai légal, une cour d'appel décide exactement que le privilège invoqué par cet organisme ne pouvait s'appliquer à l'intégralité de sa créance).

3. Sur l'application de ce texte aux institutions de retraite complémentaire et de prévoyance, V. note 17 ss. art. L. 922-7.

4. Remise de plein droit des pénalités et majorations de retard. La remise des majorations et pénalités de retard dues par le débiteur s'applique sans distinction suivant le caractère privilégié ou chirographaire de la créance. • Com. 27 janv. 2015, n° 13-25.649 P : *D. actu. 3 mars 2015, obs. Delpech ; RPC 2015, Comm. 30, obs. Lebel ; RDBF 2015, Comm. 42.* ♦ V. déjà • Com. 9 juill. 2013, n° 12-20.649 P : *D. actu. 15 juill. 2013, obs. Lienhard ; D. 2013. 1830, obs. Lienhard ; RJS 2013, n° 758 ; Rev. sociétés 2013. 525, obs. Henry ; RDSS 2013. 946, obs. Dagorne-Labbe ; RTD com. 2013. 808, obs. Martin-Serf* et • Civ. 2e, 23 mai 2013, nos 12-19.737 et 12-22.001 P.

5. Exclusion des caisses de congés payés. L'art. L. 243-5, dern. al., ne vise que les cotisations privilégiées en application de l'art. L. 243-4, en matière d'assurances sociales, d'accidents du travail et de maladies professionnelles, et de prestations familiales ; il est inapplicable aux cotisations dues par une entreprise adhérente à une caisse de congés payés qui ne constitue pas un organisme de sécurité sociale. • Soc. 8 févr. 2001 : *RJS 2001, n° 533* (confirmant • Paris, 20 nov. 1998 : *RJS 1999, n° 306 ; D. 1999. IR 30*).

6. Délai de conservation du privilège. Le privilège de l'URSSAF est conservé dès lors que le jugement d'ouverture d'une procédure collective a eu pour effet, selon l'art. 47 de la loi du 25 janv. 1985, d'interdire toute voie d'exécution et que les délais impartis pour la conservation de la sûreté sont demeurés suspendus au cours du plan de continuation par l'effet des délais de règlement de la créance fixés par le plan. • Com. 27 oct. 1998, n° 94-21.873 P : *JCP 1998. IV. 3412 ; RJDA 1998, n° 1384 ; D. 1999, Somm. 187, obs. Honorat* • Soc. 20 mai 1999, n° 97-21.640 P : *RJS 1999, n° 974.*

7. Durée. Le privilège ayant été inscrit pour l'ensemble des cotisations dues au titre d'une période donnée dans les trois mois de chacune des mises en demeure, ces inscriptions conservent le privilège pendant deux ans et trois mois à compter de leur date. • Com. 8 juill. 2003 : *JCP 2004. I. 115, obs. M. C.* (censurant la décision qui avait considéré que le privilège garantissait un an de cotisation pendant les 27 mois qui suivent son inscription et s'exerçait sur les sommes venues à échéance depuis moins de trois mois avant l'ouverture de la procédure collective). ♦ V. déjà : • Com. 5 févr. 1958, n° 1.253 P : *JCP 1958. I. 10511, note Nectoux.*

SECTION III **PRESCRIPTION**

BIBL. ▸ Pradel, Boureux et Pradel, CPAM ? URSSAF ? CARSAT ? Vers qui l'employeur peut-il se diriger pour faire échec à la prescription de l'article L. 243-6 ?, *JCP S 2013, n° 1277.* – Tauran, Les règles de prescription en matière de sécurité sociale, *RDSS 2011. 927* .

Art. L. 243-6 *(L. n° 2014-1554 du 22 déc. 2014, art. 27-I-1°)* **« I. — » La demande de remboursement des cotisations de sécurité sociale et d'allocations familiales indûment versées se prescrit par** *(L. n° 2003-1199 du 18 déc. 2003, art. 70-I)* **« trois » ans à compter de la date à laquelle lesdites cotisations ont été acquittées.**

(L. n° 2003-1199 du 18 déc. 2003, art. 70-II) **« Lorsque l'obligation de remboursement desdites cotisations naît d'une décision juridictionnelle qui révèle la non-conformité de la règle de droit dont il a été fait application à une règle de droit supérieure, la demande de remboursement ne peut porter que sur la période postérieure au 1er janvier de la troisième année précédant celle où la décision révélant la non-conformité est intervenue. »**

(L. n° 2014-1554 du 22 déc. 2014, art. 27-I-2° et 3°) **« Lorsque l'obligation de remboursement des cotisations naît d'une décision rectificative d'une Caisse d'assurance retraite et de la santé au travail en matière de taux de cotisation d'accidents du travail et maladies professionnelles, la demande de remboursement des cotisations peut porter sur l'ensemble de la période au titre de laquelle les taux sont rectifiés.** — *V. lettre circulaire ACOSS n° 2015-0000025 du 15 juin 2015 relative aux règles applicables à la prescription des demandes de remboursement des cotisations AT/MP indument versées.*

« II. — » En cas de remboursement, les organismes de sécurité sociale et d'allocations familiales sont en droit de demander le reversement des prestations servies à l'assuré ;

ladite demande doit être faite dans un délai maximum de deux ans à compter du remboursement desdites cotisations.

Toutefois, lorsque la demande de remboursement des cotisations indûment versées n'a pas été formulée dans le délai de *(L. n° 2003-1199 du 18 déc. 2003, art. 70-I)* **« trois » ans prévu au premier alinéa** *(L. n° 2014-1554 du 22 déc. 2014, art. 27-I-4°)* **« du I du présent article », le bénéfice des prestations servies ainsi que les droits à l'assurance vieillesse restent acquis à l'assuré, sauf cas de fraude ou de fausse déclaration.**

(L. n° 2010-1594 du 20 déc. 2010, art. 42 ; L. n° 2014-1554 du 22 déc. 2014, art. 27-I-5°) **« III. — Les organismes mentionnés aux articles L. 213-1 et L. 752-1 effectuent le remboursement des cotisations indues dans un délai de quatre mois à compter de la demande mentionnée au premier alinéa du I du présent article. »**

Les dispositions issues de la L. n° 2014-1554 du 22 déc. 2014 s'appliquent aux recours formés devant la caisse primaire d'assurance maladie ou la Caisse d'assurance retraite et de la santé au travail à compter du 1er janv. 2015 (L. préc., art. 27-II).

1. Conformité de la prescription triennale. Lorsque l'indu résulte d'une décision administrative ou juridictionnelle, le délai de prescription de l'action en restitution des cotisations en cause ne peut commencer à courir avant la naissance de l'obligation de remboursement découlant de cette décision. Ne méconnaissent dès lors pas le droit à un recours juridictionnel effectif, le droit de propriété, le principe d'égalité devant la loi ou de sécurité juridique dont découlent les exigences d'intelligibilité et d'accessibilité de la loi, les dispositions de l'art. L. 243-6. • Civ. 2e, 10 juill. 2014, ⌂ n° 13-25.985 P : *RJS 2014, n° 808 ; JCP E 2015, n° 1143, obs. Vachet ; JCP S 2015, n° 1091, obs. C.-F. Pradel, P. Pradel-Boureux et V. Pradel.* ♦ Lorsque l'indu de cotisations sociales résulte d'une décision administrative ou juridictionnelle, le délai de prescription de l'action en restitution des cotisations en cause ne peut commencer à courir avant la naissance de l'obligation de remboursement découlant de cette décision. • Civ. 2e, 12 févr. 2015, ⌂ n° 13-25.958 P : *RJS 2015, n° 283 ; JCP S 2015, n° 1459, comm. Vachet.* ♦ Si, selon l'art. 131, IV, de la L. n° 2003-1311 du 30 déc. 2003, l'avis exprès ou tacite délivré par l'administration fiscale saisie par une entreprise, dans les conditions prévues au 4° de l'art. L. 80 B LPF, est opposable à l'organisme chargé du recouvrement des cotisations de sécurité sociale, il ne détermine pas l'éligibilité de l'entreprise au bénéfice de l'exonération des cotisations employeur, prévue par le I du même texte, pour les jeunes entreprises innovantes, et demeure sans effet sur le cours de la prescription mentionnée à l'art. L. 243-6 CSS. Il s'ensuit que la société était atteinte par la prescription triennale. • Civ. 2e, 25 janv. 2018, ⌂ n° 16-27.325 P : *RJS 4/2018, n° 281 ; JCP S 2018. 1118, note Bouchenafa et Gauthier.*

2. Répétition de l'indu (rapports URSSAF et caisses). L'URSSAF n'est pas un tiers par rapport aux caisses de sécurité sociale mais leur mandataire légal. • Soc. 9 juin 1994, ⌂ n° 91-11.213 P. ♦ La L. n° 94-637 du 25 juill. 1994 (CSS, art. L. 213-1 nouv.) n'a modifié ni la qualité ni la mission de l'URSSAF qui, étant la mandataire légale des caisses de sécurité sociale, n'est pas un tiers par rapport à celles-ci mais leur est substituée pour le recouvrement ou le remboursement des cotisations de sécurité sociale. • Civ. 2e, 14 oct. 2003, ⌂ n° 01-21.346 P : *RJS 2003. 996, n° 1430.* ♦ ***(Point de départ).*** En application de l'art. 1378 C. civ., elle doit restituer le capital et les intérêts du jour du paiement indu dès lors que sa mauvaise foi peut être retenue, dans la mesure où le litige était connu de la caisse régionale d'assurance maladie pour le compte de laquelle elle poursuivait le recouvrement des cotisations indues, même si elle n'avait pas eu elle-même connaissance de la contestation par l'employeur. • Soc. 9 juin 1994, ⌂ n° 91-11.213 P • 27 juin 1996, ⌂ n° 94-10.982 P • Civ. 2e, 3 sept. 2009, ⌂ n° 08-19.305. ♦ Mais la CRAM, en sa qualité de mandante et indépendamment de toute faute de sa part, est tenue de supporter la charge définitive des intérêts légaux. • Soc. 9 juin 1994 : ⌂ *préc.* • Civ. 2e, 14 oct. 2003 : ⌂ *préc.* ♦ L'URSSAF, sachant que sa créance était contestée et en ayant poursuivi le recouvrement à ses risques et périls, était de mauvaise foi et doit les intérêts de la somme litigieuse restituée depuis la date à laquelle le paiement a été effectué et la demande en restitution présentée. • Soc. 7 avr. 1994, ⌂ n° 91-22.147 P • 8 oct. 1998 : ⌂ *RJS 1998, n° 1397.* ♦ Le recours formé devant une Caisse d'assurance retraite et de la santé au travail (CARSAT) contre la notification d'un taux de cotisation d'accident du travail est de nature à interrompre le cours de la prescription de la demande de remboursement des cotisations indûment versées dès lors que les accidents du travail et maladies professionnelles ayant donné lieu à rectification du taux de cotisation sont ceux pour lesquels le recours initial a été formé. • Civ. 2e, 10 oct. 2013 : ⌂ *RJS 2014, n° 76 ; JCP S 2013, n° 1434, note Pradel et Pradel-Boureux.*

3. Période de répétition de l'indu. Selon l'art. L. 243-6, al. 2, CSS (dans sa rédaction issue de la L. n° 2003-1199 du 18 déc. 2003 [art. 70-II]), lorsque l'obligation au remboursement des cotisations de sécurité sociale naît d'une décision juridictionnelle qui révèle la non-conformité de la règle de droit dont il a été fait application à une règle de droit supérieure, la demande de remboursement ne peut porter que sur la période postérieure au 1er janv. de la troisième année précédant celle où la décision révélant la non-conformité est intervenue. • Civ. 2e, 17 juin 2010, n° 07-13.447 P : *RJS 2010, n° 883 ; JCP S 2010, n° 1405, obs. Vachet.*

4. Somme perçue indûment de bonne foi. En vertu de l'art. 1153 C. civ., celui qui, de bonne foi, a reçu une somme qui ne lui était pas due, est obligé de la restituer avec les intérêts moratoires du jour de la demande, non du jour où la créance de restitution est judiciairement constatée. • Soc. 16 mai 2002 : *RJS 2002, n° 880* (restitution de cotisations d'allocations familiales indûment perçues par l'URSSAF à une caisse de congés payés).

5. Champ d'application. L'art. L. 243-6 CSS est le seul texte applicable, à l'exclusion de l'art. L. 233-67 C. communes [CGCT, art. L. 2333-73] à une demande en remboursement du versement de transport indûment payé en raison de l'annulation par le Conseil d'État de la décision ayant majoré le taux de ce prélèvement. • Soc. 7 mars 1996, 93-18.721 P : *RJS 1996, n° 452.* ♦ La prescription ne peut alors courir avant la naissance de l'obligation de remboursement découlant de l'arrêt du Conseil d'État. • Soc. 7 mars 1996 : *préc.* ♦ Mais il n'y a plus lieu à remboursement lorsque le jugement du tribunal administratif qui a annulé la délibération de la collectivité locale a lui-même été annulé par le Conseil d'État. • Soc. 18 juill. 1997 : *RJS 1997, n° 1434.*

6. V. également la jurisprudence citée ss. art. L. 243-1.

7. Sur la responsabilité civile encourue par la caisse de sécurité sociale qui effectue un versement indu, V. la jurisprudence citée ss. art. L. 243-7.

8. Prescription (champ d'application). Le délai de prescription prévu par l'art. L. 243-6 CSS ne s'applique qu'aux seules demandes de remboursement de cotisations de sécurité sociale ou d'allocations familiales indûment versées. • Civ. 2e, 5 avr. 2012 : *JCP S 2012, n° 1325, obs. Brissy.* ♦ ***(Point de départ).*** Rien ne permet de fixer le point de départ du délai de prescription à une date différente de celle prévue par l'art. L. 243-6, al. 1er, aucun obstacle n'interdisant à une société de contester avant l'expiration du délai de deux ans (trois ans depuis la L. 18 déc. 2003) la classification sur laquelle avaient été calculées les cotisations d'accidents du travail et de réclamer le remboursement des cotisations indûment acquittées. • Soc. 25 juin 1998 : *RJS 1998, n° 1277.* ♦ ***(Délai).*** La demande de remboursement par l'employeur, formée contre un salarié, de la part des cotisations sociales qu'il a acquittées est soumise à la prescription quinquennale. • Soc. 18 juill. 2000, n° 97-44.215 P : *RJS 2000, n° 1095.* ♦ L'action en remboursement de cotisations sociales payées par un chirurgien-dentiste malgré l'annulation des conventions conclues entre les caisses et les syndicats de la profession est soumise au délai de prescription biennale fixé par l'art. L. 243-6 et non au délai de prescription trentenaire de droit commun. • Soc. 28 juin 2001, n° 99-17.926 P : *RJS 2001, n° 1341.*

9. Enrichissement sans cause. Selon l'art. 1371 C. civ. et les principes de l'enrichissement sans cause, la faute de l'appauvri le prive du bénéfice de l'action *de in rem verso ;* n'ouvre pas droit à cette action l'appauvrissement qui résulte d'une faute contractuelle commise envers une caisse (démission à laquelle des sociétés débitrices de cotisations prétendaient donner un effet rétroactif). • Soc. 3 juill. 1990, n° 88-18.723 P.

10. Fraude. La prescription biennale (triennale) n'est pas applicable à l'action intentée par un organisme payeur en recouvrement de prestations indûment versées en cas de fraude ou de fausse déclaration. • Soc. 15 nov. 2001, n° 00-12.619 P : *RJS 2002, n° 220* (à propos de la prescription de l'art. L. 355-3 CSS). – V. la jurisprudence citée ss. art. L. 355-3.

11. Prescription quinquennale (C. civ., art. 2277) et répétition de l'indu (champ d'application). L'action exercée par des salariés contre leur employeur devant le conseil de prud'hommes tendant au paiement de sommes qui n'auraient pas dû être déduites de leur salaire, a la nature d'une action en rappel de salaire à laquelle la prescription quinquennale prévue aux art. 2277 C. civ. et L. 143-14 C. trav. est applicable. • Soc. 2 déc. 2003, n° 01-45.097 P : *RJS 2/04, n° 209 ; Dr. soc. 2004. 204, obs. Jeammaud ; JCP E 2004. Pan. 191* (chauffeurs de taxi indépendants ayant obtenu la requalification de leurs contrats de location en contrats de travail). ♦ *Contra :* • Cass., ch. mixte, 12 avr. 2002, n° 00-18.529 P : *D. 2002. 2433, note Aubert de Vincelles* (en matière de baux) • Civ. 2e, 16 déc. 2003, n° 02-12.846 P (jugeant que « si l'action en paiement des prestations de retraite complémentaire se prescrit par cinq ans, l'action en répétition de ces prestations, qui relève du régime spécifique des quasi-contrats, n'est pas soumise à la prescription abrégée de l'action en paiement desdites prestations mais à la prescription trentenaire de droit commun ») • 31 mai 2006 : *JCP S 2006, n° 1622, obs. Vachet.* ♦ V. aussi jurisprudence citée ss. art. L. 244-11.

SECTION III *BIS* DROITS DES COTISANTS (*L. nº 2003-1199 du 18 déc. 2003, art. 72-I*).

BIBL. ▸ Bascou, Ranc et Darmaisin, De la responsabilité des organismes sociaux, *Gaz. Pal. 2001 (numéro spéc.)*. – Bascou et Coursier, L'obligation d'information du cotisant mis à la charge des URSSAF, *Dr. soc. 1997. 721*. – Bouilloux, Les nouvelles garanties des cotisants face à un contrôle URSSAF (Décr. nº 99-434 du 28 mai 1999), *Dr. soc. 1999. 896*. – Coursier, De la sécurisation juridique des relations avec les URSSAF, *JS Lamy 2010, nº 281-282-1*. – Coursier et Coleu, Droits et obligations des cotisants après le « rapport Fouquet II », *Dr. soc. 2010. 202*; Tourmente et dérives en matière de droit des cotisations. Vers une déconstruction du droit des cotisants ?, *Dr. soc. 2009. 81*. – Derue, Les rescrits en droit de la Sécurité sociale, *Dr. soc. 2007. 1008*. – Gatinaud, De la sécurité juridique en droit de la Sécurité sociale, *Dr. soc. 2009. 332*. – Ravoux, Vers un renforcement de l'accompagnement et des droits des cotisants dans leurs relations avec l'URSSAF, *Dr. soc. 2007. 843*. – Ravoux et Coleu, La convention labellisée RSE-URSSAF... vers un groupe de travail « Fouquet III » ?, *JCP S 2011, nº 1148*. – Taquet, Brèves réflexions sur les nouvelles dispositions relatives aux droits des cotisants, *Dr. soc. 2007. 848*; Vers une sécurité juridique renforcée des cotisants..., *JCP E 2005, nº 1809*; Pouvoirs des agents de l'URSSAF et garanties des cotisants, *ibid. 1992, nº 140*; Le contrôle URSSAF ou le déclin des droits du cotisant, *RDSS 2013. 518*; De plusieurs points d'amélioration nécessaires dans le cadre du contrôle URSSAF, *RDSS 2017. 146*. – Vachet, À propos de l'article 72 de la loi nº 2003-1199 du 18 déc. 2003, *JCP E 2004, nº 782*; La sécurité juridique du cotisant : illusion ou réalité, *JCP S 2006, nº 1094*. – Venel, La sécurité juridique du cotisant : bilan et perspectives, *RDSS 2014.733*. – Verkindt, Du respect de la contradiction et des droits de la défense dans le « précontentieux » de la sécurité sociale, *RDSS 2004. 954*.

Art. L. 243-6-1 (*L. nº 2017-1836 du 30 déc. 2017, art. 9-I*) **« I. — » Tout cotisant, confronté à des interprétations contradictoires concernant plusieurs de ses établissements dans la même situation au regard de la législation relative aux cotisations et aux contributions de sécurité sociale, a la possibilité, sans préjudice des autres recours, de solliciter l'intervention de l'Agence centrale des organismes de sécurité sociale en ce qui concerne l'appréciation portée sur sa situation par les organismes de recouvrement visés aux articles L. 213-1 et L. 752-4.** (*L. nº 2009-526 du 12 mai 2009, art. 75*) **« Cette possibilité est ouverte également à un cotisant appartenant à** (*Ord. nº 2015-1628 du 10 déc. 2015, art. 4-3º*) **« un groupe au sens de l'article L. 233-16 du code de commerce », en cas d'interprétations contradictoires concernant toute autre entreprise ou personne morale appartenant** (*Ord. nº 2015-1628 du 10 déc. 2015, art. 4-3º*) **« à ce même groupe ». »**

A la suite de l'analyse du litige, l'Agence centrale peut demander aux organismes d'adopter une position dans un délai d'un mois. A l'expiration de ce délai, s'ils ne se sont pas conformés à cette instruction, l'Agence centrale peut se substituer aux organismes pour prendre les mesures nécessaires. — *Modalités d'application définies par décret en Conseil d'État (L. nº 2003-1199 du 18 déc. 2003, art. 72-III).*

(*L. nº 2017-1836 du 30 déc. 2017, art. 9-I*) **« II. —** (*L. nº 2018-1203 du 22 déc. 2018, art. 8-I, en vigueur le 1er janv. 2019*) **« La procédure d'arbitrage prévue au I est également applicable lorsque le cotisant, qu'il possède un ou plusieurs établissements, » est confronté aux interprétations contradictoires retenues par un ou** *[par]* **plusieurs des organismes mentionnés aux articles L. 213-1 et L. 752-4, d'une part, et par une ou** *[par]* **plusieurs des institutions mentionnées à l'article L. 922-4, d'autre part, concernant sa situation au regard de l'application des dispositions relatives à la réduction dégressive de cotisations sociales prévue à l'article L. 241-13** (*L. nº 2018-1203 du 22 déc. 2018, art. 8-I, en vigueur le 1er janv. 2019*) **« , des dispositions prévues aux articles L. 241-10 et L. 752-3-2, » ou relative***[s]* **à tout point de droit dont l'application est susceptible d'avoir une incidence sur les allègements portant sur les cotisations à la charge de l'employeur dues au titre des régimes de retraite complémentaire légalement obligatoires mentionnés à l'article L. 921-4. »** — *Les dispositions de l'art. 9-I de la L. nº 2017-1836 du 30 déc. 2017 s'appliquent aux cotisations et contributions dues pour les périodes courant à compter du 1er janv. 2019 (L. préc., art. 9-V).*

L'art. L. 243-6-1 dans sa rédaction résultant de la L. nº 2018-1203 du 22 déc. 2018 et concernant la procédure d'arbitrage s'applique aux contrôles engagés à compter du 1er janv. 2019 (L. préc., art. 8-X).

1. *Responsabilité de l'URSSAF.* La divergence d'interprétation d'un texte tranchée ultérieurement par la Cour de cassation en faveur de celle défendue par les débiteurs des cotisations n'est pas constitutive d'une faute à la charge des organismes de recouvrement susceptible d'engager leur responsabilité à l'égard des cotisants. • Civ. 2e, 20 déc. 2007, n° 06-17.889 P : *D. 2008. 1183, note Ngo Ky ; RJS 2008, n° 343 ; Dr. soc. 2008. 508, note Derue ; JCP S 2008. 1259, note Vachet.* ♦ Conf. par • Civ. 2e, 12 mars 2009, n° 08-11.210 P : *D. 2009. AJ 879 ; D. actu. 30 mars 2009, obs. Prémilat ; RJS 2009, n° 50 ; JCP S 2009. 1290, note Asquinazi-Bailleux.*

2. *Information suffisante.* La L. n° 75-1348 du 31 déc. 1975 ayant rattaché les artistes auteurs au régime général de sécurité sociale, et la Maison des artistes ayant diffusé auprès de ses assurés des notes d'information sur le nouveau régime de sécurité sociale ainsi que sur ses incidences sur les cotisations à verser pour les différents risques et attiré leur attention sur le fait qu'ils n'auraient plus à verser de cotisations à la caisse d'allocations familiales au titre de leur activité de travailleurs indépendants et qu'il convenait pour eux d'entreprendre des démarches en vue d'obtenir l'annulation de l'appel ou le remboursement des cotisations éventuellement versées à ce titre à l'URSSAF ; une cour d'appel, retenant qu'il en résulte que l'assuré concerné et faisant état d'un double versement avait bénéficié d'une information suffisante sur son affiliation de la part de l'organisme compétent, en déduit exactement que l'URSSAF n'a pas commis de faute. • Civ. 2e, 6 mars 2008, n° 07-11.812 P : *RDSS 2008. 585, note Tauran ; JCP S 2008, n° 1338, note Asquinazi-Bailleux.*

Art. L. 243-6-2 *(Ord. n° 2005-651 du 6 juin 2005, art. 1er-I) (L. n° 2017-1836 du 30 déc. 2017, art. 9-I)* **« I. — » Lorsqu'un cotisant a appliqué la législation relative aux cotisations et contributions sociales selon l'interprétation admise par une circulaire ou une instruction du ministre chargé de la sécurité sociale, publiées conformément au livre III du code des relations entre le public et l'administration ou dans les conditions prévues à l'article L. 221-17 du même code, les organismes mentionnés aux articles L. 213-1, L. 225-1 et L. 752-4 ne peuvent** *(L. n° 2017-1836 du 30 déc. 2017, art. 9-I)* **« demander à réaliser une rectification ou, lors d'un contrôle, » procéder à aucun redressement de cotisations et contributions sociales, pour la période pendant laquelle le cotisant a appliqué l'interprétation alors en vigueur, en soutenant une interprétation différente de celle admise par l'administration.**

(L. n° 2017-1836 du 30 déc. 2017, art. 9-I) **« II. — Le présent article s'applique aux institutions mentionnées à l'article L. 922-4 en tant que l'interprétation admise par les instructions et circulaires mentionnées au I du présent article porte sur la législation relative à la réduction dégressive de cotisations sociales mentionnée à l'article L. 241-13** *(L. n° 2018-1203 du 22 déc. 2018, art. 8-II, en vigueur le 1er janv. 2019)* **« , sur les dispositions prévues aux articles L. 241-10 et L. 752-3-2 » ou sur tout point de droit dont l'application est susceptible d'avoir une incidence sur les allègements portant sur les cotisations à la charge de l'employeur dues au titre des régimes de retraite complémentaire légalement obligatoires mentionnés à l'article L. 921-4.**

« III. — A compter du 1er janvier 2019, un site internet présente l'ensemble des instructions et circulaires relatives à la législation applicable en matière d'allègements et de réductions de cotisations et contributions sociales mises à disposition des cotisants. »

Les dispositions de l'art. 9-I de la L. n° 2017-1836 du 30 déc. 2017 s'appliquent aux cotisations et contributions dues pour les périodes courant à compter du 1er janv. 2019 (L. préc., art. 9-V).

Selon l'art. L. 243-6-2, le redevable ne peut opposer à l'organisme de recouvrement l'interprétation de la législation relative aux cotisations et contributions sociales, admise par une circulaire ou une instruction du ministre chargé de la sécurité sociale publiée selon les modalités qu'il précise, que pour faire échec au redressement de ses cotisations et contributions par l'organisme fondé sur une interprétation différente. Dès lors, le redevable ne saurait se prévaloir utilement d'une telle circulaire pour contester le bien-fondé d'observations pour l'avenir formulées par l'URSSAF à l'issue d'un contrôle (en l'espèce, il s'agissait de la Circ. du 14 sept. 2005 relative à l'épargne salariale). • Civ. 2e, 24 mai 2017, n° 16-15.724 P : *RJS 2017, n° 615 ; JCP E 2017, n° 1353, note Taquet ; JCP S 2017, n° 1247, obs. Venel.*

Art. L. 243-6-3 *(Ord. n° 2015-1628 du 10 déc. 2015, art. 4-4°)* **I. — Les organismes mentionnés aux articles L. 213-1 et L. 752-4 se prononcent de manière explicite sur toute demande d'une personne mentionnée au deuxième alinéa du présent article posant une question nouvelle et non dépourvue de caractère sérieux ayant pour objet de connaître l'application à une situation précise** *(L. n° 2017-1836 du 30 déc. 2017,* *art. 15-V, en vigueur le 1er janv. 2018)* « de la législation relative aux conditions d'affiliation au régime général au titre des différentes catégories mentionnées au 1° de l'article L. 200-1 ou » de la législation relative aux cotisations et contributions de sécurité sociale contrôlées par ces organismes. Cette procédure est également applicable aux cotisations et contributions sociales contrôlées en application de l'article L. 243-7 dès lors que leur assiette est identique à celle des cotisations et contributions mentionnées ci-dessus. — *Sur les dispositions transitoires de l'art. 15 de la L. n° 2017-1836 du 30 déc. 2017, V. ss. le livre VI « Dispositions applicables aux travailleurs indépendants ».*

Cette demande peut être formulée par un cotisant *(L. n° 2016-1827 du 23 déc. 2016, art. 21-I)* « ou un futur cotisant ».

La demande du cotisant ne peut être formulée par les personnes mentionnées à l'alinéa précédent lorsqu'un contrôle prévu à l'article L. 243-7 a été engagé ou lorsqu'un contentieux en rapport avec cette demande est en cours.

Lorsqu'elle porte sur une application spécifique à la situation de la branche de dispositions du code de la sécurité sociale, la demande mentionnée au premier alinéa peut être formulée par une organisation professionnelle d'employeurs ou une organisation syndicale reconnues représentatives au niveau de la branche professionnelle. Par dérogation au premier alinéa, l'Agence centrale des organismes de sécurité sociale se prononce sur cette demande.

II. — Toute demande susceptible d'entrer dans le champ d'application du présent article est réputée être faite dans ce cadre. Un décret en Conseil d'État précise le contenu et les modalités de dépôt de cette demande. Si la demande est complète, elle est requalifiée par l'organisme afin de bénéficier du même régime juridique que la demande mentionnée au premier alinéa du présent article. Selon son appréciation, l'organisme peut se saisir d'une demande qui ne respecte pas le formalisme de la demande mentionnée au premier alinéa du présent article. Un décret en Conseil d'État précise les conditions dans lesquelles les organismes peuvent se saisir de demandes incomplètes et leur faire bénéficier des mêmes garanties.

Un décret en Conseil d'État peut prévoir les modalités suivant lesquelles certaines demandes qu'il détermine peuvent faire l'objet de décisions d'acceptation tacite.

Pour les demandes formulées en application du deuxième alinéa du I, lorsque l'organisme de recouvrement n'a pas notifié sa décision au demandeur au terme d'un délai fixé par un décret en Conseil d'État, il ne peut être procédé à un redressement de cotisations ou contributions sociales, fondé sur la législation au regard de laquelle devait être appréciée la situation de fait exposée dans la demande, au titre de la période comprise entre la date à laquelle le délai a expiré et la date de la notification de la réponse explicite.

Dans le cas où la demande est formulée par le cotisant ou son représentant, la décision lui est applicable. Si le cotisant appartient à un groupe au sens de l'article L. 233-16 du code de commerce, et que la demande comporte expressément cette précision, la décision s'applique à toute autre entreprise ou personne morale appartenant à ce même groupe dès lors que la situation dans laquelle se situe cette dernière est identique à celle sur le fondement duquel la demande a été formulée. Lorsque la demande est formulée en application du quatrième alinéa du I, la décision est applicable à toute entreprise de la branche souhaitant s'en prévaloir.

III. — La décision est opposable pour l'avenir à l'ensemble des organismes mentionnés au premier alinéa du présent article tant que la situation de fait exposée dans la demande ou la législation au regard de laquelle la situation a été appréciée n'ont pas été modifiées. *(L. n° 2017-1836 du 30 déc. 2017, art. 9-I)* « Elle est également opposable, dans les mêmes conditions, aux institutions mentionnées à l'article L. 922-4 en tant qu'elle porte sur la législation relative à la réduction dégressive de cotisations sociales mentionnée à l'article L. 241-13 *(L. n° 2018-1203 du 22 déc. 2018, art. 8-I, en vigueur le 1er janv. 2019)* « , sur les dispositions prévues aux articles L. 241-10 et L. 752-3-2 » ou sur tout point de droit susceptible d'avoir une incidence sur les allègements portant sur les cotisations à la charge de l'employeur dues aux titres des régimes de retraite complémentaire légalement obligatoires mentionnés à l'article L. 921-4. » — *Les dispositions de l'art. 9-I de la L. n° 2017-1836 du 30 déc. 2017 s'appliquent aux cotisations et contributions dues pour les périodes courant à compter du 1er janv. 2019 (L. préc., art. 9-V).*

Lorsque l'organisme de recouvrement entend modifier pour l'avenir sa décision, il en informe le demandeur. Celui-ci peut solliciter, sans préjudice des autres recours, l'intervention de l'Agence centrale des organismes de sécurité sociale. Celle-ci transmet à l'organisme de recouvrement sa position quant à l'interprétation à retenir.

Un décret en Conseil d'État définit les conditions dans lesquelles les décisions rendues par les organismes de recouvrement font l'objet d'une publicité.

IV. — Un rapport est réalisé chaque année par l'Agence centrale des organismes de sécurité sociale sur les principales questions posées et les réponses apportées. Il est transmis au ministre en charge de la sécurité sociale au plus tard le 30 juin de l'année suivante.

BIBL. ▶ TAURAN, Sécurité sociale et transaction, *RDSS 2017. 736* .

Art. L. 243-6-4 *(L. n° 2009-526 du 12 mai 2009, art. 75)* Dans le cas d'un changement d'organisme de recouvrement lié à un changement d'implantation géographique de l'entreprise ou de l'un de ses établissements, ou à la demande de l'organisme de recouvrement, un cotisant peut se prévaloir, auprès du nouvel organisme, des décisions explicites rendues par le précédent organisme dont il relevait, dès lors qu'il établit que sa situation de fait ou de droit est identique à celle prise en compte par le précédent organisme.

Art. L. 243-6-5 *(L. n° 2014-1554 du 22 déc. 2014, art. 24-I-3°)* I. — Lorsque les sommes dues n'ont pas un caractère définitif, le directeur des organismes mentionnés aux articles L. 213-1 et L. 752-4 du présent code peut conclure avec un cotisant une transaction, sauf en cas de travail dissimulé défini aux articles L. 8221-3 et L. 8221-5 du code du travail, ou lorsque le cotisant a mis en œuvre des manœuvres dilatoires visant à nuire au bon déroulement du contrôle.

II. — Cette transaction ne peut porter, pour une période limitée à quatre ans, que sur :

1° Le montant des majorations de retard et les pénalités, notamment celles appliquées en cas de production tardive ou inexactitude des déclarations obligatoires relatives aux cotisations et contributions sociales ;

2° L'évaluation d'éléments d'assiette des cotisations ou contributions dues relative aux avantages en nature, aux avantages en argent et aux frais professionnels, lorsque cette évaluation présente une difficulté particulière ;

3° Les montants des redressements calculés en application soit de méthodes d'évaluation par extrapolation, soit d'une fixation forfaitaire du fait de l'insuffisance ou du caractère inexploitable des documents administratifs et comptables.

III. — La possibilité de conclure une transaction sur un ou plusieurs chefs de redressement faisant suite à un contrôle prévu à l'article L. 243-7 et faisant l'objet d'un recours devant la commission de recours amiable de l'organisme de recouvrement est suspendue à compter de la date de ce recours et jusqu'à la date de la décision de cette commission. Cette possibilité n'est rétablie à l'issue de cette période que lorsque le *(Ord. n° 2018-358 du 16 mai 2018, art. 1er, en vigueur le 1er janv. 2019)* « tribunal de grande instance spécialement désigné en application de l'article L. 211-16 du code de l'organisation judiciaire » a été saisi.

IV. — La transaction conclue est communiquée à l'autorité mentionnée à l'article L. 151-1.

Le directeur des organismes mentionnés au I du présent article rend compte, avant le 30 juin de chaque année, des transactions conclues l'année précédente.

Lorsqu'une transaction est devenue définitive après accomplissement des obligations qu'elle prévoit et approbation de l'autorité prévue au même article L. 151-1, aucune procédure contentieuse ne peut plus être engagée ou reprise pour remettre en cause l'objet de la transaction.

V. — Toute convention portant sur les éléments mentionnés aux 1° à 3° du II doit, à peine de nullité, respecter les conditions et la procédure fixées au présent article et les textes pris pour son application.

VI. — La transaction conclue par la personne physique mentionnée au I du présent article engage l'organisme de recouvrement. L'article L. 243-6-4 est applicable aux transactions.

Les dispositions issues de la L. n° 2014-1554 du 22 déc. 2014 s'appliquent aux transactions conclues à compter d'une date fixée par décret en Conseil d'État, et au plus tard le 1er oct. 2015 (L. préc., art. 24-III-B).

Art. L. 243-6-6 *(L. n° 2017-1836 du 30 déc. 2017, art. 9-I)* **Lorsqu'une demande d'échéancier de paiement est adressée par un cotisant à un organisme mentionné aux articles L. 213-1 ou L. 752-4, cet organisme la communique, ainsi que sa réponse, aux institutions mentionnées à l'article L. 922-4 dont le cotisant relève.**

Dans les conditions déterminées par décret, l'octroi d'un échéancier de paiement par un organisme de recouvrement mentionné aux articles L. 213-1 ou L. 752-4 emporte également le bénéfice d'un échéancier de paiement similaire au titre des cotisations à la charge de l'employeur restant dues, le cas échéant, aux titres des régimes de retraite complémentaire légalement obligatoires mentionnés à l'article L. 921-4.

Lorsqu'il est statué sur l'octroi à une entreprise d'un plan d'apurement par plusieurs créanciers publics, l'organisme mentionné aux articles L. 213-1 ou L. 752-4 reçoit mandat des institutions mentionnées à l'article L. 922-4 dont le cotisant relève pour prendre toute décision sur les créances qui les concernent, le cas échéant.

Les dispositions de l'art. 9-I de la L. n° 2017-1836 du 30 déc. 2017 s'appliquent aux cotisations et contributions dues pour les périodes courant à compter du 1er janv. 2019 (L. préc., art. 9-V).

Art. L. 243-6-7 *(L. n° 2017-1836 du 30 déc. 2017, art. 9-I)* **Une convention, approuvée par arrêté du ministre chargé de la sécurité sociale, est conclue entre un représentant des institutions mentionnées à l'article L. 922-4 et l'Agence centrale des organismes de sécurité sociale.**

La convention précise les modalités selon lesquelles les organismes mentionnés aux articles L. 213-1 et L. 752-4 et les institutions mentionnées à l'article L. 922-4 mettent à disposition des employeurs ou leur délivrent des informations de manière coordonnée, notamment, le cas échéant, les constats d'anomalies et les demandes de rectifications qu'ils adressent à la réception et à l'issue de l'exploitation des données de la déclaration mentionnée à l'article L. 133-5-3 et portant sur l'application de la législation relative à la réduction dégressive de cotisations sociales mentionnée à l'article L. 241-13 *(L. n° 2018-1203 du 22 déc. 2018, art. 8-I, en vigueur le 1er janv. 2019)* **« , des dispositions prévues aux articles L. 241-10 et L. 752-3-2, » ou sur tout point de droit dont l'application est susceptible d'avoir une incidence sur les allègements portant sur les cotisations à la charge de l'employeur dues au titre des régimes de retraite complémentaire légalement obligatoires mentionnés à l'article L. 921-4.**

La convention précise les modalités selon lesquelles, pour permettre l'application du deuxième alinéa du présent article, l'Agence centrale des organismes de sécurité sociale valide les conditions selon lesquelles est effectuée par les organismes et institutions mentionnés au même deuxième alinéa la vérification de l'exactitude et de la conformité à la législation en vigueur des déclarations mentionnées à l'article L. 133-5-3 s'agissant des points mentionnés au deuxième alinéa du présent article.

La convention détermine notamment les modalités de coordination entre les organismes et institutions mentionnés au même deuxième alinéa permettant un traitement coordonné des demandes et réclamations des cotisants ainsi que la formulation de réponses coordonnées, lorsque ces sollicitations portent sur la législation relative à la réduction dégressive de cotisations sociales mentionnée à l'article L. 241-13 *(L. n° 2018-1203 du 22 déc. 2018, art. 8-I, en vigueur le 1er janv. 2019)* **« , sur les dispositions prévues aux articles L. 241-10 et L. 752-3-2 » ou sur tout point de droit susceptible d'avoir une incidence sur les allègements portant sur les cotisations à la charge de l'employeur dues au titre des régimes de retraite complémentaire légalement obligatoires mentionnés à l'article L. 921-4.**

Les organismes et institutions mentionnés au deuxième alinéa du présent article utilisent les données d'un répertoire commun relatif à leurs entreprises cotisantes qui sont nécessaires à la mise en œuvre du présent article.

V. note ss. art. L. 243-6-6.

SECTION IV **CONTRÔLE**

BIBL. ▶ Coleu et Coursier, Tourmente et dérives en matière de droit des cotisations. Vers une déconstruction du droit des cotisants ?, *Dr. soc. 2009. 81*. – Del Sol, Le contrôle URSSAF à la lumière du décret du 28 mai 1999, *BS Lefebvre 1999. 492* ; La légalisation du redressement par sondage... ou le recul de la taxation sur bases réelles, *JCP S 2008, n° 1146*. – Derue, Le décret du 28 mai 1999 : une réforme du contrôle URSSAF ?, *JCP E 1999, n° 1280*. – Taquet, Faut-il supprimer la commission de recours amiable dans le contentieux URSSAF ?, *JCP E 2009, n° 180* ; Le contrôle URSSAF selon la technique de l'échantillonnage. Premières réflexions sur une disposition contestée, *JCP E 2007, n° 1692* ; Le contrôle URSSAF et ses conséquences, *JCP E 2004, n° 68*. – Voxeur et Ngo Ky, La validation législative des contrôles URSSAF est-elle contraire à la Convention européenne ?, *D. 2004. 1171* . – Contrôle URSSAF : vers une charte du cotisant vérifié (Actes du Colloque du 10 mars 1999 à l'Assemblée nationale). – Groupe Alma PRG (T. 0141494100).

Art. L. 243-7 *(L. n° 94-637 du 25 juill. 1994, art. 6-I)* **Le contrôle de l'application des dispositions du présent code par les employeurs, personnes privées ou publiques** *(L. n° 2011-1906 du 21 déc. 2011, art. 41-I-1°)* **« , y compris les services de l'État autres que ceux mentionnés au quatrième alinéa »** *(Abrogé par L. n° 2017-1836 du 30 déc. 2017, art. 15-V, à compter du 1er janv. 2018) (L. n° 2010-1594 du 20 déc. 2010, art. 21-2° et 123)* ***« et, dans le respect des dispositions prévues à l'article*** *(L. n° 2016-1827 du 23 déc. 2016, art. 16-I)* ***« L. 133-1-3 »*, par les travailleurs indépendants ainsi que par toute personne qui verse des cotisations ou contributions auprès des organismes chargés du recouvrement des cotisations du régime général est confié à ces organismes ».** *(L. n° 2014-1554 du 22 déc. 2014, art. 24-I-2°)* **« Le contrôle peut également être diligenté chez toute personne morale non inscrite à l'organisme de recouvrement des cotisations de sécurité sociale en qualité d'employeur lorsque les inspecteurs peuvent faire état d'éléments motivés permettant de présumer, du fait d'un contrôle en cours, que cette dernière verse à des salariés de l'employeur contrôlé initialement** *(Ord. n° 2018-474 du 12 juin 2018, art. 4)* **« des revenus d'activité tels qu'ils sont pris en compte pour la détermination de l'assiette des cotisations définie à l'article L. 242-1 ». Les agents chargés du contrôle sont assermentés et agréés dans des conditions définies par arrêté du ministre chargé de la sécurité sociale. Ces agents ont qualité pour dresser en cas d'infraction auxdites dispositions des procès-verbaux faisant foi jusqu'à preuve du contraire. Les unions de recouvrement les transmettent, aux fins de poursuites, au procureur de la République s'il s'agit d'infractions pénalement sanctionnées.** — *V. art. R. 243-59. — Sur la validation des procès-verbaux, V. art. 73 de la L. n° 2003-1199 du 18 déc. 2003 (JO 19 déc.). — Sur les dispositions transitoires de l'art. 15 de la L. n° 2017-1836 du 30 déc. 2017, V. ss. le livre VI « Dispositions applicables aux travailleurs indépendants ».*

(L. n° 2008-126 du 13 févr. 2008, art. 5-III) **« Les organismes chargés du recouvrement des cotisations du régime général sont également habilités dans le cadre de leurs contrôles à vérifier l'assiette, le taux et le calcul des cotisations destinées au financement des régimes de retraites complémentaires obligatoires mentionnés au chapitre Ier du titre II du livre IX pour le compte des institutions gestionnaires de ces régimes »** *(L. n° 2010-1594 du 20 déc. 2010, art. 39-I-1°)* **« , des cotisations et contributions recouvrées pour le compte de l'organisme gestionnaire du régime d'assurance chômage par** *(L. n° 2018-771 du 5 sept. 2018, art. 54-IV, en vigueur le 1er janv. 2019)* **« Pôle emploi » et des cotisations destinées au financement des régimes mentionnés au titre Ier du livre VII du présent code. »** *(L. n° 2008-1640 du 21 déc. 2006, art. 30-I)* **« Le résultat de ces vérifications est transmis auxdites institutions aux fins de recouvrement. »** *(L. n° 2017-1836 du 30 déc. 2017, art. 9-I)* **« Les modalités de mise en œuvre des contrôles, de la phase contradictoire et des procédures amiables et contentieuses sont définies de manière à garantir aux entreprises une unicité de procédures applicable pour l'ensemble des cotisations contrôlées en application du présent article. »** — *Les dispositions de l'art. 9-I de la L. n° 2017-1836 du 30 déc. 2017 s'appliquent aux cotisations et contributions dues pour les périodes courant à compter du 1er janv. 2019 (L. préc., art. 9-V).*

(L. n° 2010-1594 du 20 déc. 2010, art. 39-I-1°) **« Pour la mise en œuvre de l'alinéa précédent, des conventions conclues entre, d'une part, l'Agence centrale des organismes de sécurité sociale et, d'autre part, les organismes nationaux qui fédèrent les institutions relevant du chapitre Ier du titre II du livre IX du présent code,** *(L. n° 2018-771 du 5 sept. 2018, art. 54-IV, en vigueur le 1er janv. 2019)* **« Pôle emploi », l'organisme gestionnaire du régime d'assurance chômage et les organismes nationaux chargés de la gestion des régimes prévus au titre Ier du livre VII du présent code qui en font la**

demande fixent notamment les modalités de transmission du résultat des vérifications et la rémunération du service rendu par les organismes chargés du recouvrement des cotisations du régime général. »

(L. n° 2011-1906 du 21 déc. 2011, art. 41-I-2°) **« La Cour des comptes est compétente pour contrôler l'application des dispositions du présent code en matière de cotisations et contributions sociales aux membres du Gouvernement, à leurs collaborateurs** *[Dispositions déclarées non conformes à la Constitution par la décision du Cons. const. n° 2011-642 DC du 15 déc. 2011]*. **Pour l'exercice de cette mission, la Cour des comptes requiert, en tant que de besoin, l'assistance des organismes mentionnés au premier alinéa, et notamment la mise à disposition d'inspecteurs du recouvrement. Le résultat de ces vérifications est transmis à ces mêmes organismes aux fins de recouvrement. Par dérogation aux dispositions du présent alinéa, le contrôle de l'application par la Cour des comptes des dispositions du présent code en matière de cotisations et contributions sociales est assuré par l'organisme de recouvrement dont elle relève. »**

Les dispositions issues de la L. n° 2014-1554 du 22 déc. 2014 s'appliquent aux contrôles engagés à compter du 1er janv. 2015 (L. préc., art. 24-III-A).

Les dispositions de l'Ord. n° 2018-474 du 12 juin 2018 s'appliquent aux cotisations et contributions dues pour les périodes courant à compter du 1er sept. 2018 (Ord. préc., art. 16).

I. AUTORITÉ DE LA CHOSE DÉCIDÉE

BIBL. Prétot, Opposabilité à une URSSAF de la prise de position d'une autre URSSAF, *RJS 1996. 220*.

La jurisprudence est en majeure partie antérieure au Décr. n° 99-384 du 28 mai 1999 (art. R. 243-59, dern. al.). – Prétot, L'entreprise, l'URSSAF et les cotisations de sécurité sociale, *Dr. soc. 2006. 415*.

A. AUTORITÉ DE LA CHOSE DÉCIDÉE POUR LE PASSÉ

1. Règle de non-rétroactivité. Les décisions prises par les caisses, quel qu'en soit le mérite, s'imposent à ces dernières et, hormis le cas de fraude de l'assuré, les organismes de sécurité sociale ne peuvent les annuler après expiration des délais du recours contentieux. • Soc. 13 janv. 1994 : *RJS 1994, n° 300*.

2. Erreur. Quels qu'aient pu être les motifs, fussent-ils erronés, qui ont provoqué la décision individuelle notifiée à l'entreprise assujettie de maintenir le bénéfice d'un abattement supplémentaire, l'autorité qui s'attache à la chose décidée sans fraude s'oppose à ce que soit reconnu un effet rétroactif à la décision qui la modifie, principe dont l'art. 1649 *quinquies* CGI se borne à faire application. • Soc. 13 mai 1976, n° 75-10.495 P.

3. Exception de fraude. Si l'autorité de la chose décidée s'oppose à ce qu'une même période fasse en principe l'objet de redressements successifs multiples, il n'en est pas de même en cas de révélation d'une fraude entraînant le rejet de la comptabilité ayant servi de base au premier redressement. • Soc. 27 nov. 1975, n° 74-12.181 P.

4. Lorsque l'URSSAF a eu connaissance de rémunérations qui n'ont pas été déclarées par l'employeur à la faveur de révélations faites par des salariés lors d'un litige prud'homal, le premier contrôle, qui ne peut avoir porté sur ces sommes, ne fait pas obstacle à un nouveau redressement, peu important le caractère frauduleux ou non de l'attitude de l'employeur. • Soc. 8 juill. 1985, n° 83-15.961 P.

B. AUTORITÉ DE LA CHOSE DÉCIDÉE POUR L'AVENIR

5. Décision implicite. L'organisme de recouvrement est lié par la décision implicite, fût-elle erronée, qui résulte du silence par lui gardé à l'issue des précédents contrôles. • Soc. 17 oct. 1979, n° 78-11.204 P. ♦ Il appartient au juge de rechercher si le silence gardé par l'URSSAF sur l'exclusion par l'employeur de certains avantages de l'assiette des cotisations sociales constituait de la part de cet organisme une décision au moins implicite et non équivoque prise en connaissance de cause sur l'application des textes, qui l'aurait lié jusqu'à notification d'une décision ultérieure fondée sur une interprétation différente des mêmes textes et n'ayant effet que pour l'avenir. • Soc. 7 oct. 1981, n° 80-11.884 P • 6 mai 1986, n° 84-13.457 P • 30 janv. 1992, n° 89-17.100 P • 13 févr. 1992, n° 89-17.951 P • 24 juin 1993 : *RJS 1993, n° 1026* • 28 mai 1998 : *RJS 1998, n° 1396*. ♦ V. déjà : • Soc. 12 mai 1971, n° 70-10.343 P. ♦ Viole l'art. 2 C. civ. l'arrêt qui permet à l'URSSAF de donner une portée rétroactive à un redressement opéré sur le fondement d'une interprétation nouvelle de dispositions réglementaires préexistantes alors que l'organisme est lié par la décision implicite qui résulte du silence par lui gardé sur la pratique incriminée à l'issue de contrôles antérieurs, en sorte que sa décision d'opérer un redressement ne peut avoir effet que pour l'avenir. • Soc. 5 juin 1975, n° 74-10.335 P.

6. Encore faut-il qu'il y ait identité entre la situation existant lors du contrôle antérieur et celle ayant motivé le redressement. • Soc. 7 oct. 1981, n° 80-12.347 P • 17 déc. 1998 : *RJS 1999, n° 261* • Civ. 2e, 18 nov. 2003 : *RJS 2004. 306, n° 447* (jugeant qu'une société ne se trouvait ni quant à sa forme juridique ni quant à son activité dans une situation identique à celles des sociétés précédemment contrôlées). ♦ En l'absence d'identité entre la situation de l'intéressé au cours de la période du premier contrôle et celle qui était la sienne au cours du deuxième contrôle ayant abouti au redressement, l'organisme de recouvrement n'a pu prendre, lors du premier contrôle, une décision implicite d'exonération en faveur de l'employeur. • Soc. 15 juill. 1993, n° 89-20.034 P.

7. Mais la société cessionnaire d'une entreprise qui a fait l'objet d'un premier contrôle peut invoquer l'acceptation implicite donnée en connaissance de cause par l'URSSAF lors de celui-ci à l'occasion d'un nouveau contrôle dont elle fait à son tour l'objet. • Soc. 13 févr. 1992, n° 89-17.951 P : *RJS 1992, n° 353 (3e esp.).*

8. La décision implicite ne constitue pas une renonciation de l'URSSAF au recouvrement des cotisations mais une prise de position sur l'application des textes. • Soc. 7 oct. 1981 : *Bull. civ. V, n° 762 (2).* ♦ Quel que soit le caractère impératif et d'ordre public des règles relatives à l'assiette des cotisations de sécurité sociale, l'employeur ne peut se voir opposer rétroactivement, même dans la limite de la prescription, une interprétation remettant en cause les modalités de calcul précédemment tenues pour conformes à la loi par l'organisme chargé d'en opérer le recouvrement, dès lors que la décision individuelle a été prise en connaissance de cause et sans qu'aucune fraude n'ait été relevée. • Soc. 15 mars 1973, n° 71-14.430 P.

9. En cas de décision implicite de sa part sur la légitimité de la pratique suivie par l'employeur, l'organisme de recouvrement est lié jusqu'à notification d'une décision en sens opposé, laquelle ne peut résulter d'une diffusion parmi les employeurs d'instructions ministérielles à caractère général. • Soc. 27 juin 1991, n° 89-10.147 P.

10. La décision de la caisse primaire, devenue définitive, ayant statué à la fois sur le principe et sur le point de départ de l'assujettissement au régime général, ces dispositions indissociables ne peuvent être remises en cause à l'occasion du recouvrement par l'URSSAF des cotisations correspondantes. • Soc. 6 juin 1991, n° 89-12.102 P.

11. La décision de la commission de recours amiable annulant un redressement opéré par l'URSSAF ne vaut que pour la période sur laquelle a porté celui-ci et ne peut faire obstacle pour l'avenir à une nouvelle décision de l'URSSAF d'appliquer la règle de droit en matière d'assiette de cotisations. • Soc. 10 janv. 2002, n° 00-13.541 P : *RJS 2002, n° 324.*

12. Mais faute d'une décision expresse de l'agent de contrôle prise en connaissance de cause, celui-ci ayant exclu tout redressement par une application erronée du texte applicable sans donner une interprétation différente de celui-ci, l'URSSAF est fondée à opérer, dans les limites de la prescription, un redressement couvrant la période écoulée depuis ce premier contrôle. • Soc. 3 mai 1979, n° 77-14.898 P. ♦ L'absence de redressement à la suite d'un premier contrôle au cours duquel l'agent a relevé, par erreur, que l'employée d'un débit de boissons était payée au pourboire et non à l'heure ne peut être regardée comme procédant d'une prise de position de l'URSSAF sur l'application des textes régissant la matière qui aurait lié cet organisme jusqu'à notification d'une décision nouvelle fondée sur une doctrine différente. • Soc. 27 janv. 1988, n° 85-15.881 P. ♦ Le fait que, lors d'un premier contrôle, l'agent de l'URSSAF avait eu connaissance des bulletins de salaire mentionnant les frais de déplacement professionnel ne prouve pas une décision non équivoque de l'URSSAF sur les conditions d'exonération de ces frais. • Civ. 2e, 19 avr. 2005, n° 03-30.718 P : *RJS 2005, n° 661.*

13. Silence non circonstancié. En l'absence de décision expresse, le silence gardé par l'URSSAF lors de précédents contrôles ne peut valoir, à lui seul, décision implicite d'approbation de la pratique suivie par l'entreprise. • Soc. 13 janv. 1994 : *RJS 1994, n° 307* • 5 mai 1994, n° 91-16.001 P.

14. Le silence observé par l'URSSAF sur des pratiques analogues lors de contrôles antérieurs effectués dans d'autres établissements de la même société ne peut tenir lieu de décision implicite prise en connaissance de cause et susceptible de faire échec à l'application rétroactive des redressements litigieux. • Soc. 24 mars 1994 : *RJS 1994, n° 598.*

15. Tolérance. Lorsque l'organisme de recouvrement prend de manière non équivoque sur la pratique suivie par l'assujetti une décision implicite qui le lie jusqu'à notification d'une décision en sens opposé, son abstention ne constitue pas une tolérance. • Soc. 19 sept. 1991, n° 88-20.483 P.

16. Il incombe à l'employeur de rapporter la preuve, d'une part, d'une décision non équivoque de l'URSSAF approuvant la pratique litigieuse et, d'autre part, que le silence gardé par cet organisme ne résulte pas d'une simple tolérance empêchant qu'il puisse à lui seul être assimilé à une acceptation implicite. • Soc. 5 juin 1997, n° 95-17.763 P : *RJS 1997, n° 1023.*

17. Lorsque ce n'est pas en raison d'une décision implicite fondée sur une interprétation des textes, mais par application d'une tolérance administrative que l'URSSAF s'est abstenue de pratiquer un redressement, tolérance qui n'est pas créatrice de droits au profit des cotisants, l'organisme de recouvrement peut procéder au redressement litigieux sans avoir à prendre de décision nouvelle. • Soc. 12 nov. 1992, n° 90-20.917 P : *D. 1993. Somm. 274, obs. Prétot*.

18. Attestation de paiement régulier. L'attestation, destinée à un tiers, délivrée par l'URSSAF en application de l'art. 55 (nouv. art. 46) du code des marchés publics, en vue de l'attribution d'un marché public, ne vaut pas renonciation par cet organisme au recouvrement des créances antérieures qui font l'objet d'un recours contentieux, non encore exigibles. • Soc. 11 oct. 2001, n° 99-21.399 P : *RJS 2001, n° 1456.* ♦ ... Ni au recouvrement des créances susceptibles d'être révélées par un contrôle ultérieur. • Civ. 2e, 1er juill. 2003, n° 01-20.498 P : *RJS 2003. 834, n° 1218.*

19. Mise en œuvre d'une décision d'affiliation. L'URSSAF peut opérer un redressement pour la période écoulée entre un premier contrôle et la décision d'affiliation de salariés par la caisse primaire dès lors que ce redressement n'est effectué que pour l'application et dans les limites de la décision émanant de la caisse primaire. • Soc. 6 juill. 1981, n° 79-14.007 P. ♦ Mais en l'absence de décision antérieure de la CPAM, l'URSSAF a qualité pour se prononcer sur la nature des activités des personnes contrôlées et leur assujettissement au régime général. • Civ. 2e, 14 févr. 2007 : *RJS 5/07, n° 656.*

20. Autonomie des URSSAF. Les URSSAF constituant autant de personnes morales distinctes, la décision prise par l'une d'elles n'engage pas les autres ; une URSSAF ne se trouve liée envers un employeur que par ses propres décisions. • Soc. 29 juin 1995, n° 93-11.506 P : *D. 1996. Somm. 44, obs. Prétot* ; *JCP 1995. II. 22509, note Taquet* ; *Dr. soc. 1995. 839, note Dupeyroux* ; *RJS 1996, p. 220, chron. Prétot* • 20 juill. 1995, n° 93-10.088 P. ♦ ... Peu important l'intervention de l'Urssaf en qualité d'Urssaf de liaison. • Civ. 2e, 14 févr. 2007 : *RJS 4/07, n° 472.* ♦ Les URSSAF, instituées par l'art. L. 213-1 CSS, tiennent de ce texte de nature législative leur capacité juridique et leur qualité pour agir dans l'exécution des missions qui leur ont été confiées par la loi. • Soc. 1er mars 2001, n° 99-15.026 P : *RJS 2001, n° 640.* ♦ Les URSSAF disposent dès leur création de la personnalité morale et la démonstration de leur existence ne peut être subordonnée à la production de leurs statuts. • Versailles, 23 mars 1999 : *RJS 1999, n° 1124.*

II. POUVOIRS NORMATIFS

21. Valeur des circulaires et instructions. **BIBL.** Prétot, *Mél. Moderne, D. 2004. 369* (opposabilité des circulaires) ; Olivier, *JCP E 2004. 272 (idem).* ♦ Les instructions administratives ne sont pas créatrices de droits et ne sauraient restreindre ceux que tiennent de la loi les organismes de recouvrement. • Soc. 5 mai 1994, n° 91-16.001 P • 23 mars 1995, n° 92-11.833 P • Civ. 2e, 5 juill. 2005, n° 04-30.060 P : *RJS 2005, n° 1029.*

22. Selon l'art. 1er du Décr. n° 83-1025 du 28 nov. 1983, tout intéressé est fondé à se prévaloir à l'encontre de l'administration des instructions, directives et circulaires publiées dans les conditions prévues à l'art. 9 de la loi du 17 juill. 1978, lorsqu'elles ne sont pas contraires aux lois et règlements. • Soc. 20 oct. 1994, n° 92-12.570 P. ♦ Une circulaire de l'ACOSS recommandant à l'URSSAF de faire application immédiate aux litiges en cours d'un arrêté concernant le calcul des indemnités de grand déplacement afin d'assurer l'égalité entre les usagers, alors que cet arrêté n'est applicable qu'aux rémunérations versées à compter d'une certaine date, ne peut être opposée à l'administration au titre dudit décret dans la mesure où elle viole l'art. 2 C. civ. • Soc. 20 oct. 1994 : *préc.*

23. Séparation des pouvoirs. Si les URSSAF ont vocation à exercer leur contrôle sur tout employeur de salariés affiliés au régime général de la sécurité sociale, il n'entre pas dans les pouvoirs du juge d'enjoindre à une administration publique de se soumettre au contrôle de l'URSSAF, le refus d'autoriser cet organisme à vérifier la comptabilité de ce service constituant une décision administrative dont la légalité ne peut être appréciée par les tribunaux judiciaires. • Soc. 1er févr. 1990, n° 87-15.091 P : *D. 1991. Somm. 128, obs. Prétot*.

III. RESPONSABILITÉ CIVILE DE LA CAISSE

BIBL. Ghestin, *JCP 1973. I. 2528.* – Saint-Jours, *RDSS 1988. 299.*

24. Faute simple. Une caisse engage sa responsabilité lorsqu'elle commet une faute entraînant un préjudice pour l'assuré social, peu important que cette faute soit ou non grossière et que le préjudice soit ou non anormal. • Soc. 12 juill. 1995, n° 93-12.196 P : *D. 1996. 35, note Saint-Jours* ; *ibid. 1996. Somm. 45, obs. Prétot* ; *Dr. soc. 1995. 939, note Prétot* (assuré destinataire d'une information erronée) • 12 oct. 1995, n° 93-18.365 P (assuré mis dans l'incapacité matérielle de présenter une demande d'allocation) • 17 oct. 1996, n° 94-18.537 P • 12 juin 1997 : *RJS 1997, n° 1145* (assuré tenu de rembourser des prestations indues).

25. Poursuites inutiles. Commet une faute délictuelle la caisse régionale interprofessionnelle qui engage contre une entreprise des poursuites inutiles constitutives d'un abus de procédure, ayant omis de vérifier, avant d'agir en paiement, si l'entreprise immatriculée d'office employait effectivement des salariés. • Soc. 14 mai 1992, n° 90-10.008 P. ♦ Engage sa responsabilité l'URSSAF qui a harcelé sans répit de ses réclamations un praticien médical pour obtenir le paiement de cotisations indues, au mépris de décisions rendues par le Conseil d'État et la Cour de cassation. • Soc. 28 juin 2001 : *RJS 2001, n° 1341.*

26. Versement de prestations indues. La demande en répétition de l'indu d'une somme élevée cause à l'assuré un préjudice important compte tenu de son état de précarité financière et alors que celui-ci n'a commis aucune faute. • Paris, 3 juill. 1997 : *D. 1997. IR 177.* ♦ La faute de la victime à l'égard d'une CRAM, consistant dans l'encaissement en toute connaissance de cause de sommes dont elle n'a pas pu ignorer le caractère illégitime, n'est pas la cause exclusive du dommage, dès lors que la caisse s'était elle-même abstenue de vérifier pendant six mois l'étendue de ses droits, faute lui ayant causé un préjudice anormal. • Civ. 2e, 5 avr. 2005 : *RJS 2005, n° 662.*

27. Responsabilité civile. Si la responsabilité civile d'un organisme social qui a commis une erreur fautive et effectué, pendant plusieurs mois, le versement de prestations indues à un assuré social peut être retenue, les dommages et intérêts accordés ne peuvent pas être d'un montant égal à l'indu total, sauf à vider l'action en répétition de l'indu de sa finalité. • Paris, 3 juill. 1997 : *D. 1997. IR 177* (allouant 19 000 F de dommages-intérêts et ordonnant la compensation de cette somme avec la créance de répétition de 21 000 F). ♦ Toutefois, la Cour de cassation abandonne au pouvoir souverain des juges du fond l'appréciation de l'étendue du préjudice, V. par exemple • Soc. 1er mars 2001 : *RJS 2001, n° 642* • Civ. 2e, 24 juin 2003 : *RJS 2003. 832, n° 1213.*

28. Crédit abusif. Une caisse de mutualité sociale agricole engage sa responsabilité à l'égard des créanciers de l'entreprise à laquelle elle a conféré une apparence trompeuse de solvabilité en accordant des délais de paiement à un de ses ressortissants dont elle savait ou aurait dû savoir la situation irrémédiablement compromise. • Com. 10 déc. 2003, n° 01-03.746 P : *JCP E 2004. II. 252, note Legeais.* ♦ Encore faut-il démontrer que la caisse qui s'est abstenue de poursuivre le recouvrement des cotisations savait ou aurait dû savoir que la situation était irrémédiablement compromise. • Civ. 2e, 21 juin 2005, n° 04-12.439 P : *RJS 2005, n° 1023.*

IV. COMPÉTENCES DES ORGANISMES DE CONTRÔLE

Sur la capacité et la qualité des URSSAF, V. jurisprudence citée ss. l'art. L. 213-1.

Sur les opérations de contrôle, V. jurisprudence citée ss. l'art. R. 243-59.

29. Agents. La régularité d'un contrôle n'est pas subordonnée à l'intervention de deux agents de l'URSSAF et n'est pas affectée par le fait que l'agent agréé et assermenté, signataire du procès-verbal, fut assisté par un collègue non encore agréé et assermenté. • Soc. 31 oct. 2000 : *RJS 2001, n° 96.*

30. Entreprises à établissements multiples. Est compétente pour assurer le contrôle du versement des cotisations, selon l'art. R. 243-6 CSS, l'URSSAF dont relève l'établissement de l'entreprise, même si elle n'a pas reçu mandat de l'URSSAF dont relève son siège social, qui a notifié le redressement. • Soc. 23 nov. 2000, n° 98-22.035 P : *RJS 2001, n° 236* (rapports établis par l'URSSAF dont relève la direction régionale d'une société gérant plusieurs établissements puis transmis aux URSSAF dont relève chaque établissement) • Civ. 2e, 29 juin 2004 : *RJS 2004, n° 1087.* ♦ Depuis la loi du 23 déc. 2000 (CSS, art. L. 213-1, dern. al.) et le Décr. du 25 oct. 2001 (CSS, art. D. 213-1-1), chaque URSSAF est compétente pour contrôler l'établissement relevant de sa compétence géographique, sauf à produire les justificatifs d'une délégation de compétences en matière de contrôle résultant de la signature d'une convention de réciprocité. • TASS Meuse, 29 sept. 2003, n° 142/2002 : *RJS 2003. 998, n° 1434.* ♦ La nullité du contrôle et du redressement subséquent résulte de ce qu'une Urssaf a engagé des opérations de contrôle à l'égard d'un établissement situé dans la circonscription d'une autre Urssaf sans avoir reçu délégation de compétence de sa part. • Civ. 2e, 12 juill. 2006, n° 04-30.844 P : *RJS 2006, n° 114 ; JCP S 2006. 1760, note Tauran.* ♦ V. art. L. 213-1, dern. al.

Art. L. 243-7-1 A *(L. n° 2016-1827 du 23 déc. 2016, art. 24-I)* **A l'issue d'un contrôle effectué en application de l'article L. 243-7, l'agent chargé du contrôle adresse à la personne contrôlée une lettre mentionnant, s'il y a lieu, les observations constatées au cours du contrôle et engageant la période contradictoire préalable à l'envoi de toute mise en demeure ou avertissement en application de l'article L. 244-2.** — *Les dispositions de l'art. 24-I de la L. n° 2016-1827 du 23 déc. 2016 s'appliquent aux cotisations et contributions sociales au titre desquelles une mise en demeure a été notifiée à compter du 1er janv. 2017 (L. préc., art. 24-IV-1°).*

(L. n° 2018-1203 du 22 déc. 2018, art. 19) **« La durée de la période contradictoire peut être prolongée sur demande du cotisant reçue par l'organisme avant l'expiration du délai initial, à l'exclusion des situations où** *[dans lesquelles]* **est mise en œuvre la procédure prévue à l'article L. 243-7-2 ou en cas de constat des infractions mentionnées aux 1° à 4° de l'article L. 8211-1 du code du travail. »**

Art. L. 243-7-1 *(L. nº 2005-882 du 2 août 2005, art. 90)* Les agents chargés du contrôle visés à l'article L. 243-7 peuvent échanger avec les agents investis de pouvoirs analogues dans les États étrangers, sous réserve de réciprocité, tous renseignements et tous documents nécessaires à l'appréciation des droits et à l'exécution d'obligations résultant du présent code et des dispositions équivalentes dans l'État concerné.

Art. L. 243-7-2 *(L. nº 2009-526 du 12 mai 2009, art. 75)* Afin d'en restituer le véritable caractère, les organismes mentionnés aux articles L. 213-1 et L. 752-1 sont en droit d'écarter, comme ne leur étant pas opposables, les actes constitutifs d'un abus de droit, soit que ces actes aient un caractère fictif, soit que, recherchant le bénéfice d'une application littérale des textes à l'encontre des objectifs poursuivis par leurs auteurs, ils n'aient pu être inspirés par aucun autre motif que celui d'éluder ou d'atténuer les contributions et cotisations sociales d'origine légale ou conventionnelle auxquelles le cotisant est tenu au titre de la législation sociale ou que le cotisant, s'il n'avait pas passé ces actes, aurait normalement supportées, eu égard à sa situation ou à ses activités réelles.

En cas de désaccord sur les rectifications notifiées sur le fondement du premier alinéa, le litige est soumis, à la demande du cotisant, à l'avis du comité des abus de droit. Les organismes de recouvrement peuvent également, dans les conditions prévues par l'article L. 225-1-1, soumettre le litige à l'avis du comité. *(L. nº 2018-1317 du 28 déc. 2018, art. 202-III)* « Quel que soit l'avis rendu par le comité, les organismes de recouvrement supportent la charge de la preuve en cas de réclamation. »

La procédure définie au présent article n'est pas applicable aux actes pour lesquels un cotisant a préalablement fait usage des dispositions des articles L. 243-6-1 et L. 243-6-3 en fournissant aux organismes concernés tous éléments utiles pour apprécier la portée véritable de ces actes et que ces organismes n'ont pas répondu dans les délais requis.

L'abus de droit entraîne l'application d'une pénalité égale à 20 % des cotisations et contributions dues.

Un décret en Conseil d'État détermine les modalités d'application du présent article, notamment la composition, l'organisation et le fonctionnement du comité des abus de droit.

L'art. L. 243-7-2, dans sa rédaction résultant de l'art. 202-III de la L. nº 2018-1317 du 28 déc. 2018, s'applique aux rectifications notifiées à compter du 1er janv. 2019 (L. préc., art. 202-V).

La divergence d'appréciation sur les règles d'assiette des cotisations n'est pas au nombre des contestations susceptibles de donner lieu à la procédure d'abus de droit prévue par l'art. L. 243-7-2 CSS. • Civ. 2e, 12 oct. 2017, ☎ nº 16-21.469 P.

Art. L. 243-7-3 *(L. nº 2009-526 du 12 mai 2009, art. 75)* Si l'employeur appartient à un ensemble de personnes entre lesquelles un lien de dépendance ou de contrôle existe, au sens des articles L. 233-1 et L. 233-3 du code de commerce, en cas de constatation d'une infraction de travail dissimulé par procès-verbal établi à son encontre, la société mère ou la société holding de cet ensemble sont tenues subsidiairement et solidairement au paiement des contributions et cotisations sociales ainsi que des majorations et pénalités dues à la suite de ce constat.

Art. L. 243-7-4 (Abrogé par L. nº 2016-1827 du 23 déc. 2016, art. 24-I) (L. nº 2011-1906 du 21 déc. 2011, art. 128) ***Dès lors qu'un procès-verbal de travail illégal a été établi et que la situation et le comportement de l'entreprise ou de ses dirigeants mettent en péril le recouvrement des cotisations dissimulées, l'inspecteur du recouvrement peut dresser un procès-verbal de flagrance sociale comportant l'évaluation du montant des cotisations dissimulées.***

Ce procès-verbal est signé par l'inspecteur et par le responsable de l'entreprise. En cas de refus de signer, mention en est faite au procès-verbal.

L'original du procès-verbal est conservé par l'organisme chargé du recouvrement et une copie est notifiée au contrevenant.

Au vu du procès-verbal de travail illégal et du procès-verbal de flagrance sociale, le directeur de l'organisme de recouvrement peut solliciter du juge de l'exécution l'autorisation de pratiquer sur les biens du débiteur l'une ou plusieurs mesures conservatoires mentionnées aux articles 74 à 79 de la loi nº 91-650 du 9 juillet 1991 portant réforme des procédures civiles d'exécution.

Les dispositions de l'art. 24-I de la L. nº 2016-1827 du 23 déc. 2016 s'appliquent aux contrôles engagés à compter du 1er janv. 2017 (L. préc., art. 24-IV).

Art. L. 243-7-5 *(L. nº 2012-1404 du 17 déc. 2012, art. 98-II)* **Les organismes de recouvrement mentionnés aux articles L. 213-1 et L. 752-4 peuvent procéder au redressement des cotisations et contributions dues sur la base des informations contenues dans les procès-verbaux de travail dissimulé qui leur sont transmis par les agents mentionnés à l'article L. 8271-1-2 du code du travail. Ces organismes** *(Abrogé par Ord. nº 2018-470 du 12 juin 2018, art. 9)* **« *ainsi que ceux mentionnés à l'article L. 611-8 du présent code* » mettent en recouvrement ces cotisations et contributions.**

Art. L. 243-7-6 *(L. nº 2012-1404 du 17 déc. 2012, art. 98-II)* **Le montant du redressement des cotisations et contributions sociales mis en recouvrement à l'issue d'un contrôle réalisé en application de l'article L. 243-7 est majoré de 10 % en cas de constat d'absence de mise en conformité. Un tel constat est dressé lorsque l'employeur n'a pas pris en compte les observations notifiées lors d'un précédent contrôle, que ces observations aient donné lieu à redressement ou non.**

Les modalités d'application du présent article, en particulier la manière dont est assuré le respect du principe du contradictoire, sont déterminées par décret en Conseil d'État.

Art. L. 243-7-7 *(L. nº 2018-1203 du 22 déc. 2018, art. 23-I)* **« I. – »** *(L. nº 2012-1404 du 17 déc. 2012, art. 98-II)* **Le montant du redressement des cotisations et contributions sociales mis en recouvrement à l'issue d'un contrôle réalisé en application de l'article L. 243-7 ou dans le cadre de l'article L. 243-7-5 du présent code est majoré de 25 % en cas de constat de l'infraction définie aux articles L. 8221-3 et L. 8221-5 du code du travail.**

(L. nº 2014-1554 du 22 déc. 2014, art. 94-II-2º) **« La majoration est portée à 40 % dans les cas mentionnés à l'article L. 8224-2 du code du travail. »**

(L. nº 2018-1203 du 22 déc. 2018, art. 23-I) **« II. – Sauf dans les cas mentionnés au III, la personne contrôlée peut bénéficier d'une réduction de dix points du taux de ces majorations de redressement si, dans un délai de trente jours à compter de la notification de la mise en demeure, elle procède au règlement intégral des cotisations, pénalités et majorations de retard notifiées ou si, dans le même délai, elle a présenté un plan d'échelonnement du paiement au directeur de l'organisme et que ce dernier l'a accepté.**

« Cette réduction est notifiée par le directeur de l'organisme une fois le paiement intégral constaté.

« III. – En cas de nouvelle constatation de travail dissimulé dans les cinq ans suivant la notification d'une première constatation pour travail dissimulé ayant donné lieu à redressement auprès de la même personne morale ou physique, la majoration est portée à :

« 1º 45 %, lorsque la majoration de redressement prononcée lors de la constatation de la première infraction était de 25 % ;

« 2º 60 %, lorsque la majoration de redressement prononcée lors de la constatation de la première infraction était de 40 %.

« IV. – » Les modalités d'application du présent article, en particulier la manière dont est assuré le respect du principe du contradictoire, sont déterminées par décret en Conseil d'État.

Les dispositions de la L. nº 2018-1203 du 22 déc. 2018 s'appliquent aux opérations de contrôle engagées à compter du 1er janv. 2019. Toutefois, le III de l'art. L. 133-4-2 et le II de l'art. L. 243-7-7 dans leur rédaction résultant de la loi susvisée s'appliquent aux procédures de contrôle en cours au 1er janv. 2019 ainsi qu'à toute annulation de réductions ou d'exonérations de cotisations de sécurité sociale ou de contributions n'ayant pas donné lieu à une décision de justice ayant un caractère irrévocable (L. préc., art. 23-II).

Rejet d'une QPC. La disposition critiquée de l'art. L. 243-7-7 ayant pour objet, en assortissant de majorations complémentaires égales à 25 ou à 40 % le montant des cotisations et contributions sociales mises en recouvrement à l'issue d'un contrôle ayant conduit à la constatation des infractions en matière de travail illégal qu'elle mentionne, de concourir au bon fonctionnement du système de sécurité sociale et à son équilibre financier ainsi qu'à l'objectif de valeur constitutionnelle de lutte contre la fraude sociale qui découle de l'art. 15 de la DDHC, il ne saurait être sérieusement soutenu qu'elle méconnaît ainsi les principes de nécessité des délits et des peines et le principe de proportionnalité des peines énoncés à l'art. 8 de la Déclaration. La majoration qu'elle prévoit n'ayant ni la même nature, ni la même finalité que les sanctions pénales auxquelles s'expose également, le cas échéant, le redevable, il ne saurait être davantage soutenu qu'elle méconnaît la règle du non-cumul des sanctions pénales et administratives, dite communément « *non bis in idem* », qui découle des mêmes dispositions constitutionnelles. • Civ. 2e, 29 sept. 2016, no 16.40-227 P.

Art. L. 243-8 *(L. no 94-637 du 25 juill. 1994, art. 6-I)* **L'autorité compétente de l'État vérifie la pertinence des objectifs de contrôle poursuivis par les organismes chargés du recouvrement des cotisations, ainsi que les conditions dans lesquelles ces contrôles s'effectuent. Elle donne aux organismes des injonctions en cas de carence, leur demande communication des procès-verbaux dressés à la suite des contrôles et les transmet, aux fins de poursuites, au procureur de la République s'il s'agit d'infractions pénalement sanctionnées.** — *V. art. R. 243-59 s.*

Art. L. 243-9 **Avant d'entrer en fonctions, les agents de l'organisme chargés du contrôle prêtent, devant le tribunal d'instance, serment de ne rien révéler des secrets de fabrication et en général des procédés et résultats d'exploitation dont ils pourraient prendre connaissance dans l'exercice de leur mission.** *(Abrogé par L. no 2003-1199 du 18 déc. 2003, art. 73-II)* ***« Cette prestation de serment est renouvelée à l'occasion de tout renouvellement d'agrément. »*** **Toute violation de serment est punie des peines fixées par l'article 226-13 du code pénal.**

Jurispr. sur l'art. 73 de la L. no 2003-1199 du 18 déc. 2003. Dès lors qu'elles ne reposent pas sur d'impérieux motifs d'intérêt général, les dispositions de l'art. 73 de la loi de financement de la sécurité sociale pour 2004 réputant réguliers certains contrôles opérés par les URSAFF en tant qu'ils seraient contestés par le moyen tiré de l'illégalité de l'agrément des agents de contrôle revêtent le caractère d'une ingérence dans le cours normal des procédures juridictionnelles et constituent ainsi une violation des stipulations de l'art. 6 Conv. EDH. • CEDH 25 nov. 2010, no 20429/07, *Lilly France c/ France : RJS 2011, no 173.* ♦ V. sur les conséquences : • CE, ass., 5 oct. 2015, no 371832 : *AJDA 2015. 1889, note de Monteclerc* (statuant sur la requête indemnitaire d'une société contrôlée par un agent dont l'agrément était illégal car délivré par une personne disposant d'une délégation de signature du préfet et non du directeur régional des affaires sanitaires et sociales, le Conseil d'État estime qu'il n'existe pas de lien de causalité directe entre l'intervention de la loi inconventionnelle et le préjudice subi par la société du fait du rejet par le juge judiciaire de sa demande de décharge des sommes réclamées à la suite du contrôle). ♦ V. aussi • CE 8 févr. 2007, *Gardedieu : Lebon 78 ; AJDA 2007. 1097, note Cassia ; RFDA 2007.361, note Derepas ; D. 2007.1214, note Clamour ; RTD civ. 2007. 297, note Marguenaud.*

Art. L. 243-10 *Abrogé par L. no 94-637 du 25 juill. 1994, art. 6-III.*

Art. L. 243-11 *(Ord. no 2005-804 du 18 juill. 2005, art. 8)* **« Les employeurs, qu'ils soient des personnes privées, des personnes publiques autres que l'État ou, pour l'application de l'article L. 243-7 du présent code, l'État, »** *(L. no 94-637 du 25 juill. 1994, art. 6-IV ; L. no 2005-1579 du 19 déc. 2005, art. 92-VI)* **« et les travailleurs indépendants sont tenus de recevoir les agents de contrôle des organismes mentionnés aux articles L. 243-7 et L. 114-10 », ainsi que les ingénieurs conseils et contrôleurs de sécurité régulièrement accrédités par les** *(Ord. no 2010-177 du 23 févr. 2010, art. 24)* **« caisses d'assurance retraite et de la santé au travail ».** *(Abrogé par L. no 2005-1579 du 19 déc. 2005, art. 25-III)* ***« Les oppositions ou obstacles à ces visites ou inspections sont passibles des mêmes peines que celles prévues par le code du travail en ce qui concerne l'inspection du travail. »*** — *V. C. trav., art. L. 631-1 [L. 8114-1 nouv.], L. 631-2 [L. 8114-2 nouv.], L. 631-3 [L. 8113-8 et L. 8114-3], R. 631-1 [R. 3173-3 nouv.], R. 632-1 et R. 632-2 [R. 1227-7, R. 3173-1 s., R. 4741-3 et R. 8114-1 nouv.].* — **C. trav.**

Est valable un contrôle effectué auprès d'une administration de l'État avant l'entrée en vigueur de la loi du 25 juill. 1994. • Soc. 11 févr. 1999 : *RJS 1999, no 575.*

Art. L. 243-12 *(L. no 94-637 du 25 juill. 1994, art. 6-V ; L. no 2005-1579 du 19 déc. 2005, art. 92-VI)* **« Les agents des organismes de sécurité sociale mentionnés aux articles L. 114-10 et L. 243-7 peuvent, à tout moment », exiger des employeurs soumis à**

leur contrôle la communication *(L. nº 98-546 du 2 juill. 1998, art. 8-V)* « des doubles des bulletins de paie mentionnés au dernier alinéa de l'article L. 143-3 *[L. 3243-4 nouv.]* du code du travail. Ces doubles sont conservés par l'employeur pendant cinq ans ».

Art. L. 243-12-1 *(L. nº 2016-1827 du 23 déc. 2016, art. 23-I)* Le fait de faire obstacle à l'accomplissement des fonctions des agents mentionnés à l'article L. 243-11 entraîne l'application par le directeur de l'organisme concerné d'une pénalité d'un montant maximal de 3 750 € pour un particulier employeur mentionné aux 3°, 4° ou 6° de l'article L. 133-5-6, de 7 500 € pour un travailleur indépendant au titre de ses cotisations et contributions sociales dues à titre personnel et de 7 500 € par salarié pour un employeur, dans la limite de 750 000 € par employeur. Le plafond du montant de ces pénalités est porté au double en cas de nouveau manquement constaté dans un délai de cinq ans à compter du jour où la pénalité concernant un précédent manquement est devenue définitive.

L'obstacle à contrôle mentionné au premier alinéa du présent article est caractérisé par des actions ou omissions ayant pour objet de faire obstacle ou de se soustraire aux opérations de contrôle exercées par les agents, quel que soit leur cadre d'action, consistant notamment à refuser l'accès à des lieux professionnels, à refuser de communiquer une information formellement sollicitée, quel qu'en soit le support, y compris dématérialisé, à ne pas répondre ou à apporter une réponse fausse, incomplète ou abusivement tardive à toute demande de pièce justificative, d'information, d'accès à une information, ou à ne pas répondre à une convocation, dès lors que la sollicitation, demande ou convocation est nécessaire à l'exercice du contrôle.

Pour fixer le montant de la pénalité, le directeur de l'organisme prend en compte les circonstances et la gravité du manquement.

Le directeur de l'organisme concerné notifie le montant envisagé de la pénalité et les faits reprochés à la personne en cause, afin qu'elle puisse présenter ses observations écrites dans un délai fixé par décret en Conseil d'État. A l'issue de ce délai et après avoir répondu auxdites observations, le directeur de l'organisme prononce, le cas échéant, la pénalité et la notifie à l'intéressé par la mise en demeure mentionnée à l'article L. 244-2, en lui indiquant les voies et délais de recours applicables.

L'action en recouvrement de la pénalité se prescrit dans le délai fixé à l'article L. 244-8-1 à compter de l'expiration du délai mentionné à l'article L. 244-2.

Les modalités d'application du présent article sont fixées par décret en Conseil d'État.

Art. L. 243-12-2 *Abrogé par L. nº 2009-526 du 12 mai 2009, art. 125-XXII.*

Art. L. 243-12-3 *(L. nº 2005-1579 du 19 déc. 2005, art. 25-IV)* Les dispositions du code pénal qui prévoient et répriment les actes de résistance, les outrages et les violences contre les officiers de police judiciaire sont, en outre, applicables à ceux qui se rendent coupables de faits de même nature à l'égard des agents de contrôle visés à l'article L. 243-11.

Art. L. 243-12-4 *(L. nº 2012-387 du 22 mars 2012, art. 40)* Il ne peut être procédé une nouvelle fois à un contrôle portant, pour une même période, sur les points de la législation applicable ayant déjà fait l'objet d'une vérification, sauf en cas de réponses incomplètes ou inexactes, de fraude, de travail dissimulé ou sur demande de l'autorité judiciaire.

Art. L. 243-13 *(L. nº 2014-1554 du 22 déc. 2014, art. 24-I-1°)* I. — Les contrôles prévus à l'article L. 243-7 visant les entreprises versant des rémunérations à moins de dix salariés ou les travailleurs indépendants ne peuvent s'étendre sur une période supérieure à trois mois, comprise entre le début effectif du contrôle et la lettre d'observations.

Cette période peut être prorogée une fois à la demande expresse de l'employeur contrôlé ou de l'organisme de recouvrement.

La limitation de la durée du contrôle prévue au premier alinéa du présent I n'est pas applicable lorsque est établi au cours de cette période :

1° Une situation de travail dissimulé, défini aux articles L. 8221-3 et L. 8221-5 du code du travail ;

2° Une situation d'obstacle à contrôle, mentionnée à l'article L. 243-12-1 du présent code ;

3° Une situation d'abus de droit, défini à l'article L. 243-7-2 ;

4° Ou un constat de comptabilité insuffisante ou de documentation inexploitable.

II. — Le présent article n'est pas applicable lorsque la personne contrôlée appartient à un ensemble de personnes entre lesquelles il existe un lien de dépendance ou de contrôle, au sens des articles L. 233-1 et L. 233-3 du code de commerce, et que l'effectif de cet ensemble est égal ou supérieur à celui mentionné au premier alinéa du I du présent article.

Les dispositions issues de la L. n° 2014-1554 du 22 déc. 2014 s'appliquent aux contrôles engagés à compter du 1er janv. 2015 (L. préc., art. 24-III-A).

Loi n° 2018-727 du 10 août 2018,

Pour un État au service d'une société de confiance (JO 11 août).

Art. 33 I. — L'article L. 243-13 du code de la sécurité sociale est applicable à titre expérimental aux entreprises de moins de vingt salariés pour une durée de trois ans à compter de la publication de la présente loi.

II. — Le présent article s'applique aux contrôles engagés à compter du lendemain de la publication de la présente loi.

III. — L'expérimentation fait l'objet d'une évaluation dont les résultats sont transmis au Parlement au plus tard six mois avant son terme.

Art. L. 243-13-1 *Abrogé par L. n° 2005-1579 du 19 déc. 2005, art. 92-VI.*

SECTION V *[ABROGÉE]* ENCAISSEMENT ET DÉCLARATION DES COTISATIONS, CONTRIBUTIONS ET TAXES SOCIALES RECOUVRÉES PAR LES ORGANISMES MENTIONNÉS À L'ARTICLE L. 213-1 *(L. n° 2006-1640 du 21 déc. 2006, art. 40-I).*

(Abrogée par L. n° 2013-1203 du 23 déc. 2013, art. 27-II-A)

Art. L. 243-14 *Abrogé par L. n° 2013-1203 du 23 déc. 2013, art. 27-II-A.*

SECTION VI DÉLIVRANCE D'ATTESTATIONS RELATIVES AUX OBLIGATIONS DÉCLARATIVES ET DE PAIEMENT

(L. n° 2011-672 du 16 juin 2011, art. 73-III)

Art. L. 243-15 Toute personne vérifie, lors de la conclusion d'un contrat dont l'objet porte sur une obligation d'un montant minimal en vue de l'exécution d'un travail, de la fourniture d'une prestation de services ou de l'accomplissement d'un acte de commerce, et périodiquement jusqu'à la fin de l'exécution du contrat, que son cocontractant est à jour de ses obligations de déclaration et de paiement auprès des organismes de recouvrement mentionnés aux articles L. 213-1 *(Abrogé par Ord. n° 2018-470 du 12 juin 2018, art. 9) (L. n° 2013-1203 du 23 déc. 2013, art. 83-II)* « , L. 611-8 » et L. 752-1 du présent code et L. 723-3 du code rural et de la pêche maritime.

Cette attestation est délivrée dès lors que la personne acquitte les cotisations et contributions dues à leur date d'exigibilité et, le cas échéant, qu'elle a souscrit *[souscrites]* et respecte un plan d'apurement des cotisations et contributions restant dues ou conteste leur montant par recours contentieux, à l'exception des recours faisant suite à une verbalisation pour travail dissimulé.

Les modalités de délivrance de cette attestation ainsi que son contenu sont fixés par décret.

Le particulier qui contracte pour son usage personnel, celui de son conjoint, partenaire lié par un pacte civil de solidarité, concubin ou de ses ascendants ou descendants, n'est pas concerné par les dispositions du présent article.

1. Conformité à la Constitution. Le refus par l'URSSAF de délivrer, en application de l'art. L. 243-15, une attestation de régularité des obligations de déclaration et de paiement des cotisations sociales à une société qui a fait l'objet d'un procès-verbal pour dissimulation d'emploi salarié, lequel a pour objet de lutter contre le travail clandestin, ne méconnaît pas le principe d'égalité en distinguant entre les entreprises selon qu'elles ont ou non été verbalisées pour travail dissimulé. • Civ. 2e, 5 juill. 2012 : *RJS 2012, no 842 ; CSBP 2012. 310, note Pansier ; JCP S 2012, no 45, note Martinon.*

2. Date d'exigibilité et procédure de redressement judiciaire. Les cotisations et contributions sociales afférentes à la période antérieure au jugement ouvrant la procédure de redressement judiciaire ne sont plus exigibles au sens de l'art. L. 243-15. En conséquence, l'URSSAF doit délivrer à l'employeur l'attestation de vigilance prévue à cet article. • Civ. 2e, 16 juin 2016, no 15-20.231 P : *RJS 2016, no 648 ; JCP S 2016, no 1324, note Fin-Langer ; JCP E 2016, no 1472, note Ronet-Yague.*

3. Cas d'exclusion de délivrance. Il résulte de l'art. L. 243-15 que l'attestation prévue par ce texte, dite « attestation de vigilance », qui permet au cocontractant de vérifier que la personne qui exécute ou doit exécuter un contrat portant sur l'exécution d'un travail, la fourniture d'une prestation de services ou un acte de commerce, est à jour de ses obligations auprès des organismes de recouvrement des cotisations et contributions sociales, ne peut être délivrée à la personne qui conteste par recours contentieux, sans les acquitter, les cotisations et contributions qui lui sont réclamées à la suite d'une verbalisation pour travail dissimulé. L'impossibilité de contracter dans laquelle se trouve cette personne est une conséquence de l'application de la loi et le juge du référé du contentieux général de la sécurité sociale, saisi d'une contestation du refus de délivrance de ladite attestation par un employeur faisant l'objet d'un redressement pour travail dissimulé, n'a le pouvoir de prendre les mesures propres à prévenir l'imminence du dommage qu'il constate que si la décision de redressement lui paraît manifestement infondée. En conséquence, justifie sa décision l'arrêt qui rejette les demandes d'un employeur tendant à la suspension du refus de délivrance et à la délivrance de l'attestation de vigilance après avoir constaté que celui-ci ne conteste pas la régularité de la procédure ayant abouti à la notification du redressement, ni le redressement lui-même. • Civ. 2e, 9 févr. 2017, no 16-11.297 P : *RJS 2017, no 284 ; JCP E 2017, no 1448, note Borel ; JCP S 2017, no 1094, note Guyot ; CSB mars 2017, no 294, Casado.*

SECTION VII CONSERVATION DES DOCUMENTS NÉCESSAIRES AU RECOUVREMENT OU AU CONTRÔLE DES COTISATIONS ET CONTRIBUTIONS SOCIALES

(L. no 2018-1203 du 22 déc. 2018, art. 18-I)

Art. L. 243-16 **Les documents ou pièces justificatives nécessaires à l'établissement de l'assiette ou au contrôle des cotisations et contributions sociales doivent être conservés pendant une durée au moins égale à six ans à compter de la date à laquelle les documents ou pièces ont été établis ou reçus.**

Lorsque les documents ou pièces sont établis ou reçus sur support papier, ils peuvent être conservés sur support informatique. Les modalités de numérisation des pièces et documents établis ou reçus sur support papier sont fixées par arrêté du ministre chargé de la sécurité sociale.

CHAPITRE IV CONTENTIEUX ET PÉNALITÉS

Les dispositions législatives et réglementaires du chapitre IV sont applicables dans la collectivité territoriale de Saint-Pierre-et-Miquelon sous réserve des adaptations prévues par le décret no 98-994 du 30 oct. 1998 (JO 6 nov.).

Art. L. 244-1 *(L. no 2014-1554 du 22 déc. 2014, art. 7-I-J)* **« Le cotisant », qui ne s'est pas conformé aux prescriptions de la législation de sécurité sociale, est poursuivi devant le tribunal de police, soit à la requête du ministère public, éventuellement sur la demande du ministre chargé de la sécurité sociale** *(Abrogé par L. no 2011-525 du 17 mai 2011, art. 91-3o)* ***« ou du directeur régional des affaires sanitaires et sociales compétent »*****, soit à la requête de toute partie intéressée et, notamment, de tout organisme de sécurité sociale.** — *Les dispositions de l'art. 7-I de la L. no 2014-1554 du 22 déc. 2014 s'appliquent aux revenus de remplacement dont le fait générateur intervient à compter du 1er janv. 2015 (L. préc., art. 7-VI).*

Caisse nationale de compensation de l'assurance vieillesse artisanale. Il résulte des dispositions de l'art. L. 244-1 CSS, dont les art. R. 244-4 et R. 631-2 ne font que préciser les modalités d'application, que la caisse autonome nationale de compensation de l'assurance vieillesse artisanale, lorsqu'elle a reçu mission d'agir en recouvrement des cotisations impayées, a qualité pour poursuivre devant la juridiction pénale l'employeur ou le travailleur indépendant qui ne s'est pas conformé aux prescriptions de la législation de sécurité sociale. • Crim. 11 avr. 1991, n° 90-81.919 P : *D. 1991. IR 200.*

Art. L. 244-2 **Toute action ou poursuite effectuée en application de l'article précédent ou des articles L. 244-6 et** *(L. n° 2016-1827 du 23 déc. 2016, art. 24-I)* **« L. 244-8-1 » est obligatoirement précédée, si elle a lieu à la requête du ministère public, d'un avertissement par lettre recommandée** *(L. n° 2011-525 du 17 mai 2011, art. 91-4°)* **« de l'autorité compétente de l'État » invitant l'employeur ou le travailleur indépendant à régulariser sa situation dans** *(L. n° 89-474 du 10 juill. 1989, art. 2-I)* **« le mois ». Si la poursuite n'a pas lieu à la requête du ministère public, ledit avertissement est remplacé par une mise en demeure adressée par lettre recommandée** *(L. n° 2018-1203 du 22 déc. 2018, art. 18-I)* **« ou par tout moyen donnant date certaine à sa réception par l'employeur ou le travailleur indépendant ».** *(Abrogé par L. n° 2003-1199 du 18 déc. 2003, art. 70-V)* ***« Copie de cette mise en demeure doit être envoyée au directeur régional par la partie intéressée. »*** *— V. art. R. 244-1 à R. 244-6. — Les dispositions de l'art. 24-I de la L. n° 2016-1827 du 23 déc. 2016 s'appliquent aux contrôles engagés à compter du 1er janv. 2017 (L. préc., art. 24-IV).*

(L. n° 2015-1702 du 21 déc. 2015, art. 19) **« Le contenu de l'avertissement ou de la mise en demeure mentionnés au premier alinéa doit être précis et motivé, dans des conditions fixées par décret en Conseil d'État. »**

Sur la validation des mises en demeure prévues par l'art. L. 244-2, V. L. n° 2003-1199 du 18 déc. 2003, art. 73 (JO 19 déc.).

BIBL. ▸ Demahis, Les conditions de validité des mises en demeure émises par les URSSAF suite à un contrôle, *JCP E 1999, n° 496 ; ibid. 1995. I. 496.* – Choppin Haudry de Janvry, Rapport de la Cour de cassation 1996, *La Documentation française, p. 83.* – Petit, Le formalisme des mises en demeure émises par les URSSAF, *JCP E 1998, p. 980.* – Taquet, Le point sur la jurisprudence récente relative au contrôle URSSAF, *JS Lamy 2010, n° 285-1* ; Les évolutions récentes de la Cour de cassation dans le cadre du contrôle URSSAF, *JS Lamy 2009, n° 258-1.*

I. CONDITIONS DE VALIDITÉ

1. Mise en demeure prélable (nécessité). Toute action aux fins de recouvrement de cotisations de sécurité sociale doit être précédée, à peine de nullité, de l'envoi d'une mise en demeure adressée au redevable. • Civ. 2e, 21 févr. 2008, n° 07-11.963 P : *RJS 2008, n° 591.*

2. Contenu (principe). La mise en demeure qui constitue une invitation impérative adressée au débiteur d'avoir à régulariser sa situation dans le délai imparti, et la contrainte délivrée à la suite de cette mise en demeure restée sans effet, doivent permettre à l'intéressé d'avoir connaissance de la nature, de la cause et de l'étendue de son obligation. • Soc. 19 mars 1992, n° 88-11.682 P : *JCP 1992. II. 21964, note Taquet ; Dr. soc. 1993. 85, note Arseguel et Isoux ; D. 1993. Somm. 275, obs. Prétot* • 13 janv. 1994 : *JCP 1994. II. 22278, note Saint-Jours* • 20 oct. 1994, n° 92-12.570 P • 24 nov. 1994, n° 92-20.508 P • 12 oct. 1995, n° 93-14.065 P • 23 oct. 1997, n° 95-10.655 P : *RJS 1997, n° 1432 ; D. 1998. Somm. 388, obs. Prétot* • 22 oct. 1998 : *RJS 1998, n° 1537* • 25 janv. 2001 : *RJS 2001, n° 496.* – V. aussi • Civ. 2e, 29 nov. 2012 : *D. actu. 10 janv. 2013, obs. Seguin ; RDSS 2013. 171, obs. Tauran* • 4 avr. 2018, n° 17-15.093 P : *RJS 6/2018, n° 441.*

3. Nature, montant des cotisations et période concernée. A cette fin, il importe que la mise en demeure précise, à peine de nullité, la nature et le montant des cotisations réclamées, ainsi que la période à laquelle elles se rapportent, sans que soit exigée la preuve d'un préjudice. • Arrêts précités. ♦ Rappr. : • Limoges, 29 janv. 2001 : *D. 2001. IR 749* (absence de mention de l'assiette des cotisations). ♦ Une mise en demeure délivrée à titre conservatoire est incomplète et insuffisante à constituer une base de discussion pour l'employeur. • Soc. 12 oct. 1995, n° 93-14.001 P. ♦ Une mise en demeure devant contenir toutes indications, notamment quant au montant de la somme à régler, permettant au débiteur de connaître la nature, la cause et l'étendue de son obligation, une mise en demeure non chiffrée visant des cotisations dues n'est pas valable et n'interrompt pas la prescription. • Soc. 20 oct. 1994, n° 92-12.570 P. ♦ La seule indication d'une absence ou insuffisance de versement ne permet pas de connaître la cause de la dette litigieuse. • Soc. 25 janv. 2001 : *RJS 2001, n° 496.* ♦ Pour une mise en demeure relative aux majorations complémentaires qui ne comporte pas l'indication de la nature et du montant des cotisations auxquelles elles se rapportaient, V. • Civ. 2e, 4 avr. 2018, n° 17-15.093 P : *préc. note 2 ; JCP S 2018. 1177, note Michalletz.*

4. Mention d'un montant différent. Il importe peu que le montant des cotisations afférentes à la période que vise la mise en demeure ait été ramené à un chiffre inférieur à celui qui y était primitivement porté. • Soc. 6 mai 1987, n° 85-11.575 P • 5 nov. 1992, n° 90-17.220 P. ♦ La réduction du montant de la créance de l'URSSAF n'affecte pas la connaissance par le débiteur de la nature, de la cause et de l'étendue de son obligation de sorte qu'une mise en demeure initiale demeure valable pour servir de base à la contrainte délivrée après réduction d'une partie du redressement et son paiement. • Soc. 13 janv. 1994, n° 91-21.909 P. ♦ La seule différence de sept euros entre le montant de la somme réclamée dans une mise en demeure et le montant de celle faisant l'objet de la lettre d'observations n'est pas de nature à justifier l'annulation de la mise en demeure. • Civ. 2e, 13 févr. 2007, n° 06-20.543 P : *RJS 2008, n° 22 ; JCP S 2008, n° 1140, note Tauran.*

5. Mention de l'origine de la dette. La mise en demeure doit préciser l'origine de la dette. • Soc. 30 oct. 1996, n° 94-19.037 P • 5 déc. 1996, n° 95-10.567 P. ♦ Aucune disposition n'impose à l'URSSAF de préciser pour chaque chef de redressement son montant pour chacun des salariés. • Soc. 31 oct. 2000 : *RJS 2001, n° 72.*

6. Mention du contrôle. La mise en demeure doit mentionner que les cotisations sont réclamées à la suite d'un contrôle, au titre du régime général. • Soc. 5 déc. 1996, n° 95-10.567 P. ♦ En précisant par référence au contrôle qui l'a précédée, la nature, la période, le montant et l'origine de la dette, la mise en demeure permet à l'employeur de connaître la nature, la cause et l'étendue de l'obligation. • Soc. 30 oct. 1996, n° 94-19.037 P.

7. Signature du directeur de l'organisme émetteur (non). Si la mise en demeure doit préciser la dénomination de l'organisme social qui l'a émise, aucun texte, en revanche, n'exige qu'elle soit signée par le directeur de cet organisme. • Soc. 16 nov. 1995, n° 93-13.942 P • 5 févr. 1998 : *RJS 1998, n° 365* • 23 mars 2000 : *RJS 2000, n° 577.* ♦ L'omission des mentions prévues pour l'art. 4 al. 2 de la loi du 12 avr. 2000 (nom, prénom et qualité du signataire) n'entraîne pas la nullité de la mise en demeure. • Cass., avis, 22 mars 2004 : *Bull. avis, n° 2 ; RJS 2004, n° 748 et 749, rapp. Guihal* • Civ. 2e, 21 juin 2005, n° 04-30.230 P : *RJS 2005, n° 1032 (3e esp.)* • 5 juill. 2005 : *JCP S 2005. 1180, note Prétot* • 20 sept. 2005 : *RJS 2005, n° 1253.*

8. Succession de mises en demeure. En présence de trois mises en demeure relatives au même contrôle, l'employeur a la possibilité de connaître la nature, l'étendue et la cause de son obligation lorsque les deux premières mentionnent que les cotisations sont réclamées à la suite de ce contrôle, avec référence à la notification faite par l'agent, et que la seconde comporte en outre un état détaillé des années de recouvrement, de l'assiette et du montant des cotisations. • Soc. 23 oct. 1997, n° 95-10.655 P : *RJS 1997, n° 1432 ; D. 1998. Somm. 388, obs. Prétot.* ♦ V. aussi, validant une mise en demeure récapitulative regroupant diverses périodes selon détail fourni dans un état communiqué par pli séparé, que l'assujetti ne conteste pas avoir reçu. • Soc. 5 févr. 1998 : *RJS 1998, n° 365* • 25 mars 1999, n° 97-14.283 P : *RJS 1999, n° 737.* ♦ De même qu'une mise en demeure qui permet au débiteur d'avoir connaissance de la nature, de la cause et de l'étendue de son obligation, peu importe l'existence de deux autres mises en demeure, ultérieurement annulée par l'organisation de recouvrement, l'une se rapportant à d'autres chefs de redressement et l'autre faisant double emploi avec la mise en demeure maintenue. • Soc. 28 mars 2006, n° 04-30.211 P : *RJS 2006, n° 883.*

9. Irrégularité affectant la décision de la commission de recours amiable. La nullité de la mise en demeure ne peut résulter d'un vice de forme de la décision de la commission de recours amiable saisie en vertu de l'art. R. 142-1 CSS. • Soc. 14 juin 2001, n° 99-21.296 P : *RJS 2001, n° 1068.*

II. NOTIFICATION

10. Destinataire. Il importe que la mise en demeure soit, à peine de nullité, notifiée au débiteur même des cotisations réclamées, sans que soit exigée la preuve d'un préjudice pour celui-ci. • Soc. 24 nov. 1994, n° 92-20.508 P : *D. 1995. IR 19.*

11. Société de fait. Dépourvue de personnalité morale et de la capacité d'agir en justice, une société de fait ne peut être destinataire d'une mise en demeure préalable à des poursuites. • Civ. 2e, 18 nov. 2003, n° 02-30.756 P : *RJS 2004. 79, n° 101.*

12. Avis de réception. Aux termes de l'art. 670 NCPC [C. pr. civ.], applicable à une mise en demeure adressée obligatoirement à la personne même du débiteur par lettre recommandée avec demande d'avis de réception, la notification est réputée faite à personne lorsque l'avis de réception est signé par son destinataire. • Soc. 29 juin 1995, n° 93-13.159 P. ♦ Dès lors que la personne n'a pas signé l'avis de réception de la lettre recommandée prévue par l'art. R. 244-1 CSS (son conjoint ayant, là encore, signé à sa place), elle ne peut être réputée avoir reçu personnellement la mise en demeure ; si, d'autre part, la LRAR a été retournée à l'URSSAF avec la mention « non réclamée, retour à l'envoyeur » (le destinataire ne l'ayant pas retirée au bureau de poste), il n'est pas constant qu'elle soit parvenue à son destinataire et que la prescription triennale ait commencé à courir à son égard. • Soc. 25 mars 2003, n° 00-22.002 P : *RJS 2003, n° 933.* ♦ *Contra* : à la différence de la contrainte, la mise en demeure préalable délivrée par une Urssaf n'est pas de nature contentieuse et le cours de la prescription visée à l'art. L. 244-3 CSS est interrompu par l'envoi d'une lettre recommandée avec demande d'avis de réception valant mise en demeure ; les dispositions des art. 640 à 694 NCPC [C. pr. civ.] n'étant pas applicables, quels qu'en aient été les modes de délivrance, les mises en demeure envoyées à l'adresse du débiteur ne peuvent être de nul effet et les créances visées ne sont pas prescrites. • Cass., ass. plén., 7 avr. 2006, n° 04-30.353 P : *RJS 2006, n° 772 ; Dr. soc. 2006. 808, note Coursier ; JCP S 2006. 1759, obs. Martinon.* ♦ La signature figurant sur l'avis de réception d'une mise en demeure adressée par lettre recommandée à une personne physique par un organisme de sécurité sociale est présumée être, jusqu'à preuve du contraire, celle de son destinataire ou de son mandataire. • Soc. 19 déc. 1996, n° 95-11.588 P.

13. Débiteur n'ayant pas signalé son changement d'adresse. Selon l'art. 3 de l'Arr. du 11 juill. 1950, tout employeur ou travailleur indépendant a l'obligation d'indiquer à l'organisme de recouvrement, dans un délai de huitaine, les changements intervenus dans sa situation. • Soc. 11 avr. 1996, n° 94-17.176 P. ♦ Le fait pour l'intéressé de ne pas avoir accompli cette formalité ne peut lui permettre de se soustraire à ses obligations. • Soc. 21 févr. 1978, n° 76-13.677 P. ♦ Une société qui a transféré son siège social dans une autre ville doit ainsi établir avoir, préalablement à l'envoi des mises en demeure parvenues à son ancien siège, avisé l'URSSAF du changement de son siège social. • Soc. 8 févr. 1996 : *RJS 1996, n° 449.* ♦ De même, il ne peut être fait grief à l'URSSAF d'avoir procédé à l'envoi d'une mise en demeure à l'ancienne adresse du débiteur sans vérifier si celui-ci a informé l'URSSAF de son changement de domicile et sans préciser la date à laquelle l'URSSAF a eu connaissance de cette nouvelle adresse. • Soc. 11 avr. 1996 : *préc.*

14. Entreprises à établissements multiples. Est régulière la mise en demeure notifiée non au siège d'une société mais à l'adresse, que celle-ci avait désignée, de l'établissement visé par le redressement, alors de surcroît qu'elle avait reçu communication des observations de l'agent de l'URSSAF. • Soc. 17 déc. 1998 : *RJS 1999, n° 578.* ♦ V. aussi • Soc. 4 mai 2000 : *RJS 2000, n° 709.*

15. Cession d'entreprise. Si l'absorption d'une société commerciale par une autre entraîne nécessairement sa dissolution, celle-ci, selon l'art. 391, al. 3, de la loi du 24 juill. 1966, ne peut produire effet à l'égard des tiers qu'à compter de la date à laquelle elle est publiée au registre du commerce ; une mise en demeure est donc valablement notifiée avant cette date au représentant légal de la société absorbée et opposable à la société absorbante. • Soc. 16 juin 1994 : *RJS 1994, n° 1183.*

16. Moyens de procédure. La nullité d'une mise en demeure pour absence de mentions relatives aux cotisations réclamées, qui constitue une défense au fond, peut être proposée en tout état de cause, conformément à l'art. 72 NCPC [C. pr. civ.]. • Soc. 5 déc. 1996, n° 95-10.567 P (ici en appel). ♦ Une société peut invoquer pour la première fois devant le TASS la nullité d'une mise en demeure qui n'avait pas été soulevée devant la commission de recours amiable, alors saisie d'une contestation portant sur l'intégralité du redressement objet de la mise en demeure litigieuse. • Soc. 16 janv. 2003, n° 00-22.006 • Civ. 2e, 14 sept. 2006 : *RJS 2006, n° 1221.*

Art. L. 244-3 *(L. n° 2016-1827 du 23 déc. 2016, art. 24-I)* **Les cotisations et contributions sociales se prescrivent par trois ans à compter de la fin de l'année civile au titre de laquelle elles sont dues. Pour les cotisations et contributions sociales dont sont redevables les travailleurs indépendants, cette durée s'apprécie à compter du 30 juin de l'année qui suit l'année au titre de laquelle elles sont dues.**

Dans le cas d'un contrôle effectué en application de l'article L. 243-7, le délai de prescription des cotisations, contributions, majorations et pénalités de retard est suspendu pendant la période contradictoire mentionnée à l'article L. 243-7-1 A.

Les majorations de retard correspondant aux cotisations et contributions payées ou à celles dues dans le délai fixé au premier alinéa du présent article se prescrivent par trois ans à compter de la fin de l'année au cours de laquelle a eu lieu le paiement ou l'exigibilité des cotisations et contributions qui ont donné lieu à l'application desdites majorations.

Les pénalités de retard appliquées en cas de production tardive ou de défaut de production des déclarations obligatoires relatives aux cotisations et contributions sociales se prescrivent par trois ans à compter de la fin de l'année au cours de laquelle a eu lieu la production de ces déclarations ou, à défaut, à compter, selon le cas, de la fin de l'année au cours de laquelle a eu lieu la notification de l'avertissement ou de la mise en demeure prévus à l'article L. 244-2.

Les dispositions de l'art. L. 244-3, à l'exception des trois derniers al., issues de l'art. 24-I de la L. n° 2016-1827 du 23 déc. 2016 s'appliquent aux cotisations et contributions sociales au titre desquelles une mise en demeure a été notifiée à compter du 1er janv. 2017. Les deux derniers al. de ce même art. L. 244-3 s'appliquent aux majorations de retard et pénalités dues à compter du 1er janv. 2017.

Les dispositions de l'art. 24-I de la L. n° 2016-1827 du 23 déc. 2016 qui réduisent la durée de la prescription s'appliquent à compter du 1er janv. 2017 aux créances ayant fait l'objet de mises en demeure notifiées avant cette même date, sans que la durée totale puisse excéder la durée prévue par la loi antérieure (L. préc., art. 24-IV-1° à 3°).

Ancien art. L. 244-3 (L. n° 2003-1199 du 18 déc. 2003, art. 70-III) ***« L'avertissement ou la mise en demeure ne peut concerner que les cotisations exigibles au cours des trois années civiles qui précèdent l'année de leur envoi ainsi que les cotisations exigibles au cours de l'année de leur envoi. En cas de constatation d'une infraction de travail illégal par procès-verbal établi par un agent verbalisateur, l'avertissement ou la mise en demeure peut concerner les cotisations exigibles au cours des cinq années civiles qui précèdent l'année de leur envoi ainsi que les cotisations exigibles au cours de l'année de leur envoi. »***

L'avertissement ou la mise en demeure qui concerne le recouvrement des majorations de retard correspondant aux cotisations payées ou aux cotisations exigibles dans le délai fixé au premier alinéa doit être adressé avant l'expiration d'un délai de deux ans à compter du paiement des cotisations qui ont donné lieu à l'application desdites majorations.

(L. n° 98-546 du 2 juill. 1998, art. 9) ***« Les pénalités de retard appliquées en cas de production tardive ou de défaut de production des*** (L. n° 2011-1906 du 21 déc. 2011, art. 39-II) ***« déclarations obligatoires relatives aux cotisations et contributions sociales » et des déclarations annuelles des données sociales doivent être mises en recouvrement par voie de mise en demeure dans un délai de deux ans à compter de la date de production desdits documents ou, à défaut, à compter selon le cas soit de la notification de l'avertissement, soit de la mise en demeure prévus à l'article L. 244-2. »***

Jurisprudence antérieure à la L. n° 2003-1199 du 18 déc. 2003 (allongeant les délais de prescription des dettes de cotisations et de majorations de retard).

1. Droit transitoire. Lorsque la loi réduit la durée d'une prescription, la prescription réduite commence à courir, sauf disposition contraire, du jour de l'entrée en vigueur de la loi nouvelle, sans que la durée totale puisse excéder le délai prévu par la loi antérieure. • Soc. 9 févr. 1995, n° 93-15.207 P : *D. 1995. IR 74* (à propos de l'art. 18-1, L. n° 86-824 du 11 juill. 1986 qui a réduit le délai de prescription prévu à l'art. L. 244-3 de cinq à trois ans) • Soc. 22 nov. 2001, n° 99-21.403 P : *RJS 2002, n° 214.*

2. Point de départ du délai. Le point de départ de la prescription triennale correspond à la date à laquelle les sommes dues sont exigibles. • Soc. 5 mai 1994 : *RJS 1994, n° 759.* ♦ Il convient, à cet égard, de déterminer précisément la date d'exigibilité des cotisations dues en fonction de l'effectif de l'entreprise et en distinguant selon la date de versement des rémunérations, conformément à l'art. R. 243-6 CSS. • Soc. 16 janv. 2003 : *RJS 2003, n° 663.* ♦ ***Computation.*** Le délai prévu à l'art. L. 244-3 doit être décompté à partir de la mise en demeure notifiée ; la date de notification par voie postale est, à l'égard de celui à qui elle est faite, selon l'art. 668 NCPC [C. pr. civ.], la date de la réception de la lettre. • Soc. 11 mai 2000, n° 98-17.561 P : *RJS 2000, n° 708.*

3. Date d'acquittement du solde des cotisations. C'est à compter de la date d'acquittement du solde des cotisations, le montant des majorations cessant d'augmenter et le décompte définitif pouvant être établi, que la prescription applicable à l'action en paiement desdites majorations commence à courir. • Soc. 7 nov. 1991, n° 89-11.227 P. ♦ Le montant des majorations de retard ne pouvant être déterminé qu'à la date où les cotisations arriérées ont été entièrement acquittées, c'est à cette date que commence à courir la prescription desdites majorations. • Soc. 20 févr. 1992, n° 88-17.073 P.

4. Champ d'application de la prescription. L'art. L. 244-3 ne s'applique qu'aux actions en recouvrement des cotisations, non à une décision de la CPAM imposant à un employeur d'immatriculer un salarié au régime général de la sécurité sociale. • Soc. 16 mars 1995, n° 92-19.843 P : *D. 1995. IR 132.* ♦ L'exécution d'une contrainte qui ne constitue pas l'un des titres mentionnés aux 1° à 3° de l'art. L. 111-3 C. pr. exéc. et qui relevait avant la L. n° 2008-561 du 17 juin 2008 portant réforme de la prescription, de la prescription trentenaire, est soumise, depuis le 19 juin 2008, date d'entrée en vigueur de ladite loi, eu égard à la nature de la créance, à la prescription de trois ans prévue par l'art. L. 244-3 CSS. • Civ. 2e, 17 mars 2016, n° 14-22.575 P : *D. actu. 8 avr. 2016, obs. Kebir ; Dr. soc. 2016. 665, chron. Salomon ; RJS 2016, n° 451 ; Procédures 2016. 155, comm. Raschel ; JCP E 2016, n° 1382, note Flament.*

5. Les art. L. 244-2 et L. 244-3 ne sont pas applicables au régime d'assurance vieillesse des avocats géré par la CNBF de sorte que les cotisations impayées peuvent être recouvrées sans mise en demeure préalable et que la prescription de trois ans ne s'applique pas. • Soc. 22 mars 2001 : *RJS 2001, n° 939.*

6. En l'absence de dispositions législatives ou réglementaires contraires, la prescription prévue à l'art. L. 244-3 CSS s'applique quelle que soit la qualité du débiteur des cotisations, telle une direction départementale de l'action sanitaire et sociale. • Soc. 19 janv. 1995, n° 93-12.132 P. ♦ ... Ou l'agent judiciaire du Trésor, représentant de l'État. • Soc. 10 oct. 1996 : *D. 1996. IR 235.*

7. Créance sur une collectivité publique. La prescription quadriennale des créances sur l'État, les départements, les communes et les établissements publics instituée au profit de ces collectivités publiques par la L. n° 68-1250 du 31 déc. 1968 ne s'applique, selon l'art. 1er de ce texte, que sous réserve des déchéances particulières édictées par la loi ; dès lors, le juge se fonde à bon droit sur l'art. 2227 C. civ. pour permettre à l'agent du Trésor d'opposer à l'URSSAF la prescription de trois ans prévue à l'art. L. 244-3 CSS pour le paiement de cotisations d'assurance maladie et maternité. • Soc. 9 févr. 1995, n° 93-15.207 P. ♦ En outre, de simples échanges de lettres (demandes de paiement adressées par l'URSSAF au directeur régional des affaires sanitaires et sociales) n'interrompent pas la prescription de trois ans. • Soc. 10 oct. 1996 : *D. 1996. IR 235*.

8. Répétition de l'indu. Le paiement volontaire d'une dette qui, même prescrite, conserve sa cause dans l'obligation de cotiser ne peut donner lieu à répétition. • Soc. 11 avr. 1991, n° 89-13.068 P : *D. 1991. Somm. 345, obs. Prétot*.

9. L'art. L. 153 (L. 244-3) CSS, selon lequel l'avertissement ou la mise en demeure ne peut concerner que les périodes d'emploi (les cotisations exigibles) dans les cinq (trois) années qui ont précédé la date de son envoi, ne concerne que le recouvrement et non l'existence de la dette. • Soc. 19 janv. 1966 : *Bull. civ. IV, n° 81.* ♦ Dès lors, le paiement des cotisations à l'expiration de ce délai n'est pas un paiement sans cause ouvrant droit à répétition de l'indu. • Soc. 19 janv. 1966 : *préc.* • 11 avr. 1991, n° 89-13.068 P. ♦ Cette prescription ne constitue pas une présomption de paiement, notamment en vue de l'octroi des prestations. • Soc. 6 déc. 1973, n° 73-10.811 P : *D. 1974. 619, note Saint-Jours.*

10. Régularisation. Si la régularisation des comptes d'une année déterminée, conformément à l'art. R. 243-10 CSS, permet à l'organisme social de demander un complément de cotisations, au titre de cette régularisation, elle ne l'autorise pas à recouvrer, à cette occasion, les cotisations provisionnelles de la même année dont la date limite d'exigibilité est antérieure de plus de trois ans à l'envoi de la mise en demeure et qui, par suite, se trouvent être atteintes par la prescription. • Soc. 20 févr. 1992, n° 90-12.808 P • 7 juill. 1994, n° 91-19.795 P : *D. 1996. Somm. 42, obs. Prétot*.

11. Mais la date limite d'exigibilité des sommes dues au titre de la régularisation annuelle des cotisations de l'année précédente constitue le point de départ du délai de prescription applicable au recouvrement de ces sommes. • Soc. 30 nov. 1995 : *RJS 1996, n° 447.*

12. Effets de la prescription. A défaut d'avoir mis en œuvre la procédure de recouvrement dans le délai prévu par l'art. L. 244-3, la caisse ne peut plus agir et ne peut procéder à une compensation ou opposer le défaut de paiement des cotisations pour refuser à l'assuré tout droit à pension de retraite complémentaire. • Soc. 15 févr. 2001 : *RJS 2001, n° 665.*

13. Interruption de la prescription. La lettre par laquelle le directeur régional des affaires sanitaires et sociales avise l'URSSAF de la transmission du dossier à l'administration centrale, laquelle a seule le pouvoir d'y donner suite, ne constitue pas un aveu précis et non équivoque des droits de l'URSSAF de nature à interrompre la prescription au sens de l'art. 2248 C. civ. • Soc. 22 nov. 2001, n° 99-21.403 P : *RJS 2002, n° 214.*

14. Créance sur un établissement public. Il résulte de l'art. 2 de la L. n° 68-1250 du 31 déc. 1968 que le cours de la prescription quadriennale des créances sur les établissements publics est interrompu notamment par une demande en paiement du créancier, telle une mise en demeure notifiée par l'URSSAF, et par le paiement, fût-il partiel, de la créance par le débiteur. • Soc. 31 janv. 2002, n° 00-18.498 P : *RJS 2002, n° 484.*

15. Effets sur la prescription. La mise en demeure constitue une invitation adressée à l'employeur ou au travailleur d'avoir à régulariser sa situation dans le délai (d'un mois) ; l'expiration dudit délai sans paiement ou sans contestation a comme effet de permettre à l'organisme créancier de recourir aux procédures de recouvrement et n'entraîne aucune forclusion pour le débiteur qui conserve la faculté de contester la contrainte ultérieurement délivrée devant le TASS. • Soc. 22 nov. 1967 : *Bull. civ. V, n° 736.*

16. La mise en demeure se rapportant à une contribution exigible dans les trois années ayant précédé l'envoi, donc non prescrite en vertu de l'art. L. 244-3 CSS, interrompt la prescription et permet à la caisse de notifier une contrainte dans le respect du délai de cinq ans prévu à l'art. L. 244-11 CSS. • Soc. 16 nov. 1995, n° 93-13.942 P • 3 juin 1999 : *RJS 1999, n° 971* • 28 oct. 1999 : *RJS 2000, n° 220.*

17. Sur l'inapplication des art. 640 à 694 NCPC [C. pr. civ.], V. note 12 ss. art. L. 244-2.

Art. L. 244-4 **Il y a récidive lorsque dans les douze mois antérieurs à la date d'expiration du délai** *(L. n° 89-474 du 10 juill. 1989, art. 2-II)* **« d'un mois » imparti par l'avertissement ou la mise en demeure prévus à l'article L. 244-2, le contrevenant a déjà subi une condamnation pour une contravention identique.**

Le tribunal peut, en outre, prononcer pour une durée de six mois à cinq ans :

1° L'inéligibilité du contrevenant aux chambres de commerce, aux tribunaux de commerce, aux chambres d'agriculture et aux chambres de métiers, au conseil de prud'hommes ;

2° Son incapacité à faire partie des comités et conseils consultatifs, constitués auprès du Gouvernement.

Art. L. 244-5 Dans tous les cas prévus aux articles L. 244-1 à L. 244-4, le tribunal peut ordonner que le jugement de condamnation soit publié, intégralement ou par extraits, dans les journaux qu'il désigne, et affiché dans les lieux qu'il indique, le tout aux frais du contrevenant, sans que le coût de l'insertion puisse dépasser 1 % du plafond annuel mentionné à l'article L. 241-3.

Les peines complémentaires prévues par l'art. L. 244-5 CSS, dont les dispositions ayant force de loi en vertu de l'art. 1er de la loi du 30 juill. 1987 n'ont pas été abrogées, sont applicables aux contraventions définies par les art. R. 244-3 à R. 244-6 CSS. • Crim. 16 déc. 1998, n° 97-86.288 P : *D. 1999. 78* ; *RSC 1999. 579, obs. Bouloc* ; *RJS 1999, n° 970* (à propos de la peine d'affichage, supprimée par le nouveau code pénal en matière contraventionnelle).

Art. L. 244-6 En cas de récidive dans le délai de trois ans, l'employeur qui a retenu par-devers lui indûment la contribution des salariés aux assurances sociales précomptée sur le salaire est puni d'un emprisonnement de deux ans et d'une amende de 3 750 € ou de l'une de ces deux peines seulement. — *V. art. R. 244-3.*

Art. L. 244-7 En ce qui concerne les infractions mentionnées aux articles L. 244-1 à L. 244-4 et L. 244-6, les délais de prescription de l'action publique commencent à courir à compter de l'expiration du délai *(L. n° 89-474 du 10 juill. 1989, art. 2-III)* « d'un mois » qui suit, selon le cas, soit l'avertissement, soit la mise en demeure prévus à l'article L. 244-2.

Art. L. 244-8 Indépendamment des sanctions prévues aux articles L. 244-1 à L. 244-7, les caisses primaires d'assurance maladie sont fondées à poursuivre, auprès de l'employeur, dans les conditions fixées aux alinéas suivants, le remboursement des prestations de maladie de longue durée ou d'accident du travail effectivement servies par elles aux salariés ou assimilés de l'entreprise. Cette sanction est encourue lorsque, à la date de l'accident ou de l'arrêt de travail, l'employeur n'avait pas acquitté l'intégralité des cotisations de sécurité sociale dues pour son personnel.

Cette sanction est limitée au remboursement des prestations effectivement servies aux assurés, entre la date de l'accident ou celle de l'arrêt de travail provoqué par l'affection mentionnée à l'article L. 324-1, et la date de l'acquittement des cotisations impayées par l'employeur pour l'ensemble de son personnel, lors de l'accident ou de l'arrêt de travail du salarié ou assimilé.

Ce remboursement ne pourra, d'autre part, être supérieur au montant des cotisations dues pour l'ensemble du personnel à la date de l'accident ou de l'arrêt de travail.

1. L'art. L. 160 (L. 244-8) CSS est destiné à sanctionner la négligence ou la mauvaise foi de l'employeur qui, notamment par le désordre ou l'insuffisance de sa comptabilité, tente d'éluder les obligations que la loi met à sa charge. • Soc. 31 janv. 1980, n° 78-12.868 P. ♦ Ce texte ne trouve pas à s'appliquer lorsque le retard dans le versement de l'intégralité des cotisations est la conséquence d'une difficulté sérieuse sur l'interprétation de la loi et que la comptabilité régulièrement tenue fait apparaître elle-même les éléments de rémunération omis de l'assiette des cotisations. • Soc. 31 janv. 1980 : *préc.*

2. L'art. L. 244-8 CSS étant destiné à sanctionner la mauvaise foi ou la négligence de l'employeur qui n'a pas acquitté l'intégralité des cotisations de sécurité sociale dues pour son personnel, le juge doit caractériser la mauvaise foi ou la négligence du débiteur avant d'appliquer cette sanction. • Soc. 17 avr. 1996, n° 94-15.553 P : *D. 1996. IR 140.* ♦ Comp. : • Civ. 2e, 24 mars 1965, n° 58-51.104 P (décidant que l'application de l'art. 52 de l'Ord. 4 oct. 1945 (actuel art. L. 244-8 CSS) s'impose dès lors qu'il n'est pas établi que le débiteur a été dans l'impossibilité absolue d'exécuter ses obligations).

Art. L. 244-8-1 *(L. n° 2016-1827 du 23 déc. 2016, art. 24-I)* Le délai de prescription de l'action civile en recouvrement des cotisations ou des majorations de retard, intentée indépendamment ou après extinction de l'action publique, est de trois ans à compter de l'expiration du délai imparti par les avertissements ou mises en demeure prévus aux articles L. 244-2 et L. 244-3. — *Les dispositions de l'art. 24-I de la L. n° 2016-1827 du 23 déc. 2016 s'appliquent aux cotisations et contributions sociales au titre desquelles une mise en demeure a été notifiée à compter du 1er janv. 2017. Les dispositions préc. qui réduisent la durée de la prescription s'appliquent à compter du 1er janv. 2017 aux créances ayant fait l'objet de mises en* *demeure notifiées avant cette même date, sans que la durée totale puisse excéder la durée prévue par la loi antérieure (L. préc., art. 24-IV-1° et 3°).*

Art. L. 244-9 La contrainte décernée par le directeur d'un organisme de sécurité sociale pour le recouvrement des cotisations et majorations de retard comporte, à défaut d'opposition du débiteur devant le *(Ord. n° 2018-358 du 16 mai 2018, art. 1er, en vigueur le 1er janv. 2019)* **« tribunal de grande instance spécialement désigné en application de l'article L. 211-16 du code de l'organisation judiciaire », dans les délais et selon des conditions fixés par décret, tous les effets d'un jugement et confère notamment le bénéfice de l'hypothèque judiciaire.**

(L. n° 2016-1827 du 23 déc. 2016, art. 24-I) **« Le délai de prescription de l'action en exécution de la contrainte non contestée et devenue définitive est de trois ans à compter de la date à laquelle la contrainte a été notifiée ou signifiée, ou un acte d'exécution signifié en application de cette contrainte. »** *— V. dernière note ss. art.*

V. art. R. 133-3 s.

Sur la validation des contraintes mentionnées à l'art. L. 244-9, V. L. n° 2003-1199 du 18 déc. 2003, art. 73 (JO 19 déc.).

Sur le formulaire « contrainte » homologué par arrêté ministériel du 12 oct. 1998, V. JO 22 oct. 1998 ; JCP E 1998, p. 1945.

Les dispositions de l'art. 24-I de la L. n° 2016-1827 du 23 déc. 2016 s'appliquent aux cotisations et contributions sociales au titre desquelles une mise en demeure a été notifiée à compter du 1er janv. 2017.

Les dispositions précitées qui réduisent la durée de la prescription s'appliquent à compter du 1er janv. 2017 aux créances ayant fait l'objet de mises en demeure notifiées avant cette même date, sans que la durée totale puisse excéder la durée prévue par la loi antérieure (L. préc., art. 24-IV-1° et 3°).

BIBL. Choppin Haudry de Janvry, *Rapport de la Cour de cassation 1996, p. 83.*

I. CONTRAINTE

1. Mentions nécessaires. La contrainte doit permettre à l'intéressé d'avoir connaissance de la nature, de la cause et de l'étendue de son obligation ; l'inobservation de ces prescriptions, qui constitue l'omission d'un acte et non un vice de forme, en affecte la validité sans que soit exigée la preuve d'un grief ; en conséquence, l'exception invoquée peut être proposée en tout état de cause de la procédure. • Soc. 6 févr. 2003, n° 01-20.534 P. ♦ Une contrainte entérinée par le juge à la suite d'une procédure conduite unilatéralement par l'organisme créancier est un titre exécutoire devant, par les seules indications qui s'y trouvent portées, permettre au débiteur d'avoir une connaissance complète de la nature, de la cause et de l'étendue de ses obligations, sans avoir à se référer à des éléments déjà connus de lui, dont la relation avec le titre qui lui est présenté peut lui échapper ; spécialement, la somme sur laquelle est calculé le total des majorations de retard doit être mentionnée et si des contraintes distinctes sont délivrées pour les cotisations et les majorations, chacune doit se référer expressément à chaque avertissement préalable. • Civ. 2e, 25 oct. 1963 : *Bull. civ. II, n° 681* • Soc. 19 mars 1992, n° 88-11.682 P : *préc. note 2 ss. art. L. 244-2.*

2. Est valable la contrainte faisant référence expresse à une mise en demeure dont la régularité n'est pas contestée et qui permet à l'assuré de connaître la nature, la cause et l'étendue de son obligation. • Soc. 19 juill. 2001, n° 00-11.255 P : *RJS 2001, n° 1222* • 4 oct. 2001, n° 00-12.575 P : *RJS 2002, n° 215.* ♦ Dès lors que la société a été relaxée du chef de travail dissimulé par une décision définitive d'une juridiction de jugement statuant sur le fond de l'action publique, la cour d'appel, qui accueille la contrainte, viole le principe de l'autorité de la chose jugée au pénal sur le civil. • Civ. 2e, 31 mai 2018, n° 17-18.142 P : *RJS 8-9/2018, n° 561 ; JCP S 2018. 1239, note Auméran.*

3. Signataire. L'art. R. 122-3 (al. 8) CSS offre au directeur d'une URSSAF la possibilité de déléguer, sous sa responsabilité, une partie de ses pouvoirs à certains agents de l'organisme ; dès lors, le chef du contentieux stagiaire investi d'une délégation spéciale de signature par décision interne prise par un directeur de l'URSSAF peut valablement signer des contraintes décernées sous la responsabilité de celui-ci. • Lyon, 17 oct. 1991 : *RJS 1992, n° 953.* ♦ Le signataire doit alors justifier d'une délégation de pouvoirs antérieure à la délivrance des contraintes. • Soc. 4 mai 2000 : *RJS 2000, n° 866.* ♦ Toutefois, le délégataire n'a pas à justifier d'un pouvoir spécial pour signer les contraintes. • Soc. 30 mai 2002, n° 00-14.512 P : *RJS 2002, n° 1023.*

4. Notification. Destinataire (héritier). Une contrainte peut être valablement délivrée à l'héritier du débiteur défunt, continuateur de sa personne et, comme tel, tenu des dettes de la succession selon sa part héréditaire. • Soc. 11 juill. 1991, n° 89-14.025 P : *RJS 1991, n° 1248.*

5. Destinataire (caution solidaire). Une contrainte peut être valablement délivrée, en application de l'art. L. 244-9, à l'encontre de la caution solidaire d'un débiteur de cotisations de sécurité sociale dès lors que la mise en demeure invitant cette caution solidaire à régulariser sa situation dans le délai prévu par l'art. R. 133-3 CSS est restée sans effet. • Soc. 20 janv. 1994, n° 91-21.890 P : *D. 1995. Somm. 37, obs. Prétot* (dirigeant de société ayant avalisé les billets à ordre souscrits au profit de l'URSSAF en règlement des cotisations). ♦ Le donneur d'aval est tenu solidairement envers l'URSSAF d'une dette qui n'était pas de nature différente de celle du débiteur principal. • Soc. 20 janv. 1994, n° 91-21.890 P : *RJS 1994, n° 308 (2e esp.).*

6. Est valablement signifiée la contrainte qui mentionne que l'opposition doit être portée devant un TASS dont l'adresse figure dans la copie de la contrainte annexée à l'acte de signification. • Soc. 25 janv. 2001 : *RJS 2001, n° 498.*

7. Effets de la contrainte. La contrainte décernée par le directeur d'un organisme de sécurité sociale pour le recouvrement des cotisations et majorations de retard comporte, à défaut d'opposition du débiteur devant le TASS, dans les délais et selon les conditions fixés par décret, tous les effets d'un jugement ; ce principe ne méconnaît pas les exigences de l'art. 6 § 1 de la Conv. EDH dès lors que le cotisant a été dûment informé des voies et délais de recours qui lui sont ouverts. • Civ. 2e, 16 juin 2016, n° 15-12.505 P : *D. 2016. 1886, chron. Adida-Canac, Vasseur, de Leiris, Hénon, Palle, Becuwe et Touati* ; *RJS 10/16, n° 657.* ♦ V. aussi, • Civ. 2e, 9 mars 2017, n° 16-11.167 P : *RJS 2017, n° 371 ; JCP S 2017, n° 1174, obs. Michalletz.* ♦ ***Sur la régularité et le bien-fondé des chefs de redressement.*** Le cotisant est irrecevable à contester, par la voie d'une mise en demeure préalable, la régularité et le bien-fondé des chefs de redressement qui font l'objet de la contrainte. • Même arrêt. ♦ ***Sur la prescription.*** La contrainte comporte tous les effets d'un jugement et se trouve ainsi soumise à la prescription trentenaire et non à la prescription quinquennale qui ne s'applique qu'à l'action en recouvrement. • Soc. 23 nov. 1989, n° 87-11.926 P : *RJS 1990, n° 68* • Soc. 5 févr. 1998, n° 95-12.574 P : *RJS 1998, n° 635.* ♦ La prescription trentenaire est acquise si aucune reconnaissance de dette ne l'a interrompue. • Soc. 8 juill. 1999 : *RJS 1999, n° 1289.*

8. Hypothèque légale. L'hypothèque dont bénéficie l'URSSAF en application des art. 2123 C. civ. et L. 244-9 CSS est l'hypothèque légale attachée de plein droit à tout jugement de condamnation, laquelle n'est pas soumise aux dispositions de la loi du 9 juill. 1991 (art. 77 s.) ni de son décret d'application du 31 juill. 1992 relatives à la publicité des sûretés judiciaires. • Civ. 3e, 13 déc. 2000, n° 99-11.822 P.

9. Débiteur en redressement judiciaire. La contrainte décernée après le jugement d'ouverture constitue, dès sa délivrance, le « titre exécutoire » visé par l'art. L. 621-43, al. 3, C. com. qui permet à la caisse de demander au juge-commissaire l'admission définitive de sa créance (d'abord déclarée à titre provisionnel, dans un délai de deux mois) puis au débiteur de saisir le TASS « à seule fin de constater la créance et d'en fixer le montant » (si elle est antérieure). • Com. 17 sept. 2002, n° 99-16.840 P : *D. Affaires 2002. 2805 ; RJS 2003, n° 78.*

10. Nature juridique de la contrainte émise à titre conservatoire. Une contrainte non contestée dans le délai ouvert par sa signification constitue un titre exécutoire et non un acte conservatoire, seul compatible avec la suspension des poursuites résultant d'un sursis à poursuites décidé par la caisse dans le cadre d'un plan d'apurement. • Civ. 2e, 31 mai 2006, n° 04-30.612 P : *RJS 2006, n° 990* (en application de la loi n° 2000-1207 du 13 déc. 2000 relative aux départements d'outre-mer).

II. OPPOSITION À CONTRAINTE (CSS, art. R. 133-3)

V. aussi jurisprudence citée ss. art. R. 133-6.

11. Procédure. Le TASS est seul compétent pour connaître de l'opposition à contrainte décernée par un organisme de sécurité sociale et en cas d'ouverture d'une procédure de redressement judiciaire à l'égard du débiteur prétendu des cotisations litigieuses, la juridiction de sécurité sociale demeure saisie de l'opposition sauf à constater, s'il y a lieu, la suspension de l'instance. • Soc. 14 juin 1990, n° 87-18.761 P.

12. N'étant pas saisi d'un conflit d'affiliation, le TASS n'est pas tenu d'appeler en cause les organismes de sécurité sociale intéressés. • Soc. 9 juill. 1998 : *RJS 1998, n° 1278* • 26 nov. 1998 : *RJS 1999, n° 299.*

13. Conditions de recevabilité. En matière d'opposition, la qualité de défendeur appartient à la partie qui saisit le tribunal aux fins de voir statuer sur la régularité des contraintes qui lui ont été délivrées ; formée pour faire écarter les prétentions adverses, sa demande est donc recevable. • Soc. 23 janv. 2003, n° 00-22.014 P (recevabilité de l'appel formé par le débiteur). • 6 févr. 2003, n° 01-20.085 P, ajoutant qu'« une demande est caractérisée exclusivement par son objet et non par les moyens proposés à son encontre » (recevabilité du pourvoi).

14. Objet de l'opposition. Remise des majorations de retard (non). Saisi d'une opposition à contrainte, le TASS ne peut remettre les majorations de retard. • Soc. 7 oct. 1999 : *RJS 1999, n° 1403.* ♦ Le débiteur ne peut saisir la juridiction contentieuse d'une demande de remise que par la voie d'un recours régulièrement introduit contre la décision gracieuse rejetant sa requête, selon la procédure prévue à l'art. R. 243-20 CSS, et non à l'occasion d'une opposition à contrainte qui ne pouvait avoir cet objet. • Civ. 2e, 18 janv. 2005, n° 03-30.588 P : *RJS 2005,* *n° 436.* ♦ Sur les remises de majorations, V. jurisprudence ss. art. R. 243-20.

15. Délai expirant un samedi, un dimanche ou un jour férié ou chômé. En application des art. 642 et 749 NCPC [C. pr. civ.], le délai de quinze jours imparti pour former opposition à contrainte qui expire un samedi, un dimanche ou un jour chômé se trouve légalement prorogé jusqu'au premier jour ouvrable suivant. • Soc. 19 janv. 1995, n° 93-15.076 P : *RJS 1995, n° 430.* ♦ V. aussi • Civ. 2e, 22 févr. 2007 : *RJS 2007, n° 658.* ♦ ***Acte laissé en mairie.*** En l'absence de recherche concrète et précise de l'huissier, l'acte de signification n'a pu faire courir le délai d'opposition, quel que soit le contenu des mentions pré-imprimées (contraires) dans l'acte exposant les motifs du dépôt en mairie. • Soc. 23 mars 2000 : *RJS 2000, n° 574.*

16. Copie de la contrainte. (Absence). Le TASS ne peut juger l'opposition à contrainte irrecevable en tant qu'elle est formée hors délai, son auteur ayant omis de joindre une copie de la contrainte à l'opposition formée dans le délai de 15 jours, dès lors que la caisse n'invoque aucun grief résultant de cette omission comme l'exige l'art. 114, al. 2, NCPC [C. pr. civ.]. • Soc. 2 déc. 1999 : *RJS 2000, n° 322.* ♦ ***(Effet).*** L'omission par le demandeur de joindre à ses oppositions une copie de chaque contrainte contestée constituant une irrégularité de forme, la nullité des actes d'opposition ne pouvait être prononcée dès lors que la régularisation de la formalité en cours de procédure ne laissait subsister aucun grief. • Soc. 17 juin 2003, n° 00-21.407 P : *RJS 2003. 809, n° 1176* (application de l'art. R. 351-5-1 C. trav. en matière d'assurance chômage).

17. Motivation (art. R. 133-3). Nécessité. Si les art. L. 244-9 et R. 133-3 CSS n'imposent pas au débiteur de développer tous ses moyens dès qu'il a fait opposition, l'absence de tout motif dans l'acte saisissant la juridiction contentieuse entraîne l'irrecevabilité de l'opposition. • Soc. 26 janv. 1983, n° 81-13.719 P • 13 oct. 1994, n° 92-13.723 P : *JCP E 1995. II. 683, note Coursier.* ♦ V. déjà : • Civ. 2e, 14 janv. 1965 : *Bull. civ. II, n° 42* • Soc. 28 juin 1973, n° 72-11.300 P • 8 juin 1978, n° 76-15.570 P. ♦ A moins que les juges du fond caractérisent l'existence d'un cas de force majeure. • Civ. 2e, 23 avr. 2003 : *RJS 2003. 624, n° 935* (dans le cadre d'une action en recouvrement de prestations indues par une CPAM auprès d'un professionnel de santé sur le fondement de l'art. L. 133-4 CSS). ♦ Cette règle contenue à l'art. R. 133-3 CSS est imposée dans le but d'éviter des procédures dilatoires. • Soc. 28 juin 1973 : *préc.*

18. Non-comparution de l'organisme ayant délivré la contrainte. Le TASS ne peut annuler une contrainte frappée d'opposition au motif que la caisse défenderesse à l'opposition n'a pas comparu et ne soutient pas les éléments qui fonderaient l'émission de la contrainte litigieuse alors qu'aux termes de l'art. R. 133-3 CSS l'opposition doit être motivée et que le juge doit donc examiner la pertinence des motifs invoqués par le débiteur. • Soc. 9 déc. 1993, n° 91-11.402 P. ♦ Pour une non-comparution du demandeur, V. • Soc. 3 févr. 2000 : *RJS 2000, n° 732.*

19. Charge de la preuve. Il incombe à l'opposant à contrainte de rapporter la preuve du caractère infondé du redressement de cotisations, selon l'art. R. 133-3 CSS. • Soc. 14 mars 1996, n° 94-15.516 P.

20. Non-contestation d'une mise en demeure antérieure. La contrainte peut faire l'objet d'une opposition même si la dette n'a pas été antérieurement contestée. • Soc. 23 févr. 1995, n° 93-14.568 P : *D. 1996. Somm. 43, obs. Prétot ; JCP E 1995. II. 700, note Taquet* • 14 mars 1996, n° 94-15.516 P • 28 mars 1996, n° 93-20.475 P (solution maintenue après la modification de l'art. R. 142-1 CSS par Décr. 14 nov. 1990) • 28 janv. 1999 : *RJS 1999, n° 404* • 15 juill. 1999, n° 96-19.245 P : *RJS 1999, n° 1131.* ♦ En conséquence, l'opposition à contrainte n'a pas à être précédée d'une saisine de la commission de recours amiable. • Soc. 17 janv. 2002 : *RJS 2002, n° 485.*

21. Droit constitutionnel à un recours effectif. Si le législateur peut conférer un effet exécutoire à certains titres délivrés par des personnes morales de droit public et, le cas échéant, par des personnes morales de droit privé chargées d'une mission de service public, et permettre ainsi la mise en œuvre de mesures d'exécution forcée, il doit garantir au débiteur le droit à un recours effectif en ce qui concerne tant le bien-fondé desdits titres et l'obligation de payer que le déroulement de la procédure d'exécution forcée ; lorsqu'un tiers peut être mis en cause, un recours effectif doit également lui être assuré ; les droits de la défense et le principe du contradictoire qui en est le corollaire sont garantis dans la mesure où la contrainte décernée après mise en demeure restée infructueuse peut être contestée par le débiteur devant le tribunal des affaires de sécurité sociale. • Cons. const. 23 juill. 1999 : *Rec. Cons. const., p. 100 ; JO 28 juill. 1999, p. 11250* (statuant à propos de la procédure d'opposition à tiers détenteur prévue à l'art. L. 652-3 CSS).

Art. L. 244-10 **Les jugements intervenus en application du présent chapitre sont susceptibles d'appel de la part du ministère public et des parties intéressées.**

Art. L. 244-11 *(L. n° 2016-1827 du 23 déc. 2016, art. 24-I)* **En cas de constatation d'une infraction de travail illégal par procès-verbal, les délais mentionnés aux articles L. 244-3, L. 244-8-1 et L. 244-9 sont portés à cinq ans.**

Les dispositions de l'art. 24-I de la L. n° 2016-1827 du 23 déc. 2016 s'appliquent aux cotisations et contributions sociales au titre desquelles une mise en demeure a été notifiée à compter du 1er janv. 2017.

Les dispositions précitées qui réduisent la durée de la prescription s'appliquent à compter du 1er janv. 2017 aux créances ayant fait l'objet de mises en demeure notifiées avant cette même date, sans que la durée totale puisse excéder la durée prévue par la loi antérieure (L. préc., art. 24-IV-1° et 3°).

Ancien art. L. 244-11 ***L'action civile en recouvrement des cotisations ou des majorations de retard*** (Abrogé par L. n° 2014-1554 du 22 déc. 2014, art. 7-I-K) ***« dues par un employeur ou un travailleur indépendant », intentée indépendamment ou après extinction de l'action publique, se prescrit par cinq ans à compter de l'expiration du délai imparti par les avertissements ou mises en demeure prévus aux articles L. 244-2 et L. 244-3.***

1. Champ d'application. La prescription de cinq ans prévue par l'art. L. 169 (L. 244-11) CSS ne s'applique qu'à l'action en recouvrement ; l'action ayant pour objet l'exécution des condamnations prononcées par un jugement se prescrit par trente ans, conformément à l'art. 2262 C. civ. • Soc. 16 déc. 1969 : *Bull. civ. V, n° 695.*

2. Point de départ de la prescription. La mise en demeure délivrée a pour effet de faire courir, à l'expiration du délai imparti pour payer, la prescription quinquennale de l'action en recouvrement des cotisations afférentes aux années qu'elle vise. • Soc. 5 nov. 1992, n° 90-17.220 P : *D. 1992. IR 282* • 24 mars 1994, n° 92-13.925 P. ♦ La prescription commençant à courir quel que soit le montant définitif de la créance de l'URSSAF, une nouvelle mise en demeure n'est donc pas nécessaire lorsque cet organisme a réduit le montant de la créance dont elle poursuit le recouvrement. • Soc. 5 nov. 1992 : *préc.* ♦ V. également la jurisprudence citée ss. art. L. 244-2.

3. Art. 2277 du code civil. L'art. 2277 C. civ. ne s'applique pas lorsque la créance, même périodique, dépend d'éléments qui ne sont pas connus du créancier et qui, en particulier, doivent résulter de déclarations que le débiteur est tenu de faire, telle une société tenue de déclarer les salaires qui doivent servir de base aux cotisations à un régime de retraite complémentaire. • Cass., ass. plén., 7 juill. 1978, n° 76-15.485 P. ♦ Échappe à la prescription quinquennale la créance de cotisations impayées qui étaient calculées en fonction des déclarations de rémunérations faites à une caisse de retraite complémentaire et dont le montant ne pouvait être déterminé à l'avance car il dépendait d'éléments que cet organisme ne pouvait connaître. • Soc. 9 oct. 1985, n° 82-42.045 P. ♦ V. déjà : • Soc. 27 mai 1964, n° 70-13.929 P • 3 mai 1972 : *Bull. civ. V, n° 307* (l'art. 2277 ne s'applique qu'autant que la prestation due présente le double caractère de fixité et de périodicité ; il n'en est pas ainsi d'une obligation à échéances périodiques mais indéterminée dans son montant). ♦ Est atteinte par la prescription quinquennale de l'art. 2277 C. civ. l'action en recouvrement d'un complément de créance engagée contre une société par une caisse de retraite complémentaire plus de cinq ans après la date d'exigibilité de cotisations, alors que cette société avait régulièrement affilié le salarié concerné à la caisse et qu'elle avait réglé en temps utile les cotisations sur sa rémunération sans que la caisse ait formulé une réserve quelconque. • Soc. 5 nov. 1992, n° 89-20.222 P.

4. Sur l'art. 2277 C. civ. et la répétition de l'indu, V. jurisprudence citée ss. art. L. 243-7.

5. Jugement pénal. L'autorité de la chose jugée s'attachant au jugement correctionnel qui a condamné un employeur pour détournement de cotisations, mais non des majorations de retard, ne fait pas obstacle à l'introduction d'une demande en paiement desdites majorations de la part de l'organisme de recouvrement. • Soc. 7 nov. 1991, n° 89-11.227 P.

6. Interruption. V. la jurisprudence citée ss. art. L. 244-2.

Art. L. 244-12 **Tout intermédiaire convaincu d'avoir, moyennant une rémunération quelconque, offert, accepté de prêter ou prêté des services à un employeur en vue de lui permettre de contrevenir à la législation de sécurité sociale, sera puni d'une amende de 3 750 € et d'un emprisonnement de six mois** *(Abrogé par L. n° 2009-526 du 12 mai 2009, art. 123)* ***« et, en cas de récidive dans le délai d'un an, d'une amende de 7 500 € et d'un emprisonnement de deux ans ».***

Art. L. 244-13 **Sont nulles de plein droit et de nul effet les obligations contractées pour rémunération de leurs services ou avances envers les intermédiaires qui, moyennant émoluments convenus au préalable, offrent ou acceptent de prêter leurs services en vue d'obtenir, au profit de quiconque, le bénéfice d'une remise, même partielle, sur les sommes réclamées par les organismes de sécurité sociale en exécution de dispositions légales ou réglementaires.**

Tout intermédiaire convaincu d'avoir offert ses services dans le but spécifié au premier alinéa du présent article sera puni de peines d'amende prévues pour les contra-

ventions de la 5e classe et, en cas de récidive, d'un emprisonnement de six mois et d'une amende de 3 750 €. Le tribunal peut ordonner, dans tous les cas, que le jugement de condamnation sera publié, intégralement ou par extraits, dans les journaux qu'il désigne et affiché dans les lieux qu'il indique, le tout aux frais du contrevenant sans que le coût total de ces différentes opérations puisse dépasser 15 €.

Art. L. 244-14 Tout agent ou ancien agent d'un organisme de sécurité sociale qui, soit en activité, en position de congé ou de disponibilité, soit après admission à la retraite, soit après démission ou révocation et pendant un délai de cinq ans à compter de la cessation de ses fonctions, intervient, moyennant rémunération, prend ou reçoit une participation par travail, conseils ou capitaux dans une entreprise en vue de faire obtenir par des *(L. n° 2014-1554 du 22 déc. 2014, art. 7-I-L)* « cotisants » une remise, totale ou partielle, sur les sommes qui leur sont réclamées par les organismes de sécurité sociale en vertu des dispositions législatives ou réglementaires, sera puni d'un emprisonnement de deux ans et de 4 500 € d'amende.

Le tribunal peut ordonner, dans tous les cas, que le jugement de condamnation sera publié, intégralement ou par extraits, dans les journaux qu'il désigne et affiché dans les lieux qu'il indique, le tout aux frais du contrevenant sans que le coût total de ces différentes opérations puisse dépasser 15 €.

Les *(L. n° 2014-1554 du 22 déc. 2014, art. 7-I-L)* « cotisants » considérés comme complices seront frappés des mêmes peines.

Les dispositions de l'art. 7-I de la L. n° 2014-1554 du 22 déc. 2014 s'appliquent aux revenus de remplacement dont le fait générateur intervient à compter du 1er janv. 2015 (L. préc., art. 7-VI).

CHAPITRE V RESSOURCES AUTRES QUE LES COTISATIONS

SECTION PREMIÈRE CONTRIBUTION DES ENTREPRISES DE PRÉPARATION DE MÉDICAMENTS

Art. L. 245-1 Il est institué au profit de la Caisse nationale de l'assurance maladie *(Abrogé par Ord. n° 2018-470 du 12 juin 2018, art. 9) « des travailleurs salariés »* une contribution *(L. n° 97-1164 du 19 déc. 1997, art. 11-I)* « des entreprises assurant l'exploitation en France, au sens de l'article L. 5124-1, L. 5124-2 et L. 5124-18 du code de la santé publique, d'une ou *[de]* plusieurs spécialités pharmaceutiques » donnant lieu à remboursement par les caisses d'assurance maladie *(L. n° 2001-1246 du 21 déc. 2001, art. 40-II)* « en application des premier et dernier alinéas de l'article L. 162-17 » du présent code *(L. n° 91-73 du 18 janv. 1991, art. 40-I)* « , ou des spécialités inscrites sur la liste des médicaments agréés à l'usage des collectivités ». — *V. art. D. 245-1 et D. 245-3.*

Champ d'application. Les objets tels que rouleaux de ruban adhésifs, stylos, coupe-papiers, gommes et ciseaux remis aux praticiens par les visiteurs d'un laboratoire pharmaceutique entrent dans l'assiette de la contribution instituée à l'art. L. 245-1 en dépit de leur fonction utilitaire dès lors qu'ils servent de support à un message publicitaire délivré par la société en ce qu'ils portent à la fois le nom du laboratoire et la mention de la spécialité commercialisée, ce qui établit leur caractère promotionnel. • Civ. 2e, 3 févr. 2011 : *RJS 2011, n° 370.*

Art. L. 245-2 *(L. n° 2002-1487 du 20 déc. 2002, art. 15-I)* I. — La contribution est assise sur les charges comptabilisées au cours *(L. n° 2007-1786 du 19 déc. 2007, art. 14)* « du ou des exercices clos depuis la dernière échéance » au titre :

1° Des rémunérations de toutes natures, y compris l'épargne salariale ainsi que les charges sociales et fiscales y afférentes, des personnes mentionnées au premier alinéa de l'article L. 5122-11 du code de la santé publique, qu'elles soient ou non salariées de l'entreprise et qu'elles interviennent en France métropolitaine ou dans les départements d'outre-mer auprès des professionnels de santé régis par les dispositions du titre Ier du livre Ier de la quatrième partie du code de la santé publique ou auprès des établissements de santé. Seules sont prises en compte les rémunérations afférentes à l'exploitation des spécialités pharmaceutiques inscrites sur la liste mentionnée au premier alinéa de l'article L. 162-17 du présent code ou sur la liste mentionnée à l'article L. 5123-2 du code de la santé publique ;

2° Des remboursements de frais de transport, à l'exclusion des charges afférentes à des véhicules mis à disposition, des frais de repas et des frais d'hébergement des personnes mentionnées au 1° ;

3° Des frais de publication et des achats d'espaces publicitaires *(L. n° 2012-1404 du 17 déc. 2012, art. 28-1°)* « , quelle que soit la nature du support retenu et quelle que soit sa forme, matérielle ou immatérielle, ainsi que les frais de congrès scientifiques ou publicitaires et des manifestations de même nature, y compris les dépenses directes ou indirectes d'hébergement et de transport qui s'y rapportent, à l'exception des échantillons mentionnés à l'article L. 5122-10 du code de la santé publique. Sont toutefois exclus les frais de publication et les achats d'espace publicitaire mentionnant exclusivement une spécialité pharmaceutique qui n'est inscrite ni sur la liste mentionnée au premier alinéa de l'article L. 162-17 du présent code ni sur la liste mentionnée à l'article L. 5123-2 du code de la santé publique ;

« 4° Des prestations externalisées de même nature que celles mentionnées aux 1° à 3°, à hauteur du montant hors taxe facturé.

« Lorsque la comptabilité de l'entreprise ne permet pas d'isoler les charges définies aux 1° à 4° parmi celles de même nature afférentes à l'ensemble des spécialités pharmaceutiques, la répartition de ces charges s'effectue forfaitairement par application du rapport entre le chiffre d'affaires hors taxes réalisé en France en spécialités inscrites sur la liste mentionnée au premier alinéa de l'article L. 162-17 du présent code ou sur la liste mentionnée à l'article L. 5123-2 du code de la santé publique et le chiffre d'affaires hors taxes réalisé en France en spécialités pharmaceutiques. Ce rapport est exprimé en pourcentage arrondi, le cas échéant, au centième par défaut. »

II. — Il est procédé sur l'assiette définie au I :

1° *(L. n° 2012-1404 du 17 déc. 2012, art. 28-2°)* « A un abattement forfaitaire égal à 2,5 millions d'euros, à un abattement de 3 % des dépenses mentionnées au 1° du I et à un abattement de 75 % des frais de congrès mentionnés au 3° du même I. » *(L. n° 2007-1786 du 19 déc. 2007, art. 14)* « L'abattement forfaitaire est modulé, selon des modalités fixées par décret en Conseil d'État, lorsque la durée du ou des exercices clos depuis la dernière échéance de la contribution est différente de douze mois ; »

2° A un abattement d'un montant égal à 30 % du chiffre d'affaires hors taxes réalisé en France métropolitaine et dans les départements d'outre-mer au titre des spécialités génériques définies à l'article L. 5121-1 du code de la santé publique *(L. n° 2003-1199 du 18 déc. 2003, art. 12-II ; L. n° 2004-810 du 13 août 2004, art. 43-I)* « , à l'exception de celles qui sont remboursées sur la base d'un tarif décidé en application de l'article L. 162-16 » du présent code *(L. n° 2013-1203 du 23 déc. 2013, art. 12-IV-1°)* « ou de celles pour lesquelles, en l'absence de tarif forfaitaire de responsabilité, le prix de vente au public des spécialités de référence définies au *a* du 5° de l'article L. 5121-1 du code de la santé publique est identique à celui des autres spécialités appartenant au même groupe générique », bénéficiant d'une autorisation de mise sur le marché et inscrites sur la liste mentionnée au premier alinéa de l'article L. 162-17 du présent code ou sur la liste mentionnée à l'article L. 5123-2 du code de la santé publique ;

3° A un abattement d'un montant égal à 30 % du chiffre d'affaires hors taxes réalisé en France métropolitaine et dans les départements d'outre-mer au titre des médicaments orphelins désignés comme tels en application des dispositions du règlement (CE) n° 141/2000 du Parlement européen et du Conseil, du 16 décembre 1999, concernant les médicaments orphelins, bénéficiant d'une autorisation de mise sur le marché et inscrits sur la liste mentionnée au premier alinéa de l'article L. 162-17 du présent code ou sur la liste mentionnée à l'article L. 5123-2 du code de la santé publique *(L. n° 2010-1594 du 20 déc. 2010, art. 29-III)* « , à l'exception de ceux dont le chiffre d'affaires hors taxes excède 30 millions d'euros ».

(L. n° 2007-1786 du 19 déc. 2007, art. 14) « Pour les entreprises appartenant à un groupe, les abattements mentionnés aux 2° et 3° sont reportés, lorsqu'ils sont supérieurs à l'assiette de la contribution, au bénéfice d'une ou plusieurs entreprises appartenant au même groupe selon des modalités fixées par décret en Conseil d'État. »

III. — Le taux de la contribution due par chaque entreprise est calculé selon un barème comprenant quatre tranches qui sont fonction du rapport, au titre du dernier exercice clos, entre, d'une part, l'assiette définie au I et tenant compte, le cas échéant, des abattements prévus au II et, d'autre part, le chiffre d'affaires hors taxes réalisé en

France métropolitaine et dans les départements d'outre-mer, au titre des médicaments bénéficiant d'une autorisation de mise sur le marché et inscrits sur la liste mentionnée au premier alinéa de l'article L. 162-17 du présent code ou sur la liste mentionnée à l'article L. 5123-2 du code de la santé publique.

Pour chaque part de l'assiette correspondant à l'une des quatre tranches définies ci-après, le taux applicable est fixé comme suit :

PART DE L'ASSIETTE correspondant aux rapports « R » entre l'assiette définie aux 1° à *(L. n° 2012-1404 du 17 déc. 2012, art. 28-3°)* « 4° » du I après déduction, le cas échéant, des abattements et le chiffre d'affaires hors taxes	TAUX de la contribution par tranche (en pourcentage)
R < à *(L n° 2003-1199 du 18 déc. 2003, art. 12-III)* « 6,5 % »	*(L. n° 2004-810 du 13 août 2004, art. 73-II)* « 19 »
R ≥ à *(L n° 2003-1199 du 18 déc. 2003, art. 12-III)* « 6,5 % » et < à 12 %	*(L. n° 2004-810 du 13 août 2004, art. 73-II)* « 29 »
R ≥ à 12 % et < à 14 %	*(L. n° 2004-810 du 13 août 2004, art. 73-II)* « 36 »
R ≥ à 14 %	*(L. n° 2004-810 du 13 août 2004, art. 73-II)* « 39 »

Les dispositions de l'art. 12-II à V de la L. n° 2003-1199 du 18 déc. 2003 s'appliquent pour la première fois à la détermination des contributions dues au plus tard le 1er déc. 2004 (L. préc., art. 12-V). — Les taux issus de la L. n° 2004-810 du 13 août 2004 s'appliquent pour la première fois à la détermination de la contribution due au plus tard le 1er déc. 2005 (L. préc., art. 73-III).

Personnes mentionnées au 1° de l'art. L. 5122-11 CSP (sens). Après avoir exactement rappelé qu'en fixant l'assiette de la contribution sur les rémunérations de toutes natures « des personnes mentionnées au premier al. de l'art. L. 5122-11 CSP », l'art. L. 245-2 CSS n'a pas instauré de distinction entre visiteurs médicaux titulaires de diplômes et visiteurs médicaux non diplômés mais fixé l'assiette de la contribution sur l'ensemble des sommes acquittées par l'industrie pharmaceutique auprès des personnels en charge du démarchage et de la prospection pour les médicaments, la CA en a déduit a bon droit que cette assiette englobait, notamment, les rémunérations de toutes natures versées par la société à l'ensemble de ses visiteurs médicaux. • Civ. 2e, 11 oct. 2012 : *CSBP 2012. 330, note Pansier.*

Art. L. 245-3 *(L. n° 2003-1199 du 18 déc. 2003, art. 12-IV)* **La contribution est recouvrée et contrôlée en application des dispositions prévues** *(L. n° 2004-1370 du 20 déc. 2004, art. 61-IV)* **« aux articles L. 138-20 à L. 138-23 ». Les modalités particulières de recouvrement de la contribution, notamment les majorations, les pénalités, les taxations provisionnelles ou forfaitaires, sont précisées par décret en Conseil d'État.** — *Ces dispositions s'appliquent pour la première fois à la détermination des contributions dues au plus tard le 1er déc. 2004.*

Art. L. 245-4 *(L. n° 2003-1199 du 18 déc. 2003, art. 12-V)* **Sont exonérées de cette contribution, sous réserve des dispositions prévues aux** *(L. n° 2007-1786 du 19 déc. 2007, art. 14)* **« quatre » derniers alinéas, les entreprises dont le chiffre d'affaires hors taxes réalisé au cours** *(L. n° 2007-1786 du 19 déc. 2007, art. 14)* **« du ou des exercices clos depuis la dernière échéance » en France métropolitaine ou dans les départements d'outre-mer, au titre des spécialités pharmaceutiques bénéficiant d'une autorisation de mise sur le marché ou faisant l'objet d'un enregistrement en application des dispositions de l'article L. 5121-13 du code de la santé publique et inscrites sur la liste mentionnée au premier alinéa de l'article L. 162-17 du présent code ou sur la liste mentionnée à l'article L. 5123-2 du code de la santé publique, est inférieur à 15 millions d'euros.**

Parmi les entreprises définies à l'alinéa précédent, ne bénéficient cependant pas de cette exonération :

1° Celles qui sont filiales à 50 % au moins d'une entreprise ou d'un groupe dont le chiffre d'affaires hors taxes consolidé, défini dans les conditions prévues au premier alinéa, dépasse 15 millions d'euros ;

2° Celles qui possèdent au moins 50 % du capital d'une ou plusieurs entreprises dont le chiffre d'affaires défini dans les conditions prévues au premier alinéa, consolidé avec leur propre chiffre d'affaires visé au premier alinéa, dépasse 15 millions d'euros.

— Ces dispositions s'appliquent pour la première fois à la détermination des contributions dues au plus tard le 1er déc. 2004.

(L. n° 2007-1786 du 19 déc. 2007, art. 14) « Le montant du chiffre d'affaires mentionné au premier alinéa est modulé, selon des modalités fixées par décret en Conseil d'État, lorsque la durée du ou des exercices clos depuis la dernière échéance de la contribution est différente de douze mois. »

Art. L. 245-5 La contribution est exclue des charges déductibles pour l'assiette de l'impôt sur le revenu ou de l'impôt sur les sociétés.

Art. L. 245-5-1 A *(L. n° 2008-1330 du 17 déc. 2008, art. 15-I)* La contribution est versée *(L. n° 2012-1404 du 17 déc. 2012, art. 26-II-4°)* « de manière provisionnelle le 1er juin de chaque année, pour un montant correspondant à 75 % de la contribution due au titre de l'année précédente. La régularisation annuelle intervient au 1er mars de l'année suivante ».

SECTION II CONTRIBUTIONS À LA CHARGE DES FABRICANTS OU DISTRIBUTEURS DE DISPOSITIFS MÉDICAUX, TISSUS ET CELLULES, PRODUITS DE SANTÉ AUTRES QUE LES MÉDICAMENTS ET PRESTATIONS ASSOCIÉES MENTIONNÉS À L'ARTICLE L. 162-17 *(L. n° 2014-1554 du 22 déc. 2014, art. 15-III-5°).*

Art. L. 245-5-1 Il est institué au profit de la Caisse nationale de l'assurance maladie *(Abrogé par Ord. n° 2018-470 du 12 juin 2018, art. 9) « des travailleurs salariés »* une contribution des entreprises assurant la fabrication, l'importation ou la distribution en France de dispositifs médicaux à usage individuel, de tissus et cellules issus du corps humain quel qu'en soit le degré de transformation et de leurs dérivés, de produits de santé autres que les médicaments mentionnés à l'article L. 162-17 ou de prestations de services et d'adaptation associées inscrits *(L. n° 2005-1579 du 19 déc. 2005, art. 21-IV)* « aux titres Ier et III » de la liste prévue à l'article L. 165-1.

Les dispositions issues de la loi de financement n° 2005-1579 du 19 déc. 2005 s'appliquent pour la première fois à la détermination des contributions dues au plus tard le 1er déc. 2006 (L. préc., art. 21-VIII).

Art. L. 245-5-2 La contribution est assise sur les charges comptabilisées au titre *(L. n° 2007-1786 du 19 déc. 2007, art. 14)* « du ou des exercices clos depuis la dernière échéance » au titre :

1° Des rémunérations de toutes natures, y compris l'épargne salariale ainsi que les charges sociales et fiscales y afférentes, des personnes, qu'elles soient ou non salariées des entreprises redevables de la contribution, qui interviennent en France aux fins de présenter, promouvoir ou vendre les produits et prestations mentionnés à l'article L. 245-5-1 auprès des professionnels de santé régis par les dispositions du titre Ier du livre Ier de la quatrième partie du code de la santé publique, auprès des masseurs-kinésithérapeutes ou auprès des établissements de santé. Seules sont prises en compte les rémunérations afférentes à la promotion, la présentation ou la vente des produits et prestations inscrits *(L. n° 2007-1786 du 19 déc. 2007, art. 14)* « aux titres Ier et III » sur la liste prévue à l'article L. 165-1 ;

2° Des remboursements de frais de transports, à l'exclusion des charges afférentes à des véhicules mis à disposition, des frais de repas et des frais d'hébergement des personnes mentionnées au 1° ;

3° Des frais de publication et des achats d'espaces publicitaires, *(L. n° 2012-1404 du 17 déc. 2012, art. 28-4°)* « quelle que soit la nature du support retenu et quelle que soit sa forme, matérielle ou immatérielle, ainsi que les frais de congrès scientifiques ou publicitaires et des manifestations de même nature, y compris les dépenses directes ou indirectes d'hébergement et de transport qui s'y rapportent ;

« 4° Des prestations externalisées de même nature que celles mentionnées aux 1° à 3°, à hauteur du montant hors taxe facturé.

« Lorsque la comptabilité de l'entreprise ne permet pas d'isoler les charges définies aux 1° à 4° parmi celles de même nature afférentes à l'ensemble des produits et prestations dont l'entreprise assure la fabrication, l'importation ou la distribution, la répartition de ces charges s'effectue forfaitairement par application du rapport entre le chiffre d'affaires hors taxes réalisé en France au titre des produits et prestations mentionnés à l'article L. 245-5-1 et celui de l'ensemble des produits et prestations fabriqués, importés ou distribués par l'entreprise. Ce rapport est exprimé en pourcentage arrondi, le cas échéant, au centième par défaut. »

Il est procédé sur l'assiette définie aux alinéas précédents à un abattement forfaitaire de *(L. n° 2005-1579 du 19 déc. 2005, art. 21-V)* « 50 000 € ». *(L. n° 2007-1786 du 19 déc. 2007, art. 14)* « Cet abattement est modulé, selon des modalités fixées par décret en Conseil d'État, lorsque la durée du ou des exercices clos depuis la dernière échéance de la contribution est différente de douze mois. » *(L. n° 2012-1404 du 17 déc. 2012, art. 28-4°)* « Il est procédé à un abattement de 75 % des frais de congrès mentionnés au 3°. »

Le taux de la contribution est fixé à *(L. n° 2009-1646 du 24 déc. 2009, art. 12-I)* « 15 % ».

Exclusion des sommes issues d'activités de matériovigilance. Il résulte des art. L. 245-5-1 et L. 245-5-2 CSS que n'entrent dans l'assiette de la contribution instituée par le premier de ces textes que les rémunérations afférentes à la promotion, la présentation ou la vente des produits et prestations inscrits aux titres Ier et III sur la liste prévue à l'art. L. 165-1 ; il s'ensuit que la surveillance des incidents ou des risques d'incidents résultant de l'utilisation des dispositifs médicaux, dite matériovigilance, est étrangère à ces activités commerciales. • Civ. 2e, 30 nov. 2017, n° 16-25.234 P.

Art. L. 245-5-3 Sont exonérées de cette contribution, sous réserve des dispositions prévues aux *(L. n° 2007-1786 du 19 déc. 2007, art. 14)* « quatre » derniers alinéas, les entreprises dont le chiffre d'affaires hors taxes réalisé au cours *(L. n° 2007-1786 du 19 déc. 2007, art. 14)* « du ou des exercices clos depuis la dernière échéance » en France métropolitaine ou dans les départements d'outre-mer, au titre des produits et prestations inscrits sur la liste prévue à l'article L. 165-1, est inférieur à *(L. n° 2009-1646 du 24 déc. 2009, art. 12-I)* « 11 » millions d'euros.

Parmi les entreprises définies à l'alinéa précédent, ne bénéficient cependant pas de cette exonération :

1° Celles qui sont filiales à 50 % au moins d'une entreprise ou d'un groupe dont le chiffre d'affaires hors taxes consolidé, défini dans les conditions prévues au premier alinéa, dépasse *(L. n° 2009-1646 du 24 déc. 2009, art. 12-I)* « 11 » millions d'euros ;

2° Celles qui possèdent au moins 50 % du capital d'une ou plusieurs entreprises dont le chiffre d'affaires défini dans les conditions prévues au premier alinéa, consolidé avec leur propre chiffre d'affaires visé au premier alinéa, dépasse *(L. n° 2009-1646 du 24 déc. 2009, art. 12-I)* « 11 » millions d'euros.

(L. n° 2007-1786 du 19 déc. 2007, art. 14) « Le montant du chiffre d'affaires mentionné au premier alinéa est modulé, selon des modalités fixées par décret en Conseil d'État, lorsque la durée du ou des exercices clos depuis la dernière échéance de la contribution est différente de douze mois. »

Art. L. 245-5-4 La contribution est exclue des charges déductibles pour l'assiette de l'impôt sur le revenu ou de l'impôt sur les sociétés.

Art. L. 245-5-5 *(L. n° 2008-1330 du 17 déc. 2008, art. 15-I)* « La contribution est versée » *(L. n° 2012-1404 du 17 déc. 2012, art. 26-II-4°)* « de manière provisionnelle le 1er juin de chaque année, pour un montant correspondant à 75 % de la contribution due au titre de l'année précédente. La régularisation annuelle intervient au 1er mars de l'année suivante ».

La contribution est recouvrée et contrôlée par l'Agence centrale des organismes de sécurité sociale dans les conditions prévues *(L. n° 2004-1370 du 20 déc. 2004, art. 61-IV)* « aux articles L. 138-20 à L. 138-23 ». Les modalités particulières de recouvrement de la contribution, notamment les majorations, les pénalités, les taxations provisionnelles ou forfaitaires sont précisées par décret en Conseil d'État.

Art. L. 245-5-5-1 *(L. nº 2014-1554 du 22 déc. 2014, art. 15-III-6º)* I. — Les personnes assujetties à la taxe sur la valeur ajoutée en application de l'article 256 A du code général des impôts qui effectuent la première vente en France des dispositifs définis au II du présent article sont soumises à une contribution perçue au profit de la Caisse nationale de l'assurance maladie *(Abrogé par Ord. nº 2018-470 du 12 juin 2018, art. 9) « des travailleurs salariés »*.

II. — La contribution s'applique aux dispositifs médicaux définis à l'article L. 5211-1 du code de la santé publique et aux dispositifs médicaux de diagnostic *in vitro* définis à l'article L. 5221-1 du même code.

III. — L'assiette de la contribution est constituée du montant total des ventes de dispositifs mentionnés au II, hors taxe sur la valeur ajoutée, réalisées en France au cours de l'année civile au titre de laquelle elle est due.

IV. — Le taux de la contribution est fixé à 0,29 %.

V. — La contribution n'est pas exigible lorsque le montant total des ventes mentionnées au III n'a pas atteint, au cours de l'année civile au titre de laquelle elle est due, un montant hors taxes de 500 000 €.

VI. — La première vente en France au sens du I s'entend de la première vente intervenant après fabrication en France ou après introduction en France en provenance de l'étranger de dispositifs mentionnés au II.

Le fait générateur de la contribution intervient lors de la première vente des dispositifs mentionnés au même II. La contribution est exigible lors de la réalisation de ce fait générateur.

VII. — La contribution mentionnée au I du présent article est versée selon les mêmes modalités que celles prévues à l'article L. 245-5-5 du présent code.

VIII. — L'Agence centrale des organismes de sécurité sociale transmet à l'agence mentionnée à l'article L. 5311-1 du code de la santé publique les données collectées à partir des déclarations des redevables de la contribution mentionnée au I du présent article, dans des conditions et suivant des modalités déterminées par décret.

Les destinataires des informations transmises sont astreints, pour les données dont ils ont connaissance en application du présent article, au secret professionnel sous les sanctions prévues à l'article 226-13 du code pénal.

Les dispositions issues de l'art. 15 de la L. nº 2014-1554 du 22 déc. 2014 s'appliquent aux déclarations et versements effectués à compter du 1er janv. 2015.

La contribution prévue à l'art. L. 245-5-5-1, tel qu'il résulte de la L. nº 2014-1554 du 22 déc. 2014, est applicable aux ventes des dispositifs mentionnés au II du même art. L. 245-5-5-1 réalisées à compter du 1er janv. 2015 (L. préc., art. 15-V).

Art. L. 245-5-6 Les modalités d'application de la présente section sont définies par décret en Conseil d'État.

SECTION II *BIS* CONTRIBUTION SUR LE CHIFFRE D'AFFAIRES DES ENTREPRISES EXPLOITANT UNE OU PLUSIEURS SPÉCIALITÉS PHARMACEUTIQUES *(L. nº 2013-1203 du 23 déc. 2013, art. 12-IV-2º)*.

Art. L. 245-6 *(L. nº 2013-1203 du 23 déc. 2013, art. 12-IV-3º, en vigueur le 1er janv. 2014)* I. — Il est institué une contribution des entreprises assurant l'exploitation en France, au sens de l'article L. 5124-1 du code de la santé publique, d'une ou plusieurs spécialités pharmaceutiques.

II. — La contribution prévue au I du présent article est assise sur le chiffre d'affaires hors taxes réalisé en France métropolitaine et dans les départements d'outre-mer au cours d'une année civile au titre des médicaments bénéficiant :

1º D'un enregistrement, au sens des articles L. 5121-13 et L. 5121-14-1 du code de la santé publique ;

2º D'une autorisation de mise sur le marché, au sens de l'article L. 5121-8 du même code, délivrée par l'agence mentionnée à l'article L. 5311-1 dudit code ;

3º D'une autorisation de mise sur le marché délivrée par l'Union européenne, au sens du titre II du règlement (CE) nº 726/2004 du Parlement européen et du Conseil du 31 mars 2004 établissant des procédures communautaires pour l'autorisation et la surveillance en ce qui concerne les médicaments à usage humain et à usage vétérinaire, et instituant une Agence européenne des médicaments ; – *La perte de recettes pour les organismes de sécurité sociale résultant du 3° du II de l'art. L. 245-6 est compensée à due concurrence par la création d'une taxe additionnelle aux droits visés aux art. 575 et 575 A CGI (L. n° 2013-1203 du 23 déc. 2013, art. 12-VII).*

4° D'une autorisation d'importation parallèle, en application de l'article L. 5124-13 du code de la santé publique.

III. – Sont exclus de l'assiette prévue au II du présent article :

1° Les spécialités génériques définies à l'article L. 5121-1 du code de la santé publique, hormis celles qui sont remboursées sur la base d'un tarif fixé en application de l'article L. 162-16 du présent code ou celles pour lesquelles, en l'absence de tarif forfaitaire de responsabilité, le prix de vente au public des spécialités de référence définies au *a* du 5° de l'article L. 5121-1 du code de la santé publique est identique à celui des autres spécialités appartenant au même groupe générique ;

2° Les médicaments orphelins désignés comme tels en application du règlement (CE) n° 141/2000 du Parlement européen et du Conseil du 16 décembre 1999 concernant les médicaments orphelins, dans la limite de l'indication ou des indications au titre de laquelle ou desquelles la désignation comme médicament orphelin a été accordée par la Commission européenne et sous réserve que le chiffre d'affaires remboursable ne soit pas supérieur à 20 millions d'euros ;

3° Les médicaments dérivés du sang respectant les principes mentionnés aux articles L. 1221-3 à L. 1221-6 du code de la santé publique ou relevant du second alinéa de l'article L. 5121-11 du même code. L'Agence nationale de sécurité du médicament et des produits de santé fixe la liste des spécialités ou des lots de production exclus de l'assiette.

IV. – Le chiffre d'affaires servant d'assiette à la contribution prévue au I du présent article s'entend déduction faite des remises accordées par les entreprises et des ventes ou reventes à destination de l'étranger. *(Abrogé par L. n° 2017-220 du 23 févr. 2017, art. 2-II)* ***« Les revendeurs indiquent à l'exploitant de l'autorisation de mise sur le marché les quantités revendues ou destinées à être revendues en dehors du territoire national pour une liste de produits fixée par arrêté et dans des conditions définies par une convention tripartite passée entre l'État, un ou plusieurs syndicats ou organisations représentant les entreprises fabriquant ou exploitant des médicaments et un ou plusieurs syndicats ou organisations représentant les grossistes-répartiteurs. »***

V. – Le taux de la contribution prévue au I du présent article est fixé à 0,17 %.

VI. – Une contribution additionnelle à la contribution prévue au I est instituée pour les entreprises assurant l'exploitation en France, au sens de l'article L. 5124-1 du code de la santé publique, d'une ou *[de]* plusieurs spécialités pharmaceutiques donnant lieu à remboursement par les caisses d'assurance maladie en application des deux premiers alinéas de l'article L. 162-17 du présent code, ou d'une ou *[de]* plusieurs spécialités inscrites sur la liste des médicaments agréés à l'usage des collectivités.

VII. – La contribution additionnelle prévue au VI du présent article est assise sur le chiffre d'affaires hors taxes réalisé en France métropolitaine et dans les départements d'outre-mer au cours d'une année civile au titre des spécialités pharmaceutiques répondant aux conditions prévues aux II, III et IV du présent article et inscrites sur les listes mentionnées aux deux premiers alinéas de l'article L. 162-17 du présent code ou sur la liste mentionnée à l'article L. 5123-2 du code de la santé publique.

VIII. – Le taux de la contribution additionnelle prévue au VI du présent article est de 1,6 %.

IX. – Les contributions prévues aux I et VI sont exclues des charges déductibles pour l'assiette de l'impôt sur le revenu ou de l'impôt sur les sociétés.

X. – Les contributions prévues aux I et VI sont instituées au profit de la Caisse nationale de l'assurance maladie *(Abrogé par Ord. n° 2018-470 du 12 juin 2018, art. 9) « des travailleurs salariés »*. Elles sont versées de manière provisionnelle le 1er juin de l'année au titre de laquelle elles sont dues, pour un montant correspondant à 95 % du produit du chiffre d'affaires défini pour chacune d'elles et réalisé au cours de l'année civile précédente par leur taux respectif. Une régularisation intervient au 1er mars de l'année suivant celle au titre de laquelle les contributions sont dues.

Qualification de remise. La remise versée par une entreprise pharmaceutique en raison du non-respect des engagements de la convention souscrite avec le Comité économique des produits de santé ne revêt pas le caractère d'une remise accordée par l'entreprise mais d'une sanction financière de sorte qu'elle ne doit pas être exclues de l'assiette de la contribution due sur le chiffre d'affaires hors taxes réalisé en France métropolitaine. • Civ. 2e, 6 nov. 2014, n° 13-26.568.

Art. L. 245-6-1 *Abrogé par L. n° 2007-1786 du 19 déc. 2007, art. 14.*

SECTION III COTISATION SUR LES BOISSONS ALCOOLIQUES

Art. L. 245-7 Il est institué *(Abrogé par L. n° 2008-1330 du 17 déc. 2008, art. 12-I)* « , *au profit* *(L. n° 2004-1484 du 30 déc. 2004, art. 132)* « *du Fonds de financement de la protection complémentaire de la couverture universelle du risque maladie mentionné à l'article L. 862-1,* » une cotisation perçue sur les boissons alcooliques en raison des risques que comporte l'usage immodéré de ces produits pour la santé.

Art. L. 245-8 La cotisation est due à raison de *(L. n° 2009-1674 du 30 déc. 2009, art. 36-IV)* « l'importation ou » *(L. n° 88-1193 du 29 déc. 1988, art. 25-I)* « la livraison aux consommateurs » de boissons d'une teneur en alcool supérieure à *(L. n° 2011-1906 du 21 déc. 2011, art. 22-II)*« 18 % » vol.

La cotisation est acquittée *(L. n° 2009-1674 du 30 déc. 2009, art. 36-IV)* « par l'importateur ou » pour le compte des consommateurs par les *(L. n° 2001-1275 du 28 déc. 2001, art. 60-IV)* « entrepositaires agréés, » *(L. n° 2009-1674 du 30 déc. 2009, art. 36-IV)* « les destinataires enregistrés, les représentants fiscaux des opérateurs établis dans un autre État membre de la Communauté européenne, respectivement mentionnés aux articles 302 G, 302 H *ter* et 302 V *bis* du code général des impôts et les personnes qui font la déclaration mentionnée au I de l'article 302 U *bis* du même code et » qui *(L. n° 88-1193 du 29 déc. 1988, art. 25-II)* « livrent » directement ces boissons aux détaillants ou aux consommateurs. *(L. n° 2001-1275 du 28 déc. 2001, art. 60-IV)* « Sont également redevables de la cotisation les personnes mentionnées aux 2° *(L. n° 2011-1978 du 28 déc. 2011, art. 68-II)* « , 2° *bis* » et 4° du 2 du I de l'article 302 D du code général des impôts. » – *V. Arr. du 27 nov. 1998 (JO 5 déc.).*

Art. L. 245-9 *(L. n° 2011-1926 du 21 déc. 2011, art. 22-II)* « Le montant de la cotisation est fixé à :

« 1° 533 € par hectolitre d'alcool pur pour les boissons définies au *b* du I de l'article 401 du code général des impôts ;

« 2° 45 € par hectolitre pour les autres boissons.

« Ce montant ne peut excéder 40% du droit d'accise applicable *(L. n° 2013-1279 du 29 déc. 2013, art. 67-II)* « pour les boissons relevant des codes NC 2204, 2205, 2206 ». »

(L. n° 2008-1330 du 17 déc. 2008, art. 16-II) « Le tarif de la cotisation est relevé au 1er janvier de chaque année dans une proportion égale au taux de croissance de l'indice des prix à la consommation hors tabac de l'avant-dernière année. Il est exprimé avec deux chiffres significatifs après la virgule, le second chiffre étant augmenté d'une unité si le chiffre suivant est égal ou supérieur à cinq. *(L. n° 2011-1926 du 21 déc. 2011, art. 22-II)* « Ce relèvement ne peut excéder 1,75 %. Le tarif » est publié au *Journal officiel* par arrêté du ministre chargé du budget. » – *V. Arr. du 10 déc. 2018 ss. l'art.*

Arrêté du 10 décembre 2018,

Fixant pour 2019 le tarif des droits d'accises sur les alcools et les boissons alcooliques prévus aux articles 317, 402 bis, 403, 438 et 520 A du code général des impôts, le tarif des contributions prévues aux articles 1613 ter et 1613 quater du code général des impôts, ainsi que le tarif de la cotisation prévue à l'article L. 245-9 du code de la sécurité sociale (JO 18 déc.).

Art. 3 Le montant de la cotisation mentionnée à l' article L. 245-9 du code de la sécurité sociale est fixé à :

– 564,61 € pour les boissons définies au b du I de l'article 401 du code général des impôts ;

– 47,67 € pour les autres boissons.

Art. 4 Le présent arrêté entre en vigueur le 1er janvier 2019.

Art. L. 245-10 La cotisation est assise, contrôlée et recouvrée par l'Agence centrale des organismes de sécurité sociale, assistée, en tant que de besoin, par les services de l'État désignés par arrêté *[V. Arr. du 21 mars 1983, D. et ALD 1983. 202]*, selon les mêmes règles, conditions, garanties et sanctions qu'en matière de contributions indirectes. Les frais relatifs au recouvrement et à la gestion de la cotisation sont fixés par arrêté et s'imputent sur celle-ci. *– V. Arr. du 29 août 1983 (JONC 17 sept.). – Sur le bénéfice, pour la perception des cotisations, des mêmes crédits que le droit de consommation sur les alcools, V. art. D. 245-14 et D. 245-15 (infractions).*

Art. L. 245-11 La cotisation n'est pas déductible pour l'établissement de l'impôt sur le revenu ou, le cas échéant, de l'impôt sur les sociétés dû par le consommateur.

Art. L. 245-12 Un décret fixe les conditions d'application de la présente section. *– V. art. D. 245-14 et D. 245-15 ; Décr. n° 83-572 du 30 juin 1983 (JO 3 juill.) : application aux DOM et à la Corse.*

SECTION III *BIS [ABROGÉE]* COTISATION SUR LES BIÈRES FORTES

(Abrogée par L. n° 2003-1199 du 18 déc. 2003, art. 7, à compter du 1er janv. 2003)

SECTION IV *[ABROGÉE]* CONTRIBUTION ADDITIONNELLE ET CONTRIBUTION SUPPLÉMENTAIRE À LA CONTRIBUTION SOCIALE DE SOLIDARITÉ À LA CHARGE DES SOCIÉTÉS

(Abrogée par L. n° 2017-1836 du 30 déc. 2017, art. 10-II, à compter du 1er janv. 2018)

Art. L. 245-13 *Il est institué une contribution additionnelle à la contribution sociale de solidarité à la charge des sociétés prévue par les articles L. 651-1 et suivants. Cette contribution additionnelle est assise, recouvrée, exigible et contrôlée dans les mêmes conditions que celles applicables à la contribution sociale de solidarité à la charge des sociétés. Son taux est de 0,03 %.*

Art. L. 245-13-1 (Abrogé par L. n° 2017-1836 du 30 déc. 2017, art. 4-I, à compter du 1er janv. 2018) (L. n° 2016-1918 du 29 déc. 2016, art. 112-I) *Il est institué une contribution supplémentaire à la contribution sociale de solidarité à la charge des sociétés prévue aux articles L. 651-1 à L. 651-9, due au titre de l'année en cours.*

Cette contribution supplémentaire, dont le taux est de 0,04 %, est assise, recouvrée, exigible et contrôlée dans les mêmes conditions que celles applicables à la contribution sociale de solidarité à la charge des sociétés, sous réserve des dispositions suivantes :

1° Elle est due par les sociétés, entreprises et établissements existant au 1er janvier de l'année au titre de laquelle elle est due et dont le chiffre d'affaires défini à l'article L. 651-5, réalisé l'année précédente, est supérieur ou égal à 1 milliard d'euros ;

2° Elle est assise sur le chiffre d'affaires réalisé l'année au titre de laquelle elle est due ;

3° En cas de cessation définitive d'activité, de cession totale ou de dissolution survenant entre le 1er janvier de l'année au titre de laquelle elle est due et la date d'exigibilité, la contribution supplémentaire, calculée sur la base du chiffre d'affaires réalisé jusqu'au 31 décembre de cette année ou, si elle est antérieure, jusqu'à la date de cessation définitive d'activité, de cession totale ou de dissolution, devient immédiatement exigible ;

4° Les redevables de la contribution supplémentaire sont tenus de déclarer et de verser au plus tard le 15 décembre de l'année au titre de laquelle elle est due un acompte égal à 90 % du montant de la contribution assise sur le chiffre d'affaires estimé de cette même année, selon les modalités et sous les sanctions prévues aux articles L. 651-5-3 à L. 651-5-6. Lorsque le montant de l'acompte est supérieur au montant de la contribution due, l'excédent est restitué dans un délai de trente jours à compter de la date de déclaration de solde. Une majoration de 5 % est appliquée à l'insuffisance de versement d'acompte lorsque cette insuffisance, constatée lors du dépôt de la déclaration de solde, est supérieure à 10 % du montant de l'acompte qui aurait été dû et à 100 000 €.

Le montant de la contribution supplémentaire s'impute sur le montant de la contribution mentionnée à l'article L. 651-1 due par le même redevable et assise sur le même chiffre d'affaires.

SECTION V *[ABROGÉE]* PRÉLÈVEMENTS SOCIAUX SUR LES REVENUS DU PATRIMOINE ET LES PRODUITS DE PLACEMENT

(Abrogé par L. n° 2018-1203 du 22 déc. 2018, art. 26-I)

Art. L. 245-14 (L. n° 97-1164 du 19 déc. 1997, art. 9-I) *Les personnes physiques fiscalement domiciliées en France au sens de l'article 4 B du code général des impôts sont assujetties à un prélèvement sur les revenus et les sommes* (L. n° 2012-958 du 16 août 2012, art. 29-I-C) *« mentionnés aux I et II de » l'article L. 136-6.* (L. n° 2012-958 du 16 août 2012, art. 29-I-C) *« Sont également soumises à ce prélèvement, à raison des revenus mentionnés au I bis de l'article L. 136-6 du présent code, les personnes physiques qui ne sont pas fiscalement domiciliées en France au sens de l'article 4 B du code général des impôts. »* (L. n° 2003-1199 du 18 déc. 2003, art. 68-II-A) *« Les dispositions du III de l'article L. 136-6 sont applicables à ce prélèvement. »*

Art. L. 245-15 (L. n° 97-1164 du 19 déc. 1997, art. 9-I) *Les produits de placement assujettis à la contribution prévue aux* (L. n° 2012-958 du 16 août 2012, art. 29-I-D) *« I à II » de l'article L. 136-7 sont assujettis à un prélèvement social.*

(L. n° 2004-1485 du 30 déc. 2004, art. 50-II) *« Les dispositions des III à VI » de ce même article sont applicables au prélèvement mentionné à l'alinéa précédent.*

Art. L. 245-16 (L. n° 97-1164 du 19 déc. 1997, art. 9-I) *I. — Le taux des prélèvements sociaux mentionnés aux articles L. 245-14 et L. 245-15 est fixé à* (L. n° 2012-1404 du 17 déc. 2012, art. 3-I-A) *« 4,5 % ».*

(L. n° 2010-1594 du 20 déc. 2010, art. 9-II-10°) *« II. — Le produit des prélèvements mentionnés au I est ainsi réparti :*

« — une part correspondant à un taux de (L. n° 2016-1827 du 23 déc. 2016, art. 34-I) *« 1,38 % » à la Caisse nationale* (L. n° 2015-1702 du 21 déc. 2015, art. 24-I-J-2°) *« de solidarité pour l'autonomie » ; »*

(L. n° 2015-1702 du 21 déc. 2015, art. 24-I-J-3°) *« — une part correspondant à un taux de* (L. n° 2016-1827 du 23 déc. 2016, art. 34-I) *« 3,12 % » au fonds mentionné à l'article L. 135-1. »*

CHAPITRE VI DISPOSITIONS COMMUNES

Néant. — V. art. R. 246-1 et R. 246-2.

TITRE CINQUIÈME RÉGIME FINANCIER

CHAPITRE PREMIER GESTION DES RISQUES ET FONDS

SECTION PREMIÈRE ASSURANCES MALADIE, MATERNITÉ, INVALIDITÉ, DÉCÈS, ACCIDENTS DU TRAVAIL ET MALADIES PROFESSIONNELLES

Art. L. 251-1 *Abrogé par L. n° 2000-1257 du 23 déc. 2000, art. 56-II, à compter du 1er janv. 2001.*

Art. L. 251-2 et L. 251-3 *Abrogés par L. n° 2004-810 du 13 août 2004, art. 69-I.*

Art. L. 251-4 *Abrogé par L. n° 2004-810 du 13 août 2004, art. 41-III.*

Art. L. 251-5 *Abrogé par L. n° 94-637 du 25 juill. 1994, art. 21-II.*

V. art. R. 251-1 à R. 251-13, D. 251-3 à D. 251-5.

SECTION II ASSURANCE VIEILLESSE ET ASSURANCE VEUVAGE

Art. L. 251-6 *Abrogé par L. n° 2003-775 du 21 août 2003, art. 31-IV et V, à compter du 1er juill. 2004.*

Art. L. 251-6-1 *(L. n° 99-1140 du 29 déc. 1999, art. 16-I ; L. n° 2001-624 du 17 juill. 2001, art. 6-II) (L. n° 2016-1827 du 23 déc. 2016, art. 34-I)* « Lorsque le solde moyen de trésorerie de l'Agence centrale des organismes de sécurité sociale pour le dernier exercice clos est positif, » la Caisse nationale d'assurance vieillesse *(Abrogé par Ord. n° 2018-470 du 12 juin 2018, art. 9) « des travailleurs salariés »* affecte au Fonds de réserve pour les retraites mentionné à l'article L. 135-6 :

1° Le résultat excédentaire de l'exercice clos de chacun des fonds dont elle a la gestion, à l'exception de celui du régime spécial mentionné à l'article L. 715-1 ; un arrêté conjoint des ministres chargés de la sécurité sociale et du budget fixe chaque année la date de ce versement ; — *V. Arr. du 24 nov. 2005 (JO 6 déc.), mod. par Arr. du 8 déc. 2005 (JO 14 déc.).*

2° Le cas échéant, en cours d'exercice, un montant représentatif d'une fraction de l'excédent prévisionnel de l'exercice tel que présenté par la Commission des comptes de la sécurité sociale lors de sa réunion du second semestre de ce même exercice ; un arrêté conjoint des ministres chargés de la sécurité sociale et du budget détermine les montants à verser ainsi que les dates de versement.

Art. L. 251-7 *Abrogé par L. nº 2012-355 du 14 mars 2012, art. 1er-I-8º, à compter du 1er avr. 2012.*

SECTION III ALLOCATIONS FAMILIALES

Art. L. 251-8 *Abrogé par L. nº 2000-1257 du 23 déc. 2000, art. 56-II et IV, à compter du 1er janv. 2001.*

SECTION IV DISPOSITIONS COMMUNES

Néant. — V. art. R. 251-32 et R. 251-33.

CHAPITRE II DOTATIONS — BUDGETS — ÉTATS PRÉVISIONNELS

SECTION PREMIÈRE ORGANISMES D'ASSURANCE MALADIE, MATERNITÉ, INVALIDITÉ, DÉCÈS, ACCIDENTS DU TRAVAIL ET MALADIES PROFESSIONNELLES

Art. L. 252-1 Pour assurer le service des prestations de *(L. nº 2015-1702 du 21 déc. 2015, art. 59-XI-F, en vigueur le 1er janv. 2016)* « la branche » maladie, maternité, invalidité et décès, la Caisse nationale de l'assurance maladie attribue aux caisses primaires des dotations annuelles, d'une part, pour les soins de santé, d'autre part, pour les incapacités de travail et le décès, établies en fonction des charges qu'elles ont à couvrir, dans des conditions définies par arrêté interministériel après avis du conseil *(Abrogé par L. nº 2004-810 du 13 août 2004, art. 69-I) « d'administration »* de la Caisse nationale.

La Caisse nationale attribue, dans les mêmes conditions aux caisses primaires, les dotations annuelles nécessaires au service de l'assurance "accidents du travail et maladies professionnelles".

Art. L. 252-2 Si les dotations attribuées à une caisse primaire excèdent le montant des charges correspondantes, les excédents constatés à l'issue de chaque exercice sont affectés pour partie à son compte d'action sanitaire et sociale et pour partie au Fonds de réserve de la Caisse nationale, selon les modalités fixées par arrêté interministériel.

Art. L. 252-3 Si les dotations attribuées à une caisse primaire ne lui permettent pas d'assurer la couverture des charges correspondantes, l'équilibre financier doit être maintenu ou rétabli par un prélèvement sur le Fonds de réserve de la Caisse nationale, à concurrence des excédents qui y ont été affectés par la caisse primaire intéressée conformément aux dispositions de l'article L. 252-2, ou, à défaut, par une avance ou une subvention que la Caisse nationale peut accorder sur demande motivée de la caisse primaire. — *V. art. R. 252-1 à R. 252-14.*

SECTION II ORGANISMES D'ASSURANCE VIEILLESSE ET D'ASSURANCE VEUVAGE

Néant. — V. art. R. 252-15 à R. 252-23.

SECTION III ORGANISMES DE PRESTATIONS FAMILIALES

Néant. — V. art. R. 252-24 à R. 252-29.

SECTION IV AGENCE CENTRALE DES ORGANISMES DE SÉCURITÉ SOCIALE ET UNIONS DE RECOUVREMENT

Néant. — V. art. R. 252-30 à R. 252-35.

CHAPITRE III GESTION FINANCIÈRE

Art. L. 253-1 Les ressources recouvrées en exécution du présent code ne peuvent être affectées à une institution autre que celle au titre de laquelle elles sont perçues.

L'autorité compétente de l'État peut ordonner l'exécution des virements qui ne sont pas effectués par une union de recouvrement dans un délai déterminé. — *V. art. R. 253-1 et R. 253-2 et D. 253-1 à D. 253-68, D. 254-1 à D. 254-6.*

SECTION PREMIÈRE LE DIRECTEUR

V. art. D. 253-3 à D. 253-7.

SECTION II L'AGENT COMPTABLE

V. art. D. 253-8 à D. 253-13.

V. aussi art. D. 253-15 s.

CHAPITRE IV COMPTABILITÉ

Néant. — V. art. D. 253-50 à D. 253-54.

CHAPITRE V TRÉSORERIE

Art. L. 255-1 *(L. nº 2008-1330 du 17 déc. 2008, art. 33-I)* Les intérêts créditeurs et débiteurs résultant de la gestion de trésorerie prévue au premier alinéa de l'article L. 225-1 et à l'article L. 225-1-3 ainsi que les produits résultant de celle prévue au dernier alinéa de l'article L. 225-1 sont affectés aux branches gérées par les caisses nationales et aux régimes, organismes et fonds mentionnés à l'article L. 225-1-3 sur la base du solde comptable quotidien de leur trésorerie constaté par l'Agence centrale des organismes de sécurité sociale.

Un décret en Conseil d'État précise les conditions d'application du présent article. — *Les dispositions du présent art. sont applicables aux conventions conclues à compter de 2008 (L. nº 2008-1330 du 17 déc. 2008, art. 33-II). — V. art. R. 255-1 à R. 255-8.*

Art. L. 255-2 *Abrogé par L. nº 2012-1404 du 17 déc. 2012, art. 38-III.*

CHAPITRE VI DISPOSITIONS COMMUNES — DISPOSITIONS DIVERSES

Art. L. 256-1 *Abrogé par L. nº 89-18 du 13 janv. 1989, art. 12-II.*

Art. L. 256-2 *Abrogé par L. nº 2000-1257 du 23 déc. 2000, art. 56-II et IV, à compter du 1er janv. 2001.*

Art. L. 256-3 Les organismes de sécurité sociale sont habilités à purger les hypothèques légales grevant, le cas échéant, les immeubles affectés à la garantie hypothécaire des prêts qu'ils ont consentis.

Art. L. 256-4 *(L. nº 2017-1836 du 30 déc. 2017, art. 78-I)* « A l'exception des » cotisations et majorations de retard, les créances des caisses nées de l'application de la législation de sécurité sociale*[,]* notamment dans des cas mentionnés aux articles L. 244-8, L. 374-1, L. 376-1 à L. 376-3, L. 452-2 à L. 452-5, L. 454-1 et L. 811-6, peuvent être réduites en cas de précarité de la situation du débiteur par décision motivée par la caisse *(L. nº 2017-1836 du 30 déc. 2017, art. 78-I)* « , sauf en cas de manœuvre frauduleuse ou de fausses déclarations ».

V. art. R. 256-1 à R. 256-9.

Sur les exceptions à l'application du droit des usagers de saisir l'administration par voie électronique concernant les démarches effectuées auprès des organismes de sécurité sociale, V. CRPA, App., vº Saisine par voie électronique — Exceptions. — **CRPA**.

Pouvoirs des juridictions contentieuses. Les caisses de sécurité sociale ont seules qualité pour réduire le montant de leurs créances autres que de cotisations et majorations de retard nées de l'application de la législation de sécurité sociale, en cas de précarité de la situation du débiteur ; le juge judiciaire est incompétent pour statuer sur une telle demande. • Soc. 31 oct. 1991, n° 89-20.720 P • 19 mars 1992, n° 89-21.056 P • 11 juill. 2002 : *RJS 2002, n° 1166 (2 esp.).* ♦ V., dans le même sens, • Civ. 2e, 10 mai 2012, n° 11-11.278.

Art. L. 256-5 *Abrogé par L. n° 2005-1579 du 19 déc. 2005, art. 92-VI.*

TITRE SIXIÈME PRÉVENTION, INFORMATION ET ÉDUCATION SANITAIRES, ACTION SANITAIRE ET SOCIALE

(L. n° 88-16 du 5 janv. 1988, art. 1er-VI)

CHAPITRE PREMIER DISPOSITIONS GÉNÉRALES

V. art. R. 261-1 et R. 261-2.

CHAPITRE II PRÉVENTION, INFORMATION ET ÉDUCATION SANITAIRES, ACTION SANITAIRE ET SOCIALE DANS LA BRANCHE MALADIE

(L. n° 88-16 du 5 janv. 1988, art. 1er-VI)

Art. L. 262-1 *(L. n° 88-16 du 5 janv. 1988, art. 1er-VII)* Les caisses primaires *(Ord. n° 2010-177 du 23 févr. 2010, art. 24)* « d'assurance maladie et les caisses d'assurance retraite et de la santé au travail » exercent une action de prévention, d'éducation et d'information sanitaires ainsi qu'une action sanitaire et sociale *(L. n° 98-657 du 29 juill. 1998, art. 75)* « destinées en priorité aux populations exposées au risque de précarité » dans le cadre de programmes définis par l'autorité compétente de l'État, après avis et proposition du conseil *(Abrogé par L. n° 2004-810 du 13 août 2004, art. 69-I) « d'administration »* de la Caisse nationale de l'assurance maladie et compte tenu de la coordination assurée par celle-ci conformément aux dispositions des 3° et 4° de l'article L. 221-1. — *V. art. R. 262-1 à R. 262-11.*

Sur les exceptions à l'application du droit des usagers de saisir l'administration par voie électronique concernant les démarches effectuées auprès des organismes de sécurité sociale, V. CRPA, App., v° Saisine par voie électronique — Exceptions — **CRPA**.

1. En vertu des art. L. 122-1 (4°) et L. 262-1 CSS, les caisses primaires d'assurance maladie exercent une action sanitaire et sociale dans le cadre des programmes définis par l'autorité compétente de l'État. • Soc. 13 janv. 1994 : *CSB 1994. S. 47.*

2. Le prêt de matériel médical pratiqué par une caisse primaire d'assurance maladie, organisme privé chargé de la gestion d'un service public, est conforme à son objet social. • Soc. 13 janv. 1994 : *préc. note 1.*

3. En consentant un tel prêt, la caisse ne commet donc pas de faute dès lors qu'elle exerce cette activité en dehors de tout agissement déloyal au seul bénéfice des assurés du régime général qui s'adressent à elle. • Soc. 13 janv. 1994 : *préc. note 1.*

Art. L. 262-2 *Devient l'art. L. 162-1-12-1 (L. n° 2018-166 du 8 mars 2018, art. 11-I, en vigueur le 1er sept. 2018).*

CHAPITRE III ACTION SOCIALE DANS LA BRANCHE « PRESTATIONS FAMILIALES »

Art. L. 263-1 Les caisses d'allocations familiales exercent une action sanitaire et sociale en faveur de leurs ressortissants et des familles de ceux-ci dans le cadre du programme mentionné au 2° de l'article L. 223-1. — *V. art. R. 263-1 et R. 263-2.*

Sur les exceptions à l'application du droit des usagers de saisir l'administration par voie électronique concernant les démarches effectuées auprès des organismes de sécurité sociale, V. CRPA, App., v° Saisine par voie électronique — Exceptions — **CRPA**.

CHAPITRE IV ACTION SANITAIRE ET SOCIALE DANS LA BRANCHE « VIEILLESSE »

Néant. — V. art. R. 264-1 à R. 264-3.

CHAPITRE V DISPOSITIONS DIVERSES

Néant. — V. art. R. 265-1.

TITRE SEPTIÈME DISPOSITIONS DIVERSES

CHAPITRE PREMIER RELATIONS AVEC LE RÉGIME AGRICOLE

Art. L. 271-1 Les relations d'ordre financier, comptable et administratif entre, d'une part, chacune des trois caisses nationales et l'Agence centrale du régime général des salariés, et, d'autre part, chacune des trois caisses centrales de la mutualité sociale agricole *[la caisse centrale de mutualité sociale agricole]*, représentant les caisses de mutualité sociale agricole sont définies par décret en Conseil d'État.

CHAPITRE II SANCTIONS

Art. L. 272-1 Sont passibles d'une amende de 3 750 € et d'un emprisonnement de six mois les *(L. n° 2004-810 du 13 août 2004, art. 69-I)* « membres du conseil ou les administrateurs », directeurs ou agents de tous les organismes de sécurité sociale en cas de fraude ou de fausse déclaration, dans l'encaissement ou dans la gestion, le tout sans préjudice de plus fortes peines, s'il y échet.

Art. L. 272-2 Le maximum des deux peines sera toujours appliqué au délinquant lorsqu'il aura déjà subi une condamnation pour la même infraction et le tribunal pourra ordonner l'insertion du nouveau jugement dans un ou plusieurs journaux de la localité, le tout aux frais du condamné, sans que le coût de l'insertion puisse dépasser 7,50 €.

CHAPITRE III SURVEILLANCE DES OBLIGATIONS DES EMPLOYEURS ET DES BÉNÉFICIAIRES

Art. L. 273-1 Les autorités compétentes de l'État sont chargées de veiller à l'observation des obligations incombant tant aux employeurs qu'aux bénéficiaires en ce qui concerne l'affiliation et le versement des cotisations. — *V. art. R. 273-1.*

TITRE HUITIÈME CONTRÔLE DE L'ADMINISTRATION— DISPOSITIONS D'APPLICATION DU LIVRE II

CHAPITRE PREMIER CONTRÔLE SUR LES ORGANISMES LOCAUX ET RÉGIONAUX

Art. L. 281-1 La gestion des organismes du régime général est soumise au contrôle de l'État. — *V. art. R. 281-1 à R. 281-10 et D. 281-1 à D. 281-3.*

Art. L. 281-2 En cas de carence *(L. n° 2004-810 du 13 août 2004, art. 69-I)* « du conseil ou du conseil d'administration » ou du directeur d'un organisme du régime général de sécurité sociale, *(L. n° 94-637 du 25 juill. 1994, art. 17-IX)* « l'organisme national compétent », à l'expiration d'un délai déterminé *[art. R. 281-1 : 8 jours]*, peut, au lieu et place *(L. n° 2004-810 du 13 août 2004, art. 69-I)* « du conseil ou du conseil d'administration » ou du directeur, ordonner l'exécution d'une dépense ou le recouvrement d'une recette, lorsque la dépense ou la recette a un caractère obligatoire en vertu d'une disposition législative ou réglementaire ou d'une décision de justice. *(L. n° 94-637 du 25 juill. 1994, art. 17-IX)* « En cas de carence de la Caisse nationale, l'autorité compétente de l'État ordonne elle-même l'exécution de ladite dépense ou le recouvrement de ladite recette. »

(L. n° 2018-1203 du 22 déc. 2018, art. 25-I) « Le directeur comptable et financier » est tenu, sous sa responsabilité, de procéder à l'exécution de la dépense ou au recouvrement de la recette.

Art. L. 281-3 L'autorité compétente de l'État peut :

1° En cas d'irrégularités graves, de mauvaise gestion ou de carence *(L. n° 2004-810 du 13 août 2004, art. 69-I)* « du conseil ou du conseil d'administration » d'une caisse d'allocations familiales ou d'une caisse primaire *(Ord. n° 2010-177 du 23 févr. 2010, art. 24)* « d'assurance maladie, d'une Caisse d'assurance retraite et de la santé au travail » *(L. n° 93-121 du 27 janv. 1993, art. 25)* « ou d'une union de recouvrement des cotisations de sécurité sociale et d'allocations familiales », suspendre ou dissoudre ce conseil et nommer un administrateur provisoire ;

2° Si les irrégularités ou la mauvaise gestion sont imputables à un ou plusieurs membres *(L. n° 2004-810 du 13 août 2004, art. 69-I)* « du conseil ou du conseil d'administration », révoquer ceux-ci, après avis dudit conseil.

1. La dissolution du conseil d'administration revêtant le caractère d'une mesure de tutelle, non d'une sanction, elle n'a pas à être motivée ni précédée d'une procédure contradictoire. • CE 30 mars 2005 : *TPS 2005. Comm. n° 191, obs. Prétot.*

2. Dès lors qu'il avait constaté de graves irrégularités dans la gestion de l'organisme, le ministre était fondé à dissoudre le conseil d'administration et n'était pas tenu de se borner à révoquer certains de ses membres. • CE 30 mars 2005 : *préc. note 1.*

Art. L. 281-4 Les caisses primaires *(Ord. n° 2010-177 du 23 févr. 2010, art. 24)* « d'assurance maladie », les *(Ord. n° 2010-177 du 23 févr. 2010, art. 24)* « caisses d'assurance retraite et de la santé au travail », les caisses d'allocations familiales et la caisse *(L. n° 2012-355 du 14 mars 2012, art. 1er-I-6°, en vigueur le 1er avr. 2012)* « d'assurance retraite et de la santé au travail d'Alsace-Moselle » soumettent leurs statuts et leur règlement intérieur à l'approbation de l'autorité compétente de l'État.

Toute modification aux statuts ou au règlement intérieur doit être également approuvée, préalablement à son entrée en vigueur, par l'autorité compétente de l'État.

Art. L. 281-5 L'autorité compétente de l'État arrête, après avis du conseil *(Abrogé par L. n° 2004-810 du 13 août 2004, art. 69-I) « d'administration »* de la Caisse nationale de l'assurance maladie*[,]* *(Ord. n° 2010-177 du 23 févr. 2010, art. 24)* « de la Caisse nationale d'assurance vieillesse » ou de la Caisse nationale des allocations familiales selon le cas, les modèles de statuts et de règlement intérieur des caisses primaires *(Ord. n° 2010-177 du 23 févr. 2010, art. 24)* « d'assurance maladie et les caisses d'assurance retraite et de la santé au travail » et des caisses d'allocations familiales.

Ces documents comportent des dispositions obligatoires pour toutes les caisses de même catégorie et des dispositions facultatives.

Les dispositions obligatoires du règlement intérieur modèle sont applicables dès leur publication.

Art. L. 281-6 Les dispositions des articles L. 281-4 et L. 281-5 ci-dessus sont applicables aux unions et fédérations de caisses d'assurance maladie constituées en application de l'article L. 216-2, aux fédérations de caisses d'allocations familiales constituées en application de l'article L. 216-4 ainsi qu'aux fédérations mentionnées à l'article L. 216-3 du présent code.

Dans ce dernier cas, le conseil *(Abrogé par L. n° 2004-810 du 13 août 2004, art. 69-I) « d'administration »* de la Caisse nationale de l'assurance maladie et le conseil d'administration de la Caisse nationale des allocations familiales sont appelés l'un et l'autre à donner leur avis.

Art. L. 281-7 *Abrogé par L. n° 94-637 du 25 juill. 1994, art. 21-II.*

CHAPITRE II CONTRÔLE SUR LES ORGANISMES NATIONAUX

Art. L. 282-1 Le règlement intérieur de chaque Caisse nationale et de l'Agence centrale est soumis à l'approbation de l'autorité compétente de l'État. – *V. art. R. 282-1 et R. 282-2.*

CHAPITRE III DISPOSITIONS D'APPLICATION

Art. L. 283-1 Des dispositions réglementaires déterminent, en tant que de besoin, les modalités d'application du livre II et, notamment, celles relatives au contrôle financier. Sauf disposition contraire, elles sont prises par décret en Conseil d'État.

LIVRE TROISIÈME DISPOSITIONS RELATIVES AUX ASSURANCES SOCIALES ET À DIVERSES CATÉGORIES DE PERSONNES RATTACHÉES AU RÉGIME GÉNÉRAL

TITRE PREMIER GÉNÉRALITÉS

CHAPITRE PREMIER CHAMP D'APPLICATION DES ASSURANCES SOCIALES

Art. L. 311-1 **Les assurances sociales du régime général** *(L. nº 2015-1702 du 21 déc. 2015, art. 59-VIII-1º, en vigueur le 1er janv. 2016)* **« assurent le versement des prestations en espèces liées aux » risques ou charges de maladie, d'invalidité, de vieillesse, de décès, de veuvage,** *(L. nº 2001-1246 du 21 déc. 2001, art. 55-X)* **« de maternité, ainsi que de paternité », dans les conditions fixées par les articles suivants.**

Art. L. 311-2 **Sont affiliées obligatoirement aux assurances sociales du régime général, quel que soit leur âge et même si elles sont titulaires d'une pension, toutes les personnes quelle que soit leur nationalité, de l'un ou de l'autre sexe, salariées ou travaillant à quelque titre ou en quelque lieu que ce soit, pour un ou plusieurs employeurs et quels que soient le montant et la nature de leur rémunération, la forme, la nature ou la validité de leur contrat.**

Ces dispositions bénéficient aux personnes exerçant une activité économique réduite à fin d'insertion et bénéficiant d'un accompagnement en matière administrative et financière assuré par une association agréée par le ministre chargé de la sécurité sociale jusqu'au 31 déc. 2014 (L. nº 2007-1786 du 19 déc. 2007, art. 20, mod. par L. nº 2010-1594 du 20 déc. 2010, art. 23, L. nº 2012-1404 du 17 déc. 2012, art. 16). — V. Décr. nº 2008-1168 du 12 nov. 2008 portant application de l'art. 20 de la L. nº 2007-1786 du 19 déc. 2007 de financement de la sécurité sociale pour 2008 (JO 14 nov.), mod. par Décr. nº 2016-979 du 19 juill. 2016 (JO 21 juill.). — V. également Arr. du 12 nov. 2008 fixant le taux des cotisations de sécurité sociale dues au titre des activités économiques réduites à fin d'insertion mentionnées à l'art. 20 de la L. nº 2007-1786 du 19 déc. 2007 de financement de sécurité sociale pour 2008 (JO 14 nov.).

BIBL. ▶ Arséguel et Isoux, Des limites à la dérive de la notion de service organisé, *Dr. soc. 1992. 295* ⊘. – Badel, Actualité de la subordination : aspects de Sécurité sociale, *Dr. ouvrier 2011. 438.* – Barthélemy (Cabinet et associés), L'assujettissement au régime général de sécurité sociale, *JCP E 1994. I. 407* ; Le surprenant statut social de l'avocat salarié, *Dr. soc. 1992. 302* ⊘ ; L'harmonisation du statut social des travailleurs indépendants sur celui des salariés, ou l'extension de la règle des 19 % aux travailleurs non salariés, *JCP E 1994. I. 375* ; Salarié : une définition unique en droit du travail et en droit de la sécurité sociale, *JCP E 1997. I. 911.* – Bichot, Quelle prise en compte des activités non monétarisées par la sécurité sociale ?, *Dr. soc. 1991. 522* ⊘ – Chauchard, La législation de sécurité sociale face aux formes particulières d'emploi, *Dr. soc. 1990. 566* ⊘. – Coursier, Assujettissement au régime général de la sécurité sociale, *TPS 1999. 196* (Hors-série). – Daugareilh, La loi du 11 mai 1998 sur l'entrée et le séjour des étrangers en France, les modifications apportées en droit de la protection sociale, *RDSS 1998. 634* ⊘. – Dirringer, L'avenir du droit de la protection sociale dans un monde ubérisé, *RF aff. soc. 2018/2, p. 33.* – Dole, La situation au regard de la sécurité sociale du religieux-enseignant hors de sa congrégation, *Dr. soc. 1989. 752.* – Dupeyroux, Les conditions de l'affiliation obligatoire au régime général, *D. 1962. Chron. 180* ; Travail et activité sociale, *Dr. soc. 1995. 24* ⊘ – Jeammaud, L'assimilation des franchisés aux salariés, *Dr. soc. 2002. 158* ⊘. – Karaquillo, Activité sportive et salariat, *Dr. soc. 1979. 22.* – G. Lyon-Caen, Quand cesse-t-on d'être salarié ?, *D. 1977. Chron. 109.* – Ngafaounain, Les maîtres contractuels des établissements privés d'enseignement sous contrat à la recherche de leur juge, *Dr. soc. 1994. 767* ⊘. – Pigassou, L'évolution du lien de subordination en droit du travail et en droit de la sécurité sociale, *Dr. soc. 1982. 578.* – Prétot, La répartition des compétences entre la caisse primaire et l'URSSAF pour prononcer l'assujettissement au régime général, *Dr. soc. 1992. 484* ⊘. – Puigelier, Le président du conseil d'administration devenant salarié et vice versa, *JCP E 1994. I. 358.* – Renaux-Personnic, L'avocat salarié : entre indépendance et subordination, *Thèse, 1998, Aix-en-Provence.* – Saint-Jours, Le sport au regard du droit du travail et de la sécurité sociale, *JCP 1977. I. 2848.* – Sauret, Indépendance technique et subordination juridique, *LPA 17 juin 1992.* – J. Savatier, La situation au regard du droit du travail des pasteurs de l'Église réformée, *Dr. soc. 1987. 375.* – R. Savatier, L'artiste ou l'écrivain salarié, *Mél. Levenbach, 269.* – Sinay, Le statut juridique des cadres dirigeants, *Dr. soc. 1982. 70.* – Supiot, Les nouveaux visages de la subordination, *Dr. soc. 2000. 131* ; L'avenir d'un vieux couple : travail et sécurité sociale, *Dr. soc. 1995. 823*. – Tauran, L'assujettissement au régime général de la Sécurité sociale et le critère du lien de subordination : évolutions récentes, *Dr. soc. 2009. 195*. – Verkindt, L'application du droit social aux dirigeants non salariés, *Rev. jur. Île-de-France, Doctr. 1996. 229.*

I. CONDITIONS GÉNÉRALES D'ASSUJETTISSEMENT AU RÉGIME GÉNÉRAL

A. CONTRAT DE TRAVAIL – ÉLÉMENTS

1. *Dispositions d'ordre public.* La seule volonté des parties est impuissante à soustraire un salarié au statut social qui découle nécessairement des conditions d'accomplissement de son travail. • Cass., ass. plén., 4 mars 1983 : *Bull. civ., n° 3 ; concl. Cabannes ; D. 1983. 381, ibid. 1984, GADSS Sirey, 1998. 118, n° 5. IR 164, obs. Béraud.* ♦ V. aussi : • Crim. 29 oct. 1985 : *Bull. crim. n° 335.* ♦ Dans le même sens : • Soc. 17 avr. 1991, n° 88-40.121 P : *D. 1991. IR 139 ; RJS 1991, n° 640* (l'existence d'une relation de travail dépend des conditions de fait dans lesquelles est exercée l'activité des salariés). – V. aussi • Soc. 23 janv. 1997 : *RJS 1997. 245.* ♦ Le statut social d'une personne est d'ordre public et s'impose de plein droit dès lors que sont réunies les conditions fixées pour son application ; seule une décision d'affiliation contraire devenue définitive peut faire obstacle à l'affiliation d'une personne rétroactivement à la date à laquelle les conditions étaient réunies. • Civ. 2e, 26 nov. 2015, n° 14-24.615 P : *RJS 2/16, n° 146.* ♦ Pour qualifier de contrat de travail la relation entre un pasteur et la fédération des églises adventistes, les juges du fond ne peuvent s'attacher uniquement à la dénomination donnée par les parties à leurs rapports. • Soc. 23 avr. 1997 : *RJS 1997, n° 645 ; Dr. soc. 1997. 642, obs. J. Savatier ; D. 1997. IR 123.* ♦ La cour d'appel doit rechercher si le protocole d'accord conclu entre un directeur général d'une SA et le président de la société permet d'établir l'existence d'un contrat de travail. • Soc. 25 nov. 1997 : *RJS 1998, n° 230.*

2. *Présomption de non-salariat.* V. art. L. 311-11 CSS et art. L. 8221-6 C. trav.

a. Prestation de travail

3. *Condition nécessaire.* Le versement de cotisations de sécurité sociale par une personne qui n'exerce ni activité salariée ni travail ne peut avoir pour effet de lui restituer la qualité d'assurée sociale à l'issue de la période de maintien des droits prévue par l'art. L. 161-8 CSS. • Soc. 20 févr. 1997, n° 95-14.681 P : *D. 1997. IR 69 ; RJS 1997, n° 455 ; JS UIMM 1997. 604 ; Dr. soc. 1997. 647, obs. Saint-Jours.* ♦ Un associé non gérant d'une SARL, qui n'exerce aucune activité dans la société et ne dispose d'aucun pouvoir lui en conférant la maîtrise, n'est assujetti à aucun régime de sécurité sociale. • Soc. 4 juill. 1991, n° 89-13.436 P : *RJS 1991, n° 1031.*

b. Rémunération

4. *Condition nécessaire.* Celui qui travaille à titre bénévole chez un architecte pour assurer sa propre formation ne saurait être considéré comme le salarié de ce dernier. • Soc. 27 oct. 1959 : *Bull. civ. IV, n° 1068.* ♦ Dans le même sens : • Cass., ch. réun., 24 juin 1966 : *Bull. civ., n° 4* (le dirigeant de société non rétribué ne peut être assujetti). ♦ V. aussi • Soc. 1er mars 1967 : *Bull. civ. V, n° 197.* ♦ Une cour d'appel ayant retenu que les sommes forfaitaires perçues par les moniteurs et éducateurs représentaient non la rémunération d'un service rendu, mais la compensation de frais engagés par eux, cette circonstance suffisait à elle seule à exclure les intéressés du champ d'application de l'art. L. 311-2 CSS. • Soc. 30 nov. 1995 : *RJS 1996, n° 65.* ♦ L'obligation d'affiliation aux assurances sociales est subordonnée à l'existence d'une activité rémunérée, quels que soient le montant et la nature de cette rémunération. • Soc. 20 mars 1980, n° 78-16.251 P. ♦ La possibilité donnée à une société de modifier unilatéralement la rémunération de ses agents mandataires peut caractériser l'existence d'un lien de subordination. • Soc. 14 mars 1996 : *RJS 1996, n° 590.*

5. *Activités associatives.* Si, dans le cadre d'une association, les membres adhérents de celle-ci peuvent accomplir, sous l'autorité du président de l'association ou de son délégataire, un travail destiné à la réalisation de l'objet social, en ne percevant, le cas échéant, que le strict remboursement des frais exposés par eux, et ceci sans relever des dispositions du code du travail, la seule signature d'un contrat dit « de bénévolat » entre une association et une personne n'ayant pas la qualité de sociétaire, n'exclut pas l'existence d'un contrat de travail, dès l'instant que les conditions en sont remplies (en l'espèce, existence d'un contrat de travail en raison de l'existence d'un lien de subordination et la perception d'une somme forfaitaire dépassant le montant des frais réellement exposés). • Soc. 29 janv. 2002, *Croix-Rouge française,* n° 99-42.697 P : *Dr. soc. 2002. 499, note J. Savatier ; JCP E 2002. 527, note Boulmier ; RJS 2002, n° 315.* ♦ Comp. : • Soc. 26 oct. 1999, n° 97-41.169 P : *Dr. soc. 2000. 149.* ♦ Ne sont pas assujettis les volontaires intervenant sur des chantiers de rénovation conduits par une association d'insertion sociale et professionnelle, encadrés dans l'exécution de leur activité par un animateur salarié de l'association, percevant de celle-ci des indemnités et avantages en contrepartie de leur travail et agissant, de ce fait, sous le contrôle et la direction de l'association. • Civ. 2e, 20 sept. 2005 : *JCP E 2006. 2129, n° 1, obs. Asquinazi-Bailleux ; RJS 2005, n° 1249.* ♦ ... Les membres permanents d'une association qui, bénévoles, ne reçoivent aucune instruction relative au travail, n'ont aucun horaire de travail et gèrent eux-mêmes leur activité, peu important que l'association subvienne à leurs besoins et à leur entretien. • Soc. 31 mai 2001 : *RJS 2001, n° 1336 ; JCP E 2002. 418, n° 5, obs. Vachet.*

6. Entraide. Est assujetti le salarié qui a volontairement quitté son emploi pour s'installer chez son père hors d'état d'effectuer seuls les actes de la vie courante, moyennant l'hébergement, la nourriture et une indemnité pécuniaire dès lors que l'intéressé est allé au-delà de son devoir d'assistance pour exercer une activité profitable à son père dans la dépendance duquel il s'est placé et que les avantages consentis par son père vont au-delà de l'obligation d'un père envers son fils et s'analysent comme la contrepartie des services rendus. • Soc. 7 déc. 1995 : *RJS 1996, n° 156.* ♦ Comp : le tuteur, chargé de la protection d'un incapable majeur, ne peut se trouver placé sous la subordination de celui-ci en qualité de salarié. • Soc. 6 mai 1993, n° 90-13.764 P : *D. 1993. Somm. 267, obs. Prétot ; RJS 1993, n° 650 ; RDSS 1994. 11, obs. Vachet.*

7. Montant de la rémunération. Le versement d'un salaire dérisoire fait obstacle à l'existence d'un contrat de travail. • Soc. 8 févr. 1972, n° 71-40.012 P. ♦ V. aussi • Soc. 11 févr. 1981, n° 79-15.446 P. ♦ Comp : • Soc. 7 juin 1990 : *RJS 1990, n° 611* (même si la rémunération versée aux collaborateurs d'une entreprise de police privée n'est ni régulière ni fixe) • Paris, 12 févr. 1993 : *RJS 1993, n° 473* (la dénomination et l'importance des sommes versées à un dessinateur n'excluent pas l'existence d'un contrat de travail). ♦ V. aussi • Soc. 20 déc. 1990, n° 88-11.846 P : *D. 1991. Somm. 46, obs. Prétot ; RJS 1991, n° 253.* ♦ Le mode de rémunération fondé sur le chiffre d'affaires provenant de la seule activité des chauffeurs ne permet pas d'exclure qu'ils se trouvaient placés dans la situation de salariés travaillant à la tâche. • Soc. 13 juin 1991, n° 88-19.309 P : *D. 1991. IR 207 ; RJS 1991, n° 1032* • 5 déc. 1991 : *RJS 1992, n° 88* (un chauffeur de taxi lié à une société de transports par une clause d'exclusivité, qui perçoit une rémunération fixe, régulière et mensuelle, et qui est soumis à des sujétions est salarié au sens de l'art. L. 311-2 CSS).

8. Condition insuffisante. Le versement de sommes à des personnes extérieures à l'entreprise ne suffit pas à lui seul à caractériser un travail salarié. • Soc. 29 mars 1990 : *RJS 1990, n° 423.* ♦ Dans le même sens : • Soc. 14 mars 1996, n° 94-15.387 P : *D. 1996. IR 124 ; RJS 1996, n° 445.* (versement d'indemnités de parrainage à des clients). ♦ V. déjà : • Soc. 11 févr. 1981, n° 79-15.446 P.

B. CONTRAT DE TRAVAIL – CRITÈRES

9. Exigence d'un lien de subordination. La qualité de salarié implique nécessairement l'existence d'un lien juridique de subordination du travailleur à la personne qui l'emploie. • Civ. 6 juill. 1931, *Bardou : D. 1931. 121, note Pic* • 9 mars 1938 : *DH 1938. 289.* ♦ Dans le même sens : l'absence du lien de subordination exclut l'existence d'un contrat de travail. • Cass., ch. réun., 21 mai 1965 : *Bull. civ., n° 5.*

10. Rôle du juge. Pour décider de l'assujettissement, les juges du fond doivent caractériser les modalités de détermination de la rémunération, le pouvoir de donner des ordres et directives dans l'organisation du travail, d'en contrôler l'exécution et d'en sanctionner les manquements. • Civ. 2e, 16 nov. 2004 (2e esp.) : *D. 2005. Pan. 1902 ; RJS 2005, n° 310 ; TPS 2005. Comm. 17, obs. Prétot* • 4 juill. 2002 : *RJS 2002, n° 1283* • 20 juin 2007, n° 06-17.146 P : *RJS 2007, n° 1113.* ♦ L'exclusion de la présomption de non-salariat ne suffit pas à établir l'assujettissement. • Civ. 2e, 18 oct. 2005 : *JCP S 2006. 1011, note Prétot* (à propos d'apporteurs d'affaires). ♦ Le juge ne peut exclure l'assujettissement sans rechercher si l'entreprise exerçait un contrôle permanent sur l'activité d'indicateurs d'affaires, peu important la nature de la rémunération. • Soc. 10 oct. 2002 : *RJS 2002, n° 1428.*

a. Définition

11. Principe. Le lien de subordination est caractérisé par l'exécution d'un travail sous l'autorité d'un employeur qui a le pouvoir de donner des ordres et des directives, d'en contrôler l'exécution et de sanctionner les manquements de son subordonné. • Soc. 13 nov. 1996, n° 94-13.187 P : *D. 1996. IR 268 ; Dr. soc. 1996. 1067, note Dupeyroux ; RJS 1996, n° 1316 ; JCP E 1997. II. 911, note Barthélemy ; GADSS Sirey 1998. 81, n° 10 ; GADT, 4e éd., n° 2.* (à propos d'une banque utilisant les services de conférenciers et intervenants extérieurs). ♦ Dans le même sens : • Soc. 30 avr. 1997 : *RJS 1997, n° 1015* (indicateurs d'affaires) • 10 juill. 1997 : *RJS 1997, n° 1138 ; Liaisons soc. A1-97* • 5 févr. 1998, n° 96-10.081 P : *RJS 1998, n° 361 ; JCP E 1998. Pan. 545* (techniciens préparateurs de bateaux) • 20 avr. 2000 : *RJS 2000, n° 700 ; BS Lefebvre 2000, n° 516* (à propos d'un mandataire d'une société d'assurance) • 19 juill. 2000 : *TPS 2000. Comm. 362 ; RJS 2000, n° 1141* (à propos d'un chercheur boursier de la Communauté européenne) • 22 mars 2001 : *RJS 2001, n° 783 ; JCP E 2001. 1764, obs. Vachet* (pour des correcteurs du baccalauréat) • 11 mai 2001 : *RJS 2001, n° 913 (2e esp.)* • 10 oct. 2002 : *RJS 2003, n° 73* • Civ. 2e, 27 janv. 2004 : *TPS 2004.*

Comm. 119 • 16 nov. 2004 (2e *esp.*) : *D. 2005. Pan. 1902* ; *RJS 2005, n° 310* ; *TPS 2005. Comm. 17, obs. Prétot* • 6 déc. 2006 : *RJS 2007, n° 269* • 20 juin 2007, n° 06-17.146 P : *D. 2007. AJ 2035* • Soc. 3 juin 2009, n° 08-40.981 P : *D. 2009. AJ 1530, obs. Serna* ; *ibid. 2116, note Cesaro et Gautier* ; *ibid. 2517, note Edelman* ; *RDT 2009. 507, obs. Auzero* ; *RJS 2009. 615, n° 678* ; *Dr. soc. 2009. 780, avis Allix et obs. Dupeyroux* ; *ibid. 931, note Radé* ; *JCP E 2009. 1714, note Thouzellier* ; *JS Lamy 2009, n° 258-2* ; *SSL 2009, n° spécial 1403* (participants à une émission de téléréalité).

12. Salariés détachés. Sont assujettis les salariés détachés par une entreprise américaine dans une filiale française dès lors que les conditions d'exécution du travail, effectué dans le cadre d'un service organisé, sont déterminées unilatéralement par l'employeur, que les intéressés ne supportent pas les risques de leur activité et que leur rémunération est fixée par la société. • Civ. 2e, 8 mars 2005 : *RJS 2005, n° 566.*

13. Transports scolaires. V. C. trav., art. L. 8221-6. ♦ Sont assujettis les particuliers chargés de l'exécution d'un service de transports scolaires pour le compte d'un conseil général dès lors que celui-ci détermine unilatéralement les règles de fonctionnement, que les intéressés sont rémunérés sur des bases tarifaires imposées et qu'ils sont exposés à des sanctions en cas de défaillance dans l'exécution du transport. • Civ. 2e, 31 mai 2005, n° 03-30.741 P : *D. 2005. IR 1591, obs. Astaix* ; *JCP S 2005. 1210, obs. Morvan* ; *RJS 2005, n° 893.*

14. Retraité poursuivant une activité. Le salarié qui poursuit son activité après sa mise à la retraite doit être assujetti au régime général, dès lors qu'il demeure dans la subordination de son employeur. • Soc. 26 mars 1998, n° 96-17.907 P : *TPS 1998, n° 182* ; *RJS 1998, n° 781.* ♦ V. déjà : • Soc. 27 févr. 1985, n° 83-15.965 P (s'agissant d'un comptable effectuant pour le compte d'une société des tâches identiques à celles qu'il y assumait auparavant).

b. Éléments constitutifs

15. Directives. Sont assujettis au régime général de sécurité sociale les distributeurs occasionnels d'hebdomadaires gratuits qui ne travaillent pas pour leur compte mais pour celui d'une entreprise de presse qui les emploie dans le cadre d'un service organisé et selon des directives qu'elle impose. • Cass., ass. plén., 18 juin 1976, n° 74-11.210 P : *D. 1977. Jur. 173, note Jeammaud* ; *JCP 1977. II. 18659, note Saint-Jours* ; *GADSS Sirey 1998, n° 10.* ♦ V. aussi • Soc. 27 févr. 1992 : *RJS 1992, n° 494.* ♦ Dans le même sens, sont assujettis : le médecin tenu de se conformer aux directives de la SARL « SOS médecins » et de lui verser un pourcentage de ses honoraires. • Soc. 3 oct. 1979, n° 78-11.878 P. ♦ ... Les étudiants en médecine qui exercent des tâches d'aides-opératoires auprès de chirurgiens dès lors qu'ils les exerçaient moyennant rémunération suivant les directives et sous la responsabilité des praticiens dans le cadre du service organisé par ceux-ci. • Soc. 10 mai 1990, n° 85-10.958 P : *D. 1990. IR 137* ; *RJS 1990, n° 522.* ♦ ... Le médecin chargé de manière régulière et permanente d'un service de contrôle médical, selon les directives des compagnies d'assurance et moyennant une rétribution tarifée et fixée à l'avance. • Soc. 30 nov. 1995 : *RJS 1996, n° 64.* ♦ ... La personne chargée par une commune de la gestion du terrain de camping, dès lors qu'elle doit notamment se conformer à des directives très strictes tant pour l'exploitation que pour la gestion. • Soc. 25 janv. 1996, n° 93-21.419 P : *RJS 1996, n° 329* ♦ ... Les démarcheurs prospecteurs qui doivent se conformer à des directives pour le secteur géographique, pour lesquels les méthodes de travail ne sont pas laissées à leur initiative et dont le travail est soumis au contrôle des inspecteurs. • Soc. 14 mars 1996, n° 94-12.373 P : *RJS 1996, n° 591.* ♦ ... Les poseurs d'affiches occasionnels dont la rémunération est fixée par la société, et qui travaillent selon les directives générales imposées par celle-ci (nombre d'affiches à poser, périodicité et objet même des distributions). • Soc. 22 mai 1997, n° 95-15.455 P : *RJS 1997, n° 862.* ♦ ... Les techniciens, préparateurs de bateaux, devant remettre en état, dans des délais impartis et selon un horaire fixé par le gérant, les navires participant aux compétitions organisées par la société. • Soc. 5 févr. 1998 : *préc. note 11.*

16. Absence de directives. Ne sont pas assujettis : le médecin expert auprès d'un groupe d'assurances, qui est seul maître de son organisation, qui ne reçoit aucune directive et qui fixe lui-même le montant de ses honoraires. • Soc. 20 déc. 1990, n° 88-15.875 P : *D. 1991. 2. Somm. 335, obs. Prétot* ; *RJS 1991, n° 241.* ♦ V. aussi : • Soc. 23 mai 1991, n° 89-12.661 P : *D. 1991. IR 191* ; *RJS 1991, n° 880.* ♦ ... Le médecin qui n'est soumis à aucun pouvoir de surveillance et de direction dans l'organisation de son activité au sein d'une maison de retraite. • Soc. 12 oct. 1995 : *RJS 1995, n° 1167* • Civ. 2e, 2 mars 2004 : *RJS 2004. 400, n° 594* (2e esp., à propos d'un médecin exerçant son activité dans un centre de cure thermale). ♦ ... Une infirmière libérale assistant des patients pratiquant l'autodialyse dans les locaux d'une association dès lors que l'intéressée organisait son travail sous sa propre responsabilité, sous réserve des directives du médecin prescripteur, l'association ne lui imposant ni son planning ni le choix des patients, qu'elle disposait d'un cabinet d'exercice libéral distinct dont elle supportait les charges, que ses sujétions à l'égard de l'association étaient limitées à un devoir d'information et à sa participation à des réunions de coordination organisées d'un commun accord pour l'utilisation du matériel et que ses honoraires étaient calculés par acte et par patient sur la base du barème des infirmiers libéraux, sans qu'aucun revenu ne lui soit garanti par l'association. • Civ. 2e, 14 sept. 2006 *(3e esp.) : RJS 2006, no 1217.* ♦ V. aussi • Soc. 27 janv. 1994 : *RJS 1994, no 323 ; D. 1994. 2. Somm. 303, obs. Gau* (à propos de personnes exerçant l'activité de désosseurs pour le compte d'une société en complète indépendance et en dehors de toute ingérence et de tout contrôle de la société) • Soc. 11 févr. 1999 : *RJS 1999, no 571* (s'agissant d'un artisan coiffeur exerçant dans un centre hospitalier à la demande des clients, qui fixe ses horaires, coiffe les malades avec son propre matériel, sans mise à sa disposition d'une salle particulière et qui est payé selon le nombre de ses prestations) • Civ. 2e, 6 avr. 2004, no 02-30.859 P : *TPS 2004. Comm. 208 ; RJS 2004, no 739* (concernant un pharmacien biologiste effectuant des remplacements).

17. Pouvoir disciplinaire. Ne sont pas assujettis : les chauffeurs routiers ayant conclu avec une entreprise un contrat de société en participation, dès lors que, notamment, l'existence d'un pouvoir disciplinaire de la société sur les chauffeurs n'est pas établie. • Soc. 13 janv. 1994 : *RJS 1994, no 195.* ♦ ... Les administrateurs des offices publics d'aménagement et de construction qui ne peuvent être révoqués par l'office public. • Soc. 14 oct. 1999, no 97-21.362 P : *RJS 1999, no 1400.* ♦ ... Les agents d'affaires en relation avec une caisse d'épargne ayant à faire souscrire à leur clientèle des dossiers de prêt au profit d'un organisme de crédit. • Soc. 2 mars 2004, no 02-31.092 P : *RJS 2004, no 595.* ♦ ... Le pharmacien biologiste remplaçant qui ne reçoit pas d'ordres ni de directives dans l'exercice de son activité et qui n'est pas soumis à un pouvoir disciplinaire de la société • Civ. 2e, 6 avr. 2004, no 02-30.859 P : *TPS 2004. Comm. 208 ; RJS 2004, no 739.* ♦ Pour décider de l'existence d'un lien de subordination, les juges du fond doivent rechercher, lorsque les interventions de conférenciers sont occasionnelles, si l'absence d'obligation et de sanction n'exclut pas la subordination. • Soc. 21 nov. 1991, no 89-17.491 P : *D. 1992. IR 32 ; RJS 1992, no 69.* ♦ Est censuré l'arrêt d'une cour d'appel qui ne fait référence à aucun pouvoir disciplinaire de la société sur les bénéficiaires des primes. • Civ. 2e, 4 déc. 2008, no 08-12.680. ♦ Doivent être assujettis : les joueurs promotionnels de football d'un club omnisport tenus d'observer les instructions du club et qui, en cas de retard ou d'absences injustifiées, encourent des sanctions. • Soc. 2 juin 1994 : *RJS 1994, no 903.* ♦ ... Les mandataires chargés par une société du recouvrement de créances dès lors, notamment, que l'entreprise dispose à leur égard d'un pouvoir de sanction consistant à décider de ne plus leur confier de mission. • Civ. 2e, 13 déc. 2005, no 04-18.104 P : *JCP S 2006. 1283, note Asquinazi-Bailleux ; RJS 2006, no 269 ; JCP E 2006. 1187 ; RDSS 2006. 169, obs. Verkindt.* ♦ Les obligations contraignantes et sanctionnables par le congédiement imposées aux gérants exploitant un fonds de commerce caractérisent l'existence d'un lien de subordination. • Soc. 4 juin 1992, no 90-22.094 P : *RJS 1992, no 938.* ♦ ... Les médecins soumis au règlement intérieur et dont le contrat peut être rompu pour faute grave par le centre de thalassothérapie. • 13 janv. 2000, no 97-17.766 P : *RJS 2000, no 573 ; JCP E 2000, p. 401 ; BS Lefebvre 2000, no 439.*

18. Participation aux risques. Sont assujettis : l'assistant d'un chirurgien-dentiste qui ne supporte pas les risques d'exploitation du cabinet dans lequel il exerce. • Soc. 22 févr. 1990 : *RJS 1990, no 337.* ♦ V. aussi : • Soc. 4 nov. 1987 : *Bull. civ. V, no 610.* ♦ ... Les mandataires chargés d'enquêtes préalables ou de recouvrement précontentieux de créances. • Civ. 2e, 13 déc. 2005, no 04-18.104 P : *JCP S 2006. 1283, note Asquinazi-Bailleux ; RJS 2006, no 269.* ♦ Ne sont pas assujettis : les infirmières libérales qui, étant rémunérées au pourcentage du chiffre d'affaires qu'elles apportent, participent au risque financier de leur activité. • Soc. 23 janv. 1997 : *RJS 1997, no 325.* ♦ ... Les chauffeurs routiers ayant constitué avec une entreprise de transports une société en participation dans laquelle chacun y trouve son avantage. • Soc. 13 janv. 1994 : *RJS 1994, no 195.* ♦ ... La psychologue dont la rétrocession d'honoraires représente sa participation aux charges du cabinet. • Soc. 14 oct. 1993 : *D. 1994. 2. Somm. 303, obs. Gau ; RJS 1993, no 1131.* ♦ ... Les médecins pratiquant des bilans de santé dans un centre médical, dès lors qu'ils assument les risques de leur activité. • Soc. 11 juin 1992, no 89-21.959 P : *RJS 1992, no 915* • Civ. 2e, 2 mars 2004, no 02-31.153 P : *RJS 2004. 400, no 594 (1re esp.).* ♦ V. aussi : l'entrepreneur sous-traitant qui a le choix des moyens et n'est pas lié par une obligation de non-concurrence. • Soc. 27 oct. 1994 : *RJS 1994, no 1426.*

19. Intégration dans un service organisé (indice). Le travail au sein d'un service organisé peut constituer un indice du lien de subordination lorsque l'employeur détermine unilatéralement les conditions d'exécution du travail. • Soc. 13 nov. 1996 : *préc. note 11.* ♦ Dans le même sens : • Soc. 27 mars 1997 : *RJS 1997, no 736* • 30 avr. 1997 : *préc. note 11* • 10 juill. 1997 : *préc. note 11* • Soc. 4 déc. 1997, no 96-16.442 P : *RJS 1998, no 205 ; JCP E 1998. Pan. 159* (à propos d'ingénieurs-conseils) • Versailles, 23 sept. 1997 : *RJS 1998, no 257* (à propos des animatrices vendeuses en réunions) • Soc. 4 juill. 2002 : *RJS 2002, no 1283* (à propos des apporteurs d'affaires des établissements de crédit) • Civ. 2e, 25 mai 2004, no 02-31.203 P : *D. 2004. Somm. 2612, obs. Prétot ; RJS 2004,* *n° 955 ; TPS 2004. Comm. 269, obs. Prétot* (à propos d'intervenants, d'un informaticien et d'une organisatrice d'une soirée à thème dans un centre d'éducation permanente).

20. Intégration dans un service organisé (oui). L'existence d'un service organisé est établie dès lors que les moniteurs de tennis exercent leurs fonctions sur des courts mis à leur disposition par la société, utilisent le matériel fourni par celle-ci et dispensent leur enseignement dans des conditions qu'elle fixe. • Soc. 10 juill. 1997 : *Liaisons soc. A1-97.* ♦ V. déjà : • Soc. 16 mai 1991 : *RJS 1991, n° 879* (exerce son activité dans le cadre d'un service organisé par une SCP dont il n'est pas associé, le médecin auquel la société confie une tâche définie et fournit les locaux, le personnel, le matériel et le secrétariat) • Civ. 2e, 18 nov. 2003, n° 02-30.756 P : *RJS 2004. 79, n° 101* • Soc. 23 mai 1991, n° 89-12.855 P : *RJS 1991, n° 877* (travaillent dans le cadre d'un service organisé les personnes qui dispensent leur enseignement dans les locaux d'un cours privé à des élèves qui ne sont pas les leurs, qui sont tenus de respecter les programmes officiels et de se conformer à un emploi du temps) • 21 oct. 1993, n° 92-15.842 P : *RJS 1993, n° 1229* • 20 mai 1999 : *RJS 1999, n° 962* (travaillent, dans le cadre d'un service organisé dont les conditions d'exécution sont déterminées unilatéralement par la société de crédit, les vendeurs automobiles qui ne peuvent orienter les clients vers un autre organisme de crédit, utilisent les formulaires fournis par la société et reçoivent un pourcentage sur les contrats signés). ♦ Rappr. • Soc. 21 oct. 1993 : *D. 1993. IR 246* (médecin agréé par la préfecture de police pour apprécier l'aptitude physique des candidats au permis de conduire et des conducteurs). ♦ L'activité d'un responsable commercial d'une agence immobilière est intégrée dans un service organisé dès lors que l'intéressé, outre la mission de prospecter la clientèle dans l'intérêt exclusif de son employeur, dispose d'un pouvoir de contrôle sur les autres négociateurs immobiliers, est rémunéré par des commissions et ne dispose pas du pouvoir d'accorder des remises à la clientèle. • Soc. 21 oct. 1999, n° 98-11.080 P : *JCP E 1999. 1903.*

21. Intégration dans un service organisé (non). L'existence d'un service organisé est exclue : pour les agents mandataires d'une société de construction qui ont la faculté d'employer des sous-agents ainsi que la liberté de vendre d'autres produits sans être astreints à rendre compte régulièrement à la société. • Soc. 15 mars 1990 : *RJS 1990, n° 523.* ♦ ... Pour le médecin-expert qui ne dispose d'aucun cabinet dans les locaux de la société et utilise ses instruments, son matériel et son véhicule personnel. • Soc. 23 mai 1991, n° 89-12.661 P : *RJS 1991, n° 880.*

22. Caractère exclusif de l'activité. Le fait de travailler pour un seul employeur ou d'avoir une seule entreprise cliente exclut la qualité de travailleur indépendant. • Soc. 11 oct. 1979 : *JS UIMM 1979, n° 404.* ♦ V. • Crim. 29 oct. 1985 : *Bull. crim. n° 335* (à propos de faux artisans travaillant exclusivement pour une entreprise).

23. Activité ponctuelle. L'activité ponctuelle exclut tout lien de subordination. N'est pas assujetti l'administrateur auquel a été confié, en raison de ses compétences, un audit consistant en quelques missions spéciales ne revêtant pas un caractère permanent. • Soc. 31 oct. 2000 : *RJS 2001, n° 124 ; JCP E 2001. 1764, n° 3, obs. Vachet.* ♦ V. aussi : • Soc. 20 janv. 1994 : *RJS 1994, n° 302* (2e esp., concernant des sous-agents d'assurances n'apportant des affaires que de manière ponctuelle et limitée à l'agent général d'assurances) • 25 oct. 1990, n° 85-10.258 P : *RJS 1990, n° 1017* (pour des sous-agents exerçant une activité sporadique) • 27 févr. 1992 : *RJS 1992, n° 495.* ♦ En revanche, sont assujettis les médecins intervenant dans un hôpital psychiatrique auprès de patients qui ne les ont pas choisis, interviennent régulièrement, disposent du matériel et du secrétariat de l'établissement et sont rémunérés forfaitairement. • Soc. 23 juin 1994 : *RJS 1994, n° 1179.*

II. APPLICATIONS

A. ACTIVITÉS COMMERCIALES

24. Vendeurs. Le vendeur d'emplacements publicitaires, qui ne réalise aucune opération commerciale pour son propre compte, travaille suivant un horaire déterminé dans les locaux de la société dont il reçoit les directives et est tenu d'observer les délais d'exécution qu'elle lui fixe, n'exerce pas une activité indépendante d'agent commercial. • Soc. 16 janv. 1992 (1re esp.) : *RJS 1992, n° 369.* ♦ Ne sont pas exclus de l'assujettissement au régime général les démonstrateurs-vendeurs liés à une société par un contrat de mandat leur conférant une complète indépendance et leur permettant d'exercer toute activité, autre que celle occasionnelle de démonstrateur, et rémunérés à date irrégulière par des commissions variables supportant la taxe sur la valeur ajoutée : ces éléments étant insuffisants pour rejeter la subordination. • Soc. 16 avr. 1992, n° 90-11.296 P : *RJS 1992, n° 811.* ♦ Ne sont pas assujettis les « indicateurs d'affaires » qui sont des salariés des coopératives, se bornent à indiquer à l'occasion, et de manière irrégulière, les produits d'une société à des clients potentiels, ne reçoivent aucun ordre ni aucune instruction de la société et agissent en toute autonomie et indépendance. • Civ. 2e, 27 janv. 2004 : *préc. note 11.* ♦ V. art. L. 311-3-2° CSS

25. Concessionnaires. Les gratifications versées par une société distributrice, aux plus performants des dirigeants sociaux de sociétés concessionnaires, ne suffisent pas à démontrer l'existence d'un lien de subordination. • Soc. 11 mai 2001 : *RJS 2001, n° 913 (1re esp.).*

26. Salariés d'autres entreprises. Une tâche complémentaire, distincte de leur activité salariée, exercée pour le compte de garagiste ou concessionnaire, accomplie sous l'autorité d'une autre société qui en contrôle l'exécution, est un travail salarié au sens de l'art. L. 311-2 CSS. • Soc. 12 juin 1997 : *RJS 1997, n° 1139* • 20 mai 1999 : *RJS 1999, n° 962.* ♦ Dans le même sens : • Soc. 9 juill. 1992 : *RJS 1992, n° 1152* (pour des employés d'abattoirs apportant leur concours à une société spécialisée dans la collecte des glandes et organes d'animaux). ♦ V. aussi : • Soc. 5 janv. 1983 : *Bull. civ. V, n° 1* • 11 mars 1987 : *Bull. civ. V, n° 127.* ♦ Les sommes versées par un agent général d'assurances à des producteurs salariés d'une compagnie, lesquelles constituent une forme de rémunération courante, et le fait que les contrats apportés profitent directement à l'agent général pour le compte duquel les intéressés travaillent, ne suffisent pas à établir l'existence d'un lien de subordination. • Soc. 27 mai 1993 : *RJS 1993, n° 783* • 2 mars 1995 : *RJS 1995, n° 426* (à propos de vendeurs de grands magasins proposant des contrats de garantie pour le compte d'une autre société) • 11 mai 2001 : *RJS 2001, n° 913* (2e esp., à propos de vendeurs, salariés de concessionnaires, ayant bénéficié de bons d'achat ou de voyages attribués par une entreprise automobile) • Civ. 2e, 16 sept. 2003 : *RJS 2004. 81, n° 102* (à propos de salariés d'agences immobilières ayant fait souscrire à leur clientèle des dossiers de prêt au profit d'une société de crédit) • 2 mars 2004 : *préc. note 17.* ♦ Sont assujettis les animateurs de vente intervenant dans les grandes surfaces pour des opérations ponctuelles, dès lors qu'ils sont contrôlés par le personnel de la grande surface qui en rend compte à la société, laquelle verse la rémunération et garde le pouvoir de contrôler le travail et de sanctionner les manquements. • Soc. 10 oct. 2002 : *RJS 2003, n° 73.*

27. Courtiers. Sont assujettis au régime général les courtiers qui travaillent selon un processus initié de façon exclusive par la société et dont la commission est fixée unilatéralement par elle. • Soc. 15 juin 1995 : *RJS 1995, n° 970.*

28. Franchise. Sont assujetties au régime général les personnes inscrites au registre du commerce et liées par un contrat de franchise à une société, dès lors qu'elles exercent leur activité d'hébergement dans les locaux de la société, sont soumises à l'encadrement administratif et professionnel de celle-ci, laquelle ayant la responsabilité de l'aménagement, de la conception et de l'exploitation des unités d'hébergement en assume la charge et en recueille les profits. Peu importe que leur rémunération leur soit versée par les personnes âgées qu'elles accueillent et non directement par la société. • Soc. 16 juin 1994 : *D. 1996. 2. Somm. 37, obs. Prétot ; RJS 1994, n° 898 ; RDSS 1995. 543, obs. Vachet .* ♦ N'est pas assujettie la personne qui a pour obligation de rechercher et de contacter des clients, de signer avec eux un contrat de prestations de services par lequel elle s'engage à exécuter les opérations d'enlèvement et de distribution dans le strict respect des plages horaires négociées avec les clients, dont l'autonomie non démentie dans les faits la fait échapper au contrôle de la société, et dont rien ne démontre qu'elle doive effectuer la distribution de colis dans une plage horaire très précise et selon un kilométrage déterminé. • Soc. 10 oct. 2002 : *RJS 2002, n° 1429.* ♦ V. art. L. 311-11 CSS, art. L. 8221-6 C. trav.

B. ASSURANCES

29. Sous-agent d'assurance. Sont assujettis les sous-agents d'assurance qui exercent leur activité dans un secteur géographique déterminé, dont le rôle se limite à rechercher les risques assurables pour le compte de l'agent principal, n'encaissent les primes que pour les reverser à l'agent général, sont rémunérés sous forme de commission et ne supportent aucune responsabilité financière. • Soc. 13 juin 1996 : *RJS 1996, n° 1203.* ♦ Ne sont pas assujetties les personnes qui, n'apportant des affaires que de manière ponctuelle et limitée à l'agent général d'assurances, ne relèvent pas de l'art. L. 311-3-5° CSS et ne sont pas placées sous sa subordination. • Soc. 20 janv. 1994 : *RJS 1994, n° 302 (2e esp.).* ♦ V. aussi : • Soc. 25 oct. 1990, n° 85-10.258 P : *RJS 1990, n° 1017* (des sous-agents exerçant une activité sporadique, dont il n'est pas établi qu'elle s'exerce conformément aux directives fixées par l'agent général, ne sont pas intégrés dans un service organisé). ♦ Ni la qualification de mandat donnée par les parties à leurs conventions, ni la liberté d'action laissée aux sous-agents d'assurance n'excluent que ceux-ci exercent leur activité sous la subordination de l'agent général dans le cadre d'un service organisé sous sa responsabilité. • Soc. 2 avr. 1992 : *RJS 1992, n° 677 (2e et 3e esp.).* ♦ V. art. L. 311-5-5° CSS.

30. Agent encaisseur. Est assujetti l'agent encaisseur qui opère sur un secteur précis, rend compte de la réalisation des encaissements à l'agent général et en remet le produit dans un délai déterminé ; peu importe que la rémunération ait été fonction des encaissements réalisés dès lors que le lien de subordination est ainsi établi. • Soc. 20 janv. 2000 : *RDSS 2000. 543 ; RJS 2000, n° 438.*

31. Correspondant local. Ne sont pas assujettis au régime général sur le fondement de l'art. L. 311-2 CSS les correspondants d'une compagnie d'assurance liés à elle par un contrat de mandat, qui se livrent à titre accessoire à des opérations de présentation d'assurances moyennant une commission minime, sans procéder aux encaissements, exercent leur activité en toute indépendance et ne sont astreints à aucun horaire ni soumis à aucun contrôle. • Soc. 27 janv. 1994 : *RJS 1994, n° 302 (1re esp.).*

32. Mandataire. Est assujetti le mandataire d'une société d'assurance-crédit qui travaille habituellement dans un secteur géographique déterminé, selon un mode opératoire précis et impératif et selon les directives de la société, reçoit une rémunération forfaitaire à l'acte dont le barème est fixé, rend compte des affaires traitées et auquel des délais sont imposés, peu important la marge de liberté inhérente à la nature de ses fonctions. • Soc. 20 avr. 2000 : *RJS 2000, n° 700 ; BS Lefebvre 2000, n° 516.* ♦ V. art. L. 311-3, 4°, CSS.

C. ENSEIGNANTS ET ASSIMILÉS

33. Enseignants. Les tâches d'enseignement effectuées par un professeur suivant les programmes officiels, au sein d'une organisation fonctionnant sous la direction et la responsabilité de l'école, même s'il est tenu compte de ses convenances dans l'aménagement des horaires, sont exercées sous la dépendance d'un employeur. • Cass., ass. plén., 4 mars 1983 : *D. 1983. 381, concl. Cabannes ; GADSS Sirey, 1998. 118, n° 5.* ♦ Dans le même sens : les notaires, avocats et professeurs fonctionnaires exerçant une activité d'enseignement dans une école de notariat doivent, au titre de cette activité accessoire, être assujettis au régime général dès lors qu'elle s'intègre dans le service organisé par l'école qui leur verse en contrepartie une rémunération. • Soc. 18 oct. 1990, n° 88-12.363 P : *D. 1990. IR 268 ; RJS 1990, n° 1018* • Civ. 2e, 9 mars 2006 : *JCP E 2006. 1794 ; RJS 2006, n° 625* (à propos de fonctionnaires, magistrats et universitaires dispensant un enseignement dans un centre de formation professionnelle des avocats). ♦ Dès lors qu'elle s'intègre dans un service organisé par l'école qui leur verse une rémunération, l'activité exercée par des enseignants dans un cours privé relève du régime général. • Soc. 23 mai 1991, n° 89-12.855 P : *RJS 1991, n° 877.* ♦ Les enseignants recrutés par un institut de formation musicale, qui exercent dans les locaux et avec les moyens mis à leur disposition, suivant un emploi du temps et un programme établis, et qui reçoivent une rémunération forfaitaire, sont liés à cet organisme par un lien de subordination. • Soc. 27 juin 1996 : *RJS 1996, n° 1090.*

34. Établissements sous contrat. Les maîtres contractuels d'établissement privé ayant conclu un contrat d'association avec l'État demeurent sous la subordination de l'établissement scolaire qui est leur employeur. • Cass., ass. plén., 20 déc. 1991 : *D. 1992. IR 30 ; Dr. soc. 1992. 439, note J. Savatier ; JCP 1992. II. 21850, note Saint-Jours.* ♦ V. aussi : • Soc. 5 févr. 1992 : *Dr. soc. 1992. 439, note J. Savatier* • Cass., ass. plén., 5 nov. 1993 : *JCP 1993. II. 22180, concl. Jéol et note Saint-Jours ; RJS 1993, n° 1227, concl. Jéol.* ♦ V. aussi : • Soc. 12 févr. 1997 : *RJS 1997, n° 244 (1re esp.).*

35. Fonctionnaire. Le fonctionnaire mis à la disposition d'un organisme de droit privé et qui accomplit un travail pour le compte de celui-ci dans un rapport de subordination se trouve lié à cet organisme par un contrat de travail. • Cass., ass. plén., 20 déc. 1996, n° 92-40.641 P : *D. 1997. 276, note Saint-Jours ; LPA 7 févr. 1997, note Morand ; Dr. soc. 1997. 710, note Lachaume ; RJS 1997, n° 244 (2e esp.) ; CSB 1997, A 20.* ♦ V. • T. confl. 10 mars 1997 : *Dr. soc. 1997. 717, concl. Sainte-Rose .* ♦ Comp. : • Civ. 2e, 24 mai 2005 : *RJS 2005, n° 1146* (un fonctionnaire de l'État mis à disposition d'une association et rémunéré par son administration d'origine ne peut prétendre, pour la part de salaire qui lui est versée par l'association, à l'affiliation aux régimes de retraite de base et complémentaire applicable au personnel de ladite association).

36. Formateurs. Les prêtres et religieux qui apportent leur concours à une université catholique pour l'animation de sessions de formation et la sélection de candidats doivent être assujettis au régime général dès lors que ces activités sont distinctes de leur formation sacerdotale et qu'ils se trouvent placés sous la dépendance juridique et administrative de l'université vis-à-vis de laquelle ils ont pris un engagement personnel et direct. • Soc. 20 déc. 1990, n° 88-11.451 P : *RJS 1991, n° 242 ; JCP 1992. II. 21844, obs. Pagnon.* ♦ V. aussi • Soc. 11 janv. 1989 : *RJS 1989, n° 186 ; Dr. soc. 1989. 752, obs. Dole.* ♦ Quelle que soit la liberté pédagogique dont il jouit, un enseignant, engagé pour animer des stages de formation continue au profit de salariés choisis par la société, aux dates fixées de concert et moyennant rémunération, doit être assujetti au régime général. • Soc. 17 mai 1990 : *RJS 1990, n° 612 ; JS UIMM n° 90-529* • 2 avr. 1992 : *JS UIMM n° 92-557.* ♦ L'existence d'un service organisé, justifiant l'assujettissement au régime général d'intervenants ayant donné des conférences aux adhérents d'une association, n'est pas établie dès lors que les dates des interventions, leurs thèmes, le nombre des participants et le montant des honoraires sont fixés par eux. • Soc. 23 mai 1991 : *RJS 1991, n° 878.* ♦ Quelle que soit l'indépendance dont elles disposent, doivent être affiliées au régime général les personnes qui apportent occasionnellement leur concours à un institut de formation permanente pour l'animation de stages, dès lors que celui-ci organise, en fonction des demandes de sa clientèle, dans ses locaux ou ceux de ses clients, des stages de formation professionnelle et se réserve le droit de s'assurer de la bonne marche et de la progression logique des actions de formation. • Soc.

2 juill. 1992, ⚖ n° 90-10.463 P : *RJS 1992, n° 1025.* ♦ Un expert-comptable et commissaire aux comptes doit être assujetti au régime général pour son activité de formateur auprès d'une association d'assistance aux professions libérales dès lors que cette activité consiste à dispenser régulièrement son enseignement dans les locaux de l'association et à ses seuls adhérents, aux dates et selon un horaire qu'elle a définis, sur des thèmes et selon des méthodes établis par celle-ci, une rémunération forfaitaire lui étant versée. • Soc. 19 nov. 1992 : ⚖ *RJS 1993, n° 71.* ♦ V. aussi • Soc. 7 juill. 1994 : ⚖ *RJS 1994, n° 1048.*

37. Un médecin et un psychanalyste qui organisent, dans les locaux de l'hôpital ou à leur cabinet, des séances de travail à l'intention des infirmiers de l'établissement et à la demande de celui-ci, donnant des cours à des auditeurs non choisis pour le compte de l'hôpital moyennant une rémunération à l'heure versée par l'établissement, sont assujettis au régime général. • Soc. 23 juin 1994 : ⚖ *RJS 1994, n° 1179.*

38. En revanche, les membres du jury d'examen sanctionnant la formation reçue dans un centre de formation professionnelle notariale ne sont pas assujettis au régime général pour cette activité, n'étant pas placés sous sa subordination, dès lors qu'ils sont désignés par le premier président de la cour d'appel et le procureur général, que leur intervention est occasionnelle et que le programme et les modalités des examens sont fixés par une autorité autre que celle dans laquelle ils interviennent. L'activité d'enseignement professionnel et de formation permanente dispensée par les notaires dans les centres de formation professionnelle notariale constitue une obligation liée aux autres activités de la profession et imposée dans l'intérêt supérieur de celle-ci : elle ne peut être exercée qu'à titre libéral. • Soc. 6 oct. 1994, ⚖ n° 92-12.164 P : *RJS 1994, n° 1293 ; JCP E 1995. 2. 650, note Taquet.* ♦ Ne peuvent être considérés comme étant placés dans un lien de subordination à l'égard d'un employeur des conférenciers et intervenants extérieurs à l'entreprise qui conviennent avec celle-ci des thèmes de leurs interventions et de leur rémunération et ne sont soumis à aucun ordre, aucune directive, ni aucun contrôle dans l'exécution de leur prestation. • Soc. 13 nov. 1996, ⚖ n° 94-13.187 P : *RJS 1996, n° 1316 ; Dr. soc. 1996. 1067, note Dupeyroux* ✎ *; JS UIMM n° 97-602.*

39. Enseignement sportif. Les professeurs assurant des cours collectifs de tennis, qui sont soumis à des contraintes matérielles imposées par le club, n'ont pour élèves que les adhérents de celui-ci et reçoivent en contrepartie de leurs leçons une rémunération sous forme de rétrocession des sommes versées par les élèves, sont intégrés dans un service organisé par le club qui se comporte comme leur employeur au sens de l'art. L. 311-2 CSS. • Soc. 10 oct. 1991 : ⚖ *RJS 1991, n° 1229.* ♦ N'est pas salarié le professeur de gymnastique qui donne, à sa convenance et en dehors des locaux propres d'un club, des cours pour lesquels il n'est pas rétribué, en sorte qu'il n'est pas établi que le club ait été son employeur, les sommes allouées à l'intéressé, quelle que soit la périodicité des versements ou la régularité des cours, constituant seulement un défraiement de ses frais de déplacement. • Soc. 24 sept. 1992 : ⚖ *RJS 1992, n° 1290.* ♦ Un professeur de judo, affilié pour sa profession à un régime de travailleurs indépendants, choisissant librement sa clientèle, organisant à sa guise son enseignement ainsi que les modalités de son remplacement et dispensant ses cours en dehors des locaux du club, n'est pas intégré dans un service organisé. • Soc. 24 sept. 1992 : ⚖ *préc.* ♦ V. déjà • Versailles, 7 mai 1991 : *RJS 1991, n° 1176.* ♦ L'indépendance inhérente pour tout professeur à l'enseignement de sa discipline est insuffisante pour exclure l'assujettissement de celui-ci au régime général dès lors qu'il est constant que les cours sont dispensés par les enseignants à la demande du club et moyennant une rémunération de sa part, soit dans ses locaux, soit au domicile des élèves désignés par ses soins. • Soc. 11 févr. 1993 : ⚖ *RJS 1993, n° 309.*

40. Chercheur. Est assujetti au régime général le chercheur qui reçoit des instructions très précises concernant les sujets à traiter, est astreint à des délais d'exécution, doit rendre compte de ses travaux et perçoit une rémunération fixe imposée par le laboratoire. • Soc. 14 mars 1991, ⚖ n° 88-20.374 P : *RJS 1991, n° 621 ; D. 1991. 2* ✎*. Somm. 335, obs. Prétot.*

41. Correcteurs. Sont assujettis au régime général les professeurs recrutés aux fins d'assurer les corrections des épreuves du baccalauréat, par le rectorat de l'académie qui leur fixe un horaire de travail, leur impose d'effectuer ce travail dans les locaux qu'il détermine, contre paiement d'un salaire. • Soc. 22 mars 2001 : ⚖ *RJS 2001, n° 783 ; JCP E 2001. 1764, obs. Vachet.* ♦ V. aussi : art. L. 311-3-21° CSS.

D. ÉTUDIANTS

V. art. L. 381-4 CSS.

42. Bourse. N'est pas assujetti : l'étudiant percevant une bourse dans le cadre de la préparation d'une thèse de doctorat dès lors qu'il mène ses études en toute liberté, n'est lié par aucun contrat à son laboratoire, lequel ne lui verse pas de rémunération. • Soc. 26 janv. 1995 : *D. 1996. Somm. 37, note Prétot* ✎ *; RDSS 1995. 775, obs. Vachet* ✎ *; RJS 1995, n° 298.* ♦ ... Une élève infirmière qui, pendant la période de versement d'une bourse d'études attribuée par une clinique, n'accomplissait aucun travail subordonné pour le compte de celle-ci. • Civ. 2e, 18 janv. 2006 : ⚖ *D. 2006. IR 326 ; RDSS 2006. 376, obs. Verkindt* ✎ *; RJS 2006, n° 491.* ♦ Une association qui alloue une bourse à une étudiante effectuant des recherches sur le cancer dans le cadre du laboratoire d'un hôpital n'a pas la qualité d'employeur de cette étudiante dès lors que celle-ci n'est pas placée sous la subordination de l'association. • Soc. 8 nov. 1990 : *RJS 1990, n° 1019 ; RDSS 1991. 292, obs. Vachet*. ♦ Dans le même sens : l'étudiant qui reçoit une bourse de la Fondation pour la recherche médicale, afin de poursuivre des recherches scientifiques nécessaires à la préparation d'une thèse de doctorat, n'est pas salarié de cette fondation, dès lors qu'il a toujours été libre intellectuellement et physiquement à l'égard de celle-ci, n'a pas reçu de rémunération du laboratoire du CNRS où il effectuait sa recherche et dont les responsables ne lui ont apporté qu'une aide purement scientifique sans le placer dans une situation de dépendance. • Paris, 17 déc. 1991 : *RJS 1992, n° 235*. ♦ En revanche, est assujetti le chercheur titulaire d'une bourse de la Communauté européenne, exerçant au sein d'une université, dès lors qu'il est soumis aux règles des agents de l'université concernant les horaires et les congés ainsi qu'aux obligations incombant aux agents publics, qu'il doit solliciter l'autorisation de publier, que les brevets pouvant être tirés de ses travaux restent la propriété de l'université, et qu'il peut être mis fin au contrat s'il cesse de remplir les obligations lui incombant. • Soc. 19 juill. 2000 : *TPS 2000. Comm. 362 ; RDSS 2001. 92*.

43. N'a pas la qualité d'employeur d'un élève ingénieur l'association au sein de laquelle ce dernier effectue, dans le cadre d'une convention, un stage obligatoire se déroulant pendant l'année scolaire et qui a pour finalité la soutenance d'un mémoire devant un jury. • Soc. 5 déc. 1991, n° 89-17.153 P : *RJS 1992, n° 188*. ♦ Dans le même sens • Soc. 8 juill. 1997 : *Liaisons soc. 1997. A1* (l'étudiante qui effectue une mission de trois jours dans le cadre de sa formation n'est pas soumise à un lien de subordination). ♦ V. également, • Civ. 2e, 16 févr. 2012 : *RJS 2012, n° 501 ; JCP S 2012, n° 1201, note Asquinazi-Bailleux ; CSBP 2012. 137, obs. Pansier* (bourses versées par une association pour le compte de l'École normale supérieure de Cachan aux étudiants étrangers qui effectuent des stages de formation en France dans le cadre de leurs études pré- ou post-doctorales).

44. Étudiants en médecine. Des étudiants en médecine de sixième année, qui effectuent des remplacements de médecins libéraux dans des cliniques privées, ne sont pas dans une situation de subordination vis-à-vis de ces praticiens, même si ces derniers leur consentent une rétrocession d'honoraires. • Soc. 10 mai 1990, n° 85-10.958 P : *RJS 1990, n° 522 ; D. 1990. IR 137*. ♦ En revanche, doivent être assujettis les étudiants de deuxième et troisième année accomplissant des tâches d'aides-opératoires auprès de médecins libéraux dans des cliniques privées, dès lors qu'ils exercent cette activité moyennant rémunération, suivant leurs directives et sous leur responsabilité. • Soc. 10 mai 1990 : *préc.*

E. EXPERTS

45. Expert judiciaire. L'expertise judiciaire est par nature exclusive d'un lien de subordination entre celui qui y procède et l'autorité judiciaire dont il tient sa désignation. • Soc. 14 juin 1990 : *D. 1991. 2. Somm. 119, obs. Prétot ; RJS 1990, n° 720* • Civ. 2e, 25 oct. 2006, n° 05-15.408 P : *RJS 2007, n° 101*.

46. Les experts « devant les tribunaux » sont classés dans le groupe des professions libérales et sont obligatoirement affiliés au régime d'assurance maladie-maternité des travailleurs non salariés non agricoles (art. L. 615-1 CSS). • Soc. 10 mars 1994, n° 91-16.691 P : *JCP 1994. II. 22305, obs. Saint-Jours ; RDSS 1995. 128, obs. Vachet ; D. 1994. IR 97*.

47. Ne sont pas intégrés dans un service organisé justifiant leur assujettissement au régime général les médecins-experts les experts automobiles et les experts immobiliers apportant leur concours à une société d'assurance dès lors qu'ils ne sont soumis à aucune directive ou contrôle, procèdent à leurs opérations dans des locaux leur appartenant avec l'assistance d'un personnel qu'ils rémunèrent, utilisent leur propre matériel et fixent eux-mêmes leurs honoraires. • Soc. 21 janv. 1993 : *RJS 1993, n° 307*. ♦ Médecins-experts : V. note 61.

48. Géomètre-expert. Un géomètre-expert devenu directeur technique au sein d'une société coopérative ouvrière de production ne saurait être affilié à la fois à la caisse primaire et à la caisse autonome de retraite des géomètres-experts pour les mêmes risques vieillesse et invalidité-décès. • Soc. 30 juin 1994, n° 91-14.214 P : *RJS 1994, n° 1177*.

F. FONCTIONS DIRIGEANTES

49. Administrateur. La fonction de président d'une association à but non lucratif est en elle-même exclusive d'un lien de subordination, sauf à démontrer que l'intéressé a accompli un travail salarié. • Soc. 3 nov. 1994 : *RJS 1994, n° 1425 ; RDSS 1995. 543, obs. Vachet*. ♦ V. aussi • Soc. 30 mai 1991 : *RJS 1991, n° 1002* (les qualités d'administrateur et de salarié n'étant pas incompatibles, un administrateur qui assure l'animation de stages relève du régime général). ♦ Les administrateurs des caisses de congés payés du bâtiment qui n'exercent pas une activité pour laquelle ils se trouveraient sous la subordination de ces caisses ne sont pas assujettis, les vacations forfaitaires versées n'étant que la contrepartie des sujétions attachées à leurs fonctions. • Soc. 21 mai 1992 : *RJS 1992, n° 912*. ♦ V. déjà • Soc. 31 mai 1989 : *RJS 1989, n° 620*. ♦ N'est pas assujetti l'administrateur auquel a été confié, en raison de ses compétences, un audit consistant en quelques missions spéciales ne revêtant pas un caractère permanent. • Soc. 31 oct. 2000 : *RJS 2001, n° 124.*

50. L'activité de direction du secrétariat et de l'école d'enseignement professionnel d'un syndicat exercée par son administrateur n'est pas exclusive du lien de subordination, sauf à démontrer qu'elle dérive de ses fonctions d'administrateur. • Soc. 23 mai 1991 : *RJS 1991, n° 881.* ♦ La fonction de président d'une fédération départementale est exclusive d'un lien de subordination et constitue une activité non salariée exercée à titre accessoire, sauf à démontrer qu'en plus de son mandat, celui-ci accomplissait un travail au profit de la fédération qui se comportait à son égard en employeur. • Soc. 11 févr. 1993 : *RJS 1993, n° 311.*

51. SARL – Gérants. En raison de leur position majoritaire au sein de la société, les gérants ne sont pas assimilés à des salariés. • Soc. 13 janv. 1988 : *Bull. civ. V, n° 32.* ♦ Dans le même sens : • Soc. 3 févr. 1960 : *Bull. civ. II, n° 93* (détenant la totalité des parts, le gérant de la SARL s'identifie à la société avec laquelle il ne peut avoir aucun lien de subordination) • 25 janv. 1989 : *RJS 1989, n° 203 ; JS UIMM n° 89-513 ; Rev. soc. 1990. 441, obs. Vatinet* • 22 nov. 1990 : *RJS 1991, n° 99.* ♦ V. art. L. 311-3, 11°, CSS. ♦ V. aussi • Soc. 27 juin 1991 : *RJS 1991, n° 1030 ; JS UIMM n° 91-541* (le gérant associé, rémunéré et non-majoritaire doit être assujetti au régime général sans que l'option exercée dès la création de la société pour le régime fiscal des sociétés de personnes puisse y faire obstacle). ♦ Le gérant d'une société qui y exerce les fonctions de directeur technique et commercial et possède le monopole des connaissances techniques ne peut se prévaloir d'un lien de subordination. • Soc. 17 janv. 1989 : *RJS 1989, n° 281.* ♦ Le gérant minoritaire chargé de travaux de rédaction et d'actualisation de l'ensemble des contrats et documents juridiques de la société est assujetti au régime général dès lors que ses interventions sont dictées unilatéralement par la société. • Soc. 6 févr. 2003 : *RJS 2003, n° 536.*

52. Associés. Aucune disposition légale ne prohibe l'assujettissement au régime général d'un associé non gérant, même majoritaire, s'il occupe un emploi qui le place en état de dépendance effective à l'égard du gérant. • Soc. 18 févr. 1976 : *Bull. civ. V, n° 103* • Civ. 2e, 14 sept. 2004 : *RJS 2004, n° 1327.* ♦ Les associés non gérants d'une SARL qui n'exercent aucune activité dans la société ne sont, quelle que soit l'option fiscale effectuée, assujettis à aucun régime de protection sociale, sauf s'ils en ont fait la demande. • Soc. 4 juill. 1991 : *RJS 1991, n° 1031* • 22 nov. 1990 : *RJS 1991, n° 99.* ♦ V. art. L. 311-3-11° CSS.

53. Option fiscale. Le fait qu'une SARL opte pour le régime fiscal des sociétés de personnes dès sa constitution est dépourvu d'incidence sur le régime de sécurité sociale des associés et n'a pas pour effet de leur conférer la qualité de travailleur non salarié. • Soc. 23 janv. 1992, n° 89-20.651 P : *D. 1992. IR 79 ; RJS 1992, n° 363.*

54. Sociétés anonymes – Anciens dirigeants. L'ancien PDG, à qui la société anonyme a confié des fonctions de consultant, exerce cette activité dans un état de subordination justifiant son assujettissement dès lors qu'il est tenu de participer aux opérations de prestige organisées par la société à l'étranger, d'assister à des réunions trimestrielles avec le responsable de l'entreprise, de rendre compte régulièrement de son activité et est rémunéré sur une base journalière forfaitaire déterminée à l'avance. • Soc. 3 mars 1994 : *RJS 1994, n° 896 (2e esp.).* ♦ Dans le même sens : • Soc. 30 mars 1995 : *RJS 1995, n° 724.* ♦ L'ancien PDG exerçant auprès d'une société les fonctions de conseiller technique doit être affilié au régime général dès lors qu'il n'apporte son concours qu'à la société en cause qui définit ses missions d'étude et lui assure une rémunération mensuelle fixe, n'a pas de clientèle personnelle et se trouve soumis à l'autorité de la société qui exerce à son égard les prérogatives d'un employeur. Peu importe que l'intéressé jouisse d'une certaine liberté, celle-ci se justifiant par l'importance de ses anciennes fonctions. • Soc. 26 mai 1994 : *RJS 1994, n° 896 (1re esp.).* ♦ Dans le même sens : • Civ. 2e, 14 févr. 2007 : *RJS 2007, n° 676* et • Soc. 6 oct. 1994 : *RJS 1995, n° 78.* ♦ V. déjà • Soc. 20 déc. 1990 : *RJS 1991, n° 260* (l'ancien PDG devenu conseiller technique de la société, tenu en cette qualité de fournir mensuellement au profit de celle-ci une quantité régulière de travail moyennant une rémunération fixe). ♦ L'activité d'un ancien président du conseil d'administration qui, par son intensité et sa régularité, implique un véritable travail de direction commerciale, et exercée en collaboration d'un service organisé, ne suffit pas à établir l'existence d'un lien de subordination. • Soc. 10 juill. 1997 : *RJS 1997, n° 1138* • 13 nov. 1996 : *préc. note 38.*

55. Société en participation. Ne sont pas assujettis au régime général des chauffeurs routiers ayant constitué avec une entreprise de transports une société en participation dans laquelle chacun y trouve son avantage, ce qui exclut l'existence d'un service organisé dans le seul intérêt de l'entreprise de transports. • Soc. 13 janv. 1994 : *RJS 1994, n° 195.* ♦ V. déjà : • Soc. 14 mai 1992, n° 90-10.081 P : *RJS 1992, n° 806* (les chauffeurs associés d'une société en participation sont en réalité des salariés, les dirigeants exerçant à leur égard les prérogatives d'un employeur) • 13 juin 1991 : *D. 1991. IR 213 ; RJS 1991, n° 1032* (recherche si les chauffeurs qualifiés d'associés en participation ne se trouvent pas en fait dans la situation de salariés travaillant à la tâche).

56. *Société civile professionnelle.* N'ont pas la qualité de salariés les associés d'une société civile professionnelle investis des pouvoirs les plus étendus pour l'administrer. • Soc. 18 mai 2000 : *RJS 2000, n° 880* (au sujet du paiement de la cotisation d'allocations familiales – V. art. R. 241-2 CSS).

57. *Chambre des métiers.* La fonction de président d'une chambre des métiers est une activité non salariée exercée accessoirement à l'activité artisanale. • Soc. 11 févr. 1993 : *D. 1993. IR 70 ; RJS 1993, n° 310.* ♦ V. aussi • Soc. 6 mai 1981 : *Bull. civ. V, n° 311* (pour un président de chambre de commerce).

58. *Syndic.* Le syndic n'est pas lié à ses mandants par un lien de subordination. • Soc. 14 nov. 1958 : *Bull. civ. II, n° 731.*

G. PROFESSIONS MÉDICALES ET PARAMÉDICALES

59. Le médecin qui, tenu à une seule visite annuelle par résident aux dates et heures de son choix, n'établit pas de rapport, n'est soumis à aucune surveillance et présente lui-même sa note d'honoraires, n'est pas assujetti au régime général. • Soc. 12 oct. 1995 : *RJS 1995, n° 1167.* ♦ Dans le même sens • Soc. 13 mars 1997 : *RJS 1997, n° 599* (à propos d'un médecin chargé de visiter des personnes séjournant dans un établissement de repos et de convalescence). ♦ V. déjà • Soc. 23 janv. 1992 : *RJS 1992, n° 343* (missions ponctuelles de médecins et pharmaciens pour l'expérimentation de produits) • 27 févr. 1992 : *RJS 1992, n° 495* (interventions ponctuelles dans un institut médico-éducatif) • Civ. 2e, 2 mars 2004 : *préc. note 16* (s'agissant d'un médecin libéral exerçant son activité dans un centre de thalassothérapie, une journée par semaine, dès lors qu'il conserve la liberté de recevoir ou non les personnes qui se présentent au centre, ne reçoit aucune directive quant au nombre de curistes, fixe et perçoit librement le montant de ses honoraires, prend ses vacances comme il le souhaite et verse au centre un loyer mensuel pour l'occupation de son cabinet et le recours au secrétariat de l'établissement) • 21 juin 2005 : *RJS 2005, n° 1028.* ♦ En revanche, sont assujettis : les médecins intervenant dans un hôpital psychiatrique auprès de patients qui ne les ont pas choisis, exerçant régulièrement, disposant du matériel et du secrétariat de l'établissement et étant rémunérés forfaitairement. • Soc. 23 juin 1994 : *RJS 1994, n° 1179 ; RDSS 1995. 542, obs. Vachet.* ♦ ... Les médecins exerçant leur activité au sein d'un centre de thalassothérapie, la cour d'appel ayant relevé que : les praticiens étaient soumis au règlement intérieur de l'établissement et la société avait, en cas de faute grave des médecins, la faculté de rompre les relations contractuelles avec un préavis réduit à dix jours ; ... ils s'engageaient, pendant les horaires réservés aux consultations, à n'exercer leur profession que pour les curistes et à l'intérieur du centre et à faire assurer par un remplaçant agréé une permanence médicale ; ... leur rémunération était prélevée sur les honoraires perçus directement de ces curistes ; ... la clientèle constituée par ces derniers restait celle de la société. • Soc. 13 janv. 2000, n° 97-17.766 P : *RJS 2000, n° 573 ; JCP E 2000. 401 ; BS Lefebvre 2000, n° 439.*

60. Les médecins qui apportent leur concours à une société d'assurance, en qualité de chefs d'antenne médicale, sont affiliés au régime des salariés dès lors qu'ils sont reliés au service d'assistance de la compagnie par un système d'alerte et perçoivent une rémunération forfaitaire mensuelle. • Soc. 15 nov. 1990 : *RJS 1991, n° 81.*

61. *Médecin-expert.* Le médecin-expert auprès d'une compagnie d'assurances qui examine les assurés à son cabinet personnel, fixe lui-même le montant de ses honoraires, est seul maître de son organisation, n'est soumis à aucun horaire et ne reçoit aucune directive de la compagnie, mène son activité d'expert en pleine indépendance et en dehors de tout service organisé. • Soc. 20 déc. 1990 : *RJS 1991, n° 241* • 23 mai 1991, n° 89-12.661 P : *D. 1991. IR 191 ; RJS 1991, n° 880 (2e esp.).* ♦ Dans le même sens • Soc. 9 juill. 1992 : *RJS 1992, n° 1026 ; RDSS 1993. 78, obs. Vachet* (médecin, agréé par une Caisse nationale de prévoyance, chargé d'examiner l'état de santé des personnes préalablement à la conclusion d'un contrat d'assurance). ♦ Est assujetti le médecin chargé d'assumer pour des compagnies d'assurances de manière régulière et permanente un service de contrôle médical, selon les directives de ces compagnies et moyennant une rétribution tarifée et fixée à l'avance. • Soc. 30 nov. 1995 : *RJS 1996, n° 64.* ♦ V. déjà • Soc. 18 juin 1992, n° 90-13.594 P : *RJS 1992, n° 916* (médecins chargés d'assumer pour un groupement d'assurances un service de contrôle médical au domicile des malades).

62. *Médecin conseil.* Sont susceptibles d'être assujettis les médecins conseils auprès d'une caisse de retraite et de prévoyance, tenus d'examiner les assurés que la caisse leur désigne, laquelle leur verse en contrepartie une rémunération forfaitaire. • Soc. 25 janv. 1990 : *RJS 1990, n° 247 (1re esp.).* ♦ Dans le même sens : doit être affilié au régime général le médecin chargé de vérifier l'état de santé de personnes désireuses de souscrire un contrat d'assurance auprès d'une caisse de prévoyance dès lors que les instructions qu'il doit suivre et les formulaires qu'il doit utiliser montrent que cette mission est organisée par la caisse, la décision finale appartenant au médecin chef de cet organisme exerçant un véritable contrôle sur les conclusions médicales. • Paris, 4 déc. 1989 : *RJS 1990, n° 247 (2e esp.).* ♦ V. aussi • Soc. 12 juill. 1990, n° 88-12.923 P : *RJS 1990,* n° 721 ; D. 1991. 2 ⌀. Somm. 119, obs. Prétot. ♦ Assujettissement de médecins exerçant dans un centre de thalassothérapie. • Soc. 13 janv. 2000, ♧ n° 97-17.766 P.

63. Doit être assujetti le médecin membre de la commission du permis de conduire instituée au sein de la préfecture de police dès lors qu'il examine dans les locaux de la préfecture de police les personnes convoquées par celle-ci, se voit imposer les jours et heures de ses vacations, utilise le matériel de l'administration, est soumis à certaines directives et perçoit une rétribution fixée d'autorité selon un barème ministériel. • Soc. 21 oct. 1993 : *D. 1993. IR 246 ; RJS 1993, n° 1229.* ♦ Rappr. : • CE 28 juill. 1999 : ♧ *RJS 1999, n° 1307.*

64. Remplacement. Un médecin remplaçant un confrère exerce son activité dans le cadre d'un service organisé par une SCP dont il n'est pas associé, dès lors que la société lui confie une tâche définie, lui fournit les locaux, le personnel, le matériel et le secrétariat, le rémunère forfaitairement et qu'il n'a pas le choix de sa clientèle. • Soc. 16 mai 1991 : ♧ *RJS 1991, n° 879.* ♦ Dans le même sens • Soc. 17 déc. 1992 : ♧ *RJS 1993, n° 179* (à propos de médecins remplaçant occasionnellement leurs confrères radiologues associés au sein d'une société civile de moyens). ♦ Travaille hors de tout lien de subordination avec les praticiens qu'il remplace de façon épisodique le chirurgien-dentiste qui exerce son art en toute indépendance, sans recevoir de directive du praticien remplacé, n'est soumis à aucun horaire, ni à aucun contrôle de son activité, peut avoir une clientèle propre et participe à l'aléa économique inhérent à tout exercice libéral. • Soc. 19 juill. 2000 : ♧ *RJS 2000, n° 1299 ; BS Lefebvre 2000, n° 907 ; JCP E 2001. 991, n° 1, obs. Vachet* • Civ. 2e, 18 nov. 2003 : ♧ *préc. note 20* (à propos de médecins remplaçants exerçant au sein d'une unité de soins et de réanimation, dès lors qu'ils effectuent leurs gardes de nuit dans les locaux de ce service, avec le concours de son secrétariat et selon un planning et un horaire déterminés à l'avance, que les patients sont ceux traités dans le même service dont ils ne supportent pas les risques financiers et qu'ils ne signent aucune feuille de soins, ordonnance ou courrier concernant ces malades, que leur activité n'a pas donné lieu à un contrat de remplacement destiné au conseil de l'ordre et que, d'un montant forfaitaire, leur rémunération est fixée unilatéralement par les médecins de l'unité de soins et de réanimation) • Civ. 2e, 2 mars 2004 : ♧ *préc. note 18* • 6 avr. 2004 : ♧ *TPS 2004. Comm. 208 ; RJS 2004, n° 739* (concernant un pharmacien biologiste effectuant des remplacements).

65. Médecin du travail. Les personnes exerçant les fonctions de médecin du travail sont, sous certaines conditions, assujetties au régime général (art. L. 241-1 à L. 241-11 C. trav.). • Soc. 6 févr. 1967 : *JS UIMM n° 260.*

66. Infirmière. Doit être assujettie l'infirmière travaillant quasi exclusivement dans une maison de retraite, selon un système de rotation organisé par les infirmières mais imposé par la direction, n'ayant pas le choix des malades et étant tenue de rendre compte des incidents éventuels à l'infirmière responsable. • Paris, 4 mars 1993 : *RJS 1993, n° 583.* ♦ En revanche, ne sont pas assujetties pour leurs interventions dans une maison de retraite : les infirmières qui élaborent l'organisation de leur service, sont payées à l'acte directement par les pensionnaires qui les choisissent et peuvent en changer librement. • Soc. 13 juin 1996, ♧ n° 94-18.440 P : *RJS 1996, n° 1091.* ♦ ... Les infirmières exerçant leur activité au sein d'une maison de retraite auxquelles le choix des patients n'est pas imposé, qui organisent elles-mêmes leurs services, sont payées à l'acte directement et versent à l'établissement une somme forfaitaire mensuelle en contrepartie d'un local et d'un téléphone. • Soc. 23 janv. 1997 : *RJS 1997, n° 325 (1re esp.).*

67. Les infirmières qui effectuent des prélèvements sanguins au domicile des clients d'un laboratoire, organisent leur travail à leur convenance, utilisent leur matériel et leur véhicule personnels et ne sont pas payées selon un tarif forfaitaire établi par le laboratoire ne relèvent pas du régime général. • Soc. 5 mars 1992, ♧ n° 90-13.324 P : *RJS 1992, n° 496.* ♦ Aucun lien de subordination n'est établi entre des infirmières et un laboratoire d'analyses dès lors qu'elles n'ont pas conclu de convention d'exclusivité avec celui-ci, laissent le libre choix du laboratoire à leurs patients auprès desquels elles interviennent sous leur propre responsabilité, sans contrôle ni directive, et participent au risque financier de leur activité. • Soc. 23 janv. 1997 : ♧ *RJS 1997, n° 325 (2e esp.).* ♦ Une infirmière libérale assistant des patients pratiquant l'autodialyse dans les locaux d'une association ne relève pas du régime général au titre de cette activité dès lors que l'intéressée organisait son travail sous sa propre responsabilité, sous réserve des directives du médecin prescripteur, l'association ne lui imposant ni son planning ni le choix des patients, qu'elle disposait d'un cabinet d'exercice libéral distinct dont elle supportait les charges, que ses sujétions à l'égard de l'association étaient limitées à un devoir d'information et à sa participation à des réunions de coordination organisées d'un commun accord pour l'utilisation du matériel et que ses honoraires étaient calculés par acte et par patient sur la base du barème des infirmiers libéraux, sans qu'aucun revenu ne lui soit garanti par l'association. • Civ. 2e, 14 sept. 2006 ♧ *(3e esp.) : RJS 2006, n° 1217.*

68. Ne relèvent pas du régime général : une religieuse exerçant dans différents centres médicaux une activité d'infirmière et d'assistante sociale pour le compte et au bénéfice de sa congrégation. • Cass., ass. plén., 8 janv. 1993 : ♧

D. 1993. IR 34 ; RJS 1993, n° 180. ♦ V. *Religieux.* ♦ ... Les praticiens qui : assurent des gardes à la demande d'un médecin et selon un horaire imposé ; ... sont soumis aux directives et instructions de ce médecin qui leur verse une rémunération forfaitaire fixée unilatéralement ; ... traitent des patients n'appartenant pas à leur clientèle et ne délivrent pas des feuilles de soins libellées à leur nom ; ... utilisant le matériel de la clinique et bénéficiant de l'assistance de son personnel sans aucune charge ni participation financière, ils ne supportent aucun risque économique. • Civ. 2e, 23 mai 2007 : *RJS 2007, n° 1112.*

69. Masseur-kinésithérapeute. Dès lors qu'ils dispensent leurs soins dans une clinique à une clientèle qui, pour l'essentiel, n'est pas la leur, utilisent le matériel de la clinique et doivent se conformer au règlement intérieur, des masseurs-kinésithérapeutes sont intégrés dans un service organisé. • Soc. 30 janv. 1992, n° 89-18.824 P : *RJS 1992, n° 342.* ♦ Dans le même sens • Soc. 20 févr. 1992 : *RJS 1992, n° 497 (2e esp.).* ♦ En revanche, ne relèvent pas du régime général : le masseur-kinésithérapeute qui, exerçant son activité dans les locaux de la clinique, n'en utilise pas le matériel, a versé un droit d'entrée forfaitaire, reçoit une clientèle propre et perçoit intégralement ses honoraires. • Soc. 20 févr. 1992 : *RJS 1992, n° 497 (1re esp.).* ♦ ... Les masseurs-kinésithérapeutes qui ne sont astreints à aucune organisation de service ou d'horaire, sont choisis par les malades ou leurs familles, soignent leurs patients avec leur propre matériel et sont payés à l'acte. • Soc. 11 févr. 1999 : *RJS 1999, n° 571.*

70. Sage-femme. Doivent être assujetties les sages-femmes réalisant dans une clinique, pour le compte d'un médecin, des cours d'accouchement sans douleur, dès lors que le médecin perçoit, pour ces cours, des rémunérations qu'il rétrocède aux sages-femmes, que ces préparations sont réalisées dans les locaux de la clinique et que le médecin assume la responsabilité de l'acte et en assure la surveillance directe. • Agen, 2 juin 1998 : *RJS 1998, n° 1339.*

71. Psychologue. N'est pas assujetti un psychologue qui pratique des tests dans un centre de psychiatrie et de neurologie, perçoit des honoraires dont il rétrocède un pourcentage déterminé représentant sa participation aux charges du cabinet, ses interventions étant semblables à celles des praticiens libéraux exerçant dans cet établissement. • Soc. 14 oct. 1993 : *RJS 1993, n° 1131.*

H. RELIGIEUX

72. L'existence d'un contrat de travail est exclue entre une religieuse et sa congrégation. • Cass., ass. plén., 8 janv. 1993, n° 87-20.036 P : *D. 1993. IR 34 ; Dr. soc. 1993. 391, rapport Chartier ; JCP E 1993. II. 442, obs. Saint-Jours ; RJS 1993, n° 180.*

73. Une religieuse exerçant dans différents centres médicaux une activité d'infirmière et d'assistante sociale pour le compte et au bénéfice de sa congrégation ne relève pas du régime général. • Cass., ass. plén., 8 janv. 1993 : *préc. note 72.* ♦ Un aumônier exerçant son activité dans un centre hospitalier n'est pas assujetti au régime général au titre de cette activité dès lors qu'il ne reçoit aucun ordre ni rémunération du centre hospitalier et relève uniquement de son supérieur ecclésiastique. • Soc. 20 juin 1991, n° 89-10.579 P : *D. 1991. 2. Somm. 336, obs. Prétot ; RJS 1991, n° 1129.* ♦ Les prêtres et religieux qui apportent leur concours à une université catholique pour l'animation de sessions de formation et la sélection de candidats, doivent être assujettis au régime général dès lors que ces activités sont distinctes de leur formation sacerdotale et qu'ils se trouvent placés sous la dépendance juridique et administrative de l'université vis-à-vis de laquelle ils ont pris un engagement personnel et direct. • Soc. 20 déc. 1990, n° 88-11.451 P : *D. 1991. Somm. 336, obs. Prétot ; JCP 1991. II. 21844, note Pagnon ; RJS 1991, n° 242.*

I. SPORTIFS

74. Joueurs de tennis. Doivent être affiliés au régime général les joueurs de tennis auxquels une association a recours, lors de compétitions promotionnelles, qu'elle paie directement et qui agissent dans le cadre d'un service de spectacle sportif organisé par l'association. • Paris, 2 juill. 1990 : *RJS 1990, n° 723.* ♦ N'est pas établi un lien de subordination entre une joueuse de tennis professionnelle liée à une société par un contrat de parrainage dès lors que les obligations imposées à l'intéressée étaient limitées et que celle-ci conservait la liberté de choisir les compétitions sportives auxquelles elle participerait. • Soc. 16 janv. 1997 : *RJS 1997, n° 326* (pourvoi contre • Paris, 16 janv. 1995 : *D. 1996. Somm. 32, obs. Karaquillo*).

75. Coureur motocycliste. N'est pas assujetti le coureur motocycliste professionnel lié à une société par un contrat l'obligeant à poser pour des photos, à participer à un nombre minimum de compétitions et reconnaissant à la société le droit exclusif d'utiliser son nom et son image pour la publicité de ses produits, dès lors qu'il est placé sur un plan d'égalité dans ses relations avec la société excluant toute notion de subordination. • Versailles, 12 févr. 1991 : *D. 1991. Somm. 397, obs. Karaquillo ; RJS 1991, n° 1175.* ♦ Sur pourvoi : • Soc. 22 juill. 1993 : *D. 1993. IR 200 ; RJS 1993, n° 1020.*

76. Joueurs de football. Doivent être assujettis les joueurs promotionnels d'un club de football dès lors qu'ils perçoivent une rémunération mensuelle fixe, sont tenus d'observer les instructions du club notamment en ce qui concerne les horaires, la discipline, les contrats publicitaires et d'équipement et l'encadrement de l'école de formation, et encourent des sanctions en cas de retard ou d'absences injustifiées. • Soc. 2 juin 1994 : *RJS 1994, n° 928.* ♦ V. déjà : • Soc. 15 oct. 1992 : *RJS 1992, n° 1409* (l'assujettissement d'un joueur professionnel n'est pas exclu dès lors qu'il reçoit du club, en contrepartie de ses prestations, une rémunération fixe mensuelle) et • Soc. 14 juin 1979, n° 77-41.305 P. ♦ Sont assujettis les joueurs professionnels d'un club de football dès lors qu'est établi un lien de subordination, au-delà des relations d'autorité strictement sportives avec l'entraîneur ou l'arbitre. • Soc. 7 déc. 1995 : *RJS 1996, n° 328.* ♦ V. cependant • Soc. 24 mars 1993 : *RJS 1993, n° 479.* ♦ Ne sont pas assujettis les arbitres dès lors que le contrôle qui leur incombe au cours d'un match de football implique une totale indépendance de leur part et que la somme qui leur est allouée ne peut être considérée comme la rémunération d'une activité exercée pour le compte et sous la subordination de l'association sportive. • Soc. 22 mars 1989 : *D. 1990. 2. Somm. 282, obs. Karaquillo ; Dr. soc. 1989. 756, obs. Karaquillo.*

77. Exploitation de l'image. La somme payée par une association sportive pour l'exploitation de l'image et de la notoriété d'un champion du monde, acquises par le joueur dans le cadre de l'exécution de son contrat de travail, a le caractère d'une rémunération versée à l'occasion d'un travail accompli dans un lien de subordination. • Civ. 2e, 14 déc. 2004 : *RJS 2005, n° 311.*

78. Guides. Ne sont pas assujettis les guides de haute montagne qui organisent librement leur travail avec leur propre matériel, sous leur responsabilité personnelle et en dehors de tout contrôle, négocient le montant de leurs honoraires, et n'ont d'autres sujétions que celles inhérentes à l'exécution de tout contrat d'entreprise. • Soc. 15 déc. 1994, n° 91-21.015 P : *D. 1995. IR 30 ; RJS 1995, n° 60 (1re esp.).* ♦ L'assujettissement au régime général d'un guide de haute montagne et d'un accompagnateur ne peut résulter du seul fait que l'association de gestion d'un club de montagne est l'intermédiaire obligatoire entre eux et leurs clients. • Soc. 15 déc. 1994, n° 91-21.015 P : *RJS 1995, n° 60 (2e esp.).*

79. Maître-nageur. Doit être affiliée la personne employée de la mairie en qualité de maître-nageur sauveteur d'une piscine municipale et exerçant des activités accessoires de location de matériel de natation et d'enseignement individuel et collectif de natation dans un lien de subordination avec la mairie. • Soc. 8 déc. 1994 : *RJS 1995, n° 59.*

I. ACTIVITÉS DIVERSES

80. Dessinateur (agent technique). Est assujetti au régime général le dessinateur qui utilise le matériel de l'entreprise, est astreint à un horaire, est rémunéré en fonction du nombre d'heures effectuées, reçoit des directives générales, répartit les tâches entre les ouvriers et suit leur planning d'exécution, n'assume pas personnellement les risques des malfaçons, et est contrôlé dans son travail par un ingénieur de la société. • Soc. 4 oct. 2001 : *RJS 2001, n° 1454.*

81. Auteurs de messages publicitaires. Sont assujettis les auteurs de messages publicitaires dès lors que, d'une part, ils doivent pour l'exécution du travail qui leur est confié, se conformer aux indications et aux délais fixés par la société et s'engagent à réaliser toutes les modifications demandées par elle, d'autre part, la société peut à tout moment mettre fin à l'exécution des conventions qui les unissent et exiger la remise des œuvres en cours de conception. • Civ. 2e, 6 déc. 2006 : *RJS 2007, n° 269.*

82. Fonctionnaires (centralisation des abonnements). Ne sont pas assujettis les fonctionnaires assurant en qualité de correspondants locaux pour le compte d'une société de publication la centralisation des formalités d'abonnement des communes à divers bulletins, les intéressés exerçant leur activité sous l'autorité de l'administration préfectorale, ce qui exclut qu'ils se trouvent dans un lien de subordination à l'égard de la société. • Civ. 2e, 17 janv. 2007, n° 04-30.192 P : *D. 2007. AJ 378 ; RJS 2007, n° 475.*

III. DÉCISION D'ASSUJETTISSEMENT

83. Effet non rétroactif. Si le statut social d'une personne s'impose de plein droit dès lors que sont réunies les conditions de son application, la décision administrative individuelle d'affiliation résultant de l'adhésion à des régimes autonomes s'oppose à ce que l'immatriculation au régime général mette rétroactivement à néant les droits et obligations nés de l'affiliation antérieure. • Soc. 6 déc. 1973, n° 72-13.118 P • 14 juin 1989, n° 86-16.750 P • 27 févr. 1992, n° 89-20.538 P : *RJS 1992, n° 492.* ♦ Dans le même sens : • Soc. 9 avr. 1998, n° 96-17.567 P : *D. 1998. Somm. 384, obs. Prétot ; RJS 1998, n° 630 ; JCP E 1998. 1652, note Taquet ; Liaisons soc. 1998, n° 7906, p. 15 ; TPS 1998. Comm. 214* (cette solution s'applique que l'adhésion à des régimes autonomes soit ou non fondée, et que l'assuré ait ou non perçu de ces régimes des prestations d'assurance maladie). ♦ Rappr. : art. L. 8221-6 C. trav.

84. Portée de l'affiliation. Une affiliation régulière au régime des travailleurs indépendants implique l'adhésion à la fois à l'assurance maladie et à l'assurance vieillesse. • Soc. 16 nov. 1988, n° 86-12.345 P : *RJS 1989, n° 81.* ♦ V. aussi • Soc. 21 mars 1991 : *RJS 1991, n° 622.*

85. L'adhésion sans fraude d'un assuré au seul régime d'assurance vieillesse ne s'oppose pas à ce que l'affiliation au régime général dont il relève en réalité soit prononcée rétroactivement. • Soc. 21 mars 1991 : *préc. note 84.* ♦ Dans le même sens : • Soc. 17 oct. 1991 : *RJS 1991, nº 1358* • 7 avr. 1994, nº 91-15.540 P : *D. 1995. Somm. 29, obs. Prétot* ; *RJS 1994, nº 597* (affiliation à la seule Caisse d'assurance maladie des travailleurs non salariés).

86. Compétence des CPAM. L'avis émis par l'URSSAF ne s'impose pas à la CPAM, seule compétente en matière d'assujettissement à la sécurité sociale. • Soc. 21 nov. 1991 : *RJS 1992, nº 67* • 7 nov. 1991, nº 89-15.515 P : *D. 1991. IR 281 ; RJS 1991, nº 1357.* ♦ Seule la décision de non-assujettissement prise par la caisse primaire d'assurance maladie doit recevoir application en cas de décisions opposées de l'URSSAF et de la caisse primaire. • Soc. 26 mars 1992, nº 89-18.793 P : *RJS 1992, nº 660.* ♦ V. aussi • Soc. 3 juin 1993 : *RJS 1993, nº 782* • 30 avr. 1997 : *RJS 1997, nº 1014.* ♦ Dans le même sens : en l'absence de décision d'admission ou de rejet de la caisse primaire compétente, l'URSSAF a la faculté d'apprécier le caractère subordonné ou indépendant de l'activité en litige. • Soc. 1er avr. 1993 : *RJS 1993, nº 544.*

87. Règles de procédure civile. En application de l'art. 14 C. pr. civ., la qualification des relations de travail liant un praticien radiologue à ses remplaçants ne peut être tranchée sans la mise en cause de ces derniers. • Civ. 2e, 9 mars 2017, nº 16-11.535 P : *RDT 2017. 259, obs. Tournaux* ; *Dr. soc. 2017. 843, chron. Tournaux* ; *Procédures 6-2017, Comm. 128, obs. Bugada ; RJS 5/2017, nº 378.*

Loi nº 2015-1702 du 21 décembre 2015,

De financement de la sécurité sociale pour 2016 (JO 22 déc.).

Art. 28 *(L. nº 2016-1827 du 23 déc. 2016, art. 7-I)* « I. — Les personnes exerçant une activité réduite à fin d'insertion et bénéficiant d'un accompagnement en matière administrative et financière assuré par une association agréée par le ministre chargé de la sécurité sociale sont affiliées au régime social des indépendants. *(Abrogé par L. nº 2017-1836 du 30 déc. 2017, art. 13-II, à compter du 1er janv. 2018) « Elles sont éligibles à l'exonération mentionnée à l'article L. 161-1-1 du code de la sécurité sociale dans les conditions et pour la durée fixées en application du même article L. 161-1-1 ». » — V. notes ss. art.*

II. — Un décret fixe les modalités d'application du I du présent article. Il définit notamment la liste des activités éligibles, les modalités de déclaration de l'activité à l'organisme consulaire concerné, la durée maximale de l'affiliation prévue au I ainsi que les conditions d'agrément et de rémunération des associations. Il fixe également le montant des revenus tirés de l'activité visée en deçà duquel est ouvert le bénéfice de l'affiliation prévue au I.

(Abrogé par L. nº 2016-1827 du 23 déc. 2016, art. 7-I) « III. — Le présent article est applicable à compter du 1er janvier 2016 et jusqu'au 31 décembre 2018, quelle que soit la date à laquelle le contrat d'accompagnement a été conclu durant cette période.

« IV. — Avant le 1er septembre 2016, le Gouvernement remet au Parlement un rapport d'évaluation. »

Les dispositions de l'art. 28-I, issues de la L. nº 2016-1827 du 23 déc. 2016, s'appliquent au titre des périodes courant à compter du 1er janv. 2017 aux personnes débutant une activité réduite à fin d'insertion à compter de cette date et, à leur demande, à celles qui exercent une telle activité depuis une date antérieure (L. préc., art. 7-II).

Les dispositions de l'art. 13-I de la L. nº 2017-1836 du 30 déc. 2017 s'appliquent aux cotisations et contributions sociales dues au titre des périodes courant à compter du 1er janv. 2019 pour les créations et reprises d'entreprise intervenues à compter de cette même date (L. préc., art. 13-IV).

Art. L. 311-3 Sont notamment compris parmi les personnes auxquelles s'impose l'obligation prévue à l'article L. 311-2, même s'ils ne sont pas occupés dans l'établissement de l'employeur ou du chef d'entreprise, même s'ils possèdent tout ou partie de l'outillage nécessaire à leur travail et même s'ils sont rétribués en totalité ou en partie à l'aide de pourboires :

1º Les travailleurs à domicile soumis aux dispositions des articles L. 721-1 *[L. 7411-1 et L. 7412-1]* et suivants du code du travail ;

2º Les voyageurs et représentants de commerce soumis aux dispositions des articles L. 751-1 *[L. 7311-3 et L. 7313-1 s.]* et suivants du code du travail ;

3º Les employés d'hôtels, cafés et restaurants ;

4º Sans préjudice des dispositions du 5º du présent article réglant la situation des sous-agents d'assurances, les mandataires non assujettis à la *(L. nº 2009-1673 du*

30 déc. 2009, art. 2-10) « contribution économique territoriale » mentionnés au 4° de l'article R. 511-2 du code des assurances rémunérés à la commission, qui effectuent d'une façon habituelle et suivie des opérations de présentation d'assurances pour une ou plusieurs entreprises d'assurances telles que définies par l'article L. 310-1 du code des assurances et qui ont tiré de ces opérations plus de la moitié de leurs ressources de l'année précédente ;

5° Les sous-agents d'assurances travaillant d'une façon habituelle et suivie pour un ou plusieurs agents généraux et à qui il est imposé, en plus de la prospection de la clientèle, des tâches sédentaires au siège de l'agence ;

6° Les gérants non salariés des coopératives et les gérants de dépôts de sociétés à succursales multiples ou d'autres établissements commerciaux ou industriels ;

(Abrogé par L. n° 2015-990 du 6 août 2015, art. 19, à compter du 1er janv. 2017) ***« 7° Les conducteurs de voitures publiques dont l'exploitation est assujettie à des tarifs de transport fixés par l'autorité publique, lorsque ces conducteurs ne sont pas propriétaires de leur voiture ; »***

8° Les porteurs de bagages occupés dans les gares s'ils sont liés, à cet effet, par un contrat avec l'exploitation ou avec un concessionnaire ;

9° Les ouvreuses de théâtres, cinémas, et autres établissements de spectacles, ainsi que les employés qui sont dans les mêmes établissements chargés de la tenue des vestiaires et qui vendent aux spectateurs des objets de nature diverse ;

10° Les personnes assurant habituellement à leur domicile, moyennant rémunération, la garde et l'entretien d'enfants qui leur sont confiés par les parents, une administration ou une œuvre au contrôle desquels elles sont soumises ;

11° *(L. n° 94-126 du 11 févr. 1994, art. 36)* « Les gérants de sociétés à responsabilité limitée et de sociétés d'exercice libéral à responsabilité limitée à condition que lesdits gérants ne possèdent pas ensemble plus de la moitié du capital social, étant entendu que les parts appartenant, en toute propriété ou en usufruit, au conjoint, *(L. n° 2011-525 du 17 mai 2011, art. 35-I)* « au partenaire lié par un pacte civil de solidarité » et aux enfants mineurs non émancipés d'un gérant sont considérées comme possédées par ce dernier » ;

(L. n° 2009-526 du 12 mai 2009, art. 76) « 12° Les présidents du conseil d'administration, les directeurs généraux et les directeurs généraux délégués des sociétés anonymes et des sociétés d'exercice libéral à forme anonyme » *(Ord. n° 2015-1497 du 18 nov. 2015, art. 4-1°)* « et les directeurs généraux et les directeurs généraux délégués des institutions de prévoyance, des unions d'institutions de prévoyance et des sociétés de groupe assurantiel de protection sociale » ;

13° Les membres des sociétés coopératives de production ainsi que les gérants, les directeurs généraux, les présidents du conseil d'administration et les membres du directoire des mêmes coopératives lorsqu'ils perçoivent une rémunération au titre de leurs fonctions et qu'ils n'occupent pas d'emploi salarié dans la même société ;

14° Les délégués à la sécurité des ouvriers des carrières exerçant leurs fonctions dans des entreprises ne relevant pas du régime spécial de la sécurité sociale dans les mines, les obligations de l'employeur étant, en ce qui les concerne, assumées par le ou les exploitants intéressés ;

15° Les artistes du spectacle et les mannequins auxquels sont reconnues applicables les dispositions des articles L. 762-1 *[L. 7121-2]* et suivants, L. 763-1 *[L. 7123-2 s.]* et L. 763-2 *[L. 7123-6]* du code du travail.

Les obligations de l'employeur sont assumées à l'égard des artistes du spectacle et des mannequins mentionnés à l'alinéa précédent, par les entreprises, établissements, services, associations, groupements ou personnes qui font appel à eux, même de façon occasionnelle ;

16° Les journalistes professionnels et assimilés, au sens des articles L. 761-1 *[L. 7111-1]* et L. 761-2 *[L. 7111-3 s. et L. 7112-1]* du code du travail, dont les fournitures d'articles, d'informations, de reportages, de dessins ou de photographies à une agence de presse ou à une entreprise de presse quotidienne ou périodique, sont réglées à la pige, quelle que soit la nature du lien juridique qui les unit à cette agence ou entreprise ;

(L. n° 2002-73 du 17 janv. 2002, art. 51-II) « 17° Les personnes agréées qui accueillent des personnes âgées ou handicapées adultes et qui ont passé avec celles-ci à cet effet un contrat conforme aux dispositions de l'article L. 442-1 du code de l'action sociale et des familles ; »

18° *(L. n° 91-1 du 3 janv. 1991, art. 22-III)* « Les vendeurs-colporteurs de presse et porteurs de presse, visés aux paragraphes I et II de l'article 22 de la loi n° 91-1 du 3 janvier 1991 tendant au développement de l'emploi par la formation dans les entreprises, l'aide à l'insertion sociale et professionnelle et l'aménagement du temps de travail, pour l'application du troisième plan pour l'emploi, non immatriculés au registre du commerce ou au registre des métiers » ;

19° *(L. n° 94-126 du 11 févr. 1994, art. 36)* « Les avocats salariés, sauf pour les risques gérés par la Caisse nationale des barreaux français *(Abrogé par Ord. n° 2018-470 du 12 juin 2018, art. 5) « visée à l'article L. 723-1 »*, à l'exception des risques invalidité décès » ;

20° *(L. n° 93-121 du 27 janv. 1993, art. 2-II)* « Les vendeurs à domicile visés *(L. n° 2008-776 du 4 août 2008, art. 61-II)* « à l'article L. 135-1 du code de commerce », non immatriculés au registre du commerce ou au registre spécial des agents commerciaux » ; *(Ord. n° 2018-474 du 12 juin 2018, art. 4)* « lorsqu'ils procèdent par achat et revente de produits ou de services, ils sont tenus de communiquer le pourcentage de leur marge bénéficiaire à l'entreprise avec laquelle ils sont liés » ; *— Les dispositions de l'Ord. n° 2018-474 du 12 juin 2018 s'appliquent aux cotisations et contributions dues pour les périodes courant à compter du 1er sept. 2018 (Ord. préc., art. 16).*

(L. n° 2014-1554 du 22 déc. 2014, art. 8-I-1°) « 21° Les personnes qui contribuent à l'exécution d'une mission de service public à caractère administratif pour le compte d'une personne publique ou privée, lorsque cette activité revêt un caractère occasionnel *(L. n° 2018-1203 du 22 déc. 2018, art. 29)* « , à l'exception des experts requis, commis ou désignés par les juridictions de l'ordre judiciaire ou par les personnes agissant sous leur contrôle afin d'accomplir une mission d'expertise indépendante et qui sont affiliés à un régime de travailleurs non salariés ».

« Un décret précise les sommes, les activités et les employeurs entrant dans le champ d'application du présent 21°. Il fixe les conditions dans lesquelles, lorsque la participation à la mission de service public constitue le prolongement d'une activité salariée, les sommes versées en rétribution de la participation à cette mission peuvent, en accord avec l'ensemble des parties, être versées à l'employeur habituel pour le compte duquel est exercée l'activité salariée, quand ce dernier maintient en tout ou partie la rémunération.

« Il fixe également les conditions dans lesquelles les deux premiers alinéas du présent 21° ne sont pas applicables, sur leur demande, *(L. n° 2016-1827 du 23 déc. 2016, art. 50-I, en vigueur le 1er janv. 2017)* « aux travailleurs indépendants participant à la mission de service public ». Dans ce cas, les sommes versées en rétribution de l'activité occasionnelle sont assujetties dans les mêmes conditions, selon les mêmes modalités et sous les mêmes garanties que le revenu d'activité non salarié, défini à l'article L. 131-6 du présent code, ou les revenus professionnels, définis à l'article L. 731-14 du code rural et de la pêche maritime, que ces personnes tirent de leur profession. » *— Sur l'entrée en vigueur de cet al., V. note ss. art.*

(L. n° 2001-1246 du 21 déc. 2001, art. 7-I et 9-I) « 22° Les dirigeants des associations remplissant les conditions prévues au deuxième alinéa du *d* du 1° du 7 de l'article 261 du code général des impôts ;

« 23° Les présidents et dirigeants des sociétés par actions simplifiées *(L. n° 2009-526 du 12 mai 2009, art. 76)* « et des sociétés d'exercice libéral par actions simplifiées » ;

« 24° Les administrateurs des groupements mutualistes qui perçoivent une indemnité de fonction et qui ne relèvent pas, à titre obligatoire, d'un régime de sécurité sociale ; »

(L. n° 2003-721 du 1er août 2003, art. 21-III) « 25° Les personnes bénéficiaires d'un appui à la création ou à la reprise d'une activité économique dans les conditions définies par l'article L. 127-1 du code de commerce ; »

(L. n° 2004-810 du 13 août 2004, art. 71-I) « 26° Les personnes mentionnées au 2° de l'article L. 781-1 *[L. 7321-1 s.]* du code du travail ; »

(L. n° 2006-450 du 18 avr. 2006, art. 23) « 27° Les fonctionnaires et agents publics autorisés à faire des expertises ou à donner des consultations au titre du décret du

29 octobre 1936 relatif aux cumuls de retraites, de rémunérations et de fonctions, dans le cadre d'activités de recherche et d'innovation, ainsi que ceux qui sont autorisés à apporter leur concours scientifique à une entreprise qui assure la valorisation de leurs travaux au titre de l'article *(Ord. nº 2014-135 du 17 févr. 2014, art. 3)* **« L. 531-8 » du code de la recherche. Toutefois, ces dispositions ne sont pas applicables, sur leur demande, aux personnes inscrites auprès des unions de recouvrement des cotisations de sécurité sociale et d'allocations familiales en qualité de travailleurs indépendants lorsque l'existence d'un lien de subordination avec le donneur d'ouvrage ne peut être établi ; »**

(L. nº 2010-241 du 10 mars 2010, art. 19) **« 28° Les personnes ayant souscrit un service civique dans les conditions prévues au chapitre II du titre Ier *bis* du livre Ier du code du service national ; »**

(L. nº 2006-1294 du 23 oct. 2006, art. 3-1) **« 29° Les arbitres et juges, mentionnés à l'article L. 223-1 du code du sport, au titre de leur activité d'arbitres ou de juges » ;**

(L. nº 2009-526 du 12 mai 2009, art. 76) **« 30° Les présidents des sociétés coopératives de banque, mentionnées aux articles L. 512-61 à L. 512-67 du code monétaire et financier » ;**

(L. nº 2010-1594 du 20 déc. 2010, art. 21-3°) **« 31° Les salariés au titre des sommes ou avantages mentionnés au premier alinéa de l'article L. 242-1-4 » ;**

(L. nº 2014-856 du 31 juill. 2014, art. 48-II-1°) **« 32° Les entrepreneurs salariés et les entrepreneurs salariés associés mentionnés aux articles L. 7331-2 et L. 7331-3 du code du travail » ;**

(L. nº 2015-1702 du 21 déc. 2015, art. 31-I) **« 33° Les gens de mer salariés définis au 4° de l'article L. 5511-1 du code des transports, à l'exclusion des marins définis au 3° du même article, qui remplissent les conditions prévues au 2° de l'article L. 5551-1 du même code ;** — *Les dispositions de cet al. sont entrées en vigueur le 1er janv. 2017 (L. nº 2015-1702 du 21 déc. 2015, art. 31-III).*

« 34° Les gens de mer salariés employés à bord d'un navire mentionné *(L. nº 2016-816 du 20 juin 2016, art. 44-II)* **« aux 1° à 3° de l'article L. 5561-1 » du code des transports, sous réserve qu'ils ne soient soumis ni au régime spécial de sécurité sociale des marins ni au régime de protection sociale d'un État membre de l'Union européenne ou d'un État partie à l'accord sur l'Espace économique européen autre que la France » ;**

(L. nº 2016-1827 du 23 déc. 2016, art. 18-I) **« 35° Les personnes mentionnées aux** *(Ord. nº 2018-470 du 12 juin 2018, art. 7)* **« 6° et 7° » de l'article** *(L. nº 2017-1836 du 30 déc. 2017, art. 15-V, en vigueur le 1er janv. 2018)* **« L. 611-1 » du présent code qui exercent l'option mentionnée à cet article dès lors que leurs recettes ne dépassent pas les seuils mentionnés aux *a* et *b* du 1° du I de l'article 293 B du code général des impôts. Les cotisations et contributions de sécurité sociale dues par ces personnes sont calculées sur une assiette constituée de leurs recettes diminuées d'un abattement de 60 %. Par dérogation, cet abattement est fixé à 87 % pour les personnes mentionnées au** *(Ord. nº 2018-470 du 12 juin 2018, art. 7)* **« 6° » de l'article** *(L. nº 2017-1836 du 30 déc. 2017, art. 15-V, en vigueur le 1er janv. 2018)* **« L. 611-1 » du présent code lorsqu'elles exercent une location de locaux d'habitation meublés de tourisme, définis conformément à l'article L. 324-1 du code du tourisme » ;** — *Sur les dispositions transitoires de l'art. 15 de la L. nº 2017-1836 du 30 déc. 2017, V. ss. le livre VI « Dispositions applicables aux travailleurs indépendants ».*

(L. nº 2017-1836 du 30 déc. 2017, art. 14-I, en vigueur le 1er janv. 2019) **« 36° Les particuliers qui font appel pour leur usage personnel à d'autres particuliers pour effectuer de manière ponctuelle un service de conseil ou de formation en contrepartie d'une rémunération au sens de l'article L. 242-1 du présent code, pour des activités dont la durée et la nature sont définies au décret mentionné au 8° de l'article L. 133-5-6. »**

(L. nº 2014-1554 du 22 déc. 2014, art. 8-I-2°) **« Un décret fixe les modalités d'application du présent article. »** — *Les dispositions issues de la L. nº 2014-1554 du 22 déc. 2014 s'appliquent aux sommes versées à compter du 1er janv. 2015 (L. préc., art. 8-IV).*

Loi n° 91-1 du 3 janvier 1991, *tendant au développement de l'emploi par la formation dans les entreprises, l'aide à l'insertion sociale et professionnelle et l'aménagement du temps de travail, pour l'application du troisième plan pour l'emploi (JO 5 janv., Rect. JO 20 janv.).* **Art. 22** IV. — Un arrêté pris par le ministre chargé de la sécurité sociale *[V. Arr. du 7 janv. 1991, JO 19 janv., cité ss. art. L. 241-2]*, fixe les *(L. n° 2009-431 du 20 avr. 2009, art. 6)* « assiettes » forfaitaires applicables au calcul des cotisations dues au titre des assurances sociales, des accidents du travail, des allocations familiales, ainsi que des autres charges recouvrées par les unions de recouvrement des cotisations de sécurité sociale et d'allocations familiales, auxquelles sont assujetties les rémunérations des personnes visées au 18° de l'article L. 311-3 du code de la sécurité sociale.

Les obligations résultant *(L. n° 91-1406 du 31 déc. 1991, art. 30-II)* « des articles L. 441-2, L. 441-5, R. 441-4, R. 312-4 et R. 243-6 du code de la sécurité sociale » sont à la charge du mandant ou de l'éditeur sur option de ce dernier lorsqu'il n'est pas le mandant du vendeur-colporteur de presse. — *V. Décr. n° 96-678 du 30 juill. 1996 (JO 31 juill.) : fonds pour le remboursement des charges sociales acquittées par les entreprises de presse pour le portage des quotidiens nationaux.*

Art. 22 *bis* *(L. n° 2009-431 du 20 avr. 2009, art. 6)* Les cotisations de sécurité sociale à la charge de l'employeur, du mandant ou de l'éditeur au titre des assurances sociales et des allocations familiales, hors cotisations au titre des accidents du travail et des maladies professionnelles, qui sont dues pour les rémunérations versées au cours d'un mois civil aux vendeurs-colporteurs de presse et aux porteurs de presse mentionnés aux I et II de l'article 22 et pour les activités mentionnées à cet article, font l'objet d'une exonération.

Le montant de cette exonération est calculé chaque mois civil, pour chaque porteur de presse ou vendeur-colporteur de presse. Il ne peut excéder le montant des cotisations patronales dues au titre des assurances sociales et des allocations familiales pour une rémunération égale au salaire minimum de croissance calculé pour un mois.

BIBL. ▶ BOUDINEAU, La protection sociale du conjoint du chef d'entreprise, *LPA 1993. 107.* – BUCHET, Concubinage, vie maritale, vie commune, *Dr. soc. 1997. 288* ✎. – CARBONNIER, Le droit entre le droit et le non-droit. Convient-il de légiférer en matière de concubinage ?, *Population 1992, n° 3.* – CUVILLIER, Sur la protection sociale de l'épouse non active, *Dr. soc. 1988. 531.* – LUSSEAU, Vie maritale et droit de la sécurité sociale, *Dr. soc. 1980. 203.*

A. TRAVAILLEURS À DOMICILE (ART. L. 311-3, 1°)

V. art. L. 7412-1 **C. trav.**

1. Lecteur. Doit être assujettie au régime général de la sécurité sociale la personne à qui une maison d'édition confie, moyennant une rémunération forfaitaire, la lecture d'ouvrages italiens et de manuscrits français à l'effet d'en établir un compte rendu analytique et critique, même si le donneur d'ouvrage n'exerce aucun contrôle sur les travaux de l'intéressée. • Soc. 29 mars 1990, ⚖ n° 87-13.409 P : *RJS 1990, n° 446.*

2. Enseignement à distance. Sont assujettis au régime général les rédacteurs et correcteurs à domicile effectuant leurs travaux dans le cadre d'un service d'enseignement par correspondance mis en place par un institut de formation au profit de ses élèves dès lors qu'ils accomplissent la tâche qui leur est demandée dans des délais et sur des thèmes qui leur sont imposés et moyennant une rémunération forfaitaire. • Soc. 7 juill. 1994 : ⚖ *RJS 1994, n° 1048.* ♦ V. déjà • Soc. 23 nov. 1978, ⚖ n° 77-11.805 P • 23 nov. 1988, ⚖ n° 86-13.100 P • 16 mai 1991, ⚖ n° 89-10.381 P (peu importe le caractère variable de la rémunération).

3. Rédacteurs. Le rédacteur d'articles historiques qui choisit librement ses sujets et effectue son travail de création en dehors de toute norme préétablie exerce une activité littéraire à ses risques et périls et ne peut être considéré comme un travailleur à domicile au sens des art. L. 721-1 C. trav. et L. 311-3, 1°, CSS. • Soc. 22 janv. 1981, ⚖ n° 77-12.854 P. ♦ La loi du 11 mars 1957 sur la propriété littéraire et artistique n'interdit pas à l'auteur d'une œuvre de l'esprit de conclure un contrat de travail avec son éditeur. • Soc. 22 janv. 1981, n° 79-693 P. ♦ Les rédacteurs correcteurs qui reçoivent une rémunération forfaitaire d'une société d'édition sont des travailleurs à domicile auxquels s'impose l'affiliation au régime général. • Soc. 11 oct. 1979, ⚖ n° 78-12.261 P.

4. Traducteurs. L'affiliation d'une traductrice au régime d'assurance maladie des artistes et auteurs ne peut être écartée au seul motif qu'elle exerçait son activité à domicile sans que les juges se soient expliqués sur la qualité d'artiste-auteur de l'intéressée. • Soc. 16 nov. 1989 : ⚖ *RJS 1990, n° 72.* ♦ Une personne qui effectue à son domicile des traductions d'allemand et d'anglais, qui est rémunérée sur la base d'un tarif convenu au mot traduit, doit être assujettie au régime général. • Soc. 3 juin 1981, ⚖ n° 80-10.084 P.

5. Dessinateurs. Un dessinateur qui réalise des jeux types de dessins commandés par une société éditrice, laquelle impose des conditions de format et de délais contrôlées à la livraison moyennant une rémunération forfaitaire, doit être affilié au régime général. • Soc. 17 mai 1978, n° 77-10.352 P. ♦ V. aussi • Soc. 17 mai 1978, n° 76-14.721 P. ♦ Dans le même sens : doit être affilié le maquettiste dessinateur publicitaire travaillant à domicile, rémunéré à l'annonce et exécutant ses dessins suivant des normes préétablies, dans les délais imposés et sous le contrôle de l'entreprise. • Soc. 23 juin 1982, n° 81-13.369 P. ♦ N'est pas assujetti au régime général : le dessinateur illustrateur qui peut refuser le sujet du dessin qui lui est proposé par l'éditeur, lequel lui alloue une indemnité variable. • Soc. 22 janv. 1981, n° 79-12.795 P. ♦ ... Le dessinateur spécialisé dans la décoration publicitaire qui reçoit une rémunération en fonction des difficultés du travail et du temps approximatif nécessaire à la réalisation de l'ouvrage. • Soc. 23 janv. 1985 : *JS UIMM 1985. 52, SJ 104.*

6. Tapissière. Bien qu'inscrite comme artisan au répertoire des métiers, une tapissière a la qualité de travailleur à domicile dès lors qu'elle reçoit une rémunération forfaitaire et n'a pas de clientèle privée, peu important la violation de la clause de non-concurrence. • Soc. 5 janv. 1995, n° 91-41.174 P : *D. 1995. IR 60 ; Dr. soc. 1995. 189* ; *RJS 1995, n° 166.*

7. Activité de dénoyautage. Dès lors qu'un prix fixe par kilogramme de pruneaux à dénoyauter est fixé à l'avance, et que le travail est effectué dans les locaux situés à la même adresse que celle de la personne physique et indépendants de ceux de l'entreprise donneur d'ouvrage, l'activité de dénoyautage de pruneaux est soumise au régime général de la sécurité sociale en application des art. L. 721-1 s. C. trav. • Agen, 5 mai 1998 : *JCP E 1998. 2005.*

B. VRP (ART. L. 311-3, 2°)

V. art. L. 7311-3 et L. 7313-1 s. **C. trav.**

8. Pour être assujetti au régime général en application de l'art. L. 311-3, 2°, CSS, il suffit que l'activité de prospection de l'intéressé entre dans les prévisions de l'art. L. 751-1 C. trav., lequel définit les conditions d'application du statut de VRP, sans qu'il soit nécessaire d'établir l'existence d'un lien de subordination. • Soc. 27 févr. 1992, n° 89-21.375 P : *RJS 1992, n° 491.* ♦ Ne relève donc pas du régime général de sécurité sociale l'intermédiaire de commerce dont l'activité consiste à mettre en rapport des vendeurs et des acquéreurs de biens immobiliers et de fonds de commerce sans prendre d'ordre ni passer de commande. • Soc. 27 févr. 1992, n° 89-21.375 P : *RJS 1992, n° 541.*

9. N'est pas assujettie au régime général la personne qui prospecte la clientèle à sa convenance, décide librement de l'organisation et de la fréquence de ses tournées, a la faculté d'employer des préposés et négocie des opérations commerciales moyennant une rémunération à la commission au nom et pour le compte d'une société. • Soc. 9 juin 1994 : *RJS 1994, n° 1294.* ♦ V. déjà • Soc. 30 janv. 1992, n° 89-17.664 P *RJS 1992, n° 344.*

10. Les délégués médicaux relèvent du régime général en qualité de représentants statutaires, dès lors que leur commission est invariable, qu'ils prospectent, pour le compte exclusif de la société et dans un secteur déterminé, une clientèle définie de médecins et de pharmaciens, sont tenus de se conformer à des instructions, d'établir un compte rendu hebdomadaire et de réaliser un chiffre d'affaires minimum. • Soc. 17 déc. 1992 : *RJS 1993, n° 181.* ♦ V. aussi • Soc. 27 mars 1997 : *RJS 1997, n° 736.*

C. EMPLOYÉS D'HÔTELS, CAFÉS ET RESTAURANTS (ART. L. 311-3, 3°)

11. Le régisseur d'un restaurant d'entreprise qui embauche et débauche le personnel, supporte la responsabilité civile de son activité, est inscrit au registre du commerce et organise son travail librement n'est pas assujetti au régime général. • Soc. 24 mars 1971 : *Bull. civ. V, n° 243.*

D. MANDATAIRES DE COMPAGNIE D'ASSURANCE (ART. L. 311-3, 4°)

12. Les dispositions de l'art. L. 311-3, 4°, CSS se suffisent à elles-mêmes sans qu'il y ait lieu de rechercher l'existence d'un lien de subordination entre l'agent et son employeur. • Soc. 14 juin 1972 : *Bull. civ. V, n° 430.*

13. Des correspondants locaux mandataires d'une compagnie d'assurance, dont l'activité de présentation d'assurance n'entre pas dans les prévisions de l'art. L. 311-2 CSS, ne peuvent être assujettis au régime général que s'ils remplissent les conditions prévues à l'art. L. 311-3, 4°, du même code. • Soc. 23 mai 1991, n° 88-20.105 P : *RJS 1991, n° 876.* ♦ Dans le même sens : n'entrent pas dans les prévisions de l'art. L. 311-3, 4°, CSS les correspondants locaux, liés individuellement à la compagnie par un contrat de mandat, dès lors qu'ils ont pour mission de recevoir, de vérifier et de transmettre les propositions ou les modifications de contrats, ne sont pas soumis à la taxe professionnelle, sont payés au moyen de commissions et ne tirent pas de leurs opérations plus de la moitié de leurs ressources de l'année précédente. • Soc. 21 janv. 1993 : *RJS 1993, n° 307* • 24 sept. 1992 : *RJS 1992, n° 1289* (les juges du fond doivent rechercher, au-delà des stipulations des contrats, si les conditions prévues à l'art. L. 311-3, 4°, sont réunies).

E. SOUS-AGENTS D'ASSURANCE (ART. L. 311-3, 5°)

V. art. L. 311-2 CSS.

14. Le sous-agent d'assurance ne saurait être assujetti au régime général de sécurité sociale sur le fondement de l'art. L. 311-3, 4°, CSS, ce texte visant uniquement les mandataires des entreprises d'assurances travaillant directement pour une ou plusieurs compagnies. • Soc. 25 mai 1988 : *Bull. civ. V, n° 308.*

15. Le sous-agent d'assurance répondant aux conditions posées par l'art. L. 311-3, 5°, CSS est assujetti au régime général de sécurité sociale sans qu'il soit nécessaire de rechercher l'existence d'un lien de subordination dans ses rapports avec l'agent général. • Soc. 21 nov. 1968 : *Bull. civ. V, n° 523.* ♦ Relèvent du régime général les sous-agents d'assurance qui exercent habituellement leur activité dans un secteur géographique déterminé, dont le rôle consiste uniquement à rechercher les risques assurables pour le compte de l'agent principal, encaissent les primes pour les reverser à l'agent général et n'ont pas de responsabilité financière. • Soc. 13 juin 1996 : *RJS 1996, n° 1203.*

16. Ne sont pas assujetties au régime général les personnes apportant leur concours à un agent général d'assurance dès lors qu'elles n'ont aucune obligation de se livrer à la prospection de clientèle et qu'il n'est pas établi que la tâche d'encaissement des primes comme celle de prospection était exécutée conformément à des directives fixées par l'agent général. • Soc. 25 oct. 1990, n° 85-10.258 P : *RJS 1990, n° 1017.* ♦ V. aussi • Soc. 20 janv. 1994 : *RJS 1994, n° 302* (personnes apportant de manière ponctuelle et limitée des affaires à un agent d'assurance).

F. GÉRANTS DE DÉPÔTS DE SOCIÉTÉS À SUCCURSALES MULTIPLES (ART. L. 311-3, 6°)

V. art. L. 7321-1 s. C. trav.

17. L'art. L. 311-3, 6°, CSS comprend parmi les personnes affiliées obligatoirement au régime général de la sécurité sociale, les gérants de dépôts de sociétés à succursales multiples ou d'autres établissements commerciaux, sans que ce texte, ni l'art. L. 781-1 C. trav., fasse de distinction selon les modalités de la rémunération des intéressés ou du règlement des comptes ; peu importe que le dépositaire achète et revende, ou non, les marchandises. • Soc. 28 juin 1979 : *Bull. civ. V, n° 591.*

18. Gérants de stations-service. Les gérants de stations-service doivent être affiliés au régime général de la sécurité sociale, aussi bien en vertu de l'art. L. 311-3, 6°, CSS, en tant que gérants, qu'en vertu de l'art. L. 311-2 du même code, lorsque l'art. L. 781-1, 2°, C. trav. est reconnu applicable aux intéressés. • Soc. 19 oct. 1977 : *Bull. civ. V, n° 546* • 17 mai 1978 : *Bull. civ. V, n° 361.* ♦ V. déjà • Soc. 24 févr. 1977 : *Bull. civ. V, n° 150.* ♦ ...Peu importe l'exercice d'une activité accessoire telle que la vente d'essence et de lubrifiants. • Soc. 6 oct. 1977 : *Bull. civ. V, n° 520.* ♦ V. aussi • Soc. 26 févr. 1981 : *Bull. civ. V, n° 171* (il n'y a pas lieu de distinguer l'activité principale de pompiste et celle accessoire résultant des services fournis à la clientèle) • Soc. 13 mars 1985 : *Bull. civ. V, n° 166* (est assujetti le gérant dont l'activité de prestation de services est mineure au regard de la distribution de produits pétroliers fournis par la société). ♦ Relève du régime général un couple de gérants de station-service dont l'activité s'exerçait dans les seuls locaux de la station-service et consistait essentiellement à vendre le carburant et les produits proposés par la société. • Soc. 26 févr. 1981 : *Bull. civ. V, n° 169.* ♦ Doit être assujetti le locataire-gérant d'une station-service auquel la compagnie pétrolière impose un ensemble d'obligations particulièrement contraignantes, démonstratives de l'existence d'un lien de subordination, et interdit toute politique personnelle de prix, sa marge bénéficiaire sur la vente de carburants étant trop étroite. • Soc. 3 févr. 1988 : *Bull. civ. V, n° 84.*

19. Lorsqu'un gérant libre de station-service, outre la vente des produits d'une société pétrolière, assure en toute indépendance le lavage, le graissage et l'entretien des véhicules, activités pour lesquelles il dispose de locaux, les dispositions de l'art. L. 781-1 C. trav., ni par conséquent celles de l'art. L. 311-3, 6°, CSS, ne lui sont applicables. • Soc. 28 juin 1979 : *Bull. civ. V, n° 591.* ♦ V. aussi • Soc. 16 févr. 1983 : *Bull. civ. V, n° 89* (pour un gérant libre tenu par une clause d'exclusivité dont l'activité ne répond pas aux conditions de l'art. L. 781-1 C. trav.). ♦ L'artisan qui a adjoint à son fonds de réparation de machines agricoles la vente de carburant à la pompe n'est pas assujetti de ce chef au régime général de la sécurité sociale dès lors que l'intéressé exerce dans ses propres locaux et à ses risques et profits, qu'il est propriétaire des installations et conserve à l'égard de son fournisseur liberté d'action et indépendance. • Soc. 14 janv. 1981 : *Bull. civ. V, n° 29* • Soc. 25 juin 1998 : *RJS 1998, n° 1307* (n'est pas assujetti le gérant dès lors que le contrat n'impose aucune condition d'exploitation, et que, si la société impose les prix de revente des produits pétroliers, les prix des autres produits et prestations proposés par la station-service échappent à son contrôle et à ses directives).

G. CONDUCTEURS DE VOITURES PUBLIQUES (ART. L. 311-3, 7°)

20. N'est pas assujettie au régime général la personne chargée de convoyer occasionnellement une voiture à ses risques et périls et moyennant une rémunération forfaitaire. • Soc. 18 déc. 1947 : *JCP 1949. II. 4644.* ♦ Dans le même sens : • Soc. 9 janv. 1969 : *Bull. civ. V, n° 13.*

21. Doivent être assujettis les chauffeurs de taxi dès lors, d'une part, que le propriétaire pourvoit à l'entretien du véhicule, l'utilise comme il l'entend et peut en interdire l'usage au chauffeur, le privant ainsi de son instrument de travail et, d'autre part, que le chauffeur n'a pas la possibilité de fixer librement le prix avec le client et a l'obligation de se mettre à la disposition du propriétaire des taxis dès qu'un client demande à être transporté. • Civ. 2e, 6 déc. 1963 : *Bull. civ. II, n° 811 ; JCP 1964. IV. 7.*

H. PORTEURS DE BAGAGES (ART. L. 311-3, 8°)

22. Porteur. N'est pas assujetti au régime général de sécurité sociale le porteur aux halles qui travaille sans aucune régularité, établit lui-même le prix du transport et n'est soumis à aucun contrôle ni à aucun employeur régulier. • Civ. 2e, 3 févr. 1960 : *Bull. civ. II, n° 90.*

I. ASSISTANTES MATERNELLES (ART. L. 311-3, 10°)

23. V. art. 123-1 s. CASF.

J. GÉRANTS MINORITAIRES (ART. L. 311-3, 11°)

24. Pour la détermination de la qualité de gérant, l'art. L. 242-8° CSS (devenu art. L. 311-3-11°) s'attache exclusivement à celle résultant de la définition légale qui ne permet pas de donner une base juridique à l'assimilation entre le gérant de droit et le gérant de fait. • Civ. 2e, 19 nov. 1965 : *Bull. civ. II, n° 915.*

25. Gérant majoritaire. Un gérant ne saurait faire valoir qu'il est en instance de divorce avec son épouse pour écarter la règle selon laquelle les parts appartenant en toute propriété ou en usufruit au conjoint du gérant sont considérées comme possédées par lui pour l'appréciation du caractère majoritaire ou minoritaire de la gérance. • Soc. 22 mars 1990, n° 87-16.376 P : *RJS 1990, n° 442.* ♦ V. aussi : • Bordeaux, 19 sept. 1997 : *RJS 1998, n° 232 ; JCP E 1998. 1683, chron. G. Vachet* (l'affiliation au régime général est refusée à une gérante salariée minoritaire de SARL qui détient avec son époux plus de la moitié du capital social ; peu importe que le mariage ait été contracté sous le régime de la séparation de biens). ♦ La présomption édictée par l'art. L. 311-3, 11°, CSS, en ce qui concerne les parts appartenant au conjoint, ne peut être étendue à celles détenues par la concubine. • Soc. 12 mai 1971 : *Bull. civ. V, n° 353.*

26. EURL. Le cogérant de l'associé unique de l'EURL, et en conséquence membre d'une cogérance majoritaire, doit être assujetti au régime d'assurance vieillesse des travailleurs non salariés des professions industrielles et commerciales. • Soc. 3 déc. 1998 : *RJS 1999, n° 125.* ♦ Les membres d'un collège de gérants de société à responsabilité limitée et de société d'exercice libéral à responsabilité limitée ne sont pas affiliés obligatoirement au régime général, en application de l'art. L. 311-3, 11°, lorsqu'ils détiennent ensemble plus de la moitié du capital social, même si certains d'entre eux ne sont pas porteurs de parts. • Civ. 2e, 31 mai 2018, n° 17-17.518 P : *RJS 8-9/2018, n° 568 ; JCP S 2018. 1289, note Tauran.* ♦ L'époux de l'unique associée, seule détentrice des parts, doit être considéré comme gérant majoritaire et comme tel affilié au régime d'assurance vieillesse des travailleurs non salariés des professions artisanales. • Soc. 22 nov. 2001 : *RJS 2002, n° 358.*

27. Gérant minoritaire. Un gérant minoritaire ou égalitaire ne saurait utilement invoquer, pour faire écarter son affiliation au régime général de la sécurité sociale, les parts appartenant à un cogérant de fait prétendu. • Soc. 21 mars 1972 : *Bull. civ. V, n° 239.*

28. Parts détenues par l'intermédiaire d'une autre société. Ont la qualité de gérants majoritaires les cogérants qui, bien que minoritaires au titre des parts qui leur appartiennent personnellement dans la société, possèdent en fait plus de la moitié du capital social par l'entier contrôle qu'ils exercent sur des sociétés anonymes porteuses de la majorité des parts de la société à responsabilité limitée et dont ils sont les présidents-directeurs généraux et les principaux actionnaires. • Soc. 22 oct. 1969 : *Bull. civ. V, n° 562.* ♦ Ne relève pas du régime général la gérante statutaire d'une SARL qui possède la moitié des parts avec une cogérante, dès lors qu'avec son mari, en qualité d'actionnaires majoritaires, elle détient le contrôle d'une SA : dans ces conditions, la gérante de la SARL a, par personne ou société interposée, la possession desdites parts en sus des siennes propres et de celles de sa cogérante, en sorte qu'elle n'est pas gérante non majoritaire au sens de l'art. L. 311-3, 11°, CSS. • Soc. 14 janv. 1993 : *RJS 1993, n° 308.* ♦ Le fait qu'un président-directeur général d'une société anonyme soit le mari de la gérante d'une SARL, ne possédant elle-même que quelques parts dans cette société, est insuffisant pour établir le caractère majoritaire de la gérance même si la société anonyme est majoritaire au sein du capital de la SARL, dès lors que les juges n'ont pas établi avec précision la répartition du capital de la société anonyme. • Soc. 12 mars 1970 : *Bull. civ. V, n° 195.* ♦ Le fait, pour le gérant d'une société à responsabilité limitée dans laquelle il ne possède que quelques parts d'être également gérant d'une autre SARL détenant la majorité du capital social de la première société, ne suffit pas à lui conférer la qualité de gérant majoritaire de la filiale dès lors qu'il n'est que minoritaire dans la société porteuse de parts. • Soc. 9 déc. 1970 : *Bull. civ. V, n° 705.* ♦ Ne peut être considéré comme gérant minoritaire le gérant d'une SARL qui, bien que porteur d'un nombre limité de parts dans cette société, a pour cogérant le directeur d'une société qui possède la majorité des parts de la SARL et dont le capital social est détenu, en son intégralité, par une troisième société, dont à son tour le capital social appartient pour moitié audit cogérant et à sa mère en sorte que celui-ci a, par l'intermédiaire des deux autres sociétés, le contrôle de la SARL en cause. • Soc. 2 juill. 1974 : *Bull. civ. V, n° 403.*

29. *Rémunération.* Les gérants non majoritaires ne sont obligatoirement assujettis au régime général des salariés que s'ils sont rémunérés. • Cass., ch. réun., 24 juin 1966 : *Bull. civ., n° 4.* ♦ La modicité du salaire alloué par une SARL à son gérant minoritaire, et dont le montant est lié aux résultats de l'entreprise, ne peut faire obstacle à l'assujettissement de ce dernier. • Soc. 24 févr. 1988 : *Bull. civ. V, n° 129.* ♦ N'est pas assujetti au régime général le gérant minoritaire d'une SARL qui a fixé son traitement le réduisant progressivement à une somme infime, tout en continuant à consacrer la même activité à la société dont le chiffre d'affaires avait doublé : le salaire ne correspondant ni à ses activités réelles ni à ses responsabilités au sein de la société, ne satisfait pas à la condition de rémunération. • Soc. 24 févr. 1971 : *Bull. civ. V, n° 155.*

30. *Option fiscale.* Doit être assujetti au régime général l'associé gérant non majoritaire d'une SARL qui perçoit pour l'exercice de ses fonctions de mandataire social une rémunération, quelle qu'en soit la nature, sans que l'option pour le régime fiscal des sociétés de personnes puisse y faire obstacle. • Soc. 22 nov. 1990 : ☎ *RJS 1991, n° 99.* ♦ V. déjà • Soc. 14 juin 1989 : *RJS 1989, n° 651 ; JCP E 1990. II. 21394, obs. G. Vachet.*

K. DIRIGEANTS DE SOCIÉTÉS ANONYMES (ART. L. 311-3, 12°)

31. *Anciens dirigeants.* V. notes ss. art. L. 311-2 CSS.

32. *Rémunération.* Un président-directeur général qui exerce son mandat gratuitement n'est pas assujetti au régime général des salariés. • Cass., ch. réun., 24 juin 1966 : *Bull. civ., n° 4.* ♦ L'affiliation au régime général des présidents-directeurs généraux et directeurs généraux de sociétés anonymes est subordonnée à l'existence d'une rémunération versée en contrepartie de leur activité : dès lors, n'est plus assujetti le président-directeur général d'une société mise en liquidation de biens car, en ce cas, les dirigeants sont écartés de sa gestion et ne peuvent plus recevoir de rémunération, même si la continuation de l'exploitation a été autorisée. • Soc. 23 févr. 1983 : *Bull. civ. V, n° 106.*

33. *Délégation de pouvoirs.* Le président du conseil d'administration qui, malgré une délégation de pouvoirs à des directeurs appointés, conserve en raison de ses titres la responsabilité de la direction générale de la société et est rémunéré, doit être affilié obligatoirement au régime général des salariés. • Soc. 12 avr. 1967 : *Bull. civ. IV, n° 289.*

34. *Territorialité.* Entre dans le champ d'application de l'art. L. 311-3, 12°, CSS, le président du conseil d'administration d'une société franco-allemande, dès lors que cette dernière est une société anonyme comportant un conseil d'administration, un président du conseil et un vice-président nommés parmi ses membres ainsi que deux directeurs. • Soc. 17 nov. 1994, ☎ n° 90-10.817 P : *RJS 1995, n° 77.* ♦ Conformément à l'art. 14 *quater* et à l'annexe VII du règlement communautaire n° 1408/71, la personne exerçant simultanément une activité salariée et non salariée sur le territoire de différents États membres est soumise à la fois à la législation de l'État membre sur le territoire duquel elle exerce son activité salariée et à celle de l'État sur le territoire duquel elle exerce son activité non salariée : le ressortissant belge qui exerce les fonctions de directeur général de SA en France doit en conséquence être assujetti au régime général conformément à l'art. L. 311-3, 12°, CSS. • Soc. 6 avr. 1995, ☎ n° 92-13.110 P : *RJS 1995, n° 694.* ♦ Afin de statuer sur leur affiliation au régime général, les juges doivent rechercher si les dirigeants sociaux d'une société étrangère exercent leur activité sur le territoire français et reçoivent à ce titre une rémunération. • Soc. 18 mars 1999 : ☎ *RJS 1999, n° 757 ; JCP E 1999, p. 894.*

35. *Liste limitative.* N'est pas assujetti au régime général le président d'une caisse mutuelle de dépôts et de prêts, l'énumération figurant à l'art. L. 311-3, 12°, CSS présentant un caractère limitatif. • Soc. 5 juill. 1990, ☎ n° 87-19.306 P : *JCP E 1991. II. 21753, obs. C. Lapp.*

L. SOCIÉTÉS COOPÉRATIVES OUVRIÈRES DE PRODUCTION (ART. L. 311-3, 13°)

36. *Administrateurs.* Sont assujettis au régime général les administrateurs, salariés de la société, et dont l'activité n'est qu'une des formes de leur travail au sein de la coopérative • Soc. 6 mars 2003 : ☎ *RJS 2003. 450, n° 682* 5qui décide que les jetons de présence entrent dans l'assiette des cotisations). ♦ V. notes ss. L. 242-1 CSS.

M. ARTISTES (ART. L. 311-3, 15°)

V. art. L. 7121-2 s. **C. trav.**

37. *Artistes.* En application de l'art. L. 762-1 C. trav., les juges du fond n'ont pas à caractériser le lien de subordination juridique pour décider de l'assujettissement de l'artiste au régime général. • Civ. 2e, 25 mai 2004 : *D. 2004. Somm. 2612, obs. Prétot ; RJS 2004, n° 955 ; TPS 2004. Comm. 269, obs. Prétot.* ♦ Échappent à la présomption légale de salariat édictée par l'art. L. 762-1 C. trav. les artistes qui ont constitué une association en participation dans laquelle est prévu le partage des bénéfices et des pertes, manifestant ainsi leur volonté de se comporter en co-entrepreneurs de spectacles. • Soc. 31 oct. 1991, n° 89-11.763 P : *RJS 1991, n° 1376 (1re esp.) ; D. 1992. 490, note X. Daverat* . ♦ L'exercice à titre occasionnel d'une activité d'animateur de soirées dansantes dans une discothèque est exclusive de l'intégration dans un service organisé lorsque l'intéressé immatriculé au registre du commerce choisit sa clientèle, organise librement son activité dont il supporte les charges et risques et négocie le tarif horaire de ses prestations. • Soc. 12 janv. 1995 : *RJS 1995, n° 162.* ♦ Quelle que soit la nationalité de l'artiste, appelé à participer à des spectacles musicaux organisés en France, la présomption de salariat instituée par l'art. L. 762-1 C. trav. s'applique. • Soc. 1er oct. 1992 : *RJS 1992, n° 1308.* – Dans le même sens : • Soc. 1er avr. 1993 : *RJS 1993, n° 543.* ♦ Constituent des artistes du spectacle les animateurs, les présentateurs des émissions télévisées et leurs assistants et les comédiens dits « de voix off » dès lors qu'ils se livrent par la voix ou le geste à un jeu de scène impliquant une interprétation personnelle ; la participation artistique n'implique pas nécessairement l'originalité. • Civ. 2e, 14 déc. 2004 : *TPS 2005. Comm. 89, obs. Prétot.*

38. Le fait que le contrat commun aux artistes passé par l'organisateur de spectacles avec un ensemble artistique ne fasse pas mention du nom de chacun d'eux, n'est pas de nature à exclure l'application de la présomption légale de contrat de travail ; cette présomption n'est pas davantage détruite par la preuve d'absence de subordination des artistes à l'organisateur. • Soc. 14 nov. 1991, n° 89-15.909 P : *RJS 1991, n° 1376 (2e esp.)* • 1er oct. 1992, n° 90-14.825 P : *Dr. trav. 1992, n° 11.* ♦ L'application de la présomption n'exige pas que le contrat conclu en vue de la production d'un artiste soit passé directement avec l'entrepreneur de spectacles, ni que la rémunération qu'il reçoit lui soit versée directement par celui-ci. • Soc. 25 janv. 1990, n° 86-10.188 P : *RJS 1990, n° 264D. 1992. 161, note Daverat* . ♦ La présomption édictée par l'art. L. 762-1 C. trav. est applicable à une collectivité publique dès lors que celle-ci produit, sur la scène d'un théâtre exploité en régie, des artistes du spectacle dont elle s'est assurée le concours dans des conditions identiques à celles mises en œuvre par un entrepreneur de spectacles exploitant un théâtre privé. • Paris, 25 mai 1993 : *RJS 1993, n° 1065.*

39. Spectacle sportif. Un coureur motocycliste professionnel lié à une société pétrolière par un contrat de sponsoring qui ne reçoit aucune directive de cette société, participe à ses risques et périls et dans son intérêt personnel à des compétitions qui ne sont pas organisées par la société, ne peut être considéré comme salarié de cette dernière, faute de lien de subordination. • Soc. 22 juill. 1993, n° 91-14.464 P : *RJS 1993, n° 1020 ; RDSS 1994. 112, obs. Vachet ; D. 1993. IR 200.* ♦ Sont assujettis au régime général les boxeurs professionnels non inscrits au registre du commerce qui participent à des combats de boxe retransmis à la télévision, les sportifs étant assimilés à des artistes du spectacle. • Soc. 6 mars 2003 : *RJS 2003, n° 678 ; D. 2003. 2109, note Karaquillo* . ♦ Il résulte de l'art. L. 311-3, 15°, CSS que sont notamment compris parmi les personnes auxquelles s'impose l'obligation d'affiliation aux assurances sociales du régime général les artistes du spectacle et les mannequins auxquels sont reconnues applicables les dispositions des art. L. 761-2 et suivants, devenus L. 7121-2 et suivants, L. 763-1, devenu L. 7123-2 et suivants, et L. 763-2, devenu L. 7123-6, C. trav., lesquels, n'excluant pas les exhibitions sportives sans compétition, s'appliquent aux coureurs cyclistes participant à titre individuel à ce type de manifestation. • Civ. 2e, 28 mars 2013 : *JCP S 2013, n° 1305, note Tauran.*

40. Réalisateurs. Les réalisateurs d'émissions télévisées ne constituent pas des artistes du spectacle au sens des art. L. 311-3 CSS et L. 762-1 C. trav. mais de « simples exécutants de la volonté du producteur » dès lors que leur tâche consiste essentiellement à diriger et coordonner le travail des techniciens, à veiller à la régie finale et au bon déroulement de l'enregistrement au regard du cahier des charges, à respecter les instructions et consignes particulières de travail de la société et alors que les intéressés ne peuvent notamment « aborder » les séquences audiovisuelles que « d'une seule manière ». • Civ. 2e, 14 déc. 2004 : *TPS 2005. Comm. 89, obs. Prétot* (est inapplicable l'abattement forfaitaire sur les cotisations de sécurité sociale réservé aux artistes du spectacle).

41. Artistes-auteurs. V. notes ss. art. L. 382-1 CSS.

42. Mannequins. Aux termes de l'art. L. 763-1 C. trav., toute personne physique ou morale qui s'assure, moyennant rémunération, le concours d'un mannequin, est présumée employeur de celui-ci et cette présomption n'est pas détruite par la preuve que le mannequin conserve une entière liberté d'action pour l'exécution de sa mission. La clause de la convention, selon laquelle aucun matériel publicitaire portant le nom, l'image ou la voix du mannequin ne peut être communiqué au public sans son accord préalable, ne suffit pas à détruire la présomption de salariat. • Civ. 2e, 13 déc. 2005 : *RJS 2006, n° 284* (rejetant le recours formé contre la décision de l'Urssaf de réintégrer les sommes versées au mannequin dans l'assiette des cotisations sociales).

N. JOURNALISTES (ART. L. 311-3, 16°)

V. art. L. 7111-1 s. C. trav.

43. Preuve. La non-détention matérielle de la carte professionnelle de journaliste ne constitue pas un critère permettant d'exclure l'affiliation obligatoire aux assurances sociales. • Soc. 29 oct. 1975 : *Bull. civ. V, n° 500.* ♦ La carte de presse ne constitue pas un moyen de preuve. • Soc. 9 févr. 1989 : *Bull. civ. V, n° 108.* ♦ Dans le même sens : • Soc. 1er avr. 1992, n° 88-42.951 P : *D. 1992. IR 157 ; CSB 1992. 137, A. 25.* ♦ Il appartient à l'entreprise de presse qui soutient que l'activité de son journaliste est indépendante d'en apporter la preuve afin de détruire la présomption de l'art. L. 761-2 C. trav. • Soc. 1er févr. 1995, n° 91-42.789 P : *RJS 1995, n° 315 ; D. 1996. Somm. 26, obs. J.-F. Karaquillo ; CSB 1995. 132, S. 68 ; Dr. soc. 1995. 382.*

44. Journaliste professionnel. La fourniture de dessins humoristiques à une société chargée de les vendre moyennant un pourcentage du prix de vente ne peut être assimilée à un contrat de journaliste pigiste. • Soc. 30 juin 1971 : *Bull. civ. V, n° 502.* ♦ Ne peut revendiquer la qualité de journaliste professionnel le dessinateur de bandes dessinées illustrant des œuvres d'imagination sans rapport avec l'actualité. • Soc. 4 juin 1987 : *Bull. civ. V, n° 363.* ♦ V. aussi • Soc. 4 févr. 1988 : *Bull. civ. V, n° 100 ; D. 1988. IR 49.* ♦ Le pigiste est assujetti au régime général à condition que l'activité de journaliste soit son activité principale et qu'il en tire le principal de ses ressources. • Civ. 2e, 18 janv. 2005 : *TPS 2005. Comm. 88, obs. Prétot ; RDSS 2005. 340, obs. Verkindt* • 13 mai 1976 : *Bull. civ. V, n° 278.* ♦ Dans le même sens : • Soc. 19 déc. 1979 : *Bull. civ. V, n° 1029.* ♦ Doit être affilié au régime général de sécurité sociale du chef de son activité journalistique un salarié qui, bien que travaillant par ailleurs pour l'Inspection académique, a retiré de ses fonctions de journaliste des sommes représentant la plus grande part de ses ressources : il importe peu que ces sommes ne soient pas seulement constituées de rémunérations fixes. • Soc. 9 déc. 1985 : *Bull. civ. V, n° 585.* ♦ Sont affiliés obligatoirement aux assurances sociales du régime général les journalistes professionnels et assimilés, au sens des art. L. 761-1, devenu l'art. L. 7111-1 C. trav., et L. 761-2, devenu l'art. L. 7111-3 C. trav., dont les fournitures d'articles, d'informations, de reportages, de dossiers ou de photographies à une agence de presse ou à une entreprise de presse quotidienne ou périodique sont réglées à la pige, quelle que soit la nature du lien juridique qui les unit à cette agence ou cette entreprise. Le journaliste professionnel est celui qui a pour occupation principale, régulière et rétribuée l'exercice de sa profession dans une ou plusieurs publications quotidiennes ou périodiques ou dans une ou plusieurs agences de presse et qui en tire le principal de ses ressources. • Civ. 2e, 19 févr. 2009 : *JCP S 2009. 1299, note Tauran.*

45. Correspondant de presse. Le correspondant de presse est affilié au régime général de la sécurité sociale s'il remplit les conditions fixées par le premier al. de l'art. L. 761-2 C. trav. et perçoit des appointements fixes. • Soc. 5 mars 1992, n° 90-10.676 P : *RJS 1992, n° 539.* ♦ Les correspondants de presse ne sont réputés journalistes professionnels qu'à la condition de recevoir des appointements fixes. Ils ne figurent pas au nombre des collaborateurs de la rédaction visée à l'art. L. 761-2, al. 3, C. trav. • Soc. 14 nov. 1991, n° 89-15.267 P : *RJS 1991, n° 1378 ; D. 1992. IR 47.* ♦ V. L. n° 93-121 du 27 janv. 1993, art. 16 *(JO 30 janv.).* ♦ Le correspondant local de la presse régionale et départementale ne relève pas de l'art. L. 311-3 CSS (Rép. min. n° 11886 : *JOAN Q, 25 avr. 1994, p. 2032*).

O. VENDEURS À DOMICILE (ART. L. 311-3, 20°)

46. La représentante exclusive des articles d'une société, soumise au contrôle et aux consignes du fournisseur en matière de prix, d'horaires et de conditions de commercialisation, doit être assujettie au régime général. • Cass., ch. réun., 23 juin 1966 : *Bull. civ., n° 3 ; D. 1967. Somm. 15.*

P. ACTIVITÉS OCCASIONNELLES POUR LE COMPTE DE L'ÉTAT

47. Expert judiciaire. Est de caractère libéral l'activité d'expertise judiciaire celle-ci étant, par nature, exclusive d'un lien de subordination entre celui qui y procède et l'autorité judiciaire dont il tient sa désignation ; le rattachement exceptionnel de cette activité au régime général de sécurité sociale ne se justifie que si elle présente un caractère occasionnel. • Civ. 2e, 25 oct. 2006, n° 05-15.408 P : *RJS 2007, n° 101.* ♦ Les experts désignés par les juges du tribunal du commerce en application de l'art. 264 C. pr. civ. apportent leur concours au service public de la justice : ils ont à ce titre la qualité de collaborateurs occasionnels de la juridiction et non du greffe de celle-ci. La société, titulaire de la charge de greffier, auprès de ce tribunal n'est donc pas redevable des cotisations et contributions sociales afférentes aux honoraires versés à ces experts. • Civ. 2e, 11 oct. 2018, n° 17-17.288 P : *JCP S 2018, n° 1384, note Bouilloux.*

Q. PRÉSIDENTS ET DIRIGEANTS DE SOCIÉTÉS PAR ACTIONS SIMPLIFIÉES (ART. L. 311-3, 23°)

48. Chirurgien-dentiste, présidente d'une société d'exercice libéral par actions simplifiée. La création d'une société d'exercice libéral par actions simplifiée n'a pas pour effet d'exclure la présidente de la personne morale du régime de base institué pour la profession libérale exercée distinctement de l'activité salariée. • Civ. 2e, 27 nov. 2014, n° 13-26.022. ♦ Selon l'art. L. 311-3, 23°, CSS, les présidents et dirigeants des sociétés d'exercice libéral par actions simplifiées sont assujettis au régime général de sécurité sociale. Il en résulte qu'à compter du jour où il devient associé et directeur général d'une société d'exercice libéral par actions simplifiée, un avocat cesse d'être personnellement tenu de cotiser à la Caisse nationale des barreaux français. • Civ. 2e, 24 mai 2017, n° 16-18.834 P : *D. actu. 1er juin 2017, obs. Portmann ; RJS 2017, n° 634 ; JCP S 2017, n° 1235, obs. Duffour et Milleret-Godet.*

49. Différence de traitement (non). Il résulte des travaux parlementaires de l'art. 10 de la L. du 30 déc. 2000 de finances pour 2001, dont sont issues les dispositions précitées de l'art. 231 CGI, qu'en alignant l'assiette de la taxe sur les salaires sur celle des cotisations de sécurité sociale, le législateur a entendu y inclure les rémunérations des personnes explicitement visées par les dispositions combinées des art. L. 311-2 et L. 311-3 CSS et celles qui, telles les membres du directoire, sont assimilées à ces personnes. Il n'y a, par suite, pas de différence de traitement, contrairement à ce que soutient la requérante, entre les mandataires sociaux assujettis aux cotisations sociales en application de l'art. L. 311-2, selon qu'ils sont mentionnés ou non à l'art. L. 311-3, et notamment entre les présidents et directeurs généraux de sociétés anonymes ou de sociétés par actions simplifiées et les membres des directoires. • CE 19 juin 2017, n° 406064 : *Lebon.*

Art. L. 311-4 **Sous réserve des dispositions applicables au régime agricole, les salariés liés par un contrat de travail temporaire relèvent ou, le cas échéant, continuent de relever du régime général de sécurité sociale, même si leur activité est exercée pour le compte d'un utilisateur entrant dans le champ d'application, soit d'une organisation spéciale de sécurité sociale, soit d'un autre régime de sécurité sociale.**

V. art. L. 1251-2 s. **C. trav.**

Doit être assujetti au régime général de la sécurité sociale le dessinateur industriel qu'une entreprise de travail temporaire envoie chez un utilisateur en facturant à ce dernier le prix de cette fourniture de main-d'œuvre, qui est tenu de se soumettre aux directives, contrôles et délais qui lui sont imposés, et qui est ainsi uni à l'entreprise de travail temporaire par un lien de subordination. • Soc. 10 janv. 1979 : *Bull. civ. V, n° 19.* ♦ Dans le même sens : une entreprise de travail temporaire ne peut se prévaloir de l'affiliation au régime des non-salariés de dessinateurs qu'elle avait détachés auprès de diverses entreprises pour faire obstacle à leur assujettissement rétroactif au régime général, cette affiliation ayant été faite en fraude à la loi. • Soc. 6 déc. 1990, n° 88-15.146 P : *RJS 1991, n° 104.* ♦ Doivent être assujettis au régime général de la sécurité sociale les traducteurs et interprètes du chef de l'activité exercée pour le compte d'une société qui met son personnel à la disposition d'entreprises utilisatrices de main-d'œuvre contre rémunération : la règle d'exclusivité prévue à l'art. L. 124-1 C. trav. interdit à une telle société d'avoir recours aux services de travailleurs indépendants. • Soc. 17 déc. 1992 : *RJS 1993, n° 210.*

Art. L. 311-5 **Toute personne percevant l'une des allocations mentionnées au 4° du deuxième alinéa de l'article L. 322-4** *[L. 5123-2 nouv.] (L. n° 86-1320 du 30 déc. 1986, art. 17-III ; L. n° 2011-893 du 28 juill. 2011, art. 44-II-2°)* **« ou au 8° de l'article L. 1233-68 » du code du travail ou l'un des revenus de remplacement mentionnés à l'article L. 351-2** *[L. 5421-2 nouv.]* **du même code conserve la qualité d'assuré et bénéficie du maintien de ses droits aux prestations** *(L. n° 2015-1702 du 21 déc. 2015, art. 59-VIII-2°, en vigueur le 1er janv. 2016)* **« en espèces » du régime obligatoire d'assurance maladie, maternité, invalidité et décès dont elle relevait antérieurement.** *(L. n° 2005-1579 du 19 déc. 2005, art. 34-II)* **« Elle continue à en bénéficier, en cas de reprise d'une activité insuffisante pour justifier des conditions d'ouverture du droit à prestation fixées à l'article L. 313-1, pendant une durée déterminée par décret en Conseil d'État. »** — *Les dispositions issues de la L. n° 2011-893 du 28 juill. 2011 ne s'appliquent pas à Mayotte (L. préc., art. 44-VI).*

(Abrogé par L. n° 2015-1702 du 21 déc. 2015, art. 59-VIII-2°, à compter du 1er janv. 2016) ***« A défaut, elle bénéficie, pour elle-même et ses ayants droit, des prestations en nature des assurances maladie et maternité du régime général.***

« Sans préjudice des dispositions de l'article L. 161-8 du présent code, ont également droit, pour elles-mêmes et leurs ayants droit, aux prestations en nature des assurances maladie et maternité du régime général :

« 1° Les personnes qui ont épuisé leurs droits aux revenus de remplacement mentionnés au premier alinéa, tant qu'elles demeurent à la recherche d'un emploi ; *(L. n° 87-588 du*

30 juill. 1987, art. 64-II) ***« cette condition est réputée satisfaite pour les personnes dispensées d'accomplir des actes positifs de recherche d'emploi en application du troisième alinéa de l'article L. 311-5** [L. 5411-2, L. 5411-6, L. 5411-7 et L. 5411-10 nouv.]* ***du code du travail » ;***

« 2° Les personnes percevant l'une des allocations mentionnées aux 2° et 3° du deuxième alinéa de l'article L. 322-4** [L. 5123-2 nouv.]* ***du code du travail ;

« 3° Les bénéficiaires des allocations versées en cas d'absence complète d'activité, par application d'accords professionnels ou interprofessionnels, nationaux ou régionaux, mentionnés au dernier alinéa de l'article L. 352-3** [L. 5122-4 et L. 5123-6 nouv.]* ***du code du travail. »

(L. n° 95-116 du 4 févr. 1995, art. 37-III) **« Les personnes qui, pendant un congé parental ou à l'issue de ce congé, sont involontairement privées d'emploi bénéficient** *(Abrogé par L. n° 2015-1702 du 21 déc. 2015, art. 59-VIII-2°, à compter du 1er janv. 2016)* ***« pour elles-mêmes et leurs ayants droit »*****, tant que dure leur indemnisation, de leurs droits aux prestations** *(L. n° 2015-1702 du 21 déc. 2015, art. 59-VIII-2°, en vigueur le 1er janv. 2016)* **« en espèces » du régime obligatoire d'assurance maladie, maternité, invalidité et décès dont elles relevaient antérieurement au congé parental d'éducation. »**

1. Salarié dispensé d'activité. La caisse est tenue d'assurer le paiement des indemnités journalières au salarié dans l'incapacité physique de travailler et licencié pour motif économique, nonobstant le versement à titre de salaire de l'indemnité compensatrice de préavis. • Soc. 12 oct. 1989 : *Bull. civ. V, n° 590.* ♦ Le salarié que son employeur a placé en « position de congé d'attente de retraite », le dispensant de tout travail effectif, a droit aux indemnités journalières dès lors qu'il est, du fait d'une affection médicalement constatée, dans l'impossibilité de travailler. • Soc. 19 déc. 1991 : *D. 1993. Somm. 270 ; RJS 1992, n° 184.*

2. Chômeurs. Les prestations en espèces sont versées au chômeur malade comme s'il avait conservé son emploi : elles suivent le sort des indemnités journalières dont bénéficient les salariés de l'entreprise à laquelle il appartenait, et sont révisées proportionnellement aux majorations de salaires opérées en vertu de la convention collective applicable à ladite entreprise. • Soc. 29 mai 1985, n° 84-10.062 P. ♦ Pour les chômeurs en cours d'indemnisation, les conditions d'ouverture du droit aux prestations en espèces de l'assurance-maladie doivent s'apprécier à la date de la perte de l'emploi, en application des dispositions générales de l'art. L. 311-5 CSS. • Soc. 20 févr. 1992 : *RJS 1992, n° 514.* ♦ V. déjà • Soc. 18 avr. 1991, n° 88-20.328 P et • Soc. 27 sept. 1990 : *RJS 1990, n° 925.* ♦ La perception au sens de l'art. L. 311-5 CSS d'un revenu de remplacement s'entend de l'admission au bénéfice de celui-ci, abstraction faite de l'application éventuelle des règles de report ou de différé d'indemnisation. • Civ. 2e, 11 oct. 2012 : *CSBP 2012. 350, note Pansier.* ♦ La reprise d'une activité à temps réduit assortie du maintien du revenu de remplacement ne prive pas l'assuré du maintien de ses droits lorsque les revenus tirés de cette activité ne sont pas suffisants pour lui ouvrir les droits aux prestations d'assurance maladie, maternité, invalidité et décès. • Civ. 2e, 9 nov. 2017, n° 16-19.926 P : *RJS 2018, n° 65.*

3. Préretraites. Le titulaire d'un avantage de préretraite français qui transfère sa résidence sur le territoire d'un autre État membre, peut continuer à percevoir les prestations en nature auprès de l'institution de son lieu de résidence (Lettre min. n° 1066 du 22 sept. 1987 : *Bull. jur. UCANSS, n° 87/44*). ♦ Lorsque l'activité à temps partiel est insuffisante pour l'ouverture du droit aux prestations, la couverture sociale du bénéficiaire d'une allocation de préretraite progressive est celle définie à l'art. L. 311-5, 2°, CSS (Circ. DGR n° 21/94 du 3 mars 1994 : *Bull. jur. UCANSS, n° 94/19-20*). ♦ V. art. L. 161-8 CSS.

4. Congé parental. V. art. L. 1225-66 s. C. trav. et art. L. 161-9 CSS.

5. Allocation de conversion. Le salarié qui perçoit les allocations de conversion, mentionnées à l'art. L. 322-4 C. trav., peut bénéficier des prestations du régime d'assurance maladie, peu important que le contrat de travail soit suspendu ou rompu. • Soc. 25 oct. 2001 : *RJS 2002, n° 73.*

Art. L. 311-5-1 (Abrogé par L. n° 2015-1702 du 21 déc. 2015, art. 59-XI-N, à compter du 1er janv. 2016) (L. n° 90-86 du 23 janv. 1990, art. 23) ***Par dérogation aux dispositions de l'article L. 313-1, les personnes handicapées, ayant fait l'objet d'une décision d'orientation de la commission technique d'orientation et de reclassement professionnel, qui n'ont pas droit, à quelque titre que ce soit, aux prestations en nature de l'assurance maladie, ont droit et ouvrent droit, dès leur entrée en centre de préorientation ou de rééducation professionnelle, aux prestations en nature de l'assurance maladie prévues aux 1°, 2°, 3°, 4°*** [de] ***l'article L. 321-1 et de l'assurance maternité prévues à l'article L. 331-2.***

Art. L. 311-6 Est affilié au régime général de sécurité sociale le conjoint d'un travailleur non salarié qui participe effectivement à l'entreprise ou à l'activité de son époux, à titre professionnel et habituel, et perçoit un salaire correspondant au salaire normal de sa catégorie professionnelle.

S'il exerce au sein de l'entreprise des activités diverses ou une activité qui n'est pas définie par une convention collective, sa rémunération horaire minimale est égale au salaire minimum de croissance.

1. Présomption de l'art. L. 784-1 C. trav. (jurisprudence antérieure). Les art. L. 784-1 C. trav. et L. 311-6 CSS tendent aux mêmes fins : dès lors que la salariée remplit les conditions fixées à l'art. L. 784-1 C. trav., elle doit être affiliée au régime général de la sécurité sociale. • Soc. 14 mai 1998 : *RJS 1998, n° 903 ; JCP E 1998. 1123* (la caisse n'écartant pas les effets de la présomption légale de salariat, l'épouse d'un commerçant doit être affiliée au régime général). ♦ V. • Soc. 13 déc. 2007, n° 06-45243 P : *Dr. soc. 2008. 242, note Savatier*.

2. Montant de la rémunération. Ne remplit pas les conditions d'assujettissement au régime général de la sécurité sociale l'épouse d'un commerçant qui perçoit de son mari un salaire inférieur à celui d'une employée de sa catégorie professionnelle. • Civ. 2e, 27 janv. 1966 : *Bull. civ. II, n° 129.* ♦ V. aussi • Soc. 3 mai 1968, n° 66-13.749 P (les juges ne peuvent maintenir l'affiliation au régime général de l'épouse d'un travailleur non salarié percevant une rémunération inférieure au SMIC au motif qu'un salarié insuffisamment rémunéré n'en reste pas moins un salarié). • Soc. 7 nov. 1968 : *JCP 1968. IV. 203 ; Bull. civ. V, n° 493.* ♦ Dans le même sens : • Soc. 4 févr. 1970, n° 68-13.697 P • 10 oct. 1974 : *Bull. civ. V, n° 474* (à propos de l'épouse d'un commerçant qui, bien que travaillant régulièrement dans le fonds de commerce exploité par son mari et y ayant une activité et des responsabilités très supérieures à celles des autres membres du personnel, perçoit une rémunération inférieure à celles qui leur spnt allouées). ♦ V. déjà • Civ. 2e, 19 nov. 1958 : *Bull. civ. II, n° 748* (à propos de la femme d'un médecin percevant une rémunération inférieure à celle des infirmières placées sous ses ordres). ♦ La condition selon laquelle le conjoint ne doit pas percevoir une rémunération inférieure au minimum normal de sa catégorie professionnelle n'est nullement subordonnée à l'existence d'une convention collective. • Soc. 19 nov. 1970, n° 69-11-882 P.

3. Participation effective à l'activité. Est assujettie au régime général de sécurité sociale l'épouse d'un chirurgien-dentiste qui participe à titre professionnel et constant à l'activité de son mari. • Civ. 2e, 30 juin 1960 : *Bull. civ. II, n° 428 ; JCP 1960. IV. 127.* ♦ Dans le même sens : • Civ. 2e, 19 oct. 1960 : *Bull. civ. II, n° 586 ; JCP 1960. IV. 163* (femme remplissant de façon constante les fonctions de secrétaire commerciale dans l'entreprise de son mari) • 19 oct. 1960 : *Bull. civ. II, n° 585* (femme assurant en permanence dans le magasin de son mari la vente du pain et le service de la caisse) • Soc. 2 déc. 1971, n° 70-12.541 P (femme effectuant des travaux d'écriture et de comptabilité accomplis chaque jour suivant un horaire fixe dans le local commercial de l'entreprise, exerçant une activité assimilable à celle d'une secrétaire commerciale ou secrétaire de direction) • 18 déc. 1997 : *RJS 1998, n° 360* (épouse d'un commerçant exerçant la fonction de vendeuse à temps plein, percevant le salaire normal correspondant à son emploi et tenue d'agir conformément aux options et aux directives que lui donne son mari).

4. Lien de subordination. La femme employée en qualité de caissière dans le fonds de commerce de son mari exerce nécessairement cette activité sous le contrôle et les directives de celui-ci. • Civ. 2e, 19 oct. 1960 : *Bull. civ. II, n° 584.* ♦ L'existence d'un lien de subordination entre un pharmacien et son épouse est établie dès lors que celle-ci exerce effectivement ses fonctions sous le contrôle de son mari qui lui donne ainsi qu'aux autres employés les instructions nécessaires. • Civ. 2e, 15 juin 1962 : *Bull. civ. II, n° 517.* ♦ Comp. • Civ. 2e, 12 mars 1965 : *Bull. civ. II, n° 272* (est assujetti le mari d'une pharmacienne qui détient dans l'exploitation de la pharmacie des fonctions de direction et substitue sa femme beaucoup plus qu'il ne l'assiste).

5. Point de départ de l'assujettissement. C'est à la date à laquelle une femme a effectivement participé à titre professionnel et habituel à l'activité de l'entreprise de son mari, dont elle percevait régulièrement un salaire correspondant à celui de sa catégorie professionnelle, que prend effet son affiliation obligatoire en tant que salariée, peu important la date à laquelle le mari l'a fait figurer sur le registre des entrées et sorties du personnel et sur le registre des salaires. • Soc. 19 juin 1985, n° 83-17.231 P.

Art. L. 311-7 *(L. n° 98-349 du 11 mai 1998, art. 41-I)* **« Les travailleurs étrangers et** *(L. n° 2015-1702 du 21 déc. 2015, art. 59-VIII-3°, en vigueur le 1er janv. 2016)* **« les personnes mentionnées à l'article L. 161-1 du présent code qui leur sont rattachées » bénéficient des prestations d'assurances sociales. A l'exception des prestations d'assurance vieillesse, le bénéfice de ces prestations est subordonné à la justification de leur résidence en France. »**

(L. n° 2007-290 du 5 mars 2007, art. 59-I et II) **« Par dérogation au premier alinéa et à toute disposition contraire, le bénéficiaire de l'aide à la réinsertion familiale et**

sociale des anciens migrants prévue à l'article L. 117-3 du code de l'action sociale et des familles a droit, lors de ses séjours en France, au bénéfice des prestations en nature des assurances maladie et maternité du régime obligatoire d'assurances maladie et maternité dont il relevait au moment de son départ ou, à défaut, du régime général de sécurité sociale.

« Les dispositions du premier alinéa » s'appliquent aux étrangers ayant leur résidence à l'étranger et leur lieu de travail permanent en France s'il a été passé à cet effet une convention avec leur pays d'origine.

BIBL. ▶ Arséguel, Les conventions bilatérales de sécurité sociale entre la France et les États africains, *Annales Univ. Toulouse, tome XV, 1992, p. 113.* – Bonnet Sécurité sociale et relations internationales, *RF ass. soc. 1985, p. 197.* – Boudahrain, Précarité de la protection sociale des travailleurs migrants maghrébins, *RISS 2000, vol. 53, p. 55.* – Daugereilh, Les prestations sociales non contributives et les étrangers non communautaires, *RDSS 1997. 189* ; La loi du 11 mai 1998 sur l'entrée et le séjour des étrangers en France : les modifications apportées en droit de la protection sociale, *RDSS 1998. 634* ; Les prestations sociales non contributives et les étrangers non communautaires, *RDSS 1997. 189*. – Dupeyroux et Prétot, Le droit de l'étranger à la protection sociale, *Dr. soc. 1994. 69*. – Lhernould, L'accès des Européens à la CMU après la circulaire du 23 novembre 2007, *Dr. soc. 2008. 221*. – G. Lyon-Caen, Étranger, immigré, immigrant : question de définition, *RDSS 1987. 189.* – Lochak, Les discriminations frappant les étrangers sont-elles licites ?, *Dr. soc. 1990. 76*. – Prétot, Les prestations sociales peuvent-elles être assorties d'une condition de résidence, *Dr. soc. 1987. 345* ; La conformité à la Constitution de la loi portant diverses dispositions relatives à la sécurité sociale, *Dr. soc. 1990. 352* ; Les travailleurs détachés et expatriés et la Sécurité sociale, *Dr. soc. 1991. 868* ; L'illégalité de la subordination à condition de nationalité de l'attribution des prestations d'aide sociale facultative, *Dr. soc. 1989. 761.* – Segues et Toullier, L'accès des étrangers aux prestations servies par les caisses d'allocations familiales, *Dr. soc. 2005. 665*.

V. jur. ss. L. 115-6 s. CSS.

1. Portée. Doit être affilié aux assurances sociales le président-directeur général d'une société anonyme française, de nationalité suisse et domicilié en Suisse, État avec lequel il n'existait pas de convention à l'époque des faits, et exerçant en France une activité de direction comportant par nature un caractère de stabilité et de permanence, même s'il ne venait en France qu'une fois par mois. • Soc. 11 mai 1966 : *Bull. civ. IV, n° 440.*

2. Conventions internationales. La famille, résidant en Algérie, d'un Algérien titulaire d'une pension d'invalidité du régime français, résidant en France, ne peut prétendre au bénéfice des prestations en nature des assurances maladie et maternité conformément aux dispositions de la Convention franco-algérienne du 1er oct. 1980 : les conditions de résidence et de qualité de travailleur en activité ne sont pas remplies. • Soc. 19 juill. 2000, n° 98-19.041 P : *RJS 2000, n° 1153 ; TPS 2000. Comm. 363* • 11 juill. 2002, n° 00-13.273 P : *RJS 2002, n° 1186* (solution identique en application de la convention franco-marocaine) • 12 déc. 2002, n° 01-20.008 P : *RJS 2003. 260, n° 396.* ♦ Il résulte de l'art. 11 de la Convention franco-algérienne sur la sécurité sociale du 1er oct. 1980 qu'un travailleur algérien ne peut bénéficier des prestations en espèces des assurances maladie, maternité et décès de son régime d'affiliation, lors d'un séjour temporaire effectué dans son pays d'origine, qu'à l'occasion d'un congé payé. Cette disposition étant dérogatoire au principe de territorialité de la législation de sécurité sociale française, ne peut être étendue, en l'absence de texte, au cas du congé sans solde. • Soc. 17 oct. 2002 : *RJS 2003, n° 100* • 28 nov. 2002 : *RJS 2003, n° 270.* ♦ Si, en application de l'art. 40 de l'accord conclu entre la Communauté économique européenne et la Tunisie, les travailleurs tunisiens occupés en France ne peuvent être privés, en raison de leur nationalité, des droits dont jouissent les travailleurs français en matière de sécurité sociale, et en particulier de ceux que tirent ceux-ci de la réglementation visant à assurer la libre circulation des travailleurs au sein de la Communauté européenne, cette réglementation ne s'applique qu'aux déplacements des travailleurs dans les États membres de la Communauté. En conséquence, la CPAM est autorisée à refuser au ressortissant tunisien le versement des indemnités journalières pendant la durée de son séjour en Tunisie. • Soc. 27 juin 2002, n° 00-13.768 P : *RJS 2002, n° 1187.*

Art. L. 311-8 *Abrogé par L. n° 98-349 du 11 mai 1998, art. 41-II.*

Art. L. 311-9 (Abrogé par L. n° 2015-1702 du 21 déc. 2015, art. 59-XI-N, à compter du 1er janv. 2016) ***Les titulaires d'une pension ou rente de vieillesse qui n'effectuent aucun travail salarié ont droit et ouvrent droit aux prestations en nature prévues aux 1°, 2° et 3° de l'article L. 321-1 sans limitation de durée pour tout état de maladie*** (L. n° 2011-1906 du

21 déc. 2011, art. 78-II) *« , sous réserve que la prestation susceptible d'ouvrir droit aux prestations en nature ne soit pas celle mentionnée à l'article* (L. n° 2014-40 du 20 janv. 2014, art. 44-II) *« L. 161-22-2 » ; toutefois, en cas d'hospitalisation d'eux-mêmes, de leur conjoint ou de leurs ascendants mentionnés à l'article L. 313-3, la prise en charge des frais est subordonnée à un contrôle effectué dans des conditions qui sont fixées par décret en Conseil d'État.*

Au décès du pensionné ou du rentier, ces avantages sont maintenus à son conjoint si celui-ci remplit, par ailleurs, les conditions prévues à l'article L. 353-1.

V. art. L. 161-5 CSS.

Bénéficiaires. Le droit prévu par l'art. L. 311-9 CSS n'est pas reconnu à l'ex-conjoint divorcé qui peut obtenir une fraction de la pension de réversion (Circ. DGR n° 1315 du 15 juill. 1982 : *Bull. jur. UCANSS, n° 82/30*). ♦ L'art. L. 311-9 CSS s'applique aux bénéficiaires d'une pension ou rente de vieillesse du seul régime général, et dans l'hypothèse où une personne perçoit des pensions de vieillesse du régime général et d'un régime de travailleurs non salariés, il convient, pour déterminer le régime d'assurance maladie auquel elle doit être affiliée, d'appliquer les règles de coordination légales des art. L. 615-5 et R. 615-7 CSS, sauf dans le cas prévu par les art. L. 161-6 et L. 615-6 CSS. • Soc. 25 mai 2000, n° 98-18.450 P : *TPS 2000. Comm. 283.*

Art. L. 311-10 (Abrogé par L. n° 2015-1702 du 21 déc. 2015, art. 59-XI-N, à compter du 1er janv. 2016) ***Les titulaires d'une pension de vieillesse substituée à une pension d'invalidité bénéficient, pour eux-mêmes et pour leurs ayants droit, des prestations en nature de l'assurance maladie, sans limitation de durée pour tout état de maladie. Toutefois, en ce qui concerne leur conjoint ou leurs ascendants mentionnés à l'article L. 313-3, la prise en charge des frais d'hospitalisation intervient dans les conditions prévues à l'article L. 311-9.*** – V. art. R. 322-1 à R. 322-4.

Art. L. 311-11 *(L. n° 94-126 du 11 févr. 1994, art. 35)* **Les personnes physiques visées au premier alinéa de l'article L. 120-3** *[L. 8221-6 nouv.]* **du code du travail ne relèvent du régime général de la sécurité sociale que s'il est établi que leur activité les place dans un lien de subordination juridique permanente à l'égard d'un donneur d'ordre.**

Elles peuvent demander aux organismes chargés du recouvrement des cotisations du régime général de leur indiquer si cette activité relève de ce régime.

A défaut de réponse dans le délai de deux mois suivant la date de cette demande ou en cas de réponse négative, les personnes en cause ne peuvent se voir imposer ultérieurement une affiliation au régime général que si les conditions d'exercice de leur activité ont été substantiellement modifiées ou si les informations qu'elles ont fournies étaient erronées.

BIBL. ▸ Arséguel et Isaux, Les nouvelles frontières entre le contrat de travail et le contrat d'entreprise, Les collaborateurs de l'entreprise : salariés ou prestataires de services ?, *Presse universitaire d'Aix-Marseille, 1995, p. 9.* – Barthélemy, Contrat de travail et d'entreprise : nouvelles frontières. Réflexion sur la loi Madelin, *JCP E 1994. I. 361.* – Chauchard, Le rescrit social, procédure d'interrogation de l'URSSAF (art. 354 de la loi du 11 février 1994), *Dr. soc. 1995. 642*. – Laroque, Présentation introductive de la loi du 11 février 1994 relative à l'initiative et à l'entreprise individuelle, *Dr. soc. 1995. 631*. – Prétot, Comment peut-on être travailleur indépendant... ou quelques réflexions sur la loi Madelin, *BS F. Lefebvre 8-9/95, p. 398.* – Où l'emploi d'un travailleur apparemment indépendant peut conduire au paiement des cotisations et contributions sociales... ou les surprises de la loi du 11 mars 1997 (art. 2), *BS F. Lefebvre 8-9/97, p. 401.* – Taquet, Quelques réflexions sur la loi Madelin, *SSL 1994. 701.* – Tauran, L'assujettissement au régime général de la Sécurité sociale et le critère du lien de subordination : évolutions récentes, *Dr. soc. 2009. 195*. – Teyssié, Sur le nouvel article L. 120-3 du code du travail, *Dr. soc. 1994. 667*. – Vacarie, Travail subordonné, travail indépendant : question de frontière ?, *Rev. jur. d'Île-de-France, D., 1996. 103.* – Vachet, Commentaire de la loi Madelin, *RDSS 1995. 125*. – Véricel, Des incidences de la loi Madelin sur la qualification de salarié, *ALD 1995. 54 ;* Le rétablissement de la présomption de non-salariat (art. 23 de la loi du 1er août 2003 pour l'initiative économique), *Dr. soc. 2004. 297*.

V. art. L. 8221-6 **C. trav.**

1. Demande écrite. Si la demande est adressée par voie postale, elle doit être effectuée en recommandé avec demande d'accusé de réception ; si elle est déposée à l'URSSAF, elle donne lieu à un récépissé de l'organisme. La demande doit comporter l'ensemble des éléments nécessaires à l'URSSAF pour se prononcer sur l'existence ou non d'un lien de subordination, notamment : mode de fixation de la rémunération (forfaitaire/prédéterminé...), forme de la convention, organisation de l'activité (lieu de l'intervention, horaire...) (Circ. min. 4 juill. 1994 : *BOSS n° 95/15*).

2. Réponse. Le délai court à compter de la date apposée sur l'accusé de réception ou sur le récépissé de la demande valablement constituée. L'approbation implicite ne peut être empêchée que si, dans ce délai, une décision expresse a été notifiée à son destinataire. L'attention des URSSAF est appelée sur le fait qu'elles doivent mettre tous les moyens nécessaires en œuvre pour apporter une réponse expresse dans les délais. La réponse de l'URSSAF doit être écrite et adressée en recommandé avec demande d'accusé de réception (Circ. min. 4 juill. 1994 : préc. note 1).

3. Valeur de l'attestation. L'attestation délivrée par l'URSSAF vaut pour la seule activité ayant fait l'objet de la déclaration, exercée dans les conditions déclarées. Seule une modification substantielle des conditions de cette activité ou le constat que l'information fournie par l'intéressé était erronée autorise l'URSSAF à modifier sa réponse initiale. La durée de validité de l'attestation n'est pas limitée par les textes. L'attestation délivrée par l'URSSAF s'impose tant aux CPAM qu'aux caisses de non-salariés non agricoles (Circ. min. 4 juill. 1994 : préc. note 1). ♦ V. cependant Circ. CANAM 18 avr. 1996, n° 96/55 (la réponse de l'URSSAF, puisque donnée dans le cadre d'une procédure de rescrit, ne lie que l'organisme qui l'a rendue. L'URSSAF, à la lettre du texte, n'est tenue que d'indiquer à l'intéressé si son activité relève du régime général, elle est ensuite tenue par sa réponse. Rien ne s'oppose à ce que la caisse maladie régionale, à l'occasion des contentieux dans lesquels elle est mise en cause, conteste la décision de l'URSSAF si elle n'y a pas été associée et si elle ne partage pas l'avis de l'URSSAF). ♦ *Adde* Circ. min. 4 juill. 1994 : préc. note 1.

CHAPITRE II AFFILIATION — IMMATRICULATION

Art. L. 312-1 *Abrogé par L. n° 98-546 du 2 juill. 1998, art. 7.*

Art. L. 312-2 (Abrogé par L. n° 2016-1827 du 23 déc. 2016, art. 64-I) ***Un décret en Conseil d'État fixe les modalités suivant lesquelles est effectuée l'immatriculation aux assurances sociales des travailleurs remplissant les conditions requises pour être affiliés.*** — V. art. R. 312-4, R. 312-6 à R. 312-11. — V. aussi art. R. 312-1 s.

CHAPITRE III DROIT AUX PRESTATIONS (MALADIE, MATERNITÉ, INVALIDITÉ, DÉCÈS)

Art. L. 313-1 *(L. n° 92-722 du 29 juill. 1992, art. 11)* **I. — Pour avoir droit** *(Abrogé par L. n° 2015-1702 du 21 déc. 2015, art. 59-VIII-4°)* ***« et ouvrir droit :***

« 1° Aux prestations prévues aux 1°, 2°, 3°, 4° et 6° de l'article L. 321-1 ; »

2° Aux prestations prévues *(L. n° 2015-1702 du 21 déc. 2015, art. 59-VIII-4°)* **« à » l'article L. 321-1 pendant une durée déterminée ;**

3° Aux prestations *(L. n° 2015-1702 du 21 déc. 2015, art. 59-VIII-4°)* **« en espèces » des assurances maternité et décès,**

l'assuré social doit justifier, au cours d'une période de référence, soit avoir *(L. n° 2017-1836 du 30 déc. 2017, art. 8-I)* **« perçu des rémunérations soumises à cotisations au sens de l'article L. 242-1 au moins égales » à un montant fixé par référence au salaire minimum de croissance, soit avoir effectué un nombre minimum d'heures de travail salarié ou assimilé.** — *Sur l'entrée en vigueur de l'art. 8-I de la L. n° 2017-1836 du 30 déc. 2017, V. dispositions transitoires ss. art. L. 136-8.*

II. — Pour bénéficier :

1° Des prestations prévues *(L. n° 2015-1702 du 21 déc. 2015, art. 59-VIII-4°)* **« à » l'article L. 321-1, sans interruption, au-delà de la durée fixée en application du** *(L. n° 2015-1702 du 21 déc. 2015, art. 59-VIII-4°)* **« 2° du I » ;**

2° Des indemnités journalières de l'assurance maternité,

l'assuré doit, en outre, justifier d'une durée minimale d'*(L. n° 2016-1827 du 23 déc. 2016, art. 64-I)* **« affiliation ».** — *V. art. R. 313-1 s.*

V. Circ. interministérielle n° DSS/SD2/2015/179 du 26 mai 2015 relative aux modalités d'attribution des indemnités journalières dues au titre de la maladie.

Sur les exceptions à l'application du droit des usagers de saisir l'administration par voie électronique concernant les démarches effectuées auprès des organismes de sécurité sociale, V. CRPA, App., v° Saisine par voie électronique — Exceptions. **CRPA.**

Art. L. 313-2 Les conditions dans lesquelles certaines périodes d'inactivité peuvent être assimilées à des périodes de travail salarié pour l'ouverture du droit aux prestations sont fixées par le décret prévu à l'article L. 383-1. — *V. dernière note ss. art. L. 313-1.*

Art. L. 313-3 (Abrogé par L. n° 2015-1702 du 21 déc. 2015, art. 59-XI-N, à compter du 1er janv. 2016) *Par membre de la famille, on entend :*

1° Le conjoint de l'assuré.

Toutefois, le conjoint de l'assuré obligatoire ne peut prétendre aux prestations prévues aux articles L. 321-1 et L. 322-6 lorsqu'il bénéficie d'un régime obligatoire de sécurité sociale, lorsqu'il exerce, pour le compte de l'assuré ou d'un tiers personnellement, une activité professionnelle ne motivant pas son affiliation à un tel régime pour le risque maladie, lorsqu'il est inscrit au registre des métiers ou du commerce ou lorsqu'il exerce une profession libérale ;

2° Jusqu'à un âge limite, les enfants non salariés, à la charge de l'assuré ou de son conjoint, (L. n° 2009-61 du 16 janv. 2009, art. 2-II) *« que la filiation, y compris adoptive, soit légalement établie, qu'ils soient » pupilles de la Nation dont l'assuré est tuteur, ou enfants recueillis ;*

3° Jusqu'à des âges limites et dans les conditions déterminées par décret en Conseil d'État [art. R. 313-12] *:*

a. les enfants placés en apprentissage dans les conditions déterminées par le code du travail [art. R. 313-12 : 18 ans] *;*

b. les enfants qui poursuivent leurs études [art. R. 313-12 : 20 ans] *;*

c. les enfants qui, par suite d'infirmités ou de maladies chroniques, sont dans l'impossibilité permanente de se livrer à un travail salarié [art. R. 313-12 : 20 ans] *;*

4° L'ascendant, le descendant, le collatéral jusqu'au 3e degré ou l'allié au même degré de l'assuré social, qui vit sous le toit de celui-ci et qui se consacre exclusivement aux travaux du ménage et à l'éducation d'enfants à la charge de l'assuré ; le nombre et la limite d'âge des enfants sont fixés par décret en Conseil d'État. — V. art. R. 313-11 s.

I. CONJOINT

1. *Polygamie.* La loi française ne reconnaissant qu'une épouse légitime et n'admettant que cette épouse parmi les ayants droit, un ressortissant algérien qui a deux épouses vivant en France et a déjà réclamé des prestations pour l'une d'elles ne peut avoir droit aux prestations des assurances maladie et maternité au profit de l'autre, quels que soient son statut personnel et la régularité de sa situation matrimoniale. • Soc. 1er mars 1973 : *Bull. civ. V, n° 136.* ♦ La seconde épouse d'un assuré social algérien vivant en France a la qualité d'ayant droit de son mari au regard du régime français de sécurité sociale, quand bien même ce dernier aurait obtenu antérieurement de la caisse primaire le versement de prestations du chef de sa première épouse, dès lors qu'à l'époque des soins la seconde était la seule à résider en France auprès de lui. • Soc. 8 mars 1990, n° 84-15.703 P : *D. 1991. Somm. 119, obs. Prétot ; RJS 1990, n° 340.*

2. *Vie maritale.* La notion de vie maritale s'entend d'une vie commune entre un homme et une femme : dès lors, n'a pas la qualité d'ayant droit, pour l'ouverture du droit aux prestations en nature de l'assurance maladie-maternité, la personne qui, bien que vivant depuis deux ans sous le toit de son amie assurée sociale et se trouvant à sa charge effective, est du même sexe que celle-ci. • Soc. 11 juill. 1989 : *Bull. civ. V, n° 515 ; D. 1990. Somm. 143, obs. Prétot ; RJS 1989, n° 725 ; D. 1990. 582, note Malaurie ; JCP 1990. II. 21553, note Meunier ; RDSS 1990. 116.* ♦ V. cependant art. L. 161-14, al. 2, CSS.

3. *Entraide familiale.* Est ayant droit au sens de l'art. L. 313-3, 1°, CSS l'épouse d'un gérant salarié d'un fonds de commerce qui travaille avec son mari, dès lors qu'elle ne retire aucun profit de cette activité et que sa collaboration s'inscrit dans le cadre de services mutuels que se rendent normalement des époux sans excéder les limites de l'entraide familiale. • Soc. 7 oct. 1976 : *Bull. civ. V, n° 479.* ♦ En revanche, ne peut bénéficier des prestations en nature de l'assurance maladie du chef de son mari : la femme dont l'activité s'exerce dans un autre magasin que celui de son mari, pour le compte d'une société à responsabilité limitée dont le mari est le gérant minoritaire, une telle activité ne pouvant s'inscrire dans le cadre de l'entraide entre époux. • Soc. 7 oct. 1976 : *Bull. civ. V, n° 480.* ♦ ... L'épouse d'un assuré qui exploite le fonds de commerce de son époux sans que son activité soit limitée à une entraide conjugale. • Soc. 13 nov. 1975 : *Bull. civ. V, n° 543.* ♦ ... La femme travaillant dans le fonds de commerce appartenant à son mari dès lors qu'elle consacre à cette activité sept ou huit heures de travail par jour. • Soc. 25 févr. 1976 : *Bull. civ. V, n° 119.*

4. *Activité compatible.* Bénéficie des prestations de l'assurance maternité l'épouse d'un assuré social qui assiste certaines amies sans exercer habituellement la profession d'infirmière.

• Soc. 26 févr. 1966 : *Bull. civ. V, n° 274.* ♦ Une artiste-peintre conserve la qualité d'ayant droit de son conjoint dès lors que, d'une part, elle s'est vu refuser son affiliation au régime de sécurité sociale des artistes-auteurs et que, d'autre part, son activité de peintre n'est pour elle qu'un passe-temps en sorte qu'elle ne peut être considérée comme exerçant une profession libérale. • Soc. 17 oct. 1991, n° 88-11.286 P : *JCP E 1992. II. 260, obs. Vachet.*

5. *Activité incompatible.* Ne peut bénéficier des prestations de l'assurance maternité l'épouse d'un assuré, dès lors qu'elle consacre un certain temps à sa profession d'avocat et en retire des revenus, fussent-ils de faible importance. • Civ. 2e, 3 nov. 1966 : *Bull. civ. II, n° 889 ; JCP 1966. IV. 164.*

6. En cas d'inscription au registre du commerce du conjoint d'un assuré social, la cessation des prestations en nature de l'assurance maladie du régime général dont il bénéficiait en cette qualité en vertu des dispositions de l'art. L. 285 CSS (devenu art. L. 313-3, 1°, CSS) ne prend effet qu'à l'expiration du délai de douze mois prévu par l'art. L. 253 du même code (devenu L. 161-8). • Soc. 19 juin 1975 : *Bull. civ. V, n° 345.*

II. ENFANTS

V. la notion d'enfant à charge pour bénéficier des prestations familiales : art. L. 512-1 et L. 513-1 CSS.

7. *Condition d'âge.* La prise en charge en qualité d'ayant droit ne saurait être refusée à la fille d'un assuré sur la base de l'art. R. 313-12 *[devenu art. R. 161-4]* CSS, au motif qu'âgée de 17 ans, elle avait terminé sa scolarité et était inscrite comme demandeur d'emploi sans être indemnisée, alors que la Convention de New York sur les droits de l'enfant ratifiée par la France le 2 juill. 1990 reconnaît à tout enfant le droit de bénéficier de la sécurité sociale jusqu'à l'âge de 18 ans. • Paris, 27 nov. 1992 : *RJS 1993, n° 816, concl. Domingo.* ♦ V. cependant : • Soc. 13 juill. 1994, n° 93-10.891 P : *D. 1995. 91, note Massip* (la Convention de New York ne crée d'obligations qu'à la charge des États parties et ne saurait donc être invoquée devant les juridictions nationales).

8. *Enfant à charge.* Les frais d'hospitalisation d'un enfant confié aux services de l'action sanitaire et sociale, qui supporte la charge effective et actuelle de l'enfant, ne peuvent être pris en charge par la caisse primaire à laquelle est rattachée sa mère. • Soc. 21 déc. 1977 : *Bull. civ. V, n° 732.*

9. *Enfant recueilli (notion).* A cette qualité l'enfant étranger dont l'assuré assume la charge effective et permanente. • Civ. 2e, 10 nov. 2011 : *RJS 2012, n° 387 ; RDSS 2012. 390, obs. Dagorne-Labbe ; JCP S 2011, n° 1591 ; CSBP 2012. 31, obs. Pansier ; JCP E 2012, n° 1191, obs. Lieutier.* ♦ Une cour d'appel ne peut décider qu'une enfant de nationalité étrangère doit, du chef de sa tante, être prise en charge par le régime général de sécurité sociale sans s'expliquer sur la circonstance que le père de l'enfant s'était borné à en confier temporairement la garde jusqu'à son retour en Algérie après la fin de ses études. • Soc. 27 janv. 1994, n° 87-15.909 P : *RJS 1994, n° 317.*

10. *Poursuite d'études.* Au sens de l'art. L. 313-3 CSS comme des dispositions prévues en matière de prestations familiales applicables par analogie aux assurances sociales, la poursuite des études exige la fréquentation pendant l'année scolaire d'un établissement dispensant une instruction générale, technique ou professionnelle comportant des conditions de travail, d'assiduité, de contrôle et de discipline telles que l'exige normalement la préparation des diplômes officiels ou de carrières publiques ou privées. • Soc. 9 déc. 1976 : *Bull. civ. V, n° 658.* ♦ L'enfant peut être considéré comme poursuivant ses études si les cours qu'il suit par correspondance présentent les mêmes caractéristiques que celles des autres établissements scolaires (Circ. min. 30 janv. 1958 : *Bull. jur. EN 58/27*). ♦ Pour accorder à un assuré social le remboursement des frais de maladie engagés pour son enfant qui avait cessé depuis plusieurs mois de fréquenter un établissement scolaire, les juges du fond ne peuvent se borner à affirmer qu'il avait poursuivi ses études chez lui avec constance et assiduité sous la surveillance de son père, peu important par ailleurs son succès ultérieur à l'examen qu'il préparait. • Soc. 9 déc. 1976 : *préc.* ♦ Une jeune fille âgée de moins de 20 ans, travaillant au pair et faisant des études en Grande-Bretagne peut prétendre, en qualité d'ayant droit de son père, assuré social, aux prestations en nature de l'assurance maladie pour des soins reçus dans le mois de son retour en France, dès lors que durant tout son séjour en Grande-Bretagne elle a régulièrement suivi des cours du soir et a ainsi poursuivi des études, sans recevoir de rémunération en dehors de la nourriture et du logement qu'elle obtenait par quelques travaux ménagers accessoires. • Soc. 4 juill. 1978 : *Bull. civ. V, n° 550.*

III. ASCENDANTS, DESCENDANTS, COLLATÉRAUX ET ALLIÉS

11. *Activité exclusive.* Est légalement justifiée la décision qui, pour accorder à un assuré les prestations de l'assurance maladie pour sa belle-mère, constate que cette personne vivait sous le toit de son gendre et se livrait uniquement aux soins du ménage et à l'éducation de trois enfants de moins de 14 ans à la charge de son gendre, de telles constatations établissant le caractère exclusif des occupations auxquelles elle se livrait. • Civ. 2e, 17 févr. 1955 : *Bull. civ. II, n° 105 ; JCP 1955. IV. 46.* ♦ Dans le même sens :

• Civ. 2e, 21 oct. 1955 : *Gaz. Pal. 1955. 2. 394, 1er arrêt.*

12. Concours d'autres personnes. A la qualité d'ayant droit la belle-mère d'un assuré social qui vit sous le toit de son gendre, se consacre à l'éducation des deux enfants de celui-ci ainsi qu'aux travaux du ménage, aidant sa fille qui est de santé délicate et ne dispose d'aucune aide domestique, peu important qu'elle n'ait pas seule toute la charge du ménage. • Civ. 2e, 10 juill. 1957 : *Bull. civ. II, no 516 ; JCP 1957. II. 10265.* ♦ V. déjà • Civ. 2e, 21 oct. 1955 : *préc. note 11.*

13. Est légalement justifiée la décision qui, pour reconnaître aux beaux-parents d'un assuré social le droit aux prestations de l'assurance maladie, énonce que ceux-ci participent conjointement avec leur fille aux soins du ménage et à l'éducation des enfants, que la belle-mère et sa fille se partagent les travaux ménagers et que si l'activité propre des trois personnes intéressées ne peut être différenciée, certaines tâches sont toutefois assumées principalement ou même exclusivement par les beaux-parents. • Civ. 2e, 3 mars 1965 : *Bull. civ. II, no 219.*

Art. L. 313-4 (Abrogé par L. no 2015-1702 du 21 déc. 2015, art. 59-XI-N, à compter du 1er janv. 2016) ***L'assuré titulaire d'une pension d'invalidité a droit et ouvre droit :***

1o Aux prestations en nature de l'assurance maladie, sans limitation de durée pour tout état de maladie ;

2o Aux prestations en nature de l'assurance maternité.

Art. L. 313-5 (Abrogé par L. no 2015-1702 du 21 déc. 2015, art. 59-XI-N, à compter du 1er janv. 2016) ***Les titulaires des pensions d'invalidité mentionnés à l'article L. 342-1 ont et ouvrent droit aux prestations prévues à l'article L. 313-4.***

Les titulaires de pensions de vieillesse de veuf ou de veuve ont et ouvrent droit aux prestations en nature de l'assurance maladie dans les conditions prévues aux articles L. 311-9 et L. 311-10.

Art. L. 313-6 *(L. no 2004-811 du 13 août 2004, art. 81)* Par dérogation à l'article L. 313-1 et à toutes dispositions contraires, les périodes d'interruption de travail des assurés liées à un arrêt provoqué par un accident survenu ou une maladie contractée en service en qualité de sapeur-pompier volontaire ne sont pas prises en compte dans les durées de leurs droits aux prestations de l'assurance maladie dont ils peuvent bénéficier au titre des autres accidents ou maladies. — *V. dernière note ss. art. L. 313-1.*

CHAPITRE IV DISPOSITIONS RELATIVES AUX SOINS PRIS EN CHARGE PAR L'ASSURANCE MALADIE

(L. no 2004-810 du 13 août 2004, art. 19)

Art. L. 314-1 Lorsqu'elles reçoivent les documents établis pour l'ouverture du droit aux prestations de l'assurance maladie, les caisses, avec l'appui des services médicaux de chacun des régimes d'assurance maladie obligatoire, dans le respect du secret professionnel et médical, vérifient :

1o Que l'ensemble des conditions auxquelles est subordonnée la prise en charge est rempli, notamment les exigences prévues aux articles L. 162-4, L. 162-4-1, L. 161-36-2, L. 315-2, L. 322-3 et L. 324-1 ;

2o Que les actes pratiqués ou les traitements prescrits :

a) N'excèdent pas les limites et indications prévues par les listes mentionnées aux articles L. 162-1-7, L. 162-17 et L. 165-1 ;

b) Respectent les recommandations de bonne pratique cliniques et les références professionnelles mentionnées à l'article L. 162-12-15 ;

3o Que les dépenses présentées au remboursement *(L. no 2007-1786 du 19 déc. 2007, art. 39-II)* « , y compris les dépassements d'honoraires, » ne méconnaissent pas les engagements conventionnels ou le règlement arbitral, les engagements prévus dans les contrats souscrits en application des articles L. 162-12-18, L. 162-12-20, L. 183-1-1 et les accords prévus à l'article L. 162-12-17.

Les assurés sociaux et les professionnels de santé ayant réalisé les actes ou prestations, ou délivré les produits sont tenus, le cas échéant, de fournir à la caisse ou au service du contrôle médical les éléments nécessaires aux vérifications mentionnées ci-dessus.

Lorsqu'une anomalie est constatée par la caisse ou le service médical, ceux-ci apprécient les responsabilités respectives de l'assuré ou du professionnel de santé dans l'inobservation des règles prévues au présent article. En fonction de cette appréciation

et des irrégularités relevées, il est fait application des procédures prévues au présent code, et notamment celles mentionnées aux articles *(L. n° 2015-1702 du 21 déc. 2015, art. 59-XII-A-14°, en vigueur le 1er janv. 2016)* **« L. 114-17-1 », L. 162-1-15 et L. 315-2. Si l'irrégularité est imputable à l'assuré ou à son ayant droit, la caisse peut décider de ne pas procéder à la prise en charge des frais.**

V. notes ss. art. L. 321-1 CSS.

La caisse qui a par erreur remboursé des frais de prothèse dentaire sur la base du taux de la prise en charge, alors que le chirurgien-dentiste traitant avait mentionné un montant inférieur sur la feuille de soins, est en droit d'exiger de l'assuré la restitution de ce qu'elle a ainsi versé à tort, peu important que les sommes versées par l'assuré eussent été supérieures au chiffre indiqué sur la feuille de soins, chiffre dont l'inexactitude ne concerne que les rapports du dentiste avec son client. • Soc. 8 mars 1978 : *Bull. civ. V, n° 171.*

CHAPITRE V **CONTRÔLE MÉDICAL**

BIBL. ▸ ÉOCHE-DUVAL, L'analyse de l'activité des professionnels de santé par le contrôle médical : du droit d'objection du professionnel au recours au principe de loyauté ?, *RDSS 2012. 291* – TAURAN, L'assurance maladie et les anomalies de tarification, *RDSS 2013. 1086*.

Art. L. 315-1 *(Ord. n° 96-345 du 24 avr. 1996, art. 10)* **I. — Le contrôle médical porte sur tous les éléments d'ordre médical qui commandent l'attribution et le service de l'ensemble des prestations de l'assurance maladie, maternité et invalidité** *(L. n° 2007-1786 du 19 déc. 2007, art. 116-I)* **« ainsi que des prestations prises en charge en application des articles L. 251-2 et L. 254-1 du code de l'action sociale et des familles ».**

II. — Le service du contrôle médical constate les abus en matière de soins, de prescription d'arrêt de travail et d'application de la tarification des actes et autres prestations.

(L. n° 2003-1199 du 18 déc. 2003, art. 42-II) **« Lorsque l'activité de prescription d'arrêt de travail apparaît anormalement élevée au regard de la pratique constatée chez les professionnels de santé appartenant à la même profession, des contrôles systématiques de ces prescriptions sont mis en œuvre dans des conditions définies par la convention mentionnée à l'article L. 227-1.**

(L. n° 2009-1646 du 24 déc. 2009, art. 90-I) **« Lorsqu'un contrôle effectué par un médecin à la demande de l'employeur, en application de l'article L. 1226-1 du code du travail, conclut à l'absence de justification d'un arrêt de travail ou fait état de l'impossibilité de procéder à l'examen de l'assuré, ce médecin transmet son rapport au service du contrôle médical de la caisse dans un délai maximal de quarante-huit heures. Le rapport précise si le médecin diligenté par l'employeur a ou non procédé à un examen médical de l'assuré concerné. Au vu de ce rapport, ce service :**

« 1° Soit demande à la caisse de suspendre les indemnités journalières. Dans un délai fixé par décret à compter de la réception de l'information de suspension des indemnités journalières, l'assuré peut demander à son organisme de prise en charge de saisir le service du contrôle médical pour examen de sa situation. Le service du contrôle médical se prononce dans un délai fixé par décret ;

« 2° Soit procède à un nouvel examen de la situation de l'assuré. Ce nouvel examen est de droit si le rapport a fait état de l'impossibilité de procéder à l'examen de l'assuré. »

III. — Le service du contrôle médical procède à l'analyse, sur le plan médical, de l'activité des établissements de santé mentionnés aux articles L. 162-29 et L. 162-29-1 dans lesquels sont admis des bénéficiaires de l'assurance maladie *(L. n° 2007-1786 du 19 déc. 2007, art. 116-I)* **« , de l'aide médicale de l'État ou de la prise en charge des soins urgents mentionnée à l'article L. 254-1 du code de l'action sociale et des familles, »** *(L. n° 2003-1199 du 18 déc. 2003, art. 31-VII)* **« notamment au regard des règles définies en application des dispositions de l'article L. 162-1-7 ».**

(L. n° 2005-1579 du 19 déc. 2005, art. 43-VIII) **« III *bis*. — Le service du contrôle médical procède auprès des établissements de santé visés à l'article L. 162-22-6, des pharmaciens et des distributeurs de produits ou prestations, dans le respect des règles déontologiques, aux contrôles nécessaires en matière de délivrance et de facturation de médicaments, produits ou prestations donnant lieu à remboursement par les caisses**

d'assurance maladie » *(L. n° 2007-1786 du 19 déc. 2007, art. 116-I)* « ou à prise en charge par l'État en application des articles L. 251-2 ou L. 254-1 du code de l'action sociale et des familles ».

IV. — Il procède également à l'analyse, sur le plan médical, de l'activité des professionnels de santé dispensant des soins aux bénéficiaires de l'assurance maladie, *(L. n° 2007-1786 du 19 déc. 2007, art. 116-I)* « de l'aide médicale de l'État ou de la prise en charge des soins urgents mentionnée à l'article L. 254-1 du code de l'action sociale et des familles, » notamment au regard des règles définies par les conventions qui régissent leurs relations avec les organismes d'assurance maladie ou, en ce qui concerne les médecins, du règlement mentionné à l'article *(L. n° 2004-810 du 13 août 2004, art. 26 et 48-III-D)* « L. 162-14-2. La procédure d'analyse de l'activité se déroule dans le respect des droits de la défense selon des conditions définies par décret. »

Par l'ensemble des actions mentionnées au présent article, le service du contrôle médical concourt, dans les conditions prévues aux articles L. 183-1, L. 211-2-1 et au 5° de l'article L. 221-1, à la gestion du risque assurée par les caisses d'assurance maladie.

(L. n° 2004-810 du 13 août 2004, art. 27-I) « IV *bis*. — Le service du contrôle médical s'assure de l'identité du patient à l'occasion des examens individuels qu'il réalise, en demandant à la personne concernée de présenter sa carte nationale d'identité ou tout autre document officiel comportant sa photographie. »

(L. n° 2002-303 du 4 mars 2002, art. 6) « V. — Les praticiens conseils du service du contrôle médical et les personnes placées sous leur autorité n'ont accès aux données de santé à caractère personnel que si elles sont strictement nécessaires à l'exercice de leur mission, dans le respect du secret médical. »

(L. n° 2016-41 du 26 janv. 2016, art. 83-III-3°) « VI. — Le service du contrôle médical transmet, sauf opposition du bénéficiaire, les informations de nature médicale qu'il détient, notamment le protocole de soins mentionné à l'article L. 324-1, en cas de changement d'organisme ou de régime d'assurance maladie, au nouveau service chargé du contrôle médical dont relève l'assuré. »

V. art. D. 315-1 à D. 315-4.

Sur les exceptions à l'application du droit des usagers de saisir l'administration par voie électronique concernant les démarches effectuées auprès des organismes de sécurité sociale, V. CRPA, App., v° Saisine par voie électronique — Exceptions. — ***CRPA.***

Droits de la défense. Les dispositions issues de l'art. 26 de la L. n° 2004-810 du 13 août 2004, en vertu desquelles la procédure d'analyse de l'activité des professionnels de santé dispensant des soins aux assurés sociaux prévue au IV de l'art. L. 315-1 CSS se déroule dans le respect des droits de la défense, n'ont pas eu pour effet de faire de ce respect, lors de la procédure de contrôle médical, désormais régie par les dispositions réglementaires issues du Décr. n° 2007-146 du 1er févr. 2007, une condition de recevabilité de la plainte devant les juridictions chargées du contrôle technique, dès lors que le respect des droits de la défense est, alors, assuré par l'application des règles de la procédure juridictionnelle. • CE 26 oct. 2011, n° 329295 : *AJDA 2012. 64*. — Rappr., sous l'empire des dispositions antérieures à la L. du 13 août 2004 et au Décr. du 1er févr. 2007 : • CE 6 juin 2001, *CPAM de Vienne*, n° 210885 B.

V. aussi notes ss. art. L. 321-1 CSS.

Art. L. 315-2 *(L. n° 2017-1836 du 30 déc. 2017, art. 60-I)* « I. — » *(Ord. n° 96-345 du 24 avr. 1996, art. 11)* Les avis rendus par le service du contrôle médical portant sur les éléments définis au I de l'article L. 315-1 s'imposent à l'organisme de prise en charge.

(L. n° 2001-1246 du 21 déc. 2001, art. 29-I ; L. n° 2017-1836 du 30 déc. 2017, art. 60-I) « II. — Le bénéfice de certaines prestations mentionnées au I de l'article L. 315-1 peut être subordonné à l'accord préalable du service du contrôle médical. A défaut de réponse du service du contrôle médical dans un délai fixé par décret, l'accord est réputé avoir été donné ; ce délai peut être différent selon la nature de la prestation. Cet accord préalable peut être exigé pour une prestation dans l'un des cas suivants :

« — sa nécessité doit être appréciée au regard d'indications déterminées ou de conditions particulières d'ordre médical, notamment lorsqu'il existe un risque, prévisible ou avéré, de non-respect des indications ouvrant droit à la prise en charge ou de mésusage ;

« – sa justification, du fait de son caractère innovant ou des risques encourus par le bénéficiaire, doit être préalablement vérifiée eu égard notamment à l'état du bénéficiaire et aux alternatives thérapeutiques possibles ;

« – la prestation, à titre unitaire ou compte tenu de son volume global, a, de manière prévisible ou constatée, un caractère particulièrement coûteux pour l'assurance maladie ou pour *(L. n° 2007-1786 du 19 déc. 2007, art. 116-II)* « l'État en ce qui concerne les prestations servies en application des articles L. 251-2 et L. 254-1 du code de l'action sociale et des familles ».

« – le recours à une autre prestation est moins coûteux.

« Il est précisé lors de *(L. n° 2007-1786 du 19 déc. 2007, art. 116-II ; L. n° 2008-1330 du 17 déc. 2008, art. 42-II)* « la prise en charge des prestations mentionnées au I de l'article L. 315-1 que leur bénéfice est, le cas échéant, subordonné à l'accord préalable mentionné ci-dessus.

« Les conditions d'application des alinéas précédents sont fixées par décision du collège des directeurs de l'Union nationale des caisses d'assurance maladie. »

(L. n° 2017-1836 du 30 déc. 2017, art. 60-I) « Pour des motifs de santé publique, les ministres chargés de la santé et de la sécurité sociale peuvent saisir le collège des directeurs de l'Union nationale des caisses d'assurance maladie d'une proposition tendant à l'application de la procédure d'accord préalable à certaines prestations mentionnées au I de l'article L. 315-1. En l'absence de décision de mise en œuvre d'une procédure d'accord préalable par ce collège à l'expiration d'un délai fixé par décret, cette décision peut être prise par arrêté des mêmes ministres.

« Indépendamment des dispositions des deux précédents alinéas, la décision de subordonner le bénéfice de certaines prestations à l'accord préalable du service du contrôle médical peut être prise par arrêté des ministres chargés de la santé et de la sécurité sociale à l'occasion de l'inscription ou du renouvellement d'inscription d'un produit sur les listes ou sur l'une des listes prévues aux premier et deuxième alinéas de l'article L. 162-17, aux articles L. 162-22-7, L. 162-23-6 et L. 165-1 du présent code et à l'article L. 5123-2 du code de la santé publique, à la suite d'une autorisation temporaire d'utilisation prévue à l'article L. 5121-12 du même code ou à la suite d'une prise en charge en application des articles L. 162-16-5-2 ou L. 162-17-2-1 du présent code. Dans ces cas, les conditions d'application du présent article sont fixées par décret en Conseil d'État.

« III. — » Si, indépendamment *(L. n° 2001-1246 du 21 déc. 2001, art. 29-II)* « des dispositions *(L. n° 2017-1836 du 30 déc. 2017, art. 60-I)* « du présent article relatives à la procédure d'accord préalable », le service du contrôle médical estime qu'une prestation mentionnée *(L. n° 2015-1702 du 21 déc. 2015, art. 59-XII-A-15°, en vigueur le 1er janv. 2016)* « aux articles L. 160-8 et » L. 321-1 n'est pas médicalement justifiée, la caisse, après en avoir informé l'assuré *(L. n° 2007-1786 du 19 déc. 2007, art. 116-II)* « ou le bénéficiaire de l'aide médicale de l'État ou de la prise en charge des soins urgents mentionnée à l'article L. 254-1 du code de l'action sociale et des familles », en suspend le service. *(L. n° 2004-810 du 13 août 2004, art. 27-II)* « En cas de suspension du service des indemnités mentionnées *(L. n° 2015-1702 du 21 déc. 2015, art. 59-XII-A-15°, en vigueur le 1er janv. 2016)* « à » l'article L. 321-1, la caisse en informe l'employeur. » *(L. n° 2003-1199 du 18 déc. 2003, art. 42-III)* « Lorsque le praticien conseil procède à l'examen du patient et qu'à l'issue de celui-ci il estime qu'une prescription d'arrêt de travail n'est pas ou n'est plus médicalement justifiée, il en informe directement l'intéressé. Sauf si le praticien conseil en décide autrement, la suspension prononcée par la caisse prend effet à compter de la date à laquelle le patient a été informé. » Les contestations d'ordre médical portant sur cette décision donnent lieu à l'expertise médicale mentionnée à l'article L. 141-1.

(L. n° 2017-1836 du 30 déc. 2017, art. 60-I) « IV. — » *(L. n° 2004-810 du 13 août 2004, art. 27-II)* « Sous réserve des dispositions de l'article L. 324-1, tout assuré *(L. n° 2007-1786 du 19 déc. 2007, art. 116-II)* « ou bénéficiaire de l'aide médicale de l'État ou de la prise en charge des soins urgents mentionnée à l'article L. 254-1 du code de l'action sociale et des familles » est tenu de se soumettre aux contrôles organisés par

le service du contrôle médical. La caisse suspend le versement des indemnités journalières lorsque l'assuré qui en bénéficie ne respecte pas cette obligation. »

Les décisions du collège des directeurs de l'UNCAM relatives à la procédure d'accord préalable prévue à l'art. L. 315-2 CSS prises antérieurement à la publication de la L. n° 2017-1836 du 30 déc. 2017 demeurent en vigueur tant qu'elles ne font pas l'objet d'une nouvelle décision prise au titre de la loi susvisée (L. préc., art. 60-II, JO 31 déc.).

V. 2e note ss. art. L. 315-1.

Art. L. 315-2-1 *(L. n° 99-1140 du 29 déc. 1999, art. 26-I)* **Si, au vu des dépenses présentées au remboursement** *(L. n° 2004-810 du 13 août 2004, art. 27-III)* **« ou de la fréquence des prescriptions d'arrêt de travail », le service du contrôle médical estime nécessaire de procéder à une évaluation de l'intérêt thérapeutique, compte tenu de leur importance, des soins dispensés à un assuré** *(L. n° 2007-1786 du 19 déc. 2007, art. 116-III)* **« ou à un bénéficiaire de l'aide médicale de l'État ou de la prise en charge des soins urgents mentionnée à l'article L. 254-1 du code de l'action sociale et des familles » dans les cas autres que ceux mentionnés à l'article L. 324-1, il peut convoquer l'intéressé. Le service du contrôle médical peut établir, le cas échéant conjointement avec un médecin choisi par** *(L. n° 2007-1786 du 19 déc. 2007, art. 116-III)* **« l'intéressé », des recommandations sur les soins et les traitements appropriés. Ces recommandations sont transmises à l'assuré** *(L. n° 2007-1786 du 19 déc. 2007, art. 116-III)* **« ou au bénéficiaire de l'aide médicale de l'État ou de la prise en charge des soins urgents mentionnée à l'article L. 254-1 du code de l'action sociale et des familles, » par le médecin choisi par celui-ci, lorsque ces recommandations sont établies conjointement, ou à défaut, par le service du contrôle médical.**

Les modalités d'application de ces dispositions sont fixées par décret en Conseil d'État.

Art. L. 315-3 *(L. n° 2017-1836 du 30 déc. 2017, art. 60-I)* **I. — Lorsque la prise en charge de médicaments, ou de produits et prestations éventuellement associées mentionnés à l'article L. 165-1, est subordonnée à la procédure d'accord préalable prévue à l'article L. 315-2, le pharmacien, le prestataire de services ou tout autre distributeur de matériel auprès du public informe le patient de ces conditions particulières de prise en charge.**

II. — Tout pharmacien, distributeur ou prestataire est tenu de s'assurer que l'accord du service du contrôle médical autorisant la prise en charge par l'assurance maladie des médicaments ou des produits et prestations mentionnés à l'article L. 165-1 a été donné. Pour la prise en charge de ces médicaments ou produits et prestations par l'assurance maladie, il est tenu d'agir conformément à la décision du service du contrôle médical.

III. — Le non-respect par tout pharmacien, distributeur ou prestataire des obligations prévues au II peut donner lieu à un recouvrement de l'indu selon la procédure prévue à l'article L. 133-4.

TITRE DEUXIÈME **ASSURANCE MALADIE**

BIBL. ▶ AUBRY, Approfondir les solidarités et conforter notre système de protection sociale, *Dr. soc. 1998. 863* . – BEAU, Assurance maladie, un simple plan ou une vraie réforme ?, *Dr. soc. 2004. 415* . – BRAS, Le médecin traitant : raisons et déraison d'une politique publique, *Dr. soc. 2006. 59* ; Déficit de l'assurance maladie : dérembourser ou prélever ?, *Dr. soc. 2004. 645* . – BRAS et TABUTEAU, Les assurances maladie, *Que sais-je ?, PUF, n° 3942*. – BRÉCHAT, Sauvons notre système de santé et d'assurance maladie, *Presses de l'EHESP, 2016*. – CHAUCHARD, Les querelles de ménage de l'assurance maladie et de la solidarité, *RDSS 2006. 288* . – DUFOUR, Un quinquennat sous le sceau de la maîtrise des dépenses de l'assurance maladie, *RDSS 2017. 314* . – FORGERON et NACACHE, Le dossier médical personnel : enjeux et confidentialité, *Gaz. Pal. 2005, n° 293, p. 17*. – MARIE, Vers une résurgence des assurances sociales dans le champ de la couverture maladie, *Dr. soc. 2015. 367* . – MOREAU, Assurance maladie et santé publique : un droit pour gérer des crises ou un droit pour aller vers une « maîtrise intégrée » ?, *Dr. soc. 2011. 1268* . – PELLET, L'équilibre financier de l'assurance maladie après la loi du 13 août 2004, *Dr. soc. 2004. 979* . – PIVETEAU, Le « panier de soins » : une notion en trompe-l'œil ?, *REF 2004. 175*. – ROMAN, La discrimination fondée sur la condition sociale, *D. 2013. 1911* . – SAINT-JOURS, L'assurance maladie resituée dans une logique libérale, *D. 2004. 2795* ; Sécurité sociale :

la médecine en butte aux restrictions de soins, *Dr. ouvrier 2004. 301* ; La nouvelle assurance maladie, *Prot. soc. inform. (hors-série) 2004, n° 461.* – TABUTEAU, La privatisation *nolens volens* de la protection sociale contre la maladie, *RDSS 2016. 24* ; Les nouvelles frontières de l'assurance maladie, *Dr. soc. 2003. 125* ; Assurance maladie : les standards de la réforme, *Dr. soc. 2004. 872* ; Politique d'assurance maladie et politique de santé publique : cohérence et incohérences des lois des 9 et 13 août 2004, *Dr. soc. 2006. 200* ; La métamorphose silencieuse des assurances maladie, *Dr. soc. 2010. 85* ; Santé et assurance maladie : l'inquiétante dilution des services publics, *Dr. soc. 2011. 1277* ; Le patient dans le système de santé, Dossier thématique, *RFAS janv.-mars 2017.*

CHAPITRE PREMIER **DISPOSITIONS GÉNÉRALES**

Art. L. 321-1 *Al. 1er à 5 abrogés par L. n° 2015-1702 du 21 déc. 2015, art. 59-VIII-5°, à compter du 1er janv. 2016.*

(L. n° 2015-1702 du 21 déc. 2015, art. 59-VIII-5°, en vigueur le 1er janv. 2016) **« L'assurance maladie assure le versement » d'indemnités journalières à l'assuré qui se trouve dans l'incapacité physique constatée par le médecin traitant,** *(L. n° 99-1140 du 29 déc. 1999, art. 25-II-2°)* **« selon les règles définies par l'article L. 162-4-1 de continuer ou de reprendre le travail ; l'incapacité peut être également constatée, dans les mêmes conditions », par la sage-femme dans la limite de sa compétence professionnelle et pour une durée fixée par décret ; toutefois, les arrêts de travail prescrits à l'occasion d'une cure thermale ne donnent pas lieu à indemnité journalière, sauf lorsque la situation de l'intéressé le justifie suivant des conditions fixées par décret** *[V. art. D. 323-1]* ;

6° Abrogé par L. n° 2015-1702 du 21 déc. 2015, art. 59-VIII-5°, à compter du 1er janv. 2016.

7° et 8° Abrogés par L. n° 2002-303 du 4 mars 2002, art. 81-I.

9° Abrogé par L. n° 2015-1702 du 21 déc. 2015, art. 59-VIII-5°, à compter du 1er janv. 2016.

Ancien art. L. 321-1 *L'assurance maladie comporte :*

1° La couverture des frais de médecine générale et spéciale, des frais de soins et de prothèses dentaires, des frais pharmaceutiques et d'appareils, des frais (Ord. n° 2010-49 du 13 janv. 2010, art. 6) *« d'examens de biologie médicale »,* (L. n° 98-1194 du 23 déc. 1998, art. 20-I) *« y compris la couverture des frais relatifs aux actes d'investigation individuels », des frais d'hospitalisation et de traitement dans des établissements de soins, de réadaptation fonctionnelle et de rééducation ou d'éducation professionnelle, ainsi que des frais d'interventions chirurgicales nécessaires pour l'assuré et les membres de sa famille, au sens fixé par l'article L. 313-3, y compris la couverture des médicaments, produits et objets contraceptifs et des frais* (Ord. n° 2010-49 du 13 janv. 2010, art. 6) *« d'examens de biologie médicale » ordonnés en vue de prescriptions contraceptives ;*

2° (Décr. n° 86-838 du 16 juill. 1986, art. 12-III) *« La couverture des frais de transport de l'assuré ou des ayants droit se trouvant dans l'obligation de se déplacer pour recevoir les soins ou subir les examens appropriés à leur état ainsi que pour se soumettre à un contrôle prescrit en application de la législation de sécurité sociale,* (L. n° 99-1140 du 29 déc. 1999, art. 25-II) *« selon les règles définies par les articles L. 162-4-1 et L. 322-5 » et dans les conditions et limites tenant compte de l'état du malade et du coût du transport fixées par décret en Conseil d'État » ;*

3° (L. n° 2005-102 du 11 févr. 2005, art. 68-3°) *« La couverture, sur décision de la commission mentionnée à l'article L. 146-9 du code de l'action sociale et des familles, des frais d'hébergement et de traitement des enfants ou adolescents handicapés dans les établissements mentionnés au 2° et au 12° du I de l'article L. 312-1 du même code ainsi que celle des frais de traitement concourant à leur éducation dispensée en dehors de ces établissements, à l'exception de la partie de ces frais incombant à l'État en application des articles L. 112-1 à L. 112-4,* (L. n° 2013-660 du 22 juill. 2013, art. 9-III) *« L. 123-4-2 », L. 351-1 à L. 351-3 et L. 352-1 du code de l'éducation ; »*

4° La couverture des frais de soins et d'hospitalisation afférents à l'interruption volontaire de grossesse effectuée dans les conditions prévues au chapitre II du titre Ier du livre II de la deuxième partie du code de la santé publique [V. art. D. 331-1 et D. 331-2] ;

5° L'octroi d'indemnités journalières à l'assuré qui se trouve dans l'incapacité physique constatée par le médecin traitant, (L. n° 99-1140 du 29 déc. 1999, art. 25-II-2°) *« selon les règles définies par l'article L. 162-4-1 de continuer ou de reprendre le travail ; l'incapacité peut être également constatée, dans les mêmes conditions », par la sage-femme dans la limite de sa compé-*

tence professionnelle et pour une durée fixée par décret ; toutefois, les arrêts de travail prescrits à l'occasion d'une cure thermale ne donnent pas lieu à indemnité journalière, sauf lorsque la situation de l'intéressé le justifie suivant des conditions fixées par décret [V. art. D. 323-1] ;

(L. n° 2002-303 du 4 mars 2002, art. 81-I ; L. n° 2004-806 du 9 août 2004, art. 10-II) *« 6° La couverture des frais relatifs aux actes et traitements à visée préventive réalisés dans le cadre des programmes mentionnés à l'article L. 1411-6 du code de la santé publique, et notamment des frais relatifs aux examens de dépistage et aux consultations de prévention effectués au titre des programmes prévus par l'article L. 1411-2 du même code ainsi que des frais afférents* (Abrogé par L. n° 2007-1787 du 19 déc. 2007, art. 8) *« aux examens prescrits en application de l'article L. 2121-1 du même code et » aux vaccinations dont la liste est fixée par arrêté des ministres chargés de la santé et de la sécurité sociale » ;*

Al. 7 et 8 abrogés par L. n° 2002-303 du 4 mars 2002, art. 81-I.

(L. n° 2001-1246 du 21 déc. 2001, art. 34-IV) *« 9° La couverture des frais relatifs à l'examen de prévention bucco-dentaire mentionné à l'article L. 2132-2-1 du code de la santé publique. »*

I. PRESTATIONS EN NATURE

A. LIEUX DU SOIN

1° SOINS DISPENSÉS À L'ÉTRANGER

1. V. notes ss. art. L. 160-7 CSS.

2° SOINS DISPENSÉS EN FRANCE

a. Conditions administratives de remboursement

2. Entente préalable. En vertu de l'art. 7 de la nomenclature générale des actes professionnels (NGAP), la Caisse d'assurance maladie ne participe aux frais résultant de certains actes que si, après avis du contrôle médical, elle a préalablement accepté de les prendre en charge. Par suite, un tribunal ne peut ordonner le remboursement de séances de soins prévues à la nomenclature et soumises à l'accord préalable de la caisse que celle-ci avait refusé dans le délai qui lui était imparti (séances d'orthophonie). • Soc. 31 mars 1994, n° 92-11.125 P. ♦ L'art. 7 de la NGAP prévoit que, faute de réponse de la caisse dans le délai de dix jours suivant l'envoi de la formule d'entente préalable, son assentiment est réputé acquis pour la prise en charge des soins. Il en découle que la Caisse d'assurance maladie qui statue sur la demande d'entente postérieurement à l'expiration du délai de dix jours ne peut s'opposer à la prise en charge des actes effectués avant l'expiration de ce délai. • Soc. 23 mars 2000, n° 98-17.601 P : *D. 2000. IR 111 ; RJS 2000, n° 580 ; TPS 2000. Comm. 171 ; BS Lefebvre 2000, n° 428.* ♦ Est en revanche inopérante la demande d'entente préalable de deux séances supplémentaires de soins infirmiers, dès lors que la NGAP limite la cotation à quatre séances dans une journée. • Soc. 18 juin 1998, n° 96-22.428 P : *RJS 1998, n° 1064.* ♦ Lorsque la demande d'entente préalable porte sur la réalisation d'appareils de prothèse dentaire, l'absence de réponse de la Caisse dans le délai de trois semaines vaut rejet de la demande et permet à l'assuré d'engager la procédure prévue par le décr. du 7 janv. 1959 relatif au contentieux médical. • Soc. 21 oct. 1993, n° 91-17.736 P.

3. Non-application de l'acceptation tacite aux indemnités kilométriques. L'acceptation tacite d'une demande d'entente préalable relative à l'engagement des actes et prestations prévus par la nomenclature ne s'étend pas à l'indemnité kilométrique qui s'ajoute à la valeur de ces derniers. • Civ. 2e, 2 avr. 2015, n° 14-12.680 P : *JCP S 2015, n° 1260, comm. Tauran.*

4. Contentieux de la preuve. La date d'envoi de la demande d'entente préalable est attestée par le timbre à date de la poste et la réponse de la caisse doit être adressée au praticien au plus tard le dixième jour suivant l'envoi de la demande. • Soc. 29 mai 1997, n° 95-21.438 P. ♦ Il appartient à l'assuré d'établir autrement que par des affirmations la preuve de l'accomplissement par lui des formalités d'entente préalable. • Soc. 1er févr. 1996, n° 94-15.269 P. ♦ Doivent en conséquence être pris en charge par la caisse tous les actes prescrits dès lors que la caisse n'établit pas avoir répondu dans le délai de dix jours suivant la date d'envoi de la demande. • Soc. 12 mars 1998, n° 96-16.825 P : *RJS 1998, n° 515 ; TPS 1998, n° 183* • Soc. 28 mai 1998 : *RJS 1998, n° 1063* et • 9 juill. 1998 : *RJS 1998, n° 1063.*

5. Portée de l'acceptation. L'assentiment de la caisse résultant du silence gardé valant approbation de la cotation proposée par la demande d'entente préalable, la caisse ne peut ultérieurement invoquer les dispositions de l'art. L. 133-4 CSS pour recouvrer les prestations qu'elle a versées. • Soc. 23 janv. 1997, n° 94-18.438 P • 4 déc. 1997, n° 96-11.104 P • 26 sept. 2002, n° 01-20.064 P. ♦ Il résulte des art. L. 162-1-7, L. 315-2 et R. 162-52 CSS que si un professionnel de santé peut utilement faire valoir devant les juridictions du contentieux technique qu'un acte dont la cotation lui est reprochée a fait l'objet d'un accord préalable, un tel accord ne saurait être de nature à priver de son caractère fautif le comportement du professionnel lorsqu'il ne pouvait ignorer que l'acte ou la cotation qu'il a soumis à accord préalable n'était pas susceptible de répondre aux conditions de sa prise en charge dans le cadre des prescriptions de la nomenclature générale des actes professionnels (NGAP) ou lorsqu'il n'a pas exécuté l'acte dans les conditions ayant fait l'objet de cet accord. • CE 5 mars 2014, n° 344949 : *AJDA 2014. 1529*.

6. Urgence. Pour les actes et soins soumis à la formalité de l'entente préalable, l'art. 7-*c* de la nomenclature générale des actes professionnels (NGAP) n'impose pas, en cas d'urgence, l'envoi de cette demande préalablement à l'exécution des soins. • Soc. 4 déc. 1997 : *RJS 1998, n° 212* (à propos d'actes de rééducation). ♦ Un acte soumis à entente préalable, réalisé avant l'accord de la Caisse d'assurance maladie, ne peut être pris en charge par celle-ci que si la mention de l'urgence est portée sur la demande d'entente par le praticien. Cette condition n'est pas remplie lorsque l'urgence est qualifiée de « relative » par le praticien. • Soc. 19 déc. 2002 : *RJS 2003, n° 250.* ♦ Il résulte de l'art. 7, § C, al. 4 de la NGAP que les actes soumis à la formalité de l'entente préalable peuvent, lorsqu'il y a urgence, être dispensés sans attendre la réponse de la Caisse ou l'écoulement du délai de trois semaines prévu en matière d'orthopédie dento-faciale, à condition que le praticien porte sur la demande la mention « acte d'urgence ». Une telle appréciation abandonnée à la conscience de ce dernier est sous sa responsabilité ne pouvant faire l'objet d'un contrôle *a posteriori*. L'autorisation ainsi accordée n'est pas limitée aux seuls actes isolés comportant une intervention unique et la notion d'urgence n'est pas incompatible avec celle de durée des mêmes soins (peut être pris en charge le premier semestre d'un traitement d'orthopédie dento-faciale commencé quelques jours avant le douzième anniversaire de l'enfant par un praticien ayant porté sur la demande d'entente préalable la mention « acte d'urgence ». • Soc. 26 sept. 1991, n° 89-15.423 P.

7. Feuille de soins. Sauf force majeure, le remboursement des frais engagés par les assurés sociaux ne peut intervenir qu'au vu de la production de la feuille de soins originale. • Soc. 16 janv. 1997 : *TPS 1997. Comm. 92.* ♦ Rappr. • Soc. 10 juin 1993, n° 91-18.533 P et • Soc. 7 juin 1989, n° 87-10.903 P. ♦ Il en va différemment des frais d'hospitalisation dans les établissements de soins qui relèvent des dispositions des art. L. 162-20 s. CSS • Soc. 16 janv. 1997, n° 95-12.334 P. ♦ V. pour des feuilles de soins qui comportaient la mention suivante : « cotisations sociales en augmentation-remboursement bloqués-assurés sociaux réagissez » : dès lors que les feuilles de soins dont les assurés demandaient le remboursement comportaient toutes les mentions exigées à l'art. R. 321-1 CSS, le refus de remboursement, qui leur était opposé par la Caisse, constituait un trouble manifestement illicite. • Soc. 23 nov. 1995, n° 93-18.503 P. ♦ V. aussi notes ss. art. R. 321-1 CSS.

8. Prescription médicale. L'exigence qui consiste à ce que la prise en charge des appareils de prothèse est subordonnée à la production d'une prescription médicale n'exclut pas une possibilité de régularisation (en l'espèce, la prescription médicale avait été adressée à la caisse postérieurement à la demande d'entente préalable mais avant la fourniture de l'appareil). • Soc. 27 juin 1991, n° 89-15.626 P.

9. Libre choix du praticien. Lien de parenté. Une infirmière est en droit d'obtenir le paiement de soins médicalement prescrits qu'elle a prodigués à son grand-père. • Soc. 11 juin 1992 : *D. 1992. IR 213 ; RJS 1992, n° 1033 (1re esp.).* ♦ Dans le même sens : • Soc. 25 juin 1992 : *D. 1992. IR 205 ; RJS 1992, n° 1033 (2e esp.)* (la vie maritale entre une assurée et le praticien n'est pas un obstacle à la couverture des frais médicaux). ♦ V. déjà : • Cass., ass. plén., 20 déc. 1991 : *Bull. civ., n° 8 ; Dr. soc. 1992. 487, concl. Dorwling-Carter ; JCP 1992. II. 21839, obs. Saint-Jours ; D. 1993. Somm. 269, obs. Prétot* (s'agissant de la prise en charge de soins pratiqués par un infirmier sur ses deux enfants mineures).

10. Erreur du praticien. Le tribunal ne peut imposer à la caisse la prise en charge de médicaments délivrés à un assuré social au-delà de six mois de traitement, même si la prescription médicale mentionne un traitement pour un an. • Soc. 10 févr. 2000, n° 98-15.189 P. ♦ Dans le même sens, le tribunal ne peut imposer à la Caisse la prise en charge de médicaments délivrés à un assuré social pour une durée de traitement supérieure à un mois. • Soc. 23 janv. 1997, n° 95-10.974 P. ♦ Rappr. • Soc. 16 mai 1991, n° 89-17.462 P.

b. Contentieux lié au remboursement

11. Nature des conditions de prise en charge. Le refus de prise en charge par l'assurance maladie de prestations et fournitures, qui ne revêt pas le caractère d'une sanction, est régi par les dispositions d'ordre public du code de la sécurité sociale. • Civ. 2e, 18 déc. 2014 : *RDSS 2015.183, obs. Tauran ; JCP S 2015, n° 1059, comm. Jeansen.*

12. Compétence. L'action engagée par un patient à l'encontre d'un établissement thermal aux fins de remboursement de la participation pour frais de dossier perçue par celui-ci ne relève pas de la compétence des juridictions du contentieux général de la sécurité sociale. • Civ. 2e, 21 févr. 2008, n° 07-11.763 P. ♦ Le litige qui oppose des praticiens à une caisse de sécurité sociale sur la prise en charge de certains de leurs actes médicaux relève de la compétence des juridictions de l'ordre judiciaires. • Soc. 1er févr. 1996, n° 94-11.882 P.

13. Action en répétition de l'indu. La caisse est fondée à établir sa demande de remboursement de l'indu au vu des renseignements qu'elle a recueillis, sans être préalablement tenue de faire procéder à une analyse de l'activité du professionnel de santé dans les conditions prévues à l'art. R. 315-1 s. CSS. • Civ. 2e, 3 mai 2006, n° 04-30.705 P. ♦ La cour d'appel qui a retenu qu'une clinique avait dépassé sa capacité autorisée en chirurgie ambulatoire et qu'elle ne démontrait pas que ce dépassement ait été motivé par le traitement de patients accueillis en urgence, a, sans inverser la charge de la preuve, exactement décidé que les paiement opérés à ce titre par la Caisse étaient indus et sujets à répétition. • Civ. 2e, 16 mars 2004, n° 02-30.947 P. ♦ L'accueil et le traitement des urgences au sein de la structure autorisée de chirurgie ambulatoire d'une clinique constitue une activité distincte dont, en l'absence de dispositions spécifiques de la convention, il ne peut être tenu compte pour déterminer le quota fixé. • Soc. 31 janv. 2002, n° 00-14.117 P. ♦ Le défaut de présentation du compte-rendu opératoire ne prive pas l'établissement du droit de faire la preuve de ce que l'acte litigieux a bien été effectué et de ce que la cotation qui a servi de base au versement des prestations est conforme aux prévisions de la NGAP. • Soc. 1er avr. 1999, n° 97-13.679 P.

B. CONTENU DU PANIER DE SOINS

1° PRESTATIONS ET PRODUITS DE SANTÉ

14. NGAP. Les prestations non inscrites à la nomenclature des actes de biologie médicale ne peuvent être prises en charge par les organismes sociaux. • Soc. 23 mai 1996, n° 94-11.946 P. ♦ Dans le même sens, pour les médicaments spécialisés qui ne peuvent être remboursés que s'ils figurent sur une liste établie par arrêté conjoint du ministre chargé de la santé et du ministre chargé de la sécurité sociale. • Soc. 11 juill. 1991, n° 89-19.115 P (les produits diététiques ne peuvent être inscrits sur cette liste). ♦ Pour les frais d'acquisition et de renouvellement des fournitures et appareils (en l'espèce, une attelle pneumatique). • Soc. 24 mai 1995, n° 92-19.180 P. ♦ Pour une application du principe à la victime d'un accident du travail. • Soc. 20 mai 1999, n° 97-15.856 P. ♦ N'entrent pas dans le cadre des prestations prises en charge par l'assurance maladie les soins qui recourent à une technique déclarée non conforme aux données acquises de la science par l'Agence nationale d'accréditation et d'évaluation en santé. • Civ. 2e, 20 déc. 2007, n° 06-21.459 P. ♦ Prise en charge des injections dans le cadre de soins infirmiers de produits ne figurant pas sur la liste des spécialités remboursables (oui). • Soc. 23 nov. 1995, n° 92-21.864 P.

15. *Actes non inscrits.* La prise en charge d'un appareil ne figurant pas au Tarif interministériel des prestations sanitaires « TIPS » ne constitue pour la caisse primaire qu'une simple faculté, de sorte que le juge du contentieux général ne saurait l'imposer. • Soc. 9 juill. 1998 : *TPS 1998. Comm. 371.* ♦ V. pour la NGAP • Soc. 15 févr. 1968 : *Bull. civ. V, n° 109* et • Soc. 5 juin 1975, n° 74-11.498 P. ♦ Le remboursement d'un acte non inscrit à la NGAP ne peut donner lieu à remboursement par la Caisse qu'après avis favorable du contrôle médical et accord préalable de l'organisme social, par assimilation à un acte de même importance figurant à la nomenclature. • Soc. 25 mars 1999, n° 97-17.629 P. ♦ Lorsqu'un litige porte sur le remboursement d'un produit, la NGAP est étrangère à la cause et c'est au TIPS qu'il convient de se référer (fourniture d'oxygène). • Soc. 31 oct. 1991, n° 89-18.974 P.

16. *Soins dispensés dans des locaux comportant un accès direct dans un centre de thalassothérapie.* La caisse ne peut refuser la prise en charge des actes médicaux au motif que les conditions d'exercice par les médecins concernés contreviendraient à l'art. 25 du code de déontologie médicale dès lors qu'aucune sanction disciplinaire n'a été prise à leur encontre par le conseil de l'Ordre des médecins, seul compétent pour le faire. • Civ. 2e, 21 juin 2005, n° 04-30.144 P.

17. *Frais d'hospitalisation : hospice et maison de retraite. Honoraires des médecins.* Il résulte de l'art. 37-2 du Décr. du 11 déc. 1958 que sont incluses dans le forfait de soins d'une section de cure médicale créée au sein d'une maison de retraite les rémunérations des seuls médecins attachés à cette section. Il s'ensuit que la prise en charge, par l'organisme social, des dépenses d'honoraires d'un praticien non attaché à l'établissement, exposées par des assurés hébergés dans une section de cure médicale, est effectuée en sus du forfait annuel de soins. • Soc. 30 oct. 1996, n° 94-20.775 P.

18. *Lits médicalisés.* Les lits médicalisés, prescrits aux assurés sociaux pensionnaires d'une section de cure médicale, sont mis à la disposition de ces assurés pour traitement à domicile, au sens du tarif interministériel des prestations sanitaires ; doivent être pris en charge par la Caisse les frais afférents à la location d'un lit médicalisé, ces derniers ne faisant pas partie des dépenses comprises dans le forfait soins mentionnés par le Décr. n° 78-478 du 29 mars 1978 dès lorsqu'ils ne se rapportent ni à la fourniture de petit matériel médical ni à l'amortissement des aménagements nécessaires pour dispenser les soins dans la section de cure médicale. • Soc. 13 janv. 2000, n° 98-15.253 P.

19. *Fauteuils roulants.* Les fauteuils roulants n'entrant pas dans le champ d'application de l'art. 37-2 du Décr. n° 58-1202 du 11 déc. 1958 dans sa rédaction issue du Décr. n° 78-478 du 29 mars 1978, il s'ensuit que la prise en charge du fauteuil roulant prescrit à une pensionnaire incombe à la Caisse. • Soc. 20 janv. 2000, ♁ n° 98-14.667 P.

20. Matériel des établissements médico-sociaux. Prive sa décision de base légale au regard de l'art. 7 du Décr. n° 88-279 du 24 mars 1988, dans sa rédaction applicable en l'espèce, la cour d'appel qui condamne l'assurance maladie à prendre en charge le prix d'un fauteuil roulant prescrit à un adulte handicapé hébergé dans un établissement médico-social au motif que l'appareil figure au tarif interministériel des prestations sanitaires, sans rechercher si les adaptations apportées au fauteuil litigieux le rendaient inutilisables pour les autres pensionnaires, de sorte qu'il ne pouvait être considéré comme faisant partie du matériel médical de l'établissement. • Civ. 2e, 29 juin 2004, ♁ n° 03-30.123 P.

2° MAJORATIONS ET INDEMNITÉS

21. Majoration de nuit. Aux termes de l'art. 14 B NGAP, les majorations de nuit ne peuvent être perçues qu'autant que la prescription du médecin indique la nécessité impérieuse d'une exécution de nuit. • Soc. 27 mars 1997, ♁ n° 95-17.931 P. ♦ Lorsqu'un médecin procède, de nuit, le dimanche ou un jour férié, à l'examen de plusieurs personnes de la même famille habitant ensemble, la majoration prévue par l'art. 14 NGAP est applicable à chaque acte susceptible d'une cotation distincte. • Soc. 11 mars 2003, ♁ n° 01-21.272 P.

22. Majoration dimanche et jours fériés. L'art. 14 de la première partie de la NGAP subordonne la majoration pour les actes accomplis les dimanches et jours fériés à la seule circonstance d'une urgence justifiée par l'état du malade sans opérer de distinction entre la nature des actes. • Civ. 2e, 4 mai 2004, ♁ n° 02-31.224 P. ♦ La majoration prévue à l'art. 14-3 de la première partie de la NGAP, annexée à l'Arr. du 27 mars 1972, ne s'applique qu'aux soins d'urgence faits au cabinet du médecin généraliste. Ces dispositions ne s'appliquent pas aux établissements de santé privés autorisés à assurer l'accueil et le traitement des urgences en application des art. R. 712-63 s. CSP, lesquels n'étant pas financés sous la forme d'une dotation globale annuelle, perçoivent, en contrepartie des prestations d'urgence, un forfait dans les conditions fixées à l'art. L. 162-22-8 CSS. • Civ. 2e, 21 juin 2005, ♁ n° 03-30.715 P. ♦ A rappr. • Civ. 2e, 19 janv. 2006, ♁ n° 04-30.427 P. ♦ V. pour des actes majorés : Les forfaits KFA et KFB applicables pour certains actes de chirurgie sont pris en supplément des honoraires prévus pour certains actes de chirurgie limitativement énumérés de sorte qu'en application de l'art. 22-7 NGAP auquel l'art. 23 NGAP ne déroge pas, cette majoration est applicable aux actes d'anesthésie-réanimation accompagnant lesdits actes de chirurgie. • Soc. 11 févr. 1999, ♁ n° 97-15.003 P. ♦ A rappr. • Soc. 17 juill. 1998, ♁ n° 96-19.202 P.

23. Indemnité de déplacement (nature). L'art. 13 NGAP prévoit que les frais de déplacement font l'objet d'un « remboursement » et que le caractère forfaitaire de l'indemnité allouée ne dispense pas l'auxiliaire médical concerné de prouver la réalité des frais avancés. Dès lors l'auxiliaire qui n'effectue qu'un seul déplacement pour donner des soins à plusieurs malades d'un même établissement ne peut prétendre qu'à une seule indemnité de déplacement. • Soc. 19 juin 1997, ♁ n° 95-20.267 P • Soc. 30 nov. 1995, ♁ n° 93-10.277 P et • Soc. 25 mars 1993, ♁ n° 91-17.618 P • Soc. 9 déc. 1993, ♁ n° 91-14.182 P. ♦ Le remboursement accordé par la caisse pour le déplacement d'un professionnel de santé ne peut excéder le montant de l'indemnité calculé par rapport au professionnel de santé de la même discipline se trouvant dans la même situation à l'égard de la convention dont le domicile professionnel est le plus proche de la résidence du malade. • Civ. 2e, 2 avr. 2015, ♁ n° 14-12.680 P : *JCP S 2015, n° 1260, comm. Tauran.*

24. Montant. Aux termes de l'art. 13 c NGAP, le remboursement accordé par la Caisse pour le praticien, qui visite un assuré, ne peut excéder le montant de l'indemnité calculé par rapport au praticien de la même discipline dont le domicile est le plus proche de la résidence du malade. La dérogation aux dispositions impératives de la nomenclature ne constitue pour les caisses qu'une simple faculté. • Soc. 9 oct. 1997, ♁ n° 96-11.379 P.

3° SOINS SPÉCIFIQUES

25. Transsexualisme. Dès lors qu'aucune disposition légale ou réglementaire n'interdit la prise en charge d'actes médicaux pour la raison qu'ils sont liés au transsexualisme, les juges du fond ne peuvent rejeter la demande de l'assuré sans rechercher si les actes pratiqués figurent en tout ou partie à la nomenclature générale des actes professionnels. • Civ. 2e, 27 janv. 2004, ♁ n° 02-30.613 P : *RJS 2004. 404, n° 600 ; TPS 2004. Comm. 120, obs. Prétot.*

26. Assistance médicale à la procréation (AMP). Non-prise en charge d'un acte de fécondation *in vitro* de cinquième rang, la nomenclature des actes de biologie médicale ne prévoyant que la cotation de quatre tentatives successives de fécondation *in vitro*, peu important l'existence ou non d'une entente préalable. • Soc. 11 avr. 1996, ♁ n° 94-10.468 P. ♦ Sur les modalités de calcul des fécondations facturables, V. • Civ. 2e, 3 juill. 2008, ♁ n° 07-12.944 P. ♦ La réalisation de prélèvements ovocytaires dans une structure de chirurgie ambulatoire n'étant pas prévue par l'art. R. 184-1-5 CSP et l'hospitalisation étant nécessaire, la cour d'appel a pu exactement déduire que les actes n'avaient pas été indûment pris en charge par la caisse. • Soc. 18 janv. 2001, ♁ n° 99-12.908 P.

27. Frais dentaires. Traitement d'orthopédie dento-faciale. Il résulte de l'art. 5 du chap. VI du tit. III de la deuxième partie de la NGAP que seuls les examens d'orthopédie dento-faciale avant traitement peuvent donner lieu à remboursement par la caisse ; les examens litigieux ayant été effectués en cours de traitement, ils ne pouvaient être pris en charge. • Soc. 12 juill. 2001, n° 00-10.219 P. ♦ L'art. 5 du chap. VI du tit. III de la NGAP qui limite la prise en charge des actes d'orthopédie dento-faciale à ceux qui sont commencés avant le douzième anniversaire du patient ne distingue pas entre le traitement lui-même et les examens concourant à l'établissement du diagnostic ; il n'y a donc pas lieu à prendre en charge les examens de téléradiographie et d'analyse céphalométrique pratiqués sur une patiente âgée de 43 ans. • Soc. 23 mars 2000, n° 98-18.019 P. ♦ Selon l'art. 5, al. 2, du chap. VI du tit. III de la NGAP, annexée à l'Arr. du 27 mars 1972 alors applicable, les traitements d'orthopédie dento-faciale ne sont pris en charge par l'assurance maladie qu'autant qu'ils interviennent avant le seizième anniversaire de l'assuré, dans la limite de six semestres après accord préalable de la caisse ; en cas d'interruption provisoire du traitement, deux séances de surveillance au maximum par semestre peuvent être prises en charge, l'entente préalable étant nécessaire pour chaque renouvellement annuel des soins. • Soc. 19 juin 2008, n° 07-13.987 P.

28. Frais de cure thermale. Conditions de prise en charge. L'assuré qui n'a pas formulé de demande d'entente préalable ne saurait prétendre au remboursement des frais de cure, même en cas d'urgence. • Soc. 13 mars 1969 : *Bull. civ. V, n° 283 ; JCP 1969. IV. 114.* ♦ Dans le même sens : • Soc. 26 févr. 1981, n° 79-11.953 P • 17 déc. 1984, n° 83-11.893 P. ♦ Un assuré qui reçoit, avant de commencer sa cure, notification de l'annulation de la décision d'agrément et du refus justifié médicalement par une expertise technique de la prise en charge demandée ne saurait se prévaloir de cette « erreur administrative » pour prétendre au remboursement des frais exposés. • Soc. 18 nov. 1976, n° 75-12.335 P. ♦ Ne peut prétendre au remboursement des frais de cure l'intéressée qui l'effectue dans une station thermale autre que celle pour laquelle la caisse avait accordé son autorisation. • Civ. 2e, 4 janv. 1961 : *Bull. civ. II, n° 7.* ♦ Dans le même sens : • Soc. 29 juin 1995, n° 92-18.002 P : *JCP 1995. I. 2136.* ♦ La cure doit être suivie de façon ininterrompue par l'assuré, sauf raison de force majeure ou motif d'ordre médical. • Soc. 21 nov. 1996, n° 94-11.197 P.

29. Remboursement des frais médicaux. Un traitement prescrit au cours d'une cure thermale ne peut donner lieu à remboursement que s'il est rendu nécessaire par une cause autre que l'affection prise en charge forfaitairement. • Civ. 2e, 1er déc. 1965 : *Bull. civ. II, n° 963 ; JCP 1966. IV. 4 (3 esp.).* ♦ Dans le même sens : • Soc. 5 juill. 1973, n° 72-12.468 P • 9 nov. 1976, n° 75-12.744 P • 26 févr. 1981, n° 78-16.447 P (à propos de séances de rééducation respiratoire) • 22 mai 1984, n° 82-16.218 P. ♦ V. art. R. 322-14 CSS.

30. Remboursement d'autres frais. En application des clauses de la convention nationale thermale approuvée par arrêté interministériel du 1er avril 2003, la prise en charge des cures thermales dispensées par des établissements ayant adhéré à celle-ci prend la forme d'un forfait tout compris excluant tout autre supplément en dehors des honoraires médicaux et des prestations de confort (exclusion des frais de dossier). • Civ. 2e, 21 févr. 2008, n° 07-11.763 P.

31. Médicaments et produits usuels correspondant à l'objet de la cure. Seuls les médicaments destinés aux traitements d'entretien des personnes placées en section de cure médicale font partie du forfait de soins, lequel en application de l'art. 37-2 du Décr. du 11 sept. 1958 est calculé à partir des dépenses prévisionnelles de soins qui comprennent notamment « l'achat des médicaments et produits usuels correspondant à l'objet de cette section ». Par suite, les médicaments prescrits pour des pathologies autres que celles ayant entraîné l'admission des assurés concernés dans la section de cure médicale de l'établissement ne correspondent pas à des traitements d'entretien et doivent faire l'objet d'une prise en charge spécifique par la caisse. • Soc. 18 juill. 1997, n° 95-17.632 P. ♦ V. pour le même raisonnement dans le cadre de soins de ville dispensés à un enfant séjournant dans un établissement médico-éducatif pour jeunes handicapés ou inadaptés. • Civ. 2e, 21 sept. 2004, n° 03-30.118 P.

32. Frais liés à la lutte contre la toxicomanie. Les dépenses afférentes à la lutte contre la toxicomanie n'ont pas à être prises en charge par l'assurance maladie mais par l'État, conformément à la L. n° 70-1320 du 31 déc. 1970 relative aux mesures sanitaires de lutte contre la toxicomanie et à la répression du trafic et de l'usage de substances vénéneuses. • Soc. 24 mai 1989, n° 86-14.149 P : *RJS 1989, n° 645* (frais de séjour dans un établissement assurant des cures de désintoxication).

4° FRAIS DE SÉJOUR

33. Frais de séjour dans un centre de rééducation professionnelle. Les caisses sont tenues d'assumer la charge des frais de rééducation professionnelle, quelle que soit l'origine du handicap (en l'espèce, pour dire que la caisse n'avait pas à supporter le coût des frais de séjour, la cour d'appel avait essentiellement considéré qu'un stage de formation professionnelle relevait plus du domaine de la politique de l'emploi que de celui de la protection sociale et que l'inaptitude physique de l'intéressée n'avait pour cause ni une maladie ni un accident indemnisables au titre de la législation de la sécurité sociale). • Soc. 10 mai 1989, n° 86-10.578 P.

5° FRAIS DE TRANSPORT

34. V. art. L. 322-5 CSS.

6° QUALIFICATION DES SOINS

35. Actes distincts (Cœlioscopie). Le tribunal, ayant relevé que la cœlioscopie est un acte de diagnostic distinct des actes opératoires de néphrectomie et de cholécystectomie, cotés dans une rubrique différente de la nomenclature générale des actes professionnels, a fait ressortir l'existence de deux actes distincts pratiqués au cours d'une même séance, sur un même malade, par un même praticien ; les actes litigieux peuvent faire l'objet d'une double cotation. • Soc. 1er févr. 1996 : *Bull. civ. V, n° 43.* ♦ L'intervention chirurgicale sous cœlioscopie ne se confond pas avec l'acte de diagnostic après lequel elle intervient, de sorte que la cœlioscopie et la cholécystectomie, distinctes et réalisées au cours de la même séance par le même praticien sur le même malade, peuvent faire l'objet d'une double cotation. • Soc. 30 avr. 1997, n° 95-17.571 P. ♦ A rappr. de • Soc. 1er févr. 1996, n° 93-20.299 P. ♦ ***(Angiographie de l'œil).*** Selon l'art. III-3 B de la CCAM résultant de la décision du 11 mars 2005 de l'UNCAM, dans sa rédaction applicable en l'espèce, la tarification doit être effectuée, en cas d'association de deux actes, sur la base du tarif plein pour l'acte dont le tarif, y compris les modificateurs, est le plus élevé, le second acte étant tarifé pour la moitié de sa valeur ; toutefois, les actes de radiologie conventionnelle, associés entre eux ou associés à un autre acte, peuvent être tarifés à taux plein, quel que soit le nombre d'actes. Les actes de radiologie conventionnelle doivent s'entendre, pour l'application de ces dispositions, des actes d'imagerie qui utilisent des radiations ionisantes. Ayant rappelé que les actes d'angiographie de l'œil cotés EBQF002 et EBQF005 ne comportent pas le recours aux radiations ionisantes, le TASS en a déduit à bon droit que le praticien ne pouvait coter ceux-ci à taux plein en cas d'association d'actes. • Civ. 2e, 20 sept. 2012 : *CSBP 2012. 349, note Pansier.*

36. Visite préanesthésique. La visite préanesthésique que le praticien doit effectuer préalablement à l'intervention est incluse dans le forfait d'anesthésie et ne saurait donner lieu à la cotation d'un acte distinct. • Soc 11 juill. 2002, n° 00-17.567 P. ♦ A rappr. de • Soc. 15 janv. 1988, n° 96-12.407 P.

37. Actes complémentaires. Les actes effectués par M. X constituaient un traitement complémentaire de l'intervention initiale d'extraction de la cataracte, de sorte qu'ils ne pouvaient être considérés comme de nouvelles interventions pour cataracte au sens de l'art. 11 du Chap. II du Tit. III de la deuxième partie de la nomenclature. • Soc. 30 nov. 2000, n° 98-21.579 P. ♦ Conformément à la nomenclature (art. III-3, B, de la CCAM), l'acte de guidage échographique ne peut être tarifé qu'en association avec les actes dont le libellé précise qu'ils nécessitent un guidage échographique, ce qui n'est pas le cas en l'espèce de l'anesthésie locorégionale. • Civ. 2e, 12 juill. 2012 : *D. actu. 24 sept. 2012, obs. Bertignac ; CSBP 2012. 317, note Pansier ; RDSS 2012. 949, note Tauran*.

38. Cumul d'honoraires. Il résulte de la combinaison des al. 1 et 3 de l'art. 20 NGAP qu'il n'y a cumul d'honoraires prohibé que dans le cas où l'acte de spécialité et de chirurgie et la surveillance sont pratiqués par le même médecin : par suite est légalement justifiée la décision du TASS qui ordonne le remboursement à une clinique d'honoraires de surveillance médicale concernant une patientes hospitalisée dans cet établissement en sus de frais correspondant à un acte de spécialité laissé en K, pratiqué le même jour, sur le même malade, dès lors qu'il n'est pas contesté que les actes ont été réalisés par des praticiens différents. • Soc. 9 juill. 1992, n° 90-14.445 P. ♦ Il résulte de la combinaison des al. 1 et 3 de l'art. 20 de la nomenclature des actes professionnels qu'il n'y a cumul d'honoraires prohibé que dans le cas où l'acte de spécialité ou de chirurgie et la surveillance sont pratiqués par le même médecin. • Soc. 9 juill. 1992, n° 90-14.445 P • Soc. 30 nov. 2000, n° 99-11.768 P. ♦ Dans le même sens, V. • Civ. 2e, 8 nov. 2012, n° 11-23.813. ♦ Le coefficient affecté à l'acte global de l'art. 8 de la nomenclature comprend, en cas d'hospitalisation, les soins post-opératoires pendant la période de 20 jours qui suit le jour de l'intervention. Il suffit, pour que ces dispositions soient applicables, que ces soins aient été prodigués par le même praticien que celui qui a procédé à l'intervention, y compris, lorsque celui-ci, chirurgien salarié de la clinique, les a dispensés dans le cadre d'une activité libérale. • Soc. 5 juin 1998, n° 96-18.860 P. ♦ Il ne couvre pas en revanche les actes de radiologie et les analyses médicales nécessités par l'état du malade. • Soc. 23 janv. 1992, n° 89-15.367 P et • Soc. 2 juill. 1992, n° 90-15.495 P • Soc. 1er févr. 2001, n° 98-20.397 P. ♦ Plus largement, cette énumération n'est pas limitative et la nécessité médicale de la surveillance monitorée, qui constitue une méthode de surveillance de l'état des malades par des procédés physiques comme l'acte de radiologie, doit être couverte. • Soc. 28 janv. 1993, n° 90-19.864 P. ♦ Les actes de radiographie et les actes de consultation réalisés par un chirurgien-dentiste au cours d'une même séance, sur les mêmes patients, ne peuvent faire l'objet d'un cumul d'honoraires. • Soc. 5 juin 1997, n° 95-20.200 P. ♦ S'agissant d'électrocardiogrammes, V. • Soc. 1er févr. 2001, n° 98-20.397 P. ♦ Est conforme aux prévisions de la NGAP le cumul des honoraires de l'électrocardiogramme, coté K6, 5 en application de l'art. 1er du chap. V du tit. VII, et des honoraires d'une consultation cotée C2, en application de l'art. 18 des dispositions générales de la NGAP. • Soc. 14 nov. 1996, n° 94-21.657 P.

39. Perception d'honoraires médicaux pour des actes accomplis par des sages-femmes. Le fait d'assurer de manière générale, en tant que directeur de la clinique, la supervision et la surveillance des actes réalisés par les sages-femmes salariées ne constitue pas la surveillance directe prévue par la nomenclature et n'autorise pas à facturer hors forfait des honoraires personnels. • Soc. 19 févr. 1998, n° 96-15.401 P.

II. PRESTATIONS EN ESPÈCES

40. Incapacité physique totale. L'incapacité physique de l'assuré de reprendre le travail s'analyse non pas dans l'inaptitude de l'assuré à remplir son ancien emploi, mais dans celle d'exercer une activité salariée quelconque. • Soc. 2 juill. 1998 : *RJS 1998, n° 1280.* ♦ Dès lors que l'état de santé de l'assuré lui permet de reprendre une activité professionnelle, peu important que ce ne puisse être son emploi antérieur, cet assuré ne se trouve pas dans l'incapacité physique de rependre le travail au sens de l'art. L. 321-1-5° CSS • Soc. 22 oct. 1998, n° 96-22.916 P : *D. 1999. 137, note Saint-Jours ; RDSS 1998. 912, note Rebecq ; RJS 1998, n° 1539 ; JS UIMM 1998, p. 421.* ♦ Dans le même sens : la possibilité de reprendre un poste de travail adapté justifie l'arrêt du versement des indemnités journalières. • Civ. 2e, 30 juin 2011, n° 09-17.082. ♦ L'incapacité physique s'entend de l'incapacité totale de se livrer à une activité professionnelle quelconque. • Soc. 31 mai 2001 : *RJS 2001, n° 1075 ; JCP E 2002. 420, n° 7, obs. Rebecq.* ♦ Pour une confirmation récente : • Civ. 2e, 28 mai 2015, n° 14-18.830 P : *D. actu. 7 sept. 2015, obs. J. Siro ; RDSS 2015. 738, obs Tauran ; JCP S 2015, n° 1281, comm. Vachet.* ♦ V. aussi • Civ. 2e, 20 sept. 2005 : *RJS 2005, n° 1258.* ♦ V. pour une incapacité de travail réduite. • Soc. 25 janv. 1990, n° 87-14.521 P.

41. Salarié placé en congé d'attente de retraite par l'employeur. Le salarié en congé d'attente de retraite qui se trouve dans l'impossibilité d'accomplir son travail en raison d'une affection médicalement constatée a droit aux indemnités journalières, peu important que l'employeur l'ait placé en position de congé d'attente de retraite le dispensant de tout travail effectif. • Soc. 19 déc. 1991, n° 89-18.970 P : *RJS 1992, n° 184 ; JS UIMM 1992, p. 170 ; JCP E 1992. I. 181, n° 7, obs. Vachet.*

42. Faute intentionnelle. Ne donnent lieu à aucune prestation en argent les maladies, blessures ou infirmités résultant d'une faute intentionnelle de l'assuré (art. L. 375-1 CSS). • Soc. 16 déc. 1968 : *Bull. civ. V, n° 596* (à propos d'une tentative de suicide alors qu'aucune affection antérieure ne pouvait expliquer ce geste). ♦ En revanche, la faute intentionnelle n'est pas établie lorsque la tentative de suicide ne s'est pas produite dans des circonstances telles que son auteur ait pu garder le contrôle de lui-même, son libre arbitre et son entière responsabilité. • Civ. 2e, 6 janv. 1960 : *Bull. civ. II, n° 8.*

43. Cure thermale et indemnités journalières. L'accord de la caisse primaire d'assurance maladie sur la prise en charge d'une cure thermale, effectuée dans le cadre d'un arrêt de travail, n'emporte pas un engagement de ladite caisse de servir à l'assuré les indemnités journalières. • Soc. 24 oct. 1991, n° 89-20.816 P : *RJS 1991, n° 1367.* ♦ V. art. D. 323-1 CSS. ♦ Dans la mesure où les indemnités journalières sont prescrites au titre des prestations légales, le délai de carence de trois jours prévu pour l'assurance maladie est applicable (Circ. DGR n° 1844/85, 10 déc. 1985 : *Bull. jur. UCANSS, n° 86-3*).

44. Pluriactivité. Une orthophoniste libérale exerçant également sa profession comme salariée d'un centre médical peut percevoir les indemnités journalières de l'assurance maladie dans le cas où l'activité salariée constitue son activité principale. • Soc. 23 févr. 1995 : *RJS 1995, n° 446.* ♦ V. note ss. art. L. 324-1 CSS.

45. Fraude. L'intéressé ne peut percevoir des indemnités journalières dès lors qu'il reçoit au moins des avantages en nature au titre d'une activité de gérant de société à temps complet. • Crim. 10 mars 1999, n° 97-84.995 P : *RJS 1999, n° 1516* (condamnant l'intéressé sur le fondement de l'art. L. 377-1 CSS).

46. Règl. CE n° 1408/71. Il résulte de l'art. 22 § 1, b) ii) du Règl. CE n° 1408/71 que le travailleur qui, après avoir été admis au bénéfice des prestations à charge de l'institution compétente, est autorisé par cette institution à retourner sur le territoire de l'État membre où il réside, a droit aux prestations en espèces, à la condition que l'autorisation ait été délivrée préalablement au départ, sans possibilité de régularisation. • Soc. 3 juin 1999, n° 97-15.436 P : *RJS 1999, n° 1163.* ♦ Le refus d'autorisation de transfert est justifié dès lors que la demande adressée à la caisse est postérieure aux soins litigieux : aux termes de l'art. 22 § 1, c), i) du Règl. CE n° 1408/71, le bénéfice des prestations d'assurance maladie est subordonné à une autorisation préalable au transfert du malade. • Soc. 5 nov. 1999, n° 97-17.922 P : *D. 1999. IR 262.*

47. Contrôles et sanctions (L. n° 2004-810 du 13 août 2004, et art. 37 et 41 du règlement intérieur des caisses annexé à l'Arr. du 19 juin 1947). V. CSS, art. L. 323-6.

Art. L. 321-2 *(Ord. n° 96-345 du 24 avr. 1996, art. 8-V) (Abrogé par L. n° 2015-1702 du 21 déc. 2015, art. 59-VIII-6°, à compter du 1er janv. 2016)* ***« Sous réserve des dispositions des articles L. 161-8 et L. 311-9, les prestations prévues au 1° de l'article L. 321-1 sont attribuées sans limitation de durée, si l'assuré remplit à la date des soins dont le remboursement est demandé les conditions fixées à l'article L. 313-1. »***

En cas d'interruption de travail, l'assuré doit envoyer à la caisse primaire d'assurance maladie, dans un délai déterminé *(L. n° 2004-810 du 13 août 2004, art. 27-IV)* **« et, sous les sanctions prévues par décret, » une lettre d'avis d'interruption de travail dont le modèle est fixé par arrêté ministériel et qui doit comporter la signature du médecin.** *— V. art. R. 321-2 s.*

(L. n° 2004-810 du 13 août 2004, art. 27-V) **« Le directeur de la caisse primaire met en œuvre le dispositif de sanctions prévu à l'alinéa précédent. »**

V. notes ss. art. R. 321-1 CSS.

1. Preuve de l'envoi. C'est à l'assuré qu'il appartient d'établir qu'il a envoyé dans les délais l'avis d'interruption de travail, ses seules affirmations sont insuffisantes. • Soc. 24 oct. 1974 : *Bull. civ. V, n° 505* • 3 déc. 1981 : *Bull. civ. V, n° 944* • 14 mars 1991, n° 89-12.788 P • 1er févr. 1996, n° 94-15.354 P : *Dr. soc. 1996. 415, 1re esp., concl. P. Lyon-Caen* • 1er févr. 1996, n° 94-15.269 P : *Dr. soc. 1996. 417, 5e esp.* • 11 avr. 2002, n° 00-20.218 P : *RJS 2002, n° 722* (l'appréciation de la preuve par les juges du fond est souveraine). ♦ La preuve de l'envoi par l'assuré de la lettre d'avis d'interruption de travail à la caisse primaire d'assurance maladie, dans le délai prévu par l'art. R. 321-2 CSS peut être apportée par tous moyens, y compris par présomptions. • Soc. 1er févr. 1996, n° 94-15.674 P : *Dr. soc. 1996. 416, 2e esp.* • 30 nov. 2000 : *RJS 2001, n° 241 ; BS Lefebvre 2001, n° 124* (la caisse doit être condamnée au paiement des indemnités journalières dès lors que le tribunal a relevé que les précédents certificats d'arrêt de travail avaient toujours été adressés à la caisse dans les délais et que l'employeur avait reçu le volet qui lui était destiné). ♦ La preuve de l'envoi par l'assuré de l'avis d'interruption de travail est établie dès lors que : la feuille de soins délivrée à l'intéressé le jour même de la prescription de l'arrêt de travail avait fait l'objet d'un remboursement des frais médicaux et pharmaceutiques par la caisse ; la caisse avait reçu les précédents certificats d'arrêt de travail et l'employeur avait lui-même reçu le volet de prolongation. • Soc. 1er févr. 1996 : *préc., 2e esp.* ♦ La feuille de soins qui mentionnait les dates de l'arrêt de travail a fait l'objet d'un décompte de la caisse dans les 48 heures de la prescription de cet arrêt de travail. • Soc. 1er févr. 1996 : *Dr. soc. 1996. 417, 4e esp.* ♦ En revanche, la réception par l'employeur, à une date au surplus non précisée, du volet de l'avis de prolongation d'arrêt de travail qui lui est destiné n'établit pas la preuve de l'envoi de cet avis par l'assuré à la caisse, cette preuve ne pouvant davantage résulter des affirmations de l'intéressé. • Soc. 4 avr. 1996, n° 94-16.688 P.

2. Envoi hors délai. L'avis de prolongation n'ayant pas été adressé à la caisse dans les délais requis lui permettant d'exercer son contrôle – cet avis étant parvenu environ un mois après la fin de l'arrêt de travail –, l'assuré perd son droit aux indemnités journalières. Le tribunal ne peut accueillir le recours de l'assuré, en énonçant que son état de santé ne lui a pas permis d'adresser dans les deux jours à la caisse l'avis de prolongation d'arrêt de travail. • Soc. 30 nov. 2000, n° 99-12.348 P : *RJS 2001, n° 347 ; TPS 2001. Comm. 68 ; BS Lefebvre 2001, n° 246.*

3. Pouvoirs de la caisse. Les tribunaux doivent vérifier l'existence de l'infraction et la régularité de la procédure, mais ils ne peuvent substituer leur appréciation à celle de la caisse sur l'importance de la sanction. • Soc. 13 juill. 2000, n° 98-20.305 P : *RJS 2000, n° 997 ; TPS 2000. Comm. 332 ; BS Lefebvre 2000, n° 701.*

Art. L. 321-3 **La caisse doit soumettre l'assuré et les membres de sa famille, à certaines périodes de la vie, à un examen de santé gratuit.**

En cas de carence de la caisse, l'assuré et les membres de sa famille peuvent demander à subir cet examen.

Les modalités d'application du présent article sont fixées par le décret en Conseil d'État qui prévoit toutes mesures utiles pour éviter le double emploi de cet examen de santé avec toute autre visite de médecine préventive organisée en application d'une autre disposition législative ou réglementaire. *— V. art. R. 321-4 et R. 321-5.*

(L. n° 2016-41 du 26 janv. 2016, art. 9) **« Les personnes admises dans une école de la deuxième chance mentionnée à l'article L. 214-14 du code de l'éducation, les jeunes effectuant un service civique en application du II de l'article L. 120-1 du code du service national, les apprentis mentionnés à l'article L. 6221-1 du code du travail, les volontaires stagiaires du service militaire adapté mentionnés à l'article L. 4132-12 du code de la défense et les titulaires d'un contrat de professionnalisation mentionnés au**

1° de l'article L. 6325-1 du code du travail sont informés, dans des conditions définies par voie réglementaire, de la possibilité d'effectuer l'examen prévu au premier alinéa. »

CHAPITRE II PRESTATIONS EN NATURE

Art. L. 322-1 *Devient l'art. L. 160-10 (L. n° 2015-1702 du 21 déc. 2015, art. 59-III-10°, en vigueur le 1er janv. 2016).*

SECTION PREMIÈRE PARTICIPATION DE L'ASSURÉ

BIBL. ▶ PELLET, L'égalité et « l'accroissement du reste à charge », *RDSS 2013. 38*. – Dossier : Santé et restes à charge, *RDSS oct. 2017.*

Art. L. 322-2 *Devient l'art. L. 160-13 (L. n° 2015-1702 du 21 déc. 2015, art. 59-III-14°, en vigueur le 1er janv. 2016).*

Art. L. 322-3 *Devient l'art. L. 160-14 (L. n° 2015-1702 du 21 déc. 2015, art. 59-III-15°, en vigueur le 1er janv. 2016).*

Art. L. 322-4 *Devient l'art. L. 160-15 (L. n° 2015-1702 du 21 déc. 2015, art. 59-III-16°, en vigueur le 1er janv. 2016).*

SECTION II FRAIS DE DÉPLACEMENT DE L'ASSURÉ — FRAIS DE TRANSPORT

BIBL. ▶ HARICHAUX, Conditions de remboursement des frais de transport par l'assurance maladie : *RDSS 1985. 229.* – TAURAN, Assurance maladie : conditions de prise en charge des frais de transport sanitaire, *JCP S 2010. 1061.* – VIOUJAS, La régulation des dépenses de transports de malades non urgents : la mise en œuvre d'une politique de gestion du risque, *RDSS 2011. 705*.

Art. L. 322-5 *(L. n° 2015-1702 du 21 déc. 2015, art. 82)* **« Les frais de transport sont pris en charge sur la base, d'une part, du trajet** *(Abrogé par Cons. Const. n° 2018-757 QPC du 25 janv. 2019)* ***« et du mode de transport »*** **les moins onéreux compatibles avec l'état du bénéficiaire et, d'autre part, d'une prescription médicale établie selon les règles définies à l'article L. 162-4-1, notamment celles relatives à l'identification du prescripteur, y compris lorsque ce dernier exerce en établissement de santé. »**

(L. n° 2007-1786 du 19 déc. 2007, art. 38-I) **« Les frais d'un transport effectué par une entreprise de taxi ne peuvent donner lieu à remboursement que si cette entreprise a préalablement conclu une convention avec un organisme local d'assurance maladie. Cette convention, conclue pour une durée au plus égale à cinq ans, conforme à une convention type établie par décision du directeur général de l'Union nationale des caisses d'assurance maladie après avis des organisations professionnelles nationales les plus représentatives du secteur, détermine, pour les prestations de transport par taxi, les tarifs de responsabilité qui ne peuvent excéder les tarifs des courses de taxis résultant de la réglementation des prix applicable à ce secteur et fixe les conditions dans lesquelles l'assuré peut être dispensé de l'avance des frais. Elle peut également prévoir la possibilité de subordonner le conventionnement à une durée d'existence préalable de l'autorisation de stationnement. »**

(L. n° 2014-1554 du 22 déc. 2014, art. 65-I) **« L'organisme local d'assurance maladie refuse les demandes de conventionnement des entreprises de taxis lorsque le nombre de véhicules faisant l'objet d'une convention dans le territoire excède un nombre fixé par le directeur général de l'agence régionale de santé pour le territoire concerné sur le fondement de critères tenant compte des caractéristiques démographiques, géographiques et d'équipement sanitaire du territoire ainsi que du nombre de véhicules affectés au transport de patients. Les modalités d'application du présent alinéa sont fixées par décret en Conseil d'État. »** — *V. Décis. du 17 déc. 2013 fixant le contrat type pour 2014 et l'avenant type aux contrats signés en 2012 et 2013 pour l'amélioration de la qualité et de la coordination des soins portant sur le transport sanitaire (JO 28 déc.).*

Les mots : « et du mode de transport » figurant au premier al. de l'art. L. 322-5, dans sa rédaction résultant de la L. n° 2007-1786 du 19 déc. 2007 de financement de la sécurité sociale pour 2008, sont contraires à la Constitution. La déclaration d'inconstitutionnalité prend effet à compter de la date de la publication de la décision. Toutefois, elle ne peut être invoquée que dans les instances introduites à cette date, dans lesquelles sont applicables les dispositions contestées, dans leur rédaction résultant de la loi du 19 déc. 2007 susvisée, et non jugées définitivement à cette date (Cons. Const. n° 2018-757 QPC du 25 janv. 2019, JO 26 janv.).

Sur les exceptions à l'application du droit des usagers de saisir l'administration par voie électronique concernant les démarches effectuées auprès des organismes de sécurité sociale, V. CRPA, App., v° Saisine par voie électronique — Exceptions. — **CRPA.**

A. CONDITIONS DE PRISE EN CHARGE

1. Principe. Il résulte de la combinaison des art. L. 321-1 et R. 322-10 CSS que les frais de transport d'un assuré, qui se trouve dans l'obligation de se déplacer pour recevoir des soins ou subir des examens appropriés à son état, sont pris en charge dans les cas limitativement énumérés par l'art. R. 322-10 CSS. • Soc. 30 nov. 2000, n° 99-13.657 P : *D. 2001. IR 353 ; TPS 2001. Comm. 65.* ♦ Pour un exemple de prise en charge, V. • Soc. 19 mars 1992, n° 90-13.747 P. ♦ Les frais de transport engagés par un malade pour subir des examens destinés à préparer une hospitalisation ne sont pas pris en charge par les caisses d'assurance maladie. • Soc. 16 déc. 1993, n° 91-17.550 P : *RJS 1994, n° 182 (1re esp.) ; D. 1994. 102, obs. Saint-Jours .* ♦ Dans le même sens : • Soc. 17 mars 1994 : *RJS 1994, n° 606* • 16 févr. 1995, n° 92-12.965 P : *D. 1995. 474, obs. Saint-Jours .* ♦ Dans le même sens, s'agissant de soins au cabinet d'un médecin pour éviter une hospitalisation. • Soc. 24 févr. 2000, n° 98-14.501 P • 29 juin 2004 : *RJS 2005, n° 205 (2e esp.).* ♦ V. aussi • Soc. 25 mars 2003, n° 01-20.231 P : *TPS 2003. Comm. 235* (à propos de déplacements entrepris pour recevoir des soins au cabinet d'un masseur-kinésithérapeute en relation avec une intervention chirurgicale subie lors d'une hospitalisation antérieure) • Soc. 3 avr. 1997, n° 95-20.674 P • 19 juin 1997, n° 95-16.919 P (pour des consultations) • 9 juill. 1998 : *RJS 1998, n° 1061* • 14 mars 2002 : *RJS 2002, n° 613* (pour des suites opératoires) • 16 déc. 1999, n° 98-10.808 P : *RJS 2000, n° 210 ; D. 2000. IR 17* (déplacement effectué en vue d'une consultation préanesthésique) • Soc. 30 nov. 2000, n° 99-13.657 P : *D. 2001. IR 353 ; TPS 2001. Comm. 65* • Civ. 2e, 14 déc. 2004 : *RJS 2005, n° 205 (1re esp.)* • 15 févr. 2005 (1re et 2e esp.) : *Dr. soc. 2005. 592, obs. Lhernould ; RJS 2005, n° 580* (qui écarte les motifs des juges du fond selon lesquels, d'une part, la loi garantit l'accès de tous aux soins, d'autre part un texte réglementaire ne peut faire obstacle au remboursement des frais de transport engagés par un usager qui, se trouvant dans l'impossibilité physique de conduire et ne disposant pas de structure médicale proche appropriée, était dans l'obligation de parcourir 120 km pour recevoir les soins nécessités par son état).

2. Exception. Si un remboursement des frais de transport peut être accordé en dehors des cas prévus, c'est à la condition qu'ils soient indispensables et médicalement justifiés par les nécessités du traitement. • Soc. 12 juill. 1989 : *Bull. civ. V, n° 524.*

3. Frais de transport d'une cure thermale. Les frais de cure thermale ne comprennent, au titre de l'assurance maladie, que les frais de surveillance médicale et les frais de traitement dans les établissements thermaux ; les frais de transport exposés à l'occasion de ces cures font l'objet, sous condition de ressources, et après accord préalable de la caisse, d'un remboursement forfaitaire au titre des prestations supplémentaires. • Civ. 2e, 20 sept. 2005 : *RJS 2005, n° 1257* (ne vaut pas accord l'absence de réponse de l'organisme social à la demande d'accord préalable).

4. Choix du lieu de soins. Pour permettre la prise en charge des frais de transport, le centre ou le cabinet de rééducation choisi par l'assuré doit constituer la structure de soins appropriée à l'état de santé du malade la plus proche de son domicile. • Soc. 10 oct. 1996, n° 94-18.799 P : *D. 1996. IR 253 .* ♦ V. aussi : • Soc. 27 mars 1997, n° 95-17.395 P : *D. 1997. IR 107 .* ♦ La prescription médicale n'indiquant pas le lieu de soins et la société de transport ayant reçu le paiement des frais pour le compte de l'assuré, les dispositions de l'art. R. 322-10-6 CSS lui sont opposables. • Soc. 18 juin 1998, n° 96-20.638 P : *RJS 1998, n° 1062 ; D. 1998. IR 187 .* ♦ Rappr. • Soc. 8 nov. 1990 : *D. 1991. Somm. 339, obs. Prétot .* ♦ La circonstance que le point de prise en charge de l'assuré lors de son hospitalisation ait été distinct de son lieu habituel de résidence ne fait pas obstacle, lors de la sortie d'hospitalisation, au remboursement par la caisse des frais de transport correspondant au trajet entre l'établissement de soins et le domicile de l'assuré. • Soc. 16 nov. 2000, n° 99-10.550 P : *D. 2000. IR 297 ; RJS 2001, n° 240 ; TPS 2001. Comm. 26 ; BS Lefebvre 2001, n° 123.* ♦ La circonstance tirée de ce que l'hôpital où l'enfant a été transporté était psychologiquement la structure la plus proche est étrangères aux nécessités médicales et ne peut autoriser une prise en charge au titre de l'assurance maladie de son transfert dans un autre établissement. • Soc. 19 mars 1992, n° 89-15.337 P.

5. Urgence. Dès lors que le transport a été ordonné en urgence par son médecin, les frais de déplacement en ambulance exposés par un salarié pour se rendre à l'hôpital doivent être pris en charge par la caisse, sans qu'il y ait lieu de discuter la nécessité médicale de ce transport. • Soc. 13 déc. 1990, n° 88-17.443 P : *D. 1991. IR 21.* ♦ Dans le même sens • Civ. 2e, 20 juin 2013 : *RDSS 2013. 935, obs. Tauran .* ♦ L'urgence du transport n'est pas établie par le tribunal qui retient que l'état de l'intéressée « appelait des initiatives d'exécution immédiate et *a fortiori* plus qu'urgentes ». • Soc. 8 févr. 2001 : *TPS 2001. Comm. 146.* ♦ En application de l'art. R. 322-10-3, al. 3, en l'absence d'accord préalable de l'organisme servant les prestations, l'urgence doit être attestée par le médecin prescripteur. • Civ. 2e, 18 janv. 2005 : *RJS 2005, n° 439.* ♦ Le transfert effectué par un service mobile d'urgence et de réanimation (SMUR) ne constitue pas un transfert de patients sous surveillance médicale entre deux établissements de santé : il doit donc être financé sur le budget de fonctionnement du centre hospitalier. • Civ. 2e, 11 juill. 2005, n° 03-19.677 P.

6. Accord préalable. Le déplacement n'ayant donné lieu à aucun accord préalable de la caisse, celle-ci n'a pas à prendre en charge les frais de transport dès lors qu'il n'y avait pas urgence. • Soc. 20 déc. 2000 : *RJS 2001, n° 345 ; BS Lefebvre 2001, n° 245* • 1er févr. 2001, n° 98-16.899 P : *RJS 2001, n° 505 ; BS Lefebvre 2001, n° 331.* ♦ L'accord donné par une caisse pour la prise en charge de frais de transport lie cet organisme dès lors que la décision a été prise en connaissance des conditions de transport. • Soc. 5 mars 1992 : *RJS 1992, n° 511.* ♦ A défaut de respect par l'assuré de la formalité de l'entente préalable, aucune prise en charge des frais de transports ne peut être imposée à la caisse au-delà du montant qu'elle a accepté de rembourser, ce remboursement partiel ne pouvant constituer une renonciation de sa part aux formalités de l'entente préalable. • Civ. 2e, 21 juin 2006 : *RJS 2006, n° 1116.*

7. Choix du mode de transport. Les juges du fond ne peuvent décider la prise en charge des frais de transport engagés par un assuré au motif que ces frais étaient médicalement justifiés par l'état de santé du malade dès lors que les transports litigieux n'entrent pas dans le cadre de l'art. R. 322-10 CSS. • Soc. 28 nov. 1991, n° 89-20.579 P. ♦ S'agissant du seul moyen de déplacement médicalement compatible avec l'état du malade, la Caisse d'assurance maladie doit prendre en charge les frais réels d'un transport sanitaire par avion. • Soc. 12 mars 1992 : *RJS 1992, n° 512.*

8. Conventionnement de l'entreprise de taxi. Conformément au 2e al. de l'art. L. 322-7, les frais d'un transport effectué par une entreprise de taxi ne peuvent donner lieu à remboursement que si cette entreprise a préalablement conclu une convention avec l'organisme local d'assurance maladie dans les conditions qu'il précise. • Civ. 2e, 19 juin 2014, n° 13-17.735.

9. Limite kilométrique (transports longue distance). La prise en charge des frais de transports sanitaires terrestres par la caisse primaire d'assurance maladie est subordonnée à l'accord préalable de ladite caisse lorsque, dans les cas suivants, le trajet est supérieur à 150 km : transports liés à une hospitalisation, traitements ou examens prescrits pour les malades reconnus atteints d'une affection de longue durée, transport par ambulance lorsque l'état du malade justifie un transport allongé ou une surveillance constante. • Soc. 17 oct. 1991, n° 89-20.047 P : *RJS 1991, n° 1366.* ♦ S'agissant des frais de transports non sanitaires, dès lors qu'il s'agit d'un transport en un lieu distant de plus de 150 km, la prise en charge est subordonnée à l'accord préalable de la caisse quel que soit le moyen utilisé. • Soc. 21 juill. 1994, n° 92-14.041 P : *RJS 1994, n° 1055* • Soc. 4 mars 1999, n° 97-13.086 P : *RJS 1999, n° 581* • Soc. 20 janv. 2000, n° 98-17.845 P.

10. Limite kilométrique (transports en série). Dès lors que chacun des déplacements de l'assuré a été effectué vers un lieu distant de son domicile de moins de 50 kilomètres, ces transports en série n'entrent dans aucun des cas visés par l'art. R. 322-10, 5° CSS et sa demande d'entente préalable est inopérante de sorte que la caisse n'est pas tenue d'y répondre dans le délai normalement imparti. • Civ. 2e, 11 oct. 2006 : *RJS 2006, n° 1310.*

11. Lien de parenté entre assuré et transporteur. L'ambulancier ayant transporté un membre de sa famille est en droit d'obtenir la prise en charge de la totalité de sa facture sans que le lien de parenté entre le transporteur et l'assuré puisse y faire obstacle. • Soc. 17 mars 1994 : *RJS 1994, n° 607.* ♦ V. déjà : • Cass., ass. plén., 20 déc. 1991, n° 88-16.714 P : • Soc. 11 juin 1992 : *RJS 1992, n° 1033, 1re esp.* • 25 juin 1992 : *RJS 1992, n° 1033, 2e esp.* ♦ V. notes ss. art. L. 321-1 CSS.

12. Frais d'acheminement des bagages. Il résulte des art. L. 321-1 2°, L. 322-5 et R. 322-10 que l'assurance maladie comporte la couverture des frais de transport de l'assuré et non celle des frais d'acheminement de ses bagages. • Civ. 2e, 13 nov. 2008, n° 07-19.135 P : *D. actu. 27 nov. 2008, obs. Mavoka-Isana ; JCP S 2009, n° 1010, note Tauran.*

B. REMBOURSEMENTS

13. Avance des frais. Une société d'assurances qui a pris en charge les frais de transport en ambulance d'une assurée de l'hôpital à son domicile ne peut obtenir de la sécurité sociale le remboursement des frais qui auraient été pris en charge au titre de l'assurance maladie, même si elle dispose d'une délégation de l'assurée sociale transportée. • Soc. 8 nov. 1990, n° 88-12.584 P : *RJS 1990, n° 1027 ; D. 1991. Somm. 339, obs. Prétot.* ♦ V. • Soc. 18 juin 1998 : *préc. note 4.*

14. Justificatifs. Il résulte de la combinaison des art. L. 321-1, L. 322-5-1, L. 322-5-2, R. 322-10-2, ensemble l'arrêté interministériel du 1er mars 1997 portant approbation de la convention nationale des transporteurs sanitaires privés, que la prise en charge des frais de transports sanitaires est subordonnée à la présentation par l'assuré d'une prescription attestant que son état justifie l'usage du moyen de transport prescrit ; en cas d'urgence, cette prescription peut être établie *a posteriori*. • Civ. 2e, 18 janv. 2006 : *JCP S 2006, 1320.* ♦ Le remboursement des frais de transport des assurés sociaux en ambulance est subordonné à la seule présentation d'une prescription médicale, d'un accord préalable et d'une facture : dès lors, en l'absence de toute condition relative à la production d'originaux, et peu important l'exigence de conformité des factures de transport à des modèles types réglementaires, ces frais peuvent être pris en charge au vu de duplicata. • Soc. 31 mars 1994, n° 91-20.989 P : *RJS 1994, n° 608 ; D. 1994. IR 111.* ♦ Rappr. • Soc. 16 janv. 1997 : *D. 1997. IR 33.* ♦ La prise en charge des frais de transports sanitaires terrestres, non soumise à accord préalable de l'organisme social, est subordonnée à la présentation d'une prescription attestant que l'état du malade justifie l'usage du moyen de transport prescrit, sans que soit fixé un délai pour sa transmission à la caisse par le transporteur sollicitant le paiement direct de sa facture. • Soc. 11 oct. 2001, n° 00-10.593 P : *RJS 2001, n° 1458* (est légalement justifiée la décision qui constate que les prescriptions médicales litigieuses, transmises dix-huit mois après la prestation, ont été produites dans le délai de prescription prévu par l'art. L. 332-1 CSS). ♦ La caisse ne peut refuser le remboursement des frais à une société de transport au motif qu'il lui appartenait d'apprécier ou de remettre en cause la prescription médicale. • Civ. 2e, 20 juin 2007, n° 06-11.601 P : *RJS 2007, n° 1119 ; RDSS 2007. 911 ; JCP S 2007. 1751, note Tauran.*

15. Tarif le moins onéreux (charge de la preuve). Il résulte de la combinaison des art. 1315 C. civ. et L. 322-5 CSS qu'il appartient à l'entreprise de transport d'établir que les sommes dont elle réclame le paiement correspondent au tarif le moins onéreux, compatible avec l'état de l'assuré. • Civ. 2e, 19 déc. 2013 : *RDSS 2014. 183, note Tauran ; JCP S 2014, n° 1132, note Tauran.*

16. Personne accompagnante. L'assuré qui accompagne un de ses ayants droit dont le jeune âge nécessite son assistance a droit à l'indemnité compensatrice de perte de salaire. • Soc. 6 déc. 1978 : *Bull. civ. V, n° 837.* ♦ V. Rép. min. n° 8495 : *JOAN Q 8 mai 1989, p. 2183.* ♦ L'indemnité compensatrice de perte de salaire pour la personne accompagnante telle que prévue par la circulaire DGR n° 2333/89 du 28 mars 1989 ne se limite pas à l'accompagnement des enfants mineurs, mais concerne de manière générale l'accompagnement d'un assuré ou d'un ayant droit dont l'état ou le jeune âge nécessite l'assistance d'un tiers (Lettre DGR CNAMTS 19 juin 1989 : *Bull. jur. UCANSS, n° 89/36*).

Art. L. 322-5-1 *(L. n° 96-1160 du 27 déc. 1996, art. 33-II)* L'assuré est dispensé de l'avance de ses frais pour la part garantie par les régimes obligatoires d'assurance maladie dès lors que le transport est réalisé par une entreprise de transports sanitaires conventionnée.

La participation de l'assuré versée aux prestataires de transports sanitaires est calculée sur la base des tarifs mentionnés *(L. n° 2002-322 du 6 mars 2002, art. 6 ; L. n° 2004-810 du 13 août 2004, art. 48-III)* « aux articles L. 162-14-1 et L. 162-14-2 ».

V. 2e note ss. art. L. 322-5.

Art. L. 322-5-2 *(L. n° 96-1160 du 27 déc. 1996, art. 33-II)* Les rapports entre les organismes d'assurance maladie et les entreprises de transports sanitaires sont définis par une convention nationale conclue pour une durée au plus égale à cinq ans entre une ou plusieurs organisations syndicales nationales les plus représentatives des ambulanciers et *(L. n° 2004-810 du 13 août 2004, art. 55-II)* « l'Union nationale des caisses d'assurance maladie ». — *V. Conv. nationale du 26 déc. 2002 (JO 23 mars).*

Cette convention détermine notamment :

1° Les obligations respectives des organismes qui servent les prestations d'assurance maladie et des entreprises de transports sanitaires ;

2° Les modalités du contrôle de l'exécution par les entreprises de transports sanitaires des obligations qui découlent pour elles de l'application de la convention ;

3° Les conditions à remplir par les entreprises de transports sanitaires pour être conventionnées ;

4° Le financement des instances nécessaires à la mise en œuvre de la convention et de ses annexes annuelles ;

5° Sans préjudice des compétences du pouvoir réglementaire, les modalités de détermination des sommes dues aux entreprises ;

(L. n° 2002-1487 du 20 déc. 2002, art. 41) « 6° Les conditions de rémunération des entreprises de transports sanitaires pour leur participation à la garde départementale

organisée dans les conditions prévues au dernier alinéa de l'article L. 6312-5 du code de la santé publique. »

V. 2e note ss. art. L. 322-5.

La convention nationale des transporteurs sanitaires privés, réputée approuvée en application de l'art. L. 162-15 CSS, dont l'objet est d'organiser les rapports entre les transporteurs et les organismes de sécurité sociale et, notamment, de déterminer les modalités financières de leur activité et par laquelle une personne morale de droit public associe ses cocontractants à l'exécution du service public administratif de l'assurance maladie, est un contrat de droit public. La juridiction administrative est en conséquence compétente pour connaître du recours en interprétation de cette convention. • T. confl. 8 déc. 2014 : *Lebon.*

Art. L. 322-5-3 *Abrogé par L. n° 2002-322 du 6 mars 2002, art. 6.*

Art. L. 322-5-4 *(L. n° 99-1140 du 29 déc. 1999, art. 24-VI)* **La convention mentionnée à l'article L. 322-5-2, ses annexes et avenants sont approuvés et s'appliquent aux entreprises de transport sanitaire concernées dans les conditions prévues** *(L. n° 2002-322 du 6 mars 2002, art. 6)* **« à l'article L. 162-15 ».**

Pour les entreprises non régies par la convention nationale, les tarifs servant de base au remboursement sont fixés par arrêté interministériel. — *V. Arr. du 27 déc. 2013 (JO 5 janv. 2014).*

V. 2e note ss. art. L. 322-5.

Art. L. 322-5-5 (Abrogé par L. n° 2015-1702 du 21 déc. 2015, art. 81-IV) (L. n° 2009-1646 du 24 déc. 2009, art. 45-I) ***Sur la base de l'analyse nationale de l'évolution des dépenses de transport et sur recommandation du conseil de l'hospitalisation, l'État arrête, chaque année, un taux prévisionnel d'évolution des dépenses de transport remboursées sur l'enveloppe de soins de ville.*** — V. Arr. du 22 déc. 2015 (JO 29 déc.). — V. dispositions transitoires de la L. n° 2015-1702 du 21 déc. 2015 ss. art.

Lorsque l'agence régionale de santé, conjointement avec l'organisme local d'assurance maladie, constate que les dépenses de transport occasionnées par les prescriptions des médecins exerçant leur activité au sein d'un établissement de santé ont connu une progression supérieure à ce taux (L. n° 2013-1203 du 23 déc. 2013, art. 39-I-1°) ***« ou que ces dépenses dépassent un montant fixé par arrêté », elle peut proposer de conclure avec l'établissement de santé et l'organisme local d'assurance maladie un contrat d'amélioration de la qualité et de l'organisation des soins portant sur les transports, d'une durée de trois ans.***

Ce contrat est conforme à un contrat-type [contrat type] ***élaboré selon les modalités définies à l'article L. 1435-4 du code de la santé publique et comporte notamment :***

1° Un objectif de réduction du taux d'évolution des dépenses de transport de l'établissement (L. n° 2013-1203 du 23 déc. 2013, art. 39-I-2°) ***« actualisé » par avenant ;***

2° Un objectif d'amélioration des pratiques hospitalières (L. n° 2013-1203 du 23 déc. 2013, art. 39-I-3°) ***« reposant notamment sur une analyse des prescriptions des praticiens exerçant dans l'établissement non conformes à l'exigence, prévue à l'article L. 321-1 du présent code, de recours au mode de transport le moins onéreux compatible avec l'état du bénéficiaire. »***

En cas de refus de l'établissement de conclure ce contrat, l'agence régionale de santé (L. n° 2013-1203 du 23 déc. 2013, art. 39-I-4°) ***« peut lui enjoindre » de verser à l'organisme local d'assurance maladie une fraction du montant des dépenses de transport qui lui sont imputables, dans la limite de 10 % de ces dépenses.***

Si, à la fin de chacune des trois années de durée du contrat, il est constaté que l'établissement de santé n'a pas respecté l'objectif de réduction du taux d'évolution des dépenses de transport, et après qu'il a été mis en mesure de présenter ses observations, l'agence régionale de santé peut lui enjoindre de verser à l'organisme local d'assurance maladie une fraction du montant des dépenses de transport qui lui sont imputables, dans la limite du dépassement de son objectif.

Si, à la fin de chacune des trois années de durée du contrat, il est constaté que des économies ont été réalisées par rapport à l'objectif, l'agence régionale de santé peut enjoindre à l'organisme local d'assurance maladie de verser à l'établissement de santé une fraction des économies réalisées.

Un décret en Conseil d'État précise les modalités d'application du présent article.

Les dispositions issues de l'art. 81-IV de la L. n° 2015-1702 du 21 déc. 2015 entrent en vigueur le lendemain de la publication du Décr. mentionné à l'art. L. 162-30-2 pour les nouveaux contrats, et au plus tard au 1er janv. 2018.

Les contrats conclus avant la publication du Décr. préc. continuent à produire leurs effets jusqu'au 31 déc. 2017 (L. préc., art. 81-V).

SECTION III DISPOSITIONS DIVERSES

Art. L. 322-6 En ce qui concerne la prothèse dentaire, l'assuré et les membres de sa famille n'ont droit qu'à la prestation d'appareils fonctionnels et thérapeutiques ou nécessaires à l'exercice d'une profession. — *V. art. R. 322-12 à R. 322-14.*

Prestations remboursables. En matière de prothèse dentaire, ne sont remboursables que les appareils fonctionnels et thérapeutiques ou nécessaires à l'exercice d'une profession, à condition que les actes figurent à la nomenclature établie par arrêté ministériel. • Civ. 2e, 29 juin 2004, n° 02-30.985 P : *TPS 2004. Comm. 270, obs. Prétot* (qui rejette la prise en charge au motif que les implants dentaires ne figurent pas à la nomenclature, laquelle ne vise que les appareils de prothèse).

Art. L. 322-7 *Devient l'art. L. 160-12 (L. n° 2015-1702 du 21 déc. 2015, art. 59-III-12°, en vigueur le 1er janv. 2016).*

Art. L. 322-8 *Devient l'art. L. 160-16 (L. n° 2015-1702 du 21 déc. 2015, art. 59-III-17°, en vigueur le 1er janv. 2016).*

CHAPITRE III PRESTATIONS EN ESPÈCES

BIBL. ▶ FABRE et SERIZAY, L'obligation d'indemnisation de l'absence pour maladie ou accident du travail, *JCP E 1989. II. 15489.* – JACQUES, La réforme du contrôle médical : du contrôle des arrêts de travail... au contrôle des assurés (L. n° 2004-810 du 13 août 2004), *LPA 2005, n° 44, p. 18.* – LACOSTE-MARY, Les conditions d'attribution des indemnités journalières : état des lieux, *RDSS 2011. 692.* – RAVENNE, Faut-il transférer aux employeurs la charge des indemnités journalières ?, *Dr. soc. 1984. 420.* – REBECQ, L'appréciation de l'état d'incapacité temporaire dans le cadre de la maladie non professionnelle, *RDSS 1998. 912.* – TAURAN, Le contentieux relatif aux indemnités journalières de l'assurance maladie, *Dr. soc. 2009. 592.*

Art. L. 323-1 L'indemnité journalière prévue *(L. n° 2015-1702 du 21 déc. 2015, art. 59-XII-A-16°, en vigueur le 1er janv. 2016)* **« à » l'article L. 321-1 est accordée à l'expiration d'un délai déterminé suivant le point de départ de l'incapacité de travail, et est due pour chaque jour ouvrable ou non. Elle peut être servie pendant une période d'une durée maximale, et calculée dans les conditions ci-après :**

1° Pour les affections donnant lieu à l'application de la procédure prévue à l'article L. 324-1, la période pendant laquelle l'indemnité journalière peut être servie est calculée de date à date pour chaque affection. Dans le cas d'interruption suivie de reprise de travail, le délai ci-dessus court à nouveau dès l'instant où la reprise du travail a été au moins d'une durée minimale ;

2° Pour les affections non mentionnées à l'article L. 324-1, l'assuré ne peut recevoir, au titre d'une ou plusieurs maladies, pour une période quelconque d'une durée fixée comme il a été dit ci-dessus, un nombre d'indemnités journalières supérieur à un chiffre déterminé. — *V. art. R. 323-1.*

1. Point de départ de l'indemnisation. Le versement des indemnités journalières ne peut rétroagir à une date antérieure à la constatation médicale de l'état du malade, peu importe la bonne foi ou l'honnêteté certaine de l'assurée. • Soc. 14 mars 1996 : *RJS 1996, n° 598.* ♦ V. déjà : • Soc. 27 nov. 1974 : *Bull. civ. V, n° 571* • 15 nov. 1979 : *Bull. civ. V, n° 864* • 24 mai 1989 : *Bull. civ. V, n° 385* (à défaut de circonstances exceptionnelles, le début de l'incapacité justifiant l'attribution des indemnités journalières de l'assurance maladie ne peut être fixé rétroactivement à une date antérieure au certificat médical produit sans priver l'organisme social de toute possibilité de contrôle).

2. L'art. R. 323-7 CSS ne peut trouver application que lorsque l'incapacité de travail due à la maladie survient au cours d'une période d'inactivité totale : tel n'est pas le cas de l'assuré qui, à la date de la prescription de repos, occupait un emploi salarié fût-il réduit. • Soc. 6 févr. 1985 : *Bull. civ. V, n° 85.*

3. Délai de carence. Le délai de carence ne comprend pas la journée au cours de laquelle l'assuré a interrompu le travail, lorsque celle-ci a été payée (Lettre min. 2 juill. 1947 : *Bull. jur. UCANSS, nº 44/1947*). ♦ Le point de départ du délai de carence débute au plus tard le lendemain de l'acte médical (Lettre SDAM, 6 sept. 1979 : *Bull. jur. UCANSS, nº 49/1979*). ♦ Le délai de carence ne s'applique pas : au deuxième arrêt de travail lorsque la reprise du travail n'a pas excédé 48 heures (Lettre CNAMTS-SDAM, nº 161, 13 janv. 1975 : *Bull. jur. UCANSS, nº 3/1975*). ♦ ... Aux arrêts de travail successifs dus à une affection de longue durée (Circ. nº 44 SS, 18 avr. 1956 : *BO/SS, nº 16-56*). ♦ V. art. L. 324-1 CSS. ♦ La retenue de salaire doit correspondre au temps exact de la cessation de travail. Doit par suite être cassé le jugement d'un conseil de prud'hommes qui, pour calculer la retenue de salaire en raison d'un samedi de repos et d'un dimanche non travaillé, se fonde sur le délai de carence prévu par la convention d'entreprise pour le complément de salaire en cas de maladie ou d'accident, alors que ce délai était sans incidence sur les modalités de décompte de ladite retenue. • Soc. 26 janv. 2011 : *D. 2011. 454* ; *RJS 05/11, nº 328* ; *JCP S 2011, nº 1166, obs. Puigelier.*

Art. L. 323-2 **Par dérogation aux dispositions de l'article L. 323-1, l'indemnité journalière due aux personnes ayant atteint un âge déterminé** *[art. R. 323-2]*, **titulaires d'une pension, rente ou allocation de vieillesse servie par un régime de sécurité sociale ou par le régime des pensions civiles et militaires, ou par tout autre régime législatif ou réglementaire de retraite, dont le montant annuel dépasse un chiffre fixé par décret est réduite d'une somme égale au montant desdites pension, rente et allocation correspondant à la même période ou supprimée si ce montant dépasse celui de l'indemnité journalière. Toutefois, l'indemnité journalière des assurés qui supportent des charges de famille est seulement réduite dans des conditions fixées par décret.**

Lorsque la pension ou la rente a été accordée à raison de l'inaptitude au travail de l'intéressé, l'indemnité journalière est supprimée à compter de l'expiration d'un délai déterminé *[V. art. R. 323-2, al. 2]*.

Condition de cumul. Les indemnités journalières maladie peuvent se cumuler avec une pension de vieillesse accordée en raison de l'inaptitude au travail du salarié, à la condition que son montant ne dépasse pas celui des indemnités journalières, les dispositions des art. L. 323-2, al. 2, et R. 323 CSS n'ayant pas vocation à déroger aux règles de calcul des indemnités journalières fixées par l'art. L. 323-2, al. 1er, mais ayant pour seul objet de limiter la durée pendant laquelle les indemnités journalières peuvent être cumulées avec une pension vieillesse lorsque celle-ci a été attribuée pour inaptitude au travail. • Soc. 31 janv. 2002, nº 00-15.423 P : *RJS 2002, nº 488.*

Art. L. 323-3 *(L. nº 2018-1203 du 22 déc. 2018, art. 50-I)* **L'indemnité journalière prévue à l'article L. 321-1 est servie, en cas de travail à temps partiel pour motif thérapeutique, dans les cas suivants :**

1º Le maintien au travail ou la reprise du travail et le travail effectué sont reconnus comme étant de nature à favoriser l'amélioration de l'état de santé de l'assuré ;

2º L'assuré doit faire l'objet d'une rééducation ou d'une réadaptation professionnelle pour recouvrer un emploi compatible avec son état de santé.

Les modalités de calcul de l'indemnité journalière versée en cas de travail à temps partiel pour motif thérapeutique ainsi que sa durée de versement sont déterminées par décret en Conseil d'État.

Ancien art. L. 323-3 (L. nº 2011-1906 du 21 déc. 2011, art. 45-I-1º) *« En cas de reprise du travail à temps partiel pour motif thérapeutique faisant immédiatement suite à un arrêt de travail indemnisé à temps complet, une indemnité journalière est servie en tout ou partie, dans la limite prévue à l'avant-dernier alinéa du présent article, pendant une durée* (Abrogé par L. nº 2015-1702 du 21 déc. 2015, art. 60) *« fixée par la caisse mais ne pouvant excéder une durée » déterminée par décret : »*

1º Soit si la reprise du travail et si le travail effectué sont reconnus comme étant de nature à favoriser l'amélioration de l'état de santé de l'assuré ;

2º Soit si l'assuré doit faire l'objet d'une rééducation ou d'une réadaptation professionnelle pour recouvrer un emploi compatible avec son état de santé.

Sauf cas exceptionnel que la caisse appréciera, le montant de l'indemnité (L. nº 2011-1906 du 21 déc. 2011, art. 45-I-2º) *« servie » ne peut porter le gain total de l'assuré à un chiffre excédant le salaire normal des travailleurs de la même catégorie professionnelle.* — V. art. R. 323-3.

(L. nº 2011-1906 du 21 déc. 2011, art. 45-I-3º) *« L'exigence d'un arrêt de travail indemnisé à temps complet précédant immédiatement la reprise à temps partiel n'est pas opposable aux assurés atteints d'une affection donnant lieu à l'application de la procédure prévue à l'article*

L. 324-1, dès lors que l'impossibilité de poursuivre l'activité à temps complet procède de cette affection. »

Jurisprudence rendue ss. l'empire des textes antérieurs à la L. n° 2018-1203 du 22 déc. 2018.

1. Compétence de la caisse. En cas de reprise du travail, les indemnités journalières peuvent être maintenues pendant une durée limitée : cette décision relève du pouvoir de la caisse qui seule peut en fixer la durée après avis favorable du médecin conseil, le tribunal ne pouvant s'y substituer. • Soc. 29 mai 1997, ☎ n° 95-18.846 P : *RJS 1997, n° 867* • 19 oct. 2000 : ☎ *RJS 2001, n° 102 ; BS Lefebvre 2001, n° 23* (concernant le calcul des indemnités journalières servies au cours d'un mi-temps thérapeutique) • 29 mars 2001 : ☎ *RJS 2001, n° 791.* ♦ Un médecin du travail ne peut prescrire un temps partiel en raison de sa mission de médecine préventive (Rép. min. n° 42619 : *JOAN Q 2 déc. 1996, p. 6367*).

2. Conditions. La reprise du travail à temps complet, après un arrêt de travail indemnisé, ne fait pas obstacle au maintien d'indemnités journalières partielles dès lors que l'impossibilité médicalement justifiée de poursuivre l'activité à temps complet procède de l'affection ayant donné lieu à l'arrêt de travail initial. • Cass., ass. plén., 15 juin 1984 : *Bull. civ., n° 5.* ♦ Dans le même sens : • Soc. 1er mars 1989 : ☎ *Bull. civ. V, n° 167* (pour une reprise du travail à temps complet de quelques semaines) • 29 mai 1997 : ☎ *préc. note 1* • 29 mars 2001 : ☎ *préc. note 1.* ♦ L'absence d'arrêt de travail préalable ne permet pas l'indemnisation à temps partiel (Circ. min. CNAMTS-DGR, n° 21/94, 3 mars 1994 : *Bull. jur. UCANSS, n° 19-20* ; Rép. min. n° 42619 : *JOAN Q 2 déc. 1996, p. 6367*). ♦ Il résulte de l'art. L. 323-1 CSS que l'assuré auquel a été prescrite une reprise du travail à temps partiel pour motif thérapeutique ne peut bénéficier du maintien des indemnités journalières que si la reprise à mi-temps suit immédiatement un congé de maladie à temps complet ayant donné lieu à indemnisation. En conséquence, viole ce texte ainsi que l'art. L. 323-3 du même code, dans sa rédaction antérieure à la L. n° 2011-1906 du 21 déc. 2011, la cour d'appel qui condamne la caisse à indemniser un arrêt de travail en versant à l'assurée des indemnités journalières à temps partiel, tout en constatant que cette dernière n'avait pas bénéficié, en raison de l'application du délai de carence pendant son congé à temps complet, des indemnités journalières de l'assurance maladie. • Civ. 2e, 30 mars 2017, ☎ n° 16-10.374 P : *RJS 2017, n° 438 ; JCP S 2017, n° 1168, note Tauran.*

Art. L. 323-3-1 *(L. n° 2010-1594 du 20 déc. 2010, art. 84-I-1°)* **Le versement de l'indemnité journalière ne fait pas obstacle à ce que l'assuré demande, avec l'accord du médecin traitant, à accéder aux actions de formation professionnelle continue prévues à l'article L. 6313-1 du code du travail ou à des actions d'évaluation, d'accompagnement, d'information et de conseil auxquelles la caisse primaire participe, sous réserve qu'après avis du médecin-conseil la durée de ces actions soit compatible avec la durée prévisionnelle de l'arrêt de travail. La caisse fait part de son accord à l'assuré et, le cas échéant, à l'employeur, ce dernier en informant le médecin du travail.**

Art. L. 323-4 **L'indemnité journalière est égale à une fraction du gain journalier de base** *[V. art. R. 323-5, al. 1er]*. **Pour les assurés ayant un nombre d'enfants minimum à charge, au sens de l'article** *(L. n° 2015-1702 du 21 déc. 2015, art. 59-XII-A-17°, en vigueur le 1er janv. 2016)* **« L. 161-1 », cette indemnité représente une fraction plus élevée du gain journalier de base, après une durée déterminée.**

L'indemnité normale et l'indemnité majorée ne peuvent excéder des limites maximales fixées par rapport au gain mensuel.

Le gain journalier de base est déterminé d'après la ou les dernières payes antérieures à la date de l'interruption du travail.

Le taux et le maximum des indemnités journalières, la date à partir de laquelle l'indemnité est majorée, ainsi que les modalités de détermination du gain journalier de base sont fixés par décret en Conseil d'État. — *V. art. R. 323-4, R. 323-7 à R. 323-9.*

(Abrogé par L. n° 2005-1579 du 19 déc. 2005, art. 34-III) (L. n° 97-1164 du 19 déc. 1997, art. 5-VI) ***« Compte tenu de la modification du taux de la contribution sociale généralisée prévue en application du 3° du I de l'article 5 de la loi de financement de la sécurité sociale pour 1998 (n° 97-1164 du 19 décembre 1997), le taux et le maximum des indemnités journalières visées à l'alinéa précédent sont majorés à compter du septième mois de leur perception selon des modalités déterminées par décret en Conseil d'État. »***

En cas d'augmentation générale des salaires postérieurement à l'ouverture du bénéfice de l'assurance maladie et lorsque l'interruption de travail se prolonge au-delà d'une durée déterminée, le taux de l'indemnité journalière peut faire l'objet d'une révision dans les mêmes conditions. — *V. art. R. 323-6.*

Le montant de l'indemnité journalière peut subir un abattement ou une majoration en fonction des résultats financiers du régime sur le plan national dans les conditions déterminées par l'article L. 251-4. — *V. également art. R. 323-10 à R. 323-12.*

1. Salaire de référence. L'art. R. 323-8 CSS ne distingue pas selon que le congé était ou non motivé par des raisons indépendantes de la volonté de l'intéressé. En conséquence, il s'applique au salarié qui a pris un congé sans solde avec l'autorisation de son employeur. • Soc. 27 sept. 1989 : *RJS 1989, n° 810 ; Bull. civ. V, n° 553.* ♦ Manque de base légale la décision qui déclare que le salaire de la période de référence, servant de base au calcul de l'indemnité journalière due à un salarié, devait comprendre le montant des heures supplémentaires qu'il avait effectuées durant cette période, mais qui ne lui avaient été réglées que le mois suivant, sans rechercher si le mode de paiement retardé des heures supplémentaires était d'un usage habituel dans l'entreprise, s'il était justifié par des nécessités comptables et si l'employeur déclarait régulièrement les heures supplémentaires en effectuant le précompte pour l'ensemble de son personnel. • Soc. 29 oct. 1973 : *Bull. civ. V, n° 536.* ♦ Le gain journalier servant de base au calcul de l'indemnité journalière de l'art. L. 323-4 CSS est déterminé, pour les salaires réglés mensuellement, en pourcentage du montant des trois dernières paies antérieures à la date de l'interruption de travail, ce qui exclut qu'il puisse être tenu compte de rappels versés ultérieurement. • Civ. 2e, 21 déc. 2006 : *RJS 2007, n° 381.* ♦ Conf. par • Civ. 2e, 22 janv. 2009 : *RJS 2009, n° 395 ; JCP S 2009, 1128, note Tauran.* ♦ Lorsqu'une prime est versée trimestriellement, le montant de la fraction de cette prime afférente à la période de référence ne peut pas être prise en considération dans le calcul des indemnités journalières dès lors qu'elle n'a pas donné lieu à précompte lors des payes précédant l'arrêt de travail. • Soc. 6 déc. 1973 : *Bull. civ. V, n° 646.*

2. VRP. Le montant des salaires servant de base au calcul de l'indemnité journalière due à un VRP s'apprécie lors de chaque paie, dans la limite du plafond correspondant à la périodicité de celle-ci, et non par référence à un salaire moyen calculé sur l'ensemble de l'année. • Soc. 5 nov. 1992, n° 91-12.192 P : *RJS 1992, n° 1426.* ♦ V. art. R. 323-4 CSS.

3. Revalorisation. L'indemnité journalière perçue par un salarié rémunéré au SMIC, majoré d'une prime d'ancienneté, doit être revalorisée dans la même proportion que l'augmentation du SMIC. • Soc. 28 juin 1978 : *Bull. civ. V, n° 526.*

4. Un assuré social en arrêt de travail doit bénéficier de l'augmentation de salaire qui, s'il n'avait pas été malade, lui aurait été obligatoirement appliquée par son employeur en vertu d'une décision de l'union patronale ayant à son égard la même force qu'une convention collective. • Soc. 2 juill. 1968 : *Bull. civ. V, n° 348.* ♦ Un accord d'établissement majorant les salaires dans l'entreprise qui employait l'assuré doit être exécuté par les parties dès la date qu'il prévoit, en l'absence d'autre mesure de publicité : dès lors, la demande en révision d'indemnité journalière de l'assuré est justifiée. • Soc. 3 mars 1978 : *Bull. civ. V, n° 163.*

5. Chômeur. Les prestations en espèces sont versées au chômeur malade comme s'il avait conservé son emploi : elles suivent le sort des indemnités journalières dont bénéficient les salariés de l'entreprise à laquelle il appartenait, et sont révisées proportionnellement aux majorations de salaires opérées en vertu de la convention collective applicable à ladite entreprise. • Soc. 29 mai 1985 : *Bull. civ. V, n° 316.* ♦ V. déjà • Soc. 21 déc. 1977 : *Bull. civ. V, n° 733.*

6. Statut successoral des indemnités journalières. Les indemnités journalières indûment versées à un assuré constituent une dette de la succession de ce dernier. • Civ. 2e, 9 avr. 2009, n° 08-12.873 P : *D. 2009. 1357 ; AJ fam. 2009. 266, obs. Tisserand-Martin.*

Art. L. 323-4-1 *(L. n° 2004-810 du 13 août 2004, art. 24)* **Au cours de toute interruption de travail dépassant trois mois, le médecin conseil en liaison avec le médecin traitant peut solliciter le médecin du travail, dans des conditions définies par décret, pour préparer et étudier, le cas échéant, les conditions et les modalités de la reprise du travail ou envisager les démarches de formation. L'assuré est assisté durant cette phase par une personne de son choix.**

Art. L. 323-5 L'indemnité journalière ne peut faire l'objet d'une *(Ord. n° 2011-1895 du 19 déc. 2011, art. 3-15°)* **« saisie » ou d'une cession que dans les conditions et limites fixées par la législation concernant la** *(Ord. n° 2011-1895 du 19 déc. 2011, art. 3-15°)* **« saisie des rémunérations ».**

Art. L. 323-6 *(L. n° 2004-810 du 13 août 2004, art. 27-VI)* **Le service de l'indemnité journalière est subordonné à l'obligation pour le bénéficiaire :**

1° D'observer les prescriptions du praticien ;

2° De se soumettre aux contrôles organisés par le service du contrôle médical prévus à l'article L. 315-2 ;

3° De respecter les heures de sorties autorisées par le praticien *(L. n° 2006-1640 du 21 déc. 2006, art. 46)* « selon des règles et des modalités prévues par décret en Conseil d'État après avis de la Haute Autorité de santé » ;

4° De s'abstenir de toute activité non autorisée ;

(L. n° 2016-1827 du 23 déc. 2016, art. 109-I) « 5° D'informer sans délai la caisse de toute reprise d'activité intervenant avant l'écoulement du délai de l'arrêt de travail. »

(L. n° 2010-1594 du 20 déc. 2010, art. 114) « En cas d'inobservation volontaire de ces obligations, le bénéficiaire restitue à la caisse les indemnités versées correspondantes *(L. n° 2016-1827 du 23 déc. 2016, art. 109-I)* « , dans les conditions prévues à l'article L. 133-4-1 ».

« En outre, si l'activité mentionnée au 4° a donné lieu *(Ord. n° 2018-474 du 12 juin 2018, art. 4)* « à des revenus d'activité », il peut être prononcé une sanction financière dans les conditions prévues à l'article *(L. n° 2016-1827 du 23 déc. 2016, art. 109-I)* « L. 114-17-1 ». » — *Les dispositions de l'Ord. n° 2018-474 du 12 juin 2018 s'appliquent aux cotisations et contributions dues pour les périodes courant à compter du 1er sept. 2018 (Ord. préc., art. 16).*

(Abrogé par L. n° 2016-1827 du 23 déc. 2016, art. 109-I) ***« En cas de recours formé contre les décisions de la caisse, les juridictions visées à l'article L. 142-2 contrôlent l'adéquation du montant de la sanction prononcée par la caisse à l'importance de l'infraction commise par l'assuré. »***

1. Compatibilité avec les normes constitutionnelles. L'attribution et le service des indemnités journalières à l'assuré ou à la victime d'un accident du travail se trouvant dans l'incapacité physique constatée par le médecin traitant de poursuivre ou de reprendre le travail, sont subordonnés au respect par l'intéressé des obligations limitativement énumérées à l'art. L. 323-6 CSS, parmi lesquelles celle de s'abstenir de toute activité non autorisée, le bénéficiaire des indemnités journalières étant tenu, en cas d'inobservation volontaire de ces obligations, de restituer à l'organisme le montant des indemnités versées correspondantes, sous le contrôle de la juridiction du contentieux général qui doit s'assurer notamment de l'adéquation de la mesure prononcée par l'organisme à l'importance de l'infraction commise par l'assuré ou la victime. L'article ne méconnaît en conséquence ni le principe de la légalité des délits et des peines ni celui du droit à un recours effectif. • Civ. 2e, 8 déc. 2016, n° 16-17.567 P.

2. Rôle du juge. La restitution d'indemnités journalières de l'assurance maladie en cas d'inobservation volontaire, par le bénéficiaire, de ses obligations légales, ne constitue pas une sanction à caractère de punition de sorte qu'elle est exclusive de tout contrôle de l'adéquation du montant des sommes dues à la gravité des manquements de l'assuré. • Cass., avis, 7 févr. 2018, n° 17-70.038 P : *D. 2018. 358 ; RJS 2018, n° 288 ; JCP S 2018. 1298, note Auméran.* ♦ ***Rôle du juge (antérieurement à la L. n° 2016-1827).*** Selon l'art. L. 323-6 CSS, les juridictions du contentieux général de la sécurité sociale contrôlent, en cas de recours contre les décisions relatives à la restitution des indemnités journalières qu'il prévoit, l'adéquation de la sanction prononcée par la caisse à l'importance de l'infraction commise par l'assuré : est rejetée la demande formulée par la caisse de se voir restituer la totalité des indemnités journalières et non le montant modulé par le juge. • Civ. 2e, 11 févr. 2016, n° 15-10.309 P : *RJS 4/2016, n° 297 ; JCP S 2016, n° 1115, note Tauran ; RDSS 2016. 372, obs. Tauran .* ♦ Selon l'art. L. 323-6 CSS, dans sa rédaction issue de la L. n° 2010-1594 du 20 déc. 2010, les juridictions du contentieux général de la sécurité sociale contrôlent, en cas de recours contre les décisions relatives à la restitution des indemnités journalières qu'il prévoit, l'adéquation de la sanction prononcée par la caisse à l'importance de l'infraction commise par l'assuré. En revanche, cet article ne confère pas à la restitution de l'indu le caractère d'une sanction à caractère de punition et ne fait pas obstacle, dès lors, à l'application de la pénalité financière prévue par l'art. L. 162-1-14, devenu L. 114-17-1 CSS. • Civ. 2e, 12 juill. 2018, n° 17-16.539 P : *RJS 11/2018, n° 696 ; JCP S 2018. 1298, note Auméran.*

Arrêté du 19 juin 1947,

Règlement intérieur type

Articles 37 et 41 relatifs aux contrôles et sanctions

Art. 37 *(Arr. du 19 juin 1947)* « L'assuré ne doit demander la visite du praticien que s'il est dans l'impossibilité de se déplacer. Les visites de nuit et du dimanche ne doivent être demandées qu'en cas d'urgence.

« Les frais payés par les malades pour se rendre au domicile du praticien sont exclusivement à leur charge.

« Les malades sont tenus d'observer rigoureusement les prescriptions du praticien, notamment le repos au lit et à la chambre s'il a été ordonné. »

(Arr. du 7 janv. 1980) « Les malades ne doivent quitter leur domicile que si le praticien le prescrit dans un but thérapeutique. Les heures de sortie autorisées sont inscrites par le praticien sur la feuille de maladie. Elles doivent être comprises entre dix heures et douze heures le matin et entre seize heures et dix-huit heures l'après-midi sauf justification médicale circonstanciée du médecin traitant et sous réserve de l'appréciation du contrôle médical.

« Si, au cours d'une visite de contrôle d'un assuré malade, celui-ci n'est pas présent à son domicile, en dehors des heures de sortie autorisées, l'assuré est convoqué devant le contrôle médical dans les huit jours qui suivent le passage de l'agent à son domicile.

« En cas de reprise anticipée du travail de la part d'un assuré malade avant l'expiration de la durée de son congé, l'assuré doit en avertir la caisse dans les vingt-quatre heures.

« Les médicaments et remèdes seront employés suivant les indications données par le praticien. Les médicaments ne doivent être demandés la nuit aux pharmaciens qu'en cas d'urgence justifiée et constatée (par une visite médicale de nuit), sauf le cas où, pour des raisons impérieuses, et par suite de l'éloignement du domicile du malade du lieu de l'officine, l'achat ne peut être effectué que de nuit.

« L'assuré malade ne doit se livrer à aucun travail rémunéré ou non, sauf autorisation du médecin traitant.

« Durant la maladie, le malade ne doit pas quitter la circonscription de la section ou du correspondant de la caisse à laquelle il est rattaché, sans autorisation préalable de la caisse. La caisse peut autoriser le déplacement du malade, pour une durée indéterminée, si le médecin traitant l'ordonne dans un but thérapeutique ou par convenance personnelle justifiée du malade et après avis du médecin conseil.

« Le malade dont l'envoi en convalescence est jugé nécessaire par le praticien traitant doit en aviser la caisse avant son départ et attendre l'autorisation de celle-ci. Il doit, pendant la durée de la convalescence, se soumettre au contrôle dans les conditions fixées par la caisse.

« En cas d'hospitalisation, le malade doit se soumettre aux prescriptions des médecins et au règlement de l'établissement.

« Lorsque l'assuré tombe malade hors de la circonscription de la caisse qui assure normalement à son profit le service des prestations, il doit, dans les quarante-huit heures, en aviser la caisse à laquelle il demande le service des prestations.

« La caisse doit remettre à l'assuré sur sa demande, à l'occasion de la délivrance de la feuille de maladie, une notice lui énonçant les formalités auxquelles il doit se soumettre pour l'obtention des prestations et les déchéances qu'il peut encourir. »

....

Art. 41 *(Arr. du 13 févr. 1966)* Aucun bénéficiaire de l'assurance maladie ne peut se soustraire aux divers contrôles. En cas de refus, les prestations, tant en argent qu'en nature, sont suspendues pour la période pendant laquelle le contrôle aura été rendu impossible et notification en est donnée à l'assuré.

A l'assuré qui aurait volontairement enfreint le règlement des malades ou les prescriptions du médecin traitant, le conseil d'administration de la caisse ou un comité délégué par lui et composé d'administrateurs de la caisse peut retenir, à titre de pénalité, tout ou partie des indemnités journalières dues.

Dans tous les cas d'abus, la caisse poursuit le remboursement des frais inutiles.

A. CONTRÔLE DE L'ARRÊT DE TRAVAIL

Avis d'arrêt de travail. V. notes ss. art. L. 321-2.

a. Absence du domicile

1. Absences injustifiées. L'absence qui a eu pour conséquence d'empêcher la caisse d'exercer son contrôle doit être considérée comme volontaire au sens de l'art. 41 du règlement intérieur, peu important qu'elle ne procède pas d'une intention délibérée de s'y soustraire et dès lors qu'il n'est justifié d'aucune impossibilité d'en respecter la prescription. • Soc. 19 oct. 1989 : *Bull. civ. V, n° 607.* ♦ Dans le même sens : • Soc. 14 déc. 1988 : *Bull. civ. V, n° 662* (absence due à l'accompagnement d'un jeune enfant à l'école) • Soc. 14 déc. 1988 : *Bull. civ. V, n° 662* (absence due à la nécessité de prendre son repas chez des amis en raison de son état de santé et de son impécuniosité) • Civ. 2e, 27 janv. 2004 : *RJS 2004, n° 454* (peu importe que l'assuré se soit absenté quelques minutes et ait dès son retour immédiatement téléphoné à la caisse).

2. Absences justifiées. L'assuré logeant dans

un hôtel ne saurait être considéré comme ayant enfreint le règlement des malades, dès lors qu'à l'heure du contrôle l'absence de l'assuré est justifiée (l'intéressé était dans la nécessité de prendre ses repas à l'extérieur, dans un restaurant voisin) et qu'il a tout mis en œuvre pour qu'un contrôle puisse s'effectuer utilement (il avait indiqué au gérant de son hôtel l'endroit où il se rendait). • Soc. 4 juin 1992, n° 89-18.964 P : *RJS 1992, n° 1036.* ♦ V. aussi : • Soc. 3 déc. 1992 : *RJS 1993, n° 78* (l'assuré s'étant rendu au centre de sécurité sociale dont il relève puis en consultation chez deux médecins, ces faits pouvant être contrôlés par la caisse primaire, ne saurait être considéré comme ayant cherché à se soustraire au contrôle de la caisse). • Soc. 30 nov. 2000 : *RJS 2001, n° 242 ; BS Lefebvre 2001, n° 125* (le tribunal ayant relevé que l'arrêt de travail au titre duquel le contrôle de la caisse a été effectué avait expiré la veille en a exactement déduit que l'assuré, qui s'était à l'heure du contrôle absenté de son domicile pour consulter son médecin, ne pouvait avoir volontairement enfreint le règlement des malades, dès lors que l'avis médical de prolongation n'était encore connu ni de l'intéressé ni de la caisse, de sorte que les indemnités journalières lui étaient dues) • Soc. 1er mars 2001 : *RJS 2001, n° 661, (2e esp.),* (n'a pas méconnu volontairement les dispositions du règlement intérieur de la caisse, autorisant les sorties de 10 à 12 h et de 16 à 18 h, l'assuré qui s'absente pendant les heures indiquées dans la prescription médicale, soit de 10 à 16 h) • Soc. 17 mai 2001 : *RJS 2001, n° 1076 ; D. 2001. IR 1847* (l'assuré ne s'est pas soustrait intentionnellement au contrôle dès lors que son comportement, dont l'invalidité a été reconnue depuis, a été influencé par les troubles neurologiques et psychologiques dont il était atteint).

3. Rendez-vous médicaux. Les juges du fond ne sauraient, pour rétablir un assuré dans ses droits à indemnités journalières, énoncer que celui-ci s'était rendu chez son médecin traitant sans rechercher si cette visite était impossible pendant les heures de sortie autorisées. • Soc. 22 juill. 1993 : *RJS 1993, n° 915* • 12 déc. 1996 : *RJS 1997, n° 96* (assuré qui se rend en consultation chez son médecin sans qu'il soit fait état d'une quelconque urgence). ♦ V. aussi • Soc. 26 févr. 1998 : *RJS 1998, n° 517* (assuré qui se trouvait chez un ostéopathe lors d'une visite de contrôle, le temps de transport ajouté à celui de la visite excédant les périodes de sorties autorisées et l'intéressé ne justifiant d'aucune force majeure).

4. Sorties libres. Le médecin ayant porté sur l'avis d'arrêt de travail la mention « sorties libres », l'assuré qui se conforme à cette indication ne commet aucune faute susceptible de sanction en s'absentant de son domicile hors des heures de sorties normalement autorisées. • Civ. 2e, 9 mars 2006 : *RJS 2006, n° 891* (pour des faits antérieurs à la L. n° 2004-810 du 13 août 2004).

5. Autorisation préalable de la caisse et changement du lieu de repos. Un assuré auquel son médecin a prescrit un repos prolongé en dehors de son cadre habituel de travail ne s'est pas, en quittant la circonscription de la caisse sans son accord préalable, volontairement soustrait à son contrôle, dès lors qu'il avait remis à la caisse son certificat médical avant son départ. • Soc. 23 juill. 1969 : *Bull. civ. V, n° 508.* ♦ La simple mention par l'assurée, sur l'imprimé destiné à la caisse, de la possibilité d'effectuer un contrôle dans une localité située hors de sa circonscription, ne peut suppléer l'autorisation de la caisse. • Soc. 11 févr. 1999, n° 97-14.378 P : *RJS 1999, n° 583.* ♦ Perd le bénéfice des indemnités journalières : l'assurée qui se rend chez ses parents pendant la durée de son repos sans en aviser la caisse, empêchant celle-ci d'exercer son contrôle, peu important qu'elle n'ait pas eu l'intention délibérée de s'y soustraire. • Soc. 17 déc. 1980 : *Bull. civ. V, n° 914* • 1er mars 2001 : *RJS 2001, n° 661 (1re esp.)* (peu importe que l'avis de prolongation d'arrêt de travail mentionne l'adresse du domicile des parents de l'assuré où le médecin traitant lui avait recommandé de se rendre). ♦ ... L'assuré qui se rend en Tunisie pour des motifs personnels (grave état de santé de sa femme) sans en aviser la caisse ni obtenir l'accord de l'organisme social postérieurement à son arrivée sur le territoire tunisien. • Soc. 8 nov. 1990, n° 88-17.756 P. ♦ ...L'assuré qui effectue un séjour à caractère temporaire au Portugal pour motif personnel sans autorisation préalable de la caisse. • Soc. 26 janv. 1995, n° 91-20.827 P. ♦ Il résulte des art. L. 323-6 CSS, dans sa rédaction issue de la L. n° 2004-810 du 13 août 2004, et 37 du règlement intérieur modèle des caisses primaires d'assurance maladie annexé à l'arrêté du 19 juin 1947 modifié que, durant l'arrêt de travail, l'assuré ne peut quitter la circonscription de la caisse sans autorisation préalable de celle-ci. • Civ. 2e, 20 sept. 2012 : *JCP S 2012 Actu. 421, obs. Dauxerre ; ibid. n° 1479, note Tauran ; CSBP 2012. 349, note Pansier ; RDSS 2013. 312, note Lacoste-Mary* . ♦ V. aussi le non-versement des indemnités pour un assuré qui s'est vu refuser une autorisation de séjour en Tunisie et qui invoque, au nom du principe de non-discrimination, la possibilité d'exportation des prestations sociales. • Soc. 27 juin 2002, n° 00-13.768 P. ♦ Le tribunal des affaires de sécurité sociale ne saurait décider le rétablissement d'indemnités journalières, dès lors que l'intéressé avait quitté son domicile sans autorisation préalable, peu important que l'assuré ait informé la caisse de son absence (séjour à Nice chez ses parents). • Soc. 19 mars 1992 : *RJS 1992, n° 513.* ♦ V. déjà • Soc. 23 avr. 1976 : *Bull. civ. V, n° 236.* ♦ ... Et quelle que soit la bonne foi de l'intéressée • Soc. 9 mars 1995, n° 93-15.352

P. ♦ Statue par des motifs inopérants, le tribunal qui, pour annuler la sanction prononcée par une caisse primaire, retient qu'une assurée n'a pas volontairement enfreint le règlement intérieur de la caisse, alors qu'il résultait de ses constations que l'intéressée, qui avait quitté son domicile sans avoir obtenu l'autorisation préalable de la caisse, s'était volontairement soustraite à ses obligations. • Civ. 2e, 22 févr. 2007, n° 05-18.628 P.

6. Obligation d'information du lieu d'émission de l'avis d'arrêt de travail. N'est exigée une autorisation de la caisse que pour les malades qui souhaitent quitter la circonscription de la caisse à laquelle ils sont rattachés. Tel n'est pas le cas d'une assurée dont l'avis d'arrêt de travail est émis alors qu'elle se trouvait en congé dans sa résidence secondaire, l'art. 37, al. 12, du règlement intérieur des caisse ne mettant à la charge de l'assuré qui tombe malade hors de sa circonscription qu'une obligation d'informer la caisse à laquelle demande le service des prestations. • Soc. 25 oct. 2001 : *RJS 2002, n° 89.*

7. Double nationalité. Seule la nationalité française d'un assuré social, ayant par ailleurs une autre nationalité, doit être prise en compte par le juge français. Il s'ensuit que n'est pas ouvert à un assuré de nationalité française et de nationalité marocaine, résidant en France et tombé malade au Maroc au cours d'un séjour pendant ses congés payés, le droit aux prestations en espèces prévu, en application de l'art. 21-2° de la convention générale franco-marocaine, en faveur du travailleur salarié ou assimilé, marocain ou français, affilié à une institution de sécurité sociale et résidant dans l'un des deux pays, dont l'état, lors d'un séjour temporaire effectué dans son pays d'origine à l'occasion d'un congé payé, vient à nécessiter des soins médicaux d'urgence. • Soc. 5 nov. 1999, n° 98-10.184 P.

8. Licenciement. Les obligations du salarié vis-à-vis de la sécurité sociale, l'empêchant de quitter son domicile sauf pendant les heures autorisées, ne peuvent justifier son licenciement. • Soc. 16 juin 1998, n° 96-41.558 P : *D. 1998. IR 177* ; *RJS 1998, n° 843* (à propos d'un salarié effectuant un voyage d'agrément en Yougoslavie pendant sa période d'arrêt de travail).

9. Changement d'adresse. Les juges du fond peuvent décider que l'infraction au règlement des malades n'est pas caractérisée lorsqu'un assuré s'est présenté aux guichets de la caisse pour signaler son changement d'adresse dans la mesure où cette initiative permettait à la caisse de rectifier la mention portée sur l'avis d'arrêt de travail. • Soc. 26 nov. 1981 : *Bull. civ. V, n° 923.* ♦ V. cependant • Soc. 18 mars 1970 : *Bull. civ. V, n° 212* (la caisse est fondée à refuser le bénéfice des indemnités journalières à l'assuré qui ayant omis de signaler son changement d'adresse n'a pu avoir connaissance de la convocation adressée par le service du contrôle médical, la caisse n'étant tenue d'aucune diligence pour pallier les conséquences de la négligence d'un assuré).

b. Impossibilité matérielle d'exercer le contrôle

10. Accès au domicile. La suppression partielle des indemnités journalières prononcée à l'encontre d'un assuré est injustifiée, dès lors qu'il n'est pas démontré que l'assuré a cherché à se soustraire au contrôle de la caisse. • Soc. 16 juin 1994, n° 92-14.612 P : *RJS 1994, n° 906 ; D. 1996. 2. Somm. 38, obs. Prétot*. ♦ Tel est le cas lorsque l'agent de contrôle n'a pu avoir accès au domicile du malade en raison d'un code non porté à la connaissance de la caisse et d'un interphone qui n'était pas encore en service. • Soc. 16 juin 1994 : *préc.* • 23 mai 1996 : *RJS 1996, n° 842* (intéressé s'étant abstenu de mentionner le code d'entrée de son immeuble sur le formulaire d'arrêt de travail en raison de l'absence de rubrique prévue à cet effet et de recommandation en ce sens). ♦ Comp. : la suppression totale des indemnités journalières prononcée à l'encontre d'un assuré est pleinement justifiée, dès lors que l'intéressé avait, au moment de la visite du contrôleur, débranché son interphone afin de se reposer. • Soc. 27 mai 1993, n° 91-14.465 P : *RJS 1993, n° 794.*

B. INTERDICTION DE TRAVAILLER

11. L'assuré ne doit se livrer à aucun travail rémunéré ou non. • Soc. 8 nov. 1990, n° 88-19.621 P. ♦ La suppression des indemnités journalières est approuvée : pour un assuré effectuant des travaux de jardinage. • Soc. 17 déc. 1986 : *Bull. civ. V, n° 617* • 19 oct. 1988 : *Bull. civ. V, n° 530.* ♦ ... Pour l'assuré qui taille une vigne dans son jardin. • Soc. 19 oct. 1988 : *ibid. V, n° 530.* ♦ ... Pour celui qui effectue des travaux de peinture sur la maison de ses parents. • Soc. 6 nov. 1985 : *Bull. civ. V, n° 518.* ♦ ... Pour un gérant qui exerce son activité, de façon limitée, pendant la durée de son incapacité temporaire. • Soc. 23 mars 2000 : *RJS 2000, n° 581 ; TPS 2000. Comm. 204.* ♦ V. déjà • Soc 4 juin 1971 : *Bull. civ. V, n° 423.* ♦ ... Pour un assuré qui participe à une compétition sportive. • Civ. 2e, 9 déc. 2010, n° 09-16.140 P : *RJS 2011, n° 175 ; JCP E 2011, n° 1424, obs. Cohen-Donsimoni ; JCP S 2011, n° 1100, obs. Tauran.* ♦ ... Pour un assuré qui exerce une activité de représentant du personnel • Civ. 2e, 9 déc. 2010, n° 09-17.449 P : *RJS 2011, n° 175 ; JCP E 2011, n° 1424, obs. Cohen-Donsimoni ; JCP S 2011, n° 1100, obs. Tauran.*

C. SANCTIONS

12. Contrôle irrégulier. Aucune sanction de suppression des indemnités journalières ne peut être prononcée à l'encontre d'un assuré, dès lors que la preuve d'une activité prohibée, au cours d'une période de prescription médicale de repos, a été obtenue par des moyens illicites et selon une procédure irrégulière, à savoir une filature organisée à l'initiative de l'employeur. • Soc. 24 janv. 2002, n° 00-18.215 P : *TPS 2002. Comm. 120, obs. Prétot.*

13. Pas de contrôle du montant de la sanction (jurispr. antérieure à la loi du 13 août 2004). L'assuré malade qui ne doit pas quitter son domicile en dehors des heures de sortie autorisées ni se livrer à aucun travail peut se voir retenir tout ou partie des indemnités journalières sur décision du conseil d'administration de la caisse à titre de pénalité s'il enfreint volontairement le règlement des malades. Les tribunaux ne peuvent substituer leur appréciation à celle de la caisse sur l'importance de la sanction. • Soc. 22 févr. 1996, n° 94-11.948 P : *D. 1997. 270, note Micou* • 23 mars 2000 : *RJS 2000, n° 581 ; TPS 2000. Comm. 204 ; BS Lefebvre 2000, n° 430* (l'assuré ne devant se livrer à aucun travail, les juges du fond ne sauraient condamner la caisse au versement de la moitié des indemnités journalières à un gérant qui exerce son activité, de façon limitée, pendant la durée de son incapacité temporaire) • Civ. 2e, 3 avr. 2003 : *RJS 2003. 625, n° 938* (la caisse ayant fait remonter la sanction à une date antérieure à l'infraction constatée au règlement des malades).

14. Appréciation de la proportionnalité de la sanction (jurispr. postérieure à la loi du 13 août 2004). Statue par des motifs inopérants le tribunal qui, pour annuler la sanction prononcée par une caisse, retient qu'une assurée n'a pas volontairement enfreint le règlement intérieur de la caisse, alors qu'il résultait des constatations que l'assurée, qui avait quitté son domicile sans avoir obtenu l'autorisation préalable de la caisse, s'était volontairement soustraite à ses obligations. Il appartenait aux juges du fond, en application de l'art. L. 323-6 dans sa rédaction issue de la L. n° 2004-810 du 13 août 2004, de contrôler l'adéquation de la sanction prononcée avec l'importance de l'infraction commise. • Civ. 2e, 22 févr. 2007, n° 05-18.628 P : *RJS 2007, n° 661.* ♦ V. l'application du même principe pour le régime des indépendants. • Civ. 2e, 19 févr. 2009, n° 07-20.374 P : *D. 2009. AJ 817 ; D. actu. 5 mars 2009, obs. Lavric ; RJS 2009, n° 473 ; JCP S 2009. 1278, note Tauran.* ♦ V. également • Civ. 2e, 28 nov. 2013 : *D. actu. 10 janv. 2014, obs. Fraisse* (le refus de versement des indemnités journalières motivé par l'envoi tardif de l'avis d'arrêt de travail constitue une sanction et il appartient aux juridictions du contentieux général de la sécurité sociale, par application de l'art. 6 §1 de la Conv. EDH, d'en apprécier l'adéquation à la gravité de l'infraction commise).

D. MI-TEMPS THÉRAPEUTIQUE

15. V. art. L. 323-3.

E. CURE THERMALE

16. V. note 28 ss. art. L. 321-1.

Art. L. 323-6-1 *(L. n° 2016-1827 du 23 déc. 2016, art. 109-I)* **L'employeur subrogé dans les droits de son salarié en arrêt de travail informe par tout moyen l'organisme local d'assurance maladie assurant le service de l'indemnité journalière de la reprise anticipée du travail par ce salarié.**

En cas de manquement par l'employeur à cette obligation et si ce manquement a occasionné le versement indu d'indemnités journalières, il peut être prononcé à son encontre une sanction financière dans les conditions prévues à l'article L. 114-17-1.

L'organisme d'assurance maladie procède à la récupération des indemnités journalières auprès de l'employeur dans les conditions prévues à l'article L. 133-4-1.

Les dispositions de l'art. 109-I de la L. n° 2016-1827 du 23 déc. 2016 sont applicables aux reprises d'activité des salariés intervenant à compter du 1er janv. 2017 (L. préc., art. 109-II).

Art. L. 323-7 *(L. n° 2009-1646 du 24 déc. 2009, art. 90-II)* **Lorsqu'une prescription d'arrêt de travail intervient, dans un délai précisé par décret, à la suite d'une décision de suspension des indemnités journalières, la reprise du service de ces dernières est subordonnée à l'avis du service du contrôle médical rendu dans un délai défini par décret.**

CHAPITRE IV QUALITÉ ET COORDINATION DES SOINS DES PATIENTS ATTEINTS D'UNE AFFECTION DE LONGUE DURÉE *(L. n° 2004-810 du 13 août 2004, art. 6-II).*

BIBL. ▶ BRAS, GRASS et OBRECHT, En finir avec les affections de longue durée (ALD), plafonner les restes à charge, *Dr. soc. 2007. 463*. – HARICHAUX, Modification de la législation relative à la prise en charge de l'affection de longue durée, *RDSS 1987. 506*. – MILLET, Les affections de longue durée : quelles évolutions récentes ?, *Gaz. Pal. 2009, n° 171, p. 53.*

Art. L. 324-1 *(L. n° 2016-41 du 26 janv. 2016, art. 198)* En cas d'affection de longue durée et en cas d'interruption de travail ou de soins continus supérieurs à une durée déterminée, le médecin traitant détermine le traitement que le bénéficiaire de l'assurance maladie doit suivre si les soins sont dispensés sans interruption ; la continuation du service des prestations est subordonnée à l'obligation pour le bénéficiaire :

1° De se soumettre aux traitements et aux mesures de toute nature prescrits par le médecin traitant et, en cas de désaccord avec le service du contrôle médical, par un expert ;

2° De se soumettre aux visites médicales et aux contrôles spéciaux organisés par la caisse ;

3° De s'abstenir de toute activité non autorisée ;

4° D'accomplir les exercices ou les travaux prescrits en vue de favoriser sa rééducation ou son reclassement professionnel.

En cas d'inobservation des obligations ci-dessus indiquées, la caisse peut suspendre, réduire ou supprimer le service des prestations.

Le médecin traitant, qu'il exerce en ville ou en établissement de santé, établit un protocole de soins. Ce protocole, périodiquement révisable, notamment en fonction de l'état de santé du patient et des avancées thérapeutiques, définit, compte tenu des recommandations établies par la Haute Autorité mentionnée à l'article L. 161-37, les actes et les prestations nécessités par le traitement de l'affection et pour lesquels la participation de l'assuré peut être limitée ou supprimée, en application des 3° et 4° de l'article L. 322-3 *[devenu art. L. 160-14]*. La durée du protocole est fixée compte tenu des recommandations de la Haute Autorité mentionnée à l'article L. 161-37.

Le protocole établi par le médecin traitant est adressé au service du contrôle médical, qui fait connaître son avis à la Caisse d'assurance maladie dont relève l'assuré. A défaut d'observations transmises dans un délai fixé par voie réglementaire, l'avis est réputé favorable. Le directeur de l'organisme notifie à l'assuré la décision statuant sur la suppression ou la limitation de la participation de ce dernier.

Sauf en cas d'urgence, le patient ou son représentant légal est tenu de communiquer son protocole au médecin consulté pour bénéficier de la limitation ou de la suppression de sa participation.

Le médecin, qu'il exerce en ville ou en établissement de santé, est tenu de certifier, lors de l'établissement des documents nécessaires au remboursement ou à la prise en charge, qu'il a pris connaissance du protocole et de se conformer aux dispositions réglementant la limitation ou la suppression de la participation de l'assuré.

Jurisprudence antérieure à la L. n° 2016-41 du 26 janv. 2016

V. art. D. 322-1 CSS.

1. Pluriactivité. L'assuré exerçant des activités salariée et non salariée et atteint d'une affection de longue durée ayant entraîné un arrêt de travail doit, sauf autorisation de la caisse, cesser également son activité non salariée. La preuve de cette autorisation incombe à l'assuré. • Soc. 25 mars 1993, n° 89-20.311 P : *RJS 1993, n° 656 ; D. 1993. IR 105.*

2. Indemnités journalières. L'assuré en arrêt de travail pour une affection de longue durée perçoit les prestations en espèces de l'assurance maladie durant un délai qui ne peut excéder trois ans. Un délai de même durée ne recommence à courir que s'il y a reprise du travail d'une année sans que cette période ait été interrompue du fait de l'affection de longue durée au titre de laquelle a été servie l'indemnité journalière. • Soc. 20 janv. 1994 : *RJS 1994, n° 312 ; D. 1994. IR 45* • 9 mars 1995, n° 93-13.470 P. ♦ V. art. R. 323-1. ♦ Rappr. : sont notamment assimilées à des périodes de reprise du travail, pour le calcul du délai d'un an, les périodes de chômage involontaire, de stage de rééducation professionnelle et d'arrêt de travail pour maternité ou pour une affection autre qu'une maladie de longue durée (Lettre CNAMTS n° 3049 du 29 août 1972 : *Bull. jur. UCANSS, n° 36/1972* ; Lettre CNAMTS n° 275-74 du 16 janv. 1974 : *Bull. jur. UCANSS, n° 74-4*).

3. Exonération du ticket modérateur. V. art. L. 322-5.

CHAPITRE V DISPOSITIONS PARTICULIÈRES AUX DÉPARTEMENTS DU HAUT-RHIN, DU BAS-RHIN ET DE LA MOSELLE

BIBL. ▶ Kessler, L'articulation de la complémentaire frais de santé obligatoire et du régime local d'assurance maladie d'Alsace et de Moselle, *RDSS 2016. 511*.

Art. L. 325-1 *(L. n° 98-278 du 14 avr. 1998, art. 4)* I. – Le régime local d'assurance maladie complémentaire obligatoire des départements du Haut-Rhin, du Bas-Rhin et de la Moselle assure à ses bénéficiaires des prestations servies en complément de celles du régime général des salariés prévues aux 1°, 2° *(L. n° 2015-1702 du 21 déc. 2015, art. 59-XII-A-18°, en vigueur le 1er janv. 2016)* « et 4° de l'article L. 160-8 », pour couvrir tout ou partie de la participation laissée à la charge de l'assuré en application de l'article *(L. n° 2015-1702 du 21 déc. 2015, art. 59-XII-A-18°, en vigueur le 1er janv. 2016)* « L. 160-13 » *(L. n° 2004-810 du 13 août 2004, art. 20-III ; L. n° 2007-1786 du 19 déc. 2007, art. 52-I)* « à l'exception de celles mentionnées aux II et III de cet article ». Il peut prendre en charge tout ou partie du forfait journalier institué à l'article L. 174-4. Ces prestations sont déterminées par le conseil d'administration de l'instance de gestion du régime local dans des conditions définies par décret.

II. – Le régime local est applicable aux catégories d'assurés sociaux du régime général des salariés mentionnés ci-après :

(L. n° 2012-355 du 14 mars 2012, art. 1er-I-9°, en vigueur le 1er avr. 2012) « 1° Salariés exerçant une activité dans les départements du Bas-Rhin, du Haut-Rhin et de la Moselle, quel que soit le lieu d'implantation du siège de l'entreprise, et salariés d'un établissement implanté dans ces départements qui exercent une activité itinérante dans d'autres départements ; » – *V. 2e note ss. l'art.*

2° Maîtres contractuels et agréés des établissements d'enseignement privé sous contrat, agents non titulaires de l'État et de ses établissements publics administratifs, agents contractuels de La Poste et de France Télécom, agents non titulaires des collectivités territoriales et des établissements visés à l'article 2 de la loi n° 86-33 du 9 janvier 1986 portant dispositions statutaires relatives à la fonction publique hospitalière, qui exercent leur activité dans les départements du Haut-Rhin, du Bas-Rhin ou de la Moselle ;

3° Salariés du Port autonome de Strasbourg ;

4° Personnes visées aux articles *(Abrogé par L. n° 2016-1827 du 23 déc. 2016, art. 64-I)* « *L. 161-1,* » L. 161-8 et L. 161-9 *(L. n° 2016-1827 du 23 déc. 2016, art. 64-I)* « du présent code et aux 1° à 7° de l'article L. 5141-1 du code du travail », quel que soit leur lieu de résidence en France métropolitaine ou dans les départements d'outre-mer, qui ont été bénéficiaires du régime local en qualité d'assurés ou d'ayants droit du régime général et qui continuent à en bénéficier pendant la durée du maintien de droit au régime général ;

5° Titulaires de revenus de remplacement, indemnités et allocations de chômage mentionnés à l'article L. 311-5, quel que soit leur lieu de résidence en France métropolitaine ou dans les départements d'outre-mer, qui soit ont bénéficié du régime local en qualité de salariés, soit ont rempli, en qualité de travailleurs frontaliers selon le *(L. n° 2016-1827 du 23 déc. 2016, art. 64-I)* « règlement (CE) n° 883/2004 du Parlement européen et du Conseil du 29 avril 2004 sur la coordination des systèmes de sécurité sociale », les conditions pour bénéficier du régime local d'assurance maladie au moment de leur inscription aux associations pour l'emploi dans l'industrie et le commerce ;

6° Titulaires d'allocations de préretraite en application d'accords d'entreprise et titulaires d'un revenu de remplacement au titre d'un congé de fin d'activité, quel que soit leur lieu de résidence en France métropolitaine ou dans les départements d'outre-mer, qui bénéficiaient du régime local en qualité de salariés au moment de leur mise en préretraite ou en fin d'activité ;

7° Titulaires d'une pension d'invalidité ou d'une pension de réversion mentionnés aux articles L. 341-1 et L. 342-1, quel que soit leur lieu de résidence en France métropolitaine ou dans les départements d'outre-mer, qui ont, préalablement à leur mise en invalidité, bénéficié du régime local en qualité de salariés ou d'ayants droit, ainsi que les titulaires d'une rente d'accident du travail ou d'une pension de réversion mentionnés *(L. n° 2015-1702 du 21 déc. 2015, art. 59-XII-A-18°, en vigueur le 1er janv. 2016)* « à l'article L. 371-1 », quel que soit leur lieu de résidence en France métropolitaine ou dans les départements d'outre-mer, qui ont, préalablement à la perception de cette rente ou pension d'invalidité, bénéficié du régime local en qualité de salariés ou d'ayants droit ;

8° Titulaires d'un avantage de vieillesse qui résident *(L. n° 2016-1827 du 23 déc. 2016, art. 64-I)* « en France ou dans un autre État de l'Union européenne » et qui bénéficient du régime local d'assurance maladie au 1er juillet 1998 ;

(L. n° 2002-73 du 17 janv. 2002, art. 36-III) « 9° Titulaires d'un avantage de vieillesse, *(L. n° 2016-1827 du 23 déc. 2016, art. 64-I)* « résidant en France ou dans un autre État de l'Union européenne », qui ont relevé du régime local d'assurance maladie soit pendant les cinq années précédant leur départ en retraite ou leur cessation d'activité, soit pendant dix années durant les quinze précédant ce départ en retraite ou cette cessation d'activité, sous réserve qu'ils justifient de la plus longue durée d'affiliation au régime général d'assurance vieillesse ou au régime défini au 2° de l'article L. 181-1 ;

« 10° Titulaires d'un avantage de vieillesse ne remplissant pas les conditions fixées à l'alinéa précédent, *(L. n° 2016-1827 du 23 déc. 2016, art. 64-I)* « résidant en France ou dans un autre État de l'Union européenne », qui ont relevé du régime local d'assurance maladie pendant au moins soixante trimestres d'assurance au sens de la législation applicable au régime général d'assurance vieillesse et qui en demandent le bénéfice dans un délai et selon des modalités déterminés par décret, sous réserve qu'ils justifient de la plus longue durée d'affiliation au régime général d'assurance vieillesse ou au régime défini au 2° de l'article L. 181-1 ;

« 11° Titulaires d'un avantage de vieillesse au titre d'une législation française ou au titre d'une législation française et d'une législation d'un ou plusieurs autres États membres de l'Union européenne ou parties à l'accord sur l'Espace économique européen, *(L. n° 2016-1827 du 23 déc. 2016, art. 64-I)* « résidant en France ou dans un autre État de l'Union européenne », qui ont bénéficié, en qualité de travailleur frontalier selon le règlement (CEE) n° 1408/71 du Conseil du 14 juin 1971 précité, de prestations équivalentes à celles servies par le régime général et le régime local d'assurance maladie soit pendant les cinq années précédant leur départ en retraite ou leur cessation d'activité, soit pendant dix années durant les quinze précédant ce départ en retraite ou cette cessation d'activité, sous réserve qu'ils justifient de la plus longue durée d'affiliation à un régime obligatoire d'assurance vieillesse des travailleurs salariés en tenant compte des périodes d'assurance au titre des législations des autres États membres de l'Union européenne ou parties à l'accord sur l'Espace économique européen. »

(L. n° 2016-1827 du 23 déc. 2016, art. 64-I) « Le régime local est applicable aux titulaires d'un avantage vieillesse relevant des 8°, 9°, 10° et 11° qui résident dans un autre État de l'Union européenne, à condition qu'ils en fassent la demande dans un délai de deux ans à compter de la liquidation de leur pension ou de la publication de la loi n° 2016-1827 du 23 décembre 2016 de financement de la sécurité sociale pour 2017. »

Les dispositions des 9° et 10° sont applicables dans les mêmes conditions aux retraités anciens salariés du Port autonome de Strasbourg mentionnés au 3°.

Le régime local est également applicable aux *(L. n° 2015-1702 du 21 déc. 2015, art. 59-XII-A-18°, en vigueur le 1er janv. 2016)* « personnes mentionnées à l'article L. 161-1 à la charge effective et permanente des » assurés sociaux énumérés ci-dessus.

III. — *(Abrogé par L. n° 2014-1554 du 22 déc. 2014, art. 9-I-8°)* « *Par dérogation aux dispositions de l'article L. 161-6,* » Le bénéfice du régime local d'assurance maladie est subordonné aux conditions spécifiques d'ouverture des droits déterminées au II du présent article *(L. n° 2016-1827 du 23 déc. 2016, art. 64-I)* « ainsi qu'aux conditions de cotisation et de nombre minimal d'heures de travail salarié ou assimilé pour avoir droit et ouvrir droit aux prestations prévues au I du présent article, dans des conditions prévues par décret ». — *Les dispositions issues de la L. n° 2014-1554 du 22 déc. 2014 s'appliquent aux cotisations et aux contributions de sécurité sociale dues au titre des périodes courant à compter du 1er janv. 2015 (L. préc., art. 9-IV-A).*

Les titulaires d'un avantage de vieillesse mentionnés aux 9°, 10° et 11° du II, ne bénéficiant pas du régime local d'assurance maladie à la date de publication de la loi du 17 janv. 2002 (JO 18 janv.), ne peuvent en bénéficier que s'ils en font la demande dans un délai et selon des modalités déterminés par décret. — Les titulaires d'un avantage de vieillesse à compter du 18 janv. 2002 bénéficient du régime local dans les conditions fixées par les 9°, 10° et 11° du II de l'art. L. 325-1 (L. n° 2002-73 du 17 janv. 2002, art. 36-V).

Par dérogation à l'art. L. 325-1 CSS, les assurés salariés et leurs ayants droit bénéficiaires du régime local d'Alsace-Moselle au 31 mars 2012 conservent le bénéfice de ce régime pour la durée pen-

dant laquelle ils remplissent les conditions d'ouverture des droits prévues par la législation en vigueur à cette même date (L. n° 2012-355 du 14 mars 2012, art. 1er-III).

Art. L. 325-2 *(L. n° 98-278 du 14 avr. 1998, art. 4)* I. — L'instance de gestion du régime local d'assurance maladie complémentaire obligatoire des départements du Haut-Rhin, du Bas-Rhin et de la Moselle est administrée par un conseil d'administration dont les attributions, la composition et les modalités sont déterminées par décret.

Le conseil d'administration de l'instance de gestion établit chaque année, pour l'exercice comptable suivant, un état prévisionnel des dépenses et des recettes du régime local compte tenu des objectifs fixés par la loi de financement de la sécurité sociale et dans les conditions définies par décret. A la clôture de l'exercice *(L. n° 2009-879 du 21 juill. 2009, art. 90)* « , il peut décider d'affecter une somme représentant au maximum 0,5 % des dépenses de prestations constatées durant l'exercice : »

1° Soit au financement des actions expérimentales relatives aux filières et réseaux de soins ;

2° Soit au financement des programmes de santé publique élaborés par la conférence régionale de santé en vertu de l'article L. 1411-3 du code de la santé publique.

II. — L'affiliation *(Abrogé par L. n° 2016-1827 du 23 déc. 2016, art. 64-I) « et l'immatriculation »* au régime local ainsi que le service de ses prestations sont assurés par les caisses primaires d'assurance maladie en France métropolitaine et par les caisses générales de sécurité sociale dans les départements d'outre-mer.

V., antérieurement, art. D. 325-1 à D. 325-20.

Art. L. 325-3 *(L. n° 2002-73 du 17 janv. 2002, art. 36-VI)* L'instance de gestion du régime local exerce une action sanitaire et sociale, destinée en priorité aux populations exposées au risque de précarité, sous réserve de ne pas compromettre son équilibre financier.

TITRE TROISIÈME ASSURANCE MATERNITÉ ET CONGÉ DE PATERNITÉ ET D'ACCUEIL DE L'ENFANT *(L. n° 2012-1404 du 17 déc. 2012, art. 94-VII-A).*

CHAPITRE PREMIER DISPOSITIONS PROPRES À L'ASSURANCE MATERNITÉ ET AU CONGÉ DE PATERNITÉ ET D'ACCUEIL DE L'ENFANT *(L. n° 2012-1404 du 17 déc. 2012, art. 94-VII-A).*

Art. L. 330-1 *(L. n° 2001-1246 du 21 déc. 2001, art. 55-XI)* L'assurance maternité a pour objet :

1° La couverture des frais visés à l'article *(L. n° 2015-1702 du 21 déc. 2015, art. 59-VIII-7°, en vigueur le 1er janv. 2016)* « L. 160-9 » ;

2° L'octroi d'indemnités journalières dans les conditions visées aux articles L. 331-3 à L. 331-7 et L. 333-1 à L. 333-3 ;

3° L'octroi des indemnités journalières visées à l'article L. 331-8 pour le compte de la Caisse nationale des allocations familiales et contre remboursement dans les conditions prévues à l'article L. 223-1.

SECTION PREMIÈRE DISPOSITIONS GÉNÉRALES

Art. L. 331-1 Bénéficient de l'assurance maternité l'assuré(e) et les membres de sa famille mentionnés aux 1°, 2° et 3° de l'article *(L. n° 2015-1702 du 21 déc. 2015, art. 59-XII-A-19°, en vigueur le 1er janv. 2016)* « L. 161-1. » Ces bénéficiaires ne supportent aucune participation aux frais prévus à l'article L. 160-9. — *V. art. R. 331-1 à R. 331-4.*

V. art. R. 313-1.

1. Bénéficiaires des prestations. Les art. L. 161-3 et R. 313-1 CSS disposent que le droit aux prestations en nature et en espèces de l'assurance maternité est apprécié soit au début du neuvième mois avant la date présumée de l'accouchement, soit à la date du début du repos prénatal. Fait une exacte application de l'art. R. 313-1, la cour d'appel qui, constatant qu'une assurée sociale enceinte se trouve en situation de maintien de droits au début du neuvième mois de grossesse, décide que la caisse primaire est mal fondée à lui refuser le versement des indemnités journalières de l'assurance maternité. • Soc. 11 avr. 1996, n° 93-17.067 P : *RJS 1996, n° 600.* ♦ V. art. L. 161-8.

2. Ayants droit. Les dispositions du code de la sécurité sociale édictent les conditions de salaire, de temps de travail ou de durée de cotisations que l'assuré doit remplir pour ouvrir droit aux prestations, mais non celles que doivent remplir les ayants droit pour en bénéficier. • Civ. 2e, 10 juin 2003, n° 01-21.273 P : *TPS 2003. Comm. 303.* ♦ La seconde épouse d'un assuré social algérien vivant en France a la qualité d'ayant droit de son mari au regard du régime français de sécurité sociale, quand bien même ce dernier aurait obtenu antérieurement de la caisse primaire le versement de prestations du chef de sa première épouse, dès lors qu'à l'époque des soins la seconde était la seule à résider en France auprès de lui. • Soc. 8 mars 1990, n° 84-15.703 P : *RJS 1990, n° 340.* ♦ V. notes ss. art. L. 313-3.

3. Conditions de prise en charge. La relation constatée entre la grossesse et l'affection dont souffre l'assurée n'emporte pas prise en charge par l'assurance maternité des soins qu'elle nécessite (en l'espèce, les conclusions de l'expert technique admettant que l'hospitalisation d'une assurée est en liaison avec sa maternité n'emportent pas qu'elle puisse prétendre au remboursement, au titre de l'assurance maternité, avec dispense du ticket modérateur, des soins nécessités par les accidents pathologiques constatés en cours de grossesse). • Soc. 4 déc. 1985 : *Bull. civ. V, n° 573.* ♦ V. art. R. 331-2 CSS.

SECTION II PRESTATIONS EN NATURE

Art. L. 331-2 *Devient l'art. L. 160-9 (L. n° 2015-1702 du 21 déc. 2015, art. 59-III-9°, en vigueur le 1er janv. 2016).*

SECTION III PRESTATIONS EN ESPÈCES

Art. L. 331-3 Pendant une période qui débute six semaines avant la date présumée de l'accouchement et se termine dix semaines après celui-ci, l'assurée reçoit une indemnité journalière de repos à condition de cesser tout travail salarié durant la période d'indemnisation et au moins pendant huit semaines.

(L. n° 94-629 du 25 juill. 1994, art. 25) **« Lorsque des naissances multiples sont prévues, cette période commence douze semaines avant la date présumée de l'accouchement, vingt-quatre semaines en cas de naissance de plus de deux enfants et se termine vingt-deux semaines après la date de l'accouchement. En cas de naissance de deux enfants, la période d'indemnisation antérieure à la date présumée de l'accouchement peut être augmentée d'une durée maximale de quatre semaines ; la période d'indemnisation de vingt-deux semaines postérieure à l'accouchement est alors réduite d'autant. »**

Quand l'accouchement a lieu avant la date présumée, la période d'indemnisation de seize ou de *(L. n° 94-629 du 25 juill. 1994, art. 25)* **« trente-quatre semaines, quarante-six semaines en cas de naissance de plus de deux enfants***[,]* **» n'est pas réduite de ce fait.** — *V. art. R. 331-5 à R. 331-7.*

(L. n° 2006-340 du 23 mars 2006, art. 15) **« Quand l'accouchement intervient plus de six semaines avant la date initialement prévue et exige l'hospitalisation postnatale de l'enfant, la période pendant laquelle la mère perçoit l'indemnité journalière de repos est augmentée du nombre de jours courant de la date effective de l'accouchement au début de la période de repos mentionnée aux alinéas précédents et à l'article L. 331-4. »** — *Ces dispositions s'appliquent aux accouchements survenus à partir du 1er janv. 2006 plus de 6 semaines avant la date prévue et exigeant l'hospitalisation post-natale de l'enfant (L. n° 2006-340 du 23 mars 2006, art. 15-IV).*

Les femmes dont il est reconnu que la grossesse pathologique est liée à l'exposition in utero au diéthylstilbestrol (DES) bénéficient d'un congé de maternité à compter du premier jour de leur arrêt de travail dans des conditions fixées par décret en Conseil d'État (L. n° 2004-1370 du 20 déc. 2004, art. 32).

1. Pluriactivité. Une doctoresse en médecine ayant cessé son activité salariée mais ayant maintenu son activité libérale peut cependant prétendre en sa qualité de travailleur salarié aux prestations en espèces de l'assurance maternité. • Cass., ass. plén., 20 mars 1992, n° 88-17.028 P : *RJS 1992, n° 675 ; JCP E 1992. 327, obs. Taquet ; D. 1992. 329, obs. Chauvy ; ibid. 1993. Somm. 270, obs. Prétot ; ibid. 1993. Chron. 123, Saint-Jours.* ♦ Dans le même sens : • Soc. 29 janv. 1998 : *RJS 1998, n° 370* (pour une assurée percevant les prestations en espèces de l'assurance maternité pendant son repos de maternité, alors qu'elle poursuit une activité en qualité de mandataire social). ♦ V. art. L. 613-4 CSS.

2. Maintien du salaire. Une caisse n'est pas fondée à suspendre le service des indemnités journalières lorsque l'employeur maintient à une assurée tout ou partie de son salaire durant le congé de maternité. Les indemnités journalières perçues par l'assurée durant ce congé ne sont donc pas indues. • Soc. 25 juin 1998, n° 96-19.052 P.

3. Durée minimale du congé. Un employeur ne saurait, par subrogation aux droits de sa salariée à qui il avait maintenu son salaire, obtenir le paiement des prestations en espèces de l'assurance maternité dès lors que l'assurée ayant accouché le lendemain du jour où elle avait cessé son activité, la durée totale de son arrêt de travail n'avait été que de six semaines. • Soc. 21 févr. 1991, n° 88-17.980 P.

4. Repos prénatal. L'assurée qui cesse volontairement son travail une semaine après le début de son congé prénatal ne peut prétendre à une prolongation d'une durée semblable du repos postnatal. • Soc. 4 févr. 1987 : *Bull. civ. V, n° 66.*

5. Date de l'accouchement. Aucune erreur d'appréciation du médecin quant à la date de l'accouchement ne permet de réduire l'indemnisation de l'assurée : le repos prénatal peut excéder six semaines. • Civ. 2e, 28 mars 1962 : *Bull. civ. II, n° 354 ; JCP 1962. IV. 71.* ♦ V. convention n° 3 de l'OIT : Décr. n° 51-192 du 18 févr. 1951 : *JO 21 févr. 1951, p. 1819.* ♦ V. cependant • Civ. 2e, 29 oct. 1965 : *JCP 1966. II. 14793, note Voirin.*

6. Repos postnatal. Une salariée ayant repris le travail au terme d'une période de repos postnatal de huit semaines, et ayant bénéficié d'un congé sans solde après avoir appris qu'elle n'avait pas utilisé tout son congé de maternité, ne peut obtenir de la caisse le paiement d'indemnités journalières pour cette période. • Soc. 19 oct. 1995 : *RJS 1995, n° 1284.* ♦ V. notes ss. art. R. 331-5 CSS.

Art. L. 331-4 La période d'indemnisation prévue au premier alinéa de l'article L. 331-3 est portée à huit semaines avant la date présumée de l'accouchement et à dix-huit semaines après celui-ci, lorsque l'assurée elle-même ou le ménage assume déjà la charge d'au moins deux enfants dans les conditions prévues *(Abrogé par L. n° 2003-1199 du 18 déc. 2003, art. 60-V)* « *à l'article L. 512-4 et* » aux premier et *(L. n° 2006-1640 du 21 déc. 2006, art. 124-II)* « quatrième » alinéas de l'article L. 521-2, ou lorsque l'assurée a déjà mis au monde au moins deux enfants nés viables. La période d'indemnisation antérieure à la date présumée de l'accouchement peut être augmentée d'une durée maximale de deux semaines ; la période d'indemnisation postérieure à l'accouchement est alors réduite d'autant. — *Sur l'entrée en vigueur de la L. n° 2003-1199, V. note ss. art. L. 511-1.*

(L. n° 94-629 du 25 juill. 1994, art. 25) « Quand la naissance a lieu avant la date présumée de l'accouchement, la période d'indemnisation de vingt-six semaines n'est pas réduite de ce fait. »

Art. L. 331-4-1 *(L. n° 2007-293 du 5 mars 2007, art. 30-III)* Par dérogation aux articles L. 331-3 et L. 331-4, la durée de la période de versement de l'indemnité journalière à laquelle l'assurée a droit avant la date présumée de l'accouchement peut être réduite à sa demande, sur prescription médicale, dans la limite de trois semaines. La durée de la période de versement postérieure à l'accouchement est augmentée d'autant.

Toutefois, en cas de prescription d'un arrêt de travail pendant la période antérieure à la date présumée de l'accouchement dont l'assurée a demandé le report, celui-ci est annulé et l'indemnité journalière de repos est versée à compter du premier jour de l'arrêt de travail jusqu'à la date de l'accouchement. La période initialement reportée est alors réduite d'autant.

Art. L. 331-5 Dans le cas où l'enfant est resté hospitalisé jusqu'à l'expiration de la sixième semaine suivant l'accouchement, l'assurée peut demander le report, à la date de la fin de l'hospitalisation de l'enfant, de tout ou partie de la période d'indemnisation à laquelle elle peut encore prétendre en application de l'article L. 331-3 ou L. 331-4.

(L. n° 2006-340 du 23 mars 2006) « Toutefois, lorsque l'assurée bénéficie de la période supplémentaire mentionnée au dernier alinéa de l'article L. 331-3, la possibilité de report prévu à l'alinéa précédent ne peut lui être ouverte qu'à l'issue de ladite période. »

L'indemnité journalière de repos peut également être attribuée sur prescription médicale pendant une période supplémentaire n'excédant pas deux semaines, dans des conditions déterminées par décret en Conseil d'État.

Repos supplémentaire. Les dispositions de l'art. L. 331-5 CSS n'exigent pas que la prescription médicale ordonnant le repos ait immédiatement été suivie d'effet. • Soc. 4 févr. 1987 : *Bull.*

civ. V, n° 67. ♦ Le repos supplémentaire attribué en raison de l'état pathologique résultant de la grossesse peut être prescrit à partir de la déclaration de grossesse. • Soc. 3 févr. 1994, ☎ n° 91-16.838 P : *RJS 1994, n° 313 ; D. 1994. IR 69.* ♦ La période supplémentaire est fractionnable dès lors que ce fractionnement a fait l'objet d'une prescription médicale (Lettre min., 29 oct. 1979 : *Bull. jur. UCANSS, n° 48/79*).

Art. L. 331-6 *(L. n° 2014-1554 du 22 déc. 2014, art. 45-I-1°)* **« En cas de décès de la mère au cours de la période d'indemnisation de la cessation d'activité comprise, selon le cas, soit entre la naissance de l'enfant et la fin de l'indemnisation au titre du régime d'assurance maternité, soit entre la naissance de l'enfant et la fin du maintien de traitement lié à la maternité, le père bénéficie, dans des conditions fixées par décret, d'un droit à indemnisation pour la durée restant à courir entre la date du décès et la fin de la période d'indemnisation dont aurait bénéficié la mère, sous réserve qu'il cesse tout travail salarié pendant cette durée et sans qu'il soit fait application des conditions prévues à l'article L. 313-1. Pendant cette durée, le père bénéficie de l'indemnité journalière mentionnée à l'article L. 331-3. »**

Le père peut demander le report de tout ou partie de la période d'indemnisation à laquelle il a droit dans les conditions fixées par le premier alinéa de l'article L. 331-5. *(L. n° 2012-1404 du 17 déc. 2012, art. 94-VII-A)* **« Lorsque le père de l'enfant** *(L. n° 2014-1554 du 22 déc. 2014, art. 45-I-1°)* **« ne demande pas à bénéficier de l'indemnité, le droit à indemnisation » est accordé au conjoint** *(Abrogé par L. n° 2014-1554 du 22 déc. 2014, art. 45-I-1°)* ***« salarié »*** **de la mère ou à la personne liée à elle par un pacte civil de solidarité ou vivant maritalement avec elle. »**

Les dispositions issues de la L. n° 2014-1554 du 22 déc. 2014 sont applicables aux périodes de congés ou de cessation d'activité en cours au 1er janv. 2015 (L. préc., art. 45-VII).

Sur les exceptions à l'application du droit des usagers de saisir l'administration par voie électronique concernant les démarches effectuées auprès des organismes de sécurité sociale, V. CRPA, App., v° Saisine par voie électronique — Exceptions. — **CRPA**.

Art. L. 331-7 *(Ord. n° 2018-470 du 12 juin 2018, art. 6)* **« L'indemnité journalière de repos est accordée aux assurés, parents adoptifs ou accueillants, qui remplissent les conditions mentionnées au deuxième alinéa de l'article L. 161-6. »**

(L. n° 2001-1246 du 21 déc. 2001, art. 55-XIII) **« L'indemnité journalière de repos est due, pendant dix semaines au plus ou vingt-deux semaines au plus en cas d'adoptions multiples, à la condition que l'***(L. n° 2013-404 du 17 mai 2013, art. 18-1°)* **« assuré » cesse tout travail salarié durant la période d'indemnisation.** *(Ord. n° 2018-470 du 12 juin 2018, art. 6)* **« Sans préjudice des dispositions du premier alinéa de l'article L. 161-6, l'indemnisation » débute à compter de l'arrivée de l'enfant au foyer ou dans les sept jours qui précèdent la date prévue de cette arrivée. »**

(L. n° 94-629 du 25 juill. 1994, art. 25-IV) **« La période d'indemnisation est portée à dix-huit semaines », lorsque, du fait de l'adoption, l'***(L. n° 2013-404 du 17 mai 2013, art. 18-1°)* **« assuré » ou le ménage assume la charge de trois enfants au moins dans les conditions prévues** *(Abrogé par L. n° 2003-1199 du 18 déc. 2003, art. 60-V)* ***« à l'article L. 512-4 et »*** **aux premier et** *(L. n° 2006-1640 du 21 déc. 2006, art. 124-II)* **« quatrième » alinéas de l'article L. 521-2. »** — *Sur l'entrée en vigueur de la L. n° 2003-1199 du 18 déc. 2003, V. note ss. art. L. 511-1.*

(Abrogé par L. n° 2013-404 du 17 mai 2013, art. 18-1°) ***« Toutefois, lorsque les deux conjoints assurés sociaux travaillent, l'indemnité journalière de repos est accordée, dans les conditions prévues aux alinéas précédents, à la mère ou au père adoptif ; l'un des conjoints doit alors avoir renoncé à son droit. »***

(Abrogé par Ord. n° 2018-470 du 12 juin 2018, art. 6) (L. n° 2013-404 du 17 mai 2013, art. 18-1°) ***« La période d'indemnisation prévue au présent article peut faire l'objet d'une répartition entre les parents adoptifs lorsque l'un et l'autre ont vocation à bénéficier d'une indemnisation ou d'un maintien du traitement en cas de cessation de leur travail ou de leur activité dans le cadre d'une adoption. »*** *(L. n° 2001-1246 du 21 déc. 2001, art. 55-XIII)* ***« Dans ce cas, la période d'indemnisation est augmentée de onze jours ou de dix-huit jours en cas d'adoptions multiples et ne peut être fractionnée en plus de deux parties, dont la plus courte est au moins égale à onze jours ». »***

V. également art. D. 331-1 et D. 331-2.

1. *Conditions d'indemnisation du congé.* L'indemnisation du congé n'est ouverte à l'adoptante que si elle cesse son travail durant la période de dix semaines au plus qui suit l'arrivée de l'enfant au foyer : aucune disposition ne permet de déroger à cette règle d'ordre public par un report de cette période dans le temps. • Soc. 31 mars 1994, n° 91-20.315 P : *RJS 1994, n° 609 ; D. 1994. IR 99.*

2. *Absence de discrimination sexuelle.* Le refus de reconnaître le droit à l'indemnité journalière de repos de l'art. L. 331-7 par la caisse en raison de l'absence de droit à prestations en espèces ne saurait constituer une discrimination sexuelle ni sur le fondement de l'art. L. 931-3-2 CSS, applicable aux seules prestations des régimes de prévoyance collective, ni sur celui de la Dir. 2006/54/CE du Parlement européen et du Conseil du 5 juill. 2006, inapplicable aux régimes légaux de sécurité sociale. • Civ. 2e, 9 oct. 2014 : *D. actu. 3 nov. 2014, obs. Fraisse ; RDSS 2014. 1164, obs. Tauran ; JCP S 2014, n° 1465, obs. d'Allende.*

SECTION IV DISPOSITIONS RELATIVES À L'INDEMNISATION DU CONGÉ DE PATERNITÉ ET D'ACCUEIL DE L'ENFANT *(L. n° 2012-1404 du 17 déc. 2012, art. 94-VII-A).*

Art. L. 331-8 *(L. n° 2012-1404 du 17 déc. 2012, art. 94-VII-A)* **« Lorsqu'il exerce son droit à congé prévu à l'article L. 1225-35 du code du travail » et dans un délai fixé par décret,** *(L. n° 2012-1404 du 17 déc. 2012, art. 94-VII-A)* **« l'assuré » reçoit, pendant une durée maximale de onze jours consécutifs et dans les mêmes conditions d'ouverture de droit, de liquidation et de service, l'indemnité journalière visée à l'article L. 331-3, sous réserve de cesser toute activité salariée ou assimilée.**

En cas de naissances multiples, la durée maximale fixée au précédent alinéa est égale à dix-huit jours consécutifs.

(L. n° 2018-1203 du 22 déc. 2018, art. 72-II) **« Par dérogation au premier alinéa, l'indemnité journalière servie au titre du congé de paternité et d'accueil de l'enfant est versée pendant la période d'hospitalisation mentionnée au dernier alinéa de l'article L. 1225-35 du code du travail. »**

L'indemnité journalière n'est pas cumulable avec l'indemnisation des congés maladie et d'accident du travail, ni avec l'indemnisation par l'assurance chômage ou le régime de solidarité.

Un décret fixe les modalités d'application du présent article.

Les dispositions de l'art. 72-II de la L. n° 2018-1203 du 22 déc. 2018 s'appliquent aux naissances intervenant à compter d'une date fixée par décret, et au plus tard à compter du 1er juill. 2019 (L. préc., art. 72-IV).

1. *Lien de filiation.* Le bénéfice du congé paternité est ouvert, à raison de l'existence d'un lien de filiation juridique, au père de l'enfant, les art. L. 331-8 et D. 331-4 CSS excluant ainsi toute discrimination selon le sexe ou l'orientation sexuelle et ne portant pas atteinte au droit à une vie familiale. • Civ. 2e, 11 mars 2010, n° 09-65.853 P : *D. actu. 26 mars 2010, obs. Lavric ; D. 2010. 1394, note Mirkovic ; JCP S 2010. 1224, note Devers ; JCP 2010, n° 607, note Favier.*

2. *Pluriactivité.* Ne peut prétendre à l'indemnisation l'assuré qui dispose de deux activités à temps partiel et ne cesse que l'une d'entre elles au cours de son congé. • Civ. 2e, 17 janv. 2007 : *RJS 2007, n° 662.*

3. *Informations dues par la caisse.* La caisse primaire d'assurance maladie, qui délivre des informations erronées sur l'ouverture du droit au congé paternité dans le cas d'un enfant né sans vie, commet une faute justifiant l'allocation de dommages et intérêts. • Civ. 2e, 16 oct. 2008, n° 07-18.493 P : *JCP S 2009. 1020, note Asquinazi-Bailleux ; Dr. ouvrier 2009. 110, note Ginon.*

4. *Durée de l'indemnisation.* Après la naissance de son enfant et dans un délai de quatre mois, le père assuré reçoit l'indemnité journalière de l'assurance maternité pendant une durée maximale de onze jours consécutifs, sous réserve de cesser toute activité salariée ou assimilée. Le report du délai du congé de paternité ne peut être demandé que lorsque l'enfant est hospitalisé ou lorsque le père bénéficie du congé postnatal à la suite du décès de la mère. • Civ. 2e, 10 nov. 2009, n° 08-19.510 P : *D. 2009. AJ 2813 ; D. actu. 30 nov. 2009, obs. Mavoka-Isana.*

CHAPITRE II DISPOSITIONS COMMUNES À L'ASSURANCE MATERNITÉ ET À L'ASSURANCE MALADIE

BIBL GÉN. ▶ AZOULAI, En attendant la justice sociale, vive la justice procédurale ! À propos de la libre circulation des patients dans l'Union, *RDSS 2006. 843*. – BERROD, Libre circulation et protection nationale de la santé, quelle conciliation des droits et des libertés ?, *in* La conciliation des droits et libertés dans les ordres juridiques européens, L. Potvin-Solis (Dir.), *Bruylant, 2012, p. 10.* – Brosset, Tourisme médical et sécurité des soins devant le juge de l'Union, *RDSS 2015. 81* ; Les « coordonnées » de l'influence du droit de l'Union européenne en matière de soins de santé, *RDSS 2013. 1050*. – De Grove-Valdeyron, La directive sur le droit des patients en matière de soins de santé transfrontaliers : véritable statut juridique européen du patient ou simple clarification d'un régime de mobilité ?, *RTD eur. 2011. 2*. – Dubouis, Les États membres de l'Union européenne ont-ils conservé la maîtrise de leur système de soins ?, *in* L'État souverain dans le monde d'aujourd'hui, *Mél. J.-P. Puissochet, éd. Pedone, 2008, p. 77.* – Mavridis, La libre circulation des patients en Europe : la boucle est-elle bouclée ?, *LPA 13 juin 2008, p. 4.*

Art. L. 332-1 L'action de l'assuré *(Abrogé par L. n° 2015-1702 du 21 déc. 2015, art. 59-VIII-8°) (L. n° 95-116 du 4 févr. 1995)* ***« et des ayants droit mentionnés à l'article L. 161-14-1 »*** **pour le paiement des prestations** *(L. n° 2015-1702 du 21 déc. 2015, art. 59-VIII-8°)* **« en espèces » de l'assurance maladie se prescrit par deux ans, à compter du premier jour du trimestre suivant celui auquel se rapportent lesdites prestations ; pour le paiement des prestations** *(L. n° 2015-1702 du 21 déc. 2015, art. 59-VIII-8°)* **« en espèces » de l'assurance maternité, elle se prescrit par deux ans à partir de la date de la première constatation médicale de la grossesse.**

L'action des ayants droit de l'assuré pour le paiement du capital prévu à l'article L. 361-1 se prescrit par deux ans à partir du jour du décès.

Cette prescription est également applicable, à compter du paiement des prestations entre les mains du bénéficiaire, à l'action intentée par un organisme payeur en recouvrement des prestations indûment payées, sauf en cas de fraude ou fausse déclaration.

V. Circ. interministérielle DSS n° 2010-260 du 12 juill. 2010 relative aux règles de prescription applicables en matière de sécurité sociale (BO Santé n° 2010/8 du 15 sept. 2010, p. 171).

BIBL. ▶ Gauriau, L'action en répétition formée par la CPAM contre la clinique bénéficiaire de prestations indues, *Dr. soc. 1999. 705* s.

Jurisprudence rendue sous l'empire des textes antérieurs à la L. n° 2015-1702 du 21 déc. 2015.

1. Champ d'application (nature de la créance). Le délai de prescription de deux ans prévu par l'art. L. 332-1 CSS pour l'action en paiement des prestations de l'assurance maladie est applicable aux contestations portant sur l'exigibilité des créances des hôpitaux pour les actions intentées en vue du recouvrement auprès des organismes sociaux des prestations servies aux assurés. Dès lors, ne met pas la Cour de cassation en mesure d'exercer son contrôle la cour d'appel qui, pour écarter la prescription biennale de l'art. L. 332-1, n'a pas recherché si l'opposition au commandement délivré par la Trésorerie générale met en cause le bien-fondé de la créance de l'hôpital ou si elle porte sur la validité du titre de recouvrement émis par le comptable du Trésor. • Soc. 18 juill. 1996, n° 94-19.044 P : *RJS 1996, n° 1101 ; CSB 1996. 301 ; D. 1996. IR 189* • 7 mai 1998, n° 96-19.387 P : *RJS 1998, n° 784 ; D. 1998. IR 153*. ♦ Dans le même sens : • Soc. 29 janv. 1998 : *RJS 1998, n° 369.* ♦ Rappr. • Com. 20 févr. 1990, n° 88-12.786 P : *D. 1991. Somm. 120, obs. Prétot* (dès lors qu'une contestation portait sur l'existence ou l'exigibilité de la créance de l'hôpital d'une commune, et non sur les modalités de son recouvrement par l'agent du trésor qui en était chargé, c'est à bon droit qu'un tribunal a fait application de l'art. L. 332-1 CSS instituant la prescription biennale de l'action de l'assuré pour le paiement des prestations de l'assurance maladie) • 31 janv. 2002 : *RJS 2002, n° 616* (la prescription biennale est applicable à l'action en remboursement de prestations versées au titre de soins prodigués dans un service de chirurgie ambulatoire au-delà de la capacité d'accueil autorisée). ♦ La prescription biennale, à laquelle l'art. L. 332-1 CSS soumet les demandes des assurés en paiement des prestations des assurances maladie et maternité, est applicable aux demandes formées par les professionnels et établissements de santé pour le paiement des soins, actes et prestations dispensés sous le régime du tiers-payant. • Civ. 2e, 28 mai 2015, n° 14-17.731 P : *RJS 2015, n° 588 ; JCP S 2015, n° 1283, comm. Jeansen.* ♦ En revanche, le délai de prescription de l'action en recouvrement dont disposent les comptables du Trésor est de quatre ans (art. L. 274 LPF). • Soc. 25 juin 1992, n° 90-14.460 P : *RJS 1992, n° 1035.*

2. Action de la caisse contre les établissements et les professionnels de santé. L'action en répétition de l'indu exercée à l'encontre des professionnels de santé, fondée sur le non-respect de la nomenclature générale, n'est pas soumise à la prescription biennale. L'indu étant assimilé à une cotisation de sécurité sociale pour son recouvrement (CSS, art. L. 133-4), la prescription est de trois ans (CSS, art. L. 244-3). • Soc. 1er avr. 1999, n° 97-13.679 P : *RJS 1999, n° 854 ; TPS 1999. Comm. 244, obs. Prétot ; D. 1999. IR 113 ; Dr. soc. 1999. 707, note Gauriau*. ♦ La prescription de deux ans instituée par l'art. L. 332-1 CSS ne concerne que l'action de l'organisme social en répétition de prestations indûment versées au titre de l'assurance maladie, et non l'action exercée pour le recouvrement de sommes perçues sans droit par un établissement de soins, laquelle reste soumise à la prescription de droit commun. • Soc. 29 mars 2001, n° 99-16.613 P : *RJS 2001, n° 790.* ♦ Dès lors, l'action intentée par un organisme payeur en recouvrement de prestations indûment versées au bénéficiaire décédé à l'encontre de ses héritiers, lesquels sont saisis de plein droit de ses actions, est soumise à la prescription biennale prévue par l'art. L. 332-1 CSS. • Civ. 2e, 3 mars 2011 : *JCP S 2011, n° 1221, note Tauran.*

3. Fin de non-recevoir soulevée d'office. Le TASS peut relever d'office que l'action de la caisse en remboursement d'une fraction d'indemnités journalières est prescrite en application de l'art. L. 332-1 CSS ; il doit, conformément à l'art. 16 NCPC [C. pr. civ.], inviter préalablement les parties à présenter leurs observations. • Soc. 17 mars 1994, n° 91-13.919 P : *RJS 1994, n° 618 ; D. 1995. Somm. 39, obs. Prétot.* ♦ V. art. L. 142-9 CSS.

4. Exceptions perpétuelles (non). La règle selon laquelle les exceptions sont perpétuelles ne s'applique pas aux demandes en garantie. Il s'ensuit que l'action de l'assuré social pour le paiement des prestations de l'assurance maladie formée à l'encontre de la caisse à l'occasion d'un litige où celle-ci n'est appelée qu'en tant que tiers n'échappe pas à la prescription biennale édictée par l'art. L. 332-1 CSS. • Soc. 17 oct. 1996, n° 95-12.121 P : *D. 1996. IR 237.*

5. Inopposabilité de la prescription. Un TASS ayant retenu que la mère et le père d'un enfant mineur étaient séparés depuis plusieurs années et n'avaient plus aucun contact, même en ce qui concerne l'enfant commun vivant avec la mère, il a pu décider que celle-ci, se trouvant dans l'ignorance légitime et raisonnable du décès du père de l'enfant et pour cette raison dans l'impossibilité d'agir, ne pouvait se voir opposer la prescription biennale à sa demande de capital-décès. • Civ. 2e, 5 juin 2008, n° 06-20.571 P.

6. Point de départ du délai de prescription. Le délai de prescription court à compter du jour où le titre de recettes de l'hôpital a été adressé à l'assuré. • Soc. 2 déc. 1999 : *RJS 2000, n° 94* (l'hôpital ayant adressé la facture des frais d'hospitalisation datant de 1990, en 1996, la fille de l'assurée, décédée en 1992, ne pouvait en demander le remboursement qu'à compter de 1996).

7. Interruption de la prescription. Une lettre recommandée envoyée par la caisse à un pharmacien lui demandant le remboursement des sommes que celui-ci avait facturées n'est pas une cause d'interruption du délai de prescription de l'action en paiement exercée à l'encontre du praticien. • Soc. 26 févr. 1998 : *RJS 1998, n° 516* • Civ. 2e, 16 sept. 2003 : *RJS 2003. 901, n° 1309* (s'agissant de lettres simples adressées par la société d'ambulances à la caisse). ♦ V. • Civ. 1re, 21 janv. 1997, n° 94-16.157 P.

8. Conditions de l'action en répétition de l'indu. L'action en répétition de l'indu peut être engagée soit contre celui qui a reçu le paiement, soit contre celui pour le compte duquel il a été reçu. Elle ne peut être dirigée contre celui pour le compte duquel le paiement a été effectué. • Soc. 8 avr. 1999 : *RJS 1999, n° 853* • 25 janv. 2001 : *RJS 2001, n° 658.*

Art. L. 332-2 En cas de grossesse pathologique ou de suites de couches pathologiques, l'assurance maladie court à partir de la constatation de l'état morbide.

Les dispositions des chapitres Ier et II du titre IV du présent livre reçoivent, éventuellement, application.

Art. L. 332-3 *Devient l'art. L. 160-7 (L. n° 2015-1702 du 21 déc. 2015, art. 59-III-6°, en vigueur le 1er janv. 2016).*

CHAPITRE III ALLOCATIONS VERSÉES AUX FEMMES DISPENSÉES DE TRAVAIL *(L. n° 2002-73 du 17 janv. 2002, art. 222).*

(Ord. n° 2001-173 du 22 févr. 2001)

Art. L. 333-1 Les salariées *(Abrogé par L. n° 2002-73 du 17 janv. 2002, art. 222-II)* « *enceintes* » dont le contrat de travail est suspendu *(L. n° 2002-73 du 17 janv. 2002, art. 222-II)* « en application des articles L. 122-25-1-1 *[L. 1225-9 s. nouv.]* et L. 122-25-1-2 *[L. 1225-12 s. nouv.]* » du code du travail bénéficient, hors de la période ouvrant droit au congé légal de maternité, d'une allocation journalière selon les conditions de droit fixées à l'article L. 313-1 pour les prestations visées au 2° du I de cet article.

Les dispositions de l'article L. 313-2 sont applicables pour l'appréciation des conditions d'ouverture du droit à l'allocation journalière.

Cette allocation est calculée, liquidée et servie selon les dispositions des articles L. 323-4 et L. 323-5 par la caisse primaire d'assurance maladie dont relève la salariée.

Art. L. 333-2 L'allocation journalière est accordée à compter de la date de suspension du contrat de travail par l'employeur. Elle peut être supprimée ou suspendue à compter de la date à laquelle les conditions d'attribution ne sont plus remplies.

Art. L. 333-3 L'allocation journalière n'est pas cumulable avec :

1° L'indemnisation des congés de maternité, de maladie ou d'accident du travail ;

2° Le complément de l'*(L. n° 2005-102 du 11 févr. 2005, art. 68-2°)* « allocation d'éducation de l'enfant handicapé » prévu par l'article L. 541-1, *(L. n° 2007-1786 du 19 déc. 2007, art. 94-V)* « ou l'élément de la prestation de compensation prévu au 1° de l'article L. 245-3 du code de l'action sociale et des familles, lorsque ceux-ci sont accordés en contrepartie d'une cessation d'activité » ;

3° *(L. n° 2005-1579 du 19 déc. 2005, art. 87-V)* « L'allocation journalière de présence parentale » prévue à l'article L. 544-1 ;

(L. n° 2003-1199 du 18 déc. 2003, art. 60-IV) « 4° *(L. n° 2014-873 du 4 août 2014, art. 8-I-4°)* « La prestation partagée d'éducation de l'enfant » à taux plein de la prestation d'accueil du jeune enfant *(L. n° 2014-873 du 4 août 2014, art. 8-I-4°)* « prévue » à l'article L. 531-4 ;

« 5° *(L. n° 2014-873 du 4 août 2014, art. 8-I-4°)* « La prestation partagée d'éducation de l'enfant » à taux partiel de la prestation d'accueil du jeune enfant à l'ouverture du droit de *(L. n° 2014-873 du 4 août 2014, art. 8-I-4°)* « celle-ci » — *Sur l'entrée en vigueur de la L. n° 2003-1199, V. note ss. art. L. 511-1.*

Les dispositions issues de la L. n° 2014-873 du 4 août 2014 sont applicables aux enfants nés ou adoptés à partir du 1er oct. 2014.

Pour les enfants nés ou adoptés avant le 1er oct. 2014, les dispositions du CSS demeurent applicables dans leur rédaction antérieure au 6 août 2014, date d'entrée en vigueur des dispositions précitées à l'al. précédent (L. préc., art. 8-VI).

Ancien art. L. 333-3 *L'allocation journalière n'est pas cumulable avec :*

1° L'indemnisation des congés de maternité, de maladie ou d'accident du travail ;

2° Le complément de l'(L. n° 2005-102 du 11 févr. 2005, art. 68-2°) *« allocation d'éducation de l'enfant handicapé » prévu par l'article L. 541-1,* (L. n° 2007-1786 du 19 déc. 2007, art. 94-V) *« ou l'élément de la prestation de compensation prévu au 1° de l'article L. 245-3 du code de l'action sociale et des familles, lorsque ceux-ci sont accordés en contrepartie d'une cessation d'activité » ;*

3° (L. n° 2005-1579 du 19 déc. 2005, art. 87-V) *« L'allocation journalière de présence parentale » prévue à l'article L. 544-1 ;*

(L. n° 2003-1199 du 18 déc. 2003, art. 60-IV) *« 4° Le complément de libre choix d'activité à taux plein de la prestation d'accueil du jeune enfant prévu à l'article L. 531-4 ;*

« 5° Le complément de libre choix d'activité à taux partiel de la prestation d'accueil du jeune enfant à l'ouverture du droit de celui-ci. » — Sur l'entrée en vigueur de la L. n° 2003-1199, V. note ss. art. L. 511-1.

CHAPITRE IV *[ABROGÉ]* ALLOCATIONS VERSÉES AUX FEMMES ENCEINTES DISPENSÉES DE TRAVAIL

(Abrogé par L. n° 2002-73 du 17 janv. 2002, art. 222-III)

Art. L. 334-1 *à* L. 334-3 *Abrogés par L. n° 2002-73 du 17 janv. 2002, art. 222-III.*

TITRE QUATRIÈME ASSURANCE INVALIDITÉ

CHAPITRE PREMIER DROITS PROPRES

Art. L. 341-1 L'assuré a droit à une pension d'invalidité lorsqu'il présente une invalidité réduisant dans des proportions déterminées *[V. art. R. 341-2]*, sa capacité de travail ou de gain, c'est-à-dire le mettant hors d'état de se procurer, dans une profession quelconque, un salaire supérieur à une fraction *[art. R. 341-2]* de la rémunération normale perçue dans la même région par des travailleurs de la même catégorie, dans la profession qu'il exerçait avant la date de l'interruption de travail suivie d'invalidité ou la date de la constatation médicale de l'invalidité si celle-ci résulte de l'usure prématurée de l'organisme. — *V. art. R. 341-1, R. 341-2 et R. 341-3.*

Sur les exceptions à l'application du droit des usagers de saisir l'administration par voie électronique concernant les démarches effectuées auprès des organismes de sécurité sociale, V. CRPA, App., v° Saisine par voie électronique — Exceptions. — **CRPA**.

BIBL. ▸ LEGOUHY, L'assurance invalidité du régime général, *RPDS 1998, p. 43.* – MILLET, Pourquoi la prise en charge de l'invalidité n'a-t-elle pas évolué avec la loi réformant l'assurance maladie ?, *Gaz Pal. 2007, n° 158. 58.* – TAURAN, Assurance invalidité : les régimes de sécurité sociale, l'invalide et le juge, *RDSS 2008. 1128* .

1. Conditions. L'assuré ne saurait prétendre à une pension d'invalidité au titre du régime général lorsque la maladie est antérieure à son immatriculation audit régime et ne s'est pas aggravée (troubles psychologiques datant de l'enfance). • Soc. 4 mars 1999 : *RJS 1999, n° 584.* ♦ *Contra,* peut prétendre à une pension d'invalidité l'assurée dont l'état antérieur n'entraînait aucune invalidité professionnelle au sens de l'art. L. 304 CSS avant son immatriculation au régime général et dont l'invalidité n'est apparue qu'après celle-ci, peu important qu'elle soit intervenue à la suite d'une maladie évolutive préexistante. • Soc. 19 nov. 1986 : *Bull. civ. V, n° 542.* ♦ Le droit à pension d'invalidité est subordonné à la seule constatation médicale d'une invalidité réduisant au moins des deux tiers la capacité de travail ou de gain de l'assuré, l'usure prématurée de l'organisme n'étant susceptible d'être retenue que pour la détermination de la date à laquelle est médicalement constatée l'invalidité en résultant. • Soc. 24 mars 1994, n° 92-11.674 P.

2. Caractère d'ordre public. L'assuré bénéficiaire d'une pension d'invalidité ne peut renoncer à celle-ci tant qu'il remplit les conditions pour y prétendre pour obtenir l'allocation aux adultes handicapés à taux plein (l'arrêt retenant à bon droit que les dispositions législatives et réglementaires régissant le droit de la sécurité sociale sont d'ordre public et qu'elles excluent la possibilité pour l'assuré et les organismes de sécurité sociale d'aménager à leur guise leurs rapports juridiques). • Soc. 5 avr. 2001 : *RJS 2001, n° 922.*

3. Prohibition de cumul avec une rente accident du travail. Les dispositions de l'art. L. 434-2, al. 5, CSS, selon lesquelles, lorsque l'état d'invalidité est susceptible d'ouvrir à une pension d'invalidité, la rente accordée à la victime en vertu des dispositions relatives aux accidents du travail dans le cas ou elle est inférieure à ladite pension d'invalidité est portée au montant de celle-ci, ne sauraient s'entendre comme permettant à un assuré de bénéficier à la fois au titre d'un même état d'une pension d'invalidité et d'une rente majorée, ce qui aurait pour résultat d'indemniser deux fois les mêmes séquelles. • Civ. 2e, 2 mai 2007, n° 06-12.514 P : *JCP S 2007. 1479, note Vachet ; RJS 2007. 871, n° 1122.*

SECTION PREMIÈRE OUVERTURE DU DROIT

Art. L. 341-2 *(L. n° 92-722 du 29 juill. 1992, art. 12)* **Pour recevoir une pension d'invalidité, l'assuré social doit justifier à la fois d'une durée minimale d'** *(L. n° 2016-1827 du 23 déc. 2016, art. 64-I)* **« affiliation » et, au cours d'une période de référence, soit d'un montant minimum de cotisations fixé par référence au salaire minimum de croissance, soit d'un nombre minimum d'heures de travail salarié ou assimilé.** — *V. art. R. 341-1.*

V. note ss. art. L. 341-1.

V. notes ss. art. R. 313-5.

SECTION II TAUX D'INVALIDITÉ

Art. L. 341-3 L'état d'invalidité est apprécié en tenant compte de la capacité de travail restante, de l'état général, de l'âge et des facultés physiques et mentales de l'assuré, ainsi que de ses aptitudes et de sa formation professionnelle :

1° Soit après consolidation de la blessure en cas d'accident non régi par la législation sur les accidents du travail ;

2° Soit à l'expiration de la période pendant laquelle l'assuré a bénéficié des prestations en espèces prévues *(L. n° 2015-1702 du 21 déc. 2015, art. 59-XII-A-20°, en vigueur le 1er janv. 2016)* **« à » l'article L. 321-1 ;**

3° Soit après stabilisation de son état intervenue avant l'expiration du délai susmentionné ;

4° Soit au moment de la constatation médicale de l'invalidité, lorsque cette invalidité résulte de l'usure prématurée de l'organisme.

Art. L. 341-4 En vue de la détermination du montant de la pension, les invalides sont classés comme suit :

1° Invalides capables d'exercer une activité rémunérée ;

2° Invalides absolument incapables d'exercer une profession quelconque ;
3° Invalides qui, étant absolument incapables d'exercer une profession, sont, en outre, dans l'obligation d'avoir recours à l'assistance d'une tierce personne pour effectuer les actes ordinaires de la vie. — *V. art. R. 341-3.*

1. Conséquences au regard de l'ANPE. Le classement du titulaire d'une pension d'invalidité dans la catégorie « invalides incapables d'exercer une profession quelconque » n'est pas de nature, en l'absence de disposition législative ou réglementaire, à justifier la radiation de l'intéressé de la liste des demandeurs d'emploi dont l'établissement incombe à l'ANPE en application des dispositions du code du travail. • CE 18 janv. 1991 : *RJS 1991, n° 366.*

2. Conséquences au regard de l'inaptitude au travail. Les personnes titulaires d'une pension d'invalidité de la deuxième catégorie doivent être regardées comme inaptes au travail au sens de l'art. L. 351-1 *[anc.]* C. trav. et n'ont ainsi pas droit à un revenu de remplacement. • CE 17 mai 1999 : *RJS 1999, n° 1118.* ♦ *Contra* : l'attribution d'une pension d'invalidité de la deuxième catégorie par un organisme de sécurité sociale n'implique pas que son bénéficiaire soit inapte au travail au sens de l'art. L. 351-1 C. trav., devenu L. 5421-1 C. trav. • Civ. 2e, 8 avr. 2010, n° 08-70.464 P. ♦ V. déjà • Soc. 22 févr. 2005, n° 03-11.467 P : *RJS 2005, n° 552* (concernant un travailleur reconnu handicapé).

3. Contentieux de classification. Ne relèvent pas du 3° de l'art. L. 341-4 : l'invalide qui peut, sans l'aide d'une tierce personne, se lever, se coucher et aller aux toilettes. • Soc. 9 déc. 1999 : *JS UIMM 2000, p. 31.* ♦ ... Celui qui a besoin d'une tierce personne pour accomplir certains actes ordinaires de la vie mais peut sans aide en effectuer de nombreux autres. • Soc. 7 déc. 2000 : *RJS 2001, n° 243.* ♦ Un invalide qui, en raison d'une adaptation à sa cécité, jouit d'une autonomie devenue totale qui constitue une modification de son état d'invaliditéau sens de l'art. L. 341-11 CSS et n'implique plus la nécessité d'une tierce personne, peut être transféré de la troisième à la deuxième catégorie des invalides. • Soc. 9 nov. 1988, n° 86-15.769 P : *RJS 1989, n° 88.*

SECTION III MONTANT DE LA PENSION D'INVALIDITÉ

Art. L. 341-5 Le montant minimum de la pension d'invalidité, fixé par décret, ne peut être inférieur au montant de l'allocation aux vieux travailleurs salariés.

Il est substitué au montant de l'allocation aux vieux travailleurs salariés un montant fixé par décret, revalorisé dans les conditions prévues à l'art. L. 816-2 CSS (Ord. n° 2004-605 du 24 juin 2004, art. 3).

Art. L. 341-6 *(L. n° 98-1194 du 23 déc. 1998, art. 37-II)* Les salaires servant de base au calcul des pensions et les pensions déjà liquidées sont revalorisés *(L. n° 2014-40 du 20 janv. 2014, art. 5-II)* « au 1er avril de chaque année » *(L. n° 2015-1702 du 21 déc. 2015, art. 89-I-2°)* « par application du coefficient mentionné à l'article L. 161-25. »

SECTION IV LIQUIDATION ET SERVICE DE LA PENSION D'INVALIDITÉ — ATTRIBUTIONS DES CAISSES PRIMAIRES D'ASSURANCE MALADIE

Art. L. 341-7 La pension d'invalidité est attribuée et liquidée par la caisse primaire d'assurance maladie. — *V. art. R. 341-8 à R. 341-13.*

Art. L. 341-8 Si la caisse primaire d'assurance maladie n'en a pas pris l'initiative, l'assuré social peut déposer lui-même une demande de pension d'invalidité, qui, pour être recevable, doit être présentée dans un délai déterminé. — *V. note ss. art. L. 341-1.*

Interruption de la prescription. La prescription ne court point contre celui qui est dans l'impossibilité absolue d'agir (cas d'une assurée qui a cessé toute activité salariée et qui a été internée dans un hôpital psychiatrique). • Civ. 2e, 10 févr. 1966 : *Bull. civ. II, n° 197.*

Art. L. 341-9 La pension est toujours concédée à titre temporaire.
Elle a effet à compter de l'expiration de l'un des délais mentionnés à l'article L. 341-3 ou à compter de la date de la consolidation de la blessure ou de la stabilisation de l'état.

SECTION V SUSPENSION, RÉVISION, SUPPRESSION DE LA PENSION D'INVALIDITÉ

Art. L. 341-10 (Abrogé par L. n° 2010-1594 du 20 déc. 2010, art. 77, à compter du 1er juin 2011) ***Les arrérages des pensions d'invalidité sont supprimés à l'expiration de la***

période [trimestre] ***de versements des arrérages au cours de laquelle le bénéficiaire a exercé une activité professionnelle non salariée, lorsque cette activité procure à l'intéressé ou au ménage un revenu qui, ajouté au montant de la pension, excède un plafond déterminé par décret.*** — V. art. R. 341-14 s.

Dans sa Décis. n° 2016-534 QPC du 14 avr. 2016, le Cons. const. a déclaré l'art. L. 341-10, dans sa rédaction résultant du Décr. n° 85-1353 du 17 déc. 1985 relatif au code de la sécurité sociale (rédaction antérieure à la L. n° 2010-1594 du 20 déc. 2010 qui abroge cet art.), contraire à la Constitution. Cette déclaration d'inconstitutionnalité prend effet à compter de la date de la publication de la décis. susvisée soit le 16 avr. 2016 et peut être invoquée dans toutes les instances introduites à cette date et non jugées définitivement (Décis. préc., art. 2).

1. Détermination du cumul. Pour rechercher si le cumul du montant d'une pension d'invalidité et des revenus provenant de l'activité professionnelle non salariée du bénéficiaire excède le plafond mentionné à l'art. L. 341-10 CSS, doivent être pris en compte les bénéfices réalisés par une EURL dont l'intéressé est l'associé unique, quelles que soient l'option fiscale retenue et l'affectation de ces bénéfices. • Civ. 2e, 13 nov. 2008, n° 07-17.724 P : *JCP S 2009. 1102, note Vachet.*

2. Incompatibilité avec le principe d'égalité. La distinction opérée entre l'art. L. 341-10 (abrogé par la loi du 20 déc. 2010), applicable en cas de reprise d'une activité non salariée, et l'art. L. 341-12, applicable pour une activité salariée, opère une différence de traitement selon la nature de l'activité professionnelle reprise pour des personnes affiliées chacune au régime général. L'objectif poursuivi par le législateur d'une limitation du cumul d'une pension d'invalidité et de revenus du travail dans la perspective d'un équilibre des comptes de la sécurité sociale ne constitue pas une raison d'intérêt général de nature à justifier la différence de traitement entre les personnes titulaires d'une pension d'invalidité qui reprennent une activité professionnelle. La disposition méconnaît en conséquence le principe d'égalité devant la loi. • Cons. const. 14 avr. 2016, n° 2016-534 QPC : *RJS 6/2016, n° 455.*

Art. L. 341-11 **La pension peut être révisée en raison d'une modification de l'état d'invalidité de l'intéressé.** — *V. note ss. art. L. 341-1.*

1. Modification de l'état d'invalidité et conséquences. Le fait pour un assuré de s'être adapté à sa cécité et de jouir d'une autonomie devenue totale, excluant la nécessité d'une tierce personne, constitue une modification de son état d'invalidité au sens de l'art. L. 341-11. • Soc. 9 nov. 1988 : *Bull. civ. V, n° 580 ; RJS 1989, n° 88.* ♦ En cas de changement de catégorie d'invalidités, il n'y a pas lieu, à défaut de nouvelle affection constatée, de modifier la base de calcul de la pension. • Civ. 2e, 12 juin 2007 : *RJS 2007, n° 993 ; JCP S 2007. 1724, note Vachet.*

2. Constatation de l'aggravation. La révision d'une pension d'invalidité de première catégorie en pension d'invalidité de deuxième catégorie suppose la constatation de l'aggravation de l'état d'invalidité de l'intéressé. • Civ. 2e, 21 mai 2015, n° 14-13.223 P : *RJS 10/2015, n° 674 ; JCP S 2015, n° 1294, obs. Tauran.*

Art. L. 341-12 **Le service de la pension peut être suspendu en tout ou partie en cas de reprise du travail, en raison du salaire ou du gain de l'intéressé, dans les conditions fixées par décret en Conseil d'État.** — *V. art. R. 341-17 s. — V. note ss. art. L. 341-1.*

Il n'y a pas lieu d'opérer la réduction de la pension d'invalidité : dès lors que l'assuré, au chômage à la date de l'attribution de la pension, n'a pas repris d'activité. • Civ. 2e, 14 févr. 2007, n° 06-10.410 P : *D. 2007. AJ 730 ; RJS 2007, n° 663 ; RDSS 2007. 558 ; JCP S 2007. 1352, note Tauran.* ♦ ... Lorsque la salariée perçoit une somme à titre d'arriéré d'indemnités de congés payés. • Civ. 2e, 14 févr. 2007 : *RJS 2007, n° 774.* ♦ La seule perception d'allocations chômage ne saurait caractériser la reprise du travail dans les conditions de nature à justifier la suspension de la pension au cours de la période litigieuse. • Civ. 2e, 21 janv. 2016, n° 14-25.566 P : *RJS 3/2016, n° 298 ; JCP S 2016, n° 1123, obs. Tauran.*

Art. L. 341-13 **La pension est, sous réserve des dispositions de l'article L. 341-14, supprimée ou suspendue si la capacité de gain devient supérieure à un taux déterminé.** — *V. art. R. 341-14.*

Art. L. 341-14 **Un décret en Conseil d'État détermine la fraction de la pension qui peut être maintenue à l'intéressé, quel que soit son salaire ou gain, lorsqu'il aura fait l'objet d'un traitement ou suivi des cours en vue de son reclassement ou de sa rééducation professionnelle.**

V. également art. R. 341-20 et R. 341-21.

Art. L. 341-14-1 *(L. nº 2009-1646 du 24 déc. 2009, art. 67-III)* **Le service de la pension est suspendu lorsque l'assuré bénéficie des dispositions des articles L. 351-1-1, L. 351-1-3,** *(L. nº 2010-1330 du 9 nov. 2010, art. 85)* **« L. 351-1-4 »** *(Abrogé par L. nº 2017-1836 du 30 déc. 2017, art. 15-V, à compter du 1er janv. 2018)* *« , L. 634-3-2 ou L. 634-3-3 »* **du présent code,** *(L. nº 2012-1404 du 17 déc. 2012, art. 87-II)* **« des articles L. 732-18-1, L. 732-18-2, L. 732-18-3 du code rural et de la pêche maritime ou des troisième et quatrième alinéas du II de l'article 41 de la loi de financement de la sécurité sociale pour 1999 (nº 98-1194 du 23 décembre 1998). »** *— Sur les dispositions transitoires de l'art. 15 de la L. nº 2017-1836 du 30 déc. 2017, V. ss. le livre VI « Dispositions applicables aux travailleurs indépendants ».*

En cas de suspension de la pension dans ces conditions, ses avantages accessoires sont maintenus, notamment ceux prévus au 13º de l'article L. 160-14 et aux articles L. 355-1 et L. 815-24 du présent code.

SECTION VI CONVERSION DE LA PENSION D'INVALIDITÉ EN PENSION DE VIEILLESSE

Art. L. 341-15 **La pension d'invalidité prend fin à** *(L. nº 2003-775 du 21 août 2003, art. 23-III)* **« l'âge prévu au premier alinéa de l'article L. 351-1 ». Elle est remplacée à partir de cet âge par la pension de vieillesse allouée en cas d'inaptitude au travail.**

La pension de vieillesse substituée à une pension d'invalidité ne peut être inférieure au montant de l'allocation aux vieux travailleurs salariés. *(Abrogé par L. nº 2008-1330 du 17 déc. 2008, art. 88-III) « Elle peut être suspendue dans les conditions mentionnées à l'article L. 352-1. »*

Toutefois, lorsqu'ils atteignent *(L. nº 2003-775 du 21 août 2003, art. 23-III)* **« l'âge prévu au premier alinéa de l'article L. 351-1 », les titulaires d'une pension d'invalidité liquidée avant le 31 mai 1983 peuvent prétendre à une pension de vieillesse qui ne peut être inférieure à la pension d'invalidité dont bénéficiait l'invalide à cet âge.** *— V. art. R. 341-22.*

Il est substitué au montant de l'allocation aux vieux travailleurs salariés un montant fixé par décret, revalorisé dans les conditions prévues à l'art. L. 816-2 CSS (Ord. nº 2004-605 du 24 juin 2004, art. 3).

1. Suspension. Il résulte de l'art. L. 341-15 CSS qu'une pension de vieillesse, doit, à l'âge minimum auquel s'ouvre le droit à cette pension, être substituée à la pension d'invalidité du régime général, que celle-ci ait été ou non suspendue. • Soc. 24 oct. 1991, nº 89-21.030 P.

2. Articulation avec les garanties des contrats de prévoyance. La pension de vieillesse allouée en cas d'inaptitude au travail qui se substitue à la pension d'invalidité à soixante ans n'autorise pas l'assureur à cesser sa prise en charge dès lors que les clauses litigieuses ne peuvent être interprétées que comme assimilant la pension vieillesse pour inaptitude au travail à la pension d'invalidité à laquelle elle est substituée. • Civ. 2e, 13 juill. 2005, nº 04-12.024 P : *RGDA 2005. 1003, note Bigot ; RCA 2005. 304, comm. Groutel.* ♦ V. aussi • Civ. 2e, 4 juill. 2007, nº 05-20.276. ♦ Pour une interprétation différente au vu des clauses litigieuses, V. • Soc. 6 juin 1991, nº 88-16.981 P.

Art. L. 341-16 **Par dérogation aux dispositions de l'article L. 341-15, lorsque l'assuré** *(Abrogé par L. nº 2009-1646 du 24 déc. 2009, art. 67-I) « , dont la pension d'invalidité a pris fin à (L. nº 2003-775 du 21 août 2003, art. 23-III) « l'âge prévu au premier alinéa de l'article L. 351-1 », »* **exerce une activité professionnelle, la pension de vieillesse allouée au titre de l'inaptitude au travail n'est concédée que si l'assuré** *(L. nº 2009-1646 du 24 déc. 2009, art. 67-I)* **« en fait expressément la demande.**

« L'assuré qui exerce une activité professionnelle et qui, à l'âge prévu au premier alinéa de l'article L. 351-1, ne demande pas l'attribution de la pension de vieillesse substituée continue de bénéficier de sa pension d'invalidité jusqu'à la date pour laquelle il demande le bénéfice de sa pension de retraite et au plus tard jusqu'à l'âge mentionné au 1º de l'article L. 351-8.

« Dans ce cas, ses droits à l'assurance vieillesse sont ultérieurement liquidés dans les conditions prévues aux articles L. 351-1 et L. 351-8. »

Toutefois, la pension de vieillesse qui lui est alors servie ne peut pas être inférieure à celle dont il serait bénéficiaire si la liquidation de ses droits avait été effectuée dans les conditions fixées à l'article L. 341-15.

1. Caractère obligatoire de la substitution. Le régime de l'assurance vieillesse constitue un statut légal qui ne peut être ni modifié ni aménagé par la volonté des parties. L'assurée qui, à la date de son soixantième anniversaire, ne justifie pas de l'exercice d'une activité professionnelle ne peut renoncer au bénéfice de l'attribution d'une pension de retraite. • Civ. 2e, 3 mai 2006 : *JCP S 2006, n° 1552.* ♦ N'exerçant pas d'activité professionnelle, le salarié au chômage à la date à laquelle s'ouvre le droit à pension de vieillesse ne peut s'opposer à la substitution d'une pension de vieillesse à sa pension d'invalidité. • Soc. 18 mars 1999, n° 97-19.679 P : *RJS 1999, n° 739.* ♦ Il en va de même de l'assuré en situation de préretraite, qui perçoit un revenu de remplacement et non un salaire correspondant à un travail. • Soc. 16 mars 1995, n° 92-18.012 P : *RJS 1995, n° 571.*

2. Caractère non discriminatoire. En subordonnant le maintien, au-delà de l'âge d'ouverture des droits au bénéfice d'une pension de retraite, du versement de la pension d'invalidité à la condition que le titulaire de celle-ci exerce une activité professionnelle, les dispositions des art. L. 341-15 et L. 341-16, al. 2, CSS n'engendrent aucune discrimination au regard des exigences des stipulations combinées des art. 14 de la Conv. EDH et 1er du Protocole additionnel n° 1 à cette Convention, la différence de traitement entre les assurés selon qu'ils exercent ou non une activité professionnelle trouvant son origine dans la nécessaire coordination entre l'assurance invalidité et l'assurance vieillesse. • Civ. 2e, 6 oct. 2016, n° 15-23.895 P : *RJS 12/2016, n° 817 ; JCP S 2016, n° 1386, obs. Tauran.*

3. Notion d'activité professionnelle. Par dérogation aux dispositions de l'art. L. 341-15, lorsque l'assuré exerce une activité professionnelle, la pension de vieillesse allouée au titre de l'inaptitude au travail n'est concédée que si l'assuré en fait expressément la demande, l'intéressé qui ne demande pas l'attribution de la pension substituée, continuant de bénéficier de sa pension d'invalidité jusqu'à la date pour laquelle il demande le bénéfice de sa pension de retraite et au plus tard jusqu'à l'âge mentionné au 1° de l'art. L. 351-8. L'exercice d'une activité professionnelle doit s'entendre d'une activité effective. La simple existence d'un lien contractuel ne saurait caractériser une telle activité lorsque le contrat de travail du salarié est demeuré suspendu. • Civ. 2e, 28 mai 2015, n° 14-14.960 P : *RJS 8/9 2015, n° 592 ; RDSS 2015. 740, obs. Tauran.*

Art. L. 341-17 *(L. n° 2016-1827 du 23 déc. 2016, art. 53)* **Les premier, avant-dernier et dernier alinéas de l'article L. 341-16 s'appliquent à l'assuré qui, à un âge fixé par décret, exerce une activité professionnelle et qui, lorsqu'il atteint l'âge prévu au premier alinéa de l'article L. 351-1, bénéficie du revenu de remplacement mentionné à l'article L. 5421-2 du code du travail.**

L'assuré qui ne demande pas l'attribution de la pension de vieillesse substituée continue de bénéficier de sa pension d'invalidité à compter de l'âge prévu au premier alinéa de l'article L. 351-1 du présent code jusqu'à la date pour laquelle il demande le bénéfice de sa pension de retraite et au plus tard jusqu'à un âge fixé par décret, à partir duquel sa pension d'invalidité est remplacée par la pension de vieillesse allouée en cas d'inaptitude au travail. Si, au cours de cette période, l'assuré reprend une activité professionnelle, il bénéficie des dispositions du deuxième alinéa de l'article L. 341-16.

SECTION VII DISPOSITIONS DIVERSES

Néant. — V. art. R. 341-24.

CHAPITRE II DROITS DU CONJOINT SURVIVANT

Art. L. 342-1 **Le conjoint survivant de l'assuré ou du titulaire de droits à pension de vieillesse ou d'invalidité, qui est lui-même atteint d'une invalidité de nature à lui ouvrir droit à pension d'invalidité, bénéficie d'une pension de veuve ou de veuf.**

Le conjoint survivant invalide cumule, dans des limites fixées par décret, la pension de veuve ou de veuf avec des avantages personnels de vieillesse, d'invalidité ou d'accident du travail, notamment en application des dispositions des articles L. 434-8 et L. 434-9. — *V. art. R. 342-1, R. 342-3 à R. 342-5 et D. 342-1.*

(L. n° 2009-1646 du 24 déc. 2009, art. 67-IV, en vigueur le 1er mars 2010) **« Le conjoint survivant invalide ne peut cumuler une pension de veuve ou de veuf et une pension de réversion prévue au chapitre III du titre V du livre III du présent code, servies au titre de la carrière du même assuré décédé. Celle des deux pensions dont le montant est le plus élevé est alors servie. »** — *V. Circ. CNAV n° 2012-53 du 13 juill. 2012.*

Sur les exceptions à l'application du droit des usagers de saisir l'administration par voie électronique concernant les démarches effectuées auprès des organismes de sécurité sociale, V. CRPA, App., v° Saisine par voie électronique — Exceptions. — **CRPA.**

Art. L. 342-2 Si la veuve ou le veuf est titulaire d'une rente d'incapacité permanente à la suite d'un accident du travail, il est fait application des dispositions de l'article L. 371-4. – *V. Décr. n° 62-915 du 3 août 1962 (JO 8 août ; BLD 1962. 525).*

Art. L. 342-3 Le montant annuel de la pension d'invalidité attribuée à la veuve ou au veuf est égal à un pourcentage, fixé par décret *[art. D. 342-1 : 54 %]*, de la pension principale dont bénéficiait ou eût bénéficié le défunt en application du chapitre Ier du présent titre ou des articles L. 351-1 ou L. 351-8.

Art. L. 342-4 La pension de veuve ou de veuf ne peut être inférieure à un montant fixé par décret.

Elle est majorée d'un pourcentage déterminé lorsque le bénéficiaire a eu plusieurs enfants. Ouvrent droit également à cette majoration les enfants élevés par le titulaire de la pension et à sa charge ou à celle de son conjoint.

Un décret en Conseil d'État fixe *[art. R. 342-2]* :

1° Le nombre d'enfants du bénéficiaire ouvrant droit à la majoration ;

2° La durée pendant laquelle, et l'âge jusqu'auquel les enfants à la charge du titulaire de la pension ou de son conjoint doivent avoir été élevés pour ouvrir droit à la majoration.

La majoration est, le cas échéant, calculée sur le montant de la pension portée au minimum ci-dessus défini.

Art. L. 342-5 Les pensions d'invalidité de veuve ou de veuf sont supprimées en cas de remariage.

La personne dont la pension a été supprimée en application des dispositions du premier alinéa du présent article recouvre, en cas de divorce ou de nouveau veuvage, soit un droit à pension d'invalidité de veuve ou de veuf si elle n'a pas atteint *(L. n° 2003-775 du 21 août 2003, art. 31-IV et V, en vigueur le 1er juill. 2004)* « un âge fixé par décret », soit un droit à pension de vieillesse de veuve ou de veuf si elle a atteint cet âge.

Art. L. 342-6 Lorsque le titulaire atteint *(L. n° 2003-775 du 21 août 2003, art. 31-IV et V, en vigueur le 1er juill. 2004)* « un âge fixé par décret », la pension attribuée au titre de l'invalidité est transformée en pension de vieillesse de veuve ou de veuf d'un montant égal. *(L. n° 88-16 du 5 janv. 1988, art. 7-II)* « Les dispositions de l'article L. 353-5 *(L. n° 2008-1330 du 17 déc. 2008, art. 74-VIII, en vigueur le 1er janv. 2010)* « et de l'article L. 353-6 » sont applicables ». – *V. art. R. 342-6.*

TITRE CINQUIÈME ASSURANCE VIEILLESSE — ASSURANCE VEUVAGE

BIBL. ▶ Benallah, Concialdi, Huteau et Math, Retraites : les scénarios de la réforme, *Revue IRES 2004, n° 41, p. 67.* – Bichot, Préparer la prochaine réforme des retraites : un cahier des charges, *Dr. soc. 2011. 325* ; La retraite entre passé et avenir, *Dr. soc. 2010. 424* ; Quelle régulation pour les retraites par répartition ?, *Dr. soc. 2006. 905*. – Borgetto, La réforme des retraites : du bon... et du moins bon, *Dr. soc. 2003. 926*. – Brocas (dir.), L'âge dans les régimes de retraite, dossier thématique, *RF aff. soc., oct.-déc. 2012.* – Brocas et Décisier, La réforme des retraites d'août 2003 : un processus engagé pour quinze ans qui suppose d'importants changements dans le champ de l'emploi, *RDSS 2004. 598*. – Chassard, Réforme des retraites : quelques idées glanées chez nos voisins européens, *Dr. soc. 2003. 323*. – Chauchard, Heurs et malheurs du rapport Moreau, *Dr. soc. 2013. 1044*. – Coursier, Protection sociale : à quand la fin des réformes paramétriques ?, *JCP S 2018, n° 1404.* – Elbaum, Quelles suites prochaines pour la réforme des retraites ?, *RDSS 2012. 355*. – Foucauld, Réflexions sur la réforme des retraites, *Dr. soc. 2004. 396*. – Fricotté, Cumul emploi-retraite, *JCP S 2005. 1370.* – Gaullier, La réforme des retraites et les entreprises, *Dr. soc. 2004. 641*. – Jourdan, Le cumul emploi-retraite dans le régime général de sécurité sociale, *JCP S 2006. 1206.* – Koleck-Desautel, Réforme des retraites : le point sur les décrets d'application, *LPA 2004, n° 71. 3.* – Marcilhacy, De la contributivité en matière de retraite, *Dr. soc. 2009. 846*. – Moreau, Le système de retraite en quête de confiance, *RDSS 2016. 50* ; Quelles informations et quels conseils les organismes de retraite doivent-ils aux assurés sur leur future retraite ?, *Dr. soc. 2010. 437*. – Moreau et Von Lennep, Que nous enseignent les comparaisons internationales en matière de retraite ?, *Dr. soc. 2004. 1123*. – Morvan, Seniors et retraités à l'orée de 2009, *Dr. soc. 2009. 275*. – Struillou, Pénibilité et réforme des retraites : en attendant Godot ?, *RDSS 2004. 548* ; Pénibilité et réforme des retraites : rendez-vous manqué ou premier pas ?, *Dr. soc. 2003. 954*. – Tauran, La loi du 21 août 2003 portant réforme des retraites : réforme historique ou début de réforme, *TPS 2003, n° 6. 7.* – Numéro spécial, La réforme des retraites : *Dr. soc. 2003. 909 s.*

CHAPITRE PREMIER **OUVERTURE DU DROIT, LIQUIDATION ET CALCUL DES PENSIONS DE RETRAITE**

BIBL. ▶ Bichot, De la nocivité des décotes et surcotes « à la française », *RDSS 2015. 340*.

Art. L. 351-1 *(L. n° 2010-1330 du 9 nov. 2010, art. 20-I)* **« L'assurance vieillesse garantit une pension de retraite à l'assuré qui en demande la liquidation à partir de l'âge mentionné à l'article L. 161-17-2. »** — *Les dispositions issues de l'art. 20 de la L. n° 2010-1330 du 9 nov. 2010 sont applicables aux pensions prenant effet à compter du 1er juill. 2011 (L. préc., art. 118-II).*

Le montant de la pension résulte de l'application au salaire annuel de base d'un taux croissant, jusqu'à un maximum dit « taux plein », en fonction de la durée d'assurance, dans une limite déterminée, tant dans le régime général que dans un ou plusieurs autres régimes obligatoires, ainsi que de celle des périodes reconnues équivalentes, ou en fonction de l'âge auquel est demandée cette liquidation.

Si l'assuré a accompli dans le régime général une durée d'assurance inférieure à *(L. n° 2003-775 du 21 août 2003, art. 22-I)* **« la limite prévue au deuxième alinéa », la pension servie par ce régime est d'abord calculée sur la base de cette durée, puis réduite compte tenu de la durée réelle d'assurance.**

Les modalités de calcul du salaire de base, des périodes d'assurance ou des périodes équivalentes susceptibles d'être prises en compte et les taux correspondant aux durées d'assurance et à l'âge de liquidation sont définis par décret en Conseil d'État. *(L. n° 2010-1330 du 9 nov. 2010, art. 98-II)* **« Les indemnités journalières mentionnées au 2° de l'article L. 330-1 sont incluses dans le salaire de base pour l'application du présent article. »** — *Les dispositions issues de l'art. 98 de la L. n° 2010-1330 du 9 nov. 2010 sont applicables aux indemnités journalières d'assurance maternité versées dans le cadre des congés de maternité débutant à compter du 1er janv. 2012 (L. préc., art. 118-VI). — V. art. R. 351-1, R. 351-3, R. 351-4, R. 351-29 et R. 351-29-1.*

Les dispositions des alinéas précédents ne sauraient avoir pour effet de réduire le montant de la pension à un montant inférieur à celui qu'elle aurait atteint si la liquidation en était intervenue avant le 1er avril 1983, compte tenu de l'âge atteint à cette date.

Les dispositions de l'art. 22-I de la L. n° 2003-775 du 21 août 2003 sont applicables aux pensions prenant effet après le 31 déc. 2007 pour les assurés nés après 1947. — Pour les pensions prenant effet après le 31 déc. 2003, la limite mentionnée au 3e al. de l'art. L. 351-1 CSS est égale à : 150 trimestres pour les assurés nés avant 1944 ; 152 trimestres pour les assurés nés en 1944 ; 154 trimestres pour les assurés nés en 1945 ; 156 trimestres pour les assurés nés en 1946 ; 158 trimestres pour les assurés nés en 1947 (L. n° 2003-775 du 21 août 2003, art. 22-II et III, mod. par L. n° 2006-1640 du 21 déc. 2006, art. 109).

Sur les exceptions à l'application du droit des usagers de saisir l'administration par voie électronique concernant les démarches effectuées auprès des organismes de sécurité sociale, V. CRPA, App., v° Saisine par voie électronique — Exceptions. — **CRPA.**

BIBL. ▶ Chrétien et Ferreira, La réforme des retraites n'aura pas lieu, *SSL 2014, n° 1615, p. 2.* – Coursier, Réforme des retraites : focus sur la multitude de « petits changements », *JCP S 2014, n° 1038.* – Pradel et Pradel-Boureux, Retraite et pénibilité au travail, *JCP S 2014, n° 1039.* – Tauran, Le nouveau droit des pensions de retraite, *JCP S 2014, n° 1037.* – Dossier, Vieillissement, âge et capacité : réflexions sur une notion et bilan d'une réforme, *Retraite et société, n° 68, 2014/2.*

1. Nature juridique. La pension de vieillesse est un avantage personnel qui n'est dû qu'au bénéficiaire qui en a fait la demande. • Soc. 18 juill. 1996, n° 94-16.131 P : *Dr. soc. 1996. 1110, obs. J. Savatier ; CSB 1996. 301 ; D. 1996. IR 194.* ♦ Les arrérages de pension indument versés par une caisse constituent une dette de succession susceptible de restitution. • Soc. 5 nov. 1998, n° 97-11.970 P.

2. Preuve de la date de naissance. Assuré né à l'étranger. En cas de contestation par une caisse de sécurité sociale de la date de naissance invoquée par un ressortissant marocain pour obtenir la liquidation de sa pension vieillesse, sur la base d'un extrait d'acte de naissance, d'une attestation de concordance et d'une décision de la juridiction marocaine, il appartient à l'organisme social d'utiliser les voies de recours que prévoit le protocole d'accord administratif du 1er juin 1978 relatif aux incidences de l'application de la législation marocaine sur l'état civil aux ressortissants marocains demeurant en France ou venant y résider et y travailler. • Soc. 9 juin 1994, n° 92-11.423 P. ♦ Font foi de la date de naissance en Algérie d'une assurée demandant la liquidation de sa pension de vieillesse les extraits de l'acte de naissance transcrit sur les registres de l'état civil en application de l'art. 55 C. civ. et qui sont corroborés par l'extrait de mariage de l'intéressée, sans que les indications tirées de dossiers administratifs puissent prévaloir sur les actes d'état civil. • Soc. 5 juin 1998, n° 96-18.995 P.

3. Revalorisation des pensions. En réservant la revalorisation annuelle des pensions de retraite servies par les régimes de base aux seuls pensionnés qui perçoivent des pensions de retraite inférieures à un seuil, le législateur a entendu préserver les faibles pensions de retraite et ne crée pas de rupture caractérisée de l'égalité devant les charges publiques. • Cons. const. 6 août 2014, n° 2014-698 DC : *Dr. soc. 2014. 867, obs. Barthélemy* ; *RJS 11/2014, n° 807.*

SECTION PREMIÈRE CONDITIONS D'ÂGE

Art. L. 351-1-1 *(L. n° 2003-775 du 21 août 2003, art. 23)* **L'âge prévu au premier alinéa de l'article L. 351-1 est abaissé, pour les assurés qui ont commencé leur activité avant un âge et dans des conditions déterminés par décret et ont accompli une durée totale d'assurance et de périodes reconnues équivalentes dans le régime général et, le cas échéant, dans un ou plusieurs autres régimes obligatoires, au moins égale à une limite définie par décret, tout ou partie de cette durée totale ayant donné lieu à cotisations à la charge de l'assuré. Un décret précise les modalités d'application du présent article et, notamment, les conditions dans lesquelles, le cas échéant,** *(L. n° 2014-40 du 20 janv. 2014, art. 26-I)* **« peuvent être réputées avoir donné lieu au versement de cotisations certaines périodes d'assurance validées en application de l'article L. 351-3 ou de dispositions légales ou réglementaires ayant le même objet, applicables à des régimes obligatoires de base d'assurance vieillesse, selon les conditions propres à chacun de ces régimes ».**

Sur les exceptions à l'application du droit des usagers de saisir l'administration par voie électronique concernant les démarches effectuées auprès des organismes de sécurité sociale, V. CRPA, App., vo Saisine par voie électronique — Exceptions. — ***CRPA****.*

Absence de discrimination en raison de l'âge. Fondées sur un critère objectif tiré de la date de la naissance de l'assuré au cours de l'année retenue pour la détermination du commencement de la carrière prise en compte pour la liquidation par anticipation des droits à pension, les dispositions de l'art. L. 351-1-1 n'engendrent pas, pour la mise en œuvre du régime dérogatoire de liquidation des pensions au titre des carrières longues, une discrimination prohibée par les stipulations combinées des art. 14 de la Conv. EDH et 1er du Protocole additionnel n° 1 à ladite Convention. • Civ. 2e, 9 nov. 2017, n° 16-23.784 P : *RJS 1/2018, n° 73.*

Art. L. 351-1-2 *(L. n° 2003-775 du 21 août 2003, art. 25-I)* **La durée d'assurance ayant donné lieu à cotisations à la charge de l'assuré accomplie après l'âge prévu au premier alinéa de l'article L. 351-1 et au-delà de la limite mentionnée au deuxième alinéa du même article donne lieu à une majoration de la pension dans des conditions fixées par décret.**

(L. n° 2010-1330 du 9 nov. 2010, art. 50-III) **« Toutefois, les bonifications de durée de services et majorations de durée d'assurance, à l'exclusion de celles accordées au titre des enfants et du handicap, prévues par les dispositions législatives et réglementaires, quel que soit le régime de retraite de base au titre duquel elles ont été acquises, ne sont pas prises en compte »** *(L. n° 2011-1906 du 21 déc. 2011, art. 86-II)* **« dans la durée d'assurance tous régimes confondus pour apprécier le dépassement de la limite mentionnée au premier alinéa. Un décret fixe la liste des bonifications et majorations auxquelles s'applique le présent alinéa** *[ancienne rédaction : pour ce calcul]***. »**

Les dispositions issues de la L. n° 2003-775 du 21 août 2003 sont applicables aux périodes accomplies à compter du 1er janv. 2004 (L. préc., art. 25-IV).

Les dispositions issues de la L. n° 2011-1906 du 21 déc. 2011 ne sont pas applicables aux assurés qui remplissent, avant le 1er janv. 2013, les conditions d'âge et de durée d'assurance ouvrant droit au bénéfice de la majoration de pension prévue à l'art. L. 351-1-2 CSS, dans sa rédaction antérieure à l'entrée en vigueur de ladite loi (L. préc., art. 86-V).

1. Condition. C'est à bon droit qu'une cour d'appel a jugé que la période litigieuse n'étant ni cotisée ni reconnue comme équivalente ou assimilée et peu important le taux plein de la pension puisque ce taux ne résultait non de la durée de l'assurance mais de l'âge auquel l'intéressé en avait demandé le bénéfice, celui-ci ne réunissait pas le nombre de trimestres requis pour bénéficier de la « surcote ». • Civ. 2e, 10 sept. 2009, n° 08-18.473 P.

2. Affiliation à un régime de pension d'une institution européenne. Les périodes assimilées à des durées d'assurance pour la détermination de la durée d'assurance, en application de l'art. L. 161-19-1 CSS, n'entrent pas dans la détermination de la durée d'assurance retenue, en application de l'art. L. 351-1-1 du même code, pour la majoration de la pension à laquelle peut prétendre l'assuré qui justifie d'une durée d'assurance après l'âge d'ouverture des droits et au-delà de la durée requise pour l'attribution du taux plein dès lors qu'elles ne donnent pas lieu à cotisation au bénéfice du régime général. • Civ. 2e, 16 juin 2016, n° 15-23.554 P : *RDSS 2016. 778, obs. Tauran ; JCP S 2016, n° 1270, obs. Jeansen.*

Art. L. 351-1-3 *(L. n° 2003-775 du 21 août 2003, art. 24-I)* **La condition d'âge prévue au premier alinéa de l'article L. 351-1 est abaissée dans des conditions fixées par décret pour les assurés handicapés qui ont accompli, alors qu'ils étaient atteints d'une incapacité permanente** *(L. n° 2014-40 du 20 janv. 2014, art. 36-I)* **« d'au moins 50 % », une durée d'assurance dans le régime général et, le cas échéant, dans un ou plusieurs autres régimes obligatoires au moins égale à une limite définie par décret, tout ou partie de cette durée ayant donné lieu à cotisations à la charge de l'assuré.**

(L. n° 2005-102 du 11 févr. 2005, art. 28-I) **« La pension des intéressés est majorée en fonction de la durée ayant donné lieu à cotisations considérée, dans des conditions précisées par décret. »**

Les dispositions de l'art. L. 351-1-3 sont applicables à la pension de vieillesse mentionnée à l'art. D. 721-6 dans sa rédaction en vigueur au 31 déc. 1997 (V. ss. art. L. 382-27).

Pour les périodes antérieures au 31 déc. 2015, la reconnaissance de la qualité de travailleur handicapé, au sens de l'art. L. 5213-1 C. trav., est prise en compte pour l'appréciation des conditions mentionnées à l'art. L. 351-1-3.

Les modifications issues de la L. n° 2014-40 du 20 janv. 2014 sont applicables aux pensions prenant effet à compter du 1er févr. 2014 (L. préc., art. 36-III et IV).

V. note ss. art. L. 351-1-1.

Art. L. 351-1-4 *(L. n° 2010-1330 du 9 nov. 2010, art. 79)* **I. — La condition d'âge prévue au premier alinéa de l'article L. 351-1 est abaissée, dans des conditions fixées par décret, pour les assurés qui justifient d'une incapacité permanente au sens de l'article L. 434-2 au moins égale à un taux déterminé par décret, lorsque cette incapacité est reconnue au titre d'une maladie professionnelle mentionnée à l'article L. 461-1 ou au titre d'un accident de travail mentionné à l'article L. 411-1 et ayant entraîné des lésions identiques à celles indemnisées au titre d'une maladie professionnelle.**

II. — La pension de retraite liquidée en application du présent article est calculée au taux plein même si l'assuré ne justifie pas de la durée requise d'assurance ou de périodes équivalentes dans le régime général et un ou plusieurs autres régimes obligatoires.

III. — Les I et II sont également applicables à l'assuré justifiant d'une incapacité permanente d'un taux inférieur à celui mentionné au I, sous réserve :

1° Que le taux d'incapacité permanente de l'assuré soit au moins égal à un taux déterminé par décret ;

2° Que l'assuré ait été exposé, pendant un nombre d'années déterminé par décret, à un ou plusieurs facteurs de risques professionnels mentionnés à l'article L. 4161-1 du code du travail ;

3° Qu'il puisse être établi que l'incapacité permanente dont est atteint l'assuré est directement liée à l'exposition à ces facteurs de risques professionnels.

Une commission pluridisciplinaire dont l'avis s'impose à l'organisme débiteur de la pension de retraite est chargée de valider les modes de preuve apportés par l'assuré et d'apprécier l'effectivité du lien entre l'incapacité permanente et l'exposition aux facteurs de risques professionnels. La composition, le fonctionnement et le ressort territorial de cette commission ainsi que les éléments du dossier au vu desquels elle rend son avis sont fixés par décret.

(Ord. n° 2017-1389 du 22 sept. 2017, art. 3-4°) **« Les conditions prévues aux 2° et 3° ne sont pas applicables lorsque l'incapacité permanente est reconnue au titre d'une**

maladie professionnelle consécutive à un ou *[à]* **des facteurs de risques mentionnés au 1° et au** ***a*** **du 2° de l'article L. 4161-1 du code du travail. Un arrêté fixe la liste des maladies professionnelles concernées. L'avis de commission pluridisciplinaire susmentionnée n'est dans ce cas pas requis. »** – *V. Arr. du 26 déc. 2017 fixant la liste des maladies professionnelles, ci-dessous (JO 29 déc.).*

Les dispositions issues de la L. n° 2010-1330 du 9 nov. 2010 sont applicables aux pensions prenant effet à compter du 1er juill. 2011 (L. préc., art. 118-II).

V. Pénibilité du parcours professionnel, art. 82, Annexe I.

V. note ss. art. L. 351-1-1.

Arrêté du 26 décembre 2017,

Fixant la liste des maladies professionnelles mentionnées aux articles L. 351-1-4 du code de la sécurité sociale et L. 732-18-3 du code rural et de la pêche maritime (JO 29 déc.).

Art. 1er La liste des maladies professionnelles consécutives à un ou des facteurs de risques mentionnés au 1° et au *a* du 2° de l'article L. 4161-1 du code du travail, prévue au III de l'article L. 351-1-4 du code de la sécurité sociale et au dernier alinéa de l'article L. 732-18-3 du code rural et de la pêche maritime, comprend :

1° Les maladies reconnues au titre des tableaux de maladies professionnelles suivants :

a) Au titre du régime général de sécurité sociale, les tableaux nos 1, 2, 3, 4, 4 *bis*, 5, 8, 9, 10, 10 *bis*, 10 *ter*, 11, 12, 13, 14, 15, 15 *bis*, 15 *ter*, 16, 16 *bis*, 20, 20 *bis*, 20 *ter*, 21, 22, 25, 26, 27, 30, 30 *bis*, 31, 32, 33, 34, 36, 36 *bis*, 37, 37 *bis*, 37 *ter*, 38, 39, 41, 43, 43 *bis*, 44, 44 *bis*, 47, 49, 49 *bis*, 50, 51, 52, 52 *bis*, 57, 59, 61, 61 *bis*, 62, 63, 64, 65, 66, 66 *bis*, 67, 69, 70, 70 *bis*, 70 *ter*, 72, 73, 74, 75, 78, 79, 81, 82, 84, 85, 89, 90, 91, 93, 94, 95, 97, 98, 99 ;

b) Au titre des régimes d'assurance contre les accidents du travail et les maladies professionnelles des salariés agricoles et des non-salariés des professions agricoles, les tableaux nos 8, 10, 11, 12, 13, 13 *bis*, 14, 18, 19, 19 *bis*, 21, 22, 23, 25, 25 *bis*, 26, 28, 28 *bis*, 29, 34, 35, 35 *bis*, 36, 39, 40, 41, 42, 43, 44, 45, 47, 47 *bis*, 48, 53, 54, 57, 57 *bis*, 58, 59 ;

2° Les maladies reconnues d'origine professionnelle, en application du quatrième alinéa de l'article L. 461-1 du code de la sécurité sociale, dont l'imputabilité à un ou des facteurs de risques mentionnés au 1° et au *a* du 2° de l'article L. 4161-1 du code du travail est attestée par la caisse primaire d'assurance maladie au titre du régime général ou par la caisse de mutualité sociale agricole au titre des régimes d'assurance contre les accidents du travail et les maladies professionnelles des salariés agricoles et des non-salariés des professions agricoles.

SECTION II PÉRIODES D'ASSURANCE, PÉRIODES ÉQUIVALENTES ET PÉRIODES ASSIMILÉES

SOUS-SECTION 1 DISPOSITIONS GÉNÉRALES

Art. L. 351-2 **Les périodes d'assurance ne peuvent être retenues, pour la détermination du droit à pension ou rente que si elles ont donné lieu au versement d'un minimum de cotisations** *(L. n° 2014-40 du 20 janv. 2014, art. 25-1° et 2°)* **« au titre de l'année civile au cours de laquelle ces périodes d'assurance ont été acquises, déterminé par décret.** *(Abrogé par L. n° 2015-1702 du 21 déc. 2015, art. 52-1°)* ***« Par dérogation à ce minimum, un décret détermine les modalités d'affectation des cotisations d'assurance vieillesse et des droits afférents entre deux années civiles successives lorsqu'un assuré ne justifie pas, au cours de chacune des années civiles considérées, de quatre trimestres d'assurance vieillesse dans l'ensemble des régimes de retraite légalement obligatoires ». »*** *(L. n° 2003-775 du 21 août 2003, art. 28)* **« En cas de force majeure ou d'impossibilité manifeste pour l'assuré d'apporter la preuve du versement de cotisations, celle-ci peut l'être à l'aide de documents probants ou de présomptions concordantes. »** *(L. n° 2008-1330 du 17 déc. 2008, art. 120-I)* **« Lorsque la possibilité d'effectuer un versement de cotisations est ouverte en application de dispositions réglementaires au-delà du délai d'exigibilité mentionné à l'article L. 244-3 et à défaut de production de documents prouvant l'activité rémunérée, ce versement ne peut avoir pour effet d'augmenter la durée d'assu-**

rance de plus de quatre trimestres. » — *Les dispositions de la L. n° 2008-1330 du 17 déc. 2008 sont applicables aux décomptes de cotisations adressés par les organismes mentionnés aux art. L. 213-1 CSS et L. 723-3 C. rur. à compter du 1er janv. 2009 (L. préc., art. 120-II).*

*(Abrogé par L. n° 2015-1702 du 21 déc. 2015, art. 52-2°) (L. n° 2014-40 du 20 janv. 2014, art. 25-3°) **« Un décret détermine le plafond mensuel de cotisations retenues pour le décompte des périodes d'assurance mentionnées au premier alinéa. »***

L'assuré qui pendant tout ou partie d'un congé formation n'a reçu aucune rémunération de son employeur est réputé, par dérogation *(L. n° 2014-40 du 20 janv. 2014, art. 25-4°)* **« au premier alinéa », avoir subi, au titre de cette période, des retenues égales à celles qu'il a effectivement subies au titre de la période immédiatement antérieure de même durée pendant laquelle il a perçu la rémunération prévue par son contrat de travail.**

1. Preuve par présomption. Les art. L. 351-1 s. CSS n'excluent pas la preuve par présomptions du versement ou du précompte des cotisations d'assurance vieillesse. • Soc. 30 oct. 1997 : *RJS 1997, n° 1435.* ♦ Si les textes n'excluent pas la preuve par présomption, la seule attestation de l'employeur ne comportant aucune précision quant aux dates et au montant des précomptes ou versement prétendument effectués ne peut en tenir lieu. • Soc. 18 mars 1993, n° 90-21.786 P. ♦ V. aussi • Soc. 19 juill. 2001, n° 00-12.554 P. ♦ Les périodes d'assurance vieillesse ne peuvent être retenues, pour la détermination du droit à pension, que si elles ont donné lieu au versement d'un minimum de cotisations. En cas de force majeure ou d'impossibilité manifeste pour l'assuré d'apporter la preuve du versement de cotisations, celle-ci peut l'être à l'aide de documents probants ou de présomptions concordantes. La seule production de bulletins de salaire du même employeur pour une période antérieure et postérieure à la période concernée n'est pas suffisante pour attester du précompte des cotisations y afférentes. • Civ. 2e, 12 juill. 2018, n° 17-17.830 P : *RJS 11/2018, n° 697 ; JCP S 2018. 1288, obs. Tauran.*

2. Appréciation souveraine. Dès lors, ayant formé leur conviction non seulement sur les certificats de travail fournis par l'assuré mais sur le fait que la caisse n'avait pas exécuté la mesure d'instruction prescrite en vue de l'identification des employeurs occupant l'intéressé durant les périodes litigieuses, les juges du fond ont pu estimer, sans inverser la charge de la preuve, que lesdites périodes devaient être validées pour la détermination du droit à pension. • Soc. 30 oct. 1997 : *préc. note 1.* ♦ Dans le même sens V., • Civ. 2e, 17 janv. 2007 : *RJS 2007, n° 480.*

3. Stage de formation professionnelle continue. Le calcul du montant minimal de cotisations permettant d'ouvrir droit à des périodes d'assurance en cas de stage de formation professionnelle continue doit s'apprécier en fonction du montant forfaitaire des cotisations de retraite afférentes au stage versées par l'État. • Civ. 2e, 24 janv. 2013 : *D. actu. 18 févr. 2013, obs. Siro ; JCP S 2013, n° 1129, obs. Tauran.*

Art. L. 351-3 **Sont prises en considération en vue de l'ouverture du droit à pension, dans des conditions fixées par décret en Conseil d'État** *[art. R. 351-3 à R. 351-13]* **:**

1° Les périodes pendant lesquelles l'assuré a bénéficié des prestations maladie, maternité, invalidité, accident du travail et celles postérieures au 1er juillet 1930 pendant lesquelles les travailleurs salariés ont perçu une rente d'accident du travail prenant effet antérieurement à la date susmentionnée, pour une incapacité permanente au moins égale à un taux fixé par le même décret ;

2° Les périodes pendant lesquelles l'assuré a bénéficié de l'un des revenus de remplacement mentionnés à l'article L. 351-2 *[L. 5421-2 nouv.]* **du code du travail ou de l'une des allocations mentionnées** *(L. n° 86-1320 du 30 déc. 1986, art. 17-II)* **« à l'article »** *(L. n° 2011-893 du 28 juill. 2011, art. 44-II-1°)* **« L. 1233-68 », aux 2° et 4° du deuxième alinéa de l'article L. 322-4** *[L. 5123-2 nouv.]* **du même code ou d'une allocation versée en cas d'absence complète d'activité, par application d'accords professionnels ou interprofessionnels, nationaux ou régionaux, mentionnés au dernier alinéa de l'article L. 352-3** *[L. 5122-4 et L. 5123-6 nouv.]* **du code du travail** *(L. n° 2002-73 du 17 janv. 2002, art. 50-II)* **« ou de l'allocation de congé-solidarité mentionnée à l'article 15 de la loi n° 2000-1207 du 13 décembre 2000 d'orientation pour l'outre-mer »** *(L. n° 2003-775 du 21 août 2003, art. 36-I)* **« ou de la rémunération prévue au quatrième alinéa de l'article L. 321-4-3** *[L. 1233-72 nouv.]* **du code du travail ; »** — *Les dispositions issues de l'art. 36-I de la L. n° 2003-775 du 21 août 2003 sont applicables aux pensions liquidées à compter de l'entrée en vigueur du Décr. n° 2002-787 du 3 mai 2002 relatif au congé de reclassement (L. préc., art. 36-II).*

3° Dans les conditions et limites fixées par le décret prévu au présent article, les périodes pendant lesquelles l'assuré s'est trouvé, avant l'âge fixé par le même décret, en état de chômage involontaire non indemnisé ;

4° Les périodes pendant lesquelles l'assuré a effectué son service national légal ou a été présent sous les drapeaux par suite de mobilisation ou comme volontaire en temps de guerre ;

5° Les périodes postérieures au 1er septembre 1939, pour les assurés qui ont été prisonniers, déportés, réfractaires, réfugiés, sinistrés, requis au titre d'un service de travail obligatoire ou placés, du fait de la guerre, dans des conditions telles que les cotisations versées par eux n'ont pu être constatées ou ne peuvent être justifiées ; des arrêtés ministériels fixent, pour ces années, les justifications à produire par les intéressés ;

6° Sauf dans la mesure où elle s'impute sur la durée de la peine, toute période de détention provisoire accomplie par une personne qui, au moment de son incarcération, relevait de l'assurance obligatoire ; — *V. art. D. 351-1.*

(L. n° 2011-1906 du 21 déc. 2011, art. 85-I) « 7° Dans des conditions et limites d'âge, de ressources et de nombre total de trimestres validés à ce titre, fixées par le décret prévu au présent article, et sans condition d'affiliation préalable, les périodes n'ayant pas donné lieu à validation à un autre titre dans un régime de base pendant lesquelles une personne a été inscrite en tant que sportif de haut niveau sur la liste mentionnée au premier alinéa de l'article L. 221-2 du code du sport ; »

(L. n° 2014-40 du 20 janv. 2014, art. 31-II) « 8° Les périodes de stage mentionnées à l'article L. 6342-3 du code du travail. »

L'État prend en charge chaque année, pour les trimestres validés au cours de l'année civile précédente et sur une base forfaitaire fixée par décret, les coûts que représente, pour l'assurance vieillesse du régime général de sécurité sociale, le 7° de l'art. L. 351-3. Le présent al. est applicable aux périodes d'inscription postérieures au 31 déc. 2011 sur la liste des sportifs de haut niveau mentionnée au premier al. de l'art. L. 221-2 C. sport. Avant le 1er oct. 2013, le Gouvernement remet au Parlement un rapport présentant le coût du dispositif prévu au présent al. et étudiant la possibilité d'augmenter le nombre de trimestres mentionné au 7° de l'art. L. 351-3 (L. n° 2011-1906 du 21 déc. 2011, art. 85-II, III et VI).

Les dispositions de la L. n° 2011-893 du 28 juill. 2011 ne s'appliquent pas à Mayotte (L. préc., art. 44-VI).

Les dispositions issues de l'art. 31 de la L. n° 2014-40 du 20 janv. 2014 sont applicables aux périodes de stage postérieures au 31 déc. 2014 (L. préc., art. 31-III).

Sur les exceptions à l'application du droit des usagers de saisir l'administration par voie électronique concernant les démarches effectuées auprès des organismes de sécurité sociale, V. CRPA, App., v° Saisine par voie électronique — Exceptions. — **CRPA.**

1. Prestations de sécurité sociale. Les indemnités journalières et la pension d'invalidité servies par une compagnie d'assurance en exécution d'un contrat de groupe souscrit par l'employeur pour couvrir les risques maladie et invalidité ne peuvent être considérées comme des prestations de sécurité sociale au sens de l'art. L. 351-3, 1°, CSS. • Soc. 20 mai 1999, n° 97-17.989 P : *RJS 1999, n° 1143.*

2. Allocation adulte handicapé. L'allocation aux adultes handicapés ne constituant pas une prestation de l'assurance invalidité, la période de perception de cette allocation ne peut être prise en compte pour le calcul de la pension de vieillesse en application de l'art. L. 351-3, 1°, CSS. • Soc. 17 janv. 2002, n° 00-13.303 P : *RJS 2002, n° 338.*

3. Période de chômage. Sont prises en considération, en vue de l'ouverture du droit à pension de vieillesse du régime général de la sécurité sociale, les périodes pendant lesquelles l'assuré a bénéficié de l'un des revenus de remplacement prévus à l'art. L. 351-2 C. trav. • Soc. 6 juin 1996, n° 94-12.775 P : *RJS 1996, n° 981.* ♦ Mais l'assuré qui, initialement salarié, exerce, après une période de chômage indemnisé, une activité non salariée au titre de laquelle il est affilié au régime des travailleurs non salariés, perd la qualité d'assuré social du régime général. A défaut de reprise d'une activité salariée, sa prise en charge postérieure par l'ASSEDIC ne peut lui restituer cette qualité. • Même arrêt.

4. Revenu minimum d'insertion. Le revenu minimum d'insertion ne figure pas parmi les revenus de remplacement ou les allocations visés par l'art. L. 351-3 CSS en vue de l'ouverture du droit à pension de retraite. • Civ. 2e, 16 oct. 2008, n° 07-16.890 P : *JCP S 2008. 1654, note Tauran.*

5. Service national. Jurispr. antérieure à la L. n° 2001-1246 du 21 déc. 2001. La validation d'une période de service militaire pour le calcul de la pension est subordonnée à la justification de la qualité d'assuré social antérieurement à cette période. • Soc. 29 juin 1995, n° 93-12.513 P : *RJS 1995, n° 943* • 7 nov. 1997 : *RJS 1998, n° 97* • 5 nov. 1998, n° 97-18.107 P : *RJS 1999, n° 109.* ♦ Le seul fait que l'intéressé ait été immatriculé à la sécurité sociale avant d'effectuer son service militaire justifie, indépendamment du versement des cotisations, la prise en compte de la période militaire en cause pour le calcul de la pension de retraite du régime général. • Soc. 29 juin 1995 : *préc.* ♦ V. aussi • Soc. 23 janv. 2003, n° 01-20.382 P : *RJS 2003, n° 523.* ♦ Comp. • Paris, 1er juill. 1993 : *RJS 1993, n° 1030.* ♦ Mais le régime de sécurité sociale des étudiants ne comportant pas la prise en charge du risque vieillesse, son bénéficiaire n'a pas la qualité d'assuré au sens de l'art. L. 351-3, 4°, CSS. • Soc. 6 juill. 2000, n° 98-20.310 P : *RJS 2000, n° 1000* • 17 mai 2001 : *RJS 2001, n° 1078* • 15 nov. 2001 : *RJS 2002, n° 91.* ♦ Le temps qu'il a passé sous les drapeaux, alors qu'il relevait auparavant du régime de sécurité sociale des étudiants, n'a donc pas à être pris en compte pour le calcul de sa pension de retraite. • Soc. 6 juill. 2000 : *préc.* • 17 mai 2001 : *préc.*

6. Mobilisation ou engagement volontaire en temps de guerre. Il résulte de l'art. D. 351-1 que les périodes d'engagement volontaire en temps de guerre, accomplies postérieurement au 1er septembre 1939, sont assimilées à des périodes d'assurance pour l'ouverture du droit et la liquidation de la pension de vieillesse, sous réserve que les intéressés aient ensuite exercé, en premier lieu, une activité au titre de laquelle des cotisations ont été versées au régime général de sécurité sociale. • Civ. 2e, 11 oct. 2006 : *JCP S 2006. 1994, note Vachet ; RJS 2006, n° 1311* • Civ. 2e, 6 déc. 2006, n° 05-18.496 P : *RJS 2007, n° 275 ; JCP S 2007. 1355.* ♦ Le seul fait d'avoir été présent sous les drapeaux par suite de mobilisation ou comme engagé volontaire en temps de guerre suffit à justifier la validation des périodes militaires correspondantes pour le calcul de la pension de retraite du régime général. L'assuré n'a pas à justifier d'avoir été présent dans les zones de combat au cours de ces périodes. • Soc. 12 oct. 1995, n° 92-16.353 P : *RJS 1995, n° 1175 ; CSB 1995, S. 158.*

Art. L. 351-3-1 *(L. n° 2015-1702 du 21 déc. 2015, art. 53)* **Le 1° de l'article L. 351-3 n'est pas applicable aux personnes détachées en France qui relèvent d'un accord international de sécurité sociale et qui ne sont pas affiliées à un régime français de retraite obligatoire.**

Art. L. 351-4 *(L. n° 2009-1646 du 24 déc. 2009, art. 65-I)* **I. — Une majoration de durée d'assurance de quatre trimestres est attribuée aux femmes assurées sociales, pour chacun de leurs enfants, au titre de l'incidence sur leur vie professionnelle de la maternité, notamment de la grossesse et de l'accouchement.**

II. — Il est institué au bénéfice *(L. n° 2013-404 du 17 mai 2013, art. 18-2°)* **« de l'un ou l'autre des deux parents assurés sociaux » une majoration de durée d'assurance de quatre trimestres attribuée pour chaque enfant mineur au titre de son éducation pendant les quatre années suivant sa naissance ou son adoption.**

Les parents désignent d'un commun accord le bénéficiaire de la majoration ou, le cas échéant, définissent la répartition entre eux de cet avantage.

Cette option est exprimée auprès de la caisse d'assurance vieillesse compétente dans le délai de six mois à compter du quatrième anniversaire de la naissance de l'enfant ou de son adoption. Lorsqu'aucun des parents n'a la qualité d'assuré à cette date, ce délai court à compter de la date à laquelle le premier d'entre eux acquiert cette qualité.

En cas de désaccord exprimé par l'un ou l'autre des parents dans le délai mentionné à l'alinéa précédent, la majoration est attribuée par la caisse d'assurance vieillesse compétente à celui des parents qui établit avoir assumé à titre principal l'éducation de l'enfant pendant la période la plus longue. A défaut, la majoration est partagée par moitié entre les deux parents.

Le défaut d'option dans le délai mentionné ci-dessus est réputé, en l'absence de désaccord exprimé, valoir décision conjointe implicite de désignation de la mère. *(L. n° 2013-404 du 17 mai 2013, art. 18-2°)* **« Lorsque les deux parents sont de même sexe, la majoration est partagée par moitié entre eux. »**

En cas de décès de l'enfant avant la fin de la quatrième année suivant sa naissance ou son adoption, la majoration reste due dans les conditions prévues au présent II.

La décision, y compris implicite, des parents ou l'attribution de la majoration ne peut être modifiée, sauf en cas de décès de l'un des parents avant la majorité de l'enfant. Dans ce cas, les trimestres sont attribués au parent survivant qui a effectivement élevé l'enfant.

III. — Une majoration de durée d'assurance de quatre trimestres est attribuée, pour chaque enfant adopté durant sa minorité, à ses parents au titre de l'incidence sur leur vie professionnelle de l'accueil de l'enfant et des démarches préalables à celui-ci.

Les parents désignent d'un commun accord le bénéficiaire de la majoration ou, le cas échéant, définissent la répartition entre eux de cet avantage. Cette option est exprimée auprès de la caisse d'assurance vieillesse compétente dans le délai de six mois à compter du quatrième anniversaire de l'adoption de l'enfant ou, lorsqu'aucun des parents n'a la qualité d'assuré à cette date, à compter de la date à laquelle le premier d'entre eux acquiert cette qualité. En cas de désaccord exprimé par l'un ou l'autre des parents dans ce délai, la majoration est attribuée par la caisse d'assurance vieillesse compétente à celui des parents qui établit avoir assumé à titre principal l'accueil et les démarches mentionnés à l'alinéa précédent ou, à défaut, est partagée par moitié entre les deux parents.

Le défaut d'option dans le délai mentionné à l'alinéa précédent est réputé, en l'absence de désaccord exprimé, valoir décision conjointe implicite de désignation de la mère adoptante. *(L. nº 2013-404 du 17 mai 2013, art. 18-2º)* « Lorsque les deux parents adoptants sont de même sexe, la majoration est partagée par moitié entre eux. »

La décision, y compris implicite, des parents ou l'attribution de la majoration ne peut être modifiée, sauf en cas de décès de l'un des parents avant la majorité de l'enfant. Dans ce cas, les trimestres sont attribués au parent survivant qui a effectivement élevé l'enfant.

IV. — Sont substitués dans les droits des parents pour l'application du II les assurés auxquels l'enfant a été confié par une décision de justice rendue sur le fondement du deuxième alinéa de l'article 373-3 et du 2º de l'article 375-3 du code civil ou l'assuré bénéficiaire d'une délégation totale de l'autorité parentale en vertu du premier alinéa de l'article 377-1 du même code *(L. nº 2016-1827 du 23 déc. 2016, art. 49)* « ou l'assuré désigné tuteur sur le fondement des articles 403 et suivants du même code », et qui assument effectivement l'éducation de l'enfant pendant quatre ans à compter de cette décision.

V. — L'assuré ne peut bénéficier de la majoration prévue au II s'il a été privé de l'exercice de l'autorité parentale ou s'est vu retirer l'autorité parentale par une décision de justice au cours des quatre premières années de l'enfant.

VI. — L'assuré ne peut bénéficier, au titre de la majoration prévue au II, d'un nombre de trimestres supérieur au nombre d'années durant lesquelles il a résidé avec l'enfant au cours de la période mentionnée au premier alinéa du même II.

VII. — Lors de la liquidation de la pension de retraite, la majoration prévue au II ne peut être attribuée à l'un ou l'autre des parents lorsque chacun d'eux ne justifie pas d'une durée d'assurance minimale de deux ans auprès d'un régime de retraite légalement obligatoire d'un État membre de la Communauté européenne ou partie à l'accord sur l'Espace économique européen ou de la Confédération suisse. Ces dispositions ne sont pas applicables au parent qui a élevé seul l'enfant pendant tout ou partie de la période mentionnée au premier alinéa du II.

VIII. — Lorsque le délai mentionné au II n'est pas écoulé à la date d'effet de la demande de retraite de l'un des parents, ce délai est réduit à deux mois à compter de la date de cette demande.

IX. — Pour les enfants nés ou adoptés à compter du 1er janvier 2010, les majorations de durée d'assurance prévues au présent article ne sont pas prises en compte pour le bénéfice des dispositions *(L. nº 2017-1836 du 30 déc. 2017, art. 15-V, en vigueur le 1er janv. 2018)* « de l'article L. 351-1-1 », du II des articles L. 643-3 et *(Ord. nº 2018-470 du 12 juin 2018, art. 5)* « L. 653-2 » du présent code, de l'article L. 732-18-1 du code rural et de la pêche maritime, de l'article L. 25 *bis* du code des pensions civiles et militaires de retraite et de l'article 57 de la loi nº 2004-1370 du 20 décembre 2004 de financement de la sécurité sociale pour 2005. Il en est de même des périodes d'assurance validées en application des *b* et *b bis* de l'article L. 12 et de l'article L. 12 *bis* du code des pensions civiles et militaires de retraite ou de dispositions réglementaires ayant le même objet. — *Sur les dispositions transitoires de l'art. 15 de la L. nº 2017-1836 du 30 déc. 2017, V. ss. le livre VI « Dispositions applicables aux travailleurs indépendants ».*

X. – Avant le 1er janvier 2015, le Gouvernement élabore, sur la base notamment des travaux du Conseil d'orientation des retraites et de l'Institut national de la statistique et des études économiques, un rapport faisant apparaître l'impact, par génération, de l'éducation des enfants sur le déroulement de la carrière des assurés sociaux et leurs droits à retraite. Il prépare à partir de ces données un rapport d'orientation qui est rendu public et transmis au Parlement. – *V. art. D. 351-1-7 et Décr. n° 73-937 du 2 oct. 1973, art. 5, mod. par Décr. n° 2000-1202 du 6 déc. 2000 (JO 10 déc.).*

Les dispositions issues de la L. n° 2009-1646 du 24 déc. 2009 sont applicables aux pensions de retraite prenant effet à compter du 1er avr. 2010.

Pour les enfants nés ou adoptés avant le 1er janv. 2010, les majorations prévues aux II et III de l'art. L. 351-4 sont attribuées à la mère, sauf si, dans un délai d'un an à compter de la publication de la loi préc., le père de l'enfant apporte la preuve auprès de la caisse d'assurance vieillesse qu'il a élevé seul l'enfant pendant une ou plusieurs années au cours de ses quatre premières années ou des quatre années suivant son adoption. Dans ce cas, les majorations sont attribuées au père à raison d'un trimestre par année.

Toutefois, pour les enfants nés ou adoptés après le 1er juill. 2006, le délai mentionné au précédent al. est porté à quatre ans et six mois à compter de la naissance ou de l'adoption de l'enfant.

Les modalités d'information des assurés sur les nouvelles règles d'attribution des majorations de durée d'assurance par la caisse d'assurance vieillesse compétente sont fixées par décret (L. n° 2009-1646 du 24 déc. 2009, art. 65-VIII, IX et X).

V. dernière note ss. art. L. 351-3.

BIBL. ► CHEMLA, Retraites : majorations de durée d'assurance et égalité, *Dr. soc. 2010. 190*. – LANQUETIN, Les retraites des femmes : quelle égalité ?, *Dr. soc. 2003. 960*. – LHERNOULD, L'égalité entre les sexes dans les régimes privés de pension, *Dr soc. 2004. 1000*. – MICHELET, Les incertitudes liées à la question de l'égalité entre hommes et femmes, *RDSS 2004. 560*. – Dossier : genre et protection sociale, *RDSS 2009. 989*.

I. DISPOSITIONS ANTÉRIEURES À LA LOI DU 24 DÉC. 2009

1. *Caractère discriminatoire des dispositions de l'art. L. 351-4.* Il résulte de l'art. 14 Conv. EDH, tel qu'interprété par la CEDH, que, d'une part, dès lors qu'un État contractant met en place une législation prévoyant le versement automatique d'une prestation sociale, que l'octroi de celle-ci dépende ou non du versement préalable de cotisations, cette législation engendre un intérêt patrimonial relevant du champ d'application de l'art. 1er du Protocole additionnel n° 1, et que, d'autre part, une différence de traitement entre hommes et femmes ayant élevé des enfants dans les mêmes circonstances ne peut être admise qu'en présence d'une justification objective et raisonnable. En l'absence d'une telle justification, l'art. L. 351-4 qui réserve aux femmes le bénéfice d'une majoration de carrière pour avoir élevé un ou plusieurs enfants est incompatible avec ces stipulations. Il en résulte que M. X..., dont les droits doivent être appréciés au regard des dispositions propres au régime général, ayant élevé six enfants peut prétendre au bénéfice de la majoration de carrière prévue par l'art. L. 351-4. • Civ. 2e, 19 févr. 2009, n° 07-20.668 P : *D. 2009. AJ 735 ; D. actu. 17 mars 2009, obs. Prémilat ; RDSS 2009. 338, note Badel ; JCP S 2009. 1219, note Tauran ; RJS 2009, n° 467 ; Dr. soc. 2009. 574, rapport Prétot ; Dr. ouvrier 2009. 573, note Guiomard.* ♦ V. déjà • Civ. 2e, 21 déc. 2006, n° 04-30.586 P : *RJS 2007, n° 382* (en vertu des dispositions combinées de l'art. 14 Conv. EDH et de l'art. 1er du Protocole additionnel n° 1, le père doit bénéficier de la majoration de durée d'assurance dès lors qu'il apporte la preuve qu'il a élevé seul un enfant). ♦ V. sur le refus de qualification de rémunération : les avantages accordés en matière d'assurance vieillesse par l'art. L. 351-4 CSS aux personnes ayant élevé un ou plusieurs enfants ne constituent pas des rémunérations au sens de l'art. 141 du Traité instituant la Communauté européenne. • Civ. 2e, 15 juin 2004, n° 02-30.978 P : *RJS 2004, n° 964 ; Dr. soc. 2004. 1000, note Lhernould*.

2. *Absence de nécessité de la preuve que le père a élevé seul ses enfants.* Les dispositions de l'art. L. 351-4 CSS, dans leur rédaction issue de la loi du 21 août 2003, sont incompatibles avec les art. 14 de la Conv. EDH et 1er du Protocole additionnel n° 1 puisqu'elles instaurent, en réservant aux seules femmes le bénéfice d'une majoration de carrière pour avoir élevé un ou plusieurs enfants, une différence de traitement entre hommes et femmes ayant élevé des enfants dans les mêmes circonstances. Le père qui a participé à l'éducation de ses enfants au même titre que son épouse, laquelle, tout comme lui, a continué son activité professionnelle suite aux naissances successives des enfants est donc en droit d'obtenir le bénéfice de la majoration de la durée d'assurance sans avoir à apporter la preuve qu'il a élevé seul un enfant ou chaque enfant. • Civ. 2e, 24 nov. 2016, n° 15-24.957 P : *JCP S 2016, n° 1439, obs. Tauran.*

II. DISPOSITIONS ISSUES DE LA LOI DU 24 DÉC. 2009

3. Dispositions transitoires de la loi du 24 déc. 2009. L'art. 65-IX de la L. n° 2009-1646 du 24 déc. 2009 qui prévoit que pour les enfants nés ou adoptés avant le 1er janv. 2010, la majoration d'assurance pour éducation est attribuée à la mère, sauf si, dans le délai qu'il détermine, le père apporte la preuve qu'il a élevé seul les enfants au cours de leurs quatre premières années, repose sur des critères objectifs et rationnels, tenant à la prise en compte des inégalités de fait dont les femmes ont jusqu'à présent été l'objet. La différence de traitement, de caractère transitoire, qui en résulte, ne constitue pas une discrimination au sens de l'art. 14 de la Conv. EDH et de l'art. 1er du Prot. additionnel n° 1 à la Convention. • Civ. 2e, 7 nov. 2013 : *D. actu. 10 déc. 2013, obs. Fraisse ; Dr. soc. 2014. 188, obs. Lhernould ; RJS 3/2014, n° 268* • 27 nov. 2014 : *D. actu. 18 déc. 2014, obs. Fraisse.*

4. Date d'appréciation. Les règles déterminant les conditions d'ouverture et le calcul de la prestation retraite sont celles en vigueur au jour de l'entrée en jouissance de celle-ci. • Civ. 2e, 26 mai 2016, n° 15-16.094 P : *D. actu. 8 juin 2016, obs. Peyronnet ; RJS 2016, n° 598 ; JCP S 2016, n° 1335, note Bouilloux.*

Art. L. 351-4-1 *(L. n° 2003-775 du 21 août 2003, art. 33)* **Les assurés sociaux élevant un enfant ouvrant droit, en vertu des premier et deuxième alinéas de l'article L. 541-1, à l'***(L. n° 2005-102 du 11 févr. 2005, art. 68-2°)* **« allocation d'éducation de l'enfant handicapé » et à son complément** *(L. n° 2007-1786 du 19 déc. 2007, art. 94-VI)* **« ou, en lieu et place de ce dernier, de la prestation de compensation prévue par l'article L. 245-1 du code de l'action sociale et des familles » bénéficient, sans préjudice, le cas échéant, de l'article L. 351-4, d'une majoration de leur durée d'assurance d'un trimestre par période d'éducation de trente mois dans la limite de huit trimestres.** — *V. dernière note ss. art. L. 351-3.*

Art. L. 351-4-2 *(L. n° 2014-40 du 20 janv. 2014, art. 38-III-1°)* **L'assuré social assumant, au foyer familial, la prise en charge permanente d'un adulte handicapé dont l'incapacité permanente est supérieure à un taux fixé par décret qui est son conjoint, son concubin, la personne avec laquelle il a conclu un pacte civil de solidarité ou son ascendant, descendant ou collatéral ou l'ascendant, descendant ou collatéral d'un des membres du couple bénéficie d'une majoration de durée d'assurance d'un trimestre par période de trente mois, dans la limite de huit trimestres.** — *Les dispositions issues de la L. n° 2014-40 du 20 janv. 2014 sont applicables aux périodes de prise en charge intervenues à compter du 1er févr. 2014 (L. préc., art. 38-V).*

V. dernière note ss. art. L. 351-3.

Art. L. 351-5 *(L. n° 2003-775 du 21 août 2003, art. 32-II ; L. n° 2009-1646 du 24 déc. 2009, art. 65-II)* **L'assuré ayant obtenu un congé parental d'éducation dans les conditions de l'article L. 122-28-1** *[L. 1225-47 s. et R. 1225-13 nouv.]* **du code du travail, ou un congé parental dans les conditions prévues par l'article 21-VII de la loi n° 78-753 du 17 juillet 1978, bénéficie d'une majoration de sa durée d'assurance égale à la durée effective du congé parental.**

Cette majoration est accordée aux personnes visées à l'article L. 351-4 lorsque son application est plus favorable que celle dudit article. — *V. note ss. art. L. 351-4.*

V. dernière note ss. art. L. 351-3.

Art. L. 351-6 **Les assurés ayant dépassé l'âge fixé en application du 1° de l'article L. 351-8 bénéficient d'une majoration de leur durée d'assurance qui est fonction du nombre d'années supplémentaires par rapport à cet âge** *(L. n° 2003-775 du 21 août 2003, art. 25-II)* **« tant qu'ils n'ont pas accompli dans le régime général et, le cas échéant, dans un ou plusieurs autres régimes obligatoires, une durée totale d'assurance au moins égale à la limite prévue au troisième alinéa de l'article L. 351-1. »**

Les dispositions ajoutées par la L. n° 2003-775 du 21 août 2003 sont applicables aux périodes accomplies à compter du 1er janv. 2004 (L. préc., art. 25-IV).

V. dernière note ss. art. L. 351-3.

Art. L. 351-6-1 *(L. n° 2014-40 du 20 janv. 2014, art. 14-II)* **I. — Les assurés titulaires d'un compte** *(Ord. n° 2017-1389 du 22 sept. 2017, art. 3-5°)* **« professionnel de prévention » prévu à l'article** *(Ord. n° 2017-1718 du 20 déc. 2017, art. 2-II)* **« L. 4163-1 » du code du travail bénéficient, dans les conditions prévues à l'article** *(Ord. n° 2017-1718* *du 20 déc. 2017, art. 2-II)* « L. 4163-7 » du même code, d'une majoration de durée d'assurance.

Cette majoration est accordée par le régime général de sécurité sociale.

II. — La majoration prévue au I du présent article est utilisée pour la détermination du taux défini au deuxième alinéa de l'article L. 351-1.

Les trimestres acquis au titre de cette majoration sont, en outre, réputés avoir donné lieu à cotisation pour le bénéfice *(L. nº 2017-1836 du 30 déc. 2017, art. 15-V, en vigueur le 1er janv. 2018)* « de l'article L. 351-1-1 » du présent code, du II des articles L. 643-3 et *(Ord. nº 2018-470 du 12 juin 2018, art. 5)* « L. 653-2 » du même code, de l'article L. 732-18-1 du code rural et de la pêche maritime et de l'article L. 25 *bis* du code des pensions civiles et militaires de retraite. — *Sur les dispositions transitoires de l'art. 15 de la L. nº 2017-1836 du 30 déc. 2017, V. ss. le livre VI « Dispositions applicables aux travailleurs indépendants ».*

V. dernière note ss. art. L. 351-3.

SOUS-SECTION 2 BÉNÉFICIAIRES DE L'INDEMNITÉ DE SOINS AUX TUBERCULEUX

Néant. — V. art. R. 351-14 à R. 351-20.

SECTION III PENSION POUR INAPTITUDE AU TRAVAIL

Art. L. 351-7 Peut être reconnu inapte au travail, l'assuré qui n'est pas en mesure de poursuivre l'exercice de son emploi sans nuire gravement à sa santé et qui se trouve définitivement atteint d'une incapacité de travail médicalement constatée, compte tenu de ses aptitudes physiques et mentales à l'exercice d'une activité professionnelle, et dont le taux est fixé par décret en Conseil d'État. — *V. art. R. 351-21 (taux fixé à 50 %). — V. aussi art. R. 351-22.*

V. dernière note ss. art. L. 351-3.

SECTION IV DISPOSITIONS PROPRES À CERTAINES CATÉGORIES D'ASSURÉS

Art. L. 351-7-1 *(L. nº 95-5 du 3 janv. 1995, art. 1er)* Les services militaires actifs accomplis en Afrique du Nord au cours des périodes mentionnées au premier alinéa de l'article L. 253 *bis* du code des pensions militaires d'invalidité et des victimes de la guerre ouvrent droit à une réduction de la durée d'assurance, ou de périodes reconnues équivalentes, requise pour bénéficier du taux plein mentionné à l'article L. 351-1, durant un délai, selon des conditions d'âge et de nature des services militaires accomplis fixés par décret en Conseil d'État.

SECTION V TAUX ET MONTANT DE LA PENSION

Art. L. 351-8 Bénéficient du taux plein même s'ils ne justifient pas de la durée requise d'assurance ou de périodes équivalentes dans le régime général et un ou plusieurs autres régimes obligatoires :

(L. nº 2010-1330 du 9 nov. 2010, art. 20-II) « 1° Les assurés qui atteignent l'âge prévu à l'article L. 161-17-2 augmenté de cinq années ;

« 1° *bis* Les assurés ayant interrompu leur activité professionnelle en raison de leur qualité d'aidant familial telle que définie à l'article L. 245-12 du code de l'action sociale et des familles qui atteignent l'âge de soixante-cinq ans dans des conditions déterminées par décret en Conseil d'État ; » — *Les dispositions issues de la L. nº 2010-1330 du 9 nov. 2010 sont applicables aux pensions prenant effet à compter du 1er juill. 2011 (L. préc., art. 118-II).*

(L. nº 2014-40 du 20 janv. 2014, art. 37-I) « 1° *ter* Les assurés justifiant d'une incapacité permanente au moins égale à un taux fixé par décret, qui atteignent l'âge mentionné à l'article L. 161-17-2 ; » — *Les dispositions issues de la L. nº 2014-40 du 20 janv. 2014 sont applicables aux pensions prenant effet à compter du 1er févr. 2014 (L. préc., art. 37-IV).*

2° Les assurés reconnus inaptes au travail dans les conditions prévues à l'article L. 351-7 ;

3° Les anciens déportés ou internés titulaires de la carte de déporté ou interné de la Résistance ou de la carte de déporté ou interné politique ;

4° Les mères de famille salariées justifiant d'une durée minimum d'assurance dans le régime général, ou dans ce régime et celui des salariés agricoles, qui ont élevé au moins un nombre minimum d'enfants, dans les conditions prévues au deuxième alinéa de l'article L. 342-4, et qui ont exercé un travail manuel ouvrier pendant une durée déterminée *[V. art. R. 351-23 et R. 351-24]* **;**

(L. n° 2003-775 du 21 août 2003, art. 24-II) **« 4°** ***bis*** **Les travailleurs handicapés admis à demander la liquidation de leur pension de retraite avant l'âge prévu au premier alinéa de l'article L. 351-1 ; »**

5° Les anciens prisonniers de guerre lorsque, sur leur demande, leur pension est liquidée à un âge variant suivant la durée de captivité dans des conditions fixées par décret. – *V. art. D. 351-2.*

Les anciens prisonniers de guerre évadés de guerre, au-delà d'un certain temps de captivité, et les anciens prisonniers rapatriés pour maladie peuvent choisir le régime le plus favorable.

Toute partie de mois n'est pas prise en considération.

Les dispositions du 5° ci-dessus s'appliquent à tous les anciens combattants pour leur durée de service actif passé sous les drapeaux. – *V. art. R. 351-27.*

Par dérogation aux dispositions du 1° de l'art. L. 351-8, l'âge mentionné est fixé à soixante-cinq ans pour les assurés qui bénéficient d'un nombre minimal de trimestres fixé par décret (V. Décr. n° 2010-1734 du 30 déc. 2010, art. 7, JO 31 déc.) au titre de la majoration de durée d'assurance prévue à l'art. L. 351-4-1 et pour les assurés qui, pendant une durée et dans des conditions fixées par décret, ont apporté une aide effective à leur enfant bénéficiaire de l'élément de la prestation relevant du 1° de l'art. L. 245-3 CASF (L. n° 2010-1330 du 9 nov. 2010, art. 20-III).

Par dérogation aux dispositions de l'art. L. 351-8, l'âge mentionné au 1° dudit art. est fixé à soixante-cinq ans pour les assurés nés entre le 1er juill. 1951 et le 31 déc. 1955 inclus lorsqu'ils remplissent les conditions suivantes :

1° Avoir eu ou élevé, dans les conditions prévues au deuxième al. de l'art. L. 351-12, au moins trois enfants ;

2° Avoir interrompu ou réduit leur activité professionnelle, dans des conditions et un délai déterminés suivant la naissance ou l'adoption d'au moins un de ces enfants, pour se consacrer à l'éducation de cet ou de ces enfants ;

3° Avoir validé, avant cette interruption ou réduction de leur activité professionnelle, un nombre de trimestres minimum à raison de l'exercice d'une activité professionnelle, dans un régime de retraite légalement obligatoire d'un État membre de l'Union européenne ou partie à l'accord sur l'Espace économique européen ou de la Confédération suisse.

Les dispositions précitées sont applicables dans tous les régimes obligatoires de retraite auxquels s'appliquent les dispositions de l'art. L. 351-8 ou des dispositions ayant le même effet et ses modalités d'application sont fixées par décret en Conseil d'État (L. n° 2010-1330 du 9 nov. 2010, art. 20-IV).

Pour l'application du IV de l'art. 20 de la loi du 9 nov. 2010 susvisée :

1° Sont considérés comme remplissant la condition de réduction ou interruption d'activité les assurés ayant validé au plus huit trimestres au titre de l'année civile de la naissance ou de l'adoption de l'enfant et des deux années civiles suivantes ou, si l'enfant est né ou a été adopté au cours d'un second semestre, au titre des trois années civiles suivant celle de cette naissance ou adoption et ayant validé au titre des deux années précédant l'année de la naissance ou de l'adoption, un nombre de trimestres égal ou supérieur à huit.

Pour apprécier la durée d'assurance validée au titre de l'année civile de la naissance ou de l'adoption de l'enfant et des années civiles suivantes, il n'est pas tenu compte des trimestres validés en application de l'art. L. 381-1 ou des périodes mentionnées aux 3° et 5° de l'art. R. 351-12.

Pour apprécier la durée d'assurance validée au titre des deux années civiles précédant celle de la naissance ou de l'adoption de l'enfant, sont pris en compte les trimestres validés en contrepartie de cotisations à la charge de l'assuré ou au titre de périodes d'arrêt maladie, de maternité, de chômage, de formation ou de rééducation professionnelle ;

2° Le nombre minimal de trimestres que l'assuré doit avoir validé à raison de l'exercice d'une activité professionnelle, préalablement à cette interruption ou réduction d'activité professionnelle, est fixé à huit trimestres (Décr. n° 2011-620 du 31 mai 2011, art. 2).

1. Portée. L'art. L. 351-8 CSS a seulement pour objet de déterminer le taux de la pension. • Soc. 5 nov. 1998, n° 97-18.107 P : *RJS 1999, n° 109.*

2. Situations d'inaptitude. Il résulte des art. L. 351-1 et L. 351-8 CSS que l'assuré reconnu inapte au travail bénéficie, à l'âge minimum auquel s'ouvre le droit à la pension de vieillesse, d'une pension au taux plein même s'il ne justifie pas de la durée requise d'assurance. • Soc. 19 mars 1998, n° 96-17.679 P : *RJS 1998, n° 925.* ♦ La majoration de la pension de vieillesse servie par une caisse gérant un régime obligatoire de sécurité sociale, en raison de l'inaptitude au travail consécutive à l'accident subi par un assuré, ouvre droit à recours subrogatoire contre la personne tenue à réparation dès lors que cette majoration a un lien direct avec le fait dommageable • Soc. 19 mars 1998 : *préc.*

3. Allocation spécifique de cessation anticipée d'activité. L'allocation de cessation anticipée d'activité des travailleurs de l'amiante cesse d'être versée lorsque le bénéficiaire remplit les conditions requises pour bénéficier d'une pension de retraite à taux plein. • Civ. 2e, 20 déc. 2007, n° 06-20.797 P : *JCP S 2008. 1226, note Asquinazi-Bailleux.*

4. Nouvel examen des droits. N'est pas motivée par une modification des convenances personnelles la demande de réexamen des droits à pension fondée sur un état d'inaptitude au travail ou d'invalidité non mentionné ou exclu sur l'imprimé de demande initial ; elle est en conséquence recevable dès lors qu'elle est introduite dans les délais du recours contentieux. • Soc. 17 janv. 1991, n° 88-19.757 P : *RJS 1991, n° 391 ; D. 1991. Somm. 340, obs. Prétot* • 7 févr. 1991 : *RJS 1991, n° 391.*

5. Convention internationale (assuré ayant accompli des périodes d'activité au Togo). En application de l'art. 14, al. 3, de la convention générale conclue entre la France et le Togo le 7 décembre 1971, la prestation effectivement due à l'intéressé par l'institution compétente est déterminée en réduisant le montant de la prestation à laquelle il aurait droit sur la base de toutes les périodes totalisées, au prorata de la durée des périodes d'assurance accomplies sous sa propre législation, par rapport à l'ensemble des périodes accomplies dans les deux pays. • Civ. 2e, 12 juill. 2006, n° 04-20.531 P : *JCP S 2006, 1653.*

Art. L. 351-9 *(Abrogé par L. n° 2014-40 du 20 janv. 2014, art. 44-IV)* ***Lorsque le montant de la pension est inférieur à un minimum, un versement forfaitaire unique est substitué à la pension, dans les conditions fixées par décret en Conseil d'État.*** *– V. art. R. 351-26.*

Les dispositions issues de la L. n° 2014-40 du 20 janv. 2014 s'appliquent aux assurés dont l'ensemble des pensions prend effet à compter du 1er janv. 2016 (L. préc., art. 44-V).

Art. L. 351-10 **La pension de vieillesse au taux plein est assortie, le cas échéant, d'une majoration permettant de porter cette prestation** *(L. n° 2003-775 du 21 août 2003, art. 26)* **« lors de sa liquidation », à un montant minimum tenant compte de la durée d'assurance** *(L. n° 2003-775 du 21 août 2003, art. 26)* **« accomplie par l'assuré dans le régime général, le cas échéant rapportée à la durée d'assurance accomplie tant dans le régime général que dans un ou plusieurs autres régimes obligatoires, lorsque celle-ci dépasse la limite visée au deuxième alinéa de l'article L. 351-1 » et fixé par décret.** *(L. n° 2003-775 du 21 août 2003, art. 26 ; L. n° 2008-1330 du 17 déc. 2008, art. 80-I)* **« Ce montant minimum est majoré au titre des périodes ayant donné lieu à cotisations à la charge de l'assuré lorsque la durée d'assurance ayant donné lieu à cotisations à la charge de l'assuré, accomplie tant dans le régime général que dans un ou plusieurs autres régimes obligatoires, est au moins égale à une limite fixée par décret. »** *– Dispositions applicables à compter du 1er janv. 2004 (L. n° 2003-775 du 21 août 2003, art. 26-III).*

(L. n° 2008-1330 du 17 déc. 2008, art. 81-I) **« La majoration de pension versée au titre de la retraite anticipée des travailleurs handicapés, la majoration pour enfants, la majoration pour conjoint à charge, prévues au deuxième alinéa de l'article L. 351-1-3, à l'article L. 351-12 » et au premier alinéa de l'article L. 351-13 du présent code, et** *(Décr. n° 86-839 du 16 juill. 1986, art. 6)* **« la rente des retraites ouvrières et paysannes prévue à l'article 115 de l'ordonnance n° 45-2454 du 19 octobre 1945 » s'ajoutent à ce montant minimum.** *– V. art. R. 351-25.*

(L. n° 2008-1330 du 17 déc. 2008, art. 89) **« La majoration de pension prévue à l'article L. 351-1-2 s'ajoute également à ce montant minimum dans des conditions prévues par décret. »**

Les dispositions issues de la L. n° 2008-1330 du 17 déc. 2008 sont applicables aux pensions prenant effet à compter du 1er avr. 2009 (L. préc., art. 80-V, 81-II et 89-III).

BIBL. ▸ BICHOT, De la nocivité des décotes et surcotes « à la française », *RDSS 2015. 340*.

Art. L. 351-10-1 *(L. nº 2008-1330 du 17 déc. 2008, art. 80-III)* **L'assuré ne peut bénéficier des dispositions de l'article L. 351-10 que s'il a fait valoir les droits aux pensions personnelles de retraite auxquels il peut prétendre au titre des régimes légaux ou rendus légalement obligatoires, de base et complémentaires, français et étrangers, ainsi que des régimes des organisations internationales.** — *Cet art. est applicable aux pensions prenant effet à compter du 1er janv. 2012 (L. nº 2008-1330 du 17 déc. 2008, art. 80-V, mod. par L. nº 2010-1594 du 20 déc. 2010, art. 109-IV ; Décr. nº 2011-772 du 28 juin 2011, art. 3).*

Art. L. 351-11 *(L. nº 2003-775 du 21 août 2003, art. 27-II)* **Les cotisations et salaires servant de base au calcul des pensions sont revalorisés** *(L. nº 2015-1702 du 21 déc. 2015, art. 89-I-3º)* **« dans les conditions prévues » à l'article L. 161-23-1.** — *V. note ss. art. L. 161-23-1.*

SECTION VI MAJORATIONS POUR ENFANTS — MAJORATIONS POUR CONJOINT À CHARGE — AUTRES MAJORATIONS

Art. L. 351-12 La pension prévue aux articles L. 351-1 et L. 351-8 est assortie d'une majoration pour tout assuré de l'un ou l'autre sexe ayant eu un nombre minimum d'enfants. — *V. art. R. 351-30.*

Ouvrent également droit à cette majoration les enfants élevés dans les conditions prévues au deuxième alinéa de l'article L. 342-4.

(L. nº 98-1194 du 23 déc. 1998, art. 38-IV) **« Cette majoration est incluse dans les avantages personnels de vieillesse dont le cumul avec une pension de réversion est comparé aux limites prévues au dernier alinéa de l'article L. 353-1. »** — *Le 3e al. de l'art. L. 351-12 cesse d'être applicable aux pensions prenant effet postérieurement à l'entrée en vigueur de la loi nº 2003-775 du 21 août 2003 (L. préc., art. 31-VI).*

Sur les exceptions à l'application du droit des usagers de saisir l'administration par voie électronique concernant les démarches effectuées auprès des organismes de sécurité sociale, V. CRPA, App., vº Saisine par voie électronique — Exceptions. — **CRPA.**

1. Enfant. Pour déterminer si un assuré a droit à la majoration prévue à l'art. L. 351-12 CSS, il y a lieu de prendre en compte tant les enfants de l'assuré que ceux élevés par lui et à sa charge. • Soc. 20 déc. 2000, nº 98-22.154 P : *RJS 2001, nº 352 ; D. 2001. IR 353.*

2. Enfant à charge (notion). La majoration est attribuée à toute personne qui a assumé la charge effective et permanente de l'enfant, laquelle inclut la direction tant matérielle que morale du mineur en cause. • Civ. 2e, 14 sept. 2006 : *RJS 2007, nº 110 ; JCP S 2006. 1850* (qui refuse le bénéfice de la majoration à l'affilié qui, âgé de quatorze ans et demi à la date du décès de son père, n'exerçait aucune activité rémunérée et ne justifiait pas ainsi avoir participé durant la période considérée de manière personnelle, effective et permanente, à l'entretien de sa sœur cadette).

3. Ignorance d'un droit (enfant né sans vie). La prescription quinquennale prévue par l'art. 2277 C. civ. est opposable à l'assuré qui ne s'est pas prévalu, lors de la demande de liquidation de sa retraite, de la naissance d'un enfant sans vie pour obtenir la majoration de sa pension, l'ignorance de son droit à s'en prévaloir ne constituant pas une impossibilité d'agir. • Soc. 30 janv. 2003 : *RJS 2003, nº 525.*

Art. L. 351-13 La pension prévue aux articles L. 351-1 et L. 351-8 est assortie d'une majoration lorsque le conjoint à charge du titulaire atteint l'âge fixé par décret en Conseil d'État et n'est pas bénéficiaire d'un avantage au titre d'une législation de sécurité sociale.

Le montant de cette majoration est fixé par décret en tenant compte de la durée d'assurance lorsque celle-ci est inférieure à la durée déterminée par ce décret.

(L. nº 2010-1330 du 9 nov. 2010, art. 51) **« La majoration prévue au premier alinéa est supprimée à compter du 1er janvier 2011. Toutefois, elle est maintenue pour les pensionnés qui en bénéficiaient au 31 décembre 2010, tant qu'ils en remplissent les conditions d'attribution. »**

V. note ss. art. L. 351-12.

SECTION VII LIQUIDATION — ENTRÉE EN JOUISSANCE

Néant. — V. art. R. 351-34 à R. 351-37.

SECTION VIII RACHAT

Art. L. 351-14 Les personnes appartenant ou ayant appartenu à une catégorie de travailleurs dont l'affiliation, soit au régime général de sécurité sociale des salariés, soit à un régime de sécurité sociale applicable aux salariés dans les départements d'Algérie et du Sahara, a été rendue obligatoire par des dispositions législatives ou réglementaires intervenues postérieurement au 1er juillet 1930, ou leur conjoint survivant, pourront demander la prise en compte, par le régime général de sécurité sociale ci-dessus, pour l'assurance vieillesse, des périodes d'activité accomplies dans la métropole, les départements d'outre-mer, d'Algérie et du Sahara antérieurement à la date à laquelle ces dispositions sont entrées en vigueur au lieu d'exercice de leur activité.

Il en est de même pour les personnes dont les droits à l'assurance vieillesse ont été liquidés, mais seulement pour les périodes d'activité validables antérieures à ladite liquidation.

Un décret en Conseil d'État détermine les conditions d'application du présent article, notamment :

Les conditions dans lesquelles les demandes doivent être présentées ;

Les modalités de liquidation ou de révision des droits à l'assurance vieillesse des demandeurs ;

(L. n° 2009-1646 du 24 déc. 2009, art. 72-I) « Les cotisations sont égales à celles dues en application de l'article L. 351-14-1. » — *V. art. R. 351-37-1 à R. 351-37-11.*

Les dispositions issues de la L. n° 2009-1646 du 24 déc. 2009 sont applicables aux demandes d'adhésion et de rachat déposées à compter d'une date fixée par décret et au plus tard au 1er janv. 2011 (L. préc., art. 72-III).

Sur les exceptions à l'application du droit des usagers de saisir l'administration par voie électronique concernant les démarches effectuées auprès des organismes de sécurité sociale, V. CRPA, App., v° Saisine par voie électronique — Exceptions. — ***CRPA.***

Bénéficiaires. L'art. L. 351-14 CSS n'accorde à certaines catégories de travailleurs la faculté d'opérer des versements de rachat au titre de l'assurance vieillesse que dans la mesure où leur affiliation a été rendue obligatoire par des dispositions intervenues postérieurement au 1er juill. 1930. Tel n'est pas le cas d'une religieuse ayant exercé une activité d'infirmière et d'assistante sociale dans différents centres médicaux organisés par sa congrégation dès lors que cette activité n'était exercée que pour le compte et au bénéfice de la congrégation. • Cass., ass. plén., 8 janv. 1993, n° 87-20.036 P : *RJS 1993, n° 180 ; CSB 1993, S. 30 ; D. 1993. IR 34.*

Art. L. 351-14-1 *(L. n° 2003-775 du 21 août 2003, art. 29-I) (L. n° 2014-40 du 20 janv. 2014, art. 27-I-1°)* « I. — » Sont également prises en compte par le régime général de sécurité sociale, pour l'assurance vieillesse, sous réserve du versement de cotisations fixées dans des conditions définies par décret garantissant la neutralité actuarielle et dans la limite totale de douze trimestres d'assurance :

1° Les périodes d'études accomplies dans les établissements *(L. n° 2018-166 du 8 mars 2018, art. 11-I, en vigueur le 1er sept. 2018)* « d'enseignement supérieur, les écoles techniques supérieures, les grandes écoles et les classes des établissements du second degré préparatoires à ces écoles ou dans lesquelles est dispensé un enseignement postbaccalauréat, qui relèvent des catégories d'établissements d'enseignement supérieur définies par arrêté interministériel, » *(Abrogé par L. n° 2014-40 du 20 janv. 2014, art. 27-I-2°)* ***« et n'ayant pas donné lieu à affiliation à un régime d'assurance vieillesse »*** lorsque le régime général est le premier régime d'affiliation à l'assurance vieillesse après lesdites études ; ces périodes d'études doivent avoir donné lieu à l'obtention d'un diplôme, l'admission dans les grandes écoles et classes du second degré préparatoires à ces écoles étant assimilée à l'obtention d'un diplôme ; les périodes d'études ayant permis l'obtention d'un diplôme équivalent délivré par un État membre de l'Union européenne peuvent également être prises en compte ;

2° Les années civiles ayant donné lieu à affiliation à l'assurance vieillesse du régime général à quelque titre que ce soit, au titre desquelles il est retenu, en application du deuxième alinéa de l'article L. 351-1, un nombre de trimestres inférieur à quatre. — *Dispositions applicables à compter du 1er janv. 2004 (L. n° 2003-775 du 21 août 2003, art. 29-V).*

(Abrogé par L. n° 2008-1330 du 17 déc. 2008, art. 83-I) (L. n° 2006-1640 du 21 déc. 2006, art. 114) ***« Les versements mentionnés aux 1° et 2° qui sont utilisés pour compléter la***

durée d'assurance ou de périodes reconnues équivalentes, ou pour compléter la durée d'assurance ayant donné lieu à cotisations à la charge de l'assuré, afin de lui ouvrir le bénéfice des dispositions (L. n° 2007-1786 du 19 déc. 2007, art. 84-I) *« des articles L. 351-1-1 ou L. 634-3-2, du II des articles L. 643-3 ou L. 723-10-1 du présent code, de l'article L. 732-18-1 du code rural et de la pêche maritime ou de l'article L. 25 bis du code des pensions civiles et militaires de retraite, » font l'objet d'un barème spécifique. Ce barème est établi dans le respect du principe de neutralité actuarielle. »*

(L. n° 2014-40 du 20 janv. 2014, art. 27-I-3° et 27-II) **« II. — Par dérogation aux conditions prévues au I, le montant du versement de cotisations prévu pour la prise en compte des périodes mentionnées au 1° du même I peut être abaissé par décret pour les périodes de formation initiale, dans des conditions et limites tenant notamment au délai de présentation de la demande, fixé à dix ans à compter de la fin des études, et au nombre de trimestres éligibles à ce montant spécifique.**

« III. — Par dérogation aux conditions prévues au I, le montant du versement de cotisations prévu pour la prise en compte des années civiles mentionnées au 2° du même I, comprises entre le 1er janvier 1975 et le 31 décembre 1990 et au cours desquelles l'assuré a exercé une activité d'assistant maternel, peut être abaissé par décret, dans des conditions et limites tenant notamment au nombre de trimestres éligibles à ce montant spécifique.

« IV. — Par dérogation aux conditions prévues au I, le montant du versement de cotisations prévu pour la prise en compte des années civiles mentionnées au 2° du même I au cours desquelles l'assuré était en situation d'apprentissage, au sens de l'article L. 6211-1 du code du travail, dans le cadre d'un contrat conclu entre le 1er juillet 1972 et le 31 décembre 2013 peut être abaissé, dans des conditions et limites tenant notamment au nombre de trimestres éligibles à ce montant spécifique, fixées par décret. »

V. art. L. 173-7.

V. Âge d'ouverture du droit, Annexe I.

V. L. n° 2014-1554 du 22 déc. 2014, art. 79, Annexe I.

V. dernière note ss. art. L. 351-14.

BIBL. ▶ BICHOT, Les rachats d'annuités autorisés par la loi du 21 août 2003 : un bel exemple d'effet Mathieu, *Dr. soc. 2004. 408*.

SECTION IX DISPOSITIONS DIVERSES

Néant.

SECTION X RETRAITE PROGRESSIVE

Art. L. 351-15 (L. n° 2010-1330 du 9 nov. 2010, art. 105) **L'assuré qui exerce une activité à temps partiel au sens de l'article L. 3123-1 du code du travail** (L. n° 2017-1836 du 30 déc. 2017, art. 15-V, en vigueur le 1er janv. 2018) **« ou qui justifie d'une activité relevant du champ de l'article L. 631-1 exercée à titre exclusif dans des conditions fixées par décret et relatives, notamment, à la diminution des revenus professionnels » peut demander la liquidation de sa pension de vieillesse et le service d'une fraction de celle-ci à condition :**

1° D'avoir atteint l'âge prévu au premier alinéa de l'article L. 351-1 (L. n° 2014-40 du 20 janv. 2014, art. 18-I-1°) **« diminué de deux années, sans pouvoir être inférieur à soixante ans » ;**

2° De justifier d'une durée d'assurance et de périodes reconnues équivalentes (L. n° 2014-40 du 20 janv. 2014, art. 18-I-2°) **« fixées par décret en Conseil d'État. »**

Cette demande entraîne la liquidation provisoire et le service de la même fraction de pension dans (L. n° 2014-40 du 20 janv. 2014, art. 18-I-3°) **« le régime général, le régime des salariés agricoles,** (Abrogé par L. n° 2017-1836 du 30 déc. 2017, art. 15-V, à compter du 1er janv. 2018) *« le régime social des indépendants, »* **le régime des professions libérales et le régime des non-salariés agricoles. »** — *Sur les dispositions transitoires de l'art. 15 de la L. n° 2017-1836 du 30 déc. 2017, V. ss. le livre VI « Dispositions applicables aux travailleurs indépendants ».*

La fraction de pension qui est servie varie dans des conditions fixées par voie réglementaire en fonction de la durée du travail à temps partiel ; en cas de modification de son temps de travail, l'assuré peut obtenir la modification de cette fraction de pension au terme d'un délai déterminé.

L'assuré est informé des conditions d'application de l'article L. 241-3-1.

(L. n° 2016-1827 du 23 déc. 2016, art. 44-I) « Le présent article est applicable aux salariés exerçant plusieurs activités à temps partiel dans des conditions déterminées par décret en Conseil d'État. » — *Les dispositions de l'art. 44-I de la L. n° 2016-1827 du 23 déc. 2016 entrent en vigueur à une date fixée par décret, et au plus tard le 1er janv. 2018 (L. préc., art. 44-III).*

Sur les exceptions à l'application du droit des usagers de saisir l'administration par voie électronique concernant les démarches effectuées auprès des organismes de sécurité sociale, V. CRPA, App., v° Saisine par voie électronique — Exceptions. **CRPA.**

1. Application immédiate du texte. Les art. L. 351-15 et L. 351-16 CSS, dans leur rédaction issue de l'art. 30 de la L. n° 2003-775 du 21 août 2003, sont rédigés de façon suffisamment précise pour recevoir application dès la publication de la loi du 21 août 2003. La liquidation de la pension de retraite doit en conséquence tenir compte de la surcote pour les périodes postérieures à cette date. • Civ. 2e, 19 sept. 2013 : *D. actu. 9 oct. 2013, obs. Fraisse ; RJS 12/2013, n° 751.*

2. Notion de travail à temps partiel : salariés en forfait jours. Le bénéfice de la retraite progressive est subordonné à la justification de l'exercice d'une activité dont la durée, exprimée en heures, est inférieure à la durée normale du travail au sens de l'art. L. 3123-1 C. trav. Tel n'est pas le cas d'un salarié en forfait jours dont le nombre de jours de travail a été réduit. • Civ. 2e, 3 nov. 2016, n° 15-26.276 P : *JCP S 2016, n° 1418, obs. Tauran.*

3. Notion de travail à temps partiel : contrat d'accompagnement dans l'emploi. L'assuré qui exerce une activité à temps partiel au sens de l'art. L. 3123-1 C. trav., peut demander la liquidation de sa pension de vieillesse et le service d'une fraction de celle-ci à la seule condition d'une justification d'une activité à temps partiel, et ne saurait être exclu du bénéfice de ces droits les salariés titulaires d'un contrat d'accompagnement dans l'emploi. • Civ. 2e, 18 déc. 2014, n° 13-28.826 P : *RDSS 2015. 185, obs. Tauran ; JCP S. 2015, n° 1208, obs. Tauran ; RJS 3/2015, n° 211.*

Art. L. 351-16 *(L. n° 88-16 du 5 janv. 1988, art. 2-I)* Le service de la fraction de pension est remplacé par le service de la pension complète, à la demande de l'assuré, lorsque celui-ci cesse totalement son activité *(L. n° 2014-40 du 20 janv. 2014, art. 18-II)* « et qu'il en remplit les conditions d'attribution ». Il est suspendu lorsque l'assuré reprend une activité à temps complet *(Abrogé par L. n° 2016-1827 du 23 déc. 2016, art. 44-II) « ou exerce une autre activité à temps partiel en plus de celle ouvrant droit au service de la fraction de pension ».*

(L. n° 2016-1827 du 23 déc. 2016, art. 44-II) « Le service d'une fraction d'une pension ne peut pas être à nouveau demandé après la cessation de l'activité à temps partiel lorsque l'assuré a demandé le service de sa pension complète ou la reprise d'une activité à temps complet. » — *Les dispositions de l'art. 44-I de la L. n° 2016-1827 du 23 déc. 2016 entrent en vigueur à une date fixée par décret, et au plus tard le 1er janv. 2018 (L. préc., art. 44-III).*

(L. n° 2003-775 du 21 août 2003, art. 30-II) « La pension complète est liquidée compte tenu du montant de la pension initiale et de la durée d'assurance accomplie depuis son entrée en jouissance, dans des conditions fixées par décret. »

V. note ss. art. L. 351-15.

SECTION XI VALIDATION DES STAGES EN ENTREPRISE

(L. n° 2014-40 du 20 janv. 2014, art. 28)

Art. L. 351-17 Les étudiants peuvent demander la prise en compte, par le régime général de sécurité sociale, des périodes de stages prévus à l'article *(L. n° 2014-788 du 10 juill. 2014, art. 1er-III)* « L. 124-1 » du code de l'éducation et éligibles à la gratification prévue à l'article *(L. n° 2014-788 du 10 juill. 2014, art. 1er-III)* « L. 124-6 » du même code, sous réserve du versement de cotisations et dans la limite de deux trimestres.

Un décret précise les modalités et conditions d'application du présent article, notamment :

1° Le délai de présentation de la demande, qui ne peut être supérieur à deux ans ;

2° Le mode de calcul des cotisations et les modalités d'échelonnement de leur versement.

Le nombre de trimestres ayant fait l'objet d'un versement de cotisations en application du présent article est déduit du nombre de trimestres éligibles au rachat prévu au II de l'article L. 351-14-1.

Sur les exceptions à l'application du droit des usagers de saisir l'administration par voie électronique concernant les démarches effectuées auprès des organismes de sécurité sociale, V. CRPA, App., v° Saisine par voie électronique — Exceptions. **—CRPA.**

CHAPITRE II SERVICE DES PENSIONS DE RETRAITE

Art. L. 352-1 (Abrogé par L. n° 2008-1330 du 17 déc. 2008, art. 88-II) ***Le service de la pension de vieillesse attribuée ou révisée au titre de l'inaptitude au travail peut être suspendu lorsque le titulaire, n'ayant pas atteint l'âge fixé en application du 1° de l'article L. 351-8, exerce une activité professionnelle lui procurant des revenus dépassant un montant déterminé.***

CHAPITRE III OUVERTURE DU DROIT, LIQUIDATION ET CALCUL DES PENSIONS DE RÉVERSION

BIBL. ▶ BICHOT, Veuvage et protection sociale, *Dr. soc. 2004. 1114*. – KERSCHEN, Vers une individualisation des droits sociaux. Approche européenne et modèles nationaux, *Dr. soc. 2003. 216*. – MORVAN, La pension de réversion face aux vicissitudes de la vie, *Dr. soc. 2011. 1289*.

Art. L. 353-1 **En cas de décès de l'assuré, son conjoint survivant a droit à une pension de réversion** *(L. n° 2008-1330 du 17 déc. 2008, art. 74-V)* **« à partir d'un âge et dans des conditions déterminés par décret »** *(L. n° 2003-775 du 21 août 2003, art. 31-I)* **« si ses ressources personnelles ou celles du ménage n'excèdent pas des plafonds fixés par décret. »** *— V. note ss. art. D. 353-3.*

La pension de réversion est égale à un pourcentage fixé par décret *[art. D. 353-1 : 54 %]* **de la pension principale ou rente dont bénéficiait ou eût bénéficié l'assuré, sans pouvoir être inférieure à un montant minimum fixé par décret en tenant compte de la durée d'assurance lorsque celle-ci est inférieure à la durée déterminée par ce décret.** *(L. n° 2011-1906 du 21 déc. 2011, art. 92-I)* **« Toutefois, ce minimum n'est pas applicable aux pensions de réversion issues d'une pension dont le montant est inférieur au minimum prévu à l'article L. 351-9. »** *— V. notes ss. cet art.*

Elle est majorée lorsque le bénéficiaire remplit les conditions fixées à l'article L. 351-12. Cette majoration ne peut être inférieure à un pourcentage du montant minimum de la pension de réversion.

(L. n° 2003-775 du 21 août 2003, art. 31-I) **« Lorsque son montant majoré des ressources mentionnées au premier alinéa excède les plafonds prévus, la pension de réversion est réduite à due concurrence du dépassement. »**

Les dispositions issues de la L. n° 2011-1906 du 21 déc. 2011 s'appliquent aux pensions de réversion prenant effet à compter du 1er juill. 2012 (L. préc., art. 92-II).

Sur les exceptions à l'application du droit des usagers de saisir l'administration par voie électronique concernant les démarches effectuées auprès des organismes de sécurité sociale, V. CRPA, App., v° Saisine par voie électronique — Exceptions. **— CRPA.**

1. Durée de mariage (Jurispr. antérieure à la loi du 21 août 2003). Il résulte de la combinaison des art. L. 353-1 et R. 353-1 CSS qu'en cas de décès de l'assuré, son conjoint a droit à une pension de réversion s'il était marié depuis au moins deux ans à la date du décès. La condition est remplie lorsqu'une personne a contracté un mariage en Algérie, en la forme musulmane, plus de deux ans avant le décès de son mari ; peu importe que ce mariage n'ait été transcrit sur les registres d'état civil que postérieurement à ce décès. • Soc. 6 mai 1999, n° 97-13.718 P : *RJS 1999, n° 978.*

2. Majoration pour enfants. La majoration pour enfants applicable aux pensions de vieillesse des agents des collectivités locales constitue un avantage distinct de la pension elle-même ; lorsque le conjoint survivant perçoit de la Caisse nationale de retraite des agents des collectivités locales une majoration pour enfants, qui s'ajoute à sa pension de vieillesse, cet avantage n'a pas à être compris dans la base de calcul de la limite du cumul autorisé entre l'avantage personnel de vieillesse de l'intéressé et sa pension de réversion du régime général de la sécurité sociale. • Soc. 11 avr. 1996, n° 94-13.403 P : *RJS 1996, n° 601.*

a. Polygamie

3. Mariage valablement contracté. Aux termes de l'art. 147 C. civ., on ne peut contracter un second mariage avant la dissolution du premier, de sorte que le mariage contracté de façon irrégulière ne peut être opposé à la caisse ; la seconde épouse ne peut prétendre au bénéfice d'une pension de réversion. • Civ. 2e, 29 juin 2004 : *RJS 2004, n° 1089.* ♦ L'ordre public français ne fait pas obstacle à l'acquisition de droits en France sur le fondement d'une situation créée sans fraude à l'étranger en conformité avec la loi ayant compétence en vertu du droit international privé. Dès lors que le second mariage, contracté à l'étranger, est valable et non susceptible d'annulation, la seconde épouse a la qualité de conjoint survivant au sens de l'art. L. 353-1 CSS. • Civ. 2e, 2 mai 2007 : *JCP S 2007. 1523, note Vachet, 1re esp.* ♦ V. pour la liste des cas où la France a signé avec l'État de nationalité des mariés une convention permettant de reconnaître certains effets aux mariages polygamiques sur le territoire français, *Circ. CNAVTS n° 2008/14, 25 févr. 2008.* ♦ En l'absence de décision ayant prononcé l'annulation du second mariage et reconnu son caractère putatif à l'égard de la seconde femme du défunt, celle-ci ne peut se prévaloir de la qualité de conjoint survivant au sens de l'art. L. 353-1 CSS et prétendre à la pension de réversion prévue par ce texte. • Soc. 25 mars 2003, n° 01-20.608 P : *RJS 2003. 526, n° 798.*

b. Putativité

4. En cas de mariage d'un assuré, suivi d'un second mariage nul mais déclaré putatif à l'égard de la seconde épouse, celle-ci a la qualité de conjoint survivant au sens des art. L. 353-1 et L. 353-3 CSS. • Civ. 2e, 16 sept. 2003, n° 02-30.224 P : *RJS 2003. 999, n° 1436* (les juges du fond ne peuvent débouter la seconde épouse de sa demande de pension de réversion sans faire trancher préalablement par la juridiction compétente la question de la nullité et de l'éventuelle putativité du second mariage à l'égard de l'intéressée).

Art. L. 353-2 Lorsqu'un assuré, titulaire d'une pension ou d'une rente de vieillesse du régime général de sécurité sociale, a disparu de son domicile et que plus d'un an s'est écoulé sans qu'il ait réclamé les arrérages de cette prestation, son conjoint peut obtenir, à titre provisoire, la liquidation des droits qui lui auraient été reconnus en cas de décès de l'assuré.

Lorsqu'un assuré, non encore titulaire d'une pension ou d'une rente de vieillesse, a disparu de son domicile depuis plus d'un an, son conjoint peut également obtenir, à titre provisoire, la liquidation des droits qui lui auraient été reconnus en cas de décès de l'assuré. — *V. art. R. 353-8.*

La liquidation provisoire des droits du conjoint devient définitive lorsque le décès est officiellement établi ou lorsque l'absence a été déclarée par jugement passé en force de chose jugée.

V. dernière note ss. art. L. 353-1.

1. Absence du titulaire de la pension de vieillesse. Si un présumé absent doit toujours être considéré comme vivant, le jugement de présomption d'absence ne peut avoir pour effet de mettre à néant les dispositions légales qui avaient autorisé l'épouse du présumé absent à revendiquer la liquidation provisoire de ses droits à pension de réversion, l'annulation de ces dispositions ne pouvant résulter que de la réapparition de l'assuré à laquelle ne pouvait être assimilée la demande du représentant du présumé absent de reprise du versement des arrérages de la pension de retraite. • Civ. 2e, 31 mai 2005, n° 03-30.770 P : *D. 2005. IR 1654 ; Dr. soc. 2005. 942, obs. Gauriau ; RJS 2005, n° 908 ; JCP S 2005. 1213, note Morvan.*

2. Absence du titulaire de la pension de réversion. Dans le cas du décès d'un assuré titulaire d'une pension de retraite, l'organisme débiteur de cette prestation ne peut se prévaloir de la présomption d'absence du conjoint survivant pour s'exonérer du versement de la pension de réversion. • Civ. 2e, 20 sept. 2005, n° 04-15.998 P : *D. 2005. IR 2407 ; JCP S 2005, 1381, note Morvan ; RJS 2005, n° 1259.* ♦ Le service d'une pension de réversion du régime général de la sécurité sociale obéit à des règles propres et n'est dû qu'au bénéficiaire qui est en mesure de réclamer les arrérages de cet avantage accordé à titre personnel et viager auquel s'attache un caractère alimentaire. L'obligation de verser ces arrérages cesse à partir du jour où le titulaire de la pension a disparu de son domicile, qu'il ait été ou non en état de présomption d'absence. • Soc. 9 juill. 1992, n° 88-10.951 P : *D. 1993. 377, note Massip.*

Art. L. 353-3 Le conjoint divorcé *(Abrogé par L. n° 2003-775 du 21 août 2003, art. 31-II, à compter du 1er juill. 2004) « non remarié »* est assimilé à un conjoint survivant pour l'application de l'article L. 353-1.

Lorsque l'assuré est remarié, la pension de réversion à laquelle il est susceptible d'ouvrir droit à son décès, au titre de l'article L. 353-1, est partagée entre son conjoint

survivant et le ou les précédents conjoints divorcés *(Abrogé par L. n° 2003-775 du 21 août 2003, art. 31-II, à compter du 1er juill. 2004)* ***« non remariés »*** **au prorata de la durée respective de chaque mariage. Ce partage est opéré lors de la liquidation des droits du premier d'entre eux qui en fait la demande.**

Lorsque le bénéficiaire remplit les conditions fixées à l'article L. 351-12, sa part de pension est majorée.

Au décès de l'un des bénéficiaires, sa part accroîtra la part de l'autre ou, s'il y a lieu, des autres.

V. art. R. 353-1 à R. 353-7.

V. dernière note ss. art. L. 353-1.

1. Pluralité de conjoints survivants. Le mariage annulé pour bigamie après le décès de l'assuré mais déclaré putatif à l'égard de l'épouse confère à cette dernière la qualité de conjoint survivant au sens des art. L. 353-1 et L. 353-3 CSS. La pension de réversion est, dans ce cas, partagée entre les conjoints survivants non remariés au prorata de la durée respective de chaque mariage ; ce partage est opéré lors de la liquidation des droits du premier d'entre eux qui en fait la demande. • Soc. 9 nov. 1995, n° 94-10.857 P : *RJS 1995, n° 1286 ; CSB 1996, B. 21.*

2. Champ d'application. Les art. L. 353-3 et L. 731-8 [abrogé] CSS, relatifs au partage des pensions de réversion de base et complémentaires entre le conjoint survivant et le ou les précédents conjoints divorcés non remariés, ne s'appliquent pas aux contrats qui sont régis par le code des assurances et non par le code de la sécurité sociale. • Civ. 1re, 13 juin 1995, n° 92-12.633 P : *D. 1995. IR 193 ; RJS 1995, n° 1294.*

Art. L. 353-4 *(L. n° 87-39 du 27 janv. 1987, art. 3-I)* **Toute pension de réversion dont le bénéfice a été sollicité auprès du régime général de sécurité sociale peut faire l'objet d'une avance financée sur les fonds d'action sanitaire et sociale, remboursée par les fonds des prestations légales, dans la limite des droits établis dans ce régime.** — *V. dernière note ss. art. L. 353-1.*

Art. L. 353-5 *(L. n° 88-16 du 5 janv. 1988, art. 7-I)* **Le conjoint survivant qui n'est pas titulaire d'un avantage personnel de vieillesse d'un régime de base obligatoire et qui satisfait à une condition d'âge a droit à une majoration forfaitaire de sa pension de réversion pour chaque enfant dont il a la charge au sens de l'article** *(L. n° 2015-1702 du 21 déc. 2015, art. 59-XII-A-21°, en vigueur le 1er janv. 2016)* **« L. 161-1 » et qui n'a pas atteint un âge déterminé.** — *V. art. R. 353-9.*

Cette majoration n'est pas due lorsque le conjoint survivant bénéficie ou est susceptible de bénéficier de prestations pour charge d'enfant du chef du décès de l'assuré dans le régime obligatoire d'assurance vieillesse de base dont celui-ci relevait. — *V. art. D. 173-21-1.*

(L. n° 2003-775 du 21 août 2003, art. 31-III) **« Elle est revalorisée** *(L. n° 2015-1702 du 21 déc. 2015, art. 89-I-4°)* **« dans les conditions prévues à l'article L. 161-23-1 ». »**

Le bénéfice de cette majoration est supprimé *(Abrogé par L. n° 2003-775 du 21 août 2003, art. 31-III et V, à compter du 1er juill. 2004)* ***« en cas de remariage ou de vie maritale et »*** **lorsque l'une des conditions mentionnées au premier alinéa cesse d'être remplie, à l'exception de la condition d'âge exigée du titulaire.**

(L. n° 90-86 du 23 janv. 1990, art. 15-I) **« Les dispositions du présent article s'appliquent également aux conjoints mentionnés aux articles L. 353-2 et L. 353-3. »**

V. dernière note ss. art. L. 353-1.

Condition de résidence. La majoration pour enfant à charge de la pension de réversion servie au conjoint survivant étant au nombre des prestations familiales et prestations assimilées au sens du livre V CSS en application des art. L. 135-2, 3° et L. 223-1, 5° CSS, elle ne peut être attribuée, en vertu de l'art. L. 512-1 CSS, qu'à une personne française ou étrangère résidant en France, ayant à sa charge un ou plusieurs enfants résidant en France. • Civ. 2e, 26 mai 2016, n° 14-24.228 P : *RJS 8-9/2016, n° 595.*

Art. L. 353-6 *(L. n° 2008-1330 du 17 déc. 2008, art. 74-I, en vigueur le 1er janv. 2010)* **La pension de réversion est assortie d'une majoration lorsque le conjoint survivant atteint l'âge mentionné au 1° de l'article L. 351-8 et que la somme de ses avantages personnels de retraite et de réversion servis par les régimes légaux ou rendus légalement obligatoires, de base et complémentaires, français et étrangers, ainsi que par les**

régimes des organisations internationales, n'excède pas un plafond fixé par décret. La majoration est égale à un pourcentage fixé par décret de la pension de réversion. Lorsque le total de cette majoration et de ces avantages excède ce plafond, la majoration est réduite à due concurrence du dépassement.

Le conjoint survivant ne peut bénéficier des dispositions du présent article que s'il a fait valoir les avantages personnels de retraite et de réversion auxquels il peut prétendre auprès des régimes légaux ou rendus légalement obligatoires, de base et complémentaires, français et étrangers, ainsi qu'auprès des organisations internationales.

V. dernière note ss. art. L. 353-1.

CHAPITRE IV MODALITÉS DE LA DEMANDE DE PENSION DE RÉVERSION

Néant. — V. art. R. 354-1.

CHAPITRE V DISPOSITIONS COMMUNES AVEC L'INVALIDITÉ

Art. L. 355-1 **Une majoration pour aide constante d'une tierce personne est accordée aux titulaires de pensions d'invalidité qui remplissent les conditions prévues au 3° de l'article L. 341-4, et aux titulaires de pensions de vieillesse substituées à des pensions d'invalidité qui viendraient à remplir ces conditions postérieurement à l'âge auquel s'ouvre le droit à pension de vieillesse et antérieurement à un âge plus élevé.**

Peuvent, en outre, obtenir cette majoration les titulaires d'une pension de vieillesse révisée pour inaptitude au travail et les titulaires d'une pension de vieillesse attribuée pour inaptitude au travail en application de l'article L. 351-8, lorsqu'ils remplissent soit au moment de la liquidation de leur droit, soit postérieurement mais avant le plus élevé des âges mentionnés au précédent alinéa, les conditions d'invalidité prévues au 3° de l'article L. 341-4. — *V. art. R. 355-1.*

Sur les exceptions à l'application du droit des usagers de saisir l'administration par voie électronique concernant les démarches effectuées auprès des organismes de sécurité sociale, V. CRPA, App., v° Saisine par voie électronique — Exceptions. — **CRPA.**

1. Demande de majoration. La majoration pour tierce personne ne peut être accordée que sur demande de l'intéressé ; la preuve de la réception par la caisse d'une telle demande et des pièces justificatives ne peut résulter que du récépissé délivré par cet organisme ou de tout autre document en établissant la réalité. • Soc. 23 janv. 2003 : *RJS 2003, n° 524.*

2. Conditions d'attribution. Les conditions d'attribution d'une majoration pour aide constante d'une tierce personne doivent être appréciées à la date à laquelle la demande est formulée. • Soc. 9 déc. 1999 : *RJS 2000, n° 99.* ♦ Ne remplit pas les conditions d'attribution d'une majoration pour aide constante d'une tierce personne l'assuré qui, sans l'aide d'une tierce personne, peut se lever, se coucher et aller aux toilettes, de sorte qu'il n'est pas dans l'impossibilité d'effectuer tous les actes ordinaires de la vie. • Soc. 9 déc. 1999 : *préc.*

Art. L. 355-2 **Les pensions et rentes prévues au titre IV et aux chapitres I à IV du titre V du présent livre sont cessibles et saisissables dans les mêmes conditions et limites que les salaires. Toutefois, elles le sont dans la limite de 90 % au profit des établissements hospitaliers et des caisses de sécurité sociale pour le paiement des frais d'hospitalisation.**

(L. n° 98-657 du 29 juill. 1998, art. 130-II) **« Le montant de la saisie sur rappel de pensions et rentes s'apprécie en rapportant la quotité saisissable au montant dû par échéance mensuelle ou trimestrielle quelle que soit la période de validité à laquelle se rapporte le rappel. »**

L'application des dispositions du présent article ne peut avoir pour effet de réduire les arrérages de la pension d'invalidité servie pour un trimestre à un montant inférieur au quart du taux minimum fixé à l'article L. 341-5.

(L. n° 2003-775 du 21 août 2003, art. 39) **« Par dérogation aux dispositions du premier alinéa, la saisie peut s'élever à la totalité de la pension ou de la rente, réserve faite d'une somme d'un montant égal au tiers du minimum prévu au premier alinéa de l'article L. 351-10, lorsque cette saisie a pour objet d'exécuter les condamnations à des réparations civiles ou aux frais dus à la victime au titre de l'article 375 du code de**

procédure pénale et que ces condamnations ont été prononcées à l'encontre d'une personne qui a été jugée coupable de crime ou de complicité de crime contre l'humanité. »

1. Procédure. Il résulte de l'art. L. 355-2 CSS, dont le champ d'application a été étendu par l'art. L. 922-7 aux prestations servies par les institutions de retraite complémentaire, que les pensions et rentes sont saisissables dans les conditions de forme et de fond applicables à la saisissabilité des salaires. • Civ. 2e, 16 mars 2000, n° 98-18.728 P : *RJS 2000, n° 873* • Soc. 19 juill. 2001 : *RJS 2001, n° 1350.* ♦ V. pour une application du principe à une pension d'invalidité : • Civ. 2e, 7 juin 2012, n° 11-19.622.

2. Conditions. Le terme « conditions » de l'art. L. 355-2, al. 1, CSS doit s'entendre comme s'appliquant aux conditions de fond et de forme de la saisissabilité des salaires. • Cass., avis, 21 juill. 1995, n° 09-50.010 P : *RJS 1995, n° 1176.*

Art. L. 355-3 **Toute demande de remboursement de trop-perçu en matière de prestations de vieillesse et d'invalidité est prescrite par un délai de deux ans à compter du paiement desdites prestations dans les mains du bénéficiaire** *(L. n° 2011-1906 du 21 déc. 2011, art. 114-VIII)* **« , sauf en cas de fraude ou de fausse déclaration ».** — *V. Circ. interministérielle DSS n° 2010-260 du 12 juill. 2010 relative aux règles de prescription applicables en matière de sécurité sociale (BO Santé n° 2010/8 du 15 sept. 2010, p. 171).*

En cas d'erreur de l'organisme débiteur de la prestation aucun remboursement de trop-perçu des prestations de retraite ou d'invalidité n'est réclamé à un assujetti de bonne foi lorsque les ressources du bénéficiaire sont inférieures au chiffre limite fixé pour l'attribution, selon le cas, à une personne seule ou à un ménage, de l'allocation aux vieux travailleurs salariés. — *V. Décr. n° 65-470 du 18 juin 1965 (D. 1965. 190 ; BLD 1965. 329).*

Lorsque les ressources de l'intéressé sont comprises entre ce plafond et le double de ce plafond, le remboursement ne peut pas être effectué d'office par prélèvement sur les prestations. Le cas et la situation de l'assujetti sont alors soumis à la commission de recours amiable qui accordera éventuellement la remise totale ou partielle de la dette et déterminera, le cas échéant, l'échelonnement de ce remboursement.

(L. n° 2018-1203 du 22 déc. 2018, art. 77-I, en vigueur le 1er janv. 2020) **« Lorsque l'indu notifié ne peut être recouvré sur les prestations mentionnées au premier alinéa, la récupération peut être opérée, sous réserve que l'assuré ne conteste pas le caractère indu et n'opte pas pour le remboursement en un ou plusieurs versements dans un délai fixé par décret qui ne peut excéder douze mois, par retenue sur les prestations en espèces gérées par les organismes mentionnés à l'article L. 133-4-1 ou sur les prestations mentionnées à l'article L. 511-1, aux titres Ier à IV du livre VIII du présent code, à l'article L. 351-1 du code de la construction et de l'habitation et à l'article L. 262-46 du code de l'action sociale et des familles, par l'organisme gestionnaire de ces prestations et avec son accord. Toutefois, suite à cet accord, le recouvrement ne peut être effectué que si l'assuré n'est débiteur d'aucun indu sur ces mêmes prestations. Ce recouvrement est opéré selon les modalités applicables aux prestations sur lesquelles les retenues sont effectuées. Un décret fixe les modalités d'application et le traitement comptable afférant** *[afférent]* **à ces opérations. »**

V. art. R. 355-2 à R. 355-6.

La référence au plafond de ressources exigé pour le bénéfice de l'allocation aux vieux travailleurs salariés est remplacée par la référence au plafond de ressources mentionné à l'art. L. 815-9 CSS pour le bénéfice de l'allocation de solidarité (Ord. n° 2004-605 du 24 juin 2004, art. 3).

V. note ss. art. L. 355-1.

A. PRESCRIPTION

1. Champ d'application (régime général). Les dispositions de l'art. L. 355-3 CSS, prévoyant que toute demande de remboursement de prestations de vieillesse et d'invalidité est prescrite par un délai de deux ans à compter de leur paiement, ne concernent que le régime général de sécurité sociale et ne peuvent être étendues, à défaut de dispositions le prévoyant, aux régimes complémentaires de retraite et de prévoyance. • Soc. 5 mai 1995, n° 92-10.456 P : *RJS 1995, n° 713 ; CSB 1995, n° 72, suppl. p. 70 ; D. 1995. IR 149.* ♦ V. aussi : • Soc. 7 mars 1996 : *RJS 1996, n° 468 ; CSB 1996, B. 93* (décidant que les régimes complémentaires de retraite et de prévoyance des salariés créés ou modifiés par voie d'accord collectif interprofessionnel, professionnel ou d'entreprise ne relèvent pas des dispositions de l'art. L. 355-3 CSS).

2. Exclusion des prestations légales supplémentaires versées au titre de l'action sanitaire et sociale. La prescription instituée par l'art. L. 355-3 CSS vise exclusivement les sommes versées au bénéficiaire au titre des prestations légales de vieillesse et d'invalidité, et non les prestations supplémentaires servies au titre de l'action sanitaire et sociale. • Civ. 2e, 6 mars 2008, n° 07-12.677 P : *RJS 5/08, n° 595.*

B. ACTION EN RÉPÉTITION DE L'INDU

3. Sommes perçues indûment par une personne autre que le bénéficiaire. La prescription par l'écoulement d'un délai de deux ans prévue à l'art. L. 355-3 CSS ne concerne que les sommes indûment versées au bénéficiaire de la prestation, non celles perçues sans droit par une autre personne. • Soc. 6 juin 1996 : *CSB 1996, p. 295, § IV, n° 3.* ♦ V. aussi • Soc. 7 avr. 1994, n° 88-13.251 P : *D. 1994. IR 143 ; CSB 1994, S. 108* • Soc. 11 mars 1999 : *RJS 1999, n° 740* • 12 oct. 2000, n° 99-11.057 P : *RJS 2000, n° 1289.*

4. Assuré de bonne foi. La condition de bonne foi, prévue à l'al. 2 de l'art. L. 355-3 CSS, ne joue qu'à l'égard de la dispense de restitution des prestations non prescrites par des assujettis disposant de ressources inférieures au plafond de l'AVTS. • Poitiers, 21 mars 1989 : *RJS 1989, n° 889.*

5. Délai de prescription. Si l'action en paiement des arrérages d'une pension de vieillesse se prescrit par cinq ans, l'action en répétition de ces prestations, qui relève du régime des quasi-contrats, n'est pas soumise à la prescription abrégée de l'action en paiement desdites prestations, mais à la prescription trentenaire de droit commun. • Civ. 2e, 22 févr. 2005 : *RJS 2005, n° 573* • Civ. 2e, 5 nov. 2005 : *RJS 2006, n° 274* • Civ. 2e, 21 juin 2006, n° 04-12.487 P : *JCP S 2006, 1761, note Dumont.*

6. Fraude. L'action intentée par une caisse de mutualité sociale agricole en recouvrement de prestations indûment versées est soumise, en cas de fraude ou de fausses déclaration, à la prescription trentenaire de droit commun et non pas à la prescription biennale de l'art. L. 355-3 CSS. • Soc. 15 nov. 2001, n° 00-12.619 P : *RJS 2002, n° 220.*

7. Point de départ de la prescription. (Assuré décédé). Concernant des sommes indûment versées au bénéficiaire des prestations, avant son décès, la créance invoquée par la caisse contre un héritier, continuateur de la personne de l'assuré et comme tel tenu de ses dettes selon sa part héréditaire, demeure soumise à la prescription biennale de l'art. L. 355-3 CSS. • Soc. 12 juill. 2001 : *RJS 2001, n° 1205.*

8. Fraude de l'assuré. Toutefois, en cas de fraude commise par l'assuré, le point de départ de la prescription de l'action en répétition de l'indu doit être reporté à la date où la caisse a eu connaissance de celle-ci. • Soc. 18 mars 1999 : *RJS 1999, n° 1142.* ♦ V. aussi • Soc. 13 juill. 2000, n° 99-10.447 P : *RJS 2000, n° 999.*

9. Remise partielle. L'autorité de tutelle ne peut se fonder, pour annuler la remise partielle accordée par la commission de recours amiable de la caisse primaire d'assurance maladie de la dette correspondant à la perception indue d'une majoration pour tierce personne, sur la seule circonstance que l'intéressé détenait des ressources supérieures au plafond fixé par les dispositions de l'art. L. 355-3 CSS, sans tenir compte de la précarité de la situation du demandeur. • CE 1er avr. 1998 : *RJS 1998, n° 920.*

C. REMBOURSEMENT DU TROP-PERÇU

10. Point de départ de la prescription (délai de deux ans). Le premier al. de l'art. L. 355-3 CSS, qui fixe à deux ans le délai de prescription d'une demande de remboursement de trop-perçu de prestation de vieillesse et d'invalidité ne comportant aucune restriction, cette prescription est acquise dès l'expiration du délai de deux ans à compter du versement de la prestation entre les mains du bénéficiaire, que celui-ci ait été ou non de bonne foi. • Poitiers, 21 mars 1989 : *RJS 1989, n° 889.*

11. Prescription trentenaire pour les titres exécutoires. Le recouvrement de sommes litigieuses, en vertu de titres exécutoires, est soumis à la prescription de droit commun de trente ans. • Civ. 2e, 11 oct. 2006 : *JCP S 2006. 1932.*

CHAPITRE VI **ASSURANCE VEUVAGE**

(L. n° 2010-1330 du 9 nov. 2010, art. 93-I)

BIBL. ▶ BADEL, Suppression de l'assurance veuvage et réforme de la pension de réversion : quelle équivalence ?, *RDSS 2004. 451*. – BICHOT, Veuvage et protection sociale, *Dr. soc. 2004. 1114*. – LAROQUE, Droit des femmes et pensions de veuve, *RIT 1972, n° 1.1.* – PRÉTOT, La création de l'assurance veuvage (à propos de la L. n° 80-546 du 17 juill. 1980), *RDSS 1981. 454.*

Art. L. 356-1 **L'assurance veuvage garantit au conjoint survivant de l'assuré qui a été affilié, à titre obligatoire ou volontaire, à l'assurance vieillesse du régime général, au cours d'une période de référence et pendant une durée fixées par décret ou qui bénéficiait, en application de l'article L. 311-5, des prestations en nature de l'assurance maladie du régime général, une allocation de veuvage lorsque, résidant en France, il satisfait à des conditions d'âge fixées par décret. L'allocation de veuvage n'est due que si le total de cette allocation et**

des ressources personnelles du conjoint survivant n'excède pas un plafond fixé par décret ; lorsque le total de l'allocation et des ressources personnelles du conjoint survivant dépasse ce plafond, l'allocation est réduite à due concurrence.

Un décret détermine les revenus et autres avantages pris en compte pour l'appréciation des ressources du conjoint survivant ainsi que les modalités selon lesquelles les rémunérations tirées d'activités professionnelles ou de stages de formation qui ont commencé au cours de la période de versement de l'allocation peuvent être exclues, en tout ou en partie, du montant des ressources servant au calcul de l'allocation.

Ce décret détermine aussi le délai dans lequel le conjoint survivant demande l'attribution de cette prestation postérieurement à la date du décès de l'assuré.

Le conjoint survivant de nationalité étrangère résidant en France doit justifier de la régularité de son séjour par la production d'un titre ou document figurant sur une liste fixée par décret.

L'allocation de veuvage est également servie, qu'il réside ou non en France, au conjoint survivant de l'assuré qui relevait du régime de l'assurance volontaire vieillesse institué par le chapitre II du titre IV du livre VII, sous réserve qu'il remplisse les conditions d'âge et de ressources mentionnées au premier alinéa.

Bénéficient également de l'allocation de veuvage les conjoints survivants des adultes handicapés qui percevaient à la date de leur décès l'allocation aux adultes handicapés.

Sur les exceptions à l'application du droit des usagers de saisir l'administration par voie électronique concernant les démarches effectuées auprès des organismes de sécurité sociale, V. CRPA, App., v° Saisine par voie électronique — Exceptions. — ***CRPA.***

Jurisprudence antérieure à la L. n° 2010-1330 du 9 nov. 2010.

1. Droit ouvert au conjoint survivant. Il ressort des termes mêmes de l'art. L. 356-1 CSS que le législateur a ouvert le droit à l'allocation de veuvage, notamment, au conjoint survivant de toute personne qui a été affiliée à l'assurance vieillesse du régime général. Dès lors, en soumettant le bénéfice de ce droit à la condition que le conjoint décédé ait, en outre, été affilié, au cours des trois mois précédant son décès, à l'assurance veuvage, les auteurs de l'art. R. 356-1 CSS ont méconnu cette disposition législative. • CE 9 févr. 1996 : *RJS 1996, n° 455 ; D. 1996. IR 69* ♦ Pour une application de la décision d'illégalité, V. • Civ. 1re, 8 nov. 2005, n° 03-30.458 P : *JCP S 2006. 1052, note Morvan.*

2. Nature juridique de la rente. La rente allouée par l'employeur à la veuve d'un salarié décédé en activité, sans condition d'âge, constitue une prestation de prévoyance, et non une prestation de retraite. • Soc. 26 sept. 2002, n° 00-19.250 P : *RJS 2003, n° 246.*

Art. L. 356-2 L'allocation de veuvage a un caractère temporaire ; son montant, *(L. n° 2015-1702 du 21 déc. 2015, art. 89-I-5°)* « revalorisé dans les conditions prévues à l'article L. 161-23-1 », est unique.

Toutefois, des modalités particulières sont appliquées aux conjoints survivants ayant atteint, au moment du décès du conjoint, un âge déterminé.

Art. L. 356-3 L'allocation de veuvage n'est pas due ou cesse d'être due lorsque le conjoint survivant :

1° Se remarie, conclut un pacte civil de solidarité ou vit en concubinage ;

2° Ne satisfait plus aux conditions prévues par l'article L. 356-1.

Art. L. 356-4 L'organisme débiteur de l'allocation de veuvage reçoit, sur sa demande, communication des informations détenues par les administrations financières, les associations pour l'emploi dans l'industrie et le commerce, les organismes de sécurité sociale et les organismes de retraites complémentaires concernant les ressources dont disposent les bénéficiaires de l'allocation de veuvage et les prestations sociales qui leur sont versées. Les personnels assermentés de cet organisme sont tenus au secret quant aux informations qui leur sont communiquées.

Art. L. 356-5 Les modalités d'application du présent chapitre sont fixées par décret.

CHAPITRE VII RÉGIME APPLICABLE DANS LES DÉPARTEMENTS DU HAUT-RHIN, DU BAS-RHIN ET DE LA MOSELLE

Art. L. 357-1 Les pensions de vieillesse, d'invalidité, de veufs ou de veuves définies par le code local des assurances sociales du 19 juillet 1911 (assurance des ouvriers) et par la loi du 20 décembre 1911 sur l'assurance des employés, applicables dans les départements du Haut-Rhin, du Bas-Rhin et de la Moselle antérieurement au 1er juillet 1946 peuvent être calculées conformément aux articles L. 357-2, L. 357-5 et L. 357-9.

SECTION PREMIÈRE **PENSION DE VIEILLESSE**

Art. L. 357-2 La pension de vieillesse à laquelle ont droit les assurés à un âge déterminé *[art. D. 357-1 : 65 ans]* est constituée par une somme de base et par des majorations proportionnelles aux cotisations ou au salaire.

Entre l'âge fixé en application du premier alinéa du présent article et un âge inférieur fixé par décret *[art. D. 357-2]*, la pension de vieillesse est affectée de coefficients de minoration.

Art. L. 357-3 Les dispositions de l'article L. 351-12 et du premier alinéa de l'article L. 351-13 sont applicables aux pensions de vieillesse mentionnées au présent chapitre. *– V. art. D. 357-1 à D. 357-12.*

Art. L. 357-4 Les dispositions des articles L. 351-1, *(L. nº 2005-1579 du 19 déc. 2005, art. 74)* « L. 351-4-1, » L. 351-5, L. 351-6, *(L. nº 95-5 du 3 janv. 1995, art. 1er-III)* « L. 351-7-1 », *(L. nº 88-16 du 5 janv. 1988, art. 2-III)* « L. 351-8, L. 351-15 et L. 351-16 » du présent code sont applicables aux assurés ressortissant du code local des assurances sociales du 19 juillet 1911 et à la loi du 20 décembre 1911 dans les départements du Haut-Rhin, du Bas-Rhin et de la Moselle.

Les dispositions de l'article L. 161-22 du présent code sont applicables aux assurés ressortissant du code local des assurances sociales du 19 juillet 1911 et à la loi du 20 décembre 1911 dans les départements du Haut-Rhin, du Bas-Rhin et de la Moselle.

Les modalités d'application et d'adaptation du présent article sont fixées par décret.

(L. nº 2005-1579 du 19 déc. 2005, art. 74) « Les dispositions du présent article sont applicables aux pensions prenant effet après le 31 août 2003. »

Art. L. 357-4-1 *(L. nº 93-936 du 22 juill. 1993, art. 4-II)* Les dispositions de l'article L. 351-11 sont applicables aux pensions de vieillesse définies à l'article L. 357-2 ainsi qu'aux éléments de base servant à leur calcul. *– Les modalités d'application de cet article sont fixées par décret en Conseil d'État.*

SECTION II **PENSION D'INVALIDITÉ**

Art. L. 357-5 La pension d'invalidité est égale à une fraction *[art. D. 357-13 : trois quarts]* de la pension définie à l'article L. 357-2 ; elle est remplacée par cette dernière lorsque le titulaire atteint l'âge fixé en application du même article *[art. D. 357-14]*.

Art. L. 357-6 *(L. nº 93-936 du 22 juill. 1993, art. 3-II ; L. nº 98-1194 du 27 déc. 1998, art. 37-III)* Les dispositions de l'article L. 341-6 sont applicables aux pensions d'invalidité définies à l'article L. 357-5 ainsi qu'aux éléments de base servant à leur calcul. *– V. Décr. nº 93-1023 du 27 août 1993 (JO 28 août).*

Les dispositions de l'article L. 355-1 sont applicables aux pensions d'invalidité mentionnées à l'alinéa précédent.

Art. L. 357-7 Le bénéfice des dispositions de l'article L. 355-1 est étendu aux titulaires de pensions d'invalidité liquidées sous le régime applicable antérieurement au 1er juillet 1946 dans la mesure où les intéressés remplissent les conditions prévues au 3º de l'article L. 341-4.

Art. L. 357-8 Les titulaires de pensions d'invalidité du régime local qui ne bénéficient pas des dispositions de l'article L. 357-19 reçoivent une pension annuelle au moins égale au minimum prévu à l'article L. 341-5, sous réserve, pour les titulaires de pensions allouées conformément à la loi du 20 décembre 1911, qu'ils soient atteints d'une incapacité de travail supérieure à un taux *[art. D. 357-15 : deux tiers]* appréciée dans les conditions de l'article 1255 du code local des assurances sociales.

SECTION III **PENSION DE VEUVE ET DE VEUF**

Art. L. 357-9 Les pensions de veuves et de veufs dues au titre du code local des assurances sociales et celles dues au titre de la loi du 20 décembre 1911 sont égales à une fraction de la pension dont le « *de cujus* » bénéficiait ou eût bénéficié, sous réserve, dans ce dernier cas, de l'accomplissement de la période de stage exigée pour la pension à prendre en considération.

Le pourcentage de pension attribuée dans les conditions définies à l'alinéa ci-dessus est plus élevé pour les bénéficiaires du code local des assurances sociales que pour ceux de la loi du 20 décembre 1911. – *V. art. D. 357-16, D. 357-17 et D. 357-21.*

Art. L. 357-10 La pension de veuve ou de veuf, prévue à l'article L. 357-9 ne peut être inférieure au montant minimum fixé en application du deuxième alinéa de l'article L. 353-1.

La pension de veuve ou de veuf quelle qu'en soit la date d'entrée en jouissance est majorée lorsque le titulaire remplit les conditions fixées à l'article L. 351-12. Cette majoration est, le cas échéant, calculée sur le montant de la pension portée au minimum ci-dessus défini.

Les dispositions du présent article ne s'appliquent pas aux veufs ou veuves qui bénéficient d'une pension de veuf ou de veuve attribuée sans justification d'invalidité. Ils ont droit aux avantages susvisés lorsqu'ils atteignent l'âge fixé en application du premier alinéa de l'article L. 357-2, ou un âge moins élevé en cas d'inaptitude au travail. – *V. art. D. 357-18 et D. 357-19.*

Art. L. 357-10-1 *(L. n° 88-16 du 5 janv. 1988, art. 7-VI)* Le titulaire d'une pension de veuf ou de veuve servie au titre du code local des assurances sociales ou au titre de la loi du 20 décembre 1911, qui satisfait à une condition d'âge *[art. D. 357-2-1 : 55 ans]*, a droit à une majoration forfaitaire de cette pension dans les conditions prévues à l'article L. 353-5.

Art. L. 357-10-2 *(L. n° 2008-1330 du 17 déc. 2008, art. 74-VII, en vigueur le 1er janv. 2010)* La pension de veuf ou de veuve servie au titre du code local des assurances sociales ou au titre de la loi du 20 décembre 1911 relative à l'assurance des employés privés est assortie de la majoration prévue à l'article L. 353-6 dans les conditions prévues audit article.

Art. L. 357-11 Les titulaires de pensions de veuves ou de veufs allouées par application du code local des assurances sociales reçoivent une pension égale à une fraction de la pension d'invalidité qui a ou eût été accordée en vertu de l'article L. 357-8 au *"de cujus"*. Il en est de même pour les titulaires de pensions de veufs ou de veuves dues au titre de la loi du 20 décembre 1911 lorsque ceux-ci dépassent l'âge fixé en application du premier alinéa de l'article L. 357-2, ou sont atteints d'une incapacité de travail excédant le taux fixé en application de l'article L. 357-8 et appréciée dans les conditions de l'article 1258 du code local des assurances sociales.

Art. L. 357-12 Les dispositions des articles L. 161-23 et les deuxième et quatrième alinéas de l'article L. 353-1 du présent code *(L. n° 2005-1579 du 19 déc. 2005, art. 74)* « dans leur rédaction en vigueur avant la publication de la loi n° 2003-775 du 21 août 2003 portant réforme des retraites » sont applicables aux pensions de veuve ou de veuf dues au titre du code local des assurances sociales du 19 juillet 1911 et au titre de la loi du 20 décembre 1911 en vigueur dans les départements du Haut-Rhin, du Bas-Rhin et de la Moselle.

Les dispositions de l'article L. 353-3 du présent code sont applicables au conjoint divorcé d'un assuré ressortissant du code local des assurances sociales du 19 juillet 1911 et au titre de la loi du 20 décembre 1911 dans les départements du Haut-Rhin, du Bas-Rhin et de la Moselle.

Les modalités d'application et d'adaptation du présent article sont fixées par décret. – *V. art. D. 357-24.*

(L. n° 2005-1579 du 19 déc. 2005, art. 74) « Les dispositions du présent article sont applicables aux pensions prenant effet à compter du 1er juillet 2004. »

Art. L. 357-13 Dans le cas où le *"de cujus"* était titulaire d'une pension de vieillesse inférieure à la pension d'invalidité qu'il aurait obtenue s'il avait été invalide au moment où sa pension a pris effet, la pension de veuve ou de veuf est calculée sur la base de ladite pension d'invalidité.

SECTION IV **DISPOSITIONS COMMUNES AUX PENSIONS DE VIEILLESSE, D'INVALIDITÉ, DE VEUVE OU DE VEUF**

Art. L. 357-14 L'état d'inaptitude est apprécié par la caisse *(L. nº 2012-355 du 14 mars 2012, art. 1er-I-10º, en vigueur le 1er avr. 2012)* « d'assurance retraite et de la santé au travail d'Alsace-Moselle ». En cas de contestation sur cet état, le différend est porté devant *(L. nº 2016-1547 du 18 nov. 2016, art. 12-I et 114-I, en vigueur le 1er janv. 2019)* « les juridictions compétentes pour connaître du contentieux mentionné à l'article L. 142-2 ».

Art. L. 357-15 Lorsque le titulaire d'une pension résultant de versements personnels est également bénéficiaire d'une pension de veuve ou de veuf, les dispositions de l'article L. 357-3 ne sont applicables qu'à la pension la plus élevée, la deuxième pension reste acquise à l'intéressé en sus de la pension revalorisée, sans faire l'objet elle-même d'une revalorisation.

Art. L. 357-16 Un arrêté ministériel *[art. D. 357-25]* fixe les modalités de calcul des pensions d'invalidité et de vieillesse des assurés ayant été affiliés avant le 1er juillet 1946 successivement, alternativement ou simultanément au régime d'assurance du code local des assurances sociales et au régime de la loi du 20 décembre 1911. – *V. Arr. des 3 et 5 mars 1973 (JO 23 mars).*

Art. L. 357-17 Un arrêté ministériel *[art. D. 357-25]* détermine les conditions dans lesquelles est autorisé le cumul d'une pension d'un autre régime et d'une pension attribuée conformément au présent livre ou à l'ancienne législation locale, compte tenu des dispositions du présent chapitre, à des assurés soumis antérieurement au 1er juillet 1946 aux régimes d'assurances sociales en vigueur dans les départements du Haut-Rhin, du Bas-Rhin et de la Moselle.

Art. L. 357-18 Les arrêtés mentionnés à l'article L. 357-4 fixent les coefficients de revalorisation applicables pour la période postérieure au 31 décembre 1948 aux pensions d'invalidité et aux pensions de veuves ou veufs.

Art. L. 357-19 Les dispositions des deuxième et troisième alinéas de l'article L. 341-15 et de l'article L. 351-10 du présent code sont applicables aux pensions dues au titre du code local des assurances sociales du 19 juillet 1911 et au titre de la loi du 20 décembre 1911 en vigueur dans les départements du Haut-Rhin, du Bas-Rhin et de la Moselle.

Art. L. 357-20 Pour l'application des dispositions du présent chapitre, il ne peut être opposé aux assurés une déchéance du droit à pension du fait d'une absence de versement de cotisations pendant la période comprise entre le 27 août 1939 et le 1er juin 1946.

Art. L. 357-21 Un décret rendu sur le rapport des ministres intéressés fixe les modalités d'application des articles L. 357-1, L. 357-2, L. 357-3, L. 357-5, L. 357-8 à L. 357-11 et L. 357-19. – *V. art. D. 357-25 à D. 357-28.*

TITRE SIXIÈME **ASSURANCE DÉCÈS**

CHAPITRE PREMIER **DISPOSITIONS GÉNÉRALES**

BIBL. ► Arséguel, Le versement du capital décès du régime général aux ayants droit d'un fonctionnaire décédé, *Dr. soc. 1981. 727.* – de Goustine, La détermination de la mort en droit, *RDSS 1990. 596* . – Tauran, La situation des ayants droit après le décès de l'assuré social : le cas de l'assurance décès, *Dr. soc. 2009. 859* .

Art. L. 361-1 *(L. nº 98-1194 du 23 déc. 1998, art. 36)* Sans préjudice de l'application de l'article L. 313-1, l'assurance décès garantit aux ayants droit de l'assuré le paiement d'un capital égal à un *(L. nº 2014-1554 du 22 déc. 2014, art. 72-1º)* « montant forfaitaire déterminé par décret » lorsque l'assuré, moins de trois mois avant son décès, exerçait une activité salariée, percevait l'une des allocations mentionnées au premier alinéa de l'article L. 311-5, était titulaire d'une pension d'invalidité mentionnée à

l'article L. 341-1 ou d'une rente allouée en vertu de la législation sur les accidents du travail et maladies professionnelles mentionnée à l'article L. 371-1, ou lorsqu'il bénéficiait, au moment de son décès, du maintien de ses droits à l'assurance décès au titre de l'article L. 161-8. – *V. art. R. 361-1 et R. 361-2.*

Sur les exceptions à l'application du droit des usagers de saisir l'administration par voie électronique concernant les démarches effectuées auprès des organismes de sécurité sociale, V. CRPA, App., v° Saisine par voie électronique – Exceptions. – **CRPA.**

1. Point de départ du délai de prescription. Dès lors que le conjoint divorcé d'un assuré n'a eu connaissance du décès de celui-ci qu'à la date de notification de classement sans suite de sa plainte en abandon de famille, les juges du fond ont pu décider que l'ignorance de ce décès, fait donnant naissance au droit au capital, était légitime. La prescription n'a en conséquence commencé à courir qu'à la date où les ayants droit ont eu connaissance du décès de l'assuré. • Soc. 9 mars 1995, n° 92-13.992 P : *RJS 1995, n° 432.*

2. Non-opposabilité du délai de prescription (impossibilité d'agir). Les juges du fond ont pu décider que l'intéressée, se trouvant dans l'ignorance légitime et raisonnable du décès du père de sa fille et pour cette raison dans l'impossibilité d'agir, ne pouvait se voir opposer par la caisse la prescription biennale à sa demande de capital décès. • Civ. 2e, 5 juin 2008, n° 06-20.571 P : *JCP S 2008. 1426, note Tauran.*

3. Conditions de versement du capital décès. Les juges du fond procèdent à une exacte application de l'art. R. 313-8-1° CSS instituant une équivalence entre la durée de travail salarié et les journées indemnisées au titre de l'invalidité, pour déterminer si, à la date de son décès, l'assuré, que les dispositions de l'art. L. 311-4 CSS n'excluaient pas du bénéfice de l'assurance décès et dont la pension d'invalidité était en cours de versement, ouvrait droit au capital décès prévu par l'art. L. 361-1 du même code. • Soc. 25 juin 1998, n° 95-15.242 P : *RJS 1998, n° 1067.*

4. Ayant droit d'un titulaire d'une pension d'invalidité. Sur l'attribution d'un capital décès à l'ayant droit d'un assuré décédé alors qu'il était titulaire d'une pension d'invalidité. • Soc. 27 févr. 1997, n° 95-14.586 P : *CSB 1997, S. 98 ; D. 1997. IR 73.* ♦ V. aussi • Soc. 12 oct. 1988 : *Bull. civ. V, n° 485.*

Art. L. 361-2 (Abrogé par L. n° 2014-1554 du 22 déc. 2014, art. 72-2°) (L. n° 2005-1579 du 19 déc. 2005, art. 34-IV) ***Dans le cas où, entre la date de cessation d'activité et le décès de l'assuré, survient une augmentation générale des salaires, ce capital fait l'objet d'une révision.***

Art. L. 361-3 *Abrogé par L. n° 2001-1246 du 21 déc. 2001, art. 49-V.*

Art. L. 361-4 **Le versement du capital est effectué par priorité aux personnes qui étaient, au jour du décès, à la charge effective, totale et permanente de l'assuré.**

(L. n° 99-944 du 15 nov. 1999, art. 9) **« Si aucune priorité n'est invoquée dans un délai déterminé** *[art. R. 361-5 : 1 mois]*, **le capital est attribué au conjoint survivant non séparé de droit ou de fait, au partenaire auquel le défunt était lié par un pacte civil de solidarité ou à défaut aux descendants et, dans le cas où le** ***de cujus*** **ne laisse ni conjoint survivant, ni partenaire d'un pacte civil de solidarité, ni descendants, aux ascendants. »**

V. note ss. art. L. 361-1.

1. Personne à charge (charge de la preuve). L'obligation alimentaire que l'art. 203 C. civ. met à la charge des père et mère n'emporte pas présomption que leur enfant était à leur charge effective, totale et permanente au jour de leur décès, au sens de l'art. L. 361-4 CSS. • Soc. 6 avr. 1995 : *RJS 1995, n° 572.*

2. Mariage posthume. Les effets d'un mariage posthume remontant à la veille du décès en application de l'art. 171 C. civ., le conjoint survivant non séparé de droit ou de fait a droit à l'attribution du capital décès, peu important que celui-ci ait été, entre le décès et le mariage, précédemment versé par la caisse aux enfants majeurs du défunt qui, par suite du mariage posthume de ce dernier, ne peuvent plus y prétendre. • Civ. 1re, 22 mai 2007, n° 05-18.582 P : *RJS 2007, n° 994 ; JCP S 2007. 1524, note Vachet.*

3. Droit de priorité (délai d'un mois). Le délai d'un mois fixé par l'art. R. 361-5 CSS n'est imposé à la personne à la charge effective, totale et permanente de l'assuré par l'art. L. 361-4 du même code que pour réclamer la priorité sur les autres personnes énumérées par ce texte. • Soc. 20 janv. 2000, n° 98-12.495 P : *RJS 2000, n° 328.* ♦ En l'absence de réclamation de tout autre éventuel ayant droit, le capital demeure disponible, sous réserve que la demande soit présentée dans le délai de prescription prévu par l'art. L. 332-1 CSS. • Soc. 20 janv. 2000 : *préc.*

Art. L. 361-5 *(L. n° 91-650 du 9 juill. 1991, art. 92)* **Le capital est incessible et insaisissable sauf pour le paiement de dettes alimentaires ou le recouvrement du capital**

indûment versé à la suite d'une manœuvre frauduleuse ou d'une fausse déclaration.– *V. art. R. 361-3 et R. 361-4.*

V. note ss. art. L. 361-1.

CHAPITRE II DISPOSITIONS COMMUNES À L'ASSURANCE MALADIE, À L'ASSURANCE MATERNITÉ ET À L'ASSURANCE DÉCÈS

Néant. – V. art. R. 362-1.

TITRE SEPTIÈME DISPOSITIONS DIVERSES

CHAPITRE PREMIER DISPOSITIONS SPÉCIALES AUX BÉNÉFICIAIRES DE DIVERSES LÉGISLATIONS DE PRÉVOYANCE ET D'AIDE SOCIALE

SECTION PREMIÈRE BÉNÉFICIAIRES DE L'ASSURANCE ACCIDENTS DU TRAVAIL ET MALADIES PROFESSIONNELLES

Art. L. 371-1 Le titulaire d'une rente ou d'une allocation allouée en vertu d'une des dispositions des législations sur les accidents du travail et maladies professionnelles applicables aux professions non agricoles *(L. n° 2015-1702 du 21 déc. 2015, art. 59-VIII-9°, en vigueur le 1er janv. 2016)* « qui correspond » à une incapacité de travail au moins égale à un taux minimum *[art. R. 371-1 : deux tiers]* *(L. n° 2015-1702 du 21 déc. 2015, art. 59-VIII-9°, en vigueur le 1er janv. 2016)* « a droit à la prise en charge de ses frais de santé en cas de maladie et de maternité, dans les conditions prévues à l'article L. 160-14. »

(Abrogé par L. n° 2015-1702 du 21 déc. 2015, art. 59-VIII-9°, à compter du 1er janv. 2016) ***« 1° Aux prestations en nature de l'assurance maladie, sans limitation de durée, pour tout état de maladie ;***

« 2° Aux prestations en nature de l'assurance maternité. »

Le bénéfice des prestations en nature de l'assurance maladie accordé par l'art. L. 371-1 CSS aux titulaires d'une rente ou d'une allocation versée au titre de la législation des accidents du travail et maladies professionnelles qui ne remplissent pas les conditions d'ouverture du droit à ces prestations n'est ouvert que sous réserve des dispositions de l'art. L. 332-3 *[devenu art. L. 160-7]* du même code. Justifie donc sa décision une cour d'appel qui a constaté qu'aucune convention internationale de sécurité sociale n'avait été conclue entre la France et le Mexique. • Civ. 2e, 16 juin 2011 : *JCP S 2011, n° 1382, note Tauran.*

Art. L. 371-2 (Abrogé par L. n° 2015-1702 du 21 déc. 2015, art. 59-XI-N, à compter du 1er janv. 2016) ***Le bénéficiaire d'une rente ou d'une allocation de survivant d'une victime d'accident du travail ou d'une maladie professionnelle allouée en vertu d'une des législations sur les accidents du travail et les maladies professionnelles, applicables aux professions non agricoles, qui n'effectue aucun travail salarié et n'exerce aucune activité rémunératrice a droit et ouvre droit aux prestations en nature de l'assurance maladie, sans limitation de durée pour tout état de maladie, dans la mesure où il ne bénéficie pas déjà de ces prestations en vertu d'autres dispositions.***

Art. L. 371-3 L'assuré victime d'un accident du travail, tout en bénéficiant des dispositions de la législation sur les accidents du travail et les maladies professionnelles, conserve pour toute maladie qui n'est pas la conséquence de l'accident, ainsi qu'en cas de grossesse, ses droits aux prestations des titres II et III *(Abrogé par L. n° 2015-1702 du 21 déc. 2015, art. 59-XI-G-1°, à compter du 1er janv. 2016)* ***« pour lui et les membres de sa famille, au sens de l'article L. 313-3 »***, pourvu qu'il remplisse, lors de l'accident, les conditions fixées à l'article L. 313-1.

Toutefois, l'assuré ne peut cumuler l'indemnité journalière due en vertu de la législation sur les accidents du travail et l'indemnité journalière prévue par les articles L. 323-4 et L. 331-3. A partir de la guérison ou de la consolidation de la blessure résultant de l'accident du travail, il reçoit l'indemnité journalière prévue par lesdits articles, sans déduction d'un délai de carence *[art. R. 371-2 : trois jours]*, si à cette date la durée de la maladie est déjà égale à ce délai.

Art. L. 371-4 L'assuré titulaire d'une rente allouée en vertu de la législation sur les accidents du travail et les maladies professionnelles, dont l'état d'invalidité subit à la suite de maladie ou d'accident une aggravation non susceptible d'être indemnisée par application de ladite législation, peut prétendre au bénéfice de l'assurance invalidité si le degré total d'incapacité est au moins égal à un taux déterminé *[art. R. 371-1 : deux tiers]*. Dans ce cas, la pension d'assurance est liquidée comme il est prévu au chapitre Ier du titre IV du présent livre, indépendamment de la rente d'accident.

Toutefois, le montant minimum prévu à l'article L. 341-5 est applicable au total de la rente d'accident et de la pension d'assurance. Ce total ne peut, en aucun cas, excéder le salaire perçu par un travailleur valide de la même catégorie professionnelle.

1. Calcul du salaire de référence. Pour l'application des dispositions de l'art. L. 371-4 CSS, le montant cumulé de la rente d'accident du travail et de la pension d'invalidité doit être comparé au salaire perçu au cours de la même période par un travailleur valide de la même catégorie professionnelle. • Civ. 2e, 4 mai 2016, ⚖ no 15-17.530 P : *RJS 7/2016, no 453 ; JCP S 2016, no 1211, obs. Asquinazi-Bailleux.*

2. Répétition de l'indu. Une cour d'appel, qui constate que, du fait du cumul d'une rente majorée d'accident du travail et d'une pension d'invalidité, l'assuré a reçu des organismes sociaux des sommes excédant le salaire d'un travailleur valide de la même catégorie professionnelle, en déduit exactement qu'il est tenu à restitution des sommes versées à tort. • Soc. 22 juin 1995 : ⚖ *D. 1995. IR 177.*

Art. L. 371-5 L'assuré victime d'un accident ou d'une maladie pour lesquels le droit aux réparations prévues par la législation sur les accidents du travail et les maladies professionnelles est contesté par la caisse primaire d'assurance maladie reçoit, à titre provisionnel, les prestations de l'assurance maladie s'il justifie des conditions fixées à l'article L. 313-1. — *V. art. R. 371-3.*

Si l'intéressé succombe dans l'action judiciaire entreprise, les prestations versées lui restent acquises.

SECTION II BÉNÉFICIAIRES DE LA LÉGISLATION DES PENSIONS MILITAIRES

Art. L. 371-6 Les assurés malades ou blessés de guerre qui bénéficient de la législation des pensions militaires continuent de recevoir personnellement les soins auxquels ils ont droit au titre des articles L. 115 à L. 118 du code des pensions militaires d'invalidité et des victimes de la guerre, suivant les prescriptions desdits articles.

Pour les maladies, blessures ou infirmités non visées par la législation sur les pensions militaires, ils *(L. no 2015-1702 du 21 déc. 2015, art. 59-XI-G-2o, en vigueur le 1er janv. 2016)* « bénéficient de la prise en charge des frais de santé mentionnée à l'article L. 160-1 et » des indemnités journalières prévues *(L. no 2015-1702 du 21 déc. 2015, art. 59-XI-G-2o, en vigueur le 1er janv. 2016)* « à » l'article L. 321-1 et au chapitre III du titre II du présent livre. *(L. no 2015-1702 du 21 déc. 2015, art. 59-XI-G-2o, en vigueur le 1er janv. 2016)* « Ils sont dispensés » du pourcentage de participation aux frais médicaux et pharmaceutiques et autres mis à la charge des assurés malades ou invalides.

Dans le cas mentionné au premier alinéa, les indemnités journalières prévues à l'article L. 323-4 leur sont servies pendant des périodes déterminées, séparées par une interruption d'une durée minimale, sous réserve qu'ils remplissent les conditions d'attribution lors de chaque interruption de travail. — *V. art. R. 371-4 et R. 371-6.*

Si la caisse conteste l'origine des maladies, blessures ou infirmités, il appartient aux assurés de faire la preuve que celles-ci ne relèvent pas de la législation sur les pensions militaires. — *V. art. R. 371-7.*

Les dispositions du présent article et du titre II du présent livre ne sont pas applicables aux titulaires de pensions militaires qui bénéficient de l'indemnité de soins et auxquels tout travail est interdit.

Art. L. 371-7 L'assuré titulaire d'une pension allouée en vertu de la législation sur les pensions militaires dont l'état d'invalidité subit, à la suite de maladie ou d'accident, une aggravation non susceptible d'être indemnisée par application de ladite législation, peut prétendre au bénéfice de l'assurance invalidité, si le degré total d'incapacité est au moins égal à un taux déterminé *[art. R. 371-5 : deux tiers]*. Dans ce cas, la pension d'assurance est liquidée comme il est prévu au chapitre Ier du titre IV du présent livre indépendamment de la pension militaire.

Toutefois, le montant minimum prévu à l'article L. 341-5 est applicable au total de la pension militaire et de la pension d'assurance. Ce total ne peut, en aucun cas, excéder le salaire perçu par un travailleur valide de la même catégorie professionnelle.

SECTION III BÉNÉFICIAIRES DE L'AIDE SOCIALE

Art. L. 371-8 à L. 371-11 *Abrogés par L. nº 99-641 du 27 juill. 1999, art. 31, à compter du 1er janv. 2000.*

Art. L. 371-12 et L. 371-13 *Abrogés par L. nº 90-86 du 23 janv. 1990, art. 21-II.*

V. art. R. 371-8 à R. 371-11.

CHAPITRE II SERVICE MILITAIRE ET APPEL SOUS LES DRAPEAUX

Art. L. 372-1 Les versements au titre des assurances sociales sont suspendus pendant la période de service militaire ou en cas d'appel sous les drapeaux.

L'assuré qui, à son départ, remplit les conditions requises pour obtenir les prestations, peut recevoir, éventuellement, la pension d'invalidité prévue au chapitre Ier du titre IV du présent livre, si la réforme est prononcée pour maladie ou infirmité contractée en dehors du service et ne donnant pas lieu de ce fait à l'attribution d'une pension militaire.

Il peut également, si son état l'exige, recevoir, à compter de la date de retour dans ses foyers, les prestations de l'assurance maladie.

Pendant toute la durée du service militaire ou d'appel sous les drapeaux il confère aux membres de sa famille le bénéfice des prestations prévues aux titres II, III et VI du présent livre. — *V. art. R. 372-1.*

Art. L. 372-2 *(Abrogé par L. nº 2015-1702 du 21 déc. 2015, art. 59-XII-A-22º, à compter du 1er janv. 2016) « Sous réserve de l'article L. 161-11, »* L'assuré doit justifier des conditions prévues aux articles L. 313-1 et L. 341-2, pour avoir ou ouvrir droit aux prestations après son retour dans ses foyers, le temps passé sous les drapeaux n'entrant pas en compte pour l'appréciation des périodes mentionnées auxdits articles.

CHAPITRE III STAGIAIRES DE LA FORMATION PROFESSIONNELLE

Néant. — V. art. R. 373-1 à R. 373-4.

CHAPITRE IV EMPLOI DES ÉTRANGERS

Art. L. 374-1 L'employeur qui a occupé un étranger soumis au régime institué par les articles L. 341-1 *[L. 1261-1 et L. 5221-1 nouv.]* et suivants du code du travail est tenu de rembourser aux organismes de sécurité sociale le montant des prestations d'assurance maladie, maternité, décès, d'invalidité ou d'accident du travail versées à l'intéressé, si celui-ci n'a pas, avant la réalisation du risque ayant entraîné le versement des prestations, subi le contrôle médical prévu par lesdits articles.

En ce qui concerne les autres travailleurs étrangers, les employeurs sont également tenus à ce remboursement s'ils ne justifient pas que les intéressés leur ont présenté soit un document attestant qu'ils ont subi un contrôle médical prévu par les accords internationaux visant la circulation, le séjour et l'exercice des activités professionnelles salariées, soit une attestation de visite médicale délivrée par les services de l'*(Décr. nº 2009-331 du 25 mars 2009, art. 3)* « Office français de l'immigration et de l'intégration ».

Si pendant la période de référence au cours de laquelle ont été remplies les conditions d'ouverture du droit aux prestations, le travailleur étranger a été occupé irrégulièrement par plusieurs employeurs, ceux-ci sont tenus au remboursement prévu, au prorata du temps pendant lequel chacun d'eux a occupé le travailleur.

L'action en remboursement des prestations versées soit directement à l'assuré, soit par l'intermédiaire d'un tiers payant se prescrit par deux ans à compter de la date du versement des prestations.

Un décret fixe le montant maximum du remboursement qui peut être ainsi réclamé.

Un décret précisera la date et les conditions d'application de ces dispositions. — *V. art. D. 374-1 à D. 374-7.*

CHAPITRE V FAUTE INTENTIONNELLE DE L'ASSURÉ

Art. L. 375-1 Ne donnent lieu à aucune prestation en argent les maladies, blessures ou infirmités résultant de la faute intentionnelle de l'assuré.

CHAPITRE VI RECOURS DES CAISSES CONTRE LES TIERS

Art. L. 376-1 Lorsque, sans entrer dans les cas régis par les dispositions législatives applicables aux accidents du travail, la lésion dont l'assuré social ou son ayant droit est atteint est imputable à un tiers, l'assuré ou ses ayants droit conserve contre l'auteur de l'accident le droit de demander la réparation du préjudice causé, conformément aux règles du droit commun, dans la mesure où ce préjudice n'est pas réparé par application du présent livre *(L. nº 2016-1827 du 23 déc. 2016, art. 64-I)* « ou du livre Ier ».

Les caisses de sécurité sociale sont tenues de servir à l'assuré ou à ses ayants droit les prestations prévues par le présent livre *(L. nº 2016-1827 du 23 déc. 2016, art. 64-I)* « et le livre Ier », sauf recours de leur part contre l'auteur responsable de l'accident dans les conditions ci-après.

(L. nº 2006-1640 du 21 déc. 2006, art. 25-III) « Les recours subrogatoires des caisses contre les tiers s'exercent poste par poste sur les seules indemnités qui réparent des préjudices qu'elles ont pris en charge, à l'exclusion des préjudices à caractère personnel.

« Conformément à *(Ord. nº 2016-131 du 10 févr. 2016, art. 6-XVII, en vigueur le 1er oct. 2016)* « l'article **1346-3** » du code civil, la subrogation ne peut nuire à la victime subrogeante, créancière de l'indemnisation, lorsqu'elle n'a été prise en charge que partiellement par les prestations sociales ; en ce cas, l'assuré social peut exercer ses droits contre le responsable, par préférence à la caisse subrogée. — *Les dispositions de l'Ord. nº 2016-131 du 10 févr. 2016 entrent en vigueur le 1er oct. 2016. Les contrats conclus avant cette date demeurent soumis à la loi ancienne (Ord. préc., art. 9 ; ratifiée par L. nº 2018-287 du 20 avr. 2018, JO 21 avr.).*

« Cependant, si le tiers payeur établit qu'il a effectivement et préalablement versé à la victime une prestation indemnisant de manière incontestable un poste de préjudice personnel, son recours peut s'exercer sur ce poste de préjudice. »

(L. nº 2003-1199 du 18 déc. 2003, art. 8-I) « Hors le cas où la caisse est appelée en déclaration de jugement commun conformément aux dispositions ci-après, la demande de la caisse vis-à-vis du tiers responsable s'exerce en priorité à titre amiable. Une convention signée par la Caisse nationale de l'assurance maladie des travailleurs salariés, la *(Ord. nº 2005-1528 du 8 déc. 2005)* « Caisse nationale du régime social des indépendants » et la Caisse centrale de la mutualité sociale agricole avec les organisations représentatives des assureurs peut définir les modalités de mise en œuvre de cette procédure.

« La personne victime, les établissements de santé, le tiers responsable et son assureur sont tenus d'informer la caisse de la survenue des lésions causées par un tiers dans des conditions fixées par décret. » *(Abrogé par L. nº 2011-1906 du 21 déc. 2011, art. 120-I-1º)* ***« La méconnaissance de l'obligation d'information des caisses par l'assureur du tiers responsable donne lieu à la majoration de 50 % de l'indemnité forfaitaire mentionnée ci-après dans les conditions déterminées par le même décret. »***

L'intéressé ou ses ayants droit doivent indiquer, en tout état de la procédure, la qualité d'assuré social de la victime de l'accident ainsi que les caisses de sécurité sociale auxquelles celle-ci est ou était affiliée pour les divers risques. Ils doivent appeler ces caisses en déclaration de jugement commun *(L. nº 2006-1640 du 21 déc. 2006, art. 25-I)* « ou réciproquement ». A défaut du respect de l'une de ces obligations, la nullité du jugement sur le fond pourra être demandée pendant deux ans, à compter de la date à partir de laquelle ledit jugement est devenu définitif, soit à la requête du ministère public, soit à la demande des caisses de sécurité sociale intéressées ou du tiers responsable, lorsque ces derniers y auront intérêt. *(L. nº 2016-1547 du 18 nov. 2016, art. 13)* « Dans le cadre d'une procédure pénale, la déclaration en jugement commun ou l'intervention des caisses de sécurité sociale peut intervenir après les réquisitions du ministère public, dès lors que l'assuré s'est constitué partie civile et qu'il n'a pas été statué sur le fond de ses demandes. » — *V. art. R. 376-1.*

(Ord. n° 96-51 du 24 janv. 1996, art. 9-I) **« En contrepartie des frais qu'elle engage pour obtenir le remboursement mentionné au troisième alinéa ci-dessus, la Caisse d'assurance maladie à laquelle est affilié l'assuré social victime de l'accident recouvre une indemnité forfaitaire à la charge du tiers responsable et au profit de l'organisme national d'assurance maladie. Le montant de cette indemnité est égal au tiers des sommes dont le remboursement a été obtenu, dans les limites d'un montant maximum de** *(L. n° 2005-1579 du 19 déc. 2005, art. 15-II)* **« 910 € » et d'un montant minimum de** *(L. n° 2005-1579 du 19 déc. 2005, art. 15-II)* **« 91 €. A compter du 1er janvier 2007, les montants mentionnés au présent alinéa sont révisés chaque année, par arrêté des ministres chargés de la sécurité sociale et du budget, en fonction du taux de progression de l'indice des prix à la consommation hors tabac prévu dans le rapport économique, social et financier annexé au projet de loi de finances pour l'année considérée ».** – *V. Arr. ci-dessous.*

« Cette indemnité est établie et recouvrée par la caisse selon les règles et sous les garanties et sanctions, prévues au chapitre III du titre III et aux chapitres II, III et IV du titre IV du livre Ier ainsi qu'aux chapitres III et IV du titre IV du livre II applicables au recouvrement des cotisations de sécurité sociale. – *V. Décr. n° 98-255 du 31 mars 1998, art. 2 s. (JO 5 avr.).*

« Lorsque l'assuré victime de l'accident est affilié au régime agricole, l'indemnité est recouvrée selon les règles et sous les garanties et sanctions prévues aux chapitres II, III et IV du titre IV du livre Ier ainsi » *(L. n° 2011-1906 du 21 déc. 2011, art. 120-I-2°)* **« qu'aux articles L. 725-3 à L. 725-4 du code rural et de la pêche maritime. »** – *V. Ord. n° 96-51 du 24 janv. 1996, art. 9-II et III.*

(L. n° 2017-1836 du 30 déc. 2017, art. 46-I) **« Pour l'exécution des recours subrogatoires prévus au présent article, les créances détenues par l'organisme qui a versé les prestations sont cédées définitivement à l'organisme chargé de cette mission en application du 3° de l'article L. 221-3-1 du présent code. »**

Les montants maximum et minimum de l'indemnité forfaitaire de gestion sont fixés respectivement à 1 080 € et à 107 € à compter du 1er janv. 2019 (Arr. du 27 déc. 2018, JO 30 déc.).

En ce qui concerne les dispositions applicables en cas d'accident de la circulation, V. L. n° 85-677 du 5 juill. 1985, ***C. assur.*** *ou* ***C. civ.***

BIBL. ▶ Rapport du groupe de travail chargé d'élaborer une nomenclature des préjudices corporels, *BICC 1er févr. 2006, n° 633.* – Responsabilité civile (Recours des tiers payeurs), *D. 2009. Pan. 53* ✐. – GROUTEL, Le recours des organismes sociaux contre le responsable d'un accident, *Litec, 1988.* – LAMBERT-FAIVRE et PORCHY-SIMON, Droit du dommage corporel, *Dalloz, 7e éd., 2012 ; JCP 1998. I. 110* (droits de la victime) ; *D. 2001. Chron. 248* ✐ (anomalies du recours subrogatoire des organismes sociaux). – SARGOS, Trois ans d'application de la réforme du recours des tiers payeurs : de l'amélioration à la régression, *JCP S 2009. Actu. 637.*

Ordonnance n° 96-51 du 24 janvier 1996. Art. 9 I. — *[V. art. L. 376-1, al. 5, 6 et 7].*

II. — Les dispositions des *(L. n° 2003-1199 du 18 déc. 2003, art. 8-II)* « septième et huitième » alinéas de l'art. L. 376-1 sont applicables, selon des modalités particulières fixées par décret, aux organismes de sécurité sociale relevant des régimes spéciaux mentionnés au titre Ier du livre VII du code de la sécurité sociale. – *V. Décr. n° 98-255 du 31 mars 1998 (JO 5 avr.) et Décr. n° 96-874 du 30 sept. 1996 (JO 5 oct.). – Cet alinéa est abrogé en tant qu'il concerne le régime des marins (Ord. n° 2010-1307 du 28 oct. 2010, art. 7-89°, JO 3 nov.).*

III. — Les dispositions du I *[art. L. 376-1, al. 5, 6 et 7]* s'appliquent aux actions de remboursement dont les dossiers ont été réglés à compter du 1er janv. 1996 soit par voie amiable, soit par une décision de justice passée en force de chose jugée.

1° ACTION DE LA VICTIME OU DE SES AYANTS DROIT CONTRE LES TIERS

1. Droit aux prestations nonobstant l'action engagée contre les tiers par la victime. Les caisses de sécurité sociale sont tenues, en application de la législation d'ordre public, de verser les prestations instituées au profit des assurés sociaux ou de leurs ayants droit. Elles ne sauraient en conséquence être dispensées de payer dans son intégralité la pension d'invalidité due à un assuré social à la suite d'un accident imputable à un tiers ni valablement effectuer sur le montant de cet avantage une retenue correspondant à la majoration pour assistance d'une tierce personne en présence du versement d'une indemnité transactionnelle reçue par la victime. L'inopposabilité dont est frappée une telle transaction laisse intact le recours de la caisse contre le tiers responsable. • Soc. 9 déc. 1976 : *Bull. civ. V, n° 660.*

2° RECOURS SUBROGATOIRES DES CAISSES CONTRE LES TIERS

a. Assiette et calcul du montant du recours

V. également la jurisprudence citée ss. art. L. 454-1.

2. Recours poste par poste. Le recours subrogatoire des caisses contre les tiers s'exerce poste par poste sur les seules indemnités qui réparent des préjudices qu'elles ont pris en charge, à l'exclusion des préjudices à caractère personnel. • Crim. 24 juin 2008, n° 07-86.848 P. ♦ Les recours subrogatoires des caisses contre les tiers s'exercent poste par poste sur les seules indemnités qui réparent les préjudices qu'elles ont pris en charge, à l'exclusion des préjudices à caractère personnel. Le recours subrogatoire de la CPAM au titre des indemnités journalières servies par elle doit en conséquence s'exercer sur le seul poste indemnitaire réparant la perte de revenus supportée par la victime. • Crim. 13 nov. 2007, n° 07-80.995 P : *JCP S 2008. 77, obs. Tauran ; RGDA 2008. 112, obs. Landel.*

3. Distinction de la perte de gains professionnels et de l'incidence professionnelle. Les juges du fond ne sauraient faire masse des indemnités journalières et des arrérages échus et à échoir de la rente accident du travail pour les imputer globalement sur un préjudice à caractère économique constitué en réalité d'une perte de gains professionnels et d'une incidence professionnelle. • Civ. 2e, 17 sept. 2009, n° 08-19.323 P : *JCP S 2009. 40, obs. Asquinazi-Bailleux ; RGDA 2009. 1246, obs. Landel.*

4. Préjudices indemnisés par les allocations d'invalidité. Dans la mesure où son montant excède celui des pertes de revenus et l'incidence professionnelle, l'allocation temporaire d'invalidité servie en application du décret du 6 oct. 1960 répare nécessairement, en tout ou en partie, l'atteinte objective à l'intégrité physique de la victime que représente le poste de préjudice personnel du déficit fonctionnel permanent. • Crim. 19 mai 2009, n° 08-86.050 P. ♦ La rente d'invalidité indemnise, d'une part, les pertes de gains professionnels et les incidences professionnelles de l'incapacité, d'autre part, le déficit fonctionnel permanent. En l'absence de pertes de gains professionnels ou d'incidence professionnelle, cette rente indemnise nécessairement le poste de préjudice personnel du déficit fonctionnel permanent, mais en présence de pertes de gains professionnels et d'incidence professionnelle de l'incapacité, le reliquat éventuel de la rente, laquelle indemnise prioritairement ces deux postes de préjudice patrimoniaux, ne peut s'imputer que sur le poste de préjudice personnel extra patrimonial du déficit fonctionnel temporaire ou permanent, s'il existe. • Civ. 2e, 22 oct. 2009, n° 08-18.755 P : *D. actu. 5 nov. 2009, obs. Lavric.* • Civ. 2e, 13 juin 2013 : *RCA 10/2013, Comm. 297, obs. Groutel ; Gaz. Pal. 6 oct. 2013, n° 279-28, p. 22, obs. Bernfeld.*

5. Recours contre le conjoint de la victime. Si la caisse peut agir contre l'assureur, qui ne lui oppose aucune exclusion de garantie tirée de la police souscrite, dès lors que le conjoint de l'assuré social auquel est imputable l'accident de la circulation doit être considéré comme un tiers responsable au sens de l'art. L. 397 (art. L. 376-1), elle ne peut priver directement ou indirectement son assuré du bénéfice des prestations auxquelles elle était légalement tenue. Il en serait ainsi, quel que soit le régime matrimonial, si le conjoint devait rembourser à la caisse les prestations servies à son époux. • Cass., ass. plén., 3 juin 1983 : *Bull. ass. plén., n° 6 (1) ; GADSS n° 71 ; D. 1983. 537, concl. Cabannes ; JCP 1983. II. 20121, note Chartier.* ♦ Le recours subrogatoire qu'une CPAM entend exercer contre la femme de l'auteur d'un crime (tentative d'assassinat), dont elle a elle-même été victime, prise en qualité d'héritière du criminel, condamné à rembourser la caisse et à indemniser la victime, est de nature à priver indirectement celle-ci de prestations instituées en sa faveur par la législation sociale. • Civ. 2e, 4 nov. 2003, n° 02-14.087 P : *Dr. soc. 2004. 121, obs. Prétot ; JCP 2004. II. 10094, obs. Dagorgne-Labbé ; RTD civ. 2004. 510, obs. Fages et Mestre.* ♦ La caisse peut cependant exercer son recours contre l'assureur du conjoint de l'assuré social. • Soc. 14 déc. 1989 : *Bull. civ. V, n° 718 ; D. 1991. Somm. 129, obs. Prétot.*

6. Arrérage des rentes à échoir. L'organisme social ne peut prétendre qu'au remboursement des arrérages au fur et à mesure de leur échéance et de leur versement à la crédirentière sauf accord du tiers responsable ou de son assureur pour s'en libérer par anticipation en versant le capital représentatif. • Soc. 1er avr. 1987 : *Bull. civ. V, n° 180.* ♦ Les tiers responsables ne peuvent être condamnés sans leur accord préalable à payer le montant du capital représentatif des arrérages à échoir, dès lors que la somme allouée correspond à un remboursement anticipé de prestations non encore exposées par la caisse. • Crim. 24 mai 1982 : *Bull. crim. n° 131.* ♦ Lorsque, après déduction des débours de la caisse primaire, le solde de l'indemnité réparant l'atteinte à l'intégrité physique de la victime d'un accident imputable à un tiers est inférieur au capital constitutif de la rente servie à celle-ci, le tiers qui conserve ce reliquat est tenu de verser à l'organisme social la fraction de rente dont le capital constitutif est déterminé par cette dernière somme. • Soc. 28 oct. 1981 : *Bull. civ. V, n° 852.*

7. Application de la loi du 21 août 2008 dans le temps. L'exercice des recours des tiers payeurs contre les personnes tenues à réparation d'un dommage résultant d'une atteinte à la personne s'appliquent aux événements ayant occasionné ce dommage survenus antérieurement à la date d'entrée en vigueur de cette loi, dès lors que le montant de l'indemnité due à la victime n'a pas été définitivement fixé. • Civ. 2e, 11 sept. 2008, n° 07-14.706 P : *JCP S 2008. 1587* • 21 févr. 2008, n° 07-11.712 P : *RGDA 2008. 943, obs. Landel.*

b. Effet de la subrogation à l'égard de la victime

8. Droit de préférence reconnue à la victime. Le recours des tiers payeurs sur les indemnités revenant à la victime s'exerce poste par poste. Il en résulte que la préférence reconnue à la victime à l'al. 4 de l'art. L. 376-1 s'exerce, en cas de limitation de son droit à indemnisation, selon la même modalité. • Civ. 2e, 22 janv. 2009, n° 07-21.099 P : *D. actu. 13 févr. 2009, obs. Lavric ; D. 2009. 572* ; *JCP S 2009. 44, obs. Asquinazi-Bailleux.*

9. Rapports entre l'action des caisses et celle de la victime. Les recours subrogatoires des caisses contre les tiers s'exercent poste par poste sur les seules indemnités qui réparent des préjudices qu'elles ont pris en charge, à l'exclusion des préjudices à caractère personnel. De plus, conformément à l'art. 1252 C. civ., la subrogation ne peut nuire à la victime subrogeante, créancière de l'indemnisation, lorsqu'elle n'a été prise en charge que partiellement par les prestations sociales. En ce cas, l'assuré social peut exercer ses droits contre le responsable, par préférence à la caisse subrogée. Il en résulte que dans le cas d'une limitation du droit à indemnisation de la victime, le droit de préférence de celle ci sur la dette du tiers responsable a pour conséquence que son préjudice corporel, évalué poste par poste, doit être intégralement réparé pour chacun de ces postes dans la mesure de l'indemnité laissée à la charge du tiers responsable, et que le tiers payeur ne peut exercer son recours, le cas échéant, que sur le reliquat. • Civ. 2e, 24 sept. 2009, n° 08-14.515 P : *RTD civ. 2006. 122, obs. Jourdain* ; *JCP S 2009. 1542, obs. Bourdoiseau ; JCP 2009. 424, note Grosser ; LPA 20 avr. 2010, n° 78, p. 6, obs. Berlioz ; RGDA 2010. 351, obs. Landel.*

10. Mise en cause de l'assuré. La recevabilité de l'action du tiers subrogé dans les droits de la victime contre l'assureur du responsable n'est pas subordonnée à l'appel en cause de l'assuré. • Civ. 2e, 27 avr. 2017, n° 16-15.525 P : *D. actu. 30 mai 2017, obs. de Ravel d'Esclapon ; Procédures 10/2017, n° 3, obs. Bléry ; RCA 2017, Comm. 202, obs. Groutel.*

c. Recours du tiers payeur

11. Prise en charge du poste de préjudice personnel par le tiers payeur. Les recours des tiers payeurs s'exercent poste par poste sur les seules indemnités qui réparent des préjudices qu'ils ont pris en charge, à l'exclusion des préjudices à caractère personnel ; cependant, si le tiers payeur établit qu'il a effectivement et préalablement versé à la victime une prestation indemnisant de manière incontestable un poste de préjudice personnel, son recours peut s'exercer sur ce poste de préjudice. • Civ. 2e, 11 juin 2009, n° 07-21.472 P : *JCP S 2009. 1460, obs. Tauran* • 11 juin 2009, n° 08-11.510 P : *JCP S 2009. 1366, obs. Tauran.*

d. Action en justice

12. Mise en cause de la caisse. Le préjudice résultant d'une infraction doit être réparé dans son intégralité, sans perte ni profit pour aucune des parties, et la mise en cause de l'organisme social, prévue par l'art. L. 376-1, s'impose à peine d'irrecevabilité de la demande en réparation de la partie civile. Les juges doivent en conséquence s'assurer que l'organisme social avait été mis en cause, vérifier s'il avait contribué à indemniser le préjudice corporel de la victime et s'il bénéficiait d'un recours. • Crim. 18 sept. 2007, n° 07-80.347 P : *JCP S 2008. 1125, obs. Asquinazi-Bailleux.* ♦ La mise en cause de l'organisme social prescrite par l'art. L. 376-1 CSS ne s'impose pas pour les postes de préjudice exclus de l'assiette du recours de la caisse. • Crim. 16 oct. 2012, n° 12-80.441.

13. Appel en déclaration de jugement commun. L'appel en déclaration de jugement commun d'une caisse de sécurité sociale, formé en application des dispositions de l'art. L. 376-1, a pour effet de rendre celle-ci partie à l'instance. Il en résulte que lorsque la caisse n'a formé aucune demande ou défense en première instance, elle ne peut prétendre expliciter, comme virtuellement incluse dans celles-ci, ou leur ajouter, une demande qu'elle n'avait pas formulée contre le responsable et son assureur. • Civ. 2e, 12 juill. 2007, n° 05-21.309 P : *RJS 2007, n° 1128 ; Gaz. Pal. 24 févr. 2008, n° 55-57, p. 15, obs. Coursier.* ♦ La nullité prononcée en vertu de l'art. L. 397 (art. L. 376-1, al. 4) met à néant, à l'égard de toutes les parties, la décision qui en fait l'objet ; les droits de la victime pouvant se trouver modifiés, il doit être à nouveau statué sur son indemnisation. • Civ. 2e, 25 mars 1991, n° 88-20.430 P : *D. 1991. IR 122.*

14. Date de l'évaluation du préjudice. L'indemnité représentant le préjudice subi et servant d'assiette au recours, tant de la caisse que de la victime, doit être évaluée à la date à laquelle la juridiction se prononce. • Civ. 1re, 12 mars 2002, n° 01-00.967 P. ♦ La détermination du préjudice économique des ayants droit consécutif à la disparition des revenus salariaux du défunt servant d'assiette au recours du tiers payeur doit tenir compte du salaire auquel la victime aurait eu droit au jour de la décision. • Civ. 2e, 11 oct. 2001, n° 99-16.760 P.

15. Prescription. La suspension de la prescription dont bénéficie un mineur, qui lui est purement personnelle, cesse de produire effet à l'égard de la partie subrogée dans ses droits à partir du jour de la subrogation. Le recours par la caisse en remboursement des prestations versées à un mineur victime d'un accident ne saurait en conséquence être admis contre l'auteur du dommage sans rechercher si les prestations versées au mineur avaient été versées moins de deux ans avant la demande de la caisse. • Civ. 2e, 4 juill. 2007, n° 06-15.644 P.

e. Indemnité forfaitaire au profit de la caisse

16. Octroi de l'indemnité forfaitaire dans le cadre de l'action en réparation. Les dispositions de l'art. L. 376-1, al. 8, qui autorisent la caisse de sécurité sociale à recouvrer l'indemnité forfaitaire selon les règles et sous les garanties et sanctions prévues pour le recouvrement des cotisations de sécurité sociale, ne font pas obstacle à ce que le juge alloue cette indemnité à la caisse, lorsqu'il condamne le tiers responsable au remboursement des prestations servies. • Crim. 19 févr. 2008, n° 07-86.114 P : *JCP S 2008. 1260, obs. Vachet.* ♦ Il appartient à la caisse primaire d'assurance maladie d'établir et de recouvrer l'indemnité forfaitaire, selon les modalités prévues par l'al. 9 de l'art. L. 376-1. • Crim. 9 mai 2007, n° 07-80.894 P : *JCP S 2007. 1592, note Tauran.*

Art. L. 376-2 **La victime ou ses ayants droit est admise à faire valoir les droits résultant pour elle de l'action en indemnité formée conformément à l'article L. 376-1 par priorité sur ceux des caisses en ce qui concerne son action en remboursement des déboursés.**

Le droit prioritaire visé à l'art. L. 398 (art. L. 376-2) ne concerne que les sommes qui, étant à la charge de la caisse, ont été avancées par la victime ou ses ayants droit et doivent lui être remboursées par l'organisme social. • Soc. 11 juin 1976 : *Bull. civ. V, n° 369* • 18 juill. 1978 : *ibid., n° 602.*

Art. L. 376-3 **Le règlement amiable pouvant intervenir entre le tiers et l'assuré ne peut être opposé à la caisse de sécurité sociale qu'autant que celle-ci a été invitée à y participer par lettre recommandée et ne devient définitif que quinze jours après l'envoi de cette lettre.**

1. Opposabilité de l'accord à la caisse. Le règlement amiable pouvant intervenir entre le tiers et l'assuré ne peut être opposé à la caisse de sécurité sociale, qu'autant que celle-ci a été invitée à y participer par lettre recommandée et ne devient définitif que quinze jours après l'envoi de cette lettre. • Civ. 2e, 16 sept. 2003, n° 00-18.716 P : *RJS 2004, n° 466.* ♦ Lorsqu'une lésion est imputable à un tiers, le règlement amiable pouvant intervenir entre le tiers et l'assuré ne peut être opposé à la caisse de sécurité sociale qu'autant que celle-ci a été invitée à y participer par lettre recommandée ou y a effectivement participé. La simple information de la caisse de négociations en cours ne saurait palier sa participation au règlement amiable ou son information par lettre recommandée. • Civ 2e, 27 mars 2014 : *JCP S 2014, n° 1246, obs. Tauran.*

2. Effet de l'absence de contestation de la caisse. Dès lors que la caisse ne conteste pas avoir reçu la lettre, non expédiée en recommandé, destinée à l'informer d'une transaction déjà conclue, la caisse peut se voir opposer le règlement amiable, devenu définitif 15 jours après l'expédition de la lettre. • Soc. 10 déc. 1998, n° 97-12.886 P.

3. Envoi à une adresse erronée. La transaction conclue entre la victime d'un accident et l'assureur du responsable est inopposable à l'organisme de sécurité sociale, dès lors que la lettre adressée à celui-ci par l'assureur a été envoyée à une adresse erronée. • Soc. 30 mai 2002, n° 00-19.447 P.

Art. L. 376-4 *(L. n° 2011-1906 du 21 déc. 2011, art. 120-II)* **La caisse de sécurité sociale de l'assuré est informée du règlement amiable intervenu entre l'assuré et le tiers responsable ou l'assureur.**

L'assureur *(L. n° 2016-1827 du 23 déc. 2016, art. 107-3°)* **« ou le tiers responsable » ayant conclu un règlement amiable sans respecter l'obligation mentionnée au premier alinéa ne** *(L. n° 2016-1827 du 23 déc. 2016, art. 107-3°)* **« peuvent » opposer à la caisse la prescription de** *(L. n° 2016-1827 du 23 déc. 2016, art. 107-3°)* **« leur » créance.** *(L. n° 2016-1827 du 23 déc. 2016, art. 107-3°)* **« Ils versent » à la caisse, outre les sommes obtenues par celle-ci au titre du recours subrogatoire prévu à l'article L. 376-1, une pénalité qui est fonction du montant de ces sommes et de la gravité du manquement à l'obligation d'information, dans la limite de 50 % du remboursement obtenu.**

Le deuxième alinéa du présent article est également applicable à l'assureur du tiers responsable *(L. n° 2016-1827 du 23 déc. 2016, art. 107-3°)* « ou au tiers responsable » lorsqu'*(L. n° 2016-1827 du 23 déc. 2016, art. 107-3°)* « ils ne respectent pas » l'obligation d'information de la caisse prévue au septième alinéa de l'article L. 376-1. Une seule pénalité est due à raison du même sinistre.

(L. n° 2016-1827 du 23 déc. 2016, art. 107-3°) « La pénalité appliquée au tiers responsable ne peut excéder 30 000 euros lorsqu'il s'agit d'un particulier. »

La contestation de la décision de la caisse de sécurité sociale relative au versement de la pénalité relève du contentieux de la sécurité sociale. La pénalité est recouvrée selon les modalités définies au *(L. n° 2017-1836 du 30 déc. 2017, art. 78-I)* « neuvième » alinéa du IV de l'article *(L. n° 2015-1702 du 21 déc. 2015, art. 59-XII-A-23°, en vigueur le 1er janv. 2016)* « L. 114-17-1 ». L'action en recouvrement de la pénalité se prescrit par deux ans à compter de la date d'envoi de la notification de la pénalité par le directeur de la caisse.

Les modalités d'application du présent article sont définies par décret en Conseil d'État.

CHAPITRE VII PÉNALITÉS

Art. L. 377-1 *Abrogé par L. n° 2005-1579 du 19 déc. 2005, art. 92-VI.*

Art. L. 377-2 Sera puni d'une amende de 3 750 € et, en cas de récidive dans le délai d'un an, d'une amende de 7 500 €, tout intermédiaire convaincu d'avoir offert ou fait offrir ses services moyennant émoluments convenus à l'avance à un assuré social en vue de lui faire obtenir le bénéfice des prestations qui peuvent lui être dues.

Art. L. 377-3 Sera puni d'une amende de 3 750 € et d'un emprisonnement de six mois ou de l'une de ces deux peines seulement, quiconque, soit par menaces ou abus d'autorité, soit par offre, promesse d'argent, ristourne sur les honoraires médicaux ou fournitures pharmaceutiques faits à des assurés ou à des caisses de sécurité sociale ou à toute autre personne, aura attiré ou tenté d'attirer ou de retenir les assurés notamment dans une clinique ou cabinet médical, dentaire ou officine de pharmacie.

Art. L. 377-4 Le maximum des deux peines sera toujours appliqué au délinquant lorsqu'il aura déjà subi une condamnation pour la même infraction et le tribunal pourra ordonner l'insertion du nouveau jugement dans un ou plusieurs journaux de la localité, le tout aux frais du condamné, sans que le coût de l'insertion puisse dépasser 7,5 €.

Art. L. 377-5 Le jugement prononçant une des peines prévues au présent chapitre contre un praticien peut également prononcer son exclusion des services des assurances sociales.

Les médecins, chirurgiens, sages-femmes et pharmaciens peuvent être exclus des services de l'assurance, en cas de fausse déclaration intentionnelle. S'ils sont coupables de collusion avec les assurés, ils sont passibles, en outre, d'une amende de 3 750 € et d'un emprisonnement de six mois ou l'une de ces deux peines seulement sans préjudice de plus fortes peines, s'il y échet.

CHAPITRE VIII BÉNÉFICIAIRES DE CONGÉS SPÉCIFIQUES D'AIDE À UNE PERSONNE DÉPENDANTE OU HANDICAPÉE

(L. n° 2006-1640 du 21 déc. 2006, art. 125-VI)

SECTION PREMIÈRE BÉNÉFICIAIRES DU CONGÉ DE SOUTIEN FAMILIAL

Art. L. 378-1 Pour avoir droit ou ouvrir droit aux prestations en espèces à l'issue du congé de *(L. n° 2015-1776 du 28 déc. 2015, art. 53-II-2°)* « proche aidant mentionné à l'article L. 3142-22 » du code du travail, l'assuré, sous réserve toutefois de reprendre son activité et de n'avoir perçu aucune rémunération au titre de l'aide familiale apportée, doit justifier des conditions prévues aux articles L. 313-1 et L. 341-2 du présent code, la période de congé n'entrant pas en compte pour l'appréciation des périodes mentionnées auxdits articles.

TITRE HUITIÈME DISPOSITIONS RELATIVES À DIVERSES CATÉGORIES DE PERSONNES RATTACHÉES AU RÉGIME GÉNÉRAL — DISPOSITIONS D'APPLICATION DU LIVRE III

CHAPITRE PRÉLIMINAIRE PERSONNES AFFILIÉES AU RÉGIME GÉNÉRAL DU FAIT DE LEUR RÉSIDENCE EN FRANCE

(L. nº 99-641 du 27 juill. 1999)

Entrée en vigueur : 1er janv. 2000.

BIBL. GÉN. ▶ Bélorgey, Des droits sociaux comment et pour quoi faire ?, *Dr soc. 2000. 681*. – Borgetto, *Dr. soc. 2000. 30* (brèves réflexions sur les apports et limites de la loi CMU). – Dupeyroux, *Dr. soc. 2000. 4* (CMU : la fin et les moyens). – Hélary-Olivier, *Dr. soc. 2000. 41* (impact sur les mutuelles et sur l'organisation de la protection sociale en France). – Hourcade, *Dr. soc. 2000. 39* (mutualité gestionnaire ou partenaire ?). – Lafore, *Dr. soc. 2000. 21* (aspects statutaires et organiques). – Legouhy, *RPDS 2000. 167* (la couverture maladie universelle). – Lhernould, *Dr. soc. 2008. 221* (les Européens et la CMU après la circ. du 23 nov. 2007). – Lissouck, *RTDH 2008. 51* (l'accès aux soins médicaux et à la protection de la santé en France-Recherches sur l'effectivité des droits de deuxième génération). – Long, *JCP 1999. I. 186* (la mise en place de la « couverture maladie universelle »). – Marié, *JCP S 2009. 1591* (CMU et difficultés d'accès aux soins) ; *Dr. soc. 2000. 7* (la couverture maladie universelle). – Renaudin, *Dr. soc. 2000. 46* (l'engagement des assureurs). – Schoettl, *AJDA 1999. 700* (décision du Conseil constitutionnel). – Triclin, *Dr. trav. 1999. Chron. 18*.

Art. L. 380-1 (Abrogé par L. nº 2015-1702 du 21 déc. 2015, art. 32-III-A, à compter du 1er janv. 2016) (L. nº 99-641 du 27 juill. 1999, art. 3) ***Toute personne résidant en France métropolitaine ou dans un département d'outre-mer de façon stable et régulière relève du régime général lorsqu'elle n'a droit à aucun autre titre aux prestations en nature d'un régime d'assurance maladie et maternité.***

Un décret en Conseil d'État précise la condition de résidence mentionnée au présent article. — V. art. R. 380-1.

Sont résiliés de plein droit, à compter de la date où le contractant est affilié au régime général en application de l'art. L. 380-1 CSS, tous contrats d'assurance portant sur les risques couverts par cette affiliation. Les cotisations ou primes afférentes à ces contrats sont remboursées par les organismes qui les ont perçues au prorata de la durée du contrat restant à courir.

Si la garantie résultant de ces contrats est supérieure à celle qu'assure le régime général, le contrat peut êre maintenu en vigueur par un avenant et avec une réduction de prime (L. 27 juill. 1999, art. 18).

Les personnes relevant des dipositions de l'art. L. 380-1 CSS, affiliées au régime de l'assurance personnelle à la date d'entrée en vigueur de la présente loi, dont les prestations d'assurance maladie et maternité sont servies par un organisme de protection sociale agricole au titre de sa participation à la gestion de l'assurance personnelle, continuent de bénéficier du service de ces prestations. Le service de ces prestations, ainsi que le recouvrement de la cotisation définie à l'art. L. 380-2 CSS si elle est due, sont assurés par cet organisme pour le compte du régime général dans des conditions définies par décret en Conseil d'État (L. 27 juill. 1999, art. 19-II).

La prise en charge des frais de santé des personnes qui bénéficiaient au 31 déc. 2015 des dispositions de l'art. L. 380-1 reste assurée par les organismes chargés de la gestion du régime dont elles relèvent à cette date, jusqu'à ce qu'elles entrent dans l'une des situations mentionnées aux 1º, 2º, 3º, 6º et 7º de l'art. D. 160-14 dans sa rédaction issue des dispositions de l'art. 1er du Décr. nº 2015-1882 du 30 déc. 2015 ou demandent à bénéficier de la disposition prévue au deuxième al. de l'art. L. 160-17 (Décr. préc., art. 4-II).

BIBL. ▶ Afroukh, Les ayants droit des personnes affiliées au titre de la CMU : la condition de résidence confrontée au contrôle de conventionnalité (note ss. CE 23 déc. 2010, *Association Aides et a.*, nº 335738), *RDSS 2011. 322*.

1. Résiliation de plein droit des couvertures antérieurement souscrites. La loi prévoyant la possibilité pour les bénéficiaires de la couverture maladie universelle antérieurement affiliés à un organisme de protection sociale complémentaire d'obtenir de plein droit la résiliation de la garantie souscrite, le moyen par lequel il est reproché au décret instituant la CMU une atteinte au principe de la liberté contractuelle est inopérant. Il n'est pas davantage possible de reprocher au gouvernement de n'avoir pas pris de mesure d'indemnisation du préjudice subi par les courtiers en assurance du fait de ces dispositions. • CE 8 nov. 2000 : *RJS 2001, n° 361.*

2. Caractère obligatoire. La CMU est un régime obligatoire, s'agissant du régime général appliqué aux personnes ne disposant pas de couverture sociale, peu important que lorsque son affiliation à la CMU a été demandée, l'intéressé n'était pas en mesure d'y consentir (majeur sous tutelle). • Civ. 2e, 19 juin 2008, n° 07-14.338 P : *JCP S 2008. 1663, note Coursier; Gaz. Pal. 2009. 11, note Coursier; Dr. soc. 2008. 1152, obs. Chauchard ; RDSS 2008. 782, note Tauran .*

Décret n° 99-1049 du 15 décembre 1999, *portant diverses mesures d'application de la loi n° 99-641 du 27 juill. 1999 portant création d'une couverture maladie universelle et modifiant le code de la sécurité sociale (2e partie : Décrets en Conseil d'État).* **Art. 4**
I. — Une convention conclue entre la Caisse nationale de l'assurance maladie des travailleurs salariés et la Caisse centrale de mutualité sociale agricole, approuvée par arrêté des ministres chargés de la sécurité sociale et de l'agriculture, fixe les modalités selon lesquelles les organismes des régimes de protection sociale agricole assurent pour le compte du régime général la gestion administrative, financière et comptable du service des prestations et du recouvrement des cotisations des personnes mentionnées au II de l'article 19 de la loi n° 99-641 du 27 juillet 1999.

II. — Pour l'application du II de l'article 19 de la loi du 27 juillet 1999 susvisée, les caisses de mutualité sociale agricole sont substituées aux caisses primaires d'assurance maladie et aux unions de recouvrement des cotisations de sécurité sociale et d'allocations familiales.

La procédure de liquidation et les règles de recouvrement des cotisations sont celles qui s'appliquent dans le régime d'assurances sociales des salariés agricoles sous réserve des adaptations prévues aux articles R. 380-3 à R. 380-9 du code de la sécurité sociale. Pour l'application de l'article 15 de la loi du 31 décembre 1989 susvisée, le conseil d'administration ou la commission de recours amiable des caisses de mutualité sociale agricole peuvent accorder aux assurés, selon les modalités prévues à l'article R. 243-20-3, une remise partielle ou totale des majorations de retard afférentes aux cotisations échues non réglées.

III. — Les caisses de mutualité sociale agricole suivent les recettes et les dépenses afférentes aux opérations de gestion visées aux I et II dans une comptabilité distincte qui est communiquée annuellement à la Caisse nationale de l'assurance maladie des travailleurs salariés avant la clôture des opérations de l'exercice.

Art. L. 380-2 *(L. n° 99-641 du 27 juill. 1999, art. 3) (L. n° 2015-1702 du 21 déc. 2015, art. 32-III-B-1°, en vigueur le 1er janv. 2016)* **« Les personnes mentionnées à l'article L. 160-1 sont redevables d'une cotisation annuelle lorsqu'elles remplissent les conditions suivantes :**

« 1° Leurs revenus tirés, au cours de l'année considérée, d'activités professionnelles exercées en France sont inférieurs à un seuil fixé par décret. En outre, lorsqu'elles sont mariées ou liées à un partenaire par un pacte civil de solidarité, les revenus tirés d'activités professionnelles exercées en France de l'autre membre du couple sont également inférieurs à ce seuil ;

« 2° Elles n'ont perçu ni pension de retraite *(L. n° 2018-1203 du 22 déc. 2018, art. 12-I)* **« ou d'invalidité », ni rente, ni aucun montant d'allocation de chômage au cours de l'année considérée. Il en est de même, lorsqu'elles sont mariées ou liées à un partenaire par un pacte civil de solidarité, pour l'autre membre du couple. »** — *V. art. D. 380-4.*

Cette cotisation est *(L. n° 2018-1203 du 22 déc. 2018, art. 12-I)* **« assise sur le » montant des revenus** *(L. n° 2015-1702 du 21 déc. 2015, art. 32-III-B-2°, en vigueur le 1er janv. 2016)* **« fonciers, de capitaux mobiliers, des plus-values de cession à titre onéreux de biens ou de droits de toute nature, des bénéfices industriels et commerciaux non professionnels et des bénéfices des professions non commerciales non professionnels », définis selon les modalités fixées au** *(L. n° 2000-656 du 13 juill. 2000, art. 11-V-9)* **« IV de l'article 1417 » du code général des impôts** *(Abrogé par L. n° 2018-1203 du 22 déc. 2018, art. 12-I)* ***« , qui dépasse** (L. n° 2015-1702 du 21 déc. 2015, art. 32-III-B-2°)* ***« un plafond fixé par décret ».*** *(L. n° 2006-1640 du 21 déc. 2006, art. 132-V)* **« Servent également au calcul de l'assiette de la cotisation, lorsqu'ils ne sont pas pris en compte en application du IV de l'article 1417 du code général des impôts, l'ensemble**

des moyens d'existence et des éléments de train de vie, notamment les avantages en nature et les revenus procurés par des biens mobiliers et immobiliers, dont le bénéficiaire de la couverture maladie universelle a disposé, en quelque lieu que ce soit, en France ou à l'étranger, et à quelque titre que ce soit. Ces éléments de train de vie font l'objet d'une évaluation dont les modalités sont fixées par décret en Conseil d'État. » Un décret détermine le taux et les modalités de calcul de cette cotisation ainsi que les obligations déclaratives incombant aux assujettis.

(L. n° 2018-1203 du 22 déc. 2018, art. 12-I) « L'assiette de la cotisation fait l'objet d'un abattement fixé par décret. Cette assiette, avant application de l'abattement, ne peut excéder un montant fixé par décret.

« Pour les personnes mentionnées à l'article L. 611-1 du présent code ainsi que pour les personnes mentionnées à l'article L. 722-1 du code rural et de la pêche maritime, les revenus d'activité pris en compte pour l'application du cinquième alinéa du présent article ne peuvent être inférieurs à la plus faible des assiettes minimales retenues pour le calcul des cotisations sociales de ces personnes dans les conditions prévues aux articles L. 621-1 et L. 633-1, à l'avant-dernier alinéa de l'article L. 635-1, au dernier alinéa de l'article L. 632-1, à l'avant-dernier alinéa de l'article L. 642-1 et, le cas échéant, aux articles L. 644-1 et L. 644-2 du présent code ou à l'article L. 731-11 du code rural et de la pêche maritime.

« Le montant de la cotisation est égal au produit de l'assiette et d'un taux dont la valeur, fixée par décret, décroît linéairement à proportion des revenus d'activité et devient nul lorsque ces revenus atteignent le seuil mentionné au 1°. »

La cotisation est recouvrée *(L. n° 2015-1702 du 21 déc. 2015, art. 32-III-B-4°, en vigueur le 1er janv. 2016)* « l'année qui suit l'année considérée, mentionnée aux 1° et 2° du présent article, » selon les dispositions des sections II à IV du chapitre III et du chapitre IV du titre IV du livre II du présent code, sous réserve des adaptations prévues par décret *(L. n° 2018-1203 du 22 déc. 2018, art. 12-I)* « en Conseil d'État ». — *V. art. R. 380-3 s. et D. 380-2 s.*

(Abrogé par L. n° 2015-1702 du 21 déc. 2015, art. 32-III-B-5°, à compter du 1er janv. 2016) (L. n° 2005-1579 du 19 déc. 2005, art. 92-IV) ***« Pour bénéficier du remboursement des prestations, l'assuré mentionné au premier alinéa doit être à jour de ses cotisations.***

« En cas de fraude ou de fausse déclaration sur le montant des ressources, la caisse peut, sans préjudice des dispositions de l'article L. 162-1-14, suspendre à titre conservatoire, après mise en demeure, le versement des prestations. Les modalités d'application du présent alinéa sont fixées par décret. »

(L. n° 2015-1702 du 21 déc. 2015, art. 32-III-B-6°, en vigueur le 1er janv. 2016) « Les agents des administrations fiscales communiquent aux organismes mentionnés aux articles L. 213-1 et L. 752-2 les informations nominatives déclarées pour l'établissement de l'impôt sur le revenu par les personnes remplissant les conditions mentionnées au premier alinéa de l'article L. 380-2, conformément à l'article L. 152 du livre des procédures fiscales. »

Les dispositions issues de la L. n° 2018-1203 du 22 déc. 2018 s'appliquent aux cotisations dues au titre des périodes courant à compter du 1er janv. 2019 (L. préc., art. 12-II).

V. Décr. n° 2017-1530 du 3 nov. 2017 autorisant la mise en œuvre d'un traitement de données à caractère personnel destiné au calcul de la cotisation prévue à l'art. L. 380-2, d'un traitement de données à caractère personnel destiné au contrôle de la résidence et modifiant le Décr. n° 2015-390 du 3 avr. 2015 (JO 4 nov.).

V. également Décr. n° 2018-392 du 24 mai 2018 portant création d'un traitement automatisé de transfert de données relatives aux redevables de la cotisation annuelle prévue à l'art. L. 380-2 (JO 26 mai).

Notion de revenu. Les sommes perçues périodiquement par la personne affiliée au régime de la couverture maladie universelle pour le règlement échelonné de la cession de son entreprise constituent, chaque année, un revenu au sens de l'art. L. 380-2, al. 2, CSS. • Civ. 2e, 23 mai 2013 : *D. actu. 21 juin 2013, obs. Fleuriot ; RDSS 2013. 744, obs. Tauran.*

Art. L. 380-3 *Devient l'art. L. 160-6 (L. n° 2015-1702 du 21 déc. 2015, art. 59-III-5°, en vigueur le 1er janv. 2016).*

Art. L. 380-3-1 *(L. nº 2002-1487 du 20 déc. 2002, art. 18-II)* I. — Les travailleurs frontaliers résidant en France et soumis obligatoirement à la législation suisse de sécurité sociale au titre des dispositions de l'accord du 21 juin 1999 entre la Communauté européenne et ses États membres, d'une part, et la Confédération suisse, d'autre part, sur la libre circulation des personnes, mais qui, sur leur demande, sont exemptés d'affiliation obligatoire au régime suisse d'assurance maladie en application des dispositions dérogatoires de cet accord, sont affiliés obligatoirement au régime général dans les conditions fixées par l'article *(L. nº 2015-1702 du 21 déc. 2015, art. 32-III-C)* « L. 160-1 ».

II. — *(L. nº 2006-1640 du 21 déc. 2006, art. 49)* « Toutefois, les travailleurs frontaliers occupés en Suisse et exemptés d'affiliation obligatoire au régime suisse d'assurance maladie peuvent demander à ce que les dispositions du I ne leur soient pas appliquées, ainsi qu'à leurs ayants droit, jusqu'à la fin des dispositions transitoires relatives à la libre circulation des personnes entre la Suisse et l'Union européenne, soit douze ans à partir de l'entrée en vigueur de l'accord du 21 juin 1999 précité, à condition d'être en mesure de produire un contrat d'assurance maladie les couvrant, ainsi que leurs ayants droit, pour l'ensemble des soins reçus sur le territoire français. Ces dispositions ne sont pas applicables aux travailleurs frontaliers, ainsi qu'à leurs ayants droit, affiliés au régime général à la date d'entrée en vigueur de la loi nº 2006-1640 du 21 décembre 2006 de financement de la sécurité sociale pour 2007. Les travailleurs ayant formulé une telle demande peuvent ultérieurement y renoncer à tout moment, pour eux-mêmes et pour leurs ayants droit indistinctement, et sont, à partir de la date de cette renonciation, affiliés au régime général en application des dispositions du I. »

III. — Les dispositions du I et du II sont également applicables aux titulaires de pensions ou de rentes suisses, ainsi qu'à leurs ayants droit, résidant en France et soumis obligatoirement à la législation suisse de sécurité sociale au titre des dispositions de l'accord du 21 juin 1999 précité, mais qui sur leur demande sont exemptés d'affiliation obligatoire au régime suisse d'assurance maladie en application des dispositions dérogatoires de cet accord.

IV. — Les travailleurs frontaliers et les titulaires de pensions et de rentes affiliés au régime général dans les conditions fixées au I ne sont pas assujettis aux contributions visées à l'article L. 136-1 et à l'article 14 de l'ordonnance nº 96-50 du 24 janvier 1996 relative au remboursement de la dette sociale et ne sont pas redevables des cotisations visées *(L. nº 2017-1836 du 30 déc. 2017, art. 8-I)* « à » l'article *(L. nº 2008-1330 du 17 déc. 2008, art. 24-II)* « L. 131-9 » et à l'article L. 380-2. — *Sur l'entrée en vigueur de l'art. 8-I de la L. nº 2017-1836 du 30 déc. 2017, V. dispositions transitoires ss. art. L. 136-8.*

Ils sont redevables d'une cotisation fixée en pourcentage du montant de leurs revenus définis selon les modalités fixées au IV de l'article 1417 du code général des impôts. Un décret détermine le taux et les modalités de calcul de cette cotisation ainsi que les obligations déclaratives incombant aux assujettis.

La cotisation est recouvrée selon les dispositions des sections II à IV du chapitre III et du chapitre IV du titre IV du livre II du présent code, sous réserve des adaptations prévues par décret en Conseil d'État.

1. Sur l'exemption prévue au 1º de l'art. L. 380-3-1. Il ressort de l'annexe XI du Règl. (CE) 883/2004 du Parlement européen et du Conseil du 29 avr. 2004 sur la coordination des systèmes de sécurité sociale que la personne travaillant en Suisse peut, sur sa demande, y être exemptée de l'assurance obligatoire tant qu'elle réside en France et y bénéficie d'une couverture en cas de maladie ; qu'il résulte de ces dispositions que la personne résidant en France qui est affiliée à l'assurance maladie obligatoire en Suisse, au titre de l'activité qu'elle exerce dans cet État, ne peut être affiliée au régime français de sécurité sociale ou, en tout cas, doit en être radiée dès qu'elle le demande, peu important l'antériorité de son affiliation au régime français. • Civ. 2e, 15 mars 2018, nº 17-21.991 P : *D. 2018. 358* ; *RJS 5/2018, nº 376 ; D. 2018. 623* ; *JCP S 2018. 1147, note Jeansen.*

2. Principe d'unicité de législation applicable. Il résulte de l'art. 34 du Règl. (CEE) nº 1408/71 du 14 juin 1971 que, pour l'application du chapitre 1er du titre III dudit règlement relatif aux prestations de maladie et maternité, le titulaire d'une pension ou d'une rente qui a droit aux prestations prévues par la législation d'un État membre au titre d'une activité professionnelle est considéré comme un travailleur salarié ou non salarié ; après avoir énoncé à bon droit que le règlement susmentionné pose le principe d'unicité de la législation applicable et fait prévaloir celle de l'État où est exercée l'activité, l'arrêt retient qu'au cours de l'année 2009 Mme X., qui résidait en France et exerçait une activité salariée en Suisse, relevait du régime d'assurance maladie suisse, peu important qu'elle bénéficiât d'une pension de retraite en France, la cour d'appel en a exactement déduit que Mme X... devait rembourser à la Caisse les prestations qui lui avaient été servies au cours de l'année 2009. • Civ. 2e, 9 mai 2018, n° 17-16.341 P : *RJS 7/2018, n°s 510 et 515 ; JCP S 2018. 1210, note Lhernould.*

Art. L. 380-4 *(L. n° 99-641 du 27 juill. 1999, art. 17)* **Les pupilles de l'État sont affiliés au régime général au titre du présent chapitre.**

[Textes d'application : V. art. R. 380-3 à R. 380-9 et D. 380-1 à D. 380-5.]

Art. L. 380-5 *Abrogé par L. n° 2002-1576 du 30 déc. 2002, art. 57.*

CHAPITRE PREMIER PERSONNES RATTACHÉES AU RÉGIME GÉNÉRAL POUR CERTAINS RISQUES OU CHARGES

SECTION PREMIÈRE BÉNÉFICIAIRES DU COMPLÉMENT FAMILIAL, DE LA PRESTATION D'ACCUEIL DU JEUNE ENFANT — PERSONNES ASSUMANT LA CHARGE D'UN HANDICAPÉ *(L. n° 2003-1199 du 18 déc. 2003, art. 60-IV).*

Sur l'entrée en vigueur de la L. n° 2003-1199, V. note ss. art. L. 511-1.

Art. L. 381-1 **La personne isolée et, pour un couple, l'un ou l'autre de ses membres n'exerçant pas d'activité professionnelle, bénéficiaire du complément familial,** *(L. n° 2003-1199 du 18 déc. 2003, art. 60-IV)* **« de l'allocation de base de la prestation d'accueil du jeune enfant ou** *(L. n° 2014-873 du 4 août 2014, art. 8-I-5°)* **« de la prestation partagée d'éducation de l'enfant », est affilié obligatoirement à l'assurance vieillesse du régime général de sécurité sociale sous réserve que ses ressources ou celles du ménage soient inférieures à un plafond fixé par décret et que les enfants dont il assume la charge remplissent les conditions d'âge et de nombre qui sont fixées par le même décret.**

(L. n° 94-629 du 25 juill. 1994, art. 2-IV) **« La personne isolée ou chacun des membres d'un couple exerçant une activité professionnelle à temps partiel, bénéficiaire** *(L. n° 2014-873 du 4 août 2014, art. 8-I-5°)* **« de la prestation partagée d'éducation de l'enfant »** *(L. n° 2003-1199 du 18 déc. 2003, art. 60-IV)* **« à taux partiel », est affilié obligatoirement à l'assurance vieillesse du régime général de sécurité sociale sous réserve que ses ressources ou celles du ménage soient inférieures à un plafond fixé par décret et que les enfants dont il assume la charge remplissent les conditions d'âge et de nombre qui sont fixées par décret. »** *— V. art. R. 381-3-1.*

(L. n° 2005-1579 du 19 déc. 2005, art. 87-III) **« La personne bénéficiaire de l'allocation journalière de présence parentale est affiliée à l'assurance vieillesse du régime général** *(Abrogé par L. n° 2014-40 du 20 janv. 2014, art. 38-I-1°)* ***« , sous réserve que ses ressources ou celles du ménage soient inférieures à un plafond fixé par décret ».*** **»**

(L. n° 2006-1640 du 21 déc. 2006, art. 125-III) **« Est également affiliée obligatoirement à l'assurance vieillesse du régime général de sécurité sociale** *(Abrogé par L. n° 2014-40 du 20 janv. 2014, art. 38-I-2°)* ***« , pour autant que ses ressources ou celles du ménage ne dépassent pas le plafond du complément familial, »*** **la personne bénéficiaire du congé de** *(L. n° 2015-1776 du 28 déc. 2015, art. 53-II-2°)* **« proche aidant mentionné à l'article L. 3142-22 » du code du travail. Cette affiliation est subordonnée à la production de justificatifs, définis par décret.**

« Le travailleur non salarié mentionné *(Ord. n° 2018-470 du 12 juin 2018, art. 2)* **« à l'article L. 611-1 » du présent code, à l'article L. 722-4 du code rural et de la pêche maritime ou au 2° de l'article L. 722-10 du même code, ainsi que le conjoint collaborateur mentionné à l'article** *(L. n° 2017-1836 du 30 déc. 2017, art. 15-V, en vigueur le 1er janv. 2018)* **« L. 661-1 » du présent code ou aux articles L. 321-5 et L. 732-34 du code rural** *(Ord. n° 2018-470 du 12 juin 2018, art. 2)* **« et de la pêche maritime », qui interrompt son activité professionnelle pour s'occuper de son conjoint, de son concu-**

bin, de la personne avec laquelle il a conclu un pacte civil de solidarité, d'un ascendant, d'un descendant, de l'enfant dont il assume la charge au sens de l'article L. 512-1 du présent code, d'un collatéral jusqu'au quatrième degré ou de l'ascendant, du descendant ou du collatéral jusqu'au quatrième degré de son conjoint, de son concubin ou de la personne avec laquelle il a conclu un pacte civil de solidarité, présentant un handicap ou une perte d'autonomie d'une particulière gravité, est affilié obligatoirement, pour une durée de trois mois, à l'assurance vieillesse du régime général *(Abrogé par L. n° 2014-40 du 20 janv. 2014, art. 38-I-2°)* « ***, pour autant que ses ressources ou celles du ménage ne dépassent pas le plafond du complément familial*** ». Cette affiliation peut être renouvelée, dans la limite d'une durée maximale d'une année. Elle n'est pas subordonnée à la radiation du travailleur non salarié du centre de formalités des entreprises dont il relève. Elle est subordonnée à la production de justificatifs, définis par décret. » — *Sur les dispositions transitoires de l'art. 15 de la L. n° 2017-1836 du 30 déc. 2017, V. ss. le livre VI « Dispositions applicables aux travailleurs indépendants ».*

En outre, est affilié obligatoirement à l'assurance vieillesse du régime général de sécurité sociale *(Abrogé par L. n° 2014-40 du 20 janv. 2014, art. 38-I-2°)* « ***, pour autant que ses ressources ou celles du ménage ne dépassent pas le plafond du complément familial*** » *(L. n° 2010-1330 du 9 nov. 2010, art. 96)* « et *[pourvu]* qu'elle n'exerce aucune activité professionnelle ou seulement une activité à temps partiel » la personne et, pour un couple, l'un ou l'autre de ses membres :

1° Ayant la charge d'un enfant handicapé qui n'est pas admis dans un internat, dont l'incapacité permanente est au moins égale à un taux fixé par décret et qui n'a pas atteint l'âge limite d'attribution de l'*(L. n° 2005-102 du 11 févr. 2005, art. 68-2°)* « allocation d'éducation de l'enfant handicapé » ;

2° *(L. n° 2005-102 du 11 févr. 2005, art. 69)* « Ou assumant, au foyer familial, la charge d'une personne adulte handicapée dont la commission prévue à l'article L. 146-9 du code de l'action sociale et des familles reconnaît que l'état nécessite une assistance ou une présence définies dans des conditions fixées par décret et dont le taux d'incapacité permanente est au moins égal au taux ci-dessus rappelé, dès lors que ladite personne handicapée est son conjoint, son concubin, la personne avec laquelle elle a conclu un pacte civil de solidarité ou son ascendant, descendant ou collatéral ou l'ascendant, descendant ou collatéral d'un des membres du couple. » *(L. n° 2002-73 du 17 janv. 2002, art. 57)* « Les différends auxquels peut donner lieu l'application du présent alinéa relèvent du contentieux technique de la sécurité sociale mentionné à l'article *(L. n° 2016-1547 du 18 nov. 2016, art. 12-I, en vigueur le 1er janv. 2019)* « L. 142-2 » du présent code. » — *V. art. D. 381-1 à D. 381-7.*

(L. n° 94-629 du 25 juill. 1994, art. 2-IV-2°) « Le financement de l'assurance vieillesse des catégories de personnes mentionnées par le présent article est assuré par une cotisation à la charge exclusive des organismes débiteurs des prestations familiales et calculée sur des assiettes forfaitaires ». *(L. n° 2006-1640 du 21 déc. 2006, art. 125-III)* « Cependant, la Caisse nationale de solidarité pour l'autonomie rembourse à la Caisse nationale des allocations familiales les cotisations acquittées par les organismes débiteurs des prestations familiales au titre des personnes mentionnées aux quatrième et cinquième alinéas. » — *V. art. R. 381-1 à R. 381-4.*

(L. n° 2009-1646 du 24 déc. 2009, art. 69) « Aucune affiliation ne peut intervenir en application des dispositions ci-dessus lorsque, au titre du ou des enfants considérés et de la même période, la personne concernée bénéficie de la majoration de durée d'assurance prévue à l'article L. 351-5 du présent code ou de périodes d'assurance attribuées par des régimes spéciaux en application du 1° de l'article L. 9 du code des pensions civiles et militaires de retraite ou de dispositions réglementaires ayant le même objet. Les dispositions d'application du présent alinéa sont déterminées en tant que de besoin par décret. »

Sur l'entrée en vigueur de la L. n° 2003-1199, V. note ss. art. L. 511-1.

L'art. 26 de la L. n° 2005-102 du 11 févr. 2005 apporte une modification à l'art. L. 381-1 qui est incompatible avec celle introduite par l'art. 69 de la même loi.

Les dispositions issues de la L. n° 2014-873 du 4 août 2014 sont applicables aux enfants nés ou adoptés à partir du 1er oct. 2014.

Pour les enfants nés ou adoptés avant le 1er oct. 2014, les dispositions du CSS demeurent applicables dans leur rédaction antérieure au 6 août 2014, date d'entrée en vigueur des dispositions précitées à l'al. précédent (L. préc., art. 8-VI).

Ancien art. L. 381-1 ***La personne isolée et, pour un couple, l'un ou l'autre de ses membres n'exerçant pas d'activité professionnelle, bénéficiaire du complément familial,*** (L. n° 2003-1199 du 18 déc. 2003, art. 60-IV) ***« de l'allocation de base de la prestation d'accueil du jeune enfant ou du complément de libre choix d'activité de cette prestation », est affilié obligatoirement à l'assurance vieillesse du régime général de sécurité sociale sous réserve que ses ressources ou celles du ménage soient inférieures à un plafond fixé par décret et que les enfants dont il assume la charge remplissent les conditions d'âge et de nombre qui sont fixées par le même décret.***

(L. n° 94-629 du 25 juill. 1994, art. 2-IV) ***« La personne isolée ou chacun des membres d'un couple exerçant une activité professionnelle à temps partiel, bénéficiaire*** (L. n° 2003-1199 du 18 déc. 2003, art. 60-IV) ***« du complément de libre choix d'activité à taux partiel », est affilié obligatoirement à l'assurance vieillesse du régime général de sécurité sociale sous réserve que ses ressources ou celles du ménage soient inférieures à un plafond fixé par décret et que les enfants dont il assume la charge remplissent les conditions d'âge et de nombre qui sont fixées par décret. »*** — V. art. R. 381-3-1.

(Abrogé par L. n° 2006-1640 du 21 déc. 2006, art. 125-III) (L. n° 2000-1257 du 23 déc. 2000, art. 20-IV) ***« La personne bénéficiaire de l'allocation de présence parentale à taux plein est affiliée à l'assurance vieillesse du régime général, sous réserve que ses ressources ou celles du ménage soient inférieures à un plafond fixé par décret.***

« La personne bénéficiaire de l'allocation de présence parentale à taux partiel est affiliée à l'assurance vieillesse du régime général de sécurité sociale, sous réserve que ses ressources ou celles du ménage soient inférieures à un plafond fixé par décret. »

(L. n° 2005-1579 du 19 déc. 2005, art. 87-III) ***« La personne bénéficiaire de l'allocation journalière de présence parentale est affiliée à l'assurance vieillesse du régime général*** (Abrogé par L. n° 2014-40 du 20 janv. 2014, art. 38-I-1°, à compter du 1er févr. 2014) ***« , sous réserve que ses ressources ou celles du ménage soient inférieures à un plafond fixé par décret ». »***

(L. n° 2006-1640 du 21 déc. 2006, art. 125-III) ***« Est également affiliée obligatoirement à l'assurance vieillesse du régime général de sécurité sociale*** (Abrogé par L. n° 2014-40 du 20 janv. 2014, art. 38-I-2°, à compter du 1er févr. 2014) ***« , pour autant que ses ressources ou celles du ménage ne dépassent pas le plafond du complément familial, » la personne bénéficiaire du congé de soutien familial prévu à l'article L. 225-20*** [L. 3142-22 à L. 3142-24 et L. 3142-31 nouv.] ***du code du travail. Cette affiliation est subordonnée à la production de justificatifs, définis par décret.***

« Le travailleur non salarié mentionné aux articles L. 611-1 ou L. 722-1 du présent code, à l'article L. 722-4 du code rural et de la pêche maritime ou au 2° de l'article L. 722-10 du même code, ainsi que le conjoint collaborateur mentionné à l'article L. 622-8 du présent code ou aux articles L. 321-5 et L. 732-34 du code rural et de la pêche maritime, qui interrompt son activité professionnelle pour s'occuper de son conjoint, de son concubin, de la personne avec laquelle il a conclu un pacte civil de solidarité, d'un ascendant, d'un descendant, de l'enfant dont il assume la charge au sens de l'article L. 512-1 du présent code, d'un collatéral jusqu'au quatrième degré ou de l'ascendant, du descendant ou du collatéral jusqu'au quatrième degré de son conjoint, de son concubin ou de la personne avec laquelle il a conclu un pacte civil de solidarité, présentant un handicap ou une perte d'autonomie d'une particulière gravité, est affilié obligatoirement, pour une durée de trois mois, à l'assurance vieillesse du régime général (Abrogé par L. n° 2014-40 du 20 janv. 2014, art. 38-I-2°, à compter du 1er févr. 2014) ***« , pour autant que ses ressources ou celles du ménage ne dépassent pas le plafond du complément familial ». Cette affiliation peut être renouvelée, dans la limite d'une durée maximale d'une année. Elle n'est pas subordonnée à la radiation du travailleur non salarié du centre de formalités des entreprises dont il relève. Elle est subordonnée à la production de justificatifs, définis par décret. »***

En outre, est affilié obligatoirement à l'assurance vieillesse du régime général de sécurité sociale (Abrogé par L. n° 2014-40 du 20 janv. 2014, art. 38-I-2°, à compter du 1er févr. 2014) ***« , pour autant que ses ressources ou celles du ménage ne dépassent pas le plafond du complément familial »*** (L. n° 2010-1330 du 9 nov. 2010, art. 96) ***« et*** [pourvu] ***qu'elle n'exerce aucune activité professionnelle ou seulement une activité à temps partiel » la personne et, pour un couple, l'un ou l'autre de ses membres :***

1° Ayant la charge d'un enfant handicapé qui n'est pas admis dans un internat, dont l'incapacité permanente est au moins égale à un taux fixé par décret et qui n'a pas atteint l'âge limite

d'attribution de l'(L. n° 2005-102 du 11 févr. 2005, art. 68-2°) *« allocation d'éducation de l'enfant handicapé » ;*

2° (L. n° 2005-102 du 11 févr. 2005, art. 69) *« Ou assumant, au foyer familial, la charge d'une personne adulte handicapée dont la commission prévue à l'article L. 146-9 du code de l'action sociale et des familles reconnaît que l'état nécessite une assistance ou une présence définies dans des conditions fixées par décret et dont le taux d'incapacité permanente est au moins égal au taux ci-dessus rappelé, dès lors que ladite personne handicapée est son conjoint, son concubin, la personne avec laquelle elle a conclu un pacte civil de solidarité ou son ascendant, descendant ou collatéral ou l'ascendant, descendant ou collatéral d'un des membres du couple. »* (L. n° 2002-73 du 17 janv. 2002, art. 57) *« Les différends auxquels peut donner lieu l'application du présent alinéa relèvent du contentieux technique de la sécurité sociale mentionné à l'article L. 143-1 du présent code. »* — V. art. D. 381-1 à D. 381-7.

(L. n° 94-629 du 25 juill. 1994, art. 2-IV-2°) *« Le financement de l'assurance vieillesse des catégories de personnes mentionnées par le présent article est assuré par une cotisation à la charge exclusive des organismes débiteurs des prestations familiales et calculée sur des assiettes forfaitaires ».* (L. n° 2006-1640 du 21 déc. 2006, art. 125-III) *« Cependant, la Caisse nationale de solidarité pour l'autonomie rembourse à la Caisse nationale des allocations familiales les cotisations acquittées par les organismes débiteurs des prestations familiales au titre des personnes mentionnées aux quatrième et cinquième alinéas. »* — V. art. R. 381-1 à R. 381-4.

(L. n° 2009-1646 du 24 déc. 2009, art. 69) *« Aucune affiliation ne peut intervenir en application des dispositions ci-dessus lorsque, au titre du ou des enfants considérés et de la même période, la personne concernée bénéficie de la majoration de durée d'assurance prévue à l'article L. 351-5 du présent code ou de périodes d'assurance attribuées par des régimes spéciaux en application du 1° de l'article L. 9 du code des pensions civiles et militaires de retraite ou de dispositions réglementaires ayant le même objet. Les dispositions d'application du présent alinéa sont déterminées en tant que de besoin par décret. »*

Sur l'entrée en vigueur de la L. n° 2003-1199, V. note ss. art. L. 511-1.

L'art. 26 de la L. n° 2005-102 du 11 févr. 2005 apporte une modification à l'art. L. 381-1 qui est incompatible avec celle introduite par l'art. 69 de la même loi.

1. Affiliation de la personne en charge d'un handicapé adulte. Le placement d'un handicapé adulte dans un centre d'aide par le travail n'excluait pas qu'il puisse être considéré comme à la charge d'une personne au sens de l'art. L. 381-1-2° ; pour en décider, les juges auraient dû notamment vérifier si, compte tenu de ce placement, l'intéressé était en mesure d'exercer un emploi. • Soc. 4 oct. 1990, n° 88-11.178 P. ♦ Les décisions de la commission technique d'orientation et de reclassement professionnel (COTOREP) échappant à sa compétence, une cour d'appel ne saurait lui substituer son appréciation lorsque celle-ci porte, en application de l'art. L. 381-1 CSS, sur le caractère souhaitable du maintien au foyer de l'adulte handicapé dont l'incapacité permanente est au moins égale à un certain taux qui permet l'affiliation au régime général de la sécurité sociale de la personne assumant sa charge au foyer qui n'est pas affiliée à un autre titre et remplit certaines conditions de ressources. • Soc. 27 mai 1999 : *RJS 1999, n° 1002.* ♦ Les dispositions de l'art. D. 381-4, al. 2, CSS n'autorisent pas la COTOREP à statuer d'office sur le caractère souhaitable du maintien au foyer de l'handicapé adulte, condition nécessaire selon l'art. L. 381-1 CSS, à l'affiliation de la personne assurant sa charge. • Soc. 24 oct. 2002 : *RJS 2003, n° 101.*

2. Dispositif antérieur à la L. n° 2005-102 du 11 févr. 2005. Il résulte des art. L. 381-1 et L. 742-1 CSS que l'affiliation obligatoire à l'assurance vieillesse est réservée aux personnes qui ont, au sens de la législation des prestations familiales, la charge d'un handicapé enfant ou devenu adulte. En conséquence les personnes qui assument la charge de leur conjoint handicapé relèvent du régime de l'assurance volontaire. La circulaire ayant rappelé l'état du droit sur ce point sans formuler de prescription nouvelle est dépourvue de valeur réglementaire et ne peut faire l'objet d'un recours pour excès de pouvoir. • CE 3 déc. 2001 : *RJS 2001, n° 370.* ♦ V. cep. : l'art. L. 381-1 CSS n'opère aucune distinction fondée sur la filiation entre les handicapés adultes dont la charge est assumée au foyer familial. • Civ. 2e, 14 mars 2007, n° 06-12.139 P : *JCP S 2007. 1237, note Vachet ; RDSS 2007. 548, note Tauran ; Dr. soc. 2007. 895, obs. Verkindt ; RDSS 2007. 735, note Verkindt.*

3. Qualité du concubin face à l'indu. La cour d'appel qui relève que la bénéficiaire de l'allocation de parent isolé et son concubin ont vécu maritalement pendant la période litigieuse en a exactement déduit que le concubin, qui avait connaissance des versements de l'allocation et qui se trouvait tenu d'une obligation alimentaire envers les enfants communs, avait profité des versements et devait, par conséquent, rembourser le solde de l'indu. • Soc. 22 oct. 1998 : *RJS 1998, n° 1541.*

SECTION II *[ABROGÉE]* BÉNÉFICIAIRES DE L'ALLOCATION DE PARENT ISOLÉ

(Abrogée par L. n° 2008-1249 du 1er déc. 2008, à compter du 1er juin 2009)

Art. L. 381-2 (L. n° 99-641 du 27 juill. 1999, art. 10-I) ***« Les personnes bénéficiaires de l'allocation de parent isolé qui ne bénéficient pas de l'assurance maladie et maternité à un autre titre sont obligatoirement affiliées au régime général de sécurité sociale en ce qui concerne la couverture des prestations en nature de l'assurance maladie et maternité. ».***

Un décret détermine les conditions d'application du présent article.

Le titulaire de l'allocation de parent isolé devenu demandeur d'emploi indemnisé étant maintenu dans son régime antérieur ne saurait prétendre à des indemnités journalières maladie ou maternité, son régime ne couvrant que les prestations en nature de l'assurance maladie ou maternité. • Soc. 31 mai 1989 : *RJS 1989, n° 642 ; Bull. civ. V, n° 421.* ♦ La priorité étant accordée aux régimes contributifs, la personne qui a cessé son activité salariée n'est pas maintenue dans son régime antérieur lorsqu'elle peut être affiliée au régime général au titre de l'allocation de parent isolé et ne peut donc prétendre qu'aux prestations en nature de l'assurance maladie ou maternité. • Soc. 15 févr. 1990, n° 87-16.251 P.

SECTION III *[ABROGÉE]* ÉTUDIANTS

(Abrogée par L. n° 2018-166 du 8 mars 2018, art. 11-I, à compter du 1er sept. 2018)

Les dispositions de l'art. 11-I de la L. n° 2018-166 du 8 mars 2018 entrent en vigueur le 1er sept. 2018.

Toutefois :

1° Tant qu'elles ne remplissent pas à d'autres titres les conditions les conduisant à être rattachées à d'autres organismes pour la prise en charge de leurs frais de santé en cas de maladie ou de maternité, les personnes rattachées au 31 août 2018 en tant qu'étudiants pour une telle prise en charge aux organismes délégataires mentionnés aux deuxième et troisième al. de l'art. L. 160-17 CSS, dans sa rédaction antérieure à la loi susvisée, le demeurent au plus tard jusqu'aux dates mentionnées au 2° ci-dessous. A compter de ces dates, la prise en charge de leurs frais de santé en cas de maladie ou de maternité est assurée par les organismes du régime général ;

2° Sauf accord des parties sur des dates antérieures, il est mis fin au 31 août 2019 aux conventions et contrats conclus, pour le service des prestations dues aux étudiants, en application du troisième al. de l'art. L. 160-17 CSS, dans sa rédaction antérieure à la loi susvisée.

Les droits et obligations des organismes délégataires pour le service des prestations dues aux étudiants, mentionnés aux deuxième et troisième al. du même art. L. 160-17, dans sa rédaction antérieure à la loi susvisée, y compris les contrats de travail, qui sont afférents à la gestion leur ayant été confiée sont transférés de plein droit aux mêmes dates aux organismes d'assurance maladie du régime général. Ces transferts ne donnent pas lieu à la perception de droits, impôts ou taxes de quelque nature que ce soit.

Le préjudice susceptible de résulter, pour les organismes délégataires, de l'application du présent 2° fait l'objet d'une indemnité s'il présente un caractère anormal et spécial. Cette indemnité est fixée dans le cadre d'un constat établi à la suite d'une procédure contradictoire. Les conditions et le montant de l'indemnité sont fixés par décret.

Le Gouvernement remet au Parlement, au plus tard le 1er sept. 2021, un rapport présentant le bilan du nouveau dispositif du régime obligatoire de sécurité sociale pour les étudiants, et notamment l'évaluation de la qualité de l'accueil et du service.

BIBL. GÉN. ▸ DEGAGE et KESSLER, La gestion du régime étudiant de sécurité sociale par les mutuelles étudiantes, *RDSS 2009. 451*. – DUTERTRE, Réflexions sur la condition juridique de l'étudiant stagiaire en entreprise, *Dr. soc. 1977. 402*. – GAU, Le régime de sécurité sociale des étudiants, *Bibliothèque d'ouvrage de droit social, Tome I, LGDJ, 1960*. – PEYRONNET, Étudiants salariés et sécurité sociale, le paradis perdu de la subsidiarité, *Dr. soc. 2015. 642*. – VEILLON, Le régime étudiant de sécurité sociale, *Dr. soc. 1977. 416*.

Art. L. 381-3 (Abrogé par L. n° 2015-1702 du 21 déc. 2015, art. 59-XI-N, à compter du 1er janv. 2016) ***Les dispositions du présent livre relatives à la couverture des risques de maladie et des charges de maternité sont étendues aux étudiants, dans les conditions fixées à la présente section.***

1. Bénéfice de l'assurance invalidité (non). L'extension de la protection sociale aux étudiants ne visant que la couverture des risques maladie et des charges maternité, l'assimilation à six heures de travail salarié de toute journée d'affiliation au régime de sécurité sociale étudiant n'a pas pour but et ne peut avoir pour effet d'étendre à des risques autres que ceux visés par la loi, et notamment au risque invalidité, la protection sociale des assurés en cause. • Soc. 6 nov. 1980 : *Bull. civ. V, n° 810.*

2. Bénéfice de soins liés à l'exercice d'une profession (non). L'étudiant ne pouvant être considéré comme exerçant une profession, il ne peut bénéficier du remboursement des soins de prothèse dentaire lorsqu'ils sont subordonnés à la justification de leur nécessité pour l'exercice d'une profession. • Civ. 2e, 25 nov. 1966 : *Bull. civ. II, n° 931.*

Art. L. 381-4 (L. n° 2015-1702 du 21 déc. 2015, art. 32-III-D) ***La présente section est applicable aux élèves et aux étudiants des établissements d'enseignement supérieur, des écoles techniques supérieures, des grandes écoles et des classes du second degré préparatoires à ces écoles qui ne dépassent pas un âge limite fixé par décret.***

A. SITUATION DE L'ÉTUDIANT AU REGARD DU RÉGIME GÉNÉRAL

1. Assujettissement (étudiant réalisant des enquêtes). Sont assujettis au régime général de la sécurité sociale les étudiants recrutés individuellement, pour des enquêtes, par le responsable d'une société qui leur précise le lieu, le temps et la nature du travail puis, lors de l'exécution, contrôle la cadence et la conformité aux directives imposées, ces éléments caractérisant l'existence d'un lien de subordination dans la réalisation d'un travail rémunéré, accompli dans le cadre d'un service organisé dont ils ne supportent ni le risque ni le profit, peu important que certains d'entre eux accomplissent ce travail dans le cadre d'un stage imposé par leur scolarité. • Soc. 11 févr. 1981 : *Bull. civ. V, n° 120.*

2. Assujettissement (étudiant réalisant et concevant un logiciel). L'association qui a recours à des étudiants pour réaliser un logiciel au profit d'un tiers doit les affilier au régime général lorsqu'elle assume seule le risque de l'opération vis-à-vis du client, qu'elle contrôle non seulement le respect des délais contractuels mais également leur activité, qu'elle leur donne des directives et les rémunère, car, s'agissant d'un travail à la tâche réalisé dans le cadre d'un service organisé, ces éléments établissent que, en dépit de la grande latitude dont ils disposaient, les étudiants travaillaient sous la subordination de l'association. • Soc. 15 juin 1988 : *Bull. civ. V, n° 358.*

3. Assujettissement (étudiant en médecine stagiaire dans un établissent de soins). Sont assujettis au régime général de la sécurité sociale les étudiants en médecine qui, en sus de leurs fonctions dans le service de leurs maîtres de stage, sont astreints dans la clinique privée où ils l'exécutent à assurer à tour de rôle des gardes générales de longue durée et à rendre compte de tout incident survenu au cours de ces gardes dans l'ensemble des services, les intéressés se trouvant ainsi dans un lien de subordination à l'égard de la direction de la clinique qui leur verse une rémunération déclarée aux services fiscaux et a la possibilité de mettre fin unilatéralement à leur stage s'ils ne satisfont pas à leurs obligations. • Soc. 6 juill. 1981 : *Bull. civ. V, n° 650.* ♦ V. aussi : • Soc. 30 nov. 1966 : *Bull. civ. V, n° 911 ; D. 1967. 225. note J.-J. D.* ♦ V. pour des étudiants en médecine effectuant des prélèvements pour un laboratoire. • Soc. 27 oct. 1971 : *Bull. civ. V, n° 599.* ♦ ***(Étudiants aides-opératoires).*** Le chirurgien qui a recours à des étudiants en médecine pour l'assister comme aides-opératoires lors d'interventions est tenu de les affilier au régime général lorsqu'il est établi qu'ils recevaient une rétribution variant suivant l'importance de l'intervention à laquelle ils avaient participé, ce qui excluait que les sommes perçues eussent uniquement pour objet de compenser les frais exposés à cette occasion. • Soc. 12 févr. 1985 : *Bull. civ. V, n° 102.* ♦ Affiliation au régime général d'étudiants de troisième année, peu important l'intérêt pédagogique des fonctions d'aides-opératoires. • Soc. 10 mai 1990, n° 85-10.958 P : *D. 1990. IR 137.* ♦ ***(Étudiants effectuant des gardes de nuit).*** Les étudiants qui effectuent des gardes de nuit en remplacement de praticiens absents n'ont pas à être affiliés au régime général lorsqu'ils le font pour leur stage de sixième année, dans le cadre de conventions de stage, et qu'il ne résultait pas de la rétrocession d'honoraires consentie par les médecins que ceux-ci étaient leurs employeurs. • Soc. 10 mai 1990 : *préc.*

4. Assujettissement (étudiant stagiaire). Une association n'est pas l'employeur d'un stagiaire dès lors que, même si le sujet traité avait été choisi sur sa proposition, ce stage obligatoire s'effectuait au cours d'une année de scolarité sous la surveillance et la direction d'un professeur, dans le cadre d'une convention conclue entre l'établissement d'enseignement et l'organisme d'accueil, et qu'il avait pour finalité la soutenance d'un mémoire devant un jury siégeant à l'école, ce dont il résultait que l'étude menée au cours de ce stage était destinée essentiellement à permettre à l'élève d'obtenir son diplôme, ne constituait pas un travail effectué à la demande et pour le compte de l'association, en sorte que les sommes versées par celle-ci à l'école ne pouvaient pas être analysées comme une rémunération allouée à l'élève en contrepartie d'une activité salariée. • Soc. 5 déc. 1991, n° 89-17.153 P. ♦ V., concernant le stage de sixième année de médecine : • Soc. 10 mai 1990 : *préc. note 3.* ♦ Comp. : ne peut bénéficier du régime de retraite institué par la loi du 5 avr. 1910 sur les retraites ouvrières, l'étudiant en droit attaché comme clerc à une étude d'avoué non pour se procurer des moyens d'existence, mais pour se préparer à une profession libérale, alors d'ailleurs que les rémunérations modiques qu'il reçoit ne sont que de simples gratifications. • Civ. 25 mars 1912 : *DP 1912. 5. 6 ; S. 1913. 1. 378, note Sachet.*

5. Assujettissement (étudiant bénéficiaire d'une bourse de recherche). L'association contrôlant la délivrance et le renouvellement d'une bourse de recherche qu'elle finance n'est pas tenue d'affilier son bénéficiaire au régime général en qualité de salarié dès lors que le travail s'effectue au sein d'un laboratoire de recherche organisé par un hôpital ce qui excluait l'existence d'un lien de subordination entre l'étudiant et l'association. • Soc. 8 nov. 1990 : *RJS 1990, n° 1019 ; RDSS 1991. 292, obs. Vachet.* ♦ L'étudiant en thèse qui doit, pour réaliser ses recherches, travailler dans un laboratoire n'est pas assujetti au régime général dès lors qu'il n'est pas lié à cette institution par un contrat, qu'il ne dépend pas des responsables du laboratoire, qu'il mène ses études en toute liberté et que, en outre, les bourses attribuées par des associations ont pour seul objet d'encourager la recherche médicale, ce qui excluait qu'elles aient pu constituer la contrepartie d'un travail exécuté pour un employeur. • Soc. 26 janv. 1995 : *D. 1996. Somm. 37, note Prétot ; RJS 1995, n° 298.*

B. SITUATION DE L'ÉTUDIANT AU REGARD DU RÉGIME DES TRAVAILLEURS NON SALARIÉS DES PROFESSIONS NON AGRICOLES

6. Exercice concomitant d'une activité professionnelle non salariée. Celui qui, tout en poursuivant ses études, est inscrit au registre du commerce en qualité de négociant et tire de cette profession des revenus substantiels a la qualité d'assuré social à titre personnel ; il ne peut, en vertu des art. L. 615-2 et L. 381-4, bénéficier du régime subsidiaire propre aux étudiants et demeure tenu de régler les cotisations correspondant à son activité commerciale. • Soc. 13 oct. 1994, n° 92-15.918 P : *D. 1994. IR 253 ; JCP E 1995. 503, obs. Vachet.* ♦ Comp. : l'étudiant en droit inscrit au barreau en tant qu'avocat stagiaire tout en poursuivant ses études n'est pas affilié au régime des travailleurs non salariés dès lors qu'en sont exclues, en application de l'art. L. 615-2, les personnes qui, tout en exerçant une activité professionnelle entrant dans le champ d'application du régime professionnel des travailleurs non salariés, poursuivent des études dans des conditions leur permettant de bénéficier, pour les mêmes risques, de la couverture du régime général selon les modalités prévues pour les étudiants. • Soc. 6 févr. 1992, n° 89-21.429 P : *Gaz. Pal. 1992. 1. 371 ; ibid. Doctr. 485, étude Ghelber ; D. 1992. IR 94 ; JCP E 1992. 185* • 23 oct. 1985 : *Bull. civ. V, n° 494.*

7. Affiliation obligatoire. Dès lors qu'il résulte des art. L. 615-2 et L. 381-4 que les personnes qui poursuivent des études tout en exerçant une activité non salariée relèvent jusqu'à 26 ans du régime étudiant, la circulaire du directeur de la CANAM qui déclare subsidiaire ce régime et prescrit l'affiliation au régime des non-salariés non agricoles doit être déclarée illégale. • CE 1er févr. 1993 : *RJS 1993, n° 434.*

C. SITUATION DE L'ÉTUDIANT AU REGARD DU RÉGIME DES CULTES

8. Assujettissement (conditions). Toute personne ministre d'un culte ou membre d'une congrégation ou collectivité religieuse poursuivant des études doit être affiliée et cotiser au régime d'assurance vieillesse et invalidité des cultes dès lors que ce régime n'est subsidiaire par rapport à un autre régime obligatoire que si celui-ci couvre les mêmes risques et que le régime étudiant ne couvre pas les risques vieillesse invalidité. • Soc. 10 nov. 1994, n° 91-13.586 P : *RDSS 1995. 777, obs. Vachet.* ♦ L'acquisition par la personne de la qualité de membre d'une congrégation religieuse la rend assujettissable au régime d'assurance vieillesse des cultes, malgré l'antériorité de son affiliation au régime des étudiants. • Soc. 22 juin 1995, n° 92-18.602.

Art. L. 381-5 ***Les conditions que doivent remplir les assujettis et la liste des établissements mentionnés à l'article précédent sont déterminées par arrêté interministériel*** [V. art. R. 381-6], ***après consultation des associations d'étudiants.***

Art. L. 381-6 ***Les bénéficiaires énumérés à l'article L. 381-4 sont affiliés aux Caisses primaires d'assurance maladie à la diligence des établissements où ils sont inscrits.*** — V. art. R. 381-12 à R. 381-14.

Al. 2 abrogé par L. n° 95-116 du 4 févr. 1995 (art. 64-II).

Les cotisations sont recouvrées en même temps que les sommes dues pour frais d'études. Elles sont versées à l'union de recouvrement des cotisations de sécurité sociale dont dépend l'établissement.

Art. L. 381-7 (Abrogé par L. n° 2015-1702 du 21 déc. 2015, art. 59-XI-N, à compter du 1er janv. 2016) ***Les étudiants ou élèves mentionnés à l'article L. 381-4, leurs conjoints ou enfants à charge, au sens de l'article L. 313-3, ont droit aux prestations en nature :***

1° De l'assurance maladie ;
2° De l'assurance maternité. — V. art. R. 381-25.

Art. L. 381-8 (L. n° 2015-1702 du 21 déc. 2015, art. 32-III-E) *Les étudiants ou élèves mentionnés à l'article L. 381-4 sont redevables, au titre de chaque période annuelle dont les dates sont fixées par décret, d'une cotisation forfaitaire dont le montant est fixé par arrêté interministériel et est revalorisé annuellement par application du coefficient mentionné à l'article L. 161-25, après consultation des associations d'étudiants.*

Ils ne sont pas redevables (L. n° 2016-1827 du 23 déc. 2016, art. 64-I) *« , ainsi que, le cas échéant, leur conjoint ou le partenaire avec lequel ils sont liés par un pacte civil de solidarité, » de la cotisation mentionnée au premier alinéa de l'article L. 380-2.*

Sont exonérés de la cotisation prévue au premier alinéa du présent article les étudiants ou élèves mentionnés à l'article L. 381-4 qui satisfont à l'un des critères suivants :

1° Être titulaire d'une bourse de l'enseignement supérieur ;

2° Être âgé de moins de vingt ans sur la totalité de la période mentionnée au premier alinéa du présent article ;

3° Exercer une activité professionnelle (L. n° 2016-1827 du 23 déc. 2016, art. 64-I) *« ou être marié à un conjoint ou lié par un pacte civil de solidarité à un partenaire exerçant une activité professionnelle, cette condition étant appréciée par l'exercice d'un nombre d'heures d'activité minimal fixé par décret ; »*

« 4° Être reconnu réfugié ou bénéficiaire de la protection subsidiaire ou être enregistré par l'autorité compétente en qualité de demandeur d'asile et disposant du droit de se maintenir sur le territoire, dans les conditions prévues aux articles L. 742-1 et L. 743-1 du code de l'entrée et du séjour des étrangers et du droit d'asile. »

V. art. R. 381-15 s.

Art. L. 381-9 (Abrogé par L. n° 2015-1702 du 21 déc. 2015, art. 59-XI-N, à compter du 1er janv. 2016) *Pour le service des prestations énumérées à l'article L. 381-7, il est fait appel à des sections ou correspondants locaux dont le rôle est assumé par des mutuelles ou sections de mutuelles d'étudiants régies par le code de la mutualité, dans les conditions définies par décret en Conseil d'État.*

(L. n° 95-116 du 4 févr. 1995, art. 59-VII) *« Les sections ou correspondants locaux visés au premier alinéa sont également compétents pour le service des prestations aux personnes mentionnées à l'article L. 161-14-1 qui sont élèves ou étudiants dans les établissements, écoles ou classes énumérés à l'article L. 381-4 »,* (L. n° 99-641 du 27 juill. 1999, art. 7-IV) *« à l'exclusion des enfants ayants droit des ressortissants du régime des travailleurs non salariés des professions non agricoles et des régimes spéciaux » de sécurité sociale autres que ceux dont relèvent les fonctionnaires civils de l'État, les magistrats, les ouvriers de l'État et les fonctionnaires territoriaux et hospitaliers.*

La création d'une section locale universitaire est obligatoire dans les établissements ou villes universitaires remplissant les conditions d'effectifs fixées par décret en Conseil d'État.

Les organismes de sécurité sociale concourant au financement du régime étudiant sont représentés dans les conseils d'administration des sections locales suivant les modalités déterminées au décret en Conseil d'État.

Les sections universitaires peuvent se grouper en unions ou fédérations. — V. art. R. 381-29 à R. 381-32.

Art. L. 381-10 (Abrogé par L. n° 2015-1702 du 21 déc. 2015, art. 59-XI-N, à compter du 1er janv. 2016) *Les conseils d'administration des sections universitaires, de leurs unions ou fédérations désignent parmi leurs membres des représentants auprès des caisses de sécurité sociale, chargés de contrôler la comptabilité spéciale tenue pour les bénéficiaires mentionnés à la présente section et la stricte application, à leurs besoins, des fonds mentionnés à l'article L. 381-8.*

Art. L. 381-11 (Abrogé par L. n° 2015-1702 du 21 déc. 2015, art. 59-XI-N, à compter du 1er janv. 2016) *Les commissaires mentionnés à l'article L. 381-10 assistent à toutes les délibérations et sont consultés sur toute décision des administrateurs des organismes du régime général concernant la sécurité sociale des étudiants. Ils peuvent émettre toute suggestion ou vœu utile à son bon fonctionnement, notamment en matière de prévention et d'action sanitaire et sociale.*

SECTION IV *[ABROGÉE]* MINISTRES DES CULTES ET MEMBRES DES CONGRÉGATIONS ET COLLECTIVITÉS RELIGIEUSES (ASSURANCE MALADIE, ASSURANCE MATERNITÉ ET ASSURANCE INVALIDITÉ) *(L. n° 2001-1246 du 21 déc. 2001, art. 66-I).*

(Abrogée par L. n° 2005-1579 du 19 déc. 2005, art. 75-VI)

SECTION V INVALIDES DE GUERRE

BIBL. ▸ DESSAINT, Le régime de sécurité sociale des invalides de guerre, *Dr. soc. 1952. 356.*

Art. L. 381-19 (Abrogé par L. n° 2015-1702 du 21 déc. 2015, art. 59-XI-N, à compter du 1er janv. 2016) ***Les dispositions relatives aux prestations des assurances sociales s'appliquent aux bénéficiaires du code des pensions militaires d'invalidité et des victimes de guerre dans les conditions et sous les réserves fixées à la présente section.***

Exploitant agricole ayant la qualité d'orphelin et d'invalide de guerre. Il résulte des art. 1106-1-II, al. 1er, C. rur., 6 du Décr. n° 61-294 du 31 mars 1961 et L. 381-19 s. CSS que les orphelins et invalides de guerre ne sont exclus de l'assurance maladie maternité des exploitants agricoles que s'ils sont rattachés à ce titre au régime général. Par suite, l'exploitant agricole qui, bien qu'ayant la qualité d'orphelin et d'invalide de guerre, est affilié au régime général en tant qu'ancien salarié doit être assujetti à l'assurance maladie maternité des exploitants agricoles. • Soc. 7 déc. 1989 : *Bull. civ. V, n° 699 ; RJS 1990, n° 70.*

Art. L. 381-20 *(L. n° 2015-1702 du 21 déc. 2015, art. 59-XI-H-1°, en vigueur le 1er janv. 2016)* **« La présente section est applicable aux personnes suivantes : »**

1° Les bénéficiaires des dispositions du code des pensions militaires d'invalidité et des victimes de guerre, titulaires d'une pension d'invalidité correspondant à un taux minimum d'incapacité, qui ne sont pas assurés sociaux ;

2° Les veuves non remariées, bénéficiaires des dispositions du code des pensions militaires d'invalidité et des victimes de guerre, qui ne sont pas assurées sociales ;

3° Les orphelins de guerre mineurs titulaires d'une pension en vertu des dispositions du code des pensions militaires d'invalidité et des victimes de guerre, lorsqu'ils ne sont pas assurés sociaux ou que la personne qui les a recueillis n'est pas elle-même assurée sociale ;

4° Les orphelins de guerre majeurs titulaires d'une pension en vertu des dispositions de l'article L. 57 du code des pensions militaires d'invalidité et des victimes de guerre. Dans ce dernier cas, ils doivent être reconnus incapables de travailler par la *(L. n° 2016-1547 du 18 nov. 2016, art. 12-I, en vigueur le 1er janv. 2019)* **« juridiction compétente pour connaître du contentieux mentionné à l'article L. 142-2 » ;**

5° Les aveugles de la Résistance, bénéficiaires de l'article L. 189 du code des pensions militaires d'invalidité et des victimes de guerre ;

6° Les victimes civiles de la guerre visées au 6° de l'article L. 136 *bis* du code des pensions militaires d'invalidité et des victimes de guerre ;

7° Les ascendants pensionnés au titre du code des pensions militaires d'invalidité et des victimes de guerre, ayant atteint un âge déterminé et ne relevant pas déjà d'un régime obligatoire d'assurance maladie. — *V. art. R. 381-80 à R. 381-87 et R. 381-91 à R. 381-93.*

Résidence en France. En application du principe de territorialité des législations sociales, sont exclus du bénéfice des prestations et du paiement des cotisations, les titulaires de pensions militaires remplissant les conditions prévues aux art. L. 381-20 et R. 381-80, qui n'ont pas leur résidence en France ou se contentent d'y faire de simples séjours. • Civ. 2e, 26 mars 1965 : *Bull. civ. V, n° 317 ; JCP 1965. IV. 62.*

Art. L. 381-21 (Abrogé par L. n° 2015-1702 du 21 déc. 2015, art. 59-XI-N, à compter du 1er janv. 2016) ***Les bénéficiaires énumérés à l'article précédent sont affiliés à la caisse primaire d'assurance maladie.***

Art. L. 381-22 (Abrogé par L. n° 2015-1702 du 21 déc. 2015, art. 59-XI-N, à compter du 1er janv. 2016) ***Les personnes mentionnées à l'article L. 381-20, et, le cas échéant, leurs conjoints et leurs enfants à charge au sens de l'article L. 313-3 ont droit aux prestations en nature :***

1° De l'assurance maladie ;

2° De l'assurance maternité.

Toutefois, ces prestations ne sont accordées aux personnes mentionnées au 1° de l'article L. 381-20 que pour les maladies, blessures ou infirmités autres que celles ayant donné lieu à l'attribution de la pension militaire ; elles sont dispensées pour elles personnellement du pourcentage de participation aux frais médicaux et pharmaceutiques ou autres mis à la charge des assurés malades. — V. art. R. 381-94.

Art. L. 381-23 *(L. n° 2015-1702 du 21 déc. 2015, art. 59-XI-H-2°, en vigueur le 1er janv. 2016)* « La prise en charge des frais de santé des personnes mentionnées à l'article L. 381-20 est assurée : »

1° Par une cotisation due par les bénéficiaires de la présente section prélevée sur leur pension et dont le taux, fixé par un décret, ne peut excéder celui appliqué aux fonctionnaires retraités et aux veuves de fonctionnaires ;

2° Par une contribution inscrite chaque année au budget général de l'État et dont le montant est déterminé, compte tenu du coût moyen des risques pour l'année précédente et de la cotisation prévue au présent article. — *V. art. R. 381-88.*

Art. L. 381-24 Les conditions dans lesquelles les cotisations et contributions susmentionnées à l'article L. 381-23 sont versées aux caisses de sécurité sociale compétentes sont déterminées par décret en Conseil d'État. — *V. art. R. 381-89 et R. 381-90.*

SECTION VI SAPEURS-POMPIERS VOLONTAIRES

(L. n° 91-1389 du 31 déc. 1991, art. 18-I)

Art. L. 381-25 Les dispositions de la section V du présent chapitre sont étendues :

1° *(L. n° 91-1389 du 31 déc. 1991, art. 18-II)* « Aux sapeurs-pompiers volontaires », non assurés sociaux, titulaires d'une rente correspondant à un taux minimum d'invalidité *[art. R. 381-83 : 66,66 %]* ;

2° Aux conjoints non remariés des *(L. n° 91-1389 du 31 déc. 1991, art. 18-III)* « sapeurs-pompiers volontaires mentionnés à l'article 13 de la loi n° 91-1389 du 31 décembre 1991 relative à la protection sociale des sapeurs-pompiers volontaires en cas d'accident survenu ou de maladie contractée en service », titulaires d'une rente de réversion au titre de ladite loi lorsqu'ils ne sont pas assurés sociaux ;

3° Aux orphelins titulaires d'une rente de réversion ou d'une pension d'orphelin au titre de la loi précitée, lorsqu'ils ne sont pas assurés sociaux, ou que la personne qui les a recueillis n'est pas elle-même assurée sociale.

(L. n° 91-1389 du 31 déc. 1991, art. 18-IV) « Pour l'application du présent article la cotisation prévue au deuxième alinéa (1°) de l'article L. 381-23 est à la charge de l'État ». — *V. Annexe I, L. n° 91-1389 du 31 déc. 1991.*

BIBL. ▶ Kessler, *RDSS 1992. 727.*

SECTION VII BÉNÉFICIAIRES DE L'ALLOCATION AUX VIEUX TRAVAILLEURS SALARIÉS ET DE L'ALLOCATION AUX MÈRES DE FAMILLE

Art. L. 381-26 (Abrogé par L. n° 2015-1702 du 21 déc. 2015, art. 59-XI-N, à compter du 1er janv. 2016) *Les titulaires des allocations ou secours mentionnés aux chapitres Ier et III du titre I du livre VIII qui n'effectuent aucun travail salarié ont droit et ouvrent droit aux prestations en nature de l'assurance maladie dans les conditions prévues à l'article L. 311-9.*

Un décret fixe, en tant que de besoin, les modalités d'application du présent article.

SECTION VIII BÉNÉFICIAIRES DE L'ALLOCATION AUX ADULTES HANDICAPÉS

Art. L. 381-27 (Abrogé par L. n° 2015-1702 du 21 déc. 2015, art. 59-XI-N, à compter du 1er janv. 2016) *Les bénéficiaires de l'allocation aux adultes handicapés qui ne sont pas assujettis, à un autre titre, à un autre régime obligatoire d'assurance maladie ont droit, dans les conditions fixées par les titres II et III du présent livre, aux prestations des assurances maladie et maternité telles qu'elles sont prévues par les 1°, 2° et 3° de l'article L. 321-1 et par l'article L. 331-2.*

(Ord. n° 2005-1127 du 8 sept. 2005, art. 11) *« Par dérogation au précédent alinéa, les bénéficiaires de l'allocation aux adultes handicapés peuvent bénéficier des prestations des assurances maladie et maternité du régime de protection sociale des personnes salariées ou non salariées agricoles lorsque l'un de leurs parents y est affilié. »*

Conditions d'assujettissement des bénéficiaires de l'AAH. Selon les art. L. 613-13 et L. 613-14, devenus L. 381-27 et L. 381-28 CSS, les bénéficiaires de l'AAH qui ne sont pas assujettis à un autre titre à un autre régime obligatoire d'assurance maladie ont droit, dans les conditions fixées par le livre III du même code, aux prestations des assurances maladie et maternité et sont affiliés à une caisse primaire d'assurance maladie. De plus, il ressort en outre de l'art. 5 du Décr. n° 77-551 du 23 mai 1977, alors en vigueur, que ces dispositions s'appliquent à la date à laquelle le droit à l'AAH est constaté par l'organisme débiteur de ladite allocation. • Soc. 27 sept. 1989 : *Bull. civ. V, n° 554.*

Art. L. 381-28 (Abrogé par L. n° 2015-1702 du 21 déc. 2015, art. 59-XI-N, à compter du 1er janv. 2016) *Les bénéficiaires mentionnés à l'article L. 381-27 sont affiliés à une caisse primaire d'assurance maladie.*

(Ord. n° 2005-1127 du 8 sept. 2005, art. 11) *« Par dérogation au précédent alinéa, les personnes visées au deuxième alinéa de l'article L. 381-27 peuvent rester affiliées au régime de protection sociale des personnes salariées ou non salariées agricoles auquel l'un de leurs parents est affilié. »*

Art. L. 381-29 *Abrogé par Décr. n° 86-838 du 16 juill. 1986, art. 16.*

SECTION IX PERSONNES ÉCROUÉES ET RETENUES DANS UN CENTRE SOCIO-MÉDICO-JUDICIAIRE DE SÛRETÉ *(L. n° 2017-1837 du 30 déc. 2017, art. 55-II, en vigueur le 1er janv. 2018).*

SOUS-SECTION 1 ASSURANCES MALADIE ET MATERNITÉ

BIBL. GÉN. ▶ BARRAL, *Dr. soc. 1973. 598* (la situation des détenus et de leurs familles au regard de la sécurité sociale). – PÉDROT et REBECQ, *RDSS 1995. 829*. – PRADEL, *Mél. René Savatier, 1992. 395* (la protection sociale du détenu aujourd'hui).

Art. L. 381-30 *(L. n° 94-43 du 18 janv. 1994, art. 3) (L. n° 2017-1837 du 30 déc. 2017, art. 55-II, en vigueur le 1er janv. 2018)* **« Les personnes écrouées bénéficient de la prise en charge de leurs frais de santé, assurée par le régime général à compter de la date de leur mise sous écrou.**

« Par dérogation au premier alinéa, lorsque les personnes écrouées bénéficiant d'une mesure d'aménagement de peine ou d'exécution de fin de peine dans les conditions prévues aux sections V et VI du chapitre II du titre II du livre V du code de procédure pénale exercent une activité professionnelle dans les mêmes conditions que les travailleurs libres, la prise en charge de leurs frais de santé est assurée par le régime d'assurance maladie et maternité dont elles relèvent au titre de cette activité.

« L'article L. 115-6 du présent code n'est pas applicable aux personnes écrouées mentionnées au premier alinéa du présent article.

« Une participation peut être demandée, lorsqu'elles disposent de ressources suffisantes, aux personnes écrouées assurées en vertu du même premier alinéa. »

Les conditions d'application du présent article sont déterminées par décret en Conseil d'État. – *V. art. R. 381-97.*

BIBL. ▶ BERGOIGNAN-ESPER, La santé en prison : quelle législation ?, *RDSS 2009. 497*. – CÉRÉ, Le détenu malade : le traitement du droit européen, *AJDA 2010. 325*. – MILLY, L'accès aux soins des détenus en France : un droit bafoué, *Droit et sociétés 2003. 745.*

1. Exclusion des prestations en espèces du régime général. Les détenus qui, selon l'art. L. 381-30 CSS, sont affiliés obligatoirement aux assurances maladie et maternité à compter de leur incarcération, ne bénéficient, selon l'art. L. 381-30-1 du même code, pendant leur détention, que des prestations en nature des assurances maladie et maternité. En conséquence un détenu ne peut prétendre aux prestations en espèces du régime de sécurité sociale dont il relevait avant sa détention. • Soc. 8 févr. 2001, n° 99-14.452 P : *RJS 2001, n° 501.* ♦ ***(Maintien des droits acquis antérieurement.)*** Mais les dispositions de l'art. L. 381-30 ne privent pas les détenus du bénéfice des droits acquis antérieurement au titre de leur propre régime d'assurance invalidité. • Civ. 2e, 2 nov. 2004, n° 02-31.195 P : *Dr. soc. 2005. 115, obs. Prétot* ; *RJS 2005, n° 74 ; TPS 2005. Comm. 19, obs. Prétot.*

2. Exclusion des prestations vieillesse prévues à l'art. L. 921-1 CSS. Si, selon l'art. L. 381-31, les détenus exécutant un travail pénal sont affiliés obligatoirement à l'assurance vieillesse du régime général, aucune disposition ne prévoit en revanche leur assujettissement au régime obligatoire de protection sociale complémentaire régi par le livre IX du CSS. • Civ. 2e, 11 oct. 2006, n° 05-10.634 P : *JCP S 2006. 47, note Coursier ; RDSS 2007. 353, obs. Hennion-Jacquet* ✎.

3. Bénéficiaires. Les art. L. 381-30 et L. 381-30-1 s'appliquent de plein droit à tous les détenus sans distinction, y compris les personnes placées en détention provisoire. • Soc. 25 mars 2003, n° 01-20.786 P : *RJS 2003, n° 797.* ♦ Ces dispositions n'affectent pas la présomption d'innocence des personnes en détention provisoire et n'apportent au droit de propriété qu'une restriction justifiée par la nature des prestations en espèces destinées à compenser une perte de revenus provoquée par l'incapacité physique de travailler. • Soc. 25 mars 2003 : *préc.*

4. Détenu libéré (période de maintien des droits). Concernant le maintien, pendant une année des droits du détenu libéré, V. note ss. art. L. 161-13 CSS.

5. Accident de trajet. Pour un accident de trajet d'un détenu en semi-liberté, V. notes ss. art. L. 411-1 CSS.

Art. L. 381-30-1 *(L. n° 2017-1837 du 30 déc. 2017, art. 55-II, en vigueur le 1er janv. 2018)* **Les personnes écrouées mentionnées au premier alinéa de l'article L. 381-30 bénéficient de la dispense d'avance des frais et de la prise en charge par le régime général de la part garantie par ce régime, de la participation mentionnée au I de l'article L. 160-13 et du forfait journalier mentionné à l'article L. 174-4.**

Les personnes écrouées titulaires d'une pension d'invalidité liquidée par le régime dont elles relevaient avant leur mise sous écrou bénéficient du maintien de son versement durant leur mise sous écrou. Leurs ayants droit bénéficient, le cas échéant, du capital-décès mentionné à l'article L. 361-1.

Les personnes écrouées de nationalité étrangère qui ne remplissent pas les conditions prévues à l'article L. 115-6 ne bénéficient que pour elles-mêmes de la prise en charge des frais de santé en cas de maladie et de maternité.

Art. L. 381-30-2 (Abrogé par L. n° 2017-1837 du 30 déc. 2017, art. 55-II, à compter du 1er janv. 2018) (L. n° 94-43 du 18 janv. 1994, art. 3) ***L'État est redevable d'une cotisation pour chaque détenu*** (L. n° 2015-1702 du 21 déc. 2015, art. 59-XI-H-5°, en vigueur le 1er janv. 2016) ***« , à l'exception de ceux mentionnés au deuxième alinéa » de l'article L. 381-30. Cette cotisation est calculée sur la base d'une assiette forfaitaire et d'un taux déterminés par décret en tenant compte de l'évolution des dépenses de santé de la population carcérale.*** — V. art. D. 381-23.

Art. L. 381-30-3 (Abrogé par L. n° 2017-1837 du 30 déc. 2017, art. 55-II, à compter du 1er janv. 2018) (L. n° 94-43 du 18 janv. 1994, art. 3) ***Les cotisations dues par l'État en application de l'article L. 381-30-2 font l'objet d'un versement global à l'Agence centrale des organismes de sécurité sociale, dont le montant est calculé et acquitté selon des modalités déterminées par décret en Conseil d'État.*** — V. art. R. 381-100.

Art. L. 381-30-4 *(L. n° 94-43 du 18 janv. 1994, art. 3)* **La rémunération versée aux détenus qui exécutent un travail pénal est soumise à cotisation patronale** *(Abrogé par L. n° 2017-1836 du 30 déc. 2017, art. 8-I)* ***« et salariale »*** **d'assurance maladie et maternité dans des conditions et selon des modalités fixées par décret en Conseil d'État. Les obligations de l'employeur sont assumées par l'administration pénitentiaire.** — *V. art. R. 381-98.*

Sur l'entrée en vigueur de l'art. 8-I de la L. n° 2017-1836 du 30 déc. 2017, V. dispositions transitoires ss. art. L. 136-8.

Art. L. 381-30-5 (Abrogé par L. n° 2017-1837 du 30 déc. 2017, art. 55-II, à compter du 1er janv. 2018) (L. n° 2014-1554 du 22 déc. 2014, art. 46-II-1°) ***« I. — Les caisses d'assurance maladie assurent le paiement, d'une part, de l'intégralité des frais de soins dispensés aux personnes détenues affiliées en application du premier alinéa de l'article L. 381-30 pour la part des dépenses prises en charge par les régimes d'assurance maladie ainsi que pour la part correspondant à la participation de l'assuré mentionnée au I de l'article L. 322-2, dans la limite des tarifs servant de base au calcul des prestations, et, d'autre part, du forfait journalier mentionné à l'article L. 174-4. »***

(L. n° 94-43 du 18 janv. 1994, art. 3 ; L. n° 2003-1199 du 18 déc. 2003, art. 26-VIII) *« La part des dépenses prises en charge par les régimes d'assurance maladie afférentes aux soins dispensés aux* (L. n° 2012-1404 du 17 déc. 2012, art. 64-4°) *« personnes détenues affiliées en application du premier alinéa de l'article L. 381-30 est financée par une dotation annuelle de financement dans les conditions prévues à l'article L. 162-22-16 » lorsque ces soins sont dispensés par un établissement public de santé spécifiquement destiné à l'accueil des personnes incarcérées mentionné à l'article L. 6141-5 du code de la santé publique. Lorsqu'ils sont dispensés aux* (L. n° 2012-1404 du 17 déc. 2012, art. 64-4°) *« personnes détenues » soit en milieu hospitalier, soit en milieu pénitentiaire, par un établissement de santé en application du* (Ord. n° 2017-31 du 12 janv. 2017, art. 2-7°) *« 2° de l'article L. 6111-1-2 » du même code, ces soins sont financés »* (L. n° 2012-1404 du 17 déc. 2012, art. 64-4°) *« selon les modalités de droit commun ». »*

(L. n° 2012-1404 du 17 déc. 2012, art. 64-4°) *« II. — L'État assure la prise en charge de la part des dépenses de soins correspondant* (L. n° 2014-1554 du 22 déc. 2014, art. 46-II-2°) *« à la participation de l'assuré mentionnée au I de » l'article* (L. n° 2015-1702 du 21 déc. 2015, art. 59-XI-H-6°) *« L. 160-13 » due par les personnes détenues* (L. n° 2015-1702 du 21 déc. 2015, art. 59-XI-H-6°) *« mentionnées au I du présent article » ainsi que du forfait journalier institué par l'article L. 174-4* (L. n° 2014-1554 du 22 déc. 2014, art. 46-II-2°) *« et rembourse la Caisse nationale de l'assurance maladie des travailleurs salariés au titre des paiements effectués par les caisses d'assurance maladie en application du premier alinéa du I du présent article ».*

(L. n° 2012-1404 du 17 déc. 2012, art. 64-4°) *« Les modalités d'application du présent article sont définies par décret. »*

Art. L. 381-30-6 *(L. n° 94-43 du 18 janv. 1994, art. 3)* **L'État prend en charge :**

1° Les dépenses afférentes aux actions de prévention et d'éducation pour la santé engagées par l'établissement de santé, sous réserve de celles qui sont prises en charge par d'autres personnes morales de droit public ou privé, et notamment par le département, en application de l'article 37 de la loi n° 83-663 du 22 juillet 1983 complétant la loi n° 83-8 du 7 janvier 1983 relative à la répartition de compétences entre les communes, les départements, les régions et l'État ;

2° Les frais de transport du personnel hospitalier, des produits et petits matériels à usage médical et des produits pharmaceutiques ;

3° Les frais d'aménagement des locaux spécialement prévus pour l'admission des détenus dans les établissements de santé et dans les établissements pénitentiaires.

SOUS-SECTION 2 ASSURANCE VIEILLESSE

Art. L. 381-31 *(L. n° 93-1027 du 24 août 1993, art. 36-V)* **« Nonobstant les dispositions de l'article L. 115-6 », les détenus exécutant un travail pénal ou suivant un stage de formation professionnelle sont affiliés obligatoirement à l'assurance vieillesse du régime général de sécurité sociale.**

Les obligations de l'employeur sont assumées par l'administration pénitentiaire qui prend également en charge les cotisations forfaitaires dues par les détenus employés au service général.

Toutefois, les cotisations des détenus qui suivent un stage de formation professionnelle sont calculées et prises en charge dans les conditions prévues par l'article L. 980-3 *[abrogé]* **du code du travail.**

Les dispositions du présent article ne sont pas applicables aux *(L. n° 91-738 du 31 juill. 1991, art. 19)* **« condamnés bénéficiant d'une mesure de semi-liberté ou de placement à l'extérieur en application de l'article 723 du code de procédure pénale », qui, exerçant une activité professionnelle dans les mêmes conditions que les travailleurs libres, sont affiliés au régime d'assurance vieillesse dont ils relèvent au titre de cette activité.** — *V. art. R. 381-104 à R. 381-120.*

SOUS-SECTION 3 PERSONNES RETENUES DANS UN CENTRE SOCIO-MÉDICO-JUDICIAIRE DE SÛRETÉ

(L. n° 2008-174 du 25 févr. 2008, art. 9)

Art. L. 381-31-1 **Les dispositions de la présente section s'appliquent aux personnes retenues dans un centre socio-médico-judiciaire de sûreté.**

SECTION X *[ABROGÉE]* TITULAIRES DE MANDATS LOCAUX

(Abrogée par L. n° 2012-1404 du 17 déc. 2012, art. 18-I-1°)

Art. L. 381-32 *Abrogé par L. n° 2012-1404 du 17 déc. 2012, art. 18-I-1°.*

CHAPITRE II PERSONNES RATTACHÉES AU RÉGIME GÉNÉRAL POUR L'ENSEMBLE DES RISQUES *(L. n° 2005-1579 du 19 déc. 2005, art. 75-I).*

SECTION PREMIÈRE ARTISTES AUTEURS *(L. n° 2005-1579 du 19 déc. 2005, art. 75-II).*

SOUS-SECTION 1 CHAMP D'APPLICATION *(L. n° 2005-1579 du 19 déc. 2005, art. 75-III).*

Art. L. 382-1 Les artistes auteurs d'œuvres littéraires et dramatiques, musicales et chorégraphiques, audiovisuelles et cinématographiques, graphiques et plastiques *(L. n° 93-121 du 27 janv. 1993, art. 22)*, « ainsi que photographiques, sous réserve des dispositions suivantes », sont affiliés obligatoirement au régime général de sécurité sociale pour les assurances sociales et bénéficient des prestations familiales dans les mêmes conditions que les salariés.

(L. n° 93-121 du 27 janv. 1993, art. 22) « Bénéficient du présent régime :

« — les auteurs d'œuvres photographiques journalistes professionnels au sens des articles L. 761-2 *[L. 7111-3, L. 7111-4 et L. 7112-1]* et suivants du code du travail, au titre des revenus tirés de l'exploitation de leurs œuvres photographiques en dehors de la presse et, dans des conditions à prévoir par *(L. n° 2006-961 du 1er août 2006, art. 1-IV)* « des accords professionnels distincts dans le secteur des agences de presse et dans celui des publications de presse ou, à l'issue d'une période de deux ans à compter de la date de promulgation de la loi n° 2006-961 du 1er août 2006, relative au droit d'auteur et aux droits voisins dans la société de l'information, par décret en Conseil d'État », pour leurs revenus complémentaires tirés de l'exploitation de leurs œuvres photographiques dans la presse ;

« — les auteurs d'œuvres photographiques non journalistes professionnels qui tirent de leur activité, directement ou par l'intermédiaire d'agences de quelque nature qu'elles soient, des droits d'auteurs soumis au régime fiscal des bénéfices non commerciaux et qui exercent leur activité depuis au moins trois années civiles.

« Les dispositions prévues aux trois précédents alinéas s'entendent sans préjudice des dispositions de l'article L. 311-2 du présent code. »

(L. n° 2017-1836 du 30 déc. 2017, art. 23) « L'affiliation est prononcée par les organismes agréés mentionnés à l'article L. 382-2, s'il y a lieu après consultation, à leur initiative ou à celle de l'intéressé, de commissions, instituées par branches professionnelles. Ces commissions comprennent des représentants des organisations syndicales et professionnelles des artistes. En application de l'article L. 321-2 du code de la propriété intellectuelle, elles peuvent également comprendre des représentants des organismes de gestion collective. Le nombre des représentants des organisations syndicales et professionnelles des artistes et, le cas échéant, des organismes de gestion collective doit être supérieur à la moitié du nombre des membres de ces commissions. » — *V. art. R. 382-1 et R. 382-2.*

Les dispositions issues de l'art. 23-I de la L. n° 2017-1836 du 30 déc. 2017 sont applicables aux cotisations et contributions dues au titre des périodes courant à compter d'une date fixée par décret, et au plus tard le 1er janv. 2019 (L. préc., art. 23-IV).

1. Condition. Production d'œuvres artistiques (traducteurs et rédacteurs à domicile). Les auteurs de traductions de livres, brochures et autres écrits littéraires et scientifiques relèvent en principe du régime d'assurance maladie des artistes auteurs dont les cotisations sont recouvrées par l'AGESSA ; par conséquent, le fait d'exercer ces fonctions à domicile moyennant rémunération forfaitaire n'est pas par lui-même de nature à justifier le rattachement au régime des travailleurs à domicile, à moins que ne soit établi le louage de service. • Soc. 16 nov. 1989 : *RJS 1990, n° 72.* ♦ ***(Experts en vin).*** S'agissant de déterminer si les personnes en cause, pour leurs activités au profit de la société, devaient être affiliées au régime général en application de l'art. L. 382-1 CSS ou assujetties au même régime en qualité de salariés au sens de l'art. L. 311-2 CSS, les juges du fond, qui ont relevé qu'elles collaboraient régulièrement à la revue par la rédaction d'articles ou de chroniques en qualité d'experts en vin, que cette activité faisait l'objet d'une rémunération forfaitaire et devait s'inscrire dans une ligne éditoriale, tout écart à celle-ci ou tout manquement aux consignes données pouvant être sanctionnés par l'arrêt de cette collaboration, en ont justement déduit que cette collaboration correspondait non à l'activité d'auteur d'œuvres littéraires visée au premier des textes précités mais à un travail salarié subordonné au sens du second. • Civ. 2e, 11 mars 2010 : *RJS 2010 no 566.*

2. Condition. Perception de revenus. Une assurée peut conserver la qualité d'ayant droit de son conjoint lorsqu'elle s'est vu refuser son affiliation au régime de sécurité sociale des artistes auteurs et que son activité d'artiste peintre n'était qu'un passe-temps en sorte qu'elle ne pouvait être considérée comme exerçant une profession libérale. • Soc. 17 oct. 1991, no 88-11.286 P.

3. Commissions professionnelles (rôle). L'avis des commissions professionnelles chargées d'apprécier si ses réalisations permettent à une personne d'être assujettie au régime général de la sécurité sociale en qualité d'artiste auteur au sens de l'art. L. 382-1 CSS ne s'impose ni à la caisse ni à la juridiction de sécurité sociale. Par suite, une cour d'appel, en dépit de l'avis contraire de la commission professionnelle de la branche des arts graphiques et plastiques, peut déduire de l'ensemble des éléments qui lui étaient soumis et notamment de la notoriété acquise par un artiste peintre en raison de ses réalisations que celles-ci témoignaient d'une création artistique originale et que les conditions de l'affiliation se trouvaient dès lors remplies. • Soc. 15 juill. 1987 : *Bull. civ. V, no 462 ; JCP 1987. IV. 342.* ♦ V. aussi : La cour d'appel énonce à bon droit que l'avis de la commission instituée par les textes précités est donné à titre consultatif sans pouvoir lier les parties et que la loi ne pose aucune autre condition à l'assujettissement au régime général que celle d'être l'auteur d'œuvres originales en exemplaire unique, entièrement exécutées de la main de l'artiste et signées de lui. • Soc. 21 juill. 1986 : *Bull. civ. V, no 422.* ♦ ***(Portée).*** Les juges ne peuvent débouter un céramiste de son recours contre une caisse ayant refusé de l'affilier au régime général au motif essentiel qu'il n'établissait pas qu'à l'époque de sa demande il fabriquait des œuvres plastiques originales, sans s'expliquer sur le mérite de l'avis de la commission de professionnels qui avait servi de base à la décision de la caisse, tout en constatant que l'administration fiscale avait reconnu à l'intéressé la qualité d'artiste céramiste auteur d'œuvres originales. • Soc. 17 nov. 1982 : *Bull. civ. V, no 622.*

SOUS-SECTION 2 **ORGANISMES AGRÉÉS ET COMMISSIONS** *(L. no 2005-1579 du 19 déc. 2005, art. 75-IV).*

Art. L. 382-2 *(L. no 2017-1836 du 30 déc. 2017, art. 23-I)* **« Chaque organisme agréé est administré par un conseil d'administration comprenant des représentants des artistes-auteurs affiliés et des représentants des diffuseurs ainsi que des représentants de l'État. Un décret en Conseil d'État précise les modalités d'application du présent alinéa, notamment les conditions de désignation des représentants des artistes-auteurs et des diffuseurs ainsi que les conditions de nomination du directeur et** *(L. no 2018-1203 du 22 déc. 2018, art. 25-I)* **« du directeur comptable et financier » de ces organismes. »**

(L. no 93-121 du 27 janv. 1993, art. 31-IV-2o ; L. no 94-43 du 18 janv. 1994, art. 82-IV) **Les délibérations du conseil d'administration de chaque organisme agréé ne deviennent exécutoires que si aucune opposition n'est faite dans un délai** *[art. R. 382-8 : un mois]* **et dans les conditions fixées par décret en Conseil d'État.** *— V. aussi art. R. 382-3 à R. 382-15.*

Les dispositions issues de l'art. 23-I de la L. no 2017-1836 du 30 déc. 2017 sont applicables aux cotisations et contributions dues au titre des périodes courant à compter d'une date fixée par décret, et au plus tard à compter du 1er janv. 2019 (L. préc., art. 23-IV).

SOUS-SECTION 3 **IMMATRICULATION** *(L. no 2005-1579 du 19 déc. 2005, art. 75-IV).*

Néant. — V. art. R. 382-16 à R. 382-16-2.

SOUS-SECTION 4 **COTISATIONS** *(L. no 2005-1579 du 19 déc. 2005, art. 75-IV).*

Art. L. 382-3 *(Décr. no 86-838 du 16 juill. 1986, art. 17)* **Les revenus tirés de leur activité d'auteur à titre principal ou à titre accessoire par les personnes mentionnées à**

l'article L. 382-1 sont assujettis aux cotisations *(L. nº 2015-1702 du 21 déc. 2015, art. 59-XI-H-7º, en vigueur le 1er janv. 2016)* « de sécurité sociale, à l'exception de celles dues au titre des accidents du travail et des maladies professionnelles, » dans les mêmes conditions que des salaires, sous réserve des adaptations prévues dans la présente section.

Les cotisations dues au titre des assurances sociales pour les personnes mentionnées à l'article L. 382-1 sont calculées selon les taux de droit commun.

(L. nº 94-43 du 18 janv. 1994, art. 82-I) « Les revenus servant de base au calcul des cotisations dues au titre du présent régime sont constitués du montant brut des droits d'auteur lorsque ces derniers sont assimilés fiscalement à des traitements et salaires par le 1 *quater* de l'article 93 du code général des impôts. Ils sont constitués du montant des revenus imposables au titre des bénéfices non commerciaux majorés de 15 % lorsque cette assimilation n'est pas applicable. »

Art. L. 382-3-1 *(L. nº 2017-1836 du 30 déc. 2017, art. 23-I)* Si les revenus ou rémunérations qu'ils retirent de leurs activités artistiques sont inférieurs pour l'année considérée à un montant fixé par décret, les artistes-auteurs peuvent cotiser à leur demande sur une assiette forfaitaire correspondant à ce montant. — *Les dispositions issues de l'art. 23-I de la L. nº 2017-1836 du 30 déc. 2017 sont applicables aux cotisations et contributions dues au titre des périodes courant à compter d'une date fixée par décret, et au plus tard à compter du 1er janv. 2019 (L. préc., art. 23-IV).*

Art. L. 382-4 Le financement des charges incombant aux employeurs au titre des assurances sociales et des prestations familiales est assuré par le versement d'une contribution par toute personne physique ou morale, y compris l'État et les autres collectivités publiques, qui procède, à titre principal ou à titre accessoire, à la diffusion ou à l'exploitation commerciale d'œuvres originales relevant des arts mentionnés par le présent chapitre.

Cette contribution est calculée sur un barème tenant compte soit du chiffre d'affaires réalisé par ces personnes à raison de la diffusion ou de l'exploitation commerciale des œuvres des artistes, vivants ou morts, auteurs d'œuvres graphiques et plastiques ou de leur rémunération lorsque l'œuvre n'est pas vendue au public, soit des sommes qu'elles versent à titre de droit d'auteur aux artistes ou organismes percevant ces sommes pour leur compte, à l'occasion de la diffusion ou de l'exploitation commerciale des œuvres des artistes, vivants ou morts, auteurs d'œuvres littéraires et dramatiques, musicales et chorégraphiques, audiovisuelles et cinématographiques.

(Abrogé par L. nº 2017-1836 du 30 déc. 2017, art. 23-I) (L. nº 93-121 du 27 janv. 1993, art. 31-IV ; L. nº 94-43 du 18 janv. 1994, art. 82-IV) ***« Elle est recouvrée comme en matière de sécurité sociale par l'intermédiaire d'organismes agréés par l'autorité administrative qui assument, en matière d'affiliation, les obligations de l'employeur à l'égard de la sécurité sociale. »*** — *Les dispositions issues de l'art. 23-I de la L. nº 2017-1836 du 30 déc. 2017 sont applicables aux cotisations et contributions dues au titre des périodes courant à compter d'une date fixée par décret, et au plus tard à compter du 1er janv. 2019 (L. préc., art. 23-IV).*

Dern. al. abrogé par L. nº 93-121 du 27 janv. 1993, art. 31-II.

1. Étendue de la contribution due. Les opérations réalisées sur des œuvres acquises d'occasion (activité de revente de tableaux) ne sont pas exclues du champ d'application de la contribution incombant aux employeurs au titre des assurances sociales et des prestations familiales dont bénéficient les artistes et les auteurs, celle-ci étant, aux termes de l'art. L. 382-4, assise sur le chiffre d'affaires réalisé par toute personne physique ou morale, y compris l'État et les autres collectivités publiques en raison de la diffusion ou de l'exploitation commerciale d'œuvres, qu'elles aient été acquises directement ou non de leur auteur. • Soc. 25 mars 2003, nº 00-21.288 P : *RJS 2003, nº 812.*

2. Assiette (vente au public). La contribution d'une société qui vend au public des tapisseries d'art qu'elle réalise selon l'œuvre originale d'un artiste-auteur sans excéder huit exemplaires est assise sur le chiffre d'affaires procuré par ces ventes et non sur la rémunération de l'artiste-auteur. • Civ. 2e, 28 avr. 2011 : *RJS 2011, nº 645.*

Art. L. 382-5 La part des cotisations *(L. nº 2015-1702 du 21 déc. 2015, art. 20-I-1º)* « et contributions de sécurité sociale » à la charge des personnes mentionnées à l'article L. 382-1 est versée par les intéressés à l'organisme *(L. nº 2017-1836 du 30 déc.*

2017, art. 23-I) « mentionné à l'article L. 213-1 désigné par le directeur de l'Agence centrale des organismes de sécurité sociale ».

Toutefois, lorsque la rémunération est versée par l'une des personnes mentionnées à l'article L. 382-4, *(L. n° 2015-1702 du 21 déc. 2015, art. 20-I-2°)* « les cotisations et contributions de sécurité sociale sont précomptées et versées par cette personne à l'organisme » *(L. n° 2017-1836 du 30 déc. 2017, art. 23-I)* « mentionné au premier alinéa du présent article. – *V. art. R. 382-23 à R. 382-28.*

« Les contributions mentionnées à l'article L. 382-4 du présent code et à l'article L. 6331-65 du code du travail sont recouvrées comme en matière de sécurité sociale par l'organisme mentionné au premier alinéa du présent article. »

Les dispositions issues de l'art. 20-I de la L. n° 2015-1702 du 21 déc. 2015 sont applicables aux cotisations et contributions dues au titre des périodes courant à compter d'une date fixée par décret, et au plus tard à compter du 1er janv. 2019 (L. préc., art. 20-II).

Les dispositions issues de l'art. 23-I de la L. n° 2017-1836 du 30 déc. 2017 entrent en vigueur à la date prévue au II de l'art. 20 de la L. n° 2015-1702 du 21 déc. 2015 susvisée infra *(L. n° 2017-1836 du 30 déc. 2017, art. 23-IV).*

Art. L. 382-6 *(L. n° 2017-1836 du 30 déc. 2017, art. 23-I, en vigueur le 1er janv. 2018)* Les personnes redevables des cotisations et contributions sociales mentionnées à l'article L. 382-3 peuvent effectuer par voie dématérialisée les déclarations et les versements afférents à ces contributions. Les personnes redevables des cotisations et contributions sociales mentionnées à l'article L. 382-4 sont tenues, sous peine des majorations prévues au II de l'article L. 133-5-5, d'effectuer par voie dématérialisée les déclarations et les versements afférents à ces contributions.

Les personnes mentionnées à l'article L. 382-4 sont soumises, sous peine des pénalités fixées par décret, à l'obligation de fournir à l'organisme mentionné au premier alinéa de l'article L. 382-5 le numéro prévu à l'avant-dernier alinéa de l'article L. 114-12-1 permettant l'identification des artistes-auteurs dont ils assurent l'exploitation commerciale et la diffusion des œuvres.

Art. L. 382-7 *(L. n° 95-116 du 4 févr. 1995, art. 61)* Les organismes agréés visés à l'article L. 382-2 exercent une action sociale en faveur de leurs ressortissants affiliés aux assurances sociales prévues au présent chapitre, en vue de prendre en charge tout ou partie des cotisations dues par ces ressortissants connaissant des difficultés économiques. Le financement de cette action sociale est assuré par une fraction de la contribution visée à l'article L. 382-4. Les modalités d'application du présent article sont déterminées par décret en Conseil d'État. – *V. art. R. 382-30-1 et R. 382-30-2.*

SOUS-SECTION 5 PRESTATIONS *(L. n° 2005-1579 du 19 déc. 2005, art. 75-IV).*

Art. L. 382-8 (Abrogé par L. n° 2016-1827 du 23 déc. 2016, art. 64-I) (Décr. n° 86-838 du 16 juill. 1986, art. 18) ***Les personnes mentionnées à l'article L. 382-1 ont le droit, pour elles-mêmes et les membres de leur famille au sens de l'article*** (L. n° 2015-1702 du 21 déc. 2015, art. 59-XII-A-24°) ***« L. 161-1 », aux prestations des assurances sociales et aux prestations familiales.*** – V. art. R. 382-31 à R. 382-36.

Art. L. 382-9 *(L. n° 99-641 du 27 juill. 1999, art. 6-I-4°)* « Pour bénéficier du règlement des prestations en espèces des assurances maladie et maternité, l'assuré doit être à jour de ses cotisations ».

(Abrogé par L. n° 2017-1836 du 30 déc. 2017, art. 23-I) ***« Sous réserve des dispositions de l'alinéa précédent, lorsque la vente de ses œuvres ne lui procure que des*** *(L. n° 93-121 du 27 janv. 1993, art. 31-III)* ***« ressources insuffisantes » pour ouvrir droit aux prestations, ce droit peut, compte tenu de ses titres et de sa qualité d'artiste professionnel, lui être reconnu ou maintenu, après avis de la commission professionnelle compétente. »*** – *Les dispositions issues de l'art. 23-I de la L. n° 2017-1836 du 30 déc. 2017 sont applicables aux cotisations et contributions dues au titre des périodes courant à compter d'une date fixée par décret, et au plus tard à compter du 1er janv. 2019 (L. préc., art. 23-IV).*

Art. L. 382-10 L'article L. 351-14 n'est pas applicable aux personnes mentionnées à l'article L. 382-1.

Les droits acquis ou en cours d'acquisition par ces personnes dans le régime de base d'assurance vieillesse des professions libérales prévu au titre IV du livre VI du présent code antérieurement au 1er janvier 1977 sont pris en charge au titre des dispositions prévues au présent chapitre à partir du 1er janvier 1977.

Les titulaires d'une pension de vieillesse acquise au 1er janvier 1977 dans le régime de base des professions libérales bénéficient des prestations de l'assurance maladie dans les mêmes conditions que les pensionnés du régime général.

Un décret fixe les conditions dans lesquelles les cotisations versées au régime de base d'assurance vieillesse des professions libérales au titre de périodes antérieures au 1er janvier 1977 sont prises en considération pour la liquidation des prestations.

SOUS-SECTION 6 **RÉGIMES COMPLÉMENTAIRES** *(L. nº 2005-1579 du 19 déc. 2005, art. 75-IV).*

Art. L. 382-11 *Abrogé par L. nº 2003-517 du 18 juin 2003, art. 2.*

Art. L. 382-12 *(L. nº 2010-1330 du 9 nov. 2010, art. 56-I)* « Les personnes affiliées au régime général en application de l'article L. 382-1 relèvent de régimes complémentaires d'assurance vieillesse institués en application de l'article L. 644-1 dont la gestion est assurée par une caisse de retraite complémentaire dotée de la personnalité juridique et de l'autonomie financière, dans des conditions fixées par décret. »

(L. nº 2004-1343 du 9 déc. 2004, art. 38) « Lorsque la cotisation à un régime relevant du présent article est due au titre de droits perçus en application du contrat visé à l'article L. 132-24 du code de la propriété intellectuelle, cette cotisation est précomptée et versée par le producteur mentionné à l'article L. 132-23 du même code. Une fraction, déterminée par décret, est à la charge du producteur. » — *Entrée en vigueur le 1er janv. 2005.*

(L. nº 2003-517 du 18 juin 2003, art. 2) Pour les catégories de personnes mentionnées au premier alinéa qui, à la date d'entrée en vigueur de la loi nº 2003-517 du 18 juin 2003 relative à la rémunération au titre du prêt en bibliothèque et renforçant la protection sociale des auteurs, n'entrent pas dans le champ d'application de ces régimes, un décret désigne le régime complémentaire d'assurance vieillesse applicable. *(Abrogé par L. nº 2009-526 du 12 mai 2009, art. 45, à compter du 1er janv. 2010)* ***« Il détermine chaque année la part de la rémunération perçue en application de l'article L. 133-3 du code de la propriété intellectuelle qui est affectée à la prise en charge d'une fraction des cotisations dues par ces affiliés ; cette part ne peut toutefois excéder la moitié de leur montant total. Il fixe également les modalités de recouvrement des sommes correspondant à cette part et des cotisations des affiliés. »***

(L. nº 2009-526 du 12 mai 2009, art. 45, en vigueur le 1er janv. 2010) « Pour les personnes mentionnées au premier alinéa dont une ou plusieurs œuvres ont fait l'objet d'un contrat d'édition en vue de leur publication et de leur diffusion sous forme de livre et qui tirent plus de la moitié de leurs revenus de l'exploitation de ces œuvres, une part de la rémunération perçue en application de l'article L. 133-3 du code de la propriété intellectuelle est affectée, dans la limite prévue à l'article L. 133-4 du même code, à la prise en charge d'une fraction des cotisations dues par ces affiliés au titre de la retraite complémentaire. Un décret détermine le montant de cette fraction, qui ne peut toutefois excéder la moitié du montant des cotisations. Il fixe également les modalités de recouvrement des sommes correspondant à cette fraction et des cotisations des affiliés. »

Art. L. 382-13 *Abrogé par L. nº 2003-517 du 18 juin 2003, art. 2.*

SOUS-SECTION 7 **DISPOSITIONS DIVERSES. — DISPOSITIONS D'APPLICATION** *(L. nº 2005-1579 du 19 déc. 2005, art. 75-IV).*

Art. L. 382-14 *(Décr. nº 86-838 du 16 juill. 1986, art. 19 ; L. nº 93-121 du 27 janv. 1993, art. 31-IV ; L. nº 94-43 du 18 janv. 1994, art. 82-IV)* Le décret en Conseil d'État qui détermine les modalités d'application du présent chapitre fixe, notamment en ce qui concerne les obligations des *(L. nº 2017-1836 du 30 déc. 2017, art. 23-I)* « personnes relevant des dispositions de la présente section », les conditions d'ouverture du droit aux prestations, les modalités de calcul des prestations en espèces des assurances maladie et maternité, de l'assurance décès et des pensions de vieillesse et d'invalidité, le délai qui suit le point de départ de l'incapacité de travail et à l'expiration duquel

sont accordées les prestations en espèces de l'assurance maladie, les obligations des personnes mentionnées à l'article L. 382-4 en matière de déclaration de leur chiffre d'affaires, la représentation majoritaire des intéressés au sein des organismes agréés *(L. nº 2017-1836 du 30 déc. 2017, art. 23-I)* **« mentionnés à l'article L. 382-2 », leur rôle et leurs rapports avec les organismes de sécurité sociale.** — *V. art. R. 382-37. — Les dispositions issues de l'art. 23-I de la L. nº 2017-1836 du 30 déc. 2017 sont applicables aux cotisations et contributions dues au titre des périodes courant à compter d'une date fixée par décret, et au plus tard à compter du 1er janv. 2019 (L. préc., art. 23-IV).*

Le même décret détermine également les adaptations à apporter le cas échéant aux dispositions du présent code relatives au contrôle de l'assiette, à la fixation et au recouvrement des cotisations.

Élections : V. art. R. 382-38 à R. 382-55 et D. 382-3 à D. 382-16.

Art. L. 382-14-1 *(L. nº 2009-669 du 12 juin 2009, art. 20-III)* **Les revenus versés en application de l'article L. 132-42 du code de la propriété intellectuelle sont assujettis aux cotisations** *(L. nº 2015-1702 du 21 déc. 2015, art. 59-XI-H-8º, en vigueur le 1er janv. 2016)* **« de sécurité sociale, à l'exception de celles dues au titre des accidents du travail et des maladies professionnelles, » dans les conditions prévues au présent chapitre.**

SECTION II MINISTRES DES CULTES ET MEMBRES DES CONGRÉGATIONS ET COLLECTIVITÉS RELIGIEUSES

(L. nº 2005-1579 du 19 déc. 2005, art. 75-V)

BIBL. GÉN. ▶ ARRIGHI, *D. 1950. Chron. 81.* – COULOMBEL, *RTD civ. 1956. 1.* – DOLE, *Dr. soc. 1987. 381* (la qualification juridique de l'activité religieuse) ; *ibid. 1989. 752* (la situation au regard de la Sécurité sociale du religieux enseignant hors de sa congrégation). – BING, *S. 1962. Chron. 65* (affiliation au régime général des maîtres non laïcs). – LE CALLONEC, *Dr. soc. 1970. 127* (affiliation au régime général des maîtres non laïcs enseignant dans les établissements sous contrat simple). – NOT, *RDSS 2005. 835* (régime de retraite des cultes) ; *Juris Associations 2007. 35* (régime de retraite des cultes : portée des décrets du 31 octobre 2006). – J. SAVATIER, *Dr. soc. 1987. 375* (situation des pasteurs de l'Église réformée). – Le droit de la sécurité sociale des personnels religieux de culte catholique. Actes de colloque, *CSBP 2007. 379.*

SOUS-SECTION 1 DISPOSITIONS GÉNÉRALES

Art. L. 382-15 Les ministres des cultes et les membres des congrégations et collectivités religieuses, ainsi que les personnes titulaires de la pension de vieillesse ou de la pension d'invalidité instituées par la présente section qui ne relèvent pas, à titre obligatoire, d'un autre régime de base de sécurité sociale, relèvent du régime général de sécurité sociale. *(L. nº 99-641 du 27 juill. 1999, art. 16-II)* **« Ils ne peuvent être affiliés au titre de »** *(L. nº 2015-1702 du 21 déc. 2015, art. 32-IV)* **« la condition de résidence mentionnée à l'article L. 160-1 ».**

L'affiliation est prononcée par l'organisme de sécurité sociale prévu à l'article L. 382-17, s'il y a lieu après consultation d'une commission consultative instituée auprès de l'autorité compétente de l'État *[art. R. 381-34 et R. 381-35]*, **et comprenant des représentants de l'administration et des personnalités choisies en raison de leur compétence, compte tenu de la diversité des cultes concernés.** — *[Anc. art. L. 381-12, al. 1er et 2.]*

V. Arr. du 12 juill. 1996 (JO 18 juill.) : contribution sociale généralisée et contribution pour le remboursement de la dette sociale sur les revenus d'activité et de remplacement des ministres du culte.

L'allocation due aux ministres des cultes mentionnés à l'art. L. 382-15 CSS est servie et financée, dans les conditions et limites définies par le Décr. nº 2011-50 du 11 janv. 2011 [V. art. D. 168-1 s.], par l'organisme dont elles relèvent pour le service des prestations en nature (Décr. préc., art. 5).

Art. L. 382-16 Les personnes visées à l'article L. 382-15 et détachées temporairement à l'étranger demeurent soumises, pendant une durée maximale fixée par décret, au régime prévu par la présente section à la condition que leurs associations, congrégations et collectivités religieuses s'engagent à acquitter l'intégralité des cotisations dues. — *[Anc. art. L. 721-15-1.]*

Art. L. 382-17 Il est institué un organisme de sécurité sociale à compétence nationale qui prend la dénomination de "Caisse d'assurance vieillesse, invalidité et maladie

des cultes" Cet organisme est constitué et fonctionne, sous réserve des dispositions du présent chapitre, conformément aux dispositions applicables aux organismes visés au chapitre Ier du titre Ier du livre II. Il est chargé d'assurer le recouvrement des cotisations et le versement des prestations d'assurance maladie et maternité, d'assurance vieillesse et d'assurance invalidité. *(L. n° 2001-1246 du 21 déc. 2001, art. 66-I)* « Il gère les quatre sections suivantes : assurance maladie, maternité et invalidité, assurance vieillesse, action sanitaire et sociale et gestion administrative. »

La Caisse d'assurance vieillesse, invalidité et maladie des cultes est soumise au contrôle *(Décr. n° 2010-82 du 21 janv. 2010, art. 1er)* « de l'État ».

Elle exerce, au bénéfice de ses ressortissants, une action sanitaire et sociale dont le financement est fixé, avant le début de chaque exercice, sur décision du conseil d'administration de la caisse.

Un décret en Conseil d'État *[V. art. R. 382-70 s.]* détermine la composition ainsi que le mode de désignation des membres du conseil d'administration, compte tenu notamment de la pluralité des cultes concernés. – *[Anc. art. L. 721-2.]*

Art. L. 382-18 Une convention conclue entre l'Agence centrale des organismes de sécurité sociale, la Caisse nationale d'assurance vieillesse *(Abrogé par Ord. n° 2018-470 du 12 juin 2018, art. 9)* « *des travailleurs salariés* » et la Caisse d'assurance vieillesse, invalidité et maladie des cultes détermine les conditions dans lesquelles les sommes nécessaires au paiement des prestations, à la gestion administrative et à l'action sanitaire et sociale sont mises à la disposition de la caisse d'assurance vieillesse, invalidité et maladie des cultes par le régime général ainsi que les conditions dans lesquelles les cotisations mentionnées à l'article L. 382-25 sont reversées par cet organisme au régime général. Une convention de même nature est également conclue entre l'Agence centrale des organismes de sécurité sociale, la Caisse nationale *(Ord. n° 2018-470 du 12 juin 2018, art. 9)* « de l'assurance maladie » et la Caisse d'assurance vieillesse, invalidité et maladie des cultes. Ces conventions sont soumises à l'approbation des ministres chargés de la sécurité sociale et du budget. – *[Anc. art. L. 721-81.]*

Art. L. 382-19 La commission prévue au deuxième alinéa de l'article L. 382-15 est chargée d'émettre un avis sur les problèmes soulevés par l'application de la présente section. – *[Anc. art. L. 381-14.]*

Art. L. 382-20 Les différends auxquels donne lieu l'application de la présente section sont réglés conformément aux dispositions des chapitres II à IV du titre IV du livre Ier. – *[Anc. art. L. 381-15.]*

SOUS-SECTION 2 ASSURANCE MALADIE

Art. L. 382-21 Les personnes mentionnées au premier alinéa de l'article L. 382-15 *(L. n° 2015-1702 du 21 déc. 2015, art. 59-XI-H-9°, en vigueur le 1er janv. 2016)* « bénéficient de la prise en charge de leurs frais de santé dans les conditions prévues au livre Ier ».

Les membres des congrégations et des collectivités religieuses peuvent, sur leur demande, être admis à bénéficier d'un régime particulier comportant des cotisations et des prestations réduites. – *V. art. D. 382-22 à D. 382-25.*

Ces prestations sont limitées à la couverture des frais d'hospitalisation et de traitement dans les établissements de soins et de cure publics et privés.

L'option pour le régime particulier est valable pour une durée déterminée ; elle est renouvelable.

Un décret détermine les modalités d'application des trois derniers alinéas ci-dessus. – *[Anc. art. L. 381-12, al. 3 à 7.]*

Art. L. 382-22 Les charges résultant des dispositions de la présente sous-section sont couvertes :

(Abrogé par L. n° 2017-1836 du 30 déc. 2017, art. 8-I) « *1° Par des cotisations personnelles assises sur une base forfaitaire et à la charge des ministres des cultes et des membres des congrégations et collectivités religieuses. Les cotisations dues par les personnes visées à l'article L. 382-15 qui sont redevables des contributions mentionnées respectivement à l'article L. 136-1 et au I de l'article 14 de l'ordonnance n° 96-50 du 24 janvier 1996 relative au remboursement de la dette sociale sont réduites dans des conditions fixées par arrêté ;* » –

Sur l'entrée en vigueur de l'art. 8-I de la L. nº 2017-1836 du 30 déc. 2017, V. dispositions transitoires ss. art. L. 136-8.

2° Par une cotisation à base forfaitaire à la charge des associations, congrégations ou collectivités religieuses dont relèvent les ministres des cultes et les membres des congrégations et collectivités religieuses ;

3° En tant que de besoin, par une contribution du régime général.

Le montant des cotisations peut être réparti dans des conditions fixées au second alinéa du II de l'article L. 382-25. – *[Anc. art. L. 381-17.]*

V. art. R. 381-88 s.

Art. L. 382-23 Le décret en Conseil d'État qui fixe les conditions d'application de la présente sous-section détermine notamment les conditions dans lesquelles les ministres des cultes et les membres des congrégations religieuses qui relèvent d'un autre régime obligatoire de sécurité sociale en raison d'une activité exercée à temps partiel peuvent bénéficier des dispositions de la présente section. – *[Anc. art. L. 381-18.]*

SOUS-SECTION 3 ASSURANCE INVALIDITÉ

Art. L. 382-24 Les ministres des cultes et les membres des congrégations et collectivités religieuses mentionnés à l'article L. 382-15 ont droit à une pension d'invalidité lorsque leur état de santé les met dans l'incapacité totale ou partielle d'exercer, médicalement constatée et révisée selon une périodicité fixée par décret.

Un décret détermine les modalités de calcul du montant de la pension. – *V. art. R. 382-106 s.*

La pension d'invalidité est remplacée, à l'âge fixé en application du premier alinéa de l'article L. 351-1, par la pension de vieillesse prévue à la sous-section 4 de la présente section.

La pension d'invalidité est majorée d'un montant fixé par décret lorsque le titulaire se trouve dans l'obligation d'avoir recours à l'aide constante d'une tierce personne pour accomplir les actes ordinaires de la vie. – *[Anc. art. L. 381-18-1.]*

SOUS-SECTION 4 ASSURANCE VIEILLESSE

Art. L. 382-25 I. – Les charges résultant des dispositions de la présente sous-section sont couvertes par :

1° Des cotisations à la charge des assurés, assises sur une base forfaitaire ;

2° Des cotisations à la charge des associations, des congrégations ou collectivités religieuses dont relèvent les assurés, assises sur une base forfaitaire ;

(Abrogé par L. nº 2005-1579 du 19 déc. 2005, art. 75-V) « 3° Les recettes résultant de l'application de l'article L. 134-14 ; »

4° Une contribution du fonds institué par l'article L. 135-1 dans les conditions fixées par l'article L. 135-2 ;

5° Des recettes diverses ;

6° En tant que de besoin, une contribution de la Caisse nationale d'assurance vieillesse *(Abrogé par Ord. nº 2018-470 du 12 juin 2018, art. 9) « des travailleurs salariés »*.

II. – Les taux des cotisations et les bases forfaitaires mentionnés au I sont fixés par décret, après avis du conseil d'administration de l'organisme mentionné à l'article L. 382-17.

Sur la demande des administrateurs représentant chacun des cultes, le conseil d'administration de l'organisme mentionné à l'article L. 382-17 peut répartir entre les associations, congrégations et collectivités religieuses les montants des cotisations que celles-ci doivent verser compte tenu des capacités contributives de chacune d'elles et des charges que le régime supporte de leur fait. – *[Anc. art. L. 721-3.]*

V. art. R. 382-89 à R. 382-120.

Art. L. 382-26 La pension servie aux assurés atteints d'une incapacité totale ou partielle d'exercer dans les conditions prévues à l'article L. 382-24 est complétée, le cas échéant, par la majoration prévue au même article lorsque les titulaires remplissent soit au moment de la liquidation de leur droit, soit postérieurement mais avant un âge

fixé par décret *[art. D. 382-32]*, **les conditions d'octroi de la majoration.** – *[Anc. art. L. 721-5-1.]*

Art. L. 382-27 **Les personnes qui exercent ou qui ont exercé des activités mentionnées à l'article L. 382-15 reçoivent une pension de vieillesse dans les conditions définies aux articles L. 351-1 à L. 351-1-3, au premier alinéa de l'article L. 351-2, aux 4°, 5° et 6° de l'article L. 351-3, aux articles L. 351-4, L. 351-4-1, L. 351-6, L. 351-8 à L. 351-13, L. 353-1 à L. 353-5 et L. 355-1 à L. 355-3.**

Les prestations afférentes aux périodes d'assurance antérieures au 1er janvier 1998 sont indiquées dans les conditions législatives et réglementaires en vigueur au 31 décembre 1997 *(L. n° 2005-1579 du 19 déc. 2005, art. 75)* **« sous réserve d'adaptation par décret ». Le minimum et le maximum mentionnés à l'article L. 721-6 dans sa rédaction antérieure au 1er janvier 1998 sont revalorisés dans les conditions prévues à l'article L. 351-11.** – *[Anc. art. L. 721-6.]*

I. – L'âge fixé au 1er al. de l'art. D. 721-6, dans sa rédaction en vigueur au 31 déc. 1997, est celui résultant des dispositions de l'art. L. 161-17-2 pour les assurés qui justifient, dans le régime d'assurance vieillesse des ministres des cultes et des membres des congrégations et collectivités religieuses et un ou plusieurs autres régimes de base obligatoires, de périodes d'assurance et de périodes reconnues équivalentes, d'une durée au moins égale à la durée fixée au 1° de l'art. R. 351-27, ou par les dispositions des III à V de l'art. 5 de la L. n° 2003-775 du 21 août 2003 portant réforme des retraites.

II. – Pour les assurés qui ne remplissent pas ces conditions, la pension de vieillesse mentionnée à l'art. D. 721-6 dans sa rédaction en vigueur au 31 déc. 1997 peut également être allouée à partir de l'âge mentionné au I. Il lui est alors appliqué le coefficient de minoration fixé au 2° du I et au II de l'art. R. 351-27.

III. – La pension mentionnée au 1er al. de l'art. D. 721-7 dans sa rédaction en vigueur au 31 déc. 1997 est allouée pour son montant maximum à l'assuré qui justifie d'une durée d'assurance dans le régime d'assurance vieillesse des ministres des cultes et des membres des congrégations et collectivités religieuses au moins égale à la durée maximale fixée à l'art. R. 351-6.

Lorsque l'assuré a accompli une durée d'assurance inférieure à la durée maximale mentionnée au présent III, la pension est réduite au prorata du rapport entre sa durée d'assurance et cette durée maximale.

IV. – Lorsque l'assuré remplit les conditions nécessaires pour bénéficier de la majoration prévue à l'art. D. 351-1-4, celle-ci est applicable à la pension de vieillesse mentionnée à l'art. D. 721-6 dans sa rédaction en vigueur au 31 déc. 1997, nonobstant le maximum fixé au III du présent art.

V. – Pour les assurés nés postérieurement au 31 déc. 1938 et qui soit remplissent les conditions prévues à l'art. D. 721-6, dans sa rédaction en vigueur au 31 déc. 1997, soit justifient de la durée d'assurance visée au I du présent article, la pension prévue à l'art. D. 721-7 dans sa rédaction en vigueur au 31 déc. 1997 est, lors de sa liquidation, assortie d'une majoration.

Cette majoration est calculée à partir d'une fraction de l'écart entre, d'une part, le maximum de pension fixé en application des dispositions dudit art. D. 721-7 et déterminé compte tenu des dispositions du III du présent art. et, d'autre part, le montant du minimum de pension majoré au titre des périodes ayant donné lieu à cotisations à la charge de l'assuré, fixé en application des dispositions de l'art. L. 351-10.

Cette fraction est égale à :

a) 20 % de l'écart pour les assurés nés en 1939 ;

b) 40 % de l'écart pour les assurés nés en 1940 ;

c) 60 % de l'écart pour les assurés nés en 1941 ;

d) 80 % de l'écart pour les assurés nés en 1942 ;

e) 100 % de l'écart pour les assurés nés après 1942.

La majoration est attribuée au prorata du nombre de trimestres cotisés par l'assuré entre le 1er janv. 1979 et le 31 déc. 1997, rapporté au nombre de trimestres nécessaires pour atteindre la durée maximale fixée à l'art. R. 351-6. Pour l'application des dispositions du présent V, sont prises en compte les valeurs respectives en vigueur à la date d'entrée en jouissance de la pension du maximum de pension et du minimum de pension et de sa majoration visés au 1er al. dudit V.

V bis. – Pour les assurés qui soit remplissent les conditions prévues à l'art. D. 721-6, dans sa rédaction en vigueur au 31 déc. 1997, soit justifient de la durée d'assurance visée au I du présent art., la pension prévue à l'art. D. 721-7 dans sa rédaction en vigueur au 31 déc. 1997 est, lors de sa liquidation, assortie d'une majoration.

Cette majoration est calculée à partir de l'écart entre, d'une part, le maximum de pension fixé en application des dispositions de l'art. D. 721-7 et déterminé compte tenu des dispositions du III du présent art. et, d'autre part, le montant du minimum de pension, non majoré au titre des périodes ayant donné lieu à cotisations à la charge de l'assuré, fixé en application des dispositions de l'art. L. 351-10.

La majoration est attribuée au prorata du nombre de trimestres d'assurance accomplis par l'assuré antérieurement au 1er janv. 1979, rapporté au nombre de trimestres nécessaires pour atteindre la durée maximale fixée à l'art. R. 351-6.

Pour l'application des dispositions du présent V bis, sont prises en compte les valeurs respectives en vigueur à la date d'entrée en jouissance de la pension du maximum de pension mentionné au deuxième alinéa dudit V bis et du minimum de pension, non majoré au titre des périodes ayant donné lieu à cotisations à la charge de l'assuré, fixé en application des dispositions de l'art. L. 351-10 (Décr. n° 2006-1325 du 31 oct. 2006, art. 2-1 ; Décr. n° 2010-103 du 28 janv. 2010 ; Décr. n° 2010-1734 du 30 déc. 2010, art. 8).

Code de la sécurité sociale

Ancien art. D. 721-6 *L'âge à partir duquel est allouée la pension de vieillesse prévue à la présente sous-section est fixé à soixante-cinq ans.*

(Décr. n° 2004-182 du 23 févr. 2004, art. 1er-III) *« Cet âge est abaissé à soixante ans au profit des anciens déportés ou internés titulaires de la carte de déporté ou interné de la Résistance ou de la carte de déporté ou interné politique. »*

Il est abaissé à un âge compris entre soixante et soixante-cinq ans au profit des assurés qui sont anciens combattants titulaires de la carte de combattant ou qui ont été détenus comme prisonniers de guerre, dans les conditions ci-après :

1° A soixante-quatre ans pour ceux dont la durée de captivité et des services militaires en temps de guerre a été de six à dix-sept mois ;

2° A soixante-trois ans pour ceux dont la durée de captivité et des services militaires en temps de guerre a été de dix-huit à vingt-neuf mois ;

3° A soixante-deux ans pour ceux dont la durée de captivité et des services militaires en temps de guerre a été de trente à quarante et un mois ;

4° A soixante et un ans pour ceux dont la durée de captivité et des services militaires en temps de guerre a été de quarante-deux à cinquante-trois mois ;

5° A soixante ans pour ceux dont la durée de captivité et des services militaires en temps de guerre a été d'au moins cinquante-quatre mois et pour les anciens prisonniers de guerre évadés justifiant d'une captivité d'au moins six mois ou rapatriés pour maladie.

Pour bénéficier de ces dispositions, les intéressés doivent justifier de la durée de leur captivité ou de leurs services militaires en temps de guerre, dans les forces françaises ou alliées, au moyen de la production de leur livret militaire ou d'une attestation délivrée par l'autorité militaire compétente ou par le ministère ou l'office national des anciens combattants.

Ancien art. D. 721-7 (Décr. n° 2003-1376 du 31 déc. 2003, art. 3) *Pour l'exercice de la faculté de versement de cotisations prévue à l'article L. 721-8, sont applicables les dispositions des articles D. 351-3 à D. 351-6 et D. 351-10 à D. 351-14, sous réserve des dispositions suivantes :*

1° La référence au régime d'assurance vieillesse des ministres des cultes et des membres des congrégations et collectivités religieuses est substituée à la référence au régime général de sécurité sociale ;

2° A l'article D. 351-3, la référence à l'âge de soixante-cinq ans est substituée à la référence à l'âge de soixante ans ;

3° Au premier alinéa de l'article D. 351-4, sont supprimés les mots "ainsi que la mention de l'option prévue à l'article D. 351-7" ;

4° Au dernier alinéa de l'article D. 351-4, la référence à la Caisse d'assurance vieillesse, invalidité et maladie des cultes visée à l'article L. 721-2 est substituée à la référence à la caisse visée à cet alinéa ;

5° La référence à l'article D. 721-8 est substituée à la référence à l'article D. 351-7 ;

6° La référence à l'article D. 721-9 est substituée à la référence à l'article D. 351-8 ;

7° A l'article D. 351-10, la mention de l'âge de soixante-quatre ans est substituée à la mention de l'âge de cinquante-neuf ans.

Art. L. 382-28 Un décret fixe les conditions dans lesquelles la pension instituée par la présente sous-section se substitue aux allocations dues en application des régimes de prévoyance antérieurs. – *[Anc. art. L. 721-7.]*

Art. L. 382-29 Les dispositions des articles *(L. nº 2008-1330 du 17 déc. 2008, art. 83-III)* « L. 173-7, » L. 216-1, L. 114-10, L. 217-1, L. 217-2, L. 231-5, L. 231-12, L. 243-4 à L. 243-6, L. 244-1 à L. 244-5, L. 244-7, *(L. nº 2016-1827 du 23 déc. 2016, art. 24-I)* « L. 244-8-1, L. 244-9 et L. 244-10 », L. 244-13, L. 244-14, L. 256-1, L. 256-3, L. 256-4, L. 272-1, L. 272-2, L. 281-3, L. 351-14-1, L. 355-2, L. 355-3, *(Abrogé par L. nº 2013-1203 du 23 déc. 2013, art. 86-II-4º)* « *L. 114-13,* » L. 377-2 et L. 377-4 sont applicables, dans la mesure où elles ne sont pas contraires aux dispositions de la présente section, aux personnes, collectivités ou organismes mentionnés à la présente section. – *[Anc. art. L. 721-8.]*

Les dispositions de l'art. 24-I de la L. nº 2016-1827 du 23 déc. 2016 s'appliquent aux contrôles engagés à compter du 1er janv. 2017 (L. préc., art. 24-IV).

V. art. R. 382-103.

V. Âge d'ouverture du droit, Annexe I.

Art. L. 382-29-1 *(L. nº 2011-1906 du 21 déc. 2011, art. 87-I)* Sont prises en compte pour l'application de l'article L. 351-14-1, dans les mêmes conditions que les périodes définies au 1º *(L. nº 2014-40 du 20 janv. 2014, art. 27-VI)* « du I » du même article, les périodes de formation accomplies au sein de congrégations ou de collectivités religieuses ou dans des établissements de formation des ministres du culte qui précèdent l'obtention du statut défini à l'article L. 382-15 entraînant affiliation au régime des cultes. – *Cet art. est applicable aux pensions prenant effet à compter du 1er janv. 2012 (L. nº 2011-1906 du 21 déc. 2012, art. 87-II).*

Art. L. 382-30 Les ministres des cultes et membres des congrégations et collectivités religieuses de nationalité française, qui exercent à l'étranger et dans les territoires français d'outre-mer, peuvent adhérer au régime d'assurance vieillesse institué par la présente sous-section. – *[Anc. art. L. 721-15.]*

V. art. R. 382-122 s.

SECTION III TITULAIRES DE MANDATS LOCAUX

(L. nº 2012-1404 du 17 déc. 2012, art. 18-I-2º)

Art. L. 382-31 Les élus des collectivités territoriales mentionnées à l'article 72 de la Constitution dans lesquelles s'applique le régime général de sécurité sociale, ainsi que les délégués de ces collectivités territoriales membres d'un établissement public de coopération intercommunale, sont affiliés au régime général de sécurité sociale pour l'ensemble des risques. Leurs indemnités de fonction sont assujetties aux cotisations de sécurité sociale lorsque leur montant total est supérieur à une fraction, fixée par décret, de la valeur du plafond défini à l'article L. 241-3.

Toutefois, pour les élus mentionnés aux articles L. 2123-9, L. 3123-7, L. 4135-7, L. 4422-22, L. 5214-8, L. 5215-16 et L. 5216-4 du code général des collectivités territoriales qui ont cessé toute activité professionnelle pour l'exercice de leur mandat et ne relèvent plus, à titre obligatoire, d'un régime de sécurité sociale, les indemnités de fonction dont le montant est inférieur à cette fraction sont assujetties aux cotisations de sécurité sociale.

V. Circ. interministerielle nº DSS/5B/DGCL/2013/193 du 14 mai 2013 relative à l'affiliation au régime général de sécurité sociale des titulaires de mandats locaux ainsi qu'à l'assujettissement des indemnités de fonction qui leur sont versées.

CHAPITRE III DISPOSITIONS D'APPLICATION

Art. L. 383-1 Des dispositions réglementaires déterminent, en tant que de besoin, les modalités d'application du livre III. Sauf disposition contraire, elles sont prises par décret en Conseil d'État. – *V. art. R. 383-1.*

LIVRE QUATRIÈME ACCIDENTS DU TRAVAIL ET MALADIES PROFESSIONNELLES (DISPOSITIONS PROPRES ET DISPOSITIONS COMMUNES AVEC D'AUTRES BRANCHES)

TITRE PREMIER GÉNÉRALITÉS — DISPOSITIONS PROPRES À CERTAINS BÉNÉFICIAIRES

CHAPITRE PREMIER DÉFINITIONS : ACCIDENT DU TRAVAIL ET ACCIDENT DU TRAJET

BIBL. GÉN. ▸ AUBIN, La réforme sociale et la réparation des accidents du travail (1881-1898), *Mel. Hesse, PU Rennes, 2003. 17.* – BADEL, La notion de risque professionnel : état des lieux à la lumière des évolutions récentes, *RDSS 2004. 206* ; Souffrance au travail et risque professionnel, *RDSS 2006. 918*. – CARON et VERKINDT, Le droit de la sécurité sociale confronté aux nouveaux risques professionnels, *RDSS 2010. 593*. – CHAUMETTE, Accident international survenu au travail, *Dr. soc. 2009. 600*. – COURSIER et LEPLAIDEUR, Risques professionnels : entre catégorisation et définition, *JCP S 2010, n° 1157.* – COURSIER, Enjeux et mutations autour des risques professionnels, *JCP S 2010, n° 1320.* – DEL SOL, Contentieux des cotisations d'AT, *BSFL 10/03. 467.* – DUPEYROUX (dir.), Centenaire de la loi du 9 avril 1898 sur les accidents du travail et les maladies professionnelles (numéro spécial Dr. soc.), *Dr. soc 1998. 631.* – JOLY, Geste suicidaire et accident de service : l'apport du juge administratif, *RDSS 2018. 605*. – KEIM-BAGOT, De l'accident du travail à la maladie : la métamorphose du risque professionnel – Enjeux et perspectives, Préf. R. de Quenaudon et F. Meyer, *Nouvelles bibliothèque de thèses, éd. Dalloz, 2015.* – KLEIN et KROHM, Les mécanismes d'indemnisation des AT : comparaison des systèmes à l'échelle internationale, *RIDSS 4-2006, vol. 59, p. 3.* – LABORDE, La contribution des organismes de sécurité sociale à la santé au travail, *SSL 2005, suppl. au n° 1232, p. 50.* – LAFORE, Le régime des accidents du travail et des maladies professionnelles : questions récurrentes et enjeux contemporains, *RDSS 2018. 577*. – LE FISCHER et PRÉTOT, La Cour de cassation et les accidents du travail, *RDSS 2018. 591*. – LEROUGE, Le renouvellement de la définition de l'AT, *RDSS 2007. 696*. – LEROUGE (dir.), Les risques psychosociaux en Europe, analyse jurisprudentielle, *L'Harmattan, 2013.* – MEYER, L'indemnisation des AT et des MP : une jurisprudence incohérente, *Dr. ouvrier 2010. 509.* – MILET, La protection juridique des victimes d'accidents de trajet, *LGDJ, 2002.* – PELLET, L'entreprise et la fin du régime des accidents du travail et des maladies professionnelles, *Dr. soc. 2006. 402*. – SAINT-JOURS, Les anomalies fondamentales de la législation des accidents du travail, *RDSS 1985. 520* ; L'influence du risque professionnel sur l'évolution de la responsabilité civile, *Dr. ouvrier 2007. 367.* – SARGOS, L'évolution du concept de sécurité au travail et ses conséquences en matière de responsabilité, *JCP E 2003. 356* ; Accidents du travail et maladies professionnelles : le chaos des incohérences et des inégalités, *JCP S 2009, n° 495.*

▸ **Rapports publics :** Cour des comptes, La gestion du risque accidents du travail et maladies professionnelles, *2002.* – BRAS, Tarification des accidents du travail et des maladies professionnelles, *IGAS 2005.* – LAROQUE, La rénovation de la réparation des accidents du travail et des maladies professionnelles, *IGAS 2005.* – YAHIEL, Vers la réparation intégrale des accidents du travail et des maladies professionnelles : éléments de méthode, Ministère de l'emploi et de la solidarité, *2002.*

Art. L. 411-1 Est considéré comme accident du travail, quelle qu'en soit la cause, l'accident survenu par le fait ou à l'occasion du travail à toute personne salariée ou travaillant, à quelque titre que ce soit, pour un ou plusieurs employeurs ou chefs d'entreprise.

I. L'ACCIDENT

A. DÉFINITION

1. *Définition initiale.* L'accident est caractérisé par l'action violente et soudaine d'une cause extérieure, provoquant, au cours du travail, une lésion de l'organisme. • Soc. 20 mars 1952 : *Bull. jur. UCANSS 52-45* • Soc. 21 juin 2001, n° 99-15.732 P. ♦ Le caractère soudain de la lésion permet de distinguer l'accident du travail de la maladie professionnelle. • Soc. 21 janv. 1971 : *Bull. civ. V, n° 45.* ♦ Ne constituent pas des accidents du travail les lésions apparues de façon lente et progressive au cours du travail et qui ne résultent pas d'un fait précis et identifiable. • Soc. 30 nov.

1977 : *Bull. civ. V, n° 670* • Soc. 21 déc. 1977 : *Bull. civ. V, n° 729* • Soc. 18 oct. 2005, n° 04-30.352 P : *JCP S 2005. 1423, obs. Asquinazi-Bailleux ; RDSS 2005. 1065, obs Verkindt*. ♦ L'accident du travail implique un traumatisme, c'est-à-dire une lésion causée par un agent extérieur. • Soc. 23 nov. 1961 : *Bull. civ. V, n° 204*.

2. Élargissement de la définition. Constitue un accident du travail un événement ou une série d'événements survenus à des dates certaines par le fait ou à l'occasion du travail, dont il est résulté une lésion corporelle, quelle que soit la date d'apparition de celle-ci. • Soc. 2 avr. 2003, n° 00-21.768 P : *RDSS 2003. 439 obs. Verkindt ; D. 2003. 1724, note Gaba ; RJS 2003, n° 801 ; TSA 2003, n° 923, p. 15 ; Dr. soc. 2003. 673, obs. Milet*. ♦ Au contraire, la qualification d'accident du travail doit être écartée lorsque la date d'apparition de la lésion est incertaine et que l'affection, apparue progressivement, résulte d'une exposition prolongée au froid. • Civ. 2e, 18 oct. 2005, n° 04-30.352 P : *RDSS 2005. 1063, obs. Verkindt*. ♦ V. aussi, pour l'admission de la réparation de troubles ne constituant pas des lésions corporelles mais des affections psychiques, • Civ. 2e, 1er juill. 2003, n° 02-30.576 P : *D. 2004. 906, note Huyette*.

3. Contrôle de la Cour de cassation. Sur le contrôle de la Cour de cassation du respect de la définition des accidents du travail, V. • Cass., ass. plén., 7 juill. 1987 : *JCP 1988. II. 20933, obs. Godard.*

B. FLORILÈGE

1° TYPES D'ÉVÉNEMENTS À L'ORIGINE DE L'ACCIDENT

Peuvent caractériser un accident du travail les lésions subies par un salarié résultant de :

4. Agressions. V. • Soc. 4 févr. 1987 : *D. 1987. Somm. 324, obs. Prétot* • Civ. 2e, 15 juin 2004, n° 02-31.194 P : *D. 2004. 2688 ; RJS 2004, n° 965 ; JS Lamy 2004, n° 149-3* (les troubles psychologiques, conséquence d'un choc émotionnel provoqué par une agression sur le lieu de travail, peuvent être réparés au titre des accidents du travail).

5. Chutes et chocs. V. • Soc. 9 nov. 1967 : *Bull. civ. V, n° 713* • Civ. 2e, 21 juin 2005, n° 04-30.335 P.

6. Blessures. Une blessure par arme (pistolet tombé de la poche d'un collègue) peut être à l'origine d'un accident du travail. • Soc. 19 juill. 1950 : *Gaz. Pal. 1950. 2. 203.* ♦ Une blessure légère ayant provoqué le tétanos peut être à l'origine d'un accident du travail. • Soc. 5 juin 1952 : *Bull. civ. IV, p. 355.*

7. Bruits, lumière. Une surdité générée par des coups de pistolet de scellement peut être prise en charge au titre de la législation sur les accidents du travail. • Soc. 24 mars 1982 : *Bull. civ. V, n° 216.* ♦ La conjonctivite provoquée par un rayonnement brutal d'un arc électrique peut être prise en charge au titre de la législation sur les accidents du travail. • Soc. 18 mars 1970 : *Bull. civ. V, n° 209.*

8. Action du froid ou de la chaleur. V. • 17 nov. 1960 : *Bull. civ. V, n° 1034* (membre gelé) • Soc. 12 janv. 1977 : *Bull. civ. V, n° 22* (brûlure) • 4 nov. 1970 : *Bull. civ. V, n° 588* (insolation).

9. Électrocution. V. • Soc. 5 juill. 1966 : *Bull. civ. V, n° 682.*

10. Produits chimiques. Des lésions cutanées consécutives à l'utilisation de produits chimiques (sel d'ammoniac) peuvent être prises en charge au titre de la législation sur les accidents du travail. • Soc. 21 janv. 1971 : *Bull. civ. V, n° 45.* ♦ L'inhalation de produits chimiques peut être à l'origine d'un accident du travail. • Soc. 7 oct. 1965 : *D. 1966. 251, obs. Dupeyroux* • 16 janv. 1975, n° 74-108.59.

11. Aliments. L'intoxication alimentaire due à un sandwich peut recevoir la qualification d'accident du travail. • Soc. 21 nov. 1970 • 17 juin 1983 : *Bull. civ. V, n° 233* (aliment avalé de travers à un moment où le salarié était resté sous la subordination de l'employeur).

12. Virus. La contamination par le VIH à la suite d'un contact avec une seringue dans un broyeur à ordures peut être prise en charge au titre des accidents du travail. • Civ. 2e, 22 juin 2006, n° 04-30.664 P. ♦ Comp. la prise en charge d'une affection microbienne ne figurant pas dans les tableaux relatifs aux maladies professionnelles au titre des accidents du travail exige un traumatisme survenu par le fait ou à l'occasion du travail. La contagion par la poliomyélite ne peut être assimilée à un tel traumatisme. • Cass., ass. plén., 21 mars 1969 : *Bull. civ. n° 3 ; GADSS n° 47 ; D. 1969. 531.*

13. Piqûres d'insectes. Une piqûre de pou occasionnant le typhus peut être à l'origine d'un accident du travail. • Soc. 20 mai 1950 : *D. 1950. 469.* ♦ De même pour le paludisme provoqué par une piqûre de moustique. • Soc. 17 janv. 1991 : *RJS 3/91, n° 393.*

14. Vaccins. La sclérose en plaques apparue peu de temps après une vaccination obligatoire du salarié peut être prise en charge au titre de la législation sur les accidents du travail. • Soc. 2 avr. 2003, n° 00-21.768 P : *Dr. soc. 2003. 673, obs. Milet*. ♦ La législation sur les accidents du travail ne fait pas obstacle à l'action afférente à un accident du travail. Une maladie auto-immune contractée à la suite d'une vaccination obligatoire peut donc être prise en charge au titre des accidents du travail. • Civ. 2e, 22 mars 2005, n° 03-30.551 P : *D. 2005. 2053, note Saint-Jours ; RDSS 2005. 506, note Verkindt*. ♦ Dès lors que le lien est établi entre la vaccination obligatoire dans le cadre de l'emploi et la maladie, la prise en charge peut être opposée à l'entreprise, sauf à l'employeur de prouver que l'accident avait une cause totalement étrangère au travail, ce qui n'est pas le cas lorsqu'il invoque que la maladie se serait développée en raison d'une survaccination ultérieure pratiquée par un médecin. • Civ. 2e, 6 oct. 2016 : *RJS 12/2016, n° 812 ; JCP S 2016, n° 1407, obs. Asquinazi-Bailleux.*

15. Causes internes au salarié, efforts. La lésion provoquée par un effort, même accompli dans un acte normal provenant de l'action du travailleur sur la matière objet de son travail, peut être assimilée à un accident du travail. • Soc. 23 nov. 1961 : *Bull. civ. V, n° 204.*

16. Harcèlement. Le suicide consécutif à des faits de harcèlement moral dans l'entreprise peut être réparé au titre de la législation sur les accidents du travail. • Civ. 2e, 10 mai 2007, n° 06-10.230 P : *D. 2007. 1599, obs. Fabre ; JCP S 2007. 1547, obs Leborgne-Ingelaere.* ♦ Il doit cependant être établi que l'arrêt de travail prescrit a été causé par une brutale altération de ses facultés mentales (traumatisme psychologique), en relation avec le harcèlement invoqué. • Soc. 24 mai 2005, n° 03-30.480 P : *D. 2005. 2996, note Saint-Jours ; RDSS 2005. 689, note Willmann.*

17. Noyade. V. • Soc. 30 nov. 1977 : *Bull. civ. V, n° 672.*

2° TYPES DE LÉSIONS SUBIES

18. Lésions corporelles. Gelure d'un membre entraînant son amputation. • Soc. 17 nov. 1960 : *Bull. civ. IV, n° 1036.* ♦ Infarctus. • Soc. 12 oct. 1995 : *Bull. civ. V, n° 276 ; RJS 1995, 1177.* ♦ Occlusion intestinale provoquée par un déchargement de charges lourdes. • Soc. 23 mars 1961 : *Bull. civ. V, n° 972.*

19. Douleurs. Douleurs dorsales ressenties en soulevant une charge. • Soc. 17 févr. 1988 : *Bull. civ. IV, n° 109.*

20. Maladie. Une sclérose en plaques consécutive à une vaccination obligatoire peut être prise en charge au titre de la législation sur les accidents du travail. • Soc. 2 avr. 2003 : *préc. note 14.*

21. Suicide. Le suicide commis immédiatement après des remontrances faites par l'employeur peut être pris en charge au titre des accidents du travail dès lors que les circonstances montrent qu'il est intervenu dans un moment d'aberration, dépourvu d'élément intentionnel. • Soc. 20 avr. 1988 : *Bull. civ. V, n° 241.* ♦ Le suicide, commis à un moment où le salarié n'est plus placé sous la subordination de l'employeur (suicide commis à son domicile), peut constituer un accident du travail s'il est établi qu'il est intervenu par le fait ou à l'occasion du travail. • Civ. 2e, 22 févr. 2007, n° 05-13.771 P : *D. 2007. 1767, note Gaba ; ibid. 791, obs. Fabre ; RDT 2007. 306, obs. Lardy-Pélissier ; Dr. soc. 2007. 836, obs. Milet ; JCP S 2007. 1429, note Asquinazi-Bailleux ; JCP E 2007. 1431, obs. Colonna.* ♦ Lerouge, État de la recherche sur le suicide au travail en France : une perspective juridique, *Travailler 1/ 2014 (n° 31), p. 11-29.*

22. Affections psychiques. Une dépression nerveuse soudaine intervenue après un entretien d'évaluation peut être prise en charge au titre de la législation sur les accidents du travail. • Civ. 2e, 1er juill. 2003, n° 02-30.576 P : *D. 2004. 906, note Huyette.* ♦ Des troubles psychologiques (stress nécessitant un traitement psychologique) consécutifs à un choc émotionnel résultant d'une agression au travail peut être pris en charge au titre de la législation sur les accidents du travail. • Civ. 2e, 15 juin 2004 : *préc. note 4.*

3° ÉVÉNEMENTS NON CONSIDÉRÉS COMME DES ACCIDENTS DU TRAVAIL

23. Conséquences d'un état préexistant. Le décès ne relève pas de la législation sur les risques professionnels lorsque la lésion mortelle, due à une rupture spontanée d'anévrisme de l'aorte abdominale, a exclusivement pour origine un état pathologique préexistant, évoluant pour son propre compte, sans aucune relation avec le travail. • Civ. 2e, 6 avr. 2004, n° 02-31.182 (inédit). ♦ Il appartient aux juges du fond d'apprécier souverainement en ce cas si la preuve d'une cause totalement étrangère au travail a été apportée par l'entreprise. • Civ. 2e, 4 févr. 2010, n° 09-10.584 P.

24. Bris de lunettes ou prothèse. Le seul bris de lunettes à l'exclusion de tout dommage corporel ne peut être constitutif d'un accident du travail. • Soc. 6 mai 1965 : *Bull. civ. V, n° 313.* ♦ Comp. la possible prise en charge au titre de la législation sur les accidents du travail lorsque la prothèse peut être vue comme une partie intégrante du corps humain, même en l'absence de tout autre traumatisme corporel : *Lettre min. n° 89-210, 16 nov. 1989.*

25. Gestes répétitifs. L'affection provenant de la seule répétition d'un même geste ne peut être considérée comme un accident du travail. • Soc. 26 juin 1980 : *Bull. civ. V, n° 576.*

26. Suicide. Le suicide, même commis en dehors du lieu de travail, peut constituer un accident du travail dès lors qu'il est établi qu'il est survenu par le fait du travail. • Civ. 2e, 22 févr. 2007 : *préc. note 21.*

C. DISTINCTION DE L'ACCIDENT DU TRAVAIL ET DE LA MALADIE PROFESSIONNELLE (DÉCISIONS ANTÉRIEURES À SOC. 2 AVR. 2003, N° 2)

27. Soudaineté. L'accident est une atteinte au corps humain provenant de l'action soudaine et violente d'un élément extérieur. • Cass., ch. réun., 17 avr. 1921 : *S. 1921.1.81* • Soc. 16 oct. 1958 : *Bull. civ. V, n° 1044* • Soc. 21 oct. 1965 : *Bull. IV, n° 690.*

D. INCIDENCE DE LA CHOSE JUGÉE AU PÉNAL

28. Les décisions pénales devenues irrévocables ont au civil l'autorité de la chose jugée en ce qui concerne la qualification du fait incriminé. Les juges de l'ordre judiciaire sont donc liés par la décision pénale ayant retenu la qualité de salarié et la qualification d'accident du travail. • Soc. 22 févr. 2005 : *D. 2005. 1279, note Saint-Jours.*

II. LE LIEN ENTRE L'ACCIDENT ET LE TRAVAIL

A. L'EXIGENCE D'UN RAPPORT D'AUTORITÉ AU MOMENT DE L'ACCIDENT

29. Rapport d'autorité. La protection contre les accidents du travail ne s'applique qu'aux accidents survenus à l'occasion du travail. La réparation exige en conséquence l'exercice en droit ou en fait d'une autorité de l'employeur sur le salarié au moment où survient l'accident. • Cass., ch. réun., 28 juin 1962 : *Bull. ch. réun., n° 4 ; GADSS n° 46 ; JCP 1962. II. 12822, concl. Lindon.* ♦ Est en conséquence exclue la protection au titre de la législation sur les accidents du travail l'accident subi : par une personne bénéficiant non d'un contrat de travail mais d'un contrat d'entreprise. • Soc. 14 janv. 1993 : *CSBP 1993, n° 48 B. 43.* ♦ ... Par un candidat à l'embauche. • Soc. 26 nov. 1992 : *CSBP 1993, n° 46 B. 7.* ♦ ... Par un salarié mis à pied pour raison disciplinaire. • Soc. 4 oct. 1979 : *Bull. civ. V, n° 697.*

30. Indifférence de la dissimulation du travail du salarié. La circonstance que l'employeur soit reconnu coupable du délit de travail dissimulé n'a pas d'incidence sur le droit de la victime à la protection de la législation sur les accidents du travail. • Crim. 11 févr. 2003, n° 02-81.729 P : *RJS 2003. 439, n° 668.*

31. Exception : la preuve de l'accident survenu par le fait du travail. Un accident (tentative de suicide) qui se produit à un moment où le salarié ne se trouve plus sous la subordination de l'employeur constitue un accident du travail dès lors que le salarié établit qu'il est survenu par le fait du travail. • Civ. 2e, 22 févr. 2007 : *préc. note 21.*

32. Accidents survenus pendant une période de suspension du contrat de travail. (Arrêts maladie). L'accident survenu au cours d'une période de suspension du contrat de travail pour arrêt maladie ne peut constituer un accident du travail même s'il est intervenu dans l'entreprise. • Soc. 24 oct. 2002 : *JS UIMM 2003-669, p. 51.* • Civ. 2e, 21 sept. 2017, n° 16-17.580 : *RJS 12/2017, n° 831* (accident mortel subi dans l'entreprise alors que la salariée s'était rendue de son propre chef au siège de l'entreprise à la suite d'une mise à pied). ♦ Cependant l'accident subi dans l'entreprise à la suite d'une convocation de son employeur pour un entretien préalable au licenciement alors que le salarié est en arrêt de travail constitue un accident du travail, dès lors que le salarié était placé à ce moment sous l'autorité de l'employeur. • Soc. 11 juill. 1996, n° 94-16.485 P : *Dr. soc. 1996. 990, obs. Milet.* ♦ ***(Préavis de licenciement.)*** L'inobservation du délai-congé n'a pas pour conséquence d'avancer la date à laquelle le contrat de travail prend fin. Dès lors l'accident subi pendant la période du préavis de licenciement peut être pris en charge si le salarié était sous l'autorité de l'employeur au moment des faits. • Soc. 11 juill. 1996, n° 94-15.666 P. ♦ ***(Congés payés.)*** Un gardien d'immeuble qui peut être appelé à intervenir pour des travaux d'urgence dans une période de congé, blessé au cours d'une intervention menée dans l'intérêt de l'ensemble de la copropriété, bénéficie de la protection contre les accidents du travail dès lors que le lien de subordination avec son employeur n'était pas rompu. • Soc. 30 avr. 1997, n° 95-16.650 P.

33. Soustraction à l'autorité de l'employeur. L'accident survenu à un moment où le salarié s'est soustrait à l'autorité de l'employeur ne peut être pris en charge au titre de la législation sur les accidents du travail. Ainsi, la salariée qui fait sortir un collègue de son bureau et s'y enferme avec son mari en vue de régler des problèmes conjugaux ne peut bénéficier du régime de la réparation des accidents du travail dès lors qu'elle avait interrompu son activité professionnelle et s'était soustraite, pour un temps indéterminé, à l'autorité de l'employeur. • Soc. 23 janv. 1985 : *Bull. civ. V, n° 56.* ♦ De même lorsque le salarié s'absente sans autorisation de l'atelier pour réparer son cyclomoteur. • Civ. 2e, 3 avr. 2003, n° 01-20.974 P : *Dr. ouvrier 2004. 21 ; JCP E 2003. 888 ; RDSS 2003. 438, obs. Verkindt ; D. 2003. 2658, note Saint-Jours.* ♦ De même pour des actes d'insubordination du salarié commis dans un réfectoire. • Soc. 27 févr. 1969 : *Bull. civ. V, n° 148.* ♦ Mais les blessures subies au cours d'une rixe déclenchée par le salarié peuvent être prises en charge dès lors que le fait d'interpeler un collègue ne constituait pas un acte échappant à l'autorité de l'employeur et que la rixe était intervenue dans l'entreprise et pendant les heures de travail. • Soc. 23 mai 1996, n° 94-13.294 P.

B. LA PREUVE DU LIEN ENTRE LE TRAVAIL ET L'ACCIDENT

1° PRÉSOMPTION D'IMPUTABILITÉ

a. Principe

34. Accident subi au temps et au lieu de travail. L'accident subi pendant le temps et sur le lieu de travail de la victime est présumé être un accident du travail. • Cass., ch. réun., 8 janv. 1928 : *D. 1929. 1. 157* • Cass., ch. réun., 7 avr. 1921 : *S. 1922, 1. 81, note Sachet* • Soc. 4 mai 1972 : *Dr. soc. 1973. 399, obs. Saint-Jours.* ♦ Relève de la législation professionnelle la lésion corporelle survenue au temps et au lieu de travail, sauf preuve que l'accident avait une cause entièrement étrangère au travail. • Soc. 15 nov. 2001, n° 99-21.638 P. ♦ En cas d'accident subi au temps et au lieu de travail, il appartient à la caisse, pour écarter la présomption d'imputabilité, de prouver que l'accident avait une cause totalement étrangère au travail. • Soc. 23 mai 2002, n° 00-14.154 P : *RDSS 2003. 69, obs. Verkindt*. ♦ La présomption d'imputabilité au travail des lésions apparues à la suite d'un accident du travail s'étend pendant toute la durée d'incapacité de travail précédant soit la guérison complète soit la consolidation de l'état de la victime. • Civ. 2e, 17 févr. 2011 : *Dr. ouvrier 2011. 593, note Guiomard ; JCP S 2011, n° 1234, note Voxeur et Vignette.*

35. Étendue de la présomption. Si la présomption d'imputabilité au travail s'attachant, en application de l'art. L. 411-1 CSS, aux lésions survenues au temps et sur le lieu du travail s'étend aux soins et arrêts de travail prescrits ensuite à la victime jusqu'à la date de consolidation de son état de santé ou de sa guérison, elle ne fait pas obstacle à ce que l'employeur conteste devant la juridiction du contentieux général de la sécurité sociale l'imputabilité à l'accident ou à la maladie initialement reconnus tout ou partie des soins et arrêts de travail pris en charge ultérieurement par l'organisme. • Civ. 2e, 4 mai 2016, n° 15-16.895 P : *JCP S 2016, n° 1223, obs. Fournier-Gatier et Godefroy ; ibid n° 1245, obs. Tauran ; RJS 7/2016, n° 519.*

36. Illustrations : meurtre sur le lieu de travail. Le salarié assassiné sur son lieu de travail dans l'exercice normal de son activité professionnelle bénéficie de la protection contre les accidents du travail. • Soc. 23 avr. 1970 : *Bull. civ. V, n° 275* • Soc. 15 juin 1995, n° 93-20.688 P. ♦ ***(Rixes.)*** Les dommages subis au cours d'une rixe d'origine professionnelle subie au temps et au lieu de travail doivent être pris en charge au titre de la législation sur les accidents du travail. • Soc. 12 juill. 1990 : *RJS 10/90, n° 824* (inédit). ♦ ***(Décès pour cause inconnue.)*** Le décès pour une cause non déterminée au temps et au lieu de travail doit être pris en charge au titre de la législation sur les accidents du travail. • Soc. 14 janv. 1999, n° 97-12.922 P. ♦ ***(Participation à une collecte de sang dans l'entreprise.)*** Le malaise subi par un salarié alors qu'il participe à une collecte de sang organisée dans les locaux de l'entreprise est présumé être un accident du travail dès lors que le salarié se trouvait dans des locaux où s'exerçaient la surveillance et l'autorité de l'employeur. • Soc. 11 juill. 1991, n° 89-18.330 P : *RDSS 1992. 306, obs. Vachet*.

37. Preuve du bénéfice de la présomption d'imputabilité. Le salarié ne peut bénéficier de la présomption d'imputabilité que s'il apporte la preuve de la réalité d'une lésion apparue au temps et au lieu de travail. • Soc. 13 mai 1976 : *Bull. civ. V, n° 281.* ♦ Il appartient au salarié d'établir les circonstances de l'accident et son caractère professionnel autrement que par ses propres affirmations. • Soc. 26 mai 1994, n° 92-10.106 P : *RJS 1994, 908.*

38. Perte de la présomption d'imputabilité. Le refus d'une autopsie demandée de façon non tardive par la caisse peut avoir pour effet de faire perdre aux ayants droit le bénéfice de la présomption d'imputabilité. • Civ. 2e, 3 avr. 2003, n° 01-21.054 P : *RDSS 2003. 439, obs. Verkindt*.

b. Détermination du temps de travail

39. Heures normales du travail. Un salarié (inspecteur au service d'une compagnie d'assurance) retrouvé décédé dans un lieu où s'exerce son activité professionnelle peut être pris en charge si l'accident s'est produit un jour ouvrable, à une heure normale de travail dès lors que la caisse ne pouvait renverser la présomption d'imputabilité de l'art. L. 411-1. • Soc. 11 avr. 1996, n° 94-12.208 P.

40. Représentants du personnel. L'accident survenu à l'occasion d'une réunion avec la direction est pris en charge au titre des accidents du travail, même lorsque la réunion se déroule en dehors du temps et du lieu de travail. • Soc. 11 oct. 1990, n° 88-19.392 P.

41. Accident subi au cours d'une visite chez le médecin du travail. L'accident subi alors que le salarié se trouve dans les locaux des services de la médecine du travail en l'attente d'un examen périodique inhérent à l'exécution de son contrat de travail bénéficie de la présomption d'imputabilité, quand bien même la visite aurait été organisée en dehors d'un jour de travail du salarié. • Civ. 2e, 6 juill. 2017, n° 16-20.119 P : *D. actu. 14 sept. 2017, obs. Ndombi ; RDSS 2017. 961, obs. Tauran ; JCP S 2017, n° 1270, obs. Asquinazi-Bailleux ; RJS 10/2017, n° 702.*

42. Accidents subis au cours d'une mission. Le salarié effectuant une mission a droit à la protection prévue par l'art. L. 411-1 pendant tout le temps de la mission qu'il accomplit pour son employeur, peu important que l'accident survienne à l'occasion d'un acte professionnel ou d'un acte de la vie courante, sauf la possibilité pour l'employeur ou la caisse de rapporter la preuve que le salarié avait interrompu sa mission pour un motif personnel. • Soc. 19 juill. 2001 (2 arrêts), nos 99-21.536 P et 99-20.603 P : *Dr. soc. 2001. 1022, note Prétot ; RDSS 2001. 791, obs.*

Verkindt ; *D. 2002. 28, note Saint-Jours* ; *JCP E 2001. 1976, obs. Taquet* ; *TPS 2001. Comm. 335, note Prétot* (hémorragie cérébrale dans une chambre d'hôtel). ♦ De même • Civ. 2e, 16 sept. 2003, n° 02-30.009 P : *Dr. ouvrier 2004. 171.* ♦ V. encore • Soc. 12 déc. 2002, n° 01-20.516 P : *RDSS 2003. 435, obs. Verkindt* ; *JCP E 2003. 219* (malaise suivi d'un décès dans le restaurant d'entreprise d'un client) • Civ. 2e, 12 oct. 2017, n° 16-22.481 P : *RJS 12/2017, n° 830* ; *RDSS 2017. 1145, obs. Tauran* (glissade en dansant dans une discothèque) • 21 juin 2018, n° 17-15.984 P : *RJS 11/2018, n° 693.* ♦ Comp. antérieurement, l'accident subi au cours d'une mission à un moment où le salarié n'est pas soumis à l'employeur ne peut être pris en charge. • Soc. 30 nov. 1995, n° 93-16.783 P. ♦ ***(Accident subi au cours d'un retour de mission.)*** L'accident subi alors que le salarié revient d'une mission vers son entreprise avant que le salarié ne reprenne son véhicule personnel pour se rendre à son domicile constitue un accident du travail. • Soc. 4 déc. 1996, n° 93-45.451 P : *JCP 1997. II. 180.* ♦ ***(Interruptions de mission.)*** L'accident subi au cours d'une interruption de la mission ne peut être pris en charge lorsque le salarié interrompt sa mission pour un motif d'ordre personnel (retour d'une visite chez une parente). • Soc. 20 sept. 2005, n° 04-30.332 P : *JCP S 2005. 1450, note Vachet.* ♦ L'accident, intervenu au cours d'un trajet en mission bénéficie de la présomption d'imputabilité, sans que l'entreprise puisse se prévaloir d'une interruption antérieure du trajet de plusieurs heures sans rapport avec le travail pour écarter la présomption. • Civ. 2e, 1er juill. 2003, n° 01-13.433 P : *Dr. soc. 2003. 1138, note Millet* ; *JCP E 2003. 1320* • 9 mai 2018, n° 17-17.912 : *RJS 7/2018, n° 503.*

43. Astreintes. L'accident survenu au domicile d'un salarié au cours d'une période d'astreinte ne bénéficie pas de la présomption d'imputabilité d'accident du travail. • Soc. 2 avr. 2003, n° 01-20.765 P : *D. 2003. 2790, note Saint-Jours* ; *ibid. 2004. 98, obs. Fadeuilhe* ; *RJS 2003, n° 940* ; *Dr. soc. 2003. 651, note Waquet*. ♦ Cependant le salarié tenu, durant ses astreintes, de demeurer dans un logement imposé par son employeur et situé à proximité de son lieu de travail afin de répondre sans délai à toute demande d'information sans pouvoir vaquer librement à ses occupations personnelles bénéficie de la présomption d'imputabilité, peu important que l'accident se soit produit à l'occasion d'un acte professionnel ou d'un acte de la vie courante, sauf à l'employeur de prouver que le salarié s'est soustrait temporairement aux obligations résultant de l'astreinte pour des motifs personnels. • Civ. 2e, 2 nov. 2004, n° 02-31.008 P.

c. Détermination du lieu de travail

44. Lieu d'exécution du travail. Un salarié retrouvé décédé à proximité d'un bureau de poste peut bénéficier de la présomption d'imputabilité dès lors que ce lieu était justifié par son activité professionnelle et que la caisse ne pouvait renverser la présomption de l'art. L. 411-1. • Soc. 11 avr. 1996, n° 94-12.208 P.

45. Accident dans un lieu appartenant à l'entreprise. Un parking, propriété de la société, utilisé exclusivement à des fins professionnelles pour ses camions et les véhicules, des clients, que les salariés doivent traverser pour rejoindre leurs véhicules constitue une dépendance de l'établissement sur lequel l'employeur continue d'exercer ses pouvoirs de surveillance et de contrôle. L'accident subi sur ce parking constitue en conséquence un accident du travail. • Soc. 14 mars 1996, n° 94-10.430 P. ♦ De même, est présumé être lié au travail l'accident subi dans une dépendance de l'entreprise (garage) où l'employeur continue d'exercer ses pouvoirs d'organisation, de direction et de contrôle, de sorte que le salarié se trouvait toujours sous l'autorité de l'employeur et n'avait pas encore entrepris, en toute indépendance, le trajet vers son domicile. • Soc. 30 nov. 1995, n° 93-14.208 P.

2° LE RENVERSEMENT DE LA PRÉSOMPTION

46. Cause étrangère au travail. En cas de lésion survenue brusquement au travail, il appartient à l'employeur qui conteste la décision de prise en charge par la caisse de détruire la présomption d'imputabilité en apportant la preuve que la lésion a une cause totalement étrangère au travail. • Soc. 30 nov. 1995, n° 93-11.960 P. ♦ Les juges du fond ne sauraient admettre l'existence d'une cause étrangère en se basant sur la simple probabilité d'un lien entre l'accident (meurtre sur le lieu de travail) et les activités extérieures à l'entreprise du salarié. • Soc. 15 juin 1995, n° 93-20.688 P. ♦ V. également en cas de maladie provoquée par une vaccination obligatoire. • Civ. 2e, 6 oct. 2016, n° 15-25.924 P : *cité supra note 14.*

47. Refus d'autopsie. Le décès survenu sur le lieu de travail pour une cause inconnue bénéficie de la présomption d'imputabilité, même en l'absence de possibilité de pratiquer une autopsie, le corps ayant été rapatrié en Turquie, dès lors que le rapatriement n'a pas été fait dans une hâte excessive et que la preuve n'était pas apportée d'une cause d'accident étrangère au travail. • Soc. 21 mars 1996, n° 94-15.338 P.

3° LA PREUVE DU LIEN ENTRE LE TRAVAIL ET L'ACCIDENT EN DEHORS DU DOMAINE DE LA PRÉSOMPTION D'IMPUTABILITÉ

48. Un accident (tentative de suicide d'un salarié en arrêt maladie pour cause de dépression) qui se produit à un moment où le salarié ne se trouve plus sous la subordination de l'employeur constitue un accident du travail dès lors que le salarié établit qu'il est survenu par le fait du travail. • Civ. 2e, 22 févr. 2007 : *préc. note 21.* ♦ Une dépression nerveuse, apparue deux jours après un entretien d'évaluation et consécutive, selon l'expertise médicale technique, à cet entretien, peut être prise en charge au titre des accidents du travail. • Civ. 2e, 1er juill. 2003, n° 02-30.576 P : *D. 2004. 906, note Huyette.*

III. CONTENTIEUX

49. Les juges du fond apprécient souverainement si un accident est survenu par le fait ou à l'occasion du travail. • Soc. 20 déc. 2001 (3 arrêts), nos 00-13.002, 00-14.473 et 00-12.916 : *JCP 2002. IV. 1226 à 1228 ; TPS 2002. Comm. 50, obs. Prétot.*

Art. L. 411-2 Est également considéré comme accident du travail, lorsque la victime ou ses ayants droit apportent la preuve que l'ensemble des conditions ci-après sont remplies ou lorsque l'enquête permet à la caisse de disposer sur ce point de présomptions suffisantes, l'accident survenu à un travailleur mentionné par le présent livre, pendant le trajet d'aller et de retour, entre :

1° La résidence principale, une résidence secondaire présentant un caractère de stabilité ou tout autre lieu où le travailleur se rend de façon habituelle pour des motifs d'ordre familial et le lieu du travail. *(L. n° 2001-624 du 17 juill. 2001, art. 27)* « Ce trajet peut ne pas être le plus direct lorsque le détour effectué est rendu nécessaire dans le cadre d'un covoiturage régulier ; »

2° Le lieu du travail et le restaurant, la cantine ou, d'une manière plus générale, le lieu où le travailleur prend habituellement ses repas, et dans la mesure où le parcours n'a pas été interrompu ou détourné pour un motif dicté par l'intérêt personnel et étranger aux nécessités essentielles de la vie courante ou indépendant de l'emploi. – *[Anc. art. L. 415-1, réd. Ord. n° 67-707 du 21 août 1967, art. 18.]*

BIBL. ▶ DUPEYROUX, Théorie générale de l'accident de trajet, *D. 1968. 409.* – FABRY, Les accidents de trajet, *LGDJ 1970.* – KESSOUS, Réflexions sur l'accident de trajet, l'accident du travail et l'accident de mission, *Dr. soc. 1992. 1019.* – LABORDE, Vie professionnelle, vie personnelle et droit de la Sécurité sociale, *Dr. soc. 2004. 70.* – MILET, La protection juridique des victimes d'accident de trajet, *LGDJ 2002* ; L'inévitable protection de l'emploi des victimes d'accident de trajet, *Dr. ouvrier mai 1998* ; L'accident de trajet, risque de l'emploi, *Dr. soc. 1996. 962* ; L'accident de trajet et les actes s'intégrant à l'accomplissement du parcours, *Dr. soc. 1992. 496.* – ROUAST, Les accidents de trajet et la loi du 23 juillet 1957, *Dr. soc. 1957. 639.* – SAINT-JOURS, Une création continue : l'accident de trajet, *JCP 1972. I. 2478.* – SOUPLET, L'accident de trajet, entre tradition et modernité, *RDP 2006. 1739.* – SAINT-JOURS, ALVAREZ et VACARIE, Les accidents du travail, *Traité de droit de la Sécurité sociale, Vol. 3, LGDJ 1983.* – VACHET, Le trajet au regard du droit social, *JS Lamy, 2004, n° 146.*

I. NOTION, PREUVE ET APPRÉCIATION JUDICIAIRE

1. Définition. Constitue un accident de trajet tout accident dont est victime le travailleur à l'aller ou au retour entre le lieu où s'accomplit son travail et sa résidence dans des conditions où il n'est pas encore ou n'est plus soumis aux instructions de l'employeur. • Cass., ass. plén., 5 nov. 1992, n° 89-17.472 P : *GADSS, n° 52 ; Dr. soc. 1992. 1019, concl. Kessous ; RDSS 1993. 324, obs. Vachet ; D. 1993. 272, obs. Prétot.* ♦ V. de même • Soc. 11 juin 2014, n° 11-20.985.

2. Pouvoir d'appréciation des juges du fond. Les juges du fond apprécient souverainement, en fonction des circonstances de la cause analysée, si l'accident constitue un accident de trajet. • Soc. 16 mars 1995, n° 92-21.324 P : *GADSS, n° 53 ; D. 1996. Somm. 41, obs. Prétot ; JCP E 1995. II. 696, obs. Saint-Jours.* ♦ Les juges du fond apprécient souverainement si l'accident constitue un accident de travail ou un accident de trajet. • Civ. 2e, 22 mars 2005 : *D. 2005. 2996, note Saint-Jours.*

3. Règles de preuve. L'accident survenu dans le temps et sur l'itinéraire normal du trajet est présumé être un accident de trajet. • Soc. 22 mars 1978 : *Bull. civ. V, n° 234.* ♦ Il appartient à la victime de prouver que l'accident a eu lieu pendant le temps et sur le lieu du trajet, de simples affirmations étant insuffisantes. • Soc. 16 mars 1995, n° 93-11.462 P : *D. 1996. Somm. 41, obs. Prétot ; RJS 1995, n° 574 ; JCP E 1995. II. 696, note Saint-Jours.* ♦ En l'absence de témoignage direct sur l'accident, la preuve de l'accident de trajet peut résulter de la preuve de la lésion par des tiers peu de temps après l'accident présumé. • Soc. 8 juill. 1980 : *Bull. civ. V, n° 623.*

II. TERMES DU TRAJET

A. RÉSIDENCE DU SALARIÉ

1° RÉSIDENCE PRINCIPALE

4. Le trajet commence lorsque le salarié a quitté sa résidence, dépendances comprises, et se termine dès qu'il en franchit les limites. En conséquence, l'accident survenu alors que le salarié a regagné son domicile ne constitue pas un accident de trajet. • Civ. 2e, 9 déc. 2003, n° 02-30.676 P : *TPS 2004, n° 53 ; RJS 2004, n° 257 ; D. 2004. IR 248.* ♦ L'accident subi dans la résidence du salarié (escalier extérieur de son habitation) ne se trouve pas encore sur le trajet protégé reliant son domicile à son lieu de travail et ne peut être qualifié d'accident de trajet. • Soc. 18 déc. 1997, n° 96-12.360 P. ♦ De même pour un accident subi dans les dépendances de la résidence de la victime (garage). • Soc. 15 juin 1995, n° 92-16.853 P. ♦ De même • Soc. 31 janv. 1991, n° 88-19.934 P. ♦ Doit au contraire être qualifié d'accident du travail l'accident survenu dans une partie collective de la résidence où demeure le salarié : • Soc. 8 mai 1952 : *Bull. civ. V, n° 282.* ♦ Ne constitue pas un accident de trajet la chute du salarié faite après avoir regagné son domicile pour y prendre de l'argent afin de s'acquitter de la course du chauffeur de taxi. • Civ. 2e, 9 déc. 2003, n° 02-30.676 P : *D. 2004. 1553, obs. Prétot ; Dr. soc. 2004. 438, note Milet.*

2° RÉSIDENCE SECONDAIRE

5. Doit être considéré comme un accident de trajet l'accident survenu entre le travail et la résidence secondaire dès lors que le salarié rejoint régulièrement celle-ci, que ce soit en fin de semaine ou au moment des congés. • Soc. 17 juin 1965 : *Bull. civ. IV, n° 491* • 28 juin 1989 : *Bull. civ. IV, n° 487.* ♦ En revanche, la qualification d'accident de trajet est exclue : à l'égard d'un lieu de camping. • Soc. 5 mars 1954 : *Bull. civ. IV, n° 165.* ♦ ... Un lieu de vacances où le salarié s'est rendu trois années de suite. • Soc. 17 févr. 1963 : *Bull. civ. IV, n° 146.* ♦ ... Le domicile des parents où le salarié se rend régulièrement. • Soc. 5 juill. 1978 : *Bull. civ. IV, n° 565.* ♦ Une chambre où le salarié rejoint régulièrement une amie. • Soc. 3 janv. 1958 : *Bull. civ. IV, n° 23.*

3° AUTRE LIEU OÙ SE REND LE SALARIÉ DE FAÇON HABITUELLE POUR DES RAISONS D'ORDRE FAMILIAL

6. Le lieu où se rend le travailleur de façon habituelle pour des motifs d'ordre familial désigne un lieu de séjour d'ordre familial, assimilé à une résidence principale ou secondaire. Tel n'est pas le cas d'un jardin distinct du domicile où se rend le salarié. • Cass., ass. plén., 29 févr. 1968 : *Bull. ass. plén., n° 2 ; GADSS, n° 50 ; D. 1968. 409, note Dupeyroux.*

B. LIEU DE TRAVAIL

7. Le lieu de travail s'entend non seulement du poste de travail, mais encore des dépendances de l'établissement où est employé le salarié dès lors que l'employeur y exerce ses pouvoirs d'organisation, de contrôle et de surveillance. • Cass., ass. plén., 3 juill. 1987, nos 86-14.914 P et 86-14.917 P (parking de l'entreprise). ♦ Constitue au contraire un accident de trajet tout accident subi entre la résidence et le lieu de travail dans des conditions où le salarié n'est pas encore ou n'est plus soumis aux instructions de l'employeur. Tel est le cas de l'accident subi par un salarié, ramené chez lui par un collègue, à un moment où le salarié avait le choix de son mode de transport pour revenir chez lui et où il n'était plus soumis à l'autorité de l'employeur. • Cass., ass. plén., 5 nov. 1992, n° 89-17.472 P : *GADSS, n° 52 (1er arrêt) ; RDSS 1993. 324, obs. Vachet ; D. 1993. 272, obs. Prétot ; RJS 1993, n° 79.* ♦ ... L'accident subi alors que l'employeur raccompagnait ses employés pour leur rendre service en l'absence de transport en commun dès lors que son autorité ne s'exerce plus sur les salariés au moment de l'accident. • Même arrêt • Soc. 17 févr. 1994, n° 90-21.739 P.

C. LIEU DE REPAS

1° RESTAURANT, CANTINE, LIEU DE RESTAURATION

8. Le lieu où le salarié prend habituellement ses repas doit s'entendre non seulement de la cantine de l'entreprise, mais encore de tout établissement dans lequel la consommation sur place est autorisée. • Soc. 9 mars 1977 : *Bull. civ. V, n° 182* (charcutier-traiteur). ♦ Peut également être considéré comme un accident de trajet l'accident subi par le salarié alors qu'il était allé acheter des denrées avec des tickets restaurant en vue d'une consommation dans un réfectoire mis à disposition par l'entreprise. • Soc. 16 mars 1995, n° 93-10.479 P : *D. 1996. Somm. 41 ; RDSS 1995. 779, obs. Vachet.* ♦ Comp. l'accident survenu alors que le salarié allait acheter des denrées alimentaires en vue de les consommer dans une pièce aménagée à cet effet sur le lieu de travail ne peut être qualifié d'accident de trajet. • Soc. 3 oct. 1979 : *Bull. civ. V, n° 674* • 4 juin 1980 : *Bull. civ. V, n° 489* ♦ ... De même pour l'accident survenu en traversant la rue pour aller à l'épicerie voisine acheter des denrées en vue d'une consommation dans la cafétéria de l'entreprise. • Soc. 17 janv. 1971 : *Bull. civ. V, n° 26.*

2° AUTRE LIEU DE REPAS HABITUEL

9. Le lieu de repas habituel peut être : un jardin public où le salarié prend tous les jours les repas qu'il a préparés. • Soc. 8 nov. 1977 : *Bull. civ. V, n° 602.* ♦ ... Ou un café où le salarié consomme ses repas achetés dans une charcuterie. • Soc. 10 févr. 2004, n° 91-21.049 (inédit).

3° RELATIVITÉ DU CRITÈRE DE L'HABITUDE

10. Le caractère habituel du lieu de repas n'exige pas que le repas soit systématiquement pris au même endroit. • Soc. 5 mai 1970 : *Bull.*

civ. V, n° 312. ♦ De même, le fait de se rendre une ou deux fois par semaine dans le même lieu est vu comme suffisant pour que ce lieu soit considéré comme un lieu de repas habituel. • Soc. 9 mars 1977 : *Bull. civ. V, n° 182.*

4° LIEUX NON ASSIMILABLES À DES LIEUX DE REPAS

11. Ne peut être considéré comme un lieu de repas le lieu où sont pris des accessoires au repas (café). • Soc. 17 juin 1970 : *Bull. civ. V, n° 420.*

III. L'ITINÉRAIRE PROTÉGÉ

A. ITINÉRAIRE NORMAL

12. Notion d'itinéraire normal. L'accident n'est pris en charge que s'il est survenu dans un temps normal compte tenu de l'horaire de travail, du mode de transport utilisé et des difficultés de la circulation. • Soc. 5 déc. 1985 : *Bull. civ. V, n° 571.* ♦ V. aussi • Soc. 4 févr. 1987, n° 85-13.059 • Soc. 11 oct. 1990, n° 88-20.372 P.

13. Critère de temps : avance et retards. Ne peut recevoir la qualification d'accident de trajet l'accident survenu au cours du trajet fait avec une avance excessive (avance de 2 h 30 pour un trajet d'une durée normale d'une heure). • Soc. 18 déc. 1972 : *Bull. civ. V, n° 703.* ♦ De même, un retour au travail plus de cinquante minutes après la cessation du travail en raison d'une conversation avec un collègue exclut la qualification d'accident de trajet. • Soc. 17 mai 1972 : *Bull. civ. V, n° 365.* ♦ Comp. • Soc. 30 nov. 1977 : *D. 1978. IR 61 ; Bull. civ. V, n° 666.* ♦ Mais le départ en avance du domicile dans un souci de ponctualité au travail ne peut exclure la qualification d'accident de trajet. • Soc. 29 juin 1989 : *D. 1990. 85, note Saint-Jours ; JCP 1995, n° 28, p. 284.* ♦ De même, un accident subi à la suite d'une réunion syndicale organisée immédiatement après la sortie du travail dans les conditions prévues par l'art. L. 412-10 (anc.) C. trav. peut être considéré comme un accident du travail, même si le salarié n'était pas syndiqué. • Soc. 21 mars 1996, n° 93-16.070 P : *RJS 5/96, n° 603 ; D. 1997. 79, note Saint-Jours ; Dr. soc. 1996. 509, obs. P. Lyon-Caen .* ♦ Cependant cette qualification est exclue pour le salarié qui se rend chez un collègue pour discuter de questions syndicales. • Soc. 23 mai 1975 : *Bull. civ. V, n° 276.* ♦ Le retard lié à une réunion amicale organisée par les membres de l'équipe ne saurait exclure la prise en charge au titre des accidents de trajet. • Soc. 14 févr. 1980 : *Bull. civ. V, n° 152.*

14. Motifs professionnels du trajet. L'accident pris en charge au titre de la législation sur les accidents du travail doit se produire sur le parcours effectué pour les besoins du travail qui va ou vient de s'accomplir. • Soc. 25 mai 1972 : *Dr. soc. 1972. 536, obs. Saint-Jours.* ♦ L'accident survenu alors que le salarié se rendait à l'entreprise pour percevoir sa rémunération en dehors de son horaire personnel de travail ne peut être qualifié d'accident de trajet. • Soc. 25 mai 1972 : *Bull. civ. V, n° 385.* ♦ De même pour l'accident intervenu sur le parcours entre le domicile et le lieu de travail alors que le salarié est en congé. • Soc. 17 mars 1970 : *Bull. civ. V, n° 205.* ♦ ... Ou en congé maladie ou maternité. • Soc. 28 juin 1989 : *Bull. civ. V, n° 484 ; D. 1990. 85, note Saint-Jours .* ♦ ... Ou mis à pied. • Soc. 4 oct. 1979 : *Bull. civ. V, n° 698.*

B. INTERRUPTIONS ET DÉTOURS

15. L'accident de trajet pris en charge au titre de la législation sur les accidents du travail exige que le salarié emprunte, sinon le trajet le plus direct, du moins un itinéraire normal. • Soc. 3 déc. 1981 : *Bull. civ. V, n° 941.* ♦ Le salarié peut toutefois choisir un itinéraire plus long dans le but d'éviter des embouteillages. • Soc. 4 févr. 1987, n° 86-13.059. ♦ Le trajet emprunté doit en ce cas pouvoir être considéré comme normal. • Soc. 4 juill. 1958 : *Bull. civ. V, n° 869.*

16. Interruptions du parcours. L'accident survenu au cours d'une interruption, même justifiée par les nécessités de la vie courante, ne peut constituer un accident de trajet. • Cass., ass. plén., 29 févr. 1968 : *Bull. ass. plén., n° 1 ; D. 1968. 409, obs. Dupeyroux* • Soc. 11 oct. 1990, n° 88-20.372 P. ♦ Exemples : chute dans une boulangerie. • Soc. 10 oct. 1963 : *Bull. civ. V, n° 684* ♦ ... Chute dans une station-service. • Soc. 26 avr. 1990, n° 87-14.064 (inédit). ♦ ... Chute dans l'escalier d'un masseur-kinésithérapeute. • Soc. 8 oct. 1986 : *Bull. civ. V, n° 485.* ♦ De même, le détournement du parcours dans un sens opposé à l'itinéraire normal, même pour un motif lié aux nécessités de la vie courante ne peut recevoir la qualification d'accident de trajet. • Soc. 31 janv. 1991, n° 88-20.379 (inédit).

17. Détours liés aux nécessités essentielles de la vie courante. Les accidents survenus au cours des détours liés aux nécessités essentielles de la vie courante peuvent être pris en charge au titre des accidents de trajet. Peuvent ainsi être justifiés : les détours liés à l'acquisition de biens et services dans une finalité domestique. • Soc. 25 févr. 1985 : *Bull. civ. V, n° 134* • Soc. 15 févr. 1962 : *Bull. civ. IV, n° 201* (boulangerie) • Soc. 5 juill. 1966 : *Bull. civ. IV, n° 685* (pharmacie) • 19 janv. 1978 : *Bull. civ. V, n° 57* (kiosque à journaux) • 13 oct. 1966 : *Bull. civ. V, n° 785* (coiffeur) • Soc. 26 oct. 1972 : *Bull. civ. V, n° 582* (retrait d'argent dans une banque ou un établissement postal) • Soc. 28 oct. 1975 : *Bull. civ. V, n° 582* (dépôt de courrier à la poste) • Soc. 12 oct. 1995, n° 93-21.225 P : *RJS 1995, n° 1179* (achat d'aliments en vue d'une pause). ♦ ... Les détours liés à l'accomplissement de démarches administratives. • Soc. 18 nov. 1993 (dépôt de déclaration fiscale) • Soc. 16 mai 1961 : *Bull. civ. IV, n° 534* (caisse de sécurité sociale). ♦ ... Les détours justifiés par des besoins médicaux ou paramédicaux. • Soc. 5 juill. 1966 : *Bull. civ. IV, n° 685* (prise de rendez-vous chez un médecin) • Soc. 28 juin 1989 : ♔ *Bull. civ. V, n° 480* (analyses médicales) • Soc. 19 mars 1986 : *Bull. civ. V, n° 104* (séance de kinésithérapie). ♦ ... Les détours résultant des nécessités de la vie familiale. • Cass., ass. plén., 13 oct. 1985 : *Bull. civ., n° 11* (dépôt des enfants chez la gardienne) • Soc. 13 oct. 1994 : *Dr. soc. 1995. 95, concl. Chauvy, note Dupeyroux* ✎ ; *JCP E 1995. II. 688, note Saint-Jours* (sortie d'école maternelle) • Soc. 16 mars 1995, ♔ n° 92-21.324 P : *D. 1996. 41, obs. Prétot* ✎ (accompagnement du conjoint à son travail).

18. *Détours liés à l'emploi.* Constitue un détour lié à l'emploi du salarié, pris en charge au titre des accidents du travail, le détour motivé par le besoin de prendre une douche dans un jardin non attenant à la résidence du salarié après un travail particulièrement salissant. • Cass., ch. réun., 27 avr. 1956 : *Bull. jur. UCANSS 55-29.* ♦ De même le détour justifié par un besoin immédiat de soins à la suite d'un accident du travail malgré un bref passage au domicile pour appeler son conjoint. • Soc. 29 juin 1967 : *Bull. civ. IV, n° 533.* ♦ De même, le détour motivé par : la nécessité d'aller chercher une robe pour une cérémonie professionnelle. • Soc. 3 juin 1970 : *Bull. civ. V, n° 377.* ♦ ... Le dépôt de collègues de travail se regroupant pour aller au travail et en revenir. • Soc. 8 janv. 1975 : *Bull. civ. V, n° 3.* ♦ A l'inverse, ne peut être considéré comme un détour lié à l'emploi le dépôt, par des représentants du personnel, d'une pétition dénonçant la politique gouvernementale auprès d'une organisation patronale. • Soc. 28 avr. 1986 : *D. 1986. IR 374.*

19. *Actes de dévouement.* L'accident subi au cours d'un détour justifié par le respect de l'obligation légale de porter secours à une personne en péril peut constituer un accident de trajet. • Soc. 17 oct. 1973 : *Bull. civ. V, n° 488.*

20. *Détours et interruptions dictés par l'intérêt personnel.* A l'inverse, les accidents subis au cours des détours faits pour des convenances personnelles ne peuvent être qualifiés d'accident de trajet. • Soc. 21 févr. 1980 : *Bull. civ. V, p. 137* (pause-café) ♦ De même, le détour motivé par le souhait de retirer un certificat de travail chez un précédent employeur. • Soc. 12 nov. 1953 : *Bull. civ. IV, n° 710.*

CHAPITRE II CHAMP D'APPLICATION — DISPOSITIONS APPLICABLES AUX SALARIÉS LIÉS PAR UN CONTRAT DE TRAVAIL TEMPORAIRE ET À DIVERSES AUTRES CATÉGORIES DE BÉNÉFICIAIRES

SECTION PREMIÈRE DISPOSITIONS GÉNÉRALES RELATIVES AU CHAMP D'APPLICATION

Art. L. 412-1 **Les dispositions du présent livre sont applicables sous réserve de celles de l'article L. 413-12 à la prévention ainsi qu'à la réparation des accidents du travail survenus et des maladies professionnelles constatées après le 31 décembre 1946 dans les professions autres que les professions agricoles.**

Art. L. 412-2 **Bénéficient notamment des dispositions du présent livre, même si elles ne sont pas occupées dans l'établissement de l'employeur ou chef d'entreprise, même si elles possèdent tout ou partie de l'outillage nécessaire à leur travail, les personnes mentionnées** *(L. n° 93-121 du 27 janv. 1993, art. 3-IV)* **« à l'article L. 311-3. Toutefois, les personnes mentionnées aux 10° et 17° dudit article n'en bénéficient que dans les conditions fixées par décret en Conseil d'État ».**

L'employeur au sens du présent livre est celui qui est désigné au livre III. — *V. art. R. 412-12 s., R. 412-16 s. : personnes agréées accueillant des enfants ou des personnes âgées ou handicapées à domicile.*

1. *Travailleurs à domicile.* Sont entre autres concernés par l'art. L. 311-3 CSS les travailleurs à domicile répondant à la définition de l'art. L. 721-1 C. trav. sans qu'il soit utile de rechercher l'existence d'un lien de subordination. • Soc. 14 déc. 1983 : *Bull. civ. V, n° 620.*

2. Ainsi en relèvent les dessinateurs à domicile réalisant à domicile en contrepartie d'une rémunération forfaitaire versée par une société éditrice de revue donneuse d'ouvrage qui leur commande parmi les jeux types de dessins présentés ceux qu'elle a choisis et sous les conditions de format, de délais et de contrôle à la livraison imposées par elle. • Soc. 17 mai 1978 : *Bull. civ. V, n° 362.* – V. aussi • Soc. 9 mars 1983 : *Bull. civ. V, n° 135.* ♦ Dès lors que le contrat de travail impose au travailleur à domicile d'effectuer le transport de la marchandise depuis l'entreprise jusqu'à son domicile, l'accident survenu au cours de ce transport est un accident de travail. • Soc. 18 janv. 1995, ♔ n° 91-42.161 P. ♦ A l'inverse, ne rentre pas dans le champ d'application de l'art.

L. 311-3 CSS le dessinateur de bande dessinée qui a cédé son droit de reproduction d'une œuvre déjà effectuée et non le produit d'un travail réalisé sur commande à domicile. • Soc. 8 nov. 1979 : *Bull. civ. V, n° 832.*

3. Relèvent encore de l'art. L. 311-3 CSS : ... les dactylographes à domicile. • Soc. 6 mai 1981 : *Bull. civ. V, n° 378.* ♦ ... Les correcteurs de devoirs à domicile. • Soc. 23 nov. 1988 : *Bull. civ. V, n° 620.* ♦ ... Les traducteurs à domicile. • Soc. 30 juin 1981 : *Bull. civ. V, n° 509.* ♦ ... Les travailleurs à domicile de maison d'édition. • Soc. 11 mars 1979 : *Bull. civ. V, n° 721.*

4. VRP. Les voyageurs et représentants de commerce relèvent de l'art. L. 311-3 CSS. • Soc. 21 juill. 1986 : *Bull. civ. V, n° 425* • 18 févr. 1966 : *D. 1966. 339.* ♦ Est un accident du travail l'accident survenu à un VRP un samedi à son domicile en déchargeant de lourdes valises d'échantillons de son véhicule dès lors qu'il résulte des déclarations de l'employeur que le salarié doit, en fin de semaine, procéder à un certain nombre de travaux qui nécessitent d'avoir en main la collection sur laquelle il opère, ce qui implique que son activité professionnelle se poursuit alors à son domicile et que l'accident allégué a donné lieu à des constatations médicales immédiates. • Soc. 9 mars 1995, n° 1147 D.

5. Mandataires. Relèvent également de l'art. L. 311-3 CSS les mandataires non assujettis à la taxe professionnelle des sociétés d'assurance. • Soc. 23 mai 1991, n° 88-20.105 P.

6. Gérants. Même solution pour les gérants libres de station-service. • Soc. 26 févr. 1981 : *Bull. civ. V, n° 170.* ♦ *Contra,* en raison de l'indépendance du gérant : • Soc. 16 févr. 1983 : *Bull. civ. V, n° 89.*

7. Artistes. Même solution pour les artistes de spectacles. • Soc. 9 mars 1967 : *Bull. civ. V, n° 237.*

8. Journalistes. Même solution pour les journalistes professionnels pigistes. • Soc. 14 nov. 1991, n° 89-15.267 P • 1er févr. 1995, n° 91-42.789 P.

SECTION II **DISPOSITIONS APPLICABLES AUX SALARIÉS LIÉS PAR UN CONTRAT DE TRAVAIL TEMPORAIRE**

Art. L. 412-3 Pour l'application aux entreprises de travail temporaire des dispositions de l'article L. 242-7, il est tenu compte des mesures de prévention ou de soins et des risques exceptionnels qui caractérisent les entreprises utilisatrices recourant aux services desdites entreprises de travail temporaire.

Les dispositions du présent article ne font pas obstacle à une action en remboursement de l'entreprise de travail temporaire contre l'entreprise utilisatrice, ou, inversement, de celle-ci contre l'entreprise de travail temporaire, en cas d'imposition d'une cotisation supplémentaire ou d'octroi d'une ristourne.

1. Alors même qu'une société de travail temporaire n'a aucun accès aux chantiers de l'entreprise utilisatrice et n'est pas en mesure d'imposer à celle-ci des mesures de prévention, elle peut se voir réclamer les cotisations supplémentaires dues au titre des risques afférents à ce chantier sauf à agir en remboursement contre l'employeur responsable. • Soc. 8 juill. 1987 : *Bull. civ. V, n° 452.*

2. Déboute à bon droit une entreprise de son action en remboursement des cotisations supplémentaires d'accident du travail acquittées en raison de l'accident mortel survenu à son salarié mis à la disposition d'une entreprise travaillant sur un chantier de démolition la cour d'appel relevant, d'une part, que cette société n'était pas une entreprise de travail temporaire et que son P-DG a mis son salarié à la disposition d'un utilisateur à l'occasion d'une location de matériel qu'il a personnellement conclue, d'autre part, selon le procès-verbal d'ouverture du chantier, que le maître d'œuvre de ce chantier était le contremaître d'une troisième société et que l'entreprise utilisatrice est intervenue en relation constante avec les surveillants de travaux de cette société. La cour d'appel fait ainsi ressortir que cette dernière entreprise a conservé sur les ouvrages et installations de chantier les pouvoirs d'usage, de direction et de contrôle qui caractérisent la garde et qu'en outre le prêt de main-d'œuvre ne constitue pour l'entreprise demanderesse qu'une opération accessoire n'entrant pas dans les prévisions de l'art. L. 412-3 CSS. • Soc. 26 févr. 1998 : *RJS 1998, n° 519.*

Art. L. 412-4 Sans préjudice des obligations qui lui incombent à l'égard de son employeur en exécution des dispositions de l'article L. 441-1, la victime d'un accident du travail doit en informer ou en faire informer l'utilisateur. — *V. art. R. 412-1.*

L'utilisateur doit déclarer à l'entreprise de travail temporaire tout accident dont il a eu connaissance et dont a été victime un salarié mis à sa disposition par cette entreprise. — *V. art. R. 412-2.*

Pour l'application de la présente section, est considéré *[sont considérés]* comme lieu de travail au sens de l'article L. 411-2, tant le ou les lieux où s'effectue la mission que le siège de l'entreprise de travail temporaire.

Art. L. 412-5 Le recours ouvert, par le deuxième alinéa de l'article L. 471-1 du présent code, à la caisse primaire d'assurance maladie peut également être dirigé contre l'utilisateur dans le cas où ce dernier a contrevenu à l'obligation mise à sa charge par le deuxième alinéa de l'article L. 412-4.

Art. L. 412-6 Pour l'application des articles L. 452-1 à L. 452-4, l'utilisateur, le chef de l'entreprise utilisatrice ou ceux qu'ils se sont substitués dans la direction sont regardés comme substitués dans la direction, au sens desdits articles, à l'employeur. Ce dernier demeure tenu des obligations prévues audit article sans préjudice de l'action en remboursement qu'il peut exercer contre l'auteur de la faute inexcusable.

1. Substitution dans la direction. Est considérée comme substituée à l'employeur toute personne que l'entreprise utilisatrice se substitue dans la direction du salarié. Les juges du fond ne sauraient en conséquence écarter la responsabilité de l'employeur au motif que l'entreprise utilisatrice s'est substitué un tiers dans la direction effective du salarié temporaire. • Civ. 2e, 19 sept. 2013 : *D. actu. 17 oct. 2013, obs. Fraisse ; RJS 12/2013, n° 862.*

2. Présomption de faute inexcusable. La faute inexcusable est présumée établie pour les salariés mis à la disposition d'une entreprise utilisatrice de travail temporaire victimes d'un accident du travail alors qu'affectés à des postes de travail présentant des risques particuliers pour leur sécurité ; ils n'ont pas bénéficié d'une formation à la sécurité renforcée ni d'un accueil et d'une information adaptés dans l'entreprise dans laquelle ils sont occupés. • Civ. 2e, 21 juin 2006, n° 04-30.665 P : *D. 2006. IR 227 ; JS Lamy 2006, 194-8 ; JCP S 2006. 1677, note Vachet ; RJS 2006, n° 1135.* ♦ Cette présomption doit être écartée lorsque l'entreprise s'est impliquée dans la mise en œuvre de mesures de sécurité et que le salarié a reçu une formation dans le cadre du plan de formation de l'entreprise. • Civ. 2e, 24 mai 2007, n° 05-21.355 P : *RJS 2007. Chron. 81 ; JCP S 2007. 1810, obs. Bousez.*

3. Charge des indemnisations complémentaires en cas de faute inexcusable. Il résulte de la combinaison des art. L. 412-6 et L. 452-3 qu'en cas d'accident survenu à un travailleur intérimaire et imputable à une faute inexcusable de l'entreprise utilisatrice, c'est l'entreprise de travail temporaire employeur de la victime qui est seule tenue envers la Caisse d'assurance maladie du remboursement des indemnisations complémentaires prévues par la loi, ce qui exclut une condamnation solidaire des deux entreprises. • Soc. 18 juin 1986 : *Bull. civ. V, n° 313* • 20 févr. 1992, n° 90-13.599 P : *RJS 1992, n° 521 ; RDSS 1992. 675, obs. Vachet.* ♦ V. pour le rejet d'une condamnation *in solidum* de l'entreprise de travail temporaire et de l'entreprise utilisatrice : • Civ. 2e, 20 sept. 2006, *Sté Sofitec c/ Benaicha : JCP E 2006. 2527 ; JCP S 2007. 1886, obs. Tauran.* ♦ L'entreprise de travail temporaire, lorsque les circonstances de l'accident ne sont pas déterminées, ne s'exonère pas pour autant de la présomption de faute inexcusable mise à sa charge par l'art. L. 213-8 C. trav. • Soc. 4 avr. 1996, n° 94-11.319 P : *D. 1996. IR 117.* ♦ L'entreprise de travail temporaire, employeur du salarié, est seule tenue des conséquences financières de l'accident, peu important l'éventuelle implication d'un véhicule terrestre à moteur dans la réalisation de l'accident. • Civ 2e, 24 mai 2007, n° 05-21355 P : *D. 2007. 1729.*

4. Action récursoire de l'entreprise de travail temporaire. En cas d'accident du travail survenu à un travailleur intérimaire et imputable à la faute inexcusable de l'entreprise utilisatrice, l'entreprise de travail temporaire employeur est seule tenue envers l'organisme social du remboursement des indemnités complémentaires prévues par la loi. Elle dispose toutefois d'une action récursoire contre l'entreprise utilisatrice auteur de la faute inexcusable. • Civ. 2e, 21 juin 2006 : *préc. note 1.* ♦ En l'absence de faute de l'employeur dans la survenance de l'accident, imputable entièrement à la faute inexcusable de l'entreprise utilisatrice qui avait affecté le salarié à une tâche autre que celle à laquelle il avait été mis à disposition, l'entreprise utilisatrice doit relever et garantir l'employeur des conséquences financières résultant de la faute inexcusable, tant en ce qui concerne la réparation complémentaire versée à la victime que le coût de l'accident du travail. • Civ. 2e, 12 mars 2009, n° 08-11.735 P : *D. 2009. 1024 ; D. actu. 31 mars 2009, obs. Lavric ; RJS 2009, n° 589 ; JCP S 2009. AJ 1234, note Vachet.* ♦ En cas d'action récursoire portée contre l'entreprise utilisatrice exclusive de toute question de détermination du taux des cotisations ou de la tarification applicable, la mise en cause de la caisse régionale d'assurance maladie n'est pas nécessaire. • Même arrêt.

Art. L. 412-7 Pour l'application de l'article L. 452-5 lorsque l'accident du travail a eu pour cause une faute intentionnelle de l'utilisateur, du chef de l'entreprise utilisatrice ou de l'un de leurs préposés, ceux-ci sont substitués à l'employeur ou aux préposés de celui-ci.

SECTION III **DISPOSITIONS APPLICABLES À DIVERSES CATÉGORIES DE BÉNÉFICIAIRES**

Art. L. 412-8 Outre les personnes mentionnées à l'article L. 412-2, bénéficient également des dispositions du présent livre, sous réserve des prescriptions spéciales du décret en Conseil d'État :

1° Les délégués à la sécurité des ouvriers mineurs pour les accidents survenus par le fait ou à l'occasion de leur service *[art. R. 412-3]* ;

2° *a.* les étudiants ou les élèves des établissements d'enseignement technique pour les accidents survenus au cours de cet enseignement ainsi que par le fait ou à l'occasion des stages auxquels il donne lieu *[art. R. 412-4, D. 412-3]* ; les écoles et les cours d'enseignement commercial donnant à des élèves réguliers ou intermittents un enseignement complémentaire et de perfectionnement tel que : commerce, sténographie, sténotypie, mécanographie, dactylographie, français commercial, correspondance commerciale, droit commercial, comptabilité, publicité, langues étrangères et autres enseignements de nature intellectuelle sont en dehors du champ d'application du présent livre ;

b. les élèves des établissements d'enseignement secondaire ou d'enseignement spécialisé et les étudiants autres que ceux qui sont mentionnés au *a* ci-dessus *[V. art. D. 412-4]* pour les accidents survenus au cours d'enseignements dispensés en ateliers ou en laboratoires ainsi que par le fait ou à l'occasion des stages effectués dans le cadre de leur scolarité ou de leurs études ;

c. les personnes effectuant des stages de formation professionnelle continue *[V. art. R. 412-5 et R. 412-5-1]* conformément aux dispositions du livre IX *[Partie VI nouv.]* du code du travail, pour les accidents survenus par le fait ou à l'occasion de cette formation *(L. n° 91-1405 du 31 déc. 1991, art. 26)* « y compris si cette formation est effectuée par des salariés en partie hors du temps de travail dans les conditions fixées par *(L. n° 2002-73 du 17 janv. 2002, art. 201)* « les articles L. 932-1 *[L. 6321-2 s., L. 6331-5, L. 6331-26, R. 6321-4, D. 6321-5 et D. 6321-8 nouv.]* et L. 932-2 *[abrogé]* » du code du travail » ;

d. les bénéficiaires des allocations mentionnées au 4° du deuxième alinéa de l'article L. 322-4 *[L. 5123-2 nouv.]* du code du travail pour les accidents survenus par le fait ou à l'occasion des actions favorisant leur reclassement *[V. art. R. 412-5-1]* ;

e. (L. n° 86-1320 du 30 déc. 1986, art. 17-IV) « les bénéficiaires des allocations versées au titre de l'article *(L. n° 2011-893 du 28 juill. 2011, art. 44-II-1°)* « L. 1233-68 » du code du travail pour les accidents survenus par le fait ou à l'occasion des actions favorisant leur » *(L. n° 2005-32 du 18 janv. 2005, art. 74-III)* « reclassement » ; – *Les dispositions issues de la L. n° 2011-893 du 28 juill. 2011 ne s'appliquent pas à Mayotte (L. préc., art. 44-VI).*

(L. n° 2006-396 du 31 mars 2006, art. 10-II) « *f.* Les personnes, non mentionnées aux *a* et *b*, qui effectuent, dans un organisme public ou privé, un stage d'initiation, de formation ou de complément de formation professionnelle ne faisant pas l'objet d'un contrat de travail et n'entrant pas dans le cadre de la formation professionnelle continue telle que définie par le livre IX *[Partie VI nouv.]* du code du travail ; »

3° Les personnes accomplissant un stage de réadaptation fonctionnelle ou de rééducation professionnelle dans les conditions prévues par le présent code, *(L. n° 2008-1330 du 17 déc. 2008, art. 100-I)* « les victimes menant des actions de formation professionnelle ou d'autres actions d'évaluation, d'accompagnement, d'information et de conseil dans les conditions prévues au quatrième alinéa de l'article L. 433-1, » les assurés sociaux bénéficiaires de l'article L. 324-1 ou titulaires d'une pension d'invalidité en vertu du chapitre Ier du titre IV du livre III et les personnes autres que celles appartenant aux catégories ci-dessus et qui, en vertu d'un texte législatif ou réglementaire, effectuent un stage de rééducation professionnelle dans les écoles administrées par l'office national des anciens combattants et victimes de la guerre, pour les accidents survenus par le fait ou à l'occasion de la réadaptation ou de la rééducation *[art. R. 412-6 à R. 412-11]* ;

4° Les pupilles de l'éducation surveillée, pour les accidents survenus par le fait ou à l'occasion d'un travail commandé, dans les conditions déterminées par un décret *[art. D. 412-1, D. 412-7 à D. 412-35]* ;

5° *(L. n° 2004-204 du 9 mars 2004, art. 71-III)* « Les détenus exécutant un travail pénal, les condamnés exécutant un travail d'intérêt général et les personnes effectuant un travail non rémunéré dans le cadre d'une composition pénale pour les accidents survenus par le fait ou à l'occasion de ce travail, dans les conditions déterminées par décret ; »

6° Les personnes qui participent bénévolement au fonctionnement d'organismes à objet social créés en vertu ou pour l'application d'un texte législatif ou réglementaire, dans la mesure où elles ne bénéficient pas à un autre titre des dispositions du présent livre. Un décret *[art. D. 412-78 à D. 412-81]* détermine la nature des organismes mentionnés par la présente disposition ; il peut en établir la liste *[V. Arr. du 24 déc. 1992 (JO 30 déc.), complété par Arr. du 17 févr. 1993 (JO 23 févr.) et Arr. du 2 nov. 1995 (JO 11 nov.)]* ;

7° Les salariés désignés, en application des articles *(L. n° 2016-1088 du 8 août 2016, art. 9-IV)* « **L. 3142-42** à **L. 3142-47** » du code du travail, pour siéger dans une commission, un conseil ou un comité administratifs ou paritaires, pour les accidents survenus par le fait ou à l'occasion de leurs missions dans les conditions définies par décret *[art. D. 412-82 à D. 412-85] [V. Arr. du 24 déc. 1992, préc.]* ;

8° Les personnes mentionnées à l'article 2 du décret-loi du 17 juin 1938 relatif à la réorganisation et à l'unification du régime d'assurance des marins pour *(L. n° 2013-1203 du 23 déc. 2013, art. 70)* « l'indemnisation des accidents du travail et des maladies professionnelles imputables à une faute inexcusable de l'employeur. Un décret détermine les conditions d'application du présent 8° ; » — *Sur la conformité de cet al. à la Constitution, V. Cons. const. 6 mai 2011, n° 2011-127 QPC (JO 7 mai).*

9° *(L. n° 85-1409 du 30 déc. 1985, art. 12)* « Les salariés accomplissant un stage de formation dans les conditions prévues par les articles **L. 4523-10** et **L. 4614-14** à **L. 4614-16**, **L. 2325-44** et **R. 2325-8** et **L. 2145-1**, et *(L. n° 2016-1088 du 8 août 2016, art. 9-IV)* « et **L. 2145-5** à **L. 2145-9** » du code du travail, pour les accidents survenus par le fait ou à l'occasion de cette formation » ;

(L. n° 2008-1249 du 1er déc. 2008, en vigueur le 1er juin 2009) « 10° Les bénéficiaires du *(L. n° 2015-994 du 17 août 2015, art. 59-IV-4°, en vigueur le 1er janv. 2016)* « revenu de solidarité active mentionné à l'article **L. 262-1** » du code de l'action sociale et des familles, pour les accidents survenus par le fait ou à l'occasion des actions favorisant leur insertion, dans des conditions déterminées par décret ; »

(L. n° 2014-288 du 5 mars 2014, art. 20-VI) « 11° Les bénéficiaires d'actions d'aide à la création d'entreprise ou d'actions d'orientation, d'évaluation ou d'accompagnement dans la recherche d'emploi dispensées ou prescrites par Pôle emploi ou par les organismes mentionnés aux 2°, 3° et 5° de l'article **L. 5135-2** du code du travail, au titre des accidents survenus par le fait ou à l'occasion de leur participation à ces actions ; »

12° *(L. n° 91-772 du 7 août 1991, art. 2)* « Les salariés désignés, dans les conditions définies aux articles **L. 3142-51** à *(L. n° 2016-1088 du 8 août 2016, art. 9-IV)* « **L. 3142-66** » du code du travail, pour siéger dans une instance instituée par une disposition législative ou réglementaire auprès d'une autorité de l'État pour les accidents survenus par le fait ou à l'occasion de leurs missions *(L. n° 2016-1088 du 8 août 2016, art. 28-III)* « ainsi que les délégués syndicaux, pour les accidents survenus dans le cadre de leurs missions prévues à l'article **L. 2143-16-1** du code du travail, » dans la mesure où ils ne bénéficient pas à un autre titre des dispositions du présent article » *[V. art. D. 412-95 à D. 412-97 et Arr. du 24 déc. 1992, préc.]* ;

(L. n° 2010-241 du 10 mars 2010, art. 19) « 13° Les personnes ayant souscrit un service civique dans les conditions prévues aux titres Ier *bis* et II du livre Ier du code du service national ; » — *Les dispositions issues de la L. n° 2010-241 du 10 mars 2010 entrent en vigueur au plus tard le 1er juill. 2010 (L. préc., art. 23).*

(L. n° 2003-721 du 1er août 2003, art. 21-IV) « 14° Dans des conditions fixées par décret, les personnes bénéficiaires d'un appui à la création ou à la reprise d'une activité économique au titre de l'article **L. 127-1** du code de commerce » ;

(L. n° 2008-776 du 4 août 2008, art. 69-IV, en vigueur le 1er janv. 2009) « 14° *bis* Les personnes mentionnées au 2 de l'article 200 *octies* du code général des impôts ; »

(Ord. n° 2005-883 du 2 août 2005, art. 3) « 15° Les volontaires pour l'insertion mentionnés à l'article **L. 130-4** du code du service national » ;

(L. n° 2012-1404 du 17 déc. 2012, art. 18-I-3°) « **16° Les titulaires de mandats locaux ;** »

(L. n° 2014-856 du 31 juill. 2014, art. 48 II-2°) « **17° Les entrepreneurs salariés et les entrepreneurs salariés associés mentionnés aux articles L. 7331-2 et L. 7331-3 du code du travail, dans des conditions définies par décret** » ;

(L. n° 2015-1541 du 27 nov. 2015, art. 11-1°) « **18° Les personnes inscrites en tant que sportif de haut niveau sur la liste mentionnée au premier alinéa de l'article L. 221-2 du code du sport pour les accidents et maladies professionnelles survenus par le fait ou à l'occasion de leur activité sportive, dans la mesure où elles ne bénéficient pas, pour ces accidents et maladies professionnelles, des dispositions du présent livre, dans des conditions fixées par décret** » ;

(L. n° 2015-1702 du 21 déc. 2015, art. 74-II-2°) « **19° Les bénéficiaires de mises en situation dans les établissements et services définis au *a* du 5° du I de l'article L. 312-1 du code de l'action sociale et des familles prescrites par les maisons départementales des personnes handicapées, par les organismes assurant des services d'évaluation ou d'accompagnement des besoins des personnes handicapées mentionnés au sixième alinéa de l'article L. 146-3 du même code ou par des organismes accompagnant des mises en situation ayant passé une convention avec la maison départementale des personnes handicapées leur ouvrant la possibilité de prescrire ces mises en situation, au titre des accidents survenus par le fait ou à l'occasion de leur participation à ces mises en situation.** »

(L. n° 2006-396 du 31 mars 2006, art. 10) « **Les dispositions de l'article L. 434-1 du présent code ne sont pas applicables aux personnes mentionnées aux *a*, *b* et *f* du 2°.** »

Un décret *[art. D. 412-2 à D. 412-6]* **précise, en tant que de besoin, les catégories d'élèves, d'étudiants et de stages ainsi que la nature des établissements mentionnés aux *a* et *b* du 2° ci-dessus.**

En ce qui concerne les personnes mentionnées aux 1°, 2° et 3° du présent article et non assujetties aux assurances sociales en vertu du livre III, *(L. n° 2000-242 du 14 mars 2000, art. 19)* « **ainsi que les personnes mentionnées au 13°** » *(Ord. n° 2005-883 du 2 août 2005, art. 3)* « **et les personnes mentionnées au 15°** », **le décret en Conseil d'État et, pour les personnes mentionnées** *(L. n° 88-1088 du 1er déc. 1988, art. 47-III ; L. n° 91-772 du 7 août 1991, art. 2)* « **aux 4°, 5°, 6°, 7°, 9°, 10°, 11°** *(L. n° 2005-882 du 2 août 2005, art. 24-II ; L. n° 2012-1404 du 17 déc. 2012, art. 18-I-3°)* « **, 12°,** *(L. n° 2014-856 du 31 juill. 2014, art. 48-II-2° ; L. n° 2015-1541 du 27 nov. 2015, art. 11-2°)* « **15°, 16°, 17°** » *(L. n° 2015-1702 du 21 déc. 2015, art. 74-II-2°)* « **, 18° et 19°** », **des décrets prévus par ceux-ci, déterminent à qui incombent les obligations de l'employeur. Pour les personnes qui ne sont pas rémunérées ou ne reçoivent pas une rémunération normale, ils fixent les bases des cotisations et celles des indemnités.**

1° ÉTUDIANTS STAGIAIRES *(art. L. 412-8-2°)*

1. *Accidents pris en charge.* L'art. L. 412-8-2°, doit être étendu à tous les accidents survenus dans les établissements qui dispensent l'enseignement technique sans qu'il y ait lieu de le limiter aux cours proprement dits. • Soc. 20 déc. 1990, ☎ n° 89-10.402 P : *D. 1991. Somm. 341, obs. Prétot* ✐. ♦ L'accident survenu à un élève d'établissement d'enseignement technique au cours d'une sortie en montagne qui était une activité périscolaire facultative, abusivement qualifiée de stage, ne peut être pris en charge en tant qu'accident du travail au titre de l'art. L. 412-8-2°. • Crim. 27 janv. 1993, ☎ n° 92-80.175 P : *RJS 1993, n° 438 ; RDSS 1993. 539, note Kessler* ✐. ♦ La législation sur les vaccinations obligatoires ne fait pas obstacle à l'action afférente à un accident du travail. • Civ. 2e, 22 mars 2005, ☎ n° 03-30.551 P : *TPS 2005, n° 182 ; D. 2005. IR 984 ; JS Lamy 2005, n° 166-5 ; RJS 2005, n° 667.*

2. *Accidents de trajet.* Il résulte de l'application conjointe des art. L. 411-2 et L. 412-8-2° qu'il y a lieu de considérer qu'un stagiaire est bien couvert au titre des accidents du travail pour un accident survenu sur le parcours direct entre le lieu de travail et l'établissement d'enseignement, peu important qu'il y ait eu passage préalable de l'intéressé au lieu de son travail. • Soc. 5 oct. 1989 : ☎ *Bull. civ. V, n° 570.*

3. *Interdiction des recours entre copréposés.* Les élèves de l'enseignement technique doivent être assimilés à des préposés ; de telle sorte que les règles de la réparation forfaitaire édictées par les art. L. 451-1 et L. 454-1, qui excluent en principe tout recours selon le droit commun entre copréposés, leur sont applicables en l'absence de dérogation spéciale. • Soc. 26 nov. 1992 : *RJS 1993, n° 195.* ♦ V. de même • Soc. 25 juin 1992, ☎ n° 90-15.337 P : *D. 1992. IR 205 ; RD rur. 2006. 26.* ♦ V. aussi • Civ. 2e, 19 nov. 1997 : *D. 1998. IR 1 ; TPS 1998, n° 23.*

4. Charge de la réparation. L'élève victime d'un accident au cours d'un stage non rémunéré en entreprise, pour lequel la convention de stage prévoit que l'élève demeure sous la seule responsabilité du chef de l'établissement scolaire, peut demander la réparation de son préjudice, conformément aux règles du droit commun pour les atteintes non réparées par l'application de la législation professionnelle. • Civ. 2e, 20 déc. 2007, n° 07-11.679 P : *JCP S 2008. 1279, obs. Asquinazi-Bailleux.* ♦ L'art. L. 412-8-2°, qui étend aux élèves de l'enseignement technique le bénéfice de la législation professionnelle pour les accidents survenus au cours de cet enseignement ainsi que par le fait ou à l'occasion des stages auxquels il donne lieu, ne prévoit pas de recours subrogatoire contre l'auteur de la faute ; l'action engagée à l'encontre de la société, maître de stage n'est donc pas recevable. • Civ. 2e, 11 juill. 2005, n° 04-15.137 P : *D. 2005. IR 2241* ; *CSBP 2005, n° 174, p. 465, S. 368.*

5. Faute inexcusable. Les juges du fond ne peuvent écarter la faute inexcusable du lycée professionnel lorsque, conscient du risque auquel était exposé le lycée de la victime, celui-ci n'a pas pris les mesures de prévention et de surveillance propres à l'en préserver. • Civ. 2e, 21 juin 2005 : *D. 2005. IR 1959 ; JCP S 2005. 1080.*

6. Faute intentionnelle de l'élève. En présence d'une faute intentionnelle de l'élève de l'enseignement technique, est fondée l'action en remboursement de la Caisse d'assurance maladie contre le père de l'élève, en application de l'art. 1384, 4e al., C. civ. • Soc. 15 juin 1995, n° 92-10.142 P : *RDSS 2006. 357, obs. Hennion-Jacquet*.

2° PERSONNES ACCOMPLISSANT UN STAGE DE RÉADAPTATION OU DE RÉÉDUCATION FONCTIONNELLE (art. L. 412-8-3°)

7. Les personnes effectuant un stage de rééducation professionnelle dans les conditions de l'art. L. 432-9 pour les accidents survenus par le fait ou à l'occasion de la rééducation peuvent se prévaloir des dispositions de l'art. L. 412-8-3°. • Soc. 2 juill. 1984 : *Bull. civ. V, n° 277.*

3° PERSONNES DÉTENUES EFFECTUANT UN TRAVAIL (art. L. 412-8-5°)

8. Le sinistre qui éclate après la fin du travail effectué par des détenus pour un concessionnaire n'est pas survenu à l'occasion du travail, l'employeur n'ayant de plus aucune qualité pour assurer la sécurité du local. Il ne s'agit donc pas d'un accident du travail. • Cass., ch. réun., 28 juin 1962 : *JCP 1962. II. 12822 ; GADSS, n° 46.* ♦ *Contra* : • Soc. 3 mai 1957 : *Bull. civ. IV, n° 509.*

4° PERSONNES PARTICIPANT AU FONCTIONNEMENT D'ORGANISMES SOCIAUX (art. L. 412-8-6°)

a. Champ d'application

9. Ne sont pas bénévoles, au sens de l'art. L. 412-8-6°, les agents et fonctionnaires des impôts, mis à la disposition de la mutuelle des agents des impôts, avec une dispense de service, pour exercer des fonctions au sein de ladite mutuelle, sans rémunération de cet organisme, dès lors qu'ils continuent, en vertu d'une convention passée entre l'administration des impôts et la mutuelle, à être rémunérés par la première et conservent, outre les avantages liés à leur statut, la protection du risque accident du travail fournie par leur administration d'origine. • Civ. 2e, 21 juin 2005, n° 04-30.171 P : *D. 2006. 487, note Saint-Jours*.

10. L'obligation au paiement des cotisations au titre des accidents du travail résulte de l'élection ou de la désignation aux fonctions de membre des centres communaux d'action sociale. • Civ. 2e, 5 avr. 2006 : *JCP E 2006. 2130, note Leborgne ; JCP 2006. IV. 2043 ; JCP S 2006. 1451, obs. Vachet.*

b. Prestations

11. Les personnes participant bénévolement au fonctionnement d'un organisme à objet social créé en vertu ou par l'application d'un texte législatif ou réglementaire bénéficient de la prise en charge des soins de santé au titre de la législation sur les accidents du travail mais ne peuvent prétendre à l'octroi d'indemnités journalières en l'absence de la justification d'une perte quelconque de gain. • Soc. 2 juill. 1992, n° 90-17.083 P : *CSBP 1992, n° 218 ; D. 1992. IR 231.*

5° MARINS (art. L. 412-8-8°)

12. Les marins victimes d'un accident du travail ou d'une maladie professionnelle au cours de l'exécution de leur contrat d'engagement maritime peuvent, en cas de faute inexcusable de l'employeur, prétendre au bénéfice du livre IV du CSS ainsi qu'à l'indemnisation des préjudices complémentaires non expressément couverts par les dispositions de ce livre. • Civ. 2e, 22 sept. 2011 : *D. 2011. 2343* ; *D. actu. 21 oct. 2011, obs. Mavoka-Isana ; JCP E 2011, n° 1845, obs. Colonna et Renaux-Personnic ; RCA 12/2011. 392, obs. Groutel.* ♦ V. également, • Cons. const. 6 mai 2011, n° 2011-127 QPC : *JO 7 mai, p. 7851.* ♦ Les ayants droit ne sauraient invoquer leur impossibilité d'agir avant cette dernière décision, une évolution de la jurisprudence ne constituant pas une impossibilité d'agir suspendant l'écoulement du délai de prescription. • Civ. 2e, 4 avr. 2018, n° 17-11.489 P : *RDSS 2018. 551, obs. Dagorne-Labbe* ; *JCP S 2018. 1188, obs. Asquinazi-Bailleux ; RCA juill. 2018. Comm. 191, obs. Groutel.*

Art. L. 412-9 Les législations relatives aux accidents du travail des salariés du régime général de sécurité sociale et des salariés relevant du régime des assurances sociales agricoles s'appliquent aux groupements d'employeurs mentionnés au chapitre VII du titre II du livre premier *[chap. III du titre V du livre II de la partie I nouv.]* du code du travail et aux entreprises membres de ces groupements, suivant les règles spéciales prévues par les articles L. 412-3 à L. 412-7.

(L. nº 87-39 du 27 janv. 1987, art. 19-III) « Les dispositions prévues au premier alinéa s'appliquent aux associations intermédiaires mentionnées à l'article L. 128 *[abrogé]* du code du travail. »

Art. L. 412-10 *Abrogé par L. nº 2003-775 du 21 août 2003, art. 18-V, à compter du 1er janv. 2005.*

CHAPITRE III DISPOSITIONS APPLICABLES AUX PERSONNES INDEMNISÉES EN APPLICATION DE TEXTES PARTICULIERS — RÉGIMES DISTINCTS

SECTION PREMIÈRE DISPOSITIONS APPLICABLES AUX ASSURÉS INDEMNISÉS EN APPLICATION DE TEXTES PARTICULIERS

SOUS-SECTION 1 ACCIDENTS SURVENUS APRÈS LE 31 DÉCEMBRE 1946

Art. L. 413-1 Les victimes d'accidents survenus après le 31 décembre 1946 ou leurs ayants droit, qui ne remplissaient pas les conditions prévues par la législation applicable à la date de l'accident, mais qui auraient rempli et continuent à remplir celles qui sont requises par le présent livre ou par les dispositions nouvelles le modifiant ou le complétant, peuvent demander le bénéfice de ces dernières dispositions.

Les droits résultant des dispositions de l'alinéa précédent prennent effet, en ce qui concerne les prestations, de la date du dépôt de la demande.

Ces prestations se substituent, pour l'avenir, aux autres avantages accordés à la victime ou à ses ayants droit, pour le même accident, au titre des assurances sociales. Si l'accident a donné lieu à réparation au titre du droit commun, le montant desdites réparations, éventuellement revalorisé dans les conditions fixées par décret en Conseil d'État *[art. R. 413-1]*, est déduit du montant des avantages accordés à la victime ou à ses ayants droit en exécution du présent article.

SOUS-SECTION 2 ACCIDENTS SURVENUS OU MALADIES CONSTATÉES AVANT LE 1er JANVIER 1947

Art. L. 413-2 Les victimes d'accidents survenus ou de maladies constatées avant le 1er janvier 1947 dans les professions autres que les professions agricoles, qui ne remplissaient pas les conditions fixées par la législation alors en vigueur, ou leurs ayants droit, ont droit à une allocation lorsqu'ils apportent la preuve qu'ils auraient rempli et continuent à remplir l'ensemble des conditions exigées, pour obtenir une rente, par le présent livre et les dispositions nouvelles le modifiant ou le complétant.

L'allocation ne peut être attribuée à la victime que lorsque, par suite d'un ou de plusieurs accidents du travail ou maladies professionnelles, le taux d'incapacité permanente est au moins égal à un pourcentage minimum *[art. R. 413-2 : 10 %]*.

La loi du 28 nov. 1955, qui avait pour seul objet de rendre les modifications ou adjonctions aux tableaux des maladies professionnelles applicables aux maladies constatées entre le 1er janv. 1947 et la date d'entrée en vigueur du nouveau tableau, ne permettait pas de faire application de la loi du 30 oct. 1946 aux affections ayant une origine antérieure au 1er janv. 1947. • Soc. 7 oct. 1960 : *Bull. civ. IV, nº 840.*

Art. L. 413-3 Le titulaire de l'allocation prévue à l'article L. 413-2, dont l'infirmité résultant de l'accident ou de la maladie nécessite un appareil de prothèse ou d'orthopédie, a droit à la fourniture, à la réparation et au renouvellement de cet appareil, selon les modalités techniques prévues en application des dispositions du présent livre.

Art. L. 413-4 La victime d'un accident du travail survenu ou d'une maladie professionnelle constatée au cours de la période du 1er juillet 1945 au 31 décembre 1946, qui, en raison des conséquences de l'accident ou de la maladie et par suite d'une aggravation survenue postérieurement à l'expiration du délai prévu à l'article 19 de la loi du 9 avril 1898, est atteinte d'une incapacité permanente totale de travail l'obligeant à avoir recours à l'assistance d'une tierce personne pour effectuer les actes ordinaires de la vie, reçoit :

1° S'il y a lieu, une allocation portant le montant annuel de sa rente à celui de la rente calculée sur la base du taux d'incapacité permanente totale ;

(L. n° 2012-1404 du 17 déc. 2012, art. 85-I-3°, en vigueur le 1er mars 2013) « 2° La prestation complémentaire pour recours à tierce personne mentionnée à l'article L. 434-2. » — *Prise d'effet : date de la demande (art. R. 413-4).*

Il incombe au demandeur d'apporter la preuve :

1° De l'incapacité permanente totale si elle n'avait pas été constatée antérieurement en application de la loi du 9 avril 1898 ;

2° Du lien de cause à effet entre les conséquences de l'accident ou de la maladie et l'état de la victime ;

3° Du caractère obligatoire de l'assistance d'une tierce personne.

Seule l'incapacité d'effectuer l'ensemble des actes ordinaires de la vie est de nature à justifier une demande de majoration pour assistance d'une tierce personne. • Soc. 12 juill. 2001 : *RJS 2001, n° 1201.*

Art. L. 413-5 Le conjoint survivant de la victime d'un accident du travail survenu ou d'une maladie professionnelle constatée avant le 1er janvier 1947, dont le décès, directement imputable aux conséquences de l'accident ou de la maladie, s'est produit postérieurement à l'expiration du délai prévu à l'article 19 de la loi du 9 avril 1898, reçoit une allocation lorsqu'il apporte la preuve que le décès de la victime est directement imputable aux conséquences de l'accident ou de la maladie.

L'allocation est attribuée dans les conditions fixées par les *(L. n° 2011-1906 du 21 déc. 2011, art. 99-1°)* « quatre premiers » alinéas de l'article L. 434-8 sur la base du salaire minimum prévu à l'article L. 434-16. — *Prise d'effet : art. R. 413-6.*

Art. L. 413-6 *(L. n° 2016-1827 du 23 déc. 2016, art. 34-I, en vigueur le 1er janv. 2018)* « Les prestations accordées en application des articles L. 413-2 à L. 413-5 sont, selon le cas, à la charge soit de l'État employeur, soit des caisses mentionnées aux articles L. 211-1, L. 215-5 et L. 752-4. L'État ou ces caisses sont subrogés dans les droits que la victime pourrait faire valoir contre les tiers responsables. »

Si l'accident ou la maladie a donné lieu à réparation, les prestations sont réduites du montant de la rente correspondant à la réparation accordée, éventuellement revalorisé dans les conditions fixées par décret en Conseil d'État. — *V. art. R. 413-13.*

La gestion et le versement des prestations mentionnées aux art. L. 437-1, L. 413-6, L. 413-10 et L. 413-11-2 CSS ainsi qu'à l'art. L. 753-1 C. rur. peuvent, hormis celles à la charge de l'État employeur, être délégués à l'organisme désigné par voie de convention par la caisse mentionnée à l'art. L. 221-1 CSS ou par la caisse mentionnée à l'art. L. 723-1 C. rur., chacune en ce qui la concerne (L. n° 2017-1836 du 30 déc. 2017, art. 46-II).

Art. L. 413-7 Les allocations et *(L. n° 2012-1404 du 17 déc. 2012, art. 85-I-4°, en vigueur le 1er mars 2013)* « prestations » accordées par application des articles L. 413-2, L. 413-4 et L. 413-5 seront affectées *(L. n° 2015-1702 du 21 déc. 2015, art. 89-I-6°)* « du coefficient de revalorisation prévu » à l'article L. 434-17.

Art. L. 413-8 Le droit aux prestations prévues aux articles L. 413-2 à L. 413-5 est constaté par une ordonnance, non susceptible d'appel, rendue par le président du tribunal de grande instance.

Art. L. 413-9 Les dispositions des articles L. 413-2 à L. 413-8 sont applicables, dans les conditions fixées par décret en Conseil d'État *[art. R. 413-16]*, aux personnes de nationalité française résidant en France qui apportent la preuve qu'elles se trouvent dans la situation prévue auxdits articles à la suite d'un accident survenu ou d'une maladie constatée avant le 1er juillet 1962 et consécutif à une activité exercée en Algérie.

Les dispositions du présent article sont applicables aux personnes qui, ne possédant pas la nationalité française, entrent dans les catégories prévues par les décrets pris en vertu de l'article L. 482-5 pour l'application de l'article L. 413-10. — *V. art. R. 413-2 à R. 413-19.*

SOUS-SECTION 3 ACCIDENTS SURVENUS OU MALADIES CONSTATÉES EN ALGÉRIE AVANT LE 1er JUILLET 1962

Art. L. 413-10 Les personnes de nationalité française résidant en France et qui, à la suite d'un accident du travail survenu ou d'une maladie professionnelle constatée avant le 1er juillet 1962, sont titulaires, en application de la législation qui était en vigueur en Algérie, d'une rente ou de l'une des allocations et bonifications mentionnées respectivement aux articles 13, 14 et 26 de la loi n° 54-892 du 2 septembre 1954, reçoivent une allocation.

Cette allocation s'ajoute à la majoration de ces avantages qui leur est servie en vertu de la législation applicable en Algérie avant le 1er juillet 1962 à due concurrence des avantages qui seraient dus par application des dispositions intervenues en France depuis le 30 juin 1962 ou à intervenir en exécution de la loi n° 54-892 du 2 septembre 1954 ou des articles L. 482-1 et suivants du présent code.

Elle est, selon le cas, à la charge soit de l'État employeur, soit *(L. n° 2016-1827 du 23 déc. 2016, art. 34-I, en vigueur le 1er janv. 2018)* « des caisses mentionnées aux articles L. 211-1, L. 215-5 et L. 752-4 du présent code, soit des caisses mentionnées à l'article L. 723-2 du code rural et de la pêche maritime ».

Lorsque les personnes mentionnées au premier alinéa ci-dessus ne reçoivent pas les avantages auxquels elles peuvent prétendre en vertu de la législation applicable en Algérie avant le 1er juillet 1962, de la part de l'un des fonds communs des accidents du travail non agricole et agricole survenus en Algérie, ces avantages leur sont servis, selon le cas, soit par *(L. n° 2016-1827 du 23 déc. 2016, art. 34-I, en vigueur le 1er janv. 2018)* « les caisses mentionnées aux articles L. 211-1, L. 215-5 et L. 752-4 du présent code, soit par les caisses mentionnées à l'article L. 723-2 du code rural et de la pêche maritime ».

V. note ss. art. L. 413-6.

La victime d'un accident du travail survenu en Algérie avant le 1er juill. 1962, qui n'est pas titulaire, en vertu de la législation alors en vigueur dans ce pays, d'une rente ou d'une allocation à l'occasion de cet accident, ne peut se prévaloir des dispositions de l'art. L. 413-10. • Soc. 12 oct. 1989 : *Bull. civ. V, n° 586.*

Art. L. 413-11 La condition de résidence en France prévue à l'article L. 413-10 s'apprécie à la date à laquelle les intéressés demandent le bénéfice des dispositions de la présente sous-section. — *V. art. R. 413-20 à R. 413-25.*

SOUS-SECTION 4 ACCIDENTS SURVENUS OU MALADIES CONSTATÉES DANS UN PAYS AUTRE QUE L'ALGÉRIE, ALORS PLACÉ SOUS LA SOUVERAINETÉ, LE PROTECTORAT OU LA TUTELLE DE LA FRANCE, AVANT LA DATE D'ACCESSION DE CE PAYS À L'INDÉPENDANCE

(L. n° 91-1 du 3 janv. 1991, art. 28-I)

Art. L. 413-11-1 *(Décr. n° 74-487 du 17 mai 1974, art. 1er ; L. n° 91-1 du 3 janv. 1991, art. 28-II)* Les personnes de nationalité française résidant en France et qui, à la suite d'un accident du travail survenu ou d'une maladie professionnelle constatée dans un pays autre que l'Algérie, alors placé sous la souveraineté, le protectorat ou la tutelle de la France, avant la date d'accession de ce pays à l'indépendance, sont titulaires d'une rente servie en application de la législation qui était en vigueur dans ce pays, reçoivent une allocation.

L'allocation ne peut être attribuée à la victime que lorsque, par suite d'un ou de plusieurs accidents du travail ou maladies professionnelles, le taux d'incapacité permanente est au moins égal à 10 %.

Cette allocation s'ajoute à la rente et, le cas échéant, aux majorations de la rente qui seraient prévues par la législation en vigueur dans l'État considéré, à due concurrence des avantages qui seraient dus, en vertu des dispositions intervenues ou à intervenir en France, si l'accident survenu ou la maladie constatée avait été régi par la législation applicable, à la date de sa survenance ou de sa première constatation médicale, sur le territoire métropolitain.

Art. L. 413-11-2 *(L. n° 91-1 du 3 janv. 1991, art. 28-III et IV)* L'allocation est à la charge *(L. n° 2016-1827 du 23 déc. 2016, art. 34-I, en vigueur le 1er janv. 2018)* « des caisses mentionnées aux articles L. 211-1, L. 215-5 et L. 752-4 ».

Dans la limite du montant de cette allocation, *(L. n° 2016-1827 du 23 déc. 2016, art. 34-I, en vigueur le 1er janv. 2018)* « les caisses sont subrogées » dans les droits du bénéficiaire à l'égard de tout débiteur de majorations de rente ou d'avantages de même nature.

V. note ss. art. L. 413-6.

Art. L. 413-11-3 La condition de résidence en France *(L. n° 91-1 du 3 janv. 1991, art. 28-V)* « prévue à l'article L. 413-11-1 » s'apprécie à la date à laquelle les intéressés demandent le bénéfice *(L. n° 91-1 du 3 janv. 1991, art. 28-V)* « des articles L. 413-11-1 à L. 413-11-4 ». L'allocation n'est plus versée dès que cette condition cesse d'être remplie.

Art. L. 413-11-4 *(L. n° 91-1 du 3 janv. 1991, art. 28-XI)* L'allocation est liquidée et payée par la Caisse des dépôts et consignations.

SECTION II RÉGIMES DISTINCTS

SOUS-SECTION 1 PENSIONS

Art. L. 413-12 Il n'est pas dérogé aux dispositions législatives et réglementaires concernant les pensions :

1° Des ouvriers, apprentis et journaliers appartenant aux ateliers de la marine ;

2° Des personnes mentionnées à l'article 2 du décret du 17 juin 1938 relatif à la réorganisation et à l'unification du régime d'assurance des marins ; — *Sur la conformité de cet al. à la Constitution : V. Cons. const. 6 mai 2011, n° 2011-127 QPC (JO 7 mai).*

3° Des ouvriers immatriculés de manufactures d'armes dépendant du ministère chargé de la défense ;

4° Des fonctionnaires de l'État et des collectivités territoriales.

1. Agents de la fonction publique. Le régime général en matière d'accident du travail n'est pas applicable aux agents titulaires d'une collectivité publique. • Civ. 2e, 29 avr. 1997, n° 94-18.518 P • Soc. 19 nov. 1986 : *Bull. civ. V, n° 543.* ♦ Les accidents corporels survenus dans l'exercice ou à l'occasion de l'exercice de leurs fonctions à ceux des agents publics qui bénéficient d'un régime administratif de pensions d'invalidité ne relèvent pas de la législation des accidents du travail, ce qui a pour conséquence d'entraîner la compétence de la juridiction administrative pour connaître des litiges relatifs à l'application des modes particuliers d'indemnisation prévus par les dispositions qui régissent ces agents. Il en va autrement lorsque l'agent public victime d'un accident corporel n'est pas soumis à un régime administratif d'indemnisation lié à son statut. • T. confl. 12 mai 2001, n° 01-03.249 P.

2. Marins. Les dispositions du régime spécial des gens de mer ne prévoient aucun recours contre l'armateur en raison de sa faute inexcusable. Le juge du fond ne peut dès lors condamner l'employeur au paiement de dommages et intérêts en raison de sa faute inexcusable, à charge pour l'ENIM de faire l'avance des sommes et d'en récupérer le montant auprès de l'employeur. • Civ. 2e, 23 mars 2004 : *TPS 2004, n° 196.* ♦ Les art. L. 412-8 et L. 413-12 CSS ne sauraient, sans porter une atteinte disproportionnée au droit des victimes d'actes fautifs, être interprétés comme faisant, par eux-mêmes, obstacle à ce qu'un marin victime, au cours de l'exécution de son contrat d'engagement maritime, d'un accident du travail imputable à une faute inexcusable de son employeur, puisse demander, devant les juridictions de la sécurité sociale, une indemnisation complémentaire dans les conditions prévues par le chapitre 2 du titre V du livre IV CSS ; sous cette réserve, ces dispositions ne méconnaissent pas le principe de responsabilité. • Cons. const. 6 mai 2011, *consid. n° 9 : Dr. soc. 2011. 862, note Chaumette.*

SOUS-SECTION 2 COLLECTIVITÉS, ÉTABLISSEMENTS ET ENTREPRISES ASSURANT DIRECTEMENT LA CHARGE DE LA RÉPARATION

Art. L. 413-13 Sont maintenues les autorisations données antérieurement au 13 mai 1960 et en vertu desquelles des collectivités, établissements et entreprises assument directement la charge totale ou partielle de la réparation des accidents du travail et des maladies professionnelles. Un décret détermine les conditions auxquelles est subordonné le maintien de l'autorisation et les modalités suivant lesquelles est assuré et contrôlé le service des prestations. *— V. art. D. 413-10 à D. 413-12. — Sur les modalités de calcul du taux des cotisations, V. Arr. du 26 déc. 1988 (JO 28 déc.), mod. par Arr. du 19 déc. 1990 (JO 29 déc.).*

§ 1er ENTREPRISES PRIVÉES

Néant. — V. art. D. 413-1 à D. 413-9.

§ 2 COLLECTIVITÉS, ÉTABLISSEMENTS ET ENTREPRISES ASSURANT UN SERVICE PUBLIC, ENTREPRISES PRIVÉES D'INTÉRÊT GÉNÉRAL ET EMPLOYEURS ASSUJETTIS À UNE ORGANISATION SPÉCIALE DE SÉCURITÉ SOCIALE

Néant. — V. art. D. 413-10 à D. 413-12.

SOUS-SECTION 3 ADMINISTRATION, SERVICES, OFFICES ET ÉTABLISSEMENTS PUBLICS DE L'ÉTAT AUTRES QUE LES ÉTABLISSEMENTS PUBLICS À CARACTÈRE INDUSTRIEL OU COMMERCIAL

Art. L. 413-14 Nonobstant toutes dispositions contraires les administrations, services, offices et établissements publics de l'État autres que les établissements publics à caractère industriel ou commercial versent directement à leur personnel les prestations d'accident du travail prévues au présent livre.

Il en est de même pour la SNCF *(Ord. nº 2015-855 du 15 juill. 2015, art. 32)* « , SNCF Mobilités et SNCF Réseau » et en ce qui concerne les prestations en espèces pour les entreprises soumises au statut des industries électriques et gazières.

Cependant, les établissements publics de l'État mentionnés au premier alinéa ci-dessus et comptant un effectif d'agents inférieur à un nombre fixé par arrêté interministériel *[V. Arr. du 27 févr. 1961, JO 5 avr.]* devront affilier au régime général de sécurité sociale, pour la couverture du risque accidents du travail, ceux de leurs agents qui sont soumis aux dispositions du présent livre.

Les modalités d'application du présent article sont fixées par décret.

La Caisse nationale des industries électriques et gazières (la CNIEG), chargée au 1er janv. 2005 d'assurer le fonctionnement du régime spécial du personnel des industries électriques et gazières, verse à celui-ci les prestations en espèces prévues par le livre IV. La charge des prestations, indemnités et rentes versées au titre des accidents et maladies professionnelles incombe à la Caisse d'assurance maladie ou à l'organisation spéciale de sécurité sociale à laquelle la victime était affiliée à la date de la première constatation médicale ou, lorsque la victime n'est plus affiliée à cette date, à la caisse ou à l'organisation spéciale à laquelle elle a été affiliée en dernier lieu, quel que soit l'emploi occupé par elle. • Civ. 2e, 9 juill. 2009, nº 08-19.553 P : *JCP S 2009. 1397, note Prétot.* • 12 mai 2011 : *JCP S 2011, nº 1434, note Plichon.*

TITRE DEUXIÈME PRÉVENTION

CHAPITRE PREMIER ORGANISATION

SECTION PREMIÈRE DISPOSITIONS GÉNÉRALES

Art. L. 421-1 Le rôle confié aux *(Ord. nº 2010-177 du 23 févr. 2010, art. 24)* « caisses d'assurance retraite et de la santé au travail » et à la Caisse nationale de l'assurance maladie dans le domaine de la prévention des accidents du travail et des maladies professionnelles par le 2° de l'article L. 221-1 et par l'article L. 215-1 s'exerce dans le cadre de la politique de prévention définie par les autorités compétentes de l'État. *— V. art. R. 421-1.*

BIBL. ▶ MARIÉ, Les modalités d'action des caisses de sécurité sociale en matière de prévention : entre incitation et sanction, *SSL, Supplément, 8 déc. 2014, n° 1655, p. 59.*

Art. L. 421-2 Le conseil d'administration de chaque *(Ord. n° 2010-177 du 23 févr. 2010, art. 24)* « caisse d'assurance retraite et de la santé au travail » peut, pour toutes questions relatives à la prévention des accidents du travail et des maladies professionnelles, déléguer la totalité ou une partie de ses pouvoirs aux comités techniques constitués par application de l'article L. 215-4.

Lorsque le conseil d'administration ne délègue pas ses pouvoirs aux comités techniques, il consulte obligatoirement ceux-ci sur toutes les questions mentionnées à l'alinéa précédent. — *V. art. R. 421-1 à R. 421-4.*

SECTION II FONDS DE PRÉVENTION DES ACCIDENTS DU TRAVAIL

Néant. — V. art. R. 421-5 et R. 421-6.

SECTION III COMITÉS TECHNIQUES NATIONAUX ET RÉGIONAUX

Néant. — V. art. R. 421-7 à R. 421-14.

CHAPITRE II ATTRIBUTIONS DES ORGANISMES

SECTION PREMIÈRE ATTRIBUTIONS DE LA CAISSE NATIONALE DE L'ASSURANCE MALADIE *(Ord. n° 2018-470 du 12 juin 2018, art. 9).*

Art. L. 422-1 Sur l'initiative des comités techniques nationaux, la Caisse nationale de l'assurance maladie peut provoquer, par arrêté interministériel, l'extension à l'ensemble du territoire des mesures de prévention édictées par une *(Ord. n° 2010-177 du 23 févr. 2010, art. 24)* « caisse d'assurance retraite et de la santé au travail », soit telles qu'elles ont été adoptées par cet organisme, soit après modifications apportées par les comités techniques nationaux compétents. Elle peut également en demander l'annulation dans les mêmes formes. — *V. art. R. 422-1, R. 422-2, R. 471-1 et R. 471-2.*

L'inobservation des dispositions générales ayant fait l'objet de l'extension prévue à l'alinéa précédent est constatée tant par les inspecteurs du travail en application de l'article L. 611-1 *[L. 8112-1 s. nouv.]* du code du travail que par les ingénieurs-conseils et les contrôleurs de sécurité mentionnés à l'article L. 243-11 du présent code.

Lorsque certaines de ces dispositions générales sont soumises à un délai d'exécution, ce délai est fixé par un accord entre la *(Ord. n° 2010-177 du 23 févr. 2010, art. 24)* « caisse d'assurance retraite et de la santé au travail » intéressée et le ou les directeurs régionaux du travail et de l'emploi du ressort de ladite caisse.

Les comités techniques nationaux effectuent toutes études sur les risques de la profession et les moyens de les prévenir et disposent à cet effet d'ingénieurs conseils ayant les pouvoirs prévus à l'article L. 243-11 et astreints aux obligations prévues au deuxième alinéa de l'article L. 422-3.

Les conditions de rémunération de ces ingénieurs-conseils sont fixées par arrêté interministériel.

Les extensions de mesures de prévention sont consultables en ligne, V. Dalloz.fr et applications mobiles Dalloz 🏛.

SECTION II ATTRIBUTIONS DES CAISSES D'ASSURANCE RETRAITE ET DE LA SANTÉ AU TRAVAIL *(Ord. n° 2010-177 du 23 févr. 2010, art. 24).*

Art. L. 422-2 Les *(Ord. n° 2010-177 du 23 févr. 2010, art. 24)* « caisses d'assurance retraite et de la santé au travail » recueillent et groupent dans le cadre de leur circonscription et pour les diverses catégories d'établissements tous renseignements permettant d'établir les statistiques des accidents du travail et des maladies professionnelles, en tenant compte de leurs causes et des circonstances dans lesquelles ils sont survenus, de leur fréquence et de leurs effets, notamment de la durée et de l'importance des incapacités qui en résultent. Ces statistiques sont centralisées par la Caisse nationale de l'assurance maladie et communiquées annuellement aux autorités compétentes de l'État. — *V. art. R. 422-3.*

Les *(Ord. n° 2010-177 du 23 févr. 2010, art. 24)* « caisses d'assurance retraite et de la santé au travail » procèdent à l'étude de tous les problèmes de prévention qui se dégagent des renseignements qu'elles détiennent. Les résultats de ces études sont portés par elles à la connaissance de la Caisse nationale de l'assurance maladie, des autorités compétentes de l'État et, sur leur demande, communiqués aux comités d'hygiène, de sécurité et des conditions de travail. — *V. art. R. 422-3.*

Art. L. 422-3 Les caisses régionales peuvent faire procéder à toutes enquêtes qu'elles jugent utiles en ce qui concerne les conditions d'hygiène et de sécurité. Ces enquêtes sont effectuées par les ingénieurs-conseils et les contrôleurs de sécurité prévus à l'article L. 243-11. — *V. art. R. 422-4.*

Avant d'entrer en fonctions, ces derniers prêtent, devant le juge d'instance, serment de ne rien révéler des secrets de fabrication et, en général, des procédés et résultats d'exploitation dont ils pourraient avoir connaissance.

Les caisses régionales communiquent aux directeurs départementaux du travail et de l'emploi de leur ressort les résultats complets des enquêtes prévues au premier alinéa ainsi que les renseignements dont elles disposent en ce qui concerne les risques d'accidents du travail et de maladies professionnelles inhérents aux entreprises et en particulier ceux qui concernent les matières mises en œuvre ou produits utilisés, les résultats des analyses de prélèvements opérés par les agents de ces caisses et les mesures relatives aux ambiances de travail.

Les services de l'inspection du travail et de l'inspection médicale du travail fournissent aux *(Ord. n° 2010-177 du 23 févr. 2010, art. 24)* « caisses d'assurance retraite et de la santé au travail » les renseignements et la documentation qu'ils possèdent et dont lesdites caisses ont besoin pour procéder à l'étude de toute question relevant de leur compétence.

1. Les dispositions du code de la sécurité sociale qui prévoient la communication par les organismes de sécurité sociale des pièces et documents en leur possession à la suite d'un accident du travail en cas de poursuites pénales ou d'action en réparation exercée par la victime ou par ses ayants droit ne font pas obstacle, dans les hypothèses qu'elles ne visent pas, à l'application des dispositions de la loi du 17 juill. 1978. Ni les dispositions du code pénal relatives au secret professionnel, ni les dispositions de l'art. L. 422-3 CSS qui assujettissent au secret les ingénieurs conseils et contrôleurs de la sécurité ne font obstacle par elles-mêmes à la communication sur le fondement des dispositions de la loi du 17 juill. 1978 du rapport d'enquête établi à la suite d'un accident mortel du travail. • CE 20 nov. 1995 : *RJS 1996, n° 189.*

2. Lorsqu'une disposition législative ou réglementaire impose à des agents de contrôle de se présenter au chef d'établissement visité, cette condition peut être considérée comme satisfaite lorsque ces agents, avant d'accomplir leur mission, se sont adressés au chef responsable de chaque chantier d'une société si ces chantiers disposent d'une autonomie technique. • Soc. 9 déc. 1971 : *Bull. civ. V, n° 728.*

Art. L. 422-4 La caisse régionale peut :

1° inviter tout employeur à prendre toutes mesures justifiées de prévention, sauf recours de l'employeur à l'autorité compétente de l'État qui doit être saisi et doit se prononcer dans les délais qui sont fixés par voie réglementaire ;

2° demander l'intervention de l'inspection du travail pour assurer l'application des mesures prévues par la législation et la réglementation du travail ;

3° adopter des dispositions générales de prévention applicables à l'ensemble des employeurs qui, dans sa circonscription, exercent une même activité ou utilisent les mêmes types de machines ou de procédés. — *V. art. D. 422-1.*

Lesdites dispositions n'entrent en vigueur qu'après avoir été homologuées par les autorités compétentes de l'État.

Lorsque la caisse régionale impose une cotisation supplémentaire en vertu des dispositions de l'article L. 242-7 du présent code en dehors du cas d'infraction constatée en application de l'article L. 611-10 *[L. 8113-7 nouv.]* du code du travail, l'envoi d'une injonction préalable n'est pas exigé dans les circonstances suivantes :

1° imposition découlant de la méconnaissance de dispositions générales étendues dans les conditions prévues à l'article L. 422-1, à moins que l'arrêté d'extension n'en dispose autrement ;

(L. n° 2009-1646 du 24 déc. 2009, art. 74) « 1° *bis* imposition découlant d'une répétition dans un établissement dans un délai déterminé de certaines situations particuliè-

rement graves de risque exceptionnel définies par arrêté et qui ont donné lieu à une première injonction à cet établissement ; »

2° imposition d'une cotisation supplémentaire plus élevée pour récidive dans un délai déterminé *[art. R. 422-5 : 3 ans]* **ou pour persistance, après expiration du délai imparti pour y remédier, de la situation qui a donné lieu à l'imposition de la cotisation supplémentaire.** — *V. art. R. 422-3 à R. 422-9.*

1. Il ne saurait être fait grief à la commission nationale technique d'avoir réduit le taux de la majoration des cotisations d'accident du travail appliquée par la caisse régionale à une société qui n'avait pas déféré à une injonction la mettant en demeure d'appliquer dans ses ateliers des mesures de prévention concernant des travaux de peinture dès lors qu'après avoir estimé qu'ils correspondaient à une activité très limitée et accessoire de la société, elle en a déduit, dans le cadre de son pouvoir d'appréciation, que l'aggravation des risques était très faible. • Soc. 19 févr. 1986 : *Bull. civ. V, n° 18.*

2. Pour justifier une injonction de la caisse régionale d'assurance maladie l'obligation faite à une entreprise de travail temporaire, d'une part, de préciser sur chaque contrat de mise à disposition d'un salarié conclu avec l'entreprise utilisatrice les caractéristiques particulières du poste à pourvoir et dans le cas où la société n'obtiendrait pas de l'entreprise utilisatrice les informations nécessaires de tenir à la disposition de la caisse les documents justifiant des diligences de l'entreprise pour obtenir ces informations et, d'autre part, de respecter certaines obligations en matière de surveillance médicale des salariés mis à la disposition de l'entreprise utilisatrice. • CE 27 oct. 1995 : *JCP E 1995. Pan. 1292.*

3. Le recours de l'employeur à l'encontre de l'injonction que lui a adressée la caisse régionale d'assurance maladie aux fins d'adoption de mesures de prévention des accidents du travail a pour effet de substituer la décision du directeur régional du travail et de l'emploi à l'injonction initiale de la caisse régionale. Dès lors, seule la décision du directeur régional est susceptible de donner lieu à un recours contentieux. • CE 29 déc. 1997 : *TPS 1998, n° 92.*

Art. L. 422-5 *(L. n° 87-39 du 27 janv. 1987, art. 18-I)* **Dans une limite fixée par voie réglementaire, des avances peuvent être accordées par la caisse régionale aux entreprises qui souscrivent aux conditions de la convention d'objectifs, préalablement approuvée par la Caisse nationale de l'assurance maladie** *(Abrogé par Ord. n° 2018-470 du 12 juin 2018, art. 9) « des travailleurs salariés »* **et fixant un programme d'actions de prévention spécifique à leur branche d'activité. Ces avances pourront être acquises aux entreprises dans les conditions prévues par la convention.**

(L. n° 2009-1646 du 24 déc. 2009, art. 74) **« La caisse mentionnée au premier alinéa peut également accorder, dans des conditions définies par arrêté, des subventions aux entreprises éligibles aux programmes de prévention définis par la Caisse nationale de l'assurance maladie** *(Abrogé par Ord. n° 2018-470 du 12 juin 2018, art. 9) « des travailleurs salariés »* **ou par la caisse mentionnée au premier alinéa après avis des comités techniques mentionnés respectivement aux articles L. 422-1 et L. 215-4. Ces programmes précisent les risques et les catégories d'entreprises éligibles ainsi que les montants financiers susceptibles d'être alloués. Une subvention ne peut être accordée à une entreprise que si le comité d'hygiène, de sécurité et des conditions de travail ou, à défaut, les délégués du personnel ont été informés des mesures de prévention préalablement à leur mise en œuvre. »**

Art. L. 422-6 *(L. n° 2010-1594 du 20 déc. 2010, art. 95)* **Des conventions soumises à l'avis préalable de l'autorité administrative sont conclues entre les organismes de sécurité sociale compétents et les services de santé au travail mentionnés à l'article L. 4622-7 du code du travail. Elles fixent les modalités des actions conjointes ou complémentaires conduites par les services de santé au travail et les services de prévention des risques professionnels des caisses de sécurité sociale dans le respect de leurs missions respectives. A cet effet, ces services échangent toutes informations utiles au succès de ces actions de prévention, à l'exclusion des informations personnelles relatives aux salariés, venues à la connaissance des médecins du travail.**

TITRE TROISIÈME **PRESTATIONS**

CHAPITRE PREMIER **DISPOSITIONS GÉNÉRALES**

BIBL. ▶ Dossier « Indemnisation des victimes d'accidents du travail : l'heure de la réforme », *Dr. soc. 2015. 292* s. : DEL SOL, L'indemnisation des victimes d'accidents du travail et de maladies professionnelles, scandale (persistant) de nos sociétés modernes, *Dr. soc. 2015. 292* ; La prise en considération du retentissement professionnel, parent pauvre de la réparation ATMP, *ibid. 300*. – DONNOU, L'incidence professionnelle dans divers contentieux. Réflexions et témoignage d'un médecin-conseil de victimes, *Dr. soc. 2015. 307*. – MEYER, Les victimes face à la redéfinition jurisprudentielle de la nature juridique de la rente, *Dr. soc. 2015. 293*. – MORIN, Changer le régime d'indemnisation des accidents du travail et des maladies professionnelles ? *RDSS 2018. 633*.

Art. L. 431-1 **Les prestations accordées aux bénéficiaires du présent livre comprennent :**

1° La couverture des frais médicaux, chirurgicaux, pharmaceutiques et accessoires, *(L. n° 2008-1330 du 17 déc. 2008, art. 98-I)* **« des frais liés à l'accident afférents aux produits et prestations inscrits sur la liste prévue à l'article L. 165-1 et aux prothèses dentaires inscrites sur la liste prévue à l'article L. 162-1-7, des » frais de transport de la victime à sa résidence habituelle ou à l'établissement hospitalier et, d'une façon générale, la prise en charge des frais nécessités par le traitement, la réadaptation fonctionnelle, la rééducation professionnelle** *(Ord. n° 2017-1389 du 22 sept. 2017, art. 3-6° et 5-VI, en vigueur le 1er janv. 2019)* **« , le reclassement et la reconversion professionnelle » de la victime. Ces prestations sont accordées qu'il y ait ou non interruption de travail ;**

2° L'indemnité journalière due à la victime pendant la période d'incapacité temporaire qui l'oblige à interrompre son travail ; lorsque la victime est pupille de l'éducation surveillée, l'indemnité journalière n'est pas due aussi longtemps que la victime le demeure sous réserve de dispositions fixées par décret en Conseil d'État ;

3° Les prestations autres que les rentes, dues en cas d'accident suivi de mort ;

4° Pour les victimes atteintes d'une incapacité permanente de travail, une indemnité en capital lorsque le taux de l'incapacité est inférieur à un taux déterminé *[art. R. 431-1 : 10 %]*, **une rente au-delà et, en cas de mort, les rentes dues aux ayants droit de la victime.**

La charge des prestations et indemnités prévues par le présent livre incombe aux caisses d'assurance maladie. — *V. art. R. 431-2.*

Sur les exceptions à l'application du droit des usagers de saisir l'administration par voie électronique concernant les démarches effectuées auprès des organismes de sécurité sociale, V. CRPA, App., v° Saisine par voie électronique — Exceptions. **CRPA.**

1. *Frais nécessités par le traitement.* Les prestations en nature auxquelles ont droit les victimes d'accidents du travail comprennent la couverture des frais médicaux, chirurgicaux, pharmaceutiques et accessoires, la fourniture, la réparation et le renouvellement des appareils de prothèse et d'orthopédie nécessités par l'infirmité résultant de l'accident, la réparation ou le remplacement de ceux que l'accident a rendus inutilisables, les frais de transport de la victime à sa résidence habituelle ou à l'établissement hospitalier, et, d'une façon générale, la prise en charge des frais nécessités par le traitement, la réadaptation fonctionnelle et le reclassement de la victime, qu'il y ait ou non interruption du travail. Cette prise en charge n'est pas limitée, après la consolidation de l'état de la victime, au cas où les soins sont destinés à prévenir une aggravation de cet état, mais qu'elle s'étend à toutes les conséquences directes de l'accident du travail (remboursement de soins de kinésithérapie). • Soc. 20 avr. 2000, n° 98-14.935 P : *RDSS 2000. 548, note Verkindt ; RJS 2000, n° 721.* ♦ V. dans le même sens • Soc. 14 mai 1998, n° 96-16.328 P : *D. 1998. 533, note Saint-Jours ; RJS 1998, n° 787.*

2. *Frais d'hébergement hospitaliers.* La partie du prix du séjour qui correspond aux frais d'hébergement dans les unités de long séjour des centres hospitaliers n'entre pas dans les prévisions de l'art. L. 174-4 CSS relatives au forfait hospitalier, et n'est pas comprise dans les dépenses prises en charge au titre de l'art. L. 431-1, 1°. • Soc. 7 nov. 1997, n° 95-21.835 P : *RJS 1997, n° 1437.*

3. *Soins identiques à ceux précédemment pris en charge.* L'intéressé est bien fondé à se réclamer de l'autorité de décisions antérieures dès lors que les soins litigieux étaient identiques et destinés à traiter les mêmes troubles que ceux prescrits à plusieurs reprises durant les années précédentes et pris en charge par la caisse. • Soc. 25 janv. 2001, n° 99-14.976 P.

4. *Inscription à la nomenclature générale des actes professionnels (NGAP).* L'art. L. 432-3 CSS, en spécifiant que les tarifs des honoraires dus par les caisses aux praticiens à l'occasion des soins de toute nature concernant les bénéficiaires des prestations d'accident du travail sont ceux applicables en matière d'assurance maladie, renvoie implicitement aux dispositions des art. L. 162-9, L. 162-12 et R. 162-52 du même code, qui subordonnent le remboursement des soins dentaires à leur inscription à la nomenclature générale des actes professionnels. Ne peuvent en conséquence être pris en charge les traitements non inscrits à la nomenclature des actes professionnels. • Soc. 20 mai 1999, n° 97-15.856 P.

5. Frais de transport. La détermination des principes de tarification des modes de transport en matière d'accident du travail, par référence aux règles applicables en matière d'assurance maladie, est sans incidence sur la définition des prestations remboursables telle qu'elle résulte de l'art. L. 431-1, 1°, CSS et à laquelle ne sauraient faire échec les dispositions de l'art. R. 322-10 de ce code, énonçant limitativement les cas de prise en charge des frais de transport par l'assurance maladie. • Soc. 20 oct. 1994, n° 92-13.014 P : *D. 1995. 143, note Saint-Jours*.

Art. L. 431-2 Les droits de la victime ou de ses ayants droit aux prestations et indemnités prévues par le présent livre se prescrivent par deux ans à dater :

1° Du jour de l'accident *(Abrogé par Ord. n° 2004-329 du 15 avr. 2004, art. 6-1°) « ou de la clôture de l'enquête »* ou de la cessation du paiement de l'indemnité journalière ;

2° Dans les cas prévus respectivement au premier alinéa de l'article L. 443-1 et à l'article L. 443-2, de la date de la première constatation par le médecin traitant de la modification survenue dans l'état de la victime, sous réserve, en cas de contestation, de l'avis émis par l'expert *(Abrogé par Ord. n° 2004-329 du 15 avr. 2004, art. 6-1°) « ou de la clôture de l'enquête effectuée à l'occasion de cette modification »* ou de la date de cessation du paiement de l'indemnité journalière allouée en raison de la rechute ;

3° Du jour du décès de la victime en ce qui concerne la demande en révision prévue au troisième alinéa de l'article L. 443-1 ;

4° De la date de la guérison ou de la consolidation de la blessure pour un détenu exécutant un travail pénal ou un pupille de l'éducation surveillée dans le cas où la victime n'a pas droit aux indemnités journalières.

L'action des praticiens, pharmaciens, auxiliaires médicaux, fournisseurs et établissements pour les prestations mentionnées à l'article L. 431-1 se prescrit par deux ans à compter soit de l'exécution de l'acte, soit de la délivrance de la fourniture, soit de la date à laquelle la victime a quitté l'établissement.

Cette prescription est également applicable, à compter du paiement des prestations entre les mains du bénéficiaire, à l'action intentée par un organisme payeur en recouvrement des prestations indûment payées, sauf en cas de fraude ou de fausse déclaration.

Les prescriptions prévues aux trois alinéas précédents sont soumises aux règles de droit commun.

(L. n° 90-86 du 23 janv. 1990, art. 4 ; L. n° 2001-1246 du 21 déc. 2001, art. 49-III) « Toutefois, en cas d'accident susceptible d'entraîner la reconnaissance de la faute inexcusable de l'employeur, ou de ceux qu'il s'est substitués dans la direction, la prescription de deux ans opposable aux demandes d'indemnisation complémentaire visée aux articles L. 452-1 et suivants est interrompue par l'exercice de l'action pénale engagée pour les mêmes faits ou de l'action en reconnaissance du caractère professionnel de l'accident ».

V. Circ. interministérielle DSS n° 2010-260 du 12 juill. 2010 relative aux règles de prescription applicables en matière de sécurité sociale (BO Santé n° 2010/8 du 15 sept. 2010, p. 171).

V. note ss. art. L. 431-1.

1° DOMAINE D'APPLICATION DE LA PRESCRIPTION BIENNALE

1. Place des règles de droit commun. A l'expiration du délai de deux ans et en application de la prescription de l'art. L. 431-2, la victime se trouve exclue de toute prestation mais conserve le droit de demander réparation du préjudice que lui aurait causé la faute de l'employeur. • Soc. 28 avr. 1964 : *Bull. civ. IV, n° 358.*

2. Maladie professionnelle. Le salarié dispose, pour demander le bénéfice des dispositions relatives aux maladies professionnelles, d'un délai de deux ans partant de la cessation du travail. • Soc. 28 oct. 1999, n° 98-11.275 P.

3. Action en réparation de la faute inexcusable. L'art. L. 452-3 CSS, qui prévoit l'indemnisation des chefs de préjudice en cause et son versement direct aux bénéficiaires par les caisses de sécurité sociale qui en récupèrent ensuite le montant auprès de l'employeur, entre dans les prévisions de l'art. L. 431-2 qui dispose que les droits aux prestations et indemnités figurant au livre IV se prescrivent par un délai de deux ans qu'interrompt l'action en reconnaissance du caractère professionnel de l'accident lorsque celui-ci est susceptible d'entraîner la reconnaissance de la faute inexcusable de l'employeur. • Civ. 2e, 23 janv. 2014 : *JCP S 2014, n° 1205, obs. Caffin et Michalletz.*

4. Incidence de l'inaction des caisses. Lorsque les ayants droit de la victime décédée présentent la demande d'indemnisation dans le délai de la prescription biennale, ils ne peuvent, à défaut de réponse négative de la caisse compétente pour verser les rentes, se voir ensuite opposer le délai de prescription quinquennale de l'art. 2277 C. civ. • Soc. 23 nov. 1995, n° 93-20.456 P.

5. Créances de l'hôpital. Les dispositions de l'art. L. 431-2 sont applicables aux contestations portant sur l'exigibilité des créances de l'hôpital (remboursement des frais de séjour dans un établissement hospitalier). • Com. 9 avr. 1991, n° 88-13.951 P.

6. Action en garantie contre l'assureur. L'action exercée contre l'assureur de l'employeur en cas de faute inexcusable aux fins de récupération du capital correspondant aux arrérages à échoir de la rente de conjoint survivant résulte de l'art. L. 452-2 et non du contrat d'assurance et est soumise à la prescription trentenaire de droit commun en l'absence de dispositions particulières. • Civ. 2e, 21 juin 2006, n° 04-12.487 P : *JCP S 2006, n° 1652, comm. Vachet ; RCA 2006. 318, comm. Groutel.*

7. Décision implicite de reconnaissance par la caisse. L'absence de réponse de la caisse dans le délai imparti ne saurait valoir reconnaissance implicite du caractère professionnel de l'accident lorsqu'à la date de la déclaration les droits de l'intéressé étaient déjà prescrits en application de l'art. L. 431-2. • Civ. 2e, 17 janv. 2008, n° 06-21.556 P : *JCP S 2008, n° 1225, note Vachet ; ibid. 2009, n° 1552, comm. Baby ; ibid. 2010, n° 1155, note Brissy ; RJS 2008, n° 479.*

8. Remboursement des prestations versées indûment. Si l'art. L. 431-2 soumet à une prescription biennale les actions en remboursement de prestations versées au titre de la législation sur le risque professionnel, cette disposition ne vise que les prestations indûment servies à la victime, en sorte qu'à défaut de texte particulier, l'action en remboursement exercée par la caisse contre l'employeur en application de l'art. L. 471-1 demeure soumise à la prescription trentenaire de droit commun. • Soc. 7 avr. 1994, n° 92-10.324 P : *RJS 1994, n° 612* • Soc. 19 oct. 2000, n° 98-17.811 P : *RJS 2001, n° 106* • Soc. 6 juin 1991 : *D. 1991. Somm. 341, obs. Prétot*. ♦ De même, l'action en remboursement des rentes d'invalidité indûment versées au conjoint après le décès de la victime n'est pas soumise à la prescription biennale de l'art. L. 432-1. • Soc. 16 juill. 1991, n° 89-14.354 P : *D. 1991. 341, obs. Prétot.* ♦ V. aussi • Soc. 26 oct. 2000 : *Dr. soc. 2001. 109, obs. Gauriau ; RDSS 2001. 173, obs. Muller ; RJS 2001, n° 105.*

9. Droits du conjoint survivant. Si le droit du conjoint survivant, à partir du décès de la victime, au bénéfice de la rente viagère prévue, en cas d'accident du travail ou de maladie professionnelle suivi du décès de la victime, par l'art. L. 434-8 CSS, se prescrit par deux ans conformément aux art. L. 431-2 et L. 461-1 CSS, le paiement des arrérages de la rente est soumis à la prescription quinquennale fixée par l'art. 2277 C. civ., dans sa rédaction antérieure à la L. n° 2008-561 du 17 juin 2008 applicable au litige. • Civ 2e, 4 mai 2016, n° 15-15.009 P : *RJS 7/2016, n° 520 ; JCP S 2016, n° 1236, obs. Jeansen.*

2° POINT DE DÉPART DE LA PRESCRIPTION

10. Principe. En application des art. L. 431-2, L. 461-1 et L. 461-5, les droits de la victime d'un accident du travail ou d'une maladie professionnelle ou de ses ayants droit aux prestations et indemnités se prescrivent par deux ans à compter soit de l'accident ou de la première constatation médicale de la maladie, soit de la cessation du paiement de l'indemnité journalière, soit de la cessation du travail, soit, lorsqu'il y a été procédé, de la clôture de l'enquête. • Soc. 27 avr. 2000, n° 98-11.750 P : *RJS 2000, n° 723* • Civ. 2e, 18 janv. 2005, n° 03-17.564 P : *TPS 2005. Comm. 86.* ♦ Pour les maladies professionnelles, les droits de la victime ou de ses ayants droit au bénéfice des prestations et indemnités prévues par la législation professionnelle se prescrivent par deux ans à compter soit de la date à laquelle la victime est informée par un certificat médical du lien possible entre sa maladie et une activité professionnelle, soit de la cessation du travail en raison de la maladie constatée, soit du jour de la clôture de l'enquête, soit de la cessation du paiement des indemnités journalières, soit encore de la reconnaissance du caractère professionnel de la maladie. • Civ. 2e, 19 sept. 2013 : *D. actu. 4 oct. 2013, obs. Dechristé ; RDSS 2013. 1141, obs. Dagorne-Labbe ; RLDC 2013, n° 109, p. 27.* ♦ V., dans le même sens antérieurement, : • Civ. 2e, 8 nov. 2012 : *RDSS 2013. 163, obs. Tauran*. ♦ Les juges du fond ne sauraient en conséquence se baser sur la seule date de la consolidation de la maladie. • Civ. 2e, 12 juill. 2012 : *JCP S 2012, n° 1437, obs. Asquinazi-Bailleux ; Gaz. Pal. 19 oct. 2012, n° 293-294, p. 34, obs. Coursier.*

11. Incidence des règles de procédure. Le point de départ de la prescription biennale des actions ouvertes aux ayants droit de la victime est le jour de la clôture de l'enquête diligentée à la suite d'un accident mortel du travail. Ce délai ne court cependant qu'à la condition que la caisse les ait avertis de la clôture par pli recommandé du dépôt de l'ensemble du dossier dans ses bureaux en leur adressant une expédition du procès-verbal d'enquête. • Soc. 21 janv. 1993, n° 90-16.702 P : *RJS 1993, n° 326.*

12. Point de départ du délai en cas de décision de la caisse. La durée de la prescription est déterminée par la nature de la créance. Viole en conséquence l'art. L. 432-1 la juridiction qui écarte l'application de l'art. L. 432-1 à une demande sollicitant l'exécution d'une décision de caisse modifiant le taux d'incapacité permanente. • Civ. 2e, 26 nov. 2015, n° 14-23.220 P : *RJS 2/16, n° 147.*

13. Action en reconnaissance de la faute inexcusable. Le délai de prescription de l'action du salarié pour faute inexcusable ne peut commencer à courir qu'à compter de la reconnaissance du caractère professionnel de l'accident ou de la maladie. • Civ. 2e, 3 avr. 2003, n° 01-20.872 P : *JCP 2003. I. 159, note Lagarde ; RJS 2003, n° 941 ; D. 2004. 457, note Saint-Jours ; JCP E 2003. 1746, note Asquinazi-Bailleux.* ♦ L'action en reconnaissance de la faute inexcusable de l'employeur se prescrit par deux ans à compter, notamment, de la cessation du paiement des indemnités journalières versées au titre de la prise en charge des accidents du travail et maladies professionnelles. • Civ. 2e, 20 juin 2013 : *JCP S 2013, n° 1413, obs. Michalletz.* ♦ Seul le salarié ou ses ayants droit peuvent se prévaloir de la reconnaissance implicite du caractère professionnel de la maladie résultant du retard de la caisse. • Civ. 2e, 11 oct. 2005, n° 04-30.360 P : *JCP S 2006. n° 1014, note Asquinazi-Bailleux ; RDSS 2005. 1063, obs Verkindt ; RTD civ. 2006. 119, obs. Jourdain .* ♦ L'omission de la caisse de faire procéder à l'enquête dans les cas où elle est obligatoire ne constitue pas pour la victime ou pour ses ayants droit une impossibilité d'agir en recherche de la faute inexcusable, dès lors qu'ils ont eu connaissance en temps utile de la prise en charge de la maladie par la caisse à titre professionnel. • Soc. 27 avr. 2000, n° 98-11.750 P : *RJS 2000, n° 723.* ♦ La mise en œuvre d'une procédure engagée afin de déterminer l'aptitude des ayants droit à percevoir une rente d'ascendant ne constitue pas un obstacle les empêchant d'engager contre l'employeur une action en reconnaissance de faute inexcusable dans le délai de deux ans édicté par l'art. L. 432-1. • Soc. 16 avr. 1992, n° 90-14.834 P.

14. Rechutes et nouvelles maladies. La survenance d'une rechute n'a pas pour effet de faire courir à nouveau la prescription biennale. • Soc. 3 mars 1994, n° 91-17.795 P. ♦ V. de même • Civ. 2e, 29 juin 2004, n° 03-10.789 P : *RJS 2004, n° 1093 ; RCA 2004. 331, comm. Groutel.* ♦ Il ne peut y avoir rechute avant consolidation. • Civ. 2e, 20 juin 2013 : *préc. note 13.* ♦ L'aggravation de l'hypoacousie de perception désignée au tableau n° 42 des maladies professionnelles, qui n'est prise en charge qu'en cas de nouvelle exposition aux bruits lésionnels, n'est pas en lien de causalité direct et exclusif avec le traumatisme initial et ne résulte pas de l'évolution spontanée des séquelles de la première maladie prise en charge, de sorte qu'elle n'en constitue pas une rechute, mais une nouvelle maladie relevant de ce même tableau. • Civ. 2e, 17 mars 2011 : *Dr. ouvrier 2011. 590, note Guiomard.*

15. Contamination par le VIH. En cas d'accident conduisant à une infection par le VIH, le délai de prescription ne court pas à compter du jour de l'accident mais à compter de la date à laquelle la séropositivité a été révélée. • Soc. 15 oct. 1998, n° 96-22.127 P : *RDSS 1999. 577, comm. Verkindt .*

16. Suites d'une vaccination. En cas d'affection résultant d'une vaccination obligatoire, la prescription ne court qu'à compter du jour où le salarié a connaissance du rapport possible entre la maladie et la vaccination. • Civ. 2e, 12 juill. 2006, n° 05-10.556 P. ♦ Le délai de prescription ne peut courir tant que le salarié, de manière légitime et raisonnable, ignore la naissance de son droit et est dans l'impossibilité d'agir. Le délai de prescription ne commence à courir qu'à compter du moment où un certificat médical révèle la relation entre la maladie et la vaccination. • Civ. 2e, 22 mars 2005 : *RDSS 2005. 506 obs. Verkindt ; D. 2005. 506, note Saint-Jours ; RJS 2005, n° 667 ; JCP 2006. II. 10172, comm. Colonna.*

17. Constatation des maladies professionnelles. En l'absence de certificat médical antérieur, la date de première constatation de la maladie professionnelle, à compter de laquelle se prescrit l'action du salarié en reconnaissance de la faute inexcusable de son employeur, est celle du certificat médical joint à la déclaration de maladie professionnelle. • Soc. 26 nov. 2002, n° 00-22.877 P : *RJS 2003 n° 255.*

18. Décès de la victime. Les règles applicables à la détermination du point de départ de la prescription s'imposent, y compris pour l'ouverture, postérieurement au décès de la victime, des droits des ayants droit de celle-ci. • Civ. 2e, 29 juin 2004, n° 03-10.789 P : *RJS 2004, n° 1093 ; RCA 2004. 331, comm. Groutel.*

3° INTERRUPTION ET SUSPENSION DE LA PRESCRIPTION

19. Interruption de la prescription par l'action en reconnaissance de la faute inexcusable. L'action en reconnaissance de la faute inexcusable a pour effet d'interrompre la prescription à l'égard de toute autre action procédant du même fait dommageable. L'action en reconnaissance de la faute inexcusable engagée contre le gérant de la société a en conséquence pour effet d'interrompre la prescription à l'égard de la société elle-même peu important la transformation de sa forme sociale. • Soc. 23 janv. 2003, n° 01-20.945 P : *D. 2003. 1255, obs. Saint-Jours ; RJS 2003, n° 527 ; RDSS 2003. 440, note Verkindt ; TPS 2003. Comm. 152, obs. Prétot.* ♦ Le délai de prescription est interrompu, en cas de circonstances susceptibles d'entraîner la reconnaissance de la faute inexcusable de l'employeur, par l'exercice de l'action en reconnaissance du caractère professionnel de la maladie. • Civ. 2e, 24 janv. 2013 : *RCA avr. 2013, Comm. 112, obs. Groutel ; JCP S 2013, n° 1140, obs. Michalletz ; RJS 4/2013, n° 323.*

20. Saisine de la caisse. La requête de la victime tendant à la reconnaissance de la faute inexcusable équivaut à la citation en justice visée à l'art. 2244 C. civ. et interrompt la prescription biennale. • Soc. 16 déc. 1993, n° 92-10.169 P. ♦ De même, l'action du représentant légal de la victime saisissant la caisse d'une requête tendant à la reconnaissance de la faute inexcusable équivaut à la citation en justice de l'art. 2244 C. civ. et interrompt la prescription. • Civ. 2e, 16 sept. 2002, n° 02-30.490 P. ♦ La saisine de la caisse par les ayants droit interrompt la prescription biennale, suspendant le cours de la prescription tant que l'organisme social n'a pas fait connaître aux intéressés le résultat de la tentative de conciliation. Un nouveau délai de prescription de deux ans commence à courir à compter de la notification de ce résultat. • Soc. 13 mai 1993, n° 90-19.548 P : *RJS 1993, n° 658.*

21. Saisine de l'ONIAM. L'invocation du lien vaccinal entre la sclérose en plaque et la vaccination obligatoire exigée par l'employeur lors de la saisine de l'ONIAM peut fournir le point de départ du délai de prescription de l'art. L. 432-1. La saisine de l'ONIAM n'interrompt pas le délai de prescription biennale applicable à la demande de prise en charge d'un accident du travail dès lors qu'elle n'a pas le même objet et n'oppose pas les mêmes parties. • Civ. 2e, 7 mai 2015, n° 14-17.786 P : *D. actu. 3 juin 2015, obs. Fraisse ; JCP S 2015, n° 1268, obs. Asquinazi-Bailleux ; RLDC 06/2015, p. 25, obs. Wagner.*

22. Incidence de la suspension des droits de l'intéressé. Les droits à pension de réversion étant seulement suspendus par le remariage, le rétablissement des droits à la suite d'un divorce ne peut avoir pour effet de faire courir le délai de prescription de l'art. L. 431-2. • Soc. 8 févr. 2001, n° 99-17.348 P.

23. Action pénale. La prescription de l'art. L. 431-2 est interrompue par l'exercice de l'action pénale engagée pour les mêmes faits. Cette interruption de la prescription profite à des ayants droit n'ayant pas été partie au litige initial, dès lors que les faits dommageables étaient identiques. • Soc. 24 janv. 2002, n° 00-11.696 P : *RJS 2002, n° 625.* ♦ Cet effet interruptif subsiste jusqu'à la date à laquelle la décision ayant statué sur cette action est devenue irrévocable. • Civ. 2e, 28 avr. 2011 : *RJS 2011, n° 728.* ♦ L'interruption de la prescription biennale mentionnée au dernier al. de l'art. L. 431-2 ne peut provenir ni des instructions adressées par le procureur de la République à un officier de police judiciaire lors de l'enquête préliminaire, ni des procès-verbaux dressés par l'inspection du travail qui ne constituent pas l'engagement d'une action pénale. • Civ. 2e, 31 mai 2012 : *RJS 2012, n° 844.* ♦ Ne constitue pas non plus une cause d'interruption le dépôt d'une plainte entre les mains du procureur de la République. • Civ. 2e, 31 mai 2012 : *CSBP 2012, n° 243, p. 222, obs. Pansier ; RJS 2012, n° 844.*

Loi n° 98-1194 du 23 décembre 1998, *de financement de la sécurité sociale pour 1999.* **Art. 40** *(L. n° 2001-1246 du 21 déc. 2001, art. 49-II)* « II. — Par dérogation aux dispositions des articles L. 431-2 et L. 461-5 du code de la sécurité sociale, les droits aux prestations, indemnités et majoration prévus par les dispositions du livre IV dudit code et par les dispositions du chapitre Ier du titre V du livre VII du code rural et de la pêche maritime, y compris en cas de faute inexcusable de l'employeur, au profit des victimes d'affections professionnelles consécutives à l'inhalation de poussières d'amiante ou provoquées par elles, et ceux de leurs ayants droit, sont rouverts dès lors qu'ils ont fait l'objet d'une première constatation médicale entre le 1er janvier 1947 et la date d'entrée en vigueur de la présente loi. » — *Sous réserve des décisions de justice passées en force de chose jugée, ces dispositions sont applicables aux procédures relatives au contentieux de la sécurité sociale en cours devant les juridictions. V. Cass., avis, 2 nov. 2009, n° 00900003P.*

III. — *Al. abrogé par L. n° 2001-1246 du 21 déc. 2001, art. 49-II.*

Les droits qui résultent des dispositions du II prennent effet de la date du dépôt de la demande sans que les prestations, indemnités et rentes puissent avoir un effet antérieur au dépôt de celle-ci.

Ces prestations, indemnités et rentes se substituent pour l'avenir aux autres avantages accordés à la victime pour la même maladie au titre des assurances sociales. En outre, il sera tenu compte, dans les conditions fixées par le décret en Conseil d'État pris pour l'application de l'article L. 461-2 du code de la sécurité sociale, des réparations accordées au titre du droit commun.

IV. — La branche accidents du travail et maladies professionnelles du régime général de sécurité sociale *(L. n° 2008-1330 du 17 déc. 2008, art. 102)* « , celle des régimes spéciaux mentionnés à l'article L. 711-1 du code de la sécurité sociale qui comportent une telle branche » et celle du régime des salariés agricoles supportent définitivement, chacune pour ce qui la concerne, la charge imputable aux II et III du présent article, selon des modalités fixées par décret. — *Les dépenses sont inscrites au compte spécial mentionné à l'art. D. 242-6-3 (Décr. n° 99-1129 du 28 déc. 1999, art. 1er, JO 29 déc.).*

Application de la loi dans le temps. Les dispositions de l'art. 40 de la L. n° 98-1194 du 23 déc. 1998 dans leur rédaction antérieure à l'art. 102 de la L. n° 2008-1330 du 17 déc. 2008 sont applicables aux affaires en cours devant la cours de cassation. • Civ. 2e, 28 mai 2009, n° 08-16.611 P : *D. actu. 9 juin 2009, obs. Prémilat ; RJS 2009, n° 746* • Cass, avis, 2 nov. 2009 : *D. actu. 25 nov. 2009, obs. Mavoka-Isana.*

Art. L. 431-3 **Des avantages complémentaires peuvent être stipulés au profit des bénéficiaires du présent livre. Le service en est assuré par l'employeur ou par les institutions de prévoyance** *(L. n° 94-678 du 8 août 1994, art. 14-V)* **« régies par le titre III du livre IX du présent code ».** — *V. note ss. art. L. 431-1.*

CHAPITRE II PRESTATIONS EN NATURE

SECTION PREMIÈRE SOINS

Art. L. 432-1 **Les caisses versent directement aux praticiens, pharmaciens, auxiliaires médicaux, fournisseurs ainsi qu'aux établissements, le montant des prestations fixées aux 1° et 3° de l'article L. 431-1. Toutefois, les frais de transport peuvent donner lieu à remboursement par la caisse à la victime,** *(L. n° 86-838 du 16 juill. 1986, art. 21)* **« dans les conditions prévues par le 2° de l'article** *(L. n° 2015-1702 du 21 déc. 2015, art. 59-XI-I-1°, en vigueur le 1er janv. 2016)* **« L. 160-8 » ».**

(L. n° 2004-810 du 13 août 2004, art. 20-IV) **« Les dispositions du II** *(L. n° 2007-1786 du 19 déc. 2007, art. 52-I)* **« et du III » de l'article** *(L. n° 2015-1702 du 21 déc. 2015, art. 59-XI-I-1°, en vigueur le 1er janv. 2016)* **« L. 160-13 » sont applicables aux bénéficiaires du présent livre. »**

1. Frais de transport aérien. En l'absence de tarification spécifique aux transports aériens et lorsque ce type de transport est le seul compatible avec l'état du malade, le remboursement des frais à la société aérienne qui a effectué le transport doit être calculé sur la base des frais réels. • Soc. 12 mars 1992, n° 89-19.116 P : *RDSS 1992. 725, note Harichaux.*

2. Honoraires médicaux. C'est à bon droit qu'une décision refuse à la victime le remboursement des honoraires de deux médecins qu'elle est allée consulter dès lors qu'il est constaté et non contesté que l'intéressée est allée spontanément consulter ces deux médecins en agissant en dehors de son médecin traitant et sans avoir obtenu l'agrément de l'organisme de sécurité sociale. • Soc. 19 janv. 1956 : *Dr. soc. 1956. 317.* ♦ C'est à la caisse d'apporter la preuve du caractère excessif du nombre de consultations en réponse à une demande tendant au remboursement des frais médicaux directement au praticien. • Soc. 16 févr. 1961 : *JCP 1961. II. 12083.*

3. Délai de remboursement. La caisse doit régler les notes d'honoraires et factures des praticiens et pharmaciens dans le délai d'un mois suivant leur réception. Le non-respect de ce délai permet d'appliquer les dispositions du droit commun relatives aux intérêts de retard. • Soc. 31 janv. 1963 : *Bull. civ. IV, n° 125.*

4. Paiement indu. Si l'action en répétition de l'indu peut être engagée soit contre celui qui a reçu le paiement, soit contre celui pour le compte duquel il a été reçu, elle ne peut être dirigée contre celui pour le compte duquel le paiement a été effectué. L'action en répétition de l'indu ne saurait en conséquence être dirigée contre l'assuré qui a bénéficié indûment d'une prise en charge des soins au titre de la législation professionnelle, la caisse n'étant pas débitrice à son encontre. • Soc. 5 déc. 1996, n° 95-10.686 P : *D. 1998. 107, note Dagorne-Labbe.* ♦ Rappr. • Soc. 6 mai 1993 : *D. 1993. IR 139.*

Art. L. 432-2 **La victime conserve le libre choix de son médecin, de son pharmacien et, le cas échéant, des auxiliaires médicaux dont l'intervention est prescrite par le médecin.**

Tout assuré social a droit, dans les limites légales, à la couverture des frais médicaux dont le paiement est attesté sur une feuille de soins et a le libre choix de l'auxiliaire médical dont l'intervention est médicalement prescrite, peu importe la relation de concubinage pouvant exister entre le patient et le praticien. • Soc. 25 juin 1992, n° 90-17.702 P : *D. 1992. IR 205.*

Art. L. 432-3 **Les tarifs des honoraires et frais accessoires dus par la caisse primaire d'assurance maladie aux praticiens et auxiliaires médicaux, à l'occasion des soins de**

toute nature, le tarif des médicaments, frais d'analyses, d'examens de laboratoire *(L. n° 2008-1330 du 17 déc. 2008, art. 98-I)* **« , des produits et prestations inscrits sur la liste prévue à l'article L. 165-1 et des prothèses dentaires inscrites sur la liste prévue à l'article L. 162-1-7 » concernant les bénéficiaires du présent livre sont les tarifs applicables en matière d'assurance maladie, sous réserve des dispositions spéciales fixées par arrêté interministériel** *[V. art. R. 432-1]*. *(L. n° 2008-1330 du 17 déc. 2008, art. 98-I)* **« Toutefois, les tarifs des produits et prestations inscrits sur la liste prévue à l'article L. 165-1 et délivrés en application du 1° de l'article L. 431-1 sont majorés par application d'un coefficient déterminé par arrêté dans la limite des frais réellement exposés lorsque leur prix n'est pas fixé conformément à l'article L. 165-3. Ce coefficient s'applique également à la cotation des prothèses dentaires établie dans la liste prévue à l'article L. 162-1-7. »** — *Le montant du coefficient multiplicateur applicable au tarif des produits, prestations et prothèses dentaires est fixé à 1,5 (Arr. du 3 févr. 2009, JO 11 févr.).*

Les praticiens et auxiliaires médicaux ne peuvent demander d'honoraires à la victime qui présente la feuille d'accident prévue à l'article L. 441-5, sauf le cas de dépassement de tarif dans les conditions prévues à l'article L. 162-35 et dans la mesure de ce dépassement.

1. Soins dentaires. L'art. L. 432-3, en spécifiant que les tarifs des honoraires dus par les caisses aux praticiens à l'occasion des soins de toute nature concernant les bénéficiaires des prestations d'accident du travail sont ceux applicables en matière d'assurance maladie, renvoie implicitement aux dispositions des art. L. 162-9, L. 162-12 et R. 162-52, qui subordonnent le remboursement des soins dentaires à leur inscription à la nomenclature générale des actes professionnels. Ne saurait en conséquence être prise en charge la pose d'un implant dentaire, qui n'est pas inscrite à la nomenclature générale des actes professionnels. • Soc. 20 mai 1999, n° 97-15.856 P : *RJS 1999, n° 981.*

2. Appareillage, prothèses. L'art. L. 432-3, en spécifiant que le tarif des fournitures pharmaceutiques autres que les médicaments, concernant les victimes d'accidents du travail, est le tarif applicable en matière d'assurance maladie, renvoie implicitement aux dispositions de l'art. L. 314-1, lesquelles subordonnent le remboursement des frais d'acquisition et de renouvellement des appareils à leur inscription au tarif interministériel des prestations sanitaires. Cependant, selon l'art. R. 165-8, lorsque aucune fourniture, ou appareil, adaptée à l'état du malade ou du handicapé ne figure sur la liste mentionnée à l'art. R. 165-1, les organismes d'assurance maladie peuvent, sur avis du médecin-conseil, décider de prendre en charge une prestation sur devis, le juge ne pouvant substituer son appréciation à celle des organismes sociaux. • Soc. 20 juill. 1995, n° 92-21.758 P. ♦ Une caisse est fondée à refuser à l'intéressé le remboursement du renouvellement d'une lentille sclérocornéenne dans la mesure où ce produit ne figure pas à ce tarif, peu important qu'il soit médicalement justifié. • Civ. 2e, 16 sept. 2003 : *RJS 2004. 175, n° 259.*

3. Fournitures pharmaceutiques. L'art. L. 432-3, en spécifiant que le tarif des fournitures pharmaceutiques autres que les médicaments concernant les bénéficiaires des prestations d'accident du travail est le tarif applicable en matière d'assurance maladie, renvoie implicitement aux dispositions de l'art. L. 162-17, al. 3, lesquelles subordonnent le remboursement des frais d'acquisition des fournitures pharmaceutiques à leur inscription au tarif interministériel des prestations sanitaires. Ne peuvent en conséquence être pris en charge les coûts de pansements dits « américains », exclus de cette nomenclature. • Soc. 16 févr. 1995, n° 92-19.198 P. ♦ Ne donnent pas non plus lieu à remboursement les médicaments diététiques, les produits de régimes, les produits de beauté, même lorsqu'ils contiennent des substances de nature médicamenteuse. • Soc. 21 juin 1961 : *Bull. civ. IV, n° 669.*

Art. L. 432-4 **La Caisse primaire d'assurance maladie ne peut couvrir les frais d'hospitalisation, de traitement et, le cas échéant, de transport de la victime dans un établissement privé que si cet établissement a été autorisé dans les conditions prévues aux articles L. 162-21 et suivants.**

Les tarifs des honoraires et frais accessoires dus aux praticiens pour soins donnés dans les établissements mentionnés à l'alinéa précédent et les tarifs d'hospitalisation sont fixés dans les conditions prévues pour l'assurance maladie. — *V. art. R. 432-2.*

Les victimes d'accidents du travail peuvent être soignées dans les établissements fondés par les caisses d'assurance maladie ou dans les établissements mutualistes conformément aux dispositions applicables en matière d'assurance maladie.

Date d'appréciation de l'incapacité permanente. L'incapacité permanente consécutive à un accident du travail ou à une maladie professionnelle est appréciée à la date de la consolidation de l'état de la victime. • Civ. 2e, 15 mars 2018, n° 17-15.400 P : *RJS 5/2018, n° 375 ; JCP S 2018. 1146, obs. Asquinazi-Bailleux.*

Art. L. 432-4-1 *(Ord. n° 2005-804 du 18 juill. 2005, art. 9)* **En cas d'interruption de travail ou de soins continus supérieurs à une durée fixée par décret, la caisse fait procéder périodiquement à un examen spécial conjoint de la victime par le médecin traitant et le médecin-conseil de la sécurité sociale en vue d'établir un protocole de soins. Ce protocole périodiquement révisable, notamment en fonction de l'état de santé de la victime et des avancées thérapeutiques, définit notamment les actes et prestations nécessités par le traitement de l'accident ou de la maladie professionnelle, compte tenu, le cas échéant, des recommandations établies par la Haute Autorité de santé. Ce protocole est signé par la victime.**

Le service des prestations est subordonné au respect par la victime de l'obligation :

1° De se soumettre aux traitements et mesures de toute nature prescrits d'un commun accord par le médecin traitant et le médecin-conseil de la sécurité sociale, et, en cas de désaccord entre ces deux médecins, par un expert dans les conditions prévues à l'article L. 141-1 ;

2° De se soumettre aux visites médicales et contrôles spéciaux organisés par la caisse ;

3° De s'abstenir de toute activité non autorisée ;

4° D'accomplir les exercices ou travaux prescrits en vue de favoriser sa rééducation ou son reclassement professionnel.

En cas d'inobservation des obligations énumérées ci-dessus, la caisse peut suspendre, réduire ou supprimer le service des prestations.

V. art. D. 432-1.

SECTION II *[ABROGÉE]* APPAREILLAGE

(Abrogée par L. n° 2008-1330 du 17 déc. 2008, art. 98-I)

Art. L. 432-5 *Abrogé par L. n° 2008-1330 du 17 déc. 2008, art. 98-I. – V. art. R. 432-3 et R. 432-4.*

SECTION III RÉADAPTATION FONCTIONNELLE, RÉÉDUCATION PROFESSIONNELLE, RECLASSEMENT ET RECONVERSION PROFESSIONNELLE

(Ord. n° 2017-1389 du 22 sept. 2017, art. 3-7°).

SOUS-SECTION 1 DISPOSITIONS GÉNÉRALES

Art. L. 432-6 **La victime a le droit de bénéficier d'un traitement spécial en vue de sa réadaptation fonctionnelle.** *– V. art. R. 432-6 s.*

Art. L. 432-7 **Le traitement prévu à l'article précédent peut comporter l'admission dans un établissement public ou dans un établissement autorisé à cet effet dans les conditions mentionnées au premier alinéa de l'article L. 432-4. Pendant toute la période du traitement spécial en vue de la réadaptation, la victime a droit à l'indemnité journalière prévue à l'article L. 433-1.**

Art. L. 432-8 **Le bénéficiaire des dispositions de l'article L. 432-7 est tenu :**

1° De se soumettre aux traitements et mesures de toute nature prescrits dans les conditions prévues au présent code ou par les autorités sanitaires compétentes ;

2° De se soumettre aux visites médicales et contrôles organisés par la caisse ;

3° De s'abstenir de toute activité non autorisée ;

4° D'accomplir les exercices ou travaux prescrits en vue de favoriser sa rééducation ou son reclassement professionnel, sans préjudice des dispositions des articles L. 432-9 et L. 432-10.

En cas d'inobservation des obligations ci-dessus indiquées, la caisse peut suspendre le service de l'indemnité ou en réduire le montant, sauf recours du bénéficiaire devant

les organismes du contentieux de la sécurité sociale. Dans le même cas, elle cesse d'être tenue au paiement des frais de toute nature à l'égard des praticiens ou établissements intéressés. – *V. art. R. 432-8.*

Art. L. 432-9 Si, à la suite d'un accident du travail, la victime devient inapte à exercer sa profession ou ne peut le faire qu'après une nouvelle adaptation, elle a le droit, qu'elle ait ou non bénéficié de la réadaptation fonctionnelle prévue au présent code, d'être admise gratuitement dans un établissement public ou privé de rééducation professionnelle ou d'être placée chez un employeur pour y apprendre l'exercice d'une profession de son choix, sous réserve de présenter les conditions d'aptitude requises. Elle subit à cet effet un examen psychotechnique préalable.

L'indemnité journalière pour la période mentionnée à l'article L. 433-1 ou la rente est intégralement maintenue au mutilé en rééducation. Si elle est inférieure *(Ord. n° 2004-329 du 15 avr. 2004, art. 6-2°)* « au salaire perçu avant l'accident ou, s'il est plus élevé, au salaire minimum de croissance », celle-ci reçoit, à défaut de rémunération pendant la durée de la rééducation, un supplément à la charge de la caisse, destiné à porter cette indemnité ou rente au montant dudit salaire.

La rente de la victime rééduquée ne peut être réduite du fait de l'exercice de la nouvelle profession.

Les frais pris en charge par les organismes d'assurance maladie à l'occasion du séjour d'un travailleur handicapé dans un centre agréé de préorientation, d'éducation ou de rééducation professionnelle comprennent les frais de toute nature entraînés par son stage, y compris, le cas échéant, les frais d'entretien et d'hébergement. Le droit à remboursement, en ce qui concerne les frais d'hébergement, n'est ouvert qu'au profit d'un centre agréé et à condition que le travailleur handicapé y ait été effectivement hébergé. Ne peuvent en conséquence être pris en charge ces frais lorsque le travailleur handicapé est admis en qualité d'externe. • Soc. 23 mars 1995, n° 92-19.410 P : *RDSS 1995. 618, note Kessler.*

Art. L. 432-10 La victime d'un accident du travail bénéficie du reclassement professionnel dans les conditions prévues par la législation en vigueur.

Le décret en Conseil d'État qui fixe les modalités d'application de l'article L. 432-9 et du présent article détermine notamment la mesure dans laquelle la caisse primaire participe aux frais de rééducation et de reclassement. – *V. art. R. 432-6 à R. 432-9-1.*

Art. L. 432-11 *(L. n° 99-1140 du 29 déc. 1999, art. 37)* La période de rééducation professionnelle est validée pour le calcul des droits à pension vieillesse.

Art. L. 432-12 *(Ord. n° 2017-1389 du 22 sept. 2017, art. 3-7°, en vigueur au plus tard le 1er janv. 2019)* Au titre de la reconversion professionnelle, la victime atteinte d'une incapacité permanente supérieure ou égale à un taux fixé par décret peut bénéficier d'un abondement de son compte personnel de formation prévu à l'article *(L. n° 2018-771 du 5 sept. 2018, art. 1er-V)* « L. 6323-1 » du code du travail selon des modalités précisées par décret en Conseil d'État.

SOUS-SECTION 2 PRIME DE FIN DE RÉÉDUCATION ET PRÊT D'HONNEUR

Néant. – V. art. R. 432-10 et D. 432-1 à D. 432-14.

CHAPITRE III INDEMNISATION DE L'INCAPACITÉ TEMPORAIRE

Art. L. 433-1 La journée de travail au cours de laquelle l'accident s'est produit, quel que soit le mode de paiement du salaire, est intégralement à la charge de l'employeur.

Une indemnité journalière est payée à la victime par la caisse primaire, à partir du premier jour qui suit l'arrêt du travail consécutif à l'accident sans distinction entre les jours ouvrables et les dimanches et jours fériés, pendant toute la période d'incapacité de travail qui précède soit la guérison complète, soit la consolidation de la blessure ou le décès ainsi que dans le cas de rechute ou d'aggravation prévu à l'article L. 443-2.

L'indemnité journalière *(L. n° 2011-1906 du 21 déc. 2011, art. 45-II-1°)* « est servie » en tout ou partie en cas de reprise d'un travail léger autorisé par le médecin traitant, si cette reprise est reconnue par le médecin-conseil de la caisse primaire comme de nature à favoriser la guérison ou la consolidation de la blessure. *(L. n° 2011-1906 du 21 déc. 2011, art. 45-II-2°)* « La reprise d'un travail à temps complet ne fait pas obs-

tacle au versement ultérieur de cette indemnité en cas de travail léger autorisé postérieurement par le médecin traitant, dans les mêmes conditions. » Le montant total de l'indemnité *(L. n° 2011-1906 du 21 déc. 2011, art. 45-II-3°)* **« servie » et du salaire ne peut dépasser le salaire normal des travailleurs de la même catégorie professionnelle ou, s'il est plus élevé, le salaire sur lequel a été calculée l'indemnité journalière. En cas de dépassement, l'indemnité est réduite en conséquence.** – *V. art. R. 433-5 s.*

(L. n° 2010-1594 du 20 déc. 2010, art. 84-I-2°) **« L'article L. 323-3-1 est applicable aux arrêts de travail résultant d'un accident de travail ou d'une maladie professionnelle. »**

(L. n° 2008-1330 du 17 déc. 2008, art. 100-I) **« L'indemnité journalière peut être rétablie pendant le délai mentionné à l'article L. 1226-11 du code du travail lorsque la victime ne peut percevoir aucune rémunération liée à son activité salariée. Le versement de l'indemnité cesse dès que l'employeur procède au reclassement dans l'entreprise du salarié inapte ou le licencie. Lorsque le salarié bénéficie d'une rente, celle-ci s'impute sur l'indemnité journalière. Un décret détermine les conditions d'application du présent alinéa. »**

(L. n° 2007-1786 du 19 déc. 2007, art. 117-I) **« Le droit à l'indemnité journalière est ouvert dans les conditions définies à l'article L. 323-6. »**

1° CONDITIONS D'OCTROI DE L'INDEMNITÉ JOURNALIÈRE

1. Incapacité de travailler. La victime d'un accident du travail ne peut prétendre au bénéfice des indemnités journalières jusqu'à la date de consolidation des blessures que si elle se trouve, en raison des séquelles de l'accident, dans l'incapacité de reprendre le travail. • Civ 2e, 23 janv. 2014 : *RJS 4/2014, n° 434 ; JCP S 2014, n° 1131, obs. Asquinazi-Bailleux.* ♦ L'incapacité qui ouvre droit au bénéfice des indemnités journalières, en cas d'accident du travail ou de maladie professionnelle, s'entend non de l'inaptitude de la victime à reprendre son emploi antérieur à l'arrêt de travail, mais de celle d'exercer une activité salariée quelconque. La victime ne peut donc prétendre au bénéfice des indemnités journalières de l'assurance des accidents du travail à compter de la date à laquelle l'expert désigné par les juges a considéré que le salarié n'est pas inapte à toute activité professionnelle. • Civ. 2e, 21 juin 2018, n° 17-18.587 P : *RJS 10/2018, n° 636 ; RDSS 2018. 925, obs. Tauran ; D. 2018. 2048, obs. Palle ; JCP S 2018. 1269, obs. Godefroy.*

2. Interdiction d'exercer d'autres activités professionnelles. La victime d'une maladie professionnelle ne doit se livrer à aucun travail rémunéré ou non au cours de la période d'incapacité temporaire, sauf s'il s'agit d'un travail léger autorisé par le médecin traitant et dont le médecin-conseil de la caisse a reconnu qu'il était de nature à favoriser la guérison ou la consolidation de la blessure. Le salarié ne saurait donc prétendre au maintien des indemnités journalières s'il a poursuivi une activité libérale au cours de cette période. • Soc. 12 déc. 2002, n° 01-20.189 P.

3. Période de rééducation. L'indemnité journalière est due pendant les périodes de rééducation fonctionnelle jusqu'au jour de la consolidation fixée par les experts, mais ne saurait être due pendant une période de rééducation dont le seul objet est de permettre au salarié de retrouver un autre emploi. • Soc. 22 oct. 1964 : *Bull. civ. IV, n° 696.*

4. Formation. L'indemnité journalière est due en cas de reprise de la scolarité. * Lettre CNAMTS n° 1075/88, 10 mai 1988 : *Bull. jur. CNAMTS 36/1988.*

5. Incarcération. L'indemnité journalière forfaitaire est due à la victime à partir du premier jour qui suit l'arrêt de travail consécutif à l'accident, pendant toute la période d'incapacité de travail qui précède soit la guérison complète, soit la consolidation de la blessure. Le versement de l'indemnité ne saurait en conséquence être supprimé en raison de l'incarcération du salarié. • Soc. 6 mars 1964 : *Bull. civ. V, n° 224.*

2° INDEMNISATION DU BÉNÉFICIAIRE

6. Indemnisation du jour de l'accident (art. L. 433-1, al. 1er). L'obligation de l'employeur est limitée au paiement de la journée où s'est produit l'accident alors même que l'arrêt n'est pas concomitant à l'accident. • Soc. 6 mars 1959 : *Bull. civ. IV, n° 363.*

7. Durée du versement. L'indemnité journalière est versée dès lors que le salarié a été victime d'un accident du travail, c'est-à-dire tant qu'il est dans l'impossibilité de reprendre une quelconque activité, et ce jusqu'à ce que son état de santé soit déclaré consolidé. Il est indifférent que la victime d'un accident du travail perçoive, à titre complémentaire, une rente de la part du Fonds de gestion du congé de fin d'activité pendant la période pendant laquelle elle a droit aux indemnités journalières. • Civ. 2e, 22 oct. 2009, n° 08-16.919 P. ♦ L'indemnité journalière est payée à la victime par la caisse primaire pendant toute la période d'incapacité de travail qui précède soit la guérison complète, soit la consolidation de la blessure. Elle peut être servie au-delà de la date fixée pour la consolidation de la lésion quelle que soit la nature de l'inaptitude au travail présentée par l'assuré. • Soc. 21 juin 1989 : *Bull. civ. V, n° 462* • Soc. 14 mai 1984 : *Bull. civ. V, n° 189.*

8. Échéance. L'indemnité journalière cesse d'être due dès la date de consolidation même si, en cas de contestation, la décision prise à la suite de l'expertise technique n'est notifiée à la victime que postérieurement. • Soc. 22 janv. 1981 : *Bull. civ. V, n° 67.* ♦ La consolidation correspond soit à la guérison sans séquelles, soit au moment où l'état de la victime est stabilisé définitivement même s'il subsiste encore des troubles. • Soc. 14 févr. 1974 : *Bull. civ. V, n° 114.*

9. Résidence à l'étranger. Il n'existe aucune disposition restrictive pour le paiement à l'étranger. Les caisses doivent donc verser les indemnités à une personne victime d'un accident du travail en France et résidant à l'étranger. • Soc. 9 nov. 1972 : *Bull. civ. V, n° 610.*

Art. L. 433-2 **L'indemnité journalière est égale à une fraction du salaire journalier** *[art. R. 433-1 : 60 %]*. **Ce dernier n'entre en compte que dans la limite d'un pourcentage du maximum de rémunération annuelle retenu** *(L. n° 90-86 du 23 janv. 1990, art. 1er-V)* **« pour l'assiette des cotisations d'assurance vieillesse en vertu de l'article L. 241-3 »** *[art. R. 433-2 : 0,834 %]*.

Le délai à l'expiration duquel le taux de l'indemnité journalière est majoré ainsi que les modalités de détermination du salaire journalier de base sont fixés par décret en Conseil d'État. — *V. art. R. 433-4.*

En cas d'augmentation générale des salaires postérieurement à l'accident et lorsque l'interruption de travail se prolonge au-delà d'une durée déterminée *[art. R. 433-9 : 3 mois]*, **le taux de l'indemnité journalière peut faire l'objet d'une révision.**

1. Revalorisation collective des rémunérations. Le taux de l'indemnité journalière peut faire l'objet d'une révision, en cas d'augmentation générale des salaires postérieurement à l'accident et lorsque l'interruption du travail se prolonge au-delà d'une durée déterminée. Par ailleurs, la victime peut demander que la révision du taux de son indemnité journalière soit effectuée sur la base d'un salaire journalier calculé d'après le salaire normal prévu pour sa catégorie professionnelle de la convention collective applicable si cette modalité lui est favorable, en application de l'art. R. 433-10. • Civ. 2e, 10 déc. 2009, n° 08-20.488 P • Soc. 12 juin 1981 : *Bull. civ. V, n° 551.* ♦ Les revalorisations prévues par la convention collective signée par un syndicat patronal auquel l'employeur de la victime n'avait pas adhéré doivent être prises en compte dès lors que l'employeur faisait une application volontaire de cette convention. • Soc. 5 juill. 1962 : *Bull. civ. IV, n° 616.* ♦ Les art. L. 433-2 et R. 433-10, qui déterminent les conditions dans lesquelles, en cas d'augmentation générale des salaires postérieurement à l'accident, les indemnités journalières du régime « accidents du travail » peuvent faire l'objet d'une révision, ne font référence, pour la détermination de celle-ci qu'aux coefficients de majoration fixés par arrêtés interministériels. L'art. L. 311-3, 7°, qui affilie au régime général les conducteurs de voitures publiques lorsqu'ils ne sont pas propriétaires de leur véhicule ne contient aucune dérogation à cet égard, les cotisations des intéressés étant dans ce cas, à défaut de salaires, calculées sur des bases forfaitaires. • Soc. 14 mai 1992, n° 90-10.038 P.

2. Salaire de référence. Le salaire servant de base au calcul de l'indemnité journalière et des rentes par application des art. L. 433-2 et L. 434-15 s'entend de l'ensemble des salaires et des éléments annexes de celui-ci afférents à la période à considérer dans chacun des cas prévus aux art. R. 433-5 et R. 434-30, compte tenu, s'il y a lieu, des avantages en nature et des pourboires, déduction faite des frais professionnels et des frais d'atelier et non compris les prestations familiales légales ni les cotisations patronales de sécurité sociale. • Cass., ass. plén., 16 nov. 2001, n° 99-13.979 P : *RJS 2002, n° 491 ; Dr. soc. févr. 2002, obs Prétot ; D. 2002. 912, note Saint-Jours* • Soc. 9 oct. 1997 : *RJS 1997 n° 1286 ; D. 1998. 107, note Saint-Jours*.

Art. L. 433-3 **L'indemnité journalière n'est cessible et saisissable que dans les limites fixées par l'article L. 145-1** *[L. 3252-1 nouv.]* **du code du travail en ce qui concerne le salaire.** — *V. également art. R. 433-5 à R. 433-17.*

Art. L. 433-4 *(L. n° 91-738 du 31 juill. 1991, art. 19-II)* **L'indemnité journalière n'est pas due pendant la détention, à moins que la victime n'ait été admise par le juge de l'application des peines à bénéficier d'une des mesures prévues à l'article 723 du code de procédure pénale.** — *V. art. D. 433-1.*

CHAPITRE IV INDEMNISATION DE L'INCAPACITÉ PERMANENTE

SECTION PREMIÈRE VICTIMES

BIBL. ► TAURAN, La consolidation en droit de la sécurité sociale, *RDSS 2012. 1097*.

Art. L. 434-1 **Une indemnité en capital est attribuée à la victime d'un accident du travail atteinte d'une incapacité permanente inférieure à un pourcentage déterminé** *[art. R. 434-1 : 10 %]*.

Son montant est fonction du taux d'incapacité de la victime et déterminé par un barème forfaitaire fixé par décret *(L. n° 2001-1246 du 21 déc. 2001, art. 49-IV)* **« dont les montants sont revalorisés »** *(L. n° 2015-1702 du 21 déc. 2015, art. 89-I-7°)* **« au 1er avril de chaque année par application du coefficient mentionné à l'article L. 161-25 ». Il est révisé lorsque le taux d'incapacité de la victime augmente tout en restant inférieur à un pourcentage déterminé** *[art. R. 434-1 : 10 %]. – V. aussi art. R. 434-1-1 à R. 434-1-3 et D. 434-1.*

Cette indemnité est versée lorsque la décision est devenue définitive. Elle est incessible et insaisissable.

1. Détermination des préjudices indemnisés. La rente versée à la victime d'un accident du travail indemnise, d'une part, les pertes de gains professionnels et l'incidence professionnelle de l'incapacité et, d'autre part, le déficit fonctionnel permanent ; en l'absence de perte de gains professionnels ou d'incidence professionnelle, cette rente indemnise nécessairement le poste de préjudice personnel du déficit fonctionnel permanent. Lorsque la décision d'attribution de la rente est définitive, l'organisme de sécurité sociale est tenu au versement de cette prestation tant pour les arrérages à échoir que pour les arrérages futurs, de sorte que la condition de versement effectif et préalable de la prestation est remplie. • Civ. 2e, 22 oct. 2009, n° 07-20.419 P : *D. actu. 5 nov. 2009, obs. Lavric* • 22 oct. 2009, n° 08-19.576 P : *D. 2010. Chron. C. cass. 532, notes Sommer, Leroy-Gissinger, Adida-Canac et Grignon Dumoulin* ; *RTD civ. 2010. 119, note Jourdain* • Crim 17 nov. 2009, n° 09-80.308 P : *AJ pénal 2010. 80* ; *JCP S 2010. 1086, obs. Asquinazi-Bailleux.* ♦ De même pour la réparation des maladies professionnelles. • Civ. 2e, 8 oct. 2009, n° 08-17.884 P : *RDSS 2010. 177, note Tauran* ; *JCP S 2009. 1600, note Asquinazi-Bailleux* • Civ. 2e, 11 juin 2009, n° 08-16.089 P • 11 juin 2009, n° 07-21.768 P : *JCP 2009. 195, note Simon-Prochy ; RTD civ. 2009. 545, note Jourdain*. ♦ Comp. les recours des tiers payeurs s'exercent dans les limites de la part d'indemnité qui répare l'atteinte à l'intégrité physique de la victime, à l'exclusion de celle, de caractère personnel, correspondant aux souffrances physiques ou morales par elle endurées et au préjudice esthétique et d'agrément ; le préjudice d'agrément est le préjudice subjectif de caractère personnel résultant des troubles ressentis dans les conditions d'existence. • Crim., 9 mars 2004 : *RJS 2004 n° 1202* • Cass., ass. plén., 19 déc. 2003, n° 02-14.783 P : *RJS 2004 n° 465 ; JCP 2004. 10008, note Jourdain ; D. 2004. 161, note Lambert-Faivre* ; *RTD civ. 2004. 300, obs. Jourdain*.

2. Accidents successifs. Le taux d'incapacité permanente de la victime d'accidents du travail est fixé pour chaque accident, sans que l'art. L. 434-2, al. 4, qui se borne à déterminer les modalités de calcul de la dernière rente en cas d'accidents successifs, constitue une dérogation à ce principe. Par ailleurs, lorsqu'un nouveau taux d'incapacité permanente inférieure à 10 % est fixé pour une personne bénéficiaire d'une rente en application de l'art. R. 434-1-3, cette rente est remplacée par l'indemnité en capital prévue à l'art. L. 434-1 et il ressort de l'art. 4-I de la L. du 10 juill. 1989 que ces dispositions sont applicables lorsqu'il a été procédé à une nouvelle fixation du taux de l'incapacité permanente postérieurement au 1er nov. 1986. • Cass., ass. plén., 8 févr. 1993, n° 90-19.910 P : *D. 1993. Somm. 273, obs. Prétot* ; *RJS 1993, n° 324 ; JCP E 1993. 455, note Saint-Jours.* ♦ Le taux d'incapacité permanente de la victime d'accidents du travail successifs est fixé de manière indépendante pour chaque accident, sans que l'art. L. 434-2, al. 4, du même code, qui se borne à déterminer, en fonction du handicap global de la victime, les modalités de calcul de l'augmentation ou de la diminution du montant de la dernière rente, ne déroge à ce principe. • Civ. 2e, 7 nov. 2013, n° 12-24.925.

Art. L. 434-2 **Le taux de l'incapacité permanente est déterminé d'après la nature de l'infirmité, l'état général, l'âge, les facultés physiques et mentales de la victime ainsi que d'après ses aptitudes et sa qualification professionnelle, compte tenu d'un barème indicatif d'invalidité.**

Lorsque l'incapacité permanente est égale ou supérieure à un taux minimum *[art. R. 434-1 : 10 %]*, **la victime a droit à une rente égale au salaire annuel multiplié par le taux d'incapacité qui peut être réduit ou augmenté en fonction de la gravité de celle-ci.** *– V. art. R. 434-2.*

(L. n° 2012-1404 du 17 déc. 2012, art. 85-I-2°, en vigueur le 1er mars 2013) **« La victime titulaire d'une rente, dont l'incapacité permanente est égale ou supérieure à un taux minimum, a droit à une prestation complémentaire pour recours à tierce personne lorsqu'elle est dans l'incapacité d'accomplir seule les actes ordinaires de la vie. Le barème de cette prestation est fixé en fonction des besoins d'assistance par une tierce personne de la victime, évalués selon des modalités précisées par décret.** *(L. n° 2015-1702 du 21 déc. 2015, art. 89-I-8°)* **« Elle est revalorisée au 1er avril de chaque année par application du coefficient mentionné à l'article L. 161-25. »** *[art. R. 434-3].*

(L. n° 99-1140 du 29 déc. 1999, art. 38-I) **« En cas d'accidents successifs, le taux ou la somme des taux d'incapacité permanente antérieurement reconnue constitue le point de départ de la réduction ou de l'augmentation prévue au deuxième alinéa pour le calcul de la rente afférente au dernier accident. Lorsque, par suite d'un ou plusieurs accidents du travail, la somme des taux d'incapacité permanente est égale ou supérieure à un taux minimum** *[art. R. 434-4 : 10 %]*, **l'indemnisation se fait, sur demande de la victime, soit par l'attribution d'une rente qui tient compte de la ou des indemnités en capital précédemment versées, soit par l'attribution d'une indemnité en capital dans les conditions prévues à l'article L. 434-1. »** *(L. n° 2007-1786 du 19 déc. 2007, art. 86)* **« Le montant de la rente afférente au dernier accident ne peut dépasser le montant du salaire servant de base au calcul de la rente. »**

Lorsque l'état d'invalidité apprécié conformément aux dispositions du présent article est susceptible d'ouvrir droit, si cet état relève de l'assurance invalidité, à une pension dans les conditions prévues par les articles L. 341-1 et suivants, la rente accordée à la victime en vertu du présent titre dans le cas où elle est inférieure à ladite pension d'invalidité, est portée au montant de celle-ci. Toutefois, cette disposition n'est pas applicable si la victime est déjà titulaire d'une pension d'invalidité des assurances sociales.

Les bénéficiaires de la majoration pour tierce personne prévue au troisième al. de l'art. L. 434-2, dans sa rédaction antérieure à l'entrée en vigueur des dispositions de la L. n° 2012-1404 du 17 déc. 2012, en conservent le bénéfice tant qu'ils remplissent les conditions d'attribution. Ils peuvent à tout moment opter, dans des conditions prévues par décret, pour le bénéfice de la prestation complémentaire pour recours à tierce personne. Cette option est définitive (L. préc., art. 85-IV).

1. Fixation du taux d'incapacité permanente. Le taux d'incapacité permanente est fixé selon la nature de l'infirmité et les critères énoncés par l'art. L. 432-1, al. 1er, mais des correctifs peuvent être apportés à ces critères. • Soc. 15 févr. 1957 : *Bull. civ. IV, n° 185.* ♦ La détermination de l'importance respective des éléments d'appréciation visés à l'art. L. 434-2 relève du pouvoir souverain des juges du fond. • Soc. 19 juill. 1963 : *JCP 1963. IV. 121.* ♦ Les critères retenus par les juges du fond peuvent inclure : le risque de perte d'emploi ou des difficultés de reclassement. • Soc. 26 mars 1984 : *Bull. civ. V, n° 121.* ♦ ... Des séquelles physiques pour un travailleur exerçant une profession manuelle. • Soc. 15 juin 1983 : *Bull. civ. V, n° 331.* ♦ ... Les difficultés de reclassement connues par le salarié. • Soc. 21 juin 1990, n° 88-12.768 • Soc. 26 mars 1984 : *Bull. civ. V, n° 121.*

2. Montant de la pension d'invalidité. Les dispositions de l'art. L. 434-2, al. 5 – selon lesquelles, lorsque l'état d'invalidité est susceptible d'ouvrir droit à une pension d'invalidité dans les conditions prévues par les art. L. 341-1 s., la rente accordée à la victime, en vertu des dispositions relatives aux accidents du travail et aux maladies professionnelles, dans le cas où elle est inférieure à ladite pension d'invalidité, est portée au montant de celle-ci – ne sauraient s'entendre comme permettant à un assuré de bénéficier à la fois, au titre d'un même état, d'une pension d'invalidité et d'une rente majorée, ce qui aurait pour effet d'indemniser deux fois les mêmes séquelles. Un assuré bénéficiant déjà d'une pension d'invalidité en raison d'une affection indépendante de celle provoquée par l'accident du travail ne saurait donc prétendre à ce titre à une majoration de la rente indemnisant les séquelles de son accident du travail. • Civ. 2e, 2 mai 2007, n° 06-12.514 P : *JCP S 2007. 1479, note Vachet.* ♦ En cas d'accidents successifs la somme des taux d'incapacité ne peut excéder 100 %. • Soc. 29 mai 1997, n° 95-15.037 P.

3. Détermination des préjudices indemnisés par la rente. La rente versée à la victime d'un accident du travail indemnise, d'une part, les pertes de gains professionnels et l'incidence professionnelle de l'incapacité et, d'autre part, le déficit fonctionnel permanent ; en l'absence de perte de gains professionnels ou d'incidence professionnelle, cette rente indemnise nécessairement le poste de préjudice personnel du déficit fonctionnel permanent. • Civ. 2e, 22 oct. 2009, n° 07-20.419 P : *D. actu. 5 nov. 2009, obs. Lavric* • Civ. 2e, 11 juin 2009 : *D. 2009. 1789, note Jourdain ; ibid. 2010. 49, obs. Brun et Gout ; ibid. 532, chron. Sommer, Leroy-Gissinger, Adida-Canac et Grignon Dumoulin ; RTD civ. 2009.*

545, note Jourdain ; *JCP S 2009. 1469, note Asquinazi-Bailleux* • Crim. 19 mai 2009, n° 08-82.666 P : *RTD civ. 2009. 545, note Jourdain*. ♦ La rente versée en application de l'art. L. 434-2, à la victime d'un accident du travail indemnise, notamment, les pertes de gains professionnels et les incidences professionnelles de l'incapacité ; elle doit en conséquence s'imputer prioritairement sur les pertes de gains professionnels, puis sur la part d'indemnité réparant l'incidence professionnelle. • Cass., avis, 29 oct. 2007, n° 07-00.015 P : *RJS 2008, n° 73.*

4. Assistance d'une tierce personne. Les art. L. 434-2, al. 3, et R. 413-7, al. 2, et l'art. 3 de la L. n° 446 du 3 avr. 1942 subordonnent la majoration de rente à l'obligation pour la victime d'un accident du travail d'avoir recours à l'assistance d'une tierce personne pour effectuer les actes ordinaires de la vie. Seule est prise en compte pour cette majoration l'incapacité d'accomplir l'ensemble des actes ordinaires et non certains d'entre eux. • Soc. 12 juill. 2001, n° 00-11.469 P : *D. 2002. 1867, obs. Dagorne-Labbe*.

5. Indemnisation de l'incapacité permanente en cas d'accidents successifs. Il résulte de la combinaison des art. L. 434-1, L. 434-2, al. 4, R. 434-1 et R. 434-4, dans leur rédaction alors applicable, que les dispositions – selon lesquelles, en cas d'accidents du travail successifs, il est ouvert, en faveur de la victime d'un nouvel accident susceptible de donner lieu à une indemnité en capital, un droit d'option entre l'attribution d'une rente qui tient compte de la ou des indemnités en capital précédemment versées et le versement d'une indemnité en capital, lorsque la somme des taux d'incapacité permanente est égale ou supérieure à 10 % – ne s'appliquent que dans le cas où à la suite d'un accident ou des accidents précédents, la victime restait atteinte d'une incapacité permanente inférieure à 10 % indemnisée sous la forme du versement d'un capital. • Civ. 2e, 22 nov. 2007, n° 06-18.984 P : *JCP S 2008. 1244, note Vachet.* ♦ Le taux d'incapacité permanente de la victime d'accidents du travail est fixé pour chaque accident, sans que l'art. L. 434-2, al. 4, qui se borne à déterminer les modalités de calcul de la dernière rente en cas d'accidents successifs, constitue une dérogation à ce principe, qu'une indemnité en capital est attribuée à la victime de tout accident du travail, qu'il soit unique ou survenu après d'autres accidents professionnels, dès lors que l'incapacité permanente en résultant est inférieure à 10 %. • Cass., ass. plén., 8 févr. 1993, n° 92-10.451 P : *D. 1993. 273, obs. Prétot* ; *RDSS 1993. 362, note Kessler*.

Art. L. 434-3 **En dehors des cas prévus aux articles L. 434-9 et L. 434-20, la pension allouée à la victime de l'accident peut** *(Abrogé par Ord. n° 2004-329 du 15 avr. 2004, art. 6-4°)* **« ,** ***après l'expiration d'un délai déterminé,*** **» être remplacée en partie par un capital mais seulement dans des conditions fixées par décret en Conseil d'État et suivant un tarif fixé par arrêté ministériel.**

Le capital peut être converti en rente viagère. Les conditions de cette conversion sont fixées par décret en Conseil d'État. – *V. art. R. 434-5 à R. 434-9.*

La rente viagère résultant de la conversion prévue au deuxième alinéa du présent article, ainsi que la rente de réversion versée au conjoint, *(L. n° 2011-1906 du 21 déc. 2011, art. 99-2°)* **« au partenaire d'un pacte civil de solidarité ou au concubin, » sont revalorisées dans les conditions prévues à l'article L. 434-17.**

1. Caractère irrévocable de la conversion de la rente en capital. La conversion opérée qui présente un caractère irrévocable a pour effet de mettre définitivement fin au paiement des arrérages. Les majorations légales ne peuvent être appliquées à une rente qui a cessé d'être servie. • Soc. 28 avr. 1966 : *Bull. civ. IV, n° 403* • Cass., ass. plén., 21 juin 1968 : *JCP 1968. II. 15567.*

2. Modification en cas de circonstances nouvelles. Le caractère définitif qui s'attache à la décision d'un organisme de sécurité sociale non frappée de recours contentieux dans le délai prévu par l'art. R. 142-18 CSS ne peut être opposé à l'allocataire en cas de circonstances nouvelles (aggravation de l'incapacité) survenues après cette décision lorsqu'elles modifient la situation reconnue par ladite décision. • Civ. 2e, 18 déc. 2014, n° 13-28.080 P : *RJS 2/2015, n° 214.*

3. Délai de présentation des demandes de conversion. L'Ord. n° 2004-329 du 15 avr. 2004, applicable dès sa publication, a supprimé le délai antérieurement imparti pour la présentation des demandes de conversion. • Soc. 18 févr. 2010, n° 09-11.456 (inédit).

Art. L. 434-4 **Le rachat ou les conversions de rente prévus à l'article L. 434-3 ne peuvent intervenir qu'après la libération définitive du détenu, victime d'un accident du travail.**

Art. L. 434-5 **Le rachat ou les conversions de rente prévus à l'article L. 434-3 ne peuvent intervenir qu'à compter du jour où la victime a perdu la qualité de pupille de l'éducation surveillée.**

Art. L. 434-6 Les rentes allouées par application du présent livre se cumulent avec les pensions d'invalidité ou de retraite auxquelles peuvent avoir droit les intéressés en vertu de leur statut particulier et pour la constitution desquelles ils ont été appelés à subir une retenue sur leur traitement ou salaire. Toutefois, ce cumul est limité dans le cas où la pension d'invalidité serait allouée en raison d'infirmités ou de maladies résultant de l'accident qui a donné lieu à l'attribution de la rente, à une fraction du salaire perçu *[art. R. 434-10]*, au moment de l'accident ou de la dernière liquidation ou révision de la rente, par le travailleur valide de la catégorie à laquelle appartenait la victime. Ce salaire est affecté *(L. n° 2015-1702 du 21 déc. 2015, art. 89-I-9°)* « du coefficient mentionné » à l'article L. 434-17.

En aucun cas, l'ensemble des indemnités allouées en application du présent article ne peut être inférieur au montant de la rente qui aurait été servie en vertu de l'article L. 434-2.

SECTION II AYANTS DROIT

Art. L. 434-7 En cas d'accident suivi de mort, une pension est servie, à partir du décès, aux personnes et dans les conditions mentionnées aux articles suivants.

1. Distinction avec l'action en réparation de la faute inexcusable. Même s'il n'a pas qualité d'ayant droit au sens des art. L. 434-7 s., le fils d'un assuré décédé dispose d'un intérêt à agir en reconnaissance du caractère professionnel de la maladie dès lors qu'il peut solliciter la réparation du préjudice moral subi par son père dans le cadre d'une action en reconnaissance de la faute inexcusable • Civ. 2e, 20 sept. 2005 : *RJS 2005, n° 1265 ; JCP S 2005, n° 1449, note Vachet.* ♦ Comp. antérieurement • Crim. 24 août 1993, n° 92-86.718 P.

2. Paiements indus. Le paiement d'arrérages d'une rente d'accident du travail fait postérieurement au décès du titulaire par la caisse, qui a crédité le compte du défunt, n'est pas une dette de la succession mais un paiement indu dont la restitution peut être demandée à la personne qui l'a reçu. • Soc. 13 nov. 1997 : *RJS 1998, n° 101.*

3. Point de départ de l'indemnisation des ayants droit. La rente viagère est servie au conjoint survivant à partir du décès de la victime, et non à compter de la date de l'accident. • Civ. 2e, 13 sept. 2007, n° 06-21.909 P : *RJS 2007, n° 1209 ; JCP S 2007, n° 1989, note Asquinazi-Bailleux.*

4. Fonds de garantie des victimes des actes de terrorisme et d'autres infractions. Il résulte des art. 706-3 C. pr. pén. et L. 434-7 à L. 434-13 CSS que les victimes exclues du bénéfice de la législation sociale applicable aux accidents du travail peuvent être indemnisées par le Fonds de garantie des victimes des actes de terrorisme et d'autres infractions (FGTI). Encourt dès lors la censure, l'arrêt qui déboute les père, mère et sœurs de la victime d'un accident du travail résultant d'une faute non intentionnelle de l'employeur ou de son préposé, de leur demande en condamnation du Fonds en réparation de leur propre préjudice moral, sans rechercher s'ils étaient exclus du bénéfice des dispositions du CSS sur la réparation des accidents du travail. • Civ. 2e, 28 avr. 2011 : *JCP S 2011, n° 1356, note Tauran.*

Art. L. 434-8 *(L. n° 2001-1246 du 21 déc. 2001, art. 53-I)* « Sous réserve des dispositions des alinéas suivants, le conjoint ou le concubin ou la personne liée par un pacte civil de solidarité a droit à une rente viagère égale à une fraction du salaire annuel de la victime, à condition que le mariage ait été contracté, le pacte civil de solidarité conclu ou la situation de concubinage établie antérieurement à l'accident ou, à défaut, qu'ils l'aient été depuis une durée déterminée à la date du décès. Toutefois, ces conditions ne sont pas exigées si les époux, les concubins ou les partenaires du pacte civil de solidarité ont eu un ou plusieurs enfants. » — *Ces dispositions sont applicables aux décès survenus à compter du 1er sept. 2001. Pour les décès survenus à compter du 1er sept. 2001 et jusqu'à l'intervention du décret en Conseil d'État mentionné à l'art. L. 482-5, la fraction du salaire de la victime est fixée à 40 %. Pour les enfants, cette fraction est fixée à 25 % de ce salaire pour chacun des deux premiers enfants et à 20 % par enfant au-delà de deux. Lorsque les enfants sont orphelins de père ou de mère au moment de l'accident ou le deviennent postérieurement, ils bénéficient d'un complément de rente égal à 10 % (L. n° 2001-1246 du 21 déc. 2001, art. 53-II et III ; L. n° 2007-1786 du 19 déc. 2007, art. 87).*

Lorsqu'il y a eu séparation de corps ou divorce, le conjoint ou l'ex-conjoint survivant n'a droit à la rente viagère que s'il a obtenu une pension alimentaire. La rente viagère, ramenée au montant de ladite pension, ne peut dépasser une fraction du salaire annuel

de la victime inférieure à celle qui est prévue en l'absence de divorce ou de séparation de corps.

(L. n° 2011-1906 du 21 déc. 2011, art. 99-3°) **« En cas de rupture ou de dissolution du pacte civil de solidarité, l'ex-partenaire de la victime décédée n'a droit à la rente que s'il bénéficiait d'une aide financière de cette dernière à la date du décès. Cette rente est calculée selon les modalités prévues à la seconde phrase du deuxième alinéa et sa durée de versement est limitée à celle du versement de l'aide financière. »**

S'il existe un nouveau conjoint *(L. n° 2011-1906 du 21 déc. 2011, art. 99-3°)* **« , partenaire d'un pacte civil de solidarité ou concubin » de la victime, la rente viagère à laquelle il a droit ne peut être inférieure à un minimum.**

Le conjoint *(L. n° 2011-1906 du 21 déc. 2011, art. 99-3°)* **« , le partenaire d'un pacte civil de solidarité ou concubin » condamné pour abandon de famille est déchu de tous ses droits au regard du présent livre. Il en est de même pour celui qui a été déchu totalement de l'exercice de l'autorité parentale, sauf, dans ce dernier cas, à être réintégré dans ses droits s'il vient à être restitué dans l'autorité parentale. Les droits du conjoint,** *(L. n° 2011-1906 du 21 déc. 2011, art. 99-3°)* **« du partenaire d'un pacte civil de solidarité ou du concubin » déchu sont transférés sur la tête des enfants et descendants mentionnés à l'article L. 434-10.** *(L. n° 2011-1906 du 21 déc. 2011, art. 99-3°)* **« Il en est de même pour le partenaire d'un pacte civil de solidarité condamné pour non-paiement de l'aide financière en cas de dissolution du pacte, lorsque cette aide a été prévue par les partenaires. »**

Sous réserve des dispositions de l'article suivant, le conjoint *(L. n° 2011-1906 du 21 déc. 2011, art. 99-3°)* **« , le partenaire d'un pacte civil de solidarité ou le concubin » survivant a droit à un complément de rente égal à une fraction du salaire annuel de la victime lorsqu'il atteint un âge déterminé ou, avant cet âge, aussi longtemps qu'il est atteint d'une incapacité de travail générale. Le pourcentage minimal et la durée minimale de cette incapacité sont fixés par décret en Conseil d'État.** – *V. art. R. 434-11 à R. 434-14.*

1. Art. L. 434-8, al. 1er. Lorsque l'accident du travail a provoqué la mort immédiate de la victime, la condition d'antériorité du mariage exigée par l'art. L. 434-8, al. 1er, CSS est remplie et l'époux peut prétendre à la rente alors même que le mariage est posthume. • CE, avis, 21 févr. 1961 : *Lettre min. trav. 24 mars 1961.* ♦ Rappr. de • Civ. 2e, 8 janv. 2009 : *RJS 03/09, n° 281.* ♦ La rente accident du travail versée au conjoint de la victime d'un accident mortel du travail indemnise ses pertes de revenus • Civ. 2e, 19 févr. 2009, n° 08-11.639 P : *D. 2009. AJ 817 ; D. actu. 24 mars 2009, obs. Lavric ; JCP S 2009, n° 1262, obs. Asquinazi-Bailleux.* ♦ La rente viagère prévue par l'art. L. 434-8 indemnise les pertes de revenus des proches. Ce poste de préjudice patrimonial subi par l'ensemble de la famille proche du défunt doit être évalué en prenant en compte comme élément de référence le revenu annuel du foyer avant le dommage ayant entraîné le décès de la victime directe en tenant compte de la part de consommation personnelle de celle-ci et du salaire que continue à percevoir le conjoint, le partenaire d'un pacte civil de solidarité ou le concubin survivant. La perte d'industrie du défunt ne peut en conséquence entrer dans la définition du revenu de référence pour le calcul de ce poste de préjudice. • Civ. 2e, 7 avr. 2011 : *JCP S 2011, n° 1249, obs. Tauran.*

2. Art. L. 434-8, al. 2. Lorsqu'un divorce est prononcé aux torts partagés, la prestation compensatoire versée n'a pas un caractère alimentaire ; en cas de décès de la victime d'un accident du travail, son ex-conjoint bénéficiaire de l'aide compensatoire n'a donc pas droit à une rente au titre d'un accident du travail. • Soc. 25 nov. 1993, n° 91-17.284 P : *D. 1994. IR 9 ; D. 1996. Somm. 67, obs. Blary-Clément ; CSB 1994, n° 5651.* ♦ Un jugement assignant une résidence séparée à la conjointe en instance de divorce et prenant acte que celle-ci ne demandera pas pour l'instant de pension alimentaire ne peut la priver d'une rente de conjoint survivant lorsque survient le décès de son époux à la suite d'un accident du travail avant le jugement de divorce. • Soc. 20 févr. 1975 : *Bull. civ. V, n° 89.* ♦ A l'inverse, ne peut bénéficier d'une rente le conjoint déjà divorcé qui argue d'un contrat avec son ex-époux lui accordant une pension amiable en attendant des arrangements en vue de la création d'une entreprise, convention que le décès accidentel du mari a rendu impossible. • Soc. 12 févr. 1975 : *Bull. civ. V, n° 64.* ♦ La réconciliation des époux séparés de corps fait renaître le droit à la rente au profit du conjoint survivant. • Civ. 13 avr. 1929 : *DH 1929. 298.*

3. Art. L. 434-8, al. 5. Le point de départ d'un complément de rente ne peut être antérieur à la date connue avec certitude de la première constatation médicale de l'incapacité de travail telle que requise. • Soc. 6 févr. 1992, n° 89-14.964 P. ♦ La majoration de rente prévue par l'art. L. 434-8, § 5, peut être recouvrée sur le tiers responsable bien que le préjudice ait déjà été fixé et que la juridiction compétente ait déjà statué. • Soc. 13 mai 1981 : *Bull. civ. V, n° 423.*

4. Application de la loi dans le temps. L'art. 53, I, modifiant l'art. L. 434-8 CSS, et II de la L. n° 2001-1246 du 21 déc. 2001, dans sa rédaction issue de l'art. 87 de la L. n° 2007-1786 du 19 déc. 2007, est immédiatement applicable aux instances en cours, l'ouverture du droit étant déterminée par la date du décès et non par celle de la reconnaissance de la maladie professionnelle. Le concubin d'une victime d'un accident du travail ou d'une maladie professionnelle a en conséquence droit à une rente viagère égale à une fraction du salaire annuel de cette dernière, lorsque le décès de la victime est survenu à compter du 1er sept. 2001. • Civ. 2e, 4 avr. 2013 : *RDSS 2013. 554, obs Tauran ; JCP S 2013, n° 1243, obs. Asquinazi-Bailleux.*

Art. L. 434-9 *(L. n° 2011-1906 du 21 déc. 2011, art. 99-4°)* **« En cas de nouveau mariage, pacte civil de solidarité ou concubinage, le conjoint, partenaire d'un pacte civil de solidarité ou concubin de la victime décédée cesse d'avoir droit à la rente. Il lui est alloué, dans ce cas, une somme égale aux arrérages de la rente calculée selon le taux en vigueur et afférents à une période déterminée, à la date du mariage, de la déclaration au greffe du tribunal d'instance du pacte civil de solidarité ou d'établissement du concubinage. »**

Toutefois, si le conjoint *(L. n° 2011-1906 du 21 déc. 2011, art. 99-4°)* **« , le partenaire d'un pacte civil de solidarité ou le concubin de la victime décédée a des enfants pour lesquels un lien de filiation est établi à l'égard de la victime décédée », il conserve le droit à la rente, dont le rachat sera différé, aussi longtemps que l'un d'eux bénéficie lui-même d'une rente d'orphelin en application de l'article L. 434-10.**

En cas de séparation de corps, de divorce ou de nouveau veuvage, *(L. n° 2011-1906 du 21 déc. 2011, art. 99-4°)* **« de rupture ou de dissolution du pacte civil de solidarité ou de cessation du concubinage, le conjoint survivant, le partenaire ou le concubin » survivant recouvre son droit à la rente, sous les réserves suivantes :**

1° Si le rétablissement de la rente prend effet avant l'expiration de la période mentionnée au premier alinéa du présent article, cette rente est diminuée du montant de la somme déjà attribuée, en application du même alinéa, au titre de la partie restant à courir de ladite période ;

2° *(L. n° 2011-1906 du 21 déc. 2011, art. 99-4°)* **« S'il reçoit, en raison d'un nouveau décès, » une rente, pension ou allocation, en application d'une des dispositions du présent code, de l'un des régimes prévus à l'article L. 711-1 ou à l'article L. 413-12 ou de l'une des dispositions du code rural et de la pêche maritime ou s'il reçoit, en raison d'une séparation de corps ou d'un divorce, une pension alimentaire** *(L. n° 2011-1906 du 21 déc. 2011, art. 99-4°)* **« ou une aide financière en cas de dissolution du pacte civil de solidarité », le montant de l'avantage dont il bénéficie s'impute sur celui de la rente de conjoint survivant.** — *V. art. R. 434-15.*

L'art. L. 434-9 n'est pas applicable à l'évaluation du préjudice économique consécutif au décès d'un assuré à la suite d'un accident de trajet. L'étendue du préjudice doit en conséquence être évaluée selon les règles du droit commun en ce cas. • Civ. 2e, 14 mars 2002, n° 00-12.596 P. ♦ Les droits à la rente accident du travail de conjoint survivant sont seulement suspendus par le remariage de la bénéficiaire. Le rétablissement des droits de l'intéressée à la suite de son divorce n'a en conséquence par pour effet de faire courir le délai de prescription de l'art. L. 431-2. • Soc. 8 févr. 2001, n° 99-17.348 P : *RJS 2001, n° 514.*

Art. L. 434-10 **Les enfants** *(L. n° 2009-61 du 16 janv. 2009, art. 2-II ; L. n° 2008-126 du 13 févr. 2008, art. 14-I)* **« dont la filiation, y compris adoptive, est légalement établie » ont droit à une rente jusqu'à un âge limite. Cette limite d'âge** *[art. R. 434-15 : 20 ans]* **peut être relevée pour les enfants qui sont placés en apprentissage, qui poursuivent leurs études, qui sont à la recherche d'une première activité professionnelle et inscrits comme demandeurs d'emploi à l'institution mentionnée à l'article L. 311-7** *[L. 5312-1 s. et R. 5312-1 nouv.]* **du code du travail, ou qui, par suite d'infirmités ou de maladies chroniques, sont dans l'impossibilité permanente de se livrer à un travail salarié.**

La rente est égale à une fraction du salaire annuel de la victime plus importante lorsque les enfants sont orphelins de père et de mère au moment du décès, ou le deviennent postérieurement, que lorsque le père ou la mère vit encore. Cette rente croît avec le nombre des enfants bénéficiaires.

Les rentes allouées sont collectives et réduites au fur et à mesure que les orphelins atteignent la limite d'âge qui leur est applicable.

S'il y a des enfants de plusieurs lits, chaque catégorie est traitée distinctement au regard des dispositions qui précèdent.

Les autres descendants de la victime et les enfants recueillis par elle, si les uns et les autres sont privés de leurs soutiens naturels et tombés de ce fait à sa charge, bénéficient des mêmes avantages que les enfants mentionnés aux précédents alinéas.

1. Limite d'âge des enfants bénéficiaires. Les enfants dont la filiation, y compris adoptive, est légalement établie, ont droit, en cas de décès de la victime d'un accident du travail résultant de celui-ci, à une rente jusqu'à un âge limite, qui peut être relevé pour les enfants qui sont placés en apprentissage, qui poursuivent leurs études, qui sont à la recherche d'une première activité professionnelle et inscrits comme demandeurs d'emploi à Pôle emploi ou qui, par suite d'infirmités ou de maladies chroniques, sont dans l'impossibilité permanente de se livrer à un travail salarié. En application de l'art. R. 434-15, cet âge est désormais fixé à vingt ans sans distinction. • Civ. 2e, 19 juin 2014, n° RJS 11/2014, n° 811 ; JCP S 2014, n° 1437, obs. Vachet.

2. Enfants nés postérieurement à l'accident. La rente est due à tous les enfants issus du mariage antérieurement au décès même s'ils n'étaient ni nés ni conçus à la date de l'accident. • Soc. 10 mars 1966 : *Bull. civ. IV, n° 263* • 23 févr. 1967 : *Bull. civ. IV, n° 186.*

3. Privation des soutiens naturels. Un enfant doit être considéré comme privé de ses soutiens naturels non seulement lorsque ceux-ci sont décédés, mais également lorsqu'ils ne peuvent lui fournir l'aide nécessaire en raison d'une autre cause, notamment en raison de l'insuffisance de leurs ressources. • Soc. 15 juin 1961 : *Bull. civ. IV, n° 643 ; JCP 1961. II. 12327.*

Art. L. 434-11 La rente prévue à l'article L. 434-10 est versée au père ou à la mère, au tuteur ou à la personne ayant la garde de l'enfant.

Art. L. 434-12 *(L. n° 2007-308 du 5 mars 2007, art. 31-II)* Dans le cadre de la mesure judiciaire d'aide à la gestion du budget familial prévue à l'article 375-9-1 du code civil, le juge peut décider que le délégué aux prestations familiales percevra la rente prévue à l'article L. 434-10.

Les frais liés à cette mesure sont pris en charge dans les conditions prévues au *(L. n° 2008-1249 du 1er déc. 2008, en vigueur le 1er juin 2009)* « second » alinéa de l'article L. 552-6.

Art. L. 434-13 Chacun des ascendants reçoit une rente viagère égale à une fraction du salaire annuel de la victime *[art. R. 434-16 : 10 %]*, s'il rapporte la preuve :

1° Dans le cas où la victime n'avait ni conjoint, *(L. n° 2011-1906 du 21 déc. 2011, art. 99-5°)* « ni partenaire d'un pacte civil de solidarité ni concubin, » ni enfant dans les termes des dispositions qui précèdent, qu'il aurait pu obtenir de la victime une pension alimentaire ;

2° Dans le cas où la victime avait conjoint *(L. n° 2011-1906 du 21 déc. 2011, art. 99-5°)* « , partenaire d'un pacte civil de solidarité, concubin » ou enfant, qu'il était à la charge de la victime.

La condition prévue doit être remplie soit à la date de l'accident, soit, si cela est plus favorable, à la date du décès de la victime.

Le bénéfice des présentes dispositions ne peut être accordé à l'ascendant qui a été reconnu coupable d'abandon de famille ou qui a été déchu totalement de l'autorité parentale.

1. La situation de chaque ascendant doit être appréciée séparément ; la rente pouvant n'être accordée qu'à l'un deux. • Soc. 2 nov. 1951 : *JCP 1952. II. 6662.*

2. Art. L. 434-13, 1°. L'ascendant doit établir qu'il aurait pu obtenir de la victime une pension alimentaire. • Soc. 20 mai 1960 : *Bull. civ. IV, n° 532.* ♦ ... Et non une aide pécuniaire. • Soc. 9 mai 1979 : *Bull. civ. V, n° 396.*

3. La preuve est appréciée par les juges du fond qui doivent toutefois s'assurer des ressources des ascendants et de la victime. • Soc. 5 mars 1954 : *Bull. civ. IV, n° 162.* ♦ L'affirmation selon laquelle le fils versait ses salaires à ses parents, ceux-ci en retour contribuant à son entretien et assurant sa nourriture, est insuffisante. • Soc. 25 oct. 1951 : *JCP 1952. II. 6662.*

4. Art. L. 434-13, 2°. L'ascendant doit apporter la preuve qu'il était à la charge de la victime lors de l'accident en recevant de cette dernière des subsides nécessaires à sa survie. • Soc. 28 mars 1968 : *Bull. civ. V, n° 189.*

5. N'est pas fondé l'arrêt condamnant l'auteur d'un accident mortel du travail à indemniser le préjudice moral éprouvé par la mère, la femme, les fils, les frères, la sœur, le petit-fils et la petite-fille de la victime. En effet, si la juridiction d'appel pouvait accorder réparation selon les règles de droit commun aux petits-enfants et aux collatéraux de la victime qui ne sont pas visés par les art. L. 434-7 et L. 434-14 CSS et ne peuvent percevoir les prestations prévues par ces textes, elle ne pouvait procéder de même ni à l'égard du conjoint de la victime visé par l'art. L. 434-8 du même code, ni non plus à l'égard des enfants, sans rechercher si ceux-ci avaient atteint l'âge limite prévu par l'art. L. 434-10 et au-dessous duquel ils ont la qualité d'ayants droit ; qu'enfin, en ce qui concerne la mère de la victime, les juges auraient dû également rechercher si elle se trouvait dans le cas prévu par l'art. L. 434-13-2° lui permettant de percevoir des prestations. • Crim. 2 mars 1993, n° 92-84.336 P : *CSB 1993, n° 50 S. 69.*

6. L'envoi régulier par la victime de mandats à son père doit permettre de considérer que sa mère, tout comme lui, était à sa charge. • Soc. 8 nov. 1979 : *Bull. civ. V, n° 836.*

Art. L. 434-14 **Le total des rentes allouées en application de l'article L. 434-13 ne peut dépasser une fraction du salaire annuel d'après lequel elles ont été établies** *[art. R. 434-16 : 30 %]*. **Si cette quotité est dépassée, la rente de chacun des ascendants sera réduite proportionnellement.**

Le total des rentes allouées en application du présent article à l'ensemble des ayants droit de la victime ne peut dépasser une fraction du salaire annuel d'après lequel elles ont été établies *[art. R. 434-16 : 85 %]*. **Si leur total dépasse cette quotité, les rentes revenant à chaque catégorie d'ayants droit feront l'objet d'une réduction proportionnelle.** — *V. aussi art. R. 434-17 et R. 434-18.*

SECTION III DISPOSITIONS COMMUNES

SOUS-SECTION 1 CHARGE ET GESTION DES PRESTATIONS DE L'INCAPACITÉ PERMANENTE

(Décr. n° 86-381 du 10 mars 1986, art. 7-I)

Néant. — V. art. R. 434-19 à R. 434-24.

SOUS-SECTION 2 CALCUL DE LA RENTE

Art. L. 434-15 **Les rentes dues aux victimes atteintes d'une incapacité permanente égale ou supérieure à un taux minimum** *[art. R. 434-25 : 10 %]* **ou, en cas de mort, à leurs ayants droit, sont calculées d'après le salaire annuel de la victime.**

Le salaire servant de base au calcul de la rente est déterminé suivant les modalités fixées par décret en Conseil d'État. — *V. art. R. 434-28.*

Art. L. 434-16 **La rente due aux ayants droit de la victime d'un accident mortel ou à la victime d'un accident ayant occasionné une réduction de capacité égale ou supérieure à un taux minimum ne peut être calculée sur un salaire annuel inférieur à un minimum déterminé** *(L. n° 2015-1702 du 21 déc. 2015, art. 89-I-10°)* **« au 1er avril de chaque année d'après le coefficient mentionné à l'article L. 161-25, » compte tenu des dispositions du quatrième alinéa de l'article L. 434-2.** — *V. art. R. 434-27 et R. 434-28.*

Dans tous les cas où l'article L. 434-2 et les articles L. 434-7 et suivants déterminent en fonction du salaire annuel une rente individuelle ou collective, ou la limite assignée à l'ensemble des rentes dues aux ayants droit de la victime, le salaire annuel est le salaire réduit, le cas échéant, par application de l'alinéa suivant.

Lorsqu'il s'agit de la victime de l'accident, quelle que soit la réduction de capacité subie, si son salaire annuel est supérieur au salaire minimum déterminé à l'alinéa précédent, le calcul de la rente est effectué selon une formule dégressive dont les modalités sont déterminées par un décret en Conseil d'État. — *V. art. R. 434-29 et R. 434-30.*

Il résulte du deuxième al. de l'art. L. 434-16 CSS que le salaire annuel de la victime déterminant la rente servie à ses ayants droit, s'il dépasse un certain montant, est réduit selon une formule dégressive prévue par le troisième et dernier al. de ce texte. • Civ. 2e, 15 mars 2012 : *RLDC 2012, n° 95, obs. Bugnicourt.*

Art. L. 434-17 *(L. n° 2015-1702 du 21 déc. 2015, art. 89-I-11°)* **Les rentes mentionnées à l'article L. 434-15 sont revalorisées au 1er avril de chaque année par application du coefficient mentionné à l'article L. 161-25.**

SOUS-SECTION 3 ATTRIBUTION DE LA RENTE

Néant. – V. art. R. 434-31 et R. 434-32.

SOUS-SECTION 4 ENTRÉE EN JOUISSANCE ET SERVICE DE LA RENTE

Art. L. 434-18 Les rentes servies en vertu du présent livre sont incessibles et insaisissables. – *V. art. R. 434-33 et R. 434-34.*

1. Le caractère incessible et insaisissable des rentes est justifié par la nature alimentaire des rentes d'accidents du travail. • Cass., ass. plén., 3 mars 1948 : *JCP 1948. II. 4267.*

2. L'insaisissabilité de la rente ne joue pas à l'égard des créances qui ont un caractère alimentaire. La femme divorcée du titulaire d'une rente d'accident du travail peut ainsi opérer une saisie-arrêt sur cette rente pour obtenir le paiement de sa pension alimentaire. • Soc. 5 mars 1964 : *Bull. civ. IV, n° 210.*

3. Le caractère insaisissable de la rente explique qu'une caisse de sécurité sociale n'a pu exiger un remboursement pour trop-perçu d'un assuré dont la rente avait continué à être servie au même taux alors que son taux d'invalidité avait diminué. En conséquence, la compensation entre dette de la victime et dette de la caisse a été jugée impossible. • Soc. 21 avr. 1971 : *Bull. civ. V, n° 289.* ♦ ... Et plus généralement avec quelque créance que ce soit. • Cass., ass. plén., 3 mars 1948 : *JCP 1948. II. 4267.* ♦ La compensation légale ne peut en effet s'opérer qu'entre personnes débitrices l'une de l'autre. • Soc. 26 sept. 1991, ☎ n° 89-10.238.

Art. L. 434-19 En ce qui concerne les départements du Haut-Rhin, du Bas-Rhin et de la Moselle, les dispositions de l'article 612 du code local des assurances sociales du 19 juillet 1911 relatives aux paiements des rentes demeurent applicables. Un décret fixe s'il y a lieu les dispositions transitoires. – *V. Décr. 14 mars 1947 (D. 1947. 166 ; BLD 1947. 258), mod. par Décr. 27 mars 1953 (D. 1953. 115 ; BLD 1953. 238), Décr. 7 mai 1955 (D. 1955. 210 ; BLD 1955. 491).*

SOUS-SECTION 5 TRAVAILLEURS ÉTRANGERS

Art. L. 434-20 Les travailleurs étrangers victimes d'accidents qui cessent de résider sur le territoire français reçoivent pour toute indemnité un capital égal à un multiple du montant annuel de leur rente. – *V. art. R. 434-35.*

Il en est de même pour les ayants droit étrangers cessant de résider sur le territoire français, sans toutefois que le capital puisse alors dépasser la valeur de la rente d'après le tarif résultant du présent code.

Les ayants droit étrangers d'un travailleur étranger ne reçoivent aucune indemnité si, au moment de l'accident, ils ne résident pas sur le territoire français.

Les dispositions des trois alinéas précédents peuvent toutefois être modifiées par traités ou par conventions internationales, dans la limite des indemnités prévues au présent livre.

SECTION IV DISPOSITIONS D'APPLICATION

Art. L. 434-21 Un décret fixe, en tant que de besoin, les modalités d'application des articles L. 434-4 et L. 434-5.

CHAPITRE V FRAIS FUNÉRAIRES

Art. L. 435-1 En cas d'accident suivi de mort, les frais funéraires sont payés par la caisse primaire d'assurance maladie dans la limite des frais exposés et sans que leur montant puisse excéder un maximum fixé par arrêté interministériel. – *V. art. D. 435-1.*

Art. L. 435-2 La caisse primaire d'assurance maladie supporte les frais de transport du corps au lieu de sépulture en France demandé par la famille dans la mesure où ces frais se trouvent soit exposés en totalité, soit augmentés du fait que la victime a quitté sa résidence à la sollicitation de son employeur pour être embauchée, ou que le décès s'est produit au cours d'un déplacement pour son travail hors de sa résidence. Lesdits frais de transport sont établis dans des conditions fixées par décret. – *V. art. D. 435-2.*

Cassation de l'arrêt qui, après avoir fixé le préjudice global de la victime et constaté que la créance de la caisse excédait l'indemnité mise à la charge du tiers responsable, a décidé que la veuve devait obtenir par priorité le remboursement des frais funéraires payés par elle pour la partie excédant les sommes qu'elle avait reçues de la caisse à titre d'indemnité pour frais funéraires. • Soc. 18 juill. 1978 : *Bull. civ. V, n° 607.*

CHAPITRE VI **DISPOSITIONS COMMUNES AUX PRESTATIONS EN ESPÈCES**

Art. L. 436-1 Tout retard injustifié apporté au paiement soit de l'indemnité journalière, soit de l'indemnité en capital, soit des rentes, ouvre aux créanciers droit à une astreinte prononcée par la juridiction compétente.

Le délai à partir duquel l'astreinte peut être prononcée ainsi que la périodicité et le taux de celle-ci sont fixés par décret en Conseil d'État. – *V. art. R. 436-1 à R. 436-6.*

1. Tout retard injustifié au paiement des rentes donne droit au créancier, à partir du huitième jour de leur échéance, à une astreinte quotidienne de 1 % du montant dû. • Soc. 28 juin 1979 : *Bull. civ. V, n° 593.* ♦ Mais l'astreinte ne peut courir avant la notification de l'arrêt la prononçant. C'est donc à tort que les juges du fond décident de faire courir cette astreinte à partir de la date de l'audience au cours de laquelle la caisse primaire d'assurance maladie a déclaré se rallier aux conclusions de l'expert. • Soc. 20 nov. 1997 : *RJS 1998, n° 100.*

2. Le retard ne peut être considéré comme injustifié que s'il est établi que le créancier a vainement fait diligence pour obtenir, aux échéances légales prévues, le paiement de ces sommes à lui dues par la caisse. • Soc. 16 févr. 1965 : *Bull. civ. IV, n° 153* • 28 juin 1979 : *Bull. civ. V, n° 593.* ♦ Ne peut être considéré comme injustifié le retard apporté au paiement d'une rente causé par des infractions et des erreurs de tiers dont la caisse ne peut être reconnue responsable. • Soc. 13 oct. 1971 : *Bull. civ. V, n° 566.*

3. Encore faut-il que le principe et le montant ne fassent pas l'objet d'une contestation sérieuse ou que si une telle contestation a été soulevée une décision définitive soit intervenue. • Soc. 16 mai 1957 : *Bull. civ. IV, n° 563.*

4. L'astreinte est due de plein droit dès lors que le retard apporté au paiement de la rente ou du capital qui la remplace est postérieur à la réclamation du créancier. • Soc. 20 févr. 1992, n° 90-15.919 P. ♦ Les rentes ou indemnités allouées à la suite d'un accident du travail sont productives d'intérêts dans les termes du droit commun, l'art. 1153 C. civ. s'appliquant aux obligations tant contractuelles que légales. Les intérêts moratoires sont dus du jour de la sommation de payer ou du jour de la demande en justice. Une cour d'appel décide donc à bon droit qu'ils devaient courir à la date de la saisine de la commission de recours gracieux, procédure préalable et obligatoire à toute action contentieuse. Peu importe la date de la demande en justice de l'astreinte prévue à l'art. L. 464 (ancien) CSS, celle-ci étant due de plein droit dès lors que le retard injustifié apporté au paiement de la rente est postérieur à la réclamation du créancier. • Soc. 11 mars 1987 : *D. 1988. Somm. 29.*

5. L'astreinte prévue à l'art. L. 436-1 est une sanction civile. • Soc. 5 oct. 1978 : *D. 1979. IR 84.*

6. Le paiement d'une astreinte ne fait pas obstacle à ce que les sommes dues par le débiteur produisent des intérêts dans les termes du droit commun. • Soc. 31 janv. 1963 : *Bull. civ. IV, n° 125.*

7. En dehors même de toute condamnation, les sommes restant dues à la victime d'un accident du travail, qu'il s'agisse de rentes ou d'indemnité temporaire, sont productives d'intérêts moratoires dans les conditions définies par ce texte. • Paris, 16 mai 1990 : *D. 1990. IR 160.*

8. Le juge du fond ne peut condamner la caisse primaire au paiement de l'astreinte propre au paiement des prestations accidents du travail dès lors qu'il ne s'est pas prononcé sur le principe de la dette et que l'astreinte ne pouvait courir avant la notification de la décision. • Soc. 20 nov. 1997, *CPAM de Mulhouse c/ M. Goutte,* n° 4343 P : *Jurisdata n° 004550 ; TPS 1998, n° 18.*

CHAPITRE VII **FONDS COMMUN DES ACCIDENTS DU TRAVAIL SURVENUS DANS LA MÉTROPOLE**

Art. L. 437-1 La réparation des accidents régis par le présent livre est supportée intégralement par les caisses primaires d'assurance maladie *(Abrogé par L. n° 2016-1827 du 23 déc. 2016, art. 34-I, à compter du 1er janv. 2018)* ***« sans donner lieu à intervention du fonds commun des accidents du travail survenus dans la métropole.***

« La couverture des charges qui incombent au fonds commun susmentionné est assurée par la Caisse nationale de l'assurance maladie avec le concours des employeurs autres que l'État, assumant directement en vertu de la législation antérieure au 13 mai 1960 la charge totale

ou partielle de la réparation des accidents du travail et des maladies professionnelles. La contribution de ces derniers est calculée et versée dans les conditions et suivant les modalités fixées par arrêté ministériel ». — V. art. R. 437-1.

V. note ss. art. L. 413-6.

TITRE QUATRIÈME PROCÉDURES — RÉVISION — RECHUTE — ACCIDENTS SURVENUS HORS DU TERRITOIRE MÉTROPOLITAIN

CHAPITRE PREMIER DÉCLARATIONS ET FORMALITÉS

SECTION PREMIÈRE DISPOSITIONS GÉNÉRALES

Art. L. 441-1 *(Décr. nº 86-839 du 16 juill. 1986, art. 7)* La victime d'un accident du travail doit, dans un délai déterminé, sauf le cas de force majeure, d'impossibilité absolue ou de motifs légitimes, en informer ou en faire informer l'employeur ou l'un de ses préposés. — *V. art. R. 441-2.*

Art. L. 441-2 L'employeur ou l'un de ses préposés doit déclarer tout accident dont il a eu connaissance à la Caisse primaire d'assurance maladie dont relève la victime selon des modalités et dans un délai déterminés. — *V. art. R. 441-1, R. 441-3 et R. 441-4.*

La déclaration à la caisse peut être faite par la victime ou ses représentants jusqu'à l'expiration de la deuxième année qui suit l'accident.

A. INFORMATION DE L'EMPLOYEUR

1. Le non-respect du délai imposé à la victime pour avertir son employeur n'est pas sanctionné. La victime qui n'avertirait pas son employeur et se bornerait dans les deux ans à aviser la caisse primaire ne pourrait pour ce seul motif être déchue de ses droits. • Soc. 7 janv. 1955 : *Bull. civ. IV, nº 18.*

B. INFORMATION PAR L'EMPLOYEUR

1º OBLIGATIONS

a. Nature

1. Principes

2. La déclaration de l'employeur est obligatoire. l'employeur ne serait donc pas fondé à se prévaloir de l'insignifiance de la blessure survenue à l'un de ses employés pour juger inopportune la déclaration de l'accident à la caisse. • Soc. 15 nov. 1956 : *Bull. civ. IV, nº 846.* ♦ ... Ni de l'existence d'un état pathologique antérieur. • Soc. 15 nov. 2001 : *D. 2001. IR 3583 ; TPS 2002, nº 21 ; RJS 2002, nº 92.*

3. L'erreur que l'employeur a pu commettre quant à la gravité des lésions ne saurait justifier le retard apporté à la déclaration de l'accident. • Soc. 4 juin 1970 : *Bull. civ. V, nº 386.*

4. De même l'erreur de diagnostic commise par un médecin sur la nature des lésions consécutives à un accident ne dispense pas l'employeur de la déclaration. • Soc. 7 avr. 1994, nº 92-10.324 P.

5. Ne constitue pas non plus un fait justificatif l'absence *a priori* de caractère professionnel de l'accident. • Soc. 26 janv. 1972 : *Bull. civ. V, nº 65.* ♦ Mais l'absence de réserves portées par l'employeur sur la déclaration qu'il adresse à la caisse quant au caractère professionnel de l'accident ne vaut pas reconnaissance tacite de sa part d'un tel caractère et ne le prive pas de la possibilité de le contester par la suite. Par ailleurs, le fait que la lésion ait été prise en charge par la caisse au titre professionnel n'emporte pas renversement de la charge de la preuve à l'égard de l'employeur. • Soc. 28 nov. 1991 : *RJS 1992, nº 77.*

6. La preuve de l'exécution de l'obligation de déclaration dans le délai prescrit incombe à l'employeur. • Soc. 25 avr. 1979, nº 77-14.415. ♦ Il ne saurait se prévaloir de la négligence d'un subordonné. • Soc. 14 déc. 1977 : *Bull. civ. V, nº 705.*

2. Exception

7. Un cas de force majeure peut être retenu comme fait justificatif de la carence de l'employeur. • Soc. 26 janv. 1972 : *Bull. jur. UCANSS 72-33.* ♦ Mais l'employeur lui-même victime d'un accident du travail ne peut opposer la force majeure pour échapper à ses responsabilités lorsqu'il a à sa disposition des services compétents pour établir des déclarations et que ceux-ci ont été informés de l'accident. • Soc. 10 nov. 1971 : *Bull. civ. V, nº 655.*

b. Délai

8. C'est à l'employeur qui voudrait dégager sa responsabilité pour non-observation du délai de 48 heures qu'il appartient d'établir qu'en fait ni lui directement ni l'un de ses préposés n'a été averti. Il n'est pas nécessaire que le préposé averti soit celui qui a une habilitation particulière pour représenter l'employeur. • Soc. 17 juill. 1961 : *Bull. civ. IV, n° 790.*

9. Lorsque l'accident est survenu à l'étranger le délai de 48 heures imparti à l'employeur ne commence à courir que du jour où il a été informé de l'accident par lettre recommandée adressée par le salarié ou son représentant sans distinguer selon que l'entreprise employant la victime dispose ou non d'un représentant sur place. • Soc. 4 juin 1986, n° 84-17.423. ♦ Le délai de quarante-huit heures imparti à l'employeur pour procéder à la déclaration de l'accident du travail ne court qu'à compter du jour où l'employeur a eu connaissance de l'accident. La détermination de la date à laquelle l'employeur a eu connaissance de l'accident relève du pouvoir souverain d'appréciation des juges du fond. • Civ. 2e, 9 déc. 2003, n° 02-30.063 P : *Dr. soc. 2004. 229, obs. Prétot* ; *RJS 2004. 174, n° 258.*

2° SANCTIONS

a. En faveur de la victime

10. Si le manquement de l'employeur à son obligation d'information a entraîné pour le salarié la privation du bénéfice des prestations prévues par la législation sur les accidents du travail, ce dernier peut prétendre sur le terrain du droit commun à la réparation du préjudice que lui a causé la faute de son employeur. • Soc. 1er déc. 1971 : *Bull. civ. V, n° 701.*

11. L'obligation légale faite à l'employeur de déclarer l'accident du travail survenu à son salarié est indépendante de la faculté laissée à celui-ci de procéder à cette déclaration. Le recours formé par le salarié contre la décision lui refusant le bénéfice de la législation sur les accidents du travail ayant été rejeté en raison de la prescription, l'intéressé doit obtenir réparation du préjudice subi résultant de la faute commise par l'employeur en omettant de déclarer l'accident du travail dans le délai légal. • Soc. 19 févr. 1992 : *RJS 1992, n° 404.* • Civ. 2e, 12 sept. 2012 : *Dr. soc. 2013. 90* ; *JCP S 2013, n° 1046, obs. Boulmier.* ♦ Le droit à réparation existe au profit du salarié alors même qu'il n'a pas fait usage dans le délai légal de la faculté qui lui est offerte d'effectuer lui-même la déclaration à la caisse. • Soc. 15 nov. 2001 : *D. 2001. IR 3583 ; JCP E 2002. Pan. 169, obs. F. Taquet ; TPS 2002, n° 21 ; RJS 2002, n° 92.* ♦ En omettant de déclarer l'accident (gifle reçue sur le lieu de travail) dans le délai de 48 h prévu par l'art. R. 441-3, l'employeur prive la salariée de l'enquête qui aurait pu être immédiatement diligentée, ce qui constitue un préjudice dont les juges du fond apprécient souverainement la valeur. • Soc. 18 janv. 2012 : *RJS 2012, n° 389.*

b. En faveur des caisses

12. V. notes ss. art. L. 471-1.

Art. L. 441-3 Dès qu'elle a eu connaissance d'un accident du travail par quelque moyen que ce soit, la Caisse primaire d'assurance maladie est tenue de faire procéder aux constatations nécessaires. — *V. art. R. 441-6.*

Avis de l'accident est donné immédiatement par la caisse à l'inspecteur du travail chargé de la surveillance de l'entreprise ou au fonctionnaire qui en exerce les attributions en vertu d'une législation spéciale.

Art. L. 441-4 La caisse régionale peut autoriser un employeur à remplacer la déclaration des accidents n'entraînant ni arrêt de travail, ni soins médicaux par une inscription sur un registre ouvert à cet effet. Un décret fixe les conditions d'application de cet article et notamment les critères d'attribution de l'autorisation et de son retrait ainsi que les modalités de l'inscription. — *V. art. D. 441-1 à D. 441-4.*

L'employeur est tenu d'en aviser le comité d'hygiène, de sécurité et des conditions de travail.

Ce registre est tenu à la disposition des agents de contrôle des caisses, de l'autorité compétente de l'État et du comité d'hygiène, de sécurité et des conditions de travail. — *V. art. R. 441-5.*

Lorsqu'un accident ayant fait l'objet d'une simple inscription sur un registre entraîne ultérieurement un arrêt de travail ou des soins médicaux, l'employeur est tenu d'adresser à la caisse primaire dont relève la victime la déclaration prévue à l'article L. 441-2 dans un délai déterminé. — *V. art. R. 441-5.*

Art. L. 441-5 L'employeur est tenu de délivrer une feuille d'accident nécessaire à l'indemnisation au titre du présent livre.

Les modalités de délivrance et d'utilisation de ce document sont fixées par un décret en Conseil d'État. — *V. art. R. 441-8 et R. 441-9.*

Art. L. 441-6 Le praticien établit, en double exemplaire, un certificat indiquant l'état de la victime et les conséquences de l'accident ou les suites éventuelles, en particulier

la durée probable de l'incapacité de travail, si les conséquences ne sont pas exactement connues. Il adresse directement un de ces certificats à la caisse primaire et remet le second à la victime. — *V. art. R. 441-1 et R. 441-7.*

Lors de la guérison de la blessure sans incapacité permanente ou, s'il y a incapacité permanente, au moment de la consolidation, un certificat médical indiquant les conséquences définitives, si elles n'avaient pu être antérieurement constatées, est établi en double exemplaire. L'un des certificats est adressé par les soins du praticien à la caisse primaire, le second est remis à la victime, ainsi que toutes les pièces ayant servies à l'établissement dudit certificat.

Hormis les cas d'urgence, faute pour le praticien de se conformer aux dispositions qui précèdent, la caisse et la victime ou ses ayants droit, dans le cas prévu au deuxième alinéa de l'article L. 432-3, ne sont pas tenus pour responsables des honoraires.

L'irrégularité de la décision, par laquelle la caisse fixe la date de consolidation de l'état de santé du salarié victime d'un accident du travail ainsi que le taux de la rente réparant l'incapacité du travail, ne rend pas cette décision inopposable à l'employeur qui conserve la possibilité de contester tant le taux de l'incapacité retenue que le point de départ du versement de la rente correspondante. • Civ. 2e, 14 févr. 2007 : *JCP S 2007. 1430, éd. Soc. 1430, note Asquinazi.*

SECTION II DISPOSITIONS RELATIVES À LA PROCÉDURE DE RECONNAISSANCE DU CARACTÈRE PROFESSIONNEL DE L'ACCIDENT OU DE LA MALADIE PAR LES CAISSES

Néant. — V. art. R. 441-10 à R. 441-17.

CHAPITRE II EXPERTISES — CONTRÔLES — DISPOSITIONS DIVERSES

(Ord. n° 2004-329 du 15 avr. 2004, art. 6-5°).

SECTION PREMIÈRE EXPERTISES *(Ord. n° 2004-329 du 15 avr. 2004, art. 6-5°).*

Art. L. 442-1 à L. 442-3 *Abrogés par Ord. n° 2004-329 du 15 avr. 2004, art. 6-6°.*

Art. L. 442-4 La caisse doit, si les ayants droit de la victime le sollicitent ou avec leur accord si elle l'estime elle-même utile à la manifestation de la vérité, demander au tribunal d'instance dans le ressort duquel l'accident s'est produit de faire procéder à l'autopsie dans les conditions prévues aux articles 232 et suivants du code de procédure civile. Si les ayants droit de la victime s'opposent à ce qu'il soit procédé à l'autopsie demandée par la caisse, il leur incombe d'apporter la preuve du lien de causalité entre l'accident et le décès. — *V. art. R. 442-1 à R. 442-6.*

1. Le conjoint survivant est en droit d'obtenir communication des pièces sur lesquelles l'expert a fondé son avis. • Soc. 10 déc. 1980 : *Bull. civ. V, n° 880.*

I. ÉVICTION DE LA PRÉSOMPTION

2. Si les ayants droit s'opposent à la demande faite par la caisse, il leur appartient d'apporter la preuve du lien de causalité entre l'accident et le décès. • Soc. 3 oct. 1984 : *Bull. civ. V, n° 350.* ♦ Ainsi ne donne pas de base légale à sa décision reconnaissant le caractère professionnel de l'accident mortel survenu à un salarié la cour d'appel qui, après avoir relevé que sa veuve avait refusé l'autopsie demandée par la caisse, n'a pas recherché si celle-ci établissait l'existence d'un lien de causalité entre le décès et le travail de son mari. • Civ. 2e, 14 déc. 2004 : *RJS 2005, n° 208.*

3. Aucune disposition légale n'impose aux organismes sociaux de faire connaître aux ayants droit le risque auquel les expose leur refus de cette mesure d'instruction. • Soc. 9 déc. 1987 : *Bull. civ. V, n° 713* • 5 janv. 1995, n° 93-12.355 P.

II. APPLICATION DE LA PRÉSOMPTION

4. Une exception est toutefois admise et la présomption maintenue lorsque l'impossibilité de pratiquer l'autopsie est la conséquence de la remise du corps de la victime à la science en exécution de la volonté du défunt dès lors qu'aucune hâte excessive ou fautive n'a été relevée et que la demande d'autopsie n'a été faite par la caisse que trois mois après le décès. • Soc. 20 janv. 1994 : *D. 1994. 229, concl. Y. Chauvy ; RJS 1994, n° 316.*

5. De la même façon, une déclaration tardive de l'accident rendant l'autopsie impossible ne peut être assimilée à un refus d'autopsie mettant à la charge des parents de la victime la preuve du lien de causalité. Ces derniers sont dans la légalité du moment que la déclaration a été effectuée dans un délai de deux ans, une déclaration à bref délai n'étant imposée qu'à l'employeur. • Soc. 22 mars 1973 : *Bull. civ. V, n° 188.*

6. Les ayants droit peuvent se prévaloir de la présomption d'imputabilité dans la mesure où l'incinération est pratiquée en exécution des volontés du défunt dans une attitude exclusive de toute idée de fraude ou de dissimulation vis-à-vis de la caisse. • Soc. 14 nov. 1984 : *Bull. civ. V, n° 438.*

7. La présomption d'imputabilité n'a pas lieu d'être écartée dès lors qu'ayant relevé que la victime d'origine turque est décédée à la suite d'un malaise survenu sur le lieu et pendant le temps du travail et a été transportée cinq jours plus tard en Turquie pour y être inhumée, ses ayants droit n'ont pas fait preuve d'une hâte excessive ou fautive, la caisse n'ayant d'ailleurs demandé l'autopsie de la victime que près de trois semaines après l'accident. • Soc. 21 mars 1996 : *RJS 1996, n° 604.*

8. La CPAM qui laisse s'écouler un délai de plus de deux mois avant de solliciter l'autopsie de la victime décédée d'un malaise cardiaque, alors que l'employeur avait émis les plus expresses réserves sur le caractère professionnel de l'accident ne peut utilement, prétendre que la veuve lui a opposé un refus abusif au sens de l'art. L. 442-4. • Grenoble, 28 mars 2007 : *JCP E 2007. 1928.*

SECTION II CONTRÔLE MÉDICAL ET CONTRÔLE ADMINISTRATIF

Art. L. 442-5 *(L. n° 2007-1786 du 19 déc. 2007, art. 117-II)* **Les articles L. 315-1 et L. 315-2 sont applicables aux accidents du travail.**

SECTION III DISPOSITIONS DIVERSES

Art. L. 442-6 La caisse primaire fixe la date de la guérison ou de la consolidation de la blessure d'après l'avis du médecin traitant ou, en cas de désaccord, d'après l'avis émis par l'expert. – *V. art. R. 442-4 et R. 442-5.*

C'est à tort que les juges du fond, violant ainsi les art. L. 442-6 et R. 442-18 CSS, ont considéré en se fondant sur la date de consolidation fixée par le médecin traitant que le capital représentatif de la rente devait être retiré du compte employeur de la société. En effet, la date de consolidation ou de guérison est fixée par le médecin-conseil de la caisse primaire et non par le médecin traitant. • Soc. 19 juin 1997 : *JCP E 1997 Pan. n° 913.*

Art. L. 442-7 Les dispositions des articles L. 145-1 et L. 145-4 sont étendues aux soins dispensés aux victimes d'accidents du travail.

Art. L. 442-8 *(L. n° 90-86 du 23 janv. 1990, art. 5)* **« Les frais de déplacement de la victime ou de ses ayants droit, qui doivent répondre à la convocation du médecin-conseil ou se soumettre à une expertise, à un contrôle ou à un traitement en vertu du présent livre, sont à la charge de la Caisse primaire d'assurance maladie. Ils sont payés selon le tarif prévu par l'article L. 322-5 ».**

Les honoraires dus, dans les cas mentionnés au premier alinéa du présent article, au médecin traitant, au médecin-expert ou au médecin spécialiste, ainsi que leurs frais de déplacement sont supportés dans les mêmes conditions selon un tarif fixé par décret en Conseil d'État. – *V. art. R. 442-6.*

La juridiction compétente peut mettre à la charge de la victime ou de ses ayants droit tout ou partie des honoraires et frais correspondant aux examens et expertises prescrits à leur requête, lorsque leur contestation est reconnue manifestement abusive.

1. Les frais de transport exposés par un accidenté pour subir une radiographie au cabinet d'un praticien alors qu'il est hospitalisé dans un établissement privé sont à la charge de l'établissement de soins dont le prix de journée a été calculé en tenant compte d'une installation de radiologie. • Soc. 5 mars 1975 : *Bull. civ. V, n° 117.* ♦ De même, quand une expertise technique a estimé que le transport d'un blessé à un hôpital éloigné du lieu de l'accident n'était pas justifié par des raisons médicales, le transport ne devait pas être pris en charge par la caisse et peu importe l'erreur d'un établissement hospitalier ou les convenances personnelles d'un assuré mal conseillé. • Soc. 10 avr. 1975 : *Bull. civ. V, n° 184.*

2. Le transport aérien est remboursable par les caisses primaires malgré le silence des textes lorsqu'il s'avère qu'il est compatible avec l'état du malade. • Soc. 12 mars 1992 : *Somm. SS juill. 1992, p. 4751.*

3. Selon les dispositions de l'art. L. 442-8, les frais de déplacement de la victime d'un accident du travail, qui doit se soumettre à un traitement pris en charge en application de l'art. L. 431-1-1°, sont payés selon le tarif de l'art. L. 322-5. • Civ. 2e, 13 nov. 2008, n° 07-19.618 P : *JCP S 2009. 1022, note Tauran.*

CHAPITRE III RÉVISION — RECHUTE

Art. L. 443-1 Sous réserve des dispositions du deuxième alinéa du présent article, toute modification dans l'état de la victime, dont la première constatation médicale est postérieure à la date de guérison apparente ou de consolidation de la blessure, peut donner lieu à une nouvelle fixation des réparations.

Cette nouvelle fixation peut avoir lieu à tout moment pendant un délai déterminé *[art. R. 443-1 : 2 ans]* qui suit la date de guérison ou de consolidation de la blessure. Après l'expiration de ce délai, une nouvelle fixation des réparations allouées ne peut être faite qu'à des intervalles dont la durée ne peut être inférieure à un délai fixé dans les mêmes conditions *[art. R. 443-1 : 1 an]*. Ces délais subsistent même si un traitement médical est ordonné. Les intervalles peuvent être diminués de commun accord.

En cas de décès de la victime par suite des conséquences de l'accident, une nouvelle fixation des réparations allouées peut être demandée par les ayants droit de la victime, tels qu'ils sont désignés aux articles L. 434-7 et suivants.

Dans le cas où la victime avait été admise au bénéfice des dispositions du troisième alinéa de l'article L. 434-2 et, à la date de son décès, avait été titulaire, pendant au moins une durée fixée par décret *[art. D. 443-1 : 10 ans]*, de la *(L. n° 2012-1404 du 17 déc. 2012, art. 85-I-5°, en vigueur le 1er mars 2013)* « prestation complémentaire pour recours à » tierce personne, le décès est présumé résulter des conséquences de l'accident pour l'appréciation de la demande de l'ayant droit qui justifie avoir apporté effectivement cette assistance à la victime pendant la même durée. A défaut pour la caisse d'apporter la preuve contraire, l'imputabilité du décès à l'accident est réputée établie à l'égard de l'ensemble des ayants droit.

Un décret en Conseil d'État fixe les conditions d'application du présent article en ce qui concerne, notamment, le contrôle médical auquel la victime est tenue de se soumettre et les déchéances qui peuvent lui être appliquées en cas de refus. — *V. art. R. 443-2 à R. 443-6.*

I. RÉVISION DE LA RENTE

A. FAITS GÉNÉRATEURS DE RÉVISION

1. Cas d'ouverture

1. La révision suppose une modification de l'état de la victime. La commission nationale technique ne peut donc, en dehors de toute amélioration constatée dans l'état de la victime, abaisser le taux d'incapacité permanente partielle primitivement admis sur un accord ou par une décision judiciaire. • Soc. 25 oct. 1962 : *Bull. civ. IV, n° 757.* ♦ En l'absence d'une demande reconventionnelle opposée par la victime à l'action en révision de la caisse, les juridictions du contentieux technique ne peuvent fixer le nouveau taux d'invalidité à un chiffre supérieur au taux qui lui était reconnu antérieurement. • Soc. 2 oct. 1985 : *Bull. civ. V, n° 434.*

2. La révision ne peut reposer ni sur un déclassement professionnel qui ne s'est révélé qu'après la fixation initiale du taux d'incapacité. • Soc. 20 mai 1963 : *Bull. civ. IV, n° 416.* ♦ ... Ni sur une erreur commise dans cette fixation amiable. • Soc. 3 mai 1963 : *Bull. civ. IV, n° 378.* ♦ ... Ni sur la nécessité de changer de travail. • Soc. 5 juill. 1978 : *Bull. civ. V, n° 564.*

3. Une diminution d'une invalidité préexistante est sans influence sur la rente d'accident du travail et ne peut servir de fondement à sa révision ; elle ne doit être appréciée qu'au moment de l'accident du travail. • Soc. 3 févr. 1966 : *Bull. civ. IV, n° 149.*

4. L'appréciation d'une modification dans l'état de la victime est effectuée à la date de la demande en révision. • Soc. 5 juin 1980 : *Bull. civ. V, n° 503.*

2. Preuve

5. Lorsqu'une révision est sollicitée, il doit être établi qu'il s'agit d'une aggravation de la lésion ou des troubles résultant de l'accident ou que le décès est bien la conséquence des suites de l'accident. • Soc. 8 oct. 1994 : *Bull. civ. IV, n° 662.*

6. Si une présomption d'imputabilité identique à celle dont toute victime d'un accident du travail dispose pour établir le lien entre la lésion originaire et l'accident s'applique aux cas ouvrant droit à la révision, elle ne s'étend pas à des lésions nouvelles. Ainsi, lorsque la victime invoque à l'appui de sa demande en révision des lésions ou troubles nouveaux qui n'ont pas été immédiatement consécutifs à l'accident ou qui ne sont survenus ni au cours de l'évolution du traumatisme, ni au cours du traitement, elle doit rapporter la preuve directe de la relation entre l'accident et les nouveaux troubles. • Soc. 17 nov. 1944 : *JCP 1946. II. 2957.*

7. Les juges du fond qui relèvent l'existence d'une contradiction entre la motivation et les conclusions du rapport d'expertise technique déduisent à bon droit que celui-ci ne s'impose pas à eux. • Soc. 10 déc. 1992, n° 90-16.245 P.

8. Il appartient à la caisse, pour détruire la présomption d'imputabilité, d'établir que le décès a une cause totalement étrangère à l'accident. • Soc. 4 mai 2001 : *D. 2001. IR 1588* (mauvaise ventilation pulmonaire due à l'accident ayant favorisé l'apparition des complications ayant entraîné le décès).

B. DÉLAI

9. L'intervalle d'une durée d'au moins un an entre chaque contrôle de l'état de l'assuré prévu par l'art. L. 443-1 CSS ne s'applique pas pour le premier contrôle suivant la période initiale de deux ans fixée par ce texte. • Soc. 6 oct. 1994, n° 92-13.324 P : *RJS 1994, n° 1306.*

10. L'intervalle d'au moins un an qui, selon l'art. L. 443-1 (L. 489 ancien) CSS, doit séparer deux révisions étant susceptible d'être réduit d'un commun accord, le moyen, mélangé de fait et de droit, tiré de son inobservation ne saurait être proposé pour la première fois devant la Cour de cassation. • Soc. 6 mai 1985 : *Bull. civ. V, n° 269.*

C. PROCÉDURE

11. La fixation du taux de la rente est une question de fait qui ne peut être débattue devant la Cour de cassation mais qui relève de la compétence du contentieux technique. • Soc. 24 avr. 1975 : *Bull. civ. V, n° 210.*

D. EFFETS DE LA RÉVISION

12. Lorsque la décision de prendre en charge la maladie a été déclarée inopposable à l'employeur, la décision de prise en charge d'une rechute de cette affection ne saurait produire effet à l'encontre de celui-ci. • Civ. 2e, 20 janv. 2012 : *D. 2012. 370 ; JCP S 2012, n° 1188, obs. Asquinazi-Bailleux ; CSBP 2012, n° 239, p. 91, obs. Pansier ; RJS 2012, n° 390.*

II. DÉCÈS DE LA VICTIME

13. Al. 3. Le décès de la victime postérieurement à l'attribution de la rente n'ouvre des droits à ses ayants cause que s'il constitue une conséquence de l'accident. • Civ. 2e, 19 avr. 2005 : *TPS 2005, n° 183.*

14. Al. 4. Ne peut se prévaloir utilement de la présomption posée par l'art. L. 443-1, al. 4, une veuve dont le mari est décédé dans un accident qui n'est pas survenu en raison de l'aggravation de son état (en l'espèce, l'assuré tétraplégique a été victime d'un accident mortel alors qu'il gravissait un plan incliné installé sur son fauteuil roulant, le fauteuil s'étant renversé. • Civ. 2e, 19 avr. 2005 : *JCP E 2005. 1851.*

Art. L. 443-2 **Si l'aggravation de la lésion entraîne pour la victime la nécessité d'un traitement médical, qu'il y ait ou non nouvelle incapacité temporaire, la Caisse primaire d'assurance maladie statue sur la prise en charge de la rechute.**

1° CONDITIONS

a. Condition positive

1. La rechute suppose un fait nouveau. Constitue une rechute toute conséquence d'une blessure qui, après consolidation, contraint la victime à interrompre à nouveau son activité professionnelle ; il importe peu que les troubles ayant entraîné cette interruption aient été pris en compte pour déterminer le taux d'IPP. • Soc. 15 oct. 1992 : *Somm. SS avr. 1993, p. 4857.*

2. L'affection dont est atteint un salarié ne peut être prise en charge au titre de la rechute d'accidents du travail antérieurs dès lors qu'elle n'en est pas la conséquence exclusive. • Soc. 19 déc. 2002, n° 00-22.482 P : *RJS 2003, n° 384 ; CSB 2003, n° 134.* ♦ A violé les art. L. 141-2 et L. 443-2 CSS la cour d'appel qui a jugé que la CPAM devait prendre en charge intégralement selon la législation des accidents du travail les conséquences d'une tétraparésie au motif que, s'il ressortait du rapport d'expertise médical technique que la tétraparésie était imputable pour moitié à la chute consécutive à ce malaise et pour moitié à deux accidents du travail survenus en 1991 et 1994, cette maladie constituait une rechute des accidents du travail antérieurs alors qu'elle avait constaté que la tétraparésie dont était resté atteint N n'était pas la conséquence exclusive des accidents du travail antérieurs. • Soc. 19 déc. 2002 : *préc.*

3. Il n'y a pas rechute au sens de l'art. L. 443-1 CSS dès lors qu'il n'existe aucun fait nouveau dans l'état séquellaire de la victime impliquant que cet état se soit aggravé même temporairement. • Soc. 13 janv. 1994, n° 91-22.247 P. ♦ V. aussi dans le même sens : • Soc. 12 nov. 1998 : *RJS 1999, n° 279 ; TPS 1999, n° 30.* ♦ Il résulte de la combinaison des art. L. 443-1, L. 443-2, R. 441-10 et que la caisse n'est tenue de mettre en œuvre les dispositions des art. R. 441-11 s. CSS que lorsque l'aggravation d'une lésion déjà prise en charge entraîne pour la victime la nécessité d'un traitement médical, qu'il y ait ou non nouvelle incapacité temporaire, et non lorsque la demande ne porte que sur une nouvelle fixation des réparations, en cas d'aggravation de l'infirmité ou de décès de la victime par suite des conséquences de l'accident ou de la maladie. • Civ. 2e, 13 oct. 2011 : *JCP S 2012, n° 1062, obs. Asquinazi-Bailleux.*

4. Il n'y a pas non plus rechute lorsque la victime n'a pu travailler depuis l'accident dès lors qu'il est constaté qu'elle présente un état stationnaire sans aggravation des troubles fonctionnels. • Soc. 11 juill. 1988 : *Bull. civ. V, n° 439.*

5. Ne relèvent pas non plus du régime de la rechute : un état qui, à la date considérée et selon les modalités du médecin expert, se caractériserait essentiellement par des manifestations de gêne qui ne seraient que des séquelles douloureuses habituelles du traumatisme causé par l'accident. • Soc. 2 juill. 1953 : *Bull. civ. IV, n° 524.* ♦ ... Ni la chute qui, selon les conclusions de l'expert, trouve sa cause dans les séquelles de l'accident du travail dont l'assurée a été victime des années auparavant. • Soc. 11 janv. 1996, n° 94-10.116 P : *D. 1996. IR 53 ; RJS 1996, n° 164.* ♦ ... Ni les troubles constatés à l'occasion d'un arrêt de travail dont l'assuré a été antérieurement victime au seul motif que ces troubles sont liés à l'accident. • Soc. 17 avr. 1996, n° 94-17.362 P : *D. 1996. IR 129.*

b. Condition négative

6. Il n'est pas nécessaire que la rechute entraîne une aggravation définitive de la lésion et par suite du taux d'incapacité permanente. • Soc. 21 juin 1962 : *Bull. civ. IV, n° 588.*

7. Dès lors que la caisse a admis la relation de certains troubles avec l'accident du travail, elle ne peut plus revenir sur sa décision lors d'une rechute suivante, la première ayant acquis l'autorité de chose jugée. • Soc. 15 nov. 1990 : *Somm. SS déc. 1990, p. 4475.*

c. Preuve

8. Le bénéfice de la présomption légale d'imputabilité ne pouvant être invoqué au titre d'une affection déclarée postérieurement à la consolidation des blessures subies à la suite d'un accident du travail, la cour d'appel, qui ne peut ordonner une expertise médicale technique dans un litige intéressant les seuls rapports de la caisse et de l'employeur, décide à bon droit qu'il appartient à l'organisme social de rapporter la preuve que ces lésions prises en charge à titre de rechute constituent une aggravation des séquelles de l'accident. • Soc. 16 nov. 2000 : *RJS 2001, n° 245.*

2° EFFETS

a. Rente

9. Les juges du fond ne peuvent rejeter une demande d'indemnités journalières formulée à l'occasion d'une rechute en se fondant seulement sur le fait que l'intéressé se trouvait en période d'inactivité, n'ayant pas repris le travail depuis la consolidation de l'accident du travail, sans rechercher s'il avait cessé volontairement et à titre définitif toute activité salariée. • Soc. 25 juin 1969 : *Bull. civ. V, n° 439.*

10. Mais lorsque la victime, après la consolidation de la blessure, est restée pendant plusieurs années sans exercer d'activité professionnelle et sans rechercher d'emploi, il est possible de considérer qu'elle avait volontairement et définitivement renoncé à toute activité professionnelle et que, par suite, elle ne saurait prétendre au service d'indemnités journalières en cas de rechute. • Soc. 3 mai 1972 : *Bull. civ. V, n° 312.*

b. Procédure

11. Notification à l'employeur. La caisse n'est tenue de mettre en œuvre les dispositions de l'art. R. 441-14 CSS, dans leur rédaction issue du Décr. n° 2009-938 du 29 juill. 2009, que lorsque l'aggravation d'une lésion déjà prise en charge entraîne pour la victime la nécessité d'un traitement médical, qu'il y ait ou non nouvelle incapacité temporaire, et non lorsque la demande ne porte que sur une nouvelle fixation des réparations, en cas d'aggravation de l'infirmité ou de décès de la victime par suite des conséquences de l'accident. • Civ. 2e, 4 mai 2016, nos 15-18.376 et 15-20.003 P : *JCP S 2016, n° 1224, obs. Michalletz.*

c. Prescription

12. La survenance d'une rechute suite à un accident du travail n'a pas pour effet de faire courir à nouveau la prescription biennale prévue par l'art. L. 431-2 CSS. • Soc. 3 mars 1994, n° 91-17.795 P.

d. Contestation

13. La qualification d'une affection précédemment indemnisée à titre d'accident du travail ne peut être remise en cause à l'occasion d'une rechute. • Soc. 15 juin 1962 : *Bull. civ. IV, n° 562.*

CHAPITRE IV ACCIDENTS SURVENUS HORS DU TERRITOIRE MÉTROPOLITAIN ET DES DÉPARTEMENTS MENTIONNÉS À L'ARTICLE L. 751-1

Art. L. 444-1 Un décret en Conseil d'État détermine les dispositions particulières applicables aux accidents survenus hors du territoire métropolitain et des *(L. n° 2015-1268 du 14 oct. 2015, art. 7-I-3°)* « collectivités mentionnées » à l'article L. 751-1. — *V. art. R. 444-1 à R. 444-7.*

TITRE CINQUIÈME FAUTE DE L'ASSURÉ OU D'UN TIERS

CHAPITRE PREMIER DISPOSITIONS GÉNÉRALES

BIBL. ▶ Brimo, Nouvel assaut contre la limitation de la réparation des risques professionnels. Note sous Cons. const., 18 juin 2010, n° 2010-8 QPC, Époux L., *RDSS 2011. 76*. – Gardin, Les contours de la réparation en cas de faute inexcusable de l'employeur, *RJS 10/2012, p. 651*. – Porchy-Simon, L'indemnisation des préjudices des victimes de faute inexcusable à la suite de la décision du Conseil constitutionnel du 18 juin 2010 : réelle avancée ou espoir déçu ?, *D. 2011. 459*. – Saada, Ça ira mieux demain... ! Pour agrandir la brèche dans la forfaitisation des préjudices des accidentés du travail, *Dr. ouvrier 2011. 261*. – Sargos, La saga triséculaire de la faute inexcusable, *D. 2011. 768*. – Teissonnière, La faute inexcusable, Achille et la tortue, *Dr. ouvrier 2011. 265*. – Viney, L'évolution du droit de l'indemnisation des victimes d'accidents du travail et de maladies professionnelles, *Dr. soc. 2011. 964*.

Art. L. 451-1 *(L. n° 94-43 du 18 janv. 1994, art. 69-I)* **Sous réserve des dispositions prévues aux articles L. 452-1 à L. 452-5, L. 454-1, L. 455-1, L. 455-1-1 et L. 455-2 aucune action en réparation des accidents et maladies mentionnés par le présent livre ne peut être exercée conformément au droit commun, par la victime ou ses ayants droit.** – *V. Cons. const., 18 juin 2010, n° 2010-8 QPC (JO 19 juin, p. 11150).*

BIBL. Gardin, Les contours de la réparation en cas de faute inexcusable de l'employeur, *RJS 10/2012, p. 651*. – Pierchon, La réparation d'un accident du travail ou d'une maladie professionnelle entre le TASS et le conseil de prud'hommes, *JCP S 2007, n° 1666*.

I. ACTIONS INTERDITES OU PERMISES

1. *Compatibilité avec les règles du droit européen.* Les dispositions des art. L. 451-1, L. 452-1 et L. 452-3 CSS, qui interdisent à la victime d'un accident du travail ou d'une maladie professionnelle imputable à la faute inexcusable de l'employeur d'exercer contre celui-ci une action en réparation conformément au droit commun et prévoient une réparation spécifique des préjudices causés, n'engendrent pas une discrimination prohibée par l'art. 14 de la Convention de sauvegarde des droits de l'homme et des libertés fondamentales et l'art. 1er du Protocole additionnel n° 1 à la Convention, du seul fait que la victime ne peut obtenir une réparation intégrale de son préjudice. • Civ. 2e, 11 juill. 2013 : *JCP S 2013, n° 1433, obs. Asquinazi-Bailleux ; RJS 08/09 2013, n° 708.*

A. ACTION DEVANT LES COMMISSIONS D'INDEMNISATION DES VICTIMES D'INFRACTIONS (CIVI)

2. *Faute intentionnelle de l'employeur.* Les dispositions propres à l'indemnisation des victimes d'infractions sont applicables aux victimes d'un accident du travail imputable à la faute intentionnelle de l'employeur ou de l'un de ses préposés. • Civ. 2e, 7 mai 2009 : *D. 2009. AJ 1487, obs. Lavric ; Dr. soc. 2009. 1001, note Chaumette ; RDSS 2009. 723, note Vignon-Barrault ; JCP S 2009. 1276, note Radé ; Dr. ouvrier 2009. 602, note Milet.* ♦ Comp. antérieurement : les dispositions légales d'ordre public relatives à la réparation des accidents du travail, spécialement l'art. L. 451-1 CSS, excluent les dispositions propres à l'indemnisation des victimes d'infractions. • Civ. 2e, 7 mai 2003, n° 02-16.580 P : *RJS 2003. 630, n° 944,* conf. par • 7 févr. 2008 : *D. 2008. AJ 621* • 3 mai 2006 : *D. 2006. 2226, note Saint-Jours ; JCP S 2006. 1589, note Asquinazi-Bailleux* (... et ce y compris si l'accident est imputable à une personne autre que l'employeur et ses préposés) • 19 oct. 2006, *FGTI c/ Kosatka*, n° 05-18.799 (... et ce également lorsque la victime fonde sa demande non pas sur la législation relative à l'hygiène et à la sécurité mais sur celle sanctionnant les coups et blessures volontaires).

3. *Faute d'un tiers.* Les dispositions propres à l'indemnisation des victimes d'infractions sont applicables aux victimes d'un accident du travail imputable à la faute d'un tiers. • Civ 2e, 5 févr. 2015 : *JCP S 2015, n° 1206, obs. Michalletz.*

B. LOI DU 5 JUILLET 1985

4. La loi du 5 juill. 1985 relative à la réparation des accidents de la circulation n'a pas eu pour effet d'abroger les dispositions spécifiques régissant la réparation des accidents du travail. La victime d'un accident de la circulation survenu à l'occasion du travail dans un véhicule appartenant à son employeur ne peut donc bénéficier que de la réparation forfaitaire prévue par la législation relative aux accidents du travail. • Crim. 19 déc. 1991 : *RJS 1992, n° 519.*

C. ACTION EXTRACONTRACTUELLE

5. Les ayants droit de la victime d'une maladie professionnelle due à la faute inexcusable de l'employeur et décédée des suites de cette maladie sont recevables à exercer, outre l'action en réparation du préjudice moral qu'ils subissent personnellement du fait de ce décès, l'action en réparation du préjudice moral personnel de la victime résultant de sa maladie. • Soc. 28 févr. 2002, n° 99-18.389 P : *RJS 2002, n° 621.* ♦ Mais un salarié victime d'un accident pris en charge et indemnisé dans le cadre de la législation professionnelle ne peut qu'être débouté de sa demande aux fins de reconnaissance de la faute inexcusable de l'employeur en invoquant l'art. 1384 C. civ. • Civ. 2e, 16 nov. 2004 : *RJS 2005, n° 216.*

6. En vertu des art. L. 451-1 et L. 452-5, sauf si la faute de l'employeur est intentionnelle, le tiers étranger à l'entreprise condamné à réparer l'entier dommage de la victime d'un accident du travail n'a de recours ni contre l'employeur ou ses préposés, ni contre leur assureur. Dès lors, un arrêt énonce à bon droit qu'en application de l'art. L. 451-1, le tiers étranger à l'entreprise tenu d'indemniser l'entier préjudice de la victime d'un accident du travail ne peut avoir plus de droits que la victime vis-à-vis de son employeur et ne peut donc reporter sur lui la charge de l'indemnité. • Cass., ass. plén., 31 oct. 1991 : *D. 1993. Somm. 271, obs. Prétot ; ibid. 1992. Chron. 19, par H. Groutel .* ♦ Cette action récursoire est cependant possible en cas de faute intentionnelle de l'employeur. • Civ. 2e, 29 nov. 2018, n° 17-17.747 P : *JCP S 2019, n° 1006, obs. Asquinazi-Bailleux.*

7. Aucune action en réparation des accidents du travail ou des maladies professionnelles ne peut être exercée conformément au droit commun contre l'employeur par la victime ou ses ayants droit. L'argument selon lequel l'action est dirigée par la caisse non pas contre l'employeur mais contre la personne civilement responsable du pensionnaire qu'elle avait sous sa surveillance ne peut être valablement reçu. • Civ. 2e, 22 févr. 2007 : *JCP S 2007. 1393, note Vachet ; RJS 5/07, n° 667.*

8. Dès lors qu'il n'est pas contesté qu'à la date de l'accident survenu au cours d'un stage de formation professionnelle organisé par la chambre de commerce et d'industrie la victime était rémunérée par une entreprise extérieure, la chambre de commerce et d'industrie ne peut être considérée comme l'employeur de l'intéressé, lequel est fondé ainsi à engager à l'encontre de celle-ci le recours en réparation du préjudice non réparé par la sécurité sociale. • CE 8 janv. 1992 : *RJS 1992, n° 519.*

9. Action de droit commun contre un maître d'œuvre. L'action menée par le salarié devant le tribunal de grande instance, sur le fondement du droit commun de la responsabilité contre l'entreprise dans laquelle son employeur l'avait affecté, ne peut être recevable sans constater qu'au moment de la survenue de l'accident cette entreprise était responsable des conditions d'exécution du travail de la victime. • Civ. 2e, 7 mai 2015, n° 14-16.153 P.

10. L'impossibilité pour les ayants droit de la victime d'un accident du travail d'agir en réparation dans les conditions de droit commun s'applique aussi en Nouvelle-calédonie (Décr. du 25 févr. 1957) • Civ. 2e, 6 déc. 2006 : *JCP S 2007. 1111, note Vachet.*

D. ACTION CONTRACTUELLE

11. Compétence juridictionnelle. Le salarié dont l'affection ne peut être prise en charge au titre de la législation sur les accidents du travail ou les maladies professionnelles peut engager une action contre son employeur selon le droit commun de la responsabilité civile contractuelle. • Soc. 28 oct. 1997 : *D. 1998. 219, note Radé* • Civ. 2e, 7 déc. 2011 : *Dr. soc. 2012. 208, obs. Chaumette ; SSL 2012, n° 1550, p. 196, obs. Marcon ; Gaz. Pal. 30 mars 2012, p. 38, obs. Coursier ; JCP S 2012, n° 1328, obs. Le Fur et Del Sol ; ibid., n° 1270, obs. Tricoit.*

12. La demande indemnitaire du salarié tendant à obtenir réparation d'un préjudice en rapport avec des accidents du travail dont il se disait victime ne relève pas de la compétence des conseils de prud'hommes. • Soc. 15 févr. 2012 : *RJS 2012, n° 505.* ♦ Si la juridiction prud'homale est seule compétente pour connaître d'un litige relatif à l'indemnisation d'un préjudice consécutif à la rupture du contrat de travail, relève, en revanche, de la compétence exclusive du tribunal des affaires de sécurité sociale l'indemnisation des dommages résultant d'un accident du travail, qu'il soit ou non la conséquence d'un manquement de l'employeur à son obligation de sécurité. • Soc. 29 mai 2013 : *Dr. soc. 2013. 764, obs. Orif ; JCP S 2013, n° 1368, obs. Ledoux et Nicolas ; RJS 9/10 2013, n° 637.* ♦ En l'absence de déclaration d'une maladie professionnelle, les demandes formées par les bénéficiaires de l'ACAATA sur le fondement du manquement de l'employeur à son obligation de sécurité de résultat relèvent de la compétence de la juridiction prud'homale. • Soc. 25 sept. 2013 : *D. actu. 8 oct. 2013, obs. Fraisse ; D. 2013. 2658, obs. Bacache, Guégan-Lécuyer et Porchy-Simon ; RTD civ. 2013. 844, obs. Jourdain ; RJS 12/2013, n° 843.* ♦ Relève de la compétence exclusive du TASS l'indemnisation des dommages résultant d'un accident du travail, qu'il soit ou non la conséquence d'un manquement de l'employeur à son obligation de sécurité. • Soc. 29 mai 2013 : *JCP S 2013, n° 1368, note Ledoux et Nicolas ; RJS 9/10 2013, n° 637.* ♦ Si la juridiction prud'homale est seule compétente pour statuer sur le bien-fondé de la rupture du contrat de travail, relève, en revanche, de la compétence exclusive du tribunal des affaires de sécurité sociale l'indemnisation des dommages résultant d'un accident du travail ou d'une maladie professionnelle, qu'ils soient ou non la conséquence d'un manquement de l'employeur à son obligation de sécurité. • Soc. 10 oct. 2018, n° 17-11.019 P : *JCP S 2018, n° 1375, obs. Babin.* ♦ La prise en charge des arrêts de travail successifs, en relation directe avec un accident du travail, ne saurait en conséquence relever de la compétence des juridictions prud'homales, sous couvert d'une action en responsabilité contre l'employeur pour manquement à son obligation de sécurité, dès lors que le salarié réclame en réalité la réparation d'un préjudice né de l'accident du travail dont il avait été victime. • Soc. 9 juill. 2014 : *D. actu. 4 sept. 2014, obs. Fraisse ; RJS 10/2014, nº 677 ; JCP S 2014, nº 1428, obs. Combes et Orbec-Barthe.*

E. TRAVAIL TEMPORAIRE

13. Exclusion des actions de droit commun à l'encontre des dirigeants de l'entreprise utilisatrice. Les dispositions d'ordre public de l'art. L. 451-1 ne comptent pas au rang des exceptions à la prohibition des actions exercées conformément au droit commun les accidents subis par les salariés intérimaires. En conséquence, le travailleur temporaire victime d'un accident du travail ne peut agir sur le fondement d'une action de droit commun en réparation des préjudices subis contre le dirigeant de l'entreprise utilisatrice ou ses préposés. • Crim. 18 sept. 2012, nº 11-84.279. ♦ La juridiction répressive n'est donc pas compétente pour statuer sur la responsabilité civile en la matière. • Crim. 2 oct. 2012, nº 11-85.032 P : *RJS 1/2013, nº 81.*

II. ACTION EN JUSTICE DES AYANTS DROIT

14. Exclusion de la qualité d'ayants droit : principe. L'expression d'ayants droit figurant dans l'art. L. 451-1 CSS vise uniquement les personnes énumérées aux art. L. 434-7 à L. 434-14 du même code, qui perçoivent des prestations en cas de décès accidentel de leur auteur. • Cass., ass. plén., 2 févr. 1990 : *D. 1992. 49, note Chabas ; ibid. 1991. Somm. 120, obs. Prétot ; Dr. soc. 1990. 449, concl. Cabannes ; RJS 1990, p. 259, chron. Vachet ; RTD civ. 1990. 294, obs. Jourdain.* ♦ V. dans le même sens • Crim. 10 juin 2008, nº 07-86.953 (l'expression d'ayants droit figurant dans l'art. L. 451-1 précité ne concerne pas les personnes qui, visées aux art. L. 434-7 à L. 434-14 du même code, peuvent recevoir des prestations en cas de décès accidentel de leur auteur).

15. Exclusion de la qualité d'ayants droit : exemples. Le conjoint de la victime d'un accident du travail, lorsque cette victime a survécu, n'a pas la qualité d'ayant droit, au sens de l'art. L. 451-1 précité, et peut, dès lors, être indemnisé de son préjudice personnel, selon les règles du droit commun. • Cass., ass. plén., 2 févr. 1990 : *préc. note 14.* ♦ Les frères et sœurs de la victime d'un accident du travail suivi de mort ne figurent pas parmi les personnes auxquelles une pension est servie, selon les prévisions des art. L. 434-7 à L. 434-14 CSS. • Crim. 24 août 1993, nº 92-86.718. ♦ ... Ou encore la concubine de la victime. • Crim. 26 janv. 1994, nº 90-82.558. ♦ Les petits enfants et collatéraux de la victime, ainsi que les enfants de la victime ayant survécu, n'ont pas la qualité d'ayant droit au sens de l'art. L. 451-1. • Crim. 10 juin 2008 : *préc. note 14.* ♦ De même, les enfants ayant atteint la limite d'âge prévue par l'art. L. 434-10 CSS. • Même arrêt. ♦ Les ascendants ou descendants d'une victime d'un accident mortel n'ayant pas droit à une rente au sens des art. L. 434-7 à L. 434-14 CSS n'ont pas la qualité d'ayants droit au sens de l'art. L. 451-1 et sont recevables à assigner l'employeur de la victime devant la formation de référé du tribunal de grande instance pour obtenir une provision sur l'indemnisation de leur préjudice moral. • Civ. 2e, 17 sept. 2009, nº 08-16.484. ♦ En revanche, les juges ne sauraient écarter l'action des ascendants (parents) sans rechercher s'ils remplissent, ou non, les conditions d'attribution d'une rente au regard des dispositions de l'art. L. 434-13 CSS et doivent être regardés comme des ayants droit au sens de ce texte. • Civ. 2e, 5 janv. 1997, nº 94-13.234. ♦ V. encore • Soc. 22 juill. 1993, nº 91-11.749 : *CSB 1993, nº 54, B. 145* (fils de la victime d'un accident mortel du travail, alors qu'il était constant qu'à la date de l'accident l'intéressé avait dépassé l'âge de vingt ans). ♦ Sur l'étendue des préjudices des proches pris en charge en ce cas, V. • Civ. 2e, 5 oct. 2017, nº 16-22.353 P : *RJS 1/2018, nº 71* (adaptation du logement des parents pour le rendre accessible à leur fils devenu handicapé afin de pouvoir le recevoir).

CHAPITRE II **FAUTE INEXCUSABLE OU INTENTIONNELLE DE L'EMPLOYEUR**

Sur la conformité des art. L. 452-1 à L. 452-5 à la Constitution : V. Cons. const. 18 juin 2010, nº 2010-8 QPC (JO 19 juin, p. 11150).

Art. L. 452-1 Lorsque l'accident est dû à la faute inexcusable de l'employeur ou de ceux qu'il s'est substitués dans la direction, la victime ou ses ayants droit ont droit à une indemnisation complémentaire dans les conditions définies aux articles suivants.

BIBL. ▸ Bouvet et Desriaux, Accidents du travail et maladies professionnelles – Les préjudices indemnisables dans le cadre de la faute inexcusable de l'employeur, *JCP S 2018. 1143.* – Lerouge, Suicide du salarié et faute inexcusable de l'employeur : quelles évolutions juridiques ?, *RDSS 2012. 373.* – Moreau, L'obligation générale de préserver la santé des travailleurs, *Dr.*

soc. 2013. 410 ⊘. – Sanseverino-Godfrin, La redéfinition du contour juridique des risques liés au travail, *JS Lamy 2013. 339.* – Sargos, La saga triséculaire de la faute inexcusable, *D. 2011. 768* ⊘.

1° *DÉFINITION DE LA FAUTE INEXCUSABLE*

1. Définition initiale. La faute inexcusable doit s'entendre d'une faute d'une gravité exceptionnelle, dérivant d'une omission volontaire, de la conscience du danger que devait en avoir son auteur, de l'absence de toute cause justificative, et se distinguant de la faute intentionnelle par le défaut d'un élément intentionnel. • Cass., ch. réun., 15 juill. 1941, *Dame Veuve Villa : GADSS, n° 54 ; D. 1941. 117, note Rouast ; JCP 1941. II. 1705, note Mihura.* ♦ V. encore • Cass., ass. plén., 18 juill. 1980 : *JCP 1980. II. 19642, note Saint-Jours ; D. 1980. 394, ccl. Picca, note P.G.*

2. Définition actuelle. En vertu du contrat de travail le liant à son salarié, l'employeur est tenu envers celui-ci d'une obligation de sécurité de résultat, notamment en ce qui concerne les maladies professionnelles contractées par ce salarié du fait des produits fabriqués ou utilisés par l'entreprise ; le manquement à cette obligation a le caractère d'une faute inexcusable, au sens de l'art. L. 452-1 CSS, lorsque l'employeur avait ou aurait dû avoir conscience du danger auquel était exposé le salarié et qu'il n'a pas pris les mesures nécessaires pour l'en préserver. • Soc. 28 févr. 2002, ⚖ *Sté Eternit : D. 2002. IR 1009 ; RJS 2002, n° 618 ; Dr. soc. 2002. 445, note Ar. Lyon-Caen, ccl Benmakhlouf* ⊘ *; RJS 2002, n° 626, obs. Morvan ; Dr. ouvrier 2002. 166, obs. Meyer ; D. 2002. 2696, obs. Prétot* ⊘ *; RPDS 2002. 91, obs. Millet ; Dr. ouvrier 2003. 41, obs. Saint-Jours.* ♦ En vertu du contrat de travail le liant à son salarié, l'employeur est tenu envers celui-ci d'une obligation de sécurité de résultat, notamment en ce qui concerne les accidents du travail, et que le manquement à cette obligation a le caractère d'une faute inexcusable, au sens de l'art. L. 452-1, lorsque l'employeur avait ou aurait dû avoir conscience du danger auquel était exposé le salarié et qu'il n'a pas pris les mesures nécessaires pour l'en préserver. • Soc. 11 avr. 2002, ⚖ n° 00-16.535 P : *RJS 6/02, n° 727 ; D. 2002. 2215, notes Saint-Jours et Prétot* ⊘ *; RDSS 1992. 538, note Verkindt* ⊘ • Cass., ass. plén., 24 juin 2005, ⚖ n° 03-30.038 P : *D. 2005. 2375, note Saint-Jours* ⊘ *; RDSS 2005. 875, note Verkindt* ⊘ *; RJS 2005, n° 1036 ; JCP S 2005, n° 1056, note Morvan.*

3. Exigence d'un accident du travail. La faute inexcusable ne peut être retenue que si l'accident revêt le caractère d'un accident du travail, mais la reconnaissance de cette faute n'exige pas que l'accident ait été pris en charge comme tel par l'organisme social. • Civ. 2e, 20 mars 2008, ⚖ n° 06-20.348 P : *RJS 2008, n° 722.*

4. Manquement aux règles de sécurité. Il résulte de la condamnation du chef d'entreprise pour infraction aux règles de sécurité que l'employeur devait avoir conscience du danger encouru par le salarié. • Soc 13 févr. 1997, ⚖ n° 95-15.054 P. ♦ L'absence d'un dispositif de protection imposé par les règles de sécurité permet d'établir la faute inexcusable de l'employeur, dès lors que l'imprudence commise par le salarié n'aurait eu aucune conséquence si le dispositif avait été installé. • Soc. 27 nov. 1997, ⚖ n° 96-13.008 P : *RJS 1998, n° 102.* ♦ L'imprudence commise par un copréposé ne saurait écarter la faute inexcusable de l'employeur dès lors que l'employeur a méconnu les règles de sécurité. • Soc. 18 mai 2000, ⚖ n° 98-22.771 P : *RJS 2000, n° 1003.* ♦ Il appartient à l'employeur de veiller, à raison de l'obligation de sécurité de résultat à sa charge, à la mise en œuvre obligatoire des dispositifs de sécurité appropriés qui ne doit pas être laissée à la libre appréciation des salariés. Commet en conséquence une faute inexcusable l'employeur qui ne veille pas à ce que ses ouvriers, qui travaillaient à une hauteur de plus de trois mètres, emportent et utilisent les dispositifs obligatoires de sécurité sur un chantier dont il connaissait les risques pour avoir évalué les travaux à réaliser avec le client. • Civ. 2e, 16 déc. 2011 : ⚖ *JCP S 2012, n° 1143, obs. Asquinazi-Bailleux ; CSBP 2012, n° 238, p. 37.* ♦ Pour une application aux pathologies cardiaques nées du stress au travail, V. : • Civ. 2e, 8 nov. 2012 : ⚖ *Dr. soc. 2013. 229, note Fantoni-Quinton et Verkindt* ⊘ *; RDSS 2013. 163, obs. Lerouge* ⊘ *; RD rur. oct. 2013, Comm. 185, obs. Tauran ; JCP 2013. 84, obs. Colonna et Renaux-Personnic ; JCP E 2013. 1164, obs. Bugada ; JCP S 2013, n° 1095, note. Llovera.* ♦ Pour une application aux suicides professionnels, V. • Civ. 2e, 19 sept. 2013 : ⚖ *JCP S 2014, n° 165, obs. Cailloux-Meurice.* ♦ Pour une application aux agressions subies dans l'entreprise en cas de défaut du système de sécurité, V. • Versailles, 2 nov. 2017, ⚖ n° 15/05468 : *RJS 1/2018, n° 72.*

5. Évolution de la conception de l'obligation de sécurité de résultat. Ne méconnaît pas l'obligation légale lui imposant de prendre les mesures nécessaires pour assurer la sécurité et protéger la santé physique et mentale des travailleurs, l'employeur qui justifie avoir pris toutes les mesures prévues par les art. L. 4121-1 et L. 4121-2 C. trav. • Soc. 25 nov. 2015, ⚖ n° 14-24.444 P : *Dr. soc. 2016. 457, obs. Antonmattei* ⊘ *; JCP E 2016, n° 1146, note Bugada ; Dr. ouvrier 2016. 10, note Héas ; RTD civ. 2016. 869, obs. Jourdain* ⊘. ♦ V. également • Soc. 10 févr. 2016, ⚖ n° 14-24.350 P : *RDT 2016. 425, obs. Vericel* ⊘ *; RDC 2016. 508, obs. Icard.* • Soc. 1er juin 2016, ⚖ n° 14-19.702 P : *RDT 2016. 709, obs. Géniaut* ⊘ *; D. 2016. 1681, obs. Icard et Pagnerre* ⊘ *; JCP S 2016, n° 1220, note Loiseau.*

6. Conscience du danger. En l'absence de toute disposition prohibant l'usage d'une matière à l'origine d'une maladie professionnelle, compte tenu des connaissances scientifiques de l'époque, l'employeur ne pouvait avoir conscience du risque généré par cette matière et ne commet pas de faute inexcusable. • Soc. 28 févr. 2002, n° 99-17.221 P : *RDSS 2002. 357, note Pédrot et Nicolas ; RTD civ. 2002. 310, note Jourdain*. ♦ Il résulte de la condamnation pénale pour manquement aux règles de sécurité que l'employeur devait avoir conscience du danger auquel il exposait le salarié. • Soc. 27 févr. 1997, n° 95-14.662 P : *RJS 1997, n° 470.* ♦ L'absence de toute anomalie du matériel en relation avec l'accident permet de caractériser le fait que l'employeur ne pouvait avoir conscience du danger auquel était exposé le salarié. • Soc. 31 oct. 2002, n° 01-20.445 P : *Dr. soc. 2003. 145, note Chaumette ; ibid. 382, note Signoretto ; RDSS 2003. 69, note Verkindt*. ♦ L'absence de conscience du danger ne saurait être déduite du seul fait que les circonstances de l'accident sont demeurées inconnues. • Soc. 11 avr. 2002 : *RJS 2002, n° 727 ; RDSS 2002. 358, note Verkindt ; D. 2002. 2215, note Saint-Jours ; ibid. 2696, note Prétot*. ♦ Mais la conformité de la machine à la réglementation et l'indétermination des causes de l'accident peuvent conduire à considérer que l'employeur ne pouvait avoir conscience du danger auquel était exposé le salarié. • Soc. 1er juill. 2003, n° 02-30.542 P. ♦ De même, le caractère imprévisible d'une chute alors que les salariés respectaient les règles de sécurité et procédaient selon une technique habituelle permet d'écarter la possibilité d'une conscience du danger encouru. • Civ. 2e, 10 juin 2003, n° 01-21.200 P. ♦ L'absence de nocivité particulière des produits utilisés ne permettant pas de caractériser l'origine de l'affection subie, l'employeur ne peut être considéré comme ayant dû avoir conscience du danger. • Civ. 2e, 22 mars 2005, n° 03-20.044 P : *RJS 2005 n° 671.* ♦ La conscience du danger ne peut être caractérisée si le salarié ne participait pas habituellement à des travaux comportant l'usage direct de l'amiante. • Civ. 2e, 31 mai 2006, n° 05-17.737 P : *JCP S 2006, n° 1651, note Vachet.* ♦ Toutefois, même si l'entreprise n'utilisait pas l'amiante comme matière première ou ne participait pas au processus de fabrication et de transformation de ce matériau, il convient de rechercher si l'entreprise, compte tenu de son importance, de son organisation et de la nature de son activité et des travaux auxquels était exposé le salarié n'aurait pas dû avoir conscience du danger auquel il était exposé. • Civ 2e, 3 juill. 2008, n° 07-18.689 P : *JCP S 2008, n° 1570, note Asquinazi-Bailleux.* ♦ Lorsque le travail est exécuté dans des locaux extérieurs à l'entreprise, l'employeur a le devoir de se renseigner sur les dangers encourus par le salarié et ne saurait s'exonérer de sa responsabilité en se prévalant de son absence de conscience du danger auquel le salarié était exposé. • Civ. 2e, 8 nov. 2007, n° 07-11.219 P : *RJS 2008, n° 67 ; RDSS 2008, 387, note Tauran ; Dr. soc. 2008. 258, note Chaumette ; JCP S 2008, n° 1038, note Babin.* ♦ Un CAT, ayant une connaissance des difficultés d'ordre psychique d'un salarié aurait dû avoir conscience du danger auquel celui-ci était exposé et prendre les mesures nécessaires pour préserver l'intégrité de la personne qui lui avait été confiée, retrouvée décédée par défenestration. • Civ. 2e, 16 sept. 2003, n° 02-30.118 P. ♦ Les dispositions des art. L. 4541-1 et L. 4541-2 C. trav. visent l'ensemble des manutentions manuelles comportant tout risque pour les travailleurs en raison des caractéristiques de la charge ou des conditions ergonomiques défavorables. La méconnaissance de ces prescriptions est suffisante pour caractériser la conscience du danger qu'aurait dû avoir l'employeur. • Civ. 2e, 18 nov. 2010 : *JCP S 2011, n° 1128, obs. Tauran ; RJS 2011, n° 176.* ♦ L'employeur ne peut ignorer ou s'affranchir des données médicales afférentes au stress au travail et à ses conséquences pour les salariés qui en sont victimes. Une politique de surcharge de travail et pression variées sur les salariés peut en conséquence caractériser la conscience que l'employeur avait ou aurait dû avoir du danger. • Civ. 2e, 8 nov. 2012 (inédit) : *SSL 2012, n° 1562, p. 12 ; RJS 2013, n° 72.* ♦ Pour l'illustration de conditions de travail particulièrement stressantes faites à un salarié en état de dépression, considérée comme le signe de la conscience du danger qu'aurait dû avoir l'employeur, V. • Civ. 2e, 19 sept. 2013 : *RJS 1/2014, n° 80.* ♦ Il appartient aux juges du fond de rechercher si, compte tenu de son importance, de son organisation et de la nature de son activité, la société n'aurait pas dû avoir conscience du danger auquel était exposé le salarié. • Civ. 2e, 4 mai 2016, nos 15-18.376 et 15-20.003 P : *JCP S 2016, n° 1224, obs. Michalletz.*

7. Contestation de l'imputabilité de la faute inexcusable. La prise en charge d'une maladie au titre de la législation professionnelle ne prive pas l'employeur à laquelle elle est opposable de la possibilité, en démontrant qu'elle n'a pas été contractée à son service, d'en contester l'imputabilité si une faute inexcusable lui est reprochée ou si les cotisations d'accident du travail afférentes à cette maladie sont inscrites à son compte. • Civ. 2e, 19 déc. 2013 : *D. actu. 15 janv. 2014, obs. Fraisse ; RJS 3/2014, n° 270 ; JCP S 2014, n° 1154, obs. Michalletz.*

8. Causalité. Il est indifférent que la faute inexcusable commise par l'employeur ait été la cause déterminante de l'accident survenu au salarié mais il suffit qu'elle en soit une cause nécessaire pour que la responsabilité de l'employeur soit engagée, alors même que d'autres fautes auraient concouru au dommage. • Cass., ass. plén., 24 juin 2005 : *RJS 2005, n° 1036 ; RDSS 2005. 875, note Verkindt ; D. 2005. 2375, note*

Saint-Jours ; *JCP 2005. 10117, note Vachet ; JCP S 2005, n° 1056, note Morvan ; Dr. soc. 2005. 67, obs. Prétot* • Soc. 31 oct. 2002, n° 00-18.359 P : *D. 2003. 382, obs. Signoretto* ; *RDSS 2003. 69, note Verkindt* ; *D. 2003. 644, note Saint-Jours* ; *Dr. soc. 2003. 145, note Chaumette* ; *JCP E 2003. 903, obs. Asquinazi-Bailleux ; TPS 2003. 29, obs. Prétot.* ♦ Comp. anté. • Soc. 11 mars 1993, n° 90-18.763 P.

2° *RÈGLES DE PREUVE ET DE PROCÉDURE*

9. Signalement du risque à l'employeur. Lorsque le salarié a signalé à l'employeur un risque qui s'est ensuite matérialisé, la reconnaissance de la faute inexcusable est de droit en application de l'art. L. 231-8-1 C. trav. (L. 4131-4 nouv.). • Soc. 17 juill. 1998, n° 96-20.988 P : *RJS 1998, n° 1286.*

10. Retrait des dispositifs de protection. Il appartient à l'employeur, tenu de mettre en œuvre un dispositif de sécurité sur une machine, de montrer que cette protection ne s'imposait pas au cours d'une opération de réglage de la machine. • Soc. 30 avr. 1997, n° 95-18.513 P : *RJS 1997, n° 744.*

11. Preuve de la conscience du danger. Il appartient au salarié de rapporter la preuve que l'employeur avait ou aurait dû avoir conscience du danger auquel était exposé son salarié. • Civ. 2e, 22 mars 2005, n° 03-20.044 P : *RJS 2005, n° 671.*

12. Application de la définition jurisprudentielle dans le temps. La reconnaissance de la faute inexcusable de l'employeur ne relève pas de la matière pénale au sens de l'art. 6, § 1, Conv. EDH. La faute inexcusable peut en conséquence être appréciée au regard des critères dégagés par les arrêts du 28 févr. 2002 pour des faits commis antérieurement sans heurter les exigences du procès équitable dès lors que l'employeur avait ou aurait dû avoir conscience du danger auquel était exposé le salarié et qu'il n'a pas pris les mesures nécessaires pour l'en préserver. • Civ. 2e, 14 déc. 2004, n° 03-30.247 P : *RJS 4/05, n° 440* • Soc. 6 avr. 2004 : *Dr. soc. 2004. 678, obs. Prétot*.

13. Rapport avec la faute pénale. La déclaration par le juge répressif de l'absence de faute pénale non intentionnelle ne fait pas obstacle à la reconnaissance d'une faute inexcusable. Il résulte de l'art. 4-1 C. pr. pén. que la faute pénale non intentionnelle, au sens des dispositions de l'art. 121-3 C. pén., est dissociée de la faute inexcusable au sens des dispositions de l'art. L. 452-3 CSS. Il appartient dès lors à la juridiction de la sécurité sociale de rechercher si les éléments du dossier permettent de retenir la faute inexcusable de l'employeur, laquelle s'apprécie de façon distincte des éléments constitutifs de l'infraction d'homicide involontaire. • Civ. 2e, 15 mars 2012 : *D. 2012. 1316* ; *JCP S 2012, n° 1278, obs. Asquinazi-Bailleux ; CSBP 2012, n° 241, p. 163, obs. Pansier ; Procédures 2012, n° 6, Comm. 181, obs. Bugada ; RJS 2012, n° 595 ; Dr. ouvrier 2012. 616, obs. Guiomard ; RDC 2012. 813, obs. Carval* • Soc. 12 juill. 2001, n° 99-18.375 P : *RJS 2001, n° 1198 ; RDSS 2001. 791, note Verkindt* ; *D. 2001. 3390, note Saint-Jours* • Soc. 28 mars 2002, n° 00-11.627 P. ♦ La chose définitivement jugée au pénal s'imposant au juge civil, l'employeur définitivement condamné pour un homicide involontaire commis, dans le cadre du travail, sur la personne de son salarié et dont la faute inexcusable est recherchée, doit être considéré comme ayant eu conscience du danger auquel celui-ci était exposé et comme n'ayant pas pris les mesures nécessaires pour l'en préserver. • Civ. 2e, 11 oct. 2018, n° 17-18.712 P : *RJS 12/2018, n° 772 ; JCP S 2018, n° 1373, obs. Asquinazi-Bailleux.*

14. Contrôle du juge. Il revient aux juges du fond de rechercher si l'employeur n'aurait pas dû avoir conscience du danger encouru par la victime et, le cas échéant, s'il avait pris les mesures nécessaires pour l'en préserver, et de motiver leur décision en ce sens. • Civ. 2e, 19 juin 2014 : *RJS 9-10/2014, n° 740.*

15. Procédures de redressement et de liquidation judiciaires. Le salarié qui bénéficie d'une indemnisation complémentaire pour faute inexcusable bénéficie d'une indemnisation qui lui est versée directement par la caisse qui en récupère le montant auprès de l'employeur. Il n'a donc pas à déclarer sa créance dans une procédure de redressement judiciaire. • Soc. 11 juin 1998 : *RJS 1998, n° 1071 ; RDSS 1998. 844, note Verkindt* .

3° *RÈGLES SPÉCIFIQUES AU TRAVAIL INTÉRIMAIRE*

16. Faute inexcusable de l'employeur. Elle est présumée établie pour les salariés mis à disposition d'une entreprise utilisatrice par une entreprise de travail temporaire, lorsque les travailleurs sont affectés à des risques particuliers pour leur santé ou leur sécurité et qu'ils n'ont pas bénéficié de la formation à la sécurité renforcée prévue par l'art. L. 231-3-1 (L. 4141-2 nouv.) C. trav. • Soc. 27 juin 2002, n° 00-14.744 P • Civ 2e, 11 oct. 2018 , n° 17-23.694 P : *RJS 12/2018, n° 718 ; JCP S 2018, n° 1383, obs. Bouvet et Ciuba.* ♦ Mais la faute inexcusable ne saurait être retenue contre le dirigeant d'une entreprise utilisatrice ni contre l'employeur dès lors que l'entreprise utilisatrice avait respecté son obligation de formation à la sécurité prévue par l'art. L. 231-3-1 (L. 4141-2 nouv.) C. trav. et que le dirigeant de l'entreprise utilisatrice a été relaxé de poursuites pour infraction à la réglementation sur la sécurité au travail. • Soc. 11 déc. 1997, n° 96-11.454 P : *RJS 1998, n° 240.*

4° *AUTEUR DE LA FAUTE*

17. Action dirigée contre le seul employeur. La victime d'un accident du travail ou ses ayants droit ne peuvent agir en reconnaissance d'une faute inexcusable que contre l'employeur, quel que soit l'auteur de la faute, la caisse ne disposant de recours que contre la personne qui a la qualité juridique d'employeur. L'action ne peut en conséquence être portée personnellement contre le gérant ou le mandataire social de la société. • Soc. 31 mars 2003, n° 01-20.091 P : *RJS 6/03, n° 802 ; Dr. ouvrier 2003. 517.* ♦ Le versement des indemnités en ce cas est à la charge de la caisse primaire d'assurance maladie qui n'a de recours que contre la personne qui a la qualité d'employeur. • Civ. 2e, 10 juin 2003, n° 01-21.004 P. ♦ L'action ne peut être intentée que contre la société dont la victime est le salarié et non contre l'entreprise qui s'était substituée à l'employeur en dirigeant l'activité du salarié au moment de l'accident. • Soc. 19 déc. 2002 : *JS UIMM 2003. 126.* ♦ Il résulte de l'art. L. 452-2, auquel ne déroge pas l'art. L. 412-6, que l'action en reconnaissance de la faute inexcusable de l'employeur ne peut être engagée qu'à l'encontre de l'employeur de la victime. Est irrecevable une action menée contre une entreprise utilisatrice dans laquelle le salarié a été mis à disposition, dès lors que la qualité d'employeur ne peut être caractérisée. • Civ. 2e, 9 févr. 2017, n° 15-24.037 P : *JCP S 2017, n° 1091, obs. Pradel, Pradel-Boureux et Pradel ; RJS 4/2017, n° 293.*

18. Faute de la victime. La majoration de la rente pour faute inexcusable ne saurait être réduite en fonction de la gravité de la faute de l'employeur mais seulement lorsque le salarié victime a lui-même commis une faute inexcusable. • Soc. 31 mars 2003, n° 01-20.901 P : *RJS 2003, n° 802 ; RDSS 2003. 440, note Verkindt.* ♦ L'imprudence de la victime ne saurait exonérer l'employeur de sa responsabilité dès lors qu'il n'a pas pris les mesures de sécurité appropriées. • Civ. 2e, 12 mai 2003, n° 01-21.071 P : *RJS 2003, n° 1071 ; D. 2003. 2862, note Prétot ; Dr. soc. 2003. 788, note Chaumette.* ♦ La faute inexcusable de la victime s'entend de la faute volontaire du salarié, d'une exceptionnelle gravité, exposant sans raison valable son auteur à un danger dont il aurait dû avoir conscience. • Civ. 2e, 27 janv. 2004, n° 02-30.693 P : *Dr. soc. 2004. 436, obs. Prétot ; Dr. ouvrier 2003. 173, note Meyer ; D. 2004. 2185, note Noël ; RTD civ. 2004. 296, note Jourdain.*

19. Salarié substitué dans l'exercice du pouvoir de direction. La personne substituée est la personne préposée investie par l'employeur d'un pouvoir de direction. • Soc. 2 nov. 1945 : *JCP 1945. II. 3011.* ♦ L'exercice substitué du pouvoir de direction peut provenir d'une délégation implicite ou explicite pour diriger les travaux considérés. • Soc. 18 oct. 1973 : *Bull. civ. V, n° 498.* ♦ Cependant le salarié engagé comme chef de chantier ne possédant ni la formation, ni les compétences requises et n'ayant reçu aucune délégation dans l'exercice de son pouvoir de contrôle du chef d'établissement ne peut être considéré comme substitué dans l'exercice du pouvoir de direction. • Soc. 17 juill. 1998 : *RJS 1998, n° 1285.* ♦ Le salarié substitué engage directement et personnellement sa responsabilité en cas de faute inexcusable sans qu'il soit besoin de se fonder sur les règles de l'art. 1384, al. 5 C. civ. • Soc. 7 oct. 1966 : *Bull. civ. IV, n° 758.* ♦ La décision de relaxe prononcée à l'égard de l'employeur n'interdit pas à la juridiction civile de rechercher sa responsabilité sur le fondement de la faute inexcusable dans le cas où il s'est substitué, dans ses fonctions de direction, un salarié n'ayant fait l'objet d'aucune poursuite pénale dont la faute était invoquée par la victime. Il convient en conséquence de rechercher si l'accident n'était pas imputable à la faute du salarié substitué à l'employeur pour veiller aux conditions de sécurité. • Soc. 15 juin 2000, n° 98-21.929 P : *RJS 2000, n° 1002 ; D. 2000. 795, obs. Saint-Jours.*

20. Mise en jeu de la responsabilité de l'État. Si, en application de la législation du travail, l'employeur a l'obligation générale d'assurer la sécurité et la protection de la santé des travailleurs placés sous son autorité, il incombe aux autorités publiques chargées de la prévention des risques professionnels de se tenir informées des dangers que peuvent courir les travailleurs dans le cadre de leur activité professionnelle, compte tenu notamment des produits et substances qu'ils manipulent ou avec lesquels ils sont en contact, et d'arrêter, en l'état des connaissances scientifiques et des informations disponibles, au besoin à l'aide d'études ou d'enquêtes complémentaires, les mesures les plus appropriées pour limiter et si possible éliminer ces dangers. En conséquence, en présence d'une exposition à l'amiante pour la période antérieure à 1977, la négligence des pouvoirs publics et celle de la société requérante ont toutes deux concouru directement au développement de maladies professionnelles liées à l'amiante, et l'entreprise fautive est fondée à réclamer à l'État une partie des sommes versées au titre de la prise en charge des victimes. En revanche, l'entreprise ne peut prouver que la maladie trouverait directement sa source dans une carence fautive de l'État pour la période postérieure à 1997. • CE 9 nov. 2015, n° 342468 : *RJS 1/2016, n° 90 ; SSL 2015, n° 1699, p. 3 ; JCP S 2015, n° 1474, note C. F. Pradel, P. Pradel-Boureux et V. Pradel ; RDSS 2016. 171, obs. Willmann.*

Art. L. 452-2 **Dans le cas mentionné à l'article précédent, la victime ou ses ayants droit reçoivent une majoration des indemnités qui leur sont dues en vertu du présent livre.**

(L. n° 89-474 du 10 juill. 1989, art. 3-I) **« Lorsqu'une indemnité en capital a été attribuée à la victime, le montant de la majoration ne peut dépasser le montant de ladite indemnité. »**

(L. n° 89-474 du 10 juill. 1989, art. 3-II) « Lorsqu'une rente a été attribuée à la victime, le montant de la majoration » est fixé de telle sorte que la rente majorée allouée à la victime ne puisse excéder, soit la fraction du salaire annuel correspondant à la réduction de capacité, soit le montant de ce salaire dans le cas d'incapacité totale.

En cas d'accident suivi de mort, le montant de la majoration est fixé sans que le total des rentes et des majorations servies à l'ensemble des ayants droit puisse dépasser le montant du salaire annuel ; lorsque la rente d'un ayant droit cesse d'être due, le montant de la majoration correspondant à la ou aux dernières rentes servies est ajusté de façon à maintenir le montant global des rentes majorées tel qu'il avait été fixé initialement ; dans le cas où le conjoint *(L. n° 2011-1906 du 21 déc. 2011, art. 99-6°)* « , le partenaire d'un pacte civil de solidarité ou le concubin » survivant recouvre son droit à la rente en application du troisième alinéa de l'article L. 434-9, la majoration dont il bénéficiait est rétablie à son profit.

Le salaire annuel et la majoration *(L. n° 89-474 du 10 juill. 1989, art. 3-III)* « visée au troisième et au quatrième alinéa du présent article » sont soumis à la revalorisation prévue pour les rentes par l'article L. 434-17.

La majoration est payée par la caisse, qui en récupère *(L. n° 2012-1404 du 17 déc. 2012, art. 86-I-1°)* « le capital représentatif auprès de l'employeur dans des conditions déterminées par décret ».

(Abrogé par L. n° 2012-1404 du 17 déc. 2012, art. 86-I-1°) ***« La** (L. n° 87-39 du 27 janv. 1987, art. 33-I) **« cotisation complémentaire » ainsi prévue ne peut être perçue au-delà d'une certaine durée et son taux excéder ni une fraction de la cotisation normale de l'employeur, ni une fraction des salaires servant de base à cette cotisation.** — V. art. R. 452-1.*

« Dans le cas de cession ou de cessation de l'entreprise, le capital correspondant aux arrérages à échoir est immédiatement exigible. »

Les dispositions issues de la L. n° 2012-1404 du 17 déc. 2012 sont applicables au titre des majorations de rente et d'indemnités en capital ayant pris effet à compter du 1er avr. 2013 (L. préc., art. 86-II).

1° CALCUL DU MONTANT DE LA RENTE MAJORÉE

1. *Évolution du montant de la rente.* La majoration de la rente et du capital alloué à la victime d'un accident du travail ou d'une maladie professionnelle consécutifs à la faute inexcusable de son employeur est calculée en fonction de la réduction de capacité dont celle-ci reste atteinte. Cette majoration doit en conséquence suivre l'évolution du taux d'incapacité de la victime. • Civ. 2e, 14 déc. 2004, n° 03-30.451 P : *RJS 2005, n° 214 ; D. 2005. 1202, note Saint-Jours ; JCP 2005. 10133, note Badel.*

2. *Indifférence de la gravité de la faute commise par l'employeur.* La majoration de la rente prévue lorsque l'accident du travail est dû à la faute inexcusable de l'employeur, au sens de l'art. L. 452-1, ne peut être réduite en fonction de la gravité de cette faute, mais seulement lorsque le salarié victime a lui-même commis une faute inexcusable, au sens de l'art. L. 453-1. • Civ. 2e, 27 janv. 2004, n° 02-30.693 P : *Dr. soc. 2004, 436, note Prétot ; D. 2004. 2185, note Noël* • Soc. 19 déc. 2002, n° 01-20.447 P : *D. 2003. 1792, note Saint-Jours ; Dr. soc. 2003. 243 , Chaumette ; JCP 2002. 10084, note Fardoux.*

3. *Incidence du taux d'incapacité.* L'action en remboursement des majorations pour faute inexcusable contre l'employeur par la caisse ne peut s'exercer que dans les limites de l'application du taux d'incapacité permanente partielle de la victime, tel qu'il a été fixé par une décision de justice passée en force de chose jugée. • Civ. 2e, 4 mai 2017, n° 16-13.816 P : *D. 2017. 1868, chron. de Leiris, Touati, Becuwe, Hénon et Palle ; JCP S 2017, n° 1196, obs. Ledoux et Michalletz ; RJS 7/2017, n° 527.*

4. *Absence de droit à majoration en cas d'incapacité permanente totale de 100 %.* Les dispositions de l'art. L. 452-2, d'ordre public, prescrivent que la rente majorée allouée à la victime en cas d'incapacité totale ne peut excéder le montant de son salaire annuel. La majoration ne peut donc être appliquée lorsque la victime est atteinte d'une incapacité permanente totale de 100 %, conférant droit à une rente égale à son salaire, sauf réduction du taux d'incapacité de l'assuré. • Soc. 4 févr. 1999, n° 97-13.045 P : *RJS 1999, n° 589.*

5. *Cumul avec une pension d'invalidité.* Il résulte des art. L. 371-4, al. 2, et L. 452-2 que lorsqu'un assuré est titulaire à la fois d'une rente d'accident du travail et d'une pension d'invalidité, le total de ces rente et pension ne peut excéder le salaire d'un travailleur valide de la même catégorie professionnelle. Le montant de la majoration de la rente d'accident du travail, lorsque ce dernier est dû à la faute inexcusable de l'employeur, doit alors être fixé de telle manière que la rente majorée allouée à la victime ne puisse excéder le montant du salaire annuel.

Le salarié est alors tenu à la restitution des sommes versées au-delà de ce montant. • Soc. 22 juin 1995, n° 93-10.135 P.

6. Revalorisation du montant de la rente en cas de rechute. L'indemnisation complémentaire à laquelle la victime a droit en cas de faute inexcusable de l'employeur s'étend aux conséquences d'une rechute de l'accident du travail initial. • Civ. 2e, 22 janv. 2015, n° 14-10.584 P : *JCP S 2015, n° 1117, obs. Vachet ; RJS 4/2015 n° 286.*

7. Il résulte des al. 1er et 3 de l'art. L. 452-2 CSS d'une part que la majoration de rente constitue une prestation de sécurité sociale due par l'organisme social dans tous les cas où la maladie professionnelle consécutive à une faute inexcusable entraîne le versement de la rente ; d'autre part que, lorsqu'une rente a été attribuée à la victime, le montant de la majoration est fixé de telle sorte que la rente majorée allouée à la victime ne puisse excéder, soit la fraction de salaire annuel correspondant à la réduction de la capacité, soit le montant de ce salaire dans le cas d'incapacité totale. Dès lors, ne donne pas de base légale à sa décision une cour d'appel qui décide n'y avoir lieu à majoration du taux de la rente de conjoint survivant au motif que le taux d'incapacité permanente partielle avait été fixé à 100 %, sans rechercher si la rente de conjoint survivant avait atteint le montant du salaire minimum légal en vigueur à la date de la consolidation. • Civ. 2e, 12 mai 2011 : *Dr. ouvrier 2011. 592, note Guiomard.*

2° ACTION EN JUSTICE

8. Intervention du FIVA. La majoration de rente constitue une prestation de sécurité sociale due par la caisse primaire d'assurance maladie dans tous les cas où la maladie professionnelle consécutive à une faute inexcusable entraîne le versement d'une rente, de sorte que le FIVA, recevable à continuer l'action en reconnaissance de faute inexcusable est recevable par là même à demander la fixation de la majoration de rente, peu important qu'il n'ait pas préalablement présenté à la victime l'offre complémentaire prévue par l'art. 53 IV, al. 2, de la L. du 23 déc. 2000, la cour d'appel a violé les textes susvisés. • Civ. 2e, 31 mai 2006, n° 05-16.807 P.

9. Prescription. Les droits de la caisse ne dérivent pas du contrat d'assurance mais résultent de l'art. L. 452-2 qui l'autorise à récupérer contre un employeur ou l'assureur de celui-ci, en cas d'accident de travail dû à une faute inexcusable, le capital correspondant aux arrérages à échoir de la rente, et qu'à défaut de texte particulier, son action demeure soumise à la prescription de droit commun. • Civ. 2e, 21 juin 2006, n° 04-12.487 P.

3° ATTRIBUTION D'UN CAPITAL (AL. 2)

10. Date d'évaluation. Le capital représentatif de la rente majorée devait être évalué au jour du jugement et non à celui de la consolidation des blessures. • Soc. 12 oct. 1995, n° 93-20.407 P : *RDSS 1996. 355, obs. Vachet ; RJS 1995, n° 1181.*

4° ACCIDENT SUIVI DE MORT (AL. 4)

11. Montant maximal. En cas d'accident suivi de mort, le montant de la majoration est fixé sans que le total des rentes et des majorations servies à l'ensemble des ayants droit puisse dépasser le montant du salaire annuel. En présence d'un seul ayant droit de la victime susceptible de bénéficier d'une rente, le total de la rente et de la majoration de rente consécutive à la faute inexcusable de l'employeur doit donc être égal au montant du salaire annuel de référence de la victime. • Civ. 2e, 21 déc. 2006, n° 05-15.051 P : *RJS 2007 n° 383 ; JCP S 2007. 1085, note Vachet.*

12. Décès des ayants droit. Les héritiers sont recevables à demander le versement des majorations pour faute inexcusable que les ayants droit auraient pu obtenir si leur action avait eu le temps d'aboutir, jusqu'au jour du décès de ces derniers. • Soc. 28 mars 1984 : *Bull. civ. V, n° 131.*

5° COTISATIONS COMPLÉMENTAIRES (AL. 6)

13. Incidence de la fermeture de l'établissement. Les cotisations d'accidents du travail sont déterminées par établissement, de sorte qu'en cas de fermeture de l'établissement dans lequel a été contractée la maladie professionnelle due à la faute inexcusable de l'employeur, aucune cotisation complémentaire ne peut être imposée à la société. Les dépenses de la caisse primaire de sécurité sociale doivent en ce cas être inscrites au compte spécial prévu par l'art. D. 242-6-3. • Soc. 26 nov. 2002, n° 00-22.877 P : *RJS 2003, n° 255.*

14. Incidence de la faute d'un tiers. En cas de partage de responsabilité d'un accident du travail avec un tiers, l'employeur, auteur d'une faute inexcusable ou son assureur, est en droit d'obtenir le remboursement par ce tiers de la fraction, correspondant à sa part de responsabilité, de la cotisation complémentaire d'accident du travail qui lui a été réclamée à la suite de l'accident, en application de l'art. L. 452-2, al. 6. • Civ. 1re, 11 janv. 2000, n° 97-16.605 P : *RDSS 2000. 394, Verkindt* • Soc. 18 janv. 1996, n° 93-15.675 P.

15. Employeurs successifs. Les majorations de rente et les indemnités allouées à la victime d'une faute inexcusable de l'employeur sont payées par l'organisme social qui en récupère le montant auprès de celui-ci. La caisse ne saurait en conséquence récupérer les montants auprès d'un seul des employeurs successifs du salarié lorsque plusieurs employeurs ont commis une faute inexcusable, quand bien même l'un de ses employeurs relèverait d'un régime spécial. • Civ. 2e, 2 avr. 2009, n° 07-21.707 P : *D. actu. 23 avr. 2009, obs. Lavric ; JCP S 2009. 1411, note Vachet.* ♦ L'inscription au compte spécial du montant des prestations légales afférentes à la maladie, lorsque le salarié a été exposé au risque chez plusieurs employeurs, ne fait pas obstacle à ce qu'en cas de faute inexcusable de l'un des employeurs la caisse récupère le montant de la majoration de la rente auprès de ce dernier par l'imposition de la cotisation complémentaire prévue à l'art. L. 452-2 CSS. • Civ. 2e, 11 oct. 2012 : *CSBP 2012, n° 246, p. 344.*

16. Action de la caisse contre l'employeur. L'action de la caisse contre l'employeur ne peut s'exercer lorsqu'une décision de justice passée en force de chose jugée a reconnu, dans les rapports entre la caisse et l'employeur, que l'accident ou la maladie n'avait pas de caractère professionnel. • Civ. 2e 15 févr. 2018, n° 17-12.567 P : *RJS 4/2018, n° 287 ; JCP S 2018. 1110, obs. Asquinazi-Bailleux ; RCA mai 2018. Comm. 132, obs. Groutel.* ♦ Si la caisse primaire d'assurance maladie est fondée, en application de l'art. L. 452-2 CSS, à récupérer auprès de l'employeur le montant de la majoration de la rente d'accident du travail attribuée à la victime en raison de la faute inexcusable de l'employeur, elle ne peut se prévaloir à l'égard de ce dernier d'une décision, même passée en force de chose jugée, rendue à l'issue d'une instance à laquelle il n'a pas été appelé. • Civ. 2e, 9 mai 2018, n° 17-16.963 P : *RJS 7/2018, n° 504 ; RCA oct. 2018. Comm. 236, obs. Groutel ; JCP S 2018. 1222, obs. Asquinazi-Bailleux ; Gaz. Pal. 18 sept. 2018, p. 55, obs. Ronet-Yague.* ♦ L'action de la caisse ne peut s'exercer dans le cas où la décision prise par la caisse, dans les conditions prévues par l'art. R. 434-32 CSS, sur le taux d'incapacité permanente de la victime, est devenue définitive à l'égard de l'employeur, que dans les limites découlant de l'application de ce dernier, peu important qu'il ait été augmenté, dans les rapports entre la caisse et la victime, par une décision de justice. • Civ. 2e, 9 mai 2018, n° 17-17.460 P : *RJS 7/2018, n° 504 ; RDSS 2018. 739, obs. Tauran ; JCP S 2018. 1222, obs. Asquinazi-Bailleux ; RCA oct. 2018. Comm. 236, obs. Groutel ; Gaz. Pal. 18 sept. 2018. 55, obs. Ronet-Yague.*

17. Date d'entrée en vigueur de la L. du 17 déc. 2012. En application de l'art. 86, II, de la L. n° 2012-1404 du 17 déc. 2012, les règles issues de cette loi s'appliquent à la majoration de rentes et d'indemnités en capital fixées à compter du 1er avr. 2013. La fixation de la majoration ne résulte pas de la décision de la caisse mais du jugement qui a statué sur une telle décision. • Civ. 2e, 15 mars 2018, n° 17-10.877 P : *RJS 5/2018, n° 371 ; JCP S 2018. 1137, obs. Asquinazi-Bailleux ; RCA juin 2018. Comm. 163, obs. Groutel.*

6° CESSION OU CESSATION DE L'ENTREPRISE (AL. 8)

18. Évaluation du montant des cotisations à échoir. Dans le cas de cession ou de cessation de l'entreprise, le capital correspondant aux arrérages à échoir de la cotisation complémentaire due en cas de faute inexcusable de l'employeur est immédiatement exigible. Il en résulte que la créance de la caisse ne peut être supérieure au montant des cotisations complémentaires à échoir, peu important que ce montant soit inférieur à celui de la majoration de rente alloué. • Civ. 2e, 12 juin 2007, n° 06-11.214 P : *JCP S 2007. 1727, note Vachet.*

19. Notion de cession ou de cessation d'entreprise. La location-gérance n'emporte pas cession ou cessation de l'entreprise, de sorte que l'URSSAF ne peut se prévaloir de l'exigibilité immédiate du capital correspondant aux arrérages à échoir prévue par l'art. L. 452-2, dernier al., CSS. • Soc. 19 juill. 2000, n° 99-13.159 P : *RJS 2000, n° 1142 ; RDSS 2007. 797, obs. Verkindt.*

20. En cas de cession ou cessation d'exploitation d'un établissement, le capital correspondant aux arrérages à échoir de la cotisation complémentaire due à la caisse primaire d'assurance maladie devient immédiatement exigible de l'employeur, auteur d'une faute inexcusable ayant entraîné un accident du travail ou une maladie professionnelle. Les juges du fond ne sauraient en conséquence exonérer l'entreprise de toute cotisation supplémentaire en cas de fermeture de l'établissement dans lequel la maladie professionnelle due à une faute inexcusable a été contractée. • Civ. 2e, 18 juin 2015, n° 14-16.896 P : *D. actu. 7 juill. 2015, obs. Peyronnet.*

21. Déclaration de la créance. L'indemnisation complémentaire allouée à la victime d'une faute inexcusable de l'employeur est versée directement aux bénéficiaires par la caisse primaire d'assurance maladie, qui en récupère le montant auprès de l'employeur. La victime qui ne demande pas la condamnation de la société au paiement d'une somme d'argent n'a donc pas à déclarer sa créance. • Soc. 11 juin 1998, n° 96-14.233 P : *RJS 1998, n° 1071 ; RDSS 1998. 844, obs. Verkindt.*

Art. L. 452-3 **Indépendamment de la majoration de rente qu'elle reçoit en vertu de l'article précédent, la victime a le droit de demander à l'employeur devant la juridiction de sécurité sociale la réparation du préjudice causé par les souffrances physiques**

et morales par elle endurées, de ses préjudices esthétiques et d'agrément ainsi que celle du préjudice résultant de la perte ou de la diminution de ses possibilités de promotion professionnelle. Si la victime est atteinte d'un taux d'incapacité permanente de 100 %, il lui est alloué, en outre, une indemnité forfaitaire égale au montant du salaire minimum légal en vigueur à la date de consolidation.

De même, en cas d'accident suivi de mort, les ayants droit de la victime mentionnés aux articles L. 434-7 et suivants ainsi que les ascendants et descendants qui n'ont pas droit à une rente en vertu desdits articles peuvent demander à l'employeur réparation du préjudice moral devant la juridiction précitée.

La réparation de ces préjudices est versée directement aux bénéficiaires par la caisse qui en récupère le montant auprès de l'employeur.

1° RÉPARATION DES PRÉJUDICES CAUSÉS PAR LA FAUTE INEXCUSABLE (GÉNÉRALITÉS)

1. Incompatibilité avec la Constitution de la limitation des préjudices énoncés par l'art. L. 452-3. En présence d'une faute inexcusable de l'employeur, les dispositions de l'art. L. 452-3 ne sauraient, sans porter une atteinte disproportionnée au droit des victimes d'actes fautifs, faire obstacle à ce que les victimes ou leurs ayants droit puissent, devant les mêmes juridictions, demander à l'employeur réparation de l'ensemble des dommages non couverts par le livre IV. • Cons. const. n° 2010-8 QPC du 18 juin 2010 : *RCA 2010. 8, note Groutel ; JCP 2010. 1015, n° 10, obs. Bloch ; Dr. ouvrier 2010. 612, obs. Guiomard ; D. 2011. Chron. 459, note Porchy-Simon* • Civ. 2e, 30 juin 2011 : *D. 2011. 1909 ; D. actu. 21 sept. 2011, obs. Mavoka-Isana ; JCP S 2011, n° 1519, obs. Humbert ; ibid. 1495, obs. Vachet ; Gaz. Pal. 13 juill. 2011, n° 194, obs. Bibal ; RJS 10/2011, n° 839.* ♦ Les dispositions de l'art. L. 452-3 CSS, tel qu'interprété par le Conseil constitutionnel dans sa décision n° 2010-8 QPC du 18 juin 2010, ne font pas obstacle à ce qu'en cas de faute inexcusable de l'employeur, et indépendamment de la majoration de rente servie à la victime d'un accident du travail ou d'une maladie professionnelle, celle-ci puisse demander à l'employeur, devant la juridiction de sécurité sociale, la réparation, non seulement des chefs de préjudice énumérés par le texte susvisé, mais aussi de l'ensemble des dommages non couverts par le livre IV CSS. • Civ. 2e, 4 avr. 2012 : *D. 2012. 1014* (communiqué de la Cour) *; ibid. 1098, note Porchy-Simon ; Dr. soc. 2012. 839, obs. Hocquet-Berg ; RCA 6/2012, et. 4, obs. Groutel ; Gaz. Pal. 7 juill. 2012, n° 189, p. 19 ; JCP S 2012, n° 1267, obs. Asquinazi-Bailleux et Vachet ; SSL 2012, n° 1538, p. 11 ; CSBP 2012, n° 242, A 62, obs. Fatrez ; RJS 2012, n° 596.* ♦ V. dans le même sens, pour une application aux marins relevant de l'ENIM, • Cons. const. 6 mai 2011, ° 2011-127 QPC : *Dr. soc. 2011. 862, obs. Chaumette ; RFDC 2011. 838, obs. Badel* • Civ. 2e, 22 sept. 2011 : *D. 2011. 2343 ; Dr. ouvrier 2011. 609, obs. Carré ; JCP E 2011. 1845, obs. Colonna et Renaux-Personnic ; JCP S 2012, n° 1010, obs. Asquinazi-Bailleux* • Civ. 2e, 15 juin 2017, n° 15-24.510 P : *Dr. soc. 2017. 1089, obs. Chaumette ; JCP S 2017, n° 1255, obs Aumeran ; RJS 10/2017, n° 715.* ♦ Le respect de l'autorité de la chose jugée conduit à exclure le droit à réparation des préjudices non énumérés par l'art. L. 452-3 CSS pour les victimes d'accidents du travail dont l'affaire a été jugée définitivement avant la date de publication de la décision du Conseil constitutionnel du 18 juin 2010. • Civ. 2e, 13 févr. 2014 : *D. actu. 3 mars 2014, obs. Fraisse ; JCP S 2014, n° 1293, obs. Asquinazi-Bailleux ; Procédures 4/2014. 24, obs. Bugada.* ♦ Sur l'application des conséquences de la Décis. n° 2010-8 QPC du 18 juin 2010 en Nouvelle-Calédonie, V. • Civ. 2e, 9 mars 2017, n° 15-26.064 P : *JCP S 2017, n° 1187, obs. Michalletz et Bouvet ; RCA 6-2017. Comm. 160, obs. Groutel ; RJS 5/2017, n° 381.* ♦ Sur l'application du délai de prescription aux actions en reconnaissance de la faute inexcusable pour les affaires dont les faits ont été connus avant les évolutions jurisprudentielles susmentionnées. • Civ. 2e, 4 avr. 2018, n°s 17-11.490 et 17-11.518 : *RTD civ. 2018. 669, obs. Barbier .*

2. Compétence exclusive des TASS. Les juridictions prud'homales ne sont pas compétentes pour connaître de l'action en réparation du préjudice découlant du manquement à l'obligation contractuelle de sécurité. Une telle action, destinée à obtenir réparation du préjudice résultant de l'accident du travail, relève de la compétence exclusive du tribunal des affaires de sécurité sociale. • Soc. 30 sept. 2010 : *D. actu. 21 oct. 2010, obs. Perrin ; JCP S 2010, n° 1503, note Vachet.* ♦ Mais il en va autrement du préjudice résultant de la perte de l'emploi qui constitue un préjudice distinct de celui donnant lieu à la réparation spécifique afférente à l'accident du travail ayant pour origine la faute inexcusable de l'employeur, dont la réparation peut être réclamée devant les conseils de prud'hommes. • Soc. 14 avr. 2010 : *RJS 2010, n° 506.*

3. Action des associations de victimes. Seuls la victime d'un accident du travail ou d'une maladie professionnelle ou ses ayants droit peuvent agir devant le tribunal des affaires de sécurité sociale pour voir reconnaître l'existence d'une faute inexcusable et statuer sur les conséquences de cette faute. Est en conséquence irrecevable l'intervention à titre principal de la FNATH destinée à réparer son préjudice propre.

• Civ. 2e, 13 janv. 2011 : *JCP S 2011, n° 1189, note Asquinazi-Bailleux ; Dr. ouvrier 2011. 530, obs. Guiomard ; Procédures 2011. 95, obs. Bugada.*

4. Conséquence d'une aggravation. La victime d'un dommage imputable à la faute inexcusable de son employeur ou ses ayants droit en cas de décès sont recevables à exercer une nouvelle action en réparation du préjudice résultant de l'aggravation de l'état de la victime, dès lors qu'il n'a pas déjà été statué sur la réparation de ce préjudice complémentaire qui n'était pas inclus dans la demande initiale. • Civ. 2e, 10 déc. 2009 : *JCP S 2010. n° 1163, note Asquinazi-Bailleux.*

5. Recours subrogatoire. La caisse qui a indemnisé les ayants droit au titre du préjudice moral subi par les ayants droit est subrogée dans leurs droits à l'égard de l'employeur et peut agir directement contre son assureur. • Civ. 2e, 31 mai 2006, n° 04-10.127 P : *RJS 2006, n° 993 ; JCP S 2006, n° 1652, note Vachet.*

6. Frais d'expertise. Il résulte de l'art. L. 452-3, dernier al., CSS, que les frais de l'expertise ordonnée en vue de l'évaluation des chefs de préjudice subis par la victime d'un accident du travail dû à la faute inexcusable de l'employeur, sont avancés par la caisse qui en récupère le montant auprès de celui-ci. • Civ. 2e, 9 juill. 2015, n° 14-15.309 : *RJS 11/2015, n° 734.*

7. Exposition au risque chez plusieurs employeurs. Même dans le cas où les dépenses afférentes à la maladie professionnelle sont inscrites au compte spécial en raison de ce que le salarié a été exposé au risque chez plusieurs employeurs, la caisse primaire d'assurance maladie, tenue de faire l'avance des sommes allouées aux ayants droit en réparation de leur préjudice personnel, conserve contre l'employeur dont la faute inexcusable a été reconnue le recours prévu par l'art. L. 452-3, al. 3. • Soc. 28 févr. 2002, n° 00-10.051 P : *RDSS 2002. 357, note Pédrot et Nicolas ; RTD civ. 2002. 310, note Jourdain ; JCP E 2002. 672, note Strebelle.*

8. Faute de la victime. L'indemnité forfaitaire versée en cas d'incapacité permanente à 100 % est réduite en cas de faute de la victime concourant à la faute inexcusable. • Soc. 12 juin 1997, n° 95-19.137 P : *RJS 1997, n° 871.*

9. Évaluation des préjudices par la caisse. L'évaluation du préjudice réparé au titre de l'art. L. 452-3 par la caisse ne saurait dépendre de la solvabilité de l'employeur. • Soc. 5 avr. 1990, n° 88-17.465 P.

10. Travail temporaire. La victime d'un accident de travail dû à la faute inexcusable de l'entreprise utilisatrice de main-d'œuvre est en droit d'obtenir des indemnités complémentaires dont le paiement incombe aux organismes de sécurité sociale qui disposent d'un recours subrogatoire contre l'entreprise de travail temporaire, employeur, qui a elle-même une action en remboursement de même nature contre l'entreprise utilisatrice sur laquelle pèse la charge définitive du paiement des indemnités dont la victime est créancière. • Civ. 2e, 24 mai 2007, n° 05-21.906 P : *RJS 2007, n° 1142 ; JCP S 2007, n° 1988, note Martinon.* ♦ De même • Civ. 2e, 21 juin 2006, n° 04-30.665 P : *RJS 2006, n° 1135 ; JCP S 2006, n° 1677, note Vachet.*

11. Victimes de l'amiante. Il résulte de l'art. 53, VI, de la L. du 23 déc. 2000 que le fonds, subrogé, à due concurrence des sommes versées, dans les droits que possède le demandeur contre la personne responsable du dommage est en droit de demander la fixation des préjudices indemnisables visés à l'art. L. 452-3 et la condamnation, en tant que de besoin, de l'organisme social à lui rembourser, dans la limite des sommes qu'il a versées, celles correspondant à cette évaluation. • Civ. 2e, 24 sept. 2009, n° 08-19.349 P.

12. Débiteur des indemnités. L'employeur ne peut être condamné à verser directement aux ayants droit les sommes dues en réparation du préjudice moral, la réparation de ces préjudices étant versée directement aux bénéficiaires par la caisse primaire d'assurance maladie. • Soc. 26 nov. 2002, n° 00-22.876 P : *RJS 2003, n° 255.* ♦ L'AGS ne peut en conséquence être condamnée à garantir le paiement de ces sommes, alors qu'il revient à la caisse d'en assurer directement le paiement. • Soc. 21 oct. 1998, n° 96-20.978 P. ♦ La victime n'a pas à déclarer sa créance en cas d'ouverture d'une procédure de redressement et liquidation judiciaire contre l'employeur. • Soc. 11 juin 1998, n° 96-14.233 P : *RJS 1998, n° 1071 ; RDSS 1998. 844, note Verkindt.* ♦ La caisse ne peut exercer son action récursoire que contre l'employeur et non contre le gérant de la société. • Soc. 5 juin 1998, n° 96-13.183 P : *RJS 1998, n° 915.*

13. Détermination du débiteur en cas de cession de l'entreprise. L'opération de cession partielle d'actif n'ayant pas fait disparaître la personne morale qui avait été l'employeur, lequel demeure responsable sur son patrimoine personnel des conséquences de sa faute inexcusable en application des dispositions de l'art. L. 452-4 CSS, l'arrêt retient exactement que le salarié peut agir en reconnaissance de faute inexcusable contre l'employeur qu'il estime auteur de cette dernière, peu important les conventions passées entre ses employeurs successifs, mais qu'il peut également, s'il y a lieu, agir contre le tiers cessionnaire des droits et obligations de toute nature afférents à la branche complète d'activités constituées par l'établissement où il travaillait lors de son exposition au risque considéré. • Civ. 2e, 17 mars 2011 : *RJS 2011, n° 551 ; JCP S 2011, n° 1239, note Asquinazi-Bailleux* • 7 avr. 2011 : *RJS 2011, n° 551.* ♦ Dans le même sens : le droit d'un salarié victime d'un accident du travail ou d'une maladie professionnelle due à la faute inexcusable de son employeur d'obtenir des réparations complémentaires existe dès que le dommage a été causé. La demande de réparation complémentaire peut cependant être formée contre l'employeur cessionnaire, subrogé dans les droits du cédant, même si l'accident est survenu avant la cession. • Civ. 2e, 13 déc. 2005, n° 05-12.284 P : *RJS 2/06, n° 276 ; JCP S 2006, n° 1122, note Vachet ; JCP E 2006. 1377.*

14. Prescription de l'action de la caisse. L'action de la caisse en récupération des prestations versées en application de l'art. L. 452-3 à la victime d'une faute inexcusable, dirigée contre l'employeur est soumise à la prescription de droit commun. • Soc. 19 oct. 2000, n° 98-17.811 P : *RJS 2000, n° 106.* ♦ La lettre adressée à la caisse par le conseil de l'entreprise, tendant à l'organisation d'une mesure de conciliation pour l'application à son profit des dispositions de l'art. L. 452-3, interrompt le délai de prescription, dès lors que la saisine de la caisse par la victime d'un accident du travail d'une requête tendant à l'octroi d'une indemnisation complémentaire équivaut à la citation en justice visée à l'art. 2244 C. civ., et interrompt la prescription biennale. • Civ. 2e, 3 mars 2011 : *RJS 6/2011, n° 552.*

15. Prescription de l'action du salarié en réparation de la faute inexcusable. L'art. L. 452-3 CSS, qui prévoit l'indemnisation des chefs de préjudice en cause et son versement direct aux bénéficiaires par les caisses de sécurité sociale qui en récupèrent ensuite le montant auprès de l'employeur, entre dans les prévisions de l'art. L. 431-2 qui dispose que les droits aux prestations et indemnités figurant au livre IV se prescrivent par un délai de deux ans qu'interrompt l'action en reconnaissance du caractère professionnel de l'accident lorsque celui-ci est susceptible d'entraîner la reconnaissance de la faute inexcusable de l'employeur. • Civ. 2e, 23 janv. 2014 : *JCP S 2014, n° 1205, obs. Caffin et Michalletz.*

16. Recevabilité de la demande en appel. La demande en paiement de l'indemnité forfaitaire prévue à l'art. L. 452-3 constitue le complément de la demande en liquidation de son préjudice par la victime d'un accident du travail et peut être formée pour la première fois en appel. • Soc. 8 févr. 1996, n° 94-14.216 P.

17. Actions contre les tiers non visés par l'art. L. 452-3. L'art. L. 452-3, al. 2 ouvre la faculté d'agir contre l'employeur mais ne leur interdit pas d'exercer l'action en réparation de droit commun à l'égard de tout autre responsable d'un accident mortel, notamment contre l'entreprise utilisatrice et son gérant en application des art. 1382 et 1383 C. civ. • Soc. 22 juin 2000, n° 98-19.324 P : *D. 2001. 658, note Saint-Jours ; Dr. soc. 2000. 1157, note Milet .*

18. Rôle des assurances. Lorsque l'entreprise est couverte par un contrat d'assurance au moment de l'accident, la caisse, subrogée dans les droits des ayants droit de la victime à l'égard de la société, peut agir directement contre l'assureur de celle-ci. • Civ. 2e, 31 mai 2006 : *RJS 2006, n° 993 ; JCP S 2006, n° 1652, note Vachet.* ♦ Cette action est soumise à la prescription de droit commun dès lors que la caisse n'exerce pas une action en garantie dérivant du contrat d'assurance. • Civ. 2e, 21 juin 2006 : *JCP S 2006, n° 1652, note Vachet.* ♦ La garantie de l'assureur peut jouer même si la maladie professionnelle était connue avant la souscription de la police d'assurance, le risque assuré n'étant pas la maladie elle-même qui représente le sinistre de la victime mais la mise en œuvre de la responsabilité de l'entreprise. • Civ. 2e, 14 juin 2006 : *JCP S 2006, n° 1621, note Asquinazi-Bailleux.*

2° RÉPARATION DES PRÉJUDICES DE LA VICTIME

19. Nécessité de l'identification des préjudices. Les juges du fond ne sauraient allouer une indemnité compensant à la fois le préjudice esthétique et d'agrément sans rechercher si la victime justifiait d'une activité sportive ou de loisir antérieures à la maladie et si les souffrances invoquées n'étaient pas déjà réparées au titre du déficit fonctionnel permanent. • Civ. 2e, 28 févr. 2013 : *RTD civ. 2013. 383, obs. Jourdain ; Dr. soc. 2013. 658, obs. Hocquet-Berg ; RDSS 2013. 359, obs. Badel ; JCP S 2013, n° 1221, obs. Vachet ; JS Lamy, n° 342, 2013, p. 12, obs. Bœuf ; RJS 5/2013, n° 408 ; RCA mai 2013, Comm. 142, obs. Groutel.*

20. Versement des indemnités. Il résulte du dernier al. de l'art. L. 452-3 CSS que la réparation des préjudices allouée à la victime d'un accident du travail ou d'une maladie professionnelle dus à la faute inexcusable de l'employeur, indépendamment de la majoration de rente, est versée directement aux bénéficiaires par la caisse qui en récupère le montant auprès de l'employeur. Tel est également le cas des indemnités réparant le préjudice d'une faute inexcusable, pris en charge en application de la décision du Conseil constitutionnel du 18 juin 2010. • Civ. 2e, 4 avr. 2012 : *préc. note 1.*

a. Souffrances physiques et morales

21. Sont réparables en application de l'art. L. 452-3 CSS les souffrances physiques ou morales non indemnisées au titre du déficit fonctionnel permanent. • Civ. 2e, 28 févr. 2013 : *préc. note 19.* ♦ Les juges du fond doivent rechercher si les souffrances invoquées n'étaient pas déjà réparées au titre du déficit fonctionnel permanent. • Civ. 2e, 31 mars 2016, n° 14-30.015 P.

b. Préjudice d'agrément

22. Définition du préjudice d'agrément. Le préjudice d'agrément visé à l'art. L. 452-3 vise exclusivement à l'indemnisation du préjudice lié à l'impossibilité pour la victime de pratiquer régulièrement une activité spécifique sportive ou de loisirs. • Civ. 2e, 28 juin 2012, n° 11-16.120. • Civ. 2e, 28 févr. 2013 : *préc. note 19.* ♦ La pratique de l'horticulture peut entrer au rang d'une telle activité de loisir. • Civ. 2e, 2 mars 2017, n° 15-27.523 P : *CSBP 5/2017, n° 296, obs. Keim-Bagot ; RCA 5/2017. Comm. 133, obs. Groutel ; JCP S 2017, n° 1120, obs. Asquinazi-Bailleux ; RJS 5/2017, n° 374.* ♦ Comp. : caractérise un préjudice d'agrément la privation des agréments d'une vie normale, résultant d'une affection rendant pénibles les gestes de la vie quotidienne, privant la victime de toute activité physique, de toute vie sociale ou familiale et imposant d'importantes contraintes dues au traitement. • Civ. 2e, 19 avr. 2005, n° 04-30.121 P : *RDSS 2005. 686, note Willmann ; RTD civ. 2006. 119, note Jourdain .* ♦ V. cependant : la victime d'un accident du travail ou d'une maladie professionnelle dû à la faute inexcusable de l'employeur peut notamment demander à ce dernier la réparation du préjudice d'agrément résultant des troubles ressentis dans ses conditions d'existence. Doit en conséquence être cassée la décision des juges du fond ayant écarté l'indemnisation du préjudice d'agrément en énonçant que celle-ci vise exclusivement à l'indemnisation du préjudice lié à l'impossibilité, pour la victime, de pratiquer régulièrement une activité spécifique sportive ou de loisirs et ne peut se rattacher à la perte de qualité de vie et des joies usuelles de la vie courante. • Civ. 2e, 16 déc. 2011 : *RJS 2012, n° 388 ; Gaz. Pal. 27 janv. 2012, n° 69-70, p. 44, obs. Renelier.* ♦ Comp. antérieurement : le préjudice d'agrément est celui qui résulte des troubles ressentis dans les conditions d'existence. • Civ. 2e, 8 avr. 2010 : *RJS 2010, n° 559 ; JCP S 2010, n° 1662, note Tauran ; RTD civ. 2010. 559, note Jourdain ; D. 2010. 1089, note Sargos ; Dr. ouvrier 2010. 612, obs. Guiomard.* ♦ A rappr. de • Civ. 2e, 28 mai 2009, n° 08-19.829 P (cassation partielle) • Civ. 2e, 8 avr. 2010, n° 09-14.047 P : *RJS 2010, n° 559 et les arrêts cités.*

23. Caractérisation du préjudice d'agrément. La seule indication de la privation d'activités spécifiques au mode de vie d'un retraité septuagénaire ne saurait caractériser l'existence d'un préjudice d'agrément, qui nécessite qu'il soit justifié de la pratique, par la victime, d'une activité spécifique sportive ou de loisir antérieure à la maladie. • Civ. 2e, 31 mars 2016 : *préc. note 21 ; V. égal. note 14 ss. R. 441-14.*

c. Préjudices professionnels

24. Spécificité. La perte des possibilités de promotion professionnelle subie par l'intéressé est distincte du préjudice résultant du déclassement professionnel, compensé par l'attribution d'une rente majorée. • Civ. 2e, 20 sept. 2005, n° 04-30.278 P : *RJS 2005, n° 1262 ; RDSS 2005. 1043, note Hennion-Jacquet ; JCP S 2005. n° 1453, note Vachet.*

25. Détermination du préjudice professionnel indemnisé. L'indemnisation du préjudice professionnel implique que la victime ait amorcé un cursus de qualification professionnelle laissant supposer que, sans l'accident, ce cursus aurait continué et qu'en raison de l'accident et de ses conséquences, elle ne peut plus exercer son métier. • Civ. 2e, 8 avr. 2010 : *RJS 2010, n° 559 ; JCP S 2010, n° 1662, note Tauran ; RTD civ. 2010. 559, note Jourdain ; D. 2010. 1089, note Sargos ; Dr. ouvrier 2010. 612, obs. Guiomard.* ♦ Ne peut prétendre à l'indemnisation du préjudice de diminution de ses possibilités de promotion professionnelle le salarié manutentionnaire ne pouvant faire valoir aucune formation professionnelle de nature à lui laisser espérer une promotion. • Soc. 29 févr. 1996, n° 93-21.778 P : *RJS 1996, n° 458.* ♦ La majoration des rentes due à la suite de la reconnaissance de la faute inexcusable de l'employeur ne permet pas de réparer le préjudice spécifique de perte des droits à la retraite consécutif au licenciement pour inaptitude prononcé à la suite de l'accident. Le salarié est en conséquence fondé à en demander la réparation devant les juridictions prud'homales. • Soc. 26 oct. 2011 : *RJS 1/2012, n° 28.*

26. Preuve du préjudice. Il appartient au salarié d'établir qu'il aurait eu, au jour de l'accident, de sérieuses chances de promotion professionnelle. • Soc. 28 juin 2001 : *RJS 2001, n° 1199 ; RDSS 2002. 71, note Verkindt .*

27. Préjudice de perte d'emploi. Lorsqu'un salarié a été licencié en raison d'une inaptitude consécutive à une maladie professionnelle qui a été jugée imputable à une faute inexcusable de l'employeur, il a droit à une indemnité réparant la perte de son emploi due à cette faute de l'employeur. • Soc. 17 mai 2006, n° 04-47.455 P : *RJS 2006, n° 941 ; JCP S 2006, n° 1538, note Vachet ; RDT 2006. 94, note Lardy-Pélissier .* ♦ De même en cas d'inaptitude consécutive à un accident du travail. • Soc. 26 janv. 2011, n° 09-41.342.

28. Préjudice de carrière. La victime d'un accident du travail a, en cas de faute inexcusable de son employeur, le droit de demander à celui-ci devant la juridiction de sécurité sociale la réparation du préjudice résultant de la perte ou de la diminution de ses possibilités de promotion professionnelle, quel que soit le cadre dans lequel celles-ci étaient susceptibles de se réaliser. Peut ainsi être indemnisée l'impossibilité pour le salarié de développer une activité libérale au sein d'une clinique privée pour laquelle la victime avait été pressentie. • Civ. 2e, 20 sept. 2005, n° 04-30.278 P : *RJS 2005, n° 1262 ; RDSS 2005, 1043, note Hennion-Jacquet ; JCP S 2005, n° 1453, note Vachet.*

d. Préjudices non énumérés par l'article L. 452-3

29. Préjudice sexuel. Le préjudice sexuel, qui comprend tous les préjudices touchant à la sphère sexuelle, doit désormais être apprécié distinctement du préjudice d'agrément mentionné à l'art. L. 452-3, lequel vise exclusivement à l'indemnisation du préjudice lié à l'impossibilité pour la victime de pratiquer régulièrement une activité spécifique sportive ou de loisirs. • Civ. 2e, 28 juin 2012 : *préc. note 22.* ♦ Comp. antérieurement : • Civ. 2e, 8 avr. 2010 : *RJS 2010, no 559 ; JCP S 2010, no 1662, note Tauran ; RTD civ. 2010. 559, note Jourdain ; D. 2010. 1089, note Sargos ; Dr. ouvrier 2010. 612, obs. Guiomard* • 28 juin 2012 : *RJS 2012, no 843.*

30. Déficit fonctionnel temporaire. Les indemnités journalières servies à la victime d'un accident du travail ou d'une maladie professionnelle n'assurent pas la réparation du déficit fonctionnel temporaire qui inclut, pour la période antérieure à la date de consolidation, l'incapacité fonctionnelle totale ou partielle ainsi que le temps d'hospitalisation et les pertes de qualité de vie et des joies usuelles de la vie courante durant la maladie traumatique. Ce préjudice doit donc être pris en charge sur le fondement de l'art. L. 453-3 interprété à la lumière de la décision du Conseil constitutionnel du 18 juin 2010. • Civ. 2e, 4 avr. 2012 : *préc. note 1* • 20 juin 2013 : *D. actu. 16 juill. 2013, obs. Fraisse ; RCA oct. 2013. Comm. 293, obs. Groutel ; JCP E 2013. 1550, obs. Ledoux et Bouvet, JCP S 2013, no 1365, obs. Asquinazi-Bailleux ; Dr. ouvrier 2013. 782, obs. Guiomard ; D. 2013. 265, obs. Porchy-Simon ; RJS 08-09 2013, no 709.* ♦ Le déficit fonctionnel temporaire est distinct tant des souffrances physiques et morales endurées par la victime durant la maladie traumatique que du préjudice d'agrément résultant de l'impossibilité de continuer à pratiquer une activité spécifique sportive ou de loisirs. • Civ. 2e, 7 mai 2014 : *RJS 7/2014, no 590.*

31. Assistance temporaire par une tierce personne. L'assistance temporaire par une tierce personne pour la période antérieure à la consolidation peut ouvrir droit à indemnisation sur le fondement de l'art. L. 452-3. Cette prise en charge n'est pas subordonnée à la production de justifications des dépenses effectives. • Civ. 2e, 20 juin 2013 : *préc. note 30.* ♦ Le montant de l'indemnité allouée au titre de l'assistance d'une tierce personne ne saurait être réduit en cas d'assistance d'un membre de la famille ni subordonné à la production de justificatifs des dépenses effectives. • Civ. 2e, 7 mai 2014 : *JCP S 2014, no 1355, obs. Ledoux et Bouvet.*

32. Frais d'expertise médicale. Les frais d'assistance de la victime par son médecin lors des opérations d'expertise, qui sont la conséquence directe de l'accident du travail, ne figurent pas parmi les chefs de préjudice expressément couverts par le livre IV du CSS, ce dont il résulte qu'ils ouvrent droit à indemnisation complémentaire en raison de la faute inexcusable de l'employeur. • Civ. 2e, 18 déc. 2014, no 13-25.839 P : *RJS 3/2015, no 213 ; Gaz. Pal. 17 févr. 2015, no 48, p. 29, obs. Ghozia.* ♦ Les frais de l'expertise amiable réalisée en vue de l'évaluation des chefs de préjudice subis par la victime d'un accident du travail, dû à la faute inexcusable de l'employeur, sont avancés par la caisse qui en récupère le montant auprès de cet employeur. • Civ. 2e, 25 janv. 2018, no 16-25.647 P : *RJS 4/2018, no 286 ; RCA avr. 2018. Comm. 102, obs. Groutel ; JCP S 2018. 1143, obs. Bouvet et Desriaux.*

33. Préjudice d'anxiété. Le salarié, qui a travaillé dans l'un des établissements mentionnés à l'art. 41 de la L. no 98-1194 du 23 déc. 1998 et figurant sur une liste établie par arrêté ministériel pendant une période où y étaient fabriqués ou traités l'amiante ou des matériaux contenant de l'amiante, et se trouve, par le fait de l'employeur, dans une situation d'inquiétude permanente face au risque de déclaration à tout moment d'une maladie liée à l'amiante, qu'il se soumette ou non à des contrôles et examens médicaux réguliers, subit un préjudice spécifique d'anxiété ; l'indemnisation accordée au titre d'un préjudice d'anxiété répare l'ensemble des troubles psychologiques, y compris ceux liés au bouleversement dans les conditions d'existence résultant du risque de déclaration à tout moment d'une maladie liée à l'amiante (décision rendue à propos de la prise en charge par le FIVA). • Soc. 3 mars 2015, no 13-20.486 P : *D. actu. 26 mars 2015, obs. Fraisse ; Dr. soc. 2015. 360, note Keim-Bagot ; SSL 2015, no 1693, p. 69 ; RJS 5/2015, no 358 ; RDC no 3/2015, p. 473, note Guégan-Lécuyer ; JCP S 2015, no 1106, obs. Asquinazi-Bailleux.*

34. Assurance de prêt immobilier. Le préjudice résultant du refus d'assurance pour le prêt immobilier qu'il entendait souscrire n'est pas couvert par le livre IV CSS et peut en conséquence être réparé. • Civ. 2e, 11 oct. 2018, no 17-23.312 : *RJS 1/2019, no 58.*

e. Préjudices non pris en charge

35. Déficit fonctionnel permanent. Le déficit fonctionnel permanent n'a pas à être pris en charge au titre des réparations mentionnées à l'art. L. 452-3, la rente versée à la victime d'un accident du travail ou d'une maladie professionnelle dont le taux d'incapacité est supérieur à 10 % indemnisant, d'une part, les pertes de gains professionnels et l'incidence professionnelle de l'incapacité et, d'autre part, le déficit fonctionnel permanent. • Civ. 2e, 4 avr. 2012 : *préc. note 1.* ♦ V. aussi • Civ. 2e, 4 avr. 2004, no 11-15.393 (inclusion dans les préjudices déjà pris en charge du déficit fonctionnel permanent et du retentissement professionnel découlant de l'incapacité à exercer toute profession manuelle).

36. Dépenses de santé. Il résulte de l'art. L. 431-1 CSS figurant au chapitre I du titre III du livre IV de ce code qu'en cas d'accident du travail, les frais médicaux, chirurgicaux, pharmaceutiques et accessoires, les frais de transport et d'une façon générale, les frais nécessités par le traitement, la réadaptation fonctionnelle, la rééducation professionnelle et le reclassement de la victime sont pris en charge par la caisse primaire d'assurance maladie, de sorte qu'ils figurent parmi les chefs de préjudices expressément couverts par le livre IV CSS dont la victime ne peut demander réparation à l'employeur en application de l'art. L. 452-3 CSS, tel qu'interprété à la lumière de la décision n° 2010-8 QPC du Conseil constitutionnel du 18 juin 2010. • Civ. 2e, 4 avr. 2012 : *préc. note 1.*

37. Perte de gains professionnels. La rente majorée servie à la victime d'un accident du travail dû à la faute inexcusable de l'employeur répare notamment les pertes de gains professionnels résultant de l'incapacité permanente partielle qui subsiste le jour de la consolidation ; le caractère forfaitaire de cette rente n'a pas été remis en cause par la décision du Conseil constitutionnel n° 2010-8 QPC du 18 juin 2010, laquelle n'a pas consacré le principe de la réparation intégrale du préjudice causé par l'accident dû à la faute inexcusable de l'employeur. • Civ. 2e, 4 avr. 2012 : *préc. note 1.*

38. Préjudice liés à la perte d'emploi. Est infondée la demande d'indemnisation de la perte d'emploi même consécutive à un licenciement du salarié pour inaptitude correspondant en réalité à une demande de réparation des conséquences de l'accident du travail. • Soc. 6 oct. 2015, n° 13-26.052 P : *D. actu. 19 nov. 2015, obs. Fraisse ; RJS 12/2015, n° 810 ; Dr. soc. 2015. 1043, note Keim-Bagot.*

39. Perte de droits à retraite. La perte de droits à la retraite, même consécutive à un licenciement du salarié pour inaptitude, est couverte, de manière forfaitaire, par la rente majorée qui présente un caractère viager et répare notamment les pertes de gains professionnels et l'incidence professionnelle résultant de l'incapacité permanente partielle subsistant au jour de la consolidation. Elle ne peut donc donner lieu à une réparation distincte sur le fondement de l'art. L. 452-3. • Cass, ch. mixte, 9 janv. 2015, n° 13-12.310 P : *RDT 2015. 345, note Morin ; JCP 2015. 186, note Vachet ; JS Lamy 2015. 384, obs. Hautefort ; RLDA 2015. 103, note Siau ; Procédures 3/2015, Comm. 85, obs. Bugada ; Gaz. Pal., 7 juill. 2015, n° 188, p. 37, obs. Bourdoiseau ; RJS 3/2015, n° 213* • Soc. 6 oct. 2015, n° 13-26.052 P : *préc. note 38.*

40. Assistance d'une tierce personne. Le besoin d'assistance par une tierce personne après consolidation est indemnisé dans les conditions prévues à l'art. L. 434-2 du CSS, de sorte que ce préjudice est couvert, même de manière restrictive, par le livre IV CSS. Ce dommage ne peut en conséquence donner droit à indemnisation sur le fondement de l'art. L. 452-3 du même code. • Civ. 2e, 20 juin 2013 : *préc. note 30* • Civ. 2e, 2 mars 2017, n° 15-27.523 P : *préc. note 22.* ♦ V. avant la décision du Conseil constitutionnel du 18 juin 2010 (préc. note 1) • Soc. 28 mars 1996, n° 93-14.540 P.

41. Dépenses d'appareillage et de santé. Les dépenses de santé et d'appareillage au sens de l'art. L. 431-1 CSS (en l'espèce, les dépenses liées à l'acquisition d'une table de lit, d'un fauteuil électrique complémentaire ou de repos, de changes, d'alèses et de savon) sont déjà couverts par le livre IV du CSS et ne peuvent donner lieu à indemnisation sur le fondement de l'art. L. 452-3. • Civ. 2e, 19 sept. 2013 : *D. 2013. 2658, obs. Bacache, Guégan-Lécuyer et Porchy-Simon ; JCP S 2014, n° 1034, obs. Tauran.*

42. Aménagement d'un appartement. Les dépenses d'aménagement d'un appartement, pour l'adapter à une infirmité, ne figurent pas dans l'énumération limitative des préjudices indemnisés au titre de l'art. L. 452-3. • Soc. 16 nov. 1988, n° 87-12.800 P (Jurisprudence antérieure à la Décis. du Cons. const. du 18 juin 2010 [préc. note 1].

43. Impossibilité d'effectuer des heures supplémentaires. L'impossibilité d'effectuer des heures supplémentaires, préjudice professionnel distinct du préjudice de perte de la possibilité de promotion professionnelle, est indemnisé par la majoration de la rente. • Soc. 11 mars 2003 : *RJS 2003, n° 803 ; JCP E 2003. 1710, note Asquinazi-Bailleux.* (jurisprudence antérieure à la Décis. du Cons. const. du 18 juin 2010 [préc. note 1]).

44. Préjudices antérieurs à l'accident. La victime d'un accident du travail ou ses ayants droit agissant au titre de l'action successorale ne peuvent prétendre en cas de faute inexcusable de l'employeur à une indemnisation complémentaire que pour les préjudices subis à la suite de l'accident et non pour ceux subis par la victime avant l'accident (en l'espèce, les souffrances endurées par la victime dans le contexte de conditions de travail particulièrement stressantes avant qu'elle ne commette un suicide). • Civ. 2e, 19 sept. 2013 : *RJS 1/2014, n° 80.*

3° RÉPARATION DES PRÉJUDICES DES AYANTS DROIT

45. Ayants droit concernés. Les dispositions de l'art. L. 452-3 ne font pas obstacle à ce que les ascendants ou descendants d'une victime d'un accident mortel dû à une faute inexcusable de l'employeur qui n'ont pas droit à une rente au sens des art. L. 434-7 à L. 434-14 puissent être indemnisés de leur préjudice moral selon les règles du droit commun. • Civ. 2e, 17 sept. 2009, n° 08-16.484 P : *D. 2009, 2352 ; JCP S 2009,* *n° 1498, note Tauran.* ♦ V. de même • Soc. 23 mai 2002, n° 00-14.125 P : *RJS 2002, n° 1028* • Civ. 2e, 16 oct. 2008, n° 07-14.802 P : *JCP S 2009, n° 1009, note Vachet.*

46. Ayants droit exclus. Seuls peuvent demander la réparation de leur préjudice moral, sur le fondement de la faute inexcusable imputée à l'employeur, en cas d'accident suivi de mort, le conjoint, les ascendants et les descendants. Les frères et sœurs ne peuvent demander des dommages et intérêts sur ce fondement. • Soc. 18 mai 2000, n° 98-22.771 P : *RJS 2000, n° 1003.*

47. Action en réparation du préjudice personnel subi par la victime. Les ayants droit de la victime d'une maladie professionnelle due à la faute inexcusable de l'employeur et décédée des suites de cette maladie sont recevables à exercer, outre l'action en réparation du préjudice moral qu'ils subissent personnellement du fait de ce décès, l'action en réparation du préjudice personnel de la victime résultant de sa maladie, lequel comprend l'ensemble des chefs de préjudices visés à l'art. L. 452-3. • Civ. 2e, 4 déc. 2008, n° 07-17.601 P : *JCP S 2009, n° 1143, note Asquinazi-Bailleux* • Civ. 2e, 20 sept. 2005, n° 04-30.110 P : *RJS 2005, n° 1265 ; JCP S 2005, n° 1449, note Vachet.*

48. Attribution indépendante du droit à une rente des ayants droit. Les descendants des victimes décédées d'un accident du travail ou d'une maladie professionnelle imputable à la faute inexcusable de l'employeur peuvent prétendre à la réparation de leur préjudice moral, peu important qu'ils aient ou non droit à une rente. • Civ. 2e, 22 juin 2004, n° 03-30.223 P : *D. 2005. 350, note Saint-Jours.* ♦ De même, V. • Soc. 23 mai 2002, n° 00-14.125 P : *RJS 2002, n° 1028.*

49. Réparation du seul préjudice moral. Les ascendants et descendants de la victime d'un accident du travail ou d'une maladie professionnelle imputable à la faute inexcusable de l'employeur ne peuvent prétendre qu'à la réparation de leur préjudice moral, peu important qu'ils aient ou non droit à une rente. • Civ. 2e, 16 oct. 2008, n° 07-14.802 P : *JCP S 2009, n° 1009, note Vachet.*

50. Préjudice antérieur à la naissance de l'ayant droit. Dès sa naissance, l'enfant peut demander réparation du préjudice résultant du décès accidentel de son père survenu alors qu'il était conçu. Peut dès lors être réparé le préjudice moral de l'enfant résultant de l'absence définitive de son père décédé dans un accident du travail dès lors qu'est caractérisé l'existence d'un préjudice moral ainsi que le lien de causalité entre le décès accidentel et ce préjudice. • Civ. 2e, 14 déc. 2017, n° 16-26.687 P.

51. Droit à indemnisation en cas de prise en charge par le FIVA. Les ayants droit d'une victime décédée des suites d'une maladie causée par l'amiante sont recevables à exercer, outre l'action en réparation du préjudice qu'ils ont subi du fait de ce décès, l'action en réparation du préjudice subi par la victime résultant de sa maladie dès lors que le procès-verbal de conciliation signé faisait droit à la seule indemnisation de leur préjudice personnel. • Civ. 2e, 20 mars 2008, n° 07-15.807 P : *D. 2009. AJ 26 ; JCP S 2009, n° 1143, note Asquinazi-Bailleux ; RJS 2008, n° 723.*

52. Incidence d'une faute de la victime. Les juges du fond peuvent tenir compte de la faute de la victime dans la fixation de l'indemnité revenant à la veuve en réparation de son préjudice moral dont le montant est fixé par les juges du fond dans l'exercice de leur pouvoir d'appréciation. • Soc. 22 nov. 1990, n° 89-10.043 P : *D. 1991. 263, note Saint-Jours.*

Art. L. 452-3-1 (*L. n° 2012-1404 du 17 déc. 2012, art. 86-I-2°*) **Quelles que soient les conditions d'information de l'employeur par la caisse au cours de la procédure d'admission du caractère professionnel de l'accident ou de la maladie, la reconnaissance de la faute inexcusable de l'employeur par une décision de justice passée en force de chose jugée emporte l'obligation pour celui-ci de s'acquitter des sommes dont il est redevable à raison des articles L. 452-1 à L. 452-3.** — *Cet art., issu de la L. n° 2012-1404 du 17 déc. 2012, est applicable aux actions en reconnaissance de la faute inexcusable de l'employeur introduites devant les tribunaux des affaires de sécurité sociale à compter du 1er janv. 2013 (L. préc., art. 86-II).*

Compatibilité avec les normes constitutionnelles. L'art. L. 452-3-1 est compatible avec les normes et principes constitutionnels dès lors qu'il résulte de l'interprétation par la Cour de cassation des dispositions de l'art. R. 441-14, al. 4, CSS, dans sa rédaction issue du Décr. n° 2009-938 du 29 juill. 2009, que l'employeur demeure recevable, nonobstant le caractère définitif de la décision de prise en charge au titre de la législation professionnelle de l'accident, de la maladie ou de la rechute, à contester le caractère professionnel de ces événements lorsque sa faute inexcusable est recherchée par la victime ou ses ayants droit. • Civ. 2e, 30 juin 2016, QPC (non-renvoi), n° 16-40.210 P : *D. actu. 28 juill. 2016, obs. Cortot ; RJS 12/2016, n° 815.*

Art. L. 452-4 **A défaut d'accord amiable entre la caisse et la victime ou ses ayants droit d'une part, et l'employeur d'autre part, sur l'existence de la faute inexcusable**

reprochée à ce dernier, ainsi que sur le montant de la majoration et des indemnités mentionnées à l'article L. 452-3, il appartient à la juridiction de la sécurité sociale compétente, saisie par la victime ou ses ayants droit ou par la caisse primaire d'assurance maladie, d'en décider. La victime ou ses ayants droit doivent appeler la caisse en déclaration de jugement commun ou réciproquement.

(L. n° 87-39 du 27 janv. 1987, art. 33-II) **« L'auteur de la faute inexcusable est responsable sur son patrimoine personnel des conséquences de celle-ci.**

« L'employeur peut s'assurer contre les conséquences financières de sa propre faute inexcusable ou de la faute de ceux qu'il s'est substitués dans la direction de l'entreprise ou de l'établissement.

« Des actions de prévention appropriées sont organisées dans des conditions fixées par décret, après consultation des organisations représentatives des employeurs et des salariés.

« Lorsque l'accident est dû à la faute inexcusable d'un employeur garanti par une assurance à ce titre, la *(Ord. n° 2010-177 du 23 févr. 2010, art. 24)* **« caisse d'assurance retraite et de la santé au travail » peut imposer à l'employeur la cotisation supplémentaire mentionnée à l'article L. 242-7. Le produit en est affecté au Fonds national de prévention des accidents du travail et des maladies professionnelles. »** — *Dispositions applicables dans les départements du Haut-Rhin, du Bas-Rhin et de la Moselle.*

Le paiement *(L. n° 2012-1404 du 17 déc. 2012, art. 86-I-3°)* **« du capital prévu à l'article L. 452-2 est garanti » par privilège dans les conditions et au rang fixés par les articles L. 243-4 et L. 243-5.**

(L. n° 2014-788 du 10 juill. 2014, art. 8) **« Dans le cas où un élève ou un étudiant mentionné aux *a* ou *b* du 2° de l'article L. 412-8 du présent code, au 1° du II de l'article L. 751-1 du code rural et de la pêche maritime ou au 1° de l'article L. 761-14 du même code, à la suite d'un accident ou d'une maladie survenu par le fait ou à l'occasion d'une période de formation en milieu professionnel ou d'un stage, engage une action en responsabilité fondée sur la faute inexcusable de l'employeur contre l'établissement d'enseignement, celui-ci est tenu d'appeler en la cause l'organisme d'accueil de la période de formation en milieu professionnel ou du stage pour qu'il soit statué dans la même instance sur la demande du stagiaire et sur la garantie des conséquences financières d'une reconnaissance éventuelle de faute inexcusable. »**

Les dispositions issues de la L. n° 2012-1404 du 17 déc. 2012 sont applicables au titre des majorations de rente et d'indemnités en capital ayant pris effet à compter du 1er avr. 2013 (L. préc., art. 86-II).

1. Parties à l'instance. A défaut d'accord amiable entre la caisse et la victime ou ses ayants droit, d'une part, et l'employeur, d'autre part, sur l'existence de la faute inexcusable reprochée à ce dernier, ainsi que sur le montant de la majoration et des indemnités mentionnées à l'art. L. 452-3, il appartient à la juridiction d'en décider, la victime ou ses ayants droit devant appeler la caisse en déclaration de jugement commun ou réciproquement. Il en résulte que l'action est nécessairement dirigée contre l'employeur, même dans le cas où la caisse se trouve privée de recours à son égard. • Soc. 28 févr. 2002, n° 99-17.201 P : *RDSS 2002. 375, note Pédrot et Nicolas ; D. 2002. 2696, note Prétot*. ♦ Il résulte des art. L. 452-3 et L. 452-4 CSS que seuls la victime d'un accident du travail ou d'une maladie professionnelle ou ses ayants droit peuvent agir devant le tribunal des affaires de sécurité sociale pour voir reconnaître l'existence d'une faute inexcusable et statuer sur les conséquences de cette faute. • Civ. 2e, 13 janv. 2011 : *Dr. ouvrier 2011. 534, note Guiomard ; JCP S 2011, n° 1189, note Asquinazi-Bailleux.* ♦ L'art. L. 452-4 ne donne compétence à la juridiction du contentieux général de la sécurité sociale, saisie par la victime ou ses ayants droit ou par la caisse primaire d'assurance maladie, que pour connaître de l'existence de la faute inexcusable reprochée à l'employeur et du montant de la majoration et des indemnités mentionnées à l'art. L. 452-3. Ces dispositions ne font pas obstacle à ce que d'autres personnes y ayant intérêt interviennent à l'instance ou y soient attraites dans les conditions prévues par les art. 330 et 331 C. pr. civ. • Civ. 2e, 12 févr. 2015, n° 13-26.133 P : *JCP S 2015, n° 1131, obs. Brissy ; Dr. soc. 2015. 554, note Morvan ; RCA 5/2015, Comm. 148, obs. Groutel ; Procédures 4/2015, Comm. 123, obs. Groutel ; RJS 5/2015, n° 369.*

2. Responsabilité sur le patrimoine personnel de l'auteur de la faute. L'auteur de la faute inexcusable est responsable sur son patrimoine personnel des conséquences de celle-ci. Le gérant d'une société définitivement condamné pour blessures involontaires et infraction aux règles de sécurité pour un accident du travail doit donc être condamné sur son patrimoine personnel, même s'il n'avait pas la qualité d'employeur.

• Soc. 17 juill. 1998, n° 97-10.843 P. ♦ De même • Soc. 31 mars 1994 : *D. 1994. 439, note Saint-Jours* (condamnation à titre personnel du représentant légal de la société). ♦ L'employeur n'est pas responsable sur son patrimoine personnel de la faute inexcusable commise par l'un de ses substitués. • Soc. 1er avr. 1993 : *JS UIMM 1993. 277.*

3. Responsabilité en cas de transfert d'entreprise. Il résulte des art. L. 1224-1 C. trav. et L. 452-4 CSS que le salarié ne saurait, en l'absence de convention entre les employeurs successifs, demander la réparation des préjudices nés d'une faute inexcusable au nouvel employeur pour les pathologies nées antérieurement au transfert du contrat de travail. • Civ. 2e, 17 sept. 2015, n° 14-24.534 P : *RJS 12/2015, n° 751 ; JCP S 2015, n° 1413, obs. Asquinazi-Bailleux.*

4. Interruption de la prescription. L'initiative de la victime d'un accident du travail saisissant la caisse primaire d'assurance maladie d'une requête tendant à l'octroi d'une indemnisation complémentaire sur le fondement de l'art. L. 452-3 CSS équivaut à la citation en justice visée à l'art. 2244 C. civ., dans sa rédaction alors en vigueur, et interrompt la prescription biennale, peu important qu'une précédente décision ait reconnu le caractère inexcusable de la faute de l'employeur à l'origine des préjudices dont l'indemnisation est ainsi sollicitée. • Civ. 2e, 3 mars 2011 : *RJS 2011, n° 552.* ♦ La saisine de la caisse en vue de la reconnaissance de la faute inexcusable interrompt la prescription biennale qui ne recommence pas à courir tant que cet organisme, qui a la direction de la procédure de conciliation, n'a pas fait connaître à l'intéressé le résultat de la tentative de conciliation. • Civ. 2e, 10 déc. 2009, n° 08-21.969 P : *D. actu. 14 janv. 2010, obs. Lavric ; RJS 2009, n° 217* • Soc. 15 nov. 1990, n° 89-12.437 P. ♦ L'initiative du représentant légal de la victime saisissant la caisse primaire d'assurance maladie d'une requête tendant à la reconnaissance de la faute inexcusable de l'employeur équivaut à la citation en justice visée à l'art. 2244 C. civ. et interrompt la prescription biennale. • Civ. 2e, 16 sept. 2003, n° 02-30.490 P. ♦ La saisine du tribunal des affaires de sécurité sociale par un des ayants droit de la victime en vue de voir reconnaître la faute inexcusable de l'employeur a un effet interruptif de prescription qui profite à tous les ayants droit dès lors qu'est en cause le même fait dommageable. • Soc. 24 janv. 2002, n° 00-11.696 P : *RJS 2002, n° 625.*

5. Assurance de l'employeur. Les dispositions issues de la L. du 27 janv. 1987, permettant aux employeurs de s'assurer contre les conséquences financières de leur faute inexcusable s'appliquent immédiatement aux situations existant lors de son entrée en vigueur, dès lors que cette application n'a pas pour résultat de léser des droits acquis. Elles autorisent en conséquence la couverture de faits commis antérieurement à l'entrée en vigueur de la loi dès lors que la police d'assurance autorisait une couverture quelle que soit la date de commission des faits. • Civ. 2e, 19 mars 2009, n° 07-19.506 P. ♦ L'initiative de la victime, saisissant la caisse primaire d'assurance maladie de la requête, ne constitue pas l'action en justice visée à l'art. L. 114-1, al. 3, C. assur. Le délai de prescription de deux ans prévu par ce texte ne commence donc pas à courir à partir de cette date. • Civ. 2e, 24 juin 2004, n° 02-19.056 P.

6. Compétence juridictionnelle. La compétence donnée par l'art. L. 452-4 CSS à la juridiction du contentieux général de la sécurité sociale pour connaître de l'existence de la faute inexcusable reprochée à l'employeur ainsi que du montant de la majoration et des indemnités mentionnées à l'art. L. 452-3 ne s'étend pas à la demande de garantie fondée sur un contrat de cession formée par l'auteur d'une faute inexcusable contre un co-obligé. • Civ. 2e, 12 févr. 2015, n° 13-25.524 P : *RJS 5/2015, n° 369 ; JCP S 2015, n° 1130, obs. Brissy ; RCA 5/2015, comm. 148, obs. Groutel ; Dr. soc. 2015. 554, note Morvan* . ♦ L'art. L. 452-4 CSS ne donne compétence à la juridiction du contentieux général de la sécurité sociale, saisie par la victime ou ses ayants droit ou par la caisse primaire d'assurance maladie, que pour connaître de l'existence de la faute inexcusable reprochée à l'employeur et du montant de la majoration et des indemnités mentionnées à l'art. L. 452-3 CSS. Ces dispositions ne font pas obstacle à ce que d'autres personnes y ayant intérêt interviennent à l'instance ou y soient attraites dans les conditions prévues par les art. 330 et 331 C. pr. civ. Cette juridiction n'est en conséquence pas compétente pour connaître d'une demande formulée par un assureur à l'encontre de l'employeur portant le remboursement de sommes avancées. • Civ. 2e, 31 mars 2016, n° 15-14.561 P : *JCP S 2016, n° 1204, note Bouilloux ; ibid. 1235, obs. Asquinazi-Bailleux ; RJS 6/2016, n° 454.* ♦ La compétence donnée par l'art. L. 452-4 CSS à la juridiction du contentieux général de la sécurité sociale pour connaître de l'existence de la faute inexcusable reprochée à l'employeur ainsi que du montant de la majoration et des indemnités mentionnées à l'art. L. 452-3 s'étend au recours que l'entreprise de travail temporaire, seule tenue en sa qualité d'employeur de la victime des obligations prévues aux art. L. 452-1 à L. 452-4, peut exercer en application de l'art. L. 412-6, en cas d'accident du travail imputable à la faute inexcusable d'une entreprise utilisatrice, pour obtenir simultanément ou successivement le remboursement en tout ou partie des indemnités complémentaires versées à la victime. • Civ. 2e, 4 mai 2016, n° 15-18.461 : *RJS 7/2016, n° 483.* ♦ L'art. L. 452-4 CSS ne donne compétence à la juridiction du contentieux général de la sécurité sociale, saisie par la victime ou ses ayants droit ou par la caisse primaire d'assurance maladie, que pour connaître de l'existence de la faute inexcusable reprochée à l'employeur et du montant de la majoration et des indemnités mentionnées à l'art. L. 452-3. Cette compétence ne saurait s'étendre à l'action menée par l'employeur contre un organisme de formation et son assureur. • Civ. 2e, 8 nov. 2018, n° 17-24.850 P : *RJS 1/2019, n° 59 ; JCP S 2018, n° 1412, obs. Bugada.*

Art. L. 452-5 **Si l'accident est dû à la faute intentionnelle de l'employeur ou de l'un de ses préposés, la victime ou ses ayants droit conserve contre l'auteur de l'accident le droit de demander la réparation du préjudice causé, conformément aux règles du droit commun, dans la mesure où ce préjudice n'est pas réparé par application du présent livre.**

Les caisses primaires d'assurance maladie sont tenues de servir à la victime ou à ses ayants droit les prestations et indemnités mentionnées par le présent livre. Elles sont admises de plein droit à intenter contre l'auteur de l'accident une action en remboursement des sommes payées par elles.

Si des réparations supplémentaires mises à la charge de l'auteur responsable de l'accident, en application du présent article, sont accordées sous forme de rentes, celles-ci doivent être constituées par le débiteur dans les deux mois de la décision définitive ou de l'accord des parties à la Caisse nationale de prévoyance suivant le tarif résultant du présent code.

(L. n° 87-39 du 27 janv. 1987, art. 33-IV) **« Dans le cas prévu au présent article »,** **la** *(Ord. n° 2010-177 du 23 févr. 2010, art. 24)* **« caisse d'assurance retraite et de la santé au travail » peut imposer à l'employeur la cotisation supplémentaire mentionnée à l'article L. 242-7.**

BIBL. ► BRIÈRE DE L'ISLE, La faute dolosive, *D. 1980. 133.* – SAINT-JOURS, La faute intentionnelle dans le droit de la sécurité sociale, *Dr. soc. 1970. 387 ;* La nouvelle configuration des recours des tiers payeurs contre les tiers responsables d'un accident, *RDSS 1986. 258.* – VINEY, Remarque sur la distinction entre faute intentionnelle, faute inexcusable et faute lourde, *D. 1975. Chron. 263.*

1. Définition de la faute intentionnelle. La faute intentionnelle de l'employeur ou de l'un de ses préposés suppose un acte volontaire accompli avec l'intention de causer des lésions corporelles et ne résulte pas d'une simple imprudence, si grave soit-elle. • Soc. 13 janv. 1966 : *Bull. civ. IV, n° 63 ; GADSS n° 55 ; Dr. soc. 1966. 600, note Jambu-Merlin.* ♦ La faute intentionnelle suppose un acte volontaire accompli avec l'intention de causer des lésions corporelles. Ne présente pas de telles caractéristiques le fait de blesser un collègue par jet de gaz lacrymogène par jeu, le salarié n'étant animé d'aucune intention de le blesser. • Soc. 11 janv. 1989 : *Bull. civ. V, n° 10.*

2. Exemples de fautes intentionnelles. Constitue une faute intentionnelle : le fait d'avoir insulté et menacé de mort à plusieurs reprises le salarié. • Civ. 2e, 21 sept. 2004, n° 03-15.451 P : *RJS 2004 n° 1324.* ♦ ... Le fait de lancer un projectile sur un camarade, qui avait blessé un autre salarié, l'auteur ayant eu l'intention de causer des lésions corporelles, peu important qu'elles aient été subies par un salarié autre que celui visé. • Soc. 26 janv. 1972 : *Bull. civ. IV, n° 66 ; Dr. soc. 1972. 471, obs. Saint-Jours.* ♦ Au contraire, ne constituent pas une faute intentionnelle : des négligences graves exclusives de toute intention de nuire. • Soc. 17 avr. 1956 : *Dr. ouvrier 1957. 102.* ♦ ... L'acte commis sous l'emprise de la démence. • Soc. 6 janv. 1977 : *Bull. civ. V, n° 7 ; Dr. soc. 1977, 278, obs. Saint-Jours.*

3. Action devant les juridictions répressives. L'employeur ou le préposé qui a été condamné pénalement pour coups et blessures volontaires doit nécessairement être considéré comme ayant commis une faute intentionnelle au sens de l'art. L. 452-5. • Crim. 17 avr. 1956 : *JCP 1956. IV. 77.* ♦ Même dans le cas où la réparation du dommage échapperait à la compétence de la juridiction pénale, la personne, qui, conformément à l'art. 2 C. pr. pén., prétend avoir été lésée par un délit, est recevable à se constituer partie civile aux fins de faire établir l'existence de l'infraction et possède, par l'effet de sa constitution, tous les droits reconnus à la partie civile. • Crim. 30 avr. 2002, n° 01-85.219 P : *TPS 2002. Comm. 316, obs. Prétot ; D. 2003. 30, note Pradel.* ♦ Cependant l'élément intentionnel du délit de harcèlement moral dans le cadre du travail ne se confond pas avec la faute intentionnelle, au sens de l'art. L. 452-5 CSS, qui suppose que soit établi que l'auteur a voulu le dommage survenu à la victime à la suite de ses agissements. • Crim. 13 déc. 2016, n° 15-81.853 P : *Dr. soc. 2017. 774, chron. Salomon ; CSB 1er mars 2017, n° 294.*

4. Compétence des CIVI. Les dispositions propres à l'indemnisation des victimes d'infraction sont applicables aux victimes d'un accident du travail imputable à la faute intentionnelle de l'employeur ou de l'un de ses préposés. Le salarié est donc recevable à saisir une commission d'indemnisation des victimes d'infraction en cas d'agression par le gérant, déclaré coupable de violences volontaires. • Civ. 2e, 4 févr. 2010, n° 09-13.332 P : *JCP S 2010. 1144, note Vachet.* ♦ De même • Civ 2e, 7 mai 2009, n° 08-15.738 P : *RDSS 2009. 723, note Vignon-Barrault ; Dr. social 2009. 1001, note Chaumette ; JCP S 2009. 1276, note Radé.* ♦ Comp. • Civ. 2e, 7 févr. 2008, n° 07-10.838 P : *RJS 2008, n° 598 ; Dr. soc. 2008. 506, note Chaumette ; JCP 2008. II. 10056, note Radé.*

5. Inapplicabilité des dispositions de l'art. L. 454-1. Lorsque la caisse fonde à bon droit son action en remboursement de ses débours sur l'art. L. 452-5, elle ne peut prétendre au paiement de l'indemnité forfaitaire prévue à l'art. L. 454-1, applicable lorsque l'accident est imputable à une personne autre que l'employeur ou ses préposés. • Civ. 2e, 3 juill. 2008, n° 07-16.219 P : *JCP S 2008. 1557, note Asquinazi-Bailleux.*

6. Recours des tiers. Sauf si la faute de l'employeur est intentionnelle, le tiers étranger à l'entreprise, qui a indemnisé la victime d'un accident du travail de son entier dommage, n'a de recours ni contre l'employeur de la victime ou ses préposés ni contre leur assureur. • Civ. 2e, 5 nov. 1998, n° 97-10.848 P • Soc. 12 mars 1992, n° 88-17.163 P • Cass., ass. plén., 31 oct. 1991 (6 arrêts), n° 88-19.689 P : *RJS 1992, n° 78 ; RDSS 1992. 306, note Vachet ; RTD civ. 1992. 129, obs. Jourdain ; D. 1993. 271, note Prétot .*

7. Action en remboursement de la caisse. La caisse étant tenue de verser les indemnités prévues par les dispositions du CSS, notamment celles de l'art. L. 452-3, et la victime d'une faute intentionnelle ne pouvant avoir moins de droits que la victime d'une faute inexcusable, les juridictions peuvent mettre à la charge de celle-ci les frais de l'expertise ainsi que l'ensemble des préjudices extra-patrimoniaux. Elle peut ensuite récupérer directement ces sommes auprès de l'auteur de la faute. • Civ. 2e, 14 févr. 2013 : *Dr. soc. 2013. 381, obs. Hocquet-Berg ; JCP 2013. 1186, obs. Vachet ; RCA juin 2013. Étude 4, obs. Groutel ; JCP E 2013. 1608, obs. Cohen-Donsimoni.* ♦ En application de l'art. L. 452-5, lorsqu'un fait dommageable, pris en charge par les organismes sociaux au titre de la législation sur les accidents du travail, est dû à la faute intentionnelle d'un préposé, et non de l'employeur lui-même, la caisse de sécurité sociale, garante de ce dernier pour les risques de l'entreprise, n'est admise à exercer son action en remboursement que contre l'auteur de l'accident, même si l'employeur a été déclaré civilement responsable de ses agissements envers la victime. • Crim 25 mars 1998, n° 96-85.593 P.

8. Recours contre les tiers. Lorsque l'accident est dû à la faute intentionnelle du préposé de l'employeur, les caisses primaires d'assurance maladie sont admises à exercer une action en remboursement de leurs prestations conformément aux règles du droit commun, ce recours étant seulement exclu contre l'employeur dont elles sont les garantes pour les risques de l'entreprise. Il s'ensuit qu'étant établie la faute intentionnelle d'un élève de l'enseignement technique bénéficiaire de la législation des accidents du travail, l'action en remboursement intentée par la Caisse d'assurance maladie contre le père de l'élève sur le fondement de l'art. 1384, al. 4, était recevable. • Soc. 15 juin 1995, n° 92-10.142 P : *RJS 1995. 1059 ; RDSS 1996. 357, note Vachet* • 25 juin 1992, n° 90-15.337 P.

CHAPITRE III **FAUTE INEXCUSABLE OU INTENTIONNELLE DE LA VICTIME**

Art. L. 453-1 **Ne donne lieu à aucune prestation ou indemnité, en vertu du présent livre, l'accident résultant de la faute intentionnelle de la victime. Celle-ci peut éventuellement prétendre** *(L. n° 2015-1702 du 21 déc. 2015, art. 59-XI-I-2°, en vigueur le 1er janv. 2016)* **« à la prise en charge de ses frais de santé prévue au titre VI du livre Ier, » sous réserve des dispositions de l'article L. 375-1.**

Lors de la fixation de la rente, le conseil d'administration de la caisse ou le comité ayant reçu délégation à cet effet peut, s'il estime que l'accident est dû à une faute inexcusable de la victime, diminuer la rente prévue au titre III du présent livre, sauf recours du bénéficiaire devant la juridiction compétente.

Lorsque l'accident a été causé intentionnellement par un des ayants droit de la victime mentionnés aux articles L. 434-7 et suivants, celui-ci est déchu de tous ses droits au regard du présent livre. Ces droits sont transférés sur la tête des enfants et descendants mentionnés à l'article L. 434-10, ou, à défaut, sur la tête des autres ayants droit.

1° FAUTE INTENTIONNELLE DE LA VICTIME

BIBL. V. ss. art. L. 452-5.

1. Caractérisation de la faute intentionnelle. La faute intentionnelle exige l'intention de commettre l'acte à l'origine de l'accident. Tel n'est pas le cas d'un suicide commis sous l'emprise d'une impulsion brutale. • Soc. 20 avr. 1988 : *Bull. civ. V, n° 241.* ♦ A l'inverse la faute intentionnelle peut être retenue en présence d'un suicide commis de façon réfléchie et volontaire. • Soc. 23 sept. 1982 : *Bull. civ. V, n° 525.* ♦ Constitue une faute intentionnelle un acte volontaire de dégradation du mobilier de son employeur. • Soc. 5 janv. 1995, n° 93-14.793 P. ♦ L'employeur ou le préposé qui a été condamné pénalement pour coups et blessures volontaires doit nécessairement être considéré comme ayant commis une faute intentionnelle au sens de l'art. L. 452-5. • Crim. 17 avr. 1956 : *JCP 1956. IV. 77.*

2. Incidence d'une déclaration frauduleuse. En cas de déclaration mensongère de l'accident du travail par le salarié, masquant le caractère intentionnel de la faute, la caisse se trouve dans l'impossibilité d'apprécier les circonstances exactes de l'accident dans le délai de vingt jours à compter de la date à laquelle elle en a eu connaissance. Elle conserve en ce cas la possibilité de contester le caractère professionnel de l'accident et de se prévaloir des dispositions de l'art. L. 453-1 au-delà du délai de l'art. R. 441-10. • Soc. 5 janv. 1995 : *V. note 1.*

2° FAUTE INEXCUSABLE DE LA VICTIME

BIBL. Meyer, Un retour remarqué : le retour de la faute inexcusable du salarié en matière d'accidents du travail et de maladies professionnelles, *Dr. ouvrier 2003. 173.* – Vachet, L'incidence de la faute de la victime ou d'un tiers sur la faute inexcusable de l'employeur en matière d'accident du travail, *JCP E 1982. 13692.*

3. Définition de la faute inexcusable de la victime. Constitue une faute inexcusable la faute volontaire de la victime d'une exceptionnelle gravité exposant sans raison valable son auteur à un danger dont il aurait dû avoir conscience. Est donc insuffisante la caractérisation d'une telle faute par la seule référence à la négligence, l'imprudence et l'inattention du salarié. • Cass., ass. plén., 24 juin 2005, n° 03-30.038 P : *RDSS 2005. 875, obs. Verkindt ; D. 2005. 2375, note Saint-Jours.* ♦ De même • Civ. 2e, 27 janv. 2004, n° 02-30.693 P : *Dr. soc. 2004. 436 obs. Prétot ; D. 2004. 2185, note Noël ; RTD civ. 2004. 296, note Jourdain.* ♦ V. de même • Civ. 2e, 1er juill. 2010 : *RJS 2005, n° 1036.* (négligence du salarié).

4. Caractérisation de la faute inexcusable de la victime. Le fait de se livrer à une activité de travail dissimulé ne caractérise pas une faute volontaire de la victime d'une exceptionnelle gravité exposant sans raison valable son auteur à un danger dont il aurait dû avoir conscience. • Civ. 2e, 15 juin 2017, n° 15-24.510 P : *JCP S 2017, n° 1255, obs. Aumeran ; RJS 10/2017, n° 715.*

5. Effet de la faute de la victime. La faute de la victime n'a pas pour effet d'exonérer l'employeur de la responsabilité qu'il encourt en raison de sa faute inexcusable. Seule une faute inexcusable de la victime, au sens de l'art. L. 453-1, peut permettre de réduire la majoration de sa rente. • Cass., ass. plén., 24 juin 2005 : *préc. note 3.* ♦ En cas de faute inexcusable de la victime, la rente peut être diminuée mais non supprimée. • Soc. 28 avr. 1980 : *Bull. civ. V, n° 366.*

CHAPITRE IV **FAUTE D'UN TIERS**

Art. L. 454-1 Si la lésion dont est atteint l'assuré social est imputable à une personne autre que l'employeur ou ses préposés, la victime ou ses ayants droit conserve contre l'auteur de l'accident le droit de demander la réparation du préjudice causé, conformément aux règles de droit commun, dans la mesure où ce préjudice n'est pas réparé par application du présent livre.

Les caisses primaires d'assurance maladie sont tenues de servir à la victime ou à ses ayants droit les prestations et indemnités prévues par le présent livre, sauf recours de leur part contre l'auteur responsable de l'accident, dans les conditions ci-après ; ce recours est également ouvert à l'État et aux institutions privées, lorsque la victime est pupille de l'éducation surveillée, dans les conditions définies par décret.

Si la responsabilité du tiers auteur de l'accident est entière ou si elle est partagée avec la victime, la caisse est admise à poursuivre le remboursement des prestations mises à sa charge à due concurrence de la part d'indemnité mise à la charge du tiers qui répare l'atteinte à l'intégrité physique de la victime, à l'exclusion de la part d'indemnité, de caractère personnel, correspondant aux souffrances physiques ou morales par elle endurées et au préjudice esthétique et d'agrément. De même, en cas d'accident suivi de mort, la part d'indemnité correspondant au préjudice moral des ayants droit leur demeure acquise. — *V. art. R. 454-1.*

(L. n° 2003-1199 du 18 déc. 2003, art. 8-I) « Hors le cas où la caisse est appelée en déclaration de jugement commun conformément aux dispositions ci-après, la demande de la caisse vis-à-vis du tiers responsable s'exerce en priorité à titre amiable. Une convention signée par la Caisse nationale de l'assurance maladie des travailleurs salariés, la Caisse nationale d'assurance maladie et maternité des travailleurs non salariés et la Caisse centrale de la mutualité sociale agricole avec les organisations représentatives des assureurs peut définir les modalités de mise en œuvre de cette procédure.

« La personne victime, les établissements de santé, le tiers responsable et son assureur sont tenus d'informer la caisse de la survenue des lésions causées par un tiers dans des conditions fixées par décret. » *(Abrogé par L. n° 2011-1906 du 21 déc. 2011, art. 120-III-1°)* « *La méconnaissance de l'obligation d'information des caisses par l'assureur du tiers responsable donne lieu à la majoration de 50 % de l'indemnité forfaitaire mentionnée ci-après dans les conditions déterminées par le même décret.* »

Si la responsabilité du tiers est partagée avec l'employeur, la caisse ne peut poursuivre un remboursement que dans la mesure où les indemnités dues par elle en vertu du présent livre dépassent celles qui auraient été mises à la charge de l'employeur en vertu du droit commun.

Dans le cas où les rentes prévues au 4° de l'article L. 431-1 sont inférieures à la réparation de même nature due à la victime ou à ses ayants droit par application des dispositions du présent article, les rentes supplémentaires peuvent être allouées sous forme de capital. Celles qui ne seraient pas allouées en capital doivent, dans les deux mois de la décision définitive ou de l'accord des parties, être constituées par le débiteur à la Caisse nationale de prévoyance suivant le tarif résultant du présent code.

(Ord. n° 96-51 du 24 janv. 1996, art. 10-I) « En contrepartie des frais qu'elle engage pour obtenir le remboursement mentionné au troisième alinéa ci-dessus, la Caisse d'assurance maladie à laquelle est affilié l'assuré social victime de l'accident recouvre une indemnité forfaitaire à la charge du tiers responsable et au profit du Fonds national des accidents du travail de l'organisme national d'assurance maladie. Le montant de cette indemnité est égal au tiers des sommes dont le remboursement a été obtenu, dans les limites d'un montant maximum de *(L. n° 2005-1579 du 19 déc. 2005, art. 15-II)* « 910 € » et d'un montant minimum de *(L. n° 2005-1579 du 19 déc. 2005, art. 15-II)* « 91 €. A compter du 1er janvier 2007, les montants mentionnés au présent alinéa sont révisés chaque année, par arrêté des ministres chargés de la sécurité sociale et du budget, en fonction du taux de progression de l'indice des prix à la consommation hors tabac prévu dans le rapport économique, social et financier annexé au projet de loi de finances pour l'année considérée ».

« Cette indemnité est établie et recouvrée par la caisse selon les règles et sous les garanties et sanctions prévues au chapitre III du titre III et aux chapitres II, III et IV du titre IV du livre Ier ainsi qu'aux chapitres III et IV du titre IV du livre II applicables au recouvrement des cotisations de sécurité sociale. — *Les dispositions des huitième et neuvième alinéas sont applicables selon des modalités particulières fixées par décret aux organismes de sécurité sociale relevant des régimes spéciaux mentionnés au titre Ier du livre VII du CSS.*

« Lorsque l'assuré victime de l'accident est affilié au régime agricole, l'indemnité est recouvrée selon les règles et sous les garanties et sanctions prévues aux chapitres II, III et IV du titre IV du livre Ier ainsi » *(L. n° 2011-1906 du 21 déc. 2011, art. 120-III-2°)* « qu'aux articles L. 725-3 à L. 725-4 du code rural et de la pêche maritime. » — *Les dispositions des al. 6, 7 et 8 s'appliquent aux actions en remboursement dont les dossiers ont été réglés à compter du 1er janv. 1996, soit par voie amiable, soit par une décision de justice passée en force de chose jugée. — V. aussi Décr. n° 98-255 du 31 mars 1998, art. 2 s. (JO 5 avr.).*

(L. n° 2017-1836 du 30 déc. 2017, art. 46-I) « Pour l'exécution des recours subrogatoires prévus au présent article, les créances détenues par l'organisme qui a versé les prestations sont cédées définitivement à l'organisme chargé de cette mission en application du 3° de l'article L. 221-3-1 du présent code. »

Les montants maximal et minimal de l'indemnité forfaitaire de gestion sont fixés respectivement à 1 080 € et à 107 € à compter du 1er janv. 2019 (Arr. du 27 déc. 2018, JO 30 déc.).

En ce qui concerne les dispositions applicables en cas d'accident de la circulation, V. L. n° 85-677 du 5 juill. 1985, ***C. assur.*** *ou* ***C. civ.***

BIBL. ▸ GROUTEL, Le recours des organismes sociaux contre le responsable d'un accident, *Litec, 1988* ; La faute inexcusable de l'employeur (trop !) à l'honneur, *RCA juin 2013. Étude 4.* - LAMBERT-FAIVRE, Droit du dommage corporel, *Dalloz, 4e éd., 2000.* - V. aussi la Bibl. citée ss. art. L. 376-1.

I. NOTION DE TIERS RESPONSABLE

1. Exclusion des préjudices causés par les copréposés. L'indemnité forfaitaire prévue par l'art. L. 454-1, al. 8 et 9, n'est due qu'en cas de faute imputable à une personne autre que l'employeur ou ses préposés. Elle ne peut donc être due en cas de faute intentionnelle commise par un copréposé. • Civ. 2e, 3 juill. 2008, n° 07-16.219 P : *JCP S 2008, n° 1557, note Asquinazi-Bailleux.*

2. Accident provoqué par un stagiaire. Le stagiaire non rémunéré effectuant son stage sous la seule responsabilité du chef de l'établissement scolaire demeure un tiers à l'entreprise, en l'absence de tout lien de préposition entre le maître de stage et l'élève. La victime d'un accident qu'il a provoqué conserve en conséquence le droit de lui demander ainsi qu'à son assureur la réparation de son préjudice conformément aux règles du droit commun pour les atteintes non réparées par application de la législation professionnelle. • Civ. 2e, 20 déc. 2007, n° 07-11.679 P : *RJS 2008, n° 480 ; JCP S 2008,.n° 1279, note Asquinazi-Bailleux.* ♦ A l'inverse, les élèves des établissements techniques et de la formation professionnelle agricole bénéficient de la législation accidents du travail et risques agricoles pour les accidents survenus par le fait ou à l'occasion de cet enseignement ou de cette formation. Ces élèves ayant la qualité de copréposés, l'accident infligé par l'un de ces élèves à l'un de ses camarades ne peuvent faire l'objet de recours conformément aux règles du droit commun, dès lors que l'accident n'est pas dû à une faute intentionnelle. • Soc. 19 nov. 1997, n° 95-20.342 P. ♦ V. de même pour les élèves de l'enseignement technique. • Soc. 25 juin 1992, n° 90-15.337 P.

3. Préposé occasionnel. Le salarié, victime d'un accident du travail, n'est pas recevable à exercer une action en responsabilité sur le fondement du droit commun lorsque l'accident a été provoqué par un auteur placé de façon occasionnelle dans un rapport de préposition avec l'employeur de la victime. Le lien de préposition occasionnel exige que l'auteur soit dans un lien de dépendance avec l'employeur. • Civ. 2e, 6 avr. 2004, n° 01-17.275 P : *RJS 2004, n° 757.* ♦ V. de même • Soc. 27 mars 1997, n° 95-16.557 P.

4. Travail en commun. BIBL. G. Vachet, *RJS 1991. 547.* ♦ La qualité de tiers est exclue lorsque les salariés provenant de deux entreprises travaillent à l'exécution en commun d'un tâche sous la direction unique de l'une de ces entreprises. Le seul fait de travailler dans une étroite collaboration est insuffisant à caractériser un tel travail en commun. • Soc. 23 nov. 1988 : *Bull. civ. V, n° 621.* ♦ Il n'y a travail en commun, limitant le dédommagement du salarié victime de l'accident et de ses ayants droit aux seules réparations forfaitaires assurées par les prestations sociales, que lorsqu'il est constaté que les préposés de plusieurs entreprises, travaillant simultanément dans un intérêt commun, sont placés sous une direction unique. • Crim 11 oct. 2011, n° 11-80.122.

5. Exclusion du régime de la responsabilité du fait d'autrui contre l'employeur. La victime n'est pas admise à exercer de recours sur le fondement du droit commun contre son employeur. Son action menée contre l'employeur en tant que responsable du fait d'une personne dont il a la garde doit en conséquence être rejetée. • Civ. 2e, 22 févr. 2007, n° 05-11.811 P : *RJS 2007, n° 667 ; RDSS 2007. 733, note Verkindt.*

6. Réparation du préjudice personnel causé au conjoint. Le conjoint de la victime blessée au cours d'un accident n'est pas un ayant droit au sens de l'art. L. 454-1. Il s'ensuit qu'il peut prétendre à la réparation de son préjudice personnel contre l'auteur de l'accident. • Soc. 18 avr. 1991, n° 89-11.094 P : *RJS 1991. 1143 ; RDSS 1992. 97, note Vachet ; RTD civ. 1991. 760, note Jourdain ; JCP 1991. 21714, note Saint-Jours.*

7. Mise à disposition. Une société n'a pas la qualité de tiers à l'égard d'un salarié victime d'un accident du travail qui a été mis à sa disposition par un contrat de prêt de main-d'œuvre. • Civ. 2e, 3 févr. 2011 : *RJS 2011, n° 367* • Civ. 2e, 30 juin 2011, n° 10-20.246. ♦ Comp. : Lorsque l'entreprise est responsable des conditions d'exécution du travail de la victime. • Civ. 2e, 7 mai 2015, n° 14-16.153 P : *RJS 7/2015, n° 524.*

II. RECOURS CONTRE LES TIERS

A. ACTIONS EN JUSTICE

1° ACTION DE LA VICTIME OU DES AYANTS DROIT CONTRE LES TIERS RESPONSABLES

8. Réparation intégrale du préjudice. La victime d'un accident du travail, en cas de partage de responsabilité de cet accident entre l'employeur et un tiers étranger à l'entreprise, est en droit d'obtenir de ce tiers, dans les conditions du droit commun, la réparation de son entier dommage dans la mesure où celui-ci n'est pas indemnisé par les prestations de sécurité sociale. • Crim. 18 juin 1996, n° 95-83.628 P. ♦ V. de même • Crim. 29 mars 1990, n° 89-82.112 P. ♦ Les juges ne sauraient en conséquence condamner le tiers que pour sa part de responsabilité dans le dommage en cas de partage de responsabilité avec l'employeur ou son préposé. • Cass., ass. plén., 22 déc. 1988 : *Bull. crim. n° 446.*

9. Absence de nécessité d'un recours préalable contre l'employeur. Les juges du fond ne sauraient subordonner le recours de la victime contre le tiers à l'exercice préalable d'un recours contre l'employeur. • Civ. 2e, 4 avr. 2013 : *D. actu. 25 avr. 2013, obs. Fraisse ; D. 2013. 2058, obs. Salomon ; RDSS 2013. 556, obs. Tauran ; JCP S 2013, n° 1242, obs. Vachet ; RCA juin 2013. Étude 4, obs. Groutel.*

10. Action des ayants droit. En cas de recours contre le responsable d'un accident mortel, le préjudice de chaque ayant droit, qui sert de limite au remboursement des prestations indemnitaires qui lui sont versées par les tiers payeurs, doit être apprécié en tous ses éléments, alors même qu'il est, en tout ou partie, réparé par le service de ces prestations. Les juges du fond ne sauraient en conséquence imputer sur la réparation du préjudice économique subi par la veuve de la victime la pension accident du travail servie à la veuve. • Crim. 5 mai 1993, n° 92-81.931 P. ♦ Les caisses de sécurité sociale ne sont admises à poursuivre le remboursement de leurs prestations qu'à due concurrence de la part d'indemnité mise à la charge du tiers et réparant l'atteinte à l'intégrité physique de la victime à l'exclusion de la part d'indemnité correspondant au préjudice moral des ayants droit. • Soc. 7 oct. 1987 : *Bull. civ. V, n° 534.* ♦ Le complément de rente accordé à un ayant droit à la suite de la détérioration de son état de santé, non imputable à l'accident du travail, ne constitue pas un élément nouveau de son préjudice qui n'aurait pas été inclus dans la demande initiale. L'assureur du tiers responsable ne saurait donc supporter le coût d'une telle majoration. • Soc. 12 juill. 1990, n° 88-10.674 P.

2° RECOURS SUBROGATOIRE DE LA CAISSE CONTRE LES TIERS RESPONSABLES

11. *Partage de responsabilité.* Lorsque la responsabilité d'un accident du travail est partagée entre l'employeur de la victime et un tiers, la caisse primaire d'assurance maladie dispose d'un recours contre ce dernier dans la mesure où les indemnités dues par elle en vertu de la loi dépassent celles réparant l'atteinte à l'intégrité physique de la victime qui auraient été mises à la charge de l'employeur en vertu du droit commun. Les juges du fond ne sauraient en conséquence mettre à la charge du tiers le remboursement des débours à verser à la victime par la Caisse d'assurance maladie, sans se prononcer sur les parts respectives de responsabilité de l'employeur et du tiers responsable. • Crim. 9 oct. 2007, n° 06-88.798 P : *RJS 2008, n° 331 ; JCP S 2008, n° 1016, note Brissy* • Crim. 2 nov. 2011, n° 10-83.219. ♦ Cette détermination de la part respective de l'employeur et du tiers n'est pas opposable à la victime. • Crim. 2 juin 2004, n° 03-86.102 P. ♦ Les juridictions pénales sont compétentes pour se prononcer sur un tel partage. • Crim 14 nov. 1996, n° 95-86.005 P. ♦ En cas de demande dirigée par la victime contre son employeur et un tiers responsable, la caisse primaire d'assurance maladie dispose d'un recours contre ce dernier dans la mesure où les indemnités dues par elle en vertu de la loi dépassent celles réparant l'atteinte à l'intégrité physique de la victime qui auraient été mises à la charge de l'employeur en vertu du droit commun. Les juridictions ne sauraient en conséquence débouter la caisse de sa demande en invoquant la règle de la réparation du préjudice selon les règles applicables aux accidents du travail et doivent se prononcer sur les parts respectives de responsabilité de l'employeur et du tiers responsable, bien qu'un tel partage ne soit pas opposable à la victime. • Crim. 3 févr. 1993, n° 91-83.341 P. ♦ V. de même • Soc. 12 oct. 1989 : *Bull. civ. V, n° 585* • Cass., ass. plén., 22 déc. 1988 : *Bull. ass. plén., n° 10.* ♦ Les organismes sociaux ne sont admis à poursuivre contre le tiers responsable d'un accident du travail que le remboursement de sommes qu'ils ont effectivement déboursées. Les juges ne sauraient en conséquence imposer au tiers responsable, sans l'accord préalable de celui-ci, le paiement immédiat de sommes correspondant au moins pour partie à un remboursement anticipé de prestations non encore exposées par la partie intervenante. • Crim. 10 avr. 1986 : *Bull. crim. V, n° 125.*

12. *Exclusion de l'action fondée sur le droit commun.* Les caisses ne disposent, pour le recouvrement des prestations qui ont concouru à l'indemnisation de la victime, que de l'action qui leur est ouverte par l'art. L. 454-1, laquelle s'exerce à due concurrence de la part d'indemnité qui répare l'atteinte à l'intégrité physique de la victime. Est en conséquence exclue toute action sur le fondement de l'art. 1382 C. civ. afin d'obtenir réparation de l'intégralité des dépenses occasionnées par l'accident. • Soc. 12 oct. 1989 : *Bull. civ. V, n° 592.*

13. *Évaluation du préjudice propre aux ayants droit.* Il revient aux juges du fond de prendre en considération l'ensemble des prestations dont la charge incombe à la caisse et dont elle peut solliciter le remboursement. Ne saurait en conséquence être refusée la prise en charge à titre forfaitaire des compléments de rente versés à la veuve à partir de cinquante-cinq ans, quand bien même celle-ci ne serait âgée que de trente-trois ans au moment du litige. • Crim. 25 févr. 1986 : *Bull. crim. n° 77.*

14. *Pouvoir d'évaluation du juge.* Les caisses de sécurité sociale ne sont admises à poursuivre le remboursement de leurs dépenses qu'à due concurrence de l'indemnité mise à la charge du tiers, ce qui implique l'existence d'un préjudice de la victime ou de ses ayants droit en relation avec l'accident ; pour en déterminer la réalité et l'étendue, le juge du droit commun n'est pas lié par les décisions prises par les caisses ou intervenues dans le cadre d'un litige auquel le tiers responsable est demeuré étranger. • Soc. 6 mai 1987 : *Bull. civ. V, n° 261.*

15. *Pluralité de tiers payeurs.* En l'absence de cause de préférence entre les organismes qui contribuent par leurs prestations à la réparation des divers aspects d'un même préjudice, l'indemnité mise à la charge du responsable doit, lorsqu'elle est insuffisante pour assurer le remboursement de l'ensemble de ces dépenses, être répartie entre les tiers payeurs au prorata de leurs créances respectives. • Crim. 22 oct. 1997, n° 96-84.684 P.

16. Date d'évaluation du préjudice. La caisse de sécurité sociale est admise à obtenir le remboursement des prestations qu'elle a versées à la victime à due concurrence de l'indemnité mise à la charge du tiers responsable qui répare l'atteinte à l'intégrité physique de la victime. Cette indemnité doit être évaluée non au jour de l'arrêt de travail mais à celui où la Cour statue. • Civ. 2e, 7 déc. 1997, n° 96-10.337 P.

17. Non-comparution du défendeur. Les juges doivent déduire des sommes dues par le tiers les prestations versées par la caisse de sécurité sociale réparant l'atteinte à l'intégrité physique et ne sauraient condamner le tiers à une réparation intégrale au motif qu'il n'a pas comparu et n'a pas fait connaître le montant exact de sa créance. • Cass., ass. plén., 31 oct. 1991, n° 89-11.514 P : *JCP 1992. 21800, note Saint-Jours ; D. 1992. 19, note Groutel ; D. 1993. 271, note Prétot ; RTD civ. 1992. 129, note Jourdain ; ibid. 400, note Jourdain .*

18. Recours de la caisse en remboursement de prestations postérieures. BIBL. Groutel, *JCP 1976. I. 2815 ; D. 1979. Chron. 149 ; ibid. 1980. Chron. 221 ; ibid. 1983. Chron. 123.* – Favre-Rocheix, *RGAT 1980. 161.* ♦ La caisse peut engager une action nouvelle en remboursement de préjudices ayant un lien direct avec l'accident dès lors que le recours porte sur une somme sur laquelle les juges n'avaient pu statuer faute d'être incluse dans la demande initiale, les juges ayant d'ailleurs réservé les droits de la caisse pour le cas où il y aurait lieu à majoration de la rente. • Soc. 13 mai 1981 : *Bull. civ. V, n° 423* • Soc. 25 mai 1982 : *Bull. civ. V, n° 337 ; D. 1982. 610, note Groutel.*

3° PARTAGE DE RESPONSABILITÉ ENTRE LA VICTIME ET LE TIERS

19. Méthode de calcul. Si la responsabilité du tiers, auteur d'un accident du travail, est partagée avec la victime, les ayants droit de celle-ci ne conservent le droit de demander la réparation de leur préjudice, selon les règles du droit commun, que dans la mesure où ledit préjudice n'est pas réparé par les prestations sociales. Les juges doivent donc, après avoir fixé l'importance de chacun des préjudices économiques, faire immédiatement application du partage de responsabilité, de manière à déterminer les parts d'indemnités mises à la charge du tiers et à concurrence desquelles la caisse de sécurité sociale peut exercer ses recours. • Crim. 5 déc. 1991, n° 90-87.077 P.

4° RECOURS DE L'EMPLOYEUR CONTRE LE TIERS, AUTEUR DE L'ACCIDENT

20. Action en remboursement des salaires maintenus. En cas de maintien des salaires par l'employeur pendant la période d'inactivité consécutive à l'accident, l'employeur dispose d'une action contre le tiers tenu à réparation ou son assureur. Ce recours subrogatoire s'exerce sur le montant des salaires nets ainsi que sur les charges salariales précomptées sur lesdits salaires. • Crim. 23 mai 1995, n° 94-80.174 P : *RJS 1995. 1184 ; RDSS 1996. 358, note Vachet ; RTD civ. 1996. 184, note Jourdain .*

21. Action en remboursement des cotisations afférentes aux salaires maintenus. l'employeur peut agir directement contre le tiers auteur de l'accident en vue d'obtenir le remboursement des cotisations sociales afférentes au salaire maintenu. • Cass., ass. plén., 30 avr. 1964 : *Bull. ass. plén., n° 6.*

B. LES PRÉJUDICES OBJETS DE RECOURS

22. Atteinte à l'intégrité physique de la victime. Les recours des tiers payeurs s'exercent dans les limites de la part d'indemnité qui répare l'atteinte à l'intégrité physique de la victime, à l'exclusion de celle, de caractère personnel, correspondant aux souffrances physiques ou morales endurées et au préjudice subjectif de caractère personnel résultant des troubles ressentis dans les conditions d'existence. Les juges ne sauraient en conséquence exclure du recours contre le tiers payeur les indemnités réparant l'atteinte objective à l'intégrité physique de la victime. • Civ. 2e, 8 avr. 2004, n° 02-19.186 P. ♦ De même • Crim. 9 mars 2004, n° 03-81.094 P : *RJS 2004, n° 1202.* ♦ Les juges du fond ne sauraient par conséquent exclure du recours les sommes versées au titre du « préjudice fonctionnel d'agrément », ces sommes incluant des indemnités réparant l'atteinte objective à l'intégrité physique de la victime. • Cass., ass. plén., 19 déc. 2003, n° 02-14.783 P : *RJS 2004, n° 465 ; D. 2004. 161, obs. Lambert-Faivre ; RTD civ. 2004. 300, note Jourdain .*

23. Frais funéraires. Si la lésion dont est atteint l'assuré social est imputable à une personne autre que l'employeur ou ses préposés, la victime ou ses ayants droit ne conserve contre l'auteur de l'accident le droit de demander la réparation du préjudice causé, conformément aux règles du droit commun, que dans la mesure où ce préjudice n'est pas réparé par application de la législation en matière d'accidents du travail. Les juges du fond doivent en conséquence déduire de l'indemnisation le montant des prestations servies par l'organisme social du chef des frais funéraires. • Crim. 6 nov. 2001, n° 01-80.451 ♦ De même • Crim. 5 déc. 1991, n° 90-86.093 P.

24. Arrérages des rentes. Dans la limite de l'indemnité de droit commun réparant l'atteinte à l'intégrité physique de la victime, la caisse est en droit de récupérer l'ensemble de ses dépenses et spécialement les arrérages à échoir de la rente, le cas échéant, sur la base d'un montant réduit déterminé en fonction du solde de ladite indemnité demeurant disponible après déduction des prestations échues. • Soc. 9 avr. 1992, n° 90-15.131 P. ♦ Comp. antérieurement • Civ. 2e, 7 nov. 1990, n° 89-13.526 P. • Crim. 27 oct. 1987 : *Bull. crim. n° 375.* ♦ L'organisme social ne pouvait prétendre qu'au remboursement desdits arrérages au fur et à mesure de leur échéance et de leur versement à la crédirentière, sauf accord du tiers responsable ou de son assureur pour s'en libérer par anticipation en versant le capital représentatif. • Soc. 1er avr. 1987, nos 84-11.118 et 84-11.148 : *Bull. civ. V, n° 180.* ♦ Le recours de la caisse ne peut s'exercer, pour ce qui concerne chacun de ces ayants droit, que dans la limite de l'indemnité qui lui est personnellement allouée. Lorsque le montant de cette indemnité est, après déduction des prestations sociales échues, inférieur au capital représentatif des arrérages à échoir de la rente servie à l'ayant droit, le tiers responsable n'est tenu qu'au remboursement d'arrérages déterminés d'après le solde disponible des condamnations, le reliquat de la rente étant supporté par l'organisme de sécurité sociale, à moins que le tiers ne préfère se libérer en versant à la caisse, sous réserve de l'accord de celle-ci, le solde des indemnités qui lui incombent. • Même arrêt.

III. LA LOI DU 21 DÉCEMBRE 2006

BIBL. Arcadio et Grandguillotte, *Gaz. Pal. 1er-3 avr. 2007, Doctr.* – Bernfeld, *Gaz. Pal. 2006. Doctr. 3874.* – Casson, *JCP 2007. I. 144.* – Groutel, *RCA 2007. Études 1 et 4 ; RCA 2008. Étude 2.* – Jourdain, *D. 2007. Chron. 454* ; *RCA 2009. Étude 3.* – C. Lienhard, *D. 2007. Point de vue 452.* – Quézel-Ambrunaz, *Gaz. Pal. 2009. 723.* – Sardor : *D. 2009. 203* .

25. Recours poste par poste. Les dispositions de l'art. 31 de la L. du 5 juill. 1985, mod. par l'art. 25-IV de la L. du 21 déc. 2006, relatives à l'exercice des recours des tiers payeurs contre les personnes tenues à réparation d'un dommage résultant d'une atteinte à la personne, s'appliquent aux recours exercés par les caisses de sécurité sociale dans une action engagée par la victime d'un accident du travail sur le fondement des art. L. 454-1, L. 455-1 ou L. 455-1-1. • Cass., avis, 29 oct. 2007, n° 07-00.017 P : *RJS 2008, n° 73.* ♦ V. sur l'interprétation de ces dispositions • CE, avis, 4 juin 2007 : *RJS 2007 n° 1127 ; AJDA 2007. 1800, chron. Boucher et Bourgeois-Machureau* ; *JCP E 2007. 1897, étude Guettier ; RTD civ. 2007. 577, obs. Jourdain* • CE 8 mars 2013, n° 361273 : *AJDA 2013. 548* ; *ibid. 793, chron. Domino et Bretonneau* ; *D. 2013. 1258, note Porchy-Simon* ; *ibid. 2658, obs. Bacache, Guégan-Lécuyer et Porchy-Simon* ; *ibid. 2014. 47, obs. Brun et Gout* ; *JCP S 2013, n° 1220, note Sargos ; Dr. ouvrier 2013. 361, note Lallet, JCP 2013. 1291, obs. Bloch ; RCA juin 2013, Repère 6, obs. Groutel.*

26. Application de la loi dans le temps. L'art. 25 de la L. du 21 déc. 2006 relatif à l'exercice des recours des tiers payeurs contre les personnes tenues à réparation d'un dommage résultant d'une atteinte à la personne s'applique lorsque l'accident relève de la législation sur les accidents du travail ; qu'il régit les événements ayant occasionné ce dommage quelle que soit la date de leur survenance, dès lors que le montant de l'indemnité due à la victime, qui dépend notamment de l'étendue du recours des tiers payeurs, n'a pas été définitivement fixé. • Civ. 2e, 11 juin 2009, n° 08-16.089 P : *RTD civ. 2009. 545, note Jourdain* ; *JCP S 2009, n° 1469, note Asquinazi-Bailleux.* ♦ V. de même • Cass., avis, 29 oct. 2007, n° 07-00.017 P et • 29 oct. 2007, n° 07-00.015 P : *RJS 2008, n° 73.*

A. L'EXCLUSION DES RECOURS PORTANT SUR DES INDEMNITÉS DE CARACTÈRE PERSONNEL

27. Définition du préjudice de caractère personnel. La somme allouée en réparation du préjudice d'agrément indemnisant des troubles de caractère subjectif constitue une indemnité de caractère personnel. • Civ. 2e, 5 oct. 2006, n° 05-20.139 P : *RTD civ. 2007. 127, note Jourdain* . ♦ Le préjudice d'agrément est le préjudice subjectif de caractère personnel résultant des troubles ressentis dans les conditions d'existence et ne saurait inclure les indemnités réparant l'atteinte objective à l'intégrité physique de la victime. • Civ. 2e, 3 juin 2004, n° 02-14.920 P. ♦ Mais la gêne subie par la victime dans la vie courante pendant la période d'incapacité temporaire totale ne peut être assimilée à un tel préjudice d'agrément et doit donc être incluse dans l'assiette des sommes soumises au recours contre les tiers responsables. • Crim. 6 avr. 2004, n° 02-84.156 P : *RJS 2004, n° 1202.*

28. Préjudice sexuel. Les difficultés d'ordre sexuel constituent un préjudice d'agrément, revêtant un caractère personnel, et dont la réparation est exclue de l'indemnité soumise au recours des tiers payeurs. • Crim. 20 déc. 1988 : *Bull. crim. n° 443* • Crim. 23 févr. 1988 : *Bull. crim. n° 87.*

29. Préjudice indemnisé par les rentes accident du travail. La rente versée à la victime d'un accident du travail indemnise, d'une part, les pertes de gains professionnels et l'incidence professionnelle de l'incapacité et, d'autre part, le déficit fonctionnel permanent ; en l'absence de perte de gains professionnels ou d'incidence professionnelle, cette rente indemnise nécessairement le poste de préjudice personnel du déficit fonctionnel permanent. • Civ. 2e, 11 juin 2009, n° 08-16.089 P : *RTD civ. 2009. 545, note Jourdain* ; *JCP S 2009, n° 1469, note Asquinazi-*

Bailleux. ♦ V. dans le même sens • Cass., avis, 29 oct. 2007, n° 07-00.017 P : *RJS 2008, n° 73.* ♦ Dans la mesure où son montant excède celui des pertes de revenu et l'incidence professionnelle, la rente servie en application de l'art. L. 434-2 répare nécessairement, en tout ou en partie, l'atteinte objective à l'intégrité physique de la victime que représente le poste de préjudice personnel du déficit fonctionnel permanent. Il appartient en conséquence aux juridictions du fond d'évaluer le poste de l'incidence professionnelle, sans qu'elles puissent se contenter d'imputer ces dépenses sur le poste du déficit fonctionnel permanent. • Crim. 19 mai 2009, n° 08-82.666 P : *JCP 2009. 248, obs. Bloch ; RTD civ. 2009. 545, note Jourdain*. ♦ A rappr. : • Crim. 5 févr. 2008, n° 07-83.327 P : *D. 2008. 1800, note Saint-Jours*. ♦ Comp. Eu égard à sa finalité de réparation d'une incapacité permanente de travail, qui lui est assignée par l'art. L. 431-1, et à son mode de calcul, appliquant au salaire de référence de la victime le taux d'incapacité permanente défini par l'art. L. 434-2, la rente d'accident du travail doit être regardée comme ayant pour objet exclusif de réparer, sur une base forfaitaire, les préjudices subis par la victime dans sa vie professionnelle en conséquence de l'accident, c'est-à-dire ses pertes de gains professionnels et l'incidence professionnelle de l'incapacité. Dès lors, le recours exercé par la caisse au titre d'une rente d'accident du travail ne saurait s'exercer que sur ces deux postes de préjudice. En particulier, une telle rente ne saurait être imputée sur un poste de préjudice personnel. • CE 8 mars 2013, n° 361273 : *préc. note 25.*

30. Précédents jurisprudentiels. Sur les conditions de réparation, en tout ou en partie, du poste personnel de déficit fonctionnel permanent, par les rentes, allocations, ou pensions servies par le tiers payeurs, à rappr. • Crim. 19 mai 2009, n° 08-86.485 P (cassation) • Crim., 19 mai 2009, n° 08-82.666 P (cassation) • Crim. 19 mai 2009, n° 08-86.050 P (cassation) • Civ. 2e, 11 juin 2009, n° 07-21.768 P (cassation partielle) • Civ. 2e, 11 juin 2009, n° 07-21.816 P (cassation partielle) • Civ. 2e, 11 juin 2009, n° 08-11.853 P : *RTD civ. 2009. 545, note Jourdain* (cassation partielle) • Civ. 2e, 11 juin 2009, n° 08-17.581 P : *D. 2009. 1789, note Jourdain ; JCP 2009. 195, note Porchy-Simon* (cassation).

31. Préjudices indemnisés au profit des ayants droit. La rente versée en application de l'art. L. 434-8 du second de ces textes, au conjoint de la victime d'un accident du travail mortel, indemnise les pertes de revenus de ce conjoint. Les juges du fond ne sauraient en conséquence refuser d'imputer la rente sur l'indemnité réparant le préjudice résultant de la perte de revenus sur le fondement de l'art. 31 de la L. du 5 juill. 1985 dans sa rédaction issue de l'art. 25 de la L. du 21 déc. 2006. • Civ. 2e, 19 févr. 2009, n° 08-11.639 P : *JCP S 2009, n° 1262, note Asquinazi-Bailleux.*

B. INTERACTION AVEC LES RÉGIMES SPÉCIAUX DE RESPONSABILITÉ

32. Responsabilité du fait des choses. En cas de partage de responsabilité entre l'employeur ou son préposé et un tiers étranger à l'entreprise, la victime est en droit d'obtenir de ce tiers, dans les conditions du droit commun, la réparation de l'entier dommage dans la mesure où celui-ci n'est pas indemnisé par les prestations de sécurité sociale. Ne saurait donc être déclarée irrecevable l'action intentée contre un client de l'entreprise au motif que l'accident a été provoqué au moyen d'un véhicule dont l'employeur était le gardien, la responsabilité du client étant engagée du seul fait de sa faute. • Civ. 2e, 8 juill. 1992, n° 91-12.806 P.

33. Accidents de la circulation. Les caisses ne sauraient se prévaloir, en cas d'accident du travail provoqué par la collision de deux véhicules conduits par des salariés, du principe de la réparation intégrale issu de la L. du 5 janv. 1985 pour réclamer au gardien du véhicule la réparation de la totalité du préjudice subi. Les dispositions de l'art. L. 454-1 imposent que lorsque la responsabilité de l'accident est partagée entre l'employeur et un tiers, la caisse ne peut poursuivre contre ce dernier le remboursement de ses prestations que dans la mesure où le montant de celles-ci dépasse celui des indemnités qui auraient été mises à la charge de l'employeur en vertu du droit commun. • Soc. 21 mai 1992 : *RJS 1992, n° 931 ; RDSS 1993. 85, note Vachet* et • 21 mai 1992, n° 89-17.691 P. ♦ La victime d'un accident de la circulation constituant un accident du travail est en droit d'obtenir l'indemnisation de son entier dommage, dans la mesure où celui-ci n'est pas réparé par les prestations de la sécurité sociale, du conducteur d'un véhicule impliqué sans que puisse lui être opposé le fait ou la faute d'un autre conducteur, fût-il le préposé de l'employeur ou l'employeur lui-même. • Civ. 2e, 23 janv. 1991, n° 89-12.115 P.

34. Victimes d'infraction. L'art. 31 de la L. du 5 juill. 1985, dans sa rédaction issue de la L. du 21 déc. 2006, selon lequel le recours des tiers payeurs s'exerce poste par poste sur les seules indemnités qui réparent les préjudices qu'ils ont pris en charge, s'applique lorsque l'accident relève de la législation sur les accidents du travail. Il en résulte que la CIVI doit tenir compte des prestations versées par les organismes, établissements et services gérant un régime obligatoire de sécurité sociale pour indemniser le préjudice subi par la victime d'un accident du travail résultant d'une infraction commise par un tiers. • Civ. 2e, 22 janv. 2009, n° 07-16.974 P : *D. actu. 10 févr. 2009, obs. Lavric.*

C. INDEMNITÉ FORFAITAIRE AU PROFIT DE LA CAISSE (art. L. 454-1, al. 8)

35. L'indemnité due à la caisse primaire d'assurance maladie à laquelle est affilié l'assuré victime de l'accident est égale au tiers des sommes dont le remboursement a été obtenu, dans les limites d'un montant maximum de 5 000 francs et d'un montant minimum de 500 francs. Les juges ne sauraient en conséquence octroyer une indemnité inférieure à 5000 francs lorsque le tiers du montant dû excède ce maximum. • Soc. 26 avr. 2001, n° 99-19.698 P. ♦ V. de même • Civ. 2e, 8 mars 2001, n° 99-13.525 P : *RTD civ. 2001. 607, note Jourdain* .

IV. ACTION CONTRE LE TIERS RESPONSABLE

36. Procédure. En cas d'action de la victime d'un accident du travail contre le tiers responsable devant la juridiction de droit commun, il ne peut être statué sur l'éventuelle responsabilité de l'employeur sans que celui-ci ait été appelé en déclaration de jugement commun. • Civ. 2e, 25 nov. 2004, n° 02-14.018 P : *RJS 2005, n° 217 ; RDSS 2005. 345, note Badel* .

37. Inaction de la victime. L'inaction de la victime ne peut faire obstacle à l'exercice par la caisse du droit propre qui lui appartient d'obtenir le remboursement des prestations qu'elle lui a versées à la suite de l'accident, après fixation, la victime étant dans la cause, de l'indemnité réparant l'atteinte à l'intégrité physique de celle-ci et servant d'assiette au recours de cet organisme. • Soc. 29 janv. 1998, n° 96-15.539 P.

38. Obligation d'appeler la caisse en déclaration de jugement commun. Le non-respect de l'obligation imposée à la victime d'un accident du travail non agricole par les art. L. 454-1 et L. 455-2 d'appeler en déclaration de jugement commun la caisse de sécurité sociale n'est pas sanctionné par la nullité du jugement ayant statué sur la demande de la victime en réparation de son préjudice. • Soc. 7 avr. 1994, n° 92-10.739 P.

39. Employeur placé sous sauvegarde de justice. Le mandat spécial confié à une personne, par application de l'art. 491-5 C. civ., laisse l'incapable majeur placé sous sauvegarde de justice assurer la gestion de ses intérêts civils et ne le prive que de l'accomplissement des actes rentrant dans les pouvoirs limités du mandataire, en sorte qu'il ne saurait avoir pour effet d'entraîner la substitution du mandataire au mandant au regard de sa qualité d'employeur et de le faire bénéficier de l'immunité accordée à ce dernier par la législation sur les accidents du travail. • Soc. 24 févr. 1988 : *Bull. civ. V, n° 130.*

40. Incidence d'une transaction entre la victime et le tiers. La conclusion d'une transaction entre l'assurance du tiers et la victime ne dispense pas les juges du fond de fixer au préalable, selon les règles du droit commun, l'indemnité réparant le préjudice patrimonial éprouvé par les divers ayants droit de la victime et devant, pour chacun d'eux, servir d'assiette au recours exercé par la caisse en vue du recouvrement des prestations qu'elle leur avait respectivement servies. • Soc. 7 oct. 1987 : *Bull. civ. V, n° 534.*

41. Droit d'agir propre de la caisse. Lorsque l'intervention d'une caisse de sécurité sociale a été régulièrement admise en première instance, elle dispose d'un droit propre qui lui permet de déférer la décision aux juges du second degré dans la limite de ses intérêts, nonobstant l'acquiescement de la victime à la décision de première instance, et de remettre ainsi en question ses rapports avec le prévenu. • Crim. 28 nov. 1989 : *Bull. crim. n° 450.*

42. Intérêts légaux. La créance de la caisse, dont la décision judiciaire se borne à reconnaître l'existence dans la limite du préjudice global de la victime, doit produire intérêts au jour de la demande ou du jour où les dépenses ont été exposées, si cette date est postérieure à la demande. • Civ. 2e, 4 janv. 1990, n° 88-15.660 P : *RTD civ. 1991. 350, note Jourdain* • Crim. 20 janv. 1987 : *Bull. crim. n° 31.*

Art. L. 454-2 *(L. n° 2011-1906 du 21 déc. 2011, art. 120-IV)* **La Caisse d'assurance maladie de l'assuré est informée du règlement amiable intervenu entre l'assuré et le tiers responsable ou l'assureur.**

L'assureur *(L. n° 2016-1827 du 23 déc. 2016, art. 107-4°)* **« ou le tiers responsable » ayant conclu un règlement amiable sans respecter l'obligation mentionnée au premier alinéa du présent article ne** *(L. n° 2016-1827 du 23 déc. 2016, art. 107-4°)* **« peuvent » opposer à la caisse la prescription de** *(L. n° 2016-1827 du 23 déc. 2016, art. 107-4°)* **« leur » créance.** *(L. n° 2016-1827 du 23 déc. 2016, art. 107-4°)* **« Ils versent » à la caisse, outre les sommes obtenues par celle-ci au titre des recours subrogatoires prévus aux articles L. 454-1, L. 455-1 et L. 455-1-1, une pénalité qui est fonction du montant de ces sommes et de la gravité du manquement à l'obligation d'information, dans la limite de 50 % du remboursement obtenu.**

Le deuxième alinéa du présent article est également applicable à l'assureur du tiers responsable *(L. n° 2016-1827 du 23 déc. 2016, art. 107-4°)* **« ou au tiers responsable » lorsqu'***(L. n° 2016-1827 du 23 déc. 2016, art. 107-4°)* **« ils ne respectent pas » l'obliga-**

tion d'information de la caisse prévue au cinquième alinéa de l'article L. 454-1. Une seule pénalité est due à raison du même sinistre.

(L. nº 2016-1827 du 23 déc. 2016, art. 107-4º) « La pénalité appliquée au tiers responsable ne peut excéder 30 000 euros lorsqu'il s'agit d'un particulier. »

La contestation de la décision de la Caisse d'assurance maladie relative au versement de la pénalité relève du contentieux de la sécurité sociale. La pénalité est recouvrée selon les modalités définies au septième alinéa du IV de l'article L. 162-1-14. L'action en recouvrement de la pénalité se prescrit par deux ans à compter de la date d'envoi de la notification de la pénalité par le directeur de la caisse.

Les modalités d'application du présent article sont définies par décret en Conseil d'État.

CHAPITRE V DISPOSITIONS DIVERSES

Art. L. 455-1 Si l'accident dont le travailleur est victime dans les conditions prévues à l'article L. 411-2 est causé par l'employeur ou ses préposés ou, plus généralement, par une personne appartenant à la même entreprise que la victime, il est fait application, à l'encontre de l'auteur responsable de l'accident, des dispositions des articles L. 454-1 et L. 455-2.

Travail temporaire. En cas d'engagement de la responsabilité de travail temporaire sur le fondement de l'art. L. 412-6, l'entreprise de travail temporaire est, sous réserve d'un recours contre l'entreprise utilisatrice, seule tenue des conséquences financières de l'accident, peu important l'implication d'un véhicule terrestre à moteur dans la réalisation de l'accident. • Civ. 2e, 24 mai 2007, nº 05-21.355 P : *RJS 2007, nº 1141 ; JCP S 2007. 1810, note Bousez.*

Art. L. 455-1-1 *(L. nº 93-121 du 27 janv. 1993, art. 15-I ; L. nº 94-43 du 18 janv. 1994, art. 69-II)* La victime ou ses ayants droit et la caisse peuvent se prévaloir des dispositions des articles L. 454-1 et L. 455-2 lorsque l'accident défini à l'article L. 411-1 survient sur une voie ouverte à la circulation publique et implique un véhicule terrestre à moteur conduit par l'employeur, un préposé ou une personne appartenant à la même entreprise que la victime.

La réparation complémentaire prévue au premier alinéa est régie par les dispositions de la loi nº 85-677 du 5 juillet 1985 tendant à l'amélioration de la situation des victimes d'accidents de la circulation et à l'accélération des procédures d'indemnisation.

Sur la conformité de l'art. L. 455-1-1 à la Constitution : V. Cons. const. 23 sept. 2011, nº 2011-167 QPC (JO 24 sept., p. 16017).

1. Jurisprudence antérieure à la L. du 27 janv. 1993. BIBL. Viney, *D. 1989. Chron. 231* (loi du 5 juill. 1985 et accident du travail). – Dejean de la Bâtie, *JCP 1989. I. 3402* (responsabilité des tiers coauteurs). ♦ Si la victime est en droit d'obtenir d'un tiers étranger à l'entreprise auquel est imputable partiellement ou totalement l'accident du travail la réparation de son entier dommage dans les conditions du droit commun, dans la mesure où celui-ci n'est pas indemnisé par les prestations de sécurité sociale, il n'en est pas de même lorsque l'accident est uniquement imputable à l'employeur ou à ses préposés. • Soc. 18 avr. 1991, nº 89-11.094 P : *JCP 1991. II. 21714, note Saint-Jours ; RTD civ. 1991. 760, obs. Jourdain ; D. 1991. IR 153.* ♦ Avant l'intervention de la L. nº 93-121 du 27 janv. 1993 (CSS, art. L. 455-1-1), la Cour de cassation estimait que la L. nº 85-677 du 5 juill. 1985 n'avait apporté aucune dérogation à la règle formulée par l'art. L. 451-1 CSS, texte spécial qui n'avait été ni expressément ni tacitement abrogé et qui excluait toute action en réparation pouvant être exercée conformément au droit commun par la victime ou ses ayants droit. • Soc. 18 avr. 1991 : *préc.* • 27 juin 1991, nº 89-16.198 P : *D. 1992. 39, note Saint-Jours*

2. La victime d'un accident de la circulation constituant un accident du travail est en droit d'obtenir l'indemnisation de son entier dommage, dans la mesure où celui-ci n'est pas réparé par les prestations de la sécurité sociale, du conducteur d'un véhicule impliqué, sans que puisse lui être opposé le fait ou la faute d'un autre conducteur, fût-il le préposé de l'employeur ou l'employeur lui-même. • Civ. 2e, 23 janv. 1991, nº 89-12.115 P • Soc. 28 mars 1996, nº 93-10.440 P : *D. 1996. 544, note Radé ; RTD civ. 1997. 151, obs. Jourdain*

3. Jurisprudence postérieure à la L. du 27 janv. 1993. Le conducteur d'un véhicule terrestre à moteur, impliqué dans un accident de la circulation et condamné à réparer les dommages causés à un tiers, ne peut exercer un recours contre un autre conducteur impliqué que sur le fondement des art. 1251 et 1382 C. civ. ; la contribution à la dette a lieu en proportion des fautes respectives ; en l'absence de faute prouvée à la charge des conducteurs impliqués, la contribution se fait entre eux par parts égales. • Civ. 2e, 14 janv. 1998 : *D. 1998. 174, note Groutel ; JCP 1998. II. 10045, note Jourdain ; RTD civ. 1998. 393, obs. Jourdain* (sur les conséquences de cet arrêt pour le coauteur lorsque l'accident est un accident du travail, V. Jourdain, préc.). ♦ Lorsque l'accident du travail est survenu à l'occasion de la conduite d'un véhicule sur une voie ouverte à la circulation publique, les dispositions de l'art. L. 455-1-1 CSS, qui accordent au salarié victime le bénéfice du régime de réparation de la L. n° 85-677 du 5 juill. 1985, n'excluent pas l'application de la législation prévue au chapitre II du titre V du livre IV du CSS, lorsque ce même accident est dû à la faute inexcusable de l'employeur. • Civ. 2e, 12 juill. 2012 : *Dr. soc. 2012. 963, obs. Hocquet-Berg ; RCA 2012. 225, obs. Groutel ; LPA 30 août 2012, n° 174, p. 11, obs. Calme ; JCP S 2012, n° 1436, obs. Asquinazi-Bailleux ; RJS 2012, n° 900.* ♦ La victime d'un accident du travail peut prétendre à une indemnisation complémentaire de l'employeur sur le fondement de la L. n° 85-677 du 5 juill. 1985 lorsque l'accident survient sur une voie ouverte à la circulation publique et qu'il implique un véhicule terrestre à moteur conduit par l'employeur, un préposé ou une personne appartenant à la même entreprise qu'elle. L'art. L. 455-1-1 ne saurait en conséquence s'appliquer au préposé conducteur blessé par son propre véhicule, dont il était descendu. • Civ. 2e, 5 févr. 2015, n° 13-26.358 P : *JCP S 2015, n° 1127, obs. Vachet ; ibid. 1206, obs. Michalletz ; RJS 4/2015 n° 288.* ♦ La victime d'un accident du travail ne peut prétendre à une indemnisation complémentaire sur le fondement de la L. n° 85-677 du 5 juill. 1985 que lorsque l'accident survient sur une voie ouverte à la circulation publique et qu'il implique un véhicule terrestre à moteur conduit par l'employeur, un préposé ou une personne appartenant à la même entreprise qu'elle. Est en conséquence sérieusement contestable, au sens de l'art. 809, al. 2, C. pr. civ., l'obligation d'assurance de l'employeur fondée sur l'art. R. 211-8 C. assur. en l'absence d'implication d'un véhicule conduit par l'employeur, un copréposé ou une personne appartenant à la même entreprise que la victime. • Civ. 2e, 24 mars 2016, n° 15-15.306 P : *D. actu. 8 avr. 2016, obs. de Ravel d'Esclapon ; JCP S 2016, n° 1176, obs. Jeansen.*

Art. L. 455-2 **Si des poursuites pénales sont exercées dans les cas prévus aux articles L. 452-1 à L. 452-5, L. 453-1 et L. 454-1, les pièces de procédure sont communiquées à la victime ou à ses ayants droit. Le même droit appartient à l'employeur et à la caisse.**

Dans le cas prévu aux articles L. 452-1 à L. 452-4, la *(Ord. n° 2010-177 du 23 févr. 2010, art. 24)* **« caisse d'assurance retraite et de la santé au travail » doit communiquer à la victime ou à ses ayants droit, sur leur demande, les résultats complets de l'enquête ainsi que tous les renseignements dont elle dispose.**

Dans les cas prévus aux articles L. 452-1 à L. 452-5, L. 453-1 et L. 454-1, la victime ou ses ayants droit doivent appeler la caisse en déclaration de jugement commun ou réciproquement. *(L. n° 2006-1640 du 21 déc. 2006, art. 25-II)* **« A défaut, la nullité du jugement sur le fond peut être demandée pendant deux ans à compter de la date à laquelle le jugement est devenu définitif soit à la requête du ministère public, soit à la demande des caisses de sécurité sociale intéressées ou du tiers responsable, lorsque ces derniers y ont intérêt. »**

La victime est admise à faire valoir les droits résultant pour elle de l'action en indemnité formée conformément aux articles L. 452-5 et L. 454-1 par priorité sur les caisses en ce qui concerne son action en remboursement.

1. Sanction de l'absence d'appel en déclaration de jugement commun. Le non-respect de l'obligation imposée à la victime d'un accident du travail non agricole par les art. L. 454-1 et L. 455-2 d'appeler en déclaration de jugement commun la caisse de sécurité sociale n'est pas sanctionné par la nullité du jugement ayant statué sur la demande de la victime en réparation de son préjudice. • Soc. 7 avr. 1994, n° 92-10.739 P. ♦ Lorsque la caisse n'est pas appelée en déclaration de jugement commun, le montant et la répartition de l'indemnité réparant l'atteinte à l'intégrité physique de la victime ne lui sont pas opposables. • Soc. 12 juin 1981 : *Bull. civ. V, n° 553.*

2. Absence de portée de la responsabilité des tiers sur la tarification. Les dispositions de l'art. L. 455-2 se rapportent aux modalités du recours exercé par la victime et l'organisme social à l'encontre du tiers responsable d'un accident du travail ou d'une maladie professionnelle, et ne s'appliquent pas à la procédure de fixation du taux des cotisations d'accident du travail dues par l'employeur de la victime. Le coût d'un accident du travail dont un tiers a été jugé responsable par un jugement d'un tribunal correctionnel, devenu définitif à son encontre, peut donc être retiré du compte employeur d'une société, peu important que la caisse primaire d'assurance maladie n'ait pas été appelée en déclaration de jugement commun au cours de l'instance pénale. • Civ. 2e, 8 nov. 2018, n° 17-24.181 P : *RJS 1/2019, n° 55 ; JCP S 2018, n° 1393.*

3. Impossibilité de l'action devant la Cour de cassation. Dans les cas prévus aux art. L. 452-1 à L. 452-5, L. 453-1 et L. 454-1, la nullité du jugement sur le fond peut être demandée pendant deux ans à compter de la date à laquelle celui-ci est devenu définitif, lorsque la victime ou ses ayants droit ont omis d'appeler la caisse en déclaration de jugement commun. Cette action ne peut être portée directement devant la Cour de cassation. • Crim. 10 juin 2008, n° 07-86.953 P : *JCP S 2008. 1541, note Vachet.*

Art. L. 455-3 *(L. n° 93-121 du 27 janv. 1993, art. 5)* **La victime d'un accident du travail, qui le demande, a droit d'obtenir communication du rapport d'enquête que peut établir la** *(Ord. n° 2010-177 du 23 févr. 2010, art. 24)* **« caisse d'assurance retraite et de la santé au travail » sur ledit accident, sans que des motifs tirés du secret de la vie privée ou du secret** *(L. n° 2018-670 du 30 juill. 2018, art. 4)* **« des affaires », portant exclusivement sur des faits qui lui sont personnels, puissent lui être opposés.**

Les dispositions de l'art. L. 455-2 font obligation à la caisse de communiquer, en cas d'action en réparation exercée en application des art. L. 452-1 à L. 452-4, à la victime ou à ses ayants droit les résultats complets de l'enquête, ainsi que tous les renseignements dont elle dispose, et ne font pas obstacle à l'application, dans les hypothèses qu'elles ne visent pas, des dispositions concernant la liberté d'accès aux documents administratifs de la L. du 17 juill. 1978. • CE 20 nov. 1995 : *RJS 1996, n° 189.*

TITRE SIXIÈME DISPOSITIONS CONCERNANT LES MALADIES PROFESSIONNELLES

BIBL. ▶ Babin, Les logiques de reconnaissance des maladies professionnelles, *Dr. soc. 1998. 673.* – Badel, La notion de risque professionnel : état des lieux à la lumière des évolutions récentes, *RDSS 1994. 206* ; Le perfectionnement du dispositif de réparation du risque professionnel par le droit social, *Dr. soc. 1998. 644.* – Bodin et Nauleau, La nouvelle procédure de reconnaissance des accidents du travail et des maladies professionnelles, *JCP S 2009. 1528.* – Caron et Verkindt, Le droit de la sécurité sociale confronté aux nouveaux risques professionnels, *RDSS 2010. 593.* – Fantoni-Quinton et Legros, La logique de réparation entrave-t-elle la démarche de prévention des lésions professionnelles ?, *RDSS 2010. 640.* – Fantoni-Quinton, L'absence de traçabilité des expositions aux cancérogènes : une aubaine pour les employeurs ?, *RDSS 2018. 605.* – Harlay, Les maladies professionnelles, *PUF, Que sais-je ?, 1998.* – Keim-Bagot, Maladies professionnelles : retour sur les recours subrogatoires du FIVA, *RDSS 2018. 623.* – Le Fischer, La prise en charge des maladies professionnelles par la sécurité sociale. Jurisprudence récente, *RJS 10/2015. 577.* – Leroy, L'introduction du système mixte de reconnaissance des maladies professionnelles, *Dr. ouvrier 1993. 199.* – Milet, Les voies de la réparation intégrale des accidents du travail et des maladies professionnelles, *Dr. soc. 2002. 840.* – Saint-Jours, Une réforme en trompe-l'œil, *D. 1994. 59.* – Tabuteau, Vers une réparation intégrale des accidents du travail et des maladies professionnelles ?, *Dr. soc. 2001. 304.* – Thébaud-Mony, La reconnaissance des maladies professionnelles, *Doc. fr. 1991.* – Zacharie, La procédure de reconnaissance des accidents du travail et des maladies professionnelles, *Dr. soc. 2010. 1191* ; Les maladies professionnelles, *RPDS 2004, n° spécial, n° 705.*

Art. L. 461-1 Les dispositions du présent livre sont applicables aux maladies d'origine professionnelle sous réserve des dispositions du présent titre. *(L. n° 2017-1836 du 30 déc. 2017, art. 44-I, en vigueur le 1er juill. 2018)* **« En ce qui concerne les maladies professionnelles, est assimilée à la date de l'accident :**

« 1° La date de la première constatation médicale de la maladie ;

« 2° Lorsqu'elle est postérieure, la date qui précède de deux années la déclaration de maladie professionnelle mentionnée au premier alinéa de l'article L. 461-5 ;

« 3° Pour l'application des règles de prescription de l'article L. 431-2, la date à laquelle la victime est informée par un certificat médical du lien possible entre sa maladie et une activité professionnelle. » *— V. note ss. art.*

(L. n° 93-121 du 27 janv. 1993, art. 7-I) **« Est présumée d'origine professionnelle toute maladie désignée dans un tableau de maladies professionnelles et contractée dans les conditions mentionnées à ce tableau.**

« Si une ou plusieurs conditions tenant au délai de prise en charge, à la durée d'exposition ou à la liste limitative des travaux ne sont pas remplies, la maladie telle qu'elle est désignée dans un tableau de maladies professionnelles peut être reconnue d'origine professionnelle lorsqu'il est établi qu'elle est directement causée par le travail habituel de la victime.

« Peut être également reconnue d'origine professionnelle une maladie caractérisée non désignée dans un tableau de maladies professionnelles lorsqu'il est établi qu'elle est essentiellement et directement causée par le travail habituel de la victime et qu'elle entraîne le décès de celle-ci ou une incapacité permanente d'un taux évalué dans les conditions mentionnées à l'article L. 434-2 et au moins égal à un pourcentage déterminé. — *V. art. R. 461-8.*

« Dans les cas mentionnés aux deux alinéas précédents, la caisse primaire reconnaît l'origine professionnelle de la maladie après avis motivé d'un comité régional de reconnaissance des maladies professionnelles. La composition, le fonctionnement et le ressort territorial de ce comité ainsi que les éléments du dossier au vu duquel il rend son avis sont fixés par décret *[V. art. D. 461-26 à D. 461-31]*. L'avis du comité s'impose à la caisse dans les mêmes conditions que celles fixées à l'article L. 315-1 *[L. 315-2]*. »

(L. n° 2015-994 du 17 août 2015, art. 27) « Les pathologies psychiques peuvent être reconnues comme maladies d'origine professionnelle, dans les conditions prévues aux *(L. n° 2017-1836 du 30 déc. 2017, art. 44-I)* « septième » et avant-dernier alinéas du présent article. Les modalités spécifiques de traitement de ces dossiers sont fixées par voie réglementaire. » — *V. note ss. art.*

Les dispositions de l'art. 44-I de la L. n° 2017-1836 du 30 déc. 2017 sont applicables aux maladies professionnelles déclarées à compter du 1er juill. 2018 (L. préc., art. 44-II).

Ancien art. L. 461-1 *Les dispositions du présent livre sont applicables aux maladies d'origine professionnelle sous réserve des dispositions du présent titre. En ce qui concerne les maladies professionnelles,* (L. n° 98-1194 du 23 déc. 1998, art. 40-I) *« la date à laquelle la victime est informée par un certificat médical du lien possible entre sa maladie et une activité professionnelle est assimilée à la date de l'accident ».*

(L. n° 93-121 du 27 janv. 1993, art. 7-I) *« Est présumée d'origine professionnelle toute maladie désignée dans un tableau de maladies professionnelles et contractée dans les conditions mentionnées à ce tableau.*

« Si une ou plusieurs conditions tenant au délai de prise en charge, à la durée d'exposition ou à la liste limitative des travaux ne sont pas remplies, la maladie telle qu'elle est désignée dans un tableau de maladies professionnelles peut être reconnue d'origine professionnelle lorsqu'il est établi qu'elle est directement causée par le travail habituel de la victime.

« Peut être également reconnue d'origine professionnelle une maladie caractérisée non désignée dans un tableau de maladies professionnelles lorsqu'il est établi qu'elle est essentiellement et directement causée par le travail habituel de la victime et qu'elle entraîne le décès de celle-ci ou une incapacité permanente d'un taux évalué dans les conditions mentionnées à l'article L. 434-2 et au moins égal à un pourcentage déterminé. — V. art. R. 461-8.

« Dans les cas mentionnés aux deux alinéas précédents, la caisse primaire reconnaît l'origine professionnelle de la maladie après avis motivé d'un comité régional de reconnaissance des maladies professionnelles. La composition, le fonctionnement et le ressort territorial de ce comité ainsi que les éléments du dossier au vu duquel il rend son avis sont fixés par décret [V. art. D. 461-26 à D. 461-31]. *L'avis du comité s'impose à la caisse dans les mêmes conditions que celles fixées à l'article L. 315-1* [L. 315-2]. »

(L. n° 2015-994 du 17 août 2015, art. 27) *« Les pathologies psychiques peuvent être reconnues comme maladies d'origine professionnelle, dans les conditions prévues aux quatrième et avant-dernier alinéas du présent article. Les modalités spécifiques de traitement de ces dossiers sont fixées par voie réglementaire. »*

I. MALADIES DÉSIGNÉES DANS LES TABLEAUX DE MALADIES PROFESSIONNELLES

A. RECONNAISSANCE DE LA MALADIE

Jurisprudence rendue sous l'empire des textes antérieurs à la L. n° 2017-1836 du 30 déc. 2017.

1. ***Date de constatation.*** La date de la première constatation médicale de la maladie est assimilée à la date de l'accident, que le certificat médical ait été ou non porté sur le champ à la connaissance de la caisse. • Soc. 23 mai 1991, n° 89-16.161 P : *RJS 1991, n° 890* • Soc. 28 juin 1989 : *Bull. civ. V, n° 478.* ♦ A défaut de certificats médicaux établis à une date antérieure, la date de la première constatation médicale de la maladie devait être celle qui figurait dans le certificat médical joint à la déclaration. • Soc. 11 janv. 1996, n° 94-10.799 P : *RJS 1996, n° 165.* ♦ La première constatation médicale de la maladie professionnelle, exigée au cours du délai de prise en charge écoulé depuis la fin de l'exposition au risque, concerne toute manifestation de nature à révéler l'existence de cette maladie et n'est pas soumise aux mêmes exigences de forme que le certificat médical initial. • Civ. 2e, 30 nov. 2017, n° 16-24.839 P : *RJS 3/2018, n° 219.* ♦ A l'occasion d'une instance en indemnisation des conséquences de la faute inexcusable de l'employeur, la victime d'un accident du travail n'est pas recevable à demander que la consolidation de ses blessures soit fixée à une date différente de celle résultant de la décision de la CPAM qu'elle n'avait pas contestée. • Civ. 2e, 15 févr. 2018, n° 16-20.467 P : *RJS 5/2018, n° 370.*

2. Délai de prise en charge. Le délai de prise en charge détermine la période au cours de laquelle, après cessation de l'exposition au risque, la maladie doit se révéler et être médicalement constatée pour être indemnisée au titre des maladies professionnelles. • Soc. 14 janv. 1993, n° 90-18.110 P. ♦ Ce délai est respecté lorsque l'existence des lésions a été constatée dans le temps imparti, même si leur identification n'est intervenue que postérieurement. • Même arrêt. ♦ Si, aux termes de l'art. L. 461-1 CSS, la date à laquelle la victime est informée par un certificat médical du lien entre sa maladie et une activité professionnelle est assimilée à la date de l'accident, la date de prise en charge au titre de la législation professionnelle est celle de sa première constatation médicale, laquelle doit intervenir dans le délai de prise en charge prévu par l'art. L. 461-2 du même code. • Civ. 2e, 16 juin 2011 : *JCP S 2011, n° 1392, note Tauran.* ♦ Il résulte de l'art. L. 461-1 CSS qu'en cas d'exposition au risque chez plusieurs employeurs les conditions de délai de prise en charge de l'affection s'apprécient au regard de la totalité de la durée d'exposition au risque considéré. • Civ. 2e, 29 nov. 2012, n° 11-24.269. ♦ Les délais de prise en charge déterminés par les tableaux sont d'ordre public et ne peuvent donc être modifiés par le juge. • Soc. 4 mars 1955 : *Bull. civ. IV, n° 436.* ♦ C'est la cessation de l'exposition au risque qui marque le point de départ du délai de prise en charge. • Soc. 17 mars 1976 : *Bull. civ. V, n° 178.*

3. Lien de causalité. La prise en charge des maladies professionnelles n'exige pas que le travail habituel soit la cause unique ou essentielle de la maladie. L'exposition du salarié dans les conditions définies par les tableaux de maladie professionnelle suffit à la reconnaissance du caractère professionnel de la maladie, même si celle-ci a une origine multifactorielle. • Soc. 19 déc. 2002, n° 00-13.097 P : *RDSS 2003. 437, note Verkindt ; D. 2003. 1113, note Saint-Jours .* ♦ La reconnaissance d'une faute inexcusable exige que celle-ci soit la cause nécessaire de la maladie professionnelle dont est atteint le salarié, laquelle s'entend de la maladie désignée dans le tableau des maladies professionnelles visé dans la décision de prise en charge de la caisse et contractée dans les conditions mentionnées dans ce tableau. • Civ. 2e, 4 avr. 2013 : *RJS 6/2013, n° 486 ; JCP S 2013, n° 1341, obs. d'Allende et Cordoliani.*

4. Fondement de la demande. La victime d'une maladie prise en charge au titre de l'un des tableaux mentionnés à l'art. L. 461-1 CSS peut, tant que la décision de la caisse n'est pas devenue définitive, demander le changement de la qualification de la maladie au regard des tableaux dès lors qu'elle a un intérêt légitime au succès de cette prétention. Dès lors, la victime peut toujours avoir intérêt, en cas de pluralité de tableaux applicables à sa pathologie, à faire reconnaître son origine professionnelle au titre d'autres tableaux que celui ou ceux retenus par la caisse primaire. • Civ. 2e, 18 sept. 2014 : *RJS 12-2014, n° 895* – V. dans le même sens, Circ. n° DSS/2C/2009/267 du 21 août 2009 relative à la procédure d'instruction des déclarations d'accidents du travail et maladies professionnelles.

5. Employeurs successifs. La maladie doit être considérée comme contractée au service du dernier employeur chez lequel la victime a été exposée au risque, avant sa constatation médicale, sauf à cet employeur à rapporter la preuve contraire. • Civ. 2e, 22 nov. 2005, n° 04-11.447 P : *D. 2006. 840, note Saint-Jours .* ♦ En cas d'exposition au risque chez plusieurs employeurs, les conditions de délai de prise en charge de l'affection exigés par les tableaux de maladies professionnelles s'apprécient au regard de la totalité de la durée d'exposition au risque considéré. • Civ. 2e, 14 mars 2013 : *D. 2013. 779 ; ibid. 2658, obs. Bacache, Guégan-Lécuyer et Porchy-Simon .* ♦ L'employeur faisant l'objet d'une action en reconnaissance de la maladie professionnelle est alors recevable à demander la mise en cause des précédents employeurs afin de rechercher leur éventuelle faute inexcusable. • Même arrêt. ♦ En cas de cession de l'entreprise ou d'une branche complète d'activités de l'entreprise, lorsque la maladie trouve sa cause dans l'activité apportée, la société cessionnaire est subrogée aux cédants dans leur obligation d'indemniser sur le fondement de la faute inexcusable les ayants droit du salarié décédé. • Civ. 2e, 13 déc. 2005, n° 05-12.284 P : *RJS 2006, n° 276.* ♦ L'employeur qui entend contester l'imputabilité au travail de la maladie professionnelle doit en rapporter la preuve, quand bien même il ne serait pas le dernier employeur du salarié. • Civ. 2e, 15 juin 2017, n° 16-14.901 P : *JCP S 2017, n° 1271, obs. Pradel, Pradel-Boureux et Pradel ; RCA 2017, Comm. 245, obs. Groutel ; RJS 8-9/2017, n° 621.*

6. Motivation du refus de reconnaissance de la maladie. La maladie telle qu'elle est désignée dans les tableaux des maladies professionnelles est celle définie par les éléments de description et les critères d'appréciation fixés par chacun de ces tableaux. L'indication de l'absence de conformité de l'affection avec les conditions définies par ces tableaux suffit à satisfaire à l'exigence de motivation prévue à l'art. R. 441-14. • Civ. 2e, 21 juin 2006, ⌂ n° 04-30.872 P : *JCP S 2006, n° 1675, note Tauran.*

7. Caractère limitatif des listes de maladies. La liste des maladies indiquées par les tableaux a un caractère limitatif. • Soc. 5 avr. 1954 : *Bull. civ. IV, n° 246.*

B. PROCÉDURE DE RECONNAISSANCE DE LA MALADIE

V. aussi art. L. 142-1 sur l'expertise médicale, et art. R. 441-10.

8. Charge de la preuve. Dès lors qu'il est établi, conformément au tableau, que le salarié a été exposé au risque de contamination, il revient à l'employeur de démontrer que le travail n'avait joué aucun rôle dans le développement de la maladie. • Soc. 19 juill. 2001, ⌂ n° 99-20.214 P : *RDSS 2002. 72, note Verkindt* ✎. ♦ V. également pour l'exposition à l'amiante (art. 53-III de la L. n° 2000-1257 du 23 déc. 2000) : la reconnaissance d'une maladie professionnelle, occasionnée par l'amiante au titre de la législation française de sécurité sociale ou d'un régime assimilé ou de la législation applicable aux pensions civiles et militaires, établit par présomption le lien de causalité entre l'exposition à l'amiante et la maladie ou le décès. Cette présomption simple est susceptible de preuve contraire. Elle doit donc être écartée lorsque le rapport d'expertise établit que le décès provient d'une autre affection. • Civ. 2e, 7 mai 2009, ⌂ n° 08-13.591 P : *JCP S 2009, n° 1428, note Asquinazi-Bailleux.*

9. Portée du certificat médical. Les juges du fond ne sauraient se contenter d'une lecture littérale du certificat médical initial pour refuser la reconnaissance d'une maladie professionnelle, et ils leur appartiennent de rechercher si l'affection déclarée est au nombre des pathologies désignées par les tableaux de reconnaissance des maladies professionnelles. • Civ. 2e, 21 janv. 2016, ⌂ n° 14-28.901 : *RJS 4/2016, n° 296.*

10. Preuve contraire. Le caractère professionnel de la maladie peut être combattu par la preuve que la maladie a eu une cause autre que l'exposition au risque considéré et que, sans aucun doute possible, ce risque n'a eu aucune influence sur son origine ou son évolution. • Soc. 10 févr. 1966 : *Bull. civ. IV, n° 176.* ♦ L'employeur peut également apporter la preuve que la pathologie est apparue antérieurement à l'embauche du salarié dans l'entreprise. • Civ. 2e, 10 mars 2016, ⌂ n° 15-15.262 : *RJS 5/2016, n° 371.* • Civ. 2e, n° 14-28.901 : 21 janv. 2016 : ⌂ *préc. note 9.*

11. Prescription. Il résulte des art. L. 461-1 et L. 431-2 CSS que l'action en reconnaissance du caractère professionnel d'une maladie peut être engagée dans le délai de deux ans qui suit la date à laquelle la victime ou ses ayants droit ont été informés par un certificat médical du lien possible entre la maladie et l'activité professionnelle. Un rapport d'expertise médicale déposé dans le cadre d'une autre instance ne saurait être assimilé à un tel certificat. • Civ. 2e, 23 janv. 2014, ⌂ n° 12-35.327. ♦ Comp. L'ignorance dans laquelle la veuve s'est trouvée, compte tenu de l'évolution des connaissances scientifiques d'une possible relation de cause à effet entre l'activité professionnelle et le décès de son mari, ne peut être de nature à entraîner la suspension de la prescription. • Soc. 6 oct. 1994, ⌂ n° 92-12.660 P : *RDSS 1995. 781, note Vachet* ✎ ; *RJS 1994, n° 1308.*

12. Procédure de contestation de la décision de la caisse. En cas de contestation du caractère professionnel de la maladie, les juges ne sauraient décider de saisir eux-mêmes pour avis un comité régional de reconnaissance des maladies professionnelles, mais ils doivent, s'ils estiment que la caisse n'avait pas instruit la demande conformément à ses obligations, adresser à celle-ci les injonctions nécessaires sans se substituer à elle. • Civ. 2e, 25 juin 2009, ⌂ n° 07-20.708 P : *JCP S 2009, n° 1426, note Tauran.*

13. Changement de qualification de la maladie. Si l'organisme social doit instruire la demande de prise en charge d'une maladie professionnelle sans être tenu par le tableau visé par la déclaration, il lui appartient d'informer l'employeur d'un changement de qualification de la maladie. • Civ. 2e, 17 sept. 2009, ⌂ n° 08-18.703 P : *RJS 2009, n° 980 ; JCP S 2009, n° 1485, note Tauran.* ♦ La victime d'une maladie prise en charge au titre de l'un des tableaux mentionnés à l'art. L. 461-1 CSS peut, tant que la décision de la caisse n'est pas devenue définitive, demander le changement de la qualification de la maladie au regard des tableaux dès lors qu'elle a un intérêt légitime au succès de cette prétention. • Civ. 2e, 21 juin 2018, ⌂ n° 17-18.996 P : *RJS 10/2018, n° 634 ; JCP S 2018. 1270, obs. Asquinazi-Bailleux.*

II. MALADIES RECONNUES EN DEHORS DES TABLEAUX

A. RECONNAISSANCE DE LA MALADIE

14. Maladie causée par le travail habituel. Est présumée d'origine professionnelle toute maladie désignée dans un tableau de maladies professionnelles et contractée dans les conditions mentionnées à ce tableau ; cependant, si une ou plusieurs conditions tenant au délai de prise en charge, à la durée d'exposition ou à la liste limitative des travaux ne sont pas remplies, la maladie telle qu'elle est désignée dans un tableau de maladies professionnelles peut être reconnue d'origine professionnelle lorsqu'il est établi qu'elle est directement causée par le travail habituel de la victime. • Soc. 5 nov. 1998, ⌂ n° 97-10.923 P : *RJS 1999, n° 282.* ♦ La maladie professionnelle peut être reconnue d'origine professionnelle lorsqu'il est établi qu'elle a été directement causée par le travail habituel. Ce texte n'exige pas que le travail habituel soit la cause unique ou essentielle de la maladie. • Civ. 2e, 19 déc. 2002, n° 00-13.097 P : *RDSS 2003. 437, note Verkindt ; D. 2003. 1113, note Saint-Jours*. ♦ Cette reconnaissance de la maladie n'exige pas que le salarié exerce l'une des professions mentionnées dans le tableau de maladies professionnelles. • Civ 2e, 12 mars 2015, n° 14-12.441 P : *JCP S 2015, n° 1187, obs. Jeansen ; RJS 6/2015, n° 442.*

15. Lien de causalité. Si une ou plusieurs des conditions tenant au délai de prise en charge, à la durée d'exposition ou à la liste limitative des travaux ne sont pas remplies, la maladie telle qu'elle est désignée dans un des tableaux de maladies professionnelles peut être reconnue d'origine professionnelle lorsqu'il est établi qu'elle a été directement causée par le travail habituel. La juridiction ne saurait en conséquence se baser sur le constat d'une exposition ayant été jugée insuffisante par les avis des comités régionaux, impropre à établir un lien direct de causalité avec le travail habituel du salarié. • Civ. 2e, 13 mars 2014 : *RDSS 2014. 582, obs. Tauran ; JCP S 2014, n° 1257, obs. Asquinazi-Bailleux.*

16. Détermination du taux d'invalidité. Le taux d'incapacité permanente à retenir pour l'instruction d'une demande de prise en charge d'une maladie non désignée dans un tableau des maladies professionnelles est celui évalué par le service du contrôle médical dans le dossier constitué pour la saisine du comité régional de reconnaissance des maladies professionnelles, et non le taux d'incapacité permanente partielle fixé après consolidation de l'état de la victime pour l'indemnisation des conséquences de la maladie. • Civ. 2e, 19 janv. 2017, n° 15-26.655 P : *D. 2017. 1868, chron. de Leiris, Touati, Becuwe, Hénon et Palle ; CSBP 5/2017, n° 296, obs. Keim-Bagot ; JCP S 2017, n° 1062, obs. Pradel, Pradel-Boureux et Pradel ; RJS 2/2017, n° 229.* ♦ Le taux d'invalidité retenu, en application des art. L. 341-3 et L. 341-4 CSS, pour l'attribution d'une pension d'invalidité est sans incidence sur la détermination du taux d'incapacité permanente partielle pour la reconnaissance au titre de la législation professionnelle d'une maladie qui ne figure pas dans les tableaux des maladies professionnelles. • Civ. 2e, 21 juin 2012, n° 11-13.992.

17. Application des dispositions dans le temps. Les dispositions de l'art. 7-I de la L. n° 93-121 du 27 janv. 1993 portant diverses mesures d'ordre social, insérées aux 3e et 4e al. de l'art. L. 461-1, ont institué un nouveau mode de reconnaissance, par des comités régionaux composés de spécialistes, de l'origine professionnelle d'une maladie qui, n'ayant pas été contractée dans les conditions mentionnées à l'un des tableaux prévus à l'art. L. 461-2 ou n'étant désignée par aucun de ces tableaux, ne bénéficie pas de la présomption d'origine professionnelle. L'application de ces dispositions nouvelles aux victimes, ou à leurs ayants droit, de maladies qui ont fait l'objet d'une première constatation médicale avant leur entrée en vigueur ne peut résulter que d'un texte législatif exprès. • CE 19 oct. 1993 : *D. 1995. Somm. 33, obs. Prétot*. ♦ Les dispositions du Décr. n° 2002-543 du 18 avr. 2002 qui ont ramené de 66,66 % à 25 % le taux d'incapacité permanente partielle minimal nécessaire à la prise en charge au titre des maladies professionnelles d'une affection qui ne figure pas dans les tableaux des maladies professionnelles, ne s'appliquent qu'aux maladies dont la première constatation médicale est intervenue après leur entrée en vigueur. • Civ. 2e, 23 oct. 2008, n° 07-16.393 P : *RJS 2009, n° 67 ; JCP S 2009, n° 1058, note Asquinazi-Bailleux.*

B. PROCÉDURE D'EXPERTISE MÉDICALE

18. Procédure de contestation de la décision de la caisse. Si une ou plusieurs conditions tenant au délai de prise en charge, à la durée d'exposition ou à la liste limitative des travaux ne sont pas remplies, la maladie telle qu'elle est désignée dans un des tableaux de maladies professionnelles peut être reconnue d'origine professionnelle lorsqu'il est établi qu'elle est directement causée par le travail habituel de la victime. En cas de différend sur la reconnaissance de l'origine professionnelle d'une maladie dans les conditions prévues aux troisième et quatrième al. de l'art. L. 461-1 il incombe au tribunal de recueillir préalablement l'avis d'un comité régional autre que celui qui a déjà été saisi par la caisse en application du cinquième al. du même art. • Civ. 2e, 6 mars 2008, n° 06-21.985 P : *JCP S 2008, n° 1358, note Asquinazi-Bailleux ; RJS 2008, n° 599.* ♦ V. de même • Civ. 2e, 18 févr. 2010, n° 08-20.718 P : *JCP S 2010, n° 1249, note Asquinazi-Bailleux.* ♦ V. aussi • Civ. 2e, 17 mars 2011 : *JCP S 2011, n° 1262, note Tauran* • Civ. 2e, 18 déc. 2014, n° 13-26.842 P : *JCP S 2015, n° 1073, obs. Jeansen ; RJS 3/2015, n° 215.* ♦ Lorsque la maladie déclarée ne remplit pas les conditions d'un tableau de maladies professionnelles, il incombe à la juridiction de recueillir l'avis d'un autre comité régional dès lors que le caractère professionnel de la maladie était contesté par l'employeur en défense à cette action, avant de statuer sur la demande du salarié en reconnaissance de la faute inexcusable de l'employeur. • Civ. 2e, 6 oct. 2016 : *RDSS 2016. 1173, obs. Tauran ; Dr. soc. 2016. 674, obs. Willmann ; JCP S 2016, n° 1378, obs. Michalletz et Fournier-Gatier ; RJS 12/2016, n° 814.*

19. Avis d'un comité régional de reconnaissance des maladies professionnelles (CRRMP). Le caractère professionnel d'une maladie désignée dans l'un des tableaux des maladies professionnelles lorsqu'une ou plusieurs des conditions prévues par ce dernier ne sont pas remplies, ou d'une maladie non désignée dans un tableau, ne peut être reconnu qu'après avis d'un CRRMP. Le comité doit être également saisi lorsque l'employeur conteste, en défense à l'action en reconnaissance de sa faute inexcusable, le caractère professionnel de la maladie de son ancien salarié. • Civ. 2e, 21 sept. 2017, n° 16-18.088 P : *RJS 12/2017, n° 833 ; CSB déc 2017, n° 302, obs. Keim-Bagot ; JCP S 2017, n° 1360, obs. Michalletz.*

20. Avis du médecin du travail. La reconnaissance de l'origine professionnelle de la maladie lorsque les conditions de prise en charge d'une maladie par un tableau de maladies professionnelles ne sont pas remplies exige que la caisse statue après avis motivé du comité régional de reconnaissance des maladies professionnelles, après avoir, en application des art. D. 461-29 et D. 461-30 CSS, recueilli et instruit les éléments nécessaires du dossier, parmi lesquels figure un avis motivé du médecin du travail. Le comité peut cependant valablement exprimer l'avis servant à fonder la décision de la caisse en cas d'impossibilité matérielle d'obtenir ce certificat (en l'espèce, maladie développée 25 ans après avoir quitté l'entreprise). • Civ. 2e, 20 juin 2013 : *JCP S 2013, n° 1416.*

III. PRESTATIONS

21. Date de prise en charge. Si, aux termes de l'art. L. 461-1 CSS, la date à laquelle la victime est informée par un certificat médical du lien entre sa maladie et une activité professionnelle est assimilée à la date de l'accident, la date de prise en charge au titre de la législation professionnelle est, en revanche, celle de sa première constatation médicale, qui peut être antérieure à celle de la maladie diagnostiquée. Un certificat médical antérieur attestant de troubles identiques peut alors être retenu pour fixer la date de la prise en charge de la maladie professionnelle. • Civ. 2e, 19 juin 2014 : *JCP S 2014, n° 1354, obs. Tauran.*

22. Date du service de la rente. En cas de maladie professionnelle suivie de mort, une rente viagère est servie au conjoint survivant à partir du décès de la victime, et non à compter de la date de l'accident ou de celle assimilée à celle de l'accident par application de l'art. L. 461-1. • Civ. 2e, 13 sept. 2007, n° 06-21.909 P : *JCP S 2007, n° 1989, note Asquinazi-Bailleux ; RJS 2007, n° 1209.*

23. Mobilité internationale. Sauf convention internationale contraire, la charge du paiement des prestations afférentes aux maladies professionnelles incombe aux organismes de sécurité sociale ou à tout autre organisme du pays où le travailleur a eu son dernier lieu de travail. • Soc. 27 sept. 1989 : *Bull. civ. V, n° 552.*

Art. L. 461-2 **Des tableaux annexés aux** *(Ord. n° 2005-804 du 18 juill. 2005, art. 10-I-1°)* **« décrets »** *[ANNEXE II]* **énumèrent les manifestations morbides d'intoxications aiguës ou chroniques présentées par les travailleurs exposés d'une façon habituelle à l'action des agents nocifs mentionnés par lesdits tableaux, qui donnent, à titre indicatif, la liste des principaux travaux comportant la manipulation ou l'emploi de ces agents. Ces manifestations morbides sont présumées d'origine professionnelle.**

Des tableaux spéciaux énumèrent les infections microbiennes mentionnées qui sont présumées avoir une origine professionnelle lorsque les victimes ont été occupées d'une façon habituelle aux travaux limitativement énumérés par ces tableaux.

D'autres tableaux peuvent déterminer des affections présumées résulter d'une ambiance ou d'attitudes particulières nécessitées par l'exécution des travaux limitativement énumérés.

Les tableaux mentionnés aux alinéas précédents peuvent être révisés et complétés par des *(Ord. n° 2005-804 du 18 juill. 2005, art. 10-I-2°)* **« décrets », après avis du** *(L. n° 2015-994 du 17 août 2015, art. 26-IX)* **« Conseil d'orientation des conditions de travail ». Chaque décret fixe la date à partir de laquelle sont exécutées les modifications et adjonctions qu'il apporte aux tableaux.** *(Ord. n° 2005-804 du 18 juill. 2005, art. 10-I-2°)* **« Par dérogation aux dispositions** *(Abrogé par L. n° 2017-1836 du 30 déc. 2017, art. 44-I, à compter du 1er juill. 2018)* **« *du premier alinéa* » de l'article L. 461-1, ces modifications et adjonctions sont applicables aux victimes dont la maladie a fait l'objet d'***(L. n° 2017-1836 du 30 déc. 2017, art. 44-I, en vigueur le 1er juill. 2018)* **« une première constatation médicale » entre la date prévue à l'article L. 412-1 et la date d'entrée en vigueur du nouveau tableau, sans que les prestations, indemnités et rentes ainsi accordées puissent avoir effet antérieur à cette entrée en vigueur. Ces prestations, indemnités et rentes se substituent pour l'avenir aux autres avantages accordés à la victime pour la même maladie au titre des assurances sociales. En outre, il sera tenu compte, s'il y a lieu, du montant éventuellement revalorisé, dans les conditions fixées par** *(Ord. n° 2005-804 du 18 juill. 2005, art. 10-I-2°)* **« décrets », des réparations accordées au titre du droit commun.**

A partir de la date à laquelle un travailleur a cessé d'être exposé à l'action des agents nocifs inscrits aux tableaux susmentionnés, la caisse primaire et la caisse régionale ne prennent en charge, en vertu des dispositions du *(L. n° 93-121 du 27 janv. 1993, art. 7-II ; L. n° 2017-1836 du 30 déc. 2017, art. 44-I, en vigueur le 1er juill. 2018)* **« cinquième alinéa de l'article L. 461-1 », les maladies correspondant à ces travaux que** *(L. n° 98-1194 du 23 déc. 1998, art. 40-I-3°)* **« si la première constatation médicale intervient pendant le délai » fixé à chaque tableau.** — *V. art. R. 461-1 à R. 461-3.*

Ancien art. L. 461-2 *Des tableaux annexés aux* (Ord. n° 2005-804 du 18 juill. 2005, art. 10-I-1°) *« décrets »* [ANNEXE II] *énumèrent les manifestations morbides d'intoxications aiguës ou chroniques présentées par les travailleurs exposés d'une façon habituelle à l'action des agents nocifs mentionnés par lesdits tableaux, qui donnent, à titre indicatif, la liste des principaux travaux comportant la manipulation ou l'emploi de ces agents. Ces manifestations morbides sont présumées d'origine professionnelle.*

Des tableaux spéciaux énumèrent les infections microbiennes mentionnées qui sont présumées avoir une origine professionnelle lorsque les victimes ont été occupées d'une façon habituelle aux travaux limitativement énumérés par ces tableaux.

D'autres tableaux peuvent déterminer des affections présumées résulter d'une ambiance ou d'attitudes particulières nécessitées par l'exécution des travaux limitativement énumérés.

Les tableaux mentionnés aux alinéas précédents peuvent être révisés et complétés par des (Ord. n° 2005-804 du 18 juill. 2005, art. 10-I-2°) *« décrets », après avis du* (L. n° 2015-994 du 17 août 2015, art. 26-IX) *« Conseil d'orientation des conditions de travail ». Chaque décret fixe la date à partir de laquelle sont exécutées les modifications et adjonctions qu'il apporte aux tableaux.* (Ord. n° 2005-804 du 18 juill. 2005, art. 10-I-2°) *« Par dérogation aux dispositions du premier alinéa de l'article L. 461-1, ces modifications et adjonctions sont applicables aux victimes dont la maladie a fait l'objet d'un certificat médical indiquant un lien possible entre sa maladie et une activité professionnelle » entre la date prévue à l'article L. 412-1 et la date d'entrée en vigueur du nouveau tableau, sans que les prestations, indemnités et rentes ainsi accordées puissent avoir effet antérieur à cette entrée en vigueur. Ces prestations, indemnités et rentes se substituent pour l'avenir aux autres avantages accordés à la victime pour la même maladie au titre des assurances sociales. En outre, il sera tenu compte, s'il y a lieu, du montant éventuellement revalorisé, dans les conditions fixées par* (Ord. n° 2005-804 du 18 juill. 2005, art. 10-I-2°) *« décrets », des réparations accordées au titre du droit commun.*

A partir de la date à laquelle un travailleur a cessé d'être exposé à l'action des agents nocifs inscrits aux tableaux susmentionnés, la caisse primaire et la caisse régionale ne prennent en charge, en vertu des dispositions du (L. n° 93-121 du 27 janv. 1993, art. 7-II) *« deuxième alinéa de l'article L. 461-1 », les maladies correspondant à ces travaux que* (L. n° 98-1194 du 23 déc. 1998, art. 40-I-3°) *« si la première constatation médicale intervient pendant le délai » fixé à chaque tableau.* — V. art. R. 461-1 à R. 461-3.

1° GÉNÉRALITÉS

1. Délai de prise en charge. Le délai de prise en charge détermine la période au cours de laquelle, après la cessation de l'exposition aux risques, la maladie doit se révéler et être médicalement constatée pour être indemnisée au titre des maladies professionnelles. Sont en conséquence constatées au cours de ce délais les lésions découvertes à la suite d'investigations médicales pratiquées pendant cette période, même si leur identification n'est intervenue que postérieurement. • Soc. 8 juin 2000, n° 98-18.368 P : *RJS 2000, n° 871.*

2. Forme de la première constatation médicale. La première constatation médicale de la maladie professionnelle n'est pas soumise aux mêmes exigences de forme que le certificat médical accompagnant la déclaration de cette maladie. Un certificat médical ne répondant pas aux conditions de l'art. L. 461-5 peut en conséquence constituer la première constatation médicale d'une maladie professionnelle. • Soc. 20 nov. 1997, n° 96-12.135 P : *RJS 1998, n° 102.*

2° DISPOSITIONS SPÉCIFIQUES AUX DIFFÉRENTS TABLEAUX

3. Tableau n° 4. La présomption d'imputabilité ne peut bénéficier qu'au salarié dont l'exposition au risque d'une maladie prévue par le tableau n° 4 a revêtu un caractère habituel. Les juges du fond apprécient souverainement ce caractère habituel de l'exposition. • Civ. 2e, 1er déc. 2011 : *JCP S 2012, n° 1103 ; CSBP 2012, n° 238, p. 58, obs. Pansier.* ♦ La manipulation habituelle du toluène, produit renfermant du benzène visé par la liste indicative des travaux du tableau n° 4 des maladies professionnelles, permet une prise en charge au titre des maladies professionnelles visées par ce texte, qui ne pose aucun seuil de quantification en benzène dans les produits en renfermant, ni de seuil d'exposition à l'agent nocif. • Même arrêt.

4. Tableau n° 6. Selon le tableau n° 6 des maladies professionnelles, la liste des travaux susceptibles de provoquer les affections concernées comprend ceux exposant à l'action des rayons X ou substances radioactives ou à toute autre source d'émission corpusculaire, notamment l'extraction et le traitement des minerais radioactifs, la préparation des substances radioactives et la préparation de produits chimiques et pharmaceutiques radioactifs. Les juges du fond apprécient souverainement si le salarié a été exposé à ces risques. • Soc. 19 juill. 2001, n° 99-20.214 P : *RDSS 2002. 72, note Verkindt* . ♦ Il appartient à l'employeur de prouver que le travail du salarié n'a joué aucun rôle dans le développement de la maladie • Même arrêt.

5. Tableau n° 10 ter. Le salarié atteint d'un cancer pulmonaire prévu par le tableau 10 *ter*, dans les conditions de celui-ci tenant au délai de prise en charge et à la durée de l'exposition aux bichromates alcalins doit être pris en charge au titre des maladies professionnelles, quand bien même il présente des antécédents d'intoxication tabagique, de sorte que sa maladie avait une origine multifactorielle, dès lors que la maladie a été directement causée par son travail habituel. • Soc. 19 déc. 2002, n° 00-13.097 P : *RDSS 2003. 437, note Verkindt* ; *D. 2003. 1113, note Saint-Jours* .

6. Tableau n° 25. La preuve de la relation directe entre la maladie professionnelle et le décès de la victime doit être apportée par l'ayant droit. Une telle preuve n'est pas apportée si l'expertise montre que les lésions silicotiques ont eu un rôle aggravant dans le processus menant au décès sans en être la cause directe. • Soc. 12 oct. 1995, n° 93-17.568 P : *RJS 1995, n° 1180.*

7. Tableau n° 30. Le cancer broncho-pulmonaire primitif constitue l'une des maladies, résultant des poussières d'amiante, incluses dans le tableau n° 30, instauré par le Décr. n° 85-630 du 19 juin 1985, dont l'annulation partielle, tirée de l'abrogation de la présomption d'imputabilité, n'a pas eu pour effet de retirer cette maladie dudit tableau. • Cass, ass. plén., 12 juill. 2013 : *JCP S 2013, n° 1432, obs. Asquinazi-Bailleux ; JCP 2013. 962, obs. Michalletz ; RJS 10/2013, n° 707.*

8. Tableau n° 40. Les dispositions du tableau n° 40 D relatives à la désignation des maladies dues aux bacilles tuberculeux et à certaines mycobactéries atypiques subordonnent la prise en charge à titre professionnel de l'infection cutanée granulomateuse à la confirmation de son étiologie par des examens bactériologiques. Il ne saurait donc suffire de constater que l'infection granulomateuse ulcéreuse est due à une mycobactérie atypique. • Civ. 2e, 28 mai 2015, n° 14-17.710 P.

9. Tableau n° 42. Quelle que soit l'importance des bruits auxquels avait été exposée la victime la surdité de l'intéressé est présumée imputable au travail, dès lors que ces bruits figurent sur la liste du tableau n° 42. • Soc. 11 avr. 1996, n° 94-12.257 P. • Civ 2e, 13 mars 2014 : *RJS 5/2014, n° 433.* ♦ Il n'est pas nécessaire que le salarié ait été exposé en continu au seuil de bruit pouvant entraîner une surdité. • Soc. 16 nov. 1995, n° 93-15.900 P. ♦ La surdité est présumée imputable au travail dès lors que les bruits figurent sur la liste du tableau n° 42, quelle que soit l'importance des bruits auxquels avait été exposé le salarié. • Soc. 11 avr. 1996, n° 94-12.257 P. ♦ L'appréciation du taux d'incapacité permanente ne saurait être réduite du seul fait de l'âge et doit être appréciée au seul regard de la situation concrète de la victime. • Soc. 8 févr. 1996, n° 93-21.515. ♦ L'exposition au bruit de cisaillage dans l'atelier où travaillait le salarié est suffisante pour permettre la prise en charge, sans que le salarié ait eu personnellement à exécuter ces travaux. • Soc. 7 déc. 1989 : *Bull. civ. V, n° 703.* ♦ La caisse ne saurait rejeter la demande de prise en charge en se basant sur les seules dispositions d'une circulaire de la CNAM, dépourvue de valeur réglementaire permettant une tolérance quant à l'importance du déficit auditif. • Soc. 15 mai 1997, n° 95-18.109 P : *RJS 1997, n° 731.* ♦ La surdité prise en charge est constituée par un déficit audiométrique bilatéral par lésion cochléaire irréversible et aucune évolution de ce déficit ne peut être prise en compte après l'expiration du délai de prise en charge, sauf en cas de nouvelle exposition au risque. La caisse ne peut donc être admise à opérer une réduction du taux d'incapacité permanente partielle alloué. • Soc. 4 mai 2000, n° 98-21.024 P • Soc. 8 déc. 1994, n° 92-16.042 P. ♦ La difficulté suscitée par le choix de la méthode d'évaluation de l'hypoacousie constitue une question d'ordre médical qui ne peut être tranchée qu'après mise en œuvre d'une expertise médicale technique prévue par l'art. R. 142-24 CSS. • Civ. 2e, 24 mai 2017, n° 16-18.027 P : *JCP S 2017, n° 1219, obs. Tauran ; RJS 8/9 2017, n° 620.* ♦ La carence de l'audiogramme dans le dossier mis à disposition de l'employeur, élément nécessaire à la réunion des conditions du tableau n° 42 qui comme tel échappe au secret médical, justifie l'inopposabilité de la prise en charge de la maladie à l'employeur, peu important que l'employeur n'ait pas exercé son droit de consultation. • Civ. 2e, 11 oct. 2018, n° 17-18.901 : *RJS 12/2018, n° 771.*

10. Tableau n° 45. Aux termes du tableau n° 45, sont considérés comme travaux susceptibles de provoquer les maladies qui s'y trouvent mentionnées, et notamment les hépatites virales à virus A et B et les hépatites dites « à virus non A non B », d'une part, tous les travaux comportant le prélèvement, la manipulation, le conditionnement ou l'emploi de sang humain ou de ses dérivés, et, d'autre part, tous les travaux mettant en contact avec les produits pathologiques provenant des malades ou des objets contaminés par eux. Il en résulte que la simple existence de l'atteinte de la maladie pour une infirmière exposée à ce risque par la manipulation de sang humain caractérise le caractère professionnel de l'affection, sans qu'il soit nécessaire de démontrer que l'intéressée a été en contact avec des malades contaminés ou avec des objets contaminés par eux. • Soc. 23 févr. 1995, n° 92-17.315 P.

11. Tableau n° 57 A. Selon le tableau 57 A annexé à l'art. R. 461-3, est présumée maladie professionnelle la tendinopathie de la coiffe des rotateurs lorsque le salarié effectue des travaux comportant habituellement des mouvements répétés ou forcés de l'épaule. Le caractère habituel de ces travaux n'implique pas qu'ils constituent une part prépondérante de l'activité du salarié. • Civ. 2e, 8 oct. 2009, n° 08-17.005 P : *RJS 2009, n° 978.* ♦ Le tableau n° 57A subordonne la prise en charge, au titre de la législation professionnelle, de la tendinopathie chronique de la coiffe des rotateurs à sa confirmation par une IRM ou un arthroscanner en cas de contre-indication à l'IRM. • Civ. 2e, 15 déc. 2016, n° 15-26.900 P : *CSB 2/2017, n° 293. 92, obs. Keim-Bagot.*

12. Tableau n° 66. Le tableau n° 66 des maladies professionnelles ne subordonne pas la reconnaissance des affections respiratoires de mécanisme allergique, et en particulier de l'asthme, à l'utilisation de l'un des produits énumérés limitativement. • Soc. 5 nov. 1998, n° 97-10.923 P : *RJS 1999, n° 282.*

13. Tableaux nos 91 et 94. La bronchopneumopathie chronique obstructive peut être reconnue en prouvant le lien direct de la maladie avec le travail habituel de la victime en application de l'art. L. 461-1, al. 3, quand bien même le salarié n'exercerait pas l'une des professions mentionnées dans ces tableaux. • Civ. 2e, 12 mars 2015, n° 14-12.441 P : *RJS 6/2015, n° 442.*

14. Tableau n° 97. Un autobus étant affecté au transport en commun de personnes ne constitue pas un camion monobloc au sens du tableau n° 97 des maladies professionnelles. • Civ. 2e, 31 mai 2005, n° 04-30.102 P : *RJS 2005, n° 902.*

Art. L. 461-3 Les dispositions du quatrième alinéa de l'article L. 461-2 *(Ord. n° 2005-804 du 18 juill. 2005, art. 10-II)* « dans la mesure où elles dérogent aux dispositions *(Abrogé par L. n° 2017-1836 du 30 déc. 2017, art. 44-I, à compter du 1er juill. 2018)* « *du premier alinéa* » de l'article L. 461-1 » sont applicables exclusivement aux maladies faisant l'objet de tableaux publiés postérieurement au 30 novembre 1955. – *V. note ss. nouvel art. L. 461-1.*

Les prestations, indemnités et rentes éventuellement allouées se substituent aux avantages accordés à la victime pour la même maladie au titre des assurances sociales. En outre, il est tenu compte, s'il y a lieu, des réparations accordées au titre du droit commun.

Art. L. 461-4 Tout employeur qui utilise des procédés de travail susceptibles de provoquer les maladies professionnelles mentionnées à l'article L. 461-2 est tenu, dans les conditions prévues par décret en Conseil d'État *[art. R. 461-4]*, d'en faire la déclaration à la caisse primaire d'assurance maladie et à l'inspecteur du travail ou au fonctionnaire qui en exerce les attributions en vertu d'une législation spéciale.

Le défaut de déclaration peut être constaté par l'inspecteur du travail ou par le fonctionnaire susmentionnés, qui doit en informer la caisse primaire.

Lorsque l'entreprise a pris les mesures de prévention nécessaires et qu'elle ne peut avoir conscience des risques encourus par ses salariés, elle n'est pas tenue de déclarer les procédés de travail utilisés. • Soc. 11 mai 2001, n° 99-18.571 (inédit).

Art. L. 461-5 Toute maladie professionnelle dont la réparation est demandée en vertu du présent livre doit être, par les soins de la victime, déclarée à la caisse primaire dans un délai déterminé *[art. R. 461-5 : 15 jours]*, même si elle a déjà été portée à la connaissance de la caisse en application de l'article L. 321-2.

Dans le cas prévu au quatrième alinéa de l'article L. 461-2, il est fixé un délai plus long *[art. R. 461-5 : 3 mois]* courant à compter de la date d'entrée en vigueur du nouveau tableau annexé au *(Ord. n° 2005-804 du 18 juill. 2005, art. 10-III)* « décret ».

Le praticien établit en triple exemplaire et remet à la victime un certificat indiquant la nature de la maladie, notamment les manifestations mentionnées aux tableaux et constatées ainsi que les suites probables. Deux exemplaires du certificat doivent compléter la déclaration mentionnée au premier alinéa dont la forme a été déterminée par arrêté ministériel.

Une copie de cette déclaration et un exemplaire du certificat médical sont transmis immédiatement par la caisse primaire à l'inspecteur du travail chargé de la surveillance

de l'entreprise ou, s'il y a lieu, au fonctionnaire qui en exerce les attributions en vertu d'une législation spéciale.

(L. nº 98-1194 du 23 déc. 1998, art. 40-I-5º) **« Sans préjudice des dispositions** *(Abrogé par L. nº 2017-1836 du 30 déc. 2017, art. 44-I, à compter du 1er juill. 2018)* ***« du premier alinéa »*** **de l'article L. 461-1, le délai de prescription prévu à l'article L. 431-2 court à compter de la cessation du travail ».** — *V. note ss. nouvel art. L. 461-1.*

V. L. nº 98-1194 du 23 déc. 1998, art. 40, ss. art. L. 431-2.

Sur les exceptions à l'application du droit des usagers de saisir l'administration par voie électronique concernant les démarches effectuées auprès des organismes de sécurité sociale, V. CRPA, App., vº Saisine par voie électronique — Exceptions. —**CRPA.**

1. Définition et détermination du délai de prise en charge. BIBL. V. Voxeur, Maladies professionnelles : la fin du délai de prise en charge ?, *JCP S 2010. 1295.* ♦ Le délai de prise en charge détermine la période au cours de laquelle, après cessation de l'exposition au risque, la maladie doit se révéler et être médicalement constatée pour être indemnisée au titre des maladies professionnelles. • Soc. 14 janv. 1993, nº 90-18.110 P. ♦ Le délai de prise en charge est respecté lorsqu'au cours de celui-ci l'existence des lésions a été constatée même si leur identification n'est intervenue que postérieurement. • Même arrêt. ♦ Aucune forclusion ne peut être opposée au salarié pour défaut de déclaration de la maladie dans les quinze jours de la cessation du travail, l'absence d'une telle déclaration n'étant pas de nature à priver l'intéressé de son droit à réparation dès lors que la demande est faite dans un délai de deux ans partant du jour de la cessation du travail. • Même arrêt.

2. Forme de la déclaration de la maladie. La première constatation médicale de la maladie professionnelle n'est pas soumise aux mêmes exigences de forme que le certificat médical accompagnant la déclaration de cette maladie. Un certificat médical ne répondant pas aux exigences de l'art. L. 461-5 peut être suffisant pour constituer la première constatation médicale d'une maladie professionnelle. • Soc. 20 nov. 1997, nº 96-12.135 P : *RJS 1998, nº 103.*

3. Point de départ de la prescription. Le salarié dispose, pour demander le bénéfice des dispositions relatives aux maladies professionnelles, d'un délai de deux ans partant de la cessation du travail. • Soc. 28 oct. 1999, nº 98-11.275 P. ♦ Les droits de la victime d'un accident du travail ou d'une maladie professionnelle ou de ses ayants droit aux prestations et indemnités se prescrivent par deux ans à compter soit de l'accident ou de la première constatation médicale de la maladie, soit de la cessation du paiement de l'indemnité journalière, soit de la cessation du travail, soit de la clôture de l'enquête, et, dans ce dernier cas, même si la caisse primaire d'assurance maladie n'en a pas averti les victimes ou leurs ayants droit et ne leur a pas adressé une expédition du procès-verbal, conformément aux prescriptions de l'art. R. 442-14. L'omission par la caisse d'effectuer ces diligences ne constitue pas pour la victime ou pour ses ayants droit une impossibilité d'agir en recherche de la faute inexcusable de l'employeur, dès lors qu'ils ont eu connaissance en temps utile de la prise en charge de la maladie par la caisse à titre de maladie professionnelle. • Soc. 27 avr. 2000, nº 98-11.750 P : *RJS 2000, nº 723.* ♦ L'omission par la caisse primaire d'assurance maladie de faire procéder à l'enquête dans les cas où elle est obligatoire ne constitue pas pour la victime ou pour ses ayants droit une impossibilité d'agir en recherche de la faute inexcusable de l'employeur, dès lors qu'ils ont eu connaissance en temps utile de la prise en charge de la maladie par la Caisse à titre de maladie professionnelle. • Même arrêt. ♦ Il résulte de la combinaison des art. L. 431-2, L. 461-1 et L. 461-5 que les droits de la victime ou de ses ayants droit aux prestations et indemnités prévues par la législation sur les maladies professionnelles se prescrivent par deux ans à compter soit de la date à laquelle la victime est informée par un certificat médical du lien possible entre sa maladie et une activité professionnelle, soit de la cessation du travail en raison de la maladie constatée, soit de la cessation du paiement des indemnités journalières, soit encore de la reconnaissance du caractère professionnel de la maladie. La détermination du point de départ de la prescription s'impose, y compris pour l'ouverture, postérieurement au décès de la victime, des droits des ayants droit de celle-ci. Il en résulte que le délai de prescription court à compter de la reconnaissance de la maladie professionnelle et que les ayants droit ne peuvent réclamer réparation du préjudice résultant de la faute inexcusable de l'employeur si le délai de prescription imparti s'est écoulé après cette reconnaissance. • Civ. 2e, 29 juin 2004, nº 03-10.789 P : *RJS 2004, nº 1093.*

Art. L. 461-6 **En vue, tant de la prévention des maladies professionnelles que d'une meilleure connaissance de la pathologie professionnelle et de l'extension ou de la révision des tableaux, est obligatoire, pour tout docteur en médecine qui peut en connaître l'existence, notamment les médecins du travail, la déclaration de tout symptôme d'imprégnation toxique et de toute maladie, lorsqu'ils ont un caractère professionnel et**

figurent sur une liste établie par arrêté interministériel, après avis du *(L. n° 2015-994 du 17 août 2015, art. 26-IX)* **« Conseil d'orientation des conditions de travail ».**

Il doit également déclarer tout symptôme et toute maladie non compris dans cette liste mais qui présentent, à son avis, un caractère professionnel.

La déclaration prévue aux deux alinéas précédents est établie et transmise selon des modalités fixées par voie réglementaire.

Art. L. 461-7 **Des décrets peuvent prévoir des dispositions spéciales d'application du présent livre à certaines maladies professionnelles.** — *V. art. D. 461-1 à D. 461-24.*

Art. L. 461-8 **Une indemnité spéciale est accordée au travailleur atteint :**

1° De pneumoconioses consécutives à l'inhalation de poussières minérales renfermant de la silice libre ;

2° D'affections professionnelles consécutives à l'inhalation de poussières d'amiante ;

3° De sidérose professionnelle,

lorsque le changement d'emploi est nécessaire pour prévenir une aggravation de son état et que les conditions exigées ne sont pas remplies par le salarié pour bénéficier d'une rente.

V. art. R. 461-1 à R. 461-8 et D. 461-1 à D. 461-38.

TITRE SEPTIÈME SANCTIONS

Art. L. 471-1 **Les contraventions aux dispositions de l'article L. 441-2** *(L. n° 2009-1646 du 24 déc. 2009, art. 95-II)* **« , de l'article L. 441-4 » et du premier alinéa de l'article L. 441-5 peuvent être constatées par les inspecteurs du travail.**

(L. n° 2009-1646 du 24 déc. 2009, art. 95-II) **« La caisse primaire d'assurance maladie recouvre auprès des employeurs ou de leurs préposés n'ayant pas satisfait à ces dispositions l'indu correspondant à la totalité des dépenses faites à l'occasion de l'accident et peut prononcer la pénalité prévue à l'article** *(L. n° 2015-1702 du 21 déc. 2015, art. 59-XII-A-25°, en vigueur le 1er janv. 2016)* **« L. 114-17-1 ». »**

(L. n° 93-1027 du 24 août 1993, art. 36-VI ; L. n° 2009-1646 du 24 déc. 2009, art. 95-II) **« En outre, la caisse recouvre auprès de l'employeur de toute personne étrangère travaillant ou ayant travaillé pour le compte de celui-ci, sans satisfaire** *(L. n° 2016-1827 du 23 déc. 2016, art. 64-I)* **« à la condition de régularité de séjour prévue à l'article L. 111-2-3 », l'indu correspondant à la totalité des dépenses qu'elle supporte pour cette personne au titre du présent livre. »** *(L. n° 2010-1594 du 20 déc. 2010, art. 93-I)* **« Il en est de même lorsque la victime se trouvait en situation de travail dissimulé au sens des articles L. 8221-3 et L. 8221-5 du code du travail. Si, à l'occasion des faits mentionnés au présent alinéa, il est constaté l'un des faits prévus au premier alinéa du présent article, la caisse peut prononcer la pénalité prévue à l'article** *(L. n° 2015-1702 du 21 déc. 2015, art. 59-XII-A-25°, en vigueur le 1er janv. 2016)* **« L. 114-17-1 », sans préjudice d'autres sanctions, le cas échéant. »**

1. Contrôle de l'adéquation de la sanction à la faute. Il appartient aux juridictions du contentieux général de la sécurité sociale d'apprécier l'adéquation d'une sanction à caractère punitif prononcée par un organisme de sécurité sociale à la gravité de l'infraction commise. Les juridictions ont donc le pouvoir d'apprécier l'adéquation de la sanction à la faute provenant de la déclaration tardive de l'accident. • Civ. 2e, 8 avr. 2010, n° 09-11.232 P : *D. actu. 26 avr. 2010, obs. Lavric ; Dr. ouvrier 2010. 620, obs. Crevel ; JCP S 2010, n° 1304, note Bugada ; RJS 2010, n° 553.* ♦ Comp. antérieurement • Soc. 5 déc. 1996, n° 95-10.004 P • Soc. 22 juin 1995, n° 93-10.010 P : *D. 1996. Somm. 40, obs. Prétot ; RJS 1995, n° 948.*

2. Déclaration mensongère. La déclaration inexacte de l'accident du travail par un employeur connaissant la situation du salarié sans autorisation de travail constitue une déclaration mensongère engageant sa responsabilité. • Crim. 8 août 2018, n° 17-84.920 P : *D. 2018. 1648.*

3. Prescription. Si l'art. L. 431-2 soumet à une prescription biennale les actions en remboursement de prestations versées au titre de la législation sur le risque professionnel, cette disposition ne vise que les prestations indûment servies à la victime, en sorte qu'à défaut de texte particulier, l'action en remboursement exercée par la caisse contre l'employeur en application de l'art. L. 471-1 demeure soumise à la prescription trentenaire de droit commun. • Soc. 7 avr. 1994, n° 92-10.324 P. ♦ Lorsque le débiteur est une université ayant le caractère d'un établissement public doté d'un comptable public, la créance de l'organisme social née de l'application de l'art. L. 471-1 CSS est soumise à l'application de la prescription quadriennale instituée par la L. n° 68-1250 du 31 déc. 1968 modifiée. • Civ. 2e, 21 janv. 2016, ☎ n° 14-50.068 P : *JCP S 2016, n° 1132, obs. Asquinazi-Bailleux.*

Art. L. 471-2 Est puni d'une amende de 12 000 € :

1° Tout intermédiaire convaincu d'avoir offert les services spécifiés à l'article L. 482-4 ;

2° Tout employeur ayant opéré, sur le salaire de son personnel, des retenues pour l'assurance accidents.

Art. L. 471-3 *Abrogé par L. n° 2005-1579 du 19 déc. 2005, art. 92-VI.*

Art. L. 471-4 Est puni d'une amende de 12 000 € et d'un emprisonnement de trois mois quiconque, par menaces, don, promesse d'argent, ristourne sur les honoraires médicaux ou fournitures pharmaceutiques, aura attiré ou tenté d'attirer les victimes d'accidents du travail ou de maladies professionnelles dans une clinique ou cabinet médical ou officine de pharmacie et aura ainsi porté atteinte à la liberté de la victime de choisir son médecin et son pharmacien.

(L. n° 92-1336 du 16 déc. 1992, art. 229 ; L. n° 2011-525 du 17 mai 2011, art. 152-II, 3°) « Est puni des mêmes peines, sans préjudice de celles prévues à l'article 441-7 » du code pénal, tout médecin ayant, dans les certificats délivrés pour l'application du présent livre, sciemment dénaturé les conséquences de l'accident ou de la maladie.

Est puni des mêmes peines, sans préjudice de celles prévues aux articles *(L. n° 92-1336 du 16 déc. 1992, art. 229)* « 434-13 à 434-15 » du code pénal, quiconque, par promesses ou menaces, aura influencé ou tenté d'influencer une personne témoin d'un accident du travail à l'effet d'altérer la vérité.

V. art. R. 471-1 à R. 471-5.

TITRE HUITIÈME DISPOSITIONS COMMUNES AVEC D'AUTRES BRANCHES — DISPOSITIONS DIVERSES ET D'APPLICATION

CHAPITRE PREMIER DISPOSITIONS COMMUNES AUX ASSURANCES SOCIALES ET AUX ACCIDENTS DU TRAVAIL

SECTION PREMIÈRE PRISE EN CHARGE DES FRAIS DE PRÉORIENTATION, D'ÉDUCATION OU DE RÉÉDUCATION PROFESSIONNELLE DES TRAVAILLEURS HANDICAPÉS ET DES VICTIMES D'ACCIDENTS DU TRAVAIL

(Décr. n° 86-831 du 10 mars 1986, art. 11)

Art. L. 481-1 Les projets de création d'établissements de rééducation professionnelle ou de participation à la gestion de tels établissements créés par des œuvres ou institutions, établis par les Caisses de sécurité sociale, sont soumis à l'autorisation de l'État. – *V. art. R. 481-1 à R. 481-7.*

Art. L. 481-2 Sans préjudice des *(L. n° 2013-1203 du 23 déc. 2013, art. 86-II-5°)* « sanctions pénales encourues », le bénéficiaire d'une rééducation professionnelle est tenu au remboursement des sommes qu'il aurait indûment perçues à la suite de toute déclaration inexacte ou incomplète.

SECTION II DISPOSITIONS DIVERSES

Néant.

CHAPITRE II DISPOSITIONS DIVERSES ET D'APPLICATION

Art. L. 482-1 Pour tous les accidents du travail auxquels les articles L. 434-7 et suivants ne s'appliquent pas, la limite d'âge prévue pour le paiement des rentes d'orphelin par la loi du 9 avril 1898 modifiée et dans les départements du Haut-Rhin, du Bas-Rhin et de la Moselle par le code local des assurances sociales du 19 juillet 1911 est portée à un âge déterminé *[art. R. 482-1 : 18 ans]*, si l'enfant est placé en apprentissage, et à un âge plus élevé *[art. R. 482-1 : 20 ans]*, s'il poursuit des études ou s'il est,

par suite d'infirmités ou de maladies chroniques, dans l'impossibilité permanente de se livrer à un travail salarié.

Art. L. 482-2 **Les prestations accordées en application des dispositions de l'article L. 482-1 seront versées, suivant les cas, par les fonds de majoration des rentes d'accidents du travail gérés par la Caisse des dépôts et consignations ou par les organismes d'assurance contre les accidents du travail des départements du Haut-Rhin, du Bas-Rhin et de la Moselle.**

Art. L. 482-3 **Un arrêté interministériel fixe les conditions d'application des articles L. 482-1 et L. 482-2.** – *V. art. R. 482-2.*

Art. L. 482-4 **Toute convention contraire au présent livre est nulle de plein droit.**

Sont nulles de plein droit et de nul effet les obligations contractées pour rémunération de leurs services envers les intermédiaires qui se chargent, moyennant émoluments convenus à l'avance, d'assurer aux victimes d'accidents ou à leurs ayants droit le bénéfice des prestations et d'indemnités prévues par le présent livre.

Toute convention contraire au livre IV relatif aux accidents du travail et maladies professionnelles est nulle de plein droit. Les juges ne sauraient en conséquence débouter le salarié de sa demande en reconnaissance de la faute inexcusable au motif qu'il a conclu un accord relatif aux conséquences de l'accident du travail. • Soc. 17 nov. 1994, n° 92-15.841 P : *RJS 1995, n° 302.* ♦ Dans le même sens : est sans effet le protocole d'accord selon lequel le salarié renonce à l'action qu'il a engagée contre la société tendant à voir reconnaître la faute inexcusable de celle-ci, à l'origine de la rechute de maladie professionnelle, moyennant une indemnisation. • Civ. 2e, 1er juin 2011 : *JCP S 2011, n° 1354, note Tauran ; RJS 2011, n° 727.*

Art. L. 482-5 **Des dispositions réglementaires déterminent, en tant que de besoin, les modalités d'application du livre IV. Sauf disposition contraire, elles sont prises par décret en Conseil d'État.** – *V. art. R. 482-3 et D. 482-1.*

LIVRE CINQUIÈME PRESTATIONS FAMILIALES ET PRESTATIONS ASSIMILÉES

BIBL. GÉN. ▶ ANCELIN, L'action sociale des caisses d'allocations familiales, *Dr. soc. 1985. 439.* – ATTIAS-DONFUT, L'État, substitut des familles ?, *Dr. soc. 1999. 481.* – BADEL, L'incidence des prestations familiales sur l'insertion des familles, *RDSS 1994. 674* ; Quel droit aux allocations familiales ?, Drôle(s) de droit(s), *Mél. E. Alfandari, 2000, Dalloz, p. 203.* – BERTHIER et ORIOT, Les familles monoparentales : plus nombreuses et plus pauvres, elles sont le reflet d'une politique familiale inadaptée, *RF aff. soc. n° 4, oct.-déc. 1998. 169.* – BICHOT, La Cour des comptes et les aides publiques aux familles : lecture critique du rapport sur la sécurité sociale de septembre 2007, *RDSS 2008. 327.* – BICHOT et MARCILHACY, Le sacrifice de la politique familiale au printemps 1993, *Dr. soc. 1993. 623.* – CAIRE, Le financement des prestations familiales, *RDSS 1994. 595.* – CHAUVIÈRE, SASSIER, BOUQUET, ALLARD et RIBES, Les implicites de la politique familiale, Approches historiques, juridiques et politiques, *Dunod, 2000.* – DAMON, La mise sous condition de ressources des allocations familiales : une discrimination vraiment positive ?, *RDSS 2008. 336.* – DEVERS, LFSS pour 2008 : dispositions relatives à la branche famille, *JCP S 2008. 1055.* – FAGNANI, Lacunes, contradictions et incohérences des mesures de conciliation travail-famille : bref bilan critique, *Dr. soc. 1998. 596.* – FAGNANI et ANTOINE MATH, Fiscalité et prestations familiales en Europe : les familles aisées vivant en France sont-elles les plus favorisées ?, *RF aff. soc. n° 4, oct.-déc. 1998. 149.* – FAVIER, L'impact du droit européen sur le droit des prestations familiales, *Inf. soc. 1/2006, n° 129, p. 12.* – FOSSIER et BAUER, L'utilisation des prestations familiales : contrôle ou assistance ?, *RDSS 1994. 657.* – FRAGONARD, Le système français des prestations familiales, *Dr. soc. 1985. 331* ; L'évolution du système des prestations familiales, *Dr. soc. 1985. 349* ; Quelques réflexions à propos de la complexité du système des prestations familiales, *Dr. soc. 1995. 765* ; Quelques remarques sur la fraude aux prestations servies par les caisses d'allocations familiales, *Dr. soc. 2011. 521.* – GÉRARD, Prestations familiales et revenu minimum garanti, *Dr. soc. 1978, n° spéc., sept.-oct., p. 82.* – D'HAENE, La gestion sociale des prestations familiales, *Dr. soc. 1985. 420.* – HOCHARD, Les finalités primaires et secondaires des prestations familiales, *Dr. soc. 1957. 306* ; Le droit personnel des enfants aux prestations familiales, *Dr. soc. 1961. 51* ; Un tournant dans le régime des prestations familiales, *Dr. soc. 1972. 171.* – JOHANNET, La nouvelle politique familiale, *Dr. soc. 1982. 503.* – LABORDE, Les prestations familiales : pluralité des typologies, incertitude de la notion, *RDSS 1994. 563.* – LAFORE, Les contrôles d'ordre social préalables à l'attribution des prestations familiales : logique protectrice et logique intégratrice, *RDSS 1994. 640* ∅. – Lagarde, La rentabilité de l'assurance vieillesse des mères de famille, *RDSS 1985. 406.* – Laroque et autres, La politique familiale en France depuis 1945, *Doc. franç. 1986.* – Legouhy, Les prestations familiales, *RPDS 1998. 115.* – Levy, L'incidence sur les comportements individuels et collectifs, *RDSS 1994. 687* ∅. – Maingueneau et Parnois, L'évolution des prestations familiales de 1970 à 1984, *Dr. soc. 1985. 354.* – Maingueneau et Rastier, Bilan de la loi famille du 25 juillet 1994, *Dr. soc. 1999. 376* ∅. – Marie, Sur la complexité : l'exemple des règles gérées par les caisses d'allocations familiales, *Dr. soc. 1995. 760* ∅. – Marinacce et Maingueneau, Le système français des prestations familiales : état des lieux, *RDSS 2008. 619* ∅. – Massot, Prestations familiales, conditions de ressources et principes généraux du droit, *Dr. soc. 1986. 725.* – Messu, Les finalités des prestations familiales, *RDSS 1994. 575* ∅. – Monéger, L'immigré et sa famille : l'incidence du statut personnel sur la protection sociale des immigrés, *RDSS 1987. 246 ;* La politique familiale, *RDSS 1996. 765* ∅ ; Familles et prestations sociales dans les relations franco-algériennes, *RDSS 2003. 673* ∅. – Ory, L'abandon de la condition d'activité professionnelle pour l'ouverture du droit aux prestations familiales, *Dr. soc. 1978, n° spéc., sept.-oct., p. 14.* – Pintiau, La loi du 25 juillet 1994 sur la famille : une occasion manquée, *RDSS 1995. 171* ∅. – Prétot, Quelle famille est prise en compte dans notre système de protection sociale ?, *RDSS 1991. 482* ∅. – Raymond, Une priorité pour les familles jeunes et les familles nombreuses (loi du 4 janv. 1985 en faveur des jeunes familles et des familles nombreuses), *RDSS 1985. 387 ;* La loi du 29 déc. 1986 relative à la famille : complexe, injuste et antinataliste, *Dr. soc. 1987. 385.* – Rozan, La création de la prestation d'accueil du jeune enfant, *RDSS 2004. 178* ∅. – Saint-Jours, Prestations familiales : droit de l'enfant ou dispositif d'assistance ?, *Dr. ouvrier 1997. 363.* – Sayn, L'introduction problématique de l'obligation alimentaire dans les caisses d'allocations familiales, *RDSS 2000. 163* ∅. – Steck, Les prestations familiales, *PUF (Coll. Que sais-je ?), 2e éd. 1994 ;* La branche famille de la sécurité sociale : état des lieux, *Dr. soc. 1994. 56* ∅ ; La branche famille demain, *Dr. soc. 1995. 808* ∅ ; De la loi Veil au Plan Juppé : l'évolution de la branche famille, *Dr. soc. 1996. 405* ∅ ; Droit et famille, *Economica, 1997 ;* Les prestations gérées par la branche famille et l'emploi, *RDSS 2006. 336* ∅ ; Comment faire face aux besoins nés des changements de la famille dans le monde ?, *RDSS 2009. 659* ∅. – Schroeder et Kessler, La perspective communautaire, *RDSS 1994. 697* ∅. – Thélot et Villac, Politique familiale. Bilan et perspectives (Rapport), *Doc. fr. 1998.* – La politique familiale en France aujourd'hui : spécificités et controverses, Dossier, *RDSS 2013. 963* ∅ *s.*

TITRE PREMIER CHAMP D'APPLICATION — GÉNÉRALITÉS

CHAPITRE PREMIER LISTE DES PRESTATIONS

Art. L. 511-1 Les prestations familiales comprennent :

(L. n° 2003-1199 du 18 déc. 2003, art. 60) **« 1° La prestation d'accueil du jeune enfant ; »**

2° Les allocations familiales ;

3° Le complément familial ;

4° L'allocation de logement ;

5° L'*(L. n° 2005-102 du 11 févr. 2005, art. 68-2°)* **« allocation d'éducation de l'enfant handicapé » ;**

6° L'allocation de soutien familial ;

7° L'allocation de rentrée scolaire ;

(Abrogé par L. n° 2008-1249 du 1er déc. 2008, art. 11, à compter du 1er juin 2009) « 8° L'allocation de parent isolé (L. n° 2006-339 du 23 mars 2006, art. 5) *« et la prime forfaitaire instituée par l'article L. 524-5 » ; »*

9° L'*(L. n° 2005-1579 du 19 déc. 2005, art. 87-I)* **« allocation journalière de présence parentale ».**

Les dispositions issues de l'art. 60 de la L. n° 2003-1199 du 18 déc. 2003 entrent en vigueur à compter du 1er janv. 2004 pour les enfants nés ou adoptés à compter du 1er janv. 2004 ainsi que pour les enfants nés avant cette date alors que leur date de naissance présumée était postérieure au 31 déc. 2003.

A compter du 1er janv. 2007, l'ensemble des ménages et personnes bénéficient de la prestation d'accueil du jeune enfant dès lors qu'ils répondent à ses conditions de droit (L. n° 2003-1199 du 18 déc. 2003, art. 60-VIII).

Les dispositions issues de la L. n° 2005-1579 du 19 déc. 2005 entrent en vigueur à compter du 1er mai 2006 pour toute demande déposée à compter de cette date ; les personnes qui bénéficient de l'allocation de présence parentale en vertu de la réglementation applicable avant cette date continuent à en bénéficier jusqu'à son terme (L. préc., art. 87-XI).

L'allocation parentale d'éducation a le caractère d'une prestation familiale de sorte que son bénéficiaire détaché en Allemagne et qui y réside avec son époux ne peut prétendre qu'à un versement complémentaire égal à la différence entre le montant des prestations familiales servies par l'institution compétente allemande et celui de l'ensemble des prestations qui lui auraient été dues par la caisse d'allocations familiales. • Soc. 21 déc. 2006 : *RJS 2007, n° 386 ; JCP S 2006, n° 1328, note Tauran.*

CHAPITRE II CHAMP D'APPLICATION

Art. L. 512-1 Toute personne française ou étrangère résidant en France *(L. n° 2015-1702 du 21 déc. 2015, art. 59-XI-J, en vigueur le 1er janv. 2016)* « , au sens de l'article L. 111-2-3 », **ayant à sa charge un ou plusieurs enfants résidant en France, bénéficie pour ces enfants des prestations familiales dans les conditions prévues par le présent livre** *(L. n° 95-116 du 4 févr. 1995, art. 48)* « **sous réserve que ce ou ces derniers ne soient pas bénéficiaires, à titre personnel, d'une ou plusieurs prestations familiales, de l'allocation de logement sociale ou de l'aide personnalisée au logement** ». – *V. art. R. 512-1.*

(L. n° 2006-1640 du 21 déc. 2006, art. 130-II) « **Le précédent alinéa ne s'applique pas aux travailleurs détachés temporairement en France pour y exercer une activité professionnelle et exemptés d'affiliation au régime français de sécurité sociale en application d'une convention internationale de sécurité sociale ou d'un règlement communautaire ainsi qu'aux personnes à leur charge, sous réserve de stipulation particulière de cette convention.** »

V. Circ. CNAF n° 2008-030 du 29 oct. 2008 relative à la rétroactivité du bénéfice des prestations familiales pour les personnes admises au statut de réfugié.

BIBL. ► Bétant-Robet, La notion d'enfant à charge dans le droit des prestations familiales, *RDSS 1991. 123*. – Monéger, La relation de charge dans les prestations familiales, *RDSS 1994. 613*. – Rebourg, La notion d'enfant à charge dans les familles recomposées, *RDSS 1998. 402*. – Segues et Toullier, Accès des étrangers aux prestations servies par les caisses d'allocations familiales, *Dr. soc. 2005. 665*.

1. Refus des prestations familiales aux travailleurs détachés à l'étranger. Il résulte de la combinaison des art. L. 512-1 et R. 761-6 que, sous réserve des stipulations des conventions et règlements internationaux, les travailleurs détachés à l'étranger ne bénéficient des prestations familiales que pour leurs enfants résidant en France. • Soc. 12 juill. 1995, n° 93-14.106 P : *D. 1995. IR 229 ; RJS 1995, n° 965.* ♦ Le droit aux prestations familiales, ouvert sans condition d'activité, ni de cotisation ou de contribution, à toute personne française ou étrangère résidant en France, ayant à sa charge un ou plusieurs enfants résidant en France, procède des exigences de la solidarité nationale telle qu'elle résulte des dispositions des 10e et 11e al. du Préamb. Const. 27 oct. 1946. L'absence de dérogation à la condition de résidence pour les fonctionnaires de l'État, appelés à exercer leurs fonctions à l'étranger en application de dispositions statutaires purement réglementaires, lesquelles prévoient d'ailleurs le versement aux intéressés de majorations familiales destinées à couvrir pour partie leurs charges de famille, ne constitue pas une atteinte au principe d'égalité devant la loi. • Civ. 2e, 5 juill. 2018, n° 18-10.385 P : *RDSS 2018. 922, obs. Dagorne-Labbe*.

2. Absence de lien avec le paiement des cotisations sociales. Il résulte des art. L. 512-1 et L. 512-2 que bénéficient de plein droit des prestations familiales les étrangers titulaires d'un titre de séjour dont les enfants résident régulièrement en France. Le droit aux prestations n'est pas subordonné au respect par l'employeur de son obligation au paiement des cotisations de sécurité sociale. • Soc. 14 juin 2001 : *RJS 2001, n° 1089.*

3. Point de départ du droit aux prestations. Selon les art. L. 512-1 et L. 512-2, interprétés conformément aux art. 8 et 14 Conv. EDH, les étrangers résidant régulièrement en France avec leurs enfants mineurs bénéficient de plein droit des prestations familiales sans qu'il soit possible de se référer à la date du certificat de contrôle médical délivré par l'Office national d'immigration pour fixer la date d'ouverture de leurs droits. • Cass., ass. plén., 16 avr. 2004, n° 02-30.157 P : *D. 2004. Somm. 2614, obs. Prétot ; Dr. soc. 2004. 776, note Coeuret ; Dr. fam. 2004. Comm. 135, obs. Devers ; TPS 2004. Comm. 242 ; RJS 2004, n° 849 ; RDSS 2004. 945, note Daugareilh* • Soc. 4 avr. 1996, n° 94-16.086 P : *D. 2004. IR 116.* ♦ Il résulte des art. L. 512-1 et L. 512-2 CSS, ensemble les art. 8 et 14 Conv. EDH, que bénéficient de plein droit des prestations familiales, pour les enfants à leur charge résidant en France, les étrangers titulaires d'un titre exigé d'eux pour résider régulièrement en France et que la jouissance du droit à la vie privée et familiale doit être assurée sans distinction fondée notamment sur l'origine nationale. Dès lors, encourt la cassation, l'arrêt d'une cour d'appel, qui, pour rejeter la requête d'une personne ayant obtenu le statut de réfugié et demandant que le bénéfice des prestations familiales lui soit accordé de manière rétroactive, retient que celle-ci n'avait droit aux prestations familiales qu'à compter de la date d'établissement du document reconnaissant sa qualité de réfugié. Or, l'intéressé avait sollicité dès son entrée en France la qualité de réfugié qu'il avait ensuite obtenue, et avait été autorisé à résider sur le territoire national avec sa famille de manière provisoire à compter de cette demande. En conséquence, eu égard au caractère récognitif de l'admission au statut de réfugié, cette personne remplissait la condition de régularité de séjour à compter du jour où elle avait formulé cette demande. • Civ. 2e, 23 oct. 2008, n° 07-11.328 P : *D. 2008. AJ 2801* ; *JCP S 2009, n° 1011, note Coursier ; RJS 2009, n° 221.* ♦ Dans le même sens • Civ. 2e, 23 sept. 2010 : *JCP S 2010, n° 1462, note Devers.*

4. *Date d'appréciation de la situation du bénéficiaire.* L'appréciation de la situation de la famille pour l'ouverture des droits au bénéfice de la prime à la naissance n'est pas soumise à la condition de résidence de l'allocataire en France, laquelle ne s'applique qu'à la date du versement effectif de la prestation, la cour d'appel a violé les textes susvisés. • Civ. 2e, 4 avr. 2018, n° 17-17.386 P : *RDSS 2018. 554, obs. Tauran* .

5. *Nécessité d'assurer l'autorité parentale.* Selon l'art. L. 512-1, toute personne française ou étrangère ayant à sa charge un ou plusieurs enfants résidant en France bénéficie pour ces enfants des prestations familiales. Les prestations sont dues à la personne qui assume en France la charge effective et permanente des enfants à compter du jugement lui ayant délégué l'autorité parentale sur eux. • Civ. 2e, 14 sept. 2006 : *RJS 10/2006, n° 1222 ; JCP S 2006, n° 1802, note Bugada.*

6. *Enfants bénéficiaires de prestations à titre personnel.* Toute personne française ou étrangère résidant en France, ayant à sa charge un ou plusieurs enfants résidant en France, bénéficie pour ces enfants des prestations familiales dans les conditions prévues par le livre V du même code sous réserve que ce ou ces derniers ne soient pas bénéficiaires, à titre personnel, d'une ou plusieurs prestations familiales, de l'allocation de logement sociale ou de l'aide personnalisée au logement. Les parents ne sauraient en conséquence prétendre au droit à prestations familiales lorsque l'enfant est bénéficiaire, à titre personnel, d'une aide personnalisée au logement, quand bien même il serait resté à leur charge effective et permanente. • Civ. 2e, 28 mai 2014, n° 13-17.323.

7. *Personnels des organisations internationales employés en France.* Sur l'absence de droit à prestations familiales des salariés employés par des organisations internationales dont les personnels relèvent d'un régime spécifique de protection sociale (en l'espèce l'Organisation ITER), en l'absence de dispositions spécifiques dans les conventions conclues avec la France, V. • Civ. 2e, 6 juill. 2017, n° 16-17.958 P : *JCP S 2017, n° 1272, obs. Jeansen ; RJS 10/2017, n° 705.*

Art. L. 512-2 *(L. n° 2007-1786 du 19 déc. 2007, art. 95-I)* « Bénéficient de plein droit des prestations familiales dans les conditions fixées par le présent livre les ressortissants des États membres de la Communauté européenne, des autres États parties à l'accord sur l'Espace économique européen et de la Confédération suisse qui remplissent les conditions exigées pour résider régulièrement en France, la résidence étant appréciée dans les conditions fixées pour l'application de l'article L. 512-1.

« Bénéficient également de plein droit des prestations familiales dans les conditions fixées par le présent livre les étrangers non ressortissants d'un État membre de la Communauté européenne, d'un autre État partie à l'accord sur l'Espace économique européen ou de la Confédération suisse, titulaires d'un titre exigé d'eux en vertu soit de dispositions législatives ou réglementaires, soit de traités ou accords internationaux pour résider régulièrement en France. »

(L. n° 2005-1579 du 19 déc. 2005, art. 89) « Ces étrangers bénéficient des prestations familiales sous réserve qu'il soit justifié, pour les enfants qui sont à leur charge et au titre desquels les prestations familiales sont demandées, de l'une des situations suivantes :

« – leur naissance en France ;

« – leur entrée régulière dans le cadre de la procédure de regroupement familial visée au livre IV du code de l'entrée et du séjour des étrangers et du droit d'asile ;

« – leur qualité de membre de famille de réfugié ;

« – leur qualité d'enfant d'étranger titulaire de la carte de séjour mentionnée *(L. n° 2018-778 du 10 sept. 2018, art. 66, en vigueur au plus tard le 1er mars 2019)* « à l'article L. 313-26 » du code de l'entrée et du séjour des étrangers et du droit d'asile ;

« – leur qualité d'enfant d'étranger titulaire de la carte de séjour mentionnée à l'article *(L. n° 2018-778 du 10 sept. 2018, art. 66, en vigueur au plus tard le 1er mars 2019)* « L. 313-25 » du même code ;

« – leur qualité d'enfant d'étranger titulaire *(L. n° 2011-672 du 16 juin 2011, art. 23-VI)* « de l'une des cartes de séjour mentionnées *(L. n° 2016-274 du 7 mars 2016, art. 20-V)* « au 4° de l'article L. 313-20 et à l'article L. 313-21 » du même code ; » – *Les dispositions issues de la L. n° 2016-274 du 7 mars 2016 entrent en vigueur à compter d'une date fixée par décret en Conseil d'État, et au plus tard le 1er nov. 2016 (L. préc., art. 67-II).*

« – leur qualité d'enfant d'étranger titulaire de la carte de séjour mentionnée au 7° de l'article L. 313-11 du même code à la condition que le ou les enfants en cause soient entrés en France au plus tard en même temps que l'un de leurs parents titulaires de la carte susmentionnée.

« Un décret fixe la liste des titres et justifications attestant de la régularité de l'entrée et du séjour des bénéficiaires étrangers. Il détermine également la nature des documents exigés pour justifier que les enfants que ces étrangers ont à charge et au titre desquels des prestations familiales sont demandées remplissent les conditions prévues aux alinéas précédents. »

V. Circ. DSS/DAEI n° 96-409 du 1er juill. 1996 relative au versement en France des prestations familiales et de logement aux ressortissants de l'Union européenne et des États parties à l'accord sur l'Espace économique européen. BO Aff. soc. n° 96/30, p. 265.

BIBL. ▶ CADEAU, La CAF face au statut des étrangers, *Informations sociales, 1999, n° 78, p. 98.* – DEVERS, Le droit aux prestations familiales des enfants étrangers : suite et fin ?, *Dr. fam. 2006, Comm. 45.* – MONÉGER, L'immigré et sa famille : l'incidence du statut personnel sur la protection sociale des immigrés, *RDSS 1987. 246.* – STECK, RAUBER, ALFANDARI et CHASTAND, L'immigré et sa famille : les prestations familiales des immigrés, *RDSS 1987. 223.*

I. DROIT AUX PRESTATIONS FAMILIALES ET RÉGULARITÉ DE L'ENTRÉE ET DU SÉJOUR DES ENFANTS

A. EXIGENCE DE LA PRODUCTION DU CERTIFICAT MÉDICAL : DÉCISIONS RENDUES SOUS L'EMPIRE DES TEXTES AVANT LA LOI DU 19 DÉCEMBRE 2005

1. Selon les art. L. 512-1 et L. 512-2, interprétés conformément aux art. 8 et 14 Conv. EDH, les étrangers résidant régulièrement en France avec leurs enfants mineurs bénéficient de plein droit des prestations familiales sans qu'il soit possible de se référer à la date du certificat de contrôle médical délivré par l'Office national d'immigration pour fixer la date d'ouverture de leurs droits. • Cass., ass. plén., 16 avr. 2004, n° 02-30.157 P : *D. 2004. Somm. 2614, obs. Prétot ; Dr. soc. 2004. 776, note Coeuret ; Dr. fam. 2004. Comm. 135, obs. Devers ; TPS 2004. Comm. 242 ; RJS 2004, n° 849 ; RDSS 2004. 945, note Daugareilh* • Soc. 4 avr. 1996, n° 94-16.086 P : *D. 2004. IR 116.* ♦ Le fait de subordonner à la production d'un justificatif de la régularité du séjour des enfants mineurs le bénéfice des prestations familiales porte une atteinte disproportionnée au principe de non-discrimination et au droit à la protection de la vie familiale dès lors que les étrangers titulaires d'un titre exigé d'eux pour résider régulièrement en France bénéficient de plein droit des prestations familiales, pour les enfants à leur charge résidant en France. • Civ. 2e, 6 déc. 2006 : *D. 2007. AJ 21 ; D. 2007. 2192, obs. Gouttenoire et Brunet ; Dr. fam. 2007. Comm. 74, obs. Devers.* ♦ V. encore • Civ. 2e, 15 mai 2008, n° 07-13.144.

B. EXIGENCE DE LA PRODUCTION DU CERTIFICAT MÉDICAL : DÉCISIONS RENDUES SOUS L'EMPIRE DE LA LOI DU 19 DÉCEMBRE 2005

2. Compatibilité avec le principe d'égalité et le droit à la vie familiale. La différence établie par le législateur entre les enfants entrés en France dans le cadre de la procédure de regroupement familial et ceux qui y sont entrés en méconnaissance de cette procédure est en rapport avec l'objectif qu'il s'est fixé. Doit être dès lors rejeté le moyen tiré d'une rupture d'égalité. • Cons. const. 15 déc. 2005, *décis n° 2005-528 DC : RFDA 1/2006. 126, obs. Schoettl.* ♦ Les art. L. 512-2 et D. 512-2 CSS, dans leur rédaction issue respectivement de la L. n° 2005-1579 du 19 déc. 2005 et du Décr. n° 2006-234 du 27 févr. 2006, subordonnent le versement des prestations familiales à la production d'un document attestant d'une entrée régulière des enfants étrangers en France et, en particulier pour les enfants entrés au titre du regroupement familial, du certificat médical délivré par l'OFII ; que ces dispositions, qui revêtent un caractère objectif justifié par la nécessité dans un état démocratique d'exercer un contrôle des conditions d'accueil des enfants, ne portent pas une atteinte disproportionnée au droit à la vie familiale garanti par les articles 8 et 14 de la Convention de sauvegarde des droits de l'homme et des libertés fondamentales, ni ne méconnaissent les dispositions de l'art. 3-1 CIDE.

• Cass., ass. plén., 3 juin 2011 : *RDSS 2011. 738, obs. Tauran* ; *JCP E 2011, n° 1710, obs. Bugada, JCP S 2011, n° 1380, obs. Devers ; Dr. soc. 2011. 813, obs. Azibert* ; *D. 2011. 1625, communiqué de la Première présidence* ; *RJS 7/2011, n° 735 ; RTD civ. 2011. 530, obs Hauser*. ♦ V. aussi • Civ. 2e, 15 avr. 2010, n° 09-12.911 P : *JCP 2010, n° 666, obs. Lhernoud ; JCP S 2010, n° 1303, obs. Devers ; RJS 7/2010, n° 626 ; RDSS 2010. 572, obs. Tauran*. ♦ De même • Cass., ass. plén., 5 avr. 2013 : *D. actu. 11 avr. 2013, obs. Kilgus ; D. 2013. 1009* ; *ibid. 1298, chron. Bouvier* ; *AJ fam. 2013. 305, obs. Gallmeister et Slama* ; *RJS 6/2013, n° 494 ; JCP 2013. 685, obs. Bugada ; JCP S 2013, n° 1366, obs. Devers ; Dr. ouvrier 2013. 773, obs. Isidro ; RDSS 2013. 527, note Monéger*. ♦ V. *contra* La Halde, *Délib. n° 2009-299 du 7 sept. 2009*. ♦ Le certificat de contrôle médical délivré par l'Office français de l'immigration et de l'intégration revêt un caractère recognitif, de sorte que le droit à prestations est ouvert à la date d'effet de la décision d'admission par mesure de régularisation au bénéfice du regroupement familial. • Civ. 2e, 11 oct. 2012 : *D. actu. 6 nov. 2012, obs. Seguin ; D. 2013. 599, chron. Bouvier, Adida-Canac, Leroy-Gissinger, Renault-Malignac et Salomon* ; *JCP S 2012, n° 1503, Rapp. Prétot ; RDSS 2012. 1145, obs. Tauran*. ♦ Les étrangers non ressortissants d'un État membre de l'Union européenne, d'un autre État partie à l'accord sur l'Espace économique européen ou de la Confédération helvétique, titulaires d'un titre exigé d'eux en vertu soit de dispositions législatives ou réglementaires, soit de traités ou accords internationaux pour résider régulièrement en France bénéficient des prestations familiales sous réserve qu'il soit justifié pour leurs enfants qui sont à leur charge et au titre desquels les prestations familiales sont demandées, de l'une des situations qu'il énumère limitativement. Les juges ne sauraient en conséquence considérer qu'une distinction opérée entre les enfants entrés au titre du regroupement familial et les autres constitue une discrimination fondée sur la nationalité, les stipulations de l'Accord euro-méditerranéen établissant une association entre les Communautés européennes et leurs États-membres, d'une part, et la République arabe d'Égypte, d'autre part, ainsi que de l'Acte final y afférent signés le 25 juin 2001, n'ayant à cet effet qu'une valeur purement programmatique. • Civ 2e, 6 nov. 2014 : *RJS 12/2014, n° 894*. ♦ Sur l'exigence de la production du certificat médical même en cas d'entrée régulière sur le territoire et de l'incapacité du bénéficiaire de le présenter en raison des carences de l'OFII, v. • Civ. 2e, 11 févr. 2016, n° 15-12.598 P : *JCP S 2016, n° 1225, obs. Asquinazi-Bailleux ; ibid. 2016, n° 1112, obs. Jeansen ; RDSS 2016. 555, note Isidro*.

3. Exceptions : application des conventions bilatérales conclues avec certains États. En application de l'art. 3, § 1, de la Décis. 3/80 du conseil d'association CEE–Turquie du 19 sept. 1980, est interdite toute discrimination fondée sur la nationalité dans le domaine d'application de cette décision. Un ressortissant turc doit en conséquence être traité de la même manière que les nationaux de l'État membre d'accueil, de sorte que la législation de cet État membre ne saurait soumettre l'octroi d'un droit à un tel ressortissant turc à des conditions supplémentaires ou plus rigoureuses par rapport à celles applicables à ses propres ressortissants. Doit en conséquence être écartée l'application des art. L. 512-2, D. 512-1 et D. 512-2 CSS qui, en ce qu'ils soumettent le bénéfice des allocations familiales à la production d'un document attestant d'une entrée régulière des enfants étrangers en France et, en particulier pour les enfants entrés au titre du regroupement familial, du certificat médical délivré par l'Office français de l'intégration et de l'immigration, instituent donc une discrimination directement fondée sur la nationalité. • Cass., ass. plén., 5 avr. 2013 : *D. actu. 11 avr. 2013, obs. Kilgus ; D. 2013. 1010* ; *AJ fam. 2013. 305* ; *RDSS 2013. 527, note Monéger*. ♦ De même pour les ressortissants algériens, en application des art. 68 et 69 de l'accord euro-méditerranéen établissant une association entre la Communauté européenne et ses États membres, d'une part, et la République algérienne démocratique et populaire. • Cass., ass. plén., 5 avr. 2013 : *préc. note 2*. ♦ Tel n'est pas le cas des conventions conclues entre le Gouvernement de la République française et le Gouvernement de la République de Côte d'Ivoire. Le travailleur salarié ou assimilé de nationalité ivoirienne doit donc justifier, par la production des documents mentionnés à l'art. D. 512-2, de la régularité de la situation de l'enfant qui a été autorisé à le rejoindre en France. • Civ. 2e, 3 nov. 2016, n° 15-21.204 P : *JCP S 2016, n° 1429, obs. Jeansen*. ♦ V. de même pour la République du Cameroun : • Civ 2e, 25 janv. 2018, n° 17-11.436 P : *RDSS 2018. 354, note Isidro* ; *JCP S 2018. 1073, obs. Jeansen*.

4. Les enfants entrés régulièrement sur le territoire en dehors de la procédure de regroupement familial dont les deux parents bénéficient d'une carte de séjour temporaire ont droit au bénéfice des prestations familiales sans avoir à produire le certificat de contrôle médical délivré par l'Office français de l'immigration et de l'intégration. • Civ. 2e, 19 sept. 2013, n° 12-24.299 P.

C. AUTRES JUSTIFICATIFS EXIGÉS

5. Carte de séjour temporaire. Les titres de séjour délivrés par le représentant de l'État ne revêtent pas un caractère recognitif. La délivrance d'une carte de séjour temporaire ne peut en conséquence ouvrir droit aux prestations familiales qu'à compter de leur délivrance. • Civ. 2e, 23 mai 2013 : *D. actu. 12 juin 2013, obs. Fraisse ; RDSS 2013. 749, obs. Dagonne-Labbe* ;

Dr. ouvrier 2013. 779, obs. Isidro ; JCP 2013. 1353, obs. Devers.

6. Récépissé préfectoral. Quelle que soit sa durée, le récépissé délivré par la préfecture pour une première demande de carte de séjour temporaire ne figure pas au nombre des titres et documents dont l'étranger doit justifier pour l'obtention des prestations familiales. • Civ. 2e, 11 mars 2010, n° 09-12.754 P : *RJS 2010, n° 626 ; JCP S 2010, n° 1250, note Devers.*

II. RÈGLES APPLICABLES AUX RESSORTISSANTS DE L'UNION EUROPÉENNE

7. Aux termes de l'art. 13-2, c, du Règl. CEE n° 1408-71 du 14 juin 1971 modifié, les fonctionnaires et le personnel assimilé sont soumis à la législation de l'État membre dont relève l'administration qui les occupe. Par suite, un fonctionnaire étranger résidant en France doit être soumis à la législation de l'État espagnol et ne peut prétendre aux prestations familiales prévues par la législation française. • Soc. 30 mai 1996, n° 94-17.261 P.

8. L'art. 13, § 2, *a*, du Règl. n° 1408/71 ne s'oppose pas à ce qu'un travailleur migrant, qui est soumis au régime de sécurité sociale de l'État membre qui l'emploie, perçoive, en application d'une législation nationale de l'État membre de résidence, des prestations familiales dans ce dernier État. • CJCE, 20 mai 2008, n° C-352/06 : *RDSS 2008. 983, note Lhernould.*

9. L'art. 73 du Règl. n° 1408/71 doit être interprété en ce sens qu'une personne divorcée, à qui étaient versées les allocations familiales par l'institution compétente de l'État membre dans lequel elle résidait et où son ex-époux continue à vivre et à travailler, conserve, pour son enfant, à la condition que ce dernier soit reconnu « membre de la famille » de cet ex-époux, au sens de l'art. 1er, sous *f), i),* dudit règlement, le bénéfice de ces allocations alors même qu'elle quitte cet État pour s'établir avec son enfant dans un autre État membre, où elle ne travaille pas, et alors même que ledit ex-époux pourrait percevoir lesdites allocations dans son État membre de résidence. L'exercice, par une personne se trouvant dans une situation telle que celle de la requérante au principal, d'une activité professionnelle dans l'État membre de sa résidence ouvrant effectivement droit à des allocations familiales a pour effet de suspendre, en application de l'art. 76 du Règl. n° 1408/71, dans sa version modifiée et mise à jour par le Règl. n° 118/97, le droit aux allocations familiales dues en vertu de la réglementation de l'État membre sur le territoire duquel l'ex-époux de cette personne exerce une activité professionnelle, jusqu'à concurrence du montant prévu par la législation de l'État membre de résidence de celle-ci. • CJCE, 26 nov. 2009, n° C-363/08 : *JCP S 2010, n° 1191, note Coursier.*

Art. L. 512-3 **Sous réserve des règles particulières à chaque prestation, ouvre droit aux prestations familiales :**

1° Tout enfant jusqu'à la fin de l'obligation scolaire ;

2° Après la fin de l'obligation scolaire, et jusqu'à un âge limite, tout enfant dont la rémunération éventuelle n'excède pas un plafond ;

3° Abrogé par L. n° 99-1140 du 29 déc. 1999, art. 14-I-1°. — V. art. R. 512-2.

(L. n° 99-1140 du 29 déc. 1999, art. 14-I-2°) **« Toutefois, pour l'attribution du complément familial et de l'allocation de logement mentionnés aux 3° et 4° de l'article L. 511-1 et à l'article L. 755-21, l'âge limite peut être différent de celui mentionné au 2° du présent article ».** — *Ces dispositions sont applicables, à compter du 1er janv. 2000, au titre des enfants nés à compter du 1er janvier 1980.*

1. Aucun texte n'édictant de déchéance du droit aux prestations familiales en cas d'interruption d'études antérieures, les prestations peuvent être à nouveau versées lorsque l'enfant, après avoir occupé un emploi salarié, reprend ses études dans des conditions de scolarité normales. • Soc. 24 mars 1969 : *Bull. civ. V, n° 215.*

2. Sur la poursuite d'études, V. note ss. art. R. 513-3.

3. L'apprenti qui ne suit pas les cours professionnels ne remplit pas les conditions exigées pour ouvrir droit aux prestations familiales. • Soc. 9 oct. 1975 : *Bull. civ. V, n° 455.*

Art. L. 512-4 *(L. n° 2003-1199 du 18 déc. 2003, art. 60-VII)* **Les prestations familiales sont versées, pour les enfants adoptés ou confiés en vue d'adoption, à la condition que :**

1° Le ou les enfants soient adoptés par décision de la juridiction française ou soient confiés en vue d'adoption par le service de l'aide sociale à l'enfance ou par un organisme autorisé pour l'adoption ;

2° Le ou les enfants soient confiés en vue d'adoption ou adoptés par décision de l'autorité étrangère compétente et autorisés à entrer à ce titre sur le territoire français et que le postulant à l'adoption ou l'adoptant soit titulaire de l'agrément mentionné aux articles L. 225-2, L. 225-3 et *(L. n° 2005-744 du 4 juill. 2005, art. 2)* **« L. 225-**

17 » du code de l'action sociale et des familles. – *Sur l'entrée en vigueur de la L. n° 2003-1199 du 18 déc. 2003, V. note ss. art. L. 511-1.*

PAJE et adoption. Les conditions de l'adoption sont soumises à la loi nationale de l'adoptant ou, en cas d'adoption par deux époux, par la loi qui régit les effets de leur union mais l'adoption ne peut être prononcée si la loi nationale de l'un et l'autre époux la prohibe et l'adoption d'un mineur étranger ne peut être prononcée si sa loi personnelle prohibe cette institution, sauf si ce mineur est né et réside habituellement en France. Les art. L. 512-4, L. 531-1 et L. 531-3 subordonnent le droit aux prestations familiales qu'ils prévoient à l'adoption d'un enfant ou à son accueil en vue de l'adoption. L'enfant n'ayant été ni adoptée par l'intéressé ni confiée à celui-ci en vue de son adoption, les conditions de versement de l'allocation de base de la prestation d'accueil du jeune enfant pendant une durée de trois ans à compter de son arrivée au foyer n'étaient pas réunies • Civ. 2e, 11 juin 2009, n° 08-15.571 P : *D. actu. 23 juin 2009, obs. Prémilat ; D. 2010. 1904, obs. Gouttenoire et Bonfils ; Dr. soc. 2009. 1144, obs. Laborde ; RDSS 2009. 770, obs. Tauran .*

Art. L. 512-5 *(L. n° 2007-1786 du 19 déc. 2007, art. 95-III)* Les prestations familiales du régime français ne peuvent se cumuler avec les prestations pour enfants versées en application des traités, conventions et accords internationaux auxquels la France est partie ou en application d'une législation ou d'une réglementation étrangère, ainsi qu'avec les prestations pour enfants versées par une organisation internationale.

Lorsque des prestations familiales ou des avantages familiaux sont versés, en application des traités, conventions et accords internationaux auxquels la France est partie ou en application d'une législation étrangère de sécurité sociale, à une famille résidant en France et que leurs montants sont inférieurs à celui des prestations familiales du régime français de sécurité sociale, seules des allocations différentielles peuvent être éventuellement versées. Un décret fixe les modalités d'application du présent article.

Art. L. 512-6 Lorsqu'un des membres du couple réside dans un département ou un territoire d'outre-mer, le droit aux prestations familiales du régime métropolitain est ouvert du chef du conjoint ou concubin résidant en France métropolitaine avec les enfants.

Toutefois, les prestations familiales du régime métropolitain ne peuvent se cumuler avec les prestations familiales versées en application d'un régime d'outre-mer. Seule une allocation différentielle est alors éventuellement versée.

CHAPITRE III RÈGLES D'ALLOCATION ET D'ATTRIBUTION DES PRESTATIONS

BIBL. ▶ DEVERS, Une proposition de loi sur la désignation de l'allocataire des prestations familiales en cas de résidence alternée, *D. 2006. 2748* .

Art. L. 513-1 Les prestations familiales sont, sous réserve des règles particulières à chaque prestation, dues à la personne physique qui assume la charge effective et permanente de l'enfant. – *V. art. R. 513-1 et R. 513-2.*

1. Désignation de l'allocataire en cas de séparation des parents. Les prestations familiales sont dues à la personne qui assume la charge effective et permanente de l'enfant. En cas de divorce, de séparation de droit ou de fait des époux ou de cessation de la vie commune des concubins et si l'un et l'autre ont la charge effective et permanente de l'enfant, l'allocataire est celui des membres du couple au foyer duquel vit l'enfant. • Civ. 2e, 3 juill. 2008 : *RJS 10/08, n° 1037 ; JCP S 2008, n° 1588, note Tauran.* ♦ A rappr. de : • Cass., avis, 26 juin 2006 : *D. 2006. IR 1914 ; RDSS 2006. 945, note Verkindt ; Dr. fam. 2006, comm. 179, p. 36, note Devers ; JCP S 2006, n° 1788, note Paillet.* ♦ V. aussi, « Premières applications des avis de la Cour de cassation du 26 juin 2006 », *Dr. fam. 2007, Comm. 75, obs. Devers.*

2. Mineur placé en centre éducatif fermé. L'art. 23 de la L. n° 2002-1138 du 9 sept. 2002 d'orientation et de programmation pour la justice, qui prévoit la suspension des allocations familiales aux parents du mineur placé dans un centre éducatif fermé, n'institue pas une sanction à l'égard de ceux-ci dès lors qu'il ressort des art. L. 513-1 et L. 512-2 CSS que les allocations familiales sont servies aux seules personnes ayant la charge effective de l'enfant, afin de concourir à la couverture des besoins matériels et moraux de cet enfant. • Cons. const. 29 août 2002, *n° 2002-461 DC, consid. n° 59 : RJS 2002, n° 1293.*

3. Résidence alternée. Il résulte des art. L. 513-1, L. 521-2, R. 513-1 et R. 521-2 CSS que la règle de l'unicité de l'allocataire pour le droit aux prestations familiales n'est écartée que dans le cas des parents dont les enfants sont en résidence alternée et pour les seules allocations familiales. • Civ. 2e, 3 juin 2010 : *RDSS 2010. 974, note Tauran ; JCP S 2010, n° 1316, note Devers.*

CHAPITRE IV ORGANISME DÉBITEUR ET IMPUTATION COMPTABLE DES PRESTATIONS

Néant. — V. art. R. 514-1.

TITRE DEUXIÈME PRESTATIONS GÉNÉRALES D'ENTRETIEN

CHAPITRE PREMIER ALLOCATIONS FAMILIALES

BIBL. GÉN. ▸ BÉTANT-ROBET, La notion d'enfant à charge dans le droit des prestations familiales, *RDSS 1991. 123*. – HAUSER, Prestations familiales et modèle familiaux, *RDSS 1994. 627*. – MONÉGER, La relation de charge dans les prestations familiales, *RDSS 1994. 613*. – REBOURG, La notion d'enfant à charge dans les familles recomposées, *RDSS 1998. 402*.

Art. L. 521-1 *(L. n° 98-1194 du 23 déc. 1998, art. 18-I)* **Les allocations familiales sont dues à partir du deuxième enfant à charge.** *— Pour la détermination des droits, entrée en vigueur à compter du 1er janv. 1999.*

(L. n° 2002-1487 du 20 déc. 2002, art. 58) **« Une allocation forfaitaire par enfant d'un montant fixé par décret est versée pendant un an à la personne ou au ménage qui assume la charge d'un nombre minimum d'enfants également fixé par décret lorsque l'un ou plusieurs des enfants qui ouvraient droit aux allocations familiales atteignent l'âge limite mentionné au 2° de l'article L. 512-3. Cette allocation est versée à la condition que le ou les enfants répondent aux conditions autres que celles de l'âge pour l'ouverture du droit aux allocations familiales. »** *— Ces dispositions sont applicables à compter du 1er juill. 2003 pour les enfants qui atteignent l'âge limite à compter de cette date (L. n° 2002-1487 du 20 déc. 2002, art. 58).*

(L. n° 2014-1554 du 22 déc. 2014, art. 85-I) **« Le montant des allocations mentionnées aux deux premiers alinéas du présent article, ainsi que celui des majorations mentionnées à l'article L. 521-3 varient en fonction des ressources du ménage ou de la personne qui a la charge des enfants, selon un barème défini par décret.**

« Le montant des allocations familiales varie en fonction du nombre d'enfants à charge.

« Les niveaux des plafonds de ressources, qui varient en fonction du nombre d'enfants à charge, sont révisés conformément à l'évolution annuelle de l'indice des prix à la consommation, hors tabac.

« Un complément dégressif est versé lorsque les ressources du bénéficiaire dépassent l'un des plafonds, dans la limite de montants définis par décret. Les modalités de calcul de ces montants et celles du complément dégressif sont définies par décret. » *— Les dispositions issues de la L. n° 2014-1554 du 22 déc. 2014 entre en vigueur à une date fixée par décret, et au plus tard le 1er juill. 2015 (L. préc., art. 85-III).*

Sur les exceptions à l'application du droit des usagers de saisir l'administration par voie électronique concernant les démarches effectuées auprès des organismes de sécurité sociale, V. CRPA, App., v° Saisine par voie électronique — Exceptions. — ***CRPA.***

1. L'attribution sans condition de ressources des prestations familiales ne revêt pas le caractère d'un principe fondamental reconnu par les lois de la République. • Cons. const. 18 déc. 1997, n° 97-393 DC : *JO 23 déc., p. 18.649 ; AJDA 1998. 181, chron. J.-E. Schoettl ; Dr. soc. 1998. 164, note Prétot ; RJS 1998, n° 92.* ♦ La mise sous condition de ressources des allocations familiales n'est pas contraire aux dispositions du dixième al. du Préambule de la Constitution du 27 oct. 1946, dès lors que les allocations familiales ne constituent qu'un des éléments de la politique de solidarité en faveur de la famille, et qu'elle ne revêt qu'un caractère provisoire dans l'attente d'une réforme d'ensemble de la branche famille. • Cons. const. 18 déc. 1997 : *préc.*

2. Les stipulations du pacte international relatif aux droits économiques, sociaux et culturels (art. 2, 9 et 10) et du code européen de la sécurité sociale (art. 39 et 45) ne produisent pas d'effets directs à l'égard des particuliers. • CE, ass., 5 mars 1999 : *D. 1999. IR 111 ; RFDA 1999. 357, concl. C. Maugüé ; ibid. 372, note D. de Béchillon et P. Terneyre ; RJS 1999, n° 609.*

3. Les dispositions de l'art. L. 521-1, dans leur rédaction issue de la L. n° 97-1164 du 19 déc. 1997, ne méconnaissent pas les stipulations de l'art. 14 de la convention européenne de sauvegarde des droits de l'homme et de l'art. 1er du premier protocole additionnel à cette convention. • CE 5 mars 1999 : *préc.*

Art. L. 521-2 Les allocations sont versées à la personne qui assume, dans quelques conditions que ce soit, la charge effective et permanente de l'enfant.

(L. n° 2006-1640 du 21 déc. 2006, art. 124-I) « En cas de résidence alternée de l'enfant au domicile de chacun des parents telle que prévue à l'article 373-2-9 du code civil, mise en œuvre de manière effective, les parents désignent l'allocataire. Cependant, la charge de l'enfant pour le calcul des allocations familiales est partagée par moitié entre les deux parents soit sur demande conjointe des parents, soit si les parents sont en désaccord sur la désignation de l'allocataire. Un décret en Conseil d'État fixe les conditions d'application du présent alinéa. »

Lorsque la personne qui assume la charge effective et permanente de l'enfant ne remplit pas les conditions prévues au titre I du présent livre pour l'ouverture du droit aux allocations familiales, ce droit s'ouvre du chef du père *(Abrogé par Ord. n° 2005-759 du 4 juill. 2005, art. 19)* ***« légitime, naturel ou adoptif »*** ou, à défaut, du chef de la mère *(Abrogé par Ord. n° 2005-759 du 4 juill. 2005, art. 19)* ***« légitime, naturelle ou adoptive »***. — *Les dispositions issues de l'Ord. n° 2005-759 du 4 juill. 2005 sont entrées en vigueur le 1er juill. 2006.*

(L. n° 86-17 du 6 janv. 1986, art. 29) Lorsqu'un enfant est confié au service de l'aide sociale à l'enfance, les allocations familiales continuent d'être évaluées en tenant compte à la fois des enfants présents au foyer et du ou des enfants confiés au service de l'aide sociale à l'enfance. La part des allocations familiales dues à la famille pour cet enfant est versée à ce service. *(L. n° 2006-396 du 31 mars 2006, art. 48-V)* « Toutefois, le juge peut décider, d'office ou sur saisine du président du conseil départemental, à la suite d'une mesure prise en application des articles 375-3 et 375-5 du code civil ou des articles 15, 16, 16 *bis* et 28 de l'ordonnance n° 45-174 du 2 février 1945 relative à l'enfance délinquante, de maintenir le versement des allocations à la famille, lorsque celle-ci participe à la prise en charge morale ou matérielle de l'enfant ou en vue de faciliter le retour de l'enfant dans son foyer. »

Un décret en Conseil d'État fixe les conditions d'application du présent article, notamment dans les cas énumérés ci-dessous :

a) *(L. n° 96-604 du 5 juill. 1996, art. 46)* « retrait total de l'autorité parentale des parents ou de l'un d'eux » ;

b) indignité des parents ou de l'un d'eux ;

c) divorce, séparation de corps ou de fait des parents ;

d) enfants confiés à un service public, à une institution privée, à un particulier.

V. Circ. DSS/4 A n° 99-03 du 5 janv. 1999 relative à la notion de charge effective et permanente d'enfants pour l'ouverture du droit aux prestations familiales (BO Solidarité-santé n° 99/3, p. 473) et note ss. art. L. 521-1.

I. DÉTERMINATION DU BÉNÉFICIAIRE DU VERSEMENT DES ALLOCATIONS FAMILIALES

1. *Charge effective et permanente de l'enfant.* Les allocations familiales sont versées à la personne qui assume, dans quelques conditions que ce soit, la charge effective et permanente de l'enfant, peu important la situation financière du père de l'enfant. • Soc. 23 nov. 2000 : *RJS 2001, n° 248.* ♦ Il incombe à la caisse d'allocations familiales, qui réclame le remboursement d'allocations familiales qu'elle estime avoir indûment versées, d'établir que l'enfant au titre duquel ces prestations ont été attribuées n'était pas à la charge effective et permanente de leur bénéficiaire. • Civ. 2e, 18 janv. 2006 : *RJS 1/2006, n° 27.*

2. *Enfant confié temporairement par décision de justice.* Dès lors que le département assume, au titre de l'aide sociale à l'enfance, la charge financière de l'enfant, la personne à laquelle celui-ci a été confié par décision de justice n'en a pas la charge effective et permanente et ne peut prétendre ainsi au bénéfice des prestations familiales. • Civ. 2e, 16 sept. 2003, n° 02-30.486 P : *RJS 2003. 1002, n° 1441 ; TPS 2003. Comm. 380, obs. Prétot.*

II. CONDITIONS DU VERSEMENT DES ALLOCATIONS FAMILIALES

3. *Absence de lien avec l'obligation alimentaire.* L'art. L. 521-2 n'impose pas que l'allocataire justifie de l'existence d'une obligation alimentaire pesant sur lui, ni d'un titre juridique lui conférant la garde de l'enfant. • Soc. 25 nov. 1993, n° 88-12.631 P : *D. 1995. 39, note Pagnon ; ibid. 1995. Somm. 34, obs. Prétot ; RJS 1994, n° 187* • 27 janv. 1994, n° 87-15.909 P : *RJS 1994, n° 317* • 5 mai 1995 : *RJS 1995, n° 707* (enfant étranger accueilli dans le cadre d'une opération de parrainage). ♦ V. déjà : • Soc. 11 juill. 1991, n° 89-12.672 P • 11 janv. 1989 : *Bull. civ. V, n° 15* • 23 mars 1988 : *Bull. civ. V, n° 201.*

4. *Résidence de l'enfant.* La résidence de l'enfant au foyer de ses parents n'est pas une condition de l'attribution des allocations familiales. • Soc. 31 mars 1994, n° 91-21.376 P : *D. 1994. IR 104 ; RJS 1994, n° 911.*

5. *Bénéfice de l'allocation de parent isolé.* La perception de l'allocation de parent isolé pour une jeune mère qui continue à vivre dans sa famille n'entraîne pas pour son bénéficiaire la perte de la qualité d'enfant à charge. • Soc. 19 mai 1994, n° 91-10.669 P : *RJS 1994, n° 911 (2e esp.).*

III. RÉSIDENCE ALTERNÉE

6. *Conditions du partage des allocations.* Il résulte du deuxième al. de l'art. L. 521-2 CSS que le partage de la charge de l'enfant pour le calcul des allocations familiales n'est pas subordonné à la minorité ou à l'absence d'émancipation de l'enfant mais à la mise en œuvre effective de la résidence alternée. • Civ. 2e, 14 janv. 2010, n° 09-13.061 P : *D. 2010. 272 ; RJS 2010, n° 291 ; RDSS 2010. 572, note Tauran.*

7. *Compétence.* Il n'entre pas dans la compétence du juge aux affaires familiales de décider au bénéfice de quel parent doit être attribué le droit aux prestations familiales, cette compétence relevant du tribunal des affaires de sécurité sociale en vertu de l'art. L. 142-1 CSS. Il peut néanmoins constater l'accord des parents sur la désignation de l'allocataire ou l'attribution à l'un ou l'autre des parents du droit aux prestations familiales au moment où il statue. • Cass., avis, 26 juin 2006, n° 06-00.005 P • Civ. 2e, 9 avr. 2009 : *Gaz. Pal. 7 nov. 2009, p. 30, note Mansard* (accord sur le bénéficiaire entériné par le juge).

Art. L. 521-3 **Chacun des enfants à charge, à l'exception du plus âgé, ouvre droit à partir d'un âge minimum** *[art. R. 521-1 : 14 ans]* **à une majoration des allocations familiales.**

Toutefois, les personnes ayant un nombre déterminé d'enfants à charge *[art. R. 521-1 : trois enfants]* **bénéficient de ladite majoration pour chaque enfant à charge à partir de l'âge mentionné au premier alinéa.**

CHAPITRE II COMPLÉMENT FAMILIAL

BIBL. GÉN. ▶ VERGER, Le complément familial : essai d'un premier bilan, *Dr. soc. 1978. 466.*

Art. L. 522-1 **Le complément familial est attribué au ménage ou à la personne dont les ressources n'excèdent pas un plafond et qui assume** *(L. n° 2003-1199 du 18 déc. 2003, art. 60-IV)* **« la charge d'un nombre déterminé d'enfants ayant tous un âge supérieur à l'âge limite visé au premier alinéa de l'article L. 531-1 ».** — *Sur l'entrée en vigueur de la L. n° 2003-1199 du 18 déc. 2003, V. note ss. art. L. 511-1.*

V. art. R. 522-1 et D. 522-1.

Sur les exceptions à l'application du droit des usagers de saisir l'administration par voie électronique concernant les démarches effectuées auprès des organismes de sécurité sociale, V. CRPA, App., v° Saisine par voie électronique — Exceptions. — **CRPA.**

Art. L. 522-2 **Le plafond de ressources déterminant le droit au complément familial varie selon le rang et le nombre des enfants à charge. Il est majoré** *(Abrogé par L. n° 2017-1836 du 30 déc. 2017, art. 37-I)* ***« lorsque chaque membre du couple dispose d'un revenu professionnel ou »*** **lorsque** *(L. n° 2013-1203 du 23 déc. 2013, art. 73-I-1°, en vigueur le 1er avr. 2014)* **« la charge des enfants est assumée soit par un couple dont chaque membre dispose d'un revenu professionnel, soit par une personne seule. »** — *V. art. R. 522-2.*

Le niveau du plafond de ressources *(Ord. n° 96-51 du 24 janv. 1996, art. 4)* **« varie conformément à l'évolution des prix à la consommation hors tabac ».**

Un complément différentiel est dû lorsque les ressources excèdent le plafond d'un montant inférieur à une somme déterminée *[V. art. R. 522-3].*

V. dernière note ss. art. L. 522-1.

L'absence de communication par une femme des revenus perçus par un tiers vivant à son foyer ne saurait fonder à elle seule le refus qui a été opposé à sa demande de complément familial que s'il est constaté qu'elle vivait en concubinage avec le tiers. • Soc. 6 mai 1987 : *Bull. civ. V, n° 265.*

Art. L. 522-3 *(L. n° 2013-1203 du 23 déc. 2013, art. 73-I-2°, en vigueur le 1er avr. 2014)* **Un montant majoré du complément familial est attribué au ménage ou à la personne dont les ressources ne dépassent pas un plafond qui varie en fonction du nom-**

bre des enfants à charge et qui est inférieur à celui défini à l'article L. 522-2. Ce plafond est majoré lorsque la charge des enfants est assumée soit par un couple dont chaque membre dispose d'un revenu professionnel, soit par une personne seule. Le niveau du plafond de ressources varie conformément à l'évolution des prix à la consommation hors tabac.

Les taux respectifs du complément familial et du montant majoré du complément familial sont fixés par décret.

V. dernière note ss. art. L. 522-1.

CHAPITRE III ALLOCATION DE SOUTIEN FAMILIAL

BIBL. GÉN. ▶ BUCHET, Concubinage, vie maritale, vie commune, Étude de jurisprudence en matière de prestations familiales, *Dr. soc. 1997. 288*. – RENAUDAT, Étude sur les bénéficiaires de l'allocation d'orphelin pour abandon manifeste, *Dr. soc. 1985. 393*. – SAYN, *RDSS 2000. 163* (la problématique de l'obligation alimentaire dans les caisses d'allocation familiales). – STECK, Prestations familiales : définir l'isolement, *Dr. soc. 1997. 284*.

Art. L. 523-1 *(L. n° 2016-1827 du 23 déc. 2016, art. 41-I)* **« I. — » Ouvrent droit à l'allocation de soutien familial** *[art. D. 523-1]* **:**

1° Tout enfant orphelin de père ou de mère, ou de père et de mère ;

2° Tout enfant dont la filiation n'est pas légalement établie à l'égard de l'un ou l'autre de ses parents ou à l'égard de l'un et de l'autre ;

3° Tout enfant dont le père ou la mère, ou les père et mère, se soustraient ou se trouvent *(L. n° 2015-1702 du 21 déc. 2015, art. 44-I-1°, en vigueur le 1er avr. 2016)* **« , s'ils sont considérés comme tels, au regard de conditions fixées par décret, comme étant » hors d'état de faire face à leurs obligations d'entretien ou au versement d'une pension alimentaire mise à leur charge par décision de justice** *(L. n° 2016-1827 du 23 déc. 2016, art. 41-I)* **« ou d'une contribution à l'entretien et à l'éducation de l'enfant fixée par les actes ou accords mentionnés au IV » ;** — *V. art. R. 523-1 et D. 523-1.*

(L. n° 2015-1702 du 21 déc. 2015, art. 44-I-1°, en vigueur le 1er avr. 2016) **« 4° Tout enfant dont le père ou la mère, ou les père et mère, s'acquittent intégralement** *(Abrogé par L. n° 2016-1827 du 23 déc. 2016, art. 41-I)* ***« de leur obligation d'entretien ou »*** **du versement d'une pension alimentaire mise à leur charge par décision de justice** *(L. n° 2016-1827 du 23 déc. 2016, art. 41-I)* **« ou d'une contribution à l'entretien et à l'éducation de l'enfant fixée** *(Abrogé par L. n° 2016-1827 du 23 déc. 2016, art. 41-I et V, à compter du 1er avr. 2018)* ***« par un accord amiable ou »*** **par les actes ou accords mentionnés au même IV, » lorsque le montant correspondant est inférieur à celui de l'allocation de soutien familial. Dans ce cas, une allocation de soutien familial différentielle est versée. Les modalités d'application du présent 4°, notamment les conditions dans lesquelles, en l'absence** *(L. n° 2016-1827 du 23 déc. 2016, art. 41-I)* **« d'une décision de justice ou d'un accord ou d'un acte respectivement mentionnés aux 1° et 2° du IV, le montant de la contribution » pris en compte pour le calcul de l'allocation de soutien familial différentielle est retenu, sont fixées par décret en Conseil d'État. »** — *Les dispositions de la L. n° 2016-1827 du 23 déc. 2016 ne sont pas applicables à Saint-Pierre-et-Miquelon (L. préc., art. 41-IV).*

(L. n° 2016-1827 du 23 déc. 2016, art. 41-I) **« II. — En vue de faciliter la fixation de la pension alimentaire par l'autorité judiciaire, le directeur de l'organisme débiteur des prestations familiales peut transmettre au parent bénéficiaire les renseignements dont il dispose concernant l'adresse et la solvabilité du débiteur défaillant à l'issue du contrôle qu'il effectue sur sa situation, dès lors qu'un droit à l'allocation de soutien familial mentionné au 3° du I est ouvert.**

« III. — » *(L. n° 2008-1425 du 27 déc. 2008, art. 181)* **« L'allocation de soutien familial est ouverte de plein droit aux bénéficiaires du revenu de solidarité active visés à l'article L. 262-9 du code de l'action sociale et des familles** *(L. n° 2015-994 du 17 août 2015, art. 59-IV-5°, en vigueur le 1er janv. 2016)* **« et » qui assument la charge effective et permanente d'un ou plusieurs enfants remplissant l'une des conditions précédemment mentionnées. »**

(L. n° 2016-1827 du 23 déc. 2016, art. 41-I) **« IV. — Constituent des actes ou accords au sens des 3° et 4° du I du présent article, sous réserve qu'ils aient acquis force exécutoire :**

« 1° L'accord par lequel les époux consentent mutuellement à leur divorce par acte sous signature privée contresigné par avocats déposé au rang des minutes d'un notaire selon les modalités prévues à l'article 229-1 du code civil ;

« 2° Un acte reçu en la forme authentique par un notaire ;

« 3° Un accord auquel l'organisme débiteur des prestations familiales a donné force exécutoire en application de l'article L. 582-2 du présent code. » — *Cet al. entre en vigueur le 1er avr. 2018 et n'est pas applicable à Saint-Pierre-et-Miquelon (L. n° 2016-1827 du 23 déc. 2016, art. 41-IV et V).*

V. ANNEXE I, L. n° 2014-873 du 4 août 2014, art. 27.

Les dispositions issues de l'art. 44-I de la L. n° 2015-1702 du 21 déc. 2015 sont applicables à Saint-Barthélemy et à Saint-Martin (L. préc., art. 44-IV).

Sur les exceptions à l'application du droit des usagers de saisir l'administration par voie électronique concernant les démarches effectuées auprès des organismes de sécurité sociale, V. CRPA, App., vº Saisine par voie électronique — Exceptions. — **CRPA**.

1. Celui qui a la garde de ses enfants mineurs n'a droit à l'allocation de soutien familial qu'à la condition de faire la preuve que l'autre parent est soit hors d'état de faire face à son obligation d'entretien, soit que, disposant de ressources suffisantes, il s'est volontairement soustrait à l'obligation de pension alimentaire mise à sa charge par décision de justice. • Soc. 20 déc. 1990, n° 87-19.753 P : *D. 1991. IR 26 ; RJS 1991, n° 252.*

2. Le ministre de la famille confirme que si une pension de faible montant est fixée par le juge et que le parent non gardien s'en acquitte, la famille ne recevra pas l'ASF car celle-ci ne doit pas jouer comme le complément d'une pension alimentaire fixée à un niveau trop peu élevé par le juge mais comme un instrument d'aide au parent privé de sa créance alimentaire par le parent non gardien dans la mesure où celui-ci se soustrait à son obligation et met ainsi sa famille dans une situation financièrement précaire. * Rép. min. : *JOAN Q, 14 sept. 2004, p. 7172.*

3. Viole les art. L. 523-1 et R. 523-3 CSS le tribunal qui déboute la caisse d'allocations familiales de sa demande en remboursement du montant de l'allocation de soutien familial versé à un père chez qui était fixée la résidence de son fils tout en constatant que le juge aux affaires familiales n'a pas été saisi par l'intéressé d'une demande de pension alimentaire. • Civ. 2e, 17 mars 2010, n° 09-14.253 P : *JCP S 2010, n° 1292, note Tauran.*

Art. L. 523-2 Peut bénéficier de l'allocation le père, la mère ou la personne physique qui assume la charge effective et permanente de l'enfant orphelin ou de l'enfant assimilé à un orphelin au sens de l'article L. 523-1.

(L. n° 99-944 du 15 nov. 1999, art. 10) **« Lorsque le père ou la mère titulaire du droit à l'allocation de soutien familial se marie, conclut un pacte civil de solidarité ou vit en concubinage, cette prestation cesse d'être due ».**

V. dernière note ss. art. L. 523-1.

BIBL. ▶ F. Monéger, Prestations familiales et pacte civil de solidarité, *RDSS 2000. 155*.

Art. L. 523-3 Le décret en Conseil d'État prévu à l'article L. 584-1 fixe les taux respectifs de l'allocation dans les deux cas suivants :

1° L'enfant est orphelin de père et de mère ou se trouve dans une situation qui y est assimilée, au sens de l'article L. 523-1 *[art. R. 523-7 : 31,50 %]* **;**

2° L'enfant est orphelin de père ou de mère ou se trouve dans une situation qui y est assimilée, au sens de l'article L. 523-1 *[art. R. 523-7 : 23,63 %]. — V. aussi art. R. 523-1 à R. 523-8.*

V. dernière note ss. art. L. 523-1.

1. Le droit à l'allocation de soutien familial n'est pas subordonné à l'existence d'une obligation alimentaire, ni d'un titre juridique conférant la garde de l'enfant. • Soc. 25 nov. 1993, n° 88-12.631 P : *D. 1995. 39, note C. Pagnon ; ibid. 1995. Somm. 34, obs. Prétot ; RJS 1994, n° 187.*

2. L'allocation cesse d'être due en cas de vie maritale. • Soc. 6 mai 1987 : *Bull. civ. V, n° 265* (allocation d'orphelin). ♦ Peu importe que le concubin n'ait pas disposé de ressources suffisantes pour subvenir aux besoins de l'enfant. • Soc. 19 févr. 1986 : *Bull. civ. V, n° 24 ; D. 1986. Somm. 375, obs. Prétot.* ♦ La vie maritale comporte une existence commune et non des relations intermittentes, mêmes poursuivies pendant plusieurs années. • Soc. 22 févr. 1978 : *Bull. civ. V, n° 142.*

CHAPITRE IV *[ABROGÉ]* ALLOCATION DE PARENT ISOLÉ

(Abrogé par L. n° 2008-1249 du 1er déc. 2008, art. 11, à compter du 1er juin 2009)

BIBL. GÉN. ▶ Buchet, Concubinage, vie maritale, vie commune, Étude de jurisprudence en matière de prestations familiales, *Dr. soc. 1997. 288*. – Steck, Prestations familiales : définir l'isolement, *Dr. soc. 1997. 284*. – Le bénéfice de l'allocation parentale isolé, Études et résultats, *DRESS, avr. 2001.*

Art. L. 524-1 à L. 524-8 *Abrogés par L. n° 2008-1249 du 1er déc. 2008, à compter du 1er juin 2009.*

TITRE TROISIÈME PRESTATION D'ACCUEIL DU JEUNE ENFANT

(L. n° 2003-1199 du 18 déc. 2003, art. 60-II)

CHAPITRE PREMIER DISPOSITIONS GÉNÉRALES RELATIVES À LA PRESTATION D'ACCUEIL DU JEUNE ENFANT

Les dispositions issues de l'art. 60 de la L. n° 2003-1199 du 18 déc. 2003 entrent en vigueur à compter du 1er janv. 2004 pour les enfants nés ou adoptés à compter du 1er janv. 2004 ainsi que pour les enfants nés avant cette date alors que leur date de naissance présumée était postérieure au 31 déc. 2003.

Les personnes qui ont perçu moins de cinq mensualités d'allocation pour jeune enfant au titre de la grossesse pour des mois antérieurs au 1er janv. 2004 bénéficient de la prime à la naissance dans le courant du mois de janvier 2004. Les mensualités d'allocation pour jeune enfant perçues à ce titre antérieurement au 1er janv. 2004 sont déduites du montant de la prime à la naissance.

Les personnes bénéficiaires de l'allocation pour jeune enfant, de l'allocation d'adoption, de l'allocation parentale d'éducation, de l'allocation de garde d'enfant à domicile ou de l'aide à la famille pour l'emploi d'une assistante maternelle agréée en vertu de la réglementation applicable antérieurement au 1er janv. 2004 pour un enfant né avant cette date continuent à percevoir ces allocations jusqu'à leur terme.

Les personnes qui bénéficient au 1er janv. 2004 des prestations mentionnées ci-dessus pour un enfant né avant cette date, et qui ont à compter du 1er janv. 2004 un nouvel enfant à charge du fait d'une naissance ou d'une adoption, ouvrent droit à la prestation d'accueil du jeune enfant pour l'ensemble des enfants à charge qui remplissent les conditions de cette prestation. Le droit à la prestation d'accueil du jeune enfant est dans ce cas ouvert le mois qui suit la naissance de l'enfant. Toutefois, en cas de bénéfice de l'allocation de garde d'enfant à domicile ou de l'aide à la famille pour l'emploi d'une assistante maternelle agréée, le droit au complément de libre choix du mode de garde est ouvert à compter du premier jour du mois qui suit le trimestre civil où intervient la naissance de l'enfant. Pour les personnes ayant bénéficié de l'allocation parentale d'éducation avant le 1er janv. 2004, le complément de libre choix d'activité est versé sans examen des conditions d'activité professionnelle antérieures (L. n° 2003-1199 du 18 déc. 2003, art. 60-VIII, mod. par L. n° 2005-1579 du 19 déc. 2005, art. 88).

A compter du 1er janv. 2007, l'ensemble des ménages et personnes bénéficient de la prestation d'accueil du jeune enfant dès lors qu'ils répondent à ses conditions de droit (L. n° 2003-1199 du 18 déc. 2003, art. 60-VIII).

Pour les personnes qui continuent à bénéficier de l'allocation de garde d'enfant à domicile, les montants maximaux de l'allocation ainsi que le montant du plafond de ressources sont revalorisés au 1er janvier de chaque année, conformément à l'évolution en moyenne annuelle des prix à la consommation hors tabac de l'année civile précédente (Décr. n° 2008-605 du 26 juin 2008).

Les modalités d'application des I à III de l'art. 60 de la L. n° 2003-1199 du 18 déc. 2003 sont définies par décret en ce qui concerne les âges d'ouverture à la prestation d'accueil du jeune enfant ou à ses compléments, ses montants, sa durée de versement et par décret en Conseil d'État pour les autres dispositions (L. préc., art. 60-VI).

Art. L. 531-1 **Ouvrent droit à la prestation d'accueil du jeune enfant l'enfant à naître et l'enfant né dont l'âge est inférieur à un âge limite.**

Cette prestation comprend :

1° Une prime à la naissance ou à l'adoption, versée dans les conditions définies à l'article L. 531-2 ;

2° Une allocation de base, versée dans les conditions définies à l'article L. 531-3, visant à compenser le coût lié à l'entretien de l'enfant ;

3° *(L. n° 2014-873 du 4 août 2014, art. 8-I-6°)* « Une prestation partagée d'éducation de l'enfant versée », dans les conditions définies à l'article L. 531-4, *(L. n° 2014-873 du 4 août 2014, art. 8-II)* « au membre du couple » qui choisit de ne plus exercer d'activité professionnelle ou de travailler à temps partiel pour s'occuper d'un enfant ;

4° Un complément de libre choix du mode de garde, versé, dans les conditions définies aux articles L. 531-5 à L. 531-9, pour compenser le coût de la garde d'un enfant.

La personne ou le ménage qui ne répond pas à la condition de ressources pour percevoir la prime à la naissance ou à l'adoption mentionnée au 1° et l'allocation de base mentionnée au 2° peut toutefois percevoir *(L. n° 2014-873 du 4 août 2014, art. 8-I-6°)* « la prestation et le complément » prévus aux 3° et 4°.

Le bénéfice *(L. n° 2014-873 du 4 août 2014, art. 8-1-6°)* « de la prestation mentionnée » au 3° peut être cumulé avec *(L. n° 2014-873 du 4 août 2014, art. 8-I-6°)* « le complément » mentionné au 4°.

Les dispositions issues de la L. n° 2014-873 du 4 août 2014 sont applicables aux enfants nés ou adoptés à partir du 1er oct. 2014.

Pour les enfants nés ou adoptés avant le 1er oct. 2014, les dispositions du CSS demeurent applicables dans leur rédaction antérieure au 6 août 2014, date d'entrée en vigueur des dispositions précitées à l'al. précédent (L. préc., art. 8-VI).

Sur les exceptions à l'application du droit des usagers de saisir l'administration par voie électronique concernant les démarches effectuées auprès des organismes de sécurité sociale, V. CRPA, App., v° Saisine par voie électronique — Exceptions. — **CRPA.**

1. Obligation d'information. L'obligation générale d'information dont les organismes de sécurité sociale sont débiteurs envers leurs allocataires leur impose seulement de répondre aux demandes qui leur sont soumises. Ne méconnaît pas cette obligation une caisse n'ayant délivré qu'une information partielle sur l'octroi des prestations offertes, se limitant à la transmission d'un formulaire correspondant à la prestation sollicitée. • Civ. 2e, 5 nov. 2015, n° 14-25.053 P : *D. actu. 24 nov. 2015, obs. Fraisse ; JCP S 2015, n° 1476, obs. Asquinazi-Bailleux ; RDSS 2015. 1127, obs. Tauran.*

2. Répétition de l'indu. Le père, tenu d'une obligation alimentaire envers sa fille est solidairement tenu avec sa concubine, qui en était bénéficiaire, de rembourser les prestations indûment versées. • Civ. 2e, 14 sept. 2006 : *D. 2006. IR 2348 ; RJS 12/2006, n° 1316 ; JCP S 2006. 1905, note Bugada.*

3. PAJE et adoption. V. note ss. art. L. 512-4.

Ancien art. L. 531-1 *Ouvrent droit à la prestation d'accueil du jeune enfant l'enfant à naître et l'enfant né dont l'âge est inférieur à un âge limite.*

Cette prestation comprend :

1° Une prime à la naissance ou à l'adoption, versée dans les conditions définies à l'article L. 531-2 ;

2° Une allocation de base, versée dans les conditions définies à l'article L. 531-3, visant à compenser le coût lié à l'entretien de l'enfant ;

3° Un complément de libre choix d'activité versé, dans les conditions définies à l'article L. 531-4, à celui des parents qui choisit de ne plus exercer d'activité professionnelle ou de travailler à temps partiel pour s'occuper d'un enfant ;

4° Un complément de libre choix du mode de garde, versé, dans les conditions définies aux articles L. 531-5 à L. 531-9, pour compenser le coût de la garde d'un enfant.

La personne ou le ménage qui ne répond pas à la condition de ressources pour percevoir la prime à la naissance ou à l'adoption mentionnée au 1° et l'allocation de base mentionnée au 2° peut toutefois percevoir les compléments prévus aux 3° et 4°.

Le bénéfice du complément mentionné au 3° peut être cumulé avec celui mentionné au 4°.

Art. L. 531-2 La prime à la naissance ou à l'adoption est attribuée au ménage ou à la personne dont les ressources ne dépassent pas un plafond, pour chaque enfant à naître, avant la naissance de l'enfant, ou pour chaque enfant adopté ou accueilli en vue d'adoption dans les conditions définies à l'article L. 512-4, à compter de l'arrivée de l'enfant au foyer. Dans ce second cas, elle est versée même si l'enfant a un âge supérieur à l'âge limite mentionné à l'article L. 531-1 mais inférieur à l'âge limite mentionné au 2° de l'article L. 512-3. *(L. n° 2005-744 du 4 juill. 2005, art. 8)* « Le montant de la prime est majoré en cas d'adoption. »

La date de versement de cette prime est fixée par décret.

Le plafond de ressources varie selon *(Abrogé par L. nº 2013-1203 du 23 déc. 2013, art. 74-II)* « *le rang et* » le nombre d'enfants nés ou à naître. Il est majoré lorsque la charge du ou des enfants est assumée soit par un couple dont chaque membre dispose d'un revenu professionnel minimal, soit par une personne seule.

Le montant du plafond et celui de la majoration sont fixés par décret *(L. nº 2017-1836 du 30 déc. 2017, art. 37-I)* « , par référence au plafond applicable à l'allocation de base versée à taux plein mentionnée à l'article L. 531-3, » et revalorisés par arrêté du ministre chargé de la sécurité sociale. Ils varient conformément à l'évolution des prix à la consommation hors tabac. — *Les dispositions de l'art. 37-I de la L. nº 2017-1836 du 30 déc. 2017 sont applicables aux prestations mentionnées au présent art. L. 531-2 dues au titre des enfants nés ou adoptés à compter du 1er avr. 2018. Les montants et les plafonds de ressources des prestations mentionnées dans le présent art. dues au titre des enfants nés ou adoptés jusqu'au 31 mars 2018 sont fixés et revalorisés dans les conditions prévues par les dispositions en vigueur à la date de publication de la loi susvisée (L. préc., art. 37-II et IV).*

Les dispositions issues de la L. nº 2013-1203 du 23 déc. 2013 sont applicables à compter du 1er avr. 2014, pour les enfants nés ou adoptés à compter du 1er avr. 2014, et, à compter du 1er avr. 2017, pour l'ensemble des autres enfants. Pour les personnes qui bénéficient de l'allocation de base mentionnée à l'art. L. 531-3 et du complément de libre choix du mode de garde mentionné à l'art. L. 531-5 au titre d'un ou de plusieurs enfants nés ou adoptés avant le 1er avr. 2014, les plafonds de ressources en vigueur au 31 mars 2014 demeurent applicables, sous réserve de leur actualisation annuelle conformément à l'évolution des prix à la consommation hors tabac. Lorsque ces personnes ont, à compter du 1er avr. 2014, du fait d'une naissance ou d'une adoption, un nouvel enfant à charge, il est fait application des dispositions issues de la L. nº 2013-1203 du 23 déc. 2013 susvisée pour l'examen des droits au titre de l'ensemble des enfants à charge (L. préc., art. 74-IV).

V. dernière note ss. art. L. 531-1.

Condition de résidence. L'appréciation de la situation de la famille pour l'ouverture des droits au bénéfice de la prime à la naissance n'est pas soumise à la condition de résidence de l'allocataire en France au cours de la grossesse, mais ne s'applique qu'à la date du versement effectif de la prestation. • Civ. 2e, 4 avr. 2018, nº 17-17.386 P : *RDSS 2018. 554, obs. Tauran*.

Art. L. 531-3 *(Abrogé par Décr. nº 2014-1707 du 30 déc. 2014, art. 1er-1º, à compter du 1er janv. 2015)* « ***L'allocation de base est attribuée, à compter*** *(L. nº 2006-1640 du 21 déc. 2006, art. 123-I)* « ***de la date*** » ***de la naissance du ou des enfants. Elle est versée jusqu'au dernier jour du mois civil précédant celui au cours duquel l'enfant atteint l'âge limite prévu au premier alinéa de l'article L. 531-1.*** »

(L. nº 2013-1203 du 23 déc. 2013, art. 74-I-2º) « L'allocation de base est versée à taux partiel aux ménages ou aux personnes dont les ressources ne dépassent pas le plafond défini à l'article L. 531-2. Elle est versée à taux plein lorsque les ressources ne dépassent pas un plafond *(Abrogé par L. nº 2017-1836 du 30 déc. 2017, art. 37-I, à compter du 1er avr. 2018)* « ***, défini par décret,*** » qui varie selon le nombre d'enfants nés ou à naître et qui est majoré lorsque la charge du ou des enfants est assumée soit par un couple dont chaque membre dispose d'un revenu professionnel minimal, soit par une personne seule. Ce plafond est revalorisé par arrêté du ministre chargé de la sécurité sociale conformément à l'évolution des prix à la consommation hors tabac. »

(L. nº 2017-1836 du 30 déc. 2017, art. 37-I, en vigueur le 1er avr. 2018) « Le plafond de ressources et le taux servant au calcul de l'allocation de base versée à taux plein sont identiques à ceux retenus pour l'attribution du complément familial prévu à l'article L. 522-1 et la fixation de son montant. » — *Les dispositions de l'art. 37-I de la L. nº 2017-1836 du 30 déc. 2017 sont applicables aux prestations mentionnées au présent art. L. 531-3 dues au titre des enfants nés ou adoptés à compter du 1er avr. 2018. Les montants et les plafonds de ressources des prestations mentionnées dans le présent art. dues au titre des enfants nés ou adoptés jusqu'au 31 mars 2018 sont fixés et revalorisés dans les conditions prévues par les dispositions en vigueur à la date de publication de la loi susvisée (L. préc., art. 37-II et IV).*

L'allocation est versée *(Abrogé par Décr. nº 2014-1707 du 30 déc. 2014, art. 1er-1º, à compter du 1er janv. 2015)* « ***à compter*** *(L. nº 2006-1640 du 21 déc. 2006, art. 123-I)* « ***de la date*** » ***de l'arrivée au foyer,*** » pour chaque enfant adopté ou confié en vue d'adoption. Dans ce cas, elle est versée même si l'enfant a un âge supérieur à l'âge limite mentionné au premier alinéa de l'article L. 531-1, mais inférieur à l'âge limite mentionné au 2º de l'article L. 512-3. La durée de versement de l'allocation est égale à celle définie *(L. n° 2013-1203 du 23 déc. 2013, art. 74-I-3°)* « au premier alinéa du présent article ».

(Abrogé par L. n° 2013-1203 du 23 déc. 2013, art. 74-I-4°) « ***Le plafond de ressources est celui défini à l'article L. 531-2.*** »

Plusieurs allocations de base ne peuvent se cumuler que pour les enfants issus de naissances multiples ou en cas d'adoptions multiples simultanées.

V. notes ss. art. L. 531-1 et L. 531-2.

Art. L. 531-4 I. — 1. *(L. n° 2014-873 du 4 août 2014, art. 8-I-7°)* « **La prestation partagée d'éducation de l'enfant est versée** » **à taux plein à la personne qui choisit de ne plus exercer d'activité professionnelle pour s'occuper d'un enfant** *(L. n° 2014-873 du 4 août 2014, art. 15-I)* « **ou qui suit une formation professionnelle non rémunérée** ».

Les conditions d'assimilation d'un mandat d'élu à une activité professionnelle au sens de l'alinéa précédent sont définies par décret.

2. *(L. n° 2014-873 du 4 août 2014, art. 8-I-7°)* « **La prestation est attribuée** » **à taux partiel à la personne qui exerce une activité ou poursuit une formation professionnelle rémunérée, à temps partiel. Son montant est fonction de la quotité de l'activité exercée ou de la formation suivie. Les quotités minimale et maximale de l'activité ou de la formation sont définies par décret.**

(L. n° 2013-1203 du 23 déc. 2013, art. 75-I-1°, en vigueur le 1er avr. 2014) (L. n° 2014-873 du 4 août 2014, art. 8-IV) « **La prestation** » **à taux partiel est** *(L. n° 2014-873 du 4 août 2014, art. 8-IV)* « **attribuée** » **au travailleur non salarié en fonction de la quotité d'activité déclarée sur l'honneur, dès lors que cette activité ne lui procure pas une rémunération mensuelle nette ou un revenu professionnel excédant des montants définis par décret.** *(L. n° 2014-873 du 4 août 2014, art. 8-IV)* « **La prestation** » **à taux partiel peut également être** *(L. n° 2014-873 du 4 août 2014, art. 8-IV)* « **attribuée** » **lorsque la rémunération ou le revenu perçus sont supérieurs à ces montants, dès lors qu'ils sont proportionnels à la réduction de l'activité déclarée.** »

Les modalités selon lesquelles *(L. n° 2014-873 du 4 août 2014, art. 8-I-7°)* « **cette prestation à taux partiel est attribuée** » **aux** *(Abrogé par L. n° 2013-1203 du 23 déc. 2013, art. 75-I-1°)* « ***personnes mentionnées aux articles L. 751-1 et L. 772-1 du code du travail, aux 1°, 4° et 5° de l'article L. 615-1 et à l'article L. 722-1 du présent code, aux articles L. 722-4, L. 722-9, L. 722-22 et L. 722-28 du code rural et de la pêche maritime ainsi qu'aux*** » **élus locaux sont adaptées par décret.**

(L. n° 2014-873 du 4 août 2014, art. 8-I-7°) « **Cette prestation à taux partiel est attribuée** » **au même taux pendant une durée minimale déterminée par décret. Il ne peut y avoir révision de ce taux au cours de cette durée qu'en cas de cessation de l'activité ou de la formation.**

(L. n° 2014-873 du 4 août 2014, art. 8-III-1°) « **3. La prestation partagée d'éducation de l'enfant est versée pendant une durée, fixée par décret, en fonction du rang de l'enfant. A partir du deuxième enfant, cette durée comprend les périodes postérieures à l'accouchement donnant lieu à indemnisation par les assurances maternité des régimes obligatoires de sécurité sociale ou à maintien de traitement en application de statuts ainsi que les périodes indemnisées au titre du congé d'adoption.**

« **Lorsque les deux membres du couple ont tous deux droit à la prestation, assument conjointement la charge de l'enfant au titre duquel la prestation partagée d'éducation de l'enfant est versée et que chacun d'entre eux fait valoir, simultanément ou successivement, son droit à la prestation, la durée totale de versement peut être prolongée jusqu'à ce que l'enfant atteigne un âge limite en fonction de son rang. Le droit à la prestation partagée d'éducation de l'enfant est ouvert jusqu'à ce que l'enfant ait atteint cet âge limite. L'âge limite de l'enfant, le montant de la prestation et les conditions dans lesquelles la durée de la prestation peut être prolongée sont fixés par décret.**

« **La durée étendue de versement mentionnée au deuxième alinéa du présent 3 bénéficie également à la personne qui assume seule la charge de l'enfant. Par dérogation à l'article L. 552-1, cette durée étendue reste acquise à la personne qui, à l'issue de la durée mentionnée au premier alinéa du présent 3, conclut un mariage ou un pacte civil de solidarité ou débute une vie en concubinage.**

« **Par dérogation à l'âge limite mentionné à l'article L. 531-1 et au deuxième alinéa du présent 3, le versement de la prestation partagée d'éducation de l'enfant est pro-**

longé, pour le couple qui assume la charge de deux enfants et plus, jusqu'au mois de septembre suivant la date anniversaire de l'enfant lorsque les ressources du couple n'excèdent pas le plafond prévu à l'article L. 522-1 et tant qu'une demande dans un établissement ou service d'accueil d'enfants de moins de six ans ou dans un établissement scolaire est restée insatisfaite et que l'un des deux membres du couple exerce une activité professionnelle. Cette dernière condition ne s'applique pas à la personne qui assume seule la charge de l'enfant. »

(Abrogé par Décr. n° 2014-1707 du 30 déc. 2014, art. 1er-2°, à compter du 1er janv. 2015) « *II. — Par dérogation aux dispositions de l'article L. 552-1, lorsque le bénéficiaire (L. n° 2014-873 du 4 août 2014, art. 8-I-7°) « de la prestation partagée d'éducation de l'enfant » a un seul enfant à charge, le droit (L. n° 2014-873 du 4 août 2014, art. 8-I-7°) « à la prestation » est ouvert le mois de la naissance ou de l'adoption de l'enfant ou le mois de l'arrêt du versement des indemnités ou allocations mentionnées aux 1° à 3° du II de l'article L. 532-2. » (Abrogé par L. n° 2014-873 du 4 août 2014, art. 8-III-2°) « Sa durée de versement est limitée à une durée maximale. »*

III. — L'ouverture du droit est subordonnée à l'exercice antérieur d'une activité professionnelle suffisante pour ouvrir des droits à pension de retraite dans un régime de base.

Cette activité doit avoir été exercée pendant une durée minimale au cours d'une période de référence précédant soit la naissance, l'adoption ou l'accueil de l'enfant pour lequel l'allocation est demandée, soit la demande si elle est postérieure lorsque le bénéficiaire compte plus d'un enfant à charge. Cette durée varie selon le nombre d'enfants à charge.

Les situations qui sont assimilées à une activité professionnelle sont définies par décret en fonction du rang de l'enfant.

Les deux membres d'un couple ne peuvent cumuler le bénéfice de deux *(L. n° 2014-873 du 4 août 2014, art. 8-I-7°)* « prestations partagées d'éducation de l'enfant » à taux plein. Lorsque les deux membres du couple exercent une activité professionnelle ou poursuivent une formation professionnelle rémunérée à temps partiel, *(L. n° 2014-873 du 4 août 2014, art. 8-I-7°)* « une prestation à taux partiel peut être attribuée » à chacun d'entre eux dans les conditions définies au 2 du I sans que, toutefois, le montant cumulé de ces deux *(L. n° 2014-873 du 4 août 2014, art. 8-I-7°)* « prestations » à taux partiel puisse être supérieur à celui *(L. n° 2014-873 du 4 août 2014, art. 8-I-7°)* « de la prestation » à taux plein. *(L. n° 2005-706 du 27 juin 2005, art. 42)* « Lorsque le montant cumulé des deux *(L. n° 2014-873 du 4 août 2014, art. 8-I-7°)* « prestations » à taux partiel est inférieur à celui *(L. n° 2014-873 du 4 août 2014, art. 8-I-7°)* « de la prestation » à taux plein, le montant de *(L. n° 2014-873 du 4 août 2014, art. 8-I-7°)* « cette dernière prestation » est versé. »

IV. — Pour les enfants adoptés ou confiés en vue d'adoption, *(L. n° 2014-873 du 4 août 2014, art. 8-I-7°)* « la prestation est versée » pendant une durée minimale à compter de l'arrivée de l'enfant au foyer des adoptants *(Abrogé par L. n° 2014-873 du 4 août 2014, art. 8-III-3°)* « *, sous réserve des dispositions du II* ».

Par dérogation au premier alinéa de l'article L. 531-1, *(L. n° 2014-873 du 4 août 2014, art. 8-I-7°)* « la prestation est également versée » pour les enfants dont l'âge, au moment de leur arrivée au foyer des adoptants, est supérieur à l'âge limite mentionné à cet article. La durée de versement est, dans ce cas, égale à la durée minimale mentionnée à l'alinéa précédent, sous réserve des dispositions du 2° de l'article L. 512-3.

V. — L'âge limite de versement mentionné au premier alinéa de l'article L. 531-1 et la durée de versement prévue au IV du présent article sont augmentés en cas :

1° De naissances multiples d'enfants d'un nombre déterminé ;

2° D'arrivées simultanées d'un nombre déterminé d'enfants, adoptés ou confiés en vue d'adoption dans les conditions définies à l'article L. 512-4, au foyer des adoptants.

VI. — Par dérogation au premier alinéa du 1 du I et dans des conditions définies par décret, *(L. n° 2014-873 du 4 août 2014, art. 8-I-7°)* « la prestation partagée d'éducation de l'enfant à taux plein peut être cumulée », pendant une durée déterminée, avec un revenu professionnel, en cas de reprise d'activité du parent bénéficiaire alors qu'il a un enfant à charge remplissant des conditions d'âge. Cette option, définitive, est ouverte au parent qui assume la charge d'un nombre déterminé d'enfants.

(L. n° 2005-1579 du 19 déc. 2005, art. 86-I) « Par exception au 1 du I et dans des conditions définies par décret, *(L. n° 2014-873 du 4 août 2014, art. 8-I-7°)* « la prestation partagée d'éducation de l'enfant à taux plein peut être attribuée », à un montant majoré et pendant une durée déterminée, à la personne qui choisit de ne pas exercer d'activité professionnelle pendant cette même durée. Dans ce cas, l'activité professionnelle antérieure minimale prévue au III doit avoir été exercée au cours d'une période de référence fixée par décret. Cette option, définitive, est ouverte au parent qui assume la charge d'un nombre déterminé d'enfants. La période de droit ouverte par cette option peut être partagée entre les deux parents. » — *V. ANNEXE I, L. n° 2014-873 du 4 août 2014, art. 14.*

(Abrogé par Décr. n° 2014-1707 du 30 déc. 2014, art. 1er-2°, à compter du 1er janv. 2015) *« Par exception aux dispositions de l'article L. 552-1, le droit* *(L. n° 2014-873 du 4 août 2014, art. 8-I-7°)* *« à la prestation partagée d'éducation de l'enfant » prévu à l'alinéa précédent est ouvert le mois de la naissance, de l'adoption ou de l'arrivée au foyer de l'enfant adopté ou confié en vue d'adoption. »*

(L. n° 2014-873 du 4 août 2014, art. 8-III-4°) « Lorsque les deux membres du couple assument conjointement la charge de l'enfant au titre duquel le montant majoré de la prestation partagée d'éducation de l'enfant prévu au deuxième alinéa du présent VI est versé et que chacun d'entre eux fait valoir, successivement, son droit au montant majoré, la durée totale de versement peut être augmentée jusqu'à ce que l'enfant atteigne un âge limite fixé par décret. Cette demande peut être déposée jusqu'à ce que l'enfant ait atteint cet âge limite. Les conditions dans lesquelles la durée de versement du montant majoré peut être augmentée sont fixées par décret.

« La durée étendue de versement mentionnée à l'avant-dernier alinéa du présent VI bénéficie également à la personne qui assume seule la charge de l'enfant. Par dérogation à l'article L. 552-1, cette durée étendue reste acquise à la personne qui, à l'issue de la durée mentionnée au premier alinéa du 3 du I, conclut un mariage ou un pacte civil de solidarité ou débute une vie en concubinage. »

(Abrogé par L. n° 2013-1203 du 23 déc. 2013, art. 75-I-2°) *« VII. — Le montant du complément de libre choix d'activité est majoré lorsque la personne y ouvrant droit ne bénéficie pas de l'allocation de base mentionnée au 2° de l'article L. 531-1. »* — *Les dispositions du 2 du I de l'art. 75 telles qu'issues de la L. n° 2013-1203 du 23 déc. 2013 sont applicables aux enfants nés ou adoptés à compter du 1er avr. 2014 (L. préc., art. 75-II).*

Les dispositions issues de la L. n° 2014-873 du 4 août 2014 sont applicables aux enfants nés ou adoptés à partir du 1er oct. 2014.

Pour les enfants nés ou adoptés avant le 1er oct. 2014, les dispositions du CSS demeurent applicables dans leur rédaction antérieure au 6 août 2014, date d'entrée en vigueur des dispositions précitées à l'al. précédent (L. préc., art. 8-VI).

Le parag. II ainsi que le troisième al. du parag. VI de l'art. L. 531-4 ont un caractère réglementaire (Cons. const. n° 2014-251 L du 27 nov. 2014, JO 10 déc., p. 20645).

V. dernière note ss. art. L. 531-1.

Ancien art. L. 531-4 *I. — 1. Le complément de libre choix d'activité est versé à taux plein à la personne qui choisit de ne plus exercer d'activité professionnelle pour s'occuper d'un enfant.*

Les conditions d'assimilation d'un mandat d'élu à une activité professionnelle au sens de l'alinéa précédent sont définies par décret.

2. Le complément est attribué à taux partiel à la personne qui exerce une activité ou poursuit une formation professionnelle rémunérée, à temps partiel. Son montant est fonction de la quotité de l'activité exercée ou de la formation suivie. Les quotités minimale et maximale de l'activité ou de la formation sont définies par décret.

(L. n° 2013-1203 du 23 déc. 2013, art. 75-I-1°, en vigueur le 1er avr. 2014) *« Le complément à taux partiel est attribué au travailleur non salarié en fonction de la quotité d'activité déclarée sur l'honneur, dès lors que cette activité ne lui procure pas une rémunération mensuelle nette ou un revenu professionnel excédant des montants définis par décret. Le complément à taux partiel peut également être attribué lorsque la rémunération ou le revenu perçus sont supérieurs à ces montants, dès lors qu'ils sont proportionnels à la réduction de l'activité déclarée. »*

Les modalités selon lesquelles ce complément à taux partiel est attribué aux (Abrogé par L. n° 2013-1203 du 23 déc. 2013, art. 75-I-1°) *« personnes mentionnées aux articles L. 751-1* [L. 7311-3 et L. 7313-1 s. nouv.] *et L. 772-1* [L. 7221-1 nouv.] *du code du travail, aux 1°, 4° et*

5° de l'article L. 615-1 et à l'article L. 722-1 du présent code, aux articles L. 722-4, L. 722-9, L. 722-22 et L. 722-28 du code rural et de la pêche maritime ainsi qu'aux» élus locaux sont adaptées par décret.

Ce complément à taux partiel est attribué au même taux pendant une durée minimale déterminée par décret. Il ne peut y avoir révision de ce taux au cours de cette durée qu'en cas de cessation de l'activité ou de la formation.

II. — Par dérogation aux dispositions de l'article L. 552-1, lorsque le bénéficiaire du complément de libre choix d'activité a un seul enfant à charge, le droit au complément est ouvert le mois de la naissance ou de l'adoption de l'enfant ou le mois de l'arrêt du versement des indemnités ou allocations mentionnées aux 1° à 3° du II de l'article L. 532-2. Sa durée de versement est limitée à une durée maximale.

III. — L'ouverture du droit est subordonnée à l'exercice antérieur d'une activité professionnelle suffisante pour ouvrir des droits à pension de retraite dans un régime de base.

Cette activité doit avoir été exercée pendant une durée minimale au cours d'une période de référence précédant soit la naissance, l'adoption ou l'accueil de l'enfant pour lequel l'allocation est demandée, soit la demande si elle est postérieure lorsque le bénéficiaire compte plus d'un enfant à charge. Cette durée varie selon le nombre d'enfants à charge.

Les situations qui sont assimilées à une activité professionnelle sont définies par décret en fonction du rang de l'enfant.

Les deux membres d'un couple ne peuvent cumuler le bénéfice de deux compléments de libre choix d'activité à taux plein. Lorsque les deux membres du couple exercent une activité professionnelle ou poursuivent une formation professionnelle rémunérée à temps partiel, un complément à taux partiel peut être attribué à chacun d'entre eux dans les conditions définies au 2 du I sans que, toutefois, le montant cumulé de ces deux compléments à taux partiel puisse être supérieur à celui du complément à taux plein. (L. n° 2005-706 du 27 juin 2005, art. 42) *« Lorsque le montant cumulé des deux compléments à taux partiel est inférieur à celui du complément à taux plein, le montant de ce dernier complément est versé. »*

IV. — Pour les enfants adoptés ou confiés en vue d'adoption, le complément est versé pendant une durée minimale à compter de l'arrivée de l'enfant au foyer des adoptants, sous réserve des dispositions du II.

Par dérogation au premier alinéa de l'article L. 531-1, le complément est également versé pour les enfants dont l'âge, au moment de leur arrivée au foyer des adoptants, est supérieur à l'âge limite mentionné à cet article. La durée de versement est, dans ce cas, égale à la durée minimale mentionnée à l'alinéa précédent, sous réserve des dispositions du 2° de l'article L. 512-3.

V. — L'âge limite de versement mentionné au premier alinéa de l'article L. 531-1 et la durée de versement prévue au IV du présent article sont augmentés en cas :

1° De naissances multiples d'enfants d'un nombre déterminé ;

2° D'arrivées simultanées d'un nombre déterminé d'enfants, adoptés ou confiés en vue d'adoption dans les conditions définies à l'article L. 512-4, au foyer des adoptants.

VI. — Par dérogation au premier alinéa du 1 du I et dans des conditions définies par décret, le complément de libre choix d'activité à taux plein peut être cumulé, pendant une durée déterminée, avec un revenu professionnel, en cas de reprise d'activité du parent bénéficiaire alors qu'il a un enfant à charge remplissant des conditions d'âge. Cette option, définitive, est ouverte au parent qui assume la charge d'un nombre déterminé d'enfants.

(L. n° 2005-1579 du 19 déc. 2005, art. 86-I) *« Par exception au 1 du I et dans des conditions définies par décret, le complément de libre choix d'activité à taux plein peut être attribué, à un montant majoré et pendant une durée déterminée, à la personne qui choisit de ne pas exercer d'activité professionnelle pendant cette même durée. Dans ce cas, l'activité professionnelle antérieure minimale prévue au III doit avoir été exercée au cours d'une période de référence fixée par décret. Cette option, définitive, est ouverte au parent qui assume la charge d'un nombre déterminé d'enfants. La période de droit ouverte par cette option peut être partagée entre les deux parents.*

« Par exception aux dispositions de l'article L. 552-1, le droit au complément de libre choix d'activité prévu à l'alinéa précédent est ouvert le mois de la naissance, de l'adoption ou de l'arrivée au foyer de l'enfant adopté ou confié en vue d'adoption. » — Ces dispositions sont applicables à compter du 1er juill. 2006 pour les enfants nés ou adoptés à compter de cette date, ainsi que pour les enfants nés avant cette date alors que leur date de naissance présumée était postérieure au 30 juin 2006.

(Abrogé par L. n° 2013-1203 du 23 déc. 2013, art. 75-I-2°) *« VII. — Le montant du complément de libre choix d'activité est majoré lorsque la personne y ouvrant droit ne bénéficie pas de l'allocation de base mentionnée au 2° de l'article L. 531-1. »* — Les dispositions du 2 du I de l'art. 75 telles qu'issues de la L. n° 2013-1203 du 23 déc. 2013 sont applicables aux enfants nés ou adoptés à compter du 1er avr. 2014 (L. préc., art. 75-II).

1. Il résulte des art. D. 531-13, L. 531-4 et R. 531-4 CSS que le droit au complément de libre choix d'activité à temps partiel est ouvert au salarié ayant bénéficié d'un congé maternité suivi d'un congé maladie, le mois de l'arrêt du versement des indemnités journalières pour une durée maximale de six mois. Ces dispositions n'interdisent pas le différé d'une activité à temps partiel. • Civ. 2e, 14 févr. 2007 : *RJS 2007, n° 668 ; JCP S 2007, n° 1431, note Asquinazi-Bailleux.*

2. Compatibilité des limitations de cumul avec le principe constitutionnel d'égalité. Le complément de libre choix d'activité étant versé, selon l'art. L. 531-4 CSS, à taux plein à la personne qui choisit de ne plus exercer d'activité professionnelle pour s'occuper d'un enfant et à taux partiel à la personne qui exerce une activité ou poursuit une formation rémunérée à temps partiel, il ne saurait être soutenu sérieusement que la disposition critiquée, qui exclut le cumul du complément à taux plein, notamment, avec un avantage d'invalidité, mais en ouvre le bénéfice à taux partiel, aux conditions qu'il fixe, aux titulaires d'un tel avantage, méconnaît les exigences du principe constitutionnel d'égalité, dès lors que l'attribution d'un avantage d'invalidité est subordonnée à la réduction ou à la suppression de la capacité de gain. • Civ 2e, 12 févr. 2015, n° 14-40.050 P.

Art. L. 531-4-1 *(L. n° 2014-873 du 4 août 2014, art. 15-II)* **Une convention conclue entre l'institution mentionnée à l'article L. 5312-1 du code du travail et l'organisme débiteur des prestations familiales prévoit les conditions dans lesquelles les bénéficiaires de la prestation partagée d'éducation de l'enfant qui étaient précédemment en inactivité bénéficient des prestations d'aide au retour à l'emploi avant la fin de leurs droits à la prestation partagée d'éducation de l'enfant.**

La région peut être partie à cette convention pour la détermination de l'accès aux actions de formation professionnelle mentionnées à l'article L. 214-13 du code de l'éducation.

V. dernière note ss. art. L. 531-1.

Art. L. 531-5 **I. — Le complément de libre choix du mode de garde est attribué au ménage ou à la personne qui emploie** *(L. n° 2017-1836 du 30 déc. 2017, art. 36-I)* **« un assistant maternel agréé mentionné » à l'article L. 421-1 du code de l'action sociale et des familles ou une personne mentionnée à l'article** *(L. n° 2016-1827 du 23 déc. 2016, art. 42-I)* **« L. 7221-1 » du code du travail pour assurer la garde d'un enfant.**

(L. n° 2016-1827 du 23 déc. 2016, art. 42-I) **« Ce complément comprend deux parts :**

« *a)* Une part calculée, selon les modalités prévues au II du présent article, en fonction du montant des cotisations et contributions sociales correspondant à la rémunération de la personne qui assure la garde de l'enfant ;

« *b)* Une part calculée, selon les modalités prévues au III, en fonction de la rémunération nette de la personne qui assure la garde de l'enfant. » — *Sur l'entrée en vigueur de l'art. 42-I de la L. n° 2016-1827 du 23 déc. 2016, V. avant-dernière note ss. art.*

Le complément de libre choix du mode de garde est versé à la condition que le ménage ou la personne seule *(L. n° 2013-1203 du 23 déc. 2013, art. 76-I)* **« exerce » une activité professionnelle.** *(Abrogé par L. n° 2013-1203 du 23 déc. 2013, art. 76-I)* ***« Le montant de ce revenu diffère selon que la charge des enfants est assumée par un couple ou par une personne seule. Un décret précise les conditions dans lesquelles ces modalités sont adaptées aux non-salariés. »*** **Les situations qui sont assimilées à une activité professionnelle pour le bénéfice du complément et leurs modalités de prise en compte sont déterminées par décret.**

La condition mentionnée *(L. n° 2017-1836 du 30 déc. 2017, art. 36-I)* **« au cinquième alinéa du présent I » ne s'applique pas :**

— lorsque la personne ou les deux membres du couple poursuivent des études ;

— lorsque la personne ou au moins l'un des membres du couple bénéficie d'une des allocations mentionnées aux articles L. 821-1 et L. 821-2 du présent code et aux articles *(L. n° 2016-1827 du 23 déc. 2016, art. 42-I)* **« L. 5423-1, L. 5423-2 et L. 5423-8** *[nouvelle rédaction issue de la L. n° 2018-1203 du 22 déc. 2018, art. 69-I : [L. 5423-1] « et L. 5423-2 »]* **» du code du travail ;** — *Sur l'entrée en vigueur de l'art. 69-I de la L. n° 2018-1203 du 22 déc. 2018, V. dernière note ss. art.*

— aux personnes bénéficiaires *(L. n° 2008-1249 du 1er déc. 2008, art. 11)* **« du revenu mentionné » à l'article L. 262-1 du code de l'action sociale et des familles, à la condi-**

tion que le bénéficiaire soit inscrit dans une démarche d'insertion professionnelle dont les modalités sont définies par décret en Conseil d'État.

II. — Lorsque le ménage ou la personne emploie *(L. n° 2017-1836 du 30 déc. 2017, art. 36-I)* « un assistant maternel agréé », le montant *(L. n° 2016-1827 du 23 déc. 2016, art. 42-I)* « mentionné au a du I correspond à la totalité » des cotisations et contributions sociales *(Abrogé par L. n° 2016-1827 du 23 déc. 2016, art. 42-I) « est pris en charge en totalité »*, pour chaque enfant, à la condition que la rémunération correspondante de *(L. n° 2017-1836 du 30 déc. 2017, art. 36-I)* « l'assistant maternel » ne dépasse pas *(L. n° 2008-1330 du 17 déc. 2008, art. 106)* « un taux de salaire horaire maximum » fixé par décret.

Lorsque le ménage ou la personne emploie une personne mentionnée à l'article *(L. n° 2016-1827 du 23 déc. 2016, art. 42-I)* « L. 7221-1 » du code du travail, *(L. n° 2016-1827 du 23 déc. 2016, art. 42-I)* « le montant mentionné au a du I correspond à une fraction, fixée par décret, des cotisations et contributions sociales », dans la limite d'un plafond par ménage *(L. n° 2016-1827 du 23 déc. 2016, art. 42-I)* « après prise en compte de la déduction prévue au I *bis* de l'article L. 241-10 du présent code. Le plafond mentionné au présent alinéa est fixé par décret. Il » est revalorisé conformément à l'évolution des prix à la consommation hors tabac, par arrêté du ministre chargé de la sécurité sociale. — *Sur l'entrée en vigueur de l'art. 42-I de la L. n° 2016-1827 du 23 déc. 2016, V. deuxième note ss. art.*

(L. n° 2011-1906 du 21 déc. 2011, art. 102-I) « III. — L'aide *(L. n° 2016-1827 du 23 déc. 2016, art. 42-I)* « mentionnée au *b* du I » est égale à une part, fixée par décret, du salaire net servi et des indemnités mentionnées à l'article L. 423-4 du code de l'action sociale et des familles. Elle est calculée par enfant en cas d'emploi d'*(L. n° 2017-1836 du 30 déc. 2017, art. 36-I)* « un assistant maternel agréé » et par ménage en cas d'emploi d'une personne mentionnée à l'article L. 7221-1 du code du travail. — *Sur l'entrée en vigueur de l'art. 42-I de la L. n° 2016-1827 du 23 déc. 2016, V. deuxième note ss. art.*

« Toutefois, le montant versé ne peut excéder un plafond variant en fonction des ressources du ménage, du nombre d'enfants à charge et suivant que cette charge est assumée par une personne seule ou un couple, selon un barème défini par décret. Ce plafond est majoré, dans des conditions prévues par décret :

« 1° Lorsque la personne seule ou les deux membres du couple ont des horaires de travail spécifiques ;

« 2° Lorsque la personne seule ou l'un des membres du couple bénéficie de la prestation instituée aux articles L. 821-1 et L. 821-2 du présent code » ;

(L. n° 2017-1836 du 30 déc. 2017, art. 36-I) « 3° Lorsque la charge du ou des enfants est assumée par une personne seule » ;

(L. n° 2018-1203 du 22 déc. 2018, art. 69-I, en vigueur le 1er nov. 2019) « 4° Lorsque le ménage ou la personne seule bénéficie au titre d'un enfant à charge de la prestation prévue à l'article L. 541-1. » — *Sur l'entrée en vigueur de l'art. 69-I de la L. n° 2018-1203 du 22 déc. 2018, V. dernière note ss. art.*

IV. — Par dérogation aux dispositions du premier alinéa de l'article L. 531-1, le complément de libre choix du mode de garde est également versé, à un montant réduit, pour la garde d'un enfant ayant un âge supérieur à l'âge mentionné à cet article mais inférieur à un âge limite. *(L. n° 2018-1203 du 22 déc. 2018, art. 70-I, en vigueur le 1er janv. 2020)* « Toutefois, pour les enfants ayant atteint l'âge limite mentionné au premier alinéa du même article L. 531-1 entre le 1er janvier et le 31 août de l'année, la prestation demeure versée intégralement. » — *Sur l'entrée en vigueur de l'art. 70-I de la L. n° 2018-1203 du 22 déc. 2018, V. dernière note ss. art.*

V. — Un décret détermine les conditions de cumul, pour un même enfant ou plusieurs enfants, des compléments de libre choix du mode de garde versés au titre de modes de garde différents. — *V. ANNEXE I, L. n° 2014-873 du 4 août 2014, art. 31.*

V. dernière note ss. art. L. 531-1.

Les dispositions de l'art. 42-I de la L. n° 2016-1827 du 23 déc. 2016 s'appliquent aux rémunérations dues au titre des périodes courant à compter du 1er janv. 2018 (L. préc., art. 42-III, mod. par L. n° 2017-1836 du 30 déc. 2017, art. 36-III).

Les dispositions de l'art. 36-I de la L. n° 2017-1836 du 30 déc. 2017 entrent en vigueur le 1er oct. 2018 pour les gardes d'enfants réalisées à compter de cette date (L. préc., art. 36-IV).

Les dispositions de l'art. 69-I de la L. n° 2018-1203 du 22 déc. 2018 entrent en vigueur le 1er nov. 2019 et s'appliquent aux gardes réalisées à compter de cette date. Les dispositions de l'art. 70-I de cette même loi s'appliquent aux gardes d'enfants réalisées à compter du 1er janv. 2020 (L. préc., art. 69-III et 70-IV).

Jurisprudence rendue ss. l'empire des textes antérieurs à la LFSS pour 2019 (L. n° 2018-1203 du 22 déc. 2018).

Agrément des assistantes maternelles. Il résulte de la combinaison des art. L. 531-5 CSS et L. 421-1 s. CASF que l'attribution du complément de libre choix du mode de garde est subordonnée à l'obtention préalable d'un agrément de la personne concernée par le président du conseil général du département où elle réside. • Civ. 2e, 20 juin 2013 : *JCP S 2013, n° 1354.*

Art. L. 531-6 **Lorsque le ménage ou la personne recourt à une association ou à une entreprise habilitée à cet effet, dans des conditions définies par décret, pour assurer la garde d'un enfant et que sont remplies les conditions d'ouverture du droit au complément de libre choix du mode de garde de la prestation d'accueil du jeune enfant, ce complément est versé au ménage ou à la personne sous la forme d'une aide prenant en charge partiellement le coût de la garde.**

(L. n° 2011-1906 du 21 déc. 2011, art. 102-II) **« Le montant versé ne peut excéder un plafond variant en fonction des ressources du ménage, du nombre d'enfants à charge et suivant que cette charge est assumée par une personne seule ou un couple, selon un barème défini par décret. Ce plafond est majoré, dans des conditions prévues par décret :**

« 1° Lorsque la personne seule ou les deux membres du couple ont des horaires de travail spécifiques ;

« 2° Lorsque la personne seule ou l'un des membres du couple bénéficie de la prestation instituée aux articles L. 821-1 et L. 821-2 » ;

(L. n° 2017-1836 du 30 déc. 2017, art. 36-I) **« 3° Lorsque la charge du ou des enfants est assumée par une personne seule ; »** – *Les dispositions de l'art. 36-I de la L. n° 2017-1836 du 30 déc. 2017 entrent en vigueur le 1er oct. 2018 pour les gardes d'enfants réalisées à compter de cette date (L. préc., art. 36-IV).*

(L. n° 2018-1203 du 22 déc. 2018, art. 69-I, en vigueur le 1er nov. 2019) **« 4° Lorsque le ménage ou la personne seule bénéficie au titre d'un enfant à charge de la prestation prévue à l'article L. 541-1. »** – *Les dispositions de l'art. 69-I de la L. n° 2018-1203 du 22 déc. 2018, entrent en vigueur le 1er nov. 2019 et s'appliquent aux gardes réalisées à compter de cette date (L. préc., art. 69-III).*

Pour la garde d'un enfant qui répond à la condition d'âge mentionnée au IV de l'article L. 531-5, les montants versés sont réduits *(L. n° 2018-1203 du 22 déc. 2018, art. 70-I, en vigueur le 1er janv. 2020)* **« dans les conditions prévues au même IV ».** – *Les dispositions de l'art. 70-I de la L. n° 2018-1203 du 22 déc. 2018 s'appliquent aux gardes d'enfants réalisées à compter du 1er janv. 2020 (L. préc., art. 70-IV).*

L'aide n'est versée que si l'enfant est gardé un minimum d'heures au cours du mois, dans des conditions définies par décret.

L'aide est versée par l'organisme débiteur de prestations familiales.

(L. n° 2006-1640 du 21 déc. 2006, art. 122) **« Par dérogation au premier alinéa du présent article, le complément de libre choix du mode de garde de la prestation d'accueil du jeune enfant peut être versé au ménage ou à la personne qui recourt, pour assurer la garde d'un enfant, à un établissement d'accueil de jeunes enfants mentionné à l'article L. 2324-1 du code de la santé publique, dont la capacité d'accueil maximale ne dépasse pas un seuil fixé par décret** *(L. n° 2013-1203 du 23 déc. 2013, art. 76-II)* **« , sous réserve que la tarification appliquée par l'établissement ne dépasse pas un montant horaire maximal fixé par décret ». »**

(L. n° 2018-1203 du 22 déc. 2018, art. 70-I, en vigueur le 1er janv. 2022) **« Par dérogation au premier alinéa du présent article, le complément de libre choix du mode de garde de la prestation d'accueil du jeune enfant peut être versé directement à l'association ou à l'entreprise qui assure la garde de l'enfant, sur demande de la famille bénéficiaire et après accord de l'association ou de l'entreprise précitée, dans des condi-**

tions précisées par décret. » — *Les dispositions de l'art. 70-I de la L. n° 2018-1203 du 22 déc. 2018 s'appliquent aux gardes d'enfants réalisées à compter du 1er janv. 2022 (L. préc., art. 70-IV).*

V. dernière note ss. art. L. 531-1.

Conséquence du défaut d'agrément. Selon l'art. L. 531-6, l'attribution du complément de libre choix du mode de garde est subordonnée, lorsque le ménage ou la personne recourt à une association, à l'agrément de celle-ci dans les conditions fixées par l'art. D. 531-23. Le bénéficiaire est donc tenu au remboursement du complément versé à défaut d'un tel agrément pour la période considérée. • Civ. 2e, 10 mars 2016, n° 15-13.595 P : *RJS 5/2016, n° 379 ; JCP S 2016, n° 1192, obs. Tauran ; RDSS 2016. 579, obs. Tauran*.

Art. L. 531-7 (Abrogé par Décr. n° 2014-1707 du 30 déc. 2014, art. 1er-3°, à compter du 1er janv. 2015) ***Le droit au complément est ouvert à compter du premier jour du mois civil au cours duquel la demande est déposée.*** (L. n° 2011-1906 du 21 déc. 2011, art. 102-III-2°) ***« Toutefois, le droit est ouvert à compter du premier jour du mois civil où les conditions en sont remplies lorsqu'un droit est déjà ouvert au titre d'un autre enfant. »***

Il cesse au premier jour du mois civil suivant celui au cours duquel l'une des conditions cesse d'être remplie.

L'art. L. 531-7 a un caractère réglementaire (Cons. const. n° 2014-251 L du 27 nov. 2014, JO 10 déc., p. 20645).

Art. L. 531-8 *(L. n° 2016-1827 du 23 déc. 2016, art. 42-I)* **Les employeurs qui bénéficient du complément mentionné à l'article L. 531-5 sont tenus d'adhérer au dispositif simplifié prévu pour les personnes mentionnées au 4° de l'article L. 133-5-6.**

Les cotisations et contributions sociales dues au titre de la rémunération de la personne qui assure la garde de l'enfant, nettes de la déduction prévue au I bis de l'article L. 241-10 lorsqu'elle est applicable, du montant mentionné au *a* du I de l'article L. 531-5 et, le cas échéant, du montant mentionné au b du même I, dans la limite des cotisations et contributions restantes, donnent lieu à un prélèvement automatique par l'organisme mentionné à l'article L. 133-5-10.

(L. n° 2017-1836 du 30 déc. 2017, art. 36-I) **« Le montant du complément mentionné au *b* du I de l'article L. 531-5 restant dû après imputation, en application du deuxième alinéa du présent article, sur les cotisations et contributions sociales dues au titre de la rémunération de la personne qui assure la garde de l'enfant est versé à l'employeur par l'organisme mentionné à l'article L. 133-5-10, pour le compte des caisses d'allocations familiales et des caisses de mutualité sociale agricole, après réception de la déclaration mentionnée au deuxième alinéa de l'article L. 133-5-8. »**

Pour la mise en œuvre des missions mentionnées aux deuxième et troisième alinéas, les caisses d'allocations familiales et les caisses de mutualité sociale agricole informent l'organisme mentionné à l'article L. 133-5-10 de l'éligibilité des employeurs au complément de libre choix du mode de garde mentionné à l'article L. 531-5 et lui transmettent les informations nécessaires à l'établissement du montant mentionné au *b* du I du même article L. 531-5. L'organisme transmet aux caisses d'allocations familiales et aux caisses de mutualité sociale agricole les informations déclarées par les employeurs ainsi que les montants mentionnés au deuxième alinéa du présent article et à l'article L. 531-8-1.

(L. n° 2017-1836 du 30 déc. 2017, art. 36-I) **« Par dérogation à l'article L. 553-2, en cas de modification par le particulier employeur de la déclaration mentionnée à l'article L. 133-5-8 induisant une baisse ou une annulation du montant de cotisations et contributions sociales dues au titre de la rémunération de la personne qui assure la garde de l'enfant, le montant mentionné au *a* du I de l'article L. 531-5 indûment versé est restitué, pour le compte de l'employeur, par l'organisme mentionné à l'article L. 133-5-10 à la caisse d'allocations familiales ou à la caisse de mutualité sociale agricole.**

« La récupération des sommes indûment versées au titre du complément de libre choix du mode de garde prévu à l'article L. 531-5 s'effectue, le cas échéant, sur les montants de cotisations et de contributions sociales dus par l'organisme mentionné à l'article L. 133-5-10 à l'allocataire, préalablement à l'engagement de la procédure de recouvrement d'indu de prestations familiales prévue à l'article L. 553-2. A ce titre, la caisse mentionnée à l'avant-dernier alinéa du présent article dont relève l'allocataire

est subrogée dans les droits de ce dernier. La subrogation est signifiée par la caisse à l'allocataire. »

Les dispositions de l'art. 42-I de la L. n° 2016-1827 du 23 déc. 2016 s'appliquent aux rémunérations dues au titre des périodes courant à compter du 1er janv. 2019 (L. préc., art. 42-III, mod. par L. n° 2017-1836 du 30 déc. 2017, art. 36-III).

Les dispositions de l'art. 36-I de la L. n° 2017-1836 du 30 déc. 2017 s'appliquent aux rémunérations dues au titre des périodes de garde courant à compter du 1er janv. 2019 (L. préc., art. 36-IV).

Art. L. 531-8-1 *(L. n° 2016-1827 du 23 déc. 2016, art. 42-I)* Dans le cas mentionné à l'article L. 133-5-12, sans préjudice du montant des rémunérations effectivement versées au salarié par l'intermédiaire de l'organisme mentionné à l'article L. 133-5-10, le prélèvement mentionné au troisième alinéa de l'article L. 133-5-12 est minoré à hauteur du montant du complément de libre choix du mode de garde mentionné *(L. n° 2018-1203 du 22 déc. 2018, art. 18-III)* « au troisième alinéa de l'article L. 531-8 ». *— V. note ss. art. L. 531-8.*

Art. L. 531-9 Le complément de libre choix du mode de garde n'est pas cumulable avec *(L. n° 2014-873 du 4 août 2014, art. 8-I-8°)* « la prestation partagée d'éducation de l'enfant à taux plein mentionnée au premier alinéa du 1 du I de l'article L. 531-4, sauf si cette dernière est versée » au titre du VI dudit article.

Le complément de libre choix du mode de garde est réduit, lorsque le ménage ou la personne bénéficie *(L. n° 2014-873 du 4 août 2014, art. 8-I-8°)* « de la prestation partagée d'éducation de l'enfant » à taux partiel pour l'exercice d'une activité professionnelle inférieure à une quotité, dans des conditions définies par décret.

Les dispositions issues de la L. n° 2014-873 du 4 août 2014 sont applicables aux enfants nés ou adoptés à partir du 1er oct. 2014.

Pour les enfants nés ou adoptés avant le 1er oct. 2014, les dispositions du CSS demeurent applicables dans leur rédaction antérieure au 6 août 2014, date d'entrée en vigueur des dispositions précitées à l'al. précédent (L. préc., art. 8-VI).

V. dernière note ss. art. L. 531-1.

Ancien art. L. 531-9 *Le complément de libre choix du mode de garde n'est pas cumulable avec le complément de libre choix d'activité à taux plein mentionné au premier alinéa du 1 du I de l'article L. 531-4, sauf si ce dernier est versé au titre du VI dudit article.*

Le complément de libre choix du mode de garde est réduit, lorsque le ménage ou la personne bénéficie du complément de libre choix d'activité à taux partiel pour l'exercice d'une activité professionnelle inférieure à une quotité, dans des conditions définies par décret.

Art. L. 531-10 En cas de décès d'un enfant, *(L. n° 2014-873 du 4 août 2014, art. 8-I-9°)* « la prestation partagée d'éducation de l'enfant » et l'allocation de base, *(L. n° 2014-873 du 4 août 2014, art. 8-I-9°)* « versées » au titre de cet enfant, sont *(L. n° 2014-873 du 4 août 2014, art. 8-I-9°)* « maintenues » pendant une durée fixée par décret.

Les dispositions issues de la L. n° 2014-873 du 4 août 2014 sont applicables aux enfants nés ou adoptés à partir du 1er oct. 2014.

Pour les enfants nés ou adoptés avant le 1er oct. 2014, les dispositions du CSS demeurent applicables dans leur rédaction antérieure au 6 août 2014, date d'entrée en vigueur des dispositions précitées à l'al. précédent (L. préc., art. 8-VI).

V. dernière note ss. art. L. 531-1.

Ancien art. L. 531-10 *En cas de décès d'un enfant, le complément de libre choix d'activité et l'allocation de base, versés au titre de cet enfant, sont maintenus pendant une durée fixée par décret.*

CHAPITRE II DISPOSITIONS RELATIVES AU CUMUL AVEC D'AUTRES PRESTATIONS

Art. L. 532-1 L'allocation de base de la prestation d'accueil du jeune enfant n'est pas cumulable avec le complément familial défini à l'article L. 522-1.

Al. abrogé par L. n° 2006-1640 du 21 déc. 2006, art. 123-II.

Les dispositions de l'art. L. 532-1 sont d'application générale aux salariés exerçant une profession à temps partiel et l'adaptation par décret prévue pour certaines catégories ne prive pas les autres travailleurs à temps partiel du bénéfice de la prestation ; en conséquence, ajoute une condition contraire à ces dispositions la caisse qui refuse le bénéfice de l'allocation au motif que le demandeur bénéficiait d'un large degré d'autonomie dans l'organisation de son emploi du temps alors qu'il n'effectuait plus qu'un travail correspondant à 50 % d'un temps plein. • Civ. 2e, 20 sept. 2005 : *JCP 2005. IV. 3253 ; RJS 12/2005, n° 1266.*

Art. L. 532-2 **I. —** *(L. n° 2014-873 du 4 août 2014, art. 8-I-10°)* **« La prestation partagée d'éducation de l'enfant » n'est pas cumulable avec le complément familial.**

II. — *(L. n° 2014-873 du 4 août 2014, art. 8-I-10°)* **« La prestation partagée d'éducation de l'enfant » à taux plein n'est pas cumulable pour le bénéficiaire avec :**

1° L'indemnisation des congés de maternité, de paternité *(L. n° 2012-1404 du 17 déc. 2012, art. 94-VII-D)* **« et d'accueil de l'enfant » ou d'adoption ;**

(Ord. n° 2018-470 du 12 juin 2018, art. 2) **« 2° L'indemnité d'interruption d'activité ou l'allocation de remplacement pour maternité ou paternité, prévues aux articles L. 623-1 et L. 663-1 du présent code, aux articles L. 732-10 à L. 732-12-2 du code rural et de la pêche maritime et aux articles L. 5556-9 et L. 5556-10 du code des transports ; »**

3° L'indemnisation des congés de maladie ou d'accident du travail ;

4° Les indemnités servies aux travailleurs sans emploi ;

5° Un avantage de vieillesse, d'invalidité ou la pension servie aux militaires en application de l'article L. 6 du code des pensions civiles et militaires de retraite.

Le service des indemnités dues aux travailleurs sans emploi est, à la date d'interruption du versement *(L. n° 2014-873 du 4 août 2014, art. 8-I-10°)* **« de la prestation partagée d'éducation de l'enfant », poursuivi jusqu'à l'expiration du droit.**

III. — *(L. n° 2014-873 du 4 août 2014, art. 8-I-10°)* **« La prestation partagée d'éducation de l'enfant » à taux partiel n'est pas cumulable pour le bénéficiaire, à l'ouverture du droit, avec les indemnisations et l'allocation de remplacement mentionnées aux 1° à 5° du II.** *(L. n° 2014-873 du 4 août 2014, art. 8-I-10°)* **« Elle » est cumulable, en cours de droit, avec les indemnisations et allocations mentionnées aux 1° à 4° du II perçues au titre de l'activité à temps partiel que le bénéficiaire exerce ou a exercée.**

IV. — Lorsque le bénéficiaire *(L. n° 2014-873 du 4 août 2014, art. 8-I-10°)* **« de la prestation partagée d'éducation de l'enfant » a un seul enfant à charge,** *(L. n° 2014-873 du 4 août 2014, art. 8-I-10°)* **« la prestation » est cumulable, le mois d'ouverture du droit, avec les indemnités et allocations visées aux 1° à 3° du II.**

(L. n° 2005-1579 du 19 déc. 2005, art. 86-II) **« V. — Pendant le mois au cours duquel le versement des indemnités ou allocations mentionnées aux 1° à 3° du II prend fin, celles-ci sont cumulables avec** *(L. n° 2014-873 du 4 août 2014, art. 8-I-10°)* **« la prestation partagée d'éducation de l'enfant » à taux plein, lorsqu'il est fait usage de l'option mentionnée au deuxième alinéa du VI de l'article L. 531-4. »**

Les dispositions issues de la L. n° 2014-873 du 4 août 2014 sont applicables aux enfants nés ou adoptés à partir du 1er oct. 2014.

Pour les enfants nés ou adoptés avant le 1er oct. 2014, les dispositions du CSS demeurent applicables dans leur rédaction antérieure au 6 août 2014, date d'entrée en vigueur des dispositions précitées à l'al. précédent (L. préc., art. 8-VI).

L'art. L. 532-2 fixe les conditions dans lesquelles le complément de libre choix d'activité à taux partiel attribué au titre des prestations familiales, par la caisse d'allocations familiales, peut être cumulé avec les indemnités et avantages qu'il énumère et son application ne saurait s'étendre à l'attribution de l'aide à la création et à la reprise d'entreprise. • Civ. 2e, 11 oct. 2018, n° 17-24.348 P : *RJS 12/2018, n° 758.*

Ancien art. L. 532-2 ***I. — Le complément de libre choix d'activité n'est pas cumulable avec le complément familial.***

II. — Le complément de libre choix d'activité à taux plein n'est pas cumulable pour le bénéficiaire avec :

1° L'indemnisation des congés de maternité, de paternité (L. n° 2012-1404 du 17 déc. 2012, art. 94-VII-D) ***« et d'accueil de l'enfant » ou d'adoption ;***

2° L'indemnité d'interruption d'activité ou l'allocation de remplacement pour maternité ou paternité, prévues aux articles L. 615-19 à L. 615-19-2 et L. 722-8 à L. 722-8-3 du présent code, aux articles L. 732-10 à L. 732-12-1 du code rural et de la pêche maritime et à l'arti-

cle 17 de la loi n° 97-1051 du 18 novembre 1997 d'orientation sur la pêche maritime et les cultures marines ;

3° L'indemnisation des congés de maladie ou d'accident du travail ;

4° Les indemnités servies aux travailleurs sans emploi ;

5° Un avantage de vieillesse, d'invalidité ou la pension servie aux militaires en application de l'article L. 6 du code des pensions civiles et militaires de retraite.

Le service des indemnités dues aux travailleurs sans emploi est, à la date d'interruption du versement du complément de libre choix d'activité, poursuivi jusqu'à l'expiration du droit.

III. — Le complément de libre choix d'activité à taux partiel n'est pas cumulable pour le bénéficiaire, à l'ouverture du droit, avec les indemnisations et l'allocation de remplacement mentionnées aux l° à 5° du II. Il est cumulable, en cours de droit, avec les indemnisations et allocations mentionnées aux l° à 4° du II perçues au titre de l'activité à temps partiel que le bénéficiaire exerce ou a exercée.

IV. — Lorsque le bénéficiaire du complément de libre choix d'activité a un seul enfant à charge, le complément est cumulable, le mois d'ouverture du droit, avec les indemnités et allocations visées aux 1° à 3° du II.

(L. n° 2005-1579 du 19 déc. 2005, art. 86-II) *« V. — Pendant le mois au cours duquel le versement des indemnités ou allocations mentionnées aux 1° à 3° du II prend fin, celles-ci sont cumulables avec le complément de libre choix d'activité à taux plein, lorsqu'il est fait usage de l'option mentionnée au deuxième alinéa du VI de l'article L. 531-4. »* — Disposition applicable au 1er juill. 2006 pour les enfants nés ou adoptés à compter de cette date, ainsi que pour les enfants nés avant cette date alors que leur date de naissance présumée était postérieure au 30 juin 2006.

CHAPITRE III DISPOSITIONS RELATIVES AUX EXAMENS MÉDICAUX DE LA MÈRE ET DE L'ENFANT

Art. L. 533-1 Le versement de la prime à la naissance est subordonné à la justification de la passation du premier examen prénatal médical obligatoire de la mère prévu en application de l'article L. 2122-1 du code de la santé publique.

(L. n° 2007-1787 du 20 déc. 2007, art. 7) « Un décret définit les conditions dans lesquelles est produite cette justification. »

TITRE QUATRIÈME PRESTATIONS À AFFECTATION SPÉCIALE

CHAPITRE PREMIER ALLOCATION D'ÉDUCATION DE L'ENFANT HANDICAPÉ *(L. n° 2005-102 du 11 févr. 2005, art. 68-1°).*

Art. L. 541-1 Toute personne qui assume la charge d'un enfant handicapé a droit à une *(L. n° 2005-102 du 11 févr. 2005, art. 68-1°)* « allocation d'éducation de l'enfant handicapé », si l'incapacité permanente de l'enfant est au moins égale à un taux déterminé. — *V. art. R. 541-1 et D. 541-1.*

Un complément d'allocation est accordé pour l'enfant atteint d'un handicap dont la nature ou la gravité exige des dépenses particulièrement coûteuses ou nécessite le recours fréquent à l'aide d'une tierce personne. Son montant varie suivant l'importance des dépenses supplémentaires engagées ou la permanence de l'aide nécessaire. — *V. art. R. 541-2 et D. 541-2.*

(L. n° 2005-102 du 11 févr. 2005, art. 68-4°) « La même allocation et, le cas échéant, son complément peuvent être alloués, si l'incapacité permanente de l'enfant, sans atteindre le pourcentage mentionné au premier alinéa, reste néanmoins égale ou supérieure à un minimum, dans le cas où l'enfant fréquente un établissement mentionné au 2° ou au 12° du I de l'article L. 312-1 du code de l'action sociale et des familles ou dans le cas où l'état de l'enfant exige le recours à un dispositif adapté ou d'accompagnement au sens de l'article L. 351-1 du code de l'éducation ou à des soins dans le cadre des mesures préconisées par la commission mentionnée à l'article L. 146-9 du code de l'action sociale et des familles. »

L'*(L. n° 2005-102 du 11 févr. 2005, art. 68-2°)* « allocation d'éducation de l'enfant handicapé » n'est pas due lorsque l'enfant est placé en internat avec prise en charge intégrale des frais de séjour par l'assurance maladie, l'État ou l'aide sociale, sauf pour les périodes de congés ou de suspension de la prise en charge.

1. Le versement du complément d'allocation d'éducation spéciale, dû pour un enfant classé en raison d'un handicap particulièrement grave dans la troisième catégorie, est subordonné à la cessation d'activité d'un des parents ou au recours effectif à une tierce personne rémunérée. • Civ. 2e, 19 janv. 2006 : *RJS 5/2006, no 647* • Civ. 2e, 3 févr. 2011 : *RDSS 2011. 562, note Tauran*.

2. Sur le caractère non indemnitaire de l'allocation d'éducation spéciale : • Civ. 2e, 9 déc. 1999 : *D. 2000. 451, note Dagorne-Labbe* ; *RDSS 2001. 145, note Monéger*.

Art. L. 541-2 *(L. no 2005-102 du 11 févr. 2005, art. 68-5o)* **L'allocation et son complément éventuel sont attribués au vu de la décision de la commission mentionnée à l'article L. 146-9 du code de l'action sociale et des familles appréciant si l'état de l'enfant ou de l'adolescent justifie cette attribution.**

Lorsque la personne ayant la charge de l'enfant handicapé ne donne pas suite aux mesures préconisées par la commission, l'allocation peut être suspendue ou supprimée dans les mêmes conditions et après audition de cette personne sur sa demande.

Lorsque l'allocation a été versée contrairement à la décision défavorable de la commission départementale qui s'imposait tant à l'allocataire qu'à la caisse d'allocations familiales, cet organisme ne saurait en l'état être débouté de son action en répétition de l'indu au seul motif qu'il n'était pas justifié de la notification de ladite décision à l'allocataire. • Soc. 26 sept. 1984 : *Bull. civ. V, no 338.*

Art. L. 541-3 **Les dispositions de l'article L. 521-2 sont applicables à l'***(L. no 2005-102 du 11 févr. 2005, art. 68-2o)* **« allocation d'éducation de l'enfant handicapé ».**

Art. L. 541-4 *(L. no 2005-102 du 11 févr. 2005, art. 68-6o)* **Toute personne isolée bénéficiant de l'allocation et de son complément mentionnés à l'article L. 541-1** *(L. no 2007-1786 du 19 déc. 2007, art. 94-II)* **« ou de cette allocation et de la prestation mentionnée à l'article L. 245-1 du code de l'action sociale et des familles » et assumant seule la charge d'un enfant handicapé dont l'état nécessite le recours à une tierce personne a droit à une majoration spécifique pour parent isolé d'enfant handicapé versée dans des conditions prévues par décret.**

(Abrogé par L. no 2009-1646 du 24 déc. 2009, art. 56-II) ***« La Caisse nationale de solidarité pour l'autonomie verse au Fonds national des prestations familiales, géré par la Caisse nationale des allocations familiales, une subvention correspondant*** *(L. no 2009-1646 du 24 déc. 2009, art. 56-I)* ***« en 2010 à la moitié des » sommes versées au titre de la majoration visée à l'alinéa précédent*** *(L. no 2009-1646 du 24 déc. 2009, art. 56-I)* ***« et en 2011 au quart de ces sommes ». »***

CHAPITRE II ALLOCATION DE LOGEMENT FAMILIALE — PRIMES DE DÉMÉNAGEMENT — PRÊTS À L'AMÉLIORATION DE L'HABITAT

SECTION PREMIÈRE DISPOSITIONS GÉNÉRALES — CHAMP D'APPLICATION

Art. L. 542-1 **L'allocation de logement est accordée dans les conditions prévues à l'article suivant :**

1o Aux personnes qui perçoivent à un titre quelconque :

a. **soit les allocations familiales ;**

b. **soit le complément familial ;**

(L. no 2003-1199 du 18 déc. 2003, art. 60-IV-8) **« *c.* » soit l'allocation de soutien familial ;**

(L. no 2003-1199 du 18 déc. 2003, art. 60-IV-8) **« *d.* » soit l'***(L. no 2005-102 du 11 févr. 2005, art. 68-2o)* **« allocation d'éducation de l'enfant handicapé » ;**

2o Aux ménages ou personnes qui, n'ayant pas droit à l'une des prestations mentionnées au 1o, ont un enfant à charge au sens *(L. no 90-590 du 6 juill. 1990, art. 10-II)* **« de l'article L. 512-3 » ;**

3o *(Ord. no 2005-655 du 8 juin 2005)* **« Aux ménages » qui n'ont pas d'enfant à charge, pendant une durée déterminée à compter du mariage, à la condition que celui-ci ait été célébré avant que les époux aient l'un et l'autre atteint un âge limite** *[art. D. 542-1]* **;**

4o Aux ménages ou aux personnes qui ont à leur charge un ascendant vivant au foyer ayant dépassé un âge déterminé ;

5° Aux ménages ou personnes qui ont à leur charge un ascendant ou un descendant ou un collatéral au deuxième ou au troisième degré vivant au foyer atteint d'une infirmité permanente au moins égale à un pourcentage fixé par décret ou qui est, compte tenu de son handicap, dans l'impossibilité, reconnue par la commission technique d'orientation et de reclassement professionnel prévue à l'article *(L. nº 2005-102 du 11 févr. 2005, art. 26-IV)* « L. 241-5 du code de l'action sociale et des familles », de se procurer un emploi ;

(L. nº 2003-1199 du 18 déc. 2003, art. 60-IV) « 6° A la personne seule sans personne à charge à compter du premier jour du mois civil suivant le quatrième mois de la grossesse et jusqu'au mois civil de la naissance de l'enfant. » — *Sur l'entrée en vigueur de la L. nº 2003-1199 du 18 déc. 2003, V. note ss. art. L. 511-1.*

(L. nº 2017-1837 du 30 déc. 2017, art. 129-II) « Les particuliers rattachés au foyer fiscal de leurs parents, lorsque ces derniers sont assujettis à l'impôt sur la fortune immobilière en application de l'article 964 du code général des impôts, ne sont pas éligibles à l'allocation de logement familiale. Cette condition d'éligibilité est appréciée pour chacun des membres du ménage. »

Absence de recours contre le conjoint du bénéficiaire. L'action en répétition de l'indu ne peut être engagée que contre celui qui a reçu le paiement ou pour le compte duquel le paiement a été reçu. Une telle action ne saurait en conséquence être engagée contre le conjoint de l'allocataire qui a reçu les fonds indûment versés. • Civ. 2e, 30 nov. 2017, nº 16-24.021 P.

Art. L. 542-2 *(L. nº 2014-366 du 24 mars 2014, art. 85-I-1º, en vigueur le 1er janv. 2015)* « I. — » L'allocation de logement n'est due, au titre de leur résidence principale, qu'aux personnes :

1° Payant un minimum de loyer, compte tenu de leurs ressources *(L. nº 2015-1785 du 29 déc. 2015, art. 140-III-1º)* « et de la valeur en capital de leur patrimoine, lorsque cette valeur est supérieure à 30 000 € » ; *(L. nº 2016-1918 du 29 déc. 2016, art. 136-II)* « toutefois, pour les bénéficiaires de l'allocation aux adultes handicapés prévue à l'article L. 821-1 ou de l'allocation d'éducation de l'enfant handicapé prévue à l'article L. 541-1 du présent code, ainsi que pour les demandeurs résidant dans un établissement d'hébergement pour personnes âgées dépendantes ou dans une résidence autonomie mentionnés à l'article L. 313-12 du code de l'action sociale et des familles, la valeur en capital du patrimoine n'est pas prise en compte dans le calcul de l'aide ; » sont assimilées aux loyers les mensualités versées pour accéder à la propriété de l'habitation *(L. nº 2014-366 du 24 mars 2014, art. 64-II-1º et 72-II, en vigueur le 1er janv. 2015)* « , ainsi que la rémunération de l'opérateur mentionnée au III de l'article 29-11 de la loi nº 65-557 du 10 juillet 1965 fixant le statut de la copropriété des immeubles bâtis, et l'indemnité d'occupation mentionnée à l'article L. 615-9 du code de la construction et de l'habitation et la redevance mentionnée à l'article L. 615-10 du même code » ; *(L. nº 2017-1837 du 30 déc. 2017, art. 126-II ; L. nº 2018-1317 du 28 déc. 2018, art. 227-I)* « l'allocation n'est pas due pour les prêts permettant d'accéder à la propriété de l'habitation qui sont signés à compter du 1er janvier 2018 ou, par exception, à compter du 1er janvier 2020 lorsque le logement fait l'objet d'une décision favorable de financement, prise avant le 31 décembre 2018, du représentant de l'État en Guyane, en Martinique, en Guadeloupe et à La Réunion ; » *(L. nº 2015-1785 du 29 déc. 2015, art. 140-III-1º)* « la détermination et les conditions de prise en compte des ressources et de la valeur du patrimoine sont définies par décret ». *(L. nº 2018-1203 du 22 déc. 2018, art. 78-I, en vigueur le 1er janv. 2019)* « Les conditions de prise en compte des ressources, notamment les périodes de référence retenues, peuvent varier en fonction de leur nature ; » — *Les dispositions du 1º du III de l'art. 140 issues de la L. nº 2015-1785 du 29 déc. 2015 sont entrées en vigueur le 1er oct. 2016 et s'appliquent aux prestations dues à compter de cette date (L. préc., art. 140-IV). — Les dispositions de l'art. 126-II de la L. nº 2017-1837 du 30 déc. 2017 ne s'appliquent pas aux prêts et contrats de location-accession ayant fait l'objet d'une demande avant le 31 déc. 2017 et à la condition que ce prêt ou ce contrat de location-accession soit signé avant le 31 janv. 2018 (L. préc., art. 126-III-F).*

(Abrogé par L. nº 2015-1785 du 29 déc. 2015, art. 140-I) (L. nº 2014-1654 du 29 déc. 2014, art. 93-III) ***« Pour les prêts d'accession à la propriété de l'habitation signés à compter du 1er janvier 2016, l'allocation n'est due que si le montant total des ressources perçues par***

le ménage est inférieur de plus de 30 % au montant des ressources du ménage évaluées à la date de signature » ;

2° Habitant un logement répondant *(L. n° 2000-1208 du 13 déc. 2000, art. 187-III)* « aux caractéristiques définies en application des premier et deuxième alinéas de l'article 6 de la loi n° 89-462 du 6 juillet 1989 tendant à améliorer les rapports locatifs » *(Abrogé par L. n° 2014-366 du 24 mars 2014, art. 85-I-1°, à compter du 1er janv. 2015)* *« et à des conditions minima de peuplement. Lorsque le logement ne satisfait pas aux caractéristiques imposées ci-dessus et que le locataire a demandé leur mise en conformité dans les conditions fixées à l'article 20-1 de la loi n° 89-462 du 6 juillet 1989 précitée ou qu'il a engagé une action en justice en application du c de l'article 6 de la même loi, l'allocation de logement est maintenue. Hormis ce cas, l'allocation de logement peut être accordée à titre dérogatoire dans des conditions fixées par décret ; si un logement devient surpeuplé par suite de naissance ou de prise en charge d'un enfant ou d'un proche parent, les allocations sont maintenues pendant une durée déterminée ; »*

(L. n° 2014-366 du 24 mars 2014, art. 85-I-1°, en vigueur le 1er janv. 2015) « 3° Habitant un logement répondant à des conditions de peuplement fixées par voie réglementaire.

« II. – Lorsque le logement ne satisfait pas aux caractéristiques imposées au 2° du I du présent article et que l'organisme payeur ou un organisme dûment habilité par ce dernier a constaté que le logement ne constitue donc pas un logement décent, au sens des deux premiers alinéas de l'article 6 de la loi n° 89-462 du 6 juillet 1989 précitée, l'allocation de logement n'est pas versée au locataire ou au propriétaire mais est conservée par l'organisme payeur pendant un délai maximal de dix-huit mois. L'organisme payeur notifie au propriétaire le constat établissant que le logement ne remplit pas les conditions requises pour être qualifié de logement décent et l'informe qu'il doit mettre celui-ci en conformité dans le délai maximal précité pour que l'allocation de logement conservée lui soit versée. Durant ce délai, le locataire s'acquitte du montant du loyer et des charges récupérables, diminué du montant des allocations de logement dont il aura été informé par l'organisme payeur, sans que cette diminution puisse fonder une action du bailleur à l'encontre du locataire pour obtenir la résiliation du bail.

« Pour l'application de l'article 20-1 de la loi n° 89-462 du 6 juillet 1989 précitée, l'information du bailleur, par l'organisme payeur, sur son obligation de mise en conformité du logement, dont le locataire est également destinataire, tient lieu de demande de mise en conformité par le locataire dans le cas où ce dernier saisit la commission départementale de conciliation. L'information du locataire reproduit les dispositions de ce même article et précise l'adresse de la commission départementale de conciliation. Dès que le constat de mise en conformité du logement est établi par l'organisme payeur ou par un organisme dûment habilité par ce dernier, le montant de l'allocation de logement conservée par l'organisme payeur est versé au propriétaire.

« L'organisme payeur informe le bailleur de l'existence d'aides publiques et des lieux d'information pour réaliser les travaux de mise en conformité du logement.

« III. – Si le logement ne répond toujours pas aux caractéristiques mentionnées au 2° du I du présent article à l'issue du délai de mise en conformité prévu au premier alinéa du II *(L. n° 2018-1021 du 23 nov. 2018, art. 192)* « ou si cette mise en conformité, réalisée dans le délai prévu au même premier alinéa, ne procède pas de travaux qui ont été engagés par le propriétaire mais qui ont été réalisés d'office en exécution d'une mesure de police en application des articles L. 123-1 à L. 123-4 du code de la construction et de l'habitation, des articles L. 129-1 à L. 129-7 du même code, des articles L. 511-1 à L. 511-7 dudit code, de l'article L. 1311-4 du code de la santé publique, des articles L. 1331-22 à L. 1331-28 du même code, et des articles L. 1334-1 à L. 1334-12 dudit code » :

« 1° Le bénéfice de l'allocation de logement conservée jusqu'à cette date par l'organisme payeur au titre de la période durant laquelle il a été fait application du premier alinéa du II est définitivement perdu. Le propriétaire ne peut demander au locataire le paiement de la part de loyer non perçue correspondant au montant de l'allocation conservée ;

« 2° L'allocation de logement, le cas échéant recalculée dans le cas où un nouveau loyer est fixé par le juge, peut, à titre exceptionnel, dans des cas fixés par décret, en vue de permettre l'achèvement d'une mise en conformité engagée, de prendre en compte l'action du locataire pour rendre son logement décent par la voie judiciaire ou de prévenir des difficultés de paiement du loyer ou de relogement du locataire, être maintenue par décision de l'organisme payeur et conservée par ce dernier pour une durée de six mois, renouvelable une fois. Durant ce délai, le locataire s'acquitte du montant du loyer et des charges récupérables, diminué du montant des allocations de logement dont il aura été informé par l'organisme payeur sans que cette diminution puisse fonder une action du bailleur à l'encontre du locataire pour obtenir la résiliation du bail.

« Dès que le constat de mise en conformité du logement est établi, le montant de l'allocation de logement conservée par l'organisme payeur est versé au propriétaire. Si le logement ne répond toujours pas aux caractéristiques mentionnées au 2° du I du présent article à l'issue de ce délai, le bénéfice de l'allocation de logement conservée par l'organisme payeur au titre de la période durant laquelle il a été fait application du 2° du présent III est définitivement perdu. Le propriétaire ne peut demander au locataire le paiement de la part de loyer non perçue correspondant au montant de l'allocation conservée.

« IV. — A chaque changement de locataire, s'il est de nouveau constaté que le logement n'est pas conforme aux caractéristiques mentionnées au 2° du I du présent article, l'allocation de logement n'est pas versée au nouveau locataire ou au propriétaire mais est conservée par l'organisme payeur pour une durée de six mois, éventuellement prolongée par décision de cet organisme, à titre exceptionnel, dans les cas définis par le décret mentionné au 2° du III, pour une durée de six mois. Durant ce délai, le locataire s'acquitte du montant du loyer et des charges récupérables, diminué du montant des allocations de logement dont il aura été informé par l'organisme payeur sans que cette diminution puisse fonder une action du bailleur à l'encontre du locataire pour obtenir la résiliation du bail.

« Dès que le constat de mise en conformité du logement est établi ou si le logement ne répond toujours pas aux caractéristiques mentionnées au 2° du I du présent article à l'issue de ce délai, il est procédé conformément au dernier alinéa du III.

« V. — Lorsque le montant de l'allocation de logement conservée par l'organisme payeur en application des II à IV est versé au propriétaire après que le constat de mise en conformité du logement a été établi, le propriétaire verse, le cas échéant, au locataire la part de l'allocation de logement conservée qui excède le montant du loyer et des charges récupérables.

« VI. — Outre les cas mentionnés aux II à IV, l'allocation de logement peut être accordée à titre dérogatoire et pendant une durée déterminée, dans des conditions fixées par décret.

« VII. — » *(Ord. nº 2005-655 du 8 juin 2005)* « L'allocation de logement est due à compter du premier jour du mois civil suivant celui au cours duquel les conditions d'ouverture du droit sont réunies. » *(L. nº 94-1162 du 29 déc. 1994, art. 93 ; L. nº 2010-1594 du 20 déc. 2010, art. 103-I)* « Toutefois, lorsque les conditions d'ouverture du droit sont réunies antérieurement au mois de la demande, l'allocation est due à compter du premier jour du mois au cours duquel la demande est déposée. »

(L. nº 98-657 du 29 juill. 1998, art. 45) « Les dispositions prévues à la première phrase de l'alinéa précédent ne s'appliquent pas aux personnes qui, hébergées par un organisme logeant à titre temporaire des personnes défavorisées *(L. nº 2016-444 du 13 avr. 2016, art. 9-I)* « ou par une association agréée en application de l'article L. 121-9 du code de l'action sociale et des familles » et bénéficiant de l'aide mentionnée à l'article L. 851-1 *(L. nº 2016-444 du 13 avr. 2016, art. 9-I)* « du présent code », accèdent à un logement ouvrant droit à l'allocation de logement, afin d'assurer la continuité des prestations prévue par le second alinéa de l'article L. 552-1 ». *(L. nº 2000-1208 du 13 déc. 2000, art. 182-II)* « De la même façon, elles ne s'appliquent pas aux personnes dont le logement a fait l'objet d'un arrêté d'insalubrité ou de péril lorsque, dans les conditions définies au premier alinéa de l'article L. 521-2 du code de la construction et de l'habitation, elles reprennent le paiement du loyer ou de toute autre somme versée en contrepartie de l'occupation de ce logement ou lorsqu'elles sont relogées. »

(L. nº 2014-366 du 24 mars 2014, art. 85-I-1°, en vigueur le 1er janv. 2015) « VIII. — » *(L. nº 2013-1203 du 23 déc. 2013, art. 85-II-1°)* « L'allocation de logement n'est pas

due aux personnes qui sont locataires d'un logement dont elles-mêmes, leurs conjoints, concubins ou toute personne liée à elles par un pacte civil de solidarité, ou l'un de leurs ascendants ou descendants, jouissent d'une part de la propriété ou de l'usufruit de ce logement, personnellement ou par l'intermédiaire de parts sociales de sociétés, quels que soient leurs formes et leurs objets. Par dérogation, cette aide peut être versée si l'ensemble des parts de propriété et d'usufruit du logement ainsi détenues est inférieur à des seuils fixés par décret. Ces seuils ne peuvent excéder 20 %. »

Ancien art. L. 542-2 *L'allocation de logement n'est due, au titre de leur résidence principale, qu'aux personnes :*

1° Payant un minimum de loyer, compte tenu de leurs ressources ; sont assimilées aux loyers les mensualités versées pour accéder à la propriété de l'habitation ;

2° Habitant un logement répondant (L. n° 2000-1208 du 13 déc. 2000, art. 187-III) *« aux caractéristiques définies en application des premier et deuxième alinéas de l'article 6 de la loi n° 89-462 du 6 juillet 1989 tendant à améliorer les rapports locatifs et à des conditions minima de peuplement. Lorsque le logement ne satisfait pas aux caractéristiques imposées ci-dessus et que le locataire a demandé leur mise en conformité dans les conditions fixées à l'article 20-1 de la loi n° 89-462 du 6 juillet 1989 précitée ou qu'il a engagé une action en justice en application du c de l'article 6 de la même loi, l'allocation de logement est maintenue. Hormis ce cas, l'allocation de logement peut être accordée à titre dérogatoire dans des conditions fixées par décret » ; si un logement devient surpeuplé par suite de naissance ou de prise en charge d'un enfant ou d'un proche parent, les allocations sont maintenues pendant une durée déterminée* [art. D. 542-2 : 4 ans].

(Ord. n° 2005-655 du 8 juin 2005) *« L'allocation de logement est due à compter du premier jour du mois civil suivant celui au cours duquel les conditions d'ouverture du droit sont réunies. »* (L. n° 94-1162 du 29 déc. 1994, art. 93 ; L. n° 2010-1594 du 20 déc. 2010, art. 103-I) *« Toutefois, lorsque les conditions d'ouverture du droit sont réunies antérieurement au mois de la demande, l'allocation est due à compter du premier jour du mois au cours duquel la demande est déposée. »*

(L. n° 98-657 du 29 juill. 1998, art. 45) *« Les dispositions prévues à la première phrase de l'alinéa précédent ne s'appliquent pas aux personnes qui, hébergées par un organisme logeant à titre temporaire des personnes défavorisées et bénéficiant de l'aide mentionnée à l'article L. 851-1, accèdent à un logement ouvrant droit à l'allocation de logement, afin d'assurer la continuité des prestations prévue par le second alinéa de l'article L. 552-1 ».* (L. n° 2000-1208 du 13 déc. 2000, art. 182-II) *« De la même façon, elles ne s'appliquent pas aux personnes dont le logement a fait l'objet d'un arrêté d'insalubrité ou de péril lorsque, dans les conditions définies au premier alinéa de l'article L. 521-2 du code de la construction et de l'habitation, elles reprennent le paiement du loyer ou de toute autre somme versée en contrepartie de l'occupation de ce logement ou lorsqu'elles sont relogées. »*

(L. n° 2013-1203 du 23 déc. 2013, art. 85-II-1°) *« L'allocation de logement n'est pas due aux personnes qui sont locataires d'un logement dont elles-mêmes, leurs conjoints, concubins ou toute personne liée à elles par un pacte civil de solidarité, ou l'un de leurs ascendants ou descendants, jouissent d'une part de la propriété ou de l'usufruit de ce logement, personnellement ou par l'intermédiaire de parts sociales de sociétés, quels que soient leurs formes et leurs objets. Par dérogation, cette aide peut être versée si l'ensemble des parts de propriété et d'usufruit du logement ainsi détenues est inférieur à des seuils fixés par décret. Ces seuils ne peuvent excéder 20 %. »*

1. Logement du salarié par l'employeur. L'art. L. 542-2 qui subordonne l'octroi d'une allocation logement au paiement d'un montant minimum de loyer peut s'appliquer au salarié logé par son employeur moyennant une retenue sur salaire figurant au bulletin de paie en application de l'art. D. 542-17 alors applicable ; en revanche ne saurait bénéficier de cette allocation le salarié qui est logé par son employeur en contrepartie de son travail à titre d'avantage en nature. • Civ. 2e, 16 déc. 2003 : *RJS 2004, n° 347.*

2. Conditions tenant au logement. L'allocation de logement familiale n'est due, au titre de leur résidence principale, sous condition de ressources, qu'aux personnes qui payent un minimum de loyer ou aux accédants à la propriété et habitant un logement décent ne laissant pas apparaître de risques manifestes pouvant porter atteinte à la sécurité physique ou à la santé et doté des éléments le rendant conforme à l'usage d'habitation et répondant à des conditions minimales de peuplement. L'article L. 542-2 n'exige pas la conformité du logement aux règles d'urbanisme. • Civ. 2e, 7 mai 2015, n° 14-13.807 P : *RDSS 2015. 563, obs. Tauran ; JCP S 2015, n° 1284, obs. Mella.*

Art. L. 542-2-1 *(L. n° 2014-366 du 24 mars 2014, art. 27-V-1°)* **L'organisme payeur décide, selon des modalités fixées par décret, du maintien du versement de l'allocation**

de logement lorsque le bénéficiaire ne règle pas la part de la dépense de logement restant à sa charge. Pour les allocataires de bonne foi et dans des conditions précisées par décret, cette décision de maintien du versement de l'allocation de logement est réputée favorable.

Art. L. 542-3 *(L. nº 2015-1785 du 29 déc. 2015, art. 53-I-3º)* **Les allocations de logement et les primes de déménagement sont financées par le Fonds national d'aide au logement. Elles sont liquidées et payées dans les conditions prévues à l'article L. 351-8 du code de la construction et de l'habitation.** – *Les dispositions issues de l'art. 53-I de la L. nº 2015-1785 du 29 déc. 2015 s'appliquent aux droits constatés à compter du 1er janv. 2016 (L. préc., art. 53-VI).*

Art. L. 542-4 L'allocation de logement n'est pas versée aux personnes qui bénéficient des dispositions des articles 161 et 184 du code de la famille et de l'aide sociale *[non codifiés au CASF]*.

SECTION II CONDITIONS GÉNÉRALES D'ATTRIBUTION

Art. L. 542-5 Les taux de l'allocation sont déterminés compte tenu du nombre des personnes à charge vivant au foyer et du pourcentage des ressources affecté au loyer.

(L. nº 2007-290 du 5 mars 2007, art. 26-II) **« Les paramètres de calcul de l'allocation sont révisés chaque année au 1er** *(L. nº 2013-1203 du 23 déc. 2013, art. 77)* **« octobre ». Sont indexés sur l'évolution de l'indice de référence des loyers défini à l'article** *(L. nº 2014-366 du 24 mars 2014, art. 6-IV-1º)* **« 17-1 » de la loi nº 89-462 du 6 juillet 1989 tendant à améliorer les rapports locatifs et portant modification de la loi nº 86-1290 du 23 décembre 1986 les paramètres suivants :**

« – les plafonds de loyers ;

« – les plafonds des charges de remboursement de contrats de prêts dont la signature est postérieure à la date de révision du barème ;

« – le montant forfaitaire des charges ;

« – les équivalences de loyer et de charges locatives ; »

(L. nº 2008-1425 du 27 déc. 2008, art. 191) **« – le terme constant de la participation personnelle du ménage. »**

(L. nº 2015-1785 du 29 déc. 2015, art. 140-III-2º) **« Le montant de l'allocation diminue au***[-]***delà d'un premier plafond de loyer qui ne peut être inférieur au plafond de loyer multiplié par 2,5. »** *(L. nº 2016-1918 du 29 déc. 2016, art. 136-II)* **« Toutefois, cette diminution ne s'applique pas pour les bénéficiaires d'une des allocations mentionnées aux articles L. 821-1 et L. 541-1. »**

Les dispositions du 2º du III de l'art. 140 issues de la L. nº 2015-1785 du 29 déc. 2015 entrent en vigueur le 1er juill. 2016 et s'appliquent aux prestations dues à compter de cette date (L. préc., art. 140-IV).

La revalorisation au 1er oct. des paramètres de calcul de l'aide personnalisée au logement, de l'allocation de logement familiale et de l'allocation de logement sociale indexés sur l'indice de référence des loyers en application, respectivement, du septième al. de l'art. L. 351-3 CCH, du deuxième al. de l'art. L. 542-5 CSS et du troisième al. de l'art. L. 831-4 du même code est, par dérogation à ces dispositions, fixée à 0,3 % pour 2019 [Dispositions déclarées non conformes à la Constitution par la décision du Conseil constitutionnel nº 2018-777 du 28 déc. 2018] (L. nº 2018-1317 du 28 déc. 2018, art. 210-I)

Art. L. 542-5-1 *(L. nº 2000-656 du 13 juill. 2000, art. 39-II)* **La prise en compte des ressources peut faire l'objet de dispositions spécifiques, lorsque le demandeur est âgé de moins de vingt-cinq ans, et qu'il bénéficie d'un contrat de travail autre qu'un contrat à durée indéterminée.**

Art. L. 542-6 *(L. nº 2000-1208 du 13 déc. 2000, art. 187-III-2º)* **« Les organismes ou services débiteurs de prestations familiales sont habilités à faire vérifier sur place si le logement satisfait aux exigences prévues** *(L. nº 2014-366 du 24 mars 2014, art. 85-I-2º, en vigueur le 1er janv. 2015)* **« aux 2º et 3º du I » de l'article L. 542-2. Le maire ou toute association de défense des droits des locataires affiliée à une association siégeant à la Commission nationale de concertation peuvent, s'il est porté à leur connaissance l'existence d'un immeuble ou d'un groupe d'immeubles habité, ne satisfaisant pas aux exigences de décence telles que définies par l'article 6 de la loi nº 89-462 du 6 juillet**

1989 précitée, saisir les organismes et services débiteurs des prestations familiales ». Le même droit est reconnu *(Ord. nº 2010-177 du 23 févr. 2010, art. 19-II-2º)* « aux médecins inspecteurs de santé publique, aux inspecteurs de l'agence régionale de santé ayant la qualité de médecin et aux inspecteurs de l'action sanitaire et sociale ».

Le contrôle du montant des loyers et de l'importance des ressources du bénéficiaire est assuré par le personnel assermenté desdits organismes auquel les administrations publiques et notamment, par application de l'article 160 du livre des procédures fiscales, les administrations financières sont tenues de communiquer toutes les pièces nécessaires à l'exercice de leurs fonctions.

Art. L. 542-7 Lorsque, par suite d'un défaut d'entretien imputable au bénéficiaire, le logement cesse de remplir les conditions prévues à l'article L. 542-2 ou lorsque le bénéficiaire refuse de se soumettre au contrôle prévu à l'article L. 542-6, le versement des allocations peut être suspendu ou interrompu. — *V. art. D. 542-3 à D. 542-19.*

SECTION III DISPOSITIONS RELATIVES AUX LOCATAIRES

(L. nº 2012-1404 du 17 déc. 2012, art. 93-I-1º)

Art. L. 542-7-1 La décision déclarant la recevabilité de la demande mentionnée à *(Abrogé par L. nº 2013-672 du 26 juill. 2013, art. 68-III, à compter du 1er janv. 2014)* « *l'avant-dernier alinéa de* » l'article L. 331-3-1 du code de la consommation *[Art. abrogé, V. C. consom., art. L. 722-2 à L. 722-5, L. 722-10, L. 722-11, L. 722-13 à L. 722-16 —* ***C. consom.****]* emporte rétablissement des droits à l'allocation de logement pour les locataires. Sauf *(L. nº 2014-366 du 24 mars 2014, art. 85-I-4º, en vigueur le 1er janv. 2015)* « dans le cas mentionné aux II à V de l'article L. 542-2, » dans le cas prévu au dernier alinéa du II de l'article L. 553-4 du présent code ou refus du bailleur, le déblocage des allocations s'effectue au profit de ce dernier.

Le présent art. entre en vigueur le 1er janv. 2013 et s'applique à compter de cette date, à la demande du débiteur, aux demandes prévues au I de l'art. L. 331-3 C. consom. [V. désormais C. consom., art. L. 721-1, L. 721-2 et L. 722-12. — ***C. consom.****] déclarées recevables et en cours d'instruction (L. nº 2012-1404 du 17 déc. 2012, art. 93-III).*

Les dispositions de la L. nº 2013-672 du 26 juill. 2013, qui entrent en vigueur le 1er janv. 2014, s'appliquent aux procédures de traitement des situations de surendettement en cours à cette date (L. préc., art. 68-II).

SECTION IV DISPOSITIONS RELATIVES AUX ACCÉDANTS À LA PROPRIÉTÉ

Néant. — V. art. D. 542-24 à D. 542-29-1.

SECTION V DISPOSITIONS RELATIVES À CERTAINES CATÉGORIES D'ALLOCATAIRES

Néant. — V. art. D. 542-30.

SECTION VI PRIMES DE DÉMÉNAGEMENT

Art. L. 542-8 Les primes de déménagement sont attribuées par les organismes débiteurs des allocations de logement aux bénéficiaires du présent chapitre qui s'assurent de meilleures conditions de logement, *(L. nº 86-1307 du 29 déc. 1986, art. 8-II)* « dès la déclaration de grossesse pour un enfant d'un rang déterminé et pour une période déterminée après la naissance de cet enfant ». — *V. art. D. 542-31 à D. 542-34.*

Sur les exceptions à l'application du droit des usagers de saisir l'administration par voie électronique concernant les démarches effectuées auprès des organismes de sécurité sociale, V. CRPA, App., vº Saisine par voie électronique — Exceptions. — ***CRPA.***

SECTION VII PRÊTS À L'AMÉLIORATION DE L'HABITAT

Art. L. 542-9 *(L. nº 2010-1594 du 20 déc. 2010, art. 104)* Les régimes de prestations familiales peuvent accorder :

1º A leurs allocataires des prêts destinés à l'amélioration de l'habitat dans des conditions et des limites fixées par décret ;

2° Aux assistants maternels, mentionnés aux articles L. 421-1 et L. 424-1 du code de l'action sociale et des familles, des prêts destinés à l'amélioration du lieu d'accueil de l'enfant, qu'il soit au domicile de l'assistant maternel ou au sein d'une maison d'assistants maternels, dans des conditions et des limites fixées par décret. – *V. art. D. 542-35 à D. 542-40.*

V. note ss. art. L. 542-8.

CHAPITRE III ALLOCATION DE RENTRÉE SCOLAIRE

Art. L. 543-1 *(L. n° 98-1194 du 23 déc. 1998, art. 19)* **Une allocation de rentrée scolaire est attribuée au ménage ou à la personne dont les ressources ne dépassent pas un plafond variable en fonction du nombre des enfants à charge, pour chaque enfant** *(L. n° 2018-1203 du 22 déc. 2018, art. 70-I, en vigueur le 1er janv. 2019)* **« qui, ayant atteint un âge déterminé, est inscrit » dans un établissement ou organisme d'enseignement public ou privé** *(L. n° 2018-1203 du 22 déc. 2018, art. 70-I, en vigueur le 1er janv. 2019)* **« , jusqu'à la fin de l'obligation scolaire ».**

Elle est également attribuée, pour chaque enfant d'un âge inférieur à un âge déterminé, et dont la rémunération n'excède pas le plafond mentionné au 2° de l'article L. 512-3, qui poursuit des études ou qui est placé en apprentissage.

Le niveau du plafond de ressources varie conformément à l'évolution des prix à la consommation des ménages hors les prix du tabac, dans des conditions prévues par décret en Conseil d'État. Son montant est fixé par décret et revalorisé par arrêté conjoint des ministres chargés de la sécurité sociale, du budget et de l'agriculture.

(L. n° 2007-1786 du 19 déc. 2007, art. 93) **« Le montant de l'allocation de rentrée scolaire varie selon l'âge de l'enfant. »**

Les différends auxquels peut donner lieu la majoration d'allocation de rentrée scolaire sont réglés suivant les dispositions régissant le contentieux général de la sécurité sociale (L. n° 94-629 du 25 juill. 1994, art. 24).

V. Circ. DSS/2B n° 2004-618 du 21 déc. 2004 (BOMT n° 1 du 15 févr. 2005).

1. La majoration exceptionnelle attribuée aux ménages ou personnes bénéficiaires de l'allocation de rentrée scolaire ne figurant pas au nombre des prestations familiales énumérées à l'art. L. 511-1, elle n'avait pas à être prise en compte pour le calcul de l'assiette du prélèvement institué par l'art. 11 CASF au profit des unions d'associations familiales. • CE 30 avr. 1997, n° 169108 B : *RJS 1997, n° 872.*

2. Il résulte des dispositions des art. L. 543-1, R. 543-1 et R. 543-3 que l'allocation de rentrée scolaire est attribuée pour chaque enfant aux ménages ou personnes qui en ont la charge au jour de la rentrée scolaire dans l'établissement qu'il fréquente, à savoir tout organisme qui a pour objet de dispenser un enseignement permettant à l'enfant de satisfaire à l'obligation scolaire ; ne satisfait pas à cette condition l'enfant faisant l'objet d'une déclaration d'instruction au sein de la famille et qui n'est pas inscrit dans un établissement d'enseignement. • Civ. 2e, 14 déc. 2004, n° 03-30.301 P : *Dr. fam. 2005. Comm. 174, obs. Devers ; RJS 2005, n° 224.*

Art. L. 543-2 *(L. n° 2001-1246 du 21 déc. 2001, art. 61)* **Une allocation différentielle est due lorsque les ressources excèdent le plafond mentionné à l'article L. 543-1 d'un montant inférieur à une somme déterminée. Ses modalités de calcul sont définies par décret en Conseil d'État.**

Art. L. 543-3 *(L. n° 2016-297 du 14 mars 2016, art. 19-I)* **L'allocation mentionnée à l'article L. 543-1 du présent code ou l'allocation différentielle mentionnée à l'article L. 543-2 du même code due au titre d'un enfant confié en application des 3° ou 5° de l'article 375-3 du code civil ou en application de l'article 375-5 du même code est versée à la Caisse des dépôts et consignations, qui en assure la gestion jusqu'à la majorité de l'enfant ou, le cas échéant, jusqu'à son émancipation. A cette date, le pécule est attribué et versé à l'enfant.** – *V. Arr. du 23 nov. 2016 relatif aux pièces justificatives exigées pour l'attribution du pécule mentionné à l'art. L. 543-3 (JO 26 nov.).*

Pour l'application de la condition de ressources, la situation de la famille continue d'être appréciée en tenant compte à la fois des enfants présents au foyer et du ou des enfants confiés au service de l'aide sociale à l'enfance.

Les sommes indûment versées à la Caisse des dépôts et consignations sont restituées par cette dernière à l'organisme débiteur des prestations familiales.

Le présent article est applicable à l'allocation de rentrée scolaire due à compter de la rentrée scolaire de 2016 (L. nº 2016-297 du 14 mars 2016, art. 19-III).

CHAPITRE IV ALLOCATION JOURNALIÈRE DE PRÉSENCE PARENTALE

(L. nº 2005-1579 du 19 déc. 2005, art. 87-II)

Les dispositions du présent chapitre entrent en vigueur à compter du 1er mai 2006 pour toute demande déposée à compter de cette date.

Les personnes qui bénéficient de l'allocation de présence parentale en vertu de la réglementation applicable avant cette date continuent à en bénéficier jusqu'à son terme initial ou, le cas échéant, de la première ou de la seconde période de renouvellement en cours, du congé de présence parentale (L. nº 2005-1579 du 19 déc. 2005, art. 87-XI ; Décr. nº 2006-658 du 2 juin 2006).

BIBL. ▶ Willman, Loi nº 2006-339 du 23 mars 2006 : en attendant une réforme de fond des minima sociaux, *JCP S 2006. 1688.*

Art. L. 544-1 **La personne qui assume la charge d'un enfant atteint d'une maladie, d'un handicap ou victime d'un accident d'une particulière gravité rendant indispensables une présence soutenue et des soins contraignants bénéficie, pour chaque jour de congé prévu à l'article L. 122-28-9** *[L. 1225-62 s. et R. 1225-14 nouv.]* **du code du travail, d'une allocation journalière de présence parentale.**

Ces dispositions sont également applicables aux agents publics bénéficiant du congé de présence parentale prévu par les règles qui les régissent.

Un décret précise les modalités d'application du présent article.

Sur les exceptions à l'application du droit des usagers de saisir l'administration par voie électronique concernant les démarches effectuées auprès des organismes de sécurité sociale, V. CRPA, App., vº Saisine par voie électronique — Exceptions. — ***CRPA.***

Art. L. 544-2 **La particulière gravité de la maladie, du handicap ou de l'accident visés au premier alinéa de l'article L. 544-1 ainsi que le caractère indispensable d'une présence soutenue et de soins contraignants sont attestés par un certificat médical détaillé, établi par le médecin qui suit l'enfant au titre de la maladie, du handicap ou de l'accident susmentionnés. Le droit à la prestation est soumis à un avis favorable du service du contrôle médical prévu** *(Ord. nº 2018-470 du 12 juin 2018, art. 9)* **« à l'article L. 315-1 » ou du régime spécial de sécurité sociale.**

Le droit est ouvert pour une période égale à la durée prévisible du traitement de l'enfant visée au premier alinéa. Cette durée fait l'objet d'un nouvel examen selon une périodicité fixée par décret.

V. note ss. art. L. 544-1.

Art. L. 544-3 **L'allocation est versée dans la limite d'une durée maximum fixée par décret pour un même enfant et par maladie, handicap ou accident. Le nombre maximum d'allocations journalières versées au cours de cette période est égal à trois cent dix.**

Au-delà de la durée maximum prévue au premier alinéa, le droit à l'allocation journalière de présence parentale peut être ouvert de nouveau, en cas de rechute ou de récidive de la pathologie de l'enfant au titre de laquelle un premier droit à l'allocation de présence parentale ou à l'allocation journalière de présence parentale avait été ouvert, dès lors que les conditions visées aux articles L. 544-1 et L. 544-2 sont réunies.

V. note ss. art. L. 544-1.

Art. L. 544-4 **Le nombre d'allocations journalières versées au titre d'un même enfant au cours d'un mois civil à l'un ou aux deux membres du couple ne peut être supérieur à un nombre maximal fixé par décret.** — *V. note ss. art. L. 544-1.*

Art. L. 544-5 (Abrogé par Décr. nº 2014-1707 du 30 déc. 2014, art. 1er-3º, à compter du 1er janv. 2015) ***L'allocation journalière de présence parentale est due à compter du premier jour du mois civil au cours duquel est déposée la demande, sous réserve que les conditions d'ouverture de droit soient réunies à cette date. L'allocation cesse d'être due à compter***

du premier jour du mois civil suivant celui au cours duquel les conditions de droit ne sont plus réunies. — L'art. L. 544-5 a le caractère réglementaire (Cons. const. n° 2014-251 L du 27 nov. 2014, JO 10 déc., p. 20645).

Art. L. 544-6 Le montant de l'allocation journalière est fixé par décret. Il est majoré pour la personne assumant seule la charge de l'enfant, dans des conditions déterminées par décret. — *V. note ss. art. L. 544-1.*

Art. L. 544-7 Un complément pour frais est attribué au ménage ou à la personne dont les ressources ne dépassent pas un plafond, lorsque la maladie, le handicap ou l'accident visés au premier alinéa de l'article L. 544-1 exigent des dépenses à la charge desdits ménage ou personne, supérieures à un montant déterminé. Ce complément, versé mensuellement selon des modalités fixées par décret, est forfaitaire.

Le plafond de ressources visé au premier alinéa varie en fonction du nombre d'enfants à charge. Il est majoré lorsque chaque membre du couple dispose d'un revenu professionnel ou lorsque la charge du ou des enfants est assumée par une seule personne.

V. note ss. art. L. 544-1.

Art. L. 544-8 *(Ord. n° 2018-470 du 12 juin 2018, art. 2)* « Les personnes mentionnées aux articles L. 7221-1 et L. 7311-3 du code du travail, au 1° et au dernier alinéa de l'article L. 611-1 du présent code, à l'article L. 722-9 du code rural et de la pêche maritime qui cessent leur activité ainsi que celle*[s]* mentionnées à l'article L. 5421-1 du code du travail peuvent bénéficier de l'allocation journalière de présence parentale. »

Les travailleurs à la recherche d'un emploi mentionnés au premier alinéa ou en formation professionnelle rémunérée bénéficient d'une allocation journalière de présence parentale versée mensuellement sur la base d'un nombre de jours fixé par décret.

Le versement des indemnités dues aux demandeurs d'emploi est suspendu au début du versement de l'allocation journalière de présence parentale et est, à la date de cessation de paiement de celle-ci, repris et poursuivi jusqu'à son terme.

Les modalités d'attribution et de versement de l'allocation journalière de présence parentale aux personnes visées aux premier et deuxième alinéas sont fixées par décret.

V. note ss. art. L. 544-1.

Art. L. 544-9 L'allocation journalière de présence parentale n'est pas cumulable, pour un même bénéficiaire, avec :

1° L'indemnisation des congés de maternité, de paternité *(L. n° 2012-1404 du 17 déc. 2012, art. 94-VII-D)* « et d'accueil de l'enfant » ou d'adoption ;

(Ord. n° 2018-470 du 12 juin 2018, art. 2) « 2° L'indemnité d'interruption d'activité ou l'allocation de remplacement pour maternité ou paternité, prévues aux articles L. 623-1 et L. 663-1 du présent code, aux articles L. 732-10 à L. 732-12-2 du code rural et de la pêche maritime et aux articles L. 5556-9 et L. 5556-10 du code des transports ; »

3° L'indemnisation des congés de maladie ou d'accident du travail ;

4° Les indemnités servies aux demandeurs d'emploi ;

5° Un avantage personnel de vieillesse ou d'invalidité ;

(L. n° 2014-873 du 4 août 2014, art. 8-I-11°) « 6° La prestation partagée d'éducation de l'enfant ; »

7° Le complément et la majoration de l'allocation d'éducation de l'enfant handicapé perçus pour le même enfant ;

8° L'allocation aux adultes handicapés ;

(L. n° 2007-1786 du 19 déc. 2007, art. 94-III) « 9° L'élément de la prestation de compensation mentionné au 1° de l'article L. 245-3 du code de l'action sociale et des familles ». — *Entrée en vigueur le 1er avr. 2008.*

Toutefois, l'allocation journalière de présence parentale, lorsqu'elle n'est pas servie pour la totalité des jours prévus à l'article L. 544-4, est cumulable en cours de droit avec l'indemnisation mentionnée au 3° perçue au titre de l'activité exercée à temps partiel.

V. note ss. art. L. 544-1.

Les dispositions issues de la L. n° 2014-873 du 4 août 2014 sont applicables aux enfants nés ou adoptés à partir du 1er oct. 2014.

Pour les enfants nés ou adoptés avant le 1er oct. 2014, les dispositions du CSS demeurent applicables dans leur rédaction antérieure au 6 août 2014, date d'entrée en vigueur des dispositions précitées à l'al. précédent (L. préc., art. 8-VI).

Ancien art. L. 544-9 ***L'allocation journalière de présence parentale n'est pas cumulable, pour un même bénéficiaire, avec :***

1° L'indemnisation des congés de maternité, de paternité (L. n° 2012-1404 du 17 déc. 2012, art. 94-VII-D) ***« et d'accueil de l'enfant » ou d'adoption ;***

2° L'indemnité d'interruption d'activité ou l'allocation de remplacement pour maternité ou paternité, prévues aux articles L. 615-19 à L. 615-19-2 et L. 722-8 à L. 722-8-3 du présent code, aux articles L. 732-10 à L. 732-12-1 du code rural et de la pêche maritime et à l'article 17 de la loi n° 97-1051 du 18 novembre 1997 d'orientation sur la pêche maritime et les cultures marines ;

3° L'indemnisation des congés de maladie ou d'accident du travail ;

4° Les indemnités servies aux demandeurs d'emploi ;

5° Un avantage personnel de vieillesse ou d'invalidité ;

6° L'allocation parentale d'éducation ou le complément de libre choix d'activité de la prestation d'accueil du jeune enfant ;

7° Le complément et la majoration de l'allocation d'éducation de l'enfant handicapé perçus pour le même enfant ;

8° L'allocation aux adultes handicapés ;

(L. n° 2007-1786 du 19 déc. 2007, art. 94-III) ***« 9° L'élément de la prestation de compensation mentionné au 1° de l'article L. 245-3 du code de l'action sociale et des familles ».*** — Entrée en vigueur le 1er avr. 2008.

Toutefois, l'allocation journalière de présence parentale, lorsqu'elle n'est pas servie pour la totalité des jours prévus à l'article L. 544-4, est cumulable en cours de droit avec l'indemnisation mentionnée au 3° perçue au titre de l'activité exercée à temps partiel.

TITRE CINQUIÈME DISPOSITIONS COMMUNES

CHAPITRE PREMIER ÉTABLISSEMENT DU SALAIRE DE BASE

Art. L. 551-1 *(L. n° 99-1140 du 29 déc. 1999, art. 13-I)* **Le montant des prestations familiales** *(Abrogé par L. n° 2008-1249 du 1er déc. 2008, art. 11) (L. n° 2006-339 du 23 mars 2006, art. 5-IV)* **« , *à l'exception de la prime forfaitaire mentionnée au 8° de l'article L. 511-1,* » est déterminé d'après des bases mensuelles de calcul revalorisées** *(L. n° 2011-1906 du 21 déc. 2011, art. 104-I)* **« au 1er avril de chaque année** *(L. n° 2015-1702 du 21 déc. 2015, art. 89-I-12°)* **« par application du coefficient mentionné à l'article L. 161-25. »**

(Abrogé par L. n° 2015-1702 du 21 déc. 2015, art. 89-I-12°) ***« « Si l'évolution en moyenne annuelle des prix à la consommation hors tabac de l'année considérée établie à titre définitif par l'Institut national de la statistique et des études économiques est différente de celle qui avait été initialement prévue, il est procédé à un ajustement du coefficient fixé au 1er avril de l'année suivante, égal à la différence entre cette évolution et celle initialement prévue. » »***

Jurisprudence antérieure à la L. n° 99-1140 du 29 déc. 1999.

1. Si les dispositions de l'art. L. 551-1 font de l'augmentation des prix le critère essentiel de la revalorisation des bases mensuelles de calcul des prestations familiales, elles ne comportent pas un mécanisme d'indexation de ces bases sur l'évolution de certains prix. • CE 9 juill. 1993, n° 134745 B : *D. 1995. Somm. 34, obs. Prétot* ; *RJS 1993, n° 1031.* ♦ Le juge exerce un contrôle restreint sur l'augmentation des bases de calcul des allocations familiales retenues par l'administration. • Même arrêt.

2. Les dispositions de l'art. L. 551-1 rendent obligatoire l'intervention, dans le délai d'un an à compter de la publication d'un premier décret, d'un second décret relatif à la fixation des bases mensuelles de calcul des prestations familiales, quel que soit le niveau de revalorisation prévu par le précédent décret. • CE 28 juin 1995, n° 156850 B : *RJS 1995, n° 1060* (annulation du refus du premier ministre de prendre un second décret pour l'année 1993). ♦ Le premier ministre n'ayant pas pris, en exécution de la décision du Conseil d'État du 28 juin 1995, un second décret fixant pour l'année 1993 le niveau de la base mensuelle de calcul des allocations familiales, une astreinte est prononcée à l'encontre de l'État s'il ne justifie pas avoir exécuté dans un délai de deux mois la décision du Conseil d'État. • CE 13 juin 1997 : *RJS 1997, n° 1030.*

3. L'évolution des prix à la consommation hors tabac étant de 1,7 % pour 1995, la base mensuelle de calcul des prestations familiales devait être revalorisée dans la même proportion, en application de la L. n° 94-629 du 25 juill. 1994. • CE, ass., 28 mars 1997 : *Lebon 124 ; Dr. adm. 1997. 328, obs. C.M. ; LPA, n° 93, 4 août 1997, p. 13, note Nguyen Van Tuong ; RFDA 1998. 1165, concl. C. Maugüé ; RJS 1997, n° 609* (annulation du refus de procéder à une revalorisation de 0,5 %). ♦ Injonction au premier ministre de prendre les mesures réglementaires nécessaires dans un délai de huit mois (art. 6-1 de la loi du 16 juin 1980 modifiée). • Même arrêt.

4. Les auteurs de l'Ord. n° 96-51 du 24 janv. 1996 ont pu légalement, sur le fondement des art. 1er et 2 de la loi d'habilitation n° 95-1348 du 30 déc. 1995, ne pas prévoir de revalorisation des bases mensuelles des prestations familiales pour l'année 1996. • CE, ass., 28 mars 1997 : *RJS 1997, n° 609.*

CHAPITRE II SERVICE DES PRESTATIONS

Art. L. 552-1 *Al. 1er abrogé par Décr. n° 2014-1707 du 30 déc. 2014, art. 1er-4°, à compter du 1er janv. 2015.*

Les changements de nature à modifier les droits aux prestations *(Abrogé par Décr. n° 2014-1707 du 30 déc. 2014, art. 1er-4°, à compter du 1er janv. 2015)* ***« mentionnées au premier alinéa »*** **prennent effet et cessent de produire leurs effets selon les règles respectivement définies pour l'ouverture et l'extinction des droits, sauf s'ils conduisent à interrompre la continuité des prestations.**

Dernier al. abrogé par L. n° 2008-1249 du 1er déc. 2008, art. 11, à compter du 1er juin 2009.

Ancien art. L. 552-1 ***Les prestations servies mensuellement par les organismes débiteurs de prestations familiales sont dues, à l'exception*** (Abrogé par L. n° 2008-1249 du 1er déc. 2008, art. 11, à compter du 1er juin 2009) ***« de l'allocation de parent isolé, »*** (L. n° 2008-1425 du 27 déc. 2008, art. 181) ***« de l'allocation de soutien familial versée dans les conditions prévues au cinquième alinéa de l'article L. 523-1 »*** (L. n° 2003-1199 du 18 déc. 2003, art. 60-IV) ***« , de l'allocation de base, du complément de libre choix du mode de garde de la prestation d'accueil du jeune enfant, du complément de libre choix d'activité de la prestation d'accueil du jeune enfant lorsque le bénéficiaire a un seul enfant à charge »*** (L. n° 2005-1579 du 19 déc. 2005, art. 86-III, applicable au 1er juill. 2006) ***« ou lorsqu'il est fait usage de l'option prévue au deuxième alinéa du VI de l'article L. 531-4 »*** (L. n° 2000-1257 du 23 déc. 2000, art. 20-III ; L. n° 2005-1579 du 19 déc. 2005, art. 87-V) ***« et de l'allocation journalière de présence parentale », à partir du premier jour du mois civil suivant celui au cours duquel les conditions d'ouverture du droit sont réunies. Elles cessent d'être dues à partir du premier jour du mois civil au cours duquel les conditions d'ouverture du droit cessent d'être réunies,*** (L. n° 2003-1199 du 18 déc. 2003, art. 60-IV) ***« sauf en cas de perception du complément de libre choix du mode de garde de la prestation d'accueil du jeune enfant, du complément de libre choix d'activité de cette dernière prestation lorsque le bénéficiaire a un seul enfant à charge*** (Abrogé par L. n° 2008-1249 du 1er déc. 2008, art. 11, à compter du 1er juin 2009) ***« , de changement de situation de famille pour l'allocation de parent isolé » ou de décès de l'allocataire, de son conjoint ou d'un enfant à charge, auxquels cas elles cessent d'être dues au premier jour du mois civil qui suit*** (Abrogé par L. n° 2008-1249 du 1er déc. 2008, art. 11, à compter du 1er juin 2009) ***« le changement de situation de famille ou » le décès.***

Les changements de nature à modifier les droits aux prestations mentionnées au premier alinéa prennent effet et cessent de produire leurs effets selon les règles respectivement définies pour l'ouverture et l'extinction des droits, sauf s'ils conduisent à interrompre la continuité des prestations.

(Abrogé par L. n° 2008-1249 du 1er déc. 2008, art. 11, à compter du 1er juin 2009) (L. n° 2006-339 du 23 mars 2006, art. 5-V) ***« Les dispositions prévues au présent article ne sont pas applicables à la prime forfaitaire mentionnée au 8° de l'article L. 511-1. »***

1. Le report du premier jour du mois au premier jour du mois suivant l'effet du fait générateur d'une prestation familiale est une mesure relevant des modalités d'organisation de la sécurité sociale qui sont fixées par voie réglementaire et non des principes fondamentaux de la sécurité sociale qui, en vertu de l'art. 34 de la Constitution, doivent être déterminés par la loi ; il ne méconnaît pas davantage le principe exprimé dans le Préambule de la Constitution selon lequel « la Nation assure à l'individu et à la famille les conditions nécessaires à son développement ». • CE 7 mars 1990, n° 47651 B : *RJS 1990, n° 432.*

2. Ne peut prétendre au bénéfice des prestations familiales au titre d'un mois civil, l'allocataire qui, au cours de ce mois, a cessé d'avoir la charge des enfants qui y ouvraient droit. • Soc. 25 oct. 1990, n° 88-19.523 P.

3. Il résulte de la combinaison des art. L. 552-1 et R. 531-1 que le droit à l'allocation pour jeune enfant est ouvert à compter du premier jour du mois civil suivant le troisième mois de la grossesse et que cette prestation est due à partir du premier jour du mois civil suivant celui au cours duquel les conditions d'ouverture du droit sont réunies. Il en est ainsi même lorsque le premier jour de la grossesse coïncide avec le premier jour d'un mois civil. • Soc. 4 oct. 1990, n° 88-10.518 P.

Art. L. 552-2 **Le versement de la fraction des allocations familiales et du complément familial, afférent à l'enfant n'ayant pas atteint l'âge de l'obligation scolaire, peut être subordonné à la présentation des certificats de santé établis en application de l'article L. 2132-2 du code de la santé publique.**

Le décret en Conseil d'État prévu à l'article L. 584-1 détermine les conditions d'application du présent article. Il fixe notamment les modalités suivant lesquelles les justifications doivent être produites ainsi que la durée de la suspension ou de la suppression du versement de la fraction des prestations mentionnées à l'alinéa précédent en cas de retard ou de défaut de justification.

Art. L. 552-3 *Abrogé par L. n° 2013-108 du 31 janv. 2013.*

Art. L. 552-3-1 *Abrogé par L. n° 2013-108 du 31 janv. 2013.*

Art. L. 552-4 **Le versement des prestations familiales afférentes à un enfant soumis à l'obligation scolaire est subordonné à la présentation soit du certificat d'inscription dans un établissement d'enseignement public ou privé, soit d'un certificat de l'autorité compétente de l'État** *[art. D. 552-6]* **attestant que l'enfant est instruit dans sa famille, soit d'un certificat médical attestant qu'il ne peut fréquenter régulièrement aucun établissement d'enseignement en raison de son état de santé.**

Les prestations ne sont dues qu'à compter de la production de l'une des pièces prévues à l'alinéa ci-dessus. Elles peuvent toutefois être rétroactivement payées ou rétablies si l'allocataire justifie que le retard apporté dans la production de ladite pièce résulte de motifs indépendants de sa volonté.

Un arrêté interministériel fixe les modalités d'application du présent article et, notamment, le délai dans lequel les pièces citées au premier alinéa du présent article doivent être produites. — *V. art. D. 552-6.*

Art. L. 552-5 (Abrogé par L. n° 2017-86 du 27 janv. 2017, art. 193-III) ***Le droit aux prestations familiales des personnes regardées comme sans domicile fixe pour l'application de la loi n° 69-3 du 3 janvier 1969 relative à l'exercice des activités ambulantes et au régime applicable aux personnes circulant en France sans domicile ni résidence fixe, est subordonné à la justification, par les intéressés, de l'assiduité des enfants soumis à l'obligation scolaire dans un établissement d'enseignement, pendant une durée mensuelle minimum fixée par un arrêté interministériel*** [art. D. 552-6]. ***Le même arrêté définit les conditions dans lesquelles doivent être fournies les justifications ainsi exigées.*** — V. Arr. et Circ. du 8 août 1966 (JO 19 août ; Rect. 28 oct.).

Art. L. 552-6 *(L. n° 2007-293 du 5 mars 2007, art. 20-III)* **Dans le cadre de la mesure judiciaire d'aide à la gestion du budget familial prévue à l'article 375-9-1 du code civil, le juge peut décider qu'une personne qualifiée, dite "délégué aux prestations familiales", perçoit tout ou partie des prestations familiales** *(L. n° 2008-1249 du 1er déc. 2008, art. 11, en vigueur le 1er juin 2009)* **« et du revenu de solidarité active servi aux personnes isolées mentionnées à l'article L. 262-9 du code de l'action sociale et des familles, dus » au bénéficiaire de la mesure.**

(Abrogé par L. n° 2008-1249 du 1er déc. 2008, art. 11, à compter du 1er juin 2009) (L. n° 2007-308 du 5 mars 2007, art. 30-II) ***« Le présent article n'est pas applicable à la prime forfaitaire prévue au II de l'article L. 524-5. »***

La charge des frais de la mesure judiciaire d'aide à la gestion du budget familial incombe à l'organisme *(L. n° 2008-1249 du 1er déc. 2008, art. 11, en vigueur le 1er juin 2009)* **« qui sert la prestation familiale ou l'allocation »** *(L. n° 2007-308 du 5 mars 2007, art. 30-II)* **« due à la famille et perçue par le délégué. Si plusieurs prestations sociales sont perçues par le délégué, la charge incombe à l'organisme versant la prestation au montant le plus élevé. »**

CHAPITRE III DISPOSITIONS DIVERSES

BIBL. GÉN. ▶ Belorgey, De la répétition de l'indu en matière de prestations sociales, *RDSS 2008. 321*.

Art. L. 553-1 **L'action de l'allocataire pour le paiement des prestations se prescrit par deux ans.**

Cette prescription est également applicable à l'action intentée par un organisme payeur en recouvrement des prestations indûment payées, sauf en cas de manœuvre frauduleuse ou de fausse déclaration.

(L. nº 2009-1646 du 24 déc. 2009, art. 93-IV) **« La prescription est interrompue tant que l'organisme débiteur des prestations familiales se trouve dans l'impossibilité de recouvrer l'indu concerné en raison de la mise en œuvre d'une procédure de recouvrement d'indus relevant des articles L. 553-2, L. 821-5-1** *(L. nº 2015-994 du 17 août 2015, art. 59-IV-6º, en vigueur le 1er janv. 2016)* **« , L. 835-3 ou L. 845-3, L. 844-3 » du code de la sécurité sociale, L. 262-46 du code de l'action sociale et des familles ou L. 351-11 du code de la construction et de l'habitation. »**

V. Circ. interministérielle DSS nº 2010-260 du 12 juill. 2010 relative aux règles de prescription applicables en matière de sécurité sociale (BO Santé nº 2010/8 du 15 sept. 2010, p. 171).

1. Action de l'allocataire. Sur le point de départ de la prescription. V. Circ. min. nº 114/55 du 2 juill. 1951 *(JO 13 juill.)*. ♦ Ne sont pas des circonstances constitutives d'une impossibilité d'agir l'isolement, les charges familiales et le niveau socio-culturel d'une personne. • Soc. 26 avr. 1984 : *Bull. civ. V, nº 159 ; RTD civ. 1985. 176, obs. Mestre.*

2. Prescription de l'action. Le juge ne peut limiter une demande d'allocation de rentrée scolaire pour un enfant mineur étranger sans rechercher, dans les limites de la prescription applicable, depuis quelle date l'enfant était titulaire d'un titre de circulation. • Civ. 2e, 9 déc. 2003 : *JCP 2004. IV. 1281 ; RJS 2/2004, nº 271.*

3. Action des caisses. Selon l'art. L. 553-1, l'action intentée par une caisse d'allocations familiales en recouvrement de prestations indûment payées se prescrit par deux ans, sauf en cas de manœuvres frauduleuses ou de fausses déclarations (soumission à la prescription de droit commun). Prive sa décision de base légale au regard de l'art. L. 553-1 la cour d'appel qui, pour juger l'action de la caisse non soumise à la prescription biennale, et recevable, retient que la caisse démontre la réalité des fausses déclarations de l'assuré, lequel n'a jamais mentionné ses pensions de retraite sur les déclarations effectuées aux fins de percevoir l'allocation aux adultes handicapés, sans rechercher si cet assuré était informé de la nécessité de déclarer l'ensemble de ses sources de revenus et celles de son épouse et s'il avait délibérément manqué à son obligation déclarative dans le but de percevoir des prestations auxquelles il savait ne pas pouvoir prétendre. • Civ. 2e, 28 avr. 2011 : *D. actu. 20 mai 2011, obs. Mavoka-Isana ; RJS 2011, nº 730 ; RDSS 2011. 565, obs. Tauran*. ♦ La charge de la preuve d'une fraude ou d'une fausse déclaration appartient à la caisse. • Soc. 21 oct. 1993, nº 90-21.619 P. ♦ L'existence d'une fraude ou de fausses déclarations est seule de nature à reporter, à la date de découverte de celles-ci, le point de départ de la prescription de l'action en répétition de l'indu exercée par la caisse. • Civ. 2e, 18 déc. 2014, nº 13-27.734 P : *RJS 2015, nº 216 ; JCP S 2015, nº 1161, comm. Michalletz.*

4. Point de départ de la prescription. En application de l'art. 2257, al. 1er, C. civ., dans sa rédaction antérieure à la loi du 17 juin 2008, la prescription ne court point à l'égard d'une créance qui dépend d'une condition tant que la condition ne s'est pas réalisée. En conséquence, si l'obtention du statut de réfugié ouvre droit, en raison de son caractère recognitif, aux prestations familiales à compter de son entrée sur le territoire, l'intéressé ne peut faire valoir utilement ses droits aux prestations qu'après son admission effective au bénéfice du statut de réfugié, de sorte que le délai de la prescription biennale ne commence à courir avant la date de sa demande d'admission. • Civ. 2e, 22 janv. 2015, nº 13-26.785 P : *JCP S 2015, nº 1061, obs. Tauran ; ibid. 1161, obs. Michalletz.*

5. Interruption. Le cours de la prescription visée à l'art. L. 553-1 est interrompu par l'envoi à l'adresse de l'allocataire d'une lettre recommandée avec demande d'avis de réception valant mise en demeure, quels qu'en aient été les modes de délivrance, y compris, en conséquence, lorsque l'accusé de réception est revenu avec la mention « non réclamée ». • Cass., avis, 10 juill. 2006 : *JCP S 2006. 1787, note Bugada.* ♦ Une réclamation adressée par une caisse d'allocations familiales à un allocataire à l'effet de lui demander le remboursement d'un trop-perçu vaut commandement interruptif de la prescription au sens de l'art. 2244 C. civ., dès lors qu'il est constant qu'elle est parvenue au destinataire. • Soc. 9 oct. 1985 : *Bull. civ. V, nº 452* • 6 janv. 2000, nº 97-15.528 P : *RJS 2000, nº 214.* ♦ La reconnaissance de sa dette par l'allocataire qui s'est engagé à régler la somme réclamée par des versements mensuels, interrompt la prescription en application de l'art. 2248 C. civ. • Soc. 15 mars 2001 : *RJS 2001, n° 794.* ♦ Par contre, la reconnaissance de dette ne peut interrompre une prescription déjà acquise. • Soc. 8 juin 2000 : *RJS 2000, n° 1024.*

6. Office du juge. Le moyen tiré de la prescription n'ayant pas été soulevé devant la cour d'appel, cette dernière n'était pas tenue de rechercher si les conditions de celle-ci étaient réunies. • Soc. 6 avr. 1998 : *RJS 1998, n° 648* • 22 oct. 1998 : *RJS 1998, n° 1541.* ♦ Conformément aux dispositions de l'art. L. 142-9 et sous réserve de respecter le principe du contradictoire, le TASS peut soulever d'office la prescription biennale de l'art. L. 553-1 dans une instance relative à une action en répétition de l'indu engagée par une caisse d'allocations familiales. • Cass., avis, 10 juill. 2006 : *JCP S 2006. 1787, note Bugada.*

Art. L. 553-2 *(L. n° 2008-1330 du 17 déc. 2008, art. 118-I)* « Tout paiement indu de prestations familiales est récupéré, sous réserve que l'allocataire n'en conteste pas le caractère indu, par retenues sur les prestations à venir ou par remboursement intégral de la dette en un seul versement si l'allocataire opte pour cette solution. A défaut, l'organisme payeur peut, dans des conditions fixées par décret, procéder à la récupération de l'indu par retenues sur les échéances à venir dues soit au titre de l'allocation de logement mentionnée à l'article L. 831-1, soit au titre de l'aide personnalisée au logement mentionnée à l'article L. 351-1 du code de la construction et de l'habitation, soit au titre des prestations mentionnées *(L. n° 2015-994 du 17 août 2015, art. 59-IV-7°, en vigueur le 1er janv. 2016)* « aux titres II et IV » du livre VIII du présent code, soit au titre du revenu de solidarité active mentionné à l'article L. 262-1 du code de l'action sociale et des familles *(Abrogé par L. n° 2015-994 du 17 août 2015, art. 59-IV-7°, à compter du 1er janv. 2016)* « , ***tel qu'il résulte de la loi n° 2008-1249 du 1er décembre 2008 généralisant le revenu de solidarité active et réformant les politiques d'insertion*** ». »

(L. n° 2009-1646 du 24 déc. 2009, art. 97-I) « Par dérogation aux dispositions précédentes, lorsqu'un indu a été constitué sur une prestation versée en tiers payant, l'organisme peut, si d'autres prestations sont versées directement à l'allocataire, recouvrer l'indu sur ces prestations selon des modalités et des conditions précisées par décret. »

(L. n° 94-629 du 25 juill. 1994, art. 43) « Dans des conditions définies par décret, les retenues mentionnées au premier alinéa *(L. n° 2008-1330 du 17 déc. 2008, art. 118-I)* « , ainsi que celles mentionnées aux articles *(L. n° 2015-994 du 17 août 2015, art. 59-IV-7°, en vigueur le 1er janv. 2016)* « L. 835-3 et L. 845-3 » du présent code et L. 351-11 du code de la construction et de l'habitation, L. 821-5-1 du présent code et L. 262-46 du code de l'action sociale et des familles *(Abrogé par L. n° 2015-994 du 17 août 2015, art. 59-IV-7°, à compter du 1er janv. 2016)* « , ***tel qu'il résulte de la loi n° 2008-1249 du 1er décembre 2008 précitée*** », sont déterminées en fonction de la composition de la famille, de ses ressources, des charges de logement, des prestations servies par les organismes débiteurs de prestations familiales, à l'exception de celles précisées par décret ». *(L. n° 2018-1203 du 22 déc. 2018, art. 77-I, en vigueur le 1er janv. 2019)* « En cas de fraude, le directeur de l'organisme débiteur de prestations familiales peut majorer le montant de la retenue d'un taux fixé par décret qui ne peut excéder 50 %. Ce taux est doublé en cas de réitération de la fraude dans un délai de cinq ans à compter de la notification de l'indu ayant donné lieu à majoration de la retenue. » — *V. art. R. 553-2.*

Les mêmes règles sont applicables en cas de non-remboursement d'un prêt subventionné ou consenti à quelque titre que ce soit par un organisme de prestations familiales, la Caisse nationale des allocations familiales ou les caisses centrales de mutualité sociale agricole.

(L. n° 2008-1330 du 17 déc. 2008, art. 118-I) « Toutefois, par dérogation aux dispositions des alinéas précédents, » la créance de l'organisme peut être réduite ou remise en cas de précarité de la situation du débiteur, sauf en cas de manœuvre frauduleuse ou de fausses déclarations.

(L. n° 2018-1203 du 22 déc. 2018, art. 77-I, en vigueur le 1er janv. 2020) « Lorsque l'indu notifié ne peut être recouvré sur les prestations mentionnées au premier alinéa, la récupération peut être opérée, sous réserve que l'assuré ne conteste pas le caractère indu et n'opte pas pour le remboursement en un seul versement, par retenue sur les prestations en espèces gérées par les organismes mentionnés à l'article L. 133-4-1 ou sur les prestations mentionnées aux titres IV et V du livre III et au titre Ier du livre VIII, par l'organisme gestionnaire de ces prestations et avec son accord. Toutefois,

suite à cet accord, le recouvrement ne peut être effectué que si l'assuré n'est débiteur d'aucun indu sur ces mêmes prestations. Ce recouvrement est opéré selon les modalités applicables aux prestations sur lesquelles les retenues sont effectuées. Un décret fixe les modalités d'application et le traitement comptable afférant à ces opérations. »

Toutes les dispositions relatives aux indus de revenu de solidarité active sont entrées en vigueur le 1er janv. 2010 (L. no 2008-1330 du 17 déc. 2008, art. 118-IV).

Sur les exceptions à l'application du droit des usagers de saisir l'administration par voie électronique concernant les démarches effectuées auprès des organismes de sécurité sociale, V. CRPA, App., vo Saisine par voie électronique — Exceptions. — **CRPA.**

BIBL. ▶ SAYN, Le contentieux des prestations familiales : pouvoir des caisses et pouvoir des juges, *RDSS 1998. 122*.

1. *Preuve de l'indu.* Il appartient à la caisse qui réclame le remboursement d'allocations familiales indûment perçues d'établir que les enfants n'étaient pas à la charge effective et permanente du bénéficiaire de l'allocation. • Soc. 18 nov. 1993, no 89-20.755 P.

2. *Point de départ de l'indu.* Une mère de famille dont un des enfants avait été pris en charge par le père au moment de la séparation de fait est tenue de restituer à la caisse la part d'allocations correspondant à cet enfant à compter de la date de la séparation et non pas seulement à compter de la date de l'ordonnance de non-conciliation qui a ultérieurement confié au père la garde d'un enfant. • Soc. 8 mai 1980 : *Bull. civ. V, no 405 ; D. 1980. IR 528.*

3. *Solidarité des époux.* Il résulte de l'art. 220 C. civ. que toute dette contractée par l'un des époux pour l'entretien du ménage ou l'éducation des enfants oblige l'autre solidairement quel que soit le régime matrimonial. Par suite, les époux sont tenus solidairement de restituer les prestations familiales versées à tort par la caisse durant le mariage. • Soc. 19 mars 1986 : *Bull. civ. V, no 107 ; D. 1986. IR 298.*

4. *Incidence des situations de concubinage.* Le père qui, à la suite de son veuvage, a perçu personnellement l'allocation d'orphelin pour son enfant est, à ce titre, débiteur des sommes qu'il avait indûment perçues en raison de son état de concubinage, la vie maritale étant insuffisante pour rendre sa concubine codébitrice de cette dette. • Soc. 26 avr. 1984 : *Bull. civ. V, no 161.* ♦ Le remboursement des allocations d'orphelin, de salaire unique et de logement versées indûment à une femme vivant en concubinage peut être demandé à son concubin dès lors que celui-ci, ayant vécu continuellement avec sa compagne, en a profité, soit personnellement, soit par son enfant envers lequel il était tenu de l'obligation alimentaire. • Soc. 1er juill. 1981 : *Bull. civ. V, no 631.* ♦ Dans le même sens : • Soc. 22 oct. 1998 : *RJS 1998, no 1541* (allocation de parent isolé).

5. *Incidence de la tutelle aux allocations familiales.* La tutelle aux allocations familiales ne modifie pas la situation des allocataires des prestations à l'égard de la caisse, mais les dessaisit seulement de la gestion de ces prestations et la caisse peut diriger contre eux, et non contre le tuteur, son action en répétition des prestations indûment versées. • Soc. 5 févr. 1981 : *Bull. civ. V, no 112.*

6. *Octroi de délais de paiement.* Un tribunal des affaires de sécurité sociale ne peut accorder à un allocataire des délais de paiement excédant la durée de deux ans prévue par l'art. 1244, al. 2, C. civ. (devenu l'art. 1244-1) pour se libérer du remboursement d'allocations familiales indûment perçues. • Soc. 14 mars 1991, no 89-11.404 P.

7. *Réduction des montants dus.* Il résulte de l'art. L. 553-2 que les caisses d'allocations familiales ont seules qualité pour accorder une réduction ou une remise de leur créance, à l'exclusion des juridictions du contentieux de la sécurité sociale. • Soc. 6 mai 1993, no 91-14.531 P : *RJS 1993, no 663* • 2 avr. 1998 : *RJS 1998, no 648* • 11 juill. 2002 : *RJS 2002, no 1166.* ♦ V. déjà : • Cass., ass. plén., 23 janv. 1964 : *Bull. civ. no 4.* ♦ Mais la responsabilité civile des caisses, en cas de paiement indu de prestations, peut se trouver engagée et justifier de la part de l'assuré une demande reconventionnelle en dommages-intérêts. • Soc. 19 févr. 1986 : *Bull. civ. V, no 16.* ♦ V. aussi • Soc. 12 juill. 1995, no 93-12.196 P : *D. 1996. 35, note Y. Saint-Jours ; ibid. 1996. Somm. 45, obs. Prétot ; RJS 1995, no 1046* (affirmant que la responsabilité de la caisse peut être mise en jeu sur le fondement d'une faute simple).

Art. L. 553-3 **Lorsqu'un même enfant ouvre droit aux prestations familiales et à une majoration de l'une quelconque des allocations ci-après énumérées :**

1° Allocation de chômage ;

2° Allocations aux réfugiés ;

3° Allocations militaires ;

4° Retraites ou pensions attribuées par l'État, les collectivités publiques ou les organismes de prévoyance obligatoire,

les prestations familiales sont perçues par priorité et excluent, à due concurrence, lesdites majorations.

Dans le cas où le montant des prestations familiales serait inférieur au montant des majorations mentionnées au précédent alinéa, ces dernières seront réduites à due concurrence du montant des prestations familiales.

Toutefois, l'allocation de logement servie au titre d'enfants infirmes dont l'âge est supérieur aux limites fixées pour le bénéfice des allocations familiales est cumulable avec les majorations de retraites ou de pensions susmentionnées allouées du chef de ces enfants.

(L. n° 2008-1249 du 1er déc. 2008, art. 11, en vigueur le 1er juin 2009) « Le présent article n'est pas applicable à l'allocation de soutien familial. »

Art. L. 553-4 I. – Les prestations familiales sont incessibles et insaisissables sauf pour le recouvrement des prestations indûment versées à la suite d'une manœuvre frauduleuse ou d'une fausse déclaration de l'allocataire.

Toutefois, peuvent être saisis *(L. n° 98-657 du 29 juill. 1998, art. 129)* « dans la limite d'un montant mensuel déterminé dans les conditions prévues au *(L. n° 2009-1646 du 24 déc. 2009, art. 97-V)* « troisième » alinéa de l'article L. 553-2 » :

1° Pour le paiement des dettes alimentaires ou l'exécution de la contribution aux charges du mariage et liées à l'entretien des enfants : *(L. n° 2011-525 du 17 mai 2011, art. 194)* « l'allocation de base et *(L. n° 2014-873 du 4 août 2014, art. 8-I-13°)* « la prestation partagée d'éducation de l'enfant *[ancienne rédaction : le complément de libre choix d'activité de la prestation d'accueil du jeune enfant]* », » les allocations familiales, le complément familial, l'allocation de rentrée scolaire, l'allocation de soutien familial *(Abrogé par L. n° 2011-525 du 17 mai 2011, art. 194)* *« et l'allocation parentale d'éducation »* ;

2° Pour le paiement des frais entraînés par les soins, l'hébergement, l'éducation ou la formation notamment dans les établissements mentionnés à l'article L. 541-1 : l'*(L. n° 2005-102 du 11 févr. 2005, art. 68-2°)* « allocation d'éducation de l'enfant handicapé ». En cas de non-paiement de ces frais, la personne physique ou morale ou l'organisme qui assume la charge de l'éducation spéciale, de la formation ou de l'entretien de l'enfant peut obtenir de l'organisme débiteur de l'allocation que celle-ci lui soit versée directement.

(L. n° 88-16 du 5 janv. 1988, art. 6-II) « Sur demande de l'allocataire, les cotisations d'assurance volontaire mentionnées à l'article L. 742-1 sont recouvrées sur les prestations familiales visées à l'article L. 511-1, à l'exception de l'allocation de logement. »

(L. n° 2008-111 du 8 févr. 2008, art. 11) « II. – L'allocation de logement prévue à l'article L. 542-1 est versée, s'il le demande, au prêteur lorsque l'allocataire est emprunteur et au bailleur lorsque l'allocataire est locataire.

« Le prêteur ou le bailleur déduit l'allocation du montant du loyer et des dépenses accessoires de logement ou de celui des charges de remboursement. Il porte cette déduction à la connaissance de l'allocataire. Lorsque le bailleur ou le prêteur ne pratique pas cette déduction, l'allocation est versée à l'allocataire.

(L. n° 2014-366 du 24 mars 2014, art. 27-V-2°) « Si l'allocataire ne règle pas la part de la dépense de logement restant à sa charge, le bailleur ou le prêteur auprès duquel l'allocation est versée signale la situation de l'allocataire défaillant à l'organisme payeur, dans des conditions définies par décret.

« Le bailleur auprès duquel l'allocation est versée signale le déménagement de l'allocataire et la résiliation de son bail, dans un délai déterminé par décret.

« Si l'allocataire procède à un remboursement anticipé de son prêt, le prêteur auprès duquel l'allocation est versée signale ce remboursement anticipé à l'organisme payeur, dans un délai fixé par décret.

« Le bailleur ou le prêteur manquant aux obligations définies aux troisième à cinquième alinéas du présent II s'expose à la pénalité prévue à l'article L. 114-17. » – *Cet al. entre en vigueur le 1er janv. 2015 et s'applique aux procédures engagées par les organismes payeurs à compter de cette date (L. n° 2014-366 du 24 mars 2014, art. 27-VI).*

« L'allocation ne peut être versée au bailleur que si le logement répond aux exigences prévues *(L. n° 2014-366 du 24 mars 2014, art. 85-I-2°, en vigueur le 1er janv. 2015)* « aux 2° et 3° du I » de l'article L. 542-2. Pour les logements compris dans un patrimoine d'au moins dix logements dont le propriétaire ou le gestionnaire est un orga-

nisme d'habitations à loyer modéré, une société d'économie mixte de construction et de gestion de logements sociaux *(L. n° 2014-366 du 24 mars 2014, art. 85-I-3°, en vigueur le 1er janv. 2015)* **« , un organisme agréé exerçant des activités de maîtrise d'ouvrage définies au 1° de l'article L. 365-1 du code de la construction et de l'habitation » ou** *(L. n° 2014-366 du 24 mars 2014, art. 85-I-3°, en vigueur le 1er janv. 2015)* **« la société de gestion du patrimoine immobilier des houillères du Nord et du Pas-de-Calais » et les sociétés à participation majoritaire de cet établissement, le bailleur peut continuer à percevoir l'allocation s'il s'engage par convention avec l'État à rendre le logement décent dans un délai fixé par cette convention. Le bailleur adresse une copie de la convention aux organismes payeurs de l'allocation de logement. »** *(L. n° 2014-366 du 24 mars 2014, art. 85-I-3°, en vigueur le 1er janv. 2015)* **« La transmission de cette convention à l'organisme payeur vaut constat de mise en conformité du logement pour l'application des II à V de l'article L. 542-2. »**

III. — Lorsque l'organisme payeur a versé une allocation indue et que le bailleur ou le prêteur justifie avoir procédé à la déduction prévue au *(L. n° 2008-111 du 8 févr. 2008, art. 11)* **« deuxième » alinéa du II, le trop-perçu est recouvré** *(L. n° 2006-872 du 13 juill. 2006, art. 79-III)* **« auprès de l'allocataire ».**

Le blocage de comptes courants de dépôts ou d'avances ne peut avoir pour effet de faire obstacle à l'insaisissabilité et à l'incessibilité des prestations familiales.

Nonobstant toute opposition, les allocataires dont les prestations familiales sont servies par versement à un compte courant de dépôts ou d'avances peuvent retirer des fonds chaque mois de ce compte dans la limite du montant des prestations familiales. Un décret précise les conditions d'application des deux alinéas précédents.

Les dispositions issues de la L. n° 2014-873 du 4 août 2014 sont applicables aux enfants nés ou adoptés à partir du 1er oct. 2014.

Pour les enfants nés ou adoptés avant le 1er oct. 2014, les dispositions du CSS demeurent applicables dans leur rédaction antérieure au 6 août 2014, date d'entrée en vigueur des dispositions précitées à l'al. précédent (L. n° 2014-873 du 4 août 2014, art. 8-VI).

1. Caractère saisissable des différentes prestations. Les frais de cantine scolaire constituant une dette alimentaire, une commune peut, à défaut de règlement par les parents, pratiquer une saisie-arrêt sur les allocations familiales dues pour l'enfant. • Soc. 25 mai 1987 : *Bull. civ. V, n° 118.* ♦ Déjà en ce sens : • Soc. 12 juin 1981 : *Bull. civ. V, n° 557.* ♦ Les frais d'hospitalisation d'un enfant constituant une dette alimentaire liée à l'entretien de l'enfant, les allocations familiales auxquelles cet enfant ouvre droit peuvent donc être saisies. • Soc. 4 juill. 1983 : *Bull. civ. V, n° 390 ; D. 1984. IR 32* • Paris, 9 oct. 1997 : *D. 1997. IR 243* • Soc. 12 mars 1998, n° 96-16.591 P : *D. 1998. IR 104 ; RJS 1998, n° 650.* ♦ En revanche, des fournitures livrées par un commerçant pour les besoins de la famille ne constituent pas une dette alimentaire prévue par l'art. 203 C. civ. • Civ. 2e, 10 janv. 1968 : *Bull. civ. II, n° 12.* ♦ La saisie des prestations familiales ne saurait inclure les frais d'exécution inhérents à la saisie, ceux-ci n'ayant pas été exposés dans l'intérêt de l'enfant. • Soc. 26 oct. 2000, n° 98-20.809 P : *D. 2000. IR 296 ; RJS 2001, n° 110 ; RDSS 2001. 146, note Monéger.*

2. Procédure de saisie. La procédure de saisie prévue à l'art. L. 145-1 C. trav. est inapplicable à la saisie-arrêt des allocations familiales qui ne constituent pas des rémunérations. • Soc. 28 avr. 1980 : *Bull. civ. V, n° 370 ; D. 1980. IR 487.* ♦ Il résulte de l'art. 44 du Décr. n° 92-755 du 31 juill. 1992 que, lorsqu'un compte est crédité du montant d'une créance insaisissable, il convient, après déduction dudit montant, de cantonner le montant de la saisie-attribution. • TGI Amiens, 4 mars 1993 : *D. 1994. Somm. 341, obs. Julien.*

3. Compensation. La disposition de l'art. 1293-3° C. civ. ne s'oppose pas à ce que la partie dont la créance est insaisissable puisse demander, par voie d'exception, que les sommes qui lui sont dues se compensent avec ce qu'elle doit elle-même à son débiteur. Par suite, la compensation légale peut être opérée entre les cotisations réclamées à une personne par la caisse d'allocations familiales et les prestations familiales dont elle était elle-même créancière dès lors qu'elle en a sollicité le bénéfice. • Civ. 2e, 10 mars 1965 : *Bull. civ. II, n° 244 ; D. 1965. 350.*

Art. L. 553-5 *(L. n° 2006-1640 du 21 déc. 2006, art. 132-I)* **Lorsqu'il est constaté par l'organisme local de sécurité sociale, à l'occasion de l'instruction d'une demande ou lors d'un contrôle, une disproportion marquée entre, d'une part, le train de vie du demandeur ou du bénéficiaire et, d'autre part, les ressources qu'il déclare, une évaluation forfaitaire des éléments de train de vie est effectuée. Cette évaluation forfaitaire est prise en compte pour la détermination du droit aux prestations prévues au présent**

livre, à l'exception de l'allocation de logement servie en application de l'article L. 542-1.

Les éléments de train de vie à prendre en compte, qui comprennent notamment le patrimoine mobilier ou immobilier, sont ceux dont la personne a disposé au cours de la période correspondant à la déclaration de ses ressources, en quelque lieu que ce soit, en France ou à l'étranger, et à quelque titre que ce soit.

Un décret en Conseil d'État fixe les modalités d'application du présent article.

CHAPITRE IV PÉNALITÉS

Art. L. 554-1 *Abrogé par L. n° 2005-1579 du 19 déc. 2005, art. 92-VI.*

Art. L. 554-2 Sera puni d'une amende de 4 500 € tout intermédiaire convaincu d'avoir offert ou fait offrir ses services moyennant émoluments convenus d'avance, à un allocataire en vue de lui faire obtenir des prestations qui peuvent lui être dues.

(Abrogé par L. n° 2009-526 du 12 mai 2009, art. 122) « En cas de récidive, le maximum de l'amende sera porté au double. »

Art. L. 554-3 En cas de condamnation le tribunal pourra ordonner l'insertion du jugement dans un ou plusieurs journaux de la localité, le tout aux frais du condamné, sans que le coût de l'insertion puisse dépasser 150 €.

Art. L. 554-4 Quiconque, par voies de fait, menaces ou manœuvres concertées, aura organisé ou tenté d'organiser le refus par les assujettis de se conformer aux prescriptions de la législation des prestations familiales et notamment de s'affilier à une caisse de sécurité sociale ou d'allocations familiales, ou de payer les cotisations dues sera puni d'un emprisonnement de deux ans et d'une amende de 3 750 €.

Sera passible d'un emprisonnement de six mois et d'une amende de 3 750 € quiconque aura, par quelque moyen que ce soit, incité les assujettis à refuser de se conformer aux prescriptions de la législation des prestations familiales et notamment de s'affilier à une caisse de sécurité sociale ou d'allocations familiales, ou de payer les cotisations dues.

TITRE SIXIÈME REVENU FAMILIAL

Art. L. 561-1 à L. 564-4 *Abrogés par L. n° 90-590 du 6 juill. 1990, art. 11.*

TITRE SEPTIÈME CONGÉ DE NAISSANCE OU D'ADOPTION

Art. L. 571-1 à L. 571-3 *Abrogés par L. n° 86-1307 du 29 déc. 1986, art. 8-IV.*

TITRE HUITIÈME DISPOSITIONS RELATIVES AU RECOUVREMENT DES CRÉANCES ALIMENTAIRES — DISPOSITIONS DIVERSES — DISPOSITIONS D'APPLICATION

CHAPITRE PREMIER DISPOSITIONS RELATIVES AU RECOUVREMENT DES CRÉANCES ALIMENTAIRES

BIBL. GÉN. ► FRAGONARD, L'intervention des caisses d'allocations familiales dans l'aide aux créancières de pensions alimentaires impayées : un regard rétrospectif, *Dr. soc. 1985. 387.* – GEBLER, L'intervention des organismes débiteurs de prestations familiales pour le recouvrement des créances alimentaires (loi n° 84-1171 du 22 déc. 1984), *ALD 1985. 135.* – LE BOHEC, L'intervention des caisses d'allocations familiales pour le recouvrement des pensions alimentaires impayées, *Dr. soc. 1996. 514.*

Art. L. 581-1 Les organismes et services auxquels incombe le service des prestations familiales sont habilités à apporter leur aide au recouvrement des créances dues au titre de l'entretien d'enfants, dans les conditions prévues par les dispositions relatives à l'intervention des organismes débiteurs des prestations familiales pour le recouvrement des créances alimentaires impayées. — *V. ANNEXE I, Décr. n° 86-1073 du 30 sept. 1986, et L. n° 2014-873 du 4 août 2014, art. 27.*

La procédure de recouvrement public ouverte à l'organisme qui a versé la prestation familiale n'est pas exclusive des voies d'exécution civiles ; il peut donc bénéficier, comme subrogé de plein droit dans les droits du créancier d'aliments en application de l'art. L. 581-2 *in fine*, d'une ordonnance exécutoire du juge aux affaires familiales. • Civ. 2e, 9 déc. 2003, n° 02-30.647 P.

Art. L. 581-2 Lorsque l'un au moins des parents se soustrait totalement au versement d'une créance alimentaire pour enfants fixée par décision de justice devenue exécutoire *(L. n° 2016-1827 du 23 déc. 2016, art. 41-I)* « ou par les actes ou accords mentionnés au IV de l'article L. 523-1 », l'allocation de soutien familial est versée à titre d'avance sur créance alimentaire.

(L. n° 2011-1906 du 21 déc. 2011, art. 103) « Lorsque l'un au moins des parents se soustrait partiellement au versement d'une créance alimentaire pour enfants fixée par décision de justice devenue exécutoire *(L. n° 2016-1827 du 23 déc. 2016, art. 41-I)* « ou par les actes ou accords mentionnés au IV de l'article L. 523-1 », il est versé à titre d'avance une allocation différentielle. Cette allocation différentielle complète le versement partiel effectué par le débiteur, jusqu'au montant de l'allocation de soutien familial.

« L'organisme débiteur des prestations familiales est subrogé dans les droits du créancier, dans la limite du montant de l'allocation de soutien familial ou de la créance d'aliments si celle-ci lui est inférieure. Dans ce dernier cas, le surplus de l'allocation demeure acquis au créancier. »

(L. n° 2015-1702 du 21 déc. 2015, art. 44-I-2°, en vigueur le 1er avr. 2016 ; L. n° 2016-1827 du 23 déc. 2016, art. 41-I) « Dans le cas prévu au 4° du I de l'article L. 523-1, l'allocation différentielle n'est pas recouvrée et demeure acquise au créancier. »

Les dispositions issues de l'art. 44-I de la L. n° 2015-1702 du 21 déc. 2015 sont applicables à Saint-Barthélemy et à Saint-Martin (L. préc., art. 44-IV).

Art. L. 581-3 Pour le surplus de la créance, dont le non-paiement a donné lieu au versement de l'allocation de soutien familial, et pour les autres termes à échoir, la demande de ladite allocation emporte mandat du créancier au profit de cet organisme.

L'organisme débiteur des prestations familiales a droit, en priorité sur les sommes recouvrées, au montant de celles versées à titre d'avance.

Avec l'accord du créancier d'aliments, l'organisme débiteur des prestations familiales poursuit également, lorsqu'elle est afférente aux mêmes périodes, le recouvrement de la créance alimentaire du conjoint, de l'ex-conjoint et des autres enfants du débiteur ainsi que les créances des articles 214, 276 et 342 du code civil. – *V. art. R. 581-3.*

L'attribution de l'allocation de soutien familial à titre d'avance sur pension alimentaire emporte mandat du créancier au profit de la caisse d'allocations familiales pour recouvrer le surplus de la créance d'aliments et lui donne droit, en priorité, sur des sommes recouvrées, au montant de celles versées à titre d'avances ; le juge du fond ne peut, dès lors, réduire l'exécution du titre délivré, pour le recouvrement des sommes en jeu, au montant de l'allocation de soutien familial. • Civ. 2e, 1er juill. 2003 [2 arrêts], n° 01-16.145 P : *RJS 2003. 840, n° 1226 ; TPS 2003. Comm. 349, obs. Prétot ; RDSS 2003. 670, note Monéger*. ♦ V. dans le même sens : • Civ. 2e, 6 avr. 2004, n° 02-13.905 P : *JCP 2004. IV. 2136 ; RJS 2004, n° 761.* ♦ Rappr., pour une saisie des rémunérations : • Civ 2e, 2 nov. 2004 : *RJS 2005, n° 80.*

Art. L. 581-4 Le titulaire de la créance est tenu de communiquer à l'organisme débiteur des prestations familiales les renseignements qui sont de nature à faciliter le recouvrement de la créance. – *V. art. R. 581-1.*

Le titulaire de la créance peut à tout moment renoncer à percevoir l'allocation de soutien familial. L'organisme débiteur demeure subrogé aux droits du titulaire de la créance jusqu'au recouvrement complet du montant des sommes versées dans les conditions fixées à l'article L. 581-2.

L'organisme débiteur de prestations familiales peut suspendre le versement de l'allocation de soutien familial en cas de refus par le créancier d'aliments de donner le pouvoir spécial de saisie en matière immobilière.

Lorsque le débiteur reprend le service de sa dette, cette dernière peut être acquittée directement au parent créancier, avec l'accord de l'organisme débiteur de prestations familiales.

Art. L. 581-5 Sauf dans le cas où il est fait application du premier alinéa de l'article 7 de la loi n° 75-618 du 11 juillet 1975 relative au recouvrement public des pensions alimentaires, les sommes à recouvrer par l'organisme débiteur sont majorées de frais de gestion et de recouvrement dont le montant est fixé par décret en Conseil d'État. – *V. art. R. 581-6 à R. 581-8.*

Ces frais ne peuvent être mis à la charge du créancier d'aliments.

Art. L. 581-6 *(L. n° 2016-1827 du 23 déc. 2016, art. 41-I)* « Le titulaire d'une créance alimentaire, fixée par décision de justice devenue exécutoire ou par les actes ou accords mentionnés au IV de l'article L. 523-1, en faveur de ses enfants jusqu'à l'âge limite mentionné au 2° de l'article L. 512-3, s'il ne remplit pas les conditions d'attribution de l'allocation de soutien familial, bénéficie, à sa demande, de l'aide des organismes débiteurs de prestations familiales pour le recouvrement des termes échus, dans la limite de deux années à compter de la demande de recouvrement, et des termes à échoir. » – *Les dispositions de cet al. ne sont pas applicables à Saint-Pierre-et-Miquelon (L. n° 2016-1827 du 23 déc. 2016, art. 41-IV).*

Ce recouvrement est exercé dans les conditions et pour les créances mentionnées aux articles L. 581-2 et suivants.

Art. L. 581-7 Par dérogation aux articles 2 et 3 de la loi n° 75-618 du 11 juillet 1975, le directeur de l'organisme débiteur de prestations familiales intervenant au titre des articles L. 581-2 et suivants établit et certifie l'état des sommes à recouvrer et l'adresse au représentant de l'État dans le département. Celui-ci rend cet état exécutoire dans un délai de cinq jours ouvrables et le transmet au *(Ord. n° 2010-420 du 27 avr. 2010, art. 119-2°)* « directeur départemental des finances publiques » du département.

Art. L. 581-8 *(L. n° 2011-525 du 17 mai 2011, art. 92-II)* Les organismes débiteurs de prestations familiales peuvent se prévaloir des articles L. 152-1 et L. 152-2 du code des procédures civiles d'exécution pour l'exercice de la mission qui leur est confiée en vue du recouvrement des créances alimentaires impayées.

Art. L. 581-9 Les caisses d'allocations familiales sont habilitées à consentir sur leur fonds d'action sanitaire et sociale aux créanciers d'aliments auxquels la loi n° 75-618 du 11 juillet 1975 est applicable des avances sur pensions. Elles sont alors subrogées de plein droit dans les droits des créanciers, à concurrence du montant des avances, tant à l'égard du débiteur qu'éventuellement à l'égard du Trésor.

La faculté donnée aux caisses d'allocations familiales par l'art. L. 581-9 d'accorder, sur leurs fonds d'action sanitaire et sociale, une avance sur pension alimentaire aux créanciers d'aliments relève des missions qui leur sont confiées par la loi dans le domaine de l'action sociale ; en conséquence, les mesures pouvant intervenir dans ce domaine, et notamment l'avance sur pension alimentaire, sont étrangères aux prestations légales obligatoires et relèvent de la seule action sociale de chaque caisse qui est habilitée à en fixer les conditions d'attribution dans son règlement intérieur. • Soc. 17 janv. 2006, n° 02-15.173 P : *JCP S 2006. 1414, note Willmann.*

Art. L. 581-10 Le recouvrement sur le débiteur d'aliments de toute avance sur pension alimentaire fixée par une décision judiciaire devenue exécutoire *(L. n° 2016-1827 du 23 déc. 2016, art. 41-I)* « ou par les actes ou accords mentionnés au IV de l'article L. 523-1 », et consentie par les organismes débiteurs de prestations familiales peut être confié, pour le compte de ces organismes, aux comptables *(Ord. n° 2010-420 du 27 avr. 2010, art. 119-3°)* « publics compétents ».

Le directeur de l'organisme débiteur de prestations familiales établit et certifie l'état des sommes à recouvrer et l'adresse au représentant de l'État dans le département. Celui-ci rend cet état exécutoire dans un délai de cinq jours ouvrables et le transmet au *(Ord. n° 2010-420 du 27 avr. 2010, art. 119-3°)* « directeur départemental des finances publiques ».

Dès qu'ils ont saisi le représentant de l'État dans le département, les organismes débiteurs de prestations familiales ne peuvent plus, jusqu'à ce qu'ils soient informés de la cessation de la procédure de recouvrement par les comptables *(Ord. n° 2010-420 du 27 avr. 2010, art. 119-3°)* « publics compétents », exercer aucune action en vue de récupérer les sommes qui font l'objet de leur demande.

En cas de contestation relative à l'application des premier et deuxième alinéas du présent article, il est procédé comme à l'article 4 de la loi n° 75-618 du 11 juillet 1975.

Le recouvrement des avances est poursuivi selon les procédures et dans les conditions prévues par les articles 7 à 9 de la loi du 11 juillet 1975 précitée. Les comptables *(Ord. n° 2010-420 du 27 avr. 2010, art. 119-3°)* « publics compétents » peuvent également mettre en œuvre les actions et garanties dont dispose le créancier pour le recouvrement de sa pension alimentaire.

En cas de recours à une procédure de recouvrement public par le créancier de la pension alimentaire, les sommes recouvrées sont affectées par priorité au règlement de la créance de l'organisme débiteur de prestations familiales.

En cas de décès du débiteur ou lorsque l'impossibilité de recouvrer la créance a été constatée par le comptable *(Ord. n° 2010-420 du 27 avr. 2010, art. 119-3°)* « public compétent », ce dernier renvoie le titre exécutoire à la caisse d'allocations familiales qui en décharge le comptable public et informe de sa décision le représentant de l'État dans le département.

Lorsqu'un organisme débiteur de prestations familiales poursuit le recouvrement d'une créance alimentaire au titre des articles L. 581-2 à L. 581-5, le présent article est applicable à la totalité de la créance.

V. également art. R. 581-4, R. 581-5 et R. 581-9.

Le litige qui porte sur le recouvrement d'une pension alimentaire par une caisse d'allocations familiales relève de la compétence du juge aux affaires matrimoniales et non de celle des juridictions du contentieux de la sécurité sociale. • Soc. 28 nov. 1991, n° 89-20.290 P : *D. 1993. Somm. 276, obs. Prétot*.

CHAPITRE II DISPOSITIONS PARTICULIÈRES RELATIVES À CERTAINES CRÉANCES ALIMENTAIRES

(L. n° 2016-1827 du 23 déc. 2016, art. 41-I)

Les dispositions du présent chap. ne sont pas applicables à Saint-Pierre-et-Miquelon (L. n° 2016-1827 du 23 déc. 2016, art. 41-IV).

Art. L. 582-1 Pour l'application du dernier alinéa de l'article 373-2-2 du code civil, lorsque le créancier est demandeur ou bénéficiaire de l'allocation de soutien familial, l'organisme débiteur des prestations familiales notifie au débiteur par lettre recommandée avec demande d'avis de réception qu'il est tenu de procéder auprès de cet organisme au versement de la créance fixée par décision de justice et que, à défaut de paiement dans un délai de deux mois à compter de cette notification, le recouvrement de la créance sera poursuivi par tout moyen. L'organisme débiteur précise les termes à échoir et les arriérés de pension dus à compter de la date de la décision de justice.

Lorsque le créancier ne remplit pas les conditions d'attribution de l'allocation de soutien familial, le premier alinéa du présent article s'applique sur demande du créancier.

Lorsqu'une décision de justice prévoit que la pension alimentaire mise à la charge du parent débiteur est versée au directeur de l'organisme débiteur, ce parent débiteur ne peut pas être considéré comme hors d'état de faire face à son obligation de verser ladite pension pour le motif qui a conduit l'autorité judiciaire à user de la faculté prévue au dernier alinéa du même article 373-2-2.

L'organisme compétent auquel incombe la demande de paiement est celui du lieu de résidence de l'allocataire ou, à défaut, du parent créancier.

Art. L. 582-2 Sur demande conjointe des parents qui mettent fin à leur vie en concubinage ou qui ont procédé à une dissolution du pacte civil de solidarité qui les liait, le directeur de l'organisme débiteur des prestations familiales donne force exécutoire à l'accord par lequel ils fixent le montant de la contribution à l'entretien et à l'éducation en faveur de l'enfant mise à la charge du débiteur, si les conditions suivantes sont réunies :

1° Les parents attestent qu'aucun d'eux n'est titulaire d'une créance fixée pour cet enfant par une décision de justice ou par un accord ou un acte respectivement mentionnés aux 1° et 2° du IV de l'article L. 523-1, ou n'a engagé de démarche en ce sens ;

2° Le montant de la contribution, fixé en numéraire, est supérieur ou égal à un seuil établi en tenant compte notamment des modalités de résidence retenues pour l'enfant mentionné au premier alinéa, des ressources du débiteur et du nombre d'enfants de ce dernier lorsqu'ils sont à sa charge selon des conditions fixées par décret ;

3° L'accord précise les informations strictement nécessaires à la détermination du montant de la contribution mentionnées au 2° du présent article.

La décision de l'organisme débiteur a les effets d'un jugement et constitue un titre exécutoire au sens du 6° de l'article L. 111-3 du code des procédures civiles d'exécution.

La demande des parents mentionnée au premier alinéa du présent article peut être réalisée par voie dématérialisée.

Lorsque l'information mentionnée au 1° du présent article n'a pas été portée à la connaissance de l'organisme débiteur, la décision de ce dernier est frappée de nullité.

La décision de l'organisme débiteur n'est susceptible d'aucun recours. En cas de refus de l'organisme débiteur de conférer force exécutoire à l'accord, les parents peuvent, ensemble ou séparément, saisir le juge aux affaires familiales aux fins de fixation du montant de la contribution à l'entretien et à l'éducation de l'enfant sur le fondement de l'article 373-2-7 du code civil.

Les parents sont tenus de signaler à l'organisme débiteur tout changement de situation susceptible d'entraîner la révision du montant de la contribution. Lorsque ce changement entraîne une modification du droit à l'allocation mentionnée au 4° du I de l'article L. 523-1 du présent code, les parents qui ont conclu un nouvel accord le transmettent à l'organisme débiteur en vue du maintien de cette allocation.

Toute décision judiciaire exécutoire supprimant ou modifiant la contribution à l'entretien et à l'éducation d'un enfant et postérieure au titre exécutoire établi en application du présent article prive ce titre de tout effet.

L'organisme débiteur auquel incombe la délivrance du titre exécutoire est celui du lieu de résidence de l'allocataire ou, à défaut, du parent créancier.

Les conditions d'application du présent article sont définies par décret en Conseil d'État.

Cet art. entre en vigueur le 1er avr. 2018 (L. no 2016-1827 du 23 déc. 2016, art. 41-V).

CHAPITRE III DISPOSITIONS DIVERSES

V. Lettre min. du 4 sept. 1987 relative aux missions d'information et de contrôle des organismes débiteurs de prestations familiales (BO Aff. soc. no 87/38, p. 133).

Art. L. 583-1 Les organismes débiteurs des prestations familiales et leur personnel sont au service des allocataires.

Ils sont tenus en particulier :

1° D'assurer l'information des allocataires sur la nature et l'étendue de leurs droits ;

2° De leur prêter concours pour l'établissement des demandes dont la satisfaction leur incombe.

Ils peuvent également apporter leur concours à leurs allocataires en fin de droit pour l'établissement de dossiers formulés au titre d'autres régimes de protection sociale auprès d'autres organismes.

BIBL. ▸ Vachet, L'obligation d'information des caisses de sécurité sociale, *RDSS 1996. 577*.

1. Faute de la caisse dans l'information donnée. Commet une faute dont elle doit réparation une caisse d'allocations familiales qui, par sa carence, a mis un allocataire dans l'impossibilité matérielle de présenter sa demande d'aide à la famille pour l'emploi d'une assistante maternelle agréée. • Soc. 12 oct. 1995 : *RJS 1995, no 1164 (3e esp.) ; D. 1995. IR 255.*

2. Absence de nécessité d'une demande personnelle des intéressés. L'obligation d'information à laquelle sont tenus les organismes débiteurs des prestations familiales n'est pas subordonnée à une demande personnelle des intéressés. • Soc. 17 janv. 2002, no 00-13.473 P : *RJS 2002, no 874 ; D. 2002. IR 780 ; RDSS 2002. 344, note Monéger*.

3. Information sur les règles du droit communautaire. Avisée par le bénéficiaire de prestations familiales du transfert de la résidence de ses enfants en Espagne, il appartient à la caisse d'allocations familiales de l'informer des dispositions du Règl. CEE no 1408/71 du 14 juin 1971 qui prévoit dans son art. 73 que le travailleur soumis à la législation d'un État membre a droit, pour les membres de sa famille qui résident sur le territoire d'un autre État membre, aux prestations familiales prévues par la législation du premier État comme s'ils résidaient sur le territoire de celui-ci. • Civ. 2e, 4 nov. 2010 : *RJS 2011, no 365.*

Art. L. 583-2 Toute prestation dont le bénéfice a été sollicité dans des conditions qui permettent d'évaluer sans ambiguïté les mérites de la demande peut faire l'objet d'une avance financée sur les fonds d'action sanitaire et sociale, remboursée par les fonds des prestations légales, dans la limite des droits établis.

Art. L. 583-3 *(L. no 2007-1786 du 19 déc. 2007, art. 106-II ; L. no 2009-1646 du 24 déc. 2009, art. 88-I)* Les informations nécessaires à l'appréciation des conditions d'ouverture, au maintien des droits et au calcul des prestations familiales, notamment les ressources, peuvent être obtenues par les organismes débiteurs de prestations familiales selon les modalités de l'article L. 114-14.

(L. no 2013-1203 du 23 déc. 2013, art. 86-II-6o) « Sans préjudice des sanctions pénales encourues, la fraude, la fausse déclaration, l'inexactitude ou le caractère incomplet des informations recueillies en application du premier alinéa du présent article exposent l'allocataire, le demandeur ou le bailleur aux sanctions et pénalités prévues à l'article L. 114-17. »

Lorsque ces informations ne peuvent pas être obtenues dans les conditions prévues au premier alinéa, les allocataires, les demandeurs ou les bailleurs les communiquent par déclaration aux organismes débiteurs de prestations familiales.

Ces organismes contrôlent les déclarations des allocataires ou des demandeurs, notamment en ce qui concerne leur situation de famille, les enfants et personnes à charge, leurs ressources, le montant de leur loyer et leurs conditions de logement. Ils peuvent contrôler les déclarations des bailleurs, afin de vérifier notamment l'existence ou l'occupation du logement pour lequel l'allocation mentionnée à l'article L. 542-1 est perçue.

Pour l'exercice de leur contrôle, les organismes débiteurs de prestations familiales peuvent demander toutes les informations nécessaires aux administrations publiques, notamment les administrations financières, et aux organismes de sécurité sociale, de retraite complémentaire et d'indemnisation du chômage, qui sont tenus de les leur communiquer.

Les informations demandées aux allocataires, aux demandeurs, aux bailleurs, aux administrations et aux organismes ci-dessus mentionnés doivent être limitées aux données strictement nécessaires à l'attribution des prestations familiales.

Un décret fixe les modalités d'information des allocataires, des demandeurs et des bailleurs dont les déclarations font l'objet d'un contrôle défini dans le présent article.

Les personnels des organismes débiteurs sont tenus au secret quant aux informations qui leur sont communiquées.

Le versement des prestations peut être suspendu si l'allocataire refuse de se soumettre aux contrôles prévus par le présent article.

(L. no 2016-1827 du 23 déc. 2016, art. 41-I) « Le présent article est applicable aux informations demandées au parent débiteur et au parent créancier nécessaires pour l'application de l'article L. 582-2 et du 4o du I de l'article L. 523-1. » — *Cet al. entre en vigueur le 1er avr. 2018 et n'est pas applicable à Saint-Pierre-et-Miquelon (L. no 2016-1827 du 23 déc. 2016, art. 41-IV et V).*

Art. L. 583-4 *(L. no 2008-1330 du 17 déc. 2008, art. 114)* Aux fins de transmission aux organismes débiteurs des prestations familiales, les régimes obligatoires d'assurance maladie communiquent à l'administration fiscale le montant des indemnités journalières visées au 2o de l'article L. 431-1, dans les conditions fixées par la loi no 78-17 du 6 janvier 1978 relative à l'informatique, aux fichiers et aux libertés.

Art. L. 583-5 *(L. no 2016-1827 du 23 déc. 2016, art. 41-I)* Les organismes débiteurs des prestations familiales communiquent à l'administration fiscale le montant de la contribution à l'entretien et à l'éducation de l'enfant fixée dans l'accord mentionné à l'article L. 582-2 auquel ils ont donné force exécutoire. — *Cet art. entre en vigueur le 1er avr. 2018 et n'est pas applicable à Saint-Pierre-et-Miquelon (L. no 2016-1827 du 23 déc. 2016, art. 41-IV et V).*

CHAPITRE IV DISPOSITIONS D'APPLICATION

Art. L. 584-1 **Un décret en Conseil d'État détermine les mesures nécessaires à l'application du livre V autres que les fixations de taux et que les mesures relevant du chapitre II du titre IV.**

LIVRE SIXIÈME DISPOSITIONS APPLICABLES AUX TRAVAILLEURS INDÉPENDANTS *(L. n° 2017-1836 du 30 déc. 2017, art. 15-II, en vigueur le 1er janv. 2018).*

BIBL. GÉN. ▶ BARTHÉLEMY, L'harmonisation du statut social des travailleurs indépendants sur celui des salariés, ou l'extension de la règle des 19 % aux travailleurs non salariés, *JCP E 1994. I. 375.* – BING, Le volet social de la loi « Royer », *Quest. SS 1974. 212.* – KAUFMAN, La protection sociale des professions libérales en Allemagne, *RDSS 2012. 255* . – KESSLER, L'obligation d'affiliation aux régimes des professions libérales : des difficultés sans fin, *RDSS 2012. 213* . – MORVAN, L'avènement du RSI, Ord. n° 2005-1528 et n° 2005-1529 du 8 déc. 2005, *JCP S 2006. 1152.* – POSTEL-VINAY, La création du régime social des indépendants (RSI) : un essai à transformer ?, *Dr. soc. 2007. 207 s.* – Dossier : La protection sociale en chantier(s), *RDSS 2017. 975 s.*

Loi n° 2017-1836 du 30 décembre 2017, *de financement de la sécurité sociale pour 2018 (JO 31 déc.).* **Art. 15** *[Dispositions transitoires] [...]*

XVI. — Le présent article entre en vigueur le 1er janvier 2018, sous réserve des dispositions suivantes :

1° A compter du 1er janvier 2018 et jusqu'au 31 décembre 2019, est mis en place un comité chargé du pilotage des opérations faisant l'objet des présentes dispositions transitoires.

Ce comité est composé des directeurs des caisses mentionnées aux articles L. 221-1, L. 222-1 et L. 225-1 du code de la sécurité sociale et du directeur général de la caisse nationale mentionnée au 2° du présent XVI.

Il est notamment chargé de proposer un schéma de transformation, qui préfigure le schéma devant être mis en place dans le cadre des dispositions mentionnées à l'article L. 233-1 du même code. Ce schéma de transformation a pour objet d'organiser la continuité des missions assurées par l'ensemble des organismes de sécurité sociale au bénéfice des travailleurs indépendants entre le 1er janvier 2018 et le 31 décembre 2019, de préciser le calendrier et les modalités de transfert, au cours de cette période, des activités correspondantes aux organismes du régime général, ainsi que le calendrier et les modalités d'intégration des personnels des caisses mentionnées au premier alinéa du 2° du présent XVI au sein des organismes du régime général. Ce schéma de transformation est approuvé dans les mêmes conditions que celui mentionné au même article L. 233-1.

Dans l'hypothèse où les directeurs des organismes mentionnés au deuxième alinéa du présent 1° ne parviennent pas à s'accorder sur le schéma de transformation mentionné au troisième alinéa du présent 1° avant le 1er avril 2018, le schéma est arrêté par les ministres chargés de la sécurité sociale et du budget. – *V. Arr. du 24 avr. 2018 portant approbation du schéma de transformation prévu au 1° du XVI de l'art. 15 de la loi de financement de la sécurité sociale pour 2018 (JO 18 mai).*

A compter du 1er janvier 2018 et jusqu'au 31 décembre 2020, est institué, auprès des ministres en charge de la sécurité sociale et du budget qui en nomment le président, un comité de surveillance chargé de valider chacune des étapes de déploiement de la réforme, particulièrement lorsqu'elles s'accompagnent de transferts de personnels ou qu'elles concernent les mises en production de nouveaux outils informatiques.

Pour l'accomplissement de sa mission, le comité de surveillance peut demander la réalisation de missions de contrôles par les membres de l'inspection générale des finances ou de l'inspection générale des affaires sociales ;

2° A compter du 1er janvier 2018, la Caisse nationale du régime social des indépendants et les caisses de base du régime social des indépendants prennent la dénomination, respectivement, de Caisse nationale déléguée pour la sécurité sociale des travailleurs indépendants et de caisses locales déléguées pour la sécurité sociale des travailleurs indépendants.

Jusqu'au 31 décembre 2019, elles apportent leur concours aux caisses du régime général s'agissant du service des prestations dont bénéficient les travailleurs indépendants et du recouvrement des cotisations dont ils sont redevables. A ce titre, elles continuent d'exercer, pour le compte de ces caisses et dans les conditions fixées par le schéma de transformation mentionné au 1° du présent XVI, tout ou partie des missions liées au service de ces prestations ou au recouvrement de ces cotisations antérieurement dévolues aux caisses du régime social des indépendants. Tant que le schéma de transformation mentionné au même 1° n'est pas approuvé ou arrêté, elles exercent la totalité de ces mêmes missions.

Sans préjudice de l'article L. 122-1 du code de la sécurité sociale, les directeurs des caisses déléguées peuvent signer tous actes nécessaires à l'accomplissement des missions afférentes au service des prestations et au recouvrement des cotisations qui leur échoient en application du deuxième alinéa du présent 2°. Ils peuvent également donner délégation à certains agents de leur caisse pour signer, dans la limite des attributions qui leur sont confiées, tous actes relatifs à ces mêmes missions. Les organismes du régime général concernés sont destinataires de la liste des agents ayant reçu délégation et du périmètre des attributions qui leur sont confiées.

La Caisse nationale déléguée pour la sécurité sociale des travailleurs indépendants continue par ailleurs d'exercer, sous réserve de ce qui échoit aux caisses mentionnées aux articles L. 221-1, L. 222-1 et L. 225-1 du même code du fait du I du présent article, les missions mentionnées à l'article L. 611-4 dudit code, dans sa rédaction antérieure à la présente loi, à l'exception du 1° du même article L. 611-4*[,]* et elle demeure régie par les articles L. 611-5 à L. 611-7 du même code dans leur rédaction antérieure à la présente loi.

Les caisses locales déléguées pour la sécurité sociale des travailleurs indépendants restent régies par les articles L. 114-16-3, L. 151-1 et L. 611-9 à L. 611-13, les premier, troisième et quatrième alinéas de l'article L. 611-14, les articles L. 611-15, L. 611-16, les articles mentionnés à l'article L. 611-17*[,]* à l'exception de l'article L. 243-3*[,]* ainsi que par l'article L. 611-18 du même code dans leur rédaction antérieure à la présente loi et sous réserve des dispositions du présent article.

Le 1° des articles L. 134-3 et L. 134-4 du même code, dans sa rédaction antérieure à la présente loi, demeure applicable jusqu'au 31 décembre 2019 en ce qui concerne les charges et produits de gestion administrative des caisses déléguées pour la sécurité sociale des travailleurs indépendants.

L'article L. 133-1-5 du même code demeure applicable jusqu'au 31 décembre 2018.

Le 35° et le *e* du 39° du II du présent article entrent en vigueur le 1er janvier 2020.

Les caisses mentionnées au présent 2° sont dissoutes le 1er janvier 2020 ;

3° Le *c* du 5°, le 6° et le *d* du 10° du I et le 5° du II entrent en vigueur le 1er janvier 2019.

Un décret détermine la liste des organisations procédant aux premières désignations effectuées en application des 1° et 2° de l'article L. 612-3 du code de la sécurité sociale et du premier alinéa de l'article L. 612-4 du même code ainsi que le nombre de membres que chaque organisation peut désigner pour siéger au sein de l'assemblée générale et des instances mentionnées aux mêmes articles L. 612-3 et L. 612-4. Au plus tard le 30 juin 2018, les organisations candidates pour figurer sur cette liste transmettent à l'autorité compétente, selon des modalités fixées par arrêté des ministres chargés de la sécurité sociale et du budget, tout élément justifiant leur représentativité au regard des critères mentionnés au premier alinéa de l'article L. 612-6 dudit code. Par dérogation aux dispositions mentionnées au deuxième alinéa du même article L. 612-6 et à titre transitoire, le critère d'audience mentionné audit article L. 612-6 est apprécié en fonction des éléments disponibles, relatifs à leurs différents adhérents, communiqués par ces organisations. — *V. Arr. du 3 mai 2018 relatif à la procédure de candidature des organisations en vue de la désignation des membres du Conseil de la protection sociale des travailleurs indépendants (JO 12 mai).*

A compter du 1er janvier 2019 et jusqu'à la dissolution des caisses mentionnées au 2° du présent XVI, dans l'hypothèse où le mandat des membres de leurs conseils d'administration arriverait à échéance, les membres siégeant au sein de l'assemblée générale du Conseil de la protection sociale des indépendants ou de ses instances régionales exercent respectivement, de façon simultanée, le mandat de membre du conseil de la caisse nationale mentionnée au même 2° et des caisses locales mentionnées audit 2° situées dans le ressort géographique de chaque instance régionale.

Jusqu'au 31 décembre 2018, pour l'application des dispositions qui font référence au conseil de la protection sociale des travailleurs indépendants et à ses instances régionales, sont visées, respectivement, la Caisse nationale et les caisses locales déléguées pour la sécurité sociale des travailleurs indépendants ;

4° Sont transférés de plein droit :

a) Au 1er janvier 2018, aux organismes nationaux et locaux du régime général selon leurs périmètres de responsabilité respectifs, les disponibilités, capitaux propres, créances et dettes représentatives des droits et obligations directement afférents à la mise en œuvre de l'assurance maladie, maternité*[,]* et de l'assurance vieillesse de base des travailleurs indépendants ainsi que les engagements qui en découlent et les autorisations de prélèvement et de versement données aux caisses du régime social des indépendants. Ces dispositions s'appliquent sans préjudice de l'exercice des activités mentionnées au deuxième alinéa du 2° du présent XVI et du suivi, en 2018 et en 2019, dans les comptes des caisses déléguées pour la sécurité sociale des travailleurs indépendants, des opérations afférentes aux éléments mentionnés ci-dessus. Ces opérations peuvent être directement combinées par les caisses nationales chargées de la gestion des différentes branches du régime général ;

b) Au 1er janvier *(L. nº 2018-1203 du 22 déc. 2018, art. 25-III)* « 2019 », au Conseil de la protection sociale des travailleurs indépendants, les disponibilités, capitaux propres, créances et dettes représentatives des droits et obligations directement afférents à la mise en œuvre de l'assurance vieillesse complémentaire et d'invalidité-décès dont bénéficient les travailleurs indépendants mentionnés à l'article L. 631-1 du code de la sécurité sociale ainsi que les engagements qui en découlent ;

c) Au 1er janvier 2020, aux organismes nationaux et locaux du régime général tous les autres droits et obligations, à l'exclusion des contrats de travail, afférents à la gestion administrative de chaque caisse déléguée pour la sécurité sociale des travailleurs indépendants. Sauf si l'ensemble des caisses concernées en conviennent différemment, les droits et obligations de chaque caisse déléguée pour la sécurité sociale des travailleurs indépendants sont transférés à l'organisme du régime général dans lequel sont transférés la majorité de ses salariés.

Les conditions dans lesquelles s'opèrent ces transferts font l'objet de conventions entre les directeurs des organismes concernés. Ils ne donnent pas lieu à la perception de droits, impôts ou taxes de quelque nature que ce soit ;

5° Sur une période dont le terme ne peut excéder le 30 juin 2019, les caisses déléguées pour la sécurité sociale des travailleurs indépendants et les organismes du régime général préparent, dans le respect du schéma de transformation mentionné au 1° du présent XVI, le transfert des contrats de travail des salariés des caisses déléguées et recherchent, pour chaque salarié, une solution de reprise recueillant son accord. Les caisses nationales peuvent se substituer aux caisses locales en cas de carence de celles-ci dans cette préparation.

A une date fixée par décret, et au plus tard le 1er janvier 2020, les contrats de travail des salariés des caisses déléguées pour la sécurité sociale des travailleurs indépendants sont transférés aux organismes du régime général, dans le respect des solutions de reprise mentionnées au premier alinéa du présent 5°. En l'absence de telles solutions ayant recueilli l'accord des salariés, les contrats de ces derniers sont transférés de plein droit à l'organisme du régime général dont les missions et les activités se rapprochent le plus de l'activité antérieure de ces salariés. Dans ce cas, les contrats de travail des salariés de la Caisse nationale déléguée sont transférés aux caisses nationales du régime général désignées en application de ce critère ; les contrats de travail des salariés des caisses locales déléguées sont transférés à l'organisme, désigné en application de ce même critère, dans la circonscription duquel se situe le lieu de travail de ces salariés.

Le décret mentionné au deuxième alinéa du présent 5° ne peut être pris avant la validation par le comité de surveillance mentionné au dernier alinéa du 1° du présent XVI des conclusions auxquelles sont parvenus les caisses déléguées pour la sécurité sociale des travailleurs indépendants et les organismes du régime général lors de la phase préparatoire mentionnée au premier alinéa du présent 5°. Un décret, pris sur proposition du même comité de surveillance, peut néanmoins fixer une date de transfert anticipé pour des salariés dont l'activité relève uniquement des missions d'un seul type d'organisme du régime général ;

6° Jusqu'au transfert de leur contrat de travail, les salariés des caisses déléguées pour la sécurité sociale des travailleurs indépendants restent régis à titre exclusif par les conventions collectives du régime social des indépendants. Celles-ci restent régies pendant cette période par la section I du chapitre III du titre II du livre Ier du code de la sécurité sociale dans sa rédaction antérieure à la présente loi.

Avant le 31 mars 2018, l'union des caisses nationales de sécurité sociale et les organisations syndicales de salariés représentatives qui respectent les critères fixés à l'article L. 2121-1 du code du travail, au sein du régime social des indépendants engagent des négociations afin de conclure des accords précisant les modalités, conditions et garanties s'appliquant aux salariés dans le cadre de leur transfert vers les organismes du régime général et prévoyant, le cas échéant, les dispositions s'appliquant pour les salariés transférés à l'exclusion des stipulations portant sur le même objet des conventions collectives du régime général et des accords applicables dans les organismes dans lesquels leurs contrats de travail sont transférés.

Ces accords sont conclus dans les conditions fixées à l'article L. 2232-6 du même code. Toutefois, en ce qui concerne ceux conclus en application de l'article L. 123-2 du code de la sécurité sociale, assiste à la négociation l'organisation syndicale dont relève la personne élue, pour ce même régime, pour représenter ces agents dans la commission chargée d'établir la liste d'aptitude mentionnée à l'article L. 611-14 du même code dans sa rédaction antérieure à la présente loi.

A défaut d'accord avant leur transfert, les conventions collectives du régime général s'appliquent intégralement et à titre exclusif aux salariés transférés.

Ces accords s'appliquent à compter du transfert des salariés concernés, et au plus tard jusqu'au 31 décembre 2022. A l'issue de ce délai, les conventions collectives du régime général s'appliquent intégralement et à titre exclusif aux salariés transférés ;

7° Le III entre en vigueur le 1er janvier 2019.

La Caisse nationale de l'assurance maladie est substituée au 1er janvier 2018 à la Caisse nationale du régime social des indépendants dans tous les actes juridiques conclus par cette dernière en application des troisième à dernier alinéas de l'article L. 160-17 et du deuxième alinéa de l'article L. 611-20 du code de la sécurité sociale dans leur rédaction antérieure à la présente loi.

Les conventions et les contrats conclus à ce titre, en vigueur à la date de publication de la présente loi, continuent de produire leurs effets jusqu'à leur terme pour le service des prestations dues aux travailleurs indépendants ayant débuté leur activité avant le 1er janvier 2019. La Caisse nationale d'assurance maladie et les organismes signataires concernés peuvent renouveler ces mêmes conventions, modifiées le cas échéant par avenant, pour assurer le service des prestations dues aux mêmes assurés au plus tard jusqu'au 31 décembre 2020.

L'ensemble des droits et obligations des organismes délégataires mentionnés au troisième alinéa du présent 7°, y compris les contrats de travail, qui sont afférents à la gestion leur ayant été confiée sont transférés de plein droit aux organismes de leur circonscription mentionnés aux articles L. 211-1 et L. 752-4 du code de la sécurité sociale à la plus tardive des dates mentionnées au même troisième alinéa. Ces transferts ne donnent pas lieu à la perception de droits, impôts ou taxes de quelque nature que ce soit.

Le préjudice susceptible de résulter, pour les organismes délégataires de l'absence de renouvellement des conventions mentionnés au troisième alinéa du présent 7° fait l'objet d'une indemnité s'il présente un caractère anormal et spécial. Cette indemnité est fixée dans le cadre d'un constat établi à la suite d'une procédure contradictoire. Les conditions et le montant de l'indemnité sont fixés par décret ;

8° L'article L. 640-1 du code de la sécurité sociale dans sa rédaction résultant du présent article s'applique aux travailleurs indépendants créant leur activité :

a) A compter du 1er janvier 2018, pour ceux qui relèvent de l'article L. 133-6-8 du même code ;

b) A compter du 1er janvier 2019, pour ceux ne relevant pas du même article L. 133-6-8.

Les travailleurs indépendants des professions libérales ne relevant pas de l'article L. 640-1 du même code et affiliés avant le 1er janvier 2019 à la Caisse nationale d'assurance vieillesse des professions libérales et à la Caisse interprofessionnelle de prévoyance et d'assurance vieillesse restent affiliés à ces caisses. Sous réserve qu'ils soient à jour du paiement de leurs cotisations dues au titre des assurances vieillesse et invalidité-décès des professions libérales et, le cas échéant, des majorations et pénalités afférentes, ils peuvent demander, entre le 1er janvier 2019 et le 31 décembre 2023, à être affiliés à l'assurance vieillesse prévue au titre III du livre VI dudit code.

Cette nouvelle affiliation prend effet le 1er janvier de l'année suivant celle au cours de laquelle ils ont notifié leur décision.

Ce changement d'affiliation est définitif.

Les travailleurs affiliés ne relevant pas de l'article L. 640-1 du même code et ne relevant pas du champ de l'article L. 133-6-8 du même code, mentionnés aux troisième et quatrième alinéas du présent 8° peuvent bénéficier, à leur demande, de taux spécifiques pour le calcul des cotisations prévues à l'article L. 635-1 du même code.

Ces taux spécifiques tiennent compte des différences existant entre les montants totaux des cotisations et contributions sociales dues par les travailleurs indépendants selon qu'ils relèvent ou non des dispositions de l'article L. 640-1 du même code. Ces taux spécifiques sont fixés par décret pris après avis du conseil de la protection sociale des travailleurs indépendants.

Les droits à retraite de base des travailleurs indépendants des professions libérales ayant choisi de relever de l'assurance vieillesse prévue au titre III du livre VI du même code sont liquidés par les caisses mentionnées aux articles L. 215-1 ou L. 752-4 du même code.

Pour les périodes antérieures au changement d'affiliation, le montant de la pension est égal au produit du nombre de points acquis dans le régime de base des professions libérales à la date d'effet du changement d'affiliation par la valeur de service du point dans ce régime de base à cette même date, à laquelle s'applique la revalorisation mentionnée à l'article L. 161-23-1 du même code. Il est fait application, lors de la liquidation de ce montant de pension, des articles L. 351-4 à L. 351-4-2, L. 351-7, L. 351-8, L. 634-6, L. 634-6-1, L. 643-3 et L. 643-7 du même code. Les modalités d'application du présent alinéa sont précisées par décret.

Les points acquis dans le régime complémentaire d'assurance vieillesse de la Caisse interprofessionnelle de prévoyance et d'assurance vieillesse par les travailleurs indépendants ayant choisi de relever de l'assurance vieillesse prévue au titre III du livre VI du même code sont convertis dans le régime complémentaire mentionné à l'article L. 635-1 du même code.

Un décret détermine les règles applicables à cette conversion, en fonction des valeurs de service de chacun des deux régimes à la date d'effet de la nouvelle affiliation. Il détermine également les conditions particulières de réversion de certains points en fonction des cotisations précédemment versées à ce titre ;

9° Les modalités d'application du présent XVI sont précisées, en tant que de besoin et sauf dispositions contraires, par décret en Conseil d'État.

XVII. — *V. ces dispositions ss. art. L. 131-6-2.*

XVIII. — Dans les conditions prévues à l'article 38 de la Constitution et dans un délai de six mois à compter de la publication de la présente loi, le Gouvernement est autorisé à prendre par ordonnances les mesures relevant du domaine de la loi visant à modifier toute disposition législative, afin d'assurer la cohérence des textes au regard des dispositions du présent article et le respect de la hiérarchie des normes, de regrouper les dispositions qui le justifient dans le livre VI du code de la sécurité sociale et d'abroger les dispositions, codifiées ou non, devenues sans objet.

Un projet de loi de ratification est déposé devant le Parlement dans un délai de trois mois à compter de la publication de l'ordonnance.

Décret n° 2018-174 du 9 mars 2018,

Relatif à la mise en œuvre de la réforme de la protection sociale des travailleurs indépendants prévue par l'article 15 de la loi de financement de la sécurité sociale pour 2018 (JO 11 mars).

Les dispositions des art. 1er à 12 du présent décret entrent en vigueur le 1er janv. 2018.

Comité de pilotage de la réforme

Art. 1er Le comité de pilotage mentionné au premier alinéa du 1° du XVI de l'article 15 de la loi de financement de la sécurité sociale pour 2018 *(L. n° 2017-1836 du 30 août 2017, V. cette loi supra)* susvisée assure les fonctions suivantes, exercées dans le cadre du schéma de transformation mentionné au troisième alinéa du même 1° :

1° Il élabore les modalités selon lesquelles les caisses mentionnées aux articles L. 211-1, L. 213-1, L. 215-1, L. 221-1, L. 222-1, L. 225-1 et L. 752-4 du code de la sécurité sociale seront amenées à exercer auprès des travailleurs indépendants les missions relatives au service des prestations auxquels ils ont droit et au recouvrement des cotisations et contributions dont ils sont redevables, tout particulièrement lorsque ces missions nécessitent une articulation des activités des organismes des différentes branches ;

2° Il élabore les modalités selon lesquelles, à titre transitoire, au cours de la période courant du 1er janvier 2018 au 31 décembre 2019, sont exercées ces activités avec le concours des caisses déléguées pour la sécurité sociale des travailleurs indépendants, en vue de garantir la continuité des missions assurées par l'ensemble des organismes de sécurité sociale au bénéfice des travailleurs indépendants. Il détermine le calendrier des évolutions qui affectent l'organisation de ces activités ;

3° Il prépare, organise et suit le transfert des différentes missions et activités qui en découle ;

4° Il prépare, organise et suit l'intégration au sein des organismes du régime général des personnels de la Caisse nationale et des caisses locales déléguées pour la sécurité sociale des travailleurs indépendants. A ce titre, il prépare et valide avant le 31 mars 2018 le mandat sur la base duquel l'Union des caisses nationales de sécurité sociale engage les négociations relatives aux accords mentionnés au deuxième alinéa du 6° du XVI de l'article 15 de la loi de financement de la sécurité sociale pour 2018 susvisée et détermine les conditions dans lesquelles est recherchée, pour chaque salarié, sur une période dont le terme ne peut excéder le 30 juin 2019, une solution de reprise recueillant son accord ainsi que les modalités de mise en œuvre de ce processus par les caisses locales ou régionales ;

5° Il prépare, organise et suit les transferts des droits et obligations de la Caisse nationale et des caisses locales déléguées pour la sécurité sociale de travailleurs indépendants vers les organismes compétents du régime général ;

6° Il supervise les travaux relatifs à l'évolution des systèmes d'information en veillant plus particulièrement à la performance des interfaces entre ces systèmes et des outils mis en commun. Il détermine le cadre d'exercice des personnels informatiques affectés à ces travaux et décide de la structure à laquelle ils seront rattachés.

Il prend d'une manière générale toute décision nécessaire à l'atteinte des objectifs de la réforme ou qui y concoure.

Art. 2 Ce comité de pilotage, composé des personnes mentionnées au deuxième alinéa du 1° du XVI de l'article 15 la loi de financement de la sécurité sociale pour 2018 susvisée, peut s'adjoindre, en qualité d'expert, toute personne, choisie en raison de ses compétences ou de son expérience, susceptible d'éclairer ses travaux et les décisions qu'il est amené à prendre et notamment le directeur de l'Union des caisses nationales de sécurité sociale.

Le comité de pilotage exerce ses attributions en dialogue régulier avec l'État, notamment par l'intermédiaire du chef de projet mentionné à l'article 4 du présent décret.

Un représentant du directeur de la sécurité sociale assiste aux réunions du comité de pilotage.

Il a communication des documents transmis et examinés par le comité de pilotage.

Art. 3 Le comité de pilotage se réunit, d'un commun accord de ses membres ou à la demande du directeur de la sécurité sociale, aussi souvent que nécessaire et au moins une fois par mois.

Art. 4 Un chef de projet assiste les travaux du comité de pilotage, en particulier ceux qui nécessitent une action partagée entre les différentes branches concernées.

Il veille à la formalisation d'une feuille de route qui consolide et met en cohérence, afin d'en faciliter le pilotage et le suivi, l'ensemble des actions à réaliser pour la réforme par les caisses nationales concernées, notamment dans les domaines ayant trait aux processus mis en œuvre par les caisses pour l'exercice de leurs missions, à l'informatique, à la qualité de service, à l'accompagnement du changement, à la gestion des ressources humaines, à la communication.

Il s'appuie autant que nécessaire sur les responsables en charge de la gestion de la sécurité sociale des travailleurs indépendants et de la mise en œuvre de sa réforme, nommés dans chacun des organismes mentionnés aux 1° à 4° de l'article 2.

Il prépare les réunions du comité de pilotage. A cette fin les caisses nationales concernées lui communiquent tout document utile à ces réunions. Il s'assure de leur diffusion aux membres du comité de pilotage.

Il est chargé d'établir le relevé des décisions prises par le comité de pilotage et le suivi de celles-ci.

Le chef de projet est nommé par le directeur de la sécurité sociale et placé auprès de celui-ci. Il peut disposer, après accord des membres du comité de pilotage, de personnels qui lui sont rattachés pour l'aider dans l'exercice de ses missions. La rémunération de l'ensemble de ces personnes est prise en charge par la Caisse nationale déléguée pour la sécurité sociale des travailleurs indépendants.

Art. 5 Les frais de déplacement des experts ou personnalités invitées à titre exceptionnel à une séance du comité de pilotage sont remboursés dans les conditions prévues dans les conditions prévues par le décret du 3 juillet 2006 susvisé *(Décr. n° 2006-781 du 3 juill. 2006)* .

Comité de surveillance de la réforme

Art. 6 Le comité de surveillance, institué auprès des ministres chargés de la sécurité sociale et du budget, est mis en place à compter du 1er janvier 2018 et jusqu'au 31 décembre 2020, dans le respect des missions qui lui sont attribuées par les dispositions du XVI de l'article 15 de la loi de financement de la sécurité sociale pour 2018 susvisée.

Il est composé :

1° De neuf personnalités choisies en raison de leurs compétences ou de leur expérience dans les domaines d'attribution du comité de surveillance ;

2° Du président de la Caisse nationale déléguée pour la sécurité sociale des travailleurs indépendants puis, à compter de sa création, du Conseil de la protection sociale des travailleurs indépendants ;

3° Du directeur de la sécurité sociale ;

4° Du directeur interministériel du numérique et du système d'information et de communication de l'État.

Les membres de ce comité de surveillance et en leur sein le président, choisi parmi les personnalités mentionnées au 1° du présent article, sont nommés par arrêté des ministres chargés de la sécurité sociale et du budget.

Art. 7 Le président est chargé de convoquer le comité et d'en diriger les débats.

Le comité de surveillance se réunit au moins quatre fois par an sur convocation de son président. Il peut, en outre, être réuni, sur un ordre du jour déterminé, à la demande du directeur de la sécurité sociale.

Le président du comité de surveillance peut convier à participer à titre consultatif à toute séance du comité toute personne dont les compétences lui semblent de nature à éclairer les délibérations du comité.

L'ordre du jour ainsi que les documents nécessaires à la bonne compréhension des points sur lesquels le comité de surveillance est appelé à délibérer sont communiqués à ses membres au moins sept jours avant la date de la séance.

Le comité de surveillance se prononce par avis motivé sur les projets de décision portant sur les étapes de déploiement de la réforme qui lui sont soumis par le comité de pilotage. Il peut, en outre, émettre des recommandations sur tout sujet relevant de sa compétence. Les délibérations sont transmises dans les plus brefs délais aux ministres chargés de la sécurité sociale et du budget.

Art. 8 Pour l'exercice de ses missions, le comité de surveillance peut demander aux ministres chargés de la sécurité sociale et du budget la réalisation de missions de contrôles par les membres de l'inspection générale des finances ou de l'inspection générale des affaires sociales. Il peut demander au directeur de la sécurité sociale la réalisation d'audits effectués par le service mentionné à l'article R. 155-1 du code de la sécurité sociale.

Il peut également recourir à des audits qui sont réalisés, à sa demande et dans des conditions approuvées par le comité, par un prestataire sélectionné par les organismes faisant l'objet de ces audits et rémunéré par ces mêmes organismes.

Le comité de surveillance peut demander à se faire communiquer les documents internes aux différentes caisses concernées et toutes les informations nécessaires à l'exercice de ses missions. Les documents et les informations ainsi obtenus ont un caractère confidentiel.

Art. 9 Le comité de surveillance est accompagné dans ses travaux par un panel de travailleurs indépendants constitué de manière aléatoire.

Ce panel est consulté sur les projets d'évolution des offres de service, notamment numériques, envisagés par les organismes de sécurité sociale à destination des travailleurs indépendants, pour l'analyse des résultats obtenus en matière de qualité du service rendu par ces organismes à leur égard et de manière générale sur tout sujet déterminé par le comité de surveillance.

Art. 10 Chaque semestre, le comité de surveillance réalise un bilan d'étape du déploiement de la réforme de la protection sociale des travailleurs indépendants, qu'il transmet aux ministres chargés de la sécurité sociale et du budget.

Le président du comité de surveillance, en lien avec les présidents de ces instances, informe régulièrement les membres du Conseil de la protection sociale des travailleurs indépendants et les administrateurs des caisses déléguées pour la sécurité sociale des indépendants et les membres des conseil et conseils d'administration des organismes mentionnés aux articles L. 221-1, L. 222-1 et L. 225-1 du code de la sécurité sociale sur les étapes prévues du déploiement de la réforme et recueille leur avis sur les conditions de leur mise en œuvre.

Art. 11 Le chef de projet mentionné à l'article 4 du présent décret assure le secrétariat du comité de surveillance.

Il assiste le président du comité de surveillance pour préparer les séances du comité, établir les relevés de décisions et rapports et les transmettre à leurs destinataires.

Art. 12 Sans préjudice des dispositions de l'article 8 du présent décret, les crédits nécessaires au fonctionnement du comité de surveillance sont pris en charge par la Caisse nationale déléguée pour la sécurité sociale des travailleurs indépendants et, à compter du 1er janvier 2019, par le Conseil de la protection sociale des travailleurs indépendants.

Les fonctions de membres du comité de surveillance sont assurées à titre gratuit. Les frais de déplacement sont remboursés dans les conditions prévues par le décret du 3 juillet 2006 susvisé.

TITRE PREMIER DISPOSITIONS GÉNÉRALES *(L. n° 2017-1836 du 30 déc. 2017, art. 15-II, en vigueur le 1er janv. 2018).*

Le titre Ier, dans sa rédaction antérieure à la loi de financement de la sécurité sociale pour 2018 (L. n° 2017-1836 du 30 oct. 2017), est consultable en ligne, V. Dalloz.fr et applications mobiles Dalloz.

CHAPITRE PREMIER CHAMP D'APPLICATION *(L. n° 2017-1836 du 30 déc. 2017, art. 15-II, en vigueur le 1er janv. 2018).*

Sur les dispositions transitoires de l'art. 15 de la L. n° 2017-1836 du 30 déc. 2017, V. ss. le livre VI « Dispositions applicables aux travailleurs indépendants ».

Art. L. 611-1 *(Ord. n° 2018-470 du 12 juin 2018, art. 7)* **« Le »** *(L. n° 2017-1836 du 30 déc. 2017, art. 15-II, en vigueur le 1er janv. 2018)* **« présent livre s'applique aux personnes suivantes : »**

(L. n° 2016-1827 du 23 déc. 2016, art. 50-I, en vigueur le 1er janv. 2017) **« 1° Les travailleurs** *(Ord. n° 2018-470 du 12 juin 2018, art. 7)* **« non salariés » qui ne sont pas affiliés au régime mentionné au 3° de l'article L. 722-8 du code rural et de la pêche maritime ;**

« 2° Les débitants de tabacs ;

« 3° Pour des raisons impérieuses de sécurité, les moniteurs de ski titulaires d'un brevet d'État ou d'une autorisation d'exercer, organisés en association ou en syndicat professionnel pour la mise en œuvre de leur activité ; ces moniteurs sont considérés comme exerçant une activité non salariée, quel que soit le public auquel ils s'adressent ; »

*(Abrogé par Ord. n° 2018-470 du 12 juin 2018, art. 7) « 4° **Sous réserve des dispositions de l'article L. 311-2 et du 11° de l'article L. 311-3, le conjoint associé qui participe à l'activité de l'entreprise artisanale ou commerciale ;***

*« 5° (Décr. n° 86-838 du 16 juill. 1986, art. 23) **L'associé unique des entreprises unipersonnelles à responsabilité limitée** (L. n° 87-588 du 30 juill. 1987, art. 19) « **sauf si l'activité qu'il exerce est de nature agricole au sens de l'article L. 722-1 du code rural et de la pêche maritime** » ; » — V. art. D. 612-2 s.*

(L. n° 2007-308 du 5 mars 2007, art. 21, en vigueur le 1er janv. 2009) **« 4° Les personnes bénéficiaires de l'agrément prévu à l'article L. 472-1 du code de l'action sociale et des familles ; »**

(L. n° 2010-1594 du 20 déc. 2010, art. 22-1°) **« 5° Sous réserve des dispositions du 1° de l'article L. 722-1 du code rural et de la pêche maritime, les loueurs de chambres d'hôtes mentionnées à l'article L. 324-3 du code du tourisme dont le revenu imposable de l'activité est supérieur »** *(L. n° 2014-626 du 18 juin 2014, art. 25-I-8°)* **« à un montant fixé par décret ; »** — *Les dispositions issues de la L. n° 2014-626 du 18 juin 2014 s'appliquent aux cotisations et aux contributions de sécurité sociale dues au titre des périodes courant à compter du 1er janv. 2015 (L. préc., art. 25-VI-A).*

(L. n° 2016-1827 du 23 déc. 2016, art. 18-I) **« 6° Les personnes, autres que celles mentionnées au 7° du présent article, exerçant une activité de location de locaux d'habitation meublés dont les recettes sont supérieures au seuil mentionné au 2° du 2 du IV de l'article 155 du code général des impôts, lorsque ces locaux sont loués à une clientèle y effectuant un séjour à la journée, à la semaine ou au mois et n'y élisant pas domicile, sauf option contraire de ces personnes lors de l'affiliation pour relever du régime général dans les conditions prévues au 35° de l'article L. 311-3 du présent**

code, ou lorsque ces personnes remplissent les conditions mentionnées au 1° du 2 du IV de l'article 155 du code général des impôts ;

« 7° Les personnes exerçant une activité de location de biens meubles mentionnée au 4° de l'article L. 110-1 du code de commerce et dont les recettes annuelles tirées de cette activité sont supérieures à 20 % du montant annuel du plafond mentionné à l'article L. 241-3 du présent code, sauf option contraire de ces personnes lors de l'affiliation pour relever du régime général dans les conditions prévues au 35° de l'article L. 311-3. » — *[Ancien art. L. 613-1.] — Les 6° à 9° deviennent les 4° à 7° (Ord. n° 2018-470 du 12 juin 2018, art. 7).*

(Ord. n° 2018-470 du 12 juin 2018, art. 7) **« Il s'applique en outre aux conjoints collaborateurs et associés des personnes mentionnées au 1° dans les conditions fixées par le titre VI. »**

CHAPITRE II **CONSEIL DE LA PROTECTION SOCIALE DES TRAVAILLEURS INDÉPENDANTS** *(L. n° 2017-1836 du 30 déc. 2017, art. 15-II, en vigueur le 1er janv. 2018).*

Sur les dispositions transitoires de l'art. 15 de la L. n° 2017-1836 du 30 déc. 2017, V. ss. le livre VI « Dispositions applicables aux travailleurs indépendants ».

Art. L. 612-1 *(L. n° 2017-1836 du 30 déc. 2017, art. 15-II, en vigueur le 1er janv. 2019)* **Le Conseil de la protection sociale des travailleurs indépendants a pour rôle :**

1° De veiller, sans préjudice des prérogatives des organismes mentionnés aux articles L. 641-1 et L. 723-1, à la bonne application aux travailleurs indépendants des règles du présent code relatives à leur protection sociale et à la qualité du service rendu aux travailleurs indépendants par les organismes assurant le recouvrement des cotisations et le service des prestations ;

2° De déterminer des orientations générales relatives à l'action sanitaire et sociale déployée spécifiquement en faveur des travailleurs indépendants et mises en œuvre dans les conditions financières prévues à l'article L. 612-5 ; ces orientations sont soumises pour approbation à l'autorité compétente de l'État ;

3° De piloter le régime complémentaire d'assurance vieillesse obligatoire et le régime invalidité-décès des travailleurs indépendants et la gestion du patrimoine y afférent ;

4° D'animer, de coordonner et de contrôler l'action des instances régionales de la protection sociale des travailleurs indépendants.

Le conseil peut faire au ministre chargé de la sécurité sociale toute proposition de modification législative ou réglementaire dans son domaine de compétence. Il peut être saisi par le ministre chargé de la sécurité sociale de toute question relative à la protection sociale des travailleurs indépendants. Il est saisi pour avis des projets de loi de financement de la sécurité sociale, ainsi que des projets de mesures législatives ou réglementaires lorsque celles-ci concernent spécifiquement la sécurité sociale des travailleurs indépendants.

Les directeurs des organismes mentionnés aux articles L. 221-1, L. 222-1 et L. 225-1 y rendent compte au moins une fois par an de la qualité du service rendu aux travailleurs indépendants. Le conseil rend un avis sur la qualité de ce service et formule, le cas échéant, des recommandations d'évolution ou d'amélioration de celui-ci.

Le conseil peut en outre formuler des recommandations relatives à la mise en œuvre par les organismes mentionnés aux articles L. 211-1, L. 215-1 et L. 752-4 d'actions de prévention menées plus particulièrement à destination des travailleurs indépendants.

Le conseil formule également des propositions relatives notamment à la politique de services rendus aux travailleurs indépendants, qui sont transmises aux caisses nationales du régime général en vue de la conclusion des conventions d'objectifs et de ges-

tion prévues à l'article L. 227-1 et notamment leur partie relative aux objectifs et actions mentionnés au onzième alinéa du I du même article L. 227-1.

Les organismes du régime général de sécurité sociale communiquent au conseil les informations nécessaires à la mise en œuvre et au suivi des missions de ce dernier.

Art. L. 612-2 *(L. nº 2017-1836 du 30 déc. 2017, art. 15-II, en vigueur le 1er janv. 2019)* Le Conseil de la protection sociale des travailleurs indépendants est un organisme de droit privé doté de la personnalité morale.

Il est doté d'une assemblée générale délibérante et d'un directeur nommé par arrêté des ministres chargés de la sécurité sociale et du budget.

Il dispose également d'instances régionales dans les conditions définies à l'article L. 612-4.

Les articles L. 217-2, L. 231-3, L. 231-5 à L. 231-8, à l'exception du *a* du 5° et du dernier alinéa de l'article L. 231-6-1, L. 231-12, L. 272-1, L. 272-2, L. 281-1 et L. 281-3 s'appliquent au conseil et aux membres de son assemblée générale et de ses instances régionales. Toutefois, la limite d'âge prévue à l'article L. 231-6 n'est pas applicable aux représentants des travailleurs indépendants retraités. Les délibérations de l'assemblée générale et de ses instances régionales sont respectivement soumises à l'application des articles L. 224-10 et L. 151-1.

Art. L. 612-3 *(L. nº 2017-1836 du 30 déc. 2017, art. 15-II, en vigueur le 1er janv. 2019)* L'assemblée générale du Conseil de la protection sociale des travailleurs indépendants comprend :

1° Des représentants des travailleurs indépendants, désignés par les organisations professionnelles représentatives de ces travailleurs au niveau national, telles qu'elles sont définies à l'article L. 612-6 ;

2° Des représentants des travailleurs indépendants retraités, désignés par les organisations mentionnées au 1° ;

3° Des personnalités qualifiées, désignées par arrêté du ministre chargé de la sécurité sociale.

Cette composition assure l'égale représentation des femmes et des hommes. Un décret fixe les conditions de cette représentation.

L'État est représenté auprès du conseil d'administration par des commissaires du Gouvernement.

Participent également aux réunions, en fonction de l'ordre du jour, les directeurs ou directeurs généraux des organismes mentionnés aux articles L. 221-1, L. 222-1 et L. 225-1 ou leurs représentants.

L'assemblée générale désigne parmi ses membres une personne titulaire et une personne suppléante qui la remplace en cas d'empêchement pour représenter le conseil de la protection sociale des travailleurs indépendants au sein du conseil ou du conseil d'administration des organismes mentionnés au septième alinéa du présent article. Cette personne dispose dans ce conseil ou ces conseils d'administration d'une voix consultative. L'assemblée générale procède aux autres désignations nécessaires à la représentation des travailleurs indépendants dans les instances ou organismes au sein desquels ceux-ci sont amenés à siéger.

L'assemblée générale désigne en outre un médiateur national chargé de coordonner l'activité des médiateurs placés auprès de chaque instance régionale. Le médiateur remet chaque année au Conseil de la protection sociale des travailleurs indépendants un rapport sur les activités de médiation des instances régionales de ce conseil. Ce rapport est transmis aux ministres chargés de la sécurité sociale et du budget ainsi qu'au Défenseur des droits.

Un décret détermine la liste des organisations procédant aux premières désignations effectuées en application des 1° et 2° de l'art. L. 612-3 et du premier al. de l'art. L. 612-4 ainsi que le nombre d membres que chaque organisation peut désigner pour siéger au sein de l'assemblée générale et des instances mentionnées aux mêmes art. L. 612-3 et L. 612-4. Au plus tard le 30 juin 2018, les organisations candidates pour figurer sur cette liste transmettent à l'autorité compétente, selon des modalités fixées par arrêté des ministres chargés de la sécurité sociale et du budget, tout élément justifiant leur représentativité au regard des critères mentionnés au premier al. de l'art. L. 612-6. Par dérogation aux dispositions mentionnées au deuxième al. du même art. L. 612-6 et à titre transitoire, le critère d'audience mentionné audit art. L. 612-6 est apprécié en fonction des éléments disponibles, relatifs à leurs différents adhérents, communiqués par ces organisations (L. n° 2017-1836 du 30 déc. 2017, art. 15-XVI-3°).

Art. L. 612-4 *(L. n° 2017-1836 du 30 déc. 2017, art. 15-II, en vigueur le 1er janv. 2019)* Les instances régionales de la protection sociale des travailleurs indépendants sont composées de représentants des travailleurs indépendants et des retraités désignés par les organisations mentionnées au 1° de l'article L. 612-3.

Le ressort géographique de ces instances est la circonscription administrative régionale. Toutefois, une délibération de l'assemblée générale mentionnée au même article L. 612-3 peut prévoir qu'une instance régionale couvre plusieurs de ces circonscriptions. Une instance unique est mise en place pour l'ensemble des collectivités mentionnées à l'article L. 751-1 à l'exception de La Réunion.

Les instances régionales décident de l'attribution des aides et prestations en matière d'action sanitaire et sociale accordées aux travailleurs indépendants dans le cadre des orientations définies par le conseil mentionné à l'article L. 612-1. Les demandes sont déposées auprès des organismes locaux et régionaux du régime général, qui les instruisent, saisissent les instances régionales pour décision et procèdent au paiement des aides et prestations attribuées.

Au sein des conseils et conseils d'administration des caisses mentionnées aux articles L. 211-1, L. 213-1, L. 215-1, L. 215-5, L. 216-5 et L. 752-4, un membre de l'instance régionale de la protection sociale des travailleurs indépendants de la région dans laquelle se situent ces caisses, désigné par cette instance, représente le conseil de la protection sociale des travailleurs indépendants. Il dispose dans ces conseils et conseils d'administration d'une voix consultative. Les instances régionales de la protection sociale des travailleurs indépendants procèdent aux autres désignations nécessaires à la représentation des travailleurs indépendants dans les instances ou organismes au sein desquels ceux-ci sont amenés à siéger.

Les instances régionales désignent en outre un médiateur chargé d'accompagner dans leur circonscription les travailleurs indépendants amenés à former une réclamation relative au service de leurs prestations de sécurité sociale ou au recouvrement de leurs cotisations par les organismes du régime général.

V. note ss. art. L. 612-3.

Art. L. 612-5 *(L. n° 2017-1836 du 30 déc. 2017, art. 15-II, en vigueur le 1er janv. 2019)* Les dépenses nécessaires à la gestion administrative du conseil mentionné à l'article L. 612-1 sont couvertes par une dotation annuelle attribuée par les branches mentionnées aux 1° et 3° de l'article L. 200-2 et les régimes mentionnés aux articles L. 632-1 et L. 635-1.

Le montant global de cette dotation ainsi que le plafond annuel des aides et prestations attribuées par le conseil mentionné à l'article L. 612-1 en matière d'action sanitaire et sociale sont fixés par arrêté des ministres chargés de la sécurité sociale et du budget après avis du conseil de la protection sociale des travailleurs indépendants.

Le conseil mentionné au même article L. 612-1 procède à la répartition du plafond mentionné au deuxième alinéa du présent article entre chaque instance régionale.

Un décret fixe les modalités de répartition de la dotation mentionnée au premier alinéa du présent article entre les branches et régimes mentionnés au même premier alinéa.

Art. L. 612-6 *(L. nº 2017-1836 du 30 déc. 2017, art. 15-II, en vigueur le 1er janv. 2019)* Sont admises à désigner, en application des 1° et 2° de l'article L. 612-3 et du premier alinéa de l'article L. 612-4, des membres au sein des instances mentionnées aux mêmes articles L. 612-3 et L. 612-4, les organisations qui se déclarent candidates, lorsqu'elles remplissent cumulativement les critères mentionnés au I de l'article L. 2151-1 du code du travail. L'influence à laquelle il est fait référence au 5° du même I s'apprécie au regard de l'activité et de l'expérience de l'organisation candidate en matière de représentation des travailleurs indépendants. L'audience à laquelle il est fait référence au 6° dudit I s'apprécie sur le fondement du nombre de travailleurs indépendants, au sens de l'article L. 611-1 du présent code, qui sont adhérents à chacune de ces organisations. Ce nombre doit représenter au moins 8 % de l'ensemble des travailleurs indépendants adhérant aux organisations satisfaisant aux critères mentionnés aux 1° à 4° du I de l'article L. 2151-1 du code du travail et ayant déclaré leur candidature en application du présent article.

En vue d'être admises à procéder aux désignations mentionnées au premier alinéa du présent article, les organisations mentionnées au présent article présentent une candidature dans les conditions et selon les modalités prévues pour l'application de l'article L. 2152-5 du code du travail et sous réserve du présent article. Elles déclarent le nombre, attesté par un commissaire aux comptes, de travailleurs indépendants adhérents à leur organisation l'année précédente et justifient de leur influence au sens du premier alinéa du présent article. Les organisations qui sont candidates pour l'établissement de leur représentativité simultanément en application du présent article et en application de l'article L. 2152-4 du même code présentent une déclaration unique.

La liste des organisations admises à présenter des membres est établie pour une période qui s'achève à la fin de l'année au cours de laquelle est établie de nouveau la représentativité des organisations professionnelles d'employeurs en application de l'article L. 2152-6 dudit code.

Un décret en Conseil d'État fixe les conditions d'application du présent article. Il précise la règle permettant de déterminer, en fonction de leurs audiences respectives, le nombre de membres que chaque organisation peut désigner pour siéger au sein de l'assemblée générale et des instances mentionnées aux articles L. 612-3 et L. 612-4 du présent code.

V. note ss. art. L. 612-3.

CHAPITRE III DISPOSITIONS, RELATIVES AU FINANCEMENT, COMMUNES À L'ENSEMBLE DES TRAVAILLEURS INDÉPENDANTS

(Ord. nº 2018-470 du 12 juin 2018, art. 1er).

Sur les dispositions transitoires de l'art. 15 de la L. nº 2017-1836 du 30 déc. 2017, V. ss. le livre VI « Dispositions applicables aux travailleurs indépendants ».

SECTION PREMIÈRE COTISATIONS D'ALLOCATIONS FAMILIALES

(L. nº 2017-1836 du 30 déc. 2017, art. 15-II, en vigueur le 1er janv. 2018).

Art. L. 613-1 *(L. nº 2017-1836 du 30 déc. 2017, art. 8-I)* Le taux des cotisations d'allocations familiales des travailleurs indépendants dont les revenus d'activité sont inférieurs à un seuil fixé par décret fait l'objet d'une réduction dans la limite de 5,25 points, dans des conditions fixées par décret. Le bénéfice de cette réduction ne peut être cumulé avec aucun autre dispositif de réduction ou d'abattement applicable à ces cotisations, à l'exception de ceux prévus aux articles L. 131-6-4 et L. 621-3. – *Sur l'entrée en vigueur de l'art. 8-I de la L. nº 2017-1836 du 30 déc. 2017, V. dispositions transitoires ss. art. L. 136-8.*

SECTION II MODERNISATION ET SIMPLIFICATION DES FORMALITÉS

(L. n° 2017-1836 du 30 déc. 2017, art. 15-II, en vigueur le 1er janv. 2018).

Art. L. 613-2 *(L. n° 2016-1827 du 23 déc. 2016, art. 16-I)* Les personnes mentionnées à l'article L. 611-1 souscrivent une déclaration pour le calcul de leurs cotisations et contributions sociales. – *[Ancien art. L. 133-5-2.]*

Art. L. 613-3 Les travailleurs indépendants, ou les futurs travailleurs indépendants, reçoivent de la part des organismes en charge du recouvrement *(L. n° 2014-626 du 18 juin 2014, art. 25-I-4°)* « de leurs cotisations et contributions de sécurité sociale » une information concertée et coordonnée portant sur l'ensemble des droits et obligations en matière de prestations et de cotisations et contributions de sécurité sociale résultant d'une activité professionnelle emportant assujettissement à ces cotisations et contributions, ainsi que, à leur demande, une simulation de calcul indicative de ces dernières ; cette information peut être réalisée sur supports papier et électronique, par voie téléphonique et par l'accueil des intéressés.

(L. n° 2017-1836 du 30 déc. 2017, art. 15-II, en vigueur le 1er janv. 2018) « Les travailleurs indépendants mentionnés » au premier alinéa de l'article L. 131-6 reçoivent un document indiquant le montant et les dates d'échéance de l'ensemble des cotisations de sécurité sociale et contributions dont elles sont redevables l'année suivante au regard de leurs derniers revenus connus suivant des modalités fixées soit par une convention conclue à cet effet entre tout ou partie des organismes en charge du recouvrement desdites cotisations et contributions, soit, à défaut, par arrêté du ministre chargé de la sécurité sociale. – *Sur les dispositions transitoires de l'art. 15 de la L. n° 2017-1836 du 30 déc. 2017, V. ss. le livre VI « Dispositions applicables aux travailleurs indépendants ».*

Lorsque les travailleurs indépendants sont redevables à l'égard d'un ou plusieurs organismes chargés du recouvrement d'une dette de cotisations ou contributions sociales visées au premier alinéa dont le montant et l'ancienneté sont fixés par décret, ces organismes mettent en œuvre un recouvrement amiable et contentieux, concerté et coordonné.

Un décret fixe les modalités d'application du présent article. – *[Ancien art. L. 133-6-7.]*

Art. L. 613-4 *(L. n° 2011-1906 du 21 déc. 2011, art. 123)* A défaut de chiffre d'affaires ou de recettes ou de déclaration de chiffre d'affaires ou de revenus au cours d'une période d'au moins deux années civiles consécutives, un travailleur indépendant est présumé ne plus exercer d'activité professionnelle justifiant son affiliation *(L. n° 2017-1836 du 30 déc. 2017, art. 15-II, en vigueur le 1er janv. 2018)* « à la sécurité sociale ». Dans ce cas, la radiation peut être décidée par l'organisme de sécurité sociale dont il relève, sauf opposition formulée par l'intéressé dans le cadre d'une procédure contradictoire dont les modalités sont précisées par décret en Conseil d'État. Elle prend effet au terme de la dernière année au titre de laquelle le revenu ou le chiffre d'affaires est connu.

L'organisme qui prononce cette radiation en informe les administrations, personnes et organismes destinataires des informations relatives à la cessation d'activité prévues à l'article 2 de la loi n° 94-126 du 11 février 1994 relative à l'initiative et à l'entreprise individuelle. Lorsque le travailleur indépendant est inscrit à un ordre professionnel, celui-ci en est également informé. – *[Ancien art. L. 133-6-7-1.]*

Art. L. 613-5 *(L. n° 2018-1203 du 22 déc. 2018, art. 18-I)* Les travailleurs indépendants sont tenus d'effectuer les déclarations pour le calcul de leurs cotisations et contributions sociales et de procéder au versement de celles-ci par voie dématérialisée. La méconnaissance de ces obligations entraîne l'application des majorations prévues au II de l'article L. 133-5-5.

Art. L. 613-6 *(L. n° 2016-1827 du 23 déc. 2016, art. 18-I)* Les travailleurs indépendants exerçant leur activité par l'intermédiaire d'une personne dont l'activité consiste à mettre en relation par voie électronique plusieurs parties en vue de la vente d'un bien ou de la fourniture d'un service peuvent autoriser par mandat cette personne à réaliser par voie dématérialisée les démarches déclaratives de début d'activité auprès du centre de formalités des entreprises compétent conformément aux dispositions du code de commerce.

Lorsqu'ils relèvent de l'article *(Ord. n° 2018-470 du 12 juin 2018, art. 1er)* « L. 613-7 » ou du 35° de l'article L. 311-3, les travailleurs indépendants ainsi que les personnes affiliées au régime général en application du même 35° peuvent autoriser par mandat la personne mentionnée au premier alinéa du présent article à procéder à la déclaration du chiffre d'affaires ou de recettes réalisés au titre de cette activité par son intermédiaire ainsi qu'au paiement des cotisations et contributions de sécurité sociale dues à compter de leur affiliation, au titre des périodes correspondant à l'exercice de cette activité, auprès des organismes de recouvrement concernés.

Dans ce cas, les cotisations et contributions de sécurité sociale dues sont prélevées par la personne mentionnée au même premier alinéa sur le montant des transactions effectuées par son intermédiaire. Ce paiement vaut acquit des cotisations et contributions de sécurité sociale par ces personnes. — *[Ancien art. L. 133-6-7-3.]*

SECTION III RÈGLEMENT SIMPLIFIÉ DES COTISATIONS ET CONTRIBUTIONS DES TRAVAILLEURS INDÉPENDANTS — RÉGIME MICRO-SOCIAL *(Ord. n° 2018-470 du 12 juin 2018, art. 1er).*

Art. L. 613-7 *(L. n° 2014-626 du 18 juin 2014, art. 24-I-1°)* I. — Les cotisations et les contributions de sécurité sociale dont sont redevables les travailleurs indépendants mentionnés au II du présent article bénéficiant des régimes définis aux articles 50-0 et 102 *ter* du code général des impôts sont calculées mensuellement ou trimestriellement, en appliquant au montant de leur chiffre d'affaires ou de leurs recettes effectivement réalisés le mois ou le trimestre précédent un taux global fixé par décret pour chaque catégorie d'activité mentionnée aux mêmes articles, de manière à garantir un niveau équivalent entre le taux effectif des cotisations et des contributions sociales versées et celui applicable aux mêmes titres aux revenus des travailleurs indépendants ne relevant pas *(Ord. n° 2018-470 du 12 juin 2018, art. 1er)* « des dispositions du » présent article. Un taux global différent peut être fixé par décret pour les périodes au cours desquelles le travailleur indépendant est éligible à une exonération de cotisations et de contributions de sécurité sociale. Ce taux global ne peut être, compte tenu des taux d'abattement mentionnés *(L. n° 2016-1827 du 23 déc. 2016, art. 50-I)* « au même II », inférieur à la somme des taux des contributions mentionnées à l'article L. 136-3 du présent code et à l'article 14 de l'ordonnance n° 96-50 du 24 janvier 1996 relative au remboursement de la dette sociale. — *Sur l'entrée en vigueur de la L. n° 2016-1827 du 23 déc. 2016, V. dernière note ss. art.*

(L. n° 2015-1702 du 21 déc. 2015, art. 15-I-1°) « Les travailleurs indépendants bénéficiant des régimes définis aux articles 50-0 et 102 *ter* du code général des impôts peuvent demander que leurs cotisations ne soient pas inférieures au montant minimal de cotisations de sécurité sociale fixé : » — *V. 2e note ss. art.*

1° Pour les *(L. n° 2016-1827 du 23 déc. 2016, art. 50-I ; Ord. n° 2018-470 du 12 juin 2018, art. 1er)* « travailleurs indépendants mentionnés à l'article L. 631-1 », en application du *(L. n° 2017-1836 du 30 déc. 2017, art. 15-V, en vigueur le 1er janv. 2018)* « troisième alinéa de l'article L. 621-1, du deuxième alinéa de l'article » L. 633-10 et du dernier alinéa de l'article L. 635-5 ainsi que, le cas échéant, du quatrième alinéa de l'article L. 635-1 ;

2° Pour les *(L. n° 2016-1827 du 23 déc. 2016, art. 50-I)* « travailleurs indépendants mentionnés à l'article L. 640-1 », en application *(Abrogé par L. n° 2015-1702 du*

21 déc. 2015, art. 32-V-2°) ***« du deuxième alinéa de l'article L. 612-4, »*** **de l'avant-dernier alinéa de l'article L. 642-1 et, le cas échéant, des articles L. 644-1 et L. 644-2.** *— Les dispositions issues de l'art. 32-V de la L. n° 2015-1702 du 21 déc. 2015 s'appliquent aux cotisations de sécurité sociale dues au titre des périodes courant à compter du 1er janv. 2016 (L. préc., art. 32-XI). — Sur l'entrée en vigueur de la L. n° 2016-1827 du 23 déc. 2016, V. dernière note ss. art.*

(L. n° 2015-1702 du 21 déc. 2015, art. 15-I-2°) **« Cette demande est adressée** *(L. n° 2017-1836 du 30 déc. 2017, art. 15-V, en vigueur le 1er janv. 2018)* **« aux organismes mentionnés aux articles L. 213-1 et L. 752-4 » du présent code au plus tard le 31 décembre de l'année précédant celle pour laquelle** *(Ord. n° 2018-470 du 12 juin 2018, art. 1er)* **« les dispositions du » présent article doit** *[doivent]* **être appliqué***[es]* **ou, en cas de création d'activité, au plus tard le dernier jour du troisième mois qui suit celui de cette création. Elle s'applique tant qu'elle n'a pas été expressément dénoncée dans les mêmes conditions.** *— Sur les dispositions transitoires de l'art. 15 de la L. n° 2017-1836 du 30 déc. 2017, V. ss. le livre VI « Dispositions applicables aux travailleurs indépendants ».*

« Les cotisations et contributions sociales des personnes qui ont effectué la demande mentionnée au deuxième alinéa du présent article sont calculées et recouvrées selon les dispositions prévues aux articles L. 131-6-1 et L. 131-6-2. » *— V. 2e note ss. art.*

II. — Le présent article s'applique aux travailleurs indépendants *(Ord. n° 2018-470 du 12 juin 2018, art. 1er)* **« mentionnés à l'article L. 631-1 ». Le bénéfice de ces dispositions peut être étendu par décret, pris après consultation des conseils d'administration des organismes de sécurité sociale concernés, à tout ou partie des cotisations et des contributions de sécurité sociale dues par les autres travailleurs indépendants.**

(L. n° 2016-1827 du 23 déc. 2016, art. 50-I) **« Les prestations attribuées aux personnes mentionnées au présent article sont calculées sur la base de leur chiffre d'affaires ou de leurs recettes après application, pour les travailleurs indépendants** *(Ord. n° 2018-470 du 12 juin 2018, art. 1er)* **« mentionnés à l'article L. 631-1 », d'un taux d'abattement de 71 % lorsqu'ils appartiennent à la première catégorie mentionnée au 1 de l'article 50-0 du code général des impôts et de 50 % dans le cas contraire et, pour les travailleurs indépendants mentionnés à l'article L. 640-1 du présent code, d'un taux d'abattement de 34 %. Par dérogation, cet abattement est fixé au niveau de celui mentionné au deuxième alinéa du I de l'article 64 *bis* du code général des impôts pour les personnes mentionnées au 8° de l'article** *(Ord. n° 2018-470 du 12 juin 2018, art. 1er)* **« L. 611-1 » du présent code lorsqu'elles exercent une activité de location de locaux d'habitation meublés de tourisme, définis conformément à l'article L. 324-1 du code du tourisme. »** *— Sur l'entrée en vigueur de la L. n° 2016-1827 du 23 déc. 2016, V. dernière note ss. art.*

III. — *(Ord. n° 2018-470 du 12 juin 2018, art. 1er)* **« Les dispositions du » présent article cesse***[nt]* **de s'appliquer à la date à laquelle les travailleurs indépendants cessent de bénéficier des régimes définis aux articles 50-0 et 102 *ter* du code général des impôts. Par dérogation,** *(Ord. n° 2018-470 du 12 juin 2018, art. 1er)* **« les dispositions du » présent article cesse***[nt]* **de s'appliquer au 31 décembre de l'année au cours de laquelle sont exercées les options prévues au 4 du même article 50-0 et au 5 du même article 102 *ter*.**

(Abrogé par Ord. n° 2018-470 du 12 juin 2018, art. 1er) ***« IV. — Les cotisations et les contributions de sécurité sociale dues par les conjoints collaborateurs des travailleurs indépendants relevant du régime prévu au présent article sont calculées, à la demande de ces derniers, sur la base soit d'un revenu forfaitaire, soit d'un pourcentage du chiffre d'affaires ou des recettes du chef d'entreprise. »***

V. — Les modalités d'application du présent article sont fixées par décret. *— [Anc. art. L. 133-6-8.]*

Les dispositions issues de la L. n° 2014-626 du 18 juin 2014 s'appliquent aux cotisations et aux contributions de sécurité sociale dues au titre des périodes courant à compter du 1er janv. 2016 (L. préc., art. 24-III-A).

Les dispositions issues de l'art. 15-I de la L. n° 2015-1702 du 21 déc. 2015 s'appliquent aux cotisations et aux contributions de sécurité sociale dues au titre des périodes courant à compter du 1er janv. 2016. Par dérogation aux dispositions issues de l'art. 15-I susvisé, les travailleurs indépendants bénéficiant des régimes définis aux art. 50-0 et 102 ter CGI qui relevaient, au 31 déc. 2015, du régime défini à l'art. L. 131-6-2 CSS continuent de relever de ce régime, sauf demande contraire (L. préc., art. 15-II et III).

Les dispositions issues de l'art. 50-I de la L. n° 2016-1827 du 23 déc. 2016 s'appliquent aux travailleurs indépendants créant leur activité :

1° A compter d'une date fixée par décret, et au plus tard le 1er janv. 2018, pour ceux qui relèvent de l'art. L. 133-6-8 CSS [devenu art. L. 613-7] ;

2° A compter d'une date fixée par décret, et au plus tard le 1er janv. 2019, pour ceux ne relevant pas du même art. L. 133-6-8.

Les transferts d'affiliations induits par les X [Dispositions déclarées non conformes à la Constitution par la décision du Conseil constitutionnel n° 2016-742 DC du 22 décembre 2016] donnent lieu à compensation financière entre les régimes concernés.

Le Gouvernement remet au Parlement, avant le 31 déc. 2023, un rapport évaluant l'impact, notamment démographique et financier, des dispositions du précédent al. Ce rapport s'appuie notamment sur les données transmises par la Caisse nationale du régime social des indépendants, la Caisse nationale d'assurance vieillesse des professions libérales et la Caisse interprofessionnelle de prévoyance et d'assurance vieillesse.

Dans un délai de six mois à compter de la remise de ce rapport, la compensation financière s'organise dans les conditions prévues par une convention-cadre conclue entre les régimes concernés et approuvée par arrêté conjoint des ministres chargés de la sécurité sociale et du budget, en tenant compte des charges et des recettes respectives de chacun des organismes. A défaut de convention, un décret en Conseil d'État précise les modalités de mise en œuvre du présent al. (L. n° 2016-1827 du 23 déc. 2016, art. 50-X et XVI).

Art. L. 613-8 *(L. n° 2014-626 du 18 juin 2014, art. 24-I-2°)* **Les travailleurs indépendants** *(Ord. n° 2018-470 du 12 juin 2018, art. 1er)* **« mentionné***[s]* **à l'article L. 613-7 » déclarent chaque mois, ou au maximum chaque trimestre, leur chiffre d'affaires ou leurs recettes, y compris lorsque leur montant est nul. Les modalités d'application à ces travailleurs indépendants de l'article L. 242-12-1 et des chapitres III et IV du titre IV du livre II, notamment les majorations et les pénalités applicables en cas de défaut ou de retard de déclaration, sont déterminées par décret en Conseil d'État.**

Les cotisations et les contributions de sécurité sociale dues par les conjoints collaborateurs de ces travailleurs indépendants sont recouvrées simultanément, dans les mêmes formes et conditions que celles dues personnellement par ces travailleurs indépendants. – *[Anc. art. L. 133-6-8-1.]*

Les dispositions de la L. n° 2014-626 du 18 juin 2014 s'appliquent aux cotisations et aux contributions de sécurité sociale dues au titre des périodes courant à compter du 1er janv. 2016 (L. préc., art. 24-III-A).

Art. L. 613-9 *(L. n° 2010-1330 du 9 nov. 2010, art. 55)* **L'affectation des sommes recouvrées au titre des** *(Ord. n° 2018-470 du 12 juin 2018, art. 1er)* **« travailleurs indépendants mentionnés à l'article L. 613-7 » s'effectue par priorité à l'impôt sur le revenu puis, dans des proportions identiques, aux contributions mentionnées à l'article L. 136-3 du présent code et à l'article 14 de l'ordonnance n° 96-50 du 24 janvier 1996 relative au remboursement de la dette sociale. Le solde est affecté aux cotisations de sécurité sociale selon un ordre déterminé par décret.** – *[Anc. art. L. 133-6-8-3.]*

Art. L. 613-10 *(L. n° 2014-1554 du 22 déc. 2014, art. 94-II-1°) (Ord. n° 2018-470 du 12 juin 2018, art. 1er)* **« Les travailleurs indépendants mentionnés à l'article L. 613-7 sont tenus »** *(L. n° 2016-1691 du 9 déc. 2016, art. 127 ; Ord. n° 2018-470* *du 12 juin 2018, art. 1er)* « , au plus tard douze mois après la déclaration de la création de leur entreprise, » de dédier un compte ouvert dans un des établissements mentionnés à l'article L. 123-24 du code de commerce à l'exercice de l'ensemble des transactions financières liées à *(Ord. n° 2018-470 du 12 juin 2018, art. 1er)* « leur » activité professionnelle. – *[Anc. art. L. 133-6-8-4.]*

SECTION IV **DISPOSITIONS DIVERSES** *(L. n° 2017-1836 du 30 déc. 2017, art. 15-II, en vigueur le 1er janv. 2018).*

La sect. III devient la sect. IV (Ord. n° 2018-470 du 12 juin 2018, art. 1er).

Art. L. 613-11 *(L. n° 2015-1702 du 21 déc. 2015, art. 21-I)* **Sauf demande contraire de** *(L. n° 2017-1836 du 30 déc. 2017, art. 15-II, en vigueur le 1er janv. 2018)* **« la part des travailleurs indépendants effectuée dans des conditions fixées par décret, les montants minimaux de cotisations prévus aux articles L. 621-1 et L. 633-1 », à l'avant-dernier alinéa de l'article L. 635-1 et au dernier alinéa de l'article L. 632-1 et, pour les professions libérales, à l'avant-dernier alinéa de l'article L. 642-1 et, le cas échéant, aux articles L. 644-1 et L. 644-2 ne sont pas applicables, sous certaines conditions déterminées par décret, aux cotisations et aux contributions de sécurité sociale dues par les personnes mentionnées à l'article L. 262-2 du code de l'action sociale et des familles et à l'article L. 842-1 du présent code.** – *Les dispositions issues du I de l'art. 21 de la L. n° 2015-1702 du 21 déc. 2015 sont applicables aux cotisations et contributions dues au titre des périodes courant à compter du 1er janv. 2016 (L. préc., art. 21-V).* – *[Ancien art. L. 613-9.]*

CHAPITRE IV **CONTENTIEUX** *(Ord. n° 2005-1528 du 8 déc. 2005).*

Les art. L. 616-1 à L. 616-3 sont devenus les art. L. 614-1 à L. 614-3 (Ord. n° 2005-1528 du 8 déc. 2005).

SECTION PREMIÈRE *[ABROGÉE]* **CONTENTIEUX** *(Abrogée par Ord. n° 2018-470 du 12 juin 2018, art. 9).*

Art. L. 614-1 (Abrogé par L. n° 2017-1836 du 30 déc. 2017, art. 15-XV, à compter du 1er janv. 2018) ***Les différends nés de l'application du présent titre sont soumis aux juridictions mentionnées aux chapitres II à IV du titre IV du livre Ier.***

Les dispositions du chapitre V du titre IV du livre Ier et du chapitre VII du titre VII du livre III sont applicables à l'occasion des soins dispensés et des prestations servies aux bénéficiaires du présent titre. – V. art. R. 614-1 et R. 614-2.

Sur les dispositions transitoires de l'art. 15 de la L. n° 2017-1836 du 30 déc. 2017, V. ss. le livre VI « Dispositions applicables aux travailleurs indépendants ».

SECTION II *[ABROGÉE]* **DISPOSITIONS D'APPLICATION**

(Abrogée par L. n° 2007-290 du 5 mars 2007, art. 54-II)

Art. L. 614-2 et L. 614-3 *Abrogés par L. n° 2007-290 du 5 mars 2007, art. 54-II.*

CHAPITRE V **CONTRÔLE, SANCTIONS ET RECOURS** *(Ord. n° 2018-470 du 12 juin 2018, art. 9).*

Sur les dispositions transitoires de l'art. 15 de la L. n° 2017-1836 du 30 déc. 2017, V. ss. le livre VI « Dispositions applicables aux travailleurs indépendants ».

Art. L. 615-1 *(L. n° 95-116 du 4 févr. 1995, art. 43-I)* **Toute personne qui, par voie de fait, menaces ou manœuvres concertées, a organisé ou tenté d'organiser le refus**

par les assujettis de se conformer aux prescriptions de la législation du présent livre, et notamment de s'affilier à un organisme de sécurité sociale, ou de payer les cotisations dues est punie d'un emprisonnement de deux ans et d'une amende de 30 000 €.

Toute personne qui, par quelque moyen que ce soit, incite les assujettis à refuser de se conformer aux prescriptions de la législation du présent livre, et notamment de s'affilier à un organisme de sécurité sociale ou à ne pas payer les cotisations à un régime d'assurance obligatoire institué par le présent livre, est punie d'un emprisonnement de six mois et d'une amende de 7 500 €. – *[Ancien art. L. 652-7.]*

Art. L. 615-2 *(L. nº 95-116 du 4 févr. 1995, art. 43-II ; Ord. nº 96-344 du 24 avr. 1996, art. 12-III et 13-I)* Les personnes *(L. nº 2017-1836 du 30 déc. 2017, art. 15-II, en vigueur le 1er janv. 2018)* « mentionnées à l'article L. 611-1 » condamnées en application de l'article *(L. nº 2006-1640 du 21 déc. 2006, art. 129-III ; L. nº 2017-1836 du 30 déc. 2017, art. 15-II, en vigueur le 1er janv. 2018)* « L. 114-18 ou de l'article L. 615-1 » sont inéligibles pour une durée de six ans :

(L. nº 91-738 du 31 juill. 1991, art. 20-I) « aux chambres de commerce et d'industrie territoriales ;

« – aux chambres des métiers ;

« *(Abrogé par L. nº 2017-1836 du 30 déc. 2017, art. 15-II, à compter du 1er janv. 2018)* « *– aux conseils d'administration des caisses* » *(L. nº 2016-1827 du 23 déc. 2016, art. 50-I)* « *du régime social des indépendants* ». » – *[Ancien art. L. 637-1.]*

Art. L. 615-3 *(L. nº 91-738 du 31 juill. 1991, art. 20-II)* Par dérogation aux dispositions de l'article L. 244-4, le juge peut prononcer les peines d'inéligibilité et d'incapacité prévues à cet article dès la première condamnation pour non-paiement des cotisations dues aux régimes mentionnés au présent titre. – *[Ancien art. L. 637-2.]*

Art. L. 615-4 *(L. nº 91-1406du 31 déc. 1991, art. 35)* Est entachée d'une nullité d'ordre public toute clause ou convention conclue par *(L. nº 2017-1836 du 30 déc. 2017, art. 15-II, en vigueur le 1er janv. 2018)* « tout travailleur indépendant légalement tenu » de cotiser à un régime d'assurance obligatoire *(Abrogé par L. nº 2017-1836 du 30 déc. 2017, art. 15-II, à compter du 1er janv. 2018)* « *institué par le présent livre et* » garantissant les risques couverts à titre obligatoire par lesdits régimes, lorsque cette personne n'est pas à jour des cotisations dues à ce titre au moment de la conclusion ou du renouvellement du contrat. *(L. nº 2017-1836 du 30 déc. 2017, art. 15-II, en vigueur le 1er janv. 2018)* « Ces dispositions ne s'appliquent pas pour les contrats d'assurance complémentaire en matière de santé. »

Un décret en Conseil d'État précise les peines encourues par toute personne physique proposant ((*L. nº 95-116 du 4 févr. 1995, art. 43)* « ou faisant souscrire » et tout assuré souscrivant une telle clause ou convention.

(L. nº 95-116 du 4 févr. 1995, art. 43) « Les personnes condamnées pour avoir fait souscrire des clauses ou conventions entachées d'une nullité d'ordre public sont tenues solidairement responsables des cotisations obligatoires d'assurance maladie et d'assurance vieillesse qui auraient dû être versées par l'assuré depuis la date de la souscription desdites clauses ou conventions. » – *[Ancien art. L. 652-4.]*

Jurisprudence rendue antérieurement à la L. nº 2017-1836 du 30 déc. 2017.

Doit être annulé le contrat d'assurance sur la vie souscrit par un assuré dès lors qu'il permet de garantir par une retraite par capitalisation le risque déjà couvert par le régime vieillesse obligatoire, et que l'assuré avait délibérément cessé de régler ses cotisations dues à l'Organic lors du renouvellement annuel du contrat. • Soc. 3 févr. 2000, nº 98-10.863 P : *D. 2000. IR 70 ; RJS 2000, nº 333 ; TPS 2000. Comm. 121.*

Art. L. 615-5 *(L. nº 2017-1836 du 30 déc. 2017, art. 15-II, en vigueur le 1er janv. 2018)* Les dispositions *(Ord. nº 2018-470 du 12 juin 2018, art. 9)* « des chapitres V à » VII du titre VII du livre III sont applicables aux prestations servies aux bénéficiaires du présent livre.

CHAPITRE VI **DISPOSITIONS DIVERSES** *(Ord. n° 2018-470 du 12 juin 2018, art. 4).*

Art. L. 616-1 *(Ord. n° 2005-1528 du 8 déc. 2005)* **« Les retraites de base versées par** *(Abrogé par Ord. n° 2018-470 du 12 juin 2018, art. 4) « le régime social des indépendants et »* **les régimes d'assurance vieillesse** *(Ord. n° 2018-470 du 12 juin 2018, art. 4)* **« des travailleurs indépendants mentionnés au présent livre aux présidents des sections professionnelles mentionnées à l'article L. 641-5 », aux présidents ainsi qu'aux administrateurs** *(Abrogé par Ord. n° 2018-470 du 12 juin 2018, art. 4). « de la Caisse nationale du régime social des indépendants, »* **de la Caisse nationale d'assurance vieillesse des professions libérales et de la Caisse nationale des barreaux français sont assorties d'une bonification compensatrice de perte de gains. »**

(L. n° 93-121 du 27 janv. 1993, art. 29) **Un décret en Conseil d'État fixe les modalités de calcul forfaitaire de la bonification qui tiennent compte de la durée d'exercice simultané d'un mandat et d'une activité professionnelle non salariée. Il détermine également les conditions d'entrée en vigueur du dispositif.** *(L. n° 95-116 du 4 févr. 1995, art. 42)* **« Les mandats en cours à la date de la publication de la loi n° 93-121 du 27 janvier 1993 portant diverses mesures d'ordre social sont pris en compte pour le calcul de la bonification compensatrice de perte de gain dès lors que les intéressés n'ont pas fait liquider leurs droits à pension antérieurement au début de ces mandats ».**– *[Anc. art. L. 652-5.]*

L'art. L. 616-1 est applicable, lors de la liquidation de leurs pensions, aux présidents des caisses de base du régime social des indépendants et des caisses locales déléguées pour la sécurité sociale des travailleurs indépendants ainsi qu'aux présidents et administrateurs de la Caisse nationale du régime social des indépendants et de la Caisse nationale déléguée pour la sécurité sociale des travailleurs indépendants au titre des périodes au cours desquelles ils ont exercé lesdites fonctions (Ord. n° 2018-470 du 12 juin 2018, art. 10-II).

TITRE DEUXIÈME **ASSURANCE MALADIE, MATERNITÉ**

(L. n° 2017-1836 du 30 déc. 2017, art. 15-II, en vigueur le 1er janv. 2018).

Le titre IIe, dans sa rédaction antérieure à la loi de financement de la sécurité sociale pour 2018 (L. n° 2017-1836 du 30 déc. 2017), est consultable en ligne, V. Dalloz.fr et applications mobiles Dalloz.

CHAPITRE PREMIER **COTISATIONS**

(L. n° 2017-1836 du 30 déc. 2017, art. 15-II, en vigueur le 1er janv. 2018)

Sur les dispositions transitoires de l'art. 15 de la L. n° 2017-1836 du 30 déc. 2017, V. ss. le livre VI « Dispositions applicables aux travailleurs indépendants ».

Art. L. 621-1 **Au titre de la couverture des risques d'assurance maladie et maternité, les travailleurs indépendants entrant dans le champ d'application de l'article L. 622-1 sont redevables d'une cotisation assise sur leurs revenus d'activité selon les modalités prévues aux articles L. 131-6 à L. 131-6-2 et** *(Ord. n° 2018-470 du 12 juin 2018, art. 1er)* **« L. 613-7 », dont le taux est fixé par décret.**

Ce taux peut être réduit par décret, sans toutefois pouvoir être inférieur au taux fixé à l'article L. 621-2, pour la fraction de ces revenus qui dépasse un plafond fixé par décret.

Pour les travailleurs indépendants ne relevant pas des dispositions prévues à l'article *(Ord. n° 2018-470 du 12 juin 2018, art. 1er)* **« L. 613-7 » dont les revenus sont inférieurs à un montant fixé par décret, cette cotisation est calculée sur ce montant.**

Dans ce cas, le taux mentionné au premier alinéa du présent article fait l'objet d'une réduction qui décroît, dans des conditions fixées par décret, en fonction des revenus des personnes concernées. Le bénéfice de cette réduction s'ajoute à celui de la réduction mentionnée à l'article L. 621-3 sans toutefois que le total des deux réductions puisse conduire à l'application d'un taux inférieur à celui fixé à l'article L. 621-2.

Art. L. 621-2 Les travailleurs indépendants qui n'entrent pas dans le champ de l'article L. 622-1 sont redevables pour la couverture des risques maladie et maternité d'une cotisation assise sur leurs revenus d'activité dont le taux est fixé par décret, dans la limite de celui mentionné au premier alinéa de l'article L. 621-1.

Art. L. 621-3 Le taux des cotisations mentionnées aux articles L. 621-1 et L. 621-2 dues par les travailleurs indépendants dont les revenus d'activité sont inférieurs à un seuil fixé par décret fait l'objet d'une réduction, dans la limite de 5 points, qui décroît à proportion de ces revenus, dans des conditions fixées par décret. Le bénéfice de cette réduction ne peut être cumulé avec aucun autre dispositif de réduction ou d'abattement applicable à ces cotisations, à l'exception de ceux prévus aux articles L. 131-6-4 et L. 613-1. — *Sur l'entrée en vigueur de l'art. 8-I de la L. nº 2017-1836 du 30 déc. 2017, V. dispositions transitoires ss. art. L. 136-8.*

CHAPITRE II **PRESTATIONS MALADIE EN ESPÈCES** *(L. nº 2017-1836 du 30 déc. 2017, art. 15-II, en vigueur le 1er janv. 2018).*

Sur les dispositions transitoires de l'art. 15 de la L. nº 2017-1836 du 30 déc. 2017, V. ss. le livre VI « Dispositions applicables aux travailleurs indépendants ».

Art. L. 622-1 *(L. nº 2017-1836 du 30 déc. 2017, art. 15-II, en vigueur le 1er janv. 2018)* Sous réserve d'adaptation par décret, les assurés mentionnés au présent livre, excepté ceux mentionnés aux articles L. 640-1 et *(Ord. nº 2018-470 du 12 juin 2018, art. 1er)* « L. 651-1 », bénéficient en cas de maladie de prestations en espèces qui sont calculées, liquidées et servies dans les conditions définies aux articles L. 321-1, L. 321-2, L. 323-1, L. 323-3, L. 323-3-1, L. 323-6 et L. 323-7.

Art. L. 622-2 *(L. nº 2017-1836 du 30 déc. 2017, art. 15-II, en vigueur le 1er janv. 2018)* « Les prestations supplémentaires peuvent être instituées, modifiées ou supprimées par décret pour les assurés mentionnés à l'article L. 622-1, sur proposition du Conseil de la protection sociale des travailleurs indépendants, et pour une ou plusieurs catégories de professions libérales sur proposition conjointe du conseil précité et des sections professionnelles correspondantes mentionnées à l'article L. 641-1 ou, s'agissant des avocats, du conseil d'administration de la Caisse nationale des barreaux français. L'équilibre financier est assuré dans le cadre des catégories professionnelles correspondantes ;

« Les prestations supplémentaires consistent en l'octroi, dans tout ou partie des cas entraînant une incapacité de travail, des indemnités journalières prévues au 2º de l'article L. 431-1 ou, pour les travailleurs indépendants qui n'entrent pas dans le champ des dispositions de l'article L. 622-1, de celles prévues à l'article L. 321-1. »

(L. nº 2009-1646 du 24 déc. 2009, art. 90-III) « Lorsque la prestation supplémentaire consiste en l'octroi des indemnités journalières prévues *(L. nº 2015-1702 du 21 déc. 2015, art. 66-I-2º)* « à l'article L. 321-1 et à l'article L. 323-3 », le bénéficiaire est soumis aux obligations fixées à l'article L. 323-6, sous peine des pénalités prévues à cet article. L'article L. 323-7 lui est également applicable. »

La charge des prestations supplémentaires est couverte par des cotisations supplémentaires *(L. nº 2017-1836 du 30 déc. 2017, art. 15-II, en vigueur le 1er janv. 2018)*

« recouvrées dans les mêmes conditions que les cotisations mentionnées à l'article L. 621-2. – *[Ancien art. L. 613-20.]*

« Le service des prestations mentionnées au présent article est délégué, dans des conditions fixées par convention entre le Conseil de la protection sociale des travailleurs indépendants et la Caisse nationale d'assurance maladie, aux organismes mentionnés aux articles L. 211-1 et L. 752-4. »

Art. L. 622-3 *(L. nº 2018-1203 du 22 déc. 2018, art. 76-I)* **Pour bénéficier du règlement des prestations en espèces au titre de l'assurance maladie et maternité pendant une durée déterminée, les personnes mentionnées à l'article L. 611-1 doivent justifier, dans des conditions fixées par décret, d'une période minimale d'affiliation ainsi que du paiement d'un montant minimal de cotisations.**

Le revenu d'activité pris en compte pour le calcul de ces prestations est celui correspondant à l'assiette sur la base de laquelle l'assuré s'est effectivement acquitté, à la date de l'arrêt de travail, des cotisations mentionnées à l'article L. 621-1.

L'art. L. 622-3, dans sa rédaction issue de la L. nº 2018-1203 du 22 déc. 2018, s'applique aux prestations versées au titre d'arrêts de travail débutant à compter du 1er janv. 2019, à l'exception des dispositions de son second al., qui s'appliquent aux prestations versées au titre d'arrêts de travail débutant à compter du 1er janv. 2020 (L. préc., art. 76-III).

Art. L. 622-4 *Abrogé par L. nº 2016-1827 du 23 déc. 2016, art. 50-I.*

Art. L. 622-5 *Devient l'art. L. 640-1 (L. nº 2016-1827 du 23 déc. 2016, art. 50-I, en vigueur le 1er janv. 2017).*

Art. L. 622-6 (Abrogé par L. nº 2017-1836 du 30 déc. 2017, art. 15-II et XV, à compter du 1er janv. 2018) ***Les professions agricoles groupent les personnes non salariées désignées à l'article 1107 du code rural et de la pêche maritime.***

Art. L. 622-7 *Abrogé par L. nº 2016-1827 du 23 déc. 2016, art. 50-I.*

Art. L. 622-8 *Devient l'art. L. 661-1 (L. nº 2017-1836 du 30 déc. 2017, art. 15-II, en vigueur le 1er janv. 2018).*

Art. L. 622-10 *Abrogé par L. nº 2014-1554 du 22 déc. 2014, art. 9-II-1º.*

CHAPITRE III **PRESTATIONS MATERNITÉ, PATERNITÉ, D'ACCUEIL DE L'ENFANT ET D'ADOPTION** *(Ord. nº 2018-470 du 12 juin 2018, art. 6).*

Sur les dispositions transitoires de l'art. 15 de la L. nº 2017-1836 du 30 déc. 2017, V. ss. le livre VI « Dispositions applicables aux travailleurs indépendants ».

Art. L. 623-1 *(L. nº 2018-1203 du 22 déc. 2018, art. 71-I)* **« I. – Les assurées auxquelles s'appliquent les dispositions du présent titre bénéficient à l'occasion de leur maternité, à condition de cesser leur activité pendant la durée minimale prévue à l'article L. 331-3 :**

« 1º D'une allocation forfaitaire de repos maternel ;

« 2º D'indemnités journalières forfaitaires.

« Les femmes dont il est reconnu que la grossesse pathologique est liée à l'exposition *in utero* au diéthylstilbestrol bénéficient d'indemnités journalières forfaitaires à compter du premier jour de leur arrêt de travail dans les conditions prévues à l'article 32 de la loi nº 2004-1370 du 20 décembre 2004 de financement de la sécurité sociale pour 2005. »

(Ord. n° 2018-470 du 12 juin 2018, art. 6) « II. – A l'occasion de la naissance d'un enfant, le père et, le cas échéant, le conjoint de la mère ou la personne liée à elle par un pacte civil de solidarité ou vivant maritalement avec elle, auxquels s'appliquent les dispositions du présent livre bénéficient, sur leur demande et sous réserve de cesser toute activité professionnelle, d'indemnité journalières du même montant que celles mentionnées au *(L. n° 2018-1203 du 22 déc. 2018, art. 71-I)* « 2° » du I.

(L. n° 2018-1203 du 22 déc. 2018, art. 72-II, en vigueur le 1er juill. 2019 au plus tard) « Lorsque l'état de santé de l'enfant nécessite son hospitalisation dans les conditions prévues à l'article L. 1225-35 du code du travail, les indemnités journalières sont versées pendant la période d'hospitalisation, dans la limite d'une durée maximale. Un décret fixe les modalités d'application du présent alinéa. »

« III. – Lorsqu'ils remplissent les conditions mentionnées au deuxième alinéa de l'article L. 161-6, et cessent à ce titre leur activité, les parents adoptifs ou accueillants auxquels s'appliquent les dispositions du présent livre, bénéficient :

« 1° Sous réserve que l'autre parent n'en ait déjà bénéficié, d'une allocation forfaitaire de repos dont le montant est égal à la moitié de celle mentionnée au *(L. n° 2018-1203 du 22 déc. 2018, art. 71-I)* « 1° » du I ;

« 2° D'indemnités journalières du même montant que celles mentionnées au *(L. n° 2018-1203 du 22 déc. 2018, art. 71-I)* « 2° » du I versées pour la ou les périodes d'interruption d'activité se situant après l'arrivée de l'enfant au foyer, la durée maximale d'attribution de la prestation étant égale, sans préjudice des dispositions du premier alinéa de l'article L. 161-6, aux trois quarts de celle qui est prévue pour les indemnités mentionnées au *(L. n° 2018-1203 du 22 déc. 2018, art. 71-I)* « 2° du I du présent article ».

« IV. – » *(L. n° 2006-340 du 23 mars 2006)* « Un décret détermine les modalités d'application du présent article et notamment le montant de l'allocation prévue au *(L. n° 2018-1203 du 22 déc. 2018, art. 71-I)* « 1° du I », les montants et les durées d'attribution de l'indemnité journalière prévue au *(L. n° 2018-1203 du 22 déc. 2018, art. 71-I)* « 2° du même I », notamment lorsque l'accouchement a lieu plus de six semaines avant la date initialement prévue et exige l'hospitalisation postnatale de l'enfant. »

« Les montants des prestations sont revalorisés dans les mêmes conditions que celles fixées pour le plafond prévu à l'article L. 241-3 ». – *[Ancien art. L. 613-19.]*

Les dispositions de l'art. 71-I de la L. n° 2018-1203 du 22 déc. 2018 s'appliquent aux allocations mentionnées à l'art. L. 623-1 dont le premier versement intervient à compter du 1er janv. 2019.

Les dispositions de l'art. 72-II de la même loi s'appliquent aux naissances intervenant à compter d'une date fixée par décret, et au plus tard à compter du 1er juill. 2019.

Dès réception d'une déclaration de grossesse, l'organisme de sécurité sociale adresse à l'intéressée un document détaillant l'ensemble de ses droits et lui indiquant qu'elle peut bénéficier, le cas échéant et à sa demande, d'un report de cotisations sociales dans les conditions prévues à l'art. L. 131-6-1-1.

A titre expérimental, pour une durée de trois ans à compter du 1er janv. 2020, par dérogation à la condition de cessation d'activité prévue à l'art. L. 623-1, les assurées mentionnées au I du même art. L. 623-1 peuvent percevoir des indemnités journalières en cas de reprise partielle d'activité dans les conditions suivantes :

1° A hauteur d'un jour par semaine durant les quatre semaines suivant la période d'interruption totale d'activité prévue audit art. L. 623-1 ;

2° A hauteur de deux jours par semaine au maximum durant les quatre semaines suivant la période mentionnée au 1° du présent art.

Les indemnités journalières ne sont pas versées pour les jours travaillés mais leur versement peut être reporté à l'issue de la durée d'attribution fixée en application de l'art. L. 623-1, dans la limite de dix jours au maximum.

Au plus tard trois mois avant la fin de l'expérimentation, le Gouvernement remet au Parlement un rapport d'évaluation de cette expérimentation (L. préc., art. 71-III, 72-IV, 74 et 75).

Art. L. 623-2 (Abrogé par Ord. n° 2018-470 du 12 juin 2018, art. 6) (L. n° 94-629 du 25 juill. 1994) ***Les conjointes collaboratrices mentionnées au registre du commerce et des sociétés, au registre des entreprises tenu par les chambres de métiers d'Alsace et de la Moselle ou au répertoire des métiers ainsi que les conjointes des personnes mentionnées au 5°*** (Ord. n° 2005-1528 du 8 déc. 2005 ; L. n° 2017-1836 du 30 déc. 2017, art. 15-II, en vigueur le 1er janv. 2018) ***« de l'article L. 611-1 » et les conjointes des membres des professions libérales relevant du*** (Abrogé par L. n° 2017-1836 du 30 déc. 2017, art. 15-II, à compter du 1er janv. 2018) ***« régime institué par le » présent titre qui remplissent les conditions de collaboration professionnelle définies par décret bénéficient, à l'occasion de leurs maternités :***

— (L. n° 96-603 du 5 juill. 1996, art. 35) ***« de l'allocation forfaitaire de repos maternel mentionnée au premier alinéa »*** (Ord. n° 2005-1528 du 8 déc. 2005 ; L. n° 2017-1836 du 30 déc. 2017, art. 15-II, en vigueur le 1er janv. 2018) ***« de l'article L. 623-1 » ;***

— lorsqu'elles font appel à du personnel salarié pour se faire remplacer dans les travaux, professionnels ou ménagers, qu'elles effectuent habituellement, d'une indemnité complémentaire proportionnelle à la durée et au coût de ce remplacement.

(L. n° 2013-404 du 17 mai 2013, art. 18-4°) ***« Les conjoints collaborateurs remplissant les conditions mentionnées au premier alinéa » bénéficient également, à l'occasion de l'arrivée à leur foyer d'un enfant confié en vue de son adoption par un service d'aide sociale à l'enfance ou par*** (L. n° 96-604 du 5 juill. 1996, art. 51-II) ***« un organisme autorisé pour l'adoption », des allocations prévues par le présent article dans les conditions suivantes :***

1° L'allocation forfaitaire de repos maternel est due pour sa moitié ;

2° L'allocation de remplacement est due pour la ou les périodes de remplacement se situant après l'arrivée de l'enfant au foyer, la durée maximale d'attribution de la prestation étant égale à la moitié de celle qui est prévue en cas de maternité. (L. n° 2013-404 du 17 mai 2013, art. 18-4°) ***« La durée d'indemnisation peut faire l'objet d'une répartition entre les parents adoptants dans les conditions prévues au dernier alinéa de l'article L. 331-7. Dans ce cas, la durée maximale d'indemnisation est augmentée et fractionnable selon les modalités prévues au même alinéa. »***

Ces allocations sont également accordées aux titulaires de l'agrément mentionné aux articles L. 225-2 à L. 225-7 et L. 225-18 ou L. 225-15 du code de l'action sociale et des familles lorsqu'(L. n° 2013-404 du 17 mai 2013, art. 18-4°) ***« ils » adoptent ou accueillent un enfant en vue de son adoption par décision de l'autorité étrangère compétente, à condition que l'enfant ait été autorisé, à ce titre, à entrer sur le territoire français.***

(L. n° 96-603 du 5 juill. 1996, art. 35) ***« Le montant maximal de l'allocation de remplacement est revalorisé dans les mêmes conditions que celles fixées par les articles L. 141-3*** [L. 3231-4 s. et R. 3231-1 nouv.] ***et L. 141-4*** [L. 3231-6 s., R. 3231-1 et R. 3231-7 nouv.] ***du code du travail pour le salaire minimum de croissance. »***

(L. n° 2006-340 du 23 mars 2006) ***« Un décret détermine les modalités d'application du présent article et notamment le montant de l'allocation prévue au deuxième alinéa, les montants et les durées d'attribution de l'indemnité journalière prévue au troisième alinéa, notamment lorsque l'accouchement a lieu plus de six semaines avant la date initialement prévue et exige l'hospitalisation postnatale de l'enfant. »***

Art. L. 623-3 (Abrogé par Ord. n° 2018-470 du 12 juin 2018, art. 6) (L. n° 2001-1246 du 21 déc. 2001, art. 55-XVI ; L. n° 2012-1404 du 17 déc. 2012, art. 94-VII-B) ***Le père ainsi que, le cas échéant, le conjoint de la mère ou la personne liée à elle par un pacte civil de solidarité ou vivant maritalement avec elle, lorsqu'ils relèvent à titre personnel du*** (Abrogé par L. n° 2017-1836 du 30 déc. 2017, art. 15-II, à compter du 1er janv. 2018)

« régime institué au » présent titre bénéficient, à l'occasion de la naissance d'un enfant, sur leur demande et sous réserve de cesser toute activité professionnelle, de l'indemnité journalière forfaitaire mentionnée au deuxième alinéa (Ord. n° 2005-1528 du 8 déc. 2005 ; L. n° 2017-1836 du 30 déc. 2017, art. 15-II, en vigueur le 1er janv. 2018) *« de l'article L. 623-1 ».*

Le père conjoint collaborateur remplissant les conditions mentionnées au premier alinéa de l'article (L. n° 2017-1836 du 30 déc. 2017, art. 15-II, en vigueur le 1er janv. 2018) *« L. 623-2 » ainsi que, le cas échéant, le conjoint collaborateur de la mère autre que le père remplissant les mêmes conditions bénéficient, à l'occasion de la naissance d'un enfant, sur leur demande et sous réserve de se faire remplacer par du personnel salarié dans les travaux, professionnels ou ménagers, qu'ils effectuent habituellement, de l'indemnité complémentaire visée au troisième alinéa dudit article.*

Un décret détermine les modalités d'application du présent article et notamment les montants et la durée d'attribution des prestations. — [Ancien art. L. 613-19-2.]

Art. L. 623-4 *(L. n° 2014-1554 du 22 déc. 2014, art. 45-I-2°)* En cas de décès de la mère au cours de la période d'indemnisation de la cessation d'activité comprise, selon le cas, soit entre la naissance de l'enfant et la fin de l'indemnisation au titre *(L. n° 2017-1836 du 30 déc. 2017, art. 15-II, en vigueur le 1er janv. 2018)* « de l'assurance » maternité, soit entre la naissance de l'enfant et la fin du maintien de traitement lié à la maternité, le père *(Ord. n° 2018-470 du 12 juin 2018, art. 6)* « auquel s'appliquent les dispositions du présent livre » bénéficie, dans des conditions fixées par décret, d'un droit à indemnisation pour la durée restant à courir entre la date du décès et la fin de la période d'indemnisation dont aurait bénéficié la mère, sans qu'il soit fait application des conditions prévues à l'article *(L. n° 2017-1836 du 30 déc. 2017, art. 15-II, en vigueur le 1er janv. 2018)* « L. 622-3 ». Pendant cette durée, le père bénéficie, d'une part, *(Ord. n° 2018-470 du 12 juin 2018, art. 6)* « d'indemnités journalières du même montant que celles mentionnées au *(L. n° 2018-1203 du 22 déc. 2018, art. 71-I)* « 2° » du I de l'article L. 623-1 », sous réserve qu'il cesse toute activité professionnelle pendant cette durée, et, d'autre part, *(Ord. n° 2018-470 du 12 juin 2018, art. 6)* « d'une allocation forfaitaire dont le montant est égal à celui de celle mentionnée au *(L. n° 2018-1203 du 22 déc. 2018, art. 71-I)* « 1° » du même I » lorsqu'elle n'a pas été versée à la mère. — *Sur l'entrée en vigueur des dispositions de l'art. 71-I de la L. n° 2018-1203 du 22 déc. 2018, V. dernière note ss. art. L. 623-1.*

Le père peut demander le report de tout ou partie de la période d'indemnisation à laquelle il a droit, dans des conditions fixées par décret.

Lorsque le père de l'enfant ne demande pas à bénéficier de l'indemnité et de l'allocation, le droit prévu au présent article est accordé au conjoint de la mère ou à la personne liée à elle par un pacte civil de solidarité ou vivant maritalement avec elle *(Ord. n° 2018-470 du 12 juin 2018, art. 6)* « lorsque les dispositions du présent livre s'appliquent à eux ». — *[Ancien art. L. 613-19-3.]*

Art. L. 623-5 (Abrogé par Ord. n° 2018-470 du 12 juin 2018, art. 6) *Les dispositions des articles* (Abrogé par L. n° 2017-1836 du 30 déc. 2017, art. 15-II, à compter du 1er janv. 2018) *« L. 217-1, L. 160-11, » L. 375-1 et L. 376-1 à* (L. n° 2014-1554 du 22 déc. 2014, art. 16-I-4°) *« L. 376-4 » sont applicables aux assurés* (Abrogé par L. n° 2017-1836 du 30 déc. 2017, art. 15-II, à compter du 1er janv. 2018) *« et organismes » relevant du présent titre.* — [Ancien art. L. 613-21.]

TITRE TROISIÈME **ASSURANCE INVALIDITÉ ET ASSURANCE VIEILLESSE** *(L. n° 2017-1836 du 30 déc. 2017, art. 15-II, en vigueur le 1er janv. 2018).*

Le titre IIIe, dans sa rédaction antérieure à la loi de financement de la sécurité sociale pour 2018 (L. n° 2017-1836 du 30 déc. 2017), est consultable en ligne, V. Dalloz.fr et applications mobiles Dalloz.

CHAPITRE PREMIER CHAMP D'APPLICATION

(L. n° 2017-1836 du 30 déc. 2017, art. 15-II, en vigueur le 1er janv. 2018)

Sur les dispositions transitoires de l'art. 15 de la L. n° 2017-1836 du 30 déc. 2017, V. ss. le livre VI « Dispositions applicables aux travailleurs indépendants ».

Art. L. 631-1 Les dispositions du présent titre s'appliquent aux travailleurs indépendants mentionnés à l'article L. 611-1 qui ne relèvent pas des régimes mentionnés aux articles L. 640-1 et *(Ord. n° 2018-470 du 12 juin 2018, art. 5)* « L. 651-1 ».

CHAPITRE II ASSURANCE INVALIDITÉ ET DÉCÈS *(L. n° 2017-1836 du 30 déc. 2017, art. 15-II, en vigueur le 1er janv. 2018).*

Sur les dispositions transitoires de l'art. 15 de la L. n° 2017-1836 du 30 déc. 2017, V. ss. le livre VI « Dispositions applicables aux travailleurs indépendants ».

Art. L. 632-1 *(L. n° 2017-1836 du 30 déc. 2017, art. 15-II, en vigueur le 1er janv. 2018)* « Le régime invalidité-décès des personnes mentionnées à l'article L. 631-1 attribue aux personnes affiliées une pension en cas d'invalidité totale ou partielle, médicalement constatée par le service du contrôle médical des caisses d'assurance maladie auxquelles elles sont rattachées.

(L. n° 2018-1203 du 22 déc. 2018, art. 76-I) « Les deux premiers alinéas » de l'article L. 341-15 ainsi que l'article L. 341-16 sont applicables aux personnes mentionnées au premier alinéa du présent article. » — *Les dispositions issues de l'art. 76-I de la L. n° 2018-1203 du 22 déc. 2018 s'appliquent aux prestations versées au titre d'arrêts de travail débutant à compter du 1er janv. 2019 (L. préc., art. 76-III).*

Les cotisations *(L. n° 2016-1827 du 23 déc. 2016, art. 50-I)* « au régime obligatoire mentionné au premier alinéa » sont *(L. n° 2014-626 du 18 juin 2014, art. 26-I-9°)* « calculées » et recouvrées dans les mêmes formes et conditions que les cotisations du régime de base d'assurance vieillesse.

(L. n° 2014-626 du 18 juin 2014, art. 26-I-9°) « Les cotisations dues par les travailleurs indépendants non agricoles *(Ord. n° 2018-470 du 12 juin 2018, art. 1er)* « autres que ceux mentionnés à l'article L. 613-7 » ne peuvent être inférieures à un montant fixé par décret et sont calculées dans la limite d'un plafond fixé par décret. » — *[Ancien art. L. 635-5.]*

Art. L. 632-2 *(L. n° 2017-1836 du 30 déc. 2017, art. 15-II, en vigueur le 1er janv. 2020)* Le service des prestations mentionnées à la présente section est délégué, dans des conditions fixées par convention entre le Conseil de la protection sociale des travailleurs indépendants et la Caisse nationale d'assurance maladie, aux organismes mentionnés aux articles L. 211-1 et L. 752-4.

Art. L. 632-3 Les conditions d'attribution, de révision, et les modalités de calcul, de liquidation et de service de la pension sont déterminées par un règlement *(L. n° 2017-1836 du 30 déc. 2017, art. 15-II, en vigueur le 1er janv. 2018)* « du Conseil de la protection sociale des travailleurs indépendants » approuvé par arrêté ministériel. — *[Ancien art. L. 635-6.]*

CHAPITRE III COTISATIONS D'ASSURANCE VIEILLESSE *(L. n° 2017-1836 du 30 déc. 2017, art. 15-II, en vigueur le 1er janv. 2018).*

Sur les dispositions transitoires de l'art. 15 de la L. n° 2017-1836 du 30 déc. 2017, V. ss. le livre VI « Dispositions applicables aux travailleurs indépendants ».

Art. L. 633-1 *(L. n° 94-126 du 11 févr. 1994, art. 33-VI) (Abrogé par L. n° 2017-1836 du 30 déc. 2017, art. 15-II, à compter du 1er janv. 2018) (L. n° 2014-626 du 18 juin 2014, art. 26-I-7°) « Les cotisations sont calculées en application des articles L. 131-6 à L. 131-6-2 et L. 133-6-8. »*

Les cotisations *(L. n° 2017-1836 du 30 déc. 2017, art. 15-II, en vigueur le 1er janv. 2018)* « d'assurance vieillesse dues par les travailleurs indépendants mentionnés à l'article L. 631-1 » *(Ord. n° 2018-470 du 12 juin 2018, art. 1er)* « autres que ceux mentionnés à l'article L. 613-7 » sont assises pour partie sur le revenu d'activité, dans la

limite du plafond mentionné au premier alinéa de l'article L. 241-3, et pour partie sur la totalité du revenu d'activité. La somme des taux de ces cotisations est égale à la somme des taux fixés en application des deuxième et *(L. n° 2016-1827 du 23 déc. 2016, art. 34-I)* **« quatrième » alinéas du même article L. 241-3. Ces cotisations ne peuvent être inférieures à un montant fixé par décret. »** — *Sur les dispositions transitoires de l'art. 15 de la L. n° 2017-1836 du 30 déc. 2017, V. ss. le livre VI « Dispositions applicables aux travailleurs indépendants ».*

Al. abrogé par L. n° 2013-1203 du 23 déc. 2013, art. 10-I-2°. — V. art. D. 633-1 à D. 633-19-1.

Al. abrogé par L. n° 2011-1906 du 21 déc. 2011, art. 37-XIV-2°.

(Abrogé par Ord. n° 2018-470 du 12 juin 2018, art. 7) (L. n° 2005-882 du 2 août 2005, art. 15-III) ***« Les cotisations du conjoint collaborateur mentionné à l'article L. 121-4 du code de commerce sont calculées, à sa demande :***

« 1° Soit sur un revenu forfaitaire ou sur un pourcentage du revenu *(L. n° 2011-1906 du 21 déc. 2011, art. 37-XIV-3°)* ***« d'activité » du chef d'entreprise ;***

« 2° Soit, avec l'accord du chef d'entreprise, sur une fraction du revenu *(L. n° 2011-1906 du 21 déc. 2011, art. 37-XIV-3°)* ***« d'activité » de ce dernier qui est déduite, par dérogation aux dispositions de l'article L. 131-6, du revenu*** *(L. n° 2011-1906 du 21 déc. 2011, art. 37-XIV-3°)* ***« d'activité » du chef d'entreprise pris en compte pour déterminer l'assiette de sa cotisation d'assurance vieillesse.***

« Les dispositions de l'article L. 131-6-1 sont applicables aux cotisations dues par le conjoint collaborateur, sur sa demande ou sur celle du chef d'entreprise. Elles ne sont pas applicables au conjoint adhérent, à la date d'entrée en vigueur de l'article 15 de la loi n° 2005-882 du 2 août 2005 en faveur des petites et moyennes entreprises, à l'assurance volontaire vieillesse des travailleurs *(L. n° 2016-1827 du 23 déc. 2016, art. 50-I)* ***« indépendants » non agricoles, en application des dispositions de l'article L. 742-6. »*** — *[Ancien art. L. 633-10.]*

Dern. al. abrogé par L. n° 2013-1203 du 23 déc. 2013, art. 10-I-2°.

Jurisprudence rendue sous l'empire des textes antérieurs aux L. n° 2014-626 du 18 juin 2014 et L. n° 2017-1836 du 30 déc. 2017.

1. Cotisations. Un commerçant dont l'exploitation a été déficitaire pendant la période de référence est néanmoins redevable du minimum de cotisation d'assurance vieillesse calculé sur la base d'un revenu théorique et prévu à l'art. D. 633-2 CSS. • Soc. 21 déc. 1988 : *RJS 1989, n° 195 ; Bull. civ. V, n° 687.*

2. Le gérant majoritaire non salarié de SARL est tenu, même en l'absence de revenus professionnels, au paiement des cotisations forfaitaires minimales prévues par ce régime. • Soc. 16 juin 1994, n° 92-11.883 P : *RJS 1994, n° 920* • Soc. 27 juin 1991 : *RJS 1991, n° 1029.*

3. En cas de liquidation judiciaire entraînant la dissolution d'une société à responsabilité limitée exploitant un restaurant, l'activité professionnelle du gérant s'est poursuivie jusqu'à la date du prononcé de la liquidation. Dès lors, conformément aux dispositions de l'art. D. 633-1 CSS, les cotisations au régime de retraite des industriels et commerçants restent dues jusqu'au dernier jour du trimestre civil au cours duquel l'activité a pris fin. • Soc. 11 mai 1995, n° 92-10.692 P : *RJS 1995, n° 725.* ♦ La démission de l'assuré de ses fonctions de cogérant de société ayant été enregistrée le jour de l'assemblée générale des associés, l'intéressé n'était plus tenu à compter de cette date au paiement des cotisations afférentes à la période postérieure. Ainsi, la cour d'appel, qui a fait ressortir que l'intéressé n'exerçait plus l'activité de gérant de société à dater du 22 févr. 2008, a exactement déduit que ce dernier n'était plus tenu au paiement des cotisations afférentes à la période postérieure à cette date. • Civ. 2e, 18 juin 2015, n° 14-17.445 P : *RJS 2015, n° 676.*

4. Assiette. Les remises consenties aux débitants de tabacs sur la vente de ceux-ci n'ont pas à être intégrées dans l'assiette de leur cotisation d'assurance vieillesse. • Soc. 5 avr. 1990 : *RJS 1990, n° 533.*

5. Ajustement. L'art. D. 633-11 CSS s'oppose à ce qu'un assuré ayant cessé son activité obtienne le remboursement du crédit correspondant à l'ajustement des cotisations provisionnelles ou à ce qu'il refuse de rembourser le solde créditeur. • Soc. 21 mars 1996, n° 94-16.381 P : *RJS 1996, n° 617, 2e esp.* ♦ Les cotisations provisionnelles de l'assurée qui cesse son activité professionnelle ne peuvent faire l'objet d'un ajustement lorsque l'intéressée n'exerce plus son activité à la date à laquelle l'ajustement aurait dû être effectué. • Soc. 16 oct. 1997 : *RJS 1997, n° 1443.* ♦ V. art. L. 131-6.

6. Cotisations déductibles. Les cotisations obligatoires d'assurance vieillesse des professions artisanales, industrielles et commerciales sont déductibles des revenus servant de base de calcul à ces mêmes cotisations. • Soc. 18 oct. 1990, n° 88-16.864 P : *RJS 1990, n° 1033.*

7. Majorations de retard. Il résulte des art.

D. 633-15 et D. 633-37 CSS, que la demande de remise des majorations de retard appliquées aux cotisations d'assurance vieillesse et invalidité-décès des professions artisanales, industrielles et commerciales, n'est recevable qu'après règlement de la totalité des cotisations ayant donné lieu à application des majorations. • Soc. 5 févr. 1998 : *RJS 1998, n° 376 ; JCP E 1998. Pan. 496.*

8. Contraintes. Doit être annulée la contrainte signifiée au débiteur, portant sur deux cotisations distinctes, dès lors que la présentation globale ne permet pas à l'intéressé de connaître la nature, la cause et l'étendue de ses obligations. • Soc. 27 nov. 1997 : *RJS 1997, n° 527* (en l'espèce, la contrainte portait à la fois sur la cotisation provisionnelle due par l'intéressé au titre de l'année 1993 et sur l'ajustement des cotisations dues au titre de l'année 1994).

9. Liquidation judiciaire. Si le jugement de clôture pour insuffisance d'actif n'entraîne pas l'extinction des dettes, il interdit aux créanciers l'exercice individuel de leurs actions contre le débiteur, de sorte que l'absence de règlement intégral des cotisations antérieures ne prive pas l'assuré ou ses ayants droit de tout droit aux prestations, mais a seulement pour effet d'exclure la période pendant laquelle les cotisations n'ont pas été payées du calcul du montant des prestations. • Civ. 2e, 17 janv. 2007 : *RJS 2007, n° 488.*

Art. L. 633-11 *Devient l'art. L. 663-3 (Ord. n° 2018-470 du 12 juin 2018, art. 7).*

Art. L. 633-11-1 (Abrogé par L. n° 2017-1836 du 30 déc. 2017, art. 15-XV, à compter du 1er janv. 2018) (Ord. n° 2005-1528 du 8 déc. 2005) ***Sont applicables aux branches d'assurance vieillesse du régime social des indépendants et aux personnes assujetties, sous réserve d'adaptations par décret, les dispositions des articles L. 243-6, L. 243-8 et L. 256-4.***

CHAPITRE IV **PRESTATIONS D'ASSURANCE VIEILLESSE** *(L. n° 2017-1836 du 30 déc. 2017, art. 15-II, en vigueur le 1er janv. 2018).*

Sur les dispositions transitoires de l'art. 15 de la L. n° 2017-1836 du 30 déc. 2017, V. ss. le livre VI « Dispositions applicables aux travailleurs indépendants ».

Art. L. 634-1 (Abrogé par L. n° 2017-1836 du 30 déc. 2017, art. 15-XV, à compter du 1er janv. 2018) ***Il est établi un alignement*** (L. n° 2016-1827 du 23 déc. 2016, art. 50-I) ***« de l'assurance vieillesse du régime social des indépendants » sur le régime général de sécurité sociale, en attendant l'institution d'un régime de base unique en matière d'assurance vieillesse des travailleurs salariés et non salariés et de leurs conjoints.***

SECTION PREMIÈRE **GÉNÉRALITÉS**

Art. L. 634-2 *(L. n° 2017-1836 du 30 déc. 2017, art. 15-II, en vigueur le 1er janv. 2018)* **« Sous réserve des dispositions du présent chapitre et sous réserve d'adaptation par décret, les prestations d'assurance vieillesse de base dont bénéficient les travailleurs indépendants mentionnés à l'article L. 631-1 sont calculées, liquidées et servies dans les conditions définies aux chapitres Ier à V du titre V du livre III, à l'exception des dispositions prévues au dernier alinéa de l'article L. 351-1 et à l'article L. 351-14.**

« Pour l'application du premier alinéa du présent article, les mots : "salaire annuel de base" sont remplacés par les mots : "revenu annuel moyen". »

(L. n° 2005-882 du 2 août 2005, art. 15-V) **« Lorsqu'il est fait application des dispositions du 2° de l'article** *(L. n° 2017-1836 du 30 déc. 2017, art. 15-II)* **« L. 633-1 », les dispositions de l'article L. 351-10 s'appliquent au total des droits acquis par les deux conjoints. »** *— V. note ss. art. L. 622-8. — V. art. D. 634-1.*

Art. L. 634-2-1 *(L. n° 94-126 du 11 févr. 1994, art. 38 ; L. n° 2008-1330 du 17 déc. 2008, art. 86)* **I. — Lorsqu'en application du premier alinéa de l'article L. 351-2, il est retenu un nombre de trimestres d'assurances inférieur à quatre par année civile d'exercice, à titre exclusif, d'une activité** *(L. n° 2017-1836 du 30 déc. 2017, art. 15-II, en vigueur le 1er janv. 2018)* **« relevant du champ de l'article L. 631-1 », l'assuré est autorisé à effectuer un versement complémentaire de cotisations.**

En cas de cessation d'activité, l'assuré est autorisé à effectuer, au cours de l'année de la cessation, le versement complémentaire afférent à la cotisation de l'année régularisée.

Les conditions d'application du présent article sont fixées par décret. *— V. art. D. 634-2-1 s.*

(L. n° 2008-1330 du 17 déc. 2008, art. 86) « II. — Lorsqu'en application du premier alinéa de l'article L. 351-2, moins de quatre trimestres d'assurance sont validés au titre d'une année civile d'exercice d'une activité *(L. n° 2017-1836 du 30 déc. 2017, art. 15-II, en vigueur le 1er janv. 2018)* « relevant du champ de l'article L. 631-1 », l'assuré peut demander la validation d'un trimestre par période de quatre-vingt-dix jours d'affiliation continue ou non au cours de cette année civile *(L. n° 2016-1827 du 23 déc. 2016, art. 50-I)* « à l'assurance vieillesse du régime social des indépendants ».

« Le bénéfice des dispositions ci-dessus est subordonné :

« *a)* A une durée minimale d'affiliation *(L. n° 2016-1827 du 23 déc. 2016, art. 50-I ; L. n° 2017-1836 du 30 déc. 2017, art. 15-II, en vigueur le 1er janv. 2018)* « à l'assurance vieillesse des travailleurs indépendants mentionnés à l'article L. 631-1 » fixée par décret ; ce décret fixe également le nombre maximum de trimestres qui peuvent être validés par l'assuré en fonction de sa durée d'affiliation à *(L. n° 2016-1827 du 23 déc. 2016, art. 50-I ; L. n° 2017-1836 du 30 déc. 2017, art. 15-II, en vigueur le 1er janv. 2018)* « ce titre » et les modalités particulières de prise en compte de cette durée lorsqu'elle est en tout ou partie antérieure au 1er janvier 2009 ;

« *b)* Au versement, dans un délai fixé par décret, d'une cotisation qui ne peut être inférieure au minimum de cotisation prévu au premier alinéa de l'article L. 351-2.

« L'application des dispositions ci-dessus ne peut avoir pour effet de porter le total des trimestres validés par l'assuré au titre de l'année considérée au-delà du nombre de périodes de quatre-vingt-dix jours accomplies durant cette année.

« La validation est accordée à tout assuré respectant les conditions fixées au présent II.

« Ne peuvent se prévaloir des dispositions ci-dessus :

« 1° Les associés ou commandités, gérants ou non, d'une entreprise exploitée sous forme de société dès lors qu'au titre de l'année considérée les revenus mentionnés aux articles 108 à 115 du code général des impôts qu'eux-mêmes, leur conjoint, ou leur partenaire auquel ils sont liés par un pacte civil de solidarité et leurs enfants mineurs non émancipés ont perçus de ladite entreprise excèdent un seuil fixé par décret ;

« 2° Les assurés qui ne sont pas à jour des obligations déclaratives ou de paiement relatives à leurs cotisations et contributions personnelles et, le cas échéant, de celles relatives aux cotisations et contributions afférentes aux *(Ord. n° 2018-474 du 12 juin 2018, art. 4)* « revenus d'activité tels qu'ils sont pris en compte pour la détermination de l'assiette des cotisations définie à l'article L. 242-1 *[ancienne rédaction : gains et rémunérations]* » de leurs salariés ; toutefois, la condition de paiement est considérée comme remplie dès lors que les intéressés, d'une part, ont souscrit et respectent un plan d'apurement des cotisations restant dues et, d'autre part, acquittent les cotisations en cours à leur date d'exigibilité ; — *Les dispositions de l'Ord. n° 2018-474 du 12 juin 2018 s'appliquent aux cotisations et contributions dues pour les périodes courant à compter du 1er sept. 2018 (Ord. préc., art. 16).*

« 3° Les conjoints ou partenaires collaborateurs et les assurés mentionnés à l'article L. 742-6, au titre de l'année ou de la fraction d'année durant laquelle ils avaient cette qualité.

« Les assurés ayant validé moins de quatre trimestres d'assurance au titre d'une année pour laquelle leurs cotisations et celles de leur conjoint ou partenaire collaborateur ont été déterminées compte tenu du *(Ord. n° 2018-470 du 12 juin 2018, art. 7)* « 3° de l'article L. 662-1 » ne peuvent se prévaloir des dispositions ci-dessus, au titre de ladite année, que si leur revenu professionnel était inférieur au revenu minimum exigé pour la validation de quatre trimestres.

« Le financement des validations instituées par le présent article est assuré par une fraction des cotisations d'assurance vieillesse *(Abrogé par L. n° 2016-1827 du 23 déc. 2016, art. 50-I)* « *des régimes concernés* ». Ces opérations font l'objet d'un suivi comptable spécifique dans des conditions fixées par arrêté du ministre chargé de la sécurité sociale.

« Les trimestres validés au titre du présent II ne sont pas pris en compte pour le bénéfice des dispositions des articles L. 351-1-1, L. 351-1-3 *(Abrogé par L. n° 2017-1836 du 30 déc. 2017, art. 15-II, à compter du 1er janv. 2018)* « *, L. 634-3-2 et L. 634-3-3* », des II et III des articles L. 643-3 et *(Ord. n° 2018-470 du 12 juin 2018, art. 5)* « L. 653-2 » du présent code, des articles L. 732-18-1 et L. 732-18-2 du code rural et de la pêche maritime, du 5° du I de l'article L. 24 et de l'article L. 25 *bis* du code des

pensions civiles et militaires de retraite et de l'article 57 de la loi n° 2004-1370 du 20 décembre 2004 de financement de la sécurité sociale pour 2005. »

Art. L. 634-2-2 (Abrogé par L. n° 2017-1836 du 30 déc. 2017, art. 15-XV, à compter du 1er janv. 2018) (L. n° 2014-40 du 20 janv. 2014, art. 27-I-1°) *« I. — »* (L. n° 2003-775 du 21 août 2003, art. 29-II) ***Sont prises en compte par*** (L. n° 2016-1827 du 23 déc. 2016, art. 50-I) ***« le régime social des indépendants », pour l'assurance vieillesse, sous réserve du versement de cotisations fixées dans des conditions définies par décret garantissant la neutralité actuarielle et dans la limite totale de douze trimestres d'assurance :***

1° Les périodes d'études accomplies dans les établissements, écoles et classes mentionnés à l'article L. 381-4 lorsque le régime (L. n° 2016-1827 du 23 déc. 2016, art. 50-I) ***« social des indépendants » est le premier régime d'affiliation à l'assurance vieillesse après lesdites études ; ces périodes d'études doivent avoir donné lieu à l'obtention d'un diplôme, l'admission dans les grandes écoles et classes du second degré préparatoires à ces écoles étant assimilée à l'obtention d'un diplôme ; les périodes d'études ayant permis l'obtention d'un diplôme équivalent délivré par un État membre de l'Union européenne peuvent également être prises en compte ;***

2° Les années civiles ayant donné lieu à affiliation à l'assurance vieillesse du régime (L. n° 2016-1827 du 23 déc. 2016, art. 50-I) ***« social des indépendants » à quelque titre que ce soit, au titre desquelles il est retenu, en application du deuxième alinéa de l'article L. 351-1, un nombre de trimestres inférieur à quatre.***

(L. n° 2014-40 du 20 janv. 2014, art. 27-I-3°) ***« II. — Par dérogation aux conditions prévues au I, le montant du versement de cotisations prévu pour la prise en compte des périodes mentionnées au 1° du même I peut être abaissé par décret pour les périodes de formation initiale, dans des conditions et limites tenant notamment au délai de présentation de la demande, fixé à dix ans à compter de la fin des études, et au nombre de trimestres éligibles à ce montant spécifique. »***

V. Âge d'ouverture du droit, Annexe I.

Art. L. 634-3 Les prestations afférentes aux périodes d'assurance ou d'activité professionnelle non salariée ou périodes assimilées antérieures au 1er janvier 1973 demeurent calculées, liquidées et servies dans les conditions définies par les dispositions législatives et réglementaires en vigueur au 31 décembre 1972, sous réserve d'adaptation par décret.

Les coefficients de revalorisation mentionnés à l'article *(L. n° 2017-1836 du 30 déc. 2017, art. 15-V, en vigueur le 1er janv. 2018)* **« L. 161-25 » sont applicables aux prestations contributives mentionnées au présent article.** — *V. Annexe I, Décr. n° 73-937 du 2 oct. 1973 et Décr. n° 2000-1226 du 11 déc. 2000.*

Art. L. 634-3-1 *(L. n° 2017-1836 du 30 déc. 2017, art. 15-II, en vigueur le 1er janv. 2018)* **Les articles L. 351-15 et L. 351-16 sont applicables aux prestations mentionnées à l'article L. 634-3.**

SECTION II **OUVERTURE DES DROITS ET LIQUIDATION DES PENSIONS DE VIEILLESSE**

Art. L. 634-3-2 (Abrogé par L. n° 2017-1836 du 30 déc. 2017, art. 15-XV, à compter du 1er janv. 2018) (L. n° 2003-775 du 21 août 2003, art. 23-II) ***L'âge prévu au premier alinéa de l'article L. 351-1 est abaissé, pour les assurés qui ont commencé leur activité avant un âge et dans des conditions déterminés par décret et ont accompli une durée totale d'assurance et de périodes reconnues équivalentes dans*** (L. n° 2016-1827 du 23 déc. 2016, art. 50-I) ***« l'assurance vieillesse du régime social des indépendants » et, le cas échéant, dans un ou plusieurs autres régimes obligatoires, au moins égale à une limite définie par décret, tout ou partie de cette durée totale ayant donné lieu à cotisations à la charge de l'assuré. Un décret précise les modalités d'application du présent article et, notamment, les conditions dans lesquelles, le cas échéant,*** (L. n° 2014-40 du 20 janv. 2014, art. 26-I) ***« peuvent être réputées avoir donné lieu au versement de cotisations certaines périodes d'assurance validées en application de l'article L. 351-3 ou de dispositions légales ou réglementaires ayant le même objet, applicables à des régimes obligatoires de base d'assurance vieillesse, selon les conditions propres à chacun de ces régimes ».***

Art. L. 634-3-3 (Abrogé par L. n° 2017-1836 du 30 déc. 2017, art. 15-XV, à compter du 1er janv. 2018) (L. n° 2003-775 du 21 août 2003, art. 24-III) *La condition d'âge prévue au premier alinéa de l'article L. 351-1 est abaissée dans des conditions fixées par décret pour les assurés handicapés qui ont accompli, alors qu'ils étaient atteints d'une incapacité permanente* (L. n° 2014-40 du 20 janv. 2014, art. 36-I) *« d'au moins 50 % », une durée d'assurance dans* (L. n° 2016-1827 du 23 déc. 2016, art. 50-I) *« l'assurance vieillesse du régime social des indépendants » et, le cas échéant, dans un ou plusieurs autres régimes obligatoires au moins égale à une limite définie par décret, tout ou partie de cette durée ayant donné lieu à cotisations à la charge de l'assuré.*

(L. n° 2005-102 du 11 févr. 2005, art. 28-I) *« La pension des intéressés est majorée en fonction de la durée ayant donné lieu à cotisations considérée, dans des conditions précisées par décret. »*

Art. L. 634-4 (Abrogé par L. n° 2017-1836 du 30 déc. 2017, art. 15-XV, à compter du 1er janv. 2018) *Le revenu annuel moyen servant de base au calcul de la pension est défini par décret en Conseil d'État.*

Art. L. 634-5 (Abrogé par L. n° 2017-1836 du 30 déc. 2017, art. 15-XV, à compter du 1er janv. 2018) *Les pensions ou rentes versées par* (L. n° 2016-1827 du 23 déc. 2016, art. 50-I) *« l'assurance vieillesse du régime social des indépendants » ainsi que les revenus servant de base au calcul de ces pensions ou rentes sont revalorisés, par arrêté interministériel, aux mêmes dates et selon les mêmes taux que ceux fixés dans le régime général de sécurité sociale.*

SECTION III SERVICE DES PENSIONS DE VIEILLESSE

Art. L. 634-6 *(L. n° 2003-775 du 21 août 2003, art. 15-II) (Abrogé par L. n° 2014-40 du 20 janv. 2014, art. 19-III-1°)* ***« Le service d'une pension de vieillesse liquidée au titre des régimes d'assurance vieillesse des professions artisanales, industrielles et commerciales et dont l'entrée en jouissance intervient à compter d'un âge fixé par décret en Conseil d'État est subordonné à la cessation définitive des activités relevant du ou desdits régimes. »***

Les dispositions du premier alinéa *(L. n° 2014-40 du 20 janv. 2014, art. 19-III-3°)* « de l'article L. 161-22 » ne font pas obstacle à l'exercice par *(L. n° 2017-1836 du 30 déc. 2017, art. 15-II, en vigueur le 1er janv. 2018)* « les travailleurs mentionnés à l'article L. 631-1 d'une activité indépendante relevant du champ du même article L. 631-1 » procurant des revenus inférieurs à des seuils adaptés selon les zones géographiques concernées et déterminés dans des conditions fixées par décret.

Lorsque l'assuré reprend une activité *(L. n° 2015-1702 du 21 déc. 2015, art. 50-2°)* « mentionnée au premier alinéa » lui procurant des revenus supérieurs à ceux prévus *(L. n° 2015-1702 du 21 déc. 2015, art. 50-2°)* « au même alinéa », il en informe la caisse compétente et *(L. n° 2014-40 du 20 janv. 2014, art. 20-II)* « la pension servie par ce régime est réduite à due concurrence du dépassement, dans des conditions fixées par décret ».

(L. n° 2008-1330 du 17 déc. 2008, art. 88-V) « Par dérogation aux *(L. n° 2014-40 du 20 janv. 2014, art. 19-III-2°)* « deux premiers » alinéas, et sous réserve que l'assuré ait liquidé ses pensions de vieillesse personnelles auprès de la totalité des régimes légaux ou rendus légalement obligatoires, de base et complémentaires, français et étrangers, ainsi que des régimes des organisations internationales dont il a relevé, une pension de vieillesse peut être entièrement cumulée avec une activité professionnelle :

« *a)* A partir de l'âge prévu au 1° de l'article L. 351-8 ;

« *b)* A partir de l'âge prévu au premier alinéa de l'article L. 351-1, lorsque l'assuré justifie d'une durée d'assurance et de périodes reconnues équivalentes mentionnée au deuxième alinéa du même article au moins égale à la limite mentionnée au même alinéa. »

(L. n° 2014-40 du 20 janv. 2014, art. 20-III) « La pension due par un régime de retraite légalement obligatoire dont l'âge d'ouverture des droits, le cas échéant sans minoration, est supérieur à l'âge prévu à l'article L. 161-17-2 n'est pas retenue pour apprécier la condition de liquidation de l'ensemble des pensions de retraite, et ce jusqu'à ce que l'assuré ait atteint l'âge à partir duquel il peut liquider cette pension ou, en cas de minoration, l'âge auquel celles-ci prennent fin. »

Les dispositions du premier alinéa *(L. n° 2014-40 du 20 janv. 2014, art. 19-III-3°)* **« de l'article L. 161-22 » ne sont pas opposables à l'assuré qui demande le bénéfice de sa pension au titre de l'article L. 634-3-1.**

Les dispositions issues de l'art. 19 de la L. n° 2014-40 du 20 janv. 2014 sont applicables aux assurés dont la première pension prend effet à compter du 1er janv. 2015 (L. préc., art. 19-VIII).

Art. L. 634-6-1 *(L. n° 91-1406 du 31 déc. 1991, art. 23-II)* **Les assurés qui transmettent leur entreprise sont autorisés à y poursuivre l'exercice d'une activité rémunérée sans que celle-ci fasse obstacle au service de prestations de vieillesse liquidées par un régime obligatoire.**

Un décret *[art. D. 634-13-1]* **fixe les conditions d'application du présent article, notamment l'âge avant lequel doit intervenir la transmission de l'entreprise et la durée du cumul entre la pension et les revenus d'activité.** *(L. n° 2005-882 du 2 août 2005, art. 24-III)* **« Il comporte en outre des dispositions spécifiques aux activités de tutorat rémunérées exercées conformément à l'article L. 129-1 du code de commerce. »**

CHAPITRE V ASSURANCE VIEILLESSE COMPLÉMENTAIRE *(L. n° 2017-1836 du 30 déc. 2017, art. 15-II, en vigueur le 1er janv. 2018).*

Sur les dispositions transitoires de l'art. 15 de la L. n° 2017-1836 du 30 déc. 2017, V. ss. le livre VI « Dispositions applicables aux travailleurs indépendants ».

Art. L. 635-1 *(L. n° 2010-1330 du 9 nov. 2010, art. 57-II) (L. n° 2017-1836 du 30 déc. 2017, art. 15-II, en vigueur le 1er janv. 2018)* **« Les personnes mentionnées à l'article L. 631-1, y compris lorsque l'adhésion s'effectue à titre volontaire ou en vertu du bénéfice d'une pension d'invalidité, bénéficient d'un régime de retraite complémentaire obligatoire auquel elles sont d'office affiliées.**

« Le régime mentionné au premier alinéa » assure au bénéfice des personnes affiliées l'acquisition et le versement d'une pension exprimée en points. Le montant annuel de la pension individuelle de droit direct servie par ces régimes est obtenu par le produit du nombre total de points porté au compte de l'intéressé par la valeur de service du point. La valeur de service du point peut être différenciée suivant la date d'acquisition des points et la date de prise d'effet de la pension, ainsi que pour les points attribués antérieurement à la création du régime ou convertis lors de sa transformation. Elle peut également, s'agissant des points issus de la conversion mentionnée au second alinéa du I de l'article 57 de la loi n° 2010-1330 du 9 novembre 2010 portant réforme des retraites, être différenciée suivant le régime d'affiliation antérieur. *(L. n° 2016-1827 du 23 déc. 2016, art. 34-I)* **« Le régime complémentaire obligatoire d'assurance vieillesse du régime social des indépendants assure le financement des pensions versées aux bénéficiaires du régime d'assurance vieillesse complémentaire des entrepreneurs du bâtiment. »**

(L. n° 2017-1836 du 30 déc. 2017, art. 15-II, en vigueur le 1er janv. 2018) **« La couverture des charges est assurée par des cotisations calculées en application des articles L. 131-6 à L. 131-6-2 et** *(Ord. n° 2018-470 du 12 juin 2018, art. 1er)* **« L. 613-7 ». »**

(L. n° 2014-626 du 18 juin 2014, art. 26-I-8°) **« Les cotisations dues par les travailleurs indépendants non agricoles** *(Ord. n° 2018-470 du 12 juin 2018, art. 1er)* **« autres que ceux mentionnés à l'article L. 613-7 » sont calculées, dans la limite d'un plafond fixé par décret, sur la base de tranches de revenu d'activité déterminées par décret. Chaque tranche est affectée d'un taux de cotisation. Un décret peut prévoir, sous certaines conditions, que ces cotisations ne peuvent être inférieures à un montant qu'il fixe. »** – *Les dispositions issues de la L. n° 2014-626 du 18 juin 2014 s'appliquent aux cotisations et aux contributions de sécurité sociale dues au titre des périodes courant à compter du 1er janv. 2015 (L. préc., art. 26-III-A).*

L'équilibre financier du régime est assuré par ses seules ressources. Un décret détermine les règles de pilotage du régime, et notamment les conditions dans lesquelles *(L. n° 2017-1836 du 30 déc. 2017, art. 15-II, en vigueur le 1er janv. 2018)* **« le Conseil de la protection sociale des travailleurs » indépendants formule à échéance régulière, au ministre chargé de la sécurité sociale, des règles d'évolution des paramètres permettant de respecter des critères de solvabilité.**

Art. L. 635-2 *(L. n° 2010-1330 du 9 nov. 2010, art. 57-II)* **Les possibilités de rachat ouvertes dans le régime de base par l'article L. 634-2-1 sont également ouvertes dans le régime complémentaire obligatoire visé à l'article L. 635-1. Un décret précise ces modalités de rachat.** – *V. note ss. art. L. 635-1.*

Art. L. 635-3 **Les conditions d'attribution et de service des prestations dues aux assurés et à leurs conjoints survivants au titre** *(L. n° 2010-1330 du 9 nov. 2010, art. 57-II)* **« du régime complémentaire obligatoire » d'assurance vieillesse** *(L. n° 2016-1827 du 23 déc. 2016, art. 50-I, en vigueur le 1er janv. 2017)* **« du régime social des indépendants » sont précisées par un règlement de la Caisse nationale compétente approuvé par arrêté ministériel. Ce règlement détermine notamment les conditions dans lesquelles les pensions sont revalorisées et fixe les principes de fonctionnement et de gestion financière du régime complémentaire ainsi que la nature et les modalités d'attribution des prestations servies par son fonds d'action sociale.**

Art. L. 635-4 **Les chauffeurs de taxi non salariés ayant adhéré, dans le cadre de la loi n° 56-659 du 6 juillet 1956 sur l'assurance vieillesse des chauffeurs de taxis, à l'assurance volontaire du régime général de sécurité sociale sont affiliés au régime complémentaire obligatoire d'assurance vieillesse** *(L. n° 2017-1836 du 30 déc. 2017, art. 15-II, en vigueur le 1er janv. 2018)* **« prévu au présent chapitre ». Un décret, pris après avis du conseil d'administration** *(Abrogé par L. n° 2016-1827 du 23 déc. 2016, art. 50-I) « de la section professionnelle des artisans »* *(Ord. n° 2005-1528 du 8 déc. 2005 ; L. n° 2017-1836 du 30 déc. 2017, art. 15-II, en vigueur le 1er janv. 2018)* **« du Conseil de la protection sociale des travailleurs indépendants », fixe les conditions d'application du présent article et notamment les modalités de validation des périodes d'activité ou assimilées, antérieures à sa date d'entrée en vigueur.**

Les prestations liquidées antérieurement dans le régime complémentaire obligatoire d'assurance vieillesse en faveur des conjoints des travailleurs non salariés des professions industrielles et commerciales sont à compter du 1er janv. 2004 mises à la charge du régime complémentaire obligatoire d'assurance vieillesse institué pour ces professions en application de la L. n° 2003-775 du 21 août 2003.

Pour les assurés qui n'ont pas fait liquider leur pension de retraite avant le 1er janv. 2004, sont converties en points dans le même régime, selon des modalités fixées par le règlement prévu à l'art. L. 635-3 CSS dans sa rédaction issue de ladite loi :

1° Les prestations auxquelles les assurés auraient pu prétendre dans le régime en faveur des conjoints, au regard des dispositions régissant ce régime au 31 déc. 2003 ;

2° Les cotisations versées audit régime en faveur des conjoints par les assurés qui ne pouvaient prétendre à des prestations dans ce régime au regard des dispositions le régissant au 31 déc. 2003 mais justifient d'une durée d'assurance d'au moins quinze ans dans ce régime à la même date.

Les cotisations dues au titre du régime complémentaire obligatoire d'assurance vieillesse en faveur des conjoints des travailleurs non salariés des professions industrielles et commerciales exigibles avant le 1er janv. 2004 continuent à être recouvrées après cette date dans les formes et conditions applicables avant la fermeture dudit régime. Le produit de ces cotisations est affecté à compter du 1er janv. 2004 au régime complémentaire obligatoire d'assurance vieillesse institué pour ces professions en application de la loi n° 2003-775 du 21 août 2003 (L. préc., art. 83).

Art. L. 635-4-1 *(L. n° 2017-1836 du 30 déc. 2017, art. 15-II, en vigueur le 1er janv. 2020)* **Le service des prestations mentionnées au présent chapitre est délégué, dans des conditions fixées par convention entre le Conseil de la protection sociale des travailleurs indépendants et la Caisse nationale d'assurance vieillesse, aux organismes mentionnés aux articles L. 215-1 et L. 752-4.**

Art. L. 635-5 *Devient l'art. L. 632-1 (L. n° 2017-1836 du 30 déc. 2017, art. 15-II, en vigueur le 1er janv. 2018).*

Art. L. 635-6 *Devient l'art. L. 632-3 (L. n° 2017-1836 du 30 déc. 2017, art. 15-II, en vigueur le 1er janv. 2018).*

CHAPITRE VI ACTION SOCIALE DES CAISSES

Art. L. 636-1 *Abrogé par Ord. n° 2005-1528 du 8 déc. 2005.*

CHAPITRE VII *[ABROGÉ]* **PÉNALITÉS** *(Abrogé par L. n° 2017-1836 du 30 déc. 2017, art. 15-XV, à compter du 1er janv. 2018).*

Sur les dispositions transitoires de l'art. 15 de la L. n° 2017-1836 du 30 déc. 2017, V. ss. le livre VI « Dispositions applicables aux travailleurs indépendants ».

Art. L. 637-1 *Devient l'art. L. 615-2 (L. n° 2017-1836 du 30 déc. 2017, art. 15-II, en vigueur le 1er janv. 2018).*

Art. L. 637-2 *Devient l'art. L. 615-3 (L. n° 2017-1836 du 30 déc. 2017, art. 15-II, en vigueur le 1er janv. 2018).*

TITRE QUATRIÈME **DISPOSITIONS APPLICABLES AUX PROFESSIONS LIBÉRALES** *(Ord. n° 2018-470 du 12 juin 2018, art. 2).*

CHAPITRE PRÉLIMINAIRE **CHAMP D'APPLICATION** *(L. n° 2016-1827 du 23 déc. 2016, art. 50-I).*

Art. L. 640-1 *(L. n° 2016-1827 du 23 déc. 2016, art. 50-I)* **« Sont affiliées aux régimes d'assurance vieillesse et invalidité-décès des professions libérales les personnes exerçant l'une des professions suivantes : »**

1° Médecin *(Ord. n° 2018-470 du 12 juin 2018, art. 1er)* **« , étudiant en médecine mentionné au 4° de l'article L. 646-1 », chirurgien-dentiste, sage-femme, pharmacien,** *(L. n° 2016-1827 du 23 déc. 2016, art. 50-I ; L. n° 2017-1836 du 30 déc. 2017, art. 15-II, en vigueur le 1er janv. 2018)* **« auxiliaire médical, psychothérapeute, psychologue, ergothérapeute, ostéopathe, chiropracteur, diététicien » ;**

2° *(L. n° 88-16 du 5 janv. 1988, art. 9-I)* **« Notaire** *(Abrogé par L. n° 2011-94 du 25 janv. 2011, art. 32-13°)* **« , *avoué* », huissier de justice, »** *(L. n° 2003-775 du 21 août 2003, art. 86-II)* **« personne ayant la qualité de commissaire-priseur judiciaire habilitée à diriger les ventes dans les conditions prévues à l'article** *(L. n° 2011-850 du 20 juill. 2011, art. 10-II)* **« L. 321-4 » du code de commerce », syndic ou administrateur et liquidateur judiciaire, agréé, greffier, expert devant les tribunaux** *(L. n° 2017-1836 du 30 déc. 2017, art. 15-II, en vigueur le 1er janv. 2018)* **« , expert automobile »,** *(L. n° 2007-308 du 5 mars 2007, art. 21)* **« personne bénéficiaire de l'agrément prévu par l'article L. 472-1 du code de l'action sociale et des familles, » courtier en valeurs, arbitre devant le tribunal de commerce,** *(Abrogé par L. n° 2017-1836 du 30 déc. 2017, art. 15-II, à compter du 1er janv. 2018)* ***« artiste non mentionné à l'article L. 382-1, ingénieur-conseil,*** *(L. n° 2016-1827 du 23 déc. 2016, art. 50-I)* ***« architecte, géomètre, vétérinaires, »*** **expert-comptable, agent général d'assurances ;**

(L. n° 2017-1836 du 30 déc. 2017, art. 15-II, en vigueur le 1er janv. 2018) **« 3° Architecte, architecte d'intérieur, économiste de la construction, géomètre, ingénieur-conseil, maître d'œuvre ;**

« 4° Artiste non mentionné à l'article L. 382-1, guide conférencier ;

« 5° Vétérinaire ;

« 6° Moniteur de ski titulaire d'un brevet d'État ou d'une autorisation d'exercer mettant en œuvre son activité dans le cadre d'une association ou d'un syndicat professionnel, quel que soit le public auquel il s'adresse ;

« 7° Guide de haute montagne ;

« 8° Accompagnateur de moyenne montagne. »

(Abrogé par L. n° 2016-1827 du 23 déc. 2016, art. 50-I) (L. n° 2005-157 du 23 févr. 2005, art. 186) ***« Pour des raisons impérieuses de sécurité, les moniteurs de ski titulaires d'un brevet d'État ou d'une autorisation d'exercer, organisés en association ou en syndicat professionnel pour la mise en œuvre de leur activité, sont considérés comme exerçant une activité non salariée relevant du régime des travailleurs indépendants et ce, quel que soit le public auquel ils s'adressent. »*** — *[Anc. art. L. 622-5.]*

Les dispositions de l'art. 50-I de la L. n° 2016-1827 du 23 déc. 2016 s'appliquent aux travailleurs indépendants créant leur activité :

1° A compter d'une date fixée par décret, et au plus tard le 1er janv. 2018, pour ceux qui relèvent de l'art. L. 133-6-8 [devenu art. L. 613-7] CSS ;

2° A compter d'une date fixée par décret, et au plus tard le 1er janv. 2019, pour ceux ne relevant pas du même art. L. 133-6-8 [devenu art. L. 613-7] (L. préc., art. 50-X).

Sur les dispositions transitoires de l'art. 15 de la L. n° 2017-1836 du 30 déc. 2017, V. ss. le livre VI « Dispositions applicables aux travailleurs indépendants » (art. 15-XVI-8°).

Art. L. 640-2 (Abrogé par Ord. n° 2018-470 du 12 juin 2018, art. 2) (L. n° 2017-1836 du 30 déc. 2017, art. 25-1°) ***Le 1° de l'article L. 640-1 est applicable aux étudiants mentionnés au 4° de l'article L. 722-1.***

CHAPITRE PREMIER **ORGANISATION ADMINISTRATIVE**

(L. n° 2003-775 du 21 août 2003, art. 87, en vigueur le 1er janv. 2004)

Art. L. 641-1 **L'Organisation autonome d'assurance vieillesse des professions libérales comprend une Caisse nationale et des sections professionnelles, dotées de la personnalité juridique et de l'autonomie financière.**

La compétence territoriale des sections professionnelles est nationale.

(L. n° 2017-1836 du 30 déc. 2017, art. 15-II, en vigueur le 1er janv. 2018) **« Les articles L. 216-1 et L. 231-5, le 1° de l'article L. 231-6-1 et les articles L. 231-12, L. 256-3, L. 272-1, L. 272-2, L. 273-1, L. 281-1, L. 281-3, L. 355-2, L. 355-3 et L. 377-2 sont applicables à ces organismes. »** *— Sur les dispositions transitoires de l'art. 15 de la L. n° 2017-1836 du 30 déc. 2017, V. ss. le livre VI « Dispositions applicables aux travailleurs indépendants ».*

Loi n° 2003-775 du 21 août 2003, *portant réforme des retraites.* **Art. 96** I. — Les dispositions du présent chapitre *[art. 85 à 97]* entrent en vigueur le 1er janvier 2004 *(L. n° 2003-1199 du 18 déc. 2003, art. 65)* «, à l'exception de l'article 91 qui prend effet le 1er juillet 2004 ».

II. — A cette date, les droits acquis par les personnes affiliées au régime de base des professions libérales sont transformés en points. Pour le calcul de ces droits, un soixantième de l'allocation visée à l'article L. 811-1 du code de la sécurité sociale vaut 100 points au sens de l'article L. 643-1 du même code.

Les droits liquidés au titre du régime de base des professions libérales jusqu'au 31 décembre 2003 sont transformés en points dans les conditions prévues à l'alinéa précédent, au prorata de leur montant monétaire à la même date.

La durée d'assurance des affiliés au régime de base des professions libérales correspond au nombre de trimestres validés dans ledit régime par les intéressés.

III. — *V. ss. art. L. 643-7.*

IV. — Le 31 décembre 2003, les sections professionnelles transfèrent à la Caisse nationale d'assurance vieillesse des professions libérales une fraction des réserves qu'elles gèrent au titre du régime de base d'assurance vieillesse des professions libérales. Cette fraction, au vu des charges de prestations servies au titre de l'année 2002 après application à ce montant du taux de revalorisation pour 2003 de l'allocation aux vieux travailleurs salariés, ne peut être inférieure à trois mois de service des prestations de la section intéressée, ni excéder un montant représentant neuf mois de service des prestations de la section intéressée.

Si une section professionnelle dispose de réserves inférieures à trois mois de prestations, l'intégralité de ses réserves est transférée à la Caisse nationale d'assurance vieillesse des professions libérales.

Lorsque la somme transférée à la Caisse nationale d'assurance vieillesse des professions libérales par une section professionnelle en application du premier alinéa du présent IV excède trois mois de prestations, le surplus est affecté, au bénéfice des affiliés de ladite section, au financement d'un taux d'appel négatif sur le taux des cotisations appelées au titre de l'année 2004 et, le cas échéant, au titre de l'année 2005, sur la première des tranches mentionnées au cinquième alinéa de l'article L. 642-1 du code de la sécurité sociale. Ce taux d'appel négatif est fixé par le conseil d'administration de la Caisse nationale d'assurance vieillesse des professions libérales.

Lorsque les réserves gérées par une section professionnelle au titre du régime d'assurance vieillesse de base des professions libérales excèdent le montant de la somme transférée en application du premier alinéa du présent IV, le surplus est affecté au financement du régime complémentaire de la section intéressée.

....

SECTION PREMIÈRE CAISSE NATIONALE

Art. L. 641-2 *(L. nº 2014-40 du 20 janv. 2014, art. 48-I-1º)* I. — La Caisse nationale d'assurance vieillesse des professions libérales a pour rôle :

1º D'assurer la gestion du régime d'assurance vieillesse de base des professionnels libéraux et la gestion des réserves du régime, dans les conditions prévues au présent titre. Elle établit à cette fin le règlement du régime de base, qui est approuvé par arrêté du ministre chargé de la sécurité sociale ;

2º D'animer et de coordonner l'action des sections professionnelles ;

3º D'exercer une action sociale et d'assurer la cohérence de l'action sociale des sections professionnelles ;

4º De coordonner et d'assurer la cohésion de l'organisation autonome d'assurance vieillesse des professions libérales, de donner son avis aux administrations intéressées au nom de l'organisation autonome d'assurance vieillesse des professions libérales et de la représenter auprès des pouvoirs publics et des autres organisations de protection sociale ainsi qu'auprès des chambres et des ordres professionnels, associations, syndicats professionnels et de leurs unions et fédérations ou des autres organismes représentatifs ;

5º De créer tout service d'intérêt commun à l'ensemble des sections professionnelles ou à certaines d'entre elles ;

6º De s'assurer des conditions de maîtrise des risques pour la gestion du régime de base par les sections professionnelles ;

7º D'assurer la cohérence et la coordination des systèmes d'information des membres de l'organisation mentionnée à l'article L. 641-1.

Le conseil d'administration de la Caisse nationale exerce, au titre des attributions énoncées aux 1º à 7º, un pouvoir de contrôle sur les sections professionnelles. Il est saisi pour avis, dans le cadre de ses compétences, de tout projet de mesure législative ou réglementaire ayant des incidences sur l'équilibre financier du régime d'assurance vieillesse de base, des régimes de retraite complémentaire et des régimes d'assurance invalidité-décès des professions libérales, dans les conditions prévues à l'article L. 200-3.

Un décret en Conseil d'État définit les modalités d'application du présent article.

Art. L. 641-3 L'autorité compétente de l'État est représentée au conseil d'administration de la Caisse nationale d'assurance vieillesse des professions libérales par un commissaire du Gouvernement.

En cas de faute lourde dûment constatée commise par le directeur ou le *(L. nº 2018-1203 du 22 déc. 2018, art. 25-I)* « directeur comptable et financier », l'autorité compétente de l'État peut, après avis du conseil d'administration de la Caisse nationale d'assurance vieillesse des professions libérales, mettre fin aux fonctions du directeur ou du *(L. nº 2018-1203 du 22 déc. 2018, art. 25-I)* « directeur comptable et financier ».

Art. L. 641-3-1 *(L. nº 2014-40 du 20 janv. 2014, art. 48-I-2º)* I. — Le directeur est nommé par décret, pour une durée de cinq ans renouvelable, sur proposition du conseil d'administration, à partir d'une liste de trois noms établie par le ministre chargé de la sécurité sociale. Avant le terme de son mandat, il ne peut être mis fin à ses fonctions qu'après avis favorable du conseil à la majorité des deux tiers.

II. — Le directeur dirige la Caisse nationale. Il recrute le personnel de la Caisse nationale et a autorité sur lui.

III. — *(L. nº 2018-1203 du 22 déc. 2018, art. 25-I)* « Le directeur comptable et financier » est nommé par le conseil d'administration de la Caisse nationale.

Le directeur de la Caisse nationale d'assurance vieillesse des professions libérales en poste à la date d'entrée en vigueur de la L. nº 2014-40 du 20 janv. 2014 est réputé avoir été nommé dans les conditions prévues à l'art. L. 641-3-1, pour cinq ans à compter de cette date (L. préc., art. 48-II).

Art. L. 641-4 *(L. nº 2014-40 du 20 janv. 2014, art. 48-I-3º)* La Caisse nationale d'assurance vieillesse des professions libérales est administrée par un conseil d'administration composé des présidents de ses sections professionnelles et de six représentants des organisations syndicales interprofessionnelles des professions libérales.

Chaque président de section peut être suppléé par un membre du conseil d'administration de sa section professionnelle.

Chaque président de section ou, le cas échéant, son suppléant dispose d'un nombre de voix fixé annuellement par le conseil d'administration de la Caisse nationale en fonction du nombre de personnes immatriculées dans chaque section professionnelle.

Un décret fixe les conditions d'application du présent article, et notamment les conditions de désignation des représentants des organisations syndicales et la fixation du nombre de voix de chacun des administrateurs.

Art. L. 641-4-1 *(L. n° 2014-40 du 20 janv. 2014, art. 48-I-4°)* I. – L'État conclut avec la Caisse nationale, pour une période minimale de quatre ans, un contrat pluriannuel comportant des engagements réciproques.

Ce contrat détermine notamment des objectifs de qualité de gestion communs aux régimes de base et aux régimes complémentaires mentionnés aux articles L. 644-1 et L. 644-2. Pour le régime de base, le contrat détermine des objectifs pluriannuels de gestion et les moyens de fonctionnement dont disposent la Caisse nationale et les sections professionnelles pour les atteindre ainsi que les actions mises en œuvre à ces fins par chacun des signataires.

II. – La mise en œuvre du contrat pluriannuel fait l'objet de contrats de gestion conclus entre la Caisse nationale et chacune des sections professionnelles.

III. – Un décret en Conseil d'État détermine la périodicité, le contenu et les signataires du contrat pluriannuel et des contrats de gestion.

SECTION II SECTIONS PROFESSIONNELLES

Art. L. 641-5 Les sections professionnelles sont instituées par décret en Conseil d'État.

(L. n° 2014-40 du 20 janv. 2014, art. 48-I-5°) « Elles peuvent, dans les conditions prévues par un règlement élaboré par la Caisse nationale et approuvé par décret, exercer une action sociale.

« Les statuts des sections professionnelles, conformes aux statuts types approuvés par décret, sont soumis à l'approbation du conseil d'administration de la Caisse nationale.

« Ils sont réputés approuvés à défaut d'opposition par le ministre chargé de la sécurité sociale dans un délai d'un mois à compter de leur réception. »

Art. L. 641-6 En cas de faute lourde dûment constatée commise par le directeur ou le comptable, l'autorité compétente de l'État peut, après avis du conseil d'administration de la Caisse nationale d'assurance vieillesse des professions libérales, mettre fin aux fonctions du directeur ou du comptable.

Art. L. 641-7 *(L. n° 2014-40 du 20 janv. 2014, art. 48-I-6°)* I. – Les sections professionnelles peuvent créer entre elles des associations régies par la loi du 1er juillet 1901 relative au contrat d'association ou des groupements d'intérêt économique. La création d'une telle association ou d'un tel groupement d'intérêt économique fait l'objet d'une convention constitutive, qui doit être approuvée par les conseils d'administration des sections concernées et par l'autorité compétente de l'État.

L'association ou le groupement d'intérêt économique est dirigé par un directeur, choisi parmi les directeurs des sections concernées, et est doté d'un *(L. n° 2018-1203 du 22 déc. 2018, art. 25-I)* « directeur comptable et financier », choisi parmi les *(L. n° 2018-1203 du 22 déc. 2018, art. 25-I)* « directeurs comptables et financiers » desdites sections.

II. – Sous réserve d'adaptations prévues par décret en Conseil d'État, les dispositions du présent code applicables aux sections professionnelles sont applicables à leurs groupements.

SECTION III CONTRÔLE ET SANCTIONS *(L. n° 2017-1836 du 30 déc. 2017, art. 15-II, en vigueur le 1er janv. 2018).*

Sur les dispositions transitoires de l'art. 15 de la L. n° 2017-1836 du 30 déc. 2017, V. ss. le livre VI « Dispositions applicables aux travailleurs indépendants ».

Art. L. 641-8 *(L. n° 94-637 du 25 juill. 1994, art. 6-VII)* Le contrôle de l'application par les travailleurs *(L. n° 2011-1906 du 21 déc. 2011, art. 37-XX)* « indépendants » *(Abrogé par L. n° 2017-1836 du 30 déc. 2017, art. 15-II, à compter du 1er janv. 2018)*

« non agricoles » des dispositions du présent *(L. n° 2017-1836 du 30 déc. 2017, art. 15-II, en vigueur le 1er janv. 2018)* « titre » est confié aux caisses et sections professionnelles relevant des organisations autonomes d'assurance vieillesse mentionnées *(L. n° 2016-1827 du 23 déc. 2016, art. 50-I)* « à l'article L. 640-1 ».

Les agents chargés du contrôle sont assermentés et agréés dans des conditions définies par arrêté du ministre chargé de la sécurité sociale *[V. Arr. du 5 mai 1995, JO 7 mai]*. Ces agents ont qualité pour dresser en cas d'infraction auxdites dispositions des procès-verbaux faisant foi jusqu'à preuve du contraire. Les caisses les transmettent, aux fins de poursuites, au procureur de la République s'il s'agit d'infractions pénalement sanctionnées. — *[Ancien art. L. 652-6.]*

CHAPITRE II ORGANISATION FINANCIÈRE

SECTION PREMIÈRE COTISATIONS

(L. n° 2003-775 du 21 août 2003, art. 88, en vigueur le 1er janv. 2004)

Art. L. 642-1 Toute personne exerçant une activité professionnelle relevant de l'Organisation autonome d'assurance vieillesse des professions libérales est tenue de verser des cotisations destinées à financer notamment :

1° Les prestations définies au chapitre III du présent titre ;

2° Les charges de compensation incombant à cette organisation en application des articles L. 134-1 et L. 134-2.

Le régime de la pension de retraite reçoit une contribution du fonds institué par l'article L. 135-1 dans les conditions fixées par l'article L. 135-2.

(L. n° 2014-626 du 18 juin 2014, art. 26-I-10°) « Les charges mentionnées aux 1° et 2° sont couvertes par des cotisations calculées dans les conditions prévues aux articles L. 131-6 à L. 131-6-2 et *(Ord. n° 2018-470 du 12 juin 2018, art. 1er)* « L. 613-7 ».

« Les cotisations dues par les professionnels libéraux *(Ord. n° 2018-470 du 12 juin 2018, art. 1er)* « autres que ceux mentionnés à l'article L. 613-7 » sont calculées, dans la limite d'un plafond fixé par décret, sur la base de tranches de revenu d'activité déterminées par décret. Chaque tranche est affectée d'un taux de cotisation. Ces cotisations ne peuvent être inférieures à un montant fixé par décret. La cotisation afférente à chaque tranche ouvre droit à l'acquisition d'un nombre de points déterminé par décret. »

Un décret fixe le nombre de points attribué*[s]* aux personnes exonérées de tout ou partie des cotisations en application de l'article L. 642-3.

Les dispositions issues de la L. n° 2014-626 du 18 juin 2014 s'appliquent aux cotisations et aux contributions de sécurité sociale dues au titre des périodes courant à compter du 1er janv. 2015 (L. préc., art. 26-III-A).

Art. L. 642-2 (Abrogé par L. n° 2014-626 du 18 juin 2014, art. 26-I-11°) *Les cotisations prévues à l'article L. 642-1 sont assises sur le revenu* (L. n° 2011-1906 du 21 déc. 2011, art. 37-XVII-1°) *« d'activité et calculées dans les conditions définies aux articles L. 131-6, L. 131-6-1 et L. 131-6-2 ». Elles ne peuvent être inférieures à un montant fixé par décret.* — Les dispositions issues de la L. n° 2014-626 du 18 juin 2014 s'appliquent aux cotisations et aux contributions de sécurité sociale dues au titre des périodes courant à compter du 1er janv. 2015 (L. préc., art. 26-III-A).

Art. L. 642-2-1 (Abrogé par Ord. n° 2018-470 du 12 juin 2018, art. 7) (L. n° 2005-882 du 2 août 2005, art. 15-VI) *Les cotisations d'assurance vieillesse du conjoint collaborateur mentionné à l'article L. 121-4 du code de commerce sont calculées, à sa demande :*

1° Soit sur un revenu forfaitaire ou sur un pourcentage du revenu professionnel du professionnel libéral ;

2° Soit, avec l'accord du professionnel libéral, sur une fraction du revenu professionnel de ce dernier qui est déduite, par dérogation aux dispositions de l'article L. 131-6 du présent code, du revenu du professionnel libéral pris en compte pour déterminer l'assiette de sa cotisation, cette fraction étant appliquée à chacune des tranches prévues à l'article L. 642-1.

Les dispositions (L. n° 2014-626 du 18 juin 2014, art. 26-I-12°) *« des cinquième et avant-dernier alinéas de l'article L. 642-1 » sont applicables aux cotisations dues par le conjoint collaborateur, sur sa demande ou celle du professionnel libéral. Elles ne sont toute-*

fois pas applicables au conjoint collaborateur adhérent, à la date d'entrée en vigueur de l'article 15 de la loi n° 2005-882 du 2 août 2005 en faveur des petites et moyennes entreprises, à l'assurance volontaire vieillesse des travailleurs (L. n° 2016-1827 du 23 déc. 2016, art. 50-I) *« indépendants » non agricoles, en application des dispositions de l'article L. 742-6.*

Les modalités d'application du présent article sont fixées par décret.

Art. L. 642-2-2 (Abrogé par Ord. n° 2018-470 du 12 juin 2018, art. 7) (L. n° 2005-882 du 2 août 2005, art. 15-VII) *Le conjoint collaborateur mentionné à l'article L. 642-2-1 peut demander la prise en compte par l'organisation autonome d'assurance vieillesse mentionnée* (L. n° 2016-1827 du 23 déc. 2016, art. 50-I) *« à l'article L. 640-1 » de périodes d'activité, sous réserve de justifier par tous moyens avoir participé directement et effectivement à l'activité de l'entreprise et d'acquitter des cotisations dans des conditions garantissant la neutralité actuarielle. Les périodes susceptibles d'être rachetées sont limitées à six années. Le rachat est autorisé jusqu'au 31 décembre 2020.*

Un décret en Conseil d'État détermine les conditions d'application du présent article, notamment :

— les conditions dans lesquelles les demandes doivent être présentées ;

— le mode de calcul des cotisations et les coefficients de revalorisation qui leur sont applicables ;

— les modalités de liquidation des droits à l'assurance vieillesse des demandeurs.

Art. L. 642-3 Sont exonérées du paiement des cotisations les personnes reconnues atteintes d'une incapacité d'exercice de leur profession pour plus de six mois selon la procédure définie par les statuts de la Caisse nationale.

(L. n° 2016-1888 du 28 déc. 2016, art. 22) « Sont exonérés par moitié du paiement des cotisations mentionnées à l'article L. 642-1 les médecins bénéficiant de leur retraite qui continuent à exercer leur activité ou qui effectuent des remplacements en zone de montagne. Les médecins bénéficient de cette exonération s'ils exercent dans une zone de montagne caractérisée par une offre de soins insuffisante ou des difficultés dans l'accès aux soins, mentionnée à l'article L. 1434-4 du code de la santé publique. »

Étendue de l'exonération. L'exonération de paiement accordée par l'art. L. 642-3 CSS aux personnes reconnues atteintes d'une incapacité d'exercice de leur profession pour plus de six mois ne concerne que les cotisations mentionnées à l'art. L. 642-1 CSS, destinées à financer les prestations du régime de base de l'assurance vieillesse des professions libérales, et non la cotisation complémentaire du régime invalidité-décès. • Civ. 2e, 7 nov. 2013, n° 12-13.774.

Art. L. 642-4 L'inscription au tableau de l'ordre en qualité d'expert-comptable ou de comptable agréé comporte l'obligation de cotiser *(L. n° 2011-1906 du 21 déc. 2011, art. 29)* « au régime complémentaire institué, en application de l'article L. 644-1, au profit » des experts-comptables et des comptables agréés, même en cas d'affiliation au régime général de sécurité sociale.

Un décret fixe la répartition des cotisations entre la personne physique ou morale employeur et le professionnel lorsque celui-ci est affilié au régime général de sécurité sociale.

La cotisation due à la CAVEC (Caisse d'allocation vieillesse des experts-comptables) par les experts-comptables employés par une société d'expertise comptable ne peut être considérée comme des frais exposés pour le compte de cette dernière. La prise en charge de cette cotisation par la société dont seul le cotisant retire un avantage n'est assimilable ni à une indemnisation de frais professionnels, ni à une contribution de l'employeur au financement de prestations complémentaires de retraite ou de prévoyance et ne peut donc être déduite de l'assiette des cotisations. • Soc. 20 févr. 1992, n° 90-11.860 P : *RJS 1992, n° 501* • 4 mars 1999 : *RJS 1999. 445, n° 732* • 23 nov. 2000, n° 99-11.827 P : *RJS 2001, n° 234, 2 esp.* • Civ. 2e, 27 janv. 2004, n° 02-30.452 P : *RJS 2004, n° 596.* ♦ V. déjà : • Soc. 8 nov. 1990 : *RJS 1990, n° 1020.*

Art. L. 642-4-1 *(L. n° 2015-990 du 6 août 2015, art. 59-VI)* La nomination en qualité de commissaire-priseur judiciaire, de greffier de tribunal de commerce ou d'huissier de justice, l'inscription sur la liste des administrateurs judiciaires ou sur celle des mandataires judiciaires, ainsi que la déclaration en tant que commissaire-priseur de ventes volontaires comportent l'obligation de cotiser au régime complémentaire institué, en application de l'article L. 644-1, au profit de ces professions, même en cas d'affiliation au régime général de sécurité sociale.

Un décret fixe la répartition des cotisations entre la personne physique ou morale employeur et le professionnel lorsque celui-ci est affilié au régime général de sécurité sociale.

Art. L. 642-4-2 *(L. n° 2018-1203 du 22 déc. 2018, art. 47-II, en vigueur le 1er janv. 2020)* I. — Les médecins exerçant leur activité à titre de remplacement ainsi que les étudiants en médecine remplissant les conditions prévues à l'article L. 4131-2 du code de la santé publique mentionnés à l'article L. 646-1 du présent code et dont les rémunérations issues de l'activité de remplacement sont inférieures à un seuil fixé par décret peuvent opter pour un taux global et le calcul mensuel ou trimestriel de l'ensemble des cotisations et contributions sociales dont ils sont redevables. Le taux global, fixé par décret, est appliqué par référence aux taux des contributions et cotisations sociales applicables aux revenus des médecins mentionnés au 1° du même article L. 646-1 au montant de leur rémunération après abattement prévu à l'article 102 *ter* du code général des impôts. Ce décret fixe également les règles d'affectation des sommes versées entre les différents régimes ou branches concernés.

II. — L'option pour l'application des dispositions mentionnées au I est exercée auprès de la caisse mentionnée aux articles L. 211-1 et L. 752-4 dans la circonscription de laquelle sont exercées les activités de remplacement. Cette caisse assure, en lien avec les médecins ou les étudiants concernés et les organismes mentionnés au III du présent article, la réalisation des déclarations nécessaires à ces activités.

III. — La déclaration des rémunérations et le paiement des cotisations et des contributions sociales qui en découlent sont effectués par les médecins et les étudiants remplaçants mentionnés au I au moyen d'un téléservice mis en place à cette intention par les organismes mentionnés aux articles L. 213-1 et L. 752-4.

SECTION II RECOUVREMENT

(L. n° 2003-775 du 21 août 2003, art. 89, en vigueur le 1er janv. 2004)

Art. L. 642-5 Les sections professionnelles assurent, pour le compte de la Caisse nationale d'assurance vieillesse des professions libérales, le recouvrement des cotisations prévues à l'article L. 642-1. Elles transfèrent le produit de ces cotisations à la Caisse nationale selon des modalités fixées par arrêté du ministre chargé de la sécurité sociale.

(L. n° 2008-776 du 4 août 2008, art. 1er-I) « Les sections professionnelles peuvent déléguer par convention aux organismes mentionnés aux articles L. 213-1 et L. 752-4, qui les exercent pour leur compte, le calcul et l'encaissement des cotisations sociales mentionnées aux articles L. 642-1, L. 644-1 et L. 644-2 pour l'application des dispositions prévues à l'article *(Ord. n° 2018-470 du 12 juin 2018, art. 1er)* « L. 613-7 ».

« Pour le calcul et le recouvrement des cotisations sociales prévues à l'article L. 642-1, les sections professionnelles peuvent recevoir des données transmises par les organismes mentionnés aux articles L. 213-1 et L. 752-4. »

La Caisse nationale reverse aux sections professionnelles, selon des modalités fixées par arrêté du ministre chargé de la sécurité sociale, le montant prévisionnel des sommes nécessaires :

1° A la gestion administrative du régime de base et à l'action sociale ;

2° Au service des prestations prévues au chapitre III du présent titre.

Art. L. 642-6 *(L. n° 2017-1836 du 30 déc. 2017, art. 15-II, en vigueur le 1er janv. 2018)* Sont applicables aux organismes et personnes entrant dans le champ d'application du présent titre et sous réserve des dispositions particulières dudit titre, les articles L. 243-4, L. 243-5, L. 243-6-2, L. 243-9, L. 243-11, L. 244-1 à L. 244-5, L. 244-7 et L. 244-8-1 à L. 244-14. — *Sur les dispositions transitoires de l'art. 15 de la L. n° 2017-1836 du 30 déc. 2017, V. ss. le livre VI « Dispositions applicables aux travailleurs indépendants ».*

CHAPITRE III AFFILIATION — PRESTATIONS DE BASE

SECTION PREMIÈRE AFFILIATION À LA SECTION PROFESSIONNELLE

Art. L. 643-1 A *(L. n° 2008-776 du 4 août 2008, art. 5-I)* Les organismes gestionnaires des régimes d'assurance vieillesse mentionnés aux articles L. 641-1 et *(Ord.*

n° 2018-470 du 12 juin 2018, art. 5) **« L. 652-1 » doivent se prononcer dans** *(Ord. n° 2015-1628 du 10 déc. 2015, art. 4-2° ; L. n° 2017-1836 du 30 déc. 2017, art. 15-II, en vigueur le 1er janv. 2018)* **« les mêmes conditions que celles mentionnées à l'article L. 243-6-3 » sur toute demande relative aux conditions d'affiliation à l'un de ces régimes ou à l'une de leurs sections professionnelles.**

(Abrogé par L. n° 2017-1836 du 30 déc. 2017, art. 15-II, à compter du 1er janv. 2018) ***« Lorsqu'ils entendent modifier pour l'avenir leur décision, ils en informent le cotisant. »*** *– [Ancien art. L. 133-6-10.]*

Sur les dispositions transitoires de l'art. 15 de la L. n° 2017-1836 du 30 déc. 2017, V. ss. le livre VI « Dispositions applicables aux travailleurs indépendants ».

SECTION II OUVERTURE DES DROITS ET LIQUIDATION DES PRESTATIONS DE BASE

(L. n° 2003-775 du 21 août 2003, art. 90, en vigueur le 1er janv. 2004)

Art. L. 643-1 Le montant de la pension servie par le régime d'assurance vieillesse de base des professions libérales est obtenu par le produit du nombre total de points porté au compte de l'intéressé par la valeur de service du point.

(L. n° 2008-1330 du 17 déc. 2008, art. 79-III) **« La valeur de service du point est revalorisée dans les conditions prévues à l'article L. 161-23-1. »**

Les femmes ayant accouché au cours d'une année civile d'affiliation au régime d'assurance vieillesse des professions libérales bénéficient de points *(L. n° 2009-1646 du 24 déc. 2009, art. 65-IV)* **« au titre du trimestre civil au cours duquel survient l'accouchement, dans des conditions et limites fixées par décret. »** *– V. note ss. art. L. 351-4.*

Les personnes ayant exercé leur activité libérale en étant atteintes d'une invalidité entraînant pour elles l'obligation d'avoir recours à l'assistance d'une tierce personne pour effectuer les actes ordinaires de la vie bénéficient de points supplémentaires, dans des conditions fixées par décret.

La pension de retraite est, le cas échéant, portée au montant de l'allocation aux vieux travailleurs salariés en ajoutant aux périodes d'assurance les périodes d'exercice de l'activité libérale antérieures à l'obligation de cotiser, dans des conditions fixées par décret. *– Entrée en vigueur le 1er janv. 2004.*

Il est substitué au montant de l'allocation aux vieux travailleurs salariés un montant fixé par décret, revalorisé dans les conditions prévues à l'art. L. 816-2 CSS (Ord. n° 2004-605 du 24 juin 2004, art. 3).

Manque à son obligation d'information la caisse qui procède à la liquidation des droits à l'allocation vieillesse et à la retraite complémentaire avec un coefficient d'anticipation alors que l'assuré, en qualité d'ancien combattant, pouvait bénéficier d'une retraite à taux plein. • Civ. 2e, 25 mai 2004 : *TPS 2004. Comm. 272, obs. Prétot ; RJS 2004, n° 954* (il appartient aux juges du fond de fixer les modalités de réparation des conséquences de cette faute).

Art. L. 643-1-1 *(L. n° 2009-1646 du 24 déc. 2009, art. 65-V)* **Les assurés du présent régime bénéficient des dispositions prévues** *(L. n° 2010-1330 du 9 nov. 2010, art. 95 ; L. n° 2014-40 du 20 janv. 2014, art. 38-III-3°)* **« aux articles L. 351-4 à L. 351-4-2 », adaptées en tant que de besoin par décret pour tenir compte des modalités particulières de calcul de la pension de ce régime.** *– V. note ss. art. L. 351-4.*

Les dispositions de la L. n° 2014-40 du 20 janv. 2014 sont applicables aux périodes de prise en charge intervenues à compter du 1er févr. 2014 (L. préc., art. 38-V).

Les dispositions de l'art. L. 643-1-1, qui étendent aux assurés relevant de l'organisation autonome d'assurance vieillesse des travailleurs indépendants des professions libérales les dispositions de l'art. L. 351-4-1 qui ouvrent, sous les conditions qu'elles précisent, le bénéfice d'une majoration de la carrière retenue pour la détermination des droits à pension de retraite aux assurés qui ont élevé un enfant handicapé, ne s'appliquent pas au régime complémentaire d'assurance vieillesse institué en application de l'art. L. 644-1. • Civ. 2e, 9 mai 2018, n° 17-14.798 P : *JCP S 2018. 1209, obs. Tauran.*

Art. L. 643-2 *(L. n° 2014-40 du 20 janv. 2014, art. 27-I-1°)* **« I. – » Sont prises en compte par le régime d'assurance vieillesse de base des professions libérales, pour**

l'assurance vieillesse, sous réserve du versement de cotisations fixées dans des conditions, définies par décret, garantissant la neutralité actuarielle et dans la limite totale de douze trimestres d'assurance :

(L. nº 2018-166 du 8 mars 2018, art. 11-I, en vigueur le 1er sept. 2018) « 1° Les périodes d'études mentionnées au 1° du I de l'article L. 351-14-1, lorsque le régime d'assurance vieillesse de base des professions libérales est le premier régime d'affiliation à l'assurance vieillesse après lesdites études ; »

2° Les années civiles ayant donné lieu à affiliation au régime d'assurance vieillesse de base des professions libérales à quelque titre que ce soit, au titre desquelles il est retenu un nombre de trimestres inférieur à quatre.

(L. nº 2014-40 du 20 janv. 2014, art. 27-I-3°) « II. — Par dérogation aux conditions prévues au I, le montant du versement de cotisations prévu pour la prise en compte des périodes mentionnées au 1° du même I peut être abaissé par décret pour les périodes de formation initiale, dans des conditions et limites tenant notamment au délai de présentation de la demande, fixé à dix ans à compter de la fin des études, et au nombre de trimestres éligibles à ce montant spécifique. »

V. Âge d'ouverture du droit, Annexe I.

Art. L. 643-2-1 *(L. nº 2010-1330 du 9 nov. 2010, art. 59)* I. — Les personnes dont la pension de retraite de base prend effet postérieurement au 1er janvier 2011 peuvent demander la prise en compte, en contrepartie du versement de cotisations, des périodes d'activité ayant donné lieu, avant le 1er janvier 2004, à une exonération de cotisation obligatoire au titre des deux premières années d'exercice de la profession dans le régime d'assurance vieillesse de base des professions libérales.

Les conditions d'application du présent article et les modalités selon lesquelles s'effectue le versement des cotisations afférentes à ces périodes sont déterminées par décret.

II. — Le I est applicable jusqu'au 1er janvier 2016.

Art. L. 643-3 I. — La liquidation de la pension prévue à l'article L. 643-1 peut être demandée à partir de l'âge prévu au premier alinéa de l'article L. 351-1.

Lorsque l'intéressé a accompli la durée d'assurance fixée en application du deuxième alinéa de l'article L. 351-1 dans le présent régime et dans un ou plusieurs autres régimes d'assurance vieillesse de base, le montant de la pension de retraite est égal au produit de la valeur du point *(Abrogé par L. nº 2008-1330 du 17 déc. 2008, art. 79-III) « fixée pour l'année en cours »* par le nombre de points acquis.

Un décret en Conseil d'État fixe les coefficients de réduction de la pension de retraite applicables en fonction de l'âge auquel est demandée la liquidation et de la durée d'assurance lorsque l'intéressé ne justifie pas de la durée prévue au deuxième alinéa du présent I.

(L. nº 2011-1906 du 21 déc. 2011, art. 86-III) « La durée d'assurance ayant donné lieu à cotisations à la charge de l'assuré accomplie après l'âge prévu au premier alinéa et au-delà de la durée mentionnée au deuxième alinéa donne lieu à une majoration de la pension dans des conditions fixées par décret en Conseil d'État. Toutefois, pour l'appréciation de cette condition de durée, les bonifications de durée de services et majorations de durée d'assurance, à l'exclusion de celles accordées au titre des enfants et du handicap, prévues par les dispositions législatives et réglementaires, quel que soit le régime de retraite de base au titre duquel elles ont été acquises, ne sont pas prises en compte. Un décret fixe la liste des bonifications et majorations auxquelles s'applique le présent alinéa. » — *Les dispositions issues de la L. nº 2011-1906 du 21 déc. 2011 ne sont pas applicables aux assurés qui remplissent, avant le 1er janv. 2013, les conditions d'âge et de durée d'assurance ouvrant droit au bénéfice de la majoration de pension prévue au dernier al. du I de l'art. L. 643-3 CSS, dans sa rédaction antérieure à l'entrée en vigueur de la loi préc. (L. préc., art. 86-V).*

II. — L'âge prévu au premier alinéa du I est abaissé pour les assurés qui ont commencé leur activité avant un âge et dans des conditions déterminés par décret et ont accompli une durée totale d'assurance et de périodes reconnues équivalentes dans le régime d'assurance vieillesse de base des professions libérales et, le cas échéant, dans un ou plusieurs autres régimes obligatoires au moins égale à une limite définie par décret, tout ou partie de cette durée totale ayant donné lieu à cotisations à la charge de l'assuré. Un décret précise les modalités d'application du présent II et notamment les conditions dans lesquelles, le cas échéant, *(L. nº 2014-40 du 20 janv. 2014, art. 26-I)*

« peuvent être réputées avoir donné lieu au versement de cotisations certaines périodes d'assurance validées en application de l'article L. 351-3 ou de dispositions légales ou réglementaires ayant le même objet, applicables à des régimes obligatoires de base d'assurance vieillesse, selon les conditions propres à chacun de ces régimes ».

(L. n° 2008-1330 du 17 déc. 2008, art. 82-I) « III. — La condition d'âge prévue au premier alinéa du I est abaissée, dans des conditions fixées par décret, pour les assurés handicapés qui ont accompli, alors qu'ils étaient atteints d'une incapacité permanente *(L. n° 2014-40 du 20 janv. 2014, art. 36-I)* « d'au moins 50 % », une durée d'assurance dans le régime d'assurance vieillesse de base des professions libérales et, le cas échéant, dans un ou plusieurs autres régimes obligatoires au moins égale à une limite définie par décret, tout ou partie de cette durée ayant donné lieu à cotisations à la charge de l'assuré.

« La pension des intéressés est majorée en fonction de la durée ayant donné lieu à cotisations considérée, dans des conditions précisées par décret. »

Pour les périodes antérieures au 31 déc. 2015, la reconnaissance de la qualité de travailleur handicapé, au sens de l'art. L. 5213-1 C. trav., est prise en compte pour l'appréciation des conditions mentionnées au III de l'art. L. 643-3. Les modifications issues de la L. n° 2014-40 du 20 janv. 2014 sont applicables aux pensions prenant effet à compter du 1er févr. 2014 (L. préc., art. 36-III et IV).

Art. L. 643-3-1 *(L. n° 2018-771 du 5 sept. 2018, art. 51-III, en vigueur le 1er janv. 2019)* Les périodes pendant lesquelles l'assuré a bénéficié de l'allocation mentionnée à l'article L. 5424-25 du code du travail sont comptées comme périodes d'assurance dans le régime d'assurance vieillesse de base des professions libérales.

Art. L. 643-4 Sont liquidées sans coefficient de réduction, même s'ils ne justifient pas de la durée d'assurance prévue à l'article L. 643-3, les pensions de retraite :

1° Des assurés ayant atteint l'âge déterminé en application du 1° de l'article L. 351-8 ;

2° Des assurés ayant atteint l'âge prévu au premier alinéa du I de l'article L. 643-3 et relevant de l'une des catégories suivantes :

a) Reconnus inaptes au travail dans les conditions prévues à l'article L. 643-5 ;

b) Grands invalides mentionnés aux articles L. 36 et L. 37 du code des pensions militaires d'invalidité et des victimes de la guerre ;

c) Anciens déportés et internés titulaires de la carte de déporté ou interné de la Résistance ou de la carte de déporté ou interné politique ;

d) Personnes mentionnées au 5° de l'article L. 351-8.

(L. n° 2008-1330 du 17 déc. 2008, art. 82-II) « 3° Des travailleurs handicapés admis à demander la liquidation de leur pension de retraite dans les conditions prévues au III de l'article L. 643-3. »

Art. L. 643-5 L'inaptitude au travail s'apprécie en déterminant si, à la date de la demande ou à une date postérieure, le requérant, compte tenu de son âge, de son état de santé, de ses capacités physiques et mentales, de ses aptitudes ou de sa formation professionnelle, n'est plus en mesure d'exercer *(L. n° 2005-882 du 2 août 2005, art. 15-XII)* « ou de participer en qualité de conjoint collaborateur à » une activité professionnelle.

Compatibilité avec la Constitution. L'exigence constitutionnelle résultant du onzième al. du Préambule de 1946 implique la mise en œuvre d'une politique de solidarité nationale en faveur des travailleurs retraités. Il appartient au législateur, pour satisfaire à cette exigence, de choisir les modalités concrètes qui lui paraissent appropriées. En instaurant un régime de retraite anticipée pour les professionnels libéraux reconnus inaptes au travail, le législateur a mis en œuvre, sans les méconnaître, les exigences constitutionnelles précitées du onzième al. du Préambule de 1946. L'art. L. 643-5 CSS, qui définit cette inaptitude, ne méconnaît pas cette exigence. • Cons. const. 23 sept. 2011, *décis. n° 2011-170 QPC, consid. nos 4 et 6 : D. 2011. Actu. 2344.*

Art. L. 643-6 *(Abrogé par L. n° 2014-40 du 20 janv. 2014, art. 19-III-1°) « L'attribution de la pension de retraite est subordonnée à la cessation de l'activité libérale. »*

Les dispositions du premier alinéa *(L. n° 2014-40 du 20 janv. 2014, art. 19-III-3°)* « de l'article L. 161-22 » ne font pas obstacle à l'exercice d'une activité *(L. n° 2015-*

1702 du 21 déc. 2015, art. 50-3°) « relevant du régime d'assurance vieillesse des professions libérales et » procurant des revenus inférieurs à un seuil déterminé dans des conditions fixées par décret. – *V. Décr. n° 2006-1223 du 5 oct. 2006 (JO 6 oct.), mod. par Décr. n° 2009-1738 du 30 déc. 2009, art. 4 (JO 31 déc.).*

Lorsque l'assuré reprend une activité *(L. n° 2015-1702 du 21 déc. 2015, art. 50-3°)* « mentionnée au premier alinéa » lui procurant des revenus supérieurs à ceux prévus *(L. n° 2015-1702 du 21 déc. 2015, art. 50-3°)* « au même alinéa », il en informe la section professionnelle compétente et *(L. n° 2014-40 du 20 janv. 2014, art. 20-II)* « la pension servie par ce régime est réduite à due concurrence du dépassement, dans des conditions fixées par décret ».

(L. n° 2008-1330 du 17 déc. 2008, art. 88-V) « Par dérogation aux *(L. n° 2014-40 du 20 janv. 2014, art. 19-III-2°)* « deux premiers » alinéas, et sous réserve que l'assuré ait liquidé ses pensions de vieillesse personnelles auprès de la totalité des régimes légaux ou rendus légalement obligatoires, de base et complémentaires, français et étrangers, ainsi que des régimes des organisations internationales dont il a relevé, une pension de vieillesse peut être entièrement cumulée avec une activité professionnelle :

« *a)* A partir de l'âge prévu au 1° de l'article L. 351-8 ;

« *b)* A partir de l'âge prévu au premier alinéa de l'article L. 351-1, lorsque l'assuré justifie d'une durée d'assurance et de périodes reconnues équivalentes mentionnée au deuxième alinéa du même article au moins égale à la limite mentionnée au même alinéa. »

(L. n° 2014-40 du 20 janv. 2014, art. 20-V) « La pension due par un régime de retraite légalement obligatoire dont l'âge d'ouverture des droits, le cas échéant sans minoration, est supérieur à l'âge prévu à l'article L. 161-17-2 n'est pas retenue pour apprécier la condition de liquidation de l'ensemble des pensions de retraite, et ce jusqu'à ce que l'assuré ait atteint l'âge à partir duquel il peut liquider cette pension ou, en cas de minoration, l'âge auquel celles-ci prennent fin. »

Les dispositions issues de l'art. 19 de la L. n° 2014-40 du 20 janv. 2014 sont applicables aux assurés dont la première pension prend effet à compter du 1er janv. 2015 (L. préc., art. 19-VIII).

1. Application immédiate. Les dispositions du quatrième al. de l'art. L. 643-6 CSS sont applicables dès la publication de la L. n° 2008-1330 du 17 déc. 2008. La Caisse ne peut donc opposer, pour refuser la liquidation des droits au titre du régime complémentaire d'assurance vieillesse, les dispositions contraires des statuts de celui-ci antérieures à l'entrée en vigueur de la L. susvisée. • Civ. 2e, 4 mai 2017, n° 16-16.757 P : *JCP S 2017, n° 1207, obs. Tauran ; RJS 7/2017, n° 529.*

2. Condition de liquidation préalable de la totalité des pensions dues. Il résulte du quatrième al. de l'art. L. 643-6 que, par dérogation aux trois précédents al., une pension de vieillesse peut être entièrement cumulée avec une activité professionnelle, sous certaines conditions d'âge, sous la réserve que l'assuré ait liquidé ses pensions de vieillesse personnelles auprès de la totalité des régimes légaux ou rendus légalement obligatoires, de base et complémentaires, français et étrangers, ainsi que des régimes des organisations internationales dont il a relevé. • Civ. 2e, 4 mai 2017, n° 16-16.757 P : *préc. note 1.*

SECTION III OUVERTURE DU DROIT ET LIQUIDATION DES PENSIONS DE RÉVERSION

(L. n° 2003-775 du 21 août 2003, art. 91, en vigueur le 1er janv. 2004)

Art. L. 643-7 En cas de décès de l'assuré, son conjoint survivant a droit à une pension de réversion dans les conditions prévues aux articles L. 353-1, L. 353-2 *(L. n° 2008-1330 du 17 déc. 2008, art. 74-III, en vigueur le 1er janv. 2010)* « , L. 353-3 et L. 353-6 ».

Les dispositions de l'art. 91 de la L. n° 2003-775 du 21 août 2003 ne s'appliquent pas aux pensions de réversion liquidées antérieurement au 1er juill. 2004 (L. n° 2003-1199 du 18 déc. 2003, art. 65).

SECTION IV DISPOSITIONS COMMUNES

(L. n° 2003-775 du 21 août 2003, art. 92, en vigueur le 1er janv. 2004)

Art. L. 643-8 Les prestations visées aux sections II et III du présent chapitre sont versées :

– soit à trimestre échu ;

– soit aux échéances prévues pour le versement des prestations des régimes visés à l'article L. 644-1.

Elles peuvent faire l'objet d'un versement annuel unique lorsque leur montant est inférieur à un seuil fixé par décret pris sur proposition de la Caisse nationale d'assurance vieillesse des professions libérales.

Art. L. 643-9 (Abrogé par Ord. n° 2018-470 du 12 juin 2018, art. 9) (L. n° 2014-1554 du 22 déc. 2014, art. 16-I-5°) ***Le chapitre VI du titre VII du livre III est applicable aux prestations servies en application du présent chapitre.***

Art. L. 643-10 *(L. n° 2017-1836 du 30 déc. 2017, art. 15-II, en vigueur le 1er janv. 2018)* Des décrets en Conseil d'État déterminent, après avis du conseil d'administration de la Caisse nationale intéressée, la structure des organisations, leurs règles de fonctionnement ainsi que le mode d'élection des membres des conseils d'administration de leurs caisses ou sections de caisses. — *Sur les dispositions transitoires de l'art. 15 de la L. n° 2017-1836 du 30 déc. 2017, V. ss. le livre VI « Dispositions applicables aux travailleurs indépendants ».*

CHAPITRE IV RÉGIMES COMPLÉMENTAIRES VIEILLESSE — RÉGIMES INVALIDITÉ-DÉCÈS

Art. L. 644-1 A la demande du conseil d'administration de la Caisse nationale d'assurance vieillesse des professions libérales et après *(L. n° 2003-775 du 21 août 2003, art. 94)* « consultation par référendum » des assujettis au régime de base, des décrets peuvent *(L. n° 94-637 du 25 juill. 1994, art. 41)* « instituer » un régime d'assurance vieillesse complémentaire fonctionnant à titre obligatoire dans le cadre soit de l'ensemble du groupe professionnel, soit d'une activité professionnelle particulière. *(Abrogé par Ord. n° 2018-470 du 12 juin 2018, art. 7) (L. n° 2005-882 du 2 août 2005, art. 15-II)* ***« Le conjoint associé ou le conjoint collaborateur, mentionné à l'article L. 121-4 du code de commerce, de l'assuré relevant de ce groupe ou exerçant cette activité est affilié à titre obligatoire à ce régime. »***

(L. n° 94-637 du 25 juill. 1994, art. 41) « Le mode de calcul des cotisations complémentaires destinées à financer les régimes institués en application du premier alinéa et, le cas échéant, leurs montants annuels sont déterminés par décret après avis de la Caisse nationale d'assurance vieillesse des professions libérales. »

Des régimes complémentaires facultatifs *(L. n° 87-588 du 30 juill. 1987, art. 6)* « peuvent être établis » à la demande du conseil d'administration de la Caisse nationale d'assurance vieillesse des professions libérales dans les conditions fixées par le code de la mutualité.

Loi n° 99-1140 du 29 décembre 1999, *de financement de la sécurité sociale pour 2000.* **Art. 19** Un prélèvement est effectué sur le Fonds de réserve et de compensation, prévu à l'article R. 642-4 du code de la sécurité sociale, au profit du régime obligatoire géré dans le cadre de l'article L. 644-1 du même code par la Caisse interprofessionnelle de prévoyance et d'assurance vieillesse, pour financer l'opération d'intégration dans ladite caisse de la Caisse autonome de retraite des géomètres-experts, experts agricoles et fonciers.

Le montant de ce prélèvement, qui ne peut excéder le tiers des ressources disponibles au 31 décembre 1999 du fonds mentionné au précédent alinéa, est fixé par le conseil d'administration de la Caisse nationale d'assurance vieillesse des professions libérales.

Loi n° 2008-776 du 4 août 2008,

De modernisation de l'économie (JO 5 août).

Art. 15 I. — Il ne peut plus être créé de régime complémentaire facultatif en application du dernier alinéa des articles L. 644-1 et *(Ord. n° 2018-470 du 12 juin 2018, art. 5)* « L. 654-1 » du code de la sécurité sociale à compter du 1er janvier 2009.

II. — Les contrats souscrits par les adhérents à un régime créé en application du dernier alinéa des articles L. 644-1 et *(Ord. n° 2018-470 du 12 juin 2018, art. 5)* « L. 654-1 » du code de la sécurité sociale peuvent être transférés à un organisme régi par le livre II du code de la mutualité ou à une entreprise régie par le code des assurances. La décision de transfert est prise par le conseil d'administration de l'organisme gestionnaire du régime.

Les deuxième et quatrième alinéas de l'article L. 212-11 du code de la mutualité ainsi que les deux premières phrases du dernier alinéa du même article sont applicables lorsque les contrats sont transférés à une mutuelle régie par le livre II du même code.

Les deuxième et septième alinéas de l'article L. 324-I du code des assurances sont applicables lorsque les contrats sont transférés à une entreprise régie par ce même code.

Sont validés les textes réglementaires, et leurs effets, pris en application de l'art. L. 644-1 CSS, à l'exception du Décr. n° 85-283 du 27 févr. 1985 relatif au régime d'assurance vieillesse complémentaire des chirurgiens-dentistes. — Sont validés, sous réserve des décisions de justice devenues définitives, les appels de cotisations du régime d'assurance vieillesse complémentaire des chirurgiens-dentistes effectués en application du Décr. n° 85-283 du 27 févr. 1985 préc. (L. n° 94-637 du 25 juill. 1994, art. 41-III).

Retraite complémentaire. Est entaché d'illégalité le décret modificatif qui a été pris sans qu'ait été recherché, conformément à l'art. L. 644-1 CSS, l'accord de la majorité des assujettis au régime de base. • CE 18 févr. 1994 : *RJS 1994, n° 770.* ♦ Seules les dispositions de l'art. 3 du Décr. n° 79-262 du 21 mars 1979 modifié sont applicables au litige relatif à la régularisation des cotisations professionnelles dues au régime complémentaire d'assurance vieillesse géré par la Cipav, à l'exclusion des statuts de la Caisse. • Civ. 2e, 15 juin 2017, n° 16-21.372 P : *RJS 2017, n° 713 ; RDSS 2017. 774, note Tauran.*

Le régime d'assurance vieillesse complémentaire par groupes ou activités professionnels sont consultables en ligne, V. Dalloz.fr et applications mobiles Dalloz.

Art. L. 644-2 **A la demande du conseil d'administration de la Caisse nationale d'assurance vieillesse des professions libérales, des décrets peuvent fixer, en sus des cotisations prévues aux articles L. 642-1 et L. 644-1, et servant à financer** *(L. n° 2003-775 du 21 août 2003, art. 94, en vigueur le 1er janv. 2004)* **« le régime d'assurance vieillesse de base » et le régime d'assurance vieillesse complémentaire, une cotisation destinée à couvrir un régime d'assurance invalidité-décès, fonctionnant à titre obligatoire dans le cadre, soit de l'ensemble du groupe professionnel, soit d'une activité professionnelle particulière et comportant des avantages en faveur des veuves et des orphelins.** *(Ord. n° 2018-470 du 12 juin 2018, art. 7)* **« Un décret détermine les conditions dans lesquelles le mode de calcul de la cotisation et des prestations de ce régime est adapté pour les conjoints collaborateurs** *(L. n° 2018-1203 du 22 déc. 2018, art. 47-III, en vigueur le 1er janv. 2020)* **« et les personnes ayant fait valoir l'option prévue à l'article L. 642-4-2 » qui y sont affiliés. »**

1. Suspension d'activité. Les garanties accordées par le régime invalidité-décès demeurent acquises à un administrateur judiciaire en situation de suspension provisoire de ses fonctions, au titre des années postérieures à la suspension, alors même que la caisse qui a procédé à tort à sa radiation n'a pas mis celui-ci en demeure de payer ses cotisations. • Soc. 13 janv. 1994 : *RJS 1994, n° 191.* ♦ Dans le même sens : • Soc. 27 oct. 1976 : *Bull. civ. V, n° 536* (à propos d'un notaire frappé d'une mesure d'interdiction temporaire d'exercer ses fonctions).

2. Chirurgiens-dentistes. Aux termes de l'art. 1er, § 6, des statuts du régime d'invalidité-décès des chirurgiens-dentistes non salariés, demeurent affiliés obligatoirement au régime d'incapacité professionnelle permanente-décès les chirurgiens-dentistes âgés de moins de soixante-cinq ans bénéficiant d'une retraite anticipée et les chirurgiens-dentistes bénéficiant d'une retraite pour inaptitude à partir de l'âge de soixante ans, sous réserve notamment qu'ils aient des enfants à charge. Doit être censuré l'arrêt qui rejette la demande de l'assuré au motif qu'il n'a pas *plusieurs* enfants à charge lors du départ en retraite. • Soc. 10 févr. 2000, n° 98-12.601 P : *RJS 2000, n° 455.*

Les régimes d'assurance invalidité-décès par groupe ou activités professionnels ou d'assurance-décès sont consultables en ligne, V. Dalloz.fr et applications mobiles Dalloz.

Art. L. 644-3 *(L. n° 2003-775 du 21 août 2003, art. 94, en vigueur le 1er janv. 2004)* **A la demande du conseil d'administration de la Caisse nationale d'assurance vieillesse des professions libérales et après avis des organisations syndicales et professionnelles les plus représentatives des professions intéressées, des décrets peuvent étendre l'affiliation à titre obligatoire aux régimes complémentaires institués en application de l'article**

L. 644-1 aux personnes exerçant les fonctions mentionnées aux 11°, 12° ou 23° de l'article L. 311-3.

Les personnes mentionnées à l'alinéa précédent, qui ne sont pas dispensées de l'affiliation aux institutions mentionnées à l'article L. 921-1, cotisent aux régimes institués en application de l'article L. 644-1 dans les conditions prévues par les statuts des régimes complémentaires institués en application dudit article.

Un décret fixe les conditions d'application du présent article.

Art. L. 644-4 (Abrogé par Ord. n° 2018-470 du 12 juin 2018, art. 9) (L. n° 2014-1554 du 22 déc. 2014, art. 16-I-6°) *Le chapitre VI du titre VII du livre III est applicable aux prestations servies en application du présent chapitre.*

CHAPITRE V AVANTAGES COMPLÉMENTAIRES OUVERTS AUX PRATICIENS ET AUXILIAIRES MÉDICAUX CONVENTIONNÉS

SECTION PREMIÈRE DISPOSITIONS GÉNÉRALES

(L. n° 2005-1579 du 19 déc. 2005, art. 77-I)

Les dispositions de cette section issues de la L. n° 2005-1579 du 19 déc. 2005 entrent en vigueur le 1er janv. 2006.

Art. L. 645-1 Les médecins, chirurgiens-dentistes, sages-femmes et auxiliaires médicaux mentionnés à l'article *(Ord. n° 2018-470 du 12 juin 2018, art. 2)* « L. 646-1 » et les directeurs de laboratoires privés d'analyses médicales non médecins mentionnés à l'article L. 162-14 bénéficient d'un régime de prestations complémentaires de vieillesse propre à chacune de ces catégories professionnelles.

Ces prestations ne peuvent être attribuées qu'à des médecins, chirurgiens-dentistes, sages-femmes, auxiliaires médicaux et directeurs de laboratoires privés d'analyses médicales non médecins ayant exercé, au moins pendant une durée fixée par décret, une activité professionnelle non salariée dans le cadre des conventions ou adhésions personnelles mentionnées aux articles *(Ord. n° 2018-470 du 12 juin 2018, art. 2)* « L. 646-1 » et L. 162-14.

Pour chacun des régimes mentionnés au premier alinéa, des décrets peuvent prévoir que les personnes dont l'activité non salariée ne constitue pas l'activité professionnelle principale ou dont le revenu professionnel non salarié est inférieur à un montant fixé par décret pourront demander à être dispensées de l'affiliation aux régimes prévus au présent chapitre.

Jurisprudence sous l'empire de l'ancien art. L. 645-1

1. Directives communautaires. Les directives communautaires concernant l'assurance ne sont pas applicables aux régimes légaux de sécurité sociale. Par suite, les décrets qui déterminent les règles applicables, d'une part, au régime des prestations supplémentaires de vieillesse des médecins conventionnés, d'autre part, aux régimes d'assurance vieillesse complémentaire et d'assurance invalidité-décès des travailleurs non salariés des professions libérales, ne sauraient être entachés d'illégalité du fait de la méconnaissance des objectifs des directives en cause, lesdits régimes revêtant le caractère de régimes légaux de sécurité sociale. • CE 28 juin 1995 : *RJS 1995, n° 1069.*

2. Suspension d'activité. La suspension temporaire de l'exercice de l'activité médicale pour raison de santé ne fait pas disparaître l'obligation d'affiliation au régime d'assurance vieillesse complémentaire institué par l'art. L. 645-1 CSS et rendu obligatoire pour tous les médecins exerçant à titre non salarié dans le cadre d'une convention. • Soc. 20 nov. 1997 : *D. 1998. IR 9 ; RJS 1998, n° 225* (en l'espèce le médecin malade qui s'est fait remplacer et a continué à satisfaire à ses obligations en matière de cotisations et de taxe professionnelle n'a pas cessé définitivement son activité professionnelle).

Art. L. 645-2 Le financement des régimes prévus au premier alinéa de l'article L. 645-1 est assuré par une cotisation forfaitaire annuelle obligatoire, distincte selon les régimes, dont le montant est fixé par décret. *(L. n° 2009-1646 du 24 déc. 2009, art. 68)* « Toutefois, il peut être substitué à la cotisation forfaitaire une cotisation proportionnelle aux revenus *(L. n° 2011-1906 du 21 déc. 2011, art. 37-XIX)* « d'activité » non salariés tels que visés à l'article *(L. n° 2014-626 du 18 juin 2014, art. 26-I-13°)*

« L. 642-1 » pour les assurés reprenant ou poursuivant une activité relevant de l'article L. 643-6. » – *V. note ss. art.*

Le versement de cette cotisation annuelle ouvre droit, pour chacun des régimes, à l'acquisition d'un nombre de points dans des conditions déterminées par décret. – *Les dispositions issues de la L. n° 2014-626 du 18 juin 2014 s'appliquent aux cotisations et aux contributions de sécurité sociale dues au titre des périodes courant à compter du 1er janv. 2015 (L. préc., art. 26-III-A).*

Pour les médecins libéraux : V. Décr. n° 2011-1644 du 25 nov. 2011 (JO 26 nov.) mod. par Décr. n° 2012-1485 du 27 déc. 2012 (JO 29 déc.) et Décr. n° 2016-1198 du 2 sept. 2016 (JO 4 sept.).

Pour les sages-femmes : V. Décr. n° 2011-2002 du 28 déc. 2011 (JO 29 déc.) mod. par Décr. n° 2017-1812 du 28 déc. 2017 (JO 30 déc.).

Ancien art. L. 645-2 *Le financement des régimes prévus au premier alinéa de l'article L. 645-1 est assuré par une cotisation forfaitaire annuelle obligatoire, distincte selon les régimes, dont le montant est fixé par décret.* (L. n° 2009-1646 du 24 déc. 2009, art. 68) *« Toutefois, il peut être substitué à la cotisation forfaitaire une cotisation proportionnelle aux revenus* (L. n° 2011-1906 du 21 déc. 2011, art. 37-XIX) *« d'activité » non salariés tels que visés à l'article L. 642-2 pour les assurés reprenant ou poursuivant une activité relevant de l'article L. 643-6. »*

Le versement de cette cotisation annuelle ouvre droit, pour chacun des régimes, à l'acquisition d'un nombre de points dans des conditions déterminées par décret.

Il résulte des dispositions combinées des art. L. 645-2 *[ancien]* et D. 646-1 CSS que les décrets qui déterminent le financement des régimes complémentaires de vieillesse et d'invalidité-décès des professions libérales doivent intervenir sur le rapport du ministre chargé de la sécurité sociale et du ministre chargé du budget. Dès lors qu'il ne ressort ni des mentions du décret attaqué, ni des pièces du dossier que le ministre chargé du budget ait été associé à son élaboration, le Décr. n° 93-763 du 29 mars 1993 relatif au régime des prestations supplémentaires d'assurance vieillesse des médecins conventionnés est entaché d'illégalité. • CE 14 avr. 1995 : *RJS 1995, n° 958.*

Art. L. 645-3 Pour chacun des régimes prévus au premier alinéa de l'article L. 645-1, une cotisation d'ajustement peut être appelée, dans des conditions fixées par décret, en sus de la cotisation prévue à l'article L. 645-2. Cette cotisation annuelle obligatoire est proportionnelle aux revenus que les intéressés tirent de l'activité mentionnée aux articles *(Ord. n° 2018-470 du 12 juin 2018, art. 2)* « L. 646-1 » et L. 162-14. Le versement de cette cotisation ne donne pas lieu à l'acquisition de points supplémentaires. Néanmoins, tout ou partie de cette cotisation peut ouvrir droit à des points supplémentaires dans des conditions fixées par décret, après avis des sections professionnelles des régimes mentionnés à l'article L. 645-1. Les caisses d'assurance maladie participent au financement de cette cotisation dans les conditions prévues au 5° du I de l'article L. 162-14-1.

V. Décr. n° 2011-1644 du 25 nov. 2011 (JO 26 nov.) mod. par Décr. n° 2012-1485 du 27 déc. 2012 (JO 29 déc.) et Décr. n° 2016-1198 du 2 sept. 2016 (JO 4 sept.).

Art. L. 645-4 Les prestations complémentaires de vieillesse prévues au premier alinéa de l'article L. 645-1 et les pensions de réversion y afférentes sont servies aux intéressés par les sections professionnelles mentionnées à l'article L. 641-5, dans des conditions fixées par décret.

Art. L. 645-5 La valeur de service du point de retraite pour les prestations de droit direct et les pensions de réversion liquidées antérieurement au 1er janvier 2006 est fixée par décret pour chacun des régimes.

Les points non liquidés et acquis antérieurement au 1er janvier 2006 ouvrent droit à un montant annuel de pension égal à la somme des produits du nombre de points acquis chaque année par une valeur de service du point. Cette valeur, fixée par décret, peut varier selon l'année durant laquelle les points ont été acquis et selon l'année de liquidation de la pension.

Les points acquis à compter du 1er janvier 2006 ouvrent droit à un montant annuel de pension égal au produit du nombre de points portés au compte de l'intéressé par la valeur de service du point. Cette valeur de service est fixée par décret.

(L. n° 2012-1404 du 17 déc. 2012, art. 79) « Pour l'application du premier alinéa, une valeur de service plus favorable peut être prévue par décret pour les pensions de réversion, au titre d'un nombre de points n'excédant pas un seuil défini par décret. »

Art. L. 645-6 (Abrogé par Ord. n° 2018-470 du 12 juin 2018, art. 9) (L. n° 2014-1554 du 22 déc. 2014, art. 16-I-7°) ***Le chapitre VI du titre VII du livre III est applicable aux prestations servies en application du présent chapitre.***

SECTION II *[ABROGÉE]* COMPENSATION

(Abrogée par L. n° 2008-1330 du 17 déc. 2008, art. 95, à compter du 1er janv. 2009)

Art. L. 645-6 *Abrogé par L. n° 2008-1330 du 17 déc. 2008, art. 95, à compter du 1er janv. 2009. — V. art. D. 645-7 à D. 645-15.*

CHAPITRE VI DISPOSITIONS D'APPLICATION

Art. L. 646-1 Le régime d'assurance obligatoire institué par le présent chapitre est applicable :

1° Aux médecins exerçant leur activité professionnelle, non salariée, dans le cadre de la convention prévue à l'article L. 162-5 *(Ord. n° 96-345 du 24 avr. 1996, art. 21-I-1° ; L. n° 2004-810 du 13 août 2004, art. 48-III)* « ou, en l'absence d'une telle convention, dans le cadre du règlement prévu à l'article L. 162-14-2 » ;

2° Aux médecins exerçant leur activité professionnelle, non salariée, dans le cadre de la convention mentionnée au 1° et de la convention prévue à l'article L. 162-14 *(Ord. n° 96-345 du 24 avr. 1996, art. 21-I-2° ; L. n° 2004-810 du 13 août 2004, art. 48-III)* « ou, en l'absence de la convention mentionnée au 1°, dans le cadre du règlement prévu à l'article L. 162-14-2 » ;

3° Aux chirurgiens-dentistes, sages-femmes et auxiliaires médicaux qui exercent leur activité professionnelle, non salariée, dans le cadre de la convention conclue en application *(L. n° 94-637 du 25 juill. 1994, art. 26-VI)* « des articles L. 162-9, L. 162-12-2 ou L. 162-12-9 » ou, en l'absence d'une telle convention, dans le cadre du régime de l'adhésion personnelle prévue au dernier alinéa de l'article L. 162-11 ;

4° *(L. n° 93-121 du 27 janv. 1993, art. 32-I)* « Aux étudiants en médecine visés au premier alinéa de l'article L. 4131-2 du code de la santé publique qui effectuent le remplacement d'un docteur en médecine ». — *[Anc. art. L. 722-1.]*

Art. L. 646-2 *(L. n° 87-39 du 27 janv. 1987, art. 16-I)* Les médecins qui ont choisi, en application de la convention nationale prévue à l'article L. 162-5, de pratiquer des honoraires différents des honoraires conventionnels peuvent, par dérogation aux dispositions du 1° de l'article *(Ord. n° 2018-470 du 12 juin 2018, art. 2)* « L. 646-1 », demander à *(L. n° 2017-1836 du 30 déc. 2017, art. 15-V, en vigueur le 1er janv. 2018)* « ne pas être affiliés au régime institué par le présent chapitre.

« Cette option » intervient au moment de leur début d'activité ou lorsque, dans le cadre de la convention nationale prévue à l'article L. 162-5, la faculté de modifier leur option conventionnelle leur est ouverte. Ce choix s'exprime dans les mêmes conditions de délai que l'option conventionnelle.

(L. n° 93-8 du 4 janv. 1993, art. 13-I) « Les deux premiers alinéas du présent article sont applicables aux médecins qui sont autorisés à appliquer les tarifs majorés visés au 8° de l'article L. 162-5. »

(L. n° 2011-1906 du 21 déc. 2011, art. 37-XXVII) « Les pédicures-podologues qui exercent leur activité professionnelle dans les conditions mentionnées au 3° de l'article *(Ord. n° 2018-470 du 12 juin 2018, art. 2)* « L. 646-1 » peuvent également, par dérogation au même 3°, demander à *(L. n° 2017-1836 du 30 déc. 2017, art. 15-V, en vigueur le 1er janv. 2018)* « ne pas être affiliés au régime institué par le présent chapitre » au moment de leur début d'activité ». — *[Anc. art. L. 722-1-1.]*

Art. L. 646-3 *(L. n° 2015-1702 du 21 déc. 2015, art. 84-I-2°) (L. n° 2017-1836 du 30 déc. 2017, art. 15-V, en vigueur le 1er janv. 2018)* « Outre *(Ord. n° 2018-470 du 12 juin 2018, art. 2)* « la cotisation mentionnée à l'article » L. 621-2, les praticiens et auxiliaires médicaux conventionnés mentionnés à l'article *(Ord. n° 2018-470 du 12 juin 2018, art. 2)* « L. 646-1 » sont redevables d'une contribution dont le taux est égal à 3,25 %. »

Cette contribution est calculée et recouvrée dans les conditions prévues aux articles L. 131-6, L. 131-6-1 et L. 131-6-2 sur la part des revenus d'activité professionnelle tirés :

1° Des dépassements mentionnés au 18° de l'article L. 162-5, à l'article L. 162-5-13 et au 1° de l'article L. 162-14-1 ;

2° Des activités ne relevant pas du champ des conventions mentionnées à l'article L. 162-14-1, à l'exception des activités non salariées réalisées dans des structures dont le financement inclut leur rémunération et à l'exception de la participation à la permanence des soins définie à l'article L. 1435-5 du code de la santé publique. – *[Ancien art. L. 722-4.]*

Art. L. 646-4 *(Ord. n° 2018-470 du 12 juin 2018, art. 2)* « En cas de maternité, d'adoption, de paternité ou d'accueil de l'enfant, les praticiens et auxiliaires médicaux mentionnés à l'article L. 646-1 ont droit, dans les conditions mentionnées au 2° du II de l'article L. 313-1, à des allocations et indemnités attribuées selon les dispositions des articles L. 623-1, L. 623-5 et L. 646-5.

« Un décret détermine les modalités d'application de l'alinéa précédent et notamment les montants des allocations et indemnités mentionnées à cet alinéa ainsi que les durées d'attribution de ces dernières.

« En cas de décès, leurs ayants droits bénéficient, dans les conditions mentionnées au 2° du II de l'article L. 313-1 et aux articles L. 361-4 et *(L. n° 2018-1203 du 22 déc. 2018, art. 76-I)* « L. 361-5 », du versement d'un capital correspondant à une fraction, fixée par décret, » du montant du revenu ayant servi de base au calcul de la cotisation de l'intéressé dans la limite du plafond prévu à l'article L. 241-3. » – *Les dispositions issues de l'art. 76-I de la L. n° 2018-1203 du 22 déc. 2018 s'appliquent aux prestations versées au titre d'arrêts de travail débutant à compter du 1er janv. 2019 (L. préc., art. 76-III).*

Les prestations sont servies par les Caisses primaires d'assurance maladie. Elles cessent d'être accordées suivant les modalités fixées par décret en Conseil d'État [art. R. 722-3] :

1° Au cas où la convention ou l'adhésion personnelle liant le praticien ou l'auxiliaire médical cesse d'avoir effet ;

2° En cas de cessation, par l'intéressé, de l'exercice non salarié de sa profession ;

3° Pendant la durée de toute sanction prononcée par la juridiction compétente à l'encontre de l'intéressé et comportant l'interdiction, pour une durée supérieure à trois mois, de donner des soins aux assurés sociaux.

(L. n° 99-641 du 27 juill. 1999, art. 6-I-6°) « Les prestations en espèces » ne sont accordées que si les cotisations échues ont été versées par l'assuré avant l'ouverture du risque. – *[Ancien art. L. 722-6.]*

Jurispr. rendue ss. l'empire des textes antérieurs à l'Ord. n° 2018-470 du 12 juin 2018.

1. Les modalités particulières de l'assurance maladie des praticiens et auxiliaires médicaux conventionnés ne modifient pas la nature de l'activité qu'ils exercent, laquelle ne relève pas du régime général de la sécurité sociale. • Soc. 23 févr. 1995 : *RJS 1995, n° 446.*

2. L'exercice simultané d'une activité salariée et de l'activité non salariée de praticien ou auxiliaire médical conventionné n'ouvre droit aux indemnités journalières de l'assurance maladie du régime général que dans le cas où l'activité salariée constitue l'activité principale. • Soc. 23 févr. 1995 : *préc. note 1.*

Art. L. 646-5 *(L. n° 2013-1203 du 23 déc. 2013, art. 38-II)* Les femmes qui relèvent à titre personnel du régime d'assurance obligatoire institué par le présent chapitre bénéficient d'une indemnité journalière forfaitaire dès lors qu'elles se trouvent dans l'incapacité physique de continuer ou de reprendre leur activité professionnelle en raison de difficultés médicales liées à leur grossesse. Cette incapacité temporaire de travail est constatée dans les conditions prévues *(L. n° 2015-1702 du 21 déc. 2015, art. 59-XII-A-30°, en vigueur le 1er janv. 2016)* « à » l'article L. 321-1.

L'indemnité prévue au premier alinéa du présent article est accordée à l'expiration d'un délai déterminé à compter du début de l'incapacité temporaire de travail et est due, pendant une durée fixée par décret, pour chaque jour ouvrable ou non. L'indemnité est servie dans les conditions et sous réserve des obligations prévues à l'article L. 323-6.

Les modalités d'application du présent article, notamment le montant de l'indemnité journalière mentionnée au premier alinéa, le délai et la durée maximale de versement mentionnés au deuxième alinéa, sont fixées par décret.

L'indemnité journalière mentionnée au premier alinéa n'est pas cumulable avec *(Ord. nº 2018-470 du 12 juin 2018, art. 2)* « les indemnités journalières versées en application des dispositions du premier alinéa de l'article L. 646-4 ». — *[Ancien art. L. 722-8-2.]*

TITRE CINQUIÈME ASSURANCE VIEILLESSE ET INVALIDITÉ-DÉCÈS DES AVOCATS *(Ord. nº 2018-470 du 12 juin 2018, art. 5).*

CHAPITRE PREMIER CHAMP D'APPLICATION – AFFILIATION *(Ord. nº 2018-470 du 12 juin 2018, art. 5)*

Art. L. 651-1 Sont affiliés de plein droit à la Caisse nationale des barreaux français, les avocats au Conseil d'État et à la Cour de cassation et tous les avocats et avocats stagiaires en activité dans les barreaux de la métropole et des collectivités mentionnées à l'article L. 751-1.

CHAPITRE II ORGANISATION ADMINISTRATIVE ET FINANCIÈRE *(Ord. nº 2018-470 du 12 juin 2018, art. 5).*

SECTION PREMIÈRE ORGANISATION ADMINISTRATIVE – CAISSE NATIONALE DES BARREAUX FRANÇAIS *(Ord. nº 2018-470 du 12 juin 2018, art. 5).*

Art. L. 652-1 *(Ord. nº 2018-470 du 12 juin 2018, art. 5)* « La Caisse nationale des barreaux français est une caisse privée dotée de la personnalité civile ».

Les statuts de cette caisse ne peuvent entrer en vigueur qu'après avoir été approuvés par arrêté interministériel. — *[Anc. art. L. 723-1.]*

Jurispr. rendue ss. l'empire des textes antérieurs à l'Ord. nº 2018-470 du 12 juin 2018.

1. Conv. EDH. Les restrictions qu'apporte à la liberté d'association, consacrée par l'art. 11 Conv. EDH, l'obligation faite par l'art. L. 723-1 CSS pour un avocat de cotiser à la Caisse nationale des barreaux français, sont justifiées par la protection des droits et libertés d'autrui, dont relève la contribution à la prévention des risques sociaux pouvant atteindre les membres de la profession. • Civ. 1re, 19 juin 2001, nº 99-19.450 P.

2. Organisation indépendante. Les art. L. 723-1 à L. 723-9 et R. 723-1 à R. 723-69 CSS ont donné à la CNBF une organisation indépendante de celle des professions libérales rattachées au régime d'assurance vieillesse des travailleurs non salariés des professions non agricoles, soumise à un contrôle particulier. • Soc. 6 févr. 2003 : *RJS 2003, nº 538 (2e esp.).*

3. Décision d'affiliation. La CNBF étant un organisme de droit privé régi par les dispositions de l'art. L. 723-1 CSS, le litige portant sur la décision d'affiliation prise par cette caisse relève de la compétence des juridictions de l'ordre judiciaire. • Soc. 6 févr. 2003 : *RJS 2003, nº 538 (1re esp.).*

4. L'intervention d'une décision administrative dans les rapports des organismes avec leurs affiliés n'est pas de nature à modifier la nature du litige ni la détermination de la compétence. • Soc. 6 févr. 2003 : *préc. note 3.*

Art. L. 652-2 *(L. nº 2003-775 du 21 août 2003, art. 97-I, en vigueur le 1er janv. 2004)* Les autorités compétentes de l'État sont représentées auprès de la Caisse nationale des barreaux français par des commissaires du Gouvernement.

(L. nº 2011-331 du 28 mars 2011, art. 8-1º) « Un représentant du garde des sceaux, ministre de la justice, assiste aux séances du conseil d'administration de la Caisse nationale des barreaux français et des commissions ayant reçu délégation de celui-ci. Il est entendu chaque fois qu'il le demande. »

En cas de faute lourde dûment constatée commise par le directeur ou le comptable, l'autorité compétente de l'État peut, après avis du conseil d'administration de la Caisse nationale des barreaux français, mettre fin aux fonctions du directeur ou du comptable. — *[Anc. art. L. 723-7.]*

Art. L. 652-3 Lorsqu'elle statue sur les réclamations concernant la régularité de l'élection des membres de l'assemblée générale et du conseil d'administration de la Caisse nationale des barreaux français, la cour d'appel siège en chambre du conseil ; la décision est prononcée en audience publique. — *V. art. R. 723-1 à R. 723-15.* — *[Anc. art. L. 723-2.]*

Art. L. 652-4 Les délibérations de l'assemblée générale des délégués de la Caisse nationale des barreaux français fixant le montant de la cotisation prévue à l'article *(Ord. n° 2018-470 du 12 juin 2018, art. 5)* « L. 652-7 » et le montant des retraites ne deviennent exécutoires que si, dans un délai déterminé à compter du jour où leur texte a été communiqué aux autorités compétentes de l'État, aucune de celles-ci n'a fait connaître qu'elle s'opposait à leur application. — *[Anc. art. L. 723-8.]*

Les délibérations fixant le taux de la cotisation ne sont pas exécutoires avant la venue à expiration du délai d'un mois imparti aux autorités de tutelle pour faire opposition à leur application. La communication des délibérations aux autorités de tutelle incombant à la caisse, il appartient à celle-ci d'en rapporter la preuve pour justifier de leur caractère exécutoire. • Civ. 2e, 4 avr. 2018, n° 17-10.936 P : *RJS 6/2018, n° 447 et 449.* ♦ Cette preuve n'est pas rapportée par la production des seuls procès-verbaux des délibérations non accompagnés des lettres adressées par la CNBF aux autorités de tutelle. Il s'ensuit que la caisse n'est pas fondée à réclamer le paiement des cotisations correspondantes. • Même arrêt.

Art. L. 652-5 *(L. n° 2017-1836 du 30 déc. 2017, art. 77)* I. — L'État conclut, pour une période minimale de quatre ans, avec la Caisse nationale des barreaux français, dans le respect des lois de financement de la sécurité sociale, une convention d'objectifs et de gestion comportant des engagements réciproques des signataires.

II. — Cette convention détermine les objectifs pluriannuels de gestion, les moyens de fonctionnement dont la caisse dispose pour les atteindre et les actions mises en œuvre à ces fins par chacun des signataires.

Elle précise notamment :

1° Les objectifs liés à la mise en œuvre des dispositions législatives et réglementaires qui régissent la gestion du risque, le service des prestations ou le recouvrement des cotisations et des impôts affectés ;

2° Les objectifs liés à l'amélioration de la qualité du service aux usagers ;

3° Les objectifs de l'action sociale ;

4° Les règles de calcul et d'évolution des budgets de gestion et d'action sociale.

Cette convention prévoit, le cas échéant, les indicateurs quantitatifs et qualitatifs associés à la définition des objectifs.

Elle détermine également les conditions de conclusion des avenants en cours d'exécution de la convention et le processus d'évaluation contradictoire des résultats obtenus au regard des objectifs fixés. — *[Anc. art. L. 723-2-1.]*

SECTION II **RESSOURCES** *(Ord. n° 2018-470 du 12 juin 2018, art. 5).*

Art. L. 652-6 *(L. n° 94-637 du 25 juill. 1994, art. 43)* Dans la métropole et dans les *(L. n° 2015-1268 du 14 oct. 2015, art. 7-I-3°)* « collectivités mentionnées » à l'article L. 751-1, les droits alloués aux avocats pour la plaidoirie et perçus par eux, au titre de leur activité propre comme de celle des avocats salariés qu'ils emploient, sont affectés au financement du régime d'assurance vieillesse de base de la Caisse nationale des barreaux français. Ils sont recouvrés auprès de chaque avocat non salarié ou société d'avocats par *(L. n° 2014-40 du 20 janv. 2014, art. 49-I-1°, en vigueur le 1er janv. 2014)* « la Caisse nationale des barreaux français. »

Lorsque leur activité principale n'est pas la plaidoirie, les avocats non salariés et les sociétés d'avocats dont au moins un associé ou un salarié est affilié à la Caisse nationale des barreaux français versent une contribution équivalente aux droits de plaidoirie.

Parmi ces derniers, sont réputés ne pas avoir pour activité principale la plaidoirie ceux dont l'activité, déterminée en fonction de leurs revenus professionnels d'avocats complétés des rémunérations nettes versées aux avocats salariés affiliés à la Caisse nationale des barreaux français, donne lieu *(L. n° 2014-40 du 20 janv. 2014, art. 49-I-2°, en vigueur le 1er janv. 2014)* « au versement à ladite caisse d' » un nombre de droits de plaidoirie inférieur à un minimum fixé par *(L. n° 2014-40 du 20 janv. 2014, art. 49-*

I-2°, en vigueur le 1er janv. 2014) « cette même » caisse. Les revenus professionnels non salariés et les rémunérations pris en compte pour le calcul de la contribution équivalente sont appréciés dans la limite d'un plafond fixé dans les conditions prévues au dernier alinéa du présent article.

Les sommes recouvrées par application du présent article *(Abrogé par Ord. n° 2018-470 du 12 juin 2018, art. 5) « et des dispositions de l'article* L. 723-4 » couvrent le tiers des charges du régime d'assurance vieillesse de base de l'année courante.

(Abrogé par Ord. n° 2018-470 du 12 juin 2018, art. 5) « Un décret en Conseil d'État fixe les modalités d'application du présent article ». — [Anc. art. L. 723-3.]

Jurispr. rendue ss. l'empire des textes antérieurs à l'Ord. n° 2018-470 du 12 juin 2018.

1. *Droit de plaidoirie.* Le droit de plaidoirie ne revêt pas le caractère d'une cotisation de sécurité sociale. • Civ. 2e, 20 sept. 2005 : *JCP S 2005. 1424, note Prétot.*

2. *Poursuite de l'activité postérieurement à la liquidation de la pension.* Il résulte des dispositions du règlement du régime de retraite complémentaire obligatoire d'assurance vieillesse et survivants pour les avocats, que la liquidation des droits au titre du régime complémentaire susmentionné n'exonère pas l'avocat qui poursuit son activité professionnelle du paiement de l'ensemble des cotisations dues au régime. • Civ 2e, 15 sept. 2016, n° 15-23.449 P : *RJS 12/2016, n° 826.*

Art. L. 652-7 La caisse instituée par l'article *(Ord. n° 2018-470 du 12 juin 2018, art. 5)* « L. 652-1 » perçoit, outre le montant des droits de plaidoirie mentionnés à l'article *(Ord. n° 2018-470 du 12 juin 2018, art. 5)* « L. 652-6 », une cotisation annuelle obligatoire pour tous les avocats, à l'exception de ceux qui en sont exonérés. Elle peut être graduée suivant l'âge lors de la prestation de serment et l'ancienneté d'exercice depuis la prestation de serment. — *V. art. R. 723-16 à R. 723-20.*

(L. n° 91-73 du 18 janv. 1991, art. 22 ; L. n° 91-1406 du 31 déc. 1991, art. 25 ; L. n° 95-116 du 4 févr. 1995, art. 45-III-2°) « La caisse perçoit également une cotisation assise sur les revenus *(L. n° 2011-1906 du 21 déc. 2011, art. 37-XXII)* « définis en application des articles L. 131-6, L. 131-6-1 et » L. 131-6-2 » *(L. n° 2008-1330 du 17 déc. 2008, art. 22-I)* « dans la limite d'un plafond fixé par décret *(Abrogé par L. n° 2014-626 du 18 juin 2014, art. 25-I-14°) « ; le taux de cette cotisation est également fixé par décret* ». — *Les dispositions issues de la L. n° 2014-626 du 18 juin 2014 s'appliquent aux cotisations et aux contributions de sécurité sociale dues au titre des périodes courant à compter du 1er janv. 2015 (L. préc., art. 25-VI-A).*

(L. n° 93-936 du 22 juill. 1993, art. 9-VII) « La caisse reçoit une contribution du fonds institué par l'article L. 135-1 dans les conditions fixées par l'article L. 135-2. »

(Abrogé par Ord. n° 2018-470 du 12 juin 2018, art. 5) (L. n° 2005-882 du 2 août 2005, art. 15-IX) « Les cotisations d'assurance vieillesse de base du conjoint collaborateur de l'avocat non salarié comportent une part fixée à une fraction de la cotisation visée au premier alinéa et une part calculée sur une fraction équivalente à la précédente du revenu visé au deuxième alinéa.

« Le conjoint collaborateur mentionné à l'article L. 121-4 *du code de commerce peut demander la prise en compte, par l'organisation autonome d'assurance vieillesse mentionnée à l'article* L. 723-1 *du présent code, de périodes d'activité sous réserve de justifier par tous moyens avoir participé directement et effectivement à l'activité de l'entreprise et d'acquitter des cotisations dans des conditions garantissant la neutralité actuarielle. Les périodes susceptibles d'être rachetées sont limitées à six années. Le rachat est autorisé jusqu'au 31 décembre 2020.*

« Un décret en Conseil d'État détermine les conditions d'application du présent article, notamment :

« — les conditions dans lesquelles les demandes doivent être présentées ;

« — le mode de calcul des cotisations et les coefficients de revalorisation qui leur sont applicables ;

« — les modalités de liquidation des droits à l'assurance vieillesse des demandeurs. » — *[Anc. art. L. 723-5.]*

Les dispositions issues de la L. n° 2008-1330 du 17 déc. 2008 sont applicables aux revenus distribués ou payés à compter du 1er janv. 2009 (L. préc., art. 22-II).

Art. L. 652-8 *(L. n° 2002-73 du 17 janv. 2002, art. 47-II)* Sont exonérées du paiement du quart de la cotisation *(Abrogé par Ord. n° 2018-470 du 12 juin 2018, art. 5)*

« forfaitaire » mentionnée au premier alinéa de l'article *(Ord. nº 2018-470 du 12 juin 2018, art. 5)* « L. 652-7 » les femmes ayant accouché durant l'année au titre de laquelle ladite cotisation est appelée. La période ouvrant droit à exonération est le trimestre civil au cours duquel survient l'accouchement. Les dispositions de l'article L. 131-7 ne sont pas applicables à cette exonération. — *[Anc. art. L. 723-5-1.]*

Art. L. 652-9 Outre le montant des droits de plaidoirie et celui des cotisations mentionnés aux articles *(Ord. nº 2018-470 du 12 juin 2018, art. 5)* « L. 652-6 et L. 652-7 », la Caisse nationale des barreaux français peut percevoir une cotisation distincte, destinée au financement d'un régime d'assurance décès et invalidité, dans les conditions fixées par décret en Conseil d'État.

(L. nº 2009-1646 du 24 déc. 2009, art. 62-II) « Un décret en Conseil d'État détermine les conditions dans lesquelles le mode de calcul de la cotisation et des prestations du régime d'assurance décès et invalidité est adapté pour l'affiliation des conjoints collaborateurs. » — *[Anc. art. L. 723-6.]*

Art. L. 652-10 *(L. nº 91-1406 du 31 déc. 1991, art. 26-II)* Les cotisations acquittées pour les avocats visés au 19º de l'article L. 311-3 sont assises *(Ord. nº 2018-474 du 12 juin 2018, art. 4)* « sur leurs revenus d'activité tels qu'ils sont pris en compte pour la détermination de l'assiette des cotisations définie à l'article L. 242-1 et versés » par l'employeur à la Caisse nationale des barreaux français. Une quote-part dont le montant est fixé par décret est due par le salarié. Cette quote-part est précomptée par l'employeur dans les conditions fixées à l'article L. 243-1. — *Les dispositions de l'Ord. nº 2018-474 du 12 juin 2018 s'appliquent aux cotisations et contributions dues pour les périodes courant à compter du 1er sept. 2018 (Ord. préc., art. 16).*

Pour tout avocat qui travaille régulièrement et simultanément pour le compte de deux ou plusieurs employeurs, la part des cotisations à verser et à précompter incombant à chacun des employeurs est déterminée au prorata des rémunérations qu'ils ont respectivement versées dans la limite du montant de la cotisation *(Abrogé par Ord. nº 2018-470 du 12 juin 2018, art. 5) « forfaitaire »* prévue au premier alinéa de l'article *(Ord. nº 2018-470 du 12 juin 2018, art. 5)* « L. 652-7 » et du montant de la cotisation proportionnelle plafonnée prévue au deuxième alinéa de ce même article.

Ces cotisations sont recouvrées dans les mêmes conditions et sous les mêmes sanctions que les cotisations du régime général en application des dispositions de l'article L. 133-3 et des chapitres III et IV du titre IV du livre II du présent code. — *V. art. D. 723-1 et D. 723-2.* — *[Anc. art. L. 723-6-1.]*

Jurispr. rendue ss. l'empire des textes antérieurs à l'Ord. nº 2018-470 du 12 juin 2018.

Il résulte de l'art. L. 723-6-1 CSS que le rôle des cotisations rendu exécutoire est susceptible d'opposition dans les conditions prévues par l'art. L. 244-9 du même code. • Soc. 9 avr. 1998 : *RJS 1998, nº 657.*

Art. L. 652-11 Le rôle des cotisations est rendu exécutoire par le premier président de chaque cour d'appel, sur l'avis du procureur général. — *[Anc. art. L. 723-9.]*

Jurispr. rendue ss. l'empire des textes antérieurs à l'Ord. nº 2018-470 du 12 juin 2018.

1. Décision du premier président. Le premier président qui rend le rôle exécutoire n'agit pas dans l'exercice de ses attributions juridictionnelles. • Soc. 6 févr. 2003 : *RJS 2003, nº 538, 1re esp.*

2. Titre exécutoire. Le rôle constitue un titre exécutoire au sens de l'art. 3, 6º de la L. nº 91-650 du 9 juill. 1991 et comporte tous les effets d'un jugement s'il a été préalablement signifié à l'intéressé, conformément à l'art. R. 133-3 CSS, par un acte mentionnant la voie de recours ouverte, les modalités d'exercice de l'opposition et la désignation de la juridiction compétente, à savoir le tribunal d'instance ou de grande instance du lieu où la CNBF a son siège. • Soc. 6 févr. 2003 : *préc. note 1.*

SECTION III **ORGANISATION FINANCIÈRE ET COMPTABLE** *(Ord. nº 2018-470 du 12 juin 2018, art. 5).*

Néant. — V. art. R. 723-27 à R. 723-30.

SECTION IV **DISPOSITIONS DIVERSES** *(Ord. nº 2018-470 du 12 juin 2018, art. 5).*

Art. L. 652-12 *(L. nº 94-637 du 25 juill. 1994, art. 6-IX)* Les dispositions de l'article *(L. nº 2017-1836 du 30 déc. 2017, art. 15-V, en vigueur le 1er janv. 2018)* « L. 641-8 » sont applicables au régime visé au présent *(Ord. nº 2018-470 du 12 juin 2018, art. 5)* « titre ». Le contrôle prévu par cet article y est exercé par la Caisse nationale des barreaux français. — *V. Arr. du 5 mai 1995 (JO 7 mai) et art. R. 723-31 s. — V. note ss. art. L. 722-1-1. — [Anc. art. L. 723-6-2.]*

CHAPITRE III **PRESTATIONS** *(Ord. nº 2018-470 du 12 juin 2018, art. 5).*

SECTION PREMIÈRE **PRESTATIONS DE RETRAITE DE BASE** *(Ord. nº 2018-470 du 12 juin 2018, art. 5).*

Art. L. 653-1 Sauf dérogation accordée par délibération spéciale du conseil d'administration de la caisse, la pension ne peut être versée qu'à partir du moment où l'intéressé a acquitté la totalité des cotisations à sa charge y compris, s'il y a lieu, les majorations de retard. — *[Anc. art. L. 723-10.]*

Art. L. 653-2 *(L. nº 2003-775 du 21 août 2003, art. 97-I et II)* I. — La liquidation de la pension peut être demandée à partir de l'âge prévu au premier alinéa de l'article L. 351-1.

Lorsque l'intéressé a accompli la durée d'assurance fixée en application du deuxième alinéa de l'article L. 351-1 dans le présent régime et dans un ou plusieurs autres régimes d'assurance vieillesse de base, le montant de la pension de retraite est calculé en proportion de la durée d'assurance à la Caisse nationale des barreaux français.

Un décret en Conseil d'État fixe les coefficients de réduction de la pension de retraite applicables en fonction de l'âge auquel est demandée la liquidation et de la durée d'assurance lorsque l'intéressé ne justifie pas de la durée prévue au deuxième alinéa du présent I.

(L. nº 2011-1906 du 21 déc. 2011, art. 86-III) « La durée d'assurance ayant donné lieu à cotisations à la charge de l'assuré accomplie après l'âge prévu au premier alinéa et au-delà de la durée mentionnée au deuxième alinéa donne lieu à une majoration de la pension dans des conditions fixées par décret en Conseil d'État. Toutefois, pour l'appréciation de cette condition de durée, les bonifications de durée de services et majorations de durée d'assurance, à l'exclusion de celles accordées au titre des enfants et du handicap, prévues par les dispositions législatives et réglementaires, quel que soit le régime de retraite de base au titre duquel elles ont été acquises, ne sont pas prises en compte. Un décret fixe la liste des bonifications et majorations auxquelles s'applique le présent alinéa *[ancienne rédaction : Le décret prévu à l'alinéa précédent détermine également le barème suivant lequel la pension est majorée lorsque la liquidation de la pension de retraite est ajournée au-delà de l'âge et de la durée d'assurance prévus respectivement au premier et au deuxième alinéa du présent I]*. » — *Les dispositions issues de la L. nº 2011-1906 du 21 déc. 2011 ne sont pas applicables aux assurés qui remplissent, avant le 1er janv. 2013, les conditions d'âge et de durée d'assurance ouvrant droit au bénéfice de la majoration de pension prévue au dernier alinéa du I de l'art. L. 723-10-1 CSS, dans sa rédaction antérieure à l'entrée en vigueur de la loi préc. (L. préc., art. 86-V).*

II. — L'âge prévu au premier alinéa du I est abaissé pour les assurés qui ont commencé leur activité avant un âge et dans des conditions déterminés par décret et ont accompli une durée totale d'assurance et de périodes reconnues équivalentes dans le régime d'assurance vieillesse de base des avocats et, le cas échéant, dans un ou plusieurs autres régimes obligatoires au moins égale à une limite définie par décret, tout ou partie de cette durée totale ayant donné lieu à cotisations à la charge de l'assuré. Un décret précise les modalités d'application du présent II, et notamment les conditions dans lesquelles, le cas échéant, *(L. nº 2014-40 du 20 janv. 2014, art. 26-I)* « peuvent être réputées avoir donné lieu au versement de cotisations certaines périodes d'assurance validées en application de l'article L. 351-3 ou de dispositions légales ou réglementaires ayant le même objet, applicables à des régimes obligatoires de base d'assurance vieillesse, selon les conditions propres à chacun de ces régimes ».

(L. nº 2008-1330 du 17 déc. 2008, art. 82-III) « III. — La condition d'âge prévue au premier alinéa du I est abaissée, dans des conditions fixées par décret, pour les assurés

handicapés qui ont accompli, alors qu'ils étaient atteints d'une incapacité permanente *(L. n° 2014-40 du 20 janv. 2014, art. 36-I)* **« d'au moins 50 % », une durée d'assurance dans le régime d'assurance vieillesse de base des avocats et, le cas échéant, dans un ou plusieurs autres régimes obligatoires au moins égale à une limite définie par décret, tout ou partie de cette durée ayant donné lieu à cotisations à la charge de l'assuré.**

« La pension des intéressés est majorée en fonction de la durée ayant donné lieu à cotisations considérée, dans des conditions précisées par décret. » — *[Anc. art. L. 723-10-1.]*

Pour les périodes antérieures au 31 déc. 2015, la reconnaissance de la qualité de travailleur handicapé, au sens de l'art. L. 5213-1 C. trav., est prise en compte pour l'appréciation des conditions mentionnées au III de l'art. L. 723-10-1 [devenu art. L. 653-2]. Les modifications issues de la L. n° 2014-40 du 20 janv. 2014 sont applicables aux pensions prenant effet à compter du 1er févr. 2014 (L. préc., art. 36-III et IV).

Art. L. 653-3 *(L. n° 2009-1646 du 24 déc. 2009, art. 65-VI)* **Les assurés du présent régime bénéficient des dispositions prévues** *(L. n° 2010-1330 du 9 nov. 2010, art. 95)* **« aux articles** *(L. n° 2014-40 du 20 janv. 2014, art. 38-III-3°)* **« L. 351-4 à L. 351-4-2 » », adaptées en tant que de besoin par décret pour tenir compte des modalités particulières de calcul de la pension de ce régime.** — *V. note ss. art. L. 351-4.* — *[Anc. art. L. 723-10-1-1.]*

Les dispositions issues de la L. n° 2014-40 du 20 janv. 2014 sont applicables aux périodes de prise en charge intervenues à compter du 1er févr. 2014 (L. préc., art. 38-V).

Art. L. 653-3-1 *(L. n° 2018-771 du 5 sept. 2018, art. 51-III, en vigueur le 1er janv. 2019)* **Les périodes pendant lesquelles l'assuré a bénéficié de l'allocation mentionnée à l'article L. 5424-25 du code du travail sont comptées comme périodes d'assurance dans le régime d'assurance vieillesse de base des avocats.**

Art. L. 653-4 *(L. n° 2003-775du 21 août 2003, art. 97-I et II, en vigueur le 1er janv. 2004)* **Sont liquidées sans coefficient de réduction, même s'ils ne justifient pas de la durée d'assurance prévue au deuxième alinéa de l'article** *(Ord. n° 2018-470 du 12 juin 2018, art. 5)* **« L. 653-2 », les pensions de retraite :**

1° *(Ord. n° 2018-470 du 12 juin 2018, art. 5)* **« Des assurés » ayant atteint l'âge déterminé en application du 1° de l'article L. 351-8 ;**

2° *(Ord. n° 2018-470 du 12 juin 2018, art. 5)* **« Des assurés » ayant atteint l'âge prévu au premier alinéa de l'article** *(Ord. n° 2018-470 du 12 juin 2018, art. 5)* **« L. 653-2 » et relevant de l'une des catégories suivantes :**

— reconnus atteints d'une incapacité physique d'exercer leur profession dans les conditions prévues à l'article *(Ord. n° 2018-470 du 12 juin 2018, art. 5)* **« L. 653-6 » ;**

— grands invalides mentionnés aux articles L. 36 et L. 37 du code des pensions militaires d'invalidité et des victimes de guerre ;

— anciens déportés et internés titulaires de la carte de déporté ou interné de la Résistance ou de la carte de déporté ou interné politique ;

— personnes mentionnées au 5° de l'article L. 351-8.

(Abrogé par Ord. n° 2018-470 du 12 juin 2018, art. 5) (L. n° 2005-882 du 2 août 2005, art. 15-XII) ***« Les dispositions du présent article sont applicables au conjoint collaborateur de l'avocat non salarié mentionné à l'article L. 723-1. »***

(L. n° 2008-1330 du 17 déc. 2008, art. 82-IV) **« 3° Des travailleurs handicapés admis à demander la liquidation de leur pension de retraite dans les conditions prévues au III de l'article L. 723-10-1. »** — *[Anc. art. L. 723-10-2.]*

Art. L. 653-5 *(L. n° 2003-775 du 21 août 2003, art. 97-I et II, en vigueur le 1er janv. 2004) (L. n° 2014-40 du 20 janv. 2014, art. 27-I-1°)* **« I. — » Sont prises en compte par le régime d'assurance vieillesse de base des avocats, pour l'assurance vieillesse, sous réserve du versement de cotisations fixées dans des conditions définies par décret garantissant la neutralité actuarielle et dans la limite totale de douze trimestres d'assurance :**

(L. n° 2018-166 du 8 mars 2018, art. 11-I, en vigueur le 1er sept. 2018) **« 1° Les périodes d'études mentionnées au 1° du I de l'article L. 351-14-1, lorsque le régime d'assurance vieillesse de base des avocats est le premier régime d'affiliation à l'assurance vieillesse après lesdites études ; »**

2° Les années civiles ayant donné lieu à affiliation au régime d'assurance vieillesse de base des avocats à quelque titre que ce soit, au titre desquelles il est retenu un nombre de trimestres inférieur à quatre.

(L. n° 2014-40 du 20 janv. 2014, art. 27-I-3°) « II. — Par dérogation aux conditions prévues au I, le montant du versement de cotisations prévu pour la prise en compte des périodes mentionnées au 1° du même I peut être abaissé par décret pour les périodes de formation initiale, dans des conditions et limites tenant notamment au délai de présentation de la demande, fixé à dix ans à compter de la fin des études, et au nombre de trimestres éligibles à ce montant spécifique. » — *[Anc. art. L. 723-10-3.]*

V. Âge d'ouverture du droit, Annexe I.

Art. L. 653-6 *(L. n° 2003-775 du 21 août 2003, art. 97-I et II)* L'incapacité physique d'exercer la profession d'avocat s'apprécie en déterminant si, à la date de la demande ou à une date postérieure, le requérant, compte tenu de son âge, de son état de santé, de ses capacités physiques et mentales, de ses aptitudes ou de sa formation professionnelle, n'est plus en mesure d'exercer cette activité professionnelle.

(L. n° 2005-882 du 2 août 2005, art. 15-XII) « Les dispositions du présent article sont applicables au conjoint collaborateur *(Ord. n° 2018-470 du 12 juin 2018, art. 5)* « , au sens des dispositions du titre VI du présent livre, » de l'avocat non salarié *(Abrogé par Ord. n° 2018-470 du 12 juin 2018, art. 5)* ***« mentionné à l'article L. 723-1 »*** et appréciées au regard de l'incapacité à participer en qualité de conjoint collaborateur à l'activité de l'avocat. » — *[Anc. art. L. 723-10-4.]*

Art. L. 653-7 *(L. n° 2008-1330 du 17 déc. 2008, art. 88-VI) (Abrogé par L. n° 2014-40 du 20 janv. 2014, art. 19-IV-1°)* ***« L'attribution de la pension de retraite est subordonnée à la cessation de l'activité d'avocat. »***

Par dérogation au *(L. n° 2014-40 du 20 janv. 2014, art. 19-IV-2°)* « premier alinéa de l'article L. 161-22 », et sous réserve que l'assuré ait liquidé ses pensions de vieillesse personnelles auprès de la totalité des régimes légaux ou rendus légalement obligatoires, de base et complémentaires, français et étrangers, ainsi que des régimes des organisations internationales dont il a relevé, une pension de vieillesse peut être entièrement cumulée avec une activité professionnelle :

a) A partir de l'âge prévu au 1° de l'article L. 351-8 ;

b) A partir de l'âge prévu au premier alinéa de l'article L. 351-1, lorsque l'assuré justifie d'une durée d'assurance et de périodes reconnues équivalentes mentionnée au deuxième alinéa du même article au moins égale à la limite mentionnée au même alinéa.

(L. n° 2014-40 du 20 janv. 2014, art. 20-V) « La pension due par un régime de retraite légalement obligatoire dont l'âge d'ouverture des droits, le cas échéant sans minoration, est supérieur à l'âge prévu à l'article L. 161-17-2 n'est pas retenue pour apprécier la condition de liquidation de l'ensemble des pensions de retraite, et ce jusqu'à ce que l'assuré ait atteint l'âge à partir duquel il peut liquider cette pension ou, en cas de minoration, l'âge auquel celles-ci prennent fin. »— *[Anc. art. L. 723-11-1.]*

Les dispositions issues de l'art. 19 de la L. n° 2014-40 du 20 janv. 2014 sont applicables aux assurés dont la première pension prend effet à compter du 1er janv. 2015 (L. préc., art. 19-VIII).

SECTION V ACTION SOCIALE *(Ord. n° 2018-470 du 12 juin 2018, art. 5).*

Art. L. 653-8 La Caisse nationale des barreaux français exerce une action à caractère sanitaire et social. — *V. art. R. 723-57.* — *[Anc. art. L. 723-12.]*

SECTION VI DISPOSITIONS COMMUNES *(Ord. n° 2018-470 du 12 juin 2018, art. 5).*

Art. L. 653-9 Toute demande de remboursement de trop-perçu en matière de prestations de vieillesse et d'invalidité est prescrite par un délai de deux ans à compter du paiement desdites prestations dans les mains du bénéficiaire *(L. n° 2011-1906 du 21 déc. 2011, art. 114-VIII)* « , sauf en cas de fraude ou de fausse déclaration ».

En cas d'erreur de la Caisse nationale, aucun remboursement de trop-perçu des prestations de vieillesse ou d'invalidité n'est réclamé à un pensionné de bonne foi lorsque

ses ressources sont inférieures au chiffre limite fixé pour l'attribution, selon le cas, à une personne seule ou à un ménage, de l'allocation aux vieux travailleurs salariés. – *La référence au plafond de ressources exigé pour le bénéfice de l'allocation aux vieux travailleurs salariés est remplacée par la référence au plafond de ressources mentionné à l'art. L. 815-9 CSS pour le bénéfice de l'allocation de solidarité (Ord. nº 2004-605 du 24 juin 2004, art. 3).*

Lorsque les ressources de l'intéressé sont comprises entre ce plafond et le double de ce plafond, le remboursement ne peut pas être effectué d'office par prélèvement sur les prestations. Le cas et la situation du pensionné sont alors soumis au bureau du conseil d'administration statuant en commission de recours amiable qui accordera éventuellement la remise totale ou partielle de la dette et déterminera, le cas échéant, l'échelonnement de ce remboursement. – *V. art. R. 723-59, D. 723-1 et D. 723-2. – [Anc. art. L. 723-13.]*

V. Circ. interministérielle DSS nº 2010-260 du 12 juill. 2010 relative aux règles de prescription applicables en matière de sécurité sociale (BO Santé nº 2010/8 du 15 sept. 2010, p. 171).

CHAPITRE IV **RÉGIME COMPLÉMENTAIRE D'ASSURANCE VIEILLESSE ET SURVIVANTS** *(Ord. nº 2018-470 du 12 juin 2018, art. 5).*

Art. L. 654-1 La Caisse nationale des barreaux français peut décider l'institution pour les avocats d'un régime complémentaire obligatoire d'assurance vieillesse et survivants.

(Abrogé par Ord. nº 2018-470 du 12 juin 2018, art. 5) (L. nº 2005-882 du 2 août 2005, art. 15-X) ***« Les conjoints collaborateurs visés au deuxième alinéa de l'article L. 723-1 sont également assujettis au régime complémentaire obligatoire d'assurance vieillesse et survivants. »***

La décision de la Caisse nationale des barreaux français concernant l'institution du régime complémentaire n'entre en vigueur qu'après approbation par décret.

(L. nº 95-116 du 4 févr. 1995, art. 50-I) **« La Caisse nationale des barreaux français peut également constituer un régime complémentaire facultatif dans les conditions fixées par le code de la mutualité. »** – *[Anc. art. L. 723-14.]*

V. L. nº 2008-776 du 4 août 2008, art. 15, ss. art. L. 644-1.

Art. L. 654-2 *(L. nº 95-116 du 4 févr. 1995, art. 50-III)* **« Le régime complémentaire obligatoire est financé** *(Abrogé par L. nº 2011-331 du 28 mars 2011, art. 8-2º)* ***« exclusivement »*** **par les cotisations des assurés assises sur le revenu** *(L. nº 2011-1906 du 21 déc. 2011, art. 37-XXIII)* **« défini en application des articles L. 131-6, L. 131-6-1 et L. 131-6-2 » ou sur les rémunérations brutes pour celles acquittées pour le compte des avocats visés au 19º de l'article L. 311-3, dans la limite d'un plafond. »**

(L. nº 2011-331 du 28 mars 2011, art. 8-2º) **« L'alinéa précédent ne fait pas obstacle à l'application d'une convention entre la Caisse nationale des barreaux français et l'organisme gestionnaire du régime d'assurance chômage mentionné à l'article L. 5427-1 du code du travail, en vue du financement de droits à retraite complémentaire pour les avocats mentionnés au 19º de l'article L. 311-3 du présent code, au titre des périodes pendant lesquelles les assurés concernés ont bénéficié d'une allocation versée par cet organisme. »**

(Abrogé par Ord. nº 2018-470 du 12 juin 2018, art. 5) (L. nº 2005-882 du 2 août 2005, art. 15-XI) ***« Les cotisations d'assurance vieillesse complémentaire du conjoint collaborateur de l'avocat non salarié ont pour assiette, sur demande, un pourcentage du revenu professionnel défini au premier alinéa. Avec l'accord de l'avocat, cette assiette peut être déduite du revenu défini au premier alinéa avant calcul de la cotisation de l'avocat au régime complémentaire. »***

(L. nº 91-1406 du 31 déc. 1991, art. 26-III) **« Ces cotisations obligatoires sont versées et recouvrées dans les mêmes conditions que les cotisations du régime de base instituées par les articles »** *(Ord. nº 2018-470 du 12 juin 2018, art. 5)* **« L. 652-7 et L. 652-10 ».**

Elles sont déductibles du revenu professionnel imposable. – *[Anc. art. L. 723-15.]*

Les dispositions issues de la L. nº 2008-1330 du 17 déc. 2008 sont applicables aux revenus distribués ou payés à compter du 1er janv. 2009 (L. préc., art. 22-II).

Art. L. 654-3 Le règlement mentionné à l'article *(Ord. n° 2018-470 du 12 juin 2018, art. 5)* « L. 654-5 » précise les conditions dans lesquelles, sur demande individuelle, la Caisse nationale des barreaux français peut accorder, compte tenu des ressources de l'intéressé, une exonération des cotisations prévues à l'article *(Ord. n° 2018-470 du 12 juin 2018, art. 5)* « L. 654-2 » en faveur des avocats qui, à titre individuel ou collectif, ont adhéré, avant la promulgation de la loi n° 79-7 du 2 janvier 1979, à des conventions instituant des régimes supplémentaires de retraites. Les droits des avocats qui bénéficieront de cette exonération seront réduits en conséquence. – *[Anc. art. L. 723-16.]*

Art. L. 654-4 Le versement des prestations complémentaires est subordonné à des conditions d'âge, de cessation d'activité et de versement des cotisations dues.

Au décès du cotisant, une pension de réversion est attribuée dans les conditions fixées par le règlement prévu par l'article *(Ord. n° 2018-470 du 12 juin 2018, art. 5)* « L. 654-5 ». – *[Anc. art. L. 723-17.]*

Art. L. 654-5 Le régime complémentaire est régi par un règlement établi par la Caisse nationale des barreaux français et approuvé par *(L. n° 90-1259 du 31 déc. 1990, art. 40 et 67)* « arrêté interministériel ». – *V. Arr. du 31 mars 2009 (JO 15 avr.).* – *[Anc. art. L. 723-19.]*

Art. L. 654-6 Les décisions de la Caisse nationale des barreaux français, tendant à modifier le taux des cotisations et le montant du plafond mentionné à l'article *(Ord. n° 2018-470 du 12 juin 2018, art. 5)* « L. 654-2 » ou à revaloriser les prestations, ne deviennent exécutoires que si, dans le délai d'un mois à compter du jour de leur notification aux autorités compétentes de l'État, aucune de celles-ci ne s'est opposée à leur application. – *V. art. R. 723-62.* – *[Anc. art. L. 723-20.]*

Art. L. 654-7 Le régime complémentaire est géré par la Caisse nationale des barreaux français. Ses opérations sont retracées dans un compte distinct. – *[Anc. art. L. 723-21.]*

CHAPITRE V **DISPOSITIONS DIVERSES** *(Ord. n° 2018-470 du 12 juin 2018, art. 5).*

Art. L. 655-1 *(L. n° 90-1259 du 31 déc. 1990, art. 37)* Les pensions de vieillesse payées par la Caisse nationale des barreaux français sont cessibles et saisissables dans les mêmes conditions et limites que les salaires. Toutefois, elles le sont dans la limite de 90 % au profit des établissements hospitaliers et des organismes de sécurité sociale pour le paiement des frais d'hospitalisation. – *[Anc. art. L. 723-22.]*

Art. L. 655-2 Les avocats exerçant leur profession dans un territoire français d'outre-mer, ainsi que les avocats français exerçant dans un territoire antérieurement placé sous la souveraineté, le protectorat ou la tutelle de la France, peuvent cotiser volontairement à la Caisse nationale des barreaux français.

Un décret en Conseil d'État détermine les conditions auxquelles doit satisfaire l'exercice de la profession d'avocat pour ouvrir le bénéfice des dispositions du présent article.

Les demandes d'affiliation à la Caisse nationale des barreaux français doivent être adressées à ladite caisse avant l'expiration d'un délai fixé par décret en Conseil d'État.

A dater de leur adhésion à l'assurance volontaire instituée au présent article, les intéressés doivent verser à la Caisse nationale des barreaux français, outre les cotisations exigées des avocats inscrits à un barreau français, une cotisation spéciale calculée dans les conditions fixées par décret en Conseil d'État. – *[Anc. art. L. 723-24.]*

TITRE SIXIÈME **DISPOSITIONS APPLICABLES AUX CONJOINTS ASSOCIÉS ET AUX CONJOINTS COLLABORATEURS** *(Ord. n° 2018-470 du 12 juin 2018, art. 7).*

CHAPITRE PREMIER **AFFILIATION**

(Ord. n° 2018-470 du 12 juin 2018, art. 7)

Art. L. 661-1 Sous réserve de l'application des dispositions des articles L. 311-2 et L. 311-6, les conjoints associés, au sens des dispositions de l'article L. 121-4 du code de commerce, des travailleurs indépendants mentionnés au 1° de l'article L. 611-1 sont soumis à titre personnel et obligatoire aux dispositions du présent livre.

Sous réserve de l'application des dispositions des mêmes articles L. 311-2 et L. 311-6, les conjoints collaborateurs, au sens des dispositions de l'article L. 121-4 du code de commerce, des travailleurs indépendants mentionnés au 1° de l'article L. 611-1 qui relèvent des assurances vieillesse, invalidité et décès, ou, pour le versement des prestations en espèces, maladie ou maternité instituées en application du présent livre, à l'exception du chapitre V de son titre IV, sont affiliés à titre personnel et obligatoire, pour ces mêmes risques, aux mêmes régimes que leur conjoint. Ils bénéficient à ce titre des dispositions du présent livre sous réserve des chapitres suivants.

CHAPITRE II COTISATIONS

(Ord. n° 2018-470 du 12 juin 2018, art. 7)

Art. L. 662-1 Les cotisations des conjoints collaborateurs autre que celles mentionnées au cinquième alinéa sont calculées, à leur demande :

1° Soit sur la base d'un revenu forfaitaire ;

2° Soit sur la base d'une fraction du revenu d'activité du chef d'entreprise. Cette fraction s'applique également aux cotisations fixées forfaitairement ;

3° Soit, avec l'accord du chef d'entreprise, sur la base d'une fraction du revenu d'activité de ce dernier, laquelle est alors déduite, par dérogation aux dispositions de l'article L. 131-6, du revenu pris en compte pour déterminer l'assiette des cotisations dues par le chef d'entreprise au titre des différents risques mentionnés à l'article L. 661-1.

Les cotisations dues par les conjoints collaborateurs des assurés mentionnés à l'article L. 622-1 en vue de leur indemnisation en cas de maladie sont calculées sur la base du montant mentionné à la première phrase du troisième alinéa de l'article L. 621-1 et du taux minimal résultant de l'application des dispositions suivantes du même alinéa.

Le 1°, ainsi que, pour les cotisations d'assurance vieillesse de base, le 3°, ne sont pas applicables aux conjoints collaborateurs des assurés affiliés au régime institué en application du titre V du présent livre.

Le 3° n'est pas applicable aux conjoints collaborateurs des assurés mentionnés à l'article L. 613-7. Pour l'application à ces conjoints du 1° et du 2°, il y a lieu d'entendre le chiffre d'affaires ou les recettes là où est mentionné le revenu.

Des décrets fixent pour chaque régime le montant du revenu et le niveau des fractions mentionnés aux 1° à 3°. Ces décrets peuvent fixer plusieurs fractions entre lesquelles les conjoints collaborateurs peuvent opter.

Les cotisations des conjoints collaborateurs sont recouvrées selon les mêmes règles que les cotisations dues par les travailleurs indépendants.

CHAPITRE III PRESTATIONS

(Ord. n° 2018-470 du 12 juin 2018, art. 7)

SECTION PREMIÈRE PRESTATIONS MATERNITÉ, PATERNITÉ, D'ACCUEIL DE L'ENFANT ET D'ADOPTION

Art. L. 663-1 En cas de maternité, paternité, d'accueil de l'enfant ou d'adoption, les conjoints collaborateurs bénéficient, dans les conditions fixées par l'article L. 623-1, d'allocations forfaitaires de repos et, lorsqu'ils font appel à du personnel salarié pour se faire remplacer dans les travaux, professionnels ou ménagers, qu'ils effectuent habituellement, d'indemnités complémentaires *(Abrogé par L. n° 2018-1203 du 22 déc. 2018, art. 71-I)* ***« proportionnelles à la durée et au coût de ce remplacement »***.

Un décret détermine, pour les conjoints des assurés mentionnés à l'article L. 646-1 et pour les conjoints des autres assurés auxquels s'appliquent les dispositions du présent livre, les modalités d'application de l'alinéa précédent, et notamment les montants des allocations et indemnités mentionnées à cet alinéa ainsi que les durées d'attribution de ces dernières.

Les montants maximaux des indemnités de remplacement et, pour les conjoints des assurés mentionnés à l'article L. 646-1, des allocations forfaitaires sont revalorisés dans les mêmes conditions que celles fixées par les articles L. 3231-4 et L. 3231-5 du code du travail pour le salaire minimum de croissance.

Sans préjudice des dispositions du premier alinéa de l'article L. 161-6, la durée maximale d'attribution des indemnités complémentaires de remplacement est égale, pour les conjoints qui adoptent ou accueillent un enfant dans les conditions mentionnées au deuxième alinéa du même article, à la moitié de celle prévue en cas de maternité.

Les dispositions de l'art. 71-I de la L. nº 2018-1203 du 22 déc. 2018 s'appliquent aux allocations mentionnées à l'art. L. 623-1 dont le premier versement intervient à compter du 1er janv. 2019 (L. préc., art. 71-III).

Art. L. 663-2 Les dispositions de l'article L. 623-4 s'appliquent en cas de décès d'une conjointe collaboratrice pendant la période mentionnée à cet article.

SECTION II ASSURANCE VIEILLESSE *(Ord. nº 2018-470 du 12 juin 2018, art. 7).*

Art. L. 663-3 *(L. nº 2005-882 du 2 août 2005, art. 15-IV) (Ord. nº 2018-470 du 12 juin 2018, art. 7)* « Les conjoints collaborateurs peuvent demander » la prise en compte, *(L. nº 2017-1836 du 30 déc. 2017, art. 15-II, en vigueur le 1er janv. 2018)* « au titre de l'assurance vieillesse » *(Ord. nº 2018-470 du 12 juin 2018, art. 7)* « de base », de périodes d'activité, sous réserve de justifier par tous moyens avoir participé directement et effectivement à l'activité de l'entreprise *(Ord. nº 2018-470 du 12 juin 2018, art. 7)* « de leur conjoint » et d'acquitter des cotisations dans des conditions garantissant la neutralité actuarielle. Les périodes susceptibles d'être rachetées sont limitées à six années. Le rachat est autorisé jusqu'au 31 décembre 2020. – *Sur les dispositions transitoires de l'art. 15 de la L. nº 2017-1836 du 30 déc. 2017, V. ss. le livre VI "Dispositions applicables aux travailleurs indépendants".*

Un décret en Conseil d'État détermine les conditions d'application du présent article, notamment :

– les conditions dans lesquelles les demandes doivent être présentées ;

– le mode de calcul des cotisations et les coefficients de revalorisation qui leur sont applicables ;

– les modalités de liquidation des droits à l'assurance vieillesse des demandeurs. – *[Anc. art. L. 633-11.]*

TITRE SEPTIÈME DISPOSITIONS D'APPLICATION

(L. nº 2017-1836 du 30 déc. 2017, art. 15-II)

Sur les dispositions transitoires de l'art. 15 de la L. nº 2017-1836 du 30 déc. 2017, V. ss. le livre VI « Dispositions applicables aux travailleurs indépendants ».

Art. L. 671-1 Des dispositions réglementaires déterminent, en tant que de besoin, les modalités d'application du présent livre. Sauf disposition contraire, elles sont prises par décret en Conseil d'État.

LIVRE SEPTIÈME RÉGIMES DIVERS — DISPOSITIONS DIVERSES

TITRE PREMIER RÉGIMES SPÉCIAUX

CHAPITRE PREMIER DISPOSITIONS GÉNÉRALES

BIBL. ▶ Kessler et Tauran (dir.), Retraites et régimes spéciaux, *RDSS 2015. 577* .

Art. L. 711-1 Parmi celles jouissant déjà d'un régime spécial, le 6 octobre 1945, demeurent provisoirement soumises à une organisation spéciale de sécurité sociale les branches d'activités ou entreprises énumérées par un décret en Conseil d'État. – *V. art. R. 711-1.*

Des décrets établissent pour chaque branche d'activité ou entreprises mentionnées à l'alinéa précédent une organisation de sécurité sociale dotée de l'ensemble des attributions définies à l'article L. 111-1. Cette organisation peut comporter l'intervention de l'organisation générale de la sécurité sociale pour une partie des prestations.

(Abrogé par L. nº 2006-1640 du 21 déc. 2006, art. 136) ***« Les administrateurs des organismes de sécurité sociale relevant des régimes spéciaux sont désignés par voie d'élection à la représentation proportionnelle suivant les modalités définies pour chacun de ces régimes. »***

Sur la conformité de cet art. à la Constitution : V. décis. Const. const. nº 2012-254 QPC du 18 juin 2012 (JO 19 juin 2012, p. 10179).

Les dispositions de l'art. L. 711-1 CSS ne font pas obstacle à l'extension du recouvrement des cotisations versées par les employeurs à la Caisse nationale de retraite des agents des collectivités locales de certaines règles concernant le recouvrement des cotisations du régime général. • CE 28 oct. 1992 : *RJS 1993, nº 80.*

Art. L. 711-1-1 *(L. nº 2008-1425 du 27 déc. 2008, art. 166)* **A compter de l'année 2009, les régimes spéciaux de sécurité sociale mentionnés à l'article L. 711-1 et comptant plus de 20 000 cotisants transmettent au Parlement une évaluation prospective de leurs engagements de retraite et de leurs équilibres financiers, sur trente ans minimum. Ils publient ces informations en annexe de leur rapport annuel et procèdent à leur actualisation à intervalles réguliers.**

SECTION PREMIÈRE RESSOURCES DES ASSURANCES MALADIE ET MATERNITÉ GARANTISSANT LES PERSONNES ASSUJETTIES À L'UN DES RÉGIMES SPÉCIAUX MENTIONNÉS À L'ARTICLE L. 711-1

Art. L. 711-2 Les ressources des assurances maladie et maternité garantissant les personnes assujetties à l'un des régimes spéciaux mentionnés à l'article L. 711-1 ci-dessus sont notamment constituées par des cotisations à la charge des assurés, précomptées et calculées dans des conditions fixées par décret en Conseil d'État :

1º Sur les allocations et revenus de remplacement mentionnés à l'article L. 131-2 ;

2º Sur les avantages de retraite financés en tout ou partie par une contribution de l'employeur assujetti à l'un des régimes mentionnés ci-dessus, ainsi que sur les avantages de retraite ayant donné lieu à rachat de cotisations à l'exception des bonifications ou majorations pour enfants autres que les annuités supplémentaires.

Des exonérations sont accordées aux titulaires d'avantages de retraite ou d'allocations et revenus de remplacement dont les ressources sont insuffisantes. — *V. art. R. 711-15.*

Les dispositions des sections II à V du chapitre III du titre IV du livre II, les dispositions du chapitre IV du même titre, ainsi que celles de l'article L. 374-1 s'appliquent au recouvrement des cotisations mentionnées ci-dessus, sous réserve d'adaptations fixées par décret en Conseil d'État.

(L. nº 96-1160 du 27 déc. 1996, art. 22 ; L. nº 99-1140 du 29 déc. 1999, art. 9-III-4º) **« Ces ressources sont également constituées par une fraction du produit des contributions sociales mentionnées aux articles L. 136-1, L. 136-6, L. 136-7, L. 136-7-1 ».**

Art. L. 711-3 Dans les régimes spéciaux mentionnés à l'article L. 711-1, un plafond peut être appliqué aux *(Ord. nº 2018-474 du 12 juin 2018, art. 4)* **« revenus d'activité** *[ancienne rédaction : rémunérations ou gains]* **» servant de base au calcul d'une partie des cotisations dues par l'employeur au titre des assurances maladie, maternité, invalidité ou décès.** — *V. art. R. 711-3 à R. 711-16 et D. 711-2 à D. 711-5.*

Les dispositions de l'Ord. nº 2018-474 du 12 juin 2018 s'appliquent aux cotisations et contributions dues pour les périodes courant à compter du 1er sept. 2018 (Ord. préc., art. 16).

SECTION II PRESTATIONS

Art. L. 711-4 Les délais de prescription mentionnés aux articles L. 160-11, L. 355-3 et L. 431-2 s'appliquent également dans les régimes spéciaux mentionnés à l'article L. 711-1.

Art. L. 711-5 *(L. nº 2015-1702 du 21 déc. 2015, art. 59-XI-L-1º, en vigueur le 1er janv. 2016)* **« Le 2º du I de l'article L. 313-1 s'applique, en tant que » de besoin, aux assurés relevant des régimes spéciaux mentionnés à l'article L. 711-1.**

Art. L. 711-6 La couverture des frais mentionnés au 3º de l'article *(L. nº 2015-1702 du 21 déc. 2015, art. 59-XII-A-26º, en vigueur le 1er janv. 2016)* **« L. 160-8 » s'applique aux assurés qui relèvent de l'un des régimes spéciaux mentionnés à l'article L. 711-1.**

Art. L. 711-7 *(L. n° 2004-1370 du 20 déc. 2004, art. 40-I)* « La participation de l'assuré mentionnée au II de l'article *(L. n° 2015-1702 du 21 déc. 2015, art. 59-XI-L-2°, en vigueur le 1er janv. 2016)* « L. **160-13** » et au dernier alinéa de l'article L. 432-1 s'applique aux assurés qui relèvent de l'un des régimes spéciaux mentionnés à l'article L. 711-1. » *(L. n° 2007-1786 du 19 déc. 2007, art. 52-I)* « Il en est de même de la franchise annuelle mentionnée au III de l'article *(L. n° 2015-1702 du 21 déc. 2015, art. 59-XI-L-2°, en vigueur le 1er janv. 2016)* « L. **160-13** » et au dernier alinéa de l'article L. 432-1. »

Les 10°, 11° et 12° de l'article *(L. n° 2015-1702 du 21 déc. 2015, art. 59-XI-L-2°, en vigueur le 1er janv. 2016)* « L. **160-14** » s'appliquent, sauf dispositions plus favorables, aux personnes qui relèvent de l'un des régimes spéciaux mentionnés à l'article L. 711-1.

Art. L. 711-8 Les durées d'indemnisation fixées par les articles L. 331-3, L. 331-4, *(L. n° 2001-1246 du 21 déc. 2001, art. 55-XVII)* « L. 331-5, L. 331-7 et L. 331-8 » s'appliquent, sauf dispositions plus favorables, aux assurés qui relèvent de l'un des régimes spéciaux mentionnés à l'article L. 711-1.

Art. L. 711-9 (Abrogé par Ord. n° 2018-470 du 12 juin 2018, art. 6) ***Les dispositions*** (L. n° 2013-404 du 17 mai 2013, art. 18-6°) ***« du dernier alinéa » de l'article L. 331-7 s'appliquent aux assurés qui relèvent de l'un des régimes spéciaux mentionnés à l'article L. 711-1.***

Art. L. 711-10 Les travailleurs soumis à un régime spécial d'assurances mentionné à l'article L. 711-1 doivent recevoir des avantages au moins équivalents à ceux résultant des dispositions du présent code relatives à *(Ord. n° 2004-605 du 24 juin 2004, art. 3)* « l'allocation de solidarité aux personnes âgées ». Des décrets apportent, le cas échéant, au régime mentionné par les dispositions précitées les aménagements nécessaires pour réaliser cette équivalence.

Art. L. 711-11 Dans les régimes spéciaux de sécurité sociale mentionnés à l'article L. 711-1, à l'exception des régimes des pensions de retraite des marins et des pensions civiles et militaires de retraite, le conjoint séparé de corps ou divorcé, sauf si ce dernier s'est remarié avant le décès de son ancien conjoint, a droit à la pension de réversion, quelle que soit la forme du divorce.

La pension de réversion est accordée, sous le bénéfice de la disposition mentionnée à l'alinéa précédent, dans le cadre des dispositions qui réglementent l'octroi des pensions de réversion dans chacun de ces régimes.

Lorsque l'assuré s'est remarié, la pension de réversion à laquelle il est susceptible d'ouvrir droit à son décès est partagée, sauf remariage du ou des conjoints divorcés avant le décès de l'auteur du droit, entre les conjoints survivants ou divorcés, au prorata de la durée respective de chaque mariage. Ce partage est opéré lors de la liquidation des droits du premier d'entre eux qui en fait la demande.

Lorsque le droit à pension de réversion est suspendu en cas de remariage, le bénéficiaire peut, s'il le désire, recouvrer son droit à pension s'il redevient veuf, divorcé ou séparé de corps.

Au décès de l'un des bénéficiaires, sa part de pension de réversion accroît celle des autres, sauf réversion du droit au profit des enfants d'un âge inférieur à un âge fixé par décret en Conseil d'État *[art. R. 711-19 : 21 ans]*. Les dispositions qui précèdent ne peuvent porter préjudice aux droits des ayants cause autres que ceux mentionnés par le présent article. — *V. également art. R. 711-17 et R. 711-18.*

Les dispositions de l'art. L. 711-11 CSS n'exigent pas de l'époux survivant remarié et divorcé que son premier conjoint soit décédé avant son remariage pour recouvrer un droit à pension de réversion du chef de ce conjoint, qui n'est que suspendu en cas de remariage, le bénéficiaire pouvant, s'il le désire, recouvrer son droit à pension s'il redevient veuf, divorcé ou séparé de corps. • Soc. 23 nov. 1995, n° 93-20.792 P : *CSB 1996. 23.*

SECTION III **DISPOSITIONS DIVERSES — DISPOSITIONS D'APPLICATION**

Art. L. 711-12 *(L. n° 91-73 du 18 janv. 1991, art. 13)* Sous réserve de l'application de l'article L. 61 du code des pensions civiles et militaires de retraite, les taux des coti-

sations dues par les employeurs et les assurés pour le financement des régimes spéciaux de sécurité sociale sont fixés par décret, nonobstant toute disposition contraire.

Des dispositions réglementaires déterminent, en tant que de besoin, les modalités d'application du présent chapitre. Sauf disposition législative contraire, elles sont prises par décret en Conseil d'État. – *V. art. R. 711-20 à R. 711-26 et D. 711-6.*

Art. L. 711-13 *(L. nº 2012-958 du 16 août 2012, art. 3-I-C)* **Un décret fixe les conditions d'application des articles L. 241-13 et L. 241-18 aux employeurs relevant des régimes spéciaux de sécurité sociale des marins, des mines et des clercs et employés de notaires.** – *Les dispositions issues de la L. nº 2012-958 du 16 août 2012 s'appliquent aux rémunérations perçues à raison des heures supplémentaires et complémentaires effectuées à compter du 1er sept. 2012 (L. préc., art. 3-VIII-A).*

Art. L. 711-13-1 *Abrogé par L. nº 2003-47 du 17 janv. 2003, art. 11.*

CHAPITRE II RÉGIME DES FONCTIONNAIRES DE L'ÉTAT ET DES MAGISTRATS

SECTION PREMIÈRE BÉNÉFICIAIRES

BIBL. ► PIERRON, Le régime des retraites de l'État ou l'ambivalence d'une intégration budgétaire, *RDSS 2015. 579*.

Art. L. 712-1 Les fonctionnaires en activité, soumis au statut général, et les magistrats de l'ordre judiciaire bénéficient, ainsi que leur famille, dans le cas de maladie, maternité, invalidité et décès, de prestations au moins égales à celles qui résultent de la législation relative au régime général de sécurité sociale. – *V. art. D. 712-1 à D. 712-8.*

Pour son application en Nouvelle-Calédonie, sont insérés, au début de l'art. L. 712-1, les mots : "Sans préjudice des dispositions du deuxième alinéa de l'article L. 712-11-1," (L. nº 2002-303 du 4 mars 2002, art. 126-I-C).

Art. L. 712-2 Les fonctionnaires en retraite, de même catégorie, bénéficient, ainsi que leur famille, de celles des prestations ci-dessus prévues qui sont accordées aux titulaires de pensions de vieillesse des assurances sociales.

SECTION II PRESTATIONS

BIBL. ► BOUTAYEB, Le régime français de retraite des fonctionnaires à l'épreuve du principe d'égalité de rémunération entre hommes et femmes, *RDSS 2014. 1073*.

Art. L. 712-3 Les indemnités, allocations et pensions attribuées aux fonctionnaires en cas d'arrêt de travail résultant de maladie, *(L. nº 2001-1246 du 21 déc. 2001, art. 55-XVII ; L. nº 2012-1404 du 17 déc. 2012, art. 94-VII-F)* **« maternité, paternité et accueil de l'enfant et » invalidité et les allocations attribuées aux ayants droit de fonctionnaires décédés, sont déterminées sans préjudice de l'application de la législation générale sur les pensions. Elles sont liquidées et payées par les administrations ou établissements auxquels appartiennent les intéressés.** – *V. art. D. 712-9, D. 712-10 et D. 712-11 à D. 712-28.*

Art. L. 712-4 L'application des dispositions du présent chapitre ne peut, en aucun cas, avoir pour conséquence la suppression ou la réduction des avantages dont les fonctionnaires bénéficiaient avant l'entrée en application du régime de sécurité sociale les concernant.

Art. L. 712-5 Il est constitué auprès de chaque administration ou établissement dans les conditions prévues par décret, une ou plusieurs commissions composées pour moitié au moins de représentants des organisations de fonctionnaires et auxquelles sont soumises, soit par l'administration ou l'établissement, soit par les intéressés, les difficultés nées de l'application des dispositions de l'article L. 712-3.

SECTION III ORGANISATION ADMINISTRATIVE

Art. L. 712-6 (Abrogé par L. nº 2015-1702 du 21 déc. 2015, art. 59-XI-N, à compter du 1er janv. 2016) ***Les fonctionnaires reçoivent les prestations en nature des assurances***

maladie, maternité, invalidité, dans les conditions prévues au livre III et par l'organe des mutuelles ou sections de mutuelles régies par le code de la mutualité constituées entre fonctionnaires ou des unions de ces organismes qui reçoivent compétence à cet effet, pour l'ensemble des fonctionnaires d'une ou plusieurs administrations dans une même circonscription. — V. art. D. 712-29 à D. 712-36.

(L. n° 95-116 du 4 févr. 1995, art. 59-VIII) ***« Par dérogation à l'alinéa précédent, le service des prestations aux personnes mentionnées à l'article L. 161-14-1 est assuré par les organismes mentionnés au deuxième alinéa de l'article L. 381-9 ».***

Les contrats pluriannuels de gestion conclus en application des art. L. 211-4, L. 381-9 et L. 712-6 CSS dans leur rédaction antérieure à la L. n° 2015-1702 du 21 déc. 2015 de financement de la sécurité sociale pour 2016 demeurent en vigueur jusqu'au 31 déc. 2017 (Décr. n° 2017-656 du 27 avr. 2017, art. 4-I).

BIBL. ▶ Helary-Olivier et Pierret, La protection sociale complémentaire dans la fonction publique d'État : la fin du référencement « Canada dry » ?, *RDSS 2016. 1149* .

Art. L. 712-7 (Abrogé par L. n° 2015-1702 du 21 déc. 2015, art. 59-XI-N, à compter du 1er janv. 2016) ***Les mutuelles ou sections de mutuelles ou unions de ces organismes prévues à l'article L. 712-6 reçoivent, des caisses d'assurance maladie, les fonds nécessaires au service des prestations et justifient auxdites caisses de l'emploi des fonds reçus.*** — V. art. R. 712-1.

Art. L. 712-8 (Abrogé par L. n° 2015-1702 du 21 déc. 2015, art. 59-XI-N, à compter du 1er janv. 2016) ***Au cas où, dans une ou plusieurs administrations d'une même circonscription, il ne peut être constitué une mutuelle ou section de mutuelle ou union de ces organismes comptant un effectif de fonctionnaires fixé par décret*** [art. D. 712-35], ***les mutuelles, sections ou unions existantes sont habilitées de plein droit à exercer le rôle de correspondant de la Caisse d'assurance maladie pour leurs membres. Elles peuvent être habilitées à exercer le rôle de correspondant pour des fonctionnaires autres que leurs membres.***

SECTION IV COTISATIONS

Art. L. 712-9 La couverture des risques *(L. n° 2015-1702 du 21 déc. 2015, art. 59-XII-A-27°, en vigueur le 1er janv. 2016)* **« maladie, maternité et invalidité » est assurée par une cotisation des fonctionnaires et pour ceux qui sont en activité une cotisation au moins égale de l'État.**

La cotisation sur le montant des pensions de retraites est précomptée dans la limite d'un plafond. — *V. art. D. 712-37 à D. 712-43.*

Fonctionnaires. Service non fait. Le Conseil d'État est d'avis qu'il résulte des dispositions de l'art. 4, al. 2, de la L. n° 61-825 du 29 juill. 1961 et de l'art. 61 C. pens. retr. que la retenue pour pension n'a pas à être opérée sur la fraction du traitement non payée pour service non fait et que, par ailleurs, en application des art. L. 712-9 et D. 712-38 CSS, la cotisation d'assurance maladie, maternité et invalidité ne peut, non plus, être opérée sur la fraction du traitement non payée pour service non fait. • CE, avis, 8 sept. 1995 : *D. 1995. IR 207.*

Art. L. 712-10 Les décrets pris pour l'application de l'article L. 712-3 peuvent établir à la charge des fonctionnaires une cotisation destinée à compenser au maximum pour moitié le coût des prestations nouvelles dont les intéressés bénéficient par application de l'article L. 712-3.

SECTION IV *BIS* DISPOSITIONS APPLICABLES AUX MAÎTRES ET DOCUMENTALISTES DE L'ENSEIGNEMENT PRIVÉ

(L. n° 2004-1370 du 20 déc. 2004, art. 31-I)

Art. L. 712-10-1 Les dispositions des articles L. 712-1 et L. 712-3 du premier alinéa de l'article L. 712-9 et de l'article L. 712-10 sont applicables aux maîtres et documentalistes liés à l'État par agrément ou par contrat qui sont en activité dans les établissements d'enseignement privés liés à l'État par contrat.

(L. n° 2007-1786 du 19 déc. 2007, art. 24-III) **« La perte de recettes résultant des dispositions du présent article ne donne pas lieu à application de l'article L. 131-7. »** — *Applicable à compter du 1er janv. 2007.*

SECTION V DISPOSITIONS APPLICABLES AUX STAGIAIRES

Néant. – V. art. D. 712-44 à D. 712-47.

SECTION VI DISPOSITIONS APPLICABLES AUX FONCTIONNAIRES DÉTACHÉS SUR CERTAINS EMPLOIS

Néant. – V. art. D. 712-48 et D. 712-49.

SECTION VII DISPOSITIONS APPLICABLES AUX FONCTIONNAIRES EXERÇANT DANS UN TERRITOIRE D'OUTRE-MER

Néant. – V. art. D. 712-50 à D. 712-54-2.

SECTION VIII DISPOSITIONS DIVERSES – DISPOSITIONS D'APPLICATION

Art. L. 712-11 Les dispositions particulières nécessaires pour la détermination du régime de sécurité sociale des fonctionnaires résidant hors du territoire métropolitain sont fixées par décret. – *V. art. D. 712-56.*

(L. nº 2002-303 du 4 mars 2002, art. 126) « Par dérogation aux dispositions de l'alinéa précédent, le régime de sécurité sociale des fonctionnaires et des magistrats de l'ordre judiciaire exerçant leur activité en Nouvelle-Calédonie est déterminé par l'article L. 712-11-1. »

Art. L. 712-11-1 Sous réserve de l'alinéa ci-après, les magistrats de l'ordre judiciaire, les fonctionnaires civils de l'État, les militaires, les ouvriers de l'État et les fonctionnaires relevant des fonctions publiques territoriale et hospitalière qui exercent leurs fonctions en Nouvelle-Calédonie sont affiliés, ainsi que leurs ayants droit, pour l'ensemble des risques, aux régimes de sécurité sociale qui leur seraient applicables s'ils exerçaient leurs fonctions en métropole.

Dès leur prise de fonction, celles des personnes mentionnées à l'alinéa précédent appelées à servir en Nouvelle-Calédonie pour une durée supérieure à six mois sont, ainsi que leurs ayants droit, affiliées, pour ses seules prestations en nature, au régime unifié d'assurance maladie maternité de la Nouvelle-Calédonie.

Leur réaffiliation au régime général de sécurité sociale s'effectue conformément aux dispositions du titre Ier du livre VII.

Art. L. 712-11-2 Les ayants droit des personnes affiliées au régime unifié d'assurance maladie et maternité mentionnées au premier alinéa de l'article L. 712-11-1 résidant habituellement en métropole ou dans les *(L. nº 2015-1268 du 14 oct. 2015, art. 7-I-4º)* « collectivités mentionnées » à l'article L. 751-1 bénéficient des prestations en nature dudit régime.

Art. L. 712-11-3 Par dérogation au premier alinéa de l'article L. 712-6, les personnes mentionnées au deuxième alinéa de l'article L. 712-11-1 perçoivent les prestations en nature du régime unifié d'assurance maladie et maternité par l'organe de la caisse de compensation des prestations familiales, des accidents du travail et de prévoyance des travailleurs de la Nouvelle-Calédonie.

Pour la mise en œuvre de l'alinéa précédent, une convention est passée entre les mutuelles prévues à l'article L. 712-6 et la caisse de compensation des prestations familiales, des accidents du travail et de prévoyance des travailleurs de la Nouvelle-Calédonie.

Art. L. 712-12 *Abrogé par Ord. nº 2004-637 du 1er juill. 2004, art. 10-2º.*

Art. L. 712-13 Les modalités d'application du présent chapitre et notamment les dispositions nécessaires pour en assurer la coordination avec les dispositions statutaires applicables aux assurés mentionnés à l'article L. 712-1 sont déterminées par décret.

CHAPITRE III RÉGIME DES MILITAIRES

SECTION PREMIÈRE DISPOSITIONS GÉNÉRALES

Art. L. 713-1 *(L. nº 2018-607 du 13 juill. 2018, art. 29)* Bénéficient du régime de sécurité sociale prévu au présent chapitre :

1º Les militaires de carrière et les militaires servant en vertu d'un contrat ;

2° Les retraités militaires ;

3° Par dérogation à l'article L. 160-1 :

a) Les membres majeurs de la famille des assurés sociaux mentionnés aux 1° et 2° du présent article, lorsqu'ils n'exercent pas d'activité professionnelle et qu'ils en font la demande, selon des modalités fixées par décret ;

b) Les enfants mineurs de ces mêmes assurés sociaux, dans les conditions définies à l'article L. 160-2. — *V. art. art. D. 713-1 et D. 713-2.*

Art. L. 713-1-1 *(L. n° 96-1160 du 27 déc. 1996, art. 31-I)* Sous réserve des dispositions du présent chapitre, les personnes relevant de la caisse prévue à l'article L. 713-19 bénéficient *(L. n° 2015-1702 du 21 déc. 2015, art. 59-XI-L-3°, en vigueur le 1er janv. 2016)* « de la prise en charge de leurs frais de santé dans les conditions prévues au livre Ier » et restent affiliées au régime des militaires. — *Effet au 1er janv. 1997.*

Art. L. 713-1-2 *(L. n° 2018-607 du 13 juill. 2018, art. 29)* Le conjoint séparé de droit ou de fait d'un assuré social mentionné aux 1° ou 2° de l'article L. 713-1, bénéficiaire des dispositions prévues au 3° du même article L. 713-1, qui se trouve, du fait du défaut de présentation par celui-ci des justifications requises, dans l'impossibilité d'obtenir la prise en charge des frais de santé au titre du régime de sécurité sociale prévu au présent chapitre, pour lui-même ou pour les membres de sa famille qui sont à sa charge et qui bénéficient des mêmes dispositions, dispose d'une action directe en paiement de ces prestations, dans les conditions définies à l'article L. 161-15.

Art. L. 713-2 Les avantages acquis au 1er juin 1949 supérieurs à ceux accordés par la sécurité sociale ne peuvent, en aucun cas, être réduits ou supprimés.

Art. L. 713-3 *Abrogé par L. n° 96-1160 du 27 déc. 1996, art. 31-VI.*

Art. L. 713-4 Les 10°, 11° et 12° de l'article *(L. n° 2018-607 du 13 juill. 2018, art. 29)* « L. 160-14 » s'appliquent, sauf dispositions plus favorables, aux personnes qui relèvent du régime institué par le présent chapitre.

Art. L. 713-5 Les militaires titulaires d'une pension de retraite, ainsi que les veuves titulaires d'une pension de réversion, ont droit ou ouvrent droit aux mêmes prestations que les fonctionnaires civils retraités.

Toutefois, lorsque les intéressés exercent une activité professionnelle, ils sont assujettis au régime de sécurité sociale dont relève leur activité.

Art. L. 713-6 *(L. n° 2013-404 du 17 mai 2013, art. 18-7°)* Les veuves et veufs de guerre, bénéficiaires d'une pension au titre du premier alinéa de l'article L. 66 du code des pensions civiles et militaires de retraite, dont le conjoint était militaire de carrière au moment du décès, ont droit aux mêmes prestations que les veuves et veufs titulaires d'une pension de réversion.

Art. L. 713-7 *(L. n° 96-1160 du 27 déc. 1996, art. 31-V)* Les dispositions des articles L. 713-1-1, L. 713-5, L. 713-6, L. 713-12, L. 713-16 et L. 713-18 à L. 713-22 ne s'appliquent pas aux accidents survenus en service qui restent couverts dans les conditions de la législation en vigueur. — *Application à compter du 1er janv. 1997.*

Art. L. 713-8 Pour l'application du présent chapitre, les *(Ord. n° 2018-20 du 17 janv. 2018, art. 32-III)* « militaires admis dans la deuxième section des officiers généraux » sont assimilés aux retraités.

Art. L. 713-9 *(L. n° 2018-607 du 13 juill. 2018, art. 29)* En cas de guerre, le bénéfice du régime de sécurité sociale prévu au présent chapitre ne continue à être accordé qu'aux retraités militaires mentionnés au 2° de l'article L. 713-1, tant qu'ils n'ont pas été rappelés à l'activité, ainsi qu'aux personnes mentionnées au 3° du même article L. 713-1.

Art. L. 713-10 Les dispositions du présent chapitre s'appliquent également *(L. n° 2015-1702 du 21 déc. 2015, art. 59-XI-L-5°, en vigueur le 1er janv. 2016 ; L. n° 2018-607 du 13 juill. 2018, art. 29)* « aux membres de la famille mentionnés au 3° de l'article L. 713-1 » des militaires servant hors du territoire métropolitain à condition *(L. n° 2015-1702 du 21 déc. 2015, art. 59-XI-L-5°, en vigueur le 1er janv. 2016)* « qu'ils » résident dans la métropole.

Des décrets fixent les mesures d'extension ou d'adaptation du présent chapitre aux assujettis mentionnés au 1° *(L. n° 2018-607 du 13 juill. 2018, art. 29)* « du même article L. 713-1 ainsi qu'aux membres de leur famille mentionnés au 3° dudit article L. 713-1 » qui résident hors du territoire métropolitain.

SECTION II DISPOSITIONS RELATIVES AUX SOINS ET AUX PRESTATIONS

SOUS-SECTION 1 PRESTATIONS EN NATURE

Art. L. 713-11 En ce qui concerne le régime de sécurité sociale, les militaires en activité, ainsi que leur famille ont le libre choix du médecin militaire ou civil.

Art. L. 713-12 *(Ord. n° 2018-20 du 17 janv. 2018, art. 32-III)* Lorsqu'une décision entraînant des conséquences statutaires ou disciplinaires pour un militaire doit être prise après avis d'un médecin, cet avis ne peut être émis que par un médecin des armées relevant des dispositions de l'article L. 4138-2 ou de l'article L. 4211-1 du code de la défense.

Les dispositions de l'alinéa précédent sont applicables aux décisions d'admission à un état militaire ou à servir en vertu d'un contrat.

Art. L. 713-13 *Abrogé par L. n° 96-1160 du 27 déc. 1996, art. 31-VI.*

Art. L. 713-14 Les durées d'indemnisation fixées par les articles L. 331-3, L. 331-4, *(L. n° 2001-1246 du 21 déc. 2001, art. 55-XVII)* « L. 331-5, L. 331-7 et L. 331-8 » s'appliquent, sauf dispositions plus favorables, aux assurés qui relèvent du présent régime.

Art. L. 713-15 *Abrogé par L. n° 96-1160 du 27 déc. 1996, art. 31-VI.*

Art. L. 713-16 Les prestations *(Abrogé par L. n° 2015-1702 du 21 déc. 2015, art. 59-XI-L-6°, à compter du 1er janv. 2016) « en nature »* dispensées par l'organisation de la sécurité sociale en contrepartie des services rendus par les services de santé militaires donneront lieu à annulation de dépenses au titre des chapitres budgétaires intéressés selon des modalités fixées par arrêté interministériel. – *V. art. D. 713-1 et D. 713-3 à D. 713-7.*

SOUS-SECTION 2 CAPITAL DÉCÈS

Art. L. 713-17 Les conditions dans lesquelles les militaires à solde mensuelle et les militaires à solde spéciale progressive ouvrent droit au capital décès sont fixées par décret sans qu'aucune restriction ne puisse être apportée au régime des pensions militaires. – *V. art. D. 713-8 à D. 713-14.*

SECTION III COTISATIONS

Art. L. 713-18 La couverture des risques mentionnés aux articles L. 713-3, L. 713-5 et L. 713-6 est assurée par une cotisation des bénéficiaires, dont le taux ne pourra être supérieur à celui imposé aux fonctionnaires civils et, pour ceux qui sont en activité, une cotisation de l'État dont le taux est fixé dans les mêmes conditions que pour les fonctionnaires civils.

Il est toutefois tenu compte, pour le calcul du taux de la cotisation imposée aux bénéficiaires, des avantages acquis auxquels leur donne droit leur statut antérieur.

L'assiette et les modalités de recouvrement de ces cotisations sont fixées par le décret prévu à l'article L. 713-23. – *V. art. D. 713-15 à D. 713-18.*

SECTION IV CAISSE NATIONALE MILITAIRE DE SÉCURITÉ SOCIALE

Art. L. 713-19 Il est institué pour le personnel militaire une caisse autonome de sécurité sociale dont la circonscription englobe l'ensemble du territoire métropolitain et qui fonctionne dans les conditions du livre II. – *V. art. R. 713-2.*

Art. L. 713-20 La caisse prévue à l'article L. 713-19 a pour rôle :

1° De gérer les risques maladie, maternité, couverts dans les conditions prévues par le présent chapitre ;

2° De coordonner son action sanitaire et sociale en faveur de ses ressortissants avec celle des services sociaux dépendant du ministère de la défense nationale ;

3° *(L. n° 2000-1257 du 23 déc. 2000, art. 43-II)* « D'assurer, le cas échéant, le rôle dévolu par l'article L. 174-2 à l'égard du service de santé des armées ».

Art. L. 713-21 Les modalités d'organisation et de fonctionnement de la caisse prévue à l'article L. 713-19 sont fixées par décret en Conseil d'État. – *V. art. R. 713-2 à R. 713-18.*

(L. n° 96-1160 du 27 déc. 1996, art. 31-II) « Le budget de la Caisse nationale militaire de sécurité sociale est équilibré en recettes et en dépenses. *(Abrogé par L. n° 2015-1702 du 21 déc. 2015, art. 32-VIII, à compter du 1er janv. 2016)* « ***A cette fin, un arrêté fixe chaque année, au vu de l'exécution des dépenses, le montant de la contribution d'équilibre due par le régime général ou le montant des sommes dues au régime général par la caisse.*** » – *V. Arr. du 12 déc. 2014 (JO 20 déc.).*

« Le budget de la Caisse nationale militaire de sécurité sociale est approuvé *(Décr. n° 2010-82 du 21 janv. 2010, art. 1er)* « par l'État ».

« Les dispositions *(L. n° 2016-41 du 26 janv. 2016, art. 163-II)* « de l'avant-dernier » alinéa de l'article L. 221-1 ne sont pas applicables à la caisse.

« Une convention conclue entre, d'une part, l'Agence centrale des organismes de sécurité sociale et la Caisse nationale de l'assurance maladie *(Abrogé par Ord. n° 2018-470 du 12 juin 2018, art. 9)* « ***des travailleurs salariés*** » et, d'autre part, la Caisse nationale militaire de sécurité sociale détermine les conditions dans lesquelles les sommes nécessaires au paiement des prestations, à la gestion administrative, aux investissements, au contrôle médical et à l'action sanitaire et sociale sont mises à disposition de la Caisse nationale militaire de sécurité sociale par le régime général ainsi que les conditions dans lesquelles les cotisations mentionnées à l'article L. 713-18 et à l'article L. 713-22 sont reversées par cet organisme au régime général. Cette convention est *(Décr. n° 2010-82 du 21 janv. 2010, art. 1er)* « approuvée par l'État ». »

Art. L. 713-22 Les fonctionnaires de la Caisse nationale militaire de sécurité sociale en activité, soumis au statut général des fonctionnaires de l'État, sont affiliés à ladite caisse pour le service des prestations en nature prévues par l'article L. 712-6. En contrepartie, les cotisations fixées par ces textes sont versées à la Caisse nationale militaire de sécurité sociale.

Les dispositions de l'alinéa précédent sont également applicables aux fonctionnaires stagiaires de la Caisse nationale militaire de sécurité sociale. – *V. également art. D. 713-20 et D. 713-21.*

SECTION V DISPOSITIONS COMMUNES AVEC LE RÉGIME DES FONCTIONNAIRES

Néant. – V. art. D. 713-22 et D. 713-23.

SECTION VI DISPOSITIONS D'APPLICATION

Art. L. 713-23 Sous réserve de l'article L. 713-21, les modalités d'application du présent chapitre sont fixées par décrets pris sur le rapport des ministres intéressés.

CHAPITRE IV RÉGIMES SPÉCIAUX RELEVANT DES DEUXIÈME ET TROISIÈME ALINÉAS DE L'ARTICLE L. 711-1

Néant.

CHAPITRE V DISPOSITIONS DIVERSES

(L. n° 91-1406 du 31 déc. 1991, art. 31-II)

Art. L. 715-1 *(L. n° 91-1406 du 31 déc. 1991, art. 31-II)* La Caisse nationale d'assurance vieillesse *(Abrogé par Ord. n° 2018-470 du 12 juin 2018, art. 9)* « ***des travailleurs salariés*** » instituée par l'article L. 222-1 assure la gestion du régime spécial institué par la loi du 22 juillet 1922 relative aux retraites des agents des chemins de fer secondaires d'intérêt général, des chemins de fer d'intérêt local et des tramways et exerce en faveur de ces agents l'action sanitaire et sociale prévue au premier alinéa de l'article L. 222-1.

(L. n° 2012-1404 du 17 déc. 2012, art. 19-II-3°) « Les ressources du régime spécial sont constituées d'une contribution de la caisse autonome de retraites complémentaires et de prévoyance du transport déterminée dans des conditions fixées par décret. » — *Les réserves constatées au 31 déc. 2012 après prise en compte du résultat du régime spécial mentionné à l'art. L. 715-1 pour l'année 2012 sont affectées à la branche mentionnée au 3° de l'art. L. 200-2 en tant que produit exceptionnel pour la même année (L. n° 2012-1404 du 17 déc. 2012, art. 19-III-1).*

Les prestations du régime spécial servies par la Caisse nationale d'assurance vieillesse *(Abrogé par Ord. n° 2018-470 du 12 juin 2018, art. 9) « des travailleurs salariés »* sont payées dans les mêmes conditions que les avantages de vieillesse du régime général de sécurité sociale. Les prestations et les salaires servant de base à leur calcul sont revalorisés dans les mêmes conditions que les avantages de vieillesse du régime général de sécurité sociale et les salaires servant de base à leur calcul.

Un décret fixe, en tant que de besoin, les modalités d'application des dispositions du présent article. — *V. art. D. 715-3 à D. 715-11.*

Art. L. 715-2 *(L. n° 2005-1719 du 30 déc. 2005, art. 57-I)* Le régime de l'assurance maladie des marins, géré par la Caisse générale de prévoyance de l'Établissement national des invalides de la marine, bénéficie d'une contribution d'équilibre prenant en compte l'ensemble des dépenses du régime. *(Abrogé par L. n° 2015-1702 du 21 déc. 2015, art. 32-VIII, à compter du 1er janv. 2016) « A cette fin, un arrêté conjoint des ministres chargés de la sécurité sociale, de la mer et du budget fixe, chaque année, le montant définitif de cette contribution d'équilibre due par le régime général. »*

TITRE DEUXIÈME *[ABROGÉ]* RÉGIMES DIVERS DE NON-SALARIÉS ET ASSIMILÉS

(Abrogé par Ord. n° 2018-470 du 12 juin 2018, art. 9)

CHAPITRE PREMIER *[ABROGÉ]* RÉGIME DES MINISTRES DES CULTES ET DES MEMBRES DES CONGRÉGATIONS ET COLLECTIVITÉS RELIGIEUSES

(Abrogé par L. n° 2005-1579 du 19 déc. 2005, art. 75-VI)

V. art. L. 382-15 s.

CHAPITRE II *[ABROGÉ]* RÉGIME DES PRATICIENS ET AUXILIAIRES MÉDICAUX CONVENTIONNÉS (MATERNITÉ, DÉCÈS) *(L. n° 2017-1836 du 30 déc. 2017, art. 15-V).*

Le présent chap. II est abrogé.

Les art. L. 722-1, L. 722-1-1, L. 722-4, L. 722-6 et L. 722-8-2 deviennent respectivement les art. L. 646-1 à L. 646-5 et les autres art. sont abrogés (Ord. n° 2018-470 du 12 juin 2018, art. 2).

CHAPITRE III *[ABROGÉ]* RÉGIME DES AVOCATS (ASSURANCE VIEILLESSE ET INVALIDITÉ-DÉCÈS)

Le présent chap. III est abrogé.

Les sect. I, III, IV et V dudit chap. III deviennent respectivement les chap. II, III, IV et V du livre VI. La sect. II du chap. III du titre II du livre VII est supprimée (Ord. n° 2018-470 du 12 juin 2018, art. 5). — Sur l'assurance vieillesse et invalidité-décès des avocats, V. désormais les art. L. 651-1 s.

TITRE TROISIÈME

Art. L. 731-1 à L. 732-22 *Abrogés par L. n° 94-678 du 8 août 1994, art. 16. — V. Livre IX (dispositions générales relatives à la protection sociale complémentaire des salariés), art. L. 911-1 s.*

TITRE QUATRIÈME ASSURANCE VOLONTAIRE

CHAPITRE PREMIER [ABROGÉ] ASSURANCE PERSONNELLE

(Abrogé par L. nº 99-641 du 27 juill. 1999, art. 2-II, à compter du 1er janv. 2000)

Art. L. 741-1 à L. 741-13 *Abrogés par L. nº 99-641 du 27 juill. 1999, art. 2-II, à compter du 1er janv. 2000.*

CHAPITRE II ASSURANCE VOLONTAIRE VIEILLESSE ET ASSURANCE VOLONTAIRE INVALIDITÉ

SECTION PREMIÈRE DISPOSITIONS CONCERNANT LE RÉGIME DES SALARIÉS

SOUS-SECTION 1 GÉNÉRALITÉS

Art. L. 742-1 La faculté de s'assurer volontairement, pour les risques invalidité et vieillesse, est accordée aux personnes qui, ayant été affiliées obligatoirement pendant une durée déterminée, cessent de remplir les conditions de l'assurance obligatoire. — *V. art. R. 742-1 à R. 742-8.*

La même faculté est accordée, pour les mêmes risques, aux personnes qui, sans recevoir de rémunération, remplissent effectivement les fonctions et obligations de la tierce personne auprès de leur conjoint ou d'un membre de leur famille infirme ou invalide médicalement reconnu être dans l'obligation d'avoir recours, pour accomplir les actes ordinaires de la vie, à l'assistance constante d'une tierce personne, dans des conditions fixées par décret en Conseil d'État *(L. nº 2003-775 du 21 août 2003, art. 34, en vigueur le 1er janv. 2004)* « , lorsqu'elles ne peuvent prétendre au bénéfice des dispositions du 2º de l'article L. 381-1 ». — *V. art. R. 742-9 à R. 742-16.*

Il en est de même pour le risque vieillesse en ce qui concerne :

(L. nº 2009-1646 du 24 déc. 2009, art. 72-I) « 1º Les personnes salariées ou assimilées travaillant hors du territoire français et ayant été à la charge, à quelque titre que ce soit, d'un régime obligatoire français d'assurance maladie pendant une durée déterminée par décret ; »

2º *(L. nº 88-16 du 5 janv. 1988, art. 6-III ; L. nº 2009-1646 du 24 déc. 2009, art. 72-I)* « Le parent ou le parent chargé de famille résidant en France, ainsi que le parent ou le parent chargé de famille ayant été à la charge, à quelque titre que ce soit, d'un régime obligatoire français d'assurance maladie pendant une durée déterminée par décret, résidant hors du territoire français qui ne relève pas, à titre personnel, d'un régime obligatoire d'assurance vieillesse et qui satisfait à des conditions fixées par décret, notamment en ce qui concerne la situation de famille. » — *V. art. D. 742-1 à D. 742-12.*

(L. nº 88-16 du 5 janv. 1988, art. 6-I) « Il en est de même pour le risque invalidité en ce qui concerne le parent chargé de famille et résidant en France, qui n'exerce pas d'activité professionnelle et qui satisfait à des conditions fixées par décret, relatives à l'ouverture des droits et à la situation de famille. » — *V. art. R. 742-21-1 à R. 742-21-6 et D. 742-12-1 à D. 742-12-4.*

Les dispositions issues de la L. nº 2009-1646 du 24 déc. 2009 sont applicables aux demandes d'adhésion et de rachat déposées à compter d'une date fixée par décret et au plus tard au 1er janv. 2011 (L. préc., art. 72-III).

Sur les exceptions à l'application du droit des usagers de saisir l'administration par voie électronique concernant les démarches effectuées auprès des organismes de sécurité sociale, V. CRPA, App., vº Saisine par voie électronique — Exceptions. — **CRPA**.

Art. L. 742-2 Les travailleurs salariés ou assimilés mentionnés au troisième alinéa de l'article L. 742-1 qui adhèrent à l'assurance volontaire peuvent, pour les périodes durant lesquelles ils ont exercé, depuis le 1er juillet 1930, une activité salariée hors du territoire français, acquérir des droits à l'assurance vieillesse moyennant le versement des cotisations. *(L. nº 2009-1646 du 24 déc. 2009, art. 72-I)* « Les cotisations sont égales à celles dues en application de l'article L. 351-14-1. » — *V. Arr. du 11 déc. 1970 (JO 16 déc.).*

La même faculté est offerte, dans les mêmes conditions, aux personnes *(L. nº 2009-1646 du 24 déc. 2009, art. 72-I)* « ayant été à la charge, à quelque titre que ce soit,

d'un régime obligatoire français d'assurance maladie pendant une durée déterminée par décret, » qui ont exercé leur activité hors du territoire français et au conjoint survivant des salariés qui auraient pu bénéficier du présent article. — *V. Arr. du 13 mai 1966 (JO 17 mai) : assimilation à des périodes d'activité salariée de périodes durant lesquelles les salariés se sont trouvés empêchés d'exercer une activité salariée, mod. par Arr. du 20 juin 1988 (JO 25 juin). — V. aussi Arr. du 3 déc. 1982 (JO 5 déc.).*

V. notes ss. art. L. 742-1.

1. Conformité de l'art. L. 742-2 avec le principe constitutionnel d'égalité. Dès lors que, d'une part, l'intéressé, cherchant à compléter ses droits par un rachat, ne peut se prévaloir d'une situation légalement acquise et, d'autre part, qu'en réservant la faculté de rachat des droits à l'assurance vieillesse française aux nationaux ayant travaillé à l'étranger, dont la situation n'est pas identique à celle des étrangers ayant travaillé hors de France, il n'apparaît pas que le législateur, en fixant un critère approprié au but poursuivi qui est de permettre aux travailleurs français expatriés de compléter leurs droits à l'assurance vieillesse française, ait ainsi méconnu le principe constitutionnel d'égalité, ni les exigences de valeur constitutionnelle découlant du onzième alinéa du Préambule de la Constitution du 27 oct. 1946. • Civ. 2e, 6 févr. 2014 : *D. actu. 27 févr. 2014, obs. Fraisse.*

2. Caractère discriminatoire de la condition de nationalité au regard de la Conv. EDH. La faculté de rachat des cotisations afférentes à certaines périodes d'activité ouverte par l'art. L. 742-2 constitue un bien au sens de l'art. 1er du premier protocole additionnel à la Conv. EDH. En réservant aux seuls nationaux le bénéfice du rachat des cotisations afférentes à des périodes d'exercice d'une activité salariée ou assimilée en dehors du territoire français, l'art. L. 742-2 est constitutif d'une discrimination qui ne repose sur aucune justification objective et raisonnable. • Civ. 2e, 19 févr. 2009 : *Dr. soc. 2009. 579, rapport Prétot ; ibid. 2009. 747, note Lhernould ; RDSS 2009. 576, note Tauran ; JCP S 2009. 1243, note Nord.*

3. Fraude. Les juges du fond qui relèvent, d'une part, que des époux ont, lors de leur demande respective de rachat de cotisations, rempli une déclaration sur l'honneur pour justifier de leur activité salariée à l'étranger, ce qui supposait l'impossibilité d'obtenir les justifications demandées alors qu'un certificat de travail antérieur à la demande a été produit lors de l'enquête de la Caisse d'assurance vieillesse, d'autre part, qu'il est établi que l'intéressé n'a pas exercé de profession après sa mise à la retraite de l'armée et que l'exercice d'une activité salariée par l'épouse a été inexistante, décident à bon droit que la preuve de la fraude est rapportée. Ils en déduisent exactement que la Caisse d'assurance vieillesse est fondée à annuler ses décisions antérieures de rachat de cotisations et de versement d'une pension de vieillesse après l'expiration des délais de recours contentieux. • Soc. 7 mai 1998 : *RJS 1998, n° 779.*

Art. L. 742-3 **Un décret en Conseil d'État détermine les modalités d'application des articles L. 742-1 et L. 742-2 et précise notamment les délais dans lesquels les intéressés doivent demander leur affiliation** *(L. n° 2009-1646 du 24 déc. 2009, art. 72-I)* **« et le mode de calcul des cotisations ».**

Sur l'entrée en vigueur des dispositions issues de la L. n° 2009-1646 du 24 déc. 2009 : V. note ss. art. L. 742-1.

SOUS-SECTION 2 ANCIENS ASSURÉS OBLIGATOIRES

Néant. — V. art. R. 742-1 à R. 742-8.

SOUS-SECTION 3 TIERCE PERSONNE

Néant. — V. art. R. 742-9 à R. 742-16.

SOUS-SECTION 4 PERSONNES CHARGÉES DE FAMILLE

V. art. D. 742-1 à D. 742-12. — V. aussi art. R. 742-21-1 à R. 742-21-6 ; D. 742-12-1 à D. 742-12-4 : assurance volontaire invalidité parentale.

SOUS-SECTION 5 PERSONNES AYANT BÉNÉFICIÉ DE L'INDEMNITÉ DE SOINS AUX TUBERCULEUX

Art. L. 742-4 **Les personnes qui ont bénéficié de l'indemnité de soins aux tuberculeux prévue à l'article L. 41 du code des pensions militaires d'invalidité et des victimes de guerre, ou leurs conjoints survivants, ont la faculté de racheter, au titre de l'assu-**

rance vieillesse volontaire du régime général de sécurité sociale, les cotisations pour la période correspondant au service de cette indemnité et qui n'est pas susceptible d'être validée gratuitement, à la condition que les titulaires de celle-ci n'aient acquis aucun droit à pension à raison d'une activité professionnelle durant cette période, et que ladite période ne soit pas susceptible d'être prise en considération pour l'ouverture et le calcul des droits à pension de vieillesse en application de l'article L. 161-21. – *V. dernière note ss. art. L. 742-1.*

Art. L. 742-5 Un décret en Conseil d'État détermine les modalités d'application de l'article L. 742-4, notamment les conditions dans lesquelles les demandes sont présentées et le mode de calcul des cotisations ainsi que les coefficients de revalorisation qui leur sont applicables. – *V. art. R. 742-22 à R. 742-29.*

SOUS-SECTION 6 PERSONNES DE NATIONALITÉ FRANÇAISE EXERÇANT OU AYANT EXERCÉ UNE ACTIVITÉ PROFESSIONNELLE SALARIÉE OU ASSIMILÉE HORS DU TERRITOIRE FRANÇAIS

Néant. – V. art. R. 742-30 à R. 742-39.

SECTION II DISPOSITIONS CONCERNANT LES RÉGIMES DES NON-SALARIÉS NON AGRICOLES

Art. L. 742-6 Peuvent adhérer volontairement à l'assurance vieillesse des travailleurs *(L. nº 2017-1836 du 30 déc. 2017, art. 15-V, en vigueur le 1er janv. 2018)* « indépendants relevant du livre VI du présent code » :

(Ord. nº 2018-470 du 12 juin 2018, art. 9) « 1º Les personnes ayant exercé une des activités relevant de l'article L. 611-1 et résidant hors du territoire français ;

« 2º Les personnes ayant exercé en dernier lieu une telle activité et qui remplissent une des conditions suivantes :

« *a)* Elles ne peuvent prétendre en raison de leur âge aux prestations de vieillesse et n'exercent aucune activité professionnelle susceptible de les assujettir à un régime de sécurité sociale ;

« *b)* Elles ont cessé d'exercer directement leur activité en raison de la mise en location-gérance de leur fonds dont elles conservent la propriété ;

« 3º Les conjoints collaborateurs qui ont exercé en dernier lieu une activité dans les conditions mentionnées à l'article L. 661-1 et remplissent les conditions mentionnées au *a* du 2º ;

« 4º Les personnes qui ne bénéficient pas d'un régime obligatoire d'assurance vieillesse et qui participent à l'exercice d'une activité professionnelle relevant du livre VI, à l'exception des activités mentionnées aux articles L. 640-1 et L. 651-1. »

Sur les dispositions transitoires de l'art. 15 de la L. nº 2017-1836 du 30 déc. 2017, V. ss. le livre VI « Dispositions applicables aux travailleurs indépendants ».

Art. L. 742-7 *(Ord. nº 2018-470 du 12 juin 2018, art. 9)* « Les personnes mentionnées au 1º de l'article L. 742-6 qui adhèrent à l'assurance volontaire prévue audit article peuvent, pour les périodes postérieures au 1er janvier 1949, pendant lesquelles elles ont exercé leur activité hors du territoire français, acquérir des droits aux prestations d'assurance vieillesse moyennant le versement de cotisations fixées par référence à celles dues, selon leur activité, en application des articles L. 351-14-1, L. 643-2 ou L. 653-5. »

La même faculté est offerte, pour acquérir les mêmes droits, aux personnes *(L. nº 2009-1646 du 24 déc. 2009, art. 72-I)* « ayant été à la charge, à quelque titre que ce soit, d'un régime obligatoire français d'assurance maladie pendant une durée déterminée, » qui ont exercé leur activité hors du territoire français, ainsi qu'au conjoint survivant des personnes qui auraient rempli les conditions requises pour bénéficier du présent article.

Les modalités d'application du présent article sont déterminées par un décret qui précise notamment les délais dans lesquels les intéressés doivent demander leur affiliation.

Ce même décret fixe les conditions dans lesquelles sont prises en compte, pour l'attribution des allocations de vieillesse, des périodes d'exercice, par les personnes mentionnées au présent article, d'une activité non salariée antérieure au 1er janvier 1949.

Sur l'entrée en vigueur des dispositions issues de la L. n° 2009-1646 du 24 déc. 2009, V. note ss. art. L. 742-1.

Art. L. 742-8 Des arrêtés fixent forfaitairement pour chacune des années à prendre en considération, et pour chaque classe de cotisation, le montant du versement à effectuer par les intéressés. — *V. art. D. 742-13 à D. 742-17-1.*

Art. L. 742-9 *Abrogé par L. n° 2005-882 du 2 août 2005, art. 15-XIII.*

Art. L. 742-10 Pour les années donnant lieu au partage de l'assiette des cotisations, les dispositions de l'article L. 351-10 s'appliquent au total des droits acquis par les deux conjoints. — *V. art. R. 742-40 et D. 742-18 à D. 742-34.*

Art. L. 742-11 *Abrogé par L. n° 2005-882 du 2 août 2005, art. 15-XIII.*

CHAPITRE III ASSURANCE VOLONTAIRE EN MATIÈRE D'ACCIDENTS DU TRAVAIL

Art. L. 743-1 La faculté de s'assurer volontairement est accordée aux personnes qui ne bénéficient pas à un autre titre des dispositions du livre IV du présent code.

Dans ce cas, la cotisation est à leur charge. Les modalités de cette assurance et en particulier les prestations accordées sont précisées par décret en Conseil d'État. — *V. art. R. 743-1 s.*

Sur les exceptions à l'application du droit des usagers de saisir l'administration par voie électronique concernant les démarches effectuées auprès des organismes de sécurité sociale, V. CRPA, App., v° Saisine par voie électronique — Exceptions. — **CRPA.**

Art. L. 743-2 *(L. n° 93-121 du 27 janv. 1993, art. 14)* La faculté de souscrire une assurance couvrant les risques d'accidents du travail et de maladies professionnelles de leurs bénévoles est accordée aux œuvres et organismes d'intérêt général entrant dans le champ d'application de l'article 200 du code général des impôts.

Les droits de l'assuré ne prennent effet qu'après acquittement des cotisations, qui sont à la charge des organismes mentionnés à l'alinéa précédent.

Les dispositions du livre IV du présent code sont applicables à cette assurance sous réserve des prescriptions spéciales du décret en Conseil d'État fixant les modalités d'application du présent article. — *V. art. R. 743-4 à R. 743-8.*

Dispositions communes : V. art. R. 743-9 et R. 743-10.

V. note ss. art. L. 743-1.

TITRE CINQUIÈME DISPOSITIONS PARTICULIÈRES À LA GUADELOUPE, À LA GUYANE, À LA MARTINIQUE, À LA RÉUNION, À SAINT-BARTHÉLEMY ET À SAINT-MARTIN

(L. n° 2015-1268 du 14 oct. 2015, art. 7-I-1°).

CHAPITRE PREMIER GÉNÉRALITÉS

Art. L. 751-1 Les dispositions du présent titre s'appliquent *(L. n° 2015-1268 du 14 oct. 2015, art. 7-I-2°)* « en Guadeloupe, en Guyane, en Martinique, à La Réunion, à Saint-Barthélemy et à Saint-Martin » à l'ensemble des bénéficiaires de la législation générale de sécurité sociale, y compris les membres des professions agricoles. — *V. art. D. 751-1 et D. 755-1 à D. 755-4.*

CHAPITRE II ORGANISATION ADMINISTRATIVE ET FINANCIÈRE — CONTENTIEUX

SECTION PREMIÈRE DISPOSITIONS COMMUNES AUX CAISSES GÉNÉRALES DE SÉCURITÉ SOCIALE ET AUX CAISSES D'ALLOCATIONS FAMILIALES

Art. L. 752-1 L'organisation technique et financière de la sécurité sociale comprend notamment *(L. n° 2015-1268 du 14 oct. 2015, art. 7-I-6°)* « en Guadeloupe, en Guyane, en Martinique et à La Réunion, » une Caisse générale de sécurité sociale et une Caisse d'allocations familiales dont le siège est fixé par arrêté interministériel. — *V. art. R. 752-4.*

(L. n° 2015-1268 du 14 oct. 2015, art. 7-I-6°) « La caisse générale de sécurité sociale et la caisse d'allocations familiales de Guadeloupe sont compétentes, chacune dans leur domaine, pour l'application de la législation en matière de sécurité sociale à Saint-Martin.

« L'application de la législation en matière de sécurité sociale à Saint-Barthélemy, pour la gestion des missions mentionnées aux articles *(L. n° 2016-1827 du 23 déc. 2016, art. 17)* « L. 611-1, *(Abrogé par L. n° 2017-1836 du 30 déc. 2017, art. 15-V, à compter du 1er janv. 2018)* « L. 611-2 », » L. 752-4, L. 752-7 et L. 752-8, est assurée par une caisse de mutualité sociale agricole, qui dispose localement d'une caisse de proximité, appelée "caisse de prévoyance sociale de Saint-Barthélemy", désignée par le directeur de la caisse centrale de la mutualité sociale agricole, dans des conditions définies par décret.

« Il est créé un conseil de suivi de l'activité de la caisse à Saint-Barthélemy. Sa composition, ses modalités de fonctionnement et son champ d'intervention sont définis par décret. » — *Sur les dispositions transitoires de l'art. 15 de la L. n° 2017-1836 du 30 déc. 2017, V. ss. le livre VI « Dispositions applicables aux travailleurs indépendants ».*

(Ord. n° 96-344 du 24 avr. 1996, art. 24-III) « Sont applicables aux caisses générales de sécurité sociale les dispositions des articles L. 211-3 à L. 211-5, L. 211-7, L. 215-4, L. 216-1 à L. 216-3, L. 281-4 à L. 281-6, L. 711-1 et L. 731-1.

« Sont applicables aux Caisses d'allocations familiales les dispositions des articles L. 211-7, L. 216-1 à L. 216-3, L. 281-4 à L. 281-6 et L. 711-1 ». — *V. art. R. 752-1 et D. 752-1.*

Art. L. 752-2 Des arrêtés interministériels *[art. R. 752-5]* déterminent les règles imposées aux caisses générales de sécurité sociale et aux caisses d'allocations familiales *(L. n° 2015-1268 du 14 oct. 2015, art. 7-I-7°)* « de Guadeloupe, de Guyane, de Martinique et de La Réunion », en matière de comptabilité, d'établissement de leur règlement intérieur et, généralement, dans tous les cas où sont applicables des dispositions différentes de celles prévues par la législation de sécurité sociale pour le fonctionnement des caisses primaires d'assurance maladie, des *(Ord. n° 2010-177 du 23 févr. 2010, art. 24)* « caisses d'assurance retraite et de la santé au travail » et des caisses d'allocations familiales.

Les mêmes arrêtés précisent le rôle de la Caisse nationale de l'assurance maladie, de la Caisse nationale d'assurance vieillesse et de la Caisse nationale des allocations familiales au regard des caisses générales de sécurité sociale et des caisses d'allocations familiales *(L. n° 2015-1268 du 14 oct. 2015, art. 7-I-7°)* « de Guadeloupe, de Guyane, de Martinique et de La Réunion ».

Art. L. 752-3 Par dérogation aux dispositions qui les assujettissent au secret professionnel, les agents des organismes de sécurité sociale sont tenus de signaler les dettes de cotisations exigibles dans les *(L. n° 2015-1268 du 14 oct. 2015, art. 7-I-3°)* « collectivités mentionnées » à l'article L. 751-1, à l'institut d'émission des départements d'outre-mer, agissant pour le compte du Comité consultatif du secteur financier en vue de l'accomplissement de la mission confiée à ce dernier.

Un arrêté interministériel *[art. R. 752-6]* fixe le montant minimum des créances qui doivent faire l'objet d'une communication ainsi que les conditions de cette communication. — *V. Arr. du 1er juin 1966, mod. par Arr. du 28 sept. 1977 (JO 28 oct.). — V. égal. art. R. 752-2, R. 752-3 et D. 752-2.*

Art. L. 752-3-1 *(L. n° 2003-660 du 21 juill. 2003, art. 1er ; L. n° 2008-1425 du 27 déc. 2008, art. 159-II)* « A Saint-Pierre-et-Miquelon, les employeurs, y compris les employeurs du secteur artisanal, sont exonérés du paiement des cotisations à leur charge au titre de la législation de sécurité sociale *(L. n° 2007-1786 du 19 déc. 2007, art. 22-I)* « , à l'exclusion de celles dues au titre des accidents du travail et des maladies professionnelles », dans les conditions suivantes :

« I. – L'exonération est égale à 100 % du montant des cotisations patronales *(L. n° 2007-1786 du 19 déc. 2007, art. 22-I)* « , à l'exclusion de celles dues au titre des accidents du travail et des maladies professionnelles, » afférentes aux salaires et rémunérations des salariés employés dans la limite d'un montant de rémunération égal au salaire minimum de croissance majoré de 30 % dues par :

« 1° Les entreprises, employeurs et organismes mentionnés *(L. n° 2008-1425 du 27 déc. 2008, art. 159-II)* « au premier alinéa de l'article L. 2211-1 » du code du travail, occupant dix salariés au plus, dénombrés selon les dispositions *(L. n° 2008-1425 du 27 déc. 2008, art. 159-II)* « des articles L. 1111-2 et L. 1251-54 » du code du travail. Si l'effectif vient à dépasser le seuil de dix salariés, le bénéfice intégral de l'exonération est maintenu dans la limite des dix salariés précédemment occupés ou, en cas de départ, remplacés. Un décret fixe les conditions dans lesquelles le bénéfice de l'exonération est acquis dans le cas où l'effectif d'une entreprise passe au-dessous de onze salariés ;

« 2° Les entreprises du secteur du bâtiment et des travaux publics occupant cinquante salariés au plus *(L. n° 2003-1312 du 30 déc. 2003, art. 42 ; L. n° 2008-1425 du 27 déc. 2008, art. 159-II)* « à l'exclusion des entreprises et des établissements publics mentionnés à l'article L. 2211-1 du code du travail ». Le taux d'exonération est réduit à 50 % au-delà de ce seuil d'effectif ;

« 3° A l'exclusion des entreprises et établissements publics mentionnés à l'article *(L. n° 2008-1425 du 27 déc. 2008, art. 159-II)* « L. 2211-1 » du code du travail :

« – les entreprises de transport aérien assurant la liaison entre la métropole et les départements d'outre-mer ou les collectivités de Saint-Pierre-et-Miquelon et de Mayotte, ou assurant la liaison entre ces départements ou ces collectivités, ou assurant la desserte intérieure de chacun de ces départements ou de la collectivité de Saint-Pierre-et-Miquelon ; seuls sont pris en compte les personnels de ces entreprises concourant exclusivement à ces dessertes et affectés dans des établissements situés *(L. n° 2008-1425 du 27 déc. 2008, art. 159-II)* « à Saint-Pierre-et Miquelon ;

« – les entreprises de Saint-Pierre-et-Miquelon assurant la desserte maritime ou fluviale de plusieurs points des îles de Saint-Pierre-et-Miquelon. »

« Pour l'application des dispositions du présent I, l'effectif pris en compte est celui qui est employé par l'entreprise *(L. n° 2008-1425 du 27 déc. 2008, art. 159-II)* « à Saint-Pierre-et-Miquelon », tous établissements confondus dans le cas où l'entreprise compte plusieurs établissements *(L. n° 2008-1425 du 27 déc. 2008, art. 159-II)* « à Saint-Pierre-et-Miquelon ». L'effectif est apprécié dans les conditions prévues par les articles *(L. n° 2008-1425 du 27 déc. 2008, art. 159-II)* « L. 1111-2 et L. 1251-54 » du code du travail.

« II. – *(L. n° 2003-1312 du 30 déc. 2003, art. 42 ; L. n° 2008-1425 du 27 déc. 2008, art. 159-II)* « A l'exclusion des entreprises et établissements publics mentionnés à l'article L. 2211-1 du code du travail, l'exonération » est égale à 100 % du montant des cotisations patronales *(L. n° 2007-1786 du 19 déc. 2007, art. 22-I)* « , à l'exclusion de celles dues au titre des accidents du travail et des maladies professionnelles, » dans la limite d'un montant de rémunération égal au salaire minimum de croissance majoré de 40 % applicable aux cotisations afférentes aux salaires et rémunérations des salariés employés par les entreprises, quel que soit leur effectif, des secteurs de l'industrie, de la restauration, à l'exception de la restauration de tourisme classée, de la presse, de la production audiovisuelle, des énergies renouvelables, des nouvelles technologies de l'information et de la communication et des centres d'appel, de la pêche, des cultures marines, de l'aquaculture, de l'agriculture, y compris les coopératives agricoles et sociétés d'intérêt collectif agricoles et leurs unions, les coopératives maritimes et leurs unions.

« III. – *(L. n° 2003-1312 du 30 déc. 2003, art. 42 ; L. n° 2008-1425 du 27 déc. 2008, art. 159-II)* « A l'exclusion des entreprises et établissements publics mentionnés à l'article L. 2211-1 du code du travail, l'exonération » est égale à 100 % du montant des cotisations patronales *(L. n° 2007-1786 du 19 déc. 2007, art. 22-I)* « , à l'exclusion de celles dues au titre des accidents du travail et des maladies professionnelles, » dans la limite d'un montant de rémunération égal au salaire minimum de croissance majoré de 50 % applicable aux cotisations afférentes aux salaires et rémunérations des salariés employés par les entreprises, quel que soit leur effectif, des secteurs du tourisme, de la restauration de tourisme classée et de l'hôtellerie.

« IV. — Lorsque dans une même entreprise ou un même établissement sont exercées plusieurs activités, l'exonération est applicable au titre des salariés employés dans chacune des activités relevant des secteurs mentionnés aux I, II et III au taux et sur l'assiette de rémunération correspondant à cette activité.

« IV *bis*. — Les exonérations prévues par le présent article ne peuvent être cumulées avec une autre exonération totale ou partielle de cotisations patronales de sécurité sociale » *(L. n° 2007-1223 du 21 août 2007, art. 1-VI)* « , à l'exception de la déduction forfaitaire prévue à l'article L. 241-18 ».

(L. n° 2008-1425 du 27 déc. 2008, art. 159-II) « V. — Le bénéfice de l'exonération prévue au présent article, ainsi que de tous autres allégements et exonérations de cotisations patronales prévus par le présent code, est subordonné au fait, pour l'entreprise ou le chef d'entreprise, de ne pas avoir fait l'objet d'une condamnation pénale passée en force de chose jugée soit pour fraude fiscale, soit pour travail dissimulé, marchandage ou prêt illicite de main-d'œuvre, en application des articles L. 5224-2, L. 8224-1, L. 8224-3, L. 8224-4, L. 8224-5, L. 8224-6, L. 8234-1 et L. 8234-2 du code du travail.

« Lorsqu'un organisme chargé du recouvrement est avisé, par la transmission du procès-verbal établi par un des agents de contrôle mentionnés à l'article L. 8271-1 du code du travail, de la commission d'une des infractions mentionnées à l'alinéa précédent, il suspend la mise en œuvre des exonérations prévues par le présent article jusqu'au terme de la procédure judiciaire. »

V *bis*. — *(L. n° 2015-1702 du 21 déc. 2015, art. 17-IV)* « L'article L. 2242-5-1 du code du travail est applicable à cette exonération. »

(L. n° 2008-1425 du 27 déc. 2008, art. 159-II) « V *ter*. — Le bénéfice de l'exonération prévue au présent article est subordonné au fait, pour l'employeur, d'être à jour de ses obligations déclaratives ou de paiement à l'égard de l'organisme de recouvrement. La condition de paiement est considérée comme remplie dès lors que l'employeur a, d'une part, souscrit et respecte un plan d'apurement des cotisations restant dues et, d'autre part, acquitte les cotisations en cours à leur date normale d'exigibilité. »

(Ord. n° 2018-474 du 12 juin 2018, art. 4) « V *quater*. — L'exonération de cotisations sociales des sommes versées par l'employeur à ses salariés en application des articles L. 3261-2 à L. 3261-3-1 du code du travail, résultant de l'article L. 242-1 du présent code, est applicable à Saint-Pierre et Miquelon. » — *Les dispositions de l'Ord. n° 2018-474 du 12 juin 2018 s'appliquent aux cotisations et contributions dues pour les périodes courant à compter du 1er sept. 2018 (Ord. préc., art. 16).*

VI. — Un décret en Conseil d'État détermine, en tant que de besoin, les modalités d'application du présent article.

Les dispositions issues de la L. n° 2007-1223 du 21 août 2007 sont applicables aux rémunérations perçues à raison des heures supplémentaires effectuées à compter du 1er oct. 2007 (L. préc., art. 1er-XIII).

V. note ss. art. L. 752-3-2.

Art. L. 752-3-2 *(L. n° 2008-1425 du 27 déc. 2008, art. 159-I) (L. n° 2018-1203 du 22 déc. 2018, art. 8-I, en vigueur le 1er janv. 2019)*

« I. — En Guadeloupe, en Guyane, en Martinique et à La Réunion, les employeurs, à l'exclusion des entreprises publiques et établissements publics mentionnés à l'article L. 2233-1 du code du travail et des particuliers employeurs, sont exonérés du paiement des cotisations et contributions mentionnées au I de l'article L. 241-13 du présent code dans les conditions définies au présent article.

« II. — L'exonération s'applique :

« 1° Aux employeurs occupant moins de onze salariés. Si l'effectif vient à atteindre ou dépasser le seuil de onze salariés, le bénéfice intégral de l'exonération est maintenu dans la limite des onze salariés précédemment occupés ou, en cas de départ, remplacés. Un décret fixe les conditions dans lesquelles le bénéfice de l'exonération est acquis dans le cas où l'effectif passe au-dessous de onze salariés ;

« 2° Quel que soit leur effectif, aux employeurs des secteurs du bâtiment et des travaux publics, de l'industrie, de la restauration, de la presse, de la production audiovisuelle, de l'environnement, de l'agronutrition, des énergies renouvelables, des nouvelles technologies de l'information et de la communication et des centres d'appel, de la pêche, des cultures marines, de l'aquaculture, de l'agriculture, du tourisme, y compris les activités de loisirs s'y rapportant, du nautisme, de l'hôtellerie, de la recherche et du développement, ainsi qu'aux entreprises bénéficiaires du régime de perfectionnement actif défini à l'article 256 du règlement (UE) n° 952/2013 du Parlement européen et du Conseil du 9 octobre 2013 établissant le code des douanes de l'Union ;

« 3° Aux employeurs de transport aérien assurant :

« *a)* La liaison entre la métropole et la Guadeloupe, la Guyane, la Martinique et La Réunion ;

« *b)* La liaison entre ces départements ou collectivités ou celle de ces départements ou collectivités avec Saint-Martin et Saint-Barthélemy, ainsi qu'entre La Réunion et Mayotte ;

« *c)* La desserte intérieure de la Guadeloupe, de la Guyane, de la Martinique ou de La Réunion.

Seuls sont pris en compte les personnels des employeurs concourant exclusivement à ces dessertes et affectés dans des établissements situés dans l'un de ces départements ou collectivités ;

« 4° Aux employeurs assurant la desserte maritime ou fluviale de plusieurs points de la Guadeloupe, de la Guyane, de la Martinique, de La Réunion, ou la liaison entre les ports de ces départements ou collectivités ou avec Saint-Martin et Saint-Barthélemy, ou la liaison entre les ports de La Réunion et de Mayotte ;

« 5° En Guyane, aux employeurs ayant une activité principale relevant de l'un des secteurs d'activité éligibles à la réduction d'impôt prévue à l'article 199 *undecies* B du code général des impôts, ou correspondant à l'une des activités suivantes : comptabilité, conseil aux entreprises, ingénierie ou études techniques.

« III. – A. – Pour les employeurs mentionnés aux 1°, 3° et 4° du II*[,]* ainsi que ceux mentionnés au 2° du même II à l'exception de ceux mentionnés aux B et C du présent III, lorsque le revenu d'activité de l'année tel qu'il est pris en compte pour la détermination de l'assiette des cotisations définie à l'article L. 242-1 du présent code est inférieur à un seuil égal au salaire minimum de croissance annuel majoré de 30 %, le montant de l'exonération est égal au montant des cotisations et contributions à la charge de l'employeur mentionnées au I de l'article L. 241-13. A partir de ce seuil, la part du revenu d'activité annuel sur laquelle est calculée l'exonération décroît et devient nulle lorsque le revenu d'activité est égal au salaire minimum de croissance annuel majoré de 120 %.

« B. – Le montant de l'exonération est calculé selon les modalités prévues au dernier alinéa du présent B pour les employeurs occupant moins de deux cent cinquante salariés et ayant réalisé un chiffre d'affaires annuel inférieur à 50 millions d'euros qui :

« 1° Soit relèvent des secteurs mentionnés au 2° du II*[,]* à l'exception des secteurs du bâtiment et des travaux publics, de la presse et de la production audiovisuelle ;

« 2° Soit relèvent du 5° du même II ;

« 3° Soit bénéficient du régime de perfectionnement actif défini à l'article 256 du règlement (UE) n° 952/2013 du Parlement européen et du Conseil du 9 octobre 2013 précité.

« Pour ces employeurs, lorsque le revenu d'activité de l'année est inférieur à un seuil égal au salaire minimum de croissance annuel majoré de 70 %, le montant de l'exonération est égal au montant des cotisations et contributions à la charge de l'employeur mentionnées au I de l'article L. 241-13 du présent code. A partir de ce seuil, la part du revenu d'activité annuel sur laquelle est calculée l'exonération décroît et devient nulle lorsque le revenu d'activité est égal au salaire minimum de croissance annuel majoré de 170 %.

« C. – Pour les employeurs occupant moins de deux cent cinquante salariés et ayant réalisé un chiffre d'affaires annuel inférieur à 50 millions d'euros, au titre de la rémunération des salariés concourant essentiellement à la réalisation de projets innovants dans le domaine des technologies de l'information et de la communication, lorsque le revenu d'activité de l'année est inférieur à un seuil égal au salaire minimum de croissance annuel majoré de 70 %, le montant de l'exonération est égal au montant des cotisations et contributions à la charge de l'employeur mentionnées au I de l'article L. 241-13. Lorsque ce revenu est égal ou supérieur à ce seuil et inférieur à un seuil égal au salaire minimum de croissance annuel majoré de 150 %, la rémunération est exonérée de ces cotisations et contributions, dans la limite de la part correspondant à un revenu d'activité de l'année égal au salaire minimum de croissance annuel majoré de 70 %. Au-delà d'un seuil égal au salaire minimum de croissance annuel majoré de 150 %, la part du revenu d'activité annuel sur laquelle est calculée l'exonération décroît et devient nulle lorsque le revenu d'activité est égal au salaire minimum de croissance annuel majoré de 250 %. Un décret précise les modalités de l'éligibilité au dispositif défini au présent C.

« IV. — Le montant de la réduction est calculé chaque année civile, pour chaque salarié et pour chaque contrat de travail, en fonction des revenus d'activité tels qu'ils sont pris en compte pour la détermination de l'assiette des cotisations définie à l'article L. 242-1.

« Pour les salariés qui ne sont pas employés à temps plein ou qui ne sont pas employés sur toute l'année, la valeur du salaire minimum de croissance prise en compte pour la détermination de l'exonération est celle qui correspond à la durée de travail prévue au contrat au titre de la période pendant laquelle ils sont employés.

« Lorsque les exonérations mentionnées au III du présent article sont décroissantes, le montant de celles-ci est déterminé par l'application d'une formule de calcul définie par décret. La valeur maximale du taux de l'exonération est fixée par décret, dans la limite de la somme des taux des cotisations mentionnées au I pour une rémunération égale au salaire minimum de croissance. »

V. — Pour l'application du présent article, l'effectif pris en compte est celui qui est employé par l'entreprise dans chacune des collectivités mentionnées au I, tous établissements confondus dans le cas où l'entreprise compte plusieurs établissements dans la même collectivité. L'effectif est apprécié dans les conditions prévues par les articles L. 1111-2 et L. 1251-54 du code du travail.

Lorsque dans une même entreprise ou un même établissement sont exercées plusieurs activités, l'exonération est applicable au titre de l'activité exercée par chacun des salariés employés.

VI. — Le bénéfice de l'exonération prévue au présent article est subordonné au fait, pour l'employeur, d'être à jour de ses obligations déclaratives ou de paiement à l'égard de l'organisme de recouvrement. La condition de paiement est considérée comme remplie dès lors que l'employeur a, d'une part, souscrit et respecté un plan d'apurement des cotisations restant dues et, d'autre part, acquitté les cotisations en cours à leur date normale d'exigibilité.

Les exonérations prévues par le présent article ne peuvent être cumulées avec une autre exonération totale ou partielle de cotisations patronales de sécurité sociale, à l'exception de la déduction forfaitaire prévue à l'article L. 241-18.

VII. — Le bénéfice de l'exonération prévue au présent article, ainsi que de tous autres allégements et exonérations de cotisations patronales prévus par le présent code, est subordonné au fait, pour l'entreprise ou le chef d'entreprise, de ne pas avoir fait l'objet d'une condamnation pénale passée en force de chose jugée soit pour fraude fiscale, soit pour travail dissimulé, marchandage ou prêt illicite de main-d'œuvre, en application des articles L. 5224-2, L. 8224-1, L. 8224-3, L. 8224-4, L. 8224-5, L. 8224-6, L. 8234-1 et L. 8234-2 du code du travail.

Lorsqu'un organisme chargé du recouvrement est avisé, par la transmission du procès-verbal établi par un des agents de contrôle mentionnés à l'article *(L. n° 2011-672 du 16 juin 2011, art. 84-IV)* « L. 8271-1-2 » du code du travail, de la commission d'une des infractions mentionnées à l'alinéa précédent, il suspend la mise en œuvre des exonérations prévues par le présent article jusqu'au terme de la procédure judiciaire.

(Abrogé par L. n° 2018-1203 du 22 déc. 2018, art. 8-I, à compter du 1er janv. 2019) (L. n° 2015-1702 du 21 déc. 2015, art. 10-I-4°) « VIII. — Lorsque les exonérations mentionnées

aux III et IV sont dégressives, le montant de celles-ci est déterminé par l'application d'une formule de calcul définie par décret. La valeur maximale du coefficient de dégressivité retenu pour cette formule est fixée par décret, dans la limite de la somme des taux des cotisations mentionnées au I pour une rémunération égale au salaire minimum de croissance. »

Les dispositions issues de la L. n° 2008-1425 du 27 déc. 2008 sont applicables aux cotisations afférentes aux salaires et rémunérations dus à compter du 1er avr. 2009. Les cotisations susceptibles de faire l'objet d'un plan d'apurement mentionné au VI de l'art. L. 752-3-2 sont celles qui restaient dues à la date de la publication de la présente loi (L. préc., JO 28 déc.).

Les dispositions issues de l'art. 10-I de la L. n° 2015-1702 du 21 déc. 2015 sont applicables aux cotisations dues pour la période courant à compter du 1er janv. 2016 (L. préc., art. 10-II).

Les exonérations prévues par l'art. 8-I de la L. n° 2018-1203 du 22 déc. 2018 donnent lieu à compensation par le budget général de l'État (L. préc., art. 8-II).

Art. L. 752-3-3 *(L. n° 2018-1203 du 22 déc. 2018, art. 8-I, en vigueur le 1er janvier 2019)* I. — A Saint-Barthélemy et *[à]* Saint-Martin, les employeurs, à l'exclusion des entreprises publiques et établissements publics mentionnés à l'article L. 2233-1 du code du travail et des particuliers employeurs, sont exonérés du paiement des cotisations à leur charge au titre de la législation de sécurité sociale*[,]* à l'exclusion de celles dues au titre des accidents du travail et des maladies professionnelles, dans les conditions définies au présent article.

II. — L'exonération s'applique :

1° Aux employeurs occupant moins de onze salariés. Si l'effectif vient à atteindre ou dépasser le seuil de onze salariés, le bénéfice intégral de l'exonération est maintenu dans la limite des onze salariés précédemment occupés ou, en cas de départ, remplacés. Un décret fixe les conditions dans lesquelles le bénéfice de l'exonération est acquis dans le cas où l'effectif passe au-dessous de onze salariés ;

2°Aux employeurs, quel que soit leur effectif, des secteurs du bâtiment et des travaux publics, de l'industrie, de la restauration, de la presse, de la production audiovisuelle, des énergies renouvelables, des nouvelles technologies de l'information et de la communication et des centres d'appel, de la pêche, des cultures marines, de l'aquaculture, de l'agriculture, du tourisme, y compris les activités de loisirs s'y rapportant, et de l'hôtellerie ;

3°Aux employeurs de transport aérien assurant :

a) La liaison entre la métropole et Saint-Barthélemy ou Saint-Martin ;

b) La liaison entre ces collectivités ou celle avec la Guadeloupe, la Guyane et la Martinique.

Seuls sont pris en compte les personnels de ces employeurs concourant exclusivement à ces dessertes et affectés dans des établissements situés à Saint-Barthélemy ou à Saint-Martin ;

4° Aux employeurs assurant la desserte maritime ou fluviale de plusieurs points de Saint-Barthélemy ou de Saint-Martin, ou la liaison entre ces collectivités, ou celle avec la Guadeloupe, la Guyane et la Martinique.

III. — Le montant de l'exonération est calculé chaque mois civil, pour chaque salarié, en fonction de ses revenus d'activité tels qu'ils sont pris en compte pour la détermination de l'assiette des cotisations définie à l'article L. 242-1. Lorsque la rémunération horaire est inférieure à un seuil égal au salaire minimum de croissance majoré de 40 %, le montant de l'exonération est égal au montant des cotisations de sécurité sociale à la charge de l'employeur. A partir de ce seuil, la part de la rémunération sur laquelle est calculée l'exonération décroît et devient nulle lorsque la rémunération horaire est égale au salaire minimum de croissance majoré de 200 %.

Pour les employeurs occupant moins de onze salariés, lorsque la rémunération horaire est inférieure à un seuil égal au salaire minimum de croissance majoré de 40 %, le montant de l'exonération est égal au montant des cotisations de sécurité sociale à la charge de l'employeur. Lorsque la rémunération horaire est égale ou supérieure à ce seuil et inférieure à un seuil égal au salaire minimum de croissance majoré de 100 %, la rémunération est exonérée des cotisations de sécurité sociale à la charge de l'employeur, dans la limite de la part correspondant à une rémunération horaire égale au salaire minimum de croissance majoré de 40 %. Au-delà d'un seuil égal au salaire minimum de croissance majoré de 100 %, la part de la rémunération sur laquelle est calculée l'exonération décroît et devient nulle lorsque la rémunération horaire est égale au salaire minimum de croissance majoré de 200 %.

IV. – Par dérogation au III, le montant de l'exonération est calculé selon les modalités prévues aux deux derniers alinéas du présent IV pour les employeurs situés à Saint-Barthélemy et à Saint-Martin respectant les conditions suivantes :

1° Employer moins de deux cent cinquante salariés et avoir réalisé un chiffre d'affaires annuel inférieur à 50 millions d'euros ;

2° Avoir une activité principale relevant de l'un des secteurs d'activité éligibles à la réduction d'impôt prévue à l'article 199 *undecies* B du code général des impôts, ou de même nature dans le cas des employeurs établis à Saint-Barthélemy ou à Saint-Martin, ou correspondant à l'une des activités suivantes : comptabilité, conseil aux entreprises, ingénierie ou études techniques à destination des entreprises, recherche et développement ou technologies de l'information et de la communication ;

3° Être soumis de plein droit ou sur option à un régime réel d'imposition ;

4° Soit exercer leur activité principale dans l'un des secteurs suivants : recherche et développement, technologies de l'information et de la communication, tourisme, y compris les activités de loisirs s'y rapportant, environnement, agronutrition ou énergies renouvelables ; soit avoir réalisé des opérations sous le bénéfice du régime de perfectionnement actif défini à l'article 256 du règlement (UE) n° 952/2013 du Parlement européen et du Conseil du 9 octobre 2013 établissant le code des douanes de l'Union ;

La condition prévue au 3° du présent IV n'est pas applicable à Saint-Barthélemy.

Les conditions prévues aux 1° et 2° s'apprécient à la clôture de chaque exercice.

Pour les employeurs mentionnés au présent IV, lorsque la rémunération horaire est inférieure ou égale au salaire minimum de croissance majoré de 70 %, le montant de l'exonération est égal au montant des cotisations de sécurité sociale à la charge de l'employeur. Lorsque la rémunération est supérieure à un seuil égal au salaire minimum de croissance majoré de 70 % et inférieure à un seuil égal au salaire minimum de croissance majoré de 150 %, la rémunération est exonérée des cotisations de sécurité sociale à la charge de l'employeur, dans la limite de la part correspondant à une rémunération égale au salaire minimum de croissance majoré de 70 %. A partir du seuil égal au salaire minimum de croissance majoré de 150 %, la part de la rémunération sur laquelle est calculée l'exonération décroît et devient nulle lorsque la rémunération horaire est égale au salaire minimum de croissance majoré de 350 %.

V. – Pour l'application du présent article, l'effectif pris en compte est celui qui est employé dans chacune des collectivités mentionnées au I, tous établissements confondus dans le cas où l'employeur compte plusieurs établissements dans la même collectivité. L'effectif est apprécié dans les conditions prévues par le présent code.

Lorsque chez un même employeur ou un même établissement sont exercées plusieurs activités, l'exonération est applicable au titre de l'activité exercée par chacun des salariés employés.

VI. – Le bénéfice de l'exonération prévue au présent article est subordonné au fait, pour l'employeur, d'être à jour de ses obligations déclaratives ou de paiement à l'égard de l'organisme de recouvrement. La condition de paiement est considérée comme remplie dès lors que l'employeur, d'une part, a souscrit et respecte un plan d'apurement des cotisations restant dues et, d'autre part, acquitte les cotisations en cours à leur date normale d'exigibilité.

Les exonérations prévues par le présent article ne peuvent être cumulées avec une autre exonération totale ou partielle de cotisations patronales de sécurité sociale, à l'exception de la déduction forfaitaire prévue à l'article L. 241-18.

VII. – Le bénéfice de l'exonération prévue au présent article, ainsi que de tous autres allégements et exonérations de cotisations patronales prévus par le présent code, est subordonné au fait, pour l'employeur ou le chef d'entreprise, de ne pas avoir fait l'objet d'une condamnation pénale passée en force de chose jugée soit pour fraude fiscale, soit pour travail dissimulé, marchandage ou prêt illicite de main-d'œuvre, en application des articles L. 5224-2, L. 8224-1, L. 8224-3, L. 8224-4, L. 8224-5, L. 8224-6, L. 8234-1 et L. 8234-2 du code du travail.

Lorsqu'un organisme chargé du recouvrement est avisé, par la transmission du procès-verbal établi par un des agents de contrôle mentionnés à l'article L. 8271-1-2 du code du travail, de la commission d'une des infractions mentionnées au premier alinéa du présent VII, il suspend la mise en œuvre des exonérations prévues par le présent article jusqu'au terme de la procédure judiciaire.

VIII. – Lorsque les exonérations mentionnées aux III et IV sont dégressives, le montant de celles-ci est déterminé par l'application d'une formule de calcul définie par décret. La valeur maximale du coefficient de dégressivité retenu pour cette formule est fixée par décret, dans la limite de la somme des taux des cotisations mentionnées au I pour une rémunération égale au salaire minimum de croissance.

SECTION II **DISPOSITIONS RELATIVES AUX CAISSES GÉNÉRALES DE SÉCURITÉ SOCIALE**

Art. L. 752-4 Les caisses générales de sécurité sociale ont pour rôle :

1° D'assurer pour l'ensemble des salariés, y compris les salariés agricoles, la gestion des risques maladie, maternité, décès et invalidité, la gestion des risques d'accidents du travail et des maladies professionnelles ;

(L. n° 2017-1836 du 30 déc. 2017, art. 15-V, en vigueur le 1er janv. 2018) « 1° *bis* D'assurer pour les travailleurs indépendants la gestion des risques maladie et maternité et, par délégation du conseil mentionné à l'article L. 612-1, des risques invalidité et décès ; »

2° D'assurer pour les exploitants agricoles la gestion des risques maladie, invalidité et maternité, dans les conditions prévues par l'article *(Ord. n° 2016-391 du 31 mars 2016, art. 15-1°)* « L. 781-27 » du code rural et de la pêche maritime ;

3° De gérer le risque vieillesse :

(L. n° 2017-1836 du 30 déc. 2017, art. 15-V, en vigueur le 1er janv. 2018) « *a.* Des assurés affiliés au régime général ; »

b. des salariés agricoles ;

c. des exploitants agricoles dans les conditions fixées par l'article *(Ord. n° 2016-391 du 31 mars 2016, art. 15-1°)* « L. 781-2 » du code rural et de la pêche maritime ;

4° D'exercer une action de prévention des accidents du travail et des maladies professionnelles ;

5° D'exercer une action sanitaire et sociale dans leurs circonscriptions en faveur de l'ensemble des salariés et, dans les conditions prévues par *(Ord. n° 2016-391 du 31 mars 2016, art. 15-1°)* « les articles L. 781-28 et L. 781-47 » du code rural et de la pêche maritime, d'exercer une action sanitaire et sociale en faveur des exploitants agricoles *[V. art. R. 752-8, R. 752-9 et D. 752-3]* ;

(L. n° 2017-1836 du 30 déc. 2017, art. 15-V, en vigueur le 1er janv. 2018) « 5° *bis* De mettre en œuvre, pour les travailleurs indépendants, les décisions prises par les instances du conseil mentionné à l'article L. 612-1 en matière d'action sanitaire et sociale ; »

6° *(L. n° 94-637 du 25 juill. 1994, art. 20-II)* « D'exercer les fonctions dévolues en métropole aux organismes chargés du recouvrement des cotisations du régime général et de la mutualité sociale agricole » *(L. n° 2004-1370 du 20 déc. 2004, art. 62-I-2°)* « [,]à l'exception des compétences » *(L. n° 2014-1554 du 22 déc. 2014, art. 30-II-3°)* « dévolues à l'organisme » *(L. n° 2015-1702 du 21 déc. 2015, art. 16-I-5°)* « mentionné à l'article L. 213-4 » ;

(L. n° 2018-1203 du 22 déc. 2018, art. 52-II, en vigueur le 1er nov. 2019) « 7° D'attribuer la protection complémentaire en matière de santé prévue à l'article L. 861-1 aux assurés dont elles gèrent les risques maladie, maternité, décès et invalidité. »

Sur les dispositions transitoires de l'art. 15 de la L. n° 2017-1836 du 30 déc. 2017, V. ss. le livre VI « Dispositions applicables aux travailleurs indépendants ».

Art. L. 752-5 Au sein de chaque caisse générale de sécurité sociale instituée *(L. n° 2015-1268 du 14 oct. 2015, art. 7-I-8°)* « en Guadeloupe, en Guyane, en Martinique et à La Réunion », trois sections spéciales sont respectivement affectées :

1° A la gestion des risques maladie, maternité, décès, invalidité ;

2° A la gestion du risque vieillesse et au service de *(Ord. n° 2004-605 du 24 juin 2004, art. 3)* « l'allocation de solidarité aux personnes âgées » ;

3° A la gestion du risque accidents du travail et maladies professionnelles.

Art. L. 752-6 *(Ord. n° 96-344 du 24 avr. 1996, art. 6)* Chaque caisse générale de sécurité sociale *(L. n° 2015-1268 du 14 oct. 2015, art. 7-I-9°)* « de Guadeloupe, de Guyane, de Martinique et de La Réunion » est administrée par un conseil d'administration de vingt-cinq membres comprenant :

1° Huit représentants des assurés sociaux désignés par les organisations syndicales de salariés interprofessionnelles représentatives au plan national ;

2° Huit représentants des employeurs et travailleurs indépendants à raison de :

– cinq représentants des employeurs désignés par les organisations professionnelles nationales d'employeurs représentatives ;

– trois représentants des travailleurs indépendants désignés par les institutions ou les organisations professionnelles des travailleurs indépendants les plus représentatives au plan national ;

3° Trois représentants des exploitants agricoles désignés par les organisations professionnelles nationales représentatives ;

4° Deux représentants désignés par la Fédération nationale de la mutualité française ;

5° Quatre personnes qualifiées dans les domaines d'activité des caisses générales de sécurité sociale et désignées par l'autorité compétente de l'État, dont au moins un représentant des retraités *(L. n° 2015-1268 du 14 oct. 2015, art. 7-I-9°)* « et au moins un représentant de l'organisation la plus représentative des exploitants agricoles dans le ressort de la caisse, au sens du premier alinéa du I de l'article 2 de la loi n° 99-574 du 9 juillet 1999 d'orientation agricole ». – *Cet al. issu de la L. n° 2015-1268 du 14 oct. 2015 s'applique à compter du prochain renouvellement des membres des conseils d'administration concernés (L. préc., art. 7-II).*

Siègent également, avec voix consultative :

1° Un représentant des associations familiales désigné par l'union départementale des associations familiales territorialement compétente dans la circonscription de la caisse ;

(Ord. n° 2018-470 du 12 juin 2018, art. 8, en vigueur le 1er janv. 2019) « 2° Un représentant désigné en son sein par l'instance régionale du Conseil de la protection sociale des travailleurs indépendants mentionnée à l'article L. 612-4 ;

« 3° » Trois représentants du personnel élus dans des conditions fixées par décret. – *A compter du 1er janv. 2019, le 2° devient le 3° (Ord. n° 2018-470 du 12 juin 2018, art. 8).*

SECTION III DISPOSITIONS RELATIVES AUX CAISSES D'ALLOCATIONS FAMILIALES

Art. L. 752-7 *(L. n° 91-738 du 31 juill. 1991, art. 13)* Les caisses d'allocations familiales ont pour rôle d'assurer le service des prestations familiales et d'exercer une action sociale en faveur de leurs ressortissants et de leurs familles dans le cadre d'un programme particulier défini par arrêté interministériel après avis de leurs conseils d'administration et du conseil d'administration de la Caisse nationale des allocations familiales.

Le financement de cette action sociale est assuré par l'affectation d'un pourcentage, fixé par arrêté interministériel, des ressources de chaque caisse, telles qu'elles sont mentionnées à l'article L. 241-6.

Art. L. 752-8 *(L. n° 91-738 du 31 juill. 1991, art. 14)* Les caisses d'allocations familiales doivent, en outre, contribuer à la prise en charge des frais de restauration scolaire *(L. n° 2017-256 du 28 févr. 2017, art. 16)* « pour les élèves scolarisés de l'école maternelle au lycée ».

Le financement de cette action sociale spécifique est assuré par l'affectation d'une fraction des ressources des caisses, telles qu'elles sont mentionnées à l'article L. 241-6, dont le montant global est fixé annuellement, pour chaque caisse, par arrêté interministériel. – *V. art. D. 752-4.*

Les régimes autres que le régime général contribuent au financement de l'action sociale spécifique, en fonction des dépenses engagées pour leurs bénéficiaires, dans des conditions fixées par arrêté interministériel.

Art. L. 752-8-1 *Abrogé par L. n° 96-609 du 5 juill. 1996, art. 61-III, à compter du 9 juill. 1996.*

Art. L. 752-9 *(Ord. n° 96-344 du 24 avr. 1996, art. 6)* Chaque caisse d'allocations familiales *(L. n° 2015-1268 du 14 oct. 2015, art. 7-I-10°)* « de Guadeloupe, de Guyane, de Martinique et de La Réunion » est administrée par un conseil d'administration de vingt-six membres comprenant :

1° Huit représentants des assurés sociaux désignés par les organisations syndicales de salariés interprofessionnelles représentatives au plan national ;

2° Huit représentants des employeurs et travailleurs indépendants à raison de :

– cinq représentants des employeurs désignés par les organisations professionnelles nationales d'employeurs représentatives ;

– trois représentants des travailleurs indépendants désignés par les institutions ou organisations professionnelles des travailleurs indépendants représentatives sur le plan national ;

3° Trois représentants des exploitants agricoles désignés par les organisations professionnelles nationales représentatives ;

4° Trois représentants des associations familiales désignés par l'union départementale des associations familiales territorialement compétente ;

5° Quatre personnes qualifiées dans les domaines d'activité des Caisses d'allocations familiales et désignées par l'autorité compétente de l'État *(L. nº 2015-1268 du 14 oct. 2015, art. 7-I-10º)* « dont au moins un représentant de l'organisation la plus représentative des exploitants agricoles dans le ressort de la caisse, au sens du premier alinéa du I de l'article 2 de la loi nº 99-574 du 9 juillet 1999 d'orientation agricole ». – *Cet al. issu de la L. nº 2015-1268 du 14 oct. 2015 s'applique à compter du prochain renouvellement des membres des conseils d'administration concernés (L. préc., art. 7-II).*

Siègent également, avec voix consultative, trois représentants du personnel élus dans des conditions fixées par décret.

SECTION IV CONTENTIEUX

SOUS-SECTION 1 CONTENTIEUX GÉNÉRAL — CONTENTIEUX TECHNIQUE

Art. L. 752-10 Les différends nés, *(L. nº 2015-1268 du 14 oct. 2015, art. 7-I-11º)* « en Guadeloupe, en Guyane, en Martinique, à La Réunion, à Saint-Martin et à Saint-Barthélemy », de l'application des législations et réglementations relatives aux prestations familiales en vigueur *(L. nº 2015-1268 du 14 oct. 2015, art. 7-I-11º)* « dans ces collectivités » relèvent du contentieux général de la sécurité sociale, tel qu'il est déterminé par *(L. nº 2016-1547 du 18 nov. 2016, art. 12-I et 114-I, en vigueur le 1er janv. 2019)* « l'article L. 142-1 ».

Art. L. 752-11 Les dispositions *(Ord. nº 2018-358 du 16 mai 2018, art. 1er, en vigueur le 1er janv. 2019)* « du chapitre II » du titre IV du livre Ier relatives en matière de contentieux général et technique tant aux caisses primaires *(Ord. nº 2010-177 du 23 févr. 2010, art. 24)* « d'assurance maladie qu'aux caisses d'assurance retraite et de la santé au travail et aux » caisses d'allocations familiales sont applicables aux caisses générales de sécurité sociale et aux caisses d'allocations familiales *(L. nº 2015-1268 du 14 oct. 2015, art. 7-I-7º)* « de Guadeloupe, de Guyane, de Martinique et de La Réunion ». – *V. art. R. 752-10 à R. 752-15.*

Art. L. 752-12 Les dispositions des articles L. 752-10 et L. 752-11 sont, nonobstant les dispositions de l'article *(L. nº 2016-1547 du 18 nov. 2016, art. 12-I et 114-I, en vigueur le 1er janv. 2019)* « L. 142-1 » et du dernier alinéa de l'article *(L. nº 2016-1547 du 18 nov. 2016, art. 12-I et 114-I, en vigueur le 1er janv. 2019)* « L. 142-2 », applicables aux différends nés à l'occasion des accidents du travail survenus et des maladies professionnelles contractées dans l'exercice des professions agricoles. – *V. art. R. 752-16.*

SOUS-SECTION 2 CONTENTIEUX DU CONTRÔLE TECHNIQUE

Néant. – V. art. R. 752-17 à R. 752-18-7.

SECTION V DISPOSITIONS DIVERSES

Art. L. 752-13 Les dispositions des articles L. 151-1, L. 153-1, L. 231-5, L. 273-1, L. 281-1 et L. 281-3 sont applicables dans les *(L. nº 2015-1268 du 14 oct. 2015, art. 7-I-3º)* « collectivités mentionnées » à l'article L. 751-1. – *V. art. R. 752-19.*

Art. L. 752-14 *(Ord. n° 96-344 du 24 avr. 1996, art. 7-V et 13-I)* Des décrets fixent, en tant que de besoin, les modalités d'application des articles L. 752-6 et L. 752-9.

CHAPITRE III ASSURANCES SOCIALES

Art. L. 753-1 Un décret en Conseil d'État fixe avec effet du 1er janvier 1957 les conditions d'application et d'adaptation du décret n° 55-568 du 20 mai 1955 aux assurés *(L. n° 2015-1268 du 14 oct. 2015, art. 7-I-12°)* « des collectivités mentionnées » à l'article L. 751-1. – *V. art. R. 753-1 à R. 753-3.*

SECTION PREMIÈRE ASSURANCE MALADIE, MATERNITÉ, INVALIDITÉ-DÉCÈS

SOUS-SECTION 1 OUVERTURE DES DROITS – MAINTIEN DES DROITS

Néant. – V. art. R. 753-4 à R. 753-9.

SOUS-SECTION 2 SOINS

Art. L. 753-2 En cas de besoin constaté pour une région déterminée et plus spécialement lorsqu'un personnel médical ne pourra assurer, d'une façon satisfaisante, les soins à la population, des centres de médecine collective peuvent être créés, soit par une collectivité publique ou privée, soit par la caisse générale de sécurité sociale, après avis du syndicat des médecins du département *(L. n° 2015-1268 du 14 oct. 2015, art. 7-I-13°)* « ou de la collectivité » et jusqu'à ce que les conditions normales d'exercice de la médecine soient réalisées dans la région intéressée.

Un décret détermine les conditions dans lesquelles sont créés ou habilités ces centres, ainsi que leurs modalités de fonctionnement administratif et financier. – *V. art. R. 753-13.*

Art. L. 753-3 Les frais pharmaceutiques, *(Ord. n° 2010-49 du 13 janv. 2010, art. 6)* « d'examens de biologie médicale », ainsi que d'acquisition et de renouvellement des appareils, sont remboursés par les caisses dans les conditions prévues aux articles L. 162-14, au troisième alinéa de l'article L. 162-17 et à l'article L. 314-1. – *V. art. R. 753-11.*

Un arrêté interministériel *[art. R. 753-14]* peut déroger aux tarifs limites prévus auxdits articles.

Art. L. 753-4 *(Ord. n° 98-731 du 20 août 1998, art. 2)* Les médicaments remboursables par les organismes de sécurité sociale sont ceux mentionnés *(L. n° 2004-1370 du 20 déc. 2004, art. 24-1°)* « à » l'article L. 162-17 *(L. n° 2004-1370 du 20 déc. 2004, art. 24-1°)* « et *(L. n° 2015-1702 du 21 déc. 2015, art. 78-I-19°, en vigueur le 1er janv. 2017)* « aux articles L. 162-22-7 et L. 162-23-6 *[rédaction applicable jusqu'au 31 déc. 2016 : à l'article L. 162-22-7]* ». »

(L. n° 2004-1370 du 20 déc. 2004, art. 24-2°) « Les produits et prestations remboursables par les organismes de sécurité sociale sont ceux mentionnés aux articles L. 165-1 et L. 162-22-7. »

La liste établie dans les conditions fixées au premier alinéa de l'article L. 162-17 est complétée pour tenir compte des nécessités particulières *(L. n° 2015-1268 du 14 oct. 2015, art. 7-I-14°)* « aux collectivités intéressées », *(L. n° 99-1123 du 28 déc. 1999, art. 10)* « notamment dans le domaine de la prophylaxie et de la thérapeutique palustres ».

(L. n° 2004-1370 du 20 déc. 2004, art. 24-3°) « Un arrêté des ministres chargés de la sécurité sociale, de la santé, de l'économie et de l'outre-mer peut déterminer des majorations applicables :

« 1° Aux prix ou aux marges, fixés en application de l'article L. 162-16-4 ou de l'article L. 162-38, ou aux tarifs forfaitaires de responsabilité, prévus à l'article L. 162-16, des médicaments remboursables mentionnés aux premier et quatrième alinéas de l'article L. 162-17 ;

« 2° Aux prix de cession fixés en application de l'article L. 162-16-5 pour les médicaments mentionnés au deuxième alinéa de l'article L. 162-17 ;

« 3° Aux tarifs de responsabilité fixés en application de l'article L. 162-16-6 pour les médicaments figurant sur *(L. n° 2015-1702 du 21 déc. 2015, art. 78-I-19°, en vigueur le*

1er *janv. 2017)* « les listes mentionnées aux articles L. 162-22-7 et L. 162-23-6 *[rédaction applicable jusqu'au 31 déc. 2016 : la liste mentionnée à l'article L. 162-22-7]* » ;

« 4° Aux tarifs de responsabilité et, le cas échéant, aux prix des produits et prestations mentionnés aux articles L. 165-1 et L. 162-22-7.

« Ces majorations prennent en compte les frais particuliers qui, dans *(L. n° 2015-1268 du 14 oct. 2015, art. 7-I-14°)* « les collectivités mentionnées à l'article L. 751-1 », grèvent le coût de ces médicaments par rapport à leur coût en métropole. »

SOUS-SECTION 3 PRESTATIONS EN ESPÈCES DE L'ASSURANCE MALADIE ET DE L'ASSURANCE MATERNITÉ

Néant. — V. art. R. 753-16 et R. 753-17.

SOUS-SECTION 4 CAISSE COMPÉTENTE

Néant. — V. art. R. 753-18.

SOUS-SECTION 5 AFFECTIONS DE LONGUE DURÉE

Néant.

SOUS-SECTION 6 DÉTENUS

Art. L. 753-5 Les aménagements nécessaires pour l'application des dispositions relatives à la situation des détenus et de leur famille au regard des assurances maladie et maternité dans les *(L. n° 2015-1268 du 14 oct. 2015, art. 7-I-15°)* « collectivités mentionnées » à l'article L. 751-1 sont fixés par décret en Conseil d'État. — *V. art. R. 753-20.*

SECTION II ASSURANCE VIEILLESSE

SOUS-SECTION 1 DISPOSITIONS GÉNÉRALES

Néant. — V. art. R. 753-21 à R. 753-24-1 ; D. 753-1.

SOUS-SECTION 2 BÉNÉFICIAIRES DE LA PRESTATION PARTAGÉE D'ÉDUCATION DE L'ENFANT OU DE L'ALLOCATION JOURNALIÈRE DE PRÉSENCE PARENTALE ET PERSONNES ASSUMANT LA CHARGE D'UNE PERSONNE HANDICAPÉE OU DÉPENDANTE *(L. n° 2017-256 du 28 févr. 2017, art. 21-I).*

Art. L. 753-6 *(L. n° 2014-40 du 20 janv. 2014, art. 38-II, en vigueur le 1er janv. 2015)* Les personnes résidant dans les *(L. n° 2015-1268 du 14 oct. 2015, art. 7-I-15°)* « collectivités mentionnées » à l'article L. 751-1 qui ont la charge d'un enfant, d'un adulte handicapé ou d'une personne âgée dépendante, *(L. n° 2017-256 du 28 févr. 2017, art. 21-I)* « ou qui bénéficient de la prestation partagée d'éducation de l'enfant ou de l'allocation journalière de présence parentale, dans les conditions prévues à l'article L. 381-1 », sont affiliées obligatoirement à l'assurance vieillesse du régime général de sécurité sociale. — *Les dispositions issues de l'art. 21-I de la L. n° 2017-256 du 28 févr. 2017 sont applicables à compter du 1er janv. 2017 pour les bénéficiaires de l'allocation journalière de présence parentale et à compter du 1er janv. 2018 pour les bénéficiaires de la prestation partagée d'éducation de l'enfant (L. préc., art. 21-II).*

SOUS-SECTION 3 DÉTENUS

Art. L. 753-7 Les aménagements nécessaires pour l'application des dispositions relatives à la situation des détenus au regard des assurances vieillesse dans les *(L. n° 2015-1268 du 14 oct. 2015, art. 7-I-15°)* « collectivités mentionnées » à l'article L. 751-1 sont fixés par décret en Conseil d'État. — *V. art. R. 753-25.*

SECTION III DISPOSITIONS DIVERSES

SOUS-SECTION 1 INVALIDES DE GUERRE

Art. L. 753-8 Les bénéficiaires de la section V du chapitre Ier du titre VIII du livre III sont affiliés, s'ils résident dans *(L. nº 2015-1268 du 14 oct. 2015, art. 7-I-16º)* « l'une des collectivités mentionnées » à l'article L. 751-1, à la caisse générale de sécurité sociale de *(L. nº 2015-1268 du 14 oct. 2015, art. 7-I-16º)* « cette collectivité » dans des conditions fixées par décret en Conseil d'État. – *V. art. R. 753-26.*

SOUS-SECTION 2 FONCTIONNAIRES DE L'ÉTAT

Art. L. 753-9 Le bénéfice du régime de sécurité sociale mentionné au chapitre II du titre Ier du livre VII est applicable aux fonctionnaires de l'État servant dans les *(L. nº 2015-1268 du 14 oct. 2015, art. 7-I-15º)* « collectivités mentionnées » à l'article L. 751-1.

Des décrets déterminent les conditions dans lesquelles les agents de l'État non titulaires bénéficient de ce régime. – *V. art. D. 753-3.*

CHAPITRE IV ACCIDENTS DU TRAVAIL

SECTION PREMIÈRE ACCIDENTS SURVENUS ET MALADIES PROFESSIONNELLES CONSTATÉES DEPUIS LE 1er JANVIER 1952

Art. L. 754-1 Dans le cas où les conditions locales de communication ou de transmission ne permettraient pas de respecter les délais fixés en application des articles L. 441-1 à L. 441-6, L. 442-3, L. 442-4 et L. 461-5, il peut y être dérogé dans les limites qui sont fixées pour chaque *(L. nº 2015-1268 du 14 oct. 2015, art. 7-I-17º)* « collectivité mentionnée à l'article L. 751-1 » par arrêtés interministériels. – *V. art. R. 754-4.*

Art. L. 754-2 A titre transitoire et à défaut d'agent assermenté agréé, la Caisse générale de sécurité sociale peut faire procéder à l'enquête par un fonctionnaire désigné par le préfet avec l'accord du directeur régional ou départemental de la sécurité sociale.

Art. L. 754-3 En cas d'accident suivi de mort, survenu dans les limites de sa circonscription et dans les conditions prévues par l'article L. 435-2, la Caisse générale de sécurité sociale supporte les frais de transport du corps de la victime au lieu de sépulture demandé par la famille et situé dans ladite circonscription.

Pour l'application du présent article, les caisses générales de la Martinique et de la Guadeloupe sont considérées comme ayant une circonscription commune. – *V. art. R. 754-1 et R. 754-4.*

SECTION II ACCIDENTS SURVENUS ET MALADIES PROFESSIONNELLES CONSTATÉES AVANT LE 1er JANVIER 1952

Art. L. 754-4 Pour l'application des articles L. 413-2 et L. 413-5 aux professions agricoles et non agricoles dans les *(L. nº 2015-1268 du 14 oct. 2015, art. 7-I-3º)* « collectivités mentionnées » à l'article L. 751-1, la date du 1er janvier 1947 est remplacée par celle du 1er janvier 1952.

Un décret en Conseil d'État fixe, en tant que de besoin, les conditions d'application du présent article. – *V. art. R. 754-5.*

SECTION III DISPOSITIONS CONCERNANT CERTAINES CATÉGORIES

Art. L. 754-5 *(L. nº 2000-1207 du 13 déc. 2000, art. 10-III)* Les personnes mentionnées au premier alinéa de l'article L. 811-2 *[L. 6522-2, L. 6523-3 s. nouv.]* du code du travail, qui assurent la formation pratique d'un apprenti, *(Abrogé par Ord. nº 2015-1578 du 3 déc. 2015, art. 3, à compter du 1er janv. 2016) « d'un jeune âgé de dix-huit à trente ans en contrat d'accès à l'emploi »* d'un salarié en contrat d'adaptation, d'un salarié en contrat d'orientation ou d'un salarié en contrat de qualification dans l'entre-

prise bénéficient, pendant l'exercice de leur mission, des dispositions du livre IV, selon des modalités d'application qui seront fixées par décret en Conseil d'État.

V. art. R. 754-6 et R. 754-7.

CHAPITRE V PRESTATIONS FAMILIALES ET PRESTATIONS ASSIMILÉES

SECTION PREMIÈRE GÉNÉRALITÉS

Art. L. 755-1 Dans les *(L. n° 2015-1268 du 14 oct. 2015, art. 7-I-18°)* **« collectivités mentionnées » à l'article L. 751-1, le financement, les conditions d'attribution et le montant des prestations familiales sont fixés par les dispositions du présent chapitre.**

Art. L. 755-2 Les dépenses incombant aux Caisses d'allocations familiales sont couvertes par une cotisation des employeurs. Cette cotisation est assise sur les salaires dans les conditions déterminées par un arrêté interministériel *[art. D. 755-1]*. **Les modalités de recouvrement de la cotisation sont déterminées dans les mêmes formes.**

(Abrogé par L. n° 2012-958 du 16 août 2012, art. 1er-II-G) (L. n° 93-953 du 27 juill. 1993, art. 1er-III) ***« Les dispositions de l'article L. 241-6-1 sont applicables à cette cotisation. »***

Art. L. 755-2-1 *(L. n° 86-1383 du 31 déc. 1986, art. 14-II ; L. n° 91-738 du 31 juill. 1991, art. 11-II ; L. n° 2003-1199 du 18 déc. 2003, art. 60-V)* **Les prestations familiales prévues aux articles L. 755-11 à L. 755-22 et les cotisations prévues au 2° de l'article L. 241-6 et à l'article** *(L. n° 2017-1836 du 30 déc. 2017, art. 8-I)* **« L. 613-1 » sont étendues aux** *(Abrogé par L. n° 2014-626 du 18 juin 2014, art. 25-I-15°)* ***« employeurs et »*** **travailleurs indépendants.** *(Abrogé par L. n° 2017-256 du 28 févr. 2017, art. 24)* ***« Le versement des prestations est subordonné au paiement préalable par ces catégories des cotisations correspondantes. »***

Les dispositions issues de la L. n° 2014-626 du 18 juin 2014 s'appliquent aux cotisations et aux contributions de sécurité sociale dues au titre des périodes courant à compter du 1er janv. 2015 (L. préc., art. 25-VI-A).

Sur l'entrée en vigueur de l'art. 8-I de la L. n° 2017-1836 du 30 déc. 2017, V. dispositions transitoires ss. art. L. 136-8.

Art. L. 755-3 *(L. n° 86-1383 du 31 déc. 1986, art. 14-I-4° ; L. n° 91-738 du 31 juill. 1991, art. 9)* **Les dispositions des articles** *(L. n° 2003-1199 du 18 déc. 2003, art. 60-IV)* **« L. 512-1 à L. 512-4 », L. 513-1, L. 521-2, L. 552-1, L. 553-1, L. 553-2, L. 553-4** *(L. n° 2016-1827 du 23 déc. 2016, art. 41-I, IV et V)* **« [,] L. 582-1, L. 582-2, L. 583-3 et L. 583-5 » sont applicables aux** *(L. n° 2015-1268 du 14 oct. 2015, art. 7-I-18°)* **« collectivités mentionnées » à l'article L. 751-1.**

(L. n° 91-738 du 31 juill. 1991, art. 9 et 16-I) **« La base de calcul des prestations familiales est la même que celle qui est fixée en application de l'article L. 551-1 ».** – *Sur l'entrée en vigueur de la L. n° 2003-1199, V. note ss. art. L. 511-1.*

Les dispositions de l'art. 41-I de la L. n° 2016-1827 du 23 déc. 2016 ne sont pas applicables à Saint-Pierre-et-Miquelon (L. préc., art. 41-IV).

Art. L. 755-4 *(L. n° 2007-293 du 5 mars 2007, art. 20-III)* **Dans le cadre de la mesure judiciaire d'aide à la gestion du budget familial prévue à l'article 375-9-1 du code civil, le juge peut décider qu'une personne qualifiée, dite "délégué aux prestations familiales", perçoit tout ou partie des prestations familiales dues au bénéficiaire de la mesure.**

(L. n° 2007-308 du 5 mars 2007, art. 30-II) **« Le présent article n'est pas applicable à la prime forfaitaire prévue au II de l'article L. 524-5. »**

La charge des frais de la mesure judiciaire d'aide à la gestion du budget familial incombe à l'organisme débiteur *(L. n° 2007-308 du 5 mars 2007, art. 30-II)* **« de la prestation due à la famille et perçue par le délégué. Si plusieurs prestations sociales sont perçues par le délégué, la charge incombe à l'organisme versant la prestation au montant le plus élevé ».**

Art. L. 755-5 à L. 755-8 *Abrogés par L. n° 86-1383 du 31 déc. 1986, art. 14-I.*

Art. L. 755-9 Le bénéfice des dispositions instituant un régime de prestations familiales dans les *(L. n° 2015-1268 du 14 oct. 2015, art. 7-I-18°)* « collectivités mentionnées » à l'article L. 751-1 et dans les territoires ou collectivités relevant du ministre chargé des départements et territoires d'outre-mer, est étendu aux salariés qui travaillent en France métropolitaine dans les professions mentionnées par ce régime et dont les enfants résident dans ces départements ou dans ces territoires. La charge des prestations ainsi attribuées est supportée par les organismes métropolitains.

Art. L. 755-10 *(Abrogé par L. n° 2015-1702 du 21 déc. 2015, art. 45-I-2°) « Dans les (L. n° 2015-1268 du 14 oct. 2015, art. 7-I-18°) « collectivités mentionnées » à l'article L. 751-1, la charge et le service des prestations familiales dues aux personnels de l'État et des collectivités locales continuent à être assumés dans les conditions en vigueur à la date du 22 août 1967. » – V. art. D. 755-4.*

Le taux des prestations familiales pour les fonctionnaires *(L. n° 2015-1702 du 21 déc. 2015, art. 45-I-2°)* « de l'État et des fonctions publiques hospitalière et territoriale » est le même que celui en vigueur dans la métropole.

(Ord. n° 2003-720 du 1er août 2003, art. 1er-II) « Les dispositions des articles L. 513-1 et L. 521-1 sont applicables aux personnels mentionnés au présent article. »

Les dispositions issues de l'art. 45-I de la L. n° 2015-1702 du 21 déc. 2015 sont applicables à Saint-Barthélemy et à Saint-Martin et entrent en vigueur à une date fixée par décret, et au plus tard le 1er janv. 2017 (L. préc., art. 45-II et III).

Art. L. 755-10-1 (Abrogé par L. n° 2015-1702 du 21 déc. 2015, art. 45-I-3°) (L. n° 2000-1207 du 13 déc. 2000, art. 30-II) ***Nonobstant les dispositions de l'article L. 755-10, l'allocation de logement familiale mentionnée à l'article L. 755-21*** (L. n° 2003-1199 du 18 déc. 2003, art. 60-III) ***« ainsi que la prestation d'accueil du jeune enfant visée à l'article L. 531-1 sont versées » par les caisses d'allocations familiales aux personnels de l'État, des collectivités territoriales et de la fonction publique hospitalière dans les conditions prévues au présent livre.***

V. note ss. art. L. 755-10.

SECTION II ALLOCATIONS FAMILIALES

Art. L. 755-11 *(L. n° 91-738 du 31 juill. 1991, art. 10)* Les conditions d'attribution des allocations familiales et de leurs majorations fixées par les articles L. 521-1 et L. 521-3 sont applicables dans les *(L. n° 2015-1268 du 14 oct. 2015, art. 7-I-3°)* « collectivités mentionnées » à l'article L. 751-1.

Toutefois, les dispositions de l'article L. 755-12 restent en vigueur aussi longtemps que le présent chapitre V est applicable. – *V. art. D. 755-5.*

Art. L. 755-12 Les allocations familiales sont dues, pour tout enfant, *(L. n° 86-1383 du 31 déc. 1986, art. 14-I)* « à la personne qui a effectivement la charge de celui-ci ».

(L. n° 2014-1554 du 22 déc. 2014, art. 85-II) « Toutefois, les quatre derniers alinéas de l'article L. 521-1 ne sont pas applicables lorsque le ménage ou la personne a un seul enfant à charge. » – *Les dispositions issues de la L. n° 2014-1554 du 22 déc. 2014 sont applicables à Saint-Barthélemy et à Saint-Martin (L. préc., art. 85-IV).*

Art. L. 755-13 *Abrogé par L. n° 86-1383 du 31 déc. 1986, art. 14-I, à compter du 1er juill. 1989.*

Art. L. 755-14 *Abrogé par L. n° 91-738 du 31 juill. 1991, art. 11-I, à compter du 1er juill. 1991.*

Art. L. 755-15 Les dispositions du chapitre IV du livre Ier du code du travail ancien sont applicables aux communes et aux établissements publics départementaux et communaux pour la totalité du personnel qu'ils emploient. Elles ne sont pas applicables aux départements, aux communes, aux établissements publics départementaux et communaux dans lesquels des régimes particuliers d'allocations familiales ont été institués.

SECTION III COMPLÉMENT FAMILIAL

Art. L. 755-16 *(L. n° 96-609 du 5 juill. 1996, art. 61)* « Le complément familial est attribué au ménage ou à la personne dont les ressources n'excèdent pas un plafond

variable selon le nombre d'enfants à charge et qui a un ou plusieurs enfants à charge, à la condition que chacun d'entre eux *(L. n° 2003-1199 du 18 déc. 2003, art. 60-IV)* **« ait un âge supérieur à l'âge limite prévu au premier alinéa de l'article L. 531-1 et qu'au moins l'un d'entre eux ait un âge inférieur à un âge limite » et que le plus jeune des enfants n'ait pas atteint un âge déterminé ».** *— V. art. R. 755-1 à R. 755-4 et D. 755-6. — Sur l'entrée en vigueur de la L. n° 2003-1199, V. note ss. art. L. 511-1.*

(L. n° 2017-256 du 28 févr. 2017, art. 25-I, en vigueur le 1er avr. 2017) **« Le plafond de ressources mentionné au premier alinéa du présent article est majoré lorsque la charge du ou des enfants est assumée soit par un couple dont chaque membre dispose d'un revenu professionnel, soit par une personne seule.**

« Le niveau du plafond de ressources varie conformément à l'évolution des prix à la consommation hors tabac.

« Un complément différentiel est dû lorsque les ressources excèdent le plafond d'un montant inférieur à une somme déterminée. »

Art. L. 755-16-1 *(L. n° 2013-1203 du 23 déc. 2013, art. 73-I-3°, en vigueur le 1er avr. 2014)* **Un montant majoré du complément familial est attribué au ménage ou à la personne dont les ressources ne dépassent pas un plafond qui varie en fonction du nombre des enfants à charge et qui est inférieur à celui défini à l'article L. 755-16.** *(L. n° 2017-256 du 28 févr. 2017, art. 25-I, en vigueur le 1er avr. 2017)* **« Ce plafond est majoré lorsque la charge du ou des enfants est assumée soit par un couple dont chaque membre dispose d'un revenu professionnel, soit par une personne seule. » Le niveau du plafond de ressources varie conformément à l'évolution des prix à la consommation hors tabac.**

Les taux respectifs du complément familial et du montant majoré du complément familial sont fixés par décret.

A compter du 1er avr. 2018, les taux respectifs du complément familial et du montant majoré du complément familial mentionnés au second al. de l'art. L. 755-16-1 augmentent chaque année au 1er avr. pour atteindre, au plus tard le 1er avr. 2020, les taux respectifs des mêmes prestations mentionnés à l'art. L. 522-3 CSS (L. n° 2017-256 du 28 févr. 2017, art. 25-II).

SECTION IV ALLOCATION DE SOUTIEN FAMILIAL

Art. L. 755-17 *(L. n° 86-1383 du 31 déc. 1986, art. 14-I-3° ; Décr. n° 89-564 du 11 août 1989, art. 2)* **L'allocation de soutien familial est attribuée dans les** *(L. n° 2015-1268 du 14 oct. 2015, art. 7-I-18°)* **« collectivités mentionnées » à l'article L. 751-1 dans les conditions fixées par décret.** *— V. art. D. 755-7 et D. 755-8.*

SECTION V ALLOCATION DE PARENT ISOLÉ

Art. L. 755-18 (Abrogé par Ord. n° 2010-686 du 24 juin 2010, art. 9, à compter du 1er janv. 2011) (L. n° 2006-339 du 23 mars 2006, art. 5-VII) ***« L'allocation prévue à l'article L. 524-1 et la prime forfaitaire mentionnée à l'article L. 524-5 sont attribuées aux » parents isolés résidant dans les départements mentionnés à l'article L. 751-1 selon des conditions fixées par décret.***

SECTION VI PRESTATION D'ACCUEIL DU JEUNE ENFANT

(L. n° 2003-1199 du 18 déc. 2003, art. 60-III)

Les dispositions issues de l'art. 60 de la L. n° 2003-1199 du 18 déc. 2003 entrent en vigueur à compter du 1er janv. 2004 pour les enfants nés ou adoptés à compter du 1er janv. 2004 ainsi que pour les enfants nés avant cette date alors que leur date de naissance présumée était postérieure au 31 déc. 2003.

Les personnes qui ont perçu moins de cinq mensualités d'allocation pour jeune enfant au titre de la grossesse pour des mois antérieurs au 1er janv. 2004 bénéficient de la prime à la naissance dans le courant du mois de janvier 2004. Les mensualités d'allocation pour jeune enfant perçues à ce titre antérieurement au 1er janv. 2004 sont déduites du montant de la prime à la naissance.

Les personnes bénéficiaires de l'allocation pour jeune enfant, de l'allocation d'adoption, de l'allocation parentale d'éducation, de l'allocation de garde d'enfant à domicile ou de l'aide à la famille pour l'emploi d'une assistante maternelle agréée en vertu de la réglementation applicable antérieurement au 1er janv. 2004 pour un enfant né avant cette date continuent à percevoir ces allocations jusqu'à leur terme.

Les personnes qui bénéficient au 1er janv. 2004 des prestations mentionnées ci-dessus pour un enfant né avant cette date, et qui ont à compter du 1er janv. 2004 un nouvel enfant à charge du fait d'une naissance ou d'une adoption, ouvrent droit à la prestation d'accueil du jeune enfant pour l'ensemble des enfants à charge qui remplissent les conditions de cette prestation. Le droit à la prestation d'accueil du jeune enfant est dans ce cas ouvert le mois qui suit la naissance de l'enfant. Toutefois, en cas de bénéfice de l'allocation de garde d'enfant à domicile ou de l'aide à la famille pour l'emploi d'une assistante maternelle agréée, le droit au complément de libre choix du mode de garde est ouvert à compter du premier jour du mois qui suit le trimestre civil où intervient la naissance de l'enfant. Pour les personnes ayant bénéficié de l'allocation parentale d'éducation avant le 1er janv. 2004, le complément de libre choix d'activité est versé sans examen des conditions d'activité professionnelle antérieures (L. préc., art. 60-VIII).

Les modalités d'application des I à III de l'art. 60 de la L. n° 2003-1199 du 18 déc. 2003 sont définies par décret en ce qui concerne les âges d'ouverture à la prestation d'accueil du jeune enfant ou à ses compléments, ses montants, sa durée de versement et par décret en Conseil d'État pour les autres dispositions (L. préc., art. 60-VI).

A compter du 1er janv. 2007, l'ensemble des ménages et personnes bénéficient de la prestation d'accueil du jeune enfant dès lors qu'ils répondent à ses conditions de droit (L. préc., art. 60-VIII).

Art. L. 755-19 **La prestation d'accueil du jeune enfant est attribuée dans les** *(L. n° 2015-1268 du 14 oct. 2015, art. 7-I-18°)* **« collectivités mentionnées » à l'article L. 751-1 dans les conditions définies au titre III du livre V du présent code.**

L'allocation de base de la prestation d'accueil du jeune enfant n'est pas cumulable avec les allocations familiales et leurs majorations pour âge servies au titre d'un seul enfant à charge.

L'allocation de base et *(L. n° 2014-873 du 4 août 2014, art. 8-I-14°)* **« la prestation partagée d'éducation de l'enfant » ne sont pas cumulables avec le complément familial défini à l'article L. 755-16.**

Les dispositions issues de la L. n° 2014-873 du 4 août 2014 sont applicables aux enfants nés ou adoptés à partir du 1er oct. 2014.

Pour les enfants nés ou adoptés avant le 1er oct. 2014, les dispositions du CSS demeurent applicables dans leur rédaction antérieure au 6 août 2014, date d'entrée en vigueur des dispositions précitées à l'al. précédent (L. préc., art. 8-VI).

Ancien art. L. 755-19 *La prestation d'accueil du jeune enfant est attribuée dans les départements mentionnés à l'article L. 751-1 dans les conditions définies au titre III du livre V du présent code.*

L'allocation de base de la prestation d'accueil du jeune enfant n'est pas cumulable avec les allocations familiales et leurs majorations pour âge servies au titre d'un seul enfant à charge.

L'allocation de base et le complément de libre choix d'activité de cette prestation ne sont pas cumulables avec le complément familial défini à l'article L. 755-16.

SECTION VII ALLOCATION D'ÉDUCATION SPÉCIALE

Art. L. 755-20 *(L. n° 86-1383 du 31 déc. 1986, art. 14-I-3° ; Décr. n° 89-564 du 11 août 1989, art. 2)* **L'***(L. n° 2005-102 du 11 févr. 2005, art. 68-2°)* **« allocation d'éducation de l'enfant handicapé » est attribuée dans les** *(L. n° 2015-1268 du 14 oct. 2015, art. 7-I-18°)* **« collectivités mentionnées » à l'article L. 751-1, dans des conditions fixées par décret.** — *V. art. D. 755-11.*

SECTION VIII ALLOCATION DE LOGEMENT FAMILIALE. — PRIMES DE DÉMÉNAGEMENT. — PRÊTS À L'AMÉLIORATION DE L'HABITAT — PRÊTS À L'AMÉLIORATION DU LIEU D'ACCUEIL *(L. n° 2011-1906 du 21 déc. 2011, art. 105-1°).*

Art. L. 755-21 *(Décr. n° 86-838 du 16 juill. 1986, art. 31)* **L'allocation de logement est attribuée dans les** *(L. n° 2015-1268 du 14 oct. 2015, art. 7-I-19°)* **« collectivités mentionnées » à l'article L. 751-1 aux personnes comprises dans le champ d'application des 3°, 4° et 5° de l'article L. 542-1,** *(Ord. n° 2016-391 du 31 mars 2016, art. 15-2°)* **« des articles L. 781-8 et L. 781-46 » du code rural et de la pêche maritime et aux personnes qui ont au moins un enfant à charge au sens** *(L. n° 90-590 du 6 juill. 1990, art. 10-II)* **« de l'article L. 512-3 ».**

(L. n° 99-1140 du 29 déc. 1999, art. 14-IV) **« Un décret fixe l'âge limite pour l'ouverture du droit à cette allocation pour tout enfant dont la rémunération n'excède pas le plafond mentionné au 2° de l'article L. 512-3 à condition qu'il poursuive des études, ou qu'il soit placé en apprentissage ou en stage de formation professionnelle au sens du livre IX** *[Partie VI nouv.]* **du code du travail, ou qu'il se trouve, par suite d'infirmité ou de maladie chronique, dans l'impossibilité constatée de se livrer à une activité professionnelle ».**

Les articles L. 542-2, *(L. n° 2014-366 du 24 mars 2014, art. 27-V-5°)* **« L. 542-2-1, » L. 542-5,** *(L. n° 2000-656 du 13 juill. 2000, art. 39-III)* **« L. 542-5-1 », L. 542-6, L. 542-7** *(L. n° 2012-1404 du 17 déc. 2012, art. 93-I-2°)* **« , L. 542-7-1 » et L. 542-8 sont applicables dans ces** *(L. n° 2015-1268 du 14 oct. 2015, art. 7-I-19°)* **« collectivités », dans les conditions fixées par un décret qui détermine les adaptations nécessaires.** — *V. art. D. 755-12 à D. 755-38-1. — Les dispositions issues de la L. n° 2012-1404 du 17 déc. 2012 sont applicables à Saint-Barthélemy et à Saint-Martin. Ces dispositions, qui entrent en vigueur le 1er janv. 2013, s'appliquent à compter de cette date, à la demande du débiteur, aux demandes prévues au I de l'art. L. 331-3 C. consom. déclarées recevables et en cours d'instruction (L. préc., art. 93-II et III).*

Art. L. 755-21-1 *(L. n° 2011-1906 du 21 déc. 2011, art. 105-2°)* **Les prêts à l'amélioration de l'habitat ainsi que les prêts à l'amélioration du lieu d'accueil sont applicables aux** *(L. n° 2015-1268 du 14 oct. 2015, art. 7-I-18°)* **« collectivités mentionnées » à l'article L. 751-1 dans les conditions définies aux 1° et 2° de l'article L. 542-9.**

SECTION IX ALLOCATION DE RENTRÉE SCOLAIRE

Art. L. 755-22 L'allocation de rentrée scolaire est attribuée dans les *(L. n° 2015-1268 du 14 oct. 2015, art. 7-I-18°)* **« collectivités mentionnées » à l'article L. 751-1.** — *V. art. R. 755-14 et R. 755-14-1.*

SECTION X *[ABROGÉE]* ALLOCATION D'ADOPTION

(Abrogée par L. n° 2003-1199 du 18 déc. 2003, art. 60-IV)

Les dispositions issues de l'art. 60 de la loi n° 2003-1199 du 18 déc. 2003 mettant en place la prestation d'accueil du jeune enfant entrent en vigueur à compter du 1er janv. 2004 pour les enfants nés ou adoptés à compter du 1er janv. 2004 ainsi que pour les enfants nés avant cette date alors que leur date de naissance présumée était postérieure au 31 déc. 2003. Il en résulte que les dispositions antérieures restent en vigueur pour les enfants nés avant cette date, sous réserve des dispositions transitoires ci-dessous.

Les personnes bénéficiaires de l'allocation pour jeune enfant, de l'allocation d'adoption, de l'allocation parentale d'éducation, de l'allocation de garde d'enfant à domicile ou de l'aide à la famille pour l'emploi d'une assistante maternelle agréée en vertu de la réglementation applicable antérieurement au 1er janv. 2004 pour un enfant né avant cette date continuent à percevoir ces allocations jusqu'à leur terme.

Les personnes qui bénéficient au 1er janv. 2004 des prestations mentionnées ci-dessus pour un enfant né avant cette date, et qui ont à compter du 1er janv. 2004 un nouvel enfant à charge du fait d'une naissance ou d'une adoption, ouvrent droit à la prestation d'accueil du jeune enfant pour l'ensemble des enfants à charge qui remplissent les conditions de cette prestation. Le droit à la prestation d'accueil du jeune enfant est dans ce cas ouvert le mois qui suit la naissance de l'enfant. Toutefois, en cas de bénéfice de l'allocation de garde d'enfant à domicile ou de l'aide à la famille pour l'emploi d'une assistante maternelle agréée, le droit au complément de libre choix du mode de garde est ouvert à compter du premier jour du mois qui suit le trimestre civil où intervient la naissance de l'enfant. Pour les personnes ayant bénéficié de l'allocation parentale d'éducation avant le 1er janv. 2004, le complément de libre choix d'activité est versé sans examen des conditions d'activité professionnelle antérieures.

A compter du 1er janv. 2007, l'ensemble des ménages et personnes bénéficient de la prestation d'accueil du jeune enfant dès lors qu'ils répondent à ses conditions de droit (L. préc., art. 60-VIII).

Art. L. 755-23 Abrogé par L. n° 2003-1199 du 18 déc. 2003, art. 60-IV.

SECTION XI *[ABROGÉE]* ALLOCATION PARENTALE D'ÉDUCATION

(Abrogée par L. n° 2003-1199 du 18 déc. 2003, art. 60-IV)

Les dispositions issues de l'art. 60 de la loi n° 2003-1199 du 18 déc. 2003 mettant en place la prestation d'accueil du jeune enfant entrent en vigueur à compter du 1er janv. 2004 pour les enfants nés ou adoptés à compter du 1er janv. 2004 ainsi que pour les enfants nés avant cette date alors que leur date de naissance présumée était postérieure au 31 déc. 2003. Il en résulte que les dispositions antérieures restent en vigueur pour les enfants nés avant cette date, sous réserve des dispositions transitoires ci-dessous.

Les personnes bénéficiaires de l'allocation pour jeune enfant, de l'allocation d'adoption, de l'allocation parentale d'éducation, de l'allocation de garde d'enfant à domicile ou de l'aide à la famille pour l'emploi d'une assistante maternelle agréée en vertu de la réglementation applicable antérieurement au 1er janv. 2004 pour un enfant né avant cette date continuent à percevoir ces allocations jusqu'à leur terme.

Les personnes qui bénéficient au 1er janv. 2004 des prestations mentionnées ci-dessus pour un enfant né avant cette date, et qui ont à compter du 1er janv. 2004 un nouvel enfant à charge du fait d'une naissance ou d'une adoption, ouvrent droit à la prestation d'accueil du jeune enfant pour l'ensemble des enfants à charge qui remplissent les conditions de cette prestation. Le droit à la prestation d'accueil du jeune enfant est dans ce cas ouvert le mois qui suit la naissance de l'enfant. Toutefois, en cas de bénéfice de l'allocation de garde d'enfant à domicile ou de l'aide à la famille pour l'emploi d'une assistante maternelle agréée, le droit au complément de libre choix du mode de garde est ouvert à compter du premier jour du mois qui suit le trimestre civil où intervient la naissance de l'enfant. Pour les personnes ayant bénéficié de l'allocation parentale d'éducation avant le 1er janv. 2004, le complément de libre choix d'activité est versé sans examen des conditions d'activité professionnelle antérieures.

A compter du 1er janv. 2007, l'ensemble des ménages et personnes bénéficient de la prestation d'accueil du jeune enfant dès lors qu'ils répondent à ses conditions de droit (L. n° 2003-1199 du 18 déc. 2003, art. 60-VIII).

Art. L. 755-24 *Abrogé par L. n° 2003-1199 du 18 déc. 2003, art. 60-IV.*

Art. L. 755-25 et L. 755-26 *Abrogés par L. n° 86-1307 du 29 déc. 1986, art. 8.*

SECTION XII DISPOSITIONS CONCERNANT CERTAINES CATÉGORIES

Art. L. 755-27 et L. 755-28 *Abrogés par L. n° 91-738 du 31 juill. 1991, art. 11-I-1°, à compter du 1er juill. 1991.*

Art. L. 755-29 *(L. n° 86-1383 du 31 déc. 1986, art. 14-I-5°)* **Les marins pêcheurs non salariés dont la famille réside dans** *(L. n° 2015-1268 du 14 oct. 2015, art. 7-I-20°)* **« l'une des collectivités mentionnées » à l'article L. 751-1 et qui pratiquent la pêche maritime artisanale dans des conditions conformes aux dispositions applicables à la profession, ainsi que les marins embarqués au cabotage et à la navigation côtière, sont obligatoirement** *(L. n° 2016-1827 du 23 déc. 2016, art. 64-I)* **« rattachés » à la Caisse d'allocations familiales du département dans lequel ils sont domiciliés.**

Un décret fixe les modalités *(L. n° 2016-1827 du 23 déc. 2016, art. 64-I)* **« de rattachement » des intéressés.**

Art. L. 755-30 **La cotisation due par les marins pêcheurs ou par les armateurs ou patrons est assise sur le salaire forfaitaire pris en compte pour le calcul de la contribution de la catégorie intéressée aux caisses de l'établissement national des invalides de la marine.**

Un arrêté interministériel *[art. D. 755-42]* **fixe, en fonction du revenu professionnel défini à l'alinéa précédent, le montant des cotisations.**

La cotisation à la charge des marins pêcheurs non salariés est exigible du fait que l'intéressé exerce son activité dans les conditions fixées à l'article L. 755-29, même s'il n'a pas la qualité d'allocataire.

La cotisation pour les inscrits maritimes embarqués au cabotage ou à la navigation côtière est à la charge des armateurs ou patrons.

Art. L. 755-31 *Abrogé par L. n° 86-1383 du 31 déc. 1986, art. 14-I.*

SECTION XIII *[ABROGÉE]* DISPOSITIONS RELATIVES AUX EXAMENS MÉDICAUX DE LA MÈRE ET DE L'ENFANT

(Abrogée par L. n° 2003-1199 du 18 déc. 2003, art. 60-IV)

Les dispositions issues de l'art. 60 de la loi n° 2003-1199 du 18 déc. 2003 mettant en place la prestation d'accueil du jeune enfant entrent en vigueur à compter du 1er janv. 2004 pour les enfants *nés ou adoptés à compter du 1er janv. 2004 ainsi que pour les enfants nés avant cette date alors que leur date de naissance présumée était postérieure au 31 déc. 2003. Il en résulte que les dispositions antérieures restent en vigueur pour les enfants nés avant cette date, sous réserve des dispositions transitoires ci-dessous.*

Les personnes bénéficiaires de l'allocation pour jeune enfant, de l'allocation d'adoption, de l'allocation parentale d'éducation, de l'allocation de garde d'enfant à domicile ou de l'aide à la famille pour l'emploi d'une assistante maternelle agréée en vertu de la réglementation applicable antérieurement au 1er janv. 2004 pour un enfant né avant cette date continuent à percevoir ces allocations jusqu'à leur terme.

Les personnes qui bénéficient au 1er janv. 2004 des prestations mentionnées ci-dessus pour un enfant né avant cette date, et qui ont à compter du 1er janv. 2004 un nouvel enfant à charge du fait d'une naissance ou d'une adoption, ouvrent droit à la prestation d'accueil du jeune enfant pour l'ensemble des enfants à charge qui remplissent les conditions de cette prestation. Le droit à la prestation d'accueil du jeune enfant est dans ce cas ouvert le mois qui suit la naissance de l'enfant. Toutefois, en cas de bénéfice de l'allocation de garde d'enfant à domicile ou de l'aide à la famille pour l'emploi d'une assistante maternelle agréée, le droit au complément de libre choix du mode de garde est ouvert à compter du premier jour du mois qui suit le trimestre civil où intervient la naissance de l'enfant. Pour les personnes ayant bénéficié de l'allocation parentale d'éducation avant le 1er janv. 2004, le complément de libre choix d'activité est versé sans examen des conditions d'activité professionnelle antérieures.

A compter du 1er janv. 2007, l'ensemble des ménages et personnes bénéficient de la prestation d'accueil du jeune enfant dès lors qu'ils répondent à ses conditions de droit (L. n° 2003-1199 du 18 déc. 2003, art. 60-VIII).

Art. L. 755-32 *Abrogé par L. n° 2003-1199 du 18 déc. 2003, art. 60-IV.*

SECTION XIV ALLOCATION JOURNALIÈRE DE PRÉSENCE PARENTALE *(L. n° 2005-1579 du 19 déc. 2005, art. 87-VI).*

Art. L. 755-33 *(L. n° 2000-1257 du 23 déc. 2000, art. 20-VI ; L. n° 2005-1579 du 19 déc. 2005, art. 87-V)* **L'allocation journalière de présence parentale est attribuée dans les** *(L. n° 2015-1268 du 14 oct. 2015, art. 7-I-18°)* **« collectivités mentionnées » à l'article L. 751-1.**

CHAPITRE VI RÉGIMES DES TRAVAILLEURS INDÉPENDANTS NON AGRICOLES *(L. n° 2016-1827 du 23 déc. 2016, art. 9-I-1°).*

SECTION PREMIÈRE ASSURANCE MALADIE

Néant.

SECTION II ASSURANCE VIEILLESSE

SOUS-SECTION 1 DISPOSITIONS COMMUNES À L'ENSEMBLE DES RÉGIMES D'ASSURANCE VIEILLESSE

Art. L. 756-1 **Des décrets déterminent les modalités d'application, dans les** *(L. n° 2015-1268 du 14 oct. 2015, art. 7-I-21°)* **« collectivités mentionnées » à l'article L. 751-1, des titres II, III et IV du livre VI, en fixant, notamment, les conditions de validation des périodes d'activité professionnelle accomplies par les travailleurs non salariés des départements d'outre-mer, antérieurement à la mise en application dans lesdits départements des régimes d'assurance vieillesse prévus par les dispositions des titres susmentionnés, compte tenu des droits acquis durant la période d'application de l'article 73 de la loi de finances pour 1963 (2e partie, moyens des services et dispositions spéciales) n° 63-156 du 23 février 1963.** *— V. art. D. 756-1 à D. 756-3.*

(L. n° 88-16 du 5 janv. 1988, art. 10) **« Ces décrets fixent les conditions dans lesquelles, sur demande individuelle, les organismes chargés de la gestion de l'assurance vieillesse des travailleurs** *(L. n° 2016-1827 du 23 déc. 2016, art. 9-I-2°)* **« indépendants » non agricoles peuvent accorder, compte tenu des ressources de l'intéressé et le cas échéant de son conjoint, une réduction ou une exonération des cotisations au régime de base et aux régimes complémentaires d'assurance vieillesse, en faveur des personnes qui, à titre individuel ou collectif, ont adhéré volontairement avant le**

1er avril 1968 à des contrats en vue de la constitution de retraite. Les droits des intéressés sont réduits en conséquence. » — *Les dispositions de l'art. 9-I-2° issues de la L. n° 2016-1827 du 23 déc. 2016 s'appliquent aux cotisations et contributions de sécurité sociale dues au titre des périodes courant à compter du 1er janv. 2017 (L. préc., art. 9-II).*

SOUS-SECTION 2 *[ABROGÉE]* DISPOSITIONS APPLICABLES AUX PROFESSIONS ARTISANALES, INDUSTRIELLES ET COMMERCIALES

(Abrogée par L. n° 2016-1827 du 23 déc. 2016, art. 9-I-3°)

Les dispositions issues de l'art. 9-I de la L. n° 2016-1827 du 23 déc. 2016 s'appliquent aux cotisations et contributions de sécurité sociale dues au titre des périodes courant à compter du 1er janvier 2017. Toutefois :

1° Par dérogation au 3° du I, le 2e al. de l'art. L. 756-5 CSS, dans sa rédaction antérieure à la loi susvisée, continue de s'appliquer aux cotisations et contributions de sécurité sociale dues par les travailleurs indépendants ayant commencé leur activité à une date antérieure au 1er janv. 2017 ;

2° Pour l'application du 4° du I, les cotisations et contributions de sécurité sociale dues au titre de l'année 2017 par les travailleurs indépendants exerçant leur activité depuis une date antérieure au 1er janv. 2016 sont calculées, à titre provisionnel, sur la base des revenus d'activité de l'année 2015 et font l'objet d'une régularisation sur la base des revenus d'activité de l'année 2017 lorsque ceux-ci sont définitivement connus (L. préc., art. 9-II).

Art. L. 756-2 ***Pour les personnes commençant à exercer dans les*** (L. n° 2015-1268 du 14 oct. 2015, art. 7-I-21°) ***« collectivités mentionnées » à l'article L. 751-1 une activité professionnelle non salariée les assujettissant soit au régime d'assurance vieillesse des professions artisanales, soit au régime d'assurance vieillesse des professions industrielles et commerciales, aucune cotisation n'est due au titre de l'année ou de la fraction d'année de début d'exercice.***

Art. L. 756-3 ***Les personnes exerçant dans les*** (L. n° 2015-1268 du 14 oct. 2015, art. 7-I-3°) ***« collectivités mentionnées » à l'article L. 751-1 une activité professionnelle non salariée artisanale, industrielle ou commerciale, sont exonérées du versement de toute cotisation lorsque leur revenu*** (L. n° 2012-1404 du 17 déc. 2012, art. 11-I-I) ***« d'activité » ne dépasse pas un certain montant fixé par décret*** [art. D. 756-7 : 390 €]. — V. également art. D. 756-4 à D. 756-9.

SECTION III COTISATIONS ET CONTRIBUTIONS DES EMPLOYEURS ET TRAVAILLEURS INDÉPENDANTS

(L. n° 2016-1827 du 23 déc. 2016, art. 9-I-4°)

Les dispositions issues de l'art. 9-I de la L. n° 2016-1827 du 23 déc. 2016 s'appliquent aux cotisations et contributions de sécurité sociale dues au titre des périodes courant à compter du 1er janv. 2017. Toutefois :

1° Par dérogation au 3° du I, le 2e al. de l'art. L. 756-5 CSS, dans sa rédaction antérieure à la loi susvisée, continue de s'appliquer aux cotisations et contributions de sécurité sociale dues par les travailleurs indépendants ayant commencé leur activité à une date antérieure au 1er janv. 2017 ;

2° Pour l'application du 4° du I, les cotisations et contributions de sécurité sociale dues au titre de l'année 2017 par les travailleurs indépendants exerçant leur activité depuis une date antérieure au 1er janv. 2016 sont calculées, à titre provisionnel, sur la base des revenus d'activité de l'année 2015 et font l'objet d'une régularisation sur la base des revenus d'activité de l'année 2017 lorsque ceux-ci sont définitivement connus (L. préc., art. 9-II).

Art. L. 756-2 Les cotisations et contributions de sécurité sociale, à l'exception des cotisations prévues à l'article L. 635-1 et des cotisations et contributions recouvrées par les organismes mentionnés aux articles L. 642-1 et *(Ord. n° 2018-470 du 12 juin 2018, art. 5)* « L. 652-1 », ne sont pas dues pour une période de vingt-quatre mois à compter de la date de création de l'activité lorsque les revenus d'activité rapportés à l'année entière au titre de chacune des années civiles correspondant à cette période sont inférieurs à un seuil fixé à 110 % du montant annuel du plafond mentionné à l'article L. 241-3. Pour des revenus d'activité compris entre 110 % et 150 % du montant annuel du plafond mentionné au même article L. 241-3, le montant de cette exonération est celui applicable pour un revenu égal à 110 % du montant annuel de ce plafond. Au-delà, le montant de cette exonération décroît linéairement à proportion des revenus d'activité et devient nul lorsque ces revenus atteignent 250 % du montant annuel du plafond mentionné audit article L. 241-3.

Art. L. 756-3 Par dérogation aux dispositions des deuxième et troisième alinéas de l'article L. 131-6-2, les cotisations et contributions de sécurité sociale mentionnées à l'article L. 756-2 dues au titre des deux premières années civiles d'activité des travailleurs indépendants non agricoles créant leur activité dans les collectivités mentionnées à l'article L. 751-1 sont calculées à titre définitif sur la base d'un revenu forfaitaire fixé par décret.

Art. L. 756-4 Lorsque les revenus d'activité des travailleurs indépendants non agricoles exerçant dans les collectivités mentionnées à l'article L. 751-1 sont inférieurs à un seuil fixé à 250 % du montant annuel du plafond mentionné à l'article L. 241-3, les cotisations et contributions de sécurité sociale, à l'exception des cotisations prévues aux articles *(Ord. n° 2018-470 du 12 juin 2018, art. 9)* « L. 632-1 et L. 635-1 » et des cotisations et contributions recouvrées par les organismes mentionnés aux articles L. 642-1 et *(Ord. n° 2018-470 du 12 juin 2018, art. 5)* « L. 652-1 » dues par ces travailleurs sont calculées, pour la partie des revenus inférieure au montant annuel du plafond mentionné au même article L. 241-3, sur une assiette égale aux revenus concernés, sur laquelle est effectué un abattement fixé dans les conditions suivantes :

1° L'abattement est fixé à 50 % des revenus concernés lorsque les revenus d'activité sont inférieurs à un seuil fixé à 150 % du montant annuel du plafond mentionné à l'article L. 241-3, décroît linéairement à proportion des revenus d'activité et devient nul lorsque ces revenus atteignent le seuil mentionné au premier alinéa du présent article ;

2° Au titre de la troisième année civile d'activité, l'abattement est fixé à 75 % des revenus concernés et décroît dans les conditions définies au 1°.

Cet abattement n'est cumulable avec aucun autre dispositif de réduction ou d'exonération de cotisations et contributions, à l'exception de l'exonération prévue au II de l'article L. 756-5 et, le cas échéant, de l'exonération prévue à l'article L. 756-2. Au titre de la troisième année civile d'activité, il est ajusté au prorata de la partie de l'année civile sur laquelle l'exonération prévue au même article L. 756-2 ne s'applique pas.

Art. L. 756-5 I. – Lorsque leurs revenus d'activité sont inférieurs à un seuil fixé par décret, les travailleurs indépendants non agricoles exerçant leur activité dans les collectivités mentionnées à l'article L. 751-1 sont exonérés des cotisations d'assurance maladie mentionnées à l'article *(L. n° 2017-1836 du 30 déc. 2017, art. 15-V, en vigueur le 1er janv. 2018)* « L. 621-1 ».

II. – Les personnes *(L. n° 2017-1836 du 30 déc. 2017, art. 15-V, en vigueur le 1er janv. 2018)* « mentionnées à l'article L. 631-1 » exerçant une activité *(Abrogé par L. n° 2017-1836 du 30 déc. 2017, art. 15-V, à compter du 1er janv. 2018)* « ***professionnelle non salariée artisanale, industrielle ou commerciale*** » dans les collectivités mentionnées à l'article L. 751-1 sont exonérées du versement de toute cotisation d'assurance vieillesse lorsque leur revenu d'activité ne dépasse pas un montant fixé par décret.

Sur les dispositions transitoires de l'art. 15 de la L. n° 2017-1836 du 30 déc. 2017, V. ss. le livre VI « Dispositions applicables aux travailleurs indépendants ».

Ancien art. L. 756-5 (L. n° 2000-1207 du 13 déc. 2000, art. 3-I) ***Par dérogation aux dispositions*** (L. n° 2011-1906 du 21 déc. 2011, art. 37-XXV-1°) ***« des*** (L. n° 2014-626 du 18 juin 2014, art. 25) ***« quatre » premiers alinéas de l'article L. 131-6-2 », les cotisations d'allocations familiales, d'assurance maladie et d'assurance vieillesse*** (L. n° 2014-626 du 18 juin 2014, art. 25) ***« et les contributions de sécurité sociale » des travailleurs*** (L. n° 2011-1906 du 21 déc. 2011, art. 37-XXV-1°) ***« indépendants » non agricoles exerçant leur activité dans les*** (L. n° 2015-1268 du 14 oct. 2015, art. 7-I-3°) ***« collectivités mentionnées » à l'article L. 751-1*** (L. n° 2011-1906 du 21 déc. 2011, art. 37-XXV-2°) ***« , à l'exception de celles recouvrées par les organismes mentionnés aux articles L. 642-1 et L. 723-1, » sont calculées, à titre définitif, sur la base du*** (L. n° 2011-1906 du 21 déc. 2011, art. 37-XXV-1°) ***« revenu d'activité » de l'avant-dernière année ou, le cas échéant, de revenus forfaitaires.***

Par dérogation aux dispositions (L. n° 2012-1404 du 17 déc. 2012, art. 11-I-K) ***« de l'article L. 131-6-2 », la personne débutant l'exercice d'une activité*** (L. n° 2011-1906 du 21 déc. 2011, art. 37-XXV-3°) *« indépendante » non agricole est exonérée des cotisations et contributions* (L. n° 2011-1906 du 21 déc. 2011, art. 37-XXV-3°) *« , à l'exception de celles recouvrées par les organismes mentionnés aux articles L. 642-1 et L. 723-1, » pour une période de vingt-quatre mois à compter de la date de la création de l'activité.*

CHAPITRE VII ALLOCATIONS AUX PERSONNES ÂGÉES — ALLOCATION AUX ADULTES HANDICAPÉS *(L. n° 2003-1199 du 18 déc. 2003, art. 60-IV).*

SECTION PREMIÈRE ALLOCATIONS AUX PERSONNES ÂGÉES

SOUS-SECTION 1 ALLOCATIONS AUX VIEUX TRAVAILLEURS SALARIÉS

Art. L. 757-1 **La condition d'âge exigée pour l'attribution des allocations forfaitaires prévues au chapitre Ier du titre Ier du livre VIII est applicable, dans les** *(L. n° 2015-1268 du 14 oct. 2015, art. 7-I-21°)* **« collectivités mentionnées » à l'article L. 751-1, selon des conditions fixées par décret.** — *V. art. D. 757-8.*

L'article L. 811-14 est applicable dans les *(L. n° 2015-1268 du 14 oct. 2015, art. 7-I-21°)* **« collectivités mentionnées » à l'article L. 751-1.** — *V. art. D. 757-1 à D. 757-13.*

SOUS-SECTION 2 ALLOCATIONS AUX VIEUX TRAVAILLEURS NON SALARIÉS

Néant. — V. art. D. 757-14.

SOUS-SECTION 3 ALLOCATION SUPPLÉMENTAIRE DU FONDS NATIONAL DE SOLIDARITÉ

Les personnes qui, à la date d'entrée en vigueur de la présente ordonnance, sont titulaires de l'allocation aux vieux travailleurs salariés, de l'allocation aux vieux travailleurs non salariés, du secours viager, de l'allocation aux mères de famille, de l'allocation spéciale vieillesse et de sa majoration prévue à l'art. L. 814-2 CSS, de l'allocation viagère dont peuvent bénéficier les rapatriés en vertu de l'art. 14 de la loi de finances du 2 juill. 1963 susvisée, de l'allocation de vieillesse agricole ou de l'allocation supplémentaire mentionnée à l'art. L. 815-2, dans sa rédaction antérieure à l'entrée en vigueur de la présente ordonnance, continuent à percevoir ces prestations selon les règles applicables avant cette entrée en vigueur (Ord. n° 2004-605 du 24 juin 2004, art. 2).

Ces personnes peuvent renoncer à bénéficier de ces dispositions ; leur choix est irrévocable (Décr. n° 2007-56 du 12 janv. 2007, art. 7).

Art. L. 757-2 (Abrogé par Ord. n° 2004-605 du 24 juin 2004, art. 3-I) ***Toute personne de nationalité française résidant dans un département mentionné à l'article L. 751-1, ne relevant pas des articles L. 815-2 et L. 815-3 du présent code, dont les droits à l'allocation prévue à l'article 158 du code de la famille et de l'aide sociale*** [**CASF**, art. L. 231-1] ***ont été reconnus par la commission d'admission, bénéficie de l'allocation supplémentaire mentionnée à l'article L. 815-2 ou à l'article L. 815-3 du code de la sécurité sociale qu'elle percevra par priorité dans la limite du plafond fixé pour l'octroi de l'allocation d'aide sociale à laquelle elle a été admise.***

Des recours peuvent être formés devant la commission départementale et en appel devant la commission centrale d'aide sociale dans les conditions prévues aux articles 128 et 129 du code de la famille et de l'aide sociale [**CASF**, art. L. 134-2, L. 134-6 et L. 134-9].

Sont applicables les dispositions du chapitre III du titre III du code de la famille et de l'aide sociale. — V. art. R. 757-1 et R. 757-2.

L'art. L. 757-2 est abrogé par l'Ord. n° 2004-605 du 24 juin 2004, sous. réserve des dispositions de l'art. 2 susvisées de cette ordonnance et à compter d'une date prévue par décret [V. Décr. n° 2007-57 du 12 janv. 2007, art. 4, JO 13 janv.] (Ord. préc., art. 4).

SECTION II ALLOCATION AUX ADULTES HANDICAPÉS

Art. L. 757-3 **Des dispositions réglementaires déterminent, le cas échéant, les adaptations nécessaires à la mise en œuvre, dans les** *(L. n° 2015-1268 du 14 oct. 2015, art. 7-I-21°)* **« collectivités mentionnées » à l'article L. 751-1, des modalités d'application du titre II du livre VIII. Sauf dispositions contraires, elles sont prises par décret en Conseil d'État.** — *V. art. R. 757-3.*

SECTION III *[ABROGÉE]* AIDES À L'EMPLOI POUR LA GARDE DES JEUNES ENFANTS

(Abrogée par L. nº 2003-1199 du 18 déc. 2003, art. 60-IV)

Les dispositions issues de l'art. 60 de la loi nº 2003-1199 du 18 déc. 2003 mettant en place la prestation d'accueil du jeune enfant entrent en vigueur à compter du 1er janv. 2004 pour les enfants nés ou adoptés à compter du 1er janv. 2004 ainsi que pour les enfants nés avant cette date alors que leur date de naissance présumée était postérieure au 31 déc. 2003. Il en résulte que les dispositions antérieures restent en vigueur pour les enfants nés avant cette date, sous réserve des dispositions transitoires ci-dessous.

Les personnes qui ont perçu moins de cinq mensualités d'allocation pour jeune enfant au titre de la grossesse pour des mois antérieurs au 1er janv. 2004 bénéficient de la prime à la naissance dans le courant du mois de janvier 2004. Les mensualités d'allocation pour jeune enfant perçues à ce titre antérieurement au 1er janv. 2004 sont déduites du montant de la prime à la naissance.

Les personnes bénéficiaires de l'allocation pour jeune enfant, de l'allocation d'adoption, de l'allocation parentale d'éducation, de l'allocation de garde d'enfant à domicile ou de l'aide à la famille pour l'emploi d'une assistante maternelle agréée en vertu de la réglementation applicable antérieurement au 1er janv. 2004 pour un enfant né avant cette date continuent à percevoir ces allocations jusqu'à leur terme.

Les personnes qui bénéficient au 1er janv. 2004 des prestations mentionnées ci-dessus pour un enfant né avant cette date, et qui ont à compter du 1er janv. 2004 un nouvel enfant à charge du fait d'une naissance ou d'une adoption, ouvrent droit à la prestation d'accueil du jeune enfant pour l'ensemble des enfants à charge qui remplissent les conditions de cette prestation. Le droit à la prestation d'accueil du jeune enfant est dans ce cas ouvert le mois qui suit la naissance de l'enfant. Toutefois, en cas de bénéfice de l'allocation de garde d'enfant à domicile ou de l'aide à la famille pour l'emploi d'une assistante maternelle agréée, le droit au complément de libre choix du mode de garde est ouvert à compter du premier jour du mois qui suit le trimestre civil où intervient la naissance de l'enfant. Pour les personnes ayant bénéficié de l'allocation parentale d'éducation avant le 1er janv. 2004, le complément de libre choix d'activité est versé sans examen des conditions d'activité professionnelle antérieures.

A compter du 1er janv. 2007, l'ensemble des ménages et personnes bénéficient de la prestation d'accueil du jeune enfant dès lors qu'ils répondent à ses conditions de droit (L. préc., art. 60-VIII).

Art. L. 757-4 *à* L. 757-7 *Abrogés par L. nº 2003-1199 du 18 déc. 2003, art. 60-IV.*

CHAPITRE VIII DISPOSITIONS DIVERSES

Art. L. 758-1 *(L. nº 2018-1203 du 22 déc. 2018, art. 11-I)* **En Guadeloupe, en Guyane, à La Réunion, en Martinique, à Mayotte, à Saint-Barthélemy et à Saint-Martin, le tarif de la cotisation sur les boissons alcooliques, prévu à l'article L. 245-9 pour les rhums, tafias et spiritueux composés à base d'alcool de cru produits et consommés sur place est fixé à :**

1° 168 euros par hectolitre d'alcool pur à compter du 1er janvier 2020 ;
2° 246 euros par hectolitre d'alcool pur à compter du 1er janvier 2021 ;
3° 325 euros par hectolitre d'alcool pur à compter du 1er janvier 2022 ;
4° 403 euros par hectolitre d'alcool pur à compter du 1er janvier 2023 ;
5° 482 euros par hectolitre d'alcool pur à compter du 1er janvier 2024.

L'art. L. 758-1 est abrogé à compter du 1er janv. 2025 (L. nº 2018-1203 du 22 déc. 2018, art. 11-II).

Art. L. 758-2 Des décrets d'application adapteront, en tant que de besoin, aux *(L. nº 2015-1268 du 14 oct. 2015, art. 7-I-21º)* **« collectivités mentionnées » à l'article L. 751-1, les dispositions des articles** *(Abrogé par L. nº 2015-1702 du 21 déc. 2015, art. 59-XII-A-31º, à compter du 1er janv. 2016)* **« L. 161-14, » L. 711-5, L. 741-1 à L. 741-5 et L. 741-9 à L. 741-13.** — *V. art. D. 758-1.*

Art. L. 758-3 Un décret détermine les conditions dans lesquelles les ministres des cultes et membres des congrégations et collectivités religieuses qui ne relèvent pas, à titre obligatoire, d'un autre régime de sécurité sociale et qui résident dans les *(L. nº 2015-1268 du 14 oct. 2015, art. 7-I-21º)* **« collectivités mentionnées » à l'article L. 751-1 et à Mayotte bénéficient des dispositions relatives à l'assurance maladie-**

maternité, prévues à la section IV du chapitre Ier du titre VIII du livre III, et des régimes d'assurance vieillesse et invalidité prévus au chapitre Ier du titre II du livre VII. – *V. art. D. 758-2 et D. 758-3.*

Art. L. 758-4 *(Ord. n° 2010-331 du 25 mars 2010, art. 38)* **Les compétences dévolues par le code de la sécurité sociale aux agences régionales de santé sont exercées à Saint-Pierre-et-Miquelon par l'administration territoriale de santé et les compétences dévolues au directeur général de l'agence régionale de santé sont exercées par le représentant de l'État mentionné au deuxième alinéa de l'article L. 1441-1 du code de la santé publique.**

Pour l'application des dispositions du présent code relatives aux agences régionales de la santé en Guadeloupe, à Saint-Barthélemy et à Saint-Martin, la référence à l'agence de santé de la Guadeloupe, de Saint-Barthélemy et de Saint-Martin se substitue à la référence à l'agence régionale de santé.

Pour l'application des dispositions du présent code relatives aux agences régionales de la santé à La Réunion et à Mayotte, la référence à l'agence de l'océan Indien se substitue à la référence à l'agence régionale de santé.

TITRE SIXIÈME ASSURÉS RÉSIDANT À L'ÉTRANGER

(L. n° 2018-1214 du 24 déc. 2018, art. 1er).

CHAPITRE PREMIER TRAVAILLEURS SALARIÉS DÉTACHÉS À L'ÉTRANGER

BIBL. GÉN. ▶ Travail hors de France. Protection sociale, *Éditions Francis Lefebvre, 1994*. – PRÉTOT, *Dr. soc. 1991. 868*. – COURTINE et MEYNOT, *Dr. soc. 1991. 877*. – LAIGRE, *Dr. soc. 1991. 882*. – VACHET, *in* Le salarié expatrié, *PU Aix, 1991, p. 79*. – Le détachement des travailleurs en France et dans l'Union européenne (dossier), *Dr. soc. 2016. 584*.

SECTION PREMIÈRE DISPOSITIONS GÉNÉRALES

Art. L. 761-1 Les travailleurs détachés temporairement à l'étranger par leur employeur pour y exercer une activité salariée ou assimilée qui demeurent soumis à la législation française de sécurité sociale en vertu de conventions ou de règlements internationaux sont réputés, pour l'application de cette législation, avoir leur résidence et leur lieu de travail en France.

Art. L. 761-2 S'ils ne sont pas ou ne sont plus concernés par l'article L. 761-1, les travailleurs détachés temporairement à l'étranger par leur employeur pour y exercer une activité salariée ou assimilée, rémunérée par cet employeur, sont soumis à la législation française de sécurité sociale à la condition que l'employeur s'engage à s'acquitter de l'intégralité des cotisations dues.

La durée maximale pendant laquelle les travailleurs mentionnés au premier alinéa peuvent être soumis à la législation française de sécurité sociale est fixée par décret en Conseil d'État. – *V. art. R. 761-1.*

Pour l'application de cette législation, ils sont réputés avoir leur résidence et leur lieu de travail en France. – *V. art. R. 761-2 à R. 761-6.*

1. Champ d'application (QPC). La situation des fonctionnaires de l'État détachés auprès de l'Agence pour l'enseignement à l'étranger, pour l'exercice de leur activité à l'étranger dans les conditions fixées par le Décr. n° 2002-22 du 4 janv. 2002, n'entre pas dans le champ d'application de l'art. L. 761-2 CSS. • Civ. 2e, 5 juill. 2018, n° 18-10.385 P: *RDSS 2018. 922, obs. Dagorne-Labbe*.

2. Paiement des cotisations. Des époux salariés ayant été détachés temporairement à l'étranger par leur employeur, de sorte qu'ils demeuraient soumis à la législation française de sécurité sociale, l'affiliation des intéressés devait être maintenue et les cotisations payées en France. • Soc. 20 févr. 1997, n° 95-42.458 P. ♦ l'employeur qui s'est abstenu d'accomplir cette obligation a causé aux salariés un préjudice né et actuel résultant de la perte de leurs droits aux prestations correspondant aux cotisations non versées. • Soc. 20 févr. 1997 : *préc.*

3. Fin du détachement. L'art. L. 761-2 CSS ne soumettant à la législation française les salariés détachés temporairement à l'étranger que pendant la durée de leur détachement, et dans la limite d'une durée maximale, le travailleur étranger dont le détachement a pris fin et qui n'est pas ressortissant d'un État ayant conclu avec la France une convention de réciprocité, ne relève plus de la législation française et ne peut donc pas être réputé avoir sa résidence en France. • Soc. 9 juill. 1992, n° 89-21.904 P : *D. 1993. Somm. 270, obs. Prétot*.

SECTION II PERSONNELS FRANÇAIS NON TITULAIRES EN SERVICE DANS LES ADMINISTRATIONS, SERVICES ET ÉTABLISSEMENTS DE L'ÉTAT À L'ÉTRANGER

Art. L. 761-3 Les personnels français non titulaires en service dans les administrations, services et établissements de l'État à l'étranger, rémunérés soit sur le budget général de l'État français, soit sur le budget d'une administration, d'un service ou d'un établissement français figurant sur une liste fixée par arrêté interministériel *[V. art. D. 761-2]* bénéficient, s'ils ont été recrutés en France et sont admis à la gratuité du voyage à l'occasion de leurs congés, de l'ensemble des dispositions du livre III, dans des conditions fixées par décret. – *V. art. D. 761-3 à D. 761-9.*

Art. L. 761-4 Les dispositions du livre III s'appliquent dans les mêmes conditions aux agents français non titulaires des administrations, services et établissements de l'État français, rémunérés soit sur le budget général de l'État français, soit sur le budget d'une administration, d'un service ou d'un établissement français figurant sur une liste fixée par arrêté interministériel, à l'occasion des missions effectuées à l'étranger par ces agents.

SECTION III TRAVAILLEURS ASSUJETTIS À UN RÉGIME SPÉCIAL DE SÉCURITÉ SOCIALE

Art. L. 761-5 Des décrets en Conseil d'État fixent les conditions dans lesquelles peuvent être maintenus au profit soit des travailleurs assujettis à un régime spécial de sécurité sociale avant leur départ en service ou en mission à l'étranger, soit des personnels titulaires d'un contrat de coopération, l'affiliation, pour une ou plusieurs branches d'assurances, à leur régime propre et le droit aux prestations. Ils peuvent adapter le taux ainsi que l'assiette des cotisations et des prestations aux modalités particulières de rémunération et d'emploi des intéressés, sous réserve de l'application des articles L. 712-1 et L. 713-3 pour les fonctionnaires détachés ou en activité à l'étranger.

SOUS-SECTION 1 FONCTIONNAIRES DE L'ÉTAT ET MAGISTRATS DE L'ORDRE JUDICIAIRE

Néant. – V. art. R. 761-7 à R. 761-11.

SOUS-SECTION 2 MILITAIRES AFFILIÉS AU RÉGIME MILITAIRE DE SÉCURITÉ SOCIALE

Néant. – V. art. R. 761-12 à R. 761-15.

SECTION IV PERSONNEL CIVIL DE COOPÉRATION CULTURELLE, SCIENTIFIQUE ET TECHNIQUE AUPRÈS D'ÉTATS ÉTRANGERS

Art. L. 761-6 En matière de sécurité sociale, les personnels mentionnés par l'article 2 de la loi n° 72-659 du 13 juillet 1972, autres que les fonctionnaires titulaires de l'État *(L. n° 2010-873 du 27 juill. 2010, art. 17)* « , les fonctionnaires des assemblées parlementaires » et les magistrats de l'ordre judiciaire qui demeurent soumis aux dispositions qui leur sont propres, bénéficient des dispositions suivantes sous réserve de l'application des conventions internationales.

En ce qui concerne la réparation des accidents du travail et des maladies professionnelles, ils sont régis par les dispositions du livre IV du présent code dans les mêmes conditions que les agents non titulaires de l'État.

Pour la couverture des risques maladie, vieillesse, invalidité et décès ainsi que des charges de maternité, ceux qui sont déjà tributaires d'un régime de sécurité sociale conservent le bénéfice de ce régime. Les autres sont affiliés au régime général de sécurité sociale.

Les personnels qui ne relèvent pas d'un autre régime complémentaire de retraites bénéficient du régime complémentaire de retraites prévu pour les agents non titulaires de l'État dans les conditions fixées pour ces derniers.

Un décret détermine la rémunération servant à l'assiette particulière des cotisations et au calcul des indemnités, rentes et pensions.

Les obligations de l'employeur, y compris le cas échéant celles qui sont relatives à un régime complémentaire de retraite, sont assumées à l'égard des agents mentionnés à l'article 2 de la loi n° 72-659 du 13 juillet 1972 par l'État français.

Les avantages prévus au présent article sont accordés aux intéressés sous déduction des avantages de même nature accordés par l'État ou l'organisme auprès duquel ils accomplissent leur mission de coopération.

Un décret fixe, en tant que de besoin, les modalités d'application du présent article. *– V. art. D. 761-10 à D. 761-18.*

SECTION V **PRESTATIONS**

(L. n° 2002-73 du 17 janv. 2002, art. 19)

Art. L. 761-7 Sous réserve des dispositions des règlements européens et des conventions bilatérales concernant les travailleurs mentionnés à l'article 761-1, les soins dispensés à l'étranger aux bénéficiaires du présent chapitre ouvrent droit à des prestations servies sur la base des dépenses réellement exposées, dans la limite des prestations qui auraient été servies pour des soins analogues reçus en France. Des tarifs de responsabilité particuliers peuvent être fixés par arrêté ministériel.

Ne sont pas applicables les dispositions des chapitres II à V du titre VI du livre Ier, les dispositions relatives aux transports sanitaires du livre III ainsi que celles figurant au chapitre II du titre III du livre IV.

Les autorités consulaires françaises communiquent à la caisse compétente toutes informations nécessaires à l'exercice de son contrôle. *– Entrée en vigueur le 1er janv. 2002.*

SECTION VI **DISPOSITIONS D'APPLICATION**

(L. n° 2002-73 du 17 janv. 2002, art. 19)

Art. L. 761-8 Sauf disposition contraire, les mesures nécessaires à l'application du présent chapitre sont prises par décret en Conseil d'État.

CHAPITRE II **ASSURÉS VOLONTAIRES À L'ÉTRANGER** *(L. n° 2018-1214 du 24 déc. 2018, art. 1er).*

SECTION PREMIÈRE **GÉNÉRALITÉS**

Art. L. 762-1 *(L. n° 2018-1214 du 24 déc. 2018, art. 2)* Le ressortissant d'un État membre de l'Union européenne, d'un autre État partie à l'accord sur l'Espace économique européen ou de la Confédération suisse qui réside à l'étranger et qui n'est pas soumis à la législation française de sécurité sociale en application d'une convention internationale ou de l'article L. 761-2 a la faculté de s'assurer volontairement dans les conditions prévues au présent chapitre contre les risques suivants :

1° Maladie et maternité ;

2° Invalidité ;

3° Accidents du travail et maladies professionnelles ;

4° Vieillesse, dans les conditions prévues aux articles L. 742-1 et L. 742-6 du présent code et à l'article L. 722-18 du code rural et de la pêche maritime.

Art. L. 762-2 *(L. n° 2018-1214 du 24 déc. 2018, art. 3)* Les entreprises peuvent, pour le compte des travailleurs salariés et des collaborateurs assimilés qu'elles emploient à l'étranger, effectuer, dans des conditions fixées par décret, les formalités nécessaires à l'adhésion de ces personnes aux assurances volontaires mentionnées à l'article L. 762-1.

Elles peuvent prendre en charge, en tout ou partie, les cotisations dues par leurs salariés. Lorsqu'il accepte cette prise en charge et qu'il effectue les formalités nécessaires à l'adhésion de ses salariés aux assurances volontaires ou à certaines d'entre elles, l'employeur doit informer expressément la Caisse des Français de l'étranger de sa volonté de se substituer aux salariés pour le paiement de tout ou partie des cotisations.

Les services déconcentrés de l'État installés à l'étranger ainsi que les établissements d'enseignement, de recherche, culturels et sanitaires à l'étranger subventionnés par le budget de l'État doivent, à la demande et pour le compte des travailleurs salariés qu'ils emploient localement et qui n'ont pas la nationalité de l'État de résidence, effectuer les formalités nécessaires à l'adhésion de ces personnes aux assurances volontaires mentionnées au même article L. 762-1.

Art. L. 762-3 *(L. n° 2018-1214 du 24 déc. 2018, art. 3)* **Sous réserve de l'application de l'article L. 762-5, les prestations des assurances volontaires instituées au présent chapitre ne sont dues que si les cotisations exigibles ont été versées par l'adhérent avant la survenance du risque.**

L'art. L. 762-3, dans sa rédaction antérieure à la L. n° 2018-1214 du 24 déc. 2018, est consultable en ligne ; V. Dalloz.fr et applications mobiles Dalloz.

Art. L. 762-4 **La Caisse des Français de l'étranger peut offrir aux travailleurs salariés ou assimilés adhérant aux assurances instituées au présent chapitre, ou à leurs employeurs agissant pour leur compte, des prestations supplémentaires et notamment les prestations en espèces définies au 4° de l'article** *(L. n° 2015-1702 du 21 déc. 2015, art. 59-XII-A-32°, en vigueur le 1er janv. 2016)* **« L. 160-8 » du présent code.**

La couverture de ces charges est intégralement assurée par des cotisations supplémentaires. Les contrats fixent, pour des prestations identiques, des assiettes et des taux de cotisations identiques.

Un décret fixe la nature des prestations supplémentaires qui peuvent être instituées ainsi que les modalités selon lesquelles sont déterminés les taux et les assiettes des cotisations.

SECTION II **MALADIE ET MATERNITÉ** *(L. n° 2018-1214 du 24 déc. 2018, art. 4).*

Art. L. 762-5 *(L. n° 2018-1214 du 24 déc. 2018, art. 4)* **L'adhésion à l'assurance volontaire maladie-maternité prévue à la présente section prend effet et le droit aux prestations est ouvert à l'issue de délais fixés en fonction du risque couvert et de l'âge de l'assuré. Ces délais doivent permettre d'assurer, le cas échéant, la continuité de la couverture des risques au regard de la législation française au moment du départ et du retour en France de l'assuré.**

Art. L. 762-5-1 *(L. n° 2018-1214 du 24 déc. 2018, art. 4)* **Sont considérés comme membres de la famille de l'assuré au titre de l'assurance volontaire maladie-maternité prévue à la présente section :**

1° Le conjoint de l'assuré, la personne qui lui est liée par un pacte civil de solidarité ou qui vit maritalement avec lui ;

2° Jusqu'à un âge limite, les enfants n'exerçant pas d'activité professionnelle, à la charge de l'assuré ou de la personne mentionnée au 1° ;

3° Jusqu'à un âge limite et lorsqu'ils ne peuvent bénéficier de la qualité d'assuré social à un autre titre, les enfants placés en apprentissage, les enfants poursuivant des études et les enfants qui, par suite d'infirmités ou de maladies chroniques, sont dans l'impossibilité permanente de se livrer à une activité professionnelle ;

4° Toute autre personne qui avait la qualité d'ayant droit de l'assuré dans le régime obligatoire français dont celui-ci relevait immédiatement avant son adhésion, tant que les conditions qui fondaient cette qualité d'ayant droit restent remplies.

Art. L. 762-6 *(L. n° 2018-1214 du 24 déc. 2018, art. 4)* **« L'assurance volontaire maladie-maternité comporte l'octroi à l'assuré et à ses ayants droit des prestations en nature prévues aux 1°, 2°, 3° et 4° de l'article L. 160-8 et à l'article L. 160-9. »**

Pour la participation de l'assuré expatrié aux dépenses d'assurance maladie, il est fait application de l'article *(L. n° 2015-1702 du 21 déc. 2015, art. 59-XII-A-33°, en vigueur le 1er janv. 2016)* **« L. 160-13 » sous réserve des modalités particulières prévues par voie réglementaire.** — *V. art. R. 762-11 à R. 762-14.*

Art. L. 762-6-1 *(L. n° 2018-1214 du 24 déc. 2018, art. 4)* **Les soins dispensés à l'étranger aux personnes mentionnées à la présente section ouvrent droit à des presta-**

tions servies, sur la base des dépenses réellement exposées, dans la limite d'un taux de prise en charge ou d'un forfait, déterminé par pays et par type de soins, par référence aux tarifs appliqués en France pour des soins analogues. Un arrêté du ministre chargé de la sécurité sociale pris sur proposition du conseil d'administration de la Caisse des Français de l'étranger fixe ces modalités de remboursement.

Toutefois, lorsque les dépenses exposées sont manifestement excessives au regard du coût moyen de soins analogues dans le pays de résidence, tel qu'établi à partir des demandes de remboursement présentées à la Caisse des Français de l'étranger, celle-ci peut, après avoir sollicité les explications de l'assuré, ajuster les prestations servies sur la base de ce coût moyen, sans que ces prestations puissent excéder celles qui auraient été dues par la caisse en application du premier alinéa.

Ne sont pas applicables les dispositions des chapitres II à V du titre VI du livre Ier, les dispositions relatives aux transports sanitaires du livre III ainsi que celles figurant au chapitre II du titre III du livre IV.

Les autorités consulaires françaises communiquent à la Caisse des Français de l'étranger toutes informations nécessaires à l'exercice de son contrôle.

Art. L. 762-6-2 *(L. nº 2018-1214 du 24 déc. 2018, art. 4)* Lorsque l'importance des dépenses présentées au remboursement le justifie, la Caisse des Français de l'étranger peut faire procéder à l'examen médical de l'assuré par un praticien en France ou à l'étranger. L'examen peut être effectué dans un établissement hospitalier. Il vise à définir un traitement adapté à l'état du bénéficiaire qui sert de base aux remboursements. Le praticien est choisi par la Caisse des Français de l'étranger après avis du service du contrôle médical. Les frais nécessités par l'examen sont à la charge de la caisse.

Art. L. 762-6-3 *(L. nº 2018-1214 du 24 déc. 2018, art. 4)* Les prestations en nature de l'assurance maladie et maternité sont servies et prises en charge par la Caisse des Français de l'étranger lorsque les soins sont dispensés lors des séjours en France des adhérents aux assurances volontaires maladie-maternité mentionnées au présent chapitre, à la condition que les intéressés n'aient pas droit, à un titre quelconque, à ces prestations sur le territoire français.

Art. L. 762-6-4 *(L. nº 2018-1214 du 24 déc. 2018, art. 4)* La couverture des charges résultant de l'application de la présente section est assurée par une cotisation forfaitaire, déterminée par arrêté du ministre chargé de la sécurité sociale pris sur proposition du conseil d'administration de la Caisse des Français de l'étranger.

Le montant de cette cotisation est fixé en fonction de l'appartenance à une catégorie d'âge et de la composition familiale de l'assuré volontaire. Il peut également être modulé en fonction du niveau des ressources de l'assuré, par référence au plafond de cotisations de la sécurité sociale, et, pour les entreprises, en fonction du nombre de salariés adhérents à la Caisse des Français de l'étranger. Il peut également être modulé en fonction de l'ancienneté de l'adhésion à la Caisse des Français de l'étranger.

Le montant des cotisations est révisé si l'équilibre financier de l'assurance volontaire l'exige.

L'entrée en vigueur de la L. nº 2018-1214 du 24 déc. 2018 ne peut avoir pour effet de majorer de plus de 50 % les cotisations mentionnées à l'art. L. 762-6-4 acquittées précédemment à titre individuel par un assuré de la Caisse des Français de l'étranger en application du 1º de l'art. L. 762-3 et des art. L. 763-4, L. 764-4, L. 765-2-1 et L. 765-6 à L. 765-9 CSS, dans leur rédaction antérieure à la L. susvisée (L. préc., art. 8).

Art. L. 762-6-5 *(L. nº 2018-1214 du 24 déc. 2018, art. 4)* Lorsqu'un Français, résident dans un État situé hors de l'Espace économique européen, ne dispose pas de la totalité des ressources nécessaires pour acquitter, à titre d'adhérent individuel, la cotisation mentionnée à l'article L. 762-6-4, une partie de cette cotisation, dont le montant est fixé par arrêté du ministre chargé de la sécurité sociale pris sur proposition du conseil d'administration de la Caisse des Français de l'étranger, est prise en charge, à sa demande, par le budget de l'action sanitaire et sociale de la Caisse des Français de l'étranger.

Les autorités consulaires françaises effectuent le contrôle initial et périodique des ressources des intéressés.

Les conditions de la prise en charge prévue au premier alinéa ainsi que les modalités d'application du présent article sont fixées par décret.

SECTION II *BIS* INCAPACITÉ DE TRAVAIL, INVALIDITÉ ET PENSIONS DE VIEILLESSE SUBSTITUÉES

(L. n° 2018-1214 du 24 déc. 2018, art. 5)

Art. L. 762-7 La Caisse des Français de l'étranger peut offrir aux travailleurs salariés ou assimilés adhérant aux assurances instituées au présent chapitre, ou à leurs employeurs agissant pour leur compte, des prestations supplémentaires, notamment les prestations en espèces définies à l'article L. 321-1 et la prestation d'invalidité prévue au titre IV du livre III.

La couverture de ces charges est intégralement assurée par des cotisations supplémentaires. Les contrats fixent, pour des prestations identiques, des assiettes et des taux de cotisations identiques.

Un décret fixe la nature des prestations supplémentaires qui peuvent être instituées ainsi que les modalités selon lesquelles sont déterminés les taux et les assiettes des cotisations.

Art. L. 762-7-1 L'invalidité prévue par la présente section comprend l'octroi des prestations prévues au titre IV du livre III.

Toutefois, la pension de vieillesse substituée à la pension d'invalidité prévue à l'article L. 341-15 ne peut être liquidée au profit du titulaire d'une pension d'invalidité accordée au titre de cette assurance volontaire que sous des conditions fixées par décret en Conseil d'État.

De même, la pension de vieillesse de veuve ou de veuf substituée à la pension d'invalidité de veuve ou de veuf prévue à l'article L. 342-6 ne peut être liquidée au profit du conjoint survivant du bénéficiaire de cette assurance volontaire que dans des conditions fixées par décret en Conseil d'État.

Lorsque les pensions de substitution prévues aux deuxième et troisième alinéas du présent article ne peuvent être liquidées, la pension d'invalidité ou la pension de veuve ou de veuf invalide est remplacée par une allocation calculée sur la base de cette pension au prorata de la durée de cotisation à l'assurance volontaire invalidité et de perception de la pension d'invalidité sur la durée limite d'assurance prévue au troisième alinéa de l'article L. 351-1. Cette allocation, dont le montant ne peut être inférieur à celui de l'allocation aux vieux travailleurs salariés, est servie sans possibilité de cumul avec un éventuel avantage de base au titre d'un régime français d'assurance vieillesse.

SECTION III ASSURANCE ACCIDENTS DU TRAVAIL ET MALADIES PROFESSIONNELLES

Art. L. 762-8 La demande d'adhésion à l'assurance volontaire accidents du travail et maladies professionnelles peut être formulée à tout moment.

L'assurance volontaire accidents du travail et maladies professionnelles donne droit à l'ensemble des prestations prévues par le livre IV. *— V. art. R. 762-23 à R. 762-36 et D. 762-9.*

Art. L. 762-9 *(L. n° 2018-1214 du 24 déc. 2018, art. 6)* Les pensions d'invalidité et les prestations en espèces de l'assurance accidents du travail-maladies professionnelles sont calculées sur la base du salaire retenu pour l'assiette des cotisations et dans les limites fixées à l'article L. 434-16, pour le calcul de la rente, et à l'article L. 433-2, pour le calcul de l'indemnité journalière.

Art. L. 762-10 *(L. n° 2018-1214 du 24 déc. 2018, art. 6)* La couverture des charges résultant de l'application de la présente section est assurée par une cotisation calculée sur la base d'un niveau de salaire choisi par l'intéressé entre un minimum et un maximum dans des conditions fixées par décret.

Le montant de la cotisation est révisé si l'équilibre financier de l'assurance volontaire l'exige.

La Caisse des Français de l'étranger peut accorder, selon des modalités fixées par décret, des ristournes sur le taux de la cotisation mentionnée au premier alinéa, tenant compte des accidents du travail reconnus dont ont été victimes les salariés d'entreprises mandataires d'un nombre minimum d'adhérents, dans la mesure où l'équilibre financier du risque est respecté.

SECTION IV **DISPOSITIONS COMMUNES AUX TRAVAILLEURS SALARIÉS À L'ÉTRANGER**

Néant. – V. art. R. 762-37 à R. 762-39.

CHAPITRE III *[ABROGÉ]* **TRAVAILLEURS NON SALARIÉS EXPATRIÉS**

(Abrogé par L. n° 2018-1214 du 24 déc. 2018, art. 7)

Art. L. 763-1 *Les travailleurs non salariés de nationalité française qui exercent une activité artisanale, industrielle, commerciale, libérale ou agricole dans un pays étranger ont la faculté de s'assurer volontairement contre les risques de maladie et les charges de la maternité.* – V. art. R. 763-1 et R. 763-3.

Ils conservent, en outre, la faculté d'adhérer à titre volontaire aux assurances contre les risques vieillesse, invalidité et décès prévues aux articles (Ord. n° 2018-470 du 12 juin 2018, art. 9) *« L. 632-1, L. 635-1 » et L. 644-2 et au 1° de l'article L. 742-6.* – V. art. D. 763-3.

Art. L. 763-2 *Abrogé par L. n° 2002-73 du 17 janv. 2002, art. 19-II.*

Art. L. 763-3 *L'assurance volontaire maladie-maternité comporte l'octroi au travailleur non salarié lui-même et à ses ayants droit des mêmes prestations que celles prévues au premier alinéa de l'article L. 762-6.*

Pour la participation de l'assuré non salarié expatrié aux dépenses d'assurance maladie, il est fait application des dispositions du deuxième alinéa de l'article L. 762-6.

Art. L. 763-4 *La couverture des charges résultant de l'application du présent chapitre est assurée par une cotisation calculée sur la base d'une assiette forfaitaire.*

Les assurés volontaires sont répartis, dans des conditions fixées par décret, en fonction (L. n° 2002-73 du 17 janv. 2002, art. 19-II) *« de la totalité de leurs ressources dont leurs revenus professionnels », en* (L. n° 89-18 du 13 janv. 1989, art. 15) *« trois » catégories fixées par référence au plafond des cotisations de sécurité sociale et dans la limite de celui-ci.* – V. art. D. 763-1.

La cotisation est à la charge du travailleur ; le taux en est fixé par décret [art. D. 763-2 : 8,20 %] *et il est révisé chaque fois que l'exige l'équilibre financier du système constitué par l'assurance volontaire maladie, maternité, invalidité mentionnée au chapitre II et par les assurances volontaires maladie, maternité mentionnées au présent chapitre et aux chapitres IV et V du présent titre.*

CHAPITRE IV *[ABROGÉ]* **PENSIONNÉS DES RÉGIMES FRANÇAIS DE RETRAITE RÉSIDANT À L'ÉTRANGER**

(Abrogé par L. n° 2018-1214 du 24 déc. 2018, art. 7)

Art. L. 764-1 *Les personnes de nationalité française, titulaires d'un avantage de retraite alloué au titre d'un régime français d'assurance vieillesse obligatoire ou volontaire, justifiant d'une durée déterminée d'assurance minimum audit régime* [art. R. 764-1 : 20 trimestres], *et qui, n'exerçant aucune activité professionnelle, résident dans un pays étranger, ont la faculté de s'assurer volontairement contre les risques de maladie et les charges de la maternité.*

Art. L. 764-2 *Abrogé par L. n° 2002-73 du 17 janv. 2002, art. 19-II.*

Art. L. 764-3 *L'assurance volontaire maladie-maternité, instituée par le présent chapitre, comporte l'octroi à ses adhérents ainsi qu'à leurs ayants droit des mêmes prestations que celles prévues au premier alinéa de l'article L. 762-6.*

Pour la participation des intéressés aux dépenses d'assurance maladie, il est fait application des dispositions du deuxième alinéa de l'article L. 762-6. – V. art. R. 764-2.

Art. L. 764-4 *La couverture des charges résultant de l'application du présent chapitre est assurée par une cotisation due par les intéressés et assise sur les avantages de retraite men-*

tionnés aux articles L. 241-2, L. 615-1 et L. 711-2, au chapitre II du titre VIII du livre III du présent code, à la section II du chapitre Ier du titre II du livre VII du même code, ainsi qu'au code rural et de la pêche maritime.

Cette cotisation est précomptée lors de chaque versement par l'organisme débiteur des avantages de retraite dans les conditions fixées par décret.

Les dispositions des sections II à V du chapitre III du titre IV du livre II du présent code, les dispositions du chapitre IV du même titre s'appliquent au recouvrement des cotisations sous réserve d'adaptations fixées par décret en Conseil d'État. — V. art. R. 764-9 à R. 764-11.

Le taux de la cotisation est fixé par décret [art. D. 764-1 : 4,20 %] *et il peut être révisé lorsque l'exige l'équilibre financier du système constitué par l'assurance volontaire maladie, maternité, invalidité mentionnée au chapitre II et par les assurances volontaires maladie, maternité mentionnées au présent chapitre et aux chapitres III et V.* — V. également art. R. 764-6 et R. 764-12 à R. 764-17.

Art. L. 764-5 (L. n° 96-452 du 28 mai 1996, art. 49-I) *Au cas où la cotisation prévue à l'article L. 764-4, calculée sur les avantages de retraite mentionnés au premier alinéa de cet article, n'atteint pas un montant minimum fixé par décret* [art. D. 764-2 : 4,70 % du demi-plafond mentionné à l'art. L. 241-3], *le précompte de cette cotisation par les organismes débiteurs des avantages de retraite n'est pas applicable ou est suspendu.*

Une cotisation forfaitaire égale à ce montant minimum est alors exigible. Elle est recouvrée par la Caisse des Français de l'étranger dans des conditions fixées par décret en Conseil d'État.

Le montant de la cotisation forfaitaire peut être révisé lorsque l'exige l'équilibre financier du système constitué par l'assurance volontaire maladie, maternité, invalidité, mentionnée au chapitre II du présent titre et par les assurances volontaires maladie, maternité, mentionnées au présent chapitre et aux chapitres III et V du présent titre.

CHAPITRE V *[ABROGÉ]* CATÉGORIES DIVERSES D'ASSURÉS VOLONTAIRES

(Abrogé par L. n° 2018-1214 du 24 déc. 2018, art. 7)

Art. L. 765-1 *Les Français titulaires d'un revenu de remplacement ou d'une allocation servis en application des dispositions du 2° de l'article L. 322-4* [L. 5123-1 s. nouv.] *du code du travail, de l'article 15 de l'ordonnance n° 82-108 du 30 janvier 1982 relative aux contrats de solidarité des collectivités locales, de l'article 6 de l'ordonnance n° 82-297 du 31 mars 1982 portant modification de certaines dispositions du code des pensions civiles et militaires de retraite et relative à la cessation d'activité des fonctionnaires et des agents de l'État et des établissements publics de l'État à caractère administratif, et de l'article 2 de la loi n° 83-580 du 5 juillet 1983 modifiant certaines dispositions du code du travail relatives aux garanties de ressources des travailleurs privés d'emploi, qui, n'exerçant aucune activité professionnelle, résident dans un pays étranger, ont la faculté de s'assurer volontairement contre les risques de maladie et les charges de la maternité.* — V. art. D. 765-2.

Art. L. 765-2 (L. n° 90-86 du 23 janv. 1990, art. 18-I) « *Les Français n'exerçant aucune activité professionnelle qui sont soit en situation de chômage, soit titulaires d'une rente d'accident du travail ou d'une pension d'invalidité allouées au titre d'un régime français obligatoire, soit conjoint survivant ou divorcé ou séparé d'un assuré, et qui résident dans un pays étranger, ont la faculté de s'assurer volontairement contre les risques de maladie et les charges de la maternité* ».

Les Français n'exerçant aucune activité professionnelle qui sont conjoints ou conjoints survivants, ou divorcés ou séparés d'étrangers ou de Français non assurés, et qui résident dans un pays étranger ont la faculté de s'assurer volontairement contre les risques de maladie et les charges de la maternité. — V. art. D. 765-1 et D. 765-2.

Art. L. 765-2-1 (L. n° 90-86 du 23 janv. 1990, art. 18-II) *Les étudiants français dont l'âge est inférieur à un âge déterminé et qui résident dans un pays étranger ont la faculté de s'assurer volontairement contre les risques de maladie et les charges de maternité.*

La couverture des charges résultant de l'application de l'alinéa précédent est assurée par des cotisations forfaitaires à la charge des assurés volontaires dont le montant est fixé par voie réglementaire.

Art. L. 765-3 *Les personnes de nationalité française résidant à l'étranger et ne pouvant relever d'aucun des régimes d'assurance volontaire mentionnés aux articles L. 762-3, L. 763-1, L. 764-1,* (L. n° 90-86 du 23 janv. 1990, art. 18-III) *« L. 765-1, L. 765-2 et L. 765-2-1 » peuvent s'assurer volontairement contre les risques de maladie et les charges de la maternité.* — V. art. D. 765-1 et D. 765-2.

Art. L. 765-4 *Abrogé par L. n° 2002-73 du 17 janv. 2002, art. 19-II.*

Art. L. 765-5 *L'assurance volontaire maladie-maternité instituée par le présent chapitre comporte l'octroi à l'assuré lui-même et à ses ayants droit des prestations en nature prévues au 1° de l'article* (L. n° 2015-1702 du 21 déc. 2015, art. 59-XII-A-35°, en vigueur le 1er janv. 2016) *« L. 160-8 » et à l'article* (L. n° 2015-1702 du 21 déc. 2015, art. 59-XII-A-35°, en vigueur le 1er janv. 2016) *« L. 160-9 ».*

Pour la participation de l'assuré aux dépenses d'assurance maladie, il est fait application de l'article (L. n° 2015-1702 du 21 déc. 2015, art. 59-XII-A-35°, en vigueur le 1er janv. 2016) *« L. 160-13 », suivant des modalités particulières prévues par décret en Conseil d'État.*

Art. L. 765-6 *La couverture des charges résultant de l'application de l'article L. 765-1 est assurée par des cotisations à la charge des assurés volontaires, assises sur les revenus de remplacement ou les allocations perçus par les intéressés et précomptées par les organismes débiteurs de ces avantages.*

Par dérogation à l'article L. 131-3, les cotisations précomptées, en application des articles L. 131-2 et L. 243-2, sur les avantages mentionnés à l'alinéa premier du présent article sont dues au régime des expatriés. Elles s'imputent sur les cotisations exigées par ce régime.

Art. L. 765-7 (L. n° 86-76 du 17 janv. 1986, art. 8-I) *« La couverture des charges résultant de l'application de l'article L. 765-2 est assurée par des cotisations à la charge des assurés volontaires calculées sur la base d'une assiette forfaitaire ».*

(L. n° 89-18 du 13 janv. 1989, art. 16) *« Les assurés volontaires sont répartis en trois catégories fixées par référence au plafond des cotisations de sécurité sociale et dans la limite de celui-ci. La répartition dans ces catégories est effectuée »* (L. n° 2002-73 du 17 janv. 2002, art. 19-II) *« en prenant en compte, dans des conditions fixées par décret, si les deux membres du couple ont vocation à être couverts par l'assurance volontaire, la totalité des ressources du ménage ou, si un des membres du couple n'a pas vocation à être couvert par l'assurance volontaire, la moitié des ressources du ménage, le cas échéant majorée dans des conditions fixées par décret en fonction du nombre d'ayants droit de l'assuré. »*

Art. L. 765-8 (L. n° 86-76 du 17 janv. 1986, art. 8-I) *« La couverture des charges résultant de l'application de l'article L. 765-3 est assurée par des cotisations à la charge des assurés volontaires calculées sur la base d'une assiette forfaitaire ».*

(L. n° 89-18 du 13 janv. 1989, art. 17) *« Les assurés volontaires sont répartis en trois catégories fixées par référence au plafond des cotisations de sécurité sociale et dans la limite de celui-ci. La répartition dans ces catégories est effectuée »* (L. n° 2002-73 du 17 janv. 2002, art. 19-II) *« en prenant en compte, dans des conditions fixées par décret, si les deux membres du couple ont vocation à être couverts par l'assurance volontaire, la totalité des ressources du ménage ou, si un des membres du couple n'a pas vocation à être couvert par l'assurance volontaire, la moitié des ressources du ménage, le cas échéant majorée dans des conditions fixées par décret en fonction du nombre d'ayants droit de l'assuré. »*

Art. L. 765-9 *Les taux des cotisations mentionnées aux articles L. 765-6 à L. 765-8 sont fixés par décret. Ils sont révisés lorsque l'exige l'équilibre financier du système constitué par l'assurance volontaire maladie, maternité, invalidité mentionnée au chapitre II et par les assurances volontaires maladie-maternité mentionnées aux chapitres III et IV et au présent chapitre.*

Les dispositions du code de la sécurité sociale mentionnées au troisième alinéa de l'article L. 764-4 s'appliquent au recouvrement de ces cotisations suivant des modalités particulières prévues par décret en Conseil d'État. — V. également art. R. 765-2 et R. 765-3.

CHAPITRE VI **DISPOSITIONS COMMUNES AUX EXPATRIÉS VISÉS AUX CHAPITRES II À V** *(L. nº 2002-73 du 17 janv. 2002, art. 19-II).*

SECTION PREMIÈRE *[ABROGÉE]* **DISPOSITIONS COMMUNES RELATIVES À L'ADHÉSION, AUX PRESTATIONS ET COTISATIONS** *(L. nº 2002-73 du 17 janv. 2002, art. 19-II).*

(Abrogée par L. nº 2018-1214 du 24 déc. 2018, art. 7)

Art. L. 766-1 (L. nº 2002-73 du 17 janv. 2002, art. 19-II) *La demande d'adhésion à l'une des assurances volontaires maladie-maternité-invalidité ou maladie-maternité prévues par les chapitres II à V du présent titre doit être formulée dans un délai déterminé. Ce délai est calculé, selon le cas :*

— soit à compter de la date à laquelle l'intéressé pouvait adhérer à l'une de ces assurances volontaires ;

— soit, pour les personnes qui, résidant dans un pays étranger, deviennent titulaires d'une pension de retraite servie par un régime français d'assurance vieillesse, à la date de liquidation de cette pension ;

— soit, pour les personnes qui, après avoir résidé dans un État membre de l'Union européenne ou partie à l'accord sur l'Espace économique européen, s'installent dans un pays tiers, à compter de la date à laquelle elles cessent de relever du régime de sécurité sociale de cet État.

Toutefois, les demandes présentées après l'expiration de ce délai peuvent être satisfaites compte tenu de l'âge de l'intéressé, ou sous réserve du paiement des cotisations afférentes à la période écoulée depuis cette date dans la limite d'un plafond.

L'adhésion prend effet et le droit aux prestations est ouvert à l'issue de délais fixés en fonction du risque couvert et de l'âge de l'affilié. Ces délais doivent permettre d'assurer, le cas échéant, la continuité de la couverture des risques au regard de la législation française au moment du départ et du retour en France de l'assuré.

Art. L. 766-1-1 (L. nº 2002-73 du 17 janv. 2002, art. 19-II) *Sont considérées comme membres de la famille de l'assuré au titre de l'assurance volontaire maladie-maternité-invalidité ou maladie-maternité prévue par les chapitres II à V les personnes énumérées ci-après :*

1º Le conjoint de l'assuré, la personne qui vit maritalement avec lui ou la personne qui lui est liée par un pacte civil de solidarité, s'il est à la charge effective, totale et permanente de l'assuré, à la condition d'en apporter la preuve et de ne pouvoir bénéficier de la qualité d'assuré social à un autre titre ;

2º Jusqu'à un âge limite, les enfants n'exerçant pas d'activité professionnelle, à la charge de l'assuré ou de la personne visée au 1º ;

3º Jusqu'à un âge limite et lorsqu'ils ne peuvent bénéficier de la qualité d'assuré social à un autre titre, les enfants placés en apprentissage, les enfants poursuivant des études et les enfants qui, par suite d'infirmités ou de maladies chroniques, sont dans l'impossibilité permanente de se livrer à une activité professionnelle ;

4º L'ascendant de l'assuré qui vit sous le toit de celui-ci, est à sa charge effective, totale et permanente, et se consacre exclusivement aux soins du ménage et à l'éducation d'enfants de l'assuré, cette dernière condition n'étant remplie que lorsque les parents sont tenus hors du foyer par l'exercice d'une activité professionnelle ou lorsque le foyer ne comporte qu'un seul parent exerçant lui-même une activité professionnelle ; le nombre et la limite d'âge des enfants sont fixés par décret ;

5º Toute autre personne qui avait la qualité d'ayant droit de l'assuré dans le régime obligatoire français dont celui-ci relevait immédiatement avant son adhésion, tant que les conditions qui fondaient cette qualité d'ayant droit restent remplies.

Sur la détermination de la qualité d'ayant droit, V. Arr. du 19 avr. 2002 (JO 21 avr.).

Art. L. 766-1-2 (L. nº 2002-73 du 17 janv. 2002, art. 19-II) *Les soins dispensés à l'étranger aux personnes visées aux chapitres II à V du présent titre ouvrent droit à des prestations servies sur la base des dépenses réellement exposées dans la limite des prestations qui auraient été servies pour des soins analogues reçus en France. Des tarifs de responsabilité particuliers peuvent être fixés par arrêté ministériel.*

Toutefois, lorsque les dépenses exposées sont manifestement excessives au regard du coût moyen de soins analogues dans le pays de résidence, tel qu'établi à partir des demandes de remboursement présentées à la Caisse des Français de l'étranger, celle-ci peut, après avoir sollicité les explications de l'assuré, ajuster les prestations servies sur la base de ce coût moyen, sans que ces prestations puissent excéder celles qui auraient été dues par la caisse en application de l'alinéa précédent.

Ne sont pas applicables les dispositions des chapitres II à V du titre VI du livre Ier, les dispositions relatives aux transports sanitaires du livre III ainsi que celles figurant au chapitre II du titre III du livre IV.

Les autorités consulaires françaises communiquent à la Caisse des Français de l'étranger toutes informations nécessaires à l'exercice de son contrôle.

Art. L. 766-1-3 (L. n° 2002-73 du 17 janv. 2002, art. 19-II) *La Caisse des Français de l'étranger peut procéder à la radiation définitive d'un assuré, après l'avoir mis en demeure de produire ses observations, lorsque cet assuré ou l'un de ses ayants droit s'est rendu coupable de fraude ou de fausse déclaration pour obtenir ou faire obtenir ou tenter de faire obtenir des prestations qui ne sont pas dues.*

Art. L. 766-1-4 (L. n° 2002-73 du 17 janv. 2002, art. 19-II) *Lorsque l'importance des dépenses présentées au remboursement le justifie, la Caisse des Français de l'étranger peut faire procéder à l'examen médical de l'assuré par un praticien en France ou à l'étranger. L'examen peut être effectué dans un établissement hospitalier. Il vise à définir un traitement adapté à l'état du bénéficiaire qui sert de base aux remboursements. Le praticien est choisi par la Caisse des Français de l'étranger après avis du service du contrôle médical. Les frais nécessités par l'examen sont à la charge de la caisse.*

Art. L. 766-2 *Les prestations en nature de l'assurance maladie et maternité sont servies et prises en charge par la caisse des Français de l'étranger lorsque les soins sont dispensés lors des séjours en France des adhérents aux assurances volontaires maladie-maternité mentionnées au présent titre, à la condition que les intéressés n'aient pas droit, à un titre quelconque, à ces prestations sur le territoire français.*

Un décret fixe les modalités d'application de cette disposition, notamment le taux de la cotisation supplémentaire mise à la charge des intéressés dans cette hypothèse. La cotisation supplémentaire des titulaires d'une pension servie par un régime d'assurance vieillesse (L. n° 2017-1836 du 30 déc. 2017, art. 15-V, en vigueur le 1er janv. 2018) *« des travailleurs indépendants »* (Ord. n° 2018-470 du 12 juin 2018, art. 5) *« institué en application des dispositions du livre VI »* (L. n° 2016-1827 du 23 déc. 2016, art. 50-I) *« du présent code ainsi que de l'article L. 722-8 du code rural et de la pêche maritime » ne peut être supérieure à la cotisation acquittée par ceux des pensionnés qui relèvent desdits régimes et qui sont établis en France.* — Sur les dispositions transitoires de l'art. 15 de la L. n° 2017-1836 du 30 déc. 2017, V. ss. le livre VI « Dispositions applicables aux travailleurs indépendants ».

La caisse des Français de l'étranger peut également servir les prestations des assurances maladie-maternité, lors de leur séjour en France, aux assurés volontaires ayant droit à ces prestations sur le territoire français. Dans cette hypothèse, des conventions passées entre la caisse des Français de l'étranger et les organismes de sécurité sociale déterminent les modalités de remboursement, par les organismes compétents pour l'affiliation des intéressés, des frais engagés par la caisse des Français de l'étranger.

Art. L. 766-2-1 (L. n° 2002-73 du 17 janv. 2002, art. 19-II) *Sous réserve de l'application des dispositions du dernier alinéa de l'article L. 766-1, les prestations des assurances volontaires instituées aux chapitres II à V du présent titre ne sont dues que si les cotisations exigibles ont été versées par l'adhérent avant la survenance du risque.*

Art. L. 766-2-2 (L. n° 2002-73 du 17 janv. 2002, art. 19-II) *En cas de fausse déclaration des rémunérations ou ressources mentionnées aux articles L. 762-3, L. 763-4, L. 765-7 et L. 765-8, la caisse, après avoir mis en demeure l'intéressé de produire ses observations, le rétablit dans la catégorie de cotisation appropriée. En outre, l'adhérent est assujetti à une pénalité égale à la différence entre les cotisations des deux catégories considérées, calculée sur trois ans. Elle doit être acquittée dans un délai fixé par décret. A défaut, la caisse procède à la résiliation de l'adhésion. Les cotisations versées demeurent acquises à la caisse.*

Les autorités consulaires françaises communiquent à la caisse compétente toutes informations nécessaires à l'application du présent article.

SECTION II *[ABROGÉE]* PRISE EN CHARGE DES COTISATIONS DUES AU TITRE DES CHAPITRES II, III ET V

(Abrogée par L. n° 2018-1214 du 24 déc. 2018, art. 7) (L. n° 2002-73 du 17 janv. 2002, art. 19-II)

Art. L. 766-2-3 *Lorsque les Français de l'étranger, résidant dans un État situé hors de l'Espace économique européen, ne disposent pas de la totalité des ressources nécessaires pour acquitter, à titre d'adhérent individuel, la cotisation correspondant à la catégorie de cotisation la plus faible visée au 1° de l'article L. 762-3 et au deuxième alinéa de chacun des articles L. 763-4, L. 765-7 et L. 765-8, une partie de cette cotisation, dont le montant est fixé par arrêté interministériel, est prise en charge, à leur demande, par le budget de l'action sanitaire et sociale de la Caisse des Français de l'étranger.*

Les autorités consulaires françaises effectuent le contrôle initial et périodique des ressources des intéressés.

Les conditions de la prise en charge prévue ci-dessus, ainsi que les modalités d'application du présent article, sont fixées par décret.

Art. L. 766-2-4 *La Caisse des Français de l'étranger peut accorder aux adhérents dont l'âge est inférieur à une limite fixée par décret, et à l'exclusion de ceux visés à l'article L. 765-2-1, une ristourne sur leur cotisation d'assurance volontaire maladie-maternité-invalidité ou maladie-maternité prévue par les chapitres II, III et V du présent titre. Le montant de cette ristourne, qui peut varier selon l'âge de l'adhérent, est fixé par décret. Cette ristourne ne peut être accordée aux adhérents bénéficiant de la prise en charge des cotisations prévues par l'article L. 766-2-3.*

Art. L. 766-3 *Abrogé par L. n° 2002-73 du 17 janv. 2002, art. 19-II.*

SECTION III CAISSE DES FRANÇAIS DE L'ÉTRANGER

Art. L. 766-4 *(L. n° 2018-1214 du 24 déc. 2018, art. 9)* « Les assurés volontaires mentionnés au chapitre II du présent titre adhèrent à la Caisse des Français de l'étranger. »

Sous réserve des dispositions du présent chapitre, les règles d'organisation et de gestion contenues dans les dispositions législatives applicables aux caisses d'assurance maladie du régime général, et notamment l'article L. 216-1, sont applicables à la caisse des Français de l'étranger suivant des modalités fixées par décret en Conseil d'État. — *V. art. R. 766-3 à R. 766-60 et D. 766-1 à D. 766-20.*

(L. n° 2018-1214 du 24 déc. 2018, art. 9) « Les articles L. 114-12, L. 114-12-2, L. 114-17-1, L. 114-25 et L. 161-1-5 sont applicables à la Caisse des Français de l'étranger dans des conditions fixées par décret. »

Art. L. 766-4-1 *(L. n° 2002-73 du 17 janv. 2002, art. 19-II)* La Caisse des Français de l'étranger met en œuvre une action sanitaire et sociale en faveur :

(L. n° 2018-1214 du 24 déc. 2018, art. 9) « 1° Des personnes mentionnées à l'article L. 762-6-5, en prenant en charge une partie de leurs cotisations ;

2° De l'ensemble de ses affiliés, dans le cadre d'un programme fixé par arrêté ministériel. — *V. Arr. du 29 déc. 2014 (JO 6 janv. 2015).*

Art. L. 766-4-2 *(L. n° 2018-1214 du 24 déc. 2018, art. 9)* La Caisse des Français de l'étranger peut procéder à la radiation définitive d'un assuré, après l'avoir mis en demeure de produire ses observations, lorsque cet assuré ou l'un de ses ayants droit s'est rendu coupable de fraude ou de fausse déclaration pour obtenir ou faire obtenir ou tenter de faire obtenir des prestations qui ne sont pas dues.

Art. L. 766-4-3 *(L. n° 2018-1214 du 24 déc. 2018, art. 9)* La Caisse des Français de l'étranger peut conclure des partenariats en vue de fournir à ses adhérents des garanties couvrant la totalité des dépenses de santé qu'ils ont à supporter.

La Caisse des Français de l'étranger peut rémunérer des intermédiaires, dans des conditions prévues par décret, en vue de favoriser la promotion de ses garanties, y compris celles découlant du premier alinéa.

SOUS-SECTION 1 COMPOSITION DU CONSEIL D'ADMINISTRATION DE LA CAISSE

Art. L. 766-5 La Caisse des Français de l'étranger est administrée par un conseil d'administration de vingt et un membres, ainsi répartis :

(L. n° 2018-1214 du 24 déc. 2018, art. 10) « 1° Quinze administrateurs élus, représentant les assurés ; »

2° Trois administrateurs élus par l'Assemblée des Français de l'étranger à la représentation proportionnelle suivant la règle du plus fort reste ;

3° Deux représentants des employeurs, désignés par les organisations professionnelles nationales des employeurs représentatives ;

4° Un représentant désigné par la fédération nationale de la mutualité française.

Le président du conseil d'administration est élu en son sein par le conseil.

Le conseil d'administration siège valablement dès lors que le nombre de ses membres est supérieur à la moitié du nombre total des membres dont il est composé.

(Décr. n° 2014-1163 du 9 oct. 2014, art. 1er-3°) « Le statut des administrateurs est régi par les articles L. 231-9 à L. 231-12. »

Sont admis à assister aux séances du conseil d'administration :

1° Trois personnes qualifiées, désignées par les autorités compétentes de l'État ;

2° *(L. n° 91-1406 du 31 déc. 1991, art. 44)* « Un représentant du personnel de la Caisse des Français à *[de]* l'étranger, désigné dans des conditions fixées par décret » ;

3° Les commissaires du Gouvernement.

SOUS-SECTION 2 ÉLECTION DES REPRÉSENTANTS DES ASSURÉS AU CONSEIL D'ADMINISTRATION DE LA CAISSE

Art. L. 766-6 Pour l'élection des représentants des assurés, sont électeurs les membres de l'Assemblée des Français de l'étranger. Sont éligibles les Français de l'étranger adhérant aux assurances volontaires. *(Abrogé par L. n° 2018-1214 du 24 déc. 2018, art. 11) « Pour être éligibles, les électeurs doivent être âgés de dix-huit ans accomplis, n'avoir pas fait l'objet d'une condamnation à une peine correctionnelle ou, dans les cinq années précédentes, à une peine contraventionnelle prononcée en application des dispositions du présent code. »*

(Ord. n° 96-344 du 24 avr. 1996, art. 12-IV et 13-I ; L. n° 2018-1214 du 24 déc. 2018, art. 11) « Les dispositions du premier alinéa de l'article L. 231-6 et des 4° et 5° de l'article L. 231-6-1 valent conditions d'éligibilité et d'inéligibilité pour l'élection des administrateurs. »

Les règles relatives aux listes électorales, à la propagande et aux candidatures sont fixées par décret. – *V. art. D. 766-1 s.*

Art. L. 766-7 L'élection des représentants des assurés au conseil d'administration de la Caisse des Français de l'étranger a lieu au scrutin de liste à la représentation proportionnelle suivant la règle du plus fort reste sans panachage, ni rature, ni vote préférentiel. *(L. n° 2018-1214 du 24 déc. 2018, art. 12)* « Les listes de candidats sont composées alternativement d'un candidat de chaque sexe. »

Chaque liste doit comprendre deux fois plus de candidats qu'il n'y a de sièges à pourvoir *(Abrogé par L. n° 2018-1214 du 24 déc. 2018, art. 12) « et respecter la répartition entre chacune des catégories d'assurés telles que définies au 1° du premier alinéa de l'article L. 766-5. La répartition des sièges entre les listes est effectuée pour chacune de ces catégories d'assurés »*. Les sièges sont attribués aux candidats d'après l'ordre des présentations. Les règles de déroulement du scrutin sont fixées par décret en Conseil d'État. – *V. art. R. 766-6 à R. 766-39.*

Les dépenses afférentes aux élections sont prises en charge par le régime des expatriés.

Art. L. 766-8 Les candidats venant sur une liste immédiatement après le dernier candidat élu exercent, à concurrence du nombre de sièges obtenus par la liste, les fonctions de suppléant.

Ils sont appelés à remplacer, dans l'ordre de la liste, les administrateurs titulaires dont le siège deviendrait vacant.

Ces nouveaux représentants siègent jusqu'au renouvellement suivant du conseil d'administration.

Chaque organisation ayant désigné un ou plusieurs représentants au conseil d'administration peut désigner un administrateur suppléant.

SOUS-SECTION 3 ÉLECTION DES REPRÉSENTANTS DE L'ASSEMBLÉE DES FRANÇAIS DE L'ÉTRANGER

Art. L. 766-8-1 A *(L. nº 2004-810 du 13 août 2004, art. 37)* Sont éligibles au mandat prévu au 2° de l'article L. 766-5 les membres de l'Assemblée des Français de l'étranger.

SOUS-SECTION 4 ORGANISATION ADMINISTRATIVE DE LA CAISSE

Néant.

SOUS-SECTION 5 ORGANISATION FINANCIÈRE ET COMPTABLE

Art. L. 766-8-1 *(L. nº 2002-73 du 17 janv. 2002, art. 19-II)* Pour la garantie des prestations qu'elle sert, la Caisse des Français de l'étranger, d'une part, constitue des provisions correspondant aux engagements qu'elle prend au regard de ses adhérents et, d'autre part, dispose d'une réserve de sécurité suffisante pour faire face aux aléas de ses gestions techniques.

En outre, afin de limiter les conséquences financières des événements exceptionnels auxquels elle peut être exposée au titre de l'assurance volontaire accidents du travail et maladies professionnelles, la Caisse des Français de l'étranger peut constituer une réserve spéciale ou souscrire tous traités de réassurance. — *Entrée en vigueur le 1er janv. 2002.*

Art. L. 766-9 *(L. nº 2010-1657 du 29 déc. 2010, art. 140-II)* « Le budget de l'action sanitaire et sociale est financé, pour l'action visée au 1° de l'article L. 766-4-1, par la Caisse des Français de l'étranger et par un concours de l'État. »

(L. nº 2002-73 du 17 janv. 2002, art. 19-II) « Le budget de l'action sanitaire et sociale est financé, pour l'action visée au 2° du même article, par une fraction du produit des cotisations de l'assurance maladie, de l'assurance accidents du travail et maladies professionnelles et de l'assurance vieillesse, fixée par arrêté ministériel. » — *Entrée en vigueur le 1er janv. 2002.*

SOUS-SECTION 6 DISPOSITIONS DIVERSES

Art. L. 766-10 La caisse est soumise au contrôle des autorités compétentes de l'État, qui sont représentées auprès d'elle par des commissaires du Gouvernement.

Les délibérations du conseil d'administration ne deviennent exécutoires que s'il n'y a pas opposition des autorités mentionnées au premier alinéa dans un délai fixé par décret en Conseil d'État, dont le point de départ est la communication des délibérations à ces autorités. — *V. art. R. 766-60 et D. 766-20.*

Art. L. 766-11 Les articles L. 231-4, L. 231-5, L. 272-1, L. 272-2 et L. 281-3 sont applicables à la caisse des Français de l'étranger.

Art. L. 766-12 Les différends auxquels donne lieu l'application du présent titre sont réglés conformément aux dispositions des chapitres II à IV du titre IV du livre Ier, selon les modalités fixées par décret en Conseil d'État. — *V. art. R. 766-59.*

SECTION IV DISPOSITIONS D'APPLICATION *(L. nº 2002-73 du 17 janv. 2002, art. 19-II).*

Art. L. 766-13 *(L. nº 2002-73 du 17 janv. 2002, art. 19-II)* Sauf disposition contraire, les mesures nécessaires à l'application des chapitres II à VI du présent titre sont déterminées par décret en Conseil d'État.

CHAPITRE VII TRAVAILLEURS MIGRANTS

SECTION PREMIÈRE CENTRE DES LIAISONS EUROPÉENNES ET INTERNATIONALES DE SÉCURITÉ SOCIALE

(L. n° 2002-73 du 17 janv. 2002, art. 39)

Art. L. 767-1 Le Centre des liaisons européennes et internationales de sécurité sociale est un établissement public national à caractère administratif doté de la personnalité morale et de l'autonomie financière, qui assure notamment le rôle d'organisme de liaison entre les institutions de sécurité sociale françaises et les institutions de sécurité sociale étrangères pour l'application des règlements de la Communauté européenne et des accords internationaux de sécurité sociale *(L. n° 2013-1203 du 23 déc. 2013, art. 81-I-2°)* « , sous réserve du 10° de l'article L. 221-1 ». Le centre assure également ce rôle à l'égard des institutions des territoires et collectivités territoriales françaises ayant une autonomie en matière de sécurité sociale. — *Les dispositions issues de la L. n° 2013-1203 du 23 déc. 2013 entrent en vigueur à une date fixée par décret et au plus tard le 1er janv. 2015. Le recouvrement des créances et le règlement des dettes prévus au 10° de l'art. L. 221-1 et exigibles avant le 1er janv. 2015 sont assurés à compter de cette même date par l'organisme mentionné à l'art. L. 221-1 (L. préc., art. 81-II).*

Les missions du centre sont définies par décret en Conseil d'État.

Pour l'exercice de ces missions, le Centre des liaisons européennes et internationales de sécurité sociale peut employer des agents non titulaires avec lesquels il conclut des contrats à durée déterminée ou indéterminée. Ce centre peut également recruter des agents de droit privé régis par les conventions collectives applicables au personnel des organismes de sécurité sociale. Sont préservés les droits à titularisation des agents acquis au titre de la loi n° 84-16 du 11 janvier 1984 portant dispositions statutaires relatives à la fonction publique de l'État et de la loi n° 2001-2 du 3 janvier 2001 relative à la résorption de l'emploi précaire et à la modernisation du recrutement dans la fonction publique ainsi qu'au temps de travail dans la fonction publique territoriale.

Le Centre des liaisons européennes et internationales de sécurité sociale est notamment financé par des contributions des régimes de sécurité sociale, dans des conditions fixées par décret en Conseil d'État.

SECTION II *[ABROGÉE]* FONDS D'ACTION SOCIALE POUR LES TRAVAILLEURS IMMIGRÉS ET LEURS FAMILLES

(Abrogée par L. n° 2005-32 du 18 janv. 2005, art. 148-II)

Art. L. 767-2 *Abrogé par L. n° 2005-32 du 18 janv. 2005, art. 148-II.*

LIVRE HUITIÈME ALLOCATIONS AUX PERSONNES ÂGÉES — ALLOCATION AUX ADULTES HANDICAPÉS — ALLOCATION DE LOGEMENT SOCIALE — AIDES À L'EMPLOI POUR LA GARDE DES JEUNES ENFANTS — AIDE AUX COLLECTIVITÉS ET ORGANISMES LOGEANT À TITRE TEMPORAIRE DES PERSONNES DÉFAVORISÉES OU GÉRANT DES AIRES D'ACCUEIL DES GENS DU VOYAGE — PROTECTION COMPLÉMENTAIRE EN MATIÈRE DE SANTÉ

TITRE PREMIER ALLOCATIONS AUX PERSONNES ÂGÉES

CHAPITRE V ALLOCATION DE SOLIDARITÉ AUX PERSONNES ÂGÉES

(Ord. n° 2004-605 du 24 juin 2004, ratifiée par L. n° 2004-1343 du 9 déc. 2004)

L'Ord. n° 2004-605 du 24 juin 2004 entre en vigueur le 1er janv. 2006. Les chapitres Ier à IV, comprenant les art. L. 811-1 à L. 814-9, sont abrogés par l'Ord. préc. et il est créé un chapitre V « Allocation de solidarité aux personnes âgées ».

Les personnes qui, à la date d'entrée en vigueur de la présente ordonnance, sont titulaires de l'allocation aux vieux travailleurs salariés, de l'allocation aux vieux travailleurs non salariés, du secours viager, de l'allocation aux mères de famille, de l'allocation spéciale vieillesse et de sa majoration prévue à l'art. L. 814-2 CSS, de l'allocation viagère dont peuvent bénéficier les rapatriés en vertu de l'art. 14 de la loi de finances du 2 juill. 1963 susvisée, de l'allocation de vieillesse agricole ou de l'allocation supplémentaire mentionnée à l'art. L. 815-2, dans sa rédaction antérieure à l'entrée en vigueur de la présente ordonnance, continuent à percevoir ces prestations selon les règles applicables avant cette entrée en vigueur (Ord. n° 2004-605 du 24 juin 2004, art. 2).

Les montants de l'allocation de solidarité aux personnes âgées mentionnée à l'art. L. 815-1 et de l'allocation supplémentaire vieillesse prévue à l'art. L. 815-2, dans sa rédaction antérieure à l'entrée en vigueur de l'Ord. n° 2004-605 du 24 juin 2004 simplifiant le minimum vieillesse, les plafonds de ressources prévus pour le service de ces allocations et des prestations mentionnées à l'art. 2 de la même ord., ainsi que les montants limites mentionnés au premier al. de l'art. L. 815-13, peuvent être portés entre le 1er janv. 2009 et le 31 déc. 2012, par décret, à un niveau supérieur à celui qui résulterait de l'application de l'art. L. 816-2 (L. n° 2008-1330 du 17 déc. 2008, art. 73-I). – V. Décr. n° 2009-473 du 28 avr. 2009, art. 3 et 4 (JO 29 avr.).

V. Circ. CNAV n° 2018-6 du 7 mars 2018 sur la condition de résidence et de régularité de séjour en matière d'allocation de solidarité aux personnes âgées (Aspa) et d'allocation supplémentaire d'invalidité (ASI).

SECTION PREMIÈRE OUVERTURE DU DROIT ET LIQUIDATION DE L'ALLOCATION DE SOLIDARITÉ AUX PERSONNES ÂGÉES

SOUS-SECTION 1 CONDITIONS D'OUVERTURE DU DROIT À L'ALLOCATION

Art. L. 815-1 **Toute personne justifiant d'une résidence stable et régulière sur le territoire métropolitain ou dans** *(L. n° 2015-1268 du 14 oct. 2015, art. 7-I-5°)* **« une collectivité mentionnée » à l'article L. 751-1 et ayant atteint un âge minimum bénéficie d'une allocation de solidarité aux personnes âgées dans les conditions prévues par le présent chapitre. Cet âge minimum est abaissé en cas d'inaptitude au travail** *(L. n° 2014-40 du 20 janv. 2014, art. 37-V)* **« ou lorsque l'assuré bénéficie des dispositions prévues à l'article 37 de la loi n° 2014-40 du 20 janvier 2014 garantissant l'avenir et la justice du système de retraites ».** – *Les dispositions issues de la L. n° 2014-40 du 20 janv. 2014 sont applicables aux pensions prenant effet à compter du 1er févr. 2014 (L. préc., art. 37-IV).*

Un décret en Conseil d'État précise la condition de résidence mentionnée au présent article.

Les montants de l'allocation de solidarité aux personnes âgées mentionnée à l'art. L. 815-1 et des prestations prévues à l'art. 2 de l'Ord. n° 2004-605 du 24 juin 2004 simplifiant le minimum vieillesse, ainsi que les plafonds de ressources prévus pour le service de ces allocations et prestations, sont revalorisés dans les conditions prévues à l'art. L. 816-2 (L. n° 2014-40 du 20 janv. 2014, art. 5-IV).

De 2018 à 2020, les montants de l'allocation de solidarité aux personnes âgées mentionnée à l'art. L. 815-1 et de l'allocation supplémentaire vieillesse prévue à l'art. L. 815-2, dans sa rédaction antérieure à l'Ord. n° 2004-605 du 24 juin 2004 simplifiant le minimum vieillesse, ainsi que les plafonds de ressources prévus pour le service de ces allocations et des prestations mentionnées à l'art. 2 de la même ordonnance peuvent être portés, par décret, à des niveaux supérieurs à ceux qui résulteraient de l'application de l'art. L. 816-2 CSS (L. n° 2017-1836 du 30 déc. 2017, art. 40-I).

Sur les exceptions à l'application du droit des usagers de saisir l'administration par voie électronique concernant les démarches effectuées auprès des organismes de sécurité sociale, V. CRPA, App., v° Saisine par voie électronique – Exceptions. –**CRPA**.

Art. L. 815-2 **L'allocation de solidarité aux personnes âgées mentionnée à l'article L. 815-1 est remboursée aux organismes ou services qui en sont débiteurs par le fonds institué par l'article L. 135-1.** – *V. 2e note ss. art. L. 815-1.*

Art. L. 815-3 **Les personnes qui ont été reconnues inaptes au travail pour l'attribution d'un avantage de vieillesse résultant de dispositions législatives ou réglementaires sont considérées comme inaptes au travail pour l'application du présent chapitre.**

Art. L. 815-4 **Le montant de l'allocation de solidarité aux personnes âgées, qui varie selon que le foyer est constitué d'une personne seule ou de conjoints, de concubins ou de partenaires liés par un pacte civil de solidarité, est fixé par décret.**

Art. L. 815-5 La personne âgée et, le cas échéant, son conjoint ou concubin ou partenaire lié par un pacte civil de solidarité doivent faire valoir en priorité les droits en matière d'avantages de vieillesse auxquels ils peuvent prétendre au titre de dispositions législatives ou réglementaires françaises ou étrangères, des conventions internationales, ainsi que des régimes propres aux organisations internationales.

Art. L. 815-6 Les caisses de retraite adressent à leurs adhérents, dans des conditions fixées par décret, au moment de la liquidation de l'avantage vieillesse, toutes les informations relatives aux conditions d'attribution de l'allocation de solidarité aux personnes âgées et aux procédures de récupération auxquelles cette allocation donne lieu.

SOUS-SECTION 2 PRÉSENTATION DES DEMANDES ET MISSION DES ORGANISMES LIQUIDATEURS

Art. L. 815-7 L'allocation de solidarité aux personnes âgées est liquidée et servie par les organismes ou services débiteurs d'un avantage de vieillesse de base résultant de dispositions législatives ou réglementaires, *(L. n° 2014-40 du 20 janv. 2014, art. 40)* « après une information spécifique par ces organismes auprès des intéressés et demande expresse de ces derniers ».

Pour les personnes qui ne relèvent d'aucun régime de base obligatoire d'assurance vieillesse, l'organisme compétent est le service de l'allocation de solidarité aux personnes âgées géré par la Caisse des dépôts et consignations sous la surveillance d'une commission dont la composition est fixée par décret.

Les conditions d'organisation du service de l'allocation de solidarité aux personnes âgées sont fixées par décret.

Nouvel art. L. 815-7 *L'allocation de solidarité aux personnes âgées est liquidée et servie par les organismes ou services débiteurs d'un avantage de vieillesse de base résultant de dispositions législatives ou réglementaires,* (L. n° 2014-40 du 20 janv. 2014, art. 40) *« après une information spécifique par ces organismes auprès des intéressés et demande expresse de ces derniers ».*

Pour les personnes qui ne relèvent d'aucun régime de base obligatoire d'assurance vieillesse, l'organisme compétent est le service de l'allocation de solidarité aux personnes âgées géré par la Caisse (L. n° 2016-1827 du 23 déc. 2016, art. 104-I) *« centrale de la mutualité sociale agricole » sous la surveillance d'une commission dont la composition est fixée par décret.*

Les conditions d'organisation du service de l'allocation de solidarité aux personnes âgées sont fixées par décret.

Les modalités du transfert du service de l'allocation de solidarité aux personnes âgées de la Caisse des dépôts et consignations à la Caisse centrale de la mutualité sociale agricole sont déterminées par convention entre ces deux organismes.

Les dispositions de l'art. 104-I et II de la L. n° 2016-1827 du 23 déc. 2016 entrent en vigueur selon des modalités et à une date fixées par décret en Conseil d'État, et au plus tard le 1er janv. 2020 (L. préc., art. 104-III et IV).

Art. L. 815-8 La commission du service de l'allocation de solidarité aux personnes âgées mentionnée à l'article L. 815-7 statue sur les demandes de subventions, aides individuelles et secours instruites par la Caisse des dépôts et consignations.

Les décisions d'attribution de subvention ne sont exécutoires qu'en l'absence d'opposition formée, dans les conditions fixées par décret, par l'autorité compétente de l'État.

Les dépenses entraînées par l'action sociale prévue au présent article sont remboursées au service de l'allocation de solidarité aux personnes âgées par le fonds institué par l'article L. 135-1.

Nouvel art. L. 815-8 *La commission du service de l'allocation de solidarité aux personnes âgées mentionnée à l'article L. 815-7 statue sur les demandes de subventions, aides individuelles et secours instruites par la Caisse* (L. n° 2016-1827 du 23 déc. 2016, art. 104-II) *« centrale de la mutualité sociale agricole ».*

Les décisions d'attribution de subvention ne sont exécutoires qu'en l'absence d'opposition formée, dans les conditions fixées par décret, par l'autorité compétente de l'État.

Les dépenses entraînées par l'action sociale prévue au présent article sont remboursées au service de l'allocation de solidarité aux personnes âgées par le fonds institué par l'article L. 135-1.

V. note ss. le nouvel art. L. 815-7.

SOUS-SECTION 3 APPRÉCIATION DES RESSOURCES

Art. L. 815-9 L'allocation de solidarité aux personnes âgées n'est due que si le total de cette allocation et des ressources personnelles de l'intéressé et du conjoint, du concubin ou du partenaire lié par un pacte civil de solidarité n'excède pas des plafonds fixés par décret. Lorsque le total de la ou des allocations de solidarité et des ressources personnelles de l'intéressé ou des époux, concubins ou partenaires liés par un pacte civil de solidarité dépasse ces plafonds, la ou les allocations sont réduites à due concurrence.

SOUS-SECTION 4 SERVICE DE L'ALLOCATION

Art. L. 815-10 Les services ou organismes mentionnés à l'article L. 815-7 statuent sur le droit des bénéficiaires à l'allocation de solidarité aux personnes âgées instituée par le présent chapitre et en assurent le paiement.

Cette allocation est cessible et saisissable dans les mêmes conditions et limites que le salaire. Toutefois, elle ne l'est que dans la limite de 90 % au profit des établissements hospitaliers et des caisses de sécurité sociale pour le paiement des frais d'hospitalisation.

Par dérogation à l'alinéa précédent, lorsque l'allocation s'ajoute à un avantage de vieillesse soumis à des règles de cessibilité ou de saisissabilité particulières, ces règles sont applicables à l'allocation. Pour l'application de ces règles, les quotités saisissables sont déterminées séparément.

Art. L. 815-11 L'allocation peut être révisée, suspendue ou supprimée à tout moment lorsqu'il est constaté que l'une des conditions exigées pour son service n'est pas remplie ou lorsque les ressources de l'allocataire ont varié.

Un décret en Conseil d'État fixe les conditions dans lesquelles l'allocation peut être révisée, suspendue ou supprimée par les services ou organismes mentionnés à l'article L. 815-7.

Dans tous les cas, les arrérages versés sont acquis aux bénéficiaires*[,]* sauf lorsqu'il y a fraude *(L. nº 2008-1330 du 17 déc. 2008, art. 116)* « , absence de déclaration du transfert de leur résidence hors du territoire métropolitain ou des *(L. nº 2015-1268 du 14 oct. 2015, art. 7-I-3º)* « collectivités mentionnées » à l'article L. 751-1 », absence de déclaration des ressources ou omission de ressources dans les déclarations.

Toute demande de remboursement de trop-perçu se prescrit par deux ans à compter de la date du paiement de l'allocation entre les mains du bénéficiaire *(L. nº 2011-1906 du 21 déc. 2011, art. 114-VIII)* « , sauf en cas de fraude ou de fausse déclaration ». — *V. Circ. interministérielle DSS nº 2010-260 du 12 juill. 2010 relative aux règles de prescription applicables en matière de sécurité sociale (BO Santé nº 2010/8 du 15 sept. 2010, p. 171).*

(L. nº 2018-1203 du 22 déc. 2018, art. 77-I, en vigueur le 1er janv. 2020) « Lorsque l'indu notifié ne peut être recouvré sur l'allocation mentionnée au premier alinéa du présent article, la récupération peut être opérée, sous réserve que l'assuré ne conteste pas le caractère indu et n'opte pas pour le remboursement en un ou plusieurs versements dans un délai fixé par décret qui ne peut excéder douze mois, par retenue sur les prestations en espèces gérées par les organismes mentionnés à l'article L. 133-4-1 ou sur les prestations mentionnées au titre V du livre III, à l'article L. 511-1, au titre III du présent livre et à l'article L. 351-1 du code de la construction et de l'habitation, par l'organisme gestionnaire de ces prestations et avec son accord. Toutefois, suite à cet accord, le recouvrement ne peut être effectué que si l'assuré n'est débiteur d'aucun indu sur ces mêmes prestations. Ce recouvrement est opéré selon les modalités applicables aux prestations sur lesquelles les retenues sont effectuées. Un décret fixe les modalités d'application et le traitement comptable afférant *[afférent]* à ces opérations. »

Sur les exceptions à l'application du droit des usagers de saisir l'administration par voie électronique concernant les démarches effectuées auprès des organismes de sécurité sociale, V. CRPA, App., vº Saisine par voie électronique — Exceptions — **CRPA**.

Aux termes de l'al. 3 de l'art. L. 815-10, devenu l'art. L. 815-11, applicable à l'indu en matière d'allocation supplémentaire de vieillesse, dans tous les cas, les arrérages versés sont acquis aux bénéficiaires sauf lorsqu'il y a fraude, absence de déclaration de ressources ou omission de ressources dans les déclarations. • Civ. 2e, 12 févr. 2009 : *D. actu. 26 févr. 2009, obs. Lavric ; JCP S 2009. 1205, note Vachet ; RJS 2009, nº 468.*

Art. L. 815-12 Le service de l'allocation de solidarité aux personnes âgées est supprimé aux personnes qui établissent leur résidence en dehors du territoire métropolitain et des *(L. nº 2015-1268 du 14 oct. 2015, art. 7-I-3º)* « collectivités mentionnées » à l'article L. 751-1.

SECTION II RECOUVREMENT SUR LES SUCCESSIONS

Art. L. 815-13 Les sommes servies au titre de l'allocation sont récupérées après le décès du bénéficiaire dans la limite d'un montant fixé par décret et revalorisé dans les mêmes conditions que celles prévues à l'article L. 816-2.

Toutefois, la récupération n'est opérée que sur la fraction de l'actif net qui excède un seuil dont le montant est fixé par décret. *(L. nº 2017-256 du 28 févr. 2017, art. 40-I)* « Dans les collectivités régies par l'article 73 de la Constitution, ce seuil est de 100 000 euros jusqu'au 31 décembre 2026. » — *La perte de recettes pour l'État résultant du I de l'art. 40 de la L. nº 2017-256 du 28 févr. 2017 est compensée à due concurrence par la création d'une taxe additionnelle aux droits mentionnés aux art. 575 et 575 A CGI (L. préc., art. 40-II).*

(L. nº 2010-1330 du 9 nov. 2010, art. 92-I) « Lorsque la succession du bénéficiaire, en tout ou en partie, comprend un capital d'exploitation agricole, ce dernier ainsi que les bâtiments qui en sont indissociables ne sont pas pris en compte pour l'application du deuxième alinéa. La liste des éléments constitutifs de ce capital et de ces bâtiments est fixée par décret. » — *Cet al. est applicable aux personnes visées à l'art. 2 de l'Ord. nº 2004-605 du 24 juin 2004 (V. Annexe I) simplifiant le minimum vieillesse (L. nº 2010-1330 du 9 nov. 2010, art. 92-II).*

Le recouvrement est opéré dans des conditions et selon des modalités fixées par décret par les organismes ou services assurant le service de l'allocation mentionnés à l'article L. 815-7.

Les sommes recouvrables sont garanties par une hypothèque légale prenant rang à la date de son inscription.

L'action en recouvrement se prescrit par cinq ans à compter de l'enregistrement d'un écrit ou d'une déclaration mentionnant la date et le lieu du décès du défunt ainsi que le nom et l'adresse de l'un au moins des ayants droit. — *V. Circ. interministérielle DSS nº 2010-260 du 12 juill. 2010 relative aux règles de prescription applicables en matière de sécurité sociale (BO Santé nº 2010/8 du 15 sept. 2010, p. 171).*

Lorsque le montant de l'allocation de solidarité aux personnes âgées est versé à des conjoints, concubins ou partenaires liés par un pacte civil de solidarité, tous deux bénéficiaires, l'allocation est réputée avoir été perçue pour moitié par chacun des membres du couple.

SECTION III CONTENTIEUX ET PÉNALITÉS

Art. L. 815-14 Est puni d'une amende de 3 750 € le fait d'offrir, moyennant rémunération, ses services à autrui en vue de lui permettre d'obtenir le bénéfice de l'allocation de solidarité aux personnes âgées.

Art. L. 815-15 Les dispositions des chapitres II, III et IV du titre IV du livre Ier sont applicables aux contestations relatives à l'attribution, au refus d'attribution, à la suspension, à la révision ou à la suppression de l'allocation de solidarité aux personnes âgées.

SECTION IV DISPOSITIONS ADMINISTRATIVES

Art. L. 815-16 Pour l'exercice de sa mission, le service ou l'organisme chargé de la gestion de l'allocation vérifie les déclarations des bénéficiaires, le cas échéant en coopération avec les institutions étrangères auxquelles ils sont ou ont été affiliés.

Art. L. 815-17 Par dérogation aux dispositions qui les assujettissent au secret professionnel, les agents des administrations publiques, notamment fiscales, ainsi que les agents des organismes de sécurité sociale, de retraite complémentaire et d'indemnisation du chômage sont tenus de fournir les renseignements qu'ils détiennent et qui sont nécessaires à la liquidation des droits et au contrôle du service de l'allocation de solidarité aux personnes âgées, ainsi qu'à la mise en œuvre des dispositions de l'article L. 815-13, notamment en ce qui concerne la détermination du montant des successions.

Art. L. 815-18 Un décret en Conseil d'État fixe les conditions dans lesquelles toute personne, institution ou entreprise est tenue de déclarer aux organismes ou services mentionnés à l'article L. 815-7, les avantages viagers qu'elle a l'obligation de servir à des personnes susceptibles de bénéficier du présent chapitre.

SECTION V DISPOSITIONS FINANCIÈRES

Art. L. 815-19 Le fonds institué par l'article L. 135-1 octroie aux organismes et services mentionnés à l'article L. 815-7, à l'exception de ceux qui gèrent les régimes de retraites de l'État et des collectivités locales, des subventions correspondant aux charges résultant des dispositions du présent chapitre.

Toutefois, le régime général *(Abrogé par Ord. n° 2018-470 du 12 juin 2018, art. 9) « des travailleurs salariés »* assure sur ses propres ressources les charges prévues à l'alinéa précédent, sous réserve des subventions dont il peut bénéficier à cet effet.

Un décret en Conseil d'État fixe :

1° Les modalités permettant de déterminer le montant de ces subventions en fonction du nombre de bénéficiaires de prestations de vieillesse ayant atteint les âges fixés en application de l'article L. 815-1 ; en aucun cas ces subventions ne peuvent être supérieures au montant des charges définies au premier alinéa du présent article, augmentées de 5 % ;

2° Les conditions dans lesquelles la fraction de subvention qui excéderait la charge nouvelle supportée par les différents services et organismes mentionnés à l'article L. 815-7 peut rester à la disposition de ceux-ci.

Art. L. 815-20 Le fonds institué par l'article L. 135-1 peut consentir des avances aux services et organismes mentionnés à l'article L. 815-7.

Art. L. 815-21 Le fonds institué par l'article L. 135-1 peut mettre les allocations payées à tort à la charge de l'organisme ou du service qui a procédé à la liquidation de l'allocation.

Les autorités chargées de l'exercice de la tutelle des organismes et services mentionnés à l'article L. 815-7 peuvent prescrire les mesures de contrôle et de redressement qui s'avèrent nécessaires.

Art. L. 815-22 Un décret en Conseil d'État détermine les conditions dans lesquelles le fonds institué par l'article L. 135-1 participe aux dépenses de gestion et de contentieux résultant de l'application du présent chapitre.

SECTION VI DISPOSITIONS D'APPLICATION

Art. L. 815-23 Un décret en Conseil d'État fixe les modalités d'application du présent chapitre, notamment en ce qui concerne les bénéficiaires des régimes énumérés par le décret prévu à l'article L. 711-1 et les bénéficiaires de plusieurs avantages de vieillesse résultant de dispositions législatives ou réglementaires.

CHAPITRE V *BIS* ALLOCATION SUPPLÉMENTAIRE D'INVALIDITÉ

(Ord. n° 2004-605 du 24 juin 2004, art. 1er-I)

V. Circ. CNAV n° 2018-6 du 7 mars 2018 sur la condition de résidence et de régularité de séjour en matière d'allocation de solidarité aux personnes âgées (Aspa) et d'allocation supplémentaire d'invalidité (ASI).

Art. L. 815-24 Dans les conditions prévues au présent chapitre, toute personne résidant sur le territoire métropolitain ou dans *(L. n° 2015-1268 du 14 oct. 2015, art. 7-I-22°)* « une collectivité mentionnée » à l'article L. 751-1, titulaire d'un avantage viager servi au titre de l'assurance invalidité ou de vieillesse par un régime de sécurité sociale résultant de dispositions législatives ou réglementaires peut, quel que soit son âge, bénéficier d'une allocation supplémentaire dont le montant est fixé par décret *(Abrogé* *par L. n° 2008-1330 du 17 déc. 2008, art. 73-II)* ***« et dans la limite du plafond de ressources applicable à l'allocation de solidarité aux personnes âgées prévu à l'article L. 815-9 »*** **:**

– si elle est atteinte d'une invalidité générale réduisant sa capacité de travail ou de gain dans des proportions déterminées ;

– ou si elle a obtenu cet avantage en raison d'une invalidité générale au moins égale, sans remplir la condition d'âge pour bénéficier de l'allocation aux personnes âgées prévue à l'article L. 815-1.

Le montant de l'allocation supplémentaire peut varier selon la situation matrimoniale des intéressés.

Sur les exceptions à l'application du droit des usagers de saisir l'administration par voie électronique concernant les démarches effectuées auprès des organismes de sécurité sociale, V. CRPA, App., v° Saisine par voie électronique – Exceptions. – **CRPA.**

Les arrérages servis au titre de l'allocation supplémentaire d'invalidité sont recouvrés en tout ou en partie sur la succession de l'allocataire lorsque l'actif net est au moins égal à un montant fixé par décret. Dès lors, la créance d'aide sociale du département ne constituant pas un élément du passif successoral, son montant n'a pas à être pris en compte dans la détermination de l'actif net successoral. • Civ. 2e, 22 janv. 2015, n° 13-26.257 P : *JCP S 2015, n° 1060, obs. Tauran ; RJS 4/2015, n° 291.*

Art. L. 815-24-1 *(L. n° 2008-1330 du 17 déc. 2008, art. 73-II)* **L'allocation supplémentaire d'invalidité n'est due que si le total de cette allocation et des ressources personnelles de l'intéressé et du conjoint, du concubin ou du partenaire lié par un pacte civil de solidarité n'excède pas des plafonds fixés par décret. Lorsque le total de la ou des allocations supplémentaires d'invalidité et des ressources personnelles de l'intéressé ou des époux, concubins ou partenaires liés par un pacte civil de solidarité dépasse ces plafonds, la ou les allocations sont réduites à due concurrence.**

Art. L. 815-25 Les personnes qui ont été reconnues atteintes, pour l'attribution d'un avantage d'invalidité au titre d'un régime de sécurité sociale résultant de dispositions législatives ou réglementaires, d'une invalidité générale réduisant leur capacité de travail ou de gain dans les proportions fixées en application de l'article L. 815-24 sont considérées comme invalides pour l'application dudit article.

Art. L. 815-26 Les dépenses entraînées par l'attribution de l'allocation supplémentaire mentionnée à l'article L. 815-24 sont à la charge d'un fonds spécial d'invalidité doté de la personnalité civile et de l'autonomie financière et administré par l'autorité compétente de l'État, assistée d'un comité comprenant des représentants de l'État et des principaux régimes de sécurité sociale. La gestion financière est assurée par la Caisse des dépôts et consignations.

Art. L. 815-27 L'allocation supplémentaire est liquidée et servie par les services ou organismes débiteurs d'un des avantages mentionnés à l'article L. 815-24 sur demande expresse des intéressés.

Ces services ou organismes statuent sur le droit des bénéficiaires à l'allocation supplémentaire instituée par le présent chapitre et en assurent le paiement.

En cas de suspension de l'avantage d'invalidité, l'allocation supplémentaire est également suspendue.

Art. L. 815-28 Les arrérages servis au titre de l'allocation supplémentaire mentionnée à l'article L. 815-24 sont recouvrés en tout ou partie sur la succession de l'allocataire lorsque l'actif net est au moins égal au montant fixé par décret en application de l'article L. 815-13.

Le recouvrement est effectué par les organismes ou services payeurs de l'allocation mentionnés à l'article L. 815-27 dans des conditions et selon des modalités fixées par décret.

Les dispositions du troisième alinéa, du cinquième alinéa et du sixième alinéa de l'article L. 815-13 sont applicables au recouvrement sur succession de l'allocation supplémentaire.

Art. L. 815-29 Les dispositions du deuxième et du troisième alinéa de l'article L. 815-10, des articles L. 815-11, L. 815-12, L. 815-14 à L. 815-18 et L. 815-23 sont appli-

cables au service, au contentieux et aux pénalités afférents à l'allocation supplémentaire instituée au présent chapitre.

(L. n° 2009-1646 du 24 déc. 2009, art. 32-I ; L. n° 2012-1404 du 17 déc. 2012, art. 8-I) **« Le financement de l'allocation supplémentaire d'invalidité est assuré par l'État pour ce qui concerne le régime général** *(Abrogé par Ord. n° 2018-470 du 12 juin 2018, art. 9) « des travailleurs salariés »* **et par le fonds mentionné à l'article L. 815-26 pour ce qui concerne les autres organismes débiteurs de l'allocation, dans des conditions fixées par décret en Conseil d'État. La prise en charge par l'État des pertes sur créances d'indus ne peut excéder une fraction de ces pertes, fixée par arrêté conjoint des ministres chargés de la sécurité sociale et du budget. »** *— Les dispositions issues de la L. n° 2012-1404 du 17 déc. 2012 sont applicables aux pertes sur créances d'indus enregistrées à compter de l'exercice 2012 (L. préc., art. 8-II).*

Sur les exceptions à l'application du droit des usagers de saisir l'administration par voie électronique concernant les démarches effectuées auprès des organismes de sécurité sociale, V. CRPA, App., v° Saisine par voie électronique — Exceptions. — **CRPA.**

CHAPITRE V *TER [ABROGÉ]* COMPLÉMENT DE RETRAITE

(Abrogé par L. n° 2005-1579 du 19 déc. 2005, art. 76-I)

Art. L. 815-30 *Abrogé par L. n° 2005-1579 du 19 déc. 2005, art. 76-I.*

CHAPITRE VI DISPOSITIONS DIVERSES

Art. L. 816-1 *(L. n° 2011-1906 du 21 déc. 2011, art. 94-I)* **Le présent titre est applicable aux personnes de nationalité étrangère qui répondent à l'une des conditions suivantes :**

1° Être titulaire depuis au moins dix ans d'un titre de séjour autorisant à travailler. *(L. n° 2015-1776 du 28 déc. 2015, art. 39)* **« Le respect de cette condition peut être attesté par les périodes d'assurance mentionnées à l'article L. 351-2 ; »**

2° Être réfugié, apatride, avoir combattu pour la France dans les conditions prévues aux 4°, 5°, 6° ou 7° de l'article L. 314-11 du code de l'entrée et du séjour des étrangers et du droit d'asile ou bénéficier de la protection subsidiaire ;

3° Être ressortissant d'un État membre de l'Union européenne, d'un autre État partie à l'accord sur l'Espace économique européen ou de la Confédération suisse, dans les conditions mentionnées à l'article L. 262-6 du code de l'action sociale et des familles. *— Cet art. s'applique aux demandes déposées postérieurement à la publication de la L. n° 2011-1906 du 21 déc. 2011 (L. préc., art. 94-II, JO 22 déc.).*

1. Compatibilité avec la règle constitutionnelle d'égalité. L'exigence d'une durée de présence régulière préalable sur le territoire national, en ce qu'elle constitue un critère d'appréciation de la condition de stabilité de la résidence, ne porte pas une atteinte manifestement disproportionnée à l'objectif poursuivi par la loi de garantir un minimum de ressources, sans contrepartie de cotisations, aux personnes âgées qui justifient d'une résidence stable et régulière sur le territoire national. • Civ. 2e, 12 déc. 2013, n° 13-40.059 P.

2. Compatibilité avec les règles européennes. L'exigence d'un titre de séjour autorisant à travailler depuis au moins dix ans, applicable à l'attribution d'une prestation d'aide sociale procédant de la solidarité nationale, laquelle est subordonnée par l'art. L. 815-1 CSS, pour l'ensemble des bénéficiaires, à la justification d'une résidence stable et régulière sur le territoire métropolitain, ne méconnait pas les exigences des art. 14 de la Convention de sauvegarde des droits de l'homme et des libertés fondamentales et 1er du protocole additionnel n° 12 à la Convention, ni celles des art. 1er et 25 de la Charte européenne des droits fondamentaux. • Civ. 2e, 4 mai 2016, n° 15-18.957 P : *RJPF 7/8 2016. 20, obs. Putman ; JCP S 2016, n° 1225, obs. Asquinazi-Bailleux.*

Art. L. 816-2 *(L. n° 2003-775 du 21 août 2003, art. 27-III)* **Les montants** *(L. n° 2015-1702 du 21 déc. 2015, art. 89-I-13°)* **« de l'allocation définie à l'article L. 815-1 et des plafonds de ressources prévus pour son attribution » sont revalorisés** *(L. n° 2015-1702 du 21 déc. 2015, art. 89-I-13° ; L. n° 2017-1836 du 30 déc. 2017, art. 41-I, en vigueur le 31 déc. 2018)* **« au 1er janvier de chaque année par application du coefficient mentionné à l'article L. 161-25 ».**

Art. L. 816-3 *(L. n° 2015-1785 du 29 déc. 2015, art. 67-I-2°, en vigueur le 1er janv. 2016)* **Les montants de l'allocation mentionnée à l'article L. 815-24 et des plafonds de ressources prévus pour son attribution sont revalorisés le 1er avril de chaque année par application du coefficient mentionné à l'article L. 161-25.**

TITRE DEUXIÈME ALLOCATION AUX ADULTES HANDICAPÉS

Saint-Pierre-et-Miquelon. — Les art. L. 821-1 à L. 821-8 y sont applicables sous réserve des adaptations suivantes (L. n° 2000-1207 du 13 déc. 2000, art. 66-II-A) :

A l'art. L. 821-1, les mots : « ou dans les départements mentionnés à l'article L. 751-1, y ayant résidé ou ayant résidé dans un territoire d'outre-mer, à Saint-Pierre-et-Miquelon ou à Mayotte » sont remplacés par les mots : « dans les départements mentionnés à l'article L. 751-1 ou à Saint-Pierre-et-Miquelon, y ayant résidé ou ayant résidé dans un territoire d'outre-mer, en Nouvelle-Calédonie ou à Mayotte » ;

A l'art. L. 821-5, les mots : « sont réglés suivant les dispositions régissant le contentieux général de sécurité sociale » sont remplacés par les mots : « sont portés devant les juridictions de droit commun » ;

A l'art. L. 821-7, les mots : « aux organismes du régime général chargés du versement des prestations familiales » sont remplacés par les mots : « à la caisse de prévoyance sociale ».

Art. L. 821-1 *(L. n° 2005-102 du 11 févr. 2005, art. 16-I-1°)* **« Toute personne résidant sur le territoire métropolitain ou dans les** *(L. n° 2015-1268 du 14 oct. 2015, art. 7-I-23°)* **« collectivités mentionnées » à l'article L. 751-1 ou à Saint-Pierre-et-Miquelon ayant dépassé l'âge d'ouverture du droit à l'allocation prévue à l'article L. 541-1 et dont l'incapacité permanente est au moins égale à un pourcentage fixé par décret perçoit, dans les conditions prévues au présent titre, une allocation aux adultes handicapés.**

« Les personnes de nationalité étrangère, hors les ressortissants des États membres de l'Union européenne ou parties à l'accord sur l'Espace économique européen, ne peuvent bénéficier de l'allocation aux adultes handicapés que si elles sont en situation régulière au regard de la législation sur le séjour ou si elles sont titulaires d'un récépissé de demande de renouvellement de titre de séjour. Un décret fixe la liste des titres ou documents attestant la régularité de leur situation. »

(L. n° 2007-1822 du 24 déc. 2007, art. 122-II) **« L'allocation mentionnée au premier alinéa bénéficie aux ressortissants des États membres de la Communauté européenne et des autres États parties à l'accord sur l'Espace économique européen qui en font la demande et qui résident en France depuis plus de trois mois, dans les conditions prévues aux articles L. 121-1 et L. 121-2 du code de l'entrée et du séjour des étrangers et du droit d'asile. Cette condition de séjour de trois mois n'est toutefois pas opposable :**

« — aux personnes qui exercent une activité professionnelle déclarée conformément à la législation en vigueur ;

« — aux personnes qui ont exercé une telle activité en France et soit sont en incapacité permanente de travailler pour raisons médicales, soit suivent une formation professionnelle au sens des articles L. 900-2 *[L. 6313-1 s. nouv.]* **et L. 900-3** *[L. 6314-1 et D. 6314-1 nouv.]* **du code du travail, soit sont inscrites sur la liste visée à l'article L. 311-5** *[L. 5411-1 à L. 5411-3, L. 5411-5 à L. 5411-8, L. 5411-10 et L. 5412-1 nouv.]* **du même code ;**

« — aux ascendants, descendants et conjoints des personnes mentionnées aux deux alinéas précédents.

« Les ressortissants des États membres de la Communauté européenne et des autres États parties à l'accord sur l'Espace économique européen entrés en France pour y chercher un emploi et qui s'y maintiennent à ce titre ne peuvent bénéficier de l'allocation aux adultes handicapés. »

(L. n° 2005-102 du 11 févr. 2005, art. 16-I-1°) **« Le droit à l'allocation aux adultes handicapés est ouvert lorsque la personne ne peut prétendre, au titre d'un régime de sécurité sociale, d'un régime de pension de retraite ou d'une législation particulière, à un avantage de vieillesse** *(L. n° 2016-1917 du 29 déc. 2016, art. 87-VI)* **« , à l'exclusion de l'allocation de solidarité aux personnes âgées mentionnée à l'article L. 815-1, » ou d'invalidité, à l'exclusion de la majoration pour aide constante d'une tierce personne visée à l'article L. 355-1, ou à une rente d'accident du travail, à l'exclusion de la** *(L.*

n° 2012-1404 du 17 déc. 2012, art. 85-I-6°, en vigueur le 1er mars 2013) **« prestation complémentaire pour recours à » tierce personne mentionnée à l'article L. 434-2, d'un montant au moins égal à cette allocation. »**

Lorsque cet avantage *(L. n° 2016-1917 du 29 déc. 2016, art. 87-VI)* **« ou le montant mensuel perçu au titre de l'allocation de solidarité aux personnes âgées mentionnée à l'article L. 815-1 » est d'un montant inférieur à celui de l'allocation aux adultes handicapés, celle-ci s'ajoute à la prestation sans que le total des deux avantages puisse excéder le montant de l'allocation aux adultes handicapés.** – *Les dispositions de l'art. 87-VI de la L. n° 2016-1916 sont applicables aux personnes atteignant l'âge mentionné au dixième al. de l'art. L. 821-1 CSS à compter du 1er janv. 2017 (L. préc., art. 87-VI-C).*

(L. n° 98-1266 du 30 déc. 1998, art. 134-I) **« Pour la liquidation des avantages de vieillesse, les bénéficiaires de l'allocation aux adultes handicapés sont réputés inaptes au travail à l'âge minimum auquel s'ouvre le droit à pension de vieillesse. »** – *Entrée en vigueur, V. note sous l'al. dernier de l'art. L. 821-2.*

Lorsqu'une personne bénéficiaire de l'allocation aux adultes handicapés fait valoir son droit à un avantage de vieillesse *(L. n° 2012-1509 du 29 déc. 2012, art. 115)* **« , d'invalidité ou à une rente d'accident du travail »,** *(Abrogé par L. n° 2005-102 du 11 févr. 2005, art. 16-I-1°) **« dans les conditions prévues au premier alinéa ci-dessus, »*** **l'allocation aux adultes handicapés continue de lui être servie jusqu'à ce qu'elle perçoive effectivement l'avantage auquel elle a droit.** *(L. n° 2005-102 du 11 févr. 2005, art. 16-I-1°)* **« Pour la récupération des sommes trop perçues à ce titre, les organismes visés à l'article L. 821-7 sont subrogés dans les droits des bénéficiaires vis-à-vis des organismes payeurs des avantages de vieillesse** *(L. n° 2012-1509 du 29 déc. 2012, art. 115)* **« , d'invalidité ou de rentes d'accident du travail ». »** – *V. art. D. 821-2 et D. 821-3.*

(L. n° 2005-102 du 11 févr. 2005, art. 16-I-1°) **« Lorsque l'allocation aux adultes handicapés est versée en complément de la rémunération garantie visée à l'article L. 243-4 du code de l'action sociale et des familles, le cumul de cet avantage avec la rémunération garantie mentionnée ci-dessus est limité à des montants fixés par décret qui varient notamment selon que le bénéficiaire est marié ou vit maritalement ou est lié par un pacte civil de solidarité et a une ou plusieurs personnes à charge. Ces montants varient en fonction du salaire minimum de croissance prévu à l'article L. 141-4** *[L. 3231-6 s., R. 3231-1 et R. 3231-7 nouv.]* **du code du travail. »**

I. NATURE

1. Servie en exécution d'une obligation nationale en vue d'assurer aux bénéficiaires la garantie d'un minimum de ressources, l'allocation aux adultes handicapés dont l'attribution est subsidiaire par rapport aux avantages d'invalidité perçus au titre d'un régime de sécurité sociale et qui est subordonnée à un plafond de ressources de l'intéressé et, le cas échéant, de son conjoint constitue essentiellement une prestation d'assistance dont la charge incombe de surcroît à l'État depuis la loi du 29 déc. 1982. Elle est dépourvue de caractère indemnitaire et ne peut en conséquence venir en déduction des sommes allouées à la victime d'un accident imputable à un tiers en réparation du dommage par elle subi. Encourt donc la cassation l'arrêt qui en accorde le remboursement à la caisse d'allocations familiales sans indiquer d'ailleurs le fondement juridique du recours de cet organisme. Les caisses d'allocations familiales ne pouvaient (antérieurement à la loi du 5 juill. 1985) en obtenir le remboursement sur le fondement de l'art. 1382 C. civ., le versement de cette allocation étant sans relation certaine de cause à effet avec le fait ou la faute du tiers responsable. • Soc. 7 juin 1989 : *Bull. civ. V, n° 434.*

2. L'allocation aux adultes handicapés constituant essentiellement une prestation d'assistance dont la charge incombe à l'État depuis la loi du 29 déc. 1982 et dont le versement est sans relation certaine de cause à effet avec le fait ou la faute du tiers, il ne peut être reproché à un arrêt de ne pas en avoir tenu compte dans l'évaluation globale du préjudice de droit commun d'une victime d'un accident. • Civ. 2e, 6 déc. 1989 : *Bull. civ. II, n° 219 ; D. 1990. IR 4.*

II. CONDITIONS D'ATTRIBUTION

A. NATIONALITÉ ET RÉSIDENCE

3. Dans la mesure où elles se bornent à rappeler que la résidence ne peut être assimilée au domicile légal et donc que les personnes handicapées résidant hors de France ne peuvent bénéficier de l'allocation aux adultes handicapés alors même que leur tuteur y est domicilié, la lettre ministérielle du 8 août 1986 et la circulaire de la Caisse nationale d'allocations familiales (CNAF) du 5 sept. 1986 relatives aux conditions d'attribution de cette allocation ne font que rappeler l'état du droit existant et ne présentent pas le caractère d'une décision faisant grief susceptible comme telle de faire l'objet d'un recours aux fins d'annulation.

En tant qu'elle dispose qu'une personne handicapée résidant hors de France peut néanmoins bénéficier de l'allocation aux adultes handicapés dès lors que placée dans un établissement de soins elle justifie d'une résidence antérieure en France et d'un accord de prise en charge délivré par un organisme français de sécurité sociale la circulaire de la CNAF précitée ajoute une règle non prévue par les dispositions de l'art. L. 821-1 CSS et est ainsi entachée d'incompétence. • CE 28 avr. 1993 : *RJS 1993, n° 922.*

4. Les réfugiés et apatrides, dès lors qu'ils remplissent les conditions d'attribution de l'allocation autres que celles de la nationalité et qui résident de façon permanente en France, peuvent bénéficier de cette prestation conformément aux principes posés par les Conventions de Genève du 28 juill. 1951 (art. 7) relative au statut des réfugiés et de New York du 28 sept. 1954 concernant le statut des apatrides. L'octroi de l'allocation repose sur les obligations découlant du règlement de la communauté européenne n° 1408/71 du 14 juin 1971. • CJCE 16 déc. 1976 : *Rec. CJCE, p. 2057* • Soc. 24 mars 1977 : *Bull. civ. V, n° 228.*

5. Il résulte des dispositions combinées de l'art. 14 Conv. EDH et de l'art. 1er du protocole à cette convention du 20 mars 1957 que la jouissance d'une prestation telle que l'allocation aux adultes handicapés doit être assurée sans distinction aucune fondée notamment sur l'origine nationale. • Soc. 21 oct. 1999 : *D. 1999. IR 253*. ♦ Conf. par • Civ. 2e, 28 mai 2009 : *D. actu. 10 juin 2009, obs. Prémilat.* ♦ V. *contra*, antérieurement à la L. n° 2005-102 du 11 févr. 2005 • Paris, 19 juin 1995 : *D. 1995. IR 189* (aux termes de l'arrêt CJCE du 26 déc. 1982, la prestation d'allocation aux adultes handicapés peut être refusée à un ressortissant de la Côte d'Ivoire, pays qui n'a signé avec la France aucune convention de réciprocité relative à l'attribution de cette allocation, qui est de nationalité étrangère et n'est pas ressortissant d'un pays membre de la CEE et ne travaille pas dans un tel pays et dont le père adoptif est citoyen français et ne travaille pas dans un pays étranger à la CEE).

B. CONDITION DE RESSOURCES

1° REVENUS PRIS EN COMPTE

6. L'art. 35-1 de la loi du 30 juin 1975 d'orientation en faveur des personnes handicapées (CSS, art. L. 821-1) limite l'ouverture du droit à l'allocation qu'il prévoit aux adultes handicapés qui ne perçoivent pas au titre d'un régime de sécurité sociale, d'un régime de pension de retraite ou d'une législation particulière un avantage de vieillesse ou d'invalidité d'un montant au moins égal à ladite allocation. La majoration pour assistance d'une tierce personne complémentaire d'une pension d'invalidité constitue un avantage d'invalidité au sens de l'art. 35-1 et doit être prise en compte dans la comparaison des avantages dont l'intéressé bénéficie et du montant de l'allocation aux adultes handicapés. • Soc. 1er avr. 1981 : *Bull. civ. V, n° 310* • 4 juin 1984 : *Bull. civ. V, n° 228.*

7. L'allocation supplémentaire du Fonds national de solidarité qui vient compléter le montant des avantages de vieillesse constitue elle-même un avantage de vieillesse au sens de l'art. 35-1 de la L. n° 75-534 du 30 juin 1975 (art. L. 821-1 CSS). Il résulte de cet article, dans sa rédaction antérieure comme dans sa rédaction postérieure à la L. n° 82-1126 du 29 déc. 1982 qui n'en a pas modifié la portée, que le caractère subsidiaire de l'allocation aux adultes handicapés fait obstacle au cumul de cette prestation avec un avantage de vieillesse d'un montant au moins égal au bénéfice duquel l'intéressé a vocation, même s'il ne l'a pas effectivement sollicité. • Soc. 3 juill. 1985 : *Bull. civ. V, n° 400.*

8. La pension de réversion du conjoint survivant constitue un avantage de vieillesse au sens de l'art. 35-1 de la loi du 30 juin 1975 (CSS, art. L. 821-1), lequel ne fait pas de distinction entre les avantages propres à l'assuré et les avantages dérivés. Par suite, la veuve d'un exploitant agricole qui bénéficie à la suite du décès de son mari d'une pension de réversion d'un montant au moins égal à l'allocation aux adultes handicapés ne peut cumuler cet avantage avec ladite allocation. • Soc. 16 déc. 1987 : *Bull. civ. V, n° 736.*

9. Il résulte des art. 35, par. 3, de la L. n° 75-534 du 30 juin 1975 (CSS, art. L. 821-1) et 2 du Décr. n° 75-1197 du 16 déc. 1975 que, pour le calcul de l'allocation aux adultes handicapés, il est tenu compte, lorsque le demandeur est marié et non séparé, des ressources de son conjoint à concurrence d'un plafond. Une caisse d'allocations familiales est donc fondée à réclamer à une personne handicapée autorisée à résider séparément de son mari dans le cadre d'une instance en divorce et bénéficiaire à ce titre de l'allocation aux adultes handicapés au taux plein le trop-perçu correspondant à une période où l'intéressée avait repris la vie commune en sorte que les ressources de son conjoint devaient être prises en compte pour le calcul de ladite allocation même si ce dernier n'apportait aucun secours financier à sa femme et que celle-ci assurait seule les dépenses du ménage. • Soc. 12 oct. 1989 : *Bull. civ. V, n° 593.*

10. Pour l'appréciation des ressources, une cour d'appel retient exactement que doivent être prises en compte les prestations sociales perçues au titre d'une législation étrangère. • Soc. 11 janv. 1996 : *D. 1997. 99, note Y. Dagorne-Labbe*.

2° REVENUS NON PRIS EN COMPTE

11. Une rente servie au titre de l'invalidité en exécution d'un contrat d'assurance groupe souscrit auprès d'une compagnie d'assurance auquel l'assuré avait adhéré facultativement à titre onéreux ne peut être considérée comme un avantage de vieillesse ou d'invalidité au sens de l'art. 35-1 de la L. n° 75-534 du 30 juin 1975 (CSS, art. L. 821-1). Par suite, elle peut être cumulée avec l'allocation aux adultes handicapés. • Soc. 24 mai 1989 : *Bull. civ. V, n° 387.*

12. L'allocation spéciale du Fonds national de l'emploi attribuée à un travailleur licencié remplissant certaines conditions d'assurance et d'appartenance à l'entreprise constitue un revenu de remplacement qui n'entre pas dans les prévisions de l'art. L. 821-1 CSS. Cassation pour violation de ce texte de l'arrêt qui, pour rejeter le recours formé par un bénéficiaire de l'allocation aux adultes handicapés contre une décision de la caisse d'allocations familiales qui lui a reclamé la restitution des arrérages de cette allocation pour la période au cours de laquelle il a bénéficié simultanément, en tant que travailleur âgé licencié pour motif économique, d'une allocation spéciale du Fonds national de l'emploi, énonce essentiellement que ce revenu d'attente a le caractère d'un avantage de vieillesse attribué au titre des dispositions du code du travail, dès lors qu'il précède le versement d'une pension de vieillesse et n'est pas attribué lorsque l'assuré peut percevoir une pension de vieillesse au taux plein. • Soc. 28 janv. 1999 : *TPS 1999, n° 161 ; D. 1999. IR 57.*

3° ALLOCATION DIFFÉRENTIELLE

13. Le mécanisme de la détermination de l'allocation différentielle en fonction de l'allocation aux adultes handicapés au taux plein implique une révision de la première de ces allocations en cas de revalorisation de la seconde indépendamment de celle qui peut être motivée par une modification de la situation de famille de l'allocataire. • Soc. 25 nov. 1987 : *Bull. civ. V, n° 677.*

14. En imposant la date du 1er juillet comme étant celle à laquelle devaient être examinés les droits à l'allocation différentielle aux adultes handicapés, la caisse a ajouté à la loi une condition qu'elle ne prévoyait pas. Les droits à ladite allocation devaient être examinés à chaque modification de l'avantage vieillesse en cause ou du montant de l'allocation aux adultes handicapés. • Soc. 10 mars 1994 : *RJS 1994, n° 483.*

III. SUSPENSION DE L'ATTRIBUTION

15. Selon l'art. L. 821-1 CSS, lorsque le bénéficiaire de l'allocation aux adultes handicapés fait valoir son droit à un avantage de vieillesse ou d'invalidité, ladite allocation continue de lui être servie jusqu'à ce qu'il perçoive effectivement l'avantage auquel il a droit, sous réserve d'un reversement ultérieur du trop-perçu. Une telle disposition implique nécessairement l'envoi, avant toute suspension du service de l'allocation, d'un avis enjoignant à l'intéressé de justifier du dépôt d'une demande tendant à l'octroi d'un tel avantage. • Soc. 18 oct. 1990 : *D. 1990. IR 266.*

Art. L. 821-1-1 (Abrogé par L. n° 2018-1317 du 28 déc. 2018, art. 266-I, à compter du 1er déc. 2019) (L. n° 2005-102 du 11 févr. 2005, art. 16-I-2°) ***Il est institué une garantie de ressources pour les personnes handicapées composée de l'allocation aux adultes handicapés et d'un complément de ressources. Le montant de cette garantie est fixé par décret.***

Le complément de ressources est versé aux bénéficiaires de l'allocation aux adultes handicapés au titre de l'article L. 821-1 :

— dont la capacité de travail, appréciée par la commission mentionnée à l'article L. 146-9 du code de l'action sociale et des familles, est, compte tenu de leur handicap, inférieure à un pourcentage fixé par décret ;

— qui n'ont pas perçu de revenu d'activité à caractère professionnel propre depuis une durée fixée par décret ;

— qui disposent d'un logement indépendant ;

— qui perçoivent l'allocation aux adultes handicapés à taux plein ou en complément d'un avantage de vieillesse ou d'invalidité ou d'une rente d'accident du travail.

(L. n° 2006-1666 du 21 déc. 2006, art. 132-I) ***« Le complément de ressources est également versé aux bénéficiaires de l'allocation supplémentaire du fonds spécial d'invalidité mentionnée à l'article L. 815-24 dont l'incapacité permanente est au moins égale au pourcentage fixé par le décret mentionné au premier alinéa de l'article L. 821-1 et qui satisfont aux conditions prévues aux troisième, quatrième et cinquième alinéas du présent article. »***

Le versement du complément de ressources pour les personnes handicapées prend fin à l'âge auquel le bénéficiaire est réputé inapte au travail dans les conditions prévues au (L. n° 2007-1822 du 24 déc. 2007, art. 122-IV) ***« dixième » alinéa de l'article L. 821-1.*** (L. n° 2006-1666 du 21 déc. 2006, art. 132-I) ***« Il prend fin pour les bénéficiaires de l'allocation supplémentaire du fonds spécial d'invalidité mentionnée à l'article L. 815-24 à l'âge minimum auquel s'ouvre le droit à pension de vieillesse. »***

Toute reprise d'activité professionnelle entraîne la fin du versement du complément de ressources.

Un décret en Conseil d'État précise les conditions dans lesquelles le complément de ressources est versé aux intéressés hébergés dans un établissement social ou médico-social, hospitalisés dans un établissement de santé ou incarcérés dans un établissement relevant de l'administration pénitentiaire.

Les dispositions de l'article L. 821-5 sont applicables au complément de ressources.

Les bénéficiaires des dispositions de l'art. L. 821-1-1 dans sa rédaction antérieure à la L. n° 2018-1317 du 28 déc. 2018 qui, au 1er déc. 2019, ont des droits ouverts au complément de ressources continuent, tant qu'ils en remplissent les conditions d'éligibilité, à bénéficier de ces dispositions, dans la limite d'une durée de dix ans, selon les modalités en vigueur avant cette date (L. préc., art. 266-V).

Art. L. 821-1-2 *(L. n° 2005-102 du 11 févr. 2005, art. 16-I-3°)* **Une majoration pour la vie autonome dont le montant est fixé par décret est versée aux bénéficiaires de l'allocation aux adultes handicapés au titre de l'article L. 821-1 qui :**

– disposent d'un logement indépendant pour lequel ils reçoivent une aide personnelle au logement ;

– perçoivent l'allocation aux adultes handicapés à taux plein ou en complément d'un avantage de vieillesse ou d'invalidité ou d'une rente d'accident du travail ;

– ne perçoivent pas de revenu d'activité à caractère professionnel propre.

(L. n° 2006-1666 du 21 déc. 2006, art. 132-II) **« La majoration pour la vie autonome est également versée aux bénéficiaires de l'allocation supplémentaire du fonds spécial d'invalidité mentionnée à l'article L. 815-24 dont l'incapacité permanente est au moins égale au pourcentage fixé par le décret mentionné au premier alinéa de l'article L. 821-1 et qui satisfont aux conditions prévues aux deuxième et quatrième alinéas du présent article. »**

Un décret en Conseil d'État précise les conditions dans lesquelles la majoration pour la vie autonome est versée aux intéressés hébergés dans un établissement social ou médico-social, hospitalisés dans un établissement de santé ou incarcérés dans un établissement relevant de l'administration pénitentiaire.

(Abrogé par L. n° 2018-1317 du 28 déc. 2018, art. 266-I, à compter du 1er déc. 2019) ***« La majoration pour la vie autonome n'est pas cumulable avec*** *(L. n° 2006-1666 du 21 déc. 2006, art. 132-II)* ***« le complément de ressources visé » à l'article L. 821-1-1. L'allocataire qui remplit les conditions pour l'octroi de ces deux avantages choisit de bénéficier de l'un ou de l'autre. »***

Les dispositions de l'article L. 821-5 sont applicables à la majoration pour la vie autonome.

Art. L. 821-2 *(L. n° 2006-1666 du 21 déc. 2006, art. 131 ; L. n° 2008-1425 du 27 déc. 2008, art. 182-III)* **« L'allocation aux adultes handicapés est également versée à toute personne qui remplit l'ensemble des conditions suivantes :**

« 1° Son incapacité permanente, sans atteindre le pourcentage fixé par le décret prévu au premier alinéa de l'article L. 821-1, est supérieure ou égale à un pourcentage fixé par décret ;

« 2° La commission mentionnée à l'article L. 146-9 du code de l'action sociale et des familles lui reconnaît, compte tenu de son handicap, une restriction substantielle et durable pour l'accès à l'emploi, précisée par décret. »

(L. n° 98-1266 du 30 déc. 1998, art. 134-II et III) **« Le versement de l'allocation aux adultes handicapés au titre du présent article prend fin à l'âge auquel le bénéficiaire est réputé inapte au travail dans les conditions prévues au** *(L. n° 2005-102 du 11 févr. 2005, art. 16-I-4°)* **« cinquième » alinéa de l'article L. 821-1 ».** – *Ces dernières dispositions sont applicables aux personnes atteignant l'âge de soixante ans à compter du 1er janv. 1999. Pour les personnes ayant atteint l'âge de soixante ans antérieurement au 1er janv. 1999, elles sont applicables lors du premier renouvellement de l'allocation (L. n° 98-1266 du 30 déc. 1998, art. 134-III).*

1. Entrée en vigueur. Les dispositions de l'art. L. 821-2-1° CSS issues de la loi du 21 déc. 2006 sont applicables dès la publication de celle-ci en dépit de l'absence du décret auquel elles renvoient. • Civ. 2e, 21 juin 2012, n° 11-20.578.

2. Appréciation des conditions d'éligibilité. L'allocation aux adultes handicapés est attribuée aux personnes handicapées justifiant d'un taux d'incapacité permanente au moins égal à 50 % et inférieur à 80 %, et auxquelles la commission départementale des droits et de l'autonomie des personnes handicapées a reconnu, compte tenu de leur handicap, une restriction substantielle et durable pour l'accès à l'emploi. Cette seconde condition ne peut être déduite du seul travail de l'intéressé dans une entreprise adaptée. • Civ. 2e, 3 avr. 2014 : *D. actu. 30 avr. 2014, obs. Fraisse.* ♦ Comp. antérieurement, • Soc. 18 mai 1988 : *Bull. civ. V, n° 295* • 21 juin 1989 : *Bull. civ. V, n° 467* (l'activité exercée par les handicapés admis dans les centres d'aide par le travail ne constitue pas un emploi au sens de l'art. 35-II de la loi du 30 juin 1975). ♦ La commission nationale technique n'est pas tenue par la décision de la Caisse d'assurance maladie reconnaissant à l'assuré un droit à pension d'invalidité, pour apprécier le taux d'invalidité de l'intéressé et l'incapacité où il se trouve de se procurer un emploi. • Soc. 11 juill. 1996, n° 94-21.687 P.

3. Recours contre les décisions des commissions. Il résulte de l'art. 35-II de la loi du 30 juin 1975, devenu l'art. L. 821-2 CSS, que, si l'examen des conditions administratives d'ouverture du droit à l'allocation aux adultes handicapés (AAH) et notamment de celles relatives au plafond de ressources entre dans les attributions des caisses d'allocations familiales ou de mutualité sociale agricole, l'appréciation d'ailleurs insusceptible de révision du taux d'incapacité et de l'impossibilité de se procurer un emploi du fait de ce handicap appartient à la commission technique d'orientation et de reclassement professionnel (COTOREP), sous réserve de l'exercice des voies de recours devant la juridiction du contentieux technique de la sécurité sociale, conformément à l'art. L. 323-11-I *in fine* C. trav. Une caisse de mutualité sociale agricole n'est donc pas fondée à suspendre le service de l'AAH au motif que son titulaire continuait à exercer une activité agricole, dès lors qu'elle n'a ni formé un recours contre la décision de la COTOREP l'admettant au bénéfice de cette allocation, ni introduit une demande en révision dans les termes de l'art. R. 821-5 CSS. • Soc. 15 juin 1988 : *Bull. civ. V, n° 365.*

Art. L. 821-3 *(L. n° 2005-102 du 11 févr. 2005, art. 16-I-5°)* **L'allocation aux adultes handicapés peut se cumuler avec les ressources personnelles de l'intéressé et, s'il y a lieu, de son conjoint, concubin ou partenaire d'un pacte civil de solidarité dans la limite d'un plafond fixé par décret, qui varie selon qu'il est marié, concubin ou partenaire d'un pacte civil de solidarité et a une ou plusieurs personnes à sa charge.**

Les rémunérations de l'intéressé tirées d'une activité professionnelle en milieu ordinaire de travail sont en partie exclues du montant des ressources servant au calcul de l'allocation selon des modalités fixées par décret.

Si selon l'art. L. 821-3 CSS l'allocation aux adultes handicapés peut se cumuler avec les ressources personnelles de l'intéressé et, s'il y a lieu, de son conjoint dans la limite d'un plafond qui varie en fonction de sa situation et des charges de famille, ce n'est qu'autant que les adultes handicapés ne perçoivent pas au titre d'un régime de sécurité sociale, d'un régime de pension de retraite ou d'une législation particulière un avantage de vieillesse ou d'invalidité d'un montant au moins égal à ladite allocation. • Soc. 25 mars 1985 : *Bull. civ. V, n° 213* • 17 févr. 1988 : *Bull. civ. V, n° 104.*

Art. L. 821-3-1 *(L. n° 2008-1425 du 27 déc. 2008, art. 182)* **Le montant de l'allocation aux adultes handicapés est fixé par décret.** — *Le montant mensuel de l'allocation aux adultes handicapés est porté à 860 € à compter du 1er nov. 2018 (Décr. n° 2018-948 du 31 oct. 2018).*

(L. n° 2015-1785 du 29 déc. 2015, art. 67-I-3°, en vigueur le 1er janv. 2016) **« Ce montant est revalorisé le 1er avril de chaque année par application du coefficient mentionné à l'article L. 161-25. »** — *Par dérogation au second al. de l'art. L. 821-3-1 CSS, le montant de l'allocation aux adultes handicapés mentionnée à l'art. L. 821-1 du même code n'est pas revalorisé le 1er avr. 2019 (L. n° 2018-1317 du 28 déc. 2018, art. 210-III).*

Art. L. 821-4 *(L. n° 2005-102 du 11 févr. 2005, art. 16-I-5°)* **L'allocation aux adultes handicapés est accordée, pour une durée déterminée par décret en Conseil d'État, sur décision de la commission mentionnée à l'article L. 146-9 du code de l'action sociale et des familles appréciant le niveau d'incapacité de la personne handicapée ainsi que, pour les personnes mentionnées à l'article L. 821-2 du présent code, leur impossibilité, compte tenu de leur handicap, de se procurer un emploi.**

(Abrogé par L. n° 2018-1317 du 28 déc. 2018, art. 266-I, à compter du 1er déc. 2019) ***« Le complément de ressources mentionné à l'article L. 821-1-1 est accordé, pour une durée déterminée par décret en Conseil d'État, sur décision de la commission mentionnée au premier alinéa qui apprécie le taux d'incapacité et la capacité de travail de l'intéressé. »***

Art. L. 821-5 **L'allocation aux adultes handicapés est servie comme une prestation familiale. Elle est incessible et insaisissable, sauf pour le paiement des frais d'entretien**

(L. n° 2005-102 du 11 févr. 2005, art. 16-I-6°) **« de la personne handicapée ». En cas de non-paiement de ces frais, la personne physique ou morale ou l'organisme qui en assume la charge peut obtenir de la caisse débitrice de l'allocation que celle-ci lui soit versée directement.**

L'action de l'allocataire pour le paiement de l'allocation se prescrit par deux ans.

Cette prescription est également applicable à l'action intentée par un organisme payeur en recouvrement d'allocations indûment payées, sauf en cas de fraude ou de fausse déclaration. — *V. Circ. interministérielle DSS n° 2010-260 du 12 juill. 2010 relative aux règles de prescription applicables en matière de sécurité sociale (BO Santé n° 2010/8 du 15 sept. 2010, p. 171).*

(Abrogé par L. n° 2007-308 du 5 mars 2007, art. 32) ***« La tutelle aux prestations sociales, prévue au chapitre VII du titre VI du livre Ier, s'applique à l'allocation aux adultes handicapés. »***

(L. n° 2007-1786 du 19 déc. 2007, art. 106-III) **« Les articles** *(Abrogé par L. n° 2013-1203 du 23 déc. 2013, art. 86-II-8°)* ***« L. 114-13, »*** **L. 377-2, L. 377-4 et L. 583-3 du présent code sont applicables à l'allocation aux adultes handicapés. »**

Les différends auxquels peut donner lieu l'application *(L. n° 2005-102 du 11 févr. 2005, art. 16-I-6°)* **« du présent titre » et qui ne relèvent pas d'un autre contentieux sont réglés suivant les dispositions régissant le contentieux général de la sécurité sociale.**

(L. n° 2009-1646 du 24 déc. 2009, art. 32-I et 93-IV) **« Le financement de l'allocation aux adultes handicapés,** *(Abrogé par L. n° 2018-1317 du 28 déc. 2018, art. 266-I, à compter du 1er déc. 2019)* ***« du complément de ressources, »*** **de la majoration pour la vie autonome et de l'allocation pour adulte handicapé mentionnée à l'article 35 de l'ordonnance n° 2002-411 du 27 mars 2002 relative à la protection sanitaire et sociale à Mayotte est assuré par l'État. La prise en charge par l'État des pertes sur créances d'indus ne peut excéder une fraction** *(L. n° 2012-1404 du 17 déc. 2012, art. 8-I)* **« de ces pertes, fixée par arrêté conjoint des ministres chargés de la sécurité sociale et du budget ».** — *Les dispositions issues de la L. n° 2012-1404 du 17 déc. 2012 sont applicables aux pertes sur créances d'indus enregistrées à compter de l'exercice 2012 (L. préc., art. 8-II).*

« La prescription est interrompue tant que l'organisme débiteur des prestations familiales se trouve dans l'impossibilité de recouvrer l'indu concerné en raison de la mise en œuvre d'une procédure de recouvrement d'indus relevant des articles L. 553-2, L. 821-5-1 ou L. 835-3 du code de la sécurité sociale, L. 262-46 du code de l'action sociale et des familles ou L. 351-11 du code de la construction et de l'habitation. »

Il résulte des art. L. 821-5, L. 821-6, R. 821-8 et R. 821-9 CSS que l'allocation aux adultes handicapés, incessible et insaisissable sauf pour le paiement des frais d'entretien du handicapé, est réduite de 50 % en cas d'hospitalisation pendant plus de soixante jours dans un établissement de soins d'une personne célibataire handicapée. Si celle-ci est astreinte au versement du forfait journalier, elle doit conserver une allocation au moins égale à 12 % du montant maximum de ladite allocation sans que la somme ainsi déterminée puisse être supérieure à celle que l'allocataire percevrait si elle n'était pas hospitalisée. Par suite, seule la partie de l'allocation aux adultes handicapés excédant le montant minimum légal que doit conserver l'allocataire peut faire l'objet d'un versement direct à l'établissement où est hospitalisé le bénéficiaire de l'allocation astreint au paiement du forfait journalier. • Soc. 18 févr. 1993 : *D. 1994. 43, note Y. Dagorne-Labbe* ; *RJS 1993, n° 560.*

Art. L. 821-5-1 *(L. n° 2008-1330 du 17 déc. 2008, art. 118-I)* **Tout paiement indu de prestations mentionnées au présent titre est, sous réserve que l'allocataire n'en conteste pas le caractère indu, récupéré sur l'allocation à venir ou par remboursement intégral de la dette en un seul versement si l'allocataire opte pour cette solution. A défaut, l'organisme payeur peut, dans des conditions fixées par décret, procéder à la récupération de l'indu par retenues sur les échéances à venir dues, soit au titre des prestations familiales mentionnées à l'article L. 511-1, soit au titre de l'allocation de logement mentionnée à l'article L. 831-1,** *(L. n° 2015-994 du 17 août 2015, art. 59-IV-8°, en vigueur le 1er janv. 2016)* **« soit au titre de la prime d'activité mentionnée à l'article L. 841-1, » soit au titre de l'aide personnalisée au logement mentionnée à l'article L. 351-1 du code de la construction et de l'habitation, soit au titre du revenu de solidarité active mentionné à l'article L. 262-1 du code de l'action sociale et des**

familles *(Abrogé par L. nº 2015-994 du 17 août 2015, art. 59-IV-8º, à compter du 1er janv. 2016)* ***« , tel qu'il résulte de la loi nº 2008-1249 du 1er décembre 2008 généralisant le revenu de solidarité active et réformant les politiques d'insertion ».***

(L. nº 2009-1646 du 24 déc. 2009, art. 97-I) « Par dérogation aux dispositions précédentes, lorsqu'un indu a été constitué sur une prestation versée en tiers payant, l'organisme peut, si d'autres prestations sont versées directement à l'allocataire, recouvrer l'indu sur ces prestations selon des modalités et des conditions précisées par décret. »

Les retenues mentionnées *(L. nº 2009-1646 du 24 déc. 2009, art. 97-II)* « au premier alinéa » sont déterminées en application des règles prévues au *(L. nº 2009-1646 du 24 déc. 2009, art. 97-V)* « troisième » alinéa de l'article L. 553-2 du présent code.

(L. nº 2018-1203 du 22 déc. 2018, art. 77-I, en vigueur le 1er janv. 2020) « Lorsque l'indu notifié ne peut être recouvré sur les prestations mentionnées au premier alinéa du présent article, la récupération peut être opérée, sous réserve que l'assuré ne conteste pas le caractère indu et n'opte pas pour le remboursement en un seul versement, par retenue sur les prestations en espèces gérées par les organismes mentionnés à l'article L. 133-4-1 ou sur les prestations mentionnées aux titres IV et V du livre III et au titre Ier du présent livre, par l'organisme gestionnaire de ces prestations et avec son accord. Toutefois, suite à cet accord, le recouvrement ne peut être effectué que si l'assuré n'est débiteur d'aucun indu sur ces mêmes prestations. Ce recouvrement est opéré selon les modalités applicables aux prestations sur lesquelles les retenues sont effectuées. Un décret fixe les modalités d'application et le traitement comptable afférant *[afférent]* à ces opérations. »

Toutes les dispositions relatives aux indus de revenu de solidarité active sont entrées en vigueur le 1er janv. 2010 (L. nº 2008-1330 du 17 déc. 2008, art. 118-IV).

Art. L. 821-6 Un décret en Conseil d'État précise les conditions dans lesquelles le droit à l'allocation aux adultes handicapés mentionnée à l'article L. 821-1 ci-dessus est ouvert *(L. nº 2005-102 du 11 févr. 2005, art. 16-I-7º)* « aux personnes handicapées hébergées dans un établissement social ou médico-social ou hospitalisées dans un établissement de santé, ou détenues » *(L. nº 94-43 du 18 janv. 1994, art. 60)* « dans un établissement relevant de l'administration pénitentiaire ». Ce décret détermine également dans quelles conditions le paiement de ladite allocation peut être *(L. nº 2005-102 du 11 févr. 2005, art. 16-I-7º)* « réduit » en cas *(L. nº 94-43 du 18 janv. 1994, art. 60)* « d'hospitalisation, d'hébergement ou d'incarcération ».

(Abrogé par L. nº 2005-102 du 11 févr. 2005, art. 16-I-7º) ***« La suspension du paiement de l'allocation ne retire pas à l'intéressé le bénéfice des avantages prévus aux articles L. 381-27 à L. 381-29. »***

L'allocation aux adultes handicapés versée aux personnes qui supportent le forfait journalier institué par l'article L. 174-4 ne peut pas être réduite à un montant inférieur à un minimum fixé par décret.

Art. L. 821-7 La gestion de la prestation prévue à l'article L. 821-1 *(Abrogé par L. nº 2018-1317 du 28 déc. 2018, art. 266-I, à compter du 1er déc. 2019)* *(L. nº 2005-102 du 11 févr. 2005, art. 16-I-10º)* ***« , du complément de ressources »*** et de la majoration pour la vie autonome » est confiée aux organismes du régime général chargés du versement des prestations familiales.

Toutefois, lorsqu'une Caisse de mutualité sociale agricole est compétente pour verser à une personne handicapée les prestations familiales dont elle bénéficie ou serait susceptible de bénéficier *(Ord. nº 2005-1127 du 8 sept. 2005, art. 11)* « ou lorsque le bénéficiaire de l'allocation aux adultes handicapés relève d'un régime de protection sociale agricole en application de l'article » *(L. nº 2015-1702 du 21 déc. 2015, art. 59-XII-A-36º)* « L. 160-17 », cet organisme assure la gestion de l'allocation *(Abrogé par L. nº 2018-1317 du 28 déc. 2018, art. 266-I, à compter du 1er déc. 2019)* *(L. nº 2005-102 du 11 févr. 2005, art. 16-I-10º)* ***« , du complément de ressources »*** et de la majoration pour la vie autonome ».

Art. L. 821-7-1 *(L. nº 2005-102 du 11 févr. 2005, art. 16-I-8º)* L'allocation prévue par le présent titre peut faire l'objet de la part de l'organisme gestionnaire d'une avance sur droits supposés si, à l'expiration de la période de versement, la commission mentionnée à l'article L. 146-9 du code de l'action sociale et des familles ne s'est pas prononcée sur le bien-fondé de la demande de renouvellement.

Art. L. 821-7-2 *Abrogé par L. n° 2008-1249 du 1er déc. 2008, art. 24-II, à compter du 1er juin 2009.*

Art. L. 821-7-3 *(L. n° 2008-1425 du 27 déc. 2008, art. 182)* Une procédure de reconnaissance de la qualité de travailleur handicapé mentionnée à l'article L. 5213-2 du code du travail est engagée à l'occasion de l'instruction de toute demande d'attribution ou de renouvellement de l'allocation aux adultes handicapés.

Art. L. 821-8 Des dispositions réglementaires déterminent, en tant que de besoin, les modalités d'application du présent titre. Sauf disposition contraire, elles sont prises par décret en Conseil d'État. – *V. art. R. 821-1 s. et D. 821-1 à D. 821-7.*

Art. L. 821-9 *Abrogé par L. n° 2005-102 du 11 févr. 2005, art. 16-I-9°.*

TITRE TROISIÈME ALLOCATION DE LOGEMENT DES PERSONNES ÂGÉES, DES INFIRMES, DES JEUNES SALARIÉS ET DE CERTAINES CATÉGORIES DE DEMANDEURS D'EMPLOI

CHAPITRE PREMIER CONDITIONS GÉNÉRALES D'ATTRIBUTION

SECTION PREMIÈRE DISPOSITIONS COMMUNES

Art. L. 831-1 Une allocation de logement est versée aux personnes de nationalité française mentionnées à l'article L. 831-2 en vue de réduire à un niveau compatible avec leurs ressources la charge de loyer afférente au logement qu'elles occupent à titre de résidence principale en France métropolitaine ou dans les *(L. n° 2015-1268 du 14 oct. 2015, art. 7-I-23°)* « collectivités mentionnées » à l'article L. 751-1. Sont assimilées au loyer les mensualités versées pour accéder à la propriété de l'habitation *(L. n° 2014-366 du 24 mars 2014, art. 64-II-2° et 72-II, en vigueur le 1er janv. 2015)* « , ainsi que la rémunération de l'opérateur mentionnée au III de l'article 29-11 de la loi n° 65-557 du 10 juillet 1965 fixant le statut de la copropriété des immeubles bâtis, et l'indemnité d'occupation mentionnée à l'article L. 615-9 du code de la construction et de l'habitation et la redevance mentionnée à l'article L. 615-10 du même code ». *(L. n° 2017-1837 du 30 déc. 2017, art. 126-II ; L. n° 2018-1317 du 28 déc. 2018, art. 227-I)* « Le présent alinéa n'est pas applicable aux prêts signés à compter du 1er janvier 2018 ou, par exception, à compter du 1er janvier 2020 lorsque le logement fait l'objet d'une décision favorable de financement, prise avant le 31 décembre 2018, du représentant de l'État en Guyane, en Martinique, en Guadeloupe et à La Réunion. »

(L. n° 90-86 du 23 janv. 1990, art. 28) « Cette allocation est versée aux personnes hébergées dans les unités et centres de long séjour relevant de la loi n° 70-1318 du 31 décembre 1970 portant réforme hospitalière. »

(L. n° 93-1027 du 24 août 1993, art. 36-VII) « Le présent titre est applicable aux personnes de nationalité étrangère » *(L. n° 2007-1786 du 19 déc. 2007, art. 95-II)* « dans les conditions prévues par les deux premiers alinéas de l'article L. 512-2 ».

L'allocation de logement n'est pas due lorsque la même personne peut bénéficier, au titre d'une autre réglementation, d'une indemnité ou allocation répondant au même objet et qui est d'un montant égal ou supérieur à la première de ces prestations. Lorsque cette indemnité ou allocation est d'un montant inférieur à l'allocation de logement, celle-ci est réduite à due concurrence.

(L. n° 2013-1203 du 23 déc. 2013, art. 85-II-2°) « Le dernier alinéa de l'article L. 542-2 du présent code est applicable à l'allocation de logement sociale. »

Les dispositions de l'art. 126-II de la L. n° 2017-1837 du 30 déc. 2017 ne s'appliquent pas aux prêts et contrats de location-accession ayant fait l'objet d'une demande avant le 31 déc. 2017 et à la condition que ce prêt ou ce contrat de location-accession soit signé avant le 31 janv. 2018 (L. préc. art. 126-III-F).

Il résulte des art. L. 831-1 et L. 831-2 CSS que peuvent bénéficier de l'allocation de logement sociale les personnes ne bénéficiant ni d'une indemnité ou allocation répondant au même objet, ni de l'allocation de logement familiale. Par conséquent, une caisse d'allocations familiales d'un département d'Outre-mer ne peut être condamnée à servir l'allocation de logement sociale à un agent de collectivité territoriale dès lors qu'il n'est pas établi que l'intéressé ne pouvait bénéficier de l'allocation de logement familiale servie dans ce département et pour le personnel de droit public par ladite collectivité territoriale. • Soc. 5 févr. 1998 : *RJS 1998, n° 374.*

Art. L. 831-2 *(L. n° 92-1376 du 30 déc. 1992, art. 125)* **Peuvent bénéficier de l'allocation de logement, sous réserve de payer un minimum de loyer compte tenu de leurs ressources, les personnes ne bénéficiant pas de l'allocation de logement prévue aux articles L. 542-1 et L. 755-21 ou de l'aide personnalisée au logement prévue à l'article L. 351-1 du code de la construction et de l'habitation.**

(L. n° 2017-1837 du 30 déc. 2017, art. 129-II) **« Les particuliers rattachés au foyer fiscal de leurs parents, lorsque ces derniers sont assujettis à l'impôt sur la fortune immobilière en application de l'article 964 du code général des impôts, ne sont pas éligibles à l'allocation de logement sociale. Cette condition d'éligibilité est appréciée pour chacun des membres du ménage. »**

(L. n° 2018-1021 du 23 nov. 2018, art. 116) **« L'allocation de logement n'est pas due si le local est loué ou sous-loué en partie à des tiers, sauf s'il s'agit d'une personne hébergée en application de l'article L. 442-1 du code de l'action sociale et des familles ou d'une personne âgée de moins de trente ans.**

« Dans les cas prévus au troisième alinéa du présent article, la personne sous-locataire est assimilée à un locataire pour le bénéfice de l'allocation de logement prévue à l'article L. 831-1 du présent code, au titre de la partie du logement qu'elle occupe.

« Toutefois, les conditions fixées au VIII de l'article L. 542-2 s'appliquent également pour le locataire, le sous-locataire et le propriétaire. »

Art. L. 831-2-1 *(L. n° 2014-366 du 24 mars 2014, art. 27-V-3°)* **L'organisme payeur décide, selon des modalités fixées par décret, du maintien du versement de l'allocation de logement lorsque le bénéficiaire ne règle pas la part de la dépense de logement restant à sa charge. Pour les allocataires de bonne foi et dans des conditions précisées par décret, cette décision de maintien du versement de l'allocation de logement est réputée favorable.**

Art. L. 831-3 *(L. n° 2014-366 du 24 mars 2014, art. 85-I-5°, en vigueur le 1er janv. 2015)* **« I. — Le versement de l'allocation de logement est soumis :**

« 1° Aux dispositions des deux premiers alinéas de l'article 6 de la loi n° 89-462 du 6 juillet 1989 tendant à améliorer les rapports locatifs et portant modification de la loi n° 86-1290 du 23 décembre 1986, relatives à l'obligation pour le bailleur de remettre au locataire un logement décent présentant les caractéristiques correspondantes ;

« 2° A des conditions de peuplement définies par voie réglementaire. » *(Abrogé par L. n° 2014-366 du 24 mars 2014, art. 85-I-5°, à compter du 1er janv. 2015) (L. n° 2000-1208 du 13 déc. 2000, art. 187-III-5°) « Lorsque le logement ne satisfait pas aux caractéristiques imposées ci-dessus et que le locataire a demandé leur mise en conformité dans les conditions fixées à l'article 20-1 de la loi n° 89-462 du 6 juillet 1989 précitée ou qu'il a engagé une action en justice en application du c de l'article 6 de la même loi, l'allocation de logement est maintenue. Hormis ce cas, l'allocation de logement peut être accordée à titre dérogatoire dans des conditions fixées par décret. » — V. art. R. 831-13.*

(L. n° 2014-366 du 24 mars 2014, art. 85-I-5°, en vigueur le 1er janv. 2015) **« II. — Lorsque le logement ne satisfait pas aux caractéristiques imposées au 1° du I et que l'organisme payeur ou un organisme dûment habilité par ce dernier a constaté que le logement ne constitue donc pas un logement décent au sens de l'article 6 de la loi n° 89-462 du 6 juillet 1989 précitée, l'allocation de logement n'est pas versée au locataire ou au propriétaire mais est conservée par l'organisme payeur pendant un délai maximal de dix-huit mois. L'organisme payeur notifie au propriétaire le constat établissant que le logement ne remplit pas les conditions requises pour être qualifié de logement décent et l'informe qu'il doit mettre celui-ci en conformité dans le délai maximal précité pour que l'allocation de logement conservée lui soit versée. Durant ce délai, le locataire s'acquitte du montant du loyer et des charges récupérables, diminué du mon-**

tant des allocations de logement dont il aura été informé par l'organisme payeur, sans que cette diminution puisse fonder une action du bailleur à l'encontre du locataire pour obtenir la résiliation du bail.

« Pour l'application de l'article 20-1 de la loi n° 89-462 du 6 juillet 1989 précitée, l'information du bailleur, par l'organisme payeur, sur son obligation de mise en conformité du logement, dont le locataire est également destinataire, tient lieu de demande de mise en conformité par le locataire dans le cas où ce dernier saisit la commission départementale de conciliation. L'information du locataire reproduit les dispositions de ce même article et précise l'adresse de la commission départementale de conciliation. Dès que le constat de mise en conformité du logement est établi par l'organisme payeur ou par un organisme dûment habilité par ce dernier, le montant de l'allocation de logement conservée par l'organisme payeur est versé au propriétaire.

« L'organisme payeur informe le bailleur de l'existence d'aides publiques et des lieux d'information possibles pour réaliser les travaux de mise en conformité du logement.

« III. — Si le logement ne répond toujours pas aux caractéristiques mentionnées au 1° du I du présent article à l'issue du délai de mise en conformité mentionné au premier alinéa du II *(L. n° 2018-1021 du 23 nov. 2018, art. 192)* « ou si cette mise en conformité, réalisée dans le délai prévu au même premier alinéa, ne procède pas de travaux qui ont été engagés par le propriétaire mais qui ont été réalisés d'office en exécution d'une mesure de police en application des articles L. 123-1 à L. 123-4 du code de la construction et de l'habitation, des articles L. 129-1 à L. 129-7 du même code, des articles L. 511-1 à L. 511-7 dudit code, de l'article L. 1311-4 du code de la santé publique, des articles L. 1331-22 à L. 1331-28 du même code, et des articles L. 1334-1 à L. 1334-12 dudit code » :

« 1° Le bénéfice de l'allocation de logement conservée par l'organisme payeur au titre de la période durant laquelle il a été fait application du premier alinéa du II est définitivement perdu. Le propriétaire ne peut demander au locataire le paiement de la part de loyer non perçue correspondant au montant de l'allocation conservée ;

« 2° L'allocation de logement, le cas échéant recalculée dans le cas où un nouveau loyer est fixé par le juge, peut, à titre exceptionnel, dans des cas fixés par décret, en vue de permettre l'achèvement d'une mise en conformité engagée, de prendre en compte l'action du locataire pour rendre son logement décent par la voie judiciaire ou de prévenir des difficultés de paiement du loyer ou de relogement du locataire, être maintenue par décision de l'organisme payeur et conservée par ce dernier, pour une durée de six mois renouvelable une fois. Durant ce délai, le locataire s'acquitte du montant du loyer et des charges récupérables, diminué du montant des allocations de logement dont il aura été informé par l'organisme payeur sans que cette diminution puisse fonder une action du bailleur à l'encontre du locataire pour obtenir la résiliation du bail.

« Dès que le constat de mise en conformité du logement est établi, le montant de l'allocation de logement conservée par l'organisme payeur est versé au propriétaire. Si le logement ne répond toujours pas aux caractéristiques mentionnées au 1° du I du présent article à l'issue de ce délai, le bénéfice de l'allocation de logement conservée par l'organisme payeur au titre de la période durant laquelle il a été fait application du 2° du présent III est définitivement perdu. Le propriétaire ne peut demander au locataire le paiement de la part de loyer non perçue correspondant au montant de l'allocation conservée.

« IV. — A chaque changement de locataire, s'il est de nouveau constaté que le logement n'est pas conforme aux caractéristiques mentionnées au 1° du I, l'allocation de logement n'est pas versée au nouveau locataire ou au propriétaire mais est conservée par l'organisme payeur pour une durée de six mois, éventuellement prolongée par décision de cet organisme, à titre exceptionnel, dans les cas définis par le décret mentionné au 2° du III, pour une durée de six mois. Durant ce délai, le locataire s'acquitte du montant du loyer et des charges récupérables, diminué du montant des allocations de logement dont il aura été informé par l'organisme payeur sans que cette diminution puisse fonder une action du bailleur à l'encontre du locataire pour obtenir la résiliation du bail.

« Dès que le constat de mise en conformité du logement est établi ou si le logement ne répond toujours pas aux caractéristiques mentionnées au 1° du I du présent article à l'issue de ce délai, il est procédé conformément au dernier alinéa du III.

« V. — Lorsque le montant de l'allocation de logement conservée par l'organisme payeur en application des II à IV est versé au propriétaire après que le constat de mise en conformité du logement a été établi, le propriétaire verse, le cas échéant, au locataire la part de l'allocation de logement conservée qui excède le montant du loyer et des charges récupérables.

« VI. — Outre les cas mentionnés aux II à IV, l'allocation de logement peut être accordée à titre dérogatoire et pendant une durée déterminée, dans des conditions fixées par décret.

« VII. — » *(L. n° 91-1406 du 31 déc. 1991, art. 1er-III)* « Toutefois, lorsque le demandeur est hébergé dans une unité ou un centre de long séjour visé au deuxième alinéa de l'article L. 831-1, l'allocation de logement peut être versée dès lors que l'établissement apporte la preuve qu'il a engagé un programme d'investissement destiné à assurer, dans un délai de trois ans, la conformité totale aux normes fixées en application du *(L. n° 2014-366 du 24 mars 2014, art. 85-I-5°, en vigueur le 1er janv. 2015)* « 1° du I » et que ce programme a donné lieu à l'inscription à son budget, approuvé par l'autorité administrative, de la première tranche des travaux. » *(L. n° 2014-366 du 24 mars 2014, art. 85-I-5°, en vigueur le 1er janv. 2015)* « La transmission de cette preuve à l'organisme payeur vaut constat de mise en conformité du logement pour l'application des II à V. »

Art. L. 831-4 Le mode de calcul de l'allocation de logement est fixé par décret en fonction du loyer payé, des *(L. n° 2015-1785 du 29 déc. 2015, art. 140-III-3°-a)* « ressources et de la valeur en capital du patrimoine de l'allocataire, lorsque cette valeur est supérieure à 30 000 € », de la situation de famille de l'allocataire, du nombre de personnes à charge vivant au foyer, du fait que le bénéficiaire occupe son logement en qualité de locataire d'un appartement meublé ou non meublé ou d'accédant à la propriété. *(L. n° 2016-1918 du 29 déc. 2016, art. 136-II)* « Toutefois, pour les bénéficiaires de l'allocation aux adultes handicapés prévue à l'article L. 821-1 ou de l'allocation d'éducation de l'enfant handicapé prévue à l'article L. 541-1, ainsi que pour les allocataires résidant dans un établissement d'hébergement pour personnes âgées dépendantes ou dans une résidence autonomie mentionnés à l'article L. 313-12 du code de l'action sociale et des familles, la valeur en capital du patrimoine n'est pas prise en compte dans le calcul de l'aide. » *(L. n° 2015-1785 du 29 déc. 2015, art. 140-III-3°-a)* « La détermination et les conditions de prise en compte des ressources et de la valeur du patrimoine sont définies par décret en Conseil d'État. » — *Les dispositions du a du 3° du III de l'art. 140 issues de la L. n° 2015-1785 du 29 déc. 2015 sont entrées en vigueur le 1er oct. 2016 et s'appliquent aux prestations dues à compter de cette date (L. préc., art. 140-IV).*

(L. n° 2000-656 du 13 juill. 2000, art. 39-IV) « La prise en compte des ressources peut faire l'objet de dispositions spécifiques, lorsque le demandeur est âgé de moins de vingt-cinq ans, et qu'il bénéficie d'un contrat de travail autre qu'un contrat à durée indéterminée ». *(L. n° 2018-1203 du 22 déc. 2018, art. 78-I, en vigueur le 1er janv. 2019)* « Les conditions de prise en compte des ressources, notamment les périodes de référence retenues, peuvent varier en fonction de leur nature. »

(L. n° 2007-290 du 5 mars 2007, art. 26-III) « Les paramètres de calcul de l'allocation sont révisés chaque année au 1er *(L. n° 2013-1278 du 29 déc. 2013, art. 121-I)* « octobre ». Sont indexés sur l'évolution de l'indice de référence des loyers défini à l'article *(L. n° 2014-366 du 24 mars 2014, art. 6-IV-2°)* « 17-1 » de la loi n° 89-462 du 6 juillet 1989 tendant à améliorer les rapports locatifs et portant modification de la loi n° 86-1290 du 23 décembre 1986 les paramètres suivants :

« — les plafonds de loyers ;

« — les plafonds des charges de remboursement de contrats de prêts dont la signature est postérieure à la date de révision du barème ;

« — le montant forfaitaire des charges ;

« — les équivalences de loyer et de charges locatives ; »

(L. n° 2008-1425 du 27 déc. 2008, art. 191, en vigueur le 1er janv. 2010) « — le terme constant de la participation personnelle du ménage. »

Le loyer principal effectivement payé n'est pris en considération que dans la limite du prix licite et *(L. n° 89-475 du 10 juill. 1989, art. 7-III)* « de plafonds mensuels fixés » par arrêté interministériel. — *V. art. D. 831-4.*

(L. nº 2015-1785 du 29 déc. 2015, art. 140-III-3º-b) « Le montant de l'allocation diminue au-delà d'un premier plafond de loyer qui ne peut être inférieur au plafond de loyer multiplié par 2,5. » *(L. nº 2016-1918 du 29 déc. 2016, art. 136-II)* « Toutefois, cette diminution ne s'applique pas pour les bénéficiaires d'une des allocations mentionnées aux articles L. 821-1 et L. 541-1. » *– Les dispositions du b du 3º du III de l'art. 140 issues de la L. nº 2015-1785 du 29 déc. 2015 sont entrées en vigueur le 1er juill. 2016 et s'appliquent aux prestations dues à compter de cette date (L. préc., art. 140-IV).*

(Abrogé par L. nº 2018-1021 du 23 nov. 2018, art. 116) (L. nº 89-475 du 10 juill. 1989, art. 7-IV) ***« Les personnes âgées ou handicapées adultes qui ont passé un contrat conforme aux dispositions** (L. nº 2015-1785 du 29 déc. 2015, art. 140-III-3º-c)* ***« de l'article L. 442-1 du code de l'action sociale et des familles » sont assimilées à des locataires pour bénéficier de l'allocation de logement prévue par l'article L. 831-1, au titre de la partie du logement qu'elles occupent. »***

La revalorisation au 1er oct. des paramètres de calcul de l'aide personnalisée au logement, de l'allocation de logement familiale et de l'allocation de logement sociale indexés sur l'indice de référence des loyers en application, respectivement, du septième al. de l'art. L. 351-3 CCH, du deuxième al. de l'art. L. 542-5 CSS et du troisième al. de l'art. L. 831-4 du même code est, par dérogation à ces dispositions, fixée à 0,3 % pour 2019 (L. nº 2018-1317 du 28 déc. 2018, art. 210-I).

Art. L. 831-4-1 *(Ord. nº 2005-655 du 8 juin 2005, art. 4)* « L'allocation de logement est due à compter du premier jour du mois civil suivant celui au cours duquel les conditions d'ouverture du droit sont réunies. » *(L. nº 94-1162 du 29 déc. 1994, art. 93-III ; L. nº 2010-1594 du 20 déc. 2010, art. 103-I)* « Toutefois, lorsque les conditions d'ouverture du droit sont réunies antérieurement au mois de la demande, l'allocation est due à compter du premier jour du mois au cours duquel la demande est déposée. »

(L. nº 98-657 du 29 juill. 1998, art. 45-II) « Les dispositions prévues à la première phrase de l'alinéa précédent ne s'appliquent pas aux personnes qui, hébergées par un organisme logeant à titre temporaire des personnes défavorisées *(L. nº 2016-444 du 13 avr. 2016, art. 9-I)* « ou par une association agréée en application de l'article L. 121-9 du code de l'action sociale et des familles » et bénéficiant de l'aide mentionnée à l'article L. 851-1 *(L. nº 2016-444 du 13 avr. 2016, art. 9-I)* « du présent code », accèdent à un logement ouvrant droit à l'allocation de logement, afin d'assurer la continuité des prestations prévue par le second alinéa de l'article L. 552-1 ». *(L. nº 2000-1208 du 13 déc. 2000, art. 182-III)* « De la même façon, elles ne s'appliquent pas aux personnes dont le logement a fait l'objet d'un arrêté d'insalubrité ou de péril lorsque, dans les conditions définies au premier alinéa de l'article L. 521-2 du code de la construction et de l'habitation, elles reprennent le paiement du loyer ou de toute autre somme versée en contrepartie de l'occupation de ce logement ou lorsqu'elles sont relogées ».

Art. L. 831-5 *Abrogé par L. nº 2000-656 du 13 juill. 2000, art. 39-V.*

Art. L. 831-6 *Abrogé par L. nº 86-1307 du 29 déc. 1986, art. 8-III.*

Art. L. 831-7 *(L. nº 2007-1786 du 19 déc. 2007, art. 106-IV ; L. nº 2009-1646 du 24 déc. 2009, art. 88-II)* Les informations nécessaires à l'appréciation des conditions d'ouverture, au maintien des droits et au calcul de l'allocation de logement, notamment les ressources, peuvent être obtenues par les organismes et services chargés du paiement de cette allocation selon les modalités de l'article L. 114-14.

(L. nº 2013-1203 du 23 déc. 2013, art. 86-II-9º) « Sans préjudice des sanctions pénales encourues, la fraude, la fausse déclaration, l'inexactitude ou le caractère incomplet des informations recueillies en application du premier alinéa du présent article exposent l'allocataire, le demandeur ou le bailleur aux sanctions et pénalités prévues à l'article L. 114-17 du code de la sécurité sociale. »

Lorsque les informations ne peuvent pas être obtenues dans les conditions prévues au premier alinéa, les allocataires, les demandeurs ou les bailleurs les communiquent par déclaration aux organismes chargés du paiement de cette allocation. Ces organismes peuvent contrôler les déclarations des bailleurs, afin de vérifier notamment l'existence ou l'occupation du logement pour lequel l'allocation de logement est perçue.

Ces organismes sont également habilités à faire vérifier sur place si le logement satisfait aux exigences visées *(L. nº 2014-366 du 24 mars 2014, art. 85-I-7º, en vigueur le*

1er janv. 2015) « aux 1° et 2° du I » de l'article L. 831-3. Le maire ou toute association de défense des droits des locataires affiliée à une association siégeant à la Commission nationale de concertation peuvent, s'il est porté à leur connaissance l'existence d'un immeuble ou d'un groupe d'immeubles habité ne satisfaisant pas aux exigences de décence telles que définies par l'article 6 de la loi n° 89-462 du 6 juillet 1989 précitée, saisir les organismes et services chargés du paiement de l'allocation. Le même droit est reconnu à la direction départementale des affaires sanitaires et sociales.

Le contrôle des déclarations des demandeurs ou des bénéficiaires de l'allocation de logement ou des bailleurs est assuré par le personnel assermenté desdits organismes.

SECTION II DISPOSITIONS SPÉCIALES AUX LOCATAIRES

(L. n° 2012-1404 du 17 déc. 2012, art. 93-I-3°)

Art. L. 831-8 La décision déclarant la recevabilité de la demande mentionnée à *(Abrogé par L. n° 2013-672 du 26 juill. 2013, art. 68-III, à compter du 1er janv. 2014)* « *l'avant-dernier alinéa de* » l'article L. 331-3-1 du code de la consommation *[Art. abrogé, V. C. consom., art. L. 722-2 à L. 722-5, L. 722-10, L. 722-11, L. 722-13 à L. 722-16 –* ***C. consom.****]* emporte rétablissement des droits à l'allocation de logement pour les locataires. Sauf *(L. n° 2014-366 du 24 mars 2014, art. 85-I-6°, en vigueur le 1er janv. 2015)* « dans le cas mentionné aux II à V de l'article L. 831-3, » dans le cas prévu à l'avant-dernier alinéa de l'article L. 835-2 du présent code ou refus du bailleur, le déblocage des allocations s'effectue au profit de ce dernier.

Le présent art. entre en vigueur le 1er janv. 2013 et s'applique à compter de cette date, à la demande du débiteur, aux demandes prévues au I de l'art. L. 331-3 C. consom. [V. désormais C. consom., art. L. 721-1, L. 721-2 et L. 722-12 – ***C. consom.****] déclarées recevables et en cours d'instruction (L. n° 2012-1404 du 17 déc. 2012, art. 93-III).*

Les dispositions de la L. n° 2013-672 du 26 juill. 2013, qui entrent en vigueur le 1er janv. 2014, s'appliquent aux procédures de traitement des situations de surendettement en cours à cette date (L. préc., art. 68-II).

CHAPITRE II CONDITIONS PARTICULIÈRES AUX PERSONNES ÂGÉES ET AUX PERSONNES ATTEINTES D'UNE INFIRMITÉ

Art. L. 832-1 Les arrérages des rentes viagères constituées en faveur d'une personne handicapée et mentionnés à l'article 8 de la loi n° 69-1161 du 24 décembre 1969 portant loi de finances pour 1970 ne sont pas pris en compte dans le montant des ressources de l'allocataire. – *V. art. D. 832-1.*

....

CHAPITRE III-1 CONDITIONS PARTICULIÈRES À CERTAINES CATÉGORIES DE DEMANDEURS D'EMPLOI

(Décr. n° 86-838 du 16 juill. 1986, art. 36)

Néant. – V. art. R. 833-4.

CHAPITRE IV DISPOSITIONS FINANCIÈRES

Art. L. 834-1 *(L. n° 2006-872 du 13 juill. 2006, art. 79-III)* Le financement de l'allocation de logement relevant du présent titre et des dépenses de gestion qui s'y rapportent est assuré par le Fonds national d'aide au logement mentionné à l'article L. 351-6 du code de la construction et de l'habitation.

Pour concourir à ce financement, les employeurs sont assujettis à une contribution recouvrée selon les règles applicables en matière de sécurité sociale et calculée selon les modalités suivantes :

1° Par application d'un taux de 0,1 % sur la part *(Ord. n° 2018-474 du 12 juin 2018, art. 4)* « des revenus d'activité tels qu'ils sont pris en compte pour la détermination de l'assiette des cotisations patronales d'assurance maladie affectées au financement des régimes de base de l'assurance maladie et perçus » par les assurés dans la limite du plafond mentionné au premier alinéa de l'article L. 241-3 du présent code, pour les employeurs occupant moins de vingt salariés et pour les employeurs occupés aux activités mentionnées aux 1° à 4° de l'article L. 722-1 du code rural et de la pêche maritime et les coopératives mentionnées à l'article L. 521-1 du même code ;

2° Pour les autres employeurs, par application d'un taux de 0,5 % *(Ord. n° 2018-474 du 12 juin 2018, art. 4)* « sur les revenus d'activité tels qu'ils sont pris en compte pour la détermination de l'assiette des cotisations patronales d'assurance maladie affectées au financement des régimes de base de l'assurance maladie ».

(L. n° 2015-1785 du 29 déc. 2015, art. 15-III-3°) « Les modalités de calcul prévues au 1° continuent de s'appliquer pendant trois ans aux employeurs qui atteignent ou dépassent au titre des années 2016, 2017 ou 2018 l'effectif de vingt salariés. »

Les dispositions de l'Ord. n° 2018-474 du 12 juin 2018 s'appliquent aux cotisations et contributions dues pour les périodes courant à compter du 1er sept. 2018 (Ord. préc., art. 16).

Art. L. 834-2 *Abrogé par Ord. n° 2005-655 du 8 juin 2005.*

CHAPITRE V DISPOSITIONS DIVERSES — DISPOSITIONS D'APPLICATION

Art. L. 835-1 Des organismes ou services de rattachement statuent sur le droit à l'allocation de logement des personnes mentionnées à l'article L. 831-2, liquident et assurent le versement de ladite allocation.

Art. L. 835-2 *(L. n° 2008-111 du 8 févr. 2008, art. 11)* La créance du bénéficiaire de l'allocation de logement est incessible et insaisissable.

L'allocation est versée, s'il le demande, au prêteur lorsque l'allocataire est emprunteur et au bailleur lorsque l'allocataire est locataire.

Le prêteur ou le bailleur déduit l'allocation du montant du loyer et des dépenses accessoires de logement ou de celui des charges de remboursement. Il porte cette déduction à la connaissance de l'allocataire. Lorsque le bailleur ou le prêteur ne pratique pas cette déduction, l'allocation est versée à l'allocataire.

(L. n° 2014-366 du 24 mars 2014, art. 27-V-4°) « Si l'allocataire ne règle pas la part de la dépense de logement restant à sa charge, le bailleur ou le prêteur auprès duquel l'allocation est versée signale la situation de l'allocataire défaillant à l'organisme payeur, dans des conditions définies par décret en Conseil d'État.

« Le bailleur auprès duquel l'allocation est versée signale le déménagement de l'allocataire et la résiliation de son bail, dans un délai déterminé par décret.

« Si l'allocataire procède à un remboursement anticipé de son prêt, le prêteur auprès duquel l'allocation est versée signale ce remboursement anticipé à l'organisme payeur, dans un délai fixé par décret.

« Le bailleur ou le prêteur manquant aux obligations définies aux quatrième à sixième alinéas du présent article s'expose à la pénalité prévue à l'article L. 114-17. » — *Cet al. entre en vigueur le 1er janv. 2015 et s'applique aux procédures engagées par les organismes payeurs à compter de cette date (L. n° 2014-366 du 24 mars 2014, art. 27-VI).*

L'allocation ne peut être versée au bailleur que si le logement répond aux exigences prévues *(L. n° 2014-366 du 24 mars 2014, art. 85-I-7°, en vigueur le 1er janv. 2015)* « aux 1° et 2° du I » de l'article L. 831-3. Pour les logements compris dans un patrimoine d'au moins dix logements dont le propriétaire ou le gestionnaire est un organisme d'habitations à loyer modéré, une société d'économie mixte de construction et de gestion de logements sociaux *(L. n° 2014-366 du 24 mars 2014, art. 85-I-8°, en vigueur le 1er janv. 2015)* « , un organisme agréé exerçant des activités de maîtrise d'ouvrage définies au 1° de l'article L. 365-1 du code de la construction et de l'habitation » ou *(L. n° 2014-366 du 24 mars 2014, art. 85-I-8°, en vigueur le 1er janv. 2015)* « la société de gestion du patrimoine immobilier des houillères du Nord et du Pas-de-Calais » et les sociétés à participation majoritaire de cet établissement, le bailleur peut continuer à percevoir l'allocation s'il s'engage par convention avec l'État à rendre le logement décent dans un délai fixé par cette convention. Le bailleur adresse une copie de la convention aux organismes payeurs de l'allocation de logement. *(L. n° 2014-366 du 24 mars 2014, art. 85-I-8°, en vigueur le 1er janv. 2015)* « La transmission de cette

convention à l'organisme payeur vaut constat de mise en conformité du logement pour l'application des II à V de l'article L. 831-3. »

Lorsque l'organisme payeur a versé une allocation indue et que le bailleur ou le prêteur justifie avoir procédé à la déduction prévue au troisième alinéa du présent article, le trop-perçu est recouvré auprès de l'allocataire.

Il résulte de l'al. 4 de l'art. L. 835-2 que l'allocation de logement ne peut être versée au bailleur que si le logement répond aux exigences relatives à la décence et à la salubrité prévues au premier al. de l'art. L. 831-3 CSS. • Civ. 2e, 29 nov. 2012 : *D. actu. 19 déc. 2012, obs. Rouquet ; AJDI 2013. 430, obs. Dreveau*.

Art. L. 835-3 **L'action de l'allocataire pour le paiement de l'allocation se prescrit par deux ans.** — *V. Circ. interministérielle DSS n° 2010-260 du 12 juill. 2010 relative aux règles de prescription applicables en matière de sécurité sociale (BO Santé n° 2010/8 du 15 sept. 2010, p. 171).*

Cette prescription est également applicable à l'action intentée par un organisme payeur en recouvrement de la prestation indûment payée, sauf en cas de fraude ou de fausse déclaration.

(L. n° 2008-1330 du 17 déc. 2008, art. 118-I) **« Tout paiement indu de l'allocation de logement est récupéré, sous réserve que l'allocataire n'en conteste pas le caractère indu, par retenues sur l'allocation à venir ou par remboursement intégral de la dette en un seul versement si l'allocataire opte pour cette solution. A défaut, l'organisme payeur peut, dans des conditions fixées par décret, procéder à la récupération de l'indu par retenues sur les échéances à venir dues soit au titre des prestations familiales mentionnées à l'article L. 511-1,** *(L. n° 2015-994 du 17 août 2015, art. 59-IV-9°, en vigueur le 1er janv. 2016)* **« soit au titre de la prime d'activité mentionnée à l'article L. 841-1, » soit au titre de l'aide personnalisée au logement mentionnée à l'article L. 351-1 du code de la construction et de l'habitation, soit au titre des prestations mentionnées au titre II du livre VIII du présent code, soit au titre du revenu de solidarité active mentionné à l'article L. 262-1 du code de l'action sociale et des familles** *(Abrogé par L. n° 2015-994 du 17 août 2015, art. 59-IV-9°, à compter du 1er janv. 2016)* ***« , tel qu'il résulte de la loi n° 2008-1249 du 1er décembre 2008 généralisant le revenu de solidarité active et réformant les politiques d'insertion ». »***

(L. n° 2009-1646 du 24 déc. 2009, art. 97-I) **« Par dérogation aux dispositions précédentes, lorsqu'un indu a été constitué sur une prestation versée en tiers payant, l'organisme peut, si d'autres prestations sont versées directement à l'allocataire, recouvrer l'indu sur ces prestations selon des modalités et des conditions précisées par décret. »**

Dans des conditions définies par décret, les retenues mentionnées au troisième alinéa *(L. n° 2008-1330 du 17 déc. 2008, art. 118-I)* **« , ainsi que celles mentionnées aux articles** *(L. n° 2015-994 du 17 août 2015, art. 59-IV-9°, en vigueur le 1er janv. 2016)* **« L. 553-2 et L. 845-3 » du présent code et L. 351-11 du code de la construction et de l'habitation, L. 821-5-1 du présent code et L. 262-46 du code de l'action sociale et des familles,** *(Abrogé par L. n° 2015-994 du 17 août 2015, art. 59-IV-9°, à compter du 1er janv. 2016)* ***« tel qu'il résulte de la loi n° 2008-1249 du 1er décembre 2008 précitée, »*** **sont déterminées en fonction de la composition du ménage, de ses ressources, des charges de logement, des prestations servies par les organismes débiteurs de prestations familiales, à l'exception de celles précisées par décret.** *(L. n° 2018-1203 du 22 déc. 2018, art. 77-I, en vigueur le 1er janv. 2019)* **« En cas de fraude, le directeur de l'organisme débiteur de prestations familiales peut majorer le montant de la retenue d'un taux fixé par décret qui ne peut excéder 50 %. Ce taux est doublé en cas de réitération de la fraude dans un délai de cinq ans à compter de la notification de l'indu ayant donné lieu à majoration de la retenue. »**

(L. n° 2008-1330 du 17 déc. 2008, art. 118-I) **« Toutefois, par dérogation aux dispositions des alinéas précédents, le montant de l'indu peut être réduit ou remis en cas de précarité de la situation du débiteur, sauf en cas de manœuvre frauduleuse ou de fausses déclarations. »**

(L. n° 2009-1646 du 24 déc. 2009, art. 93-IV) **« La prescription est interrompue tant que l'organisme débiteur des prestations familiales se trouve dans l'impossibilité de recouvrer l'indu concerné en raison de la mise en œuvre d'une procédure de recouvrement d'indus relevant des articles L. 553-2, L. 821-5-1** *(L. n° 2015-994 du 17 août*

2015, art. 59-IV-9°, en vigueur le 1er janv. 2016) **« , L. 835-3 ou L. 845-3 » du code de la sécurité sociale, L. 262-46 du code de l'action sociale et des familles ou L. 351-11 du code de la construction et de l'habitation. »**

(L. n° 2018-1203 du 22 déc. 2018, art. 77-I, en vigueur le 1er janv. 2020) **« Lorsque l'indu notifié ne peut être recouvré sur les prestations mentionnées au troisième alinéa du présent article, la récupération peut être opérée, sous réserve que l'assuré ne conteste pas le caractère indu et n'opte pas pour le remboursement en un seul versement, par retenue sur les prestations en espèces gérées par les organismes mentionnés à l'article L. 133-4-1 ou sur les prestations mentionnées aux titres IV et V du livre III et au titre Ier du présent livre, par l'organisme gestionnaire de ces prestations et avec son accord. Toutefois, suite à cet accord, le recouvrement ne peut être effectué que si l'assuré n'est débiteur d'aucun indu sur ces mêmes prestations. Ce recouvrement est opéré selon les modalités applicables aux prestations sur lesquelles les retenues sont effectuées. Un décret fixe les modalités d'application et le traitement comptable afférant** *[afférent]* **à ces opérations. »**

Toutes les dispositions relatives aux indus de revenu de solidarité active sont entrées en vigueur le 1er janv. 2010 (L. n° 2008-1330 du 17 déc. 2008, art. 118-IV).

L'action de l'allocataire pour le paiement de l'allocation de logement sociale se prescrit par deux ans, cette prescription étant également applicable à l'action intentée par un organisme payeur en recouvrement de la prestation indûment payée, sauf en cas de fraude ou de fausse déclaration. • Civ. 2e, 28 mai 2015, n° 14-17.773 P : *Dr. soc. 2015. 654, obs. Keim-Bagot ; JCP S 2015, n° 1273, obs. Tauran.*

Art. L. 835-4 **Les différends avec les organismes ou services mentionnés à l'article L. 835-1, auxquels peut donner lieu l'application du présent titre, sont réglés conformément aux dispositions concernant le contentieux général de la sécurité sociale.**

Les juridictions de l'ordre judiciaire sont compétentes non seulement pour trancher les différends avec les organismes chargés de statuer sur le droit à l'allocation prévue à l'art. L. 835-1, de la liquider et d'assurer son versement, mais encore pour connaître des litiges relatifs à la répétition de l'indu. • T. confl. 17 nov. 2014 : *Lebon, à paraître.*

Art. L. 835-5 **Sera puni d'une amende de 3 750 €, en cas de récidive dans le délai d'un an, tout intermédiaire convaincu d'avoir offert ou fait offrir ses services, moyennant émoluments convenus d'avance, à un allocataire en vue de lui faire obtenir des prestations qui peuvent lui être dues.**

Art. L. 835-6 **En cas de condamnation pour infraction en récidive aux dispositions du présent titre, le tribunal pourra ordonner l'insertion du jugement dans un ou plusieurs journaux de la localité, le tout aux frais du condamné.**

Art. L. 835-7 **Les modalités d'application du présent titre sont déterminées, en tant que de besoin, par décret en Conseil d'État.** — *V. art. R. 835-1.*

TITRE QUATRIÈME PRIME D'ACTIVITÉ

(L. n° 2015-994 du 17 août 2015, art. 57-I, en vigueur le 1er janv. 2016)

La Caisse nationale des allocations familiales, la Caisse centrale de la mutualité sociale agricole et la direction générale des finances publiques mènent conjointement, avant le 1er janv. 2016, une campagne dématérialisée d'information auprès des bénéficiaires du revenu de solidarité active et de la prime pour l'emploi. Cette campagne est déclinée dans les caisses d'allocations familiales, dans les caisses de mutualité sociale agricole et dans les services déconcentrés de la direction générale des finances publiques.

Le Gouvernement est autorisé, dans les conditions prévues à l'art. 38 de la Constitution, à adapter par voie d'ordonnance la mise en œuvre dans le Département de Mayotte du présent titre IV.

Cette ordonnance est prise au plus tard le dernier jour du sixième mois suivant la promulgation de la L. n° 2015-994 du 17 août 2015. Le projet de loi de ratification est déposé devant le Parlement au plus tard le dernier jour du sixième mois suivant celui de la publication de cette ordonnance.

Jusqu'à l'entrée en vigueur de cette ordonnance, les dispositions régissant le revenu de solidarité active, dans leur rédaction antérieure à l'entrée en vigueur du présent titre IV, continuent de s'appliquer dans le Département de Mayotte.

Dans un délai de dix-huit mois à compter de l'entrée en vigueur des art. 57 (titre IV infra) à 59 de la L. n° 2015-994 du 17 août 2015, le Gouvernement remet au Parlement un rapport détaillant :

1° Le taux de recours à la prime d'activité ;

2° Son coût budgétaire ;

3° Le nombre de bénéficiaires, son évolution au cours de la période évaluée et son impact sur la dépense ;

4° La ventilation de ces bénéficiaires par déciles de niveau de vie ;

5° Ses effets sur le taux de pauvreté monétaire ;

6° Ses effets estimés sur l'encouragement à l'activité professionnelle ;

7° La situation des bénéficiaires sur le marché de l'emploi, notamment la durée moyenne des contrats des bénéficiaires salariés ;

8° L'impact de la création de la prime d'activité sur les femmes et leurs parcours d'insertion, après consultation du Conseil supérieur de l'égalité professionnelle entre les femmes et les hommes et du Haut Conseil à l'égalité entre les femmes et les hommes.

Toutes ces informations doivent être présentées par sexe (L. n° 2015-994 du 17 août 2015, art. 57-II, 60-V et 61).

CHAPITRE PREMIER DISPOSITIONS GÉNÉRALES

Art. L. 841-1 **La prime d'activité a pour objet d'inciter les travailleurs aux ressources modestes, qu'ils soient salariés ou non salariés, à l'exercice ou à la reprise d'une activité professionnelle et de soutenir leur pouvoir d'achat.**

CHAPITRE II CONDITIONS D'OUVERTURE DU DROIT

Art. L. 842-1 **Toute personne résidant en France de manière stable et effective qui perçoit des revenus tirés d'une activité professionnelle a droit à une prime d'activité, dans les conditions définies au présent titre.** — *Pour l'application de l'art. L. 842-1, dans sa rédaction résultant de la L. n° 2015-994 du 17 août 2015, les personnes bénéficiaires, au 31 déc. 2015, du revenu de solidarité active sont réputées avoir déposé une demande de prime d'activité au 1er janv. 2016 (L. préc., art. 60-II).*

Art. L. 842-2 **Le droit à la prime d'activité est subordonné au respect, par le bénéficiaire, des conditions suivantes :**

1° Être âgé de plus de dix-huit ans ;

2° Être français ou titulaire depuis au moins cinq ans d'un titre de séjour autorisant à travailler. Cette condition n'est pas applicable :

***a)* Aux ressortissants d'un État membre de l'Union européenne, d'un autre État partie à l'accord sur l'Espace économique européen ou de la Confédération suisse ;**

***b)* Aux réfugiés, aux bénéficiaires de la protection subsidiaire, aux apatrides et aux étrangers titulaires de la carte de résident ou d'un titre de séjour prévu par les traités et accords internationaux et conférant des droits équivalents ;**

***c)* Aux personnes ayant droit à la majoration prévue à l'article L. 842-7, qui doivent remplir les conditions de régularité du séjour mentionnées à l'article L. 512-2 ;**

3° Ne pas être élève, étudiant, stagiaire, au sens de l'article L. 124-1 du code de l'éducation, ou apprenti, au sens de l'article L. 6211-1 du code du travail. Cette condition n'est pas applicable aux personnes dont les revenus professionnels excèdent mensuellement, pendant la période de référence mentionnée à l'article L. 843-4 du présent code, le plafond de rémunération mentionné au 2° de l'article L. 512-3 ; elle ne l'est pas non plus aux personnes ayant droit à la majoration prévue à l'article L. 842-7 ;

4° Ne pas avoir la qualité de travailleur détaché temporairement en France, au sens de l'article L. 1261-3 du code du travail ;

5° Ne pas être en congé parental d'éducation, sabbatique, sans solde ou en disponibilité. Cette condition n'est pas applicable aux personnes percevant des revenus professionnels.

Art. L. 842-3 **La prime d'activité est égale à la différence entre :**

1° Un montant forfaitaire dont le niveau varie en fonction de la composition du foyer et du nombre d'enfants à charge, augmenté d'une fraction des revenus profes-

sionnels des membres du foyer, et qui peut faire l'objet d'une ou de plusieurs bonifications ;

2° Les ressources du foyer, qui sont réputées être au moins égales au montant forfaitaire mentionné au 1°.

(L. n° 2018-1317 du 28 déc. 2018, art. 265-I, en vigueur le 1er janv. 2019) « Les bonifications mentionnées au 1° sont établies » pour chaque travailleur, membre du foyer, compte tenu de ses revenus professionnels. *(Abrogé par L. n° 2018-1317 du 28 déc. 2018, art. 265-I, à compter du 1er janv. 2019) « Son montant est une fonction croissante des revenus situés entre un seuil et un plafond. Au-delà de ce plafond, ce montant est fixe. »*

Le montant forfaitaire, la fraction des revenus professionnels des membres du foyer, les modalités de calcul et le montant maximal *(L. n° 2018-1317 du 28 déc. 2018, art. 265-I, en vigueur le 1er janv. 2019)* « des bonifications » sont fixés par décret. — *V. notes ss. art.*

Le montant forfaitaire et le montant maximal de la bonification *(L. n° 2018-1317 du 28 déc. 2018, art. 265-I, en vigueur le 1er janv. 2019)* « principale » sont revalorisés *(L. n° 2015-1785 du 29 déc. 2015, art. 67-I-4°, en vigueur le 1er janv. 2016)* « le 1er avril de chaque année par application du coefficient mentionné à l'article L. 161-25. » — *Par dérogation à l'avant-dernier al. de l'art. L. 842-3, le montant forfaitaire de la prime d'activité et le montant maximal de sa bonification principale ne font pas l'objet, en 2019 [Dispositions déclarées non conformes à la Constitution par la décision du Conseil constitutionnel n° 2018-777 du 28 décembre 2018.], d'une revalorisation annuelle au 1er avr. (L. n° 2018-1317 du 28 déc. 2018, art. 210-II).*

Un décret détermine le montant minimal de la prime d'activité en dessous duquel celle-ci n'est pas versée.

Art. L. 842-4 Les ressources mentionnées *(L. n° 2016-1917 du 29 déc. 2016, art. 87-VII)* « à » l'article L. 842-3 prises en compte pour le calcul de la prime d'activité sont :

1° Les ressources ayant le caractère de revenus professionnels ou qui en tiennent lieu ;

2° Les revenus de remplacement des revenus professionnels ;

3° L'avantage en nature que constitue la disposition d'un logement à titre gratuit, déterminé de manière forfaitaire ;

4° Les prestations et les aides sociales, à l'exception de certaines d'entre elles en raison de leur finalité sociale particulière ;

5° Les autres revenus soumis à l'impôt sur le revenu.

Art. L. 842-5 Pour être pris en compte au titre des droits du bénéficiaire, son conjoint, son concubin ou le partenaire auquel il est lié par un pacte civil de solidarité doit remplir les conditions prévues aux 2°, 4° et 5° de l'article L. 842-2.

Pour être pris en compte au titre des droits d'un bénéficiaire étranger non ressortissant d'un État membre de l'Union européenne, d'un autre État partie à l'accord sur l'Espace économique européen ou de la Confédération suisse, les enfants étrangers doivent remplir les conditions mentionnées à l'article L. 512-2.

Art. L. 842-6 (Abrogé par L. n° 2016-1917 du 29 déc. 2016, art. 87-II, à compter du 1er janv. 2017) *Pour bénéficier de la prime d'activité, le travailleur relevant du régime social des indépendants mentionné à l'article L. 611-1 doit réaliser un chiffre d'affaires n'excédant pas un niveau fixé par décret.*

Pour bénéficier de la prime d'activité, le travailleur relevant du régime de protection sociale des professions agricoles mentionné à l'article L. 722-1 du code rural et de la pêche maritime doit mettre en valeur une exploitation pour laquelle le dernier bénéfice agricole connu n'excède pas un montant fixé par décret.

Par dérogation au deuxième alinéa du présent article, pour bénéficier de la prime d'activité dans les départements d'outre-mer ou dans les collectivités de Saint-Martin ou de Saint-Barthélemy, le travailleur relevant du régime mentionné au même article L. 722-1 doit mettre en valeur une exploitation dont la superficie, déterminée en application de l'article L. 762-7 du même code, est inférieure, par personne non salariée participant à la mise en valeur de l'exploitation et remplissant les conditions fixées à l'article L. 842-2 du présent code, à une superficie fixée par arrêté des ministres chargés de l'agriculture, du budget, de la sécurité sociale et des outre-mer.

Lorsque, parmi les personnes non salariées, se trouve un couple de conjoints, partenaires liés par un pacte civil de solidarité ou concubins, un seul des membres du couple est pris en compte pour l'application du troisième alinéa du présent article.

Art. L. 842-7 Le montant forfaitaire mentionné au 1° de l'article L. 842-3 est majoré, pendant une période d'une durée déterminée, pour :

1° Une personne isolée assumant la charge d'un ou de plusieurs enfants ;

2° Une femme isolée en état de grossesse ayant effectué la déclaration de grossesse et les examens prénataux.

La durée de la période de majoration est prolongée jusqu'à ce que le dernier enfant ait atteint un âge limite.

Est considérée comme isolée une personne veuve, divorcée, séparée ou célibataire, qui ne vit pas en couple de manière notoire et permanente et qui, notamment, ne met pas en commun avec un conjoint, concubin ou partenaire lié par un pacte civil de solidarité ses ressources et ses charges. Lorsque l'un des membres du couple réside à l'étranger, n'est pas considéré comme isolé celui qui réside en France.

Art. L. 842-8 *(L. n° 2017-1837 du 30 déc. 2017, art. 172-I, en vigueur le 1er janv. 2018)* Pour l'application de l'article L. 842-3, l'allocation mentionnée aux articles L. 821-1 et L. 821-2 est prise en compte en tant que revenu professionnel sous réserve que les revenus professionnels mensuels du travailleur handicapé, hors prise en compte de cette allocation, atteignent un montant fixé par décret.

Pour l'application à Mayotte de l'art. L. 842-8, la référence à l'allocation mentionnée aux art. L. 821-1 et L. 821-2 CSS est remplacée par la référence à l'allocation mentionnée à l'art. 35 de l'Ord. n° 2002-411 du 27 mars 2002 relative à la protection sanitaire et sociale à Mayotte (L. n° 2017-1837 du 30 déc. 2017, art. 172-II).

En 2018, l'art. L. 842-8 s'applique dans sa rédaction antérieure à la L. n° 2017-1837 du 30 déc. 2017 de finances pour 2018.

Jusqu'au 31 déc. 2024, sont assimilés à des revenus professionnels pour le calcul de la prime d'activité, dans les conditions définies à l'art. L. 842-8, les revenus suivants :

1° Les pensions et rentes d'invalidité, ainsi que les pensions de retraite à jouissance immédiate liquidées à la suite d'accidents, d'infirmités ou de réforme, servies au titre d'un régime de base légalement obligatoire de sécurité sociale ;

2° Les pensions d'invalidité servies au titre du code des pensions militaires d'invalidité et des victimes de la guerre ;

3° La rente allouée aux personnes victimes d'accidents du travail et de maladies professionnelles, mentionnée au deuxième al. de l'article L. 434-2 CSS.

Les dispositions précitées entrent en vigueur le 1er janv. 2019 et sont applicables aux seules personnes ayant bénéficié de l'assimilation des revenus mentionnés aux 1° à 3° susmentionnés à des revenus professionnels pour le calcul de la prime d'activité au moins une fois entre le 31 déc. 2017 et le 31 déc. 2018.

Les présentes dispositions sont applicables dans les mêmes termes au département de Mayotte (L. n° 2018-1317 du 28 déc. 2018, art. 269).

CHAPITRE III ATTRIBUTION, SERVICE ET FINANCEMENT DE LA PRESTATION

Art. L. 843-1 La prime d'activité est attribuée, servie et contrôlée, pour le compte de l'État, par les caisses d'allocations familiales et par les caisses de mutualité sociale agricole pour leurs ressortissants.

Art. L. 843-2 Sous réserve du respect des conditions fixées au présent titre, le droit à la prime d'activité est ouvert à compter de la date de dépôt de la demande. – *Par dérogation à l'art. L. 843-2, dans sa rédaction résultant de la L. n° 2015-994 du 17 août 2015, lorsqu'une demande de prime d'activité a été déposée avant le 1er avr. 2016, ce droit est ouvert à compter du 1er janv. 2016 (L. préc., art. 60-III).*

Art. L. 843-3 Les conditions dans lesquelles la prime d'activité peut être réduite ou suspendue lorsque l'un des membres du foyer est admis, pour une durée minimale déterminée, dans un établissement de santé ou qui relève de l'administration pénitentiaire sont fixées par décret en Conseil d'État.

Il est tenu compte, lorsqu'il s'agit du bénéficiaire, des charges de famille lui incombant.

La date d'effet et la durée de la réduction ou de la suspension ainsi que, le cas échéant, la quotité de la réduction varient en fonction de la durée du séjour en établissement.

Art. L. 843-4 Il est procédé au réexamen périodique du montant de la prime d'activité, selon une périodicité définie par décret. Entre chaque réexamen, il n'est pas tenu compte de l'évolution des ressources du foyer pour le calcul du montant de la prime d'activité servi durant la période considérée. *(L. nº 2016-1917 du 29 déc. 2016, art. 87-VII)* « Par dérogation, le montant de l'allocation est révisé entre deux réexamens périodiques, dans des conditions définies par décret. »

Art. L. 843-5 L'organisme chargé du service de la prime d'activité procède à la radiation de la liste des bénéficiaires de la prime d'activité au terme d'une période, définie par décret, sans versement de la prestation.

Lorsqu'un droit au revenu de solidarité active est ouvert, la prestation mentionnée au premier alinéa s'entend de la prime d'activité et du revenu de solidarité active.

Art. L. 843-6 La prime d'activité est financée par l'État *(L. nº 2016-1917 du 29 déc. 2016, art. 152-II, en vigueur le 1er janv. 2017)* « , ainsi que les frais de gestion exposés au titre de son service par les organismes mentionnés à l'article L. 843-1 ».

CHAPITRE IV DROITS DU BÉNÉFICIAIRE DE LA PRESTATION

Art. L. 844-1 Le bénéficiaire de la prime d'activité, lorsqu'il est en recherche d'emploi, a droit à un accompagnement adapté à ses besoins.

CHAPITRE V CONTRÔLE, RECOURS ET RÉCUPÉRATION, LUTTE CONTRE LA FRAUDE

Art. L. 845-1 Les directeurs des organismes mentionnés à l'article L. 843-1 procèdent aux contrôles et aux enquêtes concernant la prime d'activité et prononcent, le cas échéant, des sanctions selon les règles, procédures et moyens d'investigation prévus aux articles L. 114-9 à L. 114-17, L. 114-19 à L. 114-22, L. 161-1-4 et L. 161-1-5.

Art. L. 845-2 Toute réclamation dirigée contre une décision relative à la prime d'activité prise par l'un des organismes mentionnés à l'article L. 843-1 fait l'objet, préalablement à l'exercice d'un recours contentieux, d'un recours auprès de la commission de recours amiable, composée et constituée au sein du conseil d'administration de cet organisme et qui connaît des réclamations relevant de l'article L. 142-1.

Les recours contentieux relatifs aux décisions mentionnées au premier alinéa du présent article sont portés devant la juridiction administrative.

Le bénéficiaire de la prime d'activité est informé, par tout moyen, des modalités de réclamation et de recours décrites aux deux premiers alinéas du présent article.

Art. L. 845-3 Tout paiement indu de prime d'activité est récupéré par l'organisme chargé de son service.

Toute réclamation dirigée contre une décision de récupération de l'indu, le dépôt d'une demande de remise ou de réduction de créance ainsi que les recours administratifs et contentieux, y compris en appel, contre les décisions prises sur ces réclamations et ces demandes ont un caractère suspensif.

Sauf si le bénéficiaire opte pour le remboursement de l'indu en une seule fois, l'organisme mentionné au premier alinéa procède au recouvrement de tout paiement indu de prime d'activité par retenues sur les montants à échoir. A défaut, l'organisme mentionné au même premier alinéa peut également, dans des conditions fixées par décret, procéder à la récupération de l'indu par retenues sur les échéances à venir dues au titre des prestations familiales, de l'allocation de logement et des prestations mentionnées, respectivement, aux articles L. 511-1 et L. 831-1 et au titre II du livre VIII du présent code, au titre de l'aide personnalisée au logement mentionnée à l'article L. 351-1 du code de la construction et de l'habitation ainsi qu'au titre du revenu de solidarité active mentionné à l'article L. 262-1 du code de l'action sociale et des familles.

Par dérogation au troisième alinéa du présent article, lorsqu'un indu a été constitué sur une prestation versée en tiers payant, l'organisme peut, si d'autres prestations sont versées directement à l'allocataire, recouvrer l'indu sur ces prestations, selon des modalités et des conditions précisées par décret.

Les retenues mentionnées aux troisième et quatrième alinéas du présent article sont déterminées en application des règles prévues au troisième alinéa de l'article L. 553-2 du présent code.

(L. n° 2018-1203 du 22 déc. 2018, art. 77-I, en vigueur le 1er janv. 2020) « Lorsque l'indu notifié ne peut être recouvré sur les prestations mentionnées au même troisième alinéa, la récupération peut être opérée, sous réserve que l'assuré ne conteste pas le caractère indu et n'opte pas pour le remboursement en un seul versement, par retenue sur les prestations en espèces gérées par les organismes mentionnés à l'article L. 133-4-1 ou sur les prestations mentionnées aux titres IV et V du livre III et au titre Ier du présent livre, par l'organisme gestionnaire de ces prestations et avec son accord. Toutefois, suite à cet accord, le recouvrement ne peut être effectué que si l'assuré n'est débiteur d'aucun indu sur ces mêmes prestations. Ce recouvrement est opéré selon les modalités applicables aux prestations sur lesquelles les retenues sont effectuées. Un décret fixe les modalités d'application et le traitement comptable afférant *[afférent]* à ces opérations. »

Un décret détermine le montant au-dessous duquel la prime d'activité indûment versée ne donne pas lieu à répétition.

La créance peut être remise ou réduite par l'organisme mentionné au premier alinéa du présent article, en cas de bonne foi ou de précarité de la situation du débiteur, sauf si cette créance résulte d'une manœuvre frauduleuse ou d'une fausse déclaration.

Sur les exceptions à l'application du droit des usagers de saisir l'administration par voie électronique concernant les démarches effectuées auprès des organismes de sécurité sociale, V. CRPA, App., v° Saisine par voie électronique — Exceptions. — ***CRPA.***

Art. L. 845-4 L'article L. 553-1 est applicable à la prime d'activité.

Art. L. 845-5 La prime d'activité est incessible et insaisissable.

Art. L. 845-6 Le fait d'offrir ou de faire offrir ses services à une personne, en qualité d'intermédiaire et moyennant rémunération, en vue de lui faire obtenir la prime d'activité est puni des peines prévues à l'article L. 554-2.

CHAPITRE VI SUIVI STATISTIQUE, ÉVALUATION ET OBSERVATION

Art. L. 846-1 La Caisse nationale des allocations familiales et la Caisse centrale de la mutualité sociale agricole transmettent à l'État, dans des conditions fixées par décret, les informations relatives à la situation sociale, familiale et professionnelle des bénéficiaires de la prime d'activité et aux dépenses engagées à ce titre. Ces informations comportent des indicateurs présentés par sexe.

Art. L. 846-2 L'institution mentionnée à l'article L. 5312-1 du code du travail informe mensuellement l'État des inscriptions des bénéficiaires de la prime d'activité sur la liste des demandeurs d'emploi et de leur radiation de cette liste, auxquelles elle procède en application des articles L. 5411-1 à L. 5411-5, L. 5412-1 et L. 5412-2 du même code.

Art. L. 846-3 La Caisse nationale des allocations familiales, la Caisse centrale de la mutualité sociale agricole et l'institution mentionnée à l'article L. 5312-1 du code du travail transmettent à l'État, dans des conditions fixées par décret, les informations relatives aux personnes physiques destinées à la constitution d'échantillons statistiquement représentatifs en vue de l'étude des situations et des parcours d'insertion des personnes physiques figurant dans ces échantillons, selon les modalités prévues à l'article *7 bis* de la loi n° 51-711 du 7 juin 1951 sur l'obligation, la coordination et le secret en matière de statistiques. Ces informations comportent des indicateurs présentés par sexe.

CHAPITRE VII **DISPOSITIONS FINALES**

Art. L. 847-1 Sauf disposition contraire, les modalités d'application du présent titre sont déterminées par décret en Conseil d'État.

TITRE CINQUIÈME **AIDES AUX COLLECTIVITÉS ET ORGANISMES LOGEANT À TITRE TEMPORAIRE DES PERSONNES DÉFAVORISÉES OU GÉRANT DES AIRES D'ACCUEIL DES GENS DU VOYAGE** *(L. nº 2000-614 du 5 juill. 2000, art. 5).*

(L. nº 91-1406 du 31 déc. 1991 ; L. nº 98-657 du 29 juill. 1998)

Art. L. 851-1 *(L. nº 98-657 du 29 juill. 1998, art. 53-III ; L. nº 2000-614 du 5 juill. 2000)* « I. — Les associations à but non lucratif dont l'un des objets est l'insertion ou le logement des personnes défavorisées *(L. nº 2016-444 du 13 avr. 2016, art. 9-I)* « , les associations agréées en application de l'article L. 121-9 du code de l'action sociale et des familles » ainsi que les centres communaux ou intercommunaux d'action sociale, qui ont conclu une convention avec l'État, bénéficient d'une aide pour loger, à titre transitoire, des personnes défavorisées ; lorsque celles-ci sont étrangères, elles doivent justifier de la régularité de leur séjour en France. » *(L. nº 2006-872 du 13 juill. 2006, art. 79-VII)* « Cette aide peut être attribuée, pour loger à titre temporaire des personnes défavorisées, aux sociétés de construction dans lesquelles l'État détient *(L. nº 2015-1786 du 29 déc. 2015, art. 118)* « au moins un tiers » du capital, ainsi qu'aux groupements d'intérêt public ayant pour objet de contribuer au relogement des familles et des personnes visées *(L. nº 2014-366 du 24 mars 2014, art. 37-II)* « à l'article 4 » de la loi nº 90-449 du 31 mai 1990 visant à la mise en œuvre du droit au logement. L'aide peut également être versée à l'établissement public visé à l'article L. 3414-1 du code de la défense pour l'hébergement des jeunes visés à ce même article, pendant la durée de leur formation. »

La convention fixe chaque année le montant de l'aide attribuée à l'organisme qui est déterminé de manière forfaitaire par référence, d'une part, au plafond de loyer retenu pour le calcul de l'allocation de logement définie respectivement par les livres V, VII et VIII du présent code, et, d'autre part, aux capacités réelles et prévisionnelles d'hébergement offertes par l'organisme.

Pour le calcul de l'aide instituée par le présent article, ne sont pas prises en compte les personnes bénéficiant de l'aide sociale prévue à l'article 185 du code de la famille et de l'aide sociale *[CASF, art. L. 345-1]* et les personnes hébergées titulaires des aides prévues aux articles L. 351-1 du code de la construction et de l'habitation et L. 542-1, L. 755-21 et L. 831-1 du présent code.

(L. nº 2000-614 du 5 juill. 2000, art. 5) « II. — Une aide forfaitaire est versée aux communes ou aux établissements publics de coopération intercommunale qui gèrent une ou plusieurs aires d'accueil de gens du voyage. Elle est également versée aux personnes morales qui gèrent une aire en application d'une convention prévue au II de l'article 2 de la loi nº 2000-614 du 5 juillet 2000 relative à l'accueil et à l'habitat des gens du voyage. »

(L. nº 2013-1278 du 29 déc. 2013, art. 138-I-1º, en vigueur le 1er juill. 2014) « Le versement de l'aide est subordonné à la signature d'une convention entre l'État et ces gestionnaires. » *(L. nº 2000-614 du 5 juill. 2000, art. 5)* « Cette convention détermine les modalités de calcul du droit d'usage perçu par les gestionnaires des aires d'accueil et définit les conditions de leur gardiennage. »

(L. nº 2013-1278 du 29 déc. 2013, art. 138-I-2º, en vigueur le 1er juill. 2014) « Pour chaque aire, le montant de l'aide versée au gestionnaire est déterminé en fonction, d'une part, du nombre total de places, tel qu'il figure dans la convention mentionnée au deuxième alinéa du présent II, et, d'autre part, de l'occupation effective de celles-ci. »

V. Arr. du 9 mars 2018 modifiant le montant mensuel de l'aide forfaitaire prévue à l'article L. 851-1 du code de la sécurité sociale et, de façon temporaire, la répartition de la contribution financière entre les régimes de prestations familiales et l'État (JO 24 mars).

Art. L. 851-2 *(L. nº 91-1406 du 31 déc. 1991, art. 1er-II ; L. nº 2000-614 du 5 juill. 2000, art. 5) (L. nº 2016-1917 du 29 déc. 2016, art. 48-III, en vigueur le 1er janv. 2017)* **« L'aide mentionnée au II de l'article L. 851-1 est liquidée et versée » par les Caisses d'allocations familiales dans les conditions fixées par une convention nationale conclue entre l'État et la Caisse nationale des allocations familiales.**

Art. L. 851-3 *(L. nº 2016-1917 du 29 déc. 2016, art. 48-III)* **Le financement de l'aide mentionnée au I de l'article L. 851-1 est assuré par l'État.**

Le financement de l'aide mentionnée au II du même article L. 851-1 et des dépenses de gestion qui s'y rapportent est assuré par une contribution des régimes de prestations familiales mentionnés à l'article L. 241-6 et par une contribution de l'État.

Les dispositions de l'art. 48-III de la L. nº 2016-1917 du 29 déc. 2016 s'appliquent aux droits constatés à compter du 1er janv. 2017 (L. préc., art. 48-VI).

Art. L. 851-3-1 *(Ord. nº 2005-655 du 8 juin 2005, art. 8)* **Les dispositions de l'article L. 553-1 sont applicables** *(L. nº 2016-1917 du 29 déc. 2016, art. 48-III, en vigueur le 1er janv. 2017)* **« à l'aide mentionnée au II de l'article L. 851-1 ».**

Art. L. 851-4 *(L. nº 91-1406 du 31 déc. 1991, art. 1er-II)* **Les modalités d'application du présent titre sont déterminées par décret en Conseil d'État.** – *V. art. R. 851-1 à R. 852-3.*

TITRE SIXIÈME PROTECTION COMPLÉMENTAIRE EN MATIÈRE DE SANTÉ ET AIDE AU PAIEMENT D'UNE ASSURANCE COMPLÉMENTAIRE DE SANTÉ *(L. nº 2006-1640 du 21 déc. 2006, art. 50-I).*

BIBL. GÉN. ▶ DUPEYROUX, *Dr. soc. 2000. 4* (CMU : la fin et les moyens). – MARIE, *Dr. soc. 2000. 7* (la couverture maladie universelle). – LAFORE, *Dr. soc. 2000. 21* (aspects statutaires et organiques). – BORGETTO, *Dr. soc. 2000. 30* (brèves réflexions sur les apports et limites de la loi CMU). – HOURCADE, *Dr. soc. 2000. 39* (mutualité gestionnaire ou partenaire ?). – HELARY-OLIVIER, *Dr. soc. 2000. 41* (impact sur les mutuelles et l'organisation de la protection sociale en France). – LEGOUHY, *RPDS 2000. 167* (la couverture maladie universelle). – LONG, *JCP 1999. I. 186* (la mise en place de la « couverture maladie universelle »). – MARIÉ, *RDSS 2018. 998* (la fusion CMU-C/ACS ou l'émergence d'une protection de 4e type ?). – RENAUDIN, *Dr. soc. 2000. 46* (l'engagement des assureurs). – SCHOETTL, *AJDA 1999. 700* (décision du Conseil constitutionnel). – TRICLIN, *Dr. trav. 1999. Chron. 18.*

CHAPITRE PREMIER DISPOSITIONS RELATIVES À LA PROTECTION COMPLÉMENTAIRE EN MATIÈRE DE SANTÉ *(L. nº 2006-1640 du 21 déc. 2006, art. 50-I).*

Art. L. 861-1 *(L. nº 99-641 du 27 juill. 1999, art. 20)* **Les personnes** *(L. nº 2015-1702 du 21 déc. 2015, art. 59-XI-M-1º, en vigueur le 1er janv. 2016)* **« résidant de manière stable et régulière dans les conditions prévues à l'article L. 111-2-3 et bénéficiant de la prise en charge des frais de santé mentionnée à l'article L. 160-1 », dont les ressources sont inférieures à un plafond déterminé par décret,** *(L. nº 2015-1702 du 21 déc. 2015, art. 89-I-14º)* **« et revalorisé au 1er avril de chaque année, par application du coefficient mentionné à l'article L. 161-25 », ont droit à une couverture complémentaire dans les conditions définies à l'article L. 861-3.** *(Abrogé par L. nº 2015-1702 du 21 déc. 2015, art. 89-I-14º) (L. nº 2002-1575 du 30 déc. 2002, art. 136-II)* ***« Cette révision prend effet chaque année au 1er juillet. Elle tient compte de l'évolution prévisible des prix de l'année civile en cours, le cas échéant corrigée de la différence entre le taux d'évolution retenu pour fixer le plafond de l'année précédente et le taux d'évolution des prix de cette même année. »*** **Ce plafond varie selon la composition du foyer et le nombre de personnes à charge.** *(L. nº 2006-1640 du 21 déc. 2006, art. 50-I-3º)* **« Le montant du plafond applicable au foyer considéré est arrondi à l'euro le plus proche. La fraction**

d'euro égale à 0,50 est comptée pour 1. » *(L. n° 2015-1702 du 21 déc. 2015, art. 89-I-14°)* **« Le montant du plafond est constaté par arrêté du ministre chargé de la sécurité sociale. »** *— V. art. D. 861-1.*

Un décret en Conseil d'État précise les conditions d'âge, de domicile et de ressources dans lesquelles une personne est considérée comme étant à charge. *— V. art. R. 861-2.*

Les personnes mineures ayant atteint l'âge de seize ans, dont les liens avec la vie familiale sont rompus, peuvent bénéficier à titre personnel, à leur demande, sur décision *(L. n° 2018-1203 du 22 déc. 2018, art. 52-I, en vigueur le 1er janv. 2019)* **« du directeur de l'organisme assurant la prise en charge de leurs frais de santé », de la protection complémentaire dans les conditions définies à l'article L. 861-3. Une action en récupération peut être exercée par l'organisme prestataire à l'encontre des parents du mineur bénéficiaire lorsque ceux-ci disposent de ressources supérieures au plafond mentionné au premier alinéa.**

(L. n° 2013-1203 du 23 déc. 2013, art. 56-I-A) **« Les étudiants bénéficiaires de certaines prestations mentionnées à l'article L. 821-1 du code de l'éducation, déterminées par arrêté des ministres chargés de l'enseignement supérieur et de la sécurité sociale, peuvent bénéficier, à titre personnel, de la protection complémentaire, dans les conditions définies à l'article L. 861-3 du présent code. »**

(L. n° 2017-86 du 27 janv. 2017, art. 63) **« Lorsque les conditions de rattachement au foyer prévues par le décret en Conseil d'État mentionné au deuxième alinéa du présent article prennent fin entre la date de la dernière déclaration fiscale et la demande mentionnée à l'article L. 861-5, les personnes majeures dont l'âge est inférieur à celui fixé par ce même décret peuvent bénéficier, à titre personnel, de la protection complémentaire dans les conditions définies à l'article L. 861-3, sous réserve d'attester sur l'honneur qu'elles établiront, pour l'avenir, une déclaration de revenus distincte de celle du foyer fiscal auquel elles étaient antérieurement rattachées. »**

Les dispositions issues de la L. n° 2006-1640 du 21 déc. 2006 entrent en vigueur le 1er juill. 2007 (L. préc., art. 50-II).

Sur les exceptions à l'application du droit des usagers de saisir l'administration par voie électronique concernant les démarches effectuées auprès des organismes de sécurité sociale, V. CRPA, App., v° Saisine par voie électronique — Exceptions. — **CRPA.**

Pour l'appréciation des plafonds de ressources fixés par l'art. D. 861-1 CSS en application de l'art. L. 861-1 du même code, il convient de prendre en compte intégralement la pension et l'aide personnelle au logement dont bénéficie la personne hébergée en établissement, même si une part en est directement versée au comptable de l'établissement. • CE 5 juin 2002 : *TPS 2002, n° 273, obs. Prétot.*

Nouvel art. L. 861-1 (L. n° 99-641 du 27 juill. 1999, art. 20) (L. n° 2018-1203 du 22 déc. 2018, art. 52-I, en vigueur le 1er nov. 2019) *« Les personnes mentionnées à l'article L. 160-1 ont droit à une protection complémentaire en matière de santé dans les conditions suivantes :*

« 1° Sans acquitter de participation financière lorsque leurs ressources ainsi que celles des autres personnes membres du même foyer sont inférieures à un plafond déterminé par décret ;

« 2° Sous réserve d'acquitter une participation financière lorsque leurs ressources ainsi que celles des autres personnes membres du même foyer sont comprises entre le plafond mentionné au 1° et ce même plafond majoré de 35 %.

« Le plafond mentionné aux 1° et 2° varie selon la composition du foyer. Il est revalorisé au 1er avril de chaque année, par application du coefficient mentionné à l'article L. 161-25. Le montant du plafond en résultant est arrondi à l'euro le plus proche, la fraction d'euro égale à 0,50 étant comptée pour 1. Le montant ainsi revalorisé est constaté par arrêté du ministre chargé de la sécurité sociale. » — V. art. D. 861-1.

Un décret en Conseil d'État précise les conditions d'âge, de domicile et de ressources dans lesquelles une personne est considérée comme étant à charge (L. n° 2018-1203 du 22 déc. 2018, art. 52-I, en vigueur le 1er nov. 2019) *« du foyer d'une personne mentionnée aux trois premiers alinéas ».* — V. art. R. 861-2.

Les personnes mineures ayant atteint l'âge de seize ans, dont les liens avec la vie familiale sont rompus, peuvent bénéficier à titre personnel, à leur demande, sur décision (L. n° 2018-1203 du 22 déc. 2018, art. 52-I, en vigueur le 1er janv. 2019) *« du directeur de l'organisme assurant la prise en charge de leurs frais de santé », de la protection complémentaire dans les conditions définies à l'article L. 861-3. Une action en récupération peut être exercée par l'organisme presta-*

taire à l'encontre des parents du mineur bénéficiaire lorsque ceux-ci disposent de ressources supérieures au plafond mentionné au premier alinéa.

(L. n° 2013-1203 du 23 déc. 2013, art. 56-I-A) ***« Les étudiants bénéficiaires de certaines prestations mentionnées à l'article L. 821-1 du code de l'éducation, déterminées par arrêté des ministres chargés de l'enseignement supérieur et de la sécurité sociale, peuvent bénéficier, à titre personnel, de la protection complémentaire, dans les conditions définies à l'article L. 861-3 du présent code. »***

(L. n° 2018-1203 du 22 déc. 2018, art. 52-I, en vigueur le 1er nov. 2019) ***« Un décret en Conseil d'État fixe les conditions de bénéfice à titre personnel de la protection complémentaire des personnes dont les conditions de rattachement au foyer ont pris fin entre la dernière déclaration fiscale et la demande mentionnée à l'article L. 861-5. »***

L'art. L. 861-1, dans sa rédaction résultant de l'art. 52-I de la L. n° 2018-1203 du 22 déc. 2018 — sous réserve des dispositions introduites au 6e al. dudit art. par cette même loi dont l'entrée en vigueur est prévue au 1er janv. 2019 —, ne s'applique pas aux décisions d'attribution de la protection complémentaire en matière de santé prévue par cet art. prises antérieurement au 1er nov. 2019 (L. préc., art. 52-IX).

Sur les exceptions à l'application du droit des usagers de saisir l'administration par voie électronique concernant les démarches effectuées auprès des organismes de sécurité sociale, V. CRPA, App., v° Saisine par voie électronique — Exceptions. — ***CRPA.***

Art. L. 861-2 *(L. n° 99-641 du 27 juill. 1999, art. 20)* **L'ensemble des ressources du foyer est pris en compte pour la détermination du droit à la protection complémentaire en matière de santé, après déduction des charges consécutives aux versements des pensions et obligations alimentaires, à l'exception** *(L. n° 2008-1249 du 1er déc. 2008, art. 11, en vigueur le 1er juin 2009)* **« du revenu de solidarité active, »** *(L. n° 2015-994 du 17 août 2015, art. 59-IV-10°, en vigueur le 1er janv. 2016)* **« de la prime d'activité, » de certaines prestations à objet spécialisé et de tout ou partie des rémunérations de nature professionnelle lorsque celles-ci ont été interrompues. Un décret en Conseil d'État fixe la liste de ces prestations et rémunérations, les périodes de référence pour l'appréciation des ressources prises en compte ainsi que les modalités particulières de détermination des ressources provenant d'une activité non salariée** *(L. n° 2016-1827 du 23 déc. 2016, art. 61)* **« , d'une part, et du patrimoine et des revenus tirés de celui-ci, d'autre part ».** *(L. n° 2017-1836 du 30 déc. 2017, art. 40-III)* **« Les allocations mentionnées à l'article L. 815-1, à l'article L. 815-2, dans sa rédaction antérieure à l'entrée en vigueur de l'ordonnance n° 2004-605 du 24 juin 2004 simplifiant le minimum vieillesse, et aux articles L. 815-24 et L. 821-1 perçues pendant la période de référence sont prises en compte, selon des modalités fixées par arrêté des ministres chargés de la sécurité sociale et du budget, après application d'un abattement dont le niveau est fixé pour chacune d'entre elles, dans la limite de 15 % de leurs montants maximaux. »** *(L. n° 2007-1822 du 24 déc. 2007, art. 120)* **« Les aides personnelles au logement sont prises en compte à concurrence d'un forfait, identique pour les premières demandes et les demandes de renouvellement. Ce forfait, fixé par décret en Conseil d'État, est déterminé en pourcentage du montant** *(L. n° 2008-1249 du 1er déc. 2008, en vigueur le 1er juin 2009)* **« forfaitaire mentionné** *(L. n° 2015-994 du 17 août 2015, art. 59-IV-10°)* **« à » l'article L. 262-2 » du code de l'action sociale et des familles. »** — *V. Arr. du 20 avr. 2018 portant mise en œuvre de l'abattement sur les allocations mentionné à l'art. 40 de la LFSS pour 2018 (L. n° 2017-1836 du 30 déc. 2017), dans la prise en compte des ressources pour l'attribution de la couverture universelle complémentaire et de l'aide au paiement d'une assurance complémentaire de santé (JO 27 avr.).*

(L. n° 2008-1249 du 1er déc. 2008, en vigueur le 1er juin 2009) **« Sont réputés satisfaire aux conditions mentionnées au premier alinéa** *[nouvelle rédaction issue de la L. n° 2018-1203 du 22 déc. 2018, art. 52-I, en vigueur le 1er nov. 2019 : « au I »]* **de l'article L. 861-1 les bénéficiaires du revenu de solidarité active** *(Abrogé par L. n° 2015-994 du 17 août 2015, art. 59-IV-10°, à compter du 1er janv. 2016)* ***« dont les ressources, appréciées selon les dispositions prises en application de l'article L. 262-3 du code de l'action sociale et des familles, n'excèdent pas le montant forfaitaire visé au 2° de l'article L. 262-2 du même code ».*** **»**

(Abrogé par L. n° 2015-1702 du 21 déc. 2015, art. 59-XI-M-2°, à compter du 1er janv. 2016) ***« Les bénéficiaires des dispositions du présent titre qui sont affiliés sur critère de résidence au régime général sont exonérés de la cotisation prévue à l'article L. 380-2. »***

V. Circ. interministérielle n° DSS/2A/2009/181 du 30 juin 2009 relative à la couverture maladie des demandeurs et bénéficiaires du revenu de solidarité active (BO Santé-protection sociale-solidarité n° 2009/7 du 15 août 2009, p. 596).

V. dernière note ss. art. L. 861-1.

L'ouverture des droits à la protection complémentaire en matière de santé s'apprécie au regard des ressources qui ont été effectivement perçues au cours de la période des douze mois civils précédant la demande. Le juge ne saurait donc fonder sa décision sur les ressources effectivement perçues au cours de la période de référence où s'appréciait l'ouverture des droits. • Civ. 2e, 15 mars 2012 : *RDSS 2012. 580, obs. Tauran ; JCP S 2012, n° 1230, obs. d'Allende.*

Art. L. 861-2-1 *(L. n° 2006-1640 du 21 déc. 2006, art. 132-II)* Lorsqu'il est constaté par l'organisme local de sécurité sociale, à l'occasion de l'instruction d'une demande ou lors d'un contrôle, une disproportion marquée entre, d'une part, le train de vie du demandeur ou du bénéficiaire et, d'autre part, les ressources qu'il déclare, une évaluation forfaitaire des éléments de train de vie est effectuée. Cette évaluation forfaitaire est prise en compte pour la détermination du droit à la prestation.

Les éléments de train de vie à prendre en compte, qui comprennent notamment le patrimoine mobilier ou immobilier, sont ceux dont la personne a disposé au cours de la période correspondant à la déclaration de ses ressources, en quelque lieu que ce soit, en France ou à l'étranger, et à quelque titre que ce soit.

Un décret en Conseil d'État fixe les modalités d'application du présent article.

V. dernière note ss. art. L. 861-1.

Art. L. 861-3 *(L. n° 99-641 du 27 juill. 1999, art. 20)* Les personnes mentionnées à l'article L. 861-1 ont droit, sans contrepartie contributive, à la prise en charge, sous réserve de la réduction, de la suppression ou de la dispense de participation prévues par le présent code ou stipulées par les garanties collectives obligatoires professionnelles :

1° De la participation de l'assuré aux tarifs de responsabilité des organismes de sécurité sociale *(L. n° 2007-1786 du 19 déc. 2007, art. 54-I)* « prévue au I de l'article » *(L. n° 2015-1702 du 21 déc. 2015, art. 59-XI-M-3°, en vigueur le 1er janv. 2016)* « L. 160-13 » pour les prestations couvertes par les régimes obligatoires *(L. n° 2007-1786 du 19 déc. 2007, art. 54-I)* « cette participation demeure toutefois à la charge des personnes mentionnées à l'article L. 861-1, dans les conditions prévues par le présent code, lorsqu'elles se trouvent dans l'une des situations prévues à l'avant-dernier alinéa de l'article L. 162-5-3 ; »

2° Du forfait journalier prévu à l'article L. 174-4 ;

3° Des frais exposés, en sus des tarifs de responsabilité, pour les soins dentaires prothétiques ou d'orthopédie dento-faciale et pour les dispositifs médicaux à usage individuel admis au remboursement, dans des limites fixées par arrêté interministériel. – *V. Arr. du 30 mai 2006 (JO 2 juin), mod. par Arr. du 27 mars 2007 (JO 2 mai), Arr. du 28 mai 2014 (JO 31 mai), Arr. du 19 avr. 2017 (JO 25 avr.) et Arr. du 30 déc. 2017 (JO 31 déc.).*

(L. n° 2005-1579 du 19 déc. 2005, art. 54-VI) « La prise en charge prévue au 1° ci-dessus peut être limitée par décret en Conseil d'État afin de respecter les dispositions de l'article L. 871-1 et de prendre en compte les avis de la Haute Autorité de santé eu égard à l'insuffisance du service médical rendu des produits, actes ou prestations de santé. »

L'arrêté mentionné au 3° ci-dessus précise notamment la liste des dispositifs et la limite du montant des frais pris en charge.

(L. n° 2007-1786 du 19 déc. 2007, art. 54-I) « Sauf lorsqu'elles se trouvent dans l'une des situations mentionnées à l'avant-dernier alinéa de l'article L. 162-5-3, » les personnes mentionnées à l'article L. 861-1 sont dispensées de l'avance de frais pour les dépenses prises en charge par les régimes obligatoires des assurances maladie et maternité et celles prévues au présent article *(L. n° 2006-1640 du 21 déc. 2006, art. 56-VII)* « dans les conditions fixées au troisième alinéa de l'article L. 162-16-7 ».

Les personnes ayant souscrit un acte d'adhésion, transmis à leur caisse d'assurance maladie, formalisant leur engagement auprès d'un médecin référent dans une démarche qualité fondée sur la continuité et la coordination des soins bénéficient de la procédure de dispense d'avance de frais pour les frais des actes réalisés par ce médecin ou

par les médecins spécialistes qui se déclarent correspondants de ce médecin, pour eux-mêmes *[elles-mêmes]* **ou leurs ayants droit.**

(L. n° 2001-1246 du 21 déc. 2001, art. 38) **« Les personnes dont le droit aux prestations définies aux** *(L. n° 2005-1579 du 19 déc. 2005, art. 54-VII)* **« six » premiers alinéas du présent article vient à expiration bénéficient, pour une durée d'un an à compter de la date d'expiration de ce droit, de la procédure de dispense d'avance des frais prévue à l'alinéa précédent pour la part de leurs dépenses prise en charge par les régimes obligatoires d'assurance maladie et maternité. »**

(L. n° 2014-1554 du 22 déc. 2014, art. 41-I-5°) **« Un décret détermine les modalités du tiers payant, notamment la procédure applicable entre les professionnels de santé et les organismes d'assurance maladie, d'une part, et celle applicable entre les organismes assurant la couverture complémentaire prévue à l'article L. 861-1 et les organismes d'assurance maladie, d'autre part. Ces modalités permettent aux professionnels et aux établissements de santé d'avoir un interlocuteur unique pour l'ensemble de la procédure. »**

(L. n° 2018-1203 du 22 déc. 2018, art. 77-I, en vigueur le 1er janv. 2019) **« Le décret mentionné à l'avant-dernier alinéa du présent article fixe également les modalités selon lesquelles les sommes dues par les organismes complémentaires aux organismes d'assurance maladie font l'objet d'une majoration de 10 % en l'absence de paiement dans les délais prévus ainsi que les modalités selon lesquelles le directeur de l'organisme d'assurance maladie peut délivrer une contrainte dans les conditions prévues à l'article L. 161-1-5. »**

V. dernière note ss. art. L. 861-1.

En application des dispositions combinées des art. L. 162-9, dernier al., et L. 861-3 CSS, les ministres sont habilités à fixer, en l'absence de dispositions en ce sens dans la Convention nationale des chirurgiens-dentistes, le montant maximum des dépassements autorisés par rapport au tarif de responsabilité pour plusieurs types de soins lorsqu'ils sont prodigués aux bénéficiaires de la protection complémentaire prévue au profit de certains bénéficiaires de la couverture maladie universelle. En fixant un prix maximum qui résulte de l'addition du tarif de responsabilité et du montant maximum des dépassements autorisés, les ministres n'ont pas excédé les limites de l'habilitation découlant des dispositions sus-rappelées. Dès lors qu'elle découle des dispositions des art. L. 162-9 et L. 861-3 CSS, la fixation des prix de certains soins dentaires ne constitue pas un texte réglementaire ayant pour objet d'imposer des pratiques uniformes en matière de prix ou de conditions de vente au sens des dispositions de l'Ord. du 1er déc. 1986. L'arrêt attaqué n'avait pas, dès lors, à être précédé de la consultation du Conseil de la concurrence. • CE 30 mars 2001 : *RJS 2001, n° 1083.*

Nouvel art. L. 861-3 (L. n° 99-641 du 27 juill. 1999, art. 20) ***Les personnes mentionnées à l'article L. 861-1 ont droit*** (Abrogé par L. n° 2018-1203 du 22 déc. 2018, art. 52-I, à compter du 1er nov. 2019) ***« , sans contrepartie contributive, » à la prise en charge,*** (L. n° 2018-1203 du 22 déc. 2018, art. 52-I, en vigueur le 1er nov. 2019) ***« après application, le cas échéant, » de la réduction, de la suppression ou de la dispense de participation prévues par le présent code ou stipulées par les garanties collectives obligatoires professionnelles,*** (L. n° 2018-1203 du 22 déc. 2018, art. 52-I, en vigueur le 1er nov. 2019) ***« dont elles bénéficient » :***

1° De la participation de l'assuré aux tarifs de responsabilité des organismes de sécurité sociale (L. n° 2007-1786 du 19 déc. 2007, art. 54-I) ***« prévue au I de l'article »*** (L. n° 2015-1702 du 21 déc. 2015, art. 59-XI-M-3°, en vigueur le 1er janv. 2016) ***« L. 160-13 » pour les prestations couvertes par les régimes obligatoires*** (L. n° 2007-1786 du 19 déc. 2007, art. 54-I) ***« cette participation demeure toutefois à la charge des personnes mentionnées à l'article L. 861-1, dans les conditions prévues par le présent code, lorsqu'elles se trouvent dans l'une des situations prévues à l'avant-dernier alinéa de l'article L. 162-5-3 ; »***

2° Du forfait journalier prévu à l'article L. 174-4 ;

3° Des frais exposés, en sus des tarifs de responsabilité, pour les soins dentaires prothétiques ou d'orthopédie dento-faciale et pour les dispositifs médicaux à usage individuel admis au remboursement, dans des limites fixées par arrêté (L. n° 2018-1203 du 22 déc. 2018, art. 52-I, en vigueur le 1er nov. 2019) ***« des ministres chargés de la santé et de la sécurité sociale ».***– V. Arr. du 30 mai 2006 (JO 2 juin), mod. par Arr. du 27 mars 2007 (JO 2 mai), Arr. du 28 mai 2014 (JO 31 mai), Arr. du 19 avr. 2017 (JO 25 avr.) et Arr. du 30 déc. 2017 (JO 31 déc.).

(L. n° 2005-1579 du 19 déc. 2005, art. 54-VI) ***« La prise en charge prévue au 1° ci-dessus peut être limitée par décret en Conseil d'État afin de respecter les dispositions de l'article***

L. 871-1 et de prendre en compte les avis de la Haute Autorité de santé eu égard à l'insuffisance du service médical rendu des produits, actes ou prestations de santé. »

L'arrêté mentionné au 3° ci-dessus précise notamment la liste des dispositifs et la limite du montant des frais pris en charge.

(L. n° 2007-1786 du 19 déc. 2007, art. 54-I) *« Sauf lorsqu'elles se trouvent dans l'une des situations mentionnées à l'avant-dernier alinéa de l'article L. 162-5-3, » les personnes mentionnées à l'article L. 861-1 sont dispensées de l'avance de frais pour les dépenses prises en charge par les régimes obligatoires des assurances maladie et maternité et celles prévues au présent article* (L. n° 2006-1640 du 21 déc. 2006, art. 56-VII) *« dans les conditions fixées au* (L. n° 2018-1203 du 22 déc. 2018, art. 52-I, en vigueur le 1er nov. 2019) *« dernier » alinéa de l'article L. 162-16-7 ».*

(Abrogé par L. n° 2018-1203 du 22 déc. 2018, art. 52-I, à compter du 1er nov. 2019) *« Les personnes ayant souscrit un acte d'adhésion, transmis à leur Caisse d'assurance maladie, formalisant leur engagement auprès d'un médecin référent dans une démarche qualité fondée sur la continuité et la coordination des soins bénéficient de la procédure de dispense d'avance de frais pour les frais des actes réalisés par ce médecin ou par les médecins spécialistes qui se déclarent correspondants de ce médecin, pour eux-mêmes ou leurs ayants droit. »*

(L. n° 2001-1246 du 21 déc. 2001, art. 38) *« Les personnes dont le droit aux prestations définies aux* (L. n° 2005-1579 du 19 déc. 2005, art. 54-VII) *« six » premiers alinéas du présent article vient à expiration bénéficient, pour une durée d'un an à compter de la date d'expiration de ce droit, de la procédure de dispense d'avance des frais prévue à l'alinéa précédent pour la part de leurs dépenses prise en charge par les régimes obligatoires d'assurance maladie et maternité. »*

(L. n° 2014-1554 du 22 déc. 2014, art. 41-I-5°) *« Un décret détermine les modalités du tiers payant, notamment la procédure applicable entre les professionnels de santé et les organismes d'assurance maladie, d'une part, et celle applicable entre les organismes assurant la couverture complémentaire prévue à l'article L. 861-1 et les organismes d'assurance maladie, d'autre part. Ces modalités permettent aux professionnels et aux établissements de santé d'avoir un interlocuteur unique pour l'ensemble de la procédure. »*

(L. n° 2018-1203 du 22 déc. 2018, art. 77-I, en vigueur le 1er janv. 2019) *« Le décret mentionné à l'avant-dernier alinéa du présent article fixe également les modalités selon lesquelles les sommes dues par les organismes complémentaires aux organismes d'assurance maladie font l'objet d'une majoration de 10 % en l'absence de paiement dans les délais prévus ainsi que les modalités selon lesquelles le directeur de l'organisme d'assurance maladie peut délivrer une contrainte dans les conditions prévues à l'article L. 161-1-5. »*

L'art. L. 861-3, dans sa rédaction résultant de l'art. 52-I de la L. n° 2018-1203 du 22 déc. 2018, ne s'applique pas aux décisions d'attribution de la protection complémentaire en matière de santé prévue à l'art. L. 861-1 CSS prises antérieurement au 1er nov. 2019 (L. préc., art. 52-IX).

V. dernière note ss. art. L. 861-1.

Art. L. 861-4 *(L. n° 99-641 du 27 juill. 1999, art. 20)* **Les personnes mentionnées à l'article L. 861-1 obtiennent le bénéfice des prestations définies à l'article L. 861-3, à leur choix :**

***a)* Soit auprès des organismes d'assurance maladie, gestionnaires de ces prestations pour le compte de l'État, dans les conditions prévues au chapitre II du présent titre ;**

***b)* Soit par adhésion à une mutuelle régie par le code de la mutualité, ou par souscription d'un contrat auprès d'une institution de prévoyance régie par le livre IX du présent code ou par le livre VII du code rural et de la pêche maritime, ou d'une entreprise régie par le code des assurances, dans les conditions prévues au chapitre II du présent titre.** — *Sur le modèle de déclaration de participation à la protection complémentaire, V. Arr. du 20 oct. 2010 (JO 30 oct.), mod. par Arr. du 27 oct. 2011 (JO 29 oct.). — V. Arr. du 27 avr. 2001 (JO 6 mai), mod. par Arr. du 8 mars 2013 (JO 19 mars) : montant maximum du tarif de prolongation d'adhésion ou de contrat de protection complémentaire en matière de santé.*

Les organismes visés aux a et b de l'art. L. 861-4 CSS ne doivent pas tenir compte des résultats de l'étude génétique des caractéristiques d'une personne demandant à bénéficier d'une protection complémentaire en matière de santé, même si ceux-ci leur sont apportés par la personne elle-même. En outre, ils ne peuvent poser aucune question relative aux tests génétiques et à leurs résultats, ni demander à une personne de se soumettre à des tests génétiques avant que ne soit conclu un contrat de protection complémentaire en matière de santé et pendant toute la durée de celui-ci.

Toute infraction aux dispositions du précédent alinéa est punie d'un an d'emprisonnement et de 15 000 € d'amende (L. n° 99-641 du 27 juill. 1999, art. 62).

V. dernière note ss. art. L. 861-1.

Nouvel art. L. 861-4 (L. n° 99-641 du 27 juill. 1999, art. 20) ***Les personnes mentionnées à l'article L. 861-1 obtiennent le bénéfice des prestations définies à l'article L. 861-3, à leur choix :***

a) Soit auprès des organismes d'assurance maladie (L. n° 2018-1203 du 22 déc. 2018, art. 52-I, en vigueur le 1er nov. 2019) ***« assurant la prise en charge de leurs frais de santé », dans les conditions prévues au chapitre II du présent titre*** (L. n° 2018-1203 du 22 déc. 2018, art. 52-I, en vigueur le 1er nov. 2019) ***« , y compris lorsque la demande de protection complémentaire en matière de santé a été instruite par un autre organisme » ;***

b) Soit par adhésion à une mutuelle régie par le code de la mutualité, ou par souscription d'un contrat auprès d'une institution de prévoyance régie par le livre IX du présent code ou par le livre VII du code rural et de la pêche maritime, ou d'une entreprise régie par le code des assurances, dans les conditions prévues au chapitre II du présent titre. — Sur le modèle de déclaration de participation à la protection complémentaire, V. Arr. du 20 oct. 2010 (JO 30 oct.), mod. par Arr. du 27 oct. 2011 (JO 29 oct.). — V. Arr. du 27 avr. 2001 (JO 6 mai), mod. par Arr. du 8 mars 2013 (JO 19 mars) : montant maximum du tarif de prolongation d'adhésion ou de contrat de protection complémentaire en matière de santé.

Les organismes visés aux a et b de l'art. L. 861-4 CSS ne doivent pas tenir compte des résultats de l'étude génétique des caractéristiques d'une personne demandant à bénéficier d'une protection complémentaire en matière de santé, même si ceux-ci leur sont apportés par la personne elle-même. En outre, ils ne peuvent poser aucune question relative aux tests génétiques et à leurs résultats, ni demander à une personne de se soumettre à des tests génétiques avant que ne soit conclu un contrat de protection complémentaire en matière de santé et pendant toute la durée de celui-ci.

Toute infraction aux dispositions du précédent alinéa est punie d'un an d'emprisonnement et de 15 000 € d'amende (L. n° 99-641 du 27 juill. 1999, art. 62).

V. dernière note ss. art. L. 861-1.

Art. L. 861-5 *(L. n° 99-641 du 27 juill. 1999, art. 20)* **La demande d'attribution de la protection complémentaire, accompagnée de l'indication du choix opéré par le demandeur en application de l'article L. 861-4, est faite auprès de la caisse du régime d'affiliation du demandeur. Le formulaire de la demande d'adhésion ou le contrat est établi d'après un modèle défini par décret en Conseil d'État.**

Les services sociaux et les associations ou organismes à but non lucratif agréés par décision du représentant de l'État dans le département ainsi que les établissements de santé apportent leur concours aux intéressés dans leur demande de protection complémentaire et sont habilités, avec l'accord du demandeur, à transmettre la demande et les documents correspondants à l'organisme compétent. *(L. n° 2008-1249 du 1er déc. 2008, art. 11, en vigueur le 1er juin 2009)* **« Cette transmission est effectuée sans délai. Il en est de même des organismes chargés du service du revenu de solidarité active pour les demandeurs et bénéficiaires de ce revenu** *(Abrogé par L. n° 2015-994 du 17 août 2015, art. 59-IV-11°, à compter du 1er janv. 2016)* ***« et dont les ressources sont inférieures au montant forfaitaire visé au 2° de l'article L. 262-2 du code de l'action sociale et des familles ».*** **»**

La décision est *(L. n° 2018-1203 du 22 déc. 2018, art. 52-I, en vigueur le 1er janv. 2019)* **« notifiée au demandeur par le directeur de l'organisme assurant la prise en charge de ses frais de santé ». Cette décision doit être notifiée au demandeur dans un délai maximal fixé par décret et peut faire l'objet d'un recours contentieux** *(L. n° 2018-1203 du 22 déc. 2018, art. 52-I, en vigueur le 1er janv. 2019)* **« en application des articles L. 142-3 et L. 142-4 et du 3° de l'article L. 142-8 »** *(Abrogé par L. n° 2016-1547 du 18 nov. 2016, art. 12-I et 114-I, à compter du 1er janv. 2019)* ***« devant la commission départementale d'aide sociale ».*** **En l'absence de notification de la décision au demandeur, la demande est considérée comme acceptée.** — *Sur les dispositions transitoires de la L. n° 2016-1547 du 18 nov. 2016, V. note ss. chap. II du titre IV du livre Ier.*

Lorsque la situation du demandeur l'exige, le bénéfice de la protection complémentaire en matière de santé est attribué, *(L. n° 2002-1575 du 30 déc. 2002, art. 136-I)* **« au premier jour du mois de » dépôt de la demande, aux personnes présumées remplir les conditions prévues** *(L. n° 2015-1702 du 21 déc. 2015, art. 59-XI-M-4°, en vigueur le 1er janv. 2016)* **« à l'article » L. 861-1. Le bénéfice de cette protection est inter-**

rompu si la vérification de la situation du bénéficiaire démontre qu'il ne remplit pas les conditions susmentionnées.

Les droits reconnus conformément aux articles L. 861-1 à L. 861-4 sont attribués pour une période d'un an renouvelable.

(L. nº 2018-1203 du 22 déc. 2018, art. 52-I, en vigueur le 1er avr. 2019) « Le droit à la protection complémentaire en matière de santé mentionnée à l'article L. 861-3 est renouvelé automatiquement à l'issue d'une période d'un an pour les bénéficiaires du revenu de solidarité active, de l'allocation mentionnée à l'article L. 815-1 ou d'une des allocations mentionnées à l'article 2 de l'ordonnance nº 2004-605 du 24 juin 2004 simplifiant le minimum vieillesse, dès lors qu'ils continuent de bénéficier de l'une de ces allocations. Le montant de leur participation est déterminé, le cas échéant, à chaque renouvellement. »

V. dernière note ss. art. L. 861-1.

Nouvel art. L. 861-5 (L. nº 99-641 du 27 juill. 1999, art. 20) ***La demande*** (L. nº 2018-1203 du 22 déc. 2018, art. 52-I, en vigueur le 1er nov. 2019) ***« de protection » complémentaire, accompagnée de l'indication du choix opéré par le demandeur en application de l'article L. 861-4, est faite auprès de la caisse*** (L. nº 2018-1203 du 22 déc. 2018, art. 52-I, en vigueur le 1er nov. 2019) ***« assurant la prise en charge des frais de santé du demandeur. Elle est valable au titre de l'ensemble des personnes rattachées au foyer, y compris si elles ne relèvent pas de cet organisme pour la prise en charge de leurs frais de santé et, le cas échéant, pour le bénéfice des prestations mentionnées à l'article L. 861-3. »*** (Abrogé par L. nº 2018-1203 du 22 déc. 2018, art. 52-I, à compter du 1er nov. 2019) ***« Le formulaire de la demande d'adhésion ou le contrat est établi d'après un modèle défini par décret en Conseil d'État. »***

Les services sociaux et les associations ou organismes à but non lucratif agréés par décision du représentant de l'État dans le département ainsi que les établissements de santé apportent leur concours aux intéressés dans leur demande de protection complémentaire et sont habilités, avec l'accord du demandeur, à transmettre la demande et les documents correspondants à l'organisme compétent. (L. nº 2008-1249 du 1er déc. 2008, art. 11, en vigueur le 1er juin 2009) ***« Cette transmission est effectuée sans délai. Il en est de même des organismes chargés du service*** (L. nº 2018-1203 du 22 déc. 2018, art. 52-I, en vigueur le 1er nov. 2019) ***« des prestations sociales et familiales ».***

La décision est (L. nº 2018-1203 du 22 déc. 2018, art. 52-I, en vigueur le 1er janv. 2019) ***« notifiée au demandeur par le directeur de l'organisme assurant la prise en charge de ses frais de santé ». Cette décision doit être notifiée au demandeur dans un délai maximal fixé par décret et peut faire l'objet d'un recours contentieux*** (L. nº 2018-1203 du 22 déc. 2018, art. 52-I, en vigueur le 1er janv. 2019) ***« en application des articles L. 142-3 et L. 142-4 et du 3º de l'article L. 142-8 »*** (Abrogé par L. nº 2016-1547 du 18 nov. 2016, art. 12-I et 114-I, à compter du 1er janv. 2019) ***« devant la commission départementale d'aide sociale ». En l'absence de notification de la décision au demandeur, la demande est considérée comme acceptée.*** — Sur les dispositions transitoires de la L. nº 2016-1547 du 18 nov. 2016, V. note ss. chap. II du titre IV du livre Ier.

(L. nº 2018-1203 du 22 déc. 2018, art. 52-I, en vigueur le 1er nov. 2019) ***« La prise en charge mentionnée à l'article L. 861-3 prend effet au premier jour du mois qui suit la date de la décision du directeur de l'organisme mentionné au troisième alinéa du présent article, sous réserve que l'assuré ait transmis les éléments nécessaires au paiement de la participation. Dans le cas contraire, cette prise en charge prend effet au premier jour du mois qui suit la réception de ces éléments. » Lorsque la situation du demandeur l'exige, le bénéfice de*** (L. nº 2018-1203 du 22 déc. 2018, art. 52-I, en vigueur le 1er nov. 2019) ***« cette prise en charge » est attribué,*** (L. nº 2002-1575 du 30 déc. 2002, art. 136-I) ***« au premier jour du mois de » dépôt de la demande, aux personnes présumées remplir les conditions prévues*** (L. nº 2015-1702 du 21 déc. 2015, art. 59-XI-M-4º, en vigueur le 1er janv. 2016) ***« à l'article » L. 861-1. Le bénéfice de cette protection est interrompu si la vérification de la situation du bénéficiaire démontre qu'il ne remplit pas les conditions susmentionnées.***

Les droits reconnus conformément aux articles L. 861-1 à L. 861-4 sont attribués pour une période d'un an renouvelable.

(L. nº 2018-1203 du 22 déc. 2018, art. 52-I, en vigueur le 1er avr. 2019) ***« Le droit à la protection complémentaire en matière de santé mentionnée à l'article L. 861-3 est renouvelé automatiquement à l'issue d'une période d'un an pour les bénéficiaires du revenu de solidarité active, de l'allocation mentionnée à l'article L. 815-1 ou d'une des allocations mentionnées à l'article 2 de l'ordonnance nº 2004-605 du 24 juin 2004 simplifiant le minimum vieillesse, dès***

lors qu'ils continuent de bénéficier de l'une de ces allocations. Le montant de leur participation est déterminé, le cas échéant, à chaque renouvellement. »

V. dernière note ss. art. L. 861-1.

BIBL. ▶ JOURDIN, *RDSS 2001. 329* (décisions de la Commission centrale d'aide sociale relative à la protection sociale complémentaire en matière de santé).

Art. L. 861-6 (Abrogé par L. n° 2018-1203 du 22 déc. 2018, art. 52-I, à compter du 1er nov. 2019) (L. n° 99-641 du 27 juill. 1999, art. 20) ***La prise en charge prévue au a de l'article L. 861-4 est assurée par l'organisme qui sert au bénéficiaire les prestations en nature des assurances maladie et maternité, qui ne peut refuser cette prise en charge.*** (L. n° 2002-1575 du 30 déc. 2002, art. 136-I) ***« Sous réserve des dispositions de l'avant-dernier alinéa de l'article L. 861-5, elle prend effet au premier jour du mois qui suit la date de la décision de l'autorité administrative prévue au troisième alinéa de l'article L. 861-5. »*** — V. dernière note ss. art. L. 861-1.

Art. L. 861-7 *(L. n° 99-641 du 27 juill. 1999, art. 20)* **Les organismes mentionnés au *b* de l'article L. 861-4 qui souhaitent participer à la protection complémentaire en matière de santé établissent une déclaration dont le modèle est fixé par arrêté.** — *V. Arr. du 20 oct. 2010 (JO 30 oct.), mod. par Arr. du 27 oct. 2011 (JO 29 oct.).*

L'autorité administrative établit et diffuse la liste des organismes participants, en particulier aux associations, services sociaux, organismes à but non lucratif et établissements de santé visés à l'article L. 861-5.

En cas de manquement aux obligations prévues aux articles L. 861-3 et L. 861-8, l'autorité administrative peut retirer de la liste l'organisme en cause. Les conditions dans lesquelles le retrait est prononcé et le délai au terme duquel une nouvelle déclaration peut être établie sont fixés par décret en Conseil d'État.

Nouvel art. L. 861-7 (L. n° 99-641 du 27 juill. 1999, art. 20) ***Les organismes mentionnés au b de l'article L. 861-4 qui souhaitent participer à la protection complémentaire en matière de santé établissent une déclaration dont le modèle est fixé par arrêté.*** — V. Arr. du 20 oct. 2010 (JO 30 oct.), mod. par Arr. du 27 oct. 2011 (JO 29 oct.).

(L. n° 2018-1203 du 22 déc. 2018, art. 52-I, en vigueur le 1er nov. 2019) ***« Le directeur du fonds mentionné à l'article L. 862-1 » établit et diffuse la liste des organismes participants, en particulier aux associations, services sociaux, organismes à but non lucratif et établissements de santé visés à l'article L. 861-5.***

En cas de manquement aux obligations prévues aux articles L. 861-3 et L. 861-8, (L. n° 2018-1203 du 22 déc. 2018, art. 52-I, en vigueur le 1er nov. 2019) ***« ainsi qu'au c de l'article L. 862-7, le directeur du fonds mentionné au deuxième alinéa du présent article » peut retirer de la liste l'organisme en cause. Les conditions dans lesquelles le retrait est prononcé et le délai au terme duquel une nouvelle déclaration peut être établie sont fixés par décret en Conseil d'État.***

V. dernière note ss. art. L. 861-1.

Art. L. 861-8 *(L. n° 99-641 du 27 juill. 1999, art. 20)* **Pour les personnes mentionnées à l'article L. 861-1 qui ont choisi d'adhérer à une mutuelle ou de souscrire un contrat auprès d'une institution de prévoyance ou d'une entreprise d'assurance inscrite sur la liste prévue à l'article L. 861-7, l'adhésion ou le contrat, selon l'organisme choisi, prend effet** *(L. n° 2002-1575 du 30 déc. 2002, art. 136-I)* **« , sous réserve des dispositions de l'avant-dernier alinéa de l'article L. 861-5, au premier jour du mois qui suit la date de la décision » de l'autorité administrative prévue au troisième alinéa de l'article L. 861-5. Les organismes en cause ne peuvent subordonner l'entrée en vigueur de cette adhésion ou de ce contrat à aucune autre condition ou formalité que la réception du document attestant l'ouverture de leurs droits.** — *V. dernière note ss. art. L. 861-1.*

Nouvel art. L. 861-8 (L. n° 99-641 du 27 juill. 1999, art. 20) ***Pour les personnes mentionnées à l'article L. 861-1 qui ont choisi d'adhérer à une mutuelle ou de souscrire un contrat auprès d'une institution de prévoyance ou d'une entreprise d'assurance inscrite sur la liste prévue à l'article L. 861-7, l'adhésion ou le contrat, selon l'organisme choisi, prend effet*** (L. n° 2018-1203 du 22 déc. 2018, art. 52-I, en vigueur le 1er nov. 2019) ***« à la date prévue au quatrième alinéa de l'article L. 861-5, sous réserve des autres dispositions du même quatrième alinéa. » Les organismes en cause ne peuvent subordonner l'entrée en vigueur de cette adhésion ou de ce contrat à aucune autre condition ou formalité que la réception du document attestant l'ouverture de leurs droits*** (L. n° 2018-1203 du 22 déc. 2018, art. 52-I, en vigueur le 1er nov. 2019) ***« et,***

le cas échéant, la réception des éléments nécessaires au paiement de la participation mentionnée au 2° de l'article L. 861-1 ». — V. dernière note ss. art. L. 861-1.

Art. L. 861-9 *(L. n° 99-641 du 27 juill. 1999, art. 20)* **Pour la détermination du droit aux dispositions de l'article L. 861-3 et le contrôle des déclarations de ressources effectué à cette fin, les organismes d'assurance maladie peuvent demander toutes les informations nécessaires** *(L. n° 2002-1575 du 30 déc. 2002, art. 136-IV)* **« à l'administration des impôts, aux organismes de sécurité sociale et » aux organismes d'indemnisation du chômage qui sont tenus de les leur communiquer.** *(L. n° 2002-1575 du 30 déc. 2002, art. 136-IV)* **« Les personnels des organismes sont tenus au secret quant aux informations qui leur sont communiquées. » Les informations demandées doivent être limitées aux données strictement nécessaires à l'accomplissement de cette mission, dans le respect des dispositions de la loi n° 78-17 du 6 janvier 1978 relative à l'informatique, aux fichiers et aux libertés. Les personnes intéressées sont informées de la possibilité de ces échanges d'informations.** — *V. dernière note ss. art. L. 861-1.*

Art. L. 861-10 *(L. n° 99-641 du 27 juill. 1999, art. 20)* **I. — En cas de réticence du bénéficiaire de la protection complémentaire en matière de santé à fournir les informations requises ou de fausse déclaration intentionnelle, la décision attribuant la protection complémentaire est rapportée. Le rapport de la décision entraîne la nullité des adhésions et contrats prévus au *b* de l'article L. 861-4.**

II. — Abrogé par L. n° 2005-1579 du 19 déc. 2005, art. 92-VI.

III. — Toute infraction aux prescriptions des articles L. 861-3 et L. 861-8 est punie d'une amende de 15 000 €.

IV. — Les organismes prévus à l'article L. 861-4 peuvent obtenir le remboursement des prestations qu'ils ont versées à tort. En cas de précarité de la situation du demandeur, la dette peut être remise ou réduite sur décision *(L. n° 2018-1203 du 22 déc. 2018, art. 52-I, en vigueur le 1er janv. 2019)* **« du directeur de l'organisme assurant la prise en charge de ses frais de santé ».** *(L. n° 2009-526 du 12 mai 2009, art. 90)* **« Les recours contentieux contre les décisions relatives aux demandes de remise ou de réduction de dette et contre les décisions ordonnant le reversement des prestations versées à tort sont portés devant la juridiction mentionnée au troisième alinéa de l'article L. 861-5. »**

V. — Les dispositions des premier et troisième alinéas de l'article L. 160-11 sont applicables aux bénéficiaires de la protection complémentaire en matière de santé et aux organismes mentionnés à l'article L. 861-4.

V. dernière note ss. art. L. 861-1.

Nouvel art. L. 861-10 (L. n° 99-641 du 27 juill. 1999, art. 20) *I. — En cas de réticence du bénéficiaire de la protection complémentaire en matière de santé à fournir les informations requises ou de fausse déclaration intentionnelle, la décision attribuant la protection complémentaire est rapportée. Le rapport de la décision entraîne la nullité des adhésions et contrats prévus au b de l'article L. 861-4.*

II. — Abrogé par L. n° 2005-1579 du 19 déc. 2005, art. 92-VI.

III. — Toute infraction aux prescriptions des articles L. 861-3 et L. 861-8 est punie d'une amende de 15 000 €.

IV. — Les organismes prévus à l'article L. 861-4 peuvent obtenir le remboursement des prestations qu'ils ont versées à tort. (L. n° 2018-1203 du 22 déc. 2018, art. 52-I, en vigueur le 1er nov. 2019) *« Ils peuvent également obtenir le remboursement de la participation financière prévue au 2° de l'article L. 861-1 non acquittée par l'assuré. » En cas de précarité de la situation du demandeur, la dette peut être remise ou réduite sur décision* (L. n° 2018-1203 du 22 déc. 2018, art. 52-I, en vigueur le 1er janv. 2019) *« du directeur de l'organisme assurant la prise en charge de ses frais de santé ».* (Abrogé par L. n° 2018-1203 du 22 déc. 2018, art. 52-I, à compter du 1er nov. 2019) (L. n° 2009-526 du 12 mai 2009, art. 90) *« Les recours contentieux contre les décisions relatives aux demandes de remise ou de réduction de dette et contre les décisions ordonnant le reversement des prestations versées à tort sont portés devant la juridiction mentionnée au troisième alinéa de l'article L. 861-5. »*

V. — Les dispositions (Abrogé par L. n° 2018-1203 du 22 déc. 2018, art. 52-I, à compter du 1er nov. 2019) *« des premier et troisième alinéas » de l'article L. 160-11 sont applicables aux bénéficiaires de la protection complémentaire en matière de santé et aux organismes mentionnés à l'article L. 861-4.*

V. dernière note ss. art. L. 861-1.

Art. L. 861-11 *(L. n° 2018-1203 du 22 déc. 2018, art. 52-I, en vigueur le 1er nov. 2019)* **La participation financière mentionnée au 2° de l'article L. 861-1 est due à l'organisme assurant la protection complémentaire par chaque personne bénéficiaire de la protection complémentaire mentionnée à l'article L. 861-3 et remplissant les conditions prévues au 2° de l'article L. 861-1. Son montant est fixé par arrêté du ministre chargé de la sécurité sociale et varie selon l'âge du bénéficiaire. Il peut être adapté pour les assurés relevant des régimes locaux d'assurance maladie complémentaire mentionnés à l'article L. 325-1 du présent code et à l'article L. 761-3 du code rural et de la pêche maritime. Son montant annuel par bénéficiaire ne peut excéder 5 % du montant du plafond mentionné au 1° de l'article L. 861-1 du présent code pour une personne seule. Les modalités de notification et de recouvrement de la participation sont fixées par décret en Conseil d'État.**

En l'absence de paiement par l'assuré de la participation financière pendant une durée déterminée, le directeur de l'organisme assurant la protection complémentaire, après vérification de la situation du bénéficiaire, informe ce dernier que le bénéfice de son droit à la protection complémentaire en matière de santé sera suspendu s'il n'acquitte pas le montant dû dans un délai défini par décret en Conseil d'État.

A l'expiration de ce délai et en l'absence de paiement, le directeur de l'organisme assurant la protection complémentaire suspend le bénéfice du droit. Il informe également l'intéressé que la suspension du droit ne prendra fin qu'à compter du paiement du montant de l'ensemble des participations échues qui n'ont pas été acquittées.

L'acquittement du montant mentionné au troisième alinéa du présent article a pour conséquence :

1° La fin de la suspension du bénéfice du droit à la protection complémentaire à partir du premier jour du mois qui suit la date d'acquittement de ce montant ;

2° L'abandon du recouvrement de toute autre somme correspondant, le cas échéant, aux frais de santé indûment pris en charge au titre de la protection complémentaire pendant la période de suspension du droit et au montant de la participation non acquittée.

Par dérogation à l'avant-dernier alinéa de l'article L. 861-5, en l'absence d'acquittement du montant mentionné au troisième alinéa du présent article dans un délai déterminé par décret, le directeur de l'organisme assurant la prise en charge des frais de santé de l'intéressé met fin à la prise en charge prévue à l'article L. 861-3 pour la durée du droit à la protection complémentaire restant à courir. Cette décision est notifiée à l'intéressé.

Les conditions d'application de la suspension et de la fermeture du droit sont précisées par décret en Conseil d'État.

CHAPITRE II **DISPOSITIONS FINANCIÈRES**

Art. L. 862-1 *(L. n° 99-641 du 27 juill. 1999, art. 27)* **Il est créé un fonds dont la mission est de financer la couverture des dépenses de santé prévue à l'article L. 861-3** *(L. n° 2004-810 du 13 août 2004, art. 56-II-B)* **« et d'assurer la gestion »** *(L. n° 2015-1702 du 21 déc. 2015, art. 33-I-3°)* **« des crédits d'impôt mentionnés aux articles L. 863-1 et L. 864-1 ».** – *L'art. L. 862-1, tel qu'il résulte de l'art. 33-I de la L. n° 2015-1702 du 21 déc. 2015, s'applique aux contrats prenant effet à compter du 1er janv. 2017 (L. préc., art. 33-II).*

Ce fonds, dénommé : "Fonds de financement de la protection complémentaire de la couverture universelle du risque maladie", est un établissement public national à caractère administratif. Un décret fixe la composition du conseil d'administration, constitué de représentants de l'État, ainsi que la composition du conseil de surveillance, comprenant notamment *(L. n° 2018-699 du 3 août 2018, art. 74)* **« trois députés et trois sénateurs », des représentants d'associations œuvrant dans le domaine économique et social en faveur des populations les plus démunies, des représentants des régimes obligatoires d'assurance maladie et des représentants des organismes de protection sociale complémentaire. Ce décret fixe également les conditions de fonctionnement et de gestion du fonds.** – *V. art. R. 862-1 s.*

Les organismes mentionnés au *b* de l'article L. 861-4 peuvent créer un fonds d'accompagnement à la protection complémentaire des personnes dont les ressources sont supérieures au plafond prévu à l'article L. 861-1. Ils en déterminent les modalités d'intervention.

(L. n° 2002-73 du 17 janv. 2002, art. 38) « Le fonds de financement de la protection complémentaire peut employer des agents de droit privé régis par les conventions collectives applicables aux personnels de sécurité sociale. »

Nouvel art. L. 862-1 (L. n° 99-641 du 27 juill. 1999, art. 27) *Il est créé un fonds dont la mission est de financer la couverture des dépenses de santé prévue à l'article L. 861-3* (Abrogé par L. n° 2018-1203 du 22 déc. 2018, art. 52-I, à compter du 1er nov. 2019) *« et d'assurer la gestion des crédits d'impôt mentionnés aux articles L. 863-1 et L. 864-1 ».*

Ce fonds, dénommé : (L. n° 2018-1203 du 22 déc. 2018, art. 52-I, en vigueur le 1er nov. 2019) *Fonds de financement de la couverture maladie universelle complémentaire, est un établissement public national à caractère administratif. Un décret fixe la composition du conseil d'administration, constitué de représentants de l'État, ainsi que la composition du conseil de surveillance, comprenant notamment* (L. n° 2018-699 du 3 août 2018, art. 74) *« trois députés et trois sénateurs », des représentants d'associations œuvrant dans le domaine économique et social en faveur des populations les plus démunies, des représentants des régimes obligatoires d'assurance maladie et des représentants des organismes de protection sociale complémentaire. Ce décret fixe également les conditions de fonctionnement et de gestion du fonds.* — V. art. R. 862-1 s.

Les organismes mentionnés au b de l'article L. 861-4 peuvent créer un fonds d'accompagnement à la protection complémentaire des personnes dont les ressources sont supérieures au plafond (L. n° 2018-1203 du 22 déc. 2018, art. 52-I, en vigueur le 1er nov. 2019) *« prévu au 1° de » l'article L. 861-1. Ils en déterminent les modalités d'intervention.*

(L. n° 2002-73 du 17 janv. 2002, art. 38) *« Le fonds de financement de la protection complémentaire peut employer des agents de droit privé régis par les conventions collectives applicables aux personnels de sécurité sociale. »*

Art. L. 862-2 *(L. n° 99-641 du 27 juill. 1999, art. 27)* Les dépenses du fonds sont constituées :

(L. n° 2012-1404 du 17 déc. 2012, art. 22-I-1°) « *a)* Par le remboursement aux organismes gestionnaires mentionnés aux *a* et *b* de l'article L. 861-4 des sommes correspondant à la prise en charge des dépenses mentionnées à l'article L. 861-3.

« Le remboursement est effectué, dans la limite des sommes mentionnées au premier alinéa du présent *a*, sur la base d'un forfait annuel par bénéficiaire dont le montant est fixé par décret. Ce forfait est revalorisé au 1er janvier de chaque année du niveau *(L. n° 2017-1836 du 30 déc. 2017, art. 28-I)* « de l'évolution du coût moyen de la couverture des dépenses de santé prévues à l'article L. 861-3 constatée lors du dernier exercice clos et fixée par arrêté ». — *Ce forfait est fixé pour l'année 2019 à 401 euros (Arr. du 21 déc. 2018, JO 23 déc.).*

(Abrogé par L. n° 2017-1836 du 30 déc. 2017, art. 28-I) ***« Le remboursement effectué à la Caisse nationale de l'assurance maladie des travailleurs salariés en application du deuxième alinéa du présent a est majoré, dans la même limite, d'un versement du fonds permettant la prise en compte du niveau plus important des dépenses mentionnées à l'article L. 861-3 du fait des dispositions de l'article L. 861-6. »***

(L. n° 2012-1404 du 17 déc. 2012, art. 22-I-1°) « Le fonds transmet au Gouvernement, au plus tard le 1er septembre de chaque année, l'état des sommes correspondant à la prise en charge pour l'ensemble des organismes gestionnaires des dépenses mentionnées à l'article L. 861-3 ;

« *b)* Par le remboursement aux organismes *(L. n° 2015-1702 du 21 déc. 2015, art. 33-I-4°)* « mentionnés au deuxième alinéa du I de l'article L. 862-4 des crédits d'impôt mentionnés aux articles L. 863-1 et L. 864-1 ». — *L'art. L. 862-2, tel qu'il résulte de l'art. 33-I de la L. n° 2015-1702 du 21 déc. 2015, s'applique aux contrats prenant effet à compter du 1er janv. 2017 (L. préc., art. 33-II).*

« Les modalités d'application des *a* et *b* du présent article sont précisées par décret ; »

c) Par les frais de gestion administrative du fonds.

Nouvel art. L. 862-2 (L. n° 99-641 du 27 juill. 1999, art. 27) *Les dépenses du fonds sont constituées :*

(L. n° 2012-1404 du 17 déc. 2012, art. 22-I-1°) *« a) Par le remboursement aux organismes gestionnaires mentionnés aux a et b de l'article L. 861-4 des sommes correspondant à la prise en charge des dépenses mentionnées à l'article L. 861-3.* (L. n° 2018-1203 du 22 déc. 2018, art. 52-I, en vigueur le 1er nov. 2019) *« Pour les bénéficiaires redevables de la participation mentionnée au 2° de l'article L. 861-1, ces dépenses sont affectées d'un coefficient de majoration au titre des frais de gestion fixé par arrêté du ministre chargé de la sécurité sociale après avis de l'Union nationale des organismes d'assurance maladie complémentaire et minorées du montant des participations dues à l'organisme assurant la protection complémentaire. »*

(Abrogé par L. n° 2018-1203 du 22 déc. 2018, art. 52-I, à compter du 1er nov. 2019) *« Le remboursement est effectué, dans la limite des sommes mentionnées au premier alinéa du présent a, sur la base d'un forfait annuel par bénéficiaire dont le montant est fixé par décret. Ce forfait est revalorisé au 1er janvier de chaque année du niveau* (L. n° 2017-1836 du 30 déc. 2017, art. 28-I) *« de l'évolution du coût moyen de la couverture des dépenses de santé prévues à l'article L. 861-3 constatée lors du dernier exercice clos et fixée par arrêté. »*

(L. n° 2012-1404 du 17 déc. 2012, art. 22-I-1°) *« Le fonds transmet au Gouvernement, au plus tard le 1er septembre de chaque année, l'état des sommes correspondant à la prise en charge pour l'ensemble des organismes gestionnaires des dépenses mentionnées à l'article L. 861-3 ; »*

(L. n° 2018-1203 du 22 déc. 2018, art. 52-I, en vigueur le 1er nov. 2019) *« b) Par les frais de gestion administrative du fonds.*

« Les modalités d'application du a sont précisées par décret. »

Art. L. 862-3 *(L. n° 2012-1404 du 17 déc. 2012, art. 24-II-2°)* **« Les recettes du fonds institué à l'article L. 862-1 sont constituées** *(L. n° 2014-1554 du 22 déc. 2014, art. 22-II-E)* **« d'une fraction » du produit de la taxe mentionnée au I de l'article L. 862-4** *(Abrogé par L. n° 2016-1827 du 23 déc. 2016, art. 34-I)* ***« et d'une fraction, fixée à l'article L. 131-8, du produit du droit de consommation mentionné à l'article 575 du code général des impôts ».*** **»** *— Sur l'entrée en vigueur des dispositions issues de l'art. 22 de la L. n° 2014-1554 du 22 déc. 2014, V. 2e note ss. art. L. 862-4.*

Dern. al. abrogé par L. n° 2012-1404 du 17 déc. 2012, art. 22-I-2°.

Art. L. 862-4 *(L. n° 2010-1657 du 29 déc. 2010, art. 190-I-3°)* **I. — Il est perçu** *(Abrogé par L. n° 2014-1554 du 22 déc. 2014, art. 22-II-F)* ***« , au profit du fonds visé à l'article L. 862-1, »*** **une taxe de solidarité additionnelle aux cotisations d'assurance** *(L. n° 2014-1554 du 22 déc. 2014, art. 22-II-F)* **« maladie complémentaire versées pour les » personnes physiques résidentes en France, à l'exclusion des réassurances.**

La taxe est assise sur *(L. n° 2014-1554 du 22 déc. 2014, art. 22-II-F)* **« le montant des sommes stipulées » au profit d'une mutuelle régie par le code de la mutualité, d'une institution de prévoyance régie par le livre IX du présent code ou par le livre VII du code rural et de la pêche maritime, d'une entreprise régie par le code des assurances ou un organisme d'assurance maladie complémentaire étranger non établi en France mais admis à y opérer en libre prestation de service.** *(L. n° 2014-1554 du 22 déc. 2014, art. 22-II-F)* **« Les sommes stipulées au profit de ces organismes s'entendent également de tous accessoires dont ceux-ci bénéficient, directement ou indirectement, du fait de l'assuré.**

« La taxe » est perçue par l'organisme mentionné au deuxième alinéa ou son représentant fiscal pour le compte des organismes chargés du recouvrement des cotisations du régime général de sécurité sociale territorialement compétents. Toutefois, un autre de ces organismes ou l'Agence centrale des organismes de sécurité sociale peut être désigné par arrêté ministériel pour exercer tout ou partie des missions de ces organismes. La taxe est liquidée sur le montant des cotisations émises ou, à défaut d'émission, recouvrées, au cours de chaque trimestre, nettes d'annulations ou de remboursements. Elle est versée au plus tard le dernier jour du premier mois qui suit le trimestre considéré.

Un arrêté des ministres chargés de la sécurité sociale et du budget précise les documents à fournir par les organismes mentionnés au deuxième alinéa à l'appui de leurs versements.

II. — Le taux de la taxe est fixé à *(L. n° 2014-1554 du 22 déc. 2014, art. 22-II-F)* **« 13,27 %.**

« Ce taux est applicable aux contrats d'assurance maladie complémentaire relatifs à des opérations individuelles et collectives à adhésion facultative, sous réserve que l'organisme ne recueille pas, au titre de ce contrat, d'informations médicales auprès de l'assuré ou des personnes souhaitant bénéficier de cette couverture, que les cotisations

ou primes ne soient pas fixées en fonction de l'état de santé de l'assuré et que ces garanties respectent les conditions prévues à l'article L. 871-1.

« Ce taux est applicable aux contrats d'assurance maladie complémentaire relatifs à des opérations collectives à adhésion obligatoire, sous réserve que les cotisations ou primes ne soient pas fixées en fonction de l'état de santé de l'assuré et que ces garanties respectent les conditions prévues au même article L. 871-1.

« Lorsque les conditions prévues aux deuxième ou troisième alinéas du présent II ne sont pas respectées, le taux est majoré de 7 points.

« II *bis*. — Par dérogation au II, le taux de la taxe est fixé :

« 1° A 6,27 % pour les garanties de protection en matière de frais de santé souscrites dans les conditions prévues au 1° de l'article 998 du code général des impôts ;

« 2° A 6,27 % pour les garanties de protection en matière de frais de santé des contrats d'assurance maladie complémentaire couvrant les personnes physiques ou morales qui exercent exclusivement ou principalement une des professions agricoles ou connexes à l'agriculture définies aux articles L. 722-4 et L. 722-9, au 1° de l'article L. 722-10 et aux articles L. 722-21, L. 722-28, L. 722-29, L. 731-25 et L. 741-2 du code rural et de la pêche maritime ainsi que leurs salariés et les membres de la famille de ces personnes lorsqu'ils vivent avec elles sur l'exploitation si les garanties respectent les conditions prévues à l'article L. 871-1 du présent code, et à 20,27 % si ces conditions ne sont pas respectées ;

« 3° A *(L. n° 2015-1702 du 21 déc. 2015, art. 27°)* « 14 % » pour les garanties de protection en matière de frais de santé des contrats d'assurance maladie couvrant les personnes qui ne sont pas à la charge d'un régime obligatoire d'assurance maladie français ;

« 4° A 7 % pour les garanties assurant le versement d'indemnités complémentaires aux indemnités journalières mentionnées au 5° de l'article L. 321-1, sous réserve que l'organisme ne recueille pas, au titre de ce contrat, d'informations médicales auprès de l'assuré ou des personnes souhaitant bénéficier de cette couverture et que les cotisations ou primes ne soient pas fixées en fonction de l'état de santé de l'assuré, et à cette seule condition dans le cadre des contrats mentionnés au troisième alinéa du II du présent article, et à 14 % si ces conditions ne sont pas respectées.

« Les garanties assurant le versement d'indemnités complémentaires aux indemnités journalières mentionnées au 5° du même article L. 321-1 figurant dans les contrats mentionnés aux 1° et 2° du présent II *bis* sont exonérées. »

(L. n° 2012-1404 du 17 déc. 2012, art. 22-I-3°) « III. — Les modalités de versement ou d'imputation des remboursements prévus aux *a* et *b* de l'article L. 862-2 sont précisées par décret. »

(Abrogé par L. n° 2017-1836 du 30 déc. 2017, art. 28-I) (L. n° 2016-1827 du 23 déc. 2016, art. 34-I) « *IV. — Le produit de la taxe perçue au titre des contrats mentionnés au II et au 2° du II bis du présent article, pour une part correspondant à un taux de 6,27 %, ainsi qu'au 1° du même II bis est affecté au fonds mentionné à l'article L. 862-1. Le solde du produit de la taxe est affecté à ce même fonds pour une fraction fixée à 20,18 % et à la branche mentionnée au 1° de l'article L. 200-2 pour une fraction fixée à 79,82 %.* »

(L. n° 2014-1554 du 22 déc. 2014, art. 22-II-F) « V. — Les déclarations et versements afférents à cette taxe sont effectués par voie dématérialisée, dans des conditions fixées par décret.

« La méconnaissance de l'obligation de déclaration ou de versement par voie dématérialisée prévue au premier alinéa du présent V entraîne l'application d'une majoration, fixée par décret, dans la limite de 0,2 % de la taxe dont la déclaration ou le versement n'a pas été effectué par voie dématérialisée. Ces majorations sont versées à l'organisme chargé du recouvrement de cette taxe dont le redevable relève, selon les règles, garanties et sanctions applicables à cette taxe. »

Les dispositions issues de la L. n° 2010-1657 du 29 déc. 2010 s'appliquent aux contrats dont l'échéance principale intervient à compter du 1er janv. 2011 (L. préc., art. 190-II).

Les dispositions issues de la L. n° 2014-1554 du 22 déc. 2014 s'appliquent aux primes, cotisations ou fractions de primes ou de cotisations pour lesquelles un fait générateur d'imposition intervient à compter du 1er janv. 2016.

Toutefois, les primes ou cotisations d'assurance maladie complémentaire dont le fait générateur d'imposition est intervenu antérieurement au 1er janv. 2016, en application de l'art. L. 862-4, dans sa rédaction en vigueur avant la publication de la L. n° 2014-1554 du 22 déc. 2014, sont taxées aux taux prévus par la loi précitée lorsqu'elles n'ont pas été soumises à la taxe sur les conventions d'assurance applicable antérieurement au 1er janv. 2016 (L. préc., art. 22-IV).

Jurisprudence rendue ss. l'empire des textes antérieurs à la LFSS pour 2019 (L. n° 2018-1203 du 22 déc. 2018).

1. *Dotations versées par le comité d'entreprise pour la CMU-C.* Seules entrent dans l'assiette de la contribution définie par le deuxième al. de l'art. L. 862-4 les sommes versées par le souscripteur aux personnes morales visées par le premier al. en contrepartie des prestations que celles-ci s'engagent à fournir en cas de réalisation du risque garanti par le contrat. • Civ. 2e, 11 juill. 2013 : *JCP S 2013, n° 1417, obs. Tauran.*

2. *Frais relatifs à l'édition d'un journal d'information sur les mesures préventives par une mutuelle.* Les frais relatifs à l'édition du magazine de la mutuelle et les cotisations versées aux fédérations de mutuelle devaient être réintégrés dans l'assiette de la contribution à versement trimestriel. • Civ. 2e, 21 juin 2018, n° 17-17.854 P.

Nouvel art. L. 862-4 (L. n° 2010-1657 du 29 déc. 2010, art. 190-I-3°) *I. — Il est perçu* (Abrogé par L. n° 2014-1554 du 22 déc. 2014, art. 22-II-F) *« , au profit du fonds visé à l'article L. 862-1, » une taxe de solidarité additionnelle aux cotisations d'assurance* (L. n° 2014-1554 du 22 déc. 2014, art. 22-II-F) *« maladie complémentaire versées pour les » personnes physiques résidentes en France, à l'exclusion des réassurances.*

La taxe est assise sur (L. n° 2014-1554 du 22 déc. 2014, art. 22-II-F) *« le montant des sommes stipulées » au profit d'une mutuelle régie par le code de la mutualité, d'une institution de prévoyance régie par le livre IX du présent code ou par le livre VII du code rural et de la pêche maritime, d'une entreprise régie par le code des assurances ou un organisme d'assurance maladie complémentaire étranger non établi en France mais admis à y opérer en libre prestation de service.* (L. n° 2014-1554 du 22 déc. 2014, art. 22-II-F) *« Les sommes stipulées au profit de ces organismes s'entendent également de tous accessoires dont ceux-ci bénéficient, directement ou indirectement, du fait de l'assuré.* (L. n° 2018-1203 du 22 déc. 2018, art. 52-I, en vigueur le 1er nov. 2019) *« La participation financière de l'assuré mentionnée au 2° de l'article L. 861-1 n'est pas assujettie à la taxe. »*

« La taxe » est perçue par l'organisme mentionné au deuxième alinéa ou son représentant fiscal pour le compte des organismes chargés du recouvrement des cotisations du régime général de sécurité sociale territorialement compétents. Toutefois, un autre de ces organismes ou l'Agence centrale des organismes de sécurité sociale peut être désigné par arrêté ministériel pour exercer tout ou partie des missions de ces organismes. La taxe est liquidée sur le montant des cotisations émises ou, à défaut d'émission, recouvrées, au cours de chaque trimestre, nettes d'annulations ou de remboursements. Elle est versée au plus tard le dernier jour du premier mois qui suit le trimestre considéré.

Un arrêté des ministres chargés de la sécurité sociale et du budget précise les documents à fournir par les organismes mentionnés au deuxième alinéa à l'appui de leurs versements.

II. — Le taux de la taxe est fixé à (L. n° 2014-1554 du 22 déc. 2014, art. 22-II-F) *« 13,27 %.*

« Ce taux est applicable aux contrats d'assurance maladie complémentaire relatifs à des opérations individuelles et collectives à adhésion facultative, sous réserve que l'organisme ne recueille pas, au titre de ce contrat, d'informations médicales auprès de l'assuré ou des personnes souhaitant bénéficier de cette couverture, que les cotisations ou primes ne soient pas fixées en fonction de l'état de santé de l'assuré et que ces garanties respectent les conditions prévues à l'article L. 871-1.

« Ce taux est applicable aux contrats d'assurance maladie complémentaire relatifs à des opérations collectives à adhésion obligatoire, sous réserve que les cotisations ou primes ne soient pas fixées en fonction de l'état de santé de l'assuré et que ces garanties respectent les conditions prévues au même article L. 871-1.

« Lorsque les conditions prévues aux deuxième ou troisième alinéas du présent II ne sont pas respectées, le taux est majoré de 7 points.

« II bis. — Par dérogation au II, le taux de la taxe est fixé :

« 1° A 6,27 % pour les garanties de protection en matière de frais de santé souscrites dans les conditions prévues au 1° de l'article 998 du code général des impôts ;

« 2° A 6,27 % pour les garanties de protection en matière de frais de santé des contrats d'assurance maladie complémentaire couvrant les personnes physiques ou morales qui exercent exclusivement ou principalement une des professions agricoles ou connexes à l'agriculture définies aux articles L. 722-4 et L. 722-9, au 1° de l'article L. 722-10 et aux articles L. 722-21,

L. 722-28, L. 722-29, L. 731-25 et L. 741-2 du code rural et de la pêche maritime ainsi que leurs salariés et les membres de la famille de ces personnes lorsqu'ils vivent avec elles sur l'exploitation si les garanties respectent les conditions prévues à l'article L. 871-1 du présent code, et à 20,27 % si ces conditions ne sont pas respectées ;

« 3° A (L. n° 2015-1702 du 21 déc. 2015, art. 27°) *« 14 % » pour les garanties de protection en matière de frais de santé des contrats d'assurance maladie couvrant les personnes qui ne sont pas à la charge d'un régime obligatoire d'assurance maladie français ;*

« 4° A 7 % pour les garanties assurant le versement d'indemnités complémentaires aux indemnités journalières mentionnées au 5° de l'article L. 321-1, sous réserve que l'organisme ne recueille pas, au titre de ce contrat, d'informations médicales auprès de l'assuré ou des personnes souhaitant bénéficier de cette couverture et que les cotisations ou primes ne soient pas fixées en fonction de l'état de santé de l'assuré, et à cette seule condition dans le cadre des contrats mentionnés au troisième alinéa du II du présent article, et à 14 % si ces conditions ne sont pas respectées.

« Les garanties assurant le versement d'indemnités complémentaires aux indemnités journalières mentionnées au 5° du même article L. 321-1 figurant dans les contrats mentionnés aux 1° et 2° du présent II bis sont exonérées. »

(L. n° 2012-1404 du 17 déc. 2012, art. 22-I-3°) *« III. — Les modalités de versement ou d'imputation des remboursements prévus* (L. n° 2018-1203 du 22 déc. 2018, art. 52-I, en vigueur le 1er nov. 2019) *« au a de l'article L. 862-2 et des sommes versées au titre de l'article L. 862-4-1 » sont précisées par décret. »*

(Abrogé par L. n° 2017-1836 du 30 déc. 2017, art. 28-I) (L. n° 2016-1827 du 23 déc. 2016, art. 34-I) *« IV. — Le produit de la taxe perçue au titre des contrats mentionnés au II et au 2° du II bis du présent article, pour une part correspondant à un taux de 6,27 %, ainsi qu'au 1° du même II bis est affecté au fonds mentionné à l'article L. 862-1. Le solde du produit de la taxe est affecté à ce même fonds pour une fraction fixée à 20,18 % et à la branche mentionnée au 1° de l'article L. 200-2 pour une fraction fixée à 79,82 %. »*

(L. n° 2014-1554 du 22 déc. 2014, art. 22-II-F) *« V. — Les déclarations et versements afférents à cette taxe sont effectués par voie dématérialisée, dans des conditions fixées par décret.*

« La méconnaissance de l'obligation de déclaration ou de versement par voie dématérialisée prévue au premier alinéa du présent V entraîne l'application d'une majoration, fixée par décret, dans la limite de 0,2 % de la taxe dont la déclaration ou le versement n'a pas été effectué par voie dématérialisée. Ces majorations sont versées à l'organisme chargé du recouvrement de cette taxe dont le redevable relève, selon les règles, garanties et sanctions applicables à cette taxe. »

Les dispositions issues de la L. n° 2010-1657 du 29 déc. 2010 s'appliquent aux contrats dont l'échéance principale intervient à compter du 1er janv. 2011 (L. préc., art. 190-II).

Les dispositions issues de la L. n° 2014-1554 du 22 déc. 2014 s'appliquent aux primes, cotisations ou fractions de primes ou de cotisations pour lesquelles un fait générateur d'imposition intervient à compter du 1er janv. 2016.

Toutefois, les primes ou cotisations d'assurance maladie complémentaire dont le fait générateur d'imposition est intervenu antérieurement au 1er janv. 2016, en application de l'art. L. 862-4, dans sa rédaction en vigueur avant la publication de la L. n° 2014-1554 du 22 déc. 2014, sont taxées aux taux prévus par la loi précitée lorsqu'elles n'ont pas été soumises à la taxe sur les conventions d'assurance applicable antérieurement au 1er janv. 2016 (L. préc., art. 22-IV).

Art. L. 862-4-1 *(L. n° 2018-1203 du 22 déc. 2018, art. 17-II, en vigueur le 1er janv. 2019)* **Il est institué une contribution à la prise en charge des modes de rémunération mentionnés au 13° de l'article L. 162-5. Son produit est affecté à la Caisse nationale de l'assurance maladie.**

Cette contribution est due par les organismes mentionnés au I de l'article L. 862-4 en activité au 31 décembre de l'année au titre de laquelle la contribution est due.

La contribution est assise sur l'ensemble des sommes versées au profit de ces organismes, au titre des cotisations d'assurance maladie complémentaire, selon les modalités définies au I et au dernier alinéa du II *bis* de l'article L. 862-4.

Le taux de la contribution est fixé à 0,8 %.

La contribution est recouvrée par l'organisme désigné pour le recouvrement de la taxe mentionnée au même article L. 862-4, concomitamment au recouvrement de cette même taxe, sous réserve d'aménagements prévus, le cas échéant, par décret en Conseil d'État. Elle est recouvrée et contrôlée selon les règles, garanties et sanctions prévues au premier alinéa de l'article L. 862-5.

La contribution prévue à l'art. L. 862-4-1, dans sa rédaction résultant de la L. n° 2018-1203 du 22 déc. 2018, est due pour les années 2019, 2020 et 2021. Le dispositif est prorogé annuellement, sauf disposition législative expresse prenant acte d'un nouveau dispositif conventionnel destiné au financement de la prise en charge des modes de rémunération mentionnés au 13° de l'art. L. 162-5 CSS.

Art. L. 862-5 *(L. n° 2012-1404 du 17 déc. 2012, art. 22-I-4°)* **« La taxe mentionnée à l'article L. 862-4 est recouvrée et contrôlée suivant les règles, garanties et sanctions prévues aux I et V de l'article L. 136-5. Les orientations en matière de contrôle sont définies par le fonds institué à l'article L. 862-1, au vu notamment des vérifications opérées par celui-ci, en liaison avec les organismes chargés du recouvrement des cotisations du régime général concernés. »**

Les organismes chargés du recouvrement des cotisations du régime général reversent les sommes encaissées en application du premier alinéa au fonds mentionné à l'article L. 862-1. – *V. Arr. du 27 déc. 1999 (JO 31 déc.).*

Art. L. 862-6 *(L. n° 2010-1657 du 29 déc. 2010, art. 190-I-5°)* **« Lorsque le montant de la taxe collectée en application des I** *(L. n° 2014-1554 du 22 déc. 2014, art. 22-G)* **« , II et II *bis* » de l'article L. 862-4 est inférieur au montant des imputations découlant de l'application du III du même article, les organismes mentionnés au deuxième alinéa du I du même article demandent au fonds** *[nouvelle rédaction issue de la L. n° 2018-1203 du 22 déc. 2018, art. 52-I, en vigueur le 1er nov. 2019 : « à l'Agence centrale des organismes de sécurité sociale »]* **le versement de cette différence »** *(L. n° 2012-1404 du 17 déc. 2012, art. 22-I-5°)* **« dans des conditions fixées par décret ».** *(Abrogé par L. n° 2012-1404 du 17 déc. 2012, art. 22-I-5°) (L. n° 99-641 du 27 juill. 1999, art. 27) « **Le fonds procède à ce versement au plus tard le dernier jour du mois suivant.** »*

V. notes ss. art. L. 862-4.

Art. L. 862-7 *(L. n° 99-641 du 27 juill. 1999, art. 27)* **Pour l'application des articles L. 862-1 à L. 862-6 :**

(L. n° 2012-1404 du 17 déc. 2012, art. 22-I-6°) **« *a)* Le fonds est habilité à procéder à toute vérification relative à l'assiette de la taxe mentionnée à l'article L. 862-4 ou au calcul des demandes de remboursements mentionnés aux *a* et *b* de l'article L. 862-2 ; »**

***b)* Les organismes d'assurance et assimilés non établis en France et admis à y opérer en libre prestation de services en application de l'article L. 310-2 du code des assurances désignent un représentant, résidant en France, personnellement responsable des opérations déclaratives et du versement des sommes dues ;**

(L. n° 2010-1657 du 29 déc. 2010, art. 190-I-6°) **« *c)* Les organismes mentionnés au deuxième alinéa du I de l'article L. 862-4 communiquent aux organismes chargés du recouvrement des cotisations du régime général les informations relatives aux cotisations émises ainsi que les éléments nécessaires à la détermination des imputations mentionnées au III du même article ; ils communiquent au fonds les éléments nécessaires à l'application de l'article L. 862-6 et l'état des dépenses et recettes relatives à la protection complémentaire mises en œuvre au titre du *b* de l'article L. 861-4 ; »**

***d)* Les organismes de sécurité sociale communiquent au fonds le nombre de personnes prises en charge et le montant des prestations servies au titre du *a* de l'article L. 861-4 ;** – *V. art. R. 862-12.*

(L. n° 2008-1330 du 17 déc. 2008, art. 12-I) **« *e)* L'***(L. n° 2013-672 du 26 juill. 2013, art. 24-I)* **« Autorité de contrôle prudentiel et de résolution » et le fonds mentionné à l'article L. 862-1 transmettent chaque année, avant le 1er juin, aux ministres chargés de la santé et de la sécurité sociale et au Parlement les données nécessaires à l'établissement des comptes des organismes visés au I de l'article L. 862-4.**

« Sur cette base, le Gouvernement établit un rapport faisant apparaître notamment l'évolution du montant des primes ou cotisations mentionnées à ce même I, du montant des prestations afférentes à la protection complémentaire en matière de frais de soins de santé versées par ces organismes, du prix et du contenu des contrats ayant ouvert droit au crédit d'impôt mentionné à l'article L. 863-1, du montant des impôts, taxes et contributions qu'ils acquittent et de leur rapport de solvabilité.

« Ce rapport est remis avant le 15 septembre au Parlement. Il est rendu public. »

V. note ss. art. L. 862-4.

Nouvel art. L. 862-7 (L. n° 99-641 du 27 juill. 1999, art. 27) *Pour l'application des articles L. 862-1 à L. 862-6 :*

(L. n° 2012-1404 du 17 déc. 2012, art. 22-I-6°) *« a) Le fonds est habilité à procéder à toute vérification relative à l'assiette de la taxe mentionnée à l'article L. 862-4 ou au calcul des demandes de remboursements mentionnés* (L. n° 2018-1203 du 22 déc. 2018, art. 52-I, en vigueur le 1er nov. 2019) *« au a » de l'article L. 862-2 ; »*

b) Les organismes d'assurance et assimilés non établis en France et admis à y opérer en libre prestation de services en application de l'article L. 310-2 du code des assurances désignent un représentant, résidant en France, personnellement responsable des opérations déclaratives et du versement des sommes dues ;

(L. n° 2010-1657 du 29 déc. 2010, art. 190-I-6°) *« c) Les organismes mentionnés au deuxième alinéa du I de l'article L. 862-4 communiquent aux organismes chargés du recouvrement des cotisations du régime général les informations relatives aux cotisations émises* (L. n° 2018-1203 du 22 déc. 2018, art. 52-I, en vigueur le 1er nov. 2019) *« , aux cotisations assujetties à la taxe mentionnée au même article L. 862-4 au titre des contrats conclus en application de l'article L. 911-1, au nombre de personnes assurées ainsi que les éléments nécessaires à la détermination des informations mentionnées au III de l'article L. 862-4 » ; ils communiquent au fonds* (L. n° 2018-1203 du 22 déc. 2018, art. 52-I, en vigueur le 1er nov. 2019) *« les informations relatives aux bénéficiaires, aux participations versées par ces bénéficiaires en application du 2° de l'article L. 861-1, ainsi que » l'état des dépenses et recettes relatives à la protection complémentaire mises en œuvre au titre du b de l'article L. 861-4 ; »*

d) Les organismes de sécurité sociale communiquent au fonds (L. n° 2018-1203 du 22 déc. 2018, art. 52-I, en vigueur le 1er nov. 2019) *« les informations relatives aux personnes prises en charge, notamment leur nombre et leur âge, » le montant des prestations servies au titre du a de l'article L. 861-4* (L. n° 2018-1203 du 22 déc. 2018, art. 52-I, en vigueur le 1er nov. 2019) *« , ainsi que le montant des participations susmentionnées » ;* — V. art. R. 862-12.

(L. n° 2008-1330 du 17 déc. 2008, art. 12-I) ; L. n° 2013-672 du 26 juill. 2013, art. 24-I ; L. n° 2018-1203 du 22 déc. 2018, art. 52-I, en vigueur le 1er nov. 2019) *« e) L'Autorité de contrôle prudentiel et de résolution et le fonds mentionné à l'article L. 862-1 transmettent chaque année, avant le 1er juin, aux ministres chargés de la santé et de la sécurité sociale et au Parlement les données nécessaires à l'établissement des comptes des organismes visés au I de l'article L. 862-4.*

« Sur cette base, le fonds mentionné à l'article L. 862-1 établit un rapport faisant apparaître notamment le nombre et l'âge des bénéficiaires de la protection complémentaire, l'évolution du montant des participations versées par les bénéficiaires mentionné au 2° de l'article L. 861-1 ainsi que l'évolution du montant des cotisations mentionnées au I de l'article L. 862-4, du montant des prestations afférentes à la protection complémentaire en matière de frais de santé versées par ces organismes.

« Ce rapport est remis avant le 15 novembre au Parlement. Il est rendu public. »

V. note ss. art. L. 862-4.

Art. L. 862-8 *(L. n° 99-641 du 27 juill. 1999, art. 27)* Les organismes mentionnés au I de l'article L. 862-4 peuvent constituer, par adhésion volontaire, des associations dont l'objet est de mettre en œuvre, pour le compte des organismes adhérents, les opérations se rattachant aux droits et obligations qui leur incombent en application des articles L. 862-4 à L. 862-7 et dont ils demeurent responsables.

Un décret en Conseil d'État fixe les règles constitutives de ces associations, notamment les conditions de leur composition, leur compétence territoriale, les règles financières qui leur sont applicables ainsi que les clauses types que doivent pour cela respecter leurs statuts. Il définit en outre les modalités de leur agrément et de leur contrôle par l'État. — *V. art. R. 862-14 à R. 862-20.*

Les organismes qui adhèrent à une association en application du premier alinéa du présent article notifient ce choix à l'organisme chargé du recouvrement des cotisations du régime général compétent.

Le fonds et les organismes chargés du recouvrement *(L. n° 2010-1657 du 29 déc. 2010, art. 190-I-7°)* « des cotisations du régime général de sécurité sociale territorialement compétents disposent, à l'égard des associations constituées en application du présent article, des mêmes pouvoirs de contrôle qu'à l'égard des organismes mentionnés au deuxième alinéa du I de l'article L. 862-4. »

V. note ss. art. L. 862-4.

CHAPITRE III *[ABROGÉ]* DISPOSITIONS RELATIVES À L'AIDE AU PAIEMENT D'UNE ASSURANCE COMPLÉMENTAIRE DE SANTÉ

(Abrogé par (L.n° 2018-1203 du 22 déc. 2018, art. 52-II, à compter du 1er nov. 2019)
(L. n° 2004-810 du 13 août 2004, art. 56-II-A)

Le chap. III relatif à l'aide au paiement d'une assurance complémentaire de santé est abrogé à compter du 1er nov. 2019.

Art. L. 863-1 ***Ouvrent droit à un crédit d'impôt au titre de la*** (L. n° 2010-1657 du 29 déc. 2010, art. 190-I-8°) ***« taxe collectée » en application de l'article L. 862-4 les contrats*** (L. n° 2014-892 du 8 août 2014, art. 11-I) ***« individuels ou, lorsque l'assuré acquitte l'intégralité du coût de la couverture, collectifs facultatifs d'assurance complémentaire en matière de santé »*** (L. n° 2013-1203 du 23 déc. 2013, art. 56-I-A) ***« sélectionnés dans le cadre de la procédure de mise en concurrence prévue à l'article L. 863-6, respectant les conditions fixées à l'article L. 871-1 et » souscrits auprès d'une mutuelle, d'une entreprise régie par le code des assurances ou d'une institution de prévoyance par les personnes résidant en France dans les conditions fixées à l'article L. 861-1 dont les ressources, appréciées dans les conditions prévues*** (L. n° 2006-1640 du 21 déc. 2006, art. 132-III) ***« aux articles L. 861-2 et L. 861-2-1 », sont comprises entre le plafond prévu à l'article L. 861-1 et ce même plafond majoré de*** (L. n° 2011-1906 du 21 déc. 2011, art. 55-II-1°) ***« 35 % ».*** (L. n° 2006-1640 du 21 déc. 2006, art. 50-I) ***« Le montant du plafond applicable au foyer considéré est arrondi à l'euro le plus proche. La fraction d'euro égale à 0,50 est comptée pour 1. »***

Le montant du crédit d'impôt varie selon le nombre et l'âge des personnes composant le foyer, au sens de l'article L. 861-1, couvertes par le ou les contrats.

(L. n° 2009-879 du 21 juill. 2009, art. 58-I) ***« Il est égal à 100 € par personne âgée de moins de*** (L. n° 2009-1673 du 30 déc. 2009, art. 133-I) ***« seize ans, à 200 € par personne âgée de seize » à quarante-neuf ans, à 350 € par personne âgée de cinquante à cinquante-neuf ans et à*** (L. n° 2013-1203 du 23 déc. 2013, art. 56-III, en vigueur le 1er janv. 2015) ***« 550 € » par personne âgée de soixante ans et plus. » L'âge est apprécié au 1er janvier de l'année.***

Les contrats d'assurance complémentaire souscrits par une même personne n'ouvrent droit qu'à un seul crédit d'impôt par an.

Les contrats complémentaires de santé ouvrant droit au crédit d'impôt mentionné à l'art. L. 863-1 du présent chap.. en cours à la date du 1er nov. 2019 restent éligibles au bénéfice de ce crédit d'impôt jusqu'à l'expiration du droit du bénéficiaire (L. n° 2018-1203 du 22 déc. 2018, art. 52-IX-4°).

Art. L. 863-2 ***La mutuelle, l'entreprise régie par le code des assurances ou l'institution de prévoyance auprès de laquelle le contrat a été souscrit déduit du montant de la cotisation ou prime annuelle le montant du crédit d'impôt mentionné à l'article L. 863-1.***

Le montant du crédit d'impôt ne peut excéder le montant de la cotisation ou de la prime.

Le chap. III relatif à l'aide au paiement d'une assurance complémentaire de santé est abrogé à compter du 1er nov. 2019. A la demande de l'assuré bénéficiant du droit à la déduction prévue à l'art. L. 863-2 ayant un contrat figurant sur la liste mentionnée au dern. al. de l'art. L. 863-6 CSS en cours au 1er nov. 2019, l'organisme complémentaire mentionné au b de l'art. L. 861-4 CSS ou, le cas échéant, l'organisme de sécurité sociale calcule la durée du droit au crédit d'impôt restant à courir et le montant de la participation mentionnée à l'art. L. 861-1 du même code dû pour la période correspondante. Il transmet à l'assuré une attestation de reliquat de droits comportant ces informations. Sur la base de cette information, l'assuré peut demander la résiliation de son contrat, sans frais ni pénalités. La résiliation prend effet au plus tard le premier jour du deuxième mois suivant l'envoi de cette attestation à l'organisme assureur en charge du contrat ouvrant droit au bénéfice du crédit d'impôt. Le bénéfice de la protection complémentaire en matière de santé prévue au même art. L. 861-1 lui est alors ouvert pour la durée du droit restant à courir. Le troisième al. de l'art. L. 113-15-1 C. assur. et le dernier al. des art. L. 221-10-1 C. mut. et L. 932-21-1 CSS sont applicables aux résiliations effectuées en application des présentes dispositions (L. n° 2018-1203 du 22 déc. 2018, art. 52-IX-4°).

Art. L. 863-3 ***L'examen des ressources est effectué par la Caisse d'assurance maladie dont relève le demandeur. La décision relative au droit à déduction prévu à l'article L. 863-2 est prise par l'autorité administrative qui peut déléguer ce pouvoir au directeur de la caisse. La délégation de pouvoir accordée au directeur de la caisse en application du troisième alinéa de***

l'article L. 861-5 vaut délégation au titre du présent alinéa. L'autorité administrative ou le directeur de la caisse est habilité à demander toute pièce justificative nécessaire à la prise de décision auprès du demandeur. (L. n° 2009-526 du 12 mai 2009, art. 90) *« Cette décision peut faire l'objet d'un recours contentieux* (Abrogé par L. n° 2016-1547 du 18 nov. 2016, art. 12-I et 114-I) *« devant la juridiction mentionnée au troisième alinéa de l'article L. 861-5 ». »* — Sur les dispositions transitoires de la L. n° 2016-1547 du 18 nov. 2016, V. note ss. chap. II du titre IV du livre Ier.

La caisse remet à chaque bénéficiaire une attestation de droit dont le contenu est déterminé par arrêté interministériel. Sur présentation de cette attestation à une mutuelle, une institution de prévoyance ou une entreprise régie par le code des assurances, l'intéressé bénéficie de la déduction prévue à l'article L. 863-2.

(L. n° 2015-1776 du 28 déc. 2015, art. 40) *« Le droit à cette déduction est renouvelé automatiquement pour les personnes qui bénéficient de l'allocation mentionnée à l'article L. 815-1 ou d'une des allocations mentionnées à l'article 2 de l'ordonnance n° 2004-605 du 24 juin 2004 simplifiant le minimum vieillesse. »*

En application du 3° du I de l'art. 21 de la L. n° 2000-321 du 12 avr. 2000 relative aux droits des citoyens dans leurs relations avec les administrations [V. désormais **CRPA**, *art. L. 231-1], le silence gardé par l'administration vaut décision d'acceptation sur les demandes de bénéfice d'une aide au paiement d'une assurance complémentaire de santé (ACS) (Décr. n° 2016-7 du 5 janv. 2016, applicable aux demandes présentées à compter du 8 janv.).*

Art. L. 863-4 *« Les dispositions de l'article L. 861-9 sont applicables pour la détermination du droit à la déduction prévue à l'article L. 863-2.*

Art. L. 863-4-1 (L. n° 2014-892 du 8 août 2014, art. 12, en vigueur le 1er juill. 2015) *Lorsqu'une personne obtient le droit à déduction prévu à l'article L. 863-2 alors qu'elle est déjà couverte par un contrat d'assurance complémentaire de santé individuel, elle bénéficie, à sa demande :*

1° Soit de la résiliation totale de la garantie initialement souscrite si l'organisme assureur ne propose pas de contrats figurant sur la liste mentionnée au dernier alinéa de l'article L. 863-6, dans sa rédaction résultant de la loi n° 2013-1203 du 23 décembre 2013 de financement de la sécurité sociale pour 2014. Cette résiliation intervient au plus tard le premier jour du deuxième mois suivant la présentation par l'assuré d'une attestation de souscription d'un contrat figurant sur cette liste ;

2° Soit de la modification du contrat initialement souscrit en un contrat figurant sur la liste mentionnée au même dernier alinéa.

Les cotisations ou primes afférentes aux contrats sont remboursées par les organismes qui les ont perçues, au prorata de la durée du contrat restant à courir.

Art. L. 863-5 *Le fonds mentionné à l'article L. 862-1 rend compte annuellement au Gouvernement de l'évolution du prix et du contenu des contrats ayant ouvert droit au crédit d'impôt.*

Art. L. 863-6 (L. n° 2013-1203 du 23 déc. 2013, art. 56-I-A) *Le bénéfice du crédit d'impôt mentionné à l'article L. 863-1 est réservé aux contrats* (L. n° 2014-892 du 8 août 2014, art. 11-I) *« individuels ou, lorsque l'assuré acquitte l'intégralité du coût de la couverture, collectifs facultatifs d'assurance complémentaire en matière de santé » respectant les conditions fixées à l'article L. 871-1 et sélectionnés à l'issue d'une procédure de mise en concurrence. Cette procédure vise à sélectionner des contrats offrant, au meilleur prix, des garanties au moins aussi favorables que celles prévues au même article L. 871-1* (L. n° 2014-892 du 8 août 2014, art. 13) *« , ouverts à tous les bénéficiaires de l'attestation du droit à l'aide au paiement d'une assurance complémentaire de santé ». Elle est régie par des dispositions définies par décret en Conseil d'État, dans le respect des principes de transparence, d'objectivité et de non-discrimination.*

Ce décret fixe notamment les règles destinées à garantir une publicité préalable suffisante, les conditions de recevabilité et d'éligibilité des candidatures, les critères de sélection des contrats, le ou les niveaux de prise en charge des dépenses entrant dans le champ des garanties mentionnées au premier alinéa ainsi que le nombre minimal de contrats retenus pour chaque niveau de garantie.

La liste des contrats ainsi sélectionnés est rendue publique et est communiquée par les caisses d'assurance maladie aux bénéficiaires de l'attestation du droit à l'aide au paiement d'une assurance complémentaire santé.

Art. L. 863-7 (L. n° 2013-1203 du 23 déc. 2013, art. 56-I-A) *A l'expiration de son droit au bénéfice de la déduction prévue à l'article L. 863-2, toute personne ayant bénéficié d'un contrat mentionné à l'article L. 863-6 reçoit de l'organisme auprès duquel elle avait souscrit son contrat la proposition de le prolonger pour une période d'un an ou d'en souscrire un nouveau parmi les contrats offerts par cet organisme et sélectionnés dans le cadre de la procédure mentionnée au même article L. 863-6. Ce contrat est proposé au même tarif que celui applicable aux bénéficiaires de l'attestation du droit à l'aide au paiement d'une assurance complémentaire santé avant la déduction opérée au titre de l'article L. 863-2.*

Art. L. 863-7-1 (L. n° 2014-1554 du 22 déc. 2014, art. 41-I-4°) *Les bénéficiaires de la déduction prévue à l'article L. 863-2 bénéficient du tiers payant sur la part des dépenses prise en charge par l'assurance maladie obligatoire, ainsi que sur la part des dépenses couverte par leur contrat d'assurance complémentaire de santé sélectionné en application de l'article L. 863-6, pour l'ensemble des actes et prestations qui leur sont dispensés par les professionnels de santé. Ce tiers payant est mis en œuvre pour la délivrance de médicaments, dans le respect des conditions fixées au troisième alinéa de l'article L. 162-16-7. S'agissant des actes et prestations dispensés par les médecins, il n'est pas mis en œuvre lorsque le bénéficiaire se trouve dans l'une des situations prévues à l'avant-dernier alinéa de l'article L. 162-5-3.* (L. n° 2018-1203 du 22 déc. 2018, art. 77-I, en vigueur le 1er janv. 2019) *« Les articles L. 133-4-1 et L. 161-5-1 sont applicables au recouvrement des prestations versées à tort. »*

Un décret détermine les modalités du tiers payant permettant aux professionnels et aux établissements de santé qui le souhaitent d'avoir un interlocuteur unique. Il précise notamment, à cet effet, la procédure applicable entre les professionnels de santé et les organismes d'assurance maladie, d'une part, et celle applicable entre les organismes d'assurance complémentaire de santé et les organismes d'assurance maladie, d'autre part. (L. n° 2018-1203 du 22 déc. 2018, art. 77-I, en vigueur le 1er janv. 2019) *« Le dernier alinéa de l'article L. 861-3 est applicable aux relations entre les organismes complémentaires et les organismes d'assurance maladie. »*

CHAPITRE III *BIS* CONVENTIONS CONCLUES ENTRE LES ORGANISMES DE PROTECTION SOCIALE COMPLÉMENTAIRE ET LES PROFESSIONNELS, LES SERVICES ET LES ÉTABLISSEMENTS DE SANTÉ

(L. n° 2014-57 du 27 janv. 2014, art. 2-I)

BIBL. ▸ GINON, Réseaux de soins et identité mutualiste à la lumière de la loi n° 2014-57 du 27 janvier 2014, *RDSS 2015. 312*

Art. L. 863-8 I. — Les mutuelles, unions ou fédérations relevant du code de la mutualité, les entreprises d'assurance régies par le code des assurances et les institutions de prévoyance régies par le présent code peuvent, directement ou par l'intermédiaire d'un tiers, conclure avec des professionnels de santé, des établissements de santé ou des services de santé des conventions comportant des engagements relatifs, pour l'organisme assureur, au niveau ou à la nature des garanties ou, pour le professionnel, l'établissement ou le service, aux services rendus ou aux prestations ainsi qu'aux tarifs ou aux prix.

Ces conventions ne peuvent comprendre aucune stipulation portant atteinte au droit fondamental de chaque patient au libre choix du professionnel, de l'établissement ou du service de santé et aux principes d'égalité et de proximité dans l'accès aux soins.

L'adhésion des professionnels, établissements ou services à ces conventions s'effectue sur la base de critères objectifs, transparents et non discriminatoires. L'adhésion ne peut comporter de clause d'exclusivité.

Tout professionnel, établissement ou service répondant aux critères mentionnés au troisième alinéa du présent I peut adhérer à la convention. Cependant, les conventions concernant la profession d'opticien-lunetier peuvent prévoir un nombre limité d'adhésions.

Pour les professionnels de santé autres que ceux appartenant à des professions mentionnées au deuxième alinéa de l'article L. 162-14-3 du présent code, ces conventions ne peuvent comporter de stipulations tarifaires relatives aux actes et prestations mentionnées aux articles L. 162-1-7 et L. 162-14-1 du même code.

Le niveau de la prise en charge des actes et prestations médicaux par les organismes mentionnés au premier alinéa du présent I ne peut être modulé en fonction du choix de l'assuré de recourir ou non à un médecin ayant conclu une convention avec ces organismes.

II. — L'organisme assureur garantit une information complète auprès de ses assurés ou adhérents sur l'existence du conventionnement, ses caractéristiques et son impact sur leurs droits.

Cet art. s'applique aux conventions conclues ou renouvelées à compter du 27 janv. 2014, date de promulgation de la L. n° 2014-57 du 27 janv. 2014. Chaque année pour une période de trois ans, le Gouvernement remet au Parlement, avant le 30 sept., un rapport dressant un bilan et une évaluation des conventions mentionnées à l'art. L. 863-8. Il porte notamment sur les garanties et prestations que ces conventions comportent, leurs conséquences pour les patients, en particulier en termes d'accès aux soins et de reste à charge, et leur impact sur les tarifs et prix pratiqués par les professionnels, établissements et services concernés (L. préc., art. 2-II et 3).

Compatibilité de la loi du 23 janv. 2014 avec la Constitution. La loi du 23 janv. 2014 a fixé les règles que doivent respecter les conventions conclues entre les organismes de protection sociale complémentaire et les professionnels de santé, établissements de santé et services de santé, et a également entendu permettre aux mutuelles, unions ou fédérations relevant du C. mut. de moduler les prestations versées à leurs assurés en fonction des stipulations figurant dans ces conventions, et elle prévoit une application de ces dispositions nouvelles aux seules conventions conclues ou renouvelées à compter de l'entrée en vigueur de la loi nouvelle. Par ces dispositions, le législateur n'a pas délégué aux organismes assureurs des pouvoirs de régulation des dépenses de santé et de protection de la santé, et n'a pas méconnu l'étendue de sa compétence. • Cons. const. 23 janv. 2014, n° 2013-686 DC : *RJS 4/2014, n° 355.* ♦ Aucune exigence constitutionnelle n'impose que les différentes catégories de professionnels du secteur de la santé soient soumises à des règles identiques pour l'adhésion aux conventions conclues avec les organismes de protection sociale complémentaire. Le législateur n'a donc pas porté atteinte au principe d'égalité devant la loi en traitant de façon différente les opticiens-lunetiers et les autres professionnels de santé. • Même décision. ♦ En permettant aux conventions concernant la profession d'opticien-lunetier de prévoir un nombre limité d'adhésions, les dispositions contestées ne portent pas atteinte à la liberté des opticiens-lunetiers d'exercer leur profession et ne portent pas atteinte à la liberté d'entreprendre. • Même décision.

CHAPITRE IV *[ABROGÉ]* DISPOSITIONS RELATIVES À LA COUVERTURE COMPLÉMENTAIRE SANTÉ DES PERSONNES ÂGÉES DE SOIXANTE-CINQ ANS ET PLUS

(Abrogé par L. n° 2018-1203 du 22 déc. 2018, art. 52-I, à compter du 1er nov. 2019)
(L. n° 2015-1702 du 21 déc. 2015, art. 33-I-2°, en vigueur le 1er janv. 2017)

Art. L. 864-1 *Ouvrent droit à un crédit d'impôt au titre de la taxe collectée en application de l'article L. 862-4 les contrats individuels ou, lorsque l'assuré acquitte l'intégralité du coût de la couverture, les contrats collectifs facultatifs d'assurance complémentaire en matière de santé, labellisés en application de l'article L. 864-2 et qui sont souscrits par des personnes âgées d'au moins soixante-cinq ans auprès d'un des organismes mentionnés au deuxième alinéa du I de l'article L. 862-4.*

L'octroi du label vise à identifier des contrats offrant, à des prix accessibles, des garanties adaptées à la situation des personnes mentionnées au premier alinéa du présent article.

Le montant annuel du crédit d'impôt est égal à 1 % des primes, hors taxes, acquittées par les personnes mentionnées au premier alinéa du présent article. Les modalités d'imputation de ce crédit d'impôt, dont le montant ne peut dépasser, pour chaque échéance, celui de la taxe collectée en application de l'article L. 862-4, sont définies par décret en Conseil d'État.

Le crédit d'impôt prévu au présent article n'est pas cumulable avec le bénéfice des articles L. 861-1 et L. 863-1.

Art. L. 864-2 *Bénéficient d'un label les contrats souscrits par des personnes âgées d'au moins soixante-cinq ans auprès d'un des organismes mentionnés au deuxième alinéa du I de l'article L. 862-4, lorsque ces contrats :*

1° Proposent des garanties au moins équivalentes à des niveaux déterminés pour un prix, hors taxes, inférieur à des seuils fixés, en fonction de l'âge des assurés et du niveau des garanties proposées. Ces niveaux de garanties et ces seuils de prix sont fixés par décret, pris après consultation de l'Autorité de la concurrence et de l'Autorité de contrôle prudentiel et de résolution ;

2° Respectent les conditions fixées à l'article L. 871-1.

La liste des contrats respectant les critères mentionnés aux trois premiers alinéas du présent article est rendue publique, dans des conditions et délais fixés par décret en Conseil d'État, après transmission à l'autorité compétente, par les organismes proposant ces contrats, des éléments permettant de justifier du respect de ces mêmes critères.

Les seuils mentionnés au 1° sont revalorisés annuellement en fonction de l'évolution de l'objectif national de dépenses d'assurance maladie fixé par la loi de financement de la sécurité sociale pour l'année antérieure.

Les organismes proposant des contrats mentionnés au premier alinéa sont tenus de transmettre à l'autorité compétente les modifications apportées à ces contrats et, au moins annuellement, leurs prix.

Un décret en Conseil d'État définit les conditions d'application du présent article, notamment le délai dans lequel interviennent les consultations mentionnées au 1°, ainsi que le nombre de niveaux de garanties mentionnés au même 1°.

CHAPITRE V DISPOSITIONS D'APPLICATION

Le chap. IV devient le chap. V et l'art. L. 864-1 devient l'art. L. 865-1 à compter du 1er janv. 2017 (L. n° 2015-1702 du 21 déc. 2015, art. 33-I-1°).

Art. L. 865-1 *(L. n° 99-641 du 27 juill. 1999, art. 30)* Des décrets en Conseil d'État déterminent, en tant que de besoin, les modalités d'application du présent titre. — *[Anc. art. L. 864-1.]*

TITRE SEPTIÈME CONTENU DES DISPOSITIFS D'ASSURANCE MALADIE COMPLÉMENTAIRE BÉNÉFICIANT D'UNE AIDE *(L. n° 2005-1579 du 19 déc. 2005, art. 54-I).*

(L. n° 2004-810 du 13 août 2004, art. 57-I)

Art. L. 871-1 Le bénéfice des dispositions *(Abrogé par L. n° 2018-1203 du 22 déc. 2018, art. 52-II, à compter du 1er nov. 2019)* **« de l'article L. 863-1 »**, des sixième et huitième alinéas de l'article L. 242-1 *(L. n° 2006-1640 du 21 déc. 2006, art. 27-II)* « ou pour les salariés du secteur agricole des sixième et huitième alinéas de l'article L. 741-10 du code rural et de la pêche maritime », du 1° *quater* de l'article 83 du code général des impôts, du deuxième alinéa du I de l'article 154 *bis (L. n° 2011-1906 du 21 déc. 2011, art. 55-II-2°)* « , du *(L. n° 2014-1554 du 22 déc. 2014, art. 22-II-H)* « II et du 2° du II *bis* de l'article L. 862-4 du présent » code, dans le cas de garanties destinées au remboursement ou à l'indemnisation des frais occasionnés par une maladie, une maternité ou un accident, est subordonné *(L. n° 2007-1786 du 19 déc. 2007, art. 52-II)* « à la condition que les opérations d'assurance concernées ne couvrent pas la participation forfaitaire et la franchise respectivement mentionnées au II et au III de l'article *(L. n° 2015-1702 du 21 déc. 2015, 59-XI-M-5°, en vigueur le 1er janv. 2016)* « L. 160-13 » du présent code *(L. n° 2016-41 du 26 janv. 2016, art. 83-V-1°, en vigueur le 1er janv. 2017)* « , qu'elles permettent à l'assuré de bénéficier du mécanisme de tiers payant sur les prestations faisant l'objet de ces garanties, au moins à hauteur des tarifs de responsabilité, » et qu'elles respectent les règles » fixées par décret en Conseil d'État après avis de l'Union nationale des caisses d'assurance maladie et de l'Union nationale des organismes d'assurance maladie complémentaire. *(L. n° 2011-1906 du 21 déc. 2011, art. 10)* « Le bénéfice de ces mêmes dispositions est également subordonné à la condition que la mutuelle ou union relevant du code de la mutualité, l'institution de prévoyance régie par le présent code ou l'entreprise d'assurances régie par le code des assurances communique annuellement aux assurés le montant et la composition des frais de gestion et d'acquisition de l'organisme affectés aux garanties destinées au remboursement et à l'indemnisation des frais occasionnés par une maladie, une maternité ou un accident, en pourcentage des cotisations ou primes afférents à ce risque, selon des modalités précisées par arrêté du ministre chargé de la sécurité sociale. ». — *V. Arr. du 17 avr. 2012 (JO 4 mai), mod. par Arr. du 26 sept. 2012 (JO 5 oct.) et Arr. du 8 juill. 2013 (JO 17 juill.) et Arr. du 30 déc. 2015 (JO 31 déc.).*

Ces règles prévoient l'exclusion totale ou partielle de la prise en charge de la majoration de participation des assurés et de leurs ayants droit visée à l'article L. 162-5-3

(L. n° 2016-41 du 26 janv. 2016, art. 83-V-2°) « ainsi que » de la prise en charge des dépassements d'honoraires sur le tarif des actes et consultations visés au 18° de l'article L. 162-5. »

(L. n° 2013-1203 du 23 déc. 2013, art. 56-I-B) « Elles prévoient, en outre, la prise en charge totale ou partielle de tout ou partie de la participation de l'assuré aux tarifs servant de base au calcul des prestations de l'assurance maladie prévue au I de l'article *(L. n° 2015-1702 du 21 déc. 2015, 59-XI-M-5°, en vigueur le 1er janv. 2016)* « L. 160-13 » pour les prestations couvertes par les régimes obligatoires, y compris les prestations liées à la prévention, et du forfait journalier prévu à l'article L. 174-4.

« Elles fixent les conditions dans lesquelles peuvent être pris en charge les dépassements tarifaires sur les consultations et les actes des médecins *(L. n° 2014-892 du 8 août 2014, art. 14-1°)* « , en distinguant, le cas échéant, ceux des médecins ayant adhéré *(L. n° 2016-1827 du 23 déc. 2016, art. 77)* « aux dispositifs de pratique tarifaire maîtrisée prévus » par la convention nationale mentionnée à l'article L. 162-5 de ceux des médecins non adhérents. Elles fixent également les conditions dans lesquelles peuvent être pris en charge les frais exposés », en sus des tarifs de responsabilité, pour les soins dentaires prothétiques ou d'orthopédie dentofaciale et pour certains dispositifs médicaux à usage individuel admis au remboursement, notamment les dispositifs d'optique médicale. Ces conditions peuvent comprendre des plafonds de prise en charge distincts par catégorie de prestations notamment ainsi que, s'agissant des soins dentaires prothétiques ou d'orthopédie dentofaciale et de certains dispositifs médicaux à usage individuel, des niveaux minimaux de prise en charge ». — *V. dispositions transitoires ss. nouvel art.*

Dernier al. abrogé par L. n° 2012-1404 du 17 déc. 2012, art. 49.

Les dispositions issues de la L. n° 2013-1203 du 23 déc. 2013 entrent en vigueur, selon des modalités définies par décret en Conseil d'État, pour les contrats, les bulletins d'adhésion ou les règlements conclus, souscrits ou renouvelés à compter du 1er avr. 2015 (L. n° 2013-1203 du 23 déc. 2013, art. 56-II, mod. par L. n° 2014-892 du 8 août 2014, art. 14).

Sur l'entrée en vigueur des dispositions de l'art. 22-II-H de la L. n° 2014-1554 du 22 déc. 2014, V. 2e note ss. art. L. 862-4.

Généralisation du tiers payant (non-conformité partielle). Les dispositions de l'art. 83 prévoient des obligations nouvelles pour les professionnels de santé exerçant en ville, selon un calendrier d'application précisément fixé par le législateur ; qu'il résulte de l'art. L. 1111-15 CSP que les professionnels de santé exerçant en ville regroupent les professionnels autres que ceux exerçant en établissement de santé ; que les dispositions contestées précisent les conditions dans lesquelles est garanti au professionnel de santé le paiement de la part des honoraires prise en charge par les régimes obligatoires de base d'assurance maladie ; qu'elles imposent le respect d'un délai et le versement d'une pénalité en l'absence de respect de ce délai ; qu'elles imposent également la fourniture au professionnel de santé des informations nécessaires au suivi du paiement de chaque acte ou consultation ; que, toutefois, ni les dispositions contestées ni aucune autre disposition ne prévoient des dispositions équivalentes en ce qui concerne l'application du tiers payant aux dépenses prises en charge par les organismes d'assurance maladie complémentaire en vertu des dispositions du 4° du paragraphe I de l'art. 83 ; qu'en se bornant à édicter une obligation relative aux modalités de paiement de la part des dépenses prise en charge par les organismes d'assurance maladie complémentaire sans assortir cette obligation des garanties assurant la protection des droits et obligations respectifs du professionnel de santé et de l'organisme d'assurance maladie complémentaire, le législateur a méconnu l'étendue de sa compétence ; que, dès lors, les mots « et sur celle couverte par leur organisme d'assurance maladie complémentaire » et les mots « ainsi que les organismes d'assurance maladie complémentaire » figurant au 4° du paragraphe I de l'art. 83, sont contraires à la Constitution. • Cons. const. 21 janv. 2016, n° 2015-727 DC, consid. 48 : *Gaz. Pal. 2016. 31, note Marino ; JCP S 2016, n° 1170, note Marié ; Constitutions 2016. 125, obs. Bioy.*

Nouvel art. L. 871-1 *Le bénéfice des dispositions* (Abrogé par L. n° 2018-1203 du 22 déc. 2018, art. 52-II, à compter du 1er nov. 2019) *« de l'article L. 863-1 », des sixième et huitième alinéas de l'article L. 242-1* (L. n° 2006-1640 du 21 déc. 2006, art. 27-II) *« ou pour les salariés du secteur agricole des sixième et huitième alinéas de l'article L. 741-10 du code rural et de la pêche maritime », du 1° quater de l'article 83 du code général des impôts, du deuxième alinéa du I de l'article 154 bis* (L. n° 2011-1906 du 21 déc. 2011, art. 55-II-2°) *« , du* (L. n° 2014-1554 du 22 déc. 2014, art. 22-II-H) *« II et du 2° du II bis de l'article L. 862-4 du présent » code, dans le cas de garanties destinées au remboursement ou à l'indemnisation des frais occasionnés par*

une maladie, une maternité ou un accident, est subordonné (L. n° 2007-1786 du 19 déc. 2007, art. 52-II) ***« à la condition que les opérations d'assurance concernées ne couvrent pas la participation forfaitaire et la franchise respectivement mentionnées au II et au III de l'article*** (L. n° 2015-1702 du 21 déc. 2015, 59-XI-M-5°, en vigueur le 1er janv. 2016) ***« L. 160-13 » du présent code*** (L. n° 2016-41 du 26 janv. 2016, art. 83-V-1°, en vigueur le 1er janv. 2017) ***« , qu'elles permettent à l'assuré de bénéficier du mécanisme de tiers payant sur les prestations faisant l'objet de ces garanties, au moins à hauteur des tarifs de responsabilité, » et qu'elles respectent les règles » fixées par décret en Conseil d'État après avis de l'Union nationale des caisses d'assurance maladie et de l'Union nationale des organismes d'assurance maladie complémentaire.*** (L. n° 2011-1906 du 21 déc. 2011, art. 10) ***« Le bénéfice de ces mêmes dispositions est également subordonné à la condition que la mutuelle ou union relevant du code de la mutualité, l'institution de prévoyance régie par le présent code ou l'entreprise d'assurances régie par le code des assurances communique annuellement aux assurés le montant et la composition des frais de gestion et d'acquisition de l'organisme affectés aux garanties destinées au remboursement et à l'indemnisation des frais occasionnés par une maladie, une maternité ou un accident, en pourcentage des cotisations ou primes afférents à ce risque, selon des modalités précisées par arrêté du ministre chargé de la sécurité sociale ».***

— V. Arr. du 17 avr. 2012 (JO 4 mai), mod. par Arr. du 26 sept. 2012 (JO 5 oct.) et Arr. du 8 juill. 2013 (JO 17 juill.) et Arr. du 30 déc. 2015 (JO 31 déc.).

Ces règles prévoient l'exclusion totale ou partielle de la prise en charge de la majoration de participation des assurés et de leurs ayants droit visée à l'article L. 162-5-3 (L. n° 2016-41 du 26 janv. 2016, art. 83-V-2°) ***« ainsi que » de la prise en charge des dépassements d'honoraires sur le tarif des actes et consultations visés au 18°*** ***de l'article L. 162-5. »***

(L. n° 2013-1203 du 23 déc. 2013, art. 56-I-B) ***« Elles prévoient, en outre, la prise en charge totale ou partielle de tout ou partie de la participation de l'assuré aux tarifs servant de base au calcul des prestations de l'assurance maladie prévue au I de l'article*** (L. n° 2015-1702 du 21 déc. 2015, 59-XI-M-5°, en vigueur le 1er janv. 2016) ***« L. 160-13 » pour les prestations couvertes par les régimes obligatoires, y compris les prestations liées à la prévention, et du forfait journalier prévu à l'article L. 174-4.***

« Elles fixent les conditions dans lesquelles peuvent être pris en charge les dépassements tarifaires sur les consultations et les actes des médecins (L. n° 2014-892 du 8 août 2014, art. 14-1°) ***« , en distinguant, le cas échéant, ceux des médecins ayant adhéré*** (L. n° 2016-1827 du 23 déc. 2016, art. 77) ***« aux dispositifs de pratique tarifaire maîtrisée prévus » par la convention nationale mentionnée à l'article L. 162-5 de ceux des médecins non adhérents. Elles fixent également les conditions dans lesquelles*** (L. n° 2018-1203 du 22 déc. 2018, art. 51-I, en vigueur le 1er janv. 2020) ***« sont » pris en charge les frais exposés », en sus des tarifs de responsabilité, pour les soins dentaires prothétiques ou d'orthopédie dentofaciale et pour certains dispositifs médicaux à usage individuel admis au remboursement, notamment les dispositifs d'optique médicale*** (L. n° 2018-1203 du 22 déc. 2018, art. 51-I, en vigueur le 1er janv. 2020)***« et les aides auditives ». Ces conditions peuvent comprendre des plafonds de prise en charge distincts par catégorie de prestations notamment ainsi que, s'agissant des soins dentaires prothétiques ou d'orthopédie dentofaciale et de certains dispositifs médicaux à usage individuel, des niveaux minimaux de prise en charge ».*** — V. dispositions transitoires ci-dessous.

Dernier al. *abrogé par L. n° 2012-1404 du 17 déc. 2012, art. 49.*

Les dispositions issues de la L. n° 2013-1203 du 23 déc. 2013 entrent en vigueur, selon des modalités définies par décret en Conseil d'État, pour les contrats, les bulletins d'adhésion ou les règlements conclus, souscrits ou renouvelés à compter du 1er avr. 2015 (L. n° 2013-1203 du 23 déc. 2013, art. 56-II, mod. par L. n° 2014-892 du 8 août 2014, art. 14).

Sur l'entrée en vigueur des dispositions de l'art. 22-II-H de la L. n° 2014-1554 du 22 déc. 2014, V. 2e note ss. art. L. 862-4.

Les dispositions prises pour l'application de l'art. L. 871-1 dans sa rédaction résultant de la L. n° 2018-1203 du 22 déc. 2018 s'appliquent aux contrats souscrits ou renouvelés à compter du 1er janv. 2020.

Les organisations liées par une convention de branche ou un accord professionnel permettant aux salariés de bénéficier de la couverture minimale prévue à l'art. L. 911-7 CSS engagent une négociation afin que la convention ou l'accord soient rendus conformes, avant le 1er janv. 2020, aux conditions prévues à l'art. L. 871-1, dans sa rédaction résultant de la loi susvisée.

Les accords d'entreprise et les décisions unilatérales des employeurs permettant de faire bénéficier leurs salariés de cette couverture minimale sont adaptés dans les mêmes conditions, dans le respect, pour les décisions unilatérales, de l'art. 11 de la L. n° 89-1009 du 31 déc. 1989 renforçant les garanties offertes aux personnes assurées contre certains risques (L. n° 2018-1203 du 22 déc. 2018, art. 51-III-B).

LIVRE NEUVIÈME DISPOSITIONS RELATIVES À LA PROTECTION SOCIALE COMPLÉMENTAIRE ET SUPPLÉMENTAIRE DES SALARIÉS ET NON-SALARIÉS ET AUX INSTITUTIONS À CARACTÈRE PARITAIRE *(Ord. n° 2006-344 du 22 mars 2006).*

(L. n° 94-678 du 8 août 1994)

BIBL. GÉN. ▶ BARTHÉLEMY, L'évolution du système de protection complémentaire, *Dr. soc. 1986. 305* ; La cotisation salariale d'un régime de retraite ou de prévoyance, *Dr. soc. 1989. 330* ; Sécurité sociale et concurrence : les limites de la compatibilité *in* Mél. Christian Mouly, *Litec 1998, t. II, p. 13* ; La nature juridique des accords de retraite complémentaire : *Dr. soc. 2003. 513* ; Réforme des retraites et protection sociale complémentaire, *Dr. soc. 2003. 970*. – BELORGEY, Logique de l'assurance, logique de la solidarité, *Dr. soc. 1995. 731*. – BOIXADER et VINCENS, De la nécessité de préciser la loi Évin ?, *JCP S 2008. 1282*. – BONICHOT, Protection sociale complémentaire et droit communautaire de la concurrence, *RJS 1997. 83*. – BONIN, L'évolution des prestations en nature de l'assurance maladie : pour quelques euros de plus ou de moins, *RDSS 2014. 847*. – BORGETTO, Les complémentaires santé, renouveau ou déclin de l'assurance maladie ?, *n° spécial, RDSS 2014. 789*. – BRIENS, L'entreprise et le droit de la protection sociale complémentaire, coll. « Pratique sociale », *Litec 1990* ; Les nouvelles désorientations de la négociation de la protection sociale complémentaire, *RDSS 2014. 610*. – BROCAS et HADOLH, Monopole et concurrence en matière de protection sociale, *Dr. soc. 1995. 748*. – CAMAJI, La personne : une figure émergente dans le droit de la protection sociale, *RDT 2010. 211* ; La protection sociale des salariés privés d'emploi, *RDSS 2014. 953* – CANIARD, Le crédit d'impôt, outil d'organisation de la protection sociale complémentaire, *Dr. soc. 2003. 518* ; Les limites de la généralisation de la couverture complémentaire des frais de santé, *RDSS 2014. 616* – CHADELAT, Quel avenir pour les complémentaires Santé ?, *Regards 2009, n° 35, p. 21*. – CHAPERON, Quelques réflexions sur la situation des régimes complémentaires ARRCO et AGIRC au regard du grand Marché unique européen, *Dr. soc. 1991. 541*. – CHAUCHARD, La prévoyance sociale complémentaire selon le Conseil constitutionnel, *RDSS 2014. 601*. – CHASSARD et VENTURINI, La dimension européenne de la protection sociale, *Dr. soc. 1995. 772*. – CHOTARD, La protection sociale et l'entreprise, *Dr. soc. 1980. 181*. – COURSIER et JOURDAN, La protection sociale complémentaire : interférences entre le contrat de travail et le contrat d'assurance, *JCP E 1996. I. 568*. – DEL SOL, HENNION-MOREAU, KAUFMANN et PIERRE, Protection sociale d'entreprise, *JCP E 2004. 1687*. – DORMONT, La couverture des soins par les assurances maladie obligatoires et complémentaires : quels enjeux pour le système de soins ? *RDSS 2014. 806*. – DUPEYROUX, La protection sociale demain, *Dr. soc. 1995. 712*. – EUZEBY, Protection sociale et économie nationale, *Dr. soc. 1994. 190*. – FRANC, Le partage de la couverture maladie obligatoire et assurances complémentaires : les défauts d'un système mixte, *RDSS 2014. 820*. – GADBIN, Les fonds de pension obligatoire face au droit communautaire de la concurrence, *Dr. soc. 2001. 178*. – GINON, La déconnexion juridique des paniers de soins. Étude des liens entre assurance maladie obligatoire et assurance maladie complémentaire, *RDSS 2014. 831*. – HENNION-MOREAU, La protection sociale d'entreprise, *JCP 2005. 1550*. – IEEIT et BARTHÉLEMY et a., Cahier de droit social, La protection sociale complémentaire, *JCP E 1996. I. 568* ; La protection sociale complémentaire et le droit communautaire, *JCP E 1997. I. 689*. – JUSOT, La complémentaire santé : une source d'inégalités face à la santé ?, *Les Tribunes de la santé 2/ 2014, n° 43, p. 69*. – LAFORE, Droit du travail et Sécurité sociale : la revanche de la protection sociale ?, *Dr. soc. 2009. 1076*. – LAIGRE, La loi prévoyance du 31 décembre 1989, *Dr. soc. 1990. 370* ; L'intrusion du droit communautaire de la concurrence dans le champ de la protection sociale, *Dr. soc. 1996. 82*. – LAIGRE et BARTHÉLEMY, La loi prévoyance, *JCP 1990. I. 3445 et E 1990. II. 182*. – LAROQUE et AUBRY, La réforme du Code de la mutualité, *Dr. soc. 1986. 354*. – LENOIR, Protection sociale : les dangers du développement concurrentiel, *Dr. soc. 1995. 753*. – LEONNET, Protection sociale et concurrence, *Dr. soc. 1994. 600*. – LOURDELLE, Le développement des régimes de pensions complémentaires européens : frein à la mobilité des travailleurs ou risque pour le développement des régimes de pension de Sécurité sociale ?, *RDSS 2008. 29*. – LUCAS, Les enjeux de la protection sociale complémentaire, *Dr. soc. 1986. 286*. – G. LYON-CAEN, La deuxième jeunesse de la protection sociale complémentaire, *Dr. soc. 1986. 290* ; La prévoyance, coll. « Connaissance du droit », *Dalloz 1993*. – MIGRAINE, Le nouveau Code de la mutualité, *Dr. soc. 1986. 364*. – MULLER, Quelle sécurité pour l'épargne retraite professionnelle ? L'exemple des régimes professionnels britanniques à prestations définies, *RDSS 2008. 15*. – MAVRIDIS, Régimes complémentaires : droit de la concurrence ou droit social communautaire ? Quelques réflexions parfois peu conformistes, *Dr. soc. 1998. 239*. – PLATEL, SERIZAY, La loi sur les retraites, Les enjeux de la loi Fillon, *éd.*

Liaisons 2004. – Prétot, Le Conseil de la concurrence et la Sécurité sociale, *Dr. soc. 1994. 722* ; La CJCE et les fonds de pension néerlandais, *Dr. soc. 2000. 106*. – Rigaud, Baron et Pignaud, La prévoyance collective des salariés et la loi Évin, *Dr. soc. 2009. 465*. – Schneider, La retraite complémentaire et le droit financier européen : collisions ou convergences ?, *LPA 2008, n° 42, p. 16.* – Serizay, Mise en place et modification d'un régime de protection sociale complémentaire, *TPS 1999. Chron. 19* ; Droit du travail et protection sociale complémentaire, *Dr. soc. 1998. 1023*. – Serizay et Coursier, La protection sociale complémentaire est-elle en danger ?, *Gaz. Pal. 2009, n° 132, p. 4* ; Protection sociale complémentaire : trop c'est trop !, *JCP S 2014, n° 1413.* – Silland et Bucheton, La prévoyance collective des salariés : les incertitudes du droit, *Dr. soc. 1986. 313.* – Tabuteau, Le « New Deal » des assurances maladie obligatoires et complémentaires, *RDSS 2014. 791*. – Thiesset, Aspects sociaux et fiscaux de la prévoyance, *Gaz. Pal. 2007, n° 70, p. 11.* – Thouvenin, La loi du 31 décembre 1989, *RDSS 1990. 370*. – Rey, Étendre à la couverture complémentaire la vocation des caisses d'assurance maladie, *Dr. soc. 1997. 60*. – Vacarie, L'assurance maladie complémentaire : élément du statut social de la personne ?, *RDSS 2014. 625*.

TITRE PREMIER **DISPOSITIONS GÉNÉRALES RELATIVES À LA PROTECTION SOCIALE COMPLÉMENTAIRE DES SALARIÉS**

BIBL. GÉN. ▸ Asquinazi-Bailleux, Couverture de prévoyance d'entreprise et niveau des prestations, *JCP S 2010. 1053.* – Barthélemy, Les régimes de prévoyance au regard des cotisations de Sécurité sociale, *Dr. soc. 1977. 278* ; Droits collectifs des salariés et nouveau droit de la prévoyance, *Dr. soc. 1990. 365* ; Sur les accords collectifs relatifs à la protection sociale complémentaire des salariés, *Dr. soc. 1994. 820* ; Retraite et prévoyance : qualification de la quote-part salariale non-retenue, *JCP E 1996. I. 588* ; Protection sociale complémentaire : de la conception institutionnelle à la conception assurantielle, *JCP S 2006. 1810* ; Accord de mensualisation et garanties collectives de prévoyance, *Dr. soc. 2007. 472* ; Le concept de convention collective de sécurité sociale, *Dr. soc. 2016. 272*. – Cesaro, Protection sociale d'entreprise et assurance, *Dr. soc. 2006. 165*. – Commaret, Sur la révision d'un régime de protection sociale complémentaire, *Dr. soc. 1999. 384*. – Coursier, Jourdan, Platel et Serizay, Mise en place d'un régime de prévoyance dans l'entreprise, *JCP E 1996. I. 568.* – Coursier, La révision d'un accord de retraite supplémentaire, *Dr. soc. 2002. 874*. – Dupeyroux, En marge du contentieux AGIRC, *Dr. soc. 1995. 702*. – Durand, Des conventions collectives de travail aux conventions collectives de sécurité sociale, *Dr. soc. 1980. 42.*– Laigre, Droit communautaire de la concurrence et protection sociale, CJCE, 16 nov. 1995 *Coreva, Dr. soc. 1996. 82* ; Régimes de Sécurité sociale et entreprises d'assurances. A propos de l'arrêt Garcia, CJCE, 26 mars 1996, *Dr. soc. 1996. 705*. – Langlois, Les accords de prévoyance, *in* Sur l'entreprise et le droit social (Études offertes à J. Barthélemy), *p. 55.* – Morvan, Les transferts d'entreprise et les régimes de protection sociale, *Dr. soc. 2005. 772* ; Protection sociale d'entreprise : droits acquis ou éventuels dans la tourmente de la restructuration, *Dr. soc. 2006. 279*. – Poulnais, La convention collective de sécurité sociale, *Dr. soc. 1968. 498.*– Saint-Jours, La protection sociale complémentaire d'entreprise, *Dr. soc. 1992. 141* ; La rétroactivité de la réduction conventionnelle des droits liquidés à une retraite complémentaire est illicite. *Quid* des droits en cours d'acquisition ?, *D. 2000. 290*. – Serizay et Platel, L'obligation de négocier dans le domaine de la protection sociale, *JCP E 2001. 70.* – Teyssié, La mise en place de la protection sociale complémentaire et le droit du travail, *Dr. soc. 1986. 296.* – Vachet, Protection sociale complémentaire des salariés, *RDSS 1995. 553* ; Enjeux et mutations en matière de prévoyance : la résiliation du contrat de travail ou du contrat d'assurance, *JCP S 2010. 1322.*

CHAPITRE PREMIER **DÉTERMINATION DES GARANTIES COMPLÉMENTAIRES DES SALARIÉS**

BIBL. ▸ Aynès, Droits et protection des bénéficiaires (de la protection sociale complémentaire), *Dr. soc. 1986. 322* ; Protection sociale complémentaire : responsabilité de l'employeur, *Dr. soc. 1988. 846.* – Barthélemy, L'agrément des accords collectifs, *Dr. soc. 1987. 623* ; Restructurations et protection sociale complémentaire, *Dr. soc. 1989. 110* ; Le référendum en droit social, *Dr. soc. 1994. 89* ; Les spécificités de l'élargissement des accords collectifs de retraite et de prévoyance, *Dr. soc. 1997. 298* ; Collectivité du personnel et notion d'entreprise, *RDSS 2000. 279* ; La nature juridique des accords de retraite complémentaire, *Dr. soc. 2003. 513* ; Solidarité et accord de protection sociale complémentaire, *Mél. Pélissier, 2004, Dalloz, p. 27* ; Garanties collectives de prévoyance et principe de faveur, *TPS avr. 2005, p. 14* ; Protection sociale complémentaire : champ de la règle de neutralité fiscale et sociale des contributions, *Dr. soc.*

2006. 1026 ; Les accords nationaux interprofessionnels, *Dr. soc. 2008. 566* ; A propos des circulaires du 30 janvier 2009 sur le sort social des contributions de retraite et de prévoyance, *JCP S 2009. Actu. 64* ; Réflexion prospective sur l'extension des accords de protection sociale, *Dr. soc. 2010. 182* ; Le concept de garantie sociale confronté à l'article L. 1 du code du travail et à la décision des sages du 13 juin 2013, *Dr. soc. 2013. 673* ; Les fondamentaux du droit de la « PSC », *Dr. soc. 2013. 873*. – Bichot, Protection sociale « de base » et assurances complémentaires, *RDSS 2015. 1106*. – Caron et Verkindt, Laisser sa chance à l'intelligence collective dans l'entreprise, *Dr. soc. 2009. 425*. – Casson, La durée dans le temps de l'assurance prévoyance collective, *JCP E 2009. 1430*. – Chauchard, Représentation collective et protection sociale, *RDSS 2004. 161* ; Les équivoques de l'assurance maladie complémentaire en entreprise, *RDSS 2016. 149*. – Colonna et Renaux-Personnic, Le référendum et la protection sociale, *Dr. soc. 2018. 432*. – Coursier, La révision d'un accord de retraite supplémentaire et ses conséquences, *Dr. soc. 2002. 874*. – Courtieu, Incidence de la cessation de la relation de travail, *RCA 2008, n° 7, p. 30*. – Del Sol, La complémentaire santé individuelle et collective : bouleversements et interrogations, *RDSS 2008. 912* ; De quelques faces cachées de l'accès à l'assurance maladie complémentaire individuelle, *Dr. soc. 2012. 732*. – Delumeau, Maintien des garanties de remboursement de frais de santé aux anciens salariés, *JCP E 2009. 1430*. – Dupeyroux, Sur les accords collectifs relatifs à la protection sociale complémentaire des salariés, *Dr. soc. 1994. 820* ; L'article 11 de la loi Évin et la théorie générale des accords collectifs de prévoyance, *Dr. soc. 1996. 163*. – Duplat, Sur la modification des modalités de revalorisation des pensions des régimes supplémentaires (Avis sur Cass. soc. 17 mai 2005), *Dr. soc. 2005. 907*. – Favennec-Hery, L'ANI sur la modernisation du travail : un espoir ?, *JCP S 2008. Actu. 85*. – Freyria, Les accords d'entreprise atypiques, *Dr. soc. 1988. 43*. – Ginon et Guiomard Les nouvelles formes de mutualisation. Réflexions sur la portabilité des droits issue de l'accord national interprofessionnel du 11 janvier 2008, *Dr. soc. 2009. 1054*. – Grimaldi d'Esdra, Nature et régime du référendum en droit social, *Dr. soc.1994. 397*. – Hennion-Moreau, Le rôle du comité d'entreprise dans la protection sociale d'entreprise, *RDSS 2004. 233*. – Jourdan, Barthélemy et a., La portabilité des garanties de prévoyance, *JCP S 2009. 1556*. – Kessler, Comité d'entreprise et protection sociale complémentaire : retour sur un vieux couple, *Dr. soc. 2008. 174* ; La portabilité des garanties des couvertures complémentaires santé et prévoyances profondément révisée. Avenant n° 3 en date du 18 mai 2009 modifiant l'article 14 de l'ANI du 11 janvier 2008. Extension par Arrêté du 7 octobre 2009, *Journal officiel* du 15 octobre 2009, *JCP E 2009. 2076* ; Égalité et protection sociale complémentaire, *RDSS 2013. 392*. – Lagarde, Prévoyance : questions pratiques sur la mise en œuvre de la portabilité, *JCP S 2009. 1400*. – Langlois, Qu'est-ce que l'interprofession ?, *Dr. soc. 2005. 640* ; Variations sur les régimes à prestations définies, *Dr. soc. 2009. 462*. – Laigre, La loi prévoyance du 31 décembre 1989, *Dr. soc. 1990. 370* ; Restructurations et institutions de prévoyance relevant de l'article L. 731-1 du code de la sécurité sociale, *Dr. soc. 1989. 116*. – Lautrette, Clause de désignation et appel d'offres : les enseignements de l'arrêt de la Cour de justice de l'Union européenne du 15 juillet 2010, *Dr. soc. 2010. 1241*. – Lautrette et Logeais, Les contributions du comité d'entreprise aux régimes de retraite et de prévoyance complémentaire après la loi Fillon, *JCP S 2005. 1413*. – Lautrette, Le maintien des obligations d'assurance en prévoyance collective (articles 4, 6, 7 et 7-1 loi Évin), *Dr. soc. 2007. 853*. – Lazerges, Le sort des régimes complémentaires en cas de transformation de l'entreprise par fusion-absorption, *Dr. soc. 1971. 206*. – Marié, Vers une résurgence des assurances sociales dans le champ de la couverture maladie, *Dr. soc. 2015. 367*. – Millet, La protection sociale complémentaire, entre caractère collectif, égalité et équité, *JCP S 2009. 1303*. – Morvan, « Protection sociale d'entreprise : droits acquis ou éventuels dans la tourmente des restructurations », *Dr. soc. 2006. 279*. – Muller, Les plans d'épargne retraite ou la difficile conciliation entre droit et liberté, *RDSS 1997. 431*. – Ouaissi, Les incidences des restructurations d'entreprise sur la situation collective des salariés, *LGDJ, Bibliothèque de dr. privé, t. 462, 2006* ; Le devenir des régimes de retraite supplémentaire et de prévoyance lors de fusions d'entreprises, *JCP S 2006. 1858*. – Prétot, L'agrément des conventions et accords dans le droit du travail et de la protection sociale *in* Sur l'entreprise et le droit social, *Études offertes à J. Barthélemy, p. 65* ; Révision, dénonciation et mise en cause des conventions et accords collectifs de travail, *Litec, 1996*. – Rigaud, Étendue et mise en œuvre de la portabilité en matière de prévoyance, *JCP S 2008. 1547* ; Les aspects juridiques liés à l'application de la loi Évin aujourd'hui, *Gaz. pal. 2010, n° 246-247, p. 28*. – Rigaud, Baron et Pignaud, La prévoyance collective des salariés et la loi Évin, *Dr. soc. 2009. 465*. – Rousseau et Rigaud, Généralisation de la prévoyance complémentaire, Loi et Constitution, *Dr. soc. 2013. 680*. – Savatier, Les accords d'entreprise atypique, *Dr. soc. 1985. 188*. – Serizay et Platel, L'obligation de négocier dans le domaine de la protection sociale, *JCP E 2001. 70*. – Serizay, La portabilité des droits de protection sociale, *SSL, 2008, n° 1366, p. 7*. – Thiesset, La portabilité de la prévoyance :

un droit difficile à porter ?, *Gaz. Pal. 2009, nº 128, p. 9.* – WISMER, Clauses de désignation : le sort du contrat d'assurance collective de prévoyance préexistant, *JCP E 2005. I. 1028.*

Art. L. 911-1 *(L. nº 94-678 du 8 août 1994, art. 1er)* **A moins qu'elles ne soient instituées par des dispositions législatives ou réglementaires, les garanties collectives dont bénéficient les salariés, anciens salariés et ayants droit en complément de celles qui résultent de l'organisation de la sécurité sociale sont déterminées soit par voie de conventions ou d'accords collectifs, soit à la suite de la ratification à la majorité des intéressés d'un projet d'accord proposé par le chef d'entreprise, soit par une décision unilatérale du chef d'entreprise constatée dans un écrit remis par celui-ci à chaque intéressé.**

V. note ss. art. L. 133-5-3.

I. CHAMP D'APPLICATION

A. CHAMP D'APPLICATION DU LIVRE IX

1. Inapplicabilité aux régimes légaux d'assurance vieillesse. Les dispositions du titre I du livre neuvième du CSS concernent exclusivement la protection sociale complémentaire des salariés et ne sauraient s'appliquer au régime de l'assurance vieillesse qui constitue un statut légal qui ne peut être ni modifié ni aménagé par voie d'accord collectif. • Soc. 20 mars 2007, nº 04-47.817 (inédit).

2. Inapplicabilité aux agents publics. Les dispositions du titre I du livre neuvième du CSS ne sont pas applicables aux établissements publics administratifs, dont les agents, placés dans une situation réglementaire ou statutaire, ne peuvent être régis par un accord collectif de travail. • CE 11 déc. 1996, nº 130743 : *RJS 2/97, nº 215.*

3. Conflits de loi. Les juridictions françaises, saisies de la seule question du paiement d'un rappel de pension de retraite supplémentaire facultative instituée à l'étranger par un employeur étranger, n'ont pas à faire application de dispositions du CSS relatives aux régimes de retraite complémentaires obligatoires. Les parties ne sauraient se prévaloir en conséquence du caractère d'ordre public des règles régissant les avantages de retraite lorsque celui-ci est régi par des règles étrangères. • Soc. 7 sept. 2004, nº 02-41.417 P : *TPS 2004. Comm. 375.*

B. GARANTIES CONCERNÉES

1º GARANTIES COUVERTES PAR LE RÉGIME DU LIVRE IX

4. Primes versées en exécution d'un engagement unilatéral. L'engagement unilatéral de l'employeur de verser aux salariés retraités une prime exceptionnelle annuelle constitue un avantage de retraite et ne peut être révoqué postérieurement à la liquidation de la retraite • Soc. 12 mai 2009, nº 07-44.625 (inédit).

2º GARANTIES EXCLUES DU RÉGIME DU LIVRE IX

5. Prime d'assurance finançant la garantie des revenus de remplacement. La prime acquittée par l'employeur dans le cadre d'une assurance souscrite pour garantir le risque d'avoir à financer le maintien du salaire des salariés absents en application de la loi sur la mensualisation ou d'un accord collectif n'a pas pour objet de conférer au salarié un avantage supplémentaire et ne constitue pas une contribution au financement d'un régime de prévoyance instituant des garanties complémentaires au profit des salariés. Elle n'est donc soumise ni à la CSG ni à la CRDS. • Civ. 2e, 23 nov. 2006, nº 04-30.208 P.

6. Conditions préférentielles dans l'accès aux biens et services de l'entreprise. Le maintien à d'anciens salariés devenus retraités de conditions tarifaires préférentielles attachées à leur qualité de clients éventuels de la caisse d'épargne ne constituait pas un avantage de retraite. Ces avantages peuvent en conséquence être mis en cause par l'entreprise, même postérieurement au départ à la retraite des salariés. • Soc. 17 mai 2011 : *RJS 7/2011, nº 651.*

II. MODALITÉS D'INSTITUTION DES GARANTIES COLLECTIVES

A. GARANTIES COLLECTIVES INSTITUÉES PAR RÉFÉRENDUM D'ENTREPRISE

7. Règles applicables au référendum. Lorsqu'elles ne sont pas déterminées par voie de conventions ou d'accords collectifs, des garanties collectives en complément de celles de la sécurité sociale ne peuvent être instaurées de manière obligatoire pour les salariés qu'à condition que les propositions de l'employeur aient été ratifiées par référendum à la majorité des intéressés, ce qui s'entend de la majorité des électeurs inscrits ; que ni un accord collectif ni une décision unilatérale de l'employeur ne peuvent subordonner l'entrée en vigueur d'un régime obligatoire à des exigences moindres (approbation à la majorité des suffrages exprimés). • Soc. 15 nov. 2011, nº 10-20.891 P : *RJS 2012, nº 190 ; Dr. soc. 2012. 70, note Barthélemy ; ibid. 2012. 203, obs. Petit ; SSL 2012, Suppl. au nº 1550, p. 184, obs. Halopeau et Klein ; ibid. nº 1530, p. 12, obs. Delumeau ; JCP S 2012, nº 1091, obs. Dorin et Roulet.*

8. Opposabilité de la révision des garanties. Lorsque la révision d'un régime provient d'un document signé par la majorité des salariés, ce document constitue la ratification par la majorité des salariés de la proposition de l'employeur. Il en résulte que la modification du régime ne résulte pas d'une décision unilatérale de l'employeur et que celui-ci n'est pas tenu de faire connaître préalablement son projet aux salariés concernés, ni de notifier par écrit l'avenant modificatif à chacun des intéressés • Soc. 21 mars 2002, n° 00-14.001.

B. GARANTIES COLLECTIVES INSTITUÉES PAR DÉCISION UNILATÉRALE DU CHEF D'ENTREPRISE

9. Rétractation des garanties instituées par décision unilatérale. A défaut d'accord collectif, l'avenant au contrat d'adhésion au régime de retraite complémentaire des cadres signé par l'employeur pour assurer aux cadres une protection au-delà de ses obligations conventionnelles ou légales constitue de sa part un engagement unilatéral qui ne peut être rétracté qu'après information des instances représentatives du personnel dans un délai suffisant pour permettre d'éventuelles négociations. • Soc. 27 nov. 2002, n° 00-45.065 (inédit). ♦ Le fait qu'un régime de retraite supplémentaire résulte d'un engagement unilatéral de l'employeur ratifié par référendum ne fait pas obstacle à sa dénonciation unilatérale pour l'avenir, dès lors que celle-ci intervient, comme en l'espèce, en dehors de toute fraude ou conditions fautives et respecte les droits acquis par les salariés. • Soc. 26 sept. 2002, n° 01-00.550 (inédit).

C. EXCLUSION DES AUTRES MODES DE CRÉATION DES GARANTIES

10. Les régimes complémentaires de retraite et de prévoyance des salariés sont créés ou modifiés, soit par voie d'accord collectif interprofessionnel, professionnel ou d'entreprise, soit à la suite d'une ratification à la majorité des intéressés d'un projet d'accord proposé par le chef d'entreprise. La signature d'un avenant entre l'employeur et l'organisme de régime de retraite complémentaire, modifiant les avantages et obligations des adhérents ne constituant ni un accord collectif, ni un accord ratifié par référendum ne peut en conséquence être opposée aux salariés. • Soc. 15 juin 1999, n° 97-40.086 P.

III. RÉGIME JURIDIQUE DES GARANTIES COLLECTIVES

A. COMPÉTENCE DU COMITÉ D'ENTREPRISE SUR LES GARANTIES DE PROTECTION SOCIALE

11. Sur la compétence consultative du comité d'entreprise en matière de protection sociale complémentaire, V. C. trav., art. R. 2323-1.

12. Gestion des garanties de protection sociale par le comité d'entreprise au titre des activités sociales et culturelles. Constitue une activité sociale dont le comité d'entreprise ou d'établissement peut, à tout moment, revendiquer la gestion, la prise en charge volontaire par l'employeur, en dehors de toute obligation légale ou conventionnelle, pour chacun des salariés qui décide d'adhérer à une mutuelle, d'une partie de la cotisation d'adhésion de ce salarié, peu important que cet avantage soit susceptible de donner lieu au versement de cotisations de sécurité sociale. • Soc. 22 juin 1993, n° 91-17.686 P : *D. 1995. 14. obs. Langlois ; D. 1994. 160, note Saint-Jours .* ♦ Il n'appartient cependant pas au comité d'entreprise d'imposer aux salariés l'adhésion à une mutuelle. • Soc. 27 mars 1996, n° 92-44.933 P. ♦ Le comité d'entreprise ne peut revendiquer la gestion d'un régime de retraite complémentaire résultant d'un accord collectif. • Soc. 1er oct. 2003 : *(inédit) n° 02-30.337.*

B. ÉVOLUTION DES GARANTIES

13. Conséquences de la dénonciation d'un accord instituant un régime de retraite à prestations définies. Les salariés mis à la retraite avant la dénonciation de l'accord collectif du 23 février 1987 instituant un régime de retraite à prestations définies ont droit au maintien du niveau de pension atteint au jour de la dénonciation avec les modalités de revalorisation initiales jusqu'à l'accord collectif qui lui est substitué, sans pouvoir se prévaloir, au-delà de cette date, des modalités de revalorisation instituées par l'accord collectif dénoncé qui constituent un avantage collectif et non un avantage individuel. • Soc. 17 oct. 2006, n° 04-47.183 (inédit) et • Soc. 17 mai 2005, n° 02-46.581 P : *D. 2006. 1154, obs. Saint-Jours ; Dr. soc. 2005. 907 , avis Duplat ; SSL 2006, n° 1254, p. 19, obs. Pélicier-Loevenbruck ; JCP S 2005, n° 1162, obs. Coursier.*

14. Effets de la dénonciation d'un engagement unilatéral. Dès lors qu'une prime exceptionnelle, versée postérieurement au départ à la retraite du salarié, constituait un avantage de retraite, la dénonciation de l'engagement unilatéral instituant cette prime ne remet pas en cause cet avantage après la liquidation de la retraite. • Soc. 12 mai 2009 : *Dr. soc. 2009. 1262, obs. Langlois ; RJS 5/2009, n° 32 ; JCP E 2009. 2076, obs. Logeais ; JCP S 2009, n° 1409, note Vachet.*

15. Inopposabilité de la révision des garanties instituées par décision unilatérale en l'absence du respect de l'obligation d'information. La révision du règlement intérieur d'un régime de retraite institué par décision unilatérale doit respecter un délai suffisant pour permettre l'engagement d'éventuelles négociations. En l'absence d'information des représentants du personnel et de chaque salarié individuellement préalablement à la révision, la modification intervenue par décision unilatérale de l'employeur n'est pas opposable aux salariés. • Civ. 2e, 15 juin 2017, ♁ n° 16-13.648 P : *RJS 7/8 2017, n° 709.*

16. Absence d'acquisition du droit à prestations en cas de dénonciation avant la liquidation. La dénonciation régulière d'un engagement unilatéral de l'employeur, instaurant un régime de retraite supplémentaire à cotisations patronales et à prestations définies mais non garanties avant que l'intéressé ait fait liquider ses droits à pension de retraite, ne confère au salarié aucun droit acquis à en bénéficier. • Soc. 12 avr. 2005 : ♁ *JCP E 2005. 1550, obs. Kessler et Leriche ; RJS 11/2007, n° 1210.*

17. Mise en cause d'un accord institué par référendum d'entreprise. Le fait que les régimes résultent d'engagements unilatéraux ratifiés par référendum ne fait pas obstacle à leur dénonciation unilatérale pour l'avenir, dès lors que celle-ci intervient en dehors de toute fraude ou conditions fautives et respecte les droits acquis. • Soc. 26 sept. 2002 : ♁ *SSL 2003, n° 1133, p. 8, obs. Briens ; JCP E 2003. 1764, obs. Rousseau.*

C. OBLIGATIONS DE L'EMPLOYEUR

18. Paiement des cotisations salariales. Dès lors que l'employeur est tenu d'affilier son salarié à un régime de retraite surcomplémentaire, il est tenu, en qualité de mandataire du salarié, de payer la part salariale des cotisations avant d'en recouvrer le montant auprès de lui. • Soc. 24 mai 2006, ♁ n° 04-43.936 (inédit).

19. Sanctions du défaut de versement des cotisations par l'employeur à la caisse. L'employeur affilié à une institution de prévoyance est tenu de prélever les cotisations de retraite complémentaire sur le salaire de ses employés et de les verser à cet organisme mandant qui en devient propriétaire dès le prélèvement. Le fait de conserver ces cotisations est en conséquence constitutif du délit d'abus de confiance. • Crim. 17 déc. 2003, ♁ n° 03-80.021 (inédit). ♦ L'absence d'indemnisation complémentaire pendant toute la période de l'arrêt maladie du salarié, en raison du défaut d'affiliation par l'employeur au régime conventionnel de prévoyance, est constitutive d'un préjudice que les juges peuvent fixer, dans le cadre de leur pouvoir souverain d'appréciation, à la perte des indemnités complémentaires non perçues. • Soc. 3 nov. 2011 : ♁ *RJS 2012, n° 191.*

20. Statut fiscal des indemnités versées à l'occasion du départ à la retraite. Il s'infère de la combinaison des art. L. 1237-9 C. trav. et L. 911-1 CSS que les indemnités versées aux salariés d'une entreprise à l'occasion de leur départ à la retraite, qu'elles découlent d'une obligation législative ou règlementaire, d'engagements conventionnels ou d'une décision unilatérale de l'employeur, ont toujours, pour la société qui les verse, le caractère de dépenses de personnel. Est indifférente à cet égard la circonstance que l'entreprise confie à un prestataire extérieur le soin d'en assurer le préfinancement et la gestion de leur versement. Ces indemnités ne figurent donc pas parmi les dépenses qui, en application des art. 1647 B *sexies* et 1586 *sexies* CGI, doivent être déduites de la valeur ajoutée pour le calcul des impositions qu'elles visent. • CE 28 nov. 2018, ♁ n° 413121 B.

D. RAPPORT DE L'ACCORD COLLECTIF ET DU CONTRAT DE TRAVAIL

21. Principe d'absence d'incorporation au contrat de travail. La seule référence dans le contrat individuel des salariés à l'existence d'un système de retraite n'implique pas que ce régime de retraite est un élément du contrat de travail des salariés. • Soc. 1er oct. 2003, ♁ n° 02-30.337 (inédit) ♦ Le régime complémentaire de retraite résultant d'une proposition de la direction ratifiée à la majorité des salariés relève du statut collectif des salariés qui n'est pas incorporé à leurs contrats de travail. • Soc. 10 févr. 1999 : ♁ *Dr. soc. 1999. 388, concl. Commaret, obs. Langlois* ✎ *; RJS 1999, n° 424.*

E. COMPÉTENCE JURIDICTIONNELLE

22. Compétence prud'homale. Les conseils de prud'hommes sont compétents pour régler les différends qui peuvent s'élever entre les employeurs et leurs salariés à l'occasion de tout contrat de travail soumis aux dispositions du C. trav. ; il en résulte que toute action fondée sur la violation, invoquée par un salarié ou un ancien salarié, d'une obligation pesant sur l'employeur, doit être portée devant la juridiction prud'homale. En conséquence, le différend qui oppose le salarié à son ancien employeur, né de l'exécution du contrat d'assurance souscrit par ce dernier au profit de l'ensemble de son personnel, lequel constituait un avantage social complémentaire et accessoire au contrat de travail, relève de la compétence de la juridiction prud'homale. • Soc. 19 janv. 1999, ♁ nos 96-44.688 P et 97-43.785 P.

Art. L. 911-2 *(L. n° 94-678 du 8 août 1994, art. 1er)* Les garanties collectives mentionnées à l'article L. 911-1 ont notamment pour objet de prévoir, au profit des salariés, des anciens salariés et de leurs ayants droit, la couverture du risque décès, des risques portant atteinte à l'intégrité physique de la personne ou liés à la maternité, des risques d'incapacité de travail ou d'invalidité, des risques d'inaptitude et du risque chô-

mage, ainsi que la constitution d'avantages sous forme de pensions de retraite, d'indemnités ou de primes de départ en retraite ou de fin de carrière.

I. OBJET DES ACCORDS RELATIFS À LA PROTECTION SOCIALE COMPLÉMENTAIRE

1. Caractère collectif des avantages. Dès lors qu'un contrat d'assurance a pour objet de garantir un avantage de retraite complémentaire au profit d'une catégorie déterminée de salariés, il présente les caractères d'un contrat de groupe, peu important que seuls deux salariés de l'entreprise aient vocation à y adhérer. Les sommes versées à ce titre par l'employeur peuvent en conséquence bénéficier de l'exonération de cotisation prévue à l'art. L. 242-1 CSS. • Soc. 25 janv. 2001, n° 99-15.421 (inédit).

2. Prime d'assurance finançant la garantie des revenus de remplacement. La prime acquittée par l'employeur dans le cadre d'une assurance souscrite pour garantir le risque d'avoir à financer le maintien du salaire des salariés absents, en application de la loi sur la mensualisation ou d'un accord collectif, n'a pas pour objet de conférer au salarié un avantage supplémentaire et ne constitue pas une contribution au financement d'un régime de prévoyance instituant des garanties complémentaires au profit des salariés. Elle n'est donc soumise ni à la CSG ni à la CRDS. • Civ. 2e, 23 nov. 2006, n° 04-30.208 P.

3. Conditions préférentielles dans l'accès aux biens et services de l'entreprise. Le maintien à d'anciens salariés devenus retraités de conditions tarifaires préférentielles attachées à leur qualité de clients éventuels de la Caisse d'épargne ne constituait pas un avantage de retraite. Ces avantages peuvent en conséquence être mis en cause par l'entreprise, même postérieurement au départ à la retraite des salariés. • Soc. 17 mai 2011 : *JCP S 2011, n° 1378, obs. Jeansen ; RJS 7/2011, n° 651.*

II. RÉGIME DES ACCORDS

4. Maintien des garanties acquises en cas de cessation de la relation de travail. Lorsque des salariés sont garantis collectivement contre les risques portant atteinte à l'intégrité physique de la personne ou liés à la maternité, le risque décès ou les risques d'incapacité ou d'invalidité, la cessation de la relation de travail est sans effet sur le versement des prestations immédiates ou différées, acquises ou nées durant cette relation. Le droit aux prestations de l'assureur est en conséquence acquis dès lors que l'assuré est atteint d'une incapacité de travail consécutive à une maladie constatée avant la cessation de la relation de travail, et que seul leur service est différé. • Civ. 2e, 17 avr. 2008 (2 arrêts), nos 07-12.064 P et 07-12.088 P : *RJS 8/9 2008, n° 935.* ♦ Il ne peut être dérogé à ce principe par une disposition contractuelle. • Civ. 2e, 5 mars 2015, n° 13-26.892 P : *JCP S 2015, n° 1160, note Ronet-Yague ; RGDA 4/2015. 204, obs. Mayaux ; RCA 2015, Comm. 162, obs. Courtieu ; RJS 5/2015, n° 370.*

5. Compétence juridictionnelle. La demande formée par un salarié ou un ancien salarié à l'encontre d'un organisme gestionnaire de garanties collectives de prévoyance complémentaire, dirigée contre un tiers étranger au contrat de travail, ne relève de la compétence d'aucune juridiction d'exception et doit en conséquence être renvoyée devant le tribunal de grande instance. • Soc. 17 nov. 2010, n° 09-42.944 (inédit). ♦ Les contestations portant sur un accord pris sur le fondement de l'art. L. 911-1 CSS pour une entreprise publique (RATP) ne sont pas de la compétence des juridictions administratives dès lors qu'elles ne se rapportent pas à l'organisation du service public. • CE 6 mai 2009, n° 298753 B.

Art. L. 911-3 (*L. n° 94-678 du 8 août 1994, art. 1er*) **Les dispositions du titre III du livre Ier** *[livre II de la partie II nouv.]* **du code du travail sont applicables aux conventions et accords collectifs mentionnés à l'article L. 911-1. Toutefois, lorsque les accords, ont pour objet exclusif la détermination des garanties mentionnées à l'article L. 911-2, leur extension aux salariés, aux anciens salariés, à leurs ayants droit et aux employeurs compris dans leur champ d'application est décidée par arrêté du ministre chargé de la sécurité sociale et du ministre chargé du budget, après avis motivé d'une commission dont la composition est fixée par décret.**

I. APPLICATION DU DROIT COMMUN DE LA NÉGOCIATION COLLECTIVE

1. Sur les conditions de modification d'un régime complémentaire de retraite adopté par référendum ou par accord collectif, V. notes ss. art. L. 911-5 CSS.

2. Négociation de l'accord collectif. Les accords successifs conclus au niveau de l'entreprise pour mettre en œuvre dans celle-ci les dispositions d'une convention collective visant à la mise en place d'un système complémentaire de retraite sont des accords d'entreprise qui doivent être négociés conformément à l'art. L. 132-19 C. trav. avec toutes les organisations syndicales représentatives dans l'entreprise. • Soc. 2 déc. 1998, n° 97-11.677 P : *RJS 1999, n° 78.*

3. Représentativité syndicale. L'art. L. 411-7

C. trav., qui reconnaît aux salariés ayant cessé leurs fonctions le droit d'adhérer à un syndicat, consacre la qualité de ces organisations à les représenter ; dès lors, dans l'exercice des pouvoirs qu'elles tiennent de ce texte ainsi que, d'une part, des art. L. 131-2 et L. 132-1 C. trav. qui prévoient que la convention collective a vocation à traiter de l'ensemble des conditions d'emploi et de travail des salariés et de leurs garanties sociales, ce qui inclut leurs retraites, et, d'autre part, de l'ancien art. L. 731-1 CSS qui dispose que les régimes complémentaires de retraite ou de prévoyance sont créés et modifiés par voie d'accord collectif interprofessionnel, professionnel ou d'entreprise, les syndicats professionnels ont valablement conclu des accords modifiant certaines dispositions de la convention collective nationale de retraite et de prévoyance des cadres. • Soc. 23 nov. 1999 : *Dr. soc. 2000. 322, concl. Caigny ; ibid. 412, obs. Langlois ; D. 2000. 290, note Saint-Jours* • Paris, 1er juill. 1997 (1re esp.) : *RJS 1997, n° 1053* • Soc. 31 mai 2001 : *RJS 2001, n° 1348 ; JCP E 2002. I. 414, n° 14, obs. Asquinazi-Bailleux ; Dr. soc. 2001. 744, concl. Duplat ; Dr. soc. 2001. 875, note Langlois*.

4. Obligations de l'employeur. L'employeur, tenu de respecter les dispositions de la convention collective, qui n'a pas assuré au salarié, par son affiliation à un régime de prévoyance suffisant, la couverture sociale conventionnellement prévue à laquelle celui-ci ne peut renoncer, doit supporter la charge complémentaire. • Soc. 19 juin 1990, n° 87-43.560 P. ♦ Le défaut de souscription par l'employeur du contrat d'assurance groupe prévue par la convention collective de branche, dont les règles plus favorables s'imposaient à lui, ouvre droit à indemnisation pour le salarié en cas de réalisation de l'un des risques prévus • Civ. 2e, 19 mars 2014 : *CSBP 2014. 306, obs. Canut ; RJS 5/2014, n° 523*. ♦ La rupture du contrat de travail procédant d'un licenciement sans cause réelle et sérieuse ne peut être opposée à un salarié pour lui refuser l'indemnisation de la faute résultant du défaut d'affiliation à un régime de prévoyance complémentaire. • Soc. 26 janv. 2005 : *Dr. soc. 2006. 596, note Savatier.*

5. Révision des accords. En application de l'art. L. 132-7 C. trav., les stipulations d'un accord, qui reportent à 60 ans au lieu de 50 auparavant, l'âge d'attribution d'une pension de réversion aux veuves se substituent, sauf exercice du droit d'opposition, de plein droit aux stipulations antérieures, de sorte qu'elles sont d'application immédiate. • Soc. 23 nov. 1999 : *Dr. soc. 2000. 322, concl. Caigny ; ibid. 412 obs. Langlois ; D. 2000. 290, note Saint-Jours* • Civ. 2e, 21 sept. 2004, n° 03-10.026 P : *RJS 2005, n° 1200* • Paris, 1er juill. 1997 (1ère esp.) : *RJS 1997, n° 1053.* ♦ S'il incombe aux institutions de retraite complémentaire d'assurer en permanence l'équilibre financier des régimes qu'elles gèrent et que, si elles doivent conformément à l'ancien art. L. 732-4 CSS, dont les termes sont repris par l'art. L. 922-11 du même code, adopter les dispositions pour définir de nouvelles modalités assurant la sauvegarde des droits de leurs adhérents, elles ne peuvent remettre en cause, quel que soit le mode d'acquisition, le nombre des points acquis par les participants dont la retraite a été liquidée avant l'entrée en vigueur de l'accord de révision. Les partenaires sociaux ne peuvent donc valablement affecter les retraites déjà liquidées d'un pourcentage de service les points attribués pour charge de famille. • Soc. 23 nov. 1999 : *préc.* • Paris, 1er juill. 1997 (1re esp.) : *préc.* ♦ En revanche, le principe d'intangibilité ne s'applique pas aux prestations servies. Dès lors est valable la modification du montant de ces prestations si elle garantit les principes de solidarité, d'égalité et de proportionnalité. • Soc. 31 mai 2001 : *préc. note 3.* ♦ Les salariés dont l'admission à la retraite est postérieure à la date d'entrée en vigueur d'un nouveau régime résultant de la révision d'un accord collectif n'ont aucun droit acquis à bénéficier d'une liquidation de leur retraite supplémentaire selon les modalités de l'ancien accord dont les prestations, quoique définies, n'étaient pas garanties. • Soc. 28 mai 2002, n° 00-12.918 P : *D. 2002. 3167, note Saint-Jours ; RJS 2002, n° 1295 ; Dr. soc. 2002. 874, note Coursier*.

6. Règle de faveur. Sur la comparaison globale entre deux accords collectifs déterminant les taux de cotisations applicables aux retraites complémentaires, V. • Soc. 23 janv. 2013 : *Dr. soc. 2013. 379, obs. Roulet ; JCP S 2013, n° 1256, obs. Richard ; RJS 4/2013, n° 325.*

7. Application des règles d'égalité de traitement. En raison des particularités des régimes de prévoyance couvrant les risques maladie, incapacité, invalidité, décès et retraite, qui reposent sur une évaluation des risques garantis, en fonction des spécificités de chaque catégorie professionnelle, prennent en compte un objectif de solidarité et requièrent dans leur mise en œuvre la garantie d'un organisme extérieur à l'entreprise, l'égalité de traitement ne s'applique qu'entre les salariés relevant d'une même catégorie professionnelle. • Soc. 13 mars 2013 : *JCP S 2013, n° 1144, obs. Coursier ; ibid. 1145, obs. Hallopeau et Klein ; Dr. ouvrier 2013. 401, obs. Bagnard ; RJS 5/2013, n° 341 ; JCP E 2013. 1209, obs. Serizay ; SSL 2013, n° 1576, entretien Béraud. – Adde Barthélemy, L'agrément par l'AGIRC des classifications conventionnelles, Dr. soc. 2013. 447.* ♦ La différence des taux d'évolution de la valeur de service du point entre le régime AGIRC et le régime ARRCO s'inscrit dans la logique de l'existence même de deux régimes de retraite complémentaire autonomes, relevant d'organismes distincts, n'est constitutive d'aucune discrimination et ne méconnaît pas le principe d'égalité

• CE 17 avr. 2013, n° 352245 : *Dr. soc. 2013. 542, obs. Vialettes ; RJS 7/2013, n° 563.*

8. Absence de lien entre les contributions et les prestations. Le régime de retraite complémentaire des cadres institué par la convention collective nationale du 14 mars 1947, régime de retraite par répartition, qui repose sur la solidarité entre les professions et les générations, ne fait pas dépendre les droits des retraités de leur épargne personnelle, mais de la capacité contributive des actifs et de leurs employeurs et ne relève pas du mécanisme de l'assurance, qui fait naître à la charge de l'assureur des obligations en strictes contreparties de celles de l'assuré. Dès lors l'avenant, qui impose aux employeurs de verser une cotisation non créatrice de droits pour les salariés qui ressortissent à titre principal d'un régime spécial de sécurité sociale et qui n'exige pas de cotisations salariales, ne prive les salariés d'aucune contrepartie peut être valablement signé par les partenaires sociaux. En effet, ceux-ci ne font qu'user de leur pouvoir de fixer le champ d'application de la convention collective au regard des personnels des entreprises adhérentes relevant d'un autre régime d'assurance vieillesse que le régime général et, à ce titre, non assujettis obligatoirement au régime de retraite complémentaire. • Soc. 22 juin 2000 : *D. 2000. IR 234 ; Dr. ouvrier 2001. 121, note Kessler ; RJS 2000, n° 1010* • CE 29 déc. 2000, n° 127666 : *RJS 2001, n° 358.*

9. Transfert d'entreprise. En cas de transfert d'une entité économique autonome, le nouvel employeur est tenu d'appliquer les usages et engagements unilatéraux pris par l'ancien employeur à l'égard des salariés dont le contrat de travail était en cours au jour du transfert. Il peut donc être tenu de maintenir un régime de retraite supplémentaire né d'un engagement unilatéral pris par le précédent employeur. • Civ. 2e, 16 sept. 2015, n° 14-16.158 P : *RJS 12/2015, nos 749 et 813.*

10. Dénonciation des régimes de retraite supplémentaire. Les salariés, mis à la retraite avant la dénonciation de l'accord collectif reprenant le régime de retraite à prestations définies institué unilatéralement par l'employeur, ont droit au maintien du niveau de pension atteint au jour de la dénonciation avec les modalités de revalorisation initiales jusqu'à l'accord collectif de substitution, sans pouvoir se prévaloir, au-delà de cette date, des modalités de revalorisation instituées par l'accord collectif dénoncé qui constituent un avantage collectif et non un avantage individuel. • Soc. 17 mai 2005 : *D. 2006. 1154, note Saint-Jours ; Dr. soc. 2005. 907, avis Duplat ; RJS 2005, n° 909 ; JCP S 2005, n° 1162, note Coursier.*

11. Sur le régime de la modification des garanties collectives résultant d'un projet proposé par l'employeur et ratifié par les salariés ou une décision unilatérale, V. notes ss. art. L. 911-5 CSS. – Sur la nécessité de préserver les droits des adhérents à un régime de retraite complémentaire, V. notes ss. art. L. 922-11.

II. RÈGLES APPLICABLES À L'EXTENSION DES ACCORDS RELATIFS À LA PROTECTION SOCIALE COMPLÉMENTAIRE

12. Conventions ayant un objet plus large que l'institution de garanties sociales. Lorsque les garanties sont instituées dans le cadre de l'adoption d'une convention collective nationale dont ils constituent, en application de l'art. L. 132-11 C. trav., une annexe qui s'incorpore à cette convention, l'accord et son avenant n'ont pas pour « objet exclusif » la détermination des garanties mentionnées à l'art. L. 911-1 CSS. L'extension de ces accords relève dès lors de la compétence du ministre chargé du travail. • CE 22 nov. 2000, n° 208779 B. • CE 7 juill. 2000, n° 198564 B.

13. Nullité de l'arrêté d'extension pris par le ministre du Travail. Lorsque les accords ont pour objet exclusif la détermination des garanties mentionnées à l'art. L. 911-2, leur extension aux salariés, aux anciens salariés, à leurs ayants droit et aux employeurs compris dans leur champ d'application est décidée par arrêté du ministre chargé de la sécurité sociale et du ministre chargé du budget, après avis motivé d'une commission dont la composition est fixée par décret. L'arrêté du ministre du Travail, des Relations sociales, de la Famille et de la Solidarité portant extension d'un accord de régime de retraite supplémentaire est entaché d'incompétence et doit être annulé. • CE 12 mai 2010, n° 325657 B.

14. Inapplicabilité de la procédure aux conventions applicables aux personnels des établissements d'enseignement privés liés à l'État par contrat. Il ressort de la loi du 5 janvier 2006 relative à la situation des maîtres et documentalistes des établissements d'enseignement privés liés à l'État par contrat que le législateur a entendu mettre en place une procédure particulière dérogeant aux dispositions de l'art. L. 911-3 CSS pour les accords relatifs à la protection sociale complémentaire conclue pour ces personnels. • CE 29 oct. 2008, n° 300844 B.

15. Nécessité d'une invitation de l'ensemble des organisations représentatives. En application de l'art. L. 133-1 C. trav. applicable, en vertu de l'art. L. 911-3 CSS, aux conventions instituant des garanties de protection sociale complémentaire, l'extension exige que l'accord ait été négocié et conclu en commission composée des représentants des organisations syndicales d'employeurs et de salariés représentatives dans le champ d'application considéré. Il en résulte qu'un accord ne peut légalement faire l'objet d'un arrêté d'extension que si toutes les organisations syndicales d'employeurs et de salariés représentatives ont été invitées à participer à la négociation. • CE 6 déc. 2006, n° 273773 : *RJS 3/2007, n° 388.*

16. Avis de la commission mentionnée à l'art. L. 911-3 CSS. Aucune disposition n'exige que la commission mentionnée à l'art. L. 911-3 CSS se réunisse après la publication de l'avis prévu à l'art. L. 133-14 C. trav. et de l'accord considéré. • CE 26 juill. 1996, *Assoc. de défense des cadres retraités et a.*, n° 165041, 165059 et 165060 : *Dr. soc. 1996. 1071, concl. Maugüé , note Laigre .* ♦ L'avis rendu par la commission en faveur de l'extension et de l'élargissement d'un accord satisfait l'exigence de motivation des art. L. 911-3 et L. 911-4 dès lors qu'ils se réfèrent expressément à l'opposition manifestée par un syndicat, dont l'avis figure au procès-verbal joint à l'avis de la Commission. • Même arrêt.

17. Motivation du rapport ministériel en cas d'opposition. Il résulte des dispositions combinées des art. L. 911-3 et L. 921-4 CSS et des art. L. 2261-24 et L. 2261-27 C. trav. que l'extension d'un accord intervenant en matière de retraites complémentaires doit faire l'objet d'un avis motivé d'une commission dite commission des accords de retraite complémentaire et de prévoyance et qu'en cas d'opposition écrite et motivée de deux organisations d'employeurs ou de salariés représentées à cette commission, les ministres compétents ne peuvent étendre l'accord que par un arrêté motivé, après avoir de nouveau consulté cette commission « sur la base d'un rapport précisant la portée des dispositions en cause ainsi que les conséquences d'une éventuelle extension ». Le contenu du rapport sur la base duquel les ministres saisissent pour la seconde fois la commission des accords de retraite complémentaire et de prévoyance peut être limité à l'examen des clauses qui ont motivé l'opposition à l'origine de cette nouvelle saisine. • CE 17 avr. 2013, n° 352245 : *préc. note 7.*

18. Compétence juridictionnelle. Lorsqu'une contestation sérieuse s'élève sur la légalité d'un arrêté ministériel prononçant l'extension d'un avenant à une convention collective de retraite, la juridiction administrative saisie d'un recours pour excès de pouvoir dirigé contre l'arrêté d'extension est tenue, eu égard au caractère de droit privé que présente cette convention, de renvoyer à l'autorité judiciaire l'examen de cette question préjudicielle. • CE 3 mai 1993, n° 111691 : *RJS 7/93, n° 767* • CE 26 juill. 1996, *Assoc. de défense des cadres retraités et a.*, n° 165041 : *préc. note 14.*

Art. L. 911-4 *(L. n° 94-678 du 8 août 1994, art. 1er)* **Des arrêtés du ministre chargé de la sécurité sociale et du ministre chargé du budget peuvent élargir, sur demande ou après avis motivé de la commission mentionnée à l'article L. 911-3, tout ou partie des dispositions d'accords étendus conformément à ce même article à des employeurs, à des salariés et anciens salariés et à leurs ayants droit non compris dans le champ d'application de ces accords.**

1. Ministres compétents pour prendre les arrêtés d'élargissement. Le ministre chargé de la sécurité sociale et le ministre chargé du budget sont compétents, en application des art. L. 911-3 et L. 911-4 CSS pour prendre les arrêtés d'extension et d'élargissement des accords qui ont pour unique objet « la constitution d'avantages sous forme de pensions de retraite », mentionnée à l'art. L. 911-2 CSS. • CE 3 mai 1993, n° 111691 : *RJS 7/93, n° 767* • CE 26 juill. 1996, *Assoc. de défense des cadres retraités et a.*, n° 165041, 165059 et 165060 : *Dr. soc. 1996. 1071, concl. Maugüé , note Laigre .*

2. Application aux conventions collectives applicables aux personnels des organismes de sécurité sociale. Le pouvoir d'approbation du ministre de la sécurité sociale sur les conventions collectives applicables aux personnels des organismes de sécurité sociale au titre de l'art. L. 123-1 CSS trouve à s'appliquer à l'occasion de l'élargissement aux personnels des organismes du régime général de la sécurité sociale et de leurs établissements des avenants et annexes à l'accord national interprofessionnel de retraites du 8 décembre 1961 [ARRCO] et de la convention collective nationale de retraites et de prévoyance des cadres du 14 mars 1947 [AGIRC], accordé par arrêté des ministres de la sécurité sociale et du budget en vertu de l'art. L. 731-3 CSS [Auj. L. 911-4]. Il ne peut en conséquence être soutenu que les dispositions de ces accords ne peuvent s'appliquer en l'absence d'un agrément spécifique. • CE 8 nov. 1996, *Synd. national Force ouvrière des cadres des organismes sociaux, c/ Féd. nationale CGT des personnels des organismes sociaux*, n°s 157442 et 157453 : *Dr. soc. 1997. 179, note Prétot .*

Art. L. 911-5 *(L. n° 94-678 du 8 août 1994, art. 1er)* **Les dispositions des articles L. 132-4** *[L. 2251-1 nouv.]*, **L. 132-6** *[L. 2222-4 nouv.]* **et L. 423-15** *[L. 2314-25 et R. 2314-27 nouv.]* **du code du travail s'appliquent au projet d'accord proposé par le chef d'entreprise mentionné à l'article L. 911-1. Les conditions dans lesquelles ce projet d'accord est ratifié et adopté et les conditions dans lesquelles l'accord est ensuite modifié, mis en cause à raison notamment d'une fusion, d'une cession ou d'une scission ou d'un changement d'activité ou dénoncé ainsi que la durée du préavis qui doit précéder la dénonciation sont définies par décret en Conseil d'État.**

Ce même décret détermine les conditions dans lesquelles une convention ou un accord collectif d'entreprise peut se substituer à une décision unilatérale de l'employeur ou à un accord ratifié mentionné à l'article L. 911-1 ou ce même accord ratifié peut se substituer à la décision unilatérale de l'employeur lorsque ceux-ci mettent en œuvre les garanties collectives régies par le présent chapitre.

1. Mode de révision des régimes complémentaires. Un régime complémentaire de retraite, qu'il ait été créé par voie d'accord collectif ou à la suite de la ratification par la majorité des intéressés d'une proposition de l'employeur, peut indifféremment être modifié ou révisé selon l'une ou l'autre de ces formes. • Soc. 10 févr. 1999 : *Dr. soc. 1999. 388, concl. Commaret, obs. Langlois ; RJS 1999, n° 424.*

2. Substitution d'un accord collectif à une décision unilatérale. Il ne résulte pas de l'art. L. 911-5 CSS que la substitution d'un accord collectif à une décision unilatérale de l'employeur, lorsque ceux-ci mettent en œuvre les garanties collectives dont bénéficient les salariés, soit subordonnée dans son principe à un décret d'application. • Soc. 1er oct. 2003, n° 02-30.337 (inédit) :

3. Mise en cause de l'usage ou de l'engagement unilatéral par accord collectif. L'accord collectif qui a le même objet que l'usage ou qu'un engagement unilatéral antérieur a pour effet de le mettre en cause, peu important que celui-ci ait été ou non préalablement dénoncé, ou que sa dénonciation préalable ait été irrégulière. • Soc. 1er oct. 2003 : *préc. note 2.*

Art. L. 911-6 *(Ord. n° 2007-329 du 12 mars 2007, art. 9)* Les dispositions des articles L. 3334-1 à L. 3334-15 du code du travail s'appliquent au projet d'accord collectif mentionné à l'article L. 911-1 conclu dans le cadre d'un plan d'épargne pour la retraite collectif.

Ces dispositions issues de l'Ord. n° 2007-329 entrent en vigueur le 1er mai 2008 (Ord. préc., art. 14).

Art. L. 911-7 *(L. n° 2013-504 du 14 juin 2013, art. 1er-II-1°)* I. — Les entreprises dont les salariés ne bénéficient pas d'une couverture collective à adhésion obligatoire en matière de remboursements complémentaires de frais occasionnés par une maladie, une maternité ou un accident déterminée selon l'une des modalités mentionnées à l'article L. 911-1 dont chacune des catégories de garanties et la part du financement assurée par l'employeur sont au moins aussi favorables que celles mentionnées *(L. n° 2015-1702 du 21 déc. 2015, art. 34-II-1°, en vigueur le 1er janv. 2016)* « aux II et III » du présent article sont tenues de faire bénéficier leurs salariés de cette couverture minimale par décision unilatérale de l'employeur, dans le respect de l'article 11 de la loi n° 89-1009 du 31 décembre 1989 renforçant les garanties offertes aux personnes assurées contre certains risques. Les salariés concernés sont informés de cette décision. *— Le I est entré en vigueur le 1er janv. 2016. Pour les salariés relevant du régime local d'assurance maladie complémentaire des départements du Haut-Rhin, du Bas-Rhin et de la Moselle défini à l'art. L. 325-1 CSS et pour les salariés relevant du régime local d'assurance maladie complémentaire des départements du Haut-Rhin, du Bas-Rhin et de la Moselle défini à l'art. L. 761-3 C. rur., le I de l'art. L. 911-7 est applicable à compter du 1er juill. 2016 (L. n° 2013-504 du 14 juin 2013, art. 1er-IX ; mod. par L. n° 2016-41 du 26 janv. 2016, art. 197).*

II. — La couverture minimale mentionnée au I comprend la prise en charge totale ou partielle des dépenses suivantes :

1° La participation de l'assuré aux tarifs servant de base au calcul des prestations des organismes de sécurité sociale, prévue au I de l'article *(L. n° 2015-1702 du 21 déc. 2015, art. 34-II-2°, en vigueur le 1er janv. 2016)* « L. 160-13 » pour les prestations couvertes par les régimes obligatoires ;

2° Le forfait journalier prévu à l'article L. 174-4 ;

3° Les frais exposés, en sus des tarifs de responsabilité, pour les soins dentaires prothétiques ou d'orthopédie dentofaciale et pour certains dispositifs médicaux à usage individuel admis au remboursement.

Un décret détermine le niveau de prise en charge de ces dépenses ainsi que la liste des dispositifs médicaux mentionnés au 3° entrant dans le champ de cette couverture. *(Abrogé par L. n° 2015-1702 du 21 déc. 2015, art. 34-II-2°, à compter du 1er janv. 2016)* ***« Il fixe les catégories de salariés pouvant être dispensés, à leur initiative, de l'obligation d'affiliation eu égard à la nature ou aux caractéristiques de leur contrat de travail ou au fait qu'ils disposent par ailleurs d'une couverture complémentaire. »***

Les contrats conclus en vue d'assurer cette couverture minimale sont conformes aux conditions prévues à l'article L. 871-1 *(Abrogé par L. nº 2014-1554 du 22 déc. 2014, art. 22-II-I)* ***« du présent code »*** **et** *(L. nº 2014-1554 du 22 déc. 2014, art. 22-II-I)* **« au II de l'article L. 862-4 ».** *— Sur l'entrée en vigueur des dispositions issues de la L. nº 2014-1554 du 22 déc. 2014, V. 2e note ss. art. L. 862-4.*

(L. nº 2015-1702 du 21 déc. 2015, art. 34-II-2º, en vigueur le 1er janv. 2016) **« III. — » L'employeur assure au minimum la moitié du financement de** *(L. nº 2015-1702 du 21 déc. 2015, art. 34-II-2º, en vigueur le 1er janv. 2016)* **« la couverture collective à adhésion obligatoire des salariés en matière de remboursement complémentaire des frais occasionnés par une maladie, une maternité ou un accident ».** *(Abrogé par L. nº 2015-1702 du 21 déc. 2015, art. 34-II-2º, à compter du 1er janv. 2016)* ***« Cependant, les modalités spécifiques de ce financement en cas d'employeurs multiples et pour les salariés à temps très partiel sont déterminées par décret. »***

(L. nº 2015-1702 du 21 déc. 2015, art. 34-II-2º, en vigueur le 1er janv. 2016) **« Les salariés en contrat à durée déterminée ou en contrat de mission peuvent se dispenser, à leur initiative, de l'obligation d'affiliation si la durée de la couverture collective à adhésion obligatoire dont ils bénéficient en matière de remboursement complémentaire des frais occasionnés par une maladie, une maternité ou un accident est inférieure à un seuil fixé par décret et s'ils justifient bénéficier d'une couverture respectant les conditions fixées à l'article L. 871-1. Cette durée s'apprécie à compter de la date de prise d'effet du contrat de travail et sans prise en compte de l'application, le cas échéant, de l'article L. 911-8.**

« Un décret fixe, en outre, les catégories de salariés pouvant se dispenser, à leur initiative, de l'obligation de couverture, eu égard à la nature ou aux caractéristiques de leur contrat de travail ou au fait qu'ils disposent par ailleurs d'une couverture complémentaire. »

(L. nº 2015-1702 du 21 déc. 2015, art. 34-II-2º, en vigueur le 1er janv. 2016) **« IV. — Un décret » précise les adaptations dont fait l'objet la couverture des salariés relevant du régime local d'assurance maladie complémentaire des départements du Haut-Rhin, du Bas-Rhin et de la Moselle défini à l'article L. 325-1, en raison de la couverture garantie par ce régime.**

BIBL. ▶ DEL SOL, Généralisation de la couverture complémentaire santé des salariés : éléments de controverse, *Dr. soc. 2014. 165*. – HENNION, DEL SOL et PIERRE, Chronique de protection sociale complémentaire, *Dr. soc. 2016. 760*. – KOVAC, Généralisation de la couverture « frais de santé » : garanties minimales et dispenses d'affiliation, *JCP S 2014, nº 1414.*

Loi nº 2013-504 du 14 juin 2013,

Relative à la sécurisation de l'emploi (JO 16 juin).

Art. 1er I. — A. — Avant le 1er juin 2013, les organisations liées par une convention de branche ou, à défaut, par des accords professionnels engagent une négociation, afin de permettre aux salariés qui ne bénéficient pas d'une couverture collective à adhésion obligatoire en matière de remboursements complémentaires de frais occasionnés par une maladie, une maternité ou un accident dont chacune des catégories de garanties et la part de financement assurée par l'employeur sont au moins aussi favorables que *(L. nº 2015-1702 du 21 déc. 2015, art. 34-IV, en vigueur le 1er janv. 2016)* « celles mentionnées aux II et III » de l'article L. 911-7 du code de la sécurité sociale, au niveau de leur branche ou de leur entreprise, d'accéder à une telle couverture avant le 1er janvier 2016.

La négociation porte notamment sur :

1º La définition du contenu et du niveau des garanties ainsi que la répartition de la charge des cotisations entre employeur et salariés ;

2º Les modalités de choix de l'assureur. La négociation examine en particulier les conditions, notamment tarifaires, dans lesquelles les entreprises peuvent retenir le ou les organismes assureurs de leur choix, sans méconnaître les objectifs de couverture effective de l'ensemble des salariés des entreprises de la branche et d'accès universel à la santé ;

3º Le cas échéant, les modalités selon lesquelles des contributions peuvent être affectées au financement de l'objectif de solidarité, notamment pour l'action sociale et la constitution de droits non contributifs ;

(Abrogé par L. n° 2015-1702 du 21 déc. 2015, art. 34-IV, à compter du 1er janv. 2016) « 4° Les cas dans lesquels la situation particulière de certains salariés ou ayants droit, lorsque ceux-ci bénéficient de la couverture, peut justifier des dispenses d'affiliation à l'initiative du salarié ; »

5° Le délai, au moins égal à dix-huit mois à compter de l'entrée en vigueur de la convention ou de l'accord et expirant au plus tard le 1er janvier 2016, laissé aux entreprises pour se conformer aux nouvelles obligations conventionnelles ;

6° Le cas échéant, les adaptations dont fait l'objet la couverture des salariés relevant du régime local d'assurance maladie complémentaire des départements du Haut-Rhin, du Bas-Rhin et de la Moselle défini à l'article L. 325-1 du code de la sécurité sociale, en raison de la couverture garantie par ce régime.

B. — A compter du 1er juillet 2014 et jusqu'au 1er janvier 2016, dans les entreprises où a été désigné un délégué syndical et qui ne sont pas couvertes selon l'une des modalités mentionnées à l'article L. 911-1 du code de la sécurité sociale par une couverture collective à adhésion obligatoire en matière de remboursements complémentaires de frais occasionnés par une maladie, une maternité ou un accident dont chacune des catégories de garanties et la part de financement assurée par l'employeur sont au moins aussi favorables que *(L. n° 2015-1702 du 21 déc. 2015, art. 34-IV, en vigueur le 1er janv. 2016)* « celles mentionnées aux II et III » de l'article L. 911-7 du même code et applicable au plus tard le 1er janvier 2016, l'employeur engage une négociation sur ce thème.

Cette négociation se déroule dans les conditions prévues à la section Ire du chapitre II du titre IV du livre II de la deuxième partie du code du travail et au deuxième alinéa de l'article L. 2242-11 du même chapitre. Le cas échéant, elle porte sur les adaptations dont fait l'objet la couverture des salariés relevant du régime local d'assurance maladie complémentaire des départements du Haut-Rhin, du Bas-Rhin et de la Moselle défini à l'article L. 325-1 du code de la sécurité sociale, en raison de la couverture garantie par ce régime.

....

V. — Avant le 1er janvier 2016, les organisations liées par une convention de branche ou, à défaut, par des accords professionnels engagent une négociation en vue de permettre aux salariés qui ne bénéficient pas d'une couverture collective à adhésion obligatoire en matière de prévoyance au niveau de leur branche ou de leur entreprise d'accéder à une telle couverture.

Art. L. 911-7-1 *(L. n° 2015-1702 du 21 déc. 2015, art. 34-III, en vigueur le 1er janv. 2016)* **I. — La couverture en matière de remboursement complémentaire de frais occasionnés par une maladie, une maternité ou un accident des salariés en contrat à durée déterminée, en contrat de mission ou à temps partiel mentionnés au présent article est assurée, dans les cas prévus aux II et III, par le biais d'un versement, par leur employeur, d'une somme représentative du financement résultant de l'application des articles L. 911-7 et L. 911-8, et qui s'y substitue alors.**

II. — Ce versement est conditionné à la couverture de l'intéressé par un contrat d'assurance maladie complémentaire portant sur la période concernée et respectant les conditions fixées à l'article L. 871-1. Le salarié justifie de cette couverture. Ce versement ne peut être cumulé avec le bénéfice d'une couverture complémentaire au titre de l'article L. 861-3 *(Abrogé par L. n° 2018-1203 du 22 déc. 2018, art. 52-II, à compter du 1er nov. 2019)* ***« , d'une aide à l'acquisition d'une assurance complémentaire en matière de santé au titre de l'article L. 863-1 »*****, d'une couverture collective et obligatoire, y compris en tant qu'ayant droit, ou d'une couverture complémentaire donnant lieu à la participation financière d'une collectivité publique.**

Un décret détermine les modalités selon lesquelles est fixé le montant de ce versement, en fonction du financement mis en œuvre en application des articles L. 911-7 et L. 911-8, de la durée du contrat et de la durée de travail prévue par celui-ci.

III. — Un accord de branche peut prévoir que l'obligation de couverture des risques mentionnée au I du présent article et, le cas échéant, l'obligation mentionnée à l'article L. 911-8 sont assurées selon les seules modalités mentionnées au II du présent article pour les salariés dont la durée du contrat ou la durée du travail prévue par celui-ci est inférieure à des seuils fixés par cet accord, dans la limite de plafonds fixés par décret.

En l'absence d'accord de branche relatif à la couverture mentionnée au I de l'article L. 911-7 ou lorsque celui-ci le permet, un accord d'entreprise peut également comporter les dispositions mentionnées au premier alinéa du présent III.

(L. n° 2016-1827 du 23 déc. 2016, art. 33-I) « L'employeur peut, par décision unilatérale, assurer la couverture en matière de remboursement complémentaire des frais occasionnés par une maladie, une maternité ou un accident des salariés mentionnés au premier alinéa du présent III, dans les conditions prévues au II du présent article.

« L'avant-dernier alinéa du présent III n'est pas applicable lorsque les salariés mentionnés au présent III sont déjà couverts à titre collectif et obligatoire en application de l'article L. 911-1. »

IV. — Les salariés ayant fait valoir la faculté de dispense prévue au deuxième alinéa du III de l'article L. 911-7 ont droit au versement mentionné au I du présent article.

V. Arr. du 20 avr. 2017 portant revalorisation du versement mentionné à l'art. L. 911-7-1 CSS (JO 28 avr.).

Art. L. 911-8 *(L. n° 2013-504 du 14 juin 2013, art. 1er-II-1°)* Les salariés garantis collectivement, dans les conditions prévues à l'article L. 911-1, contre le risque décès, les risques portant atteinte à l'intégrité physique de la personne ou liés à la maternité ou les risques d'incapacité de travail ou d'invalidité bénéficient du maintien à titre gratuit de cette couverture en cas de cessation du contrat de travail, non consécutive à une faute lourde, ouvrant droit à prise en charge par le régime d'assurance chômage, selon les conditions suivantes :

1° Le maintien des garanties est applicable à compter de la date de cessation du contrat de travail et pendant une durée égale à la période d'indemnisation du chômage, dans la limite de la durée du dernier contrat de travail ou, le cas échéant, des derniers contrats de travail lorsqu'ils sont consécutifs chez le même employeur. Cette durée est appréciée en mois, le cas échéant arrondie au nombre supérieur, sans pouvoir excéder douze mois ;

2° Le bénéfice du maintien des garanties est subordonné à la condition que les droits à remboursements complémentaires aient été ouverts chez le dernier employeur ;

3° Les garanties maintenues au bénéfice de l'ancien salarié sont celles en vigueur dans l'entreprise ;

4° Le maintien des garanties ne peut conduire l'ancien salarié à percevoir des indemnités d'un montant supérieur à celui des allocations chômage qu'il aurait perçues au titre de la même période ;

5° L'ancien salarié justifie auprès de son organisme assureur, à l'ouverture et au cours de la période de maintien des garanties, des conditions prévues au présent article ;

6° L'employeur signale le maintien de ces garanties dans le certificat de travail et informe l'organisme assureur de la cessation du contrat de travail mentionnée au premier alinéa.

Le présent article est applicable dans les mêmes conditions aux ayants droit du salarié qui bénéficient effectivement des garanties mentionnées au premier alinéa à la date de la cessation du contrat de travail.

L'art. L. 911-8 entre en vigueur :

1° Au titre des garanties liées aux risques portant atteinte à l'intégrité physique de la personne ou liés à la maternité, à compter du 1er juin 2014 ;

2° Au titre des garanties liées au risque décès ou aux risques d'incapacité de travail ou d'invalidité, à compter du 1er juin 2015 (L. n° 2013-504 du 14 juin 2013, art. 1er-X).

BIBL. ▶ BARON et PIGNAUD, Généralisation de la couverture « frais de santé » et de la portabilité, *JCP S 2013, n° 1269*. – BRIENS, La nouvelle portabilité des garanties de protection sociale complémentaire, *Dr. soc. 2013. 895*. – ROULET, La portabilité des droits de prévoyance au vu de la sécurisation de l'emploi, *Dr. soc. 2013. 901*.

1. Obligation d'information du salarié sur la portabilité des garanties. L'avenant n° 3 du 18 mai 2009 à l'accord national interprofessionnel du 11 janv. 2008 sur la modernisation du marché du travail institue un mécanisme de portabilité des garanties de prévoyance ainsi que l'obligation que la notice d'information fournie par l'organisme assureur et remise au salarié par l'employeur mentionne les conditions d'application de la portabilité. L'employeur est en conséquence débiteur d'une obligation d'information sur la portabilité des garanties de prévoyance et peut être condamné à dommages-intérêts en cas de méconnaissance de cette obligation. • Soc. 20 nov. 2013 : *RJS 3/2014, n° 273* • Soc. 2 mars 2016, n° 14-18.334 : *RJS 5/2016, n° 377.*

2. Application aux salariés des entreprises en liquidation. Les dispositions de l'art. L. 911-8 CSS sont applicables aux anciens salariés licenciés d'un employeur placé en liquidation judiciaire qui remplissent les conditions fixées par ce texte. Toutefois, le maintien des droits implique que le contrat ou l'adhésion liant l'employeur à l'organisme assureur ne soit pas résilié. • Cass., avis, 6 nov. 2017, n° 17013 : *RJS 1/2018, n° 76.* ♦ Comp. • Civ. 2e, 18 janv. 2018, n° 17-10.636 P : *JCP S 2018. 1119, obs. d' Allende et Muso* (en cas de mise en liquidation judiciaire de la société, le droit des salariés licenciés à bénéficier de la portabilité des garanties frais de santé et prévoyance n'apparaît pas avec l'évidence requise devant le juge des référés, le trouble manifestement illicite invoqué n'étant pas caractérisé).

CHAPITRE II CLAUSES OBLIGATOIRES

BIBL. ▶ Badel, Suppression de l'assurance veuvage et réforme de la pension de réversion : quelle équivalence ?, *RDSS 2004. 451*. – Barthélemy, Le monopole des « L 4 » en question, *Dr. soc. 1989. 398* ; Source et nature des engagements d'un organisme assureur désigné par une convention collective pour gérer les garanties collectives de prévoyance dans la branche, *Dr. soc. 2010. 1203* ; Clauses de désignation et droit de la concurrence, *Dr. soc. 2011. 853* – Beal, Hallopeau, Kleins, Validité et exercice des clauses de désignation avec obligation de migration des accords collectifs de prévoyance, *JCP S 2011, n° 1146.* – Broca et Hadolh, Monopole et concurrence en matière de protection sociale, *Dr. soc. 1995. 748*. – Del Sol, Les mutuelles de santé : entre logique concurrentielle et éthique solidariste, *RDSS 2003. 71* ; Europe et mutualité : une influence à sens unique ?, *RDSS 2009. 410*. – Driguez, Les institutions de protection sociale face au droit de la concurrence : confirmations ou inflexions ?, *RDSS 2010. 1048*. – Dupeyroux, Les exigences de la solidarité. Observations sur la désignation d'une institution déterminée pour la gestion d'un régime complémentaire de prévoyance, *Dr. soc. 1990. 741*. – François, Le droit au maintien des prestations différées et la résiliation du contrat de prévoyance collective, *RDSS 2007. 1060*. – Kessler, Retraite complémentaire et droit communautaire de la concurrence, *RDSS 1997. 902*. –Lautrette, Clause de désignation et appel d'offres : les enseignements de l'arrêt de la CJUE du 15 juillet 2010, *Dr. soc. 2010. 1241*.– Millet, L'impossible résistance des entreprises aux systèmes obligatoires de mutualisation des risques ?, *JCP S 2007. 1906* ; Clause du contrat de travail relative à la protection sociale, *JCP S 2007. 1977.* – Muller, Les mutuelles dans la tourmente de la concurrence, *RDSS 2006. 828*. – Platel, La protection sociale et le droit communautaire : le principe de libre concurrence, *JCP E 1997. I. 689.* – Vachet, Enjeux et mutations en matière de prévoyance : la résiliation du contrat de travail ou du contrat d'assurance, *JCP S 2010. 1322.* – Wismer, Clauses de désignation : le sort du contrat d'assurance collective de prévoyance préexistant, *JCP E 2005. I. 1028.*

Art. L. 912-1 *(L. n° 2013-1203 du 23 déc. 2013, art. 14-I)* **I. — Les accords professionnels ou interprofessionnels mentionnés à l'article L. 911-1 peuvent, dans des conditions fixées par décret en Conseil d'État, prévoir l'institution de garanties collectives présentant un degré élevé de solidarité et comprenant à ce titre des prestations à caractère non directement contributif, pouvant notamment prendre la forme d'une prise en charge partielle ou totale de la cotisation pour certains salariés ou anciens salariés, d'une politique de prévention ou de prestations d'action sociale.**

Dans ce cas, les accords peuvent organiser la couverture des risques concernés en recommandant un ou plusieurs organismes mentionnés à l'article 1er de la loi n° 89-1009 du 31 décembre 1989 renforçant les garanties offertes aux personnes assurées contre certains risques ou une ou plusieurs institutions mentionnées à l'article L. 370-1 du code des assurances, sous réserve du respect des conditions définies au II du présent article.

Le ou les organismes ou institutions adressent annuellement au ministre chargé de la sécurité sociale un rapport sur la mise en œuvre du régime, le contenu des éléments de solidarité et son équilibre, dont le contenu est précisé par décret.

II. — La recommandation mentionnée au I doit être précédée d'une procédure de mise en concurrence des organismes ou institutions concernés, dans des conditions de transparence, d'impartialité et d'égalité de traitement entre les candidats et selon des modalités prévues par décret.

Le ou les organismes ou institutions ne peuvent refuser l'adhésion d'une entreprise relevant du champ d'application de l'accord. Ils sont tenus d'appliquer un tarif unique

et d'offrir des garanties identiques pour toutes les entreprises et pour tous les salariés concernés.

III. — Les accords mentionnés au I comportent une clause fixant dans quelles conditions et selon quelle périodicité, qui ne peut excéder cinq ans, les modalités d'organisation de la recommandation sont réexaminées. La procédure prévue au premier alinéa du II est applicable à ce réexamen.

IV. — Les accords mentionnés au I peuvent prévoir que certaines des prestations nécessitant la prise en compte d'éléments relatifs à la situation des salariés ou sans lien direct avec le contrat de travail les liant à leur employeur sont financées et gérées de façon mutualisée, selon des modalités fixées par décret en Conseil d'État, pour l'ensemble des entreprises entrant dans leur champ d'application.

L'art. L. 912-1 s'applique aux accords conclus à compter du 1er janv. 2014 (L. nº 2013-1203 du 23 déc. 2013, art. 14-II).

BIBL. ▶ AKANDJI-KOMBÉ, Clauses de désignation et de migration en matière de prévoyance et de retraite, droit de négociation collective et liberté économique, *Dr. soc. 2013. 880*. – BARTHÉLEMY, Régime professionnel de prévoyance et libre prestation de services, *SSL 2012, nº 1553, p. 5* ; Invalidation des clauses de désignation, *Cah. DRH 2013. 203* ; Le concept de garantie sociale confronté à l'article L. 1 du code du travail et à la décision des sages du 13 juin 2013, *Dr. soc. 2013. 673* ; Protection sociale complémentaire. La survie des clauses de désignation, *Dr. soc. 2014. 1057* ; Solidarité et protection sociale complémentaire, *RJS 10/2015. 571*. – BARTHÉLEMY, WISMER et LEMEUR, Regards croisés sur les clauses de désignation et de migration, *Cah. DRH, nº 185, 1er mars 2012, p. 28*. – BRIENS, La mutualisation professionnelle des risques. À propos de l'article 1er de l'ANI du 11 janvier 2013, *SSL 2013, nº 580, p. 10* ; Un bien curieux amendement, *SSL 2013, nº 1610, p. 4*. – COURSIER, De la sécurisation de l'emploi par la généralisation de la couverture complémentaire santé, *Gaz. Pal. 20 oct. 2013, nos 293-295, p. 5* ; Des dangers du recours aux clauses de désignation et de migration pour généraliser une couverture complémentaire santé, *Cah. DRH, nº 36, 1er juill. 2013, p. 23*. – FERREIRA et HALLOPEAU, Clause de désignation et de migration : le débat est-il clos ?, *JCP S 2013, nº 1107*. – GINON, NELLY et WISMER, Protection sociale complémentaire : quelle généralisation ? *RDT 2013. 303*. – HENNION et DEL SOL, Chronique de protection sociale complémentaire, *Dr. soc 2015. 271*. – HENNION, DEL SOL et PIERRE, Chronique de protection sociale complémentaire, *Dr. soc. 2016. 760*. – KESSLER, La notion de « contrat en cours » en droit de la prévoyance : le chaos jurisprudentiel, *RDSS 2014. 962*. – LAUTRETTE, Justification, conditions et limites de la résistance d'un salarié à son affiliation à l'assureur intervenant dans l'entreprise, *Dr. soc. 2013. 887*. – MILLET-URSIN, Clauses de recommandation d'organisme assureur – Mode d'emploi et questions en suspens, *SSL 2015, nº 1669, p. 21*. – PENNEAU, Les employeurs face au choix d'une complémentaire santé en l'absence d'accord collectif de branche, *Dr. soc. 2016. 281*. – PETIT, Généralisation des complémentaires-santé : une approche davantage « sociale » que « sociétale » ?, *JCP S 2013, nº 1309*. – PRÉTOT, La protection sociale obligatoire survivra-t-elle au despotisme de la concurrence ?, *RJS 11/2013, p. 643*. – ROULET, Libres propos sur les clauses de désignation, *SSL 2013, nº 1571, p. 13*. – SERIZAY, Les giboulées d'automne, *SSL 2013, nº 1601, p. 5* ; La protection sociale complémentaire après la décision du Conseil constitutionnel, *SSL 2013, nº 1592, p. 13*. – WISMER, Clauses de désignation. De quelques problèmes à régler au préalable, *SSL 2013, nº 1580, p. 7* ; Impact après déflagration, *SSL 2013, nº 1590, p. 12*.

I. VALIDITÉ DES CLAUSES DE DÉSIGNATION EN DROIT INTERNE

A. INCOMPATIBILITÉ DE L'ART. L. 912-1 (ANCIEN) AVEC LA CONSTITUTION

1. Incompatibilité de l'art. L. 912-1 CSS avec la liberté contractuelle et la liberté d'entreprendre. Par les dispositions de l'art. L. 912-1 CSS, le législateur a poursuivi un but d'intérêt général en entendant faciliter l'accès de toutes les entreprises d'une même branche à une protection complémentaire et assurer un régime de mutualisation des risques, en renvoyant aux accords professionnels et interprofessionnels le soin d'organiser la couverture de ces risques auprès d'un ou plusieurs organismes de prévoyance. Toutefois, si le législateur peut porter atteinte à la liberté d'entreprendre et à la liberté contractuelle dans un but de mutualisation des risques, notamment en prévoyant que soit recommandé au niveau de la branche un seul organisme de prévoyance proposant un contrat de référence y compris à un tarif d'assurance donné ou en offrant la possibilité que soient désignés au niveau de la branche plusieurs organismes de prévoyance proposant au moins de tels contrats de référence, il ne saurait porter à ces libertés une atteinte d'une nature telle que l'entreprise soit liée avec un cocontractant déjà désigné par un contrat négocié au niveau de la branche et au contenu totalement prédéfini. • Cons. const. 13 juin 2013, nº 2013-672 DC : *JCP 2013. 839, obs. Duchange ; ibid. 929, note Ghestin ;*

ibid., n° 974, obs. Mekki ; RDC 4/2013. 1285 note Peres ; JCP S 2013, n° 1308, obs. Briens ; JCP E 2013. 1395, obs. Serizay ; RJS 8/2013. 559 ; ibid., n° 638 ; CSBP 2013. 288, obs Loiseau, Martinon et Kessler. ♦ V. également • Cons. const. 18 oct. 2013, n° 2013-349 QPC : *RJS 12/2013, n° 852.* ♦ A noter également sur l'échec du projet de l'instauration d'un mécanisme de « codésignation » dans le projet de loi de finances pour 2017 : • Cons. const. 22 déc. 2016, n° 2016-742 DC : *Dr. soc. 2017. 183, note Barthélemy.*

B. SURVIE TEMPORAIRE DES CONTRATS EN COURS

2. Effets dans le temps de la décision du Conseil constitutionnel. La déclaration d'inconstitutionnalité de l'art. L. 912-1 CSS n'est pas applicable aux contrats pris sur ce fondement, en cours lors de cette publication, et liant les entreprises à celles qui sont régies par le C. assur., aux institutions relevant du titre III du CSS et aux mutuelles relevant du C. mut. • Cons. const. 13 juin 2013, n° 2013-672 DC : *préc. note 1.* ♦ Une entreprise ne saurait en conséquence soutenir utilement que doit être annulé en raison de l'inconstitutionnalité de l'art. L. 912-1 un arrêté étendant une convention collective comportant une clause de désignation antérieure à la date de déclaration de l'inconstitutionnalité du texte. • CE 30 déc. 2013, n° 357115 : *RJS 3/2014, n° 271.* ♦ Les contrats en cours sont les actes ayant le caractère de conventions ou d'accords collectifs ayant procédé à la désignation d'organismes assureurs pour les besoins du fonctionnement des dispositifs de mutualisation que les partenaires sociaux ont entendu mettre en place, voire les actes contractuels signés par eux avec les organismes assureurs en vue de lier ces derniers et de préciser les stipulations du texte conventionnel de branche et ses modalités de mise en œuvre effective. • Civ. 2e, 11 févr. 2015, n° 14-13.538 P : *JCP E 2015. 1200, obs. Logeais et Jonin ; SSL n° 1668, 16 mars 2015, p. 12, obs. Barthélemy ; JCP S 2015, n° 1141, note Coursier ; Gaz. Pal. 21 avr. 2015, n° 111. 36, obs. Roulet ; RGDA 1er avr. 2015, n° 4. 206, obs. Mayaux ; RJS 4/2015, n° 289* • Soc. 1er juin 2016, n° 15-12.276 P : *préc. note 2.* ♦ Par sa décision, le Conseil constitutionnel a entendu préserver l'application jusqu'à leur terme, tel qu'il résulte de leurs stipulations et des dispositions du premier al. de l'art. L. 912-1 CSS, des actes contractuels, déjà conclus sur le fondement de cet article, en vertu desquels les entreprises ont une obligation d'adhésion à un organisme ou une institution chargé de la mutualisation des risques dont ces accords organisent la couverture. En revanche, sa décision fait obstacle à ce que l'autorité ministérielle puisse légalement, après la date à laquelle sa déclaration d'inconstitutionnalité a pris effet, étendre les stipulations d'un accord prévoyant une telle obligation d'adhésion et ainsi l'imposer à des entreprises qui, n'étant pas adhérentes à l'une des organisations d'employeurs signataires de l'accord, n'étaient pas liées par celui-ci. • CE 15 déc. 2015, n° 372880 B.

C. CLAUSES DE DÉSIGNATION ANTÉRIEURES À LA DÉCIS. N° 2013-349 QPC DU 13 JUIN 2013

3. Compatibilité avec l'Ord. n° 86-1243 du 1er déc. 1986 relative à la liberté des prix et de la concurrence. La désignation d'un organisme gestionnaire dans un accord de branche n'est pas incompatible avec les art. 7 (prohibition des actions concertées, conventions, ententes expresses ou tacites ou coalitions tendant à limiter l'accès au marché ou le libre exercice de la concurrence) et 8 (exploitation abusive d'une position dominante) de l'Ord. n° 86-1243 du 1er déc. 1986 relative à la liberté des prix et de la concurrence. La désignation par un accord collectif, dans les conditions de l'art. L. 911-1 CSS, d'une institution de prévoyance au sens de l'art. L. 931-1 pour gérer un régime de prévoyance complémentaire fondé sur le principe de mutualisation des risques, répond en effet aux exigences de l'art. 10 de l'ordonnance qui exclut de la prohibition des atteintes à la libre concurrence les pratiques qui résultent de l'application d'un texte législatif ou d'un texte réglementaire pris pour son application. Par ailleurs, l'accord ne saurait conduire à un abus de position dominante en ce qu'il ne couvre qu'une très faible partie du marché national de la prévoyance complémentaire et n'affecte pas une partie substantielle de ce marché. • CE 7 juill. 2000, n° 198564 : *RJS 2001, n° 111.*

4. Validité des clauses de désignation. Il résulte de l'art. L. 912-1 CSS qu'un accord collectif peut légalement créer un régime offrant des garanties collectives aux salariés d'une branche et auquel ces derniers doivent obligatoirement adhérer. Les dispositions des Dir. 92/49/CEE et 92/96/CEE des 18 juin et 10 nov. 1992 ne s'opposent pas à ce qu'un tel accord désigne, en application de l'art. L. 912-1 CSS, un organisme assureur unique chargé d'organiser la couverture des risques énoncés à l'art. L. 911-2 CSS. La légalité de l'arrêté d'extension d'un accord comportant une telle clause ne peut en conséquence être contestée à ce titre. • CE 19 mai 2008, n° 298907 (inédit).

5. Validité des clauses de migration. Selon l'art. L. 912-1, al. 2, CSS, lorsque des accords professionnels ou interprofessionnels, qui instituent des garanties collectives au profit des salariés, anciens salariés ou ayants droit en complément de celles qui sont déterminées par la sécurité sociale en prévoyant une mutualisation des risques dont ils organisent la couverture, s'appliquent à une entreprise qui, antérieurement à leur date d'effet, a adhéré ou souscrit un contrat auprès d'un organisme différent de celui prévu par les accords pour garantir les mêmes risques à un niveau équivalent, les dispositions du second alinéa de l'art. L. 132-23 C. trav. [L. 2253-2 nouv.] sont applicables. Suivant celui-ci, dans le cas où des conventions de branche ou des accords professionnels ou interprofessionnels viennent à s'appliquer dans l'entreprise postérieurement à la conclusion de conventions ou d'accords négociés, conformément aux dispositions relatives aux conventions et accords collectifs d'entreprise, les dispositions de ces conventions ou accords sont adaptées en conséquence. Il résulte de ces textes que l'adaptation consiste nécessairement dans la mise en conformité de l'accord d'entreprise avec l'accord professionnel ou interprofessionnel de mutualisation des risques imposant l'adhésion de l'entreprise au régime géré par l'institution désignée par celui-ci. Ces dispositions font en conséquence obligation aux entreprises concernées de souscrire aux garanties concernées auprès de l'organisme désigné. • Soc. 10 oct. 2007 : *RJS 2007, n° 1324 ; Dr. soc. 2007. 1331, note Barthélemy*. ♦ V. aussi dans la même affaire • CE 2 avr. 2008, n° 198564 (la solution apportée par l'autorité judiciaire à la question préjudicielle posée par le Conseil d'État s'impose à celui-ci, l'arrêté d'extension du 10 juin 1998 n'a donc méconnu ni les dispositions de l'article L. 912-1 CSS, ni celles de l'art. L. 132-23 C. trav.).

II. VALIDITÉ DES CLAUSES DE DÉSIGNATION AU REGARD DU DROIT COMMUNAUTAIRE

6. Compatibilité avec l'art. 101 TFUE (prohibition des accords ou pratiques concertées ayant pour objet ou pour effet de fausser le jeu de la concurrence à l'intérieur du marché). L'art. 101 TFUE, lu en combinaison avec l'art. 4, § 3, TUE, doit être interprété en ce sens qu'il ne s'oppose pas à la décision des pouvoirs publics de rendre obligatoire, à la demande des organisations représentatives des employeurs et des salariés d'un secteur d'activité déterminé, un accord issu de négociations collectives qui prévoit l'affiliation obligatoire à un régime de remboursement complémentaire de frais de soins de santé pour l'ensemble des entreprises du secteur concerné, sans possibilité de dispense. • CJUE 3 mars 2011, *AG2R Prévoyance c/ Beaudout Père et Fils SARL*, n° C-437/09 : *Dr. soc. 2011. 853, obs. Barthélemy ; ibid. 1265, obs. Lhernoud ; AJDA 2011. 1011, obs. Aubert, Broussy, Donnat ; SSL 2011, n° 1483, p. 11, obs Wismer et De Calbiac ; JCP E 2011. 1710, obs. Asquinazi-Bailleux ; JCP S 2011, n° 1146, obs. Béal, Hallopeau et Klein ; Europe 5/2011. 180 ; CCC 5/2011. 28, obs. Decocq.*

7. Compatibilité avec les art. 102 et 106 TFUE (abus de position dominante). Pour autant que l'activité consistant dans la gestion d'un régime de remboursement complémentaire de frais de soins de santé tel que celui en cause au principal doit être qualifiée d'économique, ce qu'il appartient à la juridiction de renvoi de vérifier, les art. 102 et 106 TFUE doivent être interprétés en ce sens qu'ils ne s'opposent pas à ce que les pouvoirs publics investissent un organisme de prévoyance du droit exclusif de gérer ce régime, sans aucune possibilité pour les entreprises du secteur d'activité concerné d'être dispensées de s'affilier audit régime dès lors que ce régime est caractérisé par un haut degré de solidarité et que l'organisme désigné est chargé de la gestion d'un service d'intérêt économique général. • CJUE 3 mars 2011, *AG2R Prévoyance c/ Beaudout Père et Fils SARL*, n° C-437/09 : *préc. note 5*. ♦ Sur la compatibilité des régimes de protection sociale complémentaires avec le droit communautaire, V. antérieurement et dans un sens comparable • CJUE 21 sept. 1999, *Albany International c/ Stichting Bedrijfspensioenfonds Textielindustrie*, n° C-67/96 • CJCE 21 sept. 1999, *Brentjens'Handelsonderneming BV c/ Stichting Bedrijfspensioenfonds voor de Handel in Bouwmaterialen : n^{os} C-115/97 à C-117/97* • CJCE 21 sept. 1999, *Maatschappij Drijvende Bokken BV c/ Stichting Pensioenfonds voor de Vervoer-en Havenbedrijven*, n° C-219/97 • 12 sept. 2000, *Pavel Pavlov e.a. c/ Stichting Pensioenfonds Medische Specialisten*, n° C-180/98 à C-184/98 • 21 sept. 2000, *Hendrik Van der Woude c/ Stichting Beatrixoord*, n° C-222/98.

8. Application des règles communautaires relatives à la libre concurrence aux organismes gestionnaires des régimes de retraite ou de prévoyance. Il résulte de l'interprétation des stipulations précitées donnée par la Cour de justice des communautés européennes, par des arrêts rendus le 21 sept. 1999 dans les affaires C-67/96 et C-115/97 à C-117/97, qu'une entité gérant un régime de retraite ou de prévoyance complémentaire, instauré par une convention collective conclue entre les organisations représentatives des employeurs et des travailleurs d'un secteur déterminé et auquel l'affiliation a été rendue obligatoire par les pouvoirs publics pour tous les travailleurs de ce secteur, est une entreprise au sens des art. 81, 82 et 86 du traité instituant la Communauté européenne [auj. 101, 102, 106 TFUE]. Cependant l'accord conclu entre les organisations représentatives des employeurs et des travailleurs instaurant un tel régime de prévoyance complémentaire ne peut, selon l'interprétation donnée par la Cour de justice des communautés européennes des stipulations de l'art. 85 du traité de Rome [auj. art. 105 TFUE], être regardé comme un « accord d'entreprise » ou une « pratique concertée entre entreprises » au sens de cet article. • CE 7 juill. 2000, n° 198564 : *RJS 2001, n° 111*. ♦ Les art. 102 et 106 du traité n'imposent pas aux partenaires sociaux de modalités particulières de désignation du gestionnaire d'un régime de prévoyance obligatoire. La validité de la clause de désignation ne saurait en conséquence être conditionnée à une mise en concurrence préalable par les partenaires sociaux de plusieurs opérateurs économiques. • Civ. 2e, 11 févr. 2015 : *JCP E 2015. 1200, obs. Logeais et Jonin ; SSL no 1668, 16 mars 2015, p. 12, obs. Barthélemy ; RJS 4/2015, no 289.* • Soc. 1er juin 2016, no 15-12.276 P : *D. actu. 24 juin 2016, obs. Cortot ; RJS 8-9/16, no 599.* ♦ L'art. 56 TFUE s'oppose à l'extension, par un État membre, à l'ensemble des employeurs et des travailleurs salariés d'une branche d'activité, d'un accord collectif, conclu par les organisations représentatives d'employeurs et de travailleurs salariés pour une branche d'activité, qui confie à un unique opérateur économique, choisi par les partenaires sociaux, la gestion d'un régime de prévoyance complémentaire obligatoire institué au profit des travailleurs salariés, sans que la réglementation nationale prévoie une publicité adéquate permettant à l'autorité publique compétente de tenir pleinement compte des informations soumises, relatives à l'existence d'une offre plus avantageuse. • CJUE 17 déc. 2015, nos C-25/14 et C-26/14 : *Dr. soc. 2016. 376, note Le Meur-Baudry et Barthélemy ; RJS 3/2016, p. 209, obs. Jean-Marie.* ♦ Doit en conséquence être annulé l'arrêté d'extension portant sur un accord relatif à la désignation des organismes assureurs dès lors que celui-ci n'a pas été précédé d'une publicité adéquate de nature à permettre au ministre de recueillir des informations relatives à l'existence d'une offre plus avantageuse, en violation de l'art. 56 du traité sur le fonctionnement de l'Union européenne. • CE 8 juill. 2016, no 357115 : *RJS 11/2016, no 727.*

9. Absence d'abus de position dominante au sens de l'art. 86 du Traité de Rome. A supposer que le droit exclusif conféré par l'accord collectif aux organismes gestionnaires des garanties collectives qu'il institue place ces derniers, notamment en raison de l'obligation imposée à toutes les entreprises de la branche de résilier dans un délai déterminé tous les contrats de prévoyance conclus antérieurement avec d'autres organismes gestionnaires, en situation d'abuser de leur position dominante, un tel abus ne saurait être caractérisé compte tenu de la très faible part du marché national de la prévoyance complémentaire que couvre l'accord litigieux. • CE 7 juill. 2000, no 198564 : *préc. note 8.*

III. CLAUSES DE RECOMMANDATION (LOI DU 23 DÉCEMBRE 2013)

10. Compatibilité des clauses de recommandation avec la Constitution. Les clauses de recommandation n'imposant pas aux entreprises concernées d'être assurées par l'organisme recommandé, elles ne portent pas atteinte à la liberté d'entreprendre et à la liberté contractuelle. En revanche, la soumission des entreprises à des taux de forfait social distincts en présence d'une clause de recommandation insérée dans un accord collectif entraîne une rupture caractérisée de l'égalité devant les charges publiques et doit être déclarée incompatible avec la Constitution. • Cons. Const. 19 déc. 2013, no 2013-682 DC : *RJS 3/2014, no 272.*

11. Applicabilité antérieurement à la publication des décrets d'application. Les accords conclus entre l'entrée en vigueur de la nouvelle rédaction de l'art. L. 912-1 CSS et l'intervention du décret auquel cet article a renvoyé la définition des modalités de la procédure de mise en concurrence sont valables dès lors qu'ils ont été précédés d'une procédure de mise en concurrence des organismes ou institutions concernés menée dans des conditions suffisantes de transparence, d'impartialité et d'égalité de traitement entre candidats. • CE 17 mars 2017, no 396001 : *RJS 6/2017, no 441.* ♦ Toutefois, le degré élevé de solidarité que doivent présenter ces garanties n'a pas été précisé avant le décret du 9 févr. 2017. En l'absence de dispositions réglementaires applicables, il revient aux juridictions de l'ordre judiciaire de se prononcer sur la licéité des stipulations d'un accord prévoyant la mutualisation du financement et de la gestion de certaines prestations. • CE 17 mars 2017, no 396001 : *préc.*

Art. L. 912-2 *(L. no 94-678 du 8 août 1994, art. 2-II)* **Lorsque l'accord d'entreprise, l'accord ratifié ou la décision unilatérale de l'employeur désigne celui ou ceux des organismes mentionnés à l'article L. 912-1 qui garantissent la couverture des risques, il comporte une clause déterminant dans quelles conditions et selon quelle périodicité le choix de ces organismes ainsi que des intermédiaires peut être réexaminé. La périodicité du réexamen ne peut excéder cinq ans.**

Art. L. 912-3 *(L. no 94-678 du 8 août 1994, art. 2-II ; L. no 95-116 du 4 févr. 1995, art. 52)* **Lorsque la convention, l'accord ou la décision unilatérale constatée par un écrit relevant de l'article L. 911-1 prévoient la couverture, sous forme de rentes, du décès, de l'incapacité de travail ou de l'invalidité, ils organisent également, en cas de** *(Ord. no 2006-344 du 23 mars 2006, art. 3)* **« changement d'organisme d'assurance ou d'institution mentionnée à l'article L. 370-1 du code des assurances », la poursuite de la revalorisation des rentes en cours de service. Lorsque le décès est couvert par ces**

mêmes conventions, accords ou décisions, ceux-ci organisent le maintien de cette garantie pour les bénéficiaires de rentes d'incapacité de travail et d'invalidité en cas de *(Ord. nº 2006-344 du 23 mars 2006, art. 3)* **« changement d'organisme d'assurance ou d'institution mentionnée à l'article L. 370-1 du code des assurances ».**

Dans ce dernier cas, la revalorisation des bases de calcul des différentes prestations relatives à la couverture du risque décès est au moins égale à celle déterminée par le contrat de l'organisme assureur *(Ord. nº 2006-344 du 23 mars 2006, art. 3)* **« ou d'une institution mentionnée à l'article L. 370-1 du code des assurances » qui a fait l'objet d'une résiliation.**

Art. L. 912-4 *(L. nº 89-1009 du 31 déc. 1989, art. 24-IV ; L. nº 94-678 du 8 août 1994, art. 2-III)* **Les conventions, accords ou décisions unilatérales mentionnés à l'article L. 911-1 qui concernent des pensions de retraite définissent obligatoirement les conditions d'attribution d'une pension de réversion au conjoint séparé de corps ou divorcé non remarié, quelle que soit la cause de la séparation de corps ou du divorce.** – *[Anc. art. L. 732-1 et L. 731-8.]*

En cas d'attribution d'une pension de réversion au conjoint survivant et au conjoint divorcé, les droits de chacun d'entre eux ne pourront être inférieurs à la part qui lui reviendrait si celle-ci était calculée en fonction de la durée respective de chaque mariage.

Caractère d'ordre public des dispositions relatives au calcul des droits des conjoints. L'art. L. 912-4 CSS est un texte d'ordre public, obligatoire pour les partenaires sociaux. Le minimum de droits reconnus au conjoint divorcé non remarié et au conjoint survivant, en fonction de la durée respective des mariages, ne peut en conséquence être inférieur à la part qui leur serait allouée si celle-ci était calculée en fonction de la durée respective de chaque mariage. L'avenant A 80 du 24 sept. 1979, à l'annexe I à la convention collective nationale de retraites et de prévoyance des cadres du 14 mars 1947 ne saurait en conséquence se référer dans l'attribution de ces droits qu'au seul nombre de points acquis pendant le mariage, à l'exclusion de leur durée respective. • Soc. 18 déc. 1997 : *D. 1998. Somm. 390, obs. Prétot ; Dr. soc. 1998. 305, obs. Barthélemy ; RJS 1998, nº 222.*

CHAPITRE III CLAUSES PROHIBÉES

(L. nº 94-678 du 8 août 1994, art. 3)

BIBL. ▶ Barthélemy, Restructurations et protection sociale complémentaire, *Dr. soc. 1989. 110.*– Laigre, L'application du principe de l'égalité entre les hommes et les femmes aux régimes de retraite professionnels, *RJS 1994. 803.* – Langlois, La réversion dans les régimes complémentaires obligatoires et l'égalité entre les hommes et les femmes, *Dr. soc. 1995. 424*. – Lazerges, Le sort des régimes complémentaires en cas de transformation de l'entreprise par fusion-absorption, *Dr. soc. 1971. 206.* – Millet, La clause du contrat de travail relative à la protection sociale, *JCP S 2007. 1977.* – Morvan, Protection sociale d'entreprise : droits acquis ou éventuels dans la tourmente des restructurations, *Dr. soc. 2006. 279*. – Muller, Égalité de traitement dans les régimes professionnels de sécurité sociale, *RDSS 2001. 638*. – Noguero, Maintien impératif de la garantie frais de santé de l'assurance collective obligatoire pour le salarié licencié, *JCP 2008. II. 10059.* – Prétot, La modification du régime de la protection sociale complémentaire, *D. 1991. AJ 155*. – Serizay, La protection sociale complémentaire et le droit communautaire : non-discrimination entre hommes et femmes, *JCP E 1997. I. 689.* – Zarcas, Le Conseil d'État, le Traité CE et l'égalité des rémunérations entre hommes et femmes, *Dr. soc. 2006. 82*.

Art. L. 913-1 *(L. nº 89-474 du 10 juill. 1989, art. 6-1 ; L. nº 89-1009 du 31 déc. 1989, art. 24-II ; L. nº 94-678 du 8 août 1994, art. 3-II)* **Aucune disposition comportant une discrimination fondée sur le sexe ne peut être insérée, à peine de nullité, dans les conventions, accords ou décisions unilatérales relevant de l'article L. 911-1.**

L'alinéa précédent ne fait pas obstacle aux dispositions relatives à la protection de la femme en raison de la maternité. – *[Anc. art. L. 731-4.]*

Al. 3 abrogé par Ord. nº 2001-178 du 22 févr. 2001, art. 1er.

Les clauses des conventions, accords, décisions, statuts, règlements et contrats contraires aux dispositions du premier alinéa de l'art. L. 913-1 CSS sont nulles et de nul effet lorsqu'elles concernent des prestations attribuées au titre des périodes d'emploi postérieures au 17 mai 1990 ou, pour les salariés ou leurs ayants droit qui ont engagé une action en justice avant cette date, au titre des périodes d'emploi postérieures au 8 avr. 1976 (Ord. 22 févr. 2001, art. 3).

BIBL. ▸ Berthou et Masselot, Égalité de traitement et maternité – jurisprudence récente de la CJCE, *Dr. soc. 1999. 942*. – Bonnet *et alii*, Quelles évolutions des retraites des hommes et des femmes ?, *Gérontologie et société 2/2006 (n° 117), p. 57-72*. – Chemla, Retraites : majorations de durée d'assurance et égalité, *Dr. soc. 2010. 190*. – Haquet, Les pensions de retraite et le principe de l'égalité des rémunérations entre les sexes, *D. 2002. 2832*. – Darmon et Huglo, L'égalité de traitement entre les hommes et les femmes dans la jurisprudence de la Cour de justice des Communautés européennes. Un univers en expansion, *RTD eur. 1992. 1*. – Jacqmain, Égalité entre travailleurs féminins et masculins, *JDE 2000. 201*. – Laigre, L'application du principe de l'égalité entre les hommes et les femmes aux régimes de retraite professionnels, *RJS 1994. 803*. – Langlois, La réversion dans les régimes complémentaires obligatoires et l'égalité entre les hommes et les femmes, *Dr. soc. 1995. 424*. – Lanquetin, La réforme des retraites – Les retraites des femmes : quelle égalité ?, *Dr. soc. 2011. 278* ; Les retraites des femmes : quelle égalité ?, *Dr. soc. 2003. 960*. – Lanquetin et Masse-Dessen, Les droits particuliers pour les femmes dans les conventions collectives, *Dr. soc. 1989. 551*. – Lhernould, Égalité entre les sexes en matière de protection sociale. De la dialectique entre CEDH et normes communautaires, *RJS 2003. 758* ; L'égalité entre les sexes dans les régimes privés de pension, *Dr. soc. 2004. 1000* ; Retraite et égalité entre les sexes, *RJS 05/2005. 331* – Meron et Silvera, Retraites : inégalités en tout genre, *Travail, genre et sociétés 2/2004 (n° 12), p. 213-224*. – Muller, L'impact de la jurisprudence de la CJCE en matière d'égalité de traitement hommes-femmes sur la qualification des régimes de retraite, *RFAS, n° 4, 2002, p. 219*. – Serizay, *LPA n° 36, 19 févr. 2009, p. 36* – Nyssens, Le principe d'égalité de traitement entre hommes et femmes dans les régimes professionnels de sécurité sociale, *Dr. soc. 1988. 1*. – Prétot, Les pensions civiles et militaires et le droit communautaire, de l'application du principe de l'égalité de traitement, *Dr. soc. 2002. 1131*. – Van Raepenbusch, Égalité de traitement entre hommes et femmes : jurisprudence récente de la CJCE, *RJS 01/1999. 348*

1. Effet direct des règles d'égalité issues de l'art. 157 TFUE (ex-art. 141 TCE). Le principe de l'égalité des rémunérations entre les travailleurs masculins et les travailleurs féminins fixé par l'art. 119 est susceptible d'être directement invoqué devant les juridictions nationales. Ces juridictions ont le devoir d'assurer la protection des droits que cette disposition confère aux justiciables, dans le cas d'une rémunération inégale de travailleurs féminins et de travailleurs masculins pour un même travail, lorsque celui-ci est accompli dans un même établissement ou service, privé ou public. • CJCE 8 avr. 1976, n° 43/75, *Defrenne II : Rec. CJCE 1976. 455 ; RTD eur. 1986. 231, note Imbrechts ; CDE 1977. 131* • CJCE 31 mars 1981, *Jenkins*, n° 96/80 : *Rec. CJCE 1981. 911*.

2. Application de l'art. 157 TFUE (ex-art. 141 TCE) aux pensions d'entreprise. Un régime de pensions d'entreprise trouvant sa source dans un accord d'entreprise et ayant pour effet de compléter un régime national de prestation sociales et dont le financement est entièrement supporté par l'employeur ne constitue pas un régime de sécurité sociale directement réglé par la loi et soustrait, de ce fait, au champ d'application de l'art. 119. Les prestations servies en vertu d'un tel régime constituent un avantage payé par l'employeur au travailleur en raison de l'emploi de ce dernier, au sens de l'art. 119, al. 2. • CJCE 13 mai 1986, *Bilka-Kaufhaus GMBH c/ Karin Weber von Hartz*, n° C-170/84 : *Rec. CJCE 1986. 1620*.

3. Distinction entre les régimes obligatoires et les régimes non obligatoires (arrêt Barber). Sont exclus du champ d'application de l'art. 119, al. 1er, les régimes ou prestations de sécurité sociale, notamment les pensions de retraite, directement réglés par la loi à l'exclusion de tout élément de concertation au sein de l'entreprise ou de la branche professionnelle intéressée, obligatoirement applicables à des catégories générales de travailleurs. Relèvent au contraire du champ d'application de ce texte des avantages payés par l'employeur au travailleur en raison de l'emploi de ce dernier découlant de régimes complémentaires de retraite qui ne sont pas obligatoirement applicables à des catégories générales de travailleurs mais qui ne concernent que les travailleurs employés par certaines entreprises, de sorte que l'affiliation auxdits régimes résulte nécessairement de la relation de travail avec un employeur déterminé. • CJCE 17 mai 1990, *Barber c/ Guardina Royal Exchange Assurance Group*, n° C-262/88. ♦ L'art. 119 du traité s'applique aux régimes de retraite complémentaire, tels que ceux relevant de l'AGIRC et de l'ARRCO. • CJCE 25 mai 2000, *Podesta c/ CRICA*, n° C-50/99 : *RJS 2001. 272*.

4. Application dans le temps de l'arrêt Barber. Au regard du droit communautaire en vigueur, et en particulier des dispositions de la Dir. 79/7/CEE, les États membres et les milieux intéressés ont pu raisonnablement estimer que l'art. 119 ne s'appliquait pas à des pensions versées par des régimes conventionnellement exclus et que des exceptions au principe d'égalité entre travailleurs masculins et travailleurs féminins continuaient d'être admises en cette matière. En conséquence, l'effet direct de l'art. 119 du traité ne peut être invoqué pour demander l'ouverture, avec effet à une date antérieure à celle du présent arrêt, d'un droit à pension, exception faite pour les travailleurs ou leurs ayants droit qui ont, avant cette date, engagé « une action en justice ou soulevé » une réclamation équivalente selon le droit national applicable. • CJCE 17 mai 1990, *Barber c/ Guardina Royal Exchange Assurance Group : préc. note 3.* ♦ V. aussi CJCE, *Ten Oever c/ STGBS*, n° C-109/91.

5. Rétablissement de l'égalité. L'art. 119 du traité s'oppose à ce qu'un régime de pensions professionnels, qui fixe, suite à l'arrêt du 17 mai 1990, Barber, C-262/88 (V. note 3), un âge de départ à la retraite uniforme pour tous ses affiliés, maintienne en faveur des femmes, en ce qui concerne les prestations dues au titre de périodes d'emploi postérieures à l'entrée en vigueur de la nouvelle règle, un âge de départ à la retraite inférieur à celui des hommes, même si une telle différence résulte d'une option exercée par les femmes dès avant l'arrêt Barber. Pour ces périodes d'emploi, l'art. 119 ne s'oppose pas à des mesures qui rétablissent l'égalité de traitement par la réduction des avantages des personnes antérieurement privilégiées, car il exige seulement que les travailleurs masculins et les travailleurs féminins reçoivent une même rémunération pour un même travail, sans pour autant en imposer un niveau déterminé. • CJCE 28 sept. 1994, *Van den Akker e.a. c/ Stichting Shell Pensioenfonds*, n° C-28/93 ♦ S'agissant en revanche des périodes d'emploi comprises entre le 17 mai 1990, date de l'arrêt Barber, et la date d'entrée en vigueur de la règle par laquelle le régime impose un âge de départ à la retraite uniforme, l'art. 119 s'oppose à ce que le rétablissement d'une situation d'égalité soit obtenu autrement que par l'application aux travailleurs masculins du même régime que celui dont bénéficient les travailleurs féminins. • Même arrêt. ♦ Cependant, cette limitation dans le temps des effets de l'arrêt Barber ne concerne que les types de discriminations que les employeurs et les régimes de pensions ont pu raisonnablement considérer comme tolérées. N'en fait pas partie la discrimination en matière d'affiliation. L'effet direct de l'art. 119 du traité peut être invoqué en ce cas afin d'exiger rétroactivement l'égalité de traitement quant au droit à l'affiliation à un régime de pension professionnel. • CJCE 28 sept. 1994, *Vroege c/ NCIV*, n° C-57/93.

6. Prohibition des différences d'âge dans l'accès aux pensions. Les pensions versées aux travailleurs licenciés par l'intermédiaire d'un fonds de pension financé par les cotisations versées par des employeurs conformément à un régime de pension professionnel constituent une rémunération au sens de l'art. 119, deuxième al., du traité CEE. L'art. 119 du traité CEE s'oppose à ce qu'un tel régime prévoie, en cas de licenciement, une condition d'âge différente selon le sexe pour l'octroi d'une pension immédiate devant être considérée comme « rémunération », une telle condition pouvant être considérée comme une condition de licenciement discriminatoire prohibée par l'art. 5, § 1er, de la Dir. 76/207/CEE. • CJCE 17 mai 1990, *Barber c/ Guardina Royal Exchange Assurance Group : préc. note 3.*

7. Prohibition des règles différenciées de calcul du montant des pensions. L'art. 119 du traité interdit toute discrimination en matière de rémunération entre travailleurs masculins et travailleurs féminins, quel que soit le mécanisme qui détermine cette inégalité. Il s'oppose à ce que les règles issues d'un régime professionnel, en prévoyant une règle de calcul du montant de la pension différente pour les anciens fonctionnaires mariés de sexe masculin de celle applicable aux anciens fonctionnaires mariés de sexe féminin, aboutissent à une discrimination au détriment des premiers. Ceux-ci peuvent invoquer le principe de l'égalité de rémunération de l'art. 119 devant les juridictions nationales et doivent être traités de la même façon et se voir appliquer le même régime que les femmes mariées, régime qui, à défaut d'exécution correcte de l'art. 119 en droit national, reste le seul système de référence valable. • CJCE 28 sept. 1994, *ABP c/ Beune*, n° C-7/93.

8. Application aux pensions de réversion. Relève de la notion de rémunération au sens de l'art. 119 du traité, une pension de survie versée par un régime professionnel de pensions dont les règles n'ont pas été fixées directement par la loi, mais résultent d'une concertation entre partenaires sociaux, les pouvoirs publics s'étant limités, à la demande des organisations patronales et syndicales considérées comme représentatives, à déclarer le régime obligatoire à l'ensemble du secteur professionnel, et dont le financement est assuré exclusivement par les travailleurs et les employeurs du secteur considéré, à l'exclusion de toute intervention financière publique. Le droit à une telle prestation est en effet un avantage qui trouve son origine dans l'affiliation au régime du conjoint du survivant, de sorte que la pension est acquise à ce dernier dans le cadre du lien d'emploi entre l'employeur et ledit conjoint, et lui est versée en raison de l'emploi de celui-ci. • CJCE 6 oct. 1993, *Ten Oever c/ STGBS*, n° C-109/91. ♦ L'art. 119 du traité CE (les art. 117 à 120 du traité CE ont été remplacés par les art. 136 à 143 CE) s'applique aux régimes de retraite complémentaire, tel celui en cause au principal, et s'oppose à ce que ces régimes opèrent, depuis le 17 mai 1990, une discrimination entre travailleurs masculins et travailleurs féminins au regard de l'âge auquel leur conjoint peut bénéficier d'une pension de réversion à la suite du décès de ces travailleurs. • CJCE 25 mai 2000, *Podesta : préc. note 3.*

9. Compensation des charges de famille. L'article 119 n'a pas pour effet d'obliger un employeur à organiser le régime de pensions d'entreprise de manière à tenir compte des difficultés particulières que rencontrent les employés ayant des charges de famille pour remplir les conditions donnant droit à une telle pension. • CJCE 13 mai 1986, *Bilka : préc. note 2.*

10. Bonifications pour enfants. Le principe de l'égalité des rémunérations est méconnu par une disposition qui exclut du bénéfice de la bonification qu'elle instaure pour le calcul des pensions de retraite les fonctionnaires masculins qui sont à même de prouver avoir assumé l'éducation de leurs enfants (décision rendue à propos de l'art. L. 12 *bis* C. pens. mil.). • CJCE 29 nov. 2001, *Griesmar,*n° C-366/9 : *Dr. soc. 2002. 178, note Lanquetin ; RJS 2/02. 114, obs. Kessler ; JCP 2002. 1197, obs. Moniolle ; JCP E 2002. 1333, obs. Coursier ; AJDA 2002. 823, obs. Lamy .* ♦ V. également dans la même affaire • CE 29 juill. 2002, *Griesmar,* n° 141112 : *D. 2002. 2832, obs. Haquet ; Dr. soc. 2002. 1131, note Prétot ; Dr. ouvrier 2002. 141, obs. Hantali ; AJDA 2004. 474, obs. Weisse-Marchal.* ♦ Les dispositions de l'art. 92 du Décr. n° 90-1215 du 20 déc. 1990, qui lient le bénéfice de la bonification de durée d'assurance à une interruption d'activité professionnelle d'une durée continue au moins égale à deux mois, n'engendrent pas une discrimination indirecte à raison du sexe prohibée par l'art. 14 de la Conv. EDH et de l'art. 1er du Protocole additionnel à la Convention, ni une inégalité de traitement entre les travailleurs des deux sexes au sens de l'art. 157 du TUE, du seul fait qu'un nombre plus élevé de femmes que d'hommes en bénéficient, en raison du congé de maternité. • Civ. 2e, 12 juill. 2012 : *JCP S 2012, n° 1489, obs. Daniel ; RJS 2012, n° 902.*

11. Majorations des durées d'assurance (jurisprudence rendue sur le fondement de l'art. L. 351-4 CSS antérieurement à la loi du 24 décembre 2009). Une différence de traitement entre hommes et femmes ayant élevé des enfants dans les mêmes circonstances ne peut être admise qu'en présence d'une justification objective et raisonnable. En l'absence d'une telle justification, l'art. L. 351-4 CSS qui réserve aux femmes le bénéfice d'une majoration de carrière pour avoir élevé un ou plusieurs enfants est incompatible avec les règles de non-discrimination. • Civ. 2e, 19 févr. 2009, n° 07-20.668 P : *Dr. soc. 2009. 574, obs. Prétot ; JCP S 2009, n° 1219, obs. Tauran ; Dr. ouvrier 2009. 573, obs. Guiomard ; RDSS 2009. 338, obs. Badel ; RJS 5/2009, n° 467.* ♦ Comp. L'octroi des majorations de durées d'assurance aussi bien aux femmes qui ont poursuivi leur carrière sans interruption qu'à celles qui l'ont interrompue conduit à distinguer sans aucun motif la situation d'une femme qui n'a pas interrompu sa carrière pour élever ses enfants et celle d'un homme qui apporte la preuve qu'il a élevé seul un enfant. En l'absence de toute justification objective et raisonnable, un homme placé dans la même situation est donc fondé à réclamer le bénéfice de la majoration des durées d'assurance. • Civ. 2e, 21 déc. 2006, n° 04-30.586 P : *Dr. soc. 2007. 319, note Lhernoud et Martin .* ♦ V. également pour les régimes spéciaux de retraite • CJUE 17 juill. 2014, n° 173/13, *Leone c/ Garde des Sceaux : RJS 2014. Chron. 703, obs. Lhernoud.* ♦ V. antérieurement *contra.* L'attribution d'avantages sociaux liés à l'éducation des enfants ne saurait dépendre, en principe, du sexe des parents. Le législateur peut toutefois prendre en compte les inégalités de fait dont les femmes ont jusqu'à présent été l'objet. Ces raisons d'intérêt général autorisent en conséquence le maintien, en les aménageant, des dispositions destinées à compenser des inégalités normalement appelées à disparaître. • Cons. const, 14 août 2003, n° 2003-483 DC : *LPA 15 sept. 2003, n° 184, p. 3, obs. Schoettl ; LPA 6 juill. 2004, n° 134, p. 17, obs. Matthieu et Verpeaux.*

12. Congé de maternité. Le principe de l'égalité de traitement entre hommes et femmes dans les régimes professionnels de sécurité sociale fait obstacle à des règles en vertu desquelles une travailleuse n'acquiert pas de droits à une rente d'assurance faisant partie d'un régime complémentaire de retraite au cours du congé légal de maternité rémunéré en partie par l'employeur, en raison du fait que l'acquisition de ces droits est soumise à la condition que la travailleuse perçoive un revenu imposable durant le congé de maternité. • CJUE 13 janv. 2005, *Mayer,* n° C-356/03 : *Europe mars 2005. Comm. 81, obs. Idot.*

13. Interdiction des discriminations indirectes en raison du sexe. V. *supra*, note 10. ♦ **BIBL.** Lhernoud, Les discriminations indirectes fondées sur le sexe et la Cour de cassation, *RJS 11/2012, p. 731.* ♦ Une discrimination indirecte en raison du sexe est constituée dans le cas où une disposition, un critère ou une pratique apparemment neutre est susceptible d'entraîner un désavantage particulier pour des personnes d'un sexe donné par rapport à d'autres personnes, à moins que cette disposition, ce critère ou cette pratique ne soit objectivement justifié par un objectif légitime et que les moyens de réaliser cet objectif soient appropriés et nécessaires ; une telle discrimination est caractérisée lorsque la mesure affecte une proportion nettement plus élevée de personnes d'un sexe. Tel est le cas du refus d'affiliation à l'AGIRC d'une catégorie professionnelle de salariés majoritairement composée de femmes, par comparaison avec d'autres catégories principalement occupées par des hommes, en absence de justification du caractère nécessaire et approprié de ce refus d'affiliation. • Soc. 6 juin 2012 : *Dr. soc. 2012. 813, rapp. Gosselin ; RDT 2012. 496, obs. Miné ; JCP 2012, n° 908, obs. Mercat Bruns ; RD rur. 2012. Comm. 121, obs. Tauran ; JCP S 2012, n° 1490, obs. Tricoit ; ibid. 1375, obs. Rozec et Manigot ; RJS 2012, n° 677.* ♦ Pour une application aux allocations de retraite supplémentaire versées par l'organisme de retraite et de prévoyance des employés des sociétés de courses, V.

• Soc. 3 juill. 2012 : *RJS 2012, n° 797.* ♦ Pour une application aux discriminations dans l'octroi des pensions d'invalidité, V. • CJUE 15 avr. 2015, n° C-527/13, *Instituto Nacional de la Seguridad Social : RJS 8-9/2015, p. 512, obs. Lhernould.*

14. Principe d'égalité de traitement. En raison des particularités des régimes de prévoyance couvrant les risques maladie, incapacité, invalidité, décès et retraite, qui reposent sur une évaluation des risques garantis, en fonction des spécificités de chaque catégorie professionnelle, prennent en compte un objectif de solidarité et requièrent dans leur mise en œuvre la garantie d'un organisme extérieur à l'entreprise, l'égalité de traitement ne s'applique qu'entre les salariés relevant d'une même catégorie professionnelle. • Soc. 13 mars 2013 : *D. 2013. 778 ; ibid. 1026, obs. Porta ; Dr. ouvrier 2014. 154, obs. Camaji ; SSL 2013, n° 1576, p. 11 ; JCP E 2013. 1209, obs. Serizay ; ibid. 2013. 1631, obs. Vachet ; JCP S 2013, n° 1144, obs. Coursier ; ibid. 1145, obs. Hallopeau et Klein ; RJS 5/2013, n° 341.* • Soc. 9 juill. 2014 : *RJS 11/2014, n° 764.*

Art. L. 913-2 *(L. n° 94-678 du 8 août 1994, art. 3-III)* **Aucune disposition entraînant la perte des droits acquis ou en cours d'acquisition à des prestations de retraite, y compris à la réversion, des salariés ou anciens salariés en cas d'insolvabilité de l'employeur ou de transfert d'entreprises, d'établissements ou de parties d'établissements à un autre employeur, résultant d'une cession conventionnelle ou d'une fusion, ne peut être insérée à peine de nullité dans les conventions, accords ou décisions unilatérales mentionnés à l'article L. 911-1.**

1. Absence d'acquisition des droits antérieurement à la liquidation de la pension. Un accord collectif mettant en œuvre un régime de retraite à prestations définies, ayant pour objet de procurer à une catégorie de salariés, en contrepartie d'un travail accompli au service de l'employeur, un avantage consistant en la garantie, sous condition de leur présence dans l'entreprise jusqu'à l'âge de la retraite, du versement d'un complément de pension de retraite qui ne peut être individualisé qu'au moment de son règlement ne confère aux salariés aucun droit acquis à bénéficier d'une quote-part de la pension en cas de rupture du contrat de travail avant l'âge de la retraite. • Soc. 31 mai 2011 : *JCP S 2011, n° 1428, obs. Bossu ; JCP E 2011. 1692, obs. Béal et Ferreira.* ♦ V. également • Soc. 28 mai 2002 : *D. 2002. 3167, obs. Saint-Jours ; Dr. soc. 2002. 874, note Coursier ; JCP S 2007, n° 1590, obs. Coursier.*

2. Absence d'acquisition des droits à revalorisation. Les salariés mis à la retraite avant la dénonciation de l'accord collectif instituant les garanties collectives ont droit au maintien du niveau de pension atteint au jour de la dénonciation avec les modalités de revalorisation initiales jusqu'à l'accord collectif de substitution, sans pouvoir se prévaloir, au-delà de cette date, des modalités de revalorisation instituées par l'accord collectif dénoncé qui constituent un avantage collectif et non un avantage individuel. • Soc. 17 mai 2005, n° 02-46.581 P : *Dr. soc. 2005. 907 , avis Duplat* • Soc. 17 oct. 2006, n° 04-47.183 (inédit).

3. Respect du droit des biens au sens de la Conv. EDH. Le versement de cotisations à un fonds de pension peut, dans certaines circonstances, donner naissance à un droit patrimonial, au sens de l'art. 1er du Protocole n° 1 de la Conv. EDH sans que ce texte puisse ouvrir droit à une pension d'un montant déterminé. • CEDH 12 oct. 2004, n° 60669/00 : *AJDA 2005. 547, note Flauss ; TPS 2005. Comm. 152, obs. Prétot.*

4. Question de l'intangibilité des droits liquidés. Il incombe aux partenaires sociaux, chargés de la gestion des institutions de retraite complémentaire, d'assurer en permanence l'équilibre financier des régimes de retraite complémentaire en adoptant les mesures qui assurent la sauvegarde des droits de leurs adhérents. La modification d'un régime de retraite garantissant les principes de solidarité, d'égalité et de proportionnalité est donc conforme aux dispositions législatives, sans que la notion d'intangibilité des prestations puisse être invoquée. • Soc. 31 mai 2001 : *Dr. soc. 2001. 744 concl. Duplat ; RJS 2001, n° 1348, JCP E. 2002, n° 414, obs. Asquinazi-Bailleux.*

5. Responsabilité de la société mère. La société mère qui a incité sa filiale à dénoncer un contrat de retraite complémentaire et s'est chargée de mettre en œuvre cette décision après une opération de fusion-absorption, sans s'assurer du versement à la caisse gestionnaire de l'indemnité contractuelle de résiliation permettant de préserver les droits des salariés au titre des périodes antérieures à cette résiliation, doit être déclarée responsable sur le fondement de l'art. 1382 C. civ. • Com. 7 déc. 1993 : *Dr. ouvrier 1994. 444.*

Art. L. 913-3 *(L. n° 2002-73 du 17 janv. 2002, art. 58-III)* **Toute clause d'une convention, d'un accord ou d'une décision unilatérale de l'employeur relative à un régime de retraite s'ajoutant aux droits mis en œuvre par les régimes de retraite complémentaire obligatoires relevant du titre II du présent livre et assurant différemment le maintien des droits à la retraite des salariés, anciens salariés et ayants droit selon que ceux-ci**

restent sur le territoire français ou vont résider dans un autre État membre de la Communauté européenne ou un État partie à l'accord sur l'Espace économique européen est nulle et de nul effet.

CHAPITRE IV DISPOSITIONS COMMUNES

(L. nº 94-678 du 8 août 1994, art. 4)

Art. L. 914-1 *(L. nº 94-678 du 8 août 1994, art. 4-I)* Les dispositions du présent titre sont d'ordre public.

Loi applicable au paiement des pensions de retraite instituées à l'étranger. Les dispositions du CSS relatives aux régimes de retraite complémentaires obligatoires ne sont pas applicables à une question de paiement d'un rappel de pension de retraite supplémentaire facultative instituée à l'étranger par un employeur étranger. • Soc. 7 sept. 2004 : *TPS 2004. Comm. 375.*

Art. L. 914-2 *(L. nº 2002-73 du 17 janv. 2002, art. 58-IV)* Les institutions relevant du titre III ou du titre IV du présent livre, *(Ord. nº 2006-344 du 23 mars 2006, en vigueur le 24 juin 2006)* « les institutions mentionnées à l'article L. 370-1 du code des assurances », les organismes mentionnés aux *a*, *c* et *d* de l'article 1er de la loi nº 89-1009 du 31 décembre 1989 renforçant les garanties offertes aux personnes assurées contre certains risques et les entreprises qui, dans le cadre de l'article 911-1, constituent au profit des personnes qu'ils assurent ou de leurs salariés des droits à retraite s'ajoutant à ceux mis en œuvre par les régimes de retraite complémentaire obligatoires relevant du titre II du présent livre sont tenus de notifier à ceux-ci avant le 30 septembre de chaque année les droits qu'ils ont acquis à ce titre au cours de l'année précédente.

Lorsque le salarié quitte l'entreprise avant d'avoir fait liquider ses droits à la retraite, lesdits organismes, institutions ou entreprises lui adressent, dans un délai de trois mois à compter de la date à laquelle les cotisations ne sont plus versées, une note d'information sur ses droits mentionnant notamment les modalités et conditions selon lesquelles il en obtiendra la liquidation et, lorsque le contrat ou le règlement du régime le prévoit, les conditions et délais de leur transfert à un autre régime. — *Ces dispositions prennent effet le 18 avr. 2002 (L. nº 2002-73 du 17 janv. 2002, art. 58-VI).*

Art. L. 914-3 *(L. nº 2002-73 du 17 janv. 2002, art. 58-V)* Le versement par une institution relevant du titre III ou du titre IV du présent livre, *(Ord. nº 2006-344 du 23 mars 2006, art. 3)* « les institutions mentionnées à l'article L. 370-1 du code des assurances », un des organismes mentionnés aux *a*, *c* et *d* de l'article 1er de la loi nº 89-1009 du 31 décembre 1989 précitée ou par toute entreprise, aux salariés, anciens salariés et ayants droit résidant dans un autre État membre de la Communauté européenne ou un État partie à l'accord sur l'Espace économique européen, de prestations ou avantages d'invalidité, de retraite ou en cas de décès, est effectué net de taxes et d'éventuels frais de transaction.

Art. L. 914-4 *(L. nº 2002-73 du 17 janv. 2002, art. 58-V)* Les salariés détachés temporairement par leur employeur dans un État membre de la communauté européenne ou dans un État partie à l'accord sur l'Espace économique européen pour y exercer une activité salariée ou assimilée en application des dispositions du règlement (CEE) nº 1408/71 du Conseil du 14 juin 1971 relatif à l'application des régimes de sécurité sociale aux travailleurs salariés, aux travailleurs non salariés et aux membres de leur famille qui se déplacent à l'intérieur de la Communauté doivent pouvoir demeurer soumis pendant la période de détachement aux dispositions des régimes d'invalidité, de retraite ou en cas de décès institués conformément à l'article L. 911-1, applicables à l'entreprise.

Les salariés d'un autre État membre de la communauté européenne ou d'un État partie à l'accord sur l'Espace économique européen détachés temporairement, par leur employeur, sur le territoire français, pour y exercer une activité salariée ou assimilée en application des dispositions du règlement mentionné au premier alinéa et qui continuent à verser des cotisations à un régime complémentaire dans cet État sont exemptés, ainsi que leur employeur, de cotiser aux régimes d'invalidité, de retraite ou en cas

de décès institués conformément aux dispositions de l'article L. 911-1, applicables à l'entreprise de détachement.

Les dispositions du second alinéa s'appliquent, au plus tard, aux détachements des travailleurs salariés qui commencent à compter du 25 juill. 2001 (L. nº 2002-73 du 17 janv. 2002, art. 58-VII).

TITRE DEUXIÈME DISPOSITIONS RELATIVES AUX RETRAITES COMPLÉMENTAIRES OBLIGATOIRES, AUX INSTITUTIONS DE RETRAITE COMPLÉMENTAIRE ET À LEURS FÉDÉRATIONS

(L. nº 94-678 du 8 août 1994, art. 5)

BIBL. GÉN. ► BARTHÉLEMY, La restructuration des régimes complémentaires de retraite, *JCP E 1998. 1582* ; Accord collectif de retraite et solidarité. A propos de l'arrêt du 23 novembre 1999, *TPS 2000. Chron. 5* ; Épargne-retraite ou épargne et retraite, *Dr. soc. 2002. 728* ; La nature juridique des accords de retraite complémentaire, *Dr. soc. 2003. 513* ; Réforme des retraites et protection sociale complémentaire, *Dr. soc. 2003. 970* ; Réflexion prospective sur l'extension des accords de protection sociale, *Dr. soc. 2010. 182*. – BEGUERIE, Régimes privés de retraites complémentaires. Essai de comparaison des systèmes allemand, anglais et français dans une perspective communautaire, *Dr. soc. 1996. 519* ; Régimes privés de retraites complémentaires, perspectives comparative et européenne (préf. A. Lyon-Caen), *LGDJ 1998, Bibliothèque de dr. privé, t. 295*. – BICHOT et ÉPARVIER, Les retraites à la lumière de la compensation démographique, *Dr. soc. 1986. 345*. – BICHOT, Retraites : durée de cotisation ou neutralité actuarielle, *Dr. soc. 2001. 428* ; Quelle régulation pour les retraites par répartition ?, *Dr. soc. 2006. 905*. – DE CAIGNY, Crise de la retraite des cadres : des solutions bonnes ou mauvaises, *Dr. soc. 2000.322*. – DUPEYROUX, En marge du contentieux AGIRC, *Dr. soc. 1995. 702* ; Sur les régimes complémentaires : bref rappel de quelques données de base, *Dr. soc. 2000. 409* ; Neutralité actuarielle, une proposition pour le moins fâcheuse, *Dr. soc. 2001. 434*. – FAVOREU, A propos de l'arrêt Agirc : les limites du pouvoir normatif des partenaires sociaux, *Dr. soc. 2000. 337*. – GANDONNIÈRE, La généralisation de la prévoyance complémentaire : le progrès le plus raisonnable, *Dr. soc. 1989. 333*. – HECQUET, Les régimes de retraite complémentaire. Sont-ils encore justifiés ?, *Dr. soc. 1986. 336*. – LANGLOIS, La révision des accords collectifs de retraite après le jugement du TGI de Paris du 28 mars 1995 ; La négociation collective d'un régime de retraite par répartition, *Dr. soc. 1997. 1023* ; La négociation collective au-delà du travail, *Dr. soc. 2009. 1037*. – LHERNOULD, Nouvelles dérives libérales de la CJCE en matière de retraite complémentaire, *Dr. soc. 2000. 1114*. – MOREAU, Quelles informations et quels conseils les organismes de retraite doivent-ils aux assurés sur leur future retraite ?, *Dr. soc. 2010. 437*. – MULLER, Les accords du 25 avril 1996 : un tournant pour les régimes obligatoires de retraite complémentaire ?, *RDSS 1996. 647*. – PENNINGS, Les pensions complémentaires, *RDSS 2008. 1056*. – PICOT, ARRCO : un accord pour le XXIe siècle, *Dr. soc. 1993. 403*. – REMERY, Sur le privilège des institutions créancières de cotisations de retraite complémentaire, *Dr. soc. 1995. 101*. – REYNAUD, Les retraites en France. Le rôle des régimes complémentaires, *Doc. fr. 1993* ; Les grandes tendances de la retraite complémentaire en France, *RFAS 1994*. – RUELLAN, La retraite à 60 ans dans les régimes complémentaires, *Dr. soc. 1983. 494*. – SERIZAY, Financement des engagements de retraite et changements sociaux, *Dr. soc. 1996. 719* ; La retraite supplémentaire, avatar de la non-réforme des retraites, *JCP S 2014, nº 1040*. – TAURAN, Les institutions de retraite et le droit de l'Union européenne, *JCP S 2006. 1153*. – VERMEIL, Restructurations et protection sociale : les problèmes vis-à-vis de l'AGIRC, *Dr. soc. 1989. 121*.

CHAPITRE PREMIER DISPOSITIONS RELATIVES À LA GÉNÉRALISATION DE LA RETRAITE COMPLÉMENTAIRE DES SALARIÉS

BIBL. GÉN. ► BARTHÉLÉMY et CHAPERON, La fusion Agirc-Arrco : laboratoire de la réforme ?, *Dr. soc. 2018. 746*. – CAUSSAT, Les accords AGIRC/ARRCO du 25 avril 1996 : un exercice d'alerte avant l'arrivée du cyclone ?, *Dr. soc. 1996. 729*. – MOUZIN, Le régime de retraite des cadres, *Dr. soc. 1986. 338*. – NETTER, Histoire des retraites complémentaires des salariés, *Dr. soc. 1977. 58*. – PICARD, retraite par répartition ou par capitalisation : la fin de la guerre de religion, *Dr. soc. 1996. 341*.

Art. L. 921-1 *(L. nº 94-678 du 8 août 1994, art. 5-II et III)* **Les catégories de salariés soumis à titre obligatoire à l'assurance vieillesse du régime général de sécurité sociale ou des assurances sociales agricoles et les anciens salariés de même catégorie, qui ne relèvent pas d'un régime complémentaire de retraite géré par une institution de retraite**

complémentaire autorisée en vertu du présent titre ou du I de l'article 1050 *[C. rur., art. L. 727-2]* du code rural et de la pêche maritime sont affiliés obligatoirement à une de ces institutions. *(L. n° 2005-1579 du 19 déc. 2005, art. 75-VII)* « Ces dispositions sont applicables aux personnes mentionnées à l'article L. 382-15 qui bénéficient d'un revenu d'activité perçu individuellement. »

Une solidarité interprofessionnelle et générale sera organisée entre les institutions, en application conjointe, s'il y a lieu, des procédures définies par l'article L. 911-4 du présent code et l'article 1051 *[C. rur., art. L. 727-3]* du code rural et de la pêche maritime. – *[Anc. art. L. 731-5.]*

(L. n° 2004-803 du 9 août 2004, art. 20-3°) « Cette solidarité s'étend aux opérations visées au dernier alinéa de l'article L. 922-1 du présent code. »

1. Caractère d'ordre public des dispositions de l'art. L. 921-1. Les dispositions de l'art. L. 921-1, qui font obligation à l'employeur d'affilier les salariés soumis à titre obligatoire à l'assurance vieillesse du régime général de sécurité sociale ou des assurances sociales agricoles à une institution de retraite complémentaire française, sont d'ordre public. Un salarié travaillant en France pour une entreprise américaine ressortit en conséquence de l'application des dispositions de l'art. L. 921-1, et doit obligatoirement être affilié au régime de retraite complémentaire des cadres, peu important qu'un accord d'entreprise offre une option au salarié entre les régimes français et américains de retraite complémentaire. • Soc. 23 nov. 2010 : *RJS 3/2011, n° 271 ; Dr. ouvrier 2011. 595, obs. Guiomard.*

2. Incidence du détachement international. Seuls les cadres assujettis au régime de sécurité sociale français peuvent bénéficier de la retraite complémentaire des cadres. Un salarié détaché à l'étranger non affilié au régime de sécurité sociale français durant son expatriation ne saurait en conséquence réclamer le bénéfice du régime de retraite complémentaire. • Soc. 31 oct. 2006, n° 04-47.851 (inédit). ♦ Pou r qu'une organisation de spectacles en France ne soit pas redevable de cotisations au régime de retraite complémentaire au titre des artistes qu'elle emploie, ressortissants d'autres États membres de la Communauté, c'est à la condition qu'il soit établi que les intéressés sont affiliés et cotisent, en raison de leur activité artistique, au régime obligatoire d'un autre État membre de la Communauté. • Soc. 11 mai 1995, n° 92-21.577 P : *RJS 1995, n° 719.*

3. Inapplication aux détenus. Les détenus exécutant un travail pénal sont affiliés obligatoirement à l'assurance vieillesse du régime général en application de l'art. L. 381-31 CSS, mais aucune disposition ne prévoit leur assujettissement au régime obligatoire de protection sociale complémentaire régi par le livre IX du CSS, que l'art. L. 921-1 réserve aux salariés. • Civ. 2e, 11 oct. 2006, n° 05-10.634 P.

4. Incidence du caractère obligatoire des régimes de retraite complémentaire au regard des indemnisations dues par la commission d'indemnisation des victimes d'infraction (CIVI). La CIVI doit tenir compte, en application de l'art. 706-9 C. pr. pén. des prestations versées par les organismes, établissements et services gérant un régime obligatoire de sécurité sociale dans la détermination du montant des sommes allouées à la victime au titre de la réparation du préjudice. Il en résulte que doivent être imputées sur le montant des indemnités allouées toutes les prestations sans distinction versées en conséquence du fait dommageable par les organismes, établissements et services gérant un régime obligatoire de sécurité sociale, comme c'est le cas de la CARMF, de l'IRCANTEC, de l'AGIRC et de la CPM-ARRCO. • Civ. 2e, 12 févr. 2009, n° 08-11.080 (inédit).

5. Effet de l'assujettissement à la sécurité sociale sur la dette de cotisation. L'affiliation obligatoire d'un salarié à une caisse de retraite complémentaire est liée à son assujettissement au régime général de sécurité sociale. Cet assujettissement ne peut être remis en cause à l'occasion du recouvrement de cotisations opéré par l'organisme de retraite complémentaire compétent. • Soc. 6 mars 2003, n° 01-12.970 (inédit). ♦ V. également • Soc. 21 mars 2002, n° 00-16.705 (inédit). ♦ En vertu de l'art. L. 921-1 CSS, les salariés qui relèvent de l'assurance vieillesse du régime général de la sécurité sociale sont affiliés obligatoirement à une institution de retraite complémentaire. Les cotisations de retraite complémentaire sont en conséquence dues à compter de la date d'embauche du salarié. • Soc. 25 nov. 1999, n° 98-11.701.

6. Absence de lien direct entre les cotisations et les prestations. Le régime de retraite complémentaire des cadres (AGIRC), régime de retraite par répartition, qui repose sur la solidarité entre les professions et les générations, ne fait pas dépendre les droits des retraités de leur épargne personnelle, mais de la capacité contributive des actifs et de leurs employeurs, et ne relève pas du mécanisme de l'assurance, qui fait naître à la charge de l'assureur des obligations en stricte contrepartie de celles de l'assuré. • Soc. 22 juin 2000, n° 99-15.501 P.

7. Prescription. En application de l'art. 2224 C. civ., les actions personnelles ou mobilières se prescrivent par cinq ans à compter du jour où le titulaire d'un droit a connu ou aurait dû connaître les faits lui permettant de l'exercer. En cas de modification des règles de calcul des pensions (réduction du droit à majoration pour enfants), l'intéressé est en mesure de connaître les faits sur lesquels repose son action dès le premier versement faisant application de ce changement et le délai commence en conséquence à courir dès cette date. • Soc. 25 sept. 2012 : *RJS 2012, n° 987.*

Art. L. 921-2 *(L. n° 94-678 du 8 août 1994, art. 5-II et III)* **Des décrets fixent, en tant que de besoin, les conditions d'affiliation à un régime de retraite complémentaire des salariés et anciens salariés auxquels les procédures fixées à l'article L. 911-4 du présent code et à l'article 1051** *[C. rur., art. L. 727-3]* **du code rural et de la pêche maritime ne sont pas applicables notamment dans les secteurs professionnels dotés d'un régime complémentaire de retraite défini par voie réglementaire.** — *[Anc. art. L. 731-6.]*

Les dispositions du premier alinéa de l'article L. 921-4 ne sont pas applicables aux régimes de retraite complémentaire visés au premier alinéa du présent article.

Les dispositions du second alinéa de l'article L. 921-4 relatives à l'adhésion aux fédérations et à la compensation des opérations des institutions de retraite complémentaire ne sont pas applicables aux institutions qui mettent en œuvre les régimes visés au premier alinéa du présent article aussi longtemps que celles-ci ne participent pas à une telle compensation.

Art. L. 921-2-1 *(L. n° 2014-40 du 20 janv. 2014, art. 51-I)* **Les agents contractuels de droit public sont affiliés à un régime de retraite complémentaire obligatoire relevant de l'article L. 921-2, dénommé "Institution de retraite complémentaire des agents non titulaires de l'État et des collectivités publiques" et défini par voie réglementaire.**

Les articles L. 243-4 et L. 243-5 s'appliquent aux cotisations versées à l'institution mentionnée au premier alinéa du présent article. Le premier alinéa de l'article L. 355-2 s'applique aux prestations servies par cette institution.

L'institution mentionnée au premier alinéa du présent article est soumise au contrôle de l'inspection générale des affaires sociales.

Loi n° 2014-40 du 20 janvier 2014,

Garantissant l'avenir et la justice du système de retraites (JO 21 janv.).

Art. 51 ....

II. — Les salariés des personnes morales de droit public embauchés, à compter de la promulgation de la présente loi, par un contrat relevant du chapitre IV du titre III du livre Ier de la cinquième partie du code du travail sont affiliés au régime de retraite complémentaire mentionné à l'article L. 921-2-1 du code de la sécurité sociale.

Les salariés des personnes morales de droit privé embauchés, à compter de la promulgation de la présente loi, par un contrat relevant du chapitre IV du titre III du livre Ier de la cinquième partie du code du travail sont affiliés aux régimes de retraite complémentaire mentionnés à l'article L. 921-4 du code de la sécurité sociale.

III. — A titre transitoire, jusqu'au 31 décembre 2016 :

1° Le premier alinéa de l'article L. 921-2-1 du code de la sécurité sociale n'est pas applicable aux salariés, y compris ceux embauchés après la date de promulgation de la présente loi et qui ne relèvent pas du II du présent article, des employeurs qui, à la même date, sont adhérents, pour l'ensemble de leurs salariés, à un régime de retraite complémentaire obligatoire mentionné aux articles L. 921-2-1 ou L. 921-4 du même code ;

2° Les adhésions mentionnées au 1° du présent III ainsi que les affiliations qui en résultent sont maintenues quelle que soit la nature juridique des contrats de travail des salariés, sauf en cas de modification de la situation juridique de l'employeur ;

3° Par dérogation au second alinéa de l'article L. 922-2 du code de la sécurité sociale :

a) Lorsque la modification de la situation juridique d'un employeur le conduit à adhérer à un régime de retraite complémentaire qui ne relève pas des régimes mentionnés à l'article L. 921-4 du même code, les affiliations antérieures à la date de l'opération des salariés dont la nature du contrat de travail n'est pas modifiée et qui étaient affiliés en application des règles résultant des articles L. 911-1, L. 921-2 et L. 921-2-1 dudit code sont maintenues dans les régimes mentionnés à l'article L. 921-4 du même code. Les droits acquis avant la date de l'opération par les salariés qui ne sont pas mentionnés à la première phrase du présent *a* ainsi que les droits des anciens salariés et assimilés bénéficiaires d'avantages de retraite complémentaire sont maintenus dans les régimes mentionnés au même article L. 921-4 ;

b) Lorsque la modification de la situation juridique d'un employeur le conduit à adhérer à un régime de retraite complémentaire qui relève des régimes mentionnés audit article L. 921-4, les affiliations antérieures à la date de l'opération des salariés dont la nature du contrat de travail n'est pas modifiée et qui étaient affiliés en application des règles résultant des articles L. 911-1, L. 921-2 et L. 921-2-1 du même code sont maintenues dans le régime antérieur. Les droits acquis avant la date de l'opération par les salariés qui ne sont pas mentionnés à la première phrase du présent b ainsi que les droits des anciens salariés et assimilés bénéficiaires d'avantages de retraite complémentaire sont maintenus dans le régime antérieur ;

4° Les transferts et maintiens d'affiliations induits par les *a* et *b* du 3° donnent lieu à compensation financière entre les régimes concernés. La compensation financière s'organise, dans les conditions prévues par une convention-cadre conclue entre les régimes concernés et approuvée par arrêté conjoint des ministres chargés de la sécurité sociale et du budget, en tenant compte des charges et des recettes respectives de chacun des organismes.

Les modalités d'application du présent III sont définies par décret en Conseil d'État.

IV. — Par dérogation au premier alinéa de l'article L. 921-2-1 du code de la sécurité sociale, les affiliations à des régimes de retraite complémentaire déjà réalisées à la date du 1er janvier 2017 sont maintenues jusqu'à la rupture du contrat de travail des salariés concernés.

Une compensation annuelle est organisée entre les régimes mentionnés à l'article L. 921-4 et le régime institué par l'article L. 921-2-1 du même code. Une convention entre les fédérations mentionnées à l'article L. 921-4 et l'institution mentionnée à l'article L. 921-2-1 dudit code, approuvée par arrêté conjoint des ministres chargés de la sécurité sociale et du budget, organise cette compensation, en tenant compte des charges et des recettes respectives de chacun de ces organismes résultant du présent article. A défaut de signature de la convention avant le 1er janvier 2018, un décret en Conseil d'État organise cette compensation.

Les modalités d'application du présent IV sont définies par décret en Conseil d'État.

....

VI. — Les IV et V du présent article entrent en vigueur à compter du 1er janvier 2017.

Art. L. 921-3 *(L. n° 94-678 du 8 août 1994, art. 5-II et III)* **Les services antérieurs à leur affiliation résultant de l'application du présent chapitre, accomplis par les salariés et anciens salariés mentionnés à l'article L. 921-1, sont validés par les institutions de rattachement conformément aux règles auxquelles sont soumises ces institutions.** – *[Anc. art. L. 731-7.]*

Art. L. 921-4 *(L. n° 94-678 du 8 août 1994, art. 5-VI)* **Les régimes de retraite complémentaire des salariés relevant du présent chapitre sont institués par des accords nationaux interprofessionnels étendus et élargis conformément aux dispositions du titre Ier du présent livre.**

Ils sont mis en œuvre par des institutions de retraite complémentaire et des fédérations regroupant ces institutions. Les fédérations assurent une compensation des opérations réalisées par les institutions de retraite complémentaire qui y adhèrent.

Selon l'art. L. 921-4 CSS, les régimes de retraite complémentaire sont institués par des accords nationaux interprofessionnels étendus et élargis et sont mis en œuvre par des institutions de retraite complémentaire et des fédérations regroupant ces institutions. Il en résulte qu'une convention collective de branche ne peut prévoir des dispositions non conformes à celles de l'accord national interprofessionnel ARRCO. • Civ. 2e, 7 mars 2012 : *JCP S 2012, n° 1127, obs. d'Allende ; CSBP 2012, n° 241, p. 142 ; RJS 2012, n° 462.*

CHAPITRE II DISPOSITIONS RELATIVES AUX INSTITUTIONS DE RETRAITE COMPLÉMENTAIRE, À LEURS FÉDÉRATIONS ET À LEURS OPÉRATIONS

(L. n° 94-678 du 8 août 1994, art. 6)

BIBL. GÉN. ▶ Ceccaldi, Réflexions sur le nouveau régime unique ARRCO, *TPS 1999, chron. 8*. – Del Sol, Les faux-semblants des retraites d'entreprise, *RDSS 2008. 43*. – Hennion-Moreau, Les retraites professionnelles dans le système juridique de l'Union européenne, *RDSS 2008. 5*. – Laigre, Les institutions de prévoyance, les mutuelles et la loi n° 93-121 du 27 janvier 1993 portant diverses dispositions d'ordre social, *Dr. soc. 1993. 244* ; Les institutions de retraite complémentaire et leurs fédérations après la loi du 8 août 1994, *Dr. soc. 1995. 306* ; La retraite d'entreprise après la loi du 8 août 1994, *Dr. soc. 1995. 411*. – Muller, Retraites complémentaires des salariés : la consécration de la négociation collective au plan communautaire et national, *RDSS 2000. 212*.

SECTION PREMIÈRE **INSTITUTIONS DE RETRAITE COMPLÉMENTAIRE**

Art. L. 922-1 *(L. nº 94-678 du 8 août 1994)* **Les institutions de retraite complémentaire sont des personnes morales de droit privé à but non lucratif et remplissant une mission d'intérêt général, administrées paritairement par des membres adhérents et des membres participants, tels que définis à l'article L. 922-2, ou par leurs représentants. Elles sont autorisées à fonctionner par arrêté du ministre chargé de la sécurité sociale.**

Sous réserve des dispositions de l'article L. 921-2, elles réalisent les opérations de gestion qu'implique la mise en œuvre des régimes relevant du chapitre Ier du présent titre, conformément aux dispositions des statuts et règlements de la fédération à laquelle elles adhèrent.

Elles peuvent également mettre en œuvre au profit de leurs membres participants une action sociale.

(L. nº 2004-803 du 9 août 2004, art. 20-4º) **« Elles peuvent intervenir pour la partie des prestations servies par des régimes spéciaux existant avant le 6 octobre 1945, équivalente aux prestations d'assurance vieillesse qu'elles servent à leurs assurés. Cette intervention est organisée par voie de conventions financières, soumises à l'approbation des ministres de tutelle des régimes de sécurité sociale concernés. »**

1. Nature juridique des institutions de retraite complémentaire. Il résulte de l'interprétation par la Cour de justice des communautés européennes des art. 81 et 82 du traité de Rome qu'une entité gérant un régime de retraite ou de prévoyance complémentaire, instauré par une convention collective conclue entre les organisations représentatives des employeurs et des travailleurs d'un secteur et auquel l'affiliation a été rendue obligatoire pour tous les travailleurs de ce secteur, est une entreprise. La faible part du marché national occupée par un tel régime peut cependant conduire à écarter un abus de position dominante. • CE 7 juill. 2000 : *RJS 2001, nº 111.* ♦ V. également • CJCE 16 nov. 1995, *FFSA*, nº C-244/94 : *Dr. soc. 1996. 88, obs. Laigre*.

2. Compétence juridictionnelle. Les litiges relatifs aux prestations servies par les institutions de retraite complémentaire, qui ne relèvent pas de l'organisation du contentieux général de la sécurité sociale, ressortissent à la compétence des juridictions de droit commun. • Civ. 2e, 11 oct. 2007, nº 06-17.066 (inédit).

Art. L. 922-2 *(L. nº 94-678 du 8 août 1994)* **La ou les entreprises qui adhèrent à une institution de retraite complémentaire en deviennent membres adhérents.**

L'adhésion d'une entreprise à une institution de retraite complémentaire entraîne l'affiliation de tous les salariés visés à l'article L. 921-1 qui appartiennent à la catégorie couverte par l'institution *(L. nº 2014-40 du 20 janv. 2014, art. 51-V, en vigueur le 1er janv. 2017)* **« , à l'exclusion des salariés mentionnés à l'article L. 921-2-1 ». Ces salariés en deviennent membres participants ainsi que les anciens salariés et assimilés bénéficiaires directs d'avantages de retraite complémentaire.**

1. Valeur juridique de l'adhésion. L'adhésion à une institution de retraite a entre les parties la force obligatoire d'un contrat. • Soc. 20 mai 1980 : *Bull. civ. V, nº 445.*

2. Rétractation de l'adhésion. A défaut d'accord collectif, l'avenant au contrat d'adhésion au régime de retraite complémentaire, signé par l'employeur pour assurer une protection au-delà de ses obligations conventionnelles ou légales, constituait de sa part un engagement unilatéral qui ne peut être rétracté qu'après information des instances représentatives du personnel dans un délai suffisant pour permettre d'éventuelles négociations. • Soc. 27 nov. 2002 : *RJS 2003, nº 529.*

3. Impossibilité d'adhérer à une pluralité d'institutions. Une entreprise ne peut adhérer et cotiser pour la même catégorie de personnel à la fois à deux ou plusieurs institutions différentes dépendant de l'ARRCO en vue de la faire bénéficier du régime obligatoire de retraite complémentaire des salariés. Doit en conséquence être annulée la seconde adhésion faite par erreur par l'employeur. • Soc. 8 avr. 1993, nº 91-14.181 P.

4. Conséquence du défaut d'affiliation à l'égard du salarié. Le défaut d'affiliation des salariés à la caisse des cadres et de paiement des cotisations afférentes rend impossible la poursuite du contrat de travail et justifie la rupture du contrat à l'initiative du salarié, analysable en un licenciement. • Soc. 4 nov. 1993 : *RJS 1993, nº 1238.*

Art. L. 922-3 *(L. nº 94-678 du 8 août 1994)* Les institutions de retraite complémentaire ne peuvent pratiquer d'opérations autres que celles relatives aux régimes de retraite complémentaire relevant du présent titre.

SECTION II FÉDÉRATIONS D'INSTITUTIONS DE RETRAITE COMPLÉMENTAIRE

Art. L. 922-4 *(L. nº 94-678 du 8 août 1994)* Les fédérations d'institutions de retraite complémentaire sont des personnes morales de droit privé à but non lucratif et remplissant une mission d'intérêt général, administrées paritairement par des membres adhérents et des membres participants, tels que définis à l'article L. 922-2, ou par leurs représentants.

Elles sont autorisées à fonctionner par arrêté du ministre chargé de la sécurité sociale.

Elles ont pour objet de mettre en œuvre les dispositions prévues par les accords mentionnés à l'article L. 921-4 ainsi que les décisions prises pour leur application par les représentants des employeurs et des salariés signataires de ces accords, réunis à cet effet en commission paritaire, et, notamment, de réaliser une compensation des opérations réalisées par les institutions de retraite complémentaire qui y adhèrent.

Art. L. 922-5 *(L. nº 94-678 du 8 août 1994)* Les fédérations d'institutions de retraite complémentaire exercent, dans l'intérêt des adhérents et des participants, un contrôle sur les institutions qui y adhèrent.

Lorsque cela est nécessaire à la vérification de la situation financière des institutions mentionnées au premier alinéa et du respect de leurs engagements, ce contrôle peut être étendu aux groupements dont ces institutions sont membres ainsi qu'aux personnes morales liées directement et indirectement à une institution par convention.

Les résultats de ces contrôles sont transmis aux commissaires aux comptes des institutions de retraite complémentaire concernées.

Un décret en Conseil d'État précise les modalités d'application du présent article.

SECTION III DISPOSITIONS COMMUNES

BIBL. ▶ BRETEL et JANY, A propos de la prescription des cotisations des régimes de retraites complémentaires, *Dr. soc. 1978. 191.* – DEL SOL, Opposabilité des accords collectifs de révision de régimes complémentaires de retraite, *JCP E 2009, 2076.* – LANGLOIS, Les effets d'un accord révisant un régime complémentaire obligatoire, *Dr. soc. 2000. 412* .

Art. L. 922-6 *(L. nº 94-678 du 8 août 1994, art. 6-III et IV)* Les statuts et règlements de retraite des institutions de retraite complémentaire et ceux de leurs fédérations sont approuvés, ainsi que leurs modifications, par le ministre chargé de la sécurité sociale.

V. Arr. du 24 oct. 2013 portant approbation des statuts de l'Association générale des institutions de retraite des cadres (AGIRC), fédération d'institutions de retraite complémentaire (JO 20 nov.) et Arr. du 22 juin 2015 portant approbation du modèle de statuts d'institutions de retraite complémentaire de l'Association générale des institutions de retraite des cadres (JO 7 juill.) ; Arr. du 24 oct. 2013 portant approbation des statuts de l'Association pour le régime de retraite des salariés (ARRCO), fédération d'institutions de retraite complémentaire (JO 20 nov.) et Arr. du 22 juin 2015 portant approbation du modèle de statuts d'institutions de retraite complémentaire de l'Association pour le régime de retraite complémentaire des salariés (JO 7 juill.).

1. Application dans le temps des révisions des régimes de retraite. Il résulte de l'art. 2 C. civ. que la règle nouvelle, insérée dans le règlement, modifiant l'économie du régime des retraites ne peut, en l'absence de disposition expresse en ce sens, s'appliquer aux retraites avec complément attribuées antérieurement à son entrée en vigueur. • Soc. 11 juin 1992, nº 90-13.000 P.

2. Compétence juridictionnelle. L'appréciation de la régularité des convocations à l'assemblée générale relève de l'autorité judiciaire. L'approbation du texte de l'assemblée générale par le ministère de tutelle ne saurait en conséquence faire obstacle à une telle contestation devant le juge judiciaire. • Soc. 18 nov. 1999, nº 97-22.688 P : *RJS 2000, nº 104.*

Art. L. 922-7 *(L. nº 94-678 du 8 août 1994, art. 6-III et IV)* Les articles L. 243-4 et L. 243-5 s'appliquent aux cotisations versées aux institutions de retraite complémentaire.

Le premier alinéa de l'article L. 355-2 s'applique aux prestations servies par ces institutions.

BIBL. ▶ GROUTEL, Le recours des caisses contre le tiers responsable, *D. 1981. Chron. 191.*

V. notes 131 s. ss. art. L. 242-1 pour soumission à cotisation de sécurité sociale.

I. COTISATIONS AUX RÉGIMES DE RETRAITE COMPLÉMENTAIRE

1. Aucun texte légal ou réglementaire, ni aucun principe général n'interdit de prévoir, afin de maintenir l'équilibre obligatoire du régime, la participation de l'ensemble des retraités au financement d'une contribution de solidarité en faveur de certaines catégories de cadres défavorisés par la situation économique. • Soc. 23 nov. 1999, ♔ *Agirc : V. note 1 ss. art. L. 922-11.*

A. PRESCRIPTION

2. Prescription de la créance de cotisation. La prescription de cinq ans prévue par l'art. 2277 C. civ. ne s'applique pas lorsque la créance, même périodique, dépend d'éléments qui ne sont pas connus du créancier et qui, en particulier, doivent résulter de déclarations que le débiteur est tenu de faire. • Cass., ass. plén., 7 juill. 1978 : *JCP 1978. II. 18948, rapp. Ponsard, concl. Baudouin, note R.D.M* • Soc. 9 oct. 1985 : *Bull. civ. V, n° 446.* ♦ V. dans le même sens : mais lorsqu'un employeur a adressé à l'institution de retraite des états de salaires annuels, cet organisme disposait de tous les éléments lui permettant de déterminer sa créance pour les années correspondantes et, en conséquence, les dispositions de l'art. 2277 C. civ. lui sont applicables. • Soc. 11 déc. 1984 : *Bull. civ. V, n° 481 ; RTD civ. 1985. 584, obs. Mestre* • Soc. 20 mai 1999 : *RJS 1999, n° 986.* ♦ V. aussi : • Soc. 5 nov. 1992, ♔ n° 89-20.222 P. ♦ Les règles relatives à la prescription des cotisations au régime général ne sont pas applicables aux régimes complémentaires. • Soc. 28 oct. 1981 : *Bull. civ. V, n° 855.*

3. Point de départ de la prescription. La prescription quinquennale s'applique à partir de la date de la première déclaration de l'employeur. En conséquence, une caisse de retraite complémentaire ne peut réclamer le 3 janv. 1994 des cotisations pour les années antérieures à 1989, alors qu'à partir de cette date, l'employeur lui adressait ses déclarations de salaires, mettant ainsi à sa disposition les éléments nécessaires à la détermination de ses créances. • Soc. 15 juill. 1999 : ♔ *RJS 1999, n° 1296.* ♦ Le droit d'une institution de retraite complémentaire à la perception de cotisations prend naissance à la date de la première paie suivant l'engagement du salarié par l'entreprise adhérente, la prescription de la créance afférente à chaque échéance de versement des cotisations commençant à courir à partir de la date limite où elle aurait dû être acquittée. L'omission de déclaration d'emploi ou d'envoi de bordereaux ne suffit pas à caractériser l'impossibilité d'agir, suspensive de la prescription. • Soc. 18 mars 1993, ♔ n° 90-21.575 P : *RJS 1993, n° 665.*

4. Prescription des intérêts de retard. Le montant des majorations de retard ne pouvant être déterminé qu'à la date où les cotisations arriérées ont été entièrement acquittées, c'est à cette date que commence à courir la prescription de l'art. 2277 C. civ. • Soc. 20 févr. 1992, ♔ n° 88-17.073 P • 7 nov. 1991, ♔ n° 89-11.227 P.

5. Prescription de l'obligation d'affiliation. L'obligation pour l'employeur d'affilier son personnel cadre à un régime de retraite complémentaire et de régler les cotisations qui en découlent est soumise à la prescription trentenaire. • Soc. 28 juin 2000 : ♔ *RJS 2001, n° 114.*

6. Prescription de l'action en responsabilité du salarié. La prescription d'une action en responsabilité ne court qu'à compter de la réalisation du dommage ou de la date à laquelle il est révélé à la victime, si celle-ci établit qu'elle n'en avait pas eu précédemment connaissance. Lorsque le préjudice ne s'est trouvé réalisé qu'au moment de la liquidation de la retraite, cette date constitue le point de départ du délai de prescription de l'action en responsabilité d'un salarié contre son employeur, pour insuffisance de cotisation. • Soc. 18 déc. 1991, ♔ n° 88-45.083 P : *RJS 1992, n° 79.*

7. Prescription de l'action en recouvrement de l'employeur. L'action de l'employeur en recouvrement de la part salariale des cotisations de retraite, payable par termes périodiques, est soumise à la prescription de l'art. 2277 C. civ., dont le délai commence à courir à compter de chaque échéance. • Soc. 6 avr. 1999 : ♔ *Dr. soc. 1999. 855, obs. Radé* ✎.

8. Prescription de l'action en répétition du salarié. La prescription quinquennale prévue aux art. 2277 C. civ. et L. 143-14 C. trav. s'applique à l'action engagée contre l'employeur qui a opéré un calcul erroné des cotisations de retraite, défavorable aux salariés, dès lors qu'il s'agit d'une demande en rappel de salaire dont le montant ne dépend pas d'une déclaration de l'employeur, mais qui résulte du fait que le pourcentage de répartition fixé par la convention collective n'avait pas été respecté. • Soc. 31 janv. 1996 : ♔ *RJS 1996, n° 291* • 19 mai 1998 : ♔ *RJS 1998, n° 866.*

B. TAUX DES COTISATIONS

9. Répartition entre les cotisations salariales et patronales. En application de l'art. 7 de l'accord ARRCO du 25 avr. 1996, le caractère impératif de la répartition à raison de 60 % à la charge de l'employeur et 40 % à la charge du participant ne s'applique qu'aux entreprises nouvellement créées à partir du 1er janv. 1999 et non aux entreprises adhérentes. Doit à ce titre être considérée comme une entreprise adhérente la société, même créée postérieurement à cette date, qui reprend tout ou partie de l'activité et du personnel d'une entreprise qui était adhérente. • Civ. 2e, 7 mars 2012 : *JCP S 2012, no 1127, obs. d'Allende ; CSBP 2012, no 241, p. 142 ; RJS 2012, no 462.*

II. RÉGIME DES CRÉANCES SALARIALES

A. SAISIES DES PENSIONS DE RETRAITE COMPLÉMENTAIRE

10. Procédure de saisie des pensions de retraite complémentaire. L'art. L. 922-7 CSS étend l'application des dispositions de l'art. L. 355-2 CSS relatives aux conditions de forme et de fond applicables à la saisissabilité des salaires aux prestations servies par les institutions de retraites complémentaires. La saisie des pensions de retraite complémentaire ne peut en conséquence être effectuée que par la procédure de saisie des rémunérations prévue par les art. L. 145-1 et suivants du C. trav. • Civ. 2e, 16 mars 2000, no 98-18.728 P : *D. 2000. IR 109 ; RJS 2000, no 873.* ♦ Rappr. • Civ. 2e, 23 oct. 1991, no 90-13.120 P • Civ. 2e, 8 janv. 1992, no 90-10.894 P.

B. ASSURANCE GARANTIE DES SALAIRES

11. Dommages et intérêts pour défaut d'affiliation à un régime obligatoire. Les dommages-intérêts dus au salarié à raison de l'inexécution par l'employeur d'une obligation découlant du contrat de travail sont garantis par l'AGS dans les conditions prévues à l'art. L. 143-11-1 C. trav. L'AGS est en conséquence tenue de garantir le paiement des dommages-intérêts alloués à l'intéressée en réparation de son préjudice découlant de l'absence d'affiliation à un régime de retraite complémentaire obligatoire né avant l'ouverture de la procédure collective de l'employeur. • Soc 8 janv. 2002, no 99-44.220 P : *Dr. ouvrier 2002. 653.* ♦ La demande de paiement de la part patronale des cotisations dues à la caisse complémentaire de retraite des cadres ne constitue pas une créance du salarié mais une dette de l'entreprise dont l'AGS n'a pas à garantir le paiement en application de l'art. L. 143-11-1, al. 1er, du C. trav. • Soc. 30 mars 1999 : *Dr. soc. 1999. 647, obs. Radé* • 28 mars 2000 : *Dr. soc. 2000. 664*. ♦ Dans le cas où l'employeur a omis de souscrire au profit de son salarié un contrat d'assurance couvrant le risque décès, l'assurance des créances des salariés est tenue de garantir à la veuve le capital-décès prévu en vertu de la convention collective nationale de retraite et de prévoyance des cadres du 14 mars 1947, dès lors que cette créance, qui était directement due à la veuve en vertu d'une disposition de la convention collective, qui en fixe tant le mode de calcul que les conditions d'attribution, résulte, non d'une action en responsabilité exercée contre l'employeur, mais d'une obligation de ce dernier en exécution du contrat de travail. • Soc. 8 nov. 1994, no 93-11.239 P : *RJS 1995, no 27 ; D. 1995. 143, note Honorat*. ♦ V. aussi • Soc. 4 févr. 1987 : *Bull. civ. V, no 56.* ♦ Comp. • Soc. 10 juill. 1991 : *RJS 1991, no 1093.*

Art. L. 922-8 *(Ord. no 2015-378 du 2 avr. 2015, art. 17-I, en vigueur le 1er janv. 2016)* **Les dispositions du I au VI de l'article L. 931-7-2, et les dispositions des articles L. 931-14, L. 931-7-5, L. 931-25, L. 931-26 et L. 931-27 s'appliquent aux institutions de retraite complémentaire et à leurs fédérations.**

Art. L. 922-9 *(L. no 94-678 du 8 août 1994, art. 6-III et IV)* **Les dispositions de l'article L. 931-13 sont applicables aux institutions de retraite complémentaire ainsi qu'à leurs fédérations.**

Toutefois, pour l'application dudit article et par dérogation aux dispositions du troisième alinéa de l'article 233 de la loi no 66-537 du 24 juillet 1966 sur les sociétés commerciales *[C. com, art. L. 823-12]*, **les commissaires aux comptes des institutions de retraite complémentaire adhérentes à une fédération sont déliés du secret professionnel à l'égard de ladite fédération pour les faits, actes et renseignements dont ils ont pu avoir connaissance à raison de leurs fonctions.**

Art. L. 922-10 *(L. no 94-678 du 8 août 1994, art. 6-III et IV)* **Les dispositions de l'article L. 913-1 sont applicables aux statuts et règlements de retraite des institutions de retraite complémentaire et de leurs fédérations.**

Art. L. 922-11 *(L. no 94-678 du 8 août 1994, art. 6-III et IV)* **Est réputée non écrite et nulle de plein droit toute disposition des statuts ou du règlement d'une institution de retraite mentionnée soit au présent titre, soit au I de l'article 1050** *[C. rur., art. L. 727-2]* **du code rural et de la pêche maritime intéressant le personnel salarié d'une ou de plusieurs professions, lorsque cette disposition emporte la perte des droits à la retraite d'un salarié pour changement de profession.** – *[Anc. art. L. 732-4.]*

Les régimes mentionnés à l'alinéa précédent doivent, s'il y a lieu, modifier leurs dispositions pour définir les nouvelles modalités assurant la sauvegarde des droits de leurs adhérents.

Lorsqu'un salarié a été affilié successivement à plusieurs institutions mentionnées à l'alinéa premier, chacune d'elles doit, pour l'appréciation des conditions d'ouverture du droit à la retraite prévues par ses statuts ou règlements, tenir compte, quelle qu'en soit la durée, des périodes d'affiliation aux autres institutions. Si le droit à retraite est ouvert auprès d'une ou plusieurs institutions par application de ces dispositions, chacune de ces institutions calcule les avantages de retraite à sa charge suivant les règles prévues par ses statuts ou règlements et sur la base des périodes validables par elle. Toutefois, les statuts ou règlements peuvent prévoir que les périodes d'affiliation inférieures à une durée minimale fixée par décret en Conseil d'État ne donnent pas lieu au versement des prestations correspondantes.

Ces dispositions qui sont d'ordre public s'appliquent aux anciens salariés ayant appartenu à des professions ressortissant de régimes ou institutions prévus au premier alinéa. — *[Anc. art. L. 731-2.]*

Un décret fixe les modalités d'application des dispositions ci-dessus.

1. Révision des droits des bénéficiaires. S'il incombe aux institutions de retraite complémentaire d'assurer en permanence l'équilibre financier des régimes qu'elles gèrent et si elles doivent, conformément à l'art. L. 922-11 CSS, adopter les dispositions pour définir de nouvelles modalités assurant la sauvegarde des droits de leurs adhérents, elles ne peuvent remettre en cause, quel que soit leur mode d'acquisition, le nombre des points acquis par les participants dont la retraite a été liquidée avant l'entrée en vigueur de l'accord de révision. Constitue une telle remise en cause l'application d'un « pourcentage de service » aux points attribués gratuitement aux participants ayant élevé trois enfants et plus, celle-ci équivalant à une diminution du nombre des points acquis par cette catégorie de retraités. • Soc. 23 nov. 1999, *Agirc*, n° 97-18.980 P : *D. 2000. 290, obs. Saint-Jours ; JCP E 2009. 2076, obs. Del Sol ; Dr. soc. 2000. 409, obs. Dupeyroux ; ibid. 412, obs. Langlois ; Dr. ouvrier 2000. 41, obs. Tillie ; SSL 6 déc. 1999, p. 7, obs. Raux ; TPS 2000. Comm. 16 et 57, obs. Prétot.* ♦ La modification de la valeur du point de retraite, qui peut varier dans le temps en fonction de divers éléments et, notamment, de l'évolution du coût de la vie mais aussi de la nécessité d'assurer l'équilibre financier du régime, ne saurait être considérée comme la remise en cause des droits liquidés au profit de l'assuré, le nombre de points de retraite lui-même demeurant inchangé. L'application de la nouvelle valeur du point de retraite aux pensions déjà liquidées ne contrevient ainsi ni au principe d'intangibilité des droits liquidés ni au principe de non-rétroactivité des dispositions de nature réglementaire et ne constitue pas une atteinte injustifiée au droit de propriété. • Civ. 2e, 17 avr. 2008 : *RJS 7/08, n° 826.* ♦ V. de même pour la validité d'un abattement supplémentaire pratiqué antérieurement à la liquidation de la retraite : • Soc. 20 juin 2007, n° 06-13.249 (inédit).

2. Question de la contrepartie des cotisations. Le régime de retraite complémentaire des cadres institué par la Convention collective nationale du 14 mars 1947, régime de retraite par répartition, qui repose sur la solidarité entre les professions et les générations, ne fait pas dépendre les droits des retraités de leur épargne personnelle, mais de la capacité contributive des actifs et de leurs employeurs, et ne relève pas du mécanisme de l'assurance, qui fait naître à la charge de l'assureur des obligations en stricte contrepartie de celles de l'assuré. Dès lors, les partenaires sociaux peuvent valablement signer un avenant à cette Convention par lequel ils fixent son champ d'application au regard des personnels des entreprises adhérentes ne relevant pas du régime général en prévoyant le versement de cotisations sociales patronales sans contrepartie. • Soc. 22 juin 2000, *Institut Pasteur : RDSS 2001.172, obs. Kessler ; RJS 2000, n° 1010 ; Dr. ouvrier 2001. 631, obs. Kessler ; SSL 2000, n° 989, p. 13.*

Art. L. 922-12 *(L. n° 94-678 du 8 août 1994, art. 6-III et IV)* **Un décret en Conseil d'État détermine les conditions auxquelles est subordonné l'octroi de l'autorisation de fonctionner prévue aux articles L. 922-1 et L. 922-4.**

Sans préjudice des dispositions de l'article L. 951-10, l'autorisation peut être retirée par l'autorité compétente de l'État en cas de modification substantielle des données au vu desquelles elle avait été délivrée.

Pour les institutions autres que celles qui sont dans le champ de compétence de la commission prévue à l'article L. 951-1, un décret en Conseil d'État détermine les conditions auxquelles est subordonné le retrait de l'autorisation. — *Anciens alin. 6, 7 et 8 de l'art. L. 732-1.*

Art. L. 922-13 *(L. nº 89-1009 du 31 déc. 1989, art. 26-III ; L. nº 94-678 du 8 août 1994, art. 6-V et VI)* **Un décret en Conseil d'État détermine les règles de fonctionnement et les conditions de la liquidation des institutions et fédérations régies par le présent titre.** – *[Anc. art. L. 732-9.]*

Art. L. 922-14 *(L. nº 94-678 du 8 août 1994, art. 6-IX)* **Les institutions de retraite complémentaire et les fédérations d'institutions de retraite complémentaire sont soumises au contrôle de l'inspection générale des affaires sociales.**

TITRE TROISIÈME INSTITUTIONS DE PRÉVOYANCE ET OPÉRATIONS DE CES INSTITUTIONS

(L. nº 94-678 du 8 août 1994, art. 7)

BIBL. GÉN. ► Boixader et Vincens, De la nécessité de préciser la loi Évin ?, *JCP S 2008. 122.* – Boudias, Rôle du comité d'entreprise dans la mise en place d'un régime de prévoyance complémentaire, SSL 1997, nº 824, p. 3. – Bucheton et Silland, La prévoyance collective des salariés : les incertitudes du droit, *Dr. soc. 1986. 313.* – Chadelat, Quel avenir pour les complémentaires Santé ? *Regards EN3S 2009, nº 35, p. 21.* – Laigre, La loi prévoyance du 31 décembre 1989, *Dr. soc. 1990. 370*. – Laigre et Barthélemy, La loi prévoyance, *JCP E 1990. I. 1525.* – G. Lyon-Caen, La deuxième jeunesse de la prévoyance sociale, *Dr. soc. 1986. 290.* – Maleville, Critères communs d'une structure méconnue : les mutuelles, *JCP E 1992. I. 182.* – Saint-Jours, La protection sociale complémentaire d'entreprise, *Dr. soc. 1992. 141* ; Quid d'une assurance maladie universelle ?, *Dr. ouvrier 1997. 238.* – Rigaud, Baron et Pignaud, La prévoyance collective des salariés et la loi Évin, *Dr. soc. 2009. 465*. – Sargos, Le droit au maintien des prestations et des garanties dans l'assurance de prévoyance collective, *JCP 2001. I. 363.* – Serizay, La gestion financière de la prévoyance d'entreprise, *Gaz. Pal. 2007, nº 186, p. 3.* – Thouvenin, La loi du 31 décembre 1989, *RDSS 1990. 370*. – Turquet, Vers un renforcement de l'assurance privée dans la couverture maladie en France ?, *RISS 2004. 77 (vol. 57).*

V. aussi Bibl ss. Loi Évin du 31 déc. 1989, Annexe I.

CHAPITRE PREMIER INSTITUTIONS DE PRÉVOYANCE

BIBL. GÉN. ► Barthélemy, Le monopole des « L 4 » en question, *Dr. soc. 1989. 398* ; Protection sociale complémentaire : de la conception institutionnelle à la conception assurantielle, *JCP S 2006. 1810.* – Ceccaldi, Institutions complémentaires de prévoyance et de retraite, *TPS 1996. Chron. 19.* – Del Sol, Les mutuelles de santé : entre logique concurrentielle et éthique solidariste, *RDSS 2003. 71*. – Dupeyroux, Les exigences de solidarité, observations sur la désignation d'une institution déterminée pour la gestion d'un régime complémentaire de prévoyance, *Dr. soc. 1990. 741*. – Laigre, Les institutions de prévoyance, les mutuelles et la loi du 27 janvier portant diverses mesures d'ordre social, *Dr. soc. 1993. 244*. – Lenoir, La mutualité face à ses enjeux, *RDSS 2009. 397*. – Rey, Étendre à la couverture complémentaire la vocation des caisses d'assurance maladie, *Dr. soc. 1997. 60*. – Saint-Jours, Un regard juridique sur les mutuelles d'entreprise, *Dr. soc. 1989. 759.*

SECTION PREMIÈRE DISPOSITIONS GÉNÉRALES

Art. L. 931-1 *(L. nº 94-678 du 8 août 1994)* **Les institutions de prévoyance sont des personnes morales de droit privé ayant un but non lucratif, administrées paritairement par des membres adhérents et des membres participants définis à l'article L. 931-3.**

Elles ont pour objet :

a) **De contracter envers leurs participants des engagements dont l'exécution dépend de la durée de la vie humaine, de s'engager à verser un capital en cas de mariage ou de naissance d'enfants ou de faire appel à l'épargne en vue de la capitalisation et de contracter à cet effet des engagements déterminés ;**

b) **De couvrir les risques de dommages corporels liés aux accidents et à la maladie ;**

c) **De couvrir le risque chômage.**

Une même institution ne peut toutefois effectuer les opérations mentionnées aux *a* et *c* du présent article.

Les institutions de prévoyance peuvent accepter ces mêmes engagements et risques en réassurance.

Elles peuvent mettre en œuvre au profit de leurs membres participants une action sociale qui, lorsqu'elle se traduit par l'exploitation de réalisations sociales collectives, doit être gérée par une ou plusieurs personnes morales distinctes de l'institution.

Elles garantissent à leurs membres participants le règlement intégral des engagements qu'elles contractent à leur égard.

Elles sont constituées sur la base d'une convention ou d'un accord collectif, d'un projet d'accord proposé par le chef d'entreprise et ratifié à la majorité des intéressés ou par accord entre des membres adhérents et des membres participants réunis à cet effet en assemblée générale.

Un décret en Conseil d'État détermine les modalités d'application du présent article et notamment les règles de constitution du fonds d'établissement dont chaque institution doit disposer.

V. art. R. 931-1-1 s. ; A. 931-1-1 à A. 931-1-6.

1. Champ d'application. Les art. L. 931-1 et suivants du CSS ne s'appliquent qu'aux opérations collectives à adhésion obligatoire des institutions de prévoyance à l'exclusion des contrats souscrits dans ce même cadre auprès d'une société d'assurance, qui restent régis par les dispositions du code des assurances. • Civ. 2e, 22 oct. 2009, n° 08-20.801 P. ♦ V. déjà • Soc. 26 févr. 1969 : *Dr. soc. 1970. 60, obs. G. Lyon-Caen.*

2. Compétence juridictionnelle. La demande formée par un salarié ou un ancien salarié à l'encontre d'un organisme gestionnaire de garanties collectives de prévoyance complémentaire, dirigée contre un tiers étranger au contrat de travail, ne relève de la compétence d'aucune juridiction d'exception et doit en conséquence être renvoyée devant le tribunal de grande instance. • Soc. 17 nov. 2010, n° 09-42.944 (inédit). ♦ Les litiges relatifs aux prestations servies par les institutions de prévoyance ne relèvent pas de l'organisation du contentieux de la sécurité sociale. • Soc. 4 mars 1987 : *Bull. civ. V, n° 106 ; D. 1989. Somm. 85, obs. Prétot.* ♦ Les rapports entre salariés et employeurs relatifs aux obligations de ces derniers envers une institution de prévoyance gérant un régime complémentaire de retraite sont des rapports de droit privé. En conséquence, la juridiction administrative est incompétente pour connaître d'un litige opposant un militaire au ministère de la défense au sujet de son affiliation au régime Ircantec. • CE 15 déc. 2000, n° 206335 : *RJS 2001, n° 529.*

3. AGS. L'AGS doit garantir le paiement d'une somme due au salarié en exécution de son contrat de travail avant l'ouverture d'une procédure collective. Elle doit en conséquence garantir les dommages-intérêts versés au salarié dont le montant est équivalent à celui des indemnités journalières dont il a été privé du fait de sa non-affiliation par l'employeur au régime de protection complémentaire obligatoire. • Soc. 8 janv. 2002, n° 99-44.220 P : *Dr. ouvrier 2002. 653.* ♦ L'assurance des créances des salariés n'est pas tenue de garantir les frais médicaux payés par le salarié qui auraient dû faire l'objet d'un remboursement par une institution de prévoyance si l'employeur avait versé les cotisations qu'il a précomptées sur les salaires, dès lors qu'il s'agit d'une action en responsabilité dirigée contre l'employeur, et non d'une créance résultant de l'exécution du contrat de travail. • Soc. 4 mai 1993 : *RJS 1993, n° 617.*

Décret n° 2015-513 du 7 mai 2015,

Pris pour l'application de l'ordonnance n° 2015-378 du 2 avril 2015 transposant la directive 2009/138/CE du Parlement européen et du Conseil sur l'accès aux activités de l'assurance et de la réassurance et leur exercice (solvabilité II) (JO 10 mai).

....

Art. 19 Pour les entreprises d'assurance ne pratiquant pas les opérations mentionnées au 1° de l'article L. 310-1 du code des assurances, pour les entreprises de réassurance mentionnées à l'article L. 310-1-1 du code des assurances, pour les mutuelles ou unions régies par le livre II du code de la mutualité ne contractant pas d'engagements définis au *b* du 1° du I de l'article L. 111-1 du code de la mutualité et pour les institutions de prévoyance et leurs unions régies par le titre III du livre IX du code de la sécurité sociale ne pratiquant pas les opérations mentionnées au *a* de l'article L. 931-1 du code de la sécurité sociale, le montant de la réserve de capitalisation au bilan à la clôture du 31 décembre 2015 est viré au compte "autres réserves".

Pour les entreprises d'assurance agréées pour pratiquer à la fois les opérations mentionnées au 1° et au 2° de l'article L. 310-1 du code des assurances, les mutuelles ou unions agréées pour contracter à la fois des engagements définis au *a* et au *b* du 1° du I de l'article L. 111-1 du code de la mutualité et les institutions de prévoyance et leurs unions agréées pour pratiquer à la fois les opérations mentionnées aux *a* et *b* de l'article L. 931-1 du code de la sécurité sociale, et satisfaisant aux conditions de l'article R. 343-16 du code des assurances, le montant de réserve de capitalisation au bilan à la clôture du 31 décembre 2015 est viré au compte "autres réserves".

Art. L. 931-1-1 *(Ord. nº 2015-378 du 2 avr. 2015, art. 17-II-1º, en vigueur le 1er janv. 2016)* « I. — La réassurance est l'activité d'un organisme, autre qu'un véhicule de titrisation mentionné à l'article L. 310-1-2 du code des assurances, définie aux I et II de l'article L. 310-1-1 du code des assurances. »

(Ord. nº 2008-556 du 13 juin 2008, art. 10-1º) II. — Outre les institutions de prévoyance mentionnées à l'article L. 931-1, sont autorisées à exercer en France l'activité de réassurance, les institutions de prévoyance et leurs unions ayant la réassurance pour activité exclusive, dont le siège social est situé en France et qui sont agréées dans les conditions définies à l'article L. 931-4-1.

Art. L. 931-2 *(L. nº 94-678 du 8 août 1994)* Des institutions de prévoyance prenant des engagements ou couvrant des risques de même nature peuvent constituer des unions dont l'objet est de *(L. nº 96-452 du 28 mai 1996, art. 51-I)* « soit de mutualiser des engagements ou de couvrir des risques déterminés, soit de réassurer intégralement les opérations relatives aux bulletins d'adhésion à des règlements ou contrats souscrits par ces institutions. Dans tous les cas, ces unions ne peuvent être constituées qu'entre institutions de prévoyance régies par les dispositions du présent titre. »

(L. nº 96-452 du 28 mai 1996, art. 51-II ; Ord. nº 2001-350 du 19 avr. 2001, art. 6-XXXIV) « Dans le premier cas, l'union garantit les engagements ou couvre les risques ainsi déterminés au bénéfice des membres participants des institutions qui en sont membres. Dans le second cas, les institutions membres s'engagent à céder à l'union, par un traité de réassurance, l'intégralité des engagements ou risques qu'elles garantissent ou couvrent, l'union donnant aux institutions sa caution solidaire. L'union a une personnalité civile distincte de celle des institutions qui en sont membres. *(Ord. nº 2015-378 du 2 avr. 2015, art. 17-II-2º, en vigueur le 1er janv. 2016)* « Elle est agréée par l'Autorité de contrôle prudentiel et de résolution dans les conditions de l'article L. 931-4 » et régie pour son fonctionnement ainsi que pour les opérations qu'elle réalise par les dispositions du présent titre, sous réserve des adaptations prévues par décret en Conseil d'État. Les opérations pour lesquelles les unions se portent caution solidaire sont considérées comme garantissant des engagements ou couvrant des risques directs pour l'application du présent chapitre. »

Art. L. 931-2-1 *(Ord. nº 2015-378 du 2 avr. 2015, art. 17-II-3º)* Deux ou plusieurs institutions de prévoyance ou unions d'institutions de prévoyance ou au moins une institution de prévoyance ou union d'institutions de prévoyance et un autre organisme assureur à gestion paritaire peuvent constituer entre eux un groupement assurantiel de protection sociale auquel peuvent ensuite adhérer d'autres organismes relevant des catégories suivantes :

1º Organismes régis par le titre III du livre IX du code de la sécurité sociale ou au II de l'article L. 727-2 du code rural et de la pêche maritime ;

2º Mutuelles et unions régies par le livre II du code de la mutualité, unions de groupe mutualiste définies à l'article L. 111-4-1 du code de la mutualité et les unions mutualistes de groupe définies à l'article L. 111-4-2 du code de la mutualité ;

3º Sociétés d'assurance mutuelle et unions de sociétés d'assurance mutuelle relevant du code des assurances, ainsi que les sociétés de groupe d'assurance mutuelle et les groupements d'assurance mutuelle définis respectivement aux articles L. 322-1-3 et L. 322-1-5 du code des assurances ;

4º Autres organismes d'assurance à forme mutuelle ou coopérative ou à gestion paritaire dont le siège est situé dans un État membre de l'Union européenne ou dans un autre État partie à l'accord sur l'Espace économique européen ;

(Ord. nº 2017-484 du 6 avr. 2017, art. 9-2º) « 5º Institutions de retraite professionnelle supplémentaire ;

« 6º Fonds de retraite professionnelle supplémentaire mentionnés à l'article L. 381-1 du code des assurances lorsqu'ils sont constitués sous forme de sociétés d'assurance mutuelle ;

« 7º Mutuelles et unions de retraite professionnelle supplémentaire mentionnées à l'article L. 214-1 du code de la mutualité. »

Pour l'application du 4°, est considéré comme organisme d'assurance à gestion paritaire tout organisme assureur dont le conseil d'administration ou l'organe assimilé prend ses décisions par la voie de délibérations de représentants des employeurs et de représentants des salariés.

Le groupement assurantiel de protection sociale a pour objet de faciliter et de développer, en les coordonnant, les activités de ses membres qui demeurent, pour chacun d'entre eux, directement responsables de la garantie de leurs engagements, le cas échéant. En aucun cas, le groupement assurantiel de protection sociale ne peut pratiquer des opérations d'assurance ou de réassurance.

Les organismes mentionnés au premier alinéa ne peuvent adhérer à un groupement assurantiel de protection sociale que si leurs statuts en prévoient expressément la possibilité. Le groupement assurantiel de protection sociale ne peut exercer sur ses membres d'influence dominante au sens du 1° de l'article L. 356-1 du code des assurances ni établir de relations financières fortes et durables entre ses membres.

Les statuts du groupement assurantiel de protection sociale peuvent prévoir que les institutions de prévoyance et les unions d'institutions de prévoyance relevant du présent code disposent d'au moins la moitié des sièges au conseil d'administration.

Un groupement assurantiel de protection sociale peut être transformé en société de groupe assurantiel de protection sociale au sens de l'article L. 931-2-2 du présent code sans donner lieu à dissolution ni à création d'une personne morale nouvelle.

Les conditions de fonctionnement du groupement assurantiel de protection sociale sont fixées par décret en Conseil d'État.

V. Ord. n° 2015-378 du 2 avr. 2015, art. 25, ss. art. L. 931-2-2.

Art. L. 931-2-2 *(Ord. n° 2015-378 du 2 avr. 2015, art. 17-II-3°)* L'expression : "société de groupe assurantiel de protection sociale" désigne les personnes morales qui ne sont pas des compagnies financières holding mixtes au sens de l'article L. 517-4 du code monétaire et financier, dont l'activité principale consiste :

1° A prendre et à gérer des participations, au sens du 10° de l'article L. 310-3 du code des assurances, dans des entreprises mentionnées aux articles L. 310-1 ou L. 310-1-1 du code des assurances, ou dans des entreprises d'assurance ou de réassurance dont le siège social est situé hors de France ;

2° Ou à nouer et à gérer des relations financières fortes et durables avec :

a) Des institutions de prévoyance ou union d'institutions de prévoyance régies par le titre III du livre IX du code de la sécurité sociale ;

b) Des mutuelles ou unions de mutuelles régies par le livre II du code de la mutualité ;

c) Des sociétés d'assurance mutuelle régies par le code des assurances ;

d) Des entreprises d'assurance ou de réassurance à forme mutuelle ou coopérative ou à gestion paritaire ayant leur siège social dans un État membre de l'Union européenne ou dans un autre État partie à l'accord sur l'Espace économique européen ;

e) Des sociétés de groupe assurantiel de protection sociale définies au présent article, des sociétés de groupe d'assurance mutuelle définies à l'article L. 322-1-3 du code des assurances, des unions mutualistes de groupe définies à l'article L. 111-4-2 du code de la mutualité ;

(Ord. n° 2017-484 du 6 avr. 2017, art. 9-3°) « *f)* Des institutions de retraite professionnelle supplémentaire ;

« *g)* Des fonds de retraite professionnelle supplémentaire mentionnés à l'article L. 381-1 du code des assurances lorsqu'ils sont constitués sous forme de sociétés d'assurance mutuelle ;

« *h)* Des mutuelles et unions de retraite professionnelle supplémentaire mentionnées à l'article L. 214-1 du code de la mutualité. »

(Ord. n° 2015-1497 du 18 nov. 2015, art. 4-2°) « La société de groupe assurantiel de protection sociale doit compter au moins deux organismes affiliés dont l'un au moins est, soit une institution de prévoyance ou une union régie par le titre III du livre IX, soit une société de groupe assurantiel de protection sociale. »

La société de groupe assurantiel de protection sociale doit exercer effectivement une influence dominante au moyen d'une coordination centralisée sur les décisions, y compris financières, des organismes affiliés.

Les relations financières fortes et durables mentionnées au 2° sont déterminées par une convention d'affiliation conclue entre la société de groupe assurantiel de protection sociale et chacun des organismes affiliés. Ces organismes ne peuvent s'affilier à une société de groupe assurantiel de protection sociale que si leurs statuts en prévoient expressément la possibilité et s'ils ne sont pas déjà affiliés à une société de groupe d'assurance définie à l'article L. 322-1-2 du code des assurances, à une union mutualiste de groupe définie à l'article L. 111-4-2 du code de la mutualité ou à une autre société de groupe assurantiel de protection sociale.

Les modalités de constitution et de fonctionnement des sociétés de groupe assurantiel de protection sociale sont fixées par décret en Conseil d'État.

La conclusion par un organisme d'une convention d'affiliation à une société de groupe assurantiel de protection sociale ou la résiliation de celle-ci font l'objet d'une déclaration préalable à l'Autorité de contrôle prudentiel et de résolution. Celle-ci dispose d'un délai dont la durée est fixée par décret en Conseil d'État à compter de la réception du dossier pour s'opposer à l'opération projetée si celle-ci apparaît contraire aux intérêts des assurés. Il en va de même lorsqu'un organisme fait l'objet d'une mesure d'exclusion de la société de groupe assurantiel de protection sociale.

Ordonnance n° 2015-378 du 2 avril 2015,

Transposant la directive 2009/138/CE du Parlement européen et du Conseil du 25 novembre 2009 sur l'accès aux activités de l'assurance et de la réassurance et leur exercice (Solvabilité II) (JO 3 avr.).

Art. 25 I. — Les articles L. 322-1-3 et L. 322-1-5 du code des assurances, les articles L. 111-4-1 et L. 111-4-2 du code de la mutualité ainsi que les articles L. 931-2-2 et L. 931-2-1 du code de la sécurité sociale entrent en vigueur dès la publication de la présente ordonnance.

Pour l'application de ces articles, le 10° de l'article L. 310-3 du code des assurances et le 1° de l'article L. 356-1 du même code sont applicables dès la publication de la présente ordonnance.

....

III. — Les groupements paritaires de prévoyance mentionnés à l'article L. 933-5 du code de la sécurité sociale, créés avant le 31 décembre 2015, doivent avant le 31 décembre 2017 se transformer, soit en sociétés de groupe assurantiel de protection sociale mentionnées à l'article L. 931-2-2 du code de la sécurité sociale, soit en groupements assurantiels de protection sociale mentionnés à l'article L. 931-2-1 du même code.

Les groupements paritaires de prévoyance restent soumis au contrôle de l'Autorité de contrôle prudentiel et de résolution jusqu'à leur transformation mentionnée à l'alinéa précédent.

Art. L. 931-3 *(L. n° 94-678 du 8 août 1994)* Les membres adhérents d'une institution de prévoyance sont la ou les entreprises ayant adhéré à un règlement de l'institution ou souscrit un contrat auprès de celle-ci.

Est considérée comme entreprise, au sens du présent titre, toute personne physique ou morale qui emploie un ou plusieurs salariés.

Les membres participants comprennent :

1° Les salariés affiliés à l'institution sur la base des dispositions des articles L. 932-1 et L. 932-14 ;

2° Les anciens salariés de membres adhérents ainsi que leurs ayants droit qui sont affiliés à l'institution sur la base des dispositions de l'article L. 932-14 ;

3° Les personnes visées aux 1° et 2° à compter de la date à laquelle l'institution a liquidé la ou les prestations auxquelles elles ont droit.

Est considérée comme salariée, au sens du présent titre, toute personne relevant des articles L. 311-2 et L. 311-3 du présent code et de l'article 1144 du code rural.

V. art. R. 931-1-1 à R. 931-1-9.

Art. L. 931-3-1 *(L. n° 2003-775 du 21 août 2003, art. 108-XV et XVI, en vigueur le 1er janv. 2004)* Sont également membres adhérents les *(Décr. n° 2004-346 du 21 avr. 2004, art. 5)* « groupements d'épargne retraite populaire » qui ont adhéré à un règlement ou souscrit un contrat en vue de la réalisation de leur objet auprès d'une institution au bénéfice des membres participants de celle-ci et de leurs ayants droit.

Art. L. 931-3-2 *(L. nº 2008-496 du 27 mai 2008)* I. — Aucune différence en matière de cotisations et de prestations ne peut être fondée sur le sexe.

L'alinéa précédent ne fait pas obstacle à l'attribution aux femmes de prestations liées à la grossesse et à la maternité.

Al. 3 à 7 abrogés par L. nº 2013-672 du 26 juill. 2013, art. 79-III.

L'art. L. 931-3-2 CSS n'étend ses effets qu'aux prestations des régimes de prévoyance collective. Il ne saurait en conséquence être invoqué afin de contester la légalité de dispositions applicables à un régime légal de sécurité sociale. • Civ. 2e, 9 oct. 2014, nº 12-35.005 P : *RDSS 2014. 1164, obs. Tauran*.

Art. L. 931-3-3 *(L. nº 2014-344 du 17 mars 2014, art. 64)* Les institutions de prévoyance régies par le présent code qui commercialisent des contrats d'assurance complémentaire en matière de santé doivent faire figurer dans les documents de communication à leurs membres participants ou destinés à faire leur publicité les conditions de prise en charge, de façon simple et normalisée, chiffrée en euros, pour les frais de soins parmi les plus courants ou pour ceux pour lesquels le reste à charge est le plus important, selon des modalités précisées par arrêté du ministre chargé de la sécurité sociale.

Art. L. 931-3-4 *(Ord. nº 2017-1433 du 4 oct. 2017, art. 25, en vigueur le 1er avr. 2018)* Constitue un support durable, au sens du présent titre, tout instrument offrant la possibilité à l'adhérent, au participant ou à l'institution de prévoyance ou union de stocker des informations qui lui sont adressées personnellement afin de pouvoir s'y reporter ultérieurement pendant un laps de temps adapté aux fins auxquelles les informations sont destinées, et qui permet la reproduction à l'identique des informations conservées.

L'Ord. nº 2017-1433 du 4 oct. 2017 entre en vigueur le 1er avr. 2018. Pour l'application de l'Ord. préc. aux règlements, contrats et adhésions souscrits antérieurement au 1er avr. 2018, lorsque le professionnel souhaite modifier le support sur lequel il fournit ou met à disposition, y compris le cas échéant contre récépissé, des informations ou des documents à un client au moyen d'un support durable autre que le papier, il s'assure préalablement que ce mode de communication est adapté à sa situation ; il informe le client de façon claire, précise et compréhensible, sur support papier et par envoi distinct, de la poursuite de la relation commerciale sur un support durable autre que le papier, et de la possibilité dont le client dispose de s'y opposer par tout moyen.

Selon les mêmes modalités, les clauses de ces règlements, contrats et adhésions sont rendues si nécessaire conformes aux dispositions de l'Ord. susvisée (Ord. préc., art. 29 et 30).

Art. L. 931-3-5 *(Ord. nº 2017-1433 du 4 oct. 2017, art. 25, en vigueur le 1er avr. 2018)* I. — Lorsque l'institution de prévoyance ou union ou l'adhérent souhaite fournir ou mettre à disposition des informations ou des documents à un adhérent ou à un participant sur un support durable autre que le papier, l'institution de prévoyance ou union ou l'adhérent vérifie au préalable que ce mode de communication est adapté à la situation de l'adhérent ou du participant. L'institution de prévoyance ou union ou l'adhérent s'assure qu'il est en mesure de prendre connaissance de ces informations et documents sur le support durable envisagé. Lorsque l'adhérent ou le participant fournit à cette fin une adresse électronique, cette adresse est vérifiée par l'institution de prévoyance ou union ou l'adhérent.

Après ces vérifications, l'institution de prévoyance ou union ou l'adhérent doit informer l'adhérent ou le participant de façon claire, précise et compréhensible de la poursuite de leurs relations sur un support durable autre que le papier. Il ou elle renouvelle ces vérifications annuellement.

Sauf lorsqu'il est indiqué dans règlement ou le contrat d'adhésion conclu que le service fourni est de nature exclusivement électronique, l'institution de prévoyance ou union ou l'adhérent doit informer l'adhérent ou le participant du droit de celui-ci de s'opposer à l'utilisation de ce support dès l'entrée en relation ou à n'importe quel moment. Il ou elle justifie à tout moment de la relation que cette information a bien été portée à la connaissance de l'adhérent ou du participant.

II. – Sauf lorsqu'il est indiqué dans le règlement ou le contrat d'adhésion conclu que le service fourni est de nature exclusivement électronique, l'adhérent ou le participant peut, à tout moment et par tout moyen, demander à ce qu'un support papier soit utilisé sans frais pour la poursuite de leurs relations. Il peut par ailleurs effectuer, dans les mêmes conditions, l'ensemble des formalités et obligations qui lui incombent sur tout autre support durable convenu avec l'institution de prévoyance ou union ou l'adhérent.

V. note ss. art. L. 931-3-4.

Art. L. 931-3-6 *(Ord. nº 2017-1433 du 4 oct. 2017, art. 25, en vigueur le 1er avr. 2018)* Lorsque l'institution de prévoyance ou union ou l'adhérent met à disposition de l'adhérent ou du participant un espace personnel sécurisé sur internet, il ou elle garantit l'accessibilité des informations et documents conservés dans cet espace pendant une durée adaptée à leur finalité. Pour les documents précontractuels et contractuels[,] cette durée ne peut être inférieure à cinq ans après la fin de l'adhésion ou la résiliation du contrat.

Lorsque l'institution de prévoyance ou union ou l'adhérent envisage de ne plus rendre accessibles ces informations et documents, il ou elle en informe préalablement, dans un délai qui ne peut être inférieur à deux mois, l'adhérent ou le participant par tout moyen adapté à la situation de ce dernier.

V. note ss. art. L. 931-3-4.

Art. L. 931-3-7 *(Ord. nº 2017-1433 du 4 oct. 2017, art. 25, en vigueur le 1er avr. 2018)* Lorsqu'une signature est exigée, celle-ci peut être apposée par écrit ou par tout autre moyen prévu à l'article 1367 du code civil.

L'envoi recommandé électronique est équivalent à l'envoi par lettre recommandée, dès lors qu'il satisfait aux exigences de l'article L. 100 du code des postes et télécommunications électroniques.

V. note ss. art. L. 931-3-4.

SECTION II **AGRÉMENT ADMINISTRATIF**

Art. L. 931-4 *(Ord. nº 2015-378 du 2 avr. 2015, art. 17-II-4º, en vigueur le 1er janv. 2016)* Les institutions de prévoyance et les unions mentionnées à l'article L. 931-1 ne peuvent commencer leurs opérations d'assurance qu'après avoir obtenu un agrément délivré par l'Autorité de contrôle prudentiel et de résolution dans les conditions définies à l'article L. 321-10 du code des assurances.

Pour l'application du précédent alinéa, il y a lieu d'entendre : "institutions de prévoyance ou leurs unions" là où est mentionné dans le code des assurances : "entreprises ou entreprises d'assurance", les institutions de prévoyance et les unions mentionnées à l'article L. 931-6 sont assimilées aux entreprises d'assurance mentionnées à l'article L. 310-3-1 du code des assurances, la référence à l'article L. 322-2 du code des assurances est remplacée par la référence à l'article L. 931-7-2 du code de la sécurité sociale, la référence à l'article L. 322-3-2 du code des assurances est remplacée par la référence à l'article L. 931-7-1 du code de la sécurité sociale.

Les bulletins d'adhésion aux règlements et les contrats souscrits en infraction aux dispositions du premier alinéa sont nuls. Toutefois, cette nullité n'est pas opposable, lorsqu'ils sont de bonne foi, aux adhérents, participants et bénéficiaires.

Les dispositions du présent article s'appliquent en cas d'extension de l'activité de l'institution ou l'union.

Les opérations d'acceptation en réassurance ne sont pas soumises à l'agrément.

En application du II de l'art. 21 de la L. nº 2000-321 du 12 avr. 2000 relative aux droits des citoyens dans leurs relations avec les administrations [V. désormais **CRPA***, art. L. 231-5 et L. 231-6], le silence gardé pendant six mois par l'administration vaut décision de rejet pour les demandes d'agrément des institutions de prévoyance ou unions d'institutions de prévoyance (Décr. nº 2014-1280 du 23 oct. 2014, applicable pour les demandes présentées à compter du 12 nov. 2014).*

BIBL. ▶ PRÉTOT, L'agrément des conventions et accords dans le droit du travail et de la protection sociale, *Études offertes à J. Barthélemy, Dr. trav., nº spécial, 1994. 65.*

Art. L. 931-4-1 *(Ord. nº 2015-378 du 2 avr. 2015, art. 17-II-4º, en vigueur le 1er janv. 2016)* Les institutions de prévoyance et unions mentionnées au II de l'article L. 931-1-1, qui ont pour activité exclusive la réassurance et dont le siège social est situé en France, ne peuvent commencer leurs opérations qu'après avoir obtenu un agrément délivré par l'Autorité de contrôle prudentiel et de résolution dans les conditions définies à l'article L. 321-10-1 du code des assurances.

Pour l'application du précédent alinéa, la référence à l'article L. 324-1-2 du code des assurances est remplacée par la référence à l'article L. 931-16-1 du code de la sécurité sociale, la référence à l'article L. 322-3-2 du code des assurances est remplacée par la référence à l'article L. 931-7-1 du code de la sécurité sociale, les mots : "entreprise de réassurance" désignent "les institutions de prévoyance ou leurs unions exerçant une activité de réassurance", le mot : "entreprises" désigne "les institutions de prévoyance ou leurs unions".

Ordonnance nº 2015-378 du 2 avril 2015,

Transposant la directive 2009/138/CE du Parlement européen et du Conseil du 25 novembre 2009 sur l'accès aux activités de l'assurance et de la réassurance et leur exercice (Solvabilité II) (JO 3 avr.).

Art. 24 Les entreprises de réassurance ayant leur siège social en France qui ont été agréées ou habilitées à exercer des activités de réassurance avant le 10 décembre 2005, conformément aux dispositions du code des assurances, du code de la mutualité et du code de la sécurité sociale en vigueur jusqu'à cette date, sont réputées agréées conformément aux dispositions des articles L. 321-10-1 du code des assurances, L. 211-8-1 du code de la mutualité et L. 931-4-1 du code de la sécurité sociale.

Toutefois, elles sont tenues de se conformer aux dispositions issues de la présente ordonnance relatives à l'exercice de l'activité de réassurance.

Art. L. 931-4-2 *(Ord. nº 2015-378 du 2 avr. 2015, art. 17-II-4º en vigueur le 1er janv. 2016)* Les institutions de prévoyance et leurs unions peuvent pratiquer des opérations de libre prestation de service ou en libre établissement dans les conditions fixées par les articles L. 321-11 et L. 321-11-1 du code des assurances. Pour l'application de ces articles, les institutions de prévoyance et les unions mentionnées à l'article L. 931-6 sont assimilées aux entreprises mentionnées à l'article L. 310-3-1 du code des assurances et il y a lieu d'entendre : "institutions de prévoyance ou leurs unions exerçant une activité d'assurance directe ou de réassurance" là où est mentionné dans le code des assurances : "entreprises d'assurance ou de réassurance".

Art. L. 931-5 *(Ord. nº 2015-378 du 2 avr. 2015, art. 17-II-4º, en vigueur le 1er janv. 2016)* L'agrément prévu aux articles L. 931-4 et L. 931-4-1 est déclaré caduc par l'Autorité de contrôle prudentiel et de résolution dans les conditions définies aux articles L. 321-10-2 et L. 321-10-3 du code des assurances.

Sans préjudice des dispositions des 6º et 7º de l'article L. 612-39 du code monétaire et financier, cet agrément peut être retiré par l'Autorité de contrôle prudentiel et de résolution dans les conditions définies *(Ord. nº 2015-1497 du 18 nov. 2015, art. 4-3º, en vigueur le 1er janv. 2016)* « au chapitre V du titre II du livre III » du code des assurances.

Pour l'application des alinéas précédents, la référence à l'article L. 324-1 du code des assurances est remplacée par la référence à l'article L. 931-16 du code de la sécurité sociale, la référence à l'article L. 324-1-2 du code des assurances est remplacée par la référence à l'article L. 931-16-1 du code de la sécurité sociale, la référence à l'article L. 322-3-2 du code des assurances est remplacée par la référence à l'article L. 931-7-1 du code de la sécurité sociale, les mots : "entreprise d'assurance ou de réassurance" désignent "les institutions de prévoyance ou leurs unions exerçant une activité d'assurance directe ou de réassurance", les mots : "entreprise d'assurance" désignent "les institutions de prévoyance ou leurs unions exerçant une activité d'assurance directe", le mot : "contrats" désigne "les bulletins d'adhésion à un règlement ou les contrats", les mots : "assurés et tiers bénéficiaires" désignent "les membres participants et bénéficiaires".

Art. L. 931-5-1 *(Ord. n° 2015-378 du 2 avr. 2015, art. 17-II-4°, en vigueur le 1er janv. 2016)* Un décret en Conseil d'État précise les conditions d'application de la présente section.

SECTION III **FONCTIONNEMENT** *(Ord. n° 2015-378 du 2 avr. 2015, art. 17-II-5°, en vigueur le 1er janv. 2016).*

SOUS-SECTION I **CHAMP D'APPLICATION DU RÉGIME DIT "SOLVABILITÉ II"** *(Ord. n° 2015-378 du 2 avr. 2015, art. 17-II-5°, en vigueur le 1er janv. 2016).*

Art. L. 931-6 *(Ord. n° 2015-378 du 2 avr. 2015, art. 17-II-5°, en vigueur le 1er janv. 2016)* Les institutions de prévoyance ou unions relevant du régime dit "Solvabilité II" sont :

1° Les institutions de prévoyance ou unions mentionnées à l'article L. 931-1 qui, à compter du 1er janvier 2012, ont rempli pendant trois exercices annuels consécutifs l'une des conditions suivantes :

a) L'encaissement annuel de cotisations brutes émises par l'institution de prévoyance ou l'union dépasse 5 millions d'euros ;

b) Le total des provisions techniques, au sens défini au titre IV du livre III du code des assurances, brutes de cessions en réassurance ou à des véhicules de titrisation de l'institution de prévoyance ou l'union dépasse 25 millions d'euros ;

c) L'institution de prévoyance ou l'union appartient à un groupe défini à l'article L. 356-1 du code des assurances ;

d) L'activité de l'institution de prévoyance ou de l'union comporte des opérations de réassurance qui :

i) Dépassent 500 000 € d'encaissement de cotisations brutes émises ou 2,5 millions d'euros de provisions techniques, au sens défini au titre IV du livre III du code des assurances, brutes de cessions en réassurance ou à des véhicules de titrisation ;

ii) Ou représentent plus de 10 % de son encaissement *[de]* cotisations brutes émises ou de ses provisions techniques, au sens défini au titre IV du livre III du code des assurances, brutes de cessions en réassurance ou à des véhicules de titrisation ;

2° Les institutions de prévoyance et leurs unions mentionnées au II de l'article L. 931-1-1 ;

3° Les institutions de prévoyance et leurs unions sollicitant un agrément mentionné à l'article L. 931-4 en vue d'exercer des activités d'assurance ou de réassurance dont l'encaissement annuel *[de]* cotisations brutes émises ou le montant brut des provisions techniques, au sens défini au titre IV du livre III du code des assurances, brutes de cessions en réassurance ou à des véhicules de titrisation, dépasseront, selon les prévisions, un des montants énoncés au 1° au cours des cinq exercices annuels suivants ;

4° Les institutions de prévoyance et leurs unions qui, bien que ne satisfaisant à aucune des conditions énoncées aux 1°, 2° et 3°, exercent les activités prévues à l'article L. 321-11 du code des assurances ;

5° Les unions mentionnées à l'article L. 931-2 dont l'objet est de réassurer intégralement les opérations d'assurance non*[-]*vie relatives aux bulletins d'adhésion à des règlements ou contrats souscrits par les institutions membres de l'union.

V. Ord. n° 2015-378 du 2 avr. 2015, art. 18, ss. art. L. 931-6-1.

Art. L. 931-6-1 *(Ord. n° 2015-378 du 2 avr. 2015, art. 17-II-5°, en vigueur le 1er janv. 2016)* Les institutions de prévoyance et unions ne relevant pas du régime dit "Solvabilité II" sont :

1° Les institutions de prévoyance et unions qui ne sont pas des institutions de prévoyance et unions relevant du régime dit "Solvabilité II" au sens de l'article L. 931-6 ;

2° Les institutions de prévoyance et unions qui cessent de relever du régime dit "Solvabilité II" après que l'Autorité de contrôle prudentiel et de résolution a vérifié que :

a) Aucune des conditions énoncées au 1° de l'article L. 931-6 n'a été remplie pendant les trois derniers exercices annuels consécutifs ;

b) Aucune des conditions énoncées au 1° de l'article L. 931-6 ne sera, selon les prévisions, remplie au cours des cinq exercices annuels suivants ;

3° Les institutions membres d'une union mentionnée au 5° de l'article L. 931-6 qui sont intégralement réassurées.

Ordonnance n° 2015-378 du 2 avril 2015,

Transposant la directive 2009/138/CE du Parlement européen et du Conseil du 25 novembre 2009 sur l'accès aux activités de l'assurance et de la réassurance et leur exercice (Solvabilité II) (JO 3 avr.).

Art. 18 Les dispositions du présent titre *[titre V de l'Ord. préc.]* font référence aux dispositions du code des assurances, du code monétaire et financier, du code de la mutualité et du code de la sécurité sociale, dans leur rédaction issue des articles 1er à 17 de la présente ordonnance.

Pour l'ensemble des dispositions du présent titre :

1° L'expression « entreprise relevant du régime dit "Solvabilité II" » fait référence aux organismes d'assurance et de réassurance mentionnés aux articles L. 310-3-1 du code des assurances, L. 211-10 du code de la mutualité et L. 931-6 du code de la sécurité sociale, dans leur rédaction issue de la présente ordonnance ;

2° L'expression « entreprise ne relevant pas du régime dit "Solvabilité II" » fait référence aux organismes d'assurance et de réassurance mentionnés aux articles L. 310-3-2 du code des assurances, L. 211-11 du code de la mutualité et L. 931-6-1 du code de la sécurité sociale, dans leur rédaction issue de la présente ordonnance.

Art. L. 931-6-2 *(Ord. n° 2017-484 du 6 avr. 2017, art. 9-4°)* Les institutions de retraite professionnelle supplémentaire ne sont pas des institutions ou unions relevant du régime dit "Solvabilité II" définies à l'article L. 931-6, ni des institutions ou unions ne relevant pas du régime dit "Solvabilité II" définies à l'article L. 931-6-1.

SOUS-SECTION II SYSTÈME DE GOUVERNANCE APPLICABLE AUX INSTITUTIONS DE PRÉVOYANCE ET UNIONS *(Ord. n° 2015-378 du 2 avr. 2015, art. 17-II-5°, en vigueur le 1er janv. 2016).*

Art. L. 931-7 *(Ord. n° 2015-378 du 2 avr. 2015, art. 17-II-5°, en vigueur le 1er janv. 2016)* Les institutions de prévoyance et unions mentionnées à l'article L. 931-6 mettent en place un système de gouvernance garantissant une gestion saine et prudente de leur activité et faisant l'objet d'un réexamen interne régulier. Ce système de gouvernance repose sur une séparation claire des responsabilités et comprend un dispositif efficace de transmission des informations. Il est proportionné à la nature, à l'ampleur et à la complexité des opérations de l'entreprise, de l'institution de prévoyance ou de l'union.

Ce système de gouvernance comprend les fonctions clés suivantes : la fonction de gestion des risques, la fonction de vérification de la conformité, la fonction d'audit interne et la fonction actuarielle.

Les institutions de prévoyance et unions élaborent des politiques écrites relatives, au moins, à la gestion des risques, au contrôle interne, à l'audit interne et, le cas échéant, à l'externalisation mentionnée au 13° de l'article L. 310-3 du code des assurances. Elles veillent à la mise en œuvre de ces politiques.

Elles prennent des dispositions permettant d'assurer la continuité et la régularité dans l'exercice de leurs activités, ce qui inclut l'élaboration de plans d'urgence. Elles mettent en œuvre, à cette fin, des dispositifs, des ressources et des procédures appropriés et proportionnés.

Un décret en Conseil d'État précise les conditions d'application du présent article.

Art. L. 931-7-1 *(Ord. n° 2015-378 du 2 avr. 2015, art. 17-II-5°, en vigueur le 1er janv. 2016)* La direction effective des institutions de prévoyance ou unions mentionnées à l'article L. 931-6 est assurée par au moins deux personnes qui doivent satisfaire aux conditions prévues à l'article L. 931-7-2.

Ces institutions de prévoyance ou unions désignent en leur sein ou, le cas échéant, au sein du groupe au sens de l'article L. 356-1 du code des assurances, la personne responsable de chacune des fonctions clés mentionnées à l'article L. 931-7. Placés sous l'autorité du directeur général, ces responsables exercent leurs fonctions dans les conditions définies par l'institution de prévoyance ou l'union.

Le directeur général soumet à l'approbation du conseil d'administration des procédures définissant les conditions selon lesquelles les responsables de ces fonctions peuvent informer, directement et de leur propre initiative, le conseil d'administration lorsque surviennent des événements de nature à le justifier.

Le conseil d'administration entend, directement et de sa propre initiative, chaque fois qu'il l'estime nécessaire et au moins une fois par an, les responsables des fonctions clés. Cette audition peut se dérouler hors la présence du directeur général si les membres du conseil d'administration l'estiment nécessaire. Le conseil d'administration peut renvoyer cette audition devant un comité spécialisé émanant de ce conseil.

La nomination et le renouvellement des personnes mentionnées aux deux premiers alinéas sont notifiés à l'Autorité de contrôle prudentiel et de résolution conformément à l'article L. 612-23-1 du code monétaire et financier.

Un décret en Conseil d'État précise les conditions d'application du présent article.

V. Ord. n° 2015-378 du 2 avr. 2015, art. 19-III ss. art. L. 931-7-2.

Art. L. 931-7-2 *(Ord. n° 2015-378 du 2 avr. 2015, art. 17-II-5°, en vigueur le 1er janv. 2016)* I. — Nul ne peut administrer ou diriger une institution de prévoyance, une union, un groupement assurantiel de protection sociale ou une société de groupe assurantiel de protection sociale, et pour les institutions de prévoyance et unions mentionnées à l'article L. 931-6 et les sociétés de groupe assurantiel de protection sociale ni être responsable d'une des fonctions clés mentionnées à l'article L. 931-7 :

1° S'il a fait l'objet depuis moins de dix ans d'une condamnation définitive pour crime ;

2° S'il a fait l'objet depuis moins de dix ans d'une condamnation définitive à une peine d'emprisonnement ferme ou d'au moins six mois avec sursis pour :

a) L'une des infractions prévues au titre Ier du livre III du code pénal et pour les délits prévus par des lois spéciales et punis des peines prévues pour l'escroquerie et l'abus de confiance ;

b) Recel ou l'une des infractions assimilées au recel ou voisines de celui-ci prévues à la section II du chapitre Ier du titre II du livre III du code pénal ;

c) Blanchiment ;

d) Corruption active ou passive, trafic d'influence, soustraction et détournement de biens ;

e) Faux, falsification de titres ou autres valeurs fiduciaires émises par l'autorité publique, falsification des marques de l'autorité ;

f) Participation à une association de malfaiteurs ;

g) Trafic de stupéfiants ;

h) Proxénétisme ou l'une des infractions prévues par les sections II et II *bis* du chapitre V du titre II du livre II du code pénal ;

i) L'une des infractions prévues à la section III du même chapitre ;

j) L'une des infractions à la législation sur les sociétés commerciales prévues au titre IV du livre II du code de commerce ;

k) Banqueroute ;

l) Pratique de prêt usuraire ;

m) L'une des infractions à la législation sur les jeux de hasard, casinos et loteries, prévues par les dispositions des articles L. 324-1 à L. 324-10 du code de la sécurité intérieure ;

n) Infraction à la législation et à la réglementation des relations financières avec l'étranger ;

o) Fraude fiscale ;

(Ord. n° 2018-361 du 16 mai 2018, art. 14, en vigueur le 1er oct. 2018) « *p)* L'une des infractions prévues aux articles L. 121-2 à L. 121-4, L. 121-8 à L. 121-10, L. 413-1, L. 413-2, L. 413-4, L. 413-5 à L. 413-8, L. 422-2, L. 441-1, L. 441-2, L. 452-1, L. 455-2 et L. 512-4 du code de la consommation ; *[ancienne rédaction : p) L'une des infractions prévues aux articles L. 121-6, L. 121-28, L. 122-8 à L. 122-10, L. 213-1 à L. 213-5, L. 217-1 à L. 217-3, L. 217-6 et L. 217-10 du code de la consommation]* » ;

q) L'une des infractions prévues au code monétaire et financier ;

r) L'une des infractions prévues aux articles L. 8221-1, L. 8221-3, L. 8221-5 et L. 8224-1 du code du travail ;

s) Les atteintes aux systèmes de traitement automatisé prévues par le chapitre III du titre II du livre III du code pénal ;

t) L'une des infractions à la législation ou à la réglementation relative aux institutions de prévoyance régies par le titre III du livre IX du code de la sécurité sociale, aux entreprises régies par le code des assurances et aux mutuelles, unions et fédérations régies par le code de la mutualité ;

(Ord. nº 2015-1497 du 18 nov. 2015, art. 4-4º, en vigueur le 1er janv. 2016) « 3º S'il a fait l'objet depuis moins de dix ans d'une condamnation définitive à la destitution des fonctions d'officier public ou ministériel. »

II. — L'incapacité prévue au premier alinéa du I s'applique à toute personne à l'égard de laquelle a été prononcée une mesure définitive de faillite personnelle ou une autre mesure définitive d'interdiction dans les conditions prévues par le livre VI du code de commerce.

III. — Sans préjudice des dispositions du deuxième alinéa de l'article 132-21 du code pénal, la juridiction prononçant la décision qui entraîne cette incapacité peut en réduire la durée.

IV. — Les personnes exerçant une fonction, une activité ou une profession mentionnée au premier alinéa du I, qui font l'objet de l'une des condamnations prévues au I et au II doivent cesser leur activité dans un délai d'un mois à compter de la date à laquelle la décision de justice est devenue définitive. Ce délai peut être réduit ou supprimé par la juridiction qui a rendu cette décision.

V. — En cas de condamnation prononcée par une juridiction étrangère et passée en force de chose jugée pour une infraction constituant, selon la loi française, un crime ou l'un des délits mentionnés au I, le tribunal correctionnel du domicile du condamné déclare, à la requête du ministère public, après constatation de la régularité et de la légalité de la condamnation et l'intéressé ayant été dûment appelé en chambre du conseil, qu'il y a lieu à l'application de l'incapacité prévue au premier alinéa du I.

Cette incapacité s'applique également à toute personne non réhabilitée ayant fait l'objet d'une faillite personnelle prononcée par une juridiction étrangère quand le jugement déclaratif a été déclaré exécutoire en France. La demande d'exequatur peut être, à cette fin seulement, formée par le ministère public devant le tribunal de grande instance du domicile du condamné.

VI. — Le fait, pour une personne, de ne pas faire l'objet de l'incapacité prévue au présent article ne préjuge pas de l'appréciation, par l'autorité compétente, du respect des conditions nécessaires à l'agrément ou à l'autorisation d'exercice.

VII. — Les personnes appelées à diriger une institution de prévoyance, une union ou une société de groupe assurantiel de protection sociale, ou à y exercer une des fonctions clés mentionnées à l'article L. 931-7, doivent posséder l'honorabilité, la compétence ainsi que l'expérience nécessaires à leurs fonctions.

Les membres du conseil d'administration des personnes mentionnées *(Ord. nº 2017-484 du 6 avr. 2017, art. 9-5º)* « aux 5º et 11º » du B du I de l'article L. 612-2 du code monétaire et financier disposent de l'honorabilité, de la compétence et de l'expérience requises.

Pour apprécier la compétence des intéressés, l'Autorité de contrôle prudentiel et de résolution tient compte de leur formation et de leur expérience de façon proportionnée à leurs attributions, notamment de l'expérience acquise en tant que président d'un conseil ou d'un comité. L'autorité tient compte également, dans l'appréciation portée sur chaque personne, de la compétence, de l'expérience et des attributions des autres membres de l'organe auquel elle appartient. Lorsque des mandats ont été antérieurement exercés, la compétence est présumée à raison de l'expérience acquise. Pour les nouveaux membres, l'Autorité de contrôle prudentiel et de résolution tient compte des formations dont ils pourront bénéficier tout au long de leur mandat.

VIII. — Lorsque l'Autorité de contrôle prudentiel et de résolution est amenée à se prononcer sur l'honorabilité, la compétence et l'expérience de personnes qui dirigent effectivement une institution de prévoyance, une union ou une société de groupe assurantiel de protection sociale ou qui sont responsables des fonctions clés mentionnées à l'article L. 931-7 et, lorsque ces personnes, exercent de telles fonctions auprès d'une autre entité du même groupe au sens défini à l'article L. 356-1 du code des assurances, elle consulte les autorités compétentes de cette autre entité. Elle communique à ces autorités les informations utiles à l'exercice de leurs missions.

Ordonnance nº 2015-378 du 2 avril 2015,

Transposant la directive 2009/138/CE du Parlement européen et du Conseil du 25 novembre 2009 sur l'accès aux activités de l'assurance et de la réassurance et leur exercice (Solvabilité II) (JO 3 avr.).

Art. 19-III A compter de la publication de la présente ordonnance, l'Autorité de contrôle prudentiel et de résolution peut recevoir les notifications qui lui sont adressées en application du II de l'article L. 612-23-1 du code monétaire et financier et les examiner conformément aux dispositions des articles L. 322-2 et L. 322-3-2 du code des assurances, L. 211-13 et L. 114-21 du code de la mutualité et L. 931-7-1 et L. 931-7-2 du code de la sécurité sociale.

L'Autorité de contrôle prudentiel et de résolution dispose, pour s'opposer aux notifications :

a) D'un délai de six mois, pour les notifications reçues avant le 31 août 2015 ;

b) D'un délai courant jusqu'au 29 février 2016, pour les notifications reçues entre le 1er septembre 2015 et le 31 décembre 2015.

Les personnes, qui font l'objet de ces notifications, n'occupent leurs fonctions respectives qu'à compter du 1er janvier 2016.

IV. — A compter du 1er juillet 2015, l'Autorité de contrôle prudentiel et de résolution peut :

1° Déterminer l'équivalence conformément à l'article L. 356-11 ;

2° Prendre les décisions mentionnées à l'article L. 356-12.

V. — Les décisions prises par l'Autorité de contrôle prudentiel et de résolution en application des I, III et IV prennent effet à compter du 1er janvier 2016.

Art. L. 931-7-3 *(Ord. nº 2017-1180 du 19 juill. 2017, art. 8)* **L'article L. 225-102-1 du code de commerce est applicable aux institutions de prévoyance ou à leurs unions lorsque le total du bilan ou le chiffre d'affaires et le nombre de salariés excèdent, le cas échéant sur une base consolidée ou combinée, les seuils prévus pour les sociétés mentionnées au 2° du I du même article.**

Un décret en Conseil d'État détermine les conditions dans lesquelles sont applicables aux institutions ou unions les autres dispositions de la sous-section 1 de la section II et de la section III du chapitre V du titre II du livre II du code de commerce. Ce décret prend en compte le caractère paritaire et non lucratif des institutions de prévoyance.

Les dispositions de l'Ord. nº 2017-1180 du 19 juill. 2017 s'appliquent aux rapports afférents aux exercices ouverts à compter du 1er août 2017 (Ord. préc., art. 15).

Art. L. 931-7-4 *(Ord. nº 2017-1180 du 19 juill. 2017, art. 8)* **L'administration centrale des institutions de prévoyance doit être située sur le même territoire national que leur siège statutaire.**

Art. L. 931-7-5 (Abrogé par Ord. nº 2017-1180 du 19 juill. 2017, art. 9) (Ord. nº 2015-378 du 2 avr. 2015, art. 17-II-5°) ***Les institutions de prévoyance, unions, groupements assurantiel de protection sociale, ou les sociétés de groupe assurantiel*** [assurantiels] ***de protection sociale qui font partie d'un ensemble, au sens de l'article L. 931-34 du présent code, ne sont pas tenues de publier les informations mentionnées au cinquième alinéa de l'article L. 225-102-1 du code de commerce lorsque celles-ci sont publiées dans le rapport de gestion de l'ensemble de manière détaillée et individualisée par institution ou union ou groupement paritaire et que ces institutions, unions ou groupements paritaires indiquent comment y accéder dans leur propre rapport de gestion.*** — V. note ss. art. L. 931-7-3.

Art. L. 931-7-6 *(Ord. nº 2015-378 du 2 avr. 2015, art. 17-II-5°, en vigueur le 1er janv. 2016)* **Un décret en Conseil d'État détermine les modalités d'application de la présente sous-section." ;**

Art. L. 931-8-1 (Abrogé par Ord. nº 2015-378 du 2 avr. 2015, art. 17-II-5°, à compter du 1er janv. 2016) (L. nº 95-116 du 4 févr. 1995, art. 54-I) ***Pour l'application du présent***

titre ainsi que du titre V du livre IX du présent code, les États parties à l'accord sur l'Espace économique européen non membres de la Communauté européenne sont assimilés, sous réserve de réciprocité, aux États membres de la Communauté européenne.

SOUS-SECTION III **RÉGIME PRUDENTIEL ET FINANCIER** *(Ord. nº 2015-378 du 2 avr. 2015, art. 17-II-5º, en vigueur le 1er janv. 2016).*

Art. L. 931-9 *(Ord. nº 2015-378 du 2 avr. 2015, art. 17-II-5º, en vigueur le 1er janv. 2016)* **Les dispositions du titre III du livre III du code des assurances sont applicables aux institutions de prévoyance et unions mentionnées à l'article L. 931-6-1.**

Les dispositions du titre V du livre III et de l'article L. 310-12-4 du code des assurances sont applicables aux institutions de prévoyance et unions mentionnées à l'article L. 931-6, à l'exception de l'article L. 354-1 du code des assurances.

Les articles L. 310-2-1, L. 310-12-3 et L. 310-12-5 du code des assurances sont applicables aux institutions de prévoyance et unions mentionnées aux deux précédents alinéas.

Pour l'application des dispositions des alinéas précédents :

1º Il y a lieu d'entendre :

***a)* "Institutions ou unions exerçant une activité directe d'assurance ou une activité de réassurance ", là où est mentionné : " entreprises d'assurance et de réassurance" ;**

***b)* "Institution ou union agréée dans les conditions du** *[de l'article]* **L. 931-4 du code de la sécurité sociale", là où est mentionné : "entreprise mentionnée à l'article L. 310-1 du code des assurances";**

***c)* "Institutions ou unions au sens du II du** *[de l'article]* **L. 931-1-1 du code de la sécurité sociale", là où est mentionné : "entreprises mentionnées au 1º du III de l'article L. 310-1-1 du code des assurances" ;**

***d)* "Participants " là où est mentionné : "assurés" ;**

***e)* "Des participants et des ayants droits** *[droit]* **" là où est mentionné : "assurés" ;**

2º La référence à l'article L. 143-1 du code des assurances est remplacée par la référence à l'article L. 932-40 du code de la sécurité sociale, l'article *[la référence à l'article]* **L. 310-14 du code des assurance** *[assurances]* **est remplacée par la référence à l'article L. 932-48 du code de la sécurité sociale, la référence à l'article L. 324-1 du code des assurances est remplacée par la référence à l'article L. 931-16 du code de la sécurité sociale, la référence à l'article L. 324-1-2 du code des assurances est remplacée par la référence à l'article L. 931-16-1 du code de la sécurité sociale.**

Art. L. 931-9-1 *Abrogé par Ord. nº 2015-378 du 2 avr. 2015, art. 17-II-5º, à compter du 1er janv. 2016.*

Art. L. 931-10 *(L. nº 94-678 du 8 août 1994, art. 8-II)* **Les organismes mentionnés au premier alinéa de l'article 24 de la loi nº 78-741 du 13 juillet 1978 relative à l'orientation de l'épargne vers le financement des entreprises peuvent consentir aux institutions de prévoyance des prêts participatifs dans les conditions fixées par le titre IV de ladite loi.**

Art. L. 931-11 *(L. nº 93-121 du 27 janv. 1993, art. 11 ; L. nº 94-678 du 8 août 1994, art. 8-III)* **Pour le paiement des prestations à caractère indemnitaire, les institutions de prévoyance sont subrogées jusqu'à concurrence desdites prestations dans les droits et actions du participant, du bénéficiaire ou de leurs ayants droit contre les tiers responsables.** — *[Anc. art. L. 732-8-3.]*

1. Irrecevabilité de l'action de l'institution de prévoyance contre l'employeur en cas de décès par accident du travail. Si l'action intentée par l'institution de prévoyance contre l'auteur de l'accident mortel d'un de ses adhérents, pour obtenir réparation du préjudice causé par le versement anticipé d'une pension de réversion, est distincte par son objet de celle des ayants droit de la victime, elle n'en procède pas moins du même fait originaire envisagé dans toutes ses circonstances ; elle est donc irrecevable lorsque le décès résulte d'un accident du travail, celui-ci étant, en principe, exclusif de tout recours de droit commun contre l'employeur ou ses préposés. • Soc. 6 oct. 1982 : *Bull. civ. V, nº 352 ; D. 1983. 543, note Chartier.*

2. Notion de prestation à caractère indemnitaire en droit des assurances. La prestation a un caractère indemnitaire et non pas forfaitaire, dès lors qu'elle est déterminée suivant les règles du droit commun, c'est-à-dire en fonction du préjudice effectivement subi. • Civ. 1re, 21 févr. 1995, ☎ n° 92-13.781 P : *RGAT 1995. 128, note Kullmann.* ♦ La prestation due en application d'une assurance « garantie de ressources » a un caractère forfaitaire lorsqu'elle est calculée en fonction d'éléments prédéterminés par les parties, indépendamment du préjudice subi. • Civ. 1re, 16 mai 1995, ☎ n° 93-17.193 P : *RGAT 1995. 645, note Maury.*

Art. L. 931-12 *(L. n° 93-121 du 27 janv. 1993, art. 12 ; L. n° 94-678 du 8 août 1994, art. 8-IV)* **Les institutions de prévoyance peuvent émettre des titres participatifs dans les conditions prévues par les articles L. 228-36 et L. 228-37 du code de commerce.**

Pour l'application de ces dispositions, les mots : "assemblée d'actionnaires ou de porteurs de parts" désignent l'"assemblée générale des membres adhérents et participants" ou, pour les institutions ne disposant pas d'une assemblée générale, le "conseil d'administration", et le mot "actionnaires" désigne les "membres adhérents et participants".

En ce qui concerne leur rémunération, la partie variable de ces titres participatifs ne peut être calculée par référence à un critère représentatif du volume d'activité de l'institution émettrice. — *[Anc. art. L. 732-8-4.]*

Art. L. 931-13 *(L. n° 89-1009 du 11 déc. 1989, art. 26-III ; L. n° 94-678 du 8 août 1994, art. 8-V) (Ord. n° 2015-1497 du 18 nov. 2015, art. 4-5°, en vigueur le 1er janv. 2016)* **« Les institutions de prévoyance, leurs unions et les sociétés de groupe assurantiel de protection sociale sont soumises au contrôle d'un ou de plusieurs commissaires aux comptes** *(Ord. n° 2016-315 du 17 mars 2016, art. 51-II, en vigueur le 17 juin 2016)* **« dans les conditions prévues** *(L. n° 2016-1691 du 9 déc. 2016, art. 140-IV)* **« au titre II du livre VIII » du code de commerce sous réserve des dispositions du présent code ». »**

(Abrogé par Ord. n° 2016-315 du 17 mars 2016, art. 51-II, à compter du 17 juin 2016) ***« Elles nomment au moins un commissaire aux comptes et un suppléant, choisis sur la liste mentionnée à l'article*** *(Ord. n° 2015-378 du 2 avr. 2015, art. 17-II-5°, en vigueur le 1er janv. 2016)* ***« L. 822-1 » du code de commerce, qui exercent leurs fonctions dans les conditions prévues par cette loi, sous réserve des adaptations rendues nécessaires par le statut juridique des institutions et qui sont fixées par décret en Conseil d'État.***

« Les dispositions de l'article *(Ord. n° 2015-378 du 2 avr. 2015, art. 17-II-5°, en vigueur le 1er janv. 2016)* ***« L. 820-7 » du code commerce sont applicables.*** — *[Anc. art. L. 732-8.]*

« *(Ord. n° 2015-378 du 2 avr. 2015, art. 17-II-5°, en vigueur le 1er janv. 2016)* ***« Les dispositions des articles L. 822-9 à L. 822-18 ainsi que celles des articles de la section II du chapitre III du titre II du livre VIII du code de commerce sont applicables aux commissaires aux comptes contrôlant les institutions de prévoyance, leurs unions et les sociétés de groupe assurantiel de protection sociale sous réserve des dispositions du présent code et dans les conditions d'exercice définies par voie réglementaire au code de commerce ». »***

Art. L. 931-13-1 *Abrogé par Ord. n° 2015-378 du 2 avr. 2015, art. 17-II-5°, à compter du 1er janv. 2016.*

Art. L. 931-14 *(Ord. n° 2008-1278 du 8 déc. 2008, art. 18)* **Par dérogation aux dispositions de l'article L. 823-19 du code de commerce, le comité spécialisé mentionné à cet article peut comprendre deux membres au plus qui ne font pas partie du conseil d'administration mais qui sont désignés par lui à raison de leurs compétences.**

Art. L. 931-14-1 *(L. n° 2015-990 du 6 août 2015, art. 230-I)* **Sont exemptées des obligations mentionnées à l'article L. 823-19 du code de commerce :**

1° Les personnes et entités contrôlées au sens de l'article L. 233-16 du même code lorsque la personne ou l'entité qui les contrôle s'est volontairement dotée d'un comité spécialisé au sens et selon les modalités de l'article L. 823-19 dudit code ;

2° Les personnes et entités liées à un organisme de référence au sens du 1° de l'article L. 933-2 du présent code lorsque l'organisme de référence est lui-même soumis à ces obligations ou s'est volontairement doté d'un comité spécialisé au sens et selon les modalités de l'article L. 823-19 du code de commerce.

Art. L. 931-14-2 *(Ord. n° 2015-378 du 2 avr. 2015, art. 17-II-5°, en vigueur le 1er janv. 2016)* **Au sein des institutions de prévoyance régies par le présent titre, à l'exception de celles mentionnées à l'article L. 931-14-1, le comité mentionné à l'article L. 823-19 du code de commerce assure également le suivi de la politique, des procédures et des systèmes de gestion des risques.**

Toutefois, sur décision du conseil d'administration, cette mission peut être confiée à un comité distinct, régi par *(Ord. n° 2016-315 du 17 mars 2016, art. 51-III, en vigueur le 17 juin 2016)* « le premier alinéa et le 7° du II » du même article L. 823-19.

Art. L. 931-14-3 *(Ord. n° 2015-378 du 2 avr. 2015, art. 17-II-5°, en vigueur le 1er janv. 2016)* Un décret en Conseil d'État précise les conditions d'application de la présente sous-section.

Art. L. 931-15 *Abrogé par Ord. n° 2015-378 du 2 avr. 2015, art. 17-II-5°, à compter du 1er janv. 2016.*

SECTION III *BIS* CERTIFICATS PARITAIRES

(L. n° 2014-856 du 31 juill. 2014, art. 54-II)

Art. L. 931-15-1 *(L. n° 2014-856 du 31 juill. 2014, art. 54-II)* I. — En vue de l'alimentation de leur fonds d'établissement, les institutions de prévoyance, leurs unions ou *(Ord. n° 2015-378 du 2 avr. 2015, art. 17-II-6°, en vigueur le 1er janv. 2016)* « les sociétés de groupe assurantiel de protection sociale » peuvent émettre des certificats paritaires auprès :

1° De leurs membres participants ou adhérents ;

2° Des membres participants ou adhérents, des assurés des organismes appartenant au même *(Ord. n° 2015-378 du 2 avr. 2015, art. 17-II-6°, en vigueur le 1er janv. 2016)* « groupe d'assurance défini au 5° de l'article L. 356-1 du code des assurances », ainsi qu'auprès desdits organismes ;

3° D'institutions de prévoyance ou de leurs unions, *(Ord. n° 2015-378 du 2 avr. 2015, art. 17-II-6°, en vigueur le 1er janv. 2016)* « de sociétés de groupe assurantiel de protection sociale », de mutuelles et unions régies par le livre II du code de la mutualité, d'unions mentionnées à l'article L. 111-4-2 du même code, de sociétés d'assurance mutuelles régies par le code des assurances et de sociétés de groupe d'assurance mutuelles mentionnées au dernier alinéa de l'article L. 322-1-3 du code des assurances.

II. — Lors de l'émission de certificats paritaires, les institutions de prévoyance ou leurs unions respectent les conditions et les modalités prévues à l'article L. 931-12 du présent code.

Toutes les informations, y compris les communications à caractère publicitaire, relatives à des certificats paritaires présentent un contenu exact, clair et non trompeur. Les communications à caractère publicitaire sont clairement identifiées comme telles.

Les personnes mentionnées au I du présent article reçoivent, préalablement à la souscription, les informations leur permettant raisonnablement de comprendre la nature des certificats paritaires proposés ainsi que les risques et inconvénients y afférents, afin d'être en mesure de prendre leurs décisions d'investissement en connaissance de cause.

Lorsque les certificats paritaires sont placés auprès de personnes relevant des 1° ou 2° du I, les institutions de prévoyance, leurs unions et les *(Ord. n° 2015-378 du 2 avr. 2015, art. 17-II-6°, en vigueur le 1er janv. 2016)* « sociétés de groupe assurantiel de protection sociale » précisent les exigences et les besoins exprimés par ces personnes ainsi que les raisons qui motivent le conseil fourni quant à l'investissement proposé. Ces précisions, qui reposent en particulier sur les éléments d'information communiqués par ces personnes sur leur situation financière et leurs objectifs de souscription, sont adaptées aux spécificités des certificats paritaires. Pour l'application de ces obligations, les institutions de prévoyance, leurs unions et les *(Ord. n° 2015-378 du 2 avr. 2015, art. 17-II-6°, en vigueur le 1er janv. 2016)* « sociétés de groupe assurantiel de protection sociale » s'enquièrent des connaissances et de l'expérience en matière financière de ces personnes. Lorsque ces dernières ne communiquent pas l'ensemble des éléments d'information susmentionnés, les institutions de prévoyance, leurs unions et les *(Ord. n° 2015-378 du 2 avr. 2015, art. 17-II-6°, en vigueur le 1er janv. 2016)* « sociétés de groupe assurantiel de protection sociale » les mettent en garde préalablement à la souscription.

III. — Les certificats paritaires sont inscrits sous forme nominative dans un registre tenu par l'émetteur et dans un compte-titres tenu soit par l'émetteur, soit par l'un des intermédiaires mentionnés aux 2° à 7° de l'article L. 542-1 du code monétaire et financier.

Le compte-titres est ouvert au nom d'un ou de plusieurs titulaires, propriétaires des certificats paritaires qui y sont inscrits.

IV. – La rémunération des certificats paritaires est variable et fixée annuellement par l'assemblée générale lors de l'approbation des comptes.

La part maximale des résultats du dernier exercice clos et des précédents exercices susceptible d'être affectée annuellement à la rémunération des certificats mutualistes est fixée par décret en Conseil d'État.

Art. L. 931-15-2 *(L. n° 2014-856 du 31 juill. 2014, art. 54-II)* I. – Les certificats paritaires ne sont remboursables qu'en cas de liquidation de l'émetteur et après désintéressement complet de tous les créanciers privilégiés, chirographaires et subordonnés. Le remboursement est effectué à la valeur nominale du certificat, réduite, le cas échéant, à due concurrence de l'imputation des pertes sur le fonds d'établissement. Les statuts peuvent prévoir, préalablement à cette réduction, l'imputation des pertes sur les réserves.

II. – Les certificats paritaires ne peuvent être cédés que dans les conditions décrites au III du présent article et ne peuvent faire l'objet ni d'un prêt ni d'opérations de mise en pension.

III. – L'assemblée générale peut autoriser le conseil d'administration à racheter à leur valeur nominale des certificats paritaires émis par l'institution, *(Ord. n° 2015-378 du 2 avr. 2015, art. 17-II-6°, en vigueur le 1er janv. 2016)* « la société de groupe assurantiel de protection sociale » ou l'union, afin de les offrir à l'achat, dans un délai de deux ans à compter de leur rachat, aux personnes mentionnées au I de l'article L. 931-15-1, dans les conditions et selon les modalités suivantes :

1° Le montant de certificats paritaires détenus par l'émetteur ne peut excéder 10 % du montant total émis, sauf dérogation accordée par l'Autorité de contrôle prudentiel et de résolution ;

2° Lorsque l'assemblée générale les autorise, les rachats de certificats paritaires sont effectués selon l'ordre d'arrivée des demandes des titulaires de certificats paritaires. Les demandes formulées dans les cas suivants sont toutefois prioritaires :

a) Liquidation du titulaire ;

b) Demande d'un ayant droit en cas de décès du titulaire ;

c) Cas prévus au troisième à septième alinéa de l'article L. 132-23 du code des assurances. Pour l'application de ces mêmes alinéas, la référence à l'assuré est remplacée par la référence au titulaire du certificat paritaire ;

d) Perte par le titulaire du certificat de sa qualité de membre participant ou de membre adhérent de l'émetteur, ou de membre participant, de membre honoraire ou assuré des organismes appartenant au même *(Ord. n° 2015-378 du 2 avr. 2015, art. 17-II-6°, en vigueur le 1er janv. 2016)* « groupe d'assurance défini à l'article L. 356-1 du code des assurances » ;

3° L'assemblée générale arrête un programme annuel de rachats, qui fait l'objet d'une résolution spéciale dont la teneur est préalablement soumise à l'approbation de l'Autorité de contrôle prudentiel et de résolution. Le programme définit la politique de l'institution, *(Ord. n° 2015-378 du 2 avr. 2015, art. 17-II-6°, en vigueur le 1er janv. 2016)* « de la société de groupe assurantiel de protection sociale » ou de l'union en matière de rachat, les modalités des opérations de rachat et le nombre maximal de certificats paritaires pouvant être rachetés et précise l'impact des rachats sur la solvabilité de l'institution, *(Ord. n° 2015-378 du 2 avr. 2015, art. 17-II-6°, en vigueur le 1er janv. 2016)* « de la société de groupe assurantiel de protection sociale » ou de l'union ;

4° A défaut d'avoir été cédés dans les deux ans à compter de leur rachat, les certificats paritaires sont annulés. L'annulation est compensée par une reprise d'un montant équivalent sur le fonds d'établissement. Cette reprise est constatée par le conseil d'administration, qui procède à la modification du montant du fonds d'établissement mentionné dans les statuts. Cette modification est mentionnée dans le rapport annuel présenté à l'assemblée générale ;

5° Les commissaires aux comptes présentent à l'assemblée générale d'approbation des comptes un rapport spécial sur les conditions dans lesquelles les certificats paritaires ont été rachetés et utilisés au cours du dernier exercice clos ;

6° Les certificats paritaires détenus par l'émetteur ne donnent pas droit à rémunération ;

7° Une nouvelle émission de certificats paritaires ne peut être autorisée que si l'émetteur place de manière prioritaire les certificats paritaires qu'il détient en propre ;

8° Le conseil d'administration peut déléguer au directeur général les pouvoirs nécessaires pour réaliser les opérations de rachat. Le directeur général rend compte au conseil d'administration, dans les conditions prévues par ce dernier, de l'utilisation faite de ce pouvoir.

SECTION IV **TRANSFERT DE PORTEFEUILLE — FUSION ET SCISSION**

Art. L. 931-16 *(L. nº 94-678 du 8 août 1994)* Les institutions *(Ord. nº 2015-378 du 2 avr. 2015, art. 17-II-7º, en vigueur le 1er janv. 2016)* de prévoyance « ou unions » et leurs succursales *(Abrogé par L. nº 2003-706 du 1er août 2003, art. 33-I-5º) « mentionnées à l'article L. 931-6 »* peuvent, dans les conditions définies au présent article, transférer tout ou partie de leur portefeuille de bulletins d'adhésion à des règlements ou de contrats couvrant des risques ou des engagements situés sur le territoire d'un État membre de *(Ord. nº 2015-378 du 2 avr. 2015, art. 17-II-7º, en vigueur le 1er janv. 2016)* « l'Union » européenne avec ses droits et obligations à une ou plusieurs des institutions de prévoyance *(Ord. nº 2015-378 du 2 avr. 2015, art. 17-II-7º)* « ou unions » ou de leurs succursales, à une ou plusieurs des entreprises d'assurance françaises ou de leurs succursales régies par le code des assurances *(Ord. nº 2001-350 du 19 avr. 2001, art. 6-V)* « à une ou plusieurs des mutuelles ou unions ou de leurs succursales régies par le livre II du code de la mutualité », à une ou plusieurs des entreprises d'assurance dont l'État d'origine est membre de *(Ord. nº 2015-378 du 2 avr. 2015, art. 17-II-7º)* « l'Union » européenne ou de leurs succursales établies sur le territoire de celles-ci ou à une ou plusieurs entreprises d'assurance établies dans l'État du risque ou de l'engagement et agréés dans cet État.

(Ord. nº 2010-76 du 21 janv. 2010, art. 12-II-4º) « La demande de transfert est portée à la connaissance des créanciers par un avis publié au *Journal officiel* de la République française, qui leur impartit un délai de deux mois pour présenter leurs observations. L'Autorité de contrôle prudentiel et de résolution approuve le transfert s'il lui apparaît que le transfert ne préjudicie pas aux intérêts des créanciers, des adhérents, des participants et des bénéficiaires.

« L'Autorité de contrôle prudentiel et de résolution n'approuve le transfert que si l'entreprise cessionnaire dispose, compte tenu du transfert, de la marge de solvabilité nécessaire. *(Ord. nº 2015-378 du 2 avr. 2015, art. 17-II-7º, en vigueur le 1er janv. 2016)* « Pour les organismes mentionnés à l'article L. 310-3-2 du code des assurances, à l'article L. 211-11 du code de la mutualité et à l'article L. 931-6-1 du code de la sécurité sociale ou, pour les organismes mentionnés à l'article L. 310-3-1 du code des assurances, à l'article L. 211-10 du code de la mutualité et à l'article L. 931-6 du code de la sécurité sociale, les fonds propres éligibles *[sont]* nécessaires pour couvrir le capital de solvabilité requis mentionné à l'article L. 352-1 du code des assurances ». Toutefois, lorsque l'État d'origine de l'entreprise cessionnaire est partie à l'accord sur l'Espace économique européen, cette approbation est prise après avis des autorités de contrôle de cet État.

(Ord. nº 2015-378 du 2 avr. 2015, art. 17-II-7º, en vigueur le 1er janv. 2016) « Lorsque le cédant est une succursale située dans un autre État membre de l'Union européenne, l'Autorité de contrôle prudentiel et de résolution recueille préalablement l'accord de l'autorité de contrôle de l'État où est située la succursale.

« Lorsque les risques ou les engagements transférés sont situés dans un autre État membre de l'Union européenne, l'Autorité de contrôle prudentiel et de résolution recueille préalablement l'accord des autorités de contrôle de l'État du risque ou de l'engagement.

« Le silence gardé par cette autorité de contrôle à l'expiration d'un délai de trois mois suivant la réception des demandes de consultation précitées vaut, pour l'Autorité de contrôle prudentiel et de résolution, accord tacite.

« Pour les transferts concernant des opérations relevant de l'assurance vie ou de capitalisation, cette approbation est, en outre, fondée sur les données relatives à la quote-part prévues à l'article L. 931-32. »

L'approbation rend le transfert opposable aux adhérents, participants et bénéficiaires de bulletins d'adhésion à un règlement ou de contrats ainsi qu'aux créanciers *(Abrogé par L. n° 2015-990 du 6 août 2015, art. 107-III)* **« *, et écarte l'application du droit de surenchère prévu par l'article 5 de la loi du 17 mars 1909 relative à la vente et au nantissement des fonds de commerce* [*C. com., art. L. 141-19*] »**. Le transfert est opposable à partir de la date de publication *(Ord. n° 2010-76 du 21 janv. 2010, art. 12-II)* « de l'approbation mentionnée » au deuxième alinéa du présent article. Les entreprises adhérentes et les participants affiliés à titre individuel ont la faculté de résilier l'adhésion ou le contrat dans le délai d'un mois suivant la date de cette publication. Toutefois, cette faculté de résiliation n'est pas offerte aux adhérents lorsque l'adhésion *(L. n° 2014-856 du 31 juill. 2014, art. 51-I-1°)* « est obligatoire et » résulte d'une convention de branche ou d'un accord professionnel ou interprofessionnel.

Un décret en Conseil d'État fixe les modalités d'application du présent article ainsi que les modalités particulières de transfert des actifs relatifs à des opérations dépendant de la durée de la vie humaine et de calcul de participation aux excédents afférents à ces actifs.

Art. L. 931-16-1 *(Ord. n° 2015-378 du 2 avr. 2015, art. 17-II-7°, en vigueur le 1er janv. 2016)* Les institutions et leurs unions mentionnées au II de l'article L. 931-1-1 ainsi que leurs succursales sont autorisées, dans les conditions définies à l'article L. 324-1-2 du code des assurances, à transférer tout ou partie de leur portefeuille de contrats ou de sinistres à payer à une ou plusieurs institutions de prévoyance régies par le présent code, à une ou plusieurs mutuelles ou unions régies par le livre II du code de la mutualité et à une ou plusieurs entreprises de réassurance ou d'assurance ayant leur siège social en France ou dans un autre État membre de l'Union européenne, ou à leurs succursales établies sur le territoire de l'Union européenne.

Art. L. 931-17 *(L. n° 94-678 du 8 août 1994)* Lorsqu'elle ne comporte pas de transfert de portefeuille, la fusion ou la scission d'institutions de prévoyance est soumise à l'approbation préalable de l'Autorité de contrôle prudentiel et de résolution selon des modalités et dans des délais fixés par décret en Conseil d'État.

SECTION V **REDRESSEMENT, SAUVEGARDE, DISSOLUTION, LIQUIDATION ET MESURES D'ASSAINISSEMENT** *(Ord. n° 2017-1608 du 27 nov. 2017, art. 5-1°)*.

Art. L. 931-18 *(Ord. n° 2015-378 du 2 avr. 2015, art. 17-II-8°, en vigueur le 1er janv. 2016)* Par dérogation aux articles L. 631-4 et L. 631-5 du code de commerce, une procédure de redressement judiciaire ne peut être ouverte à l'égard d'une institution de prévoyance ou union d'institutions de prévoyance mentionnée à l'article L. 931-4 qu'à la requête de l'Autorité de contrôle prudentiel et de résolution. Le tribunal peut également se saisir d'office, ou être saisi par le procureur de la République, d'une demande d'ouverture de cette procédure après avis conforme de l'Autorité. Les dispositions de l'article L. 326-9 du code des assurances sont applicables à la procédure de sauvegarde ou de redressement judiciaire.

Le président ne peut être saisi d'une demande d'ouverture d'une procédure de conciliation instituée par l'article L. 611-4 du code de commerce ou d'une procédure de sauvegarde visée à l'article L. 620-1 du même code, à l'égard d'une institution régie par le présent livre, qu'après avis conforme de l'Autorité de contrôle prudentiel et de résolution.

L'Autorité de contrôle prudentiel et de résolution informe sans délai les autorités compétentes des autres États membres de l'Union européenne lorsqu'une procédure de liquidation judiciaire est ouverte à l'égard d'une institution de prévoyance ou d'une union.

Lorsqu'une procédure de liquidation judiciaire est ouverte à l'encontre d'une institution de prévoyance ou d'une union, l'agrément de cette institution de prévoyance ou union est retiré selon les modalités de l'article L. 325-1 du code des assurances. Dans ce cas, les dispositions des articles L. 326-4, L. 326-9 et L. 326-14 du code des assurances sont applicables. L'institution de prévoyance ou l'union reste soumise au contrôle de l'Autorité de contrôle prudentiel et de résolution jusqu'à ce que l'ensemble des engagements résultant des contrats souscrits par la mutuelle ou l'union ait été intégralement et définitivement réglé aux membres participants et aux tiers bénéficiaires ou ait fait l'objet d'un transfert autorisé dans les conditions prévues à l'article L. 931-16.

Le liquidateur peut, avec l'accord de l'Autorité de contrôle prudentiel et de résolution, poursuivre certaines activités de l'institution de prévoyance ou de l'union concernée dans la mesure où cela est nécessaire et approprié pour les besoins de la liquidation.

Art. L. 931-18-1 *(Ord. n° 2015-378 du 2 avr. 2015, art. 17-II-8°, en vigueur le 1er janv. 2016)* Les procédures de sauvegarde, de redressement ou de liquidation judiciaires instituées par les titres II, III et IV du livre VI du code de commerce ne peuvent être ouvertes à l'égard d'une institution de prévoyance ou d'unions d'institutions de prévoyance mentionnées à l'article L. 931-4-1 du présent code qu'après avis de l'Autorité de contrôle prudentiel et de résolution.

Le président du tribunal ne peut être saisi d'une demande d'ouverture de la procédure de conciliation instituée par le chapitre Ier du titre Ier du livre VI du code de commerce à l'égard d'une institution ou d'une union mentionnée à l'article L. 931-4-1 du présent code qu'après avis de l'Autorité de contrôle prudentiel et de résolution.

Un décret en Conseil d'État précise les modalités selon lesquelles sont donnés les avis prévus aux premier et deuxième alinéas du présent article.

Art. L. 931-18-2 *(Ord. n° 2015-378 du 2 avr. 2015, art. 17-II-8°, en vigueur le 1er janv. 2016)* Les chapitres III et VI du titre II du livre III du code des assurances sont applicables aux institutions de prévoyance et aux unions. *(Ord. n° 2017-1608 du 27 nov. 2017, art. 5-2°)* « Le chapitre II du titre Ier du livre III du code des assurances est applicable aux institutions de prévoyance, aux unions régies par le présent titre, aux groupes définis à l'article L. 356-1 du code des assurances et institutions de retraite professionnelle supplémentaire mentionnées à l'article L. 942-1 ».

Pour l'application des dispositions de ces chapitres, il y a lieu d'entendre : "institutions de prévoyance" ou "union" là où est mentionné : "assureurs" et "entreprises d'assurance", "participant" là où est mentionné : "assuré", "cotisations" là où est mentionné : "primes", "contrat" là où est mentionné : "police" et "bulletin d'adhésion à un règlement ou contrat" là où est mentionné : "contrat", "fonds paritaire de garantie institué par la section XII du présent chapitre" là où est mentionné : "fonds de garantie mentionné à l'article L. 423-1".

Pour l'application des mêmes dispositions, la référence à l'article L. 132-5-1 du code des assurances est remplacée par la référence à l'article L. 932-15 du code de la sécurité sociale.

Art. L. 931-18-3 *(Ord. n° 2015-378 du 2 avr. 2015, art. 17-II-8°, en vigueur le 1er janv. 2016)* En cas de dissolution d'une institution de prévoyance non motivée par un retrait d'agrément, l'excédent de l'actif net sur le passif est dévolu, par décision de l'assemblée générale ou, lorsque l'institution ne dispose pas d'une assemblée générale, par décision du conseil d'administration, soit à des institutions régies par le présent livre, soit à des associations reconnues d'utilité publique.

SECTION VI *[ABROGÉE]* RETRAIT DE L'AGRÉMENT ADMINISTRATIF

(Abrogée par Ord. n° 2015-378 du 2 avr. 2015, art. 17-II-9°, à compter du 1er janv. 2016)

Art. L. 931-19 et L. 931-19-1 *Abrogés par Ord. n° 2015-378 du 2 avr. 2015, art. 17-II-9°, à compter du 1er janv. 2016.*

SECTION VII *[ABROGÉE]* DISSOLUTION — LIQUIDATION

(Abrogée par Ord. n° 2015-378 du 2 avr. 2015, art. 17-II-9°, à compter du 1er janv. 2016)

Art. L. 931-20 à L. 931-21-5 *Abrogés par Ord. n° 2015-378 du 2 avr. 2015, art. 17-II-9°, à compter du 1er janv. 2016.*

SECTION VIII PRIVILÈGES

Art. L. 931-22 *(L. n° 94-678 du 8 août 1994)* L'actif mobilier des institutions de prévoyance est affecté par un privilège général *(Ord. n° 2001-350 du 19 avr. 2001, art. 6-*

VII) « au remboursement par préférence des cotisations payées par les personnes ayant exercé leur droit à renonciation en application de l'article L. 932-15 et » au règlement des engagements qu'elles prennent envers leurs membres participants et bénéficiaires de bulletins d'adhésion à des règlements ou de contrats. Ce privilège prend rang après le 6° de l'article 2331 du code civil.

Il en est de même de l'actif immobilier. Ce privilège prend rang après le 2° de l'article 2375 du code civil.

Art. L. 931-23 *(L. n° 94-678 du 8 août 1994)* Lorsque les actifs d'une institution de prévoyance sont insuffisants pour assurer la représentation de ses engagements réglementés, ou lorsque la situation financière de cette institution est telle que les intérêts des participants et bénéficiaires de bulletins d'adhésion à des règlements ou de contrats sont susceptibles d'être compromis à brefs délais, les immeubles faisant partie du patrimoine de l'institution peuvent être grevés d'une hypothèque inscrite à la requête de l'Autorité de contrôle prudentiel et de résolution. Lorsque l'institution fait l'objet d'un retrait d'agrément, cette hypothèque est prise de plein droit à la date du retrait d'agrément.

Art. L. 931-24 *(L. n° 94-678 du 8 août 1994)* Pour les opérations mentionnées au *a* de l'article L. 931-1 réalisées directement par les institutions de prévoyance, la créance garantie par le privilège ou l'hypothèque légale est arrêtée au montant *(Ord. n° 2001-350 du 19 avr. 2001, art. 6-VIII)* « des cotisations à rembourser par préférence en cas de renonciation au bulletin d'adhésion ou au contrat et » de la provision correspondante telle qu'elle est définie dans des conditions fixées par décret en Conseil d'État.

Pour les opérations mentionnées au *b* et au *c* de l'article L. 931-1 réalisées directement par ces mêmes institutions, la créance garantie est arrêtée au montant des indemnités dues à la suite de la réalisation de risques et au montant des portions de cotisations payées d'avance ou provisions de cotisations correspondant à la période pour laquelle le risque n'a pas couru, les créances d'indemnités étant payées par préférence. Pour les indemnités payées sous forme de rentes, elle est arrêtée au montant de la provision mathématique.

Pour les opérations de réassurance de toute nature, la créance est arrêtée au montant des provisions correspondantes telles qu'elles sont définies par un décret en Conseil d'État. – *V. art. R. 931-8-1 à R. 931-8-2.*

SECTION IX SANCTIONS

Art. L. 931-25 *(L. n° 94-678 du 8 août 1994)* La méconnaissance des incapacités prévues à *(Ord. n° 2015-378 du 2 avr. 2015, art. 17-II-10°, en vigueur le 1er janv. 2016)* « l'article L. 931-7-2 » est punie d'un emprisonnement de trois ans et d'une amende de 75 000 €. – *V. art. R. 931-9-1.*

(L. n° 2005-1564 du 15 déc. 2005, art. 3-I) « La méconnaissance, par tout président ou dirigeant *(Abrogé par Ord. n° 2015-378 du 2 avr. 2015, art. 17-II-10°, à compter du 1er janv. 2016)* « *salarié* » d'une institution de prévoyance ou d'une union, de l'une des dispositions des articles *(L. n° 2006-1770 du 30 déc. 2006, art. 64-II)* « L. 932-49 à L. 932-51 » est punie de six mois d'emprisonnement et de 7 500 € d'amende. »

Art. L. 931-26 *(L. n° 94-678 du 8 août 1994)* Quiconque a été condamné en application de l'article L. 931-25 ne peut être employé à quelque titre que ce soit dans l'institution de prévoyance dans laquelle il exerçait des fonctions de direction, de gestion, ou dont il était membre du conseil d'administration ou dont il avait la signature, ni dans les filiales de cette institution qui sont régies par le code des assurances.

Les personnes qui méconnaissent l'interdiction prévue à l'alinéa précédent ainsi que leur employeur sont punis des peines prévues à l'article L. 931-25.

Art. L. 931-27 *(L. n° 94-678 du 8 août 1994)* Les dispositions de l'article 433, des 2°, 3° et 4° de l'article 437, des articles 439, 455 et 458 de la loi n° 66-537 du 24 juillet 1966 sur les sociétés commerciales *[art. L. 242-2, 2°, 3° et 4° de l'art. L. 242-6, art. L. 242-8, L. 242-25, L. 242-28, C. com.]* sont applicables aux dirigeants des institutions de prévoyance.

Art. L. 931-28 *(L. n° 94-678 du 8 août 1994)* Les articles L. 626-2, L. 626-3, L. 626-4, L. 626-5, L. 626-7, L. 626-12, *(Abrogé par L. n° 2016-1547 du 18 nov. 2016,* *art. 99-XII)* « *L. 626-16, L. 626-17,* » L. 626-18, L. 626-19 du code de commerce sont applicables à toute personne ayant directement ou indirectement le pouvoir d'engager une institution de prévoyance, même lorsque cette dernière ne relève pas de plein droit de ces dispositions.

Art. L. 931-29 *(L. nº 94-678 du 8 août 1994)* Toute infraction aux prescriptions *(Abrogé par Ord. nº 2015-378 du 2 avr. 2015, art. 17-II-10º, à compter du 1er janv. 2016)* « ***des deux premiers alinéas*** » de l'article L. 931-4 *(Abrogé par Ord. nº 2015-378 du 2 avr. 2015, art. 17-II-10º, à compter du 1er janv. 2016)* « ***et aux mesures prises en application de l'article L. 931-18*** » est punie d'une amende de 4 500 €. Le jugement est publié aux frais des condamnés ou des institutions de prévoyance ou personnes morales civilement responsables.

SECTION X *[ABROGÉE]* RÉGIME FINANCIER

(Abrogée par Ord. nº 2015-378 du 2 avr. 2015, art. 17-II-11º, à compter du 1er janv. 2016)

Art. L. 931-30 *L'art. L. 931-30 devient l'art. L. 932-23-3 (Ord. nº 2015-378 du 2 avr. 2015, art. 17-II-11º, en vigueur le 1er janv. 2016).*

Art. L. 931-31 *Abrogé par Ord. nº 2015-378 du 2 avr. 2015, art. 17-II-11º, à compter du 1er janv. 2016.*

Art. L. 931-31-1 *Abrogé par Ord. nº 2001-767 du 29 août 2001, art. 1er-II.*

SECTION XI COMPTES ET ÉTATS STATISTIQUES

Art. L. 931-32 *(Ord. nº 2015-378 du 2 avr. 2015, art. 17-II-12º, en vigueur le 1er janv. 2016)* A la clôture de chaque exercice, les institutions de prévoyance et leurs unions incluent dans leur rapport de gestion la valeur des placements. Elles y incluent également la quote-part de ces placements correspondant aux engagements pris envers leurs participants, telle qu'elle serait constatée en cas de transfert de portefeuille. Les règles de calcul de cette quote-part sont fixées par décret en Conseil d'État. Les dispositions du présent article ne s'appliquent qu'aux opérations mentionnées au a) de l'article L. 931-1.

Art. L. 931-33 *(Ord. nº 2015-378 du 2 avr. 2015, art. 17-II-12º, en vigueur le 1er janv. 2016)* Les institutions de prévoyance, leurs unions, les groupements assurantiels de protection sociale et les sociétés de groupe assurantiel de protection sociale sont soumis, dans des conditions fixées par voie réglementaire, à l'obligation d'établir des comptes annuels selon les prescriptions comptables définies par l'Autorité des normes comptables. Cette obligation s'applique à toutes leurs opérations réalisées à partir de leur siège ou de leurs succursales à l'étranger.

Art. L. 931-33-1 *(Ord. nº 2015-378 du 2 avr. 2015, art. 17-II-12º, en vigueur le 1er janv. 2016)* Les institutions de prévoyance, leurs unions, les groupements assurantiels de protection sociale et les sociétés de groupe assurantiel de protection sociale, sont soumises aux obligations comptables figurant aux articles L. 123-12 à L. 123-22 du code de commerce.

Art. L. 931-33-2 *(Ord. nº 2015-378 du 2 avr. 2015, art. 17-II-12º, en vigueur le 1er janv. 2016)* L'article L. 341-4 du code des assurances s'applique aux institutions de prévoyance ou à leurs unions et aux entités mentionnées à l'article L. 931-34.

Art. L. 931-33-3 *(Ord. nº 2015-1497 du 18 nov. 2015, art. 4-6º, en vigueur le 1er janv. 2016)* Les institutions de prévoyance, leurs unions, les groupements assurantiels de protection sociale et les sociétés de groupe assurantiel de protection sociale sont tenus de publier ou mettre à disposition, selon des modalités précisées par décret en Conseil d'État, leurs comptes annuels, le rapport de gestion, le rapport des commissaires aux comptes sur les comptes annuels, ainsi que, le cas échéant, les comptes consolidés ou combinés, le rapport sur la gestion du groupe, le rapport des commissaires aux comptes sur les comptes consolidés ou combinés.

Lorsqu'une institution de prévoyance, une union, un groupement assurantiel de protection sociale ou une société de groupe assurantiel de protection sociale refuse de communiquer tout ou partie des documents demandés au titre de l'alinéa précédent, le président du tribunal de grande instance statuant en référé peut, à la demande de la personne concernée, lui ordonner, sous astreinte, de lui communiquer ces documents.

Art. L. 931-34 *(Ord. n° 2015-378 du 2 avr. 2015, art. 17-II-12°, en vigueur le 1er janv. 2016)* Les institutions de prévoyance, leurs unions et les sociétés de groupe assurantiel de protection sociale établissent et publient des comptes consolidés ou combinés. Ces comptes sont établis selon un règlement défini par l'Autorité des normes comptables.

(Ord. n° 2015-1497 du 18 nov. 2015, art. 4-7°, en vigueur le 1er janv. 2016) « Les deuxième et troisième alinéas de l'article L. 345-2 du code des assurances s'appliquent » aux organismes mentionnés au précédent alinéa.

Art. L. 931-34-1 *(Ord. n° 2015-378 du 2 avr. 2015, art. 17-II-12°, en vigueur le 1er janv. 2016)* Les comptes consolidés ou combinés mentionnés à l'article L. 931-34 sont établis suivant les règles fixées par les articles L. 233-16, L. 233-17-1, L. 233-18 à L. 233-23 et L. 233-25 à L. 233-27 du code de commerce.

Les institutions de prévoyance et leurs unions ainsi que les groupements assurantiels de protection sociale qui, sans y être tenus en application de l'article L. 931-34, publient des comptes consolidés ou combinés, se conforment aux dispositions des articles L. 233-16, L. 233-18 à L. 233-23 et L. 233-25 à L. 233-27 du code de commerce et aux dispositions de la présente section. En ce cas, lorsque leurs comptes annuels sont certifiés dans les conditions prévues à l'article L. 823-9 du code de commerce, leurs comptes consolidés ou combinés le sont dans les conditions du deuxième alinéa de cet article.

Art. L. 931-34-2 *(Ord. n° 2015-378 du 2 avr. 2015, art. 17-II-12°, en vigueur le 1er janv. 2016)* Les provisions mathématiques constituées par les institutions de prévoyance et les unions pour les opérations d'assurance vie et de capitalisation sont calculées selon les dispositions de l'article L. 343-1 du code des assurances.

Pour l'application du présent article, il y a lieu d'entendre : "institutions de prévoyance", "cotisations" et "bulletin d'adhésion à un règlement ou contrat" là où sont mentionnés dans le code des assurance, respectivement, les mots : "entreprises d'assurance", "primes" et "contrat".

SECTION XII FONDS PARITAIRE DE GARANTIE DES INSTITUTIONS DE PRÉVOYANCE

Art. L. 931-35 *(Ord. n° 2001-350 du 19 avr. 2001, art. 7-III)* Les institutions de prévoyance et leurs unions *(Ord. n° 2017-484 du 6 avr. 2017, art. 9-6°)* « ainsi que les institutions de retraite professionnelle supplémentaire » adhèrent à un fonds paritaire de garantie destiné à préserver, dans les conditions et limites définies par son règlement, les droits à prestations de leurs membres participants et des bénéficiaires de leurs opérations.

Art. L. 931-36 *(Ord. n° 2001-350 du 19 avr. 2001, art. 7-III)* Sont exclus de toute indemnisation par le fonds :

(Ord. n° 2017-484 du 6 avr. 2017, art. 9-7°) « *a)* Les dirigeants de l'institution, de l'union ou de l'institution de retraite professionnelle supplémentaire, lorsque les bulletins d'adhésion à un règlement ou *[les]* contrats dont ils bénéficient n'ont pas été souscrits à des conditions normales, et ses commissaires aux comptes ou actuaires agissant pour le compte de l'institution, de l'union ou de l'institution de retraite professionnelle supplémentaire, ainsi que ces mêmes personnes lorsqu'elles ont les mêmes qualités dans les filiales de l'institution, de l'union ou de l'institution de retraite professionnelle supplémentaire ou dans d'autres institutions, unions ou institutions de retraite professionnelle supplémentaire, mutuelles ou unions ou mutuelles ou unions de retraite professionnelle supplémentaire régies par le code de la mutualité et entreprises d'assurance ou fonds de retraite professionnelle supplémentaire régis par le code des assurances avec lesquelles *[lesquels]* l'institution, de l'union ou de l'institution de retraite professionnelle supplémentaire établit des comptes consolidés ou combinés conformément à l'article L. 931-34 ;

« *b)* Les tiers agissant pour le compte des membres participants et bénéficiaires de prestations mentionnés au *a* ;

« *c)* Les dirigeants de l'institution, de l'union ou de l'institution de retraite professionnelle supplémentaire, ainsi que tout membre adhérent ou participant, détenteurs, directement ou indirectement, d'au moins 5 % du capital d'une filiale de l'institution, de l'union ou de l'institution de retraite professionnelle supplémentaire, ainsi que ces mêmes personnes lorsqu'elles ont la qualité de dirigeant d'une autre institution de prévoyance, union ou institution de retraite professionnelle supplémentaire, d'une mutuelle ou union ou d'une mutuelle ou union de retraite professionnelle supplémentaire régies par le code de la mutualité, d'une société d'assurance mutuelle ou d'une entreprise d'assurance ou d'un fonds de retraite professionnelle supplémentaire régis par le code des assurances avec lesquelles *[lesquels]* l'institution ou l'union établit des comptes consolidés ou combinés conformément à l'article L. 931-34 ;

« *d)* Les mutuelles et unions et mutuelles et unions de retraite professionnelle supplémentaire régies par le code de la mutualité, les entreprises d'assurance et fonds de retraite professionnelle supplémentaire régis par le code des assurances et les institutions de retraite complémentaire et institutions de retraite supplémentaire régies respectivement par les titres II et IV du présent livre, sauf s'il s'agit d'opérations réalisées ou de contrats souscrits au profit de leurs salariés ; »

e) Les membres participants des institutions de prévoyance et unions qui adhèrent à une convention ou *[à]* un contrat souscrit à leur profit par l'institution auprès d'une mutuelle régie par le code de la mutualité ou d'une entreprise d'assurance régie par le code des assurances.

Sont également exclues de l'indemnisation du fonds les opérations que les institutions de prévoyance et leurs unions acceptent en réassurance.

Les sommes versées par le fonds ne peuvent excéder, pour les règlements ou contrats relevant du V de l'article 29 de la loi n° 89-1009 du 31 décembre 1989 renforçant les garanties offertes aux personnes assurées contre certains risques *(L. n° 2003-775 du 21 août 2003, art. 116-V)* « et le cas échéant pour les opérations des institutions de prévoyance créées ou fusionnées en application de l'article L. 941-1 tant qu'elles mettent en œuvre les adaptations prévues au II de l'article 116 de la loi n° 2003-775 du 21 août 2003 portant réforme des retraites », le taux de couverture des engagements constaté à la date d'intervention du fonds.

Art. L. 931-37 *(Ord. n° 2001-350 du 19 avr. 2001, art. 7-III)* Le fonds paritaire de garantie est une personne morale de droit privé. Il est dirigé par un conseil d'administration composé en nombre égal de représentants des employeurs et de représentants des salariés, choisis, dans les conditions fixées par ses statuts, parmi les administrateurs d'institutions de prévoyance. L'article L. 931-13, d'une part, et *(Ord. n° 2015-378 du 2 avr. 2015, art. 17-II-13°, en vigueur le 1er janv. 2016)* « les dispositions du I au VI de l'article L. 931-7-2 et des articles » L. 931-25 à L. 931-27 ainsi que *(Ord. n° 2010-76 du 21 janv. 2010, art. 12-II-13°)* « le premier alinéa de l'article L. 612-16 du code monétaire et financier », d'autre part, sont respectivement applicables au fonds et à ses dirigeants. Les statuts du fonds déterminent la composition et les modalités de convocation et de délibération du conseil d'administration, le mode de nomination de ses membres et la durée de leur mandat et les modalités de nomination de son directeur.

Le conseil d'administration adopte les statuts et le règlement du fonds qui sont approuvés par arrêté du ministre chargé de la sécurité sociale. Il élit, pour une durée fixée par les statuts du fonds, un président et un vice-président choisis alternativement, l'un parmi les représentants des employeurs et l'autre parmi les représentants des salariés ; il nomme le commissaire aux comptes et son suppléant, approuve les comptes et les transmet au ministre chargé de la sécurité sociale. Les statuts déterminent la composition du conseil d'administration, le mode de délibération du conseil ainsi que la durée du mandat des administrateurs. Le fonds est géré par un directeur nommé par le conseil d'administration. — *V. Arr. du 10 juin 2008 (JO 24 juin).*

Les membres du conseil d'administration ne peuvent simultanément avoir la qualité de dirigeant *(Abrogé par Ord. n° 2015-378 du 2 avr. 2015, art. 17-II-13°, à compter du 1er janv. 2016)* « *salarié ou d'administrateur* » d'une institution de prévoyance ou d'une union d'institutions de prévoyance, ni recevoir directement ou indirectement, de rétribution de celle-ci.

Le ministre chargé de la sécurité sociale ou son représentant et le président de *(Ord. nº 2010-76 du 21 janv. 2010, art. 12-II-13º)* « l'Autorité de contrôle prudentiel » et de résolution ou son représentant peuvent, à leur demande, être entendus par le conseil d'administration du fonds.

Préalablement à la mise en œuvre des dispositions de l'article *(L. nº 2010-1249 du 22 oct. 2010, art. 12-VI)* « L. 951-2 », l'Autorité de contrôle entend le président et le vice-président du fonds de garantie.

Le fonds est soumis au contrôle de l'État.

Art. L. 931-38 *(Ord. nº 2001-350 du 19 avr. 2001, art. 7-III)* Le règlement du fonds détermine les conditions et les modalités de ses interventions. A cet effet, il fixe :

1º Par catégorie d'opérations, par participant et bénéficiaire ou par catégories de participants et bénéficiaires, les conditions et plafonds d'indemnisation ainsi que les délais et modalités d'indemnisation des membres participants et bénéficiaires ; les plafonds d'indemnisation peuvent être définis proportionnellement ou forfaitairement ; le règlement du fonds peut prévoir, lorsque la prestation est servie sous forme de rente, l'exclusion de la prise en charge de la revalorisation future ;

2º Les règles relatives à l'information des membres participants et bénéficiaires ;

3º Le montant global des cotisations annuelles dues par les institutions et unions adhérentes ;

4º La formule de répartition des cotisations au fonds, dont l'assiette est constituée du montant des provisions techniques pondéré par les cotisations déjà versées ainsi que par les indicateurs de la situation financière de chacun des adhérents et, notamment, leur solvabilité, reflétant les risques objectifs que l'adhérent fait courir au fonds ;

5º Les modalités de versement des cotisations et les majorations applicables en cas de défaut de paiement de celles-ci.

Art. L. 931-39 *(Ord. nº 2001-350 du 19 avr. 2001, art. 7-III)* Le fonds paritaire de garantie est subrogé dans les droits des membres participants et des bénéficiaires à concurrence du montant des sommes qu'il a versées.

Il est également subrogé, dans les mêmes limites, dans les droits de l'institution ou de l'union défaillante, à concurrence des sommes exigibles en vertu de l'exécution des traités de réassurance en cours.

Le fonds peut engager toute action en responsabilité à l'encontre des dirigeants de droit ou de fait de l'institution de prévoyance ou de l'union dont la défaillance a entraîné son intervention, aux fins d'obtenir le remboursement de tout ou partie des sommes qu'il a versées. Il en informe l'Autorité de contrôle prudentiel et de résolution.

Art. L. 931-40 *(Ord. nº 2001-350 du 19 avr. 2001, art. 7-III)* Les membres du conseil d'administration du fonds paritaire de garantie, ainsi que toute personne qui, par ses fonctions, a accès aux documents et informations détenues par le fonds, sont tenus au secret professionnel dans les conditions et sous les peines prévues à l'article 226-13 du code pénal. Ce secret n'est opposable ni à l'autorité judiciaire agissant dans le cadre d'une procédure pénale, ni aux juridictions civiles statuant sur un recours formé à l'encontre d'une décision du fonds, ni à *(Ord. nº 2010-76 du 21 janv. 2010, art. 12-II-14º)* « l'Autorité de contrôle prudentiel » et de résolution.

Art. L. 931-41 *(Ord. nº 2001-350 du 19 avr. 2001, art. 7-III)* Le financement du fonds paritaire de garantie est assuré par une cotisation à la charge des institutions de prévoyance et unions qui en sont membres.

Le fonds de garantie peut en outre émettre des certificats d'association, nominatifs et non négociables, que souscrivent les institutions ou unions lors de leur adhésion.

Lorsque les pertes subies par le fonds de garantie ne peuvent être couvertes par des cotisations déjà appelées, les certificats d'association mentionnés à l'alinéa précédent ne peuvent plus faire l'objet d'une rémunération. Le nominal de chacun de ces certificats est alors réduit dans la proportion nécessaire pour absorber les pertes. Ces certificats d'association ne sont pas remboursables.

Le fonds paritaire de garantie peut emprunter auprès de ses membres. Il peut, à cette fin, constituer ou demander à ses membres de constituer pour son compte les garanties requises conventionnellement.

Le défaut d'adhésion au fonds ou l'absence de versement de la cotisation sont passibles des sanctions prévues à l'article *(Ord. nº 2010-76 du 21 janv. 2010, art. 12-II-14º ; L. nº 2010-1249 du 22 oct. 2010, art. 12-VI)* « L. 612-39 du code monétaire et financier ».

Art. L. 931-42 *(Ord. nº 2001-350 du 19 avr. 2001, art. 7-III)* Un décret en Conseil d'État, pris après avis du fonds paritaire de garantie, fixe :

1º Les modalités de détermination du ou des taux de réduction, par règlement ou contrat ou type de règlement ou contrat, applicables aux institutions de prévoyance ou unions auxquelles il est fait application des dispositions de l'article L. 951-16 ;

2º Les caractéristiques des certificats d'association ainsi que les conditions de leur rémunération ;

3º Les conditions dans lesquelles une partie des cotisations dues au fonds peut ne pas être versée moyennant la constitution de garanties appropriées ;

4º Le montant annuel global des ressources dont doit disposer en permanence le fonds, ainsi que les modalités et délais dans lesquels il reconstitue ses réserves en cas d'intervention.

CHAPITRE II OPÉRATIONS DES INSTITUTIONS DE PRÉVOYANCE

(L. nº 94-678 du 8 août 1994, art. 10)

BIBL GÉN. ▶ ASQUINAZI-BAILLEUX, Rupture du contrat de travail et notion de prestation différée, *SSL 2008, nº 36, p. 12.* – FABRE et SERIZAY, L'obligation d'indemnisation de l'absence pour maladie ou accident du travail, *JCP E 1989. I. 15489.* – FAVENNEC-HERY, L'ANI sur la modernisation du travail : un espoir ?, *JCP S 2008. Actu. 85.* – HUC, La nouvelle convention de protection sociale de la sidérurgie, *Dr. soc. 1984. 640.* – LAGARDE, Prévoyance : questions pratiques sur la portabilité, *JCP S 2009. 1400.* – LANGLOIS, L'impossible mise en place du maintien de la couverture complémentaire ?, *SSL 2009, nº 1397, p. 8.* – G. LYON-CAEN, La convention sociale d'EDF et le système français de relations professionnelles, *Dr. soc. 1970. 162.* – MOURGUES, La convention de protection sociale de la sidérurgie, *Dr. soc. 1978. 157.* – NOGUERO, Maintien impératif de la garantie frais de santé de l'assurance collective obligatoire pour le salarié licencié, *JCP 2008. II. 10059.* – RIGAUD, Étendue et mise en œuvre de la portabilité en matière de prévoyance, *JCP S 2008. 1547.* – RIGAUD, BARON et PIGNAUD, La prévoyance collective des salariés et la loi Évin, *Dr. soc. 2009. 465* . – SAINT-JOURS, L'originalité du système de protection sociale complémentaire du personnel des industries électriques et gazières, *Dr. soc. 1990. 905* . – SARGOS, Le droit au maintien des prestations et des garanties dans l'assurance de prévoyance collective, *JCP 2001. I. 363.* – TAURAN, A propos de l'articulation du Code de la Sécurité sociale et du Code des assurances, *JCP S 2009. 1602.* – VERKINDT, Brèves et intempestives remarques sur l'accord sur la modernisation du travail, *JCP S 2008. Actu. 76* ; L'égalité de rémunération entre les hommes et les femmes, *Dr. soc. 2008. 1051* . – WISMER, Clauses de désignation : le sort du contrat d'assurance collective de prévoyance préexistant, *JCP E 2005. I. 1028.*

SECTION PREMIÈRE DISPOSITIONS RELATIVES AUX OPÉRATIONS COLLECTIVES À ADHÉSION OBLIGATOIRE

Art. L. 932-1 Les dispositions de la présente section s'appliquent aux opérations collectives à adhésion obligatoire des institutions de prévoyance.

L'opération par laquelle une entreprise, dénommée l'adhérent, adhère par la signature d'un bulletin au règlement d'une institution de prévoyance ou souscrit auprès de celle-ci un contrat au profit de ses salariés ou d'une ou plusieurs catégories d'entre eux en vue d'assurer, dans le cadre des dispositions du chapitre Ier du titre Ier du présent livre, la couverture d'engagements ou de risques pour lesquels cette institution est agréée est dite opération collective à adhésion obligatoire lorsque les salariés concernés sont obligatoirement affiliés à ladite institution, dont ils deviennent membres participants.

Art. L. 932-2 Les règlements et les bulletins d'adhésion des institutions de prévoyance ainsi que leurs contrats fixent les droits et obligations des adhérents et des participants dans des conditions fixées par décret en Conseil d'État.

Les dispositions de l'article L. 913-1 sont applicables aux opérations collectives à adhésion obligatoire des institutions de prévoyance.

Lorsque le décès a eu lieu pendant une période de chômage, il ne peut être fait application des dispositions du régime complémentaire de retraite pour imposer le versement d'un capital-décès en fonction des points acquis, car ces dispositions sont étrangères au régime de prévoyance dont le règlement prévoit qu'en cas de cessation des fonctions dans l'entreprise adhérente, les garanties prennent fin de plein droit le jour où le participant ne fait plus partie du personnel. • Soc. 12 mars 1992, n° 89-18.204 P.

Art. L. 932-3 **Avant la signature du bulletin d'adhésion ou la souscription du contrat, l'institution de prévoyance remet obligatoirement à l'adhérent le règlement correspondant et la proposition de bulletin d'adhésion à celui-ci ou la proposition de contrat ainsi que leurs annexes respectives.**

L'engagement réciproque de l'adhérent et de l'institution de prévoyance résulte de la signature du bulletin d'adhésion ou de celle du contrat.

Pour être applicable, toute modification du règlement doit être approuvée préalablement par l'assemblée générale de l'institution ou, si celle-ci n'en possède pas, par le conseil d'administration, et doit être constatée par un avenant au contrat ou au bulletin d'adhésion signé des parties.

(Ord. n° 2017-734 du 4 mai 2017, art. 15-I) **« Par dérogation à l'alinéa précédent, la modification proposée par l'institution de prévoyance ou l'union d'un contrat complémentaire santé individuel ou collectif visant à le mettre en conformité avec les règles fixées par le décret en Conseil d'État mentionné à l'article L. 871-1 est réputée acceptée à défaut d'opposition du souscripteur. L'institution de prévoyance ou l'union informe par écrit le souscripteur des nouvelles garanties proposées et des conséquences juridiques, sociales, fiscales et tarifaires qui résultent de ce choix en application du même article. Ce dernier dispose d'un délai de trente jours pour refuser par écrit cette proposition. Les modifications acceptées entrent en application au plus tôt un mois après l'expiration du délai précité de trente jours et dans un délai compatible avec les obligations légales et conventionnelles d'information des membres participants par le souscripteur. »**

Il peut être dérogé, dans des conditions fixées par décret en Conseil d'État, aux dispositions des premier et troisième alinéas ci-dessus lorsque la nature du règlement ou du contrat ou les circonstances de l'adhésion ou de la souscription le justifient.

Le même décret détermine les conditions dans lesquelles est constatée la remise des documents mentionnés aux alinéas précédents.

Art. L. 932-4 **L'adhérent doit :**

1° Payer la cotisation due aux époques convenues ;

2° Répondre exactement aux questions de l'institution de prévoyance relatives au groupe qu'elle envisage de garantir, notamment lorsque celle-ci l'interroge lors de la signature du bulletin d'adhésion au règlement ou lors de la souscription du contrat sur la nature des activités de l'entreprise, l'importance du groupe ou ses caractéristiques socio-démographiques ;

3° Déclarer en cours d'adhésion ou de contrat tout nouveau salarié qui répond aux conditions définies par le règlement et le bulletin d'adhésion ou par le contrat.

Les dispositions mentionnées au 1° ci-dessus ne sont pas applicables aux opérations dépendant de la durée de la vie humaine qui comportent une valeur de rachat.

1. Principe d'uniformité du régime complémentaire. En raison du principe de l'uniformité du régime complémentaire ainsi que du taux de cotisation pour tout le personnel bénéficiaire d'une même entreprise, l'adhésion de celle-ci au profit de l'ensemble des cadres de l'entreprise à la Caisse interprofessionnelle de prévoyance des cadres rend la convention applicable à tous les cadres présents et futurs de la société sans que le souhait d'un des cadres concernés d'opter pour un taux réduit de cotisation puisse dispenser l'employeur, seul signataire du bulletin d'adhésion de l'entreprise, de remplir les engagements pris par lui en payant pour ce salarié des cotisations au taux convenu dans le bulletin d'adhésion. • Soc. 9 févr. 1978 : *Bull. civ. V, n° 103.*

2. Conséquences du défaut de signature du bulletin d'adhésion. Le défaut de signature du bulletin d'adhésion par le salarié ne saurait priver ses ayants droit du bénéfice des indemnités dues au titre de l'art. 7, §3, de la convention collective nationale du 14 mars 1947 en cas de défaut de souscription d'une couverture du risque décès par l'entreprise. L'employeur, qui n'a pas satisfait à l'obligation d'assurance que lui imposait l'article 7, § 1, de la convention collective nationale du 14 mars 1947, est en conséquence tenu au versement de ces indemnités. • Soc.

23 nov. 1988 : ♔ *RJS 1989, n° 101 ; Bull. civ. V, n° 61.* ♦ La veuve d'un cadre non assuré est uniquement fondée à réclamer l'indemnité prévue à l'art. 7, § 3, de la convention collective du 14 mars 1947 qui sanctionne l'employeur négligent, quelle que soit la nature de sa faute, dans les limites d'une indemnité forfaitaire dont il n'est pas dit qu'elle ne serait qu'un minimum. Elle ne peut donc réclamer une indemnité correspondant au montant du capital-décès qu'elle aurait perçu si son mari avait été régulièrement affilié. • Soc. 8 juill. 1975 : *Bull. civ. V, n° 382.* ♦ V. également • Civ. 2e, 21 févr. 1962 : *Bull. civ. II, n° 216.*

Art. L. 932-5 Lorsque, avant l'adhésion ou la souscription, l'institution de prévoyance a posé des questions par écrit au participant, notamment par un formulaire de déclaration du risque ou par tout autre moyen, elle ne peut se prévaloir du fait qu'une question exprimée en termes généraux n'a reçu qu'une réponse imprécise.

Art. L. 932-6 L'institution de prévoyance établit une notice qui définit les garanties souscrites par contrat ou par adhésion à un règlement et leurs modalités d'entrée en vigueur, ainsi que les formalités à accomplir en cas de réalisation du risque. Elle précise également le contenu des clauses édictant des nullités, des déchéances ou des exclusions ou limitations de garantie *(L. n° 96-452 du 28 mai 1996, art. 53)* **« ainsi que des délais de prescription ».**

L'adhérent est tenu de remettre cette notice à chaque participant.

Lorsque des modifications sont apportées aux droits et obligations des participants, l'adhérent est également tenu d'informer chaque participant en lui remettant une notice établie à cet effet par l'institution.

La preuve de la remise de la notice au participant et de l'information relatives aux modifications contractuelles incombent à l'adhérent.

BIBL. ► GROUTEL, La remise de la notice à l'adhérent d'une assurance de groupe, *RCA 1993. Chron. 16.* – BUGADA, Sur le devoir d'information de l'employeur-souscripteur d'un contrat d'assurance de groupe, *Dr. soc. 1999. 709* ✎.

V. art. 12 de la L. n° 89-1009 du 31 déc. 1989 (ANNEXE I).

1. Étendue de l'obligation d'information. L'employeur qui a souscrit à un régime de prévoyance pour ses salariés a le devoir de les informer, en temps utile, de la possibilité d'y adhérer et du contenu des droits et obligations résultant de leur adhésion • Soc. 15 févr. 1995 : ♔ *RJS 1995, n° 575 ; Dr. soc. 1995. 399, obs. Barthélemy* ✎ *; JCP E 1995. I. 503 (n° 3), obs. Vachet* ♦ Le souscripteur d'un contrat d'assurance de groupe a le devoir de faire connaître de façon très précise à l'adhérent à ce contrat les droits et obligations qui sont les siens ; qu'ainsi, débiteur envers celui-ci d'un devoir d'information et de conseil, il est responsable des conséquences qui s'attachent à une information inexacte ayant induit l'assuré en erreur sur la nature, l'étendue ou le point de départ de ses droits. • Civ. 1re, 10 juin 1986 : ♔ *Bull. civ. I, n° 157.* ♦ Les juges du fond doivent constater que lors de la conclusion du contrat de travail prévoyant l'adhésion à un contrat d'assurance-groupe, l'employeur avait informé précisément le salarié de l'étendue de la couverture sociale dont il bénéficiait au titre de ce contrat. • Soc. 24 nov. 1992 : ♔ *Dr. soc. 1993. 55* ✎ *; RGAT 1993. 625, note Bigot.* ♦ Le souscripteur d'un contrat d'assurance-groupe ne satisfait pas à son devoir d'information lorsqu'il remet une notice laissant prévoir à tort une réévaluation de certaines prestations et cherche, par un renvoi au contrat original peu accessible pour les adhérents, à se dégager de la responsabilité encourue pour cette faute. • Civ. 1re, 27 nov. 1990 : *RGAT 1991. 130, note Bigot.*

2. Information sur les délais de prescription. L'art. L. 932-6 CSS, s'il prévoit que la notice établie par l'institution de prévoyance précise « les délais de prescription », n'exige pas que soient mentionnées les causes d'interruption de ces délais. L'art. L. 114-2 C. assur., qui définit les conditions d'interruption de la prescription, n'est pas applicable aux contrats régis par le code de la sécurité sociale, de sorte que les solutions dégagées par la jurisprudence concernant l'information des assurés, qui sont les conséquences de ce régime dérogatoire, n'ont pas, en l'absence de renvoi exprès des textes applicables, vocation à être étendues à ces contrats. • Civ. 2e, 29 mars 2018, ♔ n° 17-10.055 P : *RCA juin 2018. Comm. 181, obs. Groutel ; RGDA 6/2018. 303, obs. Schulz.*

3. Moment de l'obligation d'information. Il appartient au souscripteur d'une assurance de groupe d'informer exactement par une notice très précise les adhérents, lors de leur souscription, sur l'étendue de leurs droits et obligations. Cette information ne peut s'effectuer valablement que par la remise de cette notice avant ou au moment de l'adhésion et il appartient au souscripteur, ou le cas échéant à l'assureur, d'établir l'accomplissement de cette formalité. L'assureur ne saurait se prévaloir d'une notice explicative remise après la conclusion du contrat. • Civ. 1re, 5 juill. 1988 : ♔ *Bull. civ. I, n° 215.*

4. Preuve de la remise de la notice. Selon

l'art. L. 932-6 CSS, l'institution de prévoyance établit une notice qui définit les garanties souscrites, leurs modalités d'entrée en vigueur, les formalités à accomplir en cas de réalisation du risque, et qui précise le contenu des clauses édictant des nullités, des déchéances ou des exclusions ou limitations de garantie, ainsi que des délais de prescription. La preuve de la remise de la notice au participant par l'adhérent incombe à ce dernier. • Civ. 2e, 8 juill. 2010, n° 09-16.417 (inédit).

5. Sanction du caractère incomplet de l'information donnée. Le souscripteur d'un contrat d'assurance de groupe a le devoir de faire connaître de façon précise à l'adhérent à ce contrat les droits et obligations qui sont les siens ; que débiteur envers celui-ci d'un devoir d'information et de conseil, il est responsable des conséquences qui s'attachent à une information incomplète ayant induit l'assuré en erreur sur la nature, l'étendue ou le point de départ de ses droits. • Soc. 16 avr. 2008, n° 06-44.361 (inédit). ♦ L'employeur est responsable des conséquences qui s'attachent à une information incomplète ayant conduit le salarié à rester dans l'ignorance de l'étendue des garanties souscrites. • Soc. 26 sept. 2018, n° 16-28.110 : *JCP S 2018, n° 1403, obs. Mansouri et Wismer.* ♦ En l'absence d'information du salarié des modalités d'entrée en vigueur et des formalités à accomplir en cas de sinistre, celui-ci peut ne peut se les voir opposer • Soc. 14 nov. 2007, n° 06-14.553 (inédit). ♦ La garantie dont peut se prévaloir l'adhérent d'un contrat d'assurance de groupe est celle que définissent les documents qui lui ont été remis lors de son adhésion ; que ni l'assureur ni le souscripteur du contrat d'assurance de groupe ayant obtenu l'adhésion de l'assuré ne peuvent lui opposer des clauses exclusives ou limitatives de garantie n'y figurant pas, à moins qu'ils n'établissent les avoir, lors de cette adhésion, portées à sa connaissance. • Civ. 1re, 9 déc. 1986 : *Bull. civ. I, n° 284.*

6. Obligation d'information des entreprises par les organismes assureurs. L'obligation d'information des adhérents, qui incombe aux institutions de prévoyance, n'excède pas celle d'un assureur : elles sont essentiellement tenues de vérifier la régularité des demandes d'adhésion avant de les accepter. N'ayant pas à attirer l'attention de l'employeur sur la carence résultant du type de régime choisi, elles ne peuvent être déclarées responsables en application de l'art. 1382 C. civ., lorsque l'employeur n'a pas souscrit une assurance suffisante au regard de la convention collective. • Soc. 29 mars 1990 : *D. 1991. Somm. 132, obs. Prétot.* ♦ Les institutions de prévoyance sont tenues de satisfaire à l'obligation d'information qui leur incombe à l'égard des adhérents par l'envoi de la notice d'information prévue par l'art. L. 932-6 CSS. Le non-respect de cette obligation est donc de nature à suspendre le délai de prescription de l'art. L. 932-13. • Civ. 2e, 8 déc. 2016, n° 15-19.685 P : *RJS 2/2017, n° 151.*

Art. L. 932-7 Lorsque la réticence ou la fausse déclaration intentionnelle du participant change l'objet du risque ou en diminue l'opinion pour cette institution, alors même que le risque omis ou dénaturé par le participant a été sans influence sur la réalisation du risque, la garantie accordée par l'institution à ce participant est nulle.

Les cotisations payées à ce titre demeurent acquises à l'institution.

Les dispositions de l'alinéa qui précède ne sont pas applicables aux opérations dépendant de la durée de la vie humaine qui comportent une valeur de rachat.

Lorsque l'adhésion à l'institution résulte d'une obligation prévue par une convention de branche ou un accord professionnel ou interprofessionnel, les dispositions des deux premiers alinéas ne s'appliquent pas.

1. Champ d'application de l'al. 4. Le dernier al. de l'art. L. 932-7 CSS s'applique même lorsque l'employeur conserve le choix de l'institution de prévoyance. • Civ. 2e, 28 févr. 2006, n° 04-12.627 P : *RJS 2006, n° 635 ; JCP 2006. 1956, note Morvan ; RGDA 2006. 508, obs. Kullmann.*

2. Application aux organismes régis par la loi Évin. Les dispositions de l'art. L. 932-7 CSS, délimitant les cas dans lesquels une sanction est prévue pour fausse déclaration intentionnelle du participant à un contrat collectif de prévoyance à adhésion obligatoire proposé par une institution de prévoyance, sont applicables à une opération régie par la loi du 31 déc. 1989, lorsque l'organisme assureur est une institution de prévoyance relevant du CSS. • Civ. 2e, 26 mars 2015, n° 14-15.088 : *Dr. soc. 2015. 564, note Roulet.*

Art. L. 932-8 Sont nulles :

1° Toutes clauses générales frappant de déchéance le participant ou le bénéficiaire en cas de violation des lois ou des règlements, à moins que cette violation ne constitue un crime ou un délit intentionnel ;

2° Toutes clauses frappant de déchéance le participant ou le bénéficiaire à raison de simple retard apporté par lui sans intention frauduleuse à la déclaration relative à la réalisation du risque aux autorités ou à des productions de pièces, sans préjudice du

droit pour l'institution de prévoyance de réclamer une indemnité proportionnée au dommage que ce retard lui a causé.

Art. L. 932-9 **A défaut de paiement d'une cotisation dans les dix jours de son échéance et indépendamment du droit pour l'institution de prévoyance d'appliquer des majorations de retard à la charge exclusive de l'employeur et de poursuivre en justice l'exécution du bulletin d'adhésion, du règlement ou du contrat, la garantie ne peut être suspendue que trente jours après la mise en demeure de l'adhérent.**

Dans la lettre de mise en demeure qu'elle adresse à l'adhérent, l'institution informe celui-ci des conséquences que ce défaut de paiement est susceptible d'entraîner sur la poursuite de la garantie.

L'institution a le droit de dénoncer l'adhésion ou de résilier le contrat dix jours après l'expiration du délai de trente jours mentionné au premier alinéa du présent article.

L'adhésion non dénoncée ou le contrat non résilié reprend effet à midi le lendemain du jour où ont été payées à l'institution les cotisations arriérées et celles venues à échéance pendant la période de suspension ainsi que, éventuellement, les frais de poursuite et de recouvrement.

Lorsque l'adhésion à l'institution résulte d'une obligation prévue dans une convention de branche ou un accord professionnel ou interprofessionnel, l'institution ne peut faire usage des dispositions du présent article relatives à la suspension de la garantie et à la dénonciation de l'adhésion de l'entreprise ou à la résiliation du contrat.

Les dispositions du présent article ne sont pas applicables aux opérations dépendant de la durée de la vie humaine qui comportent une valeur de rachat.

L'art. L. 932-9 est une disposition qui, selon l'art. L. 931-1, ne s'applique qu'aux opérations collectives à adhésion obligatoire des institutions de prévoyance à l'exclusion des contrats souscrits dans ce même cadre auprès d'une société d'assurance, qui restent régis par les dispositions du code des assurances. • Civ. 2e, 22 oct. 2009, n° 08-20.801 P : *RCA 2010, n° 1, p. 29, obs. Courtieu ; Dr. soc. 2010. 479, obs Barthélemy ; JCP S 2009, n° 1602, note Tauran ; JCP E 2010. 1597, obs Del Sol ; RGDA 2010. 118, obs. Kullmann ; RJS 1/2010. 70 ; D. 2010. 1740, obs. Groutel.*

Art. L. 932-10 **La garantie subsiste en cas de procédure de sauvegarde ou de redressement ou de liquidation judiciaires de l'adhérent.** *(Abrogé par Ord. n° 2017-734 du 4 mai 2017, art. 15-I)* ***« L'administrateur ou le débiteur autorisé par le juge-commissaire ou le liquidateur, selon le cas, et l'institution de prévoyance conservent le droit de résilier l'adhésion ou le contrat pendant un délai de trois mois à compter de la date du jugement de sauvegarde ou de redressement ou de liquidation judiciaires. »*** *(Ord. n° 2017-734 du 4 mai 2017, art. 15-I)* **« En cas de résiliation du bulletin d'adhésion ou du contrat en application de l'article L. 622-13 du code de commerce, la portion » de cotisation afférente au temps pendant lequel l'institution de prévoyance** *(Ord. n° 2017-734 du 4 mai 2017, art. 15-I)* **« ou l'union » ne couvre plus le risque est restituée au débiteur.**

BIBL. ▶ LAIGRE, Restructurations et institutions de prévoyance relevant de l'article L. 731-1 CSS, *Dr. soc. 1989. 117.*

Sous réserve de la mise en œuvre du régime spécial de résiliation prévu au second texte, les relations entre une institution de prévoyance relevant du livre neuvième du CSS relatif à la protection sociale complémentaire et l'entreprise adhérente sont, en cas de procédure collective de celle-ci, soumises au régime général des contrats en cours fixé par le premier texte. Il en résulte que le défaut de règlement intégral des cotisations antérieures au jugement d'ouverture n'a pas pour conséquence de priver les membres participants de l'entreprise adhérente de tout droit aux garanties collectives complémentaires. • Com. 28 juin 2011 : *BJS 2011. 1001, obs. Kessler ; RJS 11/2011, n° 904 ; JCP 2011. 1670, obs. Petel ; RPC 2011. 8, obs. Petit.*

Art. L. 932-11 **La durée de l'adhésion au règlement d'une institution de prévoyance ou la durée du contrat est déterminée librement par les parties. Elle doit être mentionnée sur le bulletin d'adhésion ou dans le contrat, où il doit, en outre, être indiqué que la tacite reconduction ne peut en aucun cas être supérieure à une année.**

Art. L. 932-12 **L'adhérent et l'institution de prévoyance peuvent dénoncer l'adhésion ou résilier le contrat tous les ans selon les modalités fixées par décret en Conseil d'État. Ce droit est mentionné dans chaque bulletin d'adhésion ou contrat.**

Toutefois, la faculté de dénonciation ou de résiliation n'est pas offerte à l'adhérent lorsque l'adhésion à l'institution résulte d'une obligation prévue dans une convention de branche ou un accord professionnel ou interprofessionnel.

Les dispositions du premier alinéa ne sont pas applicables aux opérations dépendant de la durée de la vie humaine qui comportent une valeur de rachat.

1. Exigence d'une lettre recommandée. Il résulte des art. L. 932-12 et R. 932-1-6 que le contrat souscrit auprès d'une institution de prévoyance peut être résilié tous les ans et que cette résiliation s'effectue par l'envoi d'une lettre recommandée au moins deux mois avant la date d'échéance. En vertu de l'art. L. 932-38 CSS, ces dispositions ne peuvent être modifiées par contrat ou convention. Il en résulte que l'envoi d'une lettre simple ne saurait permettre la résiliation du contrat. • Civ. 2e, 1er juill. 2003, n° 00-16.147 P : *RJS 2004, n° 262.*

2. Réduction des garanties. La société qui, en résiliant le contrat d'assurance, a réduit des garanties ne se trouvant pas comprises dans le régime de prévoyance rendu obligatoire par la convention collective, ne commet pas d'irrégularité susceptible d'engager sa responsabilité. • Soc. 10 mai 1988 : *Dr. soc. 1988. 848, note Aynès.*

Art. L. 932-13 Toutes actions dérivant des opérations mentionnées à la présente section sont prescrites par deux ans à compter de l'événement qui y donne naissance.

Toutefois, ce délai ne court :

1° En cas de réticence, omission, déclaration fausse ou inexacte sur le risque couru, que du jour où l'institution de prévoyance en a eu connaissance ;

2° En cas de réalisation du risque, que du jour où les intéressés en ont eu connaissance, s'ils prouvent qu'ils l'ont ignorée jusque-là.

(L. n° 95-116 du 4 févr. 1995, art. 55) « Quand l'action de l'adhérent, du participant, du bénéficiaire ou de l'ayant droit contre l'institution a pour cause le recours d'un tiers, le délai de prescription ne court que du jour où ce tiers a exercé une action en justice contre l'adhérent, le participant, le bénéficiaire ou l'ayant droit ou a été indemnisé par celui-ci. »

La prescription est portée à cinq ans en ce qui concerne l'incapacité de travail.

La prescription est portée à dix ans lorsque, pour les opérations mentionnées au *a* de l'article L. 931-1, le bénéficiaire n'est pas le participant et, dans les opérations relatives à la couverture du risque accident, lorsque les bénéficiaires sont les ayants droit du participant décédé.

(L. n° 2006-1640 du 21 déc. 2006, art. 18-III) « Pour les contrats d'assurance sur la vie, nonobstant les dispositions du 2°, les actions du bénéficiaire sont prescrites au plus tard trente ans à compter du décès du membre participant. »

Les dispositions issues de l'art. 18 de la L. n° 2006-1640 du 21 déc. 2006 s'appliquent aux contrats d'assurance sur la vie en cours comportant des valeurs de rachat ou de transfert et n'ayant fait l'objet, à compter du décès de l'assuré ou du terme du contrat, d'aucune demande de prestation à la date du 22 déc. 2006 (L. préc., art. 18-V).

Jugé en droit des assurances que la prescription biennale ne saurait jouer en matière d'assurance de groupe entre, d'une part, le salarié assuré par la compagnie d'assurance et, d'autre part, ceux, souscripteur ou employeur, qui ont négocié les termes de l'assurance de groupe, aucun lien d'assurance n'existant entre eux. • Civ. 1re, 27 nov. 1990 : *RGAT 1991. 130, note J. Bigot.*

Art. L. 932-13-1 Lorsqu'une institution de prévoyance assure la mutualisation de risques dans le cadre des dispositions de l'article L. 912-1, les articles L. 243-4 et L. 243-5 s'appliquent aux cotisations qu'elle reçoit des entreprises adhérentes.

V. art. R. 932-1-1 à R. 932-1-7.

Art. L. 932-13-2 *(L. n° 2014-856 du 31 juill. 2014, art. 51-I-2°)* I. — Pour les opérations collectives à adhésion obligatoire couvrant le risque décès, les risques portant atteinte à l'intégrité physique de la personne ou liés à la maternité, les risques d'incapacité de travail ou d'invalidité, une ou plusieurs institutions de prévoyance et unions régies par le présent titre peuvent conclure un contrat de coassurance avec des mutuelles et unions mentionnées à l'article L. 211-1 du code de la mutualité et avec des entreprises d'assurance mentionnées à l'article L. 310-2 du code des assurances. En application de ce contrat, tout membre participant est garanti pendant une même durée et par un même contrat collectif par au moins deux organismes assureurs, chacun d'eux proportionnellement à la part, prévue au contrat de coassurance, qu'il accepte de couvrir.

II. – Les organismes coassureurs désignent parmi eux un apériteur, dont ils précisent les missions dans le contrat de coassurance. L'apériteur assure le rôle d'interlocuteur unique du souscripteur pour la négociation des conditions du contrat mentionné au I et de son renouvellement. Il peut encaisser la totalité des cotisations et verser les prestations.

Le contrat prévoit les conditions dans lesquelles est assuré le respect de la garantie des droits des membres participants en cas de modification ou de cessation de la coassurance.

Art. L. 932-13-3 *(L. n° 2014-856 du 31 juill. 2014, art. 51-I-2°)* La prescription est interrompue, outre les causes ordinaires d'interruption, par la désignation d'experts à la suite de la réalisation d'un risque. L'interruption de la prescription de l'action peut, en outre, *(Ord. n° 2017-1433 du 4 oct. 2017, art. 26-1°, en vigueur le 1er avr. 2018)* « résulter de l'envoi d'une lettre recommandée ou d'un envoi recommandé électronique, avec accusé de réception, adressés soit au membre adhérent par l'institution de prévoyance ou l'union » en ce qui concerne l'action en paiement de la cotisation, soit à l'institution ou à l'union par le membre participant, le bénéficiaire ou les ayants droit en ce qui concerne le règlement de la prestation.

L'Ord. n° 2017-1433 du 4 oct. 2017 entre en vigueur le 1er avr. 2018. Pour l'application de l'Ord. préc. aux règlements, contrats et adhésions souscrits antérieurement au 1er avr. 2018, lorsque le professionnel souhaite modifier le support sur lequel il fournit ou met à disposition, y compris le cas échéant contre récépissé, des informations ou des documents à un client au moyen d'un support durable autre que le papier, il s'assure préalablement que ce mode de communication est adapté à sa situation ; il informe le client de façon claire, précise et compréhensible, sur support papier et par envoi distinct, de la poursuite de la relation commerciale sur un support durable autre que le papier, et de la possibilité dont le client dispose de s'y opposer par tout moyen.

Selon les mêmes modalités, les clauses de ces règlements, contrats et adhésions sont rendues si nécessaire conformes aux dispositions de Ord. susvisée (Ord. préc., art. 29 et 30).

Art. L. 932-13-4 *(L. n° 2014-856 du 31 juill. 2014, art. 51-I-2°)* Par dérogation à l'article 2254 du code civil, les parties au bulletin d'adhésion à un règlement ou au contrat ne peuvent, même d'un commun accord, ni modifier la durée de la prescription, ni ajouter aux causes de suspension ou d'interruption de celle-ci.

Art. L. 932-13-5 *(Ord. n° 2017-734 du 4 mai 2017, art. 15-I)* Lors de la réalisation du risque ou à l'échéance de l'adhésion au règlement ou au contrat collectif, l'institution de prévoyance ou l'union doit exécuter dans le délai convenu la prestation déterminée par le règlement ou le contrat et ne peut être tenue au-delà.

Art. L. 932-13-6 *(Ord. n° 2018-361 du 16 mai 2018, art. 14, en vigueur le 1er oct. 2018)* Avant la conclusion d'une opération portant sur un risque non-vie définie à l'article L. 932-1, l'institution de prévoyance, l'union ou leurs intermédiaires fournissent à leurs participants ou adhérents le document d'information normalisé sur le produit d'assurance élaboré par son concepteur, dans des conditions définies par décret en Conseil d'État.

La fourniture de ce document n'est pas requise pour les contrats mentionnés au *b* de l'article L. 861-4. Elle n'est pas non plus requise pour les contrats soumis à l'obligation de remise de la fiche standardisée d'information mentionnée à l'article L. 313-10 du code de la consommation.

SECTION II DISPOSITIONS RELATIVES AUX OPÉRATIONS COLLECTIVES À ADHÉSION FACULTATIVE ET AUX OPÉRATIONS INDIVIDUELLES

BIBL. ▶ LETELLIER, Obligations d'information en matière d'assurance de groupe sur la vie à adhésion facultative, *JCP E 2009. 1430.*

Art. L. 932-14 Les dispositions de la présente section s'appliquent aux opérations collectives à adhésion facultative et aux opérations individuelles des institutions de prévoyance.

L'opération par laquelle une entreprise *(L. n° 2003-775 du 21 août 2003, art. 108-XV ; Décr. n° 2004-346 du 21 avr. 2004, art. 5)* « ou un groupement d'épargne retraite populaire », dénommé "l'adhérent", adhère par la signature d'un bulletin au règlement d'une institution de prévoyance ou souscrit auprès de celle-ci un contrat au profit de ses salariés ou d'une ou plusieurs catégories d'entre eux *(L. n° 2003-775 du 21 août 2003, art. 108-XV)* « ou de ses membres » en vue de leur assurer la couverture d'engagements ou de risques pour lesquels cette institution est agréée est dite "opération collective à adhésion facultative" lorsque les salariés *(L. n° 2003-775 du 21 août 2003, art. 108-XV)* « ou les membres » concernés sont libres de s'affilier à ladite institution, dont ils deviennent alors membres participants. – *Les dispositions de l'art. 108 de la L. n° 2003-775 du 21 août 2003 entrent en vigueur au 1er janv. 2004 (L. préc., art. 108-XVI).*

L'opération par laquelle le salarié ou l'ancien salarié d'un adhérent à une institution de prévoyance ou un de ses ayants droit adhère par la signature d'un bulletin à un règlement de cette institution ou souscrit un contrat auprès de celle-ci en vue de s'assurer la couverture d'engagements ou de risques pour lesquels cette institution est agréée est dite opération individuelle. Le salarié, ancien salarié et ayant droit qui adhère sur cette base à l'institution de prévoyance en devient membre participant.

BIBL. ▶ V. bibl ss. art. L. 932-6.

Art. L. 932-14-1 *(L. n° 2014-856 du 31 juill. 2014, art. 51-I-3°)* I. – Pour les opérations collectives à adhésion facultative couvrant le risque décès, les risques portant atteinte à l'intégrité physique de la personne ou liés à la maternité, les risques d'incapacité de travail ou d'invalidité, à l'exception de celles visées par arrêté des ministres chargés de l'économie, de la sécurité sociale et de la mutualité, une ou plusieurs institutions de prévoyance et unions régies par le présent titre peuvent conclure un contrat de coassurance avec des mutuelles et unions mentionnées à l'article L. 211-1 du code de la mutualité et avec des entreprises d'assurance mentionnées à l'article L. 310-2 du code des assurances. En application de ce contrat, tout membre participant est garanti pendant une même durée et par un même contrat collectif par au moins deux organismes assureurs, chacun d'eux proportionnellement à la part, prévue au contrat de coassurance, qu'il accepte de couvrir.

II. – Les organismes coassureurs désignent parmi eux un apériteur, dont ils précisent les missions dans le contrat de coassurance. L'apériteur assure le rôle d'interlocuteur unique du souscripteur pour la négociation des conditions du contrat mentionné au I et de son renouvellement. Il peut encaisser la totalité des cotisations et verser les prestations.

Le contrat prévoit les conditions dans lesquelles est assuré le respect de la garantie des droits des membres participants en cas de modification ou de cessation de la coassurance.

Lorsqu'un contrat collectif à adhésion facultative relatif au remboursement ou à l'indemnisation des frais occasionnés par une maladie, une maternité ou un accident est coassuré avec au moins une mutuelle ou union mentionnée à l'article L. 211-1 du code de la mutualité, le montant des cotisations ne peut être modulé qu'en fonction du revenu, du régime de sécurité sociale d'affiliation, du lieu de résidence, du nombre d'ayants droit ou de l'âge des membres participants. Dans ce cas, les organismes coassureurs ne peuvent en aucun cas recueillir des informations médicales auprès des assurés du contrat ou des personnes souhaitant bénéficier d'une couverture, ni fixer les cotisations en fonction de l'état de santé. Ils ne peuvent instaurer de différences dans le niveau des prestations qu'en fonction des cotisations payées ou de la situation de famille des intéressés ou lorsque l'assuré choisit de recourir à un professionnel de santé, un établissement de santé ou un service de santé avec lequel les organismes coassureurs ou leurs fédérations ont conclu une convention dans les conditions mentionnées à l'article L. 863-8 du présent code.

Art. L. 932-15 Tout participant affilié à l'institution de prévoyance ou qui a adhéré à un règlement ou souscrit un contrat auprès de celle-ci a la faculté d'y renoncer *(Ord. n° 2017-1433 du 4 oct. 2017, art. 26-2°, en vigueur le 1er avr. 2018)* « par lettre recommandée ou envoi recommandé électronique, avec demande d'avis de réception, » pendant *(L. n° 2005-1564 du 15 déc. 2005, art. 5-II)* « un délai de trente jours calendaires révolus à compter du moment où il est informé que l'adhésion a pris effet. Ce délai expire le dernier jour à vingt-quatre heures. S'il expire un samedi, un dimanche ou un jour férié ou chômé, il n'est pas prorogé. »

En cas de modification apportée à ses droits et obligations, un nouveau délai de trente jours court à compter de la remise au participant de la notice prévue au premier alinéa de l'article L. 932-18 lorsqu'il s'agit d'opérations collectives à adhésion facultative ou de son acceptation des modifications du bulletin d'adhésion ou du contrat lorsqu'il s'agit d'opérations individuelles.

(L. n° 2005-1564 du 15 déc. 2005, art. 6-III) « Pour les opérations collectives facultatives comportant une valeur de rachat ou de transfert, la notice précise que les droits et obligations du participant peuvent être modifiés par des avenants aux bulletins d'adhésion ou contrats. Les modalités d'adoption de ces avenants par l'adhérent sont communiquées par ce dernier aux participants.

« Pour les opérations collectives facultatives comportant une valeur de rachat ou de transfert, un encadré est inséré en début de contrat ou de bulletin, indiquant en caractères très apparents la nature de ce contrat. L'encadré comprend en particulier le regroupement des frais dans une même rubrique, les garanties offertes, la disponibilité des sommes en cas de rachat, la participation aux bénéfices, ainsi que les modalités de désignation du bénéficiaire. Un arrêté du ministre chargé de la sécurité sociale, pris après avis de *(Ord. n° 2010-76 du 21 janv. 2010, art. 12-II-15°)* « l'Autorité de contrôle prudentiel » et de résolution, fixe le format de l'encadré ainsi que, de façon limitative, son contenu.

« Pour les opérations individuelles comportant une valeur de rachat ou de transfert, le bulletin d'adhésion vaut notice si l'encadré mentionné à l'alinéa précédent est inséré en début de bulletin. »

La renonciation entraîne la restitution par l'institution de prévoyance de l'intégralité des sommes versées par le participant ou par l'adhérent, dans le délai maximal de trente jours *(L. n° 2005-1564 du 15 déc. 2005, art. 5-II)* « calendaires révolus » à compter de la réception de la lettre recommandée *(Ord. n° 2017-1433 du 4 oct. 2017, art. 26-2°, en vigueur le 1er avr. 2018)* « ou de l'envoi recommandé électronique ». Au-delà de ce délai, les sommes non restituées produisent de plein droit intérêt au taux légal majoré de moitié durant deux mois, puis, à l'expiration de ce délai de deux mois, au double du taux légal.

Toutefois, les dispositions qui précèdent ne s'appliquent ni aux bulletins d'adhésion à un règlement ou contrats d'une durée maximum de deux mois ni aux opérations ayant pour objet la couverture des risques de dommages corporels liés aux accidents et à la maladie ou la couverture du risque chômage.

Un décret en Conseil d'État détermine les modalités d'application du présent article, notamment le contenu des informations relatives à l'exercice par le participant de ce droit de renonciation.

Les dispositions issues de l'art. 5 de la L. n° 2005-1564 du 15 déc. 2005 entrent en vigueur le 1er mars 2006 et ne s'appliquent qu'aux contrats conclus à partir de cette date (L. préc., art. 19).

L'Ord. n° 2017-1433 du 4 oct. 2017 entre en vigueur le 1er avr. 2018. Pour l'application de l'Ord. préc. aux règlements, contrats et adhésions souscrits antérieurement au 1er avr. 2018, lorsque le professionnel souhaite modifier le support sur lequel il fournit ou met à disposition, y compris le cas échéant contre récépissé, des informations ou des documents à un client au moyen d'un support durable autre que le papier, il s'assure préalablement que ce mode de communication est adapté à sa situation ; il informe le client de façon claire, précise et compréhensible, sur support papier et par envoi distinct, de la poursuite de la relation commerciale sur un support durable autre que le papier, et de la possibilité dont le client dispose de s'y opposer par tout moyen.

Selon les mêmes modalités, les clauses de ces règlements, contrats et adhésions sont rendues si nécessaire conformes aux dispositions de l'Ord. susvisée (Ord. préc., art. 29 et 30).

Art. L. 932-15-1 *(Ord. n° 2005-648 du 6 juin 2005, art. 4)* I. — *(Ord. n° 2017-734 du 4 mai 2017, art. 15-II)* « 1° La fourniture à distance d'opérations d'assurance individuelles ou collectives à adhésion facultative à un consommateur est régie par le présent livre et par les articles L. 222-1, L. 222-3, L. 222-4, L. 222-6, L. 222-8, L. 222-13 à L. 222-16, L. 222-17, L. 222-18, L. 232-4 et L. 242-5 du code de la consommation ; »

2° Pour l'application du 1°, il y a lieu d'entendre :

a) "le membre participant qui agit à des fins qui n'entrent pas dans le cadre de son activité commerciale ou professionnelle" là où est mentionné "le consommateur" ;

b) "l'institution de prévoyance, l'union ou son intermédiaire en assurance" là où est mentionné "le fournisseur" ;

c) "le montant total de la cotisation" là où est mentionné "le prix total" ;

d) "le droit de renonciation" là où est mentionné "le droit de rétractation" ;

e) "le II de l'article L. 932-15-1 du code de la sécurité sociale", là où est mentionné l'article *(Ord. n° 2017-734 du 4 mai 2017, art. 15-II)* « L. 222-7 » ;

f) "le III de l'article L. 932-15-1 du code de la sécurité sociale", là où est mentionné l'article *(Ord. n° 2017-734 du 4 mai 2017, art. 15-II)* « L. 222-5 » ;

3° Pour l'application de l'article *(Ord. n° 2017-734 du 4 mai 2017, art. 15-II)* « L. 222-6 » du code de la consommation, les conditions contractuelles ou d'adhésion doivent comprendre, outre les informations prévues à l'article L. 932-15, *(Ord. n° 2017-1433 du 4 oct. 2017, art. 26-3°, en vigueur le 1er avr. 2018)* « un modèle de rédaction » destiné à faciliter l'exercice du droit de renonciation lorsque ce droit existe. *— V. dernière note ss. art. L. 932-15.*

II. — 1° Toute personne physique ayant conclu un contrat à distance ou ayant adhéré à un règlement à distance à des fins qui n'entrent pas dans le cadre de son activité commerciale ou professionnelle, dispose d'un délai de quatorze jours calendaires révolus pour renoncer, sans avoir à justifier de motif ni à supporter de pénalités. Ce délai commence à courir :

a) Soit à compter du jour où le contrat est conclu ou l'adhésion a pris effet ;

b) Soit à compter du jour où l'intéressé reçoit les conditions contractuelles ou d'adhésion et les informations, conformément à l'article *(Ord. n° 2017-734 du 4 mai 2017, art. 15-II)* « L. 222-6 » du code de la consommation, si cette dernière date est postérieure à celle mentionnée au *a* ;

2° Toutefois, en ce qui concerne les opérations mentionnées au a de l'article L. 931-1, le délai précité est porté à trente jours calendaires révolus. Ce délai commence à courir :

a) Soit à compter du jour où l'intéressé est informé que le contrat à distance a été conclu ou l'adhésion a pris effet ;

b) Soit à compter du jour où l'intéressé reçoit les conditions contractuelles ou d'adhésion et les informations, conformément à l'article *(Ord. n° 2017-734 du 4 mai 2017, art. 15-II)* « L. 222-6 » du code de la consommation, si cette dernière date est postérieure à celle mentionnée au *a*.

III. — En temps utile avant la conclusion à distance d'un contrat ou l'adhésion à distance à un règlement *(Ord. n° 2017-734 du 4 mai 2017, art. 15-II)* « ou à un contrat collectif à adhésion facultative », le membre participant reçoit les informations suivantes :

1° La dénomination de l'institution de prévoyance ou de l'union, l'adresse de son siège social, les coordonnées de l'autorité chargée de son contrôle ainsi que, le cas échéant, l'adresse de la succursale qui propose la couverture *(Ord. n° 2018-361 du 16 mai 2018, art. 14, en vigueur le 1er oct. 2018)* « ou l'identité, l'adresse de l'intermédiaire d'assurance et son numéro d'immatriculation au registre mentionné au I de l'article L. 512-1 du code des assurances » ;

2° Le montant total de la cotisation ou, lorsque ce montant ne peut être indiqué, la base de calcul de cette cotisation permettant au membre participant de vérifier celle-ci ;

3° La durée minimale du contrat ou du bulletin d'adhésion au règlement ainsi que les garanties et exclusions prévues par ceux-ci ;

4° La durée pendant laquelle les informations fournies sont valables, les modalités de conclusion du contrat ou de l'adhésion au règlement et de paiement de la cotisation ainsi que l'indication, le cas échéant, du coût supplémentaire spécifique à l'utilisation d'une technique de commercialisation à distance ;

5° L'existence ou l'absence d'un droit de renonciation, et, si ce droit existe, sa durée, les modalités pratiques de son exercice notamment l'adresse à laquelle la notification de la renonciation doit être envoyée. Le membre participant doit également être informé du montant de cotisation que l'institution ou l'union peut lui réclamer en contrepartie de la prise d'effet de la garantie, à sa demande expresse, avant l'expiration du délai de renonciation ;

6° La loi sur laquelle l'institution ou l'union se fonde pour établir les relations précontractuelles avec le membre participant ainsi que la loi applicable au contrat ou au bulletin d'adhésion au règlement et la langue que l'institution ou l'union s'engage à utiliser, avec l'accord du membre participant, pendant la durée du contrat ou du bulletin d'adhésion au règlement ;

7° Les modalités d'examen des réclamations que le membre participant peut formuler au sujet du contrat ou du bulletin d'adhésion au règlement *(Ord. n° 2015-1033 du 20 août 2015, art. 4)* « et de recours à un processus de médiation dans les conditions prévues au *(Ord. n° 2017-734 du 4 mai 2017, art. 15-II)* « titre Ier du livre VI » du code de la consommation », sans préjudice pour lui d'intenter une action en justice ainsi que, le cas échéant, l'existence de fonds de garantie ou d'autres mécanismes d'indemnisation ;

(Ord. n° 2018-361 du 16 mai 2018, art. 14, en vigueur le 1er oct. 2018) « 8° Le document d'information normalisé mentionné à l'article L. 932-13-6 pour les opérations portant sur un risque non-vie. »

Les informations sur les conditions contractuelles ou conditions d'adhésion communiquées en phase précontractuelle doivent être conformes à la loi applicable au contrat ou au bulletin d'adhésion au règlement.

Ces informations, dont le caractère commercial doit apparaître sans équivoque, sont fournies de manière claire et compréhensible par tout moyen adapté à la technique de commercialisation à distance utilisée.

(Ord. n° 2018-361 du 16 mai 2018, art. 14, en vigueur le 1er oct. 2018) « IV. — L'institution de prévoyance ou l'union doit également indiquer, pour les opérations mentionnées au *a* de l'article L. 931-1, les informations mentionnées aux articles.L. 932-15 et L. 132-5-2 du code des assurances, notamment le montant maximal des frais qu'elle peut prélever et, lorsque les garanties de ces contrats ou règlements sont exprimées en unités de compte, les caractéristiques principales de celles-ci. Dans ce dernier cas, elle doit en outre préciser qu'elle ne s'engage que sur le nombre des unités de compte et non sur leur valeur qui peut être sujette à des fluctuations à la hausse comme à la baisse. L'institution de prévoyance ou l'union doit de plus fournir les informations prévues par l'article L. 522-3 du code des assurances *[ancienne rédaction : IV. — L'institution de prévoyance ou l'union doit également indiquer, pour les opérations mentionnées au a de l'article L. 931-1, les informations mentionnées à l'article L. 932-15, notamment le montant maximal des frais qu'elle peut prélever et, lorsque les garanties de ces contrats ou bulletins d'adhésion au règlement sont exprimées en unités de compte, les caractéristiques principales de celles-ci. Dans ce dernier cas, elle doit en outre préciser qu'elle ne s'engage que sur le nombre des unités de compte et non sur leur valeur qui peut être sujette à des fluctuations à la hausse comme à la baisse]*. »

(L. n° 2016-1691 du 9 déc. 2016, art. 118-IV) « L'article L. 131-4 du code des assurances s'applique aux opérations d'assurance vie des institutions de prévoyance dont les garanties sont exprimées en unités de compte. »

V. — Un décret en Conseil d'État fixe les informations communiquées au membre participant en cas de communication par téléphonie vocale.

VI. — Les infractions aux dispositions du présent article sont constatées et sanctionnées par l'Autorité de contrôle prudentiel et de résolution dans les conditions prévues au titre V du livre IX.

Les infractions constituées par l'absence matérielle des éléments d'information prévus au III du présent article, ainsi que le refus de l'institution de prévoyance ou de l'union de rembourser le membre participant dans les conditions fixées à l'article *(Ord. n° 2017-734 du 4 mai 2017, art. 15-II)* « L. 222-13 » du code de la consommation *(Ord. n° 2017-734 du 4 mai 2017, art. 15-II)* « peuvent également être recherchées et constatées par les agents mentionnés aux articles L. 511-3 et L. 511-21 du même code, dans les conditions prévues à l'article L. 511-5 du même code ».

Les conditions d'application du présent article sont définies en tant que de besoin par décret en Conseil d'État.

Les dispositions de la L. n° 2014-344 du 17 mars 2014 s'appliquent aux contrats conclus après le 13 juin 2014 (L. préc., art. 34).

Art. L. 932-15-2 *(Ord. n° 2017-734 du 4 mai 2017, art. 15-II)* I. — Toute personne physique qui fait l'objet d'un démarchage à son domicile, à sa résidence ou à son lieu

de travail, même à sa demande, et qui adhère dans ce cadre à une opération individuelle ou à une opération collective à adhésion facultative à des fins qui n'entrent pas dans le cadre de son activité commerciale ou professionnelle, a la faculté d'y renoncer *(Ord. nº 2017-1433 du 4 oct. 2017, art. 26-4º, en vigueur le 1er avr. 2018)* **« par lettre recommandée ou envoi recommandé électronique, avec demande d'avis de réception, » pendant le délai de quatorze jours calendaires révolus à compter du jour de la signature du bulletin d'adhésion sans avoir à justifier de motifs ni à supporter de pénalités.**

Le bulletin d'adhésion au règlement ou au contrat collectif à adhésion facultative ou au contrat individuel et, le cas échéant, la notice, comportent, à peine de nullité, la mention du texte du premier alinéa et comprennent *(Ord. nº 2017-1433 du 4 oct. 2017, art. 26-4º, en vigueur le 1er avr. 2018)* **« un modèle de rédaction » destiné à faciliter l'exercice de la faculté de renonciation.**

L'exercice du droit de renonciation dans le délai prévu au premier alinéa met fin à l'adhésion *(Ord. nº 2017-1433 du 4 oct. 2017, art. 26-4º, en vigueur le 1er avr. 2018)* **« à compter de la date de réception de la lettre recommandée ou de l'envoi recommandé électronique mentionnés » au même alinéa. Dès lors qu'il a connaissance de la réalisation d'un risque mettant en jeu la garantie du contrat, le membre participant ne peut plus exercer ce droit de renonciation.**

En cas de renonciation, le membre participant ne peut être tenu qu'au paiement de la partie de cotisation correspondant à la période pendant laquelle le risque a couru, cette période étant calculée jusqu'à la date de fin d'adhésion. L'institution de prévoyance ou l'union est tenue de rembourser au membre participant le solde au plus tard dans les trente jours suivant la date de fin d'adhésion. Au-delà de ce délai, les sommes non versées produisent de plein droit intérêt au taux légal.

Toutefois, l'intégralité de la cotisation reste due à l'institution de prévoyance ou à l'union si le membre participant exerce son droit de renonciation alors que la réalisation d'un risque mettant en jeu la garantie du règlement ou du contrat et dont il n'a pas eu connaissance est intervenu *[intervenue]* **pendant le délai de renonciation.**

Le présent article n'est pas applicable aux opérations des institutions de prévoyance et des unions mentionnées au *a* de l'article L. 931-1.

Les infractions aux dispositions du présent I sont constatées et sanctionnées par l'autorité instituée à l'article L. 612-1 du code monétaire et financier.

II. – Les infractions constituées par la violation des dispositions du deuxième alinéa et de la deuxième phrase du quatrième alinéa du I sont recherchées et constatées par les agents mentionnés aux articles L. 511-3 et L. 511-21 du code de la consommation, dans les conditions prévues à l'article L. 511-5 de ce code.

Est puni de 15 000 euros d'amende le fait de ne pas rembourser le membre participant dans les conditions prévues à la deuxième phrase du quatrième alinéa du I du présent article.

Sur les dispositions transitoires à l'Ord. nº 2017-1433 du 4 oct. 2017, V. dernière note ss. art. L. 932-15.

Art. L. 932-16 **Indépendamment des causes ordinaires de nullité, la garantie accordée au participant par l'institution de prévoyance dans le cadre d'une opération collective à adhésion facultative ou le bulletin d'adhésion ou le contrat signé ou souscrit par un participant dans le cadre d'une opération individuelle sont nuls en cas de réticence ou de fausse déclaration intentionnelle de la part de celui-ci, quand cette réticence ou cette fausse déclaration change l'objet du risque ou en diminue l'opinion pour l'institution, alors même que le risque omis ou dénaturé par le participant a été sans influence sur la réalisation du risque.**

Les cotisations acquittées demeurent alors acquises à l'institution qui a droit au paiement de toutes les cotisations échues à titre de dommages et intérêts.

Les dispositions de l'alinéa qui précèdent ne sont pas applicables aux opérations dépendant de la durée de la vie humaine qui comportent une valeur de rachat.

Le paiement des indemnités entre la date de dépôt d'un rapport d'expertise révélant de fausses déclarations du risque et l'envoi de la lettre par laquelle l'assureur fait connaître son intention d'engager une action en nullité du contrat, n'implique de sa part aucune renonciation et ne saurait valoir confirmation du contrat. • Civ. 1re, 27 févr. 1996 : *RGDA 1996. 415, note Maurice.*

Art. L. 932-17 L'omission ou la déclaration inexacte de la part du participant dont la mauvaise foi n'est pas établie n'entraîne pas la nullité de la garantie ou du bulletin d'adhésion ou du contrat.

Si elle est constatée avant toute réalisation du risque, l'institution de prévoyance a le droit de maintenir la garantie moyennant une augmentation de cotisation acceptée par le participant ; à défaut d'accord de celui-ci, l'affiliation, lorsqu'il s'agit d'une opération collective à adhésion facultative, ou le bulletin d'adhésion ou le contrat, lorsqu'il s'agit d'une opération individuelle, prend fin dix jours après notification adressée au participant par lettre recommandée ; l'institution restitue à celui-ci la portion de cotisation payée pour le temps où la garantie ne court plus.

Dans le cas où la constatation n'a lieu qu'après la réalisation du risque, la prestation est réduite en proportion du taux des cotisations payées par le participant ou précomptées en son nom par l'adhérent par rapport au taux des cotisations qui auraient été dues si les risques avaient été complètement et exactement déclarés.

Les dispositions du présent article ne sont pas applicables aux opérations dépendant de la durée de la vie humaine qui comportent une valeur de rachat.

Art. L. 932-18 Les dispositions de l'article L. 932-6 s'appliquent aux opérations collectives à adhésion facultative sous réserve de la faculté pour le participant de dénoncer son affiliation à l'institution de prévoyance en cas de modification apportée à ses droits et obligations dans un délai d'un mois suivant la réception de la notice.

Pour les opérations individuelles, l'institution de prévoyance est substituée à l'adhérent en ce qui concerne les obligations qui pèsent sur ce dernier.

V. Bibl. et notes ss. art. L. 932-6.

Devoir d'information sur la faculté d'adhérer à un régime facultatif. L'employeur qui a souscrit à un régime de prévoyance pour ses salariés a le devoir de les informer en temps utile de la possibilité d'y adhérer et du contenu des droits et obligations résultant de leur adhésion. • Soc. 15 févr. 1995 : *RJS 1995, n° 575.*

Art. L. 932-19 *(L. n° 96-452 du 28 mai 1996, art. 55)* Le premier alinéa de l'article L. 932-2 et les articles L. 932-5, L. 932-8 *(Abrogé par Ord. n° 2017-734 du 4 mai 2017, art. 15-II)* « et »[,] L. 932-11 *(Ord. n° 2018-361 du 16 mai 2018, art. 14, en vigueur le 1er oct. 2018)* « , L. 932-13-5 et L. 932-13-6 *[ancienne rédaction : et L. 932-13-5]* » sont applicables aux opérations collectives à adhésion facultative et aux opérations individuelles.

Sous réserve de remplacer le mot "adhérent" par le mot "participant", les articles L. 932-3, L. 932-12 et L. 932-13 sont applicables aux opérations individuelles.

Ces mêmes articles, ainsi que les articles L. 913-1 et L. 932-10, sont applicables sans modification aux opérations collectives à adhésion facultative.

Art. L. 932-20 Les dispositions de l'article L. 932-4 sont applicables aux opérations collectives à adhésion facultative.

Pour les opérations individuelles, les dispositions du 1° et le dernier alinéa de l'article L. 932-4 s'appliquent. En outre, le participant est obligé de répondre exactement aux questions posées par l'institution de prévoyance, notamment dans le formulaire de déclaration du risque par lequel l'institution l'interroge lors de la souscription du bulletin d'adhésion ou du contrat sur les circonstances qui sont de nature à faire apprécier par l'institution les risques qu'elle prend en charge.

Art. L. 932-21 En ce qui concerne les opérations collectives à adhésion facultative, le participant peut dénoncer tous les ans son affiliation selon des modalités fixées par décret en Conseil d'État. Ce droit est mentionné dans la notice d'information.

Les dispositions du présent article ne sont pas applicables aux opérations dépendant de la durée de la vie humaine qui comportent une valeur de rachat.

Art. L. 932-21-1 *(L. n° 2005-67 du 28 janv. 2005, art. 3-III)* Pour les contrats à tacite reconduction relatifs à des opérations individuelles, la date limite d'exercice par le membre participant du droit à dénonciation de l'affiliation ou du contrat doit être rappelée avec chaque avis d'échéance annuelle de cotisation. Lorsque cet avis lui est adressé moins de quinze jours avant cette date, ou lorsqu'il lui est adressé après cette date, le membre participant est informé avec cet avis qu'il dispose d'un délai de vingt jours suivant la date d'envoi de l'avis pour dénoncer la reconduction. Dans ce cas, le délai de dénonciation court à partir de la date figurant sur le cachet de la poste *(Ord. n° 2017-1433 du 4 oct. 2017, art. 26-5°, en vigueur le 1er avr. 2018)* « certifiée par un horodatage satisfaisant aux exigences de l'article L. 100 du code des postes et communications électroniques ».

Lorsque cette information ne lui a pas été adressée conformément aux dispositions du premier alinéa, le membre participant peut, par lettre recommandée *(Ord. n° 2017-1433 du 4 oct. 2017, art. 26-5°, en vigueur le 1er avr. 2018)* « ou par envoi recommandé électronique », mettre un terme à l'affiliation ou au contrat, sans pénalités, à tout moment à compter de la date de reconduction. La résiliation prend effet le lendemain de la date figurant sur le cachet de la poste *(Ord. n° 2017-1433 du 4 oct. 2017, art. 26-5°, en vigueur le 1er avr. 2018)* « ou de la date d'expédition du recommandé électronique ».

Le membre participant est tenu au paiement de la partie de cotisation correspondant à la période pendant laquelle le risque a couru, période calculée jusqu'à la date d'effet de la résiliation. Le cas échéant, doit être remboursée au membre participant, dans un délai de trente jours à compter de la date d'effet de la résiliation, la partie de cotisation correspondant à la période pendant laquelle le risque n'a pas couru, période calculée à compter de ladite date d'effet. A défaut de remboursement dans ces conditions, les sommes dues sont productives d'intérêts au taux légal.

L'Ord. n° 2017-1433 du 4 oct. 2017 entre en vigueur le 1er avr. 2018. Pour l'application de l'Ord. préc. aux règlements, contrats et adhésions souscrits antérieurement au 1er avr. 2018, lorsque le professionnel souhaite modifier le support sur lequel il fournit ou met à disposition, y compris le cas échéant contre récépissé, des informations ou des documents à un client au moyen d'un support durable autre que le papier, il s'assure préalablement que ce mode de communication est adapté à sa situation ; il informe le client de façon claire, précise et compréhensible, sur support papier et par envoi distinct, de la poursuite de la relation commerciale sur un support durable autre que le papier, et de la possibilité dont le client dispose de s'y opposer par tout moyen.

Selon les mêmes modalités, les clauses de ces règlements, contrats et adhésions sont rendues si nécessaire conformes aux dispositions de l'Ord. susvisée (Ord. préc., art. 29 et 30).

Art. L. 932-22 I. — Lorsque, pour la mise en œuvre des opérations collectives à adhésion facultative, l'adhérent assure le précompte de la cotisation sur le salaire du participant, les dispositions de l'article L. 932-9 sont applicables.

II. — Lorsque, pour la mise en œuvre des opérations collectives à adhésion facultative, l'adhérent n'assure pas le précompte des cotisations, le participant qui ne paie pas sa cotisation dans les dix jours de son échéance peut être exclu du groupe.

L'exclusion ne peut intervenir qu'au terme d'un délai de quarante jours à compter de l'envoi d'une lettre recommandée de mise en demeure. Cette lettre ne peut être envoyée que dix jours au plus tôt après la date à laquelle les sommes dues doivent être payées.

Lors de la mise en demeure, le participant est informé qu'à l'expiration du délai prévu à l'alinéa précédent le défaut de paiement de la cotisation est susceptible d'entraîner son exclusion du bulletin d'adhésion au règlement ou du contrat. *(L. n° 2014-856 du 31 juill. 2014, art. 51-I-4°)* « L'exclusion ne peut faire obstacle, le cas échéant, au versement des prestations acquises en contrepartie des cotisations versées antérieurement par le débiteur de cotisations. »

(L. n° 96-452 du 28 mai 1996, art. 56) « La procédure prévue à l'article L. 932-9 est applicable à l'adhérent qui ne paie pas sa cotisation. Dans ce cas, l'institution informe chaque participant de la mise en œuvre de cette procédure et de ses conséquences dès l'envoi de la lettre de mise en demeure mentionnée au deuxième alinéa de cet article et rembourse au participant la portion de cotisation afférente au temps pendant lequel l'institution ne couvre plus le risque. »

Les dispositions qui précèdent ne sont pas applicables aux opérations dépendant de la durée de la vie humaine qui comportent une valeur de rachat.

III. — En ce qui concerne les opérations individuelles, le bulletin d'adhésion à un règlement ou le contrat peuvent être résiliés par l'institution de prévoyance conformément à la procédure prévue au II du présent article si le participant ne paie pas sa cotisation.

Les dispositions qui précèdent ne sont pas applicables aux opérations dépendant de la durée de la vie humaine qui comportent une valeur de rachat.

V. art. R. 932-2-1 et R. 932-2-2.

Art. L. 932-22-1 *(L. nº 2014-856 du 31 juill. 2014, art. 51-I-5º)* **Les articles L. 932-13-3 et L. 932-13-4 sont applicables aux opérations prévues à la présente section.**

Toutefois, pour les opérations collectives à adhésion facultative pour lesquelles le membre adhérent n'assure pas le précompte de la cotisation et pour les opérations individuelles, l'interruption de la prescription de l'action peut, en ce qui concerne le paiement de la cotisation, *(Ord. nº 2017-1433 du 4 oct. 2017, art. 26-6º, en vigueur le 1er avr. 2018)* **« résulter de l'envoi d'une lettre recommandée ou d'un envoi recommandé électronique, avec demande d'avis de réception, adressés par l'institution de prévoyance ou par l'union au membre participant ».**

L'Ord. nº 2017-1433 du 4 oct. 2017 entre en vigueur le 1er avr. 2018. Pour l'application de l'Ord. préc. aux règlements, contrats et adhésions souscrits antérieurement au 1er avr. 2018, lorsque le professionnel souhaite modifier le support sur lequel il fournit ou met à disposition, y compris le cas échéant contre récépissé, des informations ou des documents à un client au moyen d'un support durable autre que le papier, il s'assure préalablement que ce mode de communication est adapté à sa situation ; il informe le client de façon claire, précise et compréhensible, sur support papier et par envoi distinct, de la poursuite de la relation commerciale sur un support durable autre que le papier, et de la possibilité dont le client dispose de s'y opposer par tout moyen.

Selon les mêmes modalités, les clauses de ces règlements, contrats et adhésions sont rendues si nécessaire conformes aux dispositions de l'Ord. susvisée (Ord. préc., art. 29 et 30).

SECTION III **DISPOSITIONS PARTICULIÈRES RELATIVES AUX OPÉRATIONS DÉPENDANT DE LA DURÉE DE LA VIE HUMAINE ET AUX OPÉRATIONS DE CAPITALISATION**

Art. L. 932-23 **A l'exception des articles L. 131-2, L. 131-3, L. 132-5-1, L. 132-6,** *(Abrogé par L. nº 2014-856 du 31 juill. 2014, art. 51-I-6º)* *« , L. 132-7 »*, **L. 132-10, L. 132-15, L. 132-17 et L. 132-19 et, pour les opérations collectives à adhésion obligatoire ou facultative** *(L. nº 2014-617 du 13 juin 2014, art. 7, en vigueur le 1er janv. 2016)* **« de l'article L. 132-2** *(Abrogé par L. nº 2014-856 du 31 juill. 2014, art. 51-I-6º)* ***« , des huit premiers alinéas de l'article L. 132-8 et de l'article L. 132-9 »*, les dispositions du chapitre Ier** *(L. nº 2006-1770 du 30 déc. 2006, art. 65-II)* **« , de la section I du chapitre II du titre III et du chapitre IV du titre IV » du livre Ier du code des assurances sont applicables aux règlements et contrats des institutions de prévoyance lorsqu'elles réalisent des opérations d'assurance sur la vie et de capitalisation.**

Pour l'application du présent article, les mots : "assureurs" et "entreprises d'assurance" figurant dans ces dispositions du code des assurances sont remplacés par les mots : "institutions de prévoyance" ; le mot : "assuré" est remplacé par le mot : "participant" ; le mot : "primes" est remplacé par le mot : "cotisations" ; les mots : "police" et "contrat" sont remplacés par les mots : "bulletin d'adhésion à un règlement ou contrat" ; les mots : "participations bénéficiaires" sont remplacés par les mots : "participation aux excédents" ; les mots : "contrats d'assurance de groupe" sont remplacés par les mots : "opérations collectives à adhésion obligatoire ou facultative". Toutefois, les dispositions de l'article L. 132-20 ne s'appliquent qu'aux bulletins d'adhésion ou contrats comportant une valeur de rachat.

(L. nº 96-452 du 28 mai 1996, art. 57) **« Par dérogation aux dispositions de l'article L. 132-3, le représentant légal d'un majeur en tutelle peut, pour les opérations collectives à adhésion obligatoire ne comportant pas une valeur de rachat, adhérer au nom de celui-ci à un règlement ou souscrire un contrat auprès d'une institution de prévoyance. »** — *V. art. R. 932-3-1 à R. 932-3-3 et A. 932-3-1 à A. 932-3-4.*

(L. nº 2003-706 du 1er août 2003, art. 85-III-3º, en vigueur le 1er juill. 2004) **« L'institution de prévoyance communique chaque année aux entreprises adhérant à son règlement ou à ses contrats le montant et les modalités de répartition pour l'année écoulée de la participation aux excédents. »**

(L. nº 2005-67 du 28 janv. 2005, art. 3-IV) **« Les dispositions de l'article L. 932-21-1 ne s'appliquent pas aux opérations dépendant de la durée de la vie humaine qui comportent une valeur de rachat. »**

Selon l'art. L. 932-23, l'art. L. 132-8 C. assu. s'applique aux opérations collectives à adhésion obligatoire ou facultative des institutions de prévoyance lorsqu'elles réalisent des opérations d'assurance sur la vie et de capitalisation. Les juges sont donc fondés à ordonner à un institut de prévoyance le versement d'un capital sur le fondement de ce second texte. • Civ. 2e, 18 févr. 2010, n° 09-13.321 (inédit).

Art. L. 932-23-1 *(Ord. n° 2009-106 du 30 janv. 2009, art. 11)* **Le ministre chargé de la sécurité sociale peut à la demande d'un ou plusieurs organismes professionnels représentatifs mentionnés à l'article L. 132-9-2 du code des assurances homologuer par arrêté les codes de conduite que ces organismes ont élaborés en matière de commercialisation d'opération individuelles comportant des valeurs de rachat, de contrats de capitalisation et de contrats mentionnés à l'article L. 932-15 et à l'article L. 932-24 du présent code.**

Art. L. 932-23-2 *(L. n° 2013-1117 du 6 déc. 2013, art. 22-III)* **La décision définitive de confiscation d'une somme ou d'une créance figurant sur un contrat d'assurance sur la vie, prononcée par une juridiction pénale, entraîne de plein droit la résolution judiciaire du contrat et le transfert des fonds confisqués à l'État.** — *Cet art. est applicable à Saint-Barthélemy, à Saint-Pierre-et-Miquelon et dans les îles Wallis-et-Futuna (L. n° 2013-1117 du 6 déc. 2013, art. 72-I).*

Art. L. 932-23-3 *(L. n° 94-678 du 8 août 1994)* **Les institutions de prévoyance** *(Ord. n° 2017-484 du 6 avr. 2017, art. 9-8°)* **« et les institutions de retraite professionnelle supplémentaire » font participer, dans des conditions fixées par décret, leurs membres participants aux excédents techniques et financiers des opérations dépendant de la durée de la vie humaine qu'elles réalisent.** — *[Anc. art. L. 931-30.]*

Art. L. 932-23-4 *(Ord. n° 2017-734 du 4 mai 2017, art. 15-III)* **Les institutions de prévoyance ou unions peuvent procéder aux opérations de transformation ou de rachat des rentes qu'elles ont constituées dans les conditions prévues par l'article L. 160-5 du code des assurances.** — *Les dispositions de l'art. L. 932-23-4, créé par le III de l'art. 15 de l'Ord. n° 2017-734 du 4 mai 2017, sont applicables aux contrats en cours à compter de la publication de celle-ci (Ord. préc., art. 17-II, JO 5 mai).*

SECTION IV DISPOSITIONS PARTICULIÈRES RELATIVES À CERTAINES OPÉRATIONS DE RETRAITE À CARACTÈRE COLLECTIF ET AUX OPÉRATIONS DES RÉGIMES PROFESSIONNELS *(Ord. n° 2017-484 du 6 avr. 2017, art. 15-1°).*

Art. L. 932-24 **Lorsque les institutions de prévoyance réalisent des opérations ayant pour objet l'acquisition ou la jouissance de droits en cas de vie dans lesquelles un lien est établi entre la revalorisation des cotisations et celle des droits en cas de vie précédemment acquis et dont les actifs et les droits sont isolés de ceux des autres participants, elles sont tenues de mettre en œuvre ces opérations sur la base** *(Ord. n° 2017-484 du 6 avr. 2017, art. 15-2°)* **« d'une convention ».**

Les actifs correspondant à ces opérations sont affectés au règlement des droits acquis et en cours d'acquisition. Ils sont grevés à cet effet :

a) Lorsqu'il s'agit d'actifs immobiliers, d'une hypothèque légale inscrite dès leur affectation au règlement de ces droits ;

b) D'un privilège mobilier et d'un privilège immobilier qui priment les privilèges respectivement prévus au premier et au second alinéa de l'article L. 931-22.

(Ord. n° 2017-484 du 6 avr. 2017, art. 15-2°) **« Lorsqu'une institution de prévoyance pratique des opérations relevant de la présente section, elle doit, pour chaque convention, tenir une comptabilité auxiliaire d'affectation. »** — *V. art. R. 932-4-1 à R. 932-4-21 ; A. 932-4-1 et A. 932-4-2.*

Les conventions de toute nature existant au 1er juill. 2017 et pratiquant ou prévoyant des opérations mentionnées à l'art. L. 932-24 doivent être rendues conformes à la sect. IV du chap. II du tit. III du livre IX CSS, dans sa version résultant de l'Ord. n° 2017-484 du 6 avr. 2017, avant le 31 déc. 2017 (Ord. préc., art. 16).

Art. L. 932-24-1 *(Ord. n° 2017-484 du 6 avr. 2017, art. 15-3°)* **I. — Les conventions mentionnées à l'article L. 932-24 ainsi que toutes les informations relatives à celle-ci, y compris les communications à caractère publicitaire, doivent préciser, en caractères**

très apparents, selon un contenu exact, clair et non trompeur, les modalités et les conditions dans lesquelles la valeur de service de l'unité de rente est susceptible de baisser.

Les conventions conclues à compter du 1er juillet 2017 prévoient des possibilités de baisse de la valeur de service de l'unité de rente et de conversion, dans des limites précisées par voie réglementaire.

II. — Les conventions relevant de la présente section ne peuvent comporter de rachat, sauf dans le cas des événements énumérés à l'article L. 132-23 du code des assurances. En ce cas, la valeur de rachat ne peut être inférieure à la valeur de transfert.

III. — Une modification de la valeur de service ou de la valeur d'acquisition de l'unité de rente ou une modification des coefficients de surcote et de décote ne constitue pas une modification des droits et obligations au sens de l'article L. 932-18 du présent code, à la différence d'une modification des barèmes liés à l'âge.

IV. — Les conventions régies par la présente section qui sont constitutives d'un plan d'épargne retraite populaire appliquent les dispositions de l'article L. 144-2 du code des assurances.

Art. L. 932-24-2 *(Ord. nº 2009-106 du 30 janv. 2009, art. 9)* **I. — Pour les opérations à adhésion facultative, la notice remise par le souscripteur** *(Ord. nº 2017-484 du 6 avr. 2017, art. 15-4º)* **« ou** *[l']***adhérent au participant » lors de l'adhésion inclut, outre les informations mentionnées à l'article L. 932-6 :**

a) **La dénomination sociale et les coordonnées du souscripteur ;**

b) **Les stipulations essentielles de la convention** *(Ord. nº 2017-484 du 6 avr. 2017, art. 15-4º)* **« , notamment les possibilités de baisse de la valeur de service de l'unité de rente et de conversion de la convention qui peuvent être prévues, conformément au I de l'article L. 932-24-1 » ;**

c) **La mention que les droits et obligations** *(Ord. nº 2017-484 du 6 avr. 2017, art. 15-4º)* **« du participant » peuvent être modifiés par des avenants à ladite convention ainsi que les modalités d'adoption de ces avenants par le souscripteur ;**

d) **Les conditions d'exercice de la faculté de renonciation ainsi qu'***(Ord. nº 2017-1433 du 4 oct. 2017, art. 26-7º, en vigueur le 1er avr. 2018)* **« un modèle de rédaction » destiné à faciliter l'exercice de cette faculté de renonciation ;**

e) **Les modalités de la conversion de la convention en rentes viagères** *(Abrogé par Ord. nº 2017-484 du 6 avr. 2017, art. 15-4º)* **«** ***et*** **» selon les conditions fixées par arrêté du ministre chargé de la sécurité sociale.**

(Ord. nº 2017-484 du 6 avr. 2017, art. 15-4º) **« Un résumé des caractéristiques essentielles de la convention figure au début de cette notice, dans un format précisé par arrêté du même ministre qui en fixe également, de façon limitative, le contenu. Cet arrêté précise également l'ensemble des informations qui doivent figurer dans la notice, notamment les stipulations essentielles au sens du** ***b.*** **»**

II. — Pour les opérations à adhésion facultative, le défaut de remise de la notice prévue au I du présent article entraîne de plein droit la prorogation du délai de renonciation prévu à l'article L. 932-15.

III. — *Abrogé par Ord. nº 2017-484 du 6 avr. 2017, art. 15-4º.*

L'Ord. nº 2017-1433 du 4 oct. 2017 entre en vigueur le 1er avr. 2018. Pour l'application de l'Ord. préc. aux règlements, contrats et adhésions souscrits antérieurement au 1er avr. 2018, lorsque le professionnel souhaite modifier le support sur lequel il fournit ou met à disposition, y compris le cas échéant contre récépissé, des informations ou des documents à un client au moyen d'un support durable autre que le papier, il s'assure préalablement que ce mode de communication est adapté à sa situation ; il informe le client de façon claire, précise et compréhensible, sur support papier et par envoi distinct, de la poursuite de la relation commerciale sur un support durable autre que le papier, et de la possibilité dont le client dispose de s'y opposer par tout moyen.

Selon les mêmes modalités, les clauses de ces règlements, contrats et adhésions sont rendues si nécessaire conformes aux dispositions de l'Ord. susvisée (Ord. préc., art. 29 et 30).

Art. L. 932-24-3 *(Ord. nº 2017-484 du 6 avr. 2017, art. 15-5º)* **Pour l'ensemble des opérations régies par la présente section, le souscripteur ou l'adhérent est tenu de communiquer chaque année au participant :**

1º Le montant de la cotisation versée au titre de l'adhésion au cours de l'année ;

2° Les valeurs d'acquisition de l'unité de rente correspondant à la situation du participant au cours de l'année écoulée ;

3° Le montant total des droits acquis exprimés en nombre d'unités de rente ;

4° La valeur de service de l'unité de rente, l'âge auquel elle correspond et son évolution depuis l'année précédente, ainsi que les coefficients de surcote et de décote correspondant à une liquidation différée ou anticipée par rapport à l'âge de référence ;

5° Les principales informations techniques et financières de la convention, notamment celles permettant au participant d'apprécier la situation financière de la convention à laquelle il a adhéré ;

6° Pour les opérations dont les prestations sont liées à la cessation d'activité professionnelle, le montant de la valeur de transfert ;

7° Lorsque la convention prévoit une réduction du nombre d'unités de rente en cas de cessation du paiement des primes ou cotisations, les conditions de cette réduction et le nombre d'unités de rente qui en résulte ;

8° Lorsque la convention prévoit des possibilités de baisse de la valeur de service de l'unité de rente et de conversion, les conditions et les modalités de la mise en œuvre de ces possibilités.

Art. L. 932-24-4 *(Ord. n° 2017-484 du 6 avr. 2017, art. 15-5°)* Un décret en Conseil d'État détermine les règles techniques et les conditions d'application de la présente section, notamment les modalités selon lesquelles les informations prévues par l'article L. 932-24-3 peuvent être mises à disposition des participants et la possibilité d'inclure ces informations dans les rapports prévus aux articles L. 932-41-2 du présent code et L. 385-7 du code des assurances pour les conventions constitutives d'engagements relevant de la présente section ou dans le rapport prévu au III de l'article L. 144-2 du code des assurances pour les conventions relevant de cet article.

SECTION V LOI APPLICABLE AUX RÈGLEMENTS ET CONTRATS POUR LES RISQUES SITUÉS DANS UN OU PLUSIEURS ÉTATS MEMBRES DE LA COMMUNAUTÉ EUROPÉENNE ET POUR LES ENGAGEMENTS QUI Y SONT PRIS

SOUS-SECTION 1 DISPOSITIONS APPLICABLES AUX OPÉRATIONS RELATIVES À LA COUVERTURE DE RISQUES DE DOMMAGES CORPORELS LIÉS AUX ACCIDENTS, À LA MALADIE ET AU CHÔMAGE

Art. L. 932-25 Les dispositions de la présente sous-section s'appliquent aux opérations des institutions de prévoyance relatives à la couverture des risques visés au *b* et au *c* de l'article L. 931-1.

Art. L. 932-26 I. — 1° Lorsque le risque est situé, au sens de l'article L. 932-27, sur le territoire de la République française et que le souscripteur du bulletin d'adhésion au règlement de l'institution ou du contrat y a sa résidence principale ou son siège de direction, la loi applicable est la loi française, à l'exclusion de toute autre ;

2° Lorsque le risque est situé, au sens de l'article L. 932-27, sur le territoire de la République française et que le souscripteur du bulletin d'adhésion au règlement de l'institution ou du contrat n'y a pas sa résidence principale ou son siège de direction, les parties au bulletin d'adhésion au règlement ou au contrat peuvent choisir d'appliquer soit la loi française, soit la loi du pays où le souscripteur du bulletin d'adhésion ou du contrat a sa résidence principale ou son siège de direction.

De même, lorsque le souscripteur a sa résidence principale ou son siège de direction sur le territoire de la République française et que le risque n'y est pas situé au sens de l'article L. 932-27, les parties peuvent choisir d'appliquer soit la loi française, soit la loi du pays où le risque est situé.

II. — On entend par souscripteur, pour l'application du I ci-dessus :

a) L'adhérent, s'il s'agit d'une opération collective à adhésion obligatoire ou facultative ;

b) Le participant, s'il s'agit d'une opération individuelle.

Art. L. 932-27 Est regardé comme État de situation du risque :

a) L'État où a été souscrit le bulletin d'adhésion au règlement ou le contrat s'il s'agit d'un bulletin d'adhésion ou d'un contrat d'une durée inférieure ou égale à quatre mois et relatif à des risques encourus au cours d'un déplacement, quelle que soit la branche dont relèvent ces risques ;

b) Dans les autres cas, l'État où est situé l'établissement de l'adhérent auquel le bulletin d'adhésion ou le contrat se rapporte, s'il s'agit d'une opération collective à adhésion obligatoire ou à adhésion facultative, ou bien, s'il s'agit d'une opération individuelle, l'État dans lequel le participant a sa résidence principale.

Art. L. 932-28 Lorsque les parties ont à exercer le choix de la loi applicable dans l'un des cas visés par l'article L. 932-26, ce choix doit être exprès ou résulter de façon certaine des clauses du règlement et du bulletin d'adhésion ou du contrat ou des circonstances de la cause.

A défaut, le règlement et le bulletin d'adhésion ou le contrat sont régis par la loi de celui, parmi les pays qui entrent en ligne de compte aux termes de l'article L. 932-26, avec lequel ils présentent les liens les plus étroits. Il est présumé que le règlement et le bulletin d'adhésion ou le contrat présentent les liens les plus étroits avec l'État membre où le risque est situé. Si une partie du règlement et du bulletin d'adhésion ou du contrat est séparable du reste du règlement et du bulletin d'adhésion ou du contrat et présente un lien plus étroit avec un autre des pays qui entrent en ligne de compte conformément à l'article L. 932-26, il pourra être fait application à cette partie du règlement et du bulletin d'adhésion ou du contrat de la loi de cet autre pays.

Art. L. 932-29 Les articles L. 932-26 et L. 932-28 ne peuvent faire obstacle aux dispositions d'ordre public de la loi française applicables quelle que soit la loi régissant le règlement et le bulletin d'adhésion ou le contrat.

Toutefois, le juge peut donner effet sur le territoire de la République française aux dispositions d'ordre public de la loi de l'État membre où le risque est situé ou d'un État membre qui impose l'obligation d'assurance, si, selon le droit de ces pays, ces dispositions sont applicables quelle que soit la loi régissant le contrat.

Lorsque le règlement et le bulletin d'adhésion ou le contrat couvrent des risques situés dans plusieurs États membres, le règlement et le bulletin d'adhésion ou le contrat sont considérés, pour l'application du présent article, comme constituant plusieurs règlements et bulletins d'adhésion ou contrats dont chacun ne se rapporte qu'à un seul État.

Art. L. 932-30 Sous réserve des dispositions des articles L. 932-26 à L. 932-29 et pour le surplus, les règles générales de droit international privé en matière d'obligations contractuelles sont applicables.

SOUS-SECTION 2 DISPOSITIONS APPLICABLES AUX OPÉRATIONS DE CAPITALISATION ET À LA COUVERTURE DE RISQUES LIÉS À LA PERSONNE ET À LA DURÉE DE LA VIE HUMAINE À L'EXCEPTION DE CELLES VISÉES PAR LA SOUS-SECTION 1

Art. L. 932-31 Les dispositions de la présente sous-section s'appliquent aux opérations des institutions de prévoyance visées au *a* de l'article L. 931-1.

Art. L. 932-32 Lorsque l'engagement est pris, au sens de l'article L. 932-33, sur le territoire de la République française, la loi applicable au bulletin d'adhésion ou au contrat est la loi française, à l'exclusion de toute autre.

Toutefois, lorsque le participant souscrit lui-même le bulletin d'adhésion ou le contrat et est ressortissant d'un autre État membre de la Communauté européenne, les parties au bulletin d'adhésion ou au contrat peuvent choisir d'appliquer soit la loi française, soit la loi de l'État dont le participant est ressortissant.

Art. L. 932-33 Est regardé comme État de l'engagement :

a) Lorsqu'il s'agit d'une opération collective à adhésion obligatoire ou facultative, l'État où est situé l'établissement de l'adhérent auquel le bulletin d'adhésion ou le contrat se rapporte ;

b) Lorsqu'il s'agit d'une opération individuelle, l'État où le participant a sa résidence principale.

Art. L. 932-34 Les dispositions des deux premiers alinéas de l'article L. 932-29 et celles de l'article L. 932-30 sont applicables aux opérations régies par la présente sous-section.

SECTION VI DISPOSITIONS RELATIVES AUX OPÉRATIONS DE RÉASSURANCE

Art. L. 932-35 Les dispositions des sections I à V du présent chapitre ne s'appliquent pas aux traités de réassurance auxquels les institutions sont parties.

Art. L. 932-35-1 *(Ord. n° 2008-556 du 13 juin 2008, art. 11-1°)* La présence d'opérations relevant de la réassurance financière limitée est explicitement mentionnée dans l'intitulé des contrats régissant ce type d'opérations.

Art. L. 932-36 *(Ord. n° 2008-556 du 13 juin 2008, art. 20)* Dans tous les cas où une institution de prévoyance ou une union se réassure contre un risque qu'elle garantit ou le transfère à un véhicule de titrisation mentionné à l'article L. 310-1-2 du code des assurances, elle reste seule responsable vis-à-vis des participants et bénéficiaires.

Art. L. 932-37 Lorsque les traités de réassurance auxquels les institutions de prévoyance sont parties comportent une clause compromissoire, celle-ci oblige les parties lorsqu'elles soumettent à l'arbitrage les litiges ou contestations qui pourraient naître relativement à ces traités.

SECTION VII DISPOSITIONS D'ORDRE PUBLIC

Art. L. 932-38 Les dispositions du présent chapitre ne peuvent être modifiées par contrat ou convention.

L'envoi d'une lettre recommandée deux mois avant la date d'échéance annuelle pour la résiliation de l'adhésion à une institution de retraite complémentaire, prévue par les art. L. 932-12 et R. 932-1-6 CSS, est une condition de forme substantielle à laquelle, selon l'art. L. 932-38, les parties ne peuvent déroger. En conséquence, l'envoi d'une lettre simple ne permet pas de résilier valablement le contrat. • Civ. 2e, 1er juill. 2003, n° 00-16.147 P : *RJS 2004. 176, n° 262.*

SECTION VIII ACCÈS À L'ASSURANCE CONTRE LES RISQUES D'INVALIDITÉ OU DE DÉCÈS *(L. n° 2002-303 du 4 mars 2002, art. 99).*

Art. L. 932-39 *(L. n° 2016-41 du 26 janv. 2016, art. 190-VI)* L'accès à l'assurance contre les risques d'invalidité ou de décès est garanti dans les conditions fixées par les articles L. 1141-1 à L. 1141-3, L. 1141-5 et L. 1141-6 du code de la santé publique.

SECTION IX RETRAITE PROFESSIONNELLE SUPPLÉMENTAIRE

(Ord. n° 2006-344 du 23 mars 2006, en vigueur le 24 juin 2006)

Art. L. 932-40 *(Ord. n° 2017-484 du 6 avr. 2017, art. 9-9°)* « La présente section s'applique aux opérations pratiquées par les institutions de retraite professionnelle supplémentaire dans le cadre de leur agrément administratif et par les institutions de prévoyance dans le cadre de l'agrément administratif accordé pour les activités de retraite professionnelle supplémentaire. Peuvent être proposés, dans le cadre de cet agrément, les contrats d'assurance ayant pour objet la fourniture de prestations de retraite liées à une activité professionnelle, versées en supplément des prestations servies par les régimes de base et complémentaires légalement obligatoires, ou attribuées par référence à la perspective d'atteindre la retraite. Ces contrats sont souscrits : »

1° Par un employeur ou un groupe d'employeurs au profit de leurs salariés ou anciens salariés, ou par un groupement professionnel représentatif d'employeurs au profit des salariés ou anciens salariés de ceux-ci. Ils revêtent un caractère collectif déterminé dans le cadre d'une des procédures mentionnées à l'article L. 911-1 ;

(Ord. n° 2017-484 du 6 avr. 2017, art. 9-9°) « 2° Ou par une association mentionnée à l'article L. 144-1 du code des assurances. »

A compter du 1er janv. 2023, à l'art. L. 932-40, les mots : « et par les institutions de prévoyance dans le cadre de l'agrément administratif accordé pour les activités de retraite professionnelle supplémentaire » sont supprimés (Ord. n° 2017-484 du 6 avr. 2017, art. 11-1°).

Ordonnance n° 2017-484 du 6 avril 2017,

Relative à la création d'organismes dédiés à l'exercice de l'activité de retraite professionnelle supplémentaire et à l'adaptation des régimes de retraite supplémentaire en unités de rente (JO 7 avr.).

Art. 10 I. — A compter du 1er janvier 2018, aucune nouvelle demande d'agrément ou d'autorisation au titre des articles L. 932-42 et L. 932-47 du code de la sécurité sociale ne peut plus être déposée.

II. — Jusqu'au 31 décembre 2022, les institutions de prévoyance dont l'ensemble des engagements est lié à un ou *[à]* des contrats offrant les prestations mentionnées à l'article L. 932-40 du même code peuvent déposer à l'Autorité de contrôle prudentiel et de résolution une demande pour être agréées en tant qu'institutions de retraite professionnelle supplémentaire dans les conditions prévues par l'article L. 942-7 du même code.

Cette demande d'agrément et de soumission de l'ensemble des engagements de l'institution de prévoyance à cet agrément est portée à la connaissance des créanciers de l'institution par un avis publié au *Journal officiel*, qui leur impartit un délai de deux mois pour présenter leurs observations. A compter de la date de cette publication, l'institution de prévoyance concernée ainsi que l'ensemble des souscripteurs de contrats auprès de cette institution pour les contrats mentionnés au 2° de l'article L. 932-40 du même code font figurer cette demande, de manière apparente et distincte sur leur site internet, jusqu'à la date de la décision de l'Autorité de contrôle prudentiel et de résolution relative à cette demande.

L'Autorité de contrôle prudentiel et de résolution délivre l'agrément, approuve la soumission des engagements à cet agrément et constate la caducité de l'ensemble des autres agréments s'il lui apparaît que cela ne porte pas préjudice aux intérêts des créanciers et des participants.

La décision d'approbation de l'Autorité de contrôle prudentiel et de résolution rend l'opération opposable aux participants, souscripteurs et bénéficiaires de contrats ainsi qu'aux créanciers à partir de la date de sa publication au *Journal officiel*. Les souscripteurs ont la faculté de résilier le contrat dans le délai d'un mois suivant la date de cette publication et de demander le transfert des engagements relatifs à leurs contrats à une autre institution de prévoyance, une institution de retraite professionnelle supplémentaire, une entreprise d'assurance, un fonds de retraite professionnelle supplémentaire, une mutuelle ou union ou une mutuelle ou union de retraite professionnelle supplémentaire.

Les institutions de prévoyance qui recourent à la faculté prévue au présent II deviennent des institutions de retraite professionnelle supplémentaire en cas d'approbation par l'Autorité de contrôle prudentiel et de résolution.

III. — A la fin de l'exercice 2022, les institutions de prévoyance qui possèdent des engagements faisant l'objet d'une comptabilité auxiliaire d'affectation mentionnée aux premier et troisième alinéas de l'article L. 932-43 du même code transfèrent ces engagements et les actifs correspondants à l'extérieur de cette compatibilité auxiliaire d'affectation ou les affectent à une nouvelle comptabilité *[comptabilité]* auxiliaire d'affectation ne relevant plus de cet article L. 932-43. Le ou les contrats correspondant aux engagements ainsi transférés à l'extérieur de la comptabilité auxiliaire d'affectation ou affectés à une nouvelle comptabilité auxiliaire d'affectation ne relèvent plus de l'agrément administratif accordé pour les activités de retraite professionnelle supplémentaire mentionné au premier alinéa de l'article L. 932-40 du même code.

IV. — A compter du 1er janvier 2023, une institution de prévoyance ne peut plus souscrire de nouveaux contrats dans le cadre de l'agrément administratif accordé pour les activités de retraite professionnelle supplémentaire mentionné au premier alinéa de l'article L. 932-40 du même code, qui devient caduc.

V. — Un décret en Conseil d'État précise, en tant que de besoin, les modalités d'application du présent article.

Art. L. 932-41 **Les prestations relatives aux contrats mentionnés à l'article L. 932-40** *(Abrogé par Ord. n° 2017-484 du 6 avr. 2017, art. 9-10°)* ***« sont payables au participant à compter de la date de liquidation de sa pension dans un régime obligatoire d'assurance***

vieillesse ou à l'âge fixé en application de l'article L. 351-1. Elles » peuvent prévoir des garanties complémentaires en cas de décès *(Ord. n° 2017-484 du 6 avr. 2017, art. 9-10°)* « du participant » avant ou après la cessation d'activité professionnelle, ainsi qu'en cas d'invalidité et d'incapacité.

Les droits individuels en cours de constitution relatifs aux contrats mentionnés à l'article L. 932-40 sont transférables vers un autre contrat mentionné à l'article L. 932-40, ainsi que, dans des conditions et des limites fixées par décret, vers un plan d'épargne retraite populaire défini à l'article L. 144-2 du code des assurances. Ces droits sont également transférables vers un contrat offrant les prestations mentionnées à l'article L. 932-40, mais n'ayant pas été souscrit dans le cadre de l'agrément administratif mentionné au premier alinéa de cet article *(Ord. n° 2017-484 du 6 avr. 2017, art. 9-10°)* « et réciproquement ». La notice d'information précise les modalités d'exercice de la clause de transférabilité. Toutefois, lorsque l'adhésion à ces contrats revêt un caractère obligatoire déterminé dans le cadre d'une des procédures mentionnées à l'article L. 911-1, les droits individuels relatifs à ces contrats ne sont transférables que lorsque le participant n'est plus tenu d'y adhérer.

(Ord. n° 2017-484 du 6 avr. 2017, art. 9-10°) « Il est institué, pour chaque contrat mentionné au 1° de l'article L. 932-40 dont le nombre des participants est supérieur à un seuil fixé par arrêté des ministres chargés de l'économie, de la sécurité sociale et de la mutualité, un comité de surveillance chargé de veiller à la bonne exécution du contrat et à la représentation des intérêts des participants. Ce comité est formé dans les six mois suivant le franchissement du seuil mentionné à la première phrase. Il est composé à parts égales de représentants des salariés et des employeurs. Les membres du comité de surveillance sont tenus au secret professionnel à l'égard des informations présentant un caractère confidentiel et données comme telles par les personnes consultées dans les conditions et sous les peines prévues aux articles 226-13 et 226-14 du code pénal. Le comité peut entendre le ou les commissaires aux comptes compétents, qui sont déliés de l'obligation du secret professionnel à l'égard du comité en ce qui concerne les comptes concernés. Lorsque, pour une même institution de retraite professionnelle supplémentaire ou une même institution de prévoyance, un même souscripteur a souscrit plusieurs contrats pour lesquels doit être instauré un comité de surveillance, les comités de surveillance de ces contrats peuvent être regroupés au sein d'un unique comité chargé de veiller à la bonne exécution de l'ensemble des contrats concernés et à la représentation des intérêts des participants de l'ensemble de ces contrats.

« Par dérogation à l'alinéa précédent, les missions du comité de surveillance peuvent être confiées à une autre instance qui se substitue à lui, à condition que cette instance soit représentative, à parts égales, des salariés et des employeurs du contrat concerné et sous réserve que les membres de cette instance soient tenus aux mêmes obligations de secret professionnel que celles prévues pour les membres d'un comité de surveillance. » — *V. note ss. l'art.*

Les deuxième et troisième alinéas ne s'appliquent *(Abrogé par L. n° 2006-1770 du 30 déc. 2006, art. 64-II) « ni aux contrats relevant du troisième alinéa de l'article L. 932-40, »* ni aux contrats à prestations définies bénéficiant du régime prévu au 2° et au 2° 0 *bis* de l'article 83 du code général des impôts, ni à ceux entrant dans le champ d'application de l'article L. 137-11 du *(Ord. n° 2017-484 du 6 avr. 2017, art. 9-10°)* « présent code ». Ils ne s'appliquent pas non plus aux contrats ayant pour seul objet la prestation d'indemnités de départ en retraite mentionnée à l'article *(Ord. n° 2017-484 du 6 avr. 2017, art. 9-10°)* « L. 1237-9 » du code du travail.

A compter du 1er janv. 2023, à la dernière phrase du troisième al. de l'art. L. 932-41, les mots : « ou une même institution de prévoyance » sont supprimés (Ord. n° 2017-484 du 6 avr. 2017, art. 11-2°).

Art. L. 932-41-1 *(Ord. n° 2017-484 du 6 avr. 2017, art. 9-11°)* Les actifs de chaque contrat relevant de la présente section et faisant l'objet d'une comptabilité auxiliaire d'affectation sont conservés par un ou plusieurs dépositaires distincts de l'institution de retraite professionnelle supplémentaire ou de l'institution de prévoyance, qui exercent à titre principal le service mentionné au 1° de l'article L. 321-2 du code monétaire et financier et sont agréés en France, ou dans un autre État membre de l'Union européenne ou partie à l'accord sur l'Espace économique européen. — *V. note ss. l'art.*

Les autres actifs des institutions de retraite professionnelle supplémentaire sont également conservés par un ou plusieurs dépositaires distincts de l'institution, dans les mêmes conditions.

A compter du 1er janv. 2023, au premier al. de l'art. L. 932-41-1, les mots : « ou de l'institution de prévoyance » sont supprimés (Ord. n° 2017-484 du 6 avr. 2017, art. 11-3°).

Art. L. 932-41-2 *(Ord. n° 2017-484 du 6 avr. 2017, art. 9-11°)* La notice mentionnée à l'article L. 932-6 indique que le contrat souscrit est un contrat de retraite professionnelle supplémentaire relevant de la présente section.

Lors de la liquidation de ses droits, l'institution de retraite professionnelle supplémentaire ou l'institution de prévoyance informe chaque participant et bénéficiaire, dans des conditions définies par arrêté du ministre chargé de la sécurité sociale, du montant des prestations qui lui sont dues et des options de paiement correspondantes.

L'institution de retraite professionnelle supplémentaire ou l'institution de prévoyance établit et révise au moins tous les trois ans, globalement pour les opérations relevant de la présente section, un rapport indiquant sa politique de placement et les risques techniques et financiers correspondants. Ce rapport est mis à jour dans un délai de trois mois après tout changement majeur de la politique de placement. Il est mis à la disposition du souscripteur, du participant et du bénéficiaire. Un arrêté du ministre chargé de la sécurité sociale précise le contenu du rapport et les autres informations qui, sur demande ou périodiquement, doivent être remises aux participants.

A compter du 1er janv. 2023, aux deuxième et dernier al. de l'art. L. 932-41-2, les mots : « ou de l'institution de prévoyance » sont supprimés (Ord. n° 2017-484 du 6 avr. 2017, art. 11-4°).

Art. L. 932-42 L'agrément mentionné à l'article L. 932-40 est délivré dans les conditions prévues à l'article L. 931-4. Il ne peut être accordé qu'aux institutions de prévoyance agréées pour exercer les opérations dépendant de la durée de la vie humaine, y compris les opérations collectives mentionnées à l'article L. 932-24.

Cet agrément vaut également agrément pour les activités des institutions de prévoyance en tant qu'institution de retraite professionnelle dans un autre État membre de *(Ord. n° 2017-484 du 6 avr. 2017, art. 9-12°)* « l'Union » européenne ou dans un autre État partie à l'accord sur l'Espace économique européen.

A compter du 1er janv. 2023, les art. L. 932-42 à L. 932-48 sont abrogés (Ord. n° 2017-484 du 6 avr. 2017, art. 11-5°).

*En application du II de l'art. 21 de la L. n° 2000-321 du 12 avr. 2000 relative aux droits des citoyens dans leurs relations avec les administrations [V. désormais **CRPA**, art. L. 231-5 et L. 231-6], le silence gardé pendant six mois par l'administration vaut décision de rejet pour les demandes d'agrément pour les institutions de prévoyance pratiquant des opérations de retraite professionnelle supplémentaire (Décr. n° 2014-1280 du 23 oct. 2014, applicable pour les demandes présentées à compter du 12 nov. 2014).*

Art. L. 932-43 Nonobstant les dispositions du code de commerce relatives aux comptes sociaux, l'institution de prévoyance établit une comptabilité auxiliaire d'affectation pour *(Ord. n° 2009-106 du 30 janv. 2009, art. 10)* « les » opérations relevant de la présente section et des *[les]* opérations mentionnées à l'article *(Ord. n° 2010-76 du 21 janv. 2010, art. 12-II-16°)* « L. 310-14 » du code des assurances. *(Ord. n° 2009-106 du 30 janv. 2009, art. 10)* « Cette disposition peut s'appliquer individuellement à un contrat selon des conditions fixées par décret. »

Les comptabilités auxiliaires d'affectation relatives à des opérations relevant du présent chapitre, mentionnées à l'article L. 932-24 et *(Abrogé par Ord. n° 2017-484 du 6 avr. 2017, art. 9-13°)* « ***, pour les contrats relevant du b du 1 du I de l'article 163 quatervicies du code général des impôts, celles mentionnées*** » au VII de l'article L. 144-2 du code des assurances, sont établies séparément de la comptabilité auxiliaire d'affectation mentionnée à l'alinéa précédent.

L'*(L. n° 2013-672 du 26 juill. 2013, art. 24-I)* « Autorité de contrôle prudentiel et de résolution » peut également exiger que l'entreprise d'assurance établisse séparément de la comptabilité mentionnée au premier alinéa une comptabilité auxiliaire d'affectation pour les opérations mentionnées à l'article *(Ord. n° 2010-76 du 21 janv. 2010, art. 12-II-16°)* « L. 310-14 » du code des assurances.

(Abrogé par Ord. nº 2017-484 du 6 avr. 2017, art. 9-13º) ***« Les actifs de chaque contrat sont conservés par un dépositaire unique distinct de l'entreprise d'assurance, qui exerce à titre principal le service mentionné au 1 de l'article L. 321-2 du code monétaire et financier, et qui peut être agréé dans un autre État membre de la Communauté européenne ou dans un autre État partie à l'accord sur l'Espace économique européen. »***

V. 1re note ss. art. L. 932-42.

Art. L. 932-44 En cas d'insuffisance de représentation des engagements faisant l'objet de la comptabilité auxiliaire d'affectation mentionnée *(Ord. nº 2017-484 du 6 avr. 2017, art. 9-14º)* « aux premier, deuxième et troisième alinéas de l'article L. 932-43 », et sans préjudice de toute procédure qui pourrait être engagée dans le cadre du titre V du livre III du code des assurances, l'institution de prévoyance et le ou les souscripteurs conviennent d'un plan de redressement permettant de parfaire la représentation de ces engagements par affectation d'actifs représentatifs de réserves ou de provisions autres que ceux représentatifs de ses engagements réglementés. Lorsque la représentation des engagements du ou des contrats le rend possible, les actifs affectés à ce ou ces contrats ou leur contre-valeur sont réaffectés aux autres opérations de *(Ord. nº 2017-484 du 6 avr. 2017, art. 9-14º)* « l'institution de prévoyance » dans des conditions convenues entre celle-ci et le ou les souscripteurs des contrats faisant l'objet de la comptabilité auxiliaire d'affectation. En cas de désaccord entre les parties, l'Autorité de contrôle prudentiel et de résolution détermine le montant et le calendrier d'affectation d'actifs par l'institution de prévoyance.

L'élaboration du plan de redressement mentionné au premier alinéa tient compte de la situation particulière de l'institution de prévoyance au titre de la comptabilité auxiliaire faisant l'objet dudit plan. Ce plan est tenu à la disposition des *(Ord. nº 2017-484 du 6 avr. 2017, art. 9-14º)* « participants ».

V. 1re note ss. art. L. 932-42.

Art. L. 932-45 *(Abrogé par Ord. nº 2017-484 du 6 avr. 2017, art. 9-15º)* ***« La précision qu'il s'agit d'un contrat de retraite professionnelle supplémentaire relevant des dispositions de la présente section doit figurer dans la notice. »***

L'institution de prévoyance établit et arrête, dans les mêmes conditions que ses comptes individuels, le rapport de gestion et les comptes annuels relatifs à la ou les comptabilités auxiliaires d'affectation mentionnée à l'article L. 932-43. Le ou les commissaires aux comptes de l'institution de prévoyance certifient que ces comptes annuels sont réguliers et sincères. Ces documents sont remis à leur demande aux souscripteurs dans les six mois qui suivent la clôture de l'exercice précédent, et sont tenus à la disposition des participants et bénéficiaires.

(Abrogé par Ord. nº 2017-484 du 6 avr. 2017, art. 9-15º) ***« Lors de la liquidation de ses droits, l'institution de prévoyance informe chaque participant ou bénéficiaire, dans des conditions définies par arrêté du ministre chargé de la sécurité sociale, sur le montant des prestations qui lui sont dues et sur les options de paiement correspondantes.***

« L'institution de prévoyance établit et révise au moins tous les trois ans, globalement pour les opérations relevant du présent chapitre, un rapport indiquant sa politique de placement et les risques techniques et financiers y afférents. Ce rapport doit être mis à jour dans un délai de trois mois après tout changement majeur de la politique de placement. Il est remis, sur demande, au souscripteur *(L. nº 2014-1662 du 30 déc. 2014, art. 16-III)* ***« , au participant et au bénéficiaire ». Un arrêté du ministre chargé de la sécurité sociale précise les autres informations qui, sur demande ou périodiquement, doivent être remises aux adhérents. »***

V. 1re note ss. art. L. 932-42.

Le règlement d'un régime de retraite supplémentaire mis en place par décision unilatérale de l'employeur revêt dans les rapports entre les adhérents et l'assureur un caractère contractuel. Le calcul du salaire de référence doit en conséquence être basé sur les termes clairs et précis des clauses de ce règlement et sur le fondement des règles de la convention collective de branche. • Civ. 2e, 12 janv. 2017, nº 15-22.367 P : *Rev. sociétés 2017. 352, obs. Foy ; JCP S 2017, nº 1103, obs. De Calbiac ; RGDA 3/2017. 207, obs. Mayaux.*

Art. L. 932-46 Sans préjudice des droits des titulaires de créances nées de la gestion de ces opérations, aucun créancier de l'entreprise d'assurance, autre que les partici-

pants ou bénéficiaires au titre des opérations relevant du présent chapitre, ne peut se prévaloir d'un quelconque droit sur les biens et droits résultant de l'enregistrement comptable établi en vertu du premier alinéa de l'article L. 932-43, même sur le fondement du livre VI du code de commerce, des articles 2331 et 2375 du code civil, des articles L. 310-25, L. 326-2 à L. 327-6 et L. 441-8 du code des assurances, de l'article L. 932-24 du *(Ord. nº 2017-484 du 6 avr. 2017, art. 9-16º)* **« présent code » ou de l'article L. 212-23 du code de la mutualité.**

Sous réserve de l'article L. 932-44, les participants ou bénéficiaires au titre des opérations relevant du présent chapitre et *(Ord. nº 2010-76 du 21 janv. 2010, art. 12-II-17º)* **« de l'article L. 310-14 du code des assurances » ne peuvent se prévaloir d'un quelconque droit sur les biens et droits résultant des autres opérations de l'institution de prévoyance, même sur le fondement du livre VI du code de commerce, des articles 2331 et 2375 du code civil, des articles L. 310-25, L. 326-2 à L. 327-6 et L. 441-8 du code des assurances, de l'article L. 932-24 du** *(Ord. nº 2017-484 du 6 avr. 2017, art. 9-16º)* **« présent code » ou de l'article L. 212-23 du code de la mutualité.**

V. 1re note ss. art. L. 932-42.

Art. L. 932-47 L'institution peut, dans les conditions mentionnées à l'article L. 143-8 du code des assurances, soumettre à la présente section tout contrat offrant les prestations mentionnées à l'article L. 932-40, mais n'ayant pas été souscrit dans le cadre de l'agrément administratif mentionné au premier alinéa de cet article.

V. 1re note ss. art. L. 932-42.

En application du II de l'art. 21 de la L. nº 2000-321 du 12 avr. 2000 relative aux droits des citoyens dans leurs relations avec les administrations [V. désormais **CRPA**, *art. L. 231-5 et L. 231-6], le silence gardé pendant deux mois par l'administration vaut décision de rejet pour les demandes de soumission d'un contrat collectif d'assurance vie aux dispositions régissant les prestations de retraite professionnelles supplémentaire (Décr. nº 2014-1280 du 23 oct. 2014, applicable pour les demandes présentées à compter du 12 nov. 2014).*

Art. L. 932-48 Les institutions de prévoyance peuvent proposer des services d'institutions de retraite professionnelle sur le territoire d'un autre État membre de *(Ord. nº 2017-484 du 6 avr. 2017, art. 9-17º)* **« l'Union » européenne ou d'un État partie à l'accord sur l'Espace économique européen, dans les conditions fixées** *(Ord. nº 2010-76 du 21 janv. 2010, art. 12-II-18º)* **« à l'article L. 310-14 du code des assurances ».**

(Abrogé par Ord. nº 2017-484 du 6 avr. 2017, art. 9-17º) ***« Un décret en Conseil d'État précise les règles techniques et de garantie applicables aux opérations mentionnées à l'article L. 932-40, ainsi que les conditions d'application des articles L. 932-40 à L. 932-46, et notamment les modalités de constitution et de fonctionnement du comité de surveillance. »***

V. 1re note ss. art. L. 932-42.

Art. L. 932-48-1 *(Ord. nº 2017-484 du 6 avr. 2017, art. 9-18º)* **Un décret en Conseil d'État précise les conditions d'application de la présente section, notamment les règles techniques et de garantie applicables aux opérations mentionnées à l'article L. 932-40, les modalités de constitution et de fonctionnement du comité de surveillance mentionné à l'article L. 932-41 et les possibilités d'inclusion du rapport mentionné à l'article L. 932-41-2 dans le rapport sur la solvabilité et la situation financière de l'institution de prévoyance ou de l'institution de retraite professionnelle supplémentaire concernée ainsi que les modalités de sa mise à disposition.**

A compter du 1er janv. 2023, à l'art. L. 932-48-1, les mots : « de l'institution de prévoyance ou » sont supprimés (Ord. nº 2017-484 du 6 avr. 2017, art. 11-6º).

SECTION X **DISTRIBUTION D'ASSURANCES** *(Ord. nº 2018-361 du 16 mai 2018, art. 14, en vigueur le 1er oct. 2018).*

(L. nº 2006-1770 du 30 déc. 2006, art. 64-II)

Art. L. 932-49 Lorsqu'elles y sont autorisées par leurs statuts, les institutions de prévoyance et les unions peuvent recourir à des intermédiaires d'assurance ou de réassu-

rance. Les dispositions *(Abrogé par Ord. nº 2018-361 du 16 mai 2018, art. 14, à compter du 1er oct. 2018) « du livre III et du livre V »* du code des assurances relatives aux intermédiaires sont applicables aux intermédiaires des institutions de prévoyance et des unions.

Art. L. 932-50 *(Abrogé par Ord. nº 2018-361 du 16 mai 2018, art. 14, à compter du 1er oct. 2018) « Lorsque l'intermédiaire a été désigné par une personne morale souscriptrice, l'institution de prévoyance ou l'union informe cette dernière du montant et du destinataire de la rémunération versée. »*

L'institution de prévoyance ou l'union ne peut déléguer, de manière totale ou partielle, la gestion du contrat collectif que si ses statuts l'y autorisent. L'assemblée générale définit les principes que doivent respecter ces délégations de gestion. Le délégataire rend compte chaque année de sa gestion au conseil d'administration de l'institution de prévoyance ou de l'union.

Art. L. 932-51 Le conseil d'administration établit, chaque année, un rapport qu'il présente à l'assemblée générale et dans lequel il rend compte des opérations d'intermédiation et de délégation de gestion visées aux articles L. 932-49 et L. 932-50. *(Abrogé par L. nº 2011-525 du 17 mai 2011, art. 140-III) « Les informations contenues dans ce rapport sont déterminées par décret. »*

Art. L. 932-52 *(Ord. nº 2017-734 du 4 mai 2017, art. 15-IV)* I. – Les institutions de prévoyance et unions proposant les opérations individuelles comportant des valeurs de rachat, des opérations de capitalisation, des opérations ayant pour objet l'acquisition ou la jouissance de droits en cas de vie mentionnées à l'article L. 932-24, ou des contrats mentionnés à l'article L. 132-5-3 du code des assurances établissent des conventions avec les intermédiaires mentionnés à l'article L. 932-49 du présent code.

Ces conventions prévoient notamment :

1° Les conditions dans lesquelles l'intermédiaire mentionné à l'article L. 932-49 est tenu de soumettre à l'institution de prévoyance ou à l'union les documents à caractère publicitaire, préalablement à leur diffusion, afin de vérifier leur conformité aux opérations mentionnées au premier alinéa et, le cas échéant, à la notice d'information ;

2° Les conditions dans lesquelles sont mises à disposition de l'intermédiaire par l'institution de prévoyance ou l'union les informations nécessaires à l'appréciation de l'ensemble des caractéristiques de l'opération collective ou individuelle.

II. – Un décret en Conseil d'État précise les modalités d'application du I, notamment les cas et conditions dans lesquels l'obligation d'établir des conventions n'est pas justifiée compte tenu de la nature des contrats ou de leur mode de distribution.

Art. L. 932-53 *(Ord. nº 2018-361 du 16 mai 2018, art. 14, en vigueur le 1er oct. 2018)* Les dispositions du code des assurances relatives aux distributeurs d'assurance sont applicables aux institutions de prévoyance et unions régies par le présent titre, sous réserve des règles propres à ces institutions de prévoyance et unions prévues par le même titre.

Pour l'application de ces dispositions, il y a lieu d'entendre :

1° "institutions de prévoyance ou unions exerçant une activité directe d'assurance ou une activité de réassurance" là où sont mentionnées dans le code des assurances les termes : "entreprises d'assurance et de réassurance" ;

2° "institution de prévoyance ou union exerçant une activité directe d'assurance" là où sont mentionnés dans le code des assurances les termes : "entreprise d'assurance" et "assureur" ;

3° "règlement ou contrat collectif" là où est mentionné dans le code des assurances : "contrat" ;

4° "adhérent ou participant" là où sont mentionnés dans le code des assurances : "souscripteur", "adhérent" et "souscripteur ou adhérent" ;

5° "cotisation" là où est mentionné dans le code des assurances : "prime".

CHAPITRE III *[ABROGÉ]* INSTITUTIONS DE PRÉVOYANCE APPARTENANT À UN GROUPE

(Abrogé par Ord. nº 2015-378 du 2 avr. 2015, art. 17-IV, à compter du 1er janv. 2016)

SECTION PREMIÈRE *[ABROGÉE]* SOLVABILITÉ DES INSTITUTIONS DE PRÉVOYANCE ET DES UNIONS D'INSTITUTIONS DE PRÉVOYANCE ET SURVEILLANCE COMPLÉMENTAIRE DES CONGLOMÉRATS FINANCIERS

(Ord. nº 2004-1201 du 12 nov. 2004).

Art. L. 933-1 à L. 933-4-1-2 *Abrogés par Ord. nº 2015-378 du 2 avr. 2015, art. 17-IV, à compter du 1er janv. 2016.*

Art. L. 933-4-2 *Abrogé par Ord. nº 2014-158 du 20 févr. 2014, art. 8-6º.*

Art. L. 933-4-3 *Abrogé par Ord. nº 2010-76 du 21 janv. 2010, art. 12-II-21º.*

Art. L. 933-4-4 et L. 933-4-5 *Abrogés par Ord. nº 2014-158 du 20 févr. 2014, art. 8-6º.*

Art. L. 933-4-6 à L. 933-4-16 *Abrogés par Ord. nº 2010-76 du 21 janv. 2010, art. 12-II-21º.*

SECTION II *[ABROGÉE]* GROUPEMENT PARITAIRE DE PRÉVOYANCE

Art. L. 933-5 à L. 933-8 *Abrogés par Ord. nº 2015-378 du 2 avr. 2015, art. 17-IV, à compter du 1er janv. 2016.*

TITRE QUATRIÈME INSTITUTIONS DE GESTION DE RETRAITE SUPPLÉMENTAIRE ET INSTITUTIONS DE RETRAITE PROFESSIONNELLE SUPPLÉMENTAIRE *(Ord. nº 2017-484 du 6 avr. 2017, art. 9-19º).*

(L. nº 2003-775 du 21 août 2003, art. 116)

BIBL. GÉN. ▶ BARON, PIGNAUD et RIGAUD, Les modalités de transformations des IRS en IGRS, *JCP S 2008. 1228.* – BARTHÉLEMY, Essai sur l'ingénierie juridique des fonds de pension, *Dr. soc. 1995. 525* ; Épargne-retraite ou épargne et retraite, *Dr. soc. 2002. 728* ; Réforme des retraites et protection sociale complémentaire, *Dr. soc. 2003. 970*. – BRÉDON et ROULET, Les compléments de rémunération en 2011, *JCP S 2011, nº 1162.* – CECCALDI, Institutions complémentaires de prévoyance et de retraite, *TPS 1996. Chron. 19* ; Fonds de pension et avenir des retraites, *TPS 1997. Chron. 13.* – CHARPENTIER, Fonds de pension : l'état du dossier, *Dr. soc. 1996. 166*. – COURSIER, La révision d'un accord de retraite supplémentaire et ses conséquences, *Dr. soc. 2002. 874* ; Sur la nécessaire neutralité des mesures fiscales accompagnant les droits à retraite supplémentaire, *JCP S 2009. 1527.* – CUZACQ, L'épargne salariale à long terme est-elle un support adapté au financement de la retraite ?, *JCP E 2002. I. 1163.* – DEL SOL, Étude comparée des dispositifs de retraite d'entreprise (contrats « articles 39 et 83 CGI » – Perco), *JCP S 2006. 1113* ; Les dispositions relatives aux régimes de retraite supplémentaire à cotisations définies et à prestations définies, *JCP E 2011. 1163.* – DUPLAT, Sur la modification des modalités de revalorisation des pensions des régimes supplémentaires (Avis sur Cass. soc. 17 mai 2005), *Dr. soc. 2005. 907*. – DURIN, Régimes complémentaires et fonds de pension, *Dr. soc. 1992. 136*. – FADEUILHE, Groupements d'employeurs et dispositifs d'épargne salariale. Les apports de l'article 7 de la loi du 3 décembre 2008, *JCP S 2009. 1062.* – FOUQUET, Sur les pensions de retraite prévues par un contrat individuel de travail, *Dr. soc. 1992. 198*. – GADBIN, Les fonds de pension obligatoire face au droit communautaire de la concurrence : des positions dominantes à préserver dans le futur marché intérieur des services financiers, *Dr. soc. 2001. 178*. – GAÏA, Contrôle de constitutionnalité de la loi du 8 août 1994 portant création d'institutions de retraite supplémentaire, *D. 1995. 351*. – JOURDAN, Les contributions patronales finançant les régimes de retraite et de prévoyance, *JCP E 2005. 1029.* – KESSLER, Les retraites surcomplémentaires saisies par le droit communautaire financier. Proposition de directive relative à la coordination des dispositions législatives, réglementaires et administratives concernant les institutions de retraite professionnelle, *RDSS 2001. 175* ; La difficile transformation des institutions de retraite supplémentaires, *RDSS 2008. 53*. – KESSLER et *al.*, Les fonds de pension (dossier), *RDSS* *n° 5/2016*. – Laigre, La retraite collective d'entreprise après la loi du 8 août 1994, *Dr. soc. 1995. 411* ; Les plans d'épargne retraite : la main visible du marché, *Dr. soc. 1997. 482* . – Langlois, Variations sur les régimes à prestations définies, *Dr. soc. 2009. 462* . – Libault, La réforme des retraites : une nouvelle donne pour les entreprises, *JCP S 2010. 1521*. – Martin, Épargne salariale et retraite : les avatars de la protection sociale d'entreprise en Europe, *Dr. soc. 2003. 202* . – Morvan, L'épargne retraite dans tous ses états, *Dr. soc. 2006. 179* . – Ouaissi, Le devenir des régimes de retraite supplémentaire et de prévoyance lors de fusions d'entreprises, *JCP S 2006. 1858*. – Picard, Retraite par répartition ou par capitalisation : la fin de la guerre de religion, *Dr. soc. 1986. 341*. – Pinault, L'affiliation d'une catégorie de salariés à un régime de retraite peut-elle faire l'objet d'un différend collectif du travail relevant de la compétence des juridictions arbitrales ?, *Dr. soc. 1983. 230*. – Prétot, Contrôle de constitutionnalité de la loi du 8 août 1994 portant création d'institutions de retraite supplémentaire, *D. 1996. 45* . – Quément, Les fonds de pension, *RDSS 1996. 158* . – Reynaud, Les fonds de pension et l'avenir des retraites en France, *Dr. soc. 1995. 801* . – Rigaud, Retraites « chapeau » et notion de gestion externe, *JCP S 2010. 1099*. – Ruellan, L'avènement laborieux de l'épargne retraite en France, *RDSS 2004. 533* . – Saint-Jours, Les retraites supplémentaires par capitalisation : côté pile et côté face, *Dr. soc. 1996. 627* ; Une étrange relance des fonds de retraite d'entreprise par capitalisation, *Dr. ouvrier 1998. 55*. – Sauret, L'épargne salariale, *JCP E 2001. 552* ; Durcissement des régimes de préretraite d'entreprise et du sort fiscal et social des indemnités de retraite, *Gaz. Pal. 2008, n° 54, p. 11*. – Serizay, Retraite supplémentaire, *JCP E 1996. I. 568* ; Financement des engagements de retraite et changements sociaux, *Dr. soc. 1996. 719* ; Le renouveau des retraites chapeau, *Dr. soc. 2003. 977* ; Enjeux et mutations en matière de retraites extra-légales, *JCP S 2010. 1323* ; La réforme des retraites et l'impact sur les retraites supplémentaires, *JCP S 2010. 1527*. – Tauran, La dimension juridique des fonds de pension, *TPS 2003. Chron. 10, p. 7*. – Touati, Mise en place des plans d'épargne retraite de la loi n° 97-277 du 25 mars 1997, *TPS 1998, n° 1, p. 4*. – Winter et Serizay, Les régimes à prestations définies et le caractère individualisable. Débat entre l'actuaire et le juriste, *JCP E 2004. I. 1769* ; Les régimes à prestations définies et le principe d'achèvement de la carrière dans l'entreprise. Débat entre le juriste et l'actuaire, *JCP E 2005. I. 235*.

CHAPITRE PREMIER **INSTITUTIONS DE GESTION DE RETRAITE SUPPLÉMENTAIRE** *(Ord. n° 2017-484 du 6 avr. 2017, art. 9-19°)*.

Art. L. 941-1 Les institutions de retraite supplémentaire régies par le présent titre dans sa rédaction en vigueur à la date de publication de la loi n° 2003-775 du 21 août 2003 portant réforme des retraites, qui à cette date ne sont pas en cours de dissolution, doivent, avant le 31 décembre *(L. n° 2008-1330 du 17 déc. 2008, art. 25-II)* **« 2009 », soit déposer une demande en vue de leur agrément en qualité d'institution de prévoyance relevant du titre III du livre IX ou en vue de leur fusion avec une institution de prévoyance agréée, soit se transformer, sans constitution d'une nouvelle personne morale, en institutions de gestion de retraite supplémentaire régies par le présent titre.**

Loi n° 2003-1199 du 18 décembre 2003,

De financement de la sécurité sociale pour 2004 (JO 19 déc.).

Art. 11 Jusqu'au 31 décembre *(L. n° 2008-1330 du 17 déc. 2008, art. 25-II)* « 2009 », les contributions des employeurs versées à une institution de retraite supplémentaire mentionnée à l'article L. 941-1 du code de la sécurité sociale, avant le dépôt de la demande d'agrément *(L. n° 2008-1330 du 17 déc. 2008, art. 25-I)* « , » la transformation en institution de gestion de retraite supplémentaire *(L. n° 2008-1330 du 17 déc. 2008, art. 25-I)* « ou la dissolution volontaire de l'institution de retraite supplémentaire », ne sont soumises ni aux cotisations dont l'assiette est définie à l'article L. 242-1 du code de la sécurité sociale ou à l'article L. 741-10 du code rural et de la pêche maritime, ni aux contributions prévues à l'article L. 136-1 et au 2° du I de l'article L. 137-11 du code de la sécurité sociale et à l'article 14 de l'ordonnance n° 96-50 du 24 janvier 1996 relative au remboursement de la dette sociale, dès lors qu'elles ont pour objet de former des provisions destinées à couvrir des engagements de retraite évalués *(L. n° 2008-1330 du 17 déc. 2008, art. 25-I)* « à la date de transformation de l'institution de retraite supplémentaire et au plus tard au 31 décembre 2008 ».

Le montant des contributions des employeurs non assujetties en application de l'alinéa précédent ne peut excéder, pour l'ensemble de la période, le niveau du complément nécessaire pour atteindre le minimum de provisions requis pour l'agrément en qualité d'institution de prévoyance dans les conditions définies au *(L. n° 2008-1330 du 17 déc. 2008, art. 25-I)* « titre III » du livre IX du code de la sécurité sociale *(Abrogé par L. n° 2008-1330 du 17 déc. 2008, art. 25-I) « et au II de l'article 116 de la loi n° 2003-775 du 21 août 2003 portant réforme des retraites »*. Le versement de ces contributions peut être fractionné par exercices et l'exonération qui s'y attache n'est définitivement acquise qu'à la date de dépôt de la demande *(L. n° 2008-1330 du 17 déc. 2008, art. 25-I)* « , » de la transformation prévus à l'article L. 941-1 du code de la sécurité sociale *(L. n° 2008-1330 du 17 déc. 2008, art. 25-I)* « ou à la date de dissolution volontaire de l'institution de retraite supplémentaire ».

Le bénéfice des dispositions du présent article est subordonné à la communication, à l'organisme chargé du recouvrement des cotisations et contributions sociales mentionné à l'article L. 243-7 du code de la sécurité sociale et, pour le régime agricole, à l'article L. 723-1 du code rural et de la pêche maritime, des pièces mentionnées au IV de l'article 116 de la loi n° 2003-775 du 21 août 2003 précitée.

Une institution ne peut bénéficier des dispositions du présent article qu'à compter de la date à laquelle l'Autorité de contrôle prudentiel et de résolution lui a accusé réception de la note technique prévue au IV de l'article 116 de la loi n° 2003-775 du 21 août 2003 précitée.

Jurisprudence rendue sous l'empire des anc. art. L. 941-1 s. – V. ces art. dans l'éd. 2003.

1. Compatibilité avec le principe d'égalité. L'interdiction de constituer à l'avenir des institutions de retraite supplémentaire n'est pas contraire au principe constitutionnel d'égalité, d'une part, car les dispositions nouvelles applicables à compter de la publication de la loi ne sont pas, au regard de la volonté du législateur de réduire progressivement le champ d'application du régime des institutions de retraite supplémentaire, constitutives d'une rupture du principe d'égalité entre entreprises suivant qu'elles ont ou non constitué un régime de retraite supplémentaire à la date de cette publication, ni, d'autre part, dans la mesure où le législateur a entendu favoriser l'application des règles de droit commun aux salariés bénéficiant jusqu'alors d'un régime spécial, en réservant la possibilité d'autoriser par dérogation la création de nouvelles institutions de retraite supplémentaire. • Cons. const. 3 août 1994, *décis. 94-348 DC : RJS 1994, n° 1194 ; D. 1996. Somm. 45, obs. Prétot ; ibid. 1995. Somm. 351, obs. Gaïa.* ♦ V. également sur la compatibilité de la définition d'une contribution spécifique due par les bénéficiaires des régimes de retraite à prestation définie avec le principe d'égalité devant l'impôt, • Cons. const. 13 oct. 2011, n° 2011-180 QPC : *RJS 12/2011. 884.*

2. Compatibilité avec le principe de participation. Si la loi nouvelle a entendu proscrire, sauf exception, la création de nouvelles institutions de retraite supplémentaire, elle prévoit que les partenaires sociaux peuvent souscrire un contrat de groupe auprès d'une institution ou constituer une institution de prévoyance propre à une entreprise ou un groupe d'entreprises. Aux termes de l'art. L. 931-1 CSS, dans la mesure où les institutions de prévoyance sont, d'une part, constituées sur la base, soit d'une convention ou d'un accord collectif, soit d'un projet d'accord proposé par le chef d'entreprise et ratifié par la majorité des intéressés, soit enfin par accord entre des membres adhérents et des membres participants réunis à cet effet en assemblée générale, et dans la mesure où, d'autre part, lesdites institutions sont administrées paritairement, la loi nouvelle ne porte pas atteinte au principe de la participation des travailleurs, énoncé au huitième al. du Préambule de 1946, dont elle assure la mise en œuvre dans le cadre des compétences que lui réserve l'art. 34 de la Constitution. • Cons. const. 3 août 1994, décis. 94-348 DC : *préc. note 1.*

3. Compétence juridictionnelle. L'action intentée contre l'organisme gestionnaire d'un régime de retraite supplémentaire étant dirigée contre un tiers au contrat de travail ne relève de la compétence d'aucune juridiction d'exception. La compétence du tribunal de grande instance doit également être retenue si des demandes indivisibles sont, dans la même instance, formulées contre l'employeur. • Soc. 5 déc. 2006, n° 06-40.163 P : *JCP S 2007, n° 1359, obs. Lahalle ; RJS 2007, n° 28.*

4. Régime fiscal des contributions aux régimes de retraite supplémentaire. La transformation d'une institution de retraite complémentaire en institution de gestion de retraite supplémentaire régie par le titre IV du livre IX du CSS dans sa rédaction issue de l'art. 116 de la L. n° 2003-775 du 21 août 2003, à la suite d'une modification des statuts approuvée par arrêté ministériel, conduit à soumettre les sommes qui lui sont versées à la nouvelle contribution de 6 % dont l'assiette est définie au § a de l'art. L. 137-11, I, 2° CSS, dans sa rédaction issue de l'art. 115 de la même loi, peu important les modalités d'attribution des fonds et le concours apporté par l'employeur dans le service des rentes. • Civ. 2e, 12 juin 2007, n° 06-14.527 P : *Dr. soc. 2007. 1190, obs. Barthélemy ; JCP S 2007, n° 1768, obs. Vachet.*

5. Obligation d'information. Les juges ne sauraient déclarer inopposable une clause en se fondant sur la méconnaissance de l'obligation d'information générale mise à la charge de tout assureur sans préciser l'étendue de l'obligation d'information pesant sur les organismes de retraite supplémentaire à l'égard des entreprises participantes. • Civ. 2e, 5 juin 2008, n° 07-13.694 (inédit).

Art. L. 941-2 **Les institutions de gestion de retraite supplémentaire mentionnées à l'article L. 941-1 ne peuvent accomplir d'opérations autres que celles relatives à la gestion administrative du ou des régimes de retraite supplémentaire ou d'indemnités de fin de carrière de leurs entreprises adhérentes.**

Art. L. 941-3 *(Ord. n° 2015-378 du 2 avr. 2015, art. 17-V, en vigueur le 1er janv. 2016)* **« Les dispositions du I au VI de l'article L. 931-7-2, les dispositions des articles » L. 931-13, L. 931-17, L. 931-20 et L. 931-25 à L. 931-28 et les dispositions du chapitre Ier du titre III du présent livre relatives à la composition et au fonctionnement du conseil d'administration et de la commission paritaire ou de l'assemblée générale s'appliquent aux institutions de gestion de retraite supplémentaire.**

Art. L. 941-4 **Un décret en Conseil d'État précise en tant que de besoin les modalités de fonctionnement des institutions de gestion de retraite supplémentaire et notamment les mentions qu'elles doivent faire figurer dans leurs statuts et documents d'information.** *(Abrogé par L. n° 2014-1545 du 20 déc. 2014, art. 47)* ***« Un arrêté du ministre chargé de la sécurité sociale détermine les états comptables et statistiques que les institutions adressent chaque année à l'****(L. n° 2013-672 du 26 juill. 2013, art. 24-I)* ***« Autorité de contrôle prudentiel et de résolution ». »***

Loi n° 2003-775 du 21 août 2003, *portant réforme des retraites.* **Art. 116** I. — *V. CSS, art. L. 941-1 à L. 941-4.*

II. — Un décret en Conseil d'État détermine en tant que de besoin les adaptations transitoires aux dispositions du titre III du livre IX du code de la sécurité sociale qui peuvent être appliquées pendant une période ne pouvant excéder quinze ans aux institutions de prévoyance créées ou fusionnées en application de l'article L. 941-1 dudit code.

III. — En l'absence de transmission d'un dossier complet de demande d'agrément conforme à l'article L. 941-1 du même code ou du dépôt des modifications statutaires rendues éventuellement nécessaires par l'application des articles L. 941-2 à L. 941-4 du même code dans le délai prévu audit article L. 941-1, ou en cas de refus d'agrément, les institutions mentionnées à cet article sont dissoutes et cessent toutes les opérations qui ne sont pas nécessaires à leur liquidation. Le liquidateur est nommé par le conseil d'administration de l'institution ou, en cas de carence, par l'*(L. n° 2013-672 du 26 juill. 2013, art. 24-I)* « Autorité de contrôle prudentiel et de résolution ».

Un arrêté du ministre chargé de la sécurité sociale précise les modalités de conversion en rentes viagères des réserves et provisions constituées par lesdites institutions. — *V. Arr. du 22 déc. 2008 (JO 1er janv. 2009).*

IV. — Jusqu'à leur transformation, fusion ou dissolution, les institutions de retraite supplémentaire mentionnées au premier alinéa de l'article L. 941-1 du code de la sécurité sociale sont soumises aux dispositions du titre IV du livre IX du même code dans leur rédaction en vigueur à la date de publication de la présente loi. Elles adressent, au plus tard le 30 juin 2004 et ensuite chaque année dans les six mois suivant la clôture de chaque exercice, à l'*(L. n° 2013-672 du 26 juill. 2013, art. 24-I)* « Autorité de contrôle prudentiel et de résolution » une note technique décrivant leurs engagements tels que visés à l'article L. 941-2 dans sa rédaction antérieure à la publication de la présente loi et exposant le mode de calcul de ces engagements ainsi que les modalités de constitution des provisions nécessaires à la couverture de ces engagements, un état relatif à l'exercice clos, comprenant les provisions constituées par l'institution, ses placements ainsi que, le cas échéant, les provisions inscrites au passif du bilan de la ou des entreprises adhérentes à l'institution ou les engagements figurant dans l'annexe et une copie de tout contrat ou convention conclu par la ou les entreprises adhérentes en vue de couvrir ou de contribuer à la couverture des engagements relatifs au régime de retraite mis en œuvre par l'institution de retraite supplémentaire.

L'*(L. nº 2013-672 du 26 juill. 2013, art. 24-I)* « Autorité de contrôle prudentiel et de résolution » peut préciser la nature et le contenu des informations figurant dans les documents mentionnés au premier alinéa.

V. – *V. CSS, art. L. 931-36.*

VI. — Un décret détermine les conditions dans lesquelles les institutions relevant du titre IV du livre IX du code de la sécurité sociale qui se transforment en institutions de gestion de retraite supplémentaire modifient, par voie d'accord collectif, leurs règlements afin de transférer à une institution de prévoyance régie par le titre III du livre IX du code de la sécurité sociale, à une entreprise d'assurance régie par le code des assurances ou à une mutuelle régie par le titre II du code de la mutualité les provisions ou réserves qu'elles ont constituées. Ces modifications ne sont applicables que sous réserve de leur approbation par l'*(L. nº 2013-672 du 26 juill. 2013, art. 24-I)* « Autorité de contrôle prudentiel et de résolution ». – *V. Décr. nº 2007-1903 du 26 déc. 2007 (JO 30 déc.).*

VII. — A titre exceptionnel, les contributions des employeurs versées pendant la période transitoire prévue à l'article L. 941-1 du code de la sécurité sociale sont exclues de l'assiette des cotisations et contributions sociales dans des conditions prévues par la plus prochaine loi de financement de la sécurité sociale.

CHAPITRE II **INSTITUTIONS DE RETRAITE PROFESSIONNELLE SUPPLÉMENTAIRE**

(Ord. nº 2017-484 du 6 avr. 2017, art. 9-19º)

SECTION PREMIÈRE **DISPOSITIONS GÉNÉRALES**

Art. L. 942-1 **Les institutions de retraite professionnelle supplémentaire sont des personnes morales de droit privé ayant pour objet la couverture d'engagements de retraite professionnelle supplémentaire, telle que définie à l'article L. 932-40.**

Les institutions de retraite professionnelle supplémentaire limitent leur activité à la couverture d'engagements de retraite professionnelle supplémentaire et aux activités qui en découlent, notamment la couverture de garanties complémentaires mentionnées à l'article L. 932-41.

Les institutions de retraite professionnelle supplémentaire peuvent se voir transférer des risques provenant d'autres institutions de retraite professionnelle supplémentaire, de fonds de retraite professionnelle supplémentaire mentionnés à l'article L. 381-1 du code des assurances et de mutuelles ou d'unions de retraite professionnelle supplémentaire mentionnées à l'article L. 214-1 du code de la mutualité, lorsque le transfert est proportionnel.

Art. L. 942-2 **L'article L. 381-2 du code des assurances est applicable aux institutions de retraite professionnelle supplémentaire. Pour l'application de cet article, les institutions de retraite professionnelle supplémentaire sont assimilées à des fonds de retraite professionnelle supplémentaire.**

Art. L. 942-3 **Les institutions de retraite professionnelle supplémentaire obéissent aux règles de constitution et de fonctionnement applicables aux institutions de prévoyance, prévues aux articles L. 931-1, L. 931-3, L. 931-3-2, L. 931-7-1 à L. 931-7-6 et L. 931-10 à L. 931-14-3.**

Art. L. 942-4 **Le chapitre II du titre III du présent livre est applicable aux contrats souscrits par les institutions régies par le présent chapitre. Pour l'application de ces dispositions, les institutions de retraite professionnelle supplémentaire sont assimilées à des institutions de prévoyance exerçant des opérations d'assurance vie ou de capitalisation.**

Art. L. 942-5 **Les dispositions des sections III *bis*, V, VIII et IX du chapitre Ier du titre III du présent livre applicables aux institutions de prévoyance exerçant des opérations d'assurance vie ou de capitalisation s'appliquent aux institutions de retraite professionnelle supplémentaire.**

Art. L. 942-6 **Sous réserve d'adaptations précisées par décret en Conseil d'État, les dispositions de la section XI du chapitre Ier du titre III du présent livre, applicables**

aux institutions de prévoyance exerçant des opérations d'assurance vie ou de capitalisation, s'appliquent aux institutions de retraite professionnelle supplémentaire.

SECTION II AGRÉMENT

Art. L. 942-7 Le chapitre II du titre VIII du livre III du code des assurances est applicable aux institutions de retraite professionnelle supplémentaire.

Pour l'application de ces dispositions, il y a lieu d'entendre : "institutions de retraite professionnelle supplémentaire" là où sont mentionnés dans le code des assurances : "fonds de retraite professionnelle supplémentaire" ou "fonds" et "aux participants et aux bénéficiaires" là où est mentionné dans le code des assurances : "aux assurés et aux tiers bénéficiaires". La référence à l'article L. 143-1 du code des assurances est remplacée par la référence à l'article L. 932-40 du présent code et la référence à l'article L. 143-2 du code des assurances est remplacée par la référence à l'article L. 932-41 du présent code.

Au cours de l'année 2017, les agréments accordés par l'Autorité de contrôle prudentiel et de résolution en application de l'art. L. 942-7 et les opérations de transfert autorisées par l'Autorité dans les conditions prévues à l'art. L. 942-9 le sont dans les mêmes conditions que si ces articles avaient été applicables à compter du 1er janv. 2017 (Ord. nº 2017-484 du 6 avr. 2017, art. 18).

SECTION III RETRAIT D'AGRÉMENT

Art. L. 942-8 Le chapitre III du titre VIII du livre III du code des assurances est applicable aux institutions de retraite professionnelle supplémentaire.

Pour l'application de ces dispositions, il y a lieu d'entendre : "institutions de retraite professionnelle supplémentaire" là où sont mentionnés dans le code des assurances : "fonds de retraite professionnelle supplémentaire" ou "fonds".

SECTION IV TRANSFERT DE PORTEFEUILLE

Art. L. 942-9 Les sections Ire et III du chapitre IV du titre VIII du livre III du code des assurances sont applicables aux institutions de prévoyance.

Pour l'application de ces dispositions, il y a lieu d'entendre : "institutions de prévoyance" là où est mentionné dans le code des assurances : "entreprises d'assurance". La référence à l'article L. 132-29 du code des assurances est remplacée par la référence à l'article L. 932-23-3 du présent code, la référence à l'article L. 143-1 du code des assurances est remplacée par la référence à l'article L. 932-40 du présent code et la référence à l'article L. 324-1 du code des assurances est remplacée par la référence à l'article L. 931-16 du présent code.

Pour l'application de l'article L. 384-2 du code des assurances, il y a lieu d'entendre : "institutions de retraite professionnelle supplémentaire" là où sont mentionnés dans le code des assurances : "fonds de retraite professionnelle supplémentaire" ou "fonds".

V. note ss. art. L. 942-7.

Art. L. 942-10 Les institutions de retraite professionnelle supplémentaire peuvent être autorisées, dans les conditions définies à l'article L. 931-16, à transférer tout ou partie de leur portefeuille de contrats, à une ou plusieurs institutions de retraite professionnelle supplémentaire, fonds de retraite professionnelle supplémentaire mentionnés à l'article L. 381-1 du code des assurances et mutuelles ou unions de retraite professionnelle supplémentaire mentionnées à l'article L. 214-1 du code de la mutualité.

SECTION V RÈGLES FINANCIÈRES ET PRUDENTIELLES

Art. L. 942-11 Le chapitre V du titre VIII du livre III du code des assurances est applicable aux institutions de retraite professionnelle supplémentaire.

Pour l'application de ces dispositions, il y a lieu d'entendre : "institutions de retraite professionnelle supplémentaire" là où sont mentionnés dans le code des assurances : "fonds de retraite professionnelle supplémentaire" ou "fonds". La référence à l'article L. 354-1 du code des assurances est remplacée par la référence à l'article L. 931-7 du présent code.

TITRE CINQUIÈME CONTRÔLE DES INSTITUTIONS

(L. n° 94-678 du 8 août 1994, art. 12)

BIBL. GÉN. ▶ Bigot et Bellando, La nouvelle Autorité de contrôle prudentiel et l'assurance : aspects structurels, *JCP 2010. 364.* – Didier, Applicabilité immédiate des textes de procédure sans réitération des actes de procédure, *JCP 2007. II. 10011.*

Art. L. 951-1 *(Ord. n° 2010-76 du 21 janv. 2010, art. 12-III-1°)* **Pour l'exercice du contrôle des institutions, l'Autorité de contrôle prudentiel et de résolution exerce sa mission dans les conditions prévues au chapitre II du titre Ier du livre VI du code monétaire et financier.**

Art. L. 951-2 *(Ord. n° 2010-76 du 21 janv. 2010, art. 12-III-2°)* **I. –** *(L. n° 2016-1691 du 9 déc. 2016, art. 47-IV)* **« Lorsque l'Autorité de contrôle prudentiel et de résolution prend, à l'égard d'une institution de prévoyance ou d'une union d'institutions de prévoyance, la mesure conservatoire prévue au 14° du I de l'article L. 612-33 du code monétaire et financier, elle recourt au fonds paritaire de garantie après avoir consulté par écrit le président et le vice-président de ce fonds. » S'il conteste la décision de l'Autorité, le président ou le vice-président du fonds peut, dans un délai de quinze jours à compter de celle-ci, saisir le ministre chargé de la sécurité sociale. Celui-ci peut alors, dans l'intérêt des membres participants et des bénéficiaires et dans un délai de quinze jours, demander à l'Autorité une nouvelle délibération après avoir recueilli l'avis écrit d'un collège arbitral dont la composition est fixée par décret en Conseil d'État.**

La décision de l'Autorité de contrôle prudentiel et de résolution de recourir au fonds paritaire de garantie est immédiatement notifiée à l'institution ou l'union concernée. En cas de mise en œuvre de la procédure décrite à l'alinéa précédent, seule la nouvelle délibération de l'Autorité est notifiée à l'institution ou à l'union.

(L. n° 2016-1691 du 9 déc. 2016, art. 47-IV) **« II. – Dès cette notification, l'autorité communique au fonds paritaire de garantie l'appel d'offres qu'elle lance pour mettre en œuvre la mesure conservatoire mentionnée au 14° du I de l'article L. 612-33 du code monétaire et financier. »**

III. – *(Abrogé par L. n° 2016-1691 du 9 déc. 2016, art. 47-IV)* ***« L'Autorité retient les offres qui lui paraissent le mieux préserver l'intérêt des membres participants et bénéficiaires de bulletins d'adhésion à un règlement ou de contrats, eu égard notamment à la solvabilité des organismes candidats, institutions relevant du titre III [du] livre IX du présent code, unions ou mutuelles régies par le code de la mutualité ou entreprises d'assurance régies par le code des assurances, et aux taux de réduction des engagements qu'ils proposent.***

« La décision de l'Autorité qui prononce le transfert du portefeuille des bulletins d'adhésion ou de contrats au profit des institutions, unions, mutuelles ou entreprises d'assurance qu'elle a désignées et qui mentionne, le cas échéant, le taux de réduction pour chaque type de bulletins d'adhésion à un règlement ou de contrats transférés est publiée au Journal officiel de la République française. Cette décision libère l'institution ou l'union cédante de tout engagement envers les membres participants et bénéficiaires, dont les bulletins d'adhésion à un règlement ou contrats ont été transférés en vertu des dispositions du présent article. »

Lorsque la procédure du transfert de portefeuille n'a pas abouti, l'Autorité en informe le fonds paritaire de garantie.

IV. – Les engagements et les actifs transférés font l'objet d'une comptabilité distincte. Les excédents éventuels dus à une sous-estimation des actifs ou à une surestimation des engagements dans le bilan de transfert reviennent aux membres participants et bénéficiaires de prestations, dont les bulletins d'adhésion à un règlement ou contrats ont été transférés.

V. – Le transfert de tout ou partie du portefeuille ou le constat de l'échec de la procédure de transfert emporte retrait, par l'Autorité, de tous les agréments administratifs de l'institution ou de l'union défaillante *(L. n° 2016-1691 du 9 déc. 2016, art. 47-IV)* **« en application du II de l'article L. 612-33-2 du code monétaire et financier ». Le fonds paritaire de garantie accomplit, jusqu'à la nomination du liquidateur, les actes nécessaires à la gestion de la partie du portefeuille de bulletins d'adhésion à un règlement ou de contrats qui n'a pas été transférée. L'administrateur provisoire nommé, le**

cas échéant, par l'Autorité de contrôle, peut accomplir les actes de gestion pour le compte du fonds paritaire de garantie.

Art. L. 951-2-1 à L. 951-10-1 *Abrogés par Ord. n° 2010-76 du 21 janv. 2010, art. 12-III-3°.*

Art. L. 951-11 *(Ord. n° 2001-350 du 19 avr. 2001, art. 6-XIV)* Est puni *(Ord. n° 2010-76 du 21 janv. 2010, art. 12-III-4°)* « d'un an » d'emprisonnement et de *(Ord. n° 2010-76 du 21 janv. 2010, art. 12-III-4°)* « 15 000 € » d'amende le fait, pour tout dirigeant d'une institution de prévoyance *(Ord. n° 2015-378 du 2 avr. 2015, art. 17-VI-1°, en vigueur le 1er janv. 2016)* « , d'une union d'institution de prévoyance ou d'une société de groupe assurantiel de protection sociale » ou d'une union d'institution de prévoyance ou pour tout dirigeant que l'autorité aura décidé de soumettre à son contrôle en application de l'article L. 951-2 :

1° Après mise en demeure, de ne pas répondre aux demandes d'information de l'autorité de contrôle ou de mettre obstacle, de quelque manière que ce soit, à l'exercice par celle-ci de sa mission de contrôle, ou de lui communiquer sciemment des renseignements inexacts ;

2° *(L. n° 2010-1249 du 22 oct. 2010, art. 12-VI)* « De faire entrave à l'action de l'Autorité de contrôle prudentiel et de résolution ou à l'exécution d'une décision prise en application des articles L. 612-33 et L. 612-34 du code monétaire et financier ; »

3° De faire des déclarations mensongères ou de procéder à des dissimulations frauduleuses dans tout document produit au ministre chargé de la sécurité sociale ou porté à la connaissance du public et des membres adhérents ou participants.

(Abrogé par L. n° 2009-526 du 12 mai 2009, art. 125) « Les personnes morales peuvent être déclarées responsables pénalement, dans les conditions prévues par l'article 121-2 du code pénal, des infractions définies au présent article. Elles encourent, dans ce cas, la peine d'amende, suivant les modalités prévues par l'article 131-38 du code pénal. »

Art. L. 951-12 à L. 951-13-1 *Abrogés par Ord. n° 2010-76 du 21 janv. 2010, art. 12-III-5°.*

Art. L. 951-14 et L. 951-14-1 *Abrogés par Ord. n° 2015-378 du 2 avr. 2015, art. 17-VI-2°, à compter du 1er janv. 2016.*

Art. L. 951-15 *Abrogé par Ord. n° 2010-76 du 21 janv. 2010, art. 12-III-5°.*

Art. L. 951-16 *(Ord. n° 2001-350 du 19 avr. 2001, art. 7-IV)* En cas de transfert de portefeuille, la partie des droits des membres participants et bénéficiaires de prestations éventuellement non couverte par le cessionnaire est garantie dans les limites prévues par son règlement par un versement du fonds paritaire de garantie au cessionnaire.

Lorsque la procédure de transfert de portefeuille n'a pas abouti, les droits des membres participants et bénéficiaires de prestations sont garantis par un versement, à leur profit, du fonds paritaire de garantie, dans les limites prévues par le règlement du fonds.

Le fonds paritaire de garantie dispose d'un droit d'accès aux documents justificatifs du calcul de sa contribution, dont le montant est arrêté par l'Autorité de contrôle.

TITRE SIXIÈME DISPOSITIONS GÉNÉRALES RELATIVES À LA PROTECTION SOCIALE SUPPLÉMENTAIRE DES TRAVAILLEURS NON SALARIÉS

(Ord. n° 2006-344 du 23 mars 2006)

Les dispositions de ce titre prennent effet à compter du 24 juin 2006 (Ord. n° 2006-344 du 23 mars 2006).

Art. L. 961-1 Les dispositions du présent titre s'appliquent aux régimes et garanties collectives établis à titre obligatoire ou facultatif dans un cadre professionnel au profit des non-salariés, anciens non-salariés et de leurs ayants droit et qui s'ajoutent aux régimes légalement obligatoires *(L. n° 2016-1827 du 23 déc. 2016, art. 50-I ; Ord. n° 2018-470 du 12 juin 2018, art. 9)* « des personnes mentionnées à l'article L. 611-1 ».

Les régimes et garanties collectives mentionnés au premier alinéa ont notamment pour objet de prévoir la couverture des risques et la constitution des avantages mentionnés à l'article L. 911-2.

Ces régimes et garanties collectives, obligatoires ou facultatifs, sont gérés par les entreprises régies par le code des assurances, par les mutuelles relevant du code de la mutualité *(Abrogé par L. nº 2016-1827 du 23 déc. 2016, art. 50-I)* « ***, par les organismes mentionnés à l'article L. 621-2 fonctionnant pour les groupes professionnels définis aux 1º, 2º et 3º de l'article L. 621-3*** » et par les organismes mentionnés aux articles *(Abrogé par L. nº 2017-1836 du 30 déc. 2017, art. 15-V, à compter du 1er janv. 2018) (L. nº 2016-1827 du 23 déc. 2016, art. 50-I)* « **L. 611-2,** » **L. 644-1** et *(Ord. nº 2018-470 du 12 juin 2018, art. 5)* « **L. 652-1** ». — *Sur les dispositions transitoires de l'art. 15 de la L. nº 2017-1836 du 30 déc. 2017, V. ss. le livre VI « Dispositions applicables aux travailleurs indépendants ».*

Les dispositions du présent titre ne s'appliquent pas aux régimes complémentaires obligatoires qui relèvent d'un règlement européen de coordination des législations nationales de sécurité sociale pris sur la base des articles 42 et 308 du traité instituant la Communauté européenne.

Art. L. 961-2 Les dispositions du présent titre sont d'ordre public.

Art. L. 961-3 Les régimes et les garanties collectives mentionnés à l'article L. 961-1 ne peuvent prévoir, en cas de radiation des affiliés, des conditions différentes de maintien des droits à retraite, selon que les assurés ou leurs ayants droit restent sur le territoire français ou vont résider dans un autre État membre de la Communauté européenne ou un État partie à l'accord sur l'Espace économique européen.

Art. L. 961-4 Les organismes qui gèrent les opérations mentionnées à l'article L. 961-3 sont tenus d'assurer le versement des prestations ou avantages de retraite, d'invalidité et de décès aux assurés et à leurs ayants droit résidant dans un autre État membre de la Communauté européenne ou un État partie à l'accord sur l'Espace économique européen, nets de taxes et de frais.

Art. L. 961-5 Les organismes qui gèrent les opérations mentionnées à l'article L. 961-3 sont tenus d'adresser à leurs ressortissants qui cessent d'être affiliés avant d'avoir fait liquider leurs droits, au plus tard trois mois après la date d'effet de leur radiation, une note d'information sur leurs droits à retraite, mentionnant notamment les modalités et les conditions selon lesquelles ils pourront obtenir la liquidation de leurs droits.

DEUXIÈME PARTIE : DÉCRETS EN CONSEIL D'ÉTAT

(Décr. n° 85-1353 du 17 déc. 1985, JO 21 déc. ; Rect. JO 20 mars 1986)

LIVRE PREMIER GÉNÉRALITÉS — DISPOSITIONS COMMUNES À TOUT OU PARTIE DES RÉGIMES DE BASE

TITRE PREMIER GÉNÉRALITÉS

CHAPITRE PREMIER ORGANISATION DE LA SÉCURITÉ SOCIALE

Art. R. 111-1 *(Décr. n° 2010-344 du 31 mars 2010, art. 266)* L'organisation de la sécurité sociale comprend :

1° En ce qui concerne le régime général :

a) La Caisse nationale de l'assurance maladie des travailleurs salariés et des caisses primaires d'assurance maladie ;

b) La Caisse nationale des allocations familiales et des caisses d'allocations familiales ;

c) La Caisse nationale d'assurance vieillesse et, pour les départements du Haut-Rhin, du Bas-Rhin et de la Moselle, la Caisse régionale d'assurance vieillesse des travailleurs salariés de Strasbourg ;

d) L'Agence centrale des organismes de sécurité sociale et des unions de recouvrement des cotisations de sécurité sociale et d'allocations familiales ;

e) L'Union des caisses nationales de sécurité sociale ;

f) Des caisses d'assurance retraite et de la santé au travail ;

g) Dans les départements d'outre-mer, des caisses générales de sécurité sociale ;

h) Des unions ou fédérations de caisses ;

2° En ce qui concerne le régime agricole, des organismes de mutualité sociale agricole comprenant la Caisse centrale de la mutualité sociale agricole, des caisses de mutualité sociale agricole ainsi que leurs associations et groupements d'intérêt économique ;

(Abrogé par Décr. n° 2018-174 du 9 mars 2018, art. 15-I, à compter du 1er janv. 2018) *« 3° En ce qui concerne le régime social des indépendants, la Caisse nationale du régime social des indépendants et des caisses de base ; »*

4° En ce qui concerne les régimes spéciaux à certaines branches d'activité ou certaines entreprises pour tout ou partie des prestations, des caisses, organismes et services ;

5° En ce qui concerne les régimes obligatoires de base d'assurance maladie, l'Union nationale des caisses d'assurance maladie ;

6° En ce qui concerne le régime des expatriés, la Caisse des Français de l'étranger ;

7° Tous autres organismes et services qui assurent, en tout ou partie des attributions dévolues aux organismes et services mentionnés aux 1° à 6°.

Art. R. 111-2 *(Décr. n° 2015-1865 du 30 déc. 2015, art. 1er-1°, en vigueur le 1er janv. 2016)* « Pour bénéficier des prestations mentionnées aux articles L. 160-1, *(Décr. n° 2017-240 du 24 févr. 2017, art. 1er-1°)* « L. 356-1, » L. 512-1, L. 815-1, L. 815-24, L. 861-1 et L. 863-1 ainsi que du maintien du droit aux prestations en espèces prévu par l'article L. 161-8, sont considérées comme résidant en France de manière stable les personnes qui ont leur foyer ou le lieu de leur séjour principal sur le territoire métropolitain, en Guadeloupe, en Guyane, à la Martinique, à La Réunion, à Saint-Barthélemy ou à Saint-Martin. Cette disposition n'est pas applicable aux ayants droit mineurs pour la prise en charge de leurs frais de santé en cas de maladie et de maternité dans les cas prévus par les conventions internationales et les règlements européens. »

Le foyer s'entend du lieu où les personnes habitent normalement, c'est-à-dire du lieu de leur résidence habituelle, à condition que cette résidence sur le territoire métropolitain ou dans un département d'outre-mer ait un caractère permanent.

La condition de séjour principal est satisfaite lorsque les bénéficiaires sont personnellement et effectivement présents à titre principal sur le territoire métropolitain *(Décr.*

n° 2015-1865 du 30 déc. 2015, art. 1er-2°, en vigueur le 1er janv. 2016) « , en Guadeloupe, en Guyane, à la Martinique, à La Réunion, à Saint-Barthélemy ou à Saint-Martin ». Sous réserve de l'application des dispositions de l'article R. 115-7, sont réputées avoir en France le lieu de leur séjour principal les personnes qui y séjournent pendant plus de six mois au cours de l'année civile de versement des prestations.

La résidence en France peut être prouvée par tout moyen. *(Abrogé par Décr. n° 2015-1865 du 30 déc. 2015, art. 1er-3°, à compter du 1er janv. 2016)* ***« Un arrêté du ministre chargé de la sécurité sociale fixe la liste des données ou des pièces relatives à la condition de résidence. »*** *— [Anc. art. R. 115-6.]*

Art. R. 111-3 *(Décr. n° 2017-240 du 24 févr. 2017, art. 1er-2°)* I. — Peuvent bénéficier des prestations ou aides mentionnées aux articles L. 160-1, L. 356-1, L. 815-1, L. 815-24, L. 861-1 et L. 863-1 ainsi que du maintien de droit aux prestations prévu par l'article L. 161-8, ou être affiliées à un régime obligatoire de sécurité sociale, lorsqu'elles en remplissent les autres conditions et ne relèvent pas, par ailleurs, d'un régime de sécurité sociale d'un autre État en application des règlements européens ou de conventions internationales, les personnes qui sont de nationalité française ou sont en situation régulière au regard de la législation sur le séjour des étrangers en France.

Un arrêté du ministre chargé de la sécurité sociale et du ministre de l'intérieur fixe la liste des titres ou documents attestant la régularité de la situation des personnes de nationalité étrangère, qui ne sont pas ressortissants d'un État membre de l'Union européenne, d'un État partie à l'accord sur l'Espace économique européen ou de la Confédération suisse. — *V. Arr. du 10 mai 2017 fixant la liste des titres de séjour prévue au I de l'art. R. 111-3 CSS (JO 11 mai).*

II. — La condition de régularité du séjour des personnes est appréciée au jour de la demande présentée pour bénéficier des dispositions du premier alinéa du I, y compris lorsque cette demande est instruite postérieurement à la date de fin de validité du document présenté pour attester cette régularité.

Art. R. 111-4 *(Décr. n° 2017-240 du 24 févr. 2017, art. 1er-2°)* Le droit aux prestations mentionnées aux articles L. 160-1 et L. 861-1 ne peut être fermé pour les personnes qui ne sont pas ressortissants de l'Union européenne, d'un des pays de l'Espace économique européen ou de la Confédération suisse avant la fin du douzième mois qui suit la date d'expiration des titres ou documents justifiant qu'ils remplissent les conditions mentionnées à l'article R. 111-3 sous réserve des dispositions du II de l'article R. 114-10-1, sauf si le bénéficiaire signale qu'il ne réside plus en France ou ne relève plus de la législation de sécurité sociale française ou si ce droit a été fermé dans les conditions prévues par l'article L. 114-12-3.

CHAPITRE II **MINISTRES COMPÉTENTS**

Art. R. 112-1 Sous réserve des dispositions *(Décr. n° 2009-1387 du 11 nov. 2009, art. 1er)* « du deuxième alinéa », le ministre chargé de la sécurité sociale est chargé de l'application de l'ensemble des dispositions législatives et réglementaires relatives à la sécurité sociale.

(Décr. n° 2009-1387 du 11 nov. 2009, art. 1er) « En ce qui concerne le régime agricole et le régime d'assurance des marins, le ministre chargé de la sécurité sociale exerce ces attributions conjointement avec, respectivement, le ministre chargé de l'agriculture et le ministre chargé de la marine marchande. »

Le ministre chargé du budget participe à la tutelle de l'organisation de la sécurité sociale pour les questions relevant de sa compétence.

(Décr. n° 2009-1387 du 11 nov. 2009, art. 1er) « Les ministres chargés de la sécurité sociale et du budget exercent le contrôle de l'État prévu à l'article L. 151-1, notamment en étant représentés par des commissaires du Gouvernement. Les dispositions particulières qui régissent les régimes autres que le régime général peuvent prévoir que le ministre chargé du secteur désigne un représentant qui assiste au conseil d'administration des organismes. »

Art. R. 112-2 Avec le concours des organismes de sécurité sociale, le ministre chargé de la sécurité sociale prend toutes mesures utiles afin d'assurer l'information générale des assurés sociaux.

Il établit annuellement dans le cadre des mesures générales de coordination déjà existantes les directives selon lesquelles s'exerce l'action des organismes de sécurité sociale en matière de prévention des accidents du travail.

Il contrôle la réalisation, par les organismes de sécurité sociale, du plan d'action sanitaire et sociale.

Il prend toutes mesures nécessaires à la mise en œuvre de l'action sociale en faveur des personnes âgées.

Étendue de l'obligation générale d'information. L'obligation générale d'information dont les organismes de sécurité sociale sont débiteurs envers les assurés ne leur impose, en l'absence de demande de ceux-ci, ni de prendre l'initiative de les renseigner sur leurs droits éventuels, ni de porter à leur connaissance des textes publiés au *Journal officiel* de la République française. • Civ. 2e, 28 nov. 2013 : *D. actu. 21 janv. 2014, obs. Fraisse.* ♦ V. aussi : • Civ. 2e, 19 déc. 2013 : *RDSS 2014. 192, note Tauran* (l'obligation d'information pesant sur une Caisse d'assurance retraite et de la santé au travail en application de l'art. L. 161-17 CSS dans sa rédaction résultant de la L. n° 2003-775 du 21 août 2003 mis en œuvre dans les conditions de l'art. 3 du Décr. n° 2006-708 du 19 juin 2006 ne peut être étendue au-delà des prévisions de ce texte et que celle générale découlant de l'art. R. 112-2 du même code lui impose seulement de répondre aux demandes qui lui sont soumises).

CHAPITRE III INSPECTION GÉNÉRALE

Art. R. 113-1 Le contrôle des divers régimes de sécurité sociale est confié à une inspection générale de la sécurité sociale placée sous l'autorité du ministre chargé de la sécurité sociale et, en tant que de besoin, des ministres intéressés.

Un décret fixe les attributions et la composition de cette inspection générale. – *V. art. D. 113-1 à D. 113-5.*

Sur le statut et les pouvoirs de l'IGAS, V. L. n° 96-452 du 28 mai 1996, art. 42 modifié (Annexe I) et sur le statut particulier du corps, V. Décr. n° 2011-931 du 1er août 2011 (JO 4 août), modifié.

BIBL. ▸ CECCALDI, La fonction d'inspection dans le secteur social ; À propos du trentenaire de l'IGAS (1967-1997), *TPS 1998. Chron. 3*, et l'IGAS 1967-1997 : Réforme de l'État et mutation du secteur social : deux enjeux pour la fonction d'inspection (Actes du colloque), *RF aff. soc., n° 2, 1998, p. 5.*

CHAPITRE IV COMMISSIONS ET CONSEILS

SECTION PREMIÈRE [ABROGÉE] COMITÉ DE COORDINATION

(Abrogée par Décr. n° 2004-1007 du 23 sept. 2004)

SECTION II HAUT COMITÉ MÉDICAL

Art. R. 114-9 *Abrogé par Décr. n° 2007-102 du 26 janv. 2007, art. 8.*

SECTION III COMMISSION DES COMPTES DE LA SÉCURITÉ SOCIALE

Néant. – V. art. D. 114-1 à D. 114-4.

SECTION VI [IV] COMITÉ DE SUIVI DES RETRAITES

(Décr. n° 2014-653 du 20 juin 2014, art. 1er)

Art. R. 114-1 Le comité de suivi des retraites est placé auprès du Premier ministre. Il a pour missions :

1° De rendre les avis prévus au II de l'article L. 114-4 ;

2° D'émettre des recommandations selon les modalités prévues au III et au IV du même article et à l'article L. 4162-21 du code du travail ;

3° De réunir et consulter le jury citoyen prévu au troisième alinéa du I de l'article L. 114-4 du présent code, dans le cadre de la préparation des avis et recommandations prévus aux 1° et 2°.

Art. R. 114-2 Le comité de suivi des retraites se réunit sur convocation de son président, qui fixe l'ordre du jour. Le secrétariat du comité est assuré par la direction de la sécurité sociale.

Art. R. 114-3 Le comité de suivi des retraites peut, sur décision de son président, entendre toute personne dont l'audition est de nature à éclairer ses délibérations. Sur proposition de son président, il peut s'adjoindre les services d'un ou de plusieurs rapporteurs dans l'exercice de ses missions.

Art. R. 114-4 Au cours de leur mandat de cinq ans, le président ou le membre du comité qui décède ou démissionne est remplacé pour la durée du mandat par une personne désignée dans les mêmes conditions.

Art. R. 114-5 Les membres du comité sont tenus au secret des délibérations.

Art. R. 114-6 Les membres du comité perçoivent une indemnité forfaitaire et les rapporteurs des vacations, dans des conditions définies par arrêté conjoint des ministres chargé de la sécurité sociale et chargé du budget.

CHAPITRE IV *BIS* ORGANISATIONS COMPTABLES

(Décr. n° 2009-386 du 7 avr. 2009)

Art. R. 114-6-1 I. — Pour l'ensemble des organismes et régimes de sécurité sociale visés à l'article L. 114-6-1 du présent code, les comptes annuels et les comptes combinés sont établis par l'agent comptable et arrêtés par le directeur. Les comptes annuels et les comptes combinés sont ensuite présentés par le directeur et l'agent comptable au conseil d'administration, instance ou commission délibérative compétente qui les approuve sauf vote contraire à la majorité des deux tiers des membres :

1° Après avoir pris connaissance du rapport de certification prévu à l'article L.O. 132-2-1 du code des juridictions financières pour ce qui concerne les comptes faisant l'objet de la certification prévue au même article ;

2° Au vu de l'opinion émise par l'instance chargée de la certification pour ce qui concerne les comptes qui font l'objet de la certification prévue à l'article L. 114-8 du présent code ;

3° Au vu du rapport de validation prévu à l'article D. 114-4-2 du code de la sécurité sociale pour ce qui concerne les organismes visés au deuxième alinéa de l'article L. 114-6.

II. — Pour l'application des troisième, quatrième et cinquième alinéas de l'article L. 114-6 du présent code, les comptes annuels et les comptes combinés, constitués du bilan, du compte de résultat et de l'annexe sont, selon un calendrier fixé par arrêté, établis pour être mis à la disposition des instances chargées de leur certification puis transmis au ministre chargé de la sécurité sociale, à la Cour des comptes, aux instances chargées de la certification et au ministre de l'agriculture pour ce qui concerne les comptes des régimes de protection sociale agricole.

(Décr. n° 2018-174 du 9 mars 2018, art. 15-I, en vigueur le 1er janv. 2018) « Les comptes combinés annuels des organismes de sécurité sociale sont constitués par la combinaison, selon des modalités fixées par arrêté conjoint des ministres chargés du budget, de la sécurité sociale et de l'agriculture, du compte de l'organisme national concerné, des comptes des organismes de base ainsi que de ceux des autres organismes compris dans le périmètre de combinaison, conformément à la norme arrêtée en la matière après avis du Conseil de normalisation des comptes publics. »

CHAPITRE IV *TER* CONTRÔLE ET LUTTE CONTRE LA FRAUDE

(Décr. n° 2006-1744 du 23 déc. 2006)

V. Circ. interministérielle n° DSS/2011/142 du 8 avr. 2011 relative au dispositif des pénalités administratives dans les organismes chargés de la gestion des prestations familiales et des prestations d'assurance vieillesse.

Art. R. 114-10 *(Décr. n° 2017-240 du 24 févr. 2017, art. 2)* Les organismes en charge de la gestion des régimes obligatoires de sécurité sociale procèdent, sur la base des éléments dont ils disposent, à des vérifications du respect des critères fixés en application de l'article L. 111-2-3 et relatifs à la stabilité de la résidence et à la régularité du séjour des bénéficiaires des prestations qu'ils versent. Ces opérations visent notamment à vérifier l'exactitude des déclarations effectuées à ce titre par ces bénéficiaires.

Les organismes peuvent en outre, si les éléments en leur possession ne sont pas suffisants pour permettre d'établir que les critères mentionnés au premier alinéa sont respectés, solliciter les bénéficiaires des prestations pour leur demander de produire des éléments complémentaires. Ces éléments doivent être produits dans un délai maximal d'un mois à compter de la date de réception de la demande.

En complément de ces vérifications, les agents mentionnés aux 3° et 4° de l'article L. 114-16-3 peuvent procéder à des contrôles sur pièces ou sur place en vue d'apprécier la stabilité de la résidence et la régularité du séjour des bénéficiaires des prestations.

Art. R. 114-10-1 *(Décr. n° 2017-240 du 24 févr. 2017, art. 3)* I. — Lorsque les vérifications et contrôles mentionnés à l'article R. 114-10 révèlent que les bénéficiaires des prestations ne remplissent plus les conditions fixées en application de l'article L. 111-2-3, que les éléments produits par ces bénéficiaires sont insuffisants pour le justifier ou qu'ils n'ont pas répondu aux demandes faites par les organismes en ce sens, le directeur de l'organisme notifie à l'intéressé qu'il dispose d'un délai d'un mois, à compter de la date de réception de la notification, pour produire tout document attestant du respect de la stabilité de la résidence et de la régularité du séjour et présenter des observations. Cette notification fait état des dispositions applicables en l'absence de réponse ou de réponse insuffisante, notamment des dispositions des II et III du présent article.

Si les documents produits et les observations présentées sont insuffisants pour justifier du bénéfice de la prise en charge des frais de santé, la décision de fermeture de droit est notifiée à l'assuré. Cette notification précise :

1° Les vérifications et contrôles effectués ;

2° La date à partir de laquelle les vérifications et contrôles effectués établissent que le respect des conditions de stabilité de la résidence et de régularité du séjour n'était plus avéré ;

3° La date de fermeture des droits ;

4° Les voies et délais de recours contre cette décision.

II. — Lorsque les conditions de stabilité de la résidence ne sont plus remplies, la date à laquelle les droits à la prise en charge des frais de santé sont fermés ne peut être antérieure au quarante-cinquième jour suivant la date d'expédition, par tout moyen permettant de conférer date certaine, de la décision de fermeture des droits mentionnée au I.

Lorsque les personnes concernées résident encore en France et relèvent de la législation de sécurité sociale française, la fermeture des droits ne peut intervenir avant cette même date ou avant la date mentionnée à l'article R. 111-4 si elle est postérieure.

La carte d'assurance maladie des personnes concernées est alors dénoncée et inscrite sur la liste d'opposition prévue à l'article L. 161-31.

III. — Lorsque la fermeture des droits intervient en application du premier alinéa du II, les montants des frais de santé pris en charge par les organismes entre la date mentionnée au 2° du I et la date de fermeture des droits sont récupérés dans les conditions prévues par les articles L. 133-4-1 et L. 161-1-5.

La prescription de cette action est suspendue pendant la période durant laquelle la récupération est rendue impossible du fait de la résidence à l'étranger de l'assuré. Les personnes demandant ultérieurement la réouverture de leurs droits à la prise en charge des frais de santé doivent s'être acquittées préalablement des sommes restant dues ou avoir signé un plan d'apurement de celles-ci.

Art. R. 114-10-2 *(Décr. n° 2017-736 du 3 mai 2017, art. 2)* Le référentiel mentionné à l'article L. 114-10-3 détermine les principes d'organisation des opérations annuelles de vérification et de contrôle mentionnées à l'article R. 114-10 et les critères sur lesquels ils s'appuient. Ces critères incluent notamment la prise en compte des situations ou événements suivants :

1° Assujettissement à la cotisation mentionnée à l'article L. 380-2 ;

2° Changement d'organisme assurant la prise en charge des frais de santé ;

3° Exercice de l'option mentionnée au deuxième alinéa de l'article L. 160-17 ;

4° Demande de protection complémentaire en matière de santé prévue à l'article L. 861-1 ou expiration du droit à cette protection.

Art. R. 114-11 Lorsqu'il envisage de faire application de l'article L. 114-17 *(Abrogé par Décr. nº 2009-404 du 15 avr. 2009, art. 4) « ou de l'article L. 524-7 »*, le directeur de l'organisme *(Décr. nº 2017-240 du 24 févr. 2017, art. 4)* « qui est victime des faits mentionnés aux 1° à 4° du I du même article » le notifie à l'intéressé en précisant les faits reprochés et le montant de la pénalité *(Décr. nº 2010-1227 du 19 oct. 2010)* « envisagée » et en lui indiquant qu'il dispose d'un délai d'un mois à compter de la réception de la notification pour demander à être entendu, s'il le souhaite, ou pour présenter des observations écrites.

(Décr. nº 2010-1227 du 19 oct. 2010) « Si, après réception des observations écrites ou audition de la personne concernée dans les locaux de l'organisme ou en l'absence de réponse de cette personne à l'expiration du délai mentionné à l'alinéa précédent, le directeur décide de poursuivre la procédure, il fixe le montant de la pénalité et le notifie à la personne concernée. Celle-ci peut, dans un délai d'un mois à compter de la réception de cette notification, former un recours gracieux contre la décision fixant le montant de la pénalité auprès du directeur. Dans ce cas, le directeur saisit la commission mentionnée au septième alinéa du I de l'article L. 114-17 et lui communique, le cas échéant, les observations écrites de la personne concernée ou le procès-verbal de son audition. »

(Abrogé par Décr. nº 2010-1227 du 19 oct. 2010) « La commission désigne un rapporteur en son sein. » Après que le directeur de l'organisme ou son représentant a présenté ses observations, et après avoir entendu *(Abrogé par Décr. nº 2010-1227 du 19 oct. 2010) « le rapporteur et »* la personne en cause, si celle-ci le souhaite, la commission rend un avis motivé, portant notamment sur la matérialité *(Abrogé par Décr. nº 2010-1227 du 19 oct. 2010) « et la gravité »* des faits reprochés, sur la responsabilité de la personne et sur le montant de la pénalité susceptible d'être appliquée.

La commission doit émettre son avis dans un délai d'un mois à compter de sa saisine. Elle peut, si un complément d'information est nécessaire, demander au directeur un délai supplémentaire d'un mois. Si la commission ne s'est pas prononcée au terme du délai qui lui est imparti, l'avis est réputé rendu.

Le directeur dispose d'un délai *(Décr. nº 2012-1032 du 7 sept. 2012, art. 1er-I-1°)* « d'un mois » à compter de la réception de l'avis de la commission ou de la date à laquelle celui-ci est réputé avoir été rendu pour fixer le montant définitif de la pénalité et le notifier à la personne en cause ou pour l'aviser que la procédure est abandonnée. A défaut, la procédure est réputée abandonnée.

Lors des auditions mentionnées au présent article, la personne en cause peut se faire assister ou se faire représenter par la personne de son choix.

(Décr. nº 2010-1227 du 19 oct. 2010) « Les notifications prévues au présent article s'effectuent » *(Décr. nº 2012-1032 du 7 sept. 2012, art. 1er-I-2°)* « par tout moyen permettant de rapporter la preuve de leur date de réception ». Copie en est envoyée le même jour par lettre simple.

(Décr. nº 2010-1227 du 19 oct. 2010) « La décision fixant le montant définitif de la pénalité » précise la cause, la nature et le montant des sommes réclamées et mentionne *(Décr. nº 2012-1032 du 7 sept. 2012, art. 1er-I-3°)* « l'existence d'un délai de deux mois » à partir de sa réception imparti au débiteur pour s'acquitter des sommes réclamées ainsi que les voies et délais de recours. *(Décr. nº 2012-1032 du 7 sept. 2012, art. 1er-I-3°)* « Elle mentionne également, le cas échéant, les modalités de recouvrement de la pénalité par retenues sur les prestations ultérieures à verser à l'intéressé. »

La mise en demeure prévue à l'article L. 114-17 est adressée *(Décr. nº 2012-1032 du 7 sept. 2012, art. 1er-I-4°)* « par tout moyen permettant de rapporter la preuve de sa date de réception ». Elle comporte les mêmes mentions que la notification de la pénalité en ce qui concerne la cause, la nature et le montant des sommes réclamées et indique l'existence du délai de paiement d'un mois à compter de sa réception, assorti d'une majoration de 10 %, ainsi que les voies et délais de recours.

Les dispositions des articles R. 133-3 et R. 133-5 à R. 133-7 sont applicables à la contrainte instituée par l'article L. 114-17. *(Abrogé par Décr. nº 2012-1032 du 7 sept.*

2012, art. 1er-I-5°) « *La contrainte peut toutefois être notifiée au débiteur par lettre recommandée avec demande d'avis de réception ou lui être signifiée par acte d'huissier.* »

Les dispositions du Décr. nº 2012-1032 du 7 sept. 2012 s'appliquent aux indus correspondant à des périodes postérieures à sa date de publication (JO 9 sept.) et aux pénalités prononcées à raison de faits commis postérieurement à cette date (Décr. préc., art. 8).

Art. R. 114-12 La commission mentionnée au deuxième alinéa de l'article R. 114-11 est composée de quatre membres issus du conseil d'administration de l'organisme compétent pour prononcer la pénalité et désignés par lui en tenant compte de la répartition des sièges entre les différentes catégories représentées en son sein.

Les membres de la commission sont nommés pour la durée du mandat du conseil d'administration.

Le président de la commission est élu par ses membres. En cas de partage égal des voix, la désignation du président résulte d'un tirage au sort.

Les membres de la commission ne peuvent siéger lorsqu'ils ont un intérêt personnel ou direct à l'affaire qui est examinée.

Des suppléants en nombre égal au nombre de titulaires sont désignés dans les mêmes conditions que ceux-ci. Ils siègent lorsque les membres titulaires dont ils sont les suppléants sont empêchés ou intéressés par une affaire.

Le remplacement d'un membre de la commission, en cas de cessation de fonctions au cours du mandat, s'effectue dans les mêmes conditions que sa nomination et pour la durée du mandat qui reste à courir.

La commission ne peut donner son avis que si sont au moins présents trois de ses membres. En cas de partage égal des voix, la voix du président est prépondérante.

Les membres de la commission sont soumis au secret des délibérations.

Art. R. 114-13 *(Décr. nº 2010-1227 du 19 oct. 2010)* « I. — » Peuvent faire l'objet de la pénalité mentionnée à l'article R. 114-11 les personnes qui ont obtenu indûment *(Décr. nº 2010-1227 du 19 oct. 2010)* « ou qui ont agi dans le but d'obtenir ou de faire obtenir indûment à des tiers le versement de prestations servies par les organismes chargés de la gestion des prestations d'assurance vieillesse ou » *(Décr. nº 2009-404 du 15 avr. 2009, art. 4)* « des prestations familiales » :

(Décr. nº 2010-1227 du 19 oct. 2010) « 1° » en fournissant *(Abrogé par Décr. nº 2010-1227 du 19 oct. 2010)* « *délibérément* » de fausses déclarations, accompagnées, le cas échéant, de faux documents, relatives à l'état civil, à la résidence, à la qualité d'allocataire, de bénéficiaire ou d'ayant droit, à la situation professionnelle, au logement, à la composition de la famille, aux ressources ou à la durée de cotisation ou de périodes assimilées au titre de l'assurance vieillesse ;

(Décr. nº 2010-1227 du 19 oct. 2010) « 2° » ou en omettant *(Abrogé par Décr. nº 2010-1227 du 19 oct. 2010)* « *délibérément* » de déclarer un changement de situation relatif à la résidence, à la qualité d'allocataire, de bénéficiaire ou d'ayant droit, à la situation professionnelle, au logement, à la composition de la famille, aux ressources.

(Décr. nº 2010-1227 du 19 oct. 2010) « II. — Peuvent également faire l'objet de la pénalité mentionnée à l'article R. 114-11 :

« 1° Les successibles qui, en omettant de déclarer le décès d'un bénéficiaire dans un délai de six mois, ont obtenu ou tenté d'obtenir indûment le versement des prestations servies par les organismes chargés de la gestion des prestations d'assurance vieillesse ;

« 2° Les personnes pour lesquelles il a été constaté, dans les conditions prévues à l'article L. 114-15, une situation de travail dissimulé et qui ont bénéficié de prestations versées sous conditions de ressources ou de cessation d'activité par les organismes mentionnés au premier alinéa du I du présent article. »

Art. R. 114-14 *(Décr. nº 2010-1227 du 19 oct. 2010)* Le montant de la pénalité est fixé proportionnellement à la gravité des faits reprochés, en tenant compte notamment de leur caractère intentionnel ou répété, du montant et de la durée du préjudice et des moyens et procédés utilisés.

(Décr. nº 2012-1032 du 7 sept. 2012, art. 1er-II) « Le plafond maximal des pénalités précisées au présent chapitre est doublé pour des faits identiques ayant déjà fait l'objet d'une pénalité notifiée par un directeur d'organisme débiteur de prestations familiales ou de Caisse d'assurance vieillesse quel qu'il soit au cours des trois années précédant

la date de la notification des faits reprochés, mentionnée au premier alinéa de l'article R. 114-11. » — *V. note ss. art. R. 114-11.*

Art. R. 114-15 *(Décr. n° 2017-126 du 2 févr. 2017, art. 2)* Pour l'application de l'article L. 114-19-1, les dispositions des articles 171 AX et 171 AY de l'annexe 2 au code général des impôts sont applicables aux entreprises mentionnées au I de l'article 242 *bis* du code général des impôts.

Art. R. 114-16 Les organismes concernés transmettent chaque année avant le 1er mars à la Caisse nationale *(Décr. n° 2010-1227 du 19 oct. 2010)* « ou à la caisse centrale dont ils relèvent » un rapport portant sur leur activité de l'annnée précédente au titre du présent chapitre.

Art. R. 114-17 *(Décr. n° 96-91 du 31 janv. 1996, art. 2 ; Décr. n° 2006-1744 du 22 déc. 2006, art. 3)* Pour le contrôle de l'application de la législation des accidents du travail et des maladies professionnelles, les employeurs, personnes privées ou publiques, et les travailleurs indépendants sont tenus de présenter aux agents des caisses primaires *(Abrogé par Décr. n° 2010-344 du 31 mars 2010, art. 267)* « *et régionales* » d'assurance maladie *(Décr. n° 2010-344 du 31 mars 2010, art. 267)* « et des caisses d'assurance retraite et de la santé au travail » mentionnés à l'article L. 114-10 tout document que ces derniers leur demandent aux fins de l'exercice de leur mission, et de permettre auxdits agents l'accès aux locaux de l'entreprise.

Ces agents procèdent à toutes vérifications portant sur l'exactitude des déclarations, attestations et justificatifs de toute nature fournis en vue de faire bénéficier les victimes et leurs ayants droit des prestations servies au titre de la branche Accidents du travail et maladies professionnelles. — *[Anc. art. R. 216-3.]*

Art. R. 114-18 *(Décr. n° 2012-1033 du 7 sept. 2012, art. 1er-1° et 2°)* « I. — Les agents chargés du contrôle, assermentés et agréés, des organismes locaux d'assurance maladie mentionnés à l'article L. 114-10 procèdent à toutes vérifications sur pièces et sur place portant sur l'exactitude des déclarations, attestations et justificatifs de toute nature fournis par les assurés sociaux en vue de bénéficier ou de faire bénéficier des prestations servies au titre des assurances maladie, maternité, accidents du travail, maladies professionnelles, invalidité, décès, de la protection complémentaire en matière de santé, de l'aide au paiement d'une assurance complémentaire de santé ou de l'aide médicale de l'État.

« II. — Lorsque les vérifications » portent sur le droit aux prestations calculées en fonction des revenus déclarés ou aux prestations versées sous conditions de ressources ou sous condition de volume de travail effectué, les agents susmentionnés peuvent mener leurs enquêtes auprès de toute personne physique ou morale susceptible de valider les renseignements d'ordre pécuniaire fournis par l'assuré à l'appui de sa demande de prestations. — *[Anc. art. R. 216-3-1.]*

(Décr. n° 2012-1033 du 7 sept. 2012, art. 1er-3°) « III. — Lorsque les vérifications portent, en application de l'article L. 162-1-20, sur les médicaments, les dispositifs médicaux, les produits ou les prestations de service et d'adaptation associées inscrits sur les listes prévues aux articles L. 162-17 et L. 165-1, le directeur de l'organisme local d'assurance maladie adresse à l'établissement de santé ou à la personne physique ou morale un avis qui mentionne la date et l'heure du contrôle, l'objet des vérifications ou de l'enquête ainsi que la possibilité pour l'établissement ou la personne physique ou morale de se faire assister du conseil de son choix pendant les vérifications ou l'enquête administrative. Cet avis transmis par tout moyen permettant de rapporter la preuve de sa date de réception doit parvenir au moins quinze jours avant la date de la première visite.

« L'envoi de cet avis ne s'applique pas aux vérifications ou à l'enquête qui ont pour objet des faits relevant du VII de l'article *(Décr. n° 2015-1865 du 30 déc. 2015, art. 10-1°, en vigueur le 1er janv. 2016)* « L. 114-17-1 ».

« A l'issue du contrôle sur place, les agents chargés du contrôle communiquent à l'établissement ou à la personne physique ou morale un document daté et signé conjointement mentionnant l'objet du contrôle, le nom et la qualité des agents chargés du contrôle ainsi que les documents consultés et communiqués. En cas de refus de

signature par l'établissement ou la personne contrôlée, les agents susmentionnés consignent ce fait dans un procès-verbal.

« IV. – Les agents chargés du contrôle peuvent, dans le cadre des investigations mentionnées aux I, II et III, réclamer à la personne physique ou morale contrôlée ou à l'établissement contrôlé la communication de tout document, ou copie de document, nécessaire à l'exercice du contrôle dès lors qu'il n'est pas porté atteinte au respect du secret médical. Dans ce dernier cas, les documents sont adressés ou remis au praticien conseil. »

Les dispositions du Décr. nº 2012-1033 du 7 sept. 2012 sont applicables aux enquêtes engagées postérieurement à la date de son entrée en vigueur (Décr. préc., art. 2, JO 9 sept.).

Un tribunal a valablement pu déduire, dans le cadre de son pouvoir souverain d'appréciation des éléments de fait et de preuve soumis à son examen, que les conditions dans lesquelles le procès-verbal avait été établi, postérieurement à l'audition dont l'objet avait été dissimulé, privaient ce dernier de toute force probante, de sorte qu'il devait être écarté (le tribunal a relevé que l'enquêteur s'est présenté à M. X., le 5 avr. 2011, en lui expliquant qu'il entendait faire le point sur son activité de gérant pour vérifier qu'il dépendait bien du régime général ; qu'aucune allusion au véritable objet du contrôle n'ayant été mentionnée par cet agent ; que le procès-verbal n'avait pas été dressé immédiatement et qu'il résultait du propre aveu de l'enquêteur que celui-ci aurait tenté de faire signer à l'assuré un « papier blanc » en l'assurant qu'il retranscrirait le plus fidèlement possible ses propos, ce que ce dernier refusait). • Civ. 2e, 17 sept. 2015, nº 14-20.343 P : *JCP S 2015, nº 1446, note Vachet.*

Art. R. 114-18-1 *(Décr. nº 2009-1596 du 18 déc. 2009, art. 3)* **L'autorité compétente de l'État mentionnée au premier alinéa de l'article L. 114-9 est le responsable** *(Décr. nº 2012-1362 du 6 déc. 2012, art. 2-1º)* **« du service mentionné à l'article R. 155-1 ».**

Art. R. 114-19 *(Décr. nº 2009-1185 du 5 oct. 2009, art. 1er)* **L'agrément prévu à l'article L. 114-11 est délivré aux personnes chargées de procéder, dans une ou plusieurs circonscriptions consulaires dans un même pays, à des constatations portant sur :**

1º Les éléments de la situation de fait des assurés sociaux résidant hors de France et de leurs ayants droit, nécessaires à la détermination des cotisations et prestations ;

2º Les revenus de source étrangère des personnes demandant le bénéfice de prestations sous condition de ressources ;

3º Les soins reçus hors de France, notamment la réalité de ces soins, leur tarification et leur coût pour l'assuré.

Art. R. 114-20 *(Décr. nº 2009-1185 du 5 oct. 2009, art. 1er)* **Peuvent être agréées les personnes qui remplissent les conditions suivantes :**

1º Ne pas avoir fait l'objet d'une condamnation pénale devenue définitive ayant entraîné une peine d'emprisonnement pour des faits passibles d'une telle peine en droit français ; pour les personnes morales, cette condition s'applique à leurs dirigeants en exercice ; elle s'applique également aux collaborateurs qui seront, le cas échéant, chargés d'effectuer des constatations ;

2º Justifier exercer de manière effective et ininterrompue depuis au moins cinq ans une activité professionnelle les rendant aptes à effectuer tout ou partie des constatations mentionnées à l'article R. 114-19 ;

3º Disposer des moyens matériels et humains nécessaires à la réalisation des constatations dans le champ géographique couvert par l'agrément ;

4º Justifier de diplômes ou de l'expérience professionnelle appropriés ; pour les personnes morales, cette condition s'applique à leurs dirigeants ; elle s'applique également aux collaborateurs chargés d'effectuer les constatations ;

5º Disposer d'une comptabilité certifiée par un expert indépendant ou visée par une autorité locale compétente.

Art. R. 114-21 *(Décr. nº 2009-1185 du 5 oct. 2009, art. 1er)* **I. – La demande d'agrément est déposée auprès de l'autorité consulaire de la circonscription ou, lorsqu'elle porte sur plusieurs circonscriptions, auprès de l'autorité consulaire de la circonscription dans laquelle le demandeur a sa résidence professionnelle, ou, pour une personne morale, son siège social ou son principal établissement.**

II. — La demande d'agrément comporte les éléments suivants :

1° L'identité et l'adresse professionnelle de la personne physique ou la raison sociale, la forme juridique, l'identité des dirigeants et l'adresse du siège ou de l'établissement principal de la personne morale, ainsi que, le cas échéant, l'identité des collaborateurs chargés d'effectuer des constatations ;

2° Le cas échéant, la déclaration ou le certificat d'enregistrement de l'activité du demandeur auprès des autorités locales compétentes et, pour une personne morale, ses statuts ;

3° Les pièces délivrées par les autorités locales établissant que la condition prévue au 1° de l'article R. 114-20 est remplie ou, quand les autorités locales ne délivrent pas de telles pièces, une attestation sur l'honneur ;

4° Les documents justifiant des conditions mentionnées aux 2°, 3°, 4° et 5° de l'article R. 114-20.

III. — L'autorité consulaire ne délivre l'agrément qu'après avis favorable de l'établissement public compétent en matière de sécurité sociale désigné par arrêté du ministre chargé de la sécurité sociale.

IV. — Le silence gardé pendant plus de trois mois par l'autorité consulaire sur la demande d'agrément vaut décision de rejet.

Art. R. 114-22 *(Décr. n° 2009-1185 du 5 oct. 2009, art. 1er)* L'agrément est délivré pour trois ans. Il est renouvelable pour la même durée.

La demande de renouvellement est présentée par la personne physique ou morale agréée au plus tard trois mois avant l'expiration de l'agrément. Les dispositions du III et IV de l'article R. 114-21 sont applicables.

Art. R. 114-23 *(Décr. n° 2009-1185 du 5 oct. 2009, art. 1er)* La personne agréée informe sans délai l'autorité consulaire de toute modification des éléments communiqués à l'appui de la demande d'agrément ou de son renouvellement.

Lorsqu'une des conditions fixées à l'article R. 114-20 cesse d'être remplie, l'agrément peut être retiré avant le terme prévu à l'article R. 114-22.

Art. R. 114-24 *(Décr. n° 2009-1185 du 5 oct. 2009, art. 1er)* Les demandes des organismes de sécurité sociale tendant à ce que soient effectuées les constatations prévues à l'article R. 114-19 sont présentées aux personnes agréées par l'intermédiaire d'un établissement public figurant sur une liste établie par arrêté du ministre chargé de la sécurité sociale, avec lequel ces personnes ont préalablement conclu une convention.

Cette convention prévoit notamment les conditions dans lesquelles est assurée la confidentialité des données à caractère nominatif collectées à l'occasion de ces constatations.

Art. R. 114-25 *(Décr. n° 2009-1577 du 16 déc. 2009, art. 1er)* Conformément à l'article L. 114-12-1 du code de la sécurité sociale, est autorisée la création, par le ministère chargé de la sécurité sociale (direction de la sécurité sociale), d'un traitement de données à caractère personnel dénommé "Répertoire national commun de la protection sociale (RNCPS)" mis en œuvre par la Caisse nationale d'assurance vieillesse des travailleurs salariés. Ce traitement a pour finalités de :

1° Simplifier les démarches des bénéficiaires de droits et prestations par la mise en commun, entre les organismes, d'informations dont la fiabilité est garantie par les organismes qui les fournissent ;

2° Améliorer l'appréciation des conditions d'ouverture, la gestion et le contrôle des droits et prestations des bénéficiaires de la protection sociale, par l'identification des bénéficiaires et ressortissants, par l'information des organismes habilités sur l'ensemble des rattachements, droits et prestations de leurs ressortissants et par l'aide apportée à ces organismes pour la détection de droits et prestations manquants ainsi que des anomalies et des fraudes ;

3° Rationaliser et fiabiliser, par l'utilisation des données d'identification du système national de gestion des identifiants géré par la Caisse nationale d'assurance vieillesse des travailleurs salariés, les échanges de données entre les organismes de protection sociale, mentionnés notamment à l'article L. 114-12 du code de la sécurité sociale ainsi que les échanges entre ces organismes et les administrations fiscales prévus par le présent code ;

4° Produire des statistiques anonymes à des fins de contrôle de la qualité des procédures ou de dénombrements relatifs à l'ensemble des informations contenues dans le RNCPS.

Art. R. 114-26 *(Décr. n° 2009-1577 du 16 déc. 2009, art. 1er)* Les données à caractère personnel et les informations relatives à chaque bénéficiaire de droits et prestations, collectées et, le cas échéant, enregistrées dans le RNCPS, sont les suivantes :

(Décr. n° 2017-736 du 3 mai 2017, art. 1er-1°) « 1° Le numéro d'inscription au répertoire national d'identification des personnes physiques (NIR) mentionné au premier alinéa de l'article R. 161-1 et celui ou ceux qui lui auraient été précédemment attribués ou le numéro identifiant d'attente (NIA) mentionné au dernier alinéa du même article ; »

2° Les données communes d'identification, qui comportent :

a) Le nom de famille, et, le cas échéant, le nom marital ou d'usage, et les prénoms ;

b) Le sexe ;

c) La date et le lieu de naissance ;

d) Le cas échéant, la mention du décès ;

3° Les données et informations centralisées de rattachement, qui comportent :

a) Les identifiants des organismes auxquels il est ou a été rattaché dans les cinq dernières années et, le cas échéant, les domaines de risques auxquels se rattachent les prestations gérées par ces organismes ;

b) La date de début et, le cas échéant, la date de fin de rattachement ainsi que le motif de fin de rattachement ;

4° Les données relatives aux prestations, qui comportent, pour chacun des droits ou prestations :

a) La nature des droits ou prestations ainsi que leur date d'effet ;

b) La qualité du bénéficiaire au regard de chacun de ces droits ou prestations ;

c) L'état de chacun des droits ou prestations, ainsi que la date d'effet et le motif de cet état ;

d) L'adresse déclarée pour l'ouverture du droit ou le versement de la prestation, la date d'effet de cette adresse et la mention d'incidents s'étant éventuellement produits avec cette adresse si l'organisme en a connaissance, ainsi que, s'ils ont été fournis par le bénéficiaire, les numéros de téléphone et adresses électroniques.

Art. R. 114-27 *(Décr. n° 2009-1577 du 16 déc. 2009, art. 1er)* Les données et les informations centralisées de rattachement sont transmises par les organismes contributeurs. *(Décr. n° 2012-53 du 17 janv. 2012, art. 1er-2°)* « Sont contributeurs les organismes mentionnés au premier alinéa de l'article L. 114-12-1. » Ces données et informations, ainsi que les données mentionnées au 1° de l'article *(Décr. n° 2012-53 du 17 janv. 2012, art. 1er-2°)* « R. 114-26 », sont conservées par le RNCPS.

Les données communes d'identification sont transmises, dès lors que des données centralisées de rattachement existent, par le système national de gestion des identifiants auquel le RNCPS est relié.

Les données relatives aux prestations sont collectées par requêtes en temps réel auprès des organismes contributeurs. Toutefois, le RNCPS peut assurer l'hébergement de ces données pour le compte des organismes qui n'auraient pas la capacité technique de répondre à ces requêtes. Dans ce cas, la mise à jour de ces données est effectuée au minimum une fois par mois.

Les données relatives aux différentes prestations sont accessibles lorsque, au moment de la consultation, ces prestations sont servies ou suspendues ou lorsque elles ont été supprimées depuis moins d'un an. Lorsqu'une date de fin de rattachement à un organisme est inscrite, les données relatives aux prestations peuvent être consultées jusqu'à la fin du trimestre civil suivant la date de fin de rattachement. En cas de décès et en l'absence de date de fin de rattachement, l'accès à ces données est maintenu jusqu'à la fin de la cinquième année civile suivant l'année du décès.

Art. R. 114-28 *(Décr. n° 2009-1577 du 16 déc. 2009, art. 1er)* Le numéro d'identification d'attente est conservé par le RNCPS jusqu'à l'attribution d'un NIR au bénéficiaire.

Le NIR est conservé par le RNCPS pendant toute la durée de conservation de données et informations centralisées de rattachement.

Les données et informations centralisées de rattachement sont conservées par le RNCPS jusqu'à la fin de la cinquième année civile suivant la date de la fin du rattachement.

Les données relatives aux prestations collectées auprès des organismes contributeurs ne sont conservées par le RNCPS que le temps nécessaire à leur consultation ou, dans le cas où elles sont hébergées par le répertoire, pendant la durée nécessaire à leur mise à jour, dans la limite d'un mois.

Les mises à jour et échanges sont conservés dans un journal pendant un an à compter de la date de ces opérations. Il en est de même de l'identification des agents ayant procédé à la consultation du RNCPS ainsi que des dates et heures de ces consultations.

Art. R. 114-29 *(Décr. nº 2009-1577 du 16 déc. 2009, art. 1er)* Sont destinataires des données et informations mentionnées à l'article *(Décr. nº 2012-53 du 17 janv. 2012, art. 1er-3º)* « **R. 114-26** » :

1º Les agents individuellement désignés et dûment habilités, dans le cadre de leurs missions, *(Décr. nº 2012-53 du 17 janv. 2012, art. 1er-3º)* « des organismes mentionnés aux premier et cinquième alinéas de l'article L. 114-12-1 » ;

2º Les agents individuellement désignés et dûment habilités dans le cadre de leurs missions pour les procédures d'attribution d'une prestation d'aide sociale servie par une collectivité territoriale ou un centre communal ou intercommunal d'action sociale, et aux seules fins de vérifier les conditions d'accès à l'aide sociale. L'habilitation est délivrée par le représentant de la collectivité territoriale ou du centre communal ou intercommunal d'action sociale.

Art. R. 114-30 *(Décr. nº 2009-1577 du 16 déc. 2009, art. 1er)* I. — Le répertoire est accessible en temps réel à partir du NIR de l'individu ou, à défaut de son numéro identifiant d'attente, aux agents désignés et dûment habilités dans le cadre de leurs missions des organismes mentionnés au 1º de l'article *(Décr. nº 2012-53 du 17 janv. 2012, art. 1er-4º)* « R. 114-29 » et dans les conditions prévues à ce même article.

Le répertoire peut être également consulté en temps différé à partir d'une liste de NIR ou de numéros identifiants d'attente, ou en activant des requêtes spécifiques dont les paramètres sont définis par la Caisse nationale d'assurance vieillesse des travailleurs salariés.

Outre les informations relatives à la situation des bénéficiaires, le RNCPS transmet sur leur demande aux agents mentionnés au premier alinéa, sur leur demande, les anomalies et signalements relatifs aux droits ouverts et aux prestations servies.

II. — Le répertoire est accessible, en temps réel à partir du NIR de l'individu ou, à défaut, de son numéro identifiant d'attente, aux agents désignés et dûment habilités dans le cadre de leurs missions des organismes mentionnés au 2º de l'article *(Décr. nº 2012-53 du 17 janv. 2012, art. 1er-4º)* « R. 114-29 » et dans les conditions prévues à ce même article.

III. — Pour les consultations effectuées à partir du NIR ou du numéro d'identification d'attente, ce numéro est complété par le nom ou à défaut le prénom du bénéficiaire, aux fins de vérifier la concordance de ces informations.

Art. R. 114-31 *(Décr. nº 2009-1577 du 16 déc. 2009, art. 1er)* Le RNCPS met à la disposition des partenaires un dispositif de gestion des échanges permettant de procéder aux échanges de données mentionnés au 3º de l'article *(Décr. nº 2012-53 du 17 janv. 2012, art. 1er-5º)* « **R. 114-25** ».

L'usage du dispositif de gestion des échanges du RNCPS garantit :

1º La reconnaissance de l'émetteur et du ou des destinataires des données échangées ;

2º L'identification et si nécessaire le rattachement des personnes auxquelles sont attachées les informations échangées ;

3º La confidentialité du contenu des informations échangées ainsi que la traçabilité des échanges.

Les nouveaux échanges de données mis en œuvre dans le cadre de ce dispositif font l'objet, le cas échéant, d'une autorisation ou d'une déclaration distincte.

Art. R. 114-32 *(Décr. nº 2009-1577 du 16 déc. 2009, art. 1er)* Les organismes contributeurs mentionnés à l'article *(Décr. nº 2012-53 du 17 janv. 2012, art. 1er-6º)* « R. 114-

27 » donnent à leurs ressortissants une information sur les données accessibles dans le cadre du RNCPS.

Cette information précise :

1° Que le droit d'accès prévu à l'article 39 de la loi du 6 janvier 1978 modifiée s'exerce auprès de la Caisse nationale d'assurance vieillesse des travailleurs salariés ;

2° Que, pour les données communes d'identification, le droit de rectification prévu à l'article 40 de la loi du 6 janvier 1978 modifiée s'exerce auprès de la Caisse nationale d'assurance vieillesse des travailleurs salariés ;

3° Que, pour les données et informations centralisées de rattachement et les données relatives aux prestations, le droit de rectification s'exerce auprès de l'organisme servant la prestation en cause.

Art. R. 114-33 *(Décr. n° 2009-1577 du 16 déc. 2009, art. 1er)* Les organismes nationaux concluent avec la Caisse nationale d'assurance vieillesse des travailleurs salariés une convention qui détermine les modalités de leur participation au RNCPS. Cette convention précise notamment les caractéristiques techniques des systèmes d'informations que les organismes mettent en œuvre pour assurer l'alimentation et la consultation sécurisées du RNCPS. Elle fixe les règles d'habilitation définies par les organismes pour chacun des modes de consultation et de traitement des données ainsi que les exigences relatives à la qualité des données fournies par les organismes contributeurs mentionnés à l'article *(Décr. n° 2012-53 du 17 janv. 2012, art. 1er-6°)* « R. 114-27 ». Elle mentionne, le cas échéant, l'adhésion des partenaires au dispositif d'échange visé à l'article *(Décr. n° 2012-53 du 17 janv. 2012, art. 1er-7°)* « R. 114-31 ».

Une convention spécifique est signée entre la Caisse des dépôts et consignations et la Caisse nationale d'assurance vieillesse des travailleurs salariés. Cette convention détermine les conditions techniques dans lesquelles les collectivités territoriales et les centres communaux et intercommunaux d'action sociale accèdent au RNCPS par l'intermédiaire du système d'information de la Caisse des dépôts et consignations, au titre de ses missions relatives à ces collectivités et établissements.

Art. R. 114-34 *(Décr. n° 2009-1577 du 16 déc. 2009, art. 1er)* La liste *(Décr. n° 2012-53 du 17 janv. 2012, art. 1er-8°)* « , des organismes prévus au premier alinéa de l'article L. 114-12-1 » et celle des risques, droits et prestations entrant dans le champ du RNCPS sont récapitulées par arrêté conjoint des ministres chargés de la sécurité sociale, de l'emploi, du travail et de l'agriculture. Cet arrêté recense également les organismes signataires des conventions mentionnées à l'article *(Décr. n° 2012-53 du 17 janv. 2012, art. 1er-8°)* « R. 114-33 » et les organismes couverts par chacune des conventions signées, ainsi que les organismes dont les données relatives aux prestations sont hébergées par le répertoire dans les conditions fixées au troisième alinéa de l'article *(Décr. n° 2012-53 du 17 janv. 2012, art. 1er-6°)* « R. 114-27 ».

Art. R. 114-35 *(Décr. n° 2017-859 du 9 mai 2017, art. 1er, en vigueur le 1er juill. 2017)* L'exercice, par les agents mentionnés au 2° de l'article L. 114-19, du droit de communication portant sur des informations relatives à des personnes non identifiées, mentionné au cinquième alinéa du même article, obéit aux modalités suivantes :

1° La décision d'exercer le droit de communication est prise par un agent agréé et assermenté mentionné à l'article L. 243-7 du présent code ou à l'article L. 724-7 du code rural et de la pêche maritime ;

2° La demande comporte les précisions mentionnées aux *a* à *c* :

a) La nature de la relation juridique ou économique existant entre la personne à qui la demande est adressée et les personnes qui font l'objet de la demande.

b) Des critères relatifs à l'activité des personnes qui font l'objet de la demande, dont l'un au moins des trois critères suivants :

– lieu d'exercice de l'activité ;

– niveau d'activité ou niveau des ressources perçues, ces niveaux pouvant être exprimés en montant financier ou en nombre ou fréquence des opérations réalisées ou des versements reçus ;

– mode de paiement ou de rémunération.

c) La période, éventuellement fractionnée, mais ne pouvant excéder dix-huit mois, sur laquelle porte la demande.

3° Sur demande des agents, les informations sont communiquées sur un support informatique, par un dispositif sécurisé.

4° Les organismes mentionnés à l'article L. 213-1 du présent code ou à l'article L. 724-7 du code rural et de la pêche maritime conservent les informations communiquées pendant un délai de trois ans à compter de leur réception et jusqu'à l'expiration des délais de recours contre les redressements, amendes ou condamnations pénales consécutifs aux contrôles réalisés sur la base de ces informations.

CHAPITRE V **DISPOSITIONS DIVERSES**

Art. R. 115-1 *(Décr. n° 96-793 du 12 sept. 1996)* Sont autorisés à utiliser le numéro d'inscription au Répertoire national d'identification des personnes physiques et à consulter ledit répertoire pour les traitements mentionnés à l'article R. 115-2 :

1° Les organismes et administrations chargés de la gestion d'un régime obligatoire de base de sécurité sociale et, le cas échéant, les organismes habilités par la loi ou par une convention à participer à la gestion de ces régimes ;

2° Le Fonds de solidarité vieillesse, ainsi que la Caisse des dépôts et consignations pour les fonds suivants : fonds spécial d'invalidité, *(Décr. n° 2007-56 du 12 janv. 2007)* « service de l'allocation de solidarité aux personnes âgées », fonds commun des accidents du travail et fonds commun des accidents du travail agricole ;

3° Les mutuelles régies par le code de la mutualité, les entreprises régies par le code des assurances et les institutions régies par les titres II et III du livre IX du présent code ;

4° Les professionnels, institutions ou établissements qui dispensent à des assurés sociaux ou à leurs ayants droit des actes ou prestations pris totalement ou partiellement en charge par l'assurance maladie, y compris les comptables publics attachés le cas échéant à ces établissements ;

5° Les collectivités publiques qui servent des prestations d'aide sociale, visées à l'article L. 182-1 ;

(Décr. n° 2003-303 du 27 mars 2003) « 6° Les organismes gérant les régimes mentionnés aux articles *(Décr. n° 2016-1551 du 18 nov. 2016, art. 6-III, en vigueur le 1er janv. 2017)* « L. 3141-32 et L. 5421-2 » du code du travail, ainsi que l'organisme mentionné au dernier membre de phrase du premier alinéa du I de l'article L. 133-5. »

Art. R. 115-2 *(Décr. n° 96-793 du 12 sept. 1996)* L'autorisation donnée à l'article R. 115-1 vaut exclusivement pour les traitements, mis en œuvre dans le respect des dispositions de la loi n° 78-17 du 6 janvier 1978 relative à l'informatique, aux fichiers et aux libertés :

1° Que les organismes visés aux 1° et 2° dudit article effectuent dans l'exercice de leurs missions de sécurité sociale conformément aux lois et règlements en vigueur ou, le cas échéant, lors de la phase administrative initiale de traitement de la déclaration préalable à l'embauche prévue par l'article L. 320 *[L. 1221-10 s. et R. 1221-13 nouv.]* du code du travail, à seule fin de vérifier l'identité du salarié faisant l'objet de cette déclaration ;

2° Que les organismes visés au 3° du même article effectuent dans l'exercice de leurs activités d'assurance maladie, maternité et invalidité complémentaire conformément à la loi n° 89-1009 du 31 décembre 1989 renforçant les garanties offertes aux personnes assurées contre certains risques, ou dans leurs activités d'assurance vieillesse complémentaire ;

3° Que les professionnels, institutions ou établissements visés au 4° du même article effectuent pour leurs échanges avec les organismes mentionnés aux 1° et 3° dudit article ;

4° Que les comptables publics visés au 4° du même article effectuent pour le recouvrement de créances auprès des assurés sociaux soignés par leurs établissements ;

5° Que les collectivités publiques qui servent des prestations d'aide sociale mettent en œuvre dans le cadre des dispositions du chapitre II du titre VIII du livre Ier du présent code, relatives aux bénéficiaires de l'aide médicale ;

(Décr. n° 2003-303 du 27 mars 2003) « 6° Que les organismes mentionnés aux 1°, 3° et 6° du même article effectuent en application du I de l'article L. 133-5 pour les déclarations sociales auxquelles sont assujetties les entreprises. »

Art. R. 115-3 *(Décr. n° 2003-303 du 27 mars 2003)* I. – Les informations recueillies dans le cadre des services prévus au I de l'article L. 133-5 sont collectées par l'organisme mentionné au dernier membre de phrase du premier alinéa du I de cet article, directement auprès des déclarants ou de leurs mandataires ou, le cas échéant, recueillies auprès des organismes mentionnés au 6° de l'article R. 115-2.

II. – La transmission électronique de ces informations fait l'objet d'un chiffrement.

III. – L'organisme mentionné au dernier membre de phrase du premier alinéa du I de l'article L. 133-5 collecte et conserve les données qu'il recueille, dans le cadre de ces services, dans des conditions qui permettent d'en assurer la sécurité.

Il rend compte chaque année des conditions dans lesquelles la sécurité de la collecte et la conservation des données sont assurées, au moyen d'un rapport d'évaluation remis au ministre chargé de la sécurité des systèmes d'information et à la Commission nationale de l'informatique et des libertés.

IV. – Les données recueillies sont conservées, pour la déclaration mentionnée à l'article R. 243-14 pendant un délai de trois mois, et, pour les autres déclarations, jusqu'à expiration des délais de recours contentieux.

Au-delà des délais mentionnés à l'alinéa précédent, ces données seront détruites, sans préjudice de la loi du 3 janvier 1979 sur les archives.

Art. R. 115-4 *(Décr. n° 94-97 du 31 janv. 1994, art. 1er)* I. – Les délibérations de l'assemblée et les décisions de l'instance de direction du groupement d'intérêt économique mentionné à l'article L. 115-5 sont exécutoires de plein droit si, à l'issue d'un délai de vingt jours suivant leur communication aux ministres chargés de la sécurité sociale, du budget et de l'agriculture, l'un de ceux-ci n'a pas fait connaître son opposition ou si elles ont fait l'objet avant l'expiration de ce délai d'une approbation explicite des trois ministres.

Un commissaire du Gouvernement, nommé auprès du groupement par arrêté conjoint des ministres chargés de la sécurité sociale, du budget et de l'agriculture, participe de droit aux réunions de l'assemblée et de l'instance de direction.

II. – Le groupement d'intérêt économique est soumis au contrôle économique et financier de l'État dans les conditions fixées par le titre II du décret n° 55-733 du 26 mai 1955 modifié portant codification et aménagement des textes relatifs au contrôle économique et financier de l'État.

Art. R. 115-5 *Devient l'art. R. 131-1 (Décr. n° 2016-192 du 25 févr. 2016, art. 1er-1°).*

Art. R. 115-6 *Devient l'art. R. 111-2 (Décr. n° 2015-1865 du 30 déc. 2015, art. 1er).*

Art. R. 115-7 *(Décr. n° 2007-354 du 14 mars 2007)* Toute personne est tenue de déclarer à l'un des organismes qui assure le service d'une prestation mentionnée au premier alinéa de l'article *(Décr. n° 2015-1865 du 30 déc. 2015, art. 10-2°, en vigueur le 1er janv. 2016)* « R. 111-2 » dont elle relève tout changement dans sa situation familiale ou dans son lieu de résidence, notamment en cas de transfert de sa résidence hors du territoire métropolitain de la France ou d'un département d'outre-mer qui remettrait en cause le bénéfice des prestations servies par cet organisme.

TITRE DEUXIÈME ADMINISTRATION, FONCTIONNEMENT ET PERSONNEL DES ORGANISMES

CHAPITRE PREMIER CONSEILS D'ADMINISTRATION

SECTION PREMIÈRE ORGANISATION ET POUVOIRS DES CONSEILS

Art. R. 121-1 Sauf dispositions particulières propres à certains régimes et à certains organismes, le conseil d'administration a notamment pour rôle :

1° D'établir les statuts et le règlement intérieur de l'organisme ;

2° De voter les budgets de la gestion administrative, de l'action sanitaire et sociale, de la prévention et, le cas échéant, des établissements gérés par l'organisme. A chacun de ces budgets est annexé un état limitant pour l'année le nombre d'emplois par catégorie de telle sorte que le nombre des agents de chaque catégorie ne puisse dépasser le nombre des emplois ;

3° De voter les budgets d'opérations en capital concernant les programmes d'investissements, de subventions ou de participations financières. Ces budgets, qui font apparaître le montant total de chaque programme autorisé, doivent prévoir l'imputation des paiements correspondants dans les budgets des années où ces paiements doivent avoir lieu ;

4° De contrôler l'application par le directeur et l'agent comptable des dispositions législatives et réglementaires, ainsi que l'exécution de ses propres délibérations ;

5° De nommer le directeur, l'agent comptable et le directeur adjoint, sous réserve de l'agrément ;

6° De nommer, sur la proposition du directeur, aux autres emplois de direction soumis à l'agrément ;

7° De désigner les agents chargés de l'intérim des emplois de direction, sous réserve de leur agrément par l'autorité de tutelle ou son représentant territorial ;

(Décr. n° 2009-386 du 7 avr. 2009) « 8° D'approuver les comptes de l'organisme, sauf vote contraire à la majorité des deux tiers des membres. »

Le conseil d'administration peut désigner en son sein des commissions et leur déléguer une partie de ses attributions.

(Décr. n° 93-1002 du 10 août 1993, art. 1er) « Le directeur et l'agent comptable assistent, avec voix consultative, aux séances du conseil d'administration ou des commissions ayant reçu délégation de celui-ci. »

Le pouvoir de contrôle dont dispose le conseil d'administration d'un organisme de sécurité sociale sur le fonctionnement général de cet organisme ne l'autorise pas à se substituer ou à donner des injonctions au directeur ou au médecin-conseil régional dans l'exercice des pouvoirs propres de décision qui sont reconnus à ces derniers par les dispositions réglementaires applicables, ni à annuler ou à réformer les décisions prises à ce titre.

Art. R. 121-2 Sous réserve des dispositions *(Décr. n° 2016-1507 du 8 nov. 2016, art. 2-I)* « des articles L. 122-1 et L. 171-7, » les organismes sont représentés de plein droit en justice et dans tous les actes de la vie civile par leur président qui peut déléguer ses pouvoirs au directeur par mandat spécial ou général.

(Décr. n° 93-1048 du 2 sept. 1993, art. 5-I) « Les dispositions du présent article sont applicables à tous organismes à l'exception de ceux ayant le caractère d'établissement public », *(Abrogé par Décr. n° 2018-353 du 14 mai 2018, art. 1er) (Décr. n° 2006-83 du 27 janv. 2006)* « ***du régime social des indépendants*** », des Caisses mutuelles d'assurance maladie et d'assurance vieillesse des cultes et de la Caisse des Français de l'étranger.

Jusqu'au 31 déc. 2019, le premier al. de l'art. R. 121-2 CSS n'est pas applicable aux caisses déléguées pour la sécurité sociale des travailleurs indépendants mentionnées au 2° du XVI de l'art. 15 de la L. n° 2017-1836 du 30 déc. 2017 (Décr. n° 2018-353 du 14 mai 2018, art. 1er).

Art. R. 121-3 Les représentants du personnel au *(Décr. n° 2004-1075 du 12 oct. 2004, art. 7-2°)* « conseil ou au conseil d'administration » d'un organisme de sécurité sociale ne peuvent participer aux délibérations dudit conseil, des commissions constituées par ledit conseil ou des commissions fonctionnant auprès d'un organisme de sécurité sociale, lorsque ces délibérations sont relatives à des questions d'ordre individuel concernant le personnel des organismes de sécurité sociale.

Les dispositions du présent article ont le même champ d'application que les dispositions de l'article R. 121-2.

Art. R. 121-4 *(Décr. n° 2018-174 du 9 mars 2018, art. 15-I, en vigueur le 1er janv. 2018)* Les administrateurs ou conseillers des organismes de sécurité sociale, ainsi que les membres de l'assemblée générale et des instances mentionnées à l'article L. 612-2, ont droit aux remboursements de leurs frais de déplacement pour les séances du conseil, du conseil d'administration, de l'assemblée générale ou de l'instance dont ils sont membres et pour celles des commissions instituées par un texte légal, réglementaire ou statutaire ou dont la création a été décidée par une délibération expresse du conseil, du conseil d'administration ou de l'assemblée générale mentionnés ci-dessus.

Les mêmes remboursements sont accordés aux personnes mentionnées au premier alinéa lorsque leur présence est requise pour faire partie d'une commission ou pour assister à une manifestation officielle ayant pour objet l'application des législations que ces organismes sont chargés de mettre en œuvre ou la défense directe des intérêts matériels ou moraux de l'organisme et de ses assurés. Lorsqu'une personne est désignée par différents organismes, les frais peuvent être partagés entre ces organismes sans que l'intéressé puisse être remboursé ou indemnisé de sommes supérieures à celles qu'il aurait perçues s'il avait été mandaté par une seule caisse.

Les personnes mentionnées aux deux premiers alinéas sont remboursées de leurs frais de transport du lieu de leur résidence ou de leur lieu de travail au lieu de la réunion par la voie la plus directe et la plus économique. Un arrêté des ministres chargés de la sécurité sociale et du budget précise la manière dont il est tenu compte des différents modes de déplacement disponibles.

Les personnes mentionnées aux deux premiers alinéas perçoivent à titre de frais de séjour des indemnités égales à celles dont bénéficient les agents de direction des organismes de sécurité sociale du régime général, dans les mêmes conditions que ceux-ci. Ils peuvent bénéficier d'une indemnité forfaitaire compensatrice des autres frais exposés fixée par le conseil, le conseil d'administration ou l'assemblée générale mentionnés au premier alinéa dans la limite d'un montant fixé par arrêté pris par les ministres chargés de la sécurité sociale et du budget.

SECTION II STATUT DES ADMINISTRATEURS

Néant.

CHAPITRE II DIRECTEUR ET AGENT COMPTABLE

Art. R. 122-1 La désignation du directeur et de l'agent comptable des organismes de sécurité sociale est soumise à l'agrément du ministre compétent, ainsi qu'en ce qui concerne l'agent comptable du ministre chargé du budget.

Art. R. 122-2 *(Décr. nº 98-1222 du 29 déc. 1998, art. 3)* « Les dispositions de l'article R. 122-1 sont applicables à tous les organismes de droit privé jouissant de la personnalité civile ou de l'autonomie financière et assurant en tout ou en partie la gestion d'un régime légalement obligatoire d'assurance contre la maladie, la maternité, la vieillesse, l'invalidité, le décès, le veuvage, les accidents du travail et les maladies professionnelles ou de prestations familiales, ainsi qu'aux unions ou fédérations desdits organismes ».

(Abrogé par Décr. nº 2006-83 du 27 janv. 2006) ***« En ce qui concerne les organismes d'assurance vieillesse des professions artisanales, industrielles et commerciales, les dispositions de l'article R. 122-1 peuvent faire l'objet d'adaptations par décret. »***

Art. R. 122-3 Le directeur assure le fonctionnement de l'organisme sous le contrôle du conseil d'administration.

Il a seul autorité sur le personnel et fixe l'organisation du travail dans les services. Dans le cadre des dispositions qui régissent le personnel et sauf en ce qui concerne les agents de direction et les agents comptables, il prend seul toute décision d'ordre individuel que comporte la gestion du personnel et notamment nomme aux emplois, *(Décr. nº 2018-353 du 14 mai 2018, art. 1er)* « met fin aux contrats de travail », règle l'avancement, assure la discipline.

Il soumet chaque année au conseil d'administration :

1° Les projets de budgets concernant :

a. la gestion administrative ;

b. l'action sanitaire et sociale, ainsi que, s'il y a lieu, les établissements gérés par la caisse ;

c. le cas échéant, la prévention ;

2° Un tableau évaluatif pour l'année à venir des recettes et des dépenses afférentes aux différents risques ou charges gérés par l'organisme.

Il remet chaque année au conseil d'administration un rapport sur le fonctionnement administratif et financier de l'organisme.

Dans les conditions définies par décret, le directeur engage les dépenses, constate les créances et les dettes, émet les ordres de recettes et de dépenses et peut, sous sa responsabilité, requérir qu'il soit passé outre au refus de visa ou de paiement, éventuellement opposé par l'agent comptable. *(Décr. nº 2009-386 du 7 avr. 2009)* « Conformément aux dispositions de l'article R. 114-6-1, il arrête les comptes de l'organisme. »

Il a pouvoir pour donner mainlevée des inscriptions de privilèges ou d'hypothèques sur des immeubles, requises au profit de l'organisme. Toutefois, à défaut de constatation de l'extinction ou de l'annulation de créance garantie, la mainlevée ne peut être consentie qu'en exécution d'une décision du conseil d'administration.

Il accepte provisoirement ou à titre conservatoire et sans autorisation préalable les dons et legs qui sont faits à l'organisme.

Il peut déléguer, sous sa responsabilité, une partie de ses pouvoirs à certains agents de l'organisme. Il peut donner mandat à des agents de l'organisme en vue d'assurer la représentation de celui-ci en justice et dans les actes de la vie civile.

En cas de vacance d'emploi, d'absence momentanée ou d'empêchement du directeur, ses fonctions sont exercées par le directeur adjoint. En cas d'absence ou d'empêchement du directeur ou du directeur adjoint ou à défaut de directeur adjoint, les fonctions de directeur sont exercées par un agent de l'organisme désigné dans les conditions prévues au 7° de l'article R. 121-1.

(Décr. n° 2007-102 du 26 juin 2007, art. 6-II) « Les dispositions du présent article sont applicables à tous les organismes à l'exception de ceux ayant le caractère d'établissement public, de la Caisse d'assurance vieillesse, invalidité et maladie des cultes, des caisses *(Décr. n° 2010-344 du 31 mars 2010, art. 268)* « mentionnées à l'article » L. 211-1 et, en ce qui concerne la deuxième phrase du treizième alinéa et le quatorzième alinéa, de la Caisse des Français à l'étranger. Le deuxième alinéa du présent article n'est pas applicable aux praticiens conseils du régime social des indépendants. »

1. Compétence de principe du directeur. Le directeur est seul compétent pour l'attribution des prestations, telles les rentes accidents du travail. • CE 6 oct. 1995 : *Dr. soc. 1996. 160, concl. Maugüé ; RJS 1996, n° 63.* ♦ ... Ou pour prononcer la mise hors convention d'un praticien ou d'un auxiliaire médical. • CE 13 juin 1997 : *RJS 1997, n° 1013.*

2. Délégation de pouvoirs. Aucune disposition, ni aucun principe ne subordonnent la validité des délégations accordées par le directeur à ses collaborateurs à leur publicité préalable. Dès lors, le juge du premier degré ne peut annuler une sanction prononcée à l'encontre d'un professionnel de santé par le directeur adjoint de la caisse primaire au seul motif que la délégation de celui-ci n'a pas fait l'objet d'une mesure de publicité. • CE 27 juin 2001 : *RJS 2001, n° 1354.*

Art. R. 122-4 L'agent comptable est placé sous l'autorité administrative du directeur. Il est chargé, sous sa propre responsabilité et sous le contrôle du conseil d'administration, de l'ensemble des opérations financières de l'organisme. *(Abrogé par Décr. n° 2008-731 du 24 juill. 2008)* *« Ses attributions et les conditions dans lesquelles sa responsabilité pécuniaire peut être mise en jeu sont définies par décret. Toutefois, aucune sanction ne peut être prise contre lui s'il justifie avoir agi en conformité avec les dispositions dudit décret. »* Sa gestion est garantie par un cautionnement dont le montant minimum est fixé dans les limites déterminées par un arrêté du ministre chargé du budget et des ministres intéressés. — *V. Arr. du 4 juill. 1962 (JO 10 juill.), mod. en dernier lieu par Arr. du 17 févr. 1989 (JO 1er mars).*

(Décr. n° 2009-386 du 7 avr. 2009) « Conformément aux dispositions de l'article R. 114-6-1, l'agent comptable établit les comptes de l'organisme. »

(Décr. n° 2012-1519 du 28 déc. 2012, art. 1er) « En cas d'absence momentanée ou d'empêchement de l'agent comptable, ses fonctions sont exercées par le fondé de pouvoir. *(Décr. n° 2018-353 du 14 mai 2018, art. 1er)* « En cas d'absence ou d'empêchement du fondé de pouvoir, ou à défaut de fondé de pouvoir, les fonctions d'agent comptable sont exercées par une personne désignée par le directeur ou directeur général de l'organisme national compétent. »

« En cas de vacance de l'emploi d'agent comptable, le directeur général ou le directeur de l'organisme national compétent désigne la personne chargée d'effectuer l'intérim jusqu'à la nomination d'un agent comptable. *(Décr. n° 2018-353 du 14 mai 2018, art. 1er)* « La durée de ses fonctions est limitée à dix-huit mois, ou à trente-six mois lorsque l'intérim est assuré par un agent comptable remplissant les conditions de formation prévues à l'article R. 123-47-1, agréé et en fonction dans un organisme de sécurité sociale.

« L'installation de l'agent comptable intérimaire désigné par le directeur ou le directeur général de l'organisme national compétent s'effectue dans les mêmes conditions que celle de l'agent comptable. »

(Décr. n° 2007-102 du 26 juin 2007, art. 6-III) « Les dispositions du présent article sont applicables à tous les organismes à l'exception de ceux ayant le caractère d'établissement public *(Abrogé par Décr. n° 2012-1519 du 28 déc. 2012, art. 1er)* « ***, de la Caisse d'assurance vieillesse, invalidité et maladie des cultes, du régime social des indépendants et des caisses*** *(Décr. n° 2010-344 du 31 mars 2010, art. 268)* « ***mentionnées à l'article » L. 211-1 ». »*** *(Décr. n° 2012-1519 du 28 déc. 2012, art. 1er ; Décr. n° 2018-353 du 14 mai 2018, art. 1er)* « Toutefois, la deuxième phrase du troisième alinéa et les quatrième et cinquième alinéas ne sont pas applicables aux organismes de mutualité sociale agricole. »

Compétence législative (art. 34 de la Constitution). Les dispositions, qui instituent une responsabilité pécuniaire personnelle des agents comptables, touchent tant aux principes fondamentaux des obligations civiles qu'aux principes fondamentaux du droit du travail, en tant qu'elles affectent la portée du lien de subordination de ces agents qui, à l'exception des comptables des caisses nationales, ont la qualité de salariés de droit privé, à l'égard de leur employeur, et relèvent ainsi de la compétence du législateur. Les dispositions de l'art. R. 122-4 sont, par suite, illégales et doivent être abrogées. • CE 28 avr. 2004, *Assoc. nat. des dirigeants des agences comptables : Lebon 175 ; RDSS 2004. 661, obs. Prétot ; TPS 2004. Comm. 204, obs. Prétot.*

Art. R. 122-5 Les mises en demeure ou observations faites, soit par le ministre chargé du contrôle administratif au directeur et à l'agent comptable, soit par le ministre chargé du budget, en ce qui concerne l'agent comptable, doivent être notifiées simultanément à l'intéressé et au conseil d'administration.

(Décr. n° 88-713 du 9 mai 1988, art. 3 ; Décr. n° 93-1048 du 2 sept. 1993, art. 5-I ; Décr. n° 99-1128 du 28 déc. 1999) « Les dispositions du présent article sont applicables à tous organismes, à l'exception de ceux ayant le caractère d'établissement public, des organismes d'assurance vieillesse des professions libérales. »

Les dispositions du présent article ne sont pas applicables aux organismes dont les agents de direction et les agents comptables sont nommés par une autorité de tutelle dans les conditions fixées par les textes législatifs et réglementaires.

CHAPITRE III PERSONNEL

SECTION PREMIÈRE DISPOSITIONS GÉNÉRALES

Art. R. 123-1 L'autorité compétente de l'État mentionnée au deuxième alinéa de l'article L. 123-1 *(Décr. n° 2014-934 du 19 août 2014, art. 1er-1°)* « et aux articles L. 123-2 et L. 123-2-1 » est le ministre chargé de la sécurité sociale et pour les organismes de mutualité sociale agricole, le ministre chargé de l'agriculture.

(Abrogé par Décr. n° 2014-934 du 19 août 2014, art. 1er-1°) (Décr. n° 2004-1075 du 12 oct. 2004) « ***L'autorité compétente de l'État mentionnée aux articles L. 123-2 et L. 123-2-1 est le ministre chargé du contrôle administratif.*** »

Les dispositions de l'art. 1er du Décr. n° 2014-934 du 19 août 2014 sont applicables à Mayotte (Décr. préc., art. 3).

Art. R. 123-1-1 *(Décr. n° 2014-934 du 19 août 2014, art. 1er-2°)* Les accords d'entreprise et les décisions mentionnées à l'article R. 152-8 sont soumis, préalablement à la décision ministérielle d'agrément, à l'avis :

1° Du comité mentionné à l'article L. 224-5-2 pour les accords conclus et les décisions prises au sein du régime général ;

2° De la Fédération nationale des employeurs de la mutualité sociale agricole pour les accords conclus et les décisions prises au sein des organismes de mutualité sociale agricole ;

3° Du directeur général de la Caisse nationale du régime social des indépendants pour les accords conclus et les décisions prises au sein des caisses de base du régime social des indépendants.

L'organisme de sécurité sociale est informé de la date à laquelle cet avis est rendu.

Les accords d'entreprise et les décisions mentionnées à l'article R. 152-8 sont réputés agréés au terme d'un délai d'un mois suivant l'avis mentionné à l'alinéa précédent.

Les ministres compétents peuvent proroger ce délai d'un mois, renouvelable une fois. Ils informent l'organisme de sécurité sociale concerné de cette prorogation.

Les dispositions de l'art. 1er du Décr. n° 2014-934 du 19 août 2014 sont applicables à Mayotte (Décr. préc., art. 3).

Art. R. 123-2 Les organismes qui comptent un nombre d'agents dont l'effectif est inférieur à un minimum fixé par arrêté du ministre intéressé ou dont les ressources annuelles sont inférieures à un montant minimum fixé par le même arrêté peuvent être autorisés à déroger aux dispositions des articles R. 123-6, R. 123-45 et R. 123-47.

L'application du premier alinéa du présent article relève du ministre chargé de l'agriculture en ce qui concerne les organismes de mutualité sociale agricole.

Art. R. 123-3 *(Décr. n° 2009-1596 du 18 déc. 2009, art. 4-I)* « L'organisme employeur est tenu d'informer le service mentionné à l'article R. 155-1 *(Abrogé par Décr. n° 2012-1362 du 6 déc. 2012, art. 2-2°)* *« ou, s'il s'agit d'un organisme de mutualité sociale agricole, le service mentionné à l'article R. 155-2 »* de toute instance engagée par un agent d'un organisme de sécurité sociale contre son employeur et portant sur un différend né à l'occasion du contrat de travail. »

Les dispositions du premier alinéa du présent article peuvent être rendues applicables, avec les adaptations nécessaires, par décret, à tous organismes de sécurité sociale jouissant de la personnalité civile et soumis au contrôle de la Cour des comptes en application des dispositions des articles L. 154-1 et L. 154-2.

1. Autorité de tutelle (qualité pour agir et voies de recours). Les dispositions de l'art. R. 123-3 donnent à l'autorité de tutelle, pour autant qu'elle soit intervenue devant le juridiction du premier degré, qualité pour interjeter appel ou former un pourvoi en cassation à l'encontre des jugements et arrêts intervenus. • Soc. 22 avr. 1992, n° 91-42.925 P. ♦ N'étant pas partie au litige qui oppose l'organisme à l'un de ses agents, l'autorité de tutelle ne saurait être condamnée, seule ou solidairement, à l'égard de l'agent. • Soc. 11 juin 1987 : *Bull. civ. V, n° 383 ; D. 1988. Somm. 365, obs. Prétot.* ♦ Seul l'agent est tenu d'appeler au litige l'autorité de tutelle mais, dès lors que l'instance a été engagée par l'organisme, l'agent n'est pas tenu d'appeler en la cause l'autorité de tutelle, alors même qu'il forme une demande reconventionnelle. • Soc. 19 janv. 2005 : *RJS 2005, n° 431 ; TPS 2005. Comm. 129, obs. Prétot.*

2. Exception pour la CNAMTS. Les dispositions de l'art. R. 123-3 ne s'appliquent pas aux litiges intéressant les agents de la CNAMTS, celle-ci ne figurant pas au nombre des organismes placés sous la tutelle du préfet de région. • Soc. 30 mars 2005, n° 03-42.270 P : *RJS 2005, n° 663 ; TPS 2005. Comm. 190, obs. Prétot.*

Art. R. 123-4 La nomination des directeurs des établissements ou œuvres sociales des organismes de sécurité sociale, lorsqu'ils fonctionnent en permanence et comportent hébergement, est soumise à l'agrément du ministre chargé de la sécurité sociale.

L'application du premier alinéa du présent article relève du ministre chargé de l'agriculture en ce qui concerne les organismes de mutualité sociale agricole.

Le présent article n'est pas applicable aux établissements ou œuvres dont le budget annuel est inférieur à un montant fixé par arrêté.

(Décr. n° 93-1048 du 2 sept. 1993, art. 5-I) « Les dispositions du présent article sont applicables à tous organismes à l'exception de ceux ayant le caractère d'établissement public », des organismes d'assurance vieillesse des professions libérales, *(Décr. n° 2006-83 du 27 janv. 2006)* « des organismes du régime social des indépendants », *(Décr. n° 99-1128 du 28 déc. 1999)* « la Caisse d'assurance vieillesse, invalidité et maladie » des cultes et de la Caisse des Français de l'étranger.

Art. R. 123-5 Avec le concours des organismes de sécurité sociale, le ministre chargé de la sécurité sociale prend toutes mesures utiles afin d'organiser la formation du personnel de direction et d'encadrement des organismes de sécurité sociale et de veiller à la formation des autres catégories de personnel dans les conditions fixées au présent titre.

Art. R. 123-6 Sous réserve des dispositions de l'article L. 123-3, la formation de base, la promotion professionnelle du premier degré et *(Décr. n° 2004-1075 du 12 oct. 2004)* « la formation continue » des agents sont assurés par les organismes de sécurité sociale, leurs unions ou fédérations, conformément aux prescriptions du code du travail.

Les organismes de sécurité sociale, leurs unions ou fédérations, peuvent préparer leurs agents au concours d'entrée *(Décr. n° 2004-1075 du 12 oct. 2004)* « à l'École nationale supérieure de sécurité sociale ».

(Décr. n° 88-713 du 9 mai 1988, art. 3 ; Décr. n° 99-1128 du 28 déc. 1999) « Les dispositions du présent article sont applicables à tous organismes, à l'exception de ceux ayant le caractère d'établissement public, de la Caisse autonome nationale de la sécurité sociale dans les mines, des organismes d'assurance vieillesse des professions libérales ».

SECTION II AGENTS DE DIRECTION ET AGENTS COMPTABLES

SOUS-SECTION 1 DISPOSITIONS GÉNÉRALES

Art. R. 123-7 Sauf désignation par le *(Décr. n° 2004-1075 du 12 oct. 2004, art. 7-5°)* « conseil » en qualité de représentants de l'organisme, les agents de direction et les agents comptables des organismes de sécurité sociale ne peuvent exercer les fonctions d'administrateur, de directeur ou de gérant dans une société, entreprise ou d'une institution privée, qui bénéficie de subventions, de prêts ou d'une garantie de la part d'un organisme de sécurité sociale ou dont l'activité comporte l'exécution de travaux, la prestation de fournitures ou de services pour le compte ou sous le contrôle d'un organisme de sécurité sociale.

Toutefois, les agents de direction et les agents comptables d'un organisme de sécurité sociale peuvent être agréés pour exercer des fonctions de direction ou d'agent comptable dans d'autres organismes de sécurité sociale énumérés à l'article R. 111-1 ou dans leurs unions ou fédérations.

Les dispositions du présent article ont le même champ d'application que les dispositions de l'article R. 123-6. *(Décr. n° 93-1048 du 2 sept. 1993, art. 5-II)* « Toutefois, elles sont applicables à la Caisse autonome nationale de la sécurité sociale dans les mines ».

SOUS-SECTION 2 ÉCOLE NATIONALE SUPÉRIEURE DE SÉCURITÉ SOCIALE *(Décr. n° 2004-1075 du 12 oct. 2004)*.

Le Centre national d'études supérieures de sécurité sociale est devenu l'École nationale supérieure de sécurité sociale (Décr. n° 2004-1075 du 12 oct. 2004).

§ 1er DISPOSITIONS GÉNÉRALES

Art. R. 123-8 *(Décr. n° 2004-1075 du 12 oct. 2004)* « L'École nationale supérieure de sécurité sociale » est un établissement public à caractère administratif doté de la personnalité juridique et de l'autonomie financière. Elle est placée sous la tutelle du ministre chargé de la sécurité sociale.

(Décr. n° 2013-624 du 15 juill. 2013, art. 1er-1°) « Elle conclut avec le ministre chargé de la sécurité sociale, pour une durée minimale de quatre ans, une convention d'objectifs et de gestion comportant les engagements réciproques des signataires liés à la mise en œuvre des missions confiées à l'école. »

Art. R. 123-9 *(Décr. n° 2013-624 du 15 juill. 2013, art. 1er-2°)* L'École nationale supérieure de sécurité sociale contribue au recrutement des agents des régimes de sécurité sociale et assure à ces agents une formation leur permettant d'exercer ultérieurement les fonctions d'agent de direction et d'agent comptable des organismes de sécurité sociale. Elle a pour mission :

1° D'organiser les concours d'entrée prévus à l'article R. 123-28 et les épreuves de sélection destinées aux personnels régis par les conventions collectives nationales des organismes de sécurité sociale ;

2° D'assurer des formations qualifiantes en vue de l'exercice des fonctions d'agent de direction et d'agent comptable, pour les élèves issus des concours prévus à l'article R. 123-28 et pour les personnels régis par les conventions collectives nationales des organismes de sécurité sociale. Les conditions dans lesquelles cette formation est assurée, s'agissant des personnels régis par les conventions collectives nationales des organismes de sécurité sociale, sont fixées par arrêté du ministre chargé de la sécurité

sociale ; – *V. Arr. du 31 juill. 2013 (JO 8 août), mod. par Arr. du 18 juin 2014 (JO 3 juill.), Arr. du 17 déc. 2014 (JO 26 déc.) et Arr. du 9 juin 2017 (JO 21 juin).*

3° De contribuer, conjointement avec les administrations ou les organismes de protection sociale intéressés, au recrutement et à la formation qualifiante :

***a)* Des praticiens conseils, des ingénieurs-conseils et des autres cadres supérieurs techniques des organismes de sécurité sociale ;**

***b)* Des inspecteurs et contrôleurs des agences régionales de santé mentionnés à l'article R. 1435-15 du code de la santé publique ;**

***c)* De toute autre catégorie d'emplois supérieurs techniques ;**

***d)* Des personnels supérieurs d'administrations ou d'organismes étrangers intervenant dans le domaine de la santé et de la protection sociale ;**

4° De délivrer les diplômes sanctionnant les formations qu'elle dispense ;

5° D'organiser des sessions de formation continue et des cycles d'accompagnement aux transitions professionnelles à destination notamment :

***a)* Des personnels supérieurs d'encadrement des organismes de sécurité sociale, des agences régionales de santé, de l'administration et des établissements relevant du champ de la santé et de la protection sociale ;**

***b)* Des membres des organisations professionnelles et syndicales ;**

***c)* Des cadres supérieurs des secteurs public et privé ;**

6° D'entreprendre des études et des recherches concernant les questions sanitaires et sociales ;

7° De mettre en œuvre des actions de coopération à caractère international en matière d'enseignement et de recherche ;

8° D'assurer la gestion de l'Institut des hautes études de protection sociale ;

(Décr. n° 2018-353 du 14 mai 2018, art. 1er) **« 9° De concourir à la promotion des principes et des objectifs de la sécurité sociale, par des actions de formation ou d'information, et de participer à la conception et la diffusion de ressources pédagogiques relatives à la sécurité sociale. »**

Art. R. 123-10 *(Décr. n° 2013-624 du 15 juill. 2013, art. 1er-3°)* **Les conditions d'admission des auditeurs français et étrangers aux cycles de formation qualifiants et aux sessions de formation continue prévus à l'article R. 123-9 sont définies par le règlement intérieur de l'école prévu à l'article R. 123-20-1.**

Pendant la durée des sessions de formation continue, les auditeurs sont placés sous l'autorité du directeur et soumis au règlement intérieur de l'école.

§ 2 ADMINISTRATION DE L'ÉCOLE NATIONALE SUPÉRIEURE DE SÉCURITÉ SOCIALE *(Décr. n° 2004-1075 du 12 oct. 2004).*

Art. R. 123-11 *(Décr. n° 88-712 du 9 mai 1988, art. 1er ; Décr. n° 2004-1075 du 12 oct. 2004 ; Décr. n° 2007-395 du 22 mars 2007, art. 1er)* **« L'École nationale supérieure de sécurité sociale est administrée par un conseil d'administration dont les membres sont nommés par arrêté du ministre chargé de la sécurité sociale** *(Abrogé par Décr. n° 2013-624 du 15 juill. 2013, art. 1er-4°)* ***« et du ministre chargé de l'agriculture »*. Il comprend** *(Décr. n° 2013-624 du 15 juill. 2013, art. 1er-4°)* **« les membres suivants :**

« I. – Avec voix délibérative : »

« 1° *a)* Pour le régime général de sécurité sociale :

« – le président du conseil et le directeur général, ou leurs représentants, de la Caisse nationale de l'assurance maladie des travailleurs salariés ;

« – le président du conseil d'administration et le directeur, ou leurs représentants, de la Caisse nationale des allocations familiales, de la Caisse nationale d'assurance vieillesse des travailleurs salariés et de l'Agence centrale des organismes de sécurité sociale ;

« – le président du conseil d'orientation et le directeur, ou leurs représentants, de l'Union des caisses nationales de sécurité sociale ;

« *b)* Pour le régime agricole, le président du conseil d'administration, ou son représentant, et le directeur, ou son représentant, de la Caisse centrale de mutualité sociale agricole ;

(Abrogé par Décr. n° 2018-174 du 9 mars 2018, art. 15-I, à compter du 1er janv. 2018) ***« c) Pour le régime social des indépendants, le président du conseil d'administration, ou son représentant, et le directeur général, ou son représentant, de la Caisse nationale ; »***

« c) Trois représentants d'organismes de sécurité sociale ne relevant pas des *(Décr. n° 2018-174 du 9 mars 2018, art. 15-I, en vigueur le 1er janv. 2018)* **« *a* et *b* » et dont la liste est fixée par arrêté du ministre chargé de la sécurité sociale ;**

« 2° Quatre personnes qualifiées désignées par le ministre chargé de la sécurité sociale ;

« 3° Un ancien élève de l'école désigné par l'association des anciens élèves. »

(Décr. n° 2013-624 du 15 juill. 2013, art. 1er-4°) **« En cas d'indisponibilité, les membres du conseil d'administration mentionnés au d du 1° et au 3° sont remplacés par un suppléant désigné dans les mêmes conditions que le titulaire.**

« II. — Avec voix consultative :

« 1° Un représentant de chacune des promotions des élèves en cours de scolarité, élu dans les conditions prévues par le règlement intérieur de l'école ;

« 2° Un représentant du personnel élu dans les conditions prévues par le règlement intérieur de l'école.

« III. — Assistent également au conseil d'administration :

« 1° Le directeur et l'agent comptable de l'école ;

« 2° Le contrôleur budgétaire de l'école ;

« 3° Deux commissaires du Gouvernement représentant le ministre chargé de la sécurité sociale et le ministre chargé de l'agriculture. Ils sont entendus chaque fois qu'ils le demandent.

« La durée du mandat des membres du conseil d'administration est de quatre ans. Ce mandat est renouvelable. Toutefois, la durée du mandat du représentant de chacune des promotions d'élèves en cours de scolarité est limitée à la durée de celle-ci. »

Si les irrégularités ou la mauvaise gestion sont imputables à un ou plusieurs membres du conseil d'administration, le ministre chargé de la sécurité sociale peut révoquer ceux-ci, après avis du conseil.

L'administrateur révoqué ne peut être désigné à ces mêmes fonctions pendant une durée de quatre ans à dater de l'arrêté de révocation.

(Décr. n° 2013-624 du 15 juill. 2013, art. 1er-4°) **« Lorsqu'il exerce les attributions prévues à l'article R. 123-14, le conseil d'administration ne comprend que les membres mentionnés au I. »**

Les dispositions de l'art. 1er-4° issues du Décr. n° 2013-624 du 15 juill. 2013 entrent en vigueur pour la désignation des membres du prochain conseil d'administration de l'École nationale supérieure de sécurité sociale (Décr. préc., art. 5-I).

Art. R. 123-12 *(Décr. n° 2007-395 du 22 mars 2007, art. 2)* **« Le président et le vice-président du conseil d'administration sont nommés par arrêté du ministre chargé de la sécurité sociale pour une durée de quatre ans renouvelable parmi les membres du conseil mentionnés aux 1°, 2° et 3°** *(Décr. n° 2013-624 du 15 juill. 2013, art. 1er-5°)* **« du I » de l'article R. 123-11. »**

Le conseil d'administration ne peut valablement délibérer *(Décr. n° 98-1309 du 30 déc. 1998, art. 2)* **« que si la majorité des membres assiste à la réunion ».** *(Décr. n° 88-712 du 9 mai 1988, art. 2-I)* **« A défaut, il est procédé à la convocation d'une nouvelle réunion qui peut se tenir après un délai de huit jours, sans considération de quorum ».**

(Décr. n° 94-300 du 18 avr. 1994, art. 1er) **« Sans préjudice des dispositions du précédent alinéa, les administrateurs, lorsqu'ils ne sont pas suppléés, peuvent donner délégation de vote à un autre membre du conseil d'administration. Aucun membre ne peut recevoir plus d'une délégation. »**

En cas de partage des voix, celle du président est prépondérante.

(Abrogé par Décr. n° 2013-624 du 15 juill. 2013, art. 1er-5°) ***« Le directeur*** *(Décr. n° 2004-1075 du 12 oct. 2004)* ***« de l'école »***, *le (Décr. n° 2012-1247 du 7 nov. 2012, art. 2)* ***« contrôleur budgétaire » et l'agent comptable assistent aux séances du conseil.***

« (Décr. n° 98-1309 du 30 déc. 1998, art. 2) « Le conseil d'administration peut entendre toute personne utile à son information ». »

Les dispositions de l'art. 1er-5° issues du Décr. n° 2013-624 du 15 juill. 2013 entrent en vigueur pour la désignation des membres du prochain conseil d'administration de l'École nationale supérieure de sécurité sociale (Décr. préc., art. 5-I).

Art. R. 123-13 *(Décr. n° 94-300 du 18 avr. 1994, art. 1er-2°)* « Les fonctions de président, de vice-président et de membre du conseil d'administration sont gratuites. Des indemnités correspondant aux frais de déplacement ou de séjour effectivement supportés à l'occasion des réunions du conseil d'administration peuvent toutefois être allouées dans les conditions prévues par le » décret n° 2006-781 du 3 juillet 2006.

Les membres du conseil ayant la qualité de travailleurs salariés ou de travailleurs indépendants peuvent, en outre, être indemnisés de la perte de leur salaire ou de leur gain dans les conditions prévues pour les administrateurs des organismes de sécurité sociale.

Art. R. 123-14 *(Décr. n° 2013-624 du 15 juill. 2013, art. 1er-6°)* I. — Le directeur de l'école est nommé par décret sur le rapport du ministre chargé de la sécurité sociale, après avis du conseil d'administration, pour une période de cinq ans renouvelable.

II. — Les agents de direction de l'école autres que l'agent comptable sont nommés par le directeur.

III. — L'agent comptable est nommé par arrêté conjoint du ministre chargé du budget et du ministre chargé de la sécurité sociale.

Il peut être choisi parmi les agents comptables régis par une convention collective nationale des organismes de sécurité sociale. Il a la qualité d'agent public pour l'exercice de ses fonctions à l'école.

Art. R. 123-15 *(Décr. n° 2013-624 du 15 juill. 2013, art. 1er-7°)* Le conseil d'administration détermine les orientations générales de l'établissement.

Il délibère notamment sur :

1° Les orientations de la convention d'objectifs et de gestion prévue à l'article R. 123-8, sur proposition du directeur, et le suivi de ces engagements ;

2° Les orientations des enseignements et des formations après avis de la commission pédagogique prévue à l'article R. 123-20 ;

3° Le rapport annuel sur l'activité et le fonctionnement de l'école, présenté par le directeur ;

4° Le budget de l'école et ses modifications ;

5° Le compte financier et l'affectation des résultats ;

6° Les acquisitions, aliénations et échanges d'immeubles ;

7° Les emprunts, les participations à toutes formes de groupements publics ou privés ;

8° L'acceptation des dons et legs ;

9° Le règlement intérieur de l'école sur proposition du directeur et, le cas échéant, celui du conseil d'administration.

Le conseil d'administration donne son avis sur les questions qui lui sont soumises par le ministre chargé de la sécurité sociale et par le directeur de l'école.

Les dispositions de l'art. 1er-7° issues du Décr. n° 2013-624 du 15 juill. 2013 entrent en vigueur à compter de la désignation des membres du prochain conseil d'administration de l'École nationale supérieure de sécurité sociale (Décr. préc., art. 5-II).

Art. R. 123-16 Le directeur est responsable de la gestion de l'école et de l'enseignement qui y est délivré. Il prend toutes mesures utiles pour l'application des décisions du conseil d'administration et le fonctionnement de l'école.

(Décr. n° 2013-624 du 15 juill. 2013, art. 1er-8°) « Il établit le programme des enseignements avec l'assistance de la commission pédagogique.

« Il prend toutes décisions nécessaires et exerce les compétences qui ne sont pas attribuées à une autre autorité.

« Il a seul autorité sur le personnel et fixe l'organisation du travail dans les services. Dans le cadre des dispositions qui régissent le personnel *(Décr. n° 2018-353 du 14 mai 2018, art. 1er)* « y compris les agents de direction » et sauf en ce qui concerne l'agent comptable, il prend seul toute décision d'ordre individuel que comporte la gestion du personnel et notamment nomme aux emplois, *(Décr. n° 2018-353 du 14 mai 2018, art. 1er)* « met fin aux contrats de travail », règle l'avancement, assure la discipline.

« Le directeur désigne l'agent de direction chargé d'assurer l'intérim de ses fonctions en cas d'absence momentanée, d'empêchement ou de vacance de poste. En l'absence de désignation, le directeur adjoint assure l'intérim du directeur.

« Il conclut au nom de l'école tous les contrats, conventions, marchés et transactions. Il fixe les tarifs des sessions de formation.

« Dans les conditions définies par décret, le directeur engage les dépenses, constate les créances et les dettes, émet les ordres de recettes et de dépenses et peut, sous sa responsabilité, requérir qu'il soit passé outre au refus de visa ou de paiement, éventuellement opposé par l'agent comptable. Il arrête les comptes de l'école. — *Les dispositions de cet al. issues du Décr. n° 2013-624 du 15 juill. 2013 entrent en vigueur à compter de la désignation des membres du prochain conseil d'administration de l'École nationale supérieure de sécurité sociale (Décr. préc., art. 5-II).*

« Il a pouvoir pour donner mainlevée des inscriptions de privilèges ou d'hypothèques sur des immeubles requises au profit de l'école. Toutefois, à défaut de constatation de l'extinction ou de l'annulation de créance garantie, la mainlevée ne peut être consentie qu'en exécution d'une décision du conseil d'administration.

« Il accepte provisoirement ou à titre conservatoire et sans autorisation préalable les dons et legs qui sont faits à l'école.

« Il peut déléguer, sous sa responsabilité, une partie de ses pouvoirs à certains agents de l'école.

« Le directeur décide des actions en justice à intenter au nom de l'école et représente celle-ci en justice et dans les actes de la vie civile. Il peut donner mandat à des agents de l'école en vue d'assurer la représentation de celle-ci en justice et dans les actes de la vie civile.

« Le directeur est responsable de la discipline des élèves et des stagiaires et fixe leurs congés. »

Art. R. 123-17 Le conseil d'administration se réunit au moins trois fois par an, sur convocation de son président. Il est réuni en session extraordinaire à la demande soit du ministre chargé de la sécurité sociale ou du ministre chargé de l'agriculture, soit de la majorité de ses membres, soit du directeur de l'école.

Art. R. 123-18 *(Décr. n° 98-1309 du 30 déc. 1998, art. 5)* « Les délibérations du conseil d'administration, à l'exception de celles qui sont mentionnées *(Décr. n° 2013-624 du 15 juill. 2013, art. 1er-9°)* « à l'article R. 123-18-1 », sont exécutoires dans le délai de vingt jours à compter de leur notification aux ministres chargés de la sécurité sociale, de l'agriculture et du budget, sauf opposition expresse et motivée de l'un ou l'autre de ces ministres. »

(Décr. n° 88-712 du 9 mai 1988, art. 4) Le conseil d'administration peut déléguer au directeur certains de ses pouvoirs. Les dispositions du présent article concernant la communication aux ministres et leur possibilité d'opposition sont applicables aux décisions du directeur prises en vertu des pouvoirs qui lui sont délégués.

Art. R. 123-18-1 *(Décr. n° 2012-1247 du 7 nov. 2012, art. 42-2°, en vigueur le 1er janv. 2013)* Les délibérations portant sur le budget et le compte financier sont exécutoires dans les conditions prévues par le titre III du décret n° 2012-1246 du 7 novembre 2012 relatif à la gestion budgétaire et comptable publique. Les délibérations portant sur les acquisitions, échanges et aliénations d'immeubles et aux *[les]* emprunts sont exécutoires dans les mêmes conditions que les délibérations relatives au budget et au compte financier.

Art. R. 123-18-2 (Abrogé par Décr. n° 2012-1247 du 7 nov. 2012, art. 42-3°, à compter du 1er janv. 2013) (Décr. n° 98-1309 du 30 déc. 1998, art. 6) ***Les délibérations du conseil d'administration relatives à l'approbation du compte financier, aux acquisitions, aliénations, échanges d'immeubles et aux emprunts doivent être notifiées aux ministres chargés de la sécurité sociale et du budget et recevoir, dans un délai de trente jours à compter de cette notification, l'approbation expresse de ces ministres.***

Art. R. 123-18-3 (Abrogé par Décr. n° 2012-1247 du 7 nov. 2012, art. 42-3°, à compter du 1er janv. 2013) (Décr. n° 98-1309 du 30 déc. 1998, art. 6) ***Le directeur peut :***

— soit effectuer des virements à l'intérieur de chacun des chapitres du budget définis, dans le plan comptable national, par les comptes à deux chiffres et il en informe le conseil d'administration ;

— soit prendre des décisions modificatives dès lors qu'elles sont sans incidence sur le montant du budget et qu'elles ne comportent pas de virements de crédits entre la section de fonctionnement et la section des opérations en capital ou entre les chapitres de personnel et les chapitres de matériel. Elles ne sont exécutoires qu'après accord du membre du corps du contrôle général économique et financier et doivent être soumises pour ratification au conseil d'administration à sa plus proche séance.

Art. R. 123-19 (Abrogé par Décr. n° 2013-624 du 15 juill. 2013, art. 1er-10°) *En cas d'absence momentanée ou d'empêchement, le directeur peut se faire suppléer par un ou plusieurs agents désignés par lui à cet effet, après approbation du conseil d'administration.*

Art. R. 123-20 Une commission pédagogique de l'École nationale supérieure de sécurité sociale donne son avis, à la demande du conseil d'administration ou du directeur, *(Décr. n° 98-1309 du 30 déc. 1998, art. 7-1°)* « sur toutes questions relatives aux recherches et aux formations dispensées par » *(Décr. n° 2004-1075 du 12 oct. 2004, art. 6, 12°)* « l'école ».

Sa composition est fixée par arrêté du ministre chargé de la sécurité sociale sur proposition du directeur de l'école après avis du conseil d'administration. Elle est présidée par le directeur de l'école *(Décr. n° 98-1309 du 30 déc. 1998, art. 7-2°)* « ou son représentant » et se réunit sur convocation de celui-ci.

(Décr. n° 2013-624 du 15 juill. 2013, art. 1er-11°) « Elle assiste le directeur dans la définition et la mise en œuvre du projet pédagogique.

« Elle est appelée à donner son avis, en particulier sur :

« 1° Les orientations des enseignements, formations et stages des cycles diplômant *[diplômants]* ;

« 2° Les conditions d'accès aux cycles diplômant *[diplômants]* et d'obtention des diplômes ;

« 3° Les orientations des programmes de formation continue ;

« 4° Les orientations des programmes d'étude et de recherche. »

Art. R. 123-20-1 *(Décr. n° 2013-624 du 15 juill. 2013, art. 1er-12°)* Les modalités d'organisation de la scolarité, la nature et le contenu des enseignements, des diplômes ou attestations remis, la discipline intérieure de l'école ainsi que les garanties dont doivent être assorties les sanctions susceptibles d'être prononcées, notamment l'exclusion, sont précisés par le règlement intérieur de l'école.

§ 3 PERSONNEL

Art. R. 123-21 Le personnel *(Abrogé par Décr. n° 2013-624 du 15 juill. 2013, art. 1er-13°) « permanent administratif et technique »* de l'école comprend des *(Décr. n° 2013-624 du 15 juill. 2013, art. 1er-13°)* « agents publics et » *(Décr. n° 98-1309 du 30 déc. 1998, art. 8)* « des agents de droit privé régis par les conventions collectives applicables au personnel des organismes de sécurité sociale » *(Abrogé par Décr. n° 2013-624 du 15 juill. 2013, art. 1er-13°) « et des agents contractuels ».*

(Décr. n° 98-1309 du 30 déc. 1998, art. 8-2) « Des personnels d'organismes publics ou privés peuvent être mis à la disposition de l'école par convention avec les employeurs ».

Art. R. 123-22 *(Décr. n° 2013-624 du 15 juill. 2013, art. 1er-14°)* Les intervenants à l'école sont rémunérés par convention ou par vacation dans les conditions prévues par le décret n° 2010-235 du 5 mars 2010.

§ 4 RÉGIME FINANCIER – MARCHÉS – BIENS

Art. R. 123-23 Outre les contributions des organismes ou régimes de sécurité sociale, les recettes de l'école comprennent *(Décr. n° 2013-624 du 15 juill. 2013, art. 1er-15°)* « notamment » :

1° Les revenus des biens, fonds et valeurs ;

2° Les dons et legs faits au profit de l'établissement ;

3° Le produit des travaux effectués pour le compte de tiers ;

4° *(Décr. nº 98-1309 du 30 déc. 1998, art. 10)* « Le produit des activités de l'école » *(Décr. nº 2013-624 du 15 juill. 2013, art. 1er-15°)* « , notamment le produit des droits d'inscription, de scolarité, d'examens et de concours » ;

5° Les produits de l'aliénation des biens, fonds et valeurs ;

6° Les sommes perçues en matière de formation professionnelle *(Décr. nº 2013-624 du 15 juill. 2013, art. 1er-15°)* « , notamment celles provenant des employeurs ».

L'école peut recevoir des subventions allouées par l'État ou d'autres collectivités publiques.

Art. R. 123-24 *(Décr. nº 98-1309 du 30 déc. 1998, art. 11)* Des régies de recettes et des régies de dépenses peuvent être créées dans les conditions fixées par le décret nº 92-681 du 20 juillet 1992.

Art. R. 123-25 Les marchés sont passés dans les formes et conditions prescrites pour les marchés de l'État.

Art. R. 123-26 *(Décr. nº 2012-1247 du 7 nov. 2012, art. 42-4°, en vigueur le 1er janv. 2013)* L'École est soumise aux dispositions des titres Ier et III du décret nº 2012-1246 du 7 novembre 2012 relatif à la gestion budgétaire et comptable publique.

Art. R. 123-27 Les biens appartenant à l'État et affectés à l'École nationale supérieure de sécurité sociale » au 13 juin 1977 sont remis à l'établissement :

1° En toute propriété en ce qui concerne les biens meubles ;

2° A titre de dotation en ce qui concerne les immeubles du domaine privé dont la liste est établie par arrêté conjoint du ministre chargé du budget, du ministre chargé de la sécurité sociale et du ministre chargé de l'agriculture.

§ 5 ACCÈS À L'ÉCOLE NATIONALE SUPÉRIEURE DE SÉCURITÉ SOCIALE – SCOLARITÉ *(Décr. nº 2004-1075 du 12 oct. 2004)*.

Art. R. 123-28 *(Décr. nº 2013-624 du 15 juill. 2013, art. 1er-16°)* I. – Chaque année sont organisés deux concours ouvrant l'accès à l'école.

Le concours interne est ouvert aux personnes justifiant, au 31 décembre de l'année du concours, d'au moins quatre années d'ancienneté dans un ou plusieurs organismes de sécurité sociale. *(Décr. nº 2018-812 du 25 sept. 2018, art. 1er)* « Le concours interne est également ouvert aux personnes employées dans les conditions prévues par les conventions collectives nationales de sécurité sociale par des organismes habilités à cette fin par des dispositions législatives ou réglementaires. »

(Abrogé parDécr. nº 2018-812 du 25 sept. 2018, art. 1er) « L'expérience professionnelle des personnes mentionnées au 2° de l'article R. 123-45-1 est prise en compte pour le calcul de cette durée d'ancienneté. »

Le concours externe est ouvert :

1° Aux candidats titulaires d'un diplôme national sanctionnant trois années d'études supérieures ou d'un autre titre ou diplôme classé au niveau II, ou d'une attestation délivrée par un établissement d'enseignement supérieur justifiant d'une équivalence à la détention d'un diplôme ou d'un titre de niveau II ;

2° Aux candidats justifiant de tout autre diplôme, certificat ou titre délivré dans un autre État membre de l'Union européenne par une administration, un établissement ou un organisme public ou privé, notamment à la suite d'un examen ou d'un test standardisé, sous réserve qu'ils remplissent les mêmes conditions que les candidats mentionnés au 1° ;

Les pères et mères de trois enfants peuvent faire acte de candidature au concours externe sans remplir les conditions de diplôme mentionnées au cinquième alinéa.

II. – Un troisième concours d'entrée à l'école peut être ouvert aux personnes justifiant, au 31 décembre de l'année du concours, de l'exercice durant *(Décr. nº 2018-812 du 25 sept. 2018, art. 1er)* « cinq » années au total d'une ou plusieurs activités professionnelles publique ou privée *(Décr. nº 2018-812 du 25 sept. 2018, art. 1er)* « à l'exclusion des années d'expérience professionnelle répondant aux critères fixés au deuxième alinéa du I pour le concours interne ».

(Décr. n° 2018-353 du 14 mai 2018, art. 1er) « Pour les candidats titulaires d'un doctorat, la période de préparation du doctorat est prise en compte pour la détermination de cette durée, dans la limite de trois ans. »

L'ouverture de ce concours est fixée par l'arrêté mentionné au V.

III. — Nul ne peut concourir plus de trois fois au total à l'ensemble des concours.

IV. — L'organisation des concours, les modalités d'inscription, la nature et l'organisation des épreuves, le contenu des programmes, la composition et l'organisation des jurys ainsi que les règles de discipline sont fixés par arrêté du ministre chargé de la sécurité sociale, après avis du conseil d'administration.

V. — Les dates des épreuves, les dates limites et la procédure de dépôt des candidatures, le nombre de places offertes à chacun des concours, les lieux où se déroulent les épreuves ainsi que la liste des membres du jury sont fixés chaque année par arrêté du ministre chargé de la sécurité sociale, après avis du conseil d'administration.

VI. — Les membres des jurys des concours d'entrée sont choisis parmi les agents de catégorie A de la fonction publique, notamment *[les]* enseignants-chercheurs, les agents de direction et *[les]* agents comptables régis par les conventions collectives nationales des organismes de sécurité sociale.

Des examinateurs spéciaux peuvent être nommés par arrêté du ministre chargé de la sécurité sociale.

Des correcteurs peuvent être désignés par arrêté du ministre chargé de la sécurité sociale pour participer, avec les membres du jury, à la correction des épreuves.

Les examinateurs spéciaux et les correcteurs participent aux délibérations des jurys avec voix consultative pour l'attribution des notes se rapportant aux épreuves qu'ils ont évaluées ou corrigées.

VII. — La liste des candidats admis en qualité d'élèves est fixée par le jury.

Les candidats admis suivent la prochaine scolarité postérieure au concours, sauf dérogation accordée par le directeur de l'école sur demande motivée des intéressés, accompagnée pour les candidats internes d'une demande de leur employeur.

Les dispositions de l'art. 1er-16° issues du Décr. n° 2013-624 du 15 juill. 2013 entrent en vigueur à compter du concours d'entrée à l'École nationale supérieure de sécurité sociale organisé en 2014 (Décr. préc., art. 5-III).

Art. R. 123-29 *Abrogé par Décr. n° 2006-58 du 18 janv. 2006.*

Art. R. 123-30 *(Décr. n° 2013-624 du 15 juill. 2013, art. 1er-17°)* Les élèves de l'école reçoivent un enseignement théorique et pratique au sein d'un cycle de formation dont la durée est au plus de vingt-quatre mois.

Art. R. 123-31 *Abrogé par Décr. n° 98-1309 du 30 déc. 1998, art. 19.*

Art. R. 123-32 Pendant la durée de leur scolarité, les élèves sont placés sous l'autorité du directeur et soumis au règlement intérieur de l'école.

Art. R. 123-33 *(Décr. n° 2013-624 du 15 juill. 2013, art. 1er-18°)* La formation prévue à l'article R. 123-30 est sanctionnée par un examen de sortie, dont le résultat est établi par un jury dont les membres sont choisis parmi les agents de catégorie A de la fonction publique, notamment *[les]* enseignants-chercheurs, les agents de direction et *[les]* agents comptables régis par les conventions collectives nationales des organismes de sécurité sociale.

Les membres du jury sont nommés par le directeur de l'école.

L'élève ayant satisfait à l'examen de sortie et ayant souscrit l'engagement de servir dans un organisme de sécurité sociale ou une agence régionale de santé pendant une durée de six ans consécutifs bénéficie du titre d'ancien élève.

Un arrêté annuel du ministre chargé de la sécurité sociale établit la liste des personnes pouvant se prévaloir du titre d'ancien élève de l'école.

Art. R. 123-34 *(Décr. n° 2013-624 du 15 juill. 2013, art. 1er-19°)* L'élève qui, pour quelque motif que ce soit, ne termine pas sa scolarité, refuse de signer l'engagement de servir ou ne satisfait pas entièrement à cet engagement doit verser à l'école une indemnité représentative des frais qu'elle a engagés pour assurer sa scolarité.

L'élève peut être dispensé totalement ou partiellement de cette obligation par le conseil d'administration sur proposition du directeur de l'école.

Art. R. 123-35 *Abrogé par Décr. nº 2013-624 du 15 juill. 2013, art. 1er-20º.*

Art. R. 123-36 *(Décr. nº 2013-624 du 15 juill. 2013, art. 1er-21º)* I. — Les élèves issus du concours externe qui ne sont pas rémunérés par un organisme de sécurité sociale sont des agents salariés non titulaires de l'école.

L'école remplit, à l'égard de ces élèves, les obligations de l'employeur.

Les élèves perçoivent pendant la durée de leur scolarité une indemnité dont le montant, fixé par arrêté du ministre chargé de la sécurité sociale, est égal à la rémunération de base d'un agent d'encadrement prévue par la convention collective de travail mentionnée à l'article L. 123-1.

Cette indemnité est soumise aux cotisations sociales dues pour les agents de droit privé régis par cette convention collective.

II. — Les élèves issus du concours interne, ainsi que les élèves issus du concours externe qui sont rémunérés par un organisme de sécurité sociale, continuent à être rémunérés par leur employeur pendant la durée de leur scolarité.

L'école rembourse à l'employeur le coût des rémunérations et accessoires versés, dans les conditions fixées par arrêté du ministre chargé de la sécurité sociale.

III. — Les élèves issus du troisième concours sont des agents salariés non titulaires de l'école pendant la durée de leur scolarité.

L'école remplit, à l'égard de ces élèves, les obligations de l'employeur.

Ils perçoivent une indemnité dont le montant, fixé par arrêté du ministre chargé de la sécurité sociale, est égal au plus à la rémunération de base d'un agent d'encadrement supérieur prévue par la convention collective de travail mentionnée à l'article L. 123-1.

Cette indemnité est soumise aux cotisations sociales dues pour les agents de droit privé régis par cette convention collective.

Art. R. 123-37 *(Décr. nº 2013-624 du 15 juill. 2013, art. 1er-22º)* Les organismes de sécurité sociale et les agences régionales de santé transmettent chaque année à l'école, à une date fixée par arrêté du ministre chargé de la sécurité sociale, la liste des postes d'encadrement supérieurs vacants. Le directeur de l'école établit la liste des postes vacants proposés aux élèves. — *V. Arr. du 18 déc. 2013 fixant les modalités d'application de l'art. R. 123-37 du CSS (JO 26 déc.).*

A l'issue de la scolarité, chacun des anciens élèves est nommé sur un des postes figurant sur cette liste ou sur un poste d'agent de direction par le directeur de l'organisme concerné.

Art. R. 123-37-1 et R. 123-37-2 *Abrogés par Décr. nº 2013-624 du 15 juill. 2013, art. 1er-23º.*

§ 6 FORMATION CONTINUE *(Décr. nº 2004-1075 du 12 oct. 2004).*

Art. R. 123-38 et R. 123-39 *Abrogés par Décr. nº 2013-624 du 15 juill. 2013, art. 1er-23º.*

Art. R. 123-40 *(Décr. nº 2013-624 du 15 juill. 2013, art. 1er-24º)* La liste des candidats admis à suivre la formation prévue au 2º de l'article R. 123-9 pour les personnels régis par les conventions collectives nationales des organismes de sécurité sociale est arrêtée par le directeur de l'école soit au vu du résultat des épreuves organisées à cet effet, soit dans les conditions définies par arrêté du ministre chargé de la sécurité sociale pour les candidats dispensés d'épreuves d'entrée.

Art. R. 123-41 *(Décr. nº 2013-624 du 15 juill. 2013, art. 1er-25º)* Un arrêté annuel du ministre chargé de la sécurité sociale fixe la liste des personnes ayant suivi avec succès la formation prévue au 2º de l'article R. 123-9.

Art. R. 123-42 et R. 123-43 *Abrogés par Décr. nº 2013-624 du 15 juill. 2013, art. 1er-26º.*

§ 7 DISPOSITIONS D'APPLICATION

Art. R. 123-44 *Abrogé par Décr. nº 2013-624 du 15 juill. 2013, art. 1er-26º.*

SOUS-SECTION 3 NOMINATION ET PARCOURS PROFESSIONNEL *(Décr. n° 2007-102 du 26 janv. 2007, art. 1er).*

§ 1er LISTE D'APTITUDE ET PARCOURS PROFESSIONNEL *(Décr. n° 2013-624 du 15 juill. 2013, art. 2-1°).*

Art. R. 123-45 *(Décr. n° 2013-624 du 15 juill. 2013, art. 2-2°)* **I. — Les agents de direction et les agents comptables des organismes de sécurité sociale sont nommés parmi les candidats inscrits sur une liste d'aptitude établie par catégorie d'emplois ou agréés dans une catégorie au moins équivalente.**

II. — Ces dispositions ne s'appliquent pas aux organismes de sécurité sociale ayant le caractère d'établissement public, à l'Union des caisses nationales de sécurité sociale, à la Caisse nationale du régime social des indépendants, à la caisse centrale de la Mutualité sociale agricole et aux organismes d'assurance vieillesse des professions libérales.

Les dispositions de l'art. 2-2° issues du Décr. n° 2013-624 du 15 juill. 2013 entrent en vigueur à compter de l'ouverture de la procédure d'inscription sur la liste d'aptitude établie au titre de l'année 2015 (Décr. préc., art. 5-IV).

Ancien art. R. 123-45 (Décr. n° 2009-520 du 7 mai 2009) ***Les agents de direction et les agents comptables des organismes de sécurité sociale, à l'exception de ceux de ces organismes ayant le caractère d'établissement public*** (Abrogé par Décr. n° 2011-1034 du 30 août 2011, art. 21-I) ***«, de la Caisse autonome nationale de la sécurité sociale dans les mines » et des organismes d'assurance vieillesse des professions libérales, sont nommés parmi les candidats inscrits sur une liste d'aptitude établie annuellement par catégories d'organismes et d'emplois et satisfaisant, le cas échéant, aux conditions prévues aux articles R. 123-47-1 et R. 123-47-2.*** — V. Arr. du 10 oct. 2013 (JO 29 oct.) et Arr. du 31 juill. 2013 (JO 8 août), mod. par Arr. du 17 déc. 2014 (JO 26 déc.).

Jurisprudence rendue sous l'empire des textes antérieurs au Décr. n° 2013-624 du 15 juill. 2013.

1. Tutelle. Le Gouvernement tire des dispositions de l'art. L. 151-1 qui confère aux autorités de l'État un pouvoir de tutelle sur les organismes de sécurité sociale le pouvoir de fixer par la voie réglementaire les conditions de recrutement et de formation des agents et, notamment, d'instituer une liste d'aptitude aux fonctions de direction. • CE, ass., 27 nov. 1964 (2e esp.) : *Lebon 584 et 587 ; Dr. soc. 1965. 327, concl. Braibant ; JCP 1965. I. 1921, étude Dupeyroux et Lamarque.* ♦ Si l'autonomie des organismes et caisses de sécurité sociale constitue un principe fondamental de la sécurité sociale au sens de l'art. 34 de la Constitution, il résulte de l'ensemble des textes législatifs relatifs à la sécurité sociale, et notamment des dispositions de l'art. L. 151-1, qu'il appartient à l'autorité administrative d'exercer un pouvoir de tutelle sur ces organismes. Ce pouvoir implique celui de fixer les conditions de formation et de recrutement du personnel et, en particulier, les conditions d'aptitude que ce personnel doit remplir. • CE 6 oct. 1999 : *RJS 1999, n° 1505* • 10 nov. 1999 : *RJS 2000, n° 206.*

2. Égalité de traitement. L'arrêté fixant les conditions d'inscription sur la liste d'aptitude ne méconnaît pas le principe d'égalité en édictant des règles distinctes pour les agents ayant la qualité d'ancien élève du CNESSS et pour ceux n'ayant pas cette qualité. • CE 6 oct. 1999 : *préc. note 1.*

3. Examen individuel. La commission chargée d'arrêter la liste d'aptitude doit se livrer à l'examen approfondi de chacune des demandes et ne peut légalement refuser l'inscription d'un candidat pour des motifs généraux qu'elle s'est fixée au préalable. • CE 13 juin 1997 : *RJS 1997, n° 1137.*

4. Compétence du juge administratif. Le contentieux des décisions de la commission relève de la compétence des juridictions de l'ordre administratif. • CE 26 juill. 1996 : *RJS 1996, n° 1089.*

Art. R. 123-45-1 *(Décr. n° 2013-624 du 15 juill. 2013, art. 2-3°)* **Les personnes portant le titre d'ancien élève de l'École nationale supérieure de sécurité sociale sont inscrites de droit sur la liste d'aptitude mentionnée à l'article R. 123-45 à l'issue de leur scolarité, dans les conditions fixées par les arrêtés mentionnés à l'article R. 123-47.**

Peuvent solliciter leur inscription sur la liste d'aptitude, sous réserve de remplir les conditions d'expérience, de nature d'emploi et de formation fixées par les arrêtés mentionnés à l'article R. 123-47, les personnes suivantes :

1° Les personnes occupant un emploi d'encadrement, d'agent de direction ou d'agent comptable dans un organisme de sécurité sociale ;

2° Les personnes régies par les conventions collectives nationales des organismes de sécurité sociale salariées par des organismes habilités à recruter ces personnes ;

3° Les personnes portant le titre d'ancien élève de l'École nationale supérieure de sécurité sociale, qui ne relèvent pas d'une des situations mentionnées aux alinéas précédents ;

4° Les agents publics de catégorie A ;

5° Les personnes répondant à l'une des situations mentionnées aux 1° à 3° et dont le contrat de travail est suspendu en application des dispositions du code du travail ou des conventions collectives.

Les dispositions de l'art. 2-3°, à l'exclusion de son deuxième al. qui entre en vigueur le 1er janv. 2015, issues du Décr. n° 2013-624 du 15 juill. 2013 entrent en vigueur à compter de l'ouverture de la procédure d'inscription sur la liste d'aptitude établie au titre de l'année 2015 (Décr. préc., art. 5-IV et V).

Art. R. 123-45-2 (Abrogé par Décr. n° 2013-624 du 15 juill. 2013, art. 2-4°) (Décr. n° 2009-520 du 7 mai 2009 ; Décr. n° 2010-344 du 31 mars 2010, art. 269) ***Lorsqu'ils ne remplissent pas les conditions de l'article R. 123-45-1, peuvent également être inscrits sur la liste d'aptitude mentionnée à l'article R. 123-45 :***

1° Les personnes occupant un emploi d'encadrement, d'agent de direction ou d'agent comptable dans un établissement public administratif du régime général de sécurité sociale ;

2° Les personnes ne remplissant pas les conditions du 1° et occupant un emploi d'encadrement dans un organisme de sécurité sociale mentionné à l'article R. 123-45 ;

3° Les personnes occupant un emploi d'encadrement, d'agent de direction ou d'agent comptable dans un des établissements publics à caractère administratif dont la liste est fixée par arrêté conjoint des ministres chargés de la sécurité sociale et de l'agriculture ; — V. Arr. du 2 oct. 2009 (JO 10 oct.), mod. par Arr. du 31 mars 2010 (JO 4 avr.), Arr. du 29 mars 2012 (JO 8 mai) et Arr. du 14 mars 2013 (JO 27 mars) et abrogé à partir du 1er janv. 2014 par Arr. du 31 juill. 2013 (JO 8 août).

4° Les fonctionnaires de catégorie A et les agents contractuels de droit public occupant un emploi relevant de cette catégorie ;

Peuvent également être inscrites sur la liste d'aptitude les personnes mentionnées aux 1° à 3° et dont le contrat de travail est suspendu à leur demande en application des dispositions du code du travail ou de conventions collectives.

Les dispositions de l'art. 2-4° issues du Décr. n° 2013-624 du 15 juill. 2013 entrent en vigueur à compter de l'ouverture de la procédure d'inscription sur la liste d'aptitude établie au titre de l'année 2015 (Décr. préc., art. 5-IV).

Art. R. 123-46 *(Décr. n° 2009-520 du 7 mai 2009)* **Deux listes d'aptitude sont établies, l'une pour l'accès aux emplois des organismes de la mutualité sociale agricole, l'autre pour l'accès aux emplois des autres organismes mentionnés à l'article R. 123-45.**

(Décr. n° 2013-624 du 15 juill. 2013, art. 2-5°) **« L'inscription sur l'une des listes donne accès aux emplois de l'autre liste selon des modalités fixées par les arrêtés mentionnés à l'article R. 123-47. »**

Pour les organismes de la mutualité sociale agricole, la liste d'aptitude est établie par le ministre chargé de l'agriculture, sur proposition d'une commission nationale placée auprès de lui *(Abrogé par Décr. n° 2013-624 du 15 juill. 2013, art. 2-5°)* ***« , et après avis du conseil d'administration de la caisse centrale de la mutualité sociale agricole ».***

Pour les organismes de sécurité sociale autres que ceux relevant de la mutualité sociale agricole, la liste d'aptitude est établie par le ministre chargé de la sécurité sociale sur proposition d'une commission nationale placée auprès de lui.

(Décr. n° 2013-624 du 15 juill. 2013, art. 2-5°) **« Ces deux commissions sont présidées par un membre du Conseil d'État, un magistrat de la Cour des comptes ou un membre de l'inspection générale des affaires sociales, en activité ou honoraire, et comprennent, outre des représentants du ministre chargé de la sécurité sociale et du ministre chargé de l'agriculture, à parité, des représentants des organismes nationaux de sécurité sociale et des représentants des agents de direction et agents comptables. »**

Les dispositions de l'art. 2-5° issues du Décr. n° 2013-624 du 15 juill. 2013 entrent en vigueur à compter de l'ouverture de la procédure d'inscription sur la liste d'aptitude établie au titre de l'année 2015 (Décr. préc., art. 5-IV).

Art. R. 123-47 *(Décr. n° 2013-624 du 15 juill. 2013, art. 2-6°)* Des arrêtés conjoints des ministres chargés de la sécurité sociale et de l'agriculture définissent pour chacune des listes d'aptitude la répartition des emplois par catégorie, les règles d'inscription, la durée de validité de l'inscription, les conditions d'expérience, de formation et d'évaluations afférentes à ces catégories, la composition et les règles de fonctionnement des commissions mentionnées à l'article R. 123-46, les modalités de désignation des membres de ces commissions ainsi que les modalités d'enregistrement et d'examen des demandes d'inscription.

Ces arrêtés fixent également la proportion d'inscription sur la liste d'aptitude pour les personnes occupant un emploi d'encadrement et relevant des 1° et 2° de l'article R. 123-45-1 ainsi que pour les personnes relevant du 4° du même article.

Les dispositions de l'art. 2-6° issues du Décr. n° 2013-624 du 15 juill. 2013 entrent en vigueur à compter de l'ouverture de la procédure d'inscription sur la liste d'aptitude établie au titre de l'année 2015 (Décr. préc., art. 5-IV).

§ 2 NOMINATION *(Décr. n° 2013-624 du 15 juill. 2013, art. 2-7°).*

Art. R. 123-47-1 *(Décr. n° 2009-520 du 7 mai 2009)* Pour être nommé sur un premier emploi d'agent comptable d'un organisme de sécurité sociale mentionné à l'article R. 123-45, un candidat inscrit sur la liste d'aptitude mentionnée à cet article doit :

(Décr. n° 2013-624 du 15 juill. 2013, art. 2-8°) « 1° Soit être titulaire de l'attestation de la formation dans le domaine de la comptabilité délivrée par l'École nationale supérieure de sécurité sociale ; »

2° Soit justifier, dans des conditions précisées par arrêté *(Abrogé par Décr. n° 2013-624 du 15 juill. 2013, art. 2-8°) « **conjoint** »* du ministre chargé de la sécurité sociale *(Abrogé par Décr. n° 2013-624 du 15 juill. 2013, art. 2-8°) « **et du ministre chargé de l'agriculture** »*, d'une expérience ou d'un diplôme dans ce domaine ainsi que d'une formation relative au fonctionnement de la sécurité sociale organisée par l'École nationale supérieure de sécurité sociale.

Art. R. 123-47-2 *(Décr. n° 98-1222 du 29 déc. 1998, art. 1er) (Décr. n° 2013-624 du 15 juill. 2013, art. 2-9°)* « Pour se porter candidat à un poste de directeur d'organisme, l'agent de direction ou *[l']* agent comptable qui y exerce ses fonctions depuis plus de sept ans consécutifs, à la date de la publication de la vacance de ce poste, doit avoir exercé précédemment au moins une fois les fonctions d'agent de direction ou d'agent comptable dans un organisme différent. »

Les dispositions du présent article sont applicables aux organismes de sécurité sociale mentionnés *(Décr. n° 2006-83 du 27 janv. 2006 ; Décr. n° 2013-624 du 15 juill. 2013, art. 2-9°)* « aux 1°, 2° et 3° de l'article R. 111-1 », à l'exception de ceux ayant le statut d'établissement public.

Sur la légalité du Décr. n° 98-1222 du 29 déc. 1998, V. • CE 10 nov. 1999 : *RJS 2000, n° 206.*

Art. R. 123-47-3 *(Décr. n° 2002-1117 du 30 août 2002)* Par dérogation *(Décr. n° 2009-520 du 7 mai 2009)* « aux articles R. 123-45, R. 123-45-1, *(Abrogé par Décr. n° 2013-624 du 15 juill. 2013, art. 2-10°) « R. 123-45-2, »* R. 123-46, R. 123-47 et R. 123-47-2 », le directeur de la Caisse centrale de la mutualité sociale agricole est nommé parmi les personnes remplissant l'une des conditions suivantes :

1° Être régulièrement agréé depuis six ans au moins dans les fonctions d'agent de direction ou d'agent comptable d'un organisme de sécurité sociale mentionné à l'article R. 111-1 ;

2° Avoir la qualité depuis dix ans de cadre dirigeant au sens de l'article *(Décr. n° 2016-1551 du 18 nov. 2016, art. 6-III, en vigueur le 1er janv. 2017)* « L. 3111-2 » du code du travail dans des institutions de prévoyance ou de retraite complémentaire, dans des mutuelles, dans des associations reconnues d'utilité publique, dans les sociétés d'aménagement foncier ou d'établissement rural ou leur fédération, dans les sociétés coopératives agricoles, dans les sociétés d'intérêt collectif agricole, dans les sociétés mixtes d'intérêt agricole, dans les comités économiques agricoles, dans les organismes d'assurance et de réassurance mutuelles agricoles, dans des organismes mentionnés à l'article 1er du décret n° 86-83 du 17 janvier 1986 ;

3° Être depuis huit ans fonctionnaire de catégorie A de l'État et avoir une expérience en matière de protection sociale.

....

Art. R. 123-47-6 *(Décr. nº 2007-102 du 26 janv. 2007)* *(Abrogé par Décr. nº 2018-812 du 25 sept. 2018, art. 2)* *« Le comité des carrières des agents de direction, placé auprès de l'Union des caisses nationales de sécurité sociale, comprend deux sections respectivement compétentes l'une pour les agents de direction des organismes du régime général* *(Abrogé par Décr. nº 2010-344 du 31 mars 2010, art. 269)* *« , des unions régionales des caisses d'assurance maladie » et des organismes du régime social des indépendants et l'autre pour les praticiens conseils du service du contrôle médical de ces deux régimes. »*

(Décr. nº 2018-812 du 25 sept. 2018, art. 2) « Le comité des carrières des agents de direction, placé auprès de l'Union des caisses nationales de sécurité sociale, » émet un avis motivé sur les candidatures aux fonctions de directeur et d'agent comptable *(Abrogé par Décr. nº 2010-344 du 31 mars 2010, art. 269)* *« ainsi que sur celles aux fonctions de directeur des unions régionales des caisses d'assurance maladie ».* *(Abrogé par Décr. nº 2018-812 du 25 sept. 2018, art. 2)* *« La section des praticiens conseils émet un avis dans les mêmes conditions sur les candidatures aux fonctions de médecins-conseils régionaux et médecins-conseils régionaux adjoints du service du contrôle médical des organismes du régime général et du régime social des indépendants. »*

Le comité veille à l'évolution des carrières des personnels précités et notamment à leur mobilité entre les organismes, les branches et les régimes. Il veille également à la régularité du processus de nomination et à sa transparence, à l'occasion notamment des avis qu'il rend sur les candidatures et de son rapport annuel.

Art. R. 123-47-7 *(Décr. nº 2018-812 du 25 sept. 2018, art. 3, en vigueur jusqu'au 31 déc. 2019)* I. — Le comité des carrières est présidé par un inspecteur général des affaires sociales, désigné par le chef de l'inspection générale des affaires sociales pour une durée de cinq ans.

II. — Le comité comprend, outre le président :

1° Le directeur général de la Caisse nationale de l'assurance maladie ;

2° Le directeur de la Caisse nationale des allocations familiales ;

3° Le directeur de la Caisse nationale d'assurance vieillesse ;

4° Le directeur de l'Agence centrale des organismes de sécurité sociale ;

5° Le directeur général de la Caisse nationale déléguée pour la sécurité sociale des travailleurs indépendants ;

6° Le directeur de l'Union des caisses nationales de sécurité sociale ;

7° Le directeur de l'École nationale supérieure de sécurité sociale ;

8° Un membre du service mentionné à l'article R. 155-1 désigné par le directeur de la sécurité sociale.

Le comité ne peut valablement délibérer que si quatre des membres précédemment mentionnés au moins sont présents, dont deux des membres mentionnés aux 1° à 5°.

Siègent également avec voix consultative le directeur général de la caisse centrale de la Mutualité sociale agricole et, lorsque des candidatures d'agents de direction issus des agences régionales de santé sont examinées, le secrétaire général des ministères chargés des affaires sociales ou son représentant.

III. — En cas d'empêchement, un membre du comité peut donner délégation à un autre membre. Aucun membre ne peut recevoir plus d'une délégation.

IV. — Le secrétariat du comité est assuré par l'Union des caisses nationales de sécurité sociale.

Nouvel art. R. 123-47-7 (Décr. nº 2018-812 du 25 sept. 2018, art. 2-2° et 3, en vigueur le 1er janv. 2020) *I. — Le comité des carrières est présidé par un inspecteur général des affaires sociales, désigné par le chef de l'inspection générale des affaires sociales pour une durée de cinq ans.*

II. — Le comité comprend, outre le président :

1° Le directeur général de la Caisse nationale de l'assurance maladie ;

2° Le directeur de la Caisse nationale des allocations familiales ;

3° Le directeur de la Caisse nationale d'assurance vieillesse ;

4° Le directeur de l'Agence centrale des organismes de sécurité sociale ;

5° Le directeur de l'Union des caisses nationales de sécurité sociale ;

6° Le directeur de l'École nationale supérieure de sécurité sociale ;

7° Un membre du service mentionné à l'article R. 155-1 désigné par le directeur de la sécurité sociale.

Le comité ne peut valablement délibérer que si quatre des membres précédemment mentionnés au moins sont présents, dont deux des membres mentionnés aux 1° à 4°.

Siègent également avec voix consultative le directeur général de la caisse centrale de la Mutualité sociale agricole et, lorsque des candidatures d'agents de direction issus des agences régionales de santé sont examinées, le secrétaire général des ministères chargés des affaires sociales ou son représentant.

III. — En cas d'empêchement, un membre du comité peut donner délégation à un autre membre. Aucun membre ne peut recevoir plus d'une délégation.

IV. — Le secrétariat du comité est assuré par l'Union des caisses nationales de sécurité sociale.

Art. R. 123-47-8 *(Décr. n° 2007-102 du 26 janv. 2007)* Pour l'accomplissement de ses missions, le comité des carrières établit *(Abrogé par Décr. n° 2018-812 du 25 sept. 2018, art. 2) « une charte de fonctionnement. Chaque section établit »* un règlement intérieur.

(Décr. n° 2018-812 du 25 sept. 2018, art. 2) « Le comité » rend un avis motivé sur l'adéquation des candidatures aux postes à pourvoir, au vu des éléments contenus dans les dossiers des candidats. Cet avis est transmis par le président du comité à l'autorité chargée de la nomination.

(Décr. n° 2018-812 du 25 sept. 2018, art. 2) « Le comité » se réunit à dates fixes prévues par son règlement intérieur ou sur convocation de son président. La date et l'ordre du jour des réunions sont rendus publics par les soins du secrétariat du comité des carrières.

(Abrogé par Décr. n° 2018-812 du 25 sept. 2018, art. 2) « La section des praticiens conseils est réunie en tant que de besoin sur convocation du président du comité. »

Le secrétariat du comité des carrières communique aux candidats, sur leur demande et chacun pour ce qui le concerne, les avis motivés du comité.

Art. R. 123-47-9 *(Décr. n° 2007-102 du 26 janv. 2007)* Le comité élabore un rapport annuel qui présente le bilan quantitatif et qualitatif de son activité. Ce rapport peut contenir des observations et des recommandations relatives à l'évolution des carrières des agents de direction *(Abrogé par Décr. n° 2018-812 du 25 sept. 2018, art. 2) « et des praticiens conseils ».*

Le rapport annuel est présenté par le comité aux organisations syndicales représentatives des agents de direction *(Abrogé par Décr. n° 2018-812 du 25 sept. 2018, art. 2) « , à celles représentatives des praticiens conseils »* ainsi qu'aux associations d'agents de direction, de directeurs *(Décr. n° 2018-812 du 25 sept. 2018, art. 2)* « et d'agents comptables. »

(Décr. n° 2013-624 du 15 juill. 2013, art. 2-12°) « Les directeurs des organismes nationaux du régime général *(Abrogé par Décr. n° 2018-812 du 25 sept. 2018, art. 2) « et du régime social des indépendants »* transmettent chaque année au comité des carrières un bilan de leur politique de gestion des directeurs et agents comptables. » Ce bilan fait l'objet d'une présentation à la réunion prévue au deuxième alinéa du présent article.

Art. R. 123-47-10 *(Décr. n° 2007-102 du 26 janv. 2007)* Les modalités de déclaration et de publication des vacances de postes d'agents de direction *(Décr. n° 2018-812 du 25 sept. 2018, art. 2)* « et d'agents comptables » des organismes du régime général *(Abrogé par Décr. n° 2018-812 du 25 sept. 2018, art. 2) « et du régime social des indépendants »*, les conditions de transmission des candidatures ainsi que les modalités selon lesquelles l'avis *(Abrogé par Décr. n° 2018-812 du 25 sept. 2018, art. 2) « des sections »* du comité des carrières est transmis à l'autorité chargée de la nomination sont fixées par arrêté du ministre chargé de la sécurité sociale.

SOUS-SECTION 4 AGRÉMENT

Art. R. 123-48 *(Décr. n° 99-449 du 2 juin 1999, art. 1er ; Décr. n° 99-1128 du 28 déc. 1999)* Les agents de direction et les agents comptables des organismes de sécurité sociale, de leurs unions ou fédérations, ainsi que les directeurs des établissements ou œuvres sociales des organismes de sécurité sociale mentionnés à l'article R. 123-4, sont agréés dans les conditions prévues à la présente sous-section. Le terme "agents de direction" s'entend des directeur, directeur adjoint, sous-directeur et secrétaire général, ainsi que des directeurs délégués mentionnés à l'article R. 224-6.

Toutefois, les dispositions de la présente sous-section ne sont pas applicables :

– aux organismes de sécurité sociale ayant le caractère d'établissement public pour le directeur et l'agent comptable ;

– à la Caisse autonome nationale de la sécurité sociale dans les mines pour ses directeur, directeur adjoint et agent comptable ;

– aux organismes d'assurance vieillesse des professions libérales.

Conditions de suspension ou de retrait de l'agrément. La suspension ou le retrait de l'agrément ne peut intervenir que pour des motifs tenant soit au comportement de l'agent intéressé, soit à l'intérêt du service. • CE 10 déc. 1993 : *RJS 1994, n° 458.* ♦ Lorsqu'elle intervient pour des motifs tenant au comportement de l'agent, la mesure de retrait d'agrément doit être précédée du respect des droits de la défense. • CE, sect., 7 avr. 1975 : *Lebon 221*. ♦ Le retrait de l'agrément d'un agent de direction fait obstacle à ce que l'intéressé poursuive l'exercice de ses fonctions. • Montpellier, 1er juin 1971 : *Dr. soc. 1973. 330, note Lachaume.*

Art. R. 123-49 *(Décr. n° 2009-1596 du 18 déc. 2009, art. 4-III)* « I. — Sous réserve des dispositions de l'article R. 123-50-1, les personnels mentionnés au premier alinéa de l'article R. 123-48 sont agréés par le responsable du service mentionné à l'article R. 155-1 *(Abrogé par Décr. n° 2012-1362 du 6 déc. 2012, art. 2-3°) « et, pour les personnels des organismes de mutualité sociale agricole, par le responsable du service mentionné à l'article R. 155-2 ».*

« La décision d'agréer ou de refuser d'agréer les agents comptables est prise après avis du *(Décr. n° 2014-551 du 27 mai 2014, art. 28-1°)* « directeur départemental ou, le cas échéant, régional des finances publiques » du département du siège de l'organisme concerné et, pour les agents comptables des organismes nationaux, de leurs établissements ou de leurs œuvres sociales, après avis du ministre chargé du budget. »

II. — Abrogé par Décr. n° 2009-1596 du 18 déc. 2009, art. 4-III.

(Décr. n° 99-449 du 2 juin 1999, art. 2) « III. — L'autorité compétente dispose d'un délai de six mois à compter de la date de prise de fonctions de l'intéressé pour l'agréer ou refuser l'agrément. En l'absence de décision dans ce délai, l'intéressé est considéré comme agréé. Le délai de six mois peut être renouvelé une fois, sous réserve qu'avant l'expiration de ce délai notification en soit faite à l'intéressé. »

Délai d'agrément d'un directeur adjoint de CPAM. L'art. R. 123-49, III, CSS impartissant à l'autorité de tutelle un délai de six mois à compter de la date de prise de fonctions d'un agent de direction d'un organisme de sécurité sociale pour agréer ou refuser l'agrément, il en résulte que l'exercice des fonctions de l'agent considéré, régulièrement nommé en application de l'art. L. 217-6 du même code, n'est pas suspendu durant ce délai. • Civ. 2e, 4 mai 2017, n° 16-16.777 P : *RJS 2017, n° 532 ; JCP S 2017, n° 1208, note Tauran.*

Art. R. 123-50 *(Décr. n° 99-449 du 2 juin 1999, art. 3)* Sous réserve des dispositions de l'article R. 123-50-1, la compétence pour retirer l'agrément des personnels mentionnés à l'article R. 123-48 appartient au ministre chargé de la sécurité sociale ; elle est exercée conjointement avec le ministre chargé du budget pour les agents comptables.

Le retrait d'agrément peut être prononcé après que l'intéressé et l'organisme qui l'emploie ont été, par la communication des motifs de la mesure envisagée, mis à même de présenter leurs observations.

Le retrait d'agrément entraîne de plein droit cessation des fonctions pour lesquelles l'agrément avait été accordé.

Art. R. 123-50-1 *(Décr. n° 99-449 du 2 juin 1999, art. 4)* Pour les organismes de mutualité sociale agricole :

1° Le ministre chargé de l'agriculture est compétent pour agréer ou refuser d'agréer les agents de direction des organismes à compétence nationale ;

2° La compétence d'agréer ou de refuser d'agréer les agents comptables des organismes à compétence nationale appartient conjointement au ministre chargé de l'agriculture et au ministre chargé du budget ;

3° L'application de l'article R. 123-50 relève, pour les agents de direction, du ministre chargé de l'agriculture et, conjointement, de ce ministre et du ministre chargé du budget pour les agents comptables.

Les décisions de refus d'agrément et de retrait d'agrément des agents de direction et des agents comptables des organismes de mutualité sociale agricole sont prononcées par les autorités compétentes, après consultation du conseil central d'administration de la mutualité sociale agricole.

SOUS-SECTION 5 MESURES DISCIPLINAIRES

Art. R. 123-51 Toute décision de rétrogradation *(Abrogé par Décr. nº 2013-624 du 15 juill. 2013, art. 3-1º)* « **, révocation** » ou *(Décr. nº 2013-624 du 15 juill. 2013, art. 3-1º)* « de » licenciement *(Décr. nº 2018-353 du 14 mai 2018, art. 1er)* « pour motif disciplinaire » d'un agent de direction ou de l'agent comptable ne peut intervenir qu'après avis d'une commission instituée pour chaque régime par arrêté conjoint des ministres intéressés.

(Décr. nº 2004-1075 du 12 oct. 2004) « Cet arrêté fixe notamment la composition, le cas échéant les modalités d'élection de certains de ses membres, et les conditions de saisine de la commission. »

(Décr. nº 2013-624 du 15 juill. 2013, art. 3-1º) « Les dispositions du présent article sont applicables aux agents de direction régis par des conventions collectives nationales des organismes de sécurité sociale salariés par des organismes habilités à recruter ces personnels, à l'exclusion des personnels mentionnés aux troisième, quatrième et cinquième alinéas de l'article R. 123-48 *[.]* »

V. Arr. du 4 sept. 2007 (JO 20 sept.), mod. par Arr. du 24 déc. 2009 (JO 30 déc.). — V. également Arr. du 19 sept. 2014 (JO 7 oct.), mod. par Arr. du 17 mars 2015 (JO 27 mars).

Art. R. 123-52 En cas d'urgence, l'agent de direction peut être suspendu avec ou sans *(Décr. nº 2013-624 du 15 juill. 2013, art. 3-2º)* « rémunération », *(Décr. nº 2009-1596 du 18 déc. 2009, art. 4-IV)* « par le ministre chargé de la sécurité sociale et, pour les agents des organismes de mutualité sociale agricole, par le ministre chargé de l'agriculture ». La suspension cesse d'avoir effet, si, dans un délai de quinze jours, la commission n'a pas été saisie.

Les dispositions de l'alinéa précédent sont applicables aux agents comptables. En ce cas, le ministre chargé du budget possède les mêmes pouvoirs que le ministre chargé du contrôle administratif.

Les dispositions du présent article ont le même champ d'application que l'article R. 123-48.

Art. R. 123-53 Des arrêtés des ministres intéressés fixent les modalités d'application des articles R. 123-51 et R. 123-52.

V. Arr. du 23 juill. 2003 (JO 2 août), mod. par Arr. du 5 déc. 2007 (JO 19 déc.), Arr. du 24 déc. 2009 (JO 30 déc.), Arr. du 27 juill. 2012 (JO 9 août).

CHAPITRE IV DISPOSITIONS DIVERSES — DISPOSITIONS D'APPLICATION

Art. R. 124-1 Un décret établit les règles de gestion des institutions de sécurité sociale. Il énumère les placements que les organismes de sécurité sociale sont autorisés à faire, détermine les établissements dans lesquels lesdits organismes doivent déposer leurs fonds et fixe les conditions dans lesquelles ils peuvent être autorisés à acquérir des terrains ou des immeubles bâtis, à construire des immeubles ou à les aménager.

Un décret en Conseil d'État détermine les conditions dans lesquelles les organismes de sécurité sociale sont autorisés à créer des institutions ou établissements sanitaires ou d'hygiène sociale.

Art. R. 124-2 Lorsqu'une société, entreprise ou institution quelconque, publique ou privée, assure en tout ou partie la gestion d'un régime d'assurance au titre de la maladie, de la maternité, de la vieillesse, de l'invalidité, du décès, des accidents du travail et des maladies professionnelles ou d'un régime de prestations familiales obligatoire en vertu de dispositions législatives ou réglementaires, cette gestion doit être assurée par un ou plusieurs services spécialisés et faire l'objet d'une comptabilité séparée.

Les dispositions du présent article ne sont pas applicables aux administrations de l'État et des autres collectivités publiques.

TITRE TROISIÈME DISPOSITIONS COMMUNES RELATIVES AU FINANCEMENT

CHAPITRE PRÉLIMINAIRE DÉCOMPTE ET DÉCLARATION DES EFFECTIFS

(Décr. n° 2017-858 du 9 mai 2017, art. 1er-1°, en vigueur le 1er janv. 2018)

Art. R. 130-1 I. — Pour l'application des règles relatives au calcul et au recouvrement des cotisations et contributions de sécurité sociale, l'effectif salarié annuel de l'employeur, y compris lorsqu'il s'agit d'une personne morale comportant plusieurs établissements, correspond à la moyenne du nombre de personnes employées au cours de chacun des mois de l'année civile précédente. Les mois au cours desquels aucun salarié n'est employé ne sont pas pris en compte pour établir cette moyenne.

L'effectif salarié annuel de l'employeur est arrondi, s'il y a lieu, au centième. A cet effet, il n'est pas tenu compte de la fraction d'effectif au-delà de la deuxième décimale.

II. — Pour la détermination de l'effectif mentionné au I, sont pris en compte les salariés titulaires d'un contrat de travail, les personnes mentionnées à l'article L. 5424-1 du code du travail, ainsi que celles mentionnées aux 11°, 12° et 23° de l'article L. 311-3 du présent code et aux 8° et 9° de l'article L. 722-20 du code rural et de la pêche maritime. Toutefois, les salariés mentionnés à la deuxième phrase du 2° de l'article L. 1111-2 du code du travail sont exclus du décompte des effectifs.

Pour calculer l'effectif d'une entreprise de travail temporaire, il est tenu compte des salariés permanents et des salariés qui, au cours de la période, ont été liés à cette entreprise par des contrats de mission.

Les salariés ou agents à temps plein sont intégralement pris en compte dans l'effectif de l'entreprise au cours du mois. Les salariés à temps partiel au sens de l'article L. 3123-1 du code du travail et les personnes mentionnées à l'article L. 5424-1 du même code, à temps partiel ou à temps non complet*[,]* sont décomptés selon les modalités mentionnées au dernier alinéa de l'article L. 1111-2 susmentionné.

Les personnes mentionnées aux trois alinéas précédents sont décomptées dans l'effectif de l'entreprise à due proportion du nombre de jours du mois pendant lequel elles ont été employées.

III. — Les personnes mentionnées aux 1°, 2°, 4° et 6° de l'article L. 1111-3 du code du travail ne sont pas prises en compte pour la détermination de l'effectif mentionné au I sauf en ce qui concerne l'application des dispositions relatives à la tarification des risques d'accidents du travail et de maladies professionnelles.

IV. — L'effectif à prendre en compte pour l'année de création du premier emploi salarié titulaire d'un contrat de travail dans l'entreprise correspond à l'effectif présent le dernier jour du mois au cours duquel a été réalisée cette première embauche.

L'effectif de l'entreprise pour les années suivantes est apprécié dans les conditions définies aux I à III du présent article.

V. — Lorsque survient une modification de la situation juridique de l'employeur au sens de l'article L. 1224-1 du code du travail, y compris lorsqu'une telle modification entraîne une création d'entreprise, l'effectif à prendre en compte pour l'année au cours de laquelle les contrats sont transférés correspond à l'effectif présent le dernier jour du mois au cours duquel a été réalisé le transfert des contrats de travail.

L'effectif de l'entreprise pour les années suivantes est apprécié dans les conditions définies aux I à III du présent article.

VI. — Pour l'application de la tarification au titre du risque " accidents du travail et maladies professionnelles ", l'effectif de l'entreprise est calculé selon les dispositions prévues aux I à IV, en retenant, d'une part, les salariés et agents qui relèvent du régime général et, d'autre part, les salariés et agents qui relèvent du régime des salariés agricoles, pour la couverture de ce risque.

Par dérogation au I du présent article, l'effectif pris en compte est celui de la dernière année connue.

Pour l'application du Décr. n° 2017-858 du 9 mai 2017, le calcul de l'effectif d'une entreprise de travail temporaire est effectué, en tenant compte, le cas échéant, des salariés temporaires liés à l'entreprise par un contrat à durée indéterminée pour l'exécution de missions successives, sur la base et dans le respect des dispositions de l'art. 56 de la L. n° 2015-994 du 17 août 2015 (Décr. préc., art. 11).

Art. R. 130-2 Pour l'établissement des déclarations sociales auxquelles sont tenus les employeurs, les salariés sont affectés aux établissements dans lesquels ces employeurs sont tenus d'inscrire ces mêmes salariés sur le registre unique du personnel mentionné à l'article L. 1221-13 du code du travail ou selon des règles identiques si ces employeurs ne sont pas soumis à cette obligation.

CHAPITRE PREMIER ASSIETTE ET RÉGIME FISCAL DES COTISATIONS

SECTION PREMIÈRE COTISATIONS SUR LES PENSIONS DE RETRAITE

Néant.

SECTION II COTISATIONS SUR LES REVENUS DE REMPLACEMENT, LES INDEMNITÉS ET LES ALLOCATIONS DE CHÔMAGE

Néant.

SECTION III EXONÉRATION

Néant.

SECTION IV RÉGIME FISCAL

Néant.

SECTION V COTISATIONS SUR LES REVENUS D'ACTIVITÉ DES TRAVAILLEURS NON SALARIÉS DES PROFESSIONS NON AGRICOLES

(Décr. n° 2003-1372 du 31 déc. 2003, art. 1er)

Art. R. 131-1 *(Décr. n° 2012-1550 du 28 déc. 2012, art. 1er) (Décr. n° 2017-864 du 9 mai 2017, art. 1er-I)* « Pour le calcul et le recouvrement des cotisations et contributions sociales dont ils sont redevables, les travailleurs indépendants des professions non agricoles souscrivent chaque année une déclaration de revenu d'activité auprès des organismes mentionnés *(Décr. n° 2018-174 du 9 mars 2018, art. 15-I, en vigueur le 1er janv. 2018)* « aux articles L. 213-1 et L. 752-4. Pour les personnes mentionnées à l'article L. 640-1, des conventions sont passées entre l'organisme mentionné à l'article L. 225-1 » et ceux mentionnés aux articles L. 641-1 et L. 723-1. » Ces conventions fixent notamment les modalités et les conditions de transmission des informations contenues dans la déclaration du revenu d'activité. Cette transmission intervient au plus tard dans le délai d'un mois suivant la date à laquelle a été souscrite la déclaration de revenu d'activité. »

Le travailleur indépendant des professions non agricoles *(Abrogé par Décr. n° 2014-1690 du 30 déc. 2014, art. 1er-2°) « relevant de l'article L. 613-1 »* souscrit la déclaration mentionnée au premier alinéa au plus tard à une date fixée par arrêté du ministre chargé de la sécurité sociale. Cette déclaration est effectuée par voie électronique dans les conditions prévues à l'article L. 133-5 ou au moyen d'un imprimé conforme au modèle arrêté par le ministre chargé de la sécurité sociale *(Décr. n° 2014-1690 du 30 déc. 2014, art. 1er-2°)* « pour chaque catégorie d'activité *[activités]* ». – *[Anc. art. R. 115-5.]*

(Décr. n° 2017-864 du 9 mai 2017, art. 1er-I) « Lorsque le travailleur indépendant s'acquitte de son obligation de déclaration postérieurement à la date mentionnée au deuxième alinéa ou que la déclaration est souscrite après qu'il a été fait application des dispositions de l'article R. 131-2, les cotisations et contributions sont assorties d'une pénalité égale à 5 % des sommes dues. Cette pénalité est recouvrée sous les mêmes garanties et sanctions que les cotisations et contributions.

« Lorsque les cotisations et contributions sont calculées dans les conditions prévues au II de l'article R. 131-2, la pénalité mentionnée à l'alinéa précédent est portée à 10 % de leur montant. »

Les dispositions des art. R. 131-1 et R. 131-2 issues du Décr. n° 2017-864 du 9 mai 2017 sont applicables en cas de retard ou de défaut de déclaration devant être souscrite à compter du lendemain de la publication dudit décret (Décr. préc., art. 7-II, JO 11 mai).

V. Arr. du 11 avr. 2017 relatif à la date limite de dépôt de la déclaration sociale de revenus au titre de l'année 2016 des travailleurs indépendants et des praticiens et auxiliaires médicaux conventionnés (JO 14 avr.).

Art. R. 131-1-1 *Devient l'art. R. 131-3 (Décr. n° 2016-192 du 25 févr. 2016, art. 1er-2°).*

Art. R. 131-2 *(Décr. n° 2012-1550 du 28 déc. 2012, art. 18)* **I. — Lorsque le travailleur indépendant n'a pas souscrit la déclaration de** *(Décr. n° 2014-1690 du 30 déc. 2014, art. 8-1°)* **« revenu d'activité mentionnée à l'article** *(Décr. n° 2016-192 du 25 févr. 2016, art. 1er-4°)* **« R. 131-1 », les cotisations** *(Décr. n° 2017-864 du 9 mai 2017, art. 1er-I)* **« mentionnées » à l'article L. 131-6-2 » sont calculées provisoirement** *(Décr. n° 2017-864 du 9 mai 2017, art. 1er-I)* **« et à titre forfaitaire » sur la base la plus élevée parmi :**

(Décr. n° 2016-192 du 25 févr. 2016, art. 1er-10°) **« *a)* La moyenne des revenus déclarés au titre des deux années précédentes ou, en deuxième année d'activité, le revenu déclaré au titre de la première année d'activité. Lorsque l'un de ces revenus n'a pas été déclaré, il est tenu compte pour l'année considérée de la base ayant servi au calcul des cotisations de cette année, sans prise en compte pour celle-ci des éventuelles majorations appliquées sur la base des dispositions du cinquième alinéa ; »**

(Abrogé par Décr. n° 2017-864 du 9 mai 2017, art. 1er-I) ***« b) Les revenus d'activité déclarés à l'administration fiscale, lorsque l'organisme de sécurité sociale en dispose, augmentés de 30 % ; »***

***b)* 50 % du plafond annuel de la sécurité sociale en vigueur au 1er janvier de l'année au titre de laquelle** *(Décr. n° 2017-864 du 9 mai 2017, art. 1er-I)* **« les cotisations sont dues ».** *— Le c devient le b (Décr. n° 2017-864 du 9 mai 2017, art. 1er-I).*

L'assiette retenue est majorée de 25 % dès la première année et pour chaque année consécutive non déclarée.

(Décr. n° 2017-864 du 9 mai 2017, art. 1er-I) **« Un montant plus élevé peut être fixé pour les cotisations, droits et contributions mentionnés aux articles L. 642-1, L. 642-2-1, L. 723-3 et L. 723-5 dans la limite des plafonds applicables pour leur calcul.**

« Par dérogation aux dispositions des six premiers alinéas du présent I, lorsqu'elles portent sur la dernière année d'activité, les cotisations mentionnées au premier alinéa du I sont calculées, dans le cas qu'il mentionne, sur la base du dernier revenu d'activité connu ou*[,]* **en l'absence de celui-ci** *[,]* **du revenu forfaitaire mentionné à l'article L. 131-6-2.**

« II. — Lorsque les organismes disposent des revenus déclarés par les travailleurs indépendants à l'administration fiscale pour les années considérées, les cotisations mentionnées au premier alinéa du I sont calculées, dans le cas qu'il mentionne, sur la base de ces revenus. Ceux-ci font l'objet de majorations fixées par arrêté des ministres chargés du budget et de la sécurité sociale en fonction de la disponibilité des informations relatives aux différents éléments en application des dispositions de l'article L. 131-6 afin de tenir compte des éléments à ajouter ou à soustraire à ceux retenus pour le calcul de l'impôt.

« En cas de rectification par l'administration fiscale des revenus retenus pour le calcul des cotisations et contributions de sécurité sociale, cette dernière en informe les organismes compétents qui peuvent procéder à la révision du montant des cotisations déterminées en application de l'alinéa précédent. »

III. — *(Décr. n° 2017-864 du 9 mai 2017, art. 1er-I)* **« La contribution mentionnée à l'article L. 136-3 est calculée » sur la base retenue pour le calcul des cotisations majorée de celles-ci.**

IV. — *(Décr. n° 2017-864 du 9 mai 2017, art. 1er-I)* **« Le montant des sommes déterminées en application des dispositions du I est notifié à l'intéressé, au plus tôt le trentième jour et au plus tard le cent quatre vingtième jour suivant la date mentionnée au deuxième alinéa de l'article R. 131-1. Cette notification est accompagnée de l'échéan-**

cier de paiement qui en découle, dont la première échéance de paiement correspond à celles mentionnées aux articles R. 133-2-1 et R. 133-2-2 sans que le délai entre cette première échéance de paiement et la notification puisse être inférieur à quinze jours. Ce montant peut être révisé, y compris ultérieurement, en application des dispositions du II et du V. » Les cotisations et contributions sociales calculées sur cette base sont recouvrées dans les mêmes conditions que les cotisations et contributions définitives *(Décr. nº 2014-1690 du 30 déc. 2014, art. 8-4º)* « des années civiles considérées ».

Lorsque le travailleur indépendant déclare ses revenus postérieurement à cette *(Décr. nº 2014-1690 du 30 déc. 2014, art. 8-4º)* « notification », les cotisations et les contributions sociales sont régularisées sur cette base. *(Abrogé par Décr. nº 2017-864 du 9 mai 2017, art. 1er-I) « Dans ce cas, la pénalité prévue au dernier alinéa de l'article (Décr. nº 2016-192 du 25 févr. 2016, art. 1er-4º) « R. 131-1 » est portée à 10 % des (Décr. nº 2014-1690 du 30 déc. 2014, art. 8-4º) « cotisations et contributions sociales dues. Cette pénalité peut faire l'objet d'une remise partielle dans les conditions prévues à l'article R. 243-20. Elle peut également faire l'objet de sursis à poursuites accordés par le directeur de l'organisme chargé du recouvrement, sous réserve qu'ils soient assortis de garanties du débiteur. »*

(Décr. nº 2017-864 du 9 mai 2017, art. 1er-I) « V. — Les organismes de recouvrement peuvent retenir, pour l'application du présent article, des montants supérieurs à ceux fixés par les I à III s'ils disposent d'éléments probants permettant de considérer que les revenus des travailleurs indépendants sont susceptibles de dépasser ces montants dans la limite du montant résultant de la prise en compte de ces éléments.

« VI. — Les revenus retenus pour l'application du présent article sont considérés comme des revenus nuls lorsqu'ils sont déficitaires. » — *[Anc. art. R. 242-14.]*

V. notes ss. art. R. 131-1 et R. 242-13.

Art. R. 131-3 Ne sont assimilées *[assimilés]* à un début d'activité ni la modification des conditions d'exercice de l'activité professionnelle *(Abrogé par Décr. nº 2017-864 du 9 mai 2017, art. 1er-I) « du travailleur indépendant »*, ni la reprise d'activité intervenue soit dans l'année au cours de laquelle est survenue la cessation d'activité, soit dans l'année suivante *(Décr. nº 2017-864 du 9 mai 2017, art. 1er-I)* « , ni le changement du lieu d'exercice de l'activité concernée ». — *[Anc. art. R. 242-16.]*

Art. R. 131-4 *(Décr. nº 2012-1550 du 28 déc. 2012, art. 4) (Décr. nº 2014-1690 du 30 déc. 2014, art. 2-4º)* « La régularisation mentionnée au troisième alinéa de l'article L. 131-6-2 est effectuée et les cotisations dues par le travailleur indépendant au titre de la dernière année civile écoulée sont appelées dès que celui-ci souscrit la déclaration de revenu d'activité mentionnée à l'article *(Décr. nº 2016-192 du 25 févr. 2016, art. 1er-4º)* « R. 131-1 » au titre de cette dernière année écoulée. »

En cas de trop*[-]*versé, *(Décr. nº 2014-1690 du 30 déc. 2014, art. 2-4º)* « le montant du crédit lui est » remboursé sans délai ou imputé sur les versements provisionnels restant à échoir au titre de l'année en cours. Dans ce cas, si le trop*[-]*versé est supérieur aux cotisations provisionnelles restant à échoir, le solde *(Décr. nº 2014-1690 du 30 déc. 2014, art. 2-4º)* « , après imputation, le cas échéant, sur les dettes des périodes antérieures en remontant de la plus ancienne à la plus récente, » lui est remboursé.

Lorsqu'un complément de cotisations résulte de la régularisation *(Décr. nº 2014-1690 du 30 déc. 2014, art. 2-4º)* « , il » est recouvré dans les mêmes conditions que les versements provisionnels de l'année en cours restant à échoir.

Les dispositions du Décr. nº 2014-1690 du 30 déc. 2014 sont applicables aux cotisations et aux contributions de sécurité sociale dues au titre des périodes courant à compter du 1er janv. 2015.

Par dérogation, les dispositions de l'art. 2-4º du Décr. nº 2014-1690 du 30 déc. 2014 s'appliquent aux cotisations de sécurité sociale recouvrées par les organismes mentionnés aux art. L. 642-1 et L. 723-1 CSS dues au titre des périodes courant à compter du 1er janv. 2016 (Décr. préc., art. 29).

Art. R. 131-5 *(Décr. nº 2012-1550 du 28 déc. 2012, art. 4) (Décr. nº 2014-1690 du 30 déc. 2014, art. 2-5º)* « I. — En application du deuxième alinéa de l'article L. 131-6-2 :

« 1º Les cotisations provisionnelles dues au titre de l'année civile suivant celle en cours et calculées sur la base du revenu d'activité de la dernière année civile écoulée sont appelées dès que le travailleur indépendant souscrit la déclaration de revenu d'activité mentionnée à l'article *(Décr. n° 2016-192 du 25 févr. 2016, art. 1er-4°)* « R. 131-1 » au titre de cette dernière année écoulée.

« Par dérogation à l'alinéa précédent, les cotisations provisionnelles dues au titre des deux premières années civiles et calculées sur la base du revenu forfaitaire mentionné au deuxième alinéa de l'article L. 131-6-2 sont appelées, pour *(Décr. n° 2017-864 du 9 mai 2017, art. 1er-I)* « les deux premières années » d'activité, dans le délai fixé au II de l'article *(Décr. n° 2017-864 du 9 mai 2017, art. 1er-I)* « R. 133-2-4 » *(Abrogé par Décr. n° 2017-864 du 9 mai 2017, art. 1er-I)* ***« et, pour la deuxième année d'activité, au plus tard à la date retenue conformément au III du même article ».***

« 2° Les cotisations provisionnelles dues au titre de l'année civile en cours et ajustées sur la base du revenu de la dernière année civile écoulée sont appelées dès que le travailleur indépendant souscrit la déclaration de revenu d'activité mentionnée à l'article *(Décr. n° 2016-192 du 25 févr. 2016, art. 1er-4°)* « R. 131-1 » au titre de cette dernière année écoulée.

« L'ajustement prend effet à compter de la prochaine échéance qui suit d'au moins quinze jours la date de cette déclaration.

« Lorsque le montant ajusté des cotisations provisionnelles est inférieur au montant des cotisations provisionnelles déjà payées sur les échéances de l'année en cours antérieures à l'ajustement, la différence est remboursée au travailleur indépendant, après imputation, le cas échéant, sur les dettes des périodes antérieures en remontant de la plus ancienne à la plus récente.

« Lorsqu'un complément de cotisations résulte de l'ajustement, il est recouvré dans les mêmes conditions que les versements provisionnels de l'année en cours restant à échoir. »

II. — Pour bénéficier de la modulation sur la base du revenu estimé mentionnée au quatrième alinéa de l'article L. 131-6-2, le travailleur indépendant fournit une estimation du revenu de l'année en cours à l'organisme de recouvrement dont il relève.

(Décr. n° 2014-1690 du 30 déc. 2014, art. 2-5°) « La modulation prend effet à compter de la prochaine échéance qui suit d'au moins quinze jours la date de sa demande.

« Lorsque le montant modulé des cotisations provisionnelles est inférieur au montant des cotisations provisionnelles déjà versées sur les échéances de l'année en cours antérieures à la modulation, la différence est remboursée au travailleur indépendant, après imputation, le cas échéant, sur les dettes des périodes antérieures en remontant de la plus ancienne à la plus récente, après la détermination du revenu réel, sous réserve qu'il soit constaté l'existence d'un trop*[-]*versé.

« Lorsqu'un complément de cotisations est dû après la modulation, il est recouvré dans les mêmes conditions que les versements provisionnels de l'année en cours restant à échoir. »

Les dispositions de l'art. 2-5° du Décr. n° 2014-1690 du 30 déc. 2014 s'appliquent aux cotisations de sécurité sociale recouvrées par les organismes mentionnés aux art. L. 642-1 et L. 723-1 CSS dues au titre des périodes courant à compter du 1er janv. 2016 (Décr. préc., art. 29-II).

Art. R. 131-6 *(Décr. n° 2014-1690 du 30 déc. 2014, art. 2-6°)* En cas de cessation d'activité du travailleur indépendant non agricole :

1° La déclaration de revenu d'activité mentionnée à l'article *(Décr. n° 2016-192 du 25 févr. 2016, art. 1er-4°)* « R. 131-1 » est souscrite par le cotisant, dans le délai de quatre-vingt-dix jours suivant la date d'effet de la radiation, pour chacune des périodes n'ayant pas encore donné lieu au calcul des cotisations et contributions sociales définitives ;

2° Le cas échéant, sont acquittés par le cotisant, dans le délai de trente jours suivant la date d'envoi de l'avis d'appel établi sur la base de la déclaration mentionnée au 1° :

a) Le complément de cotisations dû au titre de la dernière année civile écoulée, à la suite de la régularisation prévue à l'article R. 131-4, déduction faite des versements déjà effectués, au titre de ce complément, durant l'année civile en cours ;

b) Le complément de cotisations dû au titre de l'année au cours de laquelle a pris effet la radiation, à la suite de la régularisation prévue à l'article R. 131-4, compte tenu des versements provisionnels déjà effectués durant l'année civile en cours ;

3° Le cas échéant, est remboursé au cotisant, dans le délai de trente jours suivant la date d'envoi de l'avis d'appel établi sur la base de la déclaration mentionnée au 1°, le

trop-versé résultant de la régularisation, prévue à l'article R. 131-4, des cotisations dues au titre de l'année au cours de laquelle a pris effet la radiation, après imputation, le cas échéant, du montant du crédit sur les dettes des périodes antérieures en remontant de la plus ancienne à la plus récente.

La modification des conditions d'exercice de l'activité professionnelle ne constitue pas une cessation d'activité au sens du présent article.

Les dispositions du Décr. n° 2014-1690 du 30 déc. 2014 sont applicables aux cotisations et aux contributions de sécurité sociale dues au titre des périodes courant à compter du 1er janv. 2015.

Par dérogation, les dispositions de l'art. 2-6° du Décr. n° 2014-1690 du 30 déc. 2014 s'appliquent aux cotisations de sécurité sociale recouvrées par les organismes mentionnés aux art. L. 642-1 et L. 723-1 CSS dues au titre des périodes courant à compter du 1er janv. 2016 (Décr. préc., art. 29).

Art. R. 131-7 *(Décr. n° 2009-423 du 16 avr. 2009)* **Pour l'application du** *(Décr. n° 2018-821 du 27 sept. 2018, art. 1er)* **« 3° du II » de l'article L. 131-6 :**

1° Les apports retenus pour la détermination du capital social sont les apports en numéraire intégralement libérés et les apports en nature à l'exclusion de ceux constitués par des biens incorporels qui n'ont fait l'objet ni d'une transaction préalable en numéraire ni d'une évaluation par un commissaire aux apports ;

2° Les sommes versées en compte courant correspondent au solde moyen annuel du compte courant d'associé. Ce solde moyen annuel est égal à la somme des soldes moyens du compte courant de chaque mois divisée par le nombre de mois compris dans l'exercice ;

3° Le montant du capital social, des primes d'émission et des sommes versées en compte courant d'associé est apprécié au dernier jour de l'exercice précédant la distribution des revenus mentionnés aux articles 108 à 115 du code général des impôts et le versement des revenus visés au 4° de l'article 124 du même code. – *[Anc. art. R. 131-2.]*

Art. R. 131-8 *(Décr. n° 2011-1481 du 8 nov. 2011, art. 1er)* **Pour l'application** *(Décr. n° 2018-821 du 27 sept. 2018, art. 1er)* **du « 4° du II** *(Décr. n° 2012-1550 du 28 déc. 2012, art. 3)* **de l'article L. 131-6 » :**

1° Le montant de la valeur des biens du patrimoine affecté correspond à leur valeur brute, déduction faite des encours des emprunts y afférents, appréciés au dernier jour de l'exercice précédant la distribution des revenus mentionnés aux articles 108 à 115 du code général des impôts ;

2° Le bénéfice correspond à celui de l'exercice précédant la distribution des revenus mentionnés aux articles 108 à 115 du code général des impôts. – *[Anc. art. R. 131-3.]*

CHAPITRE PREMIER *QUATER [ABROGÉ]* FONDS DE FINANCEMENT DE LA RÉFORME DES COTISATIONS PATRONALES DE SÉCURITÉ SOCIALE

(Abrogé par Décr. n° 2013-827 du 16 sept. 2013, art. 2)

SECTION PREMIÈRE *[ABROGÉE]* DISPOSITIONS RELATIVES À L'ORGANISATION ET À LA GESTION DU FONDS DE FINANCEMENT DE LA RÉFORME DES COTISATIONS PATRONALES DE SÉCURITÉ SOCIALE

Art. R. 131-8 *à* R. 131-17 *Abrogés par Décr. n° 2013-827 du 16 sept. 2013, art. 2.*

SECTION II *[ABROGÉE]* DISPOSITIONS RELATIVES AUX OPÉRATIONS FINANCIÈRES DU FONDS DE FINANCEMENT DE LA RÉFORME DES COTISATIONS PATRONALES DE SÉCURITÉ SOCIALE

Art. R. 131-18 et R. 131-19 *Abrogés par Décr. n° 2013-827 du 16 sept. 2013, art. 2.*

CHAPITRE II PRISE EN CHARGE PAR L'ÉTAT DES DÉPENSES EXPOSÉES PAR LES ORGANISMES AU TITRE DE L'INTERRUPTION VOLONTAIRE DE GROSSESSE

Néant.

CHAPITRE III RECOUVREMENT DES COTISATIONS, VERSEMENT ET RECOUVREMENT DES PRESTATIONS *(Décr. n° 2006-1591 du 13 déc. 2006, art. 1er-I).*

SECTION PREMIÈRE RECOUVREMENT DES CRÉANCES EN MATIÈRE DE TRAVAIL ILLÉGAL

(Décr. n° 2017-1409 du 25 sept. 2017, art. 1er-I)

Les dispositions de l'art. 1er du Décr. n° 2017-1409 du 25 sept. 2017 sont applicables aux contrôles n'ayant pas fait l'objet d'un procès-verbal de travail dissimulé à la date de publication du décret susvisé (Décr. préc., art. 5, JO 27 sept.).

BIBL. ▶ DEMAHIS, Les conditions de validité des mises en demeure émises par les URSSAF suite à contrôle, *JCP E 1995, n° 496.*

Art. R. 133-1 Outre les mentions prévues au I de l'article L. 133-1, le document prévu au même article mentionne la période concernée, les faits constatés et, lorsqu'il est fait application des dispositions de l'article L. 8271-6-4 du code du travail, l'auteur du constat.

Le document mentionné au premier alinéa est établi et signé par l'agent chargé du contrôle qui a constaté les infractions ou a exploité les informations transmises aux organismes de recouvrement mentionnés aux articles L. 213-1 et L. 752-1 du présent code ou à l'article L. 723-3 du code rural et de la pêche maritime en application des dispositions de l'article L. 8271-6-4 du code du travail.

Il est notifié à la personne contrôlée par tout moyen permettant de rapporter la preuve de sa date de réception.

Art. R. 133-1-1 I. — Lorsque *(Décr. n° 2018-1154 du 13 déc. 2018, art. 1er)* « le document mentionné à l'article R. 133-1 est » *(Abrogé par Décr. n° 2018-1154 du 13 déc. 2018, art. 1er)* ***« l'inspecteur du recouvrement a »*** remis à la personne contrôlée *(Abrogé par Décr. n° 2018-1154 du 13 déc. 2018, art. 1er)* ***« le document mentionné à l'article R. 133-1 »***, celle-ci adresse au directeur de l'organisme de recouvrement, par tout moyen permettant de rapporter la preuve de sa date de réception, les éléments justifiant de l'existence de garanties suffisant à couvrir le montant évalué dans le document et dont l'estimation de la valeur a été établie dans les trois mois qui précèdent sa réception par le directeur de l'organisme de recouvrement.

Les garanties peuvent être constituées soit par des sûretés réelles, soit par un engagement solidaire souscrit par une ou *[par]* plusieurs personnes physiques ou morales d'acquitter les sommes dues, soit par la production de tout autre élément probant relatif notamment au capital matériel ou immatériel de la personne contrôlée de nature à justifier de la solvabilité et de la permanence de la personne contrôlée au regard du recouvrement des sommes évaluées dans le document mentionné à l'article R. 133-1.

II. — Lorsque le directeur de l'organisme de recouvrement constate que ces garanties sont suffisantes, il en informe la personne contrôlée et peut procéder à toutes les formalités utiles à leur constitution. Il peut évaluer les garanties qu'il retient pour un montant qui diffère de celles présentées par la personne contrôlée. Il peut, si cela lui paraît nécessaire, exiger des garanties complémentaires et solliciter auprès de la personne contrôlée une mise à jour des garanties.

III. — En l'absence de production de garanties ou lorsque le directeur de l'organisme de recouvrement constate que les garanties produites sont insuffisantes au regard de l'estimation qu'il en a faite, le directeur peut procéder sur tous les biens du débiteur à une ou *[à]* plusieurs mesures conservatoires, selon la procédure prévue aux articles R. 521-1 à R. 534-1 du code des procédures civiles d'exécution.

La décision du directeur de faire procéder à une ou *[à]* plusieurs mesures conservatoires est portée à la connaissance de la personne contrôlée dans l'acte de saisie conservatoire, dans l'acte de dénonciation de la saisie conservatoire ou dans l'acte de dénonciation de la sûreté provisoire. Elle est motivée et précise les voies et délais de recours.

Afin d'obtenir la mainlevée des mesures prises, la personne contrôlée peut présenter ou compléter les garanties mentionnées au I au plus tard jusqu'à obtention par l'organisme de recouvrement d'un titre exécutoire définitif. Lorsque le directeur constate que les garanties nouvellement produites sont suffisantes, il procède sans délai à la mainlevée de la mesure conservatoire et en informe la personne contrôlée.

IV. — Les mesures conservatoires sont prises dans un délai de trois mois à compter de la décision du directeur mentionnée au III de faire procéder à une ou *[à]* plusieurs mesures conservatoires, à peine de caducité.

L'organisme de recouvrement adresse à la personne contrôlée le document mentionné à l'article R. 244-1 du présent code ou à l'article R. 725-6 du code rural et de la pêche maritime, dans les quatre mois qui suivent l'exécution des mesures conservatoires, à peine de caducité.

Lorsque les mesures sont pratiquées entre les mains d'un tiers, l'organisme adresse à ce dernier une copie de ce document dans un délai de huit jours. A défaut, la mesure est caduque.

V. — Les contestations mentionnées au III de l'article L. 133-1 sont portées soit devant le juge de l'exécution du lieu où est établie la personne contrôlée pour les demandes de mainlevée, soit devant le juge de l'exécution du lieu d'exécution de la mesure pour les autres contestations.

Le juge peut ordonner la mainlevée de la mesure si les conditions énoncées au présent article ne sont pas réunies.

Les dispositions du premier alinéa du présent V sont sans préjudice des recours pouvant être exercés par les personnes contrôlées à l'encontre des mesures conservatoires.

SECTION PREMIÈRE *BIS* RECOUVREMENT DES COTISATIONS ET CONTRIBUTIONS DE SÉCURITÉ SOCIALE DES TRAVAILLEURS INDÉPENDANTS NON AGRICOLES *(Décr. nº 2017-864 du 9 mai 2017, art. 1er-II).*

Art. R. 133-2 *(Décr. nº 2017-864 du 9 mai 2017, art. 1er-II)* Les dispositions de la présente section s'appliquent au recouvrement des cotisations et contributions sociales *(Décr. nº 2018-174 du 9 mars 2018, art. 15-I, en vigueur le 1er janv. 2018)* « dues par les travailleurs indépendants mentionnés à l'article L. 611-1 auprès des organismes du régime général et dans les conditions prévues à l'article R. 642-2 aux cotisations mentionnées à ce même article. »

Jurisprudence antérieure au Décr. nº 2017-864 du 9 mai 2017.

Mise en demeure (conditions de forme). La mise en demeure, qui constitue une invitation impérative adressée au débiteur d'avoir à régulariser sa situation dans le délai imparti, doit lui permettre d'avoir connaissance de la nature, de la cause et de l'étendue de son obligation; à cette fin, il importe qu'elle précise, à peine de nullité, la nature et le montant des cotisations réclamées, ainsi que la période à laquelle elle se rapporte. • Soc. 12 oct. 1995, nº 93-14.001 P: *RJS 1995, nº 1170.* ♦ ***(conséquence du caractère incomplet).*** Doit être annulée la mise en demeure délivrée à titre conservatoire dont les juges du fond ont relevé le caractère incomplet et l'insuffisance à constituer une base de discussion pour l'employeur. • Soc. 12 oct. 1995 : *préc.* ♦ V. pour une appréciation plus souple du juge : l'omission des mentions prévues par l'art. 4, al. 2, de la L. nº 2000-321 du 12 avr. 2000 n'est pas de nature à justifier l'annulation par les juridictions statuant en matière de contentieux général de la sécurité sociale des mises en demeure délivrées par les URSSAF. • Cass., avis, 22 mars 2004, nº 00-40.002 P.

SOUS-SECTION 1 RÈGLES APPLICABLES *(Décr. nº 2017-864 du 9 mai 2017, art. 1er-II).*

Art. R. 133-2-1 *(Décr. nº 2007-703 du 3 mai 2007, art. 1er)* I. — Les cotisations et contributions sociales annuelles dues, à titre personnel, par un travailleur indépendant sont acquittées par versements mensuels *(Abrogé par Décr. nº 2017-864 du 9 mai 2017, art. 1er-II)* « *d'un montant égal, effectués par prélèvement automatique sur un compte bancaire ou un compte épargne* ». Les versements mensuels sont exigibles à la date *(Abrogé par Décr. nº 2017-864 du 9 mai 2017, art. 1er-II)* « *de prélèvement* » mentionnée au deuxième alinéa.

(Décr. nº 2017-864 du 9 mai 2017, art. 1er-II) « Les travailleurs indépendants communiquent *(Décr. nº 2018-174 du 9 mars 2018, art. 15-I, en vigueur le 1er janv. 2018)* « aux organismes chargés du recouvrement de leurs cotisations et contributions sociales » leur choix de la date de paiement entre le 5 ou le 20 de chaque mois, ainsi que, s'ils

ont choisi ce mode de règlement[,] une autorisation de prélèvement. A défaut de choix d'une date de paiement, les cotisations et contributions sociales sont exigibles le 5 de chaque mois. »

La date de *(Décr. n° 2017-864 du 9 mai 2017, art. 1er-II)* « paiement » peut être modifiée une fois par année civile, et la demande prend effet au plus tard le deuxième mois suivant celui de sa réception.

(Décr. n° 2014-1690 du 30 déc. 2014, art. 3-1°) « II. — Les cotisations et contributions sociales provisionnelles sont *(Décr. n° 2017-864 du 9 mai 2017, art. 1er-II)* « acquittées » du mois de janvier au mois de décembre, en douze versements mensuels d'un montant égal.

« Le complément de cotisations et contributions sociales résultant de la régularisation et de l'ajustement est recouvré selon les modalités prévues au dernier alinéa de l'article R. 131-4 ou au dernier alinéa du I de l'article R. 131-5, en autant de versements, d'un montant égal, que de versements provisionnels de l'année en cours restant à échoir.

« Lorsque la régularisation et l'ajustement font apparaître un trop-versé, celui-ci est remboursé à l'intéressé selon les modalités prévues au deuxième alinéa de l'article R. 131-4 ou au sixième alinéa du I de l'article R. 131-5. »

(Abrogé par Décr. n° 2017-864 du 9 mai 2017, art. 1er-II) (Décr. n° 2007-1811 du 21 déc. 2007, art. 4) « *III. — Les cotisations et contributions sociales dues, à titre définitif, par les travailleurs indépendants exerçant leur activité dans les départements mentionnés à l'article L. 751-1 ou dans les collectivités de Saint-Barthélemy ou de Saint-Martin sont prélevées en douze fractions égales* ».

(Décr. n° 2012-1550 du 28 déc. 2012, art. 9 ; Décr. n° 2017-864 du 9 mai 2017, art. 1er-II) « III. — Si un paiement mensuel n'est pas effectué à sa date d'exigibilité, la somme est recouvrée avec le paiement mensuel suivant. Si deux paiements consécutifs ne sont pas effectués à leur date d'exigibilité, le recouvrement des sommes restant dues au titre de l'année en cours est poursuivi trimestriellement dans les conditions mentionnées au quatrième alinéa de l'article R. 133-2-2.

« Les dispositions relatives aux majorations de retard mentionnées à l'article R. 243-18 sont applicables à compter du deuxième incident de paiement consécutif au cours d'une même année civile. » — *Le IV devient le III (Décr. n° 2017-864 du 9 mai 2017, art. 1er-II). — [Anc. art. R. 133-26.]*

Détermination du redevable des cotisations. Le travailleur indépendant est seul redevable à l'égard de l'organisme de recouvrement des cotisations et contributions sociales annuelles dues à titre personnel, peu important les modalités selon lesquelles il en opère le paiement. • Civ. 2e, 2 avr. 2015, n° 14-13.698 P : *D. actu. 13 avr. 2015, obs. Portmann ; RJS 2015, n° 448 ; JCP S 2015, n° 1272, comm. Michalletz.* ♦ V. dans le même sens, • Civ. 2e, 26 mai 2016, n° 15-17.272 P : *RJS 2016, n° 596* (peu important les modalités selon lesquelles il exerce son activité).

Art. R. 133-2-2 *(Décr. n° 2007-703 du 3 mai 2007, art. 1er)* I. — *(Décr. n° 2017-864 du 9 mai 2017, art. 1er-II)* « Par dérogation au premier alinéa de l'article R. 133-2-1, les travailleurs indépendants peuvent demander à acquitter leurs cotisations et contributions sociales par versements trimestriels d'un montant égal, exigibles le 5 février, le 5 mai, le 5 août et le 5 novembre. »

L'option pour le paiement trimestriel est exercée avant le 1er *(Décr. n° 2012-1550 du 28 déc. 2012, art. 10)* « décembre » pour prendre effet le 1er janvier de l'année suivante.

(Décr. n° 2012-1550 du 28 déc. 2012, art. 10) « Toutefois, le travailleur indépendant peut demander en cours d'année que le versement trimestriel intervienne à la date de la prochaine échéance trimestrielle qui suit d'au moins trente jours la date de cette demande.

« Pour la mise en œuvre de l'alinéa précédent et du premier alinéa *(Décr. n° 2017-864 du 9 mai 2017, art. 1er-II)* « du III de l'article R. 133-2-1 », les cotisations et contributions sociales provisionnelles restant dues, le cas échéant, au titre de l'année en cours sont acquittées aux dates prévues au premier alinéa en autant d'échéances trimestrielles, d'un montant égal, qu'il reste d'échéances trimestrielles jusqu'à la fin de l'année civile en cours. »

(Décr. n° 2014-1690 du 30 déc. 2014, art. 4-1°) « Le complément de cotisations et contributions sociales résultant de la régularisation de celles de l'année précédente et de l'ajustement des cotisations et contributions provisionnelles de l'année en cours est recouvré selon les modalités prévues à l'article R. 131-4 ou au I de l'article R. 131-5, en autant de versements, d'un montant égal, que de versements provisionnels de l'année en cours restant à échoir. Le trop-versé éventuel est remboursé au travailleur indépendant selon les modalités prévues à l'article R. 131-4 ou au I de l'article R. 131-5. » Il est appliqué aux cotisations et contributions sociales qui ne sont pas versées à la date d'exigibilité les majorations de retard mentionnées à l'article R. 243-18.

II. — Le renoncement à l'option prévue au I prend effet au plus tard le deuxième mois suivant celui au cours duquel les éléments mentionnés au deuxième alinéa du I de l'article *(Décr. n° 2017-864 du 9 mai 2017, art. 1er-II)* « R. 133-2-1 » sont réceptionnés.

Les cotisations et contributions sociales provisionnelles restant dues pour l'année en cours sont *(Décr. n° 2017-864 du 9 mai 2017, art. 1er-II)* « versées » en autant de mensualités, d'un montant égal, qu'il reste de mois civils entre la date d'effet du renoncement et *(Décr. n° 2014-1690 du 30 déc. 2014, art. 4-2°)* « la fin » de l'année considérée. Le cas échéant, le complément résultant de la régularisation des cotisations et contributions sociales de l'année précédente *(Décr. n° 2014-1690 du 30 déc. 2014, art. 4-2°)* « et de l'ajustement des cotisations provisionnelles de l'année en cours est *(Décr. n° 2017-864 du 9 mai 2017, art. 1er-II)* « versé » lors des échéances restantes de l'année en cours ».

(Abrogé par Décr. n° 2017-864 du 9 mai 2017, art. 1er-II) (Décr. n° 2007-1811 du 21 déc. 2007, art. 5) « Par dérogation (Décr. n° 2014-1690 du 30 déc. 2014, art. 4-2°) « à l'alinéa précédent », les cotisations et contributions sociales restant dues pour l'année en cours, par les travailleurs indépendants exerçant leur activité dans les départements mentionnés à l'article L. 751-1 ou dans les collectivités de Saint-Barthélemy ou de Saint-Martin, sont payées en autant de mensualités, d'un montant égal, qu'il reste de mois civils entre la date d'effet du renoncement et le 31 décembre de cette même année. » — [Anc. art. R. 133-27.]

Art. R. 133-2-3 *(Décr. n° 2007-703 du 3 mai 2007, art. 1er)* En cas de début d'activité professionnelle, ou de reprise d'activité au sens de l'article *(Décr. n° 2017-864 du 9 mai 2017, art. 1er-II)* « R. 131-3 », la première exigibilité des cotisations et contributions sociales provisionnelles ne peut intervenir, par dérogation au I de l'article *(Décr. n° 2017-864 du 9 mai 2017, art. 1er-II)* « R. 133-2-1 » ou au premier alinéa du I de l'article *(Décr. n° 2017-864 du 9 mai 2017, art. 1er-II)* « R. 133-2-2 », moins de quatre-vingt-dix jours après le début ou la reprise d'activité.

Les cotisations et contributions mentionnées au premier alinéa, dues au titre de l'année de début ou de reprise d'activité, sont exigibles et recouvrées :

1° En cas de *(Décr. n° 2017-864 du 9 mai 2017, art. 1er-II)* « paiement » mensuel, en autant de versements, d'un montant égal, qu'il reste de mois civils compris entre la date d'effet du *(Décr. n° 2017-864 du 9 mai 2017, art. 1er-II)* « paiement » et le 31 décembre de la première année d'activité ;

2° En cas de paiement trimestriel, par versements, d'un montant égal, aux échéances restant à intervenir du début ou de la reprise d'activité à la fin de l'année civile.

Le cas échéant, ces cotisations et contributions sont réparties, ou bien sur les versements provisionnels mensuels, ou bien sur les versements trimestriels de la deuxième année civile d'activité. — *[Anc. art. R. 133-29.]*

Art. R. 133-2-4 *(Décr. n° 2014-1690 du 30 déc. 2014, art. 2-2°)* I. — Pour le paiement de leurs cotisations et contributions sociales dues à titre personnel, les travailleurs indépendants non agricoles ne relevant pas du régime prévu à l'article L. 133-6-8 reçoivent un échéancier de paiement valant appel des cotisations et contributions sociales au titre :

1° De la régularisation des cotisations et contributions sociales dues au titre de la dernière année civile écoulée ;

2° De l'ajustement des cotisations et contributions sociales provisionnelles dues au titre de l'année civile en cours ;

3° Du calcul des cotisations et contributions sociales provisionnelles dues au titre de l'année civile suivant l'année en cours ;

4° Le cas échéant, de la période d'étalement *(Décr. n° 2016-192 du 25 févr. 2016, art. 1er-7°)* **« mentionnée au deuxième alinéa de l'article L. 131-6-1. »**

Cet échéancier est transmis au cotisant dans le délai de quinze jours suivant la date à laquelle il souscrit la déclaration de revenu d'activité mentionnée à l'article *(Décr. n° 2016-192 du 25 févr. 2016, art. 1er-4°)* **« R. 131-1 ».**

II. — Un échéancier de paiement valant appel des cotisations et contributions sociales est envoyé aux assurés au titre du calcul, sur la base du revenu forfaitaire mentionné au deuxième alinéa de l'article L. 131-6-2, des cotisations et contributions sociales provisionnelles dues au titre *(Décr. n° 2017-864 du 9 mai 2017, art. 1er-I)* **« des deux premières années civiles ». Cet échéancier est transmis au cotisant** *(Décr. n° 2016-192 du 25 févr. 2016, art. 1er-7°)* **« au plus tard à une date qui précède d'au moins quinze jours la première échéance qu'il mentionne ».**

(Abrogé par Décr. n° 2017-864 du 9 mai 2017, art. 1er-I) ***« III. — Un échéancier de paiement valant appel des cotisations et contributions sociales est envoyé aux assurés au titre du calcul, sur la base du revenu forfaitaire mentionné au deuxième alinéa de l'article L. 131-6-2, des cotisations et contributions sociales provisionnelles dues au titre de la deuxième année civile d'activité. Cet échéancier est transmis au cotisant au plus tard à une date qui précède d'au moins quinze jours la première échéance qu'il mentionne. »*** — *[Anc. art. R. 131-2.]*

Les dispositions du Décr. n° 2014-1690 du 30 déc. 2014 sont applicables aux cotisations et aux contributions de sécurité sociale dues au titre des périodes courant à compter du 1er janv. 2015. Par dérogation, les dispositions de l'art. 2-2° du Décr. n° 2014-1690 du 30 déc. 2014 s'appliquent aux cotisations de sécurité sociale recouvrées par les organismes mentionnés aux art. L. 642-1 et L. 723-1 CSS dues au titre des périodes courant à compter du 1er janv. 2016 (Décr. préc., art. 29).

Pour les professions mentionnées au 3° de l'art. L. 621-3 et à l'art. L. 722-1, les dispositions de l'art. R. 131-2 dans sa version issue du Décr. n° 2016-192 du 25 févr. 2016 entrent en vigueur au titre des cotisations et contributions de sécurité sociale dues pour les périodes courant à compter du 1er janv. 2018 (Décr. préc., art. 2-II).

Sur l'entrée en vigueur des dispositions issues du Décr. n° 2017-864 du 9 mai 2017, V. 1re note ss. art. R. 131-1.

Art. R. 133-2-5 *(Décr. n° 2014-1690 du 30 déc. 2014, art. 2-3°)* **« I. — La demande de report mentionnée au premier alinéa de l'article L. 131-6-1 est effectuée par écrit au plus tard dans le délai de trente jours suivant la date d'affiliation et avant tout versement de cotisations et contributions. Les cotisations et contributions ayant fait l'objet d'un report sont exigibles à la même date et dans les mêmes conditions que les cotisations et contributions définitives suivantes.**

« II. — La demande mentionnée au deuxième alinéa de l'article L. 131-6-1 est effectuée par écrit au plus tard dans la déclaration de revenu d'activité mentionnée à l'article *(Décr. n° 2016-192 du 25 févr. 2016, art. 1er-4°)* **« R. 131-1 » souscrite au titre de l'année civile au cours de laquelle a débuté la période de douze mois mentionnée au premier alinéa de l'article L. 131-6-1. La période d'étalement court à compter de la première échéance de régularisation des cotisations et contributions définitives** *(Décr. n° 2016-192 du 25 févr. 2016, art. 1er-8°)* **« qui font » l'objet de cet étalement. Les fractions annuelles sont exigibles à la même date et dans les mêmes conditions que les cotisations et contributions définitives suivantes.** *(Décr. n° 2016-192 du 25 févr. 2016, art. 1er-8°)* **« Les dates et les montants des cotisations et contributions faisant l'objet de l'étalement sont notifiés au bénéficiaire par l'organisme concerné. »**

« III. — Lorsque les cotisations et contributions sont afférentes à un exercice excédant la période mentionnée au premier alinéa de l'article L. 131-6-1, le bénéfice des dispositions de cet article est limité à la fraction de ces cotisations et contributions égale au rapport entre le nombre de mois ouvrant droit à ce bénéfice et le nombre de mois de cet exercice.

« IV. — » En cas de cessation d'activité professionnelle, les cotisations *(Décr. n° 2014-1690 du 30 déc. 2014, art. 2er-3°)* **« et contributions » sociales provisionnelles ou définitives qui ont fait l'objet d'un report ou d'un étalement et qui restent dues doivent être acquittées dans les soixante jours de cette cessation. Elles sont recouvrées dans les**

conditions de droit commun. La modification des conditions d'exercice de l'activité professionnelle ne constitue pas une cessation d'activité pour l'application du présent alinéa. — *[Anc. art. R. 131-3.]*

Les dispositions du Décr. n° 2014-1690 du 30 déc. 2014 sont applicables aux cotisations et aux contributions de sécurité sociale dues au titre des périodes courant à compter du 1er janv. 2015 (Décr. préc., art. 29-I).

Art. R. 133-2-6 *(Décr. n° 2017-864 du 9 mai 2017, art. 1er-II)* **I. — Pour l'application aux travailleurs indépendants des dispositions mentionnées aux articles** *(Abrogé par Décr. n° 2018-174 du 9 mars 2018, art. 15-I, à compter du 1er janv. 2018)* **« *R. 133-3, R. 133-5, R. 243-19,* » R. 243-19-1, R. 243-20, R. 243-21,** *(Décr. n° 2018-174 du 9 mars 2018, art. 15-I, en vigueur le 1er janv. 2018)* **« R. 243-45-1 » et à l'article R. 244-1 :**

1° Les travailleurs indépendants se substituent aux employeurs ;

(Décr. n° 2018-174 du 9 mars 2018, art. 15-I, en vigueur le 1er janv. 2018) **« 2° La déclaration mentionnée à L. 613-2 se substitue à la déclaration mentionnée à l'article R. 243-19-1. »**

II. — Pour l'application du troisième alinéa de l'article R. 243-20, un seuil spécifique peut être fixé par arrêté du ministre chargé de la sécurité sociale.

Art. R. 133-2-7 *(Décr. n° 2018-174 du 9 mars 2018, art. 15-I, en vigueur le 1er janv. 2018)* **Les travailleurs indépendants versent les cotisations et contributions sociales qu'ils sont tenus d'acquitter auprès des organismes du régime général à l'organisme mentionné à l'article L. 213-1 ou L. 752-4 dans le ressort duquel ils exercent leur activité professionnelle.**

Lorsque leur résidence principale est située dans le ressort d'un autre organisme, ils peuvent s'adresser indifféremment à l'un ou l'autre organisme pour la réalisation des démarches, relevant de ces organismes, mentionnées au deuxième alinéa de l'article L. 233-1.

Art. R. 133-2-8 (Abrogé par Décr. n° 2018-174 du 9 mars 2018, art. 15-I, à compter du 1er janv. 2018) (Décr. n° 2017-864 du 9 mai 2017, art. 1er-II) ***Le tribunal des affaires de sécurité sociale et les autres juridictions mettent en cause les organismes mentionnés à l'article L. 133-1-2 dans tous les cas où ils ne sont pas déjà présents dans les instances relatives au recouvrement des cotisations et contributions sociales dues par les travailleurs indépendants. Cette décision n'est pas susceptible d'opposition. Toutefois, la mise en cause d'un seul organisme n'affecte pas la régularité de la procédure.***

Les actes de procédure, tant en demande qu'en défense, sont conduits de manière commune au nom des organismes mentionnés à l'article L. 133-1-2.

SOUS-SECTION 2 *[ABROGÉE]* ORGANISATION DU RECOUVREMENT DES COTISATIONS ET CONTRIBUTIONS DE SÉCURITÉ SOCIALE DES TRAVAILLEURS INDÉPENDANTS *(Décr. n° 2017-864 du 9 mai 2017, art. 1er-II).*

(Abrogée par Décr. n° 2018-174 du 9 mars 2018, art. 15-I, à compter du 1er janv. 2018)

Art. R. 133-2-9 (Décr. n° 2017-864 du 9 mai 2017, art. 1er-II) ***Pour l'ensemble de leurs démarches relevant des dispositions de la présente section, les travailleurs indépendants peuvent s'adresser indifféremment soit à la caisse mentionnée à l'article L. 611-8, soit à l'organisme mentionné aux articles L. 213-1 ou L. 752-4, dont il relève.***

Art. R. 133-2-10 (Décr. n° 2013-597 du 8 juill. 2013, art. 1er) ***Pour l'exercice*** (Décr. n° 2017-864 du 9 mai 2017, art. 1er-II) ***« des missions définies aux articles L. 133-1-1 à L. 133-1-6 », sont conclues :***

1° Une convention de gestion nationale entre la Caisse nationale du régime social des indépendants et l'Agence centrale des organismes de sécurité sociale.

(Décr. n° 2017-864 du 9 mai 2017, art. 1er-II) ***« Cette convention nationale détermine notamment, sur proposition du directeur national mentionné au II de l'article L. 133-1-1, les objectifs stratégiques et les modalités du pilotage national qui lui est confié, en matière de qualité de service, de performance du recouvrement et de maîtrise des risques, les modalités selon lesquelles les personnels des organismes mentionnés à l'article L. 133-1-1 sont affectés*** *en tout ou partie à l'exercice de ces missions et les modalités d'évaluation périodique des résultats des organismes mentionnés à l'article L. 133-1-2.*

« 2° Des conventions de gestion entre chaque organisme mentionné à l'article L. 611-8 et les organismes, compétents dans le même ressort géographique, mentionnés aux articles L. 213-1 et L. 752-4. » — V. note ss. art.

Les conventions (Décr. n° 2017-864 du 9 mai 2017, art. 1er-II) *« mentionnées à l'alinéa précédent », dont le modèle est défini par arrêté du ministre chargé de la sécurité sociale, déterminent notamment :*

a) Les fonctions liées à la gestion des données individuelles utiles pour le calcul et le recouvrement des cotisations et contributions sociales (Abrogé par Décr. n° 2017-864 du 9 mai 2017, art. 1er-II) *« faisant l'objet d'une gestion commune », l'organisation retenue pour les mettre en œuvre, les outils techniques mobilisés et les personnels affectés à ces fonctions ;*

b) Les modalités d'articulation des fonctions définies au a avec les fonctions restant (Décr. n° 2017-864 du 9 mai 2017, art. 1er-II) *« relevant des compétences propres de chaque organisme mentionné au premier alinéa du présent 2° ;*

« c) Les modalités selon lesquelles il est rendu compte aux conseils d'administration des organismes mentionnés au 2°, ou à des instances en émanant, de l'atteinte des objectifs fixés dans le cadre de ces conventions.

« Les conventions mentionnées au présent article prévoient les modalités selon lesquelles elles sont revues au regard des bilans périodiques qui en sont faits par les caisses signataires. » — [Anc. art. R. 133-19.]

Jusqu'au 1er janv. 2019, les conventions mentionnées au 2° de l'art. R. 133-2-10 sont conclues entre les organismes mentionnés à l'art. L. 133-1-2 CSS dans le cadre des ressorts géographiques correspondant à ceux des organismes mentionnés aux 1° à 9° de l'art. 1er [V. note ss. art. R. 611-21] du Décr. n° 2016-171 du 18 févr. 2016 (Décr. n° 2017-864 du 9 mai 2017, art. 7-III).

Art. R. 133-2-11 (Décr. n° 2017-864 du 9 mai 2017, art. 1er-II) *I. — Le directeur national du recouvrement mentionné au II de l'article L. 133-1-1 est désigné pour une période de trois ans renouvelable une fois.*

En cas de vacance d'emploi ou d'empêchement du directeur national du recouvrement un directeur par intérim peut être désigné dans les mêmes conditions que celui-ci pour une période maximale de six mois renouvelable une fois.

Le directeur national du recouvrement est rattaché, dans des conditions fixées par la convention mentionnée au 1° de l'article R. 133-2-10, à l'un des organismes mentionnés au premier alinéa pour sa gestion administrative.

II. — En cas de vacance d'emploi ou d'empêchement du responsable local du recouvrement, un responsable par intérim peut être désigné dans les mêmes conditions que celui-ci pour une période maximale de six mois renouvelable une fois.

Les responsables locaux du recouvrement sont rattachés, dans des conditions fixées par les conventions mentionnées à l'article R. 133-2-10, à l'un des organismes mentionnés au premier alinéa pour leur gestion administrative.

III. — Les organismes mentionnés aux articles L. 225-1 et L. 611-4 assurent la publicité des désignations mentionnées aux I et II.

IV. — Le directeur national du recouvrement et les responsables locaux du recouvrement peuvent, sous leur responsabilité, déléguer leur signature à un ou [à] plusieurs agents de leur service pour prendre, en leur nom, certains actes relatifs à leurs attributions.

Art. R. 133-2-12 (Décr. n° 2007-703 du 3 mai 2007, art. 1er) *I. — La commission d'action sociale* (Décr. n° 2017-864 du 9 mai 2017, art. 1er-II) *« mentionnée à l'article L. 133-1-5 » est chargée de :*

1° Définir, dans le respect des objectifs définis, conformément au 4° de l'article R. 611-18, par la convention d'objectifs et de gestion mentionnée au I de l'article L. 611-7, les orientations générales de l'action sociale en faveur des travailleurs indépendants éprouvant des difficultés pour régler leurs cotisations et contributions sociales (Décr. n° 2017-864 du 9 mai 2017, art. 1er-II) *« mentionnées au I de l'article L. 131-1-1 » ;*

2° Définir les critères généraux de la mise en œuvre de cette action sociale ;

3° Établir un bilan annuel de cette mise en œuvre.

II. — La commission d'action sociale comprend :

1° Le président du conseil d'administration de la Caisse nationale du régime social des indépendants ou son représentant, président ;

2° Six représentants des travailleurs indépendants, désignés en son sein par le conseil d'administration de la Caisse nationale du régime social des indépendants, pour la durée de leur mandat au conseil d'administration.

Le président du conseil d'administration de l'Agence centrale des organismes de sécurité sociale, ou son représentant choisi parmi les membres du conseil d'administration de l'Agence centrale issus du collège des travailleurs indépendants, le directeur général de la Caisse nationale du régime social des indépendants, ou son représentant, et le directeur de l'Agence centrale des organismes de sécurité sociale, ou son représentant, assistent aux réunions de la commission à titre consultatif.

Un représentant du ministre chargé de la sécurité sociale et un représentant du ministre chargé du commerce, de l'artisanat et des professions libérales, ainsi que le (Décr. n° 2012-1247 du 7 nov. 2012, art. 2, en vigueur le 1er janv. 2013) *« contrôleur budgétaire » de l'État prévu au II de l'article R. 611-1, assistent aux réunions de la commission et sont entendus chaque fois qu'ils le demandent.*

Le président de la commission a voix prépondérante en cas de partage égal des voix.

III. — Pour chaque branche et régime mentionnés à l'article L. 611-2, le plafond des ressources utilisables pour la mise en œuvre de l'action sociale est fixé dans le cadre des conventions, mentionnées aux articles L. 227-1 et L. 611-7, conclues entre l'État et, respectivement, l'Agence centrale des organismes de sécurité sociale et la Caisse nationale du régime social des indépendants.

Le taux de prélèvement opéré chaque année, au titre de l'action sociale, sur les ressources de chaque branche et régime mentionnés à l'article L. 611-2 est déterminé par le rapport entre le montant des aides attribuées au cours de la même année par le régime social des indépendants au titre de la prise en charge des cotisations et contributions sociales dues par les (Décr. n° 2017-864 du 9 mai 2017, art. 1er-II) *« travailleurs indépendants et le montant des recettes des régimes et branches mentionnés à l'article L. 611-2 ».*

(Abrogé par Décr. n° 2017-864 du 9 mai 2017, art. 1er-II) *« Le prélèvement sur les ressources du régime social des indépendants s'effectue, pour chacune de ces branches et chacun de ces régimes, à due proportion de leur prise en charge respective au titre de l'aide accordée pour le paiement des sommes dues. »*

IV. — L'action sociale en faveur des travailleurs indépendants éprouvant des difficultés pour régler leurs cotisations et contributions sociales auprès du régime social des indépendants est affectée au paiement des sommes dues dans les conditions prévues au III de l'article (Décr. n° 2017-864 du 9 mai 2017, art. 1er-II) *« L. 133-1-4 ».*

V. — La répartition des crédits du Fonds national d'action sociale entre les caisses de base s'effectue dans le cadre des contrats pluriannuels de gestion mentionnés au II de l'article L. 611-7, en fonction de critères définis par la commission d'action sociale. — [Anc. art. R. 133-23.]

Sur l'entrée en vigueur des dispositions issues du Décr. n° 2018-174 du 9 mars 2018, V. dispositions transitoires ss. le titre Ier du livre VI.

SOUS-SECTION 3 *[ABROGÉE]* ORGANISATION FINANCIÈRE ET COMPTABLE

(Abrogée par Décr. n° 2018-174 du 9 mars 2018, art. 15-I, à compter du 1er janv. 2018)

Art. R. 133-2-13 *Les opérations d'encaissement et de remboursement des cotisations et contributions sociales mentionnées à l'article L. 133-1-1 sont effectuées sur des comptes bancaires ouverts par les organismes mentionnés aux articles L. 213-1 et L. 752-4.*

Art. R. 133-2-14 *La notification mentionnée au second alinéa de l'article L. 133-1-6 porte sur les opérations relatives aux cotisations mentionnées aux articles L. 612-1, L. 613-20, L. 633-9, L. 635-1 et L. 635-5.*

SOUS-SECTION 4 *[ABROGÉE]* DISPOSITIONS DIVERSES

(Abrogée par Décr. n° 2018-174 du 9 mars 2018, art. 15-I, à compter du 1er janv. 2018)

Art. R. 133-2-15 *Devient l'art. R. 642-2 (Décr. n° 2018-174 du 9 mars 2018, art. 15-I, en vigueur le 1er janv. 2018).*

SECTION II CONTRAINTE

Art. R. 133-3 *(Décr. nº 86-1259 du 8 déc. 1986, art. 1er ; Décr. nº 90-1009 du 14 nov. 1990, art. 1er) (Décr. nº 2017-864 du 9 mai 2017, art. 1er-III)* « Si la mise en demeure ou l'avertissement reste sans effet au terme du délai d'un mois à compter de sa notification, les directeurs des organismes créanciers peuvent décerner, dans les domaines mentionnés aux articles L. 161-1-5 ou L. 244-9, une contrainte comportant les effets mentionnés à ces articles. La contrainte est notifiée au débiteur par tout moyen permettant de rapporter la preuve de sa date de réception ou lui est signifiée par acte d'huissier de justice. » La contrainte est signifiée au débiteur par acte d'huissier de justice *(Décr. nº 2007-703 du 3 mai 2007, art. 2)* « ou par lettre recommandée avec demande d'avis de réception ». A peine de nullité, l'acte d'huissier *(Décr. nº 2017-864 du 9 mai 2017, art. 1er-III)* « ou la notification » mentionne la référence de la contrainte et son montant, le délai dans lequel l'opposition doit être formée, l'adresse du tribunal *(Abrogé par Décr. nº 2009-988 du 20 août 2009, art. 1er) « des affaires de sécurité sociale »* compétent et les formes requises pour sa saisine.

L'huissier de justice avise dans les huit jours l'organisme créancier de la date de signification.

Le débiteur peut former opposition par inscription au secrétariat du tribunal *(Décr. nº 2009-988 du 20 août 2009, art. 1er)* « compétent » dans le ressort duquel il est domicilié ou *(Décr. nº 2017-864 du 9 mai 2017, art. 1er-III)* « pour les débiteurs domiciliés à l'étranger, au secrétariat du tribunal compétent dans le ressort de l'organisme créancier » par lettre recommandée avec demande d'avis de réception adressée au secrétariat dudit tribunal dans les quinze jours à compter *(Décr. nº 2017-864 du 9 mai 2017, art. 1er-III)* « de la notification ou » de la signification. L'opposition doit être motivée ; une copie de la contrainte contestée doit lui être jointe. Le secrétariat du tribunal *(Abrogé par Décr. nº 2009-988 du 20 août 2009, art. 1er) « des affaires de sécurité sociale »* informe l'organisme créancier dans les huit jours de la réception de l'opposition.

La décision du tribunal *(Abrogé par Décr. nº 2009-988 du 20 août 2009, art. 1er) « des affaires de sécurité sociale »* statuant sur opposition est exécutoire de droit à titre provisoire. — *V. la jurisprudence citée ss. l'art. L. 244-9.*

1. Condition de forme de la contrainte. Selon l'art. R. 133-3 CSS, la contrainte décernée par le directeur de l'organisme de recouvrement est signifiée au débiteur par acte d'huissier de justice ou par lettre recommandée avec demande d'avis de réception, l'acte d'huissier ou la lettre recommandée mentionnant, à peine de nullité, la référence de la contrainte et son montant, le délai dans lequel l'opposition doit être formée, l'adresse du tribunal compétent et les formes requises pour sa saisine. En conséquence, la cour d'appel qui constate que la contrainte a été signifiée pour un montant inférieur à celui figurant dans la contrainte décernée par la caisse sans que l'acte de signification ne comporte de décompte permettant de justifier la différence de somme entre la contrainte et la signification, en déduit exactement que la signification de la contrainte étant irrégulière, la caisse ne peut en obtenir la validation. • Civ. 2e, 15 juin 2017, nº 16-10.788 P : *RJS 2017, nº 707 ; JCP S 2017, nº 1280, obs. Michalletz.* ♦ Il résulte de l'art. R. 133-3 CSS que l'absence d'indication ou l'indication incomplète ou erronée dans l'acte de signification d'une contrainte décernée par le directeur de l'organisme de recouvrement, par acte d'huissier de justice ou par lettre recommandée avec demande d'avis de réception, du délai dans lequel l'opposition doit être formée et de l'adresse du tribunal compétent, ou des formes requises pour sa saisine, a pour effet de ne pas faire courir le délai de recours. La mention de l'adresse du tribunal compétent sur la contrainte ne peut pas pallier l'absence de cette mention dans l'acte de signification. • Civ. 2e, 21 juin 2018, nº 17-16.441 P : *Dr. soc. 2018. 857, étude Salomon ; RDSS 2018. 927, obs. Tauran ; RJS 11/2018, nº 691 ; JCP S 2018. 1271, note Pradel et Pradel-Boureux.*

2. Recevabilité de l'opposition. Aucun texte ne subordonne la recevabilité de l'opposition à l'encontre d'une contrainte décernée par un organisme de sécurité sociale à sa signification ou à sa notification préalable au débiteur. • Civ. 2e, 24 mai 2017, nº 16-18.372 P : *RJS 2017, nº 626 ; JCP S 2017, nº 1281, obs. Bouilloux ; RDSS 2017. 774, obs. Tauran*

3. Motivation de l'opposition. L'art. R. 133-3, al. 3, CSS prescrit au débiteur de faire connaître les motifs de son opposition dans l'acte de saisine de la juridiction contentieuse ; l'inobservation de cette obligation rend l'opposition irrecevable. • Civ. 2e, 16 mars 2004, nº 02-30.844 P : *RJS 2004. 410, nº 610.* ♦ ***(Défaut de motivation).*** Lorsque l'opposition à une contrainte, délivrée par une caisse afin de recouvrir une prestation indue, n'est pas motivée, le tribunal ne saurait déclarer recevable cette opposition dès lors que n'est pas caractérisé un événement de force majeure. • Civ. 2e, 23 avr. 2003 : *RJS 2003. 624, n° 935.* ♦ L'acte de signification de la contrainte ne mentionnait pas que l'opposition devait être motivée à peine d'irrecevabilité, de sorte qu'il n'indiquait pas de manière complète les modalités du recours ouvert à Mme X : il s'ensuit que cette irrégularité faisant grief à l'intéressée, son opposition est recevable. • Civ. 2e, 23 mars 2004, n° 02-30.119 P. ♦ V. aussi • Soc. 14 mars 2002 : *CSB 2002. 331, obs. Taquet.*

4. *Redressement judiciaire.* Est approuvée la décision du TASS de Paris pour avoir déclaré irrecevable l'opposition à contrainte formée par un relaxologue placé en redressement judiciaire à l'encontre d'une contrainte émise par la CNRSI pour le paiement de cotisations antérieures au jugement d'ouverture, tout en ne prononçant pas de condamnation au paiement des causes de la contrainte. • Civ. 2e, 7 mai 2015, n° 14-16.680 P : *JCP S 2015, n° 1459, Vachet ; RJS 2015, n° 526.*

5. *Point de départ du délai.* Aux termes de l'art. L. 668 C. pr. civ., applicable devant le TASS, la date de notification par voie postale, est à l'égard de celui qui y procède, celle de l'expédition. • Civ. 2e, 21 févr. 2008 : *RJS 2008, n° 593.*

Art. R. 133-4 (Abrogé par Décr. n° 2017-864 du 9 mai 2017, art. 6-I) (Décr. n° 86-1259 du 8 déc. 1986, art. 2) ***Les contraintes sont décernées en vue du recouvrement des cotisations et des majorations de retard par le directeur de tout organisme de sécurité sociale jouissant de la personnalité civile et soumis au contrôle de la Cour des comptes en application des dispositions des articles L. 154-1 et L. 154-2.***

1. *Délégation de pouvoir.* Est nulle la contrainte dont le signataire ne justifie pas d'une délégation de pouvoir donnée par le directeur de l'organisme concerné antérieurement à sa délivrance. • Soc. 4 mai 2000 : *RJS 2000, n° 866.* ♦ V. aussi • Lyon, 17 oct. 1991 : *RJS 1992, n° 953* (validant une délégation spéciale de signature consentie au chef du contentieux stagiaire par le directeur de l'URSSAF).

2. *Pouvoir spécial.* Le délégataire d'un organisme de sécurité sociale n'a pas à justifier d'un pouvoir spécial pour signer les contraintes décernées par l'organisme de recouvrement. • Soc. 30 mai 2002, n° 00-14.512 P : *RJS 2002, n° 1023.*

3. *Délai pour former opposition.* Selon l'art. 642 NCPC [C. pr. civ.], que l'art. 749 du même code rend applicable aux juridictions statuant en matière de sécurité sociale, tout délai qui expirerait normalement un samedi, un dimanche ou un jour férié ou chômé est prorogé jusqu'au premier jour ouvrable suivant ; il en est ainsi du délai de quinze jours fixé par l'art. R. 133-4 CSS. • Civ. 2e, 22 févr. 2007 : *RJS 2007, n° 658.*

4. *Nature juridique.* Une contrainte non contestée dans le délai ouvert par sa signification comporte tous les effets d'un jugement et constitue un titre exécutoire (elle ne revêt pas les caractères d'un acte conservatoire, seul compatible avec la suspension des poursuites). • Civ. 2e, 31 mai 2006, n° 04-30.612 P : *RJS 2006, n° 990 ; Cah. dr. entr. 2008. 13, note Morvan.*

Art. R. 133-5 *(Décr. n° 86-1259 du 8 déc. 1986, art. 3)* **Dès qu'il a connaissance de l'opposition, l'organisme créancier adresse au secrétaire du tribunal** *(Décr. n° 2009-988 du 20 août 2009, art. 1er)* **« compétent » une copie de la contrainte, accompagnée d'une copie de la mise en demeure comportant l'indication** *(Décr. n° 2006-1591 du 13 déc. 2006, art. 2-I)* **« du détail des sommes qui ont servi » de base à l'établissement de la contrainte, ainsi que l'avis de réception, par le débiteur, de ladite mise en demeure.**

Art. R. 133-6 Les frais de signification de la contrainte faite dans les conditions prévues à l'article R. 133-3, ainsi que de tous actes de procédure nécessaires à son exécution, sont à la charge du débiteur, *(Décr. n° 86-1259 du 8 déc. 1986, art. 4)* **« sauf lorsque l'opposition a été jugée fondée ».** — *V. Arr. du 4 févr. 1994 (JO 23 févr.).*

1. *Charge des frais (principe).* Selon l'art. R. 133-6 CSS, les frais de la signification de la contrainte sont à la charge du débiteur sauf lorsque l'opposition a été jugée fondée. • Soc. 18 juill. 1997 : *RJS 1997, n° 1282* • 29 nov. 2001 : *RJS 2002, n° 334.* ♦ Le TASS ne peut débouter la caisse de sa demande de remboursement des frais de signification au motif qu'elle ne rapporte pas la preuve que l'opposition du débiteur était abusive ou dilatoire, dès lors qu'elle a été jugée infondée. • Civ. 2e, 16 déc. 2003 : *RJS 2004. 237, n° 342.*

2. *Limites.* Une cour d'appel ne saurait condamner une caisse au paiement des frais de signification des contraintes décernées par elle à l'encontre d'un assuré, au motif qu'en procédant à cette signification, alors que ce dernier ne contestait pas devoir ces sommes, l'organisme a exposé prématurément des frais d'huissier, tout en validant ces contraintes et en condamnant l'intéressé au paiement des sommes visées dans celles-ci. • Soc. 18 juill. 1997 : *préc. note 1* • 29 nov. 2001 : *RJS 2002, n° 334.* ♦ Le tribunal ne peut décider que l'opposition est mal fondée mais qu'il ne peut valider une contrainte dont le décompte précis n'a pas été fourni sans rechercher quel était le montant des revenus sur lesquels devaient être assises les cotisations litigieuses ; il ne peut davantage accorder une remise des majorations de retard à l'occasion d'une opposition à contrainte, ni dispenser le débiteur des frais de signification tout en jugeant l'opposition mal fondée. • Soc. 3 févr. 2000 : *RJS 2000, n° 711.*

3. Ambiguïté de la contrainte. Le tribunal des affaires de sécurité sociale (TASS) peut laisser les frais de signification et d'exécution d'une contrainte à la charge de l'URSSAF lorsqu'il estime que l'acte comportait une ambiguïté qui a pu induire en erreur l'intéressé sur la nature des cotisations réclamées. • Soc. 11 avr. 1991, n° 89-13.066 P. ♦ ***(Justification postérieure à la contrainte).*** En application de l'art. R. 133-6 CSS, les frais de signification de la contrainte délivrée par une caisse sont à la charge du débiteur lorsqu'il n'a pas justifié de sa radiation au registre du commerce et des sociétés avant la procédure de signification de la contrainte. • Soc. 5 janv. 1995, n° 93-10.896 P. ♦ ***(Nullité de la contrainte).*** La nullité constatée des contraintes empêche de mettre les frais y afférents à la charge du débiteur. • Civ. 2e, 21 févr. 2008, n° 07-11.568 P : *RJS 2008, n° 592.*

Art. R. 133-7 **Un arrêté du ministre chargé de la sécurité sociale fixe le modèle de la contrainte.**

SECTION III DISPOSITIONS DIVERSES

Art. R. 133-8 (Abrogé par Décr. n° 2017-1409 du 25 sept. 2017, art. 2-IV) (Décr. n° 2008-553 du 11 juin 2008, art. 1er et 2) ***Lorsqu'il ne résulte pas d'un contrôle effectué en application de l'article L. 243-7 du présent code ou de l'article L. 724-7 du code rural et de la pêche maritime, tout redressement consécutif au constat d'un délit de travail dissimulé est porté à la connaissance de l'employeur ou du travailleur indépendant par un document daté et signé par le directeur de l'organisme de recouvrement, transmis par*** (Décr. n° 2013-1107 du 3 déc. 2013, art. 1er) ***« tout moyen permettant de rapporter la preuve de sa date de réception ».***

Ce document rappelle les références du procès-verbal pour travail dissimulé établi par un des agents mentionnés à l'article L. 8271-7 du code du travail et précise la nature, le mode de calcul et le montant des redressements envisagés. Il informe l'employeur ou le travailleur indépendant qu'il a la faculté de présenter ses observations dans un délai de trente jours et de se faire assister par une personne ou un conseil de son choix.

A l'expiration de ce délai et, en cas d'observations de l'employeur ou du travailleur indépendant, après lui avoir confirmé le montant des sommes à recouvrer, le directeur de l'organisme de recouvrement met en recouvrement les sommes dues selon les règles et sous les garanties et sanctions applicables au recouvrement des cotisations de sécurité sociale.

L'article R. 133-8, dans sa rédaction antérieure à la publication du Décr. n° 2017-1409 du 25 sept. 2017, reste applicable aux organismes mentionnés à l'art. L. 723-3 C. rur. (Décr. préc., art. 5, JO 27 sept.).

Art. R. 133-8-1 *(Décr. n° 2013-1107 du 3 déc. 2013, art. 2)* **Lorsqu'il ne résulte pas d'un contrôle effectué en application de l'article L. 243-7 du présent code ou de l'article L. 724-7 du code rural et de la pêche maritime, tout redressement consécutif à la mise en œuvre des dispositions de l'article L. 133-4-5 est porté à la connaissance du donneur d'ordre ou du maître d'ouvrage par un document signé par le directeur de l'organisme de recouvrement, transmis par tout moyen permettant de rapporter la preuve de sa date de réception.**

Ce document rappelle les références du procès-verbal pour travail dissimulé établi à l'encontre du cocontractant, précise le manquement constaté, la période sur laquelle il porte et le montant de la sanction envisagé.

Ce document informe également la personne en cause qu'elle dispose d'un délai de trente jours pour présenter ses observations par tout moyen permettant de rapporter la preuve de leur date de réception et qu'elle a la faculté de se faire assister par une personne ou un conseil de son choix. A l'expiration de ce délai et, en cas d'observations du donneur d'ordre ou du maître d'ouvrage, après lui avoir notifié le montant de la sanction, le directeur de l'organisme de recouvrement met en recouvrement les sommes dues selon les règles et sous les garanties et sanctions applicables au recouvrement des cotisations de sécurité sociale.

Art. R. 133-9 *(Décr. n° 96-91 du 31 janv. 1996, art. 1er)* Pour l'application des articles *(Décr. n° 2006-1591 du 13 déc. 2006, art. 2-II ; Décr. n° 2009-1185 du 5 oct. 2009, art. 2)* « L. 114-10, L. 114-11, » *(Décr. n° 2012-1550 du 28 déc. 2012, art. 5)* « L. 133-6-5, » L. 243-7, L. 652-6 et L. 723-6-2, les organismes nationaux de sécurité sociale passent entre eux des conventions en vue de fixer les objectifs et les modalités de coordination des opérations de contrôle. *(Décr. n° 2012-1550 du 28 déc. 2012, art. 5)* « Les conventions passées en application du présent article définissent notamment les objectifs des opérations de contrôle pour les travailleurs indépendants ayant fait l'objet d'une taxation en application de l'article L. 242-12-1 ou de l'article R. 133-30-2-2. »

Art. R. 133-9-1 *(Décr. n° 2006-1591 du 13 déc. 2006, art. 1er-II)* I. — La notification de payer prévue à l'article L. 133-4 est envoyée par le directeur de l'organisme d'assurance maladie *(Décr. n° 2012-1032 du 7 sept. 2012, art. 2-1° ; Décr. n° 2019-147 du 27 févr. 2019, art. 1er)* « au professionnel, à l'établissement ou au distributeur par tout moyen permettant de rapporter la preuve de sa date de réception ».

Cette lettre précise la cause, la nature et le montant des sommes réclamées et la date du ou des versements indus donnant lieu à recouvrement. Elle mentionne *(Décr. n° 2012-1032 du 7 sept. 2012, art. 2-2°)* « l'existence d'un délai de deux mois à partir de sa réception imparti au débiteur pour s'acquitter des sommes réclamées ainsi que les voies et délais de recours ». *(Abrogé par Décr. n° 2012-1032 du 7 sept. 2012, art. 2-2°)* ***« Elle informe ce dernier qu'à défaut de paiement dans ce délai, il sera mis en demeure de payer l'indu avec une majoration de 10 %. »*** Dans le même délai, l'intéressé peut présenter des observations écrites à l'organisme d'assurance maladie.

(Décr. n° 2012-1032 du 7 sept. 2012, art. 2-3° et 4°) « A défaut de paiement à l'expiration du délai de forclusion prévu à l'article R. 142-1 ou après notification de la décision de la commission instituée à ce même article, le directeur de l'organisme de sécurité sociale compétent lui adresse la mise en demeure prévue à l'article L. 133-4 par tout moyen permettant de rapporter la preuve de sa date de réception.

« Cette mise en demeure comporte la cause, la nature et le montant des sommes demeurant réclamées, la date du ou des versements indus donnant lieu à recouvrement, le motif qui, le cas échéant, a conduit à rejeter totalement ou partiellement les observations présentées ainsi que l'existence du nouveau délai d'un mois imparti, à compter de sa réception, pour s'acquitter des sommes réclamées. Elle mentionne, en outre, l'existence et le montant de la majoration de 10 % appliquée en l'absence de paiement dans ce délai, ainsi que les voies et délais de recours.

« II. — La majoration de 10 % » peut faire l'objet d'une remise par le directeur de l'organisme de sécurité sociale à la demande du débiteur en cas de bonne foi de celui-ci ou si son montant est inférieur à un des seuils, différents selon qu'il s'agit d'un professionnel de santé *(Décr. n° 2019-147 du 27 févr. 2019, art. 1er)*, « , d'un établissement de santé ou d'un distributeur » fixés par arrêté du ministre chargé de la sécurité sociale. — *Seuils fixés respectivement à 0,68 % du plafond mensuel de la sécurité sociale arrondi à l'euro supérieur pour les professionnels de santé, et à 50 % de ce même plafond arrondi à l'euro supérieur, pour les établissements de santé (Arr. du 13 déc. 2006, JO 14 déc.).*

III. — Les dispositions des articles R. 133-3, R. 133-5 à R. 133-7 sont applicables à la contrainte instituée par l'article L. 133-4. *(Abrogé par Décr. n° 2009-988 du 20 août 2009, art. 1er)* ***« Toutefois, la contrainte peut, par dérogation à l'article R. 133-3, être soit notifiée au débiteur par lettre recommandée avec demande d'avis de réception, soit lui être signifiée par acte d'huissier. »***

IV. — Pour le régime social des indépendants mentionné à l'article L. 611-1, l'indu est recouvré par le directeur de la caisse de base selon les modalités définies ci-dessus.

Les dispositions du Décr. n° 2012-1032 du 7 sept. 2012 s'appliquent aux indus correspondant à des périodes postérieures à sa date de publication (JO 9 sept.) et aux pénalités prononcées à raison de faits commis postérieurement à cette date (Décr. préc., art. 8).

1. Notification. Qualité du signataire. Selon les art. R. 122-3 et D. 253-6 CSS, le directeur d'un organisme de sécurité sociale peut déléguer, d'une part et sous sa responsabilité, une partie de ses pouvoirs à certains agents de l'organisme, d'autre part et à titre permanent, sa signature au directeur adjoint et à certains des agents de l'organisme. Selon les art. R. 122-3 et D. 253-7 du même code, le directeur de l'organisme est suppléé par le directeur adjoint en cas de vacance d'emploi, d'absence momentanée ou d'empêchement. Ne donne pas de base légale à sa décision au regard de ces textes la cour d'appel qui valide la mise en demeure adressée à un établissement de santé sans rechercher, comme il lui était demandé, si le signataire de celle-ci était muni d'une délégation de pouvoir ou de signature ou si elle avait été signée par le directeur adjoint de l'organisme en raison de l'empêchement du directeur de ce dernier. • Civ. 2e, 20 sept. 2012 : *CSBP 2012. 351, note Pansier; Gaz. Pal. 20 oct. 2012, p. 37, note Coursier.*

2. Conditions. La notification initiale de l'indu et la mise en demeure comportant en annexe un tableau récapitulatif mentionnant, pour chacun des cinq dossiers dont la facturation était contestée, notamment, le numéro de l'assuré social, les nom et prénom du patient, les dates d'entrée et de sortie, le numéro de facture, le montant facturé, la date du paiement, le montant de l'indu et le motif de l'indu au regard des règles de la tarification, le tribunal en a exactement déduit que la polyclinique avait bien eu connaissance de la cause, de la nature et du montant de l'indu, ainsi que de celle de la date des paiements, de sorte que la motivation des deux lettres comportait l'ensemble des éléments exigés par l'art. R. 133-9-1 CSS. • Civ. 2e, 18 nov. 2010, n° 09-16.806. ♦ L'établissement de santé qui ne conteste pas avoir reçu, à l'issue d'un contrôle de l'agence régionale de l'hospitalisation (devenue l'agence régionale de santé), un rapport exposant par date, acte, patient et régime d'assurance maladie les faits détaillés motivant chaque indu par référence à un code normalisé n'est pas fondé à soutenir que l'usage de ce code dans la notification de l'indu, puis dans la mise en demeure n'est pas conforme aux prescriptions de l'art. R. 133-9-1 CSS. • Civ. 2e, 3 mars 2011, n° 10-30.651 • Civ. 2e, 3 mars 2011, n° 10-30.652.

Art. R. 133-9-2 *(Décr. n° 2009-988 du 20 août 2009, art. 1er)* **L'action en recouvrement de prestations indues s'ouvre par l'envoi au débiteur par le directeur de l'organisme compétent d'une notification de payer le montant réclamé** *(Décr. n° 2012-1032 du 7 sept. 2012, art. 3-1°)* **« par tout moyen permettant de rapporter la preuve de sa date de réception ». Cette lettre précise le motif, la nature et le montant des sommes réclamées et la date du ou des versements donnant lieu à répétition. Elle mentionne l'existence** *(Décr. n° 2012-1032 du 7 sept. 2012, art. 3-1°)* **« d'un délai de deux mois imparti » au débiteur pour s'acquitter des sommes réclamées** *(Décr. n° 2012-1032 du 7 sept. 2012, art. 3-1°)* **« et les modalités selon lesquelles les indus de prestations pourront être récupérés, le cas échéant, par retenues sur les prestations à venir ». Elle indique les voies et délais de recours ainsi que les conditions dans lesquelles le débiteur peut, dans le délai mentionné au deuxième alinéa de l'article R. 142-1, présenter ses observations écrites ou orales.**

A l'expiration du délai de forclusion prévu à l'article R. 142-1 ou après notification de la décision de la commission instituée à ce même article, le directeur de l'organisme créancier compétent, en cas de refus du débiteur de payer, lui adresse *(Décr. n° 2012-1032 du 7 sept. 2012, art. 3-2°)* **« par tout moyen permettant de rapporter la preuve de sa date de réception une mise en demeure de payer dans le délai d'un mois » qui comporte le motif, la nature et le montant des sommes demeurant réclamées, la date du ou des versements indus donnant lieu à recouvrement,** *(Décr. n° 2012-1032 du 7 sept. 2012, art. 3-2°)* **« les voies et délais de recours et » le motif qui, le cas échéant, a conduit à rejeter totalement ou partiellement les observations présentées.**

V. note ss. art. R. 133-9-1.

Art. R. 133-9-3 *(Décr. n° 2011-1209 du 29 sept. 2011, art. 1er-1°, en vigueur le 1er oct. 2011)* **Lorsqu'à** *[Lorsque à]* **la suite d'un contrôle réalisé en application de l'article L. 162-22-18 les caisses adressent une notification de payer des sommes indûment perçues au regard des dispositions de l'article L. 162-22-6, elles procèdent, avec l'accord de l'établissement, à la compensation entre les sommes indûment perçues par l'établissement et les sommes dues par la caisse au titre des sous-facturations, le cas échéant, constatées à l'occasion du contrôle, en précisant la date, la cause, la nature et le montant de chacune des sommes dues par la caisse au titre de ces sous-facturations.**

Art. R. 133-9-4 *(Décr. n° 2017-864 du 9 mai 2017, art. 1er-IV)* **L'arrêté mentionné au premier alinéa de l'article L. 133-4-10 est pris par les ministres chargés du budget et de la sécurité sociale.**

SECTION IV OPPOSITION ENTRE LES MAINS DE TIERS DÉTENTEURS

(Décr. n° 2017-1409 du 25 sept. 2017, art. 1er-II)

Les six ss.-sect. de la sect. II du chap. II du tit. V du liv. VI sont transférées dans la présente sect. IV ainsi qu'en leur sein les art. R. 652-2, R. 652-3, R. 652-4, R. 652-5, R. 652-6, R. 652-7,

R. 652-8 et R. 652-9 qui deviennent respectivement les art. R. 133-9-5, R. 133-9-6, R. 133-9-7, R. 133-9-8, R. 133-9-9, R. 133-9-10, R. 133-9-11 et R. 133-9-12 (Décr. n° 2017-1409 du 25 sept. 2017, art. 1er-II).

Les dispositions de l'art. 1er du Décr. n° 2017-1409 du 25 sept. 2017 sont applicables aux contrôles n'ayant pas fait l'objet d'un procès-verbal de travail dissimulé à la date de publication du décret susvisé (Décr. préc., art. 5, JO 27 sept.).

SOUS-SECTION 1 PROCÉDURE D'OPPOSITION

Art. R. 133-9-5 *(Décr. n° 2000-19 du 11 janv. 2000) (Décr. n° 2017-1409 du 25 sept. 2017, art. 1er-II)* « L'opposition prévue à l'article L. 133-4-9 est notifiée au tiers détenteur par tout moyen permettant de rapporter la preuve de sa date de réception. »

La lettre d'opposition comporte à peine de nullité :

1° Le nom du débiteur et l'adresse de son domicile ou, si elle est différente, celle de son établissement ;

2° Les nom et domicile du tiers détenteur ou, s'il s'agit d'une personne morale, sa dénomination et le lieu de son siège social ou de l'établissement distinct ;

3° La dénomination et le siège de l'organisme créancier au bénéfice duquel l'opposition est faite ;

4° La nature du titre exécutoire sur le fondement duquel l'opposition est effectuée ;

5° Le décompte distinct des cotisations et des majorations et pénalités de retard *(Décr. n° 2017-1409 du 25 sept. 2017, art. 1er-II)* « ou des prestations indûment versées » pour le recouvrement desquelles l'opposition est effectuée et la période à laquelle elles se rapportent ;

6° *Abrogé par Décr. n° 2015-243 du 2 mars 2015, art. 4-1°.*

7° L'indication que l'opposition est effectuée sur le fondement des articles *(Décr. n° 2017-1409 du 25 sept. 2017, art. 1er-II)* « L. 133-4-9 et R. 133-9-5 à R. 133-9-11 » du code de la sécurité sociale ;

8° L'indication que le tiers détenteur est personnellement tenu envers le créancier et qu'il lui est fait défense de disposer des sommes réclamées, dans la limite de ce qu'il doit au débiteur ;

9° L'indication que l'opposition emporte, à concurrence des sommes pour lesquelles elle est effectuée, attribution immédiate au profit du créancier ; qu'en cas d'insuffisance de fonds celui-ci vient en concours avec les autres créanciers, même privilégiés, auteurs de mesures de prélèvement emportant attribution immédiate notifiées au cours de la même journée ; que ni la notification ultérieure d'une autre mesure de prélèvement, ni la survenance d'un jugement portant ouverture d'une procédure de sauvegarde, de redressement ou d'une liquidation judiciaires ne remettent en cause cette attribution ;

10° L'indication que le tiers détenteur dispose d'un délai de deux jours pour communiquer à l'organisme créancier tous renseignements et pièces justificatives relatifs à l'étendue de ses obligations à l'égard du débiteur ainsi que les modalités qui pourraient les affecter et, s'il y a lieu, les cessions de créances, délégations ou saisies antérieures ;

11° L'indication que le tiers détenteur qui se soustrait à ses obligations sans motif légitime peut être contraint d'y satisfaire sous peine d'astreinte et condamné au paiement des causes de l'opposition ;

12° L'indication que le tiers détenteur peut contester l'opposition dans le délai d'un mois à compter de la notification qui lui a été faite et la désignation de la juridiction compétente.

Lorsque l'opposition porte sur des fonds détenus par un organisme public tel que défini à l'article 1er du *(Décr. n° 2012-1247 du 7 nov. 2012, art. 21-1°)* « décret n° 2012-1246 du 7 novembre 2012 relatif à la gestion budgétaire et comptable publique », la lettre d'opposition doit, à peine de nullité, être adressée au comptable public assignataire de la dépense et contenir, outre les mentions précédentes, la désignation de la créance faisant l'objet de l'opposition. A cette fin, le créancier peut requérir de l'ordonnateur qu'il lui indique le comptable public assignataire de la dépense ainsi que tous les renseignements nécessaires à la mise en œuvre de la mesure.

(Décr. n° 2017-1409 du 25 sept. 2017, art. 1er-II) « L'article L. 221-5 du code monétaire et financier est applicable. »

(Décr. n° 2015-243 du 2 mars 2015, art. 4-2°) **« L'opposition** *(Décr. n° 2018-968 du 8 nov. 2018, art. 2, en vigueur le 1er janv. 2019)* **« est » notifiée par voie électronique dans les conditions définies par le décret n° 2015-243 du 2 mars 2015. »** – *[Anc. art. R. 652-2.]*

Art. R. 133-9-6 *(Décr. n° 2017-1409 du 25 sept. 2017, art. 1er-II)* **Lorsque le créancier notifie l'opposition au tiers détenteur, il informe concomitamment le débiteur par tout moyen permettant de rapporter la preuve de sa date de réception. Cette information comporte les mentions prévues aux 1° à 9° de l'article R. 133-9-5, l'indication qu'il peut contester l'opposition dans le délai d'un mois à compter de la notification qui lui a été faite et la désignation de la juridiction compétente.** – *[Anc. art. R. 652-3, totalement réécrit par le Décr. n° 2017-1409 du 25 sept. 2017, art. 1er-II.]*

Art. R. 133-9-7 *(Décr. n° 2000-19 du 11 janv. 2000)* **Tout intéressé peut demander que les sommes faisant l'objet de l'opposition soient consignées entre les mains d'un séquestre désigné à l'amiable ou, à défaut, sur requête par le juge de l'exécution visé à** *(Décr. n° 2017-1409 du 25 sept. 2017, art. 1er-II)* **« l'article R. 133-9-10 ». La remise des fonds au séquestre arrête le cours des intérêts dus par le tiers détenteur.** – *[Anc. art. R. 652-4.]*

SOUS-SECTION 2 DÉCLARATION DU TIERS DÉTENTEUR

Art. R. 133-9-8 *(Décr. n° 2000-19 du 11 janv. 2000)* **Les informations prévues à l'article** *(Décr. n° 2017-1409 du 25 sept. 2017, art. 1er-II)* **« L. 211-3 du code des procédures civiles d'exécution », ainsi que les pièces justificatives, sont adressées au créancier par le tiers détenteur, par** *(Décr. n° 2017-1409 du 25 sept. 2017, art. 1er-II)* **« tout moyen permettant de rapporter la preuve de sa date de réception », dans le délai de deux jours à compter de la notification de la lettre d'opposition.** – *[Anc. art. R. 652-5.]*

SOUS-SECTION 3 PAIEMENT PAR LE TIERS DÉTENTEUR

Art. R. 133-9-9 *(Décr. n° 2000-19 du 11 janv. 2000)* **Le tiers détenteur procède au paiement sur la présentation d'un certificat délivré par le** *(Abrogé par Décr. n° 2017-1409 du 25 sept. 2017, art. 1er-II)* ***« secrétariat- »*** **greffe du juge de l'exécution visé à** *(Décr. n° 2017-1409 du 25 sept. 2017, art. 1er-II)* **« l'article R. 133-9-10 », attestant qu'aucune contestation n'a été formulée dans le mois suivant la notification de l'opposition au débiteur. Le paiement peut intervenir avant l'expiration de ce délai si le débiteur a déclaré au créancier ne pas contester l'opposition. Cette déclaration doit être constatée par écrit.**

Le créancier qui a reçu le paiement en donne quittance au tiers détenteur et en informe le débiteur. Dans la limite des sommes versées, ce paiement éteint l'obligation du débiteur et du tiers détenteur. Si le débiteur se libère directement de sa dette entre les mains du créancier, celui-ci en informe le tiers détenteur et donne la mainlevée de l'opposition.

Le créancier qui n'a pas été payé par le tiers détenteur conserve ses droits contre le débiteur. En cas de refus de paiement par le tiers détenteur, la contestation est portée devant le juge de l'exécution visé à *(Décr. n° 2017-1409 du 25 sept. 2017, art. 1er-II)* **« l'article R. 133-9-10 », qui peut délivrer un titre exécutoire contre le tiers détenteur.**

Les oppositions et toute autre mesure d'exécution emportant effet d'attribution immédiate lorsqu'elles sont reçues le même jour par le tiers détenteur, même si elles émanent de créanciers privilégiés, sont réputées faites simultanément et viennent en concours si les sommes disponibles ne permettent pas de désintéresser la totalité des créanciers. La réception ultérieure d'autres oppositions ou d'autres mesures d'exécution emportant effet d'attribution immédiate, même émanant de créanciers privilégiés, ainsi que la survenance d'un jugement portant ouverture d'une procédure de sauvegarde, de redressement judiciaire ou d'une liquidation judiciaire ne remettent pas en cause l'effet d'attribution immédiate prévu par l'article *(Décr. n° 2017-1409 du 25 sept. 2017, art. 1er-II)* **« L. 133-4-9 ».** – *[Anc. art. R. 652-6.]*

SOUS-SECTION 4 CONTESTATIONS

Art. R. 133-9-10 *(Décr. n° 2000-19 du 11 janv. 2000)* **Les contestations sont portées devant le juge de l'exécution du lieu où le débiteur a son domicile ou, s'il est différent, du**

lieu de son établissement. Si le débiteur demeure à l'étranger ou si le lieu où il demeure est inconnu, le juge de l'exécution compétent est celui du domicile du tiers détenteur ou, s'il s'agit d'une personne morale, du lieu de son siège social ou de l'établissement distinct.

Le juge de l'exécution donne effet à l'opposition pour la fraction non contestée de la dette. Sa décision est exécutoire sur minute. En cas d'appel, la demande de sursis à exécution n'a pas d'effet suspensif.

S'il apparaît que ni le montant de la créance faisant l'objet de l'opposition ni la dette du tiers détenteur n'est sérieusement contestable, le juge de l'exécution peut ordonner provisionnellement le paiement d'une somme qu'il détermine en prescrivant, le cas échéant, des garanties. Sa décision n'a pas autorité de chose jugée au principal.

Après la notification aux parties en cause de la décision rejetant la contestation, le tiers détenteur paie le créancier sur présentation de cette décision. – *[Anc. art. R. 652-7.]*

SOUS-SECTION 5 DISPOSITIONS SPÉCIFIQUES AUX CRÉANCES À EXÉCUTION SUCCESSIVE

Art. R. 133-9-11 *(Décr. nº 2000-19 du 11 janv. 2000)* Les dispositions des *(Décr. nº 2017-1409 du 25 sept. 2017, art. 1er-II)* « articles R. 133-9-5 à R. 133-9-10 » sont applicables en cas de créances à exécution successive, sous réserve de l'application des dispositions des articles *(Décr. nº 2012-783 du 30 mai 2012, art. 2)* « R. 211-15 à R. 211-17 du code des procédures civiles d'exécution ».

Une opposition à tiers détenteur sur des créances à exécution successive pratiquée à l'encontre d'un débiteur avant la survenance d'un jugement portant ouverture d'une procédure de sauvegarde, de redressement judiciaire ou de liquidation judiciaire contre celui-ci produit ses effets sur les sommes échues en vertu de cette créance après ledit jugement. – *[Anc. art. R. 652-8.]*

SOUS-SECTION 6 DISPOSITIONS SPÉCIFIQUES AUX OPPOSITIONS EFFECTUÉES AUPRÈS D'ÉTABLISSEMENTS HABILITÉS PAR LA LOI À TENIR DES COMPTES DE DÉPÔT

Art. R. 133-9-12 *(Décr. nº 2000-19 du 11 janv. 2000)* Les dispositions des *(Décr. nº 2017-1409 du 25 sept. 2017, art. 1er-II)* « articles R. 133-9-5 à R. 133-9-10 » sont applicables aux oppositions effectuées auprès d'établissements habilités par la loi à tenir des comptes de dépôt, sous réserve de l'application des dispositions des articles *(Décr. nº 2012-783 du 30 mai 2012, art. 2)* « R. 112-5, R. 162-1 à R. 162-9, R. 211-19 à R. 211-21, R. 211-23 et R. 213-10 du code des procédures civiles d'exécution ».

Lorsque l'opposition est effectuée sur un compte joint, le tiers détenteur, dans un délai de huit jours à compter de la notification de la lettre d'opposition, en informe les autres titulaires du compte par *(Décr. nº 2017-1409 du 25 sept. 2017, art. 1er-II)* « tout moyen permettant de rapporter la preuve de sa date de réception ». – *[Anc. art. R. 652-9.]*

CHAPITRE III *BIS* MODERNISATION ET SIMPLIFICATION DES DÉCLARATIONS SOCIALES AINSI QUE DU RECOUVREMENT DES COTISATIONS ET CONTRIBUTIONS SOCIALES *(Décr. nº 2018-1235 du 24 déc. 2018).*

(Décr. nº 2005-983 du 10 août 2005, art. 1er)

SECTION PREMIÈRE MODERNISATION ET SIMPLIFICATION DES FORMALITÉS AU REGARD DES EMPLOYEURS *(Décr. nº 2018-1235 du 24 déc. 2018).*

SOUS-SECTION 1 COMITÉ DE NORMALISATION DES DONNÉES SOCIALES DÉCLARATIVES ET DE LEURS ÉCHANGES *(Décr. nº 2013-266 du 28 mars 2013, art. 1er-1º).*

Art. R. 133-10 *(Décr. nº 2012-494 du 16 avr. 2012)* Il est institué un comité de normalisation des données sociales déclaratives et de leurs échanges, placé auprès des ministres chargés du budget et de la sécurité sociale, sous l'autorité d'un président nommé par eux, et où sont représentés les administrations et organismes intéressés.

Art. R. 133-11 *(Décr. n° 2012-494 du 16 avr. 2012)* Le comité établit un document dénommé "référentiel des données sociales", au vu du recensement des éléments figurant dans l'ensemble des déclarations incombant aux employeurs en application de dispositions législatives ou réglementaires ou de stipulations conventionnelles rendues obligatoires par de telles dispositions.

Il soumet à l'approbation des ministres une proposition de norme d'échanges pour l'application du II de l'article L. 133-5-4, sous la forme d'un document appelé "cahier technique de la norme", accompagné d'un rapport présentant les choix effectués et leur impact.

Il propose, sous les mêmes formes, toute modification de nature à permettre notamment une simplification de la norme et des déclarations effectuées au moyen de celle-ci.

Le comité peut être saisi par les ministres cités à l'article R. 133-10 de toute question relative à la normalisation des données sociales.

Le comité se réunit au moins une fois par an en formation plénière. Dans l'intervalle, l'ensemble de ses compétences est exercé par le collège mentionné à l'article R. 133-12.

Le comité fait rapport de ses travaux une fois par an aux ministres cités à l'article R. 133-10.

Art. R. 133-12 *(Décr. n° 2012-494 du 16 avr. 2012)* Les propositions relatives à la norme d'échanges sont adoptées dans une formation restreinte dénommée collège, où sont notamment représentés des administrations intéressées, des organismes nationaux du régime général de sécurité sociale et d'autres organismes de protection sociale.

Un arrêté conjoint des ministres précise les modalités d'organisation et de fonctionnement du comité et du collège et fixe la liste des administrations et organismes qui les composent respectivement.

SOUS-SECTION 2 DÉCLARATION SOCIALE NOMINATIVE

(Décr. n° 2013-266 du 28 mars 2013, art. 1er-2°)

Art. R. 133-13 *(Décr. n° 2016-1567 du 21 nov. 2016, art. 1er-I)* « I. — L'employeur effectue la déclaration sociale nominative prévue à l'article L. 133-5-3 à partir des données utilisées pour l'établissement de la paie de l'ensemble de ses salariés. La déclaration est transmise mensuellement par établissement et pour chacun des salariés *(Décr. n° 2017-858 du 9 mai 2017, art. 9-I, en vigueur le 1er janv. 2018)* « , conformément aux dispositions de l'article R. 130-2, » à l'organisme compétent mentionné au II. *(Décr. n° 2017-866 du 9 mai 2017, art. 3-1°, en vigueur le 1er janv. 2019)* « Elle comporte des données propres à l'établissement ou regroupées à ce niveau et des données propres à chacun des salariés. »

« L'employeur déclare également les événements suivants concernant ses salariés survenus au cours du mois considéré : »

1° Le début et la fin de l'arrêt de travail pour cause d'accident ou de maladie *(Décr. n° 2014-1371 du 17 nov. 2014, art. 1er-I-A)* « d'origine professionnelle ou » non professionnelle, de congé de maternité, d'adoption ou de paternité et d'accueil de l'enfant ;

2° La fin du contrat de travail.

II. — Les déclarations mentionnées au I sont accomplies :

1° S'il s'agit d'un employeur dont le personnel relève du régime général de sécurité sociale *(Décr. n° 2014-1371 du 17 nov. 2014, art. 1er-I-B)* « ou d'un ou [de] plusieurs régimes spéciaux mentionnés à l'article L. 711-1 », auprès de l'URSSAF ou de la caisse générale de sécurité sociale dont il relève ;

2° S'il s'agit d'un employeur dont le personnel relève du régime de la protection sociale agricole, auprès de la caisse de mutualité sociale agricole dont il relève.

III. — Ces déclarations sont effectuées par échange de données informatisées selon une norme d'échanges proposée par le comité prévu par l'article R. 133-10 et approuvée par arrêté du ministre chargé de la sécurité sociale. *(Décr. n° 2014-1371 du 17 nov. 2014, art. 1er-I-C)* « La norme prévoit également les modalités de transmission des données permettant un paiement des cotisations ou contributions sociales sous forme dématérialisée. »

(Décr. nº 2017-866 du 9 mai 2017, art. 3-1º, en vigueur le 1er janv. 2019) « IV. – » *(Décr. nº 2014-1371 du 17 nov. 2014, art. 1er-I-C)* **« Après réception de la transmission dématérialisée des déclarations, les organismes mentionnés au II délivrent à l'employeur un certificat de conformité pour chaque déclaration transmise précisant que celle-ci est conforme à la norme d'échanges. A défaut, l'employeur est informé des anomalies ou données manquantes dans la déclaration transmise.**

« La délivrance du certificat de conformité ne fait pas obstacle aux demandes effectuées auprès de l'employeur par les organismes, les administrations ou les salariés, de rectifier ou mettre à jour les données inexactes ou incomplètes dans la déclaration sociale nominative du ou des mois suivants. »

(Décr. nº 2017-866 du 9 mai 2017, art. 3-1º, en vigueur le 1er janv. 2019) **« V. – Un compte rendu relatif à l'exploitation des données reçues par les administrations et organismes destinataires de la déclaration sociale nominative est mis chaque mois à la disposition de l'employeur. Il comporte notamment :**

« 1º Un identifiant propre à ce compte rendu ;

« 2º Pour chaque bénéficiaire de revenu*[s]* **:**

« ***a)*** **Les identifiants mentionnés aux** ***e*** **et** ***g*** **du 3º du V de l'article R. 133-14 ;**

« ***b)*** **Le taux mentionné au** ***b*** **du 2º de l'article 46 F de l'annexe III au code général des impôts ;**

« 3º Les anomalies figurant dans la précédente déclaration sociale nominative et détectées par les administrations et organismes destinataires. »

V. Arr. du 13 juin 2013 fixant les données de la déclaration sociale nominative relative aux salariés relevant du régime général de sécurité sociale adressée aux administrations et organismes compétents (JO 25 juill.).

Sur l'entrée en vigueur du Décr. nº 2016-1567 du 21 nov. 2016, V. note ss. art. R. 133-14.

Les dispositions issues du Décr. nº 2017-866 du 9 mai 2017 s'appliquent aux revenus perçus ou réalisés à compter du 1er janv. 2019 (Décr. préc., art. 6-I, mod. par Décr. nº 2017-1676 du 7 déc. 2017, art. 3-1º).

Art. R. 133-14 *(Décr. nº 2016-1567 du 21 nov. 2016, art. 1er-II)* **« I. – La déclaration sociale nominative est adressée chaque mois au plus tard aux dates mentionnées à l'article R. 243-6. »**

Toutefois, lorsque l'un des événements mentionnés au deuxième alinéa du II *(Décr. nº 2016-1567 du 21 nov. 2016, art. 1er-II)* **« du présent article » survient pendant la période comprise entre le premier jour du mois civil et le jour précédant la date d'échéance prévue au 2º** *(Décr. nº 2016-1567 du 21 nov. 2016, art. 1er-II)* **« du II de l'article R. 243-6 » et que le délai fixé pour la transmission de l'événement expire** *(Décr. nº 2016-1567 du 21 nov. 2016, art. 1er-II)* **« avant la date d'échéance prévue à ce même 2º », la déclaration sociale nominative relative aux rémunérations du mois civil précédant celui au cours duquel l'événement est intervenu doit être transmise dans le même délai que celui fixé pour la transmission de l'événement.**

(Décr. nº 2014-1371 du 17 nov. 2014, art. 1er-II-A) **« Si le délai imparti pour effectuer la déclaration sociale nominative expire un jour férié ou non ouvré, il est prorogé jusqu'au jour ouvrable suivant. »**

La déclaration sociale nominative est accomplie chaque mois même si aucune rémunération n'a été versée au cours de celui-ci tant que l'employeur n'a pas demandé la radiation de son compte auprès de l'organisme de recouvrement des cotisations de sécurité sociale dont il relève.

II. – La déclaration des événements mentionnés au I de l'article R. 133-13 est effectuée au plus tard en même temps que la déclaration sociale nominative relative au mois au cours duquel cet événement est survenu.

Toutefois, sont déclarés dans un délai fixé par arrêté conjoint du ministre chargé de la sécurité sociale et du ministre chargé de l'emploi, qui ne peut excéder cinq jours ouvrés, la fin du contrat de travail ainsi que, lorsque l'employeur n'est pas subrogé dans les droits de l'assuré aux indemnités journalières, le début et la fin de l'arrêt de travail pour cause d'accident ou de maladie *(Décr. nº 2014-1371 du 17 nov. 2014, art. 1er-II-B)* **« d'origine professionnelle ou » non professionnelle, de congé de mater-**

nité, d'adoption ou de paternité et d'accueil de l'enfant. — *V. Arr. du 2 juill. 2013 fixant le délai de transmission des événements dans le cadre de la déclaration sociale nominative (JO 10 juill.).*

(Décr. nº 2014-1371 du 17 nov. 2014, art. 1er-II-B) « **Les dispositions du précédent alinéa ne sont pas applicables :**

« **1° Lorsque aucune retenue au titre de l'arrêt de travail n'a été effectuée sur le salaire du mois au cours duquel l'arrêt de travail a débuté ;**

« **2° Pour les fins de contrat de mission des salariés des entreprises de travail temporaire, les fins de contrat à durée déterminée des salariés des associations intermédiaires et des salariés des secteurs d'activité prévus au 3° de l'article L. 1242-2 du code du travail, conformément aux modalités mises en œuvre pour l'application des articles R. 1234-9 à R. 1234-12 du même code, sauf si le salarié demande à ce qu'il soit fait application du délai mentionné au deuxième alinéa du II.**

« **Dans les cas prévu** *[prévus]* **au 1° et au 2°, l'obligation déclarative s'effectue dans le délai mentionné au premier alinéa du II.** »

(Décr. nº 2016-1567 du 21 nov. 2016, art. 1er-II) « **III. — Le défaut de production de la déclaration dans les délais prescrits ou l'omission de salariés ou assimilés entraîne l'application d'une pénalité de 1,5 % du plafond mensuel de sécurité sociale mentionné à l'article L. 133-5-4 par salarié ou assimilé. Cette pénalité est appliquée pour chaque mois ou fraction de mois de retard. La pénalité est calculée en fonction de l'effectif connu ou transmis lors de la dernière déclaration produite par l'employeur. Lorsque le défaut de production n'excède pas cinq jours, la pénalité est plafonnée à 150 % du plafond mensuel de sécurité sociale en vigueur par entreprise. Ce plafonnement n'est applicable qu'une seule fois par année civile.**

« **L'inexactitude des rémunérations déclarées ayant pour effet de minorer le montant des cotisations dues fait encourir à l'employeur une pénalité de 1 % du plafond mensuel de sécurité sociale mentionné à l'article L. 133-5-4 par salarié ou assimilé.**

« **Pour chaque salarié déclaré ou pour les données d'identification de l'employeur, les omissions et inexactitudes de données dans la déclaration ne relevant pas des deux alinéas précédents font encourir à l'employeur une pénalité égale à un tiers de celle applicable en vertu de ces alinéas. Toutefois, la pénalité mentionnée au présent alinéa n'est pas applicable en cas de régularisation de l'employeur dans les trente jours suivant la transmission de la déclaration portant les données omises ou inexactes.**

« **Les pénalités mentionnées au présent III sont exclusives du prononcé de toute sanction à raison des mêmes faits en vertu des dispositions particulières prévues, le cas échéant, pour réprimer les manquements aux obligations de déclaration mentionnées au IV** *(Décr. nº 2017-866 du 9 mai 2017, art. 3-2°, en vigueur le 1er janv. 2019)* « **, à l'exception de la déclaration prévue à l'article 87-0 A du code général des impôts** ».

« **IV. — La transmission de la déclaration sociale nominative permet** *(Décr. nº 2017-858 du 9 mai 2017, art. 9-II)* « **aux employeurs** » **de satisfaire les obligations suivantes :** »

1° L'attestation mentionnée *(Décr. nº 2014-1371 du 17 nov. 2014, art. 1er-II-D)* « **aux articles R. 323-10 et R. 441-4 du présent code et celle jointe à la déclaration prévue à l'article L. 751-26 du code rural et de la pêche maritime** » *(Abrogé par Décr. nº 2016-1567 du 21 nov. 2016, art. 1er-II)* ***« s'il a effectué pour le salarié concerné une déclaration sociale nominative au titre des salaires versés au cours de la période de référence »*** **servant à déterminer le gain journalier de base pour le calcul des prestations en espèces de l'assurance maladie, maternité et paternité** *(Décr. nº 2014-1371 du 17 nov. 2014, art. 1er-II-D)* « **ou le salaire journalier servant au calcul des indemnités journalières dues au titre du risque accident du travail et maladies professionnelles** » *(Abrogé par Décr. nº 2016-1567 du 21 nov. 2016, art. 1er-II)* ***« , ainsi que la déclaration de l'événement mentionné au 1° du I de l'article R. 133-13 du présent code »*** **;**

2° *(Décr. nº 2017-858 du 9 mai 2017, art. 9-II)* « **La fourniture des éléments couverts par l'attestation mentionnée au premier alinéa de** » **l'article R. 1234-9** *(Décr. nº 2014-1371 du 17 nov. 2014, art. 1er-II-D)* « **ainsi que le formulaire prévu à l'article L. 1251-46** » **du code du travail** *(Abrogé par Décr. nº 2016-1567 du 21 nov. 2016, art. 1er-II)* ***« s'il a effectué pour le salarié concerné une déclaration sociale nominative au titre des salaires versés au cours de la période de référence servant à déterminer l'allocation mentionnée à***

l'article L. 5422-1 du même code, ainsi que la déclaration de l'événement mentionné au 2° du I de l'article R. 133-13 du présent code » ;

3° La déclaration prévue à l'article L. 1221-16 du code du travail *(Décr. n° 2016-1567 du 21 nov. 2016, art. 1er-II)* « et celle prévue à l'article L. 1221-18 du même code » ;

4° L'enquête statistique sur les mouvements de main-d'œuvre *(Abrogé par Décr. n° 2016-1567 du 21 nov. 2016, art. 1er-II)* ***« s'il a effectué au titre de chaque mois du trimestre civil précédent une déclaration sociale nominative pour tous** (Décr. n° 2014-1371 du 17 nov. 2014, art. 1er-II-D)* ***« ses salariés »*** ;

« 5° La déclaration prévue à l'article R. 243-13 *(Abrogé par Décr. n° 2016-1567 du 21 nov. 2016, art. 1er-II)* ***« s'il a effectué au titre du mois précédent une déclaration sociale nominative pour tous ses salariés »*** ;

(Décr. n° 2017-858 du 9 mai 2017, art. 9-II) « 6° Les déclarations effectuées auprès des organismes mentionnés aux articles L. 213-1, L. 711-1 et L. 752-4 du présent code, des caisses mentionnées à l'article L. 721-1 du code rural et de la pêche maritime et des organismes chargés de la gestion des régimes de retraite complémentaire obligatoire »

« 7° *(Décr. n° 2017-858 du 9 mai 2017, art. 9-II, en vigueur le 1er janv. 2018)* « Le décompte des effectifs prévu à l'article R. 130-1 » *(Abrogé par Décr. n° 2016-1567 du 21 nov. 2016, art. 1er-II)* ***« s'il a effectué chaque mois de l'année civile une déclaration sociale nominative pour tous ses salariés »*** ; »

(Décr. n° 2016-1567 du 21 nov. 2016, art. 1er-II) « 8° La déclaration prévue au 1 du II de l'article 1586 *octies* du code général des impôts ;

« 9° *(Décr. n° 2017-866 du 9 mai 2017, art. 3-2°, en vigueur le 1er janv. 2019)* « Les déclarations prévues aux articles 87 et 87-0 A » du code général des impôts ;

« 10° Les formalités permettant l'alimentation du compte prévu à l'article L. 6323-1 du code travail ;

« 11° La déclaration des facteurs de risques professionnels prévue à l'article L. 4161-1 du code du travail. »

(Décr. n° 2017-866 du 9 mai 2017, art. 3-2°, en vigueur le 1er janv. 2019) « V. – La déclaration sociale nominative comporte notamment :

« 1° Pour l'employeur :

« *a)* Le numéro d'identité et le numéro d'identité de l'établissement d'affectation des salariés mentionnés à l'article R. 123-221 du code de commerce ;

« *b)* Le numéro de la nomenclature d'activités française mentionné au 1° de l'article R. 123-223 du même code ;

« *c)* Son adresse ou siège social ;

« *d)* Les données bancaires nécessaires au prélèvement des montants dus au titre de la retenue à la source mentionnée au 1° du 2 de l'article 204 A du code général des impôts et, le cas échéant, au prélèvement d'autres cotisations et contributions ;

« 2° Pour l'émetteur de la déclaration, lorsqu'il n'est pas l'employeur : le nom ou la raison sociale et les numéros d'identité mentionnés à l'article L. 123-221 du code de commerce ;

« 3° Pour chaque salarié :

« *a)* Ses nom de famille, nom d'usage et prénoms ;

« *b)* Son sexe ;

« *c)* Ses date et lieu de naissance ;

« *d)* Sa qualité de ressortissant d'un État membre de l'Union européenne ou de ressortissant d'un État non membre de l'Union européenne ;

« *e)* Son numéro d'inscription au répertoire national d'identification des personnes physiques ou, pour les personnes en instance d'attribution d'un tel numéro, son numéro identifiant d'attente attribué par la Caisse nationale d'assurance vieillesse des travailleurs salariés dans les conditions prévues à l'article R. 114-26 du présent code ;

« *f)* L'adresse de son domicile et, si elle est distincte, son adresse postale ainsi que son adresse électronique ;

« *g)* Le cas échéant, le ou les numéros d'identification provisoire*[s]* qui lui ont été attribués par l'employeur. Un tel identifiant est obligatoire pour les salariés qui ne disposent d'aucun des numéros mentionnés au *e* ;

« *h)* Les données relatives à sa situation professionnelle : caractéristiques de son emploi, dates de début et de fin prévisionnelle du contrat de travail, durée du travail et lieu de travail, convention collective applicable et statut au regard de la réglementation relative aux régimes de sécurité sociale et de retraite complémentaire obligatoire ;

« *i)* Les données relatives à sa rémunération pour le mois faisant l'objet de la déclaration ainsi que les données relatives aux cotisations, contributions et impositions qui sont dues sur cette rémunération ou au titre de l'emploi qu'il occupe ;

« *j)* Les données mentionnées aux *d* à *g* du 3° de l'article 39 C de l'annexe III au code général des impôts ;

« *k)* Les informations relatives aux événements survenus pendant la période déclarée : dates de début et de fin d'arrêt de travail pour cause d'accident ou de maladie d'origine professionnelle ou non professionnelle, de congé de maternité, d'adoption ou de paternité et d'accueil de l'enfant, ainsi que les informations nécessaires à la subrogation de l'employeur dans les droits du salarié aux indemnités journalières et au remboursement de celui-ci par les organismes d'assurance maladie ;

« *l)* Les informations relatives à la rupture du contrat de travail, dont la qualification de la rupture et les éléments pris en compte pour le calcul des allocations chômage ;

« *m)* Les données relatives à la prévoyance, dont les éléments relatifs à l'institution de prévoyance, à la mutuelle ou à la société d'assurance dont relève le salarié, et, si le salarié le souhaite, ses ayants droit, ainsi que ceux relatifs au contrat de prévoyance ;

« 4° Les données techniques nécessaires à la gestion de la déclaration sociale nominative. » — *Les dispositions issues du Décr. n° 2017-866 du 9 mai 2017 s'appliquent aux revenus perçus ou réalisés à compter du 1er janv. 2019 (Décr. préc., art. 6-I, mod. par Décr. n° 2017-1676 du 7 déc. 2017, art. 3-1°).*

(Décr. n° 2017-858 du 9 mai 2017, art. 9-II) « VI. — Lorsque son contenu, tel que défini par la norme mentionnée au III de l'article R. 133-13, le rend possible, la déclaration sociale nominative permet en outre aux employeurs de transmettre les informations prévues par les dispositions conventionnelles ou contractuelles prises pour la mise en œuvre des garanties collectives dont bénéficient leurs salariés en application des dispositions de l'article L. 911-1 du présent code, ou des droits à congés de leurs salariés en application des dispositions de l'article L. 3141-32 du code du travail aux organismes chargés de cette mise en œuvre. »

Dispositions transitoires au Décr. n° 2016-1567 du 21 nov. 2016, art. 8 :

I. — Sous réserve des dispositions suivantes, le présent décret s'applique aux employeurs personnes physiques ou personnes morales de droit privé ainsi qu'aux établissements publics à caractère industriel et commercial au titre des périodes de travail débutant à compter du lendemain de la publication du présent décret, sans préjudice des dates fixées par le décret prévu par l'art. 22 de la loi n° 2015-1702 du 21 déc. 2015.

II. — Le 6° du IV de l'art. R. 133-14 dans sa rédaction issue du présent décret est applicable aux périodes de travail débutant à compter du 1er janv. 2017 pour les employeurs versant des cotisations aux caisses ou aux organismes suivants :

1° La Caisse nationale des industries électriques et gazières et la caisse de retraite et de prévoyance des clercs et employés de notaires ;

2° Les organismes complémentaires gestionnaires d'un régime de protection sociale complémentaire institué en application de l'art. L. 911-1 CSS et l'Institution de retraite complémentaire des agents non titulaires de l'État et des collectivités publiques ;

3° Les caisses de congés payés des professions du spectacle prévues à l'art. L. 3141-30 C. trav. ;

4° La caisse de retraite du personnel navigant professionnel de l'aéronautique civile.

Les employeurs personnes physiques ou personnes morales de droit privé ainsi que les employeurs des établissements publics à caractère industriel et commercial dont les salariés sont tenus de cotiser à d'autres organismes que ceux mentionnés aux 2°, 3° et 4° restent tenus d'accomplir les formalités applicables à ces mêmes organismes selon un autre moyen que la déclaration sociale nominative. Il en va de même des employeurs affiliés à d'autres régimes spéciaux que ceux mentionnés au 1° jusqu'aux dates fixées par les décrets mentionnés au 1° du III de l'art. 13 de l'Ord. n° 2015-682 du 18 juin 2015.

III. — Le 7° du IV de l'art. R. 133-14 dans sa rédaction issue du Décr. n° 2014-1371 du 17 nov. 2014 ainsi que du présent décret entre en vigueur à une date fixée par arrêté du ministre chargé de la sécurité sociale et au plus tard le 1er janv. 2018.

IV. — Sans préjudice de la transmission, par la déclaration sociale nominative, des informations mentionnées au 8° du IV de l'art. R. 133-14 dans sa rédaction issue du présent décret, les employeurs restent tenus d'adresser la déclaration prévue au 1 du II de l'art. 1586 octies CGI au service des impôts dont relève leur principal établissement jusqu'à une date fixée par arrêté conjoint des ministres chargés de la sécurité sociale et du budget et au plus tard jusqu'au 1er janv. 2022.

V. — (...)

VI. — Le second al. du III de l'art. R. 133-14 dans sa rédaction antérieure au présent décret reste applicable pour l'application des sanctions prévues par le décret pris en application de l'art. 22 de la L. n° 2015-1702 du 21 déc. 2015.

Les pénalités prévues au III de l'art. R. 133-14 dans sa rédaction issue du présent décret sont applicables aux employeurs qui ne sont pas tenus de transmettre une déclaration sociale nominative.

VII à XIII. — (...)

XIV. — L'employeur reste tenu d'adresser l'attestation mentionnée à l'art. R. 1234-9 C. trav. selon les dispositions propres prévues par cet art. jusqu'à une date fixée par arrêté conjoint du ministre chargé de la sécurité sociale et du ministre chargé du travail et au plus tard le 1er janv. 2019 dans les cas suivants :

a) Pour les contrats de travail dont le début et le terme interviennent entre deux échéances successives de transmission de la déclaration sociale nominative, excepté pour les contrats mentionnés au 2° du II de l'art. R. 133-14 ;

b) Pour les fins de contrat de travail du personnel navigant de la marine marchande, des marins-pêcheurs, des ouvriers dockers ainsi que des ouvriers et techniciens de l'édition d'enregistrements sonores, de la production cinématographique et audiovisuelle, de la radio, de la diffusion et du spectacle.

SOUS-SECTION 3 DÉCLARATION ANNUELLE DE DONNÉES SOCIALES

(Décr. n° 2014-1371 du 17 nov. 2014, art. 3)

Art. R. 133-18 (Abrogé par Décr. n° 2016-1567 du 21 nov. 2016, art. 7-1°) ***Le défaut de production de la déclaration annuelle des données sociales dans les délais prescrits, l'omission de salariés devant y figurer ou l'inexactitude des rémunérations déclarées fait encourir l'application de la pénalité prévue au III de l'article R. 133-14. Cette pénalité est recouvrée selon les modalités prévues au même article.***

Pour chaque salarié déclaré, toute omission et toute inexactitude de données autres que la rémunération dans la déclaration annuelle des données sociales fait encourir à l'employeur une pénalité égale à un tiers du montant mentionné à l'alinéa précédent.

Le montant des pénalités encourues est limité, par salarié, à hauteur du montant mentionné au deuxième alinéa du IV de l'article L. 133-5-4.

Sur l'entrée en vigueur du Décr. n° 2016-1567 du 21 nov. 2016, V. note ss. art. R. 133-14.

SECTION II *[ABROGÉE]* INTERLOCUTEUR SOCIAL UNIQUE POUR LES INDÉPENDANTS

(Abrogée par Décr. n° 2017-864 du 9 mai 2017, art. 6-I)

Art. R. 133-19 *Devient l'art. R. 133-2-10 (Décr. n° 2017-864 du 9 mai 2017, art. 1er-II).*

Art. R. 133-20 ***I. — Les organismes de recouvrement du régime général mentionnés aux articles L. 213-1 et L. 752-4 peuvent, en application du I de l'article L. 133-6-4, si aucune autre cotisation ou contribution sociale n'est due par le travailleur indépendant, effectuer toute opération de recouvrement amiable jusqu'au trentième jour suivant la date d'échéance ou la date limite de paiement lorsqu'elle est distincte et proposer à l'intéressé un échéancier de paiement qui ne peut excéder quatre-vingt-dix jours.***

Les majorations de retard et les pénalités exigibles peuvent faire l'objet d'une remise par le directeur de l'organisme concerné soit en cas de paiement intégral dans le délai de trente jours suivant la date d'échéance ou la date limite de paiement, soit dans le cadre de l'échéancier de paiement mentionné au premier alinéa. Cette remise est effectuée dans les conditions fixées au I de l'article R. 243-20.

Le directeur de l'organisme de recouvrement concerné procède, si les conditions prévues à l'article R. 243-19-1 sont remplies, à une remise automatique des majorations et pénalités.

Toutefois, aucune remise ne peut être accordée sur les majorations ou pénalités portant sur des cotisations et contributions sociales dues, à titre personnel, à la suite du constat de l'infraction relative au travail dissimulé défini à l'article L. 324-10 [L. 8221-3 et L. 8221-5 nouv.] *du code du travail.*

II. — Le régime social des indépendants assure, en cas d'incident de paiement, les opérations de recouvrement lorsque le travailleur indépendant est déjà redevable de cotisations ou contributions sociales ou en l'absence de paiement intégral ou d'octroi d'un échéancier de paiement avant le trente et unième jour suivant la date mentionnée au premier alinéa du I.

La remise des majorations et pénalités peut être accordée dans les conditions fixées à l'article R. 243-19-1 ou au I de l'article R. 243-20, sauf si celles-ci portent sur des cotisations et contributions sociales dues, à titre personnel, à la suite du constat de l'infraction relative au travail dissimulé défini à l'article L. 324-10 [L. 8221-3 et L. 8221-5 nouv.] *du code du travail.*

L'encaissement des cotisations et contributions sociales en cause est effectué par les organismes mentionnés au I.

Art. R. 133-21 (Décr. n° 2016-941 du 8 juill. 2016, art. 2) *I. — Le contrôle des cotisations et contributions sociales assises sur le revenu d'activité tel que défini aux articles L. 131-6 du présent code ainsi qu'aux articles du code général des impôts qui le déterminent, dues par les personnes mentionnées à l'article L. 133-6 du présent code, ainsi que la vérification des déclarations qu'elles transmettent, sont effectués selon les modalités prévues aux articles R. 243-43-3, R. 243-43-4, R. 243-59, R. 243-59-1, R. 243-59-3, R. 243-59-4 et R. 243-59-5.*

II. — A l'issue de ces opérations, les organismes mentionnés aux articles L. 213-1 et L. 752-4 transmettent leurs observations ainsi que les réponses du travailleur indépendant à la caisse de base du régime social des indépendants dont relève celui-ci. Cette caisse assure la mise en recouvrement des sommes dues à l'issue de ces opérations en application des dispositions de l'article L. 133-6-4.

Art. R. 133-22 *I. — Il est institué entre le régime social des indépendants et les organismes de recouvrement du régime général de sécurité sociale un comité national et des comités locaux de concertation et de coordination, chargés de mettre en œuvre les missions de coordination définies au 2° bis de l'article L. 225-1-1 et au 11° de l'article L. 611-4.*

II. — Le comité national de concertation et de coordination comprend :

1° Le président du conseil d'administration de la Caisse nationale du régime social des indépendants ou son représentant, président ;

2° Le président du conseil d'administration de l'Agence centrale des organismes de sécurité sociale ou son représentant ;

3° Le directeur de chaque Caisse nationale ou son représentant ;

4° Quatre directeurs des caisses de base du régime social des indépendants ou leurs représentants, désignés par le directeur général de la Caisse nationale ;

5° Quatre directeurs des organismes de recouvrement du régime général ou leurs représentants, désignés par le directeur de l'Agence centrale des organismes de sécurité sociale.

Le comité national se réunit au moins deux fois par an et à la demande du président du conseil d'administration ou du directeur de la Caisse nationale du régime social des indépendants, du président du conseil d'administration ou du directeur de l'Agence centrale des organismes de sécurité sociale.

Un représentant du ministre chargé de la sécurité sociale et un représentant du ministre chargé du commerce, de l'artisanat et des professions libérales assistent aux réunions du comité national et sont entendus chaque fois qu'ils le demandent.

Le comité national est chargé de veiller à l'application concertée et coordonnée pour les personnes exerçant les professions artisanales, industrielles et commerciales des orientations nationales définies par le régime social des indépendants, conformément aux articles L. 133-6-4 et L. 133-6-5, en matière de recouvrement amiable et contentieux des cotisations et contributions sociales dues par les travailleurs indépendants en difficulté et en matière de contrôle.

Il peut donner des instructions aux organismes locaux et formuler des propositions aux autorités compétentes de l'État.

Le comité national établit chaque année un rapport au ministre chargé de la sécurité sociale et au ministre chargé du commerce, de l'artisanat et des professions libérales.

III. — Un comité local de concertation et de coordination est institué dans le ressort territorial de chaque caisse de base du régime social des indépendants.

Il comprend :

1° Le directeur de la caisse de base du régime social des indépendants ou son représentant, président ;

2° Deux agents de direction de la caisse de base du régime social des indépendants ou leurs représentants, désignés par le directeur de cette caisse ;

3° Deux directeurs des organismes de recouvrement du régime général dont le siège est situé dans le même ressort territorial, ou leurs représentants.

Le président de la caisse de base du régime social des indépendants ou son représentant et le président ou un administrateur issu du collège des travailleurs indépendants de l'un des organismes de recouvrement mentionnés au 3°, ou leur représentant, assistent aux réunions du comité local.

(Décr. n° 2009-1596 du 18 déc. 2009, art. 6) *« Un membre du service mentionné à l'article R. 155-1 peut assister aux réunions et représenter l'État auprès du comité local. »*

Le comité local se réunit au moins une fois par trimestre et à la demande du président ou du directeur de la caisse de base du régime social des indépendants, du président ou de l'administrateur ou de l'un des directeurs des organismes de recouvrement mentionnés au 3°.

Le comité local veille à l'application, de façon concertée et coordonnée, des orientations nationales en matière de recouvrement et de contrôle et s'assure que les dossiers des personnes en difficulté exerçant les professions artisanales, industrielles et commerciales sont traités de manière harmonisée.

Il remet chaque année un rapport d'activité au Comité national de concertation et de coordination.

Art. R. 133-23 *Devient l'art. R. 133-2-12 (Décr. n° 2017-864 du 9 mai 2017, art. 1er-II).*

Art. R. 133-24 *Abrogé par Décr. n° 2014-1690 du 30 déc. 2014, art. 28-1°.*

Art. R. 133-25 *Les dispositions des articles R. 612-4, R. 612-9 à R. 612-12, R. 612-17 et R. 652-2 à R. 652-9 sont applicables au recouvrement des cotisations d'allocations familiales* (Décr. n° 2012-1550 du 28 déc. 2012, art. 8) *« et contributions sociales » dues par les personnes exerçant les professions artisanales, industrielles et commerciales.*

Art. R. 133-26 *Devient l'art. R. 133-2-1 (Décr. n° 2017-864 du 9 mai 2017, art. 1er-II).*

Art. R. 133-27 *Devient l'art. R. 133-2-2 (Décr. n° 2017-864 du 9 mai 2017, art. 1er-II).*

Art. R. 133-28 *Les modalités de paiement retenues conformément aux dispositions des articles R. 133-26 et R. 133-27 s'appliquent simultanément à l'ensemble des cotisations et contributions sociales mentionnées à l'article L. 131-6, à l'article L. 136-3 et à l'article 14, chapitre II, de l'ordonnance n° 96-50 du 24 janvier 1996 relative au remboursement de la dette sociale* (Décr. n° 2012-1550 du 28 déc. 2012, art. 11) *« à l'exception de celles recouvrées par les organismes mentionnés aux articles L. 642-1 et L. 723-1 ».*

Art. R. 133-29 *Devient l'art. R. 133-2-3 (Décr. n° 2017-864 du 9 mai 2017, art. 1er-II).*

Art. R. 133-29-1 *Abrogé par Décr. n° 2014-1690 du 30 déc. 2014, art. 28-1°.*

SECTION II *BIS* MODERNISATION ET SIMPLIFICATION DES FORMALITÉS AU REGARD DES TRAVAILLEURS INDÉPENDANTS

(Décr. n° 2012-1550 du 28 déc. 2012, art. 6-2°)

Art. R. 133-29-2 *Devient l'art. R. 613-27-1 (Décr. n° 2017-864 du 9 mai 2017, art. 3-I).*

Art. R. 133-29-3 (Abrogé par Décr. n° 2017-864 du 9 mai 2017, art. 6-I) *Les dispositions des articles* (Décr. n° 2016-941 du 8 juill. 2016, art. 3) *« L. 243-7-6, L. 243-7-7, » R. 243-18* (Décr. n° 2014-1690 du 30 déc. 2014, art. 5-1°) *« à R. 243-20-2, R. 243-21 et R. 244-2 » sont applicables au recouvrement des cotisations et contributions sociales, majorations et pénalités dues par les travailleurs indépendants.*

(Décr. n° 2014-1690 du 30 déc. 2014, art. 5-2°) *« Lorsque les sommes sont inférieures à un seuil fixé par arrêté du ministre chargé de la sécurité sociale et sous réserve des dispo-*

sitions de l'article R. 133-20, le directeur de la caisse d'appartenance du débiteur peut accorder, dans les conditions prévues au I de l'article R. 243-20, une remise des majorations de retard encourues en cas de non-respect d'une échéance ou d'une date limite de paiement ainsi que de la majoration prévue au quatrième alinéa de l'article L. 131-6-2.

« A partir de ce seuil, il est statué, conformément à l'article R. 243-20, par la commission de recours amiable de cette caisse, sur proposition du directeur de celle-ci.

« Aucune remise ne peut être accordée sur les majorations ou pénalités portant sur des cotisations et contributions sociales dues, à titre personnel, à la suite du constat de l'infraction relative au travail dissimulé défini à l'article L. 8221-3 du code du travail.

« Si le débiteur produit des garanties suffisantes, le directeur de sa caisse d'affiliation a la possibilité d'accorder des sursis à poursuite pour le règlement des cotisations et contributions sociales, des pénalités et des majorations de retard. »

SECTION II *TER* DÉCLARATION ET RÈGLEMENT SIMPLIFIÉS DES COTISATIONS ET CONTRIBUTIONS SOCIALES DES TRAVAILLEURS INDÉPENDANTS — RÉGIME MICRO-SOCIAL

(Décr. n° 2008-1348 du 18 déc. 2008, en vigueur le 1er janv. 2009)

Art. R. 133-30-1 *(Décr. n° 2016-193 du 25 févr. 2016, art. 1er-1° et 2°)* **« I. — La déclaration et le paiement des cotisations et contributions sociales dues par le travailleur indépendant relevant des dispositions prévues au premier alinéa du I de l'article L. 133-6-8 s'effectuent selon une périodicité mensuelle ou, sur demande de l'intéressé, selon une périodicité trimestrielle.**

« La demande prévue à l'alinéa précédent est *(Décr. n° 2018-174 du 9 mars 2018, art. 15-I, en vigueur le 1er janv. 2018)* **« effectuée par le travailleur indépendant auprès des organismes mentionnés aux articles L. 213-1 et L. 752-4 » dont il relève, par tout moyen permettant d'apporter la preuve de sa date de réception, dans le délai d'un mois suivant la date à compter de laquelle il est soumis au régime défini à l'article 50-0 ou à l'article 102 *ter* du code général des impôts. En cas de création ou de reprise d'une activité, le travailleur indépendant peut présenter sa demande au centre de formalités des entreprises prévu à l'article R. 123-1 du code de commerce qui transmet le formulaire à la caisse.**

« L'option pour la déclaration et le paiement trimestriels vaut pour l'année civile. Elle est tacitement reconduite l'année suivante, sauf modification demandée par le travailleur indépendant *(Abrogé par Décr. n° 2018-174 du 9 mars 2018, art. 15-I, à compter du 1er janv. 2018) « à (Décr. n° 2017-864 du 9 mai 2017, art. 1er-V) « l'un des organismes mentionnés » au deuxième alinéa du présent I »* **lors de sa déclaration du chiffre d'affaires ou des recettes et au plus tard à l'occasion de sa déclaration du quatrième trimestre de l'année précédant celle au titre de laquelle la demande est effectuée.**

« II. — *(Décr. n° 2017-864 du 9 mai 2017, art. 1er-V)* **« La demande prévue au deuxième alinéa du I de l'article L. 133-6-8 est** *(Décr. n° 2018-174 du 9 mars 2018, art. 15-I, en vigueur le 1er janv. 2018)* **« effectuée par le travailleur indépendant auprès des organismes mentionnés aux articles L. 213-1 et L. 752-4 dont il relève », par tout moyen permettant d'apporter la preuve de sa date de réception. » En cas de création ou de reprise d'une activité, le travailleur indépendant peut présenter sa demande au centre de formalités des entreprises prévu à l'article R. 123-1 du code de commerce qui transmet le formulaire à la caisse. »**

(Abrogé par Décr. n° 2016-193 du 25 févr. 2016, art. 1er-3°) « Le cas échéant, la caisse informe le demandeur qu'il n'entre pas dans le champ d'application de l'article L. 133-6-8.

« Le demandeur précise la périodicité, mensuelle ou trimestrielle, de déclaration et de paiement des cotisations et contributions sociales et, le cas échéant, de l'impôt sur le revenu. »

(Décr. n° 2016-193 du 25 févr. 2016, art. 1er-4°) **« Cette demande s'applique jusqu'à la fin de l'année civile correspondante. Elle est tacitement reconduite chaque année civile, sauf modification demandée par le travailleur indépendant »** *(Abrogé par Décr. n° 2018-174 du 9 mars 2018, art. 15-I, à compter du 1er janv. 2018) « à la caisse mentionnée au premier alinéa (Décr. n° 2016-193 du 25 févr. 2016, art. 1er-4°) « du présent II »,* **au plus tard le 31 octobre de l'année précédant celle au titre de laquelle la demande est effectuée.**

(Décr. n° 2016-193 du 25 févr. 2016, art. 1er-5° et 6°) « Le travailleur indépendant ayant effectué la demande de modification mentionnée à la seconde phrase de l'alinéa précédent souscrit la déclaration prévue à l'article R. 131-1 au titre des revenus de la dernière année où il bénéficie des dispositions prévues aux deuxième à sixième alinéas du I de l'article L. 133-6-8. Il reçoit un échéancier de paiement valant appel des cotisations et contributions sociales dues au titre de cet exercice. »

(Décr. n° 2017-864 du 9 mai 2017, art. 1er-V) « III. — Les organismes mentionnés *(Décr. n° 2018-174 du 9 mars 2018, art. 15-I, en vigueur le 1er janv. 2018)* « aux articles L. 213-1 et L. 752-4 » transmettent aux organismes mentionnés aux articles L. 640-1 et L. 723-1 les informations mentionnées au I et au II du présent article qui sont relatives aux travailleurs indépendants relevant de ces organismes et qui sont soumis aux dispositions du premier alinéa du I de l'article L. 133-6-8 dans les conditions mentionnées au II du même article. »

Les dispositions du Décr. n° 2016-193 du 25 févr. 2016 sont applicables aux cotisations et aux contributions de sécurité sociale dues au titre des périodes courant à compter du 1er janv. 2016 (Décr. préc., art. 7).

Art. R. 133-30-2 Le travailleur indépendant *(Décr. n° 2016-193 du 25 févr. 2016, art. 2-1°)* « relevant des dispositions prévues au premier alinéa du I » de l'article L. 133-6-8 et, le cas échéant, de celles de l'article 151-0 du code général des impôts communique *(Décr. n° 2016-193 du 25 févr. 2016, art. 2-1°)* « selon la périodicité mentionnée au I de l'article R. 133-30-1 » *(Décr. n° 2017-864 du 9 mai 2017, art. 1er-V)* « aux organismes chargés du recouvrement » des cotisations et contributions sociales le formulaire dont le modèle est fixé par arrêté conjoint des ministres chargés de la sécurité sociale, du commerce et de l'artisanat *(Décr. n° 2009-379 du 2 avr. 2009)* « et des professions libérales ».

Le formulaire mentionne le montant du chiffre d'affaires ou le montant des recettes, qui sont pris en compte pour la détermination des régimes d'imposition définis respectivement aux articles 50-0 et 102 *ter* du code général des impôts et qui ont été réalisés au cours du mois ou du trimestre civil précédent, le montant de ses cotisations et contributions sociales correspondantes et, le cas échéant, le montant de l'impôt sur le revenu dû au titre de cette période.

Il est transmis, daté et signé, *(Décr. n° 2011-1973 du 26 déc. 2011, art. 1er-I-1°)* « accompagné, le cas échéant, » du règlement des sommes dues, au plus tard :

a) Pour les travailleurs indépendants *(Décr. n° 2016-193 du 25 févr. 2016, art. 2-2°)* « procédant au » versement mensuel, le dernier jour du mois qui suit l'échéance mensuelle précédente ;

b) Pour les travailleurs indépendants ayant opté pour le versement trimestriel, les 30 avril, 31 juillet, 31 octobre et 31 janvier.

(Abrogé par Décr. n° 2016-193 du 25 févr. 2016, art. 2-3°) ***« Le formulaire peut également être transmis par voie électronique, dans les conditions prévues à l'article L. 133-5. Le paiement correspondant peut aussi être effectué sous forme dématérialisée. »***

En l'absence de chiffre d'affaires ou de recettes, le travailleur indépendant *(Décr. n° 2011-1973 du 26 déc. 2011, art. 1er-I-2°)* « souscrit la déclaration dans les mêmes conditions en y portant la mention "néant" en lieu et place du montant du chiffre d'affaires ou de recettes. »

V. note ss. art. R. 133-30-1.

Art. R. 133-30-2-1 *(Décr. n° 2011-1973 du 26 déc. 2011, art. 1er-II, en vigueur le 1er janv. 2012)* Lorsque la déclaration mentionnée à l'article L. 133-6-8-1 n'a pas été souscrite aux dates prévues à l'article R. 133-30-2, le travailleur indépendant est redevable pour chaque déclaration non souscrite d'une pénalité d'un montant égal à 1,50 % du plafond mensuel de sécurité sociale en vigueur arrondi à l'euro supérieur.

Art. R. 133-30-2-2 *(Décr. n° 2011-1973 du 26 déc. 2011, art. 1er-III)* Lorsqu'une ou plusieurs déclarations afférentes à une année civile n'ont pas été souscrites à la dernière date d'exigibilité mentionnée à l'article R. 133-30-2, les cotisations et contributions sont calculées *(Décr. n° 2016-193 du 25 févr. 2016, art. 3-1°)* « forfaitairement » par les organismes mentionnés *(Décr. n° 2018-174 du 9 mars 2018, art. 15-I, en vigueur le 1er janv. 2018)* « aux articles L. 213-1 et L. 752-4 » *(Abrogé par Décr. n° 2016-193 du*

25 févr. 2016, art. 3-1°) « *à titre provisoire* », par déclaration trimestrielle ou mensuelle non souscrite, respectivement sur le quart ou le douzième des plafonds mentionnés *(Décr. n° 2016-193 du 25 févr. 2016, art. 3-1°)* « au *b* du 1° et au *b* du 2° du I de l'article 293 B du code général des impôts ».

Ces montants sont majorés respectivement de 15 % ou de 5 % par déclaration manquante au titre de cette année civile.

(Décr. n° 2016-193 du 25 févr. 2016, art. 3-2°) « La taxation ainsi déterminée est notifiée à l'intéressé dans le délai d'un mois suivant la date limite de déclaration.

« Lorsque le travailleur indépendant effectue sa déclaration postérieurement à cette notification, le montant des cotisations et contributions dues est régularisé en conséquence.

« Dans ce cas, la pénalité prévue à l'article R. 133-30-2-1 est portée à 3 % du montant des cotisations et contributions dues. Cette pénalité peut faire l'objet d'une remise partielle dans les conditions prévues à l'article R. 243-20. Elle peut également faire l'objet de sursis à poursuites accordés *(Décr. n° 2018-174 du 9 mars 2018, art. 15-I, en vigueur le 1er janv. 2018)* « dans les conditions prévues à l'article R. 243-21 ».

V. note ss. art. R. 133-30-1.

Art. R. 133-30-2-3 *(Décr. n° 2011-1973 du 26 déc. 2011, art. 1er-IV)* Lorsque le travailleur indépendant cesse de remplir les conditions requises pour *(Décr. n° 2016-193 du 25 févr. 2016, art. 4-I)* « relever des dispositions prévues au premier alinéa du I de » l'article L. 133-6-8, la perte du bénéfice de ce régime est notifiée à l'intéressé par lettre recommandée avec accusé de réception.

L'intéressé dispose d'un délai d'un mois pour contester cette décision.

V. note ss. art. R. 133-30-1.

Art. R. 133-30-3 Par dérogation à l'article R. 133-30-2, en cas de création ou de reprise d'activité, la première déclaration du chiffre d'affaires ou de recettes et le paiement correspondant portent sur les sommes dues pour la période comprise entre le début ou la reprise d'activité et la fin :

a) Soit des trois mois civils consécutifs suivants, pour les travailleurs indépendants *(Décr. n° 2016-193 du 25 févr. 2016, art. 4-II)* « procédant au » versement mensuel ;

b) Soit du trimestre civil suivant, pour les travailleurs indépendants ayant opté pour le versement trimestriel.

V. note ss. art. R. 133-30-1.

Art. R. 133-30-4 Le créateur d'entreprise *(Décr. n° 2016-193 du 25 févr. 2016, art. 4-III-1°)* « relevant des » *(Décr. n° 2017-864 du 9 mai 2017, art. 1er-V)* « dispositions de l'article L. 611-1 » qui bénéficie d'une exonération de cotisations de sécurité sociale en vertu des dispositions *(Abrogé par Décr. n° 2017-864 du 9 mai 2017, art. 1er-V) « du second alinéa de l'article L. 756-5 du code de la sécurité sociale, »* de l'article 14 de la loi n° 96-987 du 14 novembre 1996 modifiée relative à la mise en œuvre du pacte de relance pour la ville ou de l'article 146 modifié de la loi n° 2001-1275 du 28 décembre 2001 de finances pour 2002 *(Décr. n° 2016-193 du 25 févr. 2016, art. 4-III-1°)* « et qui relève des dispositions du premier alinéa du I de l'article L. 133-6-8, bénéficie de ces dispositions à l'issue de la période d'exonération ».

(Abrogé par Décr. n° 2016-193 du 25 févr. 2016, art. 4-III-2°) « Dans ce cas, le bénéfice de l'option prend effet à l'issue de la période d'exonération. » Par dérogation aux articles R. 133-30-2 et R. 133-30-3, la première déclaration de chiffre d'affaires ou de recettes et le paiement correspondant portent sur les sommes dues pour la période comprise entre la date de fin du bénéfice de l'exonération et la fin du mois ou du trimestre civil suivant.

V. note ss. art. R. 133-30-1.

Art. R. 133-30-5 En cas de cessation d'activité, le travailleur indépendant en informe le centre de formalités des entreprises en application des dispositions de l'article R. 123-1 du code de commerce *(Décr. n° 2016-193 du 25 févr. 2016, art. 4-IV-1° et 2°)* « , qui communique cette information à l'organisme de sécurité sociale concerné.

« Dans tous les autres cas d'abandon ou de perte du bénéfice des dispositifs prévus aux articles 50-0 et 102 *ter* du code général des impôts, il en informe directement

(Décr. n° 2017-864 du 9 mai 2017, art. 1er-V) « les organismes mentionnés » à l'article R. 133-30-1. »

V. note ss. art. R. 133-30-1.

Art. R. 133-30-6 En cas de non-paiement des sommes dues aux dates prévues à l'article R. 133-30-2, les dispositions des articles R. 243-18, R. 243-19, R. 243-19-1 et R. 243-20 sont applicables.

(Décr. n° 2011-1973 du 26 déc. 2011, art. 1er-V) « Les dispositions des articles R. 243-19, R. 243-19-1 et R. 243-20 sont applicables à la pénalité mentionnée *(Décr. n° 2016-193 du 25 févr. 2016, art. 4-V)* « aux articles R. 133-30-2-1 et R. 133-30-2-2 ». — *V. note ss. art. R. 133-30-1.*

Art. R. 133-30-7 et R. 133-30-8 *Abrogés par Décr. n° 2011-1973 du 26 déc. 2011, art. 1er-VI.*

Art. R. 133-30-9 Lorsque l'infraction de travail dissimulé au sens des articles L. 8221-3 et L. 8221-5 du code du travail est constatée, *(Décr. n° 2017-864 du 9 mai 2017, art. 1er-V)* « les organismes mentionnés à l'article L. 133-1-2 procèdent », en application des dispositions de l'article L. 133-4-2, au recouvrement de la différence entre :

— d'une part, le montant des cotisations et contributions, dont le travailleur indépendant est redevable, en application des articles L. 131-6, L. 136-3, L. 635-1, L. 635-5 *(Décr. n° 2009-379 du 2 avr. 2009)* « , L. 642-1, L. 644-1 et L. 644-2 » et de l'article 14 de l'ordonnance n° 96-50 du 24 janvier 1996 relative au remboursement de la dette sociale, au titre de l'activité effectivement réalisée au cours de la période durant laquelle l'infraction a été constatée ;

— d'autre part, le montant des cotisations et contributions calculées en application de l'article L. 133-6-8 au titre de cette période.

Art. R. 133-30-10 L'Agence centrale des organismes de sécurité sociale reverse aux comptables publics compétents les sommes recouvrées en application du V de l'article 151-0 du code général des impôts aux dates fixées par arrêté des ministres chargés du budget et de la sécurité sociale.

(Abrogé par Décr. n° 2016-193 du 25 févr. 2016, art. 4-VI) (Décr. n° 2009-379 du 2 avr. 2009) « Pour l'application des dispositions de l'article L. 131-7 au régime prévu à l'article L. 133-6-8, l'Agence centrale des organismes de sécurité sociale notifie à l'État la différence entre :

« a) D'une part, le montant des cotisations et contributions sociales dont les travailleurs indépendants auraient été redevables au cours de l'année civile en application des articles L. 131-6, L. 136-3, L. 635-1, L. 635-5, L. 642-1, L. 644-1 et L. 644-2 du code de la sécurité sociale et de l'article 14 de l'ordonnance n° 96-50 du 24 janvier 1996 relative au remboursement de la dette sociale, et,

« b) D'autre part, le montant des cotisations et contributions sociales calculées en application de l'article L. 133-6-8.

« Pour l'application des dispositions du présent article aux travailleurs indépendants relevant de l'organisme mentionné au 11° de l'article R. 641-1 du code de la sécurité sociale, est retenue au titre des régimes mentionnés aux articles L. 644-1 et L. 644-2 la plus faible cotisation non nulle dont ils auraient pu être redevables en fonction de leur activité en application des dispositions mentionnées au a du présent article. » — *V. note ss. art. R. 133-30-1.*

SECTION II *QUATER [ABROGÉE]* DROITS DES COTISANTS

(Abrogée par Décr. n° 2018-174 du 9 mars 2018, art. 15-I, à compter du 1er janv. 2018)

Art. R. 133-30-11 *I. — La demande du cotisant ou du futur cotisant mentionnée aux articles L. 133-6-9 et L. 133-6-10 est adressée par* (Décr. n° 2016-1435 du 25 oct. 2016, art. 3-1°) *« tout moyen permettant de rapporter la preuve de sa date de réception » aux organismes mentionnés aux articles L. 213-1, L. 611-8, L. 641-1, L. 723-1 et L. 752-4, auprès desquels le cotisant est tenu de souscrire ses déclarations ou de s'affilier.* (Décr. n° 2017-864 du 9 mai 2017, art. 1er-VI) *« Elle peut également être effectuée pour le compte du cotisant ou du futur cotisant par un avocat ou un expert-comptable. »* (Abrogé par Décr. n° 2016-1435 du 25 oct. 2016, art. 3-1°) *« Elle peut également être remise en main propre contre décharge. » La demande doit comporter :*

1° Le nom et l'adresse du demandeur ;

2° (Décr. n° 2017-736 du 3 mai 2017, art. 1er-2°) *« Le numéro permettant son identification s'il en dispose » ;*

(Décr. n° 2016-1435 du 25 oct. 2016, art. 3-1°) *« 3° Les indications relatives aux dispositions législatives et réglementaires au regard desquelles il demande que la situation soit appréciée ;*

« 4° Une présentation précise et complète de la situation de nature à permettre à l'organisme de recouvrement d'apprécier les conditions dans lesquelles s'applique la réglementation. »

Le cotisant ne peut adresser sa demande à l'organisme dès lors que lui a été notifié l'avis prévu par le premier alinéa de l'article R. 243-59.

(Décr. n° 2016-1435 du 25 oct. 2016, art. 3-1°) *« II. — La demande est réputée complète dès sa réception sauf si, dans le délai de vingt jours à compter de sa réception, l'organisme de recouvrement a fait connaître au demandeur la liste des pièces ou des informations manquantes par tout moyen permettant de rapporter la preuve de sa date de réception. A réception de ces pièces ou informations, l'organisme notifie au demandeur, par tout moyen permettant de rapporter la preuve de sa date de réception, que la demande est complète. En l'absence de réception des pièces et informations manquantes dans un délai d'un mois, la demande est réputée caduque. L'organisme dispose d'un délai de trois mois à compter de la date à laquelle la demande complète a été reçue pour notifier au cotisant sa réponse. Celle-ci est motivée* (Abrogé par Décr. n° 2017-864 du 9 mai 2017, art. 1er-VI) *« et signée par le directeur ou le délégataire de l'organisme ».*

« En l'absence de réponse à l'issue de ce délai de trois mois, aucun redressement de cotisations ou contributions sociales, fondé sur la législation au regard de laquelle devait être appréciée la situation de fait exposée dans la demande, ne peut être effectué au titre de la période comprise entre l'expiration du délai de trois mois et la réponse explicite de l'organisme.

« III. — Lorsqu'un organisme entend modifier pour l'avenir une décision explicite prise à la suite d'une demande présentée sur le fondement des dispositions de l'article L. 133-6-9, cette nouvelle décision, notifiée au demandeur par tout moyen permettant de rapporter la preuve de sa date de réception, est motivée et précise : »

1° Les voies et délais de recours contre cette nouvelle décision ;

2° La faculté prévue à l'article L. 133-6-9 de saisir à fin d'intervention, (Décr. n° 2016-1435 du 25 oct. 2016, art. 3-1° ; Décr. n° 2017-864 du 9 mai 2017, art. 1er-VI) *« par tout moyen permettant de rapporter la preuve de sa date de réception, les organismes mentionnés aux articles L. 225-1 et L. 611-4 » dans* (Décr. n° 2016-1435 du 25 oct. 2016, art. 3-1°) *« le mois » suivant la notification de la décision.*

IV. — (Décr. n° 2017-864 du 9 mai 2017, art. 1er-VI) *« La demande d'intervention mentionnée à l'article L. 133-6-9 adressée par le cotisant ou futur cotisant est réputée complète si, dans le délai d'un mois à compter de sa réception, le ou les organismes compétents n'ont pas fait connaître au demandeur, par tout moyen permettant de rapporter la preuve de sa date de réception, la liste des pièces ou informations manquantes. »*

(Décr. n° 2016-1435 du 25 oct. 2016, art. 3-1°) *« La demande d'intervention complète fait l'objet par* (Décr. n° 2017-864 du 9 mai 2017, art. 1er-VI) *« le ou les organismes mentionnés à l'alinéa précédent » d'une notification mentionnant les délais fixés par le V du présent article. »*

V. — Les délais de recours prévus à l'article R. 142-1 sont interrompus si (Décr. n° 2017-864 du 9 mai 2017, art. 1er-VI) *« le ou les organismes mentionnés aux articles L. 225-1 et L. 611-4 sont saisis » par une demande complète dans le délai fixé au 2° du III.*

La demande d'intervention présentée à (Décr. n° 2017-864 du 9 mai 2017, art. 1er-VI) *« ce* [cet] *ou ces organismes » n'a pour effet ni d'interrompre ni de suspendre les délais de prescription.* (Décr. n° 2017-864 du 9 mai 2017, art. 1er-VI) *« Les organismes mentionnés aux articles L. 225-1 et L. 611-4 disposent » d'un délai de quarante jours, courant à compter de la date à laquelle la demande complète a été reçue, pour communiquer à l'organisme la position quant à l'interprétation à retenir et la transmettre pour information au cotisant.*

(Décr. n° 2017-864 du 9 mai 2017, art. 1er-VI) *« Si, avant cette transmission, le cotisant présente une réclamation, devant la commission de recours amiable de l'organisme mentionné à l'article L. 611-8 dont il relève, contre la nouvelle décision prise par le ou les organismes, sa demande d'intervention du ou des organismes mentionnés aux articles L. 225-1 et L. 611-4 devient caduque.*

« Le ou les organismes notifient au cotisant la position prise dans le délai d'un mois à compter de sa réception. »

Art. R. 133-30-12 (Décr. n° 2011-41 du 10 janv. 2011) *La Caisse nationale du régime social des indépendants* (Décr. n° 2017-864 du 9 mai 2017, art. 1er-VI) *« et l'Agence centrale des organismes de sécurité sociale transmettent » au ministre chargé de la sécurité sociale, au plus tard le 31 mars de chaque année, un rapport présentant une synthèse des principales questions posées ainsi que des réponses apportées dans le cadre* (Décr. n° 2017-864 du 9 mai 2017, art. 1er-VI) *« des dispositions » de l'article L. 133-6-9.*

SECTION III GUICHET UNIQUE POUR LE SPECTACLE VIVANT

(Décr. n° 2008-244 du 7 mars 2008, art. 8)

Art. R. 133-31 L'organisme habilité par l'État mentionné à l'article L. 133-9 est désigné par arrêté conjoint des ministres chargés de la sécurité sociale et du travail.

Art. R. 133-32 La mise en œuvre de l'obligation pour l'employeur de procéder aux déclarations obligatoires est régie par l'article R. 7122-29 du code du travail ci-après reproduit :

Art. R. 7122-29 L'employeur procède aux déclarations obligatoires mentionnées à l'article L. 7122-23 :

1° Soit au moyen d'un document appelé "déclaration unique et simplifiée" ;

2° Soit par voie électronique, dans les conditions prévues à l'article L. 133-5 du code de la sécurité sociale.

Art. R. 133-33 *(Décr. n° 2008-1010 du 29 sept. 2008, art. 7-III)* Les règles relatives à la déclaration unique et simplifiée des employeurs au guichet unique du spectacle vivant sont fixées par l'article R. 7122-31 du code du travail.

Art. R. 133-34 La mise en demeure mentionnée au 3° de l'article L. 133-9-2, adressée à l'employeur par l'organisme habilité par l'État à recevoir l'ensemble des cotisations et contributions sociales d'origine légale ou conventionnelle, doit exposer la motivation des chefs de redressement ainsi que des majorations de retard prévues au 2° du même article et inviter l'intéressé à présenter ses observations dans un délai de quinze jours suivant sa notification.

Art. R. 133-35 Les demandes de remise des majorations de retard ne sont recevables qu'après règlement de la totalité des cotisations et contributions ayant donné lieu à application des majorations et à la condition d'avoir été présentées dans les six mois suivant la date de ce règlement.

En cas de remise partielle, les majorations de retard dues aux organismes mentionnés à l'article L. 133-9-1 sont remises dans une proportion identique à due concurrence des montants dus.

Art. R. 133-36 Le directeur de l'organisme habilité mentionné à l'article L. 133-9-1 peut, à la demande de l'employeur et après règlement intégral des cotisations salariales, accorder des délais de paiement jusqu'à concurrence de douze mois, pour le règlement des cotisations patronales, des pénalités et des majorations de retard. Ce délai doit être assorti de garanties du débiteur qui sont appréciées par le directeur de l'organisme habilité.

Art. R. 133-37 La notification de la contrainte mentionnée au 3° de l'article L. 133-9-2 indique, à peine de nullité, le montant des créances à recouvrer, le délai dans lequel l'opposition doit être formée, la désignation du tribunal compétent et les formes requises pour sa saisine.

Les règles relatives à la notification de la contrainte et à l'opposition à contrainte, prévues aux articles R. 5422-10 à R. 5422-15 du code du travail, sont applicables.

Art. R. 133-38 L'organisme habilité poursuit, pour le compte de l'ensemble des organismes mentionnés au 3° de l'article L. 133-9-2, l'exécution forcée des décisions de justice rendues.

Art. R. 133-39 L'organisme habilité communique les informations qu'il recueille au moyen de la déclaration unique et simplifiée aux administrations ou organismes mentionnés à l'article L. 133-9-1, selon leurs compétences respectives, et leur reverse les cotisations et contributions qui leur sont dues.

Art. R. 133-40 En cas de règlement partiel par un employeur, l'organisme habilité répartit l'encaissement au prorata des cotisations et contributions dues à chaque organisme mentionné à l'article L. 133-9-1.

En cas de paiement partiel, sauf si l'employeur en a manifesté la volonté expresse contraire, l'organisme habilité impute prioritairement le paiement effectué sur les créances que l'employeur est tenu de précompter sur la rémunération du salarié. Lorsque ce paiement est insuffisant pour éteindre ces créances, l'organisme habilité impute le paiement au prorata de celles-ci. Lorsque le paiement est suffisant pour éteindre ces créances et qu'il subsiste un solde, ce solde est imputé au prorata des cotisations ou contributions restant dues à chaque organisme mentionné à l'article L. 133-9-1.

Art. R. 133-41 Les modalités de la communication d'informations et de reversement des cotisations et des contributions sociales sont fixées par conventions passées entre l'organisme habilité et :

1. Le ministre chargé du travail ;
2. Le ministre chargé de la sécurité sociale ;
3. Le ministre de l'économie et des finances ;
4. L'Agence centrale des organismes de sécurité sociale ;
5. La Caisse nationale de l'assurance maladie des travailleurs salariés ;
6. La Caisse nationale d'assurance vieillesse des travailleurs salariés ;
7. *(Décr. n° 2008-1010 du 29 sept. 2008, art. 7-III)* « L'organisme gestionnaire du régime d'assurance chômage » ;
8. Chacun des organismes mentionnés aux *c), d), e)* et *f)* du 2° de l'article R. 7122-31 du code du travail.

Art. R. 133-42 Les conventions mentionnées à l'article R. 133-41 fixent le délai de conservation des informations recueillies et des formulaires reçus par l'organisme habilité ainsi que les modalités de prise en charge des dépenses exposées par lui pour l'exécution de ses missions, en prenant en compte notamment le montant des cotisations et contributions reversées.

Elles prévoient les conditions dans lesquelles un bilan est transmis chaque année par l'organisme habilité à chacune des parties aux conventions.

Ces conventions, à l'exception de celles conclues avec les ministres chargés du travail et de la sécurité sociale et le ministre de l'économie et des finances, ne sont applicables qu'à compter de leur homologation par arrêté des ministres chargés de la sécurité sociale et du travail.

SECTION VII MODERNISATION ET SIMPLIFICATION DES FORMALITÉS POUR LES COTISANTS AYANT RECOURS À UN TIERS DÉCLARANT

(Décr. n° 2018-1235 du 24 déc. 2018)

Art. R. 133-43 I. – Le tiers déclarant mentionné à l'article L. 133-11 est choisi par l'employeur ou le travailleur indépendant et identifié par l'organisme mentionné aux articles L. 213-1, L. 752-4 du présent code ou à l'article L. 723-2 du code rural et de la pêche maritime dont l'employeur ou le travailleur indépendant relève. La déclaration de la mission confiée au tiers déclarant est réputée accomplie lorsque celui-ci a effectué la déclaration mentionnée aux articles L. 133-5-3 et L. 133-6-2 du présent code, ainsi que celle mentionnée aux articles D. 731-17 et D. 731-37 du code rural et de la pêche maritime pour le compte de son client auprès de cet organisme.

Le tiers déclarant réalise pour le compte de l'employeur ou du travailleur indépendant tout ou partie des déclarations et formalités sociales prévues par le présent code ou par le code rural et de la pêche maritime, dans les conditions et délais respectivement prévus par ceux-ci. Il est le principal interlocuteur de l'organisme pour les déclarations et formalités sociales entrant dans le champ de la mission mentionnée à l'article L. 133-11. Indépendamment des stipulations conventionnelles du mandat, l'employeur ou le travailleur indépendant ayant recours à un tiers déclarant reste tenu à l'ensemble des obligations et bénéficie de l'ensemble des droits prévus par le présent code ou le code rural et de la pêche maritime à l'égard des organismes de sécurité sociale.

II. — L'organisme mentionné au I :

1° Vérifie, sauf pour les personnes mentionnées au onzième alinéa de l'article 22 de l'ordonnance n° 45-2138 du 19 septembre 1945 bénéficiant d'un mandat présumé, que le tiers déclarant dispose d'éléments attestant l'existence préalable d'une relation contractuelle avec l'employeur ou le travailleur indépendant ;

2° Informe par écrit l'employeur ou le travailleur indépendant de la mission qui a été notifiée pour son compte et de la personne exerçant cette mission ;

3° Identifie le tiers déclarant et informe les autres organismes dont relève l'employeur ou le travailleur indépendant, à savoir ceux mentionnés aux articles L. 211-1 et L. 215-1 ;

Ces formalités sont réalisées au plus tard dans le mois qui suit la réception de cette déclaration.

III. — Lorsque le tiers déclarant méconnaît les obligations qui découlent de sa mission, l'employeur ou le travailleur indépendant accomplit lui-même les déclarations et formalités sociales prévues par le présent code ou le code rural et de la pêche maritime.

L'employeur ou le travailleur indépendant ayant recours à un tiers déclarant demeure responsable du paiement des pénalités et majorations prévues par le présent code ou le code rural et de la pêche maritime en cas de défaut de production d'une déclaration obligatoire, d'inexactitude des montants déclarés ou d'omission de salariés ou assimilés dans la déclaration.

Art. R. 133-44 I. — Lorsqu'une fraude ou une complicité de fraude du tiers déclarant correspondant aux infractions prévues à l'article L. 114-16-2 du code de la sécurité sociale ou à l'article 433-17 du code pénal est constatée par un organisme de sécurité sociale, le directeur de l'organisme auquel a été transmise la déclaration de mission de tiers déclarant lui notifie, par tout moyen permettant de rapporter la preuve de sa date de réception, les faits reprochés et la sanction encourue prévue au I de l'article L. 133-11. Il lui indique également qu'il dispose d'un délai d'un mois à compter de la réception de la notification pour présenter ses observations.

II. — A l'expiration du délai mentionné au I, le directeur de l'organisme prononce la décision de retrait de la faculté d'exercer sa mission de mandataire auprès de l'ensemble des organismes de sécurité sociale pour une durée déterminée au regard de la gravité de faits reprochés, sans que cette durée puisse excéder cinq ans. Cette décision est motivée et précise les délais et voies de recours applicables.

Lorsque la mission de tiers déclarant mentionnée au I de l'article L. 133-11 est exercée dans le cadre d'une structure comprenant plusieurs tiers déclarants, la sanction prononcée s'applique au seul tiers déclarant, pour lequel la fraude ou la complicité de fraude a été constatée.

III. — L'organisme mentionné au II notifie au tiers déclarant ayant fait l'objet d'une sanction pour l'une des infractions mentionnées au I, aux clients du tiers déclarant et aux organismes de sécurité sociale la décision de retrait de la faculté d'exercer sa mission de mandataire auprès de l'ensemble des organismes de sécurité sociale par tout moyen permettant de rapporter la preuve de sa date de réception.

Le tiers déclarant dispose d'un délai de huit jours à compter de la date de réception de la notification de la décision de retrait pour informer ses clients et d'un délai d'un mois pour restituer l'ensemble des pièces justificatives leur appartenant qui sont en sa possession.

CHAPITRE IV **RELATIONS INTER-RÉGIMES** *(Décr. n° 2016-1212 du 9 sept. 2016, art. 8-I).*

SECTION PREMIÈRE *[ABROGÉE]* **COMPENSATION GÉNÉRALISÉE**

(Abrogée par Décr. n° 2016-1212 du 9 sept. 2016, art. 8-I)

Les dispositions issues du Décr. n° 2016-1212 du 9 sept. 2016 s'appliquent à compter de l'exercice 2016 (Décr. préc., art. 12).

Néant.

SECTION II *[ABROGÉE]* COMPENSATION ENTRE LE RÉGIME GÉNÉRAL ET LES RÉGIMES DE LA SOCIÉTÉ NATIONALE DES CHEMINS DE FER FRANÇAIS, DES GENS DE MER, DES MINEURS ET DE LA RÉGIE AUTONOME DES TRANSPORTS PARISIENS (MALADIE, MATERNITÉ, INVALIDITÉ)

(Abrogée par Décr. n° 2016-1212 du 9 sept. 2016, art. 8-I)

Les dispositions issues du Décr. n° 2016-1212 du 9 sept. 2016 s'appliquent à compter de l'exercice 2016 (Décr. préc., art. 12).

Néant.

SECTION III *[ABROGÉE]* COMPENSATION ENTRE LE RÉGIME GÉNÉRAL ET LES RÉGIMES DES MILITAIRES DE CARRIÈRE, DES CLERCS ET EMPLOYÉS DE NOTAIRES ET DE LA BANQUE DE FRANCE (MALADIE ET MATERNITÉ)

(Abrogée par Décr. n° 2016-1212 du 9 sept. 2016, art. 8-I)

Les dispositions issues du Décr. n° 2016-1212 du 9 sept. 2016 s'appliquent à compter de l'exercice 2016 (Décr. préc., art. 12).

Néant.

SECTION IV *[ABROGÉE]* RELATIONS FINANCIÈRES ENTRE LE RÉGIME GÉNÉRAL ET LE RÉGIME DES SALARIÉS AGRICOLES

SOUS-SECTION 1 *[ABROGÉE]* ASSURANCES SOCIALES ET PRESTATIONS FAMILIALES

Art. R. 134-1 (Abrogé par Décr. n° 2016-1212 du 9 sept. 2016, art. 8-I) (Décr. n° 2004-890 du 26 août 2004, art. 10-II) *« La Caisse nationale de l'assurance maladie des travailleurs salariés et la Caisse nationale d'assurance vieillesse des travailleurs salariés retracent en solde, au titre du régime des salariés agricoles, dans les comptes des branches visées au* [aux] *1° et 3° de l'article L. 200-2, la différence entre les charges et les produits afférents aux prestations servies.*

« La Caisse nationale des allocations familiales retrace dans les comptes de la branche visée au 4° de l'article L. 200-2 les charges et les produits afférents aux prestations familiales servies par le régime des salariés agricoles.

« La Caisse centrale de mutualité sociale agricole transmet à cet effet à chacune des caisses visées ci-dessus un état retraçant les charges et les produits afférents aux prestations servies par le régime des salariés agricoles.

« Les caisses nationales du régime général et l'Agence centrale des organismes de sécurité sociale assurent le versement à la Caisse centrale de mutualité sociale agricole des avances nécessaires au règlement des prestations légales de sécurité sociale servies aux salariés agricoles. Ces avances sont effectuées selon une périodicité hebdomadaire pour les prestations qui interviennent à des dates qu'il n'est pas possible de prévoir et à des dates prédéfinies pour les prestations qui interviennent à des dates régulières. Chaque année, la Caisse centrale de mutualité sociale agricole transmet à ces organismes, avant le 31 octobre, un état prévisionnel de la trésorerie du régime des salariés agricoles pour l'année suivante. Le calendrier et les modalités de versement des avances ainsi que la nature des informations que doit transmettre la Caisse centrale de mutualité sociale agricole sont définis par voie de convention entre cet organisme, d'une part, et les caisses nationales du régime général et l'Agence centrale des organismes de sécurité sociale, d'autre part. »

Al. abrogé par Décr. n° 2004-890 du 26 août 2004.

La Caisse nationale compétente du régime général peut demander au ministre chargé de l'agriculture de faire procéder par le chef des services régionaux de l'inspection du travail, de l'emploi et de la politique sociale agricoles territorialement compétent, à toutes vérifications utiles pour l'application des alinéas ci-dessus.

Les dispositions issues du Décr. n° 2016-1212 du 9 sept. 2016 s'appliquent à compter de l'exercice 2016 (Décr. préc., art. 12).

SOUS-SECTION 2 *[ABROGÉE]* ACCIDENTS DU TRAVAIL ET MALADIES PROFESSIONNELLES

(Abrogée par Décr. nº 2016-1212 du 9 sept. 2016, art. 8-I)

Les dispositions issues du Décr. nº 2016-1212 du 9 sept. 2016 s'appliquent à compter de l'exercice 2016 (Décr. préc., art. 12).

Néant.

SECTION V *[ABROGÉE]* COMPENSATION ENTRE LA CAISSE NATIONALE DES BARREAUX FRANÇAIS ET L'ORGANISATION AUTONOME D'ASSURANCE VIEILLESSE DES PROFESSIONS LIBÉRALES

(Abrogée par Décr. nº 2016-1212 du 9 sept. 2016, art. 8-I)

Art. R. 134-2 ***La compensation instituée entre la Caisse nationale des barreaux français et l'organisation autonome d'assurance vieillesse des professions libérales mentionnée à l'article L. 621-3 porte sur le montant d'une prestation de référence égale à l'allocation définie à l'article L. 643-1.*** — Les dispositions issues du Décr. nº 2016-1212 du 9 sept. 2016 s'appliquent à compter de l'exercice 2016 (Décr. préc., art. 12).

Art. R. 134-3 ***Chaque année, la compensation est opérée en fonction du rapport entre, d'une part, le total du nombre d'allocataires âgés d'au moins soixante-cinq ans percevant une pension de droit direct à la charge respectivement de la Caisse nationale des barreaux français et des sections professionnelles de l'organisation autonome des professions libérales et, d'autre part, le total du nombre de cotisants actifs aux mêmes organismes quel que soit leur âge.***

Ne sont pas considérés comme cotisants actifs :

1º Les assurés volontaires ;

2º Les assurés pendant leur première année d'exercice.

V. note ss. art. R. 134-2.

SECTION VI *[ABROGÉE]* APPLICATION DE LA COMPENSATION AU RÉGIME D'ASSURANCE VIEILLESSE DES MINISTRES DES CULTES ET MEMBRES DES CONGRÉGATIONS ET COLLECTIVITÉS RELIGIEUSES

Art. R. 134-4 (Abrogé par Décr. nº 2016-1212 du 9 sept. 2016, art. 8-I) ***Les modalités d'application de l'article L. 134-1 sont applicables au régime d'assurance vieillesse institué par l'article L. 721-1 dans les mêmes conditions qu'aux régimes de non-salariés.***

Toutefois, pour l'application de ces dispositions, est considérée comme cotisant actif toute personne, quel que soit son âge, assujettie audit régime à titre obligatoire ou en application du dernier alinéa de l'article R. 721-31 et qui est personnellement débitrice d'une cotisation.

Les dispositions issues du Décr. nº 2016-1212 du 9 sept. 2016 s'appliquent à compter de l'exercice 2016 (Décr. préc., art. 12).

SECTION VII SURCOMPENSATION INTERPROFESSIONNELLE DES PRESTATIONS D'ACCIDENTS DU TRAVAIL SERVIES AUX RESSORTISSANTS DU RÉGIME GÉNÉRAL DE SÉCURITÉ SOCIALE ET DU RÉGIME DE LA SÉCURITÉ SOCIALE DANS LES MINES

Art. R. 134-5 *(Décr. nº 93-1048 du 2 sept. 1993, art. 5-IV)* **Le Fonds national des accidents du travail de la Caisse nationale d'assurance maladie des travailleurs salariés verse chaque mois à la Caisse autonome nationale de la sécurité sociale dans les mines les sommes nécessaires à la couverture des charges de prestations du Fonds national des accidents du travail et des maladies professionnelles que gère cette dernière caisse, au vu d'un état mensuel indiquant pour le mois précédent le solde de ce fonds et pour le mois en cours le montant prévisionnel de ses recettes et de ses dépenses.**

Les versements sont effectués chaque vingt-cinquième jour calendaire ou le jour suivant si ce jour est férié.

CHAPITRE V FONDS DE SOLIDARITÉ VIEILLESSE

(Décr. n° 93-1354 du 30 déc. 1993)

SECTION PREMIÈRE DISPOSITIONS GÉNÉRALES

Art. R. 135-1 Le fonds de solidarité vieillesse est un établissement public de l'État à caractère administratif placé sous la tutelle du ministre chargé de la sécurité sociale et du ministre chargé du budget.

Art. R. 135-2 Le conseil d'administration du fonds de solidarité vieillesse comprend sept membres :

1° Le président ;

2° Deux représentants du ministre chargé de la sécurité sociale ;

3° Deux représentants du ministre chargé du budget ;

4° Un représentant du ministre chargé de l'économie ;

5° Un représentant du ministre chargé des personnes âgées.

Le président est nommé par décret pris sur la proposition du ministre chargé de la sécurité sociale, pour une durée de trois ans renouvelable. Les autres membres du conseil d'administration sont nommés pour la même durée renouvelable, par arrêté conjoint du ministre chargé de la sécurité sociale, du ministre chargé de l'économie, du ministre chargé du budget et du ministre chargé des personnes âgées.

(Décr. n° 2015-1240 du 7 oct. 2015, art. 1er-1°) « La fonction d'administrateur est exercée à titre gratuit. Elle ouvre » droit aux indemnités et frais de déplacement et de séjour dans les conditions prévues par le décret n° 2006-781 du 3 juillet 2006 fixant les conditions et les modalités de règlement des frais occasionnés par les déplacements temporaires des personnels civils de l'État.

(Décr. n° 2015-1240 du 7 oct. 2015, art. 1er-1°) « En application du dernier alinéa de l'article L. 135-1, la rémunération et la prise en charge des frais de déplacement du président du fonds peuvent être régies par les conventions nationales mentionnées à l'article L. 123-2. »

Les dispositions du 1° de l'art. 1er issues du Décr. n° 2015-1240 du 7 oct. 2015 sont entrées en vigueur le 1er janv. 2016 (Décr. préc., art. 3).

Art. R. 135-3 Le conseil d'administration se réunit *(Abrogé par Décr. n° 2015-1240 du 7 oct. 2015, art. 1er-2°) « au moins deux fois par an »* sur convocation de son président. La convocation est de droit lorsqu'elle est demandée par l'un des ministres chargés de la tutelle de l'établissement.

Les délibérations du conseil d'administration sont adoptées à la majorité simple des membres présents.

(Décr. n° 2015-1240 du 7 oct. 2015, art. 1er-2°) « Le conseil d'administration ne délibère valablement que si la moitié des membres sont présents ou représentés en séance. Lorsque le conseil ne peut, faute de quorum, délibérer valablement, il peut à nouveau être réuni et délibérer valablement, quel que soit le nombre des membres présents, sous un délai de cinq jours francs.

« Le président du conseil d'administration peut inviter au conseil d'administration toute personne dont la présence ou, le cas échéant, l'audition, lui paraîtrait utile. Cette invitation peut être également décidée, en vue de la séance suivante, par un vote du conseil organisé à la demande d'au moins un tiers de l'ensemble des membres du conseil d'administration. »

En cas de partage égal des voix au sein du conseil d'administration, la voix du président est prépondérante.

Le *(Abrogé par Décr. n° 2015-1240 du 7 oct. 2015, art. 1er-2°) « directeur, (Décr. n° 2012-1247 du 7 nov. 2012, art. 42-5°) « le »* contrôleur budgétaire » et l'agent comptable assistent avec voix consultative aux délibérations du conseil.

Les dispositions du 2° de l'art. 1er issues du Décr. n° 2015-1240 du 7 oct. 2015 sont entrées en vigueur le 1er janv. 2016 (Décr. préc., art. 3).

Art. R. 135-4 Le conseil d'administration a pour rôle :

1° *(Décr. n° 99-898 du 22 oct. 1999 ; Décr. n° 2001-1214 du 19 déc. 2001)* « D'adopter le budget *(Décr. n° 2015-1240 du 7 oct. 2015, art. 1er-3°)* « de gestion administrative » du fonds de solidarité vieillesse » ;

(Décr. nº 2009-386 du 7 avr. 2009) « 2º D'approuver le rapport annuel d'activité et, sauf vote contraire à la majorité des deux tiers des membres, les comptes annuels au vu de l'opinion émise par l'instance chargée de la certification ; »

3º D'approuver les conventions prévues à l'article *(Décr. nº 96-532 du 14 juin 1996, art. 1er)* « R. 135-13 » ;

4º De délibérer sur toute question relative au fonctionnement du fonds ;

5º De proposer au Gouvernement toutes mesures tendant à maintenir l'équilibre financier du fonds ;

6º D'accepter les dons et legs ;

(Décr. nº 2015-1240 du 7 oct. 2015, art. 1er-3º) « 7º D'approuver le rapport annuel sur le contrôle interne des opérations que le fonds prend en charge, établi en application du 12º de l'article R. 135-7 ;

« 8º D'approuver sur proposition du président les placements ou dépôts des disponibilités excédant les besoins de trésorerie, dans le respect des dispositions de l'article R. 135-14. »

Les procès-verbaux des séances du conseil d'administration sont communiqués au ministre chargé de la sécurité sociale et au ministre chargé du budget dans les quinze jours qui suivent la réunion du conseil.

Les dispositions du 3º de l'art. 1er issues du Décr. nº 2015-1240 du 7 oct. 2015 sont entrées en vigueur le 1er janv. 2016 (Décr. préc., art. 3).

Art. R. 135-5 *(Décr. nº 2001-1214 du 19 déc. 2001, art. 3)* Les délibérations du conseil d'administration sont exécutoires, à défaut d'approbation expresse déjà notifiée, à l'expiration d'un délai d'un mois à compter de la réception par le ministre chargé de la sécurité sociale et le ministre chargé du budget des délibérations et des documents correspondants, à moins que les ministres de tutelle n'aient fait connaître dans ce délai leur refus d'approuver ces délibérations ou leur décision de surseoir à leur application.

Lorsque l'une des autorités visées ci-dessus demande par écrit des informations ou des documents complémentaires, le délai d'un mois est suspendu jusqu'à la production de ces informations ou documents. — *Entrée en vigueur le 1er janv. 2002.*

(Abrogé par Décr. nº 2015-1240 du 7 oct. 2015, art. 1er-4º) (Décr. nº 2012-1247 du 7 nov. 2012, art. 42-6º) « ***Les délibérations portant sur le budget et le compte financier sont exécutoires dans les conditions prévues par le titre III du décret nº 2012-1246 du 7 novembre 2012 relatif à la gestion budgétaire et comptable publique.*** » — *Cette abrogation issue du 4º de l'art. 1er du Décr. nº 2015-1240 du 7 oct. 2015 est applicable à compter du 1er janv. 2016 (Décr. préc., art. 3).*

Art. R. 135-6 *(Décr. nº 93-1354 du 30 déc. 1993, art. 1er ; Décr. nº 99-898 du 22 oct. 1999)* Le conseil d'administration est assisté par un comité de surveillance dont les membres sont désignés pour une durée de trois ans renouvelable. Ce comité est composé comme suit :

1º Deux membres de l'Assemblée nationale et deux membres du Sénat ;

2º Un membre de la Cour des comptes ayant au moins le rang de conseiller maître, proposé par le premier président de la Cour des comptes et désigné par le ministre chargé de la sécurité sociale ;

3º Un membre du corps de l'inspection générale des finances ayant au moins le rang d'inspecteur général, proposé par le chef de service de l'inspection et désigné par le ministre chargé de l'économie ;

4º Un membre du corps de l'inspection générale des affaires sociales ayant au moins le rang d'inspecteur général, proposé par le chef de service dudit corps et désigné par le ministre chargé de la sécurité sociale ;

5º Le président du conseil d'administration, ou son représentant, de la Caisse nationale d'assurance vieillesse des travailleurs salariés ;

6º Le président du conseil central d'administration, ou son représentant, de la mutualité sociale agricole ;

(Abrogé par Décr. nº 2018-174 du 9 mars 2018, art. 15-I, à compter du 1er janv. 2018) « ***7º Les présidents des conseils d'administration, ou leurs représentants,*** *(Décr. nº 2017-735 du 3 mai 2017, art. 3-1º)* « ***des caisses nationales mentionnées aux articles L. 611-4 et L. 641-1 du code de la sécurité sociale*** » ; »

8° Cinq représentants des assurés sociaux désignés par les organisations syndicales de salariés interprofessionnelles représentatives au plan national à raison de :

– un par la Confédération générale du travail ;

– un par la Confédération générale du travail-Force ouvrière ;

– un par la Confédération française démocratique du travail ;

– un par la Confédération française des travailleurs chrétiens ;

– un par la Confédération française de l'encadrement-CGC ;

9° Cinq représentants des employeurs et travailleurs indépendants désignés par les organisations professionnelles d'employeurs et de travailleurs indépendants représentatives à raison de :

– trois par le Mouvement des entreprises de France ;

– un par la Confédération générale des petites et moyennes entreprises ;

– un par l'Union professionnelle artisanale.

10° Quatre personnes qualifiées dans les domaines relevant des missions du fonds de solidarité vieillesse désignées à raison de :

– deux par le ministre chargé de la sécurité sociale ;

– une par le ministre chargé de l'économie ;

– une par le ministre chargé du budget ;

11° Un représentant des régimes de retraite autres que ceux énumérés ci-dessus, désigné après entente entre les présidents des caisses et institutions intéressées ou, à défaut, par le ministre chargé de la sécurité sociale ;

12° Trois représentants désignés par le *(Décr. n° 2017-882 du 9 mai 2017, art. 6-I)* « Haut Conseil de la famille, de l'enfance et de l'âge ».

Un représentant du ministre chargé de la sécurité sociale, un représentant du ministre chargé de l'économie et des finances, un représentant du ministre chargé du budget et un représentant du ministre chargé de l'agriculture assistent aux réunions du comité de surveillance.

Le comité de surveillance est chargé d'assister le conseil d'administration dans la définition des orientations du fonds de solidarité vieillesse. Il donne son avis sur le rapport d'activité retraçant l'ensemble des missions mentionnées à l'article L. 135-1. Le comité de surveillance peut entendre toute personne dont l'audition lui paraît utile. Le conseil d'administration peut le consulter sur toute question.

Le président du comité de surveillance est nommé par le ministre chargé de la sécurité sociale parmi les parlementaires qui en sont membres. Le vice-président est élu au sein du comité parmi les représentants des partenaires sociaux. Il se réunit au moins une fois par an sur convocation de son président. La convocation est de droit lorsqu'elle est demandée par l'un des ministres chargés de la tutelle de l'établissement.

Les fonctions de président, de vice-président et de membres du comité de surveillance sont exercées à titre gratuit. Les frais de déplacement sont remboursés dans des conditions prévues par le décret n° 2006-781 du 3 juillet 2006 fixant les conditions et les modalités de règlement des frais occasionnés par les déplacements temporaires des personnels civils de l'État.

Art. R. 135-7 *(Décr. n° 2015-1240 du 7 oct. 2015, art. 1er-6°)* « Le président du fonds exerce les attributions suivantes : »

1° Il prépare et exécute les délibérations du conseil d'administration *(Décr. n° 2015-1240 du 7 oct. 2015, art. 1er-6°)* « et prépare les réunions du comité de surveillance mentionné à l'article R. 135-6 » *(Abrogé par Décr. n° 2015-1240 du 7 oct. 2015, art. 1er-6°)* « *, auquel il rend compte de sa gestion* » ;

2° Il représente l'établissement en justice et dans tous les actes de la vie civile ;

3° *(Décr. n° 99-898 du 22 oct. 1999 ; Décr. n° 2001-1214 du 19 déc. 2001)* « Il prépare le budget du fonds de solidarité vieillesse et l'exécute » ;

(Décr. n° 2009-386 du 7 avr. 2009) « 4° Conformément aux dispositions de l'article R. 114-6-1, il arrête les comptes annuels du fonds ; »

5° Il recrute le personnel de l'établissement ;

6° Il exerce l'autorité hiérarchique sur le personnel ;

7° Il conclut au nom du fonds les marchés publics et les contrats ;

8° Il négocie les conventions prévues *(Décr. n° 2015-1240 du 7 oct. 2015, art. 1er-6°)* « aux articles R. 135-8 et » R. 135-13 et les signe après leur approbation par le conseil d'administration ;

(Décr. n° 2015-1240 du 7 oct. 2015, art. 1er-6°) « 9° Il assure la coordination entre l'ensemble des services et organismes compétents susceptibles de participer à l'élaboration des prévisions financières relatives au fonds ;

« 10° Il élabore le rapport annuel d'activité du fonds ;

« 11° Il établit, sur la base des éléments qui lui sont transmis par les régimes, administration ou services concernés, un rapport annuel sur le contrôle interne des opérations que le fonds prend en charge ;

« 12° Il soumet à l'approbation du conseil d'administration des propositions de placements ou dépôts des disponibilités excédant les besoins de trésorerie du fonds, dans le respect des dispositions de l'article R. 135-14. »

Les dispositions du 6° de l'art. 1er issues du Décr. n° 2015-1240 du 7 oct. 2015 sont entrées en vigueur le 1er janv. 2016 (Décr. préc., art. 3).

Art. R. 135-8 *(Décr. n° 2015-1240 du 7 oct. 2015, art. 1er-7°)* I. — La gestion administrative, financière et comptable du fonds donne lieu à une convention conclue entre le fonds et la Caisse nationale d'assurance vieillesse des travailleurs salariés. Cette convention, approuvée par les ministres chargés de la sécurité sociale et du budget, précise la nature des tâches réalisées pour le compte du fonds ainsi que les modalités de remboursement des frais correspondants, qui sont imputés pour leur montant global sur les dépenses mentionnées au *(Décr. n° 2016-1188 du 1er sept. 2016, art. 2-1°)* « IV » de l'article L. 135-2.

Le président du fonds rend compte chaque année au conseil d'administration de la mise en œuvre de la convention mentionnée au premier alinéa.

II. — Le président du fonds constate les dépenses, autres que celles mentionnées à l'alinéa suivant, dont les montants sont notifiés par les régimes de sécurité sociale qui servent les prestations ou allocations financées par le fonds.

Le président du fonds liquide les dépenses représentatives de la prise en compte par les régimes de base des périodes mentionnées aux articles R. 135-15-1, R. 135-16 et R. 135-16-3 sur la base des effectifs de bénéficiaires qui lui sont notifiés dans les conditions fixées par les dispositions desdits articles.

Il constate les recettes du fonds dont les montants sont notifiés par l'Agence centrale des organismes de sécurité sociale.

Le président arrête les comptes du fonds.

III. — Dans le cadre des tâches de gestion assurées pour le compte du fonds par la Caisse nationale d'assurance vieillesse des travailleurs salariés dans les conditions prévues au I, l'agent comptable de cette caisse assure les fonctions d'agent comptable du fonds. Dans l'exercice de cette mission, les comptes du fonds sont tenus de manière séparée de ceux de la Caisse nationale d'assurance vieillesse des travailleurs salariés et de la branche vieillesse du régime général.

IV. — L'agent comptable effectue l'ensemble des opérations financières et comptables du fonds suivant des modalités définies en application du dernier alinéa de l'article L. 122-2.

V. — L'agent comptable est personnellement et pécuniairement responsable des actes et contrôles qui lui incombent en application des dispositions du présent article dans les conditions fixées par l'article 60 de la loi n° 63-156 du 23 février 1963 de finances pour 1963.

Les dispositions du présent art., issues du Décr. n° 2015-1240 du 7 oct. 2015, sont entrées en vigueur le 1er janv. 2016 (Décr. préc., art. 3).

Art. R. 135-9 *(Décr. n° 96-532 du 14 juin 1996, art. 2)* « I.— Les organismes qui servent les prestations financées par le fonds de solidarité vieillesse sont tenus de lui communiquer toute information utile à l'exercice de sa mission *(Abrogé par Décr. n° 2015-1240 du 7 oct. 2015, art. 1er-8°)* *« , en particulier les états justificatifs prévus au dernier alinéa du présent article ».* »

II. — Le fonds verse à chacun des régimes ou services intéressés des acomptes *(Abrogé par Décr. n° 2016-1188 du 1er sept. 2016, art. 2-2°)* *« mensuels »* représentatifs des prévisions de dépenses du fonds de solidarité vieillesse. Les montants et les dates de versement sont déterminés dans le cadre des conventions prévues à l'article R. 135-13.

(Abrogé par Décr. nº 2016-1188 du 1er sept. 2016, art. 2-2º) (Décr. nº 2007-56 du 12 janv. 2007) **« *Par exception à l'alinéa précédent, les organismes ou services ayant assuré, au 1er juillet de l'année précédant l'année en cours, le service d'un nombre d'allocations supplémentaires mentionnées à l'article L. 815-2, dans sa rédaction antérieure à l'entrée en vigueur de l'ordonnance nº 2004-605 du 24 juin 2004 simplifiant le minimum vieillesse, et d'allocations de solidarité aux personnes âgées mentionnées à l'article L. 815-1 inférieur ou égal à mille reçoivent un versement annuel unique.* »**

(Abrogé par Décr. nº 2015-1240 du 7 oct. 2015, art. 1er-8º) **« *Pour les dépenses prévues à l'article L. 135-2, les acomptes mentionnés au premier alinéa du II sont régularisés dès réception par le fonds des états justificatifs annuels liés au service des dépenses incombant au fonds. Pour les versements prévus au 4º de l'article L. 135-2, les effectifs à prendre en considération sont ceux prévus aux articles R. 135-15 et R. 135-16.* »**

Les abrogations issues du 8º de l'art. 1er du Décr. nº 2015-1240 du 7 oct. 2015 sont applicables à compter du 1er janv. 2016 (Décr. préc., art. 3).

Art. R. 135-10 *(Décr. nº 2007-56 du 12 janv. 2007)* **Les organismes ou services débiteurs des allocations mentionnées à l'article L. 815-2, dans sa rédaction antérieure à l'entrée en vigueur de l'ordonnance nº 2004-605 du 24 juin 2004 simplifiant le minimum vieillesse, reçoivent du Fonds de solidarité vieillesse des subventions et des remises de gestion destinées à couvrir leurs charges de gestion de ces allocations selon les modalités alors applicables.**

Les organismes ou services débiteurs de l'allocation de solidarité aux personnes âgées prévue à l'article L. 815-1 reçoivent du Fonds de solidarité vieillesse :

1º Une subvention fixée à 0,6 % du montant des allocations de solidarité aux personnes âgées servies par chacun d'eux. Cette subvention est versée au même rythme que le paiement des acomptes prévus au II de l'article R. 135-9 et est régularisée dans les mêmes conditions.

2º Des remises de gestion fixées à 20 % des montants recouvrés sur successions par chacun d'eux.

Toutefois, ces subventions et remises, destinées au financement des charges de gestion de l'allocation de solidarité aux personnes âgées, peuvent être déterminées dans le cadre d'une convention d'objectifs et de gestion conclue par chacun des organismes ou services débiteurs avec le ministre chargé de la sécurité sociale et le ministre chargé du budget.

Art. R. 135-11 (Abrogé par Décr. nº 2015-1240 du 7 oct. 2015, art. 1er-20º) ***La part du produit de la contribution sociale prévue à l'article L. 136-1 et affectée au fonds de solidarité vieillesse est centralisée par l'Agence centrale des organismes de sécurité sociale et versée par cette dernière au fonds de solidarité vieillesse dans les conditions fixées par la convention prévue à l'article R. 135-13.*** – Cette abrogation issue du 20º de l'art. 1er du Décr. nº 2015-1240 du 7 oct. 2015 est applicable à compter du 1er janv. 2016 (Décr. préc., art. 3).

Art. R. 135-12 (Abrogé par Décr. nº 2015-1240 du 7 oct. 2015, art. 1er-20º) ***La part du produit des contributions sociales mentionnées aux articles L. 136-6 et L. 136-7 et affectée au fonds de solidarité vieillesse ainsi que les recettes fiscales mentionnées au 2º de l'article L. 135-3 sont versées par l'État dans les conditions fixées par la convention prévue à l'article R. 135-13.*** – Cette abrogation issue du 20º de l'art. 1er du Décr. nº 2015-1240 du 7 oct. 2015 est applicable à compter du 1er janv. 2016 (Décr. préc., art. 3).

Art. R. 135-13 *(Décr. nº 2015-1240 du 7 oct. 2015, art. 1er-9º)* **Les modalités de versement des sommes constitutives des dépenses du fonds et les modalités de communication régulière des informations qui sont utiles à son activité sont déterminées par des conventions signées entre le fonds et les régimes, administrations ou services concernés.** – *Les dispositions du 9º de l'art. 1er issues du Décr. nº 2015-1240 du 7 oct. 2015 sont entrées en vigueur le 1er janv. 2016 (Décr. préc., art. 3).*

Art. R. 135-14 *(Décr. nº 93-1354 du 30 déc. 1993, art. 1er ; Décr. nº 99-898 du 22 oct. 1999)* **Les disponibilités excédant les besoins de trésorerie du fonds de solidarité vieillesse peuvent faire l'objet de placements en valeurs d'État et en valeurs garanties**

par l'État dans les conditions fixées par le ministre chargé de l'économie. *(Abrogé par Décr. n° 2015-1240 du 7 oct. 2015, art. 1er-10°)* ***« Le produit de ces placements est affecté au financement des dépenses incombant au fonds mentionnées au premier alinéa de l'article L. 135-1. »***

(Décr. n° 2009-882 du 21 juill. 2009, art. 4) **« Les disponibilités excédant les besoins de trésorerie peuvent également être déposées, suivant les modalités fixées par la convention prévue à l'article L. 225-1-3, auprès de l'Agence centrale des organismes de sécurité sociale. Elles sont alors productives d'intérêts. »**

(Décr. n° 2015-1240 du 7 oct. 2015, art. 1er-10°) **« Le produit de ces placements est affecté au financement des dépenses incombant au fonds mentionnées au premier alinéa de l'article L. 135-1. »**

Les dispositions du 10° de l'art. 1er issues du Décr. n° 2015-1240 du 7 oct. 2015 sont entrées en vigueur le 1er janv. 2016 (Décr. préc., art. 3).

SECTION II **DISPOSITIONS RELATIVES À CERTAINES DÉPENSES DU FONDS DE SOLIDARITÉ VIEILLESSE**

(Décr. n° 96-532 du 14 juin 1996, art. 4-1°)

Art. R. 135-15 (Abrogé par Décr. n° 2015-1240 du 7 oct. 2015, art. 1er-20°) (Décr. n° 93-1354 du 30 déc. 1993, art. 1er) ***Le versement forfaitaire résultant de l'application du a du 4° de l'article L. 135-2 est égal au produit, d'une part, du taux et de l'assiette de cotisations ci-après fixés, d'autre part, de 35 % de l'effectif moyen des personnes effectuant leur service national légal pour l'année en cause.***

Le taux de la cotisation mentionné à l'alinéa précédent est égal au taux cumulé de la cotisation patronale et salariale prévu à l'article R. 135-17 dans le régime général de sécurité sociale pour la couverture du risque vieillesse. Cette cotisation est assise sur une assiette forfaitaire égale, par mois, à (Décr. n° 96-532 du 14 juin 1996, art. 3-I) ***« 90 % »*** [à compter de l'exercice 1996] ***de la valeur de 169 fois le salaire horaire minimum de croissance prévu à l'article R. 135-17.***

Ce versement est réparti entre les régimes concernés au prorata du total de cotisants à chacun des régimes intéressés. Le nombre de cotisants est celui retenu par la commission prévue à l'article L. 134-1.

Cette abrogation issue du 20° de l'art. 1er du Décr. n° 2015-1240 du 7 oct. 2015 est applicable à compter du 1er janv. 2016 (Décr. préc., art. 3).

Art. R. 135-15-1 *(Décr. n° 2000-1159 du 30 nov. 2000, art. 23)* **Le versement forfaitaire résultant de l'application du** *(Décr. n° 2016-1188 du 1er sept. 2016, art. 2-3°)* **« 5° du I » de l'article L. 135-2 est égal au produit, d'une part, du taux et de l'assiette de cotisations ci-après fixés, d'autre part, de l'effectif réel des personnes effectuant un volontariat civil pour l'année en cause** *(Décr. n° 2015-1240 du 7 oct. 2015, art. 1er-11°)* **« notifié par les ministères concernés ».**

Le taux de cotisation mentionné à l'alinéa précédent est égal au taux cumulé de la cotisation patronale et salariale prévu à l'article R. 135-17 dans le régime général de sécurité sociale pour la couverture du risque vieillesse. Cette cotisation est assise sur une assiette forfaitaire *(Décr. n° 2015-1240 du 7 oct. 2015, art. 1er-11°)* **« annuelle » égale** *(Décr. n° 2015-1240 du 7 oct. 2015, art. 1er-11°)* **« à 90 % de la valeur de 1820 fois le montant du » salaire horaire minimum de croissance prévu à l'article R. 135-17.**

Ce versement est réparti entre les régimes concernés au prorata du total de cotisants à chacun des régimes intéressés. Le nombre de cotisants est celui retenu par la commission prévue à l'article *(Décr. n° 2016-1188 du 1er sept. 2016, art. 2-3°)* **« L. 114-3 ».**

Les dispositions du 11° de l'art. 1er issues du Décr. n° 2015-1240 du 7 oct. 2015 sont applicables à compter de l'exercice 2015 (Décr. préc., art. 3).

Art. R. 135-16 *(Décr. n° 93-1354 du 30 déc. 1993, art. 1er) (Décr. n° 2015-1240 du 7 oct. 2015, art. 1er-12°)* **« Les versements forfaitaires résultant de l'application** *(Décr. n° 2016-1188 du 1er sept. 2016, art. 2-4°)* **« des** *[du]* ***a*, en ce qui concerne les périodes mentionnées au 3° de l'article L. 351-3, du *b* et du *c* du 2° du I » de l'article L. 135-2 sont égaux aux produits », d'une part, du taux et de l'assiette de cotisations ci-après fixés, d'autre part, des effectifs des assurés** *(Décr. n° 2015-1240 du 7 oct. 2015, art. 1er-12°)* **« du régime général et du régime des salariés agricoles » ayant bénéficié des allo-**

cations *(Décr. nº 95-1056 du 21 sept. 1995, art. 1er-2º)* **« mentionnées »** *(Décr. nº 2015-1240 du 7 oct. 2015, art. 1er-12º ; Décr. nº 2016-1188 du 1er sept. 2016, art. 2-4º)* **« aux *b* et *c* du 2º du I de l'article précité ou inscrits comme chômeurs sans être indemnisés ».**

Les effectifs mentionnés à l'alinéa précédent correspondent à la moyenne de l'effectif constaté en fin de mois sur l'année selon les statistiques tenues par *(Décr. nº 2015-1240 du 7 oct. 2015, art. 1er-12º)* **« Pôle emploi ».**

Le taux de la cotisation mentionné au premier alinéa est égal au taux cumulé de la cotisation patronale et salariale prévu à l'article R. 135-17 en vigueur dans le régime général de sécurité sociale pour la couverture du risque vieillesse. Cette cotisation est assise sur une assiette forfaitaire *(Décr. nº 2015-1240 du 7 oct. 2015, art. 1er-12º)* **« annuelle » égale** *(Décr. nº 2015-1240 du 7 oct. 2015, art. 1er-12º)* **« à 90 % de la valeur de 1820 fois » le montant du salaire horaire minimum de croissance prévu à l'article R. 135-17.**

Le versement du fonds de solidarité vieillesse est réparti entre le régime général et le régime des salariés agricoles au prorata de leurs effectifs d'assurés bénéficiant des allocations mentionnées au premier alinéa et notifiés à chacun d'eux par *(Décr. nº 2015-1240 du 7 oct. 2015, art. 1er-12º)* **« Pôle emploi ».**

Les dispositions du 12º de l'art. 1er issues du Décr. nº 2015-1240 du 7 oct. 2015 sont applicables à compter de l'exercice 2015 (Décr. préc., art. 3).

Art. R. 135-16-1 *(Abrogé par Décr. nº 2016-1188 du 1er sept. 2016, art. 2-5º) (Décr. nº 95-1056 du 21 sept. 1995, art. 2)* ***« Le versement forfaitaire correspondant à la prise en compte par les régimes visés au 4º de l'article L. 135-2 des périodes de perception de l'allocation de préparation à la retraite mentionnée à l'article 125 de la loi de finances pour 1992 (nº 91-1322 du 30 décembre 1991) modifiée est égal au produit, d'une part, du taux et de l'assiette de cotisation ci-après fixés, d'autre part, des effectifs des assurés ayant bénéficié de cette allocation.***

« Les effectifs mentionnés à l'alinéa précédent correspondent à la moyenne de l'effectif constaté en fin de mois sur l'année selon les statistiques tenues par le ministère chargé des anciens combattants et victimes de guerre.

« Le taux et l'assiette de cotisation mentionnés au premier alinéa sont ceux fixés au troisième alinéa de l'article R. 135-16.

« Le versement du fonds de solidarité vieillesse est réparti entre le régime général, le régime des salariés agricoles et les régimes de retraite de base des artisans, commerçants et professions industrielles au prorata de leurs effectifs d'assurés bénéficiant de l'allocation mentionnée au premier alinéa et notifiés à chacun d'eux par le ministère chargé des anciens combattants et victimes de guerre. »

(Décr. nº 2015-1240 du 7 oct. 2015, art. 1er-13º ; Décr. nº 2016-1188 du 1er sept. 2016, art. 2-5º) **« Le versement forfaitaire résultant du *a* du 2º du I de l'article L. 135-2, concernant les périodes mentionnées au 8º de l'article L. 351-3, est égal à 81 % du produit, d'une part, du taux et de l'assiette mentionnés au troisième alinéa de l'article R. 135-16 et, d'autre part, des effectifs relevant de chaque régime concerné tels que définis au deuxième alinéa.**

« Les effectifs mentionnés au premier alinéa correspondent à l'effectif des stagiaires de la formation professionnelle constaté en fin d'année par l'Agence de services et de paiement et les régions, lorsque l'agence n'assure pas pour elles la gestion du dispositif. »

Les dispositions du 13º de l'art. 1er issues du Décr. nº 2015-1240 du 7 oct. 2015 sont applicables à compter de l'exercice 2015 (Décr. préc., art. 3).

Art. R. 135-16-2 (Abrogé par Décr. nº 2016-1188 du 1er sept. 2016, art. 2-6º) (Décr. nº 2001-496 du 11 juin 2001, art. 2) ***Le versement forfaitaire résultant de l'application du VII de l'article 15 de la loi nº 2000-1207 du 13 décembre 2000 d'orientation pour l'outre-mer est égal au produit, d'une part, du taux et de l'assiette de cotisations ci-après fixés, d'autre part, des effectifs des assurés ayant bénéficié des allocations de congé-solidarité.***

Les effectifs constatés à l'alinéa précédent correspondent à la moyenne de l'effectif constaté en fin de mois sur l'année selon les statistiques tenues par l'organisme gestionnaire de l'allocation de congé-solidarité mentionné au I de l'article 15 de la loi nº 2000-1207 du 13 décembre 2000 d'orientation pour l'outre-mer.

Le taux de la cotisation mentionné au premier alinéa est égal au taux cumulé de la cotisation patronale et salariale prévu à l'article R. 135-17 en vigueur dans le régime général de la sécurité sociale. Cette cotisation est assise sur une assiette forfaitaire égale par mois à 90 % de la valeur de 169 fois le montant du salaire horaire minimum de croissance prévu à l'article R. 135-17.

Le versement du fonds de solidarité vieillesse est réparti entre le régime général et le régime des salariés agricoles au prorata de leurs effectifs d'assurés bénéficiant de l'allocation mentionnée au premier alinéa et notifiés à chacun d'eux par l'organisme mentionné au deuxième alinéa du présent article.

Art. R. 135-16-3 *(Décr. n° 2011-370 du 4 avr. 2011)* **Le versement forfaitaire résultant, pour ce qui concerne les périodes** *(Décr. n° 2016-1188 du 1er sept. 2016, art. 2-7°)* **« mentionnées au 1° de l'article L. 351-3, » pendant lesquelles des assurés ont bénéficié de prestations maladie, maternité, accident du travail et maladie professionnelle, de l'application** *(Décr. n° 2016-1188 du 1er sept. 2016, art. 2-7°)* **« du *a* du 2° du I » de l'article L. 135-2 est égal au produit du montant résultant de l'application du taux de cotisation à l'assiette fixé à l'alinéa suivant par une fraction, fixée dans les conditions définies à l'article R. 135-16-7, du nombre total des journées indemnisées à ce titre** *(Décr. n° 2015-1240 du 7 oct. 2015, art. 1er-14°)* **« par chacun des régimes concernés » au cours de l'année en cause.**

Le taux de cotisation mentionné au premier alinéa est égal au taux cumulé de la cotisation patronale et salariale prévu à l'article R. 135-17 en vigueur dans le régime général de sécurité sociale pour la couverture du risque vieillesse. Cette cotisation est assise sur une assiette forfaitaire égale à 7 fois le montant du salaire horaire minimum de croissance prévu à l'article R. 135-17.

(Abrogé par Décr. n° 2015-1240 du 7 oct. 2015, art. 1er-14°) ***« Le versement du fonds de solidarité vieillesse est réparti entre les régimes concernés au prorata du nombre de journées indemnisées mentionnées au premier alinéa versées par chacun d'eux. »***

Les dispositions du 14° de l'art. 1er issues du Décr. n° 2015-1240 du 7 oct. 2015 sont entrées en vigueur le 1er janv. 2016 (Décr. préc., art. 3).

Art. R. 135-16-4 *(Décr. n° 2011-370 du 4 avr. 2011)* **Le versement forfaitaire résultant, pour ce qui concerne les périodes** *(Décr. n° 2016-1188 du 1er sept. 2016, art. 2-8°)* **« mentionnées au 1° de l'article L. 351-3, » pendant lesquelles des assurés ont perçu une pension au titre de l'invalidité, de l'application** *(Décr. n° 2016-1188 du 1er sept. 2016, art. 2-8°)* **« du *a* du 2° du I » de l'article L. 135-2 est égal au produit du montant résultant de l'application du taux de cotisation à l'assiette fixé à l'alinéa suivant par une fraction, fixée dans les conditions définies à l'article R. 135-16-7, des effectifs des assurés bénéficiant de cette prestation au 31 décembre de l'année en cause, selon les statistiques tenues par les régimes.**

Le taux de cotisation mentionné au premier alinéa est égal au taux cumulé de la cotisation patronale et salariale prévu à l'article R. 135-17 en vigueur dans le régime général de sécurité sociale pour la couverture du risque vieillesse. Cette cotisation est assise sur une assiette forfaitaire égale à 1 820 fois le montant du salaire horaire minimum de croissance prévu à l'article R. 135-17.

(Abrogé par Décr. n° 2015-1240 du 7 oct. 2015, art. 1er-15°) ***« Le versement du fonds de solidarité vieillesse est réparti entre les régimes concernés au prorata de leur effectif d'assurés bénéficiant de la prestation mentionnée au premier alinéa. »*** *— Cette abrogation issue du 15° de l'art. 1er du Décr. n° 2015-1240 du 7 oct. 2015 est applicable à compter du 1er janv. 2016 (Décr. préc., art. 3).*

Art. R. 135-16-5 *(Décr. n° 2011-370 du 4 avr. 2011)* **Le versement forfaitaire résultant, pour ce qui concerne les périodes** *(Décr. n° 2016-1188 du 1er sept. 2016, art. 2-9°)* **« mentionnées au 1° de l'article L. 351-3, » pendant lesquelles des assurés ont perçu une rente au titre d'un accident du travail ou d'une maladie professionnelle, de l'application** *(Décr. n° 2016-1188 du 1er sept. 2016, art. 2-9°)* **« du *a* du 2° du I » de l'article L. 135-2 est égal au produit du montant résultant de l'application du taux de cotisation à l'assiette fixé à l'alinéa suivant par une fraction, fixée dans les conditions définies à l'article R. 135-16-7, des effectifs des assurés ayant bénéficié** *(Décr. n° 2015-1240 du 7 oct. 2015, art. 1er-16°)* **« dans chacun des régimes concernés », au cours de**

l'année en cause, de ces prestations pour une incapacité permanente dont le taux est au moins égal à celui qui est fixé par l'article R. 351-12 ou en application de l'article L. 634-2.

Les effectifs mentionnés à l'alinéa précédent correspondent à la moyenne des effectifs des bénéficiaires constatés chaque mois au cours de l'année selon les statistiques tenues par les régimes.

Le taux de cotisation mentionné au premier alinéa est égal au taux cumulé de la cotisation patronale et salariale prévu à l'article R. 135-17 en vigueur dans le régime général de sécurité sociale pour la couverture du risque vieillesse. Cette cotisation est assise sur une assiette forfaitaire égale à 1 820 fois le montant du salaire horaire minimum de croissance prévu à l'article R. 135-17.

(Abrogé par Décr. n° 2015-1240 du 7 oct. 2015, art. 1er-16°) ***« Le versement du fonds de solidarité vieillesse est réparti entre les régimes concernés au prorata de leurs effectifs d'assurés bénéficiant des prestations mentionnées au premier alinéa. »***

Les dispositions du 16° de l'art. 1er issues du Décr. n° 2015-1240 du 7 oct. 2015 sont entrées en vigueur le 1er janv. 2016 (Décr. préc., art. 3).

Art. R. 135-16-6 *(Décr. n° 2011-370 du 4 avr. 2011, en vigueur le 1er janv. 2012)* Le versement forfaitaire résultant, pour ce qui concerne la prise en compte des indemnités maternité dans le salaire de base mentionné à l'article L. 351-1, de l'application *(Décr. n° 2016-1188 du 1er sept. 2016, art. 2-10°)* « du 7° du I » de l'article L. 135-2 est égal au produit du taux de cotisation fixé à l'alinéa suivant par une fraction, fixée dans les conditions définies à l'article R. 135-16-7, du montant total des journées indemnisées comptabilisées *(Décr. n° 2015-1240 du 7 oct. 2015, art. 1er-17°)* « dans chacun des régimes concernés » à ce titre au cours de l'année en cause.

Le taux de la cotisation mentionné au premier alinéa est égal au taux cumulé de la cotisation patronale et salariale prévu à l'article R. 135-17 en vigueur dans le régime général de sécurité sociale pour la couverture du risque vieillesse.

(Abrogé par Décr. n° 2015-1240 du 7 oct. 2015, art. 1er-17°) ***« Le versement du fonds de solidarité vieillesse est réparti entre les régimes concernés au prorata du montant des journées indemnisées mentionnées au premier alinéa versé par chacun d'eux. »***

Pour le calcul du premier versement annuel à la charge du fonds de solidarité vieillesse en application de l'art. R. 135-16-6, seules sont prises en compte les journées indemnisées au titre de congés de maternité ayant débuté à compter du 1er janv. 2012 (Décr. n° 2011-370 du 4 avr. 2011, art. 5-II).

Les dispositions du 17° de l'art. 1er issues du Décr. n° 2015-1240 du 7 oct. 2015 sont entrées en vigueur le 1er janv. 2016 (Décr. préc., art. 3).

Art. R. 135-16-7 *(Décr. n° 2011-370 du 4 avr. 2011)* Les fractions mentionnées aux articles R. 135-16-3 à R. 135-16-5 sont fixées par arrêté des ministres chargés de la sécurité sociale et du budget en fonction, pour chaque catégorie de prestation concernée, du nombre de trimestres validés à ce titre par les régimes au cours de l'année en cause, dans la limite de 75 %.

La fraction mentionnée à l'article R. 135-16-6 est fixée par arrêté des ministres chargés de la sécurité sociale et du budget en fonction de la proportion des indemnités maternité qui sont effectivement retenues dans le calcul du salaire de base mentionné à l'article L. 351-1.

Art. R. 135-16-8 *(Décr. n° 2011-370 du 4 avr. 2011)* La Caisse nationale de l'assurance maladie des travailleurs salariés *(Décr. n° 2015-1240 du 7 oct. 2015, art. 1er-18°)* « transmet au fonds de solidarité vieillesse et à la Caisse nationale d'assurance vieillesse des travailleurs salariés » les données statistiques et comptables dont la prise en compte *(Décr. n° 2015-1240 du 7 oct. 2015, art. 1er-18°)* « est nécessaire » pour l'application des articles R. 135-16-3 à R. 135-16-6.

Les modalités de transmission *(Abrogé par Décr. n° 2015-1240 du 7 oct. 2015, art. 1er-18°)* ***« par les caisses et de contrôle par le fonds »*** de ces données sont fixées par des conventions conclues entre les caisses *(Décr. n° 2015-1240 du 7 oct. 2015, art. 1er-18°)* « mentionnées à l'alinéa précédent ».

Les dispositions du 18° de l'art. 1er issues du Décr. n° 2015-1240 du 7 oct. 2015 sont entrées en vigueur le 1er janv. 2016 (Décr. préc., art. 3).

Art. R. 135-17 *(Décr. n° 93-1354 du 30 déc. 1993, art. 1er)* Le taux de la cotisation des assurances sociales affecté au risque vieillesse dans le régime général et le salaire horaire minimum de croissance à prendre en considération pour la détermination des versements prévus aux *(Décr. n° 2011-370 du 4 avr. 2011)* « articles de la présente section » correspondent aux valeurs moyennes de l'année de versement.

SECTION III *[ABROGÉE]* FONDS DE RÉSERVE

(Abrogée par Décr. n° 2001-1214 du 19 déc. 2001, art. 2-3°)

CHAPITRE V *BIS* FONDS DE RÉSERVE POUR LES RETRAITES

SECTION PREMIÈRE DISPOSITIONS RELATIVES À L'ORGANISATION ET À LA GESTION DU FONDS DE RÉSERVE POUR LES RETRAITES

(Décr. n° 2001-1214 du 19 déc. 2001)

Art. R. 135-18 Le Fonds de réserve pour les retraites est placé sous la tutelle du ministre chargé de la sécurité sociale, du ministre chargé de l'économie et du ministre chargé du budget.

Art. R. 135-19 I. — Le conseil de surveillance est composé comme suit :

1° Deux membres de l'Assemblée nationale et deux membres du Sénat ou leurs suppléants ;

2° Cinq représentants des assurés sociaux ou leurs suppléants désignés par les organisations syndicales de salariés interprofessionnelles représentatives au plan national, à raison de :

– un par la Confédération générale du travail ;
– un par la Confédération générale du travail-Force ouvrière ;
– un par la Confédération française démocratique du travail ;
– un par la Confédération française des travailleurs chrétiens ;
– un par la Confédération française de l'encadrement-CGC ;

3° Cinq représentants des employeurs et travailleurs indépendants ou leurs suppléants désignés par les organisations professionnelles d'employeurs et de travailleurs indépendants représentatives, à raison de :

– *(Décr. n° 2002-394 du 22 mars 2002)* « trois par le Mouvement des entreprises de France ; »
– un par la Confédération générale des petites et moyennes entreprises ;
– *(Décr. n° 2002-394 du 22 mars 2002)* « un par l'Union professionnelle artisanale ; »

4° Deux représentants du ministre chargé de la sécurité sociale ou leurs suppléants, nommés par arrêté du ministre chargé de la sécurité sociale ;

5° Un représentant du ministre chargé de l'économie ou son suppléant, nommés par arrêté du ministre chargé de l'économie ;

6° Un représentant du ministre chargé du budget ou son suppléant, nommés par arrêté du ministre chargé du budget ;

7° Deux personnes qualifiées dans les domaines relevant des missions du Fonds de réserve pour les retraites, désignées à raison de :

– une par le ministre chargé de la sécurité sociale ;
– une par le ministre chargé de l'économie et le ministre chargé du budget.

Le président du conseil de surveillance du Fonds de réserve pour les retraites est nommé par décret parmi ses membres. *(Décr. n° 2002-394 du 22 mars 2002)* « Le conseil de surveillance élit deux vice-présidents parmi ses membres. »

Les membres du conseil de surveillance mentionnés aux 2°, 3° et 7° sont désignés pour une durée de six ans renouvelable par moitié. En cas de démission, d'empêchement ou de décès d'un membre ou d'un suppléant, un membre ou un suppléant est désigné en remplacement pour la durée du mandat à courir.

A titre transitoire, par dérogation à la première phrase de l'alinéa précédent et pour la première désignation, la moitié des membres du conseil de surveillance mentionnés aux 2°, 3° et 7° est désignée pour une durée de trois ans renouvelable. La liste des membres concernés est établie par tirage au sort.

(Décr. n° 2003-1202 du 18 déc. 2003) « II. — Les fonctions de membre du conseil de surveillance autres que celle de président sont assurées à titre gratuit.

« Une indemnité de fonction, fixée par arrêté du ministre chargé de la sécurité sociale, du ministre chargé de l'économie et du ministre chargé du budget, est attribuée au président du conseil de surveillance.

« Les fonctions de membre du conseil de surveillance ouvrent droit aux indemnités et frais de déplacement et de séjour dans les conditions prévues par le décret n° 2006-781 du 3 juillet 2006. »

Art. R. 135-20 I. – Le conseil de surveillance a pour rôle :

1° De fixer, sur proposition du directoire, les orientations générales de la politique de placement des actifs du fonds, conformément au troisième alinéa de l'article L. 135-8 ;

2° De désigner les commissaires aux comptes mentionnés à l'article L. 135-12 ;

3° De contrôler les résultats du fonds ;

4° D'arrêter le compte financier du fonds après avoir entendu l'agent comptable ;

5° D'établir un rapport annuel public sur la gestion du fonds.

II. – Les délibérations du conseil de surveillance mentionnées aux 1° et 2° du I ci-dessus sont exécutoires de plein droit.

Les délibérations du conseil de surveillance visées aux 3° et 4° sont exécutoires dans les conditions prévues à l'article R. 135-26.

III. – En vue de la fixation par le conseil de surveillance des orientations générales de la politique de placement des actifs du fonds, le directoire présente au conseil de surveillance une analyse de l'évolution des marchés d'instruments financiers au cours des douze derniers mois au regard des tendances de long terme et, compte tenu de l'horizon de placement et des recettes attendues, propose une répartition des placements par catégorie d'instruments financiers tenant compte du portefeuille détenu, des critères de rendement et de risque et du principe de prudence.

Dans le cas prévu au quatrième alinéa de l'article L. 135-8, le directoire met en œuvre les mesures nécessaires à la gestion du fonds et peut, si les circonstances l'exigent, s'écarter des dernières orientations fixées par le conseil de surveillance afin de renforcer la sécurité des placements du fonds. Il informe le conseil de surveillance des décisions prises.

Art. R. 135-21 Le conseil de surveillance se réunit au moins deux fois par an sur convocation de son président. La convocation est de droit lorsqu'elle est demandée par l'un des ministres chargés de la tutelle de l'établissement.

Le président fixe l'ordre du jour. Le président ou le conseil de surveillance peuvent demander au directoire une proposition d'orientations générales de la politique de placement des actifs du fonds.

Le conseil de surveillance ne peut valablement délibérer que si la moitié au moins de ses membres assistent à la séance.

Si ce quorum n'est pas atteint, le conseil est à nouveau convoqué avec le même ordre du jour dans un délai maximal de vingt jours et délibère alors valablement quel que soit le nombre des membres présents.

Les délibérations du conseil de surveillance sont adoptées à la majorité simple des membres qui le composent lorsque la moitié au moins de ses membres assistent à la séance, et à la majorité simple des membres présents dans le cas contraire.

Le président a voix prépondérante en cas d'égalité des suffrages.

Le conseil de surveillance adopte les dispositions du règlement intérieur relatives à son fonctionnement. Ces dispositions ne sont exécutoires qu'après avoir été approuvées par la tutelle.

Les membres du directoire, l'agent comptable et le *(Décr. n° 2012-1247 du 7 nov. 2012, art. 2, en vigueur le 1er janv. 2013)* « contrôleur budgétaire » de l'établissement assistent, avec voix consultative, aux délibérations du conseil de surveillance. Le conseil peut entendre toute personne dont il estime l'audition utile à son information.

Il est établi un procès-verbal de chaque séance, signé par le président. Les procès-verbaux sont communiqués aux autorités de tutelle dans les quinze jours qui suivent la réunion du conseil de surveillance.

Art. R. 135-22 Le directoire dirige l'établissement et est responsable de son bon fonctionnement. Il exerce toutes les compétences qui ne sont pas attribuées à une autre autorité, et notamment :

1° Il propose au conseil de surveillance des orientations générales de la politique de placement des actifs du fonds, dans le respect des règles fixées à l'article R. 135-29 ;

2° Il met en œuvre les orientations générales de la politique de placement, en contrôle le respect par ses mandataires, et en rend compte au moins tous les six mois au conseil de surveillance ;

3° Il établit les cahiers des charges des appels d'offres visés à l'article L. 135-10 ;

4° Il nomme les personnalités qualifiées, membres du comité de sélection des gérants prévu au I de l'article R. 135-27 ;

5° Il sélectionne les *(Décr. nº 2009-1431 du 20 nov. 2009, art. 1er)* « prestataires » assurant la gestion de portefeuille pour compte de tiers *(Décr. nº 2009-1431 du 20 nov. 2009, art. 1er)* « mentionnés » à l'article L. 135-10 ;

6° Il conclut au nom du fonds toute convention et en contrôle le respect ;

7° Il établit le budget de gestion administrative et de gestion technique du fonds ;

8° Il exécute le budget du fonds ;

9° Il soumet le compte financier du fonds au conseil de surveillance ;

10° Il recrute le personnel de l'établissement et a autorité sur lui ;

11° Il élabore le règlement intérieur du fonds, à l'exception des dispositions portant sur le fonctionnement du conseil de surveillance ;

12° Il assure le secrétariat du conseil de surveillance.

Les conventions mentionnées au 6° ci-dessus sont communiquées aux autorités de tutelle dans les quinze jours qui suivent leur conclusion.

Les délibérations visées aux 4°, 7° et 11° sont exécutoires dans les conditions prévues à l'article R. 135-26.

Art. R. 135-23 Le président du directoire représente le fonds en justice et dans tous les actes de la vie civile. Il agit en justice sur mandat du directoire. Il signe les marchés et les conventions. Le président du directoire est l'ordonnateur des dépenses et des recettes du fonds. Il vise le compte financier. Il peut déléguer sa signature, dans les conditions déterminées par le règlement intérieur visé à l'article R. 135-22.

En cas de vacance provisoire de l'emploi de président du directoire ou d'empêchement de celui-ci, ses fonctions sont exercées par un des deux autres membres nommé par décret.

Les activités des membres du directoire, autres que celles du président, sont exclusives de toute autre activité. Elles donnent lieu à rémunération.

Art. R. 135-24 La gestion administrative mentionnée à l'article L. 135-10, qui est exercée sous l'autorité du directoire, comprend :

– le secrétariat des organes du fonds, la fourniture d'une assistance juridique, comptable et budgétaire ;

– la préparation des appels d'offres en vue de la sélection des *(Décr. nº 2009-1431 du 20 nov. 2009, art. 1er)* « prestataires » assurant la gestion de portefeuille pour compte de tiers *(Décr. nº 2009-1431 du 20 nov. 2009, art. 1er)* « mentionnés » à l'article L. 135-10 ;

– la gestion courante de la trésorerie du fonds qui ne peut être assurée par les *(Décr. nº 2009-1431 du 20 nov. 2009, art. 1er)* « prestataires mentionnés » à l'alinéa précédent ;

– la préparation des propositions du directoire au conseil de surveillance sur les orientations générales de la politique de placement du fonds ;

– le service de conservation prévu au 1° de l'article L. 321-2 du code monétaire et financier ;

– le contrôle de l'exécution des mandats visés à l'article L. 135-10.

Une convention entre l'établissement et la Caisse des dépôts organise la gestion administrative du fonds. Elle précise notamment les différents moyens affectés par la caisse en vue de l'exercice de cette mission. Une fois devenue exécutoire dans les conditions prévues à l'article R. 135-26, cette convention est communiquée aux membres du conseil de surveillance.

Art. R. 135-25 Les modalités de versement des recettes prévues à l'article L. 135-7 sont déterminées par des conventions signées respectivement :

– entre le Fonds de réserve pour les retraites et l'État ;

– entre le Fonds de réserve pour les retraites et l'Agence centrale des organismes de sécurité sociale ;

– entre le Fonds de réserve pour les retraites et la Caisse des dépôts et consignations.

Ces conventions précisent notamment les pièces justificatives qui doivent être communiquées au fonds ainsi que les modalités et la périodicité de versement des recettes.

Art. R. 135-26 I. – Les délibérations du conseil de surveillance visées aux 3° et 4° de l'article R. 135-20, les délibérations du directoire visées aux 4°, 7° et 11° de l'article R. 135-22 et la convention visée au dernier alinéa de l'article R. 135-24 sont exécutoires, à défaut d'approbation expresse déjà notifiée, à l'expiration d'un délai d'un mois à compter de la réception par le ministre chargé de la sécurité sociale, le ministre chargé de l'économie et des finances des délibérations et des documents correspondants, à moins que l'un de ces ministres n'y fasse opposition.

Lorsque l'une de ces autorités demande par écrit des informations ou des documents complémentaires, le délai d'un mois est suspendu jusqu'à la production de ces informations ou documents.

II. – Les actes pris par le directoire en application du quatrième alinéa de l'article L. 135-8 sont soumis aux dispositions du I ci-dessus sous réserve des adaptations suivantes :

1° Le contrôle porte uniquement sur la légalité ;

2° Le délai d'un mois mentionné au I est réduit à une semaine.

Art. R. 135-27 I. – *(Décr. n° 2009-1431 du 20 nov. 2009, art. 2)* « Il est créé un comité de sélection des gérants chargé du dépouillement et de l'analyse des offres pour l'attribution des mandats prévus à l'article L. 135-10. Il est consulté par le directoire sur les cahiers des charges des appels d'offres. Il lui est fait rapport sur l'exécution des mandats. Il est également consulté sur les décisions de gestion financière prévues par le cinquième alinéa de l'article L. 135-10. Il lui est fait rapport sur la mise en œuvre de ces décisions. » Outre son président, ce comité est composé de quatre personnalités qualifiées nommées par le directoire. Le président du comité de sélection des gérants est un membre du directoire du fonds, autre que le président du directoire.

II. – Le directoire ou un de ses membres désigné à cet effet peut se faire assister pour le contrôle des procédures et des opérations effectuées pour le compte du fonds par les *(Décr. n° 2009-1431 du 20 nov. 2009, art. 1er)* « prestataires » assurant la gestion de portefeuille pour compte de tiers *(Décr. n° 2009-1431 du 20 nov. 2009, art. 1er)* « mentionnés » à l'article L. 135-10.

III. – *Al. abrogé par Décr. n° 2005-1762 du 30 déc. 2005.*

(Décr. n° 2005-1762 du 30 déc. 2005) « Par dérogation aux dispositions de l'article 133 du code des marchés publics et au I de l'article 3 du décret n° 2004-1299 du 26 novembre 2004 pris pour son application, le fonds peut décider de ne pas soumettre, pour avis, les projets de marchés de gestion qu'il passe en application de l'article L. 135-10 du présent code à la commission des marchés publics de l'État. »

(Décr. n° 2003-1202 du 18 déc. 2003, art. 2) « Par dérogation aux dispositions de l'article 119 du code des marchés publics, le fonds peut décider de soumettre, pour avis, les projets de marchés de gestion qu'il passe en application de l'article L. 135-10 du présent code aux commissions spécialisées des marchés. »

Art. R. 135-28 *(Décr. n° 2012-1247 du 7 nov. 2012, art. 42-8°, en vigueur le 1er janv. 2013)* « I. – Le fonds est soumis aux dispositions des titres Ier et III du décret n° 2012-1246 du 7 novembre 2012 relatif à la gestion budgétaire et comptable publique. »

II. – L'agent comptable du fonds est nommé par arrêté conjoint des ministres chargés de la sécurité sociale et du budget.

III. – Le budget du Fonds de réserve pour les retraites pour chaque année est arrêté avant le 30 novembre de l'année précédente. Les frais relatifs à la conservation des instruments financiers et à la gestion financière sont inscrits pour un montant évaluatif. – *Les I et II deviennent respectivement II et III (Décr. n° 2012-1247 du 7 nov. 2012, art. 42-8°).*

Al. abrogé par Décr. n° 2005-1762 du 30 déc. 2005.

(Abrogé par Décr. n° 2012-1247 du 7 nov. 2012, art. 42-8°, à compter du 1er janv. 2013) *« III. – Le Fonds de réserve pour les retraites est soumis au contrôle financier de l'État dans les conditions prévues par le décret du 25 octobre 1935 organisant le contrôle financier des offices et des établissements publics autonomes de l'État. Les modalités d'exercice de ce*

contrôle sont fixées par arrêté du ministre chargé de l'économie et des finances. Le fonds est dispensé de contribution aux frais de contrôle. »

IV. – La Caisse des dépôts et consignations perçoit des frais de gestion à hauteur des dépenses exposées pour l'exercice de la mission qu'elle assure conformément à l'article R. 135-24. Ces frais sont à la charge du fonds.

Art. R. 135-29 *I à IV. – Abrogés par Décr. n° 2011-950 du 10 août 2011. – V. Arr. du 10 août 2011 relatif au Fonds de réserve pour les retraites (JO 12 août).*

(Abrogé par Décr. n° 2011-950 du 10 août 2011) « V. – » Les droits de vote sont exercés par les mandataires du fonds dans les seuls intérêts du fonds.

VI. – Abrogé par Décr. n° 2011-950 du 10 août 2011. – V. Arr. susvisé.

CHAPITRE VII **RECETTES DIVERSES**

(Décr. n° 97-635 du 31 mai 1997)

Art. R. 137-1 (Abrogé par Décr. n° 2016-272 du 4 mars 2016, art. 1er-1°) (Décr. n° 2007-1811 du 21 déc. 2007, art. 1er) ***Le versement prévu au deuxième alinéa de l'article L. 137-7 du présent code est accompagné de l'envoi à l'organisme de recouvrement d'une déclaration conforme à un modèle fixé par arrêté du ministre chargé de la sécurité sociale.***

L'obligation de déclaration subsiste même si aucune prime, cotisation, fraction de prime ou de cotisation d'assurance n'a été émise au cours du bimestre civil. Dans ce cas, la déclaration est envoyée avec la mention "néant".

Art. R. 137-2 *(Décr. n° 2002-657 du 29 avr. 2002)* Le représentant désigné par les organismes d'assurances et assimilés mentionnés à l'article *(Décr. n° 2007-1811 du 21 déc. 2007, art. 3)* « L. 138-22 » est le représentant agréé par le *(Décr. n° 2014-551 du 27 mai 2014, art. 28-4°)* « directeur départemental ou, le cas échéant, régional des finances publiques », conformément à l'article 1004 *bis*du code général des impôts. *(Abrogé par Décr. n° 2007-1811 du 21 déc. 2007, art. 3)* ***« Il s'engage personnellement vis-à-vis du directeur de l'Agence centrale des organismes de sécurité sociale à payer la contribution mentionnée aux articles L. 137-6 à L. 137-9, ainsi que, le cas échéant, les pénalités et majorations y afférentes, dues par l'organisme qu'il représente. »*** Chaque année, la *(Décr. n° 2014-551 du 27 mai 2014, art. 28-4°)* « direction générale des finances publiques » communique à l'Agence centrale des organismes de sécurité sociale la liste à jour de ces représentants agréés.

Ces représentants sont tenus de présenter *(Abrogé par Décr. n° 2007-1811 du 21 déc. 2007, art. 3)* ***« aux agents de l'Agence centrale des organismes de sécurité sociale chargés de contrôler l'application de la législation relative aux recettes recouvrées directement par cet organisme, ainsi qu' »*** aux inspecteurs du recouvrement visés à l'article R. 243-59 du présent code, le registre prévu par l'article 1004 *bis* du code général des impôts.

Les art. R. 137-2 à R. 137-13 sont abrogés. L'art. R. 137-14 devient l'art. R. 137-2 (Décr. n° 2007-1811 du 21 déc. 2007, art. 2).

Les dispositions du Décr. n° 2007-1811 du 21 déc. 2007 entrent en vigueur le 1er janv. 2008 (Décr. préc. du 21 déc. 2007, art. 6).

Art. R. 137-3 *(Décr. n° 2012-24 du 6 janv. 2012, art. 1er)* Dans les deux mois suivant la création du régime de retraite supplémentaire à prestations définies mentionné à l'article L. 137-11, l'employeur indique l'option qu'il choisit pour le recouvrement et le versement de la contribution établie par l'article L. 137-11. Cette déclaration est adressée, par tout moyen permettant de lui donner date certaine, à l'organisme de recouvrement auquel le siège social de l'entreprise est tenu de verser les cotisations de sécurité sociale au titre des rémunérations versées à son personnel ou, si le siège social est établi hors de France, à l'organisme dont relève l'établissement qu'il a désigné à cet effet et auprès duquel ce dernier doit verser des cotisations de sécurité sociale au titre des rémunérations versées à son personnel.

Cette déclaration mentionne les catégories de salariés concernées, le nom de l'organisme payeur des rentes, la nature différentielle, additive ou mixte du régime à prestations définies mis en place, la période de clôture de l'exercice social de l'entreprise.

L'employeur joint à ces informations les statuts et règlements de ce régime.

Toute modification du régime doit donner lieu à une rectification des informations communiquées lors de l'exercice de l'option et cette rectification doit être transmise, dans les deux mois suivant cette modification, à l'organisme de recouvrement.

L'employeur informe, dans le même délai de deux mois, l'organisme payeur des rentes de l'option exercée.

A défaut de déclaration de l'option dans le délai prévu au premier alinéa, l'employeur est soumis, en application des dispositions du II de l'article L. 137-11, au versement des deux contributions mentionnées au I de cet article jusqu'à la date de clôture de l'exercice social de l'entreprise suivant la date à laquelle l'employeur a formulé son option. Dans ce cas, l'employeur et l'organisme payeur de la rente sont respectivement tenus au versement de la contribution mentionnée au 2° du I et au 1° du I de l'article L. 137-11.

Art. R. 137-4 *(Décr. nº 2012-24 du 6 janv. 2012, art. 2)* I. — En cas d'option pour l'assiette prévue au 1° du I de l'article L. 137-11, l'organisme payeur déclare et verse pour le compte de l'employeur, le cas échéant, par prélèvement sur le ou les fonds collectifs prévus au contrat le liant à l'employeur, la contribution dans les conditions prévues aux articles R. 243-29 et R. 243-30 ou R. 741-80 et R. 741-81 du code rural et de la pêche maritime. Il communique à l'employeur, par tout moyen permettant de constater la réception de ladite communication, à l'issue de chaque année civile et au plus tard le 31 janvier de l'année suivante, un document mentionnant le montant des rentes versées par bénéficiaire et des contributions correspondantes acquittées au titre de l'année précédente ou, le cas échéant, l'indication de l'absence de versement de rentes. Une copie de ce document est adressée à l'organisme de recouvrement mentionné à l'article R. 137-3.

L'organisme payeur de la rente s'acquitte pour le compte de l'employeur de la contribution mentionnée au II *bis* de l'article L. 137-11 due sur le montant des rentes versées au cours d'une année civile en même temps que la contribution mentionnée à l'article L. 136-1 due sur le dernier versement de rente de l'année concernée dans les conditions prévues aux articles R. 243-29 et R. 243-30 ou R. 741-80 et R. 741-81 du code rural et de la pêche maritime.

II. — En cas d'option pour l'assiette prévue au *a* du 2° du I de l'article L. 137-11, la contribution est versée par l'employeur au plus tard à la première date d'exigibilité des cotisations de sécurité sociale dues sur les rémunérations de ses salariés suivant la date de versement des primes à l'organisme payeur de la rente ou, pour le régime agricole, au plus tard à la date de versement des cotisations sociales prévue à l'article R. 741-6 du code rural et de la pêche maritime suivant la date du versement des primes.

En cas d'option pour l'assiette au *b* du 2° du I de l'article L. 137-11, la contribution est versée par l'employeur au plus tard à la première date d'exigibilité des cotisations de sécurité sociale dues sur les rémunérations de ses salariés suivant la date de clôture de l'exercice social de l'entreprise, ou, pour le régime agricole, au plus tard à la date de versement des cotisations sociales prévue à l'article R. 741-6 du code rural et de la pêche maritime suivant la date de clôture de l'exercice social de l'entreprise.

L'employeur remplit les obligations relatives à la déclaration et au versement des contributions auprès de l'organisme de recouvrement mentionné à l'article R. 137-3.

Art. R. 137-5 *(Décr. nº 2012-24 du 6 janv. 2012, art. 2)* Pendant la période durant laquelle l'employeur, qui fait l'objet d'une procédure collective prévue au livre VI du code de commerce, n'est plus autorisé à alimenter le ou les fonds mentionnés au premier alinéa de l'article R. 137-4, l'organisme payeur de la rente n'est tenu au versement des contributions mentionnées au 1° du I et au II *bis* de l'article L. 137-11 que dans la limite des sommes disponibles sur le ou les fonds précités.

Art. R. 137-6 *(Décr. nº 2012-24 du 6 janv. 2012, art. 2)* L'organisme chargé du versement des rentes déclare et acquitte la contribution mentionnée à l'article L. 137-11-1 dans les conditions prévues aux articles R. 243-29 et R. 243-30 ou R. 741-80 et R. 741-81 du code rural.

Art. R. 137-7 à R. 137-13 *Abrogés par Décr. nº 2007-1811 du 21 déc. 2007, art. 2.*

CHAPITRE VIII CONTRIBUTIONS À LA CHARGE DES ÉTABLISSEMENTS DE VENTE EN GROS DE SPÉCIALITÉS PHARMACEUTIQUES ET DES ENTREPRISES ASSURANT L'EXPLOITATION D'UNE OU DE PLUSIEURS SPÉCIALITÉS PHARMACEUTIQUES AU SENS DE L'ARTICLE L. 5124-1 DU CODE DE LA SANTÉ PUBLIQUE

(Décr. nº 2001-154 du 16 févr. 2001)

SECTION PREMIÈRE CONTRIBUTION À LA CHARGE DES ÉTABLISSEMENTS DE VENTE EN GROS DE SPÉCIALITÉS PHARMACEUTIQUES

Art. R. 138-1 *(Abrogé par Décr. nº 2013-935 du 18 oct. 2013, art. 1er-1º) (Décr. nº 2004-726 du 19 juill. 2004, art. 1er) « I. — Les entreprises mentionnées à l'article L. 138-1 doivent remettre à l'(Décr. nº 2005-335 du 8 avr. 2005) « union de recouvrement des cotisations de sécurité sociale et d'allocations familiales désignée à cet effet » au plus tard le 15 février la déclaration conforme à un modèle fixé par arrêté du ministre chargé de la sécurité sociale permettant de déterminer le chiffre d'affaires réalisé au cours de l'année civile précédente. »*

Al. 2 et 3 abrogés par Décr. nº 2005-335 du 8 avr. 2005.

(Décr. nº 2004-726 du 19 juill. 2004, art. 1er) « II. — Le chiffre d'affaires défini au *(Décr. nº 2015-234 du 27 févr. 2015, art. 2-I-1º)* « cinquième » alinéa de l'article L. 138-2 pris en compte au titre de la première année incomplète d'activité est égal au produit du chiffre d'affaires effectif réalisé au cours de cette année par le rapport de trois cent soixante jours sur le nombre de jours d'activité, chaque mois complet d'activité correspondant à trente jours. »

Art. R. 138-2 *(Décr. nº 2015-234 du 27 févr. 2015, art. 1er)* I. — Les entreprises mentionnées à l'article L. 138-9-1 sont tenues de remettre au Comité économique des produits de santé, avant le 1er mars de chaque année, une déclaration conforme à un modèle fixé par arrêté des ministres chargés de la santé et de la sécurité sociale et téléchargeable sur le site internet du comité. La déclaration est effectuée par voie électronique à l'adresse indiquée sur le site. L'accusé de réception de la déclaration est également émis par voie électronique. — *V. Arr. du 3 mars 2015 (JO 5 mars).*

II. — La déclaration comporte pour l'année civile précédente et pour les spécialités mentionnées au premier alinéa de l'article L. 138-9-1 vendues aux pharmacies d'officine :

1º Les montants totaux des chiffres d'affaires hors taxes réalisés en France, au titre des ventes de chaque spécialité ;

2º Le nombre total d'unités de conditionnement fournies pour chaque spécialité ;

3º Les montants totaux des remises, ristournes et avantages commerciaux et financiers assimilés de toute nature, y compris les rémunérations de service prévues à l'article L. 441-7 du code de commerce, consentis au titre des ventes de chaque spécialité aux officines de pharmacie.

III. — Pour chaque spécialité concernée, le chiffre d'affaires hors taxes mentionné au 1º du II correspond au nombre d'unités de conditionnement fournies multiplié par le prix fabricant hors taxes en vigueur à la date de facturation à l'officine.

IV. — Lorsque les rémunérations de services prévues à l'article L. 441-7 du code de commerce concernent plusieurs spécialités pharmaceutiques et que la comptabilité de l'entreprise ne permet pas d'isoler les sommes afférentes à chaque spécialité mentionnée au premier alinéa de l'article L. 138-9-1, le montant à déclarer pour chacune de ces spécialités est calculé au prorata du montant du chiffre d'affaires hors taxes réalisé en France de chaque spécialité concernée.

La déclaration prévue à l'art. ci-dessus comporte, au titre de l'année 2014, les éléments prévus à cet art. en distinguant, pour chacun des éléments déclarés, la période du 1er janv. au 31 août 2014 et celle du 1er sept. au 31 déc. 2014.

Par dérogation au I du même art., cette même déclaration est effectuée avant le 1er mai 2015 (Décr. nº 2015-234 du 27 févr. 2015, art. 3).

Art. R. 138-3 *(Décr. nº 2015-234 du 27 févr. 2015, art. 1er)* I. — Lorsque le Comité économique des produits de santé envisage de prononcer la pénalité prévue au deuxième alinéa de l'article L. 138-9-1, il en informe le fournisseur concerné par tout moyen permettant d'en établir la date de réception, en lui précisant les motifs pour lesquels une pénalité est envisagée. Dans le délai d'un mois suivant la réception de cette information, le fournisseur peut rectifier sa déclaration, adresser ses observations écrites au comité ou demander à être entendu par lui.

Le fournisseur concerné est tenu de déclarer dans le même délai au Comité économique des produits de santé les éléments de son chiffre d'affaires nécessaires à la détermination du plafond de la pénalité mentionnée.

Le Comité économique des produits de santé notifie sa décision au fournisseur concerné par tout moyen permettant d'en établir la date de réception. Lorsque cette décision prononce une pénalité, elle en motive le principe et le montant et indique également le délai de règlement ainsi que les voies et délais de recours. Le comité communique sa décision à l'organisme de recouvrement compétent.

Dans un délai d'un mois à compter de la notification, le fournisseur s'acquitte de la pénalité auprès de l'agent comptable de l'organisme de recouvrement compétent.

II. – Les deux premiers alinéas de l'article L. 137-3 et l'article L. 137-4 sont applicables au recouvrement de cette pénalité. L'agent comptable de l'organisme de recouvrement compétent informe le Comité économique des produits de santé des montants perçus.

III. – Les dispositions du présent article sont applicables à la pénalité pour méconnaissance de l'obligation de déclaration dématérialisée prévue au dernier alinéa de l'article L. 138-9-1.

Art. R. 138-4 *à* R. 138-9 *Abrogés par Décr. n° 2005-335 du 8 avr. 2005.*

SECTION II CONTRIBUTION À LA CHARGE DES ENTREPRISES ASSURANT L'EXPLOITATION D'UNE OU DE PLUSIEURS SPÉCIALITÉS PHARMACEUTIQUES AU SENS DE L'ARTICLE L. 5124-1 DU CODE DE LA SANTÉ PUBLIQUE

Art. R. 138-10 *(Décr. n° 2004-726 du 19 juill. 2004, art. 2-I)* « Les entreprises redevables de la contribution mentionnée à l'article L. 138-10 sont tenues de remettre à l'*(Décr. n° 2005-335 du 8 avr. 2005)* « union de recouvrement des cotisations de sécurité sociale et d'allocations familiales désignée à cet effet la déclaration », conforme à un modèle fixé par arrêté du ministre chargé de la sécurité sociale, permettant de déterminer le chiffre d'affaires réalisé au cours de l'année au titre de laquelle la contribution est due, avant *(Décr. n° 2013-935 du 18 oct. 2013, art. 1er-2°)* « le 1 er mars » de l'année suivante.

« Les éléments déclaratifs servant de base à l'établissement de la part de la contribution mentionnée au *c* de l'article L. 138-11 sont ceux prévus pour l'établissement de la contribution mentionnée à l'article L. 245-1 *(Décr. n° 2013-935 du 18 oct. 2013, art. 1er-2°)* « donnant lieu aux versements effectués au 1er mars de l'année suivant celle » au titre de laquelle la contribution prévue à l'article L. 138-10 est due. »

Al. 3 et 4 abrogés par Décr. n° 2005-335 du 8 avr. 2005.

Art. R. 138-11 *à* R. 138-18 *Abrogés par Décr. n° 2005-335 du 8 avr. 2005.*

CHAPITRE VIII *BIS* DISPOSITIONS COMMUNES AUX CONTRIBUTIONS RECOUVRÉES PAR LES ORGANISMES DE RECOUVREMENT DU RÉGIME GÉNÉRAL

(Décr. n° 2005-335 du 8 avr. 2005)

Art. R. 138-19 *(Décr. n° 2013-935 du 18 oct. 2013, art. 1er-3°)* Les entreprises redevables d'une ou plusieurs des contributions définies aux articles L. 138-1, L. 245-1, L. 245-5-1 *(Décr. n° 2015-1058 du 24 août 2015, art. 1er-II-1°, en vigueur le 1er janv. 2016)* « , L. 245-5-5-1 » et L. 245-6 remettent à l'union de recouvrement des cotisations de sécurité sociale et d'allocations familiales compétente une déclaration conforme à un modèle fixé par arrêté du ministre chargé de la sécurité sociale, au plus tard à la date fixée pour le versement de la régularisation annuelle de chacune de ces contributions.

Art. R. 138-20 La désignation par le directeur de l'Agence centrale des organismes de sécurité sociale des organismes mentionnés à l'article L. 213-1 du code de la sécurité sociale est publiée au *Bulletin officiel* du ministère en charge de la sécurité sociale.

Art. R. 138-21 Les règles, sanctions et garanties prévues pour le recouvrement des cotisations du régime général assises sur les rémunérations sont applicables au recouvrement et au contrôle des contributions mentionnées à l'article L. 138-20, sous réserve des dispositions des articles R. 138-22 à R. 138-24.

Art. R. 138-22 Le défaut de production, dans les délais prescrits, des documents relatifs aux contributions mentionnées à l'article L. 138-20 entraîne une pénalité de 750 €. Si le retard excède un mois, une pénalité identique est automatiquement appliquée pour chaque mois ou fraction de mois de retard.

Une pénalité de 750 € est également encourue en cas d'inexactitude de la déclaration produite. Ces pénalités peuvent faire l'objet d'une demande gracieuse de réduction ou de remise selon les modalités prévues aux articles R. 243-19-1 et R. 243-20.

Art. R. 138-23 Lorsque les déclarations des contributions mentionnées à l'article L. 138-20 n'ont pas été produites dans les délais prescrits ou sont manifestement erronées, le montant de leur produit peut être fixé par l'union de recouvrement des cotisations de sécurité sociale et d'allocations familiales désignée à cet effet :

a) Pour la contribution à la charge des entreprises assurant l'exploitation d'une ou plusieurs spécialités pharmaceutiques par référence à l'article L. 138-16 ;

b) Pour les autres contributions, en fonction des versements effectués au titre des exercices antérieurs ou, à défaut, par tous autres moyens.

Art. R. 138-24 La majoration de retard applicable aux contributions qui n'ont pas été versées aux dates limites d'exigibilité est celle prévue à l'article R. 243-18.

Art. R. 138-24-1 *(Décr. n° 2015-1058 du 24 août 2015, art. 2, en vigueur le 1er janv. 2016)* I. – Les entreprises redevables des contributions mentionnées à l'article L. 138-20 sont tenues d'effectuer par voie dématérialisée les déclarations et les versements afférents à ces contributions, quel que soit le montant des contributions dont elles sont redevables.

II. – Le mode de paiement dématérialisé des contributions mentionnées à l'article L. 138-20 est le virement bancaire. L'ordre de virement doit être accompagné des références permettant notamment l'identification du redevable ainsi que celle de la période au titre de laquelle le versement de la ou des contributions est dû. Ces références doivent être conformes à la codification indiquée par l'organisme en charge du recouvrement.

Art. R. 138-24-2 *(Décr. n° 2015-1058 du 24 août 2015, art. 2, en vigueur le 1er janv. 2016)* La méconnaissance de l'obligation de déclaration ou de versement par voie dématérialisée dans les conditions prévues aux I et II de l'article R. 138-24-1 entraîne l'application d'une majoration de 0,2 % des contributions dont la déclaration a été effectuée par une autre voie que la voie dématérialisée ou dont le versement a été effectué selon un autre mode de paiement que le virement bancaire.

CHAPITRE VIII *TER* PÉNALITÉS

(Décr. n° 2009-560 du 20 mai 2009)

SECTION PREMIÈRE *[ABROGÉE]* EMPLOI DES SÉNIORS

(Abrogé par Décr. n° 2013-222 du 15 mars 2013, art. 3)

Art. R. 138-25 à R. 138-31 *Abrogés par Décr. n° 2013-222 du 15 mars 2013, art. 3.*

SECTION II ACCORDS EN FAVEUR DE LA PRÉVENTION DE LA PÉNIBILITÉ

(Décr. n° 2011-823 du 7 juill. 2011, art. 1er, en vigueur le 1er janv. 2012)

SOUS-SECTION 1 PROCÉDURE

Art. R. 138-32 à R. 138-35 *Abrogés par Décr. n° 2014-1158 du 9 oct. 2014, art. 4, à compter du 1er janv. 2015. — Les art. R. 138-33 à R. 138-35 deviennent respectivement les art. R. 4163-4 à R. 4163-6 C. trav. à compter du 1er janv. 2015 (Décr. n° 2014-1158 du 9 oct. 2014, art. 2-II).*

SOUS-SECTION 2 PÉNALITÉ

Art. R. 138-36 et R. 138-37 *Abrogés par Décr. n° 2014-1158 du 9 oct. 2014, art. 2-III, à compter du 1er janv. 2015. — Les art. R. 138-36 et R. 138-37 deviennent respectivement les art. R. 4163-7 et R. 4163-8 C. trav. à compter du 1er janv. 2015 (Décr. n° 2014-1158 du 9 oct. 2014, art. 2-III).*

CHAPITRE IX *[ABROGÉ]* RÉPARTITION DE RESSOURCES ENTRE LES RÉGIMES OBLIGATOIRES D'ASSURANCE MALADIE

(Abrogé par Décr. n° 2016-1212 du 9 sept. 2016, art. 8-II)

Art. R. 139-1 (Décr. n° 2008-1247 du 1er déc. 2008) ***A l'exception de la Caisse nationale d'assurance maladie, tout organisme national gestionnaire d'un régime obligatoire d'assurance maladie qui estime pouvoir bénéficier de la majoration de contributions sociales prévue par le troisième alinéa de l'article L. 139-1 adresse sa demande au président de la commission de répartition de la contribution sociale généralisée.***

Cette demande doit parvenir au président de la commission, par lettre recommandée avec accusé de réception, avant le 31 octobre de l'année qui précède celle pour laquelle la majoration est demandée.

Elle est accompagnée des éléments justifiant les montants de l'assiette des cotisations d'assurance maladie du régime demandeur, pour les quatre années qui précèdent celle de la demande et sur la base des comptes des exercices clos. Ces montants distinguent les revenus d'activité et les revenus de remplacement.

Les dispositions issues du Décr. n° 2016-1212 du 9 sept. 2016 s'appliquent à compter de l'exercice 2016 (Décr. préc., art. 12).

Art. R. 139-2 (Décr. n° 2008-1247 du 1er déc. 2008) ***Le président de la commission de répartition de la contribution sociale généralisée instruit la demande.***

Après consultation de la commission, il transmet les éléments du dossier et une proposition de décision au ministre chargé de la sécurité sociale et au ministre chargé du budget.

Cette transmission doit être effectuée avant la fin de l'année qui précède celle pour laquelle la majoration est demandée. — V. note ss. art. R. 139-1.

Art. R. 139-3 (Décr. n° 2008-1247 du 1er déc. 2008) ***Le montant de contributions sociales attribué au régime demandeur est majoré, selon les modalités prévues à l'article R. 139-4 :***

a) Si le taux d'accroissement de l'assiette des cotisations d'assurance maladie du régime demandeur, entre la première et la dernière des quatre années qui précèdent celle de la demande, est supérieur au taux d'accroissement, sur la même période, des sommes attribuées à l'ensemble des régimes en application du deuxième alinéa de l'article L. 139-1 ;

b) Et si aucune majoration de même nature n'a été obtenue par le régime demandeur pour l'année qui précède celle de la demande. — V. note ss. art. R. 139-1.

Art. R. 139-4 (Décr. n° 2008-1247 du 1er déc. 2008) ***Le montant majoré est obtenu :***

— en calculant le montant fictif de cotisations qui aurait été obtenu, au titre de l'année qui précède celle de la demande, en appliquant les taux figurant à l'arrêté mentionné à l'article R. 139-5 aux revenus d'activité et de remplacement qui constituent, pour cette année, l'assiette des cotisations d'assurance maladie ;

— en remplaçant fictivement, pour cette même année, le montant de contributions sociales effectivement attribué au régime par ce nouveau montant, s'il lui est supérieur ;

– en actualisant ce montant fictif au titre des deux années suivantes, dans les mêmes proportions que celles retenues, au titre de ces deux années, pour la réactualisation opérée en application du deuxième alinéa de l'article L. 139-1.

La somme ainsi obtenue constitue le nouveau montant attribué au régime demandeur pour l'année qui suit celle de la demande. – V. note ss. art. R. 139-1.

Art. R. 139-5 (Décr. nº 2008-1247 du 1er déc. 2008) *Un arrêté du ministre chargé de la sécurité sociale et du ministre chargé du budget indique, pour chacun des régimes obligatoires d'assurance maladie à l'exception du régime général, en distinguant la nature des revenus, les diminutions de taux de cotisation d'assurance maladie intervenues au 1er janvier 1997 et au 1er janvier 1998 en substitution de l'affectation des contributions sociales mentionnées à l'article L. 136-8.* – V. note ss. art. R. 139-1.

TITRE QUATRIÈME EXPERTISE MÉDICALE — CONTENTIEUX — PÉNALITÉS

CHAPITRE PREMIER EXPERTISE MÉDICALE

Art. R. 141-1 *(Décr. nº 86-658 du 18 mars 1986, art. 1er)* **Les contestations mentionnées à l'article L. 141-1 sont soumises à un médecin expert désigné, d'un commun accord, par le médecin traitant et le médecin-conseil ou, à défaut d'accord dans le délai d'un mois à compter de la contestation, par le directeur** *(Décr. nº 2010-344 du 31 mars 2010, art. 270)* **« général de l'agence régionale de santé » ; celui-ci avise immédiatement la caisse de la désignation de l'expert.** *(Décr. nº 88-421 du 20 avr. 1988, art. 1er ; Décr. nº 2010-344 du 31 mars 2010, art. 270)* **« Dans le cas où l'expert est désigné par le directeur général de l'agence régionale de santé, il ne peut être choisi que » parmi les médecins inscrits, sous la rubrique Experts spécialisés en matière de sécurité sociale, sur les listes dressées en application de l'article 2 de la loi nº 71-498 du 29 juin 1971 et de l'article 1er du décret** *(Décr. nº 2006-546 du 12 mai 2006)* **« nº 2004-1463 du 23 décembre 2004 » relatifs aux experts judiciaires.**

(Décr. nº 88-421 du 20 avr. 1988, art. 2) **« Lorsque la contestation porte sur le diagnostic ou le traitement d'une affection relevant de l'une des disciplines mentionnées par le règlement de qualification prévu** *(Décr. nº 2006-546 du 12 mai 2006)* **« au 4º de l'article R. 4127-79 du code de la santé publique », l'expert est, dans tous les cas, choisi parmi les médecins spécialistes ou compétents pour l'affection considérée. »**

(Abrogé par Décr. nº 2010-344 du 31 mars 2010, art. 270) « Toutefois, pour les catégories de cas déterminés par un arrêté conjoint du ministre chargé de la sécurité sociale, du ministre chargé de l'agriculture et du ministre chargé du budget, les contestations sont soumises à un comité de trois médecins, comprenant le médecin expert, le médecin-conseil de la caisse primaire ou de la caisse régionale d'assurance maladie ou de la caisse de mutualité sociale agricole et le médecin traitant. »

Les fonctions d'expert ne peuvent être remplies par le médecin qui a soigné le malade ou la victime, un médecin attaché à l'entreprise *(Décr. nº 2010-344 du 31 mars 2010, art. 270)* **« ou le médecin-conseil de la caisse primaire d'assurance maladie, de la Caisse d'assurance retraite et de la santé au travail, de la caisse de base du régime social des indépendants » ou de la caisse de mutualité sociale agricole.**

1. Désignation de l'expert. (Médecin ayant antérieurement pratiqué un examen spécialisé). Un médecin intervenu antérieurement pour un examen spécialisé en qualité de consultant peut être désigné pour procéder à une expertise technique, dès lors qu'il n'appartient à aucune des catégories de praticiens dont la désignation entraîne la nullité de l'expertise (V. al. 4) et qu'il n'est pas allégué que, préalablement à l'exécution de sa mission, sa désignation a été mise en cause en raison d'une circonstance pouvant faire douter de son impartialité. • Soc. 14 juin 1989 : *Bull. civ. V, nº 455 ; RJS 1989, nº 726.* ♦ ***(Médecin généraliste).*** Après avoir relevé que la caisse n'avait pas contesté la désignation d'un médecin généraliste par le jugement du 21 juin 1993, c'est dans l'exercice de son pouvoir d'appréciation que la cour d'appel a décidé qu'une nouvelle mesure d'instruction, confiée à un spécialiste, s'avérait inutile. • Soc. 9 mai 1996 : *RJS 1996, nº 850.*

2. Désignation de l'expert par le juge (non). Le juge ne peut désigner lui-même le médecin-expert. Il n'entre dans ses pouvoirs que de fixer l'étendue de sa mission. • Civ. 2e, 21 juin 2005, nº 04-30.335 P : *D. 2005. IR 1964 ; RJS 2005, nº 1047.* ♦ V. aussi • Soc. 13 févr. 1997, nº 94-13.851 P : *D. 1997. 77* ; *RJS 1997, nº 333.* ♦ V. pour une absence d'accord • Soc. 22 mars 1989 : *Bull. civ. V, nº 243 ; D. 1990. Somm. 192, obs. Prétot* .

3. Médecin traitant. Le médecin traitant, qui n'est pas nécessairement le praticien habituel de l'assuré, est celui qui assure le suivi thérapeutique de l'affection ou de l'accident concerné par le litige. Il se distingue du médecin occasionnel, simplement consulté par l'assuré. • Paris, 26 févr. 1998 : *RJS 1998, nº 1589.*

Art. R. 141-2 L'expertise prévue à l'article R. 141-1 est pratiquée soit à la demande de la victime d'un accident du travail ou d'une maladie professionnelle, soit sur l'initiative de la caisse primaire *(Décr. nº 2010-344 du 31 mars 2010, art. 270)* « d'assurance maladie ou de la Caisse d'assurance retraite et de la santé au travail ». La victime peut toujours, même lorsque la matérialité de l'accident est contestée, requérir une expertise médicale. La caisse doit y faire procéder lorsque la contestation dont elle est saisie porte sur une question d'ordre médical.

(Décr. nº 2006-546 du 12 mai 2006) « En matière d'assurance maladie et d'assurance des accidents du travail et des maladies professionnelles, les contestations relatives à l'état du malade ou à sa prise en charge thérapeutique s'entendent également des contestations concernant les affections de longue durée mentionnées à l'article L. 324-1 et de celles relatives aux affections relevant du protocole de soins mentionné à l'article L. 432-4-1. » *(Décr. nº 88-421 du 20 avr. 1988, art. 3)* « L'expertise prévue ci-dessus est effectuée à la demande de l'assuré ou de la caisse. » Cette demande doit être présentée dans le délai d'un mois à compter de la date de la décision contestée.

Le malade ou la victime qui requiert une expertise présente une demande écrite, précisant l'objet de la contestation et indiquant le nom et l'adresse de son médecin traitant. Cette demande est adressée par lettre recommandée ou déposée contre récépissé au guichet de la caisse.

En vue de la désignation du médecin expert, le service du contrôle médical de la caisse est tenu de se mettre en rapport avec le médecin traitant dans les trois jours qui suivent :

1° Soit la date où est apparue une contestation d'ordre médical ;

2° Soit la réception de la demande d'expertise formulée par la victime ;

3° Soit la notification du jugement prescrivant l'expertise.

Art. R. 141-3 Dès qu'elle est informée de la désignation du médecin expert, la caisse établit un protocole mentionnant obligatoirement :

1° L'avis du médecin traitant nommément désigné ;

2° L'avis du médecin-conseil ;

3° Lorsque l'expertise est demandée par le malade ou la victime, les motifs invoqués à l'appui de la demande ;

4° La mission confiée à l'expert ou au comité et l'énoncé précis des questions qui lui sont posées.

La caisse adresse au médecin expert la demande d'expertise obligatoirement accompagnée de ce protocole, par pli recommandé avec demande d'avis de réception.

Mentions obligatoires du protocole. Si le protocole doit mentionner l'avis du médecin traitant, encore faut-il qu'un tel avis ait été exprimé, dès lors qu'il est établi qu'il a été sollicité. • Soc. 9 mars 2000, nº 98-20.601 P : *RJS 2000, nº 458.* ♦ Toutes les mentions prévues au protocole sont substantielles et leur omission entraîne la nullité de l'expertise. • Civ. 2e, 12 juin 1963 : *Bull. civ. II, nº 444.*

Art. R. 141-4 Le médecin expert *(Abrogé par Décr. nº 2010-344 du 31 mars 2010, art. 270)* « *, ou le comité,* » informe immédiatement le malade ou la victime des lieu, date et heure de l'examen. Dans le cas où l'expertise est confiée à un seul médecin expert, celui-ci doit aviser le médecin traitant et le médecin-conseil qui peuvent assister à l'expertise.

Le médecin expert *(Abrogé par Décr. nº 2010-344 du 31 mars 2010, art. 270)* « *ou le comité* » procède à l'examen du malade ou de la victime, dans les cinq jours suivant la réception du protocole mentionné ci-dessus, au cabinet de l'expert ou à la résidence du malade ou de la victime si ceux-ci ne peuvent se déplacer.

Le médecin expert *(Abrogé par Décr. nº 2010-344 du 31 mars 2010, art. 270)* « *ou le comité* » établit immédiatement les conclusions motivées en double exemplaire et

adresse, dans un délai maximum de quarante-huit heures, l'un des exemplaires à la victime de l'accident du travail ou de la maladie professionnelle, l'autre au service du contrôle médical de la Caisse d'assurance maladie.

En ce qui concerne les bénéficiaires de l'assurance maladie, les conclusions sont communiquées dans le même délai au médecin traitant et à la caisse.

Le rapport du médecin expert ou du comité comporte : le rappel du protocole mentionné ci-dessus, l'exposé des constatations qu'il a faites au cours de son examen, la discussion des points qui lui ont été soumis et les conclusions motivées mentionnées aux alinéas précédents.

Le médecin expert *(Abrogé par Décr. nº 2010-344 du 31 mars 2010, art. 270)* ***« ou le comité »*** **dépose son rapport au service du contrôle médical avant l'expiration du délai d'un mois à compter de la date à laquelle ledit expert a reçu le protocole, à défaut de quoi il est pourvu au remplacement de l'expert à moins qu'en raison des circonstances particulières à l'expertise, la prolongation de ce délai n'ait été obtenue.**

La caisse adresse immédiatement une copie intégrale du rapport soit à la victime de l'accident du travail ou de la maladie professionnelle, soit au médecin traitant du malade.

1. Assistance d'un autre médecin. La présence à l'expertise d'un médecin autre que le médecin traitant ayant contribué à la désignation de l'expert est une cause de nullité de l'expertise. • Paris, 26 févr. 1998 : *RJS 1998, nº 1589.*

2. Délais d'examen. Les brefs délais fixés par les art. R. 141-1 s. étant seulement indicatifs de l'urgence de la procédure, leur observation, sauf violation des droits de la défense, n'est pas prescrite à peine de nullité de l'expertise. • Soc. 13 déc. 1990, nº 88-16.477 P : *RJS 1991, nº 255* (à propos du délai de l'art. R. 141-4, al. 2).

3. Caractère équitable. Ne présente pas le caractère équitable requis par l'art. 6, § 1, Conv. EDH la procédure dans laquelle, alors que le recours à l'avis d'un expert médical constitue un élément de preuve essentiel, le requérant n'a pas eu la possibilité de présenter des observations sur la teneur et les conclusions du rapport de l'expert avant le dépôt de celui-ci et a, par le fait même, été privé de la possibilité de commenter cet élément de preuve essentiel. • CEDH 18 mars 1997 : *RJS 1998, nº 120 ; D. 1997. Somm. 361, obs. Pérez.*

4. Secret médical. Si le secret médical, institué dans l'intérêt des patients, s'impose à tout médecin dans les conditions établies par la loi et lui fait obligation de protéger contre toute indiscrétion les documents médicaux concernant les personnes qu'il a soignées ou examinées, une expertise médicale, qui, en ce qu'elle ressortit à un domaine technique échappant à la connaissance des juges, est susceptible d'influencer leur appréciation des faits, constitue un élément de preuve essentiel qui doit pouvoir être débattu par les parties ; il en résulte que le secret médical ne saurait être opposé à un médecin expert appelé à éclairer le juge sur les conditions d'attribution d'une prestation sociale, ce praticien, lui-même tenu au respect de cette règle, ne pouvant communiquer les documents médicaux examinés par lui aux parties et ayant pour mission d'établir un rapport ne révélant que les éléments de nature à apporter la réponse aux questions posées et excluant, hors de ces limites, ce qu'il a pu connaître à l'occasion de l'expertise. • Civ. 2e, 22 nov. 2007, nº 06-18.250 P : *Dr. soc. 2008. 260, note Savatier ; JCP S 2008, nº 1281, note Tauran ; D. 2008. 506, note Penneau.*

5. Irrégularités : omission de convocation. La convocation à l'expertise technique du médecin traitant et du médecin conseil de la caisse constitue une formalité substantielle destinée à garantir les droits de la défense ; son omission ne peut qu'entraîner l'annulation de l'expertise technique et la mise en œuvre d'une nouvelle dans les mêmes formes : • Soc. 12 juill. 1988 : *Bull. civ. V, nº 440.* ♦ Mais le défaut de mention d'une convocation du médecin traitant dans le rapport n'implique pas que cette formalité ait été omise : • Soc. 5 juin 1985 : *Bull. civ. V, nº 328.* ♦ ... ***Défaut de communication.*** Lorsque l'expert a omis de faire connaître au médecin traitant ses conclusions motivées préalablement à la rédaction de son rapport, le principe du contradictoire n'est pas respecté et la procédure n'est pas équitable. • Civ. 2e, 14 sept. 2006, nº 04-30.798 P : *RJS 2006, nº 1225 ; D. 2006. IR 2349.* ♦ L'obligation imposée à la caisse d'adresser une copie intégrale du rapport d'expertise à la victime de l'accident du travail a nécessairement une sanction. • Soc. 8 mars 2001, nº 99-14.044 P : *RJS 2001, nº 1217 ; TPS 2001. Comm. 192, obs. Prétot.* ♦ V. aussi la censure de la décision de la CA dont il ne ressort pas que les conclusions motivées du médecin expert ont été communiquées, préalablement au dépôt de son rapport, dans un délai maximum de quarante-huit heures, à la victime, qui le contestait, ou à son médecin traitant. • Civ. 2e, 20 sept. 2012 : *JCP S 2012, nº 1502, note Asquinazi-Bailleux ; CSBP 2012. 345, note Pansier.* ♦ Pour un cas d'injonction de communication : aucune disposition ne prévoyant que le rapport d'expertise technique doit être communiqué par la caisse à l'assuré et la juridiction saisie ayant la faculté d'enjoindre à la caisse de produire le rapport litigieux, les juges du fond ne sauraient ordonner une nouvelle expertise au motif que le rapport n'a pas été communiqué à l'assuré et que la caisse s'est abstenue de le verser aux débats. • Soc. 2 juill. 1992, n° 90-13.515 P : *RJS 1992, n° 1163* (étranger aux accidents du travail). ♦ *... Exigence de motivation.* Le tribunal ne peut fonder sa décision sur les conclusions de l'expert dès lors que celles-ci ne comportent aucune motivation. • Soc. 25 juin 1998, n° 96-17.842 P : *RJS 1998, n° 1295.*

Art. R. 141-5 **La caisse doit prendre une décision et la notifier au malade ou à la victime dans un délai maximum de quinze jours suivant la réception des conclusions motivées.**

Art. R. 141-6 **La décision de la caisse, prise à la suite de l'avis de l'expert ou du comité, est exécutoire par provision, nonobstant toute contestation.**

Art. R. 141-7 *Al. 1er abrogé par Décr. n° 88-678 du 6 mai 1988, art. 4.*

Les honoraires dus au médecin expert à l'occasion des examens prévus à l'article R. 141-1 ainsi que ses frais de déplacement sont réglés d'après le tarif fixé par un arrêté du ministre chargé de la sécurité sociale et du ministre chargé du budget. — *V. Arr. du 6 juin 1963 (JO 22 juin).*

Le même arrêté fixe le tarif des honoraires, ainsi que des frais de déplacement dus au médecin traitant en matière d'accident du travail ou de maladie professionnelle. Il en est de même en matière d'assurance maladie lorsque le médecin traitant fait partie du comité mentionné à l'article R. 141-1.

Ces dépenses sont à la charge de la caisse primaire *(Décr. n° 2010-344 du 31 mars 2010, art. 270)* **« d'assurance maladie, de la Caisse d'assurance retraite et de la santé au travail, de la caisse de base du régime social des indépendants » ou de la caisse de mutualité sociale agricole. Toutefois, la caisse intéressée peut demander à la juridiction compétente de mettre à la charge du malade ou de la victime tout ou partie des honoraires et frais correspondant aux examens et expertises prescrits à sa requête lorsque sa contestation est manifestement abusive.**

Art. R. 141-8 **En cas de litiges relatifs aux soins dentaires ou à la prothèse dentaire, les dispositions mentionnant les médecins sont applicables aux praticiens en matière dentaire.**

Art. R. 141-9 **L'arrêté mentionné au deuxième alinéa de l'article L. 141-3 est pris par le ministre chargé de la sécurité sociale.** — *V. Arr. du 17 déc. 1959 (D. 1960. 42 ; Rect. 163 ; BLD 1960. 100 ; Rect. 334).*

Art. R. 141-10 **Un arrêté du ministre chargé de la sécurité sociale et du ministre chargé de l'agriculture fixera en tant que de besoin les modalités d'application du présent chapitre.**

CHAPITRE II CONTENTIEUX GÉNÉRAL ET TECHNIQUE DE LA SÉCURITE SOCIALE ET CONTENTIEUX DE L'ADMISSION À L'AIDE SOCIALE *(Décr. n° 2018-928 du 29 oct. 2018, art. 2, en vigueur le 1er janv. 2019).*

Les sections IV, V et VI anciennes du présent chap. II, dans leurs rédactions antérieures au Décr. n° 2018-928 du 29 oct. 2018, sont consultables en ligne, V. Dalloz.fr et applications mobiles Dalloz.

SECTION PREMIÈRE DISPOSITIONS GÉNÉRALES

Art. R. 142-1-A *(Décr. n° 2018-928 du 29 oct. 2018, art. 2, en vigueur le 1er janv. 2019)* **I. — Sous réserve des dispositions particulières prévues par la section II du présent chapitre et des autres dispositions législatives ou réglementaires applicables, la motivation des décisions prises par les autorités administratives et les organismes de sécurité sociale***[,]* **ainsi que les recours préalables mentionnés aux articles L. 142-4 et L. 142-5 du présent code, sont régis par les dispositions du code des relations du public avec l'administration. Ces décisions sont notifiées aux intéressées** *[intéressés]* **par tout moyen conférant date certaine à la notification.**

II. — Sous réserve des dispositions particulières prévues par le présent chapitre, les demandes portées devant les juridictions spécialement désignées en application des

articles L. 211-16, L. 311-15 et L. 311-16 du code de l'organisation judiciaire sont formées, instruites et jugées, au fond comme en référé, selon les dispositions du code de procédure civile.

III. — S'il n'en est disposé autrement, le délai de recours préalable et le délai de recours contentieux sont de deux mois à compter de la notification de la décision contestée. Ces délais ne sont opposables qu'à la condition d'avoir été mentionnés, ainsi que les voies de recours, dans la notification de la décision contestée ou, en cas de décision implicite, dans l'accusé de réception de la demande.

SECTION II RECOURS PRÉALABLE OBLIGATOIRE *(Décr. nº 2018-928 du 29 oct. 2018, art. 2, en vigueur le 1er janv. 2019).*

BIBL. ▶ BASCOU et RANC, Faut-il supprimer la commission de recours amiable des URSSAF, Réflexions... propositions, *Gaz. Pal., 11 mai 2001, nº 131, p. 15.* - PETIT, Décisions des organismes de sécurité sociale, *RJS 03/2002, p. 212.* - TAQUET, A quoi sert la commission de recours amiable dans le contentieux URSSAF ?, *SSL 2001, nº 1028, p. 6* ; Nature de la commission de recours amiable, *JCP E 2005, nº 1852* ; La Commission de recours amiable dans le contentieux URSSAF : entre réalités et perspectives, *RDSS 2017. 539*.

SOUS-SECTION 1 RECOURS ADMINISTRATIF PRÉALABLE OBLIGATOIRE MENTIONNÉ À L'ARTICLE L. 142-4 *(Décr. nº 2018-928 du 29 oct. 2018, art. 2, en vigueur le 1er janv. 2019).*

Art. R. 142-1 Les réclamations relevant de l'article *(Décr. nº 2018-928 du 29 oct. 2018, art. 2, en vigueur le 1er janv. 2019)* « L. 142-4 » formées contre les décisions prises par les organismes de sécurité sociale et de mutualité sociale agricole de salariés ou de non-salariés sont soumises à une commission de recours amiable composée et constituée au sein *(Décr. nº 2018-199 du 23 mars 2018, art. 4)* « du conseil, du conseil d'administration ou de l'instance régionale » de chaque organisme.

Cette commission doit être saisie dans le délai de deux mois à compter de la notification de la décision contre laquelle les intéressés entendent former une réclamation. *(Abrogé par Décr. nº 2018-928 du 29 oct. 2018, art. 2, à compter du 1er janv. 2019)* ***« La forclusion ne peut être opposée aux intéressés que si cette notification porte mention de ce délai. »***

(Abrogé par Décr. nº 2016-941 du 8 juill. 2016, art. 4) (Décr. nº 2006-1591 du 13 déc. 2006, art. 2-III) ***« Toutefois, les contestations formées à l'encontre des décisions prises par les organismes chargés du recouvrement des cotisations, des majorations et des pénalités de retard doivent être présentées à la commission de recours amiable dans un délai d'un mois à compter de la notification de la mise en demeure. »*** *— Les dispositions issues de l'art. 4 du Décr. nº 2016-941 du 8 juill. 2016 s'appliquent aux mises en demeure notifiées à compter du 1er janv. 2017 (Décr. préc., art. 37-III).*

Les dispositions du Décr. nº 2018-199 du 23 mars 2018 sont applicables à compter de la prochaine désignation des membres des commissions de recours amiable et au plus tard le 31 mars 2019.

Jusqu'à cette désignation, les commissions de recours amiable des organismes du régime général se réunissent dans la formation suivante :

1º Deux administrateurs ou conseillers de l'organisme choisis parmi les représentants des assurés sociaux ;

2º Deux administrateurs ou conseillers de l'organisme choisis parmi les représentants des employeurs et des travailleurs indépendants (Décr. préc., art. 5-I).

Sur les exceptions à l'application du droit des usagers de saisir l'administration par voie électronique concernant les démarches effectuées auprès des organismes de sécurité sociale, V. CRPA, App., vº Saisine par voie électronique — Exceptions. — **CRPA.**

Ancien art. R. 142-1 ***Les réclamations relevant de l'article L. 142-1 formées contre les décisions prises par les organismes de sécurité sociale et de mutualité sociale agricole de salariés ou de non-salariés sont soumises à une commission de recours amiable composée et constituée au sein du conseil d'administration de chaque organisme.***

Cette commission doit être saisie dans le délai de deux mois à compter de la notification de la décision contre laquelle les intéressés entendent former une réclamation. La forclusion ne peut être opposée aux intéressés que si cette notification porte mention de ce délai.

(Abrogé par Décr. n° 2016-941 du 8 juill. 2016, art. 4) (Décr. n° 2006-1591 du 13 déc. 2006, art. 2-III) *« Toutefois, les contestations formées à l'encontre des décisions prises par les organismes chargés du recouvrement des cotisations, des majorations et des pénalités de retard* (Abrogé par Décr. n° 2012-1032 du 7 sept. 2012, art. 4-I) *« ainsi que par les organismes d'assurance maladie en ce qui concerne le recouvrement des indus prévus à l'article L. 133-4 et des pénalités financières prévues à l'article L. 162-1-14 » doivent être présentées » à la commission de recours amiable dans un délai d'un mois à compter de la notification de la mise en demeure. »* — Les dispositions issues de l'art. 4 du Décr. n° 2016-941 du 8 juill. 2016 s'appliquent aux mises en demeure notifiées à compter du 1er janv. 2017 (Décr. préc., art. 37-III).

Sur les exceptions à l'application du droit des usagers de saisir l'administration par voie électronique concernant les démarches effectuées auprès des organismes de sécurité sociale, V. CRPA, App., v° Saisine par voie électronique — Exceptions. — **CRPA**.

I. CARACTÈRE NON JURIDICTIONNEL

1. *Art. 6, § 1, Conv. EDH (non).* La commission de recours amiable n'étant pas une juridiction et ses décisions étant susceptibles d'un recours devant le TASS, juridiction indépendante et impartiale, son absence d'indépendance vis-à-vis de l'organisme de sécurité sociale au sein duquel elle est constituée ne méconnaît pas l'art. 6, § 1, Conv. EDH. • Soc. 12 juill. 2001, n° 00-10.219 P : *RJS 2001, n° 1357 ; D. 2001. IR 2641 ; TPS 2001. Comm. 342, obs. Prétot* • 28 nov. 2002 : *RJS 2003, n° 247* • Civ. 2e, 6 avr. 2004 : *RJS 2004, n° 763 (1re esp.).*

2. *Procès équitable (non).* Si l'exigence de prééminence du droit ainsi que la notion de procès équitable s'opposent, sauf pour d'impérieux motifs d'intérêt général, à l'ingérence du pouvoir législatif dans l'administration de la justice dans le but d'influer sur le dénouement judiciaire des litiges, ces principes ne s'appliquent pas aux recours gracieux introduits devant une commission dépourvue de tout caractère juridictionnel. • Civ. 2e, 6 avr. 2004, n° 02-30.698 P : *RJS 2004, n° 763 (2e esp.).* ♦ V. aussi • Civ. 2e, 16 déc. 2003, n° 02-30.788 P : *TPS 2004. Comm. 90, obs. Prétot ; Dr. ouvrier 2004. 519.* ♦ Les stipulations de l'art. 6 Conv. EDH ne sont pas applicables aux décisions purement administratives prises par les services des organismes de sécurité sociale et par leurs commissions de recours amiable. • Civ. 2e, 4 mai 2017, n° 16-15.948 P : *D. 2017. 1868 ; JCP S 2017, n° 1239, obs. Bouilloux ; JCP E 2017, 1408, obs. Asquinazi-Bailleux ; RJS 7/2017, n° 530.*

3. *Non-application des disposition du C. pr. civ.* La décision prise, préalablement à la saisine de la commission de recours amiable, par un organisme de sécurité sociale n'étant pas de nature contentieuse, les règles du NCPC [C. pr. civ.] ne s'appliquent pas au mode de notification de cette décision, de sorte qu'il appartient à la caisse d'établir par tous moyens la date à laquelle l'intéressé en a été informé. • Cass., avis, 21 janv. 2002, n° 01-00.008 P : *RJS 2002, n° 352* (hypothèse d'une lettre recommandée non réclamée retournée à son expéditeur).

4. *Voies de recours.* La commission d'aptitude instituée au sein de la CAVAMAC ne constituant pas une juridiction mais un organe administratif interne, ses décisions sont susceptibles de recours devant les juges du contentieux de la sécurité sociale nonobstant les termes des statuts de cet organisme décidant qu'elle statue en premier et dernier ressort. • Soc. 28 mars 1996, n° 93-20.475 P : *RJS 1996, n° 726.*

II. CARACTÈRE OBLIGATOIRE

5. *Saisine obligatoire.* Il résulte des art. R. 142-1 et R. 142-18 que le TASS ne peut être saisi d'une réclamation contre un organisme de sécurité sociale qu'après que celle-ci a été soumise à la commission de recours amiable. • Soc. 27 oct. 1994, n° 92-20.369 P • 28 janv. 1999 : *RJS 1999, n° 435.* ♦ V. pour un exemple plus récent • Civ. 2e, 9 oct 2014, n° 13-20.669. ♦ ***Compatibilité avec la Conv. EDH.*** L'obligation de saisir la commission même en l'absence de réponse de la caisse à la réclamation de l'intéressé n'est pas contraire à l'art. 6, § 1, Conv. EDH. • Soc. 20 déc. 2001 : *RJS 2002, n° 1351.*

6. *Absence de procédure gracieuse préalable.* Ne pouvant s'opérer que par la voie d'un recours contre la décision de la commission de recours amiable, la contestation d'une mise en demeure devant le TASS ne peut intervenir à l'occasion d'une demande de remise de majorations de retard. • Soc. 29 mars 2001 : *RJS 2001, n° 786.* ♦ Rappr. • Soc. 17 janv. 2002 : *RJS 2002, n° 496* • Civ. 2e, 18 janv. 2005, n° 03-30.588 P. ♦ Il appartient au TASS de surseoir pour permettre à l'assuré défendeur à une action en remboursement d'une caisse de saisir la commission de recours amiable. • Civ. 2e, 5 avr. 2005 : *RJS 2005, n° 677.* ♦ Comp. • Soc. 26 juin 1997 : *RJS 1997, n° 1287.* ♦ L'absence de recours gracieux préalable ne peut être invoquée pour la première fois devant la Cour de cassation. • Soc. 30 avr. 1997, n° 95-17.571 P • 21 juin 2001 : *RJS 2001, n° 1204.*

III. CHAMP D'APPLICATION

7. *Exclusions de la procédure amiable. (Action en dommages-intérêts devant les juridictions de droit commun).* Si la procédure de sécurité sociale comporte, en principe, une saisine préalable de la commission de recours amiable dont l'omission constitue une fin de non-recevoir qui peut être soulevée en tout état de cause, les actions en dommages-intérêts engagées devant les juridictions de droit commun échappent à cette règle. • Soc. 28 avr. 1994 : *RJS 1994, n° 749.* ♦ ***(Litiges relatifs à la CSG).*** Si les contestations relatives à la contribution sociale de solidarité relèvent du contentieux général de la sécurité sociale (CSS, art. L. 651-8 et D. 651-20), elles ne sont pas préalablement soumises à une commission de recours amiable. • Civ. 2e, 18 janv. 2005 : *RJS 2005, n° 438* • 5 avr. 2006, n° 03-30.752 P : *RJS 2006, n° 1124.* ♦ ***(Décisions prises par l'administration).*** Constitue une décision au sens de l'art. R. 142-1 la position que prend l'URSSAF en notifiant un redressement de cotisations. • Soc. 1er déc. 1994, n° 92-14.219 P : *RJS 1995, n° 55 ; D. 1995. IR 40.* ♦ … Mais non les réserves émises par un agent de l'URSSAF lors d'un contrôle. • Soc. 23 mars 1995 : *RJS 1995, n° 569.* ♦ ***(Procédure de recouvrement par contrainte).*** Une contrainte de l'URSSAF pouvant faire l'objet d'une opposition même si la dette n'a pas été antérieurement contestée, il importe peu que la commission de recours amiable n'ait pas été préalablement saisie. • Soc. 12 juin 1997 : *RJS 1997, n° 1025.* ♦ V. aussi • Soc. 28 mars 1996, n° 93-20.475 P : *RJS 1996, n° 726* • 28 janv. 1999 : *RJS 1999, n° 404* • 17 janv. 2002 : *RJS 2002, n° 485.* ♦ Comp. notes 6 s. ss. art. R. 142-18.

8. Exception d'inopposabilité par l'employeur d'une décision de la caisse. Le fait pour un employeur de solliciter l'inopposabilité à son égard de la décision prise par la caisse ne constitue pas une réclamation contre une décision prise par un organisme de sécurité sociale au sens de l'art. R. 142-1 CSS, de sorte que cet employeur n'est pas tenu de saisir préalablement la commission de recours amiable de cette réclamation. • Civ. 2e, 20 déc. 2012 : *RJS 3/2013, n° 233.* Dans le même sens antérieurement, V. • Soc. 19 déc. 2002, n° 01-20.111 P : *RJS 2003, n° 390 ; D. 2003. IR 600.* ♦ Le délai de deux mois pour saisir la commission de recours amiable est opposable à l'employeur qui conteste la procédure suivie pour l'édiction de la décision de prise en charge d'une maladie à titre professionnel. • Civ. 2e, 12 juill. 2018, n° 17-20.198 P : *RJS 11/2018, n° 695 ; JCP S 2018. 1300, note Bouilloux.*

9. Prescription. Les décisions de ladite commission n'ayant pas de caractère juridictionnel et la prescription pouvant être soulevée en tout état de cause, il importe peu, en dépit du caractère obligatoire de sa saisine, que ce moyen ait été soulevé ou non devant la commission. • Civ. 2e, 19 janv. 2006, n° 04-30.508 P : *RJS 2006, n° 496.*

10. Contenu de la réclamation. L'employeur qui, devant la commission de recours amiable, n'a pas soulevé la nullité d'une mise en demeure est recevable à l'invoquer devant la juridiction contentieuse. • Civ. 2e, 14 sept. 2006, n° 05-10.919 P : *RJS 2006, n° 1221 ; JCP S 2006. 1804, note Bugada.* ♦ ***Chefs de demande.*** L'employeur qui a contesté, dans sa requête devant la commission de recours amiable, la totalité d'un redressement sans en exclure aucun poste a saisi la commission d'une réclamation qui, quelle qu'en soit la motivation, avait pour objet l'ensemble des chefs dudit redressement, ce qui lui ouvre, en conséquence, sur tous ces chefs, la voie du recours contentieux. • Soc. 25 janv. 1989 : *Bull. civ. V, n° 65 ; RJS 1989, n° 265.* ♦ Tel n'est pas le cas lorsque le recours amiable est limité à un seul chef du redressement. En conséquence, l'expiration du délai de forclusion de l'art. R. 142-1 confère un caractère définitif à la décision de l'organisme sur les autres chefs, de sorte qu'elle ne peut plus être remise en cause devant la juridiction contentieuse, même par voie d'exception. • Soc. 29 mars 2001 : *RJS 2001, n° 787.* ♦ Est recevable le recours contentieux d'un usager qui a formé en temps utile une réclamation contre la décision d'une CPAM auprès des services administratifs de celle-ci (et non auprès du service contentieux). • Civ. 2e, 12 juill. 2018, n° 17-22.459 : *RJS 11/2018, n° 698 ; JCP S 2018. 1301, note Bouilloux.*

IV. DÉLAI

11. Notification (définition). Un courrier mentionnant formes et délai de recours ne peut faire courir celui-ci s'il ne constitue pas une notification. • Civ. 2e, 5 avr. 2005, n° 04-30.151 P : *RJS 2005, n° 674.* ♦ V. aussi • Civ. 2e, 21 sept. 2004 : *RJS 2005, n° 78.* ♦ ***… (forme).*** La notification qui ne comporte pas le texte de la décision ne fait pas courir le délai de recours devant le TASS. • Soc. 11 mai 2001, n° 99-17.794 P : *RJS 2001, n° 933.* ♦ La notification de la décision doit mentionner de manière très apparente le délai de deux mois dans lequel les assurés peuvent saisir la commission de recours amiable, faute de quoi la forclusion ne peut leur être opposée. • Soc. 14 mai 1998, n° 96-18.073 P : *RJS 1998, n° 789.* ♦ V. aussi • Soc. 18 janv. 2001 : *RJS 2001, n° 522.* ♦ • Civ. 2e, 6 nov. 2014, n° 13-24.010. – Rappr. • Soc. 21 nov. 2002 : *RJS 2003, n° 261* (qui vise également les modes d'exercice du recours). ♦ Et le juge doit vérifier la régularité de la notification sur ce point. • Civ. 2e, 3 avr. 2003, n° 01-20.886 P : *RJS 2003, n° 946.* ♦ Lorsque les mentions relatives aux délais et voies de recours sont équivoques, elles rendent la notification de la décision de la caisse inopérante et la forclusion ne peut être opposée. • Civ. 2e, 16 nov. 2004 : *RJS 2005, n° 226.*

12. Point de départ. Le délai de recours commence à courir non point lors de la « notification de contrôle », simple invitation à répondre aux observations de l'agent de contrôle, mais lors de la notification de la mise en demeure, laquelle constitue la décision de redressement. • Soc. 21 mars 1996, n° 94-15.696 P : *RJS 1996, n° 595.* ♦ Non point lors de la notification des conclusions d'un expert technique, même précisant le délai de saisine, mais lorsque la caisse indique clairement qu'elle rejette la réclamation. • Civ. 2e, 2 nov. 2004 : *RJS 2005, n° 84.*

13. Recours tardif. La date de réception de la décision est à prendre en considération, en vertu de l'art. 668 NCPC [C. pr. civ.], pour savoir si l'intéressé a saisi la commission de recours amiable dans le délai. • Soc. 19 févr. 1998 : *RJS 1998, n° 530.* ♦ L'aveu de l'intéressé quant à l'expiration du délai, portant sur un point de droit, est sans valeur. • Même arrêt.

14. Régime procédural. En application des art. 122 et 123 C. pr. civ., l'inobservation d'un délai préfix constitue une fin de non-recevoir qui peut être proposée en tout état de cause de sorte que le moyen tiré d'une saisine tardive de la commission de recours amiable d'un organisme de sécurité sociale peut être invoqué devant la juridiction quand bien même il n'a point été évoqué devant la commission ni soulevé par celle-ci. • Civ. 2e, 6 nov. 2014, n° 13-24.010.

V. FORME

15. Absence de formalisme. La saisine de la commission de recours gracieux n'étant soumise à aucune forme particulière, la réclamation portée devant elle peut être formée par un mandataire, duquel n'est pas exigée, à ce stade de la procédure, la présentation d'un mandat écrit. • Soc. 27 févr. 1992, n° 89-18.402 P : *D. 1992. IR 128.*

VI. PORTÉE

16. Défaut de signature. La nullité d'une mise en demeure ne peut résulter d'un vice de forme de la décision de la commission de recours amiable. • Soc. 14 juin 2001, n° 99-21.296 P : *RJS 2001, n° 1068.*

17. Annulation par l'autorité de tutelle (portée). A la suite de l'annulation par l'autorité de tutelle d'une décision gracieuse de non-assujettissement prise elle-même sur recours contre une décision d'affiliation au régime général, la caisse primaire demeure saisie de ce recours sur lequel elle est tenue de se prononcer. Par conséquent, en l'absence de nouvelle décision, ce qui vaut rejet implicite de la réclamation, la juridiction de sécurité sociale peut trancher le litige. • Soc. 20 déc. 1990, n° 88-11.846 P : *RJS 1991, n° 253.* ♦ Rappr. • Soc. 15 févr. 1978 : *Bull. civ. V, n° 112.* ♦ Comp., dans l'hypothèse où la décision annulée de la commission de recours amiable confirmait celle de l'organisme • Soc. 1er déc. 1965 : *Bull. civ. V, nos 857 et 858* (tenant le recours contentieux pour dépourvu d'objet).

18. Rôle du TASS. Sur le rôle du TASS, qui n'est pas seulement d'annuler la décision de la commission mais de trancher la contestation, V. note 5 ss. art. R. 142-4. ♦ Le TASS qui a seulement annulé une décision de la commission de recours amiable pour vice de motivation peut, sans méconnaître l'autorité de la chose jugée, valider une contrainte émise ensuite, pour la même créance, par un organisme social. • Civ. 2e, 16 déc. 2003 : *RJS 2004, n° 463.*

19. Défaut de recours. Lorsqu'une précédente décision de la commission de recours amiable, rendue sur le recours d'une société, a confirmé le caractère professionnel de la maladie du salarié dans les rapports entre l'employeur et la caisse, l'employeur qui ne s'est pas pourvu devant le TASS contre cette décision ne peut plus invoquer l'inopposabilité à son égard de la décision de prise en charge au titre de la législation professionnelle de cette maladie. • Civ. 2e, 12 mars 2009, n° 08-12.964 P : *JCP S 2009. 1291, note Asquinazi-Bailleux.* ♦ V. également • Civ. 2e, 12 mars 2009, n° 07-21.251 P : *D. actu. 6 avr. 2009, obs. Prémilat ; JCP S 2009, n° 1291, obs. Asquinazi-Bailleux.*

Art. R. 142-2 *(Décr. n° 2018-199 du 23 mars 2018, art. 1er)* **La commission de recours amiable prévue à l'article R. 142-1, au sein de laquelle seuls les membres du conseil, du conseil d'administration ou de l'instance régionale ayant voix délibérative peuvent être désignés, comprend :**

1° Pour les organismes du régime général de sécurité sociale, à l'exception de la caisse nationale d'assurance vieillesse, et pour les organismes des régimes spéciaux de sécurité sociale mentionnés à l'article R. 711-20 :

a) **Deux administrateurs ou conseillers de l'organisme choisis parmi les représentants des assurés sociaux ;**

b) **Deux administrateurs ou conseillers de l'organisme choisis parmi les représentants des employeurs et des travailleurs indépendants ;**

c) **Dans les organismes mentionnés aux articles L. 211-1, L. 212-1 et L. 752-4 ainsi que, lorsque ceux-ci exercent les missions d'au moins un des organismes mentionnés aux articles L. 211-1 et L. 212-1, dans les organismes mentionnés à l'article L. 216-7, un administrateur ou un conseiller de l'organisme choisi parmi les autres catégories d'administrateurs ou conseillers.**

Dans les organismes mentionnés à l'article L. 211-1 ainsi que, lorsque ceux-ci exercent les missions des organismes mentionnés à l'article L. 211-1, dans les organismes visés à l'article L. 216-7, seuls les administrateurs mentionnés aux *a* et *b* siègent lorsque la commission se prononce sur les différends auxquels donne lieu l'application de la législation relative aux accidents du travail et aux maladies professionnelles. Il en est de même dans les organismes mentionnés à l'article L. 752-4 lorsque la commission se prononce sur des différends autres que ceux auxquels donne lieu l'application de la législation relative à l'assurance maladie, maternité, invalidité et décès.

La commission de recours amiable instituée au sein de la caisse nationale d'assurance vieillesse comprend trois administrateurs choisis parmi les représentants des employeurs et trois administrateurs choisis parmi les représentants des assurés sociaux.

2° Pour les organismes de sécurité sociale institués par le livre VI : quatre membres du conseil d'administration ou de l'instance régionale de l'organisme intéressé ;

3° Pour les organismes de mutualité sociale agricole :

a) Deux administrateurs choisis parmi les représentants des non-salariés ;

b) Deux administrateurs choisis parmi les représentants des salariés.

Lorsqu'un organisme assure les missions relevant de plusieurs branches ou régimes ou lorsque le nombre de ses ressortissants est supérieur à un seuil fixé par arrêté du ministre chargé de la sécurité sociale, plusieurs commissions peuvent être créées au sein de cet organisme selon des conditions prévues par le même arrêté. Les modalités d'organisation et de fonctionnement de ces commissions sont conformes aux dispositions de la présente section.

V. notes ss. art. R. 142-1.

Art. R. 142-2-1 *(Décr. nº 2018-199 du 23 mars 2018, art. 2)* Les membres de la commission sont désignés pour un an par le conseil, le conseil d'administration ou l'instance régionale de l'organisme. Toutefois, le conseil, le conseil d'administration ou l'instance régionale peut fixer, lors de la séance à l'occasion de laquelle il procède pour la première fois de son mandat à la désignation des membres de la commission, une périodicité de renouvellement différente, qui ne peut être inférieure à un an. Quelle que soit la périodicité de renouvellement, le conseil, le conseil d'administration ou l'instance régionale se réunit dans un délai maximal de trois mois avant l'expiration des mandats en cours des membres de la commission de recours amiable, afin de procéder à de nouvelles désignations en vue de son renouvellement. — *Par dérogation au premier al. de l'art. R. 142-2-1 dans sa rédaction issue du Décr. nº 2018-199 du 23 mars 2018, le conseil, le conseil d'administration ou l'instance régionale des organismes mentionnés à ce même art. peut fixer une périodicité de renouvellement de la commission supérieure à un an lors de la prochaine désignation des membres des commissions de recours amiable suivant la publication dudit décret (Décr. préc., art. 5-II).*

La commission comprend un nombre de membres suppléants égal à celui des membres titulaires. En cas de vacance, il est pourvu au remplacement du membre de la commission concerné pour la durée restant à courir de son mandat dans les mêmes conditions que pour sa désignation.

Dans les organismes mentionnés au *c* du 1° de l'article R. 142-2, la commission peut valablement statuer si sont présents au moins trois membres, dont au moins un représentant de chacune des catégories mentionnées aux *a* et *b* du 1° du même article. Lorsqu'elle se prononce sur les différends auxquels donne lieu l'application de la législation relative aux accidents du travail et aux maladies professionnelles, la commission peut valablement statuer si est présent au moins un représentant de chacune des catégories d'administrateurs ou de conseillers mentionnées aux *a* et *b* du 1° du même article.

Dans les autres organismes mentionnés aux 1° et 3° de l'article R. 142-2, la commission peut valablement statuer si est présent au moins un représentant de chacune des catégories d'administrateurs ou de conseillers mentionnées respectivement aux *a* et *b* du 1° et aux *a* et *b* du 3° du même article.

Dans les organismes mentionnés au 2° de l'article R. 142-2, la commission peut valablement statuer si sont présents au moins deux membres.

Des règles propres à chaque organisme ou instance régionale fixent les modalités de fonctionnement de la commission.

V. notes ss. art. R. 142-1.

Art. R. 142-3 En cas d'accident survenu dans la circonscription d'un organisme de sécurité sociale ou de mutualité sociale agricole, autre que l'organisme dont relève l'assuré, ce dernier organisme peut charger la commission instituée auprès de l'organisme du lieu de l'accident d'examiner les réclamations formées contre ses décisions.

Lorsque les bénéficiaires résident dans la circonscription d'un organisme autre que l'organisme dont relève l'assuré, les mêmes pouvoirs peuvent être confiés à la commission instituée au sein *(Décr. n° 2018-199 du 23 mars 2018, art. 4)* « du conseil, du conseil d'administration ou de l'instance régionale » de l'organisme du lieu de résidence.

V. notes ss. art. R. 142-1.

Art. R. 142-4 *(Décr. n° 2018-199 du 23 mars 2018, art. 3)* La commission donne, sur les affaires qui lui sont soumises, son avis au conseil, au conseil d'administration ou à l'instance régionale, qui statue et notifie sa décision à l'intéressé. Cette décision est motivée.

Dans le cas d'un redressement effectué en application des articles L. 243-7 et R. 243-43-3 du présent code ou des articles L. 724-7 et R. 725-4-1 du code rural et de la pêche maritime, cette décision détaille, par motif de redressement, les montants qui, le cas échéant, sont annulés et ceux dont le cotisant reste redevable au titre de la mise en demeure prévue à l'article L. 244-2 du présent code ou à l'article L. 725-3 du code rural et de la pêche maritime. Elle précise les délais et voies de recours.

Le conseil, le conseil d'administration ou l'instance régionale peut déléguer tout ou partie de ses pouvoirs à la commission dans les conditions qu'il détermine. En cas de partage égal des voix au sein de la commission, il est statué par le conseil, le conseil d'administration ou l'instance régionale.

Lorsque la commission comprend un administrateur ou un conseiller de l'organisme choisi parmi les autres catégories d'administrateurs ou conseillers, conformément au c du 1° de l'article R. 142-2, la décision ou l'avis de la commission ne peut être adopté dès lors que deux membres au moins s'y opposent. Dans cette hypothèse, il est statué par le conseil ou le conseil d'administration.

Le secrétariat de la commission est assuré par un ou plusieurs agents de l'organisme désignés par le conseil, le conseil d'administration ou l'instance régionale. Sauf délibération contraire du conseil ou du conseil d'administration, le secrétaire réalise l'ensemble des actes de procédure relevant de la commission.

V. notes ss. art. R. 142-1.

Jurisprudence rendue ss. l'empire des textes antérieurs au Décr. n° 2018-199 du 23 mars 2018.

1. *Défaut de consultation (portée).* L'absence de l'avis obligatoire de la commission de recours amiable n'affecte que le recours gracieux. Elle ne rend point nulle la procédure ayant conduit au redressement. • Soc. 26 nov. 1998, n° 97-10.957 P : *RJS 1999, n° 268.*

2. *Procédure amiable.* La commission de recours amiable est dépourvue de tout caractère juridictionnel. Dès lors, l'art. 480 NCPC [C. pr. civ.], relatif à l'autorité de la chose jugée, n'est pas applicable aux décisions de cette commission. • Soc. 27 janv. 2000 : *RJS 2000, n° 576.* ♦ ... Et ladite procédure ne peut donner lieu à des frais susceptibles d'être inclus par le TASS dans les dépens. • Soc. 15 nov. 2001 : *RJS 2002, n° 97.* ♦ Et, contre la qualification de litige en cours, V. • Soc. 26 nov. 2002 : *RJS 2003, n° 282.*

3. *Obligation de notification.* Toutefois, la décision de la commission de recours amiable constituant le préalable nécessaire à la saisine de la juridiction de sécurité sociale, la notification de cette décision, qui fait courir le délai de deux mois dans lequel doit être formé à peine de forclusion le recours contentieux, est assimilable par ses effets à celle d'une décision juridictionnelle. En conséquence, elle ne peut faire courir ce délai si elle n'indique pas de manière très apparente, pour la garantie des droits des assurés, le délai du recours et ses modalités d'exercice. • Soc. 19 sept. 1991, n° 89-16.002 P : *RJS 1991, n° 1145 ; D. 1993. Somm. 276, obs. Prétot* • 1er mars 2001, n° 99-12.547 P : *RJS 2001, n° 669 ; JCP E 2001. 176, obs. Vachet.* ♦ V. aussi • Soc. 4 mars 1993 : *D. 1993. IR 91.* ♦ ... Ou si elle mentionne comme juridiction appelée à connaître de l'éventuel recours de l'assuré une juridiction incompétente. • Soc. 27 nov. 1997, n° 96-12.751 P : *D. 1998. IR 24 ; RJS 1998, n° 111.*

4. *Conditions de validité de la notification.* La notification de la décision de la commission de recours amiable au domicile de l'avocat qui a intenté le recours au nom de son client est valable. • Civ. 2e, 22 mars 2005 : *RJS 2005, n° 679.* ♦ Mais elle ne fait pas courir le délai du recours contentieux. • Civ. 1re, 22 mai 2007, n° 05-18.582 P : *RJS 2007, n° 994.* ♦ Une expédition de la décision comportant l'intégralité de sa motivation et la mention « pour copie conforme » suivie de la signature du secrétaire de la commission satisfait à l'exigence de notification même lorsqu'elle est adressée à l'intéressé par télex. • Versailles, 5 févr. 1991 : *RJS 1991, n° 1364.* ♦ La notification qui ne comporte pas le texte de la décision ne fait pas courir le délai de recours devant le TASS. • Soc. 11 mai 2001, n° 99-17.794 P : *RJS 2001, n° 933.* ♦ Peu importe que celle-ci ne mentionne pas le nombre des membres de la commission et ne porte ni le nom ni la signature du président. • Soc. 24 juin 1993 : *RJS 1993, n° 903.*

5. Obligation de motivation. Une cour d'appel saisie d'un recours contre une décision d'une caisse relative au remboursement d'un indu ne peut se borner à annuler la décision de la commission ne satisfaisant pas à l'obligation de motivation, mais doit statuer sur le bien-fondé de la demande. • Soc. 6 mars 1997 : *RJS 1997, n° 750* • 11 mai 2000, n° 98-21.755 P : *RJS 2000, n° 731* • 12 juill. 2001, n° 99-20.618 P : *RJS 2001, n° 1358 ; TPS 2001. Comm. 43, obs. Prétot.*

Art. R. 142-5 **Lorsque les réclamations sont formées contre les décisions prises soit par une commission prévue par une disposition législative ou réglementaire ou par les statuts de l'organisme, soit à la suite d'un avis formulé par ladite commission,** *(Décr. n° 2018-199 du 23 mars 2018, art. 4)* **« le conseil, le conseil d'administration ou l'instance régionale » statue directement sur ces réclamations sans les soumettre préalablement à la commission prévue à l'article R. 142-1.** – *V. notes ss. art. R. 142-1.*

V. art. R. 142-8 s.

Art. R. 142-6 **Lorsque la décision** *(Décr. n° 2018-199 du 23 mars 2018, art. 4)* **« du conseil, du conseil d'administration ou de l'instance régionale » ou de la commission n'a pas été portée à la connaissance du requérant dans le délai** *(Décr. n° 2018-928 du 29 oct. 2018, art. 2, en vigueur le 1er janv. 2019)* **« de deux mois », l'intéressé peut considérer sa demande comme rejetée** *(Abrogé par Décr. n° 2018-928 du 29 oct. 2018, art. 2, à compter du 1er janv. 2019)* ***« et se pourvoir devant le tribunal des affaires de sécurité sociale prévu à l'article L. 142-2 ».***

Le délai *(Décr. n° 2018-928 du 29 oct. 2018, art. 2, en vigueur le 1er janv. 2019)* **« de deux mois » prévu à l'alinéa précédent court à compter de la réception de la réclamation par l'organisme de sécurité sociale. Toutefois, si des documents sont produits par le réclamant après le dépôt de la réclamation, le délai ne court qu'à dater de la réception de ces documents.** *(Décr. n° 2011-41 du 10 janv. 2010)* **« Si le comité des abus de droit a été saisi d'une demande relative au même litige que celui qui a donné lieu à la réclamation, le délai ne court qu'à dater de la réception de l'avis du comité par l'organisme de recouvrement. »**

V. notes ss. art. R. 142-1.

Ancien art. R. 142-6 ***Lorsque la décision du conseil d'administration ou de la commission n'a pas été portée à la connaissance du requérant dans le délai d'un mois, l'intéressé peut considérer sa demande comme rejetée et se pourvoir devant le tribunal des affaires de sécurité sociale prévu à l'article L. 142-2.***

Le délai d'un mois prévu à l'alinéa précédent court à compter de la réception de la réclamation par l'organisme de sécurité sociale. Toutefois, si des documents sont produits par le réclamant après le dépôt de la réclamation, le délai ne court qu'à dater de la réception de ces documents. (Décr. n° 2011-41 du 10 janv. 2010) ***« Si le comité des abus de droit a été saisi d'une demande relative au même litige que celui qui a donné lieu à la réclamation, le délai ne court qu'à dater de la réception de l'avis du comité par l'organisme de recouvrement. »***

V. notes ss. art. R. 142-1.

1. Forclusion. La forclusion tirée de l'expiration du délai de recours prévu par l'art. R. 142-18 ne peut être opposée au requérant que si celui-ci a été informé du délai dans lequel il devait saisir le TASS en cas de décision implicite de rejet de la commission de recours amiable, ainsi que des modalités d'exercice du recours. • Soc. 30 nov. 2000, n° 99-12.151 P : *RJS 2001, n° 256 (1re esp.)* • 16 mai 2002 : *RJS 2002, n° 894.*

2. Indication erronée et incomplète. Une notification se référant à la seule demande sur laquelle la commission de recours amiable a statué expressément n'informant pas le requérant du délai de recours contre la décision implicite de rejet relative à ses autres demandes, la forclusion de l'art. R. 142-18 ne peut lui être opposée. • Soc. 1er mars 2001, n° 99-12.547 P : *D. 2001. Somm. 2453, obs. Prétot ; RJS 2001, n° 669.*

♦ V. aussi • Civ. 2e, 9 avr. 2009, n° 08-12.935 P : *JCP E 2009 1529, obs. Taquet.*

3. Absence de dessaisissement de la commission en cas de méconnaissance du délai. Lorsque la décision de la commission de recours amiable n'a pas été portée à la connaissance du requérant dans le délai d'un mois, celui-ci peut considérer sa demande comme rejetée et se pourvoir devant le tribunal des affaires de sécurité sociale. L'expiration de ce délai n'a pas pour effet de dessaisir la commission de recours amiable de la réclamation de l'intéressé. • Civ 2e, 12 févr. 2015, n° 14-11.398 P : *JCP S 2015, n° 1188, obs. F. Pradel, P. Pradel-Boureux et V. Pradel ; RJS 5/2015, n° 374.*

4. Action en paiement fondée sur l'irrecevabilité par forclusion de la contestation de la créance. L'organisme social qui introduit une action en paiement devant le TASS ne peut fonder cette action sur l'irrecevabilité du cotisant ou de l'assuré à contester le bien-fondé de la créance au motif que la forclusion de l'art. R. 142-18 serait encourue par suite de l'expiration du délai de deux mois ayant suivi le rejet implicite d'une réclamation portée devant la commission de recours amiable. • Soc. 30 nov. 2000, n° 99-12.543 P : *RJS 2001, n° 256 (2e esp.) ; D. 2001. IR 598.*

Art. R. 142-7 **Les contestations relatives à la mise en œuvre des dispositions des deux premiers alinéas de l'article L. 241-5-1 du présent code et du premier alinéa de l'article L. 751-14 du code rural et de la pêche maritime ne sont pas soumises à la procédure** *(Abrogé par Décr. n° 2018-928 du 29 oct. 2018, art. 2, à compter du 1er janv. 2019)* **« *gracieuse* » prévue aux articles R. 142-1 à R. 142-6.** *(Décr. n° 2006-1744 du 23 déc. 2006 ; Décr. n° 2009-404 du 15 avr. 2009, art. 4)* **« Il en est de même des litiges nés de l'application des dispositions de l'article L. 133-4 relatives aux remises de majoration et de celle** *(Décr. n° 2018-928 du 29 oct. 2018, art. 2, en vigueur le 1er janv. 2019)* **« de l'article** *[ancienne rédaction : des articles L. 114-17, L. 114-17-1, L. 162-12-16, L. 162-34 et]* **»** *(Décr. n° 2016-154 du 15 févr. 2016, art. 2)* **« L. 243-6-5 du présent code ainsi que de l'application de l'article L. 725-26 du code rural et de la pêche maritime ». »** — *V. note ss. art. R. 142-1.*

SOUS-SECTION 2 RECOURS PRÉALABLE MENTIONNÉ À L'ARTICLE L. 142-5

(Décr. n° 2018-928 du 29 oct. 2018, art. 2, en vigueur le 1er janv. 2019)

§ 1er LE RECOURS PRÉALABLE FORMÉ DANS LES MATIÈRES MENTIONNÉES AU 1°, 2° ET 3° DE L'ARTICLE L. 142-2

Art. R. 142-8 **Pour les contestations mentionnées aux 1°, 2° et 3° de l'article L. 142-2, et sous réserve des dispositions de l'article R. 711-21, le recours préalable mentionné à l'article L. 142-5 est soumis à une commission médicale de recours amiable.**

Le ressort géographique de la commission médicale de recours amiable est celui de l'échelon régional du contrôle médical du régime intéressé ou, à défaut d'échelons régionaux, national. Toutefois, l'organisme national compétent peut prévoir qu'une commission couvre plusieurs échelons régionaux.

La commission examine les recours préalables formés contre les décisions des organismes dont le siège est situé dans son ressort.

L'assuré ou l'employeur saisit cette commission par tout moyen lui conférant date certaine.

Art. R. 142-8-1 **La commission médicale de recours amiable prévue à l'article R. 142-8 est composée de trois médecins désignés par le responsable du service médical territorialement compétent :**

1° Deux médecins figurant sur les listes dressées en application de l'article 2 de la loi n° 71-498 du 29 juin 1971 et de l'article 1er du décret n° 2004-1463 du 23 décembre 2004 relatifs aux experts judiciaires, parmi ceux inscrits sous les rubriques Experts spécialisés en matière de sécurité sociale ou en matière de médecine légale du vivant-dommage corporel et traumatologie séquellaire ;

2° Un praticien-conseil.

Ne peuvent siéger à la commission le médecin qui a soigné le malade ou la victime, un médecin attaché à l'employeur ou le praticien-conseil de l'organisme, auteur de l'avis médical contesté.

Les membres du secrétariat de la commission sont placés sous la responsabilité d'un médecin-conseil désigné par le directeur ou le directeur général de la caisse nationale compétente.

Art. R. 142-8-2 Le secrétariat de la commission médicale de recours amiable transmet dès sa réception la copie du recours préalable au praticien-conseil, auteur de l'avis médical contesté.

Dans un délai de dix jours à compter de la date de la réception de la copie du recours préalable, le praticien-conseil transmet à la commission, sous pli confidentiel et par tout moyen conférant date certaine, l'intégralité du rapport mentionné à l'article L. 142-6 ainsi que l'avis transmis à l'organisme de sécurité sociale ou de mutualité sociale agricole sur l'état et le degré d'invalidité ou sur le taux d'incapacité permanente.

Art. R. 142-8-3 Lorsque le recours préalable est formé par l'employeur, le secrétariat de la commission médicale de recours amiable notifie, sans délai sous pli confidentiel, par tout moyen conférant date certaine, le rapport mentionné à l'article L. 142-6 accompagné de l'avis au médecin mandaté par l'employeur à cet effet. Le secrétariat informe l'assuré ou le bénéficiaire de cette notification.

Lorsque le recours préalable est formé par l'assuré, le secrétariat de la commission lui notifie sans délai, par tout moyen conférant date certaine, le rapport mentionné à l'article L. 142-6 accompagné de l'avis.

Dans un délai de vingt jours à compter de la réception du rapport mentionné à l'article L. 142-6 accompagné de l'avis, l'assuré ou le médecin mandaté par l'employeur peut, par tout moyen conférant date certaine, faire valoir ses observations. Il en est informé par le secrétariat de la commission par tout moyen conférant date certaine.

Art. R. 142-8-4 Lorsque le recours préalable est exercé par l'assuré, la commission médicale de recours amiable peut décider de procéder à son examen médical ou, en cas d'impossibilité de déplacement liée au particulier éloignement géographique de l'assuré, de désigner un médecin spécialiste ou compétent pour l'affection considérée, en vue de réaliser l'examen médical et de lui transmettre son avis motivé.

Le secrétariat de la commission en informe l'assuré, au moins quinze jours avant, en lui notifiant les lieu, date et heure de l'examen. L'assuré peut se faire accompagner par le médecin de son choix.

Art. R. 142-8-5 La commission médicale de recours amiable établit, pour chaque cas examiné, un rapport comportant son analyse du dossier et ses constatations et statue par une décision comportant des conclusions motivées.

Le secrétariat de la commission notifie sans délai la décision à l'intéressé. Le secrétariat transmet sans délai une copie de la décision à l'organisme de prise en charge, une copie du rapport au service médical compétent et, à la demande de l'assuré ou de l'employeur, une copie du rapport à l'assuré ou au médecin mandaté par l'employeur lorsque celui-ci est à l'origine du recours. Le rapport est transmis sous pli confidentiel.

L'absence de décision de la commission médicale de recours amiable*[,]* dans le délai de quatre mois à compter de l'introduction du recours préalable, vaut rejet de la demande.

Art. R. 142-8-6 Les honoraires et frais de déplacement dus aux médecins mentionnés au 1° de l'article R. 142-8-1 et au premier alinéa de l'article R. 142-8-4*[,]* pour les besoins de l'examen du recours préalable prévu aux 1°, 2° et 3° de l'article L. 142-2, sont réglés d'après le tarif fixé dans les conditions de l'article R. 141-7.

Lorsqu'ils sont convoqués, les frais de déplacement du malade ou de la victime leur sont remboursés conformément aux dispositions prévues à l'article R. 322-10. Ces dépenses sont à la charge de l'organisme de sécurité sociale ou de mutualité sociale agricole.

Art. R. 142-8-7 Un arrêté du ministre chargé de la sécurité sociale et du ministre chargé de l'agriculture précise les règles de fonctionnement de la commission médicale de recours amiable ainsi que de son secrétariat prévue au présent paragraphe.

§ 2 LE RECOURS PRÉALABLE FORMÉ DANS LES MATIÈRES MENTIONNÉES AUX 5° ET 6° DE L'ARTICLE L. 142-2

Art. R. 142-9 Pour les contestations mentionnées au 5° de l'article L. 142-2, le recours préalable mentionné à l'article L. 142-5 est exercé et examiné dans les conditions fixées par les dispositions de la section II du chapitre Ier *bis* du titre IV du livre II du code de l'action sociale et des familles.

Pour les contestations mentionnées au 6° de l'article L. 142-2, le recours préalable mentionné à l'article L. 142-5 est exercé et examiné dans les conditions fixées par les dispositions de l'article R. 241-17-1 du code de l'action sociale et des familles.

SECTION III PROCÉDURE JURIDICTIONNELLE

(Décr. n° 2018-928 du 29 oct. 2018, art. 2, en vigueur le 1er janv. 2019)

SOUS-SECTION 1 PROCÉDURE APPLICABLE AUX LITIGES MENTIONNÉS À L'ARTICLE L. 211-16 DU CODE DE L'ORGANISATION JUDICIAIRE

§ 1er PROCÉDURE APPLICABLE EN PREMIÈRE INSTANCE

Art. R. 142-10 Le tribunal compétent est celui dans le ressort duquel se trouve le domicile du bénéficiaire, celui de l'employeur ou du cotisant intéressé ou le siège de l'organisme défendeur en cas de conflit entre organismes ayant leur siège dans le ressort de juridictions différentes.

Toutefois, la juridiction compétente est celle dans le ressort de laquelle se trouve :

1° Le lieu de l'accident ou la résidence de l'accidenté, au choix de celui-ci, en cas d'accident du travail non mortel ;

2° Le dernier domicile de l'accidenté en cas d'accident du travail mortel ;

3° La résidence du bénéficiaire en cas de différend entre celui-ci et l'employeur ;

4° L'établissement de l'employeur en cas de différend portant sur des questions relatives à l'affiliation et aux cotisations des travailleurs salariés ;

5° L'établissement concerné de l'entreprise de travail temporaire pour les contestations relatives à l'application des deux premiers alinéas de l'article L. 241-5-1 du présent code et du premier alinéa de l'article L. 751-14 du code rural et de la pêche maritime ;

6° Le siège de l'organisme de recouvrement auprès duquel l'employeur verse ses cotisations et contributions sociales lorsqu'il est fait application du deuxième alinéa du I de l'article R. 243-6 ou de l'article R. 243-8 ;

7° Le siège de la caisse chargée de la liquidation des pensions de retraite du régime général dans la circonscription de laquelle se trouve l'établissement de l'employeur ou le dernier établissement en cas de changement d'employeur en cours d'année ou l'établissement dans lequel le salarié exerce son activité principale pour les contestations relatives à l'application du deuxième alinéa de l'article L. 4162-14 du code du travail ;

8° L'autorité administrative, ou l'organisme de sécurité sociale, qui a pris la décision mentionnée au troisième alinéa de l'article L. 861-5 et au premier alinéa de L. 863-3 du code de la sécurité sociale ;

9° L'autorité administrative qui a pris la décision mentionnée à l'article L. 134-1 du code de l'action sociale et des familles ;

10° Le siège de la caisse nationale des industries électriques et gazières, dans les instances où elle est partie.

Lorsque le domicile du demandeur est situé à l'étranger, le tribunal compétent est celui dans le ressort duquel se trouve le siège de l'organisme de sécurité sociale de l'autorité administrative ou de la maison départementale des personnes handicapées.

Art. R. 142-10-1 Le tribunal est saisi par requête remise ou adressée au greffe par lettre recommandée avec avis de réception.

La forclusion tirée de l'expiration du délai de recours ne peut être opposée au demandeur ayant contesté une décision implicite de rejet au seul motif de l'absence de saisine du tribunal contestant la décision explicite de rejet intervenue en cours d'instance.

Outre les mentions prescrites par l'article 58 du code de procédure civile, elle contient un exposé sommaire des motifs de la demande. Elle est accompagnée :

1° Des pièces que le demandeur souhaite invoquer à l'appui de ses prétentions. Ces pièces sont énumérées sur un bordereau qui lui est annexé ;

2° D'une copie de la décision contestée ou*[,]* en cas de décision implicite, de la copie de la décision initiale de l'autorité administrative et de l'organisme de sécurité sociale ainsi que de la copie de son recours préalable.

Elle indique, le cas échéant, le nom et l'adresse du médecin qu'il désigne pour recevoir les documents médicaux.

Art. R. 142-10-2 Le président de la formation de jugement peut, par ordonnance motivée, rejeter les requêtes manifestement irrecevables.

Art. R. 142-10-3 I. – Le greffe avise par tous moyens le demandeur des lieu, jour et heure de l'audience et convoque le défendeur par lettre simple, quinze jours au moins avant la date d'audience. Si la partie convoquée par lettre simple ne comparaît pas, le greffe la convoque à nouveau par lettre recommandée avec demande d'avis de réception.

Toutefois, les présidents de conseils départementaux ou autres autorités administratives, les organismes de sécurité sociale, les maisons départementales des personnes handicapées peuvent, en toutes circonstances, être convoqués par tous moyens.

La requête est jointe à la convocation.

II. – Dans les contentieux mentionnés au 1° de l'article L. 142-1, lorsque la contestation porte sur une question d'ordre médical, et dans les contentieux mentionnés aux 1°, 2°, 3°, 5° et 6° de l'article L. 142-2, le greffe du tribunal adresse copie de la requête selon le cas à la caisse ou à l'auteur de la décision contestée, et l'invite à présenter ses observations écrites, et à les communiquer aux autres parties à l'instance dans un délai de vingt jours. La convocation du demandeur l'invite à comparaître en personne afin qu'il puisse être procédé le cas échéant à une consultation clinique à l'audience.

Art. R. 142-10-4 La procédure est orale.

Il peut être fait application du second alinéa de l'article 446-1 du code de procédure civile. Dans ce cas, les parties communiquent par lettre recommandée avec demande d'avis de réception ou par notification entre avocats et il en est justifié auprès du tribunal dans les délais impartis par le président.

Art. R. 142-10-5 I. – Pour l'instruction de l'affaire, le président de la formation de jugement exerce les missions et dispose des pouvoirs reconnus au juge de la mise en état par les articles 763 à 781 du code de procédure civile. Pour l'application de ces dispositions, lorsque les parties ne sont pas représentées par un avocat, la référence aux avocats est remplacée par la référence aux parties.

II. – Par dérogation aux dispositions du deuxième alinéa de l'article 774 du code de procédure civile, il peut se prononcer sans débat, après avoir recueilli les observations écrites des parties ou les avoir invitées à présenter leurs observations.

Art. R. 142-10-6 Le tribunal peut ordonner l'exécution par provision de toutes ses décisions.

Les décisions relatives à l'indemnité journalière sont, nonobstant appel, exécutoires par provision pour l'indemnité échue depuis l'accident jusqu'au trentième jour qui suit l'appel. Passé ce délai, l'exécution provisoire ne peut être continuée que de mois en mois, sur requête adressée, pour chaque période mensuelle, au président de la formation de jugement dont la décision a été frappée d'appel, statuant seul. Les décisions du président sont susceptibles de recours en cassation pour violation de la loi.

Art. R. 142-10-7 Le greffe notifie la décision à chacune des parties.

Les parties sont avisées des mesures d'administration judiciaire par tous moyens.

Art. R. 142-10-8 Le recouvrement d'une créance peut être demandé suivant la procédure d'injonction de payer lorsqu'elle résulte d'une prise en charge injustifiée ou d'un indu de prestation.

La demande est portée devant le président du tribunal du lieu où demeure le débiteur. Tout autre juge se déclare d'office incompétent.

La procédure est régie par les articles 1407 et suivants du code de procédure civile sous réserve des dispositions relatives à la procédure orale.

§ 2 PROCÉDURE APPLICABLE EN APPEL

Art. R. 142-11 La procédure d'appel est sans représentation obligatoire.

Art. R. 142-12 Les décisions de la cour sont notifiées aux parties par le greffe.

SOUS-SECTION 2 PROCÉDURE APPLICABLE AUX LITIGES MENTIONNÉS AU 4° DE L'ARTICLE L. 142-2 DU CODE DE LA SÉCURITÉ SOCIALE

Art. R. 142-13 Par dérogation aux dispositions du titre VI du livre II du code de procédure civile, les recours exercés devant la cour d'appel spécialement désignée mentionnée à l'article L. 311-16 du code de l'organisation judiciaire sont formés, instruits et jugés conformément aux dispositions de la présente sous-section.

Art. R. 142-13-1 Le recours est formé par voie d'assignation à une audience préalablement indiquée par le premier président ou son délégué. Une copie de la décision attaquée est jointe à l'assignation.

A peine de caducité du recours que le premier président ou son délégué peut constater d'office par ordonnance, une copie de l'assignation est déposée au greffe de la cour d'appel avant la date fixée pour l'audience.

Art. R. 142-13-2 Le recours de l'employeur*[,]* mentionné au deuxième alinéa de l'article L. 242-5 et à l'article L. 242-7, est introduit dans le délai de deux mois à compter de la date de réception de la notification par la caisse mentionnée à l'article L. 215-3 de sa décision concernant les taux de cotisation, les ristournes, les cotisations supplémentaires et la contribution prévue à l'article L. 437-1.

L'autorité mentionnée au deuxième alinéa de l'article L. 242-5 et à l'article L. 242-7 est le responsable du service mentionné à l'article R. 155-1. Le recours est introduit dans le même délai à compter du jour de la décision.

Le recours de l'employeur prévu aux articles L. 751-16 et L. 751-21 du code rural et de la pêche maritime ainsi que le recours du chef d'exploitation ou d'entreprise agricole prévu à l'article L. 752-19 du même code sont introduits dans le délai de deux mois à compter respectivement de la date de réception de la notification par la caisse de mutualité sociale agricole de sa décision concernant les taux d'accidents du travail, les ristournes et les cotisations supplémentaires ou de la date de notification de sa décision de classement de l'exploitation ou de l'entreprise agricole dans une des catégories de risque retenues par le ministre chargé de l'agriculture.

Le recours du responsable du service mentionné à l'article R. 155-1 est introduit dans le même délai à compter du jour de la décision.

Au cas où le requérant aurait, au préalable, dans les conditions de délai indiquées aux quatre alinéas précédents, saisi, selon le cas, la caisse d'assurance retraite et de la santé au travail ou la caisse de mutualité sociale agricole d'une réclamation gracieuse, le délai de recours contentieux commence à courir du jour où est notifiée la décision de la caisse sur le recours gracieux. Toutefois, si à l'expiration d'un délai de deux mois à compter de l'introduction du recours gracieux, l'intéressé n'a pas reçu notification d'une telle décision, le recours doit être regardé comme implicitement rejeté et le délai imparti pour saisir la cour ne court qu'à compter du jour où intervient cette décision implicite de rejet.

Art. R. 142-13-3 Lorsqu'une instruction est nécessaire, il est procédé selon les dispositions relatives à la procédure orale. Les dispositions de l'article R. 142-10-5 sont applicables.

Le premier président ou son délégué fixe les délais dans lesquels les parties à l'instance se communiquent leurs observations écrites et en remettent copie au greffe de la cour.

Il peut être fait application des dispositions du second alinéa de l'article 446-1 du code de procédure civile. Dans ce cas, les parties communiquent par lettre recommandée avec demande d'avis de réception ou par notification entre avocats et il en est justifié auprès du tribunal dans les délais impartis par le président.

Il peut inviter les parties à fournir les explications qu'il estime nécessaires à la solution du litige et les mettre en demeure de produire, dans un délai qu'il détermine, tous documents ou justifications propres à éclairer la cour, faute de quoi il peut passer outre et renvoyer l'affaire devant la cour qui tirera toute conséquence de l'abstention de la partie ou de son refus.

Il peut ordonner, le cas échéant à peine d'astreinte, la production de documents détenus par un tiers s'il n'existe pas d'empêchement légitime.

Il tranche les difficultés relatives à la communication des pièces. Il procède aux jonctions et disjonctions d'instance.

Il fixe la clôture de l'instruction ainsi que la date des débats.

Postérieurement à la notification de l'ordonnance de clôture, les parties sont, sauf motif légitime, irrecevables à présenter des prétentions ou moyens nouveaux ou à communiquer de nouvelles pièces. Sont cependant recevables les demandes en intervention volontaire ainsi que les demandes de révocation de l'ordonnance de clôture. Sont également recevables les conclusions qui tendent à la reprise de l'instance en l'état où celle-ci se trouvait au moment de son interruption.

Les décisions prises en vertu du présent article constituent des mesures d'administration judiciaire, à l'exception des décisions qui constatent l'extinction de l'instance ou déclarent le recours irrecevable qui sont susceptibles de pourvoi en cassation.

Art. R. 142-13-4 A l'audience, le président de la formation de jugement qui a procédé à l'instruction fait son rapport, les parties présentes ou représentées sont entendues.

Lorsque les parties font valoir à l'audience des prétentions ou des moyens nouveaux, la cour peut, sans préjudice de l'application du huitième alinéa de l'article R. 142-13-3, retenir l'affaire si les parties sont en état d'en débattre contradictoirement, la renvoyer à une audience ultérieure ou, en cas de nécessité, en confier l'instruction au président de la formation de jugement en révoquant, s'il y a lieu, l'ordonnance de clôture.

Art. R. 142-13-5 La cour statue en premier et dernier ressort. Sa décision est notifiée aux parties par lettre recommandée avec demande d'avis de réception.

SOUS-SECTION 3 INTERVENTION, APPEL ET POURVOI DES MINISTRES CHARGÉS DE LA SÉCURITÉ SOCIALE, DE L'AIDE SOCIALE ET DE L'AGRICULTURE

Art. R. 142-14 Les ministres chargés de la sécurité sociale, de l'aide sociale et de l'agriculture peuvent intervenir devant les juridictions mentionnées au II *[de]* l'article R. 142-1-A dans toute instance en cours mettant en cause la législation sociale, son application ou des enjeux financiers en résultant.

Dans les délais de recours imposés aux parties, les ministres chargés de la sécurité sociale, de l'aide sociale et de l'agriculture peuvent interjeter appel ou se pourvoir en cassation. Devant la Cour de cassation, ils sont dispensés du ministère d'avocat.

SOUS-SECTION 4 PROCÉDURE DEVANT LA COUR DE CASSATION

Art. R. 142-15 Le pourvoi contre les décisions rendues en dernier ressort et les arrêts de cour d'appel est formé par ministère d'un avocat au Conseil d'État et à la Cour de cassation. Il est instruit et jugé conformément aux règles de la procédure ordinaire dans la mesure où elles ne sont pas contraires aux dispositions du présent chapitre.

Le pourvoi est déposé au greffe de la Cour de cassation dans un délai de deux mois à compter de la notification de la décision.

SECTION IV ASSISTANCE ET REPRÉSENTATION

(Décr. nº 2018-928 du 29 oct. 2018, art. 2, en vigueur le 1er janv. 2019)

Néant.

SECTION V MESURES D'INSTRUCTION

(Décr. n° 2018-928 du 29 oct. 2018, art. 2, en vigueur le 1er janv. 2019)

SOUS-SECTION 1 DISPOSITIONS COMMUNES AUX CONTESTATIONS MENTIONNÉES AUX *[AU]* 1° DE L'ARTICLE L. 142-1 ET AUX 1°, 2°, 3°, 5° ET 6° DE L'ARTICLE L. 142-2

Art. R. 142-16 La juridiction peut ordonner toute mesure d'instruction, qui peut prendre la forme d'une consultation clinique ou sur pièces exécutée à l'audience, par un consultant avisé de sa mission par tous moyens, dans des conditions assurant la confidentialité, en cas d'examen de la personne intéressée.

Art. R. 142-16-1 L'expert ou le consultant commis pour éclairer la juridiction saisie est choisi sur l'une des listes mentionnées à l'article R. 141-1 ou, à défaut, parmi les médecins spécialistes ou compétents pour l'affection considérée.

Art. R. 142-16-2 Les fonctions d'expert ou de consultant ne peuvent être exercées par le médecin qui a examiné ou soigné le malade ou la victime, un médecin attaché à l'entreprise, un médecin appartenant au conseil d'administration de la caisse intéressée à l'instance, par le médecin participant au service de contrôle médical fonctionnant auprès de la caisse intéressée ni par le médecin qui a examiné le recours préalable du requérant dans le cadre de la commission visée à l'article R. 142-8.

Art. R. 142-16-3 Le greffe demande par tous moyens, selon le cas à l'organisme de sécurité sociale, au président du conseil départemental ou *[à]* la maison départementale des personnes handicapées, de transmettre à l'expert ou au consultant désigné l'intégralité du rapport médical mentionné à l'article L. 142-6 et du rapport mentionné à l'article R. 142-8-5 ou l'ensemble des éléments ou informations à caractère secret au sens du deuxième alinéa de l'article L. 142-10 ayant fondé sa décision.

Dans le délai de dix jours à compter de la notification, à l'employeur de la victime de l'accident du travail ou de la maladie professionnelle, de la décision désignant l'expert, celui-ci peut demander, par tous moyens conférant date certaine, à l'organisme de sécurité sociale, de notifier au médecin, qu'il mandate à cet effet, l'intégralité des rapports précités. S'il n'a pas déjà notifié ces rapports au médecin ainsi mandaté, l'organisme de sécurité sociale procède à cette notification, dans le délai de vingt jours à compter de la réception de la demande de l'employeur. Dans le même délai, l'organisme de sécurité sociale informe la victime de l'accident du travail ou de la maladie professionnelle de la notification de l'intégralité de ces rapports au médecin mandaté par l'employeur.

Les rapports médicaux ou les éléments mentionnés ci-dessus sont transmis sous pli fermé avec la mention "confidentiel" apposée sur l'enveloppe.

Art. R. 142-16-4 A la demande de l'employeur, dans les contentieux de nature médicale mentionnés au 1° de l'article L. 142-1, aux 1°, 2°, 3° de l'article L. 142-2, tout rapport de l'expert désigné ou du consultant est notifié au médecin qu'il mandate à cet effet. Chaque exemplaire du rapport est notifié par l'expert ou le consultant sous pli fermé avec la mention "confidentiel" apposée sur l'enveloppe.

L'expert adresse son rapport médical intégral au greffe dans le délai imparti.

SOUS-SECTION 2 DISPOSITIONS PARTICULIÈRES À CERTAINES MESURES D'INSTRUCTION ORDONNÉES DANS LES CONTENTIEUX MENTIONNÉS AU 1° DE L'ARTICLE L. 142-1

Art. R. 142-17 Les contestations d'ordre médical relatives à l'état du malade ou de la victime d'un accident du travail ou d'une maladie professionnelle, y compris celles formées en application de l'article L. 141-2, sont soumises à un expert inscrit sur l'une des listes visées à l'article R. 141-1 ou à un médecin expert choisi en dehors de la liste dont la spécialité figure parmi celles fixées par arrêté des ministres chargés de la sécurité sociale, de la justice, de l'agriculture et du budget.

Art. R. 142-17-1 I. — Lorsque le litige fait apparaître en cours d'instance une difficulté d'ordre médical relative à l'état de l'assuré ou du bénéficiaire ou de la victime d'un accident du travail ou d'une maladie professionnelle, notamment à la date de la consolidation ou de la guérison, la juridiction ne peut statuer qu'après mise en œuvre de la procédure d'expertise médicale prévue à l'article L. 141-1.

Le tribunal définit la mission confiée et les questions posées à l'expert. Le médecin expert adresse son rapport au greffe dans le délai d'un mois à compter de la date de réception de la demande d'expertise qui lui a été adressée par la caisse.

Le greffe transmet, au plus tard dans les quarante-huit heures suivant sa réception, copie du rapport au service du contrôle médical de la caisse d'assurance maladie ainsi qu'à la victime de l'accident du travail ou de la maladie professionnelle ou au médecin traitant du malade.

II. – Lorsque le différend porte sur une décision prise après mise en œuvre de la procédure d'expertise médicale prévue à l'article L. 141-1, la juridiction peut ordonner une nouvelle expertise si une partie en fait la demande.

Le tribunal ordonne la nouvelle expertise au vu du rapport mentionné soit au cinquième alinéa de l'article R. 141-4, soit au deuxième alinéa du I du présent article, et au vu des observations des parties.

Dans le cas où l'assuré est directement destinataire du rapport mentionné à l'article R. 141-4, celui-ci est joint à la requête. Dans les autres cas, le rapport d'expertise est communiqué au tribunal par le service du contrôle médical de la caisse de rattachement de l'assuré.

Le tribunal désigne le nouvel expert parmi les experts spécialisés en matière de sécurité sociale inscrits sur les listes mentionnées au premier alinéa de l'article R. 141-1, et définit sa mission.

L'expert procède à l'examen du malade ou de la victime dans les cinq jours suivant la notification de la décision le désignant.

Le rapport de l'expert comporte le rappel de l'énoncé de la mission et des questions fixées par le tribunal.

L'expert adresse son rapport au greffe du tribunal dans le délai d'un mois à compter de la date de notification de la décision le désignant.

Le greffe du tribunal transmet, au plus tard dans les quarante-huit heures suivant sa réception, copie du rapport au service du contrôle médical de la caisse d'assurance maladie ainsi qu'à la victime de l'accident du travail ou de la maladie professionnelle ou au médecin traitant du malade.

Art. R. 142-17-2 Lorsque le différend porte sur la reconnaissance de l'origine professionnelle d'une maladie dans les conditions prévues aux sixième et septième alinéas de l'article L. 461-1, le tribunal recueille préalablement l'avis d'un comité régional autre que celui qui a déjà été saisi par la caisse en application du huitième alinéa de l'article L. 461-1.

Le tribunal désigne alors le comité d'une des régions les plus proches.

Art. R. 142-17-3 Lorsque le différend fait apparaître en cours d'instance une difficulté d'ordre technique portant sur l'interprétation des dispositions relatives à la liste des actes et prestations prévue par l'article L. 162-1-7, le tribunal peut ordonner une expertise.

Celle-ci est confiée à un expert inscrit sur une des listes dressées en application des 1° et 2° du I de l'article 2 de la loi n° 71-498 du 29 juin 1971 relative aux experts judiciaires sous la rubrique "experts spécialisés dans l'interprétation de la liste des actes et prestations prévue à l'article L. 162-1-7".

Nul ne peut être inscrit ou réinscrit comme expert sous la rubrique "experts spécialisés dans l'interprétation de la liste des actes et prestations prévue à l'article L. 162-1-7" si le dossier de l'instruction de la demande d'inscription ou de réinscription, prévue aux articles 7, 11 ou 17 du décret n° 2004-1463 du 23 décembre 2004 relatif aux experts judiciaires, ne comprend pas les avis favorables de la Haute Autorité de santé et du président de la commission de hiérarchisation mentionnée à l'article L. 162-1-7 compétente pour la profession du candidat.

Ces avis sont sollicités, selon la liste demandée par l'intéressé, par le procureur de la République près le tribunal de grande instance dans le ressort duquel le candidat exerce son activité professionnelle ou possède sa résidence ou bien par le procureur général près la Cour de cassation. Ceux-ci transmettent à la Haute Autorité de santé et au président de la commission de hiérarchisation compétente la demande d'inscription ou de réinscription reçue en application des articles 6, 10 ou 17 du décret du 23 décembre 2004 précité.

Chaque exemplaire des avis est transmis sous pli fermé avec la mention "confidentiel" apposée sur l'enveloppe.

SECTION VI DÉPENSES DE CONTENTIEUX

(Décr. n° 2018-928 du 29 oct. 2018, art. 2, en vigueur le 1er janv. 2019)

Art. R. 142-18 Les requérants ou leurs ayants droit qui doivent quitter leur commune de résidence ou celle de leur lieu de travail pour répondre à la convocation d'un médecin expert ou d'un médecin consultant désigné par une juridiction mentionnée à la présente section en première ou seconde instance en application du présent titre sont indemnisés de leurs frais de déplacement et de séjour dans les conditions fixées par le décret n° 2006-781 du 3 juillet 2006, sans préjudice de l'application des articles R. 322-10-1, R. 322-10-2, R. 322-10-4 et R. 322-11 à R. 322-11-2.

Art. R. 142-18-1 L'article R. 141-7 est applicable aux honoraires et frais de déplacement dus pour les expertises diligentées par les juridictions mentionnées à la présente section en application du II de l'article R. 142-17-1.

Art. R. 142-18-2 Les honoraires dus au médecin consultant mentionné à l'article R. 142-16-1 ainsi que ses frais de déplacement sont réglés selon le tarif fixé par arrêté des ministres respectivement chargés de la sécurité sociale, de la justice, de l'agriculture et du budget.

SECTION VII DÉPARTEMENTS DU HAUT-RHIN, DU BAS-RHIN ET DE LA MOSELLE

(Décr. n° 2018-928 du 29 oct. 2018, art. 2, en vigueur le 1er janv. 2019)

Art. R. 142-19 Les dispositions du présent chapitre sont applicables au règlement des différends entre les caisses d'assurances accidents des départements du Haut-Rhin, du Bas-Rhin et de la Moselle mentionnées au titre VI du livre VII du code rural et de la pêche maritime et leurs ressortissants, sous réserve des modalités particulières qui seront fixées par décret pris sur le rapport du ministre chargé de l'agriculture.

Les dispositions dudit chapitre sont également applicables, dans les départements mentionnés à l'alinéa précédent, aux règlements des différends consécutifs à la réparation des accidents du travail survenus et des maladies professionnelles constatées avant le 1er janvier 1947 dans les professions autres que les professions agricoles.

CHAPITRE III *[ABROGÉ]* CONTENTIEUX TECHNIQUE DE LA SÉCURITÉ SOCIALE

(Abrogé par Décr. n° 2018-928 du 29 oct. 2018, art. 11, à compter du 1er janv. 2019)

Aux mots : « commissions régionales » (en italique) sont substitués les mots : « tribunaux du contentieux de l'incapacité » et aux mots : « Commission nationale technique » (en italique) sont substitués les mots : « Cour nationale de l'incapacité et de la tarification de l'assurance des accidents du travail » (L. n° 94-43 du 18 janv. 1994, art. 80).

SECTION PREMIÈRE *[ABROGÉE]* DISPOSITIONS GÉNÉRALES

Néant.

SECTION II *[ABROGÉE]* TRIBUNAUX DU CONTENTIEUX DE L'INCAPACITÉ

Toutes les procédures en cours devant les tribunaux du contentieux de l'incapacité à la date de publication du décret n° 2003-614 du 3 juill. 2003 sont transférées, en l'état, aux tribunaux du contentieux de l'incapacité tels qu'institués par l'art. 35 de la L. n° 2002-73 du 17 janv. 2002 de modernisation sociale, désormais compétents, sans qu'il y ait lieu de renouveler les actes, formalités et jugements intervenus antérieurement à cette date, à l'exception des convocations, citations et assignations données aux parties et aux témoins à fin de comparution personnelle.

Les archives et minutes des secrétariats des tribunaux du contentieux de l'incapacité existant à la date de publication du décret sont transférées aux secrétariats des tribunaux du contentieux de l'incapacité tels qu'institués par l'art. 35 de la L. n° 2002-73 du 17 janv. 2002 de modernisation sociale.

Toutes les procédures en cours devant les sections de la Cour nationale de l'incapacité et de la tarification de l'assurance des accidents du travail à la date de publication du décret sont transférées à la Cour nationale de l'incapacité et de la tarification de l'assurance des accidents du travail telle qu'instituée par l'art. 35 de la L. n° 2002-73 du 17 janv. 2002 et réparties par son président entre les sections prévues à l'art. R. 143-15 CSS, sans qu'il y ait lieu de renouveler aucun acte, formalité ou jugement intervenus antérieurement à cette date.

Les archives et minutes du secrétariat de la Cour nationale de l'incapacité et de la tarification de l'assurance des accidents du travail existant à la date de publication du présent décret sont transférées au secrétariat de la Cour nationale de l'incapacité et de la tarification de l'assurance des accidents du travail telle qu'instituée par l'art. 35 de la L. n° 2002-73 du 17 janv. 2002 (Décr. n° 2003-614 du 3 juill. 2003, art. 18).

SOUS-SECTION 1 *[ABROGÉE]* COMPÉTENCE ET ORGANISATION

Art. R. 143-1 (Décr. n° 2003-614 du 3 juill. 2003, art. 1er) ***Les réclamations relevant du 2° de l'article L. 143-1 peuvent, sur demande du requérant, être soumises au préalable à la commission de recours amiable mentionnée à l'article R. 142-1. Lorsque la décision de la commission de recours amiable n'a pas été portée à la connaissance du requérant dans le délai d'un mois déterminé conformément aux dispositions de l'article R. 142-6, l'intéressé peut considérer sa demande comme rejetée et se pourvoir devant la juridiction compétente.***

Art. R. 143-2 (Décr. n° 2003-614 du 3 juill. 2003, art. 1er) ***Dans le cas où la contestation de la victime portant sur l'état d'incapacité permanente fait apparaître des difficultés de toute nature relatives au caractère professionnel d'une lésion, le tribunal du contentieux de l'incapacité, après avoir recueilli les observations des parties, surseoit à statuer sur le taux d'incapacité permanente partielle dans l'attente de la décision sur le caractère professionnel de la lésion.***

Art. R. 143-3 (Décr. n° 2003-614 du 3 juill. 2003, art. 1er) ***Le tribunal du contentieux de l'incapacité compétent est celui du lieu où demeure le demandeur. Si le demandeur ne demeure pas en France, le tribunal compétent est celui dans le ressort duquel l'organisme de sécurité sociale ou de mutualité sociale agricole, dont relève ou relevait le demandeur, a son siège.***

Art. R. 143-3-1 (Décr. n° 2003-614 du 3 juill. 2003, art. 1er) ***Le siège et le ressort des tribunaux du contentieux de l'incapacité sont fixés conformément au tableau II annexé au présent livre.*** — V. Décr. n° 2003-614 du 3 juill. 2003 (JO 5 juill., p. 11414), mod. par Décr. n° 2011-1877 du 14 déc. 2011 (JO 16 déc.), Décr. n° 2012-95 du 25 janv. 2012 (JO 27 janv.). — V. cette annexe reproduite sur Dalloz.fr et sur les applications mobiles Dalloz.

Art. R. 143-3-2 (Décr. n° 2003-614 du 3 juill. 2003, art. 1er) ***La création de plusieurs formations de jugement au sein d'un même tribunal peut être décidée par arrêté du garde des sceaux, ministre de la justice, du ministre chargé de la sécurité sociale et du ministre chargé de l'agriculture.*** — V. Arr. du 14 août 2003 (JO 27), App. Annexe I.

Le président du tribunal du contentieux de l'incapacité répartit les affaires entre les formations de jugement. Il préside une des formations quand il l'estime convenable.

Art. R. 143-3-3 (Décr. n° 2003-614 du 3 juill. 2003, art. 1er) ***Lorsqu'un tribunal du contentieux de l'incapacité est créé ou lorsque le ressort d'un tribunal du contentieux de l'incapacité est modifié par suite d'une nouvelle délimitation des circonscriptions administratives ou judiciaires, le tribunal compétent primitivement saisi demeure compétent pour statuer sur les procédures introduites antérieurement à la date de création du tribunal compétent ou de modification du ressort.***

Lorsqu'un tribunal du contentieux de l'incapacité est supprimé, toutes les procédures en cours devant cette juridiction à la date d'entrée en vigueur du décret de suppression sont transférées en l'état au tribunal du contentieux de l'incapacité dans le ressort duquel est situé le siège du tribunal du contentieux de l'incapacité supprimé, sans qu'il y ait lieu de renouveler les actes, formalités et jugements régulièrement intervenus antérieurement à cette date, à l'exception des convocations, citations et assignations données aux parties et aux témoins à fin de comparution personnelle.

Les archives et minutes du secrétariat du tribunal supprimé sont transférées au secrétariat du tribunal du contentieux de l'incapacité dans le ressort duquel est situé le siège du tribunal du contentieux de l'incapacité supprimé.

Art. R. 143-4 (Décr. n° 2012-95 du 25 janv. 2012, art. 2) *L'autorité compétente de l'État mentionnée au neuvième alinéa de l'article L. 143-2 est le directeur régional de la jeunesse, des sports et de la cohésion sociale dans la circonscription duquel siège le tribunal du contentieux de l'incapacité.*

Art. R. 143-4-1 *Abrogé par Décr. n° 2005-1224 du 29 sept. 2005, art. 11.*

Art. R. 143-5 (Décr. n° 2003-614 du 3 juill. 2003, art. 1er) *Le président du tribunal prend par ordonnance les mesures d'administration judiciaire.*

Dans la première quinzaine du mois qui précède l'année judiciaire, il fixe, par ordonnance, le nombre, le jour, la nature des audiences et la répartition des assesseurs à ces audiences. (Décr. n° 2005-1224 du 29 sept. 2005, art. 6) *« Cette ordonnance peut être modifiée en cours d'année pour prendre en compte une modification de la composition de la juridiction, pour assurer le traitement du contentieux dans un délai raisonnable ou pour prévoir un service allégé pendant la période au cours de laquelle les fonctionnaires et les auxiliaires de justice bénéficient de leurs congés annuels. »*

Lorsqu'il existe plusieurs formations de jugement, il fixe, par la même ordonnance, la répartition des assesseurs dans ces formations. Un assesseur peut être affecté à plusieurs formations.

En cas d'empêchement d'un assesseur, il est pourvu à son remplacement par (Décr. n° 2005-1224 du 29 sept. 2005, art. 6) *« un suppléant ».*

Les dispositions issues du Décr. n° 2005-1224 du 29 sept. 2005 entrent en vigueur le 1er oct. 2005 (Décr. préc., art. 13).

Art. R. 143-5-1 (Décr. n° 2003-614 du 3 juill. 2003, art. 1er) *Les assesseurs sont convoqués aux audiences par le secrétaire du tribunal par lettre simple, quinze jours au moins avant la date de l'audience.*

Les assesseurs présents peuvent également être convoqués aux audiences suivantes par la remise d'un bulletin après signature de la feuille de répartition des assesseurs aux audiences.

Art. R. 143-5-2 *Abrogé par Décr. n° 2005-1224 du 29 sept. 2005, art. 11.*

Art. R. 143-5-3 (Décr. n° 2003-614 du 3 juill. 2003, art. 1er) *Le président du tribunal du contentieux de l'incapacité est responsable du fonctionnement de la juridiction qu'il préside. Le secrétaire du tribunal est placé pour l'exercice de ses fonctions dans la juridiction sous l'autorité exclusive du président du tribunal.*

SOUS-SECTION 2 *[ABROGÉE]* PROCÉDURE

Art. R. 143-6 (Décr. n° 2003-614 du 3 juill. 2003, art. 2) *La procédure devant le tribunal du contentieux de l'incapacité est régie par les dispositions du livre Ier du code de procédure civile sous réserve des dispositions de la présente sous-section.*

Art. R. 143-7 (Décr. n° 2003-614 du 3 juill. 2003, art. 2) *Le tribunal du contentieux de l'incapacité est saisi des recours par déclaration faite, remise ou adressée au secrétariat du tribunal où elle est enregistrée.*

Le recours contre la décision de la caisse doit être présenté dans le délai de deux mois à compter de la date de la notification de cette décision. Toutefois, en cas de recours amiable, ce délai est interrompu. Il court à nouveau à compter soit du jour de la notification au requérant de la décision de la commission de recours amiable, soit à l'expiration du délai d'un mois prévu à l'article R. 143-1.

Le recours n'est pas suspensif, sous réserve de dispositions législatives particulières, et notamment de celles (Décr. n° 2005-1589 du 19 déc. 2005, art. 2) *« du premier alinéa de l'article L. 241-9 du code de l'action sociale et des familles. ».*

(Décr. n° 2005-1678 du 28 déc. 2005, art. 17) *« Outre les mentions prescrites par l'article 58 du code de procédure civile, la déclaration indique, le cas échéant, le nom et l'adresse du médecin que le demandeur désigne pour recevoir les documents médicaux. Elle contient un exposé sommaire des motifs de la demande. Elle est accompagnée d'une copie de la décision contestée. »* — Entrée en vigueur le 1er mars 2006 (Décr. n° 2005-1678 du 28 déc. 2005, art. 87).

Défaut de mention des voies de recours. L'indication dans la notification de la décision de l'organisme que le délai court à peine de forclusion n'est pas exigée par les art. R. 143-7 et R. 143-31 CSS. Est donc irrecevable le recours contre une décision de la caisse régulièrement notifiée à l'employeur nonobstant la méconnaissance des mentions relatives aux voies et délais de recours. • Civ. 2e, 30 nov. 2017, no 16-25.309 P : *RJS 2/2018, no 146 ; JCP S 2018. 1031, obs. Michalletz.*

Art. R. 143-8 (Décr. no 2003-614 du 3 juill. 2003, art. 2) ***Dans les dix jours suivant la réception de la déclaration, le secrétariat du tribunal en adresse copie à la caisse intéressée et l'invite à présenter ses observations écrites, en trois exemplaires, dans un délai de dix jours.***

Dans ce même délai, la caisse est tenue de transmettre au secrétariat les documents médicaux concernant l'affaire et d'en adresser copie au requérant ou, le cas échéant, au médecin qu'il a désigné.

BIBL. ▶ PIERCHON, À propos du secret médical devant les juridictions du contentieux technique, *JCP S 2007. 1564.*

1. Inopposabilité à l'employeur. La Cour nationale de l'incapacité et de la tarification de l'assurance des accidents du travail, ayant retenu à bon droit, d'une part, que ni l'indépendance du service du contrôle médical vis-à-vis de la caisse, ni les réserves émises par celle-ci sur le respect du secret médical ne peuvent exonérer les parties à la procédure du respect des principes d'un procès équitable, d'autre part, que la caisse n'ayant pas fourni les pièces nécessaires à un réel débat contradictoire sur la fixation du taux d'incapacité permanente partielle d'un salarié, son employeur n'avait pu exercer de manière effective son droit de recours, a exactement déduit de ces énonciations que la décision de la caisse fixant ce taux n'était pas opposable à cet employeur. • Civ. 2e, 19 févr. 2009, no 08-11.959 P : *JCP E 2009, no 1721, obs. Bugada ; JCP S 2009, no 1261, obs. Asquinazi-Bailleux ; RDSS 2009. 379, obs. Tauran.* ♦ V. déjà • Civ. 2e, 13 nov. 2008, no 07-18.364 P : *JCP E 2009. 1194, note Asquinazi-Bailleux ; RDSS 2009. 185, note Tauran ; Dr. ouvrier 2009. 108, note Ginon ; RJS 2009, no 218.*

2. Protection du secret médical. S'il résulte des dispositions de l'art. R. 143-8 CSS que la caisse est tenue de transmettre au secrétariat du tribunal du contentieux de l'incapacité les documents médicaux concernant l'affaire, cette obligation ne s'étend pas au rapport du médecin-conseil du contrôle médical ayant contribué à la fixation du taux d'incapacité permanente partielle de la victime, dont la communication, s'agissant d'un document couvert par le secret médical, ne peut être réalisée qu'avec l'accord de l'assuré ou suivant les modalités définies aux art. L. 143-10, R. 143-32 et R. 143-33 CSS dans leur rédaction applicable au litige, lesquels permettent de trouver un juste équilibre entre la confidentialité des données médicales garantie par l'art. 8 de la Convention de sauvegarde des droits de l'homme et des libertés fondamentales et les exigences d'un procès équitable. • Civ. 2e, 11 juill. 2013 : *JCP S 2013, no 1451.*

3. Équité de la procédure. Le refus de révoquer l'ordonnance de clôture des débats par la Cour nationale est compatible avec les dispositions de l'art. 6, § 1, de la Conv. EDH dès lors que la caisse n'a pas produit avant l'ouverture des débats devant le tribunal du contentieux de l'incapacité les documents médicaux concernant l'affaire, cette carence ne pouvant être réparée devant la Cour nationale par la production du rapport du médecin-conseil du contrôle médical. • Civ. 2e, 16 févr. 2012 : *D. 2012. 561 ; Procédures 2012, no 4, comm. 118, obs. Bugada ; JCP S 2012, no 1144, obs. Tauran ; RJS 2012, no 506 ; CSBP 2012, no 240, S 138.*

Art. R. 143-9 (Décr. no 2003-614 du 3 juill. 2003, art. 2) ***Le secrétaire du tribunal convoque les parties par lettre recommandée avec demande d'avis de réception ou par la remise de l'acte au destinataire contre émargement ou récépissé, quinze jours au moins avant la date de l'audience ; copie de la convocation est envoyée le même jour par lettre simple. Toutefois, les organismes de sécurité sociale peuvent en toutes circonstances être convoqués par lettre simple.***

La convocation doit contenir les nom, prénoms, profession et adresse du réclamant, l'objet de la demande ainsi que la date et l'heure de l'audience.

La convocation est réputée faite à personne lorsque l'avis de réception est signé par son destinataire ou son mandataire.

(Décr. no 2005-1224 du 29 sept. 2005, art. 5) ***« En cas de retour au secrétariat de la juridiction d'une lettre de convocation qui n'a pu être remise à son destinataire, le secrétaire invite le demandeur à procéder par voie de signification. Le secrétaire indique la date de l'audience pour laquelle la signification doit être délivrée. »***

Dans le cas où une audience n'a pu se tenir, la partie présente est convoquée verbalement à une nouvelle audience avec émargement au dossier et remise, par le greffe, d'un bulletin mentionnant la date et l'heure de l'audience.

Les dispositions issues du Décr. nº 2005-1224 du 29 sept. 2005 entrent en vigueur le 1er oct. 2005 (Décr. préc., art. 13).

Nouvelle convocation (nécessité). Les règles de convocation doivent être respectées même lorsque l'assuré demeure à l'étranger, même lorsque la juridiction statue sur pièces. • Soc. 25 juin 1998 : *RJS 1998, nº 1296.* ♦ Le tribunal viole l'art. R. 143-8 [R. 143-9] s'il ne résulte ni de sa décision ni des pièces de la procédure que l'intéressé a été convoqué. • Soc. 11 mars 1999 : *RJS 1999, nº 868* • 14 oct. 1999 : *RJS 2000, nº 218.*

Art. R. 143-9-1 (Décr. nº 2005-1224 du 29 sept. 2005, art. 7) ***Lorsqu'en application de l'article L. 143-2-3 le tribunal n'a pu siéger et que l'affaire est reportée à une audience ultérieure, les parties présentes sont convoquées à nouveau verbalement avec émargement au dossier et remise par le secrétariat d'un bulletin mentionnant la date de l'audience*** (Décr. nº 2010-1165 du 1er oct. 2010, art. 13-1°, en vigueur le 1er déc. 2010) ***« , sous réserve des dispositions de l'article R. 143-10-1 ». Les parties absentes sont convoquées à nouveau selon les modalités prévues à l'article R. 143-9.***

Les dispositions issues du Décr. nº 2005-1224 du 29 sept. 2005 entrent en vigueur le 1er oct. 2005 (Décr. préc., art. 13).

Art. R. 143-10 (Décr. nº 2010-1165 du 1er oct. 2010, art. 13-2°, en vigueur le 1er déc. 2010) ***Les parties comparaissent en personne.***

Art. R. 143-10-1 (Décr. nº 2010-1165 du 1er oct. 2010, art. 13-3°, en vigueur le 1er déc. 2010) ***La procédure est orale.***

Le président de la formation de jugement qui organise les échanges entre les parties comparantes peut dispenser une partie qui en fait la demande de se présenter à une audience ultérieure, conformément au second alinéa de l'article 446-1 du code de procédure civile. Dans ce cas, la communication entre les parties est faite par lettre recommandée avec demande d'avis de réception ou par notification entre avocats et il en est justifié auprès du tribunal dans les délais impartis par le président.

En cours d'instance, toute partie peut aussi exposer ses moyens par lettre adressée au tribunal, à condition de justifier que l'adversaire en a eu connaissance avant l'audience par lettre recommandée avec demande d'avis de réception. La partie qui use de cette faculté peut ne pas se présenter à l'audience, conformément au second alinéa de l'article 446-1 du code de procédure civile.

Art. R. 143-11 (Décr. nº 2010-1165 du 1er oct. 2010, art. 13-4°, en vigueur le 1er déc. 2010) ***« Le président de la formation de jugement »*** (Décr. nº 2003-614 du 3 juill. 2003, art. 2) ***constate la conciliation, même partielle, des parties et l'extinction de l'instance.***

Art. R. 143-12 (Décr. nº 2010-1165 du 1er oct. 2010, art. 13-4°, en vigueur le 1er déc. 2010) ***« Le président de la formation de jugement »*** (Décr. nº 2003-614 du 3 juill. 2003, art. 2) ***tranche les difficultés relatives à la communication des pièces et procède aux jonctions et disjonctions d'instance.***

Art. R. 143-13 (Décr. nº 2003-614 du 3 juill. 2003, art. 2) (Décr. nº 2010-1165 du 1er oct. 2010, art. 13-4°, en vigueur le 1er déc. 2010) ***« Le président de la formation de jugement » peut ordonner, d'office ou à la demande des parties, une consultation ou une expertise, ou prescrire une enquête portant, notamment, sur l'orientation professionnelle éventuelle du requérant et sur ses possibilités de placement. Les mesures d'instruction ordonnées peuvent être exécutées sur-le-champ par le technicien avisé de sa mission par tout moyen. Dans ce cas, le technicien fait immédiatement rapport au tribunal de ses constatations en présence des parties.***

Lorsqu'il ordonne une expertise, (Décr. nº 2010-1165 du 1er oct. 2010, art. 13-4°, en vigueur le 1er déc. 2010) ***« le président de la formation de jugement » détermine par une décision la mission confiée à l'expert, les questions qui lui sont posées et le délai dans lequel l'expert devra donner son avis. Le médecin expert adresse son rapport au secrétaire du tribunal dans le délai imparti qui court à compter de la réception de la demande d'expertise qui lui a été adressée. A défaut, il est pourvu à son remplacement par simple ordonnance.***

Lorsque les mesures d'instruction ne sont pas exécutées sur-le-champ, le secrétariat du tribunal adresse à chaque partie ou, le cas échéant, au médecin qu'elle a désigné, par lettre recommandée, une copie des rapports et des documents consignant les résultats des examens,

analyses ou enquêtes ordonnés par le tribunal ou des informations qu'il a recueillies. Cette lettre avise également les parties de la date de l'audience à laquelle sera évoquée l'affaire.

Art. R. 143-14 (Décr. n° 2003-614 du 3 juill. 2003, art. 2) ***Les décisions du tribunal doivent être motivées. Elles sont prononcées en audience publique.***

Le secrétariat du tribunal notifie dans les quinze jours la décision à chacune des parties, par lettre recommandée avec demande d'avis de réception. La notification porte mention des délais et des voies de recours. Les parties sont avisées des mesures d'administration judiciaire verbalement avec émargement au dossier ou par lettre simple.

La décision du tribunal du contentieux de l'incapacité n'est pas susceptible d'opposition.

Les parties peuvent interjeter appel de la décision du tribunal dans les conditions prévues aux articles R. 143-23 et R. 143-24.

L'appel a un effet suspensif.

SECTION III *[ABROGÉE]* COUR NATIONALE DE L'INCAPACITÉ ET DE LA TARIFICATION DE L'ASSURANCE DES ACCIDENTS DU TRAVAIL

Sont compétentes pour connaître des appels formés, à compter de l'entrée en vigueur du Décr. n° 2018-928 du 29 oct. 2018, contre les décisions rendues avant cette date par les juridictions supprimées en vertu de l'art. 8 de la même loi :

1° La cour d'appel spécialement désignée en application de l'art. L. 311-15 du code de l'organisation judiciaire dans le ressort duquel était situé le siège du tribunal des affaires de sécurité sociale, le tribunal du contentieux de l'incapacité ou, dans les matières relevant désormais de la compétence du juge judiciaire, la commission départementale d'aide sociale qui a rendu la décision attaquée ;

2° La cour administrative d'appel de Paris, pour les appels des décisions rendues par les commissions départementales d'aide sociale dans les matières relevant désormais de la compétence du juge administratif (Décr. n° 2018-928 du 29 oct. 2018, art. 16, en vigueur le 1er janv. 2019).

Les termes : "Commission nationale technique" sont remplacés par les termes : "Cour nationale de l'incapacité et de la tarification de l'assurance des accidents du travail".

Le mot : "commission" est remplacé par le mot : "cour" ; les mots : "la commission régionale" sont remplacés par les mots : "le tribunal du contentieux de l'incapacité" (Décr. n° 99-449 du 2 juin 1999, art. 16).

BIBL. ▸ GODARD, Contentieux des accidents du travail et Convention européenne des droits de l'homme, *RJS 1995. 399.* – LIFFRAN, La Cour nationale de l'incapacité et la Convention européenne des droits de l'homme, *RJS 2001. 189.*

SOUS-SECTION 1 *[ABROGÉE]* COMPÉTENCE ET ORGANISATION

Art. R. 143-15 (Décr. n° 2003-614 du 3 juill. 2003, art. 3) ***La Cour nationale de l'incapacité et de la tarification de l'assurance des accidents du travail comporte quatre sections qui connaissent respectivement :***

1° Des contestations mentionnées au 4° de l'article L. 143-1 et à l'article L. 242-5 et relatives à la tarification de l'assurance des accidents du travail et des maladies professionnelles des régimes autres qu'agricoles ;

2° Des contestations mentionnées aux 1° et 2° de l'article L. 143-1 et relatives à l'état ou au degré d'invalidité, à l'état d'inaptitude au travail, à l'état d'incapacité permanente de travail en cas d'accident du travail ou de maladie professionnelle concernant les régimes autres qu'agricoles ;

3° Des contestations en matière de législation sociale agricole :

a) Mentionnées au 4° de l'article L. 143-1 et à l'article L. 752-19 du code rural et de la pêche maritime et relatives à la tarification de l'assurance des accidents du travail et des maladies professionnelles ;

b) Mentionnées au 3° de l'article L. 143-1 et relatives à l'état et au degré d'invalidité ou à l'état d'inaptitude au travail, lorsqu'elle n'est pas due à un accident du travail ou à une maladie professionnelle ;

c) Mentionnées au 3° de l'article L. 143-1 et relatives à l'état d'incapacité permanente de travail en cas d'accident du travail survenu ou de maladie professionnelle constatée, dans les départements du Haut-Rhin, du Bas-Rhin et de la Moselle, ainsi que des (Décr. n° 2005-1589 du 19 déc. 2005) ***« contestations prévues au premier alinéa de l'article L. 241-9 du code de l'action sociale et des familles » pour les ressortissants du régime agricole ;***

4° Des (Décr. n° 2005-1589 du 19 déc. 2005) *« contestations prévues au premier alinéa de l'article L. 241-9 du code de l'action sociale et des familles » pour les ressortissants des régimes autres qu'agricoles.*

Art. R. 143-16 (Décr. n° 2003-614 du 3 juill. 2003, art. 3) *Le siège de la Cour nationale de l'incapacité et de la tarification de l'assurance des accidents du travail est fixé à Amiens.*

Art. R. 143-17 (Décr. n° 2003-614 du 3 juill. 2003, art. 3) *Dans les quinze jours suivant leur désignation, les assesseurs titulaires et les assesseurs suppléants qui n'ont pas encore exercé de fonctions judiciaires sont invités, par le procureur général près la cour d'appel d'Amiens, à se présenter devant la cour pour prêter serment.*

Le premier président de la cour d'appel ou le magistrat délégué par lui, siégeant en audience publique et en présence du procureur général, reçoit la prestation de serment des assesseurs.

Au cours de leur réception, les assesseurs titulaires ou suppléants prêtent individuellement le serment suivant : "Je jure de remplir mes devoirs avec zèle et intégrité et de garder le secret des délibérations".

Il est dressé procès-verbal de la réception du serment.

Art. R. 143-17-1 (Décr. n° 2003-614 du 3 juill. 2003, art. 3) *L'installation du président de la Cour nationale de l'incapacité et de la tarification de l'assurance des accidents du travail et des présidents de section et l'installation des assesseurs a lieu en audience publique, au siège de la Cour nationale, sous la présidence du premier président de la cour d'appel d'Amiens, ou du magistrat délégué par lui et en présence du procureur général près ladite cour d'appel.*

Il est dressé procès-verbal de cette installation.

Art. R. 143-18 (Décr. n° 2003-614 du 3 juill. 2003, art. 3) *Le président de la Cour nationale de l'incapacité et de la tarification de l'assurance des accidents du travail prend par ordonnance les mesures d'administration judiciaire.*

Dans la première quinzaine du mois qui précède l'année judiciaire, le président fixe, par ordonnance, le nombre, le jour et la nature des audiences. (Décr. n° 2005-1224 du 29 sept. 2005, art. 6) *« Cette ordonnance peut être modifiée en cours d'année pour prendre en compte une modification de la composition de la juridiction, pour assurer le traitement du contentieux dans un délai raisonnable ou pour prévoir un service allégé pendant la période au cours de laquelle les fonctionnaires et les auxiliaires de justice bénéficient de leurs congés annuels. »*

Il fixe, par la même ordonnance, la répartition des présidents et des assesseurs dans les sections. Un assesseur peut être affecté à plusieurs sections.

Les assesseurs siègent à tour de rôle, dans l'ordre de l'inscription résultant de l'ordonnance.

En cas d'empêchement d'un assesseur, il est pourvu à son remplacement par (Décr. n° 2005-1224 du 29 sept. 2005, art. 6) *« un suppléant ».*

Les dispositions issues du Décr. n° 2005-1224 du 29 sept. 2005 entrent en vigueur le 1er oct. 2005 (Décr. préc., art. 13).

Art. R. 143-18-1 (Décr. n° 2003-614 du 3 juill. 2003, art. 3) *Dans la première quinzaine du mois qui précède l'année judiciaire, le président désigne, par ordonnance, l'un des présidents de section pour le suppléer, s'il y a lieu, dans ses fonctions.*

En cas de vacance ou d'empêchement d'un président de section, le président de la cour désigne un autre président de section pour le service de l'audience, suivant les modalités fixées à l'article R. 143-18.

Art. R. 143-19 (Décr. n° 2003-614 du 3 juill. 2003, art. 3) *Le président de la Cour nationale de l'incapacité et de la tarification de l'assurance des accidents du travail répartit les affaires entre les sections.*

Il peut, pour l'examen d'une affaire, réunir plusieurs sections sous sa présidence.

Il préside une des sections de la Cour nationale quand il l'estime convenable.

Art. R. 143-20 (Décr. n° 2003-614 du 3 juill. 2003, art. 3) *Le président de la Cour nationale de l'incapacité et de la tarification de l'assurance des accidents du travail est responsable du fonctionnement de la juridiction qu'il préside. Le secrétaire général et les secrétaires généraux adjoints sont placés pour l'exercice de leurs fonctions dans la juridiction sous l'autorité exclusive du président de la cour.*

SOUS-SECTION 2 *[ABROGÉE]* PROCÉDURE

Art. R. 143-20-1 (Décr. n° 2010-1165 du 1er oct. 2010, art. 14-1°, en vigueur le 1er déc. 2010) ***La procédure devant la Cour nationale de l'incapacité et de la tarification de l'assurance des accidents du travail est régie par les dispositions du livre Ier du code de procédure civile sous réserve des dispositions de la présente sous-section.***

Art. R. 143-21 *Le recours de l'employeur mentionné* (Décr. n° 2003-614 du 3 juill. 2003, art. 4) ***« au deuxième alinéa de l'article L. 242-5 », à l'article L. 242-7*** *et* (Décr. n° 2003-614 du 3 juill. 2003, art. 4) ***« au sixième alinéa de l'article L. 452-2 », est introduit dans le délai*** (Décr. n° 86-658 du 18 mars 1986, art. 20-I) ***« de deux mois » à compter de la date de réception de la notification par la caisse*** (Décr. n° 2010-344 du 31 mars 2010, art. 271) ***« d'assurance retraite et de la santé au travail » de sa décision concernant les taux d'accidents du travail, les ristournes, les cotisations supplémentaires et la contribution prévue à l'article L. 437-1.***

(Décr. n° 2009-1596 du 18 déc. 2009, art. 19-V) ***« L'autorité mentionnée au deuxième alinéa de l'article L. 242-5 et à l'article L. 242-7 est le responsable du service mentionné à l'article R. 155-1. Le recours est introduit dans le même délai à compter du jour de la décision. »***

(Décr. n° 2005-1684 du 26 déc. 2005) ***« Le recours de l'employeur prévu aux articles L. 751-16, L. 751-21 et R. 751-71 du code rural et de la pêche maritime ainsi que le recours du chef d'exploitation ou d'entreprise agricole prévu à l'article L. 752-19 du même code sont introduits dans le délai de deux mois à compter respectivement de la date de réception de la notification par la caisse de mutualité sociale agricole de sa décision concernant les taux d'accidents du travail, les ristournes et les cotisations supplémentaires ou de la date de notification de sa décision de classement de l'exploitation ou de l'entreprise agricole dans une des catégories de risque retenues par le ministre chargé de l'agriculture. »***

Le recours (Décr. n° 2009-1596 du 18 déc. 2009, art. 19-V ; Décr. n° 2012-1362 du 6 déc. 2012, art. 2-5°) ***« du responsable du service mentionné à l'article R. 155-1 » est introduit dans le même délai à compter du jour de la décision.***

(Décr. n° 86-658 du 18 mars 1986, art. 20-II) ***« Au cas où le requérant aurait, au préalable, dans les conditions de délai » indiquées aux quatre alinéas précédents, saisi, selon le cas, la caisse*** (Décr. n° 2010-344 du 31 mars 2010, art. 271) ***« d'assurance retraite et de la santé au travail » ou la caisse de mutualité sociale agricole d'une réclamation gracieuse, le délai de recours devant la Cour court du jour où est notifiée la décision de la caisse sur le recours gracieux. Toutefois, si à l'expiration d'un délai de deux mois à compter de l'introduction du recours gracieux, l'intéressé n'a pas reçu notification d'une telle décision, le recours doit être regardé comme rejeté et le délai imparti pour saisir la cour court du jour où intervient cette décision implicite de rejet.***

1. Dépassement du délai. Lorsque la commission de recours amiable a été saisie tardivement, le recours contentieux est, par voie de conséquence, irrecevable. • Civ. 2e, 27 janv. 2004, n° 02-30.540 P : *RJS 2004, n° 601 ; TPS 2004, n° 121, obs. Prétot.* ♦ Le juge peut relever d'office la fin de non-recevoir tirée de la forclusion. • Soc. 8 juill. 1971 : *Bull. civ. V, n° 531.* ♦ Rappr. art. 125 NCPC [C. pr. civ.].

2. Charge de la preuve. Il appartient à celui qui soutient qu'un recours est irrecevable comme tardif de rapporter la preuve de l'inobservation des délais dans lesquels ce recours doit être exercé. • Soc. 2 févr. 1995, n° 93-13.479 P : *RJS 1995, n° 443.*

3. Notification (forme). L'envoi des comptes « employeur » ne constitue pas une notification susceptible de faire courir le délai de l'art. R. 143-21. • Civ. 2e, 21 sept. 2004, n° 03-30.277 P : *RJS 2004, n° 1196.*

4. Délai de prescription. La prescription court du jour où celui contre qui on l'invoque a pu valablement agir ; et l'employeur qui a reçu notification d'un nouveau taux de cotisation après un accident du travail litigieux est en mesure d'agir en répétition dès le versement des cotisations qu'il estime indues, avant même le jugement lui déclarant inopposable la prise en charge au titre des accidents du travail. • Civ. 2e, 20 juin 2007, n° 06-12.516 P : *RJS 2007, n° 1203.*

5. Étendue de la contestation. L'employeur est recevable, à l'occasion de la notification d'un taux rectifié des cotisations d'accident du travail à la suite d'une décision de justice, à contester devant la juridiction du contentieux technique, l'ensemble des bases de la tarification afférente à l'année en cause, le taux de cotisation dû au titre des accidents du travail et des maladies professionnelles déterminé par les caisses régionales d'assurance maladie pouvant être remis en cause par une décision de justice ultérieure qui en modifierait les éléments de calcul. • Civ. 2e, 24 nov. 2016, n° 15-26.187 P : *JCP S 2016, n° 1397, obs. Asquinazi-Bailleux.*

Art. R. 143-22 (Décr. n° 99-449 du 2 juin 1999, art. 18) *« Dans les cas mentionnés à l'article R. 143-21, la Cour nationale de l'incapacité et de la tarification de l'assurance des accidents du travail est saisie par lettre recommandée avec demande d'avis de réception adressés à son secrétariat général ».*

Les recours sont établis en triple exemplaire. Ils sont accompagnés de mémoires justificatifs établis également en triple exemplaire et déposés dans le même délai.

Le secrétariat de la cour transmet l'un des exemplaires des recours et des mémoires justificatifs à la partie adverse et l'invite à présenter, sous forme de mémoire en triple exemplaire, ses observations écrites dans un délai de vingt jours.

Le secrétariat communique ces observations aux autres parties qui peuvent présenter un nouveau mémoire dans un délai de vingt jours.

Art. R. 143-23 *L'appel formé en application de l'article R. 143-14 est introduit dans le délai d'un mois à compter de la date de la notification de la décision prise par le tribunal du contentieux de l'incapacité.*

Art. R. 143-24 (Décr. n° 99-449 du 2 juin 1999, art. 19) *Cet appel est formé par une déclaration que la partie ou tout mandataire fait ou adresse par pli recommandé avec demande d'avis de réception au secrétariat du tribunal du contentieux de l'incapacité qui a rendu le jugement.*

(Décr. n° 2005-1678 du 28 déc. 2005, art. 18) *« Outre les mentions prescrites par l'article 58 du code de procédure civile, la déclaration désigne le jugement dont il est fait appel et mentionne, le cas échéant, le nom et l'adresse du représentant de l'appelant devant la cour. »* — Entrée en vigueur le 1er mars 2006 (Décr. n° 2005-1678 du 28 déc. 2005, art. 18).

Le secrétaire du tribunal du contentieux de l'incapacité enregistre l'appel à sa date ; il délivre, ou adresse par lettre simple, récépissé de la déclaration. Dès l'accomplissement des formalités par l'appelant, le secrétaire avise, par lettre simple, la partie adverse de l'appel ; simultanément, il transmet au secrétariat général de la Cour nationale de l'incapacité et de la tarification de l'assurance des accidents du travail l'intégralité du dossier de l'affaire avec copie du jugement, de la déclaration de l'appelant et de la lettre avisant la partie adverse.

Al. 4 abrogé par Décr. n° 2003-614 du 3 juill. 2003, art. 4.

Art. R. 143-25 (Décr. n° 2003-614 du 3 juill. 2003, art. 4) *Dès réception du dossier d'appel, le secrétaire général de la Cour nationale de l'incapacité et de la tarification de l'assurance des accidents du travail invite les parties en cause, ou leur représentant, à présenter, dans un délai de vingt jours, un mémoire accompagné, le cas échéant, des observations de la personne qu'elles ont* (Décr. n° 2010-1165 du 1er oct. 2010, art. 14-2°, en vigueur le 1er déc. 2010) *« choisie pour les représenter ou les assister ».*

Le secrétaire général de la Cour nationale de l'incapacité et de la tarification de l'assurance des accidents du travail assure la communication des mémoires et des pièces jointes aux parties ou, le cas échéant, au médecin qu'elles ont désigné lorsqu'il s'agit de documents médicaux, et les avise qu'elles peuvent présenter (Décr. n° 2010-1165 du 1er oct. 2010, art. 14-2°, en vigueur le 1er déc. 2010) *« , par un mémoire en réponse » des observations en réplique et des pièces nouvelles dans un délai de vingt jours courant de la réception de cette communication.*

Les mémoires, pièces et observations produits par les parties sont établis en triple exemplaire.

(Décr. n° 2010-1165 du 1er oct. 2010, art. 14-2°, en vigueur le 1er déc. 2010) *« La date des prétentions d'une partie est celle de la communication aux autres parties du mémoire qui les contient. »*

1. Observations écrites. L'art. R. 143-25 est méconnu lorsqu'il ne résulte ni de la décision attaquée ni des pièces du dossier que l'intimé a été invité à présenter, dans le délai de vingt jours, ses observations écrites accompagnées de celles de son médecin traitant. • Soc. 26 avr. 2001, n° 99-16.071 P : *D. 2001. IR 1852*.

2. Respect du principe de contradiction. L'art. 6, § 1, Conv. EDH est méconnu lorsqu'il ne ressort pas des mentions de la décision que le mémoire du médecin-conseil a été communiqué à l'intéressé. • Civ. 2e, 21 sept. 2004, n° 03-30.277 P : *RJS 2004, n° 1326.* ♦ En mentionnant dans sa décision que l'intéressé a présenté un important dossier médical et que la caisse a produit un mémoire établi par son médecin conseil, la CNITAAT ne permet pas de vérifier si les observations de la caisse ont été communiquées à l'intéressé ainsi qu'au médecin éventuellement désigné par lui et ne met pas la Cour de cassation en mesure d'exercer son contrôle. • Soc. 12 juill. 2001 : *RJS 2001, n° 1362.*

Art. R. 143-26 (Décr. n° 2010-1165 du 1er oct. 2010, art. 14-3°, en vigueur le 1er déc. 2010) *Les parties se défendent elles-mêmes. Elles ont la faculté de se faire assister ou représenter par l'une des personnes mentionnées à l'article L. 144-3.*

La procédure est orale, sous les réserves ci-après :

1° Les parties qui adressent à la cour un mémoire dans les conditions prévues par l'article R. 143-25 sont dispensées de se présenter à l'audience conformément à l'article 446-1 du code de procédure civile ;

2° Les décisions du président de la section en application de l'article R. 143-27 peuvent être prises sans audience préalable, après avoir, dans ce cas, recueilli les observations écrites des parties ou les avoir invitées à présenter leurs observations.

Jurisprudence antérieure au Décr. n° 2010-1165 du 1er oct. 2010

Défaut de comparution de l'appelant devant la CNITAAT. Selon les art. R. 143-26 CSS et 468, al. 1er C. pr. civ., devant la Cour nationale de l'incapacité et de la tarification de l'assurance des accidents du travail, les parties comparaissent en personne et présentent leurs observations orales ou écrites. Si, sans motif légitime, l'appelant ne comparaît pas, seul l'intimé peut requérir une décision sur le fond. • Civ. 2e, 17 janv. 2013 : *D. actu. 29 janv. 2013, obs. Kebir.*

Art. R. 143-27 (Décr. n° 2003-614 du 3 juill. 2003, art. 4) *Lorsque l'affaire n'est pas en état d'être jugée, le président de la section à laquelle elle a été confiée en assure l'instruction.*

Il peut inviter les parties à fournir les explications qu'il estime nécessaires à la solution du litige et les mettre en demeure de produire, dans un délai qu'il détermine, tous documents ou justifications propres à éclairer la cour, faute de quoi il peut passer outre et renvoyer l'affaire devant la section qui tirera toute conséquence de l'abstention de la partie ou de son refus.

Il peut ordonner, le cas échéant à peine d'astreinte, la production de documents détenus par un tiers s'il n'existe pas d'empêchement légitime.

Il peut ordonner, même d'office, toute mesure d'instruction et notamment désigner, à titre de consultation, un ou plusieurs médecins experts chargés d'examiner le dossier médical soumis à la Cour nationale de l'incapacité et de la tarification de l'assurance des accidents du travail.

Il constate la conciliation, même partielle, des parties et l'extinction de l'instance.

Il tranche les difficultés relatives à la communication des pièces. Il procède aux jonctions et disjonctions d'instance.

(Décr. n° 2010-1165 du 1er oct. 2010, art. 14-4°, en vigueur le 1er déc. 2010) *« Il peut déclarer l'appel irrecevable et trancher à cette occasion toute question ayant trait à la recevabilité de l'appel. »*

Les décisions du président de section chargé d'instruire l'affaire n'ont pas, au principal, l'autorité de la chose jugée. Elles ne sont susceptibles d'aucun recours indépendamment de la décision sur le fond. Toutefois, elles peuvent être déférées par simple requête à la Cour nationale de l'incapacité et de la tarification de l'assurance des accidents du travail dans un délai de quinze jours à compter de leur notification lorsqu'elles constatent l'extinction de l'instance (Décr. n° 2010-1165 du 1er oct. 2010, art. 14-4°, en vigueur le 1er déc. 2010) *« ou déclarent l'appel irrecevable ».*

Art. R. 143-28 (Décr. n° 2003-614 du 3 juill. 2003, art. 4) *Le secrétaire général de la cour adresse copie des procès-verbaux d'enquête et des rapports de consultation ou d'expertise sous pli recommandé avec demande d'avis de réception à chaque partie ou, le cas échéant, au médecin désigné à cet effet, s'il s'agit d'un rapport médical.*

La transmission à la partie ou au médecin désigné comporte l'indication que la partie ou le médecin désigné dispose d'un délai de vingt jours à compter de la notification de cette transmission pour présenter ses observations écrites.

Tribunal impartial et indépendant. Viole les art. 6, § 1, Conv. EDH et 16 NCPC [C. pr. civ.] l'arrêt rendu après examen préalable du dossier par un médecin qualifié dont l'avis n'a pas été communiqué aux parties et n'a pu, dès lors, être soumis à la discussion de l'intéressé. • Cass., ass. plén., 22 déc. 2000, n° 99-11.303 P : *RJS 2001, n° 366 ; D. 2001. 1652, note Saint-Jours ; ibid. Somm. 2454, obs. Prétot.* ♦ V. aussi • CEDH 11 janv. 2007 : *JCP S 2007. 1303, note Bugada* (espèce antérieure au Décr. du 3 juill. 2003). ♦ Comp. • Soc. 4 mars 1999 : *RJS 1999, n° 869.*

Art. R. 143-28-1 (Décr. n° 2010-1165 du 1er oct. 2010, art. 14-5°, en vigueur le 1er déc. 2010) *L'ordonnance de clôture de l'instruction est notifiée à chacune des parties. La notification de l'ordonnance de clôture mentionne la date de l'audience et rappelle les dispositions des deuxième et troisième alinéas de l'article R. 143-26 et du deuxième alinéa du présent article.*

Postérieurement à la notification de cette ordonnance, les parties qui ont usé de la faculté d'adresser un mémoire à la cour sont, sauf motif légitime, irrecevables à présenter des prétentions ou moyens nouveaux ou à communiquer de nouvelles pièces.

Art. R. 143-28-2 (Décr. n° 2010-1165 du 1er oct. 2010, art. 14-5°, en vigueur le 1er déc. 2010) *En l'absence d'instruction, les parties sont convoquées à l'audience. La convocation les informe de la possibilité qu'elles ont d'y présenter des observations orales.*

Art. R. 143-29 (Décr. n° 2010-1165 du 1er oct. 2010, art. 14-5°, en vigueur le 1er déc. 2010) *La notification prévue* [Les notifications prévues] *aux articles R. 143-28-1 et R. 143-28-2 sont faites par le secrétaire général de la cour en la forme ordinaire quinze jours au moins avant la date de l'audience. Elles valent citation et rappellent les conditions d'assistance et de représentation à l'audience.*

Dans le cas où une audience n'a pu se tenir, la partie présente est convoquée verbalement à une nouvelle audience avec émargement au dossier et remise, par le secrétariat, d'un bulletin mentionnant la date et l'heure de l'audience.

1. Décision de clôture (effet). L'ordonnance de clôture ne saurait produire effet avant la date de remise de la lettre recommandée à chaque partie concernée. • Civ. 2e, 14 févr. 2007 : *RJS 2007, n° 673, (1re esp.)* ♦ Après l'ordonnance de clôture prévue par l'art. R. 143-29, aucune pièce ne peut être versée aux débats, à peine d'une irrecevabilité prononcée d'office. • Civ. 2e, 15 mai 2008, n° 07-17.763 P.

2. Délai de comparution (personne résidant à l'étranger). Lorsque la demande est portée devant une juridiction qui a son siège en France métropolitaine, les délais de comparution sont augmentés de deux mois pour les personnes qui demeurent à l'étranger et la date de notification par voie postale est, à l'égard de celui à qui elle est faite, la date de la réception de la lettre. • Civ. 2e, 17 mars 2010, n° 09-11.671 P : *JCP S 2010. 1406, obs. Brissy ; RJS 2010, n° 564.*

3. Nouvelle convocation (nécessité). En cas de retour de la lettre de convocation à l'audience avec la mention « non réclamé », la CNITAAT ne peut retenir l'affaire et doit ordonner une nouvelle convocation, au besoin par acte d'huissier. • Civ. 2e, 22 févr. 2007 : *RJS 2007, n° 673, (2e esp.).*

4. Assistance d'un avocat (date de la demande). Une demande de désignation d'un avocat, qui implique une demande d'admission au bénéfice de l'aide juridictionnelle, peut être formulée utilement jusqu'au jour de l'audience. En retenant que sera écartée des débats la demande de désignation d'un avocat considérée par la Cour comme tardive en rappelant que l'assistance d'un conseil n'est pas obligatoire, la Cour nationale de l'incapacité et de la tarification de l'assurance des accidents du travail a violé les art. 18 et 25 de la L. du 10 juill. 1991 relative à l'aide juridique. • Civ. 2e, 10 déc. 2009, n° 08-20.507 P : *JCP S 2010. 1021, obs. Tauran ; RJS 2010, n° 220.*

Art. R. 143-29-1 (Décr. n° 2003-614 du 3 juill. 2003, art. 4) *A l'audience, le président de la section qui a procédé à l'instruction fait son rapport, les parties présentes ou représentées sont entendues.*

(Décr. n° 2010-1165 du 1er oct. 2010, art. 14-6°, en vigueur le 1er déc. 2010) *« Lorsque les parties font valoir à l'audience des prétentions ou des moyens nouveaux, la cour peut, sans préjudice de l'application du deuxième alinéa de l'article* (Décr. n° 2012-1515 du 28 déc. 2012, art. 16) *« R. 143-28-1 », retenir l'affaire si les parties sont en état d'en débattre contradictoirement, la renvoyer à une audience ultérieure ou, en cas de nécessité, en confier l'instruction au président de section en révoquant, s'il y a lieu, l'ordonnance de clôture.*

« A moins que la cour ne retienne l'affaire ou ne déclare irrecevables les éléments nouveaux, ceux-ci sont portés à la connaissance des parties n'ayant pas comparu à l'audience à la diligence du secrétaire général de la cour. »

Lorsqu'elle confirme un jugement, la cour est réputée avoir adopté les motifs de ce jugement qui ne sont pas contraires aux siens.

Art. R. 143-29-2 (Décr. n° 2003-614 du 3 juill. 2003, art. 4) *La décision de la cour est notifiée sans délai, par lettre recommandée avec demande d'avis de réception, à chacune des* *parties. La notification porte mention des délais et des voies de recours. En cas de retour au secrétariat de la notification qui n'a pu être remise à son destinataire, le secrétariat invite la partie adverse à procéder par voie de signification.*

Art. R. 143-30 (Décr. n° 2003-614 du 3 juill. 2003, art. 4) *L'opposition ne peut être formée par une partie contre la décision de la cour que s'il n'est pas établi que la lettre de convocation lui soit parvenue et si elle n'a pas été citée à personne par exploit d'huissier.*

SECTION IV *[ABROGÉE]* DISPOSITIONS COMMUNES AUX TRIBUNAUX DU CONTENTIEUX DE L'INCAPACITÉ ET À LA COUR NATIONALE DE L'INCAPACITÉ ET DE LA TARIFICATION DE L'ASSURANCE DES ACCIDENTS DU TRAVAIL

Art. R. 143-31 *La forclusion ne peut être opposée aux intéressés que si la notification de la décision contre laquelle ils forment ou interjettent appel porte mention du délai de forclusion avec indication de l'organisme compétent pour recevoir la requête.*

Elle ne peut être opposée lorsque la réclamation ou l'appel a été introduit dans les délais prévus respectivement (Décr. n° 2003-614 du 3 juill. 2003, art. 5) *« aux articles R. 143-7 » et R. 143-23, soit auprès d'un service ou d'un organisme de sécurité sociale ou de mutualité sociale agricole, soit auprès d'une juridiction du contentieux général de la sécurité sociale.*

Pour les requérants domiciliés en dehors de la France métropolitaine ou qui en sont temporairement éloignés, ces délais sont augmentés dans les conditions prévues à l'article 643 du code de procédure civile.

Mention d'une juridiction incompétente. La forclusion ne peut être opposée aux intéressés que si la notification de la décision contre laquelle ils forment ou interjettent appel porte mention du délai de forclusion avec indication de l'organisme compétent pour recevoir la requête. En désignant une juridiction incompétente pour connaître de la contestation, la notification faite à l'employeur n'a pas pu faire courir le délai de recours. • Civ. 2e, 21 janv. 2018, n° 17-10.401 P : *RJS 4/2018, n° 292 ; JCP S 2018. 1093, note Bouilloux.*

Art. R. 143-32 (Décr. n° 2010-424 du 28 avr. 2010) *Lorsque la juridiction du contentieux technique de la sécurité sociale saisie d'une contestation mentionnée aux 2° et 3° de l'article L. 143-1 a désigné un médecin expert ou un médecin consultant, son secrétariat demande au praticien conseil du contrôle médical dont le rapport a contribué à la fixation du taux d'incapacité permanente de travail objet de la contestation de lui transmettre ce rapport.*

Le praticien conseil est tenu de transmettre copie de ce rapport en double exemplaire au secrétariat de la juridiction dans un délai de dix jours à compter de la réception de la demande. Chaque exemplaire est transmis sous pli fermé avec la mention "confidentiel" apposée sur l'enveloppe.

Le secrétariat de la juridiction notifie dans les mêmes formes un exemplaire au médecin expert ou au médecin consultant ainsi que, si l'employeur en a fait la demande, au médecin mandaté par celui-ci pour en prendre connaissance. Il informe la victime de l'accident du travail ou de la maladie professionnelle de la notification au médecin mandaté par l'employeur par tout moyen permettant d'établir sa date certaine de réception.

Art. R. 143-33 (Décr. n° 2010-424 du 28 avr. 2010) *L'entier rapport médical mentionné à l'article L. 143-10 comprend :*

1° L'avis et les conclusions motivées données à la Caisse d'assurance maladie sur le taux d'incapacité permanente à retenir ;

2° Les constatations et les éléments d'appréciation sur lesquels l'avis s'est fondé.

L'entier rapport médical défini par l'art. R. 143-33 CSS comprend, d'une part, l'avis et les conclusions motivées données à la caisse d'assurance maladie sur le taux d'incapacité permanente à retenir, d'autre part, les constatations et les éléments d'appréciation sur lesquels l'avis s'est fondé, de sorte que l'ensemble de ces documents doivent être communiqués selon les modalités fixées par l'art. L. 143-10 du même code. • Civ. 2e, 18 déc. 2014, n° 13-25.714 P : *JCP S 2015, n° 1001, note Asquinazi-Bailleux ; JCP S 2015, n° 1043, obs. Humbert et Nauleau ; ibid., n° 1252, obs. Michalletz et Caffin ; RJS 3/2015, n° 218.*

Art. R. 143-33-1 (Décr. n° 2012-1414 du 18 déc. 2012, art. 7-1°) *Lorsque la juridiction compétente du contentieux technique de la sécurité sociale, saisie d'une contestation* *mentionnée au 5° de l'article L. 143-1, a désigné un médecin expert ou un médecin consultant, son secrétariat demande au médecin de la maison départementale des personnes handicapées de lui transmettre copie du rapport médical ayant contribué à la fixation du taux d'incapacité ou à la décision critiquée.*

Celui-ci comprend le certificat médical mentionné à l'article R. 146-26 du code de l'action sociale et des familles, complété des constatations et éléments d'appréciation ayant contribué à la décision contestée.

Le médecin saisi est tenu de transmettre copie de son rapport dans un délai de vingt jours à compter de la réception de la demande, sous pli fermé avec la mention "confidentiel" apposée sur l'enveloppe.

Le secrétariat de la juridiction notifie le pli dans les mêmes formes au médecin expert ou au médecin consultant.

Art. R. 143-34 *Dans le cas où* (Décr. n° 2003-614 du 3 juill. 2003, art. 6) *« une consultation ou une expertise est ordonnée » par les tribunaux du contentieux de l'incapacité ou par la Cour nationale de l'incapacité et de la tarification de l'assurance des accidents du travail :*

1° (Décr. n° 2003-614 du 3 juill. 2003, art. 6 ; Décr. n° 2005-1224 du 29 sept. 2005, art. 10) *« Les frais de consultation et d'expertise sont réglés, sans consignation préalable de provision, dans les conditions prévues aux articles L. 144-5 et R. 144-14 ».*

2° les fonctions d'expert ne peuvent être remplies par le médecin qui a soigné le malade ou la victime, un médecin attaché à l'entreprise, un médecin appartenant au conseil d'administration de la caisse intéressée à l'instance ni par le médecin participant au service de contrôle médical fonctionnant auprès de la caisse intéressée.

SECTION V *[ABROGÉE]* SECRÉTARIATS DES TRIBUNAUX DU CONTENTIEUX DE L'INCAPACITÉ ET SECRÉTARIAT GÉNÉRAL DE LA COUR NATIONALE DE L'INCAPACITÉ ET DE LA TARIFICATION DE L'ASSURANCE DES ACCIDENTS DU TRAVAIL

(Décr. n° 2003-614 du 3 juill. 2003, art. 7)

Art. R. 143-35 *Chaque tribunal du contentieux de l'incapacité comporte un secrétariat et la Cour nationale de l'incapacité et de la tarification de l'assurance des accidents du travail comporte un secrétariat général.*

Art. R. 143-36 *Le secrétariat du tribunal du contentieux de l'incapacité est assuré par un fonctionnaire de la* (Décr. n° 2009-1540 du 10 déc. 2009, art. 10-II-3°) *« direction régionale de la jeunesse, des sports et de la cohésion sociale » dans la circonscription de laquelle le tribunal a son siège, désigné par le directeur régional compétent.*

Al. abrogé par Décr. n° 2009-1596 du 18 déc. 2009, art. 19-VII.

Le secrétaire du tribunal du contentieux de l'incapacité est désigné au début de chaque année judiciaire. Il prête, devant le tribunal de grande instance dans le ressort duquel le tribunal a son siège, le serment de bien et loyalement remplir ses fonctions et de ne rien révéler ou utiliser de ce qui sera porté à sa connaissance à l'occasion de leur exercice.

Art. R. 143-37 *Le secrétaire général de la Cour nationale de l'incapacité et de la tarification de l'assurance des accidents du travail est assisté de deux secrétaires généraux adjoints, dont l'un pour la section compétente pour la législation agricole.*

Le secrétaire général est nommé par arrêté conjoint des ministres chargés respectivement de la sécurité sociale et de l'agriculture ; (Décr. n° 2010-808 du 13 juill. 2010, art. 1er) *« peut être nommé secrétaire général un fonctionnaire de catégorie A ou un agent contractuel de niveau équivalent ».*

Les secrétaires généraux adjoints sont nommés par arrêté du ministre intéressé ; ils sont choisis parmi les fonctionnaires de catégorie A ou B.

Le secrétaire général et les secrétaires généraux adjoints prêtent, au moment de leur nomination, devant le tribunal de grande instance dans le ressort duquel la juridiction a son siège, le serment de bien et loyalement remplir leurs fonctions et de ne rien révéler ou utiliser de ce qui sera porté à leur connaissance à l'occasion de leur exercice.

Art. R. 143-38 *Le secrétaire général ou le secrétaire définit et met en œuvre les mesures d'application des directives générales qui lui sont données par le président.*

Il tient ce dernier informé de ses diligences.

Art. R. 143-39 *Le secrétaire général ou le secrétaire tient à jour les dossiers, les répertoires et les registres ;*

Il est dépositaire des minutes et archives dont il assure la conservation ;

Il a la garde de toutes pièces déposées au secrétariat ;

Il assiste les juges à l'audience ;

Il tient les rôles et le registre des délibérations de la juridiction, rédige les procès-verbaux et délivre à toute personne intéressée des extraits des décisions prises par la juridiction.

Art. R. 143-40 *Selon les besoins du service, le secrétaire ou le secrétaire général peut désigner sous sa responsabilité un ou plusieurs agents du secrétariat pour exercer partie des fonctions qui lui sont attribuées aux articles R. 143-38 à R. 143-39. Au préalable, ces agents prêtent le serment prévu respectivement aux articles R. 143-36 et R. 143-37.*

Art. R. 143-41 *En cas d'absence ou d'empêchement, le secrétaire est suppléé dans ses fonctions par l'agent du secrétariat du grade le plus élevé et le secrétaire général par un secrétaire général adjoint.*

Art. R. 143-42 *Les heures d'ouverture et de fermeture au public des secrétariats sont fixées par le président de la juridiction, après avis du secrétaire ou du secrétaire général.*

CHAPITRE IV *[ABROGÉ]* DISPOSITIONS COMMUNES — DISPOSITIONS DIVERSES

(Abrogé par Décr. n° 2018-928 du 29 oct. 2018, art. 11, à compter du 1er janv. 2019)

SECTION PREMIÈRE *[ABROGÉE]* DISPOSITIONS RELATIVES AUX MEMBRES DES JURIDICTIONS DE SÉCURITÉ SOCIALE

(Décr. n° 2003-614 du 3 juill. 2003, art. 10)

La section Ire est l'ancienne section II bis. Les art. R. 144-5-1 et R. 144-5-2 deviennent respectivement les art. R. 144-5 et R. 144-6 (Décr. n° 2005-1224 du 29 sept. 2005, art. 9).

Art. R. 144-1 (Décr. n° 2005-1224 du 29 sept. 2005, art. 9-c) *Dans les quinze jours suivant leur désignation, les présidents des tribunaux du contentieux de l'incapacité qui ne sont pas des magistrats honoraires, les assesseurs titulaires et suppléants des tribunaux des affaires de sécurité sociale et des tribunaux du contentieux de l'incapacité sont invités, par le procureur général près la cour d'appel dans le ressort de laquelle le tribunal a son siège, à se présenter devant la cour pour prêter serment.*

Le premier président de la cour d'appel ou le magistrat délégué par lui, siégeant en audience publique et en présence du procureur général, reçoit les prestations de serment.

Au cours de leur réception, les présidents des tribunaux du contentieux de l'incapacité qui ne sont pas des magistrats honoraires, les assesseurs titulaires et suppléants des tribunaux des affaires de sécurité sociale et des tribunaux du contentieux de l'incapacité prêtent individuellement le serment suivant : "Je jure de remplir mes devoirs avec zèle et intégrité et de garder le secret des délibérations."

Il est dressé procès-verbal de la réception du serment.

Art. R. 144-2 (Décr. n° 2005-1224 du 29 sept. 2005, art. 9-c) *L'installation du président du tribunal des affaires de sécurité sociale, qui est un magistrat honoraire, du président du tribunal du contentieux de l'incapacité et, le cas échéant, des présidents de formation de jugement et l'installation des assesseurs des tribunaux des affaires de sécurité sociale et des tribunaux du contentieux de l'incapacité ont lieu en audience publique, au siège du tribunal, sous la présidence du premier président de la cour d'appel dans le ressort de laquelle le tribunal a son siège, ou du magistrat délégué par lui et en présence du procureur général près ladite cour.*

Il est dressé procès-verbal de cette installation.

En cas de nécessité, ils peuvent être installés par écrit.

Art. R. 144-3 (Décr. n° 2005-1224 du 29 sept. 2005, art. 9-c) *Dans le délai d'un mois à dater de la convocation prévue à l'alinéa 3 de l'article L. 144-2, le procès-verbal de la séance de comparution est adressé par le président du tribunal au premier président de la*

cour d'appel dans le ressort de laquelle le tribunal a son siège et au procureur général près ladite cour, qui le transmettent sans délai au garde des sceaux, ministre de la justice.

Art. R. 144-4 (Décr. n° 2005-1224 du 29 sept. 2005, art. 9-c ; Décr. n° 2008-484 du 22 mai 2008, art. 22) ***La récusation du président et des assesseurs du tribunal des affaires de sécurité sociale, du tribunal du contentieux de l'incapacité et de la Cour nationale de l'incapacité et de la tarification de l'assurance des accidents du travail est régie par les dispositions du chapitre II du titre X du livre Ier du code de procédure civile.***

Art. R. 144-5 (Décr. n° 2008-522 du 2 juin 2008) ***« Les assesseurs du tribunal des affaires de la sécurité sociale, du tribunal du contentieux de l'incapacité et de la Cour nationale de l'incapacité et de la tarification de l'assurance des accidents du travail portent, soit à l'audience, soit dans les cérémonies publiques, suspendue à un ruban, en sautoir, une médaille signe de leurs fonctions. Cette médaille est en métal doré. D'un module de 45 mm sur 65 mm, elle porte à l'avers la mention "République française" et la mention du nom de la juridiction à laquelle ils appartiennent entourant le motif d'une balance sur un fond noir et rouge. La médaille est suspendue à un ruban d'une largeur de 35 mm, divisé dans le sens vertical en deux parties égales, noire et verte. »***

Les présidents de tribunal du contentieux de l'incapacité (Décr. n° 2008-522 du 2 juin 2008) ***« et les présidents de formation de jugement », lorsqu'ils ne sont pas magistrats, portent cette médaille suspendue à un ruban d'une largeur de 35 mm de couleur verte.*** — [Anc. art. R. 144-5-1.]

Art. R. 144-6 **L'honorariat peut être conféré par arrêté du garde des sceaux, ministre de la justice, aux anciens assesseurs des juridictions de sécurité sociale, ayant exercé leurs fonctions pendant douze ans au moins.**

L'arrêté prévu à l'alinéa précédent est pris sur la proposition du premier président de la cour d'appel dans le ressort de laquelle est située la juridiction où les fonctions ont été exercées en dernier lieu, et après avis du président de cette juridiction.

L'honorariat peut être retiré suivant la même procédure.

Les anciens assesseurs admis à l'honorariat ne peuvent en faire mention ni dans la publicité ou la correspondance commerciale, ni dans les actes de procédure ou les actes extra-judiciaires ; en toute autre circonstance ils ne peuvent faire état de cette distinction sans préciser au titre de quelle juridiction elle leur a été conférée. — *[Anc. art. R. 144-5-2.]*

Cet art. demeure en vigueur jusqu'au 31 déc. 2021 (Décr. n° 2018-928 du 29 oct. 2018, art. 17).

SECTION II *[ABROGÉE]* DISPOSITIONS RELATIVES À L'ASSISTANCE ET À LA REPRÉSENTATION DES PARTIES

(Décr. n° 2005-1224 du 29 sept. 2005, art. 9)

Néant.

SECTION III *[ABROGÉE]* POURVOI EN CASSATION

Art. R. 144-7 ***Le pourvoi mentionné à l'article L. 144-1 du présent code est formé par ministère d'un avocat au Conseil d'État et à la Cour de cassation. Il est instruit et jugé conformément aux règles de la procédure ordinaire dans la mesure où elles ne sont pas contraires aux dispositions du présent chapitre et des chapitres II et III du présent titre.***

(Décr. n° 2005-1224 du 29 sept. 2005, art. 9) ***« Le pourvoi est déposé au greffe de la Cour de cassation dans un délai de deux mois à compter de la notification de la décision. Ce délai ne court pas s'il n'est pas mentionné dans la notification de la décision. »*** — [Anc. art. R. 144-1.]

1. Représentation obligatoire (compatibilité avec les droits de l'homme). L'art. 6, § 3, c, Conv. EDH n'interdit pas aux législations nationales d'imposer la représentation des parties devant la Cour de cassation. • Soc. 7 juin 2001 : *RJS 2001, n° 1361.*

2. Qualité pour former un pourvoi. L'URSSAF partie à l'instance est recevable à se pourvoir en cassation même sans autorisation de l'ACOSS, dès lors que l'art. L. 225-1-1, 3° *ter* ne sanctionne pas l'absence d'autorisation par l'irrecevabilité. • Civ. 2e, 25 avr. 2007, n° 06-14.715 P : *RJS 2007, n° 888* • 20 juin 2007, n° 06-12.516 P : *RJS 2007, n° 1203.*

3. Aide juridictionnelle et délais de recours. Une demande d'aide juridictionnelle, en vue de se pourvoir en matière civile devant la Cour de cassation, adressée au bureau d'aide juridictionnelle établi près cette juridiction avant l'expiration du délai de deux mois pour le dépôt du pourvoi, interrompt ce délai. Un nouveau délai court à compter du jour de la réception par l'intéressé de la notification de la décision du bureau d'aide juridictionnelle. • Civ. 2e, 14 oct. 2010, n° 09-15.306 P : *D. actu. 14 oct. 2010, obs. Mavoka-Isana.*

Art. R. 144-8 ***Peuvent former pourvoi, dans le délai de deux mois à compter de la notification de la décision aux parties :***

1° Le (Décr. n° 2009-1596 du 18 déc. 2009, art. 19-VI) ***« ministre chargé de la sécurité sociale » ou son représentant en ce qui concerne les litiges auxquels donne lieu l'application des législations de sécurité sociale ;***

2° Le (Décr. n° 2009-1596 du 18 déc. 2009, art. 19-VI) ***« ministre chargé de l'agriculture » ou son représentant en ce qui concerne les litiges auxquels donne lieu l'application des législations de mutualité sociale agricole.***

Al. abrogé par Décr. n° 2009-1596 du 18 déc. 2009, art. 19-VI.

(Décr. n° 2009-1596 du 18 déc. 2009, art. 19-VI) ***« Le ministre chargé de la sécurité sociale et le ministre chargé de l'agriculture », demandeurs ou défendeurs au pourvoi, sont dispensés du ministère d'avocat. Le pourvoi introduit*** (Décr. n° 2009-1596 du 18 déc. 2009, art. 19-VI) ***« par ces derniers » est formé directement au greffe de la Cour de cassation.*** — [Anc. art. R. 144-3.]

1. Qualité pour agir. Le directeur régional des affaires sanitaires et sociales (DRASS) peut former un pourvoi même s'il n'est pas partie au litige. • Soc. 22 mai 1997 : *RJS 1997, n° 1031.*

2. Portée de l'acquiescement. L'acquiescement d'une caisse à la décision, acquiescement auquel le DRASS est resté étranger, ne saurait priver celui-ci de la possibilité de se pourvoir en cassation. • Soc. 27 nov. 1975 : *Bull. civ. V, n° 581.*

3. Indivisibilité. Les litiges en matière de sécurité sociale étant indivisibles par leur objet à l'égard des organismes sociaux et du DRASS, le pourvoi formé par ce dernier produit les mêmes effets à l'égard de l'organisme concerné. • Soc. 23 mars 2000, n° 98-18.798 P : *RJS 2000, n° 590 ; TPS 2000. Comm. 205, obs. Prétot* (à propos d'un arrêt de cassation faisant courir la prescription d'une action en répétition de l'indu). ♦ La possibilité pour le DRASS de former un pourvoi ne le rendant pas partie au litige, ne saurait être accueillie la fin de non-recevoir tirée de l'absence de pourvoi à son encontre alors même qu'en raison du caractère indivisible du litige et par application de l'art. 615, al. 2, NCPC [C. pr. civ.], toutes les parties auraient dû être appelées. • Soc. 19 juin 1997 : *RJS 1997, n° 1290* • 16 mars 2000 : *RJS 2000, n° 595.* ♦ Comp. • Soc. 13 juill. 1994, n° 92-11.711 P : *RJS 1994, n° 1196 ; D. 1996. Somm. 44, obs. Prétot* (où le DRASS était partie devant la cour d'appel). ♦ Pour une application de l'irrecevabilité du pourvoi dirigé seulement contre l'une des parties à l'égard de qui le litige est indivisible (art. 615, al. 2, NCPC [C. pr. civ.]), V. • Soc. 30 oct. 1997 : *RJS 1998, n° 113.*

4. Recevabilité du pourvoi. Le directeur régional adjoint a qualité pour signer au lieu et place du DRASS un pouvoir délivré à un mandataire chargé de régulariser un pourvoi. • Soc. 26 juin 1997, n° 95-22.058 P : *RJS 1997, n° 1291.* ♦ Il en va de même d'un chef de service délégué à cet effet par le DRASS. • Soc. 5 mars 1998 : *RJS 1998, n° 533.* ♦ V. aussi • Soc. 19 juill. 2000 : *RJS 2000, n° 1299,* (où il ressortait des mentions du pouvoir signé par le chef de service que celui-ci avait agi par délégation du DRASS). ♦ L'art. R. 144-3 n'interdit pas au DRASS de désigner son représentant parmi les agents d'une autre direction régionale. • Soc. 20 févr. 1997 : *RJS 1997, n° 474.* ♦ V. aussi • Soc. 31 oct. 1991, n° 89-16.886 P • 21 oct. 1993, n° 91-17.736 P : *D. 1994. IR 32.* ♦ Dès lors qu'une ordonnance a été rendue par défaut et qu'il n'est pas justifié de l'expiration du délai d'opposition, le pourvoi est irrecevable. • Soc. 9 mars 2000 : *RJS 2000, n° 589.*

Art. R. 144-9 ***En cas de renvoi par la Cour de cassation devant le tribunal des affaires de sécurité sociale ou la cour d'appel par elle désignée ou devant la Cour nationale de l'incapacité et de la tarification de l'assurance des accidents du travail, il appartient à l'une des parties au pourvoi de saisir la juridiction de renvoi par simple lettre recommandée adressée au greffe ou au secrétariat de ladite juridiction.*** — [Anc. art. R. 144-4.]

SECTION IV *[ABROGÉE]* DÉPENSES DE CONTENTIEUX *(Décr. n° 2005-1224 du 29 sept. 2005).*

Art. R. 144-10 ***La procédure est gratuite et sans frais.***

(Décr. n° 86-658 du 18 mars 1986, art. 23-I) ***« L'appelant qui succombe est condamné au paiement d'un droit qui ne peut excéder le dixième du montant mensuel du plafond prévu*** *à l'article L. 241-3 ; il peut toutefois être dispensé du paiement de ce droit par une mention expresse figurant dans la décision ».*

(Décr. n° 92-460 du 19 mai 1992, art. 5) *« Sans préjudice des dispositions de l'article L. 442-8, les honoraires et frais, notamment d'examens complémentaires éventuels, liés à la nouvelle expertise ordonnée par le tribunal en application de l'article L. 141-2 sont mis à la charge de la partie qui succombe, à moins que le juge, par décision motivée, n'en mette la totalité ou une fraction à la charge d'une autre partie ».*

En outre, dans le cas de recours jugé dilatoire ou abusif, le demandeur (Décr. n° 2016-941 du 8 juill. 2016, art. 7) *« ou, en cas d'opposition à contrainte, la partie » qui succombe, soit en première instance, soit en appel, est condamné au paiement d'une amende au taux prévu à l'article 559 du code de procédure civile et, le cas échéant, au règlement des frais de la procédure, et notamment des frais résultant des enquêtes, consultations et expertises ordonnées en application des articles R. 142-22, R. 142-24,* (Décr. n° 2003-614 du 3 juill. 2003, art. 11) *« R. 143-13 » et* (Décr. n° 99-449 du 2 juin 1999, art. 14 ; Décr. n° 2003-614 du 3 juill. 2003, art. 11) *« R. 143-27 ». Les frais provoqués par la faute d'une partie peuvent être dans tous les cas mis à sa charge.*

Toutefois, à l'occasion des litiges qui portent sur le recouvrement de cotisations ou de majorations de retard et lorsque la procédure est jugée dilatoire ou abusive, l'amende est fixée à (Décr. n° 86-658 du 18 mars 1986, art. 23-II ; Décr. n° 99-449 du 2 juin 1999, art. 14) *« 6 % des sommes dues, en vertu du jugement rendu, avec un minimum de 150 € » par instance.*

Les dispositions de l'alinéa précédent sont applicables aux procédures mentionnées aux articles R. 133-3, R. 243-6 à R. 243-22, R. 243-24, R. 243-25 et R. 244-2.

Le produit des droits et amendes prévus aux alinéas précédents est liquidé par la juridiction saisie et recouvré comme les amendes pénales prononcées par les tribunaux répressifs, sur extrait délivré par le secrétariat ou le greffe de la juridiction intéressée. – [Anc. art. R. 144-6.]

1. Amende. Selon l'art. R. 144-10 CSS, dans le cas de recours jugé dilatoire ou abusif, le demandeur qui succombe soit en première instance, soit en appel, est condamné au paiement d'une amende égale, lorsque le litige porte sur le recouvrement de cotisations ou de majorations de retard, à 6 % des sommes dues en vertu du jugement rendu avec un minimum de 150 € par instance. Viole cette disposition la cour d'appel qui condamne une partie au paiement d'une amende civile au motif qu'il ne saurait être valablement discuté que dans l'affaire en cause, l'action de celui-ci, qui procède d'une intention de développer un argumentaire militant non fondé, a pour effet de conduire l'organisme social à engager un ensemble de contentieux et constitue un aspect dilatoire qui revêt un caractère abusif que le premier juge a relevé de manière pertinente, alors qu'ayant formé opposition à contrainte, cette partie avait, devant le tribunal des affaires de sécurité sociale, la qualité de défendeur. • Civ. 2e, 30 juin 2011 : *D. actu. 19 sept. 2011, obs. Fleuriot ; Gaz. Pal. 2011. 46, obs. Coursier ; Procédures 2011. 21, obs. Bugada.* ♦ V. aussi • Civ. 2e, 10 oct. 2013 : *RJS 2014, n° 66 ; JCP E 2013, n° 1697, obs. Ronet-Yague.*

2. Nature juridique. Le droit au paiement duquel l'appelant peut être condamné en application des dispositions du deuxième al. de l'art. R. 144-10 du CSS ne revêt pas le caractère d'une imposition de toutes natures au sens de l'art. 34 de la Constitution. • Civ. 2e, 18 juin 2015, n° 14-18.962 P : *RJS 2015, n° 678.*

3. Détermination de la charge des frais et des honoraires. L'art. L. 144-2 [L. 144-5] ne faisant pas obstacle à ce que les frais de la nouvelle expertise soient mis, dans certaines hypothèses, à la charge d'une partie autre que l'organisme de sécurité sociale mis en cause, l'al. 3 de l'art. R. 144-6 [R. 144-10]ne méconnaît pas ce texte. • CE 8 sept. 1995 : *RJS 1995, n° 1183.* ♦ Il est possible de mettre, conformément à l'al. 3, les honoraires et frais à la charge de la partie qui succombe tout en relevant, avec la très grande difficulté d'ordre médical, son absence de faute. • Civ. 2e, 22 mars 2005, n° 03-20.044 P : *RJS 2005, n° 681.*

Art. R. 144-11 *Les dépenses mentionnées à l'article* (Décr. n° 2005-1224 du 29 sept. 2005, art. 9) *« L. 144-5 » sont notamment :*

1° Les frais et indemnités d'assesseurs, de témoins et d'expertises qui n'ont pas été mis expressément à la charge d'une partie ou d'un organisme par une disposition particulière ;

2° Les émoluments des greffiers des cours d'appel afférents aux recours formés contre les décisions des tribunaux des affaires de sécurité sociale ;

3° Abrogé par Décr. n° 91-1266 du 19 déc. 1991, art. 171-I ;

4° Les frais de fonctionnement des tribunaux des affaires de sécurité sociale et des juridictions du contentieux technique de la sécurité sociale.

Les arrêtés mentionnés au deuxième alinéa de l'article (Décr. n° 2005-1224 du 29 sept. 2005, art. 9) ***« L. 144-5 » sont pris par le ministre chargé de la sécurité sociale, le ministre chargé de l'agriculture et, le cas échéant, le garde des sceaux, ministre de la justice.***

Les arrêtés mentionnés au troisième alinéa du même article (Décr. n° 2005-1224 du 29 sept. 2005, art. 9) ***« L. 144-5 » sont pris par le ministre chargé de la sécurité sociale et les autres ministres intéressés.*** — [Anc. art. R. 144-7.]

V. Arr. du 28 avr. 1959 : taux et modalités de règlement des frais de contentieux général et du contentieux technique de la sécurité sociale, mod. par Arr. du 16 févr. 1973 (JO 8 avr.), Arr. du 14 sept. 1981 (JO 29 sept.).

Art. R. 144-12 ***Les présidents de tribunal des affaires de sécurité sociale, quand ils sont magistrats honoraires, et les présidents de tribunal du contentieux de l'incapacité perçoivent une indemnité pour chaque audience qu'ils ont présidée.***

Le montant de l'indemnité de vacation est égal au quarantième du traitement budgétaire moyen mensuel brut des magistrats du premier grade. — [Anc. art. R. 144-7-1.]

Art. R. 144-13 ***Les assesseurs des tribunaux des affaires de sécurité sociale, des tribunaux du contentieux de l'incapacité et de la Cour nationale de l'incapacité et de la tarification de l'assurance des accidents du travail représentant les travailleurs salariés ou les employeurs ou travailleurs indépendants perçoivent, pour chaque audience à laquelle ils participent, l'indemnité prévue à l'article R. 140 du code de procédure pénale.***

Ils perçoivent également une indemnité pour perte de salaire ou de gain.

L'indemnité pour perte de salaire des assesseurs représentant les travailleurs salariés est égale à la perte de salaire effectivement subie, justifiée par une attestation de l'employeur, qu'il appartient à l'assesseur de fournir.

L'indemnité pour perte de gain des assesseurs représentant les employeurs et travailleurs indépendants est fixée forfaitairement à six fois le montant brut horaire du salaire minimum interprofessionnel de croissance par audience. — [Anc. art. R. 144-7-2.]

Art. R. 144-14 ***Les médecins experts, qui procèdent à une consultation à la demande d'un tribunal du contentieux de l'incapacité ou de la Cour nationale de l'incapacité et de la tarification de l'assurance des accidents du travail, perçoivent des honoraires fixés par arrêté des ministres respectivement chargés de la sécurité sociale, de la justice, de l'agriculture et du budget.*** — V. Arr. du 3 juill. 2003 (JO 5 juill.).

Les honoraires dus pour les expertises diligentées par les tribunaux des affaires de sécurité sociale en application des articles R. 142-22, R. 142-24-1, R. 142-24-3 et R. 142-39, par les cours d'appel en application de l'article R. 142-30, par les tribunaux du contentieux de l'incapacité en application de l'article R. 143-13 et par la Cour nationale de l'incapacité et de la tarification de l'assurance des accidents du travail en application de l'article R. 143-27 sont ceux fixés en application de l'article R. 141-7.

Dans le cas d'une expertise médicale autre que celles prévues à l'alinéa précédent, l'expert doit faire connaître le montant prévisible de ses honoraires avant de commencer l'expertise. — [Anc. art. R. 144-7-3.]

Art. R. 144-15 ***Les témoins devant les tribunaux des affaires de sécurité sociale, les tribunaux du contentieux de l'incapacité et la Cour nationale de l'incapacité et de la tarification de l'assurance des accidents du travail perçoivent une indemnité de comparution et le remboursement de leurs frais de séjour et de déplacement dans les conditions fixées par les articles R. 129 et R. 133 du code de procédure pénale.*** — [Anc. art. R. 144-7-4.]

Art. R. 144-16 ***Les présidents de tribunal des affaires de sécurité sociale, quand ils sont magistrats honoraires, les présidents de tribunal du contentieux de l'incapacité, les assesseurs des juridictions de sécurité sociale sont indemnisés de leurs frais de déplacement et de séjour dans les conditions fixées par le décret n° 2006-781 du 3 juillet 2006.***

Les médecins experts auxquels les juridictions de sécurité sociale font appel perçoivent les indemnités de déplacement prévues en application de l'article R. 141-7. — [Anc. art. R. 144-7-5.]

Art. R. 144-17 ***Les requérants ou leurs ayants droit qui doivent quitter leur commune de résidence ou celle de leur lieu de travail pour répondre à la convocation d'un médecin expert désigné par une juridiction de sécurité sociale en première ou seconde instance, ou par une cour d'appel en application du présent titre sont indemnisés de leurs frais de déplacement et***

de séjour dans les conditions fixées par le décret n° 2006-781 du 3 juillet 2006, sans préjudice de l'application des articles R. 322-10-1, R. 322-10-2, R. 322-10-4 et R. 322-11 à R. 322-11-2. – [Anc. art. R. 144-7-6.]

SECTION V *[ABROGÉE]* SECRET PROFESSIONNEL

Art. R. 144-18 *Conformément aux dispositions de l'article 378 du code pénal, les membres des juridictions prévues aux chapitres II et III du présent titre, les médecins experts, les rapporteurs ainsi que le personnel des secrétariats sont tenus au secret professionnel.* – [Anc. art. R. 144-5.]

SECTION VI *[ABROGÉE]* DÉPARTEMENTS DU HAUT-RHIN, DU BAS-RHIN ET DE LA MOSELLE

Art. R. 144-19 *Les dispositions des chapitres II, III et IV du présent titre, sont applicables au règlement des différends entre les caisses d'assurances accidents des départements du Haut-Rhin, du Bas-Rhin et de la Moselle mentionnées au titre V du livre VII du code rural et de la pêche maritime et leurs ressortissants, sous réserve des modalités particulières qui seront fixées par décret pris sur le rapport du ministre chargé de l'agriculture.*

Les dispositions desdits chapitres sont également applicables, dans les départements mentionnés à l'alinéa précédent, aux règlements des différends consécutifs à la réparation des accidents du travail survenus et des maladies professionnelles constatées avant le 1er janvier 1947 dans les professions autres que les professions agricoles. – [Anc. art. R. 144-8.]

SECTION VII *[ABROGÉE]* CONTENTIEUX DES DÉCISIONS MENTIONNÉES AU PREMIER ALINÉA DE L'ARTICLE L. 241-9 DU CODE DE L'ACTION SOCIALE ET DES FAMILLES *(Décr. n° 2005-1589 du 19 déc. 2005, art. 2).*

La section VII est l'ancienne section VI. L'art. R. 144-20 est anciennement l'art. R. 144-9 (Décr. n° 2005-1224 du 29 sept. 2005, art. 9).

Art. R. 144-20 (Décr. n° 2005-1589 du 19 déc. 2005, art. 2) *Les recours prévus au premier alinéa de l'article L. 241-9 du code de l'action sociale et des familles sont soumis aux dispositions des articles R. 143-3, R. 143-3-1 et R. 143-6 à R. 143-14.*

Le défendeur dans ces instances est la maison départementale des personnes handicapées dans laquelle est situé le siège de la commission dont la décision est contestée. – [Anc. art. R. 144-9.]

CHAPITRE V CONTENTIEUX DU CONTRÔLE TECHNIQUE

SECTION PREMIÈRE DISPOSITIONS GÉNÉRALES

Art. R. 145-1 *(Décr. n° 88-484 du 27 avr. 1988, art. 1er)* « Les fautes, abus, fraudes et tous faits intéressant l'exercice de la profession, relevés à l'encontre des pharmaciens, à l'occasion des prestations servies à des assurés sociaux, sont soumis en première instance :

« *a)* A une section distincte dite section des assurances sociales du conseil régional de l'ordre des pharmaciens pour les pharmaciens titulaires d'une officine ;

« *b)* A une section distincte dite section des assurances sociales du conseil central de la section D de l'ordre des pharmaciens pour *(Abrogé par Décr. n° 2013-547 du 26 juin 2013, art. 1er-1°, à compter du 1er sept. 2013) « les pharmaciens des établissements hospitaliers, »* les pharmaciens mutualistes et les pharmaciens salariés ;

« *c)* A une section distincte dite section des assurances sociales du conseil central de la section G de l'ordre des pharmaciens pour les pharmaciens *(Décr. n° 2011-2119 du 30 déc. 2011, art. 5-2°)* « biologistes-responsables, biologistes-coresponsables et biologistes médicaux des laboratoires de biologie médicale ». »

(Décr. n° 2013-547 du 26 juin 2013, art. 1er-1°, en vigueur le 1er sept. 2013) « *d)* A une section distincte dite section des assurances sociales du conseil central de la section H de l'ordre des pharmaciens pour les pharmaciens des établissements de santé ou médico-sociaux, des établissements de transfusion sanguine, des services départementaux d'incendie et de secours, des dispensaires antituberculeux, des centres de planification ou d'éducation familiale et des centres spécialisés de soins aux toxicomanes. »

En appel, ces mêmes faits sont soumis à une section distincte du Conseil national de l'ordre des pharmaciens dite Section des assurances sociales dudit conseil.

1. Cas de faute. Constitue une faute le fait pour un pharmacien de délivrer au même patient, pendant la même période, le même médicament au vu d'ordonnances émanant de médecins différents. • CE 27 févr. 2002 : *RJS 2002, n° 1036.*

2. Cessation ultérieure d'activité. Dès lors qu'elle n'est pas imputable à une mesure de radiation prise à l'initiative de l'ordre professionnel, mais à la décision de l'intéressé de céder son officine, la circonstance que le pharmacien poursuivi devant les juridictions du contrôle technique ait cessé d'exercer sa profession à la date à laquelle la juridiction d'appel statue n'est pas de nature à retirer sa compétence à celle-ci. • CE 1er avr. 1998 : *RJS 1998, n° 924.*

Art. R. 145-2 Les sanctions susceptibles d'être prononcées par les sections des assurances sociales du conseil régional et *(Décr. n° 91-887 du 4 sept. 1991, art. 1er)* **« des conseils centraux »** *(Décr. n° 2013-547 du 26 juin 2013, art. 1er-2°, en vigueur le 1er sept. 2013)* **« des sections D, G et H » du Conseil national de l'ordre des pharmaciens sont :**

1° L'avertissement ;

2° Le blâme, avec ou sans publication ;

3° L'interdiction temporaire ou permanente *(Décr. n° 2013-547 du 26 juin 2013, art. 1er-2°, en vigueur le 1er sept. 2013)* **« , avec ou sans sursis, » de servir des prestations aux assurés sociaux.**

(Décr. n° 2013-547 du 26 juin 2013, art. 1er-2°, en vigueur le 1er sept. 2013) **« Si, pour des faits commis dans un délai de cinq ans à compter de la notification d'une sanction assortie d'un sursis, dès lors que cette sanction est devenue définitive, la juridiction prononce à titre de nouvelle sanction l'une de celles prévues au 3°, elle peut décider que la sanction précédente, pour la partie assortie du sursis, devient exécutoire sans préjudice de l'application de la nouvelle sanction.**

« Dans le cas d'abus des prix de vente des médicaments et des produits de santé ou des prix des examens de biologie médicale, les sections des assurances sociales du conseil régional, des conseils centraux des sections D, G et H et du Conseil national peuvent également ordonner le remboursement du trop-perçu à l'assuré ou le reversement aux organismes de sécurité sociale du trop-remboursé même si elles ne prononcent aucune des sanctions prévues ci-dessus. »

Les décisions des sections des assurances sociales du conseil régional, *(Décr. n° 88-484 du 27 avr. 1988, art. 15)* **« des conseils centraux »** *(Décr. n° 2013-547 du 26 juin 2013, art. 1er-2°, en vigueur le 1er sept. 2013)* **« des sections D, G et H » et du Conseil national devenues définitives ont force exécutoire.**

Elles doivent, dans le cas prévu *(Décr. n° 2013-547 du 26 juin 2013, art. 1er-2°, en vigueur le 1er sept. 2013)* **« au 3° » ou si le jugement le prévoit, faire l'objet d'une publication.**

(Décr. n° 2013-547 du 26 juin 2013, art. 1er-2°, en vigueur le 1er sept. 2013) **« Les sanctions prévues au présent article ne sont pas cumulables avec les peines prévues à l'article L. 4234-6 du code de la santé publique lorsqu'elles ont été prononcées à l'occasion des mêmes faits. Si les juridictions compétentes prononcent des sanctions différentes, la sanction la plus forte peut être seule mise à exécution.**

« En cas de condamnation à une interdiction de servir des prestations aux assurés sociaux, le remplacement du pharmacien peut être assuré dans les conditions définies à l'article R. 5125-40 du code de la santé publique. »

1. Sursis. Les sanctions prononcées contre les pharmaciens peuvent être assorties du sursis. • CE 25 févr. 2005, *M. Barbier : AJDA 2005. 753, concl. Chavaux ; ibid. 1002, note Landais et Lénica ; RJS 2005, n° 783.*

2. Faits contraires à l'honneur et à la probité. Exclusion du bénéfice de l'amnistie. Compte tenu du nombre de délivrances en cause, du caractère anormal et répétitif des prescriptions émanant toutes du même médecin, du nombre de patients concernés, des quantités de médicaments en cause, des dangers auxquels leur délivrance exposait les patients, et du fait que le médecin prescripteur, contacté, s'était borné à confirmer de manière générale et impersonnelle le bien-fondé de ses prescriptions, les dispositions de l'art. R. 5015-60 CSP faisaient obligation aux pharmaciens de refuser de dispenser ces médicaments. • CE 11 mai 2007 : *AJDA 2007. 1263 ; RDSS 2007. 898, note Mégerlin ; RJS 2007, n° 1126.*

3. Sanction. Point de départ. Il résulte de

l'art. 19 de la convention destinée à organiser les rapports entre les directeurs de laboratoires et les caisses que les mesures de suspension temporaire du conventionnement s'appliquent un mois après la date de leur notification (censure une décision fondée sur une sanction prenant effet avant même qu'elle ait été notifiée). • Soc. 24 janv. 2002, n° 00-11.997 P.

Art. R. 145-3 **Tout pharmacien qui sert des prestations à un assuré social alors qu'il est privé du droit de le faire à la suite d'une décision de la section des assurances sociales du conseil régional,** *(Décr. n° 88-484 du 27 avr. 1988, art. 15)* **« des conseils centraux »** *(Décr. n° 2013-547 du 26 juin 2013, art. 1er-3°, en vigueur le 1er sept. 2013)* **« des sections D, G et H » ou du Conseil national de l'ordre des pharmaciens est tenu de rembourser à la Caisse d'assurance maladie des travailleurs salariés, à la caisse de mutualité sociale agricole ou à l'organisme assureur toutes les sommes versées du fait des ordonnances exécutées.**

SECTION II ORGANISATION DES JURIDICTIONS

SOUS-SECTION 1 DISPOSITIONS RELATIVES AUX PROFESSIONS MÉDICALES ET AUX AUXILIAIRES MÉDICAUX *(Décr. n° 2013-547 du 26 juin 2013, art. 2-1°, en vigueur le 1er sept. 2013).*

Art. R. 145-4 *(Décr. n° 2013-547 du 26 juin 2013, art. 2-2°, en vigueur le 1er sept. 2013)* **La section des assurances sociales de la chambre disciplinaire de première instance de l'ordre des médecins comprend, outre son président, quatre assesseurs nommés par le président de la cour administrative d'appel dans le ressort de laquelle la section des assurances sociales de la chambre disciplinaire de première instance a son siège.**

Deux assesseurs représentent l'ordre des médecins. Ils sont désignés par le conseil régional ou interrégional de l'ordre et choisis en son sein.

Deux assesseurs représentent les organismes d'assurance maladie. Ils sont nommés :

1° Le premier, sur proposition du médecin-conseil national du régime général de sécurité sociale, parmi les médecins-conseils titulaires chargés du contrôle médical en dehors du ressort de la section des assurances sociales de la chambre disciplinaire de première instance concernée ;

2° Le second, sur proposition *(Décr. n° 2018-174 du 9 mars 2018, art. 15-I, en vigueur le 1er janv. 2018)* **« du médecin-conseil national du régime de protection sociale agricole », parmi les médecins-conseils titulaires chargés du contrôle médical en dehors du ressort de la section des assurances sociales de la chambre disciplinaire de première instance.** *(Abrogé par Décr. n° 2018-174 du 9 mars 2018, art. 15-I, à compter du 1er janv. 2018)* ***« A défaut d'accord entre ces responsables et après mise en demeure demeurée infructueuse, le président de la cour administrative d'appel procède, à l'expiration d'un délai de quinze jours à dater de celle-ci, à la désignation d'office du second représentant des organismes d'assurance maladie parmi les médecins-conseils d'un des trois régimes mentionnés aux 1° et 2° du présent article, après avis du médecin-conseil national du régime général de sécurité sociale. »***

Compatibilité avec l'art. 6, § 1, Conv. EDH. Eu égard à la nature des contestations portées devant la section des assurances sociales du Conseil national de l'Ordre des médecins, aux conditions de désignation des assesseurs ainsi qu'aux modalités d'exercice de leurs fonctions qui les soustraient à toute subordination hiérarchique, les membres de cette juridiction bénéficient de garanties leur permettant de porter, en toute indépendance, une appréciation personnelle sur le comportement professionnel des médecins poursuivis devant la section des assurances sociales ; en outre, les règles générales de procédure s'opposent à ce qu'un membre d'une juridiction administrative puisse participer au jugement d'un recours relatif à une décision dont il est l'auteur et à ce que l'auteur d'une plainte puisse participer au jugement rendu à la suite du dépôt de celle-ci. • CE 30 janv. 2002 : *RJS 2002, n° 899.*

Art. R. 145-5 *(Décr. n° 2013-547 du 26 juin 2013, art. 2-3°, en vigueur le 1er sept. 2013)* **La section des assurances sociales de la chambre disciplinaire de première instance de l'ordre des chirurgiens-dentistes comprend, outre son président, quatre assesseurs nommés par le président de la cour administrative d'appel dans le ressort de**

laquelle la section des assurances sociales de la chambre disciplinaire de première instance a son siège.

Deux assesseurs représentent l'ordre des chirurgiens-dentistes. Ils sont désignés par le conseil régional ou interrégional de l'ordre des chirurgiens-dentistes et choisis en son sein.

Deux assesseurs représentent les organismes d'assurance maladie. Ils sont nommés :

1° Le premier, sur proposition du médecin-conseil national du régime général de sécurité sociale, parmi les chirurgiens-dentistes-conseils titulaires chargés du contrôle médical en dehors du ressort de la section des assurances sociales de la chambre disciplinaire de première instance concernée ;

2° Le second, sur proposition *(Décr. n° 2018-174 du 9 mars 2018, art. 15-I, en vigueur le 1er janv. 2018)* « du médecin-conseil national du régime de protection sociale agricole », parmi les chirurgiens-dentistes-conseils titulaires chargés du contrôle médical en dehors du ressort de la section des assurances sociales de la chambre disciplinaire de première instance. *(Abrogé par Décr. n° 2018-174 du 9 mars 2018, art. 15-I, à compter du 1er janv. 2018)* ***« A défaut d'accord entre ces responsables et après mise en demeure demeurée infructueuse, le président de la cour administrative d'appel procède, à l'expiration d'un délai de quinze jours à dater de celle-ci, à la désignation d'office du second représentant des organismes d'assurance maladie parmi les chirurgiens-dentistes titulaires d'un des trois régimes mentionnés aux 1° et 2° du présent article, après avis du médecin-conseil national du régime général de sécurité sociale. »***

Art. R. 145-6 *(Décr. n° 2013-547 du 26 juin 2013, art. 2-4°, en vigueur le 1er sept. 2013)* La section des assurances sociales de la chambre disciplinaire de première instance de l'ordre des sages-femmes comprend, outre son président, quatre assesseurs nommés par le président de la cour administrative d'appel dans le ressort de laquelle la section des assurances sociales de la chambre disciplinaire de première instance a son siège.

Deux assesseurs représentent l'ordre des sages-femmes. Ils sont désignés par le conseil interrégional de l'ordre et choisis en son sein.

Deux assesseurs représentent les organismes d'assurance maladie. Ils sont nommés :

1° Le premier, sur proposition du médecin-conseil national du régime général de sécurité sociale, parmi les médecins-conseils titulaires chargés du contrôle médical en dehors du ressort de la section des assurances sociales de la chambre disciplinaire de première instance concernée ;

2° Le second, sur proposition *(Décr. n° 2018-174 du 9 mars 2018, art. 15-I, en vigueur le 1er janv. 2018)* « du médecin-conseil national du régime de protection sociale agricole », parmi les médecins-conseils titulaires chargés du contrôle médical en dehors du ressort de la section des assurances sociales de la chambre disciplinaire de première instance. *(Abrogé par Décr. n° 2018-174 du 9 mars 2018, art. 15-I, à compter du 1er janv. 2018)* ***« A défaut d'accord entre ces responsables et après mise en demeure demeurée infructueuse, le président de la cour administrative d'appel procède, à l'expiration d'un délai de quinze jours à dater de celle-ci, à la désignation d'office du second représentant des organismes d'assurance maladie parmi les médecins-conseils titulaires d'un des trois régimes mentionnés aux 1° et 2° du présent article, après avis du médecin-conseil national du régime général de sécurité sociale. »***

Art. R. 145-6-1 *(Décr. n° 2013-547 du 26 juin 2013, art. 2-5°, en vigueur le 1er sept. 2013)* La section des assurances sociales de la chambre disciplinaire de première instance de l'ordre des masseurs-kinésithérapeutes, de l'ordre des pédicures-podologues ou de l'ordre des infirmiers comprend, outre son président, quatre assesseurs nommés par le président de la cour administrative d'appel dans le ressort de laquelle la section des assurances sociales de la chambre disciplinaire de première instance a son siège.

Deux assesseurs représentent, selon le cas, l'ordre des masseurs-kinésithérapeutes, l'ordre des pédicures-podologues ou l'ordre des infirmiers. Ils sont désignés par le conseil régional ou interrégional de l'ordre concerné et choisis en son sein.

Deux assesseurs représentent les organismes d'assurance maladie. Ils sont nommés :

1° Le premier, sur proposition du médecin-conseil national du régime général de sécurité sociale, parmi les médecins-conseils titulaires chargés du contrôle médical en dehors du ressort de la section des assurances sociales de la chambre disciplinaire de première instance concernée ;

2° Le second, sur proposition *(Décr. n° 2018-174 du 9 mars 2018, art. 15-I, en vigueur le 1er janv. 2018)* « du médecin-conseil national du régime de protection sociale agricole », parmi les médecins-conseils titulaires chargés du contrôle médical en dehors du ressort de la section des assurances sociales de la chambre disciplinaire de première instance concernée.

(Abrogé par Décr. n° 2018-174 du 9 mars 2018, art. 15-I, à compter du 1er janv. 2018) ***« A défaut d'accord entre ces responsables et après mise en demeure demeurée infructueuse, le président de la cour administrative d'appel procède, à l'expiration d'un délai de quinze jours à dater de celle-ci, à la désignation d'office du second représentant des organismes d'assurance maladie parmi les médecins-conseils d'un des trois régimes mentionnés aux 1° et 2° du présent article, après avis du médecin-conseil national du régime général de sécurité sociale. »***

Les dispositions issues du Décr. n° 2013-547 du 26 juin 2013, en tant qu'elles concernent l'ordre des infirmiers, ne deviennent applicables qu'à compter du 1er janv. 2015 (Décr. préc., art. 6-I).

Art. R. 145-7 *(Décr. n° 96-1053 du 6 déc. 1996, art. 1er)* I. — La section des assurances sociales du Conseil national de l'ordre des médecins comprend, outre son président, quatre assesseurs.

Deux assesseurs représentent l'ordre des médecins. Ils sont nommés par le Conseil national de l'ordre parmi les membres ou anciens membres des conseils de l'ordre.

Deux assesseurs représentent les organismes d'assurance maladie. Ils sont nommés par le ministre chargé de la sécurité sociale :

1° Le premier, sur proposition du médecin-conseil national du régime général de sécurité sociale, parmi les médecins-conseils chefs de service ou régionaux ;

2° Le second, sur proposition *(Décr. n° 2018-174 du 9 mars 2018, art. 15-I, en vigueur le 1er janv. 2018)* « du médecin-conseil national du régime de protection sociale agricole », parmi les médecins-conseils chefs de service ou régionaux chargés du contrôle médical. *(Abrogé par Décr. n° 2018-174 du 9 mars 2018, art. 15-I, à compter du 1er janv. 2018)* ***« A défaut d'accord, après mise en demeure demeurée infructueuse, le ministre chargé de la sécurité sociale procède, à l'expiration d'un délai de quinze jours à dater de celle-ci, à la désignation d'office du second représentant des organismes d'assurance maladie parmi les médecins-conseils chefs de service ou régionaux titulaires d'un des trois régimes mentionnés aux 1° et 2° du présent alinéa, après avis du médecin-conseil national du régime général de sécurité sociale. »***

II. — La section des assurances sociales du Conseil national de l'ordre des chirurgiens-dentistes comprend, outre son président, quatre assesseurs.

Deux assesseurs représentent l'ordre des chirurgiens-dentistes. Ils sont nommés par le Conseil national de l'ordre en son sein.

Deux assesseurs représentent les organismes d'assurance maladie. Ils sont nommés par le ministre chargé de la sécurité sociale :

1° Le premier, sur proposition du médecin-conseil national du régime général de sécurité sociale, parmi les chirurgiens-dentistes-conseils chefs de service ;

2° Le second, sur proposition *(Décr. n° 2018-174 du 9 mars 2018, art. 15-I, en vigueur le 1er janv. 2018)* « du médecin-conseil national du régime de protection sociale agricole », parmi les *(Décr. n° 2013-547 du 26 juin 2013, art. 2-6°)* « chirurgiens-dentistes-conseils ». *(Abrogé par Décr. n° 2018-174 du 9 mars 2018, art. 15-I, à compter du 1er janv. 2018)* ***« A défaut d'accord, après mise en demeure demeurée infructueuse, le ministre chargé de la sécurité sociale procède, à l'expiration d'un délai de quinze jours à dater de celle-ci, à la désignation d'office du second représentant des organismes d'assurance maladie parmi les*** *(Décr. n° 2013-547 du 26 juin 2013, art. 2-6°)* ***« chirurgiens-dentistes-conseils » d'un des trois régimes mentionnés aux 1° et 2° du présent alinéa, après avis du médecin-conseil national du régime général de sécurité sociale. »***

III. — La section des assurances sociales du Conseil national de l'ordre des sages-femmes comprend, outre son président, quatre assesseurs.

Deux assesseurs représentent l'ordre des sages-femmes. Ils sont nommés par le Conseil national de l'ordre en son sein.

Deux assesseurs représentent les organismes d'assurance maladie. Ils sont nommés par le ministre chargé de la sécurité sociale :

1° Le premier, sur proposition du médecin-conseil national du régime général de sécurité sociale, parmi les médecins-conseils chefs de service ou régionaux ;

2° Le second, sur proposition *(Décr. n° 2018-174 du 9 mars 2018, art. 15-I, en vigueur le 1er janv. 2018)* « du médecin-conseil national du régime de protection sociale agricole », parmi les médecins-conseils chefs de service ou régionaux chargés du contrôle médical. *(Abrogé par Décr. n° 2018-174 du 9 mars 2018, art. 15-I, à compter du 1er janv. 2018)* ***« A défaut d'accord, après mise en demeure demeurée infructueuse, le ministre chargé de la sécurité sociale procède, à l'expiration d'un délai de quinze jours à dater de celle-ci, à la désignation d'office du second représentant des organismes d'assurance maladie parmi les médecins-conseils chefs de service ou régionaux titulaires d'un des trois régimes mentionnés aux 1° et 2° du présent alinéa, après avis du médecin-conseil national du régime général de sécurité sociale. »***

(Décr. n° 2013-547 du 26 juin 2013, art. 2-6°) « IV. — Les sections des assurances sociales du Conseil national de l'ordre des masseurs-kinésithérapeutes, du Conseil national de l'ordre des pédicures-podologues ou du Conseil national de l'ordre des infirmiers comprennent chacune, outre leur président, quatre assesseurs.

« Deux assesseurs représentent respectivement l'ordre des masseurs-kinésithérapeutes, l'ordre des pédicures-podologues et l'ordre des infirmiers. Ils sont désignés par le Conseil national de l'ordre concerné, en son sein.

« Deux assesseurs représentent les organismes d'assurance maladie. Ils sont nommés par le ministre chargé de la sécurité sociale :

« 1° Le premier, sur proposition du médecin-conseil national du régime général de sécurité sociale, parmi les médecins-conseils chefs de service ou régionaux ;

« 2° Le second, sur proposition *(Décr. n° 2018-174 du 9 mars 2018, art. 15-I, en vigueur le 1er janv. 2018)* « du médecin-conseil national du régime de protection sociale agricole », parmi les médecins-conseils chefs de service ou régionaux chargés du contrôle médical. *(Abrogé par Décr. n° 2018-174 du 9 mars 2018, art. 15-I, à compter du 1er janv. 2018)* ***« A défaut d'accord, après mise en demeure demeurée infructueuse, le ministre chargé de la sécurité sociale procède, à l'expiration d'un délai de quinze jours à dater de celle-ci, à la désignation d'office du second représentant des organismes d'assurance maladie parmi les médecins-conseils chefs de service ou régionaux titulaires d'un des trois régimes mentionnés aux 1° et 2° du IV du présent article, après avis du médecin-conseil national du régime général de sécurité sociale. »***

« V. — Les fonctions exercées par les membres des sections des assurances sociales des Conseils nationaux sont incompatibles avec la fonction d'assesseur à la section des assurances sociales des chambres disciplinaires de première instance. »

Les dispositions issues du Décr. n° 2013-547 du 26 juin 2013, en tant qu'elles concernent l'Ordre des infirmiers, ne deviennent applicables qu'à compter du 1er janv. 2015 (Décr. préc., art. 6-I).

Art. R. 145-8 *(Décr. n° 2013-547 du 26 juin 2013, art. 2-7°, en vigueur le 1er sept. 2013)* « Les dispositions sur le contentieux du contrôle technique des médecins prévues aux articles L. 145-1 à L. 145-5, L. 145-6, L. 145-7, L. 145-8, L. 145-9, R. 145-4, R. 145-7, R. 145-9, R. 145-13, R. 145-14, R. 145-15 à R. 145-68 sont applicables en cas de fautes, abus, fraudes et tous faits intéressant l'exercice de la profession, relevés à l'encontre des auxiliaires médicaux, pour lesquels des sections des assurances sociales n'ont pas été constituées, à l'occasion de soins dispensés aux assurés sociaux.

« Toutefois, dans les affaires concernant ces auxiliaires médicaux, l'un des assesseurs médecins de la section des assurances sociales de la chambre disciplinaire de première instance de l'ordre des médecins est remplacé par un auxiliaire médical de la même catégorie que la personne concernée, proposé par les syndicats les plus représentatifs de cette catégorie dans la région et nommé par le président de la cour administrative d'appel. »

(Décr. n° 88-484 du 27 avr. 1988, art. 6-II ; Décr. n° 91-887 du 4 sept. 1991, art. 3) « A la section des assurances sociales du Conseil national de l'ordre des médecins, l'un des assesseurs médecins est remplacé par un auxiliaire médical de la même catégorie proposé par les groupements syndicaux d'auxiliaires médicaux les plus représentatifs de cette catégorie sur le plan national et nommé par le ministre chargé de la sécurité sociale. »

Art. R. 145-9 *(Décr. nº 2013-547 du 26 juin 2013, art. 2-8º, en vigueur le 1er sept. 2013)* Pour chaque assesseur titulaire représentant les ordres des médecins, des chirurgiens-dentistes et les organismes d'assurance maladie, cinq assesseurs suppléants sont nommés dans les mêmes conditions que les assesseurs titulaires. Pour chaque assesseur titulaire représentant l'ordre des sages-femmes, deux assesseurs suppléants sont nommés dans les mêmes conditions que les assesseurs titulaires. Pour chaque assesseur titulaire représentant les différentes catégories professionnelles d'auxiliaires médicaux, deux assesseurs suppléants sont nommés dans les mêmes conditions que les assesseurs titulaires.

Dans les sections des assurances sociales des chambres disciplinaires de première instance de l'ordre des médecins qui ont à connaître un nombre important de requêtes, le nombre d'assesseurs suppléants peut être augmenté jusqu'à neuf. La liste des sections des assurances sociales des chambres disciplinaires de première instance concernées et le nombre d'assesseurs suppléants prévu pour chacune d'elles sont fixés par arrêté du ministre chargé de la sécurité sociale.

SOUS-SECTION 2 DISPOSITIONS RELATIVES AUX PHARMACIENS *(Décr. nº 2013-547 du 26 juin 2013, art. 2-9º, en vigueur le 1er sept. 2013).*

Art. R. 145-10 *(Décr. nº 2013-1292 du 27 déc. 2013, art. 1er-I-1º)* « I. — » *(Décr. nº 2013-547 du 26 juin 2013, art. 2-10º, en vigueur le 1er sept. 2013)* « La section des assurances sociales du conseil régional de l'ordre des pharmaciens comprend, en qualité de président, le président du tribunal administratif dans le ressort duquel se trouve le siège de ce conseil régional ou un magistrat délégué par lui ainsi que quatre assesseurs nommés par le président de la cour administrative d'appel *(Décr. nº 2013-1292 du 27 déc. 2013, art. 1er-I-2º)* « dans le ressort de laquelle la section des assurances sociales du conseil régional a son siège ». Deux assesseurs représentent l'ordre des pharmaciens. Ils sont désignés par le conseil régional de l'ordre des pharmaciens et choisis dans son sein. Deux assesseurs représentent les organismes d'assurance maladie. Ils sont nommés, en dehors du ressort de la section des assurances sociales du conseil régional concerné, parmi les pharmaciens-conseils des caisses d'assurance maladie :

« 1º Le premier, sur proposition du médecin-conseil national du régime général de sécurité sociale ;

« 2º Le second, sur proposition conjointe du médecin-conseil national du régime général de sécurité sociale et *(Décr. nº 2018-174 du 9 mars 2018, art. 15-I, en vigueur le 1er janv. 2018)* « celui du régime de protection sociale agricole ». A défaut d'accord, après mise en demeure demeurée infructueuse, le président de la cour administrative d'appel procède, à l'expiration d'un délai de quinze jours à dater de celle-ci, à la désignation d'office du second représentant des organismes d'assurance maladie parmi les pharmaciens-conseils titulaires d'un des *(Décr. nº 2018-174 du 9 mars 2018, art. 15-I, en vigueur le 1er janv. 2018)* « deux » régimes mentionnés au présent alinéa, après avis du médecin-conseil national du régime général de sécurité sociale. »

(Décr. nº 2013-1292 du 27 déc. 2013, art. 1er-I-1º) « II. — » *(Décr. nº 88-484 du 27 avr. 1988, art. 8-II)* « La section des assurances sociales du conseil central de la section D de l'ordre des pharmaciens comprend, en qualité de président, le président du tribunal administratif de Paris ou un *(Décr. nº 2013-547 du 26 juin 2013, art. 2-10º, en vigueur le 1er sept. 2013)* « magistrat délégué par lui » et, d'une part, deux assesseurs proposés par le conseil central de la section D de l'ordre des pharmaciens et choisis en son sein, d'autre part, » *(Décr. nº 2013-547 du 26 juin 2013, art. 2-10º, en vigueur le 1er sept. 2013)* « deux assesseurs représentant les organismes d'assurance maladie. Ces derniers sont désignés parmi les pharmaciens-conseils des caisses d'assurance maladie :

« 1º Le premier, sur proposition du médecin-conseil national du régime général de sécurité sociale ;

« 2º Le second, sur proposition conjointe du médecin-conseil national du régime général de sécurité sociale et *(Décr. nº 2018-174 du 9 mars 2018, art. 15-I, en vigueur le 1er janv. 2018)* « celui du régime de protection sociale agricole ». A défaut d'accord, après mise en demeure demeurée infructueuse, le *(Décr. nº 2013-1292 du 27 déc. 2013, art. 1er-I-3º)* « ministre chargé de la sécurité sociale » procède, à l'expiration d'un délai de quinze jours à dater de celle-ci, à la désignation d'office du second représentant des organismes d'assurance maladie parmi les pharmaciens-conseils titulaires d'un des *(Décr. n° 2018-174 du 9 mars 2018, art. 15-I, en vigueur le 1er janv. 2018)* « deux » régimes mentionnés au présent alinéa, après avis du médecin-conseil national du régime général de sécurité sociale. »

(Décr. n° 2013-1292 du 27 déc. 2013, art. 1er-I-1°) « III. — » *(Décr. n° 88-484 du 27 avr. 1988, art. 8-II)* « La section des assurances sociales du conseil central de la section G comprend, en qualité de président, le président du tribunal administratif de Paris ou un *(Décr. n° 2013-547 du 26 juin 2013, art. 2-10°, en vigueur le 1er sept. 2013)* « magistrat délégué par lui » et, d'une part, deux assesseurs proposés par le conseil central de la section G et choisis en son sein, d'autre part, » *(Décr. n° 2013-547 du 26 juin 2013, art. 2-10°, en vigueur le 1er sept. 2013)* « deux assesseurs représentant les organismes d'assurance maladie. Ces derniers sont nommés parmi les pharmaciens-conseils des caisses d'assurance maladie :

« 1° Le premier, sur proposition du médecin-conseil national du régime général de sécurité sociale ;

« 2° Le second, sur proposition conjointe du médecin-conseil national du régime général de sécurité sociale et *(Décr. n° 2018-174 du 9 mars 2018, art. 15-I, en vigueur le 1er janv. 2018)* « celui du régime de protection sociale agricole ». A défaut d'accord, après mise en demeure demeurée infructueuse, le *(Décr. n° 2013-1292 du 27 déc. 2013, art. 1er-I-3°)* « ministre chargé de la sécurité sociale » procède, à l'expiration d'un délai de quinze jours à dater de celle-ci, à la désignation d'office du second représentant des organismes d'assurance maladie parmi les pharmaciens-conseils titulaires d'un des *(Décr. n° 2018-174 du 9 mars 2018, art. 15-I, en vigueur le 1er janv. 2018)* « deux » régimes mentionnés au présent alinéa, après avis du médecin-conseil national du régime général de sécurité sociale. »

(Décr. n° 2013-1292 du 27 déc. 2013, art. 1er-I-1°) « IV. — » *(Décr. n° 2013-547 du 26 juin 2013, art. 2-10°, en vigueur le 1er sept. 2013)* « La section des assurances sociales du conseil central de la section H comprend, en qualité de président, le président du tribunal administratif de Paris ou un magistrat délégué par lui et, d'une part, deux assesseurs proposés par le conseil central de la section H de l'ordre des pharmaciens et choisis en son sein et, d'autre part, deux assesseurs représentant les organismes d'assurance maladie. Ils sont désignés parmi les pharmaciens-conseils des caisses d'assurance maladie :

« 1° Le premier, sur proposition du médecin-conseil national du régime général de sécurité sociale ;

« 2° Le second, sur proposition conjointe du médecin-conseil national du régime général de sécurité sociale et *(Décr. n° 2018-174 du 9 mars 2018, art. 15-I, en vigueur le 1er janv. 2018)* « celui du régime de protection sociale agricole ». A défaut d'accord, après mise en demeure demeurée infructueuse, le *(Décr. n° 2013-1292 du 27 déc. 2013, art. 1er-I-3°)* « ministre chargé de la sécurité sociale » procède, à l'expiration d'un délai de quinze jours à dater de celle-ci, à la désignation d'office du second représentant des organismes d'assurance maladie parmi les pharmaciens-conseils titulaires d'un des *(Décr. n° 2018-174 du 9 mars 2018, art. 15-I, en vigueur le 1er janv. 2018)* « deux » régimes mentionnés au présent alinéa, après avis du médecin-conseil national du régime général de sécurité sociale. »

(Décr. n° 2013-1292 du 27 déc. 2013, art. 1er-I-1°) « V. — » *(Décr. n° 88-484 du 27 avr. 1988, art. 8-II)* « La section des assurances sociales du Conseil national de l'ordre des pharmaciens comprend, en qualité de président, *(Décr. n° 2018-79 du 9 févr. 2018, art. 5-I)* « un membre du Conseil d'État, en activité ou honoraire, ayant au moins le rang de conseiller d'État, désigné par le vice-président du Conseil d'État » et, d'une part, deux assesseurs pharmaciens *(Décr. n° 2013-1292 du 27 déc. 2013, art. 1er-I-4°)* « désignés par ce conseil » et choisis en son sein, d'autre part, » *(Décr. n° 2013-547 du 26 juin 2013, art. 2-10°, en vigueur le 1er sept. 2013)* « deux assesseurs représentant les organismes d'assurance maladie. Ces derniers sont désignés parmi les pharmaciens-conseils des caisses d'assurance maladie :

« 1° Le premier, sur proposition du médecin-conseil national du régime général de sécurité sociale ;

« 2° Le second, sur proposition conjointe du médecin-conseil national du régime général de sécurité sociale et *(Décr. n° 2018-174 du 9 mars 2018, art. 15-I, en vigueur le 1er janv. 2018)* « celui du régime de protection sociale agricole ». A défaut d'accord, après mise en demeure demeurée infructueuse, le ministre chargé de la sécurité sociale procède, à l'expiration d'un délai de quinze jours à dater de celle-ci, à la désignation d'office du second représentant des organismes d'assurance maladie parmi les pharmaciens-conseils d'un des *(Décr. n° 2018-174 du 9 mars 2018, art. 15-I, en vigueur le 1er janv. 2018)* « deux » régimes mentionnés au présent alinéa, après avis du médecin-conseil national du régime général de sécurité sociale. »

(Décr. n° 2013-1292 du 27 déc. 2013, art. 1er-I-1°) « VI. — » *(Décr. n° 88-484 du 27 avr. 1988, art. 8-II)* « Les assesseurs prévus *(Décr. n° 2013-1292 du 27 déc. 2013, art. 1er-I-5°)* « au premier alinéa du II, du III, du IV et aux 1° et 2° du V » du présent article sont nommés par le ministre chargé de la sécurité sociale. »

(Décr. n° 2013-1292 du 27 déc. 2013, art. 1er-I-1°) « VII. — » *(Décr. n° 2013-547 du 26 juin 2013, art. 2-10°, en vigueur le 1er sept. 2013)* « Les fonctions exercées par les pharmaciens membres de la section des assurances sociales du Conseil national de l'ordre des pharmaciens sont incompatibles avec les fonctions de membre d'une section des assurances sociales de première instance de cet ordre. »

Les dispositions du Décr. n° 2018-79 du 9 févr. 2018 entrent en vigueur pour les prochains renouvellements de chacun des conseils de l'ordre concernés suivant sa publication (Décr. préc., art. 11, JO 10 févr.).

Art. R. 145-11 *Abrogé par Décr. n° 2013-547 du 26 juin 2013, art. 2-11°.*

Art. R. 145-12 *(Décr. n° 88-484 du 27 avr. 1988, art. 10)* Pour chaque assesseur titulaire représentant les pharmaciens et les caisses d'assurance maladie *(Abrogé par Décr. n° 2013-547 du 26 juin 2013, art. 2-12°, à compter du 1er sept. 2013)* ***« des travailleurs salariés et de mutualité sociale agricole »***, deux assesseurs suppléants sont nommés dans les mêmes conditions que les assesseurs titulaires.

SOUS-SECTION 3 DISPOSITIONS COMMUNES *(Décr. n° 2013-547 du 26 juin 2013, art. 2-13°, en vigueur le 1er sept. 2013).*

Art. R. 145-13 *(Décr. n° 2013-547 du 26 juin 2013, art. 2-14°, en vigueur le 1er sept. 2013)* Le siège et le secrétariat des sections des assurances sociales des chambres disciplinaires de première instance de l'ordre *[des ordres]* des médecins, des chirurgiens-dentistes, des sages-femmes, des masseurs-kinésithérapeutes, des pédicures-podologues, des infirmiers et des sections des assurances sociales des conseils régionaux de l'ordre des pharmaciens ainsi que le siège et le secrétariat des sections des assurances sociales des Conseils nationaux de ces ordres peuvent être ceux des conseils régionaux, interrégionaux et nationaux de ces ordres.

Le siège et le secrétariat de la section des assurances sociales des conseils centraux des sections D, G et H de l'ordre des pharmaciens sont ceux de ce conseil central.

Art. R. 145-14 *(Décr. n° 2013-547 du 26 juin 2013, art. 2-15°, en vigueur le 1er sept. 2013)* Les sections des assurances sociales des conseils régionaux ou centraux des sections D, G et H de l'ordre des pharmaciens, des chambres disciplinaires de première instance des autres ordres ainsi que les sections des assurances sociales des Conseils nationaux des ordres concernés doivent siéger au complet.

SECTION III PROCÉDURE

(Décr. n° 2013-547 du 26 juin 2013, art. 3, en vigueur le 1er sept. 2013)

SOUS-SECTION 1 PERSONNES HABILITÉES À SAISIR LES SECTIONS DES ASSURANCES SOCIALES

Art. R. 145-15 Les sections des assurances sociales des chambres disciplinaires de première instance des ordres intéressés ou des sections des assurances sociales des conseils régionaux ou centraux des sections D, G et H de l'ordre des pharmaciens peuvent être saisies soit par les organismes d'assurance maladie, les caisses de mutualité sociale agricole ou les autres organismes assureurs, soit par les syndicats de médecins, de chirurgiens-dentistes, de sages-femmes, de pharmaciens ou d'auxiliaires médicaux, soit par les conseils régionaux ou centraux des sections D, G et H de l'ordre des pharmaciens, soit par les conseils régionaux ou interrégionaux de l'ordre des pédicures-podologues, soit par les conseils départementaux des autres ordres.

Ces sections peuvent aussi être saisies par les directeurs généraux des agences régionales de santé.

Elles peuvent être également saisies :

1° En ce qui concerne le régime général, par le médecin-conseil national, les médecins-conseils régionaux et les médecins-conseils chefs des services du contrôle médical ;

2° En ce qui concerne le régime agricole, par le médecin-conseil national et les médecins-conseils chefs de service des échelons départementaux ou pluridépartementaux du contrôle médical ;

3° En ce qui concerne les autres régimes, par les médecins-conseils responsables du service du contrôle médical d'une caisse ou d'un organisme de sécurité sociale.

SOUS-SECTION 2 PROCÉDURE DEVANT LES SECTIONS DES ASSURANCES SOCIALES DE PREMIÈRE INSTANCE

A la date d'installation des sections des assurances sociales des Ordres des masseurs-kinésithérapeutes, des pédicures-podologues et au 1er janv. 2015 pour les sections des assurances sociales de l'Ordre des infirmiers, toutes les plaintes et toutes les procédures du contentieux du contrôle technique en cours qui n'ont pas fait l'objet d'une inscription à une audience de première instance sont transférées en l'état, archives comprises, auprès des sections des assurances sociales de chacun des Ordres. Les plaintes et mémoires produits en première instance sont transférés à la section des assurances sociales des chambres disciplinaires régionales ou interrégionales et les plaintes et mémoires relevant des cas prévus à l'art. R. 145-19 CSS sont transférés à la section des assurances sociales du Conseil national de l'Ordre concerné.

La section des assurances sociales de l'Ordre national des médecins demeure compétente pour statuer en appel contre les décisions rendues par les sections des assurances sociales des chambres disciplinaires de première instance de l'ordre des médecins (Décr. n° 2013-547 du 26 juin 2013, art. 7).

§ 1er COMPÉTENCE

SOUS-§ 1er DISPOSITIONS GÉNÉRALES

Art. R. 145-16 I. — La section des assurances sociales compétente est celle de la chambre disciplinaire dans le ressort de laquelle le médecin, le chirurgien-dentiste, la sage-femme ou l'auxiliaire médical exerce sa profession à la date de la saisine de la section.

(Décr. n° 2013-1292 du 27 déc. 2013, art. 1er-II) « II. — S'agissant des pharmaciens, la section des assurances sociales compétente est celle du conseil régional dans le ressort duquel ceux-ci exercent leur profession à la date de la saisine de la section. Toutefois, les pharmaciens inscrits à la date des faits poursuivis à l'une des sections D, G ou H continuent à relever de cette section nonobstant la circonstance qu'ils seraient depuis lors inscrits à l'une des autres sections du conseil de l'ordre. Le pharmacien qui exerce des activités relevant de plusieurs sections est jugé par la section des assurances sociales dont relève le fait commis. »

Les dispositions issues du Décr. n° 2013-547 du 26 juin 2013, en tant qu'elles concernent l'Ordre des infirmiers, ne deviennent applicables qu'à compter du 1er janv. 2015 (Décr. préc., art. 6-I).

Ancien art. R. 145-16 (Décr. n° 96-1053 du 6 déc. 1996, art. 4) ***La procédure suivie devant les conseils régionaux ou interrégionaux des ordres des médecins, des chirurgiens-dentistes, des pharmaciens et des sages-femmes ou devant les conseils centraux de la section D et de la section G de l'ordre des pharmaciens est également applicable devant les sections des assurances sociales de ces conseils sous les réserves ci-après.*** — Entrée en vigueur le 1er mars 1997.

Jurisprudence rendue sous l'empire des textes antérieurs au Décr. n° 2013-547 du 26 juin 2013.

1. Pouvoirs du juge disciplinaire. Ni les dispositions du C. trib. adm., ni celles de l'art. L. 424 [L. 4126-3] CSP ne sont applicables au déroulement de la procédure devant la section des assurances sociales du Conseil national de l'Ordre des chirurgiens-dentistes. • CE 26 avr. 1993 : *RJS 1993, n° 793.* ♦ Les conditions dans lesquelles s'est déroulée la procédure préalable à la saisine de la section des assurances sociales du conseil régional de l'ordre, notamment l'enquête préalable diligentée par l'organisme à l'origine de la saisine, sont sans influence sur la procédure suivie devant la juridiction elle-même, dès lors que celle-ci a respecté le principe du contradictoire. • CE 24 janv. 1996 : *RJS 1996, n° 334* • 6 mai 1998 : *RJS 1998, n° 1299.* ♦ V. aussi • CE 20 oct. 1993 : *RJS 1994, n° 84.*

2. Conv. EDH. Les dispositions de l'art. 6 Conv. EDH s'appliquent à la procédure suivie devant la section des assurances sociales du Conseil national de l'ordre des pharmaciens et sont méconnues par l'art. R. 5037 [R. 4234-23] CSP applicable aux audiences de cette section et aux termes duquel les audiences ne sont pas publiques. • CE 11 sept. 1996 : *RJS 1996, n° 1209.* ♦ Le moyen tiré du caractère non public de l'audience en violation de l'art. 6, § 1, Conv. EDH peut être invoqué pour la première fois devant le juge de cassation. • CE 30 déc. 1996 : *RJS 1997, n° 209.* ♦ Que des mesures d'instruction lui aient été confiées ne fait pas obstacle au regard de l'art. 6, § 1, Conv. EDH à la participation du rapporteur au délibéré. • CE 21 mars 2001 : *RJS 2001, n° 935.*

Art. R. 145-17 Lorsqu'une section des assurances sociales est saisie d'une plainte qu'elle estime relever de la compétence d'une autre section des assurances sociales, son président transmet sans délai le dossier à cette section par une ordonnance non motivée et non susceptible de recours.

Il est également compétent pour constater qu'il n'y a pas lieu de statuer.

Les décisions prises en application des deux alinéas ci-dessus sont notifiées sans délai aux parties.

Lorsque le président de la section, auquel un dossier a été transmis en application du premier alinéa, estime que cette juridiction n'est pas compétente, il transmet sans délai le dossier au président de la section des assurances sociales du Conseil national de l'ordre, qui règle la question de compétence dans les formes prévues au premier alinéa.

Lorsqu'une section à laquelle une affaire a été transmise en application du premier alinéa n'a pas eu recours aux dispositions de l'alinéa précédent ou lorsqu'elle a été déclarée compétente par le président de la section des assurances sociales du Conseil national de l'ordre, sa compétence ne peut plus être remise en cause ni par elle-même, ni par les parties, ni d'office par le juge d'appel ou de cassation, sauf à soulever l'incompétence de la juridiction administrative.

Lorsque le président d'une section saisie d'une affaire constate qu'un des membres de la section est en cause ou estime qu'il existe une autre raison objective de mettre en cause l'impartialité de la section, il transmet le dossier, dans les formes prévues au premier alinéa, au président de la section des assurances sociales du Conseil national de l'ordre, qui en attribue le jugement à la section qu'il désigne.

Les actes de procédure accomplis régulièrement devant la section des assurances sociales saisie en premier lieu demeurent valables devant la section des assurances sociales de renvoi à laquelle incombe le jugement de l'affaire.

SOUS-§ 2 PROFESSIONNELS DE SANTÉ PRESTATAIRES DE SERVICES

Art. R. 145-18 Le médecin, le chirurgien-dentiste, la sage-femme ou l'auxiliaire médical prestataire de services est soumis à la section des assurances sociales de la chambre disciplinaire compétente dans le ressort de laquelle il exécute l'acte professionnel ou, s'il s'agit d'un pharmacien, à la section des assurances sociales du conseil compétent dans les conditions prévues *(Décr. n° 2013-1292 du 27 déc. 2013, art. 1er-III)* « au premier alinéa de l'article R. 4222-6 » du code de la santé publique.

Lorsqu'un prestataire de services est traduit devant la section des assurances sociales d'une chambre disciplinaire de première instance ou la section des assurances sociales d'un conseil régional ou central de l'ordre des pharmaciens, celle-ci en avise sans délai le Conseil national de l'ordre de la profession concernée.

Dans le cas où plusieurs sections des assurances sociales sont simultanément saisies de plaintes contre un prestataire de services, la section des assurances sociales du Conseil national de la profession concernée désigne la section qui statue sur les plaintes.

L'autorité compétente de l'État membre de l'Union européenne ou partie à l'accord sur l'Espace économique européen où est établi le prestataire de services est immédiatement informée de la sanction prise contre ce dernier.

Les dispositions du présent article ne sont pas applicables aux professionnels de santé qui bénéficient des stipulations des conventions en vigueur relatives aux professionnels de santé frontaliers.

Jurisprudence rendue sous l'empire des textes antérieurs au Décr. n° 2013-547 du 26 juin 2013.

Recevabilité. Sur la compétence du directeur de tout organisme de sécurité sociale pour saisir le juge du contentieux du contrôle technique, V., pour le droit antérieur à l'Ord. n° 96-344 du 24 avr. 1996 (art. L. 122-1, al. 3 et 4), • CE 6 mai 1998 : *RJS 1998, n° 1299.* ♦ Pour l'application des principes du droit transitoire, V. • CE 6 avr. 2001 : *D. 2001. Somm. 2451, obs. Prétot.* ♦ La plainte d'une CPAM n'est pas irrecevable par cela seul que les faits se rapportent au traitement d'assurés affiliés auprès d'un autre organisme. • CE 4 nov. 2002 : *RJS 2003, n° 263.*

§ 2 DESSAISISSEMENT DE LA JURIDICTION DE PREMIÈRE INSTANCE

Art. R. 145-19 Si la section des assurances sociales de la chambre disciplinaire de première instance de l'ordre intéressé ou la section des assurances sociales du conseil régional ou central de la section *[des sections]* D, G ou H de l'ordre des pharmaciens ne s'est pas prononcée dans un délai d'un an à compter de la réception de la plainte, la section des assurances sociales du Conseil national compétent peut, à l'expiration de ce délai, être saisie par les requérants. La juridiction de première instance est alors dessaisie à la date d'enregistrement de la requête au Conseil national.

Le délai d'un an prévu à l'alinéa précédent court à compter de la date de réception par la section des assurances sociales de la chambre disciplinaire de première instance ou du conseil régional ou central de l'ordre des pharmaciens du dossier complet de la plainte.

Les délais prévus au présent article sont décomptés conformément aux dispositions des articles 640 à 644 du code de procédure civile.

Le point de départ du délai d'un an ainsi prévu est reporté, le cas échéant, à la date de réception de la confirmation de la plainte lorsque celle-ci a d'abord été formée à titre conservatoire, dans l'attente des propositions de la commission prévue à l'article L. 162-35.

§ 3 POUVOIR DES PRÉSIDENTS DE STATUER PAR ORDONNANCE

Art. R. 145-20 Les présidents des sections des assurances sociales des conseils régionaux ou centraux des sections D, G et H et le président de la section des assurances sociales du Conseil national de l'ordre des pharmaciens peuvent, par ordonnance, donner acte des désistements, rejeter une requête ne relevant manifestement pas de la compétence de leur juridiction, statuer sur les requêtes qui ne présentent plus à juger de questions autres que la condamnation prévue à l'article L. 761-1 du code de justice administrative, la charge des dépens ou la fixation des dates d'exécution des sanctions mentionnées à l'article R. 145-2 du présent code, constater qu'il n'y a pas lieu de statuer sur une requête et rejeter les conclusions entachées d'une irrecevabilité manifeste non susceptible d'être couverte en cours d'instance.

Jurisprudence rendue sous l'empire des textes antérieurs au Décr. n° 2013-547 du 26 juin 2013.

Représentation. Un inspecteur du contentieux d'une CPAM ne peut régulièrement représenter celle-ci devant les juridictions du contentieux du contrôle technique. • CE 20 oct. 1993 : *RJS 1994, n° 83.* ♦ Les dispositions de l'art. L. 124-5 l'emportent, en raison de leur caractère législatif, sur les dispositions purement réglementaires de l'art. R. 145-20. • CE 6 mars 2000 : *RJS 2000, n° 736* • 13 oct. 2003 : *RJS 2004, n° 116.*

§ 4 L'INSTANCE DE PREMIER RESSORT

SOUS-§ 1er INTRODUCTION DE L'INSTANCE

Art. R. 145-21 La procédure devant les sections des assurances sociales est écrite. Devant les sections des assurances sociales des chambres disciplinaires de première instance ou devant les sections des assurances sociales des conseils régionaux ou cen-

traux des sections D, G et H de l'ordre des pharmaciens, les intéressés peuvent comparaître personnellement et se faire assister ou représenter dans les conditions prévues à l'article R. 145-28.

Jurisprudence rendue sous l'empire des textes antérieurs au Décr. n° 2013-547 du 26 juin 2013.

1. Intérêt à agir. Le médecin-conseil, chef du service du contrôle médical d'une CPAM, qui a saisi la section des assurances sociales du conseil régional de l'ordre des médecins a qualité, en tant que « partie intéressée », pour faire appel de la décision de ce conseil. • CE 25 juill. 1986 : *Lebon 690 ; D. 1987. Somm. 167, obs. Prétot.* ♦ Sur la recevabilité d'un appel formé par le directeur d'une CPAM, V., avant l'Ord. n° 96-344 du 24 avr. 1996 (art. L. 122-1, al. 2 et 3), • CE 16 juin 1989, n°s 72484 et 79778 ; *Lebon 837 et 891 ; D. 1990. Somm. 148, obs. Prétot.* ♦ Comp. • CE 6 mai 1998 : *RJS 1998, n° 1299.*

2. Délai. En cas de retour, faute d'avoir été réclamé, du pli recommandé contenant la décision attaquée, le délai d'appel court de la date à laquelle l'intéressé doit être regardé comme ayant été régulièrement avisé de ce que ce pli était à sa disposition au bureau de poste. • CE 25 oct. 2006 : *JCP S 2007. 1115, note Tauran.*

3. Recours incident. Eu égard à la nature des pouvoirs qu'exercent les juridictions du contentieux du contrôle technique, le recours incident est irrecevable en l'absence de disposition législative ou réglementaire le prévoyant. Le juge d'appel ne peut donc statuer sur l'appel second en date formé après l'expiration du délai pour interjeter appel. • CE 15 janv. 1997 : *RJS 1997, n° 477.* ♦ V. aussi • CE 27 mars 1996 : *RJS 1996, n° 727* • 5 mars 2003 : *RJS 2003, n° 1079 ; TPS 2003. Comm. 197, obs. Prétot* (précisant que cette règle ne fait obstacle ni à la présentation d'une défense en appel ni à l'exercice d'un appel principal dans le délai et qu'elle n'est pas contraire à la Conv. EDH).

4. Appel tardif. La décision qui déclare l'appel irrecevable comme tardif peut fixer de nouvelles dates pour l'exécution de la sanction que l'intéressé n'avait pas exécutée en raison du caractère suspensif de l'appel. • CE 25 oct. 2006 : *préc. note 2.*

Art. R. 145-22 Les sections des assurances sociales des chambres disciplinaires de première instance de l'ordre *[des ordres]* **des médecins, des chirurgiens-dentistes, des sages-femmes, des masseurs-kinésithérapeutes, des infirmiers et des pédicures-podologues et les sections des assurances sociales des conseils régionaux ou centraux des sections D, G et H de l'ordre des pharmaciens sont saisies, dans les cas prévus aux articles L. 145-1, L. 145-5-1, R. 145-1 et R. 145-8, par lettre recommandée avec demande d'avis de réception, adressée au secrétariat de la section intéressée dans le délai de trois ans à compter de la date des faits. Les plaintes et les mémoires produits peuvent être aussi déposés au secrétariat de la section des assurances sociales compétente.**

Les dispositions issues du Décr. n° 2013-547 du 26 juin 2013, en tant qu'elles concernent l'Ordre des infirmiers, ne deviennent applicables qu'à compter du 1er janv. 2015 (Décr. préc., art. 6-I).

Art. R. 145-23 Les dispositions des articles R. 411-1, R. 411-2, R. 411-2-1, R. 411-6, du deuxième alinéa de l'article R. 751-5 et de l'article R. 761-1 du code de justice administrative sont applicables.

Jurisprudence rendue sous l'empire des textes antérieurs au Décr. n° 2013-547 du 26 juin 2013.

Conv. EDH. Tendant à garantir aux intéressés que leur cause sera entendue dans un délai raisonnable, les dispositions de l'art. R. 145-23 ne méconnaissent pas les stipulations de l'art. 6, § 1, Conv. EDH, lesquelles n'imposent pas le double degré de juridiction. • CE 9 févr. 2000 : *RJS 2000, n° 879.*

SOUS-§ 2 PIÈCES JOINTES ET PRODUCTIONS

Art. R. 145-24 Les plaintes et les mémoires produits doivent être accompagnés de copies en nombre égal à celui des autres parties en cause, augmenté de deux.

Lorsque le nombre des copies n'est pas égal à celui des parties, le demandeur en est averti par le secrétariat, qui lui fait connaître, par lettre recommandée avec demande d'avis de réception, que, si les productions complémentaires ne sont pas produites dans le délai de quinze jours à compter de la date de réception de cet avertissement, la plainte sera rejetée comme irrecevable.

En cas de nécessité, le président de la formation de jugement pourra exiger des parties intéressées la production des copies supplémentaires, sous la sanction prévue à l'alinéa précédent.

Lorsque les parties joignent des pièces à l'appui de leurs plaintes ou de leurs mémoires, ces pièces sont accompagnées de copies qu'elles certifient conformes, en nombre égal à celui des autres parties augmenté de deux. Toutefois, lorsque le nombre, le volume ou les caractéristiques des pièces font obstacle à la production de copies, les autres parties ou leurs mandataires en prennent connaissance au secrétariat et peuvent en prendre copie à leurs frais.

Les plaintes sont inscrites, à leur arrivée, sur le registre d'ordre qui est tenu par le secrétaire. Elles sont en outre marquées, ainsi que les pièces qui y sont jointes, d'un timbre indiquant la date de leur arrivée.

A réception de la plainte, le secrétariat de la section en informe le conseil départemental, régional, interrégional ou central au tableau duquel le professionnel de santé est inscrit.

Jurisprudence rendue sous l'empire des textes antérieurs au Décr. n° 2013-547 du 26 juin 2013.

Exigence de motivation. En ne précisant aucun des faits retenus, ni aucune des circonstances fondant leur appréciation selon laquelle lesdits faits n'étaient pas constitutifs d'une faute de nature à justifier une sanction disciplinaire, les juges du fond, qui n'ont pas mis le Conseil d'État à même d'exercer le contrôle qui incombe au juge de cassation, ont insuffisamment motivé leur décision. • CE 23 avr. 1997 : *RJS 1997, n° 1032.* ♦ Sur le contenu de la motivation, V. • CE 6 mai 1998 : *RJS 1998, n° 1299* • 29 janv. 1999 : *RJS 1999, n° 752.*

SOUS-§ 3 CONTRADICTOIRE

Art. R. 145-25 Dès réception de la plainte ou de la requête et des pièces jointes requises, la plainte, le mémoire et les pièces jointes sont notifiés, sous réserve des dispositions du quatrième alinéa de l'article R. 145-24, par lettre recommandée avec accusé de réception, aux parties.

La notification les invite à produire un mémoire en défense ainsi que toutes pièces utiles dans le nombre d'exemplaires requis et dans le délai fixé par le président de la section des assurances sociales. Ce délai ne peut être inférieur à un mois à compter de la réception de la notification de la plainte.

Le premier mémoire de chaque défendeur ainsi que les pièces jointes sont communiqués aux parties dans les conditions fixées par les dispositions des articles R. 611-3 et R. 611-5 du code de justice administrative. Les répliques, autres mémoires et pièces sont communiqués s'ils contiennent des éléments nouveaux.

Lorsqu'une des parties appelée *[appelées]* à produire un mémoire n'a pas respecté le délai qui lui a été imparti, le président de la formation de jugement peut lui adresser une mise en demeure.

Art. R. 145-26 Lorsque la plainte ou des conclusions sont entachées d'une irrecevabilité susceptible d'être couverte en cours d'instance, la juridiction ne peut les rejeter en relevant d'office cette irrecevabilité qu'après avoir invité leur auteur à les régulariser. Toutefois, la section des assurances sociales du Conseil national de l'ordre peut rejeter de telles conclusions sans demande de régularisation préalable pour les cas d'irrecevabilité tirés de la méconnaissance d'une obligation mentionnée dans la notification de la décision attaquée.

La demande de régularisation mentionne que, à défaut de régularisation, la plainte ou les conclusions pourront être rejetées comme irrecevables dès l'expiration du délai imparti, qui, sauf urgence, ne peut être inférieur à quinze jours. La demande de régularisation tient lieu de l'information prévue à l'article R. 611-7 du code de justice administrative.

S'agissant de l'irrecevabilité prévue à l'article R. 145-24, la demande de régularisation peut prendre la forme d'une mise en demeure signée par le président de la formation de jugement, qui mentionne que, à l'expiration du délai imparti, qui ne peut être inférieur à un mois, cette irrecevabilité n'est plus susceptible d'être couverte en cours d'instance.

Jurisprudence rendue sous l'empire des textes antérieurs au Décr. n° 2013-547 du 26 juin 2013.

Mesures de publicité. Il appartient dans tous les cas à la juridiction disciplinaire de déterminer les modalités de publication des sanctions. Ce n'est que dans le cas où elle ne les aurait pas fixées elle-même qu'il revient aux organismes de sécurité sociale de les déterminer. • CE 8 déc. 2000 : *RJS 2001, n° 526.*

Art. R. 145-27 Les articles R. 611-2 à R. 611-5 du code de justice administrative relatifs à la communication des mémoires et pièces, le premier alinéa de l'article R. 611-7 et les articles R. 613-1, à l'exception de la dernière phrase du deuxième alinéa, et R. 613-4, relatifs à la clôture de l'instruction, sont applicables devant les sections des assurances sociales des chambres disciplinaires de première instance, les sections des assurances sociales des conseils régionaux ou centraux des sections D, G et H de l'ordre des pharmaciens et les sections des assurances sociales des Conseils nationaux des ordres.

SOUS-§ 4 REPRÉSENTATION DES PARTIES

Art. R. 145-28 I. — Les parties sont averties qu'elles ont la faculté de choisir un défenseur.

II. — Les médecins, chirurgiens-dentistes, sages-femmes, pharmaciens ou auxiliaires médicaux intéressés peuvent se faire assister ou représenter soit par un membre de leur profession inscrit au tableau ou dont le diplôme est régulièrement enregistré et muni d'un mandat régulier au cas de représentation, soit par un avocat.

III. — Le Conseil national, le conseil départemental, le conseil régional, ou interrégional, ou central de l'ordre peut se faire représenter soit par un membre titulaire ou suppléant de son conseil, soit par un avocat.

IV. — Les organismes de sécurité sociale peuvent se faire représenter soit par leur représentant légal, soit, selon le cas, par un médecin-conseil, un chirurgien-dentiste-conseil ou un pharmacien-conseil du régime intéressé, soit par un avocat.

V. — Le directeur général de l'agence régionale de santé peut se faire représenter soit par son représentant légal, soit par un avocat.

VI. — Les syndicats sont représentés soit par un représentant légal, soit par un membre de la profession muni d'un mandat régulier, soit par un avocat.

VII. — Les parties qui ont fait le choix d'un représentant en informent sans délai le secrétariat de la section des assurances sociales par écrit.

Les dispositions issues du Décr. n° 2013-547 du 26 juin 2013, en tant qu'elles concernent l'Ordre des infirmiers, ne deviennent applicables qu'à compter du 1er janv. 2015 (Décr. préc., art. 6-I).

Ancien art. R. 145-28 (Décr. n° 96-1053 du 6 déc. 1996, art. 10) ***Il appartient aux sections des assurances sociales des conseils régionaux et interrégionaux de l'ordre des médecins, de l'ordre des chirurgiens-dentistes et de l'ordre des sages-femmes et aux sections des assurances sociales des conseils régionaux et des conseils centraux de la section D et de la section G de l'ordre des pharmaciens ainsi qu'à la section des assurances sociales du Conseil national de chacun de ces ordres de fixer la répartition des frais entre les parties.***

Jurisprudence rendue sous l'empire des textes antérieurs au Décr. n° 2013-547 du 26 juin 2013.

Pouvoirs du juge. Le juge ne peut, en cas de relaxe, mettre à la charge du praticien les frais de l'instance et les frais de signification de la décision. • CE 27 sept. 2002 : *RJS 2003, n° 93.* ♦ L'art. R. 145-28 est rendu applicable à la procédure devant la section des assurances sociales du Conseil national de l'Ordre des chirurgiens-dentistes par l'art. R. 145-21 et n'est contraire à aucun principe général du droit. Ladite section a pu à bon droit mettre à la charge d'une caisse la totalité des frais de l'instance l'opposant à un praticien qui a obtenu en appel une réduction de la sanction infligée par les premiers juges. • CE 26 avr. 1993 : *RJS 1993, n° 797.* ♦ Les frais d'une instance disciplinaire du contentieux du contrôle technique de la sécurité sociale sont à la charge de la caisse plaignante en cas d'amnistie, sa plainte n'étant plus susceptible de recevoir aucune suite. • CE 24 sept. 1990 : *D. 1991. Somm. 347, obs. Prétot.*

SOUS-SECTION 3 INSTRUCTION

§ 1er DÉSIGNATION ET RÔLE DU RAPPORTEUR

Art. R. 145-29 Dès enregistrement au secrétariat de la plainte ou de la requête, le président désigne parmi les membres de la section des assurances sociales un rapporteur.

Art. R. 145-30 Le rapporteur a qualité pour entendre les parties, recueillir tous témoignages et procéder à toutes constatations utiles à la manifestation de la vérité. Il peut demander aux parties toutes pièces ou tous documents utiles à la solution du litige.

Le rapporteur dresse un procès-verbal de chaque audition. Il est donné lecture à chaque partie ou chaque témoin de sa déposition. Le procès-verbal est signé par le rapporteur et la personne entendue ou mention est faite qu'il *[qu'elle]* ne peut ou ne veut pas signer.

Les pièces recueillies par le rapporteur et les procès-verbaux d'audition sont versés au dossier et sont communiqués aux parties, qui sont invitées à présenter des observations dans les mêmes conditions que les mémoires.

Le rapporteur remet au président de la section son rapport, qui constitue un exposé objectif des faits, des pièces du dossier et des actes d'instruction accomplis.

§ 2 EXPERTISE

Art. R. 145-31 En cas d'expertise, les articles R. 621-1 à R. 621-11 et R. 621-14 du code de justice administrative relatifs à l'expertise sont applicables devant la section des assurances sociales des chambres disciplinaires de première instance ou les sections des assurances sociales des conseils régionaux ou centraux des sections D, G et H de l'ordre des pharmaciens et les sections des assurances sociales des Conseils nationaux des ordres. Les compétences conférées aux présidents des tribunaux administratifs et à ceux des cours administratives d'appel sont exercées respectivement par les présidents des sections des assurances sociales des chambres disciplinaires de première instance ou des sections des assurances sociales des conseils régionaux ou centraux des sections D, G et H pour l'ordre des pharmaciens et par les présidents des sections des assurances sociales des Conseils nationaux des ordres.

§ 3 ENQUÊTE

Art. R. 145-32 Les articles R. 623-1 à R. 623-7 du code de justice administrative relatifs à l'enquête sont applicables devant les sections des assurances sociales des chambres disciplinaires de première instance, les sections des assurances sociales des conseils régionaux ou centraux des sections D, G et H de l'ordre des pharmaciens et les sections des assurances sociales des Conseils nationaux des ordres.

§ 4 DISPOSITIONS DIVERSES

Art. R. 145-33 Le décès du professionnel poursuivi met immédiatement et définitivement fin à la procédure tant devant la section des assurances sociales de la chambre disciplinaire de première instance ou la section des assurances sociales du conseil régional ou central des sections D, G et H de l'ordre des pharmaciens que devant les sections des assurances sociales des Conseils nationaux des ordres.

Art. R. 145-34 Les articles R. 626-4 et R. 636-1 du code de justice administrative relatifs à la notification des mesures d'instruction et au désistement sont applicables devant les sections des assurances sociales des chambres disciplinaires de première instance, les sections des assurances sociales des conseils régionaux ou centraux des sections D, G et H de l'ordre des pharmaciens et les sections des assurances sociales des Conseils nationaux des ordres.

SOUS-SECTION 4 JUGEMENT

§ 1er ABSTENTION, EMPÊCHEMENT ET RÉCUSATION

Art. R. 145-35 Le membre de la juridiction qui suppose en sa personne une cause de récusation ou estime en conscience devoir s'abstenir se fait remplacer par un autre membre que désigne le président de la juridiction.

En cas d'empêchement ou d'abstention d'un membre titulaire de la section des assurances sociales, ou si celui-ci acquiesce à une demande de récusation, il peut être remplacé indifféremment par un des membres suppléants.

Art. R. 145-36 Les articles R. 721-2 à R. 721-9 du code de justice administrative relatifs à l'abstention et à la récusation sont applicables devant les sections des assurances sociales des chambres disciplinaires de première instance, les sections des assurances sociales des conseils régionaux ou centraux des sections D, G et H de l'ordre des pharmaciens et les sections des assurances sociales des Conseils nationaux des ordres.

§ 2 TENUE DE L'AUDIENCE ET DÉLIBÉRÉ

Art. R. 145-37 Le rôle de chaque audience est établi par le président de la section des assurances sociales.

Les parties sont convoquées à l'audience par lettre recommandée avec demande d'avis de réception. La convocation doit parvenir aux parties quinze jours au moins avant la date de l'audience.

Les délais supplémentaires de distance s'ajoutent conformément aux dispositions des articles 643 et 644 du code de procédure civile.

Art. R. 145-38 Les affaires sont examinées en audience publique. Toutefois, le président peut, d'office ou à la demande d'une des parties, après avoir, le cas échéant, pris l'avis du rapporteur, interdire l'accès de la salle pendant tout ou partie de l'audience dans l'intérêt de l'ordre public ou lorsque le respect de la vie privée ou du secret médical le justifie.

Art. R. 145-39 Les décisions sont prises par la formation de jugement, à la majorité des voix, hors la présence des parties.

Art. R. 145-40 Les articles R. 731-1 et R. 731-2 du code de justice administrative relatifs à la tenue de l'audience et au délibéré sont applicables devant les sections des assurances sociales des chambres disciplinaires de première instance des ordres intéressés, les sections des assurances sociales des conseils régionaux ou centraux des sections D, G et H de l'ordre des pharmaciens et les sections des assurances sociales des Conseils nationaux des ordres.

§ 3 DÉCISION

Art. R. 145-41 La décision contient le nom des parties, la qualification professionnelle du professionnel de santé objet de la plainte, l'analyse des conclusions et mémoires ainsi que les visas des dispositions législatives ou réglementaires dont elle fait application.

Mention y est faite que le rapporteur et, s'il y a lieu, les parties, leurs mandataires ou défenseurs ainsi que toute personne convoquée à l'audience ont été entendues *[entendus]*.

La décision mentionne que l'audience a été publique ou, au cas contraire, comporte le visa de l'ordonnance de huis clos.

La décision fait apparaître la date de l'audience et la date à laquelle elle a été rendue publique.

Elle mentionne les noms du président et des assesseurs. Son dispositif mentionne le nom des parties et autorités auxquelles elle est notifiée.

Le dispositif des décisions est divisé en articles et précédé du mot : "décide".

La minute de la décision est signée par le président de la formation de jugement et le secrétaire de l'audience.

Art. R. 145-42 Les décisions de la section des assurances sociales de la chambre disciplinaire de première instance et du Conseil national ou de la section des assurances sociales du conseil régional ou central des sections D, G et H de l'ordre des pharmaciens prononçant une sanction d'interdiction temporaire ou permanente du droit de donner des soins aux assurés sociaux ou de servir des prestations s'il s'agit d'un pharmacien ou les ordonnances de son président fixent la période d'exécution ou la date d'effet de cette sanction en tenant compte du délai d'appel assorti, le cas échéant, du délai de distance.

Lorsque la juridiction décide, en application des dispositions des articles L. 145-2, L. 145-5-2 et R. 145-2, que les sanctions font l'objet d'une publication, les modalités et la durée de cette publication sont précisées dans la décision.

Si la décision ne précise pas de période d'exécution, la sanction est exécutoire le lendemain du jour où elle devient définitive.

Art. R. 145-43 Les articles du code de justice administrative R. 741-11 relatif à la rectification des erreurs matérielles, R. 742-2, à l'exception du dernier alinéa, et R. 742-4 à R. 742-6 relatifs aux dispositions propres aux ordonnances sont applicables devant les sections des assurances sociales des chambres disciplinaires de première instance et les sections des assurances sociales des conseils régionaux ou centraux des sections D, G et H de l'ordre des pharmaciens.

Pour l'application de ces dispositions, les compétences conférées au président du tribunal administratif sont exercées par le président de la section des assurances sociales de la chambre disciplinaire de première instance ou de la section des assurances sociales du conseil régional ou central de l'ordre des pharmaciens.

Art. R. 145-44 Les dispositions des articles R. 771-3 à R. 771-6 du code de justice administrative, des deuxième et troisième alinéas de l'article R. 771-9 et des articles R. 771-10 à R. 771-13 de ce même code sont applicables au contentieux du contrôle technique institué par le présent chapitre.

§ 4 NOTIFICATION DE LA DÉCISION

Art. R. 145-45 Dans la quinzaine de leur prononcé, les décisions et les ordonnances des sections des assurances sociales des chambres disciplinaires de première instance des ordres des médecins, des chirurgiens-dentistes, des sages-femmes, des masseurs-kinésithérapeutes, des pédicures-podologues et des infirmiers ou des sections des assurances sociales des conseils régionaux et centraux des sections D, G et H de l'ordre des pharmaciens sont notifiées par lettre recommandée avec demande d'avis de réception, outre aux parties, au directeur général de l'agence régionale de santé, au ministre chargé de la sécurité sociale, au ministre chargé de la santé, au ministre chargé de l'agriculture et au Conseil national de l'ordre intéressé.

La notification doit comporter les délais et voies de recours. Les décisions et ordonnances des sections des assurances sociales du Conseil national de chaque ordre intéressé font l'objet des mêmes notifications.

Les décisions rendues par les sections des assurances sociales des conseils régionaux ou centraux des sections D, G et H ainsi que celles de la section des assurances sociales du Conseil national de l'ordre des pharmaciens sont notifiées dans les mêmes conditions au conseil régional ou au conseil central dont relève le pharmacien poursuivi.

Les décisions rendues par les sections des assurances sociales des chambres disciplinaires de première instance des autres ordres intéressés sont également notifiées de la même manière, selon les cas, au conseil départemental, régional ou interrégional au tableau duquel le professionnel de santé poursuivi est inscrit.

Si le professionnel exerce en plusieurs lieux, les mêmes décisions et ordonnances sont communiquées, selon les cas, aux conseils départementaux, régionaux, interrégionaux ou centraux et aux directeurs généraux des agences régionales de santé du ressort de ces lieux d'exercice.

Art. R. 145-46 Lorsque le professionnel de santé mis en cause est ressortissant de l'un des États membres de l'Union européenne ou parties à l'accord sur l'Espace économique européen autre que la France, la décision de la section des assurances sociales de la chambre disciplinaire de première instance ou de la section des assurances sociales du conseil régional ou central de la section *[des sections]* D, G ou H de l'ordre des pharmaciens est notifiée aux autorités compétentes de l'État membre ou partie d'origine et à celle *[celles]* de l'État membre ou partie de provenance.

Lorsqu'il s'agit d'un professionnel de santé français ou ressortissant de l'un des États membres de *(Décr. nº 2013-1292 du 27 déc. 2013, art. 2)* « l'Union européenne » ou parties à l'accord sur l'Espace économique européen qui, au jour de la notification, s'est établi ou a demandé son établissement dans un des États membres de *(Décr. nº 2013-1292 du 27 déc. 2013, art. 2)* « cette Union » européenne ou parties à l'accord sur l'Espace économique européen, la décision est, en outre, notifiée à l'autorité compétente de l'État membre ou partie d'accueil.

L'autorité compétente de tout État membre de l'Union européenne ou partie à l'accord sur l'Espace économique européen peut obtenir, sur simple demande, copie d'une décision d'une section des assurances sociales, par tout support, y compris par voie électronique. L'autorité compétente auteur de la demande est informée du caractère définitif ou non de la décision communiquée.

Art. R. 145-47 La lettre de notification qui accompagne l'ampliation de la décision de la section des assurances sociales de la chambre disciplinaire de première instance ou de la section des assurances sociales du conseil régional ou central de la section *[des sections]* D, G ou H de l'ordre des pharmaciens ou de l'ordonnance de son président précise que l'appel a un effet suspensif. Elle indique également que la décision contestée doit être jointe.

La notification est faite le même jour pour toutes les parties, au dernier domicile connu, par lettre recommandée avec avis de réception ou, le cas échéant, par voie de signification par huissier.

Art. R. 145-48 Lorsque le professionnel de santé poursuivi exerce dans un établissement de santé, les décisions et ordonnances sont notifiées au directeur de l'agence régionale de santé, qui les communique au directeur de cet établissement.

Art. R. 145-49 Si le professionnel de santé objet d'une sanction d'interdiction temporaire ou permanente du droit de donner des soins aux assurés sociaux ou de servir des prestations s'il s'agit d'un pharmacien est chargé de fonctions d'enseignement, les décisions et ordonnances sont communiquées, dès qu'elles sont devenues définitives et exécutoires, au recteur de l'académie dans laquelle il enseigne ou au directeur de l'institut de formation dans lequel il enseigne s'il s'agit d'un auxiliaire médical.

Art. R. 145-50 Font l'objet des notifications prévues aux sixième et septième alinéas de l'article R. 145-24 les ordonnances prises en application des articles L. 145-9, L. 145-9-2 et R. 145-20 et fixant une période d'exécution pour une sanction d'interdiction temporaire ou permanente du droit de donner des soins aux assurés sociaux ou de servir des prestations s'il s'agit d'un pharmacien.

§ 5 PUBLICATION DES DÉCISIONS

Art. R. 145-51 Lorsque les décisions des sections des assurances sociales font l'objet d'une publication dans les cas prévus au dernier alinéa des articles L. 145-2 et L. 145-5-2 et au huitième alinéa de l'article R. 145-2, celle-ci est effectuée par les soins des caisses d'assurance maladie des travailleurs salariés, des caisses de mutualité sociale agricole ou des organismes assureurs intéressés.

Dans les cas prévus au 2° des articles L. 145-2, L. 145-5-2 et R. 145-2, les conditions dans lesquelles a lieu, le cas échéant, la publication sont déterminées par la juridiction. A défaut, les dispositions du précédent alinéa sont applicables.

Les noms et adresses des parties peuvent être rendus anonymes par la section des assurances sociales, notamment lorsque ces mentions pourraient porter atteinte au respect de la vie privée ou du secret médical.

Il en est de même dans les copies adressées aux tiers.

§ 6 FRAIS ET DÉPENS

Art. R. 145-52 L'article R. 761-1 du code de justice administrative est applicable devant les sections des assurances sociales des chambres disciplinaires et devant les sections des assurances sociales des conseils régionaux et centraux de l'ordre des pharmaciens.

En cas de désistement, les dépens peuvent être mis à la charge du plaignant ou du requérant.

Art. R. 145-53 Les dépens d'une décision de la section des assurances sociales d'une chambre disciplinaire de première instance ou de la section des assurances sociales d'un conseil régional ou central d'une section *[des sections]* D, G ou H de l'ordre des pharmaciens ou d'une ordonnance de leur président prise en application des articles L. 145-9, L. 145-9-2 et R. 145-20 devenue définitive ou réformée par la section des assurances sociales du Conseil national de l'ordre intéressé sur la charge des dépens sont recouvrés par le conseil régional ou central concerné pour l'ordre des pharmaciens et par les conseils régionaux ou interrégionaux pour les autres ordres.

Les dépens d'une décision de la section des assurances sociales du Conseil national sont recouvrés par le Conseil national.

Les décisions et ordonnances définitives de condamnation constituent le titre exécutoire de recouvrement des dépens.

Lorsque, pour recouvrer les dépens, le conseil régional, interrégional ou central ou le Conseil national de l'ordre doit mettre en œuvre les voies d'exécution de droit commun, les frais déboursés à cet effet s'ajoutent aux dépens.

§ 7 DISPOSITIONS DIVERSES

Art. R. 145-54 Un même magistrat peut être désigné, en qualité de titulaire ou de suppléant, pour présider plusieurs sections des assurances sociales des chambres disciplinaires de première instance des ordres intéressés ou plusieurs sections des assurances sociales des conseils régionaux et centraux des sections D, G et H de l'ordre des pharmaciens.

Les assesseurs représentant les organismes d'assurance maladie peuvent être désignés, en qualité de titulaire ou de suppléant, pour siéger dans plusieurs sections des assurances sociales des chambres disciplinaires de première instance des ordres intéressés ou plusieurs sections des assurances sociales des conseils régionaux et centraux des sections D, G et H de l'ordre des pharmaciens, sous réserve des incompatibilités prévues aux articles R. 145-4, R. 145-5, R. 145-6, R. 145-6-1, R. 145-7 et R. 145-10.

Un décret fixe, dans les conditions prévues par l'article 4 du décret n° 48-1108 du 10 juillet 1948, le montant des indemnités et frais alloués aux présidents des sections des assurances sociales des chambres disciplinaires de première instance des ordres intéressés et des sections des assurances sociales des conseils régionaux et centraux des sections D, G et H de l'ordre des pharmaciens.

Les frais de déplacement des présidents sont remboursés dans les conditions prévues par la réglementation applicable aux fonctionnaires de l'État.

Art. R. 145-55 Lorsque l'assuré social auquel un professionnel de santé a dispensé des soins est un assuré social agricole salarié ou non salarié, le remboursement auquel est tenu le professionnel de santé en application des articles L. 145-3 et L. 145-5-4 doit être effectué à la caisse de mutualité sociale agricole *(Abrogé par Décr. n° 2015-861 du 13 juill. 2015, art. 11-4°)* *« ou à l'organisme assureur intéressé ».*

Lorsqu'il s'agit d'un ressortissant du régime social des indépendants, le remboursement doit être effectué à l'organisme assureur qui a servi les prestations.

Art. R. 145-56 Les membres des sections des assurances sociales des chambres disciplinaires de première instance de l'ordre *[des ordres]* des médecins, des chirurgiens-dentistes, des sages-femmes, des masseurs-kinésithérapeutes, des infirmiers et des pédicures-podologues et des sections des assurances sociales des conseils régionaux ou centraux des sections D, G et H de l'ordre des pharmaciens ainsi que des sections des assurances sociales des Conseils nationaux des ordres concernés sont astreints au secret professionnel dans les conditions prévues à l'article 226-13 du code pénal.

SOUS-SECTION 5 VOIES DE RECOURS

Art. R. 145-57 La procédure suivie devant les sections des assurances sociales des chambres disciplinaires de première instance ou devant les sections des assurances sociales des conseils régionaux ou centraux des sections D, G et H de l'ordre des pharmaciens est également applicable devant la section des assurances sociales des Conseils nationaux, sous réserve des dispositions ci-après.

§ 1er APPEL

SOUS-§ 1er DISPOSITIONS GÉNÉRALES RELATIVES À L'APPEL

Art. R. 145-58 L'appel contre les décisions rendues par les sections des assurances sociales des chambres disciplinaires de première instance des ordres intéressés ou les sections des assurances sociales des conseils régionaux ou centraux des sections D, G et H de l'ordre des pharmaciens est formé devant la section des assurances sociales du Conseil national de l'ordre intéressé. Il a un effet suspensif.

Peuvent faire appel, outre les parties intéressées, les organismes d'assurance maladie, les directeurs généraux des agences régionales de santé, le ministre chargé de la sécurité sociale, le ministre chargé de la santé et le ministre chargé de l'agriculture.

Art. R. 145-59 Le délai d'appel est de deux mois à compter de la notification de la décision.

L'auteur d'une requête ne contenant l'exposé d'aucun moyen ne peut la régulariser par le dépôt d'un mémoire exposant un ou plusieurs moyens que jusqu'à l'expiration du délai de recours.

Art. R. 145-60 L'appel doit être déposé ou adressé par lettre recommandée avec demande d'avis de réception au secrétariat de la section des assurances sociales du Conseil national de l'ordre concerné.

Dès réception de la requête d'appel, le secrétariat avertit tous les destinataires de la décision attaquée de l'enregistrement de l'appel et de son effet suspensif. Il en avise également la section des assurances sociales de la chambre disciplinaire de première instance ou la section des assurances sociales du conseil régional ou central des sections D, G et H de l'ordre des pharmaciens qui a rendu la décision qui lui transmet dans les huit jours le dossier de l'affaire.

Toutefois, si, dès réception de l'appel, le président statue par voie d'ordonnance en application des dispositions des articles L. 145-9, L. 145-9-2 et R. 145-20 du présent code, les destinataires de la décision attaquée reçoivent notification de cette ordonnance sans avoir à être informés au préalable de l'appel.

Si le caractère suspensif de l'appel a eu un effet sur la période d'exécution de la sanction prononcée dans la décision de première instance, le président fixe, par la même ordonnance, de nouvelles dates pour cette exécution.

SOUS-§ 2 APPEL DANS L'INTÉRÊT DE LA LOI

Art. R. 145-61 Le ministre chargé de la sécurité sociale, le ministre chargé de la santé et le ministre chargé de l'agriculture peuvent, dans l'intérêt de la loi, faire appel, sans condition de délai, des décisions rendues par les sections des assurances sociales des chambres disciplinaires de première instance de l'ordre des médecins, de l'ordre des chirurgiens-dentistes, de l'ordre des sages-femmes, de l'ordre des pédicures-podologues, de l'ordre des masseurs-kinésithérapeutes et de l'ordre des infirmiers ou par les sections des assurances sociales des conseils régionaux ou des conseils centraux des sections D, G et H de l'ordre des pharmaciens.

§ 2 NOTIFICATION DE LA DÉCISION

Art. R. 145-62 La décision de la section des assurances sociales du Conseil national ou l'ordonnance du président de cette chambre prise en application des articles L. 145-9, L. 145-9-2 et R. 145-20 devient définitive le jour où le professionnel en reçoit notification.

Si la notification est retournée non réclamée au secrétariat, elle devient définitive à la date de présentation du pli à l'adresse du professionnel.

Si la notification est retournée avec la mention "n'habite pas à l'adresse indiquée", elle devient définitive à la date du cachet de la poste.

Si la notification est faite directement par huissier, elle devient définitive à dater de cette signification.

Art. R. 145-63 La notification de la décision de la section des assurances sociales du Conseil national ou de l'ordonnance de son président indique qu'un recours en cassation peut être formé devant le Conseil d'État par le ministère d'un avocat au Conseil d'État et à la Cour de cassation dans le délai de deux mois à compter de la réception de ladite notification.

Dans le cas où le pourvoi a pour effet de suspendre l'exécution de la décision, la notification le précise.

Dans le cas contraire, la notification indique que le pourvoi n'a pas d'effet suspensif et rappelle que le sursis à exécution peut être demandé au Conseil d'État dans les conditions définies aux articles R. 821-5 et R. 821-5-1 du code de justice administrative.

§ 3 OPPOSITION

Art. R. 145-64 Le médecin, le chirurgien-dentiste, la sage-femme, le pharmacien ou l'auxiliaire médical qui, mis en cause devant la section des assurances sociales du Conseil national de l'ordre, n'a pas produit de défense écrite en la forme régulière est admis à former opposition à la décision rendue par défaut.

Art. R. 145-65 Lorsque la décision de la section des assurances sociales du Conseil national de l'ordre intéressé est susceptible d'opposition, la notification adressée au professionnel de santé mis en cause mentionne que l'opposition peut être formée dans un délai de cinq jours.

L'introduction de l'opposition suit les règles relatives à l'introduction de l'instance d'appel.

Les dispositions des articles R. 145-15 à R. 145-18, R. 145-21 à R. 145-49, R. 145-52, R. 145-53 et R. 145-56 sont également applicables.

La décision qui admet l'opposition remet, s'il y a lieu, les parties dans le même état où elles étaient auparavant.

Les jugements et ordonnances des sections des assurances sociales des chambres disciplinaires de première instance de l'ordre *[des ordres]* des médecins, des chirurgiens-dentistes, des sages-femmes, des masseurs-kinésithérapeutes, des pédicures-podologues et des infirmiers et des sections des assurances sociales des conseils régionaux ou des conseils centraux des sections D, G et H de l'ordre des pharmaciens ne sont pas susceptibles d'opposition.

§ 4 RECOURS EN RECTIFICATION D'ERREUR MATÉRIELLE

Art. R. 145-66 Les dispositions de l'article R. 833-1 du code de justice administrative sont applicables devant les sections des assurances sociales des Conseils nationaux des ordres.

§ 5 RECOURS EN RÉVISION

Art. R. 145-67 La révision d'une décision définitive de la section des assurances sociales de la chambre disciplinaire de première instance ou de la section des assurances sociales des conseils régionaux ou centraux d'une section *[des sections]* D, G et H de l'ordre des pharmaciens ou du Conseil national de l'ordre intéressé portant interdiction temporaire avec ou sans sursis du droit de donner des soins ou de servir des prestations s'il s'agit d'un pharmacien peut être demandée par le professionnel de santé objet de la sanction :

1° S'il a été condamné sur pièces fausses ou sur le témoignage écrit ou oral d'une personne poursuivie et condamnée postérieurement pour faux témoignage contre le professionnel ;

2° S'il a été condamné faute d'avoir produit une pièce décisive qui était retenue par la partie adverse ;

3° Si, après le prononcé de la décision, un fait vient à se produire ou à se révéler ou lorsque des pièces, inconnues lors des débats, sont produites, de nature à établir l'innocence du professionnel de santé.

Art. R. 145-68 Le recours doit être présenté devant la section des assurances sociales qui a rendu la décision dont la révision est demandée dans le délai de deux mois à compter du jour où le professionnel de santé a eu connaissance de la cause de révision qu'il invoque, dans les mêmes formes que celles dans lesquelles devait être introduite la requête initiale.

Ce recours n'a pas d'effet suspensif.

Lorsque le recours en révision est recevable, la section déclare la décision attaquée nulle et non avenue et statue à nouveau sur la requête initiale.

Les dispositions des articles R. 145-15 à R. 145-43 et R. 145-45 à R. 145-68 sont applicables.

Les décisions statuant sur le recours en révision ne sont pas susceptibles d'opposition. Elles peuvent faire l'objet d'un recours en cassation devant le Conseil d'État.

Lorsqu'il a été statué sur un premier recours en révision, un second recours contre la même décision n'est pas recevable.

CHAPITRE VI DISPOSITIONS APPLICABLES À LA NOUVELLE-CALÉDONIE ET À LA POLYNÉSIE FRANÇAISE

(Décr. n° 2013-547 du 26 juin 2013, art. 4, en vigueur le 1er sept. 2013)

Art. R. 146-1 La section des assurances sociales de la chambre disciplinaire *(Abrogé par Décr. n° 2018-79 du 9 févr. 2018, art. 5-II) « **de première instance** »* de l'organe de l'ordre des médecins de Nouvelle-Calédonie comprend, outre son président, quatre assesseurs.

Deux assesseurs représentent l'organe de l'ordre des médecins. Ils sont désignés par le président de la chambre disciplinaire de première instance de l'organe de l'ordre des médecins de la Nouvelle-Calédonie, et choisis en son sein.

Deux assesseurs représentent l'organisme d'assurance maladie de Nouvelle-Calédonie. Ils sont nommés par le président du tribunal administratif de Nouméa sur proposition du médecin-conseil de la caisse locale de sécurité sociale responsable du contrôle médical.

Les dispositions du Décr. n° 2018-79 du 9 févr. 2018 entrent en vigueur pour les prochains renouvellements de chacun des conseils de l'ordre concernés suivant sa publication (Décr. préc., art. 11, JO 10 févr.).

Art. R. 146-2 La section des assurances sociales de la chambre disciplinaire *(Abrogé par Décr. n° 2018-79 du 9 févr. 2018, art. 5-II) « **de première instance** »* de l'ordre des médecins de Polynésie française comprend, outre son président, quatre assesseurs.

Deux assesseurs représentent l'ordre des médecins. Ils sont désignés par le président de la chambre disciplinaire *(Abrogé par Décr. n° 2018-79 du 9 févr. 2018, art. 5-II) « **de première instance** »* de l'ordre des médecins de la Polynésie française et choisis en son sein. — *V. note ss. art. R. 146-1.*

Deux assesseurs représentent les organismes d'assurance maladie de la Polynésie française. Ils sont nommés par le président du tribunal administratif de Papeete, sur proposition du médecin-conseil de la caisse locale de sécurité sociale responsable du contrôle médical.

Art. R. 146-3 La section des assurances sociales de la chambre disciplinaire *(Abrogé par Décr. n° 2018-79 du 9 févr. 2018, art. 5-II) « **de première instance** »* de l'ordre des chirurgiens-dentistes de Nouvelle-Calédonie comprend, outre son président, quatre assesseurs.

Deux assesseurs représentent l'organe de l'ordre des chirurgiens-dentistes. Ils sont désignés par le président de la chambre disciplinaire *(Abrogé par Décr. n° 2018-79 du 9 févr. 2018, art. 5-II) « **de première instance** »* de l'organe de l'ordre des chirurgiens-dentistes de Nouvelle-Calédonie et choisis en son sein. — *V. note ss. art. R. 146-1.*

Deux assesseurs représentent l'organisme d'assurance maladie. Ils sont nommés par le président du tribunal administratif de Nouméa sur proposition du médecin-conseil de la caisse locale de sécurité sociale responsable du contrôle médical.

Art. R. 146-4 La section des assurances sociales de la chambre disciplinaire *(Abrogé par Décr. n° 2018-79 du 9 févr. 2018, art. 5-II) « **de première instance** »* de l'ordre des chirurgiens-dentistes de la Polynésie française comprend, outre son président, quatre assesseurs.

Deux assesseurs représentent l'ordre des chirurgiens-dentistes. Ils sont désignés par le président de la chambre disciplinaire *(Abrogé par Décr. n° 2018-79 du 9 févr. 2018, art. 5-II) « **de première instance** »* de l'ordre des chirurgiens-dentistes de la Polynésie française et choisis en son sein. — *V. note ss. art. R. 146-1.*

Deux assesseurs représentent les organismes d'assurance maladie. Ils sont nommés par le président du tribunal administratif de Papeete sur proposition du médecin-conseil de la caisse locale de sécurité sociale responsable du contrôle médical.

Art. R. 146-5 Pour chaque assesseur titulaire représentant les différentes catégories professionnelles de médecins et de chirurgiens-dentistes et les organismes d'assurance maladie, quatre assesseurs suppléants sont nommés dans les mêmes conditions que les assesseurs titulaires.

Art. R. 146-6 Les sections des assurances sociales des chambres disciplinaires *(Abrogé par Décr. n° 2018-79 du 9 févr. 2018, art. 5-II) « **de première instance** »* de l'ordre des médecins et de l'ordre des chirurgiens-dentistes de la Polynésie française et de la Nouvelle-Calédonie peuvent être saisies soit par les organismes de sécurité sociale, soit par les syndicats de médecins ou de chirurgiens-dentistes, soit par l'organe de l'ordre de la Nouvelle-Calédonie ou celui de la Polynésie française. — *V. note ss. art. R. 146-1.*

Ces sections peuvent également être saisies par le représentant de l'État dans le territoire, les médecins-conseils chefs ou responsables du service du contrôle médical placé auprès de l'organisme de sécurité sociale, le président du gouvernement de la Nouvelle-Calédonie ou le président de la Polynésie française.

A réception de la plainte, le secrétariat de la section en informe le conseil au tableau duquel le professionnel de santé est inscrit.

Art. R. 146-7 Peuvent faire appel des décisions rendues par les sections des assurances sociales des chambres disciplinaires *(Abrogé par Décr. nº 2018-79 du 9 févr. 2018, art. 5-II) « de première instance »* des ordres professionnels considérés de la Polynésie française ou de la Nouvelle-Calédonie, outre les parties intéressées, les organismes de sécurité sociale, le représentant de l'État dans le territoire, le président du gouvernement de la Nouvelle-Calédonie ou le président de la Polynésie française, le ministre chargé de la sécurité sociale, le ministre chargé de la santé et le ministre chargé de l'agriculture. — *V. note ss. art. R. 146-1.*

Art. R. 146-8 I. — Les articles R. 145-13 à R. 145-68, à l'exception de l'article R. 145-15, de l'article R. 145-23, *(Décr. nº 2013-1292 du 27 déc. 2013, art. 3-1º)* « du deuxième alinéa de l'article R. 145-58 » et du dernier alinéa de l'article R. 145-19, sont applicables à la Nouvelle-Calédonie et à la Polynésie française, pour ce qui concerne les sections des assurances sociales des ordres des médecins et des chirurgiens-dentistes, sous réserve des adaptations suivantes :

1º La référence aux conseils départementaux, aux conseils régionaux ou interrégionaux des ordres professionnels est remplacée par la référence à l'organe de l'ordre de la Nouvelle-Calédonie ou à celui de la Polynésie française ;

2º La référence aux articles L. 145-1, L. 145-2, L. 145-3 et L. 145-9 est remplacée successivement par la référence aux articles L. 146-1, L. 146-2, L. 146-4 (I) et L. 146-9 ;

3º Aux articles R. 145-45 et R. 145-48, la référence au directeur général de l'agence régionale de santé est remplacée par les références au haut-commissaire de la République en Nouvelle-Calédonie ou en Polynésie française et au président du gouvernement de la Nouvelle-Calédonie ou au président de la Polynésie française ;

4º A l'article R. 145-49, la référence au recteur de l'académie est remplacée par la référence au vice-recteur de Nouvelle-Calédonie ou de la Polynésie française ;

5º A l'article R. 145-55, la référence relative au remboursement à effectuer à la caisse des assurés relevant du régime social agricole et du régime social des indépendants est remplacée par la référence relative au remboursement à l'organisme d'assurance maladie de Nouvelle-Calédonie ou de la Polynésie française ;

(Décr. nº 2013-1292 du 27 déc. 2013, art. 3-1º) « 6º Pour l'application de l'article R. 145-65, la référence à l'article R. 145-15 est remplacée par la référence à l'article R. 146-6 ;

« 7º Pour l'application de l'article R. 145-68, la référence à l'article R. 145-15 est remplacée par la référence à l'article R. 146-6 et la référence à l'article R. 145-58 par la référence à l'article R. 146-7. »

II. — Les délais prévus aux articles R. 145-13 à R. 145-68 sont décomptés conformément aux dispositions des articles 640 à 647 du code de procédure civile de la Nouvelle-Calédonie et aux *(Décr. nº 2013-1292 du 27 déc. 2013, art. 3-2º)* « dispositions des articles 24 à 29 » du code de procédure civile de la Polynésie française.

Toutefois, lorsqu'il est fait appel de la décision rendue par une section des assurances sociales d'une chambre disciplinaire *(Abrogé par Décr. nº 2018-79 du 9 févr. 2018, art. 5-II) « de première instance »*, les délais sont augmentés conformément à l'article 643 du nouveau code de procédure civile. — *V. note ss. art. R. 146-1.*

CHAPITRE VII **PÉNALITÉS**

(*Décr. nº 2005-1016 du 23 août 2005, art. 1er*)

SECTION PREMIÈRE **DISPOSITIONS GÉNÉRALES** (*Décr. nº 2009-982 du 20 août 2009, art. 1er*).

SOUS-SECTION 1 **DISPOSITIONS COMMUNES** (*Décr. nº 2009-982 du 20 août 2009, art. 1er*).

Art. R. 147-1 (*Décr. nº 2009-982 du 20 août 2009, art. 1er*) **I. — Sous réserve des dispositions du II et des alinéas suivants, l'organisme local d'assurance maladie compétent pour mener la procédure et prononcer la pénalité financière mentionnées à l'article** (*Décr. nº 2015-1865 du 30 déc. 2015, art. 10-1º, en vigueur le 1er janv. 2016*) **« L. 114-17-1 » est celui qui a ou aurait supporté l'indu ou le préjudice résultant des abus, fautes ou fraudes en cause.**

En l'absence d'indu ou de préjudice ou, le cas échéant, par dérogation à l'alinéa précédent, l'organisme compétent est celui :

1º Dans lequel les contrôles, la procédure de mise sous accord préalable en application de l'article L. 162-1-15 ou la bonne gestion des services ou du contrôle médical ont été affectés ou empêchés ;

2º Dans le ressort duquel exerce, à titre principal, le professionnel qui a récidivé après deux périodes de mise sous accord préalable telle que prévue à l'article L. 162-1-15 ;

3º Dans le ressort duquel exerce, à titre principal, le professionnel visé au 8º du II de l'article (*Décr. nº 2015-1865 du 30 déc. 2015, art. 10-1º, en vigueur le 1er janv. 2016*) **« L. 114-17-1 » ;**

4º Auquel est affilié l'assuré pour lequel l'employeur n'a pas respecté les obligations (*Décr. nº 2013-6 du 3 janv. 2013, art. 1er-I*) **« mentionnées aux 1º à 4º de l'article R. 147-7 » ;**

5º Auquel est rattaché le bénéficiaire de la protection complémentaire en matière de santé, de l'aide médicale de l'État ou de l'aide au paiement d'une assurance complémentaire de santé pour des faits mentionnés aux 3º et 4º du II de l'article (*Décr. nº 2015-1865 du 30 déc. 2015, art. 10-1º, en vigueur le 1er janv. 2016*) **« L. 114-17-1 » ;**

II. — Lorsque des faits de même nature, commis par l'une des personnes mentionnées au premier alinéa du VI de l'article (*Décr. nº 2015-1865 du 30 déc. 2015, art. 10-1º, en vigueur le 1er janv. 2016*) **« L. 114-17-1 », ont causé un préjudice à plusieurs organismes locaux d'assurance maladie, les organismes compétents conformément aux règles énoncées au I peuvent mandater l'un d'entre eux pour mener l'ensemble de la procédure.**

Le mandat, établi individuellement par chacun des organismes mandant ou collectivement, précise les faits incriminés et l'identité de la personne en cause.

Lorsqu'il est fait usage de cette possibilité de mandat, le directeur de l'organisme mandaté saisit la commission compétente à son égard de l'ensemble des faits, sans distinction.

L'organisme mandaté prononce la pénalité, recouvre et conserve la totalité de son montant au titre de ses frais de gestion, sauf mention contraire dans le ou les mandats.

III. — La délégation de constitution et de gestion prévue au second alinéa du VI de l'article (*Décr. nº 2015-1865 du 30 déc. 2015, art. 10-1º, en vigueur le 1er janv. 2016*) **« L. 114-17-1 » donne lieu à l'établissement d'une convention approuvée par les conseils ou conseils d'administration des organismes concernés et conforme à une convention type établie par l'Union nationale des caisses d'assurance maladie. La convention précise notamment quelles formations de la commission sont concernées, sa durée, ainsi que les modalités d'indemnisation de l'organisme assurant la gestion de la ou des commissions déléguées. Lorsqu'il est fait usage de cette possibilité de délégation, la commission mentionnée à l'article R. 147-3 devient, à l'égard de l'organisme compétent en vertu des règles définies au I, la commission délégataire, le reste de la procédure étant inchangé.**

Sauf mention contraire dans la convention :

1º La reconduction de la convention est tacite ;

2° La commission délégataire est constituée des mêmes membres que la commission de l'organisme qui la met en place et en assure la gestion. Elle se confond alors avec cette dernière sans qu'il soit nécessaire de procéder aux nominations prévues *(Décr. nº 2015-861 du 13 juill. 2015, art. 11-5º)* « à l'article R. 147-3 ».

Tout organisme d'assurance maladie peut recourir à cette délégation dès lors que l'organisme assurant la gestion de la commission délégataire a son siège situé dans la même région administrative. Cet organisme ne peut, tant qu'il est soumis à la convention susmentionnée, déléguer à son tour la gestion de la ou des formations concernées de la commission.

(Décr. nº 2013-6 du 3 janv. 2013, art. 1er-I) « IV. — La caisse chargée de la prévention et de la tarification des accidents du travail et des maladies professionnelles compétente pour mener la procédure et prononcer la pénalité financière lorsque sont commis les faits mentionnés au 5° de l'article R. 147-7 est celle qui est compétente pour fixer le taux des cotisations accidents du travail et maladies professionnelles conformément aux décrets pris pour l'application des articles L. 215-1 et L. 242-5 *(Décr. nº 2015-653 du 10 juin 2015, art. 3-1º)* « du présent code ainsi que de l'article L. 751-11 du code rural et de la pêche maritime ». »

Art. R. 147-2 *(Décr. nº 2009-982 du 20 août 2009, art. 1er)* I. — Lorsqu'il a connaissance de faits susceptibles de faire l'objet de la pénalité financière mentionnée à l'article *(Décr. nº 2015-1865 du 30 déc. 2015, art. 10-1º, en vigueur le 1er janv. 2016)* « L. 114-17-1 », le directeur de l'organisme local d'assurance maladie *(Décr. nº 2013-6 du 3 janv. 2013, art. 1er-II)* « ou le directeur de la caisse chargée de la prévention et de la tarification des accidents du travail et des maladies professionnelles » adresse à la personne physique ou morale en cause la notification prévue à cet article par tout moyen permettant de rapporter la preuve de sa date de réception. Lorsque ces faits ont donné lieu à l'engagement de la procédure mentionnée à l'article L. 315-1, la notification ne peut intervenir qu'à l'issue de cette procédure. Cette notification précise les faits reprochés et le montant de la pénalité encourue et indique à la personne en cause qu'elle dispose d'un délai d'un mois à compter de sa réception pour demander à être entendue, si elle le souhaite, ou pour présenter des observations écrites.

(Décr. nº 2010-344 du 31 mars 2010, art. 272) « Lorsque la procédure de sanction est engagée à l'encontre d'un établissement de santé ou d'un établissement d'hébergement pour personnes âgées dépendantes, le directeur de l'organisme local d'assurance maladie en informe simultanément le directeur général de l'agence régionale de santé. »

A l'issue du délai d'un mois à compter de la notification ou après audition de la personne en cause, si celle-ci intervient postérieurement à l'expiration de ce délai, le directeur *(Décr. nº 2013-6 du 3 janv. 2013, art. 1er-II)* « de l'organisme local d'assurance maladie ou le directeur de la caisse chargée de la prévention et de la tarification des accidents du travail et des maladies professionnelles » peut :

1° Soit décider d'abandonner la procédure. Dans ce cas, il en informe ladite personne dans les meilleurs délais ;

2° Soit, dans un délai de quinze jours, prononcer un avertissement, sauf si les faits relèvent des cas prévus aux 3° et 4° du II de l'article *(Décr. nº 2015-1865 du 30 déc. 2015, art. 10-1º, en vigueur le 1er janv. 2016)* « L. 114-17-1 ». L'avertissement précise les voies et délais de recours. Il en informe simultanément la commission prévue à l'article *(Décr. nº 2015-1865 du 30 déc. 2015, art. 10-1º, en vigueur le 1er janv. 2016)* « L. 114-17-1 » ;

3° Soit, dans un délai de quinze jours, saisir la commission mentionnée au V de l'article *(Décr. nº 2015-1865 du 30 déc. 2015, art. 10-1º, en vigueur le 1er janv. 2016)* « L. 114-17-1 » et lui communiquer les griefs et, s'ils existent, les observations écrites de la personne en cause ou le procès-verbal de l'audition. Il en informe simultanément cette personne et lui indique qu'elle aura la possibilité, si elle le souhaite, d'être entendue par la commission.

Les informations communiquées à la commission ne doivent comporter aucune mention nominative ou susceptible de permettre l'identification d'une personne dans des conditions de nature à porter atteinte au secret médical.

II. — Après que le directeur de l'organisme local d'assurance maladie ou son représentant, accompagné le cas échéant par un représentant du service du contrôle médical *(Décr. n° 2013-6 du 3 janv. 2013, art. 1er-II)* « ou le directeur de la caisse chargée de la prévention et de la tarification des accidents du travail et des maladies professionnelles », a présenté ses observations, et après avoir entendu, le cas échéant, la personne en cause, la commission rend un avis motivé, portant notamment sur la matérialité et la gravité des faits reprochés, la responsabilité de la personne et le montant de la pénalité ou de chacune des pénalités susceptible d'être appliquée.

La commission doit adresser son avis au directeur de l'organisme local *(Décr. n° 2013-6 du 3 janv. 2013, art. 1er-II)* « ou le *[au]* directeur de la caisse chargée de la prévention et de la tarification des accidents du travail et des maladies professionnelles » ainsi qu'à la personne en cause dans un délai maximum de deux mois à compter de sa saisine. Ce délai peut être augmenté d'une durée ne pouvant excéder un mois si la commission estime qu'un complément d'information est nécessaire. Si la commission ne s'est pas prononcée au terme du délai qui lui est imparti, l'avis est réputé rendu.

Lors des auditions mentionnées au présent article, la personne en cause peut se faire assister ou se faire représenter par la personne de son choix.

III. — A compter de la réception de l'avis de la commission ou de la date à laquelle celui-ci est réputé avoir été rendu, le directeur *(Décr. n° 2013-6 du 3 janv. 2013, art. 1er-II)* « de l'organisme local d'assurance maladie ou le directeur de la caisse chargée de la prévention et de la tarification des accidents du travail et des maladies professionnelles » peut :

1° Soit décider d'abandonner la procédure, auquel cas il en informe ladite personne dans les meilleur délais ;

(Décr. n° 2011-1203 du 27 sept. 2011) « 2° Soit décider de poursuivre la procédure, auquel cas il dispose d'un délai de quinze jours pour saisir le directeur général de l'Union nationale des caisses d'assurance maladie d'une demande d'avis conforme, par tout moyen permettant de rapporter la preuve de sa date de réception, en précisant les éléments prévus dans la notification mentionnée au I et le montant de la pénalité envisagée. A défaut de saisine dans le délai imparti, la procédure est réputée abandonnée.

« Le directeur général de l'Union nationale des caisses d'assurance maladie ou son représentant dispose d'un délai d'un mois à compter de la réception de la demande pour formuler son avis. Il le transmet au directeur de l'organisme local d'assurance maladie *(Décr. n° 2013-6 du 3 janv. 2013, art. 1er-II)* « ou le *[au]* directeur de la caisse chargée de la prévention et de la tarification des accidents du travail et des maladies professionnelles » par tout moyen permettant de rapporter la preuve de sa date de réception. Si le directeur général ne s'est pas prononcé dans ce délai, son avis est réputé favorable.

« Si l'avis du directeur général de l'Union nationale des caisses d'assurance maladie est défavorable, la procédure est abandonnée. Le directeur de l'organisme local d'assurance maladie *(Décr. n° 2013-6 du 3 janv. 2013, art. 1er-II)* « ou le directeur de la caisse chargée de la prévention et de la tarification des accidents du travail et des maladies professionnelles » en informe la personne en cause dans les meilleurs délais.

« Si l'avis du directeur général de l'Union nationale des caisses d'assurance maladie est favorable, le directeur de l'organisme local d'assurance maladie *(Décr. n° 2013-6 du 3 janv. 2013, art. 1er-II)* « ou le directeur de la caisse chargée de la prévention et de la tarification des accidents du travail et des maladies professionnelles » dispose d'un délai de quinze jours pour notifier la pénalité à la personne en cause par une décision motivée et par tout moyen permettant de rapporter la preuve de la date de réception. Il en adresse une copie à la commission à titre d'information. A défaut de notification dans le délai imparti, la procédure est réputée abandonnée. »

Cette notification de payer précise la cause, la nature, le montant des sommes réclamées au titre de la pénalité ou de chacune des pénalités prononcées et mentionne *(Décr. n° 2012-1032 du 7 sept. 2012, art. 5-1°)* « l'existence d'un délai de deux mois », à partir de sa réception, imparti au débiteur pour s'acquitter des sommes réclamées, ainsi que les voies et les délais de recours. *(Décr. n° 2012-1032 du 7 sept. 2012, art. 5-1°)* « Elle mentionne également, le cas échéant, les modalités de recouvrement de la pénalité par retenues sur les prestations ultérieures à verser à l'intéressé. »

A défaut de paiement dans ce délai, la mise en demeure prévue au septième alinéa du IV de l'article *(Décr. nº 2015-1865 du 30 déc. 2015, art. 10-1º, en vigueur le 1er janv. 2016)* « L. 114-17-1 » est adressée, par tout moyen permettant de déterminer la date de réception. Elle comporte les précisions relatives aux sommes réclamées mentionnées à l'alinéa précédent, les voies et délais de recours ainsi que l'existence d'un nouveau délai d'un mois, à partir de sa réception, imparti au débiteur pour s'acquitter des sommes réclamées. Elle indique en outre l'existence et le montant de la majoration de 10 % prévue au même septième alinéa, appliquée en l'absence de paiement dans ce délai.

(Abrogé par Décr. nº 2012-1032 du 7 sept. 2012, art. 5-2º) « L'envoi de la mise en demeure prévue à l'alinéa précédent doit intervenir dans un délai de deux ans à compter de la notification prévue au 2º du présent III.

« L'action se prescrit selon les modalités prévues aux articles 2224 et suivants du code civil. »

Les dispositions du III et du IV de l'article R. 133-9-1 du présent code et des articles R. 725-8 à R. 725-10 du code rural et de la pêche maritime sont applicables pour le recouvrement des pénalités non acquittées mentionnées à l'article *(Décr. nº 2015-1865 du 30 déc. 2015, art. 10-1º, en vigueur le 1er janv. 2016)* « L. 114-17-1 ».

IV. — Lorsque l'un des courriers mentionnés au premier alinéa du I, et aux troisième et cinquième alinéas du III est présenté par un agent assermenté mentionné à l'article L. 114-10 et refusé par la personne en cause, cet agent assermenté dépose, si cela est possible, le courrier dans la boîte à lettres de la personne et consigne les faits dans un procès-verbal. Le courrier est réputé réceptionné à la date d'établissement du procès-verbal.

Les dispositions du Décr. nº 2012-1032 du 7 sept. 2012 s'appliquent aux indus correspondant à des périodes postérieures à sa date de publication (JO 9 sept.) et aux pénalités prononcées à raison de faits commis postérieurement à cette date (Décr. préc., art. 8).

Art. R. 147-3 *(Décr. nº 2013-6 du 3 janv. 2013, art. 1er-III)* « I. — La commission mentionnée à l'article *(Décr. nº 2015-1865 du 30 déc. 2015, art. 10-1º, en vigueur le 1er janv. 2016)* « L. 114-17-1 » constituée au sein de l'organisme local d'assurance maladie compétent pour prononcer la pénalité est composée de cinq membres issus du conseil de cet organisme » et désignés par lui en tenant compte de la répartition des sièges entre les différentes catégories représentées en son sein.

Le conseil de l'organisme local nomme cinq représentants de chaque profession de santé *(Décr. nº 2008-1527 du 30 déc. 2008 ; Décr. nº 2009-982 du 20 août 2009, art. 1er)* « , des fournisseurs et autres prestataires de service*[services]*, des laboratoires de biologie médicale, » sur proposition de l'instance paritaire prévue par la convention nationale mentionnée *(Décr. nº 2008-1527 du 30 déc. 2008)* « aux articles L. 162-5, L. 162-9, L. 162-12-2, L. 162-12-9, L. 162-14, L. 322-5, L. 322-5-2, L. 162-16-1 et L. 165-6 » au niveau départemental, ou à défaut au niveau régional :

En l'absence d'instance paritaire conventionnelle, les représentants des professions de santé, *(Décr. nº 2008-1527 du 30 déc. 2008 ; Décr. nº 2009-982 du 20 août 2009, art. 1er)* « des laboratoires de biologie médicale, des fournisseurs et des autres prestataires de services » sont proposés par les organisations syndicales représentatives. Les sièges de représentants sont attribués aux organisations syndicales en fonction de leurs effectifs établis par la dernière enquête de représentativité mentionnée à l'article L. 162-33. A défaut de proposition dans le mois qui suit la demande adressée aux organisations syndicales représentatives par le conseil de l'organisme, le préfet arrête les noms de ces représentants.

Le conseil de l'organisme local tel que défini à l'article R. 147-1 nomme cinq représentants des établissements de santé après avis *(Décr. nº 2010-344 du 31 mars 2010, art. 272)* « du directeur général de l'agence régionale de santé » parmi les représentants dans la région des organisations nationales représentatives des établissements publics de santé et des établissements de santé privés mentionnés aux *b*, *c* et *d* de l'article L. 162-22-6 sur proposition des organisations nationales représentatives de ces établissements.

(Décr. nº 2008-1527 du 30 déc. 2008) « Le conseil de l'organisme local défini à l'article R. 147-1 nomme cinq représentants des établissements d'hébergement pour per-

sonnes âgées dépendantes mentionnés à l'article L. 342-1 du code de l'action sociale et des familles, après avis *(Décr. nº 2010-344 du 31 mars 2010, art. 272)* **« du directeur général de l'agence régionale de santé » parmi les représentants dans la région des organisations nationales représentatives desdits établissements sur proposition de ces organisations. »**

Les membres de la commission sont nommés pour la durée du mandat du conseil.

(Décr. nº 2009-982 du 20 août 2009, art. 1er) **« Ne peuvent être membres d'une commission, pour une durée de cinq ans, ni le demeurer, les personnes ayant fait l'objet d'une condamnation par une juridiction pénale ou ordinale, du prononcé d'une sanction conventionnelle ou d'une pénalité devenues définitives. »**

Le président de la commission est élu par ses membres. *(Décr. nº 2008-1527 du 30 déc. 2008 ; Décr. nº 2009-982 du 20 août 2009, art. 1er)* **« Les représentants des professionnels de santé, des établissements de santé, des établissements d'hébergement pour personnes âgées dépendantes, des laboratoires de biologie médicale, des fournisseurs et des autres prestataires de services » prennent part à l'élection du président de la formation de la commission à laquelle ils participent.**

Les membres de la commission ne peuvent siéger lorsqu'ils ont un intérêt personnel ou direct à l'affaire qui est examinée *(Décr. nº 2009-982 du 20 août 2009, art. 1er)* **« ou lorsqu'ils font l'objet d'une plainte déposée par un organisme d'assurance maladie, d'une action devant une juridiction ordinale à l'initiative d'un organisme d'assurance maladie, d'une procédure conventionnelle, d'une pénalité ou d'une mise sous accord préalable prévue aux articles L. 162-1-15 et L. 162-1-17 ».**

Des suppléants en nombre égal au nombre de titulaires sont désignés dans les mêmes conditions que ceux-ci. Ils siègent lorsque les membres titulaires dont ils sont les suppléants sont empêchés ou intéressés par une affaire.

Le remplacement d'un membre de la commission, en cas de cessation de fonctions au cours du mandat, s'effectue dans les mêmes conditions que sa nomination et pour la durée du mandat qui reste à courir.

La commission ne peut donner son avis que si sont au moins présents :

— trois de ses membres, lorsqu'elle siège sans la présence de représentants des professionnels de santé ou des établissements de santé *(Décr. nº 2008-1527 du 30 déc. 2008 ; Décr. nº 2009-982 du 20 août 2009, art. 1er)* **« ou des établissements d'hébergement pour personnes âgées dépendantes, ou des fournisseurs, ou des autres prestataires de services, ou des laboratoires de biologie médicale » ;**

— six de ses membres, lorsque ces représentants y participent.

Les membres de la commission sont soumis au secret des délibérations. — *[Anc. art. R. 147-4.] — Les mandats attribués aux membres de la commission instituée par l'art. R. 147-4 dans sa rédaction antérieure à la date de publication du Décr. nº 2009-982 du 20 août 2009 [devenu l'art. R. 147-3] se poursuivent jusqu'à la date prévue pour leur renouvellement (Décr. préc., art. 5, JO 21 août).*

(Décr. nº 2013-6 du 3 janv. 2013, art. 1er-III) **« II. — La commission mentionnée à l'article** *(Décr. nº 2015-1865 du 30 déc. 2015, art. 10-1º, en vigueur le 1er janv. 2016)* **« L. 114-17-1 » constituée au sein de la caisse chargée de la prévention et de la tarification des accidents du travail et des maladies professionnelles compétente pour prononcer la pénalité est composée de deux représentants des assurés sociaux et de deux représentants des employeurs issus du conseil de cette caisse et désignés par les membres mentionnés aux deuxième et troisième alinéas de l'article L. 215-2** *(Décr. nº 2015-653 du 10 juin 2015, art. 3-2º)* **« du présent code ou aux 2º et 3º de l'article L. 723-15 du code rural et de la pêche maritime ».**

« Les dispositions de l'article R. 114-12, à l'exception de son premier alinéa, sont applicables à cette commission. »

Art. R. 147-4 *Abrogé par Décr. nº 2015-653 du 10 juin 2015, art. 3-3º.*

Art. R. 147-5 *(Décr. nº 2009-982 du 20 août 2009, art. 1er)* **I. — Sous réserve de dispositions particulières prévues aux sous-sections suivantes ainsi qu'à la section II du présent chapitre, les pénalités financières se cumulent entre elles. Toutefois, sous la même réserve, lorsqu'un même fait ou un même comportement peut relever simultanément de plusieurs des cas mentionnés au présent chapitre, seule la pénalité la plus élevée est encourue.**

II. – Les sommes prises en compte pour le calcul des pénalités sont les sommes indûment présentées au remboursement ou indûment prises en charge par un organisme d'assurance maladie ainsi que, le cas échéant, par l'un des organismes mentionnés à l'article L. 861-4 ou par l'État, s'agissant des prestations servies au titre de la protection complémentaire en matière de santé ou de l'aide médicale de l'État. L'organisme d'assurance maladie prononce la pénalité et en conserve le montant.

III. – Les taux, plafonds et montants maximaux de pénalités précisés au présent chapitre sont doublés pour des faits identiques ayant déjà fait l'objet d'une pénalité ou d'un avertissement notifié par un directeur d'organisme local d'assurance maladie quel qu'il soit au cours des trois années précédant la date de la notification des faits reprochés, mentionnée au premier alinéa de l'article R. 147-2.

SOUS-SECTION 2 LES PÉNALITÉS FINANCIÈRES PRONONCÉES À L'ÉGARD DES BÉNÉFICIAIRES

(Décr. n° 2009-982 du 20 août 2009, art. 2)

Art. R. 147-6 Peuvent faire l'objet d'une pénalité les personnes mentionnées au 1° du I de l'article *(Décr. n° 2015-1865 du 30 déc. 2015, art. 10-1°, en vigueur le 1er janv. 2016)* « L. 114-17-1 » :

1° Qui, dans le but d'obtenir, de faire obtenir ou de majorer un droit aux prestations d'assurance maladie, d'invalidité, d'accident de travail, de maternité, de maladie professionnelle ou de décès ou un droit à la protection complémentaire en matière de santé, à l'aide au paiement d'une assurance complémentaire de santé ou à l'aide médicale de l'État :

a) Fournissent de fausses déclarations relatives à l'état civil, la résidence, la qualité d'assuré ou d'ayant droit ou les ressources ;

b) Omettent de déclarer la modification d'une ou plusieurs de ces mêmes déclarations ;

(Décr. n° 2013-6 du 3 janv. 2013, art. 2-I) « *c)* Procèdent à de fausses déclarations sur le lieu ou les circonstances d'un accident du travail ou de trajet, que ces déclarations soient portées par l'employeur sur la déclaration prévue au premier alinéa de l'article L. 441-2, ou qu'elles soient inscrites directement par la victime sur la déclaration prévue au second alinéa de ce texte. » *(Décr. n° 2015-653 du 10 juin 2015, art. 3-4°)* « Les dispositions du présent *c* sont également applicables aux déclarations mentionnées aux articles L. 751-26 et L. 752-24 du code rural et de la pêche maritime. »

Lorsque ces faits conduisent simultanément à l'attribution ou au maintien injustifié de droits à l'assurance maladie et à la protection complémentaire en matière de santé, ou à l'aide au paiement d'une assurance complémentaire de santé, il ne peut être engagé qu'une seule procédure au titre de l'article R. 147-2 ;

2° Qui dans le but d'obtenir ou de faire obtenir un avantage injustifié :

a) Procèdent à la falsification, y compris par surcharge, à la duplication, au prêt ou à l'emprunt, de tout document conditionnant la prise en charge d'un acte, produit ou prestation, ou à l'utilisation de documents volés de même nature ;

b) Abusent de leur qualité d'assuré social *(Décr. n° 2013-6 du 3 janv. 2013, art. 2-I)* « , de victime d'un accident du travail, d'un accident de trajet, d'une maladie professionnelle » ou de bénéficiaire de l'aide médicale de l'État pour obtenir des produits de santé sans lien avec leur état de santé ;

c) Se font rembourser une prestation alors qu'ils font l'objet d'un refus de prise en charge au titre de l'article L. 315-2 ;

d) Obtiennent la suppression de la participation prévue aux 3° et 4° de l'article *(Décr. n° 2015-1865 du 30 déc. 2015, art. 10-4°, en vigueur le 1er janv. 2016)* « L. 160-14 » par le non-respect du protocole prévu à l'article L. 324-1 ;

e) Ne respectent pas le caractère personnel de la carte mentionnée à l'article L. 161-31 et les obligations qui en découlent, prévues notamment aux articles R. 161-33-3 et R. 161-33-7 ;

f) Ne respectent pas, pour bénéficier d'indemnités journalières, la condition prévue *(Décr. n° 2015-1865 du 30 déc. 2015, art. 10-3°, en vigueur le 1er janv. 2016)* « à » l'article L. 321-1 et au 2° de l'article L. 431-1 *(Décr. n° 2015-653 du 10 juin 2015, art. 3-*

4°) « du présent code ainsi qu'aux premiers alinéas des articles L. 732-4 et L. 752-5 du code rural et de la pêche maritime » d'être dans l'incapacité de continuer ou de reprendre son travail sous réserve des dispositions de l'article L. 323-3 et du troisième alinéa de l'article L. 433-1 ;

3° Ayant empêché ou tenté d'empêcher l'exercice des activités de contrôle d'un organisme d'assurance maladie par le refus d'accès à une information, l'absence de réponse ou la réponse fausse, incomplète ou abusivement tardive à toute demande de pièce justificative, d'information, d'accès à une information, ou à une convocation, émanant de l'organisme local d'assurance maladie ou du service du contrôle médical, dès lors que la demande est nécessaire à l'exercice du contrôle ou de l'enquête tels que prévus aux articles L. 315-1 et L. 114-9 à L. 114-21.

Les dispositions issues du Décr. n° 2013-6 du 3 janv. 2013 sont applicables aux faits commis à compter de l'entrée en vigueur du présent décret (Décr. préc., art. 4).

Art. R. 147-6-1 La pénalité prononcée au titre de l'article R. 147-6 est fixée, en fonction de la gravité des faits reprochés et s'ils ne relèvent pas d'une fraude au sens des articles R. 147-11 et R. 147-12, à un montant maximum égal à :

1° 50 % des sommes définies au II de l'article R. 147-5, pour les cas prévus au 2° de l'article R. 147-6. Ce montant ne peut excéder le plafond mensuel de la sécurité sociale ;

2° Une fois le plafond mensuel lorsqu'il est constaté un ou plusieurs faits relevant des cas prévus au 1° de l'article R. 147-6 ;

3° La moitié du plafond mensuel lorsqu'il est constaté un ou plusieurs faits relevant des cas prévus au 3° de l'article R. 147-6. Cette pénalité est prononcée sans préjudice de celles éventuellement dues au titre des faits dont la personne en cause tentait d'empêcher le contrôle.

SOUS-SECTION 3 LES PÉNALITÉS FINANCIÈRES PRONONCÉES À L'ÉGARD DES EMPLOYEURS

(Décr. n° 2009-982 du 20 août 2009, art. 2)

Art. R. 147-7 Peuvent faire l'objet d'une pénalité les employeurs :

1° Qui portent des indications erronées sur les attestations mentionnées aux articles R. 323-10 et R. 441-4, ayant pour conséquence la majoration du montant des indemnités journalières servies. *(Décr. n° 2015-653 du 10 juin 2015, art. 3-5°)* « Ces dispositions sont également applicables aux employeurs des salariés mentionnés à l'article L. 722-20 du code rural et de la pêche maritime » ;

2° Dont la responsabilité a été reconnue dans le bénéfice irrégulier par un assuré d'indemnités journalières ;

3° Qui n'ont pas procédé à la déclaration d'accident du travail prévue à l'article L. 441-2 *(Décr. n° 2015-653 du 10 juin 2015, art. 3-5°)* « du présent code, selon les modalités prévues aux articles R. 441-1, R. 441-3 et R. 441-4, ou à l'article L. 751-26 du code rural et de la pêche maritime » ;

4° Qui n'ont pas respecté l'obligation de remise de la feuille d'accident prévue à l'article L. 441-5 *(Décr. n° 2015-653 du 10 juin 2015, art. 3-5°)* « du présent code ou à l'article L. 751-27 du code rural et de la pêche maritime » *(Décr. n° 2013-6 du 3 janv. 2013, art. 2-II)* « ;

« 5° Qui ont procédé à de fausses déclarations sur la déclaration d'accident du travail prévue au premier alinéa de l'article L. 441-2 *(Décr. n° 2015-653 du 10 juin 2015, art. 3-5°)* « du présent code ou à l'article L. 751-26 du code rural et de la pêche maritime » ayant pour objet ou pour effet de minorer le montant des cotisations dues au titre des accidents et des maladies professionnelles en application de l'article L. 241-5 *(Décr. n° 2015-653 du 10 juin 2015, art. 3-5°)* « du présent code ou de l'article L. 751-10 du code rural et de la pêche maritime ». »

V. note de rédaction ss. art. R. 147-6.

Art. R. 147-7-1 La pénalité prononcée au titre de l'article R. 147-7 est fixée, en fonction de la gravité des faits reprochés et s'ils ne relèvent pas d'une fraude au sens des articles R. 147-11 et R. 147-12, à un montant maximum égal à :

1° 50 % des sommes définies au II de l'article R. 147-5, dans les cas prévus aux 1° et 2° de l'article R. 147-7 ;

2° Une fois le plafond mensuel de sécurité sociale lorsqu'il est constaté un ou plusieurs faits relevant des cas prévus au 3° de l'article R. 147-7 ;

3° Une fois le plafond mensuel de sécurité sociale lorsqu'il est constaté un ou plusieurs faits relevant des cas prévus au 4° de l'article R. 147-7.

SOUS-SECTION 4 LES PÉNALITÉS FINANCIÈRES PRONONCÉES À L'ÉGARD DES PROFESSIONNELS DE SANTÉ, FOURNISSEURS ET PRESTATAIRES DE SERVICES, ET LABORATOIRES DE BIOLOGIE MÉDICALE

(Décr. n° 2009-982 du 20 août 2009, art. 2)

Art. R. 147-8 Peuvent faire l'objet d'une pénalité les professionnels de santé libéraux, fournisseurs et prestataires de services, laboratoires de biologie médicale et praticiens statutaires à temps plein des établissements publics de santé dans le cadre de leur activité libérale :

1° Ayant obtenu ou tenté d'obtenir, pour eux-mêmes ou pour un tiers, le versement d'une somme ou le bénéfice d'un avantage injustifié en ayant :

a) Présenté ou permis de présenter au remboursement des actes ou prestations non réalisés ou des produits ou matériels non délivrés ;

b) Procédé au détournement de l'usage d'une des cartes mentionnées à l'article L. 161-31 et L. 161-33 ;

2° N'ayant pas respecté les conditions de prise en charge des actes produits ou prestations soumis au remboursement dans les cas suivants :

a) Non-respect des conditions de prise en charge ou prescription prévues lors de l'inscription au remboursement par l'assurance maladie des actes, produits ou prestations mentionnés aux articles L. 162-1-7, L. 162-17 et L. 165-1, ou des conditions prévues à l'article L. 322-5, y compris les règles prises pour l'application du deuxième alinéa de l'article L. 315-2, ou encore les non-respects des conditions de prescriptions spécifiques prévues aux articles L. 4141-2, L. 4151-4, L. 4321-1, L. 4311-1 et L. 4362-10 du code de la santé publique ;

b) Non-respect, de manière répétée, de l'obligation prévue par les 1°, 2° et 3° de l'article L. 162-4, étendu par l'article L. 162-8, de mentionner le caractère non remboursable des produits, prestations et actes qu'ils prescrivent en dehors des indications ouvrant droit à prise en charge ;

c) Non-respect, de manière répétée, des obligations prévues à l'article L. 162-4-2, pour le prescripteur, de mentionner le nom du pharmacien chargé de délivrer les soins ou traitements susceptibles de faire l'objet de mésusage, d'un usage détourné ou abusif et, pour le pharmacien, de ne procéder à la délivrance que si son nom est mentionné sur la prescription s'agissant des soins ou traitement en cause ;

d) Non-respect, de manière répétée, de l'obligation faite au pharmacien par l'article R. 162-20-6, reprenant l'article R. 5123-3 du code de la santé publique, de délivrer le conditionnement le plus économique compatible avec les mentions figurant sur l'ordonnance ;

(Décr. n° 2013-6 du 3 janv. 2013, art. 2-III) « *e)* Facturation abusive d'actes ou de délivrances présentée comme relevant du livre IV alors que ces actes ou délivrances sont sans lien avec un accident du travail, un accident de trajet ou une maladie professionnelle ; » — *Les dispositions issues du Décr. n° 2013-6 du 3 janv. 2013 sont applicables aux faits commis à compter de l'entrée en vigueur du présent décret (Décr. préc., art. 4).*

f) Non-respect, de manière répétée, de l'obligation de conformité des prescriptions avec le protocole mentionné à l'article L. 324-1 ;

g) Non-respect du mode de transport prescrit en application des articles L. 322-5 et R. 322-10-1 ou des modalités de facturation des frais de transport mentionnés aux articles R. 322-10-2 à R. 322-10-7 ;

h) Facturation par une entreprise de transports sanitaires terrestres réalisés avec des moyens en véhicules et en personnels non conformes aux dispositions des articles R. 6312-14 et R. 6312-10 du code de la santé publique ;

i) Facturation par une entreprise de taxi à l'assurance maladie de transports réalisés sans être titulaire d'une autorisation de stationnement sur la voie publique ou d'une carte professionnelle en cours de validité ;

j) Abus constatés dans les conditions prévues au II de l'article L. 315-1 ;

3° Ayant empêché ou tenté d'empêcher l'exercice des activités de contrôle d'un organisme d'assurance maladie par le refus d'accès à une information, l'absence de réponse ou la réponse fausse, incomplète ou abusivement tardive à toute demande de pièce justificative, d'information, d'accès à une information ou à une convocation émanant de l'organisme local d'assurance maladie ou du service du contrôle médical, dès lors que la demande est nécessaire à l'exercice du contrôle, de l'enquête ou de la mise sous accord préalable prévus aux articles L. 315-1, L. 114-9 à L. 114-21 et L. 162-1-15. Il en va de même lorsqu'il aura été établi qu'une ou plusieurs méconnaissances des formalités administratives liées aux délais d'envoi des documents ouvrant droit à prise en charge prévus à la sous-section 4 de la section IV du chapitre Ier du titre VI du livre Ier a ou a eu pour objet de limiter les possibilités de contrôle de l'organisme d'assurance maladie ;

4° N'ayant pas respecté, de manière répétée, les formalités administratives suivantes :

a) Les formalités prévues à la sous-section 4 de la section IV du chapitre Ier du titre VI du livre Ier relatives aux modalités de présentation des documents auxquels sont subordonnées la constatation des soins et l'ouverture du droit aux prestations de l'assurance maladie, lorsqu'ils ne relèvent pas du cas mentionné à la dernière phrase du 3° ;

b) L'obligation prévue au 4° de l'article L. 162-4 étendu par l'article L. 162-8 de mentionner le caractère non remboursable des produits, prestations et actes qu'ils prescrivent en application de l'article *(Décr. no 2015-1865 du 30 déc. 2015, art. 10-5°, en vigueur le 1er janv. 2016)* « L. 160-8 » ;

c) L'obligation de faire figurer sur la feuille d'accident prévue à l'article L. 441-5 *(Décr. no 2015-653 du 10 juin 2015, art. 3-6°)* « du présent code ou aux articles L. 751-27 et L. 752-24 du code rural et de la pêche maritime » les actes accomplis au titre du livre IV *(Décr. no 2015-653 du 10 juin 2015, art. 3-6°)* « du présent code ou du titre V du livre VII du code rural et de la pêche maritime » ;

d) L'obligation prévue à l'article L. 162-4-1 de mentionner, sur les documents produits en application de l'article L. 161-33 et destinés au service du contrôle médical, les éléments d'ordre médical justifiant les arrêts de travail, y compris les heures de sortie, et les transports qu'ils prescrivent ;

e) L'obligation prévue à l'article R. 5132-13 du code de la santé publique d'apposer sur l'ordonnance les mentions relatives aux délivrances des médicaments relevant des listes I et II et des médicaments stupéfiants ;

5° Pour lesquels l'organisme aura constaté, après deux périodes de mise sous accord préalable telles que définies à l'article L. 162-1-15, un niveau de prescriptions ou de réalisations du même acte, produit ou prestation ou groupe d'actes, produits ou prestations *(Décr. no 2018-661 du 26 juill. 2018, art. 1er)* « ou un montant de remboursement, » significativement supérieur à la moyenne *(Décr. no 2018-661 du 26 juill. 2018, art. 1er)* « constatée, pour une activité comparable, pour les professionnels de santé exerçant la même profession dans le ressort de la même agence régionale de santé ou dans le ressort du même organisme local d'assurance maladie ».

Si, après une nouvelle période de mise sous accord préalable suivant la pénalité prononcée au titre de l'alinéa précédent, il est constaté un niveau de prescription ou de réalisation du même acte, produit ou prestation ou groupe d'actes, produits ou prestations *(Décr. no 2018-661 du 26 juill. 2018, art. 1er)* « ou un montant de remboursement, » à nouveau significativement supérieur à la moyenne *(Décr. no 2018-661 du 26 juill. 2018, art. 1er)* « constatée, pour une activité comparable, pour les professionnels de santé exerçant la même profession dans le ressort de la même agence régionale de santé ou dans le ressort du même organisme local d'assurance maladie », les faits sont considérés réalisés en état de récidive telle que prévue à l'article R. 147-5 ;

(Décr. no 2011-551 du 19 mai 2011, art. 2-I, en vigueur le 1er juin 2011) « 6° Pour lesquels il aura été constaté, dans les conditions prévues à l'article R. 148-6, que l'objectif de réduction des prescriptions *(Décr. no 2018-661 du 26 juill. 2018, art. 1er)* « , des réalisations ou des montants de remboursement » prévu à l'article L. 162-1-15 n'a pas été atteint. »

Art. R. 147-8-1 I. — La pénalité prononcée au titre *(Décr. no 2011-551 du 19 mai 2011, art. 2-II, en vigueur le 1er juin 2011)* « du 1° au 5° » de l'article R. 147-8 est fixée, en fonction de la gravité des faits reprochés et s'ils ne relèvent pas d'une fraude au sens des articles R. 147-11 et R. 147-12, à un montant maximum égal à :

1° 50 % des sommes définies au II de l'article R. 147-5, pour les faits relevant des 1° et 2° de l'article R. 147-8 ;

2° Une fois le plafond mensuel de la sécurité sociale lorsqu'il est constaté un ou plusieurs faits relevant des cas prévus au 3° de l'article R. 147-8 susvisé ; cette pénalité est prononcée sans préjudice de celles éventuellement dues au titre des faits dont la personne en cause tentait d'empêcher le contrôle ;

3° La moitié du plafond mensuel de la sécurité sociale lorsqu'il est constaté un ou plusieurs faits relevant des cas prévus au 4° de l'article R. 147-8 ;

4° Une fois le plafond mensuel de la sécurité sociale pour les faits mentionnés au 5° de l'article R. 147-8. Cette sanction n'est pas exclusive d'une nouvelle période de mise sous accord préalable telle que prévue à l'article L. 162-1-15 qui peut être prononcée au cours de la même procédure.

(Décr. n° 2011-551 du 19 mai 2011, art. 2-III, en vigueur le 1er juin 2011) « II. — La pénalité prononcée au titre du 6° de l'article R. 147-8 est fixée, en tenant compte de l'importance du niveau de non-réalisation de l'objectif et de tous les éléments relatifs à la pratique du médecin pendant la période concernée, à un maximum de deux fois le plafond mensuel de la sécurité sociale. Cette sanction est infligée indépendamment d'une mise sous accord préalable du praticien qui peut être prononcée pour les mêmes faits.

« III. » — L'organisme local d'assurance maladie ne peut concurremment recourir au dispositif de pénalité prévu par le présent chapitre et aux procédures conventionnelles visant à sanctionner l'inobservation des mêmes règles.

SOUS-SECTION 5 LES PÉNALITÉS FINANCIÈRES PRONONCÉES À L'ÉGARD DES ÉTABLISSEMENTS DE SANTÉ

(Décr. n° 2009-982 du 20 août 2009, art. 2)

Art. R. 147-9 Peuvent faire l'objet d'une pénalité les établissements de santé :

1° Ayant obtenu ou tenté d'obtenir, pour eux-mêmes ou pour un tiers, le versement d'une somme ou le bénéfice d'un avantage injustifié en cas :

a) De facturation d'actes ou de prestations de soins de suite ou de réadaptation, de psychiatrie ou de soins de longue durée, non réalisés ;

b) De facturation d'un acte, produit ou prestation déjà pris en charge par l'une des dotations mentionnées aux articles L. 174-1 et L. 162-22-13 ou par le forfait annuel prévu à l'article L. 162-22-8 ;

2° N'ayant pas respecté les conditions de prise en charge des actes produits ou prestations soumis au remboursement en cas :

a) De manquement aux règles de facturation et de cotation des actes et prestations de soins de suite ou de réadaptation, de psychiatrie ou de soins de longue durée ;

b) D'inobservation des règles de prise en charge mentionnées à l'article L. 162-1-7, sous réserve des dispositions du premier alinéa de l'article L. 162-22-13 ;

3° Ayant empêché ou tenté d'empêcher l'exercice des activités de contrôle d'un organisme d'assurance maladie par le refus d'accès à une information, l'absence de réponse ou la réponse fausse, incomplète ou abusivement tardive à toute demande de pièce justificative, d'information, d'accès à une information, ou à une convocation, émanant d'un organisme local d'assurance maladie ou du service du contrôle médical, dès lors que la demande est nécessaire à l'exercice du contrôle, de l'enquête ou de la mise sous accord préalable prévus aux articles L. 315-1, L. 114-9 à L. 114-21 et L. 162-1-17 ;

4° N'ayant pas respecté les formalités administratives de facturation, notamment les formalités prévues à la section IV du chapitre Ier du titre VI du livre Ier relatives aux modalités de présentation des documents auxquels sont subordonnées la constatation des soins et l'ouverture du droit aux prestations de l'assurance maladie ou n'ayant pas respecté, de manière répétée, l'obligation faite à tout établissement de santé délivrant des médicaments relevant des listes I et II et des médicaments stupéfiants d'apposer sur l'ordonnance les mentions relatives aux délivrances telles que prévues à l'article R. 5132-13 du code de la santé publique ;

5° Pour les faits mentionnés à l'article R. 147-8 du fait de leurs salariés.

Art. R. 147-9-1 La pénalité prononcée au titre de l'article R. 147-9 est fixée, en fonction de la gravité des faits reprochés et s'ils ne relèvent pas d'une fraude au sens des articles R. 147-11 et R. 147-12, à un montant maximum égal à :

1° 50 % des sommes définies au II de l'article R. 147-5, pour les faits relevant des 1° et 2° de l'article R. 147-9 ;

2° Deux fois le plafond de la sécurité sociale lorsqu'il est constaté un ou plusieurs faits relevant des cas prévus au 3° de l'article R. 147-9. Cette pénalité est prononcée sans préjudice de celles éventuellement dues au titre des faits dont la personne en cause tentait d'empêcher le contrôle ;

3° Une fois le plafond de la sécurité sociale lorsqu'il est constaté un ou plusieurs faits relevant des cas prévus au 4° de l'article R. 147-9 ;

Pour les faits relevant du 5° de l'article R. 147-9, le montant de la pénalité est calculé selon les modalités définies à l'article R. 147-8-1.

SOUS-SECTION 6 LES PÉNALITÉS FINANCIÈRES PRONONCÉES À L'ÉGARD DES ÉTABLISSEMENTS D'HÉBERGEMENT POUR PERSONNES ÂGÉES DÉPENDANTES

(Décr. nº 2009-982 du 20 août 2009, art. 2)

Art. R. 147-10 Peuvent faire l'objet d'une pénalité les établissements d'hébergement pour personnes âgées dépendantes :

1° Qui ne respectent pas le caractère forfaitaire de la prise en charge des actes, prestations et produits couverts par le forfait de soins partiel ou global du tarif journalier mentionné à l'article R. 314-167 du code de l'action sociale et des familles, lorsqu'il aura été constaté des facturations individuelles répétées de prestations d'assurance maladie déjà couvertes par les forfaits susmentionnés ;

2° Ayant empêché ou tenté d'empêcher l'exercice des activités de contrôle d'un organisme d'assurance maladie par le refus d'accès à une information, l'absence de réponse ou la réponse fausse, incomplète ou abusivement tardive, à toute demande de pièce justificative, d'information, d'accès à une information, ou à une convocation, émanant d'un organisme local d'assurance maladie ou du service du contrôle médical, dès lors que la demande est nécessaire à l'exercice du contrôle ou de l'enquête tels que prévus aux articles L. 315-1 et L. 114-9 à L. 114-21. Il en va de même en cas de non-respect des dispositions de l'article R. 314-169 du code de l'action sociale et des familles lorsque la liste prévue audit article est expressément réclamée dans le cadre d'un contrôle de l'activité de l'établissement ou des professionnels libéraux qui y interviennent ;

3° N'ayant pas respecté les formalités administratives relatives à :

a) La transmission des éléments prévus à l'article R. 314-169 du code de l'action sociale et des familles, dès lors que ladite transmission n'a pas été effectuée dans un délai de quinze jours après relance par le directeur de l'organisme local concerné et que le manquement ne relève pas du cas mentionné à la dernière phrase du 2 ;

b) L'obligation d'établir la demande de prise en charge prévue *(Décr. nº 2010-621 du 7 juin 2010, art. 2)* « à l'article R. 174-15 » ;

4° Pour les faits mentionnés à l'article R. 147-8 du fait de leurs salariés.

Art. R. 147-10-1 La pénalité prononcée au titre de l'article R. 147-10-1 est fixée, en fonction de la gravité des faits reprochés et s'ils ne relèvent pas d'une fraude des articles R. 147-11 et R. 147-12, à un montant maximum égal à :

1° 50 % des sommes définies au II de l'article R. 147-5, pour les cas relevant du 1° de l'article R. 147-10 ;

2° Deux fois le plafond de la sécurité sociale lorsqu'il est constaté un ou plusieurs faits relevant des cas prévus au 2° de l'article R. 147-10. Cette pénalité est prononcée sans préjudice de celles éventuellement dues au titre des faits dont la personne en cause tentait d'empêcher le contrôle ;

3° Une fois le plafond de la sécurité sociale lorsqu'il est constaté un ou plusieurs faits relevant des cas prévus au 3° de l'article R. 147-10.

Pour les faits relevant du 4° de l'article R. 147-10, le montant de la pénalité est calculé selon les modalités définies à l'article R. 147-8-1.

SECTION II DISPOSITIONS PARTICULIÈRES AUX CAS DE FRAUDE

(Décr. nº 2009-982 du 20 août 2009, art. 3)

SOUS-SECTION 1 DISPOSITIONS COMMUNES EN CAS DE FRAUDE

Art. R. 147-11 Sont qualifiés de fraude, pour l'application de l'article *(Décr. nº 2015-1865 du 30 déc. 2015, art. 10-1º, en vigueur le 1er janv. 2016)* « L. 114-17-1 », les faits commis dans le but d'obtenir ou de faire obtenir un avantage ou le bénéfice d'une prestation injustifiée au préjudice d'un organisme d'assurance maladie *(Décr. nº 2013-6 du 3 janv. 2013, art. 3-I)* « , d'une caisse chargée de la prévention et de la tarification des accidents du travail et des maladies professionnelles » ou, s'agissant de la protection complémentaire en matière de santé, de l'aide au paiement d'une assurance complémentaire de santé ou de l'aide médicale de l'État, d'un organisme mentionné à l'article L. 861-4 ou de l'État, y compris dans l'un des cas prévus aux sections précédentes, lorsque aura été constatée l'une des circonstances suivantes :

1º L'établissement ou l'usage de faux, la notion de faux appliquée au présent chapitre étant caractérisée par toute altération de la vérité sur toute pièce justificative, ordonnance, feuille de soins ou autre support de facturation, attestation ou certificat, *(Décr. nº 2013-6 du 3 janv. 2013, art. 3-I)* « déclaration d'accident du travail ou de trajet, » sous forme écrite ou électronique, ayant pour objet ou pouvant avoir pour effet de permettre l'obtention de l'avantage ou de la prestation en cause ;

2º La falsification, notamment par surcharge, la duplication, le prêt ou l'emprunt d'un ou plusieurs documents originairement sincères ou enfin l'utilisation de documents volés de même nature ;

3º L'utilisation par un salarié d'un organisme local d'assurance maladie des facilités conférées par cet emploi ;

4º Le fait d'avoir bénéficié, en connaissance de cause, des activités d'une bande organisée au sens de la sous-section 2, sans y avoir activement participé ;

(Décr. nº 2013-6 du 3 janv. 2013, art. 3-I) « 5º Le fait d'avoir exercé, sans autorisation médicale, une activité ayant donné lieu à rémunération, revenus professionnels ou gains, pendant une période d'arrêt de travail indemnisée au titre des assurances maladie, maternité ou accident du travail et maladie professionnelle. »

Est également constitutive d'une fraude au sens de la présente section la facturation répétée d'actes ou prestations non réalisés, de produits ou matériels non délivrés.

Les dispositions issues du Décr. nº 2013-6 du 3 janv. 2013 sont applicables aux faits commis à compter de l'entrée en vigueur du présent décret (Décr. préc., art. 4).

Art. R. 147-11-1 Le montant de la pénalité encourue est porté au double des sommes définies au II de l'article R. 147-5. Si le comportement frauduleux n'a pas généré de tels indus, le montant maximum de la pénalité est égal à quatre fois le plafond de la sécurité sociale. Le plafond prévu au 1º de l'article R. 147-6-1 n'est plus applicable et la pénalité prononcée au titre des faits prévus à la présente section ne peut être inférieure aux montants prévus au 3º du VII de l'article *(Décr. nº 2015-1865 du 30 déc. 2015, art. 10-1º, en vigueur le 1er janv. 2016)* « L. 114-17-1 ».

Limite du pouvoir du juge. Il résulte de la combinaison des art. L. 147-11, III et VII, R. 147-11, 5º, et R. 147-11-1 CSS que le montant de la pénalité encourue par un assuré qui a exercé, sans autorisation médicale, une activité ayant donné lieu à rémunération, revenus professionnels ou gains, pendant une période d'arrêt de travail indemnisé au titre des assurances maladie, maternité ou accident du travail et maladie professionnelle, ne peut être inférieur au dixième du plafond mensuel de cotisations de sécurité sociale ; que s'il appartient au juge du contentieux général de la sécurité sociale de contrôler l'adéquation de la sanction encourue par l'assuré, en cas de fraude aux indemnités journalières, à l'importance de l'infraction commise, ce contrôle doit s'exercer dans les limites fixées par le texte qui institue la pénalité. • Civ. 2e, 15 juin 2017, nº 15-19.198 P : *RJS 2017, nº 703 ; JCP S 2017, nº 1293, note Coursier.*

Art. R. 147-11-2 *(Décr. nº 2013-6 du 3 janv. 2013, art. 3-II)* « Le directeur de l'organisme d'assurance maladie ou le directeur de la caisse chargée de la prévention et de la tarification des accidents du travail et des maladies professionnelles, s'il ne requiert pas l'avis de la commission, dispose d'un délai de quinze jours à l'issue du délai d'un mois prévu au premier alinéa du I de l'article R. 147-2 pour effectuer la saisine prévue au 2° du III du même article et poursuivre la procédure prévue au même article. »

S'il décide de solliciter l'avis de la commission, le délai de deux mois prévu au deuxième alinéa du II de l'article R. 147-2 est réduit à quinze jours sans qu'un délai supplémentaire puisse être accordé et le directeur dispose d'un délai de quinze jours suivant réception de l'avis pour *(Décr. nº 2013-6 du 3 janv. 2013, art. 3-II)* « effectuer la saisine prévue au 2° du III du même article et poursuivre la procédure prévue au même article.

« Le directeur général de l'Union nationale des caisses d'assurance maladie ou son représentant dispose d'un délai d'un mois à compter de la réception de la demande pour formuler son avis. Il le transmet au directeur de l'organisme local d'assurance maladie ou au directeur de la caisse chargée de la prévention et de la tarification des accidents du travail et des maladies professionnelles par tout moyen permettant de rapporter la preuve de sa réception. Si le directeur général ne s'est pas prononcé dans ce délai, son avis est réputé favorable. »

Le délai prévu au III de l'article R. 147-5 est porté à cinq ans.

SOUS-SECTION 2 LA FRAUDE EN BANDE ORGANISÉE

Art. R. 147-12 Est qualifié de fraude commise en bande organisée, pour l'application de l'article *(Décr. nº 2015-1865 du 30 déc. 2015, art. 10-1º, en vigueur le 1er janv. 2016)* « L. 114-17-1 », tout fait par lequel deux ou plusieurs acteurs s'entendent pour agir de façon organisée dans le but conscient et commun d'en retirer directement ou indirectement un profit matériel ou financier, un avantage ou un bénéfice au préjudice d'un organisme d'assurance maladie *(Décr. nº 2013-6 du 3 janv. 2013, art. 3-III)* « ou d'une caisse chargée de la prévention et de la tarification des accidents du travail et des maladies professionnelles » ou, s'agissant des prestations servies au titre de la protection complémentaire en matière de santé ou de l'aide médicale de l'État, respectivement d'un organisme mentionné à l'article L. 861-4 ou de l'État.

Art. R. 147-12-1 Peut faire l'objet d'une pénalité toute personne dont la responsabilité aura été établie dans la réalisation d'une fraude en bande organisée au sens de l'article R. 147-12 ou qui aura sciemment fourni les moyens de sa réalisation.

Art. R. 147-12-2 Lorsqu'il a connaissance de faits relevant de la présente sous-section et qu'il envisage la mise en œuvre de la procédure des pénalités à ce titre, le directeur de l'organisme local en informe le directeur de l'union prévue à l'article L. 182-2 ou son représentant désigné à cet effet.

Celui-ci recueille les éléments qu'il estime nécessaires et, dans le cas où plusieurs organismes sont concernés par l'activité de la bande organisée, il les informe afin de leur permettre la mise en œuvre des dispositions du II de l'article R. 147-1.

Art. R. 147-12-3 La pénalité prononcée au titre de l'article R. 147-12-1 est fixée, pour chaque membre de la bande organisée, en fonction de la gravité des faits reprochés et de son degré d'implication dans le fonctionnement ou la mise en place de ladite bande, à un montant maximum égal à 300 % des sommes en cause. Les dispositions de la dernière phrase de l'article *(Décr. nº 2013-6 du 3 janv. 2013, art. 3-IV)* « R. 147-11-1 » et celles de l'article R. 147-11-2 sont applicables.

SECTION III BILAN

(Décr. nº 2009-982 du 20 août 2009, art. 3)

Art. R. 147-13 Les organismes locaux d'assurance maladie transmettent chaque année avant le 1er mars au directeur général de l'Union nationale des caisses d'assurance maladie, lequel en adresse une synthèse au ministre chargé des comptes de la sécurité sociale, un rapport portant sur leur activité de l'année précédente au titre du présent chapitre, de la section VI du chapitre Ier du titre VI du livre VIII, de l'article R. 863-7 et de l'article 45 du décret nº 54-883 du 2 septembre 1954 modifié.

CHAPITRE VIII OBJECTIF DE RÉDUCTION DES PRESCRIPTIONS OU RÉALISATIONS ET MISE SOUS ACCORD PRÉALABLE

(Décr. n° 2011-551 du 19 mai 2011, art. 1er, en vigueur le 1er juin 2011)

SECTION PREMIÈRE DISPOSITIONS COMMUNES

Art. R. 148-1 I. — Lorsque le directeur de l'organisme local d'assurance maladie compétent constate l'une des situations mentionnées au I de l'article L. 162-1-15, il peut mettre en œuvre la procédure de fixation d'un objectif de réduction des prescriptions *(Décr. n° 2018-661 du 26 juill. 2018, art. 1er)* « , des réalisations ou des montants de remboursement » ou la procédure de mise sous accord préalable prévues à cet article. Dans ce cas, il notifie au *(Décr. n° 2018-661 du 26 juill. 2018, art. 1er)* « professionnel de santé » concerné les faits constatés ou les données chiffrées relatives à sa pratique ainsi que celles relatives à la moyenne servant de base de référence, et l'informe de son droit à être entendu, sur sa demande, ou de présenter ses observations écrites, dans le délai d'un mois. L'audition donne lieu à un procès-verbal signé par l'intéressé. Le *(Décr. n° 2018-661 du 26 juill. 2018, art. 1er)* « professionnel de santé » peut se faire assister par la personne de son choix.

II. — A compter de l'expiration du délai mentionné au I ou du lendemain de l'audition du *(Décr. n° 2018-661 du 26 juill. 2018, art. 1er)* « professionnel de santé » si celle-ci intervient postérieurement à l'expiration de ce délai, le directeur peut, dans le délai d'un mois, compte tenu des observations éventuelles du *(Décr. n° 2018-661 du 26 juill. 2018, art. 1er)* « professionnel de santé » :

1° Soit abandonner la procédure. Dans ce cas, il en informe l'intéressé dans les meilleurs délais ;

2° Soit proposer au *(Décr. n° 2018-661 du 26 juill. 2018, art. 1er)* « professionnel de santé » un objectif de réduction de ses prescriptions ou réalisations prévu au II de l'article L. 162-1-15, dans les conditions précisées à la section 2 du présent chapitre ;

3° Soit poursuivre la procédure de mise sous accord préalable prévue au I de l'article L. 162-1-15, dans les conditions précisées à la section 3 du présent chapitre.

Si le directeur n'a pas statué au terme du délai qui lui est imparti, la procédure est réputée abandonnée.

Art. R. 148-2 Le directeur de l'organisme local d'assurance maladie compétent pour mener la procédure prévue au présent chapitre est celui déterminé en application des dispositions de l'article R. 147-1. Le médecin-conseil chef de service compétent est celui de cet organisme ou, s'agissant du régime général, celui qui est placé auprès de cet organisme.

Les dispositions du IV de l'article R. 147-2 sont applicables aux notifications prévues au présent chapitre.

SECTION II PROCÉDURE DE FIXATION D'UN OBJECTIF DES PRESCRIPTIONS OU RÉALISATIONS

Art. R. 148-3 Dans le cas prévu au 2° du II de l'article R. 148-1, le directeur de l'organisme local d'assurance maladie notifie au *(Décr. n° 2018-661 du 26 juill. 2018, art. 1er)* « professionnel de santé » une proposition conjointe avec le médecin-conseil chef de service compétent.

La proposition notifiée tient compte de la situation constatée ainsi que, le cas échéant, des observations de l'intéressé. Elle mentionne :

1° L'objectif de réduction du nombre des prescriptions ou réalisations, de la durée *(Décr. n° 2018-661 du 26 juill. 2018, art. 1er)* « , du taux ou du montant de remboursement » constaté, lequel ne peut être inférieur à la moyenne servant de base de référence, ainsi qu'une période, comprise entre quatre et six mois, impartie à compter de la date de réception de la proposition pour atteindre cet objectif ;

2° Le montant maximum de la pénalité encourue en cas de dépassement de l'objectif ;

3° La possibilité pour l'intéressé de faire connaître, par lettre recommandée avec accusé de réception dans un délai de quinze jours à compter de la notification, son refus de cette proposition ;

4° L'avertissement qu'en cas de refus l'intéressé s'expose à la procédure mentionnée à la section 3 du présent chapitre ;

5° L'avertissement qu'à défaut de réponse de l'intéressé dans le délai imparti au 3° il est réputé avoir accepté cette proposition.

Art. R. 148-4 En cas de refus de la proposition mentionnée à l'article R. 148-3, le directeur de l'organisme local d'assurance maladie poursuit l'instruction de la procédure prévue à la section 3 du présent chapitre.

Art. R. 148-5 En cas d'acceptation tacite ou expresse de la proposition mentionnée à l'article R. 148-3, le directeur de l'organisme local d'assurance maladie et le médecin-conseil chef de service compétent désignent un praticien conseil référent chargé du suivi personnalisé dont les coordonnées sont communiquées à l'intéressé. Ce praticien conseil effectue, selon une fréquence convenue avec le *(Décr. n° 2018-661 du 26 juill. 2018, art. 1er)* « professionnel de santé » et au moins à mi-parcours, un entretien sur l'évolution de sa pratique. Le médecin conseil chef de service compétent établit un bilan de cette évolution qu'il adresse au directeur de l'organisme local d'assurance maladie.

La réalisation de l'objectif est appréciée au regard de l'écart, par rapport à la moyenne servant de base de référence, du nombre, de la durée *(Décr. n° 2018-661 du 26 juill. 2018, art. 1er)* « , du montant de remboursement » ou du taux constaté des prescriptions ou réalisations intervenues au cours du délai imparti *(Décr. n° 2018-661 du 26 juill. 2018, art. 1er)* « et pour les 2°, 3° et 5° du I de l'article L. 162-1-15, par rapport au nombre de patients pour lesquels au moins un acte ou une consultation a été facturé ».

Art. R. 148-6 Au vu des éléments établis par le médecin-conseil chef de service compétent et au plus tard dans les six mois suivant le terme de la période fixée pour réaliser l'objectif, le directeur de l'organisme local d'assurance maladie notifie au *(Décr. n° 2018-661 du 26 juill. 2018, art. 1er)* « professionnel de santé » le bilan détaillé de son objectif de réduction *(Décr. n° 2018-661 du 26 juill. 2018, art. 1er)* « des prescriptions, des réalisations ou des montants de remboursement », précisant s'il a ou non atteint l'objectif fixé et dans quelles proportions.

Si l'objectif n'a pas été atteint, le directeur de l'organisme local d'assurance maladie informe le *(Décr. n° 2018-661 du 26 juill. 2018, art. 1er)* « professionnel de santé » s'il envisage de poursuivre la procédure prévue à l'article *(Décr. n° 2015-1865 du 30 déc. 2015, art. 10-1°, en vigueur le 1er janv. 2016)* « L. 114-17-1 », en vue de prononcer la pénalité prévue par le 6° de l'article R. 147-8, dans les conditions du chapitre VII du présent titre. Dans ce cas, il informe le *(Décr. n° 2018-661 du 26 juill. 2018, art. 1er)* « professionnel de santé » qu'il pourra exercer ses droits de la défense à l'occasion du déroulement de cette procédure.

SECTION III **PROCÉDURE DE MISE SOUS ACCORD PRÉALABLE**

Art. R. 148-7 Dans le cas prévu au 3° du II de l'article R. 148-1, ou dans le cas prévu à l'article R. 148-4, le directeur de l'organisme local d'assurance maladie saisit la commission mentionnée à l'article R. 147-3 ou déterminée, s'il y a lieu, dans les conditions prévues au III de l'article R. 147-1. Il informe simultanément l'intéressé de son droit à être entendu par cette commission, sur sa demande, ou de présenter ses observations écrites, dans le délai d'un mois. Le *(Décr. n° 2018-661 du 26 juill. 2018, art. 1er)* « professionnel de santé » peut se faire assister par la personne de son choix.

La commission rend un avis motivé portant sur la nécessité et la durée de la mise sous accord préalable.

La commission transmet cet avis, dans un délai maximum de deux mois à compter de sa saisine, qui peut, à sa demande, être prorogé d'un mois, au directeur de l'organisme local d'assurance maladie, ainsi qu'au *(Décr. n° 2018-661 du 26 juill. 2018, art. 1er)* « professionnel de santé » en cause. Si la commission ne s'est pas prononcée au terme du délai qui lui est imparti, éventuellement prorogé, l'avis est réputé rendu.

Art. R. 148-8 A compter de la réception de l'avis de la commission ou de la date à laquelle celui-ci est réputé avoir été rendu, le directeur peut :

1° Soit abandonner la procédure. Dans ce cas, il en informe le *(Décr. n° 2018-661 du 26 juill. 2018, art. 1er)* « professionnel de santé » dans les meilleurs délais ;

2° Soit décider de poursuivre la procédure. Dans ce cas, il saisit pour avis dans un délai de quinze jours le directeur général de l'Union nationale des caisses d'assurance maladie. A défaut de saisine dans le délai précité, la procédure est réputée abandonnée.

Le directeur général de l'Union nationale des caisses d'assurance maladie ou son représentant rend un avis dans le délai d'un mois à compter de sa saisine. Si son avis n'est pas rendu dans le délai imparti, il est réputé favorable.

Art. R. 148-9 A compter de la réception de l'avis du directeur général de l'Union nationale des caisses d'assurance maladie ou de la date à laquelle celui-ci est réputé avoir été rendu, le directeur de l'organisme local d'assurance maladie décide, dans le délai de quinze jours :

1° Si l'avis du directeur général de l'Union nationale des caisses d'assurance maladie est défavorable, d'abandonner la procédure. Dans ce cas, il informe de sa décision le *(Décr. n° 2018-661 du 26 juill. 2018, art. 1er)* « professionnel de santé » dans les meilleurs délais ;

2° Si l'avis du directeur général de l'Union nationale des caisses d'assurance maladie est favorable, de subordonner à l'accord préalable du service de contrôle médical compétent les prescriptions ou réalisations du *(Décr. n° 2018-661 du 26 juill. 2018, art. 1er)* « professionnel de santé ». Dans ce cas, il notifie au *(Décr. n° 2018-661 du 26 juill. 2018, art. 1er)* « professionnel de santé » sa décision motivée, qui précise les prescriptions *(Décr. n° 2018-661 du 26 juill. 2018, art. 1er)* « ou réalisations ou montants de remboursement concernés », la date de début et de fin de la période de mise sous accord préalable ainsi que les modalités de sa mise en œuvre, notamment l'information des patients dans les conditions prévues par l'article L. 1111-3 du code de la santé publique. Il mentionne les délais et voies de recours.

Si le directeur n'a pas statué au terme du délai qui lui est imparti, la procédure est réputée abandonnée.

TITRE CINQUIÈME CONTRÔLE DE L'ADMINISTRATION — CONTRÔLE DE LA COUR DES COMPTES

CHAPITRE PREMIER DISPOSITIONS APPLICABLES AU RÉGIME GÉNÉRAL, AUX RÉGIMES SPÉCIAUX MENTIONNÉS À L'ARTICLE L. 711-1 ET À CERTAINS RÉGIMES DE TRAVAILLEURS NON SALARIÉS DES PROFESSIONS NON AGRICOLES

Art. R. 151-1 Les décisions des *(Décr. n° 2004-1075 du 12 oct. 2004, art. 7-7°)* « conseils ou des conseils d'administration » mentionnées à l'article L. 151-1 sont immédiatement communiquées *(Décr. n° 2009-1596 du 18 déc. 2009, art. 8-I)* « au responsable du service mentionné à l'article R. 155-1.

« Dans les huit jours, celui-ci prononce l'annulation des décisions qui lui paraissent contraires à la loi. Il peut aussi, dans le même délai, lorsque les éléments soumis à son appréciation nécessitent un complément d'instruction, suspendre l'exécution jusqu'à décision du ministre chargé de la sécurité sociale, qu'il saisit aux fins d'annulation. Le ministre informe la Caisse nationale compétente, laquelle lui fait connaître, le cas échéant, son avis. Lorsque la décision ministérielle n'intervient pas dans le délai de quarante jours à compter de la date de suspension de la décision du conseil ou du conseil d'administration par le responsable du service mentionné à l'article R. 155-1, cette décision est exécutoire de plein droit. »

Lorsque les décisions lui paraissent de nature à compromettre l'équilibre financier des risques, *(Décr. n° 2009-1596 du 18 déc. 2009, art. 8-I)* « le responsable du service mentionné à l'article R. 155-1 » peut, dans un délai de huit jours, en suspendre l'application. Il notifie cette suspension à la caisse intéressée qui, si elle maintient sa décision, saisit la Caisse nationale compétente.

(Décr. n° 86-648 du 19 mars 1986, art. 1er-III) « Les délais prévus au présent article sont des délais francs. Lorsque le premier jour d'un de ces délais est un jour férié ou un samedi, le délai ne court qu'à compter du premier jour ouvrable qui suit le jour férié ou le samedi ».

1. Formalité substantielle. L'information de la Caisse nationale est une formalité substantielle qui doit être accomplie en temps utile pour que la caisse puisse formuler un avis préalablement à la décision du ministre. • CE 4 nov. 1996 : *RJS 1996, n° 1315.* ♦ V. aussi • CE 28 juin 1995 : *D. 1996. Somm. 41, obs. Prétot* ; *RJS 1995, n° 1050* (défaut d'information).

2. Expiration des délais. Lorsque les délais prévus à l'art. R. 151-1 sont expirés, l'autorité compétente ne peut plus exercer ses pouvoirs de tutelle. • CE 11 mars 1988 : *Lebon 117* ; *D. 1989. Somm. 239, obs. Prétot* • 31 mai 1995 : *RJS 1995, n° 814.* ♦ Sur le calcul des délais, V. • CE 8 sept. 1995 : *RJS 1995, n° 1166* • 17 juin 1998 : *RJS 1998, n° 1053.*

3. Pouvoir d'annulation. L'autorité de tutelle ne saurait légalement annuler les dispositions d'une délibération d'un conseil d'administration, qui reprennent les dispositions d'une précédente délibération devenue exécutoire, dès lors qu'elles ne constituent pas un tout indivisible avec les dispositions nouvelles de la délibération en cause. • CE, sect., 31 mars 1995 : *Lebon 147* ; *RJS 1995, n° 692.* ♦ Constitue une simple mesure préparatoire, insusceptible de recours contentieux, l'acte par lequel le préfet de région transmet au ministre, aux fins d'annulation, une décision du conseil d'administration d'une caisse et en suspend l'exécution. • TA Strasbourg, 4 mai 1993 : *Lebon T. 1049* . ♦ Le ministre chargé de la sécurité sociale ne peut user de son pouvoir d'annulation que s'il a été saisi à cette fin par le préfet de région. • CE 4 mai 1988 : *D. 1989. Somm. 239, obs. Prétot* • 15 déc. 1995 : *RJS 1996, n° 151.*

Art. R. 151-2 **La communication** *(Décr. n° 2009-1596 du 18 déc. 2009, art. 8-II)* **« au responsable du service mentionné à l'article R. 155-1 » des décisions des** *(Décr. n° 2004-1075 du 12 oct. 2004, art. 7-9°)* **« conseils ou des conseils d'administration » des organismes de sécurité sociale, en application de l'article R. 151-1, doit être accompagnée de tous documents de nature à éclairer le sens et la portée des décisions prises et, notamment, des procès-verbaux des séances du** *(Décr. n° 2004-1075 du 12 oct. 2004, art. 7-9°)* **« conseil ou du conseil d'administration » ou du comité de gestion au cours desquelles lesdites décisions ont été adoptées.**

Les délais prévus à l'article R. 151-1 ne courent qu'à dater du jour où la formalité prévue à l'alinéa précédent aura été intégralement remplie.

Point de départ. Les délais prévus à l'art. R. 151-2 ne courent qu'à compter du jour où la communication des décisions a été assortie des informations suffisantes pour en apprécier le sens et la portée. • CE 5 mai 1993 : *D. 1995. Somm. 35, obs. Prétot* ; *RJS 1993, n° 908.*

Art. R. 151-3 **Les dispositions de l'article R. 151-1 sont applicables aux décisions prises par le directeur d'un organisme de sécurité sociale agissant par délégation du conseil d'administration ainsi qu'aux décisions qui sont énumérées par décret.**

(Décr. n° 2014-934 du 19 août 2014, art. 2-1°) **« La suspension d'une décision d'un directeur en application du troisième alinéa de l'article R. 151-1 est notifiée au directeur de la caisse intéressée qui, s'il maintient sa décision, saisit le directeur de la Caisse nationale. Cette décision demeure suspendue tant que le directeur de la Caisse nationale ne l'a pas explicitement confirmée ou infirmée. »**

L'art. R. 151-3 est applicable à Mayotte (Décr. n° 2014-934 du 19 août 2014, art. 3).

Art. R. 151-4 **Les pouvoirs de suspension et d'annulation mentionnés aux articles L. 151-1 et R. 151-1 sont exercés dans tous les cas** *(Décr. n° 2009-1596 du 18 déc. 2009, art. 8-III)* **« par le responsable du service mentionné à l'article R. 155-1 » à l'égard des décisions des conseils d'administration des unions ou des fédérations de caisses de sécurité sociale et d'allocations familiales à circonscription nationale.**

Art. R. 151-5 **Les décisions des conseils d'administration des unions ou fédérations mentionnées à l'article R. 151-4 doivent être communiquées directement** *(Décr. n° 2009-1596 du 18 déc. 2009, art. 8-IV)* **« au responsable du service mentionné à l'article R. 155-1 » dans les formes et délais prévus par les articles R. 151-1 et R. 151-2.**

CHAPITRE II DISPOSITIONS APPLICABLES AU RÉGIME D'ASSURANCE VIEILLESSE DES PROFESSIONS LIBÉRALES, DES AVOCATS ET AUX RÉGIMES MENTIONNÉS AUX ARTICLES 1002 À 1002-4 DU CODE RURAL *(Décr. n° 2004-1449 du 23 déc. 2004).*

SECTION PREMIÈRE DISPOSITIONS COMMUNES

Néant.

SECTION II DISPOSITIONS APPLICABLES AU RÉGIME D'ASSURANCE VIEILLESSE DES PROFESSIONS LIBÉRALES ET DES AVOCATS *(Décr. n° 2004-1449 du 23 déc. 2004).*

Art. R. 152-1 Les décisions des conseils d'administration mentionnés à l'article L. 152-1 sont immédiatement communiquées *(Décr. n° 2009-1596 du 18 déc. 2009, art. 8-V)* « au responsable du service mentionné à l'article R. 155-1.

« Dans les huit jours, celui-ci peut, dans le cas où les décisions lui paraissent contraires à la loi ou de nature à compromettre l'équilibre financier de la caisse, en suspendre l'exécution jusqu'à décision du ministre chargé de la sécurité sociale, qu'il saisit aux fins d'annulation. Lorsque la décision ministérielle n'intervient pas dans le délai de quarante jours à compter de la date de suspension de la décision du conseil d'administration par le responsable du service mentionné à l'article R. 155-1, cette décision est exécutoire de plein droit.

« Le responsable du service mentionné à l'article R. 155-1 » peut également, dans le délai de huit jours prévu au deuxième alinéa ci-dessus, annuler celles des décisions mentionnées au deuxième alinéa de l'article L. 152-1, qui présentent un caractère individuel.

(Décr. n° 2011-211 du 24 févr. 2011, art. 1er) « Par dérogation aux alinéas précédents, les décisions des conseils d'administration de la Caisse nationale d'assurance vieillesse des professions libérales et de la Caisse nationale des barreaux français sont immédiatement communiquées au ministre chargé de la sécurité sociale, qui peut les annuler dans les quarante jours lorsqu'elles lui paraissent contraires à la loi ou de nature à compromettre l'équilibre financier de la caisse » *[.]*

(Décr. n° 99-449 du 2 juin 1999, art. 6 ; Décr. n° 2009-1596 du 18 déc. 2009, art. 8-V) « La communication des décisions au responsable du service mentionné à l'article R. 155-1 *(Décr. n° 2011-211 du 24 févr. 2011, art. 1er)* « ou au ministre chargé de la sécurité sociale » doit être accompagnée de tous documents de nature à éclairer le sens et la portée de celles-ci, et, notamment, des procès-verbaux des séances du conseil d'administration ou du comité de gestion au cours desquelles lesdites décisions ont été adoptées. Les délais prévus *(Décr. n° 2011-211 du 24 févr. 2011, art. 1er)* « aux deuxième et quatrième alinéas » ne courent qu'à compter du jour où cette formalité aura été intégralement remplie. »

Les délais prévus au présent article sont des délais francs. Lorsque le premier jour d'un de ces délais est un jour férié ou un samedi, le délai ne court qu'à compter du premier jour ouvrable qui suit le jour férié ou le samedi. Ces délais sont respectivement portés à un mois et à deux mois en ce qui concerne les divers budgets que les caisses sont tenues d'établir.

(Abrogé par Décr. n° 2011-211 du 24 févr. 2011, art. 1er) « Les dispositions des articles R. 151-4 et R. 151-5 sont applicables *(Décr. n° 2004-1449 du 23 déc. 2004, art. 1er)* *« à la Caisse nationale d'assurance vieillesse des professions libérales et à la Caisse nationale des barreaux français ». »*

SECTION III DISPOSITIONS APPLICABLES AUX RÉGIMES MENTIONNÉS AUX ARTICLES 1002 À 1002-4 DU CODE RURAL

Art. R. 152-2 Les délibérations du conseil d'administration et du comité d'action sanitaire et sociale des organismes de mutualité sociale agricole sont *(Décr. n° 99-449 du 2 juin 1999, art. 7 ; Décr. n° 2009-1596 du 18 déc. 2009, art. 8-VI)* « immédiatement communiquées au responsable du service mentionné à l'article *(Décr. n° 2012-1362 du 6 déc. 2012, art. 2-5°)* « R. 155-1 ». »

La communication doit être accompagnée de tout document de nature à éclairer le sens et la portée des décisions prises, notamment en ce qui concerne les délibérations des conseils d'administration et des comités de la protection sociale, les procès-verbaux des séances au cours desquelles les décisions ou les avis ont été adoptés et les décisions des unions, *(Décr. n° 2000-783 du 23 août 2000, art. 5)* « des unions d'économie sociale, des groupements d'intérêt économique et des sociétés civiles immobilières » ayant fait l'objet d'une délibération du conseil d'administration en application *(Décr. n° 2009-1596 du 18 déc. 2009, art. 8-VI)* « de l'article R. 723-108 du code rural » et de la pêche maritime.

Les délais fixés par l'article R. 152-3 ne courent qu'à dater du jour où ces formalités ont été intégralement remplies.

Art. R. 152-3 *(Décr. n° 2009-1596 du 18 déc. 2009, art. 8-VII)* Dans les huit jours suivant la communication d'une délibération du conseil d'administration ou du comité d'action sanitaire et sociale, le responsable du service mentionné à l'article *(Décr. n° 2012-1362 du 6 déc. 2012, art. 2-6°)* « R. 155-1 » peut, dans le cas où il estime que celle-ci est contraire aux dispositions législatives ou réglementaires ou qu'elle est de nature à compromettre l'équilibre financier de la caisse ou du régime et lorsque les éléments soumis à son appréciation nécessitent un complément d'instruction, en suspendre l'exécution jusqu'à décision du ministre chargé de l'agriculture, qu'il saisit aux fins d'annulation. Si la décision ministérielle n'intervient pas dans un délai de quarante jours à compter de la date de suspension de la délibération du conseil d'administration ou du comité d'action sanitaire et sociale par le responsable du service mentionné à l'article *(Décr. n° 2012-1362 du 6 déc. 2012, art. 2-6°)* « R. 155-1 », cette délibération est exécutoire de plein droit.

(Décr. n° 2012-17 du 4 janv. 2012, art. 3-1°) « Dans le délai de huit jours suivant leur communication, le responsable du service mentionné à l'article *(Décr. n° 2012-1362 du 6 déc. 2012, art. 2-6°)* « R. 155-1 » peut soit prononcer l'annulation, soit suspendre l'exécution jusqu'à décision ministérielle dans les conditions fixées à l'alinéa précédent des délibérations qui présentent un caractère individuel et qui sont illégales. »

(Décr. n° 2012-1362 du 6 déc. 2012, art. 2-6°) « Les délais prévus au présent article sont des délais francs. » Lorsque *(Décr. n° 2012-1362 du 6 déc. 2012, art. 2-6°)* « le premier jour d'un de ces délais » est un jour férié ou un samedi, le délai court du premier jour ouvrable qui suit le jour férié ou le samedi.

Les dispositions du présent article sont applicables aux décisions prises par le directeur d'un organisme de mutualité sociale agricole agissant par délégation du conseil d'administration.

Art. R. 152-4 *(Décr. n° 2000-783 du 23 août 2000, art. 6)* L'application des dispositions des articles R. 152-2 et R. 152-3 aux délibérations *(Abrogé par Décr. n° 2009-793 du 23 juin 2009, art. 3)* *« du conseil central d'administration de la mutualité sociale agricole et »* du comité central d'action sanitaire et sociale ainsi qu'aux délibérations des conseils d'administration des associations à compétence nationale et des comités directeurs des groupements d'intérêt économique à compétence nationale relève du ministre chargé de l'agriculture qui dispose d'un délai de vingt jours à compter de la date à laquelle il a été saisi pour se prononcer. En l'absence de réponse dans ce délai, ces délibérations sont exécutoires de plein droit.

(Décr. n° 2000-814 du 28 août 2000, art. 5 ; Décr. n° 2009-1596 du 18 déc. 2009, art. 8-VIII) « Les délibérations du conseil d'administration ou du comité directeur des associations ou groupements d'intérêt économique autres que ceux mentionnés à l'alinéa précédent sont soumises au contrôle du responsable du service mentionné à l'article *(Décr. n° 2012-1362 du 6 déc. 2012, art. 2-5°)* « R. 155-1 » et, s'il y a lieu, du ministre chargé de l'agriculture dans les conditions prévues aux articles R. 152-2 et R. 152-3. »

Art. R. 152-5 *(Décr. n° 2000-783 du 23 août 2000, art. 10 ; Décr. n° 2009-1596 du 18 déc. 2009, art. 8-IX)* I. — Les délibérations des assemblées générales des caisses départementales et pluridépartementales de mutualité sociale agricole, des associations et des groupements d'intérêt économique dont la compétence est pluridépartementale, régionale ou interrégionale sont exécutoires de plein droit si, à l'issue d'un délai de vingt jours à compter de la date à laquelle il a été saisi, le responsable du service mentionné à l'article *(Décr. n° 2012-1362 du 6 déc. 2012, art. 2-5°)* « R. 155-1 » n'a pas fait connaître son opposition.

II. — Les délibérations des assemblées générales *(Abrogé par Décr. n° 2009-793 du 23 juin 2009, art. 3)* *« de la caisse centrale de la mutualité sociale agricole »*, des associations et des groupements d'intérêt économique dont la compétence est nationale sont exécutoires de plein droit si, à l'issue d'un délai de vingt jours à compter de la date à laquelle il a été saisi, le ministre chargé de l'agriculture n'a pas fait connaître son opposition.

Art. R. 152-6 *(Décr. nº 2000-1002 du 16 oct. 2000, art. 2)* Par dérogation aux dispositions de l'article R. 152-3, les délais pour suspendre et annuler les délibérations des conseils d'administration des caisses de mutualité sociale agricole portant sur des opérations immobilières sont respectivement fixés à un mois et deux mois. Pour les délibérations mentionnées à l'article R. 152-4 et portant sur des opérations immobilières, le délai dans lequel le ministre chargé de l'agriculture doit se prononcer est fixé à deux mois.

CHAPITRE II *BIS* DISPOSITIONS COMMUNES *(Décr. nº 2009-1596 du 18 déc. 2009, art. 8-X).*

Art. R. 152-7 *(Décr. nº 2012-1362 du 6 déc. 2012, art. 2-7º)* Les décisions mentionnées aux articles L. 151-1 et L. 152-1 sont transmises par voie électronique au service mentionné à l'article R. 155-1, au ministre chargé de la sécurité sociale ou au ministre chargé de l'agriculture.

Art. R. 152-8 *(Décr. nº 2014-934 du 19 août 2014, art. 2-2º)* Les décisions des directeurs des organismes de sécurité sociale prises pour la mise en œuvre des dispositions législatives spéciales prévoyant des thèmes de négociation collective obligatoire sont soumises à l'agrément du ministre chargé de la sécurité sociale et, pour les organismes de mutualité sociale agricole, du ministre chargé de l'agriculture.

L'art. R. 152-8 est applicable à Mayotte (Décr. nº 2014-934 du 19 août 2014, art. 3).

CHAPITRE III CONTRÔLE DES BUDGETS — CONTRÔLES DIVERS

Art. R. 153-1 *Abrogé par Décr. nº 2009-1596 du 18 déc. 2009, art. 25-II.*

Art. R. 153-2 *(Décr. nº 99-449 du 2 juin 1999, art. 8)* L'autorité compétente de l'État mentionnée à l'article L. 153-2 pour approuver les budgets des établissements gérés par les organismes de sécurité sociale est le directeur *(Décr. nº 2010-344 du 31 mars 2010, art. 273)* « général de l'agence régionale de santé en ce qui concerne les établissements de santé et les établissements mentionnés aux 8°, 13°, 14° et 15° du I de l'article L. 312-1 du code de l'action sociale et des familles ».

L'autorité compétente de l'État mentionnée à l'article L. 153-6 est l'autorité chargée du contrôle administratif.

Art. R. 153-3 Les unions ou fédérations d'organismes de sécurité sociale instituées conformément aux dispositions législatives ou réglementaires en vigueur sont soumises au même régime administratif et financier que les organismes de sécurité sociale du régime dont elles font partie.

(Décr. nº 86-839 du 16 juill. 1986, art. 10) « Les dispositions du présent article sont applicables à tous organismes, à l'exception des organismes d'assurance vieillesse et d'assurance maladie et maternité des travailleurs non salariés des professions non agricoles, » *(Décr. nº 99-1128 du 28 déc. 1999)* « de la Caisse d'assurance vieillesse, invalidité et maladie » des cultes et de la caisse des Français de l'étranger. »

Art. R. 153-4 *(Décr. nº 2009-793 du 23 juin 2009, art. 3)* Pour les organismes mentionnés à l'article L. 153-3, l'autorité compétente de l'État est le ministre chargé de l'agriculture. Si la décision ministérielle n'intervient pas dans le délai de deux mois à compter de la date à laquelle le ministre a été saisi, les délibérations sont exécutoires de plein droit.

Art. R. 153-5 *Abrogé par Décr. nº 2009-1596 du 18 déc. 2009, art. 25-II.*

Art. R. 153-6 L'autorité compétente de l'État mentionnée aux articles L. 153-4 et L. 153-5 est *(Décr. nº 2009-1596 du 18 déc. 2009, art. 9)* « le responsable du service mentionné à l'article R. 155-1 » *(Abrogé par Décr. nº 2012-1362 du 6 déc. 2012, art. 2-

8°) « ou, pour les organismes de mutualité sociale agricole, du service mentionné à l'article R. 155-2 ».

Art. R. 153-7 Si les budgets de la gestion administrative, de l'action sanitaire et sociale, de la prévention et du contrôle médical d'un organisme de sécurité sociale ou des établissements gérés par celui-ci, bien que régulièrement arrêtés, votés ou délibérés, selon le cas, par le *(Décr. n° 2004-1075 du 12 oct. 2004, art. 7-10°)* « conseil ou le conseil d'administration » avant le 1er janvier, ne sont pas en état d'être exécutés au commencement de l'année à laquelle ils se rapportent, les dépenses ordinaires portées au dernier budget continuent à être faites jusqu'à l'entrée en vigueur du nouveau budget, sous réserve des modifications justifiées par l'exécution des engagements autorisés ou des dépenses obligatoires.

Ces crédits ne peuvent être employés chaque mois que dans la limite du douzième des crédits annuels. Toutefois, pour les crédits en litige, le ministre ou son représentant territorial peut fixer une proportion mensuelle inférieure.

Lorsqu'une suspension ou une annulation prononcée par le ministre ou son représentant territorial ne porte que sur des crédits inscrits à l'un des budgets susmentionnés, les dispositions du présent article ne sont applicables qu'aux crédits faisant l'objet de la suspension ou de l'annulation et jusqu'à ce qu'une nouvelle délibération du conseil d'administration les concernant soit devenue exécutoire.

Le présent article a le même champ d'application que *(Décr. n° 2000-783 du 23 août 2000, art. 9)* « les articles L. 153-3 et L. 153-4 ».

Art. R. 153-8 (Abrogé par Décr. n° 2018-174 du 9 mars 2018, art. 15-I, à compter du 1er janv. 2018) ***Les régimes, organismes, institutions et services mentionnés aux articles L. 111-1, L. 111-2, L. 711-1 et L. 731-1 sont soumis au contrôle de l'inspection générale de la sécurité sociale.***

Art. R. 153-9 Les caisses primaires *(Décr. n° 2010-344 du 31 mars 2010, art. 273)* « d'assurance maladie, les caisses d'assurance retraite et de la santé au travail », les caisses d'allocations familiales et les institutions mentionnées aux articles L. 111-2, L. 711-1 et L. 731-1 sont soumises au contrôle de l'inspection générale des finances, des trésoriers-payeurs généraux *(Décr. n° 2010-344 du 31 mars 2010, art. 273)* « ou des directeur *[directeurs]* régionaux ou départementaux des finances publiques » et, à Paris, du receveur général des finances de Paris.

Un arrêté du ministre chargé du budget et du ministre chargé de la sécurité sociale précise les conditions dans lesquelles sera effectué le contrôle prévu à l'alinéa précédent.

CHAPITRE IV CONTRÔLE DE LA COUR DES COMPTES

Art. R. 154-1 *(Décr. n° 2003-244 du 13 mars 2003)* Le contrôle de la Cour des comptes s'exerce dans les conditions fixées au chapitre IV du titre III du livre Ier du code des juridictions financières.

CHAPITRE V CONTRÔLE RELEVANT D'UN SERVICE À COMPÉTENCE NATIONALE

(Décr. n° 2009-1596 du 18 déc. 2009, art. 2)

Art. R. 155-1 Le contrôle des organismes locaux et régionaux de sécurité sociale *(Décr. n° 2012-1362 du 6 déc. 2012, art. 2-9°)* « et des » organismes de mutualité sociale agricole est assuré par un service à compétence nationale, créé dans les conditions prévues par le décret n° 97-464 du 9 mai 1997 relatif à la création et à l'organisation des services à compétence nationale.

Le service mentionné au premier alinéa exerce également son contrôle sur les *(Décr. n° 2018-174 du 9 mars 2018, art. 15-I, en vigueur le 1er janv. 2018)* « sections professionnelles mentionnées à l'article L. 641-5 et sur les instances régionales de la protection sociale des travailleurs indépendants mentionnées à l'article L. 612-4 ».

Art. R. 155-2 *Abrogé par Décr. n° 2012-1362 du 6 déc. 2012, art. 2-10°.*

Art. R. 155-3 Le contrôle opéré par *(Décr. n° 2012-1362 du 6 déc. 2012, art. 2-11°)* « le service mentionné à l'article R. 155-1 » s'exerce sur pièces et sur place. Les organismes de sécurité sociale *(Décr. n° 2012-1362 du 6 déc. 2012, art. 2-11°)* « et de mutualité sociale agricole » sont tenus de fournir aux membres de ces services tous documents et supports d'information utiles à l'exercice de ce contrôle. Un arrêté des ministres chargés de la sécurité sociale et de l'agriculture définit les éléments devant être fournis périodiquement.

Art. R. 155-4 *(Décr. n° 2017-864 du 9 mai 2017, art. 1er-II)* « A moins qu'il ne saisisse le ministre chargé de la sécurité sociale ou le ministère public des poursuites à exercer en vertu des articles L. 244-1 à L. 244-4, le responsable du service mentionné à l'article R. 155-1 a la faculté de recourir à la procédure prévue ci-après en vue du recouvrement des sommes dues par l'employeur ou le travailleur indépendant. »

Si, à l'expiration du délai de quinze jours imparti par l'avertissement ou la mise en demeure, le versement dû n'a pas été intégralement effectué ou si la réclamation introduite dans ce même délai par l'employeur ou le travailleur indépendant n'a pas été admise *(Décr. n° 2009-1596 du 18 déc. 2009, art. 5-II)* « par le responsable du service mentionné à l'article R. 155-1 » et n'a pas été portée par l'employeur ou le travailleur indépendant dans les quinze jours devant la juridiction compétente pour les contestations relatives aux cotisations, l'état des *(Décr. n° 2017-1409 du 25 sept. 2017, art. 1er-III)* « cotisations et contributions sociales » mentionnées par l'avertissement ou la mise en demeure est rendu exécutoire *(Décr. n° 2009-1596 du 18 déc. 2009, art. 5-II)* « par décision du responsable du service mentionné à l'article R. 155-1, remise au *(Décr. n° 2014-551 du 27 mai 2014, art. 28-3°)* « directeur départemental ou, le cas échéant, régional des finances publiques » du département où se trouve *(Décr. n° 2017-1409 du 25 sept. 2017, art. 1er-III)* « le siège social de l'entreprise ou le cas échéant de son établissement principal » ou le domicile du travailleur indépendant, » qui assure, par l'intermédiaire du *(Décr. n° 2014-551 du 27 mai 2014, art. 28-3°)* « comptable de la direction générale des finances publiques » du domicile du débiteur, le recouvrement des sommes ainsi exigibles, y compris les frais afférents, comme en matière de contributions directes.

L'arrêté mentionné *(Décr. n° 2017-1409 du 25 sept. 2017, art. 1er-III)* « à l'article L. 133-4-10 » est pris par le ministre chargé du budget.

La procédure sommaire applicable au recouvrement des cotisations, et, éventuellement, des pénalités de retard dues au titre des régimes de protection sociale agricole demeure soumise aux dispositions de l'article *(Décr. n° 2017-1409 du 25 sept. 2017, art. 1er-III)* « L. 725-3 du code rural et de la pêche maritime » et aux textes pris pour son application. — *[Anc. art. R. 133-2.]*

Les dispositions de l'art. 1er du Décr. n° 2017-1409 du 25 sept. 2017 sont applicables aux contrôles n'ayant pas fait l'objet d'un procès-verbal de travail dissimulé à la date de publication du décret susvisé (Décr. préc., art. 5, JO 27 sept.).

TITRE SIXIÈME DISPOSITIONS RELATIVES AUX PRESTATIONS ET AUX SOINS — CONTRÔLE MÉDICAL — TUTELLE AUX PRESTATIONS SOCIALES

CHAPITRE PRÉLIMINAIRE DISPOSITIONS RELATIVES À LA PRISE EN CHARGE DES FRAIS DE SANTÉ *(Décr. n° 2015-1865 du 30 déc. 2015, art. 2-I, en vigueur le 1er janv. 2016).*

SECTION PREMIÈRE DISPOSITIONS RELATIVES AUX BÉNÉFICIAIRES *(Décr. n° 2015-1865 du 30 déc. 2015, art. 2-I-1°, en vigueur le 1er janv. 2016).*

SOUS-SECTION UNIQUE SOINS DISPENSÉS À L'ÉTRANGER *(Décr. n° 2015-1865 du 30 déc. 2015, art. 2-I-1°, en vigueur le 1er janv. 2016).*

Art. R. 160-1 *(Décr. n° 2014-516 du 22 mai 2014, art. 1er-3°)* Les soins dispensés *(Décr. n° 2015-1865 du 30 déc. 2015, art. 2-I-1°, en vigueur le 1er janv. 2016)* « aux personnes bénéficiaires de la prise en charge des frais de santé au titre des articles L. 160-1 et L. 160-2 et aux personnes qui leur sont rattachées au sens des règlements européens » qui s'avèrent médicalement nécessaires au cours d'un séjour temporaire dans un autre État membre de l'Union européenne ou partie à l'accord sur l'Espace économique européen ou en Suisse font l'objet, en cas d'avance de frais, d'un remboursement par les caisses d'assurance maladie dans les conditions prévues dans l'État de séjour ou, en cas d'accord de l'assuré social, dans les conditions prévues par la législation française, sans que le montant du remboursement puisse excéder le montant des dépenses engagées par l'assuré et sous réserve des adaptations prévues *(Décr. n° 2015-1865 du 30 déc. 2015, art. 2-I-1°, en vigueur le 1er janv. 2016)* « aux articles R. 160-2, R. 160-3 et R. 160-3-1 ». — *[Anc. art. R. 332-3.]*

Sur les exceptions à l'application du droit des usagers de saisir l'administration par voie électronique concernant les démarches effectuées auprès des organismes de sécurité sociale, V. CRPA, App., v° Saisine par voie électronique — Exceptions. — ***CRPA.***

Art. R. 160-2 *(Décr. n° 2014-516 du 22 mai 2014, art. 1er-4°)* « I. — Les caisses d'assurance maladie ne peuvent procéder que sur autorisation préalable au remboursement des frais de soins dispensés *(Décr. n° 2015-1865 du 30 déc. 2015, art. 2-I-1°, en vigueur le 1er janv. 2016)* « aux personnes bénéficiaires de la prise en charge des frais de santé au titre des articles L. 160-1 et L. 160-2 et aux personnes qui leur sont rattachées au sens des règlements européens » dans un autre État membre de l'Union européenne ou partie à l'accord sur l'Espace économique européen ou en Suisse, dans le cadre d'un déplacement aux fins de recevoir un traitement adapté, lorsque ces soins :

« 1° Impliquent le séjour du patient concerné dans un établissement de soins pour au moins une nuit ; ou

« 2° Nécessitent le recours aux infrastructures ou aux équipements médicaux hautement spécialisés et coûteux, qui figurent sur une liste établie par arrêté des ministres chargés de la sécurité sociale et de la santé.

« II. — L'autorisation mentionnée au I ne peut être refusée lorsque les conditions suivantes sont réunies :

« 1° La prise en charge des soins envisagés est prévue par la réglementation française ;

« 2° Ces soins sont appropriés à l'état de santé du patient ;

« 3° Un traitement identique ou présentant le même degré d'efficacité ne peut pas être obtenu en France dans un délai acceptable sur le plan médical, compte tenu de l'état de santé actuel du patient et de l'évolution probable de son affection.

« L'assuré social adresse la demande d'autorisation à sa caisse *(Décr. n° 2017-736 du 3 mai 2017, art. 1er-5°)* « de rattachement ». La décision est prise par le contrôle médical. Elle doit être notifiée dans un délai compatible avec le degré d'urgence et de disponibilité des soins envisagés et au plus tard deux semaines après la réception de la demande de l'intéressé ou, le cas échéant, de la demande de l'institution de l'État de résidence. En l'absence de réponse à l'expiration de ce dernier délai, l'autorisation est réputée accordée. »

Les décisions de refus sont dûment motivées et susceptibles de recours *(Décr. n° 2018-928 du 29 oct. 2018, art. 11, en vigueur le 1er janv. 2019)* « devant le tribunal de grande instance spécialement désigné » compétent. Toutefois, les contestations de ces décisions, lorsqu'elles portent sur l'appréciation faite par le médecin-conseil de l'état du malade, du caractère approprié à son état des soins envisagés ou du caractère identique ou d'un même degré d'efficacité du ou des traitements disponibles en France, sont soumises à expertise médicale dans les conditions prévues par le chapitre Ier du titre IV du livre Ier du présent code.

(Décr. n° 2014-516 du 22 mai 2014, art. 1er-4°) « III. — Ces soins sont soumis aux mêmes règles de remboursement que celles prévues par l'article *(Décr. n° 2015-1865 du 30 déc. 2015, art. 2-I-1°, en vigueur le 1er janv. 2016)* « R. 160-1 ».

« Les soins autres que ceux mentionnés au I du présent article qui sont dispensés dans un autre État membre de l'Union européenne ou partie à l'accord sur l'Espace économique européen ne sont pas soumis à autorisation préalable et sont remboursés aux assurés sociaux dans les mêmes conditions que si les soins avaient été reçus en France, sous réserve que leur prise en charge soit prévue par la réglementation française. » — *[Anc. art. R. 332-4.]*

V. note ss. art. R. 160-1.

Jurisprudence antérieure au Décr. n° 2015-1865 du 30 déc. 2015.

I. SOINS PROGRAMMÉS DANS L'UNION EUROPÉENNE

A. SOINS HOSPITALIERS

1. Principe. Autorisation préalable. Les art. 49 et 50 du traité de Rome ne s'opposent pas à la législation d'un État membre qui subordonne la prise en charge de soins dispensés dans un établissement hospitalier situé dans un autre État membre à l'obtention d'une autorisation préalable de la caisse maladie à laquelle l'assuré est affilié et qui soumet l'octroi d'une telle autorisation à la condition que l'assuré ne puisse recevoir en France les soins appropriés à son état. • Soc. 26 sept. 2002, n° 01-20.316 P : *RJS 2002, n° 1431* • Civ. 2e, 15 févr. 2005 *(1re esp.)* : *RJS 2005, n° 569.* ♦ La procédure d'instruction de la demande d'autorisation préalable doit être aisément accessible et propre à garantir aux intéressés que leur demande sera traitée dans un délai raisonnable. • Civ. 2e, 16 nov. 2004, n° 03-17.089 P : *RJS 2005, n° 203 ; TPS 2005. Comm. 18, obs. Prétot* (s'agissant d'un refus de la caisse, la demande préalable ayant été présentée sept jours seulement avant le début des traitements de fécondation *in vitro*). ♦ V. aussi • Civ. 2e, 15 févr. 2005 *(2e esp.)* : *RJS 2005, n° 569* (délai de six jours). ♦ Comp. : Pour une hospitalisation en établissement privé : l'art. 49 CE s'oppose à la législation d'un État membre (grecque en l'occurrence) qui exclut tout remboursement, par un organisme national de sécurité sociale, des frais occasionnés par l'hospitalisation de ses assurés dans des établissements de soins privés situés dans un autre État membre, à l'exception de ceux relatifs aux soins dispensés aux enfants de moins de 14 ans. • CJCE 19 avr. 2007, n° C-444/05, *A. Stamataleki : RDSS 2007. 633, note Lhernould*.

2. Compétence. L'institution compétente pour délivrer l'autorisation préalable mentionnée audit art. 22, § 1, ss. c) et i), lorsque la demande d'autorisation concerne des assurés sociaux se trouvant dans une telle situation, est l'institution du lieu de résidence des intéressés. • CJCE 3 juill. 2003 : *RJS 2003. 914, n° 1329 ; RDSS 2003. 685, note Muller ; D. 2003. IR 2122*.

3. Refus d'autorisation. L'autorisation ne peut être refusée que lorsqu'un traitement hospitalier identique ou présentant le même degré d'efficacité pour le patient peut être obtenu en temps opportun dans un établissement ayant conclu une convention avec ladite caisse. • CJCE 13 mai 2003, n° C-385/99 : *RJS 2003. 725, n° 1066 et obs. Lhernould, p. 650* • CJCE 23 oct. 2003, n° C-56/01 : *RJS 2004. 82, n° 109, et obs. Lhernould, p. 22 s. ; D. 2003. IR 2727*. ♦ Pour un refus justifié par l'existence de traitements en France, V. • Civ. 2e, 11 juill. 2005, n° 04-13.869. ♦ Un refus d'autorisation préalable ne peut être fondé sur la seule existence de listes d'attente destinées à planifier et à gérer l'offre hospitalière en fonction de priorités cliniques préétablies en termes généraux, sans qu'il ait été procédé à une évaluation médicale objective de l'état pathologique du patient, de ses antécédents, de l'évolution probable de sa maladie, du degré de sa douleur et/ou de la nature de son handicap lors de l'introduction ou du renouvellement de sa demande d'autorisation. • CJCE 16 mai 2006, n° C-372/04, *Watts : RDSS 2006. 843 ; Dr. soc. 2006. 1071, obs. Lhernould ; Europe 2006, p. 20, obs. Idot.* ♦ V. aussi, • CJCE 13 mai 2003, n° C-385/99 : *préc.*

4. Soumission à une procédure d'expertise (non). Les art. 49 et 50 du traité CE s'opposent à une réglementation d'un État membre subordonnant la prise en charge de dépenses afférentes à l'hébergement, à la restauration, au voyage, à la taxe de séjour et à l'élaboration d'un rapport médical final, engagées en raison d'une cure thermale effectuée dans un autre État membre, à l'obtention d'une reconnaissance préalable d'éligibilité qui n'est octroyée que s'il est établi, par une expertise des services de santé publique ou par un médecin-conseil, que la cure envisagée revêt une impérieuse nécessité du fait de chances de succès beaucoup plus élevées dans cet autre État membre. • CJCE 18 mars 2004, n° C-8/02 : *RJS 2004, n° 777, et obs. Lhernould, p. 446 s.*

5. Soumission à l'inscription sur une liste (oui). Le fait qu'une réglementation subordonne la prise en charge de dépenses afférentes à l'hébergement, à la restauration, au voyage, à la taxe de séjour et à l'élaboration d'un rapport médical final, engagées en raison d'une cure thermale effectuée dans un autre État membre, à la condition que la station thermale concernée figure sur une liste *ad hoc* n'est pas contraire au principe de liberté de prestations prévues dans ces articles. Il appartient toutefois à la juridiction nationale de s'assurer que les conditions éventuelles auxquelles se trouve soumise l'inscription d'une station thermale sur une telle liste revêtent un caractère objectif et n'ont pas pour effet de rendre les prestations de services entre États membres plus difficiles que les prestations qui sont purement internes à l'État membre concerné. • CJCE 18 mars 2004 : *aff. préc.*

6. Niveau de prise en charge. En application de l'art. 22 du Règl. (CEE) n° 1408/71, lorsqu'un assuré social a été autorisé par l'institution compétente à se rendre sur le territoire d'un autre État membre pour y recevoir des soins, l'institution du lieu de séjour est tenue de lui servir les prestations en nature conformément aux règles relatives à la prise en charge des soins de santé qu'applique cette dernière, comme si l'intéressé y était affilié. • CJCE 12 juill. 2001, n° C-368/98, *Vanbraekel : RJS 2001, n° 1234.* ♦ Les art. 22 et 36 du Règl. (CEE) n° 1408/71 du Conseil ne confèrent pas à l'affilié, autorisé par l'institution compétente à se rendre dans un autre État membre pour y recevoir des soins hospitaliers appropriés à son état de santé, un droit au remboursement par ladite institution des frais de déplacement, de séjour et de repas encourus sur le territoire de cet État membre par l'affilié et la personne l'ayant accompagné, à l'exception des frais de séjour et de repas de l'affilié dans l'établissement hospitalier. • CJCE 15 juin 2006, ⚖ n° C-466/04, *Acereda Herrera : JCP S 2006. 1735, note Coursier.* ♦ Lorsqu'un assuré social, ayant introduit une demande d'autorisation sur le fondement de l'art. 22 du Règl. (CEE) n° 1408/71, a essuyé un refus de la part de l'institution compétente, et que le caractère non fondé d'un tel refus est ultérieurement établi, l'intéressé est en droit d'obtenir directement à charge de l'institution compétente le remboursement ; son montant est équivalent à celui qui aurait été supporté par l'institution du lieu de séjour conformément aux règles prévues par la législation qu'applique cette dernière, si l'autorisation avait été dûment délivrée dès l'origine. • Même arrêt.

B. SOINS NON HOSPITALIERS

7. Dispense d'autorisation préalable. Soins dentaires. Les art. 49 et 50 du traité de Rome concernant la libre prestation des services s'opposent à une réglementation nationale qui subordonne à l'autorisation de l'organisme de sécurité sociale de l'assuré le remboursement des prestations de soins dentaires fournis par un orthodontiste établi dans un autre État membre. • CJCE 28 avr. 1998, ⚖ n° C-158/96, *Kholl : RJS 1998, n° 802, 1re esp. ; D. 1998. IR 145* ✎ (non-conformité des dispositions luxembourgeoises au traité de Rome) V. • CJCE 13 mai 2003 : *aff. préc.* (peu importe que la législation nationale en cause instaure un régime de prestations en nature en vertu duquel les assurés ont droit non au remboursement des frais exposés pour des soins médicaux, mais aux soins eux-mêmes, qui sont dispensés gratuitement).

8. Frais d'optique. Les art. 30 et 36 du traité de Rome concernant la libre circulation des marchandises s'opposent à une réglementation nationale, en vertu de laquelle un organisme de sécurité sociale d'un État membre refuse à un assuré le remboursement forfaitaire d'une paire de lunettes achetée auprès d'un opticien établi dans un autre État membre, au motif que l'achat de tout produit médical à l'étranger doit être au préalable autorisé. • CJCE 28 avr. 1998, ⚖ n° C-120/95, *Decker : RJS 1998, n° 802, 2e esp. ; D. 1998. IR 145* ✎ (non-conformité des dispositions luxembourgeoises au traité de Rome).

II. SOINS INOPINÉS DANS L'UNION EUROPÉENNE

9. Conditions de prise en charge. Les soins dispensés aux assurés sociaux dans un autre État membre de l'Union européenne sont remboursés dans les mêmes conditions que s'ils avaient été reçus en France : un assuré ne peut donc obtenir le remboursement de frais d'optique exposés lors d'un séjour en Belgique s'il n'a pas obtenu au préalable une prescription médicale. • Civ. 2e, 9 avr. 2009, ⚖ n° 08-12.170 P.

10. Niveau de prise en charge. Il résulte des dispositions de l'art. 49 du traité du 25 mars 1957, tel qu'interprétées par la CJCE dans sa décision du 12 juillet 2001 *(Vanbraekel c/ ANMC)*, que la caisse du lieu d'affiliation est tenue de prendre en charge les frais médicaux exposés par son assuré dans un autre État membre selon le tarif applicable à des soins identiques dispensés en France, de sorte que si le remboursement effectué en application des règles en vigueur dans l'État de séjour est inférieur à celui qui aurait résulté de l'application de la législation en vigueur dans l'État d'affiliation, un remboursement complémentaire correspondant à cette différence doit être accordé à l'assuré social par l'institution compétente. • Soc. 28 mars 2002, ⚖ *Magnan*, n° 00-15.903 P : *RJS 2002, n° 720 ; JCP 2002. IV. 1847, p. 960 ; JSL 2002, arrêt 102-7, p. 21 ; Dr. soc. 2002. 649, note Kessler* ✎ (peu importe que les soins n'aient pas été dispensés dans un établissement relevant du service national de santé) • Civ. 2e, 25 mai 2004, n° 06-30.674 P : *D. 2004. IR 2009 ; RJS 2004, n° 961.* ♦ V. pour des soins hospitaliers inopinés : Le fait d'imposer à un État membre l'obligation de garantir à ses propres affiliés un remboursement complémentaire par l'institution compétente chaque fois que le niveau de couverture applicable dans l'État membre de séjour pour les soins hospitaliers inopinés en cause s'avère inférieur à celui applicable en vertu de sa propre réglementation reviendrait à mettre à mal l'économie même du système voulu par le Règl. n° 1408/71. En effet, dans tout cas relatif à de tels soins, l'institution compétente de l'État membre d'affiliation se verrait systématiquement exposée à la charge financière la plus élevée, que ce soit par l'application, conformément à l'art. 22, § 1, ss. a), dudit règlement, de la réglementation de l'État membre de séjour qui prévoit un niveau de couverture supérieur à celui prévu par la réglementation de l'État membre d'affiliation ou par l'application de cette dernière réglementation dans l'hypothèse contraire. • CJCE 15 juin 2010, ⚖ n° C-211/08, *Commission c/ Espagne : JCP 2010. 766, note Picod.*

11. Situation des retraités. L'art. 31 du Règl. (CEE) n° 1408/71 doit être interprété en ce sens que le bénéfice des prestations en nature garanties par cette disposition aux titulaires de pensions séjournant dans un État membre autre que leur État de résidence n'est pas soumis à la condition que l'affection ayant nécessité les soins concernés soit apparue de manière soudaine à l'occasion d'un tel séjour, rendant lesdits soins immédiatement nécessaires. Cette disposition s'oppose dès lors à ce qu'un État membre subordonne ledit bénéfice à une telle condition (possibilité de prendre en charge les soins liées aux affections chroniques apparues avant le séjour). • CJCE 25 févr. 2003, n° C-326/00 : *RJS 2003. 525, n° 796, et obs. Lhernould, p. 471 s.*

12. Coopération entre institutions nationales. Lorsqu'il apparaît que l'institution du lieu de séjour a refusé à tort de servir des prestations en nature visées à l'art. 31 du Règl. n° 1408/71 et que l'institution du lieu de résidence s'est abstenue, après avoir été avisée de ce refus, de contribuer à faciliter, comme elle en a l'obligation, une application correcte de cette disposition, il incombe à cette dernière institution, sans préjudice d'une éventuelle responsabilité de l'institution du lieu de séjour, de rembourser directement à l'assuré le coût des soins qu'il a dû supporter, de manière à garantir à ce dernier un niveau de prise en charge équivalent à celui dont il aurait bénéficié si les dispositions dudit article avaient été respectées. • CJCE 25 févr. 2003 : *préc. note 11.*

Art. R. 160-3 *(Décr. n° 2005-386 du 19 avr. 2005)* **Des conventions passées entre les organismes de sécurité sociale et certains établissements de soins établis dans un État membre de l'Union européenne ou partie à l'accord sur l'Espace économique européen** *(Décr. n° 2014-516 du 22 mai 2014, art. 1er-1°)* **« ou la Suisse » peuvent, après autorisation conjointe du ministre chargé de la sécurité sociale et du ministre chargé de la santé** *(Décr. n° 2014-516 du 22 mai 2014, art. 1er-5°)* **« , ou de l'agence régionale de santé compétente, » prévoir les conditions de séjour dans ces établissements de malades** *(Décr. n° 2015-1865 du 30 déc. 2015, art. 2-I-1°, en vigueur le 1er janv. 2016)* **« bénéficiaires de la prise en charge des frais de santé au titre des articles L. 160-1 et L. 160-2 ou de personnes qui leur sont rattachées au sens des règlements européens qui ne peuvent pas » recevoir en France les soins appropriés à leur état, ainsi que les modalités de remboursement des soins dispensés.**

(Décr. n° 2015-1865 du 30 déc. 2015, art. 2-I-1°, en vigueur le 1er janv. 2016) **« Les personnes bénéficiaires de la prise en charge des frais de santé au titre des articles L. 160-1 et L. 160-2 et les personnes qui leur sont rattachées au sens des règlements européens qui bénéficient des conventions mentionnées au premier alinéa sont dispensées », lorsqu'il s'agit de soins hospitaliers, d'autorisation préalable.** — *[Anc. art. R. 332-5.]*

V. note ss. art. R. 160-1.

Art. R. 160-3-1 *(Décr. n° 2011-2119 du 30 déc. 2011, art. 3)* **Les frais d'examens de biologie médicale effectués par un laboratoire de biologie médicale établi hors de France sur le territoire d'un autre État membre de l'Union européenne ou partie à l'accord sur l'Espace économique européen, à partir des échantillons biologiques prélevés en France, sont remboursés, dans les conditions prévues aux articles L. 162-1-7 et L. 162-14-1, dès lors que ce laboratoire satisfait aux conditions prévues par l'article L. 6221-4 du code de la santé publique.** — *[Anc. art. R. 332-6.]*

V. note ss. art. R. 160-1.

Art. R. 160-4 **Les caisses d'assurance maladie** *(Décr. n° 2005-386 du 19 avr. 2005)* **« peuvent » procéder au remboursement forfaitaire des soins dispensés** *(Décr. n° 2005-386 du 19 avr. 2005)* **« hors d'un État membre de l'Union européenne ou partie à l'accord sur l'Espace économique européen »** *(Décr. n° 2014-516 du 22 mai 2014, art. 1er-1°)* **« ou la Suisse »** *(Décr. n° 2015-1865 du 30 déc. 2015, art. 2-I-1°, en vigueur le 1er janv. 2016)* **« *[aux]* personnes bénéficiaires de la prise en charge des frais de santé au titre des articles L. 160-1 et L. 160-2 » qui sont tombés malades inopinément, sans que celui-ci puisse excéder le montant du remboursement qui aurait été alloué si les intéressés avaient reçu les soins en France.**

Lorsque *(Décr. n° 2015-1865 du 30 déc. 2015, art. 2-I-1°, en vigueur le 1er janv. 2016)* **« les personnes bénéficiaires de la prise en charge des frais de santé au titre des articles L. 160-1 et L. 160-2 » ne** *(Décr. n° 2005-386 du 19 avr. 2005)* **« peuvent » recevoir en France les soins appropriés à leur état, les conventions intervenant entre les** *(Décr. n° 2005-386 du 19 avr. 2005)* **« organismes de sécurité sociale » d'une part, et certains établissements de soins à l'étranger d'autre part,** *(Décr. n° 2005-386 du 19 avr. 2005)* **« peuvent », après autorisation conjointe du ministre chargé de la sécurité**

sociale et du ministre chargé de la santé, prévoir les conditions de séjour des intéressés dans lesdits établissements, ainsi que les modalités de remboursement des soins dispensés.

Indépendamment des cas prévus à l'alinéa ci-dessus, les caisses d'assurance maladie *(Décr. n° 2005-386 du 19 avr. 2005)* « peuvent », à titre exceptionnel, et après avis favorable du contrôle médical, procéder au remboursement forfaitaire des soins dispensés *(Décr. n° 2005-386 du 19 avr. 2005)* « hors d'un État membre de l'Union européenne ou partie à l'accord sur l'Espace économique européen » *(Décr. n° 2014-516 du 22 mai 2014, art. 1er-1°)* « ou la Suisse » à *(Décr. n° 2015-1865 du 30 déc. 2015, art. 2-I-1°, en vigueur le 1er janv. 2016)* « une personne bénéficiaire de la prise en charge des frais de santé au titre des articles L. 160-1 et L. 160-2 » lorsque celui-ci aura établi qu'il ne pouvait recevoir sur le territoire français les soins appropriés à son état. *(Décr. n° 2014-516 du 22 mai 2014, art. 1er-2°)* « Les caisses d'assurance maladie réexaminent la situation en fonction de l'état de santé du patient et de l'offre de soins disponible à la date des soins, en France ou dans un autre État membre de l'Union européenne ou partie à l'accord sur l'Espace économique européen ou en Suisse. » – *[Anc. art. R. 332-2.]*

V. note ss. art. R. 160-1.

SECTION II **DISPOSITIONS RELATIVES AUX PRESTATIONS** *(Décr. n° 2015-1865 du 30 déc. 2015, art. 2-I-2°, en vigueur le 1er janv. 2016).*

Néant.

SECTION III **PARTICIPATION DE L'ASSURÉ SOCIAL** *(Décr. n° 2015-1865 du 30 déc. 2015, art. 2-I-3°, en vigueur le 1er janv. 2016).*

SOUS-SECTION I **MONTANT DE LA PARTICIPATION DE L'ASSURÉ** *(Décr. n° 2015-1865 du 30 déc. 2015, art. 2-I-3°, en vigueur le 1er janv. 2016).*

Art. R. 160-5 *(Décr. n° 2004-1490 du 30 déc. 2004)* La participation de l'assuré prévue au I de l'article *(Décr. n° 2015-1865 du 30 déc. 2015, art. 2-I-3°, en vigueur le 1er janv. 2016)* « L. 160-13 » est fixée par le conseil de l'Union nationale des caisses d'assurance maladie dans les limites suivantes :

1° De 15 à 25 % pour les frais d'honoraires des praticiens et auxiliaires médicaux afférents aux soins dispensés au cours d'une hospitalisation dans un établissement de santé public ou privé ainsi que les frais *(Décr. n° 2011-2119 du 30 déc. 2011, art. 5-9°)* « d'examens de biologie médicale » afférents à des soins dispensés dans les mêmes conditions ;

2° De 15 à 25 % du tarif de responsabilité de la caisse pour les frais d'hospitalisation dans un établissement de santé public ou privé ;

3° De 25 à 35 % pour les frais d'honoraires des praticiens, sauf pour ceux qui sont mentionnés au 1° ci-dessus ;

4° De 35 à 45 % pour les frais d'honoraires des auxiliaires médicaux, sauf pour ceux qui sont mentionnés au 1° ci-dessus ;

5° De 35 à 45 % pour les frais *(Décr. n° 2011-2119 du 30 déc. 2011, art. 5-9°)* « d'examens de biologie médicale », sauf pour ceux qui sont mentionnés au 1° ci-dessus ;

6° De *(Décr. n° 2011-56 du 14 janv. 2011, art. 2)* « 70 à 75 % » pour les médicaments principalement destinés au traitement des troubles ou affections sans caractère habituel de gravité et pour les médicaments dont le service médical rendu, tel que défini au I de l'article R. 163-3, *(Décr. n° 2010-6 du 5 janv. 2010, art. 2)* « a été classé comme modéré en application du 6° de l'article R. 163-18 » *(Décr. n° 2014-1533 du 17 déc. 2014, art. 1er)* « , ainsi que pour l'honoraire de dispensation prévu au 7° de l'article L. 162-16-1 et y afférent » ; – *V. Arr. du 18 mars 2011 (JO 25 mars).*

7° De *(Décr. n° 2011-56 du 14 janv. 2011, art. 2)* « 70 à 75 % » pour les spécialités homéopathiques, dès lors qu'elles sont inscrites sur la liste établie en application du premier alinéa de l'article L. 162-17 *(Décr. n° 2006-1498 du 29 nov. 2006)* « et pour les préparations homéopathiques répondant aux conditions définies au 11° de l'article L. 5121-1 du code de la santé publique prises en charge par l'assurance maladie »

(Décr. nº 2014-1533 du 17 déc. 2014, art. 1er) **« , ainsi que pour l'honoraire de dispensation prévu au 7º de l'article L. 162-16-1 et y afférent » ;** — *V. Arr. du 18 mars 2011 (JO 25 mars).*

8º De *(Décr. nº 2011-56 du 14 janv. 2011, art. 2)* **« 40 à 50 % » pour les frais de produits et prestations figurant sur la liste mentionnée à l'article L. 165-1 ;** — *V. Arr. du 18 mars 2011 (JO 25 mars).*

9º De 30 à 40 % pour les frais de transport prévus au 2º de l'article *(Décr. nº 2015-1865 du 30 déc. 2015, art. 2-I-3º, en vigueur le 1er janv. 2016)* **« L. 160-8 » ;**

10º De 30 à 40 % pour les frais de soins thermaux dispensés dans un établissement thermal ;

11º De 30 à 40 % pour tous les autres frais ;

(Décr. nº 2009-213 du 23 févr. 2009) **« 12º De 15 à 25 % pour les forfaits mentionnés aux 2º, 4º** *(Décr. nº 2015-887 du 21 juill. 2015, art. 2-1º ; Décr. nº 2017-247 du 27 févr. 2017, art. 1er, en vigueur le 1er mars 2017)* **« , 5º, 6º et 7º » de l'article** *(Décr. nº 2017-500 du 6 avr. 2017, art. 2-I)* **« R. 162-33-1 » ;**

« 13º De 15 à 25 % pour les consultations et les actes *(Abrogé par Décr. nº 2015-887 du 21 juill. 2015, art. 2-2º) « mentionnés au 3º de l'article R. 162-32-1 »* **facturés en sus des forfaits mentionnés au 12º ; »**

(Décr. nº 2010-6 du 5 janv. 2010, art. 2) **« 14º De 80 à 90 % pour les médicaments dont le service médical rendu, tel que défini au I de l'article R. 163-3, a été classé comme faible, dans toutes les indications thérapeutiques, en application du 6º de l'article R. 163-18 »** *(Décr. nº 2014-1533 du 17 déc. 2014, art. 1er)* **« , ainsi que pour l'honoraire de dispensation prévu au 7º de l'article L. 162-16-1 et y afférent » ;**

(Décr. nº 2018-445 du 4 juin 2018, art. 1er) **« 15º De 70 à 75 % pour les allergènes préparés spécialement pour un seul individu définis à l'article L. 4211-6 du code de la santé publique. »**

(Décr. nº 2015-1865 du 30 déc. 2015, art. 2-I-3º, en vigueur le 1er janv. 2016) **« Dans le cas des préparations magistrales incluant une ou plusieurs spécialités pharmaceutiques déconditionnées, et dès lors que ce déconditionnement est autorisé conformément aux dispositions de l'article R. 5132-8 du code de la santé publique, le taux de participation de l'assuré est égal au plus faible de ceux applicables à ces spécialités ».** — *[Anc. art. R. 322-1.]*

Les dispositions issues du Décr. nº 2010-6 du 5 janv. 2010 sont également applicables aux spécialités pharmaceutiques mentionnées à l'art. L. 162-17 CSS dont la procédure d'inscription ou de renouvellement d'inscription sur la liste prévue au premier al. du même art. a été engagée à la date de publication du Décr. préc. (Décr. préc., JO 6 janv.).

Art. R. 160-6 *(Décr. nº 2005-1368 du 3 nov. 2005)* **En application du cinquième alinéa de l'article L. 162-5-3, la participation de l'assuré ou de l'ayant droit peut être majorée, pour les actes et consultations réalisés par des médecins, par l'Union nationale des caisses d'assurance maladie, de** *(Décr. nº 2008-1364 du 18 déc. 2008)* **« 37,5 % à 42,5 % » du tarif servant de base au calcul des prestations en nature de l'assurance maladie.** — *Par décis. de l'UNCAM en date du 22 janv. 2009, le montant de la majoration prévue au premier al. de l'art. R. 322-1-1[devenu art. R. 160-6] est fixé à 40 % du tarif servant de base au calcul des prestations en nature de l'assurance maladie (Avis. 22 janv. 2009, JO 30 janv.).*

Les assurés et leurs ayants droit dont la participation est réduite ou supprimée en application de l'article *(Décr. nº 2015-1865 du 30 déc. 2015, art. 2-I-3º, en vigueur le 1er janv. 2016)* **« L. 160-14 » supportent cette majoration.**

La majoration ne peut dépasser un montant égal au produit de la rémunération applicable aux consultations de cabinet des médecins spécialistes pratiquant des honoraires opposables telle que fixée par le *[la]* **convention nationale mentionnée à l'article L. 162-5 ou le règlement arbitral mentionné à l'article L. 162-14-2 multiplié par le taux retenu par l'Union nationale des caisses d'assurance maladie en vertu des deux alinéas précédents.**

Dans le cas d'une hospitalisation, la participation de l'assuré pour l'ensemble des frais d'honoraires et d'hospitalisation est majorée du montant défini à l'alinéa précédent.

Outre les cas d'exonérations prévus pour l'application du cinquième alinéa de l'article L. 162-5-3, cette majoration n'est pas due lorsque l'assuré ou l'ayant droit est dans l'une des situations suivantes :

1° Lorsqu'il est éloigné de son lieu de résidence habituelle ;

2° Lorsqu'il recourt à un médecin parce qu'il est confronté à une situation non prévue plus de huit heures auparavant pour une affection ou la suspicion d'une affection mettant en jeu la vie du patient ou l'intégrité de son organisme et nécessitant l'intervention rapide du médecin. – *[Anc. art. R. 322-1-1.]*

Les dispositions du présent art. entrent en vigueur le 1er janv. 2006 (Décr. n° 2005-1368 du 3 nov. 2005, art. 2).

Art. R. 160-7 *(Décr. n° 2015-58 du 26 janv. 2015, art. 1er-3°)* **En application du 22° de l'article** *(Décr. n° 2015-1865 du 30 déc. 2015, art. 2-I-3°, en vigueur le 1er janv. 2016)* **« L. 160-14 », la participation de l'assuré est supprimée pour les frais dus au titre de l'honoraire de dispensation prévu au 7° de l'article L. 162-16-1 pour l'exécution d'une prescription comportant au moins cinq lignes différentes de spécialités pharmaceutiques remboursables et facturées à l'assurance maladie en une seule délivrance.** – *[Anc. art. R. 322-1-3.]*

Art. R. 160-8 La participation de l'assuré prévue *(Décr. n° 2004-1490 du 30 déc. 2004)* **« au I de l'article »** *(Décr. n° 2015-1865 du 30 déc. 2015, art. 2-I-3°, en vigueur le 1er janv. 2016)* **« L. 160-13 » est supprimée pour certains médicaments reconnus comme irremplaçables et particulièrement coûteux, figurant sur une liste établie par arrêté conjoint du ministre chargé de la santé et du ministre chargé de la sécurité sociale, après avis de la commission instituée par l'article R. 163-15,** *(Décr. n° 92-479 du 1er juin 1992, art. 1er)* **« ainsi que** *(Décr. n° 2014-1533 du 17 déc. 2014, art. 2)* **« pour l'honoraire de dispensation prévu au 7° de l'article L. 162-16-1 afférent à ces médicaments** *(Décr. n° 2018-1257 du 27 déc. 2018, art. 1er, en vigueur le 1er janv. 2019)* **« ou à l'ordonnance comportant un ou plusieurs de ces médicaments ». Elle est également supprimée » pour les frais d'***(Décr. n° 2011-2119 du 30 déc. 2011, art. 5-7°)* **« examens de biologie médicale » relatifs au dépistage sérologique de l'infection par le virus de l'immunodéficience humaine »** *(Décr. n° 93-681 du 27 mars 1993, art. 1er)* **« et par le virus de l'hépatite C ».** *(Décr. n° 2004-546 du 15 juin 2004, art. 4)* **« Il n'y a pas non plus de participation de l'assuré pour les médicaments inscrits sur la liste prévue à l'article L. 5126-4 du code de la santé publique au titre** *(Décr. n° 2013-66 du 18 janv. 2013, art. 6)* **« de l'article R. 5126-104 » du même code et pour ceux bénéficiant d'une autorisation temporaire d'utilisation mentionnée** *(Décr. n° 2013-66 du 18 janv. 2013, art. 6)* **« au 1° du I de l'article L. 5121-12 » du code de la santé publique. »**

(Décr. n° 2000-495 du 2 juin 2000) **« La participation de l'assuré prévue** *(Décr. n° 2004-1490 du 30 déc. 2004)* **« au I de l'article »** *(Décr. n° 2015-1865 du 30 déc. 2015, art. 2-I-3°, en vigueur le 1er janv. 2016)* **« L. 160-13 » est également supprimée pour les frais d'examens de dépistage sous réserve que ces examens soient effectués dans le cadre des programmes** *(Décr. n° 2004-1490 du 30 déc. 2004)* **« mentionnés à l'article L. 1411-6 » du code de la santé publique ».**

3e à 10e al. abrogés par Décr. n° 2004-1490 du 30 déc. 2004, art. 2-III.

La participation de l'assuré en ce qui concerne les frais de transport n'est pas due lorsque l'état du bénéficiaire hospitalisé dans un établissement de soins nécessite son transfert vers un autre établissement d'hospitalisation en vue d'un traitement mieux adapté à cet état. Toutefois, cette disposition dérogatoire n'est pas applicable aux transports vers une maison de repos ou de convalescence, présentant les caractéristiques techniques définies à l'article premier de l'annexe XIX du décret n° 56-284 du 9 mars 1956.

(Décr. n° 2014-531 du 26 mai 2014, art. 1er) **« La participation de l'assuré est supprimée pour les frais de transport mentionnés au 19° de l'article »** *(Décr. n° 2015-1865 du 30 déc. 2015, art. 2-I-3°, en vigueur le 1er janv. 2016)* **« L. 160-14 ». »** – *[Anc. art. R. 322-2.]*

Art. R. 160-9 Pour les assurés *(Décr. n° 2007-56 du 12 janv. 2007)* **« titulaires, au titre d'un avantage de vieillesse, de l'allocation supplémentaire prévue à l'article L. 815-2, dans sa rédaction antérieure à l'entrée en vigueur de l'ordonnance n° 2004-**

605 du 24 juin 2004 simplifiant le minimum vieillesse ou de l'allocation de solidarité aux personnes âgées instituée par l'article L. 815-1 », *(Décr. n° 2004-1490 du 30 déc. 2004)* **« les taux prévus pour les frais et les médicaments mentionnés aux 4°, 5°, 6° et 7° » de** *(Décr. n° 2015-1865 du 30 déc. 2015, art. 2-I-3°, en vigueur le 1er janv. 2016)* **« l'article R. 160-5 » sont limités à 20 % sauf en ce qui concerne les spécialités pharmaceutiques. En matière de frais de transport, ces assurés sont exonérés de toute participation.** — *[Anc. art. R. 322-3.]*

Art. R. 160-10 *(Décr. n° 2015-1865 du 30 déc. 2015, art. 2-I-3°, en vigueur le 1er janv. 2016)* **« Les titulaires d'une pension d'invalidité et les bénéficiaires des articles L. 341-15 » et L. 341-16 sont exonérés de** *(Décr. n° 2004-1490 du 30 déc. 2004)* **« la participation prévue au I de l'article »** *(Décr. n° 2015-1865 du 30 déc. 2015, art. 2-I-3°, en vigueur le 1er janv. 2016)* **« L. 160-13 » en ce qui concerne les frais engagés pour eux-mêmes.**

Les rentiers mentionnés à l'article L. 371-1 sont exonérés de *(Décr. n° 2004-1490 du 30 déc. 2004)* **« la participation prévue au I de l'article »** *(Décr. n° 2015-1865 du 30 déc. 2015, art. 2-I-3°, en vigueur le 1er janv. 2016)* **« L. 160-13 » en ce qui concerne les frais engagés pour eux-mêmes et pour leurs ayants droit.**

Les titulaires d'une pension de réversion qui se trouvent atteints entre cinquante-cinq et *(Décr. n° 2011-620 du 31 mai 2011, art. 4-2°)* **« l'âge prévu par l'article L. 161-17-2 » d'une invalidité permanente satisfaisant aux conditions exigées pour ouvrir droit à une pension d'invalidité sont également exonérés de** *(Décr. n° 2004-1490 du 30 déc. 2004)* **« la participation prévue au I de l'article »** *(Décr. n° 2015-1865 du 30 déc. 2015, art. 2-I-3°, en vigueur le 1er janv. 2016)* **« L. 160-13 », en ce qui concerne les frais engagés pour eux-mêmes.** — *[Anc. art. R. 322-4.]*

Art. R. 160-11 *(Décr. n° 2008-1440 du 22 déc. 2008)* **La participation de l'assuré prévue au I de l'article** *(Décr. n° 2015-1865 du 30 déc. 2015, art. 2-I-3°, en vigueur le 1er janv. 2016)* **« L. 160-13 » est supprimée lorsque le malade est dans l'un des cas** *(Décr. n° 2016-1362 du 12 oct. 2016, art. 1er-1°)* **« définis » au 3° ou au 4° de l'article** *(Décr. n° 2015-1865 du 30 déc. 2015, art. 2-I-3°, en vigueur le 1er janv. 2016)* **« L. 160-14 », pour les actes, prestations et traitements** *(Décr. n° 2016-1362 du 12 oct. 2016, art. 1er-1°)* **« prévus par » le protocole de soins** *(Décr. n° 2016-1362 du 12 oct. 2016, art. 1er-1°)* **« mentionné » à l'article L. 324-1.** — *V. Arr. du 14 janv. 2009 (JO 22 janv.).*

(Décr. n° 2015-1865 du 30 déc. 2015, art. 2-I-3°, en vigueur le 1er janv. 2016) **« Le directeur de l'organisme servant les prestations » prend la décision prononçant la suppression de cette participation après avis du service du contrôle médical. Elle est valable pour** *(Décr. n° 2016-1362 du 12 oct. 2016, art. 1er-1°)* **« la durée du protocole mentionné à l'article L. 324-1.**

« A l'expiration de cette période, dans le cas où le malade est toujours atteint d'une ou des affections mentionnées au 3° ou au 4° de l'article L. 160-14, la durée du protocole de soins mentionnée à l'article L. 324-1 peut être prolongée et la décision d'exonération peut être renouvelée dans les mêmes conditions. »

A défaut de durée mentionnée sur le protocole, la décision indique sa propre durée.

(Décr. n° 2012-380 du 19 mars 2012) **« Lorsqu'un assuré change d'organisme gestionnaire au cours de la période de validité du protocole de soins, ce changement est sans incidence sur la durée pendant laquelle il bénéficie de la suppression de sa participation. »** — *[Anc. art. R. 322-5.]*

La caisse a la faculté, sans annuler rétroactivement la décision qu'elle avait prise, d'accorder pour une durée illimitée l'exonération du ticket modérateur, d'y mettre fin et de prendre une décision nouvelle limitant dans le temps, conformément aux prescriptions légales, la durée de l'exonération. • Soc. 20 févr. 1992, n° 90-17.802 P.

Art. R. 160-12 *(Décr. n° 2008-1440 du 22 déc. 2008)* **L'existence d'une affection donnant droit à la suppression de la participation de l'assuré au titre du 4° de l'article** *(Décr. n° 2015-1865 du 30 déc. 2015, art. 2-I-3°, en vigueur le 1er janv. 2016)* **« L. 160-14 » est reconnue lorsque les deux conditions suivantes sont cumulativement réunies :**

a) **Le malade est atteint soit d'une forme grave d'une maladie ou d'une forme évolutive ou invalidante d'une maladie grave, ne figurant pas sur la liste mentionnée au 3°**

de l'article *(Décr. n° 2015-1865 du 30 déc. 2015, art. 2-I-3°, en vigueur le 1er janv. 2016)* « L. 160-14 », soit de plusieurs affections entraînant un état pathologique invalidant ;

b) Cette ou ces affections nécessitent un traitement d'une durée prévisible supérieure à six mois et particulièrement coûteux en raison du coût ou de la fréquence des actes, prestations et traitements. – *[Anc. art. R. 322-6.]*

Art. R. 160-13 La décision statuant sur la suppression *(Abrogé par Décr. n° 2008-1440 du 22 déc. 2008) « ou la limitation »* de la participation de l'assuré est notifiée à ce dernier. La notification a lieu par *(Décr. n° 2016-1362 du 12 oct. 2016, art. 1er-2°)* « tout moyen donnant date certaine à sa réception » toutes les fois qu'il s'agit d'une décision de refus. Dans le cas où le bénéfice de la suppression *(Abrogé par Décr. n° 2008-1440 du 22 déc. 2008) « ou de la limitation »* est demandé par l'assuré, la caisse est tenue de répondre dans le délai d'un mois à compter de la date de réception de la demande. Le défaut de réponse dans ce délai vaut décision de rejet et ouvre droit au recours de l'assuré.

Les contestations relatives à l'application *(Décr. n° 2008-1440 du 22 déc. 2008)* « des articles » *(Décr. n° 2015-1865 du 30 déc. 2015, art. 2-I-3°, en vigueur le 1er janv. 2016)* « R. 160-11 et R. 160-12 » ci-dessus donnent lieu, lorsqu'elles portent sur *(Décr. n° 2008-1440 du 22 déc. 2008)* « l'appréciation portée par le médecin conseil », à expertise médicale dans les conditions prévues par le chapitre Ier du titre IV du livre Ier. – *[Anc. art. R. 322-7.]*

Art. R. 160-14 *(Décr. n° 2011-74 du 19 janv. 2011, art. 1er)* La participation de l'assuré prévue au I de l'article *(Décr. n° 2015-1865 du 30 déc. 2015, art. 2-I-3°, en vigueur le 1er janv. 2016)* « L. 160-13 » est supprimée, dans le cas énoncé au 10° de l'article *(Décr. n° 2015-1865 du 30 déc. 2015, art. 2-I-3°, en vigueur le 1er janv. 2016)* « L. 160-14 », lorsque ce dernier, ayant été atteint d'une affection figurant sur la liste mentionnée au 3° de cet article, se trouve dans un état de santé qui, au regard des recommandations de la Haute Autorité de santé, ne requiert plus aucun traitement, mais un suivi clinique et paraclinique régulier. – *[Anc. art. R. 322-7-1.]*

Art. R. 160-15 *(Décr. n° 2011-74 du 19 janv. 2011, art. 1er)* Lorsque l'assuré se trouve dans la situation mentionnée à l'article précédent, sa participation est supprimée pour le suivi de l'affection au titre de laquelle il s'était vu reconnaître le bénéfice du 3° de l'article *(Décr. n° 2015-1865 du 30 déc. 2015, art. 2-I-3°, en vigueur le 1er janv. 2016)* « L. 160-14 », *(Décr. n° 2016-1362 du 12 oct. 2016, art. 1er-3°)* « sur proposition du service du contrôle médical. En l'absence de proposition du service du contrôle médical, le médecin traitant peut établir la demande sur l'ordonnance mentionnée à l'article R. 161-45 et l'adresser au service du contrôle médical de l'organisme local d'assurance maladie. » La demande précise l'affection au titre de laquelle l'assuré bénéficiait de l'exonération prévue au 3° de l'article *(Décr. n° 2015-1865 du 30 déc. 2015, art. 2-I-3°, en vigueur le 1er janv. 2016)* « L. 160-14 ».

Le service médical informe le directeur de l'organisme local *(Décr. n° 2015-1865 du 30 déc. 2015, art. 2-I-3°, en vigueur le 1er janv. 2016)* « servant les prestations »[,] qui notifie à l'assuré la décision de suppression de sa participation. *(Décr. n° 2016-1362 du 12 oct. 2016, art. 1er-3°)* « En cas de refus, la notification a lieu par tout moyen donnant date certaine à sa réception, toutes les fois qu'il s'agit d'une décision de refus. »

(Décr. n° 2012-380 du 19 mars 2012) « Lorsqu'un assuré change d'organisme gestionnaire au cours de la période pendant laquelle il bénéficie de la suppression de sa participation prévue au *[à l'article]* *(Décr. n° 2015-1865 du 30 déc. 2015, art. 2-I-3°, en vigueur le 1er janv. 2016)* « R. 160-14 », ce changement est sans incidence sur la durée pendant laquelle il bénéficie de cette suppression. » – *[Anc. art. R. 322-7-2.]*

Art. R. 160-16 *(Décr. n° 2006-707 du 19 juin 2006)* Pour l'application des 1° et 2° de l'article *(Décr. n° 2015-1865 du 30 déc. 2015, art. 2-I-3°, en vigueur le 1er janv. 2016)* « L. 160-14 » :

I. – La participation de l'assuré aux tarifs servant de base au calcul *(Décr. n° 2015-1865 du 30 déc. 2015, art. 2-I-3°, en vigueur le 1er janv. 2016)* « de la prise en charge des frais de santé en cas de » maladie est réduite à *(Décr. n° 2018-1257 du 27 déc. 2018, art. 2, en vigueur le 1er janv. 2019)* « 24 euros » dans les cas suivants :

1. Pour les actes inscrits sur la liste mentionnée à l'article R. 162-52 qui sont affectés soit d'un coefficient égal ou supérieur à *(Décr. n° 2011-201 du 21 févr. 2011)* « 60 », soit d'un tarif égal ou supérieur à *(Décr. n° 2011-201 du 21 févr. 2011)* « 120 » €.

2. Pour l'ensemble des frais intervenant au cours d'une hospitalisation dans un établissement de santé, lorsqu'il est effectué un acte thérapeutique ou un acte diagnostique dont la réalisation en établissement de santé est nécessaire à la sécurité des soins, affecté d'un coefficient égal ou supérieur à *(Décr. n° 2011-201 du 21 févr. 2011)* « 60 » ou d'un tarif égal ou supérieur à *(Décr. n° 2011-201 du 21 févr. 2011)* « 120 » €.

3. Pour l'ensemble des frais intervenant au cours d'une hospitalisation consécutive à une hospitalisation répondant aux conditions mentionnées au 2 et en lien direct avec elle.

Dans les cas mentionnés aux 2 et 3 ci-dessus, la participation de l'assuré est due au titre des frais d'hospitalisation.

Dans le cas mentionné au 1 ci-dessus, lorsqu'au cours d'une même consultation sont réalisés par un même praticien et pour un même patient plusieurs actes affectés soit d'un coefficient égal du *[ou]* supérieur à *(Décr. n° 2011-201 du 21 févr. 2011)* « 60 », soit d'un tarif égal ou supérieur à *(Décr. n° 2011-201 du 21 févr. 2011)* « 120 » €, la participation de l'assuré pour l'ensemble de ces actes est réduite au montant défini au premier alinéa du présent I.

Pour l'application de ces dispositions, les coefficients ou les tarifs des actes peuvent se cumuler lorsque ces actes sont réalisés dans le même temps, par le même praticien et pour le même patient. Les conditions d'application de ces dispositions sont fixées par arrêté du ministre chargé de la sécurité sociale. Lorsque le cumul concerne un acte affecté d'un coefficient et un acte affecté d'un tarif, la participation de l'assuré est égale au montant défini au premier alinéa du présent I lorsque le montant en euros résultant de ce cumul est égal ou supérieur à *(Décr. n° 2011-201 du 21 févr. 2011)* « 120 » €.

II. — La participation de l'assuré est supprimée :

1. Pour les actes de radiodiagnostic, d'imagerie par résonance magnétique, de scanographie, de scintigraphie ou de tomographie à émission de positons mentionnés dans la liste des actes et prestations pris en charge ou admis au remboursement par l'assurance maladie prévue à l'article R. 162-52 qui sont affectés soit d'un coefficient égal ou supérieur à *(Décr. n° 2011-201 du 21 févr. 2011)* « 60 », soit d'un tarif égal ou supérieur à *(Décr. n° 2011-201 du 21 févr. 2011)* « 120 » € ; cette suppression ne dispense pas du versement du montant de la participation due par l'assuré au titre des autres actes pratiqués à l'occasion de la consultation ou des frais intervenus au cours de l'hospitalisation.

2. Pour les frais de transport d'urgence entre le lieu de prise en charge de la personne et l'établissement de santé, en cas d'hospitalisation mentionnée au 2 du I ainsi que, en cas d'hospitalisation mentionnée au 3, pour les frais de transport entre les deux établissements ou entre l'établissement et le domicile en cas d'hospitalisation à domicile.

Pour l'application des dispositions du 1 ci-dessus, les coefficients ou tarifs de chacun des actes mentionnés ne peuvent être cumulés.

III. — Le tarif ouvrant droit à réduction est revalorisé chaque année conformément à l'évolution du tarif moyen pondéré afférent aux actes de la classification commune des actes médicaux constaté par le directeur général de l'Union nationale des caisses d'assurance maladie à la fin de l'année précédente.

IV. — La participation de l'assuré n'est ni réduite ni supprimée pour les frais de prothèses dentaires, *(Décr. n° 2011-2119 du 30 déc. 2011, art. 5-10°)* « d'examens de biologie médicale » et d'actes d'anatomo-cyto-pathologie sauf si ces actes sont dispensés dans le cadre d'une hospitalisation prévue aux 2 ou 3 du I ci-dessus.

V. — La participation de l'assuré est supprimée dans les cas suivants :

1. Pour les frais d'acquisition des prothèses oculaires et faciales, des orthoprothèses et des véhicules pour handicapés physiques figurant sur la liste prévue par l'article L. 165-1.

2. Pour les frais afférents à la fourniture du sang humain, du plasma ou de leurs dérivés et de la fourniture du lait humain.

3. Pour l'ensemble des frais intervenant au cours d'une hospitalisation à compter du trente et unième jour d'hospitalisation consécutif. — *[Anc. art. R. 322-8.]*

Art. R. 160-17 *(Décr. n° 2004-1490 du 30 déc. 2004)* I. — La participation de l'assuré aux tarifs servant de base au calcul *(Décr. n° 2015-1865 du 30 déc. 2015, art. 2-I-3°, en vigueur le 1er janv. 2016)* « de la prise en charge des frais de santé en cas de » maladie est supprimée, par application de l'article *(Décr. n° 2015-1865 du 30 déc. 2015, art. 2-I-3°, en vigueur le 1er janv. 2016)* « L. 160-14 » :

1° *(Décr. n° 95-361 du 31 mars 1995, art. 1er)* « Pour l'hospitalisation des nouveau-nés, lorsqu'elle se produit dans les trente jours qui suivent la naissance, ainsi que pour les soins de toute nature qui leur sont dispensés dans un établissement de santé au cours de la période de trente jours qui suit la naissance » ;

(Décr. n° 2016-1362 du 12 oct. 2016, art. 1er-4°) « 2° Pour les investigations nécessaires au diagnostic de la stérilité et pour le traitement de celle-ci, y compris au moyen de l'insémination artificielle. La décision de la caisse d'assurance maladie prononçant la suppression de la participation est prise sur avis du service du contrôle médical sur le protocole de soins prévu à l'article L. 324-1. La décision de la caisse fixe la durée de la période d'exonération. Les contestations de ladite décision donnent lieu, lorsqu'elles portent sur l'appréciation portée par le service du contrôle médical, à expertise médicale dans les conditions prévues par le chapitre Ier du titre IV du livre Ier. »

(Décr. n° 2012-380 du 19 mars 2012) « Lorsqu'un assuré change d'organisme gestionnaire au cours de la période d'exonération, ce changement est sans incidence sur la durée pendant laquelle il bénéficie de cette exonération. »

(Décr. n° 2009-217 du 24 févr. 2009) « 3° Pour les donneurs mentionnés à l'article L. 1211-2 du code de la santé publique, pour les frais d'examens et de traitement prescrits en vue du prélèvement d'éléments ou de la collecte de produits du corps humain, y compris des gamètes, les frais d'hospitalisation ainsi que les frais de suivi et de soins dispensés au donneur en raison du prélèvement ou de la collecte dont il a fait l'objet ; »

(Décr. n° 2013-248 du 25 mars 2013, en vigueur le 31 mars 2013) « 4° Pour les frais de soins, de surveillance et d'hospitalisation liés à une interruption volontaire de grossesse par voie instrumentale ou médicamenteuse pratiquée dans les conditions prévues à l'article L. 2212-2 du code de la santé publique ;

(Décr. n° 2016-865 du 29 juin 2016, art. 1er, en vigueur le 1er juill. 2016) « 5° Pour les mineures âgées d'au moins quinze ans :

« *a)* Pour les frais relatifs à une consultation annuelle du médecin ou de la sage-femme donnant lieu à la prescription d'un contraceptif ou d'examens de biologie médicale en vue d'une prescription contraceptive et pour les frais relatifs à une consultation de suivi par un médecin ou une sage-femme la première année d'accès à la contraception ;

« *b)* Pour les frais relatifs aux examens de biologie médicale comportant un dosage du cholestérol total et des triglycérides et une glycémie à jeun, réalisés en vue d'une prescription contraceptive et dans la limite d'une fois par an ;

« *c)* Pour les frais d'acquisition des spécialités pharmaceutiques à visée contraceptive inscrites sur la liste des spécialités remboursables prévue au premier alinéa de l'article L. 162-17 ainsi que des dispositifs médicaux à visée contraceptive inscrits sur la liste des produits et prestations remboursables prévue à l'article L. 165-1 ;

« *d)* Pour les frais relatifs aux actes du médecin ou de la sage-femme donnant lieu à la pose, au changement ou au retrait d'un contraceptif » ;

(Décr. n° 2016-1185 du 30 août 2016) « 6° Pour les frais relatifs aux actes techniques recommandés par la Haute Autorité de santé pendant la période préconisée, lorsque l'assuré se trouve dans l'une des situations cliniques suivantes définies comme nécessitant un dépistage spécifique du cancer du sein :

« *a)* En cas d'antécédent familial de cancer du sein ou de l'ovaire et lorsque l'assuré est porteur d'une mutation constitutionnelle prédisposant au cancer du sein ;

« *b)* En cas d'antécédent familial de cancer du sein ou de l'ovaire et lorsqu'une évaluation par un onco-généticien démontre un risque personnel élevé ou très élevé de cancer du sein ;

« *c)* En cas d'antécédent personnel d'hyperplasie canalaire atypique, d'hyperplasie lobulaire atypique ou de carcinome lobulaire *in situ* ;

(Décr. nº 2018-1257 du 27 déc. 2018, art. 3, en vigueur le 1er janv. 2019) « 7º Pour les frais relatifs aux examens prévus par l'article L. 2132-2 du code de la santé publique, à l'exception de ceux pris en charge au titre du risque maternité en application de l'article L. 160-9 ;

« 8º Pour les frais relatifs à une consultation unique du médecin généraliste ou du gynécologue destinée à la prévention du cancer du sein et du cancer du col de l'utérus, pour les assurées âgées de vingt-cinq ans. » — *Les dispositions de cet al. issues du Décr. nº 2018-1257 du 27 déc. 2018 entrent en vigueur le 1er juin 2019 (Décr. préc., art. 4).*

« La suppression de la participation est accordée au vu d'une demande établie sur une ordonnance réalisée en application de l'article R. 161-45, et adressée, sous pli confidentiel, au service du contrôle médical placé près de l'organisme local d'assurance maladie de l'assuré par un onco-généticien dans les situations mentionnées aux *a* et *b* et par un gynécologue, un gynécologue-obstétricien ou un oncologue dans la situation mentionnée au *c*.

« Après avoir vérifié que l'assuré relève de l'une des situations mentionnées aux *a* à *c*, le service du contrôle médical lui délivre une attestation de prise en charge à présenter au médecin pratiquant les actes techniques. »

(Décr. nº 2001-833 du 13 sept. 2001) « II. — La participation de l'assuré est également supprimée, dans les conditions définies ci-après, pour les soins consécutifs aux sévices sexuels subis par les mineurs victimes d'actes prévus et réprimés par les articles 222-23 à 222-32 et 227-22 à 227-27 du code pénal, à compter de la date présumée de commission des faits.

« Saisie d'une demande de l'assuré, de la victime, de son médecin ou de son représentant légal, ou lorsqu'une enquête de police judiciaire, une instruction préparatoire ou une mesure d'assistance éducative prévue à l'article 375 du code civil a été engagée, la Caisse d'assurance maladie sollicite l'avis du *(Décr. nº 2016-1362 du 12 oct. 2016, art. 1er-4º)* « service du » contrôle médical sur le principe et la durée de l'exonération prévue à l'alinéa précédent. Le *(Décr. nº 2016-1362 du 12 oct. 2016, art. 1er-4º)* « service du » contrôle médical se prononce sur la base des éléments communiqués par le médecin traitant *(Décr. nº 2016-1362 du 12 oct. 2016, art. 1er-4º)* « dans le protocole de soins prévu à l'article L. 324-1 » et, le cas échéant, de l'expertise médico-psychologique mentionnée à l'article 706-48 du code *(Décr. nº 2016-1362 du 12 oct. 2016, art. 1er-4º)* « de procédure pénale ».

« L'exonération est fixée pour la durée du traitement, si nécessaire au-delà de la majorité de la victime, et peut être prolongée dans les conditions prévues à l'alinéa précédent. »

(Décr. nº 2012-380 du 19 mars 2012) « Lorsqu'un assuré change d'organisme gestionnaire au cours de la période d'exonération, ce changement est sans incidence sur la durée pendant laquelle il bénéficie de cette exonération. » — *[Anc. art. R. 322-9]*

Les dispositions issues du Décr. nº 2004-1490 sont entrées en vigueur le 1er janv. 2005 (Décr. préc., art. 12).

Art. R. 160-18 *(Décr. nº 88-916 du 7 sept. 1988, art. 1er)* Par dérogation aux articles *(Décr. nº 2015-1865 du 30 déc. 2015, art. 2-I-3º, en vigueur le 1er janv. 2016)* « R. 160-10, R. 160-16 » *(Décr. nº 2001-833 du 13 sept. 2001)* « et au I de l'article » *(Décr. nº 2015-1865 du 30 déc. 2015, art. 2-I-3º, en vigueur le 1er janv. 2016)* « R. 160-17 », les assurés sociaux mentionnés à ces articles supportent la participation prévue *(Décr. nº 2010-6 du 5 janv. 2010, art. 3)* « au 6º et au 14º de l'article » *(Décr. nº 2015-1865 du 30 déc. 2015, art. 2-I-3º, en vigueur le 1er janv. 2016)* « R. 160-5 ». — *[Anc. art. R. 322-9-1.]*

Art. R. 160-19 *(Décr. nº 2004-1490 du 30 déc. 2004)* Le montant de la participation forfaitaire mentionnée au II de l'article *(Décr. nº 2015-1865 du 30 déc. 2015, art. 2-I-3º, en vigueur le 1er janv. 2016)* « L. 160-13 » ne peut excéder 1 euro. — *[Anc. art. R. 322-9-2.]*

Art. R. 160-20 *(Décr. n° 2004-1490 du 30 déc. 2004)* La participation forfaitaire mentionnée au II de l'article *(Décr. n° 2015-1865 du 30 déc. 2015, art. 2-I-3°, en vigueur le 1er janv. 2016)* « L. 160-13 » n'est pas exigée au titre des ayants droit qui n'ont pas atteint l'âge de dix-huit ans au 1er janvier de l'année civile considérée. – *[Anc. art. R. 322-9-3.]*

SOUS-SECTION II **PROCÉDURE DE FIXATION DE LA PARTICIPATION DE L'ASSURÉ** *(Décr. n° 2015-1865 du 30 déc. 2015, art. 2-I-3°, en vigueur le 1er janv. 2016).*

Art. R. 160-21 Avant toute décision prise en application du deuxième alinéa du I de l'article *(Décr. n° 2015-1865 du 30 déc. 2015, art. 2-I-3°, en vigueur le 1er janv. 2016)* « L. 160-13 », l'Union nationale des caisses d'assurance maladie saisit l'Union nationale des organismes d'assurance maladie complémentaire et l'Union nationale des professionnels de santé qui disposent d'un délai de trente jours pour rendre leur avis. A l'expiration de ce délai, les avis de ces organismes sont réputés rendus. La décision du conseil de l'Union nationale des caisses d'assurance maladie, accompagnée des avis de l'Union nationale des organismes d'assurance maladie complémentaire et de l'Union nationale des professionnels de santé, est transmise au ministre chargé de la santé.

Le ministre chargé de la santé peut s'opposer à cette décision pour des motifs de santé publique dans un délai de trente jours à compter de la date de réception de ladite décision. En cas d'opposition, le ministre en informe l'Union nationale des caisses d'assurance maladie, l'Union nationale des organismes d'assurance maladie complémentaire et l'Union nationale des professionnels de santé. La décision du conseil de l'Union nationale des caisses d'assurance maladie est réputée approuvée à l'expiration de ce délai. Elle est publiée au *Journal officiel* de la République française.

(Décr. n° 2011-56 du 14 janv. 2011, art. 3) ***« Si, dans un délai de deux mois à compter de l'entrée en vigueur d'une modification des limites de taux de participation de l'assuré mentionnées à l'article R. 322-1, le conseil de l'Union nationale des caisses d'assurance maladie n'a pas fixé le taux de la participation de l'assuré dans les limites ainsi modifiées, le taux applicable est égal soit à la limite minimale si le taux fixé antérieurement lui est inférieur, soit à la limite maximale si le taux fixé antérieurement lui est supérieur. Un arrêté du ministre chargé de la santé publié au*** **Journal officiel** ***de la République française constate le nouveau taux applicable. »*** *– Al. annulé à compter du 30 avr. 2012 par la décision du CE du 2 déc. 2011, n° 347497.*

(Décr. n° 2012-43 du 13 janv. 2012, art. 1er) « Dans le cas où, dans un délai de deux mois à compter de l'entrée en vigueur d'un décret fixant des limites de taux de participation de l'assuré mentionnées à l'article *(Décr. n° 2015-1865 du 30 déc. 2015, art. 2-I-3°, en vigueur le 1er janv. 2016)* « R. 160-5 », le conseil de l'Union nationale des caisses d'assurance maladie n'a pas fixé le taux de la participation de l'assuré, le taux applicable est fixé, à l'intérieur de ces limites, par un arrêté du ministre chargé de la sécurité sociale publié au *Journal officiel* de la République française. » – *[Anc. art. R. 322-9-4.]*

SOUS-SECTION III **DISPOSITIONS DIVERSES** *(Décr. n° 2015-1865 du 30 déc. 2015, art. 2-I-3°, en vigueur le 1er janv. 2016).*

Art. R. 160-22 La participation des caisses aux dépenses médicales et pharmaceutiques ne peut, en aucun cas, même lorsqu'elle est fixée forfaitairement, excéder le montant des frais exposés par l'assuré. – *[Anc. art. R. 322-12.]*

Art. R. 160-23 Le renouvellement de la prise en charge des frais d'hospitalisation des *(Décr. n° 2015-1865 du 30 déc. 2015, art. 2-I-3°, en vigueur le 1er janv. 2016)* « personnes mentionnées à l'article L. 160-3 » ne peut intervenir au-delà du premier mois de séjour que sur décision individuelle prise à la diligence de l'établissement hospitalier par la caisse primaire d'assurance maladie après avis du contrôle médical reconnaissant la nécessité de la prolongation des soins dans l'établissement.

Le premier renouvellement ainsi que les suivants ne peuvent être accordés que pour des périodes de trois mois au maximum suivant la même procédure, sous réserve toutefois du droit, pour la caisse primaire, de suspendre à tout moment le service des prestations, lorsque, à la suite d'un contrôle du malade, il aura été établi que l'hospitalisation ne s'impose plus médicalement.

La prise en charge ne cessera toutefois d'avoir effet qu'à compter de l'expiration d'un délai de deux jours francs à dater de la notification à l'établissement d'hospitalisation. — *[Anc. art. R. 322-13.]*

Art. R. 160-24 Les frais mentionnés à l'article *(Décr. nº 2015-1865 du 30 déc. 2015, art. 2-I-3º, en vigueur le 1er janv. 2016)* « L. 160-8 » ne comprennent, en ce qui concerne les cures thermales, que les frais de surveillance médicale desdites cures et les frais de traitement dans les établissements thermaux. — *[Anc. art. R. 322-14.]*

Sur les exceptions à l'application du droit des usagers de saisir l'administration par voie électronique concernant les démarches effectuées auprès des organismes de sécurité sociale, V. CRPA, App., vº Saisine par voie électronique — Exceptions. — **CRPA.**

SECTION IV **DISPOSITIONS RELATIVES À L'ORGANISATION ET AU SERVICE DES PRESTATIONS** *(Décr. nº 2015-1865 du 30 déc. 2015, art. 2-I-4º, en vigueur le 1er janv. 2016).*

La sect. IV du chap. préliminaire du tit. VI du livre Ier CSS, dans sa rédaction résultant du Décr. nº 2017-656 du 27 avr. 2017, est applicable aux mutuelles et groupements mutualistes mentionnés au A du XIII de l'art. 59 de la loi du 21 déc. 2015 [V. note ss. art. L. 211-4] de financement de la sécurité sociale pour 2016 (Décr. préc., art. 4-II).

Art. R. 160-25 *(Décr. nº 2017-656 du 27 avr. 2017, art. 1er)* Les opérations de gestion qui peuvent être déléguées en tout ou partie, en application du *(Décr. nº 2018-1255 du 27 déc. 2018, art. 1er-1º, en vigueur le 1er janv. 2019)* « deuxième » alinéa de l'article L. 160-17, portent sur des activités concourant à la prise en charge des frais de santé dont bénéficient les assurés mentionnés au même article.

Elles peuvent avoir pour objet :

1º Les relations avec les bénéficiaires de la prise en charge des frais de santé et la gestion de leurs droits et prestations ;

2º La gestion des relations avec les professionnels et les établissements de santé ;

3º La participation à des actions de prévention ;

4º La participation à des actions d'accès au droit ;

5º La participation à des actions de gestion du risque ;

6º La participation à des actions de contrôle.

Les conventions mentionnées à l'article R. 160-26 précisent les opérations de gestion qui sont confiées à l'organisme délégataire.

Art. R. 160-26 *(Décr. nº 2017-656 du 27 avr. 2017, art. 1er)* I. — Les opérations de gestion font l'objet d'une convention qui est conclue :

1º En ce qui concerne les fonctionnaires civils de l'État et les magistrats mentionnés aux articles L. 712-1 et L. 712-2, entre la Caisse nationale de l'assurance maladie *(Abrogé par Décr. nº 2018-174 du 9 mars 2018, art. 15-I, à compter du 1er janv. 2018)* « *des travailleurs salariés* » et les mutuelles ou groupements de mutuelles constitués entre fonctionnaires, régis par le code de la mutualité ;

2º En ce qui concerne les élèves et les étudiants mentionnés à l'article L. 381-4, entre la Caisse nationale de l'assurance maladie *(Abrogé par Décr. nº 2018-174 du 9 mars 2018, art. 15-I, à compter du 1er janv. 2018)* « *des travailleurs salariés* » et les mutuelles ou groupements de mutuelles d'étudiants régis par le code de la mutualité.

(Abrogé par Décr. nº 2018-174 du 9 mars 2018, art. 15-I, à compter du 1er janv. 2018) « *II. — En ce qui concerne les travailleurs indépendants non agricoles mentionnés à l'article L. 613-1, les opérations de gestion font l'objet :*

« *1º D'une part, d'une convention nationale d'objectifs et de moyens conclue entre la Caisse nationale du régime social des indépendants et les organes nationaux représentant les organismes mentionnés au troisième alinéa de l'article L. 160-17 et chargés de telles opérations de gestion ;*

« *2º D'autre part, de contrats locaux d'objectifs et de moyens conclus entre ces organes nationaux et les organismes qu'ils représentent.* »

III. — Les conventions mentionnées au I *(Abrogé par Décr. nº 2018-174 du 9 mars 2018, art. 15-I, à compter du 1er janv. 2018)* « *et au 1º du II* » sont conclues pour la même période que la convention d'objectifs et de gestion qui est applicable *(Abrogé par Décr. nº 2018-174 du 9 mars 2018, art. 15-I, à compter du 1er janv. 2018)* « *, selon le* *cas,* » à la Caisse nationale de l'assurance maladie *(Abrogé par Décr. n° 2018-174 du 9 mars 2018, art. 15-I, à compter du 1er janv. 2018)* « ***des travailleurs salariés ou à la Caisse nationale du régime social des indépendants*** ».

IV. — Ces conventions fixent, notamment :

1° Le champ des assurés concernés et les circonscriptions géographiques d'intervention de l'organisme délégataire ;

2° La liste des opérations de gestion mentionnées à l'article R. 160-25 et confiées à l'organisme délégataire dans le cadre de la convention ainsi que les modalités de leur mise en œuvre ;

3° Les objectifs de gestion, de qualité de service et de performance ainsi que les indicateurs quantitatifs et qualitatifs associés à la définition des objectifs ;

4° Le montant des remises de gestion accordées en contrepartie des dépenses exposées pour l'exécution des opérations de gestion ainsi que les modalités et le calendrier de leur versement à l'organisme auquel ces opérations sont confiées. Ces remises de gestion sont déterminées en fonction notamment du nombre de bénéficiaires, de la nature et de l'étendue des activités déléguées et dans le respect des budgets fixés dans la convention d'objectifs et de gestion mentionnée au III ;

5° Les engagements réciproques des signataires pour la mise en œuvre des opérations de gestion ;

6° Les modalités de suivi et d'évaluation de la convention.

V. — En cas d'absence de conclusion ou de reconduction de la convention mentionnée au I *(Abrogé par Décr. n° 2018-174 du 9 mars 2018, art. 15-I, à compter du 1er janv. 2018)* « ***ou au 1° du II*** », un arrêté des ministres chargés de la sécurité sociale et du budget fixe les dispositions permettant la prise en charge des opérations de gestion *(Abrogé par Décr. n° 2018-174 du 9 mars 2018, art. 15-I, à compter du 1er janv. 2018)* « ***, selon le cas,*** » par la Caisse nationale de l'assurance maladie *(Abrogé par Décr. n° 2018-174 du 9 mars 2018, art. 15-I, à compter du 1er janv. 2018)* « ***des travailleurs salariés ou la Caisse nationale du régime social des indépendants*** ».

Sur l'entrée en vigueur des dispositions issues du Décr. n° 2018-174 du 9 mars 2018, V. dispositions transitoires ss. le titre Ier du livre VI.

Nouvel art. R. 160-26 (Décr. n° 2017-656 du 27 avr. 2017, art. 1er ; Décr. n° 2018-1255 du 27 déc. 2018, art. 1er-2°, en vigueur le 1er sept. 2019) « *I. — Les opérations de gestion mises en œuvre par les mutuelles ou groupements de mutuelles, régis par le code de la mutualité, constitués pour la prise en charge des frais de santé des fonctionnaires civils de l'État et des magistrats mentionnés aux articles L. 712-1 et L. 712-2, font l'objet d'une convention conclue entre ces mutuelles ou groupements de mutuelles et la Caisse nationale de l'assurance maladie.*

« II. — La convention mentionnée au I est conclue » pour la même période que la convention d'objectifs et de gestion qui est applicable à la Caisse nationale de l'assurance maladie.

(Décr. n° 2018-1255 du 27 déc. 2018, art. 1er-2°, en vigueur le 1er sept. 2019) « *III. — Cette convention fixe », notamment :*

1° Le champ des assurés concernés et les circonscriptions géographiques d'intervention de l'organisme délégataire ;

2° La liste des opérations de gestion mentionnées à l'article R. 160-25 et confiées à l'organisme délégataire dans le cadre de la convention ainsi que les modalités de leur mise en œuvre ;

3° Les objectifs de gestion, de qualité de service et de performance ainsi que les indicateurs quantitatifs et qualitatifs associés à la définition des objectifs ;

4° Le montant des remises de gestion accordées en contrepartie des dépenses exposées pour l'exécution des opérations de gestion ainsi que les modalités et le calendrier de leur versement à l'organisme auquel ces opérations sont confiées. Ces remises de gestion sont déterminées en fonction notamment du nombre de bénéficiaires, de la nature et de l'étendue des activités déléguées et dans le respect des budgets fixés dans la convention d'objectifs et de gestion mentionnée au (Décr. n° 2018-1255 du 27 déc. 2018, art. 1er-2°, en vigueur le 1er sept. 2019) « *II* » ;

5° Les engagements réciproques des signataires pour la mise en œuvre des opérations de gestion ;

6° Les modalités de suivi et d'évaluation de la convention.

IV. — En cas d'absence de conclusion ou de reconduction de la convention mentionnée au I, un arrêté des ministres chargés de la sécurité sociale et du budget fixe les dispositions permettant la prise en charge des opérations de gestion par la Caisse nationale de l'assurance maladie

Art. R. 160-27 *(Décr. n° 2017-656 du 27 avr. 2017, art. 1er)* Les opérations de gestion font l'objet d'une évaluation annuelle. Un bilan annuel de l'exécution des conventions conclues en application de l'article R. 160-26 est établi *(Abrogé par Décr. nº 2018-174 du 9 mars 2018, art. 15-I, à compter du 1er janv. 2018)* « *, selon le cas,* » par la Caisse nationale de l'assurance maladie *(Abrogé par Décr. nº 2018-174 du 9 mars 2018, art. 15-I, à compter du 1er janv. 2018)* « *des travailleurs salariés ou par la Caisse nationale du régime social des indépendants* », puis communiqué pour avis et observations à l'organisme délégataire. Le bilan définitif ainsi que les observations de l'organisme délégataire sont transmis au ministre chargé de la sécurité sociale et au ministre chargé du budget. — *V. note ss. art. R. 160-26.*

Les opérations de gestion peuvent donner lieu à un audit réalisé à l'initiative *(Abrogé par Décr. nº 2018-174 du 9 mars 2018, art. 15-I, à compter du 1er janv. 2018)* « *, selon le cas,* » de la Caisse nationale de l'assurance maladie *(Abrogé par Décr. nº 2018-174 du 9 mars 2018, art. 15-I, à compter du 1er janv. 2018)* « *des travailleurs salariés ou de la Caisse nationale du régime social des indépendants* ».

Les organismes auxquels sont confiées des opérations de gestion sont tenus de fournir à la Caisse nationale mentionnée à l'alinéa précédent tous les documents nécessaires au contrôle et à l'évaluation des opérations de gestion.

Art. R. 160-28 *(Décr. nº 2017-656 du 27 avr. 2017, art. 1er)* I. — La convention conclue en application du I de l'article R. 160-26 *(Abrogé par Décr. nº 2018-174 du 9 mars 2018, art. 15-I, à compter du 1er janv. 2018)* « *ou du premier alinéa du I de l'article R. 611-79* » est résiliée dans les cas suivants :

1º A l'initiative de l'organisme délégataire des opérations de gestion qui en informe, six mois avant la date de résiliation, la Caisse nationale chargée du régime obligatoire ;

(Abrogé par Décr. nº 2018-174 du 9 mars 2018, art. 15-I, à compter du 1er janv. 2018) « *2º Lorsque les conditions fixées au II de l'article R. 611-79 ne sont plus remplies par l'organisme auquel elles s'imposent ;* »

3º Lorsque l'organisme délégataire des opérations de gestion se trouve dans une situation de défaillance caractérisée par une dégradation durable du service rendu aux assurés, rendant impossible la continuité de la prise en charge de leurs frais de santé dans des conditions normales.

II. — Lorsque le directeur général de la Caisse nationale chargée du régime obligatoire constate *(Décr. nº 2018-174 du 9 mars 2018, art. 15-I, en vigueur le 1er janv. 2018)* « une situation mentionnée au » 3º du I, il informe l'organisme délégataire, par tout moyen permettant de conférer date certaine, de son intention de résilier la convention.

L'organisme dispose d'un délai de deux mois à compter de la réception de cette information pour présenter à la Caisse nationale ses observations ainsi que, le cas échéant, ses propositions de mesures en vue de la régularisation de la situation. A compter de la date de réception de ces observations ou, le cas échéant, à l'expiration de ce délai, le directeur général de la Caisse nationale dispose d'un délai d'un mois pour notifier sa décision à l'organisme délégataire, ainsi que, dans le cas prévu au 3º du I, un avis de défaillance.

A défaut de décision du directeur général de la Caisse nationale dans ce délai, la procédure de résiliation est réputée abandonnée.

La décision de résiliation est motivée et précise la date d'effet de la résiliation. La résiliation ne peut intervenir avant l'expiration d'un délai de trois mois à compter de la notification de la décision de résiliation, sous réserve du respect de la condition prévue à l'alinéa suivant.

Jusqu'à la résiliation de sa convention, l'organisme délégataire est tenu de prendre toutes les mesures permettant d'assurer la continuité de la prise en charge des frais de santé des assurés concernés. La Caisse nationale chargée du régime obligatoire veille à la mise en œuvre de ces mesures.

La Caisse nationale décide, après concertation avec l'organe national représentant l'organisme délégataire dont la convention est résiliée, soit de confier à un autre organisme délégataire la reprise des opérations de gestion précédemment déléguées soit d'assurer elle-même la gestion de ces opérations.

III. — Dans le cas prévu au 3º du I et si le service des prestations n'est pas assuré, le ministre chargé de la sécurité sociale peut, à l'issue d'une procédure contradictoire respectant les modalités prévues au II, mettre fin à la délégation des opérations de gestion, par arrêté pris après avis du directeur général de la Caisse nationale chargée du régime obligatoire. Cet arrêté, qui entraîne de plein droit la résiliation de la convention, définit les modalités et les délais de reprise des opérations de gestion par la Caisse nationale.

V. note ss. art. R. 160-26.

Art. R. 160-29 *(Décr. nº 2017-656 du 27 avr. 2017, art. 1er, en vigueur le 1er janv. 2019)* L'organisme auquel est confiée la prise en charge des frais de santé est tenu de disposer, pour la Caisse nationale dont il a reçu délégation, d'un compte destiné à assurer le paiement des prestations. Ce compte est alimenté à la diligence de l'agent comptable de la Caisse nationale sur production par l'organisme délégataire d'un état prévisionnel de dépenses et en fonction de ses besoins.

Cet organisme dispose de garanties permettant de couvrir à l'égard de la Caisse nationale les risques résultant des erreurs, fautes ou malversations des personnes chargées de tenir le compte financier prévu à l'alinéa précédent.

La comptabilité analytique de l'organisme délégataire doit permettre d'identifier les dépenses de gestion afférentes à l'accomplissement des opérations mentionnées au *(Décr. nº 2018-1255 du 27 déc. 2018, art. 1er-1º, en vigueur le 1er janv. 2019)* « deuxième » alinéa de l'article L. 160-17.

Lorsqu'il apparaît que des prestations versées correspondent à des sommes indûment payées, le montant en est imputé à l'organisme concerné selon des dispositions prises par décret et fixant les modalités relatives à la responsabilité financière des organismes conventionnés.

CHAPITRE PREMIER DISPOSITIONS RELATIVES AUX PRESTATIONS

SECTION PREMIÈRE BÉNÉFICIAIRES

SOUS-SECTION 1 IDENTIFICATION, AFFILIATION, RATTACHEMENT ET AUTRES DISPOSITIONS COMMUNES

(Décr. nº 2017-736 du 3 mai 2017, art. 1er-3º)

Art. R. 161-1 Toute personne affiliée aux assurances sociales ou rattachée aux organismes de sécurité sociale pour le bénéfice d'allocations ou prestations servies par ces organismes est identifiée par le numéro d'inscription au répertoire national d'identification des personnes physiques qui lui a été attribué à sa naissance par l'Institut national de la statistique et des études économiques si cette personne est née en France ou, sur la base des pièces d'identité et d'état civil qu'elle communique, à l'occasion de sa première activité professionnelle en France ou sa première démarche devant être effectuée en vue du bénéfice d'une allocation ou prestation de sécurité sociale, par l'organisme mentionné à l'article L. 222-4 par délégation de l'Institut mentionné ci-dessus, si cette personne est née à l'étranger.

Pour les personnes nées à l'étranger, le recueil des pièces justificatives nécessaires à l'attribution d'un numéro d'inscription au répertoire national d'identification des personnes physiques s'effectue par l'intermédiaire de l'organisme de sécurité sociale de base auprès duquel sont effectuées les démarches en vue du bénéfice d'une prestation de sécurité sociale. Celui-ci se charge des échanges nécessaires avec l'organisme mentionné à l'article L. 222-4.

Par dérogation aux dispositions du précédent alinéa les personnes nées à l'étranger qui sollicitent le bénéfice d'une pension de droit dérivé et qui ne disposent pas de numéro d'inscription au répertoire national d'identification des personnes physiques transmettent directement les pièces justificatives nécessaires à l'attribution d'un tel numéro à l'organisme mentionné à l'article L. 222-4.

Un numéro identifiant d'attente est attribué par l'organisme mentionné à l'article L. 222-4 pour les personnes mentionnées aux deuxième et troisième alinéas en instance d'attribution d'un numéro d'inscription au répertoire national d'identification des personnes physiques.

Art. R. 161-2 Les personnes sont tenues de communiquer à leur employeur leur numéro d'inscription au répertoire national d'identification des personnes physiques ou, à défaut, leur numéro identifiant d'attente, afin de lui permettre d'accomplir les formalités qui lui incombent.

SOUS-SECTION 2 ASSURANCES MALADIE-MATERNITÉ-DÉCÈS

Art. R. 161-3 *(Décr. n° 99-1049 du 15 déc. 1999, art. 1er ; (Décr. n° 2018-1255 du 27 déc. 2018, art. 1er-3°, en vigueur le 1er janv. 2019)* **La durée prévue par l'article L. 161-8 pendant laquelle le droit aux prestations en espèces est maintenu est fixée à douze mois.**

2e et 3e al. abrogés par Décr. n° 2015-1865 du 30 déc. 2015, art. 3-3°, à compter du 1er janv. 2016.

Art. R. 161-4 *(Décr. n° 2015-1865 du 30 déc. 2015, art. 3-4°, en vigueur le 1er janv. 2016)* **La limite d'âge prévue au 2° de l'article L. 161-1 est fixée à vingt ans.** – *[Anc. art. R. 313-12.]*

Art. R. 161-4-1 *(Décr. n° 2006-1430 du 22 nov. 2006)* **I. — La durée maximale d'incarcération prévue à l'article L. 161-13-1 est de douze mois.**

(Décr. n° 2017-736 du 3 mai 2017, art. 3) **« II. — En l'absence de reprise d'une activité professionnelle à leur libération, les personnes ayant relevé des dispositions de l'article L. 381-30 retrouvent le bénéfice des droits aux prestations en espèces dont elles bénéficiaient, le cas échéant, avant leur mise sous écrou dans le cadre du maintien de droit ouvert en application des dispositions de l'article L. 161-8. La durée du maintien des droits n'est pas suspendue par la période de mise sous écrou. »**

Art. R. 161-5 *(Décr. n° 2015-1865 du 30 déc. 2015, art. 3-5°, en vigueur le 1er janv. 2016)* **Le nombre minimum d'enfants mentionnés au 3° de l'article L. 161-1 est deux, et leur âge limite de quatorze ans.** – *[Anc. art. R. 313-13.]*

Art. R. 161-5-1 *Al. 1er* abrogé par Décr. n° 94-79 du 21 janv. 1994, art. 1er.

(Abrogé par Décr. n° 2015-1865 du 30 déc. 2015, art. 3-1°, à compter du 1er janv. 2016) (Décr. n° 88-677 du 6 mai 1988, art. 1er) ***Le nombre des enfants à charge mentionnés au troisième alinéa de l'article L. 161-15 est fixé à trois.***

Art. R. 161-6 *(Décr. n° 2015-1865 du 30 déc. 2015, art. 3-6°, en vigueur le 1er janv. 2016)* **« L'action directe en paiement prévue à l'article L. 161-15 est exercée par l'assuré dans les conditions suivantes***[:]* **»**

1° Si *(Décr. n° 2015-1865 du 30 déc. 2015, art. 3-6°, en vigueur le 1er janv. 2016)* **« son conjoint séparé de droit ou de fait » relève d'un régime obligatoire d'assurance maladie et maternité de salarié,** *(Décr. n° 2015-1865 du 30 déc. 2015, art. 3-6°, en vigueur le 1er janv. 2016)* **« l'assuré » peut obtenir le paiement des prestations en produisant une attestation délivrée par l'organisme ou service chargé du paiement des** *(Décr. n° 2015-1865 du 30 déc. 2015, art. 3-6°, en vigueur le 1er janv. 2016)* **« prestations » familiales et établissant qu'il a perçu lesdites** *(Décr. n° 2015-1865 du 30 déc. 2015, art. 3-6°, en vigueur le 1er janv. 2016)* **« prestations » pour le mois écoulé du chef d'un salarié remplissant les conditions d'activité nécessaires à l'ouverture du droit aux prestations familiales ;**

2° Si *(Décr. n° 2015-1865 du 30 déc. 2015, art. 3-6°, en vigueur le 1er janv. 2016)* **« l'assuré » ne peut obtenir l'attestation mentionnée au 1° ci-dessus, il peut demander directement** *(Décr. n° 2015-1865 du 30 déc. 2015, art. 3-6°, en vigueur le 1er janv. 2016)* **« la prise en charge des frais de santé » à la Caisse d'assurance maladie dont relève** *(Décr. n° 2015-1865 du 30 déc. 2015, art. 3-6°, en vigueur le 1er janv. 2016)* **« son conjoint séparé » en produisant le jugement de séparation de corps ou une déclaration attestant la séparation de fait.**

(Abrogé par Décr. n° 2015-1865 du 30 déc. 2015, art. 3-6°, à compter du 1er janv. 2016) ***« Dans le cas où cette caisse n'a pas en sa possession et ne peut se procurer la justification de la durée d'activité salariée nécessaire à l'ouverture du droit de l'assuré aux prestations en nature, elle le notifie au conjoint séparé ayant demandé le paiement.***

« Ce conjoint peut alors, en produisant la notification prévue à l'alinéa précédent, demander à l'employeur ou aux employeurs de l'assuré une attestation d'un modèle fixé par arrêté fournissant les éléments nécessaires à l'établissement du droit aux prestations.

« L'employeur ou les employeurs sont tenus de remettre cette attestation au conjoint séparé. »

Si *(Décr. n° 2015-1865 du 30 déc. 2015, art. 3-6°, en vigueur le 1er janv. 2016)* **« son conjoint séparé » relève d'un régime obligatoire d'assurance maladie de non-salariés,** *(Décr. n° 2015-1865 du 30 déc. 2015, art. 3-6°, en vigueur le 1er janv. 2016)* **« l'assuré » exerce son action directe en paiement des prestations auprès de l'organisme dont relève** *(Décr. n° 2015-1865 du 30 déc. 2015, art. 3-6°, en vigueur le 1er janv. 2016)* **« son conjoint séparé » en fournissant une copie du jugement de séparation de corps ou une déclaration de séparation de fait.**

Les organismes d'assurance maladie doivent prendre toutes dispositions utiles en vue de faciliter *(Décr. n° 2015-1865 du 30 déc. 2015, art. 3-6°, en vigueur le 1er janv. 2016)* **« à l'assuré » la mise en œuvre de son action directe.**

Par dérogation aux dispositions du Décr. n° 2015-1865 du 30 déc. 2015, les personnes majeures ayant la qualité d'ayant droit au 31 déc. 2015 bénéficient, à compter du 1er janv. 2016, de la prise en charge des frais de santé par rattachement à l'assuré social dont elles dépendent jusqu'à la date résultant pour elles de l'application du C du XIII de l'art. 59 de la L. n° 2015-1702 du 21 déc. 2015 [V. notes ss. art. L. 161-15] de financement de la sécurité sociale pour 2016 (Décr. préc., art. 12).

Art. R. 161-7 (Abrogé par Décr. n° 2015-1865 du 30 déc. 2015, art. 3-1°, à compter du 1er janv. 2016) ***A l'expiration du délai fixé au deuxième alinéa de l'article R. 161-5, le conjoint divorcé dispose, en vue du paiement des prestations en nature exposées du fait des ayants droit de l'autre personne divorcée, d'une action directe qui s'exerce dans les conditions prévues à l'article R. 161-6.***

La personne demandant le paiement des prestations en vertu des dispositions de l'alinéa précédent doit fournir à la caisse une copie du jugement de divorce. Toutefois, la production de cette copie n'est requise que lors de la première demande de paiement des prestations.

Art. R. 161-8 *(Décr. n° 2004-557 du 16 juin 2004, art. 1er) (Abrogé par Décr. n° 2015-1865 du 30 déc. 2015, art. 3-7°, à compter du 1er janv. 2016)* ***« I. — »*** **Par dérogation à toutes dispositions contraires, les parents** *(Décr. n° 2015-1865 du 30 déc. 2015, art. 3-7°, en vigueur le 1er janv. 2016)* **« qui bénéficient tous les deux de la prise en charge des frais de santé en application de l'article L. 160-1 » peuvent demander, conjointement ou séparément, que leurs enfants soient rattachés, en qualité d'ayants droit, à chacun d'entre eux pour le bénéfice** *(Décr. n° 2015-1865 du 30 déc. 2015, art. 3-7°, en vigueur le 1er janv. 2016)* **« de la prise en charge des frais de santé en cas de » maladie et maternité.**

Les demandes peuvent être effectuées à tout moment. Ces demandes ainsi que leurs modifications sont effectuées selon des modalités fixées par arrêté des ministres chargés de la sécurité sociale et de l'agriculture. *— V. Arr. du 4 mai 2007 (JO 19 mai).*

(Décr. n° 2015-1865 du 30 déc. 2015, art. 3-7°, en vigueur le 1er janv. 2016) **« A défaut de demande de rattachement exprimée par les parents, la prise en charge des frais de santé est assurée au titre du parent qui effectue la première demande de remboursement de soins.**

« Lorsqu'un des parents cesse de bénéficier de la prise en charge des frais de santé, celle-ci est assurée au titre du parent continuant à relever de l'article L. 160-1 ».

(Abrogé par Décr. n° 2015-1865 du 30 déc. 2015, art. 3-7°, à compter du 1er janv. 2016) ***« II. — Lorsqu'au sein d'un même foyer plusieurs personnes ont la qualité d'assuré, elles désignent d'un commun accord celle d'entre elles à laquelle les ayants droit autres que les enfants sont rattachés pour le bénéfice des prestations en nature des assurances maladie et maternité. Ces ayants droit sont tous rattachés au même assuré.***

« La demande peut être effectuée à tout moment. Elle ne peut être modifiée qu'au bout d'un an d'un commun accord entre les assurés. La demande ainsi que les modifications éventuelles de cette demande sont effectuées selon des modalités fixées par arrêté des ministres chargés de la sécurité sociale et de l'agriculture.

« A défaut de désignation, les prestations sont dues à celui des assurés qui effectue la première demande de remboursement de soins.

« Lorsque l'un des assurés cesse d'ouvrir droit aux prestations, ces prestations sont dues à l'autre assuré ou, lorsqu'il existe plusieurs assurés, à celui qui est désigné d'un commun accord par ces assurés ou qui effectue la première demande de remboursement de soins. »

Sur les exceptions à l'application du droit des usagers de saisir l'administration par voie électronique concernant les démarches effectuées auprès des organismes de sécurité sociale, V. CRPA, App., v° Saisine par voie électronique — Exceptions. — **CRPA.**

Art. R. 161-8-1 (Abrogé par Décr. n° 2015-1865 du 30 déc. 2015, art. 3-1°, à compter du 1er janv. 2016) (Décr. n° 93-678 du 27 mars 1993, art. 1er) ***La durée mentionnée au deuxième alinéa de l'article L. 161-14 est fixée à douze mois consécutifs.***

Est réputée se trouver à la charge effective, totale et permanente d'un assuré social, en application du deuxième alinéa de l'article L. 161-14, la personne qui en atteste au moyen d'une déclaration sur l'honneur annuelle et cosignée par l'assuré et qui ne relève pas d'un régime obligatoire d'assurance maladie et maternité.

Les organismes d'assurance maladie s'assurent par tous les moyens qu'ils jugent utiles de la conformité de la situation déclarée aux conditions prévues par les deuxième et troisième alinéas de l'article L. 161-14.

(Décr. n° 2000-97 du 3 févr. 2000, art. 1er) ***« L'attestation de la qualité d'ayant droit au titre des différentes situations prévues à l'article L. 161-14 est conforme au modèle défini par arrêté du ministre chargé de la sécurité sociale ».***

Art. R. 161-8-2 (Décr. n° 2013-1119 du 4 déc. 2013) (Abrogé par Décr. n° 2018-1255 du 27 déc. 2018, art. 1er-18°, à compter du 1er janv. 2019) ***La durée mentionnée au troisième alinéa de l'article L. 161-8 est fixée à trois mois à compter de la date de la reprise de l'activité.***

Art. R. 161-8-3 à R. 161-8-7 *Abrogés par Décr. n° 96-925 du 18 oct. 1996, art. 3.*

Art. R. 161-8-8 à R. 161-8-12 *Abrogés par Décr. n° 99-1049 du 15 déc. 1999, art. 8-I, à compter du 1er janv. 2000.*

Art. R. 161-8-13 (Abrogé par Décr. n° 2015-1865 du 30 déc. 2015, art. 3-1°, à compter du 1er janv. 2016) (Décr. n° 96-377 du 30 avr. 1996, art. 1er) ***La demande prévue à la première phrase de l'article L. 161-14-1 est effectuée par l'intéressé auprès de l'organisme d'assurance maladie et maternité auquel est affilié l'assuré social dont il est l'ayant droit.***

Dès réception de cette demande, l'organisme procède à l'identification de l'intéressé en qualité d'ayant droit autonome et lui verse à titre personnel les prestations en nature des assurances maladie et maternité auxquelles ouvre droit l'assuré social dont il est l'ayant droit.

L'option ainsi faite pour la qualité d'ayant droit autonome est valable pour une durée d'un an, pendant laquelle elle n'est pas révocable. Elle est renouvelable par tacite reconduction, sauf renonciation expresse signifiée par l'intéressé à l'organisme compétent au plus tard un mois avant l'expiration de ladite période.

L'organisme d'assurance maladie et maternité compétent remet à l'intéressé un document attestant de sa qualité d'ayant droit autonome et lui permettant d'obtenir le versement des prestations dans les conditions précisées ci-dessus.

Art. R. 161-8-14 (Abrogé par Décr. n° 2015-1865 du 30 déc. 2015, art. 3-1°, à compter du 1er janv. 2016) (Décr. n° 96-377 du 30 avr. 1996, art. 1er) ***A l'exclusion des enfants*** (Décr. n° 99-1049 du 15 déc. 1999, art. 2) ***« ayants droit des ressortissants du régime des travailleurs non salariés des professions non agricoles ou des régimes spéciaux de sécurité sociale »*** [entrée en vigueur le 1er oct. 2000] ***autres que ceux dont relèvent les fonctionnaires civils de l'État, les magistrats, les ouvriers de l'État et les fonctionnaires territoriaux et hospitaliers, les personnes mentionnées à la première phrase de l'article L. 161-14-1 qui s'inscrivent dans un des établissements, écoles ou classes mentionnés à l'article L. 381-4, sont, lors de leur inscription, rattachées aux sections locales ou correspondants locaux visés au premier alinéa de l'article L. 381-9. Ce rattachement est effectué à la diligence desdits établissements.***

Après que l'organisme auquel est affilié l'assuré social dont il est l'ayant droit a procédé à l'identification de l'intéressé comme ayant droit autonome, ce rattachement emporte pour ce dernier le versement à titre personnel de prestations en nature des assurances maladie et maternité auxquelles ouvre droit ledit assuré social.

La section locale ou le correspondant local choisi par l'intéressé lui remet un document attestant de sa qualité d'ayant droit autonome et lui permettant d'obtenir le versement des prestations dans les conditions susmentionnées, et lui verse ces prestations pour le compte du régime de l'assuré dont il est l'ayant droit.

Art. R. 161-8-15 (Abrogé par Décr. n° 2015-1865 du 30 déc. 2015, art. 3-1°, à compter du 1er janv. 2016) (Décr. n° 99-1049 du 15 déc. 1999, art. 2-II) *Les ayants droit mentionnés aux 1° et 4° de l'article L. 313-3 et à l'article L. 161-14 sont identifiés de manière autonome par l'organisme d'assurance maladie auquel est affilié l'assuré social dont ils sont ayants droit. L'organisme d'assurance maladie remet aux intéressés un document attestant leur qualité d'ayant droit autonome et leur permettant d'obtenir le versement des prestations en nature des assurances maladie et maternité auxquelles leur ouvre droit l'assuré.*

Toutefois, les intéressés peuvent s'opposer à cette procédure par lettre recommandée avec accusé de réception adressée dans le délai d'un mois à compter de la réception de la notification de l'organisme les informant de leur prochaine identification à titre autonome. Ils peuvent ultérieurement, après une période minimale d'un an, renoncer à la qualité d'ayant droit autonome ou, s'ils ont exprimé le choix contraire, se voir reconnaître cette qualité, par lettre recommandée avec accusé de réception adressée à l'organisme d'affiliation de l'assuré.

SOUS-SECTION 3 ASSURANCE INVALIDITÉ

Art. R. 161-9 Pour l'application de l'article L. 161-16, le taux d'invalidité global doit être d'au moins 60 %. Les assurés en cause doivent être âgés d'au moins cinquante-cinq ans. – *V. art. D. 161-2-1-1 s.*

SOUS-SECTION 4 ASSURANCE VIEILLESSE

§ 1er INFORMATION DES ASSURÉS

BIBL. ▶ Prétot, Assurance-vieillesse : quelles sont les mentions qui doivent figurer dans le relevé de carrière individuel ?, *Dr. soc. 2012. 395*.

Art. R. 161-10 *(Décr. n° 2006-708 du 19 juin 2006, art. 2)* Les organismes ou services en charge des régimes de retraite dont relèvent ou ont relevé les bénéficiaires du droit à l'information sur leur retraite prévu par l'article L. 161-17 et qui sont autorisés à collecter et conserver le numéro d'inscription des intéressés au répertoire national d'identification des personnes physiques *(Décr. n° 2011-2072 du 30 déc. 2011, art. 2-1°)* « pour la mise en œuvre des droits à l'information sur la retraite prévus à l'article précité » sont :

1° Les organismes chargés de la gestion des régimes de retraite de base et de l'assurance volontaire vieillesse du régime général de la sécurité sociale et des salariés agricoles, mentionnés respectivement à l'article L. 222-1 du présent code et à l'article L. 723-2 du code rural et de la pêche maritime ;

2° Les institutions de retraite complémentaire adhérentes de l'Association générale des institutions de retraite des cadres et leur fédération, les institutions de retraite complémentaire adhérentes de l'Association pour le régime de retraite complémentaire des salariés et leur fédération, mentionnées à l'article L. 921-4 du présent code et la caisse de retraite du personnel navigant professionnel de l'aéronautique civile mentionnée à l'article R. 426-1 du code de l'aviation civile *[devenu C. transp., art. L. 6527-1 s.]* ;

3° L'organisme chargé de la gestion du régime des ministres des cultes et des membres des congrégations et collectivités religieuses mentionné à l'article L. 382-17 du présent code, les organismes chargés de la gestion des régimes de retraite de base, de l'assurance volontaire vieillesse et des régimes de retraite complémentaire obligatoires des professions non salariées de l'agriculture, *(Décr. n° 2017-735 du 3 mai 2017, art. 3-2°)* « et des travailleurs indépendants non agricoles mentionnés aux articles L. 611-3, L. 644-1 et L. 723-1 du présent code et à l'article L. 723-2 du code rural et de la pêche maritime » et de l'Institution de retraite complémentaire de l'enseignement et de la création mentionnée à l'article 1er du décret n° 62-420 du 11 avril 1962 modifié relatif au régime d'assurance vieillesse complémentaire commun aux artistes graphiques et plastiques et aux professeurs de musique, musiciens, auteurs et compositeurs ;

4° La Caisse des dépôts et consignations au titre de la gestion des retraites des agents relevant ou ayant relevé :

a) De la Caisse nationale de retraite des agents des collectivités locales ;

b) De l'Institution de retraite complémentaire des agents non titulaires de l'État et des collectivités publiques ;

c) Du régime minier et du régime des personnels de la Caisse autonome nationale de sécurité sociale dans les mines ;

d) Du Fonds spécial de pension des ouvriers des établissements industriels de l'État ;

e) Du régime public de retraite additionnel obligatoire institué par l'article 76 de la loi n° 2003-775 du 21 août 2003 portant réforme des retraites.

5° Les autres organismes ou services en charge de la gestion des régimes spéciaux de retraite mentionnés aux articles R. 711-1 et R. 711-24 du présent code ;

6° Le groupement d'intérêt public institué *(Décr. n° 2017-881 du 9 mai 2017, art. 1er-1°)* « par l'article L. 161-17-1 ».

Art. R. 161-11 *(Décr. n° 2006-708 du 19 juin 2006, art. 2)* Sauf accord du bénéficiaire portant sur une ou plusieurs autres catégories de données pertinentes au regard de ses droits à retraite et mentionnées dans cet accord, seules peuvent être échangées *(Décr. n° 2011-2072 du 30 déc. 2011, art. 2-2°)* « pour la mise en œuvre des droits à l'information sur la retraite prévus à l'article L. 161-17 » tout ou partie des données suivantes :

1° Le nom de famille, le cas échéant le nom d'usage, le ou les prénoms, la date et le lieu de naissance *(Décr. n° 2017-881 du 9 mai 2017, art. 1er-2°)* « , l'adresse personnelle du bénéficiaire et, le cas échéant, une adresse électronique personnelle » ;

2° Le numéro d'inscription au répertoire national d'identification des personnes physiques ;

3° La qualité de marié, divorcé, veuf ou célibataire ;

4° Le nombre d'enfants, le ou les prénoms, la date de naissance et, le cas échéant, la date d'adoption et le lieu de naissance de chacun des enfants élevés par le bénéficiaire ou la date de prise en charge par le bénéficiaire de chacun des autres enfants ayant une incidence sur ses droits à pension ;

5° Selon les régimes, les dates de début et, s'il y a lieu, de fin d'affiliation ou de services ou les années au titre desquelles des droits ont été constitués ;

6° Le nom ou la raison sociale, l'adresse et le numéro SIRET du ou des employeurs ;

7° Les éléments de rémunération susceptibles d'être pris en compte pour la détermination des droits à pension, pour chaque année où des droits ont été constitués, soit, selon les régimes :

a) Les salaires, primes ou revenus sur lesquels ont été assises les cotisations à la charge du bénéficiaire ou celles qui ont été versées pour son compte par l'employeur ou par un tiers ou sur lesquels ont été calculés les points de retraite ainsi que la valeur du revenu de référence pris en compte pour la détermination de ce nombre de points ;

b) Les grades, classes, échelons et indices pris en compte dans le calcul du montant des pensions ainsi que les suppléments de nouvelle bonification indiciaire et majorations de pension au titre de la carrière ;

8° Pour chaque année pour laquelle les droits ont été constitués, selon les régimes, les durées exprimées en années, trimestres, mois ou jours, les montants de cotisations ou le nombre de points pris en compte ou susceptibles d'être pris en compte pour la détermination des droits à pension, en mentionnant, s'il y a lieu, le fait générateur de cette prise en compte lorsqu'il a une incidence sur l'âge d'ouverture ou le montant de la pension ;

9° Les données mentionnées au 8° du présent article non susceptibles d'être rattachées à une année donnée ;

10° Le résultat de la combinaison des données mentionnées au présent article effectué par l'un des régimes, organismes ou services mentionnés ci-dessus ;

11° La qualité de retraité dans l'un des régimes dont l'intéressé a relevé ;

12° Les dates de réception des demandes de relevé de situation individuelle ;

(Décr. n° 2011-2072 du 30 déc. 2011, art. 2-2°) « 13° La date à laquelle lui a été communiquée l'information générale mentionnée au premier alinéa de l'article L. 161-17 ;

« 14° La date à laquelle il a demandé à bénéficier d'un ou plusieurs des entretiens mentionnés à l'article L. 161-17 ainsi que les dates auxquelles il en a bénéficié ; »

(Décr. n° 2017-881 du 9 mai 2017, art. 1er-2°) « 15° Le consentement ou l'absence de consentement du bénéficiaire à la mise à disposition par tout moyen de communica-

tion électronique sécurisé des documents mentionnés au III et au IV de l'article L. 161-17. »

1. Relevé de situation individuelle (contenu). La majoration de la durée d'assurance qui peut résulter, pour un assuré, de la circonstance qu'il a élevé un ou plusieurs enfants n'est pas au nombre des périodes pour lesquelles des droits ont été constitués, au titre de l'assurance vieillesse, par le versement de cotisations et n'a pas à figurer à ce titre, dès lors, dans le relevé de situation individuelle adressé par un organisme d'assurance vieillesse à l'assuré en application des art. L. 161-17, R. 161-11 et D. 161-2-1-4 CSS. • Civ. 2e, 16 févr. 2012 : *RJS 2012, n° 589 ; Dr. soc. 2012. 395, rapp. Prétot ; JCP S 2012, n° 1229, obs. Tauran ; RDSS 2012. 392, obs. Tauran*. ♦ L'assuré est recevable, s'il l'estime erroné, à contester devant la juridiction du contentieux général le report des durées d'affiliation, montant des cotisations ou nombre de points figurant sur le relevé de situation individuelle qui lui a été adressé par les organismes chargés des régimes de retraite dont il relève ou dont il a relevé (en l'espèce, le régime des ministres du culte et membres des congrégations religieuses et collectivités religieuses). • Civ. 2e, 11 oct. 2018, n° 17-25.956 P : *RJS 2019, n° 51 ; JCP S 2018, n° 1360, obs. Tauran ; RDSS 2018. 1111, note Tauran*.

2. Contestation du relevé. L'assuré est recevable, s'il l'estime erroné, à contester devant la juridiction du contentieux général le report des durées d'affiliation, montant des cotisations ou nombre de points figurant sur le relevé de situation individuelle qui lui a été adressé. Il peut ainsi contester la prise en compte de périodes d'affiliation et de cotisations susceptibles de lui ouvrir des droits à pension figurant sur le relevé de situation individuelle sans avoir à attendre la liquidation de ses droits. • Civ. 2e, 11 oct. 2018, n° 17-25.956 P : *RDSS 2018. 1111, obs. Tauran ; JCP S 2018, n° 1360, obs. Tauran.*

Art. R. 161-12 *(Décr. n° 2006-708 du 19 juin 2006, art. 2)* **Chaque organisme ou service mentionné à l'article R. 161-10 est autorisé à conserver** *(Décr. n° 2011-2072 du 30 déc. 2011, art. 2-3°)* **« pour la mise en œuvre des droits à l'information sur la retraite prévus à l'article L. 161-17 » le numéro d'inscription au répertoire national d'identification des personnes physiques du bénéficiaire du droit à l'information à compter de son affiliation à l'un des régimes dont il a la charge et jusqu'à son décès.**

(Décr. n° 2011-2072 du 30 déc. 2011, art. 2-3°) **« L'organisme ou le service mentionné à l'article R. 161-10 assurant la mise en œuvre des droits à l'information sur la retraite prévus à l'article L. 161-17 » est autorisé à collecter et à conserver les données nécessaires à leur établissement figurant parmi celles qui sont mentionnées à l'article R. 161-11, pendant les délais fixés par l'arrêté prévu à l'article R. 161-13.**

Art. R. 161-13 *(Décr. n° 2006-708 du 19 juin 2006, art. 2)* **Les données nominatives mentionnées à l'article R. 161-11 sont échangées entre les organismes ou services membres du groupement d'intérêt public institué par l'article** *(Décr. n° 2017-881 du 9 mai 2017, art. 1er-3°)* **« L. 161-17-1 », s'il y a lieu par son intermédiaire. Elles sont conservées pendant un délai maximum de dix-huit mois et échangées selon les modalités techniques fixées par décision du groupement approuvée par arrêté du ministre chargé de la sécurité sociale et du ministre chargé du budget, pris après avis de la Commission nationale de l'informatique et des libertés.**

Les décisions modificatives sont approuvées selon les mêmes modalités que les décisions qu'elles ont pour objet de modifier.

Art. R. 161-14 *(Décr. n° 2006-708 du 19 juin 2006, art. 2)* **L'organisme ou le service** *(Décr. n° 2011-2072 du 30 déc. 2011, art. 2-4°)* **« assurant la mise en œuvre des droits à l'information sur la retraite prévus à l'article L. 161-17 » assure l'information du bénéficiaire prévue à l'article 32 de la loi n° 78-17 du 6 janvier 1978 modifiée relative à l'informatique, aux fichiers et aux libertés.**

Art. R. 161-15 *(Décr. n° 2006-708 du 19 juin 2006, art. 2)* **Les personnes bénéficiaires du droit à l'information exercent leurs droits d'accès et de rectification des données les concernant, prévus par les articles 39 et 40 de la loi n° 78-17 du 6 janvier 1978 modifiée relative à l'informatique, aux fichiers et aux libertés, auprès de l'organisme ou du service en charge de la gestion du régime faisant l'objet de la demande d'accès ou de rectification.**

La demande d'accès ou de rectification peut toutefois être adressée à l'organisme ou au service ayant envoyé *(Décr. n° 2011-2072 du 30 déc. 2011, art. 2-5°)* **« ou remis l'information générale, les simulations, le relevé ou l'estimation ou ayant réalisé l'entretien », en indiquant le ou les régimes qu'elle vise. Celui-ci transmet la demande**

à chaque organisme ou service ayant en charge la gestion du ou des régimes visés et informe le demandeur de cette transmission.

En cas de rectification par un organisme ou un service en charge de la gestion d'un régime visé par la demande des données afférentes à la carrière du bénéficiaire, cet organisme ou ce service informe le bénéficiaire de la rectification ainsi que, s'il y a lieu, l'organisme ou le service *(Décr. nº 2011-2072 du 30 déc. 2011, art. 2-5º)* « ayant envoyé ou remis l'information générale, les simulations, le relevé ou l'estimation ou ayant réalisé l'entretien. Ce dernier organisme ou service adresse au bénéficiaire *(Décr. nº 2017-881 du 9 mai 2017, art. 1er-4º)* « ou lui met à disposition par tout moyen de communication électronique sécurisé » les documents rectifiés, au plus tard à la date d'envoi *(Décr. nº 2017-881 du 9 mai 2017, art. 1er-4º)* « ou de mise à disposition par tout moyen de communication électronique sécurisé » du relevé ou de l'estimation prévus *(Décr. nº 2017-881 du 9 mai 2017, art. 1er-4º)* « au deuxième alinéa du III ou au IV » de l'article L. 161-17 de l'année suivant celle au cours de laquelle il a été informé de la rectification. »

§ 2 OUVERTURE DU DROIT ET LIQUIDATION

Art. R. 161-16 *(Décr. nº 95-1058 du 22 sept. 1995, art. 1er)* Pour l'ouverture du droit et le calcul de la pension de vieillesse, les périodes de perception de l'allocation de préparation à la retraite mentionnée à l'article 125 de la loi de finances pour 1992 (nº 91-1322 du 30 décembre 1991) modifiée sont assimilées à des périodes d'assurance. Il est décompté autant de trimestres qu'au cours de l'année civile correspond *[correspondent]* de fois 90 jours de perception de ladite allocation. — *[Anc. art. R. 161-10-1.]*

Art. R. 161-16-1 *(Décr. nº 2009-1595 du 18 déc. 2009, art. 1er)* Les périodes d'affiliation mentionnées par l'article L. 161-19-1 à un régime obligatoire de pension d'une institution européenne ou d'une organisation internationale à laquelle la France est partie sont prises en compte pour autant que l'assuré n'ait pas été simultanément affilié à un autre régime légalement obligatoire de retraite, français ou étranger, ou à l'assurance volontaire prévue par le titre IV du livre VII, dans des conditions emportant validation de périodes d'assurance.

Les périodes ainsi retenues sont décomptées, de date à date, pour autant de trimestres qu'elles comportent de fois 90 jours.

La totalisation de ces périodes avec les périodes d'assurance validées auprès de l'un des régimes mentionnés au premier alinéa ne peut avoir pour effet de porter à plus de quatre le nombre de trimestres susceptibles d'être validés par année civile.

Art. R. 161-17 *(Décr. nº 2000-1159 du 30 nov. 2000, art. 23-II)* Pour l'application de l'article L. 122-15 du code du service national, il est décompté, de date à date, autant de trimestres que les périodes de volontariat civil comportent de fois quatre-vingt-dix jours. — *[Anc. art. R. 161-10-2.]*

V. art. D. 161-2-2 à D. 161-2-4.

§ 3 SERVICE DES PENSIONS DE VIEILLESSE

Art. R. 161-18 L'âge mentionné au premier alinéa de l'article L. 161-22 est fixé à *(Décr. nº 2004-1130 du 19 oct. 2004)* « cinquante-cinq ans ». — *[Anc. art. R. 161-11.]*

Les dispositions issues du Décr. nº 2004-1130 du 19 oct. 2004 s'appliquent aux pensions de vieillesse prenant effet à compter du 1er janv. 2005 (Décr. préc., art. 1, IV).

Art. R. 161-19 *(Décr. nº 2004-1130 du 19 oct. 2004)* Pour l'application du 7º de l'article L. 161-22 :

1º La limite annuelle de la durée d'activité correspond, selon les modalités d'appréciation de la durée de travail applicables à l'intéressé, soit à 910 heures, soit à 260 demi-journées ;

2º Le plafond annuel des revenus perçus au titre des activités en cause est égal au plafond annuel prévu à l'article L. 241-3. Les revenus à prendre en considération sont ceux retenus pour le calcul de la contribution sociale généralisée visée à l'article L. 136-1. — *[Anc. art. R. 161-11-1.]*

Cet art. s'applique aux pensions de vieillesse servies à compter du 1er nov. 2004 et aux activités mentionnées au 7° de l'art. L. 161-22 exercées à compter de cette même date (Décr. n° 2004-1130 du 19 oct. 2004).

Art. R. 161-19-1 *(Décr. n° 2016-117 du 5 févr. 2016, art. 1er)* **Pour l'application de l'article L. 161-22-2, l'assuré doit justifier d'un nombre de trimestres inférieur ou égal à huit.**

SECTION II **DISPOSITIONS DIVERSES**

Art. R. 161-20 *(Décr. n° 93-761 du 29 mars 1993, art. 1er)* **Lorsque le bénéfice de prestations d'invalidité, de vieillesse ou de veuvage est subordonné soit à une condition de ressources, soit à une condition de limitation ou d'interdiction de cumul avec d'autres prestations ou d'autres ressources, les prestations et les ressources d'origine étrangère ou versées par une organisation internationale sont prises en compte pour l'appréciation de ces conditions.**

Cette disposition s'applique à l'ensemble des régimes relevant du présent livre. – *[Anc. art. R. 161-12.]*

V. art. D. 161-4.

Art. R. 161-21 *(Décr. n° 2016-398 du 1er avr. 2016, art. 3-I)* **Le coefficient mentionné à l'article L. 161-25 est arrondi à la troisième décimale la plus proche.**

SECTION IV **SYSTÈMES D'INFORMATION DE L'ASSURANCE MALADIE ET CARTES DE SANTÉ**

(Décr. n° 95-564 du 6 mai 1995 ; Décr. n° 96-793 du 12 sept. 1996)

SOUS-SECTION 1 **DU CODAGE DES ACTES EFFECTUÉS, DES PRESTATIONS SERVIES ET DES PATHOLOGIES DIAGNOSTIQUÉES**

Art. R. 161-29 *(Décr. n° 95-564 du 6 mai 1995)* **Le codage des actes et prestations dispensés aux assurés sociaux ou à leurs ayants droit et des pathologies diagnostiquées a pour finalité :**

1° En tant qu'il concerne les actes et prestations, le remboursement de ceux-ci ;

2° L'application et le suivi des conventions conclues entre les professionnels de santé et les organismes d'assurance maladie ;

3° L'amélioration des conditions d'exercice du contrôle, notamment médical, des actes et des prestations ;

4° Le développement des actions de prévention, d'éducation et d'information sanitaires mises en œuvre en application des articles L. 262-1 et *(Décr. n° 2006-83 du 27 janv. 2006)* **« du 3° du premier alinéa de l'article L. 611-4 » ;**

5° La réalisation d'études épidémiologiques, dans le respect des dispositions des articles 40-1 à 40-10 de la loi n° 78-17 du 6 janvier 1978 et l'évaluation du système de santé.

Art. R. 161-30 *(Décr. n° 95-564 du 6 mai 1995)* **Pour les actes effectués et les prestations servies, les informations transmises sont celles qui sont définies** *(Décr. n° 97-1321 du 30 déc. 1997, art. 2-II)* **« à l'article R. 161-42 ». Il en est de même pour les actes, prestations et produits délivrés en établissement de santé qui donnent lieu à une facturation unitaire.**

En ce qui concerne les prestations délivrées en hospitalisation avec ou sans hébergement et qui ne donnent pas lieu à facturation unitaire des actes ou des produits, les informations que doivent transmettre les établissements de santé mentionnés au livre Ier de la sixième partie du code de la santé publique pour répondre aux obligations définies à l'article L. 161-29 sont celles prévues par les articles L. 6113-3 à L. 6113-6 du code de la santé publique et les textes pris pour son application.

Le numéro de code des pathologies diagnostiquées est transmis aux organismes d'assurance maladie sur un support autre que la feuille de soins mentionnée *(Décr. n° 97-1321 du 30 déc. 1997, art. 2-II)* **« à l'article R. 161-41 », et par des moyens permettant aux professionnels de santé de respecter les règles déontologiques.**

Art. R. 161-31 *(Décr. n° 95-564 du 6 mai 1995)* Lorsque le traitement automatisé mentionné à l'article L. 161-29 sera mis en œuvre, les assurés sociaux, d'une part, et les professionnels, organismes ou établissements, d'autre part, seront informés par les organismes d'assurance maladie que :

1° Le remboursement des prestations par l'assurance maladie exige le recueil et la conservation des données codées concernant les assurés sociaux ou leurs ayants droit relatives aux actes effectués et aux prestations servies ;

2° Des dispositions légales et réglementaires autorisent ou imposent un traitement automatisé des données relatives aux actes effectués, aux prestations servies et aux pathologies diagnostiquées, ainsi que la transmission aux praticiens conseils et aux personnels des organismes d'assurance maladie de celles de ces données qu'ils sont, respectivement, habilités à connaître dans des conditions et limites définies par l'article L. 161-29 ;

3° Les assurés sociaux exercent leur droit d'accès aux informations les concernant, dans les conditions prévues par la loi n° 78-17 du 6 janvier 1978, auprès de l'organisme d'assurance maladie auquel ils sont affiliés ;

4° Chaque professionnel de santé exerce ce droit d'accès pour les informations relatives aux soins qu'il a dispensés et est destinataire des résultats des traitements de données concernant son activité dans les conditions définies par la ou les conventions nationales qui lui sont applicables.

Art. R. 161-32 *(Décr. n° 95-564 du 6 mai 1995)* Les organismes chargés de la gestion d'un régime obligatoire d'assurance maladie sont tenus de prendre toutes les dispositions nécessaires aux fins de préserver, notamment dans le cadre du traitement mentionné au deuxième alinéa de l'article L. 161-29, la confidentialité des données transmises et traitées aux termes de cet article, et en particulier pour limiter aux seuls personnels habilités l'accès direct aux données médicales relatives aux assurés ou à leurs ayants droit.

A cette fin, les directeurs des organismes mentionnés à l'alinéa précédent veillent au respect des dispositions de l'acte autorisant le traitement automatisé, ainsi que des règles limitant l'accès direct aux données médicales des personnels placés sous leur autorité. Les praticiens conseils veillent au respect des mêmes règles par les personnels placés sous leur autorité.

Art. R. 161-33 *(Décr. n° 95-564 du 6 mai 1995)* Dans l'intérêt de la santé publique et en vue d'assurer la maîtrise des dépenses de santé, les organismes chargés de la gestion d'un régime obligatoire d'assurance maladie transmettent aux ministres chargés de la santé et de la sécurité sociale, dans les formes et conditions fixées par ceux-ci, celles des données issues du traitement automatisé mentionné au deuxième alinéa de l'article L. 161-29 qui ne permettent pas l'identification des assurés sociaux ou des professionnels.

SOUS-SECTION 2 CARTE D'ASSURANCE MALADIE

Art. R. 161-33-1 *(Décr. n° 2007-199 du 14 févr. 2007)* La carte électronique individuelle interrégimes mentionnée à l'article L. 161-31 est appelée carte d'assurance maladie.

Elle contient les informations suivantes :

1° Des données visibles comportant un numéro d'émetteur, un numéro propre à la carte, la date d'émission de cette dernière et des données d'identification du titulaire, à savoir son numéro d'inscription au répertoire national d'identification des personnes physiques, son nom de famille ou, si l'intéressé le demande, le nom d'usage, son prénom usuel, une photographie en couleur, de face, tête nue, récente et parfaitement ressemblante, et un signe d'identification de la carte en relief ;

2° Des données inscrites dans le composant électronique de la carte :

a) Les données visibles mentionnées ci-dessus ainsi que la période de validité de la carte, le nom de famille du titulaire s'il diffère du nom d'usage, ses autres prénoms le cas échéant, sa date de naissance, son adresse et la photographie numérisée identique à celle figurant sur la carte ;

b) Les données relatives aux droits aux prestations en nature au regard d'un régime de base d'assurance maladie ;

c) Les données relatives au choix du médecin traitant du titulaire de la carte ;

d) Les données relatives, le cas échéant et sous réserve de son consentement, à la situation du titulaire au regard de la protection complémentaire d'assurance maladie ;

e) Les données relatives à la situation du titulaire en matière d'accident du travail ou de maladies professionnelles et aux derniers accidents ou maladies professionnelles reconnus ;

f) Les données relatives à l'accès aux soins en cas de séjour ou résidence dans un autre État membre de l'Union européenne ou partie à l'Espace économique européen ;

g) Les données personnelles concernant les coordonnées d'une personne à prévenir en cas de nécessité si le titulaire de la carte y a consenti ;

h) La mention indiquant que son titulaire a eu connaissance des dispositions de la réglementation sur le don d'organe ;

i) Des données permettant :

– d'assurer la mise en œuvre des fonctions de signature électronique ;

– de protéger l'accès aux informations de la carte ;

– d'authentifier la carte en tant que carte d'assurance maladie et d'identifier son titulaire.

Un arrêté des ministres chargés de la sécurité sociale et de l'agriculture, pris après avis de la Commission nationale de l'informatique et des libertés, détermine les spécifications physiques et logiques et les données qu'elle contient. — *V. Arr. du 14 mars 2007 (JO 17 mars) relatif aux conditions d'émission et de gestion des cartes d'assurance maladie.*

Les cartes d'assurance maladie délivrées en application des dispositions des art. R. 161-33-1 à R. 161-33-9 dans leur rédaction issue du décret du 9 avr. 1998 demeurent utilisables jusqu'à la délivrance à chaque bénéficiaire de la carte répondant aux nouvelles spécifications (Décr. n° 2007-199 du 14 févr. 2007).

Art. R. 161-33-2 *(Décr. n° 2007-199 du 14 févr. 2007)* Les informations relatives à la suppression ou la limitation de la participation de l'assuré mentionnées au premier alinéa de l'article *(Décr. n° 2015-1865 du 30 déc. 2015, art. 10-6°, en vigueur le 1er janv. 2016)* « L. 160-13 » et figurant dans la carte ne sont accessibles que :

1° Au titulaire de celle-ci ;

2° Aux personnes facturant ou permettant la prise en charge des actes ou prestations remboursables par l'assurance maladie. Cet accès nécessite l'emploi de la carte de professionnel de santé mentionnée au quatrième alinéa de l'article L. 161-33 ou d'un dispositif d'authentification individuel offrant des garanties similaires de fonctionnalités et de sécurité et agréé par le groupement d'intérêt public mentionné à l'article R. 161-54 ;

3° Aux agents des organismes gérant un régime d'assurance maladie.

Art. R. 161-33-3 *(Décr. n° 2007-199 du 14 févr. 2007)* Chaque organisme servant les prestations d'un régime d'assurance maladie délivre une carte d'assurance maladie aux personnes qui lui sont rattachées, en s'assurant de l'identité du titulaire de la carte. Lorsque la procédure de délivrance de la carte conduit à fournir une photocopie d'une pièce d'identité comportant une photographie, les documents transmis sont conservés pendant une durée maximale fixée par arrêté, à compter de la date de délivrance de la carte, aux fins d'éventuelles réclamations. La photographie est conservée selon les mêmes conditions.

La carte d'assurance maladie est la propriété de l'organisme servant les prestations d'un régime d'assurance maladie. Lors de la mise à disposition d'une carte d'assurance maladie, l'organisme *(Abrogé par Décr. n° 2017-736 du 3 mai 2017, art. 1er-6°)* « *d'affiliation* » vérifie que le titulaire de la carte n'est possesseur d'aucune autre carte valide.

Art. R. 161-33-4 *(Décr. n° 2007-199 du 14 févr. 2007)* I. — Lors de la délivrance à son bénéficiaire d'une carte d'assurance maladie, l'organisme émetteur joint une copie sur papier des informations enregistrées dans la carte et mentionnées aux *a*, *b* et le cas échéant aux *c*, *d*, *e* et *f* du 2° de l'article R. 161-33-1.

Une copie sur papier peut également être demandée par le titulaire de la carte à l'organisme lui servant les prestations d'un régime d'assurance maladie ou, sur présentation de sa carte d'assurance maladie, à n'importe quel organisme servant de telles prestations.

Le cas échéant et sur demande du titulaire, la copie ainsi délivrée peut ne pas mentionner l'existence d'une exonération de ticket modérateur.

Une copie sur papier des informations mentionnées le cas échéant au *d* ou *e* du 2° de l'article R. 161-33-1 est fournie par l'organisme figurant sur la carte qui sert au titulaire des prestations complémentaires ou des prestations servies en application de la législation relative aux accidents du travail ou aux maladies professionnelles.

II. — Le titulaire de la carte exerce son droit de rectification des informations inscrites dans la carte et mentionnées au 1° et aux *a, b, c, d, e, f* du 2° de l'article R. 161-33-1 auprès du ou des organismes gérant les informations le concernant.

III. — Le titulaire de la carte ou, à sa demande, un médecin peut inscrire, modifier ou supprimer les informations figurant aux *g* et *h* du 2° de l'article R. 161-33-1. L'inscription, la dernière modification ou la suppression d'une information comporte l'identification du titulaire ou du médecin ainsi que la date correspondante.

Art. R. 161-33-5 *(Décr. n° 2007-199 du 14 févr. 2007)* Les organismes servant les prestations d'un régime d'assurance maladie mettent en œuvre des dispositifs permettant, d'une part, la consultation des informations contenues dans la carte d'assurance maladie, d'autre part, sur la base des informations contenues dans leurs fichiers, la mise à jour des informations autres que celles mentionnées aux *g* et *h* du 2° de l'article R. 161-33-1.

Art. R. 161-33-6 *(Décr. n° 2007-199 du 14 févr. 2007)* Le titulaire de la carte d'assurance maladie est tenu d'effectuer la mise à jour de sa carte en cas de changement des données mentionnées à l'article R. 161-33-1 ou selon une fréquence annuelle à compter de la date d'émission de celle-ci. A cette fin, il utilise les dispositifs techniques mis à sa disposition.

(Décr. n° 2017-736 du 3 mai 2017, art. 1er-4°) « En cas de changement d'organisme assurant la prise en charge des frais de santé, le nouvel organisme de rattachement » informe le titulaire de son obligation de mettre à jour la carte d'assurance maladie délivrée par le précédent organisme et des conditions dans lesquelles il doit l'effectuer.

A défaut de mise à jour, la carte ne peut plus être, temporairement, utilisée.

Art. R. 161-33-7 *(Décr. n° 2007-199 du 14 févr. 2007)* Le titulaire de la carte d'assurance maladie signale tout dysfonctionnement, perte ou vol de sa carte, selon la procédure indiquée par l'organisme lui servant les prestations d'un régime d'assurance maladie. Des frais peuvent être facturés en cas de demandes de remplacement abusives.

Les organismes servant les prestations d'un régime d'assurance maladie inscrivent dans la liste d'opposition les numéros des cartes en circulation et en cours de validité en cas de vol, perte ou dénonciation, conformément au I *bis* de l'article L. 161-31. Ils mettent cette liste, aux fins de consultation, à la disposition des personnes procédant à la facturation ou à la prise en charge d'actes ou de prestations remboursables par l'assurance maladie.

Art. R. 161-33-8 *(Décr. n° 2007-199 du 14 févr. 2007)* En cas de dispense d'avance de frais totale ou partielle consentie à l'assuré, selon des modalités déterminées par les conventions nationales, contrats nationaux ou autres dispositions applicables mentionnés à l'article L. 161-34, les organismes servant les prestations d'un régime d'assurance maladie peuvent garantir aux professionnels ou établissements ayant fait l'avance de frais le paiement des actes et prestations remboursables par eux sur la base des informations contenues dans la carte valide lors de la facturation ou de la prise en charge, et sous réserve de la bonne application des dispositions particulières concernant la vérification de certaines informations.

Art. R. 161-33-9 *(Décr. n° 98-275 du 9 avr. 1998)* La Caisse nationale de l'assurance maladie des travailleurs salariés peut conjointement, avec au moins une autre Caisse nationale d'assurance maladie *(Décr. n° 2007-199 du 14 févr. 2007)* « , ou l'Union nationale des caisses d'assurance maladie », conclure un accord avec une ou plusieurs fédérations ou organisations professionnelles regroupant des organismes d'assurance maladie complémentaire *(Décr. n° 2007-199 du 14 févr. 2007)* « ou avec l'Union nationale des organismes complémentaires d'assurance maladie ». Cet accord fixe les conditions dans lesquelles les organismes concernés conçoivent et gèrent, chacun pour ce qui le concerne, les éléments du système d'information permettant l'emploi de la carte d'assurance maladie.

Art. R. 161-33-10 *(Décr. n° 2007-199 du 14 févr. 2007)* Le ministre chargé de la sécurité sociale arrête, après avis de la Commission nationale de l'informatique et des libertés :

1° Les modalités d'émission, de distribution et de mise à jour des cartes d'assurance maladie mentionnées à l'article L. 161-31 du code de la sécurité sociale par les organismes servant les prestations d'un régime de base d'assurance maladie ;

2° Les modalités selon lesquelles le titulaire de la carte peut exercer son droit d'accès et de rectification pour les données contenues dans sa carte d'assurance maladie.

SOUS-SECTION 3 DU RÉPERTOIRE NATIONAL INTERRÉGIMES DES BÉNÉFICIAIRES DE L'ASSURANCE MALADIE

(Décr. n° 96-793 du 12 sept. 1996 ; Décr. n° 98-275 du 9 avr. 1998)

Art. R. 161-34 *(Décr. n° 96-793 du 12 sept. 1996)* Le Répertoire national interrégimes des bénéficiaires de l'assurance maladie institué à l'article L. 161-32 a pour finalités :

1° De certifier les identifiants des bénéficiaires figurant dans les fichiers des organismes gérant les régimes de base ou complémentaires d'assurance maladie ;

2° De certifier le rattachement de chaque bénéficiaire à l'organisme qui lui sert les prestations de base d'assurance maladie ;

3° De contribuer aux procédures de délivrance et de mise à jour des cartes électroniques individuelles mentionnées à l'article L. 161-31 ;

4° Le cas échéant, de certifier le rattachement du bénéficiaire à un des organismes mentionnés au 3° de l'article R. 115-1 qui lui sert des prestations complémentaires d'assurance maladie et dont le bénéficiaire ou son représentant légal désire que l'identifiant figure sur sa carte électronique individuelle ;

5° De permettre des études statistiques dans les domaines sanitaire, social et démographique.

Art. R. 161-35 *(Décr. n° 96-793 du 12 sept. 1996)* Le Répertoire national interrégimes des bénéficiaires de l'assurance maladie comporte, pour chaque bénéficiaire ou ancien bénéficiaire, tout ou partie des informations suivantes, à l'exclusion de toute autre :

1° Son numéro d'inscription au Répertoire national d'identification des personnes physiques et celui ou ceux qui lui auraient été précédemment attribués ;

2° Son nom de famille, son nom d'usage, le cas échéant, et ses prénoms ;

3° Ses date et lieu de naissance ;

4° Le cas échéant, la mention du décès ou l'indication que la personne n'est plus bénéficiaire de l'assurance maladie ;

5° L'identifiant de l'organisme d'assurance maladie qui lui sert ses prestations de base d'assurance maladie et la date de son rattachement, ainsi que, le cas échéant, l'identifiant de l'organisme d'assurance maladie lui servant précédemment les prestations de base d'assurance maladie et la date de rattachement ;

6° Éventuellement, l'identifiant d'un des organismes mentionnés au 3° de l'article R. 115-1 de son choix qui lui sert des prestations complémentaires d'assurance maladie et qu'il désire voir figurer sur sa carte électronique individuelle, et la date de son rattachement audit organisme ;

(Décr. n° 2007-199 du 14 févr. 2007) « 7° Le numéro de la dernière carte émise et sa date d'émission ».

Art. R. 161-36 *(Décr. n° 96-793 du 12 sept. 1996)* L'organisme gestionnaire du Répertoire national d'identification des personnes physiques transmet immédiatement, chaque jour ouvré, les mises à jour des informations mentionnées aux 1°, 2°, 3° et 4° de l'article R. 161-35 à l'organisme responsable de la gestion technique du Répertoire national interrégimes des bénéficiaires de l'assurance maladie.

Art. R. 161-37 *(Décr. n° 96-793 du 12 sept. 1996)* I. — Les ministres chargés de la sécurité sociale et de l'agriculture arrêtent, après avis de la Commission nationale de l'informatique et des libertés :

1° Les conditions dans lesquelles sont échangées, entre le Répertoire national interrégimes des bénéficiaires de l'assurance maladie et les organismes chargés de la gestion des régimes d'assurance maladie de base ou complémentaires, les informations relatives à la certification des identifiants et à la connaissance du rattachement auxdits organismes *(Décr. n° 2007-199 du 14 févr. 2007)* « ainsi qu'avec le groupement mentionné à l'article L. 115-5 aux fins du contrôle de la délivrance d'une carte par titulaire » ;

2° Les modalités de réalisation des traitements effectués par le répertoire national précité ;

3° La durée de conservation des données pour les personnes décédées ou ayant cessé d'être bénéficiaires de l'assurance maladie.

Si l'avis de la Commission nationale de l'informatique et des libertés est défavorable, il ne peut être passé outre que par un décret pris sur avis conforme du Conseil d'État.

Le directeur de chaque organisme concerné est le responsable des traitements ainsi définis.

II. — Lorsque les dispositions prévues au I ci-dessus ont été prises, les organismes qui entrent dans leur champ d'application sont dispensés, par dérogation à l'article 12 du décret n° 78-774 du 17 juillet 1978 pris pour l'application des chapitres Ier à IV et VII de la loi n° 78-17 du 6 janvier 1978 relative à l'informatique, aux fichiers et aux libertés de présenter à la Commission nationale de l'informatique et des libertés les actes réglementaires prévus par l'article 15 de ladite loi et devant avoir le même objet que lesdites dispositions.

III. — Les bénéficiaires de l'assurance maladie peuvent exercer leur droit de rectification des données les concernant contenues dans le Répertoire national interrégimes des bénéficiaires de l'assurance maladie auprès de :

1° L'Institut national de la statistique et des études économiques, chargé de la gestion du Répertoire national d'identification des personnes physiques, pour les données d'identification des personnes ;

2° L'organisme leur servant les prestations de base d'assurance maladie, pour les données relatives au rattachement à un organisme servant de telles prestations ;

3° L'organisme d'assurance maladie complémentaire qu'ils désirent voir figurer sur leur carte électronique individuelle, pour les données relatives au rattachement à cet organisme.

IV. — Pour les traitements ayant une finalité statistique, les modalités d'accès et d'utilisation du Répertoire national interrégimes des bénéficiaires de l'assurance maladie sont arrêtées par les ministres chargés de la santé, de la sécurité sociale, de l'agriculture et de l'économie, après avis de la Commission nationale de l'informatique et des libertés. Toutefois, l'organisme chargé de la gestion du répertoire peut effectuer des traitements statistiques non nominatifs visant à évaluer la qualité des informations qui lui parviennent et des traitements qu'il effectue, en vue de l'amélioration de ces derniers.

V. — L'utilisation du Répertoire national interrégimes des bénéficiaires de l'assurance maladie à des fins de recherche des personnes est interdite en dehors des cas expressément prévus par la loi. Toutefois, une telle utilisation peut être autorisée, dans l'intérêt de la santé des personnes concernées ou en raison du risque de maladie transmissible, par un arrêté du ministre chargé de la santé, pris sur avis de la Commission nationale de l'informatique et des libertés.

Art. R. 161-38 *(Décr. n° 96-793 du 12 sept. 1996)* La gestion technique du Répertoire national interrégimes des bénéficiaires de l'assurance maladie, pour le compte et sous le contrôle des organismes gérant un régime d'assurance maladie de base ou complémentaire, est confiée à la Caisse nationale d'assurance vieillesse des travailleurs salariés.

A cette fin, des conventions fixant les conditions techniques et financières d'alimentation et d'utilisation dudit répertoire, ainsi que ses modalités de gestion, sont passées entre :

1° La Caisse nationale d'assurance vieillesse des travailleurs salariés et l'Institut national de la statistique et des études économiques ;

2° La Caisse nationale d'assurance vieillesse des travailleurs salariés et les organismes gérant un régime de base d'assurance maladie ; cette convention est applicable à l'ensemble des organismes gérant un régime de base d'assurance maladie lorsque au moins deux des caisses nationales d'assurance maladie visées à l'article L. 162-7, dont la Caisse nationale de l'assurance maladie des travailleurs salariés, en sont signataires ; l'adhésion à la convention de l'organisme chargé de la gestion du régime d'assurance maladie applicable aux travailleurs expatriés visé à l'article R. 762-1 donne lieu à un avenant approprié ;

3° La Caisse nationale d'assurance vieillesse des travailleurs salariés et une ou plusieurs organisations nationales regroupant des organismes mentionnés au 3° de l'article R. 115-1.

Les conventions visées aux 2° et 3° deviennent exécutoires après leur approbation par les ministres chargés de la sécurité sociale, de l'agriculture et, pour ce qui concerne la convention visée au 3°, de l'économie.

A défaut de signature ou de renouvellement à leur échéance des conventions mentionnées au 2° et au 3°, les ministres chargés de la sécurité sociale et de l'agriculture et, le cas échéant, de l'économie, peuvent en arrêter les dispositions. — *V. Arr. du 22 oct. 1996 (JO 30 oct.), mod. par Arr. du 16 janv. 2004 (JO 8 févr.).*

Décret n° 96-793 du 12 septembre 1996, *relatif à l'autorisation d'utilisation du numéro d'inscription au Répertoire national d'identification des personnes physiques et à l'institution d'un répertoire national interrégimes des bénéficiaires de l'assurance maladie et modifiant le code de la sécurité sociale (deuxième partie : Décrets en Conseil d'État).*

Art. 3 I. — Pour la constitution du Répertoire national interrégimes des bénéficiaires de l'assurance maladie, la Caisse nationale d'assurance vieillesse des travailleurs salariés reçoit de l'Institut national de la statistique et des études économiques, chargé du Répertoire national d'identification des personnes physiques, les informations en sa possession mentionnées aux 1°, 2°, 3° et 4° de l'article R. 161-35 du code de la sécurité sociale relatives aux personnes susceptibles de béneficier de l'assurance maladie.

SOUS-SECTION 4 DES DOCUMENTS AUXQUELS SONT SUBORDONNÉES LA CONSTATATION DES SOINS ET L'OUVERTURE DU DROIT AUX PRESTATIONS DE L'ASSURANCE MALADIE

(Décr. n° 97-1321 du 30 déc. 1997 ; Décr. n° 98-275 du 9 avr. 1998)

Art. R. 161-39 *(Décr. n° 97-1321 du 30 déc. 1997)* Les dispositions de la présente sous-section sont applicables que l'avance des frais soit à la charge de l'assuré ou qu'il bénéficie d'une dispense d'avance de frais totale ou partielle.

Dans les deux cas, les mêmes documents sont exigés pour le remboursement à l'assuré et le paiement des actes ou prestations au professionnel, à l'organisme ou à l'établissement responsable de leur délivrance.

Art. R. 161-40 *(Décr. n° 97-1321 du 30 déc. 1997)* La constatation des soins et l'ouverture du droit au remboursement par les organismes servant les prestations *(Abrogé par Décr. n° 2010-211 du 1er mars 2010)* *« en nature »* de l'assurance maladie sont subordonnées à la production d'une part de documents électroniques ou sur support papier, appelés feuilles de soins, constatant les actes effectués et les prestations servies, d'autre part de l'ordonnance du prescripteur, s'il y a lieu. — *V. Arr. du 9 avr. 1998 (JO 16 avr. ; Rect. JO 30 mai, p. 8243).*

(Décr. n° 2018-173 du 9 mars 2018, art. 6-1°) « Par exception au premier alinéa, lorsque la prestation d'hospitalisation ouvrant droit au remboursement est réalisée par un établissement de santé mentionné aux *d* et *e* de l'article L. 162-22-6 :

« *a)* Les feuilles de soins nécessaires aux actes effectués et aux prestations servies sont appelées bordereaux de facturation ;

« *b)* L'ordonnance du prescripteur n'est pas soumise à transmission mais doit être conservée par l'établissement selon des modalités définies par une convention nationale conclue pour une durée au plus égale à cinq ans entre les organisations hospitalières les plus représentatives des établissements concernés et les caisses nationales d'assurance maladie. A défaut de convention nationale, la durée de conservation est de 5 ans. »

Art. R. 161-41 *(Décr. nº 97-1321 du 30 déc. 1997)* Les feuilles de soins comportent, d'une part, des rubriques de renseignements dont l'indication conditionne l'ouverture du droit à remboursement de l'assuré, d'autre part, des informations supplémentaires dont l'indication, sans conditionner l'ouverture du droit à remboursement, contribue à la maîtrise des dépenses de santé.

Un arrêté conjoint du ministre chargé de la sécurité sociale, du ministre chargé du budget, du ministre chargé de l'agriculture et du ministre chargé de la santé, pris après avis de la Commission nationale de l'informatique et des libertés, détermine les modèles et les spécifications techniques des feuilles de soins.

Art. R. 161-42 *(Décr. nº 97-1321 du 30 déc. 1997)* Les rubriques de renseignements des feuilles de soins dont l'indication conditionne la constatation des soins et le droit à remboursement de l'assuré font apparaître :

1° Selon que la feuille de soins est électronique ou utilise un support papier ;

a) Lorsqu'elle est électronique, l'identifiant de l'assuré et, lorsque ce dernier n'est pas le bénéficiaire des actes ou prestations, de son ayant droit ;

b) Lorsqu'elle utilise un support papier, les noms, prénoms, portés par le professionnel, l'organisme ou l'établissement et le numéro d'immatriculation au répertoire national d'identification des personnes physiques de l'assuré ou, lorsque ce dernier n'est pas le bénéficiaire des actes ou prestations, les noms, prénoms, portés de manière identique, et le numéro d'immatriculation au répertoire national d'identification des personnes physiques de son ayant droit *(Décr. nº 98-275 du 9 avr. 1998, art. 5-IV)* « ou, à défaut de la connaissance de son numéro d'immatriculation, sa date de naissance et son rang dans le cas de dates de naissance identiques entre plusieurs ayants droit de l'assuré » ;

(Décr. nº 2010-211 du 1er mars 2010) « 2° Selon que la feuille de soins est électronique ou utilise un support papier :

« *a)* Lorsqu'elle est électronique :

« – l'identifiant personnel du professionnel ayant effectué les actes, prescrit ou servi les prestations, sa situation d'exercice ainsi que l'identifiant de la structure d'activité correspondante ;

« – le cas échéant, lorsqu'il est différent de ceux mentionnés à l'alinéa précédent, l'identifiant de l'organisme ou de l'établissement ayant servi les prestations ;

« *b)* Lorsqu'elle utilise un support papier :

« – les noms *[nom]*, prénoms, identifiant personnel et situation d'exercice du professionnel ayant effectué les actes, prescrit ou servi les prestations ainsi que la raison sociale, l'adresse et l'identifiant de la structure d'activité correspondante ;

« – le cas échéant, lorsqu'ils sont différents de ceux mentionnés à l'alinéa précédent, la raison sociale, l'adresse et l'identifiant de l'organisme ou de l'établissement ayant servi les prestations ; »

3° La date à laquelle chaque acte ou prestation est effectué ou servi ;

4° La mention, s'il y a lieu, du fait que les actes ou prestations sont effectués ou servis consécutivement à un accident, et des éléments permettant d'identifier cet accident ; *(Décr. nº 2003-399 du 28 avr. 2003, art. 1er)* « ces renseignements sont recueillis auprès du bénéficiaire des actes ou prestations ; l'assuré est responsable de leur véracité ; »

5° Pour chacun des actes ou prestations et, selon le cas, le numéro de code :

a) De l'acte figurant dans la nomenclature mentionnée à l'article R. 162-52 et sa cotation ;

b) De l'acte figurant dans la nomenclature mentionnée à l'article R. 162-18 et sa cotation ;

c) (Décr. nº 2003-399 du 28 avr. 2003, art. 1er) « Des produits et prestations inscrits sur la liste prévue à l'article L. 165-1 ; »

d) Des médicaments spécialisés, préparations magistrales ou fournitures pharmaceutiques mentionnés sur les listes de l'article L. 162-17 et, le cas échéant, du médicament prescrit auquel le pharmacien en a substitué un autre, conformément à la réglementation en vigueur *(Décr. nº 2003-399 du 28 avr. 2003, art. 1er)* « lorsque la prescription est libellée en dénomination commune, au sens de l'article L. 5125-23 du code de la santé publique, le numéro de code du médicament délivré par le pharmacien est complété par la mention correspondante ; »

e) Des produits sanguins labiles mentionnés à l'article L. 1221-9 du code de la santé publique ;

f) Des médicaments inscrits sur la liste mentionnée à l'article L. 5123-2 du code de la santé publique et facturés à l'unité, par dérogation au forfait pharmaceutique journalier défini au 3º de l'article 10 du décret nº 92-1257 du 3 décembre 1992 relatif aux établissements de soins privés ;

6º Le cas échéant, la référence de l'accord préalable ;

7º Le numéro d'ordre de l'acte ou de la prestation lorsque sa prise en charge unitaire varie en vertu de conventions ou de dispositions réglementaires relatives à l'image d'un appareil et l'identification de ce dernier ;

8º Le montant des honoraires ou de la facture du professionnel, de l'organisme ou de l'établissement ayant effectué l'acte ou servi la prestation ainsi que, le cas échéant, le montant de la dispense d'avance de frais totale ou partielle consentie au bénéficiaire ;

9º S'il y a lieu, la mention de la disposition législative en vertu de laquelle la participation financière de l'assuré est limitée ou supprimée ;

10º La date à laquelle les rubriques de la feuille de soins sont complétées, qui détermine le point de départ du délai mentionné à l'article L. 161-33 ; elle correspond, selon le choix du professionnel, de l'organisme ou de l'établissement, ou bien à la date du paiement par l'assuré des actes effectués ou des prestations servies et présentés au remboursement ou bien, lorsque sont en cause plusieurs actes ou prestations rapprochés ou relevant d'un même traitement, *(Décr. nº 2003-399 du 28 avr. 2003, art. 1er)* « à la date de réalisation ou de délivrance du dernier acte ou de la dernière prestation présenté à remboursement ; »

11º *(Décr. nº 2003-399 du 28 avr. 2003, art. 1er)* « Pour les bordereaux de facturation, tels que définis au deuxième alinéa de l'article R. 161-40 :

« *a)* Les frais afférents *(Décr. nº 2005-66 du 28 janv. 2005, art. 4-II-1 ; Décr. nº 2017-500 du 6 avr. 2017, art. 2-I)* « aux articles R. 162-31-1, R. 162-31-2 et R. 162-33-1 », y compris le cas échéant aux prestations servies par un autre établissement de santé au cours du séjour du patient, ainsi qu'à la fourniture des produits ou médicaments *(Décr. nº 2005-66 du 28 janv. 2005, art. 4-II-1)* « mentionnés au 2º de l'article R. 162-31-2 et au 1º de l'article R. 162-32-1 » ;

« *b)* *[Les honoraires et frais] (Décr. nº 2005-66 du 28 janv. 2005, art. 4-II-2 ; Décr. nº 2017-500 du 6 avr. 2017, art. 2-I)* « mentionnés au 1º de l'article R. 162-31-9 et au 2º de l'article R. 162-33-2 », correspondant aux actes effectués au cours du séjour du patient, quelle que soit la nature du lien existant entre le professionnel et l'établissement.

« Par dérogation au 10º du présent article, le point de départ du délai mentionné au I de l'article R. 161-47 est la date de fin d'hospitalisation du patient.

« Les compléments de facturation correspondant aux prestations servies ou aux actes effectués par des tiers, hors de l'établissement, durant le séjour et pour le compte du patient, peuvent être disjoints du bordereau. Dans cette hypothèse, le délai mentionné au I de l'article R. 161-47 court à compter de la date de réception par l'établissement des derniers éléments de facturation présentés au remboursement. »

Art. R. 161-43 *(Décr. nº 2003-399 du 28 avr. 2003, art. 2)* Sous réserve des dispositions de l'article R. 161-43-1 :

1º Les feuilles de soins sont signées de l'assuré et du ou des professionnels ayant effectué les actes ou servi les prestations présentés au remboursement ;

2º Lorsque sont utilisées des feuilles de soins électroniques, les signatures sont données par la lecture de la carte électronique individuelle mentionnée à l'article L. 161-31 et de la carte de professionnel de santé définie à l'article L. 161-33. Le procédé technique mis en œuvre doit garantir le maintien, dès l'obtention de la signature du bénéficiaire, de l'intégrité des données constitutives de la feuille de soins jusqu'à transmission de celle-ci aux fins de remboursement ;

3° Pour les prestations dispensées par les organismes ou établissements, autres que celles mentionnées au *b* du 11° de l'article R. 161-42, les feuilles de soins ou bordereaux établis pour la facturation des frais correspondants, quels qu'en soient le support et le mode de transmission, sont signés de l'assuré ou du bénéficiaire des soins et du directeur de l'établissement ou de son représentant.

Dans ce cas, et par dérogation aux dispositions qui précèdent, la signature de l'assuré ou du bénéficiaire ne vaut attestation que des seuls éléments relatifs à son identité, au lieu et à la durée de son séjour et aux conditions de prise en charge dont il bénéficie.

Par dérogation aux dispositions de l'art. R. 161-43 CSS, la signature de la feuille de soins ou du bordereau établi pour la facturation des frais correspondants, quels qu'en soient le support et le mode de transmission, par l'assuré ou le bénéficiaire, n'est pas exigée pour les actes pris en charge dans le cadre des expérimentations de télésurveillance prévues au V de l'art. 54 de la L. n° 2017-1836 du 30 déc. 2017 de financement de la sécurité sociale pour 2018 (Décr. n° 2018-788 du 13 sept. 2018, art. 2).

Art. R. 161-43-1 *(Décr. n° 2003-399 du 28 avr. 2003, art. 3)* Il peut être dérogé aux dispositions de l'article R. 161-43 dans les cas suivants :

1° La signature de la feuille de soins par l'assuré ou le bénéficiaire n'est pas exigée :

– lorsque le bénéficiaire des soins n'est pas en état d'exprimer sa volonté ou lorsqu'il s'agit d'un bénéficiaire des dispositions de l'article *(Décr. n° 2015-1865 du 30 déc. 2015, art. 10-4°, en vigueur le 1er janv. 2016)* « L. 160-14 » (6°), hébergé à ce titre dans un établissement éloigné du domicile de ses parents ou de la personne exerçant le droit de tutelle, pour les frais correspondants, y compris pour les frais de soins dispensés à la demande dudit établissement ;

– pour les feuilles de soins relatives à la facturation de certains produits ou prestations visés à l'article L. 165-1 et dont la liste est fixée par arrêté des ministres chargés de la santé et de l'assurance maladie ; *— V. Arr. du 10 févr. 2004 (JO 21 févr.), mod. par Arr. du 26 juin 2013 (JO 2 juill.).*

– pour les feuilles de soins électroniques ou les feuilles de soins sur support papier, lorsqu'elles sont envoyées directement à l'organisme d'assurance maladie, relatives à la facturation des actes effectués ou des prestations servies par les *(Décr. n° 2011-2119 du 30 déc. 2011, art. 5-4°)* « laboratoires de biologie médicale » et les anatomo-cytopathologistes, dans les conditions prévues à l'article R. 161-46 ;

– pour les éléments de facturation mentionnés au *b* du 11° de l'article R. 161-42, quels que soient le support et le mode de transmission du bordereau ;

(Décr. n° 2018-788 du 13 sept. 2018, art. 1er)« – pour la facturation des actes de télémédecine mentionnés à l'article R. 6316-1 du code de la santé publique ; »

2° Pour les éléments de facturation correspondant aux actes mentionnés au *b* du 11° de l'article R. 161-42, le bordereau de facturation, qu'il soit électronique ou établi sur support papier, est signé par le professionnel ayant lui-même réalisé l'acte présenté au remboursement ou, à défaut :

– soit par un confrère ayant une qualification équivalente et exerçant son activité au sein du même établissement, sous réserve que celui-ci soit mandaté à cette fin par le professionnel auteur de l'acte présenté au remboursement et que le mandat résulte d'un acte exprès faisant apparaître l'identité et la qualité du mandataire ;

– soit, sous la même réserve, par le directeur de l'établissement ou la ou les personnes qu'il désigne à cet effet.

Quel que soit le signataire du bordereau, la facturation des frais présentés au remboursement est établie, sous la responsabilité, déterminée dans les conditions prévues par le code civil, du professionnel auteur de l'acte, chacun en ce qui le concerne, tant en ce qui concerne l'attestation de la réalisation que la cotation de l'acte, à partir des éléments communiqués et certifiés par lui en vue de compléter le bordereau de facturation.

Un arrêté du ministre chargé de l'assurance maladie détermine les modalités d'établissement du mandat.

Art. R. 161-44 *(Décr. n° 97-1321 du 30 déc. 1997)* Les informations supplémentaires dont l'indication contribue à la maîtrise des dépenses de santé sont :

1° Le numéro d'ordre du bordereau de facturation, et, en cas de transmission électronique, de la feuille de soins ;

2° S'il y a lieu, la mention, par le professionnel de santé qui exécute la prescription, de la date à laquelle les actes ou prestations ont été prescrits ; *(Décr. n° 2010-211 du 1er mars 2010)* « l'identifiant personnel du prescripteur et, le cas échéant, l'identifiant de la structure d'activité au titre de laquelle les actes ou prestations ont été prescrits » ; la référence permettant le rapprochement de la prescription et de la feuille de soins du professionnel exécutant.

Art. R. 161-45 *(Décr. n° 97-1321 du 30 déc. 1997)* I. — L'ordonnance, lorsqu'elle existe, doit comporter les éléments suivants.

Le prescripteur y fait mention, quel que soit le support :

1° Des nom et prénoms du bénéficiaire des actes ou prestations ;

(Décr. n° 2010-211 du 1er mars 2010) « 2° De son propre identifiant et, le cas échéant, de l'identifiant de la structure d'activité au titre de laquelle est établie l'ordonnance ; »

3° De la date à laquelle elle est faite et de la référence permettant son rapprochement avec la feuille de soins ;

4° Le cas échéant, de l'indication prévue à l'article L. 162-4 ;

5° Le cas échéant, la mention de la disposition législative en vertu de laquelle la participation financière de l'assuré est limitée ou supprimée.

L'ordonnance est signée du prescripteur. Ce dernier indique en outre, s'il y a lieu, sur l'ordonnance écrite remise au bénéficiaire des soins, que la prescription est transmise électroniquement à l'organisme d'assurance maladie, conformément aux dispositions du 1° du I de l'article R. 161-48.

(Décr. n° 2003-399 du 28 avr. 2003, art. 4) « Un arrêté conjoint des ministres chargés de la santé, de l'assurance maladie et de l'agriculture, pris après avis de la Commission nationale de l'informatique et des libertés, détermine les spécifications techniques de l'ordonnance électronique et, pour l'ordonnance sur support papier, les caractéristiques permettant la lecture automatique des éléments d'identification du prescripteur qu'elle comporte ainsi que le rapprochement de l'ordonnance avec la feuille de soins correspondante lorsque cette dernière est transmise par voie électronique. » Cet arrêté fixe en outre les modèles et les spécifications particulières des ordonnances, électroniques ou sur support papier, relatives aux actes ou prestations destinés à des assurés dont la loi a limité ou supprimé la participation financière.

II. — Sans préjudice des règles déontologiques qui s'appliquent aux professionnels de santé et des dispositions de l'article L. 162-36 du présent code, le professionnel qui exécute la prescription porte sur l'ordonnance écrite son identifiant et les références permettant de rapprocher cette ordonnance de la feuille de soins correspondant aux actes ou prestations qu'il a effectués ou servis.

Ces références sont :

— la date des prestations qu'il sert ;

— les nom et prénoms du bénéficiaire des soins ;

— l'identification de la caisse de l'assuré ;

— le numéro d'immatriculation au répertoire national d'identification des personnes physiques de l'assuré ou, si celui-ci n'est pas le bénéficiaire des soins, le numéro d'immatriculation au répertoire national d'identification des personnes physiques ou, à défaut, la date de naissance de ce dernier.

Le professionnel ne porte pas ces références sur l'ordonnance dans le cas prévu au 1° du I de l'article R. 161-48.

Il appose, en outre, sa signature sur l'ordonnance.

Art. R. 161-46 *(Décr. n° 2011-2119 du 30 déc. 2011, art. 1er)* Les échantillons biologiques adressés aux laboratoires de biologie médicale dans les conditions mentionnées aux articles L. 6211-13 à L. 6211-15 et L. 6211-17 du code de la santé publique et aux anatomo-cyto-pathologistes sont accompagnés d'un bon d'examen qui comporte les informations, non mentionnées sur l'ordonnance, nécessaires pour compléter les rubriques d'une feuille de soins, envoyée à l'assuré ou à l'organisme d'assurance maladie. Ces informations sont celles définies aux 1°, 4° et 9° de l'article R. 161-42 et l'identifiant de l'organisme d'assurance maladie.

Art. R. 161-47 *(Décr. n° 97-1321 du 30 déc. 1997)* I. – La transmission aux organismes servant les prestations de base de l'assurance maladie des feuilles de soins est assurée dans les conditions ci-après définies.

Les feuilles de soins sont transmises par voie électronique, ou par envoi d'un document sur support papier.

1° En cas de transmission par voie électronique, le professionnel, l'organisme ou l'établissement ayant effectué des actes ou servi des prestations remboursables par l'assurance maladie transmet les feuilles de soins électroniques dans un délai dont le point de départ est la date fixée au 10° et au 11° de l'article R. 161-42 et qui est fixé à :

a) Trois jours ouvrés en cas de paiement direct de l'assuré ;

b) Huit jours ouvrés lorsque l'assuré bénéficie d'une dispense d'avance de frais.

(Abrogé par Décr. n° 98-275 du 9 avr. 1998, art. 5-II) « Dès réception des feuilles de soins, l'organisme d'assurance maladie adresse, par la même voie, à l'expéditeur, un accusé de réception. Lorsque ce dernier mentionne une altération des documents transmis, ou en l'absence d'accusé de réception dans les deux jours ouvrés suivant leur transmission, le professionnel, l'organisme ou l'établissement dispose de deux jours ouvrés pour transmettre à nouveau les documents ou, au plus tard, jusqu'à la transmission d'une nouvelle feuille de soins. »

En cas d'échec de la réémission d'une feuille de soins électronique, ou si le professionnel, l'organisme ou l'établissement n'est pas en mesure, pour une raison indépendante de sa volonté, de transmettre la feuille de soins électronique, il remet un duplicata sur support papier à l'assuré ou à l'organisme servant à ce dernier les prestations de base de l'assurance maladie selon des modalités fixées par les conventions mentionnées à l'article L. 161-34.

Le professionnel, l'organisme ou l'établissement conserve le double électronique des feuilles de soins transmises *(Décr. n° 2003-399 du 28 avr. 2003, art. 6)* « ainsi que leurs accusés de réception » pendant quatre-vingt-dix jours au moins. Il remet à l'assuré, sur demande de ce dernier, copie de la feuille de soins transmise, sauf modalités contraires prévues par les conventions mentionnées à l'article L. 161-34.

2° En cas d'envoi sous forme de document sur support papier, la transmission par courrier à l'organisme servant à l'assuré les prestations de base de l'assurance maladie est assurée :

a) Sous la responsabilité de l'assuré lorsque ce dernier acquitte directement le prix de l'acte ou de la prestation ;

b) Sous la responsabilité du professionnel, de l'organisme ou de l'établissement, dans un délai de huit jours suivant la même date, lorsque l'assuré bénéficie d'une dispense d'avance de frais.

II. – Un arrêté des ministres chargés de la sécurité sociale, de l'agriculture et de la santé, pris après avis de la Commission nationale de l'informatique et des libertés, détermine :

1° Les conditions de réception et de conservation par les organismes d'assurance maladie des feuilles de soins transmises par la voie électronique ;

2° Les modalités d'envoi des messages que ces organismes émettent en application des dispositions du deuxième alinéa du 1° du I ;

3° Les conditions d'exercice par le malade, l'assuré et le professionnel, personne physique, du droit d'accès et de rectification aux données les concernant. – *V. Arr. du 9 avr. 1998 (JO 16 avr., p. 5851).*

Le directeur de chaque organisme d'assurance maladie est le responsable des traitements ainsi définis.

III. – *(Décr. n° 98-275 du 9 avr. 1998, art. 5)* « En cas d'échec de la réémission d'une feuille de soins électronique prévue par la procédure mentionnée au deuxième alinéa du 1° du I du présent article, ou si le professionnel, l'organisme ou l'établissement qui l'a établie n'est pas en mesure, pour une raison indépendante de sa volonté, de transmettre la feuille de soins électronique, l'assuré peut obtenir le remboursement des sommes dues en produisant *(Décr. n° 2007-199 du 14 févr. 2007)* « un duplicata » clairement signalé comme tel et conforme au modèle mentionné au deuxième alinéa de l'article R. 161-41 signé du professionnel, de l'organisme ou de l'établissement concerné. Ce duplicata peut aussi être remis directement par le professionnel, l'organisme ou l'établissement à l'organisme servant à l'assuré les prestations d'un régime de base d'assurance maladie selon des modalités fixées par les conventions mentionnées à l'article L. 161-34.

« De même, si une feuille de soins utilisant un support papier n'est pas parvenue à l'organisme servant à l'assuré les prestations d'un régime de base d'assurance maladie, l'assuré peut obtenir le remboursement des sommes dues, en produisant dans les conditions mentionnées à l'alinéa précédent un duplicata signé du professionnel, de l'organisme ou de l'établissement concerné.

« L'assuré ne peut faire valoir ses droits à remboursement au moyen d'une copie électronique *(Abrogé par Décr. n° 2003-399 du 28 avr. 2003, art. 6)* **« ou d'un duplicata »** que si quinze jours au moins et quatre-vingt-dix jours au plus se sont écoulés depuis la date d'élaboration de la feuille de soins mentionnée au 10° de l'article R. 161-42. »

Art. R. 161-48 I. – *(Décr. n° 97-1321 du 30 déc. 1997)* La transmission aux organismes d'assurance maladie des ordonnances est assurée selon l'une des procédures suivantes :

1° Ou bien le prescripteur transmet l'ordonnance par voie électronique ; la transmission est faite à l'organisme servant les prestations de base de l'assurance maladie dans les mêmes conditions et délais que ceux prévus au 1° du I de l'article R. 161-47 ;

2° Ou bien l'ordonnance est transmise par l'exécutant de la prescription, lorsqu'il transmet par voie électronique la feuille de soins à l'organisme servant à l'assuré les prestations de base de l'assurance maladie ; dans ce cas, la transmission est faite, sauf stipulation contraire d'une convention mentionnée à l'article L. 161-34, à la caisse du régime de l'assuré dans la circonscription de laquelle cet exécutant exerce, dans les mêmes délais que ceux prévus pour la transmission de la feuille de soins électronique ;

3° Ou bien l'ordonnance est transmise dans les mêmes conditions que celles prévues au 2° du I de l'article R. 161-47 lorsque l'exécutant de la prescription utilise une feuille de soins sur support papier.

(Décr. n° 2003-399 du 28 avr. 2003, art. 7) « Il n'est pas fait application des dispositions qui précèdent lorsque l'ordonnance a été préalablement transmise à l'organisme d'assurance maladie à l'appui d'une demande adressée en vue de l'obtention de l'accord préalable mentionné au deuxième alinéa de l'article L. 315-2. »

II. – Un arrêté des ministres chargés de la sécurité sociale, de l'agriculture et de la santé, pris après avis de la Commission nationale de l'informatique et des libertés, détermine :

1° Les conditions de réception et de conservation par les organismes d'assurance maladie des ordonnances transmises par la voie électronique ;

2° Les conditions d'exercice, par le malade, l'assuré et le professionnel, personne physique, du droit d'accès et de rectification aux données les concernant.

Le directeur de chaque organisme d'assurance maladie est le responsable des traitements ainsi définis.

Par dérogation à l'art. 12 du Décr. n° 78-774 du 17 juill. 1978, les organismes d'assurance maladie sont dispensés de l'obligation de présenter à la Commission nationale de l'informatique et des libertés les projets d'acte réglementaire mentionnés à l'art. 15 de la L. n° 78-17 du 6 janv. 1978 relative à l'informatique, aux fichiers et aux libertés, lorsque ces projets sont conformes aux arrêtés mentionnés aux art. R. 161-47-II et R. 161-48-II du code de la sécurité sociale (Décr. n° 97-1321 du 30 déc. 1997, art. 4).

Art. R. 161-49 *(Décr. n° 97-1321 du 30 déc. 1997)* Les feuilles de soins, qu'elles soient électroniques ou sur support papier, tiennent lieu de facturation. Elles sont conservées par l'organisme d'assurance maladie durant le délai mentionné à l'article 26 du décret n° 86-1309 du 29 décembre 1986 fixant les conditions d'application de l'ordonnance du 1er décembre 1986.

Toutefois, en cas de paiement direct en espèces par l'assuré au professionnel ayant effectué des actes ou servi des prestations, ce dernier lui remet une quittance, dont le contenu est fixé par arrêté conjoint des ministres chargés de la sécurité sociale, de l'agriculture, de l'économie et des finances et de la santé.

Art. R. 161-50 et R. 161-51 *Abrogés par Décr. n° 2014-955 du 21 août 2014, art. 1er-1°.*

SOUS-SECTION 5 CARTE DE PROFESSIONNEL DE SANTÉ

(Décr. n° 98-271 du 9 avr. 1998)

Art. R. 161-52 *(Décr. n° 98-271 du 9 avr. 1998)* La carte de professionnel de santé mentionnée au quatrième alinéa de l'article L. 161-33 contient les informations suivantes :

1° Des données visibles comportant un numéro d'émetteur, un numéro propre à la carte et la date de fin de validité de cette dernière et des données d'identification du titulaire, qui sont le nom d'exercice et le prénom usuel, la profession, un numéro d'identification propre au titulaire et, s'il y a lieu, la raison sociale et le numéro d'identification de l'organisme dans lequel est exercée l'activité principale ;

2° Des données inscrites dans le composant électronique de la carte :

a) Les données visibles mentionnées ci-dessus et le nom de famille s'il diffère du nom d'exercice ;

b) S'il y a lieu, la ou les spécialités du titulaire, son activité principale, sa ou ses activités secondaires et pour chacune d'elles le mode d'exercice et, le cas échéant, la forme juridique de la structure dans laquelle s'exerce l'activité ;

c) Les données décrivant la situation du titulaire au regard de l'assurance maladie ;

d) Des données techniques permettant :

— d'assurer les fonctions de signature et de chiffrement ;

— d'activer la carte au moyen d'un code confidentiel ;

— de protéger l'accès aux informations de la carte ;

— d'authentifier la carte en tant que carte de professionnel de santé, en tant que carte propre à une profession et à une activité déterminées et en tant que carte propre à une personne déterminée.

Un arrêté des ministres chargés de la santé, de la sécurité sociale, du budget et de l'agriculture, après avis de la Commission nationale de l'informatique et des libertés et de l'organisme émetteur mentionné à l'article R. 161-54, détermine les spécifications physiques et logiques permettant d'assurer la fiabilité de la carte et des données qu'elle contient. — *V. Arr. du 9 avr. 1998 (JO 16 avr. ; Rect. JO 30 mai).*

Art. R. 161-53 *(Décr. n° 2004-1397 du 23 déc. 2004)* Pour les professions de santé réglementées par le code de la santé publique dont l'exercice est subordonné à l'enregistrement du diplôme par l'État *(Décr. n° 2007-199 du 14 févr. 2007)* « et pour les personnes facturant ou permettant la prise en charge des actes ou prestations remboursables par l'assurance maladie », les données d'identification mentionnées au 1° et au *a* du 2° de l'article R. 161-52 ainsi que les données mentionnées au *b* du 2° du même article sont issues des déclarations du demandeur, validées par :

1° Le service ou l'organisme chargé, pour le compte de l'État, de l'enregistrement du diplôme et, pour les professionnels relevant d'un ordre professionnel, l'instance ordinale compétente ;

2° Pour les professionnels relevant des dispositions du statut général des militaires, par le ministre chargé des armées ;

3° Et, s'il y a lieu, le directeur de la structure dans laquelle le demandeur exerce son activité.

La production des données mentionnées au *c* du 2° de l'article R. 161-52 incombe à la Caisse nationale de l'assurance maladie des travailleurs salariés.

Art. R. 161-54 *(Décr. n° 2004-1397 du 23 déc. 2004)* « Un groupement d'intérêt public émet, délivre et gère les cartes de professionnel de santé. » *(Décr. n° 98-271 du 9 avr. 1998)* « Il veille à leur bon usage et assure la fiabilité des mécanismes et la protection de clés sur lesquelles reposent la confidentialité des données chiffrées et la validité des signatures électroniques produites à l'aide de ces cartes. »

Art. R. 161-55 *(Décr. n° 98-271 du 9 avr. 1998)* I. — La carte de professionnel de santé est délivrée aux professionnels et aux directeurs d'organismes ou établissements dispensant au titre de leur activité principale des actes ou prestations remboursables par l'assurance maladie. Pour ces professionnels, la carte est renouvelée automatiquement à la fin de sa période de validité.

II. — La carte de professionnel de santé est aussi délivrée aux professionnels en formation autorisés à effectuer des remplacements.

III. – Les titulaires de la carte visée au I ci-dessus peuvent demander à l'organisme émetteur une carte pour les personnes qu'ils emploient et qui sont appelées par délégation à signer les documents électroniques mentionnés à l'article L. 161-33 *(Décr. nº 2012-1131 du 5 oct. 2012, art. 2-II)* « ou à accéder aux dossiers pharmaceutiques des patients pris en charge ». Ces cartes sont émises sur la base des informations produites par l'employeur, au nom de l'employé porteur ou au nom de l'employeur titulaire.

IV. – Les organismes gérant un régime de base d'assurance maladie peuvent demander à l'organisme émetteur une carte pour leur personnel appelé à lire et à traiter les documents mentionnés à l'article L. 161-33.

Art. R. 161-56 *(Décr. nº 98-271 du 9 avr. 1998)* En cas d'erreur relative aux informations portées sur la carte, le titulaire exerce auprès de l'organisme émetteur son droit de rectification des informations de la carte.

En cas de modification de sa situation affectant les informations portées sur la carte, le titulaire en informe les autorités compétentes qui procèdent aux contrôles nécessaires et informent à leur tour l'organisme émetteur afin qu'il inscrive dans la carte les nouvelles informations.

Art. R. 161-57 *(Décr. nº 98-271 du 9 avr. 1998)* En cas de perte, de vol ou de dysfonctionnement de sa carte, le titulaire en informe l'organisme émetteur.

Afin d'éviter les utilisations frauduleuses des cartes de professionnel de santé, l'organisme émetteur établit une liste d'oppositions qui est mise à la disposition des utilisateurs. Cette liste peut contenir les numéros des cartes perdues, volées, périmées ou ayant cessé d'être valides pour toute autre raison.

Art. R. 161-58 *(Décr. nº 98-271 du 9 avr. 1998)* Pour les applications télématiques et informatiques du secteur de la santé, la signature électronique produite par la carte de professionnel de santé est reconnue par les administrations de l'État et les organismes de sécurité sociale comme garantissant l'identité et la qualité du titulaire de la carte ainsi que l'intégrité du document signé. Ainsi signés, les documents électroniques mentionnés à l'article L. 161-33 sont opposables à leur signataire.

SECTION V *[ABROGÉE]* DOSSIER PHARMACEUTIQUE

(Abrogée par Décr. nº 2012-1131 du 5 oct. 2012, art. 1er-XIII)

Art. R. 161-58-1 à R. 161-58-11 *Abrogés par Décr. nº 2012-1131 du 5 oct. 2012, art. 1er-XIII. — V. CSP, art. R. 1111-20-1 s. —* **CSP.**

SECTION VI TRAITEMENTS DE DONNÉES RELATIVES À L'ASSURANCE VIEILLESSE *(Décr. nº 2009-1553 du 14 déc. 2009).*

SOUS-SECTION 1 ÉCHANTILLON INTER-RÉGIMES DE COTISANTS ET ÉCHANTILLON INTER-RÉGIMES DE RETRAITÉS *(Décr. nº 2009-1553 du 14 déc. 2009).*

Art. R. 161-59 *(Décr. nº 2003-686 du 22 juill. 2003, art. 1er)* Il est créé un traitement automatisé permanent d'informations nominatives à des fins statistiques en matière de retraite, mis en œuvre par un service statistique placé sous l'autorité du ministre chargé des affaires sociales et composé de :

1º L'échantillon interrégimes de cotisants, mentionné au II de l'article 27 de la loi du 23 décembre 2000 susvisée *[nº 2000-1257 de financement pour la sécurité sociale pour 2001]* et mis en œuvre dans les conditions définies par un arrêté pris, après avis de la Commission nationale de l'informatique et des libertés, par le ministre chargé des affaires sociales, le ministre de la défense, le ministre chargé du budget et le ministre dont relève l'Institut national de la statistique et des études économiques. — *V. Arr. du 22 juill. 2003 (JO 29 juill.), mod. par Arr. du 7 mars 2007 (JO 22 mars), Arr. du 23 mars 2011 (JO 2 avr.).*

2º L'échantillon interrégimes de retraités, mentionné à l'article 1er de la loi du 9 juillet 1984 susvisée *[nº 84-575]* et mis en œuvre dans les conditions définies par un arrêté pris, après avis de la Commission nationale de l'informatique et des libertés, par le ministre chargé des affaires sociales, le ministre chargé du budget et le ministre dont relève l'Institut national de la statistique et des études économiques.

Art. R. 161-60 *(Décr. n° 2003-686 du 22 juill. 2003, art. 1er)* **Le traitement défini à l'article R. 161-59 a pour finalité de fournir, selon une périodicité fixée par les arrêtés mentionnés au même article, des informations statistiques relatives :**

1° A la situation au regard des droits à pension des personnes qui n'ont pas encore fait valoir leur droit à la retraite ;

2° A la situation des titulaires de pensions de retraite et de réversion ;

3° Au rapport entre le montant des droits à pension mentionnés au 1° ou des pensions mentionnées au 2°, d'une part, et les rémunérations et revenus de remplacement perçus, d'autre part.

Il peut également servir pour des enquêtes statistiques spécifiques réalisées à partir de l'un des deux échantillons ou des deux échantillons mentionnés à l'article R. 161-59. La Commission nationale de l'informatique et des libertés est saisie pour avis de tout projet d'enquête de ce type. Il ne peut être porté atteinte, pour la réalisation de ces enquêtes, au caractère anonyme des informations contenues dans les échantillons.

Art. R. 161-61 *(Décr. n° 2003-686 du 22 juill. 2003, art. 1er)* **Les informations nominatives nécessaires au traitement sont fournies, selon les modalités définies aux articles R. 161-62 à R. 161-69, par les organismes et services suivants :**

1° Les organismes gestionnaires des régimes de retraite obligatoires ;

(Décr. n° 2015-1570 du 1er déc. 2015, art. 1er) **« 2° Pôle emploi ; »**

3° L'Institut national de la statistique et des études économiques ;

4° Les services de l'État, désignés par les arrêtés prévus à l'article R. 161-59, détenant des informations relatives aux traitements et aux pensions des personnels civils et militaires de l'État ;

(Décr. n° 2015-1570 du 1er déc. 2015, art. 1er) **« 5° La Caisse nationale de l'assurance maladie des travailleurs salariés en tant que gestionnaire d'un régime d'invalidité. »**

Décret n° 2015-1570 du 1er décembre 2015,

Autorisant la mise en œuvre d'un traitement de données à caractère personnel à partir de l'échantillon inter-régimes de retraités (EIR) et de données fiscales en vue de la constitution de statistiques et autorisant l'extension aux pensions d'invalidité du champ des échantillons inter-régimes de cotisants et de retraités (JO 3 déc.).

....

Art. 2 La ministre des affaires sociales, de la santé et des droits des femmes (direction de la recherche, des études, de l'évaluation et des statistiques) est autorisée à mettre en œuvre un traitement automatisé de données à caractère personnel consistant en la combinaison du traitement relatif à l'échantillon inter-régimes de retraités, autorisé par les articles R. 161-59 et suivants du code de la sécurité sociale, et du traitement des données fiscales détenues par la direction générale des finances publiques. Ce traitement a pour finalité la réalisation d'études à caractère statistique relatives aux revenus des retraités au-delà de la seule pension de retraite.

Art. 3 Le fichier issu de la mise en œuvre prévue à l'article 2 ci-dessus est constitué de la façon suivante :

1° Le service chargé de la mise en œuvre de l'échantillon inter-régimes de retraités mentionné à l'article 2 transmet aux organismes mentionnés aux 1° et 4° de l'article R. 161-61 du code de la sécurité sociale un fichier contenant le numéro d'ordre personnel permanent prévu à l'article R. 161-62 du même code, ainsi qu'un numéro d'ordre personnel spécifique, propre au présent traitement ;

2° A partir du numéro d'ordre personnel permanent, ces organismes constituent un fichier de leurs affiliés contenant d'une part le numéro d'ordre personnel spécifique, propre au présent traitement, d'autre part les éléments d'identification permettant le rapprochement avec les données fiscales. Ils les transmettent à l'INSEE ;

3° L'INSEE élabore un fichier unique dans lequel les éléments d'identification sont remplacés par les données mentionnées à l'article 4, auxquelles il a accès en vertu de l'article L. 135 D du livre des procédures fiscales, et qui contient le numéro d'ordre personnel spécifique, propre au traitement, à partir de l'ensemble des fichiers transmis au titre de l'alinéa précédent ;

4° L'INSEE retransmet le fichier ainsi constitué au service chargé de la mise en œuvre de l'échantillon inter-régimes de retraités et mentionné à l'article 2.

Pour la procédure décrite au 2°, les organismes mentionnés sont autorisés à utiliser le numéro d'inscription au répertoire national d'identification des personnes physiques, transmis dans le cadre de l'article R. 161-63 du code de la sécurité sociale.

Art. 4 Le fichier constitué au 3° de l'article 3 comporte des données relatives à la situation fiscale de personnes ne permettant pas l'identification directe de celles-ci. Ces données portent sur :

1° La structure du foyer et les dates de naissance de ses membres ;

2° Les informations relatives au revenu des personnes présentes dans l'échantillon inter-régimes de retraités ;

3° Les informations relatives au revenu du foyer des personnes présentes dans l'échantillon inter-régimes de retraités.

Ces données sont destinées exclusivement à être rapprochées de l'échantillon inter-régimes de retraités pour la réalisation des travaux mentionnés à l'article 2. Elles ne font l'objet d'aucune diffusion de la part du service destinataire.

Art. 5 A l'initiative de la direction de la recherche, des études, de l'évaluation et des statistiques, le traitement tel que défini à l'article 2 peut être affiné par des enquêtes complémentaires portant sur les revenus des retraités, présentant les mêmes garanties de confidentialité qu'à l'article 3 ci-dessus.

Art. 6 I. — L'information du public sur l'existence, l'objet et les modalités du traitement autorisé par le présent décret est assurée dans les conditions prévues au premier alinéa de l'article R. 161-68 du code de la sécurité sociale pour l'information du public sur l'échantillon inter-régimes de retraités.

II. — Les droits ouverts au titre des articles 39 et 40 de la loi du 6 janvier 1978 *[n° 78-17]* susvisée, pour ce traitement, s'exercent :

1° S'agissant des données provenant de l'échantillon inter-régimes de retraités, auprès des organismes mentionnés aux 1° et 4° de l'article R. 161-61 du code de la sécurité sociale conformément aux dispositions prévues à l'article R. 161-68 du même code ;

2° S'agissant des données fiscales, auprès de l'administration fiscale, conformément aux dispositions concernant les données issues des systèmes d'information de l'administration fiscale.

III. — Le droit d'opposition prévu à l'article 38 de la loi du 6 janvier 1978 susvisée ne s'applique pas au traitement mentionné à l'article 2.

Art. 7 Les données du fichier constitué à l'article 3 sont mises à jour lors de la réactualisation de l'échantillon inter-régimes de retraités, définie à l'article R. 161-60 du code de la sécurité sociale.

En vue de la constitution de bases de sondage pour la réalisation des enquêtes statistiques mentionnées à l'article 5, l'INSEE conserve les données transmises au titre du 3° de l'article 3 de manière séparée, pendant une durée de six ans.

Art. 8 Le service responsable de la mise en œuvre du traitement mentionné à l'article 2 garantit la protection à l'élaboration et au stockage du fichier constitué à l'article 3 par des protocoles adaptés ; il met en place des restrictions d'accès aux seules personnes habilitées à en assurer l'exploitation et assure la traçabilité des opérations qui lui sont liées.

Art. R. 161-62 *(Décr. n° 2003-686 du 22 juill. 2003, art. 1er)* **I. — Pour constituer les échantillons visés à l'article R. 161-59, l'Institut national de la statistique et des études économiques sélectionne dans le répertoire national d'identification des personnes physiques les personnes dont la date de naissance (jour, mois, année) figure sur une liste fixée par arrêté pris, après avis de la Commission nationale de l'informatique et des libertés, par les autorités ministérielles visées à l'article R. 161-59.**

II. — Pour chacune de ces personnes, l'Institut national de la statistique et des études économiques est autorisé à extraire du répertoire national d'identification des personnes physiques les informations suivantes :

1° Le numéro d'inscription à ce répertoire ;

2° Le nom de famille ;

3° Les prénoms ;

4° Le sexe ;

5° La date de naissance (jour, mois, année) ;

6° Le lieu de naissance (pays, département ou territoire, commune).

L'Institut national de la statistique et des études économiques attribue à chacune de ces personnes :

1° Un numéro d'ordre personnel, anonyme et permanent, propre au présent traitement et commun aux deux échantillons ;

2° Un indicateur de la présence de l'individu dans la version précédente de l'un ou l'autre des deux échantillons.

L'Institut national de la statistique et des études économiques constitue, pour chaque échantillon, un fichier comprenant l'ensemble de ces informations.

Art. R. 161-63 *(Décr. nº 2003-686 du 22 juill. 2003, art. 1er)* L'Institut national de la statistique et des études économiques transmet une copie des fichiers mentionnés au dernier alinéa de l'article R. 161-62 aux organismes visés à l'article R. 161-61.

Art. R. 161-64 *(Décr. nº 2003-686 du 22 juill. 2003, art. 1er)* L'Institut national de la statistique et des études économiques transmet au service chargé de mettre en œuvre le traitement, pour chacun des deux échantillons :

1° Un fichier contenant le numéro d'ordre personnel et l'indicateur de repérage définis à l'article R. 161-62 ainsi que le sexe, l'année, le pays et le département ou le territoire de naissance de l'ensemble des personnes de l'échantillon ;

2° Un fichier des personnes décédées depuis le tirage de la précédente version de l'échantillon, contenant le numéro d'ordre personnel, le mois et l'année de décès, le sexe, l'année, le pays et le département ou le territoire de naissance des individus concernés.

Art. R. 161-65 *(Décr. nº 2003-686 du 22 juill. 2003, art. 1er)* Les organismes mentionnés à l'article R. 161-61 constituent, pour l'échantillon interrégimes de cotisants d'une part et l'échantillon interrégimes de retraités d'autre part, des fichiers à l'aide des données qu'ils détiennent sur chacune des personnes en ce qui concerne :

1° Le numéro d'ordre personnel visé à l'article R. 161-62 ;

2° Le sexe ;

3° L'année de naissance ;

4° Le lieu de naissance (pays, département ou territoire) ;

5° Un code permettant d'identifier l'organisme fournisseur de données et, le cas échéant, le régime de retraite ;

6° En ce qui concerne l'échantillon interrégimes de cotisants, les éléments d'ordre individuel et professionnel nécessaires au calcul de la pension de retraite ;

7° En ce qui concerne l'échantillon interrégimes de retraités, la nature et le montant des avantages de retraite, l'âge et les paramètres pris en compte lors de la liquidation des droits ;

8° Les informations permettant d'établir le rapport entre le montant des droits résultant de la législation en vigueur ou de la pension de retraite, d'une part, et les rémunérations et revenus de remplacement perçus, d'autre part ;

9° La situation familiale (état matrimonial, conclusion d'un pacte civil de solidarité, concubinage ; nombre d'enfants), le département ou le territoire de résidence des individus, leur catégorie socioprofessionnelle et en outre, pour les agents publics, leur catégorie statutaire.

Les arrêtés prévus à l'article R. 161-59 fixent la liste des données mentionnées aux 6°, 7°, 8° et 9° du précédent alinéa.

Afin de procéder au recueil des informations mentionnées ci-dessus, les organismes visés à l'article R. 161-61 sont autorisés à utiliser le numéro d'inscription au répertoire national d'identification des personnes physiques.

Art. R. 161-66 *(Décr. nº 2003-686 du 22 juill. 2003, art. 1er)* Les organismes visés à l'article R. 161-61 transmettent les fichiers mentionnés à l'article R. 161-65 au service chargé de mettre en œuvre le traitement.

Art. R. 161-67 *(Décr. nº 2003-686 du 22 juill. 2003, art. 1er)* Pour constituer l'échantillon interrégimes de cotisants et l'échantillon interrégimes de retraités, le service chargé de mettre en œuvre le traitement procède à l'appariement, exclusivement à l'aide du numéro d'ordre personnel propre au traitement, des fichiers mentionnés à l'article R. 161-66.

Les échantillons respectifs mentionnés au précédent alinéa contiennent des données relatives à chacune des personnes figurant dans le présent traitement en ce qui concerne :

1° Le numéro d'ordre personnel visé à l'article R. 161-62 ;

2° Le sexe ;

3° L'année de naissance ;

4° Le lieu de naissance (pays, département ou territoire) ;

5° Le code d'identification de l'organisme fournisseur de données et, le cas échéant, du régime de retraite ;

6° En ce qui concerne l'échantillon interrégimes de cotisants, les éléments d'ordre individuel et professionnel nécessaires au calcul de la pension de retraite ;

7° En ce qui concerne l'échantillon interrégimes de retraités, la nature et le montant des avantages de retraite, l'âge et les paramètres pris en compte lors de la liquidation des droits ;

8° Les informations permettant d'établir le rapport entre le montant des droits résultant de la législation en vigueur ou de la pension de retraite, d'une part, et les rémunérations et revenus de remplacement perçus, d'autre part ;

9° La situation familiale (état matrimonial, conclusion d'un pacte civil de solidarité, concubinage ; nombre d'enfants), le département ou le territoire de résidence des individus, leur catégorie socioprofessionnelle et en outre, pour les agents publics, leur catégorie statutaire.

Art. R. 161-68 *(Décr. n° 2003-686 du 22 juill. 2003, art. 1er)* Lors de la constitution de chaque échantillon, les organismes et services mentionnés à l'article R. 161-61 informent le public, par voie d'affichage ou par la diffusion de documents, de l'existence et de la finalité du traitement, des critères retenus pour la constitution des échantillons, du service destinataire des informations et de l'existence d'un droit d'accès et de rectification.

Le droit d'accès et de rectification visé aux articles 34 et 36 de la loi du 6 janvier 1978 susvisée *[n° 78-17]* s'exerce directement auprès des organismes et services mentionnés à l'article R. 161-61, ou, l'intéressé s'étant muni du numéro d'ordre prévu à l'article R. 161-62, auprès du service chargé de mettre en œuvre le traitement. Lorsqu'une rectification est opérée, l'organisme ou le service qui y procède doit la notifier à celui qui a délivré l'information ou en a été rendu destinataire.

Art. R. 161-69 *(Décr. n° 2003-686 du 22 juill. 2003, art. 1er)* Les organismes mentionnés à l'article R. 161-61 détruisent les fichiers mentionnés à l'article R. 161-63 à l'expiration de la durée suivante à compter de la date de transmission des fichiers visés à l'article R. 161-65 au service chargé de la mise en œuvre du traitement :

1° Six ans pour ce qui concerne l'Institut national de la statistique et des études économiques ;

2° Deux ans pour ce qui concerne les autres organismes mentionnés à l'article R. 161-61.

L'Institut national de la statistique et des études économiques détruit les fichiers mentionnés à l'article R. 161-64 à l'expiration d'une durée de quatre ans à compter de leur transmission au service chargé de mettre en œuvre le traitement.

Les organismes mentionnés à l'article R. 161-61 détruisent les fichiers visés à l'article R. 161-65 à l'expiration de la durée suivante à compter de la date de transmission de ces fichiers au service chargé de mettre en œuvre le traitement :

1° Six ans s'agissant de l'échantillon interrégimes de cotisants ;

2° Deux ans s'agissant de l'échantillon interrégimes de retraités.

SOUS-SECTION 2 ÉCHANGES INTER-RÉGIMES DE RETRAITE

(Décr. n° 2009-1553 du 14 déc. 2009)

Art. R. 161-69-1 *(Décr. n° 2015-123 du 4 févr. 2015, art. 1er-1°)* « I. — » Conformément à l'article *(Décr. n° 2015-123 du 4 févr. 2015, art. 1er-1°)* « L. 161-17-1-1 », est autorisée la création, par la Caisse nationale d'assurance vieillesse des travailleurs salariés, d'un traitement de données à caractère personnel dénommé : "échanges inter-régimes de retraite".

Ce traitement a pour finalité de permettre aux organismes mentionnés au I de l'article R. 161-69-3 d'apprécier en vue de calculer le montant des prestations en cause :

1° Le droit à la majoration de la pension de réversion *(Décr. n° 2014-374 du 27 mars 2014, art. 1er-1°)* « mentionnée » à l'article L. 353-6 du code de la sécurité sociale et à l'article *(Décr. n° 2011-601 du 27 mai 2011, art. 6)* « L. 732-51-1 » du code rural et de la pêche maritime ;

2° Le droit à la majoration mentionnée à l'article L. 351-10 du code de la sécurité sociale ;

3° Le droit à la majoration mentionnée à l'article L. 732-54-1 du code rural et de la pêche maritime ;

(Décr. n° 2014-374 du 27 mars 2014, art. 1er-1°) « 4° Le droit à la pension de réversion mentionnée à l'article L. 353-1 du présent code et à l'article L. 732-41 du code rural et de la pêche maritime ;

« 5° Le droit à l'allocation de solidarité aux personnes âgées mentionnée à l'article L. 815-1 du présent code et aux allocations mentionnées à l'article 2 de l'ordonnance n° 2004-605 du 24 juin 2004 simplifiant le minimum vieillesse ;

« 6° Le droit à l'allocation spéciale d'invalidité mentionnée à l'article L. 815-24.

(Décr. n° 2015-123 du 4 févr. 2015, art. 1er-1°) « II. – Ce traitement a également pour finalités :

« 1° De permettre d'effectuer des requêtes afin de sélectionner les pensionnés susceptibles de faire l'objet de mesures spécifiques en fonction de leurs montants de pensions ;

« 2° De contribuer à la production, par les organismes contributeurs mentionnés à l'article R. 161-69-2 et les services de l'État placés sous l'autorité des ministres chargés de la sécurité sociale, de l'agriculture, du budget et de la fonction publique, de statistiques à des fins de pilotage des politiques publiques. »

« Toutefois, sont seuls autorisés les traitements statistiques qui conduisent à afficher ou à éditer des résultats de requêtes dont le dénombrement est supérieur à dix. »

Art. R. 161-69-2 Les catégories de données à caractère personnel et les informations relatives *(Décr. n° 2014-374 du 27 mars 2014, art. 1er-2°)* « à chaque assuré ou ayant droit susceptible de bénéficier » des prestations mentionnées à l'article R. 161-69-1 que comporte le traitement sont les suivantes :

1° Des données communes d'identification :

a) Le numéro d'inscription au répertoire national d'identification des personnes physiques (NIR) ;

b) Le nom de famille et les prénoms ;

2° Les données et informations relatives aux affiliations et avantages :

a) La liste des régimes d'affiliation du bénéficiaire et de ses conjoint ou ex-conjoints décédés et, le cas échéant, la mention d'un régime étranger ou du régime d'une organisation internationale ;

b) Le montant de chacun des avantages de retraite servis au bénéficiaire, sous la réserve du code mentionné au *c* ;

(Décr. n° 2014-374 du 27 mars 2014, art. 1er-2°) « *c)* La mention que le bénéficiaire a fait valoir tous ses droits auprès de chacun des organismes auprès desquels il a été *(Décr. n° 2017-736 du 3 mai 2017, art. 1er-5°)*« rattaché ».

« Dans le cadre de l'instruction et du calcul des prestations mentionnées à l'article R. 161-9-1, lorsque le montant de l'avantage de retraite est supérieur à un seuil fixé par arrêté du ministre chargé de la sécurité sociale, il est communiqué aux organismes utilisateurs du traitement par la mention d'un code spécifique.

« Dans le cadre de la production de statistiques, les montants communiqués aux organismes contributeurs du traitement sont les montants de chacun des avantages de retraite servis sans limitation de montant. »

Ces informations sont fournies par les organismes ou services chargés de la gestion des régimes légaux ou rendus légalement obligatoires de base ou complémentaires. Ces organismes sont dits contributeurs.

Art. R. 161-69-3 I. – Les organismes dits utilisateurs du traitement sont :

1° La Caisse nationale d'assurance vieillesse des travailleurs salariés ;

2° Le Régime social des indépendants ;

3° La Mutualité sociale agricole ;

4° Les sections professionnelles de la Caisse nationale d'assurance vieillesse des professions libérales ;

5° La Caisse d'assurance vieillesse, invalidité et maladie des cultes ;

6° Les régimes spéciaux qui servent des pensions de coordination calculées selon les règles du régime général en application de l'article L. 173-1 *(Décr. n° 2014-374 du 27 mars 2014, art. 1er-3°)* « et des prestations prévues par les articles L. 815-1 et L. 815-24 ;

« 7° Les services de l'État chargés de la liquidation des pensions.

« II. – Sont destinataires des données et informations mentionnées à l'article R. 161-69-2, dans le cadre de leur mission et pour les finalités mentionnées *(Décr. n° 2015-123 du 4 févr. 2015, art. 1er-2°)* « au I et au 1° du II » de l'article R. 161-69-1 au sein des organismes utilisateurs, les agents individuellement habilités en charge de l'instruction, du calcul et du versement des prestations mentionnées à l'article R. 161-69-1.

« III. – Sont destinataires des données et informations mentionnées à l'article R. 161-69-2 à l'exception des données mentionnées au *b* du 1°, dans le cadre de leur mission et pour la finalité mentionnée *(Décr. n° 2015-123 du 4 févr. 2015, art. 1er-2°)* « au 2° du II » de l'article R. 161-69-1, les agents exerçant des activités statistiques individuellement habilités au sein des organismes contributeurs et des services de l'État placés sous l'autorité respective des ministres chargés de la sécurité sociale, de l'agriculture, du budget et de la fonction publique. »

Art. R. 161-69-4 Les informations mentionnées au 1° de l'article R. 161-69-2 sont conservées par le traitement d'échanges inter-régimes de retraite mentionné à l'article R. 161-69-1 pendant un délai de trois ans à compter de la date à laquelle l'avantage de retraite cesse d'être servi, à l'exception du nom de famille et des prénoms, qui ne sont pas conservés.

Les informations mentionnées au 2° de l'article R. 161-69-2 sont conservées pendant un délai de *(Décr. n° 2014-374 du 27 mars 2014, art. 1er-4°)* « cinq » ans à compter de la date à laquelle l'avantage de retraite cesse d'être servi.

En cas de contentieux, les informations mentionnées au 1° et au 2° de l'article R. 161-69-2 sont conservées jusqu'à l'intervention d'une décision de justice devenue définitive.

Les mises à jour, les consultations et les échanges, de même que les traces de ces opérations, sont conservés dans un journal pendant un an à compter de ces opérations.

Art. R. 161-69-5 Le droit d'accès prévu à l'article 39 de la loi du 6 janvier 1978 modifiée s'exerce auprès de chacun des organismes utilisateurs.

Le droit de rectification prévu à l'article 40 de la loi du 6 janvier 1978 modifiée s'exerce auprès de l'organisme ou service dit contributeur concerné.

Conformément au troisième alinéa de l'article 38 de la loi du 6 janvier 1978 modifiée, le droit d'opposition ne s'applique pas au présent traitement.

Art. R. 161-69-6 Les organismes ou services chargés de la gestion des régimes légaux ou rendus légalement obligatoires de base ou complémentaires concluent avec la Caisse nationale d'assurance vieillesse des travailleurs salariés une convention qui détermine les modalités de leur participation au présent dispositif.

La convention précise notamment les caractéristiques techniques des systèmes d'informations que les organismes mettent en œuvre pour assurer l'alimentation et la consultation sécurisées.

La convention précise les règles d'habilitation définies par les organismes pour chacun des modes de consultation et de traitement des données, ainsi que les exigences relatives à la qualité des données et informations fournies par les organismes contributeurs mentionnées à l'article R. 161-69-2.

SOUS-SECTION 3 RÉPERTOIRE DE GESTION DES CARRIÈRES UNIQUE

(Décr. n° 2018-154 du 1er mars 2018, art. 1er)

Art. R. 161-69-7 Conformément à l'article L. 161-17-1-2, est autorisée la création par le ministre chargé de la sécurité sociale d'un traitement de données à caractère personnel dénommé "répertoire de gestion des carrières unique" mis en œuvre par la Caisse nationale d'assurance vieillesse.

Art. R. 161-69-8 Ce répertoire a pour finalités :

1° Pour les assurés, de les informer sur leur situation en matière de retraite, d'estimer les montants de leurs pensions futures et de mettre en œuvre les droits prévus à l'article L. 161-17 ;

2° Pour les régimes et services mentionnés à l'article L. 161-17-1-2 :

a) De mettre en commun les données relatives à la carrière de chaque assuré en vue d'assurer la complétude et la cohérence de ces données et de simplifier les démarches des assurés ;

b) De simplifier la détermination et le contrôle des droits aux prestations d'assurance vieillesse ;

c) De mettre à disposition des organismes chargés de la gestion d'un régime d'assurance vieillesse obligatoire les données relatives à la carrière nécessaires à la liquidation ainsi que des données calculées à partir de celles-ci ;

d) De leur permettre de produire des statistiques nécessaires à l'exercice de leur mission ;

3° Pour les organismes mentionnés au deuxième alinéa de l'article R. 161-69-10 autres que ceux mentionnés au 2° du présent article, de servir à l'appréciation des droits conformément au 1° de l'article L. 114-12 ;

4° Pour les services de l'État placés sous l'autorité des ministres chargés de la sécurité sociale, de l'agriculture, du budget et de la fonction publique, de contribuer au pilotage du système de retraite, en leur permettant de réaliser des statistiques et des projections.

Art. R. 161-69-9 Les données à caractère personnel relatives à chaque bénéficiaire de droits à assurance vieillesse sont les suivantes :

1° Les données communes d'identification de l'assuré, qui comportent :

a) Le numéro d'inscription au Répertoire national d'identification des personnes physiques (NIR) mentionné au premier alinéa de l'article R. 161-1 ou le numéro identifiant d'attente (NIA) mentionné au dernier alinéa du même article ;

b) Le nom de famille, et, le cas échéant, le nom d'usage, et les prénoms ;

c) Le sexe ;

d) La date et le lieu de naissance ;

e) Le cas échéant, la date du décès ;

2° Les données d'affiliation et de rattachement aux régimes des retraites, ainsi que les dates de liquidation des pensions ;

3° Les données relatives à la carrière de l'assuré qui relèvent des catégories suivantes :

a) Les éléments de rémunération ;

b) L'assiette des cotisations à la charge des assurés ;

c) Les revenus de remplacement, les montants de cotisations ou le nombre de points pris en compte pour la détermination des droits à pension, en mentionnant, s'il y a lieu, le fait générateur de cette prise en compte lorsqu'il a une incidence sur l'âge d'ouverture des droits ou le montant de la pension ;

d) Les périodes, identifiées de date à date, susceptibles d'ouvrir droit à l'assurance vieillesse dans l'un des régimes mentionnés à l'article L. 161-17-1-2, y compris les périodes d'inactivité ou les périodes d'activité à l'étranger ;

e) Les données relatives aux prolongations de carrière de l'assuré ;

f) Les points acquis au titre du compte professionnel de prévention mentionné à l'article L. 4163-1 du code du travail ;

g) Les autres éléments susceptibles d'être pris en compte pour la détermination des droits à pension, y compris ceux non rattachés à une année donnée ;

4° Le nombre d'enfants et, pour chacun d'entre eux, les données communes d'identification mentionnées au 1° du présent article ainsi que la mention des droits à l'assurance vieillesse qu'il ouvre ;

5° Les données d'identification de l'employeur.

Art. R. 161-69-10 Les données communes d'identification mentionnées au 1° de l'article R. 161-69-9 sont issues du système national de gestion des identifiants.

Les autres données mentionnées à l'article R. 161-69-9 sont issues de la déclaration sociale nominative mentionnée à l'article L. 133-5-3 ou transmises au répertoire de gestion des carrières unique par les régimes de retraite compétents, Pôle emploi et les autres organismes chargés de la gestion des revenus de remplacement mentionnés au *c* du 3° du même article ou détenteurs de l'information sur les périodes mentionnées au *d*.

La transmission des données mentionnées au deuxième al. de l'art. R. 161-69-10 au répertoire de gestion des carrières unique est assurée à une date fixée pour chacun des régimes, organismes et services mentionnés au même art. par un arrêté du ministre chargé de la sécurité sociale et du ministre chargé du budget et :

1° Au plus tard le 31 déc. 2019 pour les régimes gérés par la Caisse nationale d'assurance vieillesse, la Mutualité sociale agricole, la Caisse d'assurance vieillesse, invalidité et maladie des cultes et la Caisse de retraite et de prévoyance des clercs et employés de notaires ;

2° Au plus tard le 31 déc. 2022 pour les autres régimes, organismes et services (Décr. n° 2018-154 du 1er mars 2018, art. 2).

Art. R. 161-69-11 Les données mentionnées à l'article R. 161-69-9 sont conservées dans le répertoire de gestion des carrières unique jusqu'à l'extinction du droit aux prestations dont bénéficie l'assuré ou, le cas échéant, dont bénéficient ses ayants-droit.

Art. R. 161-69-12 I. — Sont destinataires des données mentionnées à l'article R. 161-69-9 ainsi que, le cas échéant, des données calculées à partir de celles-ci, dans le cadre de leurs missions et pour les finalités mentionnées aux *a* à *c* du 2° de l'article R. 161-69-8, les agents individuellement désignés et dûment habilités des régimes et services mentionnés à l'article L. 161-17-1-2.

II. — Sont destinataires des données mentionnées à l'article R. 161-69-9, dans le cadre de leur mission et pour la finalité mentionnée au 1° de l'article R. 161-69-8, les agents chargés du droit à l'information, individuellement désignés et dûment habilités au sein de l'Union des institutions et services de retraite.

III. — Sont destinataires des données mentionnées à l'article R. 161-69-9, dans le cadre de leur mission et pour la finalité mentionnée au 3° de l'article R. 161-69-8, les agents individuellement désignés et dûment habilités au sein des organismes mentionnés à ce 3°.

IV. — Sont destinataires des données mentionnées à l'article R. 161-69-9, à l'exception des données mentionnées au *b* du 1°, dans le cadre de leur mission et pour les finalité mentionnées au *d* du 2° et au 4° de l'article R. 161-69-8, les agents exerçant des activités statistiques individuellement désignés et dûment habilités au sein des régimes et services mentionnés à l'article L. 161-17-1-2 et des services de l'État placés sous l'autorité respective des ministres chargés de la sécurité sociale, de l'agriculture, du budget et de la fonction publique.

Art. R. 161-69-13 Les régimes et services mentionnés à l'article L. 161-17-1-2 donnent à leurs assurés une information sur les données accessibles dans le cadre du répertoire de gestion des carrières unique.

Cette information précise :

1° Que le droit d'accès prévu à l'article 39 de la loi du 6 janvier 1978 modifiée s'exerce auprès de la Caisse nationale d'assurance vieillesse ;

2° Que pour les données communes d'identification, le droit de rectification prévu à l'article 40 de la même loi s'exerce auprès de la Caisse nationale d'assurance vieillesse ;

3° Que pour les données relatives à la carrière de l'assuré, le droit de rectification s'exerce auprès du ou des organismes de rattachement ;

4° Que le droit d'opposition prévu par l'article 38 de la même loi ne s'applique pas au répertoire de gestion des carrières unique.

Art. R. 161-69-14 Chacun des régimes, organismes et services mentionnés à l'article R. 161-69-10, ainsi que l'Union des institutions et services de retraite, conclut avec la Caisse nationale d'assurance vieillesse une convention qui détermine les modalités de sa participation technique et financière au répertoire de gestion des carrières unique. Cette convention porte notamment sur les sujets suivants :

1° Les modalités techniques d'alimentation et de consultation du répertoire ;

2° Les conditions dans lesquelles les régimes, organismes et services assurent la qualité, l'exhaustivité et la fiabilité des données fournies et leur mise à jour ;

3° La fréquence des contributions, qui est au moins annuelle.

Art. R. 161-69-15 Les régimes et services mentionnés à l'article L. 161-17-1-2, les données entrant dans le champ du répertoire de gestion des carrières unique et les modalités d'alimentation de ce dernier sont précisés par un arrêté du ministre chargé de la sécurité sociale et du ministre chargé du budget. Cet arrêté recense également les organismes signataires des conventions mentionnées à l'article R. 161-69-14.

CHAPITRE PREMIER *BIS* LA HAUTE AUTORITÉ DE SANTÉ

(Décr. n° 2004-1139 du 26 oct. 2004)

Les dispositions de ce chapitre entrent en vigueur le 1er janv. 2005 (Décr. n° 2004-1139 du 26 oct. 2004, art. 4).

SECTION PREMIÈRE MISSIONS

SOUS-SECTION 1 DISPOSITIONS GÉNÉRALES *(Décr. n° 2014-1359 du 14 nov. 2014, art. 1er-1°).*

Art. R. 161-70 Pour l'exercice des missions mentionnées à l'article L. 161-37, la Haute Autorité de santé rend les avis, formule les recommandations et propositions ou prend les décisions mentionnées aux articles R. 161-71 à R. 161-75.

Pour l'ensemble de ces missions, la Haute Autorité réalise ou fait réaliser toute étude qui lui paraît nécessaire et peut participer à toute action d'évaluation.

Lorsque, dans le cadre de ses missions, la Haute Autorité identifie un acte dont elle estime qu'il est susceptible de présenter un risque sérieux pour les patients, elle en informe le ministre chargé de la santé en précisant les règles auxquelles pourrait être soumise la pratique de cet acte en application de l'article L. 1151-1 du code de la santé publique.

Art. R. 161-71 Dans le domaine de l'évaluation périodique du service attendu des produits, actes ou prestations de santé et du service qu'ils rendent, la Haute Autorité :

1° Émet un avis :

a) Sur les conditions d'inscription d'un acte ou d'une prestation et leur inscription sur la liste mentionnée à l'article L. 162-1-7 ainsi que sur leur radiation de cette liste dans les conditions prévues à l'article R. 162-52-1 ;

b) Sur l'inscription des dispositifs médicaux à usage individuel, des tissus et cellules issus du corps humain quel qu'en soit le degré de transformation et de leurs dérivés, des produits de santé autres que les médicaments mentionnés à l'article L. 162-17 et des prestations de services et d'adaptation associées sur la liste mentionnée à l'article L. 165-1 dans les conditions prévues aux articles R. 165-1 et suivants ;

c) Sur l'inscription des médicaments sur la liste mentionnée au premier alinéa de l'article L. 162-17 dans les conditions prévues aux articles R. 163-18 et suivants ;

d) Sur la liste des actes, procédés, techniques, méthodes et prescriptions mentionnés à l'article L. 1151-1 du code de la santé publique et les règles qui leur sont applicables ;

e) Sur les projets de décrets pris en application du 3° de l'article *(Décr. n° 2015-1865 du 30 déc. 2015, art. 10-4°, en vigueur le 1er janv. 2016)* « L. 160-14 » fixant la liste des affections de longue durée ;

f) Sur les projets de décrets pris en application du dernier alinéa de l'article *(Décr. n° 2015-1865 du 30 déc. 2015, art. 10-4°, en vigueur le 1er janv. 2016)* « L. 160-14 » réservant la limitation ou la suppression de la participation aux prestations exécutées dans le cadre d'un réseau de santé ou d'un dispositif coordonné de soins ;

2° Propose l'inscription des médicaments sur la liste mentionnée à l'article L. 5123-2 du code de la santé publique ;

3° Formule des recommandations :

a) Sur le bien-fondé et les conditions de remboursement d'un ensemble de soins ou catégories de produits ou prestations et, le cas échéant, des protocoles de soins les associant.

Ces recommandations sont émises à l'initiative de la Haute Autorité ou à la demande du ministre chargé de la santé ou du ministre chargé de la sécurité sociale, du Comité économique des produits de santé et de l'Union nationale des caisses d'assurance maladie. La Haute Autorité peut également être sollicitée par l'Union nationale des organismes d'assurance maladie complémentaire, l'Institut national du cancer, l'Union nationale des professionnels de santé, des organisations représentatives des professionnels ou des établissements de santé ainsi que des associations d'usagers agréées au niveau national conformément aux dispositions de l'article L. 1114-1 du code de la santé publique.

(Décr. nº 2018-444 du 4 juin 2018, art. 1er) « Lorsqu'elle émane des ministres chargés de la santé ou de la sécurité sociale, la saisine précise le délai dans lequel est attendue la recommandation de la Haute Autorité de santé. »

b) Sur les actes et prestations nécessités par le traitement des affections mentionnées à l'article L. 324-1 pour lesquels la participation de l'assuré peut être limitée ou supprimée, en application des 3° et 4° de l'article *(Décr. nº 2015-1865 du 30 déc. 2015, art. 10-4º, en vigueur le 1er janv. 2016)* « **L. 160-14** ».

c) Sur les critères médicaux utilisés pour la définition des affections de longue durée.

La Haute Autorité formule les recommandations mentionnées aux *b* et *c*, à son initiative ou à la demande du ministre chargé de la santé, du ministre chargé de la sécurité sociale ou de l'Union nationale des caisses d'assurance maladie. Les recommandations mentionnées au *b* peuvent porter sur les conditions dans lesquelles doivent être réalisés ces actes et prestations, notamment leur fréquence de réalisation, la durée de validité du protocole de soins et les actes et prestations que ne nécessite pas, de manière générale, le traitement des affections en cause.

(Décr. nº 2011-74 du 19 janv. 2011, art. 2) « *d)* Sur les actes médicaux et examens biologiques que requiert le suivi des affections relevant du 10° de l'article *(Décr. nº 2015-1865 du 30 déc. 2015, art. 10-4º, en vigueur le 1er janv. 2016)* « **L. 160-14** ». »

(Décr. nº 2012-1116 du 2 oct. 2012, art. 1er) « 4° Établit et diffuse des recommandations et avis médico-économiques sur les stratégies de prévention, de soins, de prescription ou de prise en charge les plus efficientes et contribue à leur comparaison ou leur hiérarchisation dans un objectif de santé publique et d'optimisation des dépenses d'assurance maladie.

« Elle définit et rend publics :

« *a)* Les méthodologies d'évaluation médico-économique adaptées aux différentes activités de prévention et de soins en prenant en compte l'efficacité, la qualité, la sécurité, l'organisation et les coûts de la prévention et des soins ainsi que leur intérêt pour la santé publique, la qualité de vie des patients, l'amélioration de l'égal accès à la prévention et aux soins et le respect des principes éthiques ;

« *b)* Les modalités et critères d'évaluation médico-économique applicables dans l'exercice des missions mentionnées à l'article **L. 161-37** et réalise, le cas échéant, les évaluations médico-économiques requises. A ces fins, elle s'appuie, en tant que de besoin, sur les travaux émanant d'autorités scientifiques ou d'organismes français ou étrangers. »

(Décr. nº 2018-444 du 4 juin 2018, art. 1er) « La Haute Autorité de santé peut inviter les associations de patients et d'usagers du système de santé à apporter leurs contributions à l'évaluation des médicaments et des produits ou prestations mentionnés aux articles **L. 165-1** et **L. 165-11**. A cette fin, elle informe les associations, notamment via son site internet, de l'objet et du périmètre des évaluations pour lesquelles une contribution peut être transmise. Les modalités de recueil des contributions sont définies par la commission spécialisée compétente de la Haute Autorité de santé. »

Les dispositions issues du Décr. nº 2018-444 du 4 juin 2018 s'appliquent à compter du prochain renouvellement de la commission d'évaluation économique et de santé publique suivant la publication du décret susvisé (Décr. préc., art. 2-I).

1. Portée des recommandations. Aux termes de l'art. R. 161-71, les recommandations sont émises à l'initiative de la Haute Autorité ou à la demande du ministre chargé de la santé ou du ministre chargé de la sécurité sociale, du Comité économique des produits de santé et de l'Union nationale des caisses d'assurance maladie (…). Dans la recommandation contestée, le collège de la Haute Autorité de santé exprime sa préférence pour la non-inscription d'une spécialité sur la liste des spécialités remboursables par la sécurité sociale, au motif que, malgré le service médical rendu par celle-ci, une autre spécialité déjà inscrite sur cette liste possède un champ d'indications plus large. Cette recommandation n'est qu'un simple avis sans aucun effet contraignant. Par suite, la recommandation en litige n'est pas susceptible de recours pour excès de pouvoir. • CE 12 oct. 2009, *Sté GlaxoSmithKline Biologicals : RDSS 2010. 165, note Mascret*.

2. Publicité des recommandations. La publication de la recommandation contestée de la Haute Autorité de santé sur son site internet est autorisée par les dispositions de l'art. 7 de la loi nº 78-753 du 17 juill. 1978 en vertu desquelles les administrations peuvent rendre publics les documents administratifs qu'elles élaborent ou détiennent et ne porte pas atteinte aux secrets protégés par cette loi. La décision ministérielle inscrivant la spécialité pharmaceutique en cause sur la liste des médicaments remboursables est sans incidence sur le maintien de la publication de la recommandation sur le site internet de la Haute Autorité de santé. Les moyens tirés, par voie d'exception, de la méconnaissance par cette dernière de diverses dispositions du CSP ainsi que des principes d'impartialité, d'égalité et de libre concurrence ne peuvent utilement être invoqués. • CE 12 oct. 2009, *Sté GlaxoSmithKline Biologicals : préc. note 1.*

Art. R. 161-71-1 *(Décr. nº 2018-444 du 4 juin 2018, art. 1er)* **La commission spécialisée mentionnée à l'article L. 161-37 compétente en matière médico-économique est dénommée : "commission d'évaluation économique et de santé publique". Elle est composée des membres suivants :**

1° Vingt-deux membres titulaires ayant voix délibérative nommés, pour une durée de trois ans renouvelable deux fois, pour vingt et un membres par décision du collège de la Haute Autorité de santé et, s'agissant du président de la commission, par décision du président de la Haute Autorité :

***a)* Vingt membres choisis principalement en raison de leur compétence dans le domaine de la santé, de l'évaluation économique et de la santé publique dont un président, choisi au sein du collège de la Haute Autorité de santé, et deux vice-présidents ;**

***b)* Deux membres choisis parmi les adhérents d'une association de malades et d'usagers du système de santé mentionnée à l'article L. 1114-1 du code de la santé publique, sur une liste comportant au moins dix noms proposée par l'Union nationale des associations agréées d'usagers du système de santé prévue à l'article L. 1114-6 du même code ;**

2° Sept membres suppléants qui assistent aux séances avec voix consultative :

***a)* Six membres nommés, par décision du collège, dans les mêmes conditions que les membres titulaires mentionnés au a du 1° et appelés, dans l'ordre de leur nomination, à remplacer les membres titulaires ;**

***b)* Un membre suppléant appelé à remplacer un des membres titulaires mentionnés au *b* du 1°, nommé dans les mêmes conditions ;**

3° Six membres ayant voix consultative :

***a)* Le directeur de la sécurité sociale, le directeur général de la santé, le directeur général de l'offre de soins, ou leurs représentants, qu'ils désignent, chacun d'eux pouvant se faire accompagner par une personne de ses services ;**

***b)* Les directeurs de la Caisse nationale de l'assurance maladie, de la Caisse centrale de la mutualité sociale agricole et de l'Union nationale des caisses d'assurance maladie, ou leurs représentants, qu'ils désignent.**

Les dispositions issues du Décr. nº 2018-444 du 4 juin 2018 s'appliquent à compter du prochain renouvellement de la commission d'évaluation économique et de santé publique suivant la publication du décret susvisé.

Les procédures tendant notamment à l'émission d'avis ou de recommandation, en cours d'instruction devant la commission d'évaluation économique et de santé publique, la commission de la transparence ou la Commission nationale d'évaluation des dispositifs médicaux et des technologies de santé, dans leur ancienne composition, et inachevées à la date du prochain renouvellement des commissions, sont valablement poursuivies et achevées par ces commissions dans leur nouvelle composition issue des dispositions du Décr. 2018-444 du 4 juin 2018 (Décr. préc., art. 2-I et V).

Art. R. 161-71-2 *(Décr. nº 2018-444 du 4 juin 2018)* **Les délibérations de la commission ne sont valables que si au moins quatorze de ses membres ayant voix délibérative sont présents. Les avis sont motivés et pris à la majorité des suffrages, le président ayant voix prépondérante en cas de partage égal des voix.**

La commission se réunit sur convocation de son président. Elle élabore son règlement intérieur qu'elle soumet à l'adoption du collège de la Haute Autorité de santé. Son président peut faire appel à des experts extérieurs à la commission. La liste de ces experts est rendue publique. Les membres de la commission et les experts sont soumis aux dispositions de l'article R. 161-85 du présent code.

Lorsque les délibérations de la commission sont adoptées au moyen d'une conférence téléphonique ou audiovisuelle en application de l'ordonnance n° 2014-1329 du 6 novembre 2014 relative aux délibérations à distance des instances administratives à caractère collégial, les membres autorisés par le président de la commission à participer aux débats à distance sont pris en compte dans le calcul du quorum.

A la demande des ministres chargés de la santé ou de la sécurité sociale, du collège de la Haute Autorité de santé, ou de sa propre initiative, la commission rend un avis sur toute question entrant dans son domaine de compétence.

V. notes ss. art. R. 161-71-1.

Art. R. 161-71-3 *(Décr. n° 2012-1116 du 2 oct. 2012, art. 2)* I. — Dans le cadre d'une procédure d'inscription ou de renouvellement d'inscription sur les listes mentionnées aux articles L. 162-17 et L. 165-1 du code de la sécurité sociale et L. 5123-2 du code de la santé publique, une évaluation médico-économique est requise lorsque les deux conditions suivantes sont remplies :

1° La reconnaissance ou la confirmation d'une amélioration du service médical rendu ou du service attendu, majeure, importante ou modérée, au sens du 2° de l'article R. 163-18 et du 3° de l'article R. 165-11, est sollicitée par l'entreprise ;

2° Le produit ou la technologie a ou est susceptible d'avoir un impact significatif sur les dépenses de l'assurance maladie compte tenu de son incidence sur l'organisation des soins, les pratiques professionnelles ou les conditions de prise en charge des malades et, le cas échéant, de son prix.

Dans ce cas, l'entreprise soumet à la commission *(Décr. n° 2018-444 du 4 juin 2018, art. 1er)* « d'évaluation économique et de la santé publique », lors du dépôt de la demande d'inscription ou de renouvellement, toute étude médico-économique relative au produit ou à la technologie concernée dont elle dispose et lui transmet, par voie électronique, les modèles ou données médico-économiques nécessaires à l'évaluation mentionnée au premier alinéa ainsi que les éléments prévus, selon le cas, aux articles R. 163-8, R. 163-10, R. 165-7 ou R. 165-10. L'entreprise adresse, concomitamment, une copie de ces éléments et données, par voie électronique, au Comité économique des produits de santé.

Si la commission estime que les modèles et données médico-économiques transmis et, le cas échéant, les études médico-économiques produites ne permettent pas de réaliser l'évaluation médico-économique, elle précise les éléments nécessaires à sa réalisation ainsi que le délai de transmission de ces éléments. Elle peut auditionner l'entreprise concernée.

II. — Lorsqu'une évaluation médico-économique est requise en application du I du présent article, la commission *(Décr. n° 2018-444 du 4 juin 2018, art. 1er)* « d'évaluation économique et de la santé publique » émet un avis sur l'efficience prévisible ou constatée de la prise en charge par l'assurance maladie du produit de santé ou de la technologie.

L'avis émis par la commission *(Décr. n° 2018-444 du 4 juin 2018, art. 1er)* « d'évaluation économique et de la santé publique » se fonde sur l'analyse comparative, entre les différentes alternatives thérapeutiques médicalement pertinentes, du rapport entre les coûts engagés et les bénéfices attendus ou observés pour la santé et la qualité de vie des personnes concernées.

L'avis est communiqué à l'entreprise qui exploite le produit concerné. L'entreprise peut, dans les *(Décr. n° 2018-444 du 4 juin 2018, art. 1er)* « dix » jours suivant la réception de cet avis, demander à être entendue par la commission ou présenter des observations écrites. La commission peut modifier son avis compte tenu des observations présentées.

L'avis définitif est communiqué à l'entreprise avec copie au Comité économique des produits de santé. *(Décr. n° 2018-444 du 4 juin 2018, art. 1er)* « Il est rendu public sans délai. Lorsque, avant l'émission de l'avis définitif de la commission, l'entreprise procède au retrait de la demande au titre de laquelle est requise l'évaluation médico-économique, la commission, sauf impossibilité, achève néanmoins son évaluation et rend public son avis ». – *[Anc. art. R. 161-71-1]*.

V. notes ss. art. R. 161-71-1.

Art. R. 161-72 Dans le domaine de l'information des professionnels de santé et du public sur le bon usage des soins et les bonnes pratiques, la Haute Autorité :

1° Élabore et diffuse des guides et tout autre document d'information, notamment sur les affections de longue durée, en tenant compte, le cas échéant, de ceux élaborés et diffusés par l'Institut national du cancer en application du 2° de l'article L. 1415-2 du code de la santé publique ;

(Abrogé par Décr. n° 2017-20 du 9 janv. 2017, art. 3-1°) *« 2° Détermine les domaines dans lesquels l'élaboration, par l'(Décr. n° 2012-597 du 27 avr. 2012, art. 5-II) « Agence nationale de sécurité du médicament et des produits de santé », de recommandations de bonnes pratiques concernant les produits relevant de la compétence de celle-ci et autres que celles qui relèvent de ses missions de police sanitaire apparaît nécessaire, et procède à leur diffusion ; »*

2° Propose au ministre chargé de la santé en vue de leur homologation en application de l'article L. 1111-2 du code de la santé publique des recommandations de bonnes pratiques sur la délivrance aux patients de l'information sur leur état de santé ;

3° Émet un avis sur les règles de bonnes pratiques des professions paramédicales mentionnées à l'article L. 4394-1 du code de la santé publique ;

4° Établit les recommandations de bonnes pratiques concernant les ostéopathes et les chiropracteurs et est consultée sur les dispositions réglementaires prises pour l'application de l'article 75 de la loi n° 2002-303 du 4 mars 2002 modifiée relative aux droits des malades et à la qualité du système de santé ;

5° Établit les références professionnelles mentionnées à l'article L. 162-12-15 susceptibles d'être rendues opposables aux professionnels de santé par les conventions prévues aux articles L. 162-5, L. 162-9, L. 162-12-2 et L. 162-12-9, ou, à défaut, le règlement prévu à l'article L. 162-14-2 ainsi que les recommandations de bonne pratique qui y sont associées ;

6° Émet un avis sur les accords de bon usage des soins *(Décr. n° 2010-344 du 31 mars 2010, art. 274)* « mentionnés à l'article L. 162-12-17 » qui comportent des engagements relatifs à la sécurité, la qualité ou l'efficience des pratiques. – *Les 3°, 4°, 5°, 6° et 7° deviennent respectivement les 2°, 3°, 4°, 5° et 6° (Décr. n° 2017-20 du 9 janv. 2017, art. 3-1°-b).*

Doit être annulé le décret dont le projet n'a pas été soumis à l'avis de la Haute Autorité de santé, en méconnaissance de l'art. R. 161-72, 5°, CSS, cette omission étant susceptible d'exercer, en l'espèce, une influence sur le contenu du décret (Décr. du 20 sept. 2011 relatif à la formation des chiropracteurs et à l'agrément des établissements de formation en chiropraxie). • CE 17 juill. 2013, n° 354103 B.

Art. R. 161-73 Dans le domaine de l'évaluation des pratiques professionnelles, la Haute Autorité :

1° Définit la procédure :

a) D'accréditation de la pratique des médecins ou des équipes médicales d'une même spécialité exerçant en établissements de santé, en application de l'article L. 1414-3-3 du code de la santé publique ; elle délivre les accréditations ;

(Décr. n° 2018-864 du 8 oct. 2018, art. 3, en vigueur le 1er janv. 2019) « *b)* De certification des activités de présentation, d'information ou de promotion en faveur des produits de santé et prestations éventuellement associées prévue à l'article L. 161-37 ; »

(Abrogé par Décr. n° 2016-941 du 8 juill. 2016, art. 2-III) *« 2° Émet un avis sur les décisions d'agrément des organismes aptes à effectuer l'évaluation de la formation des médecins prises en application du 3° de l'article L. 4133-2 du code de la santé publique par le Conseil national de la formation médicale continue des médecins libéraux et le Conseil national de la formation continue des médecins salariés non hospitaliers ; »*

3° Habilite :

a) Les médecins chargés de réaliser des actions d'évaluation des pratiques médicales des médecins exerçant à titre libéral en application de l'article L. 4134-5 du code de la santé publique ;

b) Les professionnels chargés d'organiser des actions d'évaluation des pratiques des professionnels paramédicaux en application des articles L. 4393-1 et L. 4322-10 du code de la santé publique ;

4° Propose l'habilitation des professionnels chargés d'organiser des actions d'évaluation des pratiques des masseurs-kinésithérapeutes en application de l'article L. 4321-17 du code de la santé publique ;

5° Élabore le référentiel d'évaluation des comités de protection des personnes mentionné à l'article L. 1123-14 du *(Décr. n° 2017-500 du 6 avr. 2017, art. 2-I)* « code de la santé publique. »

(Abrogé par Décr. n° 2017-500 du 6 avr. 2017, art. 2-I) (Décr. n° 2015-1511 du 19 nov. 2015, art. 2) ***« 6° Émet des avis sur les indicateurs nationaux de qualité et de sécurité des soins pris en compte pour évaluer les risques mentionnés à l'article R. 162-45 du code de la sécurité sociale ainsi que les valeurs limites que doivent atteindre les établissements de santé. »***

Art. R. 161-74 La Haute Autorité définit la procédure de certification des établissements de santé, publics ou privés, en application de l'article L. 6113-3 du code de la santé publique et dans le respect des dispositions des articles R. 710-6-1 et suivants. Elle délivre les certifications.

Art. R. 161-75 La Haute Autorité de santé détermine les règles de bonne pratique devant être respectées par les sites informatiques dédiés à la santé *(Abrogé par Décr. n° 2014-1359 du 14 nov. 2014, art. 1er-2°)* ***« et les logiciels d'aide à la prescription médicale pour lesquels la certification mentionnée à l'article L. 161-38 est demandée. Elle définit les modalités de cette certification ».***

Art. R. 161-76 Les décisions réglementaires de la Haute Autorité mentionnées au 1° de l'article R. 161-73 et aux articles R. 161-74 et R. 161-75 ainsi que le règlement intérieur mentionné à l'article R. 161-77 sont publiés au *Journal officiel* de la République française.

Les règlements intérieurs des commissions spécialisées de la Haute Autorité sont, le cas échéant, publiés au *Bulletin officiel* du ministère de la santé.

SOUS-SECTION 2 DISPOSITIONS RELATIVES À L'OBLIGATION DE CERTIFICATION DES LOGICIELS D'AIDE À LA PRESCRIPTION MÉDICALE

(Annulée par CE nos 387156 et 387179 du 12 juill. 2018) (Décr. n° 2014-1359 du 14 nov. 2014, art. 1er-3°)

Le 3° de l'art. 1er et l'art. 2 du Décr. n° 2014-1359 du 14 nov. 2014 relatif à l'obligation de certification des logiciels d'aide à la prescription médicale et des logiciels d'aide à la dispensation prévue à l'art. L. 161-38 CSS (NOR : AFSS1405477D) sont annulés en tant qu'ils s'appliquent aux fonctionnalités des logiciels d'aide à la prescription médicale qui permettent l'exploitation de données propres à un patient à des fins mentionnées à l'art. 1er, paragraphe 2 de la Dir. du 14 juin 1993 ainsi qu'aux modules qui en sont des accessoires au sens des mêmes dispositions (CE 12 juill. 2018, nos 387156 et 387179, JO 26 juill.).

Art. R. 161-76-1 (Annulé par CE nos 387156 et 387179 du 12 juill. 2018) ***Tout logiciel dont l'objet est de proposer aux prescripteurs exerçant en ville, en établissement de santé ou en établissement médico-social, une aide à la réalisation de la prescription de médicaments est soumis à l'obligation de certification prévue à l'article L. 161-38, sans préjudice des dispositions des articles R. 5211-1 et suivants du code de la santé publique. Les logiciels intégrant d'autres fonctionnalités que l'aide à la prescription médicale ne sont soumis à certification que pour cette dernière fonctionnalité.***

Art. R. 161-76-2 (Annulé par CE nos 387156 et 387179 du 12 juill. 2018) ***La Haute Autorité de santé établit la procédure de certification. Cette procédure comporte notamment***

le référentiel au regard duquel le logiciel d'aide à la prescription est certifié. Elle est rendue publique par la Haute Autorité de santé et le référentiel est publié au Journal officiel de la République française.

La Haute Autorité de santé élabore des référentiels spécifiques, d'une part pour la prescription de médicaments destinés à être dispensés en officine de pharmacie, d'autre part pour la prescription de médicaments destinés à être dispensés par une pharmacie à usage intérieur.

Art. R. 161-76-3 (Annulé par CE n°s 387156 et 387179 du 12 juill. 2018) *Le logiciel d'aide à la prescription médicale est certifié au regard d'un référentiel établi par la Haute Autorité de santé et prévoyant :*

1° Des exigences minimales de sécurité, portant notamment sur l'absence de toute information étrangère à la prescription et de publicité de toute nature ainsi que sur sa qualité ergonomique ;

2° Des exigences minimales de conformité de la prescription aux dispositions réglementaires et aux règles de bonne pratique de la prescription médicamenteuse ;

3° Des exigences minimales d'efficience assurant la diminution du coût du traitement à qualité égale ;

4° La prescription en dénomination commune, telle que définie au 5° de l'article R. 5121-1 du code de la santé publique ;

5° Une information sur le médicament issue d'une base de données sur les médicaments (Décr. n° 2017-1258 du 9 août 2017, art. 2, en vigueur le 1er janv. 2018) *« agréée par la Haute Autorité de santé » ;*

6° Des informations relatives au concepteur du logiciel et au financement de l'élaboration de ce logiciel.

Art. R. 161-76-4 (Annulé par CE n°s 387156 et 387179 du 12 juill. 2018) *La certification du logiciel d'aide à la prescription médicale est assurée par un organisme certificateur accrédité par le Comité français d'accréditation ou par un organisme membre de la Coopération européenne pour l'accréditation et ayant signé les accords de reconnaissance mutuelle multilatéraux couvrant l'activité considérée.*

Art. R. 161-76-5 (Annulé par CE n°s 387156 et 387179 du 12 juill. 2018) *La décision de certification est notifiée par l'organisme certificateur dans un délai d'un mois.*

Art. R. 161-76-6 (Annulé par CE n°s 387156 et 387179 du 12 juill. 2018) *Le document attestant de la certification comporte les mentions suivantes :*

1° Le nom et le numéro de version du logiciel d'aide à la prescription médicale ;

2° Le nom et le numéro de version de la base de données sur les médicaments utilisée par le logiciel ;

3° Le référentiel de certification utilisé et sa version ;

4° L'organisme certificateur ayant délivré le certificat ;

5° La date d'émission du document.

Art. R. 161-76-7 (Annulé par CE n°s 387156 et 387179 du 12 juill. 2018) *L'organisme certificateur transmet la décision de certification, concomitamment à l'éditeur du logiciel, à la Haute Autorité de santé et aux ministres chargés de la santé et de la sécurité sociale.*

La Haute Autorité de santé peut demander copie des rapports d'audit ayant servi à la certification rédigés par l'organisme certificateur. Cet organisme les lui transmet dans un délai d'un mois.

La Haute Autorité de santé rend publique la liste des logiciels d'aide à la prescription médicale certifiés.

Art. R. 161-76-8 (Annulé par CE n°s 387156 et 387179 du 12 juill. 2018) *La certification d'un logiciel d'aide à la prescription médicale est délivrée pour une durée maximale de trois ans renouvelable.*

Art. R. 161-76-9 (Annulé par CE n°s 387156 et 387179 du 12 juill. 2018) *Tout défaut de conformité d'un logiciel d'aide à la prescription médicale au référentiel de certification qui lui est applicable, ou toute suspicion de défaut, constaté par toute personne, peut être signalé à l'organisme certificateur. Cet organisme en informe la Haute Autorité de santé.*

Tout logiciel d'aide à la prescription médicale certifié faisant l'objet d'une modification susceptible de remettre en cause sa conformité au référentiel de certification qui lui est applicable doit être soumis sans délai à une nouvelle certification. Il en est de même pour tout logiciel utilisant une base de données sur les médicaments qui cesse de satisfaire à la charte de qualité élaborée par la Haute Autorité de santé.

L'organisme certificateur informe la Haute Autorité de santé et les ministres chargés de la santé et de la sécurité sociale de toute modification, suspension ou retrait de la décision de certification.

SOUS-SECTION 3 DISPOSITIONS RELATIVES À L'OBLIGATION DE CERTIFICATION DES LOGICIELS D'AIDE À LA DISPENSATION OFFICINALE *(Décr. nº 2017-1258 du 9 août 2017, art. 1er-1º, en vigueur le 1er janv. 2018).*

(Décr. nº 2014-1359 du 14 nov. 2014, art. 1er-4º)

Art. R. 161-76-10 Tout logiciel dont l'objet est de proposer aux pharmaciens d'officine une aide à la réalisation de la dispensation de médicaments, conformément aux dispositions de l'article R. 4235-48 du code de la santé publique, est soumis à l'obligation de certification prévue à l'article L. 161-38, sans préjudice des dispositions des articles R. 5211-1 et suivants du code de la santé publique. Les logiciels intégrant d'autres fonctionnalités que l'aide à la dispensation des médicaments ne sont soumis à certification que pour cette dernière fonctionnalité.

Art. R. 161-76-11 La Haute Autorité de santé établit la procédure de certification. Cette procédure comporte notamment le référentiel au regard duquel le logiciel d'aide à la dispensation est certifié. Elle est rendue publique par la Haute Autorité de santé et le référentiel est publié au *Journal officiel* de la République française.

Art. R. 161-76-12 Le logiciel d'aide à la dispensation de médicaments est certifié au regard d'un référentiel établi par la Haute Autorité de santé et prévoyant :

1º Des exigences minimales de sécurité, portant notamment sur l'absence de toute information étrangère à la dispensation et de publicité de toute nature ainsi que sur sa qualité ergonomique ;

2º Des exigences minimales de conformité de la dispensation aux dispositions réglementaires et aux règles de bonne pratique de la dispensation ;

3º La gestion d'une prescription en dénomination commune, telle que définie au 5º de l'article R. 5121-1 du code de la santé publique ;

4º Une information sur le médicament issue d'une base de données sur les médicaments *(Décr. nº 2017-1258 du 9 août 2017, art. 3, en vigueur le 1er janv. 2018)* « agréée par la Haute Autorité de santé » ;

5º Des informations relatives au concepteur du logiciel et au financement de l'élaboration de ce logiciel.

Art. R. 161-76-13 La certification du logiciel d'aide à la dispensation de médicaments est assurée par un organisme certificateur accrédité par le Comité français d'accréditation ou par un organisme membre de la Coopération européenne pour l'accréditation et ayant signé les accords de reconnaissance mutuelle multilatéraux couvrant l'activité considérée.

Art. R. 161-76-14 La décision de certification est notifiée par l'organisme certificateur dans un délai d'un mois.

Art. R. 161-76-15 Le document attestant de la certification comporte les mentions suivantes :

1º Le nom et le numéro de version du logiciel d'aide à la dispensation de médicaments ;

2º Le nom et le numéro de version de la base de données sur les médicaments utilisée par le logiciel ;

3º Le référentiel de certification utilisé et sa version ;

4º L'organisme certificateur ayant délivré le certificat ;

5º La date d'émission du document.

Art. R. 161-76-16 L'organisme certificateur transmet la décision de certification, concomitamment à l'éditeur du logiciel, à la Haute Autorité de santé et aux ministres chargés de la santé et de la sécurité sociale.

La Haute Autorité de santé peut demander copie des rapports d'audit ayant servi à la certification rédigés par l'organisme certificateur. Cet organisme les lui transmet dans un délai d'un mois.

La Haute Autorité de santé rend publique la liste des logiciels d'aide à la dispensation de médicaments certifiés.

Art. R. 161-76-17 La certification d'un logiciel d'aide à la dispensation de médicaments est délivrée pour une durée maximale de trois ans renouvelable.

Art. R. 161-76-18 Tout défaut de conformité d'un logiciel d'aide à la dispensation de médicaments au référentiel de certification qui lui est applicable, ou toute suspicion de défaut, constaté par toute personne, peut être signalé à l'organisme certificateur. Cet organisme en informe la Haute Autorité de santé.

Tout logiciel d'aide à la dispensation de médicaments certifié faisant l'objet d'une modification susceptible de remettre en cause sa conformité au référentiel de certification qui lui est applicable doit être soumis sans délai à une nouvelle certification. Il en est de même pour tout logiciel utilisant une base de données sur les médicaments qui cesse de satisfaire à la charte de qualité élaborée par la Haute Autorité de santé.

L'organisme certificateur informe la Haute Autorité de santé et les ministres chargés de la santé et de la sécurité sociale de toute modification, suspension ou retrait de la décision de certification.

SOUS-SECTION 4 DISPOSITIONS RELATIVES À L'OBLIGATION DE CERTIFICATION DES LOGICIELS D'AIDE À LA DISPENSATION PAR LES PHARMACIES À USAGE INTÉRIEUR

(Décr. n° 2017-1258 du 9 août 2017, art. 1er-2°, en vigueur le 1er janv. 2018)

Art. R. 161-76-19 Tout logiciel dont l'objet est de proposer aux pharmaciens exerçant dans des pharmacies à usage intérieur une aide à la réalisation de la dispensation de médicaments, conformément aux dispositions de l'article R. 4235-48 du code de la santé publique, est soumis à l'obligation de certification prévue à l'article L. 161-38 du code de la sécurité sociale, sans préjudice des dispositions des articles R. 5211-1 et suivants du code de la santé publique. Les logiciels intégrant d'autres fonctionnalités que l'aide à la dispensation des médicaments ne sont soumis à certification que pour cette dernière fonctionnalité.

Art. R. 161-76-20 La Haute Autorité de santé établit la procédure de certification. Cette procédure comporte notamment le référentiel au regard duquel le logiciel d'aide à la dispensation par les pharmacies à usage intérieur est certifié. Elle est rendue publique par la Haute Autorité de santé et le référentiel est publié au *Journal officiel* de la République française.

Art. R. 161-76-21 Le logiciel d'aide à la dispensation par les pharmacies à usage intérieur est certifié au regard du référentiel mentionné à l'article R. 161-76-20 et prévoyant :

1° Des exigences minimales de sécurité, portant notamment sur l'absence de toute information étrangère à la dispensation et de publicité de toute nature, ainsi que sur sa qualité ergonomique ;

2° Des exigences minimales de conformité de la dispensation aux dispositions législatives et réglementaires qui leur sont applicables ;

3° La gestion d'une prescription en dénomination commune telle que définie au 5° de l'article R. 5121-1 du code de la santé publique ;

4° Une information sur le médicament issue d'une base de données sur les médicaments agréée par la Haute Autorité de santé ;

5° Des informations relatives au concepteur du logiciel et au financement de l'élaboration de ce logiciel ;

6° Des exigences minimales d'interopérabilité comportant au moins une interface avec le dossier pharmaceutique prévu à l'article R. 1111-20-1 du code de la santé publique et une interopérabilité avec le logiciel d'aide à la prescription médicale de l'établissement ;

7° La gestion de la liste des médicaments dont l'utilisation est préconisée dans l'établissement, mentionnée à l'article R. 6111-10 du code de la santé publique ;

8° La gestion de messages internes à visée de bon usage des médicaments et de pharmacovigilance.

Art. R. 161-76-22 La certification du logiciel d'aide à la dispensation par les pharmacies à usage intérieur est assurée par un organisme certificateur accrédité par le Comité français d'accréditation ou par un organisme membre de la Coopération européenne pour l'accréditation et ayant signé les accords de reconnaissance mutuelle multilatéraux couvrant l'activité considérée.

Art. R. 161-76-23 La décision de certification du logiciel est notifiée par l'organisme certificateur dans un délai d'un mois.

Art. R. 161-76-24 Le document attestant de la certification comporte les mentions suivantes :

1° Le nom et le numéro de version du logiciel d'aide à la dispensation par les pharmacies à usage intérieur ;

2° Le nom et le numéro de version de la base de données sur les médicaments utilisée par le logiciel ;

3° Le référentiel de certification utilisé et sa version ;

4° L'organisme certificateur ayant délivré le certificat ;

5° La date d'émission du document.

Art. R. 161-76-25 L'organisme certificateur transmet la décision de certification, concomitamment à l'éditeur du logiciel, à la Haute Autorité de santé.

La Haute Autorité de santé peut demander copie des rapports d'audit ayant servi à la certification rédigés par l'organisme certificateur. Cet organisme les lui transmet dans un délai d'un mois.

La Haute Autorité de santé rend publique la liste des logiciels d'aide à la dispensation par les pharmacies à usage intérieur certifiés.

Art. R. 161-76-26 La certification d'un logiciel d'aide à la dispensation par les pharmacies à usage intérieur est délivrée pour une durée maximale de trois ans renouvelable.

Art. R. 161-76-27 Tout défaut de conformité d'un logiciel d'aide à la dispensation par les pharmacies à usage intérieur au référentiel de certification qui lui est applicable, ou toute suspicion de défaut, constaté par toute personne, peut être signalé à l'organisme certificateur. Cet organisme en informe la Haute Autorité de santé.

Tout logiciel d'aide à la dispensation par les pharmacies à usage intérieur certifié faisant l'objet d'une modification susceptible de remettre en cause sa conformité au référentiel de certification qui lui est applicable doit être soumis sans délai à une nouvelle certification. Il en est de même pour tout logiciel utilisant une base de données sur les médicaments qui cesse d'être agréée par la Haute Autorité de santé.

L'organisme certificateur informe la Haute Autorité de santé et le ministre chargé de la santé de toute modification, suspension ou retrait de la décision de certification.

SOUS-SECTION 5 DISPOSITIONS RELATIVES À LA PROCÉDURE DE CERTIFICATION DES ACTIVITÉS DE PRÉSENTATION, D'INFORMATION OU DE PROMOTION EN FAVEUR DES PRODUITS DE SANTÉ ET PRESTATIONS ÉVENTUELLEMENT ASSOCIÉES PRÉVUE AUX ARTICLES L. 161-37 ET L. 162-17-10

(Décr. n° 2018-864 du 8 oct. 2018, art. 2, en vigueur le 1er janv. 2019)

Art. R. 161-76-28 La décision de la Haute Autorité de santé fixant la procédure de certification des activités de présentation, d'information ou de promotion en faveur des produits de santé et prestations éventuellement associées en application du 13° de l'article L. 161-37 est publiée au *Journal officiel* de la République française dans un délai, qui ne peut excéder un an, fixé par un arrêté des ministres chargés de la santé et de la sécurité sociale à la suite de l'approbation ou de la fixation de la charte prévue à l'article L. 162-17-9.

La procédure de certification comporte le référentiel de certification au regard duquel les pratiques de présentation, d'information ou de promotion en faveur de produits de santé et de prestations éventuellement associées sont évaluées et précise les conditions dans lesquelles la certification accordée peut être suspendue ou retirée.

Art. R. 161-76-29 I. – La certification est assurée par un organisme certificateur accrédité par le Comité français d'accréditation ou par un organisme membre de la Coopération européenne pour l'accréditation et ayant signé les accords de reconnaissance mutuelle multilatéraux couvrant l'activité considérée. La norme d'accréditation utilisée est précisée par le référentiel de certification qui peut y ajouter des critères d'accréditation spécifiques.

II. – La décision de certification est notifiée à l'entreprise par l'organisme certificateur dans un délai d'un mois suivant la conclusion de l'audit que ce dernier effectue. La certification est délivrée pour une durée maximale de trois ans.

III. – Le document attestant de la certification mentionne :

1° Sa date d'émission et la date de fin de sa validité ;

2° Le périmètre des activités certifiées et le champ des activités de sous-traitance éventuelles ;

3° L'organisme de certification et la version de la procédure de certification utilisée ;

4° L'organisme d'accréditation et la version du référentiel d'accréditation utilisée.

Art. R. 161-76-30 Chaque organisme certificateur transmet à la Haute Autorité de santé un bilan annuel commenté mentionnant, notamment, le nombre d'entreprises qu'il a certifiées, les activités concernées ainsi que le nombre de décisions de suspension et de retrait qu'il a prises.

L'organisme certificateur transmet à la Haute Autorité de santé, dans le délai d'un mois, tout document en lien avec la procédure de certification qu'elle lui demande.

Ces documents, la liste des entreprises certifiées et des organismes certificateurs sont tenus par la Haute Autorité de santé à la disposition des ministres chargés de la santé et de la sécurité sociale ainsi qu'à celle du Comité économique des produits de santé.

SECTION II ORGANISATION ET FONCTIONNEMENT

SOUS-SECTION 1 ORGANISATION ADMINISTRATIVE

Art. R. 161-77 *(Décr. nº 2018-444 du 4 juin 2018, art. 1er)* « I. – » La Haute Autorité comprend un collège, les commissions mentionnées aux articles L. 5123-3 du code de la santé publique *(Décr. nº 2018-444 du 4 juin 2018, art. 1er)* « , L. 161-37 et L. 165-1 » du présent code ainsi que *(Décr. nº 2018-444 du 4 juin 2018, art. 1er)* « toute autre commission spécialisée » dont le collège décide la création.

Le collège arrête son règlement intérieur, qui fixe :

1° Ses modalités de délibération, notamment les règles de convocation, de quorum et de suppléance du président ainsi que les modalités selon lesquelles il traite les demandes qui lui sont adressées ;

2° La liste, la composition et les règles de fonctionnement des commissions autres que celles mentionnées aux articles L. 5123-3 du code de la santé publique *(Décr. nº 2018-444 du 4 juin 2018, art. 1er)* « , L. 161-37 et L. 165-1 » du présent code ; il fixe également les attributions qu'elles exercent par délégation du collège ainsi que les modalités selon lesquelles elles lui rendent compte de leurs activités.

(Décr. nº 2018-444 du 4 juin 2018, art. 1er) « Lorsque le collège décide d'exercer, conformément au troisième alinéa de l'article L. 161-41, certaines attributions de la commission d'évaluation économique et de santé publique, le président du collège en informe sans délai le président de cette commission et, le cas échéant, les demandeurs concernés. Le collège se prononce au regard des critères d'appréciation qui auraient été appliqués par la commission si cette dernière avait exercé ses attributions. »

Sans préjudice des règles relatives à la composition des commissions mentionnées aux articles L. 5123-3 du code de la santé publique *(Décr. nº 2018-444 du 4 juin 2018, art. 1er)* « , L. 161-37 et L. 165-1 » du présent code, des représentants des ministres chargés de la santé et de la sécurité sociale peuvent assister aux séances du collège et des commissions spécialisées de la Haute Autorité de santé. Afin de permettre à la Haute Autorité d'organiser ses travaux, ces ministres indiquent régulièrement au collège les domaines dans lesquels, notamment en application du a du 3° de l'article

R. 161-71, ils souhaitent disposer de recommandations, d'études ou d'avis ainsi que leurs priorités en la matière.

(Décr. n° 2018-444 du 4 juin 2018, art. 1er) « II. – Les commissions spécialisées, susceptibles d'être réunies sous la présidence du président de la Haute Autorité de santé en application des dispositions du dernier alinéa de l'article L. 161-41, sont :

« – la commission d'évaluation économique et de santé publique, lorsqu'elle rend un avis sur un produit de santé ;

« – la commission de la transparence ;

« – la Commission nationale d'évaluation des dispositifs médicaux et des technologies de santé.

« Conformément au dernier alinéa de l'article L. 161-41, le cas échéant sur proposition des ministres chargés de la santé ou de la sécurité sociale, le président de la Haute Autorité de santé peut décider, après avis de chaque président de commission concerné, de réunir sous sa présidence deux commissions spécialisées, mentionnées au présent II, en vue de rendre une délibération conjointe en matière d'évaluation des produits de santé. Il informe de sa décision le président de chaque commission.

« Lorsque la proposition de réunir deux commissions émane des ministres et que le président de la Haute Autorité décide de ne pas y donner suite, il leur précise les motifs de ce refus. Si la délibération conjointe proposée par les ministres porte sur des demandes d'avis mentionnées aux *b* et *c* du 1° et au 2° de l'article R. 161-71 ou au II de l'article R. 161-71-1, le président de la Haute Autorité fait connaître sa décision dans un délai d'un mois suivant la réception de la demande. Le demandeur est informé sans délai de cette décision.

« Chaque commission siège dans le respect des règles régissant sa composition. Les critères d'appréciation du produit de santé et de rédaction de l'avis sont ceux applicables au produit concerné ou à la nature de l'évaluation pratiquée.

« L'avis des deux commissions réunies est adopté au terme d'une délibération et d'un vote communs, auxquels participe également le président de la Haute Autorité de santé. Ils ne sont valables que si au moins trente membres des commissions ayant voix délibérative sont présents, chaque commission détenant par ailleurs le même nombre de droits de vote. Le cas échéant, afin d'atteindre cette égalité, le président de la commission comportant le plus grand nombre de membres présents avec voix délibérative désigne, après tirage au sort parmi les membres autres que le président, ceux qui sont habilités à voter. En cas de partage égal des voix à l'issue de ce vote global, le président de la Haute Autorité détient seul une voix prépondérante.

« La Haute Autorité de santé élabore un règlement intérieur fixant les règles de fonctionnement adaptées à la réunion de deux commissions spécialisées conformément au présent II.

« III. – Le président du collège de la Haute Autorité de santé peut également décider de réunir sous sa présidence toute commission spécialisée en vue de préparer les délibérations relevant de la compétence du collège. »

Les dispositions issues du Décr. n° 2018-444 du 4 juin 2018 s'appliquent à compter de la date la plus tardive du prochain renouvellement de la commission d'évaluation économique et de santé publique, de la Commission de la transparence et de la Commission nationale d'évaluation des dispositifs médicaux et des technologies de santé suivant la publication du décret susvisé (Décr. préc., art. 2-II).

Art. R. 161-78 Le collège de la Haute Autorité délibère sur :

1° Le budget annuel et ses modifications en cours d'année ;

2° Le compte financier et l'affectation des résultats ;

3° Le règlement comptable et financier, qui est transmis au ministre chargé de la sécurité sociale et au ministre chargé de l'économie ;

4° Sur proposition du directeur, le règlement intérieur des services ;

5° Les conditions générales de passation des contrats, conventions et marchés ;

6° Les conditions générales d'emploi des fonds disponibles et de placement des réserves ;

7° Les acquisitions, échanges et aliénations de biens immobiliers ;

8° Les emprunts ;

9° Les dons et legs.

Art. R. 161-79 La Haute Autorité dispose de services dont l'organisation est décidée sur proposition du directeur par son président, après avis du collège et du comité d'entreprise.

Le président peut donner délégation au directeur pour signer tous actes relatifs au fonctionnement, à l'exercice des missions de la Haute Autorité et à sa représentation en justice et dans les actes de la vie civile, et, dans la limite de ses attributions, à tout agent de la Haute Autorité placé sous l'autorité du directeur.

Art. R. 161-80 Le directeur exerce la direction des services de la Haute Autorité et a autorité sur le personnel. Pour l'application de la réglementation du travail, il exerce les compétences du chef d'entreprise.

Il a qualité pour tenir la comptabilité des engagements de dépenses, dans les conditions définies par le règlement comptable et financier et engager, gérer et licencier le personnel.

Dans les matières relevant de sa compétence, le directeur peut déléguer sa signature dans les limites qu'il détermine et désigner les personnes habilitées à le représenter.

La rémunération du directeur est fixée par le président après avis du collège.

SOUS-SECTION 2 STATUT DES MEMBRES ET COLLABORATEURS DE LA HAUTE AUTORITÉ

Art. R. 161-81 *(Décr. nº 2005-216 du 7 mars 2005)* « Le président du collège reçoit un traitement égal à celui afférent à la première catégorie supérieure des emplois de l'État classés hors échelle, assorti d'une indemnité de fonction, annuelle et forfaitaire, fixée par les ministres chargés de la santé, de la sécurité sociale et du budget. *— V. Arr. du 22 avr. 2005 (JO 3 mai), mod. par Arr. du 17 oct. 2006 (JO 10 nov.).*

« Les membres du collège autres que le président reçoivent un traitement égal à celui afférent à la seconde catégorie supérieure des emplois de l'État classés hors échelle assorti d'une indemnité de fonction, annuelle et forfaitaire, fixée par les mêmes ministres. *— V. Arr. du 22 avr. 2005 (JO 5 mai).*

« Toutefois, lorsque le président ou l'un des membres du collège perçoit une pension de retraite relevant du code des pensions civiles et militaires de retraite ou de la Caisse nationale de retraite des agents des collectivités locales, il ne perçoit que l'indemnité de fonction.

« Lorsqu'un membre du collège a la qualité d'agent public titulaire, il est placé en position de détachement ou mis à disposition de la Haute Autorité. Dans ce dernier cas, il ne perçoit qu'un complément indemnitaire dont le montant est fixé par arrêté des ministres chargés de la santé, de la sécurité sociale et du budget. »

L'activité des membres des commissions spécialisées autres que leur président, des personnes collaborant occasionnellement aux travaux de la Haute Autorité, des personnes mentionnées à l'article L. 1414-4 du code de la santé publique et des autres personnes qui apportent leur concours au collège ou aux commissions spécialisées de la Haute Autorité peut donner lieu à indemnités. Celles-ci sont fixées par le président du collège après avis de ce dernier, sur proposition du directeur.

Les montants des rémunérations et indemnités prévues au présent article font l'objet d'une publication au *Journal officiel* de la République française.

Les frais occasionnés par les déplacements et les séjours des membres du collège de la Haute Autorité, des membres des commissions spécialisées et des personnes mentionnées à l'article L. 1414-4 du code de la santé publique et des autres personnes qui apportent leur concours au collège ou aux commissions spécialisées sont remboursés dans les conditions prévues par la réglementation applicable aux fonctionnaires de l'État.

Art. R. 161-82 Les agents contractuels de droit public de la Haute Autorité peuvent être employés à temps plein ou à temps partiel, pour une durée déterminée ou indéterminée.

Chaque contrat de travail conclu entre la Haute Autorité et l'un de ses agents précise s'il relève du droit public ou du code du travail.

Sous réserve des dispositions du présent chapitre, les agents de droit public sont soumis aux dispositions du décret nº 86-83 du 17 janvier 1986 modifié relatif aux dispositions applicables aux agents non titulaires de l'État pris pour l'application de l'article 7 de la loi n° 84-16 du 11 janvier 1984 portant dispositions statutaires relatives à la fonction publique de l'État, à l'exception des dispositions des articles 43 et 44, et aux dispositions du décret n° 2003-224 du 7 mars 2003 fixant les règles applicables aux personnels de droit public recrutés par certains établissements publics intervenant dans le domaine de la santé publique ou de la sécurité sanitaire, à l'exception des dispositions de l'article 3. Pour l'application du décret du 7 mars 2003, le directeur et le collège de la Haute Autorité exercent les compétences dévolues respectivement au directeur général et au conseil d'administration. Le comité d'entreprise exerce les attributions dévolues au comité technique et à la commission consultative paritaire. Les modalités particulières de mise en œuvre du décret du 7 mars 2003 font, en tant que de besoin, l'objet d'une délibération du collège après avis du comité d'entreprise.

Art. R. 161-83 Le règlement intérieur des services mentionné à l'article L. 161-43 précise les règles applicables à l'ensemble du personnel de la Haute Autorité concernant :

1° L'hygiène et la sécurité ;

2° Les règles générales relatives à la discipline, notamment la nature et l'échelle des sanctions que peut prendre le directeur ou son représentant ainsi que les dispositions relatives aux droits de la défense du personnel.

Les institutions mentionnées aux articles L. 421-1 *[L. 2311-1, L. 2312-1 s. et R. 2312-1 nouv.]*, L. 431-1 *[L. 2321-1, L. 2322-1 s. nouv.]* et L. 236-1 *[L. 4523-11, L. 4523-12, L. 4523-14 s., L. 4524-1, L. 4611-1 s. nouv.]* du code du travail sont compétentes à l'égard de l'ensemble du personnel de la Haute Autorité. Tous les personnels sont électeurs et éligibles, dans les conditions fixées par le code du travail, pour la désignation de ces institutions.

Art. R. 161-84 Les agents de la Haute Autorité :

1° Sont tenus au secret et à la discrétion professionnels dans les mêmes conditions que celles qui sont définies à l'article 26 du titre Ier du statut général des fonctionnaires de l'État et des collectivités territoriales ;

2° Ne peuvent, par eux-mêmes ou par personne interposée, avoir, dans les établissements ou entreprises en relation avec la Haute Autorité, aucun intérêt de nature à compromettre leur indépendance.

(Décr. n° 2012-745 du 9 mai 2012, art. 3-1° en vigueur le 1er juill. 2012) « Ces agents sont soumis aux dispositions du décret n° 2007-611 du 26 avril 2007 relatif à l'exercice d'activités privées par des fonctionnaires ou agents non titulaires ayant cessé temporairement ou définitivement leurs fonctions et à la commission de déontologie. »

Art. R. 161-85 Les personnes collaborant occasionnellement aux travaux de la Haute Autorité, les experts mentionnés à l'article L. 1414-4 du code de la santé publique, les personnes qui apportent leur concours au collège ou aux commissions spécialisées de la Haute Autorité et les membres des commissions spécialisées ne peuvent, sous les peines prévues à l'article 432-12 du code pénal, traiter une question dans laquelle elles auraient un intérêt direct ou indirect et sont soumises aux obligations énoncées au 1° de l'article R. 161-84. Elles sont également soumises à l'interdiction mentionnée au premier alinéa de l'article L. 4113-6 du code la santé publique et aux dispositions du premier alinéa de l'article L. 4113-13 du code de la santé publique. En cas de manquement à ces dispositions, le collège statuant à la majorité de ses membres peut mettre fin à leurs fonctions.

(Décr. n° 2012-745 du 9 mai 2012, art. 3-2° en vigueur le 1er juill. 2012) « Les personnes mentionnées au précédent alinéa sont soumises aux dispositions de l'article L. 1451-1 du code de la santé publique. Celles de l'article R. 4113-110 du même code leur sont applicables. »

Même en l'absence de texte, lorsqu'un membre d'une commission administrative à caractère consultatif est en situation de devoir s'abstenir de siéger pour l'examen d'une question, il est de bonne pratique qu'il quitte la salle où se tient la séance pendant la durée de cet examen. Toutefois, la circonstance que l'intéressé soit resté dans la salle n'entraîne l'irrégularité de l'avis rendu par la commission que si, en raison notamment de son rôle dans celle-ci, de l'autorité hiérarchique, scientifique ou morale qui est la sienne ou de la nature de ses liens d'intérêt, sa simple présence pendant les délibérations a pu influencer les positions prises par d'autres membres de l'instance. • CE, sect., 22 juill. 2015, *Zambon France (Sté)*, n° 361962 : *AJDA 2015. 1626* ; *ibid. 1626, chron. Lessi et Dutheillet de Lamothe*.

Art. R. 161-86 Les membres du collège ne peuvent avoir par eux-mêmes, ou par personne interposée, dans les établissements ou entreprises intervenant dans les domaines de compétence de la Haute Autorité, des intérêts de nature à compromettre leur indépendance. Ils ne peuvent exercer parallèlement des fonctions de direction dans des organismes ou services liés par convention avec des entreprises exploitant des médicaments ou fabricant des produits de santé.

Les membres du collège qui détiennent de tels intérêts ou exercent de telles fonctions disposent, à compter de la date de leur nomination, d'un délai de trois mois pour s'en défaire ou les quitter. A défaut, ils sont déclarés démissionnaires d'office par le collège statuant à la majorité des membres le composant, après la présentation par l'intéressé, qui ne participe pas au vote, de ses observations.

SOUS-SECTION 3 DISPOSITIONS BUDGÉTAIRES ET COMPTABLES

Art. R. 161-87 Le président est ordonnateur des recettes et des dépenses du budget. Il peut désigner le directeur en qualité d'ordonnateur secondaire. Il dispose du pouvoir de transaction circonscrit aux besoins de la gestion de la Haute Autorité dans les conditions fixées par les articles 2044 à 2058 du code civil.

Art. R. 161-88 L'exercice budgétaire et comptable débute le 1er janvier et s'achève le 31 décembre.

Le budget comporte la prévision des recettes attendues et des dépenses nécessitées par l'exercice des missions confiées à la Haute Autorité en santé. Il peut être modifié en cours d'année. Les crédits inscrits au budget n'ont pas de caractère limitatif.

Les délibérations du collège relatives au budget et à ses modifications sont adressées aux ministres chargés de la santé, de la sécurité sociale et du budget.

Art. R. 161-89 L'agent comptable de la Haute Autorité est nommé par arrêté conjoint des ministres chargés de la santé et de la sécurité sociale et du ministre chargé du budget.

L'agent comptable est responsable personnellement et pécuniairement dans les conditions de l'article 60 de la loi n° 63-156 du 23 février 1963 portant loi de finances pour 1963 et du décret n° 64-1022 du 29 septembre 1964 relatif à la constatation et à l'apurement des débets des comptables publics et assimilés. Il est chargé de la tenue des comptabilités de la Haute Autorité, du recouvrement des droits, contributions et de toutes autres recettes, du paiement des dépenses et du maniement des fonds et des mouvements de comptes de disponibilités.

Avec l'accord du président du collège, l'agent comptable peut confier sous son contrôle la comptabilité analytique et la comptabilité matière aux services de la Haute Autorité.

L'agent comptable peut nommer des mandataires qui sont agréés par le président du collège.

Art. R. 161-90 Les comptes de la Haute Autorité sont établis selon les règles du plan comptable général. Celui-ci peut faire l'objet d'adaptations proposées par le président du collège après avis du collège et approuvées par le ministre chargé du budget.

Les taux d'amortissement et de dépréciation ainsi que les modalités de tenue des inventaires sont fixés par le règlement comptable et financier.

L'agent comptable établit un compte financier au terme de chaque exercice. Le compte financier comprend le compte de résultat, le bilan, l'annexe, la balance générale des comptes à la clôture de l'exercice, le tableau de rapprochement des prévisions et des réalisations effectives et, le cas échéant, la balance des comptes spéciaux.

Le compte financier de la Haute Autorité est préparé par l'agent comptable et soumis par le président du collège au collège qui entend l'agent comptable. Le compte financier est arrêté par le collège. Il est transmis à la Cour des comptes par le président du collège de la Haute Autorité, accompagné des délibérations du collège relatives au budget, à ses modifications et au compte financier, et de tous les autres documents demandés par les ministres ou par la cour, dans les quatre mois qui suivent la clôture de l'exercice.

Le rapport annuel fait une présentation du compte financier et reproduit le compte de résultat et le bilan.

Art. R. 161-91 L'agent comptable est tenu de faire diligence pour assurer le recouvrement de toutes les ressources de la Haute Autorité. Les recettes sont recouvrées par l'agent comptable soit spontanément, soit en exécution des instructions du président du collège. L'agent comptable adresse aux débiteurs les factures correspondantes et reçoit leurs règlements. Tous les droits acquis au cours d'un exercice doivent être pris en compte au titre de cet exercice.

Art. R. 161-92 Lorsque les créances de la Haute Autorité n'ont pu être recouvrées à l'amiable, les poursuites sont conduites conformément aux usages du commerce ou peuvent faire l'objet d'états rendus exécutoires par le président du collège. Les états exécutoires peuvent être notifiés aux débiteurs par lettre recommandée avec accusé de réception. Leur recouvrement est poursuivi jusqu'à opposition devant la juridiction compétente.

Art. R. 161-93 L'agent comptable procède aux poursuites. Celles-ci peuvent, à tout moment, être suspendues sur ordre écrit du président du collège si la créance est l'objet d'un litige. Le président du collège suspend également les poursuites si, en accord avec l'agent comptable, il estime que la créance est irrécouvrable ou que l'octroi d'un délai par l'agent comptable est conforme à l'intérêt de la Haute Autorité.

Art. R. 161-94 Le président du collège peut décider, après l'avis conforme de l'agent comptable :

1° En cas de gêne des débiteurs, d'accorder une remise gracieuse des créances de la Haute Autorité, sauf pour les contributions mentionnées au 7° de l'article L. 161-45 et aux articles L. 5123-5 et L. 5211-5-1 du code de la santé publique ;

2° Une admission en non-valeur des créances de la Haute Autorité, en cas d'irrécouvrabilité avérée ou d'insolvabilité des débiteurs.

Le collège fixe le montant au-delà duquel l'une des remises mentionnées au 1° est soumise à son approbation.

Lorsque la remise gracieuse, totale ou partielle, concerne une dette de l'agent comptable, l'avis conforme prévu par l'article 8 du décret du 29 septembre 1964 relatif à la constatation et à l'apurement des débets des comptables publics et assimilés est rendu par le collège.

Art. R. 161-95 L'agent comptable suspend le paiement des dépenses lorsqu'il constate, à l'occasion de l'exercice de ses contrôles, des irrégularités ou que les certifications délivrées par le président du collège sont inexactes. Il en informe le directeur.

Lorsque l'agent comptable a suspendu le paiement des dépenses, le président du collège peut, par écrit et sous sa responsabilité, requérir l'agent comptable de payer. L'agent comptable défère à la réquisition et rend compte au ministre chargé du budget, qui transmet l'ordre de réquisition à la Cour des comptes.

Toutefois, l'agent comptable doit refuser de déférer à l'ordre de réquisition lorsque la suspension du paiement est motivée par :

1° L'absence de justification du service fait ;

2° Le caractère non libératoire du règlement ;

3° Le manque de fonds disponibles.

Dans les cas de refus de la réquisition, l'agent comptable rend immédiatement compte au ministre chargé du budget.

Art. R. 161-96 Toutes les dépenses doivent être liquidées et ordonnancées au cours de l'exercice auquel elles se rattachent. Les dépenses de la Haute Autorité sont réglées par l'agent comptable sur l'ordre donné par le président du collège ou après avoir été acceptées par ce dernier. Les ordres de dépenses sont appuyés des pièces justificatives nécessaires, et notamment des factures, mémoires, marchés, baux ou conventions. L'acceptation de la dépense revêt la forme soit d'une mention datée et signée apposée sur le mémoire, la facture ou toute autre pièce en tenant lieu, soit d'un certificat séparé d'exécution de service, l'une ou l'autre précisant que le règlement peut être valablement opéré pour la somme indiquée.

L'agent comptable peut payer sans ordonnancement préalable certaines catégories de dépenses dans les conditions prévues par le règlement comptable et financier.

Art. R. 161-97 La liste des pièces justificatives de recettes et de dépenses est préparée par l'agent comptable et proposée par le président du collège à l'agrément du ministre chargé du budget. En cas de perte, destruction ou vol des justifications remises à l'agent comptable, le ministre chargé du budget peut autoriser ce dernier à pourvoir à leur remplacement. Les pièces justificatives sont conservées dans les archives de l'agent comptable pendant dix ans au moins à partir de la date de clôture de l'exercice auquel elles se rapportent.

Art. R. 161-98 Des régies de recettes et de dépenses peuvent être créées auprès de la Haute Autorité par décision du président du collège sur avis conforme de l'agent comptable dans les conditions fixées par le décret n° 92-681 du 20 juillet 1992 modifié relatif aux régies de recettes et aux régies d'avances des organismes publics et le règlement comptable et financier.

Art. R. 161-99 La Haute Autorité dépose ses fonds au Trésor. Elle peut également ouvrir des comptes auprès d'un établissement de crédit. Les fonds de la Haute Autorité peuvent donner lieu à rémunération et faire l'objet de placements selon les conditions générales définies par le collège.

Art. R. 161-100 Les comptes de l'agent comptable de la Haute Autorité sont jugés directement par la Cour des comptes. Le contrôle de la gestion de l'agent comptable est également assuré par le receveur général des finances.

Art. R. 161-101 *(Décr. n° 2010-406 du 26 avr. 2010, art. 38-III)* La Haute Autorité est soumise aux dispositions de l'ordonnance n° 2005-649 du 6 juin 2005 relative aux marchés passés par certaines personnes publiques ou privées non soumises au code des marchés publics.

Art. R. 161-102 La dotation globale prévue à l'article L. 161-45 est fixée par arrêté conjoint des ministres chargés de la santé, de la sécurité sociale et du budget. Elle est révisée selon les mêmes modalités.

CHAPITRE II DISPOSITIONS GÉNÉRALES RELATIVES AUX SOINS

SECTION PREMIÈRE CARNET DE SANTÉ

(Décr. n° 96-925 du 18 oct. 1996)

Art. R. 162-1-1 *(Décr. n° 96-925 du 18 oct. 1996)* En application de l'article L. 162-1-1 *[abrogé]*, un carnet de santé est délivré à l'assuré social et à chacun de ses ayants droit âgé de plus de seize ans par l'organisme d'assurance maladie dont il relève pour le service des prestations ; il est renouvelé en tant que de besoin.

Le carnet comporte les éléments nécessaires à l'identification de l'assuré ou de son ayant droit, à l'exclusion de son nom de famille.

Art. R. 162-1-2 (Décr. n° 96-925 du 18 oct. 1996) ***Tout médecin appelé à donner des soins à un patient auquel a été attribué le carnet de santé institué par l'article L. 161-1-1 doit porter sur ce carnet, dans le respect des règles déontologiques qui lui sont applicables, la date des soins, son cachet et sa signature et, sauf opposition du patient, les constatations pertinentes pour le suivi médical de ce patient, notamment la mention des actes effectués ainsi que celle des examens et traitements prévus à l'article L. 324-1.*** — Annulé par CE 1er déc. 1997, ci-dessous.

L'institution du carnet de santé n'est pas incompatible avec les exigences tant de la liberté individuelle que des stipulations de l'art. 8 de la Convention européenne des droits de l'homme relatives à la protection de la vie privée ; toutefois, le pouvoir réglementaire ne pouvait pas légalement exclure du champ d'application du droit d'opposition ouvert au malade la mention de la date des soins, du cachet et de la signature du praticien traitant, de telles informations étant inséparables des mentions et informations nécessaires au suivi du patient. • CE 1er déc. 1997 : *TPS 1998. Comm. 93 ; RJS 1998, n° 368.*

Art. R. 162-1-3 (Abrogé par Décr. n° 2016-1645 du 1er déc. 2016, art. 4-III) (Décr. n° 96-925 du 18 oct. 1996) *I. — Le carnet de santé d'un patient hospitalisé est rempli :*

1° Dans les établissements publics de santé et les établissements de santé privés participant à l'exécution du service hospitalier, par le praticien responsable de chaque structure médicale ayant pris en charge l'intéressé ou par tout autre membre du corps médical de ladite structure, désigné par le praticien responsable ;

2° Dans les autres établissements de santé, par le ou les médecins ayant pris en charge l'intéressé.

II. — Le carnet de santé d'un patient reçu dans un établissement de santé en consultation externe est rempli par le médecin consulté.

Art. R. 162-1-4 *(Décr. n° 96-925 du 18 oct. 1996)* Les chirurgiens-dentistes et les sages-femmes appelés à donner des soins à un patient auquel a été délivré le carnet de santé institué par l'article L. 161-1-1 *[L. 162-1-1, abrogé]* peuvent, avec l'accord du patient, avoir accès au carnet de santé de celui-ci.

Ils peuvent porter sur ce carnet, dans le respect des règles déontologiques qui leur sont respectivement applicables et sauf opposition du patient, les mentions et constatations figurant à l'article R. 162-1-2.

Les pharmaciens peuvent, dans le respect des règles déontologiques qui leur sont applicables, et avec l'accord du patient, consulter le carnet de santé de celui-ci lors de la dispensation de médicaments.

Art. R. 162-1-5 *(Décr. n° 96-925 du 18 oct. 1996)* Le modèle du carnet de santé institué par l'article L. 162-1-1 *[abrogé]* est fixé par arrêté des ministres chargés de la santé et de la sécurité sociale.

Art. R. 162-1-6 *(Décr. n° 96-925 du 18 oct. 1996)* En cas de perte ou de vol du carnet de santé, l'assuré social ou son ayant droit en informe immédiatement l'organisme d'assurance maladie auquel il est rattaché. Cet organisme procède alors au remplacement du carnet.

SECTION I-1 MÉDECINS

Art. R. 162-1-7 *(Décr. n° 96-786 du 10 sept. 1996, art. 6 ; Décr. n° 96-925 du 18 oct. 1996, art. 1er)* Pour l'application de l'article L. 162-4, les médecins signalent qu'une spécialité est prescrite en dehors des indications thérapeutiques retenues pour l'inscription sur la liste des médicaments remboursables en portant sur l'ordonnance, support de la prescription, la mention de son caractère non remboursable à côté de la dénomination de la spécialité. *(Décr. n° 2012-740 du 9 mai 2012, art. 1er-6°)* « Cette disposition ne s'applique pas aux prescriptions de spécialités pharmaceutiques non conformes à leur autorisation de mise sur le marché. Dans ce cas, le prescripteur porte sur l'ordonnance, support de la prescription, la mention : "Prescription hors autorisation de mise sur le marché" prévue à l'article L. 5121-12-1 du code de la santé publique. » *— V. note ss. art. R. 163-26.*

(Abrogé par Décr. n° 2014-955 du 21 août 2014, art. 1er-2°) ***« Lors de la délivrance d'une telle spécialité, le pharmacien est tenu d'estampiller aux mêmes fins la vignette apposée sur le conditionnement. »***

Art. R. 162-1-8 *(Décr. n° 96-786 du 10 sept. 1996, art. 6 ; Décr. n° 2004-1328 du 3 déc. 2004)* Les clauses locales particulières dont peut faire l'objet la convention nationale prévue à l'article L. 162-5 résultent d'accords complémentaires signés par les Caisses primaires d'assurance maladie, d'une part, et les organisations syndicales les plus représentatives des médecins de la circonscription de la caisse primaire correspondante, d'autre part.

Lorsqu'il est fait application de l'article *(Décr. n° 87-801 du 29 sept. 1987, art. 3)* « L. 162-7 », les accords complémentaires doivent être signés conjointement par la Caisse primaire d'assurance maladie des travailleurs salariés, *(Décr. n° 2006-83 du 27 janv. 2006)* « la caisse de base du régime social des indépendants » et la Caisse de mutualité sociale agricole intéressées.

Les clauses locales particulières ne peuvent déroger aux dispositions de la convention nationale.

Elles doivent être approuvées par arrêté conjoint du ministre chargé de la sécurité sociale, du ministre chargé du budget et du ministre chargé de l'agriculture, pris après avis favorable des caisses et organisations signataires de la convention nationale.

Art. R. 162-1-9 *(Décr. nº 2004-1328 du 3 déc. 2004)* Le médecin transmet ses observations dans le délai d'un mois à compter de la notification par la caisse de ce qu'elle est susceptible de lui appliquer le régime d'accord préalable mentionné à l'article L. 162-1-15. Le médecin est entendu à sa demande par la commission à laquelle participent les professionnels de santé prévue par l'article *(Décr. nº 2015-1865 du 30 déc. 2015, art. 10-1º, en vigueur le 1er janv. 2016)* « L. 114-17-1 ».

Art. R. 162-1-9-1 *(Décr. nº 2004-1448 du 23 déc. 2004)* En application de l'article L. 162-4-4, la prolongation d'un arrêt de travail, qui n'est pas prescrite par le médecin prescripteur de l'arrêt initial ou par le médecin traitant donne lieu à indemnisation dans les cas suivants :

1º Lorsque la prolongation d'arrêt de travail est prescrite par un médecin spécialiste consulté à la demande du médecin traitant ;

2º Lorsque la prolongation d'arrêt de travail est prescrite par le médecin remplaçant le médecin prescripteur de l'arrêt initial ou le médecin remplaçant le médecin traitant ;

3º Lorsque la prolongation d'arrêt de travail est prescrite à l'occasion d'une hospitalisation.

En dehors des cas mentionnés ci-dessus, lorsque la prolongation d'un arrêt de travail n'a pas été prescrite par le médecin prescripteur de l'arrêt initial ou le médecin traitant, l'assuré doit justifier de l'impossibilité pour l'un ou l'autre de ces médecins de prescrire cette prolongation. Il en apporte la preuve par tous moyens à la demande de l'organisme d'assurance maladie.

Dans tous les cas, l'assuré ou le professionnel de santé sous la responsabilité de l'assuré indique sur l'avis d'arrêt de travail le motif pour lequel le médecin prescripteur de la prolongation n'est pas le médecin prescripteur de l'arrêt initial ou le médecin traitant.

V. Jur. ss. art. L. 162-4-4.

Art. R. 162-1-10 *(Décr. nº 2006-143 du 9 févr. 2006)* Pour l'application de l'article L. 162-4-3, les organismes gestionnaires des régimes de base d'assurance maladie assurent, à l'usage des médecins conventionnés ou exerçant leur activité dans un établissement ou un centre de santé, à l'occasion des soins qu'ils délivrent, la mise en œuvre d'un service de consultation par voie électronique des informations afférentes aux prestations délivrées à leurs bénéficiaires.

La gestion technique de l'infrastructure inter-régimes servant de relais pour l'accès aux systèmes d'information sollicités à cette fin est confiée à la Caisse nationale de l'assurance maladie des travailleurs salariés.

Les traitements mis en œuvre à cet effet sont soumis à l'autorisation préalable de la Commission nationale de l'informatique et des libertés qui se prononce au vu de documents, élaborés sous la responsabilité de la Caisse nationale de l'assurance maladie des travailleurs salariés et précisant :

a) Les spécifications techniques des logiciels et des mécanismes de sécurité informatique propres à garantir la confidentialité des informations échangées entre le médecin et les caisses, notamment en ce qui concerne le mode de chiffrement des flux d'informations ;

b) Les mesures de protection renforcée applicables aux données mentionnées au 6º de l'article R. 162-1-11 et à leur acheminement ;

c) L'historique des accès au service, de consultation ainsi que le contenu des informations consultées.

Art. R. 162-1-11 *(Décr. nº 2006-143 du 9 févr. 2006)* Le relevé des données individuelles concernant le patient mis à disposition du médecin par le service porte sur la période de douze mois précédant la consultation.

Ce relevé comporte les informations suivantes :

1º Informations relatives au bénéficiaire de l'assurance maladie :

a) Numéro d'identification au répertoire national d'identification des personnes physiques ;

b) Nom et prénom d'usage ;

c) Date de naissance.

2° Informations relatives aux soins et prestations délivrés en ville et ayant donné lieu à remboursement ou prise en charge :

a) Pour les soins médicaux, chirurgicaux, dentaires, *(Décr. n° 2011-2119 du 30 déc. 2011, art. 5-5°)* « examens de biologie médicale », ainsi que pour les soins infirmiers et de rééducation fonctionnelle, y compris les actes et traitements à visée préventive mentionnés *(Décr. n° 2015-1865 du 30 déc. 2015, art. 10-7°, en vigueur le 1er janv. 2016)* « au 5° et au 6° de l'article L. 160-8 » :

— numéro de code et libellé de l'acte ou de la série d'actes, suivant la liste établie en application de l'article L. 162-1-7, avec indication de leur cotation, de leur date d'exécution, de la nature du risque au titre duquel la prestation est prise en charge, du taux de remboursement appliqué et, s'il y a lieu, du motif de la réduction ou de la suppression de la participation financière de l'assuré ainsi que, le cas échéant, le libellé de la spécialité du médecin ;

b) Pour les médicaments :

— dénomination de la spécialité pharmaceutique délivrée, sur la base des listes établies en application de l'article L. 162-17, avec indication de leur numéro de code et du libellé correspondant, de leur date de délivrance, de la quantité délivrée, de la nature du risque au titre duquel la prestation est prise en charge, du taux de remboursement appliqué et, s'il y a lieu, du motif de la réduction ou de la suppression de la participation financière de l'assuré ;

c) Pour les dispositifs médicaux à usage individuel, tissus et cellules issus du corps humain, produits de santé autres que médicaments et prestations de services et d'adaptation associées :

— dénomination du dispositif ou du produit délivré, sur la base de la liste des produits et prestations établie en application de l'article L. 165-1, avec indication de leur numéro de code, de leur date de délivrance, de la nature du risque au titre duquel la prestation est prise en charge, du taux de remboursement appliqué et, s'il y a lieu, du motif de la réduction ou de la suppression de la participation financière de l'assuré.

3° Informations relatives aux soins, produits et prestations délivrés en établissement de santé, quel que soit le statut de l'établissement :

a) Date d'admission et durée du séjour ;

b) Nature du risque au titre duquel les prestations correspondantes sont prises en charge, taux de remboursement appliqué et, s'il y a lieu, motif de la réduction ou de la suppression de la participation financière de l'assuré ;

c) Pour les soins délivrés dans les établissements de santé visés aux *a*, *b* et *c* de l'article L. 162-22-6 :

— indication du groupe générique servant de base à la facturation des frais d'hospitalisation suivant la classification mentionnée au 1° du même article, avec mention le cas échéant de la dénomination et du numéro de code des spécialités pharmaceutiques, produits et prestations facturés en sus des prestations d'hospitalisation en application de l'article L. 162-22-7 ;

d) Pour les soins délivrés dans les établissements de santé mentionnés aux *d* et *e* de l'article L. 162-22-6, mention des éléments repris du bordereau de facturation mentionné au 11° de l'article R. 161-42, et concernant :

— l'intitulé du groupe générique servant de base à la facturation des prestations ;

— le libellé et le numéro de code des actes facturés, suivant les listes établies en application de l'article L. 162-1-7, avec indication de leur cotation et de leur date d'exécution ;

— le cas échéant, la dénomination et le numéro de code des spécialités pharmaceutiques, produits et prestations facturés en sus des prestations d'hospitalisation, en application de l'article L. 162-22-7.

4° Informations relatives aux frais de transport :

a) Date du transport pris en charge ;

b) Mode de transport utilisé ;

c) Motif de la prise en charge, suivant la liste de cas prévue à l'article R. 322-10 ;

d) Nature du risque au titre duquel la prestation est prise en charge ;

e) Taux de prise en charge de la prestation et, s'il y a lieu, motif de la réduction ou de la suppression de la participation financière de l'assuré.

5° Informations relatives aux indemnités, allocations journalières et prestations supplémentaires servies au titre *(Abrogé par Décr. n° 2015-1865 du 30 déc. 2015, art. 10-7°, à compter du 1er janv. 2016)* « *du 5°* » de l'article L. 321-1, de l'article L. 331-3, de l'article L. 433-1 ou de l'article L. 615-20 :

a) Dates de début et de fin de l'arrêt de travail et nombre d'indemnités journalières versées ;

b) Nature du risque au titre duquel la prestation est versée ;

c) Mention du lien éventuel avec une affection de longue durée ;

d) Mention du motif en cas de maintien de l'indemnisation dans les cas prévus aux articles L. 323-3, L. 432-9 et L. 433-1.

6° Informations relatives aux patients atteints d'une affection de longue durée :

a) Date à laquelle a été accordé le bénéfice de la limitation ou de la suppression de la participation de l'assuré, avec indication du motif retenu en application des 3° et 4° de l'article *(Décr. n° 2015-1865 du 30 déc. 2015, art. 10-4°, en vigueur le 1er janv. 2016)* « L. 160-14 », selon le fait générateur ;

b) Libellé générique de la ou des affections, selon la liste établie en application de l'article *(Décr. n° 2015-1865 du 30 déc. 2015, art. 10-4°, en vigueur le 1er janv. 2016)* « L. 160-14 » [3°] ou, pour les affections mentionnées à l'article *(Décr. n° 2015-1865 du 30 déc. 2015, art. 10-4°, en vigueur le 1er janv. 2016)* « L. 160-14 » [4°], selon la codification internationale en vigueur ;

c) Éléments du protocole de soins actualisé, établi en application de l'article L. 324-1, ainsi que la durée de ce protocole, avec indication des actes et prestations de toute nature concourant au traitement de la ou des affections concernées et auxquels s'applique la limitation ou la suppression de la participation ainsi que, le cas échéant, de la fréquence respective des actes et prestations.

Art. R. 162-1-12 *(Décr. n° 2006-143 du 9 févr. 2006)* Dans le cadre de la mission d'information prévue à l'article L. 162-1-11, les organismes des différents régimes de base d'assurance maladie informent leurs ressortissants des modalités de mise en œuvre du service de consultation prévu aux articles R. 162-1-10 et R. 162-1-11.

En outre, le médecin ayant recours à ce service est tenu d'informer ses patients à l'occasion de la réalisation des soins de l'objet et des conditions de cette procédure. Il recueille l'accord du patient, préalablement à la consultation des données le concernant. Cet accord porte sur l'ensemble de ces données. Le consentement du patient est réputé obtenu par l'utilisation de sa carte qui lui a été délivrée en application de l'article L. 161-31, sous réserve de la validité de cette dernière.

Aucune conséquence en matière de remboursement ne s'attache à cette procédure.

Art. R. 162-1-13 *(Décr. n° 2006-143 du 9 févr. 2006)* Pour l'accès au service de consultation mentionné à l'article R. 162-1-10, les médecins s'identifient et s'authentifient au moyen de leur carte de professionnel de santé ou d'un dispositif d'authentification individuel offrant des garanties similaires et agréé par le groupement d'intérêt public mentionné à l'article R. 161-54.

Art. R. 162-1-14 *(Décr. n° 2006-143 du 9 févr. 2006)* L'accès au service ne peut être autorisé, avant chaque consultation, qu'après vérification selon les procédures décrites dans les documents mentionnés à l'article R. 162-1-10, d'une part, de la validité de la carte de professionnel de santé ou du dispositif similaire mentionné à l'article R. 162-1-13 et, d'autre part, de la validité de la carte électronique individuelle mentionnée à l'article L. 161-31 et présentée à cette fin par le patient.

Art. R. 162-1-15 *(Décr. n° 2006-143 du 9 févr. 2006)* Pour l'application de la présente section, le droit d'accès aux données à caractère personnel le concernant et susceptibles d'être communiquées aux médecins auxquels il a recours s'exerce pour le bénéficiaire auprès de la caisse dont il relève pour le service des prestations d'assurance maladie ou auprès du contrôle médical pour les informations relevant du protocole de soins mentionné au 6° de l'article R. 162-1-11.

Le bénéficiaire dispose selon le cas, auprès de cette caisse ou du contrôle médical, d'un droit de rectification des données le concernant.

SECTION I-2 SOINS PALLIATIFS À DOMICILE

(Décr. n° 2002-793 du 3 mai 2002)

Art. R. 162-1-16 A la demande d'une personne dont l'état le requiert ou de son entourage, une équipe pluridisciplinaire de professionnels de santé exerçant à titre libéral ou salariés de centres de santé qui comprend notamment des médecins et des infirmiers peut être constituée selon le choix du patient pour dispenser, à son domicile, les soins palliatifs prévus à l'article L. 1110-10 du code de la santé publique.

Ces professionnels désignent en leur sein un membre de l'équipe qui assure la coordination des interventions auprès de la personne, les relations avec les autres professionnels concernés et la caisse primaire d'assurance maladie.

L'équipe de soins palliatifs à domicile fait appel, le cas échéant, aux réseaux de santé prévus à l'article L. 6321-1 du code de la santé publique, notamment en ce qui concerne l'évaluation des besoins des personnes, la permanence de l'accompagnement et la continuité des soins. Les membres de l'équipe bénéficient d'actions de formation ou d'évaluation, notamment celles proposées par le réseau. – *[Anc. art. R. 162-1-10.]*

Art. R. 162-1-17 Pour chaque patient, les professionnels de santé membres de l'équipe de soins palliatifs à domicile concluent, avec la caisse primaire d'assurance maladie dans le ressort de laquelle réside le patient, un contrat conforme à un contrat type annexé à la présente sous-section.

a) Rémunération à l'acte, conformément aux dispositions de la nomenclature générale des actes professionnels et des conventions nationales conclues entre les caisses nationales d'assurance maladie et les organisations syndicales représentatives des professions de santé, à laquelle s'ajoute un forfait pour la participation du professionnel concerné à la coordination des soins de la personne prise en charge par l'équipe de soins palliatifs à domicile ;

b) Rémunération forfaitaire des soins délivrés au patient et de la participation du professionnel concerné à la coordination de la prise en charge de la personne par l'équipe de soins palliatifs à domicile.

La rémunération du coordonnateur de l'équipe ou du centre de santé, si un salarié du centre exerce cette fonction, fait l'objet d'une majoration qui peut varier selon le nombre de professionnels de santé membres de l'équipe.

La signature du contrat entraîne le paiement des rémunérations forfaitaires visées aux précédents alinéas, à compter de la date de la demande de prise en charge du patient par l'équipe de soins palliatifs. – *[Anc. art. R. 162-1-11.]*

ANNEXE

CONTRAT TYPE FIXANT LES RELATIONS ENTRE LES PROFESSIONNELS DE SANTÉ EXERÇANT À TITRE LIBÉRAL OU LES CENTRES DE SANTÉ ET LES ORGANISMES D'ASSURANCE MALADIE POUR LA DÉLIVRANCE DE SOINS PALLIATIFS À DOMICILE

Art. R. 162-1-18 La valeur mensuelle des forfaits prévus au *a* et au *b* et de la majoration prévue à l'article R. 162-1-11 est fixée, pour chaque profession ou centre de santé, par avenant à la convention nationale concernée, selon les modalités prévues au chapitre II du titre VI du livre Ier (partie Législative) du code de la sécurité sociale.

La valeur de ces forfaits mensuels peut être réduite, dans des conditions définies par le contrat, pour tenir compte de périodes durant lesquelles l'état du patient n'a pas justifié l'intervention du professionnel de santé.

La caisse primaire procède au versement des rémunérations forfaitaires visées ci-dessus pour le compte des régimes obligatoires d'assurance maladie sur la base d'états justificatifs mensuels des prestations effectuées au cours de la période considérée.

La répartition entre les régimes de la part prise en charge de l'assurance maladie en application de ce même article est effectuée chaque année suivant la répartition nationale des dotations globales hospitalières pour l'année considérée. – *[Anc. art. R. 162-1-12.]*

Art. R. 162-1-19 Les patients bénéficiant de soins palliatifs délivrés à domicile par des professionnels exerçant à titre libéral ou salariés de centres de santé signataires d'un contrat conforme au contrat type susmentionné sont dispensés de l'avance de leurs frais pour la part garantie par les régimes obligatoires des assurances maladie et maternité. – *[Anc. art. R. 162-1-13.]*

SECTION II CHIRURGIENS-DENTISTES, SAGES-FEMMES ET AUXILIAIRES MÉDICAUX

SOUS-SECTION 1 CONVENTIONS NATIONALES

Néant.

SOUS-SECTION 2 CONVENTIONS DÉPARTEMENTALES

Art. R. 162-2 A défaut de convention nationale, les tarifs des honoraires et frais accessoires dus aux chirurgiens-dentistes, aux sages-femmes, aux masseurs-kinésithérapeutes, aux infirmières et infirmiers, aux pédicures, aux orthophonistes et aux orthoptistes pour les soins de toute nature, y compris les soins de maternité, dispensés aux assurés sociaux et à leurs ayants droit sont établis, pour chaque département ou chaque circonscription de Caisse primaire d'assurance maladie, par des conventions entre, d'une part, la Caisse primaire d'assurance maladie, la Caisse de mutualité sociale agricole ou, pour les groupes de professions mentionnées à l'article L. 615-1, par la *(Décr. n° 2006-83 du 27 janv. 2006)* « caisse de base du régime social des indépendants » compétente et, d'autre part, un ou plusieurs des syndicats les plus représentatifs au sens de l'article L. 133-2 *[L. 2121-1 nouv.]* du code du travail, dans la circonscription considérée, de la profession intéressée.

Ces conventions doivent, à peine de nullité, être conformes à la fois aux dispositions législatives et réglementaires en vigueur et aux clauses de conventions types établies par décret en Conseil d'État.

Ces conventions viennent obligatoirement à échéance à la date fixée par la convention type. Elles se renouvellent ensuite par tacite reconduction par période d'une année.

Les clauses des conventions types sont toutes obligatoires. En cas de besoin s'y ajoutent des clauses locales relatives notamment à la délimitation géographique des zones de plaine et de montagne.

Art. R. 162-3 Pour une même circonscription géographique, la Caisse primaire d'assurance maladie, la Caisse de mutualité sociale agricole et chaque *(Décr. n° 2006-83 du 27 janv. 2006)* « caisse de base du régime social des indépendants » compétente ont la faculté de conclure conjointement des conventions communes avec les syndicats de chirurgiens-dentistes, de sages-femmes ou d'auxiliaires médicaux, ou avec les dispensaires publics ou privés.

Dans le cas où une convention n'a été signée que par une ou plusieurs caisses, chacune des autres caisses conserve la possibilité de signer également une convention qui prend alors la forme d'une extension de la convention primitive.

Les conventions signées par les caisses de mutualité sociale agricole sont applicables, quel que soit l'organisme assureur, lorsque le bénéficiaire des soins relève du régime d'assurance maladie institué par le chapitre III.I du titre II du livre VII du code rural et de la pêche maritime.

Art. R. 162-4 Les conventions intervenues en application des articles R. 162-2 et R. 162-3 ainsi que les tarifs qu'elles déterminent et leurs avenants n'entrent en vigueur qu'après approbation par le préfet de région.

Dès leur approbation, elles sont applicables, suivant le cas, à l'ensemble des chirurgiens-dentistes, sages-femmes ou des auxiliaires médicaux de la catégorie intéressée (masseurs-kinésithérapeutes, infirmières et infirmiers, pédicures, orthophonistes, orthoptistes) exerçant dans le département ou la circonscription concerné.

Cependant, dans les conditions déterminées par la convention type qui le concerne, chaque professionnel peut faire connaître à la caisse signataire qu'il n'accepte pas d'être régi par cette convention. Ces dispositions sont également applicables en cas de reconduction tacite de la convention et, lorsque la convention est commune aux trois régimes, la signification est faite auprès de la caisse primaire d'assurance maladie et vaut pour les deux autres régimes.

En cas de violation grave et répétée des stipulations conventionnelles par un chirurgien-dentiste, une sage-femme ou un auxiliaire médical, la ou les caisses signataires peuvent, dans les conditions déterminées par la convention type, se placer hors convention à l'égard de celui-ci.

Art. R. 162-5 Les tarifs conventionnels ne peuvent dépasser les plafonds de tarifs fixés, par arrêté conjoint du ministre chargé de la sécurité sociale, du ministre chargé de la santé, du ministre chargé de l'agriculture et du ministre chargé du budget, pour chacune des professions concernées, au vu de propositions conjointes ou séparées, de la Caisse nationale de l'assurance maladie des travailleurs salariés, de *(Décr. nº 2006-83 du 27 janv. 2006)* « la Caisse nationale du régime social des indépendants », de la caisse centrale de secours mutuels agricoles et des organisations syndicales nationales les plus représentatives de chaque profession intéressée.

Art. R. 162-6 En l'absence de convention, les chirurgiens-dentistes, les sages-femmes et les auxiliaires médicaux peuvent adhérer personnellement aux clauses de la convention type sur la base des plafonds de tarifs prévus à l'article R. 162-5.

L'adhésion personnelle est souscrite auprès de la Caisse primaire d'assurance maladie des travailleurs salariés, de la Caisse de mutualité sociale agricole ou de la *(Décr. nº 2006-83 du 27 janv. 2006)* « caisse de base du régime social des indépendants » du département ou de la circonscription intéressés. Sauf stipulation contraire, l'adhésion souscrite auprès de la Caisse primaire d'assurance maladie vaut pour les deux autres caisses. La Caisse primaire d'assurance maladie est tenue d'en informer lesdites caisses.

L'adhésion personnelle prend effet au reçu par l'intéressé de la lettre par laquelle la caisse destinataire en constate la régularité. Elle prend fin à la date fixée par la convention type pour l'échéance des conventions. Elle se renouvelle ensuite par périodes d'une année par tacite reconduction. Sa résiliation s'opère dans les conditions fixées par la convention type.

L'entrée en vigueur d'une convention conclue et approuvée, pour une circonscription géographique déterminée, dans les conditions prévues aux articles R. 162-2 et R. 162-3, ou d'une convention nationale dûment approuvée, met fin aux adhésions personnelles en cours.

Les caisses d'assurance maladie ont la faculté de diffuser par tous moyens appropriés la liste des chirurgiens-dentistes, sages-femmes ou auxiliaires médicaux ayant souscrit une adhésion personnelle. En particulier, cette liste peut être transmise aux assurés sociaux.

Art. R. 162-7 Des arrêtés conjoints du ministre chargé de la sécurité sociale, du ministre chargé de la santé, du ministre chargé de l'agriculture et du ministre chargé du budget fixent les tarifs servant de base au remboursement des honoraires à défaut de convention ou en l'absence d'adhésion personnelle.

Art. R. 162-8 Lorsque les soins sont fournis dans un dispensaire public ou privé, les tarifs d'honoraires sont établis par des conventions conclues entre la Caisse primaire d'assurance maladie, la Caisse de mutualité sociale agricole ou, pour les groupes de professions mentionnées à l'article L. 615-1, par la caisse mutuelle régionale compétente et le dispensaire.

Un arrêté du ministre chargé de la sécurité sociale, du ministre chargé de la santé, du ministre chargé de l'agriculture et du ministre chargé du budget fixe les plafonds des tarifs conventionnels applicables pour les dispensaires conformément aux dispositions de l'article L. 162-32, ainsi que les tarifs applicables en l'absence de convention.

Les conventions de dispensaires et les tarifs qu'elles fixent n'entrent en application qu'après approbation, par le préfet de région.

Art. R. 162-9 Les conventions types établies pour les sages-femmes et les auxiliaires médicaux en application du premier alinéa de l'article 21 du décret nº 60-451 du 12 mai 1960 demeurent provisoirement en vigueur.

SOUS-SECTION 3 COMMISSIONS PARITAIRES DÉPARTEMENTALES — COMMISSION PARITAIRE NATIONALE

Art. R. 162-10 En l'absence de convention nationale, il est institué dans chaque département respectivement pour les chirurgiens-dentistes, les sages-femmes, les masseurs-kinésithérapeutes, les infirmières et infirmiers, les pédicures, les orthophonistes et les orthoptistes, une commission paritaire composée, d'une part, de huit représentants des caisses d'assurance maladie et, d'autre part, de huit représentants du ou des syndicats les plus représentatifs, dans le département de la profession considérée.

La représentation des caisses est assurée dans les conditions suivantes : cinq représentants désignés par la ou les caisses primaires d'assurance maladie des travailleurs salariés du département, deux représentants désignés par la caisse de mutualité sociale agricole et un représentant désigné d'un commun accord par *(Décr. n° 2006-83 du 27 janv. 2006)* « les caisses de base du régime social des indépendants » compétentes, dans le département, pour les groupes de professions mentionnées à l'article L. 615-1.

La qualité de membre d'une profession de santé est incompatible avec celle de représentant d'un organisme d'assurance maladie.

Des membres suppléants sont désignés en nombre égal à celui des membres titulaires et dans les mêmes conditions.

Peuvent assister, à titre consultatif, aux séances de la commission paritaire départementale, des membres du contrôle médical des trois régimes d'assurance maladie.

Les séances de la commission sont présidées, à tour de rôle, par un des représentants de la profession et par un représentant des caisses d'assurance maladie selon un ordre défini d'un commun accord.

Art. R. 162-11 La commission paritaire départementale a pour mission d'harmoniser, dans un esprit de coopération mutuelle, les rapports entre les membres des professions représentées, d'une part, les assurés sociaux et les caisses d'assurance maladie, d'autre part.

D'une manière générale, et sans préjudice de l'application des dispositions des articles L. 145-1 à L. 145-8, elle a un rôle conciliateur dans les litiges survenus à l'occasion de la tarification des soins dispensés aux assurés sociaux ou portant sur les prescriptions lorsqu'il s'agit de praticiens, compte tenu notamment des dispositions de l'article L. 162-4.

Dans les conditions prévues par les conventions types, elle connaît des situations définies par ces conventions, notamment quant au respect des tarifs conventionnels, aux justifications relatives au dépassement de ces tarifs, ainsi que, pour les chirurgiens-dentistes, des dispositions particulières prévues en matière de prothèse dentaire.

Les seuls motifs de nature à justifier le dépassement des tarifs conventionnels sont les exigences particulières du malade résultant des circonstances de temps ou de lieu, ainsi que, le cas échéant, l'inscription sur la liste des bénéficiaires du droit permanent à dépassement des tarifs conventionnels.

A cet effet, la commission paritaire départementale établit et tient à jour la liste des bénéficiaires de ce droit compte tenu des conditions fixées pour son obtention par la convention type.

Les recours contre ses décisions sont portés devant la commission paritaire nationale prévue à l'article R. 162-12.

Art. R. 162-12 En l'absence de convention nationale, il est institué respectivement pour les chirurgiens-dentistes, les sages-femmes, les masseurs-kinésithérapeutes, les infirmières et infirmiers, les pédicures, les orthophonistes et les orthoptistes une commission paritaire nationale composée, d'une part, de huit représentants des caisses nationales d'assurance maladie et, d'autre part, de huit représentants de la ou des organisations syndicales nationales les plus représentatives de la profession considérée.

La représentation des caisses est assurée dans les conditions suivantes : cinq représentants désignés par la Caisse nationale de l'assurance maladie des travailleurs salariés, deux représentants désignés par la caisse centrale de secours mutuels agricoles et un représentant désigné par *(Décr. n° 2006-83 du 27 janv. 2006)* « la Caisse nationale du régime social des indépendants ».

La qualité de membre d'une profession de santé est incompatible avec celle de représentant d'un organisme d'assurance maladie.

Des membres suppléants sont désignés en nombre égal à celui des titulaires et dans les mêmes conditions.

Le médecin-conseil national de chacun des trois régimes concernés, ou son représentant, assiste à titre consultatif aux séances des commissions paritaires nationales.

Art. R. 162-13 La commission paritaire nationale de chacune des professions concernées étudie tout problème soulevé par les rapports entre la profession et les organismes d'assurance maladie à l'occasion du fonctionnement de cette assurance.

La commission paritaire nationale statue, compte tenu des conditions fixées par la convention type pour l'obtention du droit permanent à dépassement des tarifs conventionnels, sur les recours contre les décisions prises par les commissions paritaires départementales en matière d'inscription sur la liste des bénéficiaires de ce droit.

Ces recours peuvent être formés par les caisses d'assurance maladie, les syndicats compétents ou l'intéressé.

En cas de carence d'une commission paritaire départementale dans l'établissement et la tenue à jour de la liste des bénéficiaires du droit permanent, ses attributions à cet égard sont exercées par la commission paritaire nationale.

Art. R. 162-14 La commission départementale ou la commission nationale ne peut statuer qu'à parité des membres représentant les organismes d'assurance maladie, d'une part, et les organisations syndicales, d'autre part, et si la moitié de ses membres titulaires sont présents ou remplacés par leurs suppléants.

Art. R. 162-15 Les modalités de fonctionnement des commissions paritaires départementales et nationale sont fixées par arrêté conjoint du ministre chargé de la sécurité sociale, du ministre chargé de la santé, du ministre chargé de l'agriculture et du ministre chargé du budget.

Art. R. 162-16 Les chirurgiens-dentistes, sages-femmes et auxiliaires médicaux membres des commissions paritaires départementales et de la commission paritaire nationale ont droit à une indemnité de vacation et à une indemnité de déplacement dont le montant est fixé par arrêté conjoint du ministre chargé de la sécurité sociale, du ministre chargé de la santé, du ministre chargé de l'agriculture et du ministre chargé du budget.

SOUS-SECTION 4 DISPOSITIONS DIVERSES

Néant.

SECTION III BIOLOGISTE RESPONSABLE ET BIOLOGISTES CORESPONSABLES

(Décr. n° 2011-2119 du 30 déc. 2011, art. 5-12°).

Art. R. 162-17 *(Décr. n° 2011-2119 du 30 déc. 2011, art. 2)* I. – Le laboratoire de biologie médicale qui transmet à un autre laboratoire un échantillon biologique dans les conditions mentionnées à l'article L. 6211-19 du code de la santé publique accompagne la fiche de transmission de cet échantillon d'une copie de la prescription médicale mentionnée à l'article L. 6211-8 du même code. Lorsqu'un examen de biologie médicale est réalisé à la demande de l'assuré, la fiche de transmission mentionne l'accord de l'assuré pour cette transmission. Dans tous les cas, lorsqu'un examen n'est pas remboursé, la fiche de transmission mentionne l'accord de l'assuré dûment informé du tarif applicable.

Le laboratoire de biologie médicale qui a effectué cet examen de biologie médicale adresse au laboratoire transmetteur le compte rendu des résultats interprétés sur le papier à en-tête du laboratoire comportant le nom et la signature du biologiste médical responsable. Ce compte rendu précise, le cas échéant, les modifications de la prescription médicale effectuées par ce laboratoire et mentionne l'accord du médecin prescripteur pour ces modifications dans les conditions prévues au deuxième alinéa de l'article L. 6211-8 du code de la santé publique.

Le compte rendu comprenant l'intégralité des mentions précitées peut être envoyé au laboratoire transmetteur sous forme électronique.

Le laboratoire de biologie médicale qui a effectué les examens de biologie médicale informe le laboratoire transmetteur du tarif de chacun de ces examens. Les tarifs sont conformes à ceux mentionnés à l'article L. 162-14-1 du code de la sécurité sociale lorsque les examens réalisés figurent sur la liste d'actes et de prestations prévue à l'article L. 162-1-7 du même code ou sont fixés avec tact et mesure lorsqu'ils n'y figurent pas.

II. — Les dispositions du I s'appliquent en cas de retransmission d'un échantillon biologique réalisée dans les conditions mentionnées aux articles L. 6211-19 et L. 6211-20 du code de la santé publique. Le laboratoire de référence ou le laboratoire de biologie médicale qui a procédé à la réalisation de l'examen de biologie médicale adresse les documents mentionnés au I directement au laboratoire de biologie médicale qui a procédé à cette transmission.

III. — Sous réserve de son dernier alinéa, les dispositions du I s'appliquent en cas de transmission d'un échantillon biologique à un laboratoire de biologie médicale établi dans un autre État membre de l'Union européenne ou partie à l'accord sur l'Espace économique européen qui remplit les conditions mentionnées à l'article L. 6221-4. Le laboratoire de biologie médicale à l'origine de la transmission de l'échantillon biologique informe au préalable l'assuré du tarif des examens de biologie médicale qui seront réalisés par cet autre laboratoire.

Les dispositions de l'art. R. 162-17 dans leur rédaction résultant du Décr. n° 2011-2119 du 30 déc. 2011 sont applicables aux laboratoires de biologie médicale mentionnés au VI de l'art. 8 de l'Ord. n° 2010-49 du 13 janv. 2010 relative à la biologie médicale (Décr. préc., art. 4-I).

Art. R. 162-18 *Abrogé par Décr. n° 2004-1368 du 16 déc. 2004.*

Les dispositions des art. R. 162-18 et R. 162-52 demeurent applicables pour l'inscription, la modification des conditions d'inscription et la radiation des actes et prestations pratiqués par des professionnels de santé dont la commission mentionnée à l'art. L. 162-1-7 n'a pas encore été installée, jusqu'à l'installation de cette commission (Décr. n° 2004-1368 du 16 déc. 2004, art. 3).

Ancien art. R. 162-18 ***Une nomenclature des actes de biologie médicale est arrêtée par le ministre chargé de la santé, le ministre chargé de la sécurité sociale et le ministre chargé de l'agriculture. Cet arrêté détermine les modalités d'application de la nomenclature dans les rapports entre les laboratoires d'analyses de biologie médicale, d'une part, les organismes de sécurité sociale et les assurés, d'autre part.***

Cette nomenclature peut également comporter des modalités de nature à faciliter le contrôle médical de certains actes.

(Décr. n° 2001-532 du 20 juin 2001, art. 35) ***« Lorsqu'un accord est exigé, en application du présent article, préalablement au remboursement d'un acte de biologie médicale par un organisme de sécurité sociale, le silence gardé pendant plus de quinze jours par cet organisme sur une demande de prise en charge vaut décision d'acceptation ».***

Il résulte de la combinaison de l'art. R. 162-18 CSS, de l'art. 5 de la nomenclature des actes de biologie médicale et de l'Arr. du 7 févr. 1990 que les actes de procréation médicalement assistée ne peuvent donner lieu à remboursement que dans les conditions fixées à la nomenclature des actes de biologie médicale et sous réserve que l'assuré remplisse les conditions légales d'attribution des prestations. • Soc. 11 avr. 1996 : *D. 1996. IR 125* (en l'espèce, refus de prendre en charge un acte de fécondation *in vitro* de cinquième rang).

SECTION IV **PHARMACIENS, ENTREPRISES PHARMACEUTIQUES, MÉDECINS AUTORISÉS À EXERCER LA PROPHARMACIE** *(Décr. n° 2015-58 du 26 janv. 2015, art. 1er-1°).*

Art. R. 162-19 **L'arrêté prévu au deuxième alinéa de l'article L. 162-17 est pris par le ministre chargé de la santé et le ministre chargé de la sécurité sociale.**

Art. R. 162-20 *(Décr. n° 99-554 du 2 juill. 1999, art. 1er-I)* **Sans préjudice des dispositions prévues à l'article R. 162-20-2, la convention conclue en application des articles** *(Décr. n° 2018-444 du 4 juin 2018, art. 1er)* **« L. 162-16-4 » et L. 162-17-4 entre l'entreprise exploitant le médicament et le Comité économique** *(Décr. n° 2018-444 du 4 juin 2018, art. 1er)* **« des produits de santé » peut, à la demande de l'entreprise ou du comité, faire l'objet d'un avenant dans les conditions prévues par la convention, et notamment dans les cas suivants :**

1° Inscription d'un nouveau médicament exploité par l'entreprise sur la liste prévue *(Décr. n° 2018-444 du 4 juin 2018, art. 1er)* « au premier alinéa de l'article L. 162-17 » ou renouvellement d'une inscription sur cette liste ;

2° Non-renouvellement de l'inscription sur la liste prévue *(Décr. n° 2018-444 du 4 juin 2018, art. 1er)* « au premier alinéa de l'article L. 162-17 », ou radiation de cette liste, d'un médicament visé par la convention ;

3° Transfert à une autre entreprise de l'autorisation de mise sur le marché ou de l'exploitation d'un médicament inscrit sur la liste prévue *(Décr. n° 2018-444 du 4 juin 2018, art. 1er)* « au premier alinéa de l'article L. 162-17 » et visé par la convention ;

4° Modification des données prises en compte pour la fixation du prix des médicaments qui font l'objet de la convention.

Au présent article et aux articles R. 162-20-1 et R. 162-20-2, le terme d'"entreprise" désigne également le groupe d'entreprises.

Art. R. 162-20-1 *(Décr. n° 99-554 du 2 juill. 1999, art. 1er-II)* Lorsque l'évolution du prix de vente d'un médicament a été prévue par la convention, le Comité économique du médicament s'assure que les conditions d'évolution du prix fixées par la convention sont remplies. A cette fin, l'entreprise adresse les éléments d'information nécessaires au moins quarante jours avant la date d'application du nouveau prix prévue par la convention.

Le Comité économique du médicament informe l'entreprise, avant cette date, s'il considère que lesdites conditions sont remplies. Si elles le sont, le nouveau prix fait l'objet d'un avis publié au *Journal officiel* avant cette date.

Art. R. 162-20-2 *(Décr. n° 99-554 du 2 juill. 1999, art. 1er-II)* Lorsque le Comité économique du médicament constate la survenance d'une des situations mentionnées au deuxième alinéa de l'article L. 162-17-4, il en informe l'entreprise et lui notifie une proposition d'avenant pour adapter la convention à cette situation, en lui indiquant les motivations de cette proposition.

L'entreprise dispose d'au moins un mois à compter de la date de cette notification pour présenter ses observations écrites ou demander à être entendue par le Comité économique du médicament.

A défaut de conclusion d'un avenant dans un délai de deux mois à compter de cette même date, le Comité économique du médicament peut résilier la convention ou certaines de ses dispositions et proposer aux ministres chargés de la sécurité sociale, de la santé et de l'économie de fixer le prix du ou des médicaments concernés par arrêté.

Art. R. 162-20-3 *(Décr. n° 99-554 du 2 juill. 1999, art. 1er-II)* La liste des conventions signées et des avenants à ces conventions, ainsi que des médicaments qu'elles visent et de leurs prix, fait l'objet d'une publication au *Bulletin officiel* du ministère chargé de la sécurité sociale.

Art. R. 162-20-4 *(Décr. n° 2004-1367 du 16 déc. 2004)* Ainsi qu'il est dit à l'article R. 5123-1 du code de la santé publique :

Art. R. 5123-1 L'ordonnance comportant une prescription de médicaments indique, pour permettre la prise en charge de ces médicaments par un organisme d'assurance maladie, pour chacun des médicaments prescrits :

1° La posologie ;

2° Soit la durée du traitement, soit, lorsque la prescription comporte la dénomination du médicament au sens de l'article R. 5121-2, le nombre d'unités de conditionnement.

Toutefois, si l'une ou l'autre des mentions prévues aux 1° et 2° ou les deux font défaut, le médicament peut être pris en charge si le pharmacien dispense le nombre d'unités de conditionnement correspondant aux besoins du patient après avoir recueilli l'accord du prescripteur qu'il mentionne expressément sur l'ordonnance. Lorsque le médicament n'est pas soumis aux dispositions de l'article *(Décr. n° 2005-840 du 20 juill. 2005, art. 12)* « R. 5132-3 », il peut être pris en charge sans l'accord du prescripteur si le pharmacien délivre soit le nombre d'unités de conditionnement qui figure sur l'ordonnance sous réserve de délivrer le conditionnement commercialisé comportant le plus petit nombre d'unités de prise, soit, si le nombre d'unités de conditionnement ne figure pas sur l'ordonnance, le conditionnement comportant le plus petit nombre d'unités de prise, parmi les conditionnements commercialisés.

Art. R. 162-20-5 *(Décr. n° 2004-1367 du 16 déc. 2004)* **Ainsi qu'il est dit à l'article R. 5123-2 du code de la santé publique :**

Art. R. 5123-2 L'ordonnance comportant la prescription d'un médicament pour une durée de traitement supérieure à un mois indique, pour permettre la prise en charge de ce médicament, soit le nombre de renouvellements de l'exécution de la prescription par périodes maximales d'un mois ou de trois mois pour les médicaments présentés sous un conditionnement correspondant à une durée de traitement supérieure à un mois, soit la durée totale de traitement, dans la limite de douze mois. Pour les médicaments contraceptifs, le renouvellement de l'exécution de la prescription peut se faire par périodes maximales de trois mois, quel que soit leur conditionnement.

Pour en permettre la prise en charge, le pharmacien ne peut délivrer en une seule fois une quantité de médicaments correspondant à une durée de traitement supérieure à quatre semaines ou à trente jours selon le conditionnement. Toutefois, les médicaments présentés sous un conditionnement correspondant à une durée de traitement supérieure à un mois peuvent être délivrés pour cette durée dans la limite de trois mois. En outre, quel que soit leur conditionnement, les médicaments contraceptifs peuvent être délivrés pour une durée de douze semaines.

Art. R. 162-20-5-1 *(Décr. n° 2008-108 du 5 févr. 2008, art. 3)* **Ainsi qu'il est dit à l'article R. 5123-2-1 du code de la santé publique :**

Art. R. 5123-2-1 Dans le cadre d'un traitement chronique, lorsque la durée de validité d'une ordonnance renouvelable est expirée, le pharmacien dispense les médicaments nécessaires à la poursuite du traitement si les conditions suivantes sont remplies :

1° L'ordonnance comporte la prescription du médicament permettant, en application des dispositions de l'article R. 5123-2, une durée totale de traitement d'au moins trois mois ;

2° Ce médicament ne relève pas d'une des catégories mentionnées dans l'arrêté ministériel prévu à l'article L. 5125-23-1.

Le pharmacien délivre le conditionnement commercialisé comportant le plus petit nombre d'unités de prise. Il porte sur l'ordonnance la mention "délivrance par la procédure exceptionnelle d'une boîte supplémentaire" en indiquant la ou les spécialités ayant fait l'objet de la dispensation. Il appose en outre sur l'ordonnance le timbre de l'officine et la date de délivrance.

Il informe de la dispensation le médecin prescripteur dès que possible et par tous moyens dont il dispose.

La même ordonnance ne peut donner lieu qu'à une seule dispensation en application du présent article.

Art. R. 162-20-6 *(Décr. n° 2008-108 du 5 févr. 2008, art. 3)* **Ainsi qu'il est dit à l'article R. 5123-3 du code de la santé publique :**

Art. R. 5123-3 Sous réserve de l'application des dispositions de l'article R. 5123-2-1, le pharmacien délivre le conditionnement le plus économique compatible avec les mentions figurant sur l'ordonnance.

Art. R. 162-20-7 *(Décr. n° 2015-58 du 26 janv. 2015, art. 1er-1°)* **Les médecins autorisés à exercer la propharmacie conformément aux dispositions de l'article L. 4211-3 du code de la santé publique peuvent facturer, en application de l'article L. 162-16-1-2 du présent code, l'honoraire de dispensation prévu au 7° de l'article L. 162-16-1 du même code pour chaque unité de conditionnement de médicament remboursable facturée à l'assurance maladie.**

SECTION V **ÉTABLISSEMENTS DE SANTÉ** *(Décr. n° 2010-344 du 31 mars 2010, art. 275).*

SOUS-SECTION 1 **DISPOSITIONS GÉNÉRALES RELATIVES AU FINANCEMENT DES ÉTABLISSEMENTS DE SANTÉ**

(Décr. nº 2017-500 du 6 avr. 2017, art. 1er)

Décret nº 2017-500 du 6 avril 2017,

Relatif à la réforme du financement des établissements de soins de suite et de réadaptation (JO 8 avr.).

Art. 6 Les dispositions du présent décret sont applicables sous réserve des dispositions suivantes :

1º Du 1er mars 2017 au *(Décr. nº 2018-224 du 30 mars 2018, art. 2-1º et 2º, en vigueur le 1er mars 2018)* « 31 décembre 2019 :

« *a)* La minoration applicable aux prix de journée et autres suppléments, mentionnée au second alinéa du *a* du 2º du E du III de l'article 78 de la loi du 21 décembre 2015 susvisée, prend la forme d'un coefficient s'appliquant aux prestations facturées en application de l'article R. 162-31 du code de la sécurité sociale dans sa rédaction antérieure au présent décret et réalisées entre le 1er mars 2017 et le 31 décembre 2019. »

Lorsque le séjour a commencé avant le 1er mars 2017, la valeur du coefficient mentionné au premier alinéa s'applique à la fraction des recettes mentionnées au *b* du 2º du E de l'article 78 précité pour l'ensemble du séjour.

Lorsque le séjour a débuté après le 1er mars, pour les prestations réalisées jusqu'au dernier jour du mois précédant le premier versement du financement mentionné au *d* du 1º du présent article, la valeur du coefficient mentionné au premier alinéa s'applique à la fraction des recettes mentionnées au *b* du 2º du E de l'article 78 précité ;

(Décr. nº 2018-224 du 30 mars 2018, art. 2-3º, en vigueur le 1er mars 2018) « *b)* La valeur du coefficient de transition mentionné au *b* du 2º du E du III de l'article 78 précité est arrêtée pour chaque établissement par le directeur de l'agence régionale de santé, dans les quinze jours suivant la publication de l'arrêté mentionné à l'article R. 162-34-5 du code de la sécurité sociale. Elle est déterminée sur la base des modalités de calcul fixées par arrêté des ministres chargés de la santé et de la sécurité sociale. » — *V. Arr. du 9 mai 2018 relatif aux modalités de calcul pour 2018 du coefficient de transition mentionné à l'art. 6 du Décr. nº 2017-500 du 6 avr. 2017 modifié relatif à la réforme du financement des établissements de soins de suite et de réadaptation (JO 15 mai).*

c) La minoration prévue au second alinéa du *b* du 2º du E du III de l'article 78 précité, applicable à la fraction des recettes mentionnées au premier alinéa du *b* du 2º du E du III de cet article, prend la forme d'un coefficient par établissement.

Ce coefficient est calculé afin de déduire des recettes mentionnées au premier alinéa du *b* du 2º du E du III de l'article 78 précité, à hauteur de la fraction mentionnée à ce *b*, la somme des honoraires *(Décr. nº 2018-224 du 30 mars 2018, art. 2-4º, en vigueur le 1er mars 2018)* « des professionnels et auxiliaires médicaux libéraux mentionnés à l'article L. 162-14-1 du code de la sécurité sociale et des médecins choisissant le mode d'exercice salarié mentionnés à l'article L. 162-26-1 du même code, associés aux séjours réalisés au cours de la dernière période de douze mois consécutifs pour laquelle les données d'activité sont disponibles ; »

d) En application du F du III de l'article 78 précité, le montant mentionné au *b* du 2º du E du III de cet article est arrêté par le directeur général de l'agence régionale de santé pour les établissements mentionnés aux *d* et *e* de l'article L. 162-22-6 du code de la sécurité sociale et versé à ces établissements par la caisse mentionnée à l'article L. 174-2 du code de la sécurité sociale.

La transmission des données d'activité est effectuée par l'établissement à l'agence régionale de santé compétente. Ces données sont ensuite valorisées par l'agence technique de l'information sur l'hospitalisation afin de permettre le versement du financement correspondant aux établissements par les caisses d'assurance maladie. Ces modalités, notamment le calendrier de transmission, de valorisation et de versement, sont précisées par arrêté des ministres chargés de la santé et de la sécurité sociale ;

2º Du 1er mars 2017 au 28 février 2022, le coefficient de majoration mentionné au D du III de l'article 78 précité est arrêté, pour chaque établissement, par le directeur de l'agence régionale de santé dans les quinze jours suivant la publication de l'arrêté mentionné à l'article R. 162-34-5 du code de la sécurité sociale.

Il est calculé afin de prendre en compte l'activité de rééducation et de réadaptation réalisée par chaque établissement.

Sont pris en compte, pour la détermination du coefficient mentionné au premier alinéa de ce 2°, le nombre et l'intensité des actes de rééducation et de réadaptation réalisés par chaque établissement l'année précédant l'application du coefficient, recueillis dans les conditions définies aux articles L. 6113-7 et L. 6113-8 du code de la santé publique ;

3° Du *(Décr. n° 2018-224 du 30 mars 2018, art. 2-5°, en vigueur le 1er mars 2018)* « 1er janvier 2020 » au 28 février 2022, les coefficients de transition mentionnés au B du III de l'article 78 précité sont fixés selon les modalités suivantes :

a) Pour 2018, la valeur du coefficient de transition initial mentionné au B du III de l'article 78 précité est arrêtée par le directeur général de l'agence régionale de santé dans les quinze jours suivant la publication de l'arrêté mentionné à l'article R. 162-34-5 du code de la sécurité sociale.

Cette valeur est déterminée pour chaque établissement à partir du rapport suivant :

$$\text{Rapport par établissement} = \frac{\text{Somme des recettes versées en 2017}}{\text{Somme des recettes versées en 2017 valorisées en application des "règles 2018"}}$$

La somme des recettes versées en *(Décr. n° 2018-224 du 30 mars 2018, art. 2-6°, en vigueur le 1er mars 2018)* « 2019 » correspond aux recettes de l'établissement perçues au titre de l'année *(Décr. n° 2018-224 du 30 mars 2018, art. 2-6°, en vigueur le 1er mars 2018)* « 2019 » et versées par les régimes obligatoires d'assurance maladie en application des modalités de financement prévues au E du III de l'article 78 précité.

La somme des recettes versées en *(Décr. n° 2018-224 du 30 mars 2018, art. 2-6°, en vigueur le 1er mars 2018)* « 2019 » valorisées en application des "*(Décr. n° 2018-224 du 30 mars 2018, art. 2-6°, en vigueur le 1er mars 2018)* « règles 2020 » correspond à la somme des recettes versées en *(Décr. n° 2018-224 du 30 mars 2018, art. 2-6°, en vigueur le 1er mars 2018)* « 2019 » évaluées en appliquant les modalités de financement définies aux articles L. 162-23-2, L. 162-23-3 et L. 162-23-4 du code de la sécurité sociale.

La valeur de ce coefficient est calculée de manière à limiter l'impact des modalités de financement prévues aux articles L. 162-23-2, L. 162-23-3 et L. 162-23-4 du code de la sécurité sociale sur l'équilibre financier des établissements.

Le coefficient de transition de chaque établissement est modulé, chaque année, en fonction du taux national de convergence et de sa déclinaison régionale, mentionnés au B du III de l'article 78 précité et arrêtés par les ministres chargés de la santé et de la sécurité sociale dans les conditions prévues à l'article R. 162-35-5 du code de la sécurité sociale. Le coefficient de transition se rapproche de 1 chaque année et atteint cette valeur au plus tard en 2022 ;

b) Les règles générales relatives à la fixation, à partir du taux moyen régional de convergence, des coefficients de transition, mentionnées au 3e alinéa du B du III de l'article 78 précité, sont arrêtées par le directeur général de l'agence régionale de santé dans les conditions prévues à l'article R. 162-34-13.

Ces règles garantissent que la fixation de ces coefficients s'effectue dans la limite de la masse financière allouée à la région par application du taux moyen régional de transition ;

c) Le coefficient de transition de l'établissement est modifié en cours d'année :

i) En cas de regroupement d'établissements mentionné à l'article L. 6122-6 du code de la santé publique : la valeur du coefficient de transition de l'établissement résultant du regroupement est alors égale à la moyenne pondérée des coefficients de transition des établissements concernés ;

ii) En cas de fermeture de tout ou partie de l'activité de soins de suite et de réadaptation d'un établissement de santé : un coefficient modifié est calculé dans les conditions prévues au présent article, sur la base des données d'activité excluant celles relative*[s]* à *[une]* ou aux activités fermées, et en tenant compte du taux de convergence également prévu au présent article. Ce coefficient s'applique à compter du 1er mars de l'année suivante.

Art. R. 162-21 (Abrogé par Décr. n° 2018-173 du 9 mars 2018, art. 6-2°) ***Les établissements de santé privés sont classés compte tenu de leur nature, de leur valeur technique et de leurs qualités de confort et d'accueil. Les critères de classement sont déterminés par un arrêté conjoint du ministre chargé de la sécurité sociale, du ministre chargé de la santé et du ministre chargé du budget, après avis du comité national des contrats d'établissements privés visé à l'article R. 162-29.***

Le classement de chaque établissement ou service d'hospitalisation privé est effectué par le directeur général de l'agence régionale de santé après avis du comité régional des contrats d'établissements privés mentionné à l'article R. 162-30.

Art. R. 162-22 Les établissements de santé autorisés en application de l'article L. 6122-1 du code de la santé publique sont financés :

1° Pour les activités de psychiatrie, exercées par les établissements mentionnés aux *d* et *e* de l'article L. 162-22-6, conformément aux dispositions de la sous-section 2 ;

2° Pour les activités de psychiatrie, exercées par les établissements mentionnés aux *a*, *b* et *c* de l'article L. 162-22-6, ainsi que pour les activités mentionnées à l'article L. 174-1, conformément aux dispositions de la sous-section 3 ;

3° Pour les activités de médecine, de chirurgie, de gynécologie-obstétrique et d'odontologie, conformément aux dispositions de la sous-section 4 ;

4° Pour les activités de soins de suite et de réadaptation, conformément aux dispositions de la sous-section 5.

Art. R. 162-23 Les tarifs d'hospitalisation auxquels sont soignés les assurés sociaux, dans les établissements ayant conclu un contrat dans les conditions prévues à l'article L. 6114-1 du code de la santé publique, sont, à l'exclusion des suppléments liés à des exigences particulières du malade, égaux aux tarifs de responsabilité.

Art. R. 162-24 Les tarifs de responsabilité mentionnés au II de l'article L. 162-22-5 sont fixés par arrêté du directeur général de l'agence régionale de santé à un taux qui ne peut être inférieur à 50 % ni supérieur à 75 % de la moyenne des tarifs applicables dans la région aux établissements de même nature ayant conclu un contrat d'objectifs et de moyens ou, le cas échéant, *[de]* celle des tarifs applicables dans une autre région.

Art. R. 162-25 Les tarifs de responsabilité mentionnés au IV de l'article L. 162-22-10 et au II de l'article L. 162-23-4 sont fixés par arrêté des ministres chargés de la santé et de la sécurité sociale.

Art. R. 162-26 Les tarifs d'hospitalisation et de responsabilité tiennent compte du fait qu'une part des frais professionnels des praticiens et auxiliaires médicaux normalement couverte par les honoraires est supportée par l'établissement, notamment par la mise à la disposition de personnels, locaux et matériels.

Art. R. 162-27 Les catégories de prestations pour exigences particulières du patient, sans fondement médical, mentionnées au 2° des articles L. 162-22-1, L. 162-22-6 et L. 162-23-1, qui donnent lieu à facturation sans prise en charge par les régimes obligatoires de sécurité sociale, en sus des prestations mentionnées au 1° des mêmes articles, sont les suivantes :

1° L'installation dans une chambre particulière, en l'absence de prescription médicale imposant l'isolement, en cas d'hospitalisation ;

2° L'hébergement, ainsi que les repas et les boissons des personnes qui accompagnent la personne hospitalisée ;

3° La mise à disposition du patient, à la chambre, de moyens d'émission et de réception d'ondes radioélectriques, notamment la télévision et le téléphone ;

4° Les interventions de chirurgie esthétique mentionnées à l'article L. 6322-1 du code de la santé publique ;

5° Les prestations exceptionnelles ayant fait l'objet d'une demande écrite, dans la mesure où ces prestations ne sont pas couvertes par les tarifs des prestations de l'établissement.

Peut également donner lieu à une facturation sans prise en charge par les régimes obligatoires de sécurité sociale le maintien du corps du patient dans la chambre mortuaire de l'établissement, à la demande de la famille, au-delà du délai de trois jours suivant le décès prévu à l'article R. 2223-89 du code général des collectivités territoriales.

L'établissement doit informer le patient du prix de ces prestations, pour lesquelles il établit une facture détaillée conformément aux dispositions de l'article L. 441-3 du code de commerce.

Les dispositions du présent article s'appliquent également aux établissements relevant des articles L. 162-22-16 et L. 174-1 du présent code.

Art. R. 162-28 Sans préjudice des dispositions prévues aux articles R. 162-35-2 et suivants pour les établissements mentionnés à l'article L. 162-22-6, les modalités de contrôle par les agences régionales de santé de l'exécution des obligations législatives, réglementaires ou contractuelles qui s'imposent aux établissements sont les suivantes :

1° L'établissement de santé offre toutes les facilités nécessaires à l'exercice des contrôles qui sont réalisés en présence du directeur de l'établissement ou de son représentant. Lors de la visite, aucune observation ne doit être faite en présence du malade ou de sa famille, ou en présence d'un tiers, membre du personnel ou non, à l'exception du directeur ou de son représentant ;

2° Les agents chargés du contrôle présentent sur place les observations utiles à la direction de l'établissement. Ils établissent, dans un délai de deux mois à compter du dernier jour de contrôle, un rapport adressé à l'établissement qui peut alors faire connaître ses observations dans le délai d'un mois.

Art. R. 162-29 (Abrogé par Décr. n° 2018-173 du 9 mars 2018, art. 6-2°) *I. — Il est institué un comité national des contrats d'établissements privés, composé à parts égales :*

1° De représentants des ministres chargés respectivement de la sécurité sociale, de la santé, de l'agriculture et du budget ;

2° De représentants de la Caisse nationale de l'assurance maladie des travailleurs salariés, de la Caisse centrale de mutualité sociale agricole et de la Caisse nationale du régime social des indépendants ;

3° De représentants du comité professionnel national de l'hospitalisation privée mentionné à l'article L. 162-22-2.

Les avis du comité sont adoptés à la majorité des deux tiers.

II. — Ce comité est chargé :

1° De suivre l'application du contrat tripartite national, du contrat type qui lui est annexé et de l'accord annuel conclu en application de l'article L. 162-22-2 ;

2° D'émettre un avis sur les critères de classement des établissements ;

3° D'émettre un avis sur les recours formés devant le ministre chargé de la sécurité sociale contre les décisions individuelles de classement. Lorsque le comité statue à ce titre, les représentants de l'État ne prennent pas part au vote. Les avis sont alors adoptés à la majorité simple.

Art. R. 162-30 (Abrogé par Décr. n° 2018-173 du 9 mars 2018, art. 6-2°) *Il est institué dans chaque région un comité régional des contrats d'établissements privés, composé à parts égales de représentants de l'agence régionale de santé et des organisations syndicales professionnelles les plus représentatives à l'échelon national. Les sièges réservés aux représentants des organisations professionnelles sont répartis entre celles-ci au prorata du nombre d'établissements adhérents dans la région ; toutefois, aucune organisation ne pourra disposer de moins d'un siège.*

Il peut être saisi pour avis par l'agence régionale de santé ou par un établissement de santé privé au sujet de l'application des contrats mentionnés à l'article L. 6114-1 du code de la santé publique.

Art. R. 162-30-1 *(Décr. n° 2017-736 du 3 mai 2017, art. 9-17°, en vigueur le 1er juill. 2017)* Les caisses ne relevant pas de l'organisation du régime général qui sont chargées, en application des dispositions des articles L. 174-2, L. 174-6, L. 174-8, L. 174-15 et L. 174-18, d'assurer le règlement des sommes dues par l'assurance maladie aux établissements de santé, communiquent par voie électronique à la caisse primaire d'assurance maladie géographiquement compétente les informations nécessaires au suivi des dépenses et celles mentionnées à l'article R. 174-16-2.

SOUS-SECTION 2 DISPOSITIONS RELATIVES AUX ACTIVITÉS PSYCHIATRIQUES EXERCÉES DANS LES ÉTABLISSEMENTS DE SANTÉ MENTIONNÉS AUX *d* ET *e* DE L'ARTICLE L. 162-22-6

(Décr. n° 2017-500 du 6 avr. 2017, art. 1er)

§ 1er DISPOSITIONS GÉNÉRALES

Art. R. 162-31 Les activités de soins de psychiatrie mentionnées au 4° de l'article R. 6122-25 du code de la santé publique exercées par les établissements mentionnés au *[aux] d* et *e* de l'article L. 162-22-6, dont les frais sont pris en charge en tout ou partie par les régimes obligatoires de sécurité sociale, sont financées sur la base de tarifs journaliers fixés pour chaque établissement par le directeur général de l'agence régionale de santé, conformément aux dispositions de l'article L. 162-22-1.

Art. R. 162-31-1 Les catégories de prestations d'hospitalisation donnant lieu à une prise en charge par les régimes obligatoires de la sécurité sociale mentionnées au 1° de l'article L. 162-22-1 sont les suivantes :

1° Le séjour et les soins avec ou sans hébergement, représentatifs de la mise à disposition des moyens humains, techniques et matériels nécessaires à l'hospitalisation du patient, y compris, pour les établissements mentionnés à l'article 24 de l'ordonnance n° 96-346 du 24 avril 1996 portant réforme de l'hospitalisation publique et privée, la mise à disposition des praticiens et auxiliaires médicaux et l'exécution des examens de biologie médicale.

La prise en charge des frais occasionnés par ces prestations est assurée par des forfaits.

Le montant des prestations susceptibles d'être prises en charge par l'assurance maladie au titre de ces forfaits est calculé selon les modalités suivantes :

a) Dans le cas d'une hospitalisation avec hébergement, soit sur la base d'un tarif journalier dû dès lors que le patient est présent plus de 24 heures puis à chaque fois qu'il est présent à zéro heure, soit sur la base d'un tarif dû pour chaque séjour non programmé de moins de 24 heures, soit sur la base d'un tarif dû pour chaque séjour d'une durée supérieure à 24 heures, soit sur la base d'un tarif dû pour chaque semaine d'hospitalisation ;

b) Dans le cas d'une hospitalisation sans hébergement, soit sur la base d'un tarif applicable par séance, soit sur la base d'un tarif dû pour chaque semaine au cours de laquelle une ou plusieurs séances de soins ont lieu ;

2° La fourniture et l'administration des médicaments inscrits sur la liste des spécialités pharmaceutiques agréées à l'usage des collectivités et divers services publics. La prise en charge des frais occasionnés par ces prestations est assurée par des forfaits. Le montant des prestations susceptibles d'être prises en charge par l'assurance maladie au titre de ces forfaits est calculé sur la base d'un tarif journalier dû dès lors que le patient est présent plus de 24 heures puis à chaque fois qu'il est présent à zéro heure ;

3° L'utilisation d'une salle de sismothérapie, représentative de la mise à disposition des moyens humains, techniques et matériels nécessaires à l'accomplissement des actes qui s'y trouvent réalisés. La prise en charge des frais occasionnés par ces prestations est assurée par un forfait unitaire applicable à l'acte ;

4° Le transport de sang. Pour la prise en charge de ce transport, des forfaits couvrent les frais engagés par l'établissement de santé lorsqu'il assure un tel transport. Dans ce cas, le transport ne fait pas l'objet d'une facturation par l'établissement de transfusion sanguine.

Art. R. 162-31-2 Sont exclus de tous les forfaits mentionnés à l'article R. 162-31-1, à l'exception des éléments mentionnés aux *a* et *b* ci-dessous pour ceux des établissements mentionnés à l'article 24 de l'ordonnance n° 96-346 du 24 avril 1996 portant réforme de l'hospitalisation publique et privée, et font l'objet d'une rémunération distincte :

a) Les honoraires des praticiens et, le cas échéant, les rémunérations des personnels qu'ils prennent en charge directement, y compris les examens de biologie médicale ;

b) Les honoraires des auxiliaires médicaux à l'exception des soins infirmiers ;

c) Les frais afférents à la fourniture des produits sanguins labiles mentionnés à l'article L. 1221-8 du code de la santé publique ;

d) Les frais afférents à la fourniture de médicaments dérivés du sang mentionnés à l'article L. 1221-8 du code de la santé publique et inscrits sur la liste des spécialités pharmaceutiques agréées à l'usage des collectivités et divers services publics ;

e) Les frais afférents à la fourniture de certains produits inscrits sur la liste prévue à l'article L. 165-1 et dont la liste et les conditions de prise en charge sont fixés par arrêté des ministres chargés de la santé et de la sécurité sociale ;

f) Les frais afférents à la fourniture des médicaments dispensés dans des conditions définies par arrêté des ministres chargés de la santé et de la sécurité sociale, notamment ceux nécessaires au traitement d'une pathologie différente de celle qui motive l'hospitalisation.

Art. R. 162-31-3 Un arrêté des ministres chargés de la santé et de la sécurité sociale précise les conditions d'application des articles R. 162-31-1 et R. 162-31-2 à chacune des prestations prises en charge par l'assurance maladie.

§ 2 DÉFINITION DE L'OBJECTIF DE DÉPENSES ET FIXATION DES TARIFS

Art. R. 162-31-4 I. – Chaque année, dans un délai de quinze jours suivant la promulgation de la loi de financement de la sécurité sociale, les ministres chargés de la santé, de la sécurité sociale et du budget arrêtent le montant de l'objectif quantifié national mentionné à l'article L. 162-22-2.

II. – Le montant de cet objectif est déterminé en tenant compte notamment des éléments suivants :

1° L'état provisoire et l'évolution des charges d'assurance maladie au titre des soins dispensés l'année précédente ;

2° L'évaluation des charges des établissements ;

3° L'évaluation des gains de productivité réalisés et envisageables dans le secteur ;

4° Les changements de régime juridique ou de financement de certains établissements, ou services ou activités des établissements concernés.

Art. R. 162-31-5 I. – Chaque année, dans un délai de quinze jours suivant la publication de l'arrêté mentionné à l'article R. 162-31-4, les ministres chargés de la santé et de la sécurité sociale arrêtent les éléments tarifaires mentionnés aux 1° à 3° du I de l'article L. 162-22-3 dans le respect de l'objectif quantifié national fixé en application des dispositions de l'article L. 162-22-2.

II. – L'évolution moyenne nationale des tarifs des prestations mentionnée au 1° du I de l'article L. 162-22-3 est déterminée en tenant compte notamment des prévisions d'évolution de l'activité des établissements de santé au titre de l'année en cours. Il peut également être tenu compte de la situation financière des établissements, appréciée, le cas échéant, par activité de soins.

Art. R. 162-31-6 En vue de réduire les inégalités tarifaires entre les régions, les taux de l'évolution moyenne des tarifs des prestations de chaque région mentionnés au 1° du I de l'article L. 162-22-3 peuvent être modulés par rapport au taux de l'évolution moyenne nationale des tarifs des prestations, pour tenir compte de l'activité des établissements de la région appréciée à partir des informations mentionnées aux articles L. 6113-7 et L. 6113-8 du code de la santé publique et des besoins de santé de la population.

Pour les disciplines pour lesquelles les données mentionnées à l'article L. 6113-7 susvisé ne sont pas disponibles, le taux de l'évolution moyenne des tarifs des prestations de chacune de ces disciplines peut être modulé selon les régions, en tenant compte de l'écart entre le tarif moyen régional de la discipline considérée et le tarif moyen national.

Il peut également être tenu compte, lors de la modulation interrégionale, d'éventuels facteurs spécifiques de coûts qui modifient de manière manifeste, permanente et substantielle le prix de revient de certaines prestations.

Lorsque des mesures tarifaires ont été prises pour certaines activités médicales en application du 1° du I de l'article L. 162-22-3, le taux de l'évolution moyenne des tarifs des prestations de chaque région est majoré ou diminué du coefficient affecté au taux d'évolution correspondant à ces mesures.

La somme des taux de l'évolution moyenne dans chaque région des tarifs des prestations afférents à une activité médicale, pondérés de la part des charges supportées par les régimes obligatoires d'assurance maladie au titre des soins dispensés pour cette activité dans l'ensemble des établissements de la région considérée, pour le dernier exercice connu, dans le total des charges supportées par ces régimes au titre des soins dispensés pour cette activité, corrigées de l'effet des changements de régime juridique ou de financement de certains établissements, ne doit pas excéder le taux de l'évolution moyenne nationale.

Art. R. 162-31-7 Chaque année, dans un délai de quinze jours suivant la publication de l'arrêté mentionné au I de l'article R. 162-31-5, le directeur général de l'agence régionale de santé arrête les règles générales de modulation et les critères d'évolution des tarifs de *[des]* prestations mentionnés à l'article L. 162-22-4.

L'arrêté du directeur général de l'agence régionale de santé ainsi que les avenants tarifaires pris pour son application sont tenus de respecter les taux de l'évolution moyenne dans la région des tarifs des prestations.

La somme des taux de l'évolution tarifaire moyenne des établissements de la région fixés en application des dispositions de l'article L. 162-22-4, pondérés de la part des charges supportées par les régimes obligatoires d'assurance maladie au titre des soins dispensés en psychiatrie dans l'établissement considéré, pour le dernier exercice connu, dans le total des charges supportées par ces régimes au titre des soins dispensés en psychiatrie dans les établissements de santé privés de la région, corrigées de l'effet des changements de régime juridique ou de financement de certains établissements, ne doit pas excéder le taux d'évolution moyen des tarifs des prestations de la région. Le taux de l'évolution tarifaire moyenne de chaque établissement correspond à la somme des taux d'évolution des tarifs de chacune des prestations mentionnées au 1° de l'article L. 162-22-1 de l'établissement considéré, pondérés par la part des charges supportées par les régimes obligatoires d'assurance maladie au titre des soins dispensés dans l'établissement pour cette prestation dans le total des charges supportées par ces régimes au titre des soins dispensés en psychiatrie dans cet établissement au cours du dernier exercice connu.

Art. R. 162-31-8 En application des dispositions du II *bis* de l'article L. 162-22-3, les tarifs des prestations mentionnées au 1° de l'article L. 162-22-1 peuvent être modifiés par arrêté du directeur général de l'agence régionale de santé dans des conditions définies par arrêté des ministres chargés de la santé et de la sécurité sociale.

Art. R. 162-31-9 Les tarifs des prestations mentionnées à l'article R. 162-31-1 des établissements nouvellement créés ou issus d'un regroupement entre établissements ainsi que les tarifs des prestations correspondant à des activités nouvellement autorisées ou reconnues au sein d'un établissement sont déterminés sur la base des données régionales et nationales issues du système d'information prévu aux articles L. 6113-7 et L. 6113-8 du code de la santé publique ou, à défaut, des tarifs applicables pour les mêmes activités dans les établissements mentionnés au *d* de l'article L. 162-22-6 qui présentent des conditions techniques de fonctionnement équivalentes.

§ 3 MÉCANISME PRUDENTIEL

Art. R. 162-31-10 La valeur du montant mentionné au I de l'article L. 162-22-2-1 est fixée par arrêté des ministres chargés de la santé et de la sécurité sociale, dans un délai de quinze jours suivant la publication de l'arrêté mentionné au I de l'article R. 162-31-4. Elle tient compte de l'écart entre l'évolution constatée de l'activité de psychiatrie et des prévisions établies au début de chaque année ainsi que, le cas échéant, des événements susceptibles d'affecter l'activité des établissements ou l'évolution des dépenses d'assurance maladie au cours de l'année en cours.

Art. R. 162-31-11 A compter de l'avis du comité d'alerte mentionné à l'avant-dernier alinéa de l'article L. 114-4-1, les ministres chargés de la santé et de la sécurité sociale arrêtent, le cas échéant, avant le 31 décembre de l'année en cours et après consultation de l'observatoire économique de l'hospitalisation publique et privée, le montant des crédits à verser aux établissements de santé.

La répartition entre les régions est effectuée au prorata des montants versés par l'assurance maladie au titre des dépenses relevant de l'objectif mentionné à l'article L. 162-22-2 aux établissements de la région pour l'année en cours, sur la base des données transmises par la Caisse nationale d'assurance maladie des travailleurs salariés en application des dispositions de l'article R. 162-31-13.

Art. R. 162-31-12 Dans un délai de quinze jours suivant la publication de l'arrêté mentionné à l'article R. 162-31-11, le directeur général de l'agence régionale de santé arrête, pour chaque établissement, le montant du forfait alloué en application des dispositions du II de l'article L. 162-22-2-1. Ce forfait est calculé au prorata des montants versés par l'assurance maladie au titre des dépenses relevant de l'objectif mentionné à l'article L. 162-22-2 à chacun des établissements au titre de l'année en cours. Il est versé en une seule fois par la caisse désignée en application de l'article L. 174-18.

§ 4 SUIVI DES CHARGES

Art. R. 162-31-13 Le montant des *(Décr. n° 2017-736 du 3 mai 2017, art. 9-1°, en vigueur le 1er juill. 2017)* « dépenses » afférentes aux frais d'hospitalisation au titre des soins dispensés en psychiatrie par les établissements de santé privés mentionnés aux *d* et *e* de l'article L. 162-22-6, et sa répartition par région, établissement et nature d'activité, est communiqué *[sont communiqués]* par la Caisse nationale de l'assurance maladie des travailleurs salariés à l'État, au plus tard le 31 mai pour l'état définitif des *(Décr. n° 2017-736 du 3 mai 2017, art. 9-1°, en vigueur le 1er juill. 2017)* « dépenses » de l'année précédente et l'état des *(Décr. n° 2017-736 du 3 mai 2017, art. 9-1°, en vigueur le 1er juill. 2017)* « dépenses » du premier trimestre de l'année en cours, et le 31 décembre pour l'état provisoire des *(Décr. n° 2017-736 du 3 mai 2017, art. 9-1°, en vigueur le 1er juill. 2017)* « dépenses » de l'année. Chaque fois que l'État en fait la demande, la Caisse nationale de l'assurance maladie des travailleurs salariés lui communique le dernier état des *(Décr. n° 2017-736 du 3 mai 2017, art. 9-1°, en vigueur le 1er juill. 2017)* « dépenses » connu.

(Abrogé par Décr. n° 2017-736 du 3 mai 2017, art. 9-1°, à compter du 1er juill. 2017) ***« Le montant s'apprécie à partir de la consolidation par les organismes nationaux dont relèvent les caisses mentionnées à l'article L. 174-18 des versements de ces caisses aux établissements de santé privés au titre des soins dispensés en soins de suite ou de réadaptation et en psychiatrie. La consolidation des données nationales issues des différents régimes d'assurance maladie s'effectue sous la responsabilité de la Caisse nationale de l'assurance maladie des travailleurs salariés. Ce constat peut également être effectué par la Caisse nationale de l'assurance maladie des travailleurs salariés à partir des données fournies par le système national d'information inter-régimes de l'assurance maladie mentionné à l'article L. 161-28-1. »*** Les données obtenues sont complétées par le montant des prestations restant à payer au titre des soins dispensés au cours de l'exercice considéré et correspondant à la valeur estimative des bordereaux de facturation non encore reçus, ou reçus mais non encore liquidés, ou liquidés mais non encore payés, à la clôture de cet exercice.

SOUS-SECTION 3 DISPOSITIONS RELATIVES AU FINANCEMENT DES ACTIVITÉS DE PSYCHIATRIE, EXERCÉES PAR LES ÉTABLISSEMENTS MENTIONNÉS AUX *a*, *b* ET *c* DE L'ARTICLE L. 162-22-6, AINSI QUE DES ACTIVITÉS MENTIONNÉES À L'ARTICLE L. 174-1

(Décr. n° 2017-500 du 6 avr. 2017, art. 1er)

§ 1er DISPOSITIONS GÉNÉRALES

Art. R. 162-32 Les activités de soins de psychiatrie mentionnées au 4° de l'article R. 6122-25 du code de la santé publique exercées par les établissements mentionnés aux *a*, *b* et *c* de l'article L. 162-22-6, ainsi que les activités mentionnées à l'article L. 174-1-1, notamment les activités de soins dispensées par les maisons d'enfants à caractère sanitaire mentionnées à l'article L. 2321-2 du code de la santé publique, dont les frais sont pris en charge en tout ou partie par les régimes obligatoires de sécurité sociale, sont financées par une dotation annuelle de financement, conformément aux dispositions de l'article L. 174-1.

Art. R. 162-32-1 Les activités de soins de longue durée mentionnées au 7° de l'article R. 6122-25 du code de la santé publique, dont les frais sont pris en charge en tout ou partie par les régimes obligatoires de sécurité sociale, sont financées sur la base d'un forfait global relatif aux soins fixé pour chaque établissement par le directeur général de l'agence régionale de santé, conformément aux dispositions de l'article L. 174-5.

§ 2 DÉFINITION DE L'OBJECTIF DE DÉPENSES

Art. R. 162-32-2 I. – Chaque année, dans un délai de quinze jours suivant la promulgation de la loi de financement de la sécurité sociale, les ministres chargés de la santé, de la sécurité sociale et du budget arrêtent le montant de l'objectif de dépenses d'assurance maladie mentionné à l'article L. 174-1-1.

II. – Dans un délai de quinze jours suivant la publication de cet arrêté, les ministres chargés de la santé et de la sécurité sociale arrêtent les dotations régionales mentionnées au même article.

§ 3 MODALITÉS DE VERSEMENT DE LA DOTATION ANNUELLE DE FINANCEMENT

Art. R. 162-32-3 Dans le délai de quinze jours suivant la publication de l'arrêté prévu au II de l'article R. 162-32-2, le directeur général de l'agence régionale de santé arrête le montant de la dotation annuelle de financement mentionnée à l'article L. 174-1, dans le respect du montant de la dotation régionale fixée en application des dispositions de l'article L. 174-1-1, en tenant compte des éléments suivants :

1° La dotation annuelle de financement de l'année précédente, déduction faite des allocations de ressources strictement imputables à cette année ;

2° Les orientations du schéma régional *(Décr. nº 2018-811 du 25 sept. 2018, art. 24)* « de santé » et les priorités de la politique de santé ;

3° Le contrat pluriannuel d'objectifs et de moyens et son exécution ;

4° Les prévisions d'évolution de l'activité ainsi que les données disponibles sur l'activité des établissements appréciée à partir des informations mentionnées aux articles L. 6113-7 et L. 6113-8 du code de la santé publique ;

5° Les modifications relatives aux capacités et à la nature des activités autorisées ;

6° Les conséquences financières des modifications législatives et réglementaires relatives à la participation du patient ;

7° Les coûts de l'établissement au regard des coûts des autres établissements de la région et de la France par activités de soins, appréciés en tenant compte d'éventuels facteurs spécifiques de coûts qui modifient de manière manifeste, permanente et substantielle le coût de revient de certaines prestations ;

8° Les produits provenant de la dispensation de soins à des patients non assurés sociaux et leur évolution, ainsi que les évolutions de recettes liées aux modifications de la proportion d'assurés sociaux accueillis dans l'établissement dont la participation est limitée ou supprimée.

La décision du directeur général de l'agence régionale de santé est motivée.

Ce montant est corrigé, le cas échéant, à due concurrence des sommes perçues au titre des actes pratiqués par les professionnels médicaux employés par l'établissement, dans le cadre d'un groupement de coopération sanitaire, au profit d'un patient pris en charge par un établissement de santé privé mentionné aux *d* ou *e* de l'article L. 162-22-6 et facturés à ce dernier en application des dispositions de l'article L. 6133-6 du code de la santé publique.

Art. R. 162-32-4 *(Décr. nº 2017-736 du 3 mai 2017, art. 9-4º, en vigueur le 1er juill. 2017)* « La dotation annuelle de financement est versée en douze allocations mensuelles. »

Aucune des allocations mensuelles ne peut être inférieure au vingt-quatrième ni supérieure au huitième du montant total de la dotation annuelle de financement. Le montant de chacune des allocations est déterminé en fonction de l'évolution des besoins de trésorerie des établissements de santé.

(Décr. nº 2017-736 du 3 mai 2017, art. 9-4º, en vigueur le 1er juill. 2017) « Chaque allocation mensuelle donne lieu à un ou plusieurs versements effectués » entre le 15 du mois courant et, au plus tard, le 15 du mois suivant. Toutefois, le total des sommes versées entre le 15 et le dernier jour du mois courant ne peut être inférieur à 60 % de l'allocation mensuelle considérée.

Les mesures d'exécution du présent article sont prises par arrêtés des ministres chargés de la santé, de la sécurité sociale, de l'agriculture et du budget. Elles peuvent varier en fonction des types d'activité des différents établissements.

§ 4 SUIVI DES CHARGES

Art. R. 162-32-5 *(Décr. nº 2017-736 du 3 mai 2017, art. 9-5º, en vigueur le 1er juill. 2017)* Les établissements de santé font parvenir à la caisse mentionnée à l'article L. 174-2 les informations nécessaires à l'imputation éventuelle des dépenses d'hospitalisation pour la tarification des accidents du travail et maladies professionnelles et l'exercice éventuel par les caisses d'actions en recours contre tiers. Les modalités de transmission de ces informations sont fixées par arrêté des ministres chargés de la santé, de la sécurité sociale et du budget.

Art. R. 162-32-6 Les règlements effectués par les organismes d'assurance maladie au titre des facturations relatives aux prestations effectuées antérieurement à l'exercice à partir duquel les établissements entrent dans le champ d'application des dispositions de l'article L. 174-1 viennent en déduction des versements prévus audit article ainsi qu'à l'article R. 6145-26 du code de la santé publique.

Le règlement du solde de la dotation de l'exercice précédent vient en déduction des versements mensuels prévus à l'article R. 162-32-4 ainsi qu'à l'article R. 6145-36 du code de la santé publique.

§ 5 DISPOSITIONS RELATIVES AUX DÉPENSES AFFÉRENTES AUX SOINS DISPENSÉS DANS LES UNITÉS DE SOINS DE LONGUE DURÉE

Art. R. 162-32-7 Pour les dépenses de soins comprises dans le forfait annuel global de soins, la participation des assurés sociaux est supprimée.

SOUS-SECTION 4 DISPOSITIONS RELATIVES AUX ACTIVITÉS DE MÉDECINE, DE CHIRURGIE, DE GYNÉCOLOGIE-OBSTÉTRIQUE ET D'ODONTOLOGIE

(Décr. nº 2017-500 du 6 avr. 2017, art. 1er)

§ 1er DISPOSITIONS GÉNÉRALES

Art. R. 162-33 Les activités de soins dont les frais sont pris en charge en tout ou partie par les régimes obligatoires de sécurité sociale sur la base de tarifs nationaux, conformément aux dispositions des articles L. 162-22-6 et L. 162-22-8, sont les suivantes :

1º Les activités relevant de la médecine et des spécialités médicales, de la chirurgie et des spécialités chirurgicales, de la gynécologie-obstétrique et des spécialités gynécologiques et obstétricales, soumises ou non à autorisation en application des 1º à 3º et 8º à 19º de l'article R. 6122-25 du code de la santé publique ainsi que les activités d'odontologie ;

2º Les activités exercées sous la forme d'hospitalisation à domicile.

Art. R. 162-33-1 Les catégories de prestations d'hospitalisation donnant lieu à une prise en charge par les régimes obligatoires de sécurité sociale mentionnées au 1º de l'article L. 162-22-6 sont les suivantes :

1º Le séjour et les soins avec ou sans hébergement, représentatifs de la mise à disposition de l'ensemble des moyens nécessaires à l'hospitalisation du patient, à l'exception de ceux faisant l'objet d'une prise en charge distincte en application des dispositions de l'article R. 162-33-2.

La prise en charge des frais occasionnés par ces prestations est assurée par des forfaits.

Ces forfaits sont facturés par séance, journée ou séjour. Ils peuvent être minorés ou majorés notamment en fonction de la durée de séjour.

Les forfaits correspondant aux prestations d'hospitalisation à domicile font l'objet d'une minoration lorsque ces prestations sont dispensées au profit *(Décr. nº 2018-271 du 13 avr. 2018, art. 2)* « soit » d'un patient hébergé dans un établissement mentionné au I de l'article L. 312-1 du code de l'action sociale et des familles et qui bénéficie d'une autorisation délivrée par les autorités mentionnées aux *b*, *d* ou *f* de l'article L. 313-3 du même code, ou hébergé dans une structure expérimentale relevant de l'article L. 162-31 du code de la sécurité sociale *(Décr. nº 2018-271 du 13 avr. 2018, art. 2)* « , soit d'un patient bénéficiant de prestations de soins infirmiers réalisées par un service de soins infirmiers à domicile mentionné à l'article D. 312-1 du code de l'action sociale et des familles ou d'un service polyvalent d'aide et de soins à domicile mentionné à l'article D. 312-7 du même code » ;

2° Les soins dispensés dans les services et les unités d'accueil et de traitement des urgences, à l'exception des soins dispensés au sein d'une unité d'hospitalisation de courte durée, représentatifs de la mise à disposition de l'ensemble des moyens nécessaires à l'accueil et au traitement du patient, à l'exception de ceux faisant l'objet d'une prise en charge distincte en application des dispositions de l'article R. 162-33-2.

La prise en charge des frais occasionnés par ces prestations est assurée par des forfaits.

Ces forfaits sont facturés pour chaque passage non programmé dans un service ou une unité d'accueil et de traitement des urgences autorisé, dès lors que ce passage n'est pas suivi d'une hospitalisation en service de médecine, de chirurgie, d'obstétrique ou d'odontologie au sein de l'établissement ;

3° Les prélèvements d'organes ou de tissus, représentatifs de la mise à disposition de l'ensemble des moyens nécessaires au prélèvement d'organes ou de tissus et, le cas échéant, à la conservation, à la restauration et à la restitution du corps*[,]* à l'exception de ceux faisant l'objet d'une prise en charge distincte en application des dispositions de l'article R. 162-33-2.

La prise en charge des frais occasionnés par ces prestations est assurée par des forfaits facturés pour chaque prélèvement d'un ou *[de]* plusieurs organes ou tissus ;

4° Les soins non programmés non suivis d'une hospitalisation dans les établissements qui ne sont pas autorisés à exercer l'activité d'accueil et de traitement des urgences, représentatifs de la mise à disposition de matériel de petite chirurgie ou d'immobilisation.

La prise en charge des frais occasionnés par ces prestations est assurée par des forfaits ;

Ces forfaits sont facturés dès lors que certains actes nécessitant l'utilisation de matériel de petite chirurgie ou d'immobilisation sont effectués lors des soins non programmés ;

5° Les soins non suivis d'une hospitalisation dispensés dans les établissements de santé, représentatifs de la mise à disposition des moyens nécessaires à l'utilisation d'un secteur opératoire ou l'observation du patient dans un environnement hospitalier. La prise en charge des frais résultant de l'utilisation de ces moyens est assurée par des forfaits facturés pour chaque passage*[,]* à l'exception des cas où le passage est réalisé dans les conditions du 2°, du 4° ou du 6° du présent article ;

6° Les soins non suivis d'une hospitalisation dispensés dans les établissements de santé, représentatifs de la mise à disposition de l'ensemble des moyens nécessaires à l'administration, en environnement hospitalier, des spécialités pharmaceutiques mentionnées à l'article R. 5121-82 du code de la santé publique ou de produits et prestations mentionnés à l'article L. 165-1 et inscrits sur la liste mentionnée à l'article L. 162-22-7, à l'exception des moyens faisant l'objet d'une prise en charge distincte en application des dispositions de l'article R. 162-33-2.

La prise en charge des frais occasionnés par ces prestations est assurée par des forfaits facturés pour chaque administration d'un ou *[de]* plusieurs produits, prestations ou spécialités pharmaceutiques mentionnées au précédent alinéa, à l'exception des cas où l'administration est réalisée dans les conditions du 5° du présent article ;

7° Les soins non suivis d'une hospitalisation dispensés dans les établissements de santé, représentatifs de la mise à disposition de l'ensemble des moyens nécessaires à la prise en charge d'affections dont la liste est fixée par arrêté des ministres chargés de la santé et de la sécurité sociale qui impliquent l'intervention coordonnée de plusieurs professionnels médicaux, paramédicaux et, le cas échéant, socio-éducatifs en présence du patient ainsi que la réalisation d'une synthèse médicale.

La prise en charge des frais résultant de l'utilisation de ces moyens est assurée par des forfaits facturés pour chaque passage*[,]* à l'exception des cas où le passage est réalisé dans les conditions du 2° ou du 4° du présent article.

Art. R. 162-33-2 1° Sont exclus de tous les forfaits mentionnés à l'article R. 162-33-1 et font l'objet d'une prise en charge distincte les frais afférents à la fourniture des spécialités pharmaceutiques et des produits et prestations mentionnés à l'article L. 162-22-7 ;

2° Sous réserve des dispositions du 4°, sont exclus des forfaits des établissements de santé privés mentionnés aux *d* et *e* de l'article L. 162-22-6, à l'exception des établissements mentionnés à l'article 24 de l'ordonnance n° 96-346 du 24 avril 1996 :

a) Les honoraires des praticiens, y compris ceux afférents aux examens de biologie médicale, et, le cas échéant, les rémunérations des personnels qu'ils prennent en charge directement ;

b) Les honoraires des auxiliaires médicaux, à l'exclusion de ceux afférents aux soins infirmiers ;

3° Sont exclus des forfaits mentionnés aux 2°, 4°, 5°, 6° et 7° de l'article R. 162-33-1 des établissements de santé mentionnés aux *a, b* et *c* de l'article L. 162-22-6 les frais afférents aux consultations et aux actes réalisés dans ces établissements*[,]* à l'exclusion de ceux afférents aux soins infirmiers ;

4° Sont exclus des forfaits mentionnés au 1° de l'article R. 162-33-1 couvrant l'activité d'hospitalisation à domicile et font l'objet d'une prise en charge distincte les honoraires des praticiens*[,]* à l'exception :

a) De ceux afférents aux examens de biologie médicale ;

b) Pour les établissements mentionnés aux *a, b* et *c* de l'article L. 162-22-6, de ceux du praticien désigné par le patient pour assurer de façon continue sa prise en charge à domicile.

Art. R. 162-33-3 Un arrêté des ministres chargés de la santé et de la sécurité sociale précise les conditions d'application des articles R. 162-33-1 et R. 162-33-2 à chacune des prestations prises en charge par l'assurance maladie.

§ 2 DÉFINITION DE L'OBJECTIF DE DÉPENSES ET FIXATION DES TARIFS

Art. R. 162-33-4 I. – Chaque année, dans un délai de quinze jours suivant la promulgation de la loi de financement de la sécurité sociale, les ministres chargés de la santé, de la sécurité sociale et du budget arrêtent le montant de l'objectif de dépenses mentionné à l'article L. 162-22-9.

II. – Le montant de l'objectif mentionné au I est déterminé en tenant compte notamment des éléments suivants :

1° L'état provisoire et l'évolution des charges d'assurance maladie au titre des soins dispensés l'année précédente ;

2° L'évaluation des charges des établissements ;

3° L'évaluation des gains de productivité réalisés et envisageables dans le secteur ;

4° Les changements de régime juridique ou de financement de certains établissements, ou services ou activités des établissements concernés.

Art. R. 162-33-5 Dans un délai de quinze jours suivant la publication de l'arrêté mentionné au I de l'article R. 162-33-4, les ministres chargés de la santé et de la sécurité sociale arrêtent les éléments tarifaires mentionnés aux 1° à 3° du I de l'article L. 162-22-10 dans le respect de l'objectif de dépenses mentionné à l'article L. 162-22-9.

A cet effet, les tarifs nationaux des prestations et les modalités de détermination des montants des forfaits annuels et de la dotation complémentaire mentionnée à l'article L. 162-22-8-3 sont fixés en tenant compte notamment des prévisions d'évolution de l'activité des établissements pour l'année en cours, mesurée notamment à partir des données mentionnées aux articles L. 6113-7 et L. 6113-8 du code de la santé publique et de l'impact de l'application des coefficients géographiques aux tarifs des établissements des zones concernées.

Pour le calcul des tarifs nationaux des prestations, il peut également être tenu compte de la situation financière des établissements, appréciée, le cas échéant, par activité de soins, ou du coût relatif des prestations d'hospitalisation.

Pour le calcul du coefficient géographique, il est notamment tenu compte des surcoûts immobiliers, salariaux et fiscaux constatés dans certaines zones géographiques, ainsi que des charges spécifiques aux départements insulaires et d'outre-mer liées à l'éloignement et à l'isolement, qui modifient de manière manifeste, permanente et substantielle le prix de revient de certaines prestations des établissements des zones concernées. Ces zones sont fixées par arrêté des ministres chargés de la santé et de la sécurité sociale.

(Décr. nº 2018-130 du 23 févr. 2018) « Les tarifs des forfaits mentionnés à l'article R. 162-33-1 sont minorés par l'application d'un coefficient tenant compte, pour les établissements de santé bénéficiaires, des effets générés par les dispositifs d'allégements fiscaux et sociaux ayant pour objet de réduire le coût du travail dont la liste est fixée par arrêté des ministres chargés de la santé et de la sécurité sociale. La valeur de ce coefficient est fixée chaque année par arrêté des mêmes ministres, dans les conditions fixées au I de l'article L. 162-22-10. Elle est différenciée par catégorie de bénéficiaires de ces allégements. »

Art. R. 162-33-6 En application des dispositions du II *bis* de l'article L. 162-22-10, les tarifs nationaux des prestations mentionnées au 1º de l'article L. 162-22-6 peuvent être modifiés par arrêté des ministres chargés de la santé et de la sécurité sociale.

§ 3 MÉCANISME PRUDENTIEL

Art. R. 162-33-7 La valeur du coefficient mentionné au I de l'article L. 162-22-9-1 est fixée par arrêté des ministres chargés de la santé et de la sécurité sociale, dans un délai de quinze jours suivant la publication de l'arrêté mentionné au I de l'article R. 162-33-4. La valeur de ce coefficient, qui peut être différenciée par catégorie d'établissements, est fixée en tenant compte de l'écart entre l'évolution constatée de l'activité des établissements mentionnés à l'article L. 162-22-6 et les prévisions établies au début de chaque année ainsi que, le cas échéant, des événements susceptibles d'affecter l'activité des établissements ou l'évolution des dépenses d'assurance maladie au cours de l'année en cours.

Art. R. 162-33-8 A compter de l'avis du comité d'alerte mentionné à l'avant-dernier alinéa de l'article L. 114-4-1, les ministres chargés de la santé et de la sécurité sociale arrêtent, le cas échéant, avant le 31 décembre de l'année en cours et après consultation de l'observatoire économique de l'hospitalisation publique et privée, le montant des crédits à verser aux établissements dans les limites prévues aux III et IV de l'article L. 162-22-9-1. Ce montant peut être différencié par catégorie d'établissements.

La répartition entre les régions est effectuée au prorata de l'activité des établissements mesurée notamment à partir des données mentionnées aux articles L. 6113-7 et L. 6113-8 du code de la santé publique.

Art. R. 162-33-9 Dans un délai de quinze jours suivant la publication de l'arrêté mentionné à l'article R. 162-33-8, le directeur général de l'agence régionale de santé arrête, pour chaque établissement, le montant du forfait alloué en application de l'article L. 162-22-9-1. Ce forfait est réparti au prorata de l'activité de chaque établissement mesurée notamment à partir des données mentionnées aux articles L. 6113-7 et L. 6113-8 du code de la santé publique. Ce forfait est versé en une seule fois par la caisse désignée en application des articles L. 174-2 et L. 174-18.

§ 4 MÉCANISME DE DÉGRESSIVITÉ TARIFAIRE

Art. R. 162-33-10 I. – Dans un délai de quinze jours suivant la publication de l'arrêté mentionné au I de l'article R. 162-33-4, les ministres chargés de la santé et de la sécurité sociale arrêtent :

1º La valeur des seuils mentionnés au premier alinéa de l'article L. 162-22-9-2 exprimée en taux d'évolution ou en volume d'activité. La valeur de ces seuils peut être différenciée par région compte tenu des variations géographiques des taux de recours aux soins constatés sur certaines activités ;

2º La valeur des minorations tarifaires appliquée sur l'activité produite au-delà de ces seuils. La valeur de ces minorations est exprimée par des coefficients appliqués aux tarifs nationaux mentionnés au 1º du I de l'article L. 162-22-10 ;

3º Le champ des prestations d'hospitalisation concernées, notamment celles pour lesquelles il est constaté des variations géographiques de taux de recours aux soins.

II. – La valeur de ces seuils et celle des minorations tarifaires sont déterminées en tenant compte des éléments suivants :

1° L'état de l'évolution des activités concernées constatée au titre des deux années antérieures au niveau national et au niveau régional ;

2° Les prévisions d'évolution des activités concernées au niveau national et, le cas échéant, au niveau régional pour l'année considérée.

Art. R. 162-33-11 I. – L'activité produite par chaque établissement, au titre de l'année civile considérée, dans le champ des prestations concernées est mesurée :

1° Lorsque les seuils sont exprimés en volume d'activité, en nombre de forfaits mentionnés à l'article R. 162-33-1 pris en charge par l'assurance maladie ;

2° Lorsque les seuils sont exprimés en taux d'évolution, en montants financiers correspondant à la valorisation de l'activité produite par les tarifs nationaux de prestations mentionnés à l'article L. 162-22-10.

II. – L'activité est mesurée sur la base des données d'activité suivantes :

1° Pour les établissements mentionnés aux *a, b* et *c* de l'article L. 162-22-6, les données d'activité mentionnées à l'article L. 6113-7 du code de la santé publique ;

2° Pour les établissements de santé privés mentionnés au *d* de l'article L. 162-22-6, les données d'activité transmises à l'État par la Caisse nationale d'assurance maladie des travailleurs salariés en application des dispositions de l'article R. 162-33-22.

III. – Afin de neutraliser l'effet d'un regroupement mentionné à l'article L. 6122-6 du code de la santé publique, l'activité produite antérieurement au regroupement est mesurée à partir de la somme des données issues des activités regroupées dans le champ des prestations concernées.

Art. R. 162-33-12 I. – Pour les prestations d'hospitalisation soumises à un seuil exprimé en volume d'activité, les coefficients de minoration des tarifs fixés en application de l'article R. 162-33-10 s'appliquent aux forfaits produits par l'établissement au-delà des seuils correspondants.

Pour les prestations d'hospitalisation soumises à un seuil exprimé en taux d'évolution, le coefficient de minoration s'applique lorsque le montant issu de la valorisation de l'activité produite au titre de l'année en cours est supérieur au montant issu de la valorisation de l'activité produite au titre de l'année précédente majoré de la valeur de ce seuil. Le coefficient de minoration s'applique à une fraction des recettes de l'assurance maladie. Cette fraction est égale au montant issu de l'application aux recettes d'assurance maladie de l'année civile considérée du ratio correspondant à l'écart entre le montant issu de la valorisation de l'activité au titre de l'année civile considérée et celui issu de la valorisation de l'activité au titre de l'année précédente majorée de la valeur de ce seuil rapporté au montant issu de la valorisation de l'activité au titre de l'année civile considérée.

Pour la détermination du montant issu de la valorisation au titre de l'année précédente, il est tenu compte de l'impact des changements de périmètre des tarifs ainsi que des évolutions tarifaires de toute nature, calculé par l'Agence technique de l'information sur l'hospitalisation, mentionnée à l'article R. 6113-33 du code de la santé publique, à partir des données mentionnées à l'article L. 6113-7 du même code.

II. – Les montants des sommes dues par établissement résultant de l'application des coefficients de minoration sont déterminés sur la base des données disponibles au 15 mai de l'année suivant l'année civile considérée. Pour tenir compte du délai d'un an mentionné à l'article L. 162-25, ces montants peuvent être corrigés sur la base des données définitives disponibles au 15 mai de l'année suivante. Ces montants sont les sommes à récupérer.

Art. R. 162-33-13 La minoration des tarifs prévue à l'article L. 162-22-9-2 ne s'applique pas aux établissements bénéficiant d'une nouvelle autorisation en application de l'article L. 6122-1 du code de la santé publique, entrant dans le champ des prestations concernées, délivrée pendant l'exercice considéré et les deux années précédentes.

Dans le cas d'un seuil fixé en taux d'évolution, la minoration ne s'applique pas sur la ou les prestations pour lesquelles il est constaté une baisse d'activité l'année précédant l'année civile considérée.

Art. R. 162-33-14 Le directeur général de l'agence régionale de santé fixe le montant des sommes à récupérer auprès de chaque établissement au titre de l'année considérée et, le cas échéant, le montant issu de la correction opérée en application de la deuxième phrase du II de l'article R. 162-33-12 et le communique à l'établissement, qui dispose d'un délai d'un mois pour présenter ses observations.

A l'issue de ce délai, le directeur général de l'agence régionale de santé fixe par arrêté motivé le montant définitif des sommes à récupérer, transmet l'arrêté à la caisse mentionnée aux articles L. 174-2 ou L. 174-18 et le notifie à l'établissement, qui verse à la caisse les sommes correspondants *[correspondant]* aux montants dus dans un délai de deux mois suivant la notification de l'arrêté.

La caisse recouvre le montant et, à défaut de paiement de tout ou partie du montant notifié dans le délai de deux mois, procède au recouvrement des sommes dues par retenue sur les prestations à venir.

Le montant maximum des sommes à récupérer est fixé à 1 % des recettes assurances maladie afférentes à l'activité financée par les tarifs nationaux mentionnés à l'article L. 162-22-10 de l'établissement pour l'année considérée et le montant minimum en deçà duquel les sommes dues ne donnent pas lieu à récupération est fixé, en tenant compte des coûts de gestion des caisses, par un arrêté des ministres de la santé et de la sécurité sociale.

§ 5 ACTIVITÉS ISOLÉES

Art. R. 162-33-15 I. – Pour l'application des dispositions de l'article L. 162-22-8-1, une activité de soins est considérée comme isolée géographiquement lorsqu'elle est exercée par un établissement de santé autorisé à exercer cette activité en application des dispositions des 1°, 2°, 3° ou 14° de l'article R. 6122-25 du code de la santé publique, si elle satisfait aux conditions cumulatives suivantes :

1° L'établissement est situé dans un territoire, défini comme l'ensemble des lieux à partir desquels il est possible de parvenir à l'établissement par un trajet routier en automobile d'une durée inférieure ou égale à 45 minutes, regroupant des établissements de santé dont la somme des activité *[activités]* de soins réalisées en médecine, chirurgie et gynécologie-obstétrique, déduction faite de celles produites par l'établissement considéré, n'excède pas un niveau plafond. La durée du trajet routier en automobile est mesurée en prenant en compte les temps de trajet aux heures pleines et aux heures creuses ;

2° La durée du trajet routier en automobile, mesurée dans les conditions prévues au 1°, entre cet établissement et l'établissement le plus proche exerçant la même activité est supérieure au seuil fixé pour cette activité ;

3° Pour l'activité de soins d'obstétrique, la part de l'activité produite par l'établissement excède une fraction de l'activité d'obstétrique produite dans la zone d'attractivité définie au 4° ;

4° La densité de population de la zone d'attractivité de l'établissement, définie comme l'ensemble des communes du département ou des départements limitrophes dans lesquelles résident les patients pris en charge par l'établissement et dont les séjours représentent au moins 80 % de l'activité globale produite par l'établissement, n'excède pas un niveau plafond.

Par exception, le critère mentionné au 4° n'est pas applicable pour les établissements de santé situés dans un territoire insulaire.

II. – Les activités répondant aux critères d'isolement et d'implantation de l'établissement qui les exerce fixés au I et dont le directeur général de l'agence régionale de santé constate, après analyse de l'offre de soins existante, de son évolution prévisible sur le territoire mentionné au 1° du I, et de la situation financière de l'établissement, que le maintien est nécessaire pour assurer l'accès aux soins ou la continuité des soins, bénéficient d'un complément de financement en sus des tarifs nationaux de prestations.

Ce financement est composé d'une part fixe versée sous la forme de forfaits nationaux annuels par activité et d'une part variable versée sous la forme d'une dotation du fonds d'intervention régional.

La liste des établissements éligibles à ce financement est fixée, pour chaque région, par les ministres chargés de la santé et de la sécurité sociale sur proposition du directeur général de l'agence régionale de santé pour une durée de cinq ans. Cette liste est révisable tous les ans.

La liste et les décisions la modifiant entrent en vigueur le 1er mars suivant leur publication.

Les propositions de modification de la liste sont transmises chaque année par les directeurs généraux des agences régionales de santé au ministère chargé de la santé avant le 1er février.

Lorsque le directeur général de l'agence régionale de santé envisage de proposer l'exclusion d'un établissement inscrit sur la liste, il notifie au préalable cette mesure à l'établissement et lui demande de faire connaître, dans les quinze jours, ses observations en réponse.

III. — Pour le calcul des forfaits nationaux annuels, il est tenu compte de seuils d'activité, déterminés sur la base des données nationales, issues du système d'information prévu aux articles L. 6113-7 et L. 6113-8 du code de la santé publique, permettant d'équilibrer les charges et les produits afférents à l'exercice de l'activité considérée. La valeur des forfaits varie en fonction de l'écart entre ces seuils d'activité et l'activité produite par l'établissement.

La valeur de ces forfaits, qui peut être nulle, est fixée selon les modalités définies au premier alinéa de l'article R. 162-33-5.

Le montant annuel du versement au titre des forfaits est arrêté, pour chaque établissement, par le directeur général de l'agence régionale de santé dans les conditions définies à l'article R. 162-33-16. L'attribution de ce forfait annuel est subordonnée au respect par l'établissement d'engagements portant notamment sur les conditions de maintien de l'activité sur le territoire défini au 1° du I ou sur les actions de coopération à mener et, le cas échéant, sur l'amélioration de sa situation financière. Ces engagements sont inscrits dans le contrat pluriannuel d'objectifs et de moyens prévu aux articles L. 6114-1 et L. 6114-2 du code de la santé publique.

IV. — Pour le calcul de la dotation du fonds d'intervention régional prévue au II, il est tenu compte de la réalisation des engagements prévus au III et, le cas échéant, des facteurs spécifiques de surcoûts liés à l'isolement, notamment ceux relatifs aux conditions d'emploi du personnel. Le montant de cette dotation, qui peut être nul, est déterminé par le directeur général de l'agence régionale de santé en application de l'article L. 1435-8 du code de la santé publique.

V. — Le montant annuel cumulé des forfaits et dotations dont bénéficie un établissement en application des dispositions de l'article L. 162-22-8-1 ne peut excéder un plafond fixé en pourcentage des produits de l'activité hospitalière financés par l'assurance maladie perçus par l'établissement, après déduction du montant de la dotation de financement des missions d'intérêt général et d'aide à la contractualisation mentionnée à l'article L. 162-22-14 et du montant de la dotation annuelle de financement mentionnée à l'article L. 174-1.

Ces forfaits et dotations sont versés dans les conditions prévues par l'article R. 162-33-16.

Les modalités de répartition entre les régimes des sommes versées à ce titre par les régimes obligatoires d'assurance maladie sont fixées par un arrêté des ministres chargés de la santé et de la sécurité sociale pris dans les conditions prévues à l'article L. 175-2.

VI. — Des arrêtés des ministres chargés de la santé et de la sécurité sociale précisent les conditions d'application du présent article, et notamment :

1° Le niveau *[du]* plafond d'activité mentionné au 1° du I ;

2° Les modalités de calcul des durées de trajet mentionnées aux 1° et 2° du I ;

3° Les seuils mentionnés au 2° du I ;

4° La fraction d'activité prévue au 3° du I ;

5° Le niveau *[du]* plafond de densité de population mentionné au 4° du I ;

6° Les seuils d'activité prévus au III ;

7° Les modalités de calcul des forfaits annuels prévus au III ;

8° Le plafond du montant annuel cumulé des forfaits et dotations mentionné au V.

§ 6 MODALITÉS DE VERSEMENT DES FORFAITS MENTIONNÉS AUX ARTICLES L. 162-22-8 ET L. 162-22-8-1

Art. R. 162-33-16 Dans un délai de quinze jours suivant la publication de l'arrêté mentionné à l'article R. 162-33-5, le directeur général de l'agence régionale de santé arrête, pour chaque établissement, d'une part le montant des forfaits annuels et de la dotation complémentaire mentionnés à l'article L. 162-22-12 et, d'autre part, le cas échéant, les forfaits et dotations attribués en application de l'article L. 162-22-8-1.

Ces forfaits et dotations sont versés en douze allocations mensuelles.

Les décisions du directeur général de l'agence régionale de santé sont motivées.

§ 7 DISPOSITIONS RELATIVES À LA DOTATION NATIONALE DE FINANCEMENT DES MISSIONS D'INTÉRÊT GÉNÉRAL ET D'AIDE À LA CONTRACTUALISATION

Art. R. 162-33-17 I. – Chaque année, dans un délai de quinze jours suivant la promulgation de la loi de financement de la sécurité sociale, les ministres chargés de la santé, de la sécurité sociale et du budget arrêtent le montant de la dotation nationale de financement des missions d'intérêt général et d'aide à la contractualisation mentionnée à l'article L. 162-22-13.

II. – Le montant de la dotation mentionné au I est déterminé en tenant compte notamment des éléments suivants :

1° L'état provisoire et l'évolution des charges d'assurance maladie au titre des soins dispensés l'année précédente ;

2° L'évaluation des charges des établissements ;

3° L'évaluation des gains de productivité réalisés et envisageables dans le secteur ;

4° Les changements de régime juridique ou de financement de certains établissements, ou services ou activités des établissements concernés.

Art. R. 162-33-18 Dans un délai de quinze jours suivant la publication de l'arrêté mentionné au I de l'article R. 162-33-17, les ministres chargés de la santé et de la sécurité sociale arrêtent le montant des dotations régionales de financement des missions d'intérêt général et d'aides à la contractualisation mentionnées à l'article L. 162-22-13 et la part de ces dotations affectée à l'ensemble des missions d'intérêt général ou à une ou plusieurs de ses missions ainsi que les critères d'attribution aux établissements.

Art. R. 162-33-19 Dans un délai de quinze jours suivant la publication de l'arrêté mentionné à l'article R. 162-33-17, le directeur général de l'agence régionale de santé arrête, pour chaque établissement, le montant annuel de la dotation de financement des missions d'intérêt général et d'aide à la contractualisation mentionnée à l'article L. 162-22-14 dans le respect de sa dotation régionale.

Ces dotations sont versées en douze allocations mensuelles.

Les décisions du directeur général de l'agence régionale de santé sont motivées.

§ 8 HÔPITAUX DE PROXIMITÉ

Art. R. 162-33-20 Le financement de l'établissement de santé figurant sur la liste des hôpitaux de proximité prévue à l'article L. 6111-3-1 du code de la santé publique repose sur :

1° Une dotation forfaitaire annuelle garantie prévue à l'article R. 162-33-21 du présent code ;

2° Dans les conditions prévues à l'article R. 162-33-22, un complément de financement calculé à partir des tarifs nationaux des prestations mentionnées au 1° du I de l'article L. 162-22-10.

Art. R. 162-33-21 I. – La dotation forfaitaire annuelle garantie comporte :

1° Une part correspondant à une fraction de la moyenne des recettes perçues par l'établissement au cours des deux années précédant l'année civile considérée afférentes à la part des frais d'hospitalisation prise en charge par les régimes obligatoires d'assurance maladie au titre des soins entrant dans le champ des prestations mentionnées au 1° de l'article R. 162-33-1, à l'exception des activités exercées à domicile. La fraction, applicable à l'ensemble des établissements, est fixée par arrêté des ministres chargés de la santé et de la sécurité sociale ; elle ne peut être inférieure à 50 % ;

2° Une part majorant la fraction arrêtée au *a* tenant compte des caractéristiques du territoire mentionnées au 2° de l'article R. 6111-24 du code de la santé publique que l'établissement dessert. Cette majoration tient également compte des engagements de coopération, de partenariat et de coordination pris par l'établissement en application des dispositions du I de l'article R. 6111-26 du même code et de ses modalités d'organisation et de fonctionnement avec les médecins pour la prise en charge de sa patientèle décrites au II de l'article R. 6111-24 du même code.

II. — Les ministres de la santé et de la sécurité sociale fixent chaque année*[,]* par arrêté, le montant de l'enveloppe affectée à la dotation forfaitaire mentionnée au 1° de l'article R. 162-33-20 répartie par région, compte tenu des recettes mentionnées au 1° du I perçues par l'ensemble des établissements de la région inscrits sur la liste et des caractéristiques du territoire que ces établissements desservent dans cette région. Dans un délai de quinze jours suivant la publication de la liste, le directeur général de l'agence régionale de santé arrête pour chaque établissement de la région, sur la base des données disponibles ou estimées, le montant de la dotation forfaitaire qui lui est alloué en précisant le montant de chaque part mentionnée au I. Cette dotation forfaitaire prend effet au 1er janvier de l'année civile considérée.

Art. R. 162-33-22 Lorsqu'il résulte de l'application des dispositions de l'article L. 162-22-10 que le montant issu des données d'activité afférentes à la part des frais d'hospitalisation prise en charge par les régimes obligatoires d'assurance maladie au titre des soins entrant dans le périmètre des prestations définies au 1° du I de l'article R. 162-33-21, pour l'année civile considérée, est supérieur au montant de la dotation garantie déterminé au I du même article, l'établissement bénéficie d'un complément de financement correspondant à l'écart entre ces deux montants. La comparaison entre les deux montants peut être mensuelle ou annuelle.

Art. R. 162-33-23 Les modalités de versement *(Abrogé par Décr. n° 2017-736 du 3 mai 2017, art. 9-2°, à compter du 1er juill. 2017)* ***« et de répartition entre les régimes des sommes versées »*** aux hôpitaux de proximité *(Décr. n° 2017-736 du 3 mai 2017, art. 9-2°, en vigueur le 1er juill. 2017)* « des sommes dues » au titre des articles R. 162-33-20 à R. 162-33-22 *(Abrogé par Décr. n° 2017-736 du 3 mai 2017, art. 9-2°, à compter du 1er juill. 2017)* ***« par les régimes obligatoires d'assurance maladie »*** sont fixées par un arrêté des ministres chargés de la santé et de la sécurité sociale pris dans les conditions prévues *(Décr. n° 2017-736 du 3 mai 2017, art. 9-2°, en vigueur le 1er juill. 2017)* « à l'article L. 174-2-1 ».

Art. R. 162-33-24 Lorsque le montant issu des données d'activité mentionné à l'article R. 162-33-22 est supérieur au montant de la dotation garantie déterminée dans les conditions mentionnées au I de l'article R. 162-33-21, les ministres chargés de la santé et de la sécurité sociale peuvent décider, au regard notamment de l'avis mentionné à l'avant-dernier alinéa de l'article L. 114-4-1, de verser aux hôpitaux de proximité tout ou partie du montant correspondant à la différence entre le montant issu de l'activité mentionnée à l'article R. 162-33-22, sans application du coefficient mentionné au I de l'article L. 162-22-9-1, et ce même montant, minorée de ce coefficient.

Le versement de ce montant se fait dans les conditions prévues à l'article R. 162-33-9.

§ 9 SUIVI DES CHARGES

Art. R. 162-33-25 (Abrogé par Décr. n° 2017-736 du 3 mai 2017, art. 9-18°, à compter du 1er juill. 2017) ***Le suivi des charges afférentes aux frais d'hospitalisation au titre des soins dispensés en médecine, chirurgie, obstétrique et odontologie par les établissements de santé mentionnés à l'article L. 162-22-6 est assuré par la Caisse nationale de l'assurance maladie des travailleurs salariés dans les conditions prévues à l'article R. 162-31-13.***

SOUS-SECTION 5 DISPOSITIONS RELATIVES AU FINANCEMENT DES ACTIVITÉS DE SOINS DE SUITE ET DE RÉADAPTATION

(Décr. n° 2017-500 du 6 avr. 2017, art. 1er)

§ 1er DISPOSITIONS GÉNÉRALES

Art. R. 162-34 Les activités de soins de suite et de réadaptation mentionnées au 5° de l'article R. 6122-25 du code de la santé publique, dont les frais sont pris en charge en tout ou partie par les régimes obligatoire*[s]* de sécurité sociale, sont financées conformément aux dispositions de la présente sous-section.

Art. R. 162-34-1 Constitue une catégorie de prestations d'hospitalisation au sens du 1° de l'article L. 162-23-1 la prise en charge des frais occasionnés par les séjours et les soins avec ou sans hébergement, représentatifs de la mise à disposition de l'ensemble des moyens nécessaires à l'hospitalisation.

Cette prise en charge est assurée par des forfaits et, le cas échéant, par des suppléments journaliers. Les forfaits sont facturés sur la base des tarifs nationaux mentionnés au 2° de l'article L. 162-23-4, par séance, journée ou séjour. Ils peuvent être minorés ou majorés, notamment en fonction de la durée de séjour.

Un arrêté des ministres chargés de la santé et de la sécurité sociale précise les conditions d'application du présent article. — *V. Arr. du 5 mai 2017 relatif à la classification et à la prise en charge des prestations d'hospitalisation pour les activités de soins de suite et de réadaptation exercées par les établissements mentionnés à l'art. L. 162-22-6 CSS et pris pour l'application de l'art. R. 162-34-1 du même code (JO 10 mai).*

Art. R. 162-34-2 La dotation mentionnée au 1° de l'article L. 162-23-3 est calculée en fonction de :

1° La moyenne de l'activité de soins réalisée au cours des deux années précédant l'année en cours ;

2° Un taux moyen de prise en charge défini par le directeur général de l'agence régionale de santé, pour chaque établissement mentionné à l'article L. 162-22-6, sur la base du taux moyen de prise en charge des prestations d'hospitalisation facturées au titre des deux années antérieures. Ce taux peut être distingué par forfait mentionné à l'article R. 162-34-1.

Art. R. 162-34-3 I. — En cas de regroupement total ou partiel d'établissements, le montant de la dotation mentionnée au 1° de l'article L. 162-23-3 de ces établissements est transféré au nouvel établissement issu du regroupement.

II. — En cas d'absorption d'un établissement par un autre établissement, le montant de la dotation mentionnée au 1° de l'article L. 162-23-3 de l'établissement absorbé est transféré *[à]* l'établissement d'intégration.

III. — En cas d'attribution d'une nouvelle autorisation de soins de suite et de réadaptation, en application de l'article R. 6122-25 du code de la santé publique, et pour les deux années suivant la mise en œuvre de cette autorisation, le montant de la dotation mentionnée au 1° de l'article L. 162-23-3 est arrêté par le directeur général de l'agence régionale de santé, en fonction notamment de l'activité prévisionnelle de l'établissement et du niveau de dotation des établissements présentant des conditions techniques de fonctionnement équivalentes. Le montant de cette dotation est reconstitué progressivement sur la base de l'activité réalisée par l'établissement selon des modalités prévues par un arrêté des ministres chargés de la santé et de la sécurité sociale.

§ 2 DÉFINITION DE L'OBJECTIF DE DÉPENSES ET FIXATION DES TARIFS

Art. R. 162-34-4 I. — Chaque année, dans un délai de quinze jours suivant la promulgation de la loi de financement de la sécurité sociale, les ministres chargés de la santé, de la sécurité sociale et du budget arrêtent :

1° Le montant de l'objectif de dépenses mentionné au I de l'article L. 162-23 ;

2° La part affectée aux dépenses relatives au financement de la liste des spécialités pharmaceutiques définie à l'article L. 162-23-6 ;

3° La part affecté*[e]* à la dotation nationale définie à l'article L. 162-23-8.

II. – Le[s] montant[s] de l'objectif et des parts affectées mentionnés au I sont déterminés notamment en fonction de :

1° L'état provisoire et l'évolution des charges d'assurance maladie au titre des soins dispensés l'année précédente ;

2° L'évaluation des charges des établissements ;

3° L'évaluation des gains de productivité réalisés et envisageables dans le secteur ;

4° Les changements de régime juridique ou de financement de certains établissements, ou services ou activités des établissements concernés.

L'arrêté mentionné à l'art. R. 162-34-4 est pris avant le 15 avr. 2017 pour l'année 2017 (Décr. n° 2017-500 du 6 avr. 2017, art. 7).

Art. R. 162-34-5 I. – Chaque année, dans un délai de quinze jours suivant la publication de l'arrêté mentionné au I de l'article R. 162-34-4, les ministres chargés de la santé et de la sécurité sociale arrêtent les éléments tarifaires mentionnés aux 1°, 2°, 3° et 6° de l'article L. 162-23-4 dans le respect de l'objectif de dépenses mentionné au I de l'article L. 162-23.

II. – Les tarifs nationaux des prestations mentionnés au 2° de l'article L. 162-23-4 et les montants des forfaits annuels mentionnés au 6° de cet article tiennent compte notamment des prévisions d'évolution de l'activité des établissements pour l'année en cours et de l'effet de l'application des coefficients géographiques, mentionnés au 3° de cet article, sur les tarifs des établissements des zones concernées.

Pour le calcul des tarifs nationaux des prestations, il peut également être tenu compte de la situation financière des établissements, appréciée, le cas échéant, par activité de soins, ou du coût relatif des prestations d'hospitalisation.

Pour le calcul du coefficient géographique, il est notamment tenu compte des surcoûts immobiliers, salariaux et fiscaux constatés dans certaines zones géographiques, ainsi que des charges spécifiques aux départements insulaires et d'outre-mer liées à l'éloignement et à l'isolement, qui modifient de manière manifeste, permanente et substantielle le prix de revient de certaines prestations des établissements des zones concernées. Ces zones sont fixées par arrêté des ministres chargés de la santé et de la sécurité sociale.

(Décr. n° 2018-224 du 30 mars 2018, art. 1er, en vigueur le 1er janv. 2020) « Les tarifs nationaux des prestations mentionnés au 2° du I de l'article L. 162-23-4 sont minorés par l'application d'un coefficient tenant compte, pour les établissements de santé bénéficiaires, des effets générés par les dispositifs d'allégements fiscaux et sociaux ayant pour objet de réduire le coût du travail dont la liste est fixée par arrêté des ministres chargés de la santé et de la sécurité sociale. La valeur de ce coefficient est fixée chaque année par arrêté des mêmes ministres, dans les conditions fixées au I de l'article L. 162-23-4. Elle est différenciée par catégorie de bénéficiaires de ces allégements. »

§ 3 MÉCANISME PRUDENTIEL

Art. R. 162-34-6 La valeur du coefficient mentionné au 4° de l'article L. 162-23-4 est fixée par arrêté des ministres chargés de la santé et de la sécurité sociale, dans un délai de quinze jours suivant la publication de l'arrêté mentionné au I de l'article R. 162-34-4. – *V. Arr. du 5 mai 2017 (JO 10 mai).*

La valeur de ce coefficient, qui peut être différenciée par catégorie d'établissements, est fixée en tenant compte de l'écart entre l'évolution constatée de l'activité des établissements mentionnés à l'article L. 162-22-6 et les prévisions établies au début de chaque année ainsi que, le cas échéant, des événements susceptibles d'affecter l'activité des établissements ou l'évolution des dépenses d'assurance maladie au cours de l'année en cours.

Art. R. 162-34-7 A compter de l'avis du comité d'alerte mentionné à l'avant-dernier alinéa de l'article L. 114-4-1, les ministres chargés de la santé et de la sécurité sociale arrêtent, le cas échéant, avant le 31 décembre de l'année en cours et après consultation de l'observatoire économique de l'hospitalisation publique et privée, le montant des crédits à verser aux établissements dans la limite prévue au II de l'article L. 162-23-5. Ce montant peut être différencié par catégorie d'établissements.

La répartition entre les régions est effectuée au prorata de l'activité des établissements mesurée notamment à partir des données mentionnées aux articles L. 6113-7 et L. 6113-8 du code de la santé publique.

Art. R. 162-34-8 Dans un délai de quinze jours suivant la publication de l'arrêté mentionné à l'article R. 162-34-7, le directeur général de l'agence régionale de santé arrête, pour chaque établissement, le montant du forfait alloué en application de l'article L. 162-23-5. Ce forfait est réparti au prorata de l'activité de chaque établissement mesurée notamment à partir des données mentionnées aux articles L. 6113-7 et L. 6113-8 du code de la santé publique. Ce forfait est versé en une seule fois par la caisse désignée en application des articles L. 174-2 et L. 174-18.

§ 4 MODALITÉS DE FACTURATION DES MOLÉCULES ONÉREUSES MENTIONNÉES À L'ARTICLE L. 162-23-6

Art. R. 162-34-9 La valeur du coefficient applicable au financement des molécules onéreuses mentionné au 5° de l'article L. 162-23-4 est fixée par arrêté des ministres chargés de la santé et de la sécurité sociale dans un délai de quinze jours suivant la publication de l'arrêté mentionné au I de l'article R. 162-34-4.

La valeur de ce coefficient est fixée en tenant compte de l'écart entre l'évolution constatée de la consommation des spécialités pharmaceutiques prévues au I de l'article L. 162-23-6 des établissements mentionnés à l'article L. 162-22-6 et les prévisions établies au début de chaque année ainsi que, le cas échéant, des événements susceptibles d'affecter l'évolution des dépenses d'assurance maladie au cours de l'année en cours afférente à cette enveloppe.

Art. R. 162-34-10 Sous réserve du respect du montant affecté aux dépenses relatives au financement de la liste des spécialités pharmaceutiques prévu au 1° du I de l'article L. 162-23, les ministres chargés de la santé et de la sécurité sociale arrêtent, avant le 1er mai de l'année suivante, le montant des crédits à verser aux établissements dans la limite prévue au II de l'article L. 162-23-6.

La répartition entre les régions est effectuée au prorata de l'activité des établissements mesurée notamment à partir des données mentionnées aux articles L. 6113-7 et L. 6113-8 du code de la santé publique.

Art. R. 162-34-11 Dans un délai de quinze jours suivant la publication de l'arrêté mentionné à l'article R. 162-34-10, le directeur général de l'agence régionale de santé arrête, pour chaque établissement, le montant du forfait alloué en application du II de l'article L. 162-23-6. Ce forfait est calculé, pour chaque établissement, au prorata du montant correspondant à la différence entre les montants issus des factures et ceux issus des factures minorés du coefficient mentionné au premier alinéa du II de l'article L. 162-23-6, mesuré notamment à partir des données mentionnées aux articles L. 6113-7 et L. 6113-8 du code de la santé publique. Ce forfait est versé en une seule fois par la caisse désignée en application des articles L. 174-2 et L. 174-18.

§ 5 MODALITÉS DE VERSEMENT

Art. R. 162-34-12 Dans un délai de quinze jours suivant la publication de l'arrêté mentionné au I de l'article R. 162-34-4, les ministres chargés de la santé et de la sécurité sociale arrêtent pour chaque région :

1° Le montant de la dotation mentionnée au 1° de l'article L. 162-23-3 ;

2° Le montant du forfait lié à l'utilisation de plateaux techniques spécialisés mentionné à l'article L. 162-23-7 ;

3° Le montant des dotations régionales de financement des missions d'intérêt général et d'aide à la contractualisation mentionnées à l'article L. 162-23-8.

Art. R. 162-34-13 Dans un délai de quinze jours suivant la publication de l'arrêté mentionné à l'article R. 162-34-12, le directeur général de l'agence régionale de santé arrête pour chaque établissement :

1° Le montant de la dotation mentionnée au 1° de l'article L. 162-23-3 ;

2° Le montant du forfait lié à l'utilisation de plateaux techniques spécialisés mentionné à l'article L. 162-23-7 ;

3° Le montant de la dotation nationale de financement des missions d'intérêt général et d'aide à la contractualisation mentionnée à l'article L. 162-23-8. Cette décision est motivée.

Le règlement aux établissements de ces forfaits et dotations, fractionnés en douze allocations mensuelles, est assuré par la caisse d'assurance maladie désignée en application de l'article L. 174-2 du code de la sécurité sociale.

§ 6 SUIVI DES CHARGES

(Abrogé par Décr. n° 2017-736 du 3 mai 2017, art. 9-18°, à compter du 1er juill. 2017)

Art. R. 162-34-14 *Le suivi des charges afférentes aux frais d'hospitalisation au titre des soins dispensés en soins de suite et de réadaptation par les établissements de santé mentionnés à l'article L. 162-22-6 est assuré par la Caisse nationale de l'assurance maladie des travailleurs salariés dans les conditions prévues à l'article R. 162-31-13.*

SOUS-SECTION 6 CONTRÔLE DE LA FACTURATION

(Décr. n° 2017-500 du 6 avr. 2017, art. 1er)

Art. R. 162-35 La commission de contrôle mentionnée à l'article L. 162-23-13 est composée de deux collèges :

1° Cinq représentants de l'agence régionale de santé, désignés par son directeur général ;

2° Cinq représentants des caisses locales d'assurance maladie et du service médical, désignés par le directeur général de l'Union nationale des caisses d'assurance maladie.

Les membres de la commission sont nommés pour cinq ans. Des suppléants en nombre égal à celui des titulaires sont désignés dans les mêmes conditions. Le remplacement d'un membre de la commission, en cas de cessation de fonctions au cours du mandat, s'effectue dans les mêmes conditions que sa nomination et pour la durée du mandat qui reste à courir.

Le président de la commission est désigné par le directeur général de l'agence régionale de santé parmi les représentants de l'agence. Il a voix prépondérante en cas de partage égal des voix.

La commission ne peut donner son avis que si au moins trois membres de chacun des deux collèges sont présents.

Les membres de la commission sont soumis au secret des délibérations. Ils ne peuvent pas siéger lorsqu'ils ont un intérêt personnel ou direct à l'affaire qui est examinée.

Art. R. 162-35-1 La commission de contrôle propose au directeur général de l'agence régionale de santé le programme de contrôle régional annuel qu'elle élabore sur la base d'un projet préparé par l'unité de coordination régionale du contrôle externe placée auprès d'elle. Cette unité coordonne la réalisation des contrôles décidés par le directeur général de l'agence régionale de santé et rédige le bilan annuel d'exécution du programme de contrôle.

L'unité de coordination régionale du contrôle externe est composée, pour les deux tiers, de personnels des caisses d'assurance maladie désignés par la commission de contrôle sur proposition des membres mentionnés au 2° de l'article R. 162-35 et, pour un tiers, de personnels de l'agence régionale de santé. L'unité est composée en majorité de médecins et comprend notamment le médecin-conseil régional du régime d'assurance maladie des travailleurs salariés, le médecin-conseil régional du régime social des indépendants et le médecin coordonnateur régional des régimes agricoles de protection sociale ou leurs représentants.

Art. R. 162-35-2 L'agence régionale de santé informe l'établissement de santé de l'engagement du contrôle réalisé en application de l'article L. 162-23-13 par tout moyen permettant de déterminer la date de réception. Elle précise les activités, prestations ou ensembles de séjours ainsi que la période sur lesquels portent le contrôle, le nom et la qualité du médecin chargé de l'organisation du contrôle et la date à laquelle il commence.

Le contrôle porte sur tout ou partie de l'activité de l'établissement et peut être réalisé sur la base d'un échantillon tiré au sort. Il recherche notamment les surfacturations et les sous-facturations.

L'établissement est tenu de fournir ou de tenir à disposition des personnes chargées du contrôle l'ensemble des documents qu'elles demandent. Les personnes chargées du contrôle exercent leur mission dans les conditions prévues à l'article R. 166-1.

A l'issue du contrôle, le médecin chargé de l'organisation du contrôle communique à l'établissement de santé, par tout moyen permettant de déterminer la date de réception, un rapport qu'il date et signe mentionnant la période, l'objet, la durée et les résultats du contrôle et, le cas échéant, la méconnaissance par l'établissement de santé des obligations définies à l'alinéa précédent.

A compter de la réception de ce rapport, l'établissement dispose d'un délai de trente jours pour faire connaître, le cas échéant, ses observations. A l'expiration de ce délai, le médecin chargé de l'organisation du contrôle transmet à l'unité de coordination le rapport de contrôle accompagné, s'il y a lieu, de la réponse de l'établissement.

Au vu de ces éléments, l'unité de coordination peut consulter tout expert qu'elle juge nécessaire d'entendre.

Art. R. 162-35-3 Lorsque le rapport fait apparaître des manquements aux règles de facturation fixées en application des dispositions des articles L. 162-22-6 et L. 162-23-1, des erreurs de codage ou l'absence de réalisation d'une prestation facturée, à l'origine de sommes indûment perçues, l'unité de coordination transmet, par tout moyen permettant de rapporter sa date de réception, le rapport de contrôle aux caisses qui ont supporté l'indu et leur demande la date, la cause, la nature et le montant de chacune des sommes dues et des sommes payées au titre des factures contrôlées. Simultanément, l'unité de coordination procède de même pour les sommes dues par les caisses au titre des sous-facturations constatées sur l'échantillon. Les caisses transmettent ces informations à l'unité de coordination dans un délai de deux mois à compter de sa demande.

La caisse mentionnée aux articles L. 174-2, L. 174-18 ou L. 752-1 fait connaître à l'unité de coordination, dans un délai de deux mois à compter de sa demande, le montant des recettes annuelles d'assurance maladie de l'établissement au titre de l'année civile antérieure au contrôle et, si le contrôle porte sur des activités, des prestations en particulier ou des ensembles de séjours présentant des caractéristiques communes, les recettes annuelles d'assurance maladie au titre de l'année civile antérieure au contrôle afférentes à ceux-ci.

Sur la base de ces éléments, l'unité de coordination adresse à la commission de contrôle et au directeur général de l'agence régionale de santé le rapport mentionné à l'article R. 162-35-2, le cas échéant les observations de l'établissement, le montant maximum de la sanction encourue, déterminé conformément à l'article R. 162-35-4 et un avis sur les observations présentées par l'établissement.

Art. R. 162-35-4 Le montant de la sanction résultant du contrôle est déterminé par le directeur général de l'agence régionale de santé après avis de la commission de contrôle.

Le directeur général de l'agence régionale de santé calcule le taux d'anomalies défini comme le quotient, d'une part, des sommes indûment perçues par l'établissement, déduction faite des sommes dues par les caisses au titre des sous-facturations constatées sur l'échantillon ainsi que, le cas échéant, de la minoration mentionnée au septième alinéa de l'article L. 133-4, et, d'autre part, des sommes dues par l'assurance maladie au titre de la totalité des facturations de l'échantillon.

La sanction est fixée en fonction de la gravité des manquements constatés et de leur caractère réitéré, à un montant au maximum égal au montant des recettes annuelles d'assurance maladie afférentes aux activités, prestations ou ensembles de séjours ayant fait l'objet du contrôle multiplié par le taux d'anomalies.

Le montant de la sanction ne peut excéder dix fois le montant des sommes indûment perçues par l'établissement, déduction faite des sommes dues par les caisses au titre des sous-facturations constatées sur l'échantillon ainsi que, le cas échéant, de la minoration mentionnée au septième alinéa de l'article L. 133-4. Le montant de la sanction est inférieur à la limite de 5 % de la totalité des recettes annuelles d'assurance maladie de l'établissement au titre de l'année civile antérieure au contrôle.

Ne sont pas prises en compte dans les recettes annuelles d'assurance maladie de l'établissement les sommes versées en application de l'article L. 162-22-14 et du II de l'article L. 162-23-8 du code de la sécurité sociale.

Art. R. 162-35-5 I. – Le directeur général de l'agence régionale de santé adresse à l'établissement en cause, par tout moyen permettant de rapporter la preuve de sa date de réception, une notification comportant la date, la nature, la cause et le montant des manquements constatés, le montant de la sanction maximale encourue, en indiquant à l'établissement qu'il dispose d'un délai d'un mois à compter de la réception pour demander à être entendu, s'il le souhaite, ou présenter ses observations écrites.

A l'issue du délai d'un mois à compter de ladite notification ou après audition de l'établissement en cause, lorsque celle-ci intervient postérieurement à l'expiration de ce délai, si le directeur général de l'agence régionale de santé décide de poursuivre la procédure, il saisit la commission de contrôle dans un délai d'un mois et lui communique les observations présentées, le cas échéant, par l'établissement.

II. – Après que le directeur général de l'agence régionale de santé ou son représentant a présenté ses observations, et après avoir entendu, le cas échéant, l'établissement en cause dans le délai imparti, la commission de contrôle rend un avis motivé, portant notamment sur la gravité des manquements constatés, ainsi que sur le montant de la sanction envisagée. Elle adresse son avis au directeur général de l'agence régionale de santé ainsi qu'à l'établissement dans un délai de deux mois à compter de sa saisine. Si la commission ne s'est pas prononcée au terme de ce délai, l'avis est réputé rendu.

III. – A compter de la réception de l'avis de la commission ou de la date à laquelle celui-ci est réputé avoir été rendu, le directeur général de l'agence régionale de santé prononce la sanction, la notifie à l'établissement dans un délai d'un mois par tout moyen permettant de rapporter la preuve de sa date de réception en indiquant à l'établissement la date, la nature, la cause et le montant des manquements constatés, le délai et les modalités de paiement des sommes en cause, les voies et délais de recours, ainsi que, le cas échéant, les raisons pour lesquelles il n'a pas suivi l'avis de la commission de contrôle. Il adresse une copie de cette notification à la commission de contrôle et à la caisse mentionnée aux articles L. 174-2, L. 174-18 ou L. 752-1. Cette caisse recouvre le montant des sommes en cause.

Lorsque le directeur général de l'agence régionale de santé décide de ne pas prononcer de sanction alors que la commission de contrôle y était favorable, il notifie sa décision à l'établissement dans un délai d'un mois et communique les motifs de son abstention à la commission de contrôle dans le même délai.

A défaut du respect par le directeur général de l'agence régionale de santé du délai d'un mois mentionné aux deux alinéas précédents, la procédure est réputée abandonnée.

IV. – Lorsqu'une décision juridictionnelle exécutoire aboutit à un montant d'indu inférieur à celui notifié initialement à l'établissement et que la sanction prenant en compte l'indu contesté a déjà été notifiée, le directeur général de l'agence régionale de santé procède au réexamen du montant de la sanction en fonction du montant d'indu résultant de la décision juridictionnelle.

Art. R. 162-35-6 Lorsque l'établissement fait obstacle à la préparation ou à la réalisation du contrôle prévu à l'article L. 162-23-13 et exercé dans les conditions fixées à l'article R. 162-35-2, l'unité de coordination en informe le directeur général de l'agence régionale de santé, qui adresse à l'établissement, par tout moyen permettant de déterminer la date de réception, une mise en demeure de mettre fin à cet obstacle ou de prendre les mesures qui s'imposent dans un délai de quinze jours et en informe la commission de contrôle. Si, à l'issue de ce délai, l'établissement n'a pas déféré à la mise en demeure, la sanction mentionnée au quatrième alinéa de l'article L. 162-23-13 peut lui être infligée, dans les conditions fixées à l'article R. 162-35-5.

SOUS-SECTION 7 AMÉLIORATION DE LA QUALITÉ ET DE LA SÉCURITÉ DES SOINS

(Décr. nº 2017-500 du 6 avr. 2017, art. 1er).

Art. R. 162-36 *(Décr. nº 2019-121 du 21 févr. 2019, art. 1er)* Les établissements de santé exerçant les activités mentionnées aux 1° à 4° de l'article L. 162-22 procèdent au recueil des indicateurs liés à la qualité et à la sécurité des soins mentionnés aux articles L. 6144-1 et L. 6161-2-2 du code de la santé publique, et fixés par arrêté des ministres chargés de la santé et de la sécurité sociale. Pour certains de ces indicateurs, ce recueil n'est obligatoire qu'au-delà d'un seuil d'activité fixé par arrêté des mêmes ministres.

Les établissements exerçant les activités mentionnées aux 1° et 4° de l'article L. 162-22 peuvent bénéficier de la dotation complémentaire mentionnée à l'article L. 162-23-15. La liste des indicateurs qui, parmi les indicateurs précités, sont retenus pour le calcul de cette dotation complémentaire est fixée par arrêté pris, après avis de la Haute Autorité de Santé, avant le 31 décembre précédant l'année civile considérée.

Les établissements de santé qui n'ont pas procédé au recueil obligatoire d'un ou de plusieurs de ces indicateurs ou dont le recueil d'un ou plusieurs de ces indicateurs a fait l'objet d'une invalidation par l'autorité administrative dans le cadre du contrôle de la qualité des données déclarées par l'établissement de santé ne perçoivent pas de dotation complémentaire au titre du ou des indicateurs concernés pour l'année considérée.

Pour l'année 2019, l'arrêté mentionné à l'art. R. 162-36 est publié dans un délai de trois mois à compter de la publication du Décr. n° 2019-121 du 21 févr. 2019 (Décr. préc., art. 2).

Art. R. 162-36-1 *(Décr. n° 2019-121 du 21 févr. 2019, art. 1er)* Les catégories des indicateurs liés à la qualité et la sécurité des soins mentionnés à l'article R. 162-36 sont les suivantes :

1° Qualité des prises en charge perçue par les patients ;

2° Qualité des prises en charge cliniques ;

3° Qualité des pratiques dans la prévention des infections associées aux soins ;

4° Qualité de la coordination des prises en charge ;

5° Performance de l'organisation des soins ;

6° Qualité de vie au travail ;

7° Démarche de certification.

Art. R. 162-36-2 *(Décr. n° 2019-121 du 21 févr. 2019, art. 1er)* I. — Le montant de la dotation complémentaire prévue par l'article L. 162-23-15 alloué à chaque établissement de santé est déterminé, dans des conditions fixées par arrêté des ministres chargés de la santé et de la sécurité sociale, en fonction :

1° Des résultats de l'établissement de santé pour chaque indicateur mentionné à l'article R. 162-36 ;

2° De l'évolution des résultats obtenus par l'établissement de santé pour chaque indicateur mentionné à l'alinéa précédent mesuré au cours de l'année civile considérée comparativement aux dernières mesures disponibles ;

3° Du groupe de comparaison auquel l'établissement appartient ;

4° De l'activité produite par les établissements de santé au cours de l'année civile précédent l'année considérée.

Cet arrêté détermine également les modalités de calcul de la dotation complémentaire par groupe de comparaison et par indicateur lié à la qualité et à la sécurité des soins.

Le montant de la dotation complémentaire mentionnée à l'article L. 162-23-15 alloué à chaque établissement de santé est la somme des parts de dotation complémentaire obtenues pour chaque indicateur par cet établissement.

II. — Au plus tard le 31 décembre de l'année civile considérée, le directeur général de l'agence régionale de santé arrête, pour chaque établissement, le montant de la dotation complémentaire qui lui est alloué.

Ce montant est versé en une seule fois par la caisse primaire d'assurance maladie dont il relève en application des articles L. 174-2 et L. 174-18.

Lorsqu'un établissement de santé n'obtient pas un résultat suffisant à un indicateur de la catégorie mentionnée au 7° de l'article R. 162-36-1, le directeur général de l'agence régionale de santé conditionne le versement du montant de la dotation complémentaire qui doit lui être allouée au titre de l'ensemble des indicateurs à la production par l'établissement d'un plan d'actions assurant son engagement dans une démarche d'amélioration de ses résultats sur cet indicateur. Toutefois, le directeur général de l'agence régionale de santé peut estimer, par décision spécialement motivée, qu'il n'y a pas lieu de conditionner le versement de la dotation complémentaire, au regard de circonstances particulières propres à l'établissement concerné. L'arrêté des ministres en charge de la santé et de la sécurité sociale mentionné au I fixe les conditions et les modalités de mise en œuvre de ce versement.

SOUS-SECTION 8 INSCRIPTION DES SPÉCIALITÉS PHARMACEUTIQUES SUR LA LISTE MENTIONNÉE À L'ARTICLE L. 162-22-7

(Décr. nº 2017-500 du 6 avr. 2017, art. 1er)

Art. R. 162-37 I. — La liste des spécialités pharmaceutiques prévue à l'article L. 162-22-7 et leurs conditions de prise en charge sont fixées par arrêté des ministres chargés de la santé et de la sécurité sociale.

II. — L'inscription d'une indication ou de plusieurs indications thérapeutiques d'une spécialité pharmaceutique sur la liste mentionnée au I peut être sollicitée auprès des ministres chargés de la santé et de la sécurité sociale par l'entreprise qui exploite la spécialité pharmaceutique, ou initiée par ces ministres.

III. — La demande d'inscription est adressée au ministre chargé de la santé par tout moyen permettant de donner une date certaine à cette demande. Le ministre en accuse réception. La demande précise l'indication ou les indications thérapeutiques concernées. Elle est accompagnée d'un dossier qui comporte les informations nécessaires à l'appréciation des conditions d'inscription de la spécialité pharmaceutique dans la ou les indications considérées prévues aux articles R. 162-37-2 et R. 162-37-3. Le dossier est également accompagné des prix pratiqués en Allemagne, en Espagne, en Italie et au Royaume-Uni s'ils sont disponibles, d'éléments d'impact financier sur l'assurance maladie ainsi que, le cas échéant, du montant de l'indemnité maximale mentionnée à l'article L. 162-16-5-1.

IV. — Dans le cas où les éléments d'appréciation communiqués par l'entreprise qui exploite la spécialité pharmaceutique sont estimés insuffisants, le ministre chargé de la santé notifie immédiatement au demandeur les renseignements complémentaires détaillés requis. Le délai prévu à l'article R. 162-37-1 est alors suspendu à compter de la date de réception de cette notification et jusqu'à la date de réception des informations complémentaires demandées.

Art. R. 162-37-1 L'arrêté portant inscription sur la liste mentionnée à l'article L. 162-22-7 et le tarif de responsabilité de la spécialité pharmaceutique prévu à l'article L. 162-16-6 sont publiés simultanément au *Journal officiel* dans un délai de cent quatre-vingts jours à compter de la réception par le ministre chargé de la santé de la demande mentionnée à l'article R. 162-38.

Art. R. 162-37-2 I. — L'inscription d'une ou *[de]* plusieurs indications d'une spécialité pharmaceutique bénéficiant d'une autorisation de mise sur le marché sur la liste mentionnée à l'article L. 162-22-7 est subordonnée au respect de l'ensemble des conditions suivantes :

1° La spécialité, dans la ou les indications considérées, est susceptible d'être administrée majoritairement au cours d'hospitalisations mentionnées au 1° de l'article R. 162-33-1 ;

2° Le niveau de service médical rendu de la spécialité dans la ou les indications considérées, apprécié au regard des critères mentionnés au I de l'article R. 162-37-3*[,]* est majeur ou important ;

3° Le niveau d'amélioration du service médical rendu de la spécialité dans la ou les indications considérées, apprécié au regard des critères mentionnés au II de l'article R. 162-37-3*[,]* est majeur, important ou modéré. Il peut être mineur si l'indication considérée présente un intérêt de santé publique et en l'absence de comparateur pertinent. Il peut être mineur ou absent lorsque les comparateurs pertinents sont déjà inscrits sur la liste ;

4° Un rapport supérieur à 30 % entre, d'une part, le coût moyen estimé du traitement dans l'indication thérapeutique considérée par hospitalisation et, d'autre part, les tarifs de la majorité des prestations dans lesquelles la spécialité est susceptible d'être administrée dans l'indication considérée, mentionnés au 1° de l'article L. 162-22-10 et applicables l'année en cours. Pour les établissements mentionnés aux *d* et *e* de l'article L. 162-22-6, les tarifs de référence sont ceux mentionnés au présent 4°, majorés des éléments mentionnés aux 2° et 3° de l'article R. 162-33-2.

II. — Sont présumés remplir les conditions mentionnées au I du présent article dans l'indication ou les indications considérées :

1° Les spécialités génériques définies au *a* du 5° de l'article L. 5121-1 du code de la santé publique lorsque la spécialité de référence est inscrite sur la liste mentionnée à l'article L. 162-22-7 ;

2° Les médicaments biologiques similaires définis au *a* du 15° de l'article L. 5121-1 du code de la santé publique lorsque le médicament biologique de référence est inscrit sur la liste mentionnée à l'article L. 162-22-7 ;

3° Les nouveaux dosages ou les nouvelles présentations concernant les indications de spécialités pharmaceutiques inscrites sur la liste mentionnée à l'article L. 162-22-7 ;

4° Les spécialités bénéficiant d'une autorisation d'importation parallèle lorsque la spécialité correspondante disposant d'une autorisation de mise sur le marché en France est inscrite sur la liste mentionnée à l'article L. 162-22-7.

Art. R. 162-37-3 I. — L'appréciation du service médical rendu mentionné *[mentionnée]* au 2° du I de l'article R. 162-37-2 prend en compte l'efficacité et les effets indésirables du médicament, sa place dans la stratégie thérapeutique, notamment au regard des autres thérapies disponibles, la gravité de l'affection à laquelle il est destiné, le caractère préventif, curatif ou symptomatique du traitement médicamenteux et son intérêt pour la santé publique.

II. — L'appréciation de l'amélioration du service médical rendu mentionnée au 3° du I de l'article R. 162-37-2 s'appuie sur une comparaison du médicament, en termes de service médical rendu, avec tous les comparateurs pertinents au regard des connaissances médicales avérées que sont les médicaments, les produits, les actes et les prestations.

III. — Pour apprécier le service médical rendu et l'amélioration du service médical rendu*[,]* il est tenu compte de l'évaluation mentionnée à l'article R. 163-18 de la commission prévue à l'article L. 5123-3 du code de la santé publique.

Art. R. 162-37-4 Il peut être procédé à la radiation d'une ou *[de]* plusieurs indications, considérée individuellement, d'une spécialité de la liste mentionnée à l'article L. 162-22-7, à l'initiative des ministres chargés de la sécurité sociale et de la santé ou à la demande de l'entreprise qui exploite la spécialité dans l'un des cas suivants :

1° La condition prévue au 1° du I de l'article R. 162-37-2, attendu lors de l'inscription de la ou des indications de la spécialité pharmaceutique sur la liste, n'est pas remplie ;

2° Les conditions prévues aux 2° ou 3° du I de l'article R. 162-37-2 ne sont pas remplies ;

3° Pour chacune des prestations mentionnées au 1° de l'article R. 162-33-1 qui, en cumul, représentent 80 % des administrations de la spécialité dans l'indication considérée, la spécialité est administrée dans au moins 80 % des hospitalisations donnant lieu à la production d'une prestation ;

4° La condition mentionnée au 4° du I de l'article R. 162-37-2 n'est pas remplie ;

5° La ou les indications de la spécialité pharmaceutique entraînent des dépenses injustifiées pour l'assurance maladie.

Pour les conditions mentionnées aux 1°, 3°, 4° et 5° du présent article, les données considérées sont celles issues notamment du système d'information prévu aux articles L. 6113-7 et L. 6113-8 du code de la santé publique.

Art. R. 162-37-5 Les décisions portant refus d'inscription, total ou partiel, sur la liste mentionnée à l'article L. 162-22-7, ou radiation d'une ou *[de]* plusieurs indications d'une spécialité pharmaceutique de cette liste sont notifiées à l'entreprise avec la mention des motifs de ces décisions ainsi que des voies et délais de recours qui leur sont applicables. Dans le cas de décisions portant refus d'inscription, la notification est faite dans un délai de cent quatre-vingts jours à compter de la réception de la demande.

SOUS-SECTION 9 INSCRIPTION DES PRODUITS ET PRESTATIONS SUR LA LISTE MENTIONNÉE À L'ARTICLE L. 162-22-7

(Décr. n° 2017-500 du 6 avr. 2017, art. 1er)

Art. R. 162-38 La liste des produits et prestations et les conditions de prise en charge des produits et prestations mentionnés à l'article L. 162-22-7 sont fixées par arrêté des ministres chargés de la santé et de la sécurité sociale.

Art. R. 162-38-1 I. — L'inscription d'un produit ou d'une prestation sur la liste visée au premier alinéa de l'article L. 162-22-7 peut être demandée auprès des ministres chargés de la santé et de la sécurité sociale par l'entreprise qui exploite le produit ou la prestation concernée, ou initiée par ces ministres.

II. – La demande d'inscription est adressée au ministre chargé de la santé par tout moyen permettant de donner une date certaine à cette demande. Le ministre chargé de la santé en accuse réception. La date de réception constitue le point de départ du délai de cent quatre-vingts jours mentionné au dernier alinéa de l'article L. 165-2. Elle est accompagnée d'un dossier qui comporte les informations nécessaires pour apprécier les conditions d'inscription du produit ou de la prestation. Elle peut également être accompagnée des prix pratiqués à l'étranger et d'éléments d'impact financier sur l'assurance maladie.

III. – Dans le cas où les éléments d'appréciation communiqués par l'entreprise qui exploite le produit ou la prestation sont estimés insuffisants, le ministre chargé de la santé notifie immédiatement au demandeur les renseignements complémentaires détaillés requis. Le délai mentionné au II est suspendu à compter de la date de réception de cette notification et jusqu'à la date de réception des informations complémentaires demandées.

SECTION VI ACTIONS EXPÉRIMENTALES

SOUS-SECTION 1 ACTIONS EXPÉRIMENTALES DÉFINIES À L'ARTICLE L. 162-31

(Décr. nº 96-789 du 11 sept. 1996)

Art. R. 162-46 L'agrément mentionné à l'article L. 162-31 est accordé par le ministre chargé de la sécurité sociale et le ministre chargé de la santé pour une durée limitée renouvelable. *(Décr. nº 2001-532 du 20 juin 2001, art. 36)* « Le silence gardé pendant plus de six mois sur la demande d'agrément vaut décision de rejet. »

Cet agrément peut être retiré par les ministres précités avant l'échéance fixée, soit au vu des résultats de l'évaluation et suivant la procédure définie à l'article R. 162-50, soit si les conditions que prévoit l'agrément cessent d'être remplies.

Art. R. 162-47 Les demandes d'agrément des actions expérimentales, qu'elles soient essentiellement médicales ou qu'elles associent soins, prévention, éducation sanitaire ou aide d'ordre social, précisent les objectifs de l'expérimentation, ses formes d'intervention, les moyens d'évaluation de ses résultats, les charges prévisionnelles ainsi que les modalités prévues pour leur financement.

Le ministre chargé de la sécurité sociale, le ministre chargé de la santé et le ministre chargé de l'agriculture recueillent sur ces demandes les avis, soit de la Caisse nationale de l'assurance maladie des travailleurs salariés, de *(Décr. nº 2006-83 du 27 janv. 2006)* « la Caisse nationale du régime social des indépendants » et de la Caisse centrale de secours mutuels agricoles, soit de l'une ou de deux seulement d'entre elles en fonction du champ d'application des actions expérimentales envisagées.

Art. R. 162-48 La convention mentionnée à l'article L. 162-31 concernant la couverture forfaitaire des dépenses de soins afférentes aux actions expérimentales est conclue entre la personne physique ou morale titulaire de l'agrément et la caisse primaire d'assurance maladie, la *(Décr. nº 2006-83 du 27 janv. 2006)* « caisse de base du régime social des indépendants » et la caisse de mutualité sociale agricole. Cette convention peut n'être signée que par une ou deux de ces caisses seulement si l'action expérimentale agréée est limitée aux seuls ressortissants de ces organismes.

Elle est prévue pour la durée fixée par l'agrément mentionné à l'article R. 162-46 et définit les obligations respectives des parties, notamment le montant prévisionnel des soins dispensés dans le cadre de l'action expérimentale, les modalités de règlement des dépenses correspondantes et la répartition des charges entre les parties signataires dans les conditions définies à l'article R. 162-49.

La dotation couvrant les dépenses de soins est fixée pour l'année civile sauf pour la première année de mise en œuvre d'une expérience débutant en cours d'exercice. Les dotations suivantes font l'objet d'avenants.

La convention, ainsi que ses avenants, entrent en vigueur après approbation par le *(Décr. nº 2010-344 du 31 mars 2010, art. 276)* « directeur général de l'agence régionale de santé de la région » où se déroule l'action expérimentale.

Art. R. 162-49 Les dépenses forfaitaires de soins supportées par les caisses signataires de la convention sont réparties entre elles au prorata du nombre d'assurés et ayants droit relevant de chacune d'elles et ayant bénéficié de l'action expérimentale.

Art. R. 162-50 Il est procédé une fois par an à l'évaluation des résultats des actions expérimentales, de leur coût et de leurs modalités de réalisation.

Un rapport annuel d'activité est établi par la personne physique ou morale titulaire de l'agrément et remis, avant le 1er octobre, au *(Décr. n° 2010-344 du 31 mars 2010, art. 276)* « directeur général de l'agence régionale de santé de la région » où se déroule l'action expérimentale. Ce dernier le transmet au président du conseil départemental, ainsi qu'aux maires des communes du lieu de l'expérience pour être soumis au conseil départemental et aux conseils municipaux intéressés, aux organismes d'assurance maladie signataires de la convention et aux syndicats représentatifs sur le plan local des professions de santé associés aux expériences qui lui font connaître leurs observations éventuelles dans le délai de deux mois suivant la réception du rapport. Ce rapport est également adressé au directeur régional des affaires sanitaires et sociales compétent.

Le rapport d'activité accompagné des observations mentionnées à l'alinéa précédent est adressé par le *(Décr. n° 2010-344 du 31 mars 2010, art. 276)* « directeur général de l'agence régionale de santé » au ministre chargé de la sécurité sociale, au ministre chargé de la santé et au ministre chargé de l'agriculture qui consultent soit la Caisse nationale de l'assurance maladie des travailleurs salariés, *(Décr. n° 2006-83 du 27 janv. 2006)* « la Caisse nationale du régime social des indépendants » et la Caisse centrale de secours mutuels agricoles, soit l'une ou deux seulement d'entre elles, en fonction du champ d'application de l'action agréée. *(Abrogé par Décr. n° 2010-344 du 31 mars 2010, art. 276) « L'agrément prévu à l'article R. 162-46 peut être retiré en cas d'avis défavorable de la ou des caisses nationales régulièrement consultées. »*

SOUS-SECTION 2 EXPÉRIMENTATIONS POUR L'INNOVATION DANS LE SYSTÈME DE SANTÉ

(Décr. n° 2018-125 du 21 févr. 2018, art. 1er)

Les expérimentations conduites dans le cadre de l'art. 48 de la L. n° 2012-1404 du 17 déc. 2012 de financement de la sécurité sociale pour 2013, de l'art. 43 de la L. n° 2013-1203 du 23 déc. 2013 de financement de la sécurité sociale pour 2014, de l'art. 53 de la L. n° 2014-1554 du 22 déc. 2014 de financement de la sécurité sociale pour 2015, de l'art. 68 de la L. n° 2015-1702 du 21 déc. 2015 de financement de la sécurité sociale pour 2016 et des art. 66, 68 et 94 de la L. n° 2016-1827 du 23 déc. 2016 de financement de la sécurité sociale pour 2017 peuvent faire l'objet d'une demande de poursuite d'expérimentation dans le cadre de l'art. L. 162-31-1 CSS. Cette demande, accompagnée du cahier des charges de l'expérimentation, est transmise au rapporteur général du comité technique et du conseil stratégique de l'innovation en santé avant le 30 sept. 2018.

Le cas échéant, le comité technique de l'innovation en santé vérifie que l'expérimentation entre dans l'objet défini au I de l'art. L. 162-31-1 CSS, émet un avis sur la poursuite de l'expérimentation, s'assure que les modalités d'évaluation prévues dans la demande de poursuite de l'expérimentation sont conformes aux dispositions de l'art. R. 162-50-14 CSS et propose une nouvelle date de fin de l'expérimentation compte tenu de la date de début de mise en œuvre de celle-ci. Il transmet aux ministres chargés de la sécurité sociale et de la santé son avis portant sur la possibilité de poursuivre les expérimentations candidates et sur la nouvelle date de fin de chacune d'entre elles.

L'arrêté des ministres chargés de la sécurité sociale et de la santé autorisant la poursuite des expérimentations précise la nouvelle date de fin des expérimentations conformément au V de l'art. 51 de la L. n° 2017-1836 du 30 déc. 2017 de financement de la sécurité sociale pour 2018 ainsi que les modalités d'évaluation. Le cahier des charges est annexé à cet arrêté (Décr. n° 2018-125 du 21 févr. 2018, art. 2).

§ 1er CATÉGORIES D'EXPÉRIMENTATIONS

Art. R. 162-50-1 I. – Les expérimentations mentionnées au 1° du I de l'article L. 162-31-1 regroupent les catégories d'expérimentation suivantes :

1° L'organisation ou le développement d'activités de soins, de prévention et d'accompagnement au sein des secteurs sanitaire, médico-social ou social, à destination de personnes, de groupes de personnes ou de populations, de manière alternative ou complémentaire aux modalités en vigueur, bénéficiant d'une ou plusieurs des modalités de financement suivantes :

a) Financement forfaitaire total ou partiel pour des activités financées à l'acte ou à l'activité ;

b) Financement par épisodes, séquences ou parcours de soins ;

c) Financement modulé par la qualité, la sécurité ou l'efficience des soins, mesurées à l'échelle individuelle ou populationnelle par des indicateurs issus des bases de données médico-administratives, de données cliniques ou de données rapportées par les patients ou les participants aux expérimentations ;

d) Financement collectif et rémunération de l'exercice coordonné ;

2° L'organisation et le financement d'activités de soins, de prévention et d'accompagnement, de technologies ou de services au sein des secteurs sanitaire, médico-social ou social, non pris en charge par les modalités existantes et susceptibles d'améliorer l'accès aux soins, leur qualité, leur sécurité ou l'efficience du système de santé, selon une ou plusieurs des modalités suivantes :

a) Structuration pluriprofessionnelle des soins ambulatoires ou à domicile et promotion des coopérations interprofessionnelles et de partages de compétences ;

b) Organisation favorisant l'articulation ou l'intégration des soins ambulatoires, des soins hospitaliers et des prises en charge dans le secteur médico-social ;

c) Utilisation d'outils ou de services numériques favorisant ces organisations.

II. – Les expérimentations mentionnées au 2° du I de l'article L. 162-31-1 regroupent les catégories d'expérimentation visant à améliorer l'efficience ou la qualité :

1° Des prises en charge par l'assurance maladie des médicaments et des produits et prestations de services et d'adaptation associées au sein des établissements de santé, notamment par la mise en place de mesures incitatives et d'un recueil de données en vie réelle ;

2° De la prescription des médicaments et des produits et prestations de services et d'adaptation associées, notamment par le développement de nouvelles modalités de rémunération et d'incitations financières ;

3° Du recours au dispositif de l'article L. 165-1-1 pour les dispositifs médicaux innovants avec des conditions dérogatoires de financement de ces dispositifs médicaux.

§ 2 ORGANISATION

Art. R. 162-50-2 I. – Le comité technique mentionné au III de l'article L. 162-31-1 est dénommé : "comité technique de l'innovation en santé". Il est placé auprès des ministres chargés de la santé et de la sécurité sociale. Il est composé des membres suivants :

1° Le secrétaire général des ministères chargés des affaires sociales ou son représentant ;

2° Le directeur de la sécurité sociale ou son représentant ;

3° Le directeur général de l'offre de soins ou son représentant ;

4° Le directeur général de la santé ou son représentant ;

5° Le directeur général de la cohésion sociale ou son représentant ;

6° Le directeur de la recherche, des études, de l'évaluation et des statistiques ou son représentant ;

7° Un représentant des directeurs généraux des agences régionales de santé, nommé par arrêté du ministre chargé de la santé ;

8° Le directeur de l'Union nationale des caisses de l'assurance maladie mentionnée à l'article L. 182-2 du code de la sécurité sociale ou son représentant.

II. – Le comité technique de l'innovation en santé étudie les projets d'expérimentations qui lui sont soumis et rend un avis sur ces projets.

S'il se prononce sur un projet au cours d'une réunion ou sous forme dématérialisé *[dématérialisée]*, son avis est réputé favorable lorsqu'aucun membre présent ou représenté ne s'y est opposé.

En l'absence d'avis rendu dans les conditions prévues à l'alinéa précédent, son avis est réputé favorable au terme du délai prévu à l'article R. 162-50-7.

Le comité est informé de l'état d'avancement des expérimentations en cours. Il est destinataire des rapports d'étape rédigés par les porteurs de projet et des rapports d'évaluation sur la base desquels il rend un avis sur l'opportunité et les modalités d'une généralisation.

Art. R. 162-50-3 I. – Le conseil stratégique mentionné au III de l'article L. 162-31-1 est dénommé : "conseil stratégique de l'innovation en santé".

Présidé par le ministre en charge de la santé, il est composé des représentants, nommés dans des conditions fixées par arrêté des ministres en charge de la sécurité sociale et de la santé :

1° Du secrétariat général des ministères chargés des affaires sociales ;

2° De la direction de la sécurité sociale ;

3° De la direction générale de l'offre de soins ;

4° De la direction générale de la santé ;

5° De la direction générale de la cohésion sociale ;

6° De la direction de la recherche, des études, de l'évaluation et des statistiques ;

7° De la direction générale des entreprises ;

8° Du Comité économique des produits de santé mentionné à l'article L. 162-17-3 ;

9° D'agences régionales de santé ;

10° De la Haute Autorité de santé ;

11° De l'Union nationale des caisses de l'assurance maladie mentionnée à l'article L. 182-2 ;

12° Des agences nationales intervenant dans le secteur sanitaire ;

13° De la Caisse nationale de solidarité pour l'autonomie ;

14° De l'Union nationale des organismes complémentaires d'assurance maladie ;

15° De professionnels de santé, du champ sanitaire et médico-social ou de l'aide à domicile ;

16° De structures de soins primaires ;

17° D'établissements de santé et médico-sociaux ;

18° De patients et d'usagers du système de santé et du champ médico-social ;

19° De conseils départementaux ;

20° D'entreprises de produits de santé. – *V. Arr. du 28 févr. 2018 (JO 4 mars).*

Le conseil stratégique comporte également des personnalités qualifiées désignées en raison de leur connaissance du système de santé ou de leur compétence en matière d'innovation organisationnelle ou en économie de la santé, nommées dans des conditions fixées par arrêté des ministres en charge de la sécurité sociale et de la santé.

Les ministres en charge de la sécurité sociale et de la santé nomment le vice-président du conseil stratégique de l'innovation en santé en son sein.

Le conseil stratégique de l'innovation en santé peut auditionner toute personne susceptible d'éclairer ses travaux et notamment des acteurs économiques et des offreurs de services.

II. – Le conseil stratégique de l'innovation en santé est informé de l'état d'avancement des expérimentations.

Il est destinataire des rapports d'étape et d'évaluation ainsi que des avis du comité technique de l'innovation en santé sur l'opportunité d'une généralisation des expérimentations.

Art. R. 162-50-4 Un rapporteur général du comité technique et du conseil stratégique de l'innovation en santé est nommé par les ministres chargés de la sécurité sociale et de la santé.

Il assure l'organisation et la coordination des travaux du comité technique de l'innovation en santé, les saisines de la Haute Autorité de santé prévues à l'article R. 162-50-8, les échanges avec le conseil stratégique de l'innovation en santé et avec les agences régionales de santé et la transmission des avis du comité technique aux ministres en charge de la sécurité sociale et de la santé, conformément au III de l'article L. 162-31-1.

Il assure également l'organisation des travaux du conseil stratégique de l'innovation en santé sous l'autorité de son président, ainsi que l'établissement et la transmission de ses propositions et avis.

Il transmet au conseil stratégique de l'innovation en santé les rapports d'étape et d'évaluation ainsi que les avis du comité technique sur l'opportunité de la généralisation des expérimentations afin que ce conseil puisse rendre l'avis prévu au deuxième alinéa du III de l'article L. 162-31-1 sur l'opportunité de la généralisation des expérimentations.

Le rapporteur général élabore chaque année un état des lieux des expérimentations achevées et en cours qu'il transmet aux ministres en charge de la santé et de la sécurité sociale, à destination du Parlement, conformément au VI de l'article L. 162-31-1.

Il est chargé de s'assurer de la réalisation de l'évaluation des expérimentations et de transmettre les rapports d'évaluation au comité technique de l'innovation en santé, au conseil stratégique de l'innovation en santé et aux ministres en charge de la santé et de la sécurité sociale.

§ 3 PRÉSENTATION, SÉLECTION ET AUTORISATION DES PROJETS D'EXPÉRIMENTATION

Art. R. 162-50-5 I. — Les porteurs de projets d'expérimentation entrant dans le champ défini au 1° du I de l'article L. 162-31-1 et dont la portée est régionale ou infrarégionale soumettent au directeur général de l'agence régionale de santé compétente un cahier des charges élaboré conformément aux dispositions de l'article R. 162-50-6, et, le cas échéant, un appel à projets.

Lorsque le directeur général de l'agence régionale de santé émet un avis favorable sur un projet d'expérimentation, il transmet au rapporteur général mentionné à l'article R. 162-50-4 le projet ainsi que son projet de cahier des charges et, le cas échéant, un appel à projets, accompagnés de son avis favorable. L'avis sur l'intérêt du projet d'expérimentation est motivé notamment au regard de la faisabilité et du caractère innovant et efficient du projet.

II. — Les porteurs de projet d'expérimentation entrant dans le champ défini au 1° du I de l'article L. 162-31-1 et dont la portée est interrégionale ou nationale, soumettent au rapporteur général mentionné à l'article R. 162-50-4, un cahier des charges élaboré conformément aux dispositions de l'article R. 162-50-6, et, le cas échéant, un appel à projets.

Le rapporteur général apprécie l'intérêt du projet d'expérimentation, au regard notamment de sa faisabilité et de son caractère innovant et efficient.

III. — Le rapporteur général soumet au comité technique de l'innovation en santé les projets d'expérimentation tels que transmis en application du I par les directeurs généraux des agences régionales de santé.

Le rapporteur général peut soumettre au comité technique de l'innovation en santé les projets d'expérimentation transmis en application du II accompagnés de son avis motivé.

IV. — Les membres du comité technique de l'innovation en santé peuvent présenter au comité un projet d'expérimentation entrant dans les champs définis aux 1° et 2° du I de l'article L. 162-31-1, sous la forme d'un cahier des charges, accompagné le cas échéant d'un appel à projets. Le cahier des charges est élaboré conformément aux dispositions de l'article R. 162-50-6.

Art. R. 162-50-6 Le projet de cahier des charges décrit le contenu de l'expérimentation et comporte notamment les éléments suivants :

1° La durée de l'expérimentation envisagée ;

2° L'objet et la catégorie de l'expérimentation en précisant les dispositions de l'article R. 162-50-1 dont l'application est envisagée ;

3° Les dérogations au code de la sécurité sociale et, le cas échéant, au code de la santé publique, mentionnées au II de l'article L. 162-31-1, envisagées pour la mise en œuvre de l'expérimentation ;

4° Le champ d'application territorial envisagé ;

5° La nature des informations recueillies sur les patients pris en charge dans le cadre de l'expérimentation et les modalités selon lesquelles elles sont recueillies en application de l'article R. 162-50-12 ;

6° Les modalités de financement de l'expérimentation ;

7° Les modalités d'évaluation de l'expérimentation ;

8° Les professions, structures ou organismes pour lesquelles *[lesquels]* les participants remettent une déclaration mentionnant, le cas échéant, les liens d'intérêts à l'agence régionale de santé compétente, en application de l'article R. 162-50-13.

Le projet de cahier des charges justifie également de la faisabilité de l'expérimentation et de sa contribution à l'amélioration de la prise en charge et du parcours des patients, de l'efficience du système de santé ou de l'accès aux soins.

Il justifie également, le cas échéant pour les projets mentionnés au IV de l'article R. 162-50-5, de la contribution de l'expérimentation à l'amélioration de la prise en charge par l'assurance maladie des médicaments ou des produits et prestations associées mentionnées à l'article 165-1 ou de la qualité des prescriptions.

Art. R. 162-50-7 I. – Le comité technique de l'innovation en santé vérifie la recevabilité du projet au regard des conditions fixées à l'article L. 162-31-1.

Si le projet comporte des dérogations aux dispositions du code de la santé publique mentionnées à l'article R. 162-50-8, le rapporteur général prévu à l'article R. 162-50-4 saisit pour avis la Haute Autorité de santé dans le mois suivant sa réception.

II. – Le comité technique de l'innovation en santé émet un avis, dans un délai de trois mois à compter de la réception du projet d'expérimentation, sur le cahier des charges soumis en application des articles R. 162-50-5 et R. 162-50-6. L'avis du comité technique est réputé favorable en l'absence d'avis exprès émis par lui dans ce délai, sous réserve des dispositions suivantes :

1° Si un avis de la Haute Autorité de santé est requis, ce délai est porté à quatre mois ;

2° Si les éléments d'appréciation communiqués dans le cahier des charges sont insuffisants, le rapporteur général notifie au porteur du projet la liste des éléments complémentaires demandés. Dans ce cas, le délai est suspendu à compter de la date de réception de cette notification jusqu'à la date de réception des informations complémentaires demandées.

III. – Le comité technique de l'innovation en santé examine le cahier des charges, en appréciant notamment l'équilibre du schéma de financement, la pertinence des modalités d'évaluation proposées, la faisabilité opérationnelle et le caractère innovant, efficient et reproductible du projet.

Il se prononce sur les modalités d'évaluation et sur le financement de toute *[tout]* ou partie de l'expérimentation par le fonds pour l'innovation du système de santé mentionné au V de l'article L. 162-31-1. Il détermine le champ d'application territorial, qui peut être local, régional, interrégional ou national quel que soit le périmètre initialement proposé. Il élabore une version amendée du projet de cahier des charges en conséquence.

Art. R. 162-50-8 Les dispositions du code de la santé publique auxquelles il ne peut être dérogé qu'après avis de la Haute Autorité de santé sont celles des *b*, *c* et *d* du 2° du II de l'article L. 162-31-1.

La Haute Autorité de santé émet son avis dans un délai de deux mois à compter de la réception de sa saisine par le rapporteur général prévu à l'article R. 162-50-4. L'avis est réputé défavorable en l'absence d'avis émis par cette autorité dans un délai de deux mois à compter de la réception du projet d'expérimentation.

Art. R. 162-50-9 I. – Lorsque le champ d'application territorial est local ou régional, l'expérimentation ayant reçu un avis favorable du comité technique de l'innovation en santé, peut être autorisée par arrêté du directeur général de l'agence régionale de santé territorialement compétente, le cas échéant après avis conforme de la Haute Autorité de santé.

Lorsque le champ d'application territorial est interrégional ou national, l'expérimentation peut être autorisée, après avis du comité technique de l'innovation en santé, par arrêté des ministres chargés de la sécurité sociale et de la santé, le cas échéant après avis de la Haute Autorité de santé.

Le cahier des charges et, le cas échéant, l'appel à projets sont annexés à ces arrêtés.

II. – Les arrêtés prévus au I du présent article précisent la date de début de l'expérimentation ou à défaut, définissent l'acte dont la date d'effet constituera la date de début de l'expérimentation, sa durée qui ne peut excéder cinq ans, ainsi que la liste des participants en l'absence d'appel à projets ; en cas d'appel à projets, les participants sont sélectionnés conformément à la procédure prévue à l'article R. 162-50-10.

III. – Les ministres chargés de la sécurité sociale et de la santé peuvent mettre fin par arrêté à la mise en œuvre d'une expérimentation autorisée sur le fondement de l'article L. 162-31-1.

§ 4 PROCÉDURE DE SÉLECTION DES CANDIDATS AUX APPELS À PROJETS

Art. R. 162-50-10 Quel que soit le champ d'application territorial de l'expérimentation, lorsqu'une expérimentation autorisée comporte un appel à projets, chaque agence régionale de santé est chargée de recevoir les candidatures relevant de sa compétence territoriale, de les instruire et de les sélectionner en prenant notamment en compte leur aptitude à répondre au mieux aux nécessités et caractéristiques de l'expérimentation.

Pour les expérimentations dont le champ d'application est local ou régional, les candidats sélectionnés sont autorisés par arrêté du directeur général de l'agence régional *[régionale]* de santé à participer à l'expérimentation.

Pour les expérimentations dont le champ d'application est interrégional ou national, les directeurs généraux des agences régionales de santé transmettent au rapporteur général mentionné à l'article R. 162-50-4 les candidats sélectionnés. Ces derniers peuvent, après avis du comité technique de l'innovation en santé, être autorisés à participer à l'expérimentation par arrêté des ministres chargés de la sécurité sociale et de la santé.

§ 5 MODALITÉS D'INFORMATION DES PATIENTS

Art. R. 162-50-11 Les professionnels participant aux expérimentations mentionnées au 1° du I de l'article L. 162-31-1 informent le patient de ces expérimentations en s'appuyant sur le cahier des charges annexé à l'arrêté d'autorisation de l'expérimentation.

Lorsqu'une expérimentation requiert l'accès de certains professionnels y participant à des données de santé personnelles du patient, cette information vaut, sauf opposition de ce dernier exprimée par tout moyen, y compris sous forme dématérialisée, consentement au partage de ces informations entre les professionnels identifiés par le cahier des charges comme relevant d'une équipe de soins au sens de l'article L. 1110-12 du code de la santé publique en application du IV de l'article L. 162-31-1 du présent code.

Le consentement est valable tant qu'il n'a pas été retiré par tout moyen, y compris sous forme dématérialisée, dans la limite de la durée de l'expérimentation.

Dans le cadre des expérimentations mentionnées à l'article L. 162-31-1, les pharmaciens peuvent utiliser, avec l'accord du patient, le dossier pharmaceutique.

Art. R. 162-50-12 Le cahier des charges des expérimentations prévu à l'article R. 162-50-6 précise les informations à recueillir sur les personnes prises en charge, ainsi que leurs modalités de recueil, d'utilisation et de conservation.

Ces informations portent sur les données administratives, la situation sociale ou l'autonomie, l'état de santé, le parcours de soins et la prise en charge du patient. Ces informations ne peuvent être transmises qu'aux professionnels, organismes ou structures qui participent à ces expérimentations ou en assurent le suivi, dans le respect des dispositions de l'article R. 162-50-11 du présent code, de l'article L. 1110-12 du code de la santé publique et des codes de déontologie des professions qui en sont dotées.

§ 6 PRÉVENTION DES CONFLITS D'INTÉRÊTS

Art. R. 162-50-13 Le cahier des charges des expérimentations précise au regard de l'objet de l'expérimentation les professionnels, organismes ou structures participant aux expérimentations qui remettent à l'agence régionale de santé ou aux agences régionales de santé compétentes pour l'expérimentation une déclaration mentionnant, le cas échéant, les liens d'intérêts, directs ou indirects, qu'ils ont ou ont eus au cours des cinq années précédant cette participation, avec des établissements pharmaceutiques mentionnés à l'article L. 5124-2 du code de la santé publique ou des entreprises fabriquant des matériels ou des dispositifs médicaux mentionnés aux articles L. 5211-1 et

L. 5211-3-1 du même code. Ces déclarations sont actualisées à l'initiative des intéressés.

Afin de garantir la sécurité des patients et la prise en charge la plus adaptée à leurs besoins, les expérimentations sont mises en œuvre dans le respect des dispositions des articles 432-11, 432-12 et 445-1 du code pénal.

§ 7 ÉVALUATION

Art. R. 162-50-14 Le comité technique de l'innovation en santé définit le cadre méthodologique d'évaluation sur la base d'orientations présentées par le conseil stratégique de l'innovation en santé. Ce cadre précise notamment les objectifs attendus des évaluations, les moyens requis et les principes méthodologiques à retenir. Les moyens requis doivent être proportionnés aux enjeux et à l'ampleur de l'expérimentation concernée et permettre d'évaluer les expérimentations au fil de leur mise en œuvre.

Lorsque le niveau de complexité ou l'ampleur du projet le justifie, le comité technique de l'innovation en santé peut s'appuyer sur des évaluateurs externes. Le financement des évaluations est assuré par le fonds pour l'innovation du système de santé mentionné au V de l'article L. 162-31-1.

Au plus tard dans les six mois suivants la fin de l'expérimentation, le rapport d'évaluation est transmis au comité technique puis au conseil stratégique de l'innovation en santé, pour avis notamment sur l'opportunité de la généralisation des expérimentations. Ce rapport d'évaluation et ces avis sont transmis au Gouvernement qui présente chaque année au Parlement un état des lieux des expérimentations achevées et en cours.

SECTION VII TARIFICATION DES SOINS ET AGRÉMENT DES APPAREILS

Art. R. 162-51 *(Décr. n° 2007-46 du 10 janv. 2007)* Les établissements de santé peuvent organiser des consultations et actes externes mentionnés à l'article L. 162-26 pour permettre aux malades, blessés et femmes enceintes en état de se déplacer soit de venir recevoir des soins, soit de faire établir le diagnostic d'une affection et prescrire le traitement approprié.

Les tarifs des actes et consultations mentionnés au premier alinéa sont ceux déterminés en application de la présente section et des articles L. 162-1-7 et L. 162-14-1. Les majorations de tarifs prévues en application de ces articles sont applicables aux consultations et actes dans des conditions fixées par arrêté des ministres chargés de la santé et de la sécurité sociale.

Art. R. 162-52 *(Décr. n° 2004-1368 du 16 déc. 2004)* I. — Les tarifs fixés en application des conventions mentionnées à l'article L. 162-14-1 sont déterminés d'après une liste des actes et prestations établie dans les conditions prévues à l'article L. 162-1-7.

Cette liste peut comporter des majorations pour les actes accomplis dans des circonstances spéciales ou par certaines catégories de praticiens, en raison de leurs titres, de leur valeur scientifique, de leurs travaux ou de leur spécialisation. Elle détermine, en pareil cas, les conditions d'application de ces majorations.

La liste peut également comporter des prescriptions de nature à faciliter le contrôle médical de certains actes.

Lorsqu'un accord est exigé, en application du présent I, préalablement au remboursement d'un acte ou d'un traitement par un organisme de sécurité sociale, le silence gardé pendant plus de quinze jours par cet organisme sur la demande de prise en charge vaut décision d'acceptation.

(Décr. n° 2015-188 du 18 févr. 2015, art. 1er-1°) « I *bis.* — Les procédures d'inscription sur la liste et de tarification prévues aux articles L. 162-1-7-1 et L. 162-1-8 s'appliquent aux actes innovants nécessaires à l'utilisation ou à la prise en charge par l'assurance maladie d'un dispositif médical pour lesquels la Haute Autorité de santé a prononcé en application du *c* du 2° de l'article R. 162-52-1 une amélioration du service attendu majeure, importante ou modérée. »

II. — Avant de procéder aux consultations rendues obligatoires par le troisième alinéa de l'article L. 162-1-7, l'Union nationale des caisses d'assurance maladie informe de son intention d'inscrire un acte ou une prestation, d'en modifier les conditions d'inscription ou de procéder à sa radiation les ministres chargés de la santé et de la sécurité sociale, l'Union nationale des professionnels de santé, les organisations représentatives des professionnels de santé autorisés à pratiquer l'acte ou la prestation et les organisations représentatives des établissements de santé.

Les avis de la Haute Autorité de santé et de l'Union nationale des organismes d'assurance maladie complémentaire sont rendus au plus tard à la fin du sixième mois qui suit la date à laquelle elles sont saisies par l'Union nationale des caisses d'assurance maladie. A titre exceptionnel, lorsque des travaux supplémentaires sont nécessaires, la Haute Autorité de santé peut rajouter à ce délai un délai supplémentaire qui ne peut excéder six mois. Passé ces délais, les avis sont réputés rendus.

(Décr. n° 2012-76 du 23 janv. 2012, art. 1er-1°) « Lorsque l'acte ou la prestation est nécessaire à l'utilisation d'un produit inscrit à la liste prévue à l'article L. 165-1 pour lequel l'amélioration du service attendu ou rendu est majeure ou importante, au sens des articles R. 165-11 et R. 165-11-1, l'avis de l'Union nationale des organismes d'assurance maladie complémentaire est rendu au plus tard vingt et un jours à compter de la date à laquelle elle a été saisie par l'Union nationale des caisses d'assurance maladie. *(Décr. n° 2015-188 du 18 févr. 2015, art. 1er-2°)* « Ce délai s'applique également lorsque l'acte est nécessaire à l'utilisation ou à la prise en charge par l'assurance maladie d'un dispositif médical et que sont applicables les procédures prévues au deuxième alinéa de l'article L. 162-1-7-1 et à l'article L. 162-1-8. » Passé ce délai, l'avis est réputé rendu. »

(Abrogé par Décr. n° 2005-216 du 7 mars 2005) « Lorsque, pour l'application des dispositions de l'article L. 161-29, la liste est modifiée pour être établie par référence à un numéro de code de l'acte ou de la prestation, les deux avis mentionnés ci-dessus sont requis si l'acte ou la prestation ne figurait pas sur la liste antérieure et peuvent être sollicités au cas contraire par l'Union nationale des caisses d'assurance maladie mentionnée à l'article L. 182-2. »

Ces avis sont adressés aux ministres chargés de la santé et de la sécurité sociale, à l'Union nationale des caisses d'assurance maladie, ainsi qu'aux autres personnes morales mentionnées au premier alinéa du présent II.

III. — La décision d'inscription d'un acte ou d'une prestation mentionne les indications thérapeutiques ou diagnostiques tenant compte notamment de l'état du patient ainsi que les conditions particulières de prescription, d'utilisation ou de réalisation de l'acte ou de la prestation.

L'Union nationale des caisses d'assurance maladie définit le tarif de l'acte ou de la prestation dans le respect des règles de hiérarchisation établies par les commissions mentionnées à l'article L. 162-1-7. Lorsque l'acte ou la prestation constitue une alternative à des traitements thérapeutiques déjà inscrits sur la liste mentionnée à l'article L. 162-1-7, l'Union nationale des caisses d'assurance maladie évalue l'opportunité de l'inscription de l'acte ou de la prestation et définit, le cas échéant, son tarif au regard des coûts de mise en œuvre comparés de ces différents traitements.

La décision de l'Union nationale des caisses d'assurance maladie sur les conditions d'inscription d'un acte ou d'une prestation, leur inscription ou leur radiation, accompagnée des avis mentionnés au II ci-dessus et d'une estimation chiffrée de son impact financier, est transmise aux ministres chargés de la santé et de la sécurité sociale.

Les ministres compétents peuvent s'opposer à la décision de l'Union nationale des caisses d'assurance maladie dans un délai de quarante-cinq jours. *(Décr. n° 2012-76 du 23 janv. 2012, art. 1er-2°)* « Ce délai est ramené à quinze jours, lorsque l'acte ou la prestation est nécessaire à l'utilisation d'un produit inscrit à la liste prévue à l'article L. 165-1 pour lequel l'amélioration du service attendu ou rendu est majeure ou importante, au sens des articles R. 165-11 et R. 165-11-1. Passés ces délais », la décision est réputée approuvée.

L'opposition des ministres compétents est motivée et notifiée à l'Union nationale des caisses d'assurance maladie. Les ministres en informent la Haute Autorité de santé et l'Union nationale des organismes d'assurance maladie complémentaire, ainsi que les autres personnes morales mentionnées au premier alinéa du II ci-dessus.

(Abrogé par Décr. n° 2012-76 du 23 janv. 2012, art. 1er-2°) « IV. — En cas d'inscription et de prise en charge d'un acte en phase de recherche clinique ou d'évaluation du service qu'il

rend, la convention mentionnée au dernier alinéa de l'article L. 162-1-7, accompagnée de l'avis de la Haute Autorité de santé, est adressée au ministre chargé de la santé et au ministre chargé de la sécurité sociale qui statuent dans les conditions et délai mentionnés à l'article L. 162-15. »

Les dispositions des art. R. 162-18 et R. 162-52 demeurent applicables pour l'inscription, la modification des conditions d'inscription et la radiation des actes et prestations pratiqués par des professionnels de santé dont la commission mentionnée à l'art. L. 162-1-7 n'a pas encore été installée, jusqu'à l'installation de cette commission (Décr. n° 2004-1368 du 16 déc. 2004, art. 3).

Ancien art. R. 162-52 *Les tarifs fixés en application des articles* (Décr. n° 98-63 du 2 févr. 1998, art. 10) *« L. 162-5-2, L. 162-5-8, L. 162-5-9, L. 162-5-10, L. 162-9, L. 162-11, L. 162-12, L. 162-12-4, L. 162-12-5, L. 162-12-11, L. 162-12-12 et L. 162-32 » sont établis d'après une nomenclature des actes professionnels fixée par arrêté du ministre chargé de la sécurité sociale, du ministre chargé de la santé et du ministre chargé de l'agriculture. Cet arrêté détermine les modalités d'application de la nomenclature générale dans les rapports entre les praticiens et auxiliaires médicaux, d'une part, les organismes de sécurité sociale et les assurés, d'autre part.*

La nomenclature générale peut comporter des majorations pour les actes accomplis dans des circonstances spéciales ou par certaines catégories de praticiens, en raison de leurs titres, de leur valeur scientifique, de leurs travaux ou de leur spécialisation. Elle détermine, en pareil cas, les conditions d'application de ces majorations.

La nomenclature générale peut également comporter des prescriptions de nature à faciliter le contrôle médical de certains actes. La méconnaissance de ces prescriptions est sanctionnée dans les conditions prévues par la nomenclature.

(Décr. n° 2001-532 du 20 juin 2001, art. 38) *« Lorsqu'un accord est exigé, en application du présent article, préalablement au remboursement d'un acte ou d'un traitement par un organisme de sécurité sociale, le silence gardé pendant plus de quinze jours par cet organisme sur la demande de prise en charge vaut décision d'acceptation ».*

1. Détermination de la cotation. Dès lors que le tribunal constate que deux praticiens ont effectué deux interventions, ce dont il résulte que ces deux actes inscrits distinctement à la nomenclature ne constituaient pas un seul acte effectué en plusieurs temps, chacun de ces actes doit recevoir la cotation prévue par la nomenclature et être pris en charge par la caisse. • Soc. 9 déc. 1999, ☎ n° 98-11.544 P. ♦ Comp. • Soc. 9 déc. 1999, ☎ n° 97-22.328 P (pour la détermination de la cotation, portée du défaut de compte rendu détaillé d'une rectosigmoïdocolofibroscopie totale au-delà de l'angle droit avec ablation de polypes). ♦ La cotation de l'acte de rétablissement de la continuité artérielle ou veineuse, quelle que soit la technique, en cas d'endartériectomie peut seule être retenue lorsqu'elle porte sur les vaisseaux du cou, quel que soit par ailleurs le nombre de vaisseaux traités au cours de l'intervention. • Soc. 13 janv. 2000, ☎ n° 97-15.219 P.

2. Consultation et intervention chirurgicale. La consultation spécialisée donnée par un chirurgien, qui examine pour la première fois un malade dans un établissement de soins et qui précède une intervention chirurgicale pratiquée en urgence et entraînant l'hospitalisation de l'assuré, peut être cotée en sus de l'acte chirurgical pratiqué par le praticien. • Soc. 19 mars 1998, ☎ n° 96-17.576 P. ♦ Pour un refus en l'absence de toute mention relative à l'urgence, V. • Soc. 26 juin 1997, ☎ n° 95-22.058 P.

3. Articulation médecin traitant/médecin consultant. Lorsque l'examen paraclinique d'un malade par un praticien est nécessaire à la consultation que celui-ci donne au médecin traitant en vue de la conduite thérapeutique à suivre que ce dernier est seul à prescrire, cet examen et cette consultation ne constituent pas des soins continus au sens de l'art. 18 de la première partie de la NGAP. La cotation prévue par ce texte pour les actes effectués par les praticiens agissant à titre de consultant leur est applicable. • Soc. 18 juill. 1997, ☎ n° 95-17.307 P. ♦ Les dispositions de l'art. 18 NGAP n'exigent pas que l'intervention chirurgicale pratiquée par le médecin agissant à titre de consultant, postérieurement à la consultation, soit prescrite par le médecin traitant. • Soc. 8 févr. 2001, ☎ n° 99-17.453 P. ♦ Il n'y a pas de coopération avec le médecin traitant au sens de l'art. 15-1 NGAP lorsque le cardiologue procède immédiatement de sa propre et seule initiative à la mise en œuvre d'actes thérapeutiques durant l'hospitalisation ordonnée par lui ; les consultations doivent dès lors être cotées CS+ CK 6,50 et non pas CSC. • Soc. 10 oct. 2002, ☎ n° 01-20.691 P.

4. Actes de rééducation réalisés le même jour. Le TASS qui constate que les actes de rééducation litigieux ont été pratiqués sur indication de deux médecins différents pour deux affections différentes, l'une concernant les épaules et l'autre le poignet, et bien que réalisés le même jour dans l'intérêt de la patiente pour lui éviter des déplacements, ces actes ayant été effectués au cours de séances distinctes dans les conditions de temps et de sécurité qui s'imposaient pour chacun d'eux, en déduit exactement que les deux cotations (AMS 9 et AMS 7) appliquées par le praticien étaient justifiées au regard des dispositions du titre XIV de la deuxième partie de la NGAP. • Civ. 2e, 3 juill. 2008, ♧ n° 07-16.728 P. ♦ L'art. 11B-3° NGAP n'exige pas que, pour donner lieu à honoraires, les actes accomplis au cours d'une même séance sur un même malade le soient par des praticiens spécialistes de disciplines différentes (en l'espèce deux médecins anesthésistes). • Soc. 20 mai 1999, ♧ n° 97-19.932 P.

5. Cotation par assimilation. En l'absence de décision ministérielle déterminant une cotation provisoire du traitement litigieux (« 30 séances de rééducation et drainage lymphatique »), la prise en charge de ce dernier sur le fondement de l'art. 4-2 qui prévoit que le silence de la caisse valait acceptation de la demande d'assimilation dans les termes de la cotation proposée est exclue. • Soc. 14 nov. 1996, ♧ n° 95-10.227 P.

Art. R. 162-52-1 *(Décr. n° 2004-1139 du 26 oct. 2004, art. 2)* **I. — Les actes ou prestations sont inscrits sur la liste prévue à l'article L. 162-1-7 au vu de l'avis de la Haute Autorité mentionné à l'article au *a* du 1° de l'article R. 161-71.**

Le service attendu d'un acte ou d'une prestation est évalué dans chacune de ses indications diagnostiques ou thérapeutiques et, le cas échéant, par groupe de population, en fonction des deux critères suivants :

1° L'intérêt diagnostique ou thérapeutique de cet acte ou prestation en fonction, notamment, de sa sécurité, de son niveau d'efficacité et des effets indésirables ou risques liés à sa pratique, d'une part, de sa place dans la stratégie de prise en charge des pathologies concernées, d'autre part ;

2° Son intérêt de santé publique attendu dont, notamment, son impact sur la santé de la population en termes de mortalité, de morbidité et de qualité de vie, sa capacité à répondre à un besoin thérapeutique non couvert, eu égard à la gravité de la pathologie, son impact sur le système de soins et son impact sur les politiques et programmes de santé publique.

L'avis précise :

***a)* Les indications pour lesquelles le service attendu a été apprécié et celles pour lesquelles la Haute Autorité estime fondée l'inscription, en distinguant, le cas échéant, les groupes de population concernés ;**

***b)* La description de la place de l'acte ou de la prestation dans la stratégie thérapeutique ;**

***c)* L'appréciation de l'amélioration du service attendu par rapport aux traitements thérapeutiques alternatifs de référence selon les données actuelles de la science, notamment au regard de l'efficience comparée de ces traitements. L'amélioration du service attendu est évaluée dans chacune des indications, le cas échéant par groupe de** *(Décr. n° 2015-188 du 18 févr. 2015, art. 2)* **« population. Cette évaluation conduit à considérer l'amélioration du service attendu comme majeure, importante, modérée, mineure ou à en constater l'absence » ;**

***d)* L'estimation du nombre de patients relevant des indications thérapeutiques pour lesquelles la Haute Autorité estime fondée l'inscription, ainsi que l'estimation du nombre de patients relevant de chaque groupe de population identifié pour l'appréciation du service attendu et de l'amélioration du service attendu, selon les données épidémiologiques disponibles ;**

***e)* L'appréciation sur les modalités de mise en œuvre de l'acte ou de la prestation et les autres informations utiles à un bon usage de l'acte ou de la prestation ; ces modalités sont précisées à l'égard de chacune des indications diagnostiques ou thérapeutiques proposées ;**

***f)* L'appréciation du caractère préventif, curatif ou symptomatique de l'acte ou de la prestation ;**

***g)* L'appréciation du caractère de gravité de la ou des pathologies correspondant aux indications dont le remboursement est proposé ;**

***h)* L'énoncé des exigences de qualité et de sécurité des soins lorsque l'inscription de l'acte ou de la prestation au remboursement nécessite d'être assortie de conditions relatives à l'état de la personne ou concernant la qualification, la compétence ou l'expérience des professionnels concernés, l'environnement technique ou l'organisation de ces soins ou la mise en place d'un dispositif de suivi des patients traités ;**

***i)* Le cas échéant, les objectifs des études nécessaires à l'évaluation du service rendu, dont notamment les études de suivi en population générale des effets de la pratique de l'acte ou de la prestation dans les conditions réelles de mise en œuvre et les recueils d'information nécessaires à cet effet.**

Cet avis préconise, le cas échéant, de soumettre la réalisation de l'acte ou de la prestation à l'accord préalable du service médical en application des dispositions prévues par l'article L. 315-2.

(Décr. n° 2005-216 du 7 mars 2005) « II. – Pour la première inscription sur la liste d'un acte ou d'une prestation précédemment inscrit à la nomenclature générale des actes professionnels ou régulièrement assimilé à celle-ci, la Haute Autorité de santé peut, à l'occasion de la première attribution à chacun d'entre eux de leur numéro de code prévu par l'article L. 161-29, ne pas mentionner dans l'avis qu'elle rend les différents éléments mentionnés aux alinéas six à quatorze du I ci-dessus. En ce cas, elle précise dans cet avis le programme d'évaluation complémentaire du service attendu de ces actes et prestations. »

Art. R. 162-52-2 *(Décr. n° 2007-1273 du 27 août 2007)* Lorsqu'une menace sanitaire grave appelant des mesures d'urgence remet en cause le fonctionnement ordinaire du système de soins, et notamment le paiement direct de l'acte aux professionnels de santé libéraux, le ministre chargé de la santé ou le représentant de l'État territorialement compétent, habilité conformément aux dispositions de l'article L. 3131-1 du code de la santé publique à prendre les mesures d'urgence, arrête les modalités particulières de rémunération des professionnels de santé libéraux exerçant dans le cadre de ces mesures d'urgence.

Cet arrêté détermine la durée, les catégories de professionnels concernés, et éventuellement les spécialités, ainsi que la zone dans laquelle ces modalités particulières de rémunération sont mises en œuvre.

La rémunération est versée directement au professionnel concerné par la caisse primaire d'assurance maladie dans le ressort de laquelle le professionnel exerce, pour le compte de l'ensemble des régimes obligatoires d'assurance maladie.

La répartition de la charge de ces rémunérations entre les différents régimes est faite selon *(Décr. n° 2017-736 du 3 mai 2017, art. 9-3°, en vigueur le 1er juill. 2017)* « les coefficients fixés annuellement en application de l'article L. 175-2 ».

Chacun des régimes concernés rembourse à la Caisse nationale d'assurance maladie des travailleurs salariés la fraction dont il est redevable, au plus tard le 31 décembre de l'année suivant la mise en œuvre du premier alinéa du présent article.

La rémunération du professionnel concerné est calculée en fonction de sa rémunération moyenne mensuelle, constatée l'année précédente ou, le cas échéant, proratisée sur la période d'activité lorsqu'il n'a pas exercé sur l'ensemble de l'année. Elle peut être majorée pour tenir compte de la suractivité durant la période.

Cette rémunération est soumise aux dispositions du II de l'article 5 de la loi n° 2007-294 du 5 mars 2007 relative à la préparation du système de santé à des menaces sanitaires de grande ampleur.

Art. R. 162-53 *(Décr. n° 2002-460 du 4 avr. 2002)* Les praticiens et établissements utilisant à des fins thérapeutiques ou de diagnostic des appareils générateurs de rayonnements ionisants ou comportant l'emploi de radionucléides ou de produits ou dispositifs en contenant ne peuvent procéder à des examens ou dispenser des soins aux assurés sociaux que si les appareils et installations ont fait préalablement l'objet de la déclaration ou de l'autorisation mentionnée aux articles *(Décr. n° 2007-1582 du 7 nov. 2007)* « R. 1333-19 et R. 1333-23 » du code de la santé publique.

Seuls peuvent être remboursés ou pris en charge les examens radiologiques et les traitements de radiothérapie exécutés au moyen d'appareils et d'installations déclarés ou autorisés dans les conditions prévues à l'alinéa précédent.

SECTION VIII **PROCÉDURE CONVENTIONNELLE** *(Décr. n° 2004-1318 du 1er déc. 2004).*

Les art. R. 162-54-1, R. 162-54-2 et R. 162-54-4 à R. 162-54-7 deviennent respectivement les art. R. 162-54-4 à R. 162-54-9 (Décr. n° 2010-572 du 28 mai 2010, art. 1er-II et III).

Art. R. 162-54 L'enquête *(Décr. n° 2011-827 du 8 juill. 2011, art. 3)* « permettant de déterminer la représentativité » prévue à l'article L. 162-33 est provoquée entre le *(Décr. n° 2015-1512 du 19 nov. 2015, art. 1er)* « douzième » et le sixième mois précédant l'échéance conventionnelle.

Art. R. 162-54-1 *(Décr. nº 2010-572 du 28 mai 2010, art. 2)* La représentativité des organisations syndicales habilitées à participer aux négociations conventionnelles est déterminée d'après les critères cumulatifs suivants :

1º L'indépendance, notamment financière. Ces organisations sont soumises aux obligations du code du travail relatives à la certification et à la publicité des comptes des organisations syndicales et professionnelles ;

2º Les effectifs d'adhérents à jour de leur cotisation ;

3º Une ancienneté minimale de deux ans à compter de la date de dépôt légal des statuts. Toutefois un syndicat constitué à partir de la fusion de plusieurs syndicats dont l'un d'entre eux remplit cette condition d'ancienneté est réputé la remplir ;

4º L'audience, établie en fonction des résultats aux dernières élections aux unions régionales des professionnels de santé lorsque les membres qui les composent sont élus conformément à l'article L. 4031-2 du code de la santé publique, ou appréciée en fonction de l'activité et de l'expérience lorsque les membres qui les composent ne sont pas élus.

Art. R. 162-54-2 *(Décr. nº 2010-572 du 28 mai 2010, art. 2)* Pour les professions de santé dont les représentants dans les unions régionales sont élus, seules peuvent être reconnues représentatives les organisations syndicales qui ont recueilli au moins 10 % des suffrages exprimés au niveau national aux élections à ces unions.

Pour les organisations syndicales représentant les médecins généralistes, ce seuil est apprécié à partir des résultats du collège des médecins généralistes.

Pour les organisations syndicales représentant les médecins spécialistes, ce seuil est apprécié à partir des résultats agrégés des collèges mentionnés aux 2º et 3º de l'article L. 4031-2 du code de la santé publique.

Art. R. 162-54-3 *(Décr. nº 2010-572 du 28 mai 2010, art. 2)* Pour les centres de santé mentionnés à l'article L. 6323-1 du code de la santé publique, la représentativité des organisations habilitées à participer à la négociation de l'accord national prévu à l'article L. 162-32-1 du code de la sécurité sociale est déterminée d'après les critères cumulatifs suivants :

1º L'indépendance, notamment financière ;

2º Le nombre de centres de santé qu'elles regroupent ou qu'elles gèrent ;

3º Une ancienneté minimale de deux ans à compter de la date de dépôt légal des statuts ;

4º L'audience appréciée en fonction de l'activité et de l'expérience.

Art. R. 162-54-3-1 *(Décr. nº 2018-103 du 15 févr. 2018, art. 1er)* I. — Les organisations syndicales d'étudiants de premier et deuxième cycle *[cycles]* des études médicales, d'étudiants de troisième cycle des études médicales, de chefs de clinique des universités assistants des hôpitaux, de médecins assistants hospitaliers universitaires, de médecins assistants des hôpitaux et de médecins remplaçants reconnues représentatives au niveau national sont associées en qualité d'observateur aux négociations conduites en vue de conclure, compléter ou modifier la convention mentionnée à l'article L. 162-5.

Les mesures conventionnelles prévues par les 4º, 12º, 13º, 20º, 21º, 22º, 24º et 25º de l'article L. 162-5 font l'objet d'une concertation de l'Union nationale des caisses d'assurance maladie avec les organisations mentionnées au premier alinéa. Ces concertations ont lieu d'abord en amont de la négociation, le cas échéant après la définition des orientations par le conseil de l'Union nationale des caisses d'assurance maladie, et ensuite avant la signature du texte conclu.

II. — La liste des organisations mentionnées au I est fixée entre le douzième et le sixième mois précédant l'échéance conventionnelle par arrêté des ministres chargés de la santé et de la sécurité sociale, qui la transmettent au directeur général de l'Union nationale des caisses d'assurance maladie.

Cette liste est arrêtée en tenant compte des critères cumulatifs suivants :

1º L'indépendance, notamment financière ;

2º Les effectifs d'adhérents, étudiants de premier et deuxième cycle *[cycles]* des études médicales, étudiants de troisième cycle des études médicales, chefs de clinique des universités assistants des hôpitaux, médecins assistants hospitaliers universitaires, médecins assistants des hôpitaux et médecins remplaçants qui n'adhèrent pas à la convention mentionnée à l'article L. 162-5, à jour de leur cotisation ;

3° Une ancienneté minimale de deux ans à compter de la date de dépôt légal des statuts. Toutefois une organisation constituée à partir de la fusion de plusieurs organisations dont l'une d'entre elles remplit cette condition d'ancienneté est réputée la remplir ;

4° L'activité réalisée en vue de la défense ou de la représentation des étudiants ou des professionnels auxquels chaque organisation s'adresse.

Par dérogation aux dispositions du premier al. du II de l'art. R. 162-54-3-1, la liste prévue à cet al. est fixée par les ministres chargés de la santé et de la sécurité sociale pour la première fois le 30 sept. 2018 au plus tard (Décr. nº 2018-103 du 15 févr. 2018, art. 2).

Art. R. 162-54-4 *(Décr. nº 2004-1318 du 1er déc. 2004)* Les conventions, l'accord-cadre et les accords conventionnels interprofessionnels, leurs annexes et avenants, mentionnés à l'article L. 162-15, sont transmis, dès leur signature, par l'Union nationale des caisses d'assurance maladie à toutes les organisations syndicales représentatives des professionnels de santé concernés qui disposent d'un délai d'un mois pour faire connaître, par courrier recommandé avec demande d'avis de réception adressé à l'Union nationale des caisses d'assurance maladie, leur éventuelle opposition. Si cette opposition remplit les conditions fixées à l'article L. 162-15, l'Union nationale des caisses d'assurance maladie en informe l'ensemble des organisations syndicales représentatives des professionnels de santé concernés et, lorsqu'il s'agit d'une convention mentionnée à l'article L. 162-14-1, saisit l'arbitre désigné conformément aux dispositions de l'article *(Décr. nº 2010-572 du 28 mai 2010, art. 3-I)* « R. 162-54-7 ».

Art. R. 162-54-5 *(Décr. nº 2004-1318 du 1er déc. 2004)* Les organisations syndicales représentatives des professionnels de santé font connaître leur éventuelle opposition à la reconduction d'une convention, de l'accord-cadre ou d'un accord conventionnel interprofessionnel, prévue à l'article L. 162-15-2, au plus tard six mois avant leur date d'expiration, par courrier recommandé avec demande d'avis de réception adressé à l'Union nationale des caisses d'assurance maladie, qui en informe les autres organisations syndicales représentatives des professionnels de santé concernés et, en cas d'opposition à la reconduction de l'accord-cadre, l'Union nationale des professionnels de santé. L'Union nationale des caisses d'assurance maladie fait connaître, dans le même délai, son éventuelle opposition, par courrier recommandé avec demande d'avis de réception adressé aux organisations syndicales représentatives des professions de santé concernées et, en cas d'opposition à la reconduction de l'accord-cadre, à l'Union nationale des professionnels de santé. L'Union nationale des professionnels de santé fait connaître, dans le même délai, son opposition à la reconduction de l'accord-cadre, par courrier recommandé avec demande d'avis de réception adressé à l'Union nationale des caisses d'assurance maladie qui en informe les organisations syndicales représentatives des professions de santé. Dans tous les cas, l'Union nationale des caisses d'assurance maladie en informe les ministres chargés de la santé et de la sécurité sociale. Elle ouvre sans délai des négociations en vue de la conclusion d'une nouvelle convention, d'un nouvel accord-cadre ou d'un nouvel accord conventionnel interprofessionnel.

A défaut de signature d'une nouvelle convention un mois avant l'échéance de la convention précédente, l'Union nationale des caisses d'assurance maladie constate la rupture des négociations et saisit l'arbitre désigné conformément aux dispositions de l'article *(Décr. nº 2010-572 du 28 mai 2010, art. 3-I)* « R. 162-54-7 ». Il en est de même en cas d'opposition à la nouvelle convention.

Art. R. 162-54-6 *(Décr. nº 2004-1318 du 1er déc. 2004)* Sous réserve des dispositions du second alinéa de l'article *(Décr. nº 2010-572 du 28 mai 2010, art. 3-II)* « R. 162-54-5 », la rupture de la négociation d'une nouvelle convention est constatée soit par l'Union nationale des caisses d'assurance maladie, soit par l'ensemble des organisations syndicales représentatives des professionnels de santé concernés.

Art. R. 162-54-7 *(Décr. nº 2004-1318 du 1er déc. 2004)* A la date d'ouverture de la négociation d'une nouvelle convention, fixée par l'Union nationale des caisses d'assurance maladie, la procédure de désignation d'un arbitre est engagée conformément aux dispositions de l'article L. 162-14-2. L'Union nationale des caisses d'assurance maladie informe par courrier recommandé avec demande d'avis de réception les organisations syndicales représentatives des professionnels de santé et les ministres chargés de la santé et de la sécurité sociale du nom de l'arbitre désigné. En cas d'opposition à cette désignation, manifestée dans un délai de trois jours à compter de la réception de ce courrier et répondant aux conditions fixées à l'article *(Décr. n° 2010-572 du 28 mai 2010, art. 3-III)* « L. 162-15 » ou à défaut, de désignation d'un arbitre dans un délai de dix jours courant de la date d'ouverture de la négociation, le président du Haut Conseil pour l'avenir de l'assurance maladie désigne l'arbitre dans un délai de huit jours et notifie le nom de l'arbitre aux partenaires conventionnels ainsi qu'aux ministres chargés de la santé et de la sécurité sociale.

Art. R. 162-54-8 *(Décr. n° 2004-1318 du 1er déc. 2004)* L'arbitre dispose d'un délai de trois mois à compter de sa saisine pour transmettre un projet de règlement arbitral aux ministres chargés de la santé et de la sécurité sociale. Il auditionne les représentants de l'Union nationale des caisses d'assurance maladie, des organisations syndicales représentatives des professionnels de santé concernés et, lorsqu'elle a été associée à la négociation de la convention *(Abrogé par Décr. n° 2010-572 du 28 mai 2010, art. 3-IV) « conformément aux dispositions de l'article* R. 162-54-3 *»*, de l'Union nationale des organismes d'assurance maladie complémentaire. Les caisses nationales d'assurance maladie mettent à la disposition de l'arbitre les moyens nécessaires à l'accomplissement de sa mission.

Art. R. 162-54-9 *(Décr. n° 2010-572 du 28 mai 2010, art. 3-V)* « L'assurance maladie met à disposition des professionnels de santé concernés, sur son site internet, tout accord-cadre, accord conventionnel interprofessionnel, convention, règlement arbitral, avenant et annexe et les accords de bon usage des soins, dans un délai d'un mois suivant leur publication. »

(Décr. n° 2004-1318 du 1er déc. 2004) « Les professionnels de santé non adhérents à l'un des accords, conventions ou règlement, qu'ils s'installent pour la première fois en exercice libéral ou qu'ils aient déjà exercé en libéral, qui souhaitent devenir adhérents en font la demande par courrier adressé à la caisse primaire d'assurance maladie dans le ressort de laquelle ils exercent leur activité. Cette adhésion est réputée acquise, sous réserve des dispositions de l'alinéa suivant, en cas de changement d'accord, de convention ou de règlement arbitral.

« Les professionnels de santé qui souhaitent être placés en dehors d'un de ces accords, conventions ou règlement le font connaître par courrier adressé à la caisse primaire d'assurance maladie dans le ressort de laquelle ils exercent leur activité. »

SECTION IX DISPOSITIONS RELATIVES AUX CENTRES DE PLANIFICATION OU D'ÉDUCATION FAMILIALE

Art. R. 162-55 *(Décr. n° 92-784 du 6 août 1992, art. 13)* Les dépenses afférentes aux *(Décr. n° 2011-2119 du 30 déc. 2011, art. 5-7°)* « examens de biologie médicale » ainsi que les dépenses afférentes aux frais pharmaceutiques exposés à l'occasion du dépistage et du traitement de maladies sexuellement transmissibles effectués dans les centres de planification familiale, conformément à l'article 8 du décret n° 92-784 du 6 août 1992, sont déterminées par application des frais et tarifs servant de base à leur remboursement par les organismes d'assurance maladie tels qu'ils résultent des articles L. 162-14-1 (2°), L. 162-14-4 (2°), L. 162-17, L. 162-18 et L. 162-38.

Art. R. 162-56 *(Décr. n° 92-784 du 6 août 1992, art. 13)* Sous réserve des dispositions de l'article R. 162-57, les dépenses définies à l'article R. 162-55 sont à la charge des consultants dans les conditions prévues par les articles *(Décr. n° 2015-1865 du 30 déc. 2015, art. 10-4° et 6°, en vigueur le 1er janv. 2016)* « L. 160-13, L. 160-14 » *(Abrogé par Décr. n° 2006-83 du 27 janv. 2006) « et L. 615-15 »*.

Art. R. 162-57 *(Décr. n° 2000-842 du 30 août 2000, art. 3)* Pour les mineurs qui en font la demande et les personnes qui ne relèvent pas d'un régime de base d'assurance maladie ou qui n'ont pas de droits ouverts dans un tel régime, les organismes d'assurance maladie prennent en charge les dépenses d'*(Décr. n° 2011-2119 du 30 déc. 2011, art. 5-7°)* « examens de biologie médicale », ainsi que les frais pharmaceutiques afférents au dépistage et au traitement de maladies transmises par la voie sexuelle et déterminés selon les modalités fixées à l'article R. 162-55.

Aucune demande de paiement ne peut être présentée aux intéressés.

Art. R. 162-58 *(Décr. nº 92-784 du 6 août 1992, art. 13 ; Décr. nº 2000-842 du 30 août 2000, art. 4)* Pour l'application de l'article R. 162-57, la caisse primaire d'assurance maladie dans le ressort de laquelle se trouvent les centres concernés est chargée du règlement des factures pour le compte des régimes obligatoires d'assurance maladie.

La caisse procède chaque trimestre au règlement des paiements sur la base des états justificatifs des prestations effectuées au cours de la période considérée.

La répartition entre les régimes des dépenses prises en charge par l'assurance maladie en application de l'article R. 162-57 est effectuée chaque année suivant la répartition nationale des dotations globales hospitalières pour l'année considérée. Lorsque le centre concerné relève d'un établissement de santé, la part des dépenses prises en charge par les organismes d'assurance maladie est déterminée conformément aux dispositions du décret nº 83-744 du 11 août 1983.

Les modalités de versement de la contribution de l'assurance maladie peuvent être fixées par voie de convention entre le centre et les organismes de sécurité sociale intéressés.

SECTION X **ORGANISATION DES SOINS** *(Décr. nº 2004-1327 du 2 déc. 2004)*.

SOUS-SECTION 1 **ACCORDS DE BON USAGE ET CONTRATS DE BONNE PRATIQUE DES SOINS**

(Décr. nº 2017-136 du 6 févr. 2017)

Art. R. 162-59 Le contrat de coopération pour les soins visuels mentionné au I de l'article L. 162-12-22 est conclu entre, d'une part, un médecin conventionné spécialisé en ophtalmologie et, d'autre part, l'organisme local d'assurance maladie et l'agence régionale de santé. Il peut avoir pour objet d'accompagner soit la formation, soit l'embauche d'un orthoptiste.

S'agissant d'une formation, la conclusion du contrat de coopération est subordonnée à la conclusion d'une convention de stage entre un médecin ophtalmologiste conventionné, un orthoptiste salarié de ce médecin, maître de stage, et un orthoptiste en formation, dans le cadre de la préparation du certificat de capacité d'orthoptiste mentionné à l'article L. 4342-3 du code de la santé publique.

S'agissant d'une embauche, la conclusion du contrat de coopération est subordonnée au respect des conditions suivantes :

1º L'employeur est un médecin conventionné spécialisé en ophtalmologie ou une société associant des médecins conventionnés dans laquelle il exerce, qu'il s'agisse d'une société d'exercice libéral, d'une société civile professionnelle ou d'une société civile de moyens ;

2º L'employeur n'emploie pas d'orthoptiste à la date de la signature du contrat ;

3º L'employeur ne peut avoir procédé au licenciement d'un orthoptiste dans un délai de douze mois précédant la signature du contrat de coopération, ni avoir mis fin à un contrat à durée déterminée ou à la période d'essai d'un orthoptiste dans les six mois précédant la signature du contrat ;

4º Un médecin ne peut signer plus d'un contrat ;

5º Il ne peut être établi plus de deux contrats de coopération concernant un même orthoptiste.

CHAPITRE III **MÉDICAMENTS REMBOURSABLES ET MÉDICAMENTS AGRÉÉS POUR LES COLLECTIVITÉS** *(Décr. nº 99-554 du 2 juill. 1999, art. 2)*.

Les dispositions issues du Décr. nº 2004-1398 du 23 déc. 2004 entrent en vigueur le 1er janv. 2005 (Décr. préc., art. 3).

SECTION PREMIÈRE **PRISE EN CHARGE PAR LES ORGANISMES DE SÉCURITÉ SOCIALE — LISTE DES MÉDICAMENTS REMBOURSABLES — LISTE DES MÉDICAMENTS AGRÉÉS** *(Décr. nº 99-554 du 2 juill. 1999, art. 2)*.

Art. R. 163-1 *(Décr. nº 2006-1498 du 29 nov. 2006)* I. — Les préparations magistrales et les préparations officinales, mentionnées aux 1º et 3º de l'article L. 5121-1 du code de la santé publique, délivrées sur prescription médicale, sont prises en charge par l'assurance maladie conformément *(Décr. n° 2015-1865 du 30 déc. 2015, art. 10-9°, en vigueur le 1er janv. 2016)* « à l'article R. 160-5 », sauf lorsque ces préparations :

– soit ne poursuivent pas à titre principal un but thérapeutique, alors même qu'elles sont réalisées dans les conditions prévues aux 1° et 3° de l'article L. 5121-1 ;

– soit ne constituent qu'une alternative à l'utilisation d'une spécialité pharmaceutique, allopathique ou homéopathique disponible ;

– soit sont susceptibles d'entraîner des dépenses injustifiées pour l'assurance maladie, faute de présenter un intérêt de santé publique suffisant en raison d'une efficacité mal établie, d'une place mineure dans la stratégie thérapeutique ou d'une absence de caractère habituel de gravité des affections auxquelles elles sont destinées ;

– soit contiennent des matières premières ne répondant pas aux spécifications de la pharmacopée.

II. – Sont notamment exclues les catégories de préparations magistrales et de préparations officinales fixées par arrêté du ministre chargé de la santé et du ministre chargé de la sécurité sociale répondant à au moins l'un des critères d'exclusion du remboursement mentionnés au I du présent article.

III. – La prise en charge des préparations magistrales et des préparations officinales par l'assurance maladie est subordonnée à l'apposition par le médecin sur l'ordonnance de la mention manuscrite : "prescription à but thérapeutique en l'absence de spécialités équivalentes disponibles".

Préparations magistrales. Définition. Selon l'art. L. 5121-1 CSP dans sa rédaction antérieure à la L. n° 2009-879 du 21 juill. 2009, une préparation magistrale correspond à tout médicament préparé, extemporanément, selon une prescription médicale destinée à un malade déterminé. Viole ce texte le tribunal qui accueille la demande de prise en charge de préparations magistrales homéopathiques fabriquées à l'avance et en série. • Civ. 2e, 12 juill. 2012 : *D. actu. 19 sept. 2012, obs. Bertignac ; RDSS 2012. 947, note Tauran ; CSBP 2012. 318, note Pansier.*

Art. R. 163-1-1 *(Décr. n° 2006-1498 du 29 nov. 2006)* Le coût des produits composés commercialisés auprès du public à des fins autres que thérapeutiques et qui entrent à titre d'excipient dans une préparation prescrite à des fins thérapeutiques n'est pas pris en charge par l'assurance maladie.

Art. R. 163-2 *(Décr. n° 99-915 du 27 oct. 1999, art. 1er-II)* « Les médicaments auxquels s'applique l'article L. 5121-8 du code de la santé publique*[,]* *(Décr. n° 2004-1398 du 23 déc. 2004, art. 1er-I)* « ceux bénéficiant d'une autorisation d'importation parallèle », ainsi que ceux visés au premier alinéa de l'article 17 de la loi n° 92-1477 du 31 décembre 1992 », ne peuvent être remboursés ou pris en charge par les organismes de sécurité sociale, sur prescription médicale *(Décr. n° 2009-956 du 29 juill. 2009)* « à l'exception des vaccins ou des topiques mentionnés respectivement aux articles R. 4311-5-1 et R. 4322-1 du code de la santé publique », ni être achetés ou fournis ou utilisés par eux que s'ils figurent sur une liste des médicaments remboursables établie par arrêté conjoint du ministre chargé de la santé et du ministre chargé de la sécurité sociale. *(Décr. n° 99-915 du 27 oct. 1999, art. 1er-II)* « L'arrêté mentionne les seules indications thérapeutiques ouvrant droit à la prise en charge ou au remboursement des médicaments ».

(Décr. n° 2001-768 du 27 août 2001, art. 2) « Lorsqu'a *[lorsque a]* été notifiée, dans les conditions prévues au premier alinéa de l'article R. 5143-8 du code de la santé publique, la décision du directeur général de l'*(Décr. n° 2012-597 du 27 avr. 2012, art. 5-II)* « Agence nationale de sécurité du médicament et des produits de santé » identifiant un médicament comme spécialité générique, l'arrêté d'inscription de ce médicament sur les listes prévues respectivement *(Décr. n° 2004-1398 du 23 déc. 2004, art. 2)* « au premier alinéa de l'article L. 162-17 » du présent code et à l'article L. 5123-2 du code de la santé publique mentionne sa dénomination suivie, s'il s'agit d'un nom de fantaisie, du suffixe prévu à l'article L. 162-17-1 ». *(Décr. n° 97-221 du 13 mars 1997, art. 2)* « Dans ce dernier cas, la dénomination est complétée par ce suffixe dans l'étiquetage et la notice définis à l'article R. 5000 du code de la santé publique, dans le résumé des caractéristiques du produit prévu à l'article R. 5128-2 du même code, ainsi que dans toute publicité au sens de l'article L. 5122-1 dudit code. »

(Décr. n° 90-1034 du 21 nov. 1990, art. 1er-II) « L'inscription sur la liste peut être assortie, pour certains médicaments particulièrement coûteux et d'indications précises, d'une clause prévoyant qu'ils ne sont remboursés ou pris en charge qu'après *(Décr. n° 94-1031 du 2 déc. 1994, art. 2)* « information » du contrôle médical, selon une procédure fixée par un arrêté du ministre chargé de la sécurité sociale ». *(Décr. n° 94-1031 du 2 déc. 1994, art. 2 ; Décr. n° 99-915 du 27 oct. 1999, art. 1er-II-B)* « Dans ce cas, est annexée à l'arrêté d'inscription du médicament sur la liste une fiche d'information thérapeutique établie par la commission mentionnée à l'article R. 163-15. Cette fiche rappelle, d'une part, les indications thérapeutiques mentionnées au premier alinéa ci-dessus, d'autre part, les modalités d'utilisation du médicament résultant de ses caractéristiques approuvées par l'autorisation de mise sur le marché et concernant notamment la posologie et la durée de traitement dans les indications ouvrant droit à la prise en charge ou au remboursement. La fiche rappelle également, le cas échéant, les restrictions apportées par l'autorisation de mise sur le marché à la prescription et à la délivrance du médicament. » — *V. Arr. du 13 févr. 2009 (JO 20 févr.).*

L'inscription sur la liste prévue *(Décr. n° 90-1034 du 21 nov. 1990, art. 1er-III)* « au premier alinéa » peut, pour certains médicaments susceptibles d'être utilisés à des fins non thérapeutiques, être assortie d'une clause précisant qu'ils ne sont remboursés ou pris en charge par les caisses et organismes d'assurance maladie que si leur emploi est prescrit en vue du traitement d'un état pathologique.

(Décr. n° 99-915 du 27 oct. 1999, art. 1er-II-C) « Sous réserve des dispositions prévues au III de l'article R. 163-6, l'inscription sur la liste prévue *(Décr. n° 2004-1398 du 23 déc. 2004, art. 2)* « au premier alinéa de l'article L. 162-17 » est prononcée pour une durée de cinq ans. »

La durée de validité de l'inscription des médicaments inscrits sur la liste prévue à l'art. L. 162-17 CSS sans limitation de durée avant le 1er avr. 1993 est fixée à cinq ans à compter de la date de publication du Décr. n° 99-915 du 27 oct. 1999 (Décr. préc., art. 2, JO 30 oct.).

Art. R. 163-3 *(Décr. n° 99-915 du 27 oct. 1999, art. 1er-III)* I. — Les médicaments sont inscrits sur la liste prévue *(Décr. n° 2004-1398 du 23 déc. 2004, art. 2)* « au premier alinéa de l'article L. 162-17 » au vu de l'appréciation du service médical rendu qu'ils apportent indication par indication. Cette appréciation prend en compte l'efficacité et les effets indésirables du médicament, sa place dans la stratégie thérapeutique, notamment au regard des autres thérapies disponibles, la gravité de l'affection à laquelle il est destiné, le caractère préventif, curatif ou symptomatique du traitement médicamenteux et son intérêt pour la santé publique. Les médicaments dont le service médical rendu est insuffisant au regard des autres médicaments ou thérapies disponibles ne sont pas inscrits sur la liste.

II. — Les spécialités génériques définies au *(Décr. n° 2004-1398 du 23 déc. 2004, art. 2)* « 5° de l'article L. 5121-1 du code de la santé publique » appartenant aux mêmes groupes génériques que des spécialités de référence inscrites sur la liste prévue *(Décr. n° 2004-1398 du 23 déc. 2004, art. 2)* « au premier alinéa de l'article L. 162-17 » sont présumées remplir la condition mentionnée au I du présent article.

(Décr. n° 2004-1398 du 23 déc. 2004, art. 1er-III) « III. — Les spécialités bénéficiant d'une autorisation d'importation parallèle sont considérées comme remplissant la même condition de service médical rendu que la spécialité correspondante disposant d'une autorisation de mise sur le marché en France. »

Art. R. 163-4 *(Décr. n° 99-915 du 27 oct. 1999, art. 1er-III)* L'inscription et le renouvellement de l'inscription des médicaments sur la liste prévue *(Décr. n° 2004-1398 du 23 déc. 2004, art. 2)* « au premier alinéa de l'article L. 162-17 », ainsi que la modification des conditions d'inscription, sont prononcés après avis de la commission mentionnée à l'article R. 163-15, à l'exception des spécialités génériques définies au *(Décr. n° 2004-1398 du 23 déc. 2004, art. 2)* « 5° de l'article L. 5121-1 du code de la santé publique », lorsque les spécialités de référence appartenant aux mêmes groupes génériques figurent sur ladite liste *(Décr. n° 2004-1398 du 23 déc. 2004, art. 1er-IV)* « , et à l'exception des spécialités bénéficiant d'une autorisation d'importation parallèle lorsque la spécialité correspondante disposant d'une autorisation de mise sur le marché en France figure sur cette liste ».

Portée des avis de la commission de la transparence. Les avis rendus en application de l'art. R. 163-4 CSS et de l'art. L. 5123-3 CSP combinés avec l'art. L. 161-37 CSS par la commission de la transparence, dont la nature de commission spécialisée de la Haute Autorité de santé (HAS) créée par la L. n° 2004-810 du 13 août 2004 relative à l'assurance maladie n'a pas modifié l'étendue des attributions, sont des éléments de la procédure d'élaboration des décisions d'inscription d'une spécialité pharmaceutique sur les listes qu'elles prévoient. Les autorités compétentes pour procéder à ces inscriptions ne sont pas liées dans leurs décisions par les positions prises par cette commission et le bien-fondé de ces positions peut être discuté à l'occasion d'un recours pour excès de pouvoir contre les décisions ainsi prises, fussent-elles acquises implicitement par suite de l'expiration du délai de 180 jours prévu au I de l'art. R. 163-9 CSS. Enfin, compte tenu de leur caractère d'actes préparatoires, un requérant ne saurait utilement se prévaloir des effets que ces avis sont susceptibles de produire. Par suite, l'avis défavorable à l'inscription d'une extension d'indication d'une spécialité par la commission de la transparence ne peut être regardé comme un acte faisant grief, susceptible d'être déféré au juge de l'excès de pouvoir. • CE 17 nov. 2017, n° 398573 B.

Art. R. 163-5 *(Décr. n° 99-915 du 27 oct. 1999, art. 1er-III)* **I. — Ne peuvent être inscrits sur la liste prévue** *(Décr. n° 2004-1398 du 23 déc. 2004, art. 2)* **« au premier alinéa de l'article L. 162-17 » :**

1° Les médicaments dont les éléments de conditionnement, l'étiquetage ou la notice, définis à l'article R. 5000 du code de la santé publique, ou la publicité auprès des professionnels de santé font mention d'une utilisation non thérapeutique ;

2° Les médicaments qui n'apportent ni amélioration du service médical rendu appréciée par la commission mentionnée à l'article R. 163-15 ni économie dans le coût du traitement médicamenteux ;

3° Les médicaments susceptibles d'entraîner des hausses de consommation ou des dépenses injustifiées ;

4° Les médicaments dont le prix proposé par l'entreprise ne serait pas justifié eu égard aux critères prévus au premier alinéa de l'article L. 162-16-4 ;

5° Les médicaments dont les forme, dosage ou présentation ne sont pas justifiés par l'utilisation thérapeutique.

Les dispositions du 2° ci-dessus ne sont pas applicables aux spécialités génériques définies au *(Décr. n° 2004-1398 du 23 déc. 2004, art. 2)* **« 5° de l'article L. 5121-1 du code de la santé publique », lorsque les spécialités de référence appartenant aux mêmes groupes génériques figurent sur la liste prévue** *(Décr. n° 2004-1398 du 23 déc. 2004, art. 2)* **« au premier alinéa de l'article L. 162-17 ».**

II. — L'inscription des médicaments qui ont fait l'objet d'une publicité auprès du public au sens de l'article L. 551-3 du code de la santé publique *[devenu CSP, art. L. 5122-5 et L. 5122-6]* **peut être refusée.**

Art. R. 163-6 *(Décr. n° 99-915 du 27 oct. 1999, art. 1er-IV)* **I. — L'inscription sur la liste prévue** *(Décr. n° 2004-1398 du 23 déc. 2004, art. 2)* **« au premier alinéa de l'article L. 162-17 » ne peut être renouvelée, après avis de la commission mentionnée à l'article R. 163-15, que si le médicament continue de remplir la condition relative au service médical rendu prévue au I de l'article R. 163-3 dans les indications thérapeutiques pour lesquelles le renouvellement de l'inscription est demandé. Dans l'appréciation du service médical rendu, constaté dans les conditions habituelles d'utilisation du médicament, il est tenu compte des nouvelles données disponibles sur le médicament et l'affection traitée ainsi que des autres médicaments inscrits sur la liste depuis la précédente appréciation et des autres thérapies devenues disponibles depuis lors.**

Les spécialités génériques des spécialités de référence appartenant, en application du *(Décr. n° 2004-1398 du 23 déc. 2004, art. 2)* **« 5° de l'article L. 5121-1 du code de la santé publique », aux mêmes groupes génériques, sont présumées remplir la condition de service médical rendu prévue au premier alinéa ci-dessus, lorsque lesdites spécialités de référence figurent sur la liste prévue** *(Décr. n° 2004-1398 du 23 déc. 2004, art. 2)* **« au premier alinéa de l'article L. 162-17 ».**

(Décr. n° 2004-1398 du 23 déc. 2004, art. 1er-V) **« Les spécialités bénéficiant d'une autorisation d'importation parallèle sont considérées comme remplissant la condition de service médical rendu prévue au premier alinéa ci-dessus lorsque la spécialité correspondante disposant d'une autorisation de mise sur le marché en France figure sur la liste prévue au premier alinéa de l'article L. 162-17. »**

II. – Le renouvellement de l'inscription d'un médicament est également soumis aux conditions prévues aux 1°, 3°, 4° et 5° du I et au II de l'article R. 163-5.

III. – Lorsqu'une entreprise exploite plusieurs médicaments comportant la même composition qualitative en principes actifs sous des dosages, formes pharmaceutiques et présentations différents et inscrits sur la liste prévue *(Décr. n° 2004-1398 du 23 déc. 2004, art. 2)* « au premier alinéa de l'article L. 162-17 », la validité de leur inscription sur cette liste expire à la date d'échéance de celle du médicament dont le renouvellement de l'inscription est sollicité en premier. L'entreprise doit adresser simultanément la même demande de renouvellement pour l'ensemble de ces médicaments.

IV. – A l'occasion de l'examen du renouvellement de l'inscription d'un médicament sur la liste prévue *(Décr. n° 2004-1398 du 23 déc. 2004, art. 2)* « au premier alinéa de l'article L. 162-17 », lorsque la Commission de la transparence propose de ne pas renouveler l'inscription ou propose de modifier le niveau de la participation de l'assuré, elle donne également un avis sur les médicaments appartenant à la même classe pharmaco-thérapeutique que le médicament dont le renouvellement de l'inscription est sollicité. Dans ce cas, la date fixée pour le renouvellement de l'inscription du médicament est reportée d'un mois pour permettre aux entreprises exploitant les médicaments de la même classe de présenter leurs observations sur l'avis qui leur est communiqué.

Les dispositions du III de l'art. R. 163-6 sont applicables aux médicaments ayant fait l'objet d'une inscription ou du renouvellement de leur inscription sur la liste prévue à l'art. L. 162-17 à compter de la date d'entrée en vigueur du Décr. n° 99-915 du 27 oct. 1999 (JO 30 oct.).

Les dispositions du IV de l'art. R. 163-6 CSS doivent être interprétées comme mettant à la charge de la commission de la transparence de la Haute Autorité de santé l'obligation, lorsqu'elle propose de ne pas renouveler l'inscription d'une spécialité sur la liste des spécialités remboursables ou de modifier le niveau de participation des assurés, de ne le faire qu'après s'être prononcée sur l'ensemble des spécialités de la classe pharmaco-thérapeutique à laquelle cette spécialité appartient. A défaut d'avis suffisamment récent ou si de nouvelles données disponibles sont susceptibles de remettre en cause l'évaluation du niveau du service médical rendu (SMR) par ces différentes spécialités, il lui appartient de procéder à une nouvelle évaluation de celles-ci. • CE 20 déc. 2013, n° 353632 : *RDSS 2014. 185, note Peigné*.

Art. R. 163-7 *(Décr. n° 99-915 du 27 oct. 1999, art. 1er-IV)* I. – Après avis de la commission mentionnée à l'article R. 163-15, peuvent être radiés de la liste prévue *(Décr. n° 2004-1398 du 23 déc. 2004, art. 2)* « au premier alinéa de l'article L. 162-17 » par arrêté du ministre chargé de la sécurité sociale et du ministre chargé de la santé :

1° Les médicaments qui ne sont pas régulièrement exploités ;

2° Les médicaments dont la radiation est sollicitée par l'entreprise exploitant le médicament ;

3° Les médicaments qui ne peuvent plus figurer sur cette liste en vertu des dispositions prévues à l'article R. 163-3, aux 1°, 3°, 4° et 5° du I de l'article R. 163-5 et à l'article R. 163-6 ;

4° Les médicaments dont le conditionnement ne comporterait pas les informations destinées aux organismes d'assurance maladie, prévues en application de l'article L. 161-36 ;

5° Les médicaments pour lesquels l'entreprise exploitant le médicament n'a pas informé le ministre chargé de la sécurité sociale des modifications des données sur lesquelles l'inscription est fondée, en application de l'article R. 163-12.

II. – Peuvent être radiés de la liste prévue *(Décr. n° 2004-1398 du 23 déc. 2004, art. 2)* « au premier alinéa de l'article L. 162-17 », par arrêté du ministre chargé de la sécurité sociale et du ministre chargé de la santé, après avis de la commission mentionnée à l'article R. 163-15 et de celle mentionnée à l'article R. 5054 du code de la santé publique :

1° Les médicaments qui font l'objet d'une publicité auprès du public ;

2° Les médicaments dont la publicité auprès des professionnels de santé ne mentionne pas l'une des informations suivantes : le prix, la dénomination commune, les indications thérapeutiques retenues pour l'inscription sur la liste, signalées de manière spécifique, les modalités d'utilisation, le coût du traitement journalier ou, le cas échéant, le coût de cure, exprimé en prix de vente au public dans chacune de ces indications, le taux de participation des assurés à leurs frais d'acquisition, défini en application de l'article *(Décr. n° 2015-1865 du 30 déc. 2015, art. 10-8°, en vigueur le 1er janv. 2016)* « R. 160-5 », l'inscription au titre de la clause mentionnée au troisième alinéa de l'article R. 163-2 ;

3° Les médicaments dont la publicité auprès des professionnels de santé n'est pas conforme au bon usage, au regard soit des références médicales opposables visées à l'article L. 162-12-15, soit des indications thérapeutiques ouvrant droit à la prise en charge ou au remboursement.

Le directeur général de l'*(Décr. n° 2012-597 du 27 avr. 2012, art. 5-II)* « Agence nationale de sécurité du médicament et des produits de santé » signale au ministre chargé de la sécurité sociale et au ministre chargé de la santé les médicaments dont la publicité ne serait pas conforme aux règles fixées ci-dessus.

III. — Peuvent être radiées de la liste prévue *(Décr. n° 2004-1398 du 23 déc. 2004, art. 2)* « au premier alinéa de l'article L. 162-17 », par arrêté du ministre chargé de la sécurité sociale et du ministre chargé de la santé, les spécialités figurant en qualité de génériques au répertoire mentionné à l'article R. 5143-8 du code de la santé publique, dont la dénomination est constituée d'un nom de fantaisie, lorsque cette dénomination n'est pas complétée par le suffixe prévu par l'article L. 162-17-1 du présent code dans l'étiquetage et la notice définis à l'article R. 5000 du code de la santé publique, dans le résumé des caractéristiques du produit prévu à l'article R. 5128-2 du même code, ainsi que dans toute publicité au sens de l'article L. 5122-1 dudit code.

Art. R. 163-7-1 *Abrogé par Décr. n° 99-554 du 2 juill. 1999, art. 3-II.*

Art. R. 163-8 *(Décr. n° 99-554 du 2 juill. 1999, art. 3-I ; Décr. n° 99-915 du 27 oct. 1999, art. 1er-V à VII)* I. — La demande d'inscription sur l'une des listes prévues *(Décr. n° 2004-1398 du 23 déc. 2004, art. 2)* « au premier alinéa de l'article L. 162-17 du présent code et à l'article L. 5123-2 du code de la santé publique », ou sur ces deux listes simultanément, est présentée par l'entreprise qui exploite le médicament.

A la présente section, ladite entreprise s'entend de celle qui est titulaire de l'autorisation de mise sur le marché ou celle qui exploite le médicament, si ce titulaire n'assure pas l'exploitation.

La demande d'inscription est adressée au ministre chargé de la sécurité sociale, qui en accuse réception et en informe le ministre chargé de la santé ; une copie en est simultanément adressée à la commission mentionnée à l'article R. 163-15 *(Décr. n° 2004-1398 du 23 déc. 2004, art. 1er-VI)* « et à l'Union nationale des caisses d'assurance maladie ».

La demande d'inscription est accompagnée d'un dossier. Celui-ci comporte, pour les demandes d'inscription sur la liste prévue *(Décr. n° 2004-1398 du 23 déc. 2004, art. 2)* « au premier alinéa de l'article L. 162-17 », les informations nécessaires à l'appréciation des conditions d'inscription du médicament, en application des articles R. 163-3 et R. 163-5.

II. — Lorsque la demande porte sur l'inscription d'un médicament sur la liste prévue *(Décr. n° 2004-1398 du 23 déc. 2004, art. 2)* « au premier alinéa de l'article L. 162-17 », l'entreprise propose en même temps la fixation par convention du prix de ce médicament. Cette proposition est adressée au *(Décr. n° 2004-1398 du 23 déc. 2004, art. 2)* « Comité économique des produits de santé », accompagnée d'une copie du dossier de demande d'inscription et d'un dossier comportant les informations nécessaires à la négociation de la convention prévue à l'article L. 162-17-4 et à la fixation du prix du médicament ; une copie de cette proposition est adressée au ministre chargé de la sécurité sociale.

Art. R. 163-9 *(Décr. n° 2004-1398 du 23 déc. 2004)* « I. — Les décisions relatives à l'inscription du médicament sur la liste prévue au premier alinéa de l'article L. 162-17, à la fixation du prix du médicament selon les modalités prévues à l'article L. 162-16-4 et à la fixation de la participation de l'assuré dans les conditions prévues à l'article *(Décr. n° 2015-1865 du 30 déc. 2015, art. 10-6°, en vigueur le 1er janv. 2016)* « L. 160-13 » sont prises et communiquées à l'entreprise dans un délai de cent quatre-vingts jours à compter de la réception par le ministre chargé de la sécurité sociale de la demande mentionnée à l'article R. 163-8. Elles sont publiées simultanément au *Journal officiel* dans ce délai. »

(Décr. n° 99-554 du 2 juill. 1999, art. 3-I ; Décr. n° 99-915 du 27 oct. 1999, art. 1er-V à VII) La décision relative à l'inscription du médicament sur la liste prévue à l'article L. 5123-2 du code de la santé publique, lorsque l'entreprise n'a pas demandé de l'inscrire simultanément sur la liste prévue *(Décr. n° 2004-1398 du 23 déc. 2004, art. 2)* « au premier alinéa de l'article L. 162-17 », doit être prise et notifiée à l'entreprise dans un délai de quatre-vingt-dix jours à compter de la réception de la demande, telle que prévue à l'article R. 163-8, par le ministre chargé de la sécurité sociale. L'inscription du médicament sur cette liste est publiée au *Journal officiel* dans ce délai.

II. — Toutefois, si les éléments d'appréciation communiqués par l'entreprise qui exploite le médicament sont insuffisants, le ministre chargé de la sécurité sociale, le ministre chargé de la santé, le *(Décr. n° 2004-1398 du 23 déc. 2004, art. 2)* « Comité économique des produits de santé » ou la commission mentionnée à l'article R. 163-15 notifie immédiatement au demandeur les renseignements complémentaires détaillés qui sont exigés. Dans ce cas, le délai est suspendu à compter de la date de réception de cette notification et jusqu'à la date de réception des informations complémentaires demandées.

Délai. Le délai fixé à l'art. 6, point 1, premier al., de la dir. n° 89/105/CEE du Conseil du 21 déc. 1988 est un délai impératif que les autorités nationales ne sont pas en droit de dépasser. L'art. 6, point 1, premier al., de la directive n° 89/105 n'impose pas l'inscription automatique d'un médicament sur la liste des spécialités pharmaceutiques couvertes par le système d'assurance maladie en cas de dépassement du délai fixé audit article. • CJCE 20 janv. 2005, n° C-296/03, *GlaxoSmithKline SA c/ Belgique : Europe 2005. 18, obs. Bernard* • CJCE 20 janv. 2005, n° C-245/03, *Merck, Sharp & Dohme BV c/ Belgique : ibid. 2005. 18, obs. Bernard.*

Art. R. 163-10 *(Décr. n° 99-554 du 2 juill. 1999, art. 3-III ; Décr. n° 99-915 du 27 oct. 1999, art. 1er-V à VII)* I. — La demande de renouvellement de l'inscription d'un médicament sur la liste prévue *(Décr. n° 2004-1398 du 23 déc. 2004, art. 2)* « au premier alinéa de l'article L. 162-17 » est présentée par l'entreprise qui exploite le médicament, au plus tard cent quatre-vingts jours avant l'expiration de la durée de validité de l'inscription.

La demande de renouvellement de l'inscription est adressée au ministre chargé de la sécurité sociale, qui en accuse réception et en informe le ministre chargé de la santé ; l'entreprise adresse simultanément copie de cette demande à la commission prévue à l'article R. 163-15 *(Décr. n° 2004-1398 du 23 déc. 2004, art. 1er-VIII)* « , au Comité économique des produits de santé et à l'Union nationale des caisses d'assurance maladie ». La demande doit être accompagnée d'un dossier comportant les informations nécessaires à l'appréciation des conditions de renouvellement de l'inscription du médicament en application de l'article R. 163-6.

L'entreprise qui exploite le médicament adresse au *(Décr. n° 2004-1398 du 23 déc. 2004)* « Comité économique des produits de santé » un dossier comportant les informations relatives au prix du médicament dont le renouvellement de l'inscription est sollicité.

(Décr. n° 2004-1398 du 23 déc. 2004, art. 1er-VIII) « II. — La décision relative au renouvellement de l'inscription et à la fixation de la participation de l'assuré doit être prise et communiquée à l'entreprise avant l'expiration du délai de validité de l'inscription. » L'arrêté renouvelant l'inscription du médicament sur la liste doit être publié au plus tard à cette date.

A cette même date, si aucune décision relative au renouvellement de l'inscription n'a été notifiée à l'entreprise, le renouvellement de celle-ci est accordé tacitement et un avis mentionnant le renouvellement de l'inscription est publié au *Journal officiel.*

III. — *Abrogé par Décr. n° 99-915 du 27 oct. 1999, art. 1er-VIII.*

Art. R. 163-10-1 *(Décr. n° 2004-1398 du 23 déc. 2004, art. 1er-IX)* La décision relative au taux de participation de l'assuré aux frais d'acquisition d'une spécialité pharmaceutique, mentionnée au troisième alinéa du I de l'article *(Décr. n° 2015-1865 du 30 déc. 2015, art. 10-6°, en vigueur le 1er janv. 2016)* « L. 160-13 », est prise par le directeur général de l'Union nationale des caisses d'assurance maladie. Cette décision est applicable sous réserve de l'inscription de cette spécialité sur la liste prévue au premier alinéa de l'article L. 162-17.

La décision du directeur général de l'Union nationale des caisses d'assurance maladie mentionnée à l'alinéa précédent doit être communiquée aux ministres chargés de la sécurité sociale et de la santé dans le délai maximal de quinze jours suivant la date de réception par l'Union nationale des caisses d'assurance maladie de l'avis définitif de la Commission de la transparence.

Art. R. 163-11 *(Décr. n° 2004-1398 du 23 déc. 2004, art. 1er-X)* « I. – Le prix d'un médicament inscrit sur la liste prévue au premier alinéa de l'article L. 162-17 peut être modifié par convention conclue entre l'entreprise qui l'exploite et le Comité économique des produits de santé ou, à défaut, par décision du comité. »

(Décr. n° 99-554 du 2 juill. 1999, art. 3-III ; Décr. n° 99-915 du 27 oct. 1999, art. 1er-V à VII) II. – Lorsque la demande de modification du prix émane de l'entreprise exploitant le médicament, celle-ci adresse sa demande, accompagnée d'un dossier comportant les informations nécessaires, au *(Décr. n° 2004-1398 du 23 déc. 2004, art. 2)* « Comité économique des produits de santé » ; une copie de ce dossier est adressée au ministre chargé de la sécurité sociale.

La décision relative à la demande de modification du prix d'un médicament doit être prise et notifiée à l'entreprise dans un délai de quatre-vingt-dix jours à compter de la réception de la demande par le *(Décr. n° 2004-1398 du 23 déc. 2004, art. 2)* « Comité économique des produits de santé ». Le prix modifié est publié au *Journal officiel* dans ce délai.

Si le nombre de demandes tendant à la modification du prix des médicaments est exceptionnellement élevé, le délai peut être prorogé une seule fois de soixante jours. Cette prorogation doit être notifiée au demandeur.

(Décr. n° 2004-1398 du 23 déc. 2004, art. 1er-X) « Si les éléments d'appréciation communiqués par l'entreprise qui exploite le médicament sont insuffisants, notamment pour la négociation de la convention mentionnée à l'article L. 162-17-4, la liste des renseignements complémentaires qu'elle doit fournir lui est immédiatement notifiée par le Comité économique des produits de santé. » Dans ce cas, le délai est suspendu à compter de la date de réception de la notification et jusqu'à la date de réception des renseignements complémentaires demandés.

A l'expiration des délais précités, si aucune décision relative à la modification du prix n'a été notifiée à l'entreprise, la modification du prix est accordée tacitement et est mentionnée dans un avis publié au *Journal officiel.*

En cas d'accord conventionnel sur la modification du prix d'un médicament fixé par arrêté, cette modification entre en vigueur après abrogation de l'arrêté, laquelle doit intervenir dans les délais prévus aux alinéas ci-dessus.

III. – Lorsque la demande de modification du prix émane des ministres chargés de la sécurité sociale, de la santé et de l'économie ou du *(Décr. n° 2004-1398 du 23 déc. 2004, art. 2)* « Comité économique des produits de santé », l'entreprise qui exploite le médicament en est informée. Celle-ci peut présenter des observations écrites ou demander à être entendue par le comité, dans le mois suivant la réception de cette information.

Art. R. 163-11-1 *(Décr. n° 2014-955 du 21 août 2014, art. 1er-3°)* I. – Lorsque le prix fabricant hors taxe d'une spécialité pharmaceutique remboursable est modifié, les établissements pharmaceutiques qui vendent en gros au pharmacien d'officine peuvent continuer à commercialiser les unités de cette spécialité à leur prix fabricant hors taxe antérieur auquel s'ajoute la marge mentionnée à l'article L. 162-38, calculée sur la base du prix fabricant hors taxe antérieur, pendant une période transitoire de vingt jours à compter de la date d'application de cette modification de prix.

Cette durée est portée à soixante jours dans les collectivités d'outre-mer suivantes : Guadeloupe, Guyane, Martinique, La Réunion, Saint-Martin et Saint-Barthélemy.

II. – Lorsque le prix fabricant hors taxe d'une spécialité pharmaceutique remboursable est modifié, les pharmaciens d'officine peuvent continuer à commercialiser les unités de cette spécialité à leur prix de vente au public antérieur pendant une période transitoire de cinquante jours à compter de la date d'application de cette modification de prix.

Lorsque le prix fabricant hors taxe de la spécialité de référence remboursable d'un groupe générique est modifié, les pharmaciens d'officine peuvent continuer à commercialiser les unités de spécialités génériques inscrites dans le même groupe générique à leur prix antérieur pendant une période transitoire de cinquante jours à compter de la date d'application de cette modification de prix.

Lorsque la spécialité de référence remboursable d'un groupe générique est radiée de la liste mentionnée au premier alinéa de l'article L. 162-17, les pharmaciens d'officine peuvent continuer à commercialiser les unités de spécialités génériques remboursables inscrites dans le même groupe générique à leur prix antérieur pendant une période transitoire de cinquante jours à compter de la date d'application de cette radiation.

Pendant la période transitoire de cinquante jours mentionnée aux trois alinéas précédents, les unités délivrées à des prix antérieurs peuvent continuer à faire l'objet d'une prise en charge ou d'un remboursement.

La période transitoire de cinquante jours mentionnée aux trois premiers alinéas du présent II est portée à quatre-vingt-dix jours dans les collectivités d'outre-mer suivantes : Guadeloupe, Guyane, Martinique, La Réunion, Saint-Martin et Saint-Barthélemy.

III. – Lors de la création ou de la modification d'un tarif forfaitaire de responsabilité mentionné à l'article L. 162-16, les spécialités du groupe générique concerné inscrites sur la liste mentionnée au premier alinéa de l'article L. 162-17 peuvent continuer à être prises en charge à leur prix ou tarif antérieur pendant une période transitoire de cinquante jours à compter de la date d'application de la création ou de la modification du tarif.

Cette période est portée à quatre-vingt-dix jours dans les collectivités d'outre-mer suivantes : Guadeloupe, Guyane, Martinique, La Réunion, Saint-Martin et Saint-Barthélemy.

(Décr. n° 2015-58 du 26 janv. 2015, art. 1er-2°) « Les dispositions du présent III ne sont pas applicables dans le cas où la modification d'un tarif forfaitaire de responsabilité mentionné à l'article L. 162-16 résulte d'un changement de la marge des médicaments concernés intervenu en application de l'article L. 162-38. »

Les dispositions du 3° de l'art. 1er issues du Décr. n° 2014-955 du 21 août 2014 sont applicables aux modifications de prix qui prennent effet postérieurement au 24 août 2014 (Décr. préc., art. 3).

Art. R. 163-12 *(Décr. n° 99-554 du 2 juill. 1999, art. 3-III ; Décr. n° 99-915 du 27 oct. 1999, art. 1er-V à VII)* Lorsqu'une modification significative intervient dans les données sur lesquelles a été fondée l'inscription sur les listes ou l'une des listes prévues *(Décr. n° 2004-1398 du 23 déc. 2004, art. 2)* « au premier alinéa de l'article L. 162-17 » du présent code et à l'article L. 5123-2 du code de la santé publique, notamment une extension des indications thérapeutiques, ou dans les données qui ont été prises en compte dans la fixation du prix du médicament, l'entreprise qui exploite le médicament est tenue d'en faire part au ministre chargé de la sécurité sociale *(Décr. n° 2004-1398 du 23 déc. 2004, art. 1er-XI)* « et à la Haute Autorité de santé » ; celui-ci en informe le ministre chargé de la santé et le *(Décr. n° 2004-1398 du 23 déc. 2004, art. 2)* « Comité économique des produits de santé ». A cette occasion, les conditions d'inscription peuvent être modifiées à l'initiative des ministres chargés de la sécurité sociale et de la santé ou à la demande de l'entreprise qui exploite le médicament, après avis de la commission mentionnée à l'article R. 163-15 ; le prix peut également être modifié à cette occasion, à la demande de l'entreprise, du *(Décr. n° 2004-1398 du 23 déc. 2004, art. 2)* « Comité économique des produits de santé » ou des ministres chargés de la sécurité sociale, de la santé et de l'économie, dans les conditions prévues à l'article R. 163-11.

A la demande du ministre chargé de la sécurité sociale *(Décr. n° 2004-1398 du 23 déc. 2004, art. 1er-XI)* « , du ministre chargé de la santé ou de la Haute Autorité de santé », l'entreprise qui exploite le médicament est tenue de fournir les informations nécessaires à l'appréciation des conditions d'inscription, de renouvellement de l'inscription ou de maintien du médicament sur les listes prévues *(Décr. n° 2004-1398 du 23 déc. 2004, art. 2)* « au premier alinéa de l'article L. 162-17 » du présent code et à l'article L. 5123-2 du code de la santé publique.

A la demande du *(Décr. n° 2004-1398 du 23 déc. 2004, art. 2)* « Comité économique des produits de santé », l'entreprise qui exploite le médicament est tenue de fournir les informations nécessaires à l'appréciation des conditions de fixation du prix du médicament inscrit sur la liste prévue *(Décr. n° 2004-1398 du 23 déc. 2004, art. 2)* « au premier alinéa de l'article L. 162-17 ».

L'absence de transmission des informations relatives à l'inscription sur les listes prévues *(Décr. n° 2004-1398 du 23 déc. 2004, art. 2)* « au premier alinéa de l'article L. 162-17 » du présent code et à l'article L. 5123-2 du code de la santé publique, en application des premier et deuxième alinéas ci-dessus, peut entraîner la radiation des médicaments concernés dans les conditions prévues par les articles R. 163-13 et R. 163-14.

Art. R. 163-13 *(Décr. n° 2004-1398 du 23 déc. 2004, art. 1er-XII ; Décr. n° 2011-56 du 14 janv. 2011, art. 1er)* I. — Le ministre chargé de la sécurité sociale et le ministre chargé de la santé informent l'entreprise qui exploite le médicament de leur intention de radier un médicament des listes prévues au premier alinéa de l'article L. 162-17 du présent code et à l'article L. 5123-2 du code de la santé publique. L'Union nationale des caisses d'assurance maladie est également informée de cette intention.

Le directeur général de l'Union nationale des caisses d'assurance maladie informe l'entreprise qui exploite un médicament inscrit sur la liste prévue au premier alinéa de l'article L. 162-17 de son intention de modifier le taux de participation de l'assuré aux frais d'acquisition de ce médicament lorsque cette modification résulte d'un changement dans l'appréciation du niveau de service médical rendu par le produit. Le ministre chargé de la sécurité sociale, le ministre chargé de la santé et le Comité économique des produits de santé sont également informés de cette intention.

(Décr. n° 99-554 du 2 juill. 1999, art. 3-III ; Décr. n° 99-915 du 27 oct. 1999, art. 1er-V à VII ; Décr. n° 2004-1398 du 23 déc. 2004, art. 1er-XII) « Dans les deux cas, l'entreprise qui exploite le médicament peut présenter des observations écrites ou demander à être entendue par la commission prévue à l'article R. 163-15, dans le mois suivant réception de cette information. »

II. — Lorsqu'un nouveau taux de participation de l'assuré aux frais d'acquisition d'un médicament a été fixé en application de l'article *(Décr. n° 2015-1865 du 30 déc. 2015, art. 10-8°, en vigueur le 1er janv. 2016)* « R. 160-5 », les décisions du directeur général de l'Union nationale des caisses d'assurance maladie appliquant effectivement ce taux aux médicaments concernés ne peuvent prendre effet avant l'expiration d'un délai d'un mois suivant la date d'entrée en vigueur de ce taux.

Art. R. 163-14 *(Décr. n° 2004-1398 du 23 déc. 2004, art. 1er-XIII)* Les décisions portant refus d'inscription sur la liste prévue au premier alinéa de l'article L. 162-17 du présent code et à l'article L. 5123-2 du code de la santé publique, refus de renouvellement de l'inscription, radiation de ces listes ou refus de modification du prix ou de baisse du taux de participation de l'assuré, sont communiquées à l'entreprise avec la mention des motifs de ces décisions ainsi que des voies et délais de recours qui leur sont applicables.

SECTION PREMIÈRE *BIS* PRISE EN CHARGE ET FIXATION DU PRIX DES ALLERGÈNES PRÉPARÉS SPÉCIALEMENT POUR UN SEUL INDIVIDU

(Décr. n° 2014-1022 du 8 sept. 2014, art. 1er)

Art. R. 163-14-1 I. — La demande de fixation du prix de vente au public des allergènes préparés spécialement pour un seul individu est présentée par l'entreprise qui atteste que son activité dans ce domaine s'exerce en lien avec la personne autorisée, en vertu de l'article L. 4211-6 du code de la santé publique, à préparer et à délivrer ces allergènes.

La demande est adressée au Comité économique des produits de santé, accompagnée d'un dossier comportant les éléments définis par ce comité et dont la liste est publiée sur son site internet, ainsi que les informations nécessaires à la négociation de la convention mentionnée à l'article L. 162-16-4-1 du présent code et à la fixation du prix.

II. — Pour déterminer le prix de vente au public des allergènes mentionnés au I du présent article, le Comité économique des produits de santé tient principalement compte des prix des produits comparables, des volumes de vente prévus ou constatés et des conditions prévisibles et réelles d'utilisation. A ce titre, il peut établir des catégories de préparations en tenant compte, notamment, des différents facteurs entrant dans leurs compositions et des prix antérieurement publiés au *Journal officiel*.

III. – La convention relative à la fixation du prix de vente au public des allergènes préparés spécialement pour un seul individu mentionnée à l'article L. 162-16-4-1 est conclue entre le Comité économique des produits de santé et l'entreprise demanderesse. Elle est communiquée à cette dernière, accompagnée des motifs justifiant ce prix, dans un délai de quatre-vingt-dix jours à compter de la réception de la demande.

IV. – A défaut de conclusion d'une convention, le prix est fixé par une décision du Comité économique des produits de santé dans un délai de quatre-vingt-dix jours à compter de la réception de la demande. Cette décision est motivée et notifiée à l'entreprise avec l'indication des voies et délais de recours.

V. – Toutefois, si les éléments d'appréciation communiqués par l'entreprise mentionnée au I du présent article sont insuffisants, le Comité économique des produits de santé lui notifie immédiatement la liste des renseignements complémentaires exigés. Dans ce cas, le délai est suspendu à compter de la date de réception de cette notification et jusqu'à la date de réception des informations complémentaires demandées.

VI. – Le prix de vente au public de chaque allergène mentionné au I du présent article est publié au *Journal officiel*.

Art. R. 163-14-2 I. – Le prix de vente au public des allergènes préparés spécialement pour un seul individu peut être modifié par convention conclue entre l'entreprise mentionnée au I de l'article R. 163-14-1 et le Comité économique des produits de santé ou, à défaut, par décision de ce comité, sauf opposition conjointe des ministres compétents dans les conditions prévues à l'article L. 162-16-4-1.

II. – Lorsque la demande de modification du prix émane de l'entreprise, celle-ci adresse sa demande au Comité économique des produits de santé accompagnée d'un dossier comportant les éléments d'information nécessaires à l'appréciation de cette demande.

La convention relative à la modification du prix de vente au public des allergènes préparés spécialement pour un seul individu mentionnée à l'article L. 162-16-4-1 est conclue entre le Comité économique des produits de santé et l'entreprise demanderesse. Elle est communiquée à cette dernière, accompagnée des motifs justifiant ce prix, dans un délai de quatre-vingt-dix jours à compter de la réception de la demande.

A défaut de conclusion d'une convention, la décision relative à une demande de modification de prix est prise par le Comité économique des produits de santé et notifiée à l'entreprise concernée dans un délai de quatre-vingt-dix jours à compter de la réception de cette demande. Cette décision est motivée.

Si le nombre de demandes tendant à la modification du prix de vente au public des allergènes préparés spécialement pour un seul individu est exceptionnellement élevé, le délai précité peut être prorogé une seule fois de soixante jours. Cette prorogation est notifiée au demandeur.

Si les éléments d'appréciation communiqués par l'entreprise mentionnée au I de l'article R. 163-14-1 sont insuffisants, le Comité économique des produits de santé lui notifie immédiatement la liste des renseignements complémentaires qui sont exigés. Dans ce cas, le délai est suspendu à compter de la date de réception de cette notification et jusqu'à la date de réception des informations complémentaires demandées.

A l'expiration des délais précités, si aucune décision relative à la modification du prix n'a été notifiée à l'entreprise, la modification du prix demandée est acquise implicitement.

III. – Lorsque la demande de modification du prix émane conjointement des ministres chargés de la santé et de la sécurité sociale ou du Comité économique des produits de santé, l'entreprise mentionnée au I de l'article R. 163-14-1 en est informée. Celle-ci peut présenter des observations écrites au comité ou demander à être entendue par celui-ci, dans le délai d'un mois suivant la réception de cette information.

La décision est prise par le Comité économique des produits de santé et notifiée à l'entreprise. Cette décision est motivée.

IV. – Lorsque le Comité économique des produits de santé refuse totalement ou en partie d'accorder l'augmentation du prix de vente au public d'un allergène préparé spécialement pour un seul individu ou modifie ce prix dans les conditions fixées au III du présent article, la décision mentionne les motifs justifiant ce refus d'augmentation ou cette modification du prix. Elle est notifiée à l'entreprise avec l'indication des voies et délais de recours.

V. — La modification du prix de vente au public de chaque allergène mentionné au I de l'article R. 163-14-1 est publiée au *Journal officiel*.

Art. R. 163-14-3 I. — Les allergènes préparés spécialement pour un seul individu sont pris en charge par l'assurance maladie, conformément *(Décr. n° 2018-445 du 4 juin 2018, art. 2)* « au 15° » de l'article *(Décr. n° 2015-1865 du 30 déc. 2015, art. 10-8°, en vigueur le 1er janv. 2016)* « R. 160-5 », sur prescription médicale, sauf lorsque ces allergènes remplissent au moins l'un des critères suivants :

1° Allergènes utilisés à des fins diagnostiques et pris en charge ou remboursés par l'assurance maladie au titre des actes inscrits sur la liste prévue à l'article L. 162-1-7 ;

2° Allergènes réalisés à l'aide d'extraits allergéniques de préparations mères ne disposant pas de l'autorisation prévue à l'article L. 4211-6 du code de la santé publique ou utilisés pour un usage autre que celui défini dans ladite autorisation ;

3° Allergènes ne constituant qu'une alternative à l'utilisation d'une spécialité pharmaceutique remboursable par l'assurance maladie, composée des mêmes extraits allergéniques, et susceptibles d'entraîner des dépenses injustifiées pour l'assurance maladie, au regard notamment du prix demandé par l'entreprise en application des articles R. 163-14-1 et R. 163-14-2 du présent code ;

4° Allergènes susceptibles, au regard de leur intérêt pour la santé publique et du prix demandé par l'entreprise en application des articles R. 163-14-1 et R. 163-14-2, d'entraîner des dépenses injustifiées pour l'assurance maladie ;

(Décr. n° 2018-445 du 4 juin 2018, art. 2) « 5° Allergènes injectables par voie sous-cutanée. »

II. — La décision de refus de prise en charge par l'assurance maladie d'un allergène préparé spécialement pour un individu est prise par les ministres chargés de la santé et de la sécurité sociale.

III. — Les ministres chargés de la santé et de la sécurité sociale peuvent solliciter l'entreprise demanderesse afin qu'elle produise les éléments complémentaires qui seraient nécessaires à l'appréciation des critères fixés au présent article.

IV. — Les ministres chargés de la santé et de la sécurité sociale informent le Comité économique des produits de santé et l'entreprise demanderesse de leur intention de refuser la prise en charge par l'assurance maladie. L'entreprise concernée peut présenter aux ministres des observations écrites ou orales, dans le délai d'un mois suivant la réception de cette information.

V. — Les ministres chargés de la santé et de la sécurité sociale peuvent mettre fin à la prise en charge par l'assurance maladie d'un allergène préparé spécialement pour un seul individu lorsque les conditions du I du présent article ne sont plus réunies. Ils informent le Comité économique des produits de santé et l'entreprise concernée de leur intention de mettre fin à cette prise en charge. Celle-ci peut présenter aux ministres des observations écrites ou orales, dans le délai d'un mois suivant la réception de cette information.

VI. — La décision des ministres chargés de la santé et de la sécurité sociale opposant, en application du présent article, un refus ou une cessation de prise en charge par l'assurance maladie d'un allergène préparé spécialement pour un seul individu mentionne les motifs justifiant ce refus. Elle est notifiée à l'entreprise concernée avec l'indication des voies et délais de recours qui lui sont applicables ; une copie de cette décision est transmise au Comité économique des produits de santé.

SECTION II **COMMISSION DE LA TRANSPARENCE**

(Décr. n° 99-554 du 2 juill. 1999 ; Décr. n° 99-915 du 27 oct. 1999)

Art. R. 163-15 *(Décr. n° 2018-444 du 4 juin 2018, art. 1er)* I. — La commission de la transparence est composée des membres suivants :

1° Vingt-deux membres titulaires ayant voix délibérative nommés, pour une durée de trois ans renouvelable deux fois, pour vingt et un membres par décision du collège de la Haute Autorité de santé et, s'agissant du président de la commission, par décision du président de la Haute Autorité :

a) Vingt membres choisis principalement en raison de leur compétence scientifique dans le domaine du médicament dont un président, choisi au sein du collège de la Haute Autorité de santé, et deux vice-présidents ;

b) Deux membres choisis parmi les adhérents d'une association de malades et d'usagers du système de santé mentionnée à l'article L. 1114-1 du code de la santé publique, sur une liste comportant au moins dix noms proposée par l'Union nationale des associations agréées d'usagers du système de santé prévue à l'article L. 1114-6 du même code ;

2° Sept membres suppléants qui assistent aux séances avec voix consultative :

a) Six membres nommés, par décision du collège, dans les mêmes conditions que les membres titulaires mentionnés au a du 1° ci-dessus et appelés, dans l'ordre de leur nomination, à remplacer les membres titulaires ;

b) Un membre suppléant appelé à remplacer un des membres titulaires mentionnés au b du 1°, nommé dans les mêmes conditions ;

3° Six membres ayant une voix consultative :

a) Le directeur de la sécurité sociale, le directeur général de la santé, le directeur général de l'offre de soins, le directeur général de l'Agence nationale de sécurité du médicament et des produits de santé, ou leurs représentants, qu'ils désignent, chacun d'eux pouvant se faire accompagner par une personne de ses services ;

b) Les directeurs de la Caisse nationale de l'assurance maladie et de la Caisse centrale de la mutualité sociale agricole, ou leurs représentants, qu'ils désignent.

II. — La commission peut également entendre toute personne qualifiée ou tout expert dont elle juge l'audition utile.

Les dispositions issues du Décr. nº 2018-444 du 4 juin 2018 s'appliquent à compter du prochain renouvellement de la commission de la transparence suivant la publication du décret susvisé.

Les procédures tendant notamment à l'émission d'avis ou de recommandation, en cours d'instruction devant la commission d'évaluation économique et de santé publique, la commission de la transparence ou la Commission nationale d'évaluation des dispositifs médicaux et des technologies de santé, dans leur ancienne composition, et inachevées à la date du prochain renouvellement des commissions, sont valablement poursuivies et achevées par ces commissions dans leur nouvelle composition issue des dispositions du Décr. 2018-444 du 4 juin 2018 (Décr. préc., art. 2-III et V).

Art. R. 163-16 *(Décr. nº 99-915 du 27 oct. 1999, art. 4)* I. — Les délibérations de la commission mentionnée à l'article R. 163-15 ne sont valables que si au moins *(Décr. nº 2018-444 du 4 juin 2018, art. 1er)* « quatorze » membres *(Décr. nº 2003-922 du 26 sept. 2003, art. 2)* « ayant voix délibérative » de la commission sont présents.

II. — Les avis sont pris à la majorité des suffrages, le président ayant voix prépondérante en cas de partage égal des voix. Ils sont motivés.

(Décr. nº 2018-444 du 4 juin 2018, art. 1er) « Lorsque les délibérations de la commission sont adoptées au moyen d'une conférence téléphonique ou audiovisuelle en application de l'ordonnance nº 2014-1329 du 6 novembre 2014 relative aux délibérations à distance des instances administratives à caractère collégial, les membres autorisés par le président de la commission à participer aux débats à distance sont pris en compte dans le calcul du *quorum*.

« III. — Lorsque l'avis porte sur l'inscription, la modification des conditions d'inscription ou le renouvellement de l'inscription d'un médicament sur la liste prévue au premier alinéa de l'article L. 162-17 ou sur l'inscription ou la modification des conditions d'inscription sur la liste prévue à l'article L. 5123-2 du code de la santé publique, cet avis est immédiatement communiqué à l'entreprise qui exploite le médicament.

« L'entreprise peut, dans les dix jours suivant la réception de cet avis, demander à être entendue par la commission ou lui adresser ses observations écrites. La commission peut modifier son avis compte tenu des observations présentées.

« En cas de demande d'audition, cette audition, dont la date est fixée par la commission, intervient dans un délai maximal de quarante-cinq jours suivant la réception de la demande de l'entreprise par la commission. Sur demande motivée du ministre chargé de la santé ou de la sécurité sociale auprès de la commission, ce délai peut être réduit à un mois.

« L'avis définitif est communiqué à l'entreprise, avec copie au comité économique des produits de santé et à l'Union nationale des caisses d'assurance maladie. Il est rendu public.

« Lorsque, avant l'émission de l'avis définitif correspondant de la commission, l'entreprise procède au retrait d'une demande d'inscription, de renouvellement d'inscription, de modification des conditions d'inscription ou de réévaluation relative aux listes mentionnées au premier alinéa du présent III, la commission, sauf impossibilité, achève son examen et rend public son avis. »

V. notes ss. art. R. 163-15.

Art. R. 163-17 *(Décr. nº 99-915 du 27 oct. 1999, art. 4) (Décr. nº 2004-1398 du 23 déc. 2004, art. 1er-XVI, en vigueur le 1er juill. 2012)* **« La commission mentionnée à l'article R. 163-15 se réunit sur convocation de son président. »**

La commission élabore son règlement intérieur *(Décr. nº 2018-444 du 4 juin 2018, art. 1er)* **« qu'elle soumet à l'adoption du collège de la Haute Autorité de santé ».**

Son président peut faire appel à des *(Décr. nº 2018-444 du 4 juin 2018, art. 1er)* **« experts » extérieurs à la commission.** *(Décr. nº 2018-444 du 4 juin 2018, art. 1er)* **« La liste de ces experts est rendue publique. »**

Un *(Abrogé par Décr. nº 2018-444 du 4 juin 2018, art. 1er)* **« rapporteur ou un » expert intervenant dans l'examen d'un médicament devant la commission mentionnée à l'article R. 5140 du code de la santé publique ne peut intervenir comme expert représentant de l'entreprise exploitant le médicament pour l'examen du même médicament devant la commission mentionnée à l'article R. 163-15.**

(Décr. nº 2012-745 du 9 mai 2012, art. 4-X) **« Les membres de la commission ainsi que les membres des services accompagnant les membres de droit et les** *(Décr. nº 2018-444 du 4 juin 2018, art. 1er)* **« experts » sont soumis aux dispositions de l'article** *(Décr. nº 2018-444 du 4 juin 2018, art. 1er)* **« R. 161-85 ». »**

V. notes ss. art. R. 163-15.

Obligation d'impartialité. Si l'art. R. 163-17 dispose que les membres de la commission de la transparence ne peuvent prendre part ni aux délibérations ni au vote s'ils ont un intérêt direct ou indirect à l'affaire examinée, et s'il ne pose à l'égard des rapporteurs extérieurs devant la commission que l'obligation de déclarer les liens directs ou indirects qu'ils peuvent avoir avec les titulaires d'autorisation de mise sur le marché et les entreprises dont les produits sont susceptibles de faire l'objet d'un examen par la commission, ces dispositions ne font pas obstacle à ce que soit regardé comme entaché d'illégalité, en vertu du principe d'impartialité dont s'inspirent ces dispositions, un avis qui serait pris sur le rapport d'un expert dont les liens avec une entreprise intéressée par les résultats de l'examen par la commission, bien que déclarés par lui, seraient suffisamment étroits pour être, eu égard aux conditions et à l'objet de son étude, de nature à affecter objectivement son impartialité. • CE 12 févr. 2007, *Sté Les Laboratoires Jolly-Jatel*, nº 290164 B : *JCP A 2007. Actu. 210 ; RDSS 2007. 338, note Mascret*.

Art. R. 163-18 *(Décr. nº 99-915 du 27 oct. 1999, art. 4)* **L'avis mentionné au premier alinéa de l'article R. 163-4, ainsi que celui rendu par la commission en application de l'article L. 5123-3 du code de la santé publique, comportent notamment :**

1º L'appréciation du bien-fondé, au regard du service médical rendu, de l'inscription du médicament sur les listes, ou l'une des listes, prévues *(Décr. nº 2004-1398 du 23 déc. 2004, art. 2)* **« au premier alinéa de l'article L. 162-17 » et à l'article L. 5123-2 du code de la santé publique ;**

L'avis porte distinctement sur chacune des indications thérapeutiques mentionnées par l'autorisation de mise sur le marché, en distinguant, le cas échéant, des indications par groupes de populations pertinents au regard de l'appréciation du service médical rendu ;

L'avis portant sur l'inscription du médicament sur la liste prévue *(Décr. nº 2004-1398 du 23 déc. 2004, art. 2)* **« au premier alinéa de l'article L. 162-17 » mentionne expressément les indications thérapeutiques pour lesquelles la commission estime fondée l'inscription. Il peut préconiser d'assortir l'inscription de la clause mentionnée au troisième alinéa de l'article R. 163-2 ;**

2° Une comparaison du médicament, en termes de service médical rendu, avec ceux de la classe pharmaco-thérapeutique de référence ; pour les médicaments dont l'inscription sur la liste prévue *(Décr. n° 2004-1398 du 23 déc. 2004, art. 2)* « au premier alinéa de l'article L. 162-17 » est sollicitée, cette comparaison est, sauf impossibilité signalée par la commission, effectuée au moins avec les médicaments inscrits venant en premiers par le nombre de journées de traitement, avec le médicament de cette classe dont le coût du traitement est le moins élevé et avec le dernier médicament inscrit dans la même classe ; le cas échéant, cette comparaison porte sur les médicaments à même visée thérapeutique ;

L'avis comporte l'appréciation de l'amélioration du service médical rendu apportée par le médicament par rapport à ceux mentionnés ci-dessus et figurant sur la (ou les) liste(s) sur lesquelles l'inscription est sollicitée ; cette appréciation doit porter distinctement sur chacune des indications thérapeutiques mentionnées au 1° ci-dessus *(Décr. n° 2012-1116 du 2 oct. 2012, art. 3)* « . L'amélioration du service médical rendu apportée par le médicament peut être majeure, importante, modérée, mineure ou inexistante » ;

3° Lors du renouvellement de l'inscription des médicaments sur la liste prévue *(Décr. n° 2004-1398 du 23 déc. 2004, art. 2)* « au premier alinéa de l'article L. 162-17 », la réévaluation du service médical rendu dans les conditions prévues à l'article R. 163-6.

4° Une appréciation sur les modalités d'utilisation du médicament et notamment sur les durées de traitement, la posologie et les autres indications utiles à une bonne prescription du médicament ; pour les médicaments dont l'inscription ou le renouvellement de celle-ci sur la liste prévue *(Décr. n° 2004-1398 du 23 déc. 2004, art. 2)* « au premier alinéa de l'article L. 162-17 » est demandée, ces modalités sont précisées à l'égard de chacune des indications thérapeutiques proposées ; à l'occasion du renouvellement de l'inscription, les modalités réelles d'utilisation et les indications thérapeutiques constatées sont comparées aux modalités d'utilisation et aux indications thérapeutiques retenues lors des avis précédents ;

5° L'estimation du nombre de patients relevant des indications thérapeutiques pour lesquelles la commission estime fondée l'inscription, selon les données épidémiologiques disponibles. Le cas échéant, l'avis mentionne l'impossibilité de réaliser des estimations précises ;

6° Pour les médicaments inscrits sur la liste prévue *(Décr. n° 2004-1398 du 23 déc. 2004, art. 2)* « au premier alinéa de l'article L. 162-17 », *(Décr. n° 2010-6 du 5 janv. 2010, art. 1er)* « leur classement au regard de la participation des assurés aux frais d'acquisition dans trois catégories déterminées selon que le service médical rendu est soit majeur ou important, soit modéré, soit faible » ; l'avis précise, le cas échéant, si le médicament doit être considéré comme irremplaçable pour l'application du premier alinéa de l'article *(Décr. n° 2015-1865 du 30 déc. 2015, art. 10-10°, en vigueur le 1er janv. 2016)* « R. 160-8 » ;

7° L'appréciation du conditionnement approprié au regard des indications thérapeutiques pour lesquelles la commission estime fondée l'inscription, de la posologie et de la durée de traitement ;

La commission peut, en outre, indiquer les informations et études complémentaires indispensables à la réévaluation du service médical rendu par le médicament, qui devront être présentées par le demandeur à l'occasion du renouvellement de l'inscription sur la liste prévue *(Décr. n° 2004-1398 du 23 déc. 2004, art. 2)* « au premier alinéa de l'article L. 162-17 ».

Les dispositions issues du Décr. n° 2010-6 du 5 janv. 2010 sont également applicables aux spécialités pharmaceutiques mentionnées à l'art. L. 162-17 CSS dont la procédure d'inscription ou de renouvellement d'inscription sur la liste prévue au premier alinéa du même article a été engagée à la date de publication du décret précité (Décr. préc., JO 6 janv.).

Art. R. 163-19 *(Décr. n° 99-915 du 27 oct. 1999, art. 4)* A la demande du ministre chargé de la sécurité sociale ou du ministre chargé de la santé, la commission mentionnée à l'article R. 163-15 donne un avis sur :

1° Le bien-fondé de l'inscription, du renouvellement d'inscription ou de la modification des conditions d'inscription des spécialités génériques définies à l'article L. 5121-1 du code de la santé publique, sur les listes prévues *(Décr. n° 2004-1398 du 23 déc.*

2004, art. 2) « au premier alinéa de l'article L. 162-17 du présent code et à l'article L. 5123-2 du code de la santé publique » ;

2° Le maintien du médicament sur les listes, ou l'une des listes, prévues *(Décr. nº 2004-1398 du 23 déc. 2004, art. 2)* « au premier alinéa de l'article L. 162-17 du présent code et à l'article L. 5123-2 du code de la santé publique », compte tenu de la modification des données sur lesquelles est fondée l'inscription ; l'avis portant sur le maintien du médicament sur la liste prévue *(Décr. nº 2004-1398 du 23 déc. 2004, art. 2)* « au premier alinéa de l'article L. 162-17 » peut préconiser d'assortir l'inscription de la clause mentionnée au troisième alinéa de l'article R. 163-2 ;

3° L'inscription des médicaments sur la liste mentionnée à l'article L. 5126-4 du code de la santé publique. *(Décr. nº 2004-546 du 15 juin 2004, art. 5)* « L'avis comporte notamment les rubriques visées aux 1°, 2° et 6° de l'article R. 163-18 ; »

4° L'établissement de classifications des médicaments en fonction de leurs propriétés pharmacologiques et thérapeutiques ou de leurs indications ainsi que le classement des produits dans ces classifications ;

5° Les règles de conditionnement des médicaments par classe thérapeutique et la conformité à ces règles des conditionnements présentés ;

6° Toute question touchant à la consommation, au remboursement, à la prise en charge et aux conditions d'utilisation thérapeutique des médicaments figurant sur les listes prévues *(Décr. nº 2004-1398 du 23 déc. 2004, art. 2)* « au premier alinéa de l'article L. 162-17 du présent code et à l'article L. 5123-2 du code de la santé publique ».

(Décr. nº 2018-444 du 4 juin 2018, art. 1er) « La saisine du ministre chargé de la santé ou de la sécurité sociale précise le délai dans lequel est attendu l'avis de la commission prévu au présent article.

« Lorsque la commission le juge nécessaire, elle peut demander à l'entreprise de fournir des données dans le cadre de cette demande d'avis. Dans ce cas, l'entreprise dispose d'un délai de quarante-cinq jours pour fournir ces données et l'instruction du dossier par la commission est suspendue pour cette même durée. » — *V. notes ss. art. R. 163-15.*

Art. R. 163-20 *(Décr. nº 99-915 du 27 oct. 1999, art. 4) (Abrogé par Décr. nº 2017-20 du 9 janv. 2017, art. 3-2º) « I. — »* La commission mentionnée à l'article R. 163-15 donne un avis, à la demande du ministre chargé de la sécurité sociale, du ministre chargé de la santé, *(Abrogé par Décr. nº 2017-20 du 9 janv. 2017, art. 3-2º) « ou, pour l'exercice de ses compétences propres, du directeur général de l'(Décr. nº 2012-597 du 27 avr. 2012, art. 5-II) « Agence nationale de sécurité du médicament et des produits de santé », »* sur les documents suivants :

1° Les documents d'information à l'usage des praticiens portant sur la comparaison des médicaments de la même classe pharmaco-thérapeutique ou à même visée thérapeutique ;

Ces documents doivent notamment rappeler les références médicales opposables visées à l'article L. 162-12-15 et les spécialités génériques commercialisées figurant au répertoire mentionné à l'article R. 5143-8 du code de la santé publique ;

2° Les fiches d'information thérapeutique préparées en vue d'être annexées aux arrêtés d'inscription des médicaments particulièrement coûteux et d'indications précises, prévues au troisième alinéa de l'article R. 163-2 ainsi que des fiches de même nature, publiées au *Bulletin officiel* du ministère chargé de la sécurité sociale, pour des médicaments dont les conditions d'utilisation nécessitent une information particulière des prescripteurs et notamment ceux qui sont soumis aux conditions de prescription restreinte prévues aux articles R. 5143-5-1 à R. 5143-5-6 du code de la santé publique ;

3° Des recommandations destinées aux prescripteurs et relatives à l'usage des médicaments.

La publication et la diffusion de tous les documents précités ne peuvent intervenir qu'après accord du ministre chargé de la sécurité sociale et du ministre chargé de la santé.

(Abrogé par Décr. nº 2017-20 du 9 janv. 2017, art. 3-2º) « II. — La commission mentionnée à l'article R. 163-15 donne un avis sur les recommandations de bonne pratique et les références médicales établies par l'(Décr. nº 2012-597 du 27 avr. 2012, art. 5-II) « Agence

nationale de sécurité du médicament et des produits de santé » prévues à l'article L. 162-12-15. »

Art. R. 163-21 *(Décr. n° 99-915 du 27 oct. 1999, art. 4)* La commission mentionnée à l'article R. 163-15 peut réévaluer le service médical rendu des médicaments inscrits sur les listes, ou l'une des listes, prévues *(Décr. n° 2004-1398 du 23 déc. 2004, art. 2)* « au premier alinéa de l'article L. 162-17 » et à l'article L. 5123-2 du code de la santé publique par classe pharmaco-thérapeutique ou à même visée thérapeutique, notamment lorsqu'elle propose l'inscription sur ces listes ou l'une de ces listes d'un médicament apportant une amélioration majeure du service médical rendu susceptible de modifier substantiellement les stratégies thérapeutiques antérieures.

Art. R. 163-21-1 *(Décr. n° 2017-605 du 21 avr. 2017, art. 3)* I. – La commission prévue à l'article R. 163-15 identifie une alternative thérapeutique au sens du 1° du B du III de l'article L. 162-16-5-2 selon l'une des modalités suivantes :

1° A l'occasion de l'avis, mentionné à l'article R. 163-18, sur un médicament pour lequel elle identifie que, dans au moins une de ses indications thérapeutiques, une alternative thérapeutique est prise en charge au titre de l'article L. 162-16-5-2. Elle signale sans délai l'existence de cette alternative dans un avis adressé aux ministres chargés de la santé et de la sécurité sociale ;

2° A la demande du ministre chargé de la sécurité sociale ou du ministre chargé de la santé ou du collège de la Haute Autorité de santé. L'avis de la commission porte sur chaque indication considérée individuellement. Il intervient dans un délai d'un mois à compter de la notification de la demande ;

3° De sa propre initiative. L'avis de la commission porte sur chaque indication considérée individuellement. Il est adressé sans délai aux ministres chargés de la santé et de la sécurité sociale.

II. – La commission se prononce sur l'absence d'alternative thérapeutique à une autorisation temporaire d'utilisation de cohorte délivrée au titre du 1° du I de l'article L. 5121-12 du code de la santé publique dans les mêmes conditions que celles fixées au I.

SECTION III DISPOSITIONS APPLICABLES EN CAS D'ABSENCE DE COMMUNICATION DES INFORMATIONS PRÉVUES À L'ARTICLE L. 162-17-7

(Décr. n° 2005-486 du 17 mai 2005)

Art. R. 163-22 Les informations mentionnées à l'article L. 162-17-7 sont les informations de caractère scientifique de nature à modifier l'appréciation portée par la commission mentionnée à l'article R. 163-15.

Art. R. 163-23 Lorsque les ministres chargés de la santé et de la sécurité sociale ou l'Union nationale des caisses d'assurance maladie ont connaissance de l'existence de données mentionnées à l'article R. 163-22 qui ne leur ont pas été communiquées par l'entreprise exploitant le médicament concerné, ils saisissent la commission mentionnée à l'article R. 163-15 pour connaître sa position sur les conséquences des données non communiquées sur l'appréciation qu'elle a portée sur ce médicament, ainsi que le Comité économique des produits de santé. Ils en informent l'entreprise. Lorsque ces saisines interviennent à l'initiative de l'Union nationale des caisses d'assurance maladie, celle-ci en informe les ministres chargés de la santé et de la sécurité sociale.

Lorsqu'il a connaissance de données mentionnées à l'article R. 163-22 n'ayant pas été communiquées au ministre chargé de la santé ou au ministre chargé de la sécurité sociale par l'entreprise exploitant le médicament, le Comité économique des produits de santé peut également saisir la commission mentionnée à l'article R. 163-15 pour connaître sa position sur les conséquences des données non communiquées sur l'appréciation qu'elle a portée sur ce médicament et, dans ce cas, en informe les ministres chargés de la santé et de la sécurité sociale et l'entreprise concernée.

Art. R. 163-24 Dans un délai d'un mois après la saisine mentionnée à l'article R. 163-23, la commission mentionnée à l'article R. 163-15, au vu le cas échéant des observations transmises par l'entreprise exploitant le médicament, transmet sa position au Comité économique des produits de santé et à l'entreprise exploitant le médicament.

Si le Comité économique des produits de santé envisage de prononcer une pénalité, il informe dans un délai d'un mois suivant la réception de la position de la commission, par lettre recommandée avec avis de réception, l'entreprise exploitant le médicament de son intention de lui infliger une pénalité financière. Dans le délai de quinze jours suivant la réception de cette information, l'entreprise peut présenter des observations écrites au Comité économique des produits de santé ou demander, dans le même délai, à être entendue par le comité.

Le montant de la pénalité financière est calculé *(Décr. n° 2015-234 du 27 févr. 2015, art. 2-I-2°)* « sur la base du chiffre d'affaires hors taxes total réalisé en France par l'entreprise au cours du dernier exercice clos et dans la limite de 5 % de ce chiffre d'affaires », en fonction de la gravité des conséquences sur la santé publique et des conséquences économiques pour l'assurance maladie qu'a entraînées ou pourrait entraîner, compte tenu de leur importance quantitative et qualitative, l'absence de fourniture des données ou leur fourniture tardive.

Le Comité économique des produits de santé notifie à l'entreprise par lettre recommandée avec avis de réception et à l'Agence centrale des organismes de sécurité sociale le montant de la pénalité et les motifs qui la justifient. La notification indique que l'entreprise doit s'acquitter du montant de la pénalité financière auprès de l'agent comptable de l'Agence centrale dans un délai d'un mois et mentionne les voies et délais de recours applicables. Les entreprises sont tenues de déclarer au Comité économique des produits de santé les éléments relatifs à leur chiffre d'affaires nécessaires au calcul de la pénalité.

(Décr. n° 2015-234 du 27 févr. 2015, art. 2-I-2°) « L'entreprise s'acquitte de la pénalité auprès de l'agent comptable de l'organisme de recouvrement compétent dans le délai d'un mois précité. Les deux premiers alinéas de l'article L. 137-3 et l'article L. 137-4 sont applicables au recouvrement de cette pénalité. »

Art. R. 163-25 *(Décr. n° 2013-950 du 23 oct. 2013, art. 2-I)* « Le produit de la pénalité est affecté à la Caisse nationale de l'assurance maladie des travailleurs salariés. » L'agent comptable de l'Agence centrale notifie au Comité économique des produits de santé, au ministre chargé de la santé et au ministre chargé de la sécurité sociale les montants perçus.

SECTION IV **PRISE EN CHARGE À TITRE DÉROGATOIRE DE CERTAINES SPÉCIALITÉS PHARMACEUTIQUES, PRODUITS OU PRESTATIONS PRÉVUE À L'ARTICLE L. 162-17-2-1**

(Décr. n° 2008-211 du 3 mars 2008)

Art. R. 163-26 La Haute Autorité de santé peut être saisie, en application du premier alinéa de l'article L. 162-17-2-1, d'une demande d'avis par le ministre chargé de la santé, ou celui chargé de la sécurité sociale ou par le conseil de l'Union nationale des caisses d'assurance maladie, ou donner une recommandation, si elle agit de sa propre initiative, en vue de la procédure de prise en charge à titre dérogatoire prévue à l'article précité.

(Décr. n° 2012-740 du 9 mai 2012, art. 1er-1°) « L'avis de la Haute Autorité de santé mentionné à l'alinéa précédent est rendu dans un délai de trois mois pour les spécialités pharmaceutiques faisant l'objet d'une recommandation temporaire d'utilisation et dans un délai de six mois pour les produits et prestations, à compter de la date de réception de la demande.

« S'agissant des produits et prestations, l'Agence nationale de sécurité du médicament et des produits de santé, consultée par la Haute Autorité de santé en application des dispositions du premier alinéa de l'article L. 162-17-2-1, communique son avis dans un délai de trois mois suivant la réception de la saisine. Cet avis est motivé et porte notamment sur l'efficacité présumée et les effets indésirables éventuels du produit ou de la prestation dans l'utilisation envisagée et mentionne, le cas échéant, l'existence d'alternatives thérapeutiques appropriées et la nécessité d'un suivi particulier des patients. »

L'avis ou la recommandation de la Haute Autorité de santé comporte une appréciation motivée du bien-fondé de la prise en charge à titre dérogatoire des *(Décr. n° 2012-740 du 9 mai 2012, art. 1er-1°)* « spécialités pharmaceutiques faisant l'objet d'une recommandation temporaire d'utilisation, produits » ou prestations en cause et précise la population concernée. Cette appréciation porte notamment sur l'intérêt de la spécialité, du produit ou de la prestation pour le ou les patients. *(Décr. n° 2012-740 du 9 mai 2012, art. 1er-1°)* « Pour les produits et prestations, une copie de l'avis de l'Agence nationale de sécurité du médicament et des produits de santé est jointe à l'avis ou à la recommandation de la Haute Autorité de santé. »

L'avis du conseil de l'Union nationale des caisses d'assurance maladie mentionné aux premier et quatrième alinéas de l'article L. 162-17-2-1 est transmis aux ministres chargés de la santé et de la sécurité sociale dans le délai d'un mois suivant la saisine de ce conseil.

Les arrêtés de prise en charge dérogatoire de spécialités pharmaceutiques en vigueur à la date de publication du Décr. n° 2012-740 du 9 mai 2012 (JO 10 mai) demeurent applicables, dans les mêmes conditions, jusqu'à leur échéance. Lorsque la date d'échéance est antérieure au 31 déc. 2013 et que l'Agence nationale de sécurité du médicament et des produits de santé a sollicité les informations mentionnées à l'art. R. 5121-76-4 CSP pour les spécialités pharmaceutiques dans les indications concernées avant le 30 avr. 2013, les arrêtés de prise en charge dérogatoire concernés sont prorogés jusqu'au 31 déc. 2013 (Décr. préc., art. 2).

Art. R. 163-27 *(Décr. n° 2012-740 du 9 mai 2012, art. 1er-2°)* La prise en charge à titre dérogatoire est prononcée pour une période maximale de trois ans. Elle est renouvelable, pour la même durée, dans les conditions prévues à l'article R. 163-26 à l'exception du délai de transmission de l'avis de la Haute Autorité de santé qui est réduit à un mois suivant sa saisine pour les spécialités pharmaceutiques faisant l'objet d'une recommandation temporaire d'utilisation et à quatre mois pour les produits et prestations.

En l'absence de publication d'une décision sur le renouvellement de prise en charge à l'échéance de l'arrêté de prise en charge à titre dérogatoire en cours, le renouvellement de cette prise en charge est accordé tacitement, dans les mêmes conditions de prise en charge et pour la même durée. — *V. note ss. art. R. 163-26.*

Art. R. 163-27-1 *(Décr. n° 2012-740 du 9 mai 2012, art. 1er-3°)* Une spécialité pharmaceutique qui a fait l'objet d'une recommandation temporaire d'utilisation mentionnée à l'article L. 5121-12-1 du code de la santé publique pour une indication ou des conditions d'utilisation spécifiques et d'une prise en charge dérogatoire en vertu de l'article L. 162-17-2-1 et qui bénéficie d'une autorisation de mise sur le marché pour cette indication ou ces conditions d'utilisation spécifiques peut, passé la date à laquelle la recommandation temporaire d'utilisation a cessé de produire ses effets, continuer à être prise en charge. Cette prise en charge dure jusqu'à ce qu'une décision ait été prise, au titre de son autorisation de mise sur le marché, sur son inscription sur une des listes mentionnées aux premier et deuxième alinéas de l'article L. 162-17 et au premier alinéa de l'article L. 5123-2 du code de la santé publique, et au plus pour une durée de sept mois après l'octroi de l'autorisation de mise sur le marché. La prise en charge prend fin si aucune demande d'inscription sur une de ces listes n'a été déposée un mois après l'autorisation de mise sur le marché. — *V. note ss. art. R. 163-26.*

Art. R. 163-27-2 *(Décr. n° 2012-740 du 9 mai 2012, art. 1er-3°)* Lorsque l'arrêté comporte des conditions de prise en charge ou des obligations pour le laboratoire ou le fabricant, celles-ci :

1° Pour les spécialités pharmaceutiques, tiennent compte de la convention prévue par l'article L. 5121-12-1 du code de la santé publique lorsqu'elle existe ;

2° Pour les produits et prestations, peuvent être précisées par une convention passée entre l'agence et le laboratoire ou le fabricant et conforme à un modèle type fixé par décision du directeur général de l'agence. Cette convention précise notamment les modalités de suivi des patients et du recueil des informations relatives à l'efficacité, la sécurité et les conditions réelles d'utilisation ainsi que la périodicité et les modalités de transmission à l'agence des rapports de synthèse de ces données. — *V. note ss. art. R. 163-26.*

Art. R. 163-27-3 *(Décr. n° 2012-740 du 9 mai 2012, art. 1er-3°)* Le coût du suivi des patients traités est à la charge des fabricants, des mandataires ou des distributeurs des produits et prestations et est réparti entre ces derniers au prorata du chiffre d'affaires respectif réalisé sur le marché français l'année civile antérieure au titre de chaque produit et prestation. – *V. note ss. art. R. 163-26.*

Art. R. 163-28 Il peut être mis fin à tout moment, par arrêté motivé des ministres chargés de la santé et de la sécurité sociale, après avis de la Haute Autorité de santé et du conseil de l'Union nationale des caisses d'assurance maladie donnés dans les conditions du premier alinéa de l'article R. 163-27, à la prise en charge à titre dérogatoire des spécialités pharmaceutiques, produits ou prestations qui ne satisfont plus aux critères de cette prise en charge. *(Décr. n° 2012-740 du 9 mai 2012, art. 1er-4°)* « Avant de rendre son avis, la Haute Autorité de santé consulte l'Agence nationale de sécurité du médicament et des produits de santé, qui communique son avis dans un délai d'un mois suivant la réception de la saisine. »

L'*(Décr. n° 2012-597 du 27 avr. 2012, art. 5-II)* « Agence nationale de sécurité du médicament et des produits de santé » signale aux ministres chargés de la santé et de la sécurité sociale, au vu de nouvelles données de sécurité ou d'efficacité, ou au vu d'une nouvelle alternative thérapeutique, tous éléments susceptibles de justifier l'arrêt de la prise en charge à titre dérogatoire de produits relevant de sa compétence.

Les ministres chargés de la santé et de la sécurité sociale informent l'entreprise qui exploite la spécialité pharmaceutique, le produit ou la prestation de leur intention de mettre fin à la prise en charge à titre dérogatoire. Lorsque la fin de prise en charge envisagée vise une catégorie de produits ou prestations ou en l'absence d'exploitant unique identifiable, cette information est effectuée par la publication d'un avis au *Journal officiel* de la République française. La ou les entreprises concernées peuvent présenter des observations écrites dans le mois suivant la réception ou la publication de cette information.

V. note ss. art. R. 163-26.

Art. R. 163-28-1 *(Décr. n° 2012-740 du 9 mai 2012, art. 1er-5°)* Les spécialités pharmaceutiques dont la recommandation temporaire d'utilisation fait l'objet d'une suspension ou d'un retrait sont exclues de la prise en charge dérogatoire par arrêté des ministres chargés de la santé et de la sécurité sociale, sans qu'il soit fait application des dispositions de l'article R. 163-28. – *V. note ss. art. R. 163-26.*

Art. R. 163-29 Les avis ou recommandations formulés par la Haute Autorité de santé au titre des articles R. 163-26 à R. 163-28 sont rendus publics.

Art. R. 163-30 Lorsque le Comité économique des produits de santé envisage de prononcer la pénalité prévue au cinquième alinéa de l'article L. 162-17-2-1, il informe l'entreprise concernée de son intention de lui infliger une pénalité financière par lettre recommandée avec avis de réception ; cette lettre précise les motifs pour lesquels une pénalité est envisagée. Dans le délai d'un mois suivant la réception de cette information, l'entreprise peut présenter des observations écrites au Comité économique des produits de santé et, le cas échéant, demander, dans le même délai, à être entendue par le comité.

Le montant de la pénalité financière annuelle, qui ne peut être supérieur à 10 % du chiffre d'affaires hors taxes réalisé en France par l'entreprise au titre du dernier exercice clos pour le produit considéré, est déterminé en fonction de la nature de l'obligation méconnue, des conséquences économiques pour l'assurance maladie et de la gravité des risques pour la santé publique qu'a entraînés ou pourrait entraîner le manquement de l'entreprise à l'obligation prévue par l'arrêté de prise en charge dérogatoire conformément au premier alinéa de l'article L. 162-17-2-1.

Le Comité économique des produits de santé notifie à l'entreprise par lettre recommandée avec avis de réception et à l'organisme mentionné à l'article L. 213-1 désigné par le directeur de l'Agence centrale des organismes de sécurité sociale le montant de la pénalité, les motifs qui la justifient ainsi que les voies et délais de recours. La notification informe l'entreprise que si le manquement se prolonge pendant un an, le Comité économique des produits de santé se prononcera à l'issue de cette période sur l'éventuelle reconduction de la pénalité.

La notification indique également que l'entreprise doit s'acquitter du montant de la pénalité financière dans un délai d'un mois auprès de l'agent comptable de l'organisme compétent mentionné à l'article L. 213-1. Les entreprises sont tenues de déclarer au Comité économique des produits de santé les éléments de leur chiffre d'affaires nécessaires à la fixation de la pénalité.

(Décr. nº 2015-234 du 27 févr. 2015, art. 2-I-3º) « Les deux premiers alinéas de l'article L. 137-3 et l'article L. 137-4 sont applicables au recouvrement de cette pénalité. »

(Décr. nº 2013-950 du 23 oct. 2013, art. 2-II) « Le produit de la pénalité est affecté à la Caisse nationale de l'assurance maladie des travailleurs salariés. » L'agent comptable notifie au Comité économique des produits de santé et aux ministres chargés de la santé et de la sécurité sociale les montants perçus.

SECTION V **DISPOSITIONS RELATIVES AUX PÉNALITÉS FINANCIÈRES PRÉVUES AUX ARTICLES L. 162-17-4-1 ET L. 162-17-8**

(Décr. nº 2012-1095 du 28 sept. 2012, art. 1er)

Art. R. 163-31 I. — Lorsque le Comité économique des produits de santé envisage de prononcer une des pénalités prévues au II de l'article L. 162-17-4-1 et à l'article L. 162-17-8, il en informe, par tout moyen permettant de rapporter la preuve de sa date de réception, l'entreprise concernée ou, le cas échéant, le groupe d'entreprises concerné s'il s'agit de la pénalité prévue au II de l'article L. 162-17-4-1, en lui précisant les motifs pour lesquels une pénalité est envisagée. Dans le délai d'un mois suivant la réception de cette information, l'entreprise ou, le cas échéant, le groupe d'entreprises peut adresser ses observations écrites au Comité économique des produits de santé et demander à être entendu par lui.

L'entreprise ou le groupe d'entreprises est tenu de déclarer dans le même délai au Comité économique des produits de santé les éléments de son chiffre d'affaires nécessaires à la fixation de la pénalité.

II. — Le Comité économique des produits de santé notifie à l'entreprise ou au groupe d'entreprises, par tout moyen permettant de rapporter la preuve de sa date de réception, les motifs qui justifient le principe et le montant de la pénalité, le délai de règlement ainsi que les voies et délais de recours. Le comité communique sa décision à l'organisme de recouvrement compétent.

Dans un délai d'un mois à compter de la notification, l'entreprise ou le groupe d'entreprises s'acquitte de la pénalité auprès de l'agent comptable de l'organisme de recouvrement compétent.

(Décr. nº 2015-234 du 27 févr. 2015, art. 2-I-3º) « Les deux premiers alinéas de l'article L. 137-3 et l'article L. 137-4 sont applicables au recouvrement de cette pénalité. »

III. — L'agent comptable de l'organisme de recouvrement compétent informe le Comité économique des produits de santé des montants perçus.

SECTION VI **PRISE EN CHARGE DES MÉDICAMENTS BÉNÉFICIANT D'UNE AUTORISATION TEMPORAIRE D'UTILISATION OU RELEVANT DE LA CONTINUITÉ DE PRISE EN CHARGE MENTIONNÉE À L'ARTICLE L. 162-16-5-2**

(Décr. nº 2017-605 du 21 avr. 2017, art. 2)

Art. R. 163-32 I. — Lorsque le titulaire des droits d'exploitation d'une spécialité dépose auprès de l'Agence nationale de sécurité du médicament et des produits de santé une demande d'autorisation temporaire d'utilisation de cohorte au titre du 1º du I de l'article L. 5121-12, il adresse simultanément aux ministres chargés de la santé et de la sécurité sociale un dossier comportant, pour chaque indication considérée individuellement, les éléments suivants :

1º Le nombre cible de patients qui pourraient bénéficier de cette spécialité pharmaceutique dans cette indication, compte tenu des données médicales et épidémiologiques disponibles ;

2º Une estimation par le laboratoire du nombre de patients susceptibles d'être traités dans cette indication chaque année jusqu'à une décision de prise en charge de la spécialité pharmaceutique au titre de son autorisation de mise sur le marché dans l'indication considérée sur l'une des listes mentionnées au premier alinéa de l'article L. 5123-2 ou aux deux premiers alinéas de l'article L. 162-17 du code de la sécurité sociale, le chiffre d'affaires prévisionnel par indication pour chaque année civile.

II. — Si l'autorisation délivrée diffère de celle demandée par le titulaire des droits d'exploitation, celui-ci adresse aux ministres mentionnés au I les données correspondant à l'autorisation délivrée, dans un délai de quarante-cinq jours suivant l'obtention de celle-ci.

III. — Le titulaire des droits d'exploitation adresse annuellement aux ministres chargés de la santé et de la sécurité sociale, au plus tard au 1er mai de chaque année, une mise à jour des éléments mentionnés au I, pour chaque indication susceptible d'être encore prise en charge au titre d'une autorisation temporaire d'utilisation de cohorte ou au titre de la continuité de la prise en charge en application de l'article L. 162-16-5-2 du code de la sécurité sociale. — *Par dérogation aux dispositions du III de l'art. R. 163-32 résultant du Décr. nº 2017-605 du 21 avr. 2017, pour les spécialités disposant, à la date d'entrée en vigueur dudit décret, d'une autorisation temporaire d'utilisation de cohorte au titre du 1º du I de l'art. L. 5121-12 CSP ou prises en charge au titre de la continuité de la prise en charge mentionnée à l'art. L. 162-16-5-2 CSS, le titulaire des droits d'exploitation adresse les informations mentionnées au I de l'art. R. 163-32, au titre de leur première transmission annuelle, avant le 1er juill. 2017 (Décr. préc., art. 4, JO 23 avr.).*

Art. R. 163-33 Lorsqu'il envisage de prendre une décision en application du II ou du III de l'article L. 162-16-5-1, le Comité économique des produits de santé en informe le titulaire des droits d'exploitation de la spécialité concernée par tout moyen permettant de conférer date certaine de réception. Celui-ci dispose d'un délai de huit jours à compter de la notification de cette information pour présenter des observations écrites et, le cas échéant, être entendu par lui à sa demande.

Art. R. 163-34 Pour les spécialités pour lesquelles la prise en charge s'effectue à la fois selon un remboursement au titre d'une autorisation de mise sur le marché et en application de l'article L. 162-16-5-2, la continuité de la prise en charge mentionnée au III de l'article L. 162-16-5-2, pour chaque indication considérée individuellement, s'effectue selon le dernier prix ou tarif de responsabilité en vigueur pour la ou les premières indications de cette spécialité au titre de son autorisation de mise sur le marché.

Art. R. 163-35 I. — Lorsque le Comité économique des produits de santé envisage de prononcer la pénalité prévue au C du III de l'article L. 162-16-5-2, il en informe, par tout moyen permettant de rapporter la preuve de sa date de réception, l'entreprise concernée, en lui précisant les motifs pour lesquels une pénalité est envisagée. Dans le délai d'un mois suivant la réception de cette information, l'entreprise peut adresser ses observations écrites au Comité économique des produits de santé et demander à être entendue par lui.

L'entreprise est tenue de déclarer dans le même délai au Comité économique des produits de santé les éléments de son chiffre d'affaires nécessaires à la fixation de la pénalité.

II. — Le Comité économique des produits de santé notifie à l'entreprise, par tout moyen permettant de rapporter la preuve de sa date de réception, les motifs qui justifient le principe et le montant de la pénalité, le délai de règlement ainsi que les voies et délais de recours. Le Comité communique sa décision à l'organisme de recouvrement compétent.

Dans un délai d'un mois à compter de la notification, l'entreprise s'acquitte de la pénalité auprès de l'agent comptable de l'organisme de recouvrement compétent.

Les deux premiers alinéas de l'article L. 137-3 et l'article L. 137-4 sont applicables au recouvrement de cette pénalité.

III. — L'agent comptable de l'organisme de recouvrement compétent informe le Comité économique des produits de santé des montants perçus.

CHAPITRE IV PRODUITS D'ORIGINE HUMAINE

Art. R. 164-1 L'arrêté prévu à l'article L. 164-1 est pris par le ministre chargé de la santé et le ministre chargé de la sécurité sociale.

CHAPITRE V DISPOSITIFS MÉDICAUX, TISSUS ET CELLULES, PRODUITS DE SANTÉ AUTRES QUE LES MÉDICAMENTS ET PRESTATIONS ASSOCIÉES

Les dispositions issues du Décr. n° 2004-1419 du 23 déc. 2004 des art. R. 165-1 à R. 165-25 entrent en vigueur le 1er janv. 2005 (Décr. préc., art. 26).

SECTION PREMIÈRE INSCRIPTION PRÉVUE À L'ARTICLE L. 165-1

Art. R. 165-1 *(Décr. n° 2001-256 du 26 mars 2001)* **Les produits et prestations mentionnés à l'article L. 165-1 ne peuvent être remboursés par l'assurance maladie, sur prescription médicale** *(Décr. n° 2009-956 du 29 juill. 2009)* **« ou sur prescription d'un auxiliaire médical dans les conditions prévues** *(Décr. n° 2017-335 du 14 mars 2017, art. 1er)* **« aux articles L. 4311-1, L. 4321-1, L. 4341-1 et L. 4342-1 » et au 6° de l'article R. 4322-1 du code de la santé publique », que s'ils figurent sur une liste établie par arrêté du ministre chargé de la sécurité sociale et du ministre chargé de la santé** *(Décr. n° 2004-1419 du 23 déc. 2004 : Décr. n° 2009-1088 du 2 sept. 2009, art. 3)* **« après avis de la commission spécialisée de la Haute Autorité de santé mentionnée à l'article L. 165-1 du présent code et dénommée "Commission nationale d'évaluation des dispositifs médicaux et des technologies de santé" ».**

(Décr. n° 2015-1649 du 11 déc. 2015, art. 1er) **« Dans le cas d'une description générique renforcée mentionnée au deuxième alinéa de l'article L. 165-1, l'inscription sur cette liste ne peut intervenir qu'après réception d'une déclaration de conformité aux spécifications techniques établie par un organisme compétent, selon la procédure prévue à l'article R. 165-7-1. »**

(Décr. n° 2007-551 du 13 avr. 2007, art. 2) **« Peuvent également être remboursés par l'assurance maladie les verres correcteurs et, le cas échéant, les montures correspondantes, inscrits sur la liste prévue à l'article L. 165-1, délivrés par un opticien-lunetier en application de l'article L. 4362-10 du code de la santé publique. A chaque renouvellement, l'opticien-lunetier mentionne sur la prescription la nature des produits délivrés et la date de cette délivrance. »**

L'inscription sur la liste précise, le cas échéant, les spécifications techniques, les seules indications thérapeutiques ou diagnostiques et les conditions particulières de prescription ou d'utilisation du produit ou de la prestation ouvrant droit à la prise en charge. *(Décr. n° 2004-1419 du 23 déc. 2004)* **« Lorsque l'utilisation de produits ou de prestations fait appel à des soins pratiqués par des établissements de santé, les ministres chargés de la santé et de la sécurité sociale peuvent décider de subordonner l'inscription sur la liste à des conditions relatives à l'évaluation de ces produits ou prestations, aux modalités de délivrance des soins, à la qualification ou à la compétence des praticiens des établissements de santé utilisant ces produits ou pratiquant ces prestations.**

« L'inscription sur la liste prévue à l'article L. 165-1 peut être assortie, pour certains produits ou prestations particulièrement coûteux et dont la prise en charge est limitée à une ou plusieurs indications, d'une clause prévoyant qu'ils ne sont remboursés ou pris en charge que selon une procédure fixée par un arrêté du ministre chargé de la sécurité sociale. Dans ce cas, est annexée à l'arrêté d'inscription du dispositif sur la liste une fiche d'information thérapeutique établie par la *(Décr. n° 2009-1088 du 2 sept. 2009, art. 3)* **« Commission nationale d'évaluation des dispositifs médicaux et des technologies de santé ». Cette fiche rappelle, d'une part, les indications prises en charge, d'autre part, les modalités de prescription, d'utilisation et, le cas échéant, la durée du traitement. »**

(Décr. n° 2018-522 du 27 juin 2018, art. 1er) **« L'inscription sur la liste prévue à l'article L. 165-1, ainsi que son renouvellement ou son maintien, peuvent être subordonnés au versement obligatoire de remises par les fabricants ou les distributeurs conformément au II de l'article L. 165-4. »**

V. notes ss. l'art. L. 321-1.

Jurisprudence relative à l'ancien art. R. 165-1.

A. TARIF INTERMINISTÉRIEL DES PRESTATIONS SANITAIRES

1. Pour être remboursables, les appareils doivent être inscrits sur la liste ou à la nomenclature des prestations sanitaires. Cette inscription ne peut être supléée par aucune autre considération. • Soc. 16 mars 1978 : *Bull. civ. V, n° 209.* ♦ Mais, une Caisse d'assurance maladie ne peut refuser de rembourser les électrodes d'un stimulateur cardiaque au motif qu'elles ne figurent pas au tarif interministériel des prestations sanitaires, celles-ci étant le complément indispensable de l'appareil. • Soc. 27 avr. 1988 : *Bull. civ. V, n° 276.*

2. La tolérance dont peut faire preuve une Caisse d'assurance maladie ne confère pas à l'assuré un droit acquis au bénéfice de prestations en dehors des conditions réglementaires. • Soc. 25 juin 1981 : *Bull. civ. V, n° 611.* ♦ V. déjà : • Soc. 1er juin 1976 : *Bull. civ. V, n° 345* (tolérance concernant le remboursement de fournitures pharmaceutiques non portées à la nomenclature des prestations sanitaires) • Soc. 23 juin 1976 : *Bull. civ. V, n° 394* (la tolérance en matière d'âge limite suggérée par une circulaire ministérielle ne permet pas à une juridiction d'imposer une prise en charge à un organisme de sécurité sociale).

B. CONDITIONS DE PRISE EN CHARGE

3. Entente préalable. L'examen d'un assuré par le chirurgien-dentiste conseil de la caisse, postérieurement à l'expiration du délai de trois semaines au-delà duquel l'absence de réponse à la demande d'entente préalable vaut rejet, ne peut constituer une renonciation aux modalités particulières d'acceptation des demandes d'entente préalable relatives à la réalisation d'appareils de prothèse dentaire. • Soc. 21 oct. 1993, n° 91-17.736 P : *RJS 1993, n° 1233.* ♦ L'absence prolongée du praticien ne peut justifier le dépassement du délai de six mois au-delà duquel l'accord de la caisse n'est plus valable. • Soc. 26 mars 1981 : *Bull. civ. V, n° 275.* ♦ Bien que sa bonne foi ne soit pas contestée, un assuré qui a choisi librement son praticien ne peut être remboursé du coût d'une prothèse dentaire qui n'a pas été exécutée conformément aux règles de l'art, et ce bien qu'il ait obtenu l'accord préalable de la sécurité sociale. • Soc. 8 juill. 1977 : *Bull. civ. V, n° 488.*

4. Caractère thérapeutique. La prise en charge des chiens d'aveugles n'est pas prévue par le tarif interministériel des prestations sanitaires (TIPS). L'objet de l'inscription des fournitures et appareils au TIPS est l'amélioration de l'état médical du patient, ce qui n'est pas le cas des mesures destinées à favoriser l'insertion ou à améliorer le cadre et les conditions de vie des handicapés comme l'achat de chiens d'aveugles. Toutefois, les caisses primaires d'assurance maladie peuvent éventuellement financer l'achat de chiens d'aveugles sur leur fonds d'action sanitaire et sociale et dans le cadre des prestations extra-légales (Rép. min. n° 6476 : *JOAN Q 31 janv. 1994*). ♦ Dès lors qu'il n'y a pas eu constatation par un médecin de l'état pathologique du patient et que le contrôle dentaire de la caisse ne s'est pas prononcé sur le caractère thérapeutique de la prothèse, la prise en charge de deux dents ne peut être accordée en considération des complexes ou névroses que l'absence de ces dents est de nature à engendrer chez le patient. • Soc. 8 juill. 1970 : *Bull. civ. V, n° 480.*

5. Orthopédie dento-faciale. Le bénéfice de l'assurance maladie est limité aux traitements orthodontiques commencés avant le douzième anniversaire de l'enfant : seul l'âge civil doit être pris en considération, non l'âge dentaire. • Soc. 1er févr. 1973 : *Bull. civ. V, n° 59.* ♦ Il ne peut être dérogé à cette règle au motif que la première demande, rejetée par la caisse, a été formulée avant l'âge limite, et que, par suite de circonstances indépendantes de la volonté de l'assuré, une seconde demande a été présentée après l'âge de douze ans. • Soc. 24 nov. 1994, n° 92-12.983 P. ♦ Seuls sont pris en charge les examens effectués avant traitement. • Soc. 12 juill. 1990, n° 88-10.503 P • 12 juill. 2001 : *RJS 2001, n° 1357 ; D. 2001. IR 2641.*

6. La nomenclature générale des actes professionnels ne prévoit pas la prise en charge des bridges : il n'appartient pas au juge de se substituer à l'autorité administrative dans l'indication des appareils qui auraient pu y figurer. • Soc. 28 nov. 1974 : *Bull. civ. V, n° 581* • 13 mars 1975 : *Bull. civ. V, n° 149.*

7. Conditions de prise en charge de lits médicalisés prescrits aux assurés sociaux d'une section de cure médicale mis à la disposition de ces assurés pour traitement à domicile. • Soc. 13 janv. 2000, n° 98-15.253 P. ♦ Mais exclusion de la prise en charge des fauteuils roulants. • Soc. 20 janv. 2000, n° 98-14.667 P.

Art. R. 165-2 *(Décr. n° 2004-1419 du 23 déc. 2004)* **Les produits ou les prestations mentionnés à l'article L. 165-1 sont inscrits sur la liste prévue audit article au vu de l'appréciation du service qui en est attendu.**

Le service attendu est évalué, dans chacune des indications du produit ou de la prestation et, le cas échéant, par groupe de population en fonction des deux critères suivants :

1° L'intérêt du produit ou de la prestation au regard, d'une part, de son effet thérapeutique, diagnostique ou de compensation du handicap ainsi que des effets indési-

rables ou des risques liés à son utilisation, d'autre part, de sa place dans la stratégie thérapeutique, diagnostique ou de compensation du handicap compte tenu des autres thérapies ou moyens de diagnostic ou de compensation disponibles ;

2° Son intérêt de santé publique attendu, dont notamment son impact sur la santé de la population, en termes de mortalité, de morbidité et de qualité de vie, sa capacité à répondre à un besoin thérapeutique, diagnostique ou de compensation du handicap non couvert, eu égard à la gravité de la pathologie ou du handicap, son impact sur le système de soins et son impact sur les politiques et programmes de santé publique.

Le service attendu est apprécié, le cas échéant, en fonction des spécifications techniques et des conditions particulières de prescription et d'utilisation auxquelles l'inscription est subordonnée.

Les produits ou prestations dont le service attendu est insuffisant pour justifier l'inscription au remboursement ne sont pas inscrits sur la liste.

Art. R. 165-3 *(Décr. nº 2001-256 du 26 mars 2001)* L'inscription sur la liste est effectuée *(Décr. nº 2004-1419 du 23 déc. 2004)* « , pour une durée maximale de *(Décr. nº 2015-1649 du 11 déc. 2015, art. 2-1º)* « dix » ans renouvelable », par la description générique *(Décr. nº 2015-1649 du 11 déc. 2015, art. 2-1º)* « , ou la description générique renforcée, » du produit ou de la prestation. Cette description est constituée par l'énumération de ses principales caractéristiques.

Toutefois, l'inscription sur la liste est effectuée pour une durée maximale de cinq ans renouvelable, sous forme de marque ou de nom commercial :

– pour les produits qui présentent un caractère innovant ;

– ou lorsque l'impact sur les dépenses d'assurance maladie, les impératifs de santé publique ou le contrôle des spécifications techniques minimales nécessite un suivi particulier du produit.

A tout moment, l'inscription sous forme d'une description générique *(Décr. nº 2015-1649 du 11 déc. 2015, art. 2-2º)* « ou d'une description générique renforcée » peut être substituée à l'inscription d'un ou plusieurs produits sous forme de marque ou de nom commercial par arrêté du ministre chargé de la sécurité sociale et du ministre chargé de la santé après avis de la *(Décr. nº 2009-1088 du 2 sept. 2009, art. 3)* « Commission nationale d'évaluation des dispositifs médicaux et des technologies de santé ».

Art. R. 165-4 *(Décr. nº 2001-256 du 26 mars 2001)* Ne peuvent être inscrits sur la liste prévue à l'article L. 165-1 :

1° Les produits ou prestations pour lesquels les règles applicables en matière de publicité n'ont pas été respectées ;

2° Les produits ou prestations qui n'apportent ni amélioration *(Décr. nº 2004-1419 du 23 déc. 2004)* « du service qui en est attendu ou du service qu'ils rendent », ni économie dans le coût du traitement ou qui sont susceptibles d'entraîner des dépenses injustifiées pour l'assurance maladie. *(Décr. nº 2004-1419 du 23 déc. 2004)* « Ces dispositions ne font pas obstacle à ce que des produits répondant à une description générique *(Décr. nº 2015-1649 du 11 déc. 2015, art. 3-1º)* « ou à une description générique renforcée » soient inscrits sur la liste prévue à l'article L. 165-1 sous forme de marque ou de nom commercial, pour les motifs prévus à l'article R. 165-3. Dans ce cas, ces produits peuvent bénéficier du même tarif que les produits répondant à la même description générique *(Décr. nº 2015-1649 du 11 déc. 2015, art. 3-1º)* « ou description générique renforcée ».

« 3° Les produits qui ne satisfont pas aux exigences de mise sur le marché prévues par le code de la santé publique ;

« 4° Les dispositifs médicaux à usage individuel qui sont utilisés pour ou pendant la réalisation d'un acte par un professionnel de santé et dont la fonction ne s'exerce pas au-delà de l'intervention du professionnel. »

(Décr. nº 2015-1649 du 11 déc. 2015, art. 3-2º) « Par exception aux règles énoncées dans le présent article, peuvent être inscrits sur la liste prévue à l'article L. 165-1 les dispositifs médicaux relevant du 4° qui pénètrent partiellement ou entièrement à l'intérieur du corps, soit par un orifice du corps, soit à travers la surface du corps, et qui sont utilisés lors d'actes de prévention, d'investigation ou de soins hospitaliers. »

Art. R. 165-4-1 *(Décr. nº 2004-1419 du 23 déc. 2004)* La suspension de la mise sur le marché d'un produit par décision du directeur général de l'*(Décr. nº 2012-597 du*

27 avr. 2012, art. 5-II) « Agence nationale de sécurité du médicament et des produits de santé », en application de l'article L. 5312-1 du code de la santé publique, emporte, lorsque ce produit est inscrit sur la liste prévue à l'article L. 165-1, la suspension de sa prise en charge par l'assurance maladie. La restriction de l'utilisation, de la prescription, de la délivrance ou de l'administration d'un produit décidée en application des mêmes dispositions est mentionnée de plein droit, à titre provisoire, sur cette liste. La modification des conditions d'inscription du produit est simultanément engagée en application des dispositions de l'article R. 165-9.

La suspension de la fabrication, de l'importation, de l'exportation, de la mise sur le marché à titre onéreux d'un produit par arrêté du ministre chargé de la consommation et, selon le cas, du ou des ministres intéressés, en application de l'article L. 221-5 du code de la consommation, emporte également, lorsque ce produit est inscrit sur la liste prévue à l'article L. 165-1, la suspension de sa prise en charge par l'assurance maladie.

Art. R. 165-4-2 *(Décr. n° 2018-522 du 27 juin 2018, art. 1er)* I. — Lorsque le Comité économique des produits de santé envisage de fixer les remises prévues au II de l'article L. 165-4, il en informe les fabricants ou les distributeurs de produits et prestations inscrits sur la liste prévue à l'article L. 165-1 :

1° Par la publication d'un avis au *Journal officiel*, s'agissant d'une description générique ou d'une description générique renforcée ;

2° Par tout moyen permettant d'en conférer une date de réception certaine, s'agissant d'une inscription sous forme de marque ou de nom commercial.

II. — Les fabricants ou les distributeurs commercialisant les produits et prestations concernés ou pouvant justifier de leur commercialisation imminente, ainsi que les organisations les regroupant dans les conditions prévues à l'article L. 165-3-3 peuvent demander au Comité dans un délai de dix jours suivant la réception ou la publication de cette information :

1° La communication des modalités envisagées pour le calcul de ces remises ;

2° A être entendus par le Comité ou à présenter des observations écrites. En cas de demande d'audition, cette audition dont la date est fixée par le comité intervient dans un délai maximal de 45 jours suivant la réception de la demande par le comité.

Lorsque, en application du premier alinéa du II de l'article L. 165-4, le Comité a précisé que les remises sont dues par les seuls fabricants ou par les seuls distributeurs, seules les entreprises ainsi désignées sont informées et participent à la négociation avec le Comité.

III. — Pour déterminer le montant des remises, le Comité prend en compte tout ou partie des critères prévus au I et au II de l'article L. 165-4.

IV. — Pour les produits et prestations inscrits sous forme d'une description générique ou d'une description générique renforcée, le Comité rend publiques notamment lors de la publication au *Journal officiel* de l'avis relatif à leur tarif de responsabilité et à leur prix de vente :

1° L'existence des remises prévues par le II de l'article L. 165-4 ;

2° La procédure permettant au fabricant ou au distributeur de prendre connaissance des modalités de calcul et du montant exact des remises dues.

Les montants et les modalités de calcul ne sont pas rendus publics. Seuls les fabricants ou les distributeurs commercialisant les produits ou prestations concernés, ou pouvant justifier de leur commercialisation imminente, peuvent demander au Comité la transmission de ces éléments.

V. — Pour les produits et prestations inscrits sous forme de marque ou de nom commercial, la décision du Comité fixant la remise prévue par le II de l'article L. 165-4 est notifiée au fabricant ou distributeur concerné par tout moyen permettant d'en conférer une date de réception certaine.

Cette décision est motivée et indique les modalités de calcul et de règlement de la remise ainsi que les voies et délais de recours applicables.

VI. — Lorsque le Comité fixe, par convention ou par décision, les remises applicables aux produits ou prestations inscrits sur la liste prévue à l'article L. 165-1, le remboursement par l'assurance maladie des produits ou prestations est subordonné au versement effectif des remises.

Art. R. 165-5 *(Décr. nº 2004-1419 du 23 déc. 2004)* Peuvent être radiés de la liste prévue à l'article L. 165-1 :

1º Les produits qui cessent de remplir les critères d'inscription définis aux articles *(Décr. nº 2015-1649 du 11 déc. 2015, art. 4-1º)* « R. 165-1 », R. 165-2 et R. 165-6, ou qui relèvent d'un motif de non-inscription défini à l'article R. 165-4 ou pour lesquels le fabricant ou le distributeur n'a pas informé le ministre chargé de la sécurité sociale des modifications des données sur lesquelles l'inscription est fondée ;

2º Les produits inscrits sous forme de marque ou de nom commercial *(Décr. nº 2015-1649 du 11 déc. 2015, art. 4-2º)* « , ou de description générique renforcée » :

a) Qui font l'objet, auprès du corps médical *(Décr. nº 2006-1747 du 23 déc. 2006)* « ou de tout autre professionnel de santé », d'informations ne mentionnant pas soit le tarif de responsabilité, soit le prix fixé, soit, le cas échéant, les seules indications thérapeutiques, diagnostiques ou de compensation du handicap dans lesquelles ils sont pris en charge ou les conditions de prescription et d'utilisation ;

b) Ou dont la commercialisation est suspendue ou interrompue ;

(Décr. nº 2012-1135 du 8 oct. 2012, art. 2) « *c)* Ou qui ont donné lieu à la constatation par l'Agence nationale de sécurité du médicament et des produits de santé d'un manquement aux spécifications techniques requises pour l'inscription sur la liste mentionnée à l'article L. 165-1, à l'issue de la procédure prévue au III de l'article R. 165-47 » ;

(Décr. nº 2018-522 du 27 juin 2018, art. 1er) « 3º Les produits ou prestations pour lesquels ne sont pas acquittées les remises dues en application du II de l'article L. 165-4. »

La radiation d'un produit ou d'une prestation de la liste des produits ou prestations remboursables est prononcée par le ministre chargé de la sécurité sociale et le ministre chargé de la santé. Les ministres informent le fabricant ou le distributeur du projet de radiation. Dans le cas d'une description générique, cette information est effectuée par la publication d'un avis au *Journal officiel*.

Le fabricant ou le distributeur peut présenter des observations écrites, dans le délai de trente jours suivant la réception ou la publication de l'information, ou demander dans le même délai à être entendu par la *(Décr. nº 2009-1088 du 2 sept. 2009, art. 3)* « Commission nationale d'évaluation des dispositifs médicaux et des technologies de santé ». *(Décr. nº 2018-522 du 27 juin 2018, art. 1er)* « Pour l'application du 3º du présent article, le fabricant ou le distributeur peut être entendu par le Comité économique des produits de santé. »

Art. R. 165-5-1 *(Décr. nº 2004-1419 du 23 déc. 2004)* Sont radiés de la liste prévue à l'article L. 165-1, par arrêté du ministre chargé de la sécurité sociale et du ministre chargé de la santé :

1º Les produits et prestations faisant exclusivement appel à des soins pratiqués par des établissements de santé et qui sont pris en charge au titre des prestations d'hospitalisation mentionnées au 1º de l'article L. 162-22-1 et au 1º de l'article L. 162-22-6 ;

2º Les produits qui font l'objet d'une interdiction de mise sur le marché, d'utilisation, de prescription, de délivrance ou d'administration par décision du directeur général de l'*(Décr. nº 2012-597 du 27 avr. 2012, art. 5-II)* « Agence nationale de sécurité du médicament et des produits de santé », en application de l'article L. 5312-1 du code de la santé publique, ainsi que les produits interdits par décret en Conseil d'État, en application de l'article L. 221-3 du code de la consommation.

Art. R. 165-6 *(Décr. nº 2004-1419 du 23 déc. 2004)* L'inscription ne peut être renouvelée, après avis de la *(Décr. nº 2009-1088 du 2 sept. 2009, art. 3)* « Commission nationale d'évaluation des dispositifs médicaux et des technologies de santé », que si le produit ou la prestation apporte un service rendu suffisant pour justifier le maintien de son remboursement. Le service rendu est déterminé par la réévaluation des critères ayant conduit à l'appréciation du service attendu *(Décr. nº 2006-1747 du 23 déc. 2006)* « après examen des études demandées le cas échéant » lors de l'inscription ainsi que des nouvelles données disponibles sur le produit ou la prestation et l'affection traitée, diagnostiquée ou compensée, des autres produits et prestations inscrits sur la liste et des autres thérapies ou moyens disponibles. L'appréciation du service rendu est évaluée dans chacune des indications thérapeutiques, diagnostiques ou de compensation du handicap admises au remboursement.

SECTION II PROCÉDURES RELATIVES À L'ÉTABLISSEMENT DE LA LISTE PRÉVUE À L'ARTICLE L. 165-1 ET À LA FIXATION DES TARIFS ET DES PRIX

Art. R. 165-7 *(Décr. n° 2001-256 du 26 mars 2001)* Lorsque l'inscription d'un produit ou d'une prestation sur la liste prévue à l'article L. 165-1 ou la modification de cette inscription est sollicitée par le fabricant ou le distributeur, la demande est adressée au ministre chargé de la sécurité sociale qui en accuse réception et en informe le ministre chargé de la santé ; une copie en est simultanément adressée à la *(Décr. n° 2009-1088 du 2 sept. 2009, art. 3)* « Commission nationale d'évaluation des dispositifs médicaux et des technologies de santé ».

La demande est accompagnée d'un dossier qui comporte les informations nécessaires pour apprécier les conditions d'inscription du produit ou de la prestation.

Le fabricant ou le distributeur adresse au Comité économique des produits de santé copie du dossier de demande d'inscription accompagnée d'un dossier comportant les informations utiles à la tarification du produit ou de la prestation.

Art. R. 165-7-1 *(Décr. n° 2015-1649 du 11 déc. 2015, art. 5)* I. – Les catégories homogènes de produits relevant d'une inscription sur la liste mentionnée au premier alinéa de l'article L. 165-1 sous forme de description générique renforcée sont préalablement définies par un arrêté des ministres chargés de la santé et de la sécurité sociale. Cet arrêté précise notamment :

1° Les spécifications techniques que les produits concernés doivent respecter ;

2° Lorsque le produit était déjà inscrit sur la liste mentionnée à l'article L. 165-1, la date à laquelle chaque produit de la catégorie devra, au plus tard, être inscrit sous forme d'une description générique renforcée, en remplacement de la description générique antérieure ou d'une inscription sous forme de marque ou de nom commercial ;

3° La liste du ou des organismes compétents au sens de l'article L. 165-1, désignés par l'Agence nationale de sécurité du médicament et des produits de santé, habilités à établir la déclaration de conformité aux spécifications techniques de la catégorie concernée ;

4° Le délai maximal, dans la limite de trois mois, sauf impératifs techniques dûment justifiés, accordé aux organismes compétents, à compter de la réception du dossier, pour établir et communiquer à l'entreprise l'attestation de conformité aux spécifications techniques ;

5° Le modèle type d'attestation de conformité devant être produit par les organismes compétents.

La désignation des organismes compétents, mentionnée au 3°, intervient dans un délai maximal de trois mois à compter de la saisine à cet effet de l'Agence par les ministres chargés de la santé et de la sécurité sociale.

La demande d'attestation de conformité adressée par l'entreprise à l'organisme compétent comporte tout élément utile permettant d'apprécier la conformité des produits concernés aux spécifications techniques applicables.

Les attestations de conformité établies par les organismes compétents sont transmises sans délai aux entreprises concernées. En cas de refus de délivrance de l'attestation de conformité, l'organisme compétent notifie sa décision à l'entreprise concernée par courrier motivé.

Le silence gardé par l'organisme compétent sur la demande d'attestation de conformité qui lui est adressée vaut rejet à l'issue du délai fixé par arrêté mentionné au 4° du présent article.

L'entreprise communique la déclaration de conformité conjointement à l'Agence nationale de sécurité du médicament et des produits de santé et aux ministres chargés de la santé et de la sécurité sociale. Cette déclaration de conformité demeure applicable aux produits concernés en l'absence de modification des spécifications techniques requises. La déclaration est applicable aux évolutions de gamme des produits concernés sous réserve que ces évolutions ne modifient pas le mode d'action ou les propriétés cliniques afférents au produit d'origine, ni les spécifications techniques en vigueur.

Dans un délai maximal de trois mois suivant la réception de l'attestation de conformité, lesdits ministres procèdent à l'inscription des produits conformes sous forme de description générique renforcée.

II. — L'arrêté, mentionné au premier alinéa de l'article R. 165-1, précise pour chaque produit inscrit sous forme de description générique renforcée :

1° La durée de validité de l'inscription, commune à l'ensemble des produits concernés ;

2° Le code d'inscription de chaque produit sur la liste des produits et prestations remboursables mentionnée au premier alinéa de l'article L. 165-1.

Art. R. 165-8 *(Décr. n° 2004-1419 du 23 déc. 2004)* « Les décisions relatives, d'une part, à l'inscription ou à la modification de l'inscription d'un produit ou d'une prestation sur la liste prévue à l'article L. 165-1 et, d'autre part, à la fixation de son tarif et, le cas échéant, de son prix sont prises et communiquées dans un délai de cent quatre-vingt jours à compter de la réception de la demande présentée par le fabricant ou le distributeur. Elles sont publiées au *Journal officiel.* »

Toutefois, si les éléments d'appréciation communiqués par le fabricant ou le distributeur sont insuffisants, le ministre chargé de la sécurité sociale, le ministre chargé de la santé, le Comité économique des produits de santé ou la *(Décr. n° 2009-1088 du 2 sept. 2009, art. 3)* « Commission nationale d'évaluation des dispositifs médicaux et des technologies de santé » notifie immédiatement au demandeur les renseignements complémentaires détaillés qui sont exigés. Dans ce cas, *(Décr. n° 2004-1419 du 23 déc. 2004)* « le délai mentionné au premier alinéa » est suspendu à compter de la date de réception de cette notification et jusqu'à la date de réception des informations demandées.

Art. R. 165-9 *(Décr. n° 2001-256 du 26 mars 2001)* Lorsque l'initiative de l'inscription *(Décr. n° 2015-1649 du 11 déc. 2015, art. 6-1°)* « ou de la modification des conditions d'inscription » de produits ou de prestations est prise par les ministres chargés de la santé et de la sécurité sociale, les fabricants et les distributeurs de ces produits ou prestations en sont informés par une notification adressée à chacun d'eux ou par un avis publié au *Journal officiel.* Ils peuvent présenter des observations écrites ou demander à être entendus par la *(Décr. n° 2009-1088 du 2 sept. 2009, art. 3)* « Commission nationale d'évaluation des dispositifs médicaux et des technologies de santé » dans un délai de trente jours à compter de cette information. *(Décr. n° 2015-1649 du 11 déc. 2015, art. 6-2°)* « Dans les situations où l'avis de projet de modification des conditions d'inscription fait suite à un avis de cette commission datant de moins de dix-huit mois, le nouvel avis qu'elle rend à l'issue de la phase contradictoire doit être publié dans un délai de quatre mois à compter de la date de publication de l'avis de projet. » Ils sont également informés par les mêmes voies du tarif et, le cas échéant, du prix envisagés et ils peuvent, dans un délai de trente jours à compter de cette information, faire valoir selon les mêmes modalités leurs observations devant le Comité économique des produits de santé.

Art. R. 165-10 *(Décr. n° 2001-256 du 26 mars 2001)* I. — *(Décr. n° 2004-1419 du 23 déc. 2004)* « La demande de renouvellement de l'inscription d'un produit mentionné à l'article L. 165-1, inscrit sous forme de marque ou de nom commercial, » est présentée par le fabricant ou le distributeur au plus tard cent quatre-vingts jours avant l'expiration de la durée d'inscription.

La demande de renouvellement est adressée au ministre chargé de la sécurité sociale qui en accuse réception et en informe le ministre chargé de la santé. Une copie de cette demande est adressée simultanément à la *(Décr. n° 2009-1088 du 2 sept. 2009, art. 3)* « Commission nationale d'évaluation des dispositifs médicaux et des technologies de santé ». La demande doit être accompagnée d'un dossier comportant les informations nécessaires à l'appréciation des conditions de renouvellement de l'inscription.

Le fabricant ou le distributeur adresse au Comité économique des produits de santé copie du dossier de demande de renouvellement accompagnée d'un dossier comportant les informations utiles à la tarification du produit ou de la prestation. Une copie de ce dernier dossier est adressée au ministre chargé de la sécurité sociale.

II. — *(Décr. n° 2004-1419 du 23 déc. 2004)* « Les décisions relatives, d'une part, au renouvellement de l'inscription et, d'autre part, à la fixation du tarif et, le cas échéant, du prix doivent être prises et communiquées avant l'expiration de la durée d'inscription. Elles sont publiées au *Journal officiel.*

« A cette même date, en l'absence de publication de la décision de renouvellement de l'inscription et si le fabricant ou le distributeur a déposé dans le délai mentionné au I un dossier de renouvellement comportant l'ensemble des éléments nécessaires, le renouvellement de l'inscription est accordé tacitement et le tarif et, le cas échéant, le prix en vigueur antérieurement sont reconduits. » Un avis mentionnant ce renouvellement et rappelant le tarif et, le cas échéant, le prix est publié au *Journal officiel*.

Art. R. 165-10-1 *(Décr. n° 2004-1419 du 23 déc. 2004)* Les décisions relatives, d'une part, au renouvellement de l'inscription et, d'autre part, à la fixation du tarif et, le cas échéant, du prix des produits ou prestations inscrits sous forme de description générique *(Décr. n° 2015-1649 du 11 déc. 2015, art. 7-1°)* « ou de description générique renforcée » sur la liste mentionnée à l'article L. 165-1 doivent être prises et publiées au *Journal officiel* avant l'expiration de la durée d'inscription.

A cette date, en l'absence de publication de la décision de renouvellement de l'inscription, le renouvellement de l'inscription est accordé tacitement *(Décr. n° 2015-1649 du 11 déc. 2015, art. 7-2°)* « dans les mêmes conditions » et le tarif et, le cas échéant, le prix en vigueur antérieurement sont reconduits. Un avis mentionnant ce renouvellement et rappelant le tarif et, le cas échéant, le prix est publié au *Journal officiel*.

Les fabricants et les distributeurs, ou leurs représentants, peuvent, au plus tard 180 jours avant l'expiration de la validité d'inscription de la description générique *(Décr. n° 2015-1649 du 11 déc. 2015, art. 7-3°)* « ou de la description générique renforcée » qui les concerne, adresser à la *(Décr. n° 2009-1088 du 2 sept. 2009, art. 3)* « Commission nationale d'évaluation des dispositifs médicaux et des technologies de santé » toutes données qu'ils jugent utiles de prendre en compte pour l'instruction du renouvellement de l'inscription et au Comité économique des produits de santé toutes données qu'ils jugent utiles de prendre en compte pour la fixation du tarif et, le cas échéant, du prix.

Par dérogation à l'article R. 165-6, la *(Décr. n° 2009-1088 du 2 sept. 2009, art. 3)* « Commission nationale d'évaluation des dispositifs médicaux et des technologies de santé » peut proposer aux ministres chargés de la sécurité sociale et de la santé le renouvellement d'office de l'inscription de certaines descriptions génériques *(Décr. n° 2015-1649 du 11 déc. 2015, art. 7-4°)* « et descriptions génériques renforcées » sur la liste des produits et prestations mentionnée à l'article L. 165-1.

Art. R. 165-11 *(Décr. n° 2004-1419 du 23 déc. 2004)* L'avis rendu par la *(Décr. n° 2009-1088 du 2 sept. 2009, art. 3)* « Commission nationale d'évaluation des dispositifs médicaux et des technologies de santé », en vue d'une inscription ou d'une modification des conditions d'inscription, comporte notamment :

1° La description du produit ou de la prestation ;

2° L'appréciation du bien-fondé, au regard du service attendu du produit ou de la prestation, de l'inscription sur la liste prévue à l'article L. 165-1. Cette évaluation conduit à considérer le service attendu comme suffisant ou insuffisant pour justifier l'inscription au remboursement. Elle est réalisée pour chaque indication thérapeutique, diagnostique ou de compensation du handicap en distinguant, le cas échéant, des groupes de population et précise les seules indications pour lesquelles la commission estime l'inscription fondée ;

3° Lorsque le service attendu est suffisant pour justifier l'inscription au remboursement, l'appréciation de l'amélioration du service attendu par rapport à un produit, un acte ou une prestation comparables ou à un groupe d'actes, de produits ou de prestations comparables, précisément désignés, considérés comme référence selon les données actuelles de la science et admis ou non au remboursement. Cette évaluation conduit à considérer l'amélioration du service attendu comme majeure, importante, modérée, mineure ou à en constater l'absence. Elle est réalisée pour chaque indication thérapeutique, diagnostique ou de compensation du handicap dans laquelle la commission estime l'inscription fondée ;

4° Le cas échéant, une proposition de durée d'inscription si la commission estime que cette durée doit être inférieure à cinq ans *(Décr. n° 2015-1649 du 11 déc. 2015, art. 8)* « dans le cas d'une inscription sous nom de marque, ou inférieure à dix ans dans le cas d'une inscription sous description générique ou sous description générique renforcée » ;

5° Les recommandations, le cas échéant par indication thérapeutique, diagnostique ou de compensation du handicap, sur les modalités de prescription et d'utilisation du produit ou de la prestation et les spécifications techniques minimales requises conditionnant la prise en charge des produits ;

6° Une appréciation, le cas échéant, de l'adéquation des conditions d'utilisation avec le conditionnement des produits ;

7° Pour les produits pour lesquels la commission émet un avis favorable à l'inscription ou à la modification des conditions d'inscription, le cas échéant, les études complémentaires nécessaires à l'évaluation du service rendu, ou de son amélioration, qui devront être présentées à l'occasion du renouvellement de l'inscription ;

8° L'estimation du nombre de patients relevant des indications thérapeutiques, diagnostiques ou de compensation du handicap dans lesquelles la commission estime l'inscription fondée selon les données épidémiologiques disponibles. Le cas échéant, l'avis mentionne l'impossibilité de réaliser des estimations précises ;

(Abrogé par Décr. n° 2012-1051 du 13 sept. 2012, art. 2-1°) « 9° *Le cas échéant, s'agissant des produits et prestations faisant appel à des soins pratiqués en établissements de santé, la proposition de subordonner l'inscription à la mise en œuvre des dispositions fixées au dernier alinéa de l'article L. 165-1 ;* »

10° Le cas échéant, la proposition de soumettre les produits ou prestations à la procédure prévue au dernier alinéa de l'article R. 165-1 ;

(Décr. n° 2017-809 du 5 mai 2017, art. 2) « 11° Le cas échéant, l'appréciation ou la recommandation prévue au II de l'article R. 165-75. »

Art. R. 165-11-1 *(Décr. n° 2004-1419 du 23 déc. 2004)* L'avis rendu par la *(Décr. n° 2009-1088 du 2 sept. 2009, art. 3)* « Commission nationale d'évaluation des dispositifs médicaux et des technologies de santé » en vue d'un renouvellement de l'inscription comporte notamment :

1° L'appréciation du bien-fondé, au regard du service rendu du produit ou de la prestation, du renouvellement de l'inscription sur la liste prévue à l'article L. 165-1. Cette évaluation conduit à considérer le service rendu comme suffisant ou insuffisant pour justifier le renouvellement de l'inscription. L'avis porte sur chacune des indications admises au remboursement et précise les seules indications pour lesquelles la commission estime fondé le renouvellement de l'inscription ;

2° Lorsque le service rendu est suffisant pour justifier le renouvellement de l'inscription, l'appréciation de l'amélioration du service rendu par rapport à un produit, un acte ou une prestation comparables ou à un groupe d'actes, de produits ou de prestations comparables précisément désignés, considérés comme référence selon les données actuelles de la science et admis ou non au remboursement. Cette référence peut être celle retenue pour apprécier l'amélioration du service rendu. Cette évaluation conduit à considérer l'amélioration du service rendu comme majeure, importante, modérée, mineure ou à en constater l'absence. Elle est réalisée pour chaque indication thérapeutique, diagnostique ou de compensation du handicap dans laquelle la commission estime le renouvellement de l'inscription fondé ;

3° Le cas échéant, l'appréciation des résultats des études complémentaires demandées lors de l'inscription conformément au 7° de l'article R. 165-11 ;

(Décr. n° 2015-1649 du 11 déc. 2015, art. 9) « 4° Le cas échéant, une proposition de durée d'inscription si la commission estime que cette durée doit être inférieure à dix ans pour les produits ou prestations inscrits par description générique ou sous description générique renforcée et inférieure à cinq ans pour les produits inscrits sous forme de marque ou de nom commercial ; »

5° L'actualisation des recommandations, le cas échéant par indications thérapeutiques, diagnostiques ou de compensation du handicap, sur les modalités de prescription et d'utilisation du produit ou de la prestation et les spécifications techniques minimales requises conditionnant la prise en charge des produits ;

6° L'actualisation de l'appréciation, le cas échéant, de l'adéquation des conditions d'utilisation avec le conditionnement des produits ;

7° Pour les produits pour lesquels la commission émet un avis favorable à un renouvellement de l'inscription, le cas échéant, les études complémentaires nécessaires à l'évaluation du service rendu qui devront être présentées à l'occasion du renouvellement suivant de l'inscription ;

8° L'actualisation du nombre de patients relevant des indications thérapeutiques, diagnostiques ou de compensation du handicap dans lesquelles la commission estime le renouvellement de l'inscription fondé selon les données épidémiologiques disponibles. Le cas échéant, l'avis mentionne l'impossibilité de réaliser des estimations précises ;

(Abrogé par Décr. nº 2012-1051 du 13 sept. 2012, art. 2-2º) « *9º Le cas échéant, s'agissant des produits et prestations faisant appel à des soins pratiqués en établissements de santé, la proposition de subordonner le renouvellement de l'inscription à la mise en œuvre des dispositions fixées au dernier alinéa de l'article L. 165-1 ;* »

10° Le cas échéant, la proposition de soumettre les produits ou prestations à la procédure spécifique prévue au dernier alinéa de l'article R. 165-1 ;

(Décr. nº 2017-809 du 5 mai 2017, art. 2) « 11° Le cas échéant, l'appréciation ou la recommandation prévue au II de l'article R. 165-75. »

Art. R. 165-11-2 *(Décr. nº 2015-1649 du 11 déc. 2015, art. 10)* Pour l'application des articles R. 165-11 et R. 165-11-1, la Commission nationale d'évaluation des dispositifs médicaux et des technologies de santé peut s'appuyer, en tant que de besoin, sur l'assistance technique d'un laboratoire d'essais indépendant afin de définir les spécifications techniques en lien avec les indications retenues.

Art. R. 165-12 *(Décr. nº 2001-256 du 26 mars 2001)* L'avis rendu par la *(Décr. nº 2009-1088 du 2 sept. 2009, art. 3)* « Commission nationale d'évaluation des dispositifs médicaux et des technologies de santé » est communiqué au fabricant ou au distributeur qui dispose d'un délai de *(Décr. nº 2018-444 du 4 juin 2018, art. 1er)* « dix » jours suivant la réception de cet avis pour demander à être entendu par la commission ou *(Décr. nº 2018-444 du 4 juin 2018, art. 1er)* « lui adresser » ses observations écrites.

(Décr. nº 2018-444 du 4 juin 2018, art. 1er) « En cas de demande d'audition, cette audition, dont la date est fixée par la commission, intervient dans un délai maximal de quarante-cinq jours suivant la réception de la demande du fabricant ou du distributeur par la commission. Sur demande motivée du ministre chargé de la santé ou de la sécurité sociale auprès de la commission, ce délai peut être réduit à un mois. »

L'avis définitif est communiqué au fabricant ou au distributeur et transmis simultanément aux ministres chargés de la sécurité sociale et de la santé et au *(Décr. nº 2004-1419 du 23 déc. 2004 ; Décr. nº 2009-1088 du 2 sept. 2009, art. 3)* « Comité économique des produits de santé. L'avis de la Commission nationale d'évaluation des dispositifs médicaux et des technologies de santé est » *(Décr. nº 2018-444 du 4 juin 2018, art. 1er)* « rendu public sans délai.

« Lorsque, avant l'émission de l'avis définitif de la commission, l'entreprise procède au retrait d'une demande d'inscription, de renouvellement d'inscription, de modification des conditions d'inscription ou de réévaluation relative à la liste prévue à l'article L. 165-1, la commission, sauf impossibilité, achève son examen et rend public son avis. »

Les dispositions issues du Décr. nº 2018-444 du 4 juin 2018 s'appliquent à compter du prochain renouvellement de la Commission nationale d'évaluation des dispositifs médicaux et des technologies de santé suivant la publication du décret susvisé.

Les procédures tendant notamment à l'émission d'avis ou de recommandation, en cours d'instruction devant la commission d'évaluation économique et de santé publique, la commission de la transparence ou la commission nationale d'évaluation des dispositifs médicaux et des technologies de santé, dans leur ancienne composition, et inachevées à la date du prochain renouvellement des commissions, sont valablement poursuivies et achevées par ces commissions dans leur nouvelle composition issue des dispositions du Décr. 2018-444 du 4 juin 2018 (Décr. préc., art. 2-IV et V).

Art. R. 165-13 *(Décr. nº 2004-1419 du 23 déc. 2004 ; Décr. nº 2009-1088 du 2 sept. 2009, art. 3)* La Commission nationale d'évaluation des dispositifs médicaux et des technologies de santé, à son initiative ou à la demande des ministres chargés de la sécurité sociale et de la santé, peut réévaluer le service attendu ou rendu des produits ou des prestations inscrits sur la liste prévue à l'article L. 165-1, notamment lorsqu'elle émet un avis favorable à l'inscription sur cette liste d'un produit ou d'une prestation apportant une amélioration du service attendu susceptible de modifier substantiellement les stratégies thérapeutiques, diagnostiques ou de compensation du handicap antérieures.

(Décr. nº 2018-444 du 4 juin 2018, art. 1er) « La saisine des ministres précise le délai dans lequel est attendu l'avis de la commission rendu au titre du présent article. » — *V. notes ss. art. R. 165-12.*

Art. R. 165-14 *(Décr. nº 2001-256 du 26 mars 2001 ; Décr. nº 2004-1419 du 23 déc. 2004) (Décr. nº 2019-147 du 27 févr. 2019, art. 1er)* **« I. — » Le Comité économique des produits de santé fixe, par convention ou à défaut par décision, les tarifs des produits ou des prestations mentionnés à l'article L. 165-1. La détermination de ces tarifs tient compte principalement du service attendu ou rendu, de l'amélioration éventuelle de celui-ci, le cas échéant des résultats des études complémentaires demandées, des tarifs et des prix du ou des actes, produits ou prestations comparables, des volumes de vente prévus et des conditions prévisibles et réelles d'utilisation. »**

(Décr. nº 2019-147 du 27 févr. 2019, art. 1er) **« II. — Lorsque les ministres chargés de la santé et de la sécurité sociale décident d'adresser la demande mentionnée au troisième alinéa du I de l'article L. 165-2 ou d'exercer la compétence prévue au V du même article, ils en informent le président du Comité économique des produits de santé.**

« Lorsque les ministres chargés de la santé et de la sécurité sociale envisagent de fixer le tarif de responsabilité de produits et prestations en application du V de l'article L. 165-2, ils en informent les fabricants et les distributeurs des produits ou prestations concernés par une notification, adressée à chacun d'eux, ou par un avis publié au *Journal officiel*. Ces fabricants et distributeurs peuvent présenter des observations écrites aux ministres dans un délai de vingt jours suivant la réception de la notification ou la publication de l'avis. Ce tarif de responsabilité peut être modifié, dans les mêmes conditions, à l'initiative et par arrêté des mêmes ministres, par dérogation à l'article R. 165-15. » — *Lorsque, en application du V de l'art. L. 165-2 CSS, les ministres chargés de la santé et de la sécurité sociale décident de fixer par arrêté un tarif de responsabilité, ils ne sont pas tenus de mettre en œuvre la procédure d'information des entreprises mentionnée dans le présent al. si les tarifs de responsabilité fixés sont identiques à ceux figurant dans la notification adressée ou l'avis publié, avant le 1er janv. 2019, par le CEPS conformément au III de l'art. R. 165-15 du même code (Décr. nº 2019-147 du 27 févr. 2019, art. 3).*

Art. R. 165-15 *(Décr. nº 2004-1419 du 23 déc. 2004)* **« I. — Le tarif ou le prix des produits ou des prestations mentionnés à l'article L. 165-1 peut être modifié par convention ou par décision du Comité économique des produits de santé.**

« La modification du tarif ou du prix peut intervenir soit à la demande du fabricant ou du distributeur, soit à l'initiative du Comité économique des produits de santé, soit à la demande des ministres chargés de la sécurité sociale, de la santé ou de l'économie ou de l'Union nationale des caisses d'assurance maladie. »

(Décr. nº 2001-256 du 26 mars 2001 ; Décr. nº 2004-1419 du 23 déc. 2004) **« II. — Lorsque la demande émane du fabricant ou du distributeur, celui-ci adresse sa demande, accompagnée d'un dossier comportant les informations nécessaires, au Comité économique des produits de santé qui en accuse réception.**

« La décision relative à la modification du tarif ou du prix doit être prise et notifiée dans un délai de quatre-vingt-dix jours à compter de la réception de la demande par le Comité économique des produits de santé. Le tarif ou le prix modifié est publié au *Journal officiel* dans ce délai.

« Si les éléments d'appréciation communiqués par le fabricant ou le distributeur sont insuffisants, le Comité économique des produits de santé notifie immédiatement au demandeur les renseignements complémentaires qui sont exigés. Dans ce cas, le délai est suspendu à compter de la date de réception de cette notification et jusqu'à la date de réception des informations demandées.

« A l'expiration des délais précités, si aucune décision n'a été notifiée au fabricant ou au distributeur, la modification du tarif ou du prix est accordée tacitement et est mentionnée dans un avis au *Journal officiel*.

« III. — Lorsque la modification du tarif ou du prix est effectuée à l'initiative du Comité économique des produits de santé ou à la demande des ministres chargés de la sécurité sociale, de la santé et de l'économie ou de l'Union nationale des caisses d'assurance maladie, les fabricants ou les distributeurs des produits ou des prestations en sont informés par une notification, adressée à chacun d'eux ou par un avis publié au *Journal officiel*. Ils peuvent présenter des observations écrites ou demander à être entendus par le comité dans les trente jours suivant la réception de la notification ou la publication de l'avis. »

(Décr. n° 2018-522 du 27 juin 2018, art. 1er) « IV. — Les remises fixées en application du II de l'article L. 165-4 peuvent être modifiées, pour un motif d'intérêt général, par convention ou par décision du Comité économique des produits de santé. Cette modification peut intervenir soit à la demande des fabricants ou des distributeurs concernés, soit à l'initiative du Comité économique des produits de santé ou des ministres chargés de la santé et de la sécurité sociale.

« Lorsque la demande de modification émane d'un fabricant ou d'un distributeur, celui-ci adresse sa demande, accompagnée le cas échéant d'un dossier comportant les informations nécessaires, au Comité économique des produits de santé.

« Lorsque la modification intervient à l'initiative du Comité économique des produits de santé ou des ministres chargés de la sécurité sociale et de la santé, les fabricants ou les distributeurs en sont informés par une notification adressée à chacun d'eux ou par un avis publié au *Journal officiel*. Les fabricants, les distributeurs, ou l'organisation les représentant dans les conditions prévues à l'article L. 165-3-3, peuvent présenter des observations écrites dans le délai d'un mois suivant la réception ou la publication de cette information ou demander, dans un délai de dix jours suivant cette même réception ou publication, à être entendus par le Comité économique des produits de santé. En cas de demande d'audition, cette audition dont la date est fixée par le comité intervient dans un délai maximal de 45 jours suivant la réception de la demande par le comité.

« Le fabricant ou le distributeur est tenu de transmettre au Comité les éléments nécessaires au calcul de la remise que le Comité lui demande. »

Il résulte du III de l'art. R. 165-15 CSS que la décision par laquelle le Comité économique des produits de santé (CEPS) prend l'initiative d'engager une modification des tarifs ou prix des produits ou des prestations mentionnés à l'art. L. 165-1 du même code a pour conséquence d'ouvrir, par l'information des fabricants ou distributeurs des produits ou prestations concernés à laquelle elle doit donner lieu, une période de concertation qui a pour objet de permettre à ces entreprises de conclure une convention sur ces tarifs et prix ou, à défaut, de faire utilement valoir leurs observations sur la décision susceptible d'être prise par le CEPS. Dès lors, les éventuels vices dont peuvent être entachés la décision du Comité d'engager la procédure de modification des tarifs ou prix, l'information à laquelle elle donne lieu ou le déroulement de la période de concertation ne sont de nature à entacher la procédure d'irrégularité et à entraîner pour ce motif l'annulation de la décision de fixation du tarif ou du prix que s'ils ont fait obstacle à ce que les fabricants ou distributeurs des produits concernés aient été mis à même de conclure une convention ou de faire valoir utilement leurs observations sur la fixation des tarifs et des prix. • CE 16 déc. 2016, n° 397908.

Art. R. 165-16 *(Décr. n° 2001-256 du 26 mars 2001)* Les décisions portant refus d'inscription sur la liste prévue à l'article L. 165-1, refus de renouvellement d'inscription, radiation de la liste ou refus de modification de l'inscription, *(Décr. n° 2018-522 du 27 juin 2018, art. 1er)* « du tarif, du prix ou des remises prévues au II de l'article L. 165-4 » doivent, dans la notification au fabricant ou distributeur, être motivées et mentionner les voies et délais de recours qui leur sont applicables.

Art. R. 165-17 *Abrogé par Décr. n° 2010-247 du 10 mars 2010, art. 3.*

SECTION III **COMMISSION NATIONALE D'ÉVALUATION DES DISPOSITIFS MÉDICAUX ET DES TECHNOLOGIES DE SANTÉ MENTIONNÉE À L'ARTICLE L. 165-1** *(Décr. n° 2009-1088 du 2 sept. 2009, art. 3)*.

Art. R. 165-18 *(Décr. n° 2004-1419 du 23 déc. 2004 ; Décr. n° 2009-1088 du 2 sept. 2009, art. 3)* I. — La Commission nationale d'évaluation des dispositifs médicaux et des technologies de santé est composée des membres suivants :

(Décr. n° 2018-444 du 4 juin 2018, art. 1er) « A. — Vingt-deux membres titulaires ayant voix délibérative nommés, pour une durée de trois ans renouvelable deux fois, pour vingt et un membres par décision du collège de la Haute Autorité de santé et, s'agissant du président de la commission, par décision du président de la Haute Autorité. »

(Décr. n° 2015-848 du 9 juill. 2015, art. 3-1° et 2°) « 1° Vingt membres choisis principalement en raison de leurs compétences scientifiques ou techniques dans le domaine des produits et prestations mentionnés à l'article L. 165-1, dont un président, choisi au sein du collège de la Haute Autorité de santé, et deux vice-présidents. La commis-

sion comporte au moins un infirmier et un autre auxiliaire médical au sens du livre III de la quatrième partie ("Professions de santé") du code de la santé publique ;

« 2° *(Décr. n° 2018-444 du 4 juin 2018, art. 1er)* « Deux membres choisis » parmi les adhérents d'une association de malades et d'usagers du système de santé mentionnée à l'article L. 1114-1 du code de la santé publique *(Décr. n° 2018-444 du 4 juin 2018, art. 1er)* « , sur une liste comportant au moins dix noms proposée par l'Union nationale des associations agréées d'usagers du système de santé prévue à l'article L. 1114-6 du même code ».

« B. Sept membres suppléants qui assistent aux séances avec voix consultative :

« *a)* Six membres nommés dans les mêmes conditions que les membres titulaires mentionnés au 1° ci-dessus et appelés, dans l'ordre de leur nomination, à remplacer les membres titulaires ;

« *b)* Un membre suppléant appelé à remplacer le membre titulaire mentionné au 2° ci-dessus, nommé dans les mêmes conditions ; »

C. *(Décr. n° 2018-174 du 9 mars 2018, art. 15-I, en vigueur le 1er janv. 2018)* « Sept » membres ayant une voix consultative :

1° Le directeur de la sécurité sociale, le directeur général de la santé, le directeur général de l'offre de soins et le directeur général de l'*(Décr. n° 2012-597 du 27 avr. 2012, art. 5-II)* « Agence nationale de sécurité du médicament et des produits de santé », ou leurs représentants, qu'ils désignent, chacun d'eux pouvant se faire accompagner par une personne de ses services ;

(Décr. n° 2015-848 du 9 juill. 2015, art. 3-3°) « 2° Les directeurs de la Caisse nationale de l'assurance maladie *(Abrogé par Décr. n° 2018-174 du 9 mars 2018, art. 15-I, à compter du 1er janv. 2018) « des travailleurs salariés, de la Caisse nationale du régime social des indépendants »*, de la Caisse centrale de la mutualité sociale agricole et de l'Union nationale des caisses d'assurance maladie, ou leurs représentants, qu'ils désignent ».

(Abrogé par Décr. n° 2015-848 du 9 juill. 2015, art. 3-3°) « 3° Une personnalité désignée par décision du collège de la Haute Autorité de santé nommée à partir des propositions des organisations syndicales nationales des fabricants et des distributeurs de produits mentionnés à l'article L. 165-1, et un suppléant, nommé dans les mêmes conditions ;

« 4° Une personnalité désignée par décision du collège de la Haute Autorité de santé nommée à partir des propositions des organisations syndicales nationales des prestataires de service mentionnés à l'article L. 165-1, et un suppléant, nommé dans les mêmes conditions. »

II. — Participent, en tant que de besoin, avec voix consultative, aux travaux de la commission :

A. Le directeur *(Décr. n° 2010-344 du 31 mars 2010, art. 278)* « général de l'agence de la biomédecine » ou son représentant, lorsque la commission examine l'inscription, le renouvellement ou la modification d'inscription des tissus et cellules issus du corps humain ;

B. *(Décr. n° 2010-332 du 24 mars 2010, art. 1er-1°)* « Le directeur central du service de santé des armées », lorsque la commission examine l'inscription, le renouvellement ou la modification d'inscription des orthoprothèses sur mesure, des chaussures orthopédiques et des véhicules pour handicapés physiques.

(Abrogé par Décr. n° 2015-848 du 9 juill. 2015, art. 3-4°) « C. Quatre représentants des malades et usagers du système de santé, membres des associations mentionnées à l'article L. 1114-1 du code de la santé publique, désignés par les ministres chargés de la santé et de la sécurité sociale. »

III. — La commission entend, chaque fois que de besoin, un représentant du laboratoire national d'essai ou du centre d'études et de recherche sur l'appareillage des handicapés. Elle peut également entendre toute personne qualifiée ou tout expert dont elle juge l'audition utile.

V. notes ss. art. R. 165-12.

Art. R. 165-19 *(Décr. n° 2001-256 du 26 mars 2001)* Les délibérations de la commission ne sont valables que si au moins *(Décr. n° 2018-444 du 4 juin 2018, art. 1er)* « quatorze » de ses membres *(Décr. n° 2004-1419 du 23 déc. 2004)* « ayant voix délibérative » sont présents.

Les avis sont motivés et pris à la majorité des suffrages *(Abrogé par Décr. n° 2004-1419 du 23 déc. 2004)* « des membres présents », le président ayant voix prépondérante en cas de partage égal des voix.

(Décr. n° 2018-444 du 4 juin 2018, art. 1er) « Lorsque les délibérations de la commission sont adoptées au moyen d'une conférence téléphonique ou audiovisuelle en appli-

cation de l'ordonnance n° 2014-1329 du 6 novembre 2014 relative aux délibérations à distance des instances administratives à caractère collégial, les membres autorisés par le président de la commission à participer aux débats à distance sont pris en compte dans le calcul du *quorum.* »

V. notes ss. art. R. 165-12.

Art. R. 165-20 *(Décr. n° 2004-1419 du 23 déc. 2004)* « La commission se réunit sur convocation de son président. »

La commission élabore son règlement intérieur *(Décr. n° 2018-444 du 4 juin 2018, art. 1er)* « qu'elle soumet à l'adoption du collège de la Haute Autorité de santé ».

(Décr. n° 2004-1419 du 23 déc. 2004) « Son président peut faire appel à des *(Décr. n° 2018-444 du 4 juin 2018, art. 1er)* « experts » extérieurs à la commission *(Abrogé par Décr. n° 2018-444 du 4 juin 2018, art. 1er) « choisis sur une liste établie par elle et rendue publique »*. *(Décr. n° 2018-444 du 4 juin 2018, art. 1er)* « La liste de ces experts est rendue publique. »

« Les membres de la commission et les *(Décr. n° 2018-444 du 4 juin 2018, art. 1er)* « experts » sont soumis aux dispositions de l'article R. 161-85. »

V. notes ss. art. R. 165-12.

Art. R. 165-21 *(Décr. n° 2001-256 du 26 mars 2001)* A la demande du ministre chargé de la sécurité sociale et du ministre chargé de la santé *(Décr. n° 2004-1419 du 23 déc. 2004)* « ou du collège de la Haute Autorité de santé », la commission donne un avis sur toute question touchant la prise en charge, les conditions de prescription et d'utilisation et les spécifications techniques relatives aux produits ou prestations prévus à l'article L. 165-1.

(Décr. n° 2018-444 du 4 juin 2018, art. 1er) « La saisine des ministres chargés de la santé ou de la sécurité sociale précise le délai dans lequel est attendu l'avis de la commission.

« Lorsque la commission le juge nécessaire, elle peut demander à l'entreprise de fournir des données dans le cadre de cette demande d'avis. Dans ce cas, l'entreprise dispose d'un délai de quarante-cinq jours pour fournir ces données et l'instruction du dossier par la commission est suspendue pour cette même durée. »

V. notes ss. art. R. 165-12.

Art. R. 165-22 *(Décr. n° 2004-1419 du 23 déc. 2004 ; Décr. n° 2009-1088 du 2 sept. 2009, art. 3)* La Commission nationale d'évaluation des dispositifs médicaux et des technologies de santé établit et diffuse, à son initiative ou à la demande du ministre chargé de la santé, du ministre chargé de la sécurité sociale, du collège de la Haute Autorité de santé, du Comité économique des produits de santé, de l'Union nationale des caisses d'assurance maladie ou de l'Union nationale des organismes d'assurance maladie complémentaire, notamment les documents suivants :

1° Les documents d'information à l'usage des praticiens portant sur l'évaluation d'un produit ou d'une prestation ou sur la comparaison des produits ou prestations ayant les mêmes finalités ;

2° Les fiches d'informations thérapeutiques annexées aux arrêtés d'inscription des dispositifs particulièrement coûteux et dont la prise en charge est limitée à certaines indications prévues au dernier alinéa de l'article R. 165-1 ;

3° Les recommandations destinées aux prescripteurs et relatives à l'usage des produits et prestations.

SECTION IV DISPOSITIONS DIVERSES RELATIVES AUX CONDITIONS DE PRISE EN CHARGE

Art. R. 165-23 *(Décr. n° 2001-256 du 26 mars 2001)* L'arrêté d'inscription peut subordonner la prise en charge de certains produits ou prestations mentionnés à l'article L. 165-1 à une entente préalable de l'organisme de prise en charge, donnée après avis du médecin-conseil. L'accord de l'organisme est acquis à défaut de réponse dans le délai de *(Décr. n° 2001-532 du 20 juin 2001, art. 39)* « quinze » jours qui suit la réception de la demande d'entente préalable.

Formalités de l'entente préalable. Aucune prise en charge ne peut être imposée à l'organisme d'assurance maladie lorsque les formalités de l'entente préalable n'ont pas été accomplies soit par l'assuré, soit par le professionnel de santé qui fait bénéficier ce dernier de la dispense d'avance des frais. • Civ. 2e, 18 juin 2015, n° 14-20.258 P : *D. actu. 22 juill. 2015, obs. Fraisse ; RJS 2015 n° 670 ; RDSS 2015. 931, obs. Tauran* (en l'espèce, la Cour a constaté un envoi tardif de la demande d'entente préalable [5 mois]). ♦ Lorsque les formalités de l'entente préalable ne sont pas respectées par l'assuré, aucune prise en charge ne peut être imposée à la caisse. • Civ. 2e, 13 oct. 2011, n° 10-27.251 P.

Art. R. 165-24 *(Décr. n° 2001-256 du 26 mars 2001)* **Le renouvellement des produits mentionnés à l'article L. 165-1 est pris en charge :**

— si le produit est hors d'usage, reconnu irréparable ou inadapté à l'état du patient,

— et, pour les produits dont la durée normale d'utilisation est fixée par l'arrêté d'inscription, lorsque cette durée est écoulée ; toutefois, l'organisme peut prendre en charge le renouvellement avant l'expiration de cette durée après avis du médecin-conseil.

Les frais de renouvellement ou de réparation des produits mentionnés à l'article L. 165-1 ne peuvent être pris en charge qu'une fois leur délai de garantie écoulé.

Art. R. 165-25 *(Décr. n° 2001-256 du 26 mars 2001)* **Les organismes de prise en charge peuvent, après avis du médecin-conseil, décider de prendre en charge, sur facture, au vu d'un devis, un produit sur mesure, spécialement conçu, fabriqué ou adapté pour un patient déterminé sous réserve qu'aucun autre produit adapté à l'état de ce patient ne figure sur la liste prévue à l'article L. 165-1.**

(Décr. n° 2004-1419 du 23 déc. 2004) **« L'Union nationale des caisses d'assurance maladie adresse un rapport annuel concernant les décisions prises en application de l'alinéa précédent au président de la** *(Décr. n° 2009-1088 du 2 sept. 2009, art. 3)* **« Commission nationale d'évaluation des dispositifs médicaux et des technologies de santé ». La commission émet un avis sur ce rapport qu'elle transmet aux ministres chargés de la sécurité sociale et de la santé et au collège de la Haute Autorité de santé. »**

Les dispositions issues du Décr. n° 2004-1419 du 23 déc. 2004 entrent en vigueur à compter du 1er janv. 2005 (Décr. préc., art. 26).

SECTION V **DISPOSITIONS COMPLÉMENTAIRES RELATIVES À CERTAINS DISPOSITIFS MÉDICAUX**

Art. R. 165-26 *(Décr. n° 2001-256 du 26 mars 2001)* **Les dispositions de la présente section sont applicables aux orthoprothèses sur mesure, aux prothèses oculaires et aux chaussures orthopédiques.**

Art. R. 165-27 (Abrogé par Décr. n° 2011-1714 du 1er déc. 2011) (Décr. n° 2010-332 du 24 mars 2010, art. 1er-2°) ***La prise en charge initiale par l'assurance maladie des dispositifs médicaux mentionnés à l'article R. 165-26 est subordonnée à leur prescription par un médecin justifiant d'une des spécialités suivantes :***

— médecin spécialiste en médecine physique et réadaptation fonctionnelle ;

— médecin spécialiste en orthopédie ou en rhumatologie ;

— s'agissant des prothèses oculaires, médecin spécialiste en ophtalmologie ou en chirurgie maxillo-faciale.

Les conditions de spécialité mentionnées aux alinéas précédents ne s'appliquent pas au renouvellement de ces dispositifs.

Art. R. 165-28 *(Décr. n° 2010-332 du 24 mars 2010, art. 1er-3°)* **Les médecins du service médical de la Caisse d'assurance maladie dont dépend l'assuré peuvent, après en avoir informé celui-ci, contrôler la bonne exécution et la bonne adaptation des appareils. Ce contrôle intervient également lorsque l'assuré en fait la demande auprès de la caisse.**

Les opérations nécessaires au contrôle peuvent être réalisées à la demande du service médical de la caisse par un service ou organisme présentant les mêmes garanties de compétence et d'indépendance que le service médical de la caisse, dans le cadre d'une convention conclue avec ce service ou organisme.

Art. R. 165-29 et R. 165-30 *Abrogés par Décr. n° 2010-332 du 24 mars 2010, art. 1er-10°.*

SECTION VI DISPOSITIONS APPLICABLES EN CAS DE NON-RESPECT DU PRIX FIXÉ EN APPLICATION DE L'ARTICLE L. 165-3

(Décr. n° 2004-477 du 1er juin 2004, art. 1er)

Art. R. 165-31 La notification des faits reprochés à la personne ayant facturé le produit ou la prestation, mentionnée au premier alinéa de l'article L. 165-3-1, précise que cette personne a un mois pour faire valoir ses observations écrites. Le délai court à compter de la réception de la notification.

L'assuré peut faire valoir ses observations dans un délai d'un mois à compter de la réception de la copie de la lettre de notification.

Art. R. 165-31-1 L'organisme d'assurance maladie a un mois, à compter de la réception des observations écrites de la personne ayant facturé le produit ou la prestation, pour la mettre en demeure le cas échéant de lui verser la différence entre le prix facturé et le prix fixé par arrêté.

A défaut d'observations écrites, le délai d'un mois mentionné à l'alinéa précédent court à compter de l'expiration du délai d'un mois prévu à l'article R. 165-31.

Art. R. 165-31-2 La mise en demeure est motivée. Elle indique le délai imparti pour verser à l'organisme d'assurance maladie la différence entre le prix facturé et le prix fixé par arrêté. Elle mentionne les voies et délais de recours qui lui sont applicables.

Art. R. 165-31-3 La pénalité financière mentionnée au troisième alinéa de l'article L. 165-3-1 ne peut excéder deux fois le plafond mensuel de la sécurité sociale en vigueur à la date du prononcé de la pénalité.

Elle est calculée en appliquant au dépassement du prix fixé mentionné à l'article L. 165-3 un taux fixé ainsi qu'il suit :

Dépassement < ou = 25 % du prix.	Pénalité = 120 % du dépassement.
Dépassement > 25 % et < ou = 50 % du prix.	Pénalité = 135 % du dépassement.
Dépassement > 50 % du prix.	Pénalité = 150 % du dépassement.

Lorsque la personne s'est déjà vu infliger une pénalité financière dans les deux ans précédents, l'organisme peut prononcer une pénalité majorée qui se calcule de la façon suivante :

Dépassement < ou = 25 % du prix.	Pénalité = 130 % du dépassement.
Dépassement > 25 % et < ou = 50 % du prix.	Pénalité = 145 % du dépassement.
Dépassement > 50 % du prix.	Pénalité = 160 % du dépassement.

SECTION VII DISPOSITIONS RELATIVES À LA DÉCLARATION DES PRODUITS ET PRESTATIONS PRÉVUE À L'ARTICLE L. 165-5

(Décr. n° 2010-247 du 10 mars 2010, art. 1er)

Art. R. 165-32 I. — La déclaration, prévue à l'article L. 165-5, des produits mentionnés à l'article L. 165-1 est effectuée soit par le fabricant ou, le cas échéant, son mandataire, soit par le distributeur au sens de l'article R. 5211-4 du code de la santé publique. Cette déclaration comprend :

1° Le ou les codes sous lesquels les produits sont inscrits sur la liste prévue à l'article L. 165-1 ;

2° Le nom commercial du produit ;

3° La référence commerciale du produit ;

4° Le nom du fabricant ;

5° Le type de produit ;

6° Le cas échéant, la classe du dispositif médical au sens de l'article R. 5211-7 du code de la santé publique.

II. — La déclaration, prévue au même article L. 165-5, des prestations mentionnées à l'article L. 165-1 est effectuée par les distributeurs. Sont assujettis à cette obligation de déclaration les distributeurs dont l'activité consiste à titre principal à commercialiser ces prestations. Cette déclaration comprend le ou les codes sous lesquels les prestations sont inscrites sur la liste prévue à l'article L. 165-1 ainsi que le nom du distributeur effectuant la déclaration.

III. — La déclaration prévue aux I et II est effectuée auprès de l'*(Décr. n° 2012-597 du 27 avr. 2012, art. 5-II)* « Agence nationale de sécurité du médicament et des produits de santé » par voie électronique, selon des modalités techniques définies et portées à la connaissance des intéressés par l'agence, permettant d'assurer la sécurité des informations transmises.

La déclaration est faite auprès de l'agence dans le délai de trois mois à compter de l'inscription, selon l'une des modalités prévues à l'article R. 165-3, du produit ou de la prestation sur la liste prévue à l'article L. 165-1, le cas échéant de la radiation de cette liste ou de toute modification portant sur l'un des éléments précédemment déclarés. S'agissant d'un produit ou d'une prestation correspondant à une description générique, l'inscription, pour l'application du présent article, est réputée effectuée à la date de première commercialisation du produit ou de la prestation comportant le ou les codes mentionnés aux I et II.

Les déclarations reçues par l'*(Décr. n° 2012-597 du 27 avr. 2012, art. 5-II)* « Agence nationale de sécurité du médicament et des produits de santé » au titre des dispositions du présent article sont rendues publiques sur le site de l'agence.

Art. R. 165-33 *(Décr. n° 2015-1058 du 24 août 2015, art. 3-1°, en vigueur le 1er janv. 2016)* « I. — » Lorsqu'elle envisage d'infliger la pénalité financière prévue au deuxième alinéa *(Décr. n° 2015-1058 du 24 août 2015, art. 3-1°, en vigueur le 1er janv. 2016)* « du I » de l'article L. 165-5, l'*(Décr. n° 2012-597 du 27 avr. 2012, art. 5-II)* « Agence nationale de sécurité du médicament et des produits de santé » en informe soit le fabricant ou, le cas échéant, son mandataire, soit le distributeur du produit ou de la prestation intéressés, en précisant les motifs de sa décision. Cette information est transmise à son destinataire par lettre recommandée avec accusé de réception.

Dans le délai d'un mois à compter de la réception de cette lettre, son destinataire peut adresser des observations écrites à l'agence ou demander à être entendu par elle.

Le montant de la pénalité financière est déterminé en fonction de l'importance du manquement constaté *(Abrogé par Décr. n° 2015-1058 du 24 août 2015, art. 3-2°, à compter du 1er janv. 2016)* « ***, dans la limite de 5 % du chiffre d'affaires hors taxes réalisé en France par le fabricant ou le distributeur du produit ou de la prestation au cours du dernier exercice clos pour le ou les produits ou prestations considérés*** ».

Le fabricant ou, le cas échéant, son mandataire, le distributeur du produit ou de la prestation sont tenus de déclarer à l'*(Décr. n° 2012-597 du 27 avr. 2012, art. 5-II)* « Agence nationale de sécurité du médicament et des produits de santé », sur demande de cette dernière, les éléments de chiffre d'affaires nécessaires à la détermination du montant de la pénalité.

L'*(Décr. n° 2012-597 du 27 avr. 2012, art. 5-II)* « Agence nationale de sécurité du médicament et des produits de santé » notifie soit au fabricant ou, le cas échéant, à son mandataire, soit au distributeur du produit ou de la prestation en cause et à l'organisme mentionné à l'article L. 213-1 désigné par le directeur de l'Agence centrale des organismes de sécurité sociale, par lettre recommandée avec avis de réception, le montant de la pénalité, les motifs de la décision, le délai de règlement ainsi que les voies et délais de recours contre cette décision.

L'intéressé s'acquitte du montant de la pénalité financière dans un délai d'un mois à compter de la notification prévue ci-dessus auprès de l'agent comptable de l'organisme compétent mentionné à l'article L. 213-1.

Le règlement de la pénalité ne dispense pas le fabricant ou le distributeur d'effectuer la déclaration prévue à l'article L. 165-5. Dans le cas où il persiste pendant un an à manquer à cette obligation, il s'expose à la reconduction de la procédure de sanction.

(Décr. n° 2015-234 du 27 févr. 2015, art. 2-I-3°) « Les deux premiers alinéas de l'article L. 137-3 et l'article L. 137-4 sont applicables au recouvrement de cette pénalité. »

(Décr. n° 2013-950 du 23 oct. 2013, art. 2-II) « Le produit de la pénalité est affecté à la Caisse nationale de l'assurance maladie des travailleurs salariés. » L'agent comptable de cet organisme notifie à l'*(Décr. n° 2012-597 du 27 avr. 2012, art. 5-II)* « Agence nationale de sécurité du médicament et des produits de santé » et aux ministres chargés de la santé et de la sécurité sociale les montants perçus.

(Décr. n° 2015-1058 du 24 août 2015, art. 3-3°, en vigueur le 1er janv. 2016) « II. — Les dispositions du présent article sont applicables à la pénalité pour méconnaissance de l'obligation de déclaration dématérialisée prévue au II de l'article L. 165-5. »

SECTION VIII **DISPOSITIONS RELATIVES À LA PÉNALITÉ FINANCIÈRE PRÉVUE À L'ARTICLE L. 165-4-1** *(Décr. n° 2017-335 du 14 mars 2017, art. 2-I).*

(Décr. n° 2012-102 du 27 janv. 2012)

Art. R. 165-34 I. — Si, au cours de l'exécution de l'étude de suivi du produit ou de la prestation prévue *(Décr. n° 2017-335 du 14 mars 2017, art. 2-II)* « en vertu du 2° du I de l'article L. 165-4-1 » par la convention conclue avec le Comité économique des produits de santé, le fabricant, le distributeur ou l'organisation signataire constatent qu'ils rencontrent des difficultés ou que les délais de mise en œuvre ou de remise de l'étude ne pourront être respectés, ils en informent le comité dans les plus brefs délais.

A défaut, si le fabricant ou le distributeur n'a pas engagé ou n'a pas remis l'étude considérée dans les délais prévus, le manquement, mentionné *(Décr. n° 2017-335 du 14 mars 2017, art. 2-II)* « au II de l'article L. 165-4-1 », à l'engagement qu'il a souscrit est constitué.

II. — Lorsque le fabricant, le distributeur ou l'organisation signataire a adressé l'information prévue au premier alinéa, le manquement est constitué si le fabricant ou le distributeur n'a pas engagé ou n'a pas remis l'étude à l'issue du délai supplémentaire accordé par le comité ou, si un délai supplémentaire a été refusé, à l'issue des délais fixés par la convention.

III. — Le manquement est aussi constitué lorsque l'étude de suivi remise ne comporte manifestement pas les éléments attendus aux termes de la convention.

Art. R. 165-35 I. — Lorsque le Comité économique des produits de santé envisage de prononcer la pénalité prévue *(Décr. n° 2017-335 du 14 mars 2017, art. 2-III)* « au II de l'article L. 165-4-1 », il informe le fabricant ou le distributeur du produit ou de la prestation de son intention de lui infliger une pénalité financière par lettre recommandée avec avis de réception ; cette lettre précise les motifs pour lesquels une pénalité est envisagée. Dans le délai d'un mois suivant la réception de cette information, le fabricant ou le distributeur du produit ou de la prestation peut adresser des observations écrites au Comité économique des produits de santé ou demander à être entendu par le comité.

Le montant de la pénalité financière est déterminé en fonction de la gravité du manquement constaté et, s'il s'agit d'une étude collective, en fonction de la responsabilité propre de chaque fabricant ou distributeur dans la réalisation du manquement. Ce montant ne peut être supérieur à 10 % du chiffre d'affaires hors taxes réalisé en France par le fabricant ou le distributeur, durant les douze mois précédant la constatation du manquement, au titre des produits ou des prestations faisant l'objet de l'étude de suivi.

Les fabricants ou les distributeurs du produit ou de la prestation sont tenus de déclarer au Comité économique des produits de santé les éléments de leur chiffre d'affaires nécessaires à la fixation de la pénalité.

II. — Le Comité économique des produits de santé notifie au fabricant ou au distributeur du produit ou de la prestation par lettre recommandée avec avis de réception et à l'organisme mentionné à l'article L. 213-1 désigné par le directeur de l'Agence centrale des organismes de sécurité sociale le montant de la pénalité, les motifs qui la justifient, le délai de règlement ainsi que les voies et délais de recours.

Le fabricant ou le distributeur du produit ou de la prestation doit s'acquitter du montant de la pénalité financière dans un délai d'un mois auprès de l'agent comptable de l'organisme compétent mentionné à l'article L. 213-1.

(Décr. n° 2015-234 du 27 févr. 2015, art. 2-I-3°) « Les deux premiers alinéas de l'article L. 137-3 et l'article L. 137-4 sont applicables au recouvrement de cette pénalité. »

III. – *(Décr. n° 2013-950 du 23 oct. 2013, art. 2-II)* « Le produit de la pénalité est affecté à la Caisse nationale de l'assurance maladie des travailleurs salariés. » L'agent comptable informe le Comité économique des produits de santé et les ministres chargés de la santé et de la sécurité sociale des montants perçus.

SECTION IX **MODALITÉS DE PRESCRIPTION ET DE DÉLIVRANCE DES PRODUITS ET PRESTATIONS**

(Décr. n° 2012-860 du 5 juill. 2012, art. 1er, en vigueur le 1er sept. 2012)

Les dispositions du Décr. n° 2012-860 du 5 juill. 2012 entrent en vigueur le 1er sept. 2012. Elles s'appliquent aux ordonnances établies pour la première fois à compter de cette date (Décr. préc., art. 2).

Art. R. 165-36 La prescription de produits ou de prestations inscrits sur la liste prévue à l'article L. 165-1 ne peut être faite pour une durée supérieure à douze mois.

Art. R. 165-37 L'ordonnance comportant la prescription d'un produit ou d'une prestation inscrit sur la liste prévue à l'article L. 165-1 indique soit la durée totale de la prescription, soit le nombre de renouvellements de la prescription par périodes maximales d'un mois, dans la limite de douze mois.

Art. R. 165-38 L'ordonnance comportant la prescription d'un produit ou d'une prestation inscrit sur la liste mentionnée à l'article L. 165-1 doit être conforme notamment aux conditions particulières de prescription que peut fixer cette liste et auxquelles est subordonnée la prise en charge.

Outre les éléments et références mentionnés à l'article R. 161-45, l'ordonnance comportant la prescription d'un produit ou d'une prestation indique notamment, pour en permettre la prise en charge et lorsque ces informations sont utiles à la bonne exécution de la prescription :

1° La désignation du produit ou de la prestation permettant son rattachement précis à la liste mentionnée à l'article L. 165-1 ;

2° La quantité de produit ou le nombre de conditionnements nécessaires compte tenu de la durée de prescription prévue ;

3° Le cas échéant, les conditions particulières d'utilisation du produit ou de la prestation auxquelles est subordonnée son inscription sur ladite liste ;

4° Le cas échéant, l'âge et le poids du bénéficiaire des soins.

Art. R. 165-39 Pour permettre la prise en charge des produits inscrits sur la liste prévue à l'article L. 165-1 et disponibles sous différents conditionnements, le distributeur au détail délivre au patient le conditionnement le plus économique compatible avec les mentions figurant sur l'ordonnance.

Art. R. 165-40 Pour en permettre la prise en charge, le distributeur au détail ne peut effectuer la première délivrance de produits ou de prestations inscrits sur ladite liste que sur présentation d'une ordonnance datant de moins de six mois. Le cas échéant, dans l'intérêt de la santé du patient, le prescripteur peut décider que l'exécution de l'ordonnance devra intervenir dans un délai inférieur à six mois ; dans ce cas, le prescripteur porte expressément sur l'ordonnance la mention "A exécuter avant le" suivie de la date à laquelle, au plus tard, la prescription devra avoir été exécutée.

La validité de l'ordonnance est expirée à l'issue de la délivrance des produits et prestations correspondant à la durée totale de la prescription.

Les dispositions du présent article ne sont pas applicables à la prescription et à la délivrance des produits d'optique-lunetterie et audioprothèses.

Art. R. 165-41 Pour en permettre la prise en charge, le distributeur au détail ne peut délivrer, en une seule fois, un volume de produits ou de prestations correspondant à une durée de traitement supérieure à un mois de trente jours.

Toutefois, les produits disponibles sous un conditionnement correspondant à une durée de traitement supérieure à un mois peuvent être délivrés pour cette durée, dans la limite de la durée totale de prescription restant à courir et sous réserve qu'il s'agisse du conditionnement le plus économique compatible avec les mentions figurant sur l'ordonnance.

Art. R. 165-42 Lorsque l'ordonnance portant prescription d'un produit ou d'une prestation inscrit sur la liste prévue à l'article L. 165-1 ne comporte pas une ou plusieurs informations nécessaires à l'exécution et à la prise en charge de la prescription, le distributeur au détail en informe le prescripteur, sans délai et par tout moyen, et sollicite les précisions permettant la délivrance et la prise en charge du produit ou de la prestation.

Le distributeur au détail mentionne expressément sur l'ordonnance ces précisions, l'accord du prescripteur ainsi que la date de cet accord, et y appose sa signature et son timbre professionnel. Il envoie copie de l'ordonnance ainsi modifiée au prescripteur pour validation, par tout moyen permettant d'en justifier la réception.

Art. R. 165-43 La prise en charge d'un produit ou d'une prestation inscrit sur la liste prévue à l'article L. 165-1 ne peut intervenir que si le produit ou la prestation a été effectivement délivré et, dans le cas où la prescription concerne un produit implantable, que si celui-ci a été effectivement implanté.

Art. R. 165-44 Les dispositions des articles R. 165-36, R. 165-37 et R. 165-41 ne sont pas applicables aux produits d'optique-lunetterie et aux produits ou prestations pour lesquels le prescripteur estime qu'une durée de traitement ou d'utilisation ne peut être prédéterminée. Il en fait mention sur l'ordonnance.

SECTION X **DISPOSITIONS RELATIVES AUX PÉNALITÉS FINANCIÈRES PRÉVUES AUX ARTICLES L. 165-8-1 ET L. 165-13** *(Décr. nº 2013-950 du 23 oct. 2013, art. 1er-I).*

Néant.

SECTION XI **DISPOSITIONS RELATIVES AUX PÉNALITÉS FINANCIÈRES PRÉVUES AUX ARTICLES L. 165-1-2 ET L. 165-2-1** *(Décr. nº 2018-522 du 27 juin 2018, art. 2).*

(Décr. nº 2012-1135 du 8 oct. 2012, art. 1er)

SOUS-SECTION 1 **DISPOSITIONS RELATIVES AU CONTRÔLE DES SPÉCIFICATIONS TECHNIQUES ET À LA PÉNALITÉ FINANCIÈRE PRÉVUE** *[PRÉVUS]* **À L'ARTICLE L. 165-1-2** *(Décr. nº 2018-522 du 27 juin 2018, art. 2).*

Art. R. 165-45 *(Décr. nº 2013-950 du 23 oct. 2013, art. 1er-III)* I. — Pour la mise en œuvre de la pénalité prévue à l'article L. 165-8-1, l'Agence nationale de sécurité du médicament et des produits de santé transmet sans délai au Comité économique des produits de santé une copie des décisions de retrait d'autorisation de publicité qu'elle prononce en application de l'article L. 5213-4 du code de la santé publique et des décisions d'interdiction de publicité qu'elle prononce en application de l'article L. 5213-5 du même code.

II. — Lorsque le Comité économique des produits de santé envisage de prononcer la pénalité prévue à l'article L. 165-8-1, il en informe le fabricant, son mandataire ou le distributeur concerné par tout moyen permettant d'en établir la date de réception, en lui précisant les motifs pour lesquels une pénalité est envisagée. Dans le délai d'un mois suivant la réception de cette information, le fabricant, son mandataire ou le distributeur peut adresser ses observations écrites au comité ou demander à être entendu par lui.

Le fabricant, son mandataire ou le distributeur concerné est tenu de déclarer dans le même délai au Comité économique des produits de santé les éléments de son chiffre d'affaires nécessaires à la fixation de la pénalité.

III. — Le Comité économique des produits de santé notifie sa décision au fabricant, à son mandataire ou au distributeur concerné par tout moyen permettant d'en établir la date de réception, les motifs qui justifient le principe et le montant de la pénalité, le délai de règlement ainsi que les voies et délais de recours. Le comité communique sa décision à l'organisme de recouvrement compétent.

Dans un délai d'un mois à compter de la notification, le fabricant, son mandataire ou le distributeur s'acquitte de la pénalité auprès de l'agent comptable de l'organisme de recouvrement compétent.

(Décr. n° 2015-234 du 27 févr. 2015, art. 2-I-3°) « Les deux premiers alinéas de l'article L. 137-3 et l'article L. 137-4 sont applicables au recouvrement de cette pénalité. »

IV. — L'agent comptable de l'organisme de recouvrement compétent informe le Comité économique des produits de santé des montants perçus.

V. — Le produit de la pénalité est affecté à la Caisse nationale de l'assurance maladie des travailleurs salariés.

Art. R. 165-45-1 I. — Lorsque les ministres chargés de la santé et de la sécurité sociale envisagent de prononcer la pénalité prévue à l'article L. 165-13, ils en informent le fabricant, le mandataire ou le distributeur par tout moyen permettant de rapporter la preuve de sa date de réception, en lui précisant les motifs pour lesquels une pénalité est envisagée. Dans le délai d'un mois suivant la réception de cette information, le fabricant, le mandataire ou le distributeur peut adresser ses observations écrites aux ministres chargés de la santé et de la sécurité sociale et demander à être entendu par eux.

Le fabricant, le mandataire ou le distributeur est tenu de déclarer aux ministres chargés de la santé et de la sécurité sociale, dans le délai mentionné au premier alinéa, les éléments de son chiffre d'affaires nécessaires à la fixation de la pénalité.

II. — Le manquement est constitué lorsque les études complémentaires demandées en application du IV de l'article L. 165-11 ne sont pas réalisées dans les délais requis ou lorsque les études remises ne comportent manifestement pas les éléments attendus aux termes de la demande.

III. — Les ministres chargés de la santé et de la sécurité sociale notifient au fabricant, au mandataire ou au distributeur, par tout moyen permettant de rapporter la preuve de sa date de réception, les motifs qui justifient le principe et le montant de la pénalité, le délai de règlement ainsi que les voies et délais de recours. Les ministres communiquent leur décision à l'organisme de recouvrement compétent.

Dans un délai d'un mois à compter de la notification, le fabricant, le mandataire ou le distributeur s'acquitte de la pénalité auprès de l'agent comptable de l'organisme de recouvrement compétent.

Les deux premiers alinéas de l'article L. 137-3 et l'article L. 137-4 sont applicables au recouvrement de cette pénalité.

IV. — L'agent comptable de l'organisme de recouvrement compétent informe les ministres chargés de la santé et de la sécurité sociale des montants perçus.

Art. R. 165-46 Un contrôle du respect des spécifications techniques prévu à l'article L. 165-1-2 peut être effectué :

1° Soit dans le cadre d'un programme annuel défini par l'Agence nationale de sécurité du médicament et des produits de santé en concertation avec les ministres chargés de la santé et de la sécurité sociale, le Comité économique des produits de santé, la Haute Autorité de santé et des organisations représentatives des fabricants et des distributeurs. Ce programme peut tenir compte de propositions émises par les agences régionales de santé, les professionnels de santé ou les organismes d'assurance maladie ;

2° Soit sur demande du ministre chargé de la santé ou du ministre chargé de la sécurité sociale ;

3° Soit à l'initiative de l'Agence nationale de sécurité du médicament et des produits de santé, notamment dans le cadre de ses missions de surveillance du marché et de matériovigilance ou sur signalement de la Haute Autorité de santé.

Art. R. 165-47 I. — La saisie des produits en vue de leur contrôle est effectuée, le cas échéant de façon inopinée, par des agents mentionnés aux articles L. 5313-1 et L. 5313-3 du code de la santé publique, dans les conditions prévues à l'article L. 1421-2 du même code. La saisie peut notamment intervenir chez le fabricant, son mandataire, le distributeur, sur un lieu de vente au public ou dans un établissement de santé.

Les agents qui effectuent la saisie délivrent à la personne physique ou morale auprès de qui elle est opérée une attestation précisant la nature et la quantité des produits saisis.

La compensation financière prévue au I de l'article L. 165-1-2 est à la charge du fabricant, du mandataire ou du distributeur qui a cédé en dernier lieu le produit saisi. Elle doit être versée dans un délai de trois mois à compter de la présentation de l'attestation mentionnée au précédent alinéa.

II. – Des vérifications complémentaires peuvent être effectuées auprès du fabricant, de son mandataire ou du distributeur dans les conditions prévues aux articles L. 1421-2 à L. 1421-3 du code de la santé publique.

Pour l'application de l'article L. 1421-2, le fabricant, son mandataire ou le distributeur est, sauf urgence ou suspicion de fraude, prévenu au moins sept jours à l'avance et avisé du droit de se faire assister du conseil de son choix, par tout moyen permettant d'en vérifier la date de réception.

III. – Un rapport de contrôle est établi par l'Agence nationale de sécurité du médicament et des produits de santé, le cas échéant au vu des conclusions de l'organisme compétent auquel elle a recouru en application du I de l'article L. 165-1-2.

L'Agence nationale de sécurité du médicament et des produits de santé informe, par tout moyen permettant d'en vérifier la date de réception, le fabricant, son mandataire ou le distributeur des conclusions du contrôle et, le cas échéant, des manquements constatés ; elle y joint une copie du rapport. Dans le délai d'un mois suivant la réception, le fabricant, son mandataire ou le distributeur peut adresser des observations écrites à l'agence ou demander à être entendu par elle.

A l'issue de la procédure mentionnée au précédent alinéa, l'Agence nationale de sécurité du médicament et des produits de santé informe, par un courrier dont la date de réception peut être vérifiée, le fabricant, son mandataire ou le distributeur de ses conclusions définitives et, le cas échéant, des manquements retenus, des mesures correctives qu'ils appellent et des pénalités encourues.

Une copie de ce courrier est adressée, outre les *[aux]* destinataires mentionnés au II de l'article L. 165-1-2, à la Haute Autorité de santé.

Art. R. 165-48 I. – Lorsque le Comité économique des produits de santé envisage de prononcer la pénalité prévue au II de l'article L. 165-1-2, il en informe le fabricant, son mandataire ou le distributeur par tout moyen permettant d'en vérifier la date de réception, en lui précisant les motifs pour lesquels une pénalité est envisagée. Dans le délai d'un mois suivant la réception, le fabricant, son mandataire ou le distributeur peut adresser ses observations écrites au comité ou demander à être entendu par lui.

Le fabricant, son mandataire ou le distributeur est tenu de déclarer dans le même délai au Comité économique des produits de santé les éléments de son chiffre d'affaires nécessaires à la fixation de la pénalité.

II. – Le Comité économique des produits de santé notifie sa décision au fabricant, à son mandataire ou au distributeur par tout moyen permettant d'en vérifier la date de réception, les motifs qui justifient le principe et le montant de la pénalité, le délai de règlement ainsi que les voies et délais de recours. Le comité communique sa décision à l'organisme de recouvrement compétent.

Dans un délai d'un mois à compter de la notification, le fabricant, son mandataire ou le distributeur s'acquitte de la pénalité auprès de l'agent comptable de l'organisme de recouvrement compétent.

(Décr. n° 2015-234 du 27 févr. 2015, art. 2-I-3°) « Les deux premiers alinéas de l'article L. 137-3 et l'article L. 137-4 sont applicables au recouvrement de cette pénalité. »

III. – L'agent comptable de l'organisme de recouvrement compétent informe le Comité économique des produits de santé des montants perçus.

SOUS-SECTION 2 DISPOSITIONS RELATIVES À LA PRODUCTION DE CERTAINES DONNÉES CONCERNANT LES DISPOSITIFS MÉDICAUX REMBOURSABLES ET À LA PÉNALITÉ AFFÉRENTE PRÉVUE À L'ARTICLE L. 165-2-1

(Décr. n° 2018-522 du 27 juin 2018, art. 2)

Art. R. 165-48-1 I. – Le fabricant ou le distributeur commercialisant en France un produit ou une prestation inscrit sur la liste prévue à l'article L. 165-1 est tenu de communiquer, pour ce produit ou cette prestation ou le cas échéant pour un produit ou une prestation similaire à même visée thérapeutique, diagnostique ou de compensation du handicap, les données mentionnées au premier alinéa de l'article L. 165-2-1, lorsqu'il réalise lui-même ces ventes ou lorsqu'elles sont réalisées par une entreprise distincte appartenant au même groupe au sens de l'article L. 233-16 du code de commerce, par une entreprise filiale du même groupe ou par une entreprise liée à lui par des participations.

II. – Lorsque les ministres chargés de la santé ou de la sécurité sociale ou le Comité économique des produits de santé demandent à un fabricant ou à un distributeur les données mentionnées à l'article L. 165-2-1, ils lui fixent un délai pour la production des éléments attendus.

Ce délai est compris entre quinze jours et un mois en fonction du volume et de la complexité des données demandées.

III. – Constitue un manquement au sens de l'article L. 165-2-1 l'absence de réponse, dans les délais impartis, à une demande de données émanant des ministres chargés de la santé ou de la sécurité sociale, ou du Comité économique des produits de santé.

Art. R. 165-48-2 I. – Lorsque le Comité économique des produits de santé envisage de prononcer la pénalité prévue à l'article L. 165-2-1, il en informe, par tout moyen permettant de conférer une date de réception certaine, le fabricant ou le distributeur concerné, en lui précisant les motifs pour lesquels une pénalité est envisagée. Dans le délai d'un mois suivant la réception de cette information, le fabricant ou le distributeur peut adresser ses observations écrites au Comité économique des produits de santé et demander à être entendu par lui.

Le fabricant ou le distributeur est tenu de déclarer dans le même délai au Comité économique des produits de santé les éléments de son chiffre d'affaires nécessaires à la fixation de la pénalité.

II. – Le Comité économique des produits de santé notifie sa décision au fabricant ou au distributeur par tout moyen permettant de conférer une date de réception certaine, les motifs qui justifient le principe et le montant de la pénalité, le délai de règlement ainsi que les voies et délais de recours. Le Comité communique sa décision à l'organisme de recouvrement compétent.

Dans un délai d'un mois à compter de la notification, le fabricant ou le distributeur s'acquitte de la pénalité auprès de l'agent comptable de l'organisme de recouvrement compétent.

Les deux premiers alinéas de l'article L. 137-3 et l'article L. 137-4 sont applicables au recouvrement de cette pénalité.

III. – L'agent comptable de l'organisme de recouvrement compétent en application des dispositions de l'article L. 165-2-1 informe le Comité économique des produits de santé des montants perçus.

SECTION XII DISPOSITIONS RELATIVES À L'ÉVALUATION ET À LA PRISE EN CHARGE DE CERTAINS PRODUITS DE SANTÉ FINANCÉS DANS LES TARIFS DES PRESTATIONS D'HOSPITALISATION PRÉVUES À L'ARTICLE L. 165-11

(Décr. n° 2012-1051 du 13 sept. 2012, art. 1er)

Art. R. 165-49 Les catégories homogènes de produits de santé définies au II de l'article L. 165-11 sont fixées par arrêté des ministres chargés de la santé et de la sécurité sociale compte tenu, notamment, des indications fournies par l'Agence nationale de sécurité du médicament et des produits de santé, la Haute Autorité de santé, les agences régionales de santé ou les professionnels de santé exerçant dans les établissements de santé mentionnés à l'article L. 162-22-6.

Les ministres fixent également pour chacune de ces catégories homogènes :

1° Le délai pendant lequel les établissements de santé peuvent continuer à acheter, fournir, prendre en charge et utiliser les produits de santé déjà financés au titre des prestations d'hospitalisation mentionnées à l'article L. 162-22-6. Ce délai est fixé dans une limite de quatre ans, en tenant compte du caractère invasif des produits concernés, des risques qu'ils peuvent présenter pour la santé publique et de la capacité de la commission mentionnée à l'article L. 165-1 à les évaluer *(Décr. n° 2017-1651 du 30 nov. 2017, art. 2)* « . Il peut être prolongé, une seule fois, dans la limite de trois ans, pour tenir compte des nécessités de l'évaluation ; »

2° Les modalités d'inscription retenues au sens de l'article R. 165-50.

V. Arr. du 28 nov. 2013 fixant au titre de l'année 2013 les catégories homogènes de produits de santé mentionnées aux art. L. 165-11 et R. 165-49 du CSS (JO 3 déc.), mod. par Arr. du 2 déc. 2015 (JO 8 déc.) et Arr. du 29 janv. 2016 (JO 2 févr.).

Art. R. 165-50 Les produits sont inscrits sur la liste mentionnée au I de l'article L. 165-11 par arrêté des ministres chargés de la santé et de la sécurité sociale. Cette inscription s'effectue selon l'une des modalités suivantes :

1° Par la description générique du produit énumérant les principales caractéristiques de celui-ci ;

2° Sous forme de nom de marque ou de nom commercial pour les produits présentant un caractère innovant ou lorsque l'impact sur les dépenses d'assurance maladie, les impératifs de santé publique ou le contrôle des spécifications techniques minimales justifient un suivi particulier nominal.

L'arrêté mentionné au premier alinéa précise la durée d'inscription du produit, dans une limite de cinq ans renouvelable, ainsi que, le cas échéant, les indications thérapeutiques ou diagnostiques et les conditions particulières de prescription ou d'utilisation du produit ouvrant droit à son achat, sa fourniture, sa prise en charge et son utilisation, et les études complémentaires qui devront être réalisées avant la fin de la période d'inscription.

Un code est attribué à chaque produit ou description générique inscrit sur la liste.

Art. R. 165-51 Ne peuvent être inscrits ni voir renouvelée leur inscription sur la liste prévue au I de l'article L. 165-11 :

1° Les produits pour lesquels les règles applicables en matière de publicité n'ont pas été respectées ;

2° Les produits dont le service attendu ou rendu est insuffisant ;

3° Les produits qui ne satisfont pas aux exigences de mise sur le marché prévues par le code de la santé publique ;

4° Les produits susceptibles d'entraîner des dépenses injustifiées pour l'assurance maladie.

Art. R. 165-52 Pour les produits appartenant aux catégories homogènes définies au II de l'article L. 165-11, l'inscription sur la liste prévue à l'article L. 165-1 vaut inscription, aux mêmes conditions, sur la liste mentionnée au I de l'article L. 165-11.

Art. R. 165-53 En vue de l'inscription ou de la modification des conditions d'inscription de leur produit sur la liste prévue au I de l'article L. 165-11, les fabricants, ou leurs mandataires, ou les distributeurs, ou, le cas échéant, leurs représentants dans le cas d'une inscription sous forme de description générique*[,]* déposent une demande auprès de la commission mentionnée à l'article L. 165-1, qui en accuse réception. Une copie est simultanément adressée aux ministres chargés de la santé et de la sécurité sociale. La demande est accompagnée d'un dossier comportant les informations nécessaires à l'appréciation de la pertinence d'une inscription sur la liste ou d'une modification des conditions d'inscription.

Si les éléments d'appréciation communiqués sont insuffisants, la commission prévue à l'article L. 165-1 ou les ministres chargés de la santé et de la sécurité sociale font connaître au demandeur les renseignements complémentaires détaillés qui sont nécessaires. Une copie de cette demande de renseignements complémentaires est simultanément adressée aux ministres chargés de la santé et de la sécurité sociale et à la commission mentionnée ci-dessus. Dans ce cas, le délai mentionné à l'article R. 165-55 est suspendu à compter de la date de réception de cette demande d'informations et jusqu'à la date de réception des informations demandées.

L'avis de la commission mentionnée à l'article L. 165-1 porte sur les éléments prévus aux articles R. 165-2 et R. 165-11, à l'exception du 3° de ce dernier article.

Art. R. 165-54 Lorsque l'initiative de l'inscription ou de la modification des conditions d'inscription d'un produit est prise par les ministres chargés de la santé et de la sécurité sociale, les fabricants, ou leurs mandataires, ou les distributeurs concernés en sont informés par une notification individuelle ou, lorsque l'inscription est envisagée sous forme de description générique, par un avis publié au *Journal officiel*. Ils peuvent présenter des observations écrites *(Décr. n° 2018-444 du 4 juin 2018, art. 1er)* « aux ministres ou à la commission mentionnée à l'article L. 165-1 » *(Abrogé par Décr. n° 2018-444 du 4 juin 2018, art. 1er) « ou demander à être entendus par la commission mentionnée à l'article L. 165-1 »* dans un délai de trente jours à compter de la réception de la notification ou de la publication de l'avis *(Décr. n° 2018-444 du 4 juin 2018, art. 1er)* « ou demander à être entendus par cette commission dans le délai de dix jours suivant cette notification ou cette publication.

« En cas de demande d'audition, cette audition, dont la date est fixée par la commission, intervient dans un délai maximal de quarante-cinq jours suivant la réception de la demande par la commission. Sur demande motivée du ministre chargé de la santé ou de la sécurité sociale auprès de la commission, ce délai peut être réduit à un mois. »

V. notes ss. art. R. 165-12.

Art. R. 165-55 Les décisions relatives à l'inscription ou à la modification des conditions d'inscription d'un produit sur la liste prévue au I de l'article L. 165-11 sont publiées au *Journal officiel*. Elles sont prises et communiquées dans un délai de cent quatre-vingts jours à compter de la réception de la demande.

Art. R. 165-56 La demande de renouvellement de l'inscription d'un produit sur la liste mentionnée au I de l'article L. 165-11 est présentée par les fabricants, ou leurs mandataires, ou leurs distributeurs, ou, le cas échéant, leurs représentants dans le cas d'une inscription sous forme de description générique, au plus tard cent quatre-vingts jours avant l'expiration de la durée d'inscription. Elle est adressée à la commission mentionnée à l'article L. 165-1, qui en accuse réception. Une copie est adressée simultanément aux ministres chargés de la santé et de la sécurité sociale. La demande est accompagnée d'un dossier comportant les informations nécessaires à l'appréciation des conditions de renouvellement de l'inscription.

Si les éléments d'appréciation communiqués sont insuffisants, la commission prévue à l'article L. 165-1 ou les ministres chargés de la santé et de la sécurité sociale font connaître au demandeur les renseignements complémentaires détaillés qui sont nécessaires. Une copie de cette demande de renseignements complémentaires est simultanément adressée aux ministres chargés de la santé et de la sécurité sociale et à la commission mentionnée ci-dessus. Dans ce cas, la durée d'inscription est prolongée d'une durée égale à la période séparant la date de réception de cette demande d'informations et la date de réception des informations demandées, dans une limite de trois mois.

L'avis de la commission mentionnée à l'article L. 165-1 porte sur les éléments mentionnés à l'article R. 165-11-1, à l'exception de son 2°.

Art. R. 165-57 Les décisions relatives au renouvellement de l'inscription sont prononcées par arrêté des ministres chargés de la santé et de la sécurité sociale et publiées au *Journal officiel* avant l'expiration de la durée d'inscription. Elles sont communiquées aux demandeurs.

A l'expiration de la durée d'inscription, en l'absence de publication de la décision relative à son renouvellement et si un dossier comportant l'ensemble des éléments nécessaires a été déposé au plus tard cent quatre-vingts jours auparavant, le renouvellement de l'inscription est accordé tacitement dans les mêmes conditions et pour la même durée. Lorsqu'une demande de renseignements complémentaires a été adressée en application du deuxième alinéa de l'article R. 165-56, ce renouvellement tacite est accordé à l'expiration de la durée d'inscription telle que rallongée en application de ce même alinéa et sous réserve que les éléments demandés aient été adressés dans un délai de trois mois à compter de la demande. Un avis mentionnant ce renouvellement est communiqué à la personne ayant déposé le dossier et publié au *Journal officiel*.

Art. R. 165-58 Peuvent être radiés de la liste prévue au I de l'article L. 165-11, après avis de la commission mentionnée à l'article L. 165-1, les produits qui cessent de remplir les critères d'inscription ou de renouvellement d'inscription sur cette liste mentionnés à l'article R. 165-51 ou dont les conditions de prescription et d'utilisation ne respectent pas celles mentionnées au IV de l'article L. 165-11.

La radiation est prononcée par arrêté des ministres chargés de la santé et de la sécurité sociale. Les ministres informent le fabricant, ou son mandataire, ou le distributeur du projet de radiation. Dans le cas d'une description générique, cette information est effectuée par la publication d'un avis au *Journal officiel*.

Le fabricant, ou son mandataire, ou le distributeur peut présenter des observations écrites *(Décr. n° 2018-444 du 4 juin 2018, art. 1er)* « aux ministres ou à la commission », dans le délai de trente jours suivant la réception ou la publication de l'information, ou demander *(Décr. n° 2018-444 du 4 juin 2018, art. 1er)* « dans un délai de dix jours à compter de cette réception ou publication, » à être entendu par la commission mentionnée ci-dessus.

(Décr. n° 2018-444 du 4 juin 2018, art. 1er) « En cas de demande d'audition, cette audition, dont la date est fixée par la commission, intervient dans un délai maximal de quarante-cinq jours suivant la réception de la demande par la commission. Sur

demande motivée du ministre chargé de la santé ou de la sécurité sociale auprès de la commission, ce délai peut être réduit à un mois. »

V. notes ss. art. R. 165-12.

Art. R. 165-59 Les produits qui font l'objet d'une interdiction de mise sur le marché, d'utilisation, de prescription, de délivrance ou d'administration sont radiés de la liste prévue au I de l'article L. 165-11 sans qu'il soit fait application des dispositions de l'article R. 165-58.

Peuvent être radiés, dans les conditions prévues au premier alinéa, les produits dont la commercialisation est suspendue ou interrompue.

Art. R. 165-60 Le projet d'avis de la commission mentionnée à l'article L. 165-1 rendu au titre des articles R. 165-53, R. 165-56 et R. 165-58 est communiqué au fabricant, ou son mandataire, ou au distributeur ou à un représentant lorsque l'avis a été rendu à l'initiative d'un de ces derniers ou lorsque est concerné un produit inscrit sous forme de marque ou de nom commercial. Ces personnes disposent d'un délai de *(Décr. nº 2018-444 du 4 juin 2018, art. 1er)* « dix » jours suivant la réception de cet avis pour présenter des observations écrites ou demander à être entendues par la commission.

(Décr. nº 2018-444 du 4 juin 2018, art. 1er) « En cas de demande d'audition, cette audition, dont la date est fixée par la commission, intervient dans un délai maximal de quarante-cinq jours suivant la réception de la demande par la commission. Sur demande motivée du ministre chargé de la santé ou de la sécurité sociale auprès de la commission, ce délai peut être réduit à un mois. »

L'avis définitif est communiqué au fabricant, à son mandataire, au distributeur ou à leur représentant et transmis simultanément aux ministres chargés de la santé et de la sécurité sociale. Il est rendu public.

(Décr. nº 2018-444 du 4 juin 2018, art. 1er) « Lorsque, avant l'émission de l'avis définitif de la commission, l'entreprise procède au retrait d'une demande d'inscription, de renouvellement d'inscription, de modification des conditions d'inscription ou de réévaluation relative à la liste prévue à l'article L. 165-11, la commission, sauf impossibilité, achève son examen et rend public son avis. »

V. notes ss. art. R. 165-12.

Art. R. 165-61 La commission mentionnée à l'article L. 165-1 peut, à son initiative ou à la demande des ministres chargés de la santé et de la sécurité sociale, réévaluer le service attendu ou rendu des produits inscrits sur la liste prévue au I de l'article L. 165-11, notamment lorsqu'elle émet un avis favorable à l'inscription sur cette liste d'un produit susceptible de modifier substantiellement les stratégies thérapeutiques, diagnostiques ou de compensation du handicap antérieures.

(Décr. nº 2018-444 du 4 juin 2018, art. 1er) « La saisine des ministres précise le délai dans lequel est attendu l'avis de la commission rendu au titre du présent article. » — *V. notes ss. art. R. 165-12.*

Art. R. 165-62 Les décisions portant refus d'inscription sur la liste prévue au I de l'article L. 165-11, refus de modification des conditions d'inscription, refus de renouvellement d'inscription ou radiation de la liste sont notifiées au fabricant, ou à son mandataire, ou au distributeur, ou à leur représentant. Ces décisions sont motivées et mentionnent les voies et délais de recours qui leur sont applicables.

SECTION XIII **DISPOSITIONS RELATIVES À LA PRISE EN CHARGE DES PRODUITS DE SANTÉ OU ACTES INNOVANTS MENTIONNÉS À L'ARTICLE L. 165-1-1**

(Décr. nº 2015-179 du 16 févr. 2015)

SOUS-SECTION 1 **CONDITIONS D'ÉLIGIBILITÉ RELATIVES À LA PRISE EN CHARGE DES PRODUITS DE SANTÉ OU ACTES INNOVANTS**

Art. R. 165-63 Au sens de la présente section, un produit de santé ou un acte est considéré comme innovant lorsqu'il répond à l'ensemble des quatre conditions suivantes :

1º Il présente un caractère de nouveauté autre qu'une simple évolution technique par rapport aux technologies de santé utilisées dans les indications revendiquées ;

2° Il se situe en phase précoce de diffusion, ne justifie pas un service attendu suffisant compte tenu des données cliniques ou médico-économiques disponibles, ne fait pas et n'a jamais fait l'objet d'une prise en charge publique dans les indications revendiquées ;

3° Les risques pour le patient et, le cas échéant, pour l'opérateur liés à l'utilisation du produit de santé ou de l'acte ont été préalablement caractérisés comme en attestent des études cliniques disponibles ;

4° Des études cliniques ou médico-économiques disponibles à la date de la demande établissent que l'utilisation du produit de santé ou de l'acte est susceptible de remplir l'un des objectifs suivants :

a) Apporter un bénéfice clinique important en termes d'effet thérapeutique, diagnostique ou pronostique, permettant de satisfaire un besoin médical non couvert ou insuffisamment couvert ;

b) Réduire les dépenses de santé, du fait d'un bénéfice médico-économique apprécié en termes d'efficience ou d'impact budgétaire sur le coût de la prise en charge. Le bénéfice médico-économique n'est pris en compte que lorsque le produit de santé ou l'acte considéré est estimé au moins aussi utile au plan clinique que les technologies de santé de référence.

Les objectifs mentionnés au 4° peuvent être atteints soit directement par l'utilisation du produit de santé ou de l'acte, soit indirectement du fait des modifications organisationnelles induites par l'utilisation du produit de santé ou de l'acte.

Art. R. 165-64 La prise en charge est subordonnée à la présentation d'une étude. Le projet d'étude est considéré comme pertinent si l'étude clinique ou médico-économique à laquelle la mise en œuvre du traitement doit donner lieu, déterminée dans l'arrêté mentionné à l'article R. 165-70, répond à l'ensemble des trois conditions suivantes :

1° L'étude clinique ou médico-économique proposée par le demandeur permet de réunir l'ensemble des données manquantes nécessaires pour établir l'amélioration du service attendu confirmant l'intérêt du produit de santé ou de l'acte innovants. Cette étude est comparative sauf en cas d'absence de comparateur pertinent ou d'impossibilité pour raison éthique ;

2° Les éventuelles autres études cliniques ou médico-économiques similaires en cours ou programmées sont produites afin d'évaluer la pertinence de réaliser l'étude susmentionnée dans le cadre défini par l'article L. 165-1-1 ;

3° La faisabilité de l'étude clinique ou médico-économique proposée apparaît raisonnable compte tenu notamment du projet de protocole et du budget prévisionnel de l'étude clinique ou médico-économique.

SOUS-SECTION 2 PROCÉDURE DE DEMANDE DE PRISE EN CHARGE DES PRODUITS DE SANTÉ OU ACTES INNOVANTS

§ 1er DÉPÔT DE LA DEMANDE

Art. R. 165-65 La demande d'une prise en charge partielle ou totale de produit de santé ou d'acte innovants mentionnés à l'article L. 165-1-1 est présentée :

1° Pour les dispositifs médicaux définis par l'article L. 5211-1 du code de la santé publique, par le fabricant ou distributeur, en association, le cas échéant, avec toute entreprise assurant une prestation de service et mentionnée à l'article L. 5232-3 du même code ou avec tout établissement de santé défini par l'article L. 6111-1 du même code ;

2° Pour les dispositifs médicaux définis par l'article L. 5221-1 du code de la santé publique, par le fabricant ou distributeur, en association, le cas échéant, avec tout établissement de santé ;

3° Pour les actes, par un Conseil national professionnel défini à l'article *(Décr. n° 2016-942 du 8 juill. 2016, art. 2-III)* « L. 4021-3 » du code de la santé publique, en association, le cas échéant, avec tout établissement de santé.

Art. R. 165-66 I. — La demande de prise en charge d'un produit de santé ou acte innovants au titre de l'article L. 165-1-1 est adressée par le demandeur simultanément sous format électronique à la Haute Autorité de santé et aux ministres chargés de la santé et de la sécurité sociale.

II. — La demande comporte les éléments justificatifs suivants :

1° L'argumentaire établi par le demandeur justifiant la conformité aux conditions définies aux articles R. 165-63 et R. 165-64 et leurs pièces justificatives ;

2° Tout élément permettant l'évaluation du produit de santé ou de l'acte faisant l'objet de la demande, selon le référentiel établi par arrêté du ministre chargé de la santé sur proposition de la Haute Autorité de santé ;

3° Le budget prévisionnel de l'étude mentionnée à l'article R. 165-64, selon le modèle établi par arrêté des ministres chargés de la santé et de la sécurité sociale ;

4° L'engagement du demandeur de communiquer aux ministres chargés de la santé et de la sécurité sociale, à la Haute Autorité de santé, à l'Union nationale des caisses d'assurance maladie et au Comité économique des produits de santé les résultats de l'étude mentionnée à l'article R. 165-64, de leur donner accès, sur leur demande, à l'ensemble des données de cette étude et de les autoriser à les utiliser à des fins de santé publique ou de fixation de tarifs dans les conditions du II de l'article R. 165-74. Le modèle de l'engagement est établi par arrêté des ministres chargés de la santé et de la sécurité sociale.

III. – Sauf en cas de demande des services chargés de l'instruction, il n'est pas tenu compte des modifications que le demandeur apporterait à son dossier après avoir reçu l'accusé de réception mentionné au I de l'article R. 165-67 lui indiquant que sa demande est complète.

§ 2 INSTRUCTION DE LA DEMANDE

Art. R. 165-67 I. – A compter de l'accusé de réception de la demande complète, la Haute Autorité de santé dispose de quarante-cinq jours pour évaluer si l'ensemble des critères définis à l'article R. 165-63 et aux 1° et 2° de l'article R. 165-64 sont satisfaits et, le cas échéant, rendre un avis défavorable avant cette échéance, dans les conditions du II.

II. – Lorsque la demande ne satisfait pas à l'ensemble des critères mentionnés au I, la Haute Autorité de santé rend un avis précisant le motif de rejet de la demande au regard des critères et le communique aux ministres. Les ministres chargés de la santé et de la sécurité sociale notifient au demandeur une décision de rejet de la demande mentionnée à l'alinéa précédent. L'avis négatif de la Haute Autorité de santé est rendu public sur son site internet.

Art. R. 165-68 Si l'évaluation mentionnée à l'article R. 165-67 est satisfaisante, deux évaluations supplémentaires sont menées simultanément permettant de se prononcer sur le critère défini au 3° de l'article R. 165-64 :

1° La Haute Autorité de santé évalue si le projet de protocole de l'étude mentionné au 3° de l'article R. 165-64 est pertinent ;

2° Les ministres chargés de la santé et de la sécurité sociale évaluent si le budget prévisionnel de l'étude mentionné au 3° du II de l'article R. 165-66 est satisfaisant et si le coût global de la prise en charge envisagée est pertinent au regard des objectifs poursuivis par l'article L. 165-1-1.

La durée de leurs évaluations n'excède pas au total trente jours suivant l'expiration du délai mentionné à l'article R. 165-67.

Art. R. 165-69 Au vu des évaluations mentionnées à l'article R. 165-68, les ministres chargés de la santé et de la sécurité sociale statuent sur la demande au plus tard dans le délai de trente jours suivant l'expiration du délai mentionné à l'article R. 165-68, après avis de la Haute Autorité de santé.

Art. R. 165-70 I. – En cas d'acceptation de la demande de prise en charge, l'arrêté mentionné à l'article L. 165-1-1 est publié au *Journal officiel* de la République française. Il comprend les mentions prévues aux articles R. 165-72 et R. 165-73.

II. – Une décision de rejet est prononcée pour l'un des motifs suivants :

1° La demande de prise en charge ne répond pas à l'un des critères définis aux articles R. 165-63 et R. 165-64 ;

2° L'un des justificatifs prévus au II de l'article R. 165-66 n'est pas satisfaisant ;

3° Le coût global de la prise en charge envisagée n'apparaît pas pertinent au regard des objectifs poursuivis par l'article L. 165-1-1.

III. – L'arrêté ou la décision est notifié au demandeur. L'avis de la Haute Autorité de santé est rendu public sur son site internet.

IV. — A défaut de décision intervenue dans le délai de cent vingt jours à compter de la réception de la demande mentionnée au I de l'article R. 165-67, la demande est réputée rejetée.

§ 3 RECOURS GRACIEUX

Art. R. 165-71 I. — En cas de recours gracieux à l'encontre d'un refus de prise en charge, le demandeur peut, lors du dépôt de son recours, actualiser sa demande initiale en fonction des motifs énoncés dans la décision de refus et l'avis de la Haute Autorité de santé et, le cas échéant, des avis mentionnés aux articles L. 1123-6, L. 1123-7 et L. 1123-8 du code de la santé publique.

II. — Les ministres chargés de la santé et de la sécurité sociale disposent d'un délai de trente jours pour examiner le recours mentionné au I.

III. — A l'issue de ce délai, le recours gracieux est réputé rejeté.

SOUS-SECTION 3 MODALITÉS DE PRISE EN CHARGE DES PRODUITS DE SANTÉ OU ACTES INNOVANTS

Art. R. 165-72 I. — Aucun patient ne peut être inclus dans l'étude si l'ensemble des autorisations et des avis, mentionnés notamment aux articles L. 1123-7 et L. 1123-8 du code de la santé publique, n'a pas été délivré au demandeur. Ces autorisations et avis sont transmis dès leur délivrance au ministre chargé de la santé.

II. — L'arrêté mentionné à l'article R. 165-70 précise le montant du forfait de prise en charge par patient du produit de santé ou de l'acte et, le cas échéant, des frais d'hospitalisation, ainsi que la durée de la prise en charge qui comprend :

1° La durée de l'étude (phases d'inclusion, de suivi des patients et d'analyse des données) précisée dans le protocole d'étude validé par la Haute Autorité de santé au titre de l'article R. 165-69 ;

2° La durée de réévaluation par la Haute Autorité de santé et, en cas d'obtention d'un service attendu suffisant, la durée du processus de tarification selon le cas par le comité économique des produits de santé ou l'assurance maladie, conformément aux articles L. 162-1-7 ou R. 165-8.

III. — Pour l'application de l'article L. 165-1-1, ce mode de prise en charge est exclusif et ne peut se cumuler avec d'autres prestations et modes de financement pendant les deux périodes mentionnées au II, et ce pour les indications mentionnées dans l'arrêté de prise en charge.

IV. — Le forfait prévu à l'article L. 165-1-1 est pris en charge en totalité par l'assurance maladie.

V. — L'arrêté mentionné au II précise la liste des établissements de santé, des centres de santé et maisons de santé pour lesquels l'assurance maladie prend en charge ce forfait et les modalités de versement de celui-ci.

Art. R. 165-73 L'arrêté mentionné à l'article R. 165-70 indique en outre le nombre de patients pouvant bénéficier de la prise en charge et précise :

1° Le nombre de patients à inclure au sein de l'étude, tel qu'il figure dans le protocole d'étude validé par la Haute Autorité de santé au titre de l'article R. 165-69 ;

2° Le nombre de patients additionnels pouvant bénéficier de l'accès au produit de santé ou à l'acte innovants dans le cadre de prise en charge durant les phases de suivi des patients et d'analyse des données au cours de l'étude ainsi que durant les périodes mentionnées au II de l'article R. 165-72. Ces patients additionnels ont accès au produit de santé ou à l'acte innovants au sein des établissements de santé, des centres de santé et des maisons de santé ayant participé à l'étude et énumérés dans l'arrêté de prise en charge conformément à l'article L. 165-1-1.

Art. R. 165-74 I. — Le suivi du déroulement de l'étude clinique ou médico-économique mentionnée à l'article R. 165-64 est assuré par le ministre chargé de la santé.

II. — Les autorités mentionnées au 4° du II de l'article R. 165-66 garantissent la confidentialité des données et des secrets *(Décr. n° 2018-1126 du 11 déc. 2018, art. 3)* « des affaires » couvrant les études cliniques ou médico-économiques mentionnées à l'article R. 165-64 lorsqu'elles se font communiquer ces études ou leurs données.

SECTION XIV DISPOSITIONS RELATIVES AU RECUEIL ET À LA TRANSMISSION DES DONNÉES ISSUES DES DISPOSITIFS MÉDICAUX UTILISÉS DANS LE CADRE DE CERTAINS TRAITEMENTS D'AFFECTIONS CHRONIQUES

(Décr. n° 2017-809 du 5 mai 2017, art. 1er)

Art. R. 165-75 I. — L'avis de la Haute Autorité de santé mentionné au premier alinéa de l'article L. 165-1-3 est rendu dans un délai de quarante-cinq jours à compter de la saisine de la Haute Autorité.

II. — L'avis de la Commission nationale d'évaluation des dispositifs médicaux et des technologies de santé mentionné au quatrième alinéa de l'article L. 165-1-3 peut notamment porter, le cas échéant indication par indication, sur les conditions d'utilisation du dispositif médical concerné et de ses accessoires correspondant à un bon usage du dispositif médical, notamment au regard des connaissances médicales avérées, telles qu'elles résultent, le cas échéant, de références médicales ou de recommandations de bonne pratique. Dans ce cadre, et au regard des données collectées, la commission peut recommander un seuil minimal ou une durée minimale d'utilisation du dispositif médical.

III. — Pour l'application de la modulation du tarif de responsabilité ou du prix prévue au quatrième alinéa de l'article L. 165-1-3, le Comité économique des produits de santé peut définir, par convention ou à défaut par décision, un tarif de responsabilité de référence ou un prix de référence servant de base à la fixation de décotes sur ces tarifs ou ces prix en fonction du niveau d'utilisation constatée du dispositif médical. Ce tarif de responsabilité de référence ou ce prix de référence est égal au tarif de responsabilité ou au prix retenu par le comité dans le cas d'un bon usage du dispositif médical. Les décotes appliquées ne peuvent conduire à une augmentation de la participation à la charge de l'assuré, par rapport à la participation à sa charge qu'entraîne l'application du tarif de responsabilité de référence et du prix de référence.

Art. R. 165-76 I. — Les prestataires mentionnés à l'article L. 5232-3 du code de la santé publique peuvent recueillir, avec le consentement écrit du patient, l'ensemble des données relatives à la durée et à la fréquence d'utilisation télétransmises par le dispositif médical mis à la disposition du patient.

Le cas échéant, le prestataire peut recueillir ces mêmes données, par tout moyen adapté et sécurisé, lorsque le dispositif médical ne comporte pas une fonction de télétransmission ou lorsque le patient, qui a consenti au recueil des données, n'a pas donné son consentement à l'activation de cette fonction.

Le prestataire détermine le niveau d'utilisation du dispositif médical en fonction des données recueillies et des conditions fixées par l'arrêté inscrivant le dispositif sur la liste prévue à l'article L. 165-1. En cas d'application d'une modulation des tarifs de responsabilité ou des prix, le prestataire concerné applique le tarif de responsabilité correspondant au niveau d'utilisation du dispositif médical.

II. — Sauf impossibilité ou situation particulière définie par l'arrêté prévu à l'article R. 165-1, le prestataire, avec le consentement écrit du patient, transmet au moins une fois par mois et par voie dématérialisée, au service du contrôle médical de l'organisme d'assurance maladie l'ensemble des données relatives à la durée ou à la fréquence d'utilisation télétransmises par le dispositif médical mis à la disposition du patient ainsi que les données d'identification de ce patient. Dans les cas prévus au deuxième alinéa du I du présent article, le prestataire transmet ces mêmes données, au moins une fois tous les trois mois, par voie dématérialisée au service du contrôle médical.

Le prestataire transmet ces mêmes données au médecin prescripteur, à la demande de ce dernier ou lorsque le prestataire constate un niveau d'utilisation faible ou insuffisant au regard de celui qui correspond pleinement à l'usage du dispositif médical prévu à l'article R. 165-75, ou un changement important dans le niveau d'utilisation de ce dispositif. Le médecin prescripteur peut également demander la transmission de l'ensemble des données recueillies.

La transmission ne peut comporter des données de géolocalisation. Elle ne peut en aucun cas conduire à révéler l'identité du patient au fabricant du dispositif médical.

Le prestataire recueille les difficultés d'utilisation exprimées éventuellement par le patient et en informe le prescripteur. Dans la limite de ses compétences, le prestataire conduit, en lien avec le prescripteur, des actions ayant pour objet de favoriser une bonne utilisation du dispositif médical, notamment en vérifiant ou en adaptant l'appareillage mis à la disposition du patient lorsque ce dernier fait part de difficultés matérielles d'utilisation. — *A titre transitoire, le délai mentionné à la dernière phrase du premier al. du II de l'art. R. 165-76 est de six mois pour les dispositifs médicaux relevant de ces dispositions pendant un délai de trois ans à compter de la publication du Décr. n° 2017-809 du 5 mai 2017 (Décr. préc., art. 3, JO 7 mai).*

Art. R. 165-77 Pour l'application de l'article 3 de la loi n° 78-17 du 6 janvier 1978 modifiée relative à l'informatique, aux fichiers et aux libertés, les prestataires mentionnés à l'article L. 5232-3 du code de la santé publique sont les responsables des traitements des données à caractère personnel qu'ils mettent en œuvre en vertu de l'article L. 165-1-3 du présent code.

SECTION XV DISPOSITIONS RELATIVES À LA CHARTE PRÉVUE À L'ARTICLE L. 162-17-9

(Décr. n° 2018-864 du 8 oct. 2018, art. 1er)

Art. R. 165-78 I. — Les ministres chargés de la santé et de la sécurité sociale communiquent au Comité économique des produits de santé un délai à l'issue duquel, à défaut de charte conclue conformément aux dispositions de l'article L. 162-17-9, ils arrêtent la charte. Ils peuvent assortir cette communication de clauses devant figurer dans la charte.

II. — La charte conclue conformément aux dispositions de l'article L. 162-17-9 entre en vigueur avec son approbation par arrêté des ministres chargés de la santé et de la sécurité sociale. Cette approbation a une durée de validité de deux ans.

Les ministres peuvent refuser d'approuver la charte lorsque :

a) Elle comprend des stipulations qui ne sont pas conformes aux lois et règlements ;

b) Elle ne comprend pas les mesures mentionnées au I ;

c) Ses stipulations sont insuffisantes au regard du contenu prévu au deuxième alinéa de l'article L. 162-17-9 ;

d) Sa mise en œuvre entraînerait des dépenses injustifiées pour l'assurance maladie ou induirait un coût pour l'État ou les organismes d'assurance maladie.

La décision par laquelle les ministres refusent d'approuver la charte est motivée et communiquée sans délai à ses signataires. A la suite de ce refus, la charte est arrêtée par les ministres pour une durée de deux ans.

III. — Les ministres chargés de la santé et de la sécurité sociale peuvent, par arrêté, dénoncer la charte en cours de validité qu'ils ont approuvée ou arrêtée. Cette dénonciation peut intervenir à tout moment, sauf dans le délai de deux mois qui précède la date de fin de validité de la charte. Elle entraine l'ouverture d'une négociation par le Comité économique des produits de santé.

La charte approuvée par les ministres est reconduite dans les mêmes formes, sauf si l'un des ministres ou l'un de ses signataires s'y oppose au plus tard deux mois avant la date de fin de sa validité. Une telle opposition déclenche l'ouverture de la négociation d'une nouvelle charte.

La charte arrêtée par les ministres est reconduite dans les mêmes formes, sauf si l'un d'eux demande, au plus tard deux mois avant la date de fin de sa validité, au Comité économique des produits de santé d'ouvrir la négociation d'une nouvelle charte.

En cas de dénonciation ou en l'absence de reconduction, les stipulations concernées de la charte en cause demeurent applicables, à titre transitoire, jusqu'à l'entrée en vigueur de nouvelles stipulations.

Art. R. 165-79 Les agences régionales de santé reçoivent les signalements émis par les professionnels de santé, les établissements de santé et les observatoires du médicament, des dispositifs médicaux et de l'innovation thérapeutique mentionnés à l'article R. 1413-90 du code de la santé publique relatifs aux manquements à la charte qu'ils constatent.

Les agences régionales de santé et les organismes locaux et régionaux d'assurance maladie signalent au Comité économique des produits de santé les manquements significatifs à la charte qu'ils constatent, en précisant quelles entreprises sont impliquées.

Le Comité instruit ces signalements, sans en communiquer l'origine, afin d'en préciser la nature et la gravité, au besoin en invitant les entreprises concernées à présenter des observations écrites. Si une entreprise ainsi sollicitée en fait la demande, le Comité recueille ses observations orales. Les observations de l'entreprise sont présentées dans un délai maximal d'un mois.

Art. R. 165-80 I. — Lorsque le Comité économique des produits de santé envisage de prononcer la pénalité financière prévue à l'article L. 162-17-9, il en informe l'entreprise concernée par tout moyen donnant date certaine à la réception de cette information, en précisant les motifs pour lesquels une pénalité est envisagée. Dans le délai d'un mois suivant la réception de cette information, l'entreprise peut adresser ses observations écrites au Comité économique des produits de santé ou demander à être entendue par lui.

L'entreprise est tenue de déclarer, dans le même délai, au Comité les éléments de son chiffre d'affaires nécessaires à la fixation de la pénalité.

II. — Le Comité économique des produits de santé notifie à l'entreprise, par tout moyen donnant date certaine à sa réception, les motifs qui justifient le principe et le montant de la pénalité, le délai de règlement ainsi que les voies et délais de recours. Le Comité communique sa décision à l'organisme de recouvrement compétent.

Dans un délai d'un mois à compter de la notification, l'entreprise s'acquitte de la pénalité auprès de l'agent comptable de l'organisme de recouvrement compétent.

Les deux premiers alinéas de l'article L. 137-3 et l'article L. 137-4 sont applicables au recouvrement de cette pénalité.

III. — L'organisme de recouvrement compétent informe le Comité économique des produits de santé des montants perçus.

SECTION XVI DISPOSITIONS RELATIVES À LA FIXATION DES TARIFS DE RESPONSABILITÉ ET DES PRIX DES PRODUITS ET PRESTATIONS INSCRITS SUR LA LISTE PRÉVUE À L'ARTICLE L. 165-1 PAR DESCRIPTION GÉNÉRIQUE OU DESCRIPTION GÉNÉRIQUE RENFORCÉE *(Décr. n° 2018-1208 du 21 déc. 2018, en vigueur le 1er avr. 2019).*

(Décr. n° 2018-520 du 27 juin 2018, art. 1er)

Les dispositions du Décr. n° 2018-520 du 27 juin 2018 s'appliquent aux négociations relatives aux tarifs de responsabilité et aux prix des produits et prestations inscrits sur la liste prévue à l'art. L. 165-1 par description générique ou description générique renforcée dont le projet de modification des tarifs ou des prix a été notifié ou publié, en application de l'art. R. 165-9 CSS, après le 1er avr. 2019 (Décr. préc., art. 2).

Art. R. 165-81 I. — Le Comité économique des produits de santé informe les fabricants et les distributeurs mentionnés à l'article L. 165-3-3 en publiant au *Journal officiel* un avis de projet de fixer les tarifs de responsabilité ou les prix des produits et prestations inscrits sur la liste prévue à l'article L. 165-1 par description générique ou description générique renforcée. Cet avis indique :

1° Les produits et prestations comparables pouvant faire l'objet d'une négociation commune ;

2° La période temporelle permettant de calculer les parts de montants remboursés des fabricants, des distributeurs ou des organisations les représentant.

II. — La période temporelle mentionnée au 2° du I est antérieure à la date de publication de l'avis de projet mentionné au premier alinéa du I.

Lorsque, à cette date, aucun des produits ou prestations comparables destinés à une négociation commune n'est pris en charge au titre de la liste mentionnée à l'article L. 165-1, les fabricants, distributeurs ou organisations les représentant déclarent, pour une période temporelle à venir, des volumes de vente prévisionnels.

III. — Le taux moyen de prise en charge est égal au rapport entre :

— les montants effectivement remboursés par l'assurance maladie obligatoire pour les produits et prestations concernés sur la période temporelle retenue, compte tenu de l'application de la participation de l'assuré et le cas échéant des dispositions du 3° de l'article L. 160-14, et,

— la base de remboursement qui résulterait de la prise en charge sur la même période de ces produits et prestations selon leur tarif de responsabilité.

IV. — Lorsqu'au cours de la période temporelle retenue, des produits ou prestations ont successivement fait l'objet de tarifs de responsabilité différents, les volumes de vente permettant le calcul de la part du montant remboursé sont répartis au *prorata temporis*, sans pondération, sur cette période.

V. — En cas de négociation commune au sens du 1° du I, un taux moyen de prise en charge unique est défini pour l'ensemble des produits ou prestations concernés, par calcul du rapport mentionné au III en considérant les montants remboursés pour l'ensemble des produits ou prestations faisant l'objet de la négociation commune.

La part du montant remboursé mentionnée à l'article L. 165-3-3 est appréciée globalement pour l'ensemble des produits et prestations faisant l'objet d'une négociation commune, en faisant la somme, pour chaque produit ou prestation concerné, du montant obtenu en multipliant les volumes de vente par le tarif de responsabilité correspondant et en appliquant le taux moyen de prise en charge unique défini à l'alinéa précédent. — *[Anc. art. R. 165-78.]*

Art. 165-82 I. — Dans un délai de vingt jours suivant la publication de l'avis de projet mentionnée au I de l'article R. 165-78, les fabricants, distributeurs ou organisations les représentant :

1° Font connaître au Comité leur intention de prendre part à la négociation conformément au 1° du I et au 1° du II de l'article L. 165-3-3 ;

2° Communiquent au Comité les éléments permettant d'établir que leur part du montant remboursé, constaté ou prévisionnel, représente au moins 10 % du montant relatif des produits et prestations concernés remboursé par l'assurance maladie obligatoire conformément au 2° du I et au 2° du II de l'article L. 165-3-3.

II. — Les éléments mentionnés au 2° du I et au 2° du II comportent notamment, pour chaque produit ou prestation, ou ensemble de produits ou prestations, faisant l'objet d'un code d'inscription au sens du premier alinéa de l'article L. 165-5, une déclaration des volumes de vente sur la période temporelle retenue et, le cas échéant, une estimation justifiée de la part respective de chaque produit ou prestation dans le volume de dépenses remboursées lorsque leur inscription sur la liste prévue à l'article L. 165-1 est conjointe sous le même code.

Pour les pharmacies d'officine, ces éléments peuvent provenir des bases de données gérées par la Caisse nationale de l'assurance maladie, sous réserve du respect des obligations relatives au secret en matière commerciale et industrielle. La part du montant remboursée relative aux pharmacies d'officine représentées par les organisations syndicales représentatives est répartie entre les organisations syndicales au prorata de la représentativité de chaque organisation.

III. — Les organisations de fabricants ou de distributeurs font connaître au Comité économique des produits de santé, dans le délai mentionné au I, la liste des fabricants ou des distributeurs qui leur ont donné mandat pour les représenter dans le cadre de la négociation.

Dans ce délai sont notifiés au Comité :

1° L'intention de chaque fabricant ou chaque distributeur de participer à la négociation en son nom propre ;

2° L'opposition d'un pharmacien titulaire d'officine à être représenté par une organisation syndicale représentative au sens de l'article L. 162-16-1.

IV. — Lorsqu'aucun fabricant, distributeur ou organisation n'a fait connaître, dans les délais requis, son intention de participer à la négociation ou ne satisfait les conditions prévues aux 2° des I et II de l'article L. 165-3-3, les tarifs de responsabilité et, le cas échéant, les prix des produits ou prestations qui devaient faire l'objet de la négociation peuvent être fixés par décision du Comité économique des produits de santé. — *[Anc. art. R. 165-79.]*

Art. R. 165-83 I. — Lorsque le Comité économique des produits de santé envisage de prononcer la pénalité financière prévue au V de l'article L. 165-3-3, il en informe, par tout moyen permettant de lui conférer une date de réception certaine, le fabricant, le distributeur ou l'organisation les représentant, en lui précisant les motifs pour lesquels une pénalité est envisagée.

Dans le délai d'un mois suivant la réception de cette information, le fabricant, le distributeur ou l'organisation peut adresser ses observations écrites au Comité économique des produits de santé ou demander à être entendu par lui.

Le fabricant, le distributeur ou l'organisation sont tenus de déclarer au Comité, dans le même délai, les éléments de chiffre d'affaires nécessaires au calcul de la pénalité.

II. – La pénalité est fixée en fonction de l'importance et de la gravité du manquement constaté.

Le comité économique des produits de santé notifie au fabricant, au distributeur ou à l'organisation, par tout moyen permettant de lui conférer une date de réception certaine, les motifs qui justifient le principe et le montant de la pénalité, le délai de règlement ainsi que les voies et délais de recours.

Le comité communique sa décision à l'organisme de recouvrement compétent.

Dans un délai d'un mois à compter de la notification, le fabricant, le distributeur ou l'organisation s'acquittent de la pénalité auprès de l'agent comptable de l'organisme de recouvrement compétent. Les deux premiers alinéas de l'article L. 137-3 et l'article L. 137-4 sont applicables au recouvrement de cette pénalité.

III. – L'agent comptable de l'organisme de recouvrement compétent informe le comité économique des produits de santé des montants perçus. – *[Anc. art. R. 165-80.]*

SECTION XVII DISPOSITIONS RELATIVES AUX RÈGLES DE DISTRIBUTION DE CERTAINS PRODUITS ET PRESTATIONS, AU DISPOSITIF D'ÉVALUATION ET À LA PÉNALITÉ PRÉVUS À L'ARTICLE L. 165-1-4 DU CODE DE LA SÉCURITÉ SOCIALE

(Décr. n° 2019-147 du 27 févr. 2019, art. 2)

Art. R. 165-84 Les règles de distribution et les obligations mentionnées au I de l'article L. 165-1-4 sont fixées par l'arrêté des ministres chargés de la santé et de la sécurité sociale prévu à l'article R. 165-1. Cet arrêté peut notamment préciser les modalités selon lesquelles certains produits ou prestations appartenant aux classes à prise en charge renforcée doivent être disponibles et proposés par le fabricant ou le distributeur.

Un arrêté des ministres chargés de la santé et de la sécurité sociale précise les normes applicables et les conditions dans lesquelles le distributeur met en œuvre l'information, orale et écrite, des assurés sociaux prévue au V de l'article L. 165-1-4 lorsqu'il n'entend pas se conformer aux obligations mentionnées à cet article et à l'article L. 165-9. Cette information porte notamment – de façon suffisamment visible, distincte et non équivoque – sur le caractère non remboursable par l'assurance maladie des produits et prestations ainsi proposés à la vente. Le distributeur veille à la bonne compréhension de cette information par l'assuré.

Art. R. 165-85 Le dispositif d'évaluation mentionné au II de l'article L. 165-1-4 peut être mis en œuvre sous forme d'enquête auprès des patients ayant recours ou ayant eu recours aux produits et prestations concernés.

Un arrêté des ministres chargés de la santé et de la sécurité sociale définit les questions figurant dans l'enquête ainsi que les modalités de réponse. Cet arrêté précise également les conditions de mise en œuvre de chaque enquête et notamment :

– la personne morale publique ou privée responsable de la réalisation de l'enquête ;

– les obligations de participation des distributeurs à l'enquête ;

– les modalités de restitution des résultats de l'enquête aux ministres chargés de la santé et de la sécurité sociale.

La personne morale responsable de la mise en œuvre de l'enquête est responsable du traitement de données à caractère personnel, au sens de l'article 3 de la loi n° 78-17 du 6 janvier 1978 modifiée relative à l'informatique, aux fichiers et aux libertés. Elle procède notamment aux formalités préalables auprès de la Commission nationale de l'informatique et des libertés prévues au chapitre IV de cette loi.

Art. R. 165-86 I. – Lorsque le directeur de l'organisme d'assurance maladie compétent envisage de prononcer une des pénalités prévues au IV de l'article L. 165-1-4, il en informe, par tout moyen donnant date certaine à sa réception, le fabricant ou le distributeur concerné, en lui précisant les motifs pour lesquels une pénalité est envisagée. Dans le délai d'un mois suivant la réception de cette information, le fabricant ou le distributeur peut adresser ses observations écrites au directeur de l'organisme d'assurance maladie ou demander à être entendu par celui-ci ou par son représentant.

Le fabricant ou le distributeur est tenu de déclarer, dans le même délai, au directeur de l'organisme d'assurance maladie les éléments de son chiffre d'affaires nécessaires à la fixation de la pénalité.

II. – Le directeur de l'organisme d'assurance maladie compétent notifie au fabricant ou au distributeur, par tout moyen donnant date certaine à sa réception, les motifs qui justifient le principe et le montant de la pénalité, le délai de règlement ainsi que les voies et délais de recours. Le directeur communique sa décision à l'organisme de recouvrement compétent.

Dans un délai d'un mois à compter de la notification, le fabricant ou le distributeur s'acquitte de la pénalité auprès de l'agent comptable de l'organisme de recouvrement compétent.

III. – L'organisme de recouvrement compétent informe le directeur de l'organisme d'assurance maladie des montants perçus.

CHAPITRE VI CONTRÔLE MÉDICAL

Art. R. 166-1 Pour effectuer les contrôles prévus respectivement par les articles L. 162-29, *(Décr. nº 2006-307 du 16 mars 2006)* « L. 162-29-1 et L. 162-30 », les praticiens conseils mentionnés à l'article R. 166-8 ont librement accès à tout établissement, service ou institution sanitaire ou médico-sociale recevant des bénéficiaires de l'assurance maladie.

Tous renseignements et tous documents administratifs d'ordre individuel ou général utiles à leur mission sont tenus à leur disposition par le directeur de l'établissement, du service ou de l'institution dans le respect des règles du secret professionnel.

Tous renseignements et tous documents d'ordre médical, individuel ou général sont tenus à leur disposition par les praticiens de l'établissement, du service ou de l'institution dans le respect des règles du secret professionnel et de la déontologie médicale.

Les praticiens conseils peuvent procéder à tout moment à l'examen des assurés et de leurs ayants droit. Les praticiens de l'établissement, du service ou de l'institution assistent à ces examens à leur demande ou à celle des praticiens conseils.

Art. R. 166-2 Lorsque le praticien conseil estime, après avoir recueilli l'avis du médecin responsable des soins, que la prise en charge par l'assurance maladie des frais exposés par un assuré ou l'un de ses ayants droit dans un établissement, un service ou une institution sanitaire ou médico-sociale n'est pas médicalement justifiée au jour de l'examen médical, l'organisme dont relève l'assuré refuse la prise en charge ou, le cas échéant, y met fin.

Lorsque le praticien conseil estime, après avoir recueilli l'avis du médecin responsable des soins, que le service ou le département dans lequel se trouve l'assuré ou son ayant droit n'est pas approprié à son état pathologique, l'organisme d'assurance maladie dont relève l'assuré limite la prise en charge au tarif de responsabilité du service ou du département de l'établissement le plus proche de sa résidence, ou le plus accessible, dans lequel le malade est susceptible de recevoir les soins appropriés à son état.

Lorsque le service ou le département dans lequel le bénéficiaire de l'assurance maladie est admis correspond au diagnostic prononcé lors de l'admission, le tarif de ce service s'applique jusqu'à la notification à l'assuré de la décision prise après que le médecin-conseil a constaté que le service ou le département ne correspond plus aux soins appropriés à l'état du malade.

Dans le cas où la présence de l'assuré ou de son ayant droit dans un service ou un département qui ne correspond pas à son état résulte de circonstances de force majeure, il n'est pas fait application, pendant la période correspondant à ces circonstances, des dispositions du deuxième alinéa du présent article.

Art. R. 166-3 L'admission directe d'un bénéficiaire de l'assurance maladie dans un service de moyen ou de long séjour est subordonnée à l'accord de l'organisme d'assurance maladie dont il relève, donné après avis du service du contrôle médical.

Sans préjudice des dispositions de la section IV du chapitre IV du titre VII du présent livre, le service du contrôle médical est informé, sous quarante-huit heures, de l'admission des assurés ou de leurs ayants droit dans les services de soins à domicile, d'hospitalisation à domicile et, en cas de transfert, dans des services de moyen ou de long séjour.

Art. R. 166-4 Les praticiens conseils procèdent périodiquement dans les établissements mentionnés à l'article L. 162-29 et pour remplir la mission définie par cet article à l'examen de la situation des bénéficiaires de l'assurance maladie.

Art. R. 166-5 La Caisse nationale de l'assurance maladie des travailleurs salariés, la Caisse centrale de *(Décr. nº 2010-344 du 31 mars 2010, art. 279)* « la mutualité sociale agricole », *(Décr. n° 2006-83 du 27 janv. 2006)* « la Caisse nationale du régime social des indépendants » et, à leur demande, les autres organismes nationaux d'assurance maladie obligatoire déterminent par voie de convention conclue entre eux la répartition entre services de contrôle des missions d'analyse d'activité qui doivent être effectuées dans les établissements mentionnés à l'article L. 162-29.

En l'absence de convention, ces missions sont assurées par le service du contrôle médical de la caisse chargée du versement de la dotation globale instituée par l'article L. 174-1 ou, à défaut, par le service du contrôle médical de la caisse désignée par le directeur *(Décr. n° 2010-344 du 31 mars 2010, art. 279)* « général de l'agence régionale de santé ».

Art. R. 166-6 L'étude de l'activité des services ou des départements des établissements entrant dans le champ d'application de l'article L. 162-29 est effectuée par le contrôle médical sur la base, notamment, des documents mis à la disposition des organismes d'assurance maladie en application des articles 27 et 46 du décret n° 83-744 du 11 août 1983.

Art. R. 166-7 Les observations que le service du contrôle médical désigné conformément aux dispositions de l'article R. 166-5 est appelé à formuler chaque année en application de l'article 35 du décret n° 83-744 du 11 août 1983 comportent ses appréciations sur l'activité des services ou des départements des établissements correspondants.

Art. R. 166-8 Pour l'application du présent chapitre, les praticiens conseils chargés du contrôle médical comprennent les médecins-conseils, les chirurgiens-dentistes-conseils et les pharmaciens-conseils.

CHAPITRE VII TUTELLE AUX PRESTATIONS SOCIALES

SECTION PREMIÈRE DISPOSITIONS GÉNÉRALES

Néant.

SECTION II INSTITUTION DES TUTELLES AUX PRESTATIONS SOCIALES

Art. R. 167-1 à R. 167-9 *Abrogés par Décr. n° 2008-1506 du 30 déc. 2008, art. 3.*

Les art. R. 167-3 à R. 167-9 sont abrogés, à compter du 1er janv. 2012, par le Décr. n° 2008-1506 du 30 déc. 2008 (Décr. préc., art. 3).

SECTION III TUTEURS

Art. R. 167-10 à R. 167-17 *Abrogés par Décr. n° 2008-1504 du 30 déc. 2008, art. 4.*

SECTION IV DÉLÉGUÉS À LA TUTELLE

Art. R. 167-18 à R. 167-22 *Abrogés par Décr. n° 2008-1504 du 30 déc. 2008, art. 4.*

SECTION V COMMISSION DÉPARTEMENTALE DES TUTELLES AUX PRESTATIONS SOCIALES

Art. R. 167-23 à R. 167-27 *Abrogés par Décr. n° 2008-1500 du 30 déc. 2008, art. 5-II.*

SECTION VI RÔLE DES TUTEURS — CONTRÔLE DE LEUR GESTION ET FONCTIONNEMENT DES SERVICES DE TUTELLE

Art. R. 167-28 à R. 167-30 *Abrogés par Décr. n° 2008-1504 du 30 déc. 2008, art. 4.*

Art. R. 167-31 Les services de tutelle des établissements, associations et organismes agréés sont placés sous le contrôle du directeur départemental *(Décr. n° 2010-344 du 31 mars 2010, art. 280)* « chargé de la cohésion sociale » qui peut se faire présenter à tout moment la comptabilité et les pièces justificatives de dépenses.

Ce contrôle porte notamment sur l'autonomie financière des services de tutelle et le respect de l'affectation des personnels administratifs soit à plein temps, soit à temps partiel.

TITRE SEPTIÈME COORDINATION ENTRE LES RÉGIMES — PRISE EN CHARGE DE CERTAINES DÉPENSES PAR LES RÉGIMES

CHAPITRE PREMIER DISPOSITIONS GÉNÉRALES — DISPOSITIONS COMMUNES À L'ASSURANCE VIEILLESSE ET À L'ASSURANCE INVALIDITÉ — DISPOSITIONS APPLICABLES AUX PERSONNES EXERÇANT DES ACTIVITÉS NON SALARIÉES AGRICOLE ET NON AGRICOLE

SECTION PREMIÈRE DISPOSITIONS GÉNÉRALES

Art. R. 171-1 Le décret en Conseil d'État prévu à l'article L. 171-2 est pris sur le rapport du ministre chargé de l'agriculture, du ministre chargé du budget et du ministre chargé de la sécurité sociale.

Art. R. 171-1-1 *(Décr. nº 2001-532 du 20 juin 2001, art. 40)* Lorsque l'examen d'une demande de liquidation ou de révision d'une pension de retraite et de ses accessoires nécessite la prise en considération de périodes d'activité effectuées à l'étranger, le silence gardé pendant plus de quatre mois sur cette demande vaut décision de rejet.

SECTION II DISPOSITIONS COMMUNES À L'ASSURANCE VIEILLESSE ET À L'ASSURANCE INVALIDITÉ

Art. R. 171-2 *(Décr. nº 2017-735 du 3 mai 2017, art. 2-I)* « Lorsque la majoration pour aide constante d'une tierce personne est susceptible d'être attribuée au titre de plusieurs régimes, soit d'assurance invalidité soit d'assurance vieillesse, auxquels l'assuré a été affilié successivement, alternativement ou simultanément, elle est servie par :

« 1º Le régime qui sert la pension d'invalidité :

« *a)* Déterminé en application de l'article R. 172-18 ;

« *b)* Ou déterminé en application du II de l'article R. 172-21 lorsque l'assuré relève successivement ou alternativement de plusieurs régimes mentionnés à l'article R. 172-17-1 ;

« *c)* Ou déterminé en application de l'article R. 172-21-1, lorsque l'assuré relève simultanément de plusieurs régimes mentionnés à l'article R. 172-17-1 ;

« Pour l'application du 1º, lorsque l'assuré bénéficie de plusieurs pensions d'invalidité, cette majoration lui est accordée par le régime dans lequel l'intéressé a la plus longue durée d'assurance ;

« 2º Le régime d'assurance vieillesse de la dernière affiliation lorsque l'assuré est titulaire d'un avantage de vieillesse, ou, en cas d'affiliation simultanée lui ouvrant droit au bénéfice de cette majoration, celui des régimes dans lequel l'intéressé a la plus longue durée d'assurance.

« Pour l'application du 2º, lorsque le régime de la dernière affiliation est l'un des régimes mentionnés au premier alinéa du I de l'article L. 173-1-2 et que la pension est liquidée en application de cet article, le régime compétent est celui déterminé en application de l'article R. 173-4-4, et la durée d'assurance prise en compte est celle résultant de l'article L. 173-1-2 précité. » — *Les dispositions de l'art. 2 du Décr. nº 2017-735 du 3 mai 2017 entrent en vigueur à la date prévue au II de l'art. 43 de la L. nº 2014-40 du 20 janv. 2014, soit le 1er juill. 2017 (Décr. préc., art. 4 et Décr. nº 2017-737 du 3 mai 2017, art. 4).*

Lorsque l'assuré a droit à un avantage de même nature en application d'une autre législation, il ne perçoit que la fraction de la majoration prévue à l'article L. 355-1 qui excède cet avantage.

V. art. D. 171-2 à D. 171-11.

SECTION III *[ABROGÉE]* DISPOSITIONS APPLICABLES AUX PERSONNES EXERÇANT DES ACTIVITÉS NON SALARIÉES AGRICOLE ET NON AGRICOLE

(Abrogée par Décr. nº 2015-875 du 16 juill. 2015, art. 1er-1º)

Art. R. 171-3 (Décr. nº 2001-372 du 26 avr. 2001) *I.* — (Décr. nº 2006-756 du 28 juin 2006) ***« Pour l'application du deuxième alinéa de l'article L. 171-3, »*** *l'activité* *principale non salariée des personnes exerçant une activité agricole et une activité non agricole est réputée être constituée par celle de ces activités :*

1. A laquelle elles ont consacré, au cours de l'année civile précédant celle de la détermination de l'activité principale, la part la plus importante de leur temps de travail ;

Le temps consacré à chaque activité non salariée est déterminé sur la base de la déclaration faite par les intéressés. Un arrêté des ministres chargés de la sécurité sociale et de l'agriculture précise, en tant que de besoin, les indications qui doivent être fournies, à l'appui de la déclaration, pour justifier du temps exigé par chacune des activités ;

2. Et qui leur a procuré le revenu professionnel le plus élevé à prendre en compte pour le calcul de la contribution sociale généralisée due au titre de la même année civile.

II. — Si l'activité non salariée à laquelle la personne consacre le plus de temps est différente de celle dont elle tire le revenu professionnel le plus élevé, cette dernière est réputée constituer son activité principale.

III. — Le montant des recettes hors taxes tirées de chacune des activités non salariées au cours de l'année civile précédant la détermination de l'activité principale est pris en compte, aux lieu et place des revenus professionnels, dans les cas suivants :

1. L'exploitation de chacune des activités non salariées agricole et non agricole est déficitaire ;

2. Les revenus professionnels tirés de ces activités ou de l'une d'entre elles ne sont pas connus ;

3. Les revenus procurés par les activités non salariées agricole et non agricole font l'objet d'une imposition unique dans la catégorie des bénéfices agricoles, des bénéfices industriels et commerciaux ou des bénéfices non commerciaux ;

4. En plus des revenus tirés d'activités non salariées agricole et non agricole faisant l'objet d'une imposition unique au titre des bénéfices industriels et commerciaux ou des bénéfices non commerciaux, il existe des revenus procurés par des activités agricoles et imposés dans la catégorie des bénéfices agricoles ; dans ce cas, la comparaison s'effectue entre les recettes résultant de l'activité non salariée non agricole et les recettes procurées par l'activité non salariée agricole imposables dans la catégorie des bénéfices agricoles auxquelles s'ajoutent les recettes tirées de l'activité agricole au sens des articles L. 722-1 à 722-3 du code rural et de la pêche maritime, imposables dans la catégorie des bénéfices industriels et commerciaux ou des bénéfices non commerciaux.

Art. R. 171-3-1 (Décr. n° 2006-756 du 28 juin 2006) *Pour l'application du troisième alinéa de l'article L. 171-3 :*

1° Est qualifiée de saisonnière l'activité limitée dans le temps correspondant à des tâches normalement appelées à se répéter chaque année aux mêmes périodes en fonction du rythme des saisons ou des modes de vie collectifs ;

2° Lorsque l'une des activités non salariées est exercée tout au long de l'année et l'autre saisonnière et que les revenus tirés de ces activités sont imposés dans la même catégorie fiscale, le rattachement au régime de l'activité principale s'effectue dans les conditions ci-après :

a) Si, pour l'application de l'article 75 du code général des impôts, les produits des activités accessoires imposables dans la catégorie des bénéfices industriels et commerciaux et des bénéfices non commerciaux sont pris en compte pour la détermination des bénéfices agricoles, l'activité agricole est considérée comme l'activité principale et la personne ainsi imposée est en conséquence rattachée au régime des travailleurs non salariés agricoles ;

b) Si, pour l'application de l'article 155 du code général des impôts, les résultats de l'activité agricole sont retenus pour la détermination des bénéfices industriels et commerciaux, l'activité non salariée non agricole est considérée comme l'activité principale et la personne ainsi imposée est en conséquence rattachée au régime des travailleurs non salariés non agricoles.

Lorsque l'une des activités n'est pas exercée tout au long de l'année et que l'autre, tout en ne l'étant également pas, n'est pas saisonnière, il est fait application des dispositions du deuxième alinéa de l'article L. 171-3.

Art. R. 171-4 (Décr. n° 2001-372 du 26 avr. 2001) *Le silence gardé pendant plus d'un mois par la caisse que le travailleur non salarié a saisie d'une demande d'affiliation et à laquelle il a adressé les éléments nécessaires à la détermination de son activité principale vaut décision d'acceptation.*

Un arrêté des ministres chargés de la sécurité sociale et de l'agriculture précise les modalités d'application du présent article. — V. Arr. du 28 déc. 2004 (JO 4 janv. 2005), mod. par Arr. du 6 févr. 2007 (JO 15 févr.).

La détermination de l'activité principale prend effet à la date et dans les conditions prévues à l'article R. 615-6.

Art. R. 171-5 (Décr. n° 2001-372 du 26 avr. 2001) *Les personnes se trouvant dans la situation prévue au troisième alinéa de l'article L. 171-3 le 29 avril 2001 et qui souhaitent continuer à être affiliées simultanément aux régimes correspondant à leurs activités non salariées agricole et non agricole dans les conditions prévues à cet alinéa doivent adresser une demande à chaque caisse ou organisme dont elles relèvent, à une date et selon des modalités fixées par un arrêté des ministres chargés de la sécurité sociale et de l'agriculture. Cette option prend effet pour la détermination de leur activité principale dans les conditions prévues à l'article R. 615-6.* — V. Arr. du 28 déc. 2004 (JO 4 janv. 2005), mod. par Arr. du 6 févr. 2007 (JO 15 févr.).

Cette option est reconduite tacitement à l'issue de chacune des périodes triennales prévues au deuxième alinéa de l'article R. 615-6 sauf dénonciation formulée un mois au préalable dans les mêmes formes et conditions. Cette dénonciation est définitive.

Art. R. 171-6 (Décr. n° 2001-372 du 26 avr. 2001) *Si elle a exercé l'option prévue à l'article R. 171-5, est réputée exercer, à titre principal, une activité entraînant affiliation au régime de l'assurance maladie, invalidité et maternité des exploitants agricoles, la personne qui, outre cette activité, exerce simultanément, au cours d'une année civile, une ou plusieurs activités entraînant affiliation au régime d'assurance maladie et maternité des travailleurs non salariés des professions non agricoles, lorsque le revenu qu'elle tire de son activité agricole constitue plus de la moitié du total des revenus provenant de l'exercice des activités mentionnées au présent article.*

Pour l'application de l'alinéa précédent, le revenu procuré par l'activité agricole est calculé par référence au revenu de l'exploitation type de la catégorie à laquelle appartient celle de l'intéressé ouvrant droit à l'intégralité des prestations familiales agricoles. Le revenu de cette exploitation type est réputé, pour ce calcul, équivalent au revenu professionnel annuel en deçà duquel la cotisation d'allocations familiales prévue à l'article R. 241-2 n'est pas due. Le revenu de l'exploitation considérée est déterminé en multipliant le revenu de l'exploitation type ainsi fixé par le chiffre exprimant le rapport entre l'importance de cette exploitation et celle de l'exploitation type.

Pour la détermination de l'activité principale, en cas d'exercice simultané d'une activité d'exploitant agricole et d'une activité salariée, le mode de calcul du revenu à prendre en considération au titre de l'exploitation agricole est fixé, non par référence aux revenus réellement procurés à l'intéressé par son activité agricole, mais impérativement par les dispositions spécifiques de l'art. R. 615-2, al. 2, CSS *[devenu R. 171-6]*, lequel se réfère à un revenu forfaitaire. • Soc. 19 oct. 2000 : *TPS 2000. Comm. 404.*

CHAPITRE II COORDINATION EN MATIÈRE D'ASSURANCE MALADIE, MATERNITÉ, INVALIDITÉ, DÉCÈS

SECTION PREMIÈRE COORDINATION ENTRE LE RÉGIME GÉNÉRAL ET LES RÉGIMES SPÉCIAUX

SOUS-SECTION 1 DISPOSITIONS GÉNÉRALES

Néant. — V. art. D. 172-2 à D. 172-10.

SOUS-SECTION 2 ASSURÉS TITULAIRES DE PLUSIEURS PENSIONS

Néant.

SOUS-SECTION 3 COORDINATION EN CE QUI CONCERNE LES PENSIONS DE VEUVES OU DE VEUFS

Néant. — V. art. D. 172-14 à D. 172-19.

SECTION II COORDINATION DU RÉGIME AGRICOLE ET DES AUTRES RÉGIMES

SOUS-SECTION 1 DISPOSITIONS GÉNÉRALES

Art. R. 172-1 *(Décr. n° 2018-1255 du 27 déc. 2018, art. 1er-4°)* Pour le calcul des indemnités journalières maladie ou maternité versées en application de l'article L. 172-1, l'ensemble des rémunérations salariées ou assimilées perçues dans les conditions prévues à l'article R. 323-4 sont prises en compte par l'organisme auquel est rat-

taché l'assuré pour ses frais de santé, sans que leur somme ne puisse excéder le plafond prévu à l'avant-dernier alinéa de cet article.

Les dispositions du 4° de l'art. 1er du Décr. n° 2018-1255 du 27 déc. 2018 sont applicables aux arrêts de travail débutant à compter du 1er janv. 2019 (Décr. préc., art. 5-I).

Art. R. 172-2 *(Décr. n° 2018-1255 du 27 déc. 2018, art. 1er-5°, en vigueur le 1er janv. 2019)* **Dans le cas où l'assuré a relevé successivement du régime général ou d'un régime spécial au sens de l'article L. 711-1 et du régime agricole d'assurances sociales, ou inversement, le service et la charge des prestations de l'assurance décès incombent au régime auquel l'assuré était affilié à la date du décès, sous réserve des conditions d'ouverture du droit aux prestations.**

Lorsque les conditions d'ouverture du droit aux prestations exigées par la réglementation propre à un régime spécial ne permettent pas l'octroi des prestations de ce régime, celui-ci est tenu d'accorder les prestations prévues par le régime général dans les conditions fixées pour ce dernier.

Art. R. 172-3 (Abrogé par Décr. n° 2018-1255 du 27 déc. 2018, art. 1er-18°, à compter du 1er janv. 2019) ***Pour l'appréciation du droit à prestations à l'égard de l'un des deux régimes agricole ou non agricole, il est tenu compte :***

1° De la durée d' (Décr. n° 2017-736 du 3 mai 2017, art. 1er-7°) ***« affiliation » à l'autre régime ;***

2° Du temps de travail effectué dans une profession relevant de l'autre régime et du temps assimilé à un temps de travail pour l'ouverture du droit aux prestations à l'égard de cet autre régime.

Art. R. 172-4 (Abrogé par Décr. n° 2016-667 du 24 mai 2016, art. 1er-3°, à compter du 1er juill. 2016) ***Les assurés titulaires d'une pension d'invalidité du régime général de sécurité sociale qui deviennent tributaires du régime agricole des assurances sociales, ou inversement, ne peuvent prétendre au bénéfice de l'assurance invalidité de leur nouveau régime que pour une invalidité ayant une autre origine que celle pour laquelle ils sont déjà pensionnés.***

Il est tenu compte, dans ce cas, pour la détermination de leurs droits à une nouvelle pension, de leur degré total d'incapacité.

Pour l'application des dispositions de l'article L. 341-5 et du dernier alinéa du (Décr. n° 87-801 du 29 sept. 1987, art. 5) ***« paragraphe 4 de l'article 1er » du décret n° 51-727 du 6 juin 1951 modifié, il est tenu compte du total des deux pensions.***

Les arrérages cumulés des deux pensions ne peuvent excéder le salaire perçu par un travailleur de la catégorie professionnelle à laquelle l'assuré appartenait en dernier lieu (Décr. n° 87-801 du 29 sept. 1987, art. 5) ***« et, lorsque l'entrée en jouissance de la deuxième pension est postérieure au 1er octobre 1958, 50 % de ce salaire ». Ils ne peuvent, toutefois, être inférieurs au montant de la plus élevée des deux pensions.***

La pension servie par le dernier régime est réduite, s'il y a lieu, à concurrence de l'excédent.

Art. R. 172-5 (Abrogé par Décr. n° 2018-1255 du 27 déc. 2018, art. 1er-18°, à compter du 1er janv. 2019) ***Les régimes spéciaux de sécurité sociale, au sens de l'article L. 711-1 sont assimilés au régime général de sécurité sociale pour l'application des articles R. 172-1 et R. 172-3, réserve faite des conditions spéciales d'ouverture du droit aux prestations. Lorsque les conditions d'ouverture du droit aux prestations exigées par la réglementation propre à un régime spécial ne permettent pas l'octroi des prestations dudit régime, celui-ci est tenu d'accorder les prestations prévues par le régime général dans les conditions prévues par ce dernier.***

Art. R. 172-6 (Abrogé par Décr. n° 2018-1255 du 27 déc. 2018, art. 1er-18°, à compter du 1er janv. 2019) ***Les assurés titulaires d'une pension d'invalidité au titre d'un régime spécial de sécurité sociale ne peuvent prétendre, s'ils deviennent tributaires du régime agricole des assurances sociales, au bénéfice de l'assurance invalidité de ce régime, que pour une invalidité ayant une autre origine que celle pour laquelle ils sont déjà pensionnés. Il est tenu compte, dans ce cas, pour la détermination de leurs droits, de leur degré total d'incapacité.***

Art. R. 172-7 *Devient l'art. R. 172-21-4 (Décr. n° 2018-1255 du 27 déc. 2018, art. 1er-6°).*

Art. R. 172-8 (Abrogé par Décr. n° 2018-1255 du 27 déc. 2018, art. 1er-18°, à compter du 1er janv. 2019) (Décr. n° 2016-667 du 24 mai 2016, art. 1er-5°) ***« Lorsque » le travailleur relève simultanément du régime agricole et du régime non agricole des assurances sociales, le service des prestations éventuellement dues*** (Décr. n° 2016-667 du 24 mai 2016, art. 1er-5°) ***« , en cas de maladie ou de maternité, » incombe :***

1° Au régime non agricole, lorsque l'assuré remplit les conditions d'ouverture du droit aux prestations exigées (Décr. n° 2016-667 du 24 mai 2016, art. 1er-5°) ***« à l'article L. 313-1 »***

compte tenu des seules périodes d'activité non agricole et des périodes de chômage involontaire constaté ;

2° Au régime agricole, (Décr. n° 2016-667 du 24 mai 2016, art. 1er-5°) ***« si l'assuré remplit les conditions d'ouverture du droit aux prestations exigées à l'article L. 313-1 au titre de périodes d'activités salariées agricoles », compte tenu des dispositions de l'article R. 172-3.***

Art. R. 172-9 *(Abrogé par Décr. n° 2018-1255 du 27 déc. 2018, art. 1er-7°)* ***« Les prestations, y compris les prestations en espèces, sont liquidées conformément aux modalités applicables dans le régime qui en assure le service.***

« Le salaire servant de base au calcul des prestations en espèces est fixé compte tenu des rémunérations perçues à la fois du fait du travail agricole et du fait du travail non agricole.

« Toutefois, » **Le salaire servant de base au calcul des** *(Décr. n° 2018-1255 du 27 déc. 2018, art. 1er-7°)* **« indemnités journalières au titre de la maladie et de la maternité » dues à un assuré qui a été affilié successivement à un régime spécial de sécurité sociale et au régime agricole des assurances sociales ou inversement est fixé en ne tenant compte que des rémunérations perçues au cours des périodes d'affiliation au régime auquel incombe la charge desdites prestations.**

Les dispositions du 7° de l'art. 1er du Décr. n° 2018-1255 du 27 déc. 2018 sont applicables aux arrêts de travail débutant à compter du 1er janv. 2019 (Décr. préc., art. 5-I).

SOUS-SECTION 2 DISPOSITIONS APPLICABLES AUX ASSURÉS TITULAIRES DE PLUSIEURS PENSIONS

Art. R. 172-10 (Abrogé par Décr. n° 2015-875 du 16 juill. 2015, art. 1er-3°) ***Lorsqu'un assuré n'exerçant pas une activité salariée l'assujettissant à un régime de sécurité sociale, est titulaire d'une pension servie au titre du régime agricole des assurances sociales, et d'une ou plusieurs pensions servies au titre d'un ou plusieurs régimes de sécurité sociale, le régime de sécurité sociale auquel incombe la charge des prestations en nature de l'assurance maladie et, le cas échéant, des prestations en nature de l'assurance invalidité, est déterminé dans les conditions suivantes :***

1° Si l'assuré est titulaire d'une pension acquise à titre personnel et d'une pension de réversion, les prestations en nature susvisées sont dues par le régime de sécurité sociale dont il relève du fait de la pension rémunérant ses services personnels ;

2° Si l'assuré est titulaire d'une pension d'invalidité et d'une pension acquise à un autre titre, les prestations sont dues par le régime de sécurité sociale dont il relève du fait de la pension d'invalidité ;

3° Si l'assuré est titulaire de deux pensions de même nature, les prestations sont dues par le régime de sécurité sociale dont il relève du fait de la pension calculée sur la base du plus grand nombre d'annuités. Si les deux pensions sont calculées sur la base du même nombre d'annuités, les prestations sont dues par le régime de sécurité sociale dont il relève du fait de la pension rémunérant les services accomplis en dernier lieu.

Art. R. 172-11 (Abrogé par Décr. n° 2015-875 du 16 juill. 2015, art. 1er-3°) ***Les prestations en nature de l'assurance maladie et, le cas échéant, les prestations en nature de l'assurance invalidité sont à la charge exclusive du régime auquel l'assuré est affilié, en application de l'article R. 172-10.***

Art. R. 172-12 (Abrogé par Décr. n° 2015-875 du 16 juill. 2015, art. 1er-3°) ***Les dispositions de la présente sous-section ne sont pas applicables aux titulaires de pensions du code des pensions militaires d'invalidité et des victimes de la guerre qui bénéficient des dispositions des articles L. 381-19 et suivants.***

SECTION III COORDINATION ENTRE DIVERS RÉGIMES

SOUS-SECTION 1 ASSURANCE MALADIE-MATERNITÉ *(Décr. n° 2017-736 du 3 mai 2017, art. 1er-8°).*

Art. R. 172-12-1 *(Décr. n° 2009-523 du 7 mai 2009 ; Décr. n° 2017-736 du 3 mai 2017, art. 1er-8° ; Décr. n° 2018-1255 du 27 déc. 2018, art. 1er-8°, en vigueur le 1er janv. 2019)* **Pour l'application par un régime d'assurance maladie et maternité des dispositions du second alinéa de l'article L. 172-2, la période d'activité accomplie dans un autre régime régi par le présent code ou par le code rural et de la pêche maritime est prise en compte selon les règles suivantes :**

1° La durée d'affiliation à un régime est assimilée à une durée d'affiliation dans l'autre régime ;

2° Le montant de cotisations acquitté dans un régime est considéré comme acquitté dans l'autre régime. Les périodes de cotisation ou la durée de travail effectuées ainsi que les périodes et durées assimilées dans un régime sont considérées comme effectuées dans l'autre régime. Chaque journée d'affiliation à un régime de travailleurs non salariés est considérée comme équivalant à six heures de travail salarié.

Art. R. 172-12-2 *(Décr. n° 2009-523 du 7 mai 2009)* Une attestation mentionnant les éléments prévus par l'article R. 172-12-1 est délivrée à la demande de la caisse chargée du service des prestations par les caisses des autres régimes concernés.

Toutefois, lorsque l'assuré a été bénéficiaire de l'un des revenus prévus par l'article L. 5421-2 du code du travail, il lui appartient d'adresser à la caisse chargée du service des prestations les pièces justifiant des périodes en cause.

Art. R. 172-12-3 *(Décr. n° 2009-523 du 7 mai 2009 ; Décr. n° 2017-736 du 3 mai 2017, art. 1er-8° ; Décr. n° 2018-1255 du 27 déc. 2018, art. 1er-9°, en vigueur le 1er janv. 2019)* Pour l'application du second alinéa de l'article L. 172-2, le service et la charge financière des prestations incombent :

1° Abrogé par Décr. n° 2015-1865 du 30 déc. 2015, art. 4-1°.

2° En ce qui concerne les prestations en espèces de l'assurance maladie, au régime auquel était affilié l'assuré au jour de l'interruption de travail ;

3° En ce qui concerne les prestations en espèces de l'assurance maternité, au régime auquel était affiliée l'assurée au début du repos prénatal ou à défaut au premier jour du neuvième mois précédant la date présumée de l'accouchement ;

4° En ce qui concerne les prestations en espèces servies en cas d'adoption, au régime auquel était affilié l'assuré le jour de l'arrivée de l'enfant dans le foyer ;

5° En ce qui concerne les prestations en espèces servies en cas de paternité, au régime auquel était affilié l'assuré le jour de l'accouchement de la mère.

Si l'assuré a interrompu son activité à la date considérée, le service et la charge financière des prestations incombent au dernier régime dont il relevait antérieurement.

SOUS-SECTION 2 ASSURANCE INVALIDITÉ

Art. R. 172-16 *(Décr. n° 2016-667 du 24 mai 2016, art. 1er-6°, en vigueur le 1er juill. 2016)* La présente sous-section détermine :

1° Les conditions dans lesquelles sont ouverts et maintenus les droits aux prestations de l'assurance invalidité des personnes qui ont relevé alternativement, successivement ou simultanément de plusieurs régimes définis à l'article R. 172-17 comportant la couverture du risque invalidité ;

2° Les conditions dans lesquelles sont calculés les droits aux prestations de l'assurance invalidité des personnes mentionnées au 1° du présent article lorsque le montant de la pension servie par l'un des régimes définis à l'article R. 172-17-1, qui prend le nom de pension d'invalidité coordonnée, représente une fraction annuelle des revenus moyens correspondant aux cotisations versées au cours des dix années civiles d'assurance les plus avantageuses pour ces assurés.

Art. R. 172-17 *(Décr. n° 86-838 du 16 juill. 1986, art. 38)* Les régimes entrant dans le champ de la coordination prévue *(Décr. n° 2016-667 du 24 mai 2016, art. 1er-7°, en vigueur le 1er juill. 2016)* « au 1° de » l'article *(Décr. n° 2016-667 du 24 mai 2016, art. 1er-7°, en vigueur le 1er juill. 2016)* « R. 172-16 » sont les suivants :

1° Régimes de salariés :

a) Le régime général de sécurité sociale ;

b) Les régimes spéciaux de sécurité sociale ;

c) Le régime des assurances sociales des professions agricoles ;

2° Régimes de travailleurs non salariés :

a) Les régimes des travailleurs non salariés des professions non agricoles ;

b) Le régime des avocats ;

c) Le régime des travailleurs non salariés des professions agricoles ;

3° Le régime d'assurance invalidité des ministres des cultes et membres des congrégations et collectivités religieuses, auquel la présente sous-section s'applique dans les mêmes conditions qu'aux régimes des travailleurs non salariés.

Art. R. 172-17-1 *(Décr. n° 2016-667 du 24 mai 2016, art. 1er-8°, en vigueur le 1er juill. 2016)* Les régimes entrant dans le champ de la coordination prévue au 2° de l'article R. 172-16 sont les mêmes que ceux mentionnés à l'article R. 172-17 à l'exclusion :

a) Du régime des avocats ;

b) Du régime des travailleurs non salariés des professions agricoles ;

c) Des régimes spéciaux autres que le régime des clercs et employés de notaires.

Art. R. 172-18 *(Décr. n° 86-838 du 16 juill. 1986, art. 38)* La charge *(Décr. n° 2016-667 du 24 mai 2016, art. 1er-9°, en vigueur le 1er juill. 2016)* « financière » et le service des prestations de l'assurance invalidité attribuées aux personnes mentionnées à l'article R. 172-16 incombent au régime dont *(Décr. n° 2016-667 du 24 mai 2016, art. 1er-9°, en vigueur le 1er juill. 2016)* « elles relèvent » à la date de la constatation médicale de l'invalidité, dès lors que les intéressés *[intéressées]*, à défaut de satisfaire aux conditions prévues par la réglementation propre *(Décr. n° 2016-667 du 24 mai 2016, art. 1er-9°, en vigueur le 1er juill. 2016)* « à ce régime », remplissent les conditions définies à l'article R. 172-19 pour l'ouverture de leurs droits.

Selon l'art. R. 172-18 CSS, la charge et le service des prestations de l'assurance invalidité attribuées aux personnes qui ont exercé successivement ou alternativement soit des activités relevant d'un régime de salariés et d'un régime de non-salariés, soit des activités relevant de plusieurs régimes de travailleurs non-salariés comportant chacun la couverture de ce même risque incombent au régime dont relève l'activité exercée à la date de la constatation médicale de l'invalidité, dès lors que les intéressées, à défaut de satisfaire aux conditions prévues par la réglementation propre au régime dont elles sont devenus tributaires, remplissent les conditions définies à l'art. R. 172-19 pour l'ouverture de leurs droits. • Civ. 2e, 19 juin 2014, n°s 13-17.851 P, 13-17.877 P : *D. actu. 29 juill. 2014, obs. Fraisse ; RDSS 2014. 976, note Tauran ; RJS 10/2014, n° 739 ; JCP S 2014, n° 1423, note Tauran.*

Art. R. 172-19 *(Décr. n° 86-838 du 16 juill. 1986, art. 38)* Pour l'ouverture du droit aux prestations de l'assurance invalidité :

1° Le temps de travail effectué dans un régime de salariés est pris en compte dès lors qu'il ouvrait droit aux prestations de l'assurance invalidité au titre de ce régime ou qu'il aurait pu y ouvrir droit si l'activité de l'intéressé s'était poursuivie dans les mêmes conditions de périodicité ;

2° Chaque journée d'affiliation à un régime de travailleurs non salariés est considérée comme équivalant à six heures de travail salarié ; il en est de même de toute période d'exercice d'une activité relevant de l'un desdits régimes lorsqu'elle est antérieure à la date à partir de laquelle l'affiliation à ce régime devient obligatoire ;

3° Toute période d'affiliation à l'un des régimes mentionnés à l'article *(Décr. n° 2016-667 du 24 mai 2016, art. 1er-10°, en vigueur le 1er juill. 2016)* « R. 172-17 » est assimilée à une période d'affiliation au régime auquel incombe la charge des prestations ; il en est de même de toute période d'exercice d'une activité relevant de l'un desdits régimes lorsqu'elle est antérieure à la date à partir de laquelle l'affiliation à ce régime devient obligatoire, sous réserve de la justification par tous moyens de preuve de cette activité ;

4° Toute période de cotisations à l'un des régimes mentionnés à l'article *(Décr. n° 2016-667 du 24 mai 2016, art. 1er-10°, en vigueur le 1er juill. 2016)* « R. 172-17 » est assimilée à une période de cotisations au régime auquel incombe la charge des prestations.

Art. R. 172-20 *(Décr. n° 86-838 du 16 juill. 1986, art. 38) (Décr. n° 2016-667 du 24 mai 2016, art. 1er-11°, en vigueur le 1er juill. 2016)* « A l'exception du cas prévu au 2° de l'article R. 172-16, lorsque, dans le régime auquel incombent la charge financière et le service des prestations de l'assurance invalidité, » la pension est calculée en fonction du salaire ou du revenu professionnel, il n'est tenu compte que des salaires ou revenus perçus au cours des périodes d'exercice d'une activité relevant de ce régime.

Art. R. 172-20-1 *(Décr. n° 2016-667 du 24 mai 2016, art. 1er-12°, en vigueur le 1er juill. 2016)* Pour le calcul des droits, dans le cas prévu au 2° de l'article R. 172-16, l'organisme auquel incombent la charge financière et le service des prestations de l'assurance invalidité prend en compte les périodes d'assurance effectuées dans les régimes mentionnés à l'article R. 172-17-1 et calcule la pension selon ses propres règles.

Pour la détermination des dix années civiles d'assurance les plus avantageuses, sont pris en compte les revenus ou salaires ayant servi de base au calcul des cotisations versées au cours des périodes d'assurance mentionnées au premier alinéa.

Art. R. 172-21 *(Décr. n° 86-838 du 16 juill. 1986, art. 38) (Décr. n° 2016-667 du 24 mai 2016, art. 1er-13°, en vigueur le 1er juill. 2016)* « I. — » Les assurés titulaires d'une pension d'invalidité au titre d'un *(Décr. n° 2016-667 du 24 mai 2016, art. 1er-13°, en vigueur le 1er juill. 2016)* « des régimes mentionnés à l'article R. 172-17 » qui viennent à exercer une activité relevant d'un *(Décr. n° 2016-667 du 24 mai 2016, art. 1er-13°, en vigueur le 1er juill. 2016)* « autre de ces régimes » ne peuvent prétendre au bénéfice de l'assurance invalidité de leur nouveau régime que pour une invalidité ayant une autre origine que celle pour laquelle ils sont déjà pensionnés ou bien lorsque celle-ci résulte d'une aggravation de la précédente invalidité non susceptible d'être indemnisée au titre du premier régime.

(Décr. n° 2016-667 du 24 mai 2016, art. 1er-13°, en vigueur le 1er juill. 2016) « II. — Pour les assurés relevant successivement ou alternativement de plusieurs régimes mentionnés à l'article R. 172-17-1 et titulaires d'une pension d'invalidité dans l'un ou *[dans]* plusieurs de ces régimes, cette nouvelle invalidité ouvre droit à une pension d'invalidité coordonnée qui se substitue à la ou aux pensions en cause. Son montant, servi par le régime dont l'assuré relève à la date de la constatation médicale de son invalidité, est au moins égal au montant de la première pension ou, lorsque l'assuré est titulaire de plusieurs pensions, aux montants cumulés de celles-ci. »

Art. R. 172-21-1 *(Décr. n° 2016-667 du 24 mai 2016, art. 1er-14°)* I. — Pour les assurés relevant simultanément de plusieurs régimes mentionnés à l'article R. 172-17-1, la demande de pension d'invalidité coordonnée est adressée par l'assuré à l'organisme qui prend en charge ses frais de santé. Tout autre organisme saisi de cette demande la transmet dans un délai de quinze jours à l'organisme compétent et en informe l'assuré.

Sous réserve de l'alinéa suivant, la charge financière et le service de la pension d'invalidité coordonnée incombent à l'organisme qui prend en charge les frais de santé de l'assuré. Celui-ci notifie à l'assuré sa décision de procéder à la liquidation de cette pension coordonnée par tous moyens permettant de conférer date certaine.

En cas de rejet de la demande de pension d'invalidité par l'organisme qui prend en charge les frais de santé, celui-ci la transmet pour examen à un autre organisme dont relève l'assuré. La charge financière et le service de la pension d'invalidité coordonnée incombe *[incombent]* à ce dernier si l'examen de la demande permet d'ouvrir droit à la pension d'invalidité. Celui-ci notifie à l'assuré sa décision de procéder à la liquidation de la pension d'invalidité coordonnée par tous moyens permettant de conférer date certaine.

Les régimes dont dépend l'assuré coopèrent en s'échangeant les informations nécessaires à cet effet.

(Décr. n° 2018-1255 du 27 déc. 2018, art. 1er-10°, en vigueur le 1er janv. 2020) « Par dérogation aux alinéas précédents, si l'assuré exerce simultanément l'activité d'un travailleur indépendant mentionné à l'article L. 631-1 et une activité salariée relevant du régime général, la charge financière et le service de la pension d'invalidité relèvent de l'activité au titre de laquelle la durée d'assurance est la plus longue. En cas de durées d'assurance équivalentes au titre de chacune des activités, ils relèvent de l'activité au titre de laquelle les revenus d'activité cotisés sont les plus élevés. »

II. — Pour les assurés mentionnés au I, titulaires en outre d'une pension d'invalidité dans l'un ou *[dans]* plusieurs de ces régimes, la pension d'invalidité coordonnée peut être attribuée soit pour une invalidité ayant une autre origine que celle pour laquelle ils sont déjà pensionnés, soit lorsque celle-ci résulte d'une aggravation de la précédente invalidité non susceptible d'être indemnisée par le régime qui en assure le service. Dans ces cas, la pension d'invalidité coordonnée se substitue à la ou aux pensions en cause. Son montant, servi par le régime déterminé au I, est au moins égal au montant de la première pension ou, lorsque l'assuré est titulaire de plusieurs pensions, aux montants cumulés de celles-ci.

Art. R. 172-21-2 *(Décr. n° 2016-667 du 24 mai 2016, art. 1er-14°, en vigueur le 1er juill. 2016)* La pension coordonnée prend effet à la date fixée conformément aux modalités applicables dans le régime auquel incombent la charge financière et le service des prestations de l'assurance invalidité.

Lorsque la pension coordonnée se substitue à une première pension d'invalidité, cette première pension prend fin le jour précédant la date mentionnée au premier alinéa du présent article.

Art. R. 172-21-3 *(Décr. nº 2016-667 du 24 mai 2016, art. 1er-14º, en vigueur le 1er juill. 2016)* Pour les assurés relevant alternativement, successivement ou simultanément de plusieurs régimes mentionnés à l'article R. 172-17-1 et titulaires d'une pension d'invalidité dans un régime autre que ceux mentionnés à cet article, la pension d'invalidité coordonnée peut être attribuée soit pour une invalidité ayant une autre origine que celle pour laquelle ils sont déjà pensionnés, soit lorsque celle-ci résulte d'une aggravation de la précédente invalidité non susceptible d'être indemnisée au titre du premier régime. Dans ces cas, la pension d'invalidité coordonnée se cumule avec la première pension d'invalidité.

Art. R. 172-21-4 Les assurés titulaires d'une pension d'un régime spécial de sécurité sociale acquise à un autre titre que l'invalidité peuvent prétendre, *(Décr. nº 2018-1255 du 27 déc. 2018, art. 1er-6º, en vigueur le 1er janv. 2019)* « s'ils viennent à exercer une activité salariée relevant du régime général ou du régime agricole », au bénéfice de l'assurance invalidité de ce régime s'ils remplissent les conditions fixées par ledit régime.

Toutefois, dans les cas mentionnés à l'article précédent et à l'alinéa ci-dessus, il est tenu compte, pour l'application *(Décr. nº 2016-667 du 24 mai 2016, art. 1er-4º)* « de l'article L. 341-5 », du total de la pension d'invalidité *(Décr. nº 2018-1255 du 27 déc. 2018, art. 1er-6º, en vigueur le 1er janv. 2019)* « du régime général ou » du régime agricole et de la pension du régime spécial.

Ce total ne peut, en aucun cas, excéder le salaire perçu par un travailleur valide de la catégorie professionnelle à laquelle l'assuré appartenait en dernier lieu.

La pension servie par le dernier régime est réduite, s'il y a lieu, à concurrence de l'excédent.

Ces dispositions sont également applicables à l'assuré titulaire d'une pension d'invalidité au titre *(Décr. nº 2018-1255 du 27 déc. 2018, art. 1er-6º, en vigueur le 1er janv. 2019)* « du régime général ou du régime agricole servie au titre d'une activité salariée », qui est ultérieurement admis au bénéfice d'une pension fondée sur la durée des services ou d'une pension d'invalidité, au titre d'un régime spécial. La pension d'invalidité du régime agricole *(Décr. nº 2018-1255 du 27 déc. 2018, art. 1er-6º, en vigueur le 1er janv. 2019)* « ou du régime général » est réduite, s'il y a lieu, à compter de la date d'entrée en jouissance de la pension du régime spécial.

(Décr. nº 2018-1255 du 27 déc. 2018, art. 1er-6º, en vigueur le 1er janv. 2019) « Le présent article ne s'applique pas aux régimes mentionnés à l'article R. 172-17-1 lorsque l'assuré cumule une pension d'invalidité servie par ces régimes et une pension d'invalidité servie par le régime général ou le régime agricole au titre d'une activité salariée. » — *[Anc. art. R. 172-7.]*

SECTION IV DISPOSITIONS DIVERSES

Art. R. 172-22 *(Décr. nº 88-677 du 6 mai 1988, art. 4)* Lorsqu'une personne peut prétendre simultanément au bénéfice des prestations d'un même régime au titre des articles L. 381-2 ou L. 741-7 *(Abrogé par Décr. nº 2015-1865 du 30 déc. 2015, art. 10-11º, à compter du 1er janv. 2016)* « *et d'autres dispositions énumérées à l'article R. 172-15* », les prestations sont servies par priorité au titre des articles L. 381-2 ou L. 741-7.

Si les articles L. 381-2 et L. 741-7 sont applicables, il est fait application de l'article L. 381-2.

Lorsque des cotisations doivent être versées, elles le sont au titre des dispositions en application desquelles sont servies les prestations.

CHAPITRE III COORDINATION EN MATIÈRE D'ASSURANCE VIEILLESSE ET D'ASSURANCE VEUVAGE

SECTION PREMIÈRE COORDINATION EN MATIÈRE D'ASSURANCE VIEILLESSE ENTRE LE RÉGIME GÉNÉRAL ET LES RÉGIMES SPÉCIAUX

SOUS-SECTION 1 DISPOSITIONS GÉNÉRALES

§ 1er ASSURÉS AFFILIÉS SUCCESSIVEMENT OU ALTERNATIVEMENT AU RÉGIME GÉNÉRAL ET À UN OU À PLUSIEURS RÉGIMES SPÉCIAUX DE RETRAITE

Néant. — V. art. D. 173-2 à D. 173-4.

§ 2 ASSURÉS AFFILIÉS SUCCESSIVEMENT OU ALTERNATIVEMENT À PLUSIEURS RÉGIMES SPÉCIAUX DE RETRAITE

Néant. — V. art. D. 173-5 à D. 173-8.

§ 3 ASSURÉS AYANT CESSÉ D'ÊTRE SOUMIS À UN RÉGIME SPÉCIAL DE RETRAITE SANS AVOIR DROIT À PENSION ET QUI NE SONT DEVENUS ULTÉRIEUREMENT TRIBUTAIRES D'AUCUN RÉGIME DE RETRAITE

Néant. — V. art. D. 173-9 à D. 173-11.

§ 4 DISPOSITIONS DIVERSES

Art. R. 173-1 Le régime général de sécurité sociale continue à assurer selon ses propres règles la liquidation des avantages de vieillesse dus par les régimes spéciaux de retraite, autres que ceux qui sont mentionnés à la sous-section 2 de la présente section, aux assurés et aux conjoints survivants d'assurés qui ont été affiliés successivement, alternativement ou simultanément à un ou plusieurs de ces régimes et au régime général de sécurité sociale.

Le régime général est tenu de fournir aux régimes spéciaux de retraite auxquels il incombe de liquider directement et de servir des avantages de vieillesse au moins égaux à ceux du régime général, et à la demande de ces régimes, tous éléments d'information de nature à faciliter cette liquidation.

Les frais de gestion, résultant pour le régime général de l'application du présent article, lui sont remboursés par les régimes spéciaux concernés, dans les conditions fixées par décret.

V. art. D. 173-12 à D. 173-14.

SOUS-SECTION 2 DISPOSITIONS APPLICABLES AUX BÉNÉFICIAIRES DES RÉGIMES DE RETRAITE DES OUVRIERS DES ÉTABLISSEMENTS INDUSTRIELS DE L'ÉTAT, DES FONCTIONNAIRES CIVILS ET MILITAIRES, DE L'IMPRIMERIE NATIONALE ET DU SERVICE D'EXPLOITATION INDUSTRIELLE DES TABACS ET ALLUMETTES ET AUX TRIBUTAIRES DE LA CAISSE NATIONALE DE RETRAITE DES AGENTS DES COLLECTIVITÉS LOCALES

Néant. — V. art. D. 173-15 à D. 173-20.

SOUS-SECTION 3 DISPOSITIONS DIVERSES

Néant. — V. art. D. 173-21.

SECTION II COORDINATION EN MATIÈRE D'ASSURANCE VIEILLESSE ENTRE LE RÉGIME AGRICOLE ET LES AUTRES RÉGIMES

Art. R. 173-2 La décision de reconnaissance d'un état d'inaptitude au travail prise soit au titre du régime non agricole des salariés, soit au titre du régime agricole des salariés est valable pour l'autre régime. La décision est prise dans le cadre du régime auquel l'assuré cotisait à la date où son compte a été arrêté.

(Décr. n° 2017-735 du 3 mai 2017, art. 2-I) « Lorsque la pension relève des dispositions de l'article L. 173-1-2, le régime mentionné à l'alinéa précédent est réputé être celui compétent en application de l'article R. 173-4-4. » — *Les dispositions de l'art. 2 du Décr. n° 2017-735 du 3 mai 2017 entrent en vigueur à la date prévue au II de l'art. 43 de la L. n° 2014-40 du 20 janv. 2014, soit le 1er juill. 2017 (Décr. préc., art. 4 et Décr. n° 2017-737 du 3 mai 2017, art. 4).*

Art. R. 173-3 Lorsqu'un assuré tributaire d'un régime spécial de retraite au sens de l'article R. 711-1 est admis à effectuer sous ce régime des versements rétroactifs pour des périodes ayant donné lieu au versement de cotisations du régime obligatoire des assurances sociales agricoles, la fraction des cotisations affectée à la couverture du risque vieillesse est annulée à l'égard de ce dernier régime et versée à la collectivité ou à l'établissement qui emploie l'assuré pour être affectée, s'il y a lieu, à sa caisse de retraite.

La part correspondant aux cotisations personnelles de l'assuré est déduite par ladite collectivité ou ledit établissement des versements rétroactifs que l'intéressé doit effectuer au titre du régime spécial.

(Décr. nº 90-109 du 30 janv. 1990) « L'annulation de versements prévue au présent article est opérée par la caisse centrale de secours mutuels agricoles à la demande de l'État, de l'établissement ou de la collectivité intéressés ».

Art. R. 173-3-1 *(Décr. nº 2011-352 du 30 mars 2011)* Lorsqu'un assuré relève ou a relevé successivement ou simultanément du régime général de sécurité sociale et d'au moins l'un des régimes de protection sociale des professions agricoles, son droit au bénéfice des dispositions de l'article L. 351-1-4 du présent code et de l'article L. 732-18-3 du code rural et de la pêche maritime est apprécié par le régime au titre duquel a été reconnue l'incapacité permanente définie au I de ces articles. Cette règle est également applicable lorsqu'un assuré relève ou a relevé successivement ou simultanément du régime des assurances sociales agricoles et du régime de l'assurance vieillesse des personnes non salariées des professions agricoles.

Lorsque l'assuré justifie d'au moins deux incapacités permanentes reconnues l'une par le régime général, l'autre par l'un des régimes de protection sociale des professions agricoles, la caisse compétente pour apprécier le droit à retraite est celle du régime au titre duquel a été reconnu le taux d'incapacité le plus élevé. En cas d'identité des taux, la caisse compétente est celle du régime ayant reconnu le taux d'incapacité permanente en dernier lieu. — *Art. applicable aux demandes déposées pour les retraites prenant effet à compter du 1er juill. 2011.*

V. Circ. nº DSS/SD2/2011/151 du 18 avr. 2011 relative à la mise en œuvre de la retraite à raison de la pénibilité.

SECTION III COORDINATION EN MATIÈRE D'ASSURANCE VIEILLESSE ENTRE DIVERS RÉGIMES

SOUS-SECTION 1 DISPOSITIONS GÉNÉRALES

Art. R. 173-4 Les avantages de vieillesse dus par le régime général de sécurité sociale aux assurés et aux conjoints survivants d'assurés ayant été affiliés successivement, alternativement ou simultanément à ce régime et à un ou plusieurs autres régimes de retraite entrant dans le champ d'application de la sous-section 3 de la section I du chapitre II du présent titre, des sous-sections 1 et 2 de la section I du présent chapitre, du décret nº 51-820 du 27 juin 1951 et du décret nº 58-436 du 14 avril 1958 sont déterminés, à l'exception du taux applicable au salaire annuel de base pour la détermination duquel il est fait application des dispositions de l'article R. 351-27, sur la base des seules périodes d'assurance valables au regard dudit régime.

Sauf dans le cas prévu au premier alinéa de l'article R. 173-1, le régime général est tenu de faire connaître aux autres régimes de retraite dont l'assuré a relevé la date à laquelle il a reçu la demande de liquidation présentée par celui-ci ou par son conjoint survivant, dès réception de cette demande.

Il est également tenu de faire connaître aux régimes concernés, après liquidation des avantages de vieillesse dont la charge lui incombe, la date d'effet, le montant et les éléments de calcul de ces avantages, notamment le nombre de trimestres pris en compte pour ce calcul.

Art. R. 173-4-1 *(Décr. nº 97-1001 du 27 oct. 1997, art. 1er)* Lorsqu'un assuré relève ou a relevé successivement, alternativement ou simultanément du régime général de sécurité sociale, des régimes de salariés et d'exploitants agricoles et *(Décr. nº 2017-735 du 3 mai 2017, art. 3-3º)* « du régime social des indépendants », la demande de liquidation des droits à pension, directs ou dérivés, est adressée, au moyen d'un imprimé unique conforme à un modèle fixé par arrêté des ministres chargés de la sécurité sociale, du budget et de l'agriculture, à l'un des régimes précités, dit régime d'accueil, au choix de l'intéressé.

Au sein du régime d'accueil, la caisse chargée de la réception de la demande unique de retraite et du contrôle de sa recevabilité est la caisse compétente en vertu des règles propres à chaque régime.

L'imprimé de demande unique de retraite mentionné au premier alinéa doit être disponible dans toutes les caisses des régimes concernés, accompagné d'une notice précisant les règles de compétence mentionnées au deuxième alinéa.

Le régime d'accueil est tenu de communiquer aux autres régimes, dits régimes-partenaires, les copies de l'imprimé unique et, le cas échéant, des pièces justificatives nécessaires à la liquidation des droits qui leur incombe.

1. La demande de pension de réversion formulée initialement par lettre simple suffit à fixer dans le temps les droits de l'assuré dès lors qu'elle a été régularisée ensuite par l'imprimé réglementaire. • Civ. 2e, 15 mars 2012 : *RJS 2012, n° 593 ; CSBP 2012. 182, obs. Pansier.* – V. aussi • Soc. 3 avr. 2002, n° 00-17.187 P : *RJS 2002, n° 726 ; Dr. ouvrier 2002. 200.*

2. Il résulte des art. R. 353-7 et R. 354-1 que les personnes qui sollicitent le bénéfice des avantages de réversion prévus aux art. L. 353-1 et L. 353-2 doivent formaliser leur demande au moyen de l'imprimé mentionné par le premier et l'adresser à la caisse ou à l'une des caisses ayant liquidé les droits à pension du *de cujus*. • Civ 2e, 9 juill. 2015, n° 14-20.080 P : *RJS 11/2015, n° 732.*

Art. R. 173-4-2 *(Décr. n° 2004-144 du 13 févr. 2004, art. 1er)* Dans le cas où l'assuré a relevé de l'assurance vieillesse du régime général de sécurité sociale, de celui des salariés agricoles, *(Décr. n° 2017-735 du 3 mai 2017, art. 3-4°)* « du régime social des indépendants » pour la partie de la carrière accomplie depuis le 1er janvier 1973, ou d'au moins deux de ces régimes, la majoration de sa durée d'assurance prévue au 2° de l'article R. 351-7 applicable au titre de chacun de ces régimes ne peut excéder le produit des deux termes suivants :

– la différence entre la limite prévue au troisième alinéa de l'article L. 351-1 et la durée totale d'assurance de l'assuré, avant majoration, dans ces régimes ;

– le rapport entre la durée d'assurance accomplie dans ce régime, avant majoration, et la durée totale d'assurance accomplie par l'assuré dans l'ensemble de ces régimes avant majoration.

Le nombre total de trimestres ainsi obtenu au titre de chaque régime est arrondi, s'il y a lieu, soit à l'entier supérieur si la première décimale de ce nombre est égale ou supérieure à 5, soit à l'entier inférieur dans le cas contraire. En cas de décimales égales entre régimes, ce nombre est arrondi à l'entier supérieur pour le régime où la durée d'assurance, avant majoration, est la plus élevée et à l'entier inférieur pour l'autre ou les autres régimes. — *Les dispositions du Décr. n° 2004-144 du 13 févr. 2004 s'appliquent aux pensions prenant effet postérieurement au 31 déc. 2003 (Décr. préc., art. 8).*

Art. R. 173-4-3 *(Décr. n° 2004-144 du 13 févr. 2004, art. 1er)* Lorsque l'assuré a acquis, dans deux ou plusieurs des régimes d'assurance vieillesse mentionnés par l'article L. 200-2 *(Décr. n° 2006-83 du 27 janv. 2006)* « et au 2° de l'article L. 611-1 » ainsi que par l'article L. 722-20 du code rural et de la pêche maritime, des droits à pension dont le montant est fixé sur la base d'un salaire ou revenu annuel moyen soumis à cotisations, le nombre d'années retenu pour calculer ce salaire ou revenu est déterminé, pour les pensions prenant effet postérieurement au 31 décembre 2003, en multipliant le nombre d'années fixé dans le régime considéré, par les articles R. 351-29 et R. 351-29-1 ou R. 634-1 et R. 634-1-1, par le rapport entre la durée d'assurance accomplie au sein de ce régime et le total des durées d'assurance accomplies dans les régimes susvisés. Ces durées sont arrêtées au dernier jour du trimestre civil précédant l'entrée en jouissance de la pension.

Le nombre d'années ainsi obtenu est arrondi, pour chaque régime, au nombre d'années le plus proche sans que ce nombre puisse être inférieur à 1. La fraction d'année égale à 0,5 est comptée pour une année.

Le nombre d'années retenu ne peut excéder celui qui résulterait de l'application des seules dispositions prévues par les articles R. 351-29 et R. 351-29-1 ou R. 634-1 et R. 634-1-1. — *V. note ss. art. R. 173-4-3.*

Proratisation du calcul du salaire annuel moyen. Aux termes de l'art. R. 173-4-3 CSS, le nombre d'années retenu pour calculer le salaire annuel moyen devait être proratisé pour les assurés ayant relevé successivement du régime général et du régime des salariés agricoles. • Civ. 2e, 3 avr. 2014, n° 13-15.724.

Art. R. 173-4-4 *(Décr. n° 2016-1188 du 1er sept. 2016, art. 1er)* Le régime compétent pour liquider la pension dans les conditions définies à l'article L. 173-1-2 est :

1° Le régime auquel l'assuré a été affilié en dernier lieu ;

2° Par dérogation au 1°, en cas d'affiliations simultanées à au moins deux des régimes mentionnés à l'article L. 173-1-2, celui de ces régimes qui prend en charge les frais de santé mentionnés à l'article L. 160-8 ;

3° Par dérogation au 1° et au 2°, le régime compétent est, dans l'ordre de priorité suivant :

a) Le régime *(Décr. n° 2017-735 du 3 mai 2017, art. 3-5°)* « social des indépendants », lorsque l'assuré a été ou est affilié à ce régime et que, selon le cas :

– il justifie d'une durée d'assurance ou d'activité non salariée antérieure au 1er janvier 1973 et relevant des dispositions réglementaires prises en application de l'article L. 634-3, ou :

– il peut prétendre à une pension de vieillesse allouée en cas d'inaptitude au travail dans les conditions fixées par les dispositions règlementaires prises en application de l'article L. 635-5, ou :

– il demande le service d'une fraction de sa pension en application de l'article L. 634-3-1 ;

b) Le régime général ou le régime des salariés agricoles, dans les conditions définies à l'article R. 173-3-1, lorsque l'assuré a été ou est affilié à l'un ou l'autre de ces régimes, s'il peut prétendre à une pension de retraite selon le cas au titre de l'article L. 351-1-4 ou de l'article L. 732-18-3 du code rural et de la pêche maritime.

Lorsque l'incapacité permanente est reconnue par le régime des non-salariés agricoles, le régime compétent pour liquider la pension est le régime des salariés agricoles ou, si l'assuré n'a jamais relevé de ce régime au cours de sa carrière, le régime général ;

c) Le régime des salariés agricoles, lorsque l'assuré a été ou est affilié à ce régime, s'il justifie d'une durée d'assurance ouvrant droit à une pension de retraite au régime des non-salariés agricoles au sens des articles L. 732-24, L. 732-34, L. 732-35 et L. 781-32 du code rural et de la pêche maritime, et qu'il a relevé au cours de sa carrière d'au moins un des autres régimes mentionnés à l'article L. 173-1-2.

Les dispositions issues de l'art. 1er du Décr. n° 2016-1188 du 1er sept. 2016 entrent en vigueur à la date prévue au II de l'art. 43 de la L. n° 2014-40 du 20 janv. 2014, soit le 1er juill. 2017 (Décr. préc., art. 3 et Décr. n° 2017-737 du 3 mai 2017, art. 4).

Art. R. 173-4-4-1 *(Décr. n° 2017-735 du 3 mai 2017, art. 1er)* Lorsqu'un assuré relève ou a relevé successivement, alternativement ou simultanément du régime général de sécurité sociale, du régime des salariés agricoles et du régime social des indépendants, le régime compétent en application de l'article R. 173-4-4 calcule la pension, en fonction des paramètres prévus au I de l'article L. 173-1-2, selon ses modalités et règles de liquidation, dans les conditions suivantes :

1° La durée d'assurance mentionnée à l'article R. 351-6, s'apprécie en tenant compte de l'ensemble des périodes d'assurance retenues pour la détermination du droit à pension au titre de chacun des régimes mentionnés au premier alinéa ;

2° La limite de quatre trimestres d'assurance par année civile fixée à l'article R. 351-5, au dernier alinéa de l'article R. 351-12 et à l'article R. 753-23 ainsi qu'au 1° de l'article R. 742-21 du code rural et de la pêche maritime, s'apprécie en tenant compte des périodes mentionnées au 1° ;

3° La majoration de durée d'assurance mentionnée à l'article R. 351-7, s'applique pour chaque trimestre accompli dans l'un des régimes mentionnés au premier alinéa ;

4° Pour la détermination des vingt-cinq années civiles mentionnées aux premier et troisième alinéas du I de l'article R. 351-29 et au deuxième alinéa de l'article R. 634-1, les salaires et revenus servant de base au calcul de la pension sont définis dans les conditions mentionnées à l'article L. 173-1-2 ;

5° La référence au salaire mentionné à l'article R. 351-27 est remplacée par la référence au salaire et revenu.

Les dispositions de l'art. 1er du Décr. n° 2017-735 du 3 mai 2017 entrent en vigueur à la date prévue au II de l'art. 43 de la L. n° 2014-40 du 20 janv. 2014, soit le 1er juill. 2017 (Décr. préc., art. 4 et Décr. n° 2017-737 du 3 mai 2017, art. 4).

Art. R. 173-4-5 *(Décr. n° 2016-1188 du 1er sept. 2016, art. 1er)* A l'initiative du régime saisi en premier par l'assuré d'une demande de pension de retraite de base, les régimes mentionnés à l'article L. 173-1-2 se coordonnent pour procéder à la détermination du régime compétent au sens de l'article R. 173-4-4 et échangent à cet effet toutes données nécessaires.

L'assuré est informé de la désignation du régime compétent en application de l'article R. 173-4-4 pour liquider à titre unique sa pension de retraite de base. — *V. note ss. art. R. 173-4-4.*

SOUS-SECTION 2 PENSIONS PORTÉES AU MINIMUM

(Décr. n° 2011-270 du 14 mars 2011)

Art. R. 173-5 L'inachèvement des opérations nécessaires à la détermination, en application de l'article L. 173-2, du montant de la majoration de pension prévue à l'article

L. 351-10 à laquelle l'assuré peut prétendre ne peut avoir pour effet de reporter la date de versement de la pension principale.

Cette pension principale est complétée, le cas échéant, par les majorations prévues à l'article L. 351-1-2, au deuxième alinéa de l'article L. 351-1-3, à l'article L. 351-12, au premier alinéa de l'article L. 351-13 et par la rente des retraites ouvrières et paysannes prévue à l'article 115 de l'ordonnance n° 45-2454 du 19 octobre 1945 fixant le régime des assurances sociales applicable aux assurés des professions non agricoles.

Art. R. 173-6 Lorsque le montant mensuel de la majoration prévue à l'article L. 351-10 à laquelle peut prétendre l'assuré avant application des dispositions de l'article L. 173-2 est au moins égal à un seuil fixé dans les conditions prévues au troisième alinéa du présent article par arrêté des ministres chargés respectivement de la sécurité sociale et du budget, il est procédé, sans attendre l'achèvement des opérations de détermination du montant mensuel de ladite majoration par application des dispositions de l'article L. 173-2, au versement d'une avance à l'assuré. Cette avance est égale au montant de la majoration à laquelle il peut prétendre avant application des dispositions de l'article L. 173-2.

Lorsque le montant de cette majoration a été définitivement établi conformément aux dispositions de l'article L. 173-2, il est procédé en tant que de besoin à une régularisation des droits de l'assuré.

Le seuil mentionné au premier alinéa du présent article ne peut être fixé à un niveau inférieur à 10 % ni supérieur à 20 % du montant de la majoration prévue à l'article L. 351-10, attribuée à raison de la durée maximale d'assurance mentionnée au premier alinéa de l'article R. 351-6 et validée en contrepartie de cotisations à la charge de l'assuré. – *V. Arr. du 5 oct. 2011 (JO 20 oct.).*

Art. R. 173-7 Pour l'application des dispositions de l'article L. 173-2, les pensions personnelles de retraite attribuées au titre d'un ou plusieurs régimes légaux ou rendus légalement obligatoires, de base et complémentaires, français et étrangers, ainsi que des régimes des organisations internationales, portées, le cas échéant, au minimum de pension, sont appréciées selon les modalités et dans les conditions fixées par les articles R. 815-18 à R. 815-20 et R. 815-22. Toutefois, il n'est pas tenu compte des majorations de pensions lorsqu'elles sont attribuées au titre des périodes d'assurance validées, par des cotisations à la charge de l'assuré, après l'âge mentionné au premier alinéa de l'article L. 351-1 et au-delà de la durée d'assurance maximale mentionnée au deuxième alinéa de ce même article.

Les montants des pensions personnelles de retraite à prendre en compte pour l'attribution de la majoration sont ceux afférents au mois civil de la date d'effet de celle-ci. Il est tenu compte du montant théorique des arrérages dus au titre de ce mois, abstraction faite des rappels effectivement payés au cours de celui-ci.

Art. R. 173-8 La majoration résultant de l'article L. 351-10 est due à compter du premier jour du mois suivant la date à laquelle les conditions d'attribution mentionnées aux articles L. 173-2 et L. 351-10-1 sont remplies. Lorsque ces conditions sont remplies le premier jour d'un mois, elle est due à compter de ce jour.

Elle est révisée lorsque le montant des avantages personnels de retraite a varié par rapport au montant déterminé selon les modalités prévues à l'article R. 173-7. Cette révision prend effet au premier jour du mois au cours duquel la modification de ce montant a pris effet. Le montant du plafond auquel le total des pensions mentionné à l'article L. 173-2 est comparé est celui en vigueur lors de l'entrée en jouissance de cette majoration, revalorisé, le cas échéant, dans les conditions prévues à l'article L. 161-23-1.

....

SOUS-SECTION 3 MAJORATIONS DE DURÉE D'ASSURANCE ACCORDÉES AU TITRE DES ENFANTS *(Décr. n° 2011-601 du 27 mai 2011, art. 1er).*

Art. R. 173-15 *(Décr. n° 2011-601 du 27 mai 2011, art. 2-1°)* « Les majorations de durée d'assurance prévues à l'article L. 351-4 sont accordées », par priorité, par le régime général de sécurité sociale lorsque *(Décr. n° 2011-601 du 27 mai 2011, art. 2-1°)* « l'assuré a été affilié » successivement, alternativement ou simultanément à ce régime et aux régimes de protection sociale agricole, *(Décr. n° 2017-735 du 3 mai 2017, art. 3-6°)* « aux régimes des travailleurs indépendants non agricoles ou au régime » des ministres des cultes et membres des congrégations et collectivités religieuses ».

Lorsque *(Décr. n° 2011-601 du 27 mai 2011, art. 2-2°)* « l'intéressé a été affilié » successivement, alternativement ou simultanément à un ou plusieurs des régimes mentionnés à l'alinéa précédent à l'exception du régime général, *(Décr. n° 2011-601 du 27 mai 2011, art. 2-2°)* « les majorations de durée d'assurance sont accordées » par le régime auquel *(Décr. n° 2011-601 du 27 mai 2011, art. 2-2°)* « l'intéressé a été affilié » en dernier lieu et, subsidiairement, en cas d'affiliations simultanées, par le régime susceptible d'attribuer la pension la plus élevée.

Lorsque *(Décr. n° 2011-601 du 27 mai 2011, art. 2-3°)* « l'intéressé a été affilié » successivement, alternativement ou simultanément à un ou plusieurs des régimes mentionnés au premier alinéa ci-dessus et à un régime spécial de retraite prévoyant une majoration de durée d'assurance *(Décr. n° 2011-601 du 27 mai 2011, art. 2-3°)* « au titre de l'accouchement, de la grossesse, de l'adoption ou de l'éducation d'un enfant », cette majoration est accordée en priorité par le régime spécial si celui-ci est susceptible d'accorder en vertu de ses propres règles une pension *(Décr. n° 2011-601 du 27 mai 2011, art. 2-3°)* « à l'intéressé ». *(Décr. n° 2001-841 du 14 sept. 2001 ; Décr. n° 2008-820 du 21 août 2008 ; Décr. n° 2011-601 du 27 mai 2011, art. 2-3°)* « Toutefois, pour l'assuré comptant moins de quinze années de versement de cotisations ou de périodes assimilées au titre du décret n° 90-1215 du 20 décembre 1990 modifié relatif au régime de retraite et de prévoyance des clercs et employés de notaires et qui a été affilié soit à un seul des régimes mentionnés au premier alinéa, soit à plusieurs de ces régimes, la majoration n'est pas accordée par le régime spécial dès lors que l'intéressé justifie dans l'autre régime ou l'un des autres régimes concernés d'une durée d'affiliation supérieure à celle du régime spécial. Dans le cas où cette personne justifie dans plusieurs des régimes mentionnés au premier alinéa d'une durée d'affiliation supérieure à celle du régime spécial, la majoration est accordée par le régime qui est prioritaire en application des règles édictées aux premier et deuxième alinéas. »

Si les droits à pension statutaire ont été liquidés avant la naissance d'un ou plusieurs enfants, il est fait application des règles de priorité prévues aux premier et deuxième alinéas ci-dessus.

De même lorsque le régime spécial est en concurrence avec les régimes de base mentionnés aux premier et deuxième alinéas ci-dessus et qu'il est tenu de servir une pension proportionnelle de vieillesse calculée selon les règles du régime général au titre de la coordination, il est fait application des règles édictées auxdits alinéas et donnant compétence prioritairement au régime général ou, à défaut, au régime de la dernière affiliation et subsidiairement, en cas d'affiliations simultanées, au régime susceptible d'attribuer la pension la plus élevée. La majoration de durée d'assurance susceptible d'être mise à la charge du régime spécial, dans les cas où la prise en charge de cette majoration lui incombe en vertu des règles de priorité ci-dessus, est celle prévue à l'article L. 351-4.

(Décr. n° 2011-601 du 27 mai 2011, art. 2-4°) « Les dispositions du présent article sont applicables à la majoration de durée d'assurance des assurés sociaux ayant élevé un enfant handicapé lorsqu'elle est prévue dans les régimes qui y sont mentionnés. Toutefois, lorsque ces assurés ont été affiliés successivement, alternativement ou simultanément à deux ou plusieurs régimes spéciaux ainsi que, le cas échéant, à un ou plusieurs des régimes mentionnés au premier alinéa, la majoration de durée d'assurance est accordée par le régime spécial auquel l'intéressé a été affilié en dernier lieu, et, en cas d'affiliations simultanées, par le régime spécial susceptible d'attribuer la pension la plus élevée. »

(Décr. n° 2014-1702 du 30 déc. 2014, art. 16-I) « Les dispositions des deux premiers alinéas sont applicables à la majoration de durée d'assurance instituée à l'article L. 351-4-2, lorsqu'elle est prévue dans les régimes mentionnés aux mêmes alinéas. »

Art. R. 173-15-1 *(Décr. n° 2011-601 du 27 mai 2011, art. 3)* I. — L'option ou le désaccord mentionnés aux II et III de l'article L. 351-4 sont exprimés par une déclaration conforme à un modèle défini par arrêté du ministre chargé de la sécurité sociale.

II. — Lorsqu'il y a accord entre les parents sur le bénéficiaire de la majoration ou la répartition entre eux de cet avantage, cette déclaration est adressée, au choix des parents, à la caisse du régime ou d'un des régimes dont relève ou a relevé en dernier lieu la mère ou le père.

III. — Lorsqu'il y a désaccord, le parent qui souhaite en faire état adresse sa déclaration à la caisse du régime dont il relève ou a relevé en dernier lieu ou, en cas d'affiliations simultanées, à l'un ou l'autre des régimes au choix de l'intéressé. La caisse compétente pour arbitrer le désaccord est la caisse du régime dont relève ou avait relevé en dernier lieu le père à la date de manifestation du désaccord. En cas d'affiliations simultanées du père, le régime compétent est le premier cité parmi les régimes mentionnés au premier alinéa de l'article R. 173-15.

Par dérogation aux dispositions de l'alinéa précédent, lorsque le père n'a pas la qualité d'assuré social d'un des régimes mentionnés au premier alinéa de l'article R. 173-15, la caisse compétente pour recevoir la déclaration et arbitrer le désaccord mentionnés par l'alinéa précédent est celle du régime dont relève ou a relevé en dernier lieu la mère. En cas d'affiliations simultanées de la mère, ce régime est le premier cité parmi les régimes mentionnés au premier alinéa de l'article R. 173-15.

IV. — Dans le délai de quatre mois suivant le dépôt de la déclaration prévue au I et des pièces justificatives nécessaires à son instruction, la caisse informe les parents de sa décision. Lorsqu'un des parents relève d'un ou plusieurs autres régimes mentionnés au premier alinéa de l'article R. 173-15 que celui dont elle est en charge, elle en informe aussi lesdits régimes.

V. — La demande du père d'un enfant né ou adopté avant le 1er janvier 2010 de bénéficier de tout ou partie des majorations prévues aux II et III de l'article L. 351-4 est adressée à la Caisse d'assurance vieillesse du régime dont il relève à la date de sa manifestation ou du dernier régime dont il a relevé et, en cas d'affiliations simultanées, de l'un ou l'autre des régimes au choix de l'intéressé.

Dans le délai de quatre mois suivant le dépôt de cette demande et des pièces justificatives nécessaires à son instruction, la caisse informe de sa décision les parents et, le cas échéant, les autres régimes mentionnés au premier alinéa de l'article R. 173-15 dont ceux-ci relèvent.

Art. R. 173-15-2 *(Décr. nº 2014-1702 du 30 déc. 2014, art. 17)* Pour l'application de l'article L. 173-2-0-2 aux couples de même sexe, lorsque les deux parents remplissent, au titre d'un même enfant, l'un dans le régime général d'assurance vieillesse ou dans un régime appliquant les mêmes dispositions que celles de l'article L. 351-4, et l'autre dans un régime spécial de retraite, les conditions pour bénéficier de périodes d'assurance accordées au titre de l'accouchement, de la grossesse, de l'adoption ou de l'éducation d'un enfant, il est fait application des règles du régime spécial de retraite.

Art. R. 173-16 La majoration de durée d'assurance prévue, en faveur des pères et mères de famille, à l'article L. 351-5 est accordée par le régime général lorsque l'assuré a relevé successivement, alternativement ou simultanément de ce régime et du régime des salariés agricoles.

(Abrogé par Décr. nº 2011-601 du 27 mai 2011, art. 4) ***« Cette majoration ne peut être cumulée, pour un même enfant avec une majoration de durée d'assurance prévue en faveur des mères de famille en vertu d'un autre texte, au titre d'un régime de base obligatoire. »***

SOUS-SECTION 4 PENSION DE RÉVERSION

Art. R. 173-17 *(Décr. nº 2004-857 du 24 août 2004, art. 1er)* Lorsqu'un assuré a relevé de deux ou plusieurs des régimes d'assurance vieillesse mentionnés aux articles L. 200-2 *(Décr. nº 2017-735 du 3 mai 2017, art. 3-7º)* « , L. 611-1 et L. 640-1 du présent code, ainsi qu'aux articles L. 722-8 et » L. 722-20 du code rural et de la pêche maritime, les pensions de réversion que son conjoint survivant peut percevoir de chacun d'eux, compte tenu des ressources mentionnées au premier alinéa de l'article L. 353-1 ou au premier alinéa de l'article L. 732-41 du code rural et de la pêche maritime, lui sont versées sous réserve que leur total, majoré de ces ressources, n'excède pas le plafond applicable en vertu du dernier alinéa de l'article L. 353-1.

Lorsque cette condition n'est pas satisfaite, le dépassement constaté est imputé sur chacune de ces pensions à due concurrence du rapport entre le montant de cette pension et le montant total de ces pensions.

Le régime chargé de procéder à la comparaison prévue au premier alinéa, d'adresser aux autres régimes les informations nécessaires à l'application du deuxième alinéa et d'appliquer les dispositions de l'article R. 353-1-1 est :

a) Celui auprès duquel l'assuré décédé disposait de la plus longue durée d'assurance ;

b) Lorsque les durées d'assurance les plus longues sont identiques, celui auquel l'assuré décédé a été affilié en dernier lieu ;

c) Lorsque l'assuré décédé a été affilié en dernier lieu à au moins deux des régimes mentionnés au premier alinéa, celui auprès duquel le conjoint survivant a droit à la plus élevée des pensions de réversion déterminées en application du deuxième alinéa de l'article L. 353-1 ou du deuxième alinéa de l'article L. 732-41 du code rural et de la pêche maritime.

(Décr. nº 2017-735 du 3 mai 2017, art. 2-I) « Lorsque la pension de réversion relève des dispositions du III *ter* de l'article L. 173-1-2, pour la détermination du régime mentionné au troisième alinéa :

« 1º La durée d'assurance mentionnée au *a* du présent article est, au titre du régime compétent en application de l'article R. 173-4-4, celle mentionnée au I de l'article L. 173-1-2 ;

« 2º Lorsque le régime mentionné au *b* est l'un des régimes mentionnés au I de l'article L. 173-1-2, le régime compétent est celui déterminé en application de l'article R. 173-4-4 ;

« 3º Le droit à pension mentionné au *c* s'apprécie en comparant celui calculé en application du III *ter* de l'article L. 173-1-2 aux autres droits à pension. »

Le régime mentionné au troisième alinéa reçoit des autres régimes l'information sur les montants des pensions de réversion déterminées en application du *(Décr. nº 2017-735 du 3 mai 2017, art. 2-I)* « III *ter* de l'article L. 173-1-2, du » deuxième alinéa de l'article L. 353-1 ou du deuxième alinéa de l'article L. 732-41 du code rural et de la pêche maritime.

Les dispositions de l'art. 2 du Décr. nº 2017-735 du 3 mai 2017 entrent en vigueur à la date prévue au II de l'art. 43 de la L. nº 2014-40 du 20 janv. 2014, soit le 1er juill. 2017 (Décr. préc., art. 4 et Décr. nº 2017-737 du 3 mai 2017, art. 4).

Art. R. 173-17-1 *(Décr. nº 2009-788 du 23 juin 2009)* Lorsqu'un assuré a relevé de deux ou plusieurs des régimes d'assurance vieillesse mentionnés aux articles L. 200-2 *(Décr. nº 2017-735 du 3 mai 2017, art. 3-8º)* « , L. 611-1 et L. 640-1 du présent code, ainsi qu'aux articles L. 722-8 et » L. 722-20 du code rural et de la pêche maritime, le calcul de la majoration de la pension de réversion que son conjoint survivant peut percevoir de chacun d'eux est effectué par un seul de ces régimes, déterminé selon les modalités prévues à l'article R. 173-17 ou, lorsque la durée d'assurance de l'assuré décédé ou disparu n'est pas connue dans au moins l'un de ces régimes, conformément au *c* de cet article.

Ce régime reçoit des autres régimes mentionnés à l'alinéa précédent l'information sur les montants des majorations de pensions de réversion déterminées en application du premier alinéa de l'article L. 353-6 du présent code ou du premier alinéa de l'article L. 732-51-1 du code rural et de la pêche maritime. Il calcule le total de ces majorations et des avantages personnels de retraite et de réversion du conjoint survivant servis par les régimes légaux ou rendus obligatoires, de base et complémentaires, français et étrangers, ainsi que par les régimes des organisations internationales, appréciés conformément à l'article R. 353-12 du présent code et à l'article D. 732-100-2 du code rural et de la pêche maritime.

Lorsque ce total excède le plafond fixé par les décrets prévus par l'article L. 353-6 du présent code et l'article L. 732-51-1 du code rural et de la pêche maritime, le dépassement constaté est déduit du montant de chacune de ces majorations à due concurrence du rapport entre le montant de la pension de réversion à laquelle la majoration est afférente et le montant total des pensions de réversion mentionnées au précédent alinéa. Le régime chargé du calcul des majorations fait connaître aux autres régimes mentionnés au premier alinéa le montant de la déduction qui leur revient.

Art. R. 173-17-2 *(Décr. nº 2016-1796 du 21 déc. 2016, art. 1er)* I. — Un régime obligatoire de retraite de base peut servir à un assuré une pension de réversion pour le compte d'un autre régime lorsque ce régime a préalablement servi au conjoint ou ex-conjoint décédé de l'assuré une pension de retraite pour le compte de l'autre régime en application du premier alinéa de l'article L. 173-1-3.

II. — Lorsque le droit à pension de réversion n'est pas ou plus ouvert dans le régime obligatoire de base mentionné au I, notamment en raison de la situation maritale du conjoint ou ex-conjoint de l'assuré décédé, il est procédé à la désignation d'un nouveau régime pouvant servir la pension pour le compte d'un autre régime. Ce nouveau régime est celui auprès duquel l'assuré décédé justifiait de la plus longue durée d'assurance parmi les régimes dans lesquels le droit à pension de réversion est ou reste ouvert.

(Décr. n° 2017-735 du 3 mai 2017, art. 2-I) « Pour l'application de l'alinéa précédent, lorsque la pension de réversion relève des dispositions du III *ter* de l'article L. 173-1-2, la durée d'assurance au titre du régime compétent en application de l'article R. 173-4-4 est celle prise en compte pour la détermination du droit à pension en application du I de l'article L. 173-1-2. » – *Les dispositions de l'art. 2 du Décr. n° 2017-735 du 3 mai 2017 entrent en vigueur à la date prévue au II de l'art. 43 de la L. n° 2014-40 du 20 janv. 2014, soit le 1er juill. 2017 (Décr. préc., art. 4 et Décr. n° 2017-737 du 3 mai 2017, art. 4).*

III. – Des conventions de gestion, conclues entre les organismes et service de l'État assurant la gestion d'un régime obligatoire de retraite de base déterminent les modalités selon lesquelles le versement des pensions de réversion est confié au régime obligatoire de base mentionné au I ou au II, et notamment :

1° Les modalités d'information de l'assuré sur les conditions du versement de ses pensions de réversion ;

2° Les modalités de transmission des informations entre les régimes ;

3° Pour l'application du II, les modalités garantissant la continuité du service des pensions de réversion ;

4° Les modalités de remboursement entre régimes des sommes engagées ; ces remboursements s'effectuent sur la base des sommes réellement engagées, selon une périodicité au moins annuelle.

SOUS-SECTION 5 PENSIONS OU ALLOCATIONS DE VIEILLESSE DES NON-SALARIÉS

Néant.

SOUS-SECTION 6 BÉNÉFICIAIRES DE L'INDEMNITÉ DE SOINS AUX TUBERCULEUX

Art. R. 173-18 Lorsqu'un assuré a relevé, successivement ou simultanément, du régime général de sécurité sociale et d'un ou plusieurs autres régimes mentionnés au cinquième alinéa de l'article L. 161-21, le régime compétent pour valider les périodes définies au premier alinéa dudit article est celui auquel incombe l'assimilation des périodes de mobilisation ou de captivité prévu à l'article L. 161-19 ou à défaut, celui auquel était affilié l'intéressé antérieurement à l'attribution de l'indemnité de soins aux tuberculeux prévue à l'article L. 41 du code des pensions militaires d'invalidité et des victimes de la guerre. Lorsqu'il y a concurrence entre plusieurs régimes de retraite, le régime compétent est celui auprès duquel l'intéressé justifie de la plus longue durée d'assurance.

SOUS-SECTION 7 CLERCS, SECRÉTAIRES ET EMPLOYÉS D'AVOUÉ, D'AGRÉÉ OU D'AVOCAT

Néant.

SOUS-SECTION 8 MINISTRES DES CULTES ET MEMBRES DES CONGRÉGATIONS ET COLLECTIVITÉS RELIGIEUSES

Néant. — V. art. D. 173-23.

SOUS-SECTION 9 BÉNÉFICIAIRES DE L'ALLOCATION DE PRÉPARATION À LA RETRAITE

Art. R. 173-19 *(Décr. n° 95-1058 du 22 sept. 1995, art. 2)* En cas de cessation simultanée d'activités relevant de régimes de retraite de base obligatoires différents, la prise en compte des périodes de perception de l'allocation de préparation à la retraite mentionnée à l'article 125 de la loi de finances pour 1992 (n° 91-1322 du 30 décembre 1991) modifiée incombe au régime au titre duquel l'assuré justifie de la plus longue durée d'assurance à la date de cessation de ses activités. Lorsque l'assuré justifie de la

même durée d'assurance dans plusieurs régimes, il lui appartient de choisir le régime au titre duquel il souhaite que soient validées les périodes de perception de l'allocation de préparation à la retraite.

SECTION IV COORDINATION EN MATIÈRE D'ASSURANCE VEUVAGE

Néant.

CHAPITRE IV PRISE EN CHARGE PAR LES RÉGIMES D'ASSURANCE MALADIE DES DÉPENSES AFFÉRENTES AUX SOINS MÉDICAUX DISPENSÉS DANS CERTAINS ÉTABLISSEMENTS

SECTION PREMIÈRE FRAIS AFFÉRENTS AUX SOINS DISPENSÉS DANS LES ÉTABLISSEMENTS DE SANTÉ MENTIONNÉS AUX *a, b* ET *c* DE L'ARTICLE L. 162-22-6 ET À L'ARTICLE L. 162-22-16 *(Décr. n° 2014-1765 du 31 déc. 2014, art. 1er).*

SOUS-SECTION 1 FACTURATION INDIVIDUELLE DES SOINS DISPENSÉS DANS LES ÉTABLISSEMENTS DE SANTÉ MENTIONNÉS AUX *a, b* ET *c* DE L'ARTICLE L. 162-22-6

(Décr. n° 2014-1765 du 31 déc. 2014, art. 2)

La sous-sect. 2 devient la sous-sect. 1 de la sect. I (Décr. n° 2017-500 du 6 avr. 2017, art. 2-II).

Art. R. 174-2-1 **Pour l'application de l'article L. 174-2-1, on entend par :**

1° Caisse de paiement unique, la Caisse d'assurance maladie obligatoire, déterminée conformément aux dispositions du premier alinéa de l'article L. 174-2, qui paie à un établissement de santé, pour le compte de l'ensemble des régimes d'assurance maladie, les factures émises par cet établissement en application de l'article L. 174-2-1 ;

2° Caisse gestionnaire, l'organisme gestionnaire de l'assurance maladie obligatoire dont relève l'assuré qui a bénéficié des prestations facturées en application de l'article L. 174-2-1.

Les dispositions issues du Décr. n° 2014-1765 du 31 déc. 2014 entrent en vigueur dans les conditions fixées par le décret prévu à l'art. 33 de la loi de financement pour la sécurité sociale pour 2004 [V. cet art., Annexe I] et au plus tard aux dates fixées par le même art., d'une part, pour les actes des consultations externes et, d'autre part, pour les autres prestations hospitalières (Décr. préc., art. 4).

Art. R. 174-2-2 **Les établissements mentionnés aux *a, b* ou *c* de l'article L. 162-22-6 transmettent à la caisse de paiement unique les factures qu'ils établissent, sous forme dématérialisée, conformément aux modalités fixées par arrêté des ministres chargés de la santé, de la sécurité sociale et du budget. Les factures sont groupées par régime d'affiliation et caisse de rattachement des bénéficiaires des soins.** – *V. Arr. du 31 déc. 2014 (JO 3 janv. 2015).*

Les établissements mentionnés au *a* de l'article L. 162-22-6 transmettent simultanément à leur comptable public les bordereaux de titres de recette correspondants dans les conditions prévues par le code général des collectivités territoriales.

La caisse de paiement unique reçoit les factures émises par les établissements mentionnés aux *a, b* ou *c* de l'article L. 162-22-6 et transmet à chaque caisse gestionnaire, sous forme dématérialisée, les factures concernant les assurés qui relèvent de cette caisse. La réception des factures par la caisse de paiement unique, en qualité de mandataire de la caisse gestionnaire concernée, vaut notification de l'ampliation du titre de recette correspondant prévue au 4° de l'article L. 1617-5 du code général des collectivités territoriales.

La caisse gestionnaire est responsable des contrôles de la liquidation des factures, notamment ceux prévus à l'article L. 314-1. Elle dispose d'un délai de huit jours ouvrés pour procéder à la liquidation ou au rejet des factures qui lui ont été transmises. En cas de non-respect de ce délai, le régime d'assurance maladie dont relève la caisse gestionnaire verse au régime de la caisse de paiement unique une rémunération calculée, pour l'ensemble des caisses gestionnaires relevant de ce régime, en fonction

du montant des factures liquidées dans un délai supérieur à huit jours et du délai moyen constaté entre la réception des factures et leur liquidation par la caisse gestionnaire, lorsque ce délai est supérieur à huit jours.

Des conventions entre les différents régimes obligatoires d'assurance maladie fixent les modalités de calcul de cette rémunération et, notamment, le taux d'intérêt appliqué. Ces conventions prévoient que ce taux est majoré pour les régimes pour lesquels le délai moyen de liquidation dépasse une durée de seize jours. Le taux d'intérêt et le taux majoré ne peuvent excéder des taux maximaux fixés par arrêté des ministres chargés de la santé, de la sécurité sociale et du budget. A défaut de convention, les modalités de cette rémunération sont fixées par un arrêté des ministres chargés de la santé, de la sécurité sociale et du budget.

V. note ss. art. R. 174-2-1.

Art. R. 174-2-3 Si la facture est conforme aux conditions de prise en charge et aux modalités de facturation prévues par le présent code, la caisse gestionnaire procède à sa liquidation et informe, sous forme dématérialisée, la caisse de paiement unique de sa décision de la mettre en paiement. Dans le cas contraire, la caisse gestionnaire rejette la facture et en informe la caisse de paiement unique dans les mêmes formes.

La caisse de paiement unique transmet sous forme dématérialisée aux établissements et, le cas échéant, au comptable public, conformément aux modalités fixées par arrêté des ministres chargés de la santé, de la sécurité sociale et du budget, les accords de paiement et les rejets de facture émis par les caisses gestionnaires. — *V. Arr. du 31 déc. 2014 (JO 3 janv. 2015).*

V. note ss. art. R. 174-2-1.

Art. R. 174-2-4 En cas d'accord de paiement, la caisse de paiement unique paie à l'établissement, dans un délai de douze jours ouvrés à compter de la réception de la facture, pour le compte de la caisse gestionnaire, l'intégralité de la part des prestations mentionnées à l'article L. 174-2-1 prise en charge par le régime obligatoire d'assurance maladie dont relève la caisse gestionnaire.

La caisse de paiement unique paie les sommes dues au titre de chaque facture acceptée par la caisse gestionnaire au moyen d'un virement bancaire sur le compte du comptable public de l'établissement lorsqu'il s'agit d'un établissement mentionné au *a* de l'article L. 162-22-6 ou sur le compte de l'établissement lorsqu'il s'agit d'un établissement mentionné au *b* ou *c* du même article.

La caisse de paiement unique adresse à l'établissement ou à son comptable public dans le cas des établissements mentionnés au *a* de l'article L. 162-22-6, les informations nécessaires à l'identification des factures et des titres de recette acquittés, selon des modalités fixées par arrêté des ministres chargés de la santé, de la sécurité sociale et du budget.

En cas de rejet d'une facture, la caisse de paiement unique informe, dans un délai de douze jours ouvrés à compter de la date de réception de la facture et selon des modalités fixées par arrêté des ministres chargés de la santé, de la sécurité sociale et du budget, l'établissement et, lorsqu'il s'agit d'un établissement mentionné au *a* de l'article L. 162-22-6, le comptable public de cet établissement, des motifs de rejet formulés par la caisse gestionnaire ainsi que des références de la facture. L'établissement annule alors la facture ainsi que le titre de recette correspondant, sauf s'il conteste ce rejet dans les conditions prévues au chapitre II du titre IV du livre Ier.

V. note ss. art. R. 174-2-1.

Art. R. 174-2-5 En cas d'erreur de facturation justifiant le remboursement des sommes payées, la caisse gestionnaire notifie l'indu à l'établissement.

Le remboursement de l'indu est assuré au moyen d'un virement bancaire à la caisse gestionnaire. Lorsque l'erreur de facturation concerne un établissement mentionné au *a* de l'article L. 162-22-6, ce virement est effectué en exécution d'un titre d'annulation émis par l'ordonnateur de cet établissement si l'indu porte sur un encaissement de l'exercice courant ou d'un mandat de dépense émis par le même ordonnateur si l'indu porte sur un encaissement d'un exercice antérieur.

V. note ss. art. R. 174-2-1.

Art. R. 174-2-6 En cas d'annulation par un établissement d'une facture payée, celui-ci adresse sans délai à la caisse gestionnaire un bordereau d'annulation.

Le remboursement de l'indu est assuré au moyen d'un virement bancaire à la caisse gestionnaire. Lorsque l'annulation de la facture est prononcée par un établissement mentionné au *a* de l'article L. 162-22-6, ce virement est effectué en exécution d'un titre d'annulation émis par l'ordonnateur de cet établissement si l'indu porte sur un encaissement de l'exercice courant ou d'un mandat de dépense émis par le même ordonnateur si l'indu porte sur un encaissement d'un exercice antérieur.

La caisse gestionnaire en informe la caisse de paiement unique.

V. note ss. art. R. 174-2-1.

Art. R. 174-2-7 La caisse de paiement unique verse à chaque établissement une avance mensuelle de trésorerie calculée pour chaque mois calendaire sur la base des factures émises par l'établissement.

Les modalités de liquidation et de paiement de cette avance de trésorerie sont les suivantes :

1° Le quinze de chaque mois, la caisse de paiement unique verse à l'établissement une avance dont le montant est égal à la différence, lorsqu'elle est positive, entre, d'une part, la somme des factures reçues au cours du mois précédent et, d'autre part, la somme des factures qu'elle a payées ou des factures dont elle a notifié le rejet au cours du mois précédent ; — *L'avance prévue au 1° de l'art. R. 174-2-7 est versée, pour la première fois, à un établissement de santé le quinze du mois suivant la date fixée, pour chaque catégorie de prestations, par les dispositions mentionnées à l'al. précédent [V. note ss. art. R. 174-2-1] pour l'application des dispositions de la sous-sect. 2 de la sect. Ire du chap. IV du tit. VII du livre Ier du CSS à cet établissement (Décr. n° 2014-1765 du 31 déc. 2014, art. 4).*

2° Les 5 janvier et 5 juillet de chaque année au plus tard, la caisse de paiement unique calcule la différence entre la somme des factures qu'elle a reçues au cours du semestre précédent et la somme des factures qu'elle a payées ou dont elle a notifié le rejet au cours du semestre précédent. Elle en informe l'établissement et, pour les établissements mentionnés au *a* de l'article L. 162-22-6, transmet l'état liquidatif correspondant au comptable public.

Si le résultat est supérieur à la somme des avances versées au cours du semestre précédent, la caisse de paiement unique verse le complément à l'établissement dans les quinze jours suivant l'établissement de l'état liquidatif.

Si le résultat est inférieur, l'établissement reverse à la caisse de paiement unique le montant de l'excédent des avances qu'il a perçues dans les quinze jours suivant la date de réception de l'état liquidatif.

Si l'établissement n'a pas reversé à la caisse de paiement unique les sommes dans les délais mentionnés à l'alinéa précédent, le versement de l'avance mensuelle est suspendu jusqu'à la régularisation de la situation des avances de l'établissement ;

3° Pour les établissements mentionnés au *a* de l'article L. 162-22-6, les opérations mentionnées au présent article sont réalisées par opération d'encaissement et de décaissement, sans compensation possible tant à l'initiative de la caisse de paiement unique que des établissements concernés.

V. note ss. art. R. 174-2-1.

Art. R. 174-2-8 Est autorisée la création par les ministères chargés de la santé et de la sécurité sociale d'un traitement automatisé de données à caractère personnel, dénommé "facturation individuelle des établissements de santé" (FIDES), mis en œuvre par les établissements mentionnés aux *a*, *b* et *c* de l'article L. 162-22-6, les comptables publics des établissements mentionnés au *a* de cet article et les organismes gestionnaires de l'assurance maladie obligatoire.

Ce traitement a pour finalités de :

1° Mettre en œuvre les procédures définies par le présent code pour la facturation individuelle des soins dispensés dans les établissements mentionnés aux *a*, *b* et *c* de l'article L. 162-22-6 aux organismes gestionnaires de l'assurance maladie obligatoire et le paiement par ces organismes, de manière dématérialisée, des factures émises ;

2° Permettre aux organismes gestionnaires de l'assurance maladie obligatoire d'effectuer, avant le paiement de ces factures, le contrôle des sommes dues aux établissements mentionnés aux *a*, *b* et *c* de l'article L. 162-22-6 ;

3° Produire, pour les services de l'État placés sous l'autorité des ministres chargés de la santé, de la sécurité sociale et du budget, des statistiques à des fins de pilotage et d'évaluation de la politique de santé et d'assurance maladie.

Conformément à l'art. 34 de la L. n° 78-17 du 6 janv. 1978, le responsable du traitement autorisé par l'art. R. 174-2-8 prend toutes les mesures nécessaires à la préservation de la sécurité des données énumérées à l'art. R. 174-2-9 (Décr. n° 2014-1765 du 31 déc. 2014, art. 3).

V. note ss. art. R. 174-2-1.

Art. R. 174-2-9 Les données à caractère personnel et les informations collectées et utilisées par le traitement mentionné à l'article R. 174-2-8 sont les suivantes :

1° Le numéro d'inscription au répertoire national d'identification des personnes physiques (NIR) de l'assuré social ou, pour les personnes en instance d'attribution d'un numéro d'inscription au répertoire national d'identification des personnes physiques, le numéro identifiant d'attente (NIA) attribué par la Caisse nationale d'assurance vieillesse des travailleurs salariés dans les conditions prévues à l'article R. 114-26 ;

2° Les données relatives à l'identification de l'assuré social, qui comportent :

a) Le nom de famille et, le cas échéant, le nom marital ou d'usage, et les prénoms ;

b) Le sexe ;

c) La date de naissance ;

d) Le cas échéant, la mention du décès ;

3° Les données d'affiliation et de rattachement aux régimes obligatoires d'assurance maladie ;

4° Les dates des soins ;

5° Les montants facturés ;

6° Les données relatives aux prestations de santé suivantes :

a) Les consultations et actes externes mentionnés à l'article L. 162-26 ;

b) Les prestations d'hospitalisation mentionnées à l'article L. 162-22-6 ;

c) Les spécialités pharmaceutiques et les produits et prestations mentionnés à l'article L. 162-22-7 ;

d) Les médicaments inscrits sur la liste prévue à l'article L. 5126-4 du code de la santé publique pris en charge ou remboursés par l'assurance maladie dans les conditions fixées au deuxième alinéa de l'article L. 162-17 ;

e) Les prestations aux bénéficiaires de l'aide médicale d'État mentionnées à l'article L. 162-22-11-1.

V. notes ss. art. R. 174-2-1 et R. 174-2-8.

Art. R. 174-2-10 Les données mentionnées à l'article R. 174-2-9 sont transmises, dans la limite des informations qui sont nécessaires à l'accomplissement de leurs missions, aux seuls agents individuellement désignés et dûment habilités par les organismes gestionnaires de l'assurance maladie obligatoire et les établissements mentionnés aux *a*, *b* et *c* de l'article L. 162-22-6.

Les agents des services des comptables publics des établissements mentionnés au *a* de l'article L. 162-22-6, individuellement désignés et dûment habilités, sont destinataires des données énumérées au 1°, au *a* et au *c* du 2°, au 3°, au 4°, au 5° et des données nécessaires à l'imputation budgétaire et au recouvrement des factures correspondant aux prestations mentionnées au 6° de l'article R. 174-2-9.

L'accès aux données se fait après authentification de la personne demandant l'accès. Les accès aux données sont tracés. Les transferts de données sont sécurisés.

V. note ss. art. R. 174-2-1.

Art. R. 174-2-11 Les données et informations transmises dans le cadre du traitement autorisé par l'article R. 174-2-8 sont conservées pendant trois ans dans leurs bases actives, puis archivées pour une durée supplémentaire de sept ans, par les organismes gestionnaires de l'assurance maladie obligatoire et les établissements mentionnés aux *a*, *b* et *c* de l'article L. 162-22-6.

Les données sont conservées dans des conditions de nature à en assurer la sécurité, notamment la pérennité et la confidentialité. A l'issue de la durée de conservation, les données sont définitivement supprimées.

V. note ss. art. R. 174-2-1.

Art. R. 174-2-12 Les bénéficiaires des soins peuvent exercer leurs droits d'accès et de rectification des données les concernant auprès de l'organisme de l'assurance maladie obligatoire dont ils relèvent.

Le droit d'opposition prévu à l'article 38 de la loi du 6 janvier 1978 relative à l'informatique, aux fichiers et aux libertés ne s'applique pas au traitement autorisé par l'article R. 174-2-8.

V. note ss. art. R. 174-2-1.

SOUS-SECTION 2 DISPOSITIONS DIVERSES *(Décr. n° 2004-1539 du 30 déc. 2004, art. 5-I-2°).*

La sous-sect. 3 devient la sous-sect. 2 de la sect. I (Décr. n° 2017-500 du 6 avr. 2017, art. 2-II).

Art. R. 174-4 *(Décr. n° 2005-30 du 14 janv. 2005)* Pour les assurés sociaux qui attestent de leur identité, conformément aux dispositions de l'article L. 162-21, et de l'ouverture de leurs droits aux prestations de l'assurance maladie grâce à leur carte électronique individuelle mentionnée à l'article L. 161-31, sous réserve que cette carte réponde aux conditions de validité prévues à cet article, les établissements sont dispensés de la demande de prise en charge.

Pour les assurés sociaux, qui ne satisfont pas aux conditions prévues au premier alinéa, la demande de prise en charge des frais d'hospitalisation et de soins est adressée par l'établissement à la caisse chargée des versements mentionnés à l'article R. 174-1. La caisse transmet la demande de prise en charge à l'organisme dont relève l'assuré pour le versement des prestations, qui notifie sa décision à l'établissement de santé ainsi qu'à la caisse mentionnée au premier alinéa de l'article R. 174-1.

En cas de refus total ou partiel de prise en charge, la décision est également notifiée à l'assuré par l'organisme dont il relève. — *[Anc. art. R. 174-1-8.]*

SECTION II FORFAIT JOURNALIER

(Décr. n° 2004-1539 du 30 déc. 2004, art. 5-I-1°)

La sect. III devient la sect. II (Décr. n° 2017-500 du 6 avr. 2017, art. 2-II).

Art. R. 174-5 *(Décr. n° 91-618 du 28 juin 1991)* Le forfait journalier institué à l'article L. 174-4 est déterminé compte tenu du coût journalier moyen d'hébergement. Son montant qui ne peut excéder la moitié de ce coût est fixé par arrêté des ministres chargés de la sécurité sociale, de la santé, de l'agriculture, de l'économie, des finances et du budget. — *[Anc. art. R. 174-2.] — V. Arr. du 23 déc. 2009 (JO 30 déc.).*

Le régime local agricole d'assurance maladie des départements du Bas-Rhin, du Haut-Rhin et de la Moselle prend en charge le forfait (Décr. n° 96-12 du 5 janv. 1996, JO 7 janv.).

Art. R. 174-5-1 *(Décr. n° 2003-1209 du 18 déc. 2003)* Le montant du forfait journalier applicable en cas d'hospitalisation dans un service de psychiatrie d'un établissement de santé ne peut excéder 75 % du montant du forfait fixé en application de l'article *(Décr. n° 2006-642 du 31 mai 2006)* « R. 174-5 ». — *[Anc. art. R. 174-3.]*

Art. R. 174-5-2 *(Décr. n° 2006-642 du 31 mai 2006)* Pour les appartements de coordination thérapeutique, le montant du forfait journalier ne peut excéder 10 % du montant du forfait fixé en application de l'article R. 174-5.

SECTION III DÉPENSES AFFÉRENTES AU FINANCEMENT DES CENTRES DE SOINS, D'ACCOMPAGNEMENT ET DE PRÉVENTION EN ADDICTOLOGIE, DES STRUCTURES DÉNOMMÉES "LITS HALTE SOINS SANTÉ" ET DES CENTRES D'ACCUEIL ET D'ACCOMPAGNEMENT À LA RÉDUCTION DES RISQUES POUR USAGERS DE DROGUES *(Décr. n° 2006-642 du 31 mai 2006 ; Décr. n° 2008-87 du 24 janv. 2008, art. 3).*

(Décr. n° 2003-251 du 19 mars 2003)

La sect. III bis devient la sect. III (Décr. n° 2017-500 du 6 avr. 2017, art. 2-II).

Art. R. 174-7 *(Décr. n° 2006-642 du 31 mai 2006)* La dotation globale annuelle de financement est versée par douzième au gestionnaire de l'établissement par la caisse primaire d'assurance maladie territorialement compétente pour le compte de l'ensemble des régimes d'assurance maladie dont les ressortissants sont pris en charge par ledit établissement. Toutefois, lorsque ce dernier est géré par un établissement mentionné à l'article L. 174-1, cette dotation peut être versée par une autre caisse en cas de convention prévue à l'article L. 174-2.

Art. R. 174-8 Dans le cas où le montant de la dotation globale annuelle n'a pas été arrêté avant le 1er janvier de l'exercice en cause et jusqu'à l'intervention de l'arrêté le fixant, la caisse chargée du versement de la dotation globale règle des acomptes mensuels égaux au douzième de la dotation de l'exercice antérieur.

SECTION III *BIS* DÉPENSES AFFÉRENTES AUX SOINS DISPENSÉS DANS LES ÉTABLISSEMENTS HÉBERGEANT DES PERSONNES ÂGÉES DÉPENDANTES *(Décr. nº 2003-251 du 19 mars 2003).*

(Décr. nº 99-316 du 26 avr. 1999, art. 27)

La sect. III ter devient la sect. III bis (Décr. nº 2017-500 du 6 avr. 2017, art. 2-II).

Art. R. 174-9 L'autorité compétente pour l'assurance maladie fixe, conformément *(Décr. nº 2017-736 du 3 mai 2017, art. 9-6º, en vigueur le 1er juill. 2017)* « à l'article L. 314-2 du code de l'action sociale et des familles » :

1º Les tarifs journaliers afférents aux soins applicables aux personnes hébergées qui ne sont pas prises en charge par un régime d'assurance maladie ;

2º *(Décr. nº 2017-736 du 3 mai 2017, art. 9-6º, en vigueur le 1er juill. 2017)* « Un forfait global de soins mentionné à l'article L. 314-2 du code de l'action sociale et des familles » qui correspond à la part des dépenses obligatoirement prise en charge par les régimes d'assurance maladie.

(Décr. nº 2017-736 du 3 mai 2017, art. 9-6º, en vigueur le 1er juill. 2017) « Le forfait global de soins est versé par douzièmes par la caisse mentionnée à l'article L. 174-8.

« Le contrat pluriannuel d'objectifs et de moyens prévu à l'article L. 313-12 du code de l'action sociale et des familles procède à la désignation de l'un des établissements et services inclus dans le même contrat ou de la personne morale signataire dudit contrat pour percevoir la dotation globalisée mentionnée à l'article R. 314-43-1 du code de l'action sociale et des familles. Celle-ci est alors versée, par douzièmes, par un unique organisme d'assurance maladie, désigné selon les règles mentionnées à l'article L. 174-8 au regard de la localisation de la structure désignée pour recevoir la dotation. »

Art. R. 174-10 (Abrogé par Décr. nº 2017-736 du 3 mai 2017, art. 9-18º, à compter du 1er juill. 2017) ***La dotation globale est répartie entre les différents régimes d'assurance maladie pour la part qui leur incombe, dans les conditions fixées par les articles D. 174-3 à D. 174-8.***

Art. R. 174-11 Dans le cas où les tarifs journaliers afférents aux soins et le montant *(Décr. nº 2017-736 du 3 mai 2017, art. 9-7º, en vigueur le 1er juill. 2017)* « du forfait global de soins » n'ont pas été arrêtés avant le 1er janvier de l'exercice en cause, et jusqu'à l'intervention de la décision les fixant :

1º La caisse chargée du versement *(Décr. nº 2017-736 du 3 mai 2017, art. 9-7º, en vigueur le 1er juill. 2017)* « du forfait global de soins » règle des acomptes mensuels égaux aux douzièmes de la dotation de l'exercice antérieur ;

2º Les recettes relatives à la facturation des tarifs journaliers afférents aux soins sont liquidées et perçues dans les conditions en vigueur au cours de l'exercice précédent.

(Abrogé par Décr. nº 2017-736 du 3 mai 2017, art. 9-7º, à compter du 1er juill. 2017) ***« Pour la première année d'application du décret nº 99-316 du 26 avril 1999 relatif aux modalités de tarification et de financement des établissements hébergeant des personnes âgées dépendantes, les acomptes sont versés sur la base d'un douzième de l'ensemble des dépenses autorisées au dernier budget rendu exécutoire financées par les tarifs journaliers afférents aux soins. »***

Art. R. 174-12 Les règlements effectués par les organismes d'assurance maladie en vertu du mode de tarification en vigueur antérieurement *(Décr. nº 2017-736 du 3 mai 2017, art. 9-8º, en vigueur le 1er juill. 2017)* « au 1er janvier 2017 » viennent en déduction des versements mensuels prévus à l'article R. 174-9, le solde de dotation étant versé l'année suivante.

Le règlement du solde *(Décr. n° 2017-736 du 3 mai 2017, art. 9-8°, en vigueur le 1er juill. 2017)* « du forfait global de soins » de l'exercice précédent vient en déduction des versements prévus à l'article R. 174-9.

Art. R. 174-13 Pour les établissements d'hébergement de personnes âgées dépendantes rattachés à un établissement de santé sous dotation globale, les dates de règlement *(Décr. n° 2017-736 du 3 mai 2017, art. 9-9°, en vigueur le 1er juill. 2017)* « du forfait global de soins » correspondent à celles de la dotation globale de soins de l'établissement de santé.

Art. R. 174-14 Pour les établissements autonomes hébergeant des personnes âgées dépendantes, le règlement de chaque allocation mensuelle est effectué le vingtième jour du mois, ou, si ce jour n'est pas ouvré, le dernier jour précédant cette date.

Art. R. 174-15 Lors de l'admission en établissement, la personne âgée doit présenter la carte d'assuré social justifiant de cette qualité *(Abrogé par Décr. n° 2017-736 du 3 mai 2017, art. 1er-9°)* *« ou de celle d'ayant droit »*. A défaut *(Décr. n° 2010-621 du 7 juin 2010, art. 2)* « et si les informations à disposition de l'établissement ne permettent pas d'identifier le résident dans le traitement prévu à l'article R. 314-169 du code de l'action sociale et des familles », une demande de prise en charge doit être adressée à l'organisme compétent par l'établissement.

Le Décr. n° 2010-621 du 7 juin 2010 entre en vigueur au plus tard le 1er sept. 2010 (Décr. préc., art. 3).

Art. R. 174-16 Pour les dépenses de soins comprises dans les tarifs journaliers afférents aux soins, la participation des assurés sociaux est supprimée.

SECTION IV DÉPENSES AFFÉRENTES AUX AUTRES ÉTABLISSEMENTS ET SERVICES MÉDICO-SOCIAUX FINANCÉS PAR DOTATION GLOBALE DE FINANCEMENT OU FORFAIT ANNUEL GLOBAL DE SOINS

(Décr. n° 2003-1010 du 22 oct. 2003, art. 119)

Art. R. 174-16-1 *(Décr. n° 2017-736 du 3 mai 2017, art. 9-10°, en vigueur le 1er juill. 2017)* « La dotation globale de financement ou le forfait annuel global de soins fixé par l'autorité compétente de l'État sont versés par douzièmes par la caisse mentionnée à l'article L. 174-8 du code de la sécurité sociale.

« Le contrat pluriannuel d'objectifs et de moyens prévu aux articles L. 313-11, L. 313-11-1, L. 313-12 et L. 313-12-2 du code de l'action sociale et des familles procède à la désignation de l'un des établissements et services inclus dans le même contrat ou de la personne morale signataire dudit contrat pour percevoir la dotation globalisée mentionnée à l'article R. 314-43-1 du même code. Celle-ci est alors versée, par douzièmes, par un unique organisme d'assurance maladie, désigné selon les règles mentionnées à l'article L. 174-8 du présent code au regard de la localisation de la structure désignée pour recevoir la dotation. »

Les douzièmes sont versés le vingtième jour de chaque mois ou, si ce jour n'est pas ouvré, le dernier jour ouvré qui précède cette date.

Art. R. 174-16-2 *(Abrogé par Décr. n° 2017-736 du 3 mai 2017, art. 9-11°, à compter du 1er juill. 2017)* ***« Pour permettre la répartition de la charge de la dotation globale de financement ou du forfait annuel global de soins entre les différents régimes d'assurance maladie, »*** L'établissement ou le service dresse au premier jour de chaque trimestre civil un tableau indiquant le nombre de personnes hébergées ou prises en charge au titre de chaque régime.

(Décr. n° 2017-736 du 3 mai 2017, art. 9-11°, en vigueur le 1er juill. 2017) « Ce tableau est transmis à la caisse mentionnée à l'article L. 174-8. »

Art. R. 174-16-3 (Abrogé par Décr. n° 2017-736 du 3 mai 2017, art. 9-18°, à compter du 1er juill. 2017) ***Lorsque les tableaux établis conformément à l'article R. 174-16-2 font apparaître que le nombre de ressortissants d'un régime d'assurance maladie autre que le régime général est le plus élevé, l'organisme d'assurance maladie territorialement compétent***

de ce régime est chargé d'effectuer, s'il en fait la demande, le versement de la dotation globale de financement ou du forfait global de soins.

Dans ce cas, l'organisme qui assure le versement communique à la caisse primaire d'assurance maladie géographiquement compétente les informations nécessaires au suivi des dépenses et à leur répartition.

Art. R. 174-16-4 Dans le cas où le montant *(Décr. n° 2017-736 du 3 mai 2017, art. 9-12°, en vigueur le 1er juill. 2017)* « de la dotation globalisée, » de la dotation globale de financement ou du forfait annuel global de soins n'a pas été arrêté avant le 1er janvier de l'exercice en cause, et jusqu'à l'intervention de la décision qui le fixe, l'organisme chargé du versement règle, *(Abrogé par Décr. n° 2017-736 du 3 mai 2017, art. 9-12°, à compter du 1er juill. 2017) « sous réserve des dispositions de l'article 37 du décret n° 2003-1010 du 22 octobre 2003 relatif à la gestion budgétaire, comptable et financière, et aux modalités de financement et de tarification des établissements et services sociaux et médico-sociaux mentionnés au I de l'article L. 312-1 du code de l'action sociale et des familles, et aux établissements mentionnés au 2° de l'article L. 6111-2 du code de la santé publique, »* des acomptes mensuels égaux aux douzièmes *(Décr. n° 2017-736 du 3 mai 2017, art. 9-12°, en vigueur le 1er juill. 2017)* « du tarif provisoire mentionné au IV *bis* de l'article L. 314-7 du code de l'action sociale et des familles ».

Art. R. 174-16-5 I. — Si, lors de la première année d'application d'un financement par dotation globale de fonctionnement ou forfait annuel global de soins, la fixation de cette dotation ou de ce forfait est effectuée postérieurement au 1er janvier de l'exercice, l'organisme chargé du versement règle des acomptes mensuels égaux au douzième de l'ensemble des dépenses *(Décr. n° 2017-736 du 3 mai 2017, art. 9-13°, en vigueur le 1er juill. 2017)* « reconductibles » autorisées *(Décr. n° 2017-736 du 3 mai 2017, art. 9-13°, en vigueur le 1er juill. 2017)* « par le directeur général de l'agence régionale de santé compétente » lors de l'exercice antérieur.

II. — Les sommes versées, au cours de l'année d'entrée en vigueur du financement par dotation globale de financement ou forfait global de soins, au titre des paiements de l'exercice antérieur, viennent en déduction des versements mensuels mentionnés à l'article R. 174-16-1, le solde de la dotation globale de financement ou du forfait global de soins étant versé l'année suivante.

Lors de chaque exercice ultérieur, le solde de la dotation ou du forfait de l'exercice précédent vient en déduction des versements mensuels mentionnés à l'article R. 174-16-1. Le solde de la dotation globale de financement ou du forfait global de soins de l'exercice est versé l'année suivante.

SECTION V DÉPENSES DE LUTTE CONTRE LES MALADIES MENTALES

Néant.

SECTION VI FRAIS D'HOSPITALISATION AFFÉRENTS AUX SOINS DISPENSÉS DANS LES ÉTABLISSEMENTS DE SANTÉ MENTIONNÉS AUX *d* ET *e* DE L'ARTICLE L. 162-22-6 *(Décr. n° 2017-736 du 3 mai 2017, art. 9-14°, en vigueur le 1er juill. 2017).*

Art. R. 174-17 *(Décr. n° 2000-1319 du 26 déc. 2000)* Les frais d'hospitalisation pris en charge par les régimes obligatoires d'assurance maladie sont versés aux établissements de santé privés mentionnés à l'article L. 6114-3 du code de la santé publique par la Caisse d'assurance maladie désignée à l'article L. 174-18 du présent code dénommée "caisse centralisatrice des paiements".

Art. R. 174-18 *(Décr. n° 2000-1319 du 26 déc. 2000)* Les établissements de santé privés transmettent par voie électronique les bordereaux de facturation *(Décr. n° 2003-399 du 28 avr. 2003, art. 8)* « mentionnés au 11° de l'article R. 161-42 » à la caisse centralisatrice des paiements. Celle-ci les retransmet à l'organisme d'assurance maladie dont relève l'assuré dénommé "caisse gestionnaire".

Lorsqu'ils ne disposent pas des moyens techniques leur permettant de se conformer à toutes les prescriptions prévues à l'article R. 161-47 pour la transmission par voie électronique, les établissements adressent en outre les bordereaux de facturation sur support papier à la caisse gestionnaire.

Art. R. 174-19 *(Décr. n° 2000-1319 du 26 déc. 2000)* Lorsque des bordereaux de facturation sous forme électronique lui sont adressés, la caisse centralisatrice des paiements verse à l'établissement, dans un délai de quatre jours ouvrés à compter de la date de réception de ces bordereaux, un acompte sur les frais d'hospitalisation *(Décr. n° 2003-399 du 28 avr. 2003, art. 8)* « , au sens du *a* du 11° de l'article R. 161-42, » pris en charge par le régime obligatoire d'assurance maladie de l'assuré. Le taux de l'acompte est fixé par un arrêté des ministres chargés de la santé, de la sécurité sociale et du budget. — *Taux fixé à 85 % (Arr. du 2 févr. 2001, JO 3 févr.).*

Art. R. 174-20 *(Décr. n° 2000-1319 du 26 déc. 2000)* La caisse gestionnaire procède à la liquidation des frais d'hospitalisation pris en charge par le régime obligatoire d'assurance maladie de l'assuré *(Décr. n° 2017-736 du 3 mai 2017, art. 9-15°, en vigueur le 1er juill. 2017)* « et adresse un état de liquidation à la caisse centralisatrice des paiements selon les dispositions de l'article R. 162-30-1 ».

La caisse centralisatrice des paiements effectue, ensuite, au bénéfice de l'établissement, le paiement du solde ou, lorsqu'elle n'a pas versé d'acompte, le paiement de l'intégralité des frais d'hospitalisation pris en charge par le régime obligatoire d'assurance maladie de l'assuré. Dans le cas où le montant de la liquidation est inférieur à celui de l'acompte, la caisse centralisatrice des paiements procède à la régularisation sur les paiements suivants.

Art. R. 174-21 (Abrogé par Décr. n° 2017-736 du 3 mai 2017, art. 9-18°, à compter du 1er juill. 2017) (Décr. n° 2000-1319 du 26 déc. 2000) ***Pour compenser la charge financière entraînée par le versement d'acomptes par la caisse centralisatrice des paiements pour le compte des caisses gestionnaires, les régimes d'assurance maladie auxquels appartiennent ces dernières versent au régime de la caisse centralisatrice des paiements une rémunération calculée en fonction du montant des acomptes versés et du délai moyen constaté entre le versement des acomptes et le paiement des sommes correspondant aux prises en charge.***

Des conventions entre les différents régimes obligatoires d'assurance maladie fixent les modalités de calcul de cette rémunération et, notamment, le taux d'intérêt appliqué. Ces conventions peuvent prévoir que ce taux est majoré pour les régimes pour lesquels le délai moyen de paiement dépasse une limite qu'elles fixent. A défaut de convention, les modalités de cette rémunération sont fixées par un arrêté des ministres chargés de la santé, de la sécurité sociale et du budget.

Art. R. 174-22 *(Décr. n° 2000-1319 du 26 déc. 2000)* Un arrêté des ministres chargés de la santé et de la sécurité sociale, pris après avis de la Commission nationale de l'informatique et des libertés, fixe les conditions dans lesquelles les services des ministres susmentionnés et les agences régionales de *(Décr. n° 2010-344 du 31 mars 2010, art. 281)* « santé » ont accès aux données collectées par les caisses centralisatrices des paiements.

Pour les frais d'hospitalisation afférents aux soins dispensés aux assurés sociaux relevant des régimes obligatoires d'assurance maladie autres que ceux mentionnés au II ci-dessous, les dispositions du Décr. n° 2000-1319 du 26 déc. 2000 sont applicables à compter du 1er janv. 2001, à l'exception de celles relatives au versement d'acomptes, prévues au premier alinéa de l'art. R. 174-19 CSS, qui s'appliquent à compter du 1er févr. 2001.

Pour les régimes d'assurance maladie qui ne peuvent procéder le 1er janv. 2001 à des échanges d'informations par voie électronique avec les caisses centralisatrices des paiements, les dispositions du présent décret entreront en vigueur au plus tard à compter du 1er mai 2001. La liste de ces régimes est fixée par un arrêté [V. Arr. du 11 janv. 2001, JO 17 janv.] des ministres chargés de la santé et de la sécurité sociale (Décr. n° 2000-1319 du 26 déc. 2000, art. 2).

Art. R. 174-22-1 *(Décr. n° 2007-46 du 10 janv. 2007)* Le versement aux établissements de santé privés mentionnés au *d* de l'article L. 162-22-6 du montant des forfaits annuels et *(Décr. n° 2017-500 du 6 avr. 2017, art. 2-II)* « des dotations de financement mentionnés aux articles L. 162-22-15, au 1° de l'article L. 162-23-3 et à l'article L. 162-23-10 », fixés dans les conditions mentionnées *(Décr. n° 2017-500 du 6 avr. 2017, art. 2-II)* « aux articles R. 162-33-16, R. 162-33-19 et R. 162-34-13 », est assuré par la caisse centralisatrice des paiements *(Abrogé par Décr. n° 2017-736 du 3 mai 2017, art. 9-16°, à compter du 1er juill. 2017)* ***« mentionnée à l'article L. 174-18 ».***

Le règlement de chaque allocation mensuelle est effectué le 5 de chaque mois ou, si le jour n'est pas ouvré, le premier jour suivant cette date.

Dans l'attente de la fixation du montant *(Décr. n° 2017-500 du 6 avr. 2017, art. 2-II)* « des forfaits annuels » et *(Décr. n° 2017-500 du 6 avr. 2017, art. 2-II)* « des dotations » de l'année en cours, la caisse *(Décr. n° 2017-736 du 3 mai 2017, art. 9-16°, en vigueur le 1er juill. 2017)* « centralisatrice des paiements » règle des acomptes mensuels égaux à un douzième du montant du forfait ou de la dotation de l'année précédente. La différence entre les montants ainsi versés et ceux fixés pour l'année en cours est imputée sur le versement effectué le 5 du deuxième mois suivant celui au cours duquel le montant du forfait ou de la dotation est fixé.

Art. R. 174-22-2 (Abrogé par Décr. n° 2017-736 du 3 mai 2017, art. 9-18°, à compter du 1er juill. 2017) (Décr. n° 2001-656 du 20 juill. 2001) *Les régimes d'assurance maladie paient chaque mois à la Caisse nationale dont relève la caisse centralisatrice des paiements une participation aux versements effectués* (Décr. n° 2007-46 du 10 janv. 2007) *« au titre des forfaits annuels et de la dotation de financement des missions d'intérêt général et d'aide à la contractualisation » en application de l'article R. 174-22-1.*

La participation mensuelle des différents régimes d'assurance maladie est calculée au prorata de la répartition entre ces régimes pour le dernier exercice de la somme des forfaits annuels (Décr. n° 2007-46 du 10 janv. 2007) *« et de la dotation de financement des missions d'intérêt général et d'aide à la contractualisation » versés aux établissements de santé privés.*

Art. R. 174-22-3 (Abrogé par Décr. n° 2017-736 du 3 mai 2017, art. 9-18°, à compter du 1er juill. 2017) (Décr. n° 2017-500 du 6 avr. 2017, art. 2-II) *« La répartition du montant total des allocations mensuelles versées au titre des forfaits et dotations mentionnés à l'article R. 174-22-1 entre les régimes d'assurance maladie est fixée avant le 15 avril de l'année au cours de laquelle a été effectué le constat prévu au deuxième alinéa du présent article, par arrêté des ministres chargés de la santé, de la sécurité sociale et du budget. »*

(Décr. n° 2003-398 du 23 avr. 2003, art. 4) *« Elle est effectuée au vu du montant définitif total des allocations mensuelles versées au cours de l'exercice précédent, au prorata des charges afférentes aux frais d'hospitalisation au titre des soins dispensés dans les établissements mentionnés* (Décr. n° 2007-46 du 10 janv. 2007) *« au d de l'article L. 162-22-6 » supportées par chaque régime obligatoire d'assurance maladie au titre dudit exercice et constatées au niveau national dans les conditions prévues au premier alinéa »* (Décr. n° 2007-46 du 10 janv. 2007 ; Décr. n° 2017-500 du 6 avr. 2017, art. 2-II) *« de l'article R. 162-33-25. »*

Art. R. 174-22-4 (Abrogé par Décr. n° 2017-736 du 3 mai 2017, art. 9-18°, à compter du 1er juill. 2017) (Décr. n° 2001-656 du 20 juill. 2001) *Les opérations financières effectuées en application des articles R. 174-22-2 et R. 174-22-3 sont retracées dans les écritures de la Caisse nationale de l'assurance maladie des travailleurs salariés.*

SECTION VII DÉPENSES AFFÉRENTES AUX SOINS DISPENSÉS PAR LE SERVICE DE SANTÉ DES ARMÉES ET L'INSTITUTION NATIONALE DES INVALIDES

SOUS-SECTION 1 DÉPENSES AFFÉRENTES AUX SOINS DISPENSÉS PAR L'INSTITUTION NATIONALE DES INVALIDES

Art. R. 174-23 *(Décr. n° 2001-455 du 29 mai 2001)* La *(Décr. n° 2007-46 du 10 janv. 2007)* « dotation annuelle de financement » allouée à l'Institution nationale des invalides est fixée par arrêté des ministres chargés de la santé et de la sécurité sociale après avis du ministre de la défense et du ministre chargé du budget.

Elle est déterminée par application à la *(Décr. n° 2007-46 du 10 janv. 2007)* « dotation annuelle de financement » de l'année précédente d'un taux d'évolution tenant compte de l'activité et des coûts de l'Institution nationale des invalides pris en compte pour l'application de l'article R. 174-24. Elle peut être majorée ou minorée en cours d'année pour prendre en compte les évolutions de toute nature affectant ladite activité.

Les arrêtés fixant la *(Décr. n° 2007-46 du 10 janv. 2007)* « dotation annuelle de financement » sont publiés au *Journal officiel* de la République française. La publication de l'arrêté fixant la dotation annuelle doit être effectuée au plus tard dans les trente jours qui suivent la publication de la loi de financement de la sécurité sociale.

Art. R. 174-24 *(Décr. n° 2001-455 du 29 mai 2001)* Le montant des dépenses de l'Institution nationale des invalides prises en compte pour le calcul de la *(Décr. n° 2005-30 du 14 janv. 2005)* « dotation annuelle de financement » mentionnée à l'article L. 174-15 et des tarifs de prestation arrêtés pour l'application de l'article L. 174-3 n'est pas inclus dans les dotations régionales définies au troisième alinéa de l'article L. 174-1-1.

Art. R. 174-25 *(Décr. n° 2001-455 du 29 mai 2001)* La *(Décr. n° 2007-46 du 10 janv. 2007)* « dotation annuelle de financement » allouée à l'Institution nationale des invalides, fractionnée en douze allocations mensuelles, est versée par la caisse pivot mentionnée à l'article L. 174-15.

Le règlement de chaque allocation mensuelle est effectué en une ou plusieurs fois entre le 15 du mois courant et, au plus tard, le 15 du mois suivant. Toutefois, le total des sommes versées entre le 15 et le dernier jour du mois courant ne peut être inférieur à 60 % de l'allocation mensuelle considérée.

Le calendrier de versement de la *(Décr. n° 2007-46 du 10 janv. 2007)* « dotation annuelle de financement » est celui défini par l'arrêté prévu au quatrième alinéa de l'article R. 174-1.

Art. R. 174-26 *(Décr. n° 2001-455 du 29 mai 2001)* Le règlement du solde de la *(Décr. n° 2005-30 du 14 janv. 2005)* « dotation annuelle de financement » de l'exercice précédent vient en déduction des versements mensuels prévus à l'article R. 174-25.

Art. R. 174-27 *(Décr. n° 2001-455 du 29 mai 2001)* Les tarifs arrêtés pour l'application à l'Institution nationale des invalides de l'article L. 174-3 sont majorés ou minorés en cours d'année pour prendre en compte les évolutions mentionnées à l'article R. 174-23 en cas de variation de la *(Décr. n° 2005-30 du 14 janv. 2005)* « dotation annuelle de financement ». Ils sont notifiés au directeur de la caisse chargée du versement de la *(Décr. n° 2005-30 du 14 janv. 2005)* « dotation annuelle de financement ».

Art. R. 174-28 *(Décr. n° 2001-455 du 29 mai 2001)* Dans le cas où le montant de la *(Décr. n° 2007-46 du 10 janv. 2007)* « dotation annuelle de financement » et les tarifs des prestations n'ont pas été arrêtés avant le 1er janvier de l'exercice en cause, et jusqu'à leur fixation :

1° La caisse chargée du versement de la *(Décr. n° 2007-46 du 10 janv. 2007)* « dotation annuelle de financement » règle des acomptes mensuels égaux aux douzièmes de la dotation de l'exercice antérieur ;

2° Les recettes relatives à la facturation des tarifs des prestations sont liquidées et perçues dans les conditions en vigueur au cours de l'exercice précédent.

Art. R. 174-29 *(Décr. n° 2001-455 du 29 mai 2001)* La caisse chargée du versement de la *(Décr. n° 2005-30 du 14 janv. 2005)* « dotation annuelle de financement » est désignée par un arrêté conjoint des ministres chargés de la santé, de la sécurité sociale et des armées.

SOUS-SECTION 2 DÉPENSES RELATIVES AUX SOINS DISPENSÉS PAR LE SERVICE DE SANTÉ DES ARMÉES

(Décr. n° 2008-1528 du 30 déc. 2008)

§ 1er ACTIVITÉS DE MÉDECINE, CHIRURGIE, OBSTÉTRIQUE ET ODONTOLOGIE

Art. R. 174-30 Pour l'application du présent paragraphe et dans les conditions qu'il fixe, les décisions des ministres chargés de la santé et de la sécurité sociale sont préparées par l'agence régionale de *(Décr. n° 2010-344 du 31 mars 2010, art. 282)* « santé » d'Île-de-France selon des modalités définies par un protocole signé entre ces ministres et le *(Décr. n° 2010-344 du 31 mars 2010, art. 282)* « directeur général » de l'agence.

Art. R. 174-31 L'article R. 162-51 est applicable aux hôpitaux des armées.

Art. R. 174-32 Pour l'application du deuxième alinéa de l'article L. 162-22-7, l'agence régionale de *(Décr. n° 2010-344 du 31 mars 2010, art. 282)* « santé » d'Île-de-

France prépare, avec le service de santé des armées et la Caisse nationale militaire de sécurité sociale, un projet de protocole de bon usage des médicaments et des produits et prestations. Le protocole, conclu pour une durée de trois à cinq ans, est signé par le ministre de la défense et les ministres chargés de la santé et de la sécurité sociale.

Chaque année, l'agence contrôle l'application de ce protocole dans les mêmes conditions que celles prévues au décret mentionné au deuxième alinéa de l'article L. 162-22-7 et propose aux ministres chargés de la santé et de la sécurité sociale le taux de remboursement qu'ils arrêtent après information préalable du ministre de la défense. Le taux de prise en charge applicable est notifié au ministre de la défense et à la Caisse nationale militaire de sécurité sociale conformément au troisième alinéa de l'article L. 162-22-7.

Art. R. 174-33 Pour l'application *(Décr. n° 2017-247 du 27 févr. 2017, art. 9-1°, en vigueur le 1er mars 2017)* « des articles L. 162-22-8 et L. 162-22-8-3 », le service de santé des armées communique chaque année à l'agence régionale de *(Décr. n° 2010-344 du 31 mars 2010, art. 282)* « santé » d'Île-de-France les éléments de mesure des *(Décr. n° 2017-247 du 27 févr. 2017, art. 9-2°, en vigueur le 1er mars 2017)* « activités mentionnées à ces articles » et réalisées par les hôpitaux des armées. Sur cette base, l'agence propose le montant annuel de chacun des forfaits *(Décr. n° 2017-247 du 27 févr. 2017, art. 9-3°, en vigueur le 1er mars 2017)* « ou dotations », qui est arrêté par les ministres chargés de la santé et de la sécurité sociale dans les conditions prévues à l'article *(Décr. n° 2017-500 du 6 avr. 2017, art. 2-II)* « R. 162-33-16 ».

Art. R. 174-34 Pour l'application de l'article L. 162-22-13, la dotation de financement des missions d'intérêt général et d'aide à la contractualisation attribuée au service de santé des armées n'est pas incluse dans les dotations régionales mentionnées au deuxième alinéa de cet article.

L'arrêté prévu à l'article L. 6147-7 du code de la santé publique fixe la liste des activités d'intérêt général mentionnées au premier alinéa de l'article L. 162-22-13 du présent code qui sont exercées par le service de santé des armées.

L'agence régionale de *(Décr. n° 2010-344 du 31 mars 2010, art. 282)* « santé » d'Île-de-France prépare, avec le service de santé des armées, un projet de protocole pluriannuel relatif aux objectifs et aux moyens des hôpitaux des armées. Le protocole, conclu en application *(Décr. n° 2010-425 du 29 avr. 2010, art. 10-I-3°)* « de l'article L. 6114-1 » du code de la santé publique, est signé par le ministre de la défense et les ministres chargés de la santé et de la sécurité sociale.

(Décr. n° 2012-117 du 30 janv. 2012, art. 2) « Ce protocole précise les obligations du service de santé des armées pour l'accomplissement *(Décr. n° 2016-1645 du 1er déc. 2016, art. 4-III)* « de tout ou partie des missions définies aux articles L. 6111-1 et L. 6112-1 » qu'il assure ou contribue à assurer et, le cas échéant, les modalités de calcul de leur compensation financière. »

Chaque année, l'agence évalue les missions d'intérêt général mentionnées dans ce protocole. Sur cette base, le montant de la dotation annuelle de financement des missions d'intérêt général et d'aide à la contractualisation est arrêté, dans les conditions prévues à l'article *(Décr. n° 2017-500 du 6 avr. 2017, art. 2-II)* « R. 162-33-16 » du présent code et dans le respect de la dotation nationale mentionnée au premier alinéa de l'article L. 162-22-13, par les ministres chargés de la santé et de la sécurité sociale après avis du ministre de la défense.

L'agence transmet au ministre chargé de la santé les données relatives aux activités réalisées dans ce cadre par le service de santé des armées en vue de l'élaboration du bilan mentionné à l'avant-dernier alinéa de l'article L. 162-22-13.

Art. R. 174-35 L'agence régionale de *(Décr. n° 2010-344 du 31 mars 2010, art. 282)* « santé » d'Île-de-France exerce le contrôle prévu à l'article L. 162-22-18 pour les hôpitaux des armées dans les conditions prévues par les articles *(Décr. n° 2017-500 du 6 avr. 2017, art. 2-II)* « R. 162-35-2 à R. 162-35-5 ».

Pour l'application de l'article L. 162-22-18, le contrôle de la facturation réalisée par ces hôpitaux est intégré dans le programme de contrôle *(Abrogé par Décr. n° 2010-344 du 31 mars 2010, art. 282)* ***« de la commission exécutive »*** de l'agence qui en informe le ministre de la défense.

Pour l'application de l'article *(Décr. nº 2017-500 du 6 avr. 2017, art. 2-II)* « R. 162-35-2 », l'agence communique au ministre de la défense le rapport mentionné au quatrième alinéa.

Pour l'application de l'article *(Décr. nº 2017-500 du 6 avr. 2017, art. 2-II)* « R. 162-35-3 », la caisse mentionnée à l'article L. 174-2 est la Caisse nationale militaire de sécurité sociale.

Pour l'application de l'article *(Décr. nº 2017-500 du 6 avr. 2017, art. 2-II)* « R. 162-35-4 », le montant de la sanction proposée par l'agence est communiqué aux ministres chargés de la santé et de la sécurité sociale et au ministre de la défense.

Pour l'application de l'article *(Décr. nº 2017-500 du 6 avr. 2017, art. 2-II)* « R. 162-35-5 », les ministres chargés de la santé et de la sécurité sociale prononcent la sanction et la notifient au ministre de la défense ainsi qu'à la Caisse nationale militaire de sécurité sociale au terme du délai d'un mois dont dispose le service de santé des armées pour présenter ses observations.

Le montant de la sanction est comptabilisé par la Caisse nationale militaire de sécurité sociale qui le recouvre dans les conditions prévues par l'article *(Décr. nº 2015-1865 du 30 déc. 2015, art. 10-1º, en vigueur le 1er janv. 2016)* « L. 114-17-1 ».

Art. R. 174-36 Les forfaits annuels *(Décr. nº 2017-247 du 27 févr. 2017, art. 10, en vigueur le 1er mars 2017)* « , la dotation complémentaire mentionnée à l'article L. 162-22-8-3 » et la dotation annuelle de financement des missions d'intérêt général et d'aide à la contractualisation sont fractionnés en dix allocations mensuelles versées de janvier à octobre par la Caisse nationale militaire de sécurité sociale selon des modalités fixées par un arrêté du ministre de la défense et des ministres chargés de la santé et de la sécurité sociale.

Des avances de trésorerie sont accordées au service de santé des armées dans des conditions fixées par le même arrêté.

§ 2 ACTIVITÉS DE PSYCHIATRIE ET DE SOINS DE SUITE OU DE RÉADAPTATION

Art. R. 174-37 La dotation annuelle de financement allouée au service de santé des armées en application de l'article L. 174-15-1 est fixée par arrêté des ministres chargés de la santé et de la sécurité sociale après avis du ministre de la défense et du ministre chargé du budget. Elle est déterminée :

1º En appliquant à la dotation annuelle de financement de l'année précédente un taux d'évolution fixé en fonction de l'objectif des dépenses d'assurance maladie mentionné à l'article L. 174-1-1 ;

2º En tenant compte de l'activité et des coûts du service de santé des armées au bénéfice des assurés sociaux et de leurs ayants droit.

La dotation ainsi fixée peut être majorée ou minorée en cours d'année pour prendre en compte les évolutions affectant l'activité mentionnée au 2º.

La publication au *Journal officiel* de la République française de l'arrêté fixant la dotation annuelle de financement intervient au plus tard dans les quinze jours suivant la publication de l'arrêté relatif aux dotations régionales mentionné au dernier alinéa de l'article R. 174-2.

Art. R. 174-38 La dotation annuelle de financement allouée au service de santé des armées est fractionnée en dix allocations mensuelles et versée de janvier à octobre par la Caisse nationale militaire de sécurité sociale selon des modalités fixées par arrêté du ministre de la défense et des ministres chargés de la santé et de la sécurité sociale.

Le règlement du solde de la dotation annuelle de financement de l'exercice précédent vient en déduction des versements prévus au premier alinéa.

Art. R. 174-39 Les tarifs des prestations mentionnées à l'article L. 174-3 sont déterminés annuellement par arrêté du ministre de la défense selon les modalités fixées par l'article R. 6145-22 du code de la santé publique. Ils peuvent être majorés ou minorés en cours d'année pour prendre en compte les évolutions d'activité mentionnées à l'article R. 174-37 du présent code. Ils sont notifiés à la Caisse nationale militaire de sécurité sociale.

Art. R. 174-40 Le montant des dépenses du service de santé des armées prises en compte pour le calcul de la dotation annuelle de financement n'est pas inclus dans les dotations régionales mentionnées au dernier alinéa de l'article L. 174-1-1.

Art. R. 174-41 Dans le cas où le montant de la dotation annuelle de financement n'a pas été arrêté avant le 1er janvier de l'exercice en cause et jusqu'à l'intervention de l'arrêté le fixant, la Caisse nationale militaire de sécurité sociale règle des acomptes égaux aux dixièmes *[au dixième]* de la dotation de l'exercice antérieur.

Dans le cas où les tarifs des prestations n'ont pas été arrêtés avant le 1er janvier de l'exercice en cause et jusqu'à l'intervention de l'arrêté les fixant, les recettes relatives à la facturation des tarifs des prestations sont liquidées et perçues dans les conditions en vigueur au cours de l'exercice précédent.

Décret no 2008-1528 du 30 décembre 2008,

Relatif au financement des dépenses de soins dispensés aux assurés sociaux par le service de santé des armées (JO 31 déc.).

Art. 2 I. — Pour l'application du présent article et dans les conditions qu'il fixe, les décisions des ministres chargés de la santé et de la sécurité sociale sont préparées par l'agence régionale de *(Décr. no 2010-425 du 29 avr. 2010, art. 12-IV)* « santé » d'Île-de-France selon des modalités définies par un protocole signé entre ces ministres et le directeur de l'agence.

II. — Jusqu'à la date mentionnée au I de l'article 33 de la loi du 18 décembre 2003 susvisée, les prestations d'hospitalisation, les actes et consultations externes ainsi que les spécialités pharmaceutiques et produits et prestations mentionnés à l'article L. 162-22-7 du même code ne sont pas facturés à la Caisse nationale militaire de sécurité sociale.

Le service de santé des armées transmet à l'agence régionale de *(Décr. no 2010-425 du 29 avr. 2010, art. 12-IV)* « santé » d'Île-de-France et à la Caisse nationale militaire de sécurité sociale les données relatives aux activités mentionnées à l'article L. 162-22-6 du code de la sécurité sociale pour chacun de ses hôpitaux, y compris celles relatives aux consultations et actes externes, dans des conditions fixées par arrêté du ministre de la défense et des ministres chargés de la santé et de la sécurité sociale.

L'agence procède à la valorisation de l'activité réalisée pour des patients assurés sociaux ou leurs ayants droit pour la part prise en charge par les régimes obligatoires d'assurance maladie. Les consultations et actes mentionnés au premier alinéa de l'article L. 162-26 du code de la sécurité sociale, les prestations d'hospitalisation mentionnées au 1o de l'article L. 162-22-6 du même code ainsi que les spécialités pharmaceutiques et produits et prestations mentionnés à l'article L. 162-22-7 du même code sont valorisés dans les mêmes conditions que celles fixées par l'arrêté mentionné au I de l'article 8 du décret du 10 janvier 2007 susvisé avec application du coefficient de transition déterminé par le IV du présent article.

L'agence contrôle les données mentionnées au deuxième alinéa du présent II qui lui sont transmises pour chaque hôpital des armées. Sans préjudice de l'article L. 162-22-18 du code de la sécurité sociale, lorsqu'elle constate des anomalies, elle propose aux ministres chargés de la santé et de la sécurité sociale de déduire les sommes indûment versées du montant dû au titre des périodes suivantes après que le service de santé des armées a été mis en mesure de faire connaître ses observations. Ces ministres arrêtent le montant ainsi calculé et le notifient au ministre de la défense et à la Caisse nationale militaire de sécurité sociale.

III. — Jusqu'à la date mentionnée au II de l'article 33 de la loi du 18 décembre 2003 susvisée et par dérogation aux 1o à 3o du I de l'article L. 162-22-10 du code de la sécurité sociale, les tarifs nationaux des prestations ne servent pas de base au calcul de la participation de l'assuré. Cette participation est calculée sur la base des tarifs journaliers des prestations fixés par le ministre de la défense, conformément à l'article R. 6112-4 du code de la santé publique, selon les conditions et modalités prévues au II de l'article 33 de la loi du 18 décembre 2003 susvisée.

IV. — Le coefficient de transition mentionné au II du présent article est le résultat de la fraction comportant :

1o Au numérateur, les recettes du service de santé des armées provenant des régimes obligatoires d'assurance maladie et accordées sous forme de dotation annuelle de financement au titre de 2007 pour les activités de médecine, chirurgie, obstétrique et odontologie ;

2° Au dénominateur, les mêmes recettes correspondant à la valorisation des activités mentionnées au 1° au titre de 2007 et déterminées dans les conditions prévues au II du présent article.

Ne sont pas pris en compte pour la détermination du coefficient de transition le montant de la valorisation des missions d'intérêt général et d'aide à la contractualisation, des spécialités pharmaceutiques et produits et prestations mentionnés à l'article L. 162-22-7 du code de la sécurité sociale et des prestations de prélèvements d'organes, ainsi que celui correspondant aux forfaits annuels.

La valeur du coefficient de transition est arrêtée par les ministres chargés de la santé et de la sécurité sociale. Elle est notifiée au ministre de la défense et à la Caisse nationale militaire de sécurité sociale. Le coefficient ainsi calculé prend effet à compter du 1er janvier 2009 et s'applique jusqu'au 28 février de la même année.

Chaque année au 1er mars, les ministres chargés de la santé et de la sécurité sociale arrêtent, après avis du ministre de la défense, un taux de convergence du coefficient de transition applicable au service de santé des armées de sorte que la valeur de ce coefficient soit égale à un en 2015. A partir de la date mentionnée au I de l'article 33 de la loi du 18 décembre 2003 susvisée, le coefficient de transition ainsi déterminé s'applique aux facturations émises.

Le coefficient de transition ne s'applique qu'aux dépenses prises en charge par les régimes obligatoires d'assurance maladie dont le service de santé des armées a fait l'avance en application de l'article L. 162-21-1 du code de la sécurité sociale dans les conditions fixées par l'arrêté prévu au dernier alinéa du II de l'article 4 du décret du 26 décembre 2007 susvisé.

V. — Le VI de l'article 4 du décret du 26 décembre 2007 susvisé s'applique aux versements effectués par la Caisse nationale militaire de sécurité sociale au titre de la sous-section 2 de la section VII du chapitre IV du titre VII du livre Ier du code de la sécurité sociale et du présent article.

CHAPITRE V DISPOSITIONS D'APPLICATION — DISPOSITIONS DIVERSES

Néant.

TITRE HUITIÈME DISPOSITIONS DIVERSES — DISPOSITIONS D'APPLICATION

CHAPITRE PREMIER DISPOSITIONS PROPRES AUX DÉPARTEMENTS DU HAUT-RHIN, DU BAS-RHIN ET DE LA MOSELLE

Néant.

CHAPITRE II DISPENSE D'AFFRANCHISSEMENT

Art. R. 182-1 *Abrogé en conséquence de l'abrogation de l'art. L. 182-1 par L. n° 87-39 du 27 janv. 1987, art. 13-I.*

CHAPITRE II *BIS* UNION NATIONALE DES CAISSES D'ASSURANCE MALADIE - UNION NATIONALE DES ORGANISMES D'ASSURANCE MALADIE COMPLÉMENTAIRE - UNION NATIONALE DES PROFESSIONNELS DE SANTÉ *(Décr. n° 2004-1446 du 23 déc. 2004).*

(Décr. n° 2004-1075 du 12 oct. 2004)

SECTION PREMIÈRE UNION NATIONALE DES CAISSES D'ASSURANCE MALADIE *(Décr. n° 2004-1446 du 23 déc. 2004).*

Art. R. 182-2 Chaque organisme ayant désigné des représentants au conseil de l'Union nationale des caisses d'assurance maladie mentionné à l'article L. 182-2-2 désigne un nombre égal de suppléants.

Les suppléants sont appelés à siéger au conseil en l'absence des titulaires et à remplacer ceux dont le siège deviendrait vacant.

Lorsque le siège d'un de ses représentants, titulaire ou suppléant, devient vacant, l'organisme concerné désigne un ou plusieurs nouveaux représentants qui siègent jusqu'au renouvellement suivant de l'ensemble du conseil.

Les règles applicables aux incompatibilités et à la désignation des membres du conseil, titulaires et suppléants, sont celles prévues aux articles L. 231-6 et L. 231-6-1.

Art. R. 182-2-1 La durée du mandat des membres de l'Union nationale des caisses d'assurance maladie est fixée à cinq ans.

Lorsqu'un membre de l'union perd son mandat au sein *(Décr. nº 2018-174 du 9 mars 2018, art. 15-I, en vigueur le 1er janv. 2018)* « des instances mentionnées aux troisième à cinquième alinéas de l'article L. 182-2-2, celles-ci procèdent à de nouvelles désignations dans les conditions prévues au même article ».

En cas de renouvellement *(Décr. nº 2018-174 du 9 mars 2018, art. 15-I, en vigueur le 1er janv. 2018)* « de ces instances », il est procédé à des nouvelles désignations dans les conditions prévues à l'article L. 182-2-2.

Les nouveaux représentants siègent jusqu'au renouvellement du conseil.

Art. R. 182-2-2 Le président du conseil de la Caisse nationale de l'assurance maladie des travailleurs salariés exerce les fonctions de président du conseil de l'Union nationale des caisses d'assurance maladie.

Art. R. 182-2-3 Le conseil se réunit au moins quatre fois par an sur convocation de son président. L'ordre du jour est fixé par le président.

Lorsque la réunion du conseil intervient à la demande du ou des ministres chargés de la sécurité sociale, de l'agriculture et du budget, ou de la moitié au moins des membres du conseil, la convocation est de droit dans les vingt jours suivant la réception de la demande. Les questions dont les ministres chargés de la tutelle ou la moitié des membres du conseil demandent l'inscription à l'ordre du jour, sont inscrites de droit.

Le conseil de l'union ne peut valablement délibérer que si la majorité de ses membres ayant voix délibérative assistent à la séance.

Si le quorum n'est pas atteint, le conseil est de nouveau convoqué avec le même ordre du jour dans un délai maximal de vingt jours et délibère alors valablement quel que soit le nombre des membres présents.

En cas d'empêchement, un membre du conseil peut donner délégation à un autre membre. Aucun membre ne peut recevoir plus d'une délégation.

Les délibérations du conseil sont adoptées à la majorité simple des membres.

Lorsque le conseil demande au directeur général d'être saisi d'un second projet en application des dispositions du huitième alinéa de l'article L. 182-2-3, il doit l'être dans les vingt jours suivant sa première délibération. Il peut s'opposer à ce second projet par avis motivé à la majorité qualifiée des deux tiers.

Le conseil peut entendre toute personne ou organisation dont il estime l'audition utile à son information.

Le collège des directeurs mentionné à l'article L. 182-2, l'agent comptable et le *(Décr. nº 2012-1247 du 7 nov. 2012)* « contrôleur budgétaire » assistent avec voix consultative aux séances du conseil. Les commissaires du Gouvernement représentant les ministres chargés de la sécurité sociale, de l'agriculture et du budget assistent au conseil et sont entendus à chaque fois qu'ils le demandent.

Art. R. 182-2-4 Le conseil de l'Union nationale des caisses d'assurance maladie exerce les compétences définies à l'article L. 182-2-3.

Il adopte son règlement intérieur. Il délibère sur le rapport annuel du directeur général relatif au fonctionnement administratif et financier de l'union nationale.

Il arrête le compte financier après avoir entendu l'agent comptable.

Les pouvoirs du conseil ne l'autorisent pas à se substituer ou à donner des injonctions au directeur général dans l'exercice des pouvoirs propres de décision de ce dernier, ni à annuler ou à réformer les décisions prises à ce titre.

Le conseil rend son avis sur les projets de loi et de décrets relatifs à l'assurance maladie dont il est saisi par le ministre chargé de la sécurité sociale dans les conditions prévues aux articles R. 200-3 à R. 200-6.

Dans les dix jours qui suivent la séance, les procès-verbaux des délibérations du conseil de l'union sont envoyés au ministre chargé de la sécurité sociale, au ministre chargé de l'agriculture et au ministre chargé du budget.

Art. R. 182-2-5 Le directeur général de l'union et le collège des directeurs exercent les attributions mentionnées aux articles L. 182-2-4 et L. 182-2-5.

(Abrogé par Décr. n° 2010-344 du 31 mars 2010, art. 283) « Sur mandat du collège des directeurs, le directeur général anime et coordonne l'action des unions régionales des caisses d'assurance maladie et assure le suivi des contrats pluriannuels d'objectifs et de gestion interrégimes prévus à l'article L. 183-2-3. »

(Décr. n° 2010-344 du 31 mars 2010, art. 283) « Le directeur général » représente l'union en justice et dans les actes de la vie civile. Dans les matières qui relèvent de la compétence du conseil ou de celle du collège des directeurs, il agit en justice sur mandat respectif soit du conseil, soit du collège. Il peut déléguer sa signature.

Il peut déléguer une partie de ses pouvoirs à certains agents de direction. Il peut leur donner mandat en vue d'assurer la représentation de l'union en justice et dans les actes de la vie civile.

Le directeur général est ordonnateur des recettes et des dépenses.

Un arrêté conjoint des ministres chargés de la sécurité sociale, du budget et de l'agriculture fixe la liste des actes du directeur général qui leur sont communiqués sous dix jours. Dans un délai de quinze jours à compter de leur réception, les ministres peuvent, en mentionnant les motifs, faire connaître leur opposition à leur mise en œuvre si ces actes comportent des dispositions non conformes aux lois et règlements en vigueur.

Le collège des directeurs rend compte périodiquement au conseil de la mise en œuvre de ses orientations. Au plus tard à la fin du premier semestre de chaque année, il remet au conseil un rapport d'activité pour l'année écoulée retraçant notamment les orientations définies par le conseil, les actions mises en œuvre pour les atteindre et les résultats constatés.

En cas de vacance d'emploi, d'absence momentanée ou d'empêchement du directeur général, ses fonctions soit exercées par un autre membre du collège des directeurs.

Art. R. 182-2-6 Les fonctions d'agent comptable de l'union nationale sont exercées par l'agent comptable de la Caisse nationale de l'assurance maladie des travailleurs salariés.

Art. R. 182-2-7 *(Décr. n° 2012-1247 du 7 nov. 2012, art. 42-9°, en vigueur le 1er janv. 2013)* L'union est soumise aux dispositions des titres Ier et III du décret n° 2012-1246 du 7 novembre 2012 relatif à la gestion budgétaire et comptable publique.

SECTION II UNION NATIONALE DES ORGANISMES D'ASSURANCE MALADIE COMPLÉMENTAIRE

(Décr. n° 2007-659 du 30 avr. 2007, art. 1er-II)

Art. R. 182-2-8 L'Union nationale des organismes d'assurance maladie complémentaire est composée :

1° Des organismes professionnels représentant les mutuelles et unions de mutuelles régies par le code de la mutualité ;

2° Des organismes professionnels représentant les institutions de prévoyance et unions d'institutions de prévoyance régies par le présent code ;

3° Des organismes professionnels représentant les entreprises mentionnées à l'article L. 310-1 du code des assurances et offrant des garanties portant sur le remboursement ou l'indemnisation des frais occasionnés par une maladie, une maternité ou un accident.

Elle comprend également l'instance de gestion du régime local d'assurance maladie complémentaire obligatoire des départements du Haut-Rhin, du Bas-Rhin et de la Moselle.

Pour chacune des catégories mentionnées aux 1°, 2° et 3°, l'union doit comprendre au moins l'organisme professionnel le plus représentatif.

Art. R. 182-2-9 Le conseil de l'Union nationale des organismes d'assurance maladie complémentaire comporte trente-trois membres.

Le conseil est composé de quatre collèges :

1° Un collège des représentants des organismes mentionnés au 1° de l'article R. 182-2-8 comportant plus de 50 % des membres du conseil ;

2° Un collège des représentants des organismes mentionnés au 2° de l'article R. 182-2-8 comportant entre 20 % et 25 % des membres du conseil ;

3° Un collège des représentants des organismes mentionnés au 3° de l'article R. 182-2-8 comportant entre 20 % et 25 % des membres du conseil ;

4° Un représentant de l'instance de gestion du régime local d'assurance maladie complémentaire obligatoire des départements du Haut-Rhin, du Bas-Rhin et de la Moselle.

Les représentants des collèges mentionnés aux 1° à 3° sont désignés par les organismes professionnels de chacune de ces catégories, membres de l'union. L'instance de gestion mentionnée au 4° désigne son représentant.

Pour chacun des membres titulaires, un suppléant est désigné dans les mêmes conditions.

Les membres du conseil de l'Union nationale des organismes d'assurance maladie complémentaire sont désignés pour trois ans.

Toute vacance ou perte de la qualité au titre de laquelle les membres titulaires ou suppléants ont été désignés donne lieu à remplacement pour la durée de mandat restant à courir.

Art. R. 182-2-10 Le conseil de l'Union nationale des organismes d'assurance maladie complémentaire élit à la majorité simple son président. Celui-ci est élu pour une durée de trois ans.

Le conseil se réunit au moins trois fois par an sur convocation de son président.

Le conseil élabore son règlement intérieur.

Art. R. 182-2-11 Les compétences de l'Union nationale des organismes d'assurance maladie complémentaire sont exercées par son conseil.

Le conseil rend ses avis dans les conditions prévues aux articles R. 200-3, R. 200-5 et R. 200-6, sous réserve des dispositions du II de l'article R. 162-5 et de l'article *(Décr. n° 2015-1865 du 30 déc. 2015, art. 10-12°, en vigueur le 1er janv. 2016)* « R. 160-21 ». L'avis est notifié à l'auteur de la saisine.

Art. R. 182-2-12 Le bureau prépare les projets de délibérations du conseil. Il décide de la convocation du conseil et établit l'ordre du jour de ses réunions.

Le bureau comprend trois collèges ayant le même nombre de membres, désignés respectivement et en leur sein par chacun des collèges mentionnés aux 1°, 2° et 3° de l'article R. 182-2-9. Le nombre des membres du bureau est fixé par les statuts.

Les membres du bureau sont désignés pour une durée de trois ans.

En cas de vacance par décès, démission ou retrait du mandat par le collège du conseil auquel le membre du bureau appartient, il est procédé à la désignation de son remplaçant dans les conditions prévues au deuxième alinéa du présent article. Le mandat de la personne désignée prend fin à la date où devrait normalement prendre fin le mandat du membre remplacé.

Les statuts peuvent prévoir les modalités selon lesquelles le bureau prend les décisions prévues au premier alinéa en cas d'opposition d'un collège.

Le bureau est présidé par le président du conseil. En cas d'empêchement temporaire du président, celui-ci est remplacé par le membre du bureau appartenant au même collège.

Le bureau se réunit au moins six fois par an sur convocation de son président. La convocation est de droit à la demande de l'un de ses membres.

SECTION III UNION NATIONALE DES PROFESSIONNELS DE SANTÉ *(Décr. n° 2005-590 du 27 mai 2005).*

(Décr. n° 2004-1446 du 23 déc. 2004)

Art. R. 182-3 L'Union nationale des professionnels de santé est composée de quarante-six représentants :

1° Quatorze représentants des organisations syndicales représentatives des médecins généralistes et spécialistes ;

2° Sept représentants des organisations syndicales représentatives des infirmiers ;

3° Six représentants des organisations syndicales représentatives des chirurgiens-dentistes ;

4° Six représentants des organisations syndicales représentatives des masseurs-kinésithérapeutes-rééducateurs ;

5° Quatre représentants des organisations syndicales représentatives des pharmaciens titulaires d'officine ;

6° Un représentant des organisations syndicales représentatives des *(Décr. n° 2011-827 du 8 juill. 2011, art. 1er-I)* « biologistes responsables » privés ;

7° Deux représentants des organisations syndicales représentatives des orthophonistes ;

8° Deux représentants des organisations syndicales représentatives des pédicures-podologues ;

9° Un représentant des organisations syndicales représentatives des sages-femmes ;

10° Un représentant des organisations syndicales représentatives des orthoptistes ;

11° Un représentant des organisations syndicales représentatives des audioprothésistes ;

12° Un représentant des organisations syndicales représentatives des transporteurs sanitaires.

Pour l'application du présent chapitre, *(Décr. n° 2011-827 du 8 juill. 2011, art. 1er-I)* « la représentativité s'apprécie en fonction des résultats des enquêtes de représentativité conduites selon les dispositions des articles R. 162-54-1 et R. 162-54-2 » et, pour les professions pour lesquelles une enquête n'est pas disponible, les organisations représentatives ayant conclu ou négocié une convention ou l'accord national prévu à l'article L. 165-6 avec l'assurance maladie.

Art. R. 182-3-1 *(Décr. n° 2011-827 du 8 juill. 2011, art. 1er-II)* Si le nombre de sièges affectés à une profession est au moins égal au nombre d'organisations syndicales représentatives de cette profession, chacune de ces organisations reçoit un siège. Si, à la suite de cette première attribution, les sièges de la profession n'ont pas tous été attribués, les sièges restant à répartir le sont à la représentation proportionnelle au plus fort reste selon les règles définies à l'article R. 182-3-2.

Si le nombre de sièges affectés à une profession est inférieur au nombre d'organisations syndicales représentatives de cette profession, les sièges sont attribués par ordre décroissant selon les règles définies à l'article R. 182-3-2.

Art. R. 182-3-2 *(Décr. n° 2011-827 du 8 juill. 2011, art. 1er-III)* Pour l'application de l'article R. 182-3-1, les sièges sont répartis entre les organisations membres selon les règles suivantes :

Pour les professionnels de santé qui élisent leurs représentants aux unions régionales des professionnels de santé, en fonction du nombre de voix obtenues lors des dernières élections aux unions régionales ;

Pour les autres professions :

– en fonction du nombre de cotisants établi par la dernière enquête de représentativité pour les professions pour lesquelles elle est disponible ;

– en fonction du nombre de cotisants de chacune des organisations syndicales ayant conclu ou négocié une convention ou l'accord national prévu à l'article L. 165-6 avec l'assurance maladie pour les professions pour lesquelles aucune enquête de représentativité n'est disponible.

Art. R. 182-3-3 Les membres de l'Union nationale des professionnels de santé sont nommés pour cinq ans, sur la proposition de l'organisation syndicale qu'ils représentent, par arrêté des ministres chargés de la santé et de la sécurité sociale.

Si, au cours de cette période, de nouvelles élections aux unions régionales des *(Décr. n° 2011-827 du 8 juill. 2011, art. 1er-IV)* « professionnels de santé » ou une nouvelle enquête de représentativité *(Abrogé par Décr. n° 2011-827 du 8 juill. 2011, art. 1er-IV)* *« mentionnée à l'article L. 162-33 »* intervient, il est procédé à une nouvelle répartition des sièges de la seule profession concernée conformément aux dispositions des articles R. 182-3-1 et R. 182-3-2.

Toute personne qui perd la qualité en laquelle elle a été nommée cesse d'être membre de l'union.

Le remplacement d'un membre, en cas de cessation des fonctions au cours du mandat, s'effectue dans les mêmes conditions que la nomination et pour la durée du mandat restant à accomplir.

L'union comprend pour chacune des professions concernées un nombre égal de membres suppléants nommés dans les mêmes conditions.

CHAPITRE III *[ABROGÉ]* UNIONS RÉGIONALES DES CAISSES D'ASSURANCE MALADIE

(Abrogé par Décr. n° 2010-344 du 31 mars 2010, art. 322)

SECTION PREMIÈRE *[ABROGÉE]* MEMBRES ET CONSEIL D'ADMINISTRATION

Art. R. 183-1 à R. 183-9 *Abrogés par Décr. n° 2010-344 du 31 mars 2010, art. 322.*

SECTION II *[ABROGÉE]* DIRECTEUR ET AGENT COMPTABLE

Art. R. 183-10 à R. 183-12 *Abrogés par Décr. n° 2007-102 du 26 janv. 2007.*

Art. R. 183-13 à R. 183-16-1 *Abrogés par Décr. n° 2010-344 du 31 mars 2010, art. 322.*

SECTION III *[ABROGÉE]* DISPOSITIONS DIVERSES

Art. R. 183-17 à R. 183-21 *Abrogés par Décr. n° 2010-344 du 31 mars 2010, art. 322.*

CHAPITRE IV *[ABROGÉ]* DISPOSITIONS D'APPLICATION

(Abrogé par Décr. n° 2010-344 du 31 mars 2010, art. 322)

Art. R. 184-1 *Abrogé par Décr. n° 2010-344 du 31 mars 2010, art. 322.*

LIVRE DEUXIÈME ORGANISATION DU RÉGIME GÉNÉRAL — ACTION DE PRÉVENTION — ACTION SANITAIRE ET SOCIALE DES CAISSES

Art. R. 200-1 *(Décr. n° 96-792 du 10 sept. 1996, art. 1er)* Le conseil de la Caisse nationale de l'assurance maladie des travailleurs salariés et les conseils d'administration de la Caisse nationale d'assurance vieillesse des travailleurs salariés, de la Caisse nationale des allocations familiales et de l'Agence centrale des organismes de sécurité sociale, ainsi que la Commission des accidents du travail et des maladies professionnelles, instituée par l'article L. 221-4, sont saisis par le ministre chargé de la sécurité sociale des projets de mesures législatives ou réglementaires définies à l'article L. 200-3.

Art. R. 200-2 *(Décr. n° 95-206 du 27 févr. 1995 ; Décr. n° 2004-1075 du 12 oct. 2004)* Si le conseil de la Caisse nationale de l'assurance maladie des travailleurs salariés, les conseils d'administration des autres organismes nationaux ou la commission des accidents du travail et des maladies professionnelles décident d'habiliter respectivement une commission ou une sous-commission à rendre en leur nom des avis sur les projets mentionnés à l'article R. 200-1, celles-ci ne peuvent pas comprendre de personnes n'appartenant pas à ces conseils ou à cette commission.

Art. R. 200-2-1 *(Décr. n° 2011-657 du 10 juin 2011, art. 1er-I)* La motivation de l'avis sur un projet de loi rend compte des motifs sur lesquels s'est fondé le conseil, le conseil d'administration, la commission mentionnée à l'article L. 221-4 ou la commission ou sous-commission habilitée dans les conditions prévues à l'article R. 200-2 et fait état de l'ensemble des positions qui se sont exprimées.

Le président peut proposer un projet d'avis motivé, qui donne lieu à un vote.

Art. R. 200-3 *(Décr. n° 95-206 du 27 févr. 1995 ; Décr. n° 96-792 du 10 sept. 1996, art. 2)* Sauf dans le cas prévu à l'article R. 200-4, l'avis doit être notifié au ministre chargé de la sécurité sociale dans le délai de vingt et un jours à compter de la date de

réception du projet de mesure législative ou réglementaire. Toutefois, en cas d'urgence, dûment invoquée dans la lettre de saisine, ce délai est réduit à onze jours.

Art. R. 200-4 *(Décr. n° 96-792 du 10 sept. 1996, art. 3)* **Lorsque l'avis porte sur un projet de loi de financement de la sécurité sociale prévu à l'article L.O. 111-3, il doit être notifié au ministre chargé de la sécurité sociale dans le délai de sept jours à compter de la réception dudit projet.**

Art. R. 200-5 *(Décr. n° 95-206 du 27 févr. 1995)* **A défaut de notification au ministre chargé de la sécurité sociale d'un avis dans les délais fixés aux articles R. 200-3 et R. 200-4, l'avis est réputé rendu.**

Art. R. 200-6 *(Décr. n° 95-206 du 27 févr. 1995)* **Les délais fixés aux articles R. 200-3 et R. 200-4 sont des délais francs. Lorsque le premier jour d'un de ces délais est un jour férié ou un samedi, le délai ne court qu'à compter du premier jour ouvrable qui suit le jour férié ou le samedi.**

TITRE PREMIER ORGANISMES LOCAUX ET RÉGIONAUX — ORGANISMES À CIRCONSCRIPTION NATIONALE

CHAPITRE PREMIER CAISSES PRIMAIRES D'ASSURANCE MALADIE

Art. R. 211-1 *(Décr. n° 2004-1075 du 12 oct. 2004)* **Le conseil de la caisse primaire d'assurance maladie mentionné à l'article L. 211-2 est composé de vingt-trois membres comprenant :**

1° Huit représentants des assurés sociaux désignés par les organisations syndicales de salariés interprofessionnelles représentatives au plan national dont les sièges sont ainsi répartis :

***a)* Confédération générale du travail : deux ;**

***b)* Confédération française démocratique du travail : deux ;**

***c)* Confédération générale du travail-Force ouvrière : deux ;**

***d)* Confédération française des travailleurs chrétiens : un ;**

***e)* Confédération française de l'encadrement-CGC : un.**

2° Huit représentants des employeurs, dont les sièges sont ainsi répartis :

***a)* Mouvement des entreprises de France : quatre ;**

***b)* Confédération** *(Abrogé par Décr. n° 2018-353 du 14 mai 2018, art. 1er)* **« générale » des petites et moyennes entreprises : deux ;**

***c)* Union** *(Décr. n° 2018-353 du 14 mai 2018, art. 1er)* **« des entreprises de proximité » : deux.**

3° Deux représentants de la Fédération nationale de la mutualité française ;

4° *(Décr. n° 2009-1294 du 26 oct. 2009, art. 1er)* **« Quatre » représentants d'institutions intervenant dans le domaine de l'assurance maladie désignées par** *(Décr. n° 2018-353 du 14 mai 2018, art. 1er)* **« l'arrêté mentionné au 4° de l'article R. 221-2 » ;**

(Décr. n° 2009-1294 du 26 oct. 2009, art. 1er) **« 5° Une personnalité qualifiée dans les domaines d'activité des organismes d'assurance maladie et désignée par l'autorité compétente de l'État mentionnée à l'article D. 231-1. »**

Siègent également, avec voix consultative, trois représentants du personnel élus.

En créant une caisse primaire d'assurance maladie dans chacun des départements de la région parisienne et en substituant ainsi à l'organisation particulière de la région parisienne, telle qu'elle avait été définie par décret, des structures entièrement nouvelles, le ministre chargé de la sécurité sociale a excédé les limites de sa compétence. • CE 4 juin 1982 : *Lebon 212 ; Dr. soc. 1982. 793, note Prétot.* ♦ Comp., lorsque cette réorganisation procède d'un décret en Conseil d'État : • CE 23 mars 1990 : *D. 1991. Somm. 122, obs. Prétot ; RJS 1990, n° 421.*

Art. R. 211-1-1 *(Décr. n° 2004-1075 du 12 oct. 2004)* **Le conseil de la caisse primaire d'assurance maladie exerce les attributions mentionnées à l'article L. 211-2-1.**

Le conseil établit les statuts et son règlement intérieur.

(Décr. n° 2009-386 du 7 avr. 2009) **« Conformément aux dispositions de l'article R. 114-6-1, il approuve, sauf vote contraire à la majorité des deux tiers des membres,**

les comptes annuels sur présentation du directeur et de l'agent comptable et au vu du rapport de validation prévu à l'article D. 114-4-2. »

Le conseil élit en son sein le président et le vice-président. L'élection a lieu a scrutin secret. Aux premier et deuxième tours de scrutin, l'élection a lieu à la majorité absolue des suffrages exprimés, exclusion faite des bulletins blancs ou nuls, et au troisième tour à la majorité relative des suffrages exprimés. En cas de partage des voix, l'élection a lieu au bénéfice de l'âge.

Les décisions du conseil sont prises à la majorité simple. En cas d'empêchement, un membre du conseil peut donner délégation à un autre membre. Aucun membre ne peut toutefois recevoir plus d'une délégation.

Le conseil se réunit au moins une fois par trimestre sur convocation de son président. La convocation est de droit lorsqu'elle est demandée par *(Décr. n° 2009-1596 du 18 déc. 2009, art. 10-I)* « le responsable du service mentionné à l'article R. 155-1 » ou par le tiers des membres du conseil. Dans ce cas, la réunion intervient dans les vingt jours suivant la réception de la demande. Les questions dont *(Décr. n° 2009-1596 du 18 déc. 2009, art. 10-I)* « le responsable du service mentionné ci-dessus » ou le tiers des membres demandent l'inscription à l'ordre du jour sont inscrites de droit.

Outre la commission prévue à l'article R. 142-1 pour le traitement des réclamations déposées par les usagers, il peut constituer en son sein des commissions et leur déléguer une partie de ses attributions.

Il peut exercer le droit d'opposition prévu au sixième alinéa de l'article L. 211-2-1 par avis motivé adopté à la majorité qualifiée des deux tiers de ses membres.

Le conseil peut entendre toute personne ou organisation dont il estime l'audition utile à son information.

Le conseil ne peut se substituer ou donner des injonctions au directeur dans l'exercice des pouvoirs propres de décision de ce dernier, ni annuler ou réformer les décisions prises à ce titre.

Le directeur et l'agent comptable, ou leurs représentants, assistent, avec voix consultative, aux séances du conseil ou des commissions ayant reçu délégation de celui-ci. Il en est de même du praticien chef de l'échelon local du service du contrôle médical, ou de son représentant, lorsque le conseil examine les propositions relatives à la politique de gestion du risque ou celles relatives aux relations avec les usagers. *(Décr. n° 2009-1596 du 18 déc. 2009, art. 10-I)* « Le responsable du service mentionné à l'article R. 155-1 » peut également assister au conseil et être entendu à chaque fois qu'il le demande.

Art. R. 211-1-2 *(Décr. n° 2004-1075 du 12 oct. 2004)* Le directeur exerce les attributions mentionnées à l'article L. 211-2-2 et dirige la caisse primaire dans le respect des orientations définies par la Caisse nationale.

A ce titre, il fixe l'organisation du travail dans les services et a seul autorité sur le personnel. Dans le cadre des dispositions qui régissent le personnel, *(Décr. n° 2018-353 du 14 mai 2018, art. 1er)* « y compris les agents de direction » et sauf en ce qui concerne l'agent comptable, il prend toute décision d'ordre individuel nécessaire à la gestion du personnel et notamment nomme aux emplois, règle l'avancement, assure la discipline et *(Décr. n° 2018-353 du 14 mai 2018, art. 1er)* « met fin aux contrats de travail ».

Il assure, en liaison avec la Caisse nationale, la représentation de l'Union des caisses nationales de sécurité sociale mentionnée à l'article L. 224-5.

Le directeur prépare les travaux du conseil et met en œuvre les orientations et délibérations que celui-ci adopte.

Les propositions du directeur mentionnées aux *(Décr. n° 2018-353 du 14 mai 2018, art. 1er)* « six premiers alinéas » de l'article L. 211-2-1 tiennent compte des orientations nationales fixées par le conseil de la Caisse nationale et des objectifs figurant dans le contrat *(Décr. n° 2010-344 du 31 mars 2010, art. 284)* « négocié avec le directeur général de l'agence régionale de santé en application de l'article L. 1434-14 du code de la santé publique ». Dans les domaines mentionnés aux *(Décr. n° 2018-353 du 14 mai 2018, art. 1er)* « troisième, quatrième et cinquième alinéas » de l'article L. 211-2-1, le directeur présente ses propositions chaque année.

En cas d'opposition motivée du conseil à ces propositions, le directeur lui soumet dans le délai de quinze jours une nouvelle proposition tenant compte de cet avis.

Le directeur négocie et signe le contrat pluriannuel de gestion dont les orientations ont été présentées au conseil dans un délai de trois mois après signature de la convention d'objectifs et de gestion prévue à l'article L. 227-1.

(Décr. nº 2009-386 du 7 avr. 2009) « Conformément aux dispositions de l'article R. 114-6-1, il arrête les comptes annuels établis par l'agent comptable. »

Le directeur met en œuvre les actions de prévention et d'éducation sanitaire nécessaires au respect des priorités de santé publique arrêtées au niveau régional.

(Décr. nº 2010-344 du 31 mars 2010, art. 284) « Le directeur met également en œuvre, en liaison avec le service du contrôle médical et l'agence régionale de santé, les mesures nécessaires à la réalisation des objectifs figurant dans le contrat négocié avec le directeur général de l'agence régionale de santé en application de l'article L. 1434-14 du code de la santé publique. » Il est responsable dans le ressort de la caisse de la conduite et de la coordination des actions de gestion du risque et de contrôle.

Il prend les décisions qu'impliquent les mesures arrêtées par la Caisse nationale de l'assurance maladie *(Abrogé par Décr. nº 2018-353 du 14 mai 2018, art. 1er)* *« des travailleurs salariés »* pour l'organisation et le pilotage du réseau des caisses du régime général en application des dispositions du 3º de l'article L. 221-3-1.

Il met en œuvre toutes les mesures nécessaires au respect des objectifs du contrat pluriannuel de gestion et des budgets d'intervention et de gestion de la caisse. Il rend compte de l'exécution du contrat pluriannuel de gestion ainsi que de sa gestion administrative financière et immobilière, selon les modalités fixées par le directeur général de la Caisse nationale de l'assurance maladie *(Abrogé par Décr. nº 2018-353 du 14 mai 2018, art. 1er)* *« des travailleurs salariés »*.

Dans les conditions définies par décret, le directeur engage les dépenses, constate les créances et les dettes, émet les ordres de recettes et de dépenses et peut, sous sa responsabilité, requérir qu'il soit passé outre au refus de visa de paiement éventuellement opposé par l'agent comptable.

Il a pouvoir de donner la mainlevée des inscriptions et des privilèges ou d'hypothèques sur les immeubles, requises au profit de l'organisme.

Il peut déléguer une partie de ses pouvoirs à certains agents de l'organisme et leur donner mandat en vue d'assurer la représentation de celui-ci en justice et dans les actes de la vie civile.

Il rend périodiquement compte au conseil de la mise en œuvre de ses orientations ainsi que de la gestion de l'organisme.

Au plus tard à la fin du premier semestre de chaque année, il remet au conseil un rapport d'activité et de fonctionnement pour l'année écoulée retraçant notamment les orientations définies par le conseil, les actions mises en œuvre pour les atteindre et les résultats constatés. Ce rapport est transmis au président du conseil et au directeur général de la Caisse nationale de l'assurance maladie *(Abrogé par Décr. nº 2018-353 du 14 mai 2018, art. 1er)* *« des travailleurs salariés »* *(Décr. nº 2009-1596 du 18 déc. 2009, art. 10-II)* « ainsi qu'au service mentionné à l'article R. 155-1 ».

En cas d'absence momentanée ou d'empêchement du directeur, ses fonctions sont exercées par le directeur adjoint. En cas d'absence ou d'empêchement du directeur ou du directeur adjoint, ou à défaut de directeur adjoint, les fonctions de directeur sont exercées par un agent de l'organisme désigné préalablement à cet effet par le directeur. En cas de vacance de l'emploi de directeur, le directeur général de la Caisse nationale de l'assurance maladie *(Abrogé par Décr. nº 2018-353 du 14 mai 2018, art. 1er)* *« des travailleurs salariés »* désigne la personne chargée d'effectuer l'intérim dans l'attente d'une nomination.

Art. R. 211-1-3 *(Décr. nº 2004-1075 du 12 oct. 2004)* L'agent comptable est placé sous l'autorité administrative du directeur. Il est chargé, sous sa propre responsabilité, de l'ensemble des opérations financières et comptables de l'établissement. Sa gestion est garantie par un cautionnement dont le montant minimum est fixé dans les limites déterminées par un arrêté du ministre chargé du budget et du ministre chargé de la sécurité sociale.

(Décr. nº 2009-386 du 7 avr. 2009) « Conformément aux dispositions de l'article R. 114-6-1, l'agent comptable établit les comptes annuels. »

(Abrogé par Décr. nº 2012-1519 du 28 déc. 2012, art. 2) « En cas de vacance d'emploi, d'absence momentanée ou d'empêchement de l'agent comptable, ses fonctions sont exercées par le fondé de pouvoir. »

Art. R. 211-2 (Abrogé par Décr. nº 2018-353 du 14 mai 2018, art. 1er) *Dans les agglomérations désignées par arrêté du ministre chargé de la sécurité sociale, l'organisation de la caisse primaire comprend :*

1º Les services centraux ;

2º Des circonscriptions administratives dont le nombre est fixé par arrêté du ministre chargé de la sécurité sociale ;

3º Des centres de paiement.

Les circonscriptions administratives, lesquelles n'ont pas la personnalité juridique et ne sont pas dotées de l'autonomie financière, sont placées sous l'autorité d'agents de direction auxquels le directeur de la caisse primaire peut déléguer, sous sa responsabilité, une partie de ses pouvoirs.

Le conseil d'administration de la caisse primaire peut constituer dans chaque circonscription administrative un comité de liaison, dont il désigne les membres parmi les diverses catégories d'administrateurs.

Au sein du comité de liaison, le nombre de représentants des assurés est supérieur à celui des représentants des employeurs. Chaque organisation mentionnée à l'article L. 214-6 est, sur sa demande, représentée au comité. Les attributions du comité sont fixées par une délibération du conseil d'administration approuvée par le ministre chargé de la sécurité sociale.

Les centres de paiement constituent les dossiers de prestations, liquident et paient les prestations. Ils peuvent accomplir toutes autres missions dont ils sont chargés par la caisse primaire.

Art. R. 211-3 (Abrogé par Décr. nº 2017-656 du 27 avr. 2017, art. 3) *Les sections locales effectuent, pour le compte de la caisse primaire, la constitution des dossiers de prestations, de liquidation et le paiement des prestations et peuvent accomplir toutes autres missions dont elles sont chargées par le conseil d'administration de la caisse.*

Les sections locales sont tenues de se conformer aux règles fixées par le décret prévu à l'article L. 256-2.

Peuvent être chargées de l'accomplissement des différentes missions qui incombent aux sections locales, dans la circonscription pour laquelle elles ont été habilitées pour leurs membres et pour les assurés ayant exercé en leur faveur le choix prévu à l'article R. 312-2, les mutuelles et unions de mutuelles, ainsi que les sections créées conformément aux statuts de ces mutuelles ou unions. Elles peuvent utiliser les correspondants locaux ou d'entreprises agréés par la caisse.

Elles peuvent être habilitées dans le cadre d'un département par plusieurs caisses primaires, sous réserve de créer une section distincte par caisse.

Art. R. 211-4 (Abrogé par Décr. nº 2017-656 du 27 avr. 2017, art. 3) *Le comité de gestion de chaque section de caisse primaire comprend au moins cinq membres désignés par le conseil d'administration de la caisse parmi les différentes catégories d'administrateurs. Au sein de ce comité le nombre de représentants des assurés est supérieur à celui des représentants des employeurs. Chaque organisation mentionnée à l'article L. 214-6 est, sur sa demande, représentée au comité.*

Les représentants des salariés au comité de gestion de chaque section doivent être des assurés sociaux relevant de cette section.

Lorsqu'il est fait appel, pour la gestion d'une section, à un groupement mutualiste dont le conseil d'administration ne comprend pas au moins deux tiers d'assurés sociaux relevant de la section, la gestion est confiée à un comité d'au moins six membres désignés par ledit conseil et remplissant cette condition.

Art. R. 211-5 (Abrogé par Décr. nº 2017-656 du 27 avr. 2017, art. 3) *Lorsqu'ils sont habilités dans les conditions définies à l'article L. 211-4, les groupements mutualistes jouent, selon qu'ils comptent cent assurés dans un même établissement ou dans une même localité ou agglomération, le rôle de correspondant d'entreprise ou le rôle de correspondant local pour leurs membres et pour les assurés ayant exercé, en leur faveur, le choix prévu à l'article*

R. 312-2. Dans les deux cas, ils assurent, à ce titre, la constitution des dossiers et le paiement des prestations.

Art. R. 211-6 (Abrogé par Décr. n° 2017-656 du 27 avr. 2017, art. 3) *Lorsqu'il est fait appel à leur compétence et dans la limite de celle-ci, les correspondants d'entreprise sont chargés de constituer les dossiers des assurés sociaux travaillant dans l'entreprise et de transmettre ces dossiers, en vue du paiement des prestations, soit à la caisse primaire, soit à la section dont relèvent les assurés.*

Les correspondants locaux accomplissent les mêmes missions en ce qui concerne les assurés sociaux résidant dans la circonscription qui leur est attribuée.

Les correspondants locaux et d'entreprise peuvent, en outre, recevoir du conseil d'administration de la caisse des missions plus étendues.

Art. R. 211-7 (Abrogé par Décr. n° 2017-656 du 27 avr. 2017, art. 3) *Les correspondants d'entreprise sont désignés soit par le comité d'entreprise, soit, en l'absence de comité, par accord entre le personnel et le chef d'entreprise. Ils doivent obtenir l'agrément de la caisse primaire d'assurance maladie.*

Les correspondants locaux sont désignés par la caisse. Ils ne peuvent être choisis parmi les personnes exerçant l'un des commerces ci-après : hôtelier, logeur, restaurateur, débitant de boissons, commerce de détail de toutes marchandises.

Art. R. 211-8 (Abrogé par Décr. n° 2017-656 du 27 avr. 2017, art. 3) *Les correspondants locaux ne peuvent accomplir les missions dont ils sont chargés dans les locaux ou dans les dépendances des locaux occupés par les exploitations mentionnées au deuxième alinéa de l'article précédent.*

Art. R. 211-9 (Abrogé par Décr. n° 2017-656 du 27 avr. 2017, art. 3) *Les correspondants locaux et d'entreprise prévus à l'article R. 211-6 sont considérés comme mandataires de la caisse et engagent la responsabilité de celle-ci dans la mesure où la caisse leur confie des fonds en vue du paiement des prestations.*

Les groupements mutualistes habilités, conformément à l'article R. 211-5, à jouer le rôle de correspondants locaux ou d'entreprise, agissent en tant que mandataires de l'assuré et sont responsables des fonds qui peuvent leur être confiés par la caisse.

Art. R. 211-10 *Abrogé par Décr. n° 2001-888 du 28 sept. 2001.*

Art. R. 211-11 La commission consultative des professions de santé instituée auprès des caisses d'assurance maladie et des caisses générales de sécurité sociale des départements mentionnés à l'article L. 751-1 est composée de représentants des professions médicales et d'auxiliaires médicaux régies par le code de la santé publique et désignés par les organisations syndicales de la circonscription affiliées aux organisations syndicales nationales les plus représentatives au sens des articles L. 314-5, L. 314-9, L. 314-10, L. 314-13 et L. 314-15.

Chaque organisation désigne :

1° Trois titulaires et trois suppléants pour les médecins ;

2° Deux titulaires et deux suppléants pour les chirurgiens-dentistes ;

3° Deux titulaires et deux suppléants pour les pharmaciens ;

4° Deux titulaires et deux suppléants pour les masseurs-kinésithérapeutes ;

5° Deux titulaires et deux suppléants pour les infirmiers ;

6° Un titulaire et un suppléant pour chacune des autres professions de santé.

Les membres de la commission doivent exercer dans le ressort de la caisse. Ils sont désignés pour la durée du mandat du conseil d'administration de la caisse. Toutefois, les personnes qui cessent d'appartenir à l'organisation qui les a désignées sont déchues de leur mandat. Les membres appelés à les remplacer siègent pour la durée du mandat restant à courir.

La commission élit son président.

Elle peut être consultée par le conseil d'administration sur les questions de sa compétence.

Elle désigne en son sein l'expert qui siège avec voix consultative au conseil d'administration.

CHAPITRE II CAISSES D'ALLOCATIONS FAMILIALES

SECTION PREMIÈRE DISPOSITIONS GÉNÉRALES

Art. R. 212-1 La circonscription et le siège des caisses d'allocations familiales sont fixés par arrêté du ministre chargé de la sécurité sociale, compte tenu des circonscriptions territoriales des caisses primaires d'assurance maladie.

Art. R. 212-2 Sont affiliés à la caisse d'allocations familiales tous les employeurs dont l'établissement se trouve situé dans sa circonscription, ainsi que les travailleurs indépendants qui y exercent leur activité.

V. art. D. 212-1 et D. 212-2.

Art. R. 212-3 *(Décr. nº 2010-1059 du 6 sept. 2010)* En cas de vacance de l'emploi de directeur d'une caisse d'allocations familiales, le directeur de la Caisse nationale des allocations familiales désigne la personne chargée d'assurer l'intérim dans l'attente d'une nomination.

SECTION II *[ABROGÉE]* CAISSE NATIONALE D'ALLOCATIONS FAMILIALES DES MARINS DU COMMERCE — CAISSE NATIONALE D'ALLOCATIONS FAMILIALES DE LA PÊCHE MARITIME — CAISSE NATIONALE D'ALLOCATIONS FAMILIALES DE LA NAVIGATION INTÉRIEURE

(Abrogée par Décr. nº 2001-888 du 28 sept. 2001)

CHAPITRE III UNIONS POUR LE RECOUVREMENT DES COTISATIONS DE SÉCURITÉ SOCIALE ET D'ALLOCATIONS FAMILIALES (URSSAF)

La composition des conseils d'administration est maintenant fixée par l'art. L. 213-2.

Art. R. 213-1 (Abrogé par Décr. nº 2018-353 du 14 mai 2018, art. 1er) *Le conseil d'administration de chaque union de recouvrement des cotisations de sécurité sociale et d'allocations familiales comprend vingt membres, à raison de :*

1º Douze représentants des assurés sociaux ;

2º Cinq représentants des employeurs ;

3º Trois représentants des travailleurs indépendants, parmi lesquels un représentant des professions industrielles et commerciales, un représentant des professions artisanales et un représentant des professions libérales.

Les administrateurs peuvent être choisis parmi les membres des conseils d'administration des caisses ou en dehors d'eux.

Art. R. 213-2 (Abrogé par Décr. nº 2018-353 du 14 mai 2018, art. 1er) *Les représentants des employeurs sont conjointement désignés par le Conseil national du patronat français et la confédération générale des petites et moyennes entreprises.*

Les sièges de représentants des assurés sociaux sont répartis entre les organisations syndicales nationales représentatives à la représentation proportionnelle avec application de la règle du plus fort reste. Un arrêté du préfet du département dans lequel l'union de recouvrement a son siège fixe, sur ces bases, le nombre de sièges revenant à chaque organisation.

Les représentants des travailleurs indépendants sont désignés respectivement par le bureau de (Décr. nº 2015-536 du 15 mai 2015, art. 8) *« CCI France », le bureau de l'assemblée permanente des chambres de métiers* (Décr. nº 2004-1164 du 2 nov. 2004, art. 1er) *« et de l'artisanat » de région et l'organisation nationale représentative des professions libérales qui a obtenu le plus grand nombre de voix dans la circonscription de l'union aux élections aux conseils d'administration des caisses d'allocations familiales. Le préfet désigne, sur cette base, cette organisation.*

Art. R. 213-3 (Abrogé par Décr. nº 2018-353 du 14 mai 2018, art. 1er) *Chaque organisation professionnelle nationale ayant désigné un ou des représentants à l'un des conseils d'administration mentionnés à l'article R. 213-1 ci-dessus peut désigner* (Décr. nº 91-382 du 22 avr. 1991, art. 1er) *« un nombre égal d'administrateurs suppléants ».*

Art. R. 213-4 *(Décr. nº 2010-1059 du 6 sept. 2010)* En cas de vacance de l'emploi de directeur d'une union pour le recouvrement des cotisations de sécurité sociale et d'allocations familiales, le directeur de l'Agence centrale des organismes de sécurité sociale désigne la personne chargée d'assurer l'intérim dans l'attente d'une nomination.

Art. R. 213-5 Les dispositions des articles L. 281-4, L. 281-5, R. 231-1, R. 281-4 et R. 281-6 sont applicables aux conseils d'administration des unions de recouvrement des cotisations de sécurité sociale et d'allocations familiales.

V. art. D. 213-1 à D. 213-7.

CHAPITRE IV ÉLECTIONS

Art. R. 214 à R. 214-68 *Les art. R. 214-1 à R. 214-68 appliquaient les art. L. 214-1 à L. 214-15 qui ont été abrogés par l'Ord. n° 96-344 du 24 avr. 1996, art. 7-I et 14-I. Ils sont donc devenus sans objet [V. notre éd. 1997, p. 681 s.].*

CHAPITRE V CAISSES D'ASSURANCE RETRAITE ET DE LA SANTÉ AU TRAVAIL *(Décr. n° 2010-344 du 31 mars 2010, art. 285).*

Art. R. 215-1 Les nominations aux emplois de direction des services *(Décr. n° 2010-344 du 31 mars 2010, art. 285)* « chargés de la gestion de l'assurance vieillesse *(Décr. n° 2011-620 du 31 mai 2011, art. 8-1°)* « et de l'assurance veuvage » au sein des caisses d'assurance retraite et de la santé au travail » ne peuvent être prononcées qu'après avis de la Caisse nationale d'assurance vieillesse.

V. art. D. 215-1.

Art. R. 215-1-1 *(Décr. n° 2010-1623 du 23 déc. 2010)* Les sièges à la commission des accidents du travail et des maladies professionnelles mentionnée à l'article L. 215-4-1 sont ainsi répartis :

1° Pour les représentants des assurés sociaux :
a) Confédération générale du travail : un ;
b) Confédération française démocratique du travail : un ;
c) Confédération générale du travail-Force ouvrière : un ;
d) Confédération française des travailleurs chrétiens : un ;
e) Confédération française de l'encadrement-CGC : un ;

2° Pour les représentants des employeurs :
a) Mouvement des entreprises de France : trois ;
b) Confédération des petites et moyennes entreprises : un ;
c) Union professionnelle artisanale : un.

Art. R. 215-1-2 *(Décr. n° 2010-1623 du 23 déc. 2010)* Les dispositions relatives au fonctionnement du conseil d'administration de la Caisse d'assurance retraite et de la santé au travail sont applicables à la commission des accidents du travail et des maladies professionnelles mentionnée à l'article L. 215-4-1.

Art. R. 215-2 et R. 215-3 *Abrogés par Décr. n° 2010-344 du 31 mars 2010, art. 322.*

Art. R. 215-4 *(Décr. n° 2009-1596 du 18 déc. 2009, art. 24-I)* « I. – Pour la mise en œuvre de l'article R. 142-1, les réclamations » contre les décisions de la Caisse nationale d'assurance vieillesse concernant des assurés sociaux de la région parisienne sont portées devant la commission de recours amiable constituée au sein du conseil d'administration de la Caisse nationale.

(Décr. n° 2009-1596 du 18 déc. 2009, art. 24-II) « II. – Les caisses *(Décr. n° 2010-344 du 31 mars 2010, art. 286)* « d'assurance retraite et de la santé au travail » informent la Caisse nationale d'assurance vieillesse de toutes les décisions rendues par *(Décr. n° 2018-928 du 29 oct. 2018, art. 11, en vigueur le 1er janv. 2019)* « les tribunaux de grande instance spécialement désignés » en matière d'assurance vieillesse *(Décr. n° 2011-620 du 31 mai 2011, art. 8-2°)* « et d'assurance veuvage ». »

L'art. L. 215-8, dont les art. R. 215-2 à R. 215-4 sont l'application, est abrogé à compter du prochain renouvellement des membres des conseils d'administration (Ord. n° 96-344 du 24 avr. 1996, art. 7-I et 14-I).

Art. R. 215-5 *(Décr. n° 2010-1059 du 6 sept. 2010)* En cas de vacance de l'emploi de directeur d'une Caisse d'assurance retraite et de la santé au travail, une personne chargée d'assurer l'intérim est désignée, dans l'attente d'une nomination, conjointement par le directeur général de la Caisse nationale d'assurance maladie des travailleurs salariés et le directeur de la Caisse nationale d'assurance vieillesse des travailleurs salariés.

CHAPITRE VI CONSTITUTION ET GROUPEMENT DES CAISSES

SECTION PREMIÈRE CONSTITUTION

Néant.

SECTION II GROUPEMENT DES CAISSES

Art. R. 216-1 Des arrêtés du ministre chargé de la sécurité sociale peuvent fixer les conditions dans lesquelles des caisses primaires *(Décr. n° 2010-344 du 31 mars 2010, art. 287)* « d'assurance maladie, des caisses d'assurance retraite et de la santé au travail », la caisse régionale d'assurance vieillesse des travailleurs salariés de Strasbourg, des caisses d'allocations familiales ou leurs unions sont tenues d'organiser des services communs qui se substituent à leurs services respectifs pour l'accomplissement d'opérations de même nature relevant de leurs attributions et énumérées par lesdits arrêtés. Ces services communs sont gérés pour l'ensemble des caisses intéressées par la caisse désignée par l'arrêté organisant le service commun. – *V. Arr. du 2 janv. 1995 (JO 13 janv.) : création d'un service commun pour l'information des allocataires des caisses d'allocations familiales ; Arr. du 13 nov. 2002 (JO 23 nov.) : création d'un service commun pour la gestion des centres familiaux de vacances des fédérations et des caisses d'allocations familiales.*

Art. R. 216-2 *(Décr. n° 2018-353 du 14 mai 2018, art. 1er)* L'approbation des statuts des unions ou fédérations d'organismes du régime général mentionnée au deuxième alinéa de l'article L. 216-3 est donnée :

1° Par le ministre chargé de la sécurité sociale, en ce qui concerne les unions ou fédérations dont sont membres un ou plusieurs organismes nationaux ;

2° Par le responsable du service mentionné à l'article R. 155-1, en ce qui concerne les unions ou fédérations d'organismes locaux ou régionaux.

SECTION II *BIS* CAISSE COMMUNE DE SÉCURITÉ SOCIALE

(Décr. n° 2008-523 du 2 juin 2008)

Art. R. 216-3 Le conseil de la caisse commune de sécurité sociale comprend :

1° Huit représentants des assurés sociaux désignés par les organisations syndicales de salariés représentatives au plan national dont les sièges sont ainsi répartis :

a) Confédération générale du travail : 2 ;

b) Confédération française démocratique du travail : 2 ;

c) Confédération générale du travail-Force ouvrière : 2 ;

d) Confédération française des travailleurs chrétiens : 1 ;

e) Confédération française de l'encadrement-CGC : 1 ;

2° Huit représentants d'employeurs et de travailleurs indépendants désignés par les organisations professionnelles nationales d'employeurs et de travailleurs indépendants représentatives :

a) Cinq représentants des employeurs désignés à raison de :

Trois par le Mouvement des entreprises de France ;

Un par la Confédération générale des petites et moyennes entreprises ;

Un par l'Union professionnelle artisanale ;

b) Trois représentants des travailleurs indépendants désignés à raison de :

Un par la Confédération générale des petites et moyennes entreprises ;

Un par l'Union professionnelle artisanale ;

Un représentant désigné conjointement par l'Union nationale des professions libérales et la Chambre nationale des professions libérales ;

3° Si la caisse commune exerce les missions des caisses primaires d'assurance maladie, deux représentants de la Fédération nationale de la mutualité française ainsi que deux représentants des institutions intervenant dans le domaine de l'assurance maladie désignées par le préfet ;

4° Si la caisse commune exerce les missions des caisses d'allocations familiales, deux représentants des associations familiales désignées soit par l'union départementale des associations familiales mentionnée à l'article L. 211-2 du code de l'action sociale et des familles, soit par l'Union nationale des associations familiales mentionnée au même article si, dans la circonscription de la caisse, il n'existe pas d'union départementale ou si, en cas de pluralité d'unions départementales dans cette circonscription, celles-ci ne sont pas parvenues à un accord sur cette désignation ;

5° Si la caisse commune exerce les missions des unions pour le recouvrement des cotisations de sécurité sociale et d'allocations familiales, deux personnes qualifiées dans le domaine d'activité du recouvrement désignées par le préfet ;

6° Une personne qualifiée dans le champ de compétence de la caisse commune de sécurité sociale désignée par le préfet.

Siègent également, avec voix consultative, trois représentants élus du personnel.

L'ensemble des membres ainsi désignés participent aux délibérations et à l'exercice des missions du conseil.

CHAPITRE VII DISPOSITIONS COMMUNES — DISPOSITIONS D'APPLICATION

SECTION PREMIÈRE RÈGLEMENT INTÉRIEUR

Néant.

SECTION II DISPOSITIONS DIVERSES CONCERNANT LES ADMINISTRATEURS DES CAISSES

Néant.

SECTION III OPÉRATIONS IMMOBILIÈRES DES ORGANISMES DE SÉCURITÉ SOCIALE CONCERNANT L'INSTALLATION DE LEURS SERVICES ADMINISTRATIFS

Art. R. 217-1 En vue de l'installation de leurs services administratifs, les organismes de sécurité sociale peuvent acquérir ou prendre à bail des terrains ou des immeubles bâtis, construire des immeubles ou les aliéner. Ils peuvent également réaliser des ventes ou des échanges d'immeubles dont ils n'ont plus l'utilisation.

Ces opérations doivent être décidées par le *(Décr. n° 2004-1075 du 12 oct. 2004)* « conseil ou le conseil » d'administration. Elles sont soumises à l'avis des commissions instituées par le décret n° 69-825 du 28 août 1969 *[abrogé par Décr. n° 86-455 du 14 mars 1986]*.

Art. R. 217-2 Une délibération du conseil d'administration *(Décr. n° 2004-1075 du 12 oct. 2004)* « ou une décision du directeur général » de la Caisse nationale compétente définit les opérations immobilières mentionnées à l'article R. 217-1 ci-dessus qui ne pourront être réalisées qu'avec son agrément préalable.

Art. R. 217-3 (Abrogé par Décr. n° 2018-353 du 14 mai 2018, art. 1er) ***Il est interdit d'accorder ou de recevoir, à l'occasion de toute opération immobilière, une commission ou une rémunération quelconque, sous quelque forme que ce soit et quel qu'en soit le bénéficiaire, à l'exception des honoraires légaux.***

Cette stipulation doit figurer dans l'acte.

SECTION IV DISPOSITIONS RELATIVES AUX AGENTS DE DIRECTION

(Décr. n° 96-865 du 2 oct. 1996)

Art. R. 217-4 à R. 217-7 *Abrogés par Décr. n° 2007-102 du 26 janv. 2007.*

Art. R. 217-8 *(Décr. n° 2010-1059 du 6 sept. 2010)* Pour les nominations mentionnées aux articles L. 217-3 et L. 217-4, préalablement à la déclaration de vacance de poste de directeur ou d'agent comptable prévue à l'article R. 123-47-10, le directeur de la Caisse nationale compétente ou de l'Agence centrale saisit pour avis le président du conseil d'administration de l'organisme local concerné sur l'appel à candidatures envisagé. A l'issue d'un délai de huit jours à compter de la saisine, la déclaration de la vacance de poste est déclarée et publiée dans les conditions fixées par l'arrêté prévu par l'article R. 123-47-10.

Art. R. 217-9 *(Décr. nº 2010-1059 du 6 sept. 2010)* « Pour les nominations mentionnées aux articles L. 217-3 et L. 217-4, le directeur de l'organisme national compétent informe, dans les *(Décr. nº 2018-353 du 14 mai 2018, art. 1er)* « vingt » jours suivant réception des avis du comité des carrières mentionnés à l'article R. 123-47-8, le conseil d'administration de l'organisme local concerné, après concertation avec son président, de la candidature retenue parmi celles ayant reçu un avis favorable de ce comité.

« En l'absence d'opposition à la majorité des deux tiers *(Décr. nº 2018-353 du 14 mai 2018, art. 1er)* « des membres » du conseil d'administration dans un délai de onze jours suivant cette transmission, le directeur de l'organisme national procède à la nomination du candidat retenu. »

(Décr. nº 2018-353 du 14 mai 2018, art. 1er) « Le secrétariat du comité des carrières des agents de direction met à disposition des candidats, chacun pour ce qui le concerne, les avis motivés du comité, à l'issue du processus de nomination. »

Art. R. 217-10 *(Décr. nº 2004-1075 du 12 oct. 2004)* Pour les nominations aux fonctions de directeur ou d'agent comptable des organismes locaux ou régionaux d'assurance maladie qui n'entrent pas dans le champ d'application de l'article L. 217-4, le directeur général de la Caisse nationale de l'assurance maladie des travailleurs salariés informe, dans les *(Décr. nº 2018-353 du 14 mai 2018, art. 1er)* « vingt » jours *(Décr. nº 2007-102 du 26 janv. 2007)* « suivant réception des avis du comité des carrières », le conseil de la caisse de la candidature retenue parmi celles ayant reçu un avis favorable de ce comité sur l'adéquation au poste à pourvoir. En l'absence d'opposition *(Décr. nº 2018-353 du 14 mai 2018, art. 1er)* « à la majorité des deux tiers des membres » du conseil dans le délai de onze jours suivant cette transmission, le directeur général de la Caisse nationale de l'assurance maladie *(Abrogé par Décr. nº 2018-353 du 14 mai 2018, art. 1er)* *« des travailleurs salariés »* procède à la nomination aux fonctions du candidat proposé.

(Décr. nº 2018-353 du 14 mai 2018, art. 1er) « Le secrétariat du comité des carrières des agents de direction met à disposition des candidats, chacun pour ce qui le concerne, les avis motivés du comité, à l'issue du processus de nomination. »

Art. R. 217-11 *(Décr. nº 2004-1075 du 12 oct. 2004)* En application des dispositions du troisième alinéa *(Décr. nº 2010-1059 du 6 sept. 2010)* « des articles L. 217-3 et L. 217-3-1, le directeur général ou le directeur de la Caisse nationale ou de l'Agence centrale » qui envisage, pour un motif autre que disciplinaire, de prendre une décision de cessation de fonction d'un directeur ou d'un agent comptable d'un organisme local ou régional *(Décr. nº 2010-1059 du 6 sept. 2010)* « de la branche dont relève l'organisme national », recueille préalablement l'avis du président du conseil *(Décr. nº 2010-1059 du 6 sept. 2010)* « ou du conseil d'administration » de la caisse intéressée et en informe *(Décr. nº 2009-1596 du 18 déc. 2009, art. 10-III)* « le service mentionné à l'article R. 155-1 », compétent ainsi que le président du comité des carrières.

Il convoque l'intéressé à un entretien par lettre recommandée indiquant l'objet de la convocation en lui précisant qu'il peut se faire assister par une personne de son choix. Cet entretien ne peut avoir lieu moins de dix jours après la notification de cette lettre. Au cours de cet entretien, le directeur général *(Décr. nº 2010-1059 du 6 sept. 2010)* « ou le directeur de la Caisse nationale ou de l'Agence centrale » informe l'intéressé de la décision envisagée et recueille ses observations.

Après avoir pris connaissance des avis demandés et au plus tard dans les quinze jours suivant l'entretien, *(Décr. nº 2010-1059 du 6 sept. 2010)* « le directeur général ou le directeur de la Caisse nationale ou de l'Agence centrale » notifie sa décision motivée de cessation de fonctions à l'agent concerné, au président du conseil *(Décr. nº 2010-1059 du 6 sept. 2010)* « ou du conseil d'administration » de l'organisme local ou régional *(Décr. nº 2009-1596 du 18 déc. 2009, art. 10-III)* « ainsi qu'au service mentionné à l'article R. 155-1 ».

La décision de cessation de fonctions ne vaut pas licenciement. Jusqu'à son reclassement dans un organisme de sécurité sociale, dans les conditions prévues par la convention collective, l'intéressé est rattaché pour sa gestion, pour une période qui ne saurait excéder six mois, *(Décr. nº 2010-1059 du 6 sept. 2010)* « à l'organisme national chargé de la branche dont il relève ». Durant cette période, il se voit confier par la *(Décr. nº 2010-1059 du 6 sept. 2010)* « Caisse nationale ou l'Agence centrale » une mission correspondant à sa qualification et à ses compétences. Il peut effectuer cette mission au sein d'un organisme régional ou local *(Décr. nº 2010-1059 du 6 sept. 2010)* « de la branche dans laquelle il exerce ». Il bénéficie, durant cette période, du maintien de l'ensemble des éléments de la rémunération qu'il percevait dans ses fonctions précédentes. Il lui est fait application des dispositions prévues par la convention collective pour sa nomination dans son nouveau poste.

SECTION V **PERSONNEL**

(Décr. nº 2013-624 du 15 juill. 2013, art. 4-2º)

Art. R. 217-12 Dans le cadre des dispositions qui régissent le personnel, *(Décr. nº 2018-353 du 14 mai 2018, art. 1er)* « y compris les agents de direction » et sauf en ce qui concerne l'agent comptable, le directeur prend toute décision d'ordre individuel nécessaire à la gestion du personnel et notamment nomme aux emplois, règle l'avancement, assure la discipline et *(Décr. nº 2018-353 du 14 mai 2018, art. 1er)* « met fin aux contrats de travail ». Il désigne les agents chargés de l'intérim des emplois de direction à l'exception de celui d'agent comptable.

TITRE DEUXIÈME **ORGANISMES NATIONAUX**

CHAPITRE PREMIER **CAISSE NATIONALE DE L'ASSURANCE MALADIE DES TRAVAILLEURS SALARIÉS**

(Décr. nº 2004-1075 du 12 oct. 2004)

SECTION PREMIÈRE **CONSEIL**

SOUS-SECTION 1 **COMPÉTENCE**

Art. R. 221-1 Le conseil de la Caisse nationale de l'assurance maladie des travailleurs salariés exerce les attributions mentionnées à l'article L. 221-3.

(Décr. nº 2009-386 du 7 avr. 2009) « Conformément aux dispositions de l'article R. 114-6 *[R. 114-6-1]*, après avoir pris connaissance du rapport de certification prévu à l'article L.O. 132-2-1 du code des juridictions financières, il approuve, sauf vote contraire à la majorité des deux tiers des membres, les comptes annuels qui lui sont présentés par le directeur général et l'agent comptable. »

Il établit le règlement intérieur.

SOUS-SECTION 2 **COMPOSITION**

Art. R. 221-2 Le conseil de la Caisse nationale de l'assurance maladie *(Abrogé par Décr. nº 2018-353 du 14 mai 2018, art. 1er) « des travailleurs salariés »* mentionné à l'article L. 221-3 est composé de trente-cinq membres comprenant :

1º Treize représentants des assurés sociaux désignés par les organisations syndicales de salariés interprofessionnelles représentatives au plan national dont les sièges sont ainsi répartis :

a) Confédération générale du travail : trois ;

b) Confédération française démocratique du travail : trois ;

c) Confédération générale du travail-Force ouvrière : trois ;

d) Confédération française des travailleurs chrétiens : deux ;

e) Confédération française de l'encadrement-CGC : deux ;

2º Treize représentants des employeurs désignés par les organisations professionnelles nationales d'employeurs représentatives dont les sièges sont ainsi répartis :

a) Mouvement des entreprises de France : sept ;

b) Confédération *(Abrogé par Décr. nº 2018-353 du 14 mai 2018, art. 1er) « générale »* des petites et moyennes entreprises : trois ;

c) Union *(Décr. n° 2018-353 du 14 mai 2018, art. 1er)* « des entreprises de proximité » : trois ;

3° Trois représentants désignés par la Fédération nationale de la mutualité française.

4° *(Décr. n° 2009-1294 du 26 oct. 2009, art. 2)* « Quatre » représentants d'institutions intervenant dans le domaine de l'assurance maladie désignées par *(Décr. n° 2018-353 du 14 mai 2018, art. 1er)* « arrêté du ministre » chargé de la sécurité sociale.

(Décr. n° 2009-1294 du 26 oct. 2009, art. 2) « 5° Deux personnalités qualifiées dans les domaines d'activité des organismes d'assurance maladie et désignées par l'autorité compétente de l'État mentionnée à l'article D. 231-1. »

Siègent également aux séances du conseil avec voix consultative *(Décr. n° 2018-353 du 14 mai 2018, art. 1er)* « quatre représentants du personnel, élus à raison de deux représentants des employés et assimilés, un représentant des praticiens-conseils, y compris ceux affectés aux échelons régionaux et locaux du contrôle médical, et un représentant des cadres et assimilés ».

Assistent au conseil le directeur général, l'agent comptable et le *(Décr. n° 2012-1247 du 7 nov. 2012, art. 2, en vigueur le 1er janv. 2013)* « contrôleur budgétaire ».

Des commissaires du Gouvernement représentent les ministres chargés de la sécurité sociale et du budget. Ils sont entendus chaque fois qu'ils le demandent.

SOUS-SECTION 3 FONCTIONNEMENT

Art. R. 221-3 Le conseil élit en son sein le président et le vice-président. L'élection a lieu au scrutin secret. Aux premier et deuxième tours de scrutin, l'élection a lieu à la majorité absolue des suffrages exprimés, exclusion faite des bulletins blancs ou nuls, et, au troisième tour, à la majorité relative des suffrages exprimés et, en cas de partage des voix, au bénéfice de l'âge.

Art. R. 221-4 Lorsque la réunion du conseil intervient à la demande du ou des ministres chargés de la sécurité sociale et du budget ou de la moitié au moins des membres du conseil, la convocation est de droit dans les vingt jours suivant la réception de la demande. Les questions dont les ministres chargés de la tutelle ou la moitié des membres du conseil demandent l'inscription à l'ordre du jour sont inscrites de droit.

Art. R. 221-5 Le conseil ne peut valablement délibérer que si la majorité de ses membres ayant voix délibérative assistent à la séance. Si le quorum n'est pas atteint, le conseil est à nouveau convoqué avec le même ordre du jour dans un délai maximal de vingt jours. Il délibère alors valablement quel que soit le nombre des membres présents. En cas d'empêchement, un membre du conseil peut donner délégation à un autre membre. Aucun membre ne peut recevoir plus d'une délégation.

Les délibérations du conseil sont adoptées à la majorité simple des membres présents.

Lorsque le conseil demande un second projet en application des dispositions du dix-neuvième alinéa de l'article L. 221-3, il est saisi dans les vingt jours suivant sa première délibération. Il peut s'opposer à ce second projet sur le fondement d'un avis motivé à la majorité qualifiée des deux tiers de ses membres.

Art. R. 221-6 Lorsqu'il est saisi par le ministre chargé de la sécurité sociale de la proposition de nomination du directeur général, le conseil dispose d'un délai de onze jours à compter de sa saisine pour faire valoir le cas échéant son droit d'opposition. L'avis est réputé rendu en l'absence de notification au ministre chargé de la sécurité sociale dans le délai de onze jours. En cas d'opposition du conseil à la majorité des deux tiers *(Décr. n° 2018-353 du 14 mai 2018, art. 1er)* « de ses membres », le ministre chargé de la sécurité sociale transmet une nouvelle proposition.

Lorsqu'il est envisagé de mettre fin aux fonctions du directeur général avant le terme de son mandat, le ministre chargé de la sécurité sociale en informe le conseil de la Caisse nationale de l'assurance maladie *(Abrogé par Décr. n° 2018-353 du 14 mai 2018, art. 1er)* « *des travailleurs salariés* » qui dispose d'un délai de quinze jours à compter de sa saisine pour faire connaître son avis au ministre. L'avis est réputé défavorable en l'absence de sa notification au ministre chargé de la sécurité sociale dans le délai de quinze jours.

Art. R. 221-7 Le directeur général, l'agent comptable et le *(Décr. nº 2012-1247 du 7 nov. 2012, art. 2, en vigueur le 1er janv. 2013)* « contrôleur budgétaire » assistent, avec voix consultative, aux séances de la commission des accidents du travail et des maladies professionnelles. Ils assistent, avec voix consultative, ou se font représenter aux séances des commissions ayant reçu délégation du conseil.

Le conseil ne peut se substituer ou donner des injonctions au directeur général dans l'exercice des pouvoirs propres de décision de ce dernier, ni annuler ou réformer les décisions prises à ce titre.

Art. R. 221-8 Le conseil peut constituer en son sein des commissions auxquelles il peut déléguer une partie de ses attributions.

Il peut entendre toute personne ou organisation dont il estime l'audition utile à son information.

SECTION II COMMISSION DES ACCIDENTS DU TRAVAIL ET DES MALADIES PROFESSIONNELLES

Art. R. 221-9 La commission des accidents du travail et des maladies professionnelles de la Caisse nationale de l'assurance maladie des travailleurs salariés, instituée par l'article L. 221-4, détermine les orientations de la convention d'objectifs et de gestion de la branche. Elle approuve, dans les conditions prévues au dix-neuvième alinéa de l'article L. 221-3, les budgets du Fonds national de prévention des accidents du travail et des maladies professionnelles, mentionné au 3° de l'article R. 251-1.

La commission des accidents du travail et des maladies professionnelles est consultée par le conseil de la Caisse nationale de l'assurance maladie des travailleurs salariés lorsque celui-ci est amené à prendre une décision susceptible d'affecter l'équilibre financier ou le fonctionnement de la branche des accidents du travail et des maladies professionnelles, et notamment lorsqu'il est saisi pour approbation des budgets du Fonds national de la gestion administrative, du Fonds national du contrôle médical et du Fonds national d'action sanitaire et sociale. Le règlement intérieur du conseil précise les délais à l'intérieur desquels l'avis de la commission doit être rendu.

Chaque année, le directeur général soumet à la commission des accidents du travail et des maladies professionnelles les propositions relatives aux éléments de calcul des cotisations mentionnées au quatrième alinéa de l'article L. 242-5.

SECTION III DIRECTEUR GÉNÉRAL

Art. R. 221-10 Pour l'application de l'article L. 221-3-1 le directeur général de la Caisse nationale de l'assurance maladie des travailleurs salariés met en œuvre les orientations et décisions adoptées par le conseil et, pour l'assurance accidents du travail et maladies professionnelles, celles adoptées par la commission mentionnée à l'article L. 221-4. Il peut, le cas échéant, recevoir délégation de ces deux instances.

Il est responsable de la mise en œuvre de la politique de gestion du risque ainsi que de celle de la réalisation des objectifs définis dans la convention d'objectifs et de gestion prévue à l'article L. 227-1. Il assure la coordination et l'homogénéité de la gestion du risque sur l'ensemble du territoire.

Le directeur général a seul autorité sur le personnel, fixe l'organisation du travail dans les services et assure la discipline générale. Sous réserve de dispositions législatives ou réglementaires donnant compétence à une autre autorité, il prend toutes mesures individuelles concernant la gestion du personnel.

Le directeur général assure la gestion des budgets nationaux de gestion et d'intervention et arrête notamment les états prévisionnels. Il est l'ordonnateur des recettes et des dépenses. *(Décr. nº 2009-386 du 7 avr. 2009)* « Conformément aux dispositions de l'article R. 114-6-1, il arrête les comptes annuels ainsi que les comptes combinés établis par l'agent comptable. » Il peut désigner des ordonnateurs secondaires. Il peut déléguer sa signature à ceux de ses collaborateurs qui exercent une fonction de direction au sein de l'établissement pour effectuer en son nom soit certains actes, soit tous les actes relatifs à certaines de ses attributions.

Il représente la caisse en justice et dans tous les actes de la vie civile *(Décr. nº 2016-1507 du 8 nov. 2016, art. 2-II)* « ainsi que les caisses locales dans le cadre de la procédure prévue à l'article L. 171-7 ». Il conclut au nom de l'établissement public tous les contrats, conventions et marchés. Il prend les actes d'acquisition et d'aliénation des biens mobiliers et immobiliers et accepte les dons et legs. Il peut signer des transactions sur les litiges.

En cas de vacance d'emploi, d'absence momentanée ou d'empêchement du directeur général, ses fonctions sont exercées par un agent de direction de l'établissement public désigné préalablement à cet effet par le directeur général.

Art. R. 221-11 Le directeur général rend compte périodiquement au conseil de la mise en œuvre de ses orientations et de sa gestion de l'établissement et du réseau.

Il remet au conseil, au plus tard à la fin du premier semestre de chaque année, un rapport d'activité pour l'année écoulée retraçant notamment les orientations définies par le conseil, les actions mises en œuvre pour les atteindre et les résultats constatés.

Art. R. 221-12 Un arrêté du ministre chargé de la sécurité sociale et du ministre chargé du budget fixe la liste des actes du directeur général qui leur sont communiqués sous dix jours. Dans un délai de quinze jours à compter de leur réception, les ministres peuvent, par décision motivée, faire connaître leur opposition à leur mise en œuvre si ces actes comportent des dispositions non conformes aux lois et règlements en vigueur. Ils peuvent également, pour les actes relatifs à la gestion administrative de l'établissement figurant sur cette liste, s'opposer à leur mise en œuvre s'il apparaît que ces actes méconnaissent la convention d'objectifs et de gestion mentionnée à l'article L. 227-1.

Dans les conditions prévues par cette convention, le directeur général communique toute information et réalise toute étude que les ministres chargés de la tutelle jugent utiles.

Art. R. 221-13 Le directeur général de la Caisse nationale de l'assurance maladie des travailleurs salariés peut faire usage du pouvoir de suspension ou d'annulation dont il dispose en application du douzième alinéa de l'article L. 221-3-1 sur les délibérations des conseils et les décisions des directeurs des caisses *(Décr. n° 2010-344 du 31 mars 2010, art. 289)* « primaires d'assurance maladie et des caisses d'assurance retraite et de la santé au travail » à compter de la notification de ces décisions à l'organisme national.

Ces décisions ne deviennent exécutoires que si, à l'expiration d'un délai de quinze jours suivant leur réception, elles n'ont pas été suspendues ou annulées par le directeur général de l'organisme national pour un motif tenant à leur méconnaissance des dispositions de la convention d'objectifs et de gestion ou du contrat pluriannuel de gestion. Le directeur général peut suspendre ces décisions pour demander un complément d'information. Le délai de quinze jours court à nouveau à compter du jour où les informations requises ont été fournies à la Caisse nationale. Les décisions prises par le directeur général portant suspension ou annulation sont communiquées *(Décr. n° 2009-1596 du 18 déc. 2009, art. 11-I)* « au service mentionné à l'article R. 155-1 », et, lorsqu'elles concernent une délibération, au président du conseil de la Caisse nationale de l'assurance maladie des travailleurs salariés.

SECTION IV AGENT COMPTABLE

Art. R. 221-14 L'agent comptable de la Caisse nationale de l'assurance maladie des travailleurs salariés est nommé par arrêté conjoint du ministre chargé du budget et du ministre chargé de la sécurité sociale pris après avis conforme du directeur général. Il est placé sous l'autorité administrative de celui-ci.

(Décr. n° 2009-386 du 7 avr. 2009) « Conformément aux dispositions de l'article R. 114-6-1, il présente au conseil, avec le directeur général, les comptes annuels et les comptes combinés. »

Il établit les comptes des branches mentionnées aux 1° et 2° de l'article L. 200-2.

En cas de vacance d'emploi, d'absence momentanée ou d'empêchement de l'agent comptable, ses fonctions sont exercées par un agent de direction de l'établissement désigné à cet effet par l'agent comptable.

Art. R. 221-15 *(Décr. n° 2009-386 du 7 avr. 2009)* Sous réserve des dispositions de l'article R. 114-6-1, les opérations financières et comptables de l'établissement sont effectuées conformément aux dispositions *(Décr. n° 2012-1247 du 7 nov. 2012, art. 42-*

10°, en vigueur le 1er janv. 2013) « des titres Ier et III du décret n° 2012-1246 du 7 novembre 2012 relatif à la gestion budgétaire et comptable publique ». Toutefois, le compte financier est établi par l'agent comptable, arrêté par le directeur et approuvé lors de la même séance du conseil d'administration que celle qui approuve les comptes annuels et les comptes combinés.

SECTION V GESTION DES CRÉANCES ET DES DETTES INTERNATIONALES DE SÉCURITÉ SOCIALE

(Décr. n° 2015-223 du 26 févr. 2015, art. 1er, en vigueur le 1er janv. 2015)

Art. R. 221-16 Dans le cadre de la mission prévue au 10° de l'article L. 221-1, la Caisse nationale de l'assurance maladie des travailleurs salariés :

1° Assure la présentation des créances des institutions françaises de sécurité sociale aux institutions étrangères et aux autres institutions concernées, le recouvrement de ces créances ainsi que, le cas échéant, le traitement des contestations afférentes à celles-ci ;

2° Après un contrôle sur leur recevabilité et leur bien-fondé, règle les dettes présentées par les institutions étrangères et les autres institutions concernées pour l'ensemble des régimes français légalement obligatoires, lesquelles font l'objet d'un remboursement par ces régimes selon des modalités prévues par convention, et, le cas échéant, assure le traitement des contestations afférentes à celles-ci ;

3° Fournit aux autorités ministérielles compétentes les éléments permettant à celles-ci d'apurer, avec les autorités compétentes des autres États, les comptes relatifs aux créances et aux dettes entre les institutions françaises de sécurité sociale et leurs homologues étrangères ainsi qu'avec les autres institutions concernées ;

4° Établit un rapport annuel de ses activités qu'elle communique aux autorités ministérielles compétentes et aux régimes français légalement obligatoires d'assurance maladie autres que le régime général ;

5° Apporte, en tant que de besoin, un appui technique au ministère chargé de la sécurité sociale ;

6° Communique au centre mentionné à l'article L. 767-1 les éléments nécessaires à l'accomplissement de la mission prévue au 6° de l'article R. 767-2 s'agissant des dépenses d'assurance maladie.

CHAPITRE II CAISSE NATIONALE D'ASSURANCE VIEILLESSE DES TRAVAILLEURS SALARIÉS

Art. R. 222-1 *(Décr. n° 2011-620 du 31 mai 2011, art. 8-3°)* La Caisse nationale d'assurance vieillesse coordonne et contrôle la gestion de l'assurance vieillesse et de l'assurance veuvage par les caisses d'assurance retraite et de la santé au travail, notamment en ce qui concerne la tenue des comptes des assurés, les modalités de liquidation des droits et de paiement des prestations, l'utilisation d'imprimés et, plus généralement, l'organisation et le fonctionnement des services chargés de gérer l'assurance vieillesse et l'assurance veuvage.

Art. R. 222-2 *(Décr. n° 2011-620 du 31 mai 2011, art. 8-4°)* La Caisse nationale d'assurance vieillesse peut procéder à toutes les enquêtes nécessaires sur les méthodes de gestion relatives à l'assurance vieillesse, à l'assurance veuvage et à l'action sanitaire et sociale en faveur des personnes âgées.

CHAPITRE III CAISSE NATIONALE DES ALLOCATIONS FAMILIALES

Art. R. 223-1 *(Décr. n° 2002-1373 du 21 nov. 2002, art. 1er)* Le remboursement aux organismes prestataires par la Caisse nationale des allocations familiales des indemnités ou allocations mentionnées au 6° de l'article L. 223-1 ainsi que des frais de gestion afférents est effectué selon l'une des modalités suivantes :

I. — Lorsque les organismes concernés ne versent pas de prestations familiales, les conditions de ce remboursement ainsi que les pièces ou états justificatifs à produire sont fixées par convention conclue entre la Caisse nationale des allocations familiales et chaque organisme national. Ces conventions peuvent prévoir le versement d'acomptes, calculés en fonction des dépenses constatées au cours de l'exercice précédent.

II. – Lorsque les organismes concernés versent des prestations familiales, ce remboursement est effectué annuellement au vu d'un état récapitulatif produit à l'occasion des opérations de centralisation des comptes.

CHAPITRE IV DISPOSITIONS COMMUNES AUX CAISSES NATIONALES — DISPOSITIONS D'APPLICATION

Art. R. 224-1 Le conseil d'administration de chaque Caisse nationale règle par ses délibérations les affaires de la caisse soit sur proposition de son président, de ses membres ou du directeur, soit sur l'initiative du ministre chargé de la sécurité sociale. *(Décr. nº 2018-353 du 14 mai 2018, art. 1er)* « Il autorise le directeur à négocier et conclure les transactions d'un montant supérieur à un seuil qu'il détermine. »

Le conseil d'administration établit le règlement intérieur de la caisse.

Le conseil d'administration de chaque Caisse nationale assure la gestion des fonds nationaux relevant respectivement de cette caisse. Il arrête notamment les états prévisionnels et les budgets afférents à ces divers fonds.

Le conseil d'administration délibère sur les matières pour lesquelles son intervention est expressément prévue aux termes *(Décr. nº 2012-1247 du 7 nov. 2012, art. 42-11º, en vigueur le 1er janv. 2013)* « des titres Ier et III du décret nº 2012-1246 du 7 novembre 2012 relatif à la gestion budgétaire et comptable publique », et notamment sur les budgets et les comptes annuels propres à la caisse. Il délibère également sur le rapport annuel du directeur relatif au fonctionnement administratif et financier.

(Décr. nº 2004-1075 du 12 oct. 2004) « Les dispositions du présent article ne sont pas applicables à la Caisse nationale de l'assurance maladie *(Abrogé par Décr. nº 2018-353 du 14 mai 2018, art. 1er)* « *des travailleurs salariés* » ».

L'organe compétent pour conclure, au nom de la CNAMTS, des conventions avec les professionnels de santé est le conseil d'administration. Le directeur ne peut valablement signer de telles conventions que s'il a reçu mandat du conseil d'administration à cette fin. • CE 6 avr. 2001 : *D. 2001. Somm. 2451, obs. Prétot* ; *RJS 2001, nº 912.*

Art. R. 224-2 Le conseil d'administration des caisses nationales, des allocations familiales et d'assurance vieillesse des travailleurs salariés peut être convoqué en dehors des séances normales par le président, soit à l'initiative de celui-ci, soit sur l'invitation du ministre chargé de la sécurité sociale ou du ministre chargé du budget.

Le directeur et l'agent comptable assistent aux séances du conseil d'administration.

Art. R. 224-3 *(Décr. nº 96-865 du 2 oct. 1996, art. 2)* Le conseil ou conseil d'administration de chaque Caisse nationale peut constituer en son sein des commissions et leur déléguer une partie de ses attributions.

Il peut également constituer des commissions comprenant des personnalités qui n'appartiennent pas au conseil ; mais il ne peut déléguer d'attributions aux commissions ainsi composées.

Le conseil ou conseil d'administration fixe la durée des fonctions des membres des commissions qui n'appartiennent pas au conseil. En tout état de cause, ces fonctions prennent fin à l'expiration du mandat des membres du conseil ou administrateurs. Elles sont renouvelables.

Les commissions comprennent des représentants désignés parmi les différentes catégories des membres du conseil ou administrateurs, le nombre de représentants des assurés sociaux étant égal à celui des représentants des employeurs et, pour les commissions des organismes visés aux articles L. 223-3 et L. 225-3, égal à celui des représentants des employeurs et des travailleurs indépendants.

Art. R. 224-4 Les commissaires du Gouvernement représentant le ministre chargé de la sécurité sociale et le ministre chargé du budget auprès des Caisses nationales de l'assurance maladie, des allocations familiales et d'assurance vieillesse des travailleurs salariés assistent aux séances du conseil ou des conseils d'administration et sont entendus chaque fois qu'ils le demandent.

Art. R. 224-5 Dans les dix jours qui suivent la séance, les procès-verbaux des délibérations du conseil ou du conseil d'administration sont envoyés au ministre chargé de la sécurité sociale et au ministre chargé du budget.

En cas d'urgence, le ministre chargé de la sécurité sociale peut après entente avec le ministre chargé du budget viser, pour exécution immédiate, une délibération qui lui a été communiquée en application de l'article L. 224-10.

Art. R. 224-6 *(Décr. n° 2004-1075 du 12 oct. 2004)* « Le directeur général de la Caisse nationale de l'assurance maladie des travailleurs salariés est nommé par décret sur le rapport du ministre chargé de la sécurité sociale, après avis du conseil, qui s'oppose à la nomination à la majorité des deux tiers de ses membres. » Le directeur des autres caisses nationales est nommé par décret pris sur le rapport du ministre chargé de la sécurité sociale *(Décr. n° 98-1222 du 29 déc. 1998, art. 2)* « après avis du président du conseil d'administration de l'organisme concerné.

« Le directeur ou le directeur général nomme, le cas échéant, un ou plusieurs directeurs délégués, directeurs adjoints et sous-directeurs ».

Les opérations de recettes et de dépenses sont effectuées par un agent comptable nommé par arrêté conjoint du ministre chargé du budget et du ministre chargé de la sécurité sociale.

Art. R. 224-7 *(Décr. n° 2004-1075 du 12 oct. 2004)* « Le directeur des organismes visés aux articles L. 222-1 et L. 223-1 assure le fonctionnement desdits organismes sous le contrôle du conseil d'administration. Il exécute les décisions du conseil d'administration et peut, le cas échéant, en recevoir délégation. Il exécute les décisions du conseil d'administration. Il peut, le cas échéant, en recevoir délégation. »

Le directeur a seul autorité sur le personnel, fixe l'organisation du travail dans les services et assure la discipline générale ; sous réserve des dispositions législatives ou réglementaires donnant compétence à une autre autorité, il prend toutes mesures individuelles concernant la gestion du personnel.

Le directeur soumet chaque année au conseil d'administration les projets d'états prévisionnels et les projets de budgets prévus au quatrième alinéa de l'article R. 224-1.

Le directeur est ordonnateur des recettes et des dépenses de la caisse.

Le directeur peut, sous sa responsabilité, déléguer sa signature à un ou plusieurs agents de la caisse pour effectuer en son nom soit certains actes, soit tous les actes relatifs à certaines de ses attributions.

(Décr. n° 2018-353 du 14 mai 2018, art. 1er) « Le directeur négocie et conclut les transactions, sous réserve, lorsque ces dernières sont d'un montant supérieur à un seuil fixé par le conseil d'administration, de l'autorisation prévue au deuxième alinéa de l'article R. 224-1. »

En cas de vacance de l'emploi de directeur, d'absence momentanée ou d'empêchement de celui-ci, ses fonctions sont exercées par le directeur adjoint ou, à défaut, par un sous-directeur.

Art. R. 224-8 (Abrogé par Décr. n° 2018-353 du 14 mai 2018, art. 1er) (Décr. n° 96-865 du 2 oct. 1996, art. 4) *Au conseil d'administration de l'Union des caisses nationales de sécurité sociale, le nombre de sièges attribués aux représentants d'une part des assurés sociaux, d'autre part des employeurs, ainsi que la répartition de ces sièges entre les organisations représentant chacune de ces deux catégories d'administrateurs sont identiques à ceux retenus pour la composition des conseils des organismes visés à l'article L. 211-2.*

Les suppléants sont désignés conformément aux dispositions du I de l'article L. 231-3.

(Décr. n° 91-172 du 15 févr. 1991, art. 1er) *« Le président du conseil d'administration de l'Union des caisses nationales de sécurité sociale est élu en son sein par le conseil. »*

Art. R. 224-9 (Abrogé par Décr. n° 2018-353 du 14 mai 2018, art. 1er) (Décr. n° 91-172 du 15 févr. 1991, art. 2) *Dans le cas où un administrateur de l'Union des caisses nationales de sécurité sociale, représentant les assurés sociaux ou les employeurs, cesse d'appartenir à l'organisation qui a procédé à sa désignation, il est immédiatement mis fin à ses fonctions et l'organisation désigne un nouvel administrateur. Les fonctions de cet administrateur prennent fin en même temps que celles des autres administrateurs de l'union.*

CHAPITRE V AGENCE CENTRALE DES ORGANISMES DE SÉCURITÉ SOCIALE

Art. R. 225-1 *(Décr. n° 91-382 du 22 avr. 1991, art. 2)* « Le conseil d'administration de l'Agence centrale des organismes de sécurité sociale comprend quinze membres », à raison de :

1° Cinq représentants de la Caisse nationale de l'assurance maladie des travailleurs salariés ;

2° Cinq représentants de la Caisse nationale d'assurance vieillesse des travailleurs salariés ;

3° Cinq représentants de la Caisse nationale des allocations familiales.

Les représentants de chaque Caisse nationale sont désignés par le conseil d'administration parmi ses membres.

Neuf des quinze membres du conseil d'administration de l'agence sont choisis parmi les administrateurs assurés sociaux et six parmi les administrateurs employeurs.

La répartition des sièges entre les organisations représentant les assurés sociaux s'effectue sur la base du total des voix obtenues par ces organisations au niveau national lors des élections aux conseils d'administration des caisses primaires d'assurance maladie et des caisses d'allocations familiales et selon la règle de la représentation proportionnelle au plus fort reste.

Si cette répartition n'est pas respectée ou si l'une ou plusieurs des organisations syndicales nationales représentatives au sens de l'article L. 133-2 *[L. 2121-1 nouv.]* du code du travail ne sont pas représentées, le ministre chargé de la sécurité sociale invite les conseils d'administration des trois caisses nationales à procéder à une nouvelle délibération.

(Décr. n° 91-382 du 22 avr. 1991, art. 2) « Selon les mêmes règles, chaque conseil désigne en outre un nombre de suppléants égal à celui des représentants titulaires de la caisse. »

Dans le cas où un administrateur cesse d'appartenir au conseil d'administration de la Caisse nationale qu'il représente, il est immédiatement mis fin à ses fonctions et la caisse désigne un nouvel administrateur. Les fonctions de cet administrateur prennent fin en même temps que celles des autres administrateurs de l'agence.

Art. R. 225-2 Pour l'application de l'article L. 225-3, le ministre chargé de la sécurité sociale et le ministre chargé de l'agriculture sont représentés chacun auprès de l'Agence centrale des organismes de sécurité sociale par un commissaire du Gouvernement.

Pour l'application du même article, le ministre chargé du budget est représenté par deux commissaires du Gouvernement.

Les commissaires du Gouvernement assistent aux séances du conseil d'administration et sont entendus chaque fois qu'ils le demandent.

Art. R. 225-3 Le conseil d'administration règle par ses délibérations les affaires de l'agence soit sur proposition de son président, de ses membres, ou du directeur, soit sur l'initiative du ministre chargé de la sécurité sociale ou du ministre chargé du budget.

(Décr. n° 2018-353 du 14 mai 2018, art. 1er) « Il autorise le directeur à négocier et conclure les transactions d'un montant supérieur à un seuil qu'il détermine. »

Le conseil d'administration établit le règlement intérieur de l'agence.

Il prend les décisions nécessaires à l'application de l'article L. 225-1 et des textes pris pour son exécution.

(Décr. n° 2012-1247 du 7 nov. 2012, art. 42-12°, en vigueur le 1er janv. 2013) « Il délibère sur les matières pour lesquelles son intervention est expressément prévue aux termes du titre III du décret n° 2012-1246 du 7 novembre 2012 relatif à la gestion budgétaire et comptable publique. » Il délibère également sur le rapport annuel du directeur relatif au fonctionnement administratif et financier.

(Décr. n° 96-865 du 2 oct. 1996, art. 3) « Le conseil d'administration peut désigner des commissions et leur déléguer une partie de ses attributions dans les mêmes conditions que celles définies à l'article R. 224-3. »

Art. R. 225-4 Le conseil d'administration de l'Agence centrale des organismes de sécurité sociale se réunit au moins une fois tous les trois mois. Il peut être convoqué en dehors des séances normales par le président soit à l'initiative de celui-ci, soit sur l'invitation du ministre chargé de la sécurité sociale ou du ministre chargé du budget.

Le directeur et l'agent comptable assistent aux séances du conseil d'administration. *(Décr. n° 2007-703 du 3 mai 2007, art. 6, en vigueur le 1er janv. 2008)* « Deux représentants du régime social des indépendants, dont le directeur général ou son représentant et un administrateur désigné en son sein par le conseil d'administration de la Caisse nationale, assistent également aux séances, avec voix consultative. »

Le conseil d'administration ne peut délibérer valablement que si la majorité des membres ayant voix délibérative assistent à la séance. Les membres du conseil d'administration ne peuvent se faire représenter aux séances.

Toutefois, ils peuvent donner délégation de vote à un autre membre du conseil d'administration. Dans ce cas, aucun membre ne peut recevoir plus d'une délégation.

Les décisions sont prises à la majorité des voix.

Art. R. 225-5 Dans les dix jours qui suivent la séance, les procès-verbaux des délibérations du conseil d'administration sont envoyés au ministre chargé de la sécurité sociale et au ministre chargé du budget.

En cas d'urgence le ministre chargé de la sécurité sociale peut, après entente avec le ministre chargé du budget, viser, pour exécution immédiate, une délibération qui lui a été communiquée en application de l'article L. 226-4.

Art. R. 225-6 Le directeur de l'Agence centrale des organismes de sécurité sociale est nommé par décret rendu sur le rapport du ministre chargé de la sécurité sociale et du ministre chargé du budget *(Décr. n° 98-1222 du 29 déc. 1998, art. 2)* « après avis du président du conseil d'administration de l'organisme concerné. Le directeur nomme, le cas échéant, un ou plusieurs directeurs délégués, directeurs adjoints et sous-directeurs ».

Les opérations de recettes et de dépenses de l'Agence centrale des organismes de sécurité sociale sont effectuées par un agent comptable nommé par arrêté conjoint du ministre chargé du budget et du ministre chargé de la sécurité sociale.

Art. R. 225-7 Le directeur assure le fonctionnement de l'agence sous le contrôle du conseil d'administration. Il exécute les décisions du conseil d'administration. Il peut, le cas échéant, recevoir délégation de celui-ci.

Le directeur a seul autorité sur le personnel, fixe l'organisation du travail dans les services et assure la discipline générale. Sous réserve des dispositions législatives et réglementaires donnant compétence à une autre autorité, il prend toutes mesures individuelles concernant la gestion du personnel et la discipline générale du service.

Le directeur soumet chaque année au conseil d'administration le projet de budget de l'agence.

Le directeur est ordonnateur des recettes et des dépenses.

Le directeur peut, sous sa responsabilité, déléguer sa signature à un ou plusieurs agents pour effectuer en son nom soit certains actes, soit tous les actes relatifs à certaines de ses attributions.

(Décr. n° 2018-353 du 14 mai 2018, art. 1er) « Le directeur négocie et conclut les transactions, sous réserve, lorsque ces dernières sont d'un montant supérieur à un seuil fixé par le conseil d'administration, de l'autorisation prévue au deuxième alinéa de l'article R. 225-3. »

V. art. D. 225-2.

CHAPITRE VI DISPOSITIONS COMMUNES AUX CAISSES NATIONALES ET À L'AGENCE CENTRALE

Art. R. 226-1 Pour l'application des articles L. 151-1, L. 153-1, R. 151-1 et R. 153-1, la Caisse nationale compétente est :

1° La Caisse nationale de l'assurance maladie des travailleurs salariés pour les décisions émanant d'une caisse primaire *(Décr. n° 2010-344 du 31 mars 2010, art. 291)* « d'assurance maladie ou d'une Caisse d'assurance retraite et de la santé au travail », à l'exclusion de celles qui sont prises en matière de recouvrement des cotisations ;

2° La Caisse nationale des allocations familiales pour les décisions émanant d'une caisse d'allocations familiales, à l'exclusion de celles qui sont prises en matière de recouvrement des cotisations ;

3° La Caisse nationale d'assurance vieillesse des travailleurs salariés pour les décisions émanant de la caisse régionale d'assurance vieillesse des travailleurs salariés de Strasbourg et pour les décisions émanant *(Décr. n° 2010-344 du 31 mars 2010, art. 291)* « d'une Caisse d'assurance retraite et de la santé au travail » concernant l'exercice des attributions mentionnées aux articles R. 215-1 à R. 215-4, R. 222-1 et R. 222-2, R. 232-1, R. 251-23, R. 252-16 à R. 252-21 et R. 253-2 ;

4° L'Agence centrale des organismes de sécurité sociale pour les décisions émanant d'une union de recouvrement et pour celles afférentes au recouvrement des cotisations mentionnées aux 1° et 2° du premier alinéa du présent article.

Pour l'application des dispositions des articles L. 151-1 et R. 151-1, l'union des caisses nationales est substituée à la Caisse nationale compétente dans les matières pour lesquelles elle a reçu délégation des caisses nationales en vertu de l'article L. 224-5.

Lorsque la décision ayant fait l'objet d'une mesure de suspension émane soit d'une caisse générale des départements d'outre-mer, soit d'une union ou fédération groupant des organismes de natures différentes, la Caisse nationale compétente est déterminée :

1° Pour l'application du deuxième alinéa de l'article R. 151-1, compte tenu de l'objet des dispositions réputées enfreintes ;

2° Pour l'application du quatrième alinéa du même article, compte tenu de la nature du risque en cause.

Art. R. 226-2 Pour l'application des dispositions du quatrième alinéa de l'article R. 151-1, la Caisse nationale compétente est saisie après nouvelle délibération du conseil ou le *[du]* conseil d'administration de l'organisme dont la décision a été suspendue *(Décr. n° 2009-1596 du 18 déc. 2009, art. 11-II)* « par le responsable du service mentionné à l'article R. 155-1 ».

Art. R. 226-3 Le contrôle des caisses nationales et de l'Agence centrale des organismes de sécurité sociale prévu aux articles L. 221-2, L. 222-4, L. 223-2 et L. 225-2 est exercé par le ministre chargé de la sécurité sociale et par le ministre chargé du budget.

Art. R. 226-4 L'opposition prévue à l'*(Décr. n° 2004-1075 du 12 oct. 2004)* « article L. 224-10 » est exercée par le ministre chargé de la sécurité sociale ou par le ministre chargé du budget.

Le délai prévu au même article est fixé à vingt jours à compter de la communication des délibérations.

Art. R. 226-5 Les marchés sont passés dans les formes et les conditions prescrites pour les marchés de l'État.

Art. R. 226-6 Les caisses nationales et l'Agence centrale des organismes de sécurité sociale sont tenues de fournir au ministre chargé de la sécurité sociale, dans les formes et conditions fixées par celui-ci, les statistiques concernant les régimes de sécurité sociale dont elles assument la gestion.

CHAPITRE VII ÉGAL ACCÈS DES FEMMES ET DES HOMMES

(Décr. n° 2015-930 du 29 juill. 2015, art. 1er)

Art. R. 227-1 Pour garantir une composition conforme aux dispositions prévues à l'article L. 231-1, dans le conseil et les conseils d'administration des caisses nationales et de l'Agence centrale mentionnés aux articles L. 221-3, L. 222-5, L. 223-3 et L. 225-3 et dans la commission mentionnée à l'article L. 221-5, il est procédé aux désignations des conseillers et administrateurs titulaires dans les conditions suivantes :

1° Chaque organisation ou institution appelée à désigner un nombre pair de conseillers ou administrateurs titulaires désigne autant de femmes que d'hommes ;

2° Chaque organisation ou institution appelée à désigner un nombre impair de conseillers ou administrateurs titulaires procède à ces désignations de telle sorte que l'écart entre le nombre des femmes désignées et le nombre des hommes désignés ne soit pas supérieur à un. Le tirage au sort prévu à l'article R. 227-2 détermine si elles doivent désigner un nombre supérieur de femmes ou un nombre supérieur d'hommes. Pour les organisations ou institutions qui ne désignent qu'un conseiller ou qu'un administrateur, ce tirage au sort détermine également si ce siège doit être pourvu par une femme ou *[par]* un homme.

Ces dispositions s'imposent également aux organisations ou institutions lorsqu'elles désignent des représentants dans plusieurs catégories de conseillers ou administrateurs.

Art. R. 227-2 Un tirage au sort a lieu à chaque renouvellement des mandats et pour chaque instance mentionnée à l'article L. 231-1, dès lors que des organisations ou institutions ont un nombre impair de membres à désigner.

Les conditions de déroulement de ce tirage au sort sont définies par un arrêté du ministre chargé de la sécurité sociale.

Art. R. 227-3 Dans le conseil et les conseils d'administration des caisses nationales et de l'Agence centrale mentionnés aux articles L. 221-3, L. 222-5, L. 223-3 et L. 225-3 et dans la commission mentionnée à l'article L. 221-5, lorsqu'en cours de mandat, le siège d'un représentant titulaire devient vacant, le nouveau représentant doit être du même sexe que le titulaire initialement désigné.

Art. R. 227-4 Pour pouvoir satisfaire à son obligation de remplacer le titulaire par un suppléant du même sexe, chaque organisation ou institution doit désigner le même nombre de femmes et d'hommes parmi ses suppléants que parmi ses titulaires.

CHAPITRE VIII *[ABROGÉ]* CONSEILS DE SURVEILLANCE

(Abrogé par Décr. n° 2015-930 du 29 juill. 2015, art. 2)

Art. R. 228-1 à R. 228-10 *Abrogés par Décr. n° 2015-930 du 29 juill. 2015, art. 2.*

TITRE TROISIÈME DISPOSITIONS COMMUNES À TOUTES LES CAISSES

CHAPITRE PREMIER DISPOSITIONS RELATIVES AUX CONSEILS D'ADMINISTRATION

SECTION PREMIÈRE COMPOSITION DES CONSEILS D'ADMINISTRATION

Art. R. 231-0 *(Décr. n° 2009-1294 du 26 oct. 2009, art. 3)* Lorsque le siège d'une des personnalités qualifiées mentionnées au 5° de l'article R. 211-1 et au 5° de l'article R. 221-2 devient vacant en cours de mandat, la personnalité qualifiée nommée pour le pourvoir siège jusqu'au renouvellement suivant de l'ensemble du conseil.

SOUS-SECTION 1 DISPOSITIONS GÉNÉRALES

Néant.

SOUS-SECTION 2 MEMBRES DÉSIGNÉS

Néant. — V. art. D. 231-1-1 à D. 231-4.

SOUS-SECTION 3 REPRÉSENTANTS DU PERSONNEL

Néant. — V. art. D. 231-5 à D. 231-23.

SECTION II FONCTIONNEMENT

Art. R. 231-1 Les conseils ou les conseils d'administration des caisses se réunissent au moins une fois tous les trois mois. Ils sont en outre convoqués par leur président toutes les fois que les besoins du service l'exigent.

(Décr. n° 2004-1075 du 12 oct. 2004) « Lorsqu'ils ne sont pas suppléés, les membres du conseil ou du conseil d'administration peuvent donner délégation à un autre membre du même conseil. » Dans ce cas, aucun membre ne peut recevoir plus d'une délégation.

Les décisions sont prises à la majorité des voix.

Art. R. 231-2 Les membres suppléants des conseils ou des conseils d'administration des organismes de sécurité sociale ne siègent qu'en l'absence d'un membre titulaire appartenant à la même organisation.

V. art. D. 231-24 et D. 231-25.

Art. R. 231-3 *(Décr. nº 2001-532 du 20 juin 2001, art. 93)* Le silence gardé pendant plus de quatre mois par le ministre chargé du travail, saisi d'un recours hiérarchique sur une décision prise par l'inspecteur du travail dans le cadre de l'article L. 231-11, vaut décision de rejet.

Art. R. 231-4 *(Décr. nº 96-592 du 2 juill. 1996, art. 5)* « Le conseil d'administration élit un président, un premier vice-président et, le cas échéant, un ou deux autres vice-présidents » au scrutin secret au premier et au deuxième tour de scrutin *(Décr. nº 87-802 du 29 sept. 1987, art. 5)* « à la majorité absolue des suffrages exprimés », exclusion faite des bulletins blancs ou nuls, au troisième tour à la majorité relative des suffrages exprimés et, en cas de partage des voix, au bénéfice de l'âge. Le nombre de vice-présidents ne doit pas excéder trois. *(Décr. nº 2004-1282 du 26 nov. 2004)* « Dans les organismes dotés d'un conseil, celui-ci élit un président et un vice-président dans les mêmes conditions. »

Le président et le ou les vice-présidents sont élus pour la durée de mandat des administrateurs.

(Décr. nº 2014-1163 du 9 oct. 2014, art. 2-III) « Le mandat du président est renouvelable une fois. » — *[Ancien art. D. 231-24.]*

....

Art. R. 231-6 L'arrêté prévu au troisième alinéa de l'article L. 231-12 est pris par le ministre chargé de la sécurité sociale. — *[Ancien art. D. 231-25.]*

SECTION III DISPOSITIONS D'APPLICATION

Néant.

CHAPITRE II TRANSMISSION D'INFORMATIONS ENTRE CAISSES EN MATIÈRE D'ASSURANCE VIEILLESSE

Art. R. 232-1 Les informations nécessaires à l'ouverture et à la tenue des comptes individuels devant servir de base à la liquidation des droits en matière d'assurance vieillesse sont obligatoirement transmises, selon le cas, à la Caisse nationale d'assurance vieillesse, aux caisses *(Décr. nº 2010-344 du 31 mars 2010, art. 292)* « d'assurance retraite et de la santé au travail » ou à la caisse régionale d'assurance vieillesse des travailleurs salariés de Strasbourg par les organismes qui détiennent lesdites informations, et notamment par les organismes de sécurité sociale chargés de l'immatriculation, des affiliations et du recouvrement des cotisations.

CHAPITRE III MOYENS MÉCANOGRAPHIQUES ET ÉLECTRONIQUES DES CAISSES

Art. R. 233-1 *Abrogé par Décr. nº 86-839 du 16 juill. 1986, art. 22.*

CHAPITRE IV REMBOURSEMENT DU FORFAIT POSTAL

Art. R. 234-1 *Abrogé [en conséquence de l'abrogation de l'art. L. 234-1] par L. nº 87-39 du 27 janv. 1987, art. 13-I.*

TITRE QUATRIÈME RESSOURCES

CHAPITRE PREMIER GÉNÉRALITÉS

SECTION PREMIÈRE ASSURANCES SOCIALES

SOUS-SECTION 1 ASSURANCES MALADIE, MATERNITÉ, INVALIDITÉ ET DÉCÈS

Néant. — V. art. D. 241-1 et D. 241-1-1.

SOUS-SECTION 2 ASSURANCE VIEILLESSE — ASSURANCE VEUVAGE

(Décr. n° 2005-1351 du 31 oct. 2005)

Pour les salariés dont le contrat de travail a été conclu avant le 3 nov. 2005, les dispositions des art. R. 241-0-1 à R. 241-0-6 sont applicables aux cotisations d'assurance vieillesse afférentes aux gains et rémunérations versés depuis le 1er janv. 2004. Si le contrat de travail a été conclu postérieurement au 31 déc. 2003, ces mêmes dispositions sont applicables dès le premier jour du mois civil suivant la date d'effet du contrat de travail, dès lors que l'accord prévu à l'art. R. 241-0-3 est conclu avant le premier jour du quatrième mois civil suivant celui de la publication du présent décret.

Pour les salariés dont le contrat de travail fait l'objet, à la date de publication du présent décret, de l'application des dispositions de l'art. L. 241-3-1, l'accord prévu à l'art. R. 241-0-3 est considéré comme acquis (Décr. n° 2005-1351 du 31 oct. 2005, art. 4).

Art. R. 241-0-1 I. — Pour l'application des dispositions de l'article L. 241-3-1 aux salariés dont l'employeur est soumis à l'obligation édictée à l'article L. 351-4 *[L. 5422-13 nouv.]* du code du travail et à ceux mentionnés à l'article L. 351-12 *[L. 5424-1 s. et R. 5424-1 nouv.]* du même code, ces salariés doivent être titulaires :

1° Soit d'un contrat de travail à temps partiel défini par les dispositions de l'article *(Décr. n° 2016-1551 du 18 nov. 2016, art. 6-II, en vigueur le 1er janv. 2017)* « L. 3123-1 » du code du travail ;

2° Soit d'un contrat de travail donnant lieu au versement d'une rémunération qui n'est pas déterminée en fonction du nombre d'heures de travail effectuées, à condition que cette rémunération soit inférieure à la rémunération considérée comme correspondant à celle d'une activité exercée à temps plein.

II. — Pour l'application du même article, la durée de travail à temps plein est la durée légale de travail calculée sur le mois ou, si elle lui est inférieure, la durée mensuelle de travail fixée pour la branche ou l'entreprise ou la durée mensuelle de travail applicable dans l'établissement.

Art. R. 241-0-2 I. — Le salaire correspondant à l'activité exercée à temps plein mentionné à l'article L. 241-3-1 est égal au produit de la rémunération mensuelle et du rapport entre, d'une part, la durée du travail mentionnée au II de l'article R. 241-0-1 et, d'autre part, le nombre d'heures rémunérées au cours du mois ou, le cas échéant, le nombre d'heures considéré comme correspondant à la rémunération mensuelle versée et calculée selon les modalités fixées par le décret prévu à l'article L. 241-3-1.

En cas de suspension du contrat de travail avec maintien total ou partiel de la rémunération mensuelle, le nombre d'heures rémunérées pris en compte au titre des périodes de suspension est égal au produit de la durée de travail que le salarié aurait effectuée s'il avait continué à travailler ou, le cas échéant, du nombre d'heures considéré comme correspondant à la rémunération mensuelle qui lui aurait été versée, par le pourcentage de la rémunération demeuré à la charge de l'employeur et soumis à cotisation.

(Décr. n° 2018-821 du 27 sept. 2018, art. 1er) « II. — La rémunération mensuelle prise en compte pour l'application du présent article et de l'article R. 241-0-1 est constituée des revenus d'activité tels qu'ils sont pris en compte pour la détermination de l'assiette des cotisations définie à l'article L. 242-1 correspondant au mois civil. »

III. — Le taux des cotisations d'assurance vieillesse calculées sur la base du salaire correspondant à l'activité exercée à temps plein est celui fixé en application des deuxième et quatrième alinéas de l'article L. 241-3.

IV. — Les dispositions de l'article L. 241-3-1 ne sont pas applicables s'il est fait usage, au titre du même contrat de travail, d'une assiette ou de montants forfaitaires de cotisations tels que définis aux articles L. 241-2, L. 241-3, L. 241-5 et L. 241-6.

V. — Les dispositions prévues par l'article L. 242-8 et par le deuxième alinéa de l'article L. 242-3 ne sont pas applicables lorsqu'il est fait usage, au titre du même contrat de travail, de la faculté prévue à l'article L. 241-3-1.

Pour l'application du premier alinéa de l'article L. 242-3, la rémunération à prendre en compte au titre de chacune des activités donnant lieu à l'application de l'article L. 241-3-1 est égale au salaire correspondant à l'activité exercée à temps plein, calculé selon les dispositions prévues aux I et II du présent article.

Art. R. 241-0-3 I. – Le maintien de l'assiette des cotisations d'assurance vieillesse à hauteur de la rémunération correspondant à l'activité exercée à temps plein résulte de l'accord du salarié et de l'employeur. Cet accord est écrit, daté et signé par les deux parties. Il figure dans le contrat de travail initial ou dans un avenant à celui-ci si l'accord est postérieur à la conclusion du contrat.

II. – L'employeur peut prendre en charge la différence entre le montant de la cotisation salariale d'assurance vieillesse due sur le salaire correspondant à l'activité exercée à temps plein, déterminé selon les modalités prévues à l'article R. 241-0-2, et celui de la cotisation d'assurance vieillesse dont le salarié serait redevable s'il n'était pas fait usage de la faculté prévue par l'article L. 241-3-1. En ce cas, l'accord fixe la proportion, la durée et les modalités de cette prise en charge.

Art. R. 241-0-4 En cas de transformation d'un contrat de travail à temps plein en contrat à temps partiel constituant une alternative à un licenciement collectif pour motif économique, effectué dans le cadre de la procédure de l'article L. 321-2 *[L. 1233-1, L. 1233-8, L. 1233-9, L. 1233-19, L. 1233-26, L. 1233-27, L. 1233-28 et L. 1233-36 nouv.]* du code du travail, le maintien de l'assiette à la hauteur de la rémunération correspondant à l'activité exercée à temps plein doit être proposé par l'employeur dans les mêmes termes à l'ensemble des salariés dont le contrat de travail à temps complet sera transformé en contrat à temps partiel pour le même motif.

La proposition comporte, le cas échéant, les modalités de prise en charge par l'employeur des cotisations dans les conditions prévues au II de l'article R. 241-0-3. Elle est notifiée à chacun des salariés concernés par lettre recommandée avec accusé de réception et intégrée au projet d'avenant par lequel le contrat de travail est transformé en contrat de travail à temps partiel.

Le salarié peut refuser cette proposition par une mention expresse portée dans l'avenant.

Art. R. 241-0-5 L'accord mentionné à l'article R. 241-0-3 peut être dénoncé par l'employeur ou par le salarié.

Toutefois, il ne peut être dénoncé par l'employeur avant l'expiration d'un délai d'un an à compter de sa date d'effet.

L'accord peut comporter un engagement de l'employeur de ne pas procéder à sa dénonciation avant l'expiration d'un délai supérieur à celui prévu au précédent alinéa.

La dénonciation de l'accord par le salarié ou l'employeur est notifiée à l'autre partie et mentionnée dans un avenant au contrat de travail.

En cas de dénonciation, il ne peut être conclu de nouvel accord au titre du même contrat de travail avant l'expiration d'un délai de cinq ans à compter de la date d'effet de la dénonciation.

Art. R. 241-0-6 I. – Les dispositions de l'article R. 241-0-2 sont applicables aux cotisations afférentes aux rémunérations versées :

1° Soit à compter de la date fixée pour son entrée en vigueur par l'accord prévu à l'article R. 241-0-3 ou par l'avenant prévu à l'article R. 241-0-4, sans que cette date puisse être antérieure ni à la date de conclusion de cet accord ou de cet avenant ni à celle à laquelle le salarié remplit les conditions prévues à l'article R. 241-0-1 ; toutefois, si la date ainsi déterminée ne correspond pas au premier jour d'un mois, les dispositions de l'article R. 241-0-2 sont applicables aux cotisations afférentes aux rémunérations versées à compter du premier jour du mois suivant ;

2° Soit, lorsque l'accord ou l'avenant ne fixe pas de date pour son entrée en vigueur, à compter du premier jour du mois suivant la date de sa conclusion ou bien à compter du premier jour du mois suivant la date à laquelle le salarié remplit les conditions prévues à l'article R. 241-0-1 si cette date est postérieure à la conclusion ou à la notification de l'accord ou de l'avenant.

II. – En outre, en cas de transformation d'un contrat de travail à temps complet en contrat de travail à temps partiel, la date de mise en œuvre des dispositions de l'article R. 241-0-2 prévues au I du présent article est reculée d'un mois lorsque la rémunération afférente à la période de travail à temps complet est versée à compter de la date déterminée en application du I.

III. – Les dispositions prévues à l'article R. 241-0-2 ne sont plus applicables aux cotisations afférentes aux rémunérations versées à partir du premier jour du mois au

cours duquel soit la dénonciation de l'accord par le salarié ou l'employeur est notifiée à l'autre partie, soit le salarié cesse de remplir, du fait du contrat considéré, les conditions fixées à l'article R. 241-0-1, soit le contrat de travail prend fin.

SECTION II ACCIDENTS DU TRAVAIL ET MALADIES PROFESSIONNELLES

Art. R. 241-1 En vue de la tarification des risques d'accidents du travail et de maladies professionnelles, les caisses primaires et les unions de recouvrement sont tenues de fournir aux caisses *(Décr. n° 2010-344 du 31 mars 2010, art. 293)* **« d'assurance retraite et de la santé au travail » tous les éléments financiers susceptibles de faire connaître les dépenses et les recettes, soit par employeur, soit par branche d'activité.** – *V. art. D. 241-2-1.*

En adressant à l'URSSAF, qui les avait transmis à la caisse régionale, les renseignements concernant l'activité de ses salariés, l'employeur, qui n'est pas responsable des retards dans les transmissions entre les deux organismes, n'a commis aucune dissimulation ou fraude ; dès lors, la décision de la caisse de reclasser un établissement en vue de la tarification des risques d'accidents du travail ne peut avoir d'effet rétroactif. • Soc. 4 juin 1986 : *Bull. civ. V, n° 280.*

SECTION III PRESTATIONS FAMILIALES

Art. R. 241-2 *(Décr. n° 2012-1550 du 28 déc. 2012, art. 15)* **La cotisation d'allocations familiales des travailleurs indépendants est due par toute personne physique exerçant, même à titre accessoire, une activité non salariée.**

Pour l'application des dispositions du premier alinéa du présent article, sont considérées comme travailleurs indépendants non agricoles les personnes mentionnées aux 1°, 4°, 5°, 6°, 7° et 8° de l'article L. 613-1 et celles mentionnées à l'article L. 722-1.

1. Activités diverses. Aux termes de l'art. R. 241-2 CSS, la cotisation d'allocations familiales des employeurs et travailleurs indépendants est due par toute personne physique exerçant, même à titre accessoire, une activité non salariée. • Soc. 20 oct. 1994, n° 92-11.098 P : *D. 1996. Somm. 38, obs. Prétot* ♦ ... Telle la prostitution. • Soc. 18 mai 1995 : *D. 1996. Somm. 38, obs. Prétot ; RJS 1995, n° 832.* ♦ ... Tel l'accomplissement de missions d'expertise demandées par l'autorité judiciaire, fût-ce de manière intermittente et irrégulière. • Soc. 20 janv. 1988 : *D. 1988. Somm. 363, obs. Prétot.*

2. Une activité inventive, fût-elle accessoire et occasionnelle, qui s'est concrétisée dans la découverte d'un procédé, la prise d'un brevet d'invention et l'exploitation, même indirecte, de celui-ci constitue une activité non salariée dont les revenus, quel qu'en soit le montant, doivent être soumis à la cotisation personnelle d'allocations familiales des travailleurs indépendants. • Soc. 20 oct. 1994 : *préc. note 1.* – V. aussi • Soc. 21 mars 1991 : *D. 1991. IR 132.* ♦ Les redevances perçues à l'occasion de l'exploitation d'une invention constituent la rémunération d'une activité indépendante. • Soc. 19 mars 1998 : *RJS 1998, n° 651* (s'agissant d'un inventeur percevant des revenus de l'exploitation de son brevet par une société concessionnaire).

3. La fonction de président d'une chambre de métiers constitue une activité non salariée qui, même exercée à titre accessoire, entre dans les prévisions de l'art. R. 241-2 CSS. Les indemnités perçues par l'intéressé à l'occasion de cette activité, quelle que soit la catégorie de revenus dont elles relèvent sur le plan fiscal, doivent, eu égard aux dispositions de l'art. 1er de l'Arr. du 9 août 1974, être soumises aux cotisations personnelles d'allocations familiales des employeurs et travailleurs indépendants. • Soc. 18 nov. 1993 : *D. 1994. IR 6*

4. Un contrôleur judiciaire et enquêteur de personnalité (C. pr. pén., art. 16 et 16-1) n'est pas un travailleur indépendant et n'est pas assujetti au paiement des cotisations d'allocations familiales à ce titre. • Soc. 10 mars 1994 : *D. 1995. Somm. 29, obs. Prétot.*

5. Associés et dirigeants. La personne physique associée unique et gérante d'une EURL est seule redevable des cotisations personnelles d'allocations familiales. • Soc. 4 mars 1999 : *RJS 1999, n° 602* • 11 mars 1999 : *ibid.* ♦ Peu importe à cet égard l'activité restreinte de l'EURL dès lors que l'associé unique et gérant exerce en cette qualité le contrôle et la surveillance de celle-ci. • Soc. 11 juill. 2002 : *RJS 2002, n° 1305* • 16 mai 2002 : *RJS 2002, n° 906* • 5 déc. 2002 : *RJS 2003, n° 267.*

6. Les associés d'une société civile qui a une activité professionnelle leur procurant des revenus répondent personnellement des dettes sociales ont la faculté de participer à sa gestion et à son contrôle et sont, en principe, imposés pour leur part dans les bénéfices au titre des revenus d'une profession salariée ; en conséquence, ils sont redevables de la cotisation personnelle d'allocations familiales. • Soc. 18 mai 2000 : *RJS 2000, n° 880.* ♦ Rappr. : • Soc. 22 févr. 1990, n° 87-12.289 P : *D. 1990. IR 71* • 5 déc. 2002 : *préc. note 5* (associé en nom collectif).

7. L'URSSAF ne rapportant pas la preuve que le président du conseil de surveillance d'une société exerce en réalité une activité professionnelle, une cour d'appel en déduit exactement qu'il n'est pas assujetti au titre de sa rémunération au paiement de la cotisation personnelle d'allocations familiales. • Soc. 25 janv. 2001 : *D. 2001. IR 596 ; RJS 2001, n° 536.*

Art. R. 241-3 Le conjoint survivant qui poursuit l'exploitation de l'entreprise du *de cujus* est redevable, au titre du trimestre au cours duquel est survenu le décès, de la cotisation qu'aurait acquittée de son vivant le conjoint et, à compter du trimestre suivant, d'une cotisation calculée dans les conditions prévues à l'article *(Décr. n° 2012-1550 du 28 déc. 2012, art. 16)* « L. 131-6-2 ».

V. art. D. 241-3.

SECTION IV DISPOSITIONS COMMUNES

Art. R. 241-4 L'arrêté mentionné au premier alinéa de l'article L. 241-10 est pris par le ministre chargé de la sécurité sociale.

Art. R. 241-5 *à* R. 241-13 *Abrogés par Décr. n° 2004-821 du 18 août 2004, art. 18.*

CHAPITRE II ASSIETTE, TAUX ET CALCUL DES COTISATIONS

SECTION PREMIÈRE COTISATIONS ASSISES SUR LES RÉMUNÉRATIONS OU GAINS VERSÉS AUX TRAVAILLEURS SALARIÉS OU ASSIMILÉS

SOUS-SECTION 1 DISPOSITIONS GÉNÉRALES

Art. R. 242-1 *(Décr. n° 87-801 du 29 sept. 1987, art. 8) (Décr. n° 2016-1567 du 21 nov. 2016, art. 3-1°)* « I. – Les cotisations de sécurité sociale sont calculées, pour chaque période de travail, sur l'ensemble des *(Décr. n° 2018-821 du 27 sept. 2018, art. 1er)* « revenus d'activité tels qu'ils sont pris en compte pour la détermination de l'assiette des cotisations définie » à l'article L. 242-1, dans les conditions prévues au II. »

Sont incluses dans la base des cotisations les allocations complémentaires aux indemnités journalières de sécurité sociale, versées au titre de périodes d'incapacité temporaire de travail consécutive à une maladie, un accident, une maternité, en application du contrat de travail ou d'une convention collective de travail, lorsqu'elles sont destinées à maintenir en tout ou en partie, pendant ces périodes, le salaire d'activité, que ces allocations soient versées directement par l'employeur ou pour son compte par l'intermédiaire d'un tiers.

Les dispositions ci-dessus ne sont applicables qu'aux allocations complémentaires versées au titre des périodes pendant lesquelles le contrat individuel de travail qui lie le salarié à l'employeur reste en vigueur.

Des arrêtés conjoints du ministre chargé de la sécurité sociale *(Décr. n° 2012-17 du 4 janv. 2012 art. 3-2°)* « , du ministre chargé de l'agriculture, » et du ministre chargé du budget déterminent les conditions et limites dans lesquelles la rémunération peut faire l'objet d'un abattement pour frais professionnels.

Des arrêtés *(Décr. n° 2012-17 du 4 janv. 2012 art. 3-2°)* « conjoints » du ministre chargé de la sécurité sociale *(Décr. n° 2012-17 du 4 janv. 2012 art. 3-2°)* « , du ministre chargé de l'agriculture et du ministre chargé du budget » déterminent la valeur représentative des avantages en nature et des pourboires à prendre en considération pour le calcul des cotisations de sécurité sociale et d'allocations familiales.

Le montant des rémunérations à prendre pour base de calcul des cotisations en application des alinéas précédents ne peut être inférieur, en aucun cas, au montant cumulé, d'une part, du salaire minimum de croissance applicable aux travailleurs intéressés fixé en exécution de la loi n° 70-7 du 2 janvier 1970 et des textes pris pour son application et, d'autre part, des indemnités, primes ou majorations s'ajoutant audit salaire minimum en vertu d'une disposition législative ou d'une disposition réglementaire.

Toutefois, les dispositions des alinéas précédents ne sont pas applicables aux assurés pour lesquels les cotisations sont, conformément aux articles L. 241-2, L. 241-3 et L. 241-6, fixées forfaitairement par arrêtés du ministre chargé de la sécurité sociale.

La contribution *(Décr. n° 2018-821 du 27 sept. 2018, art. 1er)* « salariale » n'est pas due par le travailleur salarié ou assimilé accomplissant un travail non bénévole qui, ne percevant aucune rémunération en argent de la part de son employeur ou par l'entremise d'un tiers, ni à titre de pourboires, reçoit seulement des avantages en nature ou le bénéfice d'une formation professionnelle à la charge de l'employeur.

Dans ce cas, les cotisations patronales dues au titre des législations de sécurité sociale et d'allocations familiales sont fixées forfaitairement par arrêté du ministre chargé de la sécurité sociale.

(Décr. n° 2016-1567 du 21 nov. 2016, art. 3-1°) « II. — Les taux et plafonds applicables pour le calcul des cotisations sociales sont ceux en vigueur au cours de la période de travail au titre de laquelle les rémunérations sont dues.

« Les taux et plafonds appliqués aux rémunérations mentionnées à l'alinéa précédent sont également appliqués aux rémunérations rattachées à la même paie dues au titre d'autres périodes.

« Par dérogation à l'alinéa précédent :

« 1° Pour les rappels de rémunérations ordonnés par décision de justice, il est fait application des taux et plafonds en vigueur lors des périodes de travail donnant lieu à ces rappels ;

« 2° Pour les sommes versées après le départ du salarié, il est fait application des taux et plafonds applicables lors de la dernière période de travail de celui-ci. »

Les dispositions de l'art. R. 242-1 dans sa rédaction issue du Décr. n° 2016-1567 du 21 nov. 2016 sont applicables aux périodes de travail pour lesquelles la rémunération est versée à compter du 1er janv. 2018 (Décr. préc., art. 8-VII, mod. par Décr. n° 2017-858 du 9 mai 2017, art. 9-III).

1. Allocations complémentaires aux indemnités journalières (art. R. 242-1, al. 2). Les indemnités journalières complémentaires prévues par un régime complémentaire de prévoyance auquel adhère l'employeur en application d'un accord d'entreprise ou d'une convention collective, si ce régime est cofinancé par les salariés, doivent être soumises aux cotisations de sécurité sociale au prorata de la contribution de l'employeur au financement dudit régime. • Soc. 26 avr. 1990 : *RJS 1990, n° 524 ; D. 1991. Somm. 126, obs. Prétot* • 17 oct. 1991, n° 88-20.301 P : *RJS 1991, n° 1361.*

2. Assiette minimale (art. R. 242-1, al. 6). L'employeur ne peut, même avec l'accord des salariés, verser des rémunérations inférieures à celles qui sont prévues par la convention collective dont il relève et le montant pris pour base de calcul des cotisations ne peut être inférieur à ce minimum. • Soc. 21 juill. 1986 : *Bull. civ. V, n° 428 ; D. 1988. Somm. 31, obs. Prétot.* ♦ Le montant des rémunérations à prendre, lors de chaque paie, pour base de calcul des cotisations de sécurité sociale ne peut être inférieur, en aucun cas, au montant cumulé, d'une part, du salaire minimum de croissance applicable aux travailleurs intéressés fixé en exécution de la L. n° 70-7 du 2 janv. 1970 et des textes pris pour son application et, d'autre part, des indemnités, primes ou majorations s'ajoutant audit salaire minimum en vertu d'une disposition législative ou d'une disposition réglementaire. Si l'art. 9 de l'Arr. du 20 déc. 2002 relatif aux frais professionnels déductibles pour le calcul des cotisations de sécurité sociale, dans sa rédaction issue de l'Arr. du 25 juill. 2005, ouvre aux voyageurs-représentants-placiers le bénéfice d'une déduction forfaitaire spécifique de 30 % dans la limite de 7 600 € par année civile, l'application de ce texte s'entend sans préjudice des dispositions de l'art. R. 242-1 CSS. Il en résulte que l'assiette de la déduction forfaitaire spécifique pour frais professionnels de 30 % dans la limite de 7 600 € par année civile dont bénéficient les voyageurs-représentants-placiers doit être appréciée, non pas annuellement, mais à chaque échéance de la paie de ces salariés. • Civ. 2e, 9 févr. 2017, n° 15-20.858 P : *RJS 2017, nos 286 et 303 ; JCP S 2017, n° 1110, note Millet-Ursin.*

3. Inclusion de tous les éléments de rémunération. L'ensemble des éléments de rémunération sur lesquels l'employeur a effectivement cotisé, quelle qu'en ait été la dénomination, doivent entrer dans la base de comparaison entre les deux assiettes. • Soc. 28 juin 1989 : *Bull. civ. V, n° 476.*

4. Accessoire au salaire non versé. L'employeur qui est tenu de verser un accessoire de salaire prévu par la loi ou une convention collective ne peut se prévaloir de sa carence pour acquitter les cotisations de sécurité sociale sur une base n'incluant pas cet accessoire. • Soc. 8 juin 1988 : *Bull. civ. V, n° 344 ; JCP 1988. II. 21227, note Vachet* • 1er févr. 1996 : *Bull. civ. V, n° 40* • Civ. 2e, 5 juin 2008, n° 07-14.408 P : *JCP E 2008, n° 2413, obs. Derue.* ♦ Il importe peu que le salarié soit d'accord sur sa rémunération. • Soc. 8 juin 1988 : *préc.* ♦ Il importe peu que les rémunérations versées aux salariés concernés aient été supérieures au salaire minimum de croissance, augmenté de la gratification non versée. • Soc. 8 juin 1988 : *préc.* • 1er févr. 1996 : *préc.*

5. Portée d'un usage. Un usage fixant les modalités d'application des dispositions d'une convention collective ne peut, en l'absence de versement effectif de la somme litigieuse, servir de fondement à un redressement. • Soc. 8 juin 1988 : *Bull. civ. V, n° 345.*

6. Mode de calcul de la rémunération. La rémunération à comparer au SMIC doit être calculée sur la base du nombre d'heures de travail effectif à l'exclusion du temps nécessaire à l'habillage et au casse-croûte. • Soc. 1er févr. 1989 : *Bull. civ. V, n° 88.*

Art. R. 242-1-1 *(Décr. n° 2012-25 du 9 janv. 2012, art. 1er)* **Pour le bénéfice de l'exclusion de l'assiette des cotisations prévue** *(Décr. n° 2018-821 du 27 sept. 2018, art. 1er)* **« au 4° du II » de l'article L. 242-1, les garanties mentionnées au même alinéa, qu'elles soient prévues par un ou par plusieurs dispositifs mis en place conformément aux procédures mentionnées à l'article L. 911-1, doivent couvrir l'ensemble des salariés.**

Ces garanties peuvent également ne couvrir qu'une ou plusieurs catégories de salariés sous réserve que ces catégories permettent, dans les conditions prévues à l'article R. 242-1-2, de couvrir tous les salariés que leur activité professionnelle place dans une situation identique au regard des garanties concernées. Une catégorie est définie à partir des critères objectifs suivants :

1° L'appartenance aux catégories de cadres et de non-cadres résultant de l'utilisation des définitions issues des dispositions des articles 4 et 4 *bis* de la convention nationale de retraite et de prévoyance des cadres du 14 mars 1947 et de l'article 36 de l'annexe I de cette convention ;

2° *(Décr. n° 2014-786 du 8 juill. 2014, art. 1er-1°)* **« Un seuil de rémunération déterminé à partir de l'une des limites inférieures des tranches » fixées pour le calcul des cotisations aux régimes complémentaires de retraite issus de la convention nationale mentionnée au 1° ou de l'accord national interprofessionnel de retraite complémentaire du 8 décembre 1961** *(Décr. n° 2014-786 du 8 juill. 2014, art. 1er-1°)* **« , sans que puisse être constituée une catégorie regroupant les seuls salariés dont la rémunération annuelle excède la limite supérieure de la dernière tranche définie par l'article 6 de la convention nationale précitée ;**

« 3° La place dans les classifications professionnelles » définies par les conventions de branche ou les accords professionnels ou interprofessionnels mentionnés au livre deuxième de la deuxième partie du code du travail ;

4° Le niveau de responsabilité, le type de fonctions ou le degré d'autonomie *(Décr. n° 2014-786 du 8 juill. 2014, art. 1er-1°)* **« ou l'ancienneté » dans le travail des salariés correspondant aux sous-catégories fixées par les conventions ou les accords mentionnés au 3° ;**

5° *(Décr. n° 2014-786 du 8 juill. 2014, art. 1er-1°)* **« L'appartenance au champ d'application d'un régime légalement ou réglementairement obligatoire assurant la couverture du risque concerné, ou bien l'appartenance à certaines catégories spécifiques de salariés définies par les stipulations d'une convention collective, d'un accord de branche ou d'un accord national interprofessionnel caractérisant des conditions d'emploi ou des activités particulières, ainsi que » l'appartenance aux catégories définies clairement et de manière non restrictive à partir des usages constants, généraux et fixes en vigueur dans la profession ;**

Ces catégories ne peuvent en aucun cas être définies en fonction du temps de travail, de la nature du contrat, de l'âge ou, sous réserve *(Décr. n° 2014-786 du 8 juill. 2014, art. 1er-1°)* **« du 4° et » du dernier alinéa de l'article R. 242-1-2, de l'ancienneté des salariés.**

BIBL. ▶ Barthélemy, Égalité de traitement et sort des cotisations de prévoyance, *Dr. soc. 2012. 510*. – Briens, Un marathon dans un champ de mines ?, *SSL 2012, n° 1530, p. 4.* – Coin, La mise en conformité des régimes de protection sociale complémentaire au regard de l'égalité de traitement, *JCP S 2012, n° 1442.* – Delumeau, Parution de la circulaire de la Direction de la sécurité sociale relative au caractère collectif et obligatoire des garanties de protection sociale complémentaire (Circ., 25 sept. 2013, n° DSS/SD5B/2013/344), *Sem soc. Lamy, supplément, 24 fevr. 2014, n° 1619, p. 6.* – Hennion et Del Sol, Chronique de protection sociale complémentaire, *Dr. soc 2015. 271.* – Jean-Marie, Analyse d'un décret (in)attendu, *SSL 21 juill. 2014, n° 1640, p. 2.* – Jean-Marie et de Calbiac, La protection sociale complémentaire à l'épreuve de l'égalité de traitement, *JCP S 2012, n° 1156.* – Jeansen et Pagnerre, Les avantages catégoriels contenus dans les accords collectifs, une espèce en voie d'extinction, *JCP S 2012, n° 1338.* – Wismer, Retraite, prévoyance, critères objectifs et caractère obligatoire, *SSL 2012, n° 1521, p. 2.*

Notion de catégorie objective. Est collectif un contrat qui bénéficie de façon impersonnelle et générale à l'ensemble du personnel salarié d'une entreprise ou à une partie d'entre eux appartenant à une catégorie objective établie à partir de critères objectifs, tous les salariés qui en bénéficient devant se trouver dans une situation identique au regard des garanties concernées. Ne répond pas à une telle exigence un régime de retraite réservé aux seuls salariés justifiant d'une ancienneté continue de douze mois excluant, en conséquence, tous les salariés ayant bénéficié antérieurement d'une succession de contrats à durée déterminée au sein de l'entreprise dont le total cumulé s'élevait à douze mois ou plus. • Civ. 2e, 15 juin 2017, n° 16-18.532 P : *JCP S 2017, n° 1257, obs. Jean-Marie et Lepoutre ; ibid., n° 1280, obs. Michalletz ; RJS 8-9/2017, n° 630.*

Art. R. 242-1-2 *(Décr. n° 2012-25 du 9 janv. 2012, art. 1er)* **Sont considérées comme couvrant l'ensemble des salariés placés dans une situation identique au regard des garanties mises en place :**

1° Les prestations de retraite supplémentaire bénéficiant à des catégories établies à partir des critères mentionnés aux 1° à 3° de l'article R. 242-1-1 ;

2° Les prestations destinées à couvrir le risque de décès prévues par les dispositions de l'article 7 de la convention nationale de retraite et de prévoyance des cadres mentionnée au 1° de l'article R. 242-1-1 ;

3° Les prestations destinées à couvrir les risques d'incapacité de travail, d'invalidité, d'inaptitude ou de décès, lorsque ce dernier est associé à au moins un des trois risques précédents, ou la perte de revenus en cas de maternité, bénéficiant à des catégories établies à partir des critères mentionnés aux 1° et 2° du même article ainsi que, sous réserve que l'ensemble des salariés de l'entreprise soient couverts, au 3° du même article ;

4° Les prestations destinées à couvrir des frais de santé *(Abrogé par Décr. n° 2014-786 du 8 juill. 2014, art. 1er-2°) **« ou une perte de revenu en cas de maladie »***, **qui bénéficient à des catégories établies à partir des critères mentionnés aux 1° et 2° du même article, sous réserve que l'ensemble des salariés de l'entreprise soient couverts.**

Dans tous les autres cas où les garanties ne couvrent pas l'ensemble des salariés de l'entreprise, l'employeur devra être en mesure de justifier que la ou les catégories établies à partir des critères objectifs mentionnés à l'article R. 242-1-1 permettent de couvrir tous les salariés que leur activité professionnelle place dans une situation identique au regard des garanties concernées.

Le fait de prévoir que l'accès aux garanties est réservé aux salariés de plus de douze mois d'ancienneté pour les prestations de retraite supplémentaire et les prestations destinées à couvrir des risques d'incapacité de travail, d'invalidité, d'inaptitude ou de décès, et aux salariés de plus de six mois d'ancienneté pour les autres prestations, ne remet pas en cause le caractère collectif de ces garanties.

Art. R. 242-1-3 *(Décr. n° 2012-25 du 9 janv. 2012, art. 1er)* **Les garanties mentionnées à l'article R. 242-1-1 doivent être les mêmes pour tous les salariés ou pour tous ceux d'une même catégorie au sens du même article.**

Pour les prestations de prévoyance complémentaire, le fait de prévoir des garanties plus favorables au bénéfice de certains salariés en fonction des conditions d'exercice de leur activité ne remet pas en cause le caractère collectif de ces garanties.

Art. R. 242-1-4 *(Décr. n° 2012-25 du 9 janv. 2012, art. 1er)* **Pour bénéficier de l'exclusion de l'assiette, les contributions de l'employeur mentionnées** *(Décr. n° 2018-821 du 27 sept. 2018, art. 1er)* **« au 4° du II » de l'article L. 242-1 sont fixées à un taux ou à un montant uniforme pour l'ensemble des salariés ou pour tous ceux d'une même catégorie au sens de l'article R. 242-1-1, sauf dans les cas suivants :**

1° La prise en charge par l'employeur de l'intégralité des contributions des salariés à temps partiel ou des apprentis dès lors que l'absence d'une telle prise en charge conduirait ces salariés à s'acquitter d'une contribution au moins égale à 10 % de leur rémunération brute ;

2° La modulation par l'employeur des contributions relatives à la couverture des garanties de prévoyance complémentaire en fonction de la composition du foyer du salarié ;

3° En matière de prestations de retraite supplémentaire, d'incapacité de travail, d'invalidité ou d'inaptitude, la mise en place de taux croissants en fonction de la

rémunération dans la mesure où *(Décr. n° 2014-786 du 8 juill. 2014, art. 1er-3°)* « une progression au moins aussi importante » est également appliquée aux contributions des salariés.

Art. R. 242-1-5 *(Décr. n° 2012-25 du 9 janv. 2012, art. 1er)* Ni le fait de prévoir la possibilité pour les salariés de choisir de souscrire pour eux-mêmes ou leurs ayants droit des garanties supplémentaires ni la majoration des contributions de l'employeur en cas de surcotisation effectuée par les salariés au titre de ces garanties supplémentaires ne remettent en cause le caractère collectif de ces garanties.

Dans ce cas, la part des contributions de l'employeur correspondant à cette majoration ne bénéficie pas de l'exclusion de l'assiette des cotisations prévue *(Décr. n° 2018-821 du 27 sept. 2018, art. 1er)* « au 4° du II » de l'article L. 242-1.

(Décr. n° 2014-786 du 8 juill. 2014, art. 1er-4°) « La part des contributions de l'employeur correspondant aux garanties supplémentaires prévues au profit des ayants droit du salarié bénéficie de l'exclusion de l'assiette lorsque ces garanties sont mises en place à titre obligatoire, le cas échéant sous réserve des dispenses correspondant à celles qui sont prévues à l'article R. 242-1-6.

« Pour les salariés qui travaillent régulièrement et simultanément pour le compte de plusieurs employeurs, le caractère collectif des garanties n'est pas remis en cause lorsque, pour une garantie donnée, la contribution due par l'employeur fait l'objet d'un partage par quotes-parts entre chacun d'entre eux selon les conditions qu'ils déterminent conjointement. »

Art. R. 242-1-6 *(Décr. n° 2012-25 du 9 janv. 2012, art. 1er)* Les garanties mentionnées à l'article R. 242-1-1 sont mises en place à titre obligatoire au profit des salariés sous réserve des facultés de dispense d'adhésion, au choix du salarié, prévues dans l'acte juridique et énoncées ci-dessous :

1° Lorsque les garanties ont été mises en place par une décision unilatérale et que le dispositif prévoit que les salariés embauchés avant la mise en place des garanties peuvent en être dispensés ;

2° *(Décr. n° 2014-786 du 8 juill. 2014, art. 1er-5°)* « Lorsque les garanties ont été mises en place dans les conditions fixées à l'article L. 911-1 et que l'acte qui met en place ces garanties prévoit, quelle que soit leur date d'embauche, les cas de dispense : »

a) Des salariés et apprentis bénéficiaires d'un contrat *(Décr. n° 2014-786 du 8 juill. 2014, art. 1er-5°)* « à durée déterminée ou d'un contrat de mission » d'une durée au moins égale à douze mois à condition de justifier par écrit en produisant tous documents d'une couverture individuelle souscrite par ailleurs pour le même type de garanties ;

b) Des salariés et apprentis bénéficiaires d'un contrat *(Décr. n° 2014-786 du 8 juill. 2014, art. 1er-5°)* « à durée déterminée ou d'un contrat de mission » d'une durée inférieure à douze mois, même s'ils ne bénéficient pas d'une couverture individuelle souscrite par ailleurs ;

c) Des salariés à temps partiel et apprentis dont l'adhésion au système de garanties les conduirait à s'acquitter d'une cotisation au moins égale à 10 % de leur rémunération brute ;

(Décr. n° 2014-786 du 8 juill. 2014, art. 1er-5°) « *d)* Des salariés bénéficiaires d'une couverture complémentaire en application de l'article L. 861-3 ou d'une aide à l'acquisition d'une complémentaire santé en application de l'article L. 863-1. La dispense ne peut alors jouer que jusqu'à la date à laquelle les salariés cessent de bénéficier de cette couverture ou de cette aide ;

« *e)* Des salariés couverts par une assurance individuelle de frais de santé au moment de la mise en place des garanties ou de l'embauche si elle est postérieure. La dispense ne peut alors jouer que jusqu'à échéance du contrat individuel ;

« *f)* Des salariés qui bénéficient par ailleurs, y compris en tant qu'ayants droit, d'une couverture collective relevant d'un dispositif de prévoyance complémentaire conforme à un de ceux fixés par arrêté du ministre chargé de la sécurité sociale, à condition de le justifier chaque année. » — *Arr. du 26 mars 2012 (JO 8 mai).*

(Abrogé par Décr. n° 2014-786 du 8 juill. 2014, art. 1er-5°) « 3° Dans les cas où les garanties de prévoyance complémentaire ont été mises en place dans les conditions fixées à

l'article L. 911-1 et où l'acte qui met en place ces garanties prévoit, quelle que soit leur date d'embauche, les cas de dispense :

« *a) Des salariés bénéficiaires d'une couverture complémentaire en application de l'article L. 861-3 ou d'une aide à l'acquisition d'une complémentaire santé en application de l'article L. 863-1 et des salariés couverts par une assurance individuelle frais de santé au moment de la mise en place des garanties ou de l'embauche si elle est postérieure. Dans ces cas, la dispense ne peut jouer que jusqu'à échéance du contrat individuel ;*

« *b) A condition de le justifier chaque année, des salariés qui bénéficient par ailleurs, y compris en tant qu'ayants droit, d'une couverture collective relevant d'un dispositif de prévoyance complémentaire conforme à un de ceux fixés par arrêté du ministre chargé de la sécurité sociale.* »

Dans tous les cas, l'employeur doit être en mesure de produire la demande de dispense des salariés concernés. *(Décr. n° 2014-786 du 8 juill. 2014, art. 1er-5°)* « Cette demande comporte la mention selon laquelle le salarié a été préalablement informé par l'employeur des conséquences de son choix.

« La mise en œuvre des cas de dispense prévus par le présent article s'entend *[,]* sans préjudice de l'application aux salariés concernés qui le souhaitent, des dispositions de l'article 11 de la loi n° 89-1009 du 31 décembre 1989 faisant obstacle à ce que les salariés employés par l'entreprise lors de la mise en place par voie de décision unilatérale de l'employeur d'un système de garanties collectif couvrant les risques que ces dispositions mentionnent soient contraints de cotiser contre leur gré à ce système. »

V. Circ. n° DSS/SD5B/2013/344 du 25 sept. 2013 relative aux modalités d'assujettissement aux cotisations et contributions de sécurité sociale des contributions des employeurs destinées au financement de prestations de retraite supplémentaire et de prévoyance complémentaire.

Art. R. 242-2 *(Décr. n° 2017-858 du 9 mai 2017, art. 8-1°, en vigueur le 1er janv. 2018)* « I. – Les cotisations d'assurance vieillesse mentionnées au premier alinéa de l'article L. 241-3 et au *a* du 1° du II de l'article L. 741-9 du code rural et de la pêche maritime sont calculées chaque mois, dans la limite de la valeur mensuelle du plafond mentionné au même alinéa.

« Le plafond retenu pour chaque paie est ajusté prorata temporis, en fonction de la périodicité de la paie, pour les salariés mentionnés aux articles L. 3242-3 et L. 7313-7 du code du travail et à hauteur de 50 % pour les salariés mentionnés à l'article L. 3242-4 du même code.

« Lorsque le contrat de travail d'un salarié ne couvre pas l'intégralité des périodes mentionnées aux deux précédents alinéas, les plafonds mentionnés aux mêmes alinéas sont réduits à due proportion du nombre de jours de la période pendant laquelle les personnes sont employées.

« Le plafond est également réduit :

« – pour tenir compte des périodes d'activités partielles indemnisées dans les conditions fixées à l'article L. 5122-1 du code du travail, en cas d'intempéries, indemnisées dans les conditions fixées par les articles L. 5424-6 et suivants du code du travail ainsi que des périodes d'absence pour congés payés, lorsque les indemnités correspondantes sont versées à l'assuré par une caisse de congés payés créée en application de l'article L. 3141-30 du même code ;

« – pour tenir compte de périodes d'absence n'ayant pas donné lieu à rémunération.

« Pour les salariés mentionnés à l'article L. 3123-1 du code du travail autres que ceux mentionnés à l'article L. 242-10, l'employeur est en droit de corriger le plafond, sans pouvoir augmenter sa valeur mensuelle, à due proportion de la durée de travail inscrite à leur contrat de travail au titre de la période où ils sont présents dans l'entreprise, majorée du nombre d'heures complémentaires au sens des articles L. 3123-8, L. 3123-20, L. 3123-21 et L. 3123-28 du code du travail effectuées au cours de la période mentionnée aux deux premiers alinéas, rapportée à celle correspondant à la plus courte des durées mentionnées au 1° de l'article L. 3123-1 du code du travail. »

(Décr. n° 2016-1567 du 21 nov. 2016, art. 3-2°) « II. – Les cotisations calculées dans la limite d'un plafond annuel sont régularisées chaque mois.

« L'employeur fait masse, à chaque échéance de cotisations, des sommes dues au titre des périodes de travail comprises entre cette échéance et le premier jour de

l'année ou le jour de l'embauche, si elle est postérieure, et calcule les cotisations sur la partie de cette masse qui ne dépasse pas la somme des plafonds périodiques applicables à ces mêmes périodes.

« La différence éventuelle, entre le montant des cotisations ainsi déterminé et le montant de celles qui ont été précédemment versées, fait l'objet d'un versement complémentaire.

« Ce complément est versé aux échéances prévues, selon le cas, à l'article R. 243-6, à l'article R. 243-6-1 ou à l'article R. 243-7. »

Sur l'entrée en vigueur du Décr. nº 2016-1567 du 21 nov. 2016, V. note ss. art. R. 133-14.

Jurisprudence rendue sous l'empire des textes antérieurs au Décr. nº 2017-858 du 9 mai 2017.

Vacations (constatations insuffisantes). Une association ayant payé la rémunération de ses conférenciers à la fin de chaque mois et ne rapportant pas la preuve que les sommes dues aient été mises à leur disposition selon une périodicité différente, l'établissement de bulletins de paie par vacation ne permet pas à lui seul d'exclure l'application du plafond mensuel de cotisation retenu par l'URSSAF. • Soc. 13 mars 1997 : *RJS 1997, nº 461.* ♦ N'a pas une périodicité mensuelle la paie tenue par une association à la disposition de conférenciers qui n'en ont différé le retrait que pour des motifs de convenance personnelle. • Soc. 29 avr. 1993 : *RJS 1993, nº 655.*

Art. R. 242-2-1 *(Décr. nº 2008-553 du 11 juin 2008, art. 3)* **Pour le calcul de la cotisation vieillesse mentionnée au premier alinéa de l'article L. 241-3, due en cas de redressement d'assiette sur la base d'une rémunération forfaitaire mis en œuvre conformément aux dispositions de l'article L. 242-1-2, le plafond applicable est égal à la moitié du plafond annuel de la sécurité sociale.**

Art. R. 242-3 **Les personnes mentionnées au premier alinéa de l'article L. 242-3 sont tenues de faire connaître à chacun de leurs employeurs, à la fin de chaque mois ou de chaque trimestre, le total de la rémunération qu'elles ont reçue au cours de ce mois ou de ce trimestre. Elles utilisent, à cet effet, une déclaration du modèle arrêté par le ministre chargé de la sécurité sociale.**

Le travailleur à domicile, assuré obligatoire, est tenu de déclarer, dans les cinq premiers jours de chaque trimestre, aux chefs d'entreprise pour le compte desquels il travaille, les noms, numéros d'immatriculation et salaires des personnes qui ont travaillé avec lui au cours du trimestre précédent pour le compte desdits employeurs. Si cette déclaration ne leur a pas été faite, les chefs d'entreprise sont tenus d'en aviser l'organisme chargé du recouvrement.

Les mêmes obligations s'imposent au travailleur salarié ou assimilé qui se fait assister ou remplacer par un membre de sa famille, un aide ou remplaçant, qu'il recrute ou rémunère pour une activité exercée au profit de son employeur.

En l'absence des déclarations prévues aux alinéas précédents, chaque employeur calcule les cotisations sur la base de la rémunération totale, compte tenu des dispositions des articles R. 243-10 et R. 243-11. Toute partie intéressée peut provoquer le remboursement des cotisations versées en trop.

(Décr. nº 2004-890 du 26 août 2004, art. 2-I) **« Les dispositions du présent article ne sont pas applicables lorsqu'un employeur met en œuvre la dérogation prévue par le deuxième alinéa de l'article L. 242-3. »**

Art. R. 242-4 **En cas de désaccord entre l'assuré et ses employeurs, l'organisme chargé du recouvrement fixe, pour chaque employeur, la fraction de la rémunération sur laquelle doivent être calculées les cotisations de sécurité sociale.**

En cas de carence de la caisse, la décision est prise par *(Décr. nº 2009-1596 du 18 déc. 2009, art. 12-I)* **« le responsable du service mentionné à l'article R. 155-1 ».**

Art. R. 242-5 *(Décr. nº 2016-1567 du 21 nov. 2016, art. 3-3º)* **I. — Lorsque les données nécessaires au calcul des cotisations n'ont pas été transmises, celles-ci sont calculées à titre provisoire dans les conditions suivantes :**

1º Sur la base des dernières rémunérations connues, majorées de 25 % *(Abrogé par Décr. nº 2018-1154 du 13 déc. 2018, art. 2)* ***« dès la première échéance et pour chaque échéance consécutive non déclarée »*** *(Décr. nº 2018-1154 du 13 déc. 2018, art. 2)* **« pour la première échéance non déclarée ; ce taux est augmenté de 5 points à chaque échéance non déclarée consécutive » ;**

2° En l'absence de rémunérations connues, sur la base du produit de la valeur mensuelle du plafond de la sécurité sociale, tel que prévu à l'article L. 241-3, et du nombre de salariés ou assimilés connus, majoré de *(Décr. n° 2018-1154 du 13 déc. 2018, art. 2)* **« 50 % pour la première échéance non déclarée ; ce taux est augmenté de 5 points à chaque échéance non déclarée consécutive ».**

II. — La taxation déterminée en vertu du I est notifiée à l'intéressé dans le délai d'un mois suivant la date limite de déclaration. *(Décr. n° 2018-1154 du 13 déc. 2018, art. 2)* **« Ce délai est porté à trois mois maximum pour les employeurs mentionnés à l'article R. 243-6-1. »**

Lorsque le cotisant effectue sa déclaration postérieurement à cette notification, le montant des cotisations dues est régularisé en conséquence.

Dans ce cas, la majoration prévue au premier alinéa de l'article R. 243-18 est portée à 8 % du montant des cotisations mentionné à l'alinéa précédent.

(Décr. n° 2018-1154 du 13 déc. 2018, art. 2) **« III. — Ces dispositions ne sont pas applicables lorsque l'organisme a admis la demande préalable de l'employeur de ne plus adresser la déclaration en raison de l'absence d'emploi salarié. »**

Les dispositions de l'art. 2 du Décr. n° 2018-1154 du 13 déc. 2018 sont applicables au calcul des cotisations dues au titre des périodes d'emploi à compter du 1er janv. 2019.

Sur l'entrée en vigueur du Décr. n° 2016-1567 du 21 nov. 2016, V. note ss. art. R. 133-14.

1. Conditions du recours au forfait. La fraude comptable résultant de l'inscription en comptabilité, à la rubrique « achats au comptant », de salaires versés à des travailleurs à domicile justifie l'application par l'URSSAF de la taxation forfaitaire, même pour une période antérieure au dernier contrôle qui ne l'avait pas décelée. • Soc. 3 mai 1978 : *Bull. civ. V, n° 322.*

2. L'URSSAF est autorisée à rejeter une comptabilité sciemment inexacte et ne permettant pas, sans investigation sur l'adresse personnelle des salariés, d'établir le montant des rémunérations servant de base au calcul des cotisations. • Soc. 23 avr. 1986 : *Bull. civ. V, n° 168* (attribution en comptabilité de fausses adresses aux salariés afin de déduire de l'assiette des cotisations des indemnités de grand déplacement).

3. En présence d'anomalies comptables, telle que la minoration des horaires de travail, ne permettant pas à la caisse de déterminer le montant réel des rémunérations servant de base aux cotisations, celle-ci peut procéder à une taxation forfaitaire. • Soc. 23 févr. 1995 : *Bull. civ. V, n° 74 ; D. 1996. Somm. 43, obs. Prétot*. ♦ C'est seulement lorsque la comptabilité de l'employeur ne permet pas d'établir le chiffre exact des rémunérations servant de base au calcul des cotisations que l'organisme de recouvrement est fondé à recourir à la taxation forfaitaire. • Soc. 1er juin 1995, n° 92-20.688 P.

4. Le refus d'un employeur de dévoiler l'identité des bénéficiaires de rémunérations accordées, selon ses indications, à la suite d'apports de marchés, constitue un obstacle à une vérification sérieuse de la comptabilité qui apparaît dès lors incomplète ; l'URSSAF est en ce cas autorisée à procéder à une taxation forfaitaire en intégrant dans l'assiette des cotisations les rémunérations occultes, la preuve du caractère injustifié ou excessif du redressement demeurant à la charge de la société. • Soc. 13 janv. 1988, n° 85-14.505 P. ♦ Il en est de même lorsque la détermination de l'assiette exacte des cotisations suppose l'individualisation des bénéficiaires et que, en dépit de ses engagements auprès de l'Urssaf, l'employeur n'a pas remis les fichiers permettant d'établir cette liste. • Civ. 2e, 14 sept. 2006, n° 05-11.840 P : *RJS 2006, n° 1218.* ♦ V. aussi • Soc. 8 oct. 1969 : *Bull. civ. V, n° 525* (irrégularité de la comptabilité qui ne mentionne pas des travailleurs étrangers en situation irrégulière). ♦ Sur la rémunération de collaborateurs occasionnels au moyen de distributions occultes, V. notes ss. art. L. 242-1. ♦ Mais le recours à la taxation forfaitaire est exclu lorsque la nature des frais litigieux établit qu'ils correspondent à des dépenses effectuées au profit de tiers à l'entreprise et que la comptabilité permettait d'établir le chiffre exact des rémunérations des salaires de la société. • Civ. 2e, 14 sept. 2006 : *RJS 2007, n° 120.*

5. Il n'est pas possible de connaître le montant de la rémunération servant de base au calcul des cotisations et il y a lieu à taxation forfaitaire lorsque la qualification d'une salariée et les éléments de sa rémunération ainsi que le nombre d'heures et la durée hebdomadaire de son travail ne figurent ni sur son contrat de travail, ni sur les bulletins de paye, ni sur le registre de paye. • Soc. 24 oct. 1991, n° 89-16.012 P. ♦ Caractérisent des circonstances rendant légitime le recours à la taxation forfaitaire le caractère incomplet du registre du personnel, l'absence de contrat de travail, de déclaration préalable à l'embauche et de bulletins de salaires pour des employés rémunérés en espèces, présents lors du contrôle, qui ne figuraient ni sur le registre de paie ni sur aucun autre livre comptable utile. • Civ. 2e, 18 oct. 2005 : *RJS 2006, n° 81 ; JCP S 2005. 14447, note Prétot.*

6. Le recours à la taxation forfaitaire n'est pas subordonné à la preuve par l'URSSAF d'une faute de l'employeur. • Soc. 5 mars 1986 : *Bull. civ. V, n° 69.*

*7. **Régime.*** Si, pour l'application de l'art. 152 du Décr. du 8 juin 1946 (art. R. 242-5 CSS) et l'établissement du forfait, il doit être tenu compte des conventions collectives ou, à défaut, des salaires pratiqués dans la profession ou la région considérée, le montant des cotisations peut être fixé par l'URSSAF sur des bases supérieures s'il y a des présomptions sérieuses que dans la région considérée, la profession ou l'entreprise, les rémunérations sont plus élevées. • Soc. 5 mars 1986 : *Bull. civ. V, n° 69.* ♦ En ce cas, il incombe à l'employeur d'apporter la preuve de l'inexactitude des bases de la taxation forfaitaire établie par l'organisme de recouvrement. • Soc. 5 mars 1986 : *préc.*

*8. **Contrôle.*** La taxation forfaitaire ne prive pas l'employeur de tout moyen de défense et celui-ci dispose encore du droit d'établir l'inexactitude et le caractère excessif de l'évaluation faite par l'organisme de recouvrement ; dès lors qu'une société avait seulement été informée du redressement opéré sur la base d'une taxation forfaitaire sans être invitée à présenter ses observations dans le délai fixé par l'art. R. 243-59 CSS, l'omission de cette formalité substantielle destinée à assurer le caractère contradictoire du contrôle et la sauvegarde des droits de la défense entraînait la nullité de ce contrôle et de la procédure subséquente. • Civ. 2e, 27 janv. 2004, n° 02-30.706 P : *RJS 2004. 308, n° 450.*

SOUS-SECTION 2 DISPOSITIONS PROPRES À CHAQUE BRANCHE

§ 1er ASSURANCES MALADIE, MATERNITÉ, INVALIDITÉ ET DÉCÈS

Néant. — V. art. D. 242-3.

§ 2 ASSURANCE VIEILLESSE

Néant. — V. art. D. 242-4.

§ 3 ASSURANCE VEUVAGE

Néant.

§ 4 ASSURANCE ACCIDENTS DU TRAVAIL ET MALADIES PROFESSIONNELLES

Art. R. 242-6 L'arrêté prévu au premier alinéa de l'article L. 242-7 est pris par le ministre chargé du travail et le ministre chargé de la sécurité sociale. — *V. Arr. du 11 mai 1998 (JO 26 mai, p. 7848).*

L'autorité compétente pour statuer au nom de l'État, en application du cinquième alinéa de l'article L. 242-7, est *(Décr. n° 2009-1596 du 18 déc. 2009, art. 12-I)* « le responsable du service mentionné à l'article R. 155-1 ».

Art. R. 242-6-1 *(Décr. n° 92-558 du 25 juin 1992, art. 1er ; Décr. n° 2011-2029 du 29 déc. 2011, art. 1er-1°)* Pour les entreprises en tarification mixte ou individuelle, le coût de l'accident du travail ou de la maladie professionnelle classé dans une catégorie correspondant à une incapacité permanente au moins égale à 10 % est mis pour partie à la charge de l'entreprise utilisatrice en application de l'article L. 241-5-1, sur la base du coût moyen rendu applicable à cette catégorie dans le champ professionnel du comité technique national mentionné à l'article L. 422-1 dont elle dépend selon les modalités déterminées en application de l'article L. 242-5. Il est imputé au compte de l'établissement dans lequel le travailleur temporaire effectuait sa mission, à hauteur d'un tiers de ce coût moyen pour déterminer le taux de cotisation accidents du travail et maladies professionnelles de cet établissement ou de l'ensemble des établissements pour lesquels un taux unique est fixé.

Pour les entreprises en tarification collective, le coût de l'accident du travail ou de la maladie professionnelle mis pour partie à la charge de l'entreprise utilisatrice en application de l'article L. 241-5-1 comprend un tiers du capital représentatif de la rente ou du capital correspondant à l'accident mortel, calculé selon les modalités déterminées en application de l'article L. 242-5. Il entre dans le calcul des taux collectifs des différentes catégories de risques compte tenu du classement de l'établissement dans lequel le travailleur temporaire effectuait sa mission.

Toutefois, le coût de l'accident du travail ou de la maladie professionnelle est entièrement imputé au compte employeur de l'entreprise de travail temporaire en cas de défaillance de l'entreprise utilisatrice. L'entreprise utilisatrice qui fait l'objet d'une procédure de sauvegarde ou de redressement judiciaire ou de liquidation judiciaire est regardée comme défaillante au sens des dispositions du premier alinéa de l'article L. 241-5-1.

L'entreprise utilisatrice qui assume directement la charge totale de la gestion du risque en vertu des articles L. 413-13 ou L. 413-14 est tenue de verser à l'organisme de recouvrement dont elle relève, en une seule fois, le montant de la fraction de coût mise à sa charge. Ce montant lui est notifié par la caisse *(Décr. n° 2010-344 du 31 mars 2010, art. 294)* « d'assurance retraite et de la santé au travail », qui en informe simultanément l'organisme de recouvrement dont relève l'établissement où le salarié a été victime de l'accident ou bien a contracté la maladie professionnelle.

Pour la détermination de la date d'exigibilité du versement, les périodes de paiement des rémunérations mentionnées au premier alinéa de l'article R. 243-6 s'entendent de périodes au cours desquelles a lieu la notification du montant par l'organisme de recouvrement.

Lorsque l'entreprise de travail temporaire et l'entreprise utilisatrice relèvent au titre de l'activité des salariés qu'elles emploient de régimes de sécurité sociale différents, la part du coût prévu aux deux premiers alinéas imputable à l'entreprise utilisatrice donne lieu à remboursement par le régime de cette dernière au régime de l'entreprise de travail temporaire.

Les dispositions du premier al. de l'art. R. 242-6-1 s'appliquent à compter de la tarification 2012 dans les conditions suivantes :

1° Le coût de l'accident du travail et de la maladie professionnelle pour 2012 est mis à la charge de l'entreprise utilisatrice selon les modalités prévues à l'art. R. 242-6-1 dans sa rédaction antérieure au Décr. n° 2011-2029 du 29 déc. 2011 pour les années 2008 et 2009 et dans sa rédaction issue du Décr. n° 2011-2029 du 29 déc. 2011 pour l'année 2010 ;

2° Le coût de l'accident du travail et de la maladie professionnelle pour 2013 est mis à la charge de l'entreprise utilisatrice selon les modalités prévues à l'art. R. 242-6-1 dans sa rédaction antérieure au Décr. n° 2011-2029 du 29 déc. 2011 pour l'année 2009 et dans sa rédaction issue du décret préc. pour les années 2010 et 2011 ;

3° Le coût de l'accident du travail et de la maladie professionnelle pour 2014 et les années suivantes est mis à la charge de l'entreprise utilisatrice selon les modalités prévues à l'art. R. 242-6-1 dans sa rédaction issue du Décr. n° 2011-2029 du 29 déc. 2011 pour les trois années en cause (Décr. préc., art. 3).

1. Calcul du coût de l'accident. Le coût de l'accident du travail, au sens des art. L. 241-5-1 et R. 242-6-1 CSS, s'entend exclusivement du capital versé aux ayants droit en cas d'accident mortel et du capital représentatif de la rente servie à la victime, peu important la reconnaissance d'une faute inexcusable. • Civ. 2e, 10 juill. 2014 : *RJS 11/2014, n° 819 ; JCP S 2014, n° 1498, obs. Vachet.*

2. Tarification des AT/MP (Arr. du 24 déc. 2014). Le code 92.6 CI fait référence aux sportifs professionnels, pour les sports non visés par ailleurs, incluant les entraîneurs non joueurs des sports visés par le code 92.6 CH, quel que soit le classement de l'établissement qui les emploie, arbitres et juges ; qu'il en résulte que ce code de risque correspond aux salariés dont l'activité professionnelle implique la participation à des compétitions sportives. • Civ. 2e, 17 sept. 2015, n° 14-23.181 P : *RJS 12/2015, n° 809 ; JCP S 2015, n° 1389, obs. Tauran.*

3. Établissement distinct. Le taux de la cotisation due au titre des accidents du travail et des maladies professionnelles est déterminé par établissement. • Civ. 2e, 21 déc. 2017, n° 16-27.604 P : *RJS 3/2018, n° 218 ; JCP S 2018. 1090, obs. Aumeran.* ♦ Constitue un établissement distinct, susceptible d'être assujetti à une tarification particulière en ce qui concerne les cotisations d'accidents du travail, toute entité présentant une implantation distincte et une activité propre, même si elle est rattachée pour sa gestion à une entreprise englobant d'autres activités. • Civ. 2e, 14 janv. 2010, n° 09-11.450 P : *RJS 4/2010, n° 380* • 21 juin 2018, n° 17-20.279 (inédit) : *RJS 11/2018, n° 692.*

Art. R. 242-6-2 *(Décr. n° 92-558 du 25 juin 1992, art. 1er)* **L'entreprise de travail temporaire adresse à l'entreprise utilisatrice, sur la demande de celle-ci, les justificatifs de dépenses et les éléments de procédure suivants :**

1° Déclaration d'accident faite par l'entreprise de travail temporaire ;

2° Attestations de salaires ;

3° Doubles des décisions de prise en charge ou de refus de prise en charge au titre des accidents du travail ;

4° Doubles des notifications des décisions attributives de rente.

L'entreprise utilisatrice adresse à l'entreprise de travail temporaire sur la demande de celle-ci les pièces justifiant qu'il a été procédé aux communications prévues à l'article R. 412-2.

Art. R. 242-6-3 *(Décr. nº 92-558 du 25 juin 1992, art. 1er)* Les litiges concernant la répartition de la charge financière de l'accident du travail ou de la maladie professionnelle entre l'entreprise de travail temporaire et l'entreprise utilisatrice relèvent du contentieux général de la sécurité sociale.

Lorsque l'entreprise de travail temporaire ou l'entreprise utilisatrice introduit une action contentieuse portant sur un accident du travail ou une maladie professionnelle dont le coût a fait l'objet du partage prévu à l'article L. 241-5-1, l'entreprise requérante est tenue de mettre en cause l'autre entreprise. En cas de carence de l'entreprise requérante, le juge ordonne d'office cette mise en cause à peine d'irrecevabilité.

V. art. D. 242-6 à D. 242-6-18.

§ 5 PRESTATIONS FAMILIALES

Néant. – V. art. D. 242-7.

SECTION II COTISATIONS ASSISES SUR LES AVANTAGES DE VIEILLESSE

SOUS-SECTION 1 TAUX

Néant. – V. art. D. 242-8.

SOUS-SECTION 2 EXONÉRATION

Néant. – V. art. D. 242-9 à D. 242-11.

SECTION III COTISATIONS ASSISES SUR LES RÉMUNÉRATIONS DES SALARIÉS À TEMPS PARTIEL

Art. R. 242-7 (Abrogé par Décr. nº 2017-858 du 9 mai 2017, art. 8-2º, à compter du 1er janv. 2018) *Pour le calcul des cotisations de sécurité sociale qui sont à la charge de l'employeur et qui, par application de l'article L. 241-3, sont assises sur les rémunérations perçues par les assurés dans la limite d'un plafond, l'employeur est en droit d'opérer, à chaque échéance de paie, un abattement sur les rémunérations des salariés à temps partiel au sens de l'article* (Décr. nº 2016-1551 du 18 nov. 2016, art. 6-III) *« L. 3123-1 » du code du travail, à l'exclusion de ceux qui sont énumérés à l'article L. 242-10 du présent code.*

Toutefois cet abattement ne peut être effectué que dans les cas où la rémunération que le salarié aurait perçue s'il avait occupé son poste ou son emploi à temps complet aurait été supérieure au plafond applicable, pour la période considérée, au calcul des cotisations de sécurité sociale.

(Décr. nº 2004-890 du 26 août 2004, art. 3-I) *« Pour l'application de la présente section, la rémunération qu'un salarié à temps partiel aurait perçue s'il avait été employé à temps complet est égale au produit de la rémunération brute et du rapport entre la durée légale du travail ou, si elle lui est inférieure, la durée de travail fixée conventionnellement pour la branche ou l'entreprise ou la durée de travail applicable dans l'établissement, rapportée à la période considérée, et, selon que cette durée est exprimée en jours ou en heures, le nombre de jours ou le nombre d'heures rémunérés afférents à cette même période. La rémunération brute prise en compte est constituée des rémunérations telle que définies à l'article L. 242-1 versées au salarié au titre de la période d'activité considérée. »*

Art. R. 242-8 (Abrogé par Décr. nº 2017-858 du 9 mai 2017, art. 8-2º, à compter du 1er janv. 2018) *La durée effective de travail du salarié, prise en compte pour l'application de la présente section, ne doit pas excéder, heures complémentaires comprises, la durée fixée* (Décr. nº 2016-1551 du 18 nov. 2016, art. 6-III) *« au deuxième alinéa de l'article L. 3123-1 » du code du travail.*

Art. R. 242-9 (Abrogé par Décr. nº 2017-858 du 9 mai 2017, art. 8-2º, à compter du 1er janv. 2018) *L'abattement prévu à l'article R. 242-7 ramène l'assiette des cotisations, pour chaque salarié employé à temps partiel, à une somme égale au produit de la rémuné-*

ration perçue par ce salarié par le rapport entre le plafond applicable et la rémunération que l'intéressé aurait perçue s'il avait été employé à temps complet.

Art. R. 242-10 (Abrogé par Décr. n° 2017-858 du 9 mai 2017, art. 8-2°, à compter du 1er janv. 2018) *Le total des abattements pratiqués dans une entreprise au cours d'une année civile ne peut excéder la différence entre la masse salariale des emplois ou postes à temps partiel ayant donné lieu à abattement et la masse salariale qui résulterait de la rémunération au plafond annuel de la sécurité sociale, défini comme la somme des plafonds mensuels pour l'année considérée, du nombre de postes ou emplois à temps complet obtenu en rapportant le nombre total des heures de travail à temps partiel effectuées au cours de l'année considérée par les salariés ouvrant droit à l'abattement, au nombre d'heures de travail correspondant à un poste à temps complet.*

L'employeur doit procéder sur ces bases, à l'expiration de chaque année civile, à une régularisation du calcul des cotisations dues par lui au titre des salariés à temps partiel qu'il emploie.

La différence éventuelle entre le montant des cotisations dues et le montant de celles qui ont été payées fait l'objet d'un versement complémentaire. Ce versement doit être opéré dans le délai fixé par l'article R. 243-14.

Art. R. 242-11 (Abrogé par Décr. n° 2016-1567 du 21 nov. 2016, art. 7-1°) *L'employeur est tenu de joindre à la déclaration nominative annuelle prévue à l'article R. 243-14 un état qui fait apparaître, pour chaque salarié à temps partiel :*

1° Le nombre d'heures de travail accomplies ;

2° La période d'emploi ;

3° La rémunération perçue ainsi que celle qui aurait été perçue si l'intéressé avait été employé à temps complet ;

4° Le montant de l'abattement d'assiette appliqué pour l'année.

(Abrogé par Décr. n° 2004-890 du 26 août 2004, art. 4) *« Pour les salariés à temps partiel relevant du régime général de sécurité sociale, l'état doit être accompagné d'une déclaration de l'intéressé attestant qu'il est employé à titre exclusif dans l'entreprise. »*

Sur l'entrée en vigueur du Décr. n° 2016-1567 du 21 nov. 2016, V. note ss. art. R. 133-14.

1. L'art. R. 242-11 CSS a été pris pour l'application, non de l'art. L. 242-10, mais de l'art. L. 242-8 du même code ; il s'ensuit que l'abattement d'assiette visé par ce dernier texte ne concerne que la rémunération des salariés à temps partiel à titre exclusif dans l'entreprise. • Soc. 2 juin 1994 : *RJS 1994, n° 1072.*

2. l'employeur qui n'a pas produit à l'URSSAF la déclaration de chaque salarié à temps partiel attestant qu'il est employé à titre exclusif dans l'entreprise ne peut bénéficier de l'abattement d'assiette des cotisations. • Soc. 2 juin 1994 : *RJS 1994, n° 1072.*

Art. R. 242-12 **L'arrêté prévu à l'article L. 242-9 est pris par le ministre chargé de la sécurité sociale et le ministre chargé de l'agriculture.**

SECTION IV COTISATIONS ASSISES SUR LES REVENUS DE REMPLACEMENT

SOUS-SECTION 1 TAUX

Néant. – V. art. D. 242-12.

SOUS-SECTION 2 EXONÉRATION

Néant. – V. art. D. 242-13 à D. 242-15.

SECTION V COTISATIONS DES TRAVAILLEURS INDÉPENDANTS *(Décr. n° 2014-1690 du 30 déc. 2014, art. 6).*

Art. R. 242-13 (Abrogé par Décr. n° 2017-864 du 9 mai 2017, art. 6-I) *La cotisation* (Décr. n° 2012-1550 du 28 déc. 2012, art. 17) *« d'allocations familiales » est fixée pour la période allant du 1er janvier au 31 décembre de chaque année.*

Art. R. 242-13-1 (Abrogé par Décr. n° 2012-1550 du 28 déc. 2012, art. 27) *Un arrêté du ministre chargé de la sécurité sociale fixe le modèle* (Décr. n° 2002-588 du 23 avr. 2002) *« de la déclaration » à fournir par les employeurs et travailleurs indépendants aux* *organismes de recouvrement pour le calcul des cotisations dont ils sont personnellement redevables au titre des allocations familiales.*

Art. R. 242-14 *Devient l'art. R. 131-2 (Décr. n° 2017-864 du 9 mai 2017, art. 1er-I).*

Art. R. 242-15 (Abrogé par Décr. n° 2014-1690 du 30 déc. 2014, art. 28-1°) *Sont dispensés du versement de la cotisation :*

(Décr. n° 2012-1550 du 28 déc. 2012, art. 19) *« 1° Les personnes justifiant d'un revenu d'activité, déterminé dans les conditions prévues à l'article L. 131-6, inférieur à 13 % de la valeur annuelle du plafond de la sécurité sociale, tel que prévu à l'article L. 241-3, en vigueur au 1er janvier de l'année au titre de laquelle la cotisation est due. »*

2° Les travailleurs indépendants qui ont assumé la charge d'au moins quatre enfants jusqu'à l'âge de quatorze ans et qui sont âgés d'au moins soixante-cinq ans. Cet âge est ramené à soixante ans s'il s'agit d'une femme veuve ou d'une femme célibataire, séparée ou divorcée, et à condition qu'elle ne vive pas maritalement.

Pour l'application de la disposition qui précède, est considéré comme ayant élevé quatre enfants jusqu'à l'âge de quatorze ans le travailleur indépendant qui justifie avoir assumé pendant au moins neuf années avant leur quatorzième anniversaire la charge de chacun des enfants.

Les travailleurs indépendants qui remplissent les conditions ci-dessus doivent présenter une demande, accompagnée des pièces justificatives, à l'organisme chargé du recouvrement des cotisations d'allocations familiales.

(Décr. n° 90-1009 du 14 nov. 1990, art. 4) *« L'exonération s'applique, sous réserve que les justifications aient été reconnues valables, dès le premier jour du trimestre civil suivant la date à laquelle les conditions requises sont remplies. Toutefois, cette exonération n'est définitive qu'au moment où, les revenus réels étant connus, leur montant demeure inférieur au seuil fixé ».*

1. La dispense de versement de cotisations d'allocations familiales offerte aux travailleurs indépendants par l'art. R. 242-15-2° ne peut être refusée au motif que le débiteur d'une pension alimentaire n'a pas la charge effective, permanente et totale de l'enfant à l'entretien duquel est destinée la pension ; au sens de ce texte, tout parent qui contribue pécuniairement de manière régulière à l'entretien d'un enfant, même si celui-ci ne vit pas à son foyer, en assume la charge ; le texte n'exige donc pas que la charge d'au moins quatre enfants ait été assumée en totalité par le demandeur de la dispense. • Soc. 4 juill. 1991 : *D. 1991. Somm. 345, obs. Prétot.*

2. V. notes ss. art. L. 242-11.

Art. R. 242-16 *Devient l'art. R. 131-3 (Décr. n° 2017-864 du 9 mai 2017, art. 1er-I).*

SECTION VI **DISPOSITIONS COMMUNES**

Néant.

SECTION VII **PROCÉDURE DE FIXATION DU PLAFOND DES COTISATIONS**

Néant. — V. art. D. 242-16 à D. 242-19.

SECTION VIII **DISPOSITIONS PROPRES AUX DÉPARTEMENTS DU HAUT-RHIN, DU BAS-RHIN ET DE LA MOSELLE**

Néant. — V. art. D. 242-20 à D. 242-41.

SECTION IX **DISPOSITIONS CONCERNANT LES ACTIONS DISTRIBUÉES AUX SALARIÉS**

Néant.

CHAPITRE III **RECOUVREMENT — SÛRETÉS — PRESCRIPTION — CONTRÔLE**

SECTION PREMIÈRE **RECOUVREMENT**

SOUS-SECTION 1 **RECOUVREMENT DES COTISATIONS ASSISES SUR LES RÉMUNÉRATIONS PAYÉES AUX TRAVAILLEURS SALARIÉS ET ASSIMILÉS**

Art. R. 243-1 (Abrogé par Décr. n° 2016-1567 du 21 nov. 2016, art. 7-1°) *Les déclarations prévues aux articles R. 243-14 et R. 243-17 sont adressées à l'union pour le recou-*

vrement des cotisations de sécurité sociale et d'allocations familiales qui procède à la vérification des indications qui y sont portées et les transmet ensuite au service régional chargé de la gestion de l'assurance vieillesse.

La caisse primaire d'assurance maladie communique à la caisse (Décr. n° 2010-344 du 31 mars 2010, art. 295) *« d'assurance retraite et de la santé au travail » tous les éléments nécessaires à la tenue des comptes d'employeurs relatifs aux accidents du travail.*

Les dispositions du présent article sont applicables aux unions de caisses de sécurité sociale et d'allocations familiales constituées en vue du recouvrement commun des cotisations prévues aux articles L. 241-7 à L. 241-9 et L. 242-1, au premier alinéa de l'article L. 242-3, aux articles L. 242-5, L. 242-7, L. 243-1, L. 243-2, L. 243-4, L. 243-5, R. 242-6 et R. 243-44.

Sur l'entrée en vigueur du Décr. n° 2016-1567 du 21 nov. 2016, V. note ss. art. R. 133-14.

Art. R. 243-1-1 *(Décr. n° 2003-1372 du 31 déc. 2003, art. 2)* La demande relative au report du paiement des cotisations salariales et patronales, prévue à l'article L. 243-1-1, doit être effectuée par écrit avant la date d'échéance des cotisations se rapportant à la première rémunération des personnes mentionnées au premier alinéa de cet article. Les cotisations ayant fait l'objet d'un report sont exigibles à la première échéance de versement des cotisations afférentes aux rémunérations perçues à compter du treizième mois d'activité de l'entreprise.

La demande de paiement fractionné prévue au même article doit être effectuée par écrit avant la fin du douzième mois d'activité de l'entreprise. Dans l'hypothèse où le paiement des cotisations n'a pas fait l'objet d'un report, le bénéfice de ce fractionnement est limité aux cotisations à percevoir de la date de cette demande jusqu'au douzième mois d'activité. Le paiement des fractions annuelles s'effectue à la même date et dans les mêmes conditions que celui des cotisations des années suivantes.

En cas de cessation d'activité de l'entreprise, les cotisations qui ont fait l'objet d'un report ou d'un étalement et qui restent dues doivent être acquittées dans les soixante jours de cette cessation.

Art. R. 243-2 Un arrêté du ministre chargé de la sécurité sociale fixe les conditions dans lesquelles le numéro matricule des employeurs et travailleurs indépendants est délivré et porté à la connaissance des organismes intéressés.

Art. R. 243-3 L'organisme chargé du recouvrement porte au compte de toute entreprise ou personne assujettie à cotisations les versements effectués en application des dispositions des articles R. 243-6 et suivants.

Art. R. 243-4 Les cotisations de sécurité sociale afférentes aux assurés qui travaillent pour le compte de plusieurs employeurs ou pour le compte d'un même employeur, une seule fois ou par intermittence, sont versées dans les conditions fixées par les dispositions réglementaires prises en application de l'article L. 225-1 et les articles R. 711-2 et R. 243-1 et suivants.

(Abrogé par Décr. n° 2004-890 du 26 août 2004, art. 5-III) ***« Les assurés relevant d'un employeur dont l'entreprise ne comporte pas d'établissement dans la métropole sont responsables de l'exécution des obligations incombant à leur employeur et, notamment, du versement des cotisations de sécurité sociale et d'allocations familiales. »*** *— L'abrogation ci-dessus prend effet à compter de la date d'entrée en vigueur de l'art. L. 243-1-2 CSS (Décr. n° 2004-890 du 26 août 2004, art. 5-III).*

1. Employeur sans établissement dans la métropole. Le salarié dont l'employeur n'a pas d'établissement dans la métropole et qui est responsable du paiement des cotisations de sécurité sociale agit en tant que de besoin pour le compte de son employeur contre lequel il peut agir en remboursement. • Soc. 22 janv. 1970 : *Bull. civ. V, n° 49.* ♦ Si l'art. 159, § 2, modifié du Décr. du 8 juin 1946 (art. R. 243-4, al. 2, CSS) rend responsables de l'exécution des obligations incombant à leur employeur, et notamment du versement des cotisations de sécurité sociale, les assurés relevant d'un employeur dont l'entreprise ne comporte pas d'établissement dans la métropole, cette disposition n'a pas pour effet de priver l'organisme de recouvrement du droit d'agir contre l'employeur débiteur des cotisations dès lors qu'aucune prescription contraire ne résulte d'une convention internationale. • Soc. 21 mai 1986 : *Bull. civ. V, n° 229.* ♦ Le salarié qui, pendant toute la durée de son contrat, a accepté en connaissance de cause le défaut d'affiliation et de paiement des cotisations alors qu'il lui appartenait de prendre toutes dispositions en ce sens, n'est pas fondé à invoquer sa propre carence pour solliciter une réparation de ce chef après que son employeur l'a licencié. • Soc. 6 mai 1999, n° 96-44.845 P : *RJS 1999, n° 1135.*

2. Légalité du texte. L'appréciation de la légalité de la disposition de l'art. R. 243-4, al. 2, CSS qui met à la charge d'un assuré, contrairement aux art. L. 241-8 et L. 243-1 CSS, l'exécution des obligations qui incombent à l'employeur, soulève une difficulté sérieuse qui échappe à la compétence du juge judiciaire ; il convient d'inviter les parties à saisir le Conseil d'État de la question préjudicielle portant sur sa légalité. • Soc. 19 juill. 2001, n° 00-12.459 P : *RJS 2001, n° 1339 ; Gaz. Pal. 2001. 1911, note Prétot.* ♦ Les dispositions de l'art. R. 243-4, al. 2, ne sont pas entachées d'illégalité dès lors qu'elles sont intervenues sur la base de l'habilitation découlant de l'art. 85 de l'ord. n° 45-2250 du 4 oct. 1945. • CE 20 avr. 2005 : *RJS 2005, n° 898 ; JCP S 2005, n° 1039, note Prétot.* ♦ V. désormais, art. L. 243-1-2 (nouveau) issu de la L. n° 2003-1199 du 18 déc. 2003.

Art. R. 243-5 (Abrogé par Décr. n° 2017-858 du 9 mai 2017, art. 5-7°, à compter du 1er janv. 2018) ***Lorsqu'un assuré travaille alternativement pour un même employeur dans diverses exploitations situées dans des circonscriptions d'organismes différents, les cotisations sont versées à l'organisme chargé du recouvrement dans la circonscription de laquelle se trouve l'établissement dont dépend principalement l'intéressé.***

Art. R. 243-6 *(Décr. n° 2017-858 du 9 mai 2017, art. 5-1°, en vigueur le 1er janv. 2018)* **« I. — Pour chaque établissement, les employeurs déclarent et versent les cotisations sociales aux organismes de recouvrement dont ces établissements et leurs salariés relèvent au sens des dispositions de l'article R. 130-2.**

« Les unions de recouvrement et les caisses générales de sécurité sociale assurent sur ce périmètre l'ensemble des missions mentionnées à l'article L. 213-1. »

(Décr. n° 2016-1567 du 21 nov. 2016, art. 3-4°) **« II. — Le versement prévu au I est effectué le mois suivant la période de travail au titre de laquelle les rémunérations sont dues, au plus tard aux échéances suivantes :**

« 1° Le 5 de ce mois pour les employeurs dont l'effectif est d'au moins cinquante salariés et dont la paie est effectuée au cours du même mois que la période de travail ;

« 2° Le 15 de ce mois dans les autres cas. » — *V. note ss. art.*

(Abrogé par Décr. n° 2017-858 du 9 mai 2017, art. 5-1°, à compter du 1er janv. 2018) ***« III. — Pour déterminer la date, la périodicité et le lieu de versement des cotisations, les effectifs des salariés sont calculés au 31 décembre de chaque année, en tenant compte de tous les établissements de l'entreprise ; les éventuels changements du régime de versement des cotisations entraînés par les modifications constatées d'une année sur l'autre prennent effet, pour le calcul des cotisations assises sur les rémunérations versées, à compter du 1er avril suivant ou, lorsque l'entreprise entre dans le champ des dispositions du deuxième alinéa du I, à compter du 1er janvier de la deuxième année suivante.***

« Dans ce dernier cas, le régime de versement mis en place reste en vigueur, nonobstant les fluctuations d'effectifs, jusqu'au 31 décembre de la quatrième année suivant cette date d'effet.

« Pour déterminer si l'employeur est tenu au versement trimestriel ou mensuel des cotisations, chaque salarié à temps partiel au sens de l'article *(Décr. n° 2016-1551 du 18 nov. 2016, art. 6-III)* ***« L. 3123-1 » du code du travail entre en compte dans l'effectif du personnel au prorata du rapport entre la durée hebdomadaire de travail mentionnée dans son contrat et la durée légale de travail ou, si elle est inférieure à la durée légale, la durée normale de travail accomplie dans l'établissement ou la partie d'établissement où il est employé. »***

Les dispositions du 2° du II de l'art. R. 243-6 dans sa rédaction issue du Décr. n° 2016-1567 du 21 nov. 2016 entrent en vigueur dans les conditions prévues ci-dessous pour les catégories d'employeurs suivantes :

1° A compter du 1er janv. 2018 pour les employeurs employant moins de 11 salariés ;

2° A compter du 1er janv. 2021 pour les employeurs suivants :

a) Les employeurs mentionnés au 2° du II de l'art. R. 243-6 et au 1° de l'art. R. 741-3 C. rur. dans leur rédaction antérieure au Décr. n° 2016-1567 du 21 nov. 2016 qui, à la date de sa publication, versent des rémunérations après le dixième jour du mois civil suivant la période de travail à laquelle elles se rapportent ;

b) Les employeurs mentionnés au quatrième al. du 3° du II de l'art. R. 243-6 et au c du 2° de l'art. R. 741-3 C. rur. dans leur rédaction antérieure au Décr. n° 2016-1567 du 21 nov. 2016 qui, à la date de sa publication, versent des rémunérations entre le vingtième jour du mois civil suivant la période de travail à laquelle elles se rapportent et le dernier jour de ce même mois (V. Arr. du 23 mars 2017 fixant les dates de versement des cotisations sociales des employeurs, JO 10 mai).

Jusqu'au 31 déc. 2020, le paiement des cotisations des employeurs mentionnés au 2° susvisé est effectué conformément à un calendrier transitoire fixé par arrêté conjoint du ministre chargé de la sécurité sociale et du ministre chargé du budget. Ces mêmes employeurs transmettent la déclaration sociale nominative aux échéances mentionnées au 2° du II de l'art. R. 243-6 dans sa rédaction issue du Décr. n° 2016-1567 du 21 nov. 2016 à compter des périodes de travail mentionnées au I de l'art. 8 de ce même décret [V. cet art. 8-I, ss. art. R. 133-14].

Les échéances mentionnées au II de l'art. R. 243-6 dans sa rédaction issue du Décr. n° 2016-1567 du 21 nov. 2016 ne sont pas applicables aux employeurs relevant des organisations mentionnées à l'art. L. 711-1 CSS lorsqu'elles sont postérieures à celles fixées par les décrets mentionnés à ce dernier article pour la déclaration des cotisations dues auprès de ces régimes (Décr. préc., art. 8-VIII et X).

BIBL. ▶ VACHET, *Dr. soc. 1993. 560* (paiement des cotisations).

Art. R. 243-6-1 *(Décr. n° 2016-1567 du 21 nov. 2016, art. 3-5°)* **Sous réserve des dispositions de l'article R. 243-7, l'employeur dont l'effectif est de moins de onze salariés peut opter pour le versement trimestriel des cotisations afin de verser les cotisations dues au titre des périodes de travail d'un trimestre civil dans les quinze premiers jours du trimestre civil suivant.**

Lorsqu'il entend opter pour ce versement trimestriel, l'employeur en informe par écrit l'organisme de recouvrement dont dépend son établissement avant le 31 décembre ou au moment de l'emploi de son premier salarié.

A défaut de renonciation par l'employeur au plus tard le 31 décembre, elle est reconduite pour l'année suivante.

L'employeur reste tenu d'adresser la déclaration sociale nominative à la date prévue au 2° du II de l'article R. 243-6.

L'employeur qui entend opter pour le versement trimestriel prévu à l'art. R. 243-6-1 dans sa rédaction issue du Décr. n° 2016-1567 du 21 nov. 2016 en informe par écrit l'organisme de recouvrement dont dépend son établissement avant le 31 déc. de l'année précédant celle à compter de laquelle ces dispositions lui sont applicables en vertu de l'art. 8 (V. cet art., ss. art. R. 133-14) du décret susvisé (Décr. préc., art. 8-IX).

Art. R. 243-6-2 (Abrogé par Décr. n° 2017-858 du 9 mai 2017, art. 5-7°, à compter du 1er janv. 2018) (Décr. n° 2007-185 du 9 févr. 2007) ***L'employeur dont l'entreprise répond aux conditions fixées pour bénéficier de la réduction d'impôt mentionnée à l'article 220 decies du code général des impôts peut, de plein droit et en informant l'organisme de recouvrement dont il relève, limiter le paiement des cotisations patronales de sécurité sociale dues au titre de chaque échéance au montant de celles dont il était redevable l'année précédente lors de la même échéance. Le solde des cotisations patronales restant dû est acquitté lors de l'échéance correspondante de l'année suivante.***

Les cotisations dont le paiement peut ainsi être partiellement différé sont celles dues au titre de la période de douze mois qui suit l'exercice au titre duquel la réduction d'impôt dont bénéficie l'entreprise a été calculée.

Sous réserve que l'employeur s'acquitte des cotisations salariales et patronales dues aux échéances prévues, le paiement régulièrement différé de ces cotisations patronales ne donne pas lieu à l'application de la majoration de retard mentionnée à l'article R. 243-18.

Art. R. 243-6-3 *(Décr. n° 2017-858 du 9 mai 2017, art. 5-2°)* **I. — Par dérogation au I de l'article R. 243-6, l'entreprise verse les cotisations afférentes à l'ensemble de ses établissements à un des organismes mentionnés aux** *[articles]* **L. 213-1 et L. 752-1, qui remplit la fonction d'interlocuteur unique désigné dans les conditions prévues au II de cet article dès lors que l'une des conditions suivantes est remplie :**

1° L'entreprise emploie au moins deux cent cinquante salariés dans des établissements situés dans la circonscription de plusieurs organismes de recouvrement ;

2° L'entreprise appartient à un groupe dont l'effectif cumulé des entreprises, situées dans la circonscription de plusieurs organismes de recouvrement, est d'au moins cinq cent *[cents]* **salariés.**

Le groupe mentionné au précédent alinéa est constitué, d'une part, par une entreprise ayant, en application de l'article L. 233-16 du code de commerce, publié des comptes consolidés l'année précédant la désignation de l'organisme de recouvrement,

et d'autre part, par les sociétés qu'elle contrôle ou sur lesquelles elle exerce une influence dominante au sens du même article.

II. — L'interlocuteur unique mentionné au I est désigné par le directeur de l'Agence centrale des organismes de sécurité sociale après consultation de l'entreprise et l'envoi, par tout moyen permettant de donner date certaine à sa réception, d'une proposition de rattachement au plus tard le 1er septembre de l'année précédant son entrée dans le dispositif.

A compter de la réception de la proposition, l'entreprise dispose d'un délai de quinze jours soit pour indiquer son accord, soit pour décliner la proposition qui lui est faite. L'absence de réponse dans le délai imparti vaut accord tacite de l'entreprise.

En cas de désaccord de l'entreprise sur l'organisme de recouvrement proposé, le directeur de l'Agence centrale des organismes de sécurité sociale désigne un interlocuteur unique du recouvrement.

Le régime de versement en *[un]* lieu unique prend effet à compter du 1er janvier de l'année suivant cette désignation. Il reste en vigueur, nonobstant les fluctuations d'effectifs, jusqu'au 31 décembre de la quatrième année suivant cette date d'effet.

Cette désignation peut être modifiée sur demande de l'entreprise et après autorisation du directeur de l'Agence centrale des organismes de sécurité sociale. Dans ce cas, une nouvelle procédure de désignation est engagée.

III. — L'organisme de recouvrement, qui remplit la fonction d'interlocuteur unique, assure pour tous les établissements de l'entreprise ou des entreprises d'un groupe l'ensemble des missions mentionnées à l'article L. 213-1.

Toutefois, l'organisme mentionné à l'alinéa précédent peut confier à d'autres organismes de recouvrement des contrôles qu'il juge utile d'effectuer pour tout ou partie des établissements de l'entreprise ou des entreprises d'un groupe.

Les dispositions de l'art. R. 243-6-3 dans sa rédaction issue du Décr. n° 2017-858 du 9 mai 2017 entrent en vigueur dans les conditions suivantes :

1° Elles s'appliquent au plus tard au 1er janv. 2020 à l'ensemble des entreprises mentionnées au 1° du I de cet art. Toutefois, elles s'appliquent au 1er janv. 2018 pour les entreprises employant au moins 1 000 salariés et au 1er janv. 2019 pour les entreprises employant au moins 500 salariés ;

2° Elles s'appliquent au plus tard au 1er janv. 2020 aux entreprises appartenant à un groupe, qui sont mentionnées au 2° du I de cet art. Toutefois, elles s'appliquent au 1er janv. 2018 pour ces mêmes entreprises employant au moins 1 000 salariés (Décr. préc., art. 12-II).

Art. R. 243-6-4 *(Décr. n° 2009-343 du 27 mars 2009, en vigueur le 1er avr. 2009)* L'employeur qui utilise le "titre emploi-service entreprise" verse le montant des cotisations et contributions dues au titre de l'emploi du salarié auprès de l'organisme de recouvrement du régime général de sécurité sociale dont il relève, dans les douze premiers jours du mois civil suivant celui au cours duquel les sommes dues lui ont été notifiées.

Art. R. 243-7 *(Décr. n° 2016-1567 du 21 nov. 2016, art. 3-7°)* « En cas de cession de l'entreprise ou de cessation d'activité de l'entreprise ou de l'un de ses établissements pour les employeurs mentionnés à l'article R. 243-6-1, le versement des cotisations est exigible lors de la première échéance prévue au 2° du II de l'article R. 243-6 qui suit la date de cet événement, définie comme celle : »

1° Lorsqu'il s'agit de la vente ou de la cession d'un fonds de commerce, du jour où la vente ou la cession a été publiée dans *(Décr. n° 90-1009 du 14 nov. 1990, art. 7)* « le *Bulletin officiel des annonces civiles et commerciales* » ;

2° Lorsqu'il s'agit de la vente ou de la cession d'autres entreprises, du jour où l'acquéreur ou le cessionnaire a pris effectivement la direction des exploitations ;

3° Lorsqu'il s'agit de la cessation de l'activité de l'entreprise ou de la fermeture de l'établissement, du jour de cette cessation définitive ou de la fermeture de l'établissement.

Sur l'entrée en vigueur du Décr. n° 2016-1567 du 21 nov. 2016, V. note ss. art. R. 133-14.

Cession de l'entreprise. Effet. Les dispositions de la directive n° 77-187 CEE du 14 févr. 1977 et l'art. L. 122-12-1 C. trav. n'ont d'effet que dans les rapports entre les employeurs successifs et leurs salariés et non à l'égard des tiers. • Soc. 9 nov. 1995, n° 93-21.463 P : *RJS 1996, n° 66.* ♦ Il incombe donc à l'employeur qui cède son entreprise de s'acquitter des obligations édictées par les art. R. 243-7 et R. 243-14 CSS. • Soc. 9 nov. 1995 : *préc.*

Art. R. 243-8 *(Décr. n° 2017-858 du 9 mai 2017, art. 5-3°, en vigueur le 1er janv. 2018)* **Sous réserve d'être à jour de ses déclarations et du paiement de ses cotisations et contributions sociales, les employeurs autres que ceux entrant dans le champ de l'article R. 243-6-3 peuvent demander à déclarer et verser les cotisations afférentes à chacun de leurs établissements à un organisme de recouvrement unique.**

L'autorisation de versement des cotisations à un organisme de recouvrement unique est délivrée sur demande de l'entreprise par l'Agence centrale des organismes de sécurité sociale parmi les organismes figurant sur la liste mentionnée aux articles L. 213-1 et L. 752-1.

Les dispositions du III de l'article R. 243-6-3 sont applicables aux entreprises mentionnées au présent article.

Jurisprudence rendue sous l'empire des textes antérieurs au Décr. n° 2017-858 du 9 mai 2017.

1. Compétence. Si une entreprise a conclu avec l'ACOSS un protocole instaurant une unité de lieu pour le paiement, le contrôle et le recouvrement des cotisations dues pour ses établissements multiples (système du VLU ou PLU), le TASS compétent pour connaître du contentieux est celui dans le ressort duquel se trouve l'URSSAF de liaison qui a été choisie, peu important le lieu de travail des salariés. • Civ. 2e, 11 oct. 2006 : *Dr. soc. 2006. 1205, obs. Coursier ; JCP S 2007. 1248, note Bugada.*

2. Pouvoirs de l'URSSAF. Dans le cadre du système de versement en un lieu unique des cotisations (VLU), l'URSSAF de liaison a le pouvoir de vérifier, dans les limites de la prescription, l'application de la législation de la sécurité sociale dans les établissements visés dans le protocole conclu avec l'entreprise sur le fondement de l'art. 6 de l'arr. du 15 juill. 1975, peu important l'exercice concerné qui peut être antérieur à la date fixée par ce protocole. • Civ. 2e, 13 sept. 2007, n° 06-18.997 P : *RJS 12/07, n° 1323.* ♦ *Contra* : • Civ. 2e, 23 mars 2004 : *RJS 6/04, n° 744.*

Art. R. 243-8-1 *(Décr. n° 2004-890 du 26 août 2004, art. 5-I)* **Un arrêté du ministre chargé de la sécurité sociale, pris après avis de l'Agence centrale des organismes de sécurité sociale, peut désigner l'organisme de recouvrement du régime général auprès duquel les employeurs sont tenus d'adresser les déclarations et verser les cotisations et contributions dues au titre de l'emploi de tout ou partie de leur personnel salarié, et en fixer les modalités pratiques :**

1° Lorsque ce personnel exerce une même activité de façon habituelle et régulière pour plusieurs employeurs et dans la circonscription de plusieurs organismes et dès lors qu'un regroupement des informations est nécessaire pour la gestion des droits des salariés ou des obligations de l'employeur. *(Abrogé par Décr. n° 2017-1682 du 12 déc. 2017, art. 1er-2°) « Cette disposition ne s'applique pas aux professions visées à l'article R. 243-45 ; »*

2° Lorsque l'entreprise de l'employeur ne comporte pas d'établissement en France *(Décr. n° 2017-858 du 9 mai 2017, art. 5-4°)* **« ou lorsque l'employeur est un particulier qui n'est pas considéré comme domicilié en France pour l'établissement de l'impôt sur le revenu et souhaite bénéficier de cette faculté ».**

Art. R. 243-9 *(Décr. n° 90-1009 du 14 nov. 1990, art. 8)* **« Par dérogation aux dispositions des articles R. 243-6 et R. 243-6-1, les cotisations dues au titre de l'emploi des employés de maison et autres salariés au service de particuliers sont versées du quinze au dernier jour du premier mois de chaque trimestre civil. »**

Des dérogations à ces dispositions peuvent être prévues par arrêté du ministre chargé de la sécurité sociale en vue d'assurer un meilleur étalement des recouvrements. – *V. Arr. du 29 juin 1992 : recouvrement des cotisations de sécurité sociale dues pour les employés de maison dans la circonscription de l'union de recouvrement des cotisations de sécurité sociale et d'allocations familiales de Paris (JO 31 juill.).*

Art. R. 243-10 *(Décr. n° 2016-941 du 8 juill. 2016, art. 10 et 37-IV, en vigueur le 1er janv. 2017)* **L'employeur corrige lors de l'échéance déclarative la plus proche les erreurs constatées dans ses déclarations de cotisations et de contributions sociales des mois précédents et verse à la même échéance le complément de cotisations et de contributions sociales.**

Les sommes versées indûment sont déduites du montant des cotisations et contributions à échoir, sauf demande de remboursement.

Sauf en cas d'omission de salariés dans la déclaration ou d'inexactitudes répétées du montant des rémunérations déclarées, les majorations de retard et les pénalités *(Décr. n° 2016-1567 du 21 nov. 2016, art. 3-6°)* **« prévue** *[prévues]* **au III de l'article R. 133-14 et aux articles » R. 243-16 et R. 243-18 ne sont pas applicables si les conditions suivantes sont remplies :**

1° La déclaration rectifiée et son versement régularisateur sont adressés au plus tard lors de la première échéance suivant celle de la déclaration et du versement initial ;

2° Ce versement régularisateur est inférieur à 5 % du montant total des cotisations initiales.

Sur l'entrée en vigueur du Décr. n° 2016-1567 du 21 nov. 2016, V. note ss. art. R. 133-14.

1. Cotisations provisionnelles. Si la régularisation des comptes d'une année déterminée permet à l'organisme social de demander un complément de cotisations, au titre de cette régularisation, elle ne l'autorise pas à recouvrer, à cette occasion, les cotisations provisionnelles de la même année dont la date limite d'exigibilité est antérieure de plus de trois ans à l'envoi de la mise en demeure et qui, par suite, se trouvent être atteintes par la prescription prévue à l'art. L. 244-3 CSS. • Soc. 20 févr. 1992, n° 90-12.808 P • 7 juill. 1994, n° 91-19.795 P : *D. 1996. Somm. 42, obs. Prétot.*

2. Application du plafond. En cas de régularisation annuelle des cotisations, un plafond unique doit s'appliquer à l'ensemble des rémunérations perçues par chaque salarié au cours de l'année considérée, quelle que soit la répartition de son temps de travail à l'intérieur de cette période. • Soc. 13 janv. 1994, n° 91-18.324 P.

Art. R. 243-11 (Abrogé par Décr. n° 2017-858 du 9 mai 2017, art. 8-2°, à compter du 1er janv. 2018) ***La régularisation s'opère, en cas d'embauche, de licenciement ou de départ volontaire au cours de l'année, en appliquant un plafond réduit dans les conditions fixées au premier alinéa de l'article R. 243-10.***

Le plafond est également réduit pour tenir compte des périodes de chômage, en cas d'intempéries, dûment constatées et indemnisées dans les conditions fixées par les articles (Décr. n° 2016-1551 du 18 nov. 2016, art. 6-III) ***« L. 5424-6 » et suivants du code du travail ainsi que des périodes d'absence pour congés payés, lorsque les indemnités correspondantes sont versées à l'assuré par une caisse de congés payés créée en application de l'article*** (Décr. n° 2016-1551 du 18 nov. 2016, art. 6-III) ***« L. 3141-32 » du code du travail.***

Le plafond à retenir pour l'application des dispositions des alinéas ci-dessus est, en cas de mois incomplet, calculé par l'addition d'autant de trentièmes du plafond mensuel que la période considérée comporte de jours ouvrables ou non ouvrables.

En cas de licenciement ou de départ volontaire en cours d'année, les cotisations complémentaires de régularisation éventuellement dues doivent être versées en même temps que les cotisations afférentes à la dernière paie.

Le plafond peut aussi être réduit pour tenir compte de périodes d'absence n'ayant pas donné lieu à rémunération et autres que celles qui sont prévues aux premier et deuxième alinéas du présent article. Toutefois, dans ce cas, ne sont pris en considération que les temps d'absence s'étendant sur une période comprise entre deux échéances habituelles de paie. Lorsqu'une période de travail a donné lieu à une rémunération partielle par suite de l'absence du salarié au cours d'une partie de la période, les temps d'absence compris dans cette période n'entraînent aucune réduction du plafond correspondant à la période habituelle de paie, ni du plafond annuel à prendre en considération pour la régularisation prévue à l'article R. 243-10.

1. Conditions de réduction du plafond. Quels que soient les intervalles entre chaque paye, les cotisations dues par un employeur qui embauche des salariés pour des périodes déterminées à l'avance sont calculées en fonction d'un plafond réduit au vu duquel ne sont pris en considération que les jours d'emploi effectifs à l'exclusion de ceux durant lesquels les salariés n'ont fourni aucun travail. • Soc. 13 févr. 1992, n° 90-13.793 P : *RJS 1992, n° 506.*

2. Périodes d'inactivité. Doivent être assimilées à des périodes d'emploi les périodes d'inactivité ayant donné lieu de la part de l'employeur au paiement d'une rémunération. • Soc. 9 déc. 1976 : *Bull. civ. V, n° 656.*

3. Mutation. Les conditions d'application de l'art. R. 243-11 ne sont pas remplies lorsque le salarié est passé d'une société à une autre sans que son contrat ait été rompu et a ainsi fait l'objet d'une mutation. • Soc. 7 mai 1998 : *RJS 1998, n° 906 ; JCP E 1998, n° 1189, obs. Vachet.*

4. Périodes d'absence. La possibilité de réduction de plafond prévue par l'al. 5 de l'art. R. 243-11 CSS n'est ouverte que pour tenir compte de périodes d'absence n'ayant pas donné lieu à rémunération et doit être exclue pour des périodes d'absence ayant donné lieu à une rémunération versée l'année suivante après la régularisation annuelle. • Soc. 15 févr. 1996, n° 93-16.505 P.

5. Charge de la preuve. Le plafond annuel étant la règle, il appartient à l'employeur qui entend faire application du plafond réduit de démontrer que les rémunérations soumises à régularisation se rapportent de façon certaine à des périodes d'emploi inférieures à une année. • Soc. 9 déc. 1976 : *Bull. civ. V, n° 656.*

6. Modalités de calcul. La période considérée visée par l'art. R. 243-11, al. 3, CSS est la période travaillée ; le plafond étant notamment réduit pour tenir compte des périodes d'absence pour congés payés, le dimanche ou jour férié qui constitue le terme de cette période, ne doit pas être pris en compte pour le calcul du plafond. • Soc. 10 mars 1994, n° 91-20.824 P : *RJS 1994, n° 478.*

7. Travail durant la période de congés payés. Des salariés ayant travaillé sans interruption de congés payés, ce texte ne peut recevoir application pour cette période de travail rémunéré, l'employeur ne pouvant de surcroît se prévaloir d'une situation illégale qu'il a laissé se créer. • Soc. 19 juin 1980 : *Bull. civ. V, n° 551.*

8. Congé de conversion. La période de congé de conversion, pendant laquelle le contrat de travail est suspendu et qui donne lieu au versement par l'employeur, non d'une rémunération, mais d'une contribution aux allocations perçues par le salarié non passible des cotisations de sécurité sociale, entre dans les prévisions du dernier al. de l'art. R. 243-11 CSS. • Soc. 18 juill. 1997 : *RJS 1997, n° 1142.*

9. Salarié réembauché après un départ clandestin. L'employeur à qui n'est imputé aucune fraude ou manœuvre peut neutraliser la totalité des périodes d'absence même si elles ne sont pas comprises entre deux échéances habituelles de paie. • Soc. 27 janv. 1982 : *Bull. civ. V, n° 50* (cas de salariés d'origine étrangère cessant inopinément leur travail à la mauvaise saison et se présentant à nouveau au printemps sans être réembauchés de plein droit).

10. Mandataires sociaux. Afin d'effectuer la régularisation annuelle des cotisations dues par une société anonyme au titre de la rémunération de son président, il y a lieu de neutraliser la période durant laquelle celui-ci a été amené, à la suite d'un accident, à cesser ses fonctions, dès lors qu'il est constaté qu'il n'a perçu aucune rémunération en dehors des indemnités journalières pendant la période neutralisée et que son père bénéficiait, pour diriger celle-ci, d'une procuration générale. • Soc. 11 avr. 1991, n° 88-16.932 P.

11. Gérant de SARL. Un gérant non majoritaire de SARL ne relevant du régime général qu'à la condition de percevoir une rémunération, la période pendant laquelle les cogérants non majoritaires n'ont plus exécuté de travail rémunéré et se sont bornés à assumer à titre gratuit la gérance de la société entre dans les prévisions de l'art. R. 243-11 sans qu'il y ait lieu de rechercher si les intéressés s'étaient ou non absentés. • Soc. 11 févr. 1993, n° 90-21.098 P : *JCP 1994. II. 22291, note Delplancke ; D. 1993. IR 79.* ♦ Quand bien même un gérant de SARL aurait cumulé des indemnités de congés payés avec sa rémunération mensuelle, cette circonstance ne peut avoir pour effet de modifier le plafond annuel de douze mois fixé pour l'ensemble des rémunérations perçues par l'intéressé et la société est fondée à effectuer la régularisation annuelle sur la base d'un plafond réduit. • Soc. 7 déc. 1988 : *Bull. civ. V, n° 638.*

Art. R. 243-12 **Les dispositions des articles R. 243-10 et** *(Décr. n° 2017-858 du 9 mai 2017, art. 5-5°, en vigueur le 1er janv. 2018)* **« R. 242-2 » ne sont pas applicables aux travailleurs à domicile mentionnés au 1° de l'article L. 311-3, ni aux assurés pour lesquels les cotisations ou les salaires servant de base à celles-ci sont fixés forfaitairement par arrêté du ministre chargé de la sécurité sociale.**

Art. R. 243-13 *(Décr. n° 2016-1567 du 21 nov. 2016, art. 3-8°)* **Les cotisations sociales sont déclarées de manière agrégée dans la déclaration sociale nominative en fonction de leur assiette et des exonérations qui s'y appliquent***[,]* **le cas échéant, selon une nomenclature fixée par arrêté conjoint du ministre chargé de la sécurité sociale et du ministre charge du budget, sur proposition de l'Agence centrale des organismes de sécurité sociale.**

La nomenclature figurant sur le site internet des URSSAF ou de Net-entreprise reste applicable jusqu'à l'entrée en vigueur de l'arrêté prévu à l'art. R. 243-13 dans sa rédaction issue du Décr. n° 2016-1567 du 21 nov. 2016 et au plus tard jusqu'au 1er juill. 2017.

Les employeurs qui ne sont pas soumis à la déclaration sociale nominative prévue à l'art. L. 133-5-3 CSS restent régis par l'art. R. 243-13 dans sa rédaction antérieure au Décr. n° 2016-1567 du 21 nov. 2016. Le bordereau des cotisations sociales de ces employeurs respecte la nomenclature mentionnée à l'al. précédent. A compter de l'entrée en vigueur de l'arrêté prévu à l'art. R. 243-13 dans sa rédaction issue du Décr. n° 2016-1567 du 21 nov. 2016, le bordereau de ces employeurs respecte la même nomenclature que celle fixée par cet arrêté (Décr. préc., art. 8-XI).

Jurisprudence antérieure au Décr. n° 2016-1567 du 21 nov. 2016.

En ce qui concerne le bordereau des salaires, il appartient à l'employeur d'établir qu'il l'a adressé dans le délai imparti. • Soc. 16 mai 1991, n° 89-17.029 P.

Art. R. 243-14 (Abrogé par Décr. n° 2016-1567 du 21 nov. 2016, art. 7-1°) ***Tout employeur de personnel salarié ou assimilé, à l'exception des*** (Décr. n° 90-1009 du 14 nov. 1990, art. 11) ***« particuliers employant des salariés à leur service », est tenu d'adresser, au plus tard le 31 janvier de chaque année, à l'organisme ou aux organismes chargés du recouvrement des cotisations dont relèvent leurs établissements, une déclaration faisant ressortir, pour chacun des salariés ou assimilés occupé dans l'entreprise ou l'établissement, le montant total des rémunérations payées*** (Décr. n° 90-1009 du 14 nov. 1990, art. 11) ***« au cours de l'année précédente » en indiquant, le cas échéant, le plafond annuel ou le plafond réduit appliqué à chacun des salariés.***

Les modèles de déclarations sont fixés par arrêté du ministre chargé de la sécurité sociale et du ministre chargé du budget.

En cas de cession de l'entreprise ou de cessation d'activité de l'entreprise ou de l'un de ses établissements, la déclaration nominative prévue ci-dessus doit être adressée à l'organisme de recouvrement compétent (Décr. n° 90-1009 du 14 nov. 1990, art. 11) ***« accompagnée du versement régularisateur, dans le délai de soixante jours à compter du premier jour du délai fixé par l'article R. 243-7 ».***

Sur l'entrée en vigueur du Décr. n° 2016-1567 du 21 nov. 2016, V. note ss. art. R. 133-14.

V. note ss. art. R. 243-7.

Art. R. 243-15 *Abrogé par Décr. n° 99-434 du 28 mai 1999, art. 2.*

Art. R. 243-16 *(Décr. n° 2016-1567 du 21 nov. 2016, art. 3-9°)* **Les manquements aux obligations de déclaration mentionnées à l'article R. 243-13 sont sanctionnés dans les conditions prévues au III de l'article R. 133-14.** – *Sur l'entrée en vigueur du Décr. n° 2016-1567 du 21 nov. 2016, V. note ss. art. R. 133-14.*

Jurisprudence antérieure au Décr. n° 2016-1567 du 21 nov. 2016.

Production du bordereau accompagnant le paiement. En présence de ces dispositions spéciales qui sanctionnent le comportement de l'employeur, tendent, par leur caractère progressif, à vaincre sa résistance et se suffisent à elles-mêmes, il ne peut y être ajouté, en faisant application simultanément d'une astreinte de droit commun et en excédant, les pénalités réglementaires. • Soc. 20 oct. 1976 : *Bull. civ. V, n° 510.*

Art. R. 243-17 *(Décr. n° 90-1009 du 14 nov. 1990, art. 14)* **« Tout particulier employant des salariés à son service » est tenu de produire, à l'appui du versement des cotisations dont il est redevable, une déclaration nominative faisant apparaître la durée de l'activité exercée par chaque assuré au cours du trimestre civil antérieur, ainsi que le montant des cotisations forfaitaires correspondantes ou, lorsqu'il ne s'agit pas de cotisations forfaitaires, l'assiette et** *(Décr. n° 90-1009 du 14 nov. 1990, art. 14)* **« le montant des cotisations ».**

(Décr. n° 94-121 du 7 févr. 1994, art. 2-1° et 2°) **« Le déclarant peut, dans le cadre d'une convention qu'il passe avec l'organisme de recouvrement dont il relève, choisir d'utiliser un procédé informatique, mis à sa disposition par cet organisme, pour transmettre à ce dernier les informations mentionnées au premier alinéa ci-dessus et, le cas échéant, donner l'ordre de prélèvement de ses cotisations. Dans ce cas, les dispositions du troisième alinéa du I de l'article R. 243-13 sont applicables à cette convention.**

« Quel que soit le mode de transmission choisi, la déclaration mentionnée au premier alinéa, qui se substitue à la déclaration prévue à l'article R. 243-14, doit être produite même si, pour quelque motif que ce soit, les cotisations n'ont pas été versées. »

Le défaut de production de cette déclaration est passible de la pénalité prévue à l'article R. 243-16 ; toutefois, la pénalité est décomptée par trimestre ou fraction de trimestre de retard.

Art. R. 243-18 **Il est appliqué une majoration de retard de** *(Décr. n° 2007-546 du 11 avr. 2007, art. 1er)* **« 5 % » du montant des cotisations** *(Décr. n° 2013-1107 du 3 déc. 2013, art. 3-1°)* **« et contributions » qui n'ont pas été versées aux dates limites d'exigibilité fixées aux articles R. 243-6** *(Décr. n° 90-1009 du 14 nov. 1990, art. 15)* **«** *[,]* **R. 243-6-1, R. 243-7 » et R. 243-9 à R. 243-11.**

(Décr. n° 2007-546 du 11 avr. 2007, art. 1er) **« A cette majoration s'ajoute une majoration complémentaire de** *(Décr. n° 2018-174 du 9 mars 2018, art. 14-I)* **« 0,2 % » du montant des cotisations** *(Décr. n° 2013-1107 du 3 déc. 2013, art. 3-1°)* **« et contributions » dues, par mois ou fraction de mois écoulé, à compter de la date d'exigibilité des cotisations** *(Décr. n° 2013-1107 du 3 déc. 2013, art. 3-1°)* **« et contributions ».**

(Abrogé par Décr. n° 2013-1107 du 3 déc. 2013, art. 3-2°) ***« La majoration de retard mentionnée au premier alinéa est portée à 10 % du montant des cotisations afférentes aux rémunérations, versées ou dues à des salariés, réintégrées dans l'assiette des cotisations à la suite du constat de l'infraction relative au travail dissimulé mentionnée à l'article L. 324-10 du code du travail. »***

(Décr. n° 2007-546 du 11 avr. 2007, art. 1er) **« Dans le cadre des contrôles mentionnés aux articles R. 243-59 et R. 243-59-3, la majoration complémentaire n'est décomptée qu'à partir du 1er février de l'année qui suit celle au titre de laquelle les régularisations sont effectuées. »** *(Décr. n° 2018-174 du 9 mars 2018, art. 14-I)* **« Le taux de cette majoration complémentaire est abaissé à 0,1 % en cas de paiement des cotisations et contributions faisant l'objet du redressement dans les trente jours suivant l'émission de la mise en demeure. »**

Les dispositions de l'art. 14 du Décr. n° 2018-174 du 9 mars 2018 sont applicables aux majorations complémentaires dues au titre des périodes d'activité courant à compter du 1er janv. 2018. Toutefois, elles sont applicables aux majorations complémentaires rendues exigibles par une mise en demeure émise à compter du 1er avr. 2018 lorsque ces majorations portent sur des cotisations et contributions sociales faisant l'objet d'un redressement suite à un contrôle (Décr. préc., art. 17-I).

1. Dies a quo. Les majorations de retard sont dues pour toutes les cotisations non acquittées à la date limite de leur exigibilité, peu important l'existence d'une contestation sur leur montant et la date à laquelle la juridiction saisie de cette réclamation a définitivement reconnu le bien-fondé au moins partiel de la demande de l'URSSAF. • Soc. 12 juill. 1988 : *Bull. civ. V, n° 436.* ♦ Peu importe que les majorations soient provisionnelles ou définitives et que la régularisation postérieure des cotisations aboutisse à un montant de cotisations définitives inférieur à celui des cotisations provisionnelles. • Soc. 7 nov. 1997, n° 95-16.226 P. ♦ Il n'est pas fait non plus exception à cette règle en cas de redressement postérieur à la date limite d'exigibilité. • Soc. 25 oct. 1990, n° 87-14.697 P. – *Adde*, sur la date du paiement, notes 1 s. ss. art. R. 243-6.

2. Les majorations de retard courent à compter de la date limite d'exigibilité des cotisations sans aucune formalité et notamment sans qu'il y ait lieu à mise en demeure préalable. • Civ. 2e, 16 juill. 1962 : *Bull. civ. II, n° 590* • 11 juill. 1991, n° 89-14.025 P.

3. Dies ad quem. Les majorations de retard dues pour les cotisations non acquittées à la date de leur échéance courent jusqu'au paiement complet et effectif desdites cotisations. • Soc. 12 juill. 1988 : *Bull. civ. V, n° 436.* ♦ Le jugement qui valide une contrainte ne statue donc pas sur le montant des majorations de retard correspondant à une période ultérieure à son prononcé. • Soc. 11 juill. 1991, n° 89-12.142 P.

4. Clause pénale. Les intérêts appliqués en cas de versement tardif des cotisations constituent au même titre que celles-ci des ressources des organismes sociaux et ont la même nature que les cotisations ; il s'ensuit que ces majorations, qui sont dues de plein droit et qui ne sont assimilables à aucun titre à des dommages-intérêts évalués par les juridictions ne peuvent être modérées, pas plus qu'elles ne pourraient être augmentées, par le juge, en application de l'art. 1152 C. civ. au motif qu'elles seraient manifestement excessives. • Soc. 25 avr. 1979 : *Bull. civ. V, n° 340* • 10 nov. 1981 : *Bull. civ. V, n° 891* • 2 juin 1994, n° 91-11.493 P : *D. 1994. IR 182.*

Art. R. 243-18-1 *(Décr. n° 2013-1107 du 3 déc. 2013, art. 4, en vigueur le 1er janv. 2014)* **La majoration prévue à l'article L. 243-7-6 est appliquée si les observations effectuées à l'occasion d'un précédent contrôle ont été notifiées moins de cinq ans avant la date de notification des nouvelles observations constatant le manquement aux mêmes obligations.**

Cette majoration est appliquée à la part du montant du redressement résultant du manquement réitéré aux obligations en cause.

Art. R. 243-19 *(Décr. n° 99-492 du 11 juin 1999, art. 1er-II)* **« Les majorations et pénalités prévues aux articles** *(Décr. n° 2011-41 du 10 janv. 2011)* **« L. 243-7-2,** *(Décr. n° 2013-1107 du 3 déc. 2013, art. 5, en vigueur le 1er janv. 2014)* **« L. 243-7-6, L. 243-7-7, »** *(Décr. n° 2016-941 du 8 juill. 2016, art. 11 ; Décr. n° 2016-1567 du 21 nov. 2016, art. 3-10°)* **« à l'article L. 133-5-5, au III de l'article R. 133-14 et aux articles R. 242-5 », » R. 243-16**

et R. 243-18 » sont liquidées par le directeur de l'organisme chargé du recouvrement. Elles doivent être versées dans *(Décr. n° 90-1009 du 14 nov. 1990, art. 16)* « le mois » de leur notification par mise en demeure dans les conditions prévues aux articles L. 244-2 et L. 244-3 et sont recouvrées comme en matière de cotisations.

Sur l'entrée en vigueur du Décr. n° 2016-1567 du 21 nov. 2016, V. note ss. art. R. 133-14.

Art. R. 243-19-1 *(Décr. n° 2007-546 du 11 avr. 2007, art. 1er)* Les majorations et pénalités prévues *(Décr. n° 2016-1567 du 21 nov. 2016, art. 3-11°)* « à l'article L. 133-5-5, au III de l'article R. 133-14 et aux articles R. 242-5 », R. 243-16 et *(Abrogé par Décr. n° 2013-1107 du 3 déc. 2013, art. 6-1°, à compter du 1er janv. 2014) « aux deux premiers alinéas de l'article »* R. 243-18 font l'objet d'une remise automatique par le directeur de l'organisme de recouvrement lorsque les conditions suivantes sont réunies :

1° Aucune infraction n'a été constatée au cours des vingt-quatre mois précédents ;

2° Leur montant est inférieur au plafond de la sécurité sociale applicable aux rémunérations ou gains versés par mois, fixé pour l'année civile en cours ;

3° Dans le mois suivant la date d'exigibilité des cotisations, le cotisant a réglé les cotisations dues et a fourni *(Décr. n° 2016-1567 du 21 nov. 2016, art. 3-11°)* « la déclaration mentionnée à l'article L. 133-5-3 ».

(Décr. n° 2013-1107 du 3 déc. 2013, art. 6-2°, en vigueur le 1er janv. 2014) « Toutefois, la remise automatique ne s'applique pas lorsque les majorations et pénalités portent sur les cotisations et contributions mises en recouvrement à l'issue d'un contrôle réalisé en application de l'article L. 243-7 ou consécutivement à la mise en œuvre des dispositions de l'article L. 243-7-5. »

Sur l'entrée en vigueur du Décr. n° 2016-1567 du 21 nov. 2016, V. note ss. art. R. 133-14.

Art. R. 243-20 *(Décr. n° 2007-546 du 11 avr. 2007, art. 1er)* I. — Les employeurs peuvent formuler une demande gracieuse en réduction des majorations et pénalités prévues à l'article *(Décr. n° 2016-1567 du 21 nov. 2016, art. 3-12°)* « L. 133-5-5, au III de l'article R. 133-14, aux articles R. 242-5 et » *(Abrogé par Décr. n° 2012-1550 du 28 déc. 2012, art. 19) « L. 131-6, L. 136-3 et » (Abrogé par Décr. n° 2016-941 du 8 juill. 2016, art. 12-1°) « L. 243-14, »* R. 243-16 et au premier alinéa de l'article R. 243-18. Cette requête n'est recevable qu'après règlement de la totalité des cotisations ayant donné lieu à application des majorations. — *V. note ss. art.*

La majoration *(Décr. n° 2018-174 du 9 mars 2018, art. 14-II)* « mentionnée aux deuxième et troisième alinéas de » l'article R. 243-18 peut faire l'objet de remise lorsque les cotisations ont été acquittées dans le délai de trente jours qui suit la date limite d'exigibilité ou *(Décr. n° 2016-941 du 8 juill. 2016, art. 12-2°)* « à titre exceptionnel, en cas d'événements présentant un caractère irrésistible et extérieur ».

Le directeur de l'organisme de recouvrement est compétent pour statuer sur les demandes portant sur des montants inférieurs à un seuil fixé par arrêté du ministre chargé de la sécurité sociale. A partir de ce seuil, il est statué sur proposition du directeur par la commission de recours amiable.

(Décr. n° 2013-1107 du 3 déc. 2013, art. 7-1° et 2°, en vigueur le 1er janv. 2014) « Les décisions tant du directeur que de la commission de recours amiable sont motivées.

(Décr. n° 2016-941 du 8 juill. 2016, art. 12-3°) « II. — Par dérogation aux dispositions du I, il ne peut pas être accordé de remise des majorations et des pénalités au titre du montant des cotisations et contributions afférentes aux rémunérations réintégrées à la suite du constat de l'infraction de travail dissimulé définie aux articles L. 8221-3 et L. 8221-5 du code du travail. »

Sur l'entrée en vigueur du Décr. n° 2016-1567 du 21 nov. 2016, V. note ss. art. R. 133-14.

Sur l'entrée en vigueur du Décr. n° 2018-174 du 9 mars 2018, V. note ss. art. R. 243-18.

1. Délai. La saisine de la juridiction contentieuse doit intervenir, à peine de forclusion, dans les deux mois de la date de notification de la décision de rejet, mais aucun délai n'est fixé par les textes pour saisir l'organisme de recouvrement d'une demande gracieuse de réduction. • Soc. 12 nov. 1986 : *Bull. civ. V, n° 514.*

2. Remise partielle (bonne foi). En principe, la bonne foi du débiteur doit être appréciée à la date d'exigibilité des cotisations ayant donné lieu à l'application des majorations. • Soc. 10 févr. 1982 : *Bull. civ. V, n° 82.*

3. Appréciation du juge. Il appartient au juge saisi d'un recours contre la décision de remise d'apprécier souverainement la bonne foi du débiteur. • Civ. 2e, 9 janv. 1963 : *Bull. civ. II, nos 34 et 35* • Soc. 8 déc. 1971 : *Dr. soc. 1972. 470, obs. Groutel.* ♦ Même solution en cas de remise intégrale. • 22 janv. 1975 : *Dr. soc. 1975. 551, obs. Groutel* • 13 mai 1975 : *ibid.* • 11 déc. 1980 : *Bull. civ. V, no 895* • 31 oct. 2000 : *RJS 2001, no 237.*

4. Preuve. La preuve de sa bonne foi incombe au débiteur, la loi n'instituant en cette matière aucune présomption de bonne foi. • Civ. 2e, 9 janv. 1963 : *Bull. civ. II, nos 34 et 35.*

5. Remise totale. La recherche de l'existence d'un cas exceptionnel est un préalable à la présentation par le redevable aux autorités administratives compétentes d'une demande d'approbation conjointe. • Soc. 16 mai 1991, no 89-12.655 P. ♦ Un juge ne peut de son propre chef ordonner la remise totale des majorations de retard. • Soc. 17 oct. 1996 : *D. 1996. IR 251.* ♦ Si la bonne foi du débiteur permet d'accorder une réduction des majorations de retard, la remise totale ne peut intervenir que dans des cas exceptionnels avec l'approbation conjointe du trésorier-payeur général et du préfet. • Soc. 26 oct. 1978 : *Bull. civ. V, no 721* • 21 janv. 1987 : *Bull. civ. V, no 42* • 27 févr. 1992, no 90-17.606 P : *D. 1992. IR 119* • 31 oct. 2000 : *RJS 2001, no 95.* ♦ Le respect d'un moratoire obtenu pour le paiement des cotisations ne peut justifier la remise intégrale des majorations de retard, laquelle est subordonnée à la constatation de circonstances exceptionnelles appréciées à la date d'échéance des cotisations et à l'obtention de l'approbation conjointe des autorités administratives désignées. • Soc. 12 oct. 1988 : *Bull. civ. V, no 480.* ♦ Il résulte de l'art. R. 243-20 CSS que la majoration de retard de 5 % mentionnée à l'art. R. 243-18 du même code peut faire l'objet d'une remise après règlement de la totalité des cotisations ayant donné lieu à application de la majoration, et que la majoration complémentaire de 0,4 % par mois ou fraction de mois de retard mentionnée au même article peut faire l'objet d'une remise lorsque les cotisations ont été acquittées dans le délai de trente jours qui suit la date limite d'exigibilité ou dans des cas exceptionnels ou de force majeure. Viole ce texte le juge du fond qui accorde au cotisant la remise totale des majorations de retard sans examiner si les conditions d'une telle remise étaient réunies au regard de la nature des majorations concernées. • Civ. 2e, 10 mars 2016, no 15-13.713 P : *Dr. soc. 2016. 665, chron. Salomon ; RJS 2016, no 367 ; JCP S 2016, no 1168, note Tauran ; ibid., no 1246, note Ronet-Yague.*

6. S'il appartient aux juges du fond de relever préalablement, par une appréciation des éléments de fait, l'existence d'un cas exceptionnel, la remise totale des majorations de retard ne peut intervenir qu'avec l'approbation conjointe du trésorier-payeur général et du commissaire de la République (préfet) de région ; il appartient donc au tribunal des affaires de sécurité sociale de surseoir à statuer pour permettre au demandeur de saisir les autorités administratives compétentes. • Soc. 16 mai 1991, no 89-12.494 P • 21 oct. 1993, no 91-11.277 P. ♦ V. déjà : • Soc. 4 mars 1987 : *Bull. civ. V, no 102 ; D. 1988. Somm. 31, obs. Prétot* • 14 déc. 2000 : *RJS 2001, no 651.* ♦ Mais si ce dernier n'effectue pas les diligences prescrites avant la date de l'audience de renvoi devant le TASS, la fraction irréductible des majorations de retard doit rester à sa charge. • Soc. 2 mars 2000, no 98-17.150 P : *RJS 2000, no 441.*

7. Pour un exemple d'admission de circonstances exceptionnelles, V. • Soc. 11 déc. 1980 : *Bull. civ. V, no 895* (cotisations non acquittées en raison de la longue grève des postes, qui avait compromis le recouvrement de ses propres créances par l'entreprise débitrice, et des restrictions de crédit bancaire imposées par la situation économique).

8. L'absence de bonne foi du débiteur exclut toute remise de la part rémissible des majorations de retard et, par voie de conséquence, la remise de la part irrémissible, même en présence de circonstances exceptionnelles. • Soc. 23 juin 1994, no 92-10.665 P. ♦ La fraction irréductible des majorations de retard ne peut donner lieu à remise que dans la mesure où la fraction réductible a fait l'objet d'une remise totale. • Soc. 9 févr. 1995, no 93-16.123 P.

9. Contrôle juridictionnel. Les commissions de première instance ont le pouvoir de contrôler les refus ou les admissions de remise intégrale de majorations de retard ; les juges ont la possibilité de surseoir à statuer jusqu'à la décision de l'autorité administrative compétente, dans un délai qu'il leur appartient de fixer. • Soc. 5 oct. 1983 : *Bull. civ. V, no 476* • 4 mars 1987 : *Bull. civ. V, no 102 ; D. 1988. Somm. 31, obs. Prétot.*

10. Si la remise des majorations ne peut intervenir qu'avec l'approbation conjointe du trésorier-payeur général et du directeur général de la sécurité sociale, ces autorités administratives chargées du pouvoir de tutelle ne peuvent refuser leur approbation que pour des motifs ne découlant pas des circonstances soumises au seul contrôle juridictionnel de la commission de première instance. • CE 3 juin 1988 : *D. 1989. Somm. 307, obs. Prétot.* ♦ Commettent ainsi une erreur de droit le trésorier-payeur général et le directeur régional des affaires sociales qui rejettent la demande d'approbation sur le seul motif que le débiteur ne justifie pas de circonstances exceptionnelles. • CE 3 juin 1988 : *préc.* ♦ Le juge de l'excès de pouvoir exerce en la matière un contrôle minimum de l'erreur de droit et de l'erreur manifeste d'appréciation. • CE 15 juin 1998 : *RJS 1998, no 1276.* ♦ Les usagers disposent de la faculté d'exercer un recours pour excès de pouvoir contre les mesures de tutelle prises par les autorités compétentes de l'État uniquement lorsque, devant les juridictions du contentieux de la sécurité sociale, ils ne disposent pas d'une voie de droit qui leur permette d'obtenir une satisfaction équivalant à celle que leur assurerait l'annulation pour excès de pouvoir. • CE 1er avr. 1998 : *D. 1998. Somm. 389, obs. Prétot* (censurant la décision du préfet d'annuler une remise partielle de dette sans tenir compte de la précarité de la situation du débiteur).

11. Une société débitrice ne peut saisir la juridiction contentieuse d'une demande de remise de majorations de retard que par la voie d'un recours régulièrement introduit contre la décision gracieuse rejetant sa requête selon la procédure prévue à l'art. R. 243-20 CSS et non à l'occasion d'une opposition à contrainte qui ne peut avoir cet objet. • Soc. 23 janv. 1997, nº 94-21.128 P • 18 juill. 1997 : *RJS 1997, nº 1280* • 17 janv. 2002 : *RJS 2002, nº 496* (application de l'Arr. du 16 mars 1993 relatif au régime agricole, posant une règle identique à celle de l'art. R. 243-20) • Civ. 2e, 18 janv. 2005 : *RJS 2005, nº 436.* ♦ l'employeur ne pouvant formuler une demande de remise qu'après règlement de la totalité des cotisations ayant donné lieu à ces majorations, le recours amiable exercé contre le redressement ne peut avoir le même objet et la demande de remise ne peut être soumise directement au TASS. • Soc. 31 mai 2001 : *RJS 2001, nº 1138.* ♦ V. aussi • Soc. 11 oct. 2001 : *RJS 2002, nº 87.*

12. Le tribunal saisi d'une demande de remise des majorations de retard irréductibles n'a pas à se prononcer sur le montant des sommes réclamées à ce titre par l'URSSAF. • Soc. 6 mai 1999 : *RJS 1999, nº 592* • 29 mars 2001 : *RJS 2001, nº 786.* ♦ V. jurisprudence citée ss. art. R. 244-2.

13. Droit européen. Des facilités de paiement de cotisations de sécurité sociale accordées de façon discrétionnaire par l'organisme chargé de leur collecte à une entreprise constitue une aide d'État au sens de l'art. 92, § 1, du traité CE (devenu art. 87 § 1) si, compte tenu de l'importance de l'avantage économique ainsi octroyé, l'entreprise n'aurait manifestement pas obtenu des facilités comparables d'un créancier privé se trouvant, à son égard, dans la même situation que l'organisme collecteur. • CJCE 29 juin 1999, nº 256/97, *SA DMT : RJS 1999, nº 1321.*

14. CEDH. En permettant au redevable de remettre en cause la décision qui lui fait grief, le recours ouvert devant le TASS, lequel apprécie les éléments de fait et de preuve, et sans préjudice du recours ouvert devant le juge administratif, répond aux exigences de l'art. 6, § 1, Conv. EDH. • Soc. 25 nov. 1999, nº 98-12.801 P : *RJS 2000, nº 208.*

Art. R. 243-20-1 *(Décr. nº 95-1353 du 29 déc. 1995, art. 3)* **Par dérogation aux dispositions de l'article R. 243-20, l'employeur dont l'entreprise fait l'objet d'un examen par la commission départementale des chefs des services financiers et des représentants des organismes de sécurité sociale dans le cadre d'une reprise ou d'une restructuration financière peut bénéficier** *(Décr. nº 99-492 du 11 juin 1999, art. 1er-V)* **« de la remise intégrale ou partielle des majorations et pénalités restant dues », dans les conditions suivantes :**

1° La demande de remise est recevable même si les cotisations patronales n'ont pas été intégralement réglées. La décision du directeur de l'organisme de recouvrement ou de la commission de recours amiable accordant une remise peut être prise avant le paiement desdites cotisations ; toutefois, cette remise ne sera acquise qu'après leur paiement ;

2° Le paiement des cotisations s'effectue dans les conditions fixées par le plan d'apurement adopté par la commission départementale des chefs des services financiers et des représentants des organismes de sécurité sociale pour l'examen de la situation des débiteurs retardataires ou, le cas échéant, par anticipation sur l'exécution de ce plan.

(Décr. nº 99-492 du 11 juin 1999, art. 1er-V) **« Lorsque le plan d'apurement n'est pas respecté, les majorations et pénalités sont calculées selon les modalités prévues** *(Décr. nº 2016-1567 du 21 nov. 2016, art. 3-13°)* **« à l'article L. 133-5-5, au III de l'article R. 133-14 et aux articles » R. 243-16, R. 243-18 et R. 243-20. »** – *Sur l'entrée en vigueur du Décr. nº 2016-1567 du 21 nov. 2016, V. note ss. art. R. 133-14.*

Seules les dispositions de l'art. R. 243-20-1 CSS sont applicables à la remise des majorations de retard et pénalités dues par l'employeur dont l'entreprise fait l'objet d'un examen par la commission départementale des chefs des services financiers et des représentants des organismes sociaux. En conséquence, le cotisant peut bénéficier de la remise intégrale des majorations et pénalités restant dues, notamment lorsque le paiement des cotisations s'effectue dans les conditions fixées par le plan d'apurement adopté par la commission départementale ou, le cas échéant, par anticipation sur l'exécution de ce plan. • Civ. 2e, 31 mars 2016, nº 15-15.974 P : *Dr. soc. 2016. 665, chron. Salomon ; RJS 2016, nº 449 ; JCP S 2016, nº 1246, note Ronet-Yague.*

Art. R. 243-20-2 *(Décr. n° 2007-242 du 22 févr. 2007)* **En cas de saisine de la commission départementale des chefs de services financiers et des représentants des organismes de sécurité sociale pour l'examen des demandes de remises de dettes prévues aux articles L. 611-7, L. 626-6 et L. 631-19 du code de commerce, le directeur de l'organisme de recouvrement habilité à siéger est compétent pour statuer sur la demande pour l'ensemble des cotisations et contributions relevant de la compétence de la commission, selon des modalités fixées par décret. Toutefois dans le cas où les créances concernent plusieurs organismes chargés du recouvrement, la décision de ce directeur est, en tant qu'elle concerne les créances d'organismes ne siégeant pas dans la commission, prise sur avis conforme des directeurs des organismes concernés.**

Art. R. 243-20-3 *(Décr. n° 86-244 du 18 févr. 1986, art. 1er)* **Les cessions de rang, de privilège ou d'hypothèque ou l'abandon de ces sûretés prévus** *(Décr. n° 2007-242 du 22 févr. 2007)* **« aux articles L. 611-7, L. 626-6 et L. 631-19-I »** *[du C. com.]* **peuvent, sans extinction préalable de la créance, être accordés** *(Décr. n° 2007-242 du 22 févr. 2007)* **« par le directeur » de l'organisme chargé du recouvrement prise après consultation de la commission des chefs des services financiers prévue par le décret n° 78-486 du 31 mars 1978. Les frais afférents à ces opérations sont à la charge du débiteur.**

Art. R. 243-20-4 *(Décr. n° 90-692 du 1er août 1990, art. 1er)* **Pour l'application de l'article 15 de la loi n° 89-1010 du 31 décembre 1989 relative à la prévention et au règlement des difficultés liées au surendettement des particuliers et des familles, la commission de recours amiable ou le directeur de l'organisme chargé du recouvrement, dans la limite de leur compétence respective, peuvent accorder une remise partielle ou totale des majorations de retard afférentes aux cotisations échues non réglées dues par les employeurs d'employés de maison et d'assistantes maternelles. Cette remise n'est pas subordonnée au versement préalable desdites cotisations.**

Lorsque la commission d'examen des situations de surendettement des particuliers est saisie d'une demande de règlement amiable, le débiteur formule la demande de remise des majorations de retard auprès de l'organisme chargé du recouvrement dans un délai de quinze jours à compter de la date de saisine de la commission.

Les décisions afférentes à la remise des majorations de retard sont communiquées à la commission et au débiteur dans le délai d'un mois à compter de la réception de la demande de remise. Le défaut de réponse de l'organisme chargé du recouvrement dans ce délai vaut rejet de la demande.

La remise des majorations de retard est acquise lorsque le plan conventionnel de règlement a reçu l'accord des parties ou lorsque le juge a arrêté les mesures visant à assurer le redressement.

Art. R. 243-20-5 *(Décr. n° 90-1009 du 14 nov. 1990, art. 19)* **En cas de défaillance d'une entreprise de travail temporaire et d'insuffisance de la garantie financière exigée, les cotisations réclamées à l'utilisateur en application du second alinéa de l'article R. 124-22** *[R. 1251-26 nouv.]* **du code du travail font l'objet de majorations de retard calculées dans les conditions fixées aux articles R. 243-18 et R. 243-20, dès lors qu'elles sont acquittées avec un retard d'un mois ou plus à compter de la notification de la mise en demeure à l'utilisateur.**

Art. R. 243-21 *(Décr. n° 90-1009 du 14 nov. 1990, art. 20)* **Le directeur de l'organisme chargé du recouvrement des cotisations a la possibilité** *(Décr. n° 2017-864 du 9 mai 2017, art. 2-1°)* **« d'accorder des échéanciers de paiement et » des sursis à poursuites pour le règlement des cotisations** *(Abrogé par Décr. n° 2017-864 du 9 mai 2017, art. 2-1°)* ***« patronales »*****, des pénalités et des majorations de retard.**

(Décr. n° 2017-864 du 9 mai 2017, art. 2-1°) **« L'échéancier ou le sursis » prévu à l'alinéa précédent doit être assorti de garanties du débiteur qui sont appréciées par le directeur de l'organisme chargé du recouvrement des cotisations.**

(Décr. n° 2017-864 du 9 mai 2017, art. 2-1°) **« Les dispositions du présent article s'appliquent aux cotisations dont sont redevables les employeurs à la condition qu'ils aient procédé au reversement intégral des cotisations salariales dues. »**

1. Octroi du sursis à poursuites. Aux termes de l'art. R. 243-21, il ne peut être sursis à poursuites que si le débiteur produit des garanties jugées suffisantes par le directeur de l'organisme chargé du recouvrement des cotisations, le débiteur devant toutefois s'être acquitté de la totalité des cotisations des salariés et régler, dans le cadre du sursis à poursuites, la fraction minimum des majorations de retard fixée à l'art. R. 243-20. • Soc. 3 mars 1994, n° 90-15.524 P.

2. Délai de grâce judiciaire (non). Le directeur de l'URSSAF a seul qualité pour ordonner des sursis à poursuites pour le règlement des majorations de retard, le juge ne pouvant accorder des délais sur le fondement de l'art. 1244 (1244-1) C. civ. au regard des difficultés financières sérieuses et de la bonne foi du débiteur. • Soc. 3 mars 1994, n° 90-15.524 P • 10 oct. 1996 : *RJS 1996, n° 1206 ; D. 1996. IR 260* (sous l'empire de l'art. 1244-1 C. civ.) • 8 oct. 1998 : *JCP E 1998. 1910, obs. Taquet* • 22 mars 2001 : *RJS 2001, n° 788.* ♦ V. aussi notes ss. art. L. 243-6.

3. Exclusion du droit commun. L'art. R. 243-21 est un texte dérogatoire au droit commun de l'art. 1244-1 C. civ. puisque les délais ou sursis à poursuites ne sont accordés que sous certaines conditions qui n'apparaissent pas dans la rédaction de l'art. 1244-1 et que seul le directeur de la caisse est en mesure de vérifier ; l'octroi de délais en matière de cotisations de sécurité sociale ne pouvant être accordé que sur le fondement de l'art. R. 243-21, le juge de l'exécution, qui ne peut accorder des délais que dans le cadre de l'art. 1244-1 C. civ., n'a pas le pouvoir d'agir en matière de paiement de cotisations de sécurité sociale. • Paris, 22 févr. 1996 : *RJS 1996, n° 594.*

4. Saisine de la juridiction administrative (effet). Le sursis à paiement obtenu sur le fondement de l'art. L. 277 du LPF par un travailleur indépendant qui a contesté le montant de l'impôt sur le revenu mis à sa charge n'a pas pour effet de conférer au recours devant le tribunal administratif un caractère suspensif si bien que les cotisations de sécurité sociale (cotisation personnelle d'allocations familiales), qui sont calculées sur l'assiette fiscale (CSS, art. L. 131-6), demeurent exigibles. • Soc. 27 févr. 2003, n° 01-20.666 P : *RJS 2003, n° 671 ; D. 2003. Somm. 2865, obs. Prétot.*

5. Par contre, après la signification d'un acte de saisie, le juge de l'exécution a compétence, en vertu de l'art. 8, Décr. 31 juill. 1992, relatif aux procédures civiles d'exécution, pour accorder un délai de grâce sur le fondement de l'art. 1244-1 C. civ. • Soc. 19 juill. 2001, n° 00-12.917 P. ♦ Ayant relevé que la demande de délai de paiement du débiteur ne se rattachait que pour partie à des mesures d'exécution forcée et que cette fraction n'avait donné lieu à la délivrance d'aucun commandement, la cour d'appel a décidé à bon droit qu'elle n'avait pas compétence pour accorder un délai de grâce à l'assuré par application des art. 8 du Décr. n° 92-755 du 31 juill. 1992 et 1244-1 C. civ. • Civ. 2e, 16 sept. 2003, n° 02-10.909 P : *D. 2003. Somm. 2865, obs. Prétot.*

6. Champ d'application. L'art. R. 243-21 s'applique au recouvrement des majorations de retard lequel est effectué, comme en matière de cotisations, conformément aux règles du code de la sécurité sociale. • Soc. 3 mars 1994, n° 90-15.524 P.

7. Responsabilité civile de la caisse pour crédit abusif. V. note 28 ss. art. L. 243-7.

SOUS-SECTION 2 *[ABROGÉE]* RECOUVREMENT DES COTISATIONS DUES À TITRE PERSONNEL PAR LES EMPLOYEURS ET LES PERSONNES EXERÇANT LES PROFESSIONS LIBÉRALES *(Décr. n° 2007-703 du 3 mai 2007, art. 5).*

(Abrogée par Décr. n° 2018-174 du 9 mars 2018, art. 15-I, à compter du 1er janv. 2018)

Art. R. 243-22 (Décr. n° 2007-703 du 3 mai 2007, art. 5, en vigueur le 1er janv. 2008) ***Les cotisations dues, à titre personnel,*** (Décr. n° 2012-1550 du 28 déc. 2012, art. 19) ***« par les travailleurs indépendants mentionnés »*** (Décr. n° 2017-864 du 9 mai 2017, art. 2-2°) ***« aux articles L. 640-1 et L. 723-1 », en application de la législation concernant les allocations familiales, sont versées conformément aux dispositions des articles R. 133-26 à*** (Décr. n° 2014-1690 du 30 déc. 2014, art. 10-1°) ***« R. 133-29-3 ».***

Toutefois, par dérogation au deuxième alinéa du I de l'article (Décr. n° 2017-864 du 9 mai 2017, art. 2-2°) ***« R. 133-2-1 »,*** (Décr. n° 2014-1690 du 30 déc. 2014, art. 10-2°) ***« ces personnes » communiquent leur choix de la date de prélèvement ainsi qu'une autorisation de prélèvement à l'organisme de recouvrement dont ils relèvent.***

Art. R. 243-22-1 *Abrogé par Décr. n° 2012-1550 du 28 déc. 2012, art. 27. — V. Arr. du 28 sept. 2001 (JO 29 sept.).*

Art. R. 243-23 *Abrogé par Décr. n° 2007-703 du 3 mai 2007, art. 5.*

Art. R. 243-24 *Abrogé par Décr. n° 2012-1550 du 28 déc. 2012, art. 27.*

Art. R. 243-25 *Abrogé par Décr. n° 2007-703 du 3 mai 2007, à compter du 1er janv. 2008.*

Art. R. 243-26 *Abrogé par Décr. n° 2012-1550 du 28 déc. 2012, art. 27.*

SOUS-SECTION 3 RECOUVREMENT DES COTISATIONS D'ASSURANCE MALADIE, MATERNITÉ, INVALIDITÉ ET DÉCÈS ASSISES SUR LES AVANTAGES DE RETRAITE

§ 1er COTISATIONS SUR LES AVANTAGES DE RETRAITE SERVIS PAR LES ORGANISMES DU RÉGIME GÉNÉRAL

Art. R. 243-27 La Caisse nationale d'assurance vieillesse des travailleurs salariés communique à l'Agence centrale des organismes de sécurité sociale, avant le 31 janvier de chaque année, l'assiette et le montant des cotisations précomptées sur les avantages de retraite versés par les organismes du régime général au cours de l'année civile précédente.

Ce montant est viré par l'Agence centrale des organismes de sécurité sociale du compte de la Caisse nationale d'assurance vieillesse à celui de la Caisse nationale de l'assurance maladie.

§ 2 COTISATIONS SUR LES AVANTAGES DE RETRAITE SERVIS PAR LES EMPLOYEURS

Art. R. 243-28 *(Décr. n° 95-1353 du 29 déc. 1995, art. 4-III et 5)* Les cotisations assises sur les avantages de retraite servis par l'employeur sont versées à l'organisme de recouvrement dont relève ce dernier, conformément aux dispositions des articles R. 242-5, R. 243-6 à R. 243-8, R. 243-13, R. 243-15, R. 243-16, R. 243-18, *(Décr. n° 2016-941 du 8 juill. 2016, art. 13)* « R. 243-19, R. 243-20 et R. 243-59-4 ». Pour l'application de ces articles, les avantages de retraite sont assimilés à des rémunérations.

Les dispositions issues de l'art. 13 du Décr. n° 2016-941 du 8 juill. 2016 s'appliquent aux contrôles engagés à compter du 11 juill. 2016, lendemain de la publication du décret susvisé (Décr. préc., art. 37-I).

§ 3 COTISATIONS SUR LES AVANTAGES DE RETRAITE SERVIS PAR D'AUTRES ORGANISMES AU TITRE D'UNE ACTIVITÉ PROFESSIONNELLE RELEVANT DU RÉGIME GÉNÉRAL

Art. R. 243-29 Les cotisations dues au titre des assurances maladie, maternité, invalidité et décès, à raison des avantages de retraite payés pendant un mois civil, sont versées dans les quinze premiers jours du mois suivant à l'organisme chargé du recouvrement dont relève le débiteur de l'avantage de retraite.

Art. R. 243-30 Chaque versement de cotisations est obligatoirement accompagné d'un bordereau daté et signé par le débiteur de l'avantage de retraite, indiquant le montant total des cotisations versées, celui des avantages de retraite sur lesquels elles sont assises et celui des avantages de retraite exonérés par application du décret prévu à l'article *(Décr. n° 2018-821 du 27 sept. 2018, art. 1er)* « L. 131-2 ».

Les sommes à déclarer par le débiteur de l'avantage de retraite *(Décr. n° 95-1353 du 29 déc. 1995, art. 4-IV et 5)* « sont arrondies » à l'euro le plus voisin, tant en ce qui concerne la totalisation de l'assiette que les cotisations qui en résultent.

Ce bordereau est conforme à un modèle fixé par arrêté du ministre chargé de la sécurité sociale et du ministre chargé du budget.

Si, pour quelque motif que ce soit, les cotisations n'ont pas été versées, le débiteur de l'avantage de retraite reste tenu d'adresser à l'organisme de recouvrement dont il relève, au plus tard à la date limite d'exigibilité des cotisations, le bordereau prévu au premier alinéa. Si, aucun avantage de retraite n'ayant été versé, le débiteur de l'avantage n'est redevable d'aucune cotisation, il doit néanmoins adresser le bordereau avec la mention « néant » lorsqu'il n'a pas sollicité la radiation de son compte.

Art. R. 243-31 Le défaut de production, dans les délais prescrits, du document prévu à l'article R. 243-30 ci-dessus entraîne une pénalité de *(Décr. n° 90-1009 du 14 nov. 1990, art. 21 ; Ord. n° 2000-916 du 19 sept. 2000, art. 3)* « 750 € » par bordereau. Si le retard excède un mois, une pénalité identique est automatiquement appliquée pour chaque mois ou fraction de mois de retard.

Une pénalité de *(Décr. n° 90-1009 du 14 nov. 1990, art. 21 ; Ord. n° 2000-916 du 19 sept. 2000, art. 3)* « 750 € » par bordereau est aussi encourue en cas d'inexactitude de l'assiette déclarée.

Art. R. 243-32 Il est appliqué une majoration de retard de *(Décr. n° 2007-546 du 11 avr. 2007, art. 1er)* « 5 % » du montant des cotisations qui n'ont pas été versées à la date limite d'exigibilité fixée à l'article R. 243-29.

(Décr. n° 2007-546 du 11 avr. 2007, art. 1er, en vigueur le 1er janv. 2008) « A cette majoration s'ajoute une majoration complémentaire de 0,4 % du montant des cotisations dues, par mois ou fraction de mois écoulé, à compter de la date d'exigibilité des cotisations. »

Art. R. 243-33 Les pénalités prévues à l'article R. 243-31 et les majorations de retard prévues à l'article R. 243-32 sont liquidées par le directeur de l'organisme chargé du recouvrement des cotisations. Elles doivent être versées *(Décr. n° 95-1353 du 29 déc. 1995, art. 4-V et 5)* « dans le mois » de leur notification par mise en demeure dans les conditions prévues aux articles L. 244-2 et L. 244-3 et sont recouvrées comme en matière de cotisations. *(Décr. n° 95-1353 du 29 déc. 1995, art. 4-V et 5)* « Ces pénalités et majorations de retard peuvent faire l'objet d'une remise dans les conditions fixées à l'article R. 243-20 ». – *Effet au 1er janv. 1996.*

Art. R. 243-34 Lorsque la comptabilité du débiteur de l'avantage de retraite ne permet pas d'établir le montant des avantages de retraite servant de base au calcul des cotisations dues, le montant des cotisations est fixé forfaitairement par l'organisme chargé du recouvrement.

En cas de carence de l'organisme créancier, le forfait est établi par *(Décr. n° 2009-1596 du 18 déc. 2009, art. 12-I)* « le responsable du service mentionné à l'article R. 155-1 ».

Lorsque le débiteur de l'avantage de retraite n'a pas produit dans le délai prescrit la déclaration prévue à l'article R. 243-30, l'organisme de recouvrement peut fixer, à titre provisionnel, le montant des cotisations en fonction des versements effectués au titre des mois antérieurs. Cette évaluation est adressée au débiteur par mise en demeure dans les conditions prévues aux articles L. 244-2 et L. 244-3.

§ 4 DISPOSITIONS DIVERSES

Art. R. 243-35 Le débiteur d'un avantage de retraite est tenu de faire parvenir au pensionné, au moins une fois par an, un bulletin de pension mentionnant notamment, pour la période considérée, les montants respectifs de la pension brute, de l'assiette du précompte, de la cotisation précomptée et de la pension nette.

A compter d'une date fixée par un arrêté du ministre chargé de la sécurité sociale, le bulletin de pension est établi lors de chaque modification du montant de la pension nette.

SOUS-SECTION 4 RECOUVREMENT DES COTISATIONS D'ASSURANCE MALADIE, MATERNITÉ, INVALIDITÉ ET DÉCÈS ASSISES SUR LES REVENUS DE REMPLACEMENT

Art. R. 243-36 Les cotisations d'assurance maladie, maternité, invalidité et décès précomptées sur les indemnités, allocations et revenus de remplacement mentionnés à l'article L. 131-2, servis par une personne autre que l'employeur à des assurés relevant du régime général de sécurité sociale, sont calculées sur les sommes allouées pendant un mois civil. Elles sont versées par le débiteur des avantages précités, dans les quinze premiers jours du mois suivant, à l'organisme chargé du recouvrement dont il relève.

Art. R. 243-37 Chaque versement de cotisations est obligatoirement accompagné d'un bordereau daté et signé par le débiteur des avantages mentionnés à l'article R. 243-36 indiquant le montant total des cotisations versées, celui des avantages sur lesquels elles sont assises et celui des avantages exonérés par application des décrets prévus à l'article *(Décr. n° 2018-821 du 27 sept. 2018, art. 1er)* « L. 131-2 ».

Les sommes à déclarer par le débiteur des avantages mentionnés à l'article R. 243-36 *(Décr. n° 95-1353 du 29 déc. 1995, art. 4-VI et 5)* « sont arrondies » *[effet au 1er janv. 1996]* au franc *[à l'euro]* le plus voisin tant en ce qui concerne la totalisation de l'assiette que les cotisations qui en résultent.

Le bordereau prévu au premier alinéa ci-dessus est conforme à un modèle fixé par arrêté du ministre chargé de la sécurité sociale.

Si, pour quelque motif que ce soit, les cotisations n'ont pas été versées, le débiteur des avantages mentionnés à l'article R. 243-36 est tenu d'adresser à l'organisme de recouvrement mentionné audit article, au plus tard à la date limite d'exigibilité des cotisations, le bordereau prévu au premier alinéa. Si, aucun avantage n'ayant été versé, aucune cotisation n'est due, le bordereau est adressé avec la mention "néant", à moins que la radiation du compte ait été demandée.

Art. R. 243-38 Les dispositions des articles R. 243-16 et R. 243-18 sont applicables aux organismes redevables des cotisations prévues à l'article R. 243-36.

Art. R. 243-39 Les pénalités et les majorations de retard appliquées en vertu des dispositions de l'article R. 243-38 sont liquidées par le directeur de l'organisme chargé du recouvrement des cotisations. Elles doivent être versées *(Décr. n° 90-1009 du 14 nov. 1990, art. 23)* « dans le mois suivant » leur notification par mise en demeure dans les conditions prévues aux articles L. 244-2 et L. 244-3. *(Décr. n° 95-1353 du 29 déc. 1995, art. 4-VII et 5)* « Ces pénalités et majorations de retard peuvent faire l'objet d'une remise dans les conditions fixées à l'article R. 243-20. » — *Effet au 1er janv. 1996.*

Art. R. 243-40 Lorsque la comptabilité du débiteur des avantages mentionnés à l'article R. 243-36 ne permet pas d'établir le montant desdits avantages servant de base au calcul des cotisations dues, le montant des cotisations est fixé forfaitairement par l'organisme chargé du recouvrement.

En cas de carence de l'organisme créancier, le forfait est établi par *(Décr. n° 2009-1596 du 18 déc. 2009, art. 12-I)* « le responsable du service mentionné à l'article R. 155-1 ».

Lorsque le débiteur des avantages mentionnés à l'article R. 243-36 n'a pas produit dans le délai prescrit la déclaration prévue à l'article R. 243-37, l'organisme de recouvrement peut fixer, à titre provisionnel, le montant des cotisations en fonction des versements effectués au titre des mois antérieurs. Cette évaluation est adressée au débiteur par mise en demeure dans les conditions prévues aux articles L. 244-2 et L. 244-3.

Art. R. 243-41 Le débiteur d'un des avantages mentionnés à l'article R. 243-36 est tenu de faire parvenir à son bénéficiaire un bulletin indiquant notamment, pour la période considérée, les montants brut et net de l'avantage en cause ainsi que le montant de la cotisation précomptée.

Art. R. 243-42 Le versement des cotisations assises sur les indemnités de garanties allouées aux dockers en application du titre II du livre V du code des ports maritimes est effectué sur la base des états nominatifs établis par la Caisse nationale de garantie des ouvriers dockers qui mentionnent pour chaque docker concerné le montant des sommes dues à ce titre.

Ces sommes sont, pour le compte de la Caisse nationale de garantie des ouvriers dockers, versées par l'intermédiaire des caisses de congés payés des ports.

Art. R. 243-43 *(Décr. n° 95-1353 du 29 déc. 1995, art. 4-VIII et 5)* « Les cotisations assises sur les indemnités, allocations et revenus de remplacement mentionnés à l'article L. 131-2 servis par l'employeur sont versées par celui-ci à l'organisme de recouvrement dont il relève, dans les conditions prévues aux articles R. 242-5, R. 243-6 à R. 243-8, R. 243-13, R. 243-15, R. 243-16, R. 243-18, » *(Décr. n° 2016-941 du 8 juill. 2016, art. 13)* « R. 243-19, R. 243-20 et R. 243-59-4 ». Pour l'application de ces dispositions, les avantages précités sont assimilés à des rémunérations. L'employeur indique dans la déclaration annuelle des données sociales le montant global de ces avantages versés dans l'année et soumis à cotisation. — *Effet au 1er janv. 1996.*

SOUS-SECTION 5 DISPOSITIONS COMMUNES — GARANTIES DES DROITS DES COTISANTS

(Décr. n° 2005-1264 du 7 oct. 2005, art. 1er)

Art. R. 243-43-1 *(Décr. n° 2007-546 du 11 avr. 2007, art. 2)* I. — L'intervention de l'Agence centrale des organismes de sécurité sociale, dans le cas prévu à l'article L. 243-6-1, est sollicitée par le cotisant, par une demande écrite et motivée, à laquelle sont joints tous documents relatifs aux interprétations contradictoires auxquelles il est confronté.

La demande d'intervention a pour effet d'interrompre les délais de recours prévus à l'article R. 142-1. Ces délais courent à nouveau à compter de la date de réception par le cotisant de la décision prise par l'organisme de recouvrement à la suite de la prise de position de l'Agence centrale des organismes de sécurité sociale.

L'Agence centrale des organismes de sécurité sociale ne peut être saisie dès lors que le cotisant a formé, devant la commission de recours amiable prévue à l'article R. 142-1, une réclamation portant sur ces interprétations.

La présentation par le cotisant, devant la commission de recours amiable, d'une réclamation portant sur ces interprétations, avant la communication qui lui est faite de la position adoptée par l'Agence centrale des organismes de sécurité sociale, rend caduque sa demande d'intervention.

La demande d'intervention de l'Agence centrale des organismes de sécurité sociale n'a pour effet ni de suspendre, ni d'interrompre les délais de prescription.

II. — La demande d'intervention est réputée complète si, dans le délai de trente jours à compter de sa réception, l'Agence centrale des organismes de sécurité sociale n'a pas fait connaître au cotisant, par lettre recommandée avec demande d'avis de réception, la liste des pièces ou informations manquantes.

La demande d'intervention complète fait l'objet par l'Agence centrale des organismes de sécurité sociale d'un accusé de réception.

Cet accusé indique au cotisant :

1° La date avant laquelle la position adoptée par l'Agence centrale des organismes de sécurité sociale doit lui être notifiée ;

2° Les dispositions prévues aux deuxième, quatrième et cinquième alinéas du I du présent article.

III. — L'Agence centrale des organismes de sécurité sociale dispose d'un délai de quarante jours, courant à compter de la date à laquelle la demande complète a été reçue, pour communiquer aux organismes de recouvrement en cause et au cotisant sa position.

Dans un délai de trente jours, chacun des organismes de recouvrement notifie sa décision au cotisant et en adresse une copie à l'Agence centrale des organismes de sécurité sociale.

Lorsque l'Agence centrale des organismes de sécurité sociale entend se substituer à l'organisme de recouvrement, elle notifie sa décision au cotisant et à l'organisme dans un délai de trente jours à compter de la réception de la décision prise par ce dernier. Les délais de recours prévus à l'article R. 142-1 courent contre cette décision à compter de sa notification au cotisant.

Cet art. entre en vigueur le 1er sept. 2007 (Décr. nº 2007-546 du 11 avr. 2007, art. 10).

Art. R. 243-43-2 *(Décr. nº 2016-1435 du 25 oct. 2016, art. 3-2º)* « I. — La demande mentionnée à l'article L. 243-6-3 est adressée par tout moyen permettant de rapporter la preuve de sa date de réception à l'organisme de recouvrement *(Décr. nº 2017-736 du 3 mai 2017, art. 1er-10º)* « dont il relève en application des dispositions de l'article R. 243-6 » ou, dans le cas prévu au quatrième alinéa du I de l'article L. 243-6-3, à l'Agence centrale des organismes de sécurité sociale.

« Lorsqu'en application du premier alinéa du I de l'article L. 243-6-3 la demande est formulée par un cotisant, un futur cotisant ou, pour le compte de celui-ci, par un avocat ou un expert-comptable, elle comporte :

« 1º Le nom et l'adresse du cotisant ou futur cotisant ;

« 2º Le numéro *(Décr. nº 2017-736 du 3 mai 2017, art. 1er-10º)* « permettant l'identification du cotisant ou du nouveau cotisant lorsqu'il en dispose » ;

« 3º Les indications relatives aux dispositions législatives et réglementaires au regard desquelles il demande que la situation soit appréciée ;

« 4º Une présentation précise et complète de la situation de nature à permettre à l'organisme de recouvrement d'apprécier les conditions dans lesquelles s'applique la réglementation.

« Les personnes mentionnées au deuxième alinéa ne peuvent adresser leur demande à l'organisme de recouvrement dès lors que leur a été notifié l'avis prévu par le premier alinéa de l'article R. 243-59 ou lorsqu'un recours a été formé dans les délais fixés par le présent code sur la situation en cause sans que ne soit intervenue une décision de justice définitive.

« Lorsqu'en application du quatrième alinéa du I de l'article L. 243-6-3 du code de la sécurité sociale la demande est formulée par une organisation professionnelle d'employeurs ou une organisation syndicale de salariés reconnues représentatives au niveau de la branche professionnelle, elle comporte :

« 1° Le nom et l'adresse de l'organisation ;

« 2° Une présentation précise et complète des dispositions du projet de convention, ou d'accord collectif, ou des dispositions de la convention ou de l'accord collectif de nature à permettre à l'Agence centrale des organismes de sécurité sociale d'apprécier si les conditions requises par la réglementation sont satisfaites.

« L'organisme de recouvrement requalifie une demande formulée par une personne mentionnée au deuxième alinéa lorsque les informations mentionnées au 2° ou au 3° du I ne sont pas renseignées par le demandeur, afin qu'elle bénéficie du même régime que la demande mentionnée au premier alinéa du I de l'article L. 243-6-3.

« Lorsqu'en application du premier alinéa du II de l'article L. 243-6-3 l'organisme de recouvrement requalifie la demande afin qu'elle bénéficie du même régime que la demande mentionnée au premier alinéa du I de l'article L. 243-6-3, il en informe le cotisant ou futur cotisant et, le cas échéant, l'avocat ou l'expert-comptable, et indique les garanties dont le cotisant ou futur cotisant bénéficie à ce titre en application des dispositions du même article.

« II. — La demande est réputée complète dès sa réception sauf si, dans un délai de vingt jours à compter de sa réception, l'organisme de recouvrement ou l'Agence centrale des organismes de sécurité sociale a fait connaître au cotisant ou futur cotisant ou, le cas échéant, à l'avocat, l'expert-comptable ou l'organisation mentionnée au huitième alinéa du I, la liste des pièces ou des informations manquantes par tout moyen permettant de rapporter la preuve de sa date de réception. A réception de ces pièces ou informations, l'organisme leur notifie, par tout moyen permettant de rapporter la preuve de sa date de réception, que la demande est complète. En l'absence de réception des pièces et des informations manquantes dans un délai d'un mois à compter de la date de réception de la liste par le cotisant ou futur cotisant ou, le cas échéant, par l'avocat, l'expert-comptable ou l'organisation mentionnée au huitième alinéa du I, la demande est réputée caduque.

« Dans le cas d'une demande formulée par une personne mentionnée au deuxième alinéa du I, l'organisme de recouvrement dispose d'un délai de trois mois à compter de la date à laquelle la demande complète a été reçue pour notifier sa réponse au cotisant ou futur cotisant ou, le cas échéant, à l'avocat ou l'expert-comptable.

« En l'absence de réponse à l'issue de ce délai de trois mois, aucun redressement de cotisations ou contributions sociales, fondé sur la législation au regard de laquelle devait être appréciée la situation de fait exposée dans la demande, ne peut être effectué au titre de la période comprise entre l'expiration du délai de trois mois et la réponse explicite de l'organisme.

« Dans le cas d'une demande formulée par une organisation professionnelle d'employeurs ou syndicale de salariés reconnues *[reconnue]* représentatives *[représentative]* au niveau de la branche professionnelle, l'Agence centrale des organismes de sécurité sociale dispose d'un délai de quatre mois à compter de la date à laquelle la demande complète a été reçue pour notifier à l'organisation professionnelle d'employeurs ou syndicale de salariés sa réponse.

« Lorsque la demande est formulée en application du quatrième alinéa du I de l'article L. 243-6-3 sur une convention ou un accord collectif déposé et non étendu, l'Agence centrale des organismes de sécurité sociale informe le ministre compétent pour l'extension de cette demande. Elle informe le ministre de la réponse apportée à l'organisation.

« La réponse de l'organisme de recouvrement ou, le cas échéant, de l'Agence centrale des organismes de sécurité sociale est motivée et signée par son directeur ou son délégataire. Elle mentionne les voies et délais de recours contre cette décision.

« III. — Lorsqu'un organisme de recouvrement entend modifier une décision explicite prise à la suite d'une demande présentée sur le fondement des dispositions de l'article

L. 243-6-3, cette nouvelle décision, notifiée au cotisant par tout moyen permettant de rapporter la preuve de sa date de réception, est motivée et précise :

« 1° Les voies et délais de recours contre cette nouvelle décision ;

« 2° La faculté de saisir à fin d'intervention, par tout moyen permettant de rapporter la preuve de sa date de réception, l'Agence centrale des organismes de sécurité sociale dans le mois suivant la notification de la décision ;

« 3° Les dispositions prévues par le IV du présent article.

« Dans le cadre d'une demande formulée par une organisation professionnelle d'employeurs ou syndicale de salariés, lorsque l'Agence centrale des organismes de sécurité sociale entend modifier pour l'avenir une décision explicite prise à la suite d'une demande présentée sur le fondement des dispositions de l'article L. 243-6-3, sa nouvelle décision, notifiée au demandeur par tout moyen permettant de rapporter la preuve de sa date de réception, est motivée et précise les voies et délais de recours contre cette nouvelle décision. »

IV. — La demande d'intervention adressée par le cotisant *(Décr. n° 2016-1435 du 25 oct. 2016, art. 3-2°)* « ou, le cas échéant, l'avocat ou l'expert-comptable, » à l'Agence centrale des organismes de sécurité sociale est réputée complète si, dans le délai d'un mois à compter de sa réception, l'Agence n'a pas fait connaître *(Décr. n° 2016-1435 du 25 oct. 2016, art. 3-2°)* « au demandeur, par tout moyen permettant de rapporter la preuve de sa date de réception », la liste des pièces ou informations manquantes.

La demande d'intervention complète fait l'objet par l'Agence centrale des organismes de sécurité sociale d'*(Décr. n° 2016-1435 du 25 oct. 2016, art. 3-2°)* « une notification mentionnant » les délais fixés par les troisième et cinquième alinéas du *(Décr. n° 2016-1435 du 25 oct. 2016, art. 3-2°)* « V » du présent article.

V. — *(Décr. n° 2016-1435 du 25 oct. 2016, art. 3-2°)* « Dans le cas d'une demande formulée par une personne mentionnée au deuxième alinéa du I »*[,]* les délais de recours prévus à l'article R. 142-1 sont interrompus si l'Agence centrale des organismes de sécurité sociale est saisie par une demande complète dans le délai fixé au 2° du *(Décr. n° 2016-1435 du 25 oct. 2016, art. 3-2°)* « III » du présent article.

La demande d'intervention présentée à l'Agence centrale des organismes de sécurité sociale n'a pour effet ni d'interrompre ni de suspendre les délais de prescription.

L'Agence centrale des organismes de sécurité sociale dispose d'un délai de quarante jours, courant à compter de la date à laquelle la demande complète a été reçue, pour communiquer à l'organisme de recouvrement sa position quant à l'interprétation à retenir et la transmettre pour information au cotisant.

Si avant cette transmission, le cotisant présente une réclamation, devant la commission de recours amiable, contre la nouvelle décision prise par l'organisme de recouvrement, sa demande d'intervention de l'Agence centrale des organismes de sécurité sociale devient caduque.

L'organisme de recouvrement notifie au cotisant la position prise par l'Agence centrale des organismes de sécurité sociale dans le délai d'un mois à compter de sa réception.

(Décr. n° 2016-1435 du 25 oct. 2016, art. 3-2°) « VI. — Les recours formés contre les décisions prises par l'Agence centrale des organismes de sécurité sociale en application des dispositions du présent article relèvent du contentieux général de la sécurité sociale mentionné à l'article L. 142-1.

« Les dispositions de l'article R. 142-1 ne sont pas applicables à ce recours.

« VII. — Une sélection des décisions prises par l'Agence centrale des organismes de sécurité sociale ou par les organismes de recouvrement en application de l'article L. 243-6-3 et qui présentent une portée générale, fait l'objet d'une publication par le ministre chargé de la sécurité sociale, après les avoir rendues anonymes. »

SOUS-SECTION 6 DISPOSITIONS COMMUNES. — VÉRIFICATION DES DÉCLARATIONS

(Décr. n° 2007-546 du 11 avr. 2007, art. 3)

Art. R. 243-43-3 Pour l'exercice des missions définies à l'article L. 213-1, les organismes de recouvrement procèdent à la vérification de l'exactitude et de la conformité à la législation en vigueur des déclarations qui leur sont transmises par les travailleurs indépendants et les employeurs, personnes privées ou publiques. A cette fin, ils peuvent rapprocher les informations portées sur ces déclarations avec celles mentionnées sur les documents qui leur ont déjà été transmis par le cotisant ainsi qu'avec les informations que d'autres institutions peuvent légalement leur communiquer.

Les organismes de recouvrement peuvent demander par écrit au cotisant de leur communiquer tout document ou information complémentaire nécessaire pour procéder aux vérifications mentionnées à l'alinéa précédent.

Les résultats des vérifications effectuées au premier alinéa du présent article ne préjugent pas des constatations pouvant être opérées par les agents de contrôle mentionnés à l'article L. 243-7.

Art. R. 243-43-4 Lorsqu'à l'issue des vérifications mentionnées à l'article R. 243-43-3, l'organisme de recouvrement envisage un redressement, il *(Décr. n° 2016-941 du 8 juill. 2016, art. 14-1°)* « en informe le cotisant en » lui indiquant :

1° Les déclarations et les documents examinés ;

2° Les périodes auxquelles se rapportent ces déclarations et documents ;

3° Le motif, le mode de calcul et le montant du redressement envisagé ;

4° La faculté dont il dispose de se faire assister d'un conseil de son choix pour répondre aux observations faites, sa réponse devant être notifiée à l'organisme de recouvrement dans un délai de trente jours ;

5° Le droit pour l'organisme d'engager la mise en recouvrement en l'absence de réponse de sa part à l'issue de ce même délai.

Lorsque le cotisant a fait part de ses observations dans le délai prévu au 4°, l'organisme de recouvrement lui confirme *(Abrogé par Décr. n° 2016-941 du 8 juill. 2016, art. 14-2°)* *« par courrier »* s'il maintient ou non sa décision d'engager la mise en recouvrement pour tout ou partie des sommes en cause.

L'organisme de recouvrement engage, dans les conditions définies à l'article R. 244-1, la mise en recouvrement des cotisations, des majorations et des pénalités de retard faisant l'objet du redressement :

— soit à l'issue du délai fixé au 4° en l'absence de réponse du cotisant parvenue dans ce délai à l'organisme ;

— soit après l'envoi par l'organisme de recouvrement du courrier par lequel il a été répondu aux observations du cotisant.

Lorsque à l'issue des vérifications mentionnées à l'article R. 243-43-3, l'organisme de recouvrement constate que les sommes qui lui ont été versées excèdent les sommes dont l'employeur ou le travailleur indépendant était redevable, il en informe l'intéressé en précisant les modalités d'imputation ou de remboursement.

Procédure de contrôle (notion). Ne constitue pas une procédure de contrôle au sens de l'art. L. 243-7 CSS la vérification sur pièces, prévue par l'art. R. 243-43-3, qui autorise les organismes de recouvrement à vérifier l'exactitude et la conformité à la législation en vigueur des déclarations qui leur sont transmises par les travailleurs indépendants et les employeurs, en rapprochant les informations portées sur ces déclarations de celles mentionnées sur les documents qui leur ont déjà été transmis par le cotisant ainsi que des informations que d'autres institutions peuvent légalement leur communiquer. La validité du redressement auquel il peut être procédé à l'issue de la procédure de vérification sur pièces est subordonnée au respect des formalités édictées, pour conférer à la procédure un caractère contradictoire, par l'art. R. 243-43-4 CSS, lequel, sans méconnaître les obligations découlant de l'art. 6 de la Conv. EDH, n'impose pas à l'URSSAF de communiquer au cotisant les informations qui lui ont été transmises par une autre institution (en l'espèce, l'administration fiscale). • Civ. 2e, 28 mai 2014 : *RJS 2014, n° 655 ; JCP S 2014, n° 1324, note Tauran.* ♦ La notification par un organisme de recouvrement, en application de l'art. L. 244-2 CSS, d'une mise en demeure pour le recouvrement de cotisations et contributions dont le cotisant a omis le versement à l'échéance, ne constitue pas une vérification de déclaration au sens des dispositions des art. R. 243-43-3 s. CSS, et n'est pas, dès lors, soumise à la procédure définie par ces textes. • Civ. 2e, 4 mai 2017, n° 16-15.762 P : *RJS 2017, n° 522 ; JCP S 2017, n° 1226, note Michalletz.*

SOUS-SECTION 7 DISPOSITIONS COMMUNES, DISPOSITIONS DIVERSES

La sous-section 7 est l'ancienne sous-section 5 (Décr. n° 2005-1264 du 7 oct. 2005, art. 1er).

Art. R. 243-44 Les dispositions des articles *(Décr. nº 2017-1409 du 25 sept. 2017, art. 1er-V)* « R. 155-4 », R. 133-3, R. 244-4, R. 244-5 et R. 244-7 s'appliquent au recouvrement des cotisations mentionnées au premier alinéa de l'article L. 243-2. – *Les dispositions de l'art. 1er du Décr. nº 2017-1409 du 25 sept. 2017 sont applicables aux contrôles n'ayant pas fait l'objet d'un procès-verbal de travail dissimulé à la date de publication du décret susvisé (Décr. préc., art. 5, JO 27 sept.).*

Art. R. 243-44-1 *(Décr. nº 2008-1373 du 19 déc. 2008)* Les cotisations et contributions dues par l'État au régime général de sécurité sociale pour les détenus effectuant un travail pénal sont versées aux échéances prévues par l'article R. 243-6 aux organismes de recouvrement du régime général de sécurité sociale désignés par une décision du directeur de l'Agence centrale des organismes de sécurité sociale.

Ces versements sont soumis aux dispositions des articles R. 243-13, R. 243-16, R. 243-18, R. 243-19, R. 243-19-1, R. 243-20 et R. 243-21. – *Les dispositions issues du Décr. nº 2008-1373 du 19 déc. 2008 s'appliquent aux rémunérations dues au titre d'un travail pénal effectué à compter du 1er janv. 2009 (Décr. préc., art. 2).*

Art. R. 243-45 (Abrogé par Décr. nº 2017-1682 du 12 déc. 2017, art. 1er-1º) ***En ce qui concerne les voyageurs et représentants de commerce travaillant pour deux ou plusieurs employeurs, les cotisations de sécurité sociale sont versées par l'intermédiaire d'une Caisse nationale de compensation, à gestion paritaire, régie par la loi du 1er juillet 1901 sur les associations et agréée à cet effet par arrêté du ministre chargé de la sécurité sociale, sur le vu de ses statuts et de son règlement intérieur.***

Ladite caisse de compensation, agissant comme mandataire des employeurs, fixe les modalités de la répartition des charges entre les employeurs et éventuellement les acomptes provisionnels à verser par ces derniers. La caisse de compensation effectue le versement des cotisations légales aux organismes de sécurité sociale compétents.

Des arrêtés du ministre chargé de la sécurité sociale peuvent autoriser dans les mêmes conditions la création de caisses de compensation concernant d'autres catégories d'assurés travaillant régulièrement et habituellement pour deux ou plusieurs employeurs.

V. art. D. 243-1 et D. 243-2.

Une convention conclue entre la caisse de compensation mentionnée à l'art. R. 243-45 dans sa version antérieure au Décr. nº 2017-1682 du 12 déc. 2017 et l'union pour le recouvrement des cotisations de sécurité sociale et d'allocations familiales d'Île-de-France détermine les conditions du transfert, entre elles, des droits et obligations de cette caisse (Décr. préc., art. 2).

Preuve. Le versement de cotisations par l'intermédiaire de la CCVRP n'est applicable qu'aux cotisations afférentes à l'emploi des seuls représentants travaillant pour deux ou plusieurs employeurs ; il appartient à l'employeur versant des cotisations audit organisme d'établir que les intéressés sont effectivement des représentants multicartes. • Soc. 7 nov. 1991 : *RJS 1991, nº 1380.*

SOUS-SECTION 8 TRANSACTION

(Décr. nº 2016-154 du 15 févr. 2016, art. 1er)

Art. R. 243-45-1 I. – La transaction conclue entre un employeur et le directeur d'un organisme de recouvrement en application de l'article 2044 du code civil et de l'article L. 243-6-5 du présent code termine une contestation née, à la condition que les créances concernées aient fait l'objet d'une contestation dans les délais de recours fixés par les dispositions du présent code et n'aient pas fait l'objet d'une décision de justice définitive, ou prévient une contestation à naître. Elle comporte des concessions réciproques de la part de chaque partie.

La demande formulée par l'employeur en application des dispositions du 3º du II de l'article L. 243-6-5 porte sur les montants redressés en application des dispositions de l'article *(Décr. nº 2016-941 du 8 juill. 2016, art. 15)* « R. 243-59-4 » ainsi que sur les montants des redressements calculés en application de méthodes d'évaluation par extrapolation autres que celles mentionnées à l'article R. 243-59-2. Elle porte sur des sommes non prescrites.

Le montant de la transaction s'apprécie comme la différence entre le montant initialement notifié par l'organisme de recouvrement et le montant figurant dans la proposition de transaction.

II. — L'employeur ou, pour le compte de celui-ci, un expert-comptable mandaté ou un avocat, peut demander au directeur de l'organisme de recouvrement mentionné aux articles L. 213-1 et L. 752-4 auprès duquel il est tenu de souscrire ses déclarations la conclusion d'une transaction dans les conditions mentionnées à l'article L. 243-6-5.

La demande n'est recevable que si l'employeur est à jour de ses obligations déclaratives et de paiement à l'égard de l'organisme de recouvrement dont il dépend, à l'exception de l'objet de la demande. La condition est réputée remplie dès lors que le cotisant a souscrit et respecte, à la date de la demande, un plan d'apurement.

La demande n'est recevable qu'après réception de la mise en demeure prévue à l'article L. 244-2.

La demande est écrite et adressée par tout moyen permettant de rapporter la preuve de sa date de réception. Elle est motivée et comporte :

1° Le nom et l'adresse du demandeur en sa qualité d'employeur ;

2° Son numéro d'inscription lorsqu'il est déjà inscrit au régime général de sécurité sociale ;

3° Tous documents et supports d'information utile à l'identification des montants qui font l'objet de la demande ;

4° Les références de la mise en demeure couvrant les sommes faisant l'objet de la demande.

III. — Le délai imparti à l'employeur pour saisir la commission de recours amiable mentionnée à l'article R. 142-1 est interrompu dès réception de la demande de transaction par le directeur de l'organisme de recouvrement et jusqu'à la notification, le cas échéant, de la décision du directeur de l'organisme de ne pas transiger.

La demande de transaction interrompt également les délais applicables au recouvrement des cotisations et contributions de sécurité sociale faisant suite à une mise en demeure dans les mêmes conditions.

Lorsque la demande est complète, le directeur dispose d'un délai de trente jours à compter de sa réception pour notifier sa réponse par tout moyen *(Décr. nº 2017-1409 du 25 sept. 2017, art. 2-I)* « permettant de rapporter la preuve de sa date de réception ». Lorsque la demande est incomplète, le directeur adresse une demande de pièces complémentaires au demandeur. Dans ce cas, le délai de trente jours ne court qu'à compter de la réception par le directeur des documents manquants. En l'absence de réception des éléments manquants dans un délai de vingt jours suivant la demande de complément, la demande de transaction est réputée caduque.

Une réponse apportée à la demande de transaction, laissée à la libre appréciation du directeur, est notifiée au demandeur par tout moyen *(Décr. nº 2017-1409 du 25 sept. 2017, art. 2-I)* « permettant de rapporter la preuve de sa date de réception ». Une réponse négative n'a pas à être motivée. Lorsque la réponse du directeur n'a pas été portée à la connaissance du demandeur dans un délai de trente jours, cette réponse est réputée négative.

Une réponse positive du directeur n'emporte pas droit à la transaction. Les parties peuvent à tout moment abandonner la procédure. Elles doivent alors en informer l'autre partie par tout moyen *(Décr. nº 2017-1409 du 25 sept. 2017, art. 2-I)* « permettant de rapporter la preuve de sa date de réception » à cette information. L'abandon de la transaction en cours n'a pas à être motivé.

Le directeur et le demandeur conviennent d'une proposition de protocole transactionnel, conforme à un modèle approuvé par arrêté conjoint des ministres chargés de la sécurité sociale et de l'agriculture.

IV. — La proposition de protocole transactionnel est soumise pour approbation par le directeur de l'organisme de recouvrement à l'autorité mentionnée à l'article R. 155-1. Le directeur lui fournit tous documents et supports d'information utiles à l'exercice de sa mission.

L'autorité mentionnée à l'article R. 155-1 dispose d'un délai de trente jours, prorogeable une fois, à compter de la réception de la proposition pour approuver la transaction. Dans le cas de la prorogation du délai, l'autorité en informe le directeur de l'organisme de recouvrement. L'autorité peut demander des informations complémentaires au directeur de l'organisme de recouvrement. Le délai de trente jours est alors interrompu jusqu'à réception des informations demandées par l'autorité. Le directeur de l'organisme de recouvrement informe le demandeur de toute prorogation ou interruption du délai.

Le contrôle de l'autorité porte sur la conformité de la proposition de protocole transactionnel aux dispositions de l'article L. 243-6-5 et sur la réciprocité des concessions faites par les parties.

L'autorité mentionnée à l'article R. 155-1 notifie sa décision au directeur. Le silence de l'autorité à l'issue du délai mentionné au deuxième alinéa du présent IV vaut approbation de la proposition de transaction.

Le refus d'approbation de la proposition prive d'effet la transaction.

V. — Les dispositions prévues aux articles 641 et 642 du code de procédure civile s'appliquent aux délais mentionnés au III et au IV. Pour les délais mentionnés au IV, les dispositions prévues au quatrième alinéa de l'article R. 151-1 s'appliquent également.

VI. — Le manquement par l'employeur à l'accomplissement des obligations prévues dans la transaction entraîne la caducité de celle-ci.

A défaut de conclusion d'une transaction ou lorsque la transaction est devenue caduque, la procédure de recouvrement des sommes notifiées dans la mise en demeure est alors engagée ou poursuivie selon les règles, garanties et sanctions applicables au recouvrement des cotisations et contributions de sécurité sociale.

VII. — La transaction signée n'emporte pas d'effet sur l'interprétation en droit concernant les motifs mentionnés dans la lettre d'observations.

VIII. — Le directeur de l'organisme de recouvrement présente chaque année au conseil d'administration de cet organisme et à l'Agence centrale des organismes de sécurité sociale un rapport annuel des transactions conclues l'année précédente. Ce rapport comprend le nombre de demandes de transactions formulées et de transactions conclues, leur objet, le cas échéant les montants transigés ainsi que la période concernée.

L'Agence centrale des organismes de sécurité sociale adresse à l'autorité mentionnée à l'article R. 155-1, avant le 1er octobre, un rapport d'analyse des propositions de transactions de l'année précédente qui comporte notamment le nombre de demandes de transactions formulées et de transactions conclues, leur objet, le cas échéant les montants transigés ainsi que la période concernée.

SECTION II SÛRETÉS

Art. R. 243-46 L'inscription *[du privilège]* prévue à l'article L. 243-5 est effectuée au greffe du tribunal de commerce ou du tribunal de grande instance qui en tient lieu, dans le ressort duquel est situé le siège social pour les sociétés ou l'établissement principal pour les autres entreprises assujetties à l'inscription au registre du commerce.

Pour les entreprises dont le siège social ou le principal établissement n'est pas situé sur le territoire métropolitain, l'inscription est effectuée au greffe du tribunal de commerce de Paris, en ce qui concerne les créances nées du fonctionnement de ces entreprises sur ce territoire.

Art. R. 243-47 Pour inscrire son privilège, l'organisme chargé du recouvrement des cotisations remet ou adresse par lettre recommandée avec demande d'avis de réception au greffier un bordereau en double exemplaire portant les indications suivantes :

1° Désignation et adresse de l'organisme créancier ;

2° Les nom, prénoms, raison sociale ou dénomination commerciale, profession, adresse du débiteur, ainsi que, le cas échéant, l'adresse du siège social ou de l'établissement principal ;

3° Le numéro d'inscription au registre du commerce et le numéro matricule d'employeur ou de travailleur indépendant du débiteur ;

4° Le montant des sommes dues et la date de leur échéance.

Art. R. 243-48 En même temps qu'il requiert l'inscription de son privilège, l'organisme créancier en avise le débiteur par lettre recommandée.

Art. R. 243-49 Un des exemplaires du bordereau mentionné à l'article R. 243-47 est rendu ou renvoyé à l'organisme créancier après avoir été revêtu, dès la réception par le greffier, de la mention d'inscription qui comprendra la date de celle-ci et le numéro sous lequel elle a été effectuée.

L'autre exemplaire portant les mêmes mentions est conservé au greffe. Les bordereaux sont enliassés et reliés aux frais des greffiers.

Art. R. 243-50 *(Décr. n° 2011-41 du 10 janv. 2011)* L'organisme créancier ne peut requérir l'inscription des créances privilégiées qui ne font pas l'objet de l'obligation prévue au premier alinéa de l'article L. 243-5 après l'expiration du délai prévu au même alinéa du même article.

Art. R. 243-51 L'organisme créancier peut requérir l'inscription même si les sommes dues font l'objet d'une contestation de la part du débiteur. Mention de l'existence de la contestation est portée sur le bordereau mentionné à l'article R. 243-47 à la diligence soit de l'organisme créancier, soit du débiteur, sur production d'un certificat délivré par l'organisme créancier, soit par *(Décr. n° 2018-928 du 29 oct. 2018, art. 11, en vigueur le 1er janv. 2019)* « le greffe du tribunal de grande instance spécialement désigné », et établissant l'existence d'une réclamation.

Cette mention fait l'objet d'une radiation effectuée dans les mêmes conditions.

Art. R. 243-52 Le greffier mentionne en marge des inscriptions les subrogations et radiations totales ou partielles.

Les subrogations donnent lieu à l'établissement d'un bordereau en double exemplaire dont l'un est rendu au bénéficiaire de la subrogation et dont l'autre est conservé au greffe comme il est dit à l'article R. 243-49.

Les radiations sont effectuées sur présentation au greffier d'un certificat délivré par l'organisme créancier ou d'un acte de mainlevée émanant du créancier subrogé.

Art. R. 243-53 L'organisme créancier conserve son privilège au-delà de deux ans et *(Décr. n° 2004-890 du 26 août 2004, art. 12)* « six mois », en application du *(Décr. n° 2012-1550 du 28 déc. 2012, art. 19)* « quatrième » alinéa de l'article L. 243-5, s'il a été fait mention de la saisie en marge des inscriptions avant l'expiration dudit délai.

Le greffier opère cette mention au vu des indications contenues dans un certificat établi par l'organisme créancier, si la saisie a été pratiquée à la requête de celui-ci, ou par le percepteur, lorsqu'il a été fait usage de la procédure sommaire mentionnée à l'article R. 133-2.

La mention en marge doit comporter les indications suivantes : date et nature de la saisie, nom et qualité de la personne qui l'a pratiquée, désignation sommaire des biens qui en font l'objet. Toutefois, cette dernière indication résultera, sauf pour l'application de l'article R. 243-57 ci-après, d'un simple renvoi à la désignation figurant dans le certificat.

Les radiations sont effectuées sur présentation au greffier d'un certificat de mainlevée totale ou partielle délivré par l'organisme créancier ou par le percepteur.

Toute mention de saisie, non radiée, est périmée à l'expiration d'un délai de dix ans à compter de sa date, sauf renouvellement.

Art. R. 243-54 Les certificats prévus aux articles R. 243-51 à R. 243-53 sont remis ou adressés au greffier en deux exemplaires, dont l'un est rendu ou renvoyé à titre de récépissé, après avoir été revêtu, dès réception, d'une mention indiquant la date d'accomplissement de la formalité requise.

Les exemplaires conservés au greffe sont enliassés et reliés aux frais des greffiers.

La remise au greffier de l'acte de mainlevée prévu au troisième alinéa de l'article R. 243-52 donne lieu à la délivrance d'un récépissé.

Art. R. 243-55 *(Décr. n° 2009-1596 du 18 déc. 2009, art. 12-II)* « Le responsable du service mentionné à l'article R. 155-1 » peut requérir, dans les conditions des articles précédents, l'inscription ou la radiation du privilège.

Art. R. 243-56 Les frais d'inscription sont à la charge du débiteur, mais sont avancés par l'organisme créancier. Toutefois, ils restent à la charge de cet organisme dans la mesure où l'inscription a été requise à tort.

Les frais de radiation sont à la charge du débiteur. Toutefois, si l'inscription a été requise à tort, ils sont à la charge de l'organisme requérant, mais avancés par la personne qui demande la radiation.

Art. R. 243-57 Les greffiers sont tenus de délivrer à tous ceux qui le requièrent, soit l'état des inscriptions existantes avec les mentions de radiations partielles ou de subrogations partielles ou totales ou de contestation ou de saisie, soit un certificat indiquant qu'il n'existe aucune inscription.

Art. R. 243-58 Le modèle des bordereaux, avis et certificats prévus aux articles R. 243-47, R. 243-48, R. 243-51 à R. 243-53 est fixé par un arrêté pris conjointement par le ministre chargé de la justice et par le ministre chargé de la sécurité sociale.

SECTION III **PRESCRIPTION**

Néant.

SECTION IV **CONTRÔLE**

Art. R. 243-59 *(Décr. n° 2016-941 du 8 juill. 2016, art. 16-1°)* I. — Tout contrôle effectué en application de l'article L. 243-7 est précédé, au moins quinze jours avant la date de la première visite de l'agent chargé du contrôle, de l'envoi par l'organisme effectuant le contrôle des cotisations et contributions de sécurité sociale d'un avis de contrôle.

Toutefois, l'organisme n'est pas tenu à cet envoi dans le cas où le contrôle est effectué pour rechercher des infractions aux interdictions mentionnées à l'article L. 8221-1 du code du travail. Dans ce dernier cas, si *(Abrogé par Décr. n° 2017-1409 du 25 sept. 2017, art. 2-II) « cette recherche n'a pas permis de constater de telles infractions et que »* l'organisme *(Abrogé par Décr. n° 2017-1409 du 25 sept. 2017, art. 2-II) « effectuant le contrôle »* entend poursuivre le contrôle sur d'autres points de la réglementation, un avis de contrôle est envoyé selon les modalités définies au premier alinéa.

Lorsque la personne contrôlée est une personne morale, l'avis de contrôle est adressé à l'attention de son représentant légal et envoyé à l'adresse du siège social de l'entreprise ou le cas échéant à celle de son établissement principal, telles que ces informations ont été préalablement déclarées. Lorsque la personne contrôlée est une personne physique, il est adressé à son domicile ou à défaut à son adresse professionnelle, telles que ces informations ont été préalablement déclarées.

Sauf précision contraire, cet avis vaut pour l'ensemble des établissements de la personne contrôlée.

Cet avis fait état de l'existence d'un document intitulé "Charte du cotisant contrôlé" présentant à la personne contrôlée la procédure de contrôle et les droits dont elle dispose pendant son déroulement et à son issue, sur le fondement du présent code. Il précise l'adresse électronique où ce document approuvé par arrêté du ministre chargé de la sécurité sociale, est consultable et indique qu'il est adressé au cotisant sur sa demande. Les dispositions contenues dans la charte sont opposables aux organismes effectuant le contrôle. *— V. Arr. du 9 avr. 2018 fixant le modèle de la charte du cotisant contrôlé prévue pour les organismes en charge du recouvrement des cotisations et contributions sociales au 1er avr. 2018 (JO 16 mai). — V. également note ss. art.*

II. — La personne contrôlée a le droit pendant le contrôle de se faire assister du conseil de son choix. Il est fait mention de ce droit dans l'avis prévu aux précédents alinéas.

La personne contrôlée est tenue de mettre à disposition des agents chargés du contrôle mentionnés à l'article L. 243-7 tout document et de permettre l'accès à tout support d'information qui leur sont demandés par ces agents comme nécessaires à l'exercice du contrôle.

L'agent chargé du contrôle peut demander que les documents à consulter lui soient présentés selon un classement nécessaire au contrôle dont il aura au préalable informé la personne contrôlée.

Ces agents peuvent interroger les personnes rémunérées, notamment pour connaître leurs nom et adresse ainsi que la nature des activités exercées et le montant des rémunérations y afférentes, y compris les avantages en nature.

(Décr. n° 2017-1409 du 25 sept. 2017, art. 2-II) « Lorsqu'il est fait application des dispositions de l'article L. 8271-6-1 » du code du travail, il est fait mention au procès-verbal d'audition du consentement de la personne entendue *(Abrogé par Décr. n° 2017-1409 du 25 sept. 2017, art. 2-II) « en application des dispositions de l'article L. 8271-6-1*

du même code ». La signature du procès-verbal d'audition par la personne entendue vaut consentement de sa part à l'audition.

III. — *(Décr. n° 2017-1409 du 25 sept. 2017, art. 2-II)* « A l'issue du contrôle ou lorsqu'un constat d'infraction de travail dissimulé a été transmis en application des dispositions de l'article L. 8271-6-4 du code du travail afin qu'il soit procédé à un redressement des cotisations et contributions dues, les agents chargés du contrôle mentionnés à l'article L. 243-7 communiquent au représentant légal de la personne morale contrôlée ou au travailleur indépendant une lettre d'observations datée et signée par eux mentionnant l'objet du contrôle réalisé par eux ou par d'autres agents mentionnés à l'article L. 8271-1-2 du code du travail, le ou les documents consultés, la période vérifiée, le cas échéant, la date de la fin du contrôle et les observations faites au cours de celui-ci.

« Lorsqu'une infraction mentionnée à l'article L. 8221-1 du code du travail a été constatée, la lettre d'observations mentionne en outre :

« 1° La référence au document prévu à l'article R. 133-1 ou les différents éléments listés au premier alinéa de cet article lorsque l'infraction a été constatée à l'occasion du contrôle réalisé par eux ;

« 2° La référence au document mentionné à l'article R. 133-1 ainsi que les faits constatés par les agents de contrôle mentionnés à l'article L. 8271-1-2 du code du travail lorsque le constat d'infraction de travail dissimulé a été transmis en application des dispositions de l'article L. 8271-6-4 du code du travail.

« Les observations sont motivées par chef de redressement. » A ce titre, elles comprennent les considérations de droit et de fait qui constituent leur fondement et, le cas échéant, l'indication du montant des assiettes correspondant, ainsi que pour les cotisations et contributions sociales l'indication du mode de calcul et du montant des redressements et des éventuelles majorations et pénalités définies aux articles L. 243-7-2, L. 243-7-6 et L. 243-7-7 qui sont envisagés.

(Décr. n° 2017-1409 du 25 sept. 2017, art. 2-II) « Le montant des redressements indiqué dans la lettre d'observations peut être différent du montant évalué le cas échéant dans le document mentionné à l'article R. 133-1. S'il est inférieur, il est procédé sans délai à la mainlevée des éventuelles mesures conservatoires prises en application de l'article R. 133-1-1 à hauteur de la différence entre ces deux montants. S'il est supérieur, l'organisme peut engager des mesures conservatoires complémentaires dans les conditions prévues au même article à hauteur de la différence entre ces deux montants. »

En cas de réitération d'une pratique ayant déjà fait l'objet d'une observation ou d'un redressement lors d'un précédent contrôle, la lettre d'observations précise les éléments caractérisant le constat d'absence de mise en conformité défini à l'article L. 243-7-6. Le constat d'absence de mise en conformité est contresigné par le directeur de l'organisme effectuant le recouvrement.

(Décr. n° 2017-1409 du 25 sept. 2017, art. 2-II) « La période contradictoire prévue à l'article L. 243-7-1 A est engagée à compter de la réception de la lettre d'observations par la personne contrôlée, qui dispose d'un délai de trente jours pour y répondre. La lettre mentionne la possibilité de se faire assister d'un conseil de son choix. »

Dans sa réponse, la personne contrôlée peut indiquer toute précision ou tout complément qu'elle juge nécessaire notamment en proposant des ajouts à la liste des documents consultés.

Lorsque la personne contrôlée répond avant la fin du délai imparti, l'agent chargé du contrôle est tenu de répondre. Chaque observation exprimée de manière circonstanciée par la personne contrôlée fait l'objet d'une réponse motivée. Cette réponse détaille, par motif de redressement, les montants qui, le cas échéant, ne sont pas retenus et les redressements qui demeurent envisagés.

IV. — A l'issue du délai mentionné au *(Décr. n° 2017-1409 du 25 sept. 2017, art. 2-II)* « huitième » alinéa du III ou des échanges mentionnés au III, afin d'engager la mise en recouvrement des cotisations, des majorations et pénalités faisant l'objet du redressement, l'agent chargé du contrôle transmet à l'organisme effectuant le recouvrement le *(Décr. n° 2017-1409 du 25 sept. 2017, art. 2-II)* « rapport » de contrôle faisant état de ses observations, accompagné, s'il y a lieu, de la réponse de l'intéressé et de son propre courrier en réponse.

Le cas échéant, *(Décr. n° 2016-1567 du 21 nov. 2016, art. 3-15°)* **« l'organisme de recouvrement » communique également les observations ne conduisant pas à redressement mais appelant la personne contrôlée à une mise en conformité en vue des périodes postérieures aux exercices contrôlés, et exposant cette personne, si elle n'y procède pas, aux dispositions du** *(Décr. n° 2017-1409 du 25 sept. 2017, art. 2-II)* **« septième » alinéa du III du présent article.** – *V. note ss. art.*

Lorsqu'un solde créditeur en faveur de la personne contrôlée résulte de l'ensemble des points examinés, l'organisme le lui notifie et effectue le remboursement dans un délai maximum de quatre mois suivant sa notification.

(Décr. n° 2017-1409 du 25 sept. 2017, art. 2-II) **« La période contradictoire prévue à l'article L. 243-7-1 A prend fin à la date de l'envoi de la mise en demeure ou de l'avertissement mentionnés à l'article L. 244-2 du présent code. »**

Les dispositions du chapitre II du titre IV du livre Ier sont applicables aux observations de l'organisme ainsi qu'à l'avis de crédit, mentionnés respectivement aux deuxième et troisième alinéas du présent IV.

V. — Les documents mentionnés au présent article sont adressés à la personne contrôlée selon les modalités définies au troisième alinéa du I.

Les dispositions issues du 1° de l'art. 16, à l'exception du sixième al., du Décr. n° 2016-941 du 8 juill. 2016 s'appliquent aux contrôles engagés à compter du 11 juill. 2016, lendemain de la publication du décret susvisé (Décr. préc., art. 37-I).

Les dispositions issues du sixième al. du 1° de l'art. 16 du Décr. n° 2016-941 du 8 juill. 2016 sont entrées en vigueur le 1er janv. 2017 (Décr. préc., art. 37-IV).

Sur l'entrée en vigueur du Décr. n° 2016-1567 du 21 nov. 2016, V. note ss. art. R. 133-14.

BIBL. ▶ Taquet, *JCP E 1992. I. 140 ; Dr. soc. 1993. 565* ; A quoi sert l'avis de contrôle dans le contrôle URSSAF ?, *Dr. soc. 2011. 981* ; Où est passé l'arrêt Deperne ?, *Dr. soc. 2012. 187* ; Contrôle URSSAF. Quelques réflexions sur le courrier d'avis de contrôle, *JCP E 2018, n° 1619*. – Aréguel et Isoux, *Dr. soc. 1993. 85*. – Nachin, *Dr. soc. 1993. 501*. – Bancarel, *Dr. soc. 1993. 779*. – Del Sol, *BS F. Lefebvre 1999, p. 492* (décret du 28 mai 1999). – Prétot, *JCP 1999. I. 179* (décret du 28 mai 1999).

V. notes ss. art. L. 213-1 et V. notes ss. art. L. 243-7.

1. Champ d'application. Les dispositions de l'art. R. 243-59 CSS ne sont pas applicables aux opérations ayant pour objet la recherche et la constatation d'infractions constitutives de travail illégal, engagées sur le fondement des art. L. 8271-1 et s. C. trav., et il résulte de l'anc. art. L. 8271-11 du même code, alors applicable, que les auditions auxquelles les agents de contrôle procèdent ne peuvent être réalisées qu'avec le consentement des personnes entendues. Justifie dès lors sa décision la cour d'appel qui, ayant retenu que la preuve du consentement des témoins à leur audition n'était pas rapportée, décide que le cotisant a été privé d'une garantie de fond qui vicie le procès-verbal des agents de contrôle et le redressement fondé sur ses constatations. • Civ. 2e, 9 oct. 2014, n° 13-19.493 P : *RJS 2014, n° 882.* ♦ Dans le même sens, • Civ. 2e, 9 nov. 2017, n° 16-23.484 P : *RJS 2018, n° 69.* ♦ Si la recherche des infractions constitutives de travail illégal mentionnée à l'art. L. 8211-1 C. trav. est soumise aux art. L. 8271-1 et s. du même code, ces dispositions ne font pas obstacle à ce qu'un organisme de recouvrement procède, dans le cadre du contrôle de l'application de la législation de sécurité sociale par les employeurs et les travailleurs indépendants prévu à l'art. L. 243-7 CSS, à la recherche des infractions susmentionnées aux seules fins de recouvrement des cotisations afférentes. • Civ. 2e, 7 juill. 2016, n° 15-16.110 P : *RJS 2016, n° 722 ; JCP S 2016, n° 1462, note Taquet.*

2. Avis préalable au contrôle. Il résulte de l'art. R. 243-59, al. 1er, CSS dans sa rédaction antérieure au décr. n° 2007-546 du 11 avr. 2007, que tout contrôle effectué en application de l'art. L. 243-7 est précédé de l'envoi par l'organisme chargé du recouvrement des cotisations d'un avis adressé à l'employeur ou au travailleur indépendant par lettre recommandée avec accusé de réception, sauf dans le cas où le contrôle est effectué pour rechercher des infractions aux interdictions mentionnées à l'art. L. 324-9 C. trav. Ainsi, les agents de l'URSSAF sont tenus d'informer par lettre recommandée avec demande d'avis de réception le cotisant du contrôle à venir afin d'assurer le respect du principe du contradictoire, à peine de nullité du redressement subséquent sans que soit exigée la preuve d'un préjudice. • Civ. 2e, 10 juill. 2008, n° 07-18.152 P : *RJS 10/08, n° 1029 ; JCP S 2008, n° 1525, note Tauran ; JCP E 2008, n° 2155, note Taquet.* ♦ L'avis préalable a pour objet d'informer l'employeur ou le travailleur indépendant de la date de la première visite de l'inspecteur du recouvrement ; au cas où elle entend reporter celle-ci, il incombe à l'URSSAF d'en informer, en temps utile et par tout moyen approprié, l'employeur ou le travailleur indépendant, et de rapporter la preuve de la réception de l'information en cas de recours contentieux. • Civ. 2e, 15 mars 2018, n° 17-13.409 P : *RJS 5/2018, n° 364 ; RDSS 2018. 559, note Tauran ; JCP S 2018. 1189, note Auméran.*

3. Détermination du destinataire. L'avis préalable de contrôle prévu par l'art. R. 243-59 CSS peut être valablement adressé par l'organisme de contrôle à une société de fait constituée entre des médecins praticiens s'il apparaît des éléments de fait souverainement appréciés par les juges du fond que celle-ci se comporte vis-à-vis de cet organisme comme l'employeur, tenu en cette qualité au paiement des cotisations et contributions, objet du contrôle. • Civ. 2e, 11 févr. 2016, n° 15-10.487 P : *Dr. soc. 2016. 665, chron. Salomon ; RJS 2016, n° 292 ; JCP S 2016, n° 1102, note Jeansen.* ♦ Pour une application récente : ayant constaté souverainement, d'une part, que la société reconnaît expressément que si ses établissements secondaires procèdent aux déclarations des salariés qui y sont affectés auprès des URSSAF compétentes localement, les paiements sont effectués par l'établissement où est implanté le siège social, qui traite la paie, d'autre part, que le directeur général de la société a accepté que les cotisations dues au titre du contrôle soient imputées au compte du siège social, faisant ainsi ressortir que le destinataire de l'avis de contrôle, de la lettre d'observations et de la mise en demeure, documents adressés au siège social de la société, était tenu aux obligations afférentes au paiement des cotisations et contributions ayant fait l'objet du contrôle effectué dans l'un des établissements, la cour d'appel en a exactement déduit que les procédures de contrôle et de recouvrement des cotisations litigieuses étaient régulières. • Civ. 2e, 4 mai 2017, n° 16-14.144 P.

4. Délai (aucune exigence). Aucun texte n'impose à l'URSSAF de respecter un délai minimum entre l'avis et les opérations de contrôle. La circulaire de l'Acoss recommandant que cet avis soit adressé quinze jours avant le début des opérations constitue une injonction interne à l'organisme. • Civ. 2e, 14 févr. 2013 : *D. actu. 12 mars 2013, obs. Fraisse ; RJS 2013, n° 320 ; JCP E 2013, n° 1239, note Taquet ; CSBP 2013. 100, note Pansier.* ♦ L'avis préalable au contrôle a pour objet d'informer le cotisant de la date de la première visite de l'inspecteur du recouvrement afin de permettre à ce cotisant d'organiser sa défense et d'être, s'il l'estime utile, assisté du conseil de son choix. • Civ. 2e, 25 avr. 2013 : *D. actu. 16 mai 2013, obs. Fraisse ; RJS 2013, n° 562 ; Gaz. Pal. 2013. 46, obs. Coursier ; RDSS 2013. 560, note Tauran ; JCP S 2013, n° 1284, note Michalletz.*

5. Domaine. La prise en considération des renseignements communiqués par une autre administration en vue d'un redressement constitue un contrôle au sens des art. L. 243-7 et R. 243-59 CSS et il appartient à l'URSSAF, avant de procéder au redressement, d'informer le débiteur des erreurs ou omissions qui lui sont reprochées ainsi que des bases du redressement proposé et de recueillir ses observations. • Civ. 2e, 14 oct. 2003, n° 02-30.429 P : *RJS 2003. 1003, n° 1443* • 6 avr. 2004, n° 02-30.863 P. ♦ Mais la régularité d'un tel contrôle n'est pas subordonnée à l'envoi de l'avis préalable ayant pour objet d'informer l'employeur de la date de la première visite de l'inspecteur du recouvrement. • Civ. 2e, 3 mai 2006, n° 04-19.840 P : *RJS 2006, n° 888 ; JCP S 2006, n° 1520, obs. Vachet* (contrôle par une URSSAF sur la base de renseignements communiqués par une autre URSSAF) • 6 avr. 2004, n° 02-30.859 P • 23 nov. 2006 : *RJS 2007, n° 273.*

I. OPÉRATIONS DE CONTRÔLE

6. Visa de l'agent. Le visa apposé par l'agent de contrôle sur les livres de paye n'a pas la valeur d'un arrêté de compte entre les parties. • Civ. 2e, 30 nov. 1962 : *Bull. civ. II, n° 769.*

7. Auditions de salariés. Les dispositions qui confèrent aux agents de contrôle des pouvoirs d'investigation étant d'application stricte, c'est à bon droit que les juges du fond ont décidé que l'art. R. 243-59 CSS n'autorisait ces agents qu'à entendre les salariés eux-mêmes dans l'entreprise ou sur les lieux de travail et que les auditions opérées en violation de ce texte entraînaient la nullité du contrôle. • Soc. 28 nov. 1991, n° 89-11.287 P : *D. 1991. Somm. 275, obs. Prétot* (audition illicite des épouses des salariés à leur domicile) • 6 juin 1996, n° 94-14.202 P : *D. 1996. IR 163* (audition à domicile de salariés sur des faits de travail clandestin) • Civ. 2e, 11 oct. 2005 : *RJS 2005, n° 1252* (audition de l'épouse d'un salarié à son domicile) • Soc. 25 mars 1999, n° 97-14.680 P : *RJS 1999, n° 736 ; JCP E 1999. 797, obs. Taquet* (audition dans les bureaux de l'URSSAF d'un salarié venu dénoncer son employeur) • 26 oct. 2000 : *RJS 2001, n° 97* (déclarations de personnes étrangères à l'entreprise individuelle exploitée par le président du conseil d'administration d'une société dont elles étaient salariées) • Civ. 2e, 22 févr. 2005 : *RJS 2005, n° 568* (pour les salariés d'un GIE dont une entreprise est contrôlée) • Soc. 27 févr. 2003, n° 01-21.149 P : *RJS 2003, n° 664* • Civ. 2e, 10 mai 2005 : *RJS 2005, n° 770* (envoi de questionnaires au domicile des salariés). • Civ. 2e, 9 déc. 2003, n° 02-30.705 P : *RJS 2004. 180, n° 268* (écartant, sur le fondement de l'art. L. 724-9 C. rur. applicable aux agents de la Mutualité sociale agricole, la circonstance que l'enquête n'avait pu se dérouler au siège de l'entreprise puisqu'elle avait cessé son exploitation depuis plusieurs mois).

8. Personnes rémunérées (notion). L'agent chargé du contrôle ne peut entendre que les personnes rémunérées par l'employeur ou le travailleur indépendant faisant l'objet dudit contrôle. Les dispositions du CSS ne permettent pas l'audition des personnes rémunérées par un prestataire de services de la personne contrôlée. • Civ. 2e, 20 sept. 2018, ⚖ n° 17-24.359 P : *JCP S 2018, n° 1351, note Michalletz.*

9. Néanmoins, une audition irrégulière dans les bureaux de l'URSSAF n'entraîne pas la nullité du contrôle lorsque la preuve de l'emploi clandestin ressort des seules investigations pratiquées dans les locaux de l'entreprise. • Soc. 14 juin 2001 : ⚖ *RJS 2001, n° 1067.* ♦ En cas de contrôle opéré dans le cadre de la lutte contre le travail dissimulé, la rédaction d'un procès-verbal d'audition signé par l'agent chargé du contrôle et par la personne auditionnée n'est qu'une faculté, de sorte que l'envoi de questionnaires aux salariés qui sont libres d'y répondre n'est pas de nature à entraîner la nullité de la procédure. • Civ. 2e, 17 févr. 2011 : ⚖ *RJS 2011, n° 459 ; JCP S 2011, n° 1248, note Tauran.*

10. Demande de justificatifs complémentaires à un tiers à l'employeur. Si les dispositions de l'art. R. 243-59 CSS ne font pas obstacle à ce que l'inspecteur du recouvrement, à réception de la réponse de l'employeur dans le délai de trente jours, puisse demander des justificatifs complémentaires et, tenant compte des éléments recueillis relatifs à un chef de redressement notifié dans la lettre d'observation, lui indiquer que ceux-ci conduisaient à une minoration du redressement envisagé sans envoyer une nouvelle lettre d'observation, elles n'autorisent pas l'agent chargé du contrôle à solliciter d'un tiers à l'employeur des documents qui n'avaient pas été demandés à ce dernier. • Civ. 2e 20 mars 2008, ⚖ n° 07-12.797 P : *RJS 2008, n° 716.*

11. Autorité de la chose décidée par l'URSSAF. V. notes ss. art. L. 243-7. ♦ Si l'art. R. 243-59 CSS impose aux employeurs de présenter aux agents chargés du contrôle tous documents qui leur seront demandés comme nécessaires à l'exercice d'un tel contrôle, ce texte n'autorise pas ces agents à rechercher eux-mêmes les documents dont ils ont besoin et à procéder à leur saisie. • Soc. 5 déc. 1991 : *D. 1993. Somm. 275, obs. Prétot* ✎.

II. LETTRE D'OBSERVATIONS

12. Preuve. Selon l'art. 1315 C. civ., la preuve de l'accomplissement de la formalité prescrite par l'art. R. 243-59, al. 3 (nouvel al. 4), CSS, formalité substantielle qui est destinée à assurer le caractère contradictoire du contrôle et la sauvegarde des droits de la défense et dont l'omission entraîne la nullité de la procédure de redressement subséquente, incombe à l'organisme ayant fait pratiquer le contrôle. • Soc. 7 mai 1991, ⚖ n° 88-16.344 P : *D. 1991. Somm. 345, obs. Prétot* ✎ • 12 mars 1992, ⚖ n° 88-15.420 P. ♦ Le recours à la taxation forfaitaire (CSS, art. R. 242-5) ne prive pas l'employeur de tout moyen de défense et l'URSSAF doit donc l'inviter à présenter ses observations dans le délai fixé par l'art. R. 243-59 CSS. • Civ. 2e, 27 janv. 2004, ⚖ n° 02-30.706 P : *RJS 2004. 308, n° 450.* ♦ Mais cette communication n'est soumise à aucun délai de sorte que l'URSSAF peut procéder à une nouvelle notification après qu'une première n'a pu être valablement délivrée. • Soc. 8 févr. 2001 : ⚖ *RJS 2001, n° 495.* ♦ ... Ou après retrait de sa décision de redressement dans le délai du recours contentieux. • Civ. 2e, 11 juill. 2005 : ⚖ *RJS 2005, n° 1140.* ♦ ... Ou après un silence de quinze mois depuis le dernier courrier de l'inspecteur du recouvrement sollicitant la communication de pièces complémentaires • Civ. 2e, 28 mai 2015, ⚖ n° 14-17.618 P : *D. actu. 19 juin 2015, obs. Fraisse ; RJS 2015, n° 58 ; JCP S 2015, n° 1281, comm. Jeansen* (la deuxième chambre rappelant que les dispositions de l'art. R. 243-59 CSS ne fixent aucun délai pour l'envoi de la lettre d'observations que l'inspecteur du recouvrement adresse au cotisant à l'issue du contrôle).

13. L'inspecteur du recouvrement peut à réception de la réponse de l'employeur, dans le délai de 30 jours, lui demander des justificatifs complémentaires et tenant compte des observations en réponse, lui indiquer que celles-ci conduisent à une minoration de redressement initialement envisagé sans avoir à envoyer une nouvelle lettre d'observation. • Civ. 2e, 3 mai 2006 : ⚖ *RJS 2006, n° 889* • 16 nov. 2006 : ⚖ *RJS 3/07, n° 380, 1re esp.* (deux lettres d'observations avaient pu être envoyées dans le cadre d'un contrôle unique, la seconde annulant et remplaçant la première). ♦ De même, lorsque l'URSSAF recueille des éléments complémentaires relatifs à un chef de redressement notifié dans la lettre d'observations, il ne s'agit pas d'un nouveau contrôle imposant de renouveler cette formalité. • Civ. 2e, 6 déc. 2006 : ⚖ *RJS 3/07, n° 380.* ♦ L'envoi de la mise en demeure le jour de l'envoi au cotisant de la lettre en réponse ne constitue pas un manquement au respect du contradictoire du contrôle et de la sauvegarde des droits de la défense. • Civ. 2e, 11 oct. 2012 : ⚖ *JCP E 2012, n° 1711, note Taquet ; CSBP 2012. 352, note Pansier.*

14. L'allongement du délai de 15 à 30 jours par le décret du 28 mai 1999 n'est entré en vigueur que le 1er sept. 1999. • Civ. 2e, 19 avr. 2005, ⚖ n° 03-30.511 P : *RJS 2005, n° 771.*

15. Réponse de l'Urssaf. Si l'Urssaf doit répondre aux observations de l'employeur lorsqu'elles lui sont adressées dans le délai de trente jours suivant la lettre d'observations et doit différer la mise en recouvrement tant que cette réponse n'a pas été donnée, ladite réponse n'est soumise à aucun formalisme. En l'absence de changement de position de l'inspecteur du recouvrement, le cotisant n'a pas à recevoir une nouvelle lettre d'observations de sa part, l'envoi d'une simple lettre d'information suffisant. • Civ. 2e, 12 mars 2015, no 14-16.091 : *RJS 2015, no 365 ; Dr. soc. 2015. 473, obs. Boulmier ; JCP E 2015. Actu. 258, obs. Taquet.*

16. Contenu. L'art. 164, § 3, du Décr. du 8 juin 1976 (art. R. 243-59 CSS) n'exige pas la communication intégrale à l'employeur du rapport complet de l'agent de contrôle avec toutes ses annexes, mais oblige seulement cet agent à présenter ses observations à l'employeur pour provoquer éventuellement dans la huitaine (dans le délai de quinze [trente] jours) ses explications sur les irrégularités relevées, afin qu'il puisse précisément en être tenu compte lors de l'établissement, à l'expiration de ce délai, du rapport transmis à l'organisme de recouvrement. • Soc. 21 juin 1973 : *Bull. civ. V, no 411* • 30 oct. 1996, no 94-19.037 P. ♦ Dans le même sens s'agissant d'annexes : • Civ. 2e, 16 févr. 2012 : *RJS 2012, no 503 ; JCP S 2012, no 1171, note Tauran ; Gaz. Pal. 2012. 35, note Coursier.* ♦ Le contrôleur n'a pas à joindre à ses observations une liste nominative des salariés concernés. • Soc. 24 oct. 2002, no 01-20.035 P : *RJS 2003, no 249.* ♦ La lettre d'observation doit mentionner la faculté pour le cotisant de se faire assister du conseil de son choix. Cette information, destinée à garantir l'exercice des droits de la défense, constitue une formalité substantielle dont dépend la validité de la procédure. • Civ. 2e, 10 oct. 2013 : *RJS 2014, no 77 ; JCP E 2013, no 1632, note Taquet.* ♦ V. aussi • Civ. 2e, 18 sept. 2014 : *RJS 2014, no 892* (selon lequel l'avis préalable au contrôle doit informer le cotisant de la possibilité de se faire assister du conseil de son choix et de l'existence de la Charte du cotisant contrôlé sous peine de nullité des opérations de contrôle et du redressement).

17. Les mentions de la lettre d'observations et celles de la mise en demeure doivent permettre au redevable de connaître les causes, les périodes, les bases ainsi que le montant des redressements opérés. • Civ. 2e, 9 févr. 2006 : *RJS 2006, no 630.* ♦ L'indication du « mode de calcul » des redressements envisagés ressort suffisamment des précisions sur les assiettes et les montants par année ainsi que les taux de cotisation appliqués. • Civ. 2e, 12 juill. 2006, no 05-10.661 P : *RJS 2006, no 1115 ; JCP S 2006, no 1784, note Tauran ; Dr. soc. 2006. 1071, obs. Coursier.* ♦ V. pour des mentions suffisantes : • Civ. 2e, 10 nov. 2011 : *Dr. soc. 2012. 187, note Taquet.* ♦ V. pour des mentions insuffisantes : • Civ. 2e, 18 sept. 2014 : *RJS 2014, no 893.*

18. Cette formalité qui a pour but de sauvegarder les droits de la défense est suffisamment remplie lorsque l'intéressé a été informé des omissions et des erreurs qui lui sont reprochées ainsi que des bases du redressement proposé et a été ainsi mis en mesure de répondre aux observations de l'agent de contrôle. • Soc. 21 juin 1973 : *préc. note 16* • 14 nov. 1973 : *Bull. civ. V, no 576* • 27 mai 1993, no 90-14.311 P • 27 févr. 1997, no 95-16.133 P : *D. 1997. IR 78* • 12 juin 1997 : *RJS 1997, no 1143.* ♦ Le redevable est valablement informé des bases forfaitaires du redressement lorsque celles-ci ont fait l'objet d'un arrêté ministériel publié. • Soc. 27 mai 1993 : *préc.*

19. Le caractère contradictoire de l'enquête est respecté lorsque l'enquêteur a eu un entretien avec le chef d'entreprise lequel n'a pas contesté les constatations de fait de l'agent et a présenté ses observations sur les conclusions ; en l'état de cette prise de position immédiate par l'employeur, l'enquêteur a satisfait au vœu de la loi en faisant mention de ces explications dans son rapport. • Soc. 3 déc. 1981 : *Bull. civ. V, no 937.* ♦ Comp. : les prescriptions du § 3 de l'art. 164 du Décr. du 8 juin 1976 (art. R. 243-59 CSS) ne sont assorties d'aucune sanction de nullité du procès-verbal de l'agent de contrôle lorsque le redevable a pu faire valoir ses explications auprès de l'inspecteur commis pour une enquête. • Civ. 2e, 21 déc. 1962 : *Bull. civ. II, no 838.*

20. L'art. R. 243-59 CSS règle les opérations de contrôle hors toute procédure contentieuse. • Soc. 30 oct. 1996, no 94-19.037 P. ♦ En conséquence, l'art. 6, § 1, Conv. EDH n'est pas applicable en cette matière. • Soc. 30 oct. 1996 : *préc.* (sol. impl.). ♦ Ces exigences ne sont pas nécessaires dès lors que les décisions prises par l'URSSAF à l'issue du contrôle et du recours gracieux préalable sont susceptibles d'un recours contentieux devant le TASS, juridiction indépendante et impartiale. • Civ. 2e, 16 nov. 2004 : *D. 2005. 1067* . ♦ La commission de recours amiable (CRA) de l'URSSAF n'étant pas une juridiction soumise à l'art. 6 § 1 Conv. EDH, elle n'est pas davantage tenue d'entendre les requérants ou de leur communiquer l'intégralité des documents relatifs au contrôle. • Civ. 2e, 18 oct. 2005 : *JCP E 2005. 1852.*

21. Dès lors que l'omission de l'agent de contrôle dans le rapport communiqué ne porte que sur les noms de certains salariés et non sur les chiffres des cotisations réclamées, que le montant total de celles-ci correspond à celui des redressements dont fait état la mise en demeure, que l'erreur invoquée n'a pas été de nature à empêcher le chef d'entreprise de formuler ses observations, qu'au surplus le rapport complet de contrôle ayant été versé aux débats en premier ressort, l'intéressé a pu en prendre connaissance et en discuter le contenu, les droits de la défense n'ont pas été violés. • Soc. 11 janv. 1973 : *Bull. civ. V, no 23.*

22. Un employeur ne peut prétendre n'avoir pas eu connaissance du principe et des bases de calcul ayant permis de chiffrer le redressement dès lors que l'agent s'est fondé sur les chiffres mentionnés dans la comptabilité de l'employeur et a retenu un chiffre global par établissement déterminé à partir de fiches individuelles de paie mentionnant les cotisations dues. • Soc. 28 mars 1996, n° 93-18.572 P.

23. Viole les formalités substantielles qui ont pour but de donner un caractère contradictoire au contrôle et de sauvegarder les droits de la défense l'absence de mention intrinsèque dans la notification de redressement invitant l'employeur à répondre dans le délai de quinze jours aux observations de l'agent de contrôle. • Soc. 18 juill. 1996, n° 94-17.174 P. ♦ Le redressement opéré par l'URSSAF doit être annulé dès lors que le caractère contradictoire du contrôle n'a pas été respecté, l'agent de contrôle ayant clôturé son rapport cinq jours avant l'expiration du délai ouvert à l'employeur pour faire connaître ses observations. • Soc. 5 nov. 1999, n° 96-21.843 P.

24. Défaut de signature d'un inspecteur. Encourent la nullité les lettres d'observations qui n'ont été signées que par l'un des deux inspecteurs ayant effectué le contrôle alors que les deux inspecteurs en avaient la charge. • Civ. 2e, 6 nov. 2014, n° 13-23.990.

25. Destinataire. Satisfait aux exigences de l'art. R. 243-59 CSS la notification du rapport de contrôle au siège d'une société où le contrôle a été effectué pour l'ensemble des établissements, ayant abouti à des chefs de redressement communs à tous. • Soc. 11 janv. 1996, n° 93-18.909 P. ♦ La mise en demeure intéressant un établissement en particulier par l'URSSAF compétente n'est donc pas entachée de nullité. • Soc. 11 janv. 1996 : *préc.* ♦ L'avis de passage envoyé par l'URSSAF avant d'effectuer un contrôle doit être adressé exclusivement à la personne tenue, en sa qualité d'employeur, aux obligations de paiement des cotisations et contributions faisant l'objet du contrôle. • Civ. 2e, 6 nov. 2014 : *RJS 2014, n° 59.*

26. Sanction. La communication des observations de l'agent de contrôle à l'employeur constitue une formalité substantielle qui a pour but de donner un caractère contradictoire à l'enquête, de sauvegarder les droits de la défense et de permettre un apurement souhaitable avant tout recours ; son omission affecte la régularité tant de la procédure subséquente que des opérations de contrôle et de redressement elles-mêmes. • Soc. 12 déc. 1996, n° 95-12.881 P. ♦ V. aussi • Soc. 6 févr. 1997 : *D. 1997. IR 82* ♦ V. pour une application du principe dans le secteur agricole : la lettre d'observations que la caisse de mutualité sociale agricole doit adresser, au terme d'un contrôle, à la personne contrôlée constitue une formalité substantielle destinée à assurer le caractère contradictoire de la procédure de contrôle et la sauvegarde des droits de la défense ; il en résulte que le non-respect de cette formalité entraîne la nullité du contrôle et de la procédure subséquente. • Civ. 2e, 12 juill. 2018, n° 17-18.766 P : *RJS 10/2018, n° 643 ; JCP S 2018. 1290, note Tauran.*

27. Doit être annulée la mise en demeure notifiée avant l'expiration du délai imparti à l'employeur pour répondre aux observations de l'agent de contrôle. • Soc. 2 juin 1984 : *Bull. civ. V, n° 281* • 11 févr. 1999 : *RJS 1999, n° 576.* ♦ La mise en demeure ne peut être adressée par l'organisme de recouvrement au cotisant en l'absence de réponse de ce dernier qu'une fois expiré le délai de trente jours qui lui est imparti pour répondre à la lettre d'observations notifiée au terme des opérations de contrôle en application de l'art. R. 243-59, al. 5, CSS dans sa rédaction modifiée par les Décr. nos 99-434 du 28 mai 1999 et 2007-546 du 11 avr. 2007. • Civ. 2e, 4 mai 2017, n° 16-15.861 P : *RJS 2017, n° 523 ; JCP E 2017, n° 1298, note Taquet ; JCP S 2017, n° 1197, note Derue.*

28. Recours. L'invitation adressée à l'employeur à répondre aux observations de l'agent de contrôle, prévue par l'art. R. 243-59 CSS, ne constitue pas une décision de redressement au sens de l'art. R. 142-1 CSS. • Soc. 21 mars 1996, n° 94-15.696 P. ♦ C'est la mise en demeure, adressée à l'employeur après que celui-ci eut répondu aux observations de l'agent de contrôle, qui constitue la décision de redressement. • Soc. 21 mars 1996 : *préc.* • 18 juill. 1997 : *RJS 1997, n° 1281.*

29. Destinée seulement à informer l'autorité hiérarchique, la formalité visant à informer la DRASS (prévue par l'anc. art. R. 243-59) n'a pas d'incidence sur la régularité du contrôle. • Soc. 31 oct. 2000 : *RJS 2001, n° 96.*

30. Le silence gardé par l'employeur ne le prive pas de la faculté d'invoquer devant la juridiction contentieuse l'éventuelle insuffisance des observations de l'agent contrôleur. • Civ. 2e, 9 févr. 2006 : *RJS 2006, n° 630 ; JCP E 2006. 1587.*

Art. R. 243-59-1 *(Décr. n° 2016-941 du 8 juill. 2016, art. 16-2°)* **Lorsque les documents et les données nécessaires à l'agent chargé du contrôle sont dématérialisés, il peut, après avoir informé la personne contrôlée par écrit, procéder aux opérations de contrôle par la mise en œuvre de traitements automatisés en ayant recours au matériel informatique utilisé par la personne contrôlée. A la demande de l'agent chargé du contrôle, la personne contrôlée met à disposition un utilisateur habilité pour réaliser les opérations sur son matériel.**

A compter de la date de réception de la demande de l'agent chargé du contrôle, la personne contrôlée dispose de quinze jours pour s'opposer par écrit à la mise en œuvre de traitements automatisés sur son matériel et l'informer de son choix, soit de :

1° Mettre à la disposition de l'agent chargé du contrôle les copies des documents, des données et des traitements nécessaires à l'exercice du contrôle. Ces copies sont faites sur fichier informatique répondant aux normes définies par l'agent chargé du contrôle permettant les traitements automatisés et sont détruites avant l'engagement de la mise en recouvrement ;

2° Prendre en charge lui-même tout ou partie des traitements automatisés. Dans ce cas, l'agent chargé du contrôle lui indique par écrit les traitements à réaliser, les délais accordés pour les effectuer ainsi que les normes des fichiers des résultats attendus.

A défaut de réponse de la personne contrôlée dans le délai mentionné au deuxième alinéa, l'agent chargé du contrôle peut procéder aux opérations de contrôle par la mise en place de traitements automatisés sur le matériel de la personne contrôlée.

Les dispositions issues du 2° de l'art. 16 du Décr. n° 2016-941 du 8 juill. 2016 s'appliquent aux contrôles engagés à compter du 11 juill. 2016, lendemain de la publication du décret susvisé (Décr. préc., art. 37-I).

Art. R. 243-59-2 *(Décr. n° 2016-941 du 8 juill. 2016, art. 16-3°)* « Les agents chargés du contrôle peuvent proposer à la personne contrôlée d'utiliser les méthodes de vérification par échantillonnage et extrapolation définies par arrêté du ministre chargé de la sécurité sociale. Au moins quinze jours avant le début de cette vérification, l'agent chargé du contrôle indique à la personne contrôlée l'adresse électronique à laquelle sont consultables le document lui indiquant les différentes phases de la mise en œuvre de ces méthodes, les formules statistiques utilisées pour leur application et l'arrêté mentionné au présent alinéa.

« La personne contrôlée bénéficie de ce délai pour informer par écrit l'agent chargé du contrôle de son opposition à l'utilisation de ces méthodes. Dès lors qu'elle entend s'y opposer, elle en informe l'agent chargé du contrôle, par écrit et dans les quinze jours suivant la remise des documents mentionnés à l'alinéa précédent. Dans ce cas, l'agent chargé du contrôle lui fait connaître le lieu dans lequel les éléments nécessaires au contrôle doivent être réunis. Ce lieu ne peut être extérieur aux locaux de la personne contrôlée qu'avec l'autorisation de cette dernière. L'agent chargé du contrôle fait également connaître les critères, conformes aux nécessités du contrôle, selon lesquels ces éléments doivent être présentés et classés.

« La personne contrôlée dispose de quinze jours après notification des informations mentionnées au précédent alinéa pour faire valoir, le cas échéant, ses observations en réponse. A l'issue de ce délai, l'agent chargé du contrôle notifie à la personne contrôlée le lieu et les critères qu'il a définitivement retenus. La mise à disposition des éléments ainsi définis doit se faire dans un délai déterminé d'un commun accord entre l'agent chargé du contrôle et la personne contrôlée, mais qui ne peut être supérieur à soixante jours. Lorsque ces conditions ne sont pas remplies, l'opposition de la personne contrôlée à l'utilisation des méthodes de vérification par échantillonnage et extrapolation ne peut être prise en compte. »

Lorsque ces méthodes sont mises en œuvre, l'inspecteur du recouvrement informe *(Décr. n° 2016-941 du 8 juill. 2016, art. 16-3°)* « la personne contrôlée » des critères utilisés pour définir les populations examinées, le mode de tirage des échantillons, leur contenu et la méthode d'extrapolation envisagée pour chacun d'eux.

(Décr. n° 2016-941 du 8 juill. 2016, art. 16-3°) « La personne contrôlée peut présenter à l'agent chargé du contrôle ses observations tout au long de la mise en œuvre des méthodes de vérification par échantillonnage. Elle est invitée à faire part, le cas échéant, de ses observations sur la constitution de la base de sondage, sur l'échantillon obtenu et sur les résultats des vérifications effectuées sur chaque individu composant cet échantillon. Ces échanges peuvent être oraux. Lorsque la personne contrôlée décide d'exprimer un désaccord par écrit, l'agent chargé du contrôle répond de manière motivée par écrit aux observations de l'intéressée.

« La lettre d'observations*[,]* mentionnée au III de l'article R. 243-59 », précise les populations faisant l'objet des vérifications, les critères retenus pour procéder au tirage des échantillons, leur contenu, les cas atypiques qui en ont été exclus, les résultats obtenus pour chacun des échantillons, la méthode d'extrapolation appliquée et les résultats obtenus par application de cette méthode aux populations ayant servi de base au tirage de chacun des échantillons. Il mentionne la faculté reconnue *(Décr. n° 2016-*

941 du 8 juill. 2016, art. 16-3°) « à la personne contrôlée » en vertu du sixième alinéa du présent article.

(Décr. n° 2016-941 du 8 juill. 2016, art. 16-3°) « Dans le délai de trente jours à compter de la réception de la lettre d'observations mentionnée à l'alinéa précédent, la personne contrôlée peut informer l'organisme effectuant le contrôle de sa décision de procéder au calcul des sommes dont elle est redevable ou qu'elle a indûment versées pour la totalité des salariés concernés par chacune des anomalies constatées sur chacun des échantillons utilisés. »

Lorsque, au terme du délai fixé par l'alinéa précédent, *(Décr. n° 2016-941 du 8 juill. 2016, art. 16-3°)* « la personne contrôlée » n'a pas fait connaître à l'organisme de recouvrement sa décision de procéder au calcul des sommes *(Décr. n° 2016-941 du 8 juill. 2016, art. 16-3°)* « dont elle est redevable », la mise en recouvrement des cotisations, des majorations et pénalités faisant l'objet du redressement ne peut intervenir avant l'expiration de ce délai et avant la réponse de l'inspecteur du recouvrement aux éventuelles observations de *(Décr. n° 2016-941 du 8 juill. 2016, art. 16-3°)* « la personne contrôlée ».

Lorsque *(Décr. n° 2016-941 du 8 juill. 2016, art. 16-3°)* « la personne contrôlée » a fait connaître dans le délai imparti sa décision de procéder au calcul des sommes *(Décr. n° 2016-941 du 8 juill. 2016, art. 16-3°)* « dont elle est redevable », l'engagement de la procédure de recouvrement ne peut intervenir qu'à l'issue d'un délai de trente jours courant à compter de la réception par l'organisme de recouvrement de la décision de *(Décr. n° 2016-941 du 8 juill. 2016, art. 16-3°)* « la personne contrôlée ». Avant l'expiration de ce délai, *(Décr. n° 2016-941 du 8 juill. 2016, art. 16-3°)* « cette dernière » adresse à l'inspecteur du recouvrement les résultats de ses calculs accompagnés des éléments permettant de s'assurer de leur réalité et de leur exactitude. L'inspecteur du recouvrement peut s'assurer de l'exactitude de ces calculs, notamment en procédant à l'examen d'un nouvel échantillon. La mise en recouvrement des cotisations, des majorations et pénalités faisant l'objet du redressement ne peut intervenir avant l'expiration de ce délai de trente jours et *(Décr. n° 2016-941 du 8 juill. 2016, art. 16-3°)* « avant la réponse motivée de l'agent chargé du contrôle aux éventuelles observations de la personne contrôlée. La motivation de la réponse est appréciée par observation.

« L'agent chargé du contrôle » transmet à l'organisme chargé de la mise en recouvrement le procès-verbal de contrôle faisant état de ses observations, accompagné, s'il y a lieu, de l'ensemble des courriers et documents transmis par *(Décr. n° 2016-941 du 8 juill. 2016, art. 16-3°)* « la personne contrôlée et de la réponse de l'agent chargé du contrôle ».

Les dispositions issues du 3° de l'art. 16 du Décr. n° 2016-941 du 8 juill. 2016 s'appliquent aux contrôles engagés à compter du 11 juill. 2016, lendemain de la publication du décret susvisé (Décr. préc., art. 37-I).

1. Sondage ou échantillonnage. Selon l'Arr. du 11 avr. 2007 définissant les méthodes de vérification par échantillonnage et extrapolation pris en application de l'art. R. 243-59-2 CSS, la mise en œuvre, aux fins de régulation d'un point de législation, des méthodes de vérification par échantillonnage et extrapolation suit un protocole composé de quatre phases : la constitution d'une base de sondage, le tirage d'un échantillon, la vérification exhaustive de l'échantillon et l'extrapolation à la population ayant servi de base à l'échantillon. Dans le cadre de la procédure contradictoire, l'employeur est associé à chacune de ces phases, et en particulier, à l'issue de l'examen exhaustif des pièces justificatives (troisième phase), l'inspecteur du recouvrement informe l'employeur des résultats des vérifications effectuées sur chaque individu composant l'échantillon et des régulations envisagées, invite l'employeur à faire part de ses remarques et rectifie, le cas échéant, les régularisations envisagées. Ne tire pas les conséquences légales de ces constatations une cour d'appel qui décide que l'employeur a bien eu connaissance de la liste des individus constituant l'échantillon retenu et ceci préalablement à l'envoi de la lettre d'observations dès lors qu'il a été remis à l'employeur, lors de l'entretien de clôture des opérations de contrôle, des fiches de résultats des régularisations envisagées par motif et par salarié sous forme de grilles d'analyses des frais professionnels versés aux salariés, comme le mentionne la lettre d'observations, sans que la communication de ces documents soit nécessaire lors de l'envoi de la lettre d'observations. • Civ. 2e, 19 juin 2014 : *D. actu. 15 juill. 2014, obs. Fraisse ; RJS 10/2014, n° 736.* ♦ Les éléments recueillis dans le cadre d'une vérification irrégulière par échantillonnage et extrapolation ne peuvent fonder, même dans la limite des bases effectivement vérifiées, un redressement. • Civ. 2e, 15 mars 2018, n° 17-11.891 P : *Dr. soc. 2018. 857, étude Salomon ; RJS 5/2018, n° 364 ; JCP S 2018. 1157, obs. Venel.*

2. Jurisprudence antérieure au Décr. n° 2007-546 du 11 avr. 2007. Le redressement doit être établi sur des bases réelles lorsque la comptabilité de l'employeur permet à l'agent de contrôle d'établir le chiffre exact des sommes à réintégrer. • Soc. 23 nov. 2000 : *RJS 2001, n° 236.* ♦ L'URSSAF qui a à sa disposition les éléments de comptabilité permettant d'établir le redressement sur des bases réelles ne peut recourir à une méthode de contrôle par « sondage ». • Soc. 21 janv. 1993 : *RJS 1993, n° 320* (« l'URSSAF s'était bornée à un calcul par approximation à partir de sondages » sans qu'il fût allégué que la comptabilité de l'entreprise était insuffisante ou incomplète, condition nécessaire pour qu'elle puisse pratiquer une taxation forfaitaire). ♦ De même, est illicite le recours à la méthode de l'« échantillonnage » qui ne permet pas de débattre contradictoirement du bien-fondé du redressement. • Soc. 24 oct. 2002, n° 01-20.699 P : *RJS 2003, n° 61* (la méthode avait consisté à vérifier un échantillon de 1 200 salariés en 1996 et de 1 201 salariés en 1997 provenant de 200 agences d'une entreprise de travail temporaire puis à extrapoler à tous les salariés des 640 agences, au nombre de 193 565 en 1996 et de 234 673 en 1997) • Civ. 2e, 9 févr. 2006 : *Dr. soc. 2006. 939* . ♦ Doivent être annulés les redressements établis par des agents de l'ACOSS qui avaient procédé par sondage alors qu'ils avaient eu toute latitude de procéder à un contrôle exhaustif à partir de données concrètes qui ne leur étaient pas refusées ; ce n'est qu'au cas où la comptabilité s'avère inexistante, incomplète ou insincère que l'organisme de recouvrement a vocation à procéder à la reconstitution d'office des bases de cotisations. • Civ. 2e, 18 oct. 2005 : *RJS 2006, n° 82.* ♦ V., pour le caractère illicite d'un contrôle portant sur des indemnités de grand déplacement effectué à partir de feuilles d'heures comptabilisées sur deux mois avec une extrapolation ensuite sur une période de trois ans qui s'apparente à un contrôle sur échantillonnage : • TASS Le Mans, 9 janv. 2013 : *RJS 2013, n° 407.*

3. Accord de l'employeur (nécessité). La preuve étant rapportée que l'employeur avait donné son assentiment au calcul du redressement sur des bases et pourcentages déterminés après sondages et extrapolation, les opérations de contrôle (concernant des frais professionnels) étaient régulières. • Civ. 2e, 20 juin 2007 : *RJS 10/07, n° 1117.* ♦ Rapp., • Soc. 24 oct. 2002, n° 01-20.699 P : *RJS 1/03, n° 61.* ♦ *A contrario :* le redressement de l'URSSAF doit être annulé dès lors que la société n'a pas donné son accord préalable à l'utilisation de la méthode de contrôle par sondage et a d'ailleurs ultérieurement, à la connaissance de la méthode utilisée par l'URSSAF, émis son opposition par des courriers. • Civ. 2e, 4 déc. 2008, n° 08-10.665 P : *RJS 3/09, n° 278.*

4. Une société n'apporte pas la preuve que le montant du redressement était erroné dès lors qu'elle fondait son évaluation de certains avantages en nature sur des échantillonnages, des données établies plusieurs années après la période concernée et une enquête téléphonique, tandis que l'évaluation mise en œuvre par l'URSSAF reposait sur des éléments objectifs. • Civ. 2e, 22 févr. 2007, n° 06-11.632 P : *RJS 5/07, n° 657.*

Art. R. 243-59-3 *(Décr. n° 2007-546 du 11 avr. 2007, art. 4, en vigueur le 1er sept. 2007)* **Des opérations de contrôle des obligations déclaratives et de paiement des employeurs et des travailleurs indépendants occupant** *(Décr. n° 2016-941 du 8 juill. 2016, art. 16-4°, en vigueur le 1er janv. 2017)* **« moins de onze salariés »** *(Abrogé par Décr. n° 2017-858 du 9 mai 2017, art. 1er-2°, à compter du 1er janv. 2018)* ***« au 31 décembre de l'année qui précède celle de l'avis de contrôle »*** **peuvent être réalisées sous les garanties prévues à l'article R. 243-59 dans les locaux de l'organisme de recouvrement à partir des éléments dont dispose l'organisme et de ceux demandés pour le contrôle.**

Ce contrôle peut être réalisé soit par les inspecteurs du recouvrement, soit par des contrôleurs du recouvrement répondant aux conditions énumérées à l'article L. 243-7. *(Décr. n° 2016-941 du 8 juill. 2016, art. 16-4°)* **« En cas de non-transmission des éléments demandés ou lorsque l'examen des pièces nécessite d'autres investigations, un document est adressé à la personne contrôlée l'informant que le contrôle se poursuit dans les conditions fixées à l'article R. 243-59 à l'exception du I. »** — *Les dispositions de cet al. issues du 4° de l'art. 16 du Décr. n° 2016-941 du 8 juill. 2016 s'appliquent aux contrôles engagés à compter du 11 juill. 2016, lendemain de la publication du décret susvisé (Décr. préc., art. 37-I).*

Art. R. 243-59-4 *(Décr. n° 2016-941 du 8 juill. 2016, art. 16-5°)* **I. — Dans le cadre d'un contrôle effectué en application de l'article L. 243-7, l'agent chargé du contrôle fixe forfaitairement le montant de l'assiette dans les cas suivants :**

1° La comptabilité de la personne contrôlée ne permet pas d'établir le chiffre exact des rémunérations, ou le cas échéant des revenus, servant de base au calcul des cotisations dues ;

2° La personne contrôlée ne met pas à disposition les documents ou justificatifs nécessaires à la réalisation du contrôle ou leur présentation n'en permet pas l'exploitation.

Cette fixation forfaitaire est effectuée par tout moyen d'estimation probant permettant le chiffrage des cotisations et contributions sociales. Lorsque la personne contrôlée est un employeur, cette taxation tient compte, dans les cas mentionnés au 1°, notamment des conventions collectives en vigueur ou, à défaut, des salaires pratiqués dans la profession ou la région considérée. La durée de l'emploi est déterminée d'après les déclarations des intéressés ou par tout autre moyen de preuve.

En cas de travail dissimulé, cette fixation forfaitaire :

a) Peut être effectuée dans les conditions mentionnées à l'article L. 242-1-2 lorsque la personne contrôlée est un employeur ;

b) Peut être fixée, à défaut de preuve contraire, à hauteur pour chaque exercice contrôlé de trois fois la valeur annuelle du plafond mentionné à l'article L. 241-3 en vigueur à la date à laquelle le contrôle a débuté lorsque la personne contrôlée est un travailleur indépendant.

II. — En cas de carence de l'organisme créancier, le forfait est établi par le responsable du service mentionné à l'article R. 155-1.

Les dispositions de cet art. issues du 5° de l'art. 16 du Décr. n° 2016-941 du 8 juill. 2016 s'appliquent aux contrôles engagés à compter du 11 juill. 2016, lendemain de la publication du décret susvisé (Décr. préc., art. 37-I).

Art. R. 243-59-4-1 *(Décr. n° 2018-1154 du 13 déc. 2018, art. 2)* I. — Pour l'application des dispositions prévues à l'article L. 243-12-1, l'agent qui constate l'obstacle à contrôle tel que défini au deuxième alinéa de cet article en informe par écrit la personne contrôlée. Il lui notifie le délai dans lequel elle peut satisfaire à la demande et l'informe qu'à défaut le directeur peut engager une procédure de sanction.

II. — Lorsque la personne contrôlée n'a pas satisfait à la demande dans le délai prévu au premier alinéa, l'agent chargé du contrôle dresse un procès-verbal du constat d'obstacle à contrôle et le transmet au directeur de l'organisme dont relève la personne contrôlée. Ce procès-verbal mentionne les raisons pour lesquelles l'obstacle à contrôle est constitué et les actions mises en œuvre par l'agent en charge du contrôle pour obtenir la levée de l'obstacle constaté.

Pour déterminer le montant de la pénalité, le directeur de l'organisme tient compte des circonstances, parmi lesquelles le respect des obligations déclaratives et des versements de cotisations et contributions de sécurité sociale sur la période contrôlée, et de la gravité du manquement constaté.

La notification de la pénalité envisagée peut être effectuée à tout moment de la procédure de contrôle et au plus tard au moment de l'envoi de la mise en recouvrement mentionnée au IV de l'article R. 243-59. La personne contrôlée dispose d'un délai de trente jours à compter de la réception de cette notification pour présenter ses observations écrites au directeur.

Lorsque la personne contrôlée présente ses observations avant le terme du délai imparti, le directeur est tenu de répondre avant de notifier sa décision définitive et d'engager la mise en recouvrement dans les conditions définies au premier alinéa de l'article R. 244-1 ou de l'article R. 725-6 du code rural et de la pêche maritime.

III. — En cas de contrôle d'un particulier employeur, les actions ou omissions ayant pour objet de faire obstacle ou de se soustraire aux opérations visées au deuxième alinéa de l'article L. 243-12-1 sont établies lorsque le particulier employeur, successivement :

1° s'est abstenu à deux reprises soit de répondre de manière circonstanciée aux demandes d'information qui lui ont été adressées soit d'accueillir un agent chargé du contrôle se présentant à son domicile ;

2° ne s'est pas présenté ou fait représenter à au moins deux convocations dans les locaux de l'organisme de recouvrement.

Art. R. 243-59-5 *(Décr. n° 2016-941 du 8 juill. 2016, art. 16-5°)* Lorsque la personne contrôlée est un travailleur indépendant et lorsque le revenu*[,]* sur lequel sont assises les cotisations et contributions sociales après leur redressement par les organismes effectuant le recouvrement*[,]* diffère des éléments qui ont été déclarés à l'administration fiscale et dont les organismes chargés du contrôle ont connaissance, ces derniers informent, après l'envoi de l'avertissement ou de la mise en demeure prévus à l'article L. 244-2, l'administration fiscale de ce revenu et lui transmettent les documents mentionnés aux premier et cinquième alinéas du III de l'article R. 243-59, au deuxième alinéa du IV de ce même article ainsi qu'à l'article R. 142-4 du présent code. — *V. note ss. art. R. 243-59-4.*

Art. R. 243-59-6 *(Décr. nº 2016-941 du 8 juill. 2016, art. 16-5º)* I. — Lorsque les opérations de contrôle mentionnées à l'article L. 243-13 prennent fin du fait du dépassement du délai mentionné à ce même article, l'agent chargé du contrôle informe par courrier la personne contrôlée des manquements constatés le cas échéant.

II. — Il ne peut être procédé une nouvelle fois à un contrôle portant sur tout ou partie de la période antérieure à la date d'envoi de l'avis de contrôle ayant donné lieu à l'information de clôture du contrôle.

Art. R. 243-59-7 *(Décr. nº 2016-941 du 8 juill. 2016, art. 16-5º)* Le redressement établi en application des dispositions de l'article L. 243-7 ne peut porter sur des éléments qui, ayant fait l'objet d'un précédent contrôle dans la même entreprise ou le même établissement n'ont pas donné lieu à observations de la part de l'organisme effectuant le contrôle dans les conditions prévues à l'article R. 243-59 dès lors que :

1º L'organisme a eu l'occasion, au vu de l'ensemble des documents consultés, de se prononcer en toute connaissance de cause sur ces éléments ;

2º Les circonstances de droit et de fait au regard desquelles les éléments ont été examinés sont inchangées.

Art. R. 243-59-8 *(Décr. nº 2016-941 du 8 juill. 2016, art. 16-5º)* La personne contrôlée peut se prévaloir de l'application d'une circulaire ou d'une instruction précisant l'interprétation de la législation en vigueur à l'attention des organismes effectuant le recouvrement et le contrôle des cotisations et contributions sociales, prise dans les conditions mentionnées à l'article L. 243-6-2. Sa demande est recevable tant que les sommes mises en recouvrement au titre d'une situation couverte par cette circulaire ou instruction n'ont pas un caractère définitif.

L'organisme effectuant le recouvrement informe la personne contrôlée dans un délai de deux mois à compter de la réception de la demande mentionnée à l'alinéa précédent, par motif de redressement, des montants qui, le cas échéant, sont annulés ainsi que, par motif de redressement, des montants dont elle reste redevable au titre de la mise en demeure prévue à l'article L. 244-2.

Art. R. 243-59-9 *(Décr. nº 2018-1154 du 13 déc. 2018, art. 2)* Les formalités prévues aux articles R. 142-1, R. 243-43-4, R. 243-59, R. 243-59-1, R. 243-59-2, R. 243-59-4-1, R. 243-59-6, R. 243-59-8 et R. 244-1 peuvent être effectuées par tout moyen donnant date certaine à leur réception.

A compter du 7 nov. 2016, la procédure de contrôle de la déclaration et du paiement des cotisations et contributions sociales par les employeurs et les travailleurs indépendants est exclue à titre définitif du champ d'application du droit des usagers de saisir l'administration par voie électronique (Décr. nº 2015-1421 du 5 nov. 2015, mod. par Décr. nº 2016-941 du 8 juill. 2016, art. 36).

Art. R. 243-60 *(Décr. nº 2003-252 du 19 mars 2003)* Lorsque *(Décr. nº 2016-941 du 8 juill. 2016, art. 17-1º)* « la personne contrôlée » est membre du conseil d'administration de l'union de recouvrement ou lorsque le contrôle concerne l'union de recouvrement, le contrôle est délégué à une autre union, désignée par le directeur de l'Agence centrale des organismes de sécurité sociale.

Lorsque *(Décr. nº 2016-941 du 8 juill. 2016, art. 17-2º)* « la personne contrôlée » est membre du conseil d'administration de l'Agence centrale des organismes de sécurité sociale ou lorsque le contrôle concerne ladite agence, le contrôle est délégué à l'Union de recouvrement *(Décr. nº 2016-941 du 8 juill. 2016, art. 17-2º)* « de l'Île-de-France ».

V. Circ. ACOSS nº 2003-102 du 27 juin 2003.

Composition du conseil d'administration de l'URSSAF. Les dispositions de l'art. R. 243-59, al. 4 (art. R. 243-60 nouv.), CSS sont édictées pour la protection de l'organisme de contrôle, et non pour celle de l'employeur contrôlé lorsqu'il est membre du conseil d'administration de l'URSSAF ; dès lors, ce dernier n'est pas fondé à se prévaloir de l'absence d'un inspecteur des affaires sanitaires et sociales aux côtés de l'agent de l'URSSAF lors de ce contrôle (selon la règle alors applicable). • Civ. 2e, 9 déc. 2003, n° 02-30.505 P : *RJS 2004. 171, n° 255.*

Art. R. 243-60-1 *(Décr. n° 2011-41 du 10 janv. 2011)* **Le comité des abus de droit a pour mission, lorsqu'il est saisi, d'émettre un avis sur l'existence d'actes constitutifs d'un abus de droit au sens de l'article L. 243-7-2.**

Il comprend :

1° Un conseiller à la Cour de cassation, président ;

2° Un conseiller d'État ;

3° Un conseiller maître à la Cour des comptes ;

4° Un avocat ayant une compétence en droit social ;

5° Un expert-comptable ;

6° Un professeur des universités, agrégé de droit ;

7° Un inspecteur général des affaires sociales.

Les membres du comité sont nommés, pour une durée de trois ans renouvelable, par arrêté du ministre chargé de la sécurité sociale, sur proposition, pour les personnes mentionnées aux 1°, 2°, 3°, 4° et 5°, respectivement du premier président de la Cour de cassation, du vice-président du Conseil d'État, du premier président de la Cour des comptes, du Conseil national des barreaux et du Conseil supérieur de l'ordre des experts-comptables.

Des suppléants sont nommés dans les mêmes conditions.

Un ou plusieurs agents de catégorie A de la direction de la sécurité sociale et un ou plusieurs agents de catégorie A du service des affaires financières, sociales et logistiques du ministère chargé de l'agriculture sont désignés respectivement par le ministre chargé de la sécurité sociale et par le ministre chargé de l'agriculture pour remplir les fonctions de rapporteur auprès du comité.

Le président peut inviter un ou plusieurs membres, suppléants ou rapporteurs du comité de l'abus de droit fiscal à assister aux délibérations du comité des abus de droit.

Art. R. 243-60-2 *(Décr. n° 2011-41 du 10 janv. 2011)* **I. — Tout membre du comité des abus de droit doit informer le président :**

1° Des intérêts qu'il a détenus au cours des deux ans précédant sa nomination, qu'il détient ou vient à détenir ;

2° Des fonctions qu'il a exercées au cours des deux ans précédant sa nomination, qu'il exerce ou vient à exercer ;

3° De tout mandat au sein d'une personne morale qu'il a détenu au cours des deux ans précédant sa nomination, qu'il détient ou vient à détenir.

Ces informations ainsi que celles concernant le président sont tenues à la disposition des membres du comité.

Aucun membre du comité ne peut délibérer dans une affaire dans laquelle lui-même ou, le cas échéant, une personne morale au sein de laquelle il a, au cours des deux ans précédant la délibération, exercé des fonctions ou détenu un mandat, a ou a eu un intérêt au cours de la même période. Il ne peut davantage participer à une délibération concernant une affaire dans laquelle lui-même ou, le cas échéant, une personne morale au sein de laquelle il a, au cours des deux ans précédant la délibération, exercé des fonctions ou détenu un mandat, a représenté une des parties intéressées au cours de la même période.

Le président du comité prend les mesures appropriées pour assurer le respect de ces obligations et interdictions.

II. — Les membres et les personnels du comité des abus de droit sont tenus au respect des règles de secret professionnel. Ce secret n'est pas opposable à l'autorité judiciaire agissant dans le cadre d'une procédure pénale.

III. — Nul ne peut être membre de ce comité s'il a été condamné au cours des cinq années passées, selon les modalités prévues à l'article 131-27 du code pénal, à une peine d'interdiction d'exercer une profession commerciale ou industrielle, de diriger, d'administrer, de gérer ou de contrôler à un titre quelconque, directement ou indirectement, pour son propre compte ou pour le compte d'autrui, une entreprise commerciale ou industrielle ou une société commerciale ou à une peine pour travail dissimulé,

marchandage, prêt illicite de main-d'œuvre, en application des articles L. 8224-1, L. 8224-2, L. 8234-1 et L. 8243-1 du code du travail.

Art. R. 243-60-3 *(Décr. nº 2011-41 du 10 janv. 2011)* I. — La décision de mettre en œuvre les dispositions prévues à l'article L. 243-7-2 est prise par le directeur de l'organisme chargé du recouvrement, qui contresigne à cet effet *(Décr. nº 2016-941 du 8 juill. 2016, art. 18-1º)* « la lettre d'observations mentionnée au premier alinéa du III » de l'article R. 243-59. Ce document mentionne la possibilité de saisir le comité des abus de droit et les délais impartis *(Décr. nº 2016-941 du 8 juill. 2016, art. 18-2º)* « à la personne contrôlée » pour ce faire.

II. — Le cotisant dispose d'un délai de trente jours à compter de la réception du document mentionné au I pour demander au service mentionné à l'article R. 155-1 que le litige soit soumis à l'avis du comité des abus de droit. S'il formule dans ce délai des observations à ce document, il dispose à nouveau d'un délai de trente jours à compter de la réception de la réponse de l'organisme de recouvrement à ces observations.

III. — Dans un délai de trente jours, le service mentionné à l'article R. 155-1 saisit le comité des demandes recevables et avertit l'organisme.

IV. — L'organisme de recouvrement et le cotisant sont invités à produire leurs observations dans un délai de trente jours ; ils reçoivent communication des observations produites par l'autre partie. Le président du comité peut en outre recueillir auprès du cotisant et de l'organisme tout renseignement complémentaire utile à l'instruction du dossier.

V. — Si le cotisant a formé, devant la commission de recours amiable prévue à l'article R. 142-1, une réclamation portant sur une décision de redressement prise dans le cadre de la même procédure que celle qui a donné lieu à la saisine du comité des abus de droit, la commission diffère son avis ou sa décision dans l'attente de l'avis du comité.

VI. — Le président communique l'avis du comité au cotisant et à l'organisme de recouvrement. Celui-ci notifie sa décision au cotisant et, en cas de modification du redressement, lui adresse une mise en demeure rectificative, conformément à l'article L. 244-2, dans un délai de trente jours.

SECTION V ENCAISSEMENT DES COTISATIONS, CONTRIBUTIONS ET TAXES SOCIALES RECOUVRÉES PAR LES ORGANISMES VISÉS À L'ARTICLE L. 213-1

Art. R. 243-61 (Abrogé par Décr. nº 2016-941 du 8 juill. 2016, art. 19) (Décr. nº 99-492 du 11 juin 1999, art. 1er-I) *Pour l'appréciation de la condition prévue au I de l'article L. 243-14, il est tenu compte du montant total des cotisations, contributions et taxes dues le cas échéant par l'ensemble des établissements de l'entreprise. Lesdites cotisations, contributions et taxes s'entendent compte non tenu des éventuelles majorations et pénalités prévues aux articles L. 243-14, R. 243-16 et R. 243-18.*

L'ordre de virement est accompagné de références dont la liste est fixée par arrêté du ministre chargé de la sécurité sociale.

CHAPITRE IV CONTENTIEUX ET PÉNALITÉS

SECTION I DISPOSITIONS COMMUNES

Art. R. 244-1 *(Décr. nº 2016-941 du 8 juill. 2016, art. 20 et 37-IV, en vigueur le 1er janv. 2017)* « L'avertissement ou la mise en demeure précise la cause, la nature et le montant des sommes réclamées, les majorations et pénalités qui s'y appliquent ainsi que la période à laquelle elles se rapportent.

« Lorsque la mise en demeure ou l'avertissement est établi en application des dispositions de l'article L. 243-7, le document mentionne au titre des différentes périodes annuelles contrôlées les montants notifiés par la lettre d'observations*[,]* corrigés le cas échéant à la suite des échanges entre la personne contrôlée et l'agent chargé du contrôle. La référence et les dates de la lettre d'observations et le cas échéant du dernier courrier établi par l'agent en charge du contrôle lors des échanges mentionnés au III de l'article R. 243-59 figurent sur le document. Les montants indiqués tiennent compte des sommes déjà réglées par la personne contrôlée. »

Lorsque l'employeur ou le travailleur indépendant, qui fait l'objet de l'avertissement ou de la mise en demeure prévus à l'article L. 244-2 *(Abrogé par Décr. nº 2018-1154 du 13 déc. 2018)* « , » saisit la juridiction compétente dans les conditions prévues à l'article *(Décr. nº 2018-1154 du 13 déc. 2018)* « R. 155-4 », la prescription des actions mentionnées aux articles L. 244-7 et *(Décr. nº 2018-1154 du 13 déc. 2018)* « L. 244-8-1 » est interrompue et de nouveaux délais recommencent à courir à compter du jour où le jugement est devenu définitif.

Art. R. 244-2 Les *(Décr. nº 2018-928 du 29 oct. 2018, art. 11, en vigueur le 1er janv. 2019)* « tribunaux de grande instance spécialement désignés » statuent en dernier ressort, quel que soit le chiffre de la demande, lorsqu'ils sont saisis de recours contre des décisions prises en application de l'article R. 243-20 *(Décr. nº 2006-1591 du 13 déc. 2006, art. 4-III)* « et du II de l'article R. 133-9-1 ».

Décision susceptible d'appel. Est susceptible d'appel la décision portant condamnation à des sommes supérieures au taux de dernier ressort lorsqu'est contestée l'exigibilité des majorations de retard. • Soc. 1er févr. 2001, nº 99-13.879 P : *RJS 2001, nº 653.*

Art. R. 244-3 *(Décr. nº 87-801 du 29 sept. 1987, art. 13)* Hors le cas de récidive dans un délai de trois ans prévu à l'article L. 244-6, l'employeur qui a retenu par devers lui indûment la contribution des salariés aux assurances sociales précomptée sur le salaire est passible des peines prévues pour les contraventions de 5e classe.

Interdiction de paiement des créances nées antérieurement au jugement d'ouverture. Selon l'art. L. 621-24 ancien (L. 622-7) C. com, le jugement ouvrant la procédure de redressement judiciaire emporte de plein droit, l'interdiction de payer les créances antérieures ; méconnaît ce texte et l'art. 122-4 C. pén., édictant le fait justificatif tiré de l'ordre de la loi, le juge qui condamne le débiteur pour avoir retenu indûment les cotisations ouvrières précomptées sur les salaires exigibles postérieurement à la date du jugement d'ouverture. • Crim. 24 janv. 2006, nº 05-82.521 P : *Dr. pén. 2006. Comm. 54 ; D. 2006. AJ 861, obs. Lienhard* (en application des art. L. 725-21 et L. 741-20 C. rur.).

Art. R. 244-4 *(Décr. nº 87-801 du 29 sept. 1987, art. 14)* L'employeur ou le travailleur indépendant qui ne s'est pas conformé aux prescriptions de la législation de sécurité sociale est passible de l'amende prévue pour les contraventions de la 3e classe prononcée par le tribunal sans préjudice de la condamnation par le même jugement et à la requête du ministère public ou de la partie civile au paiement de la somme représentant les contributions dont le versement lui incombait, ainsi qu'au paiement des majorations de retard. L'amende est appliquée autant de fois qu'il y a de personnes employées dans des conditions contraires aux prescriptions relatives à l'immatriculation et au paiement des cotisations de sécurité sociale sans que le total des amendes puisse dépasser 1 500 €.

Autorité de la chose jugée. L'autorité absolue de la chose jugée qui s'attache au jugement d'un tribunal correctionnel ayant condamné un employeur pour détournement, non de majorations de retard, mais de cotisations (CSS, art. L. 244-6) ne fait pas obstacle à une demande de paiement desdites majorations de la caisse devant la juridiction civile. • Soc. 7 nov. 1991, nº 89-11.227 P. ♦ Les demandes portées devant la juridiction civile et la juridiction répressive n'ont ni le même objet ni la même cause (validation de contrainte et versement de dommages-intérêts). • Crim. 5 oct. 2004, nº 04-84.056 P.

Art. R. 244-5 *(Décr. nº 87-801 du 29 sept. 1987, art. 14)* En cas de récidive, le contrevenant est puni de l'amende prévue pour les contraventions de la 5e classe sans préjudice de la condamnation par le même jugement et à la requête du ministère public ou de la partie civile au paiement des contributions dont le versement lui incombait ainsi qu'au paiement des majorations de retard.

Art. R. 244-6 En cas de pluralité de contraventions entraînant les peines de la récidive, l'amende est appliquée autant de fois qu'on a relevé de nouvelles contraventions. Toutefois, le total des amendes ne peut dépasser 4 500 €. — *V. jurisprudence ss. art. L. 244-5.*

SECTION II *[ABROGÉE]* DISPOSITIONS RELATIVES AUX COTISATIONS DUES À TITRE PERSONNEL PAR LES TRAVAILLEURS INDÉPENDANTS *(Décr. nº 2014-1690 du 30 déc. 2014, art. 6).*

(Abrogée par Décr. nº 2017-1409 du 25 sept. 2017, art. 1er-IV)

Les dispositions de l'art. 1er du Décr. nº 2017-1409 du 25 sept. 2017 sont applicables aux contrôles n'ayant pas fait l'objet d'un procès-verbal de travail dissimulé à la date de publication du décret susvisé (Décr. préc., art. 5, JO 27 sept.).

Art. R. 244-7 (Décr. nº 2000-19 du 11 janv. 2000, art. 7-II) ***Les dispositions prévues aux articles R. 652-2 à R. 652-9 sont applicables pour le recouvrement des cotisations, des majorations de retard et pénalités dues à titre personnel par les travailleurs indépendants.***

CHAPITRE V RESSOURCES AUTRES QUE LES COTISATIONS

SECTION PREMIÈRE CONTRIBUTION DES ENTREPRISES DE PRÉPARATION DE MÉDICAMENTS

Art. R. 245-1 *Abrogé par Décr. nº 2013-935 du 18 oct. 2013, art. 1er-4º.*

Art. R. 245-2 *Abrogé par Décr. nº 2004-726 du 19 juill. 2004, art. 3.*

Art. R. 245-3 *Abrogé par Décr. nº 2013-935 du 18 oct. 2013, art. 1er-4º.*

Art. R. 245-4 *(Décr. nº 97-635 du 31 mai 1997)* En cas de cession de l'entreprise ou cessation d'activité de l'entreprise visée à l'article L. 245-1, la déclaration et le versement de la contribution éventuellement due sont transmis dans un délai d'un mois. Ce délai court :

a) Lorsqu'il s'agit de la vente ou de la cession d'un fonds de commerce, du jour de la vente où la cession a été publiée dans un journal d'annonces légales ;

b) Lorsqu'il s'agit de la cessation de l'activité de l'entreprise, du jour de cette cessation définitive.

Art. R. 245-5 *(Décr. nº 2008-746 du 28 juill. 2008)* Lorsque la durée du ou des derniers exercices clos depuis la dernière échéance de la contribution est différente de douze mois, l'abattement forfaitaire prévu au 1º du II de l'article L. 245-2 est, pour chaque exercice clos depuis la dernière échéance, égal au produit du montant de l'abattement forfaitaire par le rapport du nombre de jours d'activité sur trois cent soixante jours, chaque mois complet d'activité correspondant à trente jours.

Art. R. 245-6 *(Décr. nº 2008-746 du 28 juill. 2008)* Le groupe mentionné au dernier alinéa du II de l'article L. 245-2 est constitué par une entreprise ayant publié des comptes consolidés au titre du dernier exercice clos avant l'année au cours de laquelle est appelée la contribution et par une ou plusieurs entreprises dont elle possède au moins 50 % du capital et dont le chiffre d'affaires est consolidé avec son propre chiffre d'affaires.

Pour bénéficier du report d'abattement prévu au II de l'article L. 245-2, les entreprises doivent déposer auprès de l'union de recouvrement des cotisations de sécurité sociale et d'allocations familiales dont elles relèvent à la date de dépôt de la déclaration prévue à l'article R. 245-3, un document commun établi par l'entreprise consolidante qui mentionne la raison sociale des entités exploitantes concernées et les montants de leurs chiffres d'affaires se rapportant aux spécialités génériques et aux médicaments orphelins ouvrant droit à l'abattement, la raison sociale des sociétés bénéficiaires du report d'abattement, le montant total initial des abattements applicables au titre des 2º et 3º du II de l'article L. 245-2 et les modalités de répartition de cet abattement entre les sociétés du groupe.

Les abattements mentionnés aux 2º et 3º du II de l'article L. 245-2 sont reportés au bénéfice d'une ou plusieurs entreprises appartenant au même groupe, sur le même exercice que celui au titre duquel il est constaté, lorsqu'ils sont supérieurs à l'assiette de la contribution.

Art. R. 245-7 *(Décr. nº 2008-746 du 28 juill. 2008)* Lorsque la durée du ou des derniers exercices clos depuis la dernière échéance de la contribution est différente de douze mois, le montant du chiffre d'affaires mentionné au premier alinéa de l'article L. 245-4 est égal au produit du chiffre d'affaires effectif réalisé pour chaque exercice clos depuis la dernière échéance de la contribution par le rapport de trois cent soixante jours sur le nombre de jours d'activité, chaque mois complet d'activité correspondant à trente jours.

Art. R. 245-8 à R. 245-14 *Abrogés par Décr. n° 2005-335 du 8 avr. 2005.*

SECTION II CONTRIBUTIONS À LA CHARGE DES FABRICANTS OU DISTRIBUTEURS DE DISPOSITIFS MÉDICAUX, TISSUS ET CELLULES, PRODUITS DE SANTÉ AUTRES QUE LES MÉDICAMENTS ET PRESTATIONS ASSOCIÉES MENTIONNÉS À L'ARTICLE L. 165-1 *(Décr. n° 2004-726 du 19 juill. 2004, art. 4).*

Art. R. 245-15 *Abrogé par Décr. n° 2013-935 du 18 oct. 2013, art. 1er-4°.*

Art. R. 245-16 *(Décr. n° 2004-726 du 19 juill. 2004, art. 4)* Les dispositions *(Décr. n° 2005-335 du 8 avr. 2005 ; Décr. n° 2013-935 du 18 oct. 2013, art. 1er-5°)* « de l'article R. 245-4 » s'appliquent à la contribution visée à l'article L. 245-5-1.

Art. R. 245-16-1 *(Décr. n° 2008-746 du 28 juill. 2008)* Lorsque la durée du ou des derniers exercices clos depuis la dernière échéance de la contribution est différente de douze mois, l'abattement forfaitaire prévu à l'article L. 245-5-2 est, pour chaque exercice clos depuis la dernière échéance, égal au produit du montant de l'abattement forfaitaire par le rapport du nombre de jours d'activité sur trois cent soixante jours, chaque mois complet d'activité correspondant à trente jours.

Art. R. 245-16-2 *(Décr. n° 2008-746 du 28 juill. 2008)* Lorsque la durée du ou des derniers exercices clos depuis la dernière échéance de la contribution est différente de douze mois, le montant du chiffre d'affaires mentionné au premier alinéa de l'article L. 245-5-3 est égal au produit du chiffre d'affaires effectif réalisé pour chaque exercice clos depuis la dernière échéance de la contribution par le rapport de trois cent soixante jours sur le nombre de jours d'activité, chaque mois complet d'activité correspondant à trente jours.

Art. R. 245-16-3 *(Décr. n° 2015-1058 du 24 août 2015, art. 1er-II-2°, en vigueur le 1er janv. 2016)* Les données mentionnées au VIII de l'article L. 245-5-5-1 sont transmises par l'Agence centrale des organismes de sécurité sociale à l'agence mentionnée à l'article L. 5311-1 du code de la santé publique par voie électronique dans des conditions permettant de garantir leur confidentialité.

Ces données sont le nom de l'établissement, l'identifiant SIRET, l'adresse de l'établissement principal ou du siège du redevable et l'assiette de la contribution prévue par l'article L. 245-5-5-1 du présent code.

Un protocole entre l'agence mentionnée à l'article L. 5311-1 du code de la santé publique et l'Agence centrale des organismes de sécurité sociale détermine le format des données transmises.

SECTION II *BIS* CONTRIBUTION SUR LE CHIFFRE D'AFFAIRES DES ENTREPRISES EXPLOITANT UNE OU PLUSIEURS SPÉCIALITÉS PHARMACEUTIQUES PRISES EN CHARGE PAR L'ASSURANCE MALADIE

(Décr. n° 2004-1306 du 29 nov. 2004)

Art. R. 245-17 *Al. 1er à 3 abrogés par Décr. n° 2013-935 du 18 oct. 2013, art. 1er-6°.*

En cas de cession d'exploitation d'un médicament entrant dans l'assiette *(Décr. n° 2015-234 du 27 févr. 2015, art. 2-I-4°)* « des contributions définies par » l'article L. 245-6, l'entreprise qui a cédé l'exploitation de ce médicament avant le 1er janvier de l'année au titre de laquelle la contribution est due n'est pas redevable du versement provisionnel correspondant.

Art. R. 245-18 Les dispositions *(Décr. n° 2005-335 du 8 avr. 2005)* « de l'article R. 245-4 » sont applicables *(Décr. n° 2015-234 du 27 févr. 2015, art. 2-I-5°)* « aux contributions mentionnées » à l'article L. 245-6.

CHAPITRE VI DISPOSITIONS COMMUNES

Art. R. 246-1 Les articles R. 243-59 et R. 244-3 s'appliquent au recouvrement des cotisations assises sur les avantages de retraite, le débiteur de ces avantages étant assimilé à l'employeur.

Pour l'application de ces articles, ainsi que des articles L. 243-4 à L. 243-6 de la section IV du chapitre III du titre IV du livre II et du chapitre IV du titre IV du livre II le débiteur des avantages de retraite est assimilé à un employeur, l'avantage de retraite à un salaire et le bénéficiaire de ces avantages à un salarié.

Art. R. 246-2 Les articles R. 243-59 et R. 244-3 s'appliquent au recouvrement des cotisations assises sur les avantages mentionnés à l'article R. 243-36.

Pour l'application des articles mentionnés au premier alinéa, des articles L. 243-4 à L. 243-6, de la section IV du chapitre III du titre IV du livre II et du chapitre IV du titre IV du livre II, le débiteur desdits avantages est assimilé à un employeur, l'avantage à un salaire et le bénéficiaire de ces avantages à un salarié.

TITRE CINQUIÈME RÉGIME FINANCIER

CHAPITRE PREMIER GESTION DES RISQUES ET FONDS

SECTION PREMIÈRE ASSURANCES MALADIE, MATERNITÉ, INVALIDITÉ, DÉCÈS, ACCIDENTS DU TRAVAIL ET MALADIES PROFESSIONNELLES

Art. R. 251-1 La Caisse nationale de l'assurance maladie des travailleurs salariés gère les fonds énumérés ci-après :

1° Le Fonds national de l'assurance maladie ;

2° Le Fonds national des accidents du travail ;

3° Le Fonds national de prévention des accidents du travail et des maladies professionnelles ;

4° Le Fonds national d'action sanitaire et sociale ;

5° *(Décr. n° 89-321 du 18 mai 1989, art. 1er)* « Le Fonds national de prévention, d'éducation et d'information sanitaires » ;

6° Le Fonds national du contrôle médical ;

7° Le Fonds national de la gestion administrative.

Art. R. 251-2 Le Fonds national de l'assurance maladie comprend huit sections comptables :

1° Régime général ;

2° Fonctionnaires de l'État, agents des collectivités locales, agents relevant du statut national des industries électriques et gazières ;

3° Étudiants ;

4° Invalides de guerre ;

5° Praticiens et auxiliaires médicaux ;

6° Assurance personnelle et assurés volontaires ;

7° Artistes auteurs d'œuvres littéraires et dramatiques, musicales et chorégraphiques, audiovisuelles et cinématographiques, graphiques et plastiques ;

8° Ministres des cultes et membres des congrégations et collectivités religieuses.

Les opérations relatives, d'une part, aux soins de santé et, d'autre part, aux incapacités de travail et au décès sont suivies dans des comptes distincts à l'intérieur des sections "régime général" et "assurance personnelle et assurés volontaires" ci-dessus. Les opérations relatives aux différentes catégories d'assurés volontaires sont suivies dans des comptes distincts à l'intérieur de la section "assurance personnelle et assurés volontaires".

Art. R. 251-3 Le Fonds national de l'assurance maladie doit être équilibré en recettes et en dépenses.

Les recettes du fonds sont constituées par :

1° La fraction du produit des cotisations de l'assurance maladie résultant de l'application des articles L. 241-1, L. 241-2 et L. 251-1 ;

2° La fraction du produit des cotisations créées par l'article L. 231-1 du code des assurances revenant au régime général de sécurité sociale ;

3° *(Décr. n° 89-321 du 18 mai 1989, art. 2)* « Le cas échéant, la fraction de l'excédent du Fonds national de prévention, d'éducation et d'information sanitaires mentionnée au deuxième alinéa de l'article R. 251-7-3 » ;

4° Les contributions prévues par les dispositions législatives et réglementaires en vigueur.

Les dépenses du fonds sont constituées par :

1° Les dotations et, éventuellement, les subventions et avances attribuées aux caisses primaires pour le service des prestations au titre de l'assurance maladie, maternité, invalidité, décès ;

2° Les charges diverses imputables au fonds en application des dispositions législatives et réglementaires en vigueur.

Art. R. 251-4 Le Fonds de réserve de l'assurance maladie est constitué par :

1° Les excédents du Fonds national de l'assurance maladie ;

2° Les excédents qui y sont affectés par les caisses primaires en application de l'article L. 252-2.

Art. R. 251-5 Le Fonds national des accidents du travail doit être équilibré en recettes et en dépenses.

Les recettes du fonds sont constituées par :

1° La fraction du produit des cotisations de l'assurance des accidents du travail et des maladies professionnelles résultant de l'application des articles L. 241-5 et L. 251-1 ;

2° Les contributions mentionnées par l'article L. 437-1.

Les dépenses du fonds sont constituées par :

1° Les dotations et, éventuellement, les subventions et avances attribuées aux caisses primaires pour le service des prestations au titre des accidents du travail et des maladies professionnelles ;

2° Les charges diverses imputables au fonds en application des dispositions législatives et réglementaires en vigueur.

Art. R. 251-6 Les recettes du Fonds national de prévention des accidents du travail et des maladies professionnelles sont constituées par la fraction du produit des cotisations d'accidents du travail qui lui est affectée par l'arrêté pris en application de l'article L. 251-1.

(Décr. n° 95-39 du 11 janv. 1995, art. 4) « Le fonds supporte les dépenses effectuées au titre de la prévention et de la tarification des accidents du travail et des maladies professionnelles dans les conditions définies au titre II du livre IV et au titre IV du livre II. »

Art. R. 251-7 Les recettes du Fonds national d'action sanitaire et sociale sont constituées par la fraction du produit des cotisations de l'assurance maladie, ainsi que celle de l'assurance des accidents du travail et des maladies professionnelles, qui lui sont affectées par l'arrêté pris en application de l'article L. 251-1.

Le fonds supporte les dépenses effectuées au titre de l'action sanitaire et sociale.

(Décr. n° 92-349 du 1er avr. 1992, art. 1er) « Au terme de l'exercice budgétaire, la fraction non utilisée par les caisses primaires *(Décr. n° 2010-344 du 31 mars 2010, art. 296)* « d'assurance maladie et les caisses d'assurance retraite et de la santé au travail » de la dotation annuelle provenant du Fonds national d'action sanitaire et sociale est restituée à ce fonds. »

Art. R. 251-7-1 *(Décr. n° 89-321 du 18 mai 1989, art. 3)* Les recettes du Fonds national de prévention, d'éducation et d'information sanitaires sont constituées par la fraction du produit des cotisations des assurances maladie, maternité, invalidité et décès qui sont affectées à ce fonds par l'arrêté pris en application de l'article L. 251-1.

Le fonds supporte les dépenses effectuées au titre de la prévention, de l'éducation et de l'information sanitaires, et notamment les examens de santé prévus à l'article L. 321-3.

Art. R. 251-7-2 *(Décr. n° 89-321 du 18 mai 1989, art. 3)* Au terme de l'exercice budgétaire, la fraction non utilisée par les caisses primaires *(Décr. n° 2010-344 du 31 mars*

2010, art. 296) « d'assurance maladie et les caisses d'assurance retraite et de la santé au travail » de la dotation annuelle provenant du Fonds national de prévention, d'éducation et d'information sanitaires est restituée à ce fonds.

Art. R. 251-7-3 *(Décr. nº 89-321 du 18 mai 1989, art. 3)* A la clôture des comptes de l'exercice budgétaire, la fraction de l'excédent du fonds de prévention, d'éducation et d'information sanitaires supérieure aux deux douzièmes des crédits consommés au titre du dernier exercice est virée au Fonds national d'assurance maladie.

Art. R. 251-8 Les recettes du Fonds national du contrôle médical sont constituées par :

1º La fraction du produit des cotisations de l'assurance maladie, ainsi que celle de l'assurance des accidents du travail et des maladies professionnelles, qui lui sont affectées par l'arrêté pris en application de l'article L. 251-1 ;

2º Une contribution de la Caisse nationale d'assurance vieillesse dans les conditions fixées par l'arrêté prévu à l'article L. 251-6 ;

3º Une fraction des ressources prévues aux articles L. 382-3 et L. 382-4, dont le montant est fixé par arrêté conjoint du ministre chargé de la sécurité sociale et du ministre chargé du budget ;

4º Une fraction des ressources prévues à l'article L. 381-18 déterminée dans les conditions fixées à l'article R. 381-55.

Les dépenses du fonds sont constituées par les charges de fonctionnement et les dépenses en capital des services du contrôle médical.

Art. R. 251-9 Les recettes du Fonds national de la gestion administrative sont constituées par la fraction du produit des cotisations de l'assurance maladie, ainsi que de celle des cotisations de l'assurance des accidents du travail et des maladies professionnelles, qui lui sont affectées par l'arrêté pris en application de l'article L. 251-1.

Ce fonds supporte les charges de fonctionnement et les dépenses en capital des services administratifs de la Caisse nationale. Les dépenses comportent également les dotations, et éventuellement les subventions et avances destinées à couvrir les charges de fonctionnement et les dépenses en capital des services administratifs des caisses primaires et des caisses régionales d'assurance maladie.

Ce fonds supporte en outre les remises de gestion versées par la Caisse nationale aux organismes mutualistes *(Abrogé par Décr. nº 2015-1865 du 30 déc. 2015, art. 10-13º, à compter du 1er janv. 2016) « mentionnés aux articles L. 712-6 et L. 712-8 »* qui assurent aux fonctionnaires le service des prestations en nature des assurances maladie, maternité, invalidité.

Il supporte également les remises de gestion versées par la Caisse nationale aux organismes mutualistes mentionnés à l'article *(Décr. nº 2015-1865 du 30 déc. 2015, art. 10-13º, en vigueur le 1er janv. 2016)* « L. 160-17 » qui assurent aux étudiants *(Décr. nº 2015-1865 du 30 déc. 2015, art. 10-13º, en vigueur le 1er janv. 2016)* « la prise en charge de leurs frais de santé ».

Art. R. 251-10 Le Fonds national de la gestion administrative comporte une section comptable spéciale pour les opérations relatives aux artistes auteurs mentionnés à l'article L. 382-1, alimentée en recettes par un prélèvement sur le produit des cotisations et des contributions du régime institué par le chapitre II du titre VIII du livre III et dont le montant est fixé par arrêté conjoint du ministre chargé de la sécurité sociale et du ministre chargé du budget. Cette section spéciale supporte les charges de fonctionnement et les dépenses en capital afférentes à ce régime.

Art. R. 251-11 Le Fonds national de la gestion administrative comporte une section comptable spéciale pour les opérations relatives aux ministres des cultes et membres des congrégations et collectivités religieuses, alimentée en recettes par une fraction des ressources prévues à l'article L. 381-17 déterminée dans les conditions fixées à l'article R. 381-55. Cette section spéciale supporte les charges de fonctionnement et les dépenses en capital afférentes à la section IV du chapitre Ier du titre VIII du livre III.

Art. R. 251-12 La comptabilité des caisses primaires d'assurance maladie doit permettre de suivre distinctement les opérations correspondant aux différents fonds et sections comptables mentionnés aux articles R. 251-1 et R. 251-2.

Art. R. 251-13 La comptabilité des caisses *(Décr. n° 2010-344 du 31 mars 2010, art. 296)* « d'assurance retraite et de la santé au travail » doit permettre de suivre distinctement les opérations afférentes à la gestion administrative, à l'action sanitaire et sociale, *(Décr. n° 89-321 du 18 mai 1989, art. 4)* « à la prévention, l'éducation et l'information sanitaires » et à la prévention des accidents du travail et des maladies professionnelles.

V. art. D. 251-1 à D. 251-5.

SECTION II ASSURANCE VIEILLESSE ET ASSURANCE VEUVAGE

Art. R. 251-14 La Caisse nationale d'assurance vieillesse gère les fonds ci-après :

1° Le Fonds national d'assurance vieillesse *(Décr. n° 2011-620 du 31 mai 2011, art. 8-5°)* « et d'assurance veuvage » ;

(Décr. n° 2004-857 du 24 août 2004, art. 2-III-6°) « 2° Le Fonds national d'action sanitaire et sociale ;

« 3° Le Fonds national de gestion administrative. »

Art. R. 251-15 Le Fonds national d'assurance vieillesse *(Décr. n° 2011-620 du 31 mai 2011, art. 8-6°)* « et d'assurance veuvage » doit être équilibré en recettes et en dépenses.

Les recettes du fonds sont constituées par :

(Décr. n° 2011-620 du 31 mai 2011, art. 8-6°) « 1° Une fraction du produit des cotisations de l'assurance vieillesse et de l'assurance veuvage » *[;]*

2° Les contributions de l'État prévues par les dispositions législatives et réglementaires en vigueur ;

3° Une fraction des ressources prévues aux articles L. 382-3 et L. 382-4, dont le montant est fixé par arrêté conjoint du ministre chargé de la sécurité sociale et du ministre chargé du budget.

Les dépenses du fonds sont constituées par :

1° Les prestations servies aux assurés au titre de l'assurance vieillesse *(Décr. n° 2011-620 du 31 mai 2011, art. 8-6°)* « et de l'assurance veuvage » ;

2° Les charges diverses imputables au fonds en application des dispositions législatives et réglementaires en vigueur.

Art. R. 251-16 Le Fonds national d'assurance vieillesse *(Décr. n° 2011-620 du 31 mai 2011, art. 8-7°)* « et d'assurance veuvage » comporte une section comptable spéciale pour les opérations relatives aux artistes auteurs mentionnés à l'article L. 382-1.

Art. R. 251-17 *Abrogé par Décr. n° 2004-857 du 24 août 2004, art. 2-I.*

Les biens, droits et obligations ainsi que les reports à nouveau du Fonds national d'assurance veuvage sont transférés au Fonds national d'assurance vieillesse (Décr. n° 2004-857 du 24 août 2004, art. 2-II).

Art. R. 251-18 Les recettes du Fonds national d'action sanitaire et sociale sont constituées par :

(Décr. n° 2011-620 du 31 mai 2011, art. 8-8°) « 1° Une fraction du produit des cotisations de l'assurance vieillesse et de l'assurance veuvage » ;

2° Les ressources diverses qui lui sont affectées en application des dispositions législatives et réglementaires en vigueur, ainsi que les revenus du Fonds de réserve spéciale des anciennes caisses régionales de sécurité sociale.

Ce fonds supporte les dépenses effectuées au titre de l'action sanitaire et sociale.

Art. R. 251-19 *(Décr. n° 2011-620 du 31 mai 2011, art. 8-9°)* « Les recettes du Fonds national de la gestion administrative sont constituées par une fraction du produit des cotisations de l'assurance vieillesse et de l'assurance veuvage. »

Ce fonds supporte les charges de fonctionnement et les dépenses en capital des services administratifs de la Caisse nationale et de la caisse régionale d'assurance vieillesse des travailleurs salariés de Strasbourg.

Art. R. 251-20 Le Fonds national de la gestion administrative comporte une section comptable spéciale pour les opérations relatives aux artistes auteurs mentionnés à l'article L. 382-1, alimentée en recettes par un prélèvement sur le produit des cotisations et des contributions du régime institué par le chapitre II du titre VIII du livre III et dont le montant est fixé par arrêté conjoint du ministre chargé de la sécurité sociale et du ministre chargé du budget.

Cette section spéciale supporte les charges de fonctionnement et les dépenses en capital de ce régime.

Art. R. 251-21 Les dépenses et les recettes concernant respectivement le Fonds national de l'action sanitaire et sociale et le Fonds national de la gestion administrative donnent lieu à l'établissement de budgets par la Caisse nationale. Celle-ci les communique au ministre chargé de la sécurité sociale et au ministre chargé du budget.

Art. R. 251-22 La comptabilité de la caisse régionale d'assurance vieillesse des travailleurs salariés de Strasbourg doit permettre de suivre distinctement les opérations afférentes aux prestations de vieillesse *(Décr. n° 2011-620 du 31 mai 2011, art. 8-10°)* « et de veuvage », à la gestion administrative *(Décr. n° 2004-857 du 24 août 2004, art. 2-III-8°)* « et à l'action sanitaire et sociale ».

Art. R. 251-23 Le réemploi des disponibilités provenant de l'aliénation d'un élément du patrimoine du Fonds de réserve spéciale des caisses *(Décr. n° 2010-344 du 31 mars 2010, art. 297)* « d'assurance retraite et de la santé au travail », à l'exception de celui de la caisse régionale d'assurance vieillesse des travailleurs salariés de Strasbourg est assuré par le conseil d'administration de la Caisse nationale d'assurance vieillesse des travailleurs salariés, qui décide des opérations à effectuer pour le placement, soit en valeurs de l'État, soit en valeurs jouissant de sa garantie, soit en valeurs mobilières dans les conditions déterminées par le ministre chargé de la sécurité sociale et le ministre chargé du budget.

La Caisse nationale d'assurance vieillesse des travailleurs salariés peut confier aux caisses *(Décr. n° 2010-344 du 31 mars 2010, art. 297)* « d'assurance retraite et de la santé au travail » la gestion pour son compte de biens immobiliers relevant du Fonds de réserve spéciale.

SECTION III ALLOCATIONS FAMILIALES

***NDLR** – L'art. L. 251-8 CSS a été abrogé par L. n° 2000-1257 du 23 déc. 2000, art. 56-II et IV.*

Art. R. 251-24 La Caisse nationale des allocations familiales gère les fonds ci-après :

1° Le Fonds national des prestations familiales qui doit être équilibré en recettes et en dépenses ;

2° Le Fonds national de l'action sanitaire et sociale ;

3° Le Fonds national de la gestion administrative.

Art. R. 251-25 Les recettes du Fonds national des prestations familiales sont constituées par :

1° La fraction du produit des cotisations d'allocations familiales qui lui est affectée par l'arrêté pris en application de l'article L. 251-8 ;

2° La contribution du régime des exploitants agricoles ;

3° Les autres contributions prévues par les dispositions législatives et réglementaires en vigueur.

Les dépenses sont constituées par :

1° Les sommes nécessaires au service des prestations familiales ;

2° Les charges diverses.

Art. R. 251-26 Le Fonds national des prestations familiales comporte une section comptable spéciale pour les opérations relatives aux artistes auteurs mentionnés à l'article L. 382-1.

Art. R. 251-27 Les recettes du Fonds national d'action sanitaire et sociale sont constituées par les fractions du produit des cotisations d'allocations familiales versées soit au titre des salariés non mentionnés dans les dispositions réglementaires prises en application de l'article L. 212-1, soit au titre des employeurs et travailleurs indépendants qui lui sont affectées par l'arrêté pris en application de l'article L. 251-8.

Le fonds supporte les dépenses effectuées au titre de l'action sanitaire et sociale.

Art. R. 251-28 Les recettes du Fonds national de la gestion administrative sont constituées :

1° Par la fraction du produit des cotisations d'allocations familiales versées au titre des salariés non mentionnés dans les dispositions réglementaires prises en application de l'article L. 212-1 ;

et

2° Par la fraction du produit des cotisations d'allocations familiales des employeurs et travailleurs indépendants, qui lui sont affectées par l'arrêté pris en application de l'article L. 251-8 ;

3° *(Décr. nº 99-162 du 8 mars 1999, art. 3)* « Par la rémunération des coûts de gestion liés à l'application des dispositions du I de l'article R. 20-34 du code des postes et télécommunications. »

Ce fonds supporte les charges de fonctionnement et les dépenses en capital des services administratifs de la Caisse nationale. Les dépenses comportent également les dotations et, éventuellement, les subventions et avances destinées à couvrir les charges de fonctionnement et les dépenses en capital des services administratifs des caisses d'allocations familiales.

Art. R. 251-29 Le Fonds national de la gestion administrative comporte une section comptable spéciale pour les opérations relatives aux artistes auteurs mentionnés à l'article L. 382-1, alimentée en recettes par un prélèvement sur le produit des cotisations et des contributions du régime institué par le chapitre II du titre VIII du livre III et dont le montant est fixé par arrêté conjoint du ministre chargé de la sécurité sociale et du ministre chargé du budget. Cette section spéciale supporte les charges de fonctionnement et les dépenses en capital afférentes à ce régime.

Art. R. 251-30 Les dépenses et les recettes concernant respectivement le Fonds national d'action sanitaire et sociale et le Fonds national de la gestion administrative donnent lieu à l'établissement de budgets par la Caisse nationale, qui doit les communiquer au ministre chargé de la sécurité sociale et au ministre chargé du budget.

Art. R. 251-31 La comptabilité des caisses d'allocations familiales doit permettre de suivre distinctement les opérations correspondant aux fonds et sections comptables mentionnés aux articles R. 251-24 et R. 251-29.

SECTION IV DISPOSITIONS COMMUNES

Art. R. 251-32 En vue de la couverture des frais de gestion des unions de recouvrement et de ceux de ses propres services, l'Agence centrale des organismes de sécurité sociale gère un Fonds national de la gestion administrative.

Art. R. 251-33 Les recettes du Fonds national de la gestion administrative sont constituées par un prélèvement opéré sur les ressources des trois caisses nationales selon les modalités fixées par l'arrêté pris en application de l'article L. 225-6.

Ce fonds supporte les charges de fonctionnement et les dépenses en capital des services administratifs de l'Agence centrale, les dotations et, éventuellement, les subventions et avances destinées à couvrir les charges de fonctionnement et les dépenses en capital des services administratifs des unions de recouvrement.

CHAPITRE II DOTATIONS — BUDGETS — ÉTATS PRÉVISIONNELS

SECTION PREMIÈRE ORGANISMES D'ASSURANCE MALADIE, MATERNITÉ, INVALIDITÉ, DÉCÈS, ACCIDENTS DU TRAVAIL ET MALADIES PROFESSIONNELLES

Art. R. 252-1 La Caisse nationale établit pour chaque exercice un état prévisionnel des recettes et des dépenses du Fonds national de l'assurance maladie. Cet état est communiqué au ministre chargé de la sécurité sociale et au ministre chargé du budget.

En fonction des prévisions ainsi établies, la Caisse nationale prend les mesures nécessaires au maintien ou au rétablissement de l'équilibre financier.

Art. R. 252-2 Les avances accordées par la Caisse nationale dans les conditions prévues à l'article L. 252-3 doivent être remboursées dans le délai de cinq ans qui suit leur attribution. Elles peuvent être transformées, en tout ou en partie, en subventions sur décision du conseil d'administration de la Caisse nationale, lorsque les caisses qui en sont bénéficiaires justifient que des circonstances particulières sont à l'origine de l'augmentation des prestations.

Art. R. 252-3 La Caisse nationale établit pour chaque exercice un état prévisionnel des recettes et des dépenses du Fonds national des accidents du travail. Cet état est communiqué au ministre chargé de la sécurité sociale et au ministre chargé du budget.

Art. R. 252-4 La Caisse nationale peut imposer aux caisses *(Décr. n° 2010-344 du 31 mars 2010, art. 298)* « d'assurance retraite et de la santé au travail » toutes mesures de redressement utiles et notamment l'augmentation de tout ou partie de leurs tarifs lorsqu'il se révèle, soit à la suite d'un contrôle, soit à l'examen des bilans et comptes financiers des caisses primaires de la circonscription, un déséquilibre dans la gestion du risque accidents du travail.

Art. R. 252-5 Les dépenses et les recettes concernant respectivement :

1° Le Fonds national de prévention des accidents du travail et des maladies professionnelles ;

2° Le Fonds national d'action sanitaire et sociale ;

3° *(Décr. n° 89-321 du 18 mai 1989, art. 5)* « Le Fonds national de prévention, d'éducation et d'information sanitaires » ;

4° Le Fonds national du contrôle médical ;

5° Le Fonds national de la gestion administrative, donnent lieu à l'établissement de budgets par la Caisse nationale. Celle-ci communique ces budgets au ministre chargé de la sécurité sociale et au ministre chargé du budget.

Art. R. 252-6 Les caisses primaires d'assurance maladie établissent par exercice :

1° Les états prévisionnels de dépenses distincts pour la gestion de l'assurance maladie et pour la gestion de l'assurance des accidents du travail et des maladies professionnelles ;

2° Des budgets pour l'action sanitaire et sociale, *(Décr. n° 89-321 du 18 mai 1989, art. 6)* « pour la prévention, l'éducation et l'information sanitaires » et pour la gestion administrative dans les conditions fixées par les articles L. 153-2, L. 153-4, L. 153-5, R. 122-3 et R. 153-7.

Art. R. 252-7 Lorsque les dépenses afférentes à la gestion de l'assurance maladie ou à celle de l'assurance des accidents du travail et des maladies professionnelles sont inférieures aux dotations attribuées par la Caisse nationale, les excédents sont affectés dans les conditions définies par l'article L. 252-2.

Lorsque les dépenses desdites gestions excèdent le montant des dotations, le déficit est couvert suivant les modalités fixées par l'article L. 252-3.

Art. R. 252-8 La Caisse nationale attribue aux caisses primaires, par imputation sur le Fonds national de la gestion administrative, les dotations dont elles doivent disposer pour couvrir leurs dépenses de gestion administrative.

Art. R. 252-9 Si, à la fin d'un exercice, le compte de gestion administrative d'une caisse primaire présente un excédent, ce dernier est affecté pour partie au compte d'action sanitaire et sociale de la caisse intéressée et pour partie au Fonds national de la gestion administrative mentionné à l'article R. 251-1, dans les conditions fixées par arrêté du ministre chargé de la sécurité sociale et du ministre chargé du budget.

Art. R. 252-10 Si, à la fin d'un exercice, le compte de gestion administrative est déficitaire, la Caisse nationale de l'assurance maladie, au vu des explications fournies par l'organisme *(Abrogé par Décr. n° 2009-1596 du 18 déc. 2009, art. 24-III) « et des observations formulées par le préfet de région »*, examine les causes du déficit, arrête les mesures propres à assurer le redressement et fixe le délai dans lequel ces mesures doivent être prises.

En vue de la couverture totale ou partielle du déficit, elle peut soit décider une réduction des ressources affectées à l'action sanitaire et sociale de la caisse considérée, soit accorder une subvention spéciale, soit décider l'amortissement de tout ou partie du déficit sur les budgets de gestion ultérieurs.

La Caisse nationale notifie sa décision à la caisse intéressée. En cas de carence, elle peut se substituer au conseil d'administration de la caisse primaire et ordonner la mise en application des mesures qu'elle a prescrites.

Art. R. 252-11 Sous réserve des dispositions *(Décr. nº 2017-656 du 27 avr. 2017, art. 2-1º)* « de l'article R. 251-9 », la caisse primaire d'assurance maladie accorde, chaque année, à chacune des sections locales, par prélèvement sur les ressources affectées à sa gestion administrative, une somme comprenant :

1º Une remise au titre des frais de gestion supportés par la section dans l'accomplissement des missions qui lui incombent ;

2º Le cas échéant, une somme déterminée, compte tenu de la qualité de la gestion de celle-ci, et des services rendus aux assurés sociaux appréciés notamment en fonction de la rapidité d'exécution des opérations de règlement des prestations et de l'exactitude des décomptes de prestations.

Les conditions d'utilisation de cette dernière somme sont fixées par les statuts de la caisse primaire d'assurance maladie.

Un arrêté fixe les montants minimum et maximum des remises de gestion qui peuvent être allouées en fonction de la mission qui leur est confiée aux sections locales, aux correspondants locaux ou d'entreprises, ainsi qu'aux groupements mutualistes habilités à jouer le rôle de sections locales ou de correspondants locaux ou d'entreprises ou de centres de paiement. – *V. Arr. du 2 déc. 2008 (JO 13 déc.).*

Le litige opposant une caisse primaire d'assurance maladie à une caisse mutuelle complémentaire au sujet de la fixation du montant des remises de gestion accordées à cette dernière relève de la compétence des juridictions du contentieux général de la sécurité sociale. • CE 29 nov. 1993, 113201 B : *RJS 1994, nº 175.* ♦ Par contre, le refus de l'autorité administrative compétente d'annuler les décisions de la caisse primaire d'assurance maladie prises en cette matière relève de la compétence de la juridiction administrative. • Même arrêt.

Art. R. 252-12 Les caisses *(Décr. nº 2010-344 du 31 mars 2010, art. 298)* « d'assurance retraite et de la santé au travail » établissent, par exercice, des budgets :

1º Pour la gestion administrative ;

2º Pour l'action sanitaire et sociale ;

3º *(Décr. nº 89-321 du 18 mai 1989, art. 7)* « Pour la prévention, l'éducation et l'information sanitaires » ;

4º Pour la prévention des accidents du travail et des maladies professionnelles, dans les conditions fixées par les articles L. 153-2, L. 153-4, L. 153-5, R. 122-3 et R. 153-7.

Art. R. 252-13 Les dispositions des articles R. 252-8, R. 252-9 et R. 252-10 sont applicables aux caisses *(Décr. nº 2010-344 du 31 mars 2010, art. 298)* « d'assurance retraite et de la santé au travail ».

Art. R. 252-14 Le budget de la prévention des accidents du travail et des maladies professionnelles est soumis, préalablement à son exécution, à l'approbation de la Caisse nationale de l'assurance maladie.

SECTION II ORGANISMES D'ASSURANCE VIEILLESSE ET D'ASSURANCE VEUVAGE

Art. R. 252-15 La Caisse nationale d'assurance vieillesse établit pour chaque exercice un état prévisionnel des recettes et des dépenses du Fonds national d'assurance vieillesse. Cet état est communiqué au ministre chargé de la sécurité sociale et au ministre chargé du budget.

Art. R. 252-16 Les caisses *(Décr. nº 2010-344 du 31 mars 2010, art. 299)* « d'assurance retraite et de la santé au travail » établissent par exercice, au titre des opérations mentionnées à l'article R. 215-2 :

1º Un état prévisionnel des dépenses de prestations vieillesse ;

2º Un budget d'action sanitaire et sociale en faveur des personnes âgées dans les conditions fixées par les articles L. 153-2, L. 153-4, L. 153-5, R. 122-3 et R. 153-7 et par le titre VI du présent livre.

D'autre part, elles annexent à leur budget de gestion administrative prévu à l'article R. 252-12 tous états nécessaires à la détermination de la part des dépenses de gestion administrative qui doit être financée respectivement par la Caisse nationale d'assurance vieillesse et par la Caisse nationale de l'assurance maladie. Ces états sont établis dans les conditions fixées par arrêté du ministre chargé de la sécurité sociale après avis des deux caisses nationales précitées.

Art. R. 252-17 Au vu des états mentionnés à l'article R. 252-16, la Caisse nationale de l'assurance maladie et la Caisse nationale d'assurance vieillesse arrêtent d'un commun accord le montant des dotations dont doivent disposer les caisses *(Décr. n° 2010-344 du 31 mars 2010, art. 299)* « d'assurance retraite et de la santé au travail » pour couvrir leurs dépenses de gestion administrative. Ces dotations sont attribuées par la Caisse nationale de l'assurance maladie aux caisses *(Décr. n° 2010-344 du 31 mars 2010, art. 299)* « d'assurance retraite et de la santé au travail ». La Caisse nationale d'assurance vieillesse rembourse à la Caisse nationale de l'assurance maladie la fraction des dotations correspondant à la gestion de l'assurance vieillesse par les caisses *(Décr. n° 2010-344 du 31 mars 2010, art. 299)* « d'assurance retraite et de la santé au travail ».

En cas de désaccord entre les deux caisses nationales sur la répartition entre elles des dépenses de gestion administrative des caisses *(Décr. n° 2010-344 du 31 mars 2010, art. 299)* « d'assurance retraite et de la santé au travail », la décision est prise par le ministre chargé de la sécurité sociale.

Art. R. 252-18 Si, à la fin d'un exercice, le compte de gestion administrative d'une caisse *(Décr. n° 2010-344 du 31 mars 2010, art. 299)* « d'assurance retraite et de la santé au travail » présente un excédent, ce dernier est affecté, dans les conditions fixées par l'arrêté prévu à l'article R. 252-9 pour partie au compte d'action sanitaire et sociale prévu à l'article R. 251-13, pour partie au compte d'action sanitaire et sociale en faveur des personnes âgées tenu par la caisse *(Abrogé par Décr. n° 2010-344 du 31 mars 2010, art. 299)* « ***régionale*** » intéressée et pour partie à chacun des fonds nationaux de gestion administrative mentionnés respectivement aux articles R. 251-1 et R. 251-14.

Art. R. 252-19 Lorsque la situation financière du compte de gestion administrative des caisses *(Décr. n° 2010-344 du 31 mars 2010, art. 299)* « d'assurance retraite et de la santé au travail » justifie, en fin d'exercice, l'application des dispositions fixées par l'article R. 252-10, la décision de la Caisse nationale de l'assurance maladie est prise en accord avec la Caisse nationale d'assurance vieillesse, en ce qui concerne la part des dépenses qui incombe au Fonds national de gestion administrative de la Caisse nationale d'assurance vieillesse. En cas de désaccord entre les deux caisses nationales, la décision est prise par le ministre chargé de la sécurité sociale.

Art. R. 252-20 La Caisse nationale d'assurance vieillesse alloue aux caisses *(Décr. n° 2010-344 du 31 mars 2010, art. 299)* « d'assurance retraite et de la santé au travail », sous forme de dotations, les ressources dont elles doivent disposer pour couvrir les dépenses résultant des opérations qu'elles effectuent par application de l'article R. 215-2 et autres que des dépenses de gestion administrative.

Art. R. 252-21 Les caisses *(Décr. n° 2010-344 du 31 mars 2010, art. 299)* « d'assurance retraite et de la santé au travail » doivent adresser à la Caisse nationale d'assurance vieillesse :

1° Annuellement, l'état prévisionnel, le budget d'action sanitaire et sociale et les états prévus à l'article R. 252-16 ainsi qu'un exemplaire de leur budget de gestion administrative ;

2° Mensuellement, un état des dépenses et recettes effectuées au titre des opérations mentionnées à l'article R. 215-2 ;

3° Tous les éléments nécessaires à l'élaboration des statistiques prévues à l'article R. 226-6 ;

4° Un exemplaire des comptes de résultats de la gestion de l'assurance vieillesse *(Décr. n° 2011-620 du 31 mai 2011, art. 8-11°)* « et de l'assurance veuvage », de l'action sanitaire et sociale en faveur des personnes âgées et de la gestion administrative.

Art. R. 252-22 Pour l'application de l'article L. 251-7, les dépenses et recettes de la gestion administrative de la caisse régionale d'assurance vieillesse des travailleurs salariés de Strasbourg sont suivies dans le cadre d'un budget annuel.

Art. R. 252-23 Les dépenses d'action sanitaire et sociale propres à la caisse régionale d'assurance vieillesse des travailleurs salariés de Strasbourg sont effectuées dans le cadre d'un budget soumis à l'approbation préalable de la Caisse nationale et remboursées par le Fonds national d'action sanitaire et sociale.

SECTION III ORGANISMES DE PRESTATIONS FAMILIALES

Art. R. 252-24 La Caisse nationale des allocations familiales établit pour chaque exercice et pour chaque section comptable un état prévisionnel des recettes et des dépenses du Fonds national des prestations familiales. Cet état est communiqué au ministre chargé de la sécurité sociale et au ministre chargé du budget.

Art. R. 252-25 Les caisses d'allocations familiales établissent par exercice :

1° Un état prévisionnel des dépenses de prestations familiales pour chaque section comptable ;

2° Des budgets pour l'action sanitaire et sociale et pour la gestion administrative dans les conditions fixées par les articles L. 153-2, L. 153-4, L. 153-5, R. 122-3 et R. 153-7.

Art. R. 252-26 La Caisse nationale attribue aux caisses d'allocations familiales, par imputation sur le Fonds national de la gestion administrative, les dotations dont elles doivent disposer pour leurs dépenses de gestion administrative.

Art. R. 252-27 Si, à la fin d'un exercice, le compte de gestion administrative d'une caisse d'allocations familiales présente un excédent, ce dernier est affecté pour partie au compte d'action sanitaire et sociale de la caisse intéressée et pour partie au Fonds national de gestion administrative mentionné à l'article R. 251-24, dans les conditions fixées par arrêté du ministre chargé de la sécurité sociale et du ministre chargé du budget.

Art. R. 252-28 Si, à la fin d'un exercice, le compte de gestion administrative est déficitaire, la Caisse nationale des allocations familiales, au vu des explications fournies par l'organisme *(Abrogé par Décr. n° 2009-1596 du 18 déc. 2009, art. 24-III)* *« et des observations formulées par le préfet de région »*, examine les causes du déficit, arrête les mesures propres à assurer le redressement et fixe le délai dans lequel ces mesures doivent être prises.

En vue de la couverture totale ou partielle du déficit, elle peut soit décider une réduction des ressources affectées à l'action sanitaire et sociale de la caisse considérée, soit accorder une subvention spéciale, soit décider l'amortissement de tout ou partie du déficit sur les budgets de gestion ultérieurs.

Art. R. 252-29 Sans préjudice des mesures prévues à l'article L. 271-1, les organismes et services autorisés, par les dispositions réglementaires prises en application de l'article L. 212-1, à assumer le service des prestations familiales doivent, aux dates et dans les conditions fixées par arrêté du ministre chargé de la sécurité sociale et du ministre chargé du budget, communiquer à la Caisse nationale des allocations familiales tous les renseignements nécessaires à la centralisation par cet établissement, d'une part, du montant des prestations familiales dont ils assument le service, d'autre part, des cotisations et contributions dues au titre des salariés intéressés.

La Caisse nationale des allocations familiales tient, pour chacun des organismes et services précités, un compte enregistrant, d'une part, la fraction des cotisations et contributions dues par ces organismes et services qui est affectée au Fonds national des prestations familiales par l'arrêté pris en application de l'article L. 251-8 et, d'autre part, les prestations servies par leurs soins. La périodicité et les modalités de règlement du solde de ce compte sont fixées par l'arrêté mentionné au premier alinéa du présent article.

SECTION IV AGENCE CENTRALE DES ORGANISMES DE SÉCURITÉ SOCIALE ET UNIONS DE RECOUVREMENT

Art. R. 252-30 Les dépenses et les recettes concernant le Fonds national de la gestion administrative donnent lieu à l'établissement d'un budget par l'Agence centrale des organismes de sécurité sociale. Celle-ci communique ce budget au ministre chargé de la sécurité sociale et au ministre chargé du budget.

Art. R. 252-31 Les unions de recouvrement établissent par exercice :

1° Un état prévisionnel des recettes provenant des opérations de recouvrement des cotisations et des majorations de retard ;

2° Un budget de gestion administrative dans les conditions fixées par les articles L. 153-2, L. 153-4, L. 153-5, R. 122-3.

Art. R. 252-32 La comptabilité des unions de recouvrement doit permettre de suivre distinctement les opérations afférentes, d'une part, au recouvrement des cotisations et des majorations de retard et, d'autre part, à la gestion administrative.

Art. R. 252-33 L'Agence centrale des organismes de sécurité sociale attribue aux unions de recouvrement, par imputation sur le Fonds national de la gestion administrative, les dotations dont elles doivent disposer pour couvrir leurs dépenses de gestion administrative.

Art. R. 252-34 Si, à la fin d'un exercice, le compte de gestion administrative d'une union de recouvrement présente un excédent, ce dernier est viré au Fonds national de la gestion administrative prévu à l'article R. 251-33.

Art. R. 252-35 Si, à la fin d'un exercice, le compte de gestion administrative est déficitaire, l'Agence centrale des organismes de sécurité sociale, au vu des explications fournies par l'union *(Abrogé par Décr. n° 2009-1596 du 18 déc. 2009, art. 24-III) « et des observations formulées par le préfet de région »*, examine les causes du déficit, arrête les mesures propres à assurer le redressement et fixe le délai dans lequel ces mesures doivent être prises.

En vue de la couverture totale ou partielle du déficit, elle peut soit accorder une subvention spéciale, soit décider l'amortissement de tout ou partie du déficit sur les budgets de gestion ultérieurs.

L'Agence centrale notifie sa décision à l'union intéressée.

CHAPITRE III GESTION FINANCIÈRE

Art. R. 253-1 Le délai prévu à l'article L. 253-1 est fixé à huit jours à compter de la mise en demeure adressée à l'union de recouvrement.

L'autorité compétente pour exercer les pouvoirs prévus audit article est *(Décr. n° 2009-1596 du 18 déc. 2009, art. 12-I)* « le responsable du service mentionné à l'article R. 155-1 ».

Art. R. 253-2 Les opérations financières et comptables exécutées par les caisses *(Décr. n° 2010-344 du 31 mars 2010, art. 300)* « d'assurance retraite et de la santé au travail », par application des dispositions de l'article R. 215-2, sont régies par le décret prévu à l'article L. 256-2.

V. art. D. 253-1 et D. 253-2.

SECTION PREMIÈRE LE DIRECTEUR

SOUS-SECTION 1 DISPOSITIONS GÉNÉRALES

Néant. – V. art. D. 253-3 à D. 253-7.

SOUS-SECTION 2 RECOUVREMENT DES RECETTES

Néant.

SOUS-SECTION 3 ENGAGEMENT ET LIQUIDATION DES DÉPENSES

Néant.

SOUS-SECTION 4 ORDRES DE PAIEMENT DES DÉPENSES

Néant.

SECTION II L'AGENT COMPTABLE

SOUS-SECTION 1 DISPOSITIONS GÉNÉRALES

Néant. — V. art. D. 253-8. — V. aussi art. D. 253-34 à D. 253-41 (opérations de trésorerie) ; D. 253-42 à D. 253-45 (justification des opérations ; conservation) ; D. 253-50 à D. 253-54 (comptabilité) ; D. 253-56 et D. 253-57 (le compte financier) ; D. 253-67 et D. 263-68 (contrôle de la gestion).

SOUS-SECTION 2 RESPONSABILITÉ PÉCUNIAIRE DE L'AGENT COMPTABLE

§ 1er DOMAINE DE LA RESPONSABILITÉ

Néant.

§ 2 RESPONSABILITÉ EN MATIÈRE D'ENCAISSEMENT

Néant.

§ 3 RESPONSABILITÉ EN MATIÈRE DE RÈGLEMENT DES DÉPENSES

Art. R. 253-3 **Toute décision de caractère individuel prise en matière de gestion du personnel est communiquée à l'agent comptable qui porte mention de la disponibilité des crédits correspondants et de sa conformité aux autorisations budgétaires.**

§ 4 RESPONSABILITÉ EN MATIÈRE DE GARDE DES FONDS ET VALEURS

Néant.

§ 5 RESPONSABILITÉ EN MATIÈRE DE JUSTIFICATIONS DES OPÉRATIONS COMPTABLES

Néant.

§ 6 RESPONSABILITÉ EN CAS DE RUPTURE DE L'ÉQUILIBRE DE LA COMPTABILITÉ

Néant.

SOUS-SECTION 3 MISE EN CAUSE DE LA RESPONSABILITÉ DE L'AGENT COMPTABLE

Néant.

CHAPITRE IV COMPTABILITÉ

Néant. — V. art. D. 253-57 : le compte financier ; D. 253-67 et D. 253-68 : contrôle de la gestion ; D. 254-1 à D. 254-6 : dispositions diverses.

CHAPITRE V TRÉSORERIE

Art. R. 255-1 *(Décr. n° 2009-882 du 21 juill. 2009, art. 5)* **Les états prévisionnels de trésorerie de l'Agence centrale des organismes de sécurité sociale et de chacune des branches du régime général sont établis chaque année pour l'année suivante par l'Agence centrale des organismes de sécurité sociale. Chaque état présente la situation quotidienne de trésorerie de l'agence ou de la branche considérée. Ces états sont transmis aux caisses nationales gestionnaires des branches avant le 5 décembre de l'année.**

Les prévisions de recettes et de dépenses retenues pour l'établissement de ces états prévisionnels de trésorerie sont fondées sur les hypothèses économiques retenues dans le rapport annexé au projet de loi de finances prévu à l'article 50 de la loi organique n° 2001-692 relative aux lois de finances, ainsi que dans le rapport de la commission des comptes de la sécurité sociale. Elles tiennent compte des effets sur la trésorerie de l'ensemble des mesures législatives et réglementaires alors en vigueur, ainsi que des mesures prévues dans les projets de loi de finances et de financement de la sécurité sociale dans leur rédaction résultant des votes intervenus avant la date mentionnée au premier alinéa ci-dessus.

L'Agence centrale des organismes de sécurité sociale assure un suivi permanent de ces états prévisionnels et actualise périodiquement ses prévisions sur la base des informations dont elle dispose. Les modifications résultant de cette actualisation sont portées à la connaissance des caisses nationales mentionnées au premier alinéa ci-dessus.

Art. R. 255-2 *(Décr. nº 2009-882 du 21 juill. 2009, art. 5)* Au vu des états prévisionnels de trésorerie définis à l'article précédent, l'Agence centrale des organismes de sécurité sociale détermine le montant prévisionnel des excédents durables de trésorerie.

Ce montant est celui du plus petit solde prévisionnel quotidien de trésorerie globalement constaté pour l'ensemble des branches dans le cadre de l'exercice annuel, à condition que ce solde soit positif.

Ce montant est réparti par l'Agence centrale des organismes de sécurité sociale entre les branches dont l'état prévisionnel établi dans les conditions prévues à l'article R. 255-1 fait apparaître un solde annuel moyen positif.

Cette répartition est effectuée en fonction de l'importance relative des soldes annuels moyens positifs de chacune des branches bénéficiaires de la répartition.

Le conseil d'administration de chaque Caisse nationale décide, à partir des propositions de l'Agence centrale des organismes de sécurité sociale et avant le 31 décembre de chaque année pour l'année suivante, du placement, dans les conditions prévues à l'article R. 255-4, de la part des excédents durables qui a été affectée à chacune des branches qu'il gère.

Art. R. 255-3 *(Décr. nº 2009-882 du 21 juill. 2009, art. 5)* Si, à une date donnée, la prévision actualisée du solde de trésorerie constaté pour l'ensemble des branches, établie par l'Agence centrale des organismes de sécurité sociale pour le dixième jour ouvré suivant, est inférieure au montant des excédents durables placés, le montant des placements mentionnés à l'article précédent est réduit à due concurrence par l'Agence centrale des organismes de sécurité sociale.

Le nouveau solde minimum de trésorerie ainsi établi se substitue alors jusqu'à la fin de l'année civile au solde minimum établi dans les conditions prévues à l'article R. 255-2.

Art. R. 255-4 *(Décr. nº 2009-882 du 21 juill. 2009, art. 5)* Le placement des excédents durables de trésorerie définis à l'article R. 255-2 est effectué par l'Agence centrale des organismes de sécurité sociale pour le compte des caisses nationales concernées.

Ces placements peuvent être réalisés en valeurs d'État, en valeurs garanties par l'État ou en valeurs mobilisables dans des conditions déterminées par un arrêté conjoint du ministre chargé de la sécurité sociale, du ministre chargé du budget et du ministre chargé de l'économie.

Les autres disponibilités font l'objet de placements en cours d'année par l'Agence centrale des organismes de sécurité sociale dans les conditions définies par le même arrêté.

L'Agence centrale des organismes de sécurité sociale effectue ces placements par l'intermédiaire de la Caisse des dépôts et consignations, qui est en outre chargée de la gestion des valeurs.

Art. R. 255-5 *(Décr. nº 2009-882 du 21 juill. 2009, art. 5)* Les conventions conclues en application de l'article L. 225-1-3 fixent notamment les conditions tarifaires du dépôt de trésorerie, les conditions dans lesquelles s'effectuent les tirages, la nature et la périodicité des échanges d'informations entre l'Agence centrale des organismes de sécurité sociale et l'organisme concerné, ainsi que la durée et les conditions de révision et de dénonciation de la convention. La trésorerie de l'organisme ne peut en aucun cas être négative.

Art. R. 255-6 *(Décr. nº 2009-882 du 21 juill. 2009, art. 5)* Le solde comptable de la trésorerie de chacune des branches gérées par les caisses nationales est établi quotidiennement par l'Agence centrale des organismes de sécurité sociale et communiqué chaque jour à la Caisse nationale concernée.

Les soldes comptables journaliers portent intérêt au taux moyen annuel défini par arrêté du ministre chargé de la sécurité sociale. Cet arrêté tient compte des conditions effectives de financement supportées par l'Agence centrale des organismes de sécurité sociale.

Art. R. 255-7 *(Décr. n° 2011-602 du 27 mai 2011)* Les intérêts créditeurs et débiteurs mentionnés à l'article R. 255-6, la rémunération mentionnée à l'article L. 225-1-3 et les intérêts issus de la gestion de trésorerie par l'Agence centrale des organismes de sécurité sociale font l'objet d'inscriptions spécifiques dans les comptes de l'agence, conformément aux dispositions du plan comptable unique des organismes de sécurité sociale.

En fin d'exercice, le solde de ces opérations est réparti entre les branches selon les mêmes modalités que celles fixées pour les prélèvements mentionnés à l'article L. 225-6. Il constitue un produit financier pour les branches.

Art. R. 255-7-1 *(Décr. n° 2004-890 du 26 août 2004, art. 11)* Les frais afférents à la gestion du compte unique de disponibilités courantes ouvert au nom de l'Agence centrale des organismes de sécurité sociale dans les écritures de la Caisse des dépôts et consignations sont répartis entre les branches gérées par les caisses nationales selon la clé de répartition utilisée pour l'application de l'article L. 225-6. *– Dispositions applicables à l'exercice 2004 (Décr. n° 2004-890 du 26 août 2004, art. 11-II).*

Art. R. 255-8 *(Décr. n° 95-196 du 24 févr. 1995)* Pour la branche Accidents du travail et maladies professionnelles, les attributions conférées par le présent chapitre au conseil d'administration de la Caisse nationale de l'assurance maladie des travailleurs salariés sont exercées par la commission des accidents du travail et des maladies professionnelles prévue à l'article L. 221-4.

CHAPITRE VI DISPOSITIONS COMMUNES — DISPOSITIONS DIVERSES

Art. R. 256-1 *(Décr. n° 2009-386 du 7 avr. 2009)(Décr. n° 2012-1247 du 7 nov. 2012, art. 42-13°, en vigueur le 1er janv. 2013)* « Sous réserve des dispositions de l'article R. 114-6-1, des dispositions particulières des chapitres Ier, II et VI du présent titre et des dispositions réglementaires prises en application de l'article L. 225-1, les caisses nationales et l'Agence centrale sont soumises aux dispositions des titres Ier et III du décret n° 2012-1246 du 7 novembre 2012 relatif à la gestion budgétaire et comptable publique. » Toutefois, le compte financier est établi par l'agent comptable, arrêté par le directeur et approuvé lors de la même séance du conseil d'administration que celle qui approuve les comptes annuels et les comptes combinés.

Art. R. 256-2 Des arrêtés du ministre chargé de la sécurité sociale et du ministre chargé du budget fixent en tant que de besoin les modalités particulières de fonctionnement financier et comptable des trois caisses nationales et de l'Agence centrale.

Art. R. 256-3 *Abrogé par Décr. n° 95-196 du 24 févr. 1995, art. 2.*

Art. R. 256-4 *Abrogé par Décr. n° 88-675 du 6 mai 1988, art. 2.*

Art. R. 256-5 *Abrogé par Décr. n° 95-196 du 24 févr. 1995, art. 2.*

Art. R. 256-6 Le produit des pénalités ou majorations prévues aux articles R. 243-16 et R. 243-18 est réparti *(Décr. n° 95-196 du 24 févr. 1995, art. 3)* « entre les quatre branches gérées par les caisses nationales » au prorata des cotisations qui leur sont affectées.

Art. R. 256-7 Le conseil d'administration de chacune des caisses nationales affecte soit au Fonds national d'action sanitaire et sociale, soit au Fonds national de gestion administrative de cette caisse, les produits du patrimoine de la caisse, ainsi que les intérêts créditeurs, le produit des placements et les majorations prévus respectivement aux articles R. 256-3 à R. 256-6.

(Abrogé par Décr. n° 2004-857 du 24 août 2004, art. 2-III-10°) « Toutefois la Caisse nationale d'assurance vieillesse affecte au Fonds national d'assurance veuvage les majorations prévues à l'article R. 256-6 ci-dessus attribuées au titre des cotisations d'assurance veuvage. »

Art. R. 256-8 Des régies de recettes et de dépenses peuvent être créées par arrêté du ministre chargé de la sécurité sociale et du ministre chargé du budget.

Art. R. 256-9 Les organismes de sécurité sociale sont tenus de se faire ouvrir un ou plusieurs comptes externes de disponibilités à la Caisse des dépôts et consignations ou auprès de ses préposés.

Ils peuvent également se faire ouvrir de tels comptes à la Banque de France *(Décr. n° 2014-551 du 27 mai 2014, art. 28-5°)* « et dans les banques agréées ».

Les modalités d'ouverture et de gestion des comptes externes de disponibilités sont fixées en application de l'article L. 256-2.

Un arrêté du ministre chargé de la sécurité sociale et du ministre chargé du budget détermine les conditions de fixation du montant maximum de l'encaisse en numéraire. Le même arrêté fixe le plafond des disponibilités qui peuvent être déposées aux comptes mentionnés au deuxième alinéa du présent article.

Art. R. 256-10 *Abrogé par Décr. n° 2010-344 du 31 mars 2010, art. 322.*

TITRE SIXIÈME PRÉVENTION, INFORMATION ET ÉDUCATION SANITAIRES, ACTION SANITAIRE ET SOCIALE

CHAPITRE PREMIER DISPOSITIONS GÉNÉRALES

Art. R. 261-1 Le ministre chargé de la sécurité sociale arrête *(Abrogé par Décr. n° 2010-344 du 31 mars 2010, art. 301)* « *, compte tenu du plan d'équipement sanitaire et social,* » les programmes suivant lesquels s'exerce l'action sanitaire et sociale des caisses primaires *(Décr. n° 2010-344 du 31 mars 2010, art. 301)* « et de la Caisse » nationale d'assurance maladie, de la Caisse nationale des allocations familiales, des caisses d'allocations familiales, de la Caisse nationale d'assurance vieillesse des travailleurs salariés, de la caisse régionale d'assurance vieillesse des travailleurs salariés de Strasbourg, *(Décr. n° 2010-344 du 31 mars 2010, art. 301)* « des caisses d'assurance retraite et de la santé au travail, » des caisses générales de sécurité sociale et des caisses d'allocations familiales des départements mentionnés à l'article L. 751-1. – *V. Arr. du 23 juin 1987 (JO 26 juill.).*

En ce qui concerne les caisses primaires d'assurance maladie, le programme ne peut autoriser qu'à titre exceptionnel le financement d'opérations d'investissements.

Art. R. 261-2 *(Décr. n° 89-321 du 18 mai 1989, art. 8)* Les programmes prévus aux articles L. 221-1 et L. 262-1 sont arrêtés par le ministre chargé de la sécurité sociale.

CHAPITRE II ACTION SANITAIRE ET SOCIALE DANS LA BRANCHE « MALADIE »

Art. R. 262-1 Le Fonds national d'action sanitaire et sociale de la Caisse nationale de l'assurance maladie a pour objet :

1° L'attribution à chaque caisse *(Décr. n° 2010-344 du 31 mars 2010, art. 302)* « primaire d'assurance maladie et à chaque caisse d'assurance retraite et de la santé au travail » d'une dotation annuelle destinée à alimenter en recettes le budget d'action sanitaire et sociale de la caisse et calculée dans les conditions prévues par l'arrêté pris en application de l'article L. 251-1 ;

2° La couverture des dépenses d'action sanitaire et sociale propres à la Caisse nationale. Ces dépenses ont pour objet :

a. l'acquisition, la construction, la prise à bail, l'aménagement et la gestion d'établissements sanitaires et sociaux rentrant dans les catégories définies par le programme mentionné à l'article R. 261-1 et ayant valeur d'exemple ;

b. *(Décr. n° 89-321 du 18 mai 1989, art. 9)* « la création, le développement, la gestion d'institutions, d'œuvres ou de services d'intérêt national relatifs à la lutte contre la maladie » ;

c. l'attribution de subventions ou de prêts aux institutions ou œuvres à caractère national ;

d. l'attribution de subventions aux services ou institutions chargés de l'enseignement, de l'information et de la documentation sur la sécurité sociale.

Art. R. 262-1-1 *(Décr. nº 89-321 du 18 mai 1989, art. 10)* Le Fonds national de prévention, d'éducation et d'information sanitaires a pour objet :

1º De couvrir les dépenses de la Caisse nationale d'assurance maladie des travailleurs salariés en matière de prévention, d'éducation et d'information sanitaires ;

(Décr. nº 2010-344 du 31 mars 2010, art. 302) « 2º De verser *(Décr. nº 2012-271 du 27 févr. 2012, art. 2-II-7º, en vigueur le 1er janv. 2013)* « au fonds d'intervention régional mentionné à l'article L. 1435-8 du code de la santé publique » et, à Saint-Pierre-et-Miquelon, à la caisse générale de sécurité sociale, les crédits destinés à financer des actions de prévention, d'éducation et d'information sanitaires, dans les conditions prévues par l'article L. 1434-6 du code de la santé publique ; »

(Décr. nº 2005-1234 du 26 sept. 2005, art. 2) « 3º » D'attribuer à chaque caisse primaire *(Décr. nº 2010-344 du 31 mars 2010, art. 302)* « d'assurance maladie et à chaque Caisse d'assurance retraite et de la santé au travail » une dotation annuelle de crédits destinée à alimenter en recettes son budget de prévention, d'éducation et d'information sanitaires.

Art. R. 262-1-2 *(Décr. nº 2016-1671 du 5 déc. 2016, art. 1er, en vigueur le 1er janv. 2017)* I. — Il est créé, au sein de la Caisse nationale de l'assurance maladie *(Abrogé par Décr. nº 2018-174 du 9 mars 2018, art. 15-I, à compter du 1er janv. 2018) « des travailleurs salariés »*, un fonds de lutte contre le tabac.

II. — Le fonds contribue au financement des actions locales, nationales et internationales dans les domaines de la politique de santé déterminés par l'article L. 1411-1 du code de la santé publique, conformément aux engagements de la France dans le cadre de la convention-cadre de l'Organisation mondiale de la santé pour la lutte anti-tabac, en particulier ses articles 5 et 20.

Ces actions sont mises en œuvre notamment *(Décr. nº 2018-174 du 9 mars 2018, art. 15-I, en vigueur le 1er janv. 2018)* « par les organismes d'assurance maladie, » par l'Agence nationale de santé publique mentionnée à l'article L. 1413-1, par l'Institut national du cancer mentionné prévu à l'article L. 1415-2, par la mission mentionnée à l'article D. 3411-13 et par les associations mentionnées à l'article L. 3515-7 du code de la santé publique. *(Décr. nº 2018-174 du 9 mars 2018, art. 15-I, en vigueur le 1er janv. 2018)* « Les opérations d'engagement, de liquidation et d'ordonnancement sont effectuées par le directeur de la Caisse nationale de l'assurance maladie.

« III. — Les dépenses du fonds sont engagées et exécutées dans la limite des plafonds définis par la convention d'objectif et de gestion mentionnée à l'article L. 227-1 du code de la sécurité sociale et du montant de la contribution mentionnée aux articles L. 137-27 à L. 137-29 affectée au fonds en application du premier alinéa de l'article L. 137-27. »

(Abrogé par Décr. nº 2018-174 du 9 mars 2018, art. 15-I, à compter du 1er janv. 2018) ***« IV. — Les dépenses du fonds sont financées par un prélèvement sur la part du droit de consommation sur les tabacs prévu par l'article 575 du code général des impôts affectée à la Caisse nationale d'assurance maladie des travailleurs salariés. »***

IV. — Le conseil de gestion du fonds comprend :

1º Le directeur général de l'Union nationale des caisses d'assurance maladie ;

2º Le directeur général de la Caisse nationale de l'assurance maladie *(Abrogé par Décr. nº 2018-174 du 9 mars 2018, art. 15-I, à compter du 1er janv. 2018) « des travailleurs salariés »* ;

3º Le directeur de la caisse centrale de la Mutualité sociale agricole ;

(Abrogé par Décr. nº 2018-174 du 9 mars 2018, art. 15-I, à compter du 1er janv. 2018) *« 4º Le directeur du régime social des indépendants ; »*

4º Le directeur de la sécurité sociale ;

5º Le directeur général de l'offre de soins ;

6º Le directeur général de la santé ;

7º Le président de la mission mentionnée à l'article D. 3411-13 du code de la santé publique ;

8º Le directeur général de l'Agence nationale de santé publique ;

9º Le président de l'Institut national du cancer ;

10º Deux personnalités qualifiées, désignées par arrêté du ministre en charge de la santé pour une durée de trois ans. — *Le V devient le IV, le 4º est abrogé et les 5º à 11º devien-*

nent respectivement les 4° à 10° (Décr. n° 2018-174 du 9 mars 2018, art. 15-I, en vigueur le 1er janv. 2018).

La présidence du conseil de gestion est assurée par le directeur général de l'Union nationale des caisses d'assurance maladie.

Le secrétariat du conseil de gestion est assuré par la Caisse nationale de l'assurance maladie *(Abrogé par Décr. n° 2018-174 du 9 mars 2018, art. 15-I, à compter du 1er janv. 2018) « des travailleurs salariés »*.

Le conseil de gestion se réunit au moins une fois par an pour identifier les actions principales à financer en priorité l'année suivante, sur convocation de son président.

Le conseil de gestion, sur la base *(Abrogé par Décr. n° 2018-174 du 9 mars 2018, art. 15-I, à compter du 1er janv. 2018) « de la présentation »* d'orientations prioritaires *(Décr. n° 2018-174 du 9 mars 2018, art. 15-I, en vigueur le 1er janv. 2018)* « définies par les ministres chargés de la santé et de la sécurité sociale » et d'un bilan des actions déjà menées, donne un avis relatif aux actions à financer par les crédits du fonds. L'avis est rendu à la majorité des membres présents. Le président a voix prépondérante en cas de partage égal des voix.

L'avis est transmis aux ministres en charge de la santé et de la sécurité sociale, aux présidents des conseils d'administration et aux directeurs généraux des caisses mentionnées aux articles L. 221-1 *(Abrogé par Décr. n° 2018-174 du 9 mars 2018, art. 15-I, à compter du 1er janv. 2018) « et L. 611-4 »* du présent code et à l'article L. 723-11 du code rural et de la pêche maritime.

(Décr. n° 2018-174 du 9 mars 2018, art. 15-I, en vigueur le 1er janv. 2018) « La liste des bénéficiaires et les montants alloués pour la réalisation des actions retenues sont fixés par arrêté des ministres chargés de la santé et de la sécurité sociale. »

Art. R. 262-2 Compte tenu de la dotation qui lui est attribuée par la Caisse nationale, chaque caisse primaire d'assurance maladie établit annuellement son budget d'action sanitaire et sociale qui est communiqué à la Caisse nationale. La Caisse nationale peut, en fonction des renseignements recueillis dans l'exercice de son droit d'inspection et dans le cadre de sa mission de coordination, imposer à une caisse primaire de lui soumettre pour approbation son budget d'action sanitaire et sociale de l'année suivante.

Le cas échéant, les budgets rectificatifs établis en cours d'exercice sont soumis à la même procédure.

Art. R. 262-2-1 *(Décr. n° 89-321 du 18 mai 1989, art. 11)* Compte tenu de la dotation qui lui est attribuée par la Caisse nationale de l'assurance maladie dans les conditions fixées *(Décr. n° 2016-1671 du 5 déc. 2016, art. 2, en vigueur le 1er janv. 2017)* « aux articles R. 262-1-1 et R. 262-1-2 », chaque caisse primaire *(Décr. n° 2010-344 du 31 mars 2010, art. 302)* « d'assurance maladie et chaque caisse d'assurance retraite et de la santé au travail » établit son budget de prévention, d'éducation et d'information sanitaires qui est communiqué pour avis à la Caisse nationale. Le cas échéant, les budgets rectificatifs établis en cours d'exercice sont soumis à la même procédure.

Art. R. 262-3 Avant le début de chaque exercice, les caisses *(Décr. n° 2010-344 du 31 mars 2010, art. 302)* « d'assurance retraite et de la santé au travail » préparent un budget d'action sanitaire et sociale qui est transmis à la Caisse nationale *(Abrogé par Décr. n° 2009-1596 du 18 déc. 2009, art. 24-IV) « et communiqué au préfet de région »*. La Caisse nationale approuve le budget ; dans le cadre de sa mission de coordination, elle peut demander à la caisse d'y apporter des modifications.

Le cas échéant, les budgets rectificatifs établis en cours d'exercice sont soumis à la même procédure.

Art. R. 262-4 Les caisses *(Décr. n° 2010-344 du 31 mars 2010, art. 302)* « primaires d'assurance maladie et les caisses d'assurance retraite et de la santé au travail » peuvent, au profit de leurs ressortissants et dans le cadre des programmes mentionnés à l'article R. 261-1, soit créer toutes œuvres ou institutions sanitaires et sociales, soit gérer toutes œuvres ou institutions de même nature ou participer à leur gestion.

Des accords peuvent intervenir entre plusieurs caisses d'assurance maladie, soit pour créer ou gérer en commun des services, œuvres ou institutions sanitaires et sociales, soit pour faire bénéficier les ressortissants de certaines d'entre elles des avantages accordés par les œuvres ou institutions sanitaires et sociales créées par les autres.

Art. R. 262-5 Les caisses *(Décr. nº 2010-344 du 31 mars 2010, art. 302)* « d'assurance retraite et de la santé au travail » et le cas échéant les caisses primaires d'assurance maladie ne peuvent créer des établissements de *(Décr. nº 2010-344 du 31 mars 2010, art. 302)* « santé avec hébergement » qu'avec l'autorisation du ministre chargé de la sécurité sociale.

En ce qui concerne les établissements de *(Décr. nº 2010-344 du 31 mars 2010, art. 302)* « santé sans hébergement », et dont la création n'est pas soumise à l'autorisation ministérielle préalable en application d'une réglementation particulière, l'autorisation prévue à l'alinéa précédent est donnée par la Caisse nationale de l'assurance maladie. Toutefois, ces établissements ne peuvent entrer en fonctionnement qu'après approbation par le ministre chargé de la sécurité sociale d'un règlement déterminant les modalités de leur gestion administrative, financière, technique et médicale et sous réserve de respecter la réglementation générale applicable en la matière.

Art. R. 262-6 *Abrogé par Décr. nº 2009-1596 du 18 déc. 2009, art. 25-II.*

Art. R. 262-7 *(Décr. nº 99-449 du 2 juin 1999, art. 9)* Les opérations d'acquisition, de construction ou d'aménagement d'immeubles en vue de la réalisation d'établissements de santé *(Abrogé par Décr. nº 2010-344 du 31 mars 2010, art. 302)* ***« , au sens de l'article L. 6111-1 du code de la santé publique, »*** des caisses *(Décr. nº 2010-344 du 31 mars 2010, art. 302)* « primaires d'assurance maladie et des caisses d'assurance retraite et de la santé au travail » ou de leurs unions sont soumises à l'autorisation du directeur *(Décr. nº 2010-344 du 31 mars 2010, art. 302)* « général de l'agence régionale de santé ».

Les opérations d'acquisition, de construction ou d'aménagement d'immeubles en vue de la réalisation d'établissements sociaux ou médico-sociaux des caisses *(Décr. nº 2010-344 du 31 mars 2010, art. 302)* « primaires d'assurance maladie et des caisses d'assurance retraite et de la santé au travail » *(Abrogé par Décr. nº 2010-344 du 31 mars 2010, art. 302)* ***« relevant de la loi du 30 juin 1975 »*** sont soumises à l'autorisation du préfet de département.

Les mêmes opérations sont soumises à l'autorisation de la Caisse nationale pour les établissements ou œuvres des caisses *(Décr. nº 2010-344 du 31 mars 2010, art. 302)* « primaires d'assurance maladie et des caisses d'assurance retraite et de la santé au travail » ou de leurs unions dont le budget est soumis à son approbation en application de l'article L. 153-2.

Art. R. 262-8 Les caisses *(Décr. nº 2010-344 du 31 mars 2010, art. 302)* « primaires d'assurance maladie et les caisses d'assurance retraite et de la santé au travail » peuvent accorder des prêts ou des subventions à des œuvres ou institutions sanitaires et sociales qui rentrent dans les catégories définies par les programmes. L'attribution de ces prêts ou subventions est soumise aux règles fixées par l'article 9 du décret nº 68-327 du 5 avril 1968.

Art. R. 262-9 Les caisses primaires d'assurance maladie peuvent servir des prestations supplémentaires à leurs ressortissants dans les conditions définies par arrêté du ministre chargé de la sécurité sociale pris après avis de la Caisse nationale. *— V. Arr. du 20 janv. 1986 (JO 25 janv.), mod. par Arr. du 17 déc. 1987 (JO 24 déc. ; D. et ALD 1988. 29), Arr. du 19 juin 1947 [règlement intérieur des caisses], art. 71-2 ter, réd. Arr. du 30 avr. 1987 (JO 5 mai ; D. et ALD 1987. 207) ; Arr. du 26 oct. 1995 (JO 15 nov.).*

Art. R. 262-10 Les dispositions qui précèdent sont applicables aux œuvres ou institutions créées ou gérées par des unions ou fédérations de caisses.

Art. R. 262-11 Les caisses *(Décr. nº 2010-344 du 31 mars 2010, art. 302)* « d'assurance retraite et de la santé au travail » organisent le service social pour l'ensemble des caisses primaires d'assurance maladie de leur circonscription.

Les caisses *(Décr. nº 2010-344 du 31 mars 2010, art. 302)* « d'assurance retraite et de la santé au travail » peuvent, à la demande de la Caisse nationale d'assurance vieillesse, assurer le service social pour les personnes âgées de leur circonscription.

Le chef du service social régional est nommé par le directeur de la caisse *(Décr. n° 2010-344 du 31 mars 2010, art. 302)* « d'assurance retraite et de la santé au travail ».

Le service social est assuré, dans chaque secteur géographique, par des assistantes sociales, nommées par le directeur de la caisse *(Décr. n° 2010-344 du 31 mars 2010, art. 302)* « d'assurance retraite et de la santé au travail » sur la proposition du chef du service social régional et, le cas échéant, après avis du directeur de la caisse primaire.

Les caisses primaires peuvent disposer d'assistantes sociales en vue d'assurer la liaison, dans chaque secteur territorial, entre le service social régional et la caisse intéressée.

Les assistantes sociales doivent obligatoirement remplir les conditions exigées pour l'exercice de la profession. Le conseil d'administration de la caisse *(Décr. n° 2010-344 du 31 mars 2010, art. 302)* « d'assurance retraite et de la santé au travail » fixe, sur proposition du chef du service social régional, les règles de fonctionnement du service social dans la région.

CHAPITRE III ACTION SOCIALE DANS LA BRANCHE « PRESTATIONS FAMILIALES »

Art. R. 263-1 Le Fonds national d'action sanitaire et sociale de la Caisse nationale des allocations familiales a pour objet :

1° L'attribution à chaque caisse d'allocations familiales d'une dotation annuelle destinée à alimenter en recettes le budget d'action sanitaire et sociale de la caisse et calculée dans les conditions prévues par l'arrêté pris en application de l'article L. 251-8 ;

2° L'attribution éventuelle de subventions ou de prêts aux caisses d'allocations familiales à titre de participation supplémentaire à l'exécution de leurs opérations d'investissements portant sur l'action sanitaire et sociale ;

3° La couverture des dépenses d'action sanitaire et sociale propres à la Caisse nationale. Ces dépenses ont pour objet :

a. l'acquisition, la construction, la prise à bail, l'aménagement et la gestion d'établissements intéressant la famille et l'enfance, entrant dans les catégories définies par le programme mentionné à l'article R. 261-1 et ayant valeur d'exemple ;

b. l'attribution de subventions ou de prêts à des institutions ou œuvres à caractère national ;

c. l'attribution de subventions aux services ou institutions chargés de l'enseignement, de l'information et de la documentation sur la sécurité sociale ;

d. les budgets d'action sanitaire et sociale des caisses d'allocations familiales sont soumis aux mêmes règles que les budgets des caisses primaires d'assurance maladie. Toutefois, les dépenses relatives à des opérations d'investissements font l'objet d'un budget spécial qui est, en outre, obligatoirement soumis à l'approbation de la Caisse nationale.

Art. R. 263-2 Les articles R. 262-4 à R. 262-10 sont applicables à l'action sanitaire et sociale des caisses d'allocations familiales.

Dans le cadre de cette action, lesdites caisses peuvent organiser un service social.

Les caisses d'allocations familiales peuvent constituer, avec des caisses *(Décr. n° 2010-344 du 31 mars 2010, art. 303)* « primaires d'assurance maladie et des caisses d'assurance retraite et de la santé au travail », des unions ou fédérations en vue de la création ou de la gestion en commun d'œuvres ou d'institutions sanitaires et sociales.

CHAPITRE IV ACTION SANITAIRE ET SOCIALE DANS LA BRANCHE « VIEILLESSE »

Art. R. 264-1 Pour l'exercice de son action sanitaire et sociale, la Caisse nationale d'assurance vieillesse des travailleurs salariés dispose d'un fonds d'action sanitaire et sociale qui a pour objet :

1° L'acquisition, la construction, la prise à bail, l'aménagement ou la gestion de tous établissements sanitaires et sociaux rentrant dans les catégories définies par les programmes mentionnés à l'article R. 261-1 ;

2° Des investissements sous forme de subventions, prêts ou prises de participation dans des réalisations immobilières intéressant l'accueil, le logement et l'hébergement des personnes âgées ;

3° L'attribution de subventions ou de prêts à des institutions ou œuvres de caractère national ou local chargées de recherche, d'information ou de formation de personnel spécialisé, ou d'autres formes de réalisations sociales en faveur des personnes âgées ;

4° Le financement des dépenses renouvelables, directement entraînées par le logement des personnes âgées, notamment dans des immeubles réalisés avec l'aide de la Caisse nationale et la prise en charge des dépenses résultant de la mise en œuvre et du développement de toutes autres formes d'action sociale en faveur des personnes âgées.

Le programme mentionné à l'article R. 261-1 définit les modalités et proportions respectives de ces investissements et financements et énumère les diverses formes d'action sociale que la Caisse nationale d'assurance vieillesse peut entreprendre en faveur des personnes âgées.

Art. R. 264-2 La caisse régionale d'assurance vieillesse des travailleurs salariés de Strasbourg exerce en faveur des personnes âgées de sa circonscription une action sanitaire et sociale dans le cadre défini à l'article R. 264-1.

Avant le début de chaque exercice, elle transmet à la Caisse nationale pour approbation son budget d'action sanitaire et sociale *(Abrogé par Décr. n° 2009-1596 du 18 déc. 2009, art. 24-V)* « *avec l'avis du préfet de région* ».

La Caisse nationale d'assurance vieillesse peut demander à la caisse régionale d'assurance vieillesse des travailleurs salariés de Strasbourg d'apporter des modifications à son budget.

Art. R. 264-3 La Caisse nationale d'assurance vieillesse peut faire appel au concours des caisses *(Décr. n° 2010-344 du 31 mars 2010, art. 304)* « d'assurance retraite et de la santé au travail » pour qu'elles exercent pour son compte une action sanitaire et sociale en faveur des personnes âgées de leur circonscription.

(Décr. n° 2009-1596 du 18 déc. 2009, art. 24-VI) « Les projets de budget établis à cet effet par les caisses *(Décr. n° 2010-344 du 31 mars 2010, art. 304)* « d'assurance retraite et de la santé au travail » sont transmis à la Caisse nationale d'assurance vieillesse qui peut y apporter toutes modifications. »

La Caisse nationale d'assurance vieillesse fixe, pour chaque forme d'action sanitaire et sociale, les conditions dans lesquelles les caisses *(Décr. n° 2010-344 du 31 mars 2010, art. 304)* « d'assurance retraite et de la santé au travail » exécutent les budgets.

CHAPITRE V DISPOSITIONS DIVERSES

Art. R. 265-1 Les caisses *(Décr. n° 2010-344 du 31 mars 2010, art. 305)* « d'assurance retraite et de la santé au travail » et les caisses d'allocations familiales peuvent, dans le cadre de la réglementation relative à la liaison et à la coordination des services sociaux, conclure des accords soit entre elles, soit avec le service social départemental, soit avec les organismes publics ou privés en vue de coordonner l'action de leurs services sociaux, soit en utilisant les services sociaux à la disposition de ceux-ci, soit en créant un comité de gestion et un secrétariat communs.

TITRE SEPTIÈME DISPOSITIONS DIVERSES

CHAPITRE PREMIER RELATIONS AVEC LE RÉGIME AGRICOLE

Néant.

CHAPITRE II SANCTIONS

Néant.

CHAPITRE III SURVEILLANCE DES OBLIGATIONS DES EMPLOYEURS ET DES BÉNÉFICIAIRES

Art. R. 273-1 L'autorité compétente pour exercer les pouvoirs prévus par l'article L. 273-1 est *(Décr. n° 2009-1596 du 18 déc. 2009, art. 12-IV)* « le responsable du service mentionné à l'article R. 155-1 ».

TITRE HUITIÈME CONTRÔLE DE L'ADMINISTRATION — DISPOSITIONS D'APPLICATION DU LIVRE II

CHAPITRE PREMIER CONTRÔLE SUR LES ORGANISMES LOCAUX ET RÉGIONAUX

Art. R. 281-1 Les pouvoirs définis à l'article L. 281-2 sont exercés *(Décr. nº 2009-1596 du 18 déc. 2009, art. 13-I)* « par le responsable du service mentionné à l'article R. 155-1 ».

Le délai prévu au même article est fixé à huit jours à compter de la mise en demeure restée sans effet du conseil d'administration ou du directeur de l'organisme.

Art. R. 281-2 L'autorité compétente pour exercer les pouvoirs de suspension, de dissolution ou de révocation prévus à l'article L. 281-3 est le ministre chargé de la sécurité sociale.

Art. R. 281-3 L'administrateur provisoire mentionné au 1º de l'article L. 281-3 peut être choisi parmi les fonctionnaires en activité.

Art. R. 281-4 *(Décr. nº 99-449 du 2 juin 1999, art. 10)* Les statuts et les règlements intérieurs des organismes mentionnés à l'article L. 281-4, ainsi que leurs modifications, sont soumis à l'approbation *(Décr. nº 2009-1596 du 18 déc. 2009, art. 13-II)* « du responsable du service mentionné à l'article R. 155-1 » qui dispose d'un délai de trente jours à compter de la date de réception *(Décr. nº 2009-1596 du 18 déc. 2009, art. 13-II)* « pour s'y opposer ». Passé ce délai, ces documents sont considérés comme approuvés.

(Abrogé par Décr. nº 2018-353 du 14 mai 2018, art. 1er) *« L'approbation initiale des statuts d'un organisme de sécurité sociale est donnée par l'arrêté d'enregistrement dudit organisme. »*

Art. R. 281-5 *Abrogé par Décr. nº 99-449 du 2 juin 1999, art. 10.*

Art. R. 281-6 L'autorité compétente pour l'exercice des pouvoirs prévus à l'article L. 281-5 est le ministre chargé de la sécurité sociale.

Art. R. 281-7 *(Décr. nº 2009-1596 du 18 déc. 2009, art. 13-III)* « Le responsable du service mentionné à l'article R. 155-1 peut » recevoir délégation du ministre chargé de la sécurité sociale en vue d'annuler, en application de l'article L. 151-1, les décisions des conseils d'administration et des directeurs de tous organismes de sécurité sociale non nationaux.

Art. R. 281-8 *Abrogé par Décr. nº 99-449 du 2 juin 1999, art. 28.*

Art. R. 281-8-1 *Abrogé par Décr. nº 2009-1596 du 18 déc. 2009, art. 25-II.*

Art. R. 281-9 Pour l'application des dispositions du deuxième alinéa de l'article L. 153-1, les décisions entraînant un dépassement des autorisations résultant du budget primitif et, le cas échéant, du ou des budgets rectificatifs devront obligatoirement mentionner l'origine des crédits affectés au financement des dépenses nouvelles et indiquer leur incidence éventuelle sur les comptes présentant un caractère limitatif dont la liste sera fixée par arrêté conjoint du ministre chargé de la sécurité sociale et du ministre chargé du budget.

Art. R. 281-10 La période mentionnée au premier alinéa de l'article L. 281-7 est fixée à un an. – *L'art. L. 281-7 a été abrogé par L. nº 94-637 du 25 juill. 1994.*

L'autorité compétente de l'État mentionnée au deuxième alinéa de l'article L. 281-7 est le ministre compétent ou l'autorité déléguée par lui à cette fin.

V. art. D. 281-1 à D. 281-3.

CHAPITRE II CONTRÔLE SUR LES ORGANISMES NATIONAUX

Art. R. 282-1 Les caisses nationales, *(Décr. nº 2004-1075 du 12 oct. 2004)* « l'Union nationale des caisses d'assurance maladie » et l'Agence centrale sont soumises au contrôle économique et financier de l'État dans les conditions fixées par le décret n° 55-733 du 26 mai 1955 modifié. – *V. Arr. du 30 nov. 1998 (JO 21 janv. 1999) : modalités spéciales d'exercice de ce contrôle.*

Art. R. 282-2 L'autorité compétente pour approuver le règlement intérieur de chaque Caisse nationale et de l'Agence centrale est le ministre chargé de la sécurité sociale.

CHAPITRE III DISPOSITIONS D'APPLICATION

Néant.

LIVRE TROISIÈME DISPOSITIONS RELATIVES AUX ASSURANCES SOCIALES ET À DIVERSES CATÉGORIES DE PERSONNES RATTACHÉES AU RÉGIME GÉNÉRAL

TITRE PREMIER GÉNÉRALITÉS

CHAPITRE PREMIER CHAMP D'APPLICATION DES ASSURANCES SOCIALES

Art. R. 311-1 *(Décr. n° 2006-1416 du 20 nov. 2006)* Le délai, prévu au premier alinéa de l'article L. 311-5, pendant lequel un assuré qui ne remplit pas, après sa reprise d'activité, les conditions d'ouverture du droit à prestations prévues à l'article L. 313-1 continue à bénéficier des droits aux prestations d'assurance maladie, maternité, invalidité et décès acquis auprès du régime obligatoire dont il relevait antérieurement, est fixé à trois mois à compter de la date de cette reprise d'activité.

Le délai de trois mois est décompté à partir du 22 nov. 2006 pour les assurés dont la durée de reprise d'activité est, à cette date, inférieure à trois mois (Décr. n° 2006-1416 du 20 nov. 2006, art. 2).

CHAPITRE II AFFILIATION *(Décr. n° 2017-736 du 3 mai 2017, art. 1er-11°).*

Art. R. 312-1 Sauf dispositions législatives ou réglementaires contraires et sous réserve des dispositions du deuxième alinéa ci-dessous, les assurés sociaux relevant du régime général de sécurité sociale *(Décr. n° 2017-736 du 3 mai 2017, art. 1er-13°)* « relèvent de » la caisse primaire d'assurance maladie dans la circonscription de laquelle ils ont leur résidence habituelle.

(Décr. n° 95-267 du 6 mars 1995, art. 1er) « Un arrêté du ministre chargé de la sécurité sociale peut apporter à la règle énoncée au premier alinéa ci-dessus des dérogations motivées par la nature de l'activité des assurés, *(Décr. n° 2017-736 du 3 mai 2017, art. 1er-13°)* « par la situation des assurés au regard des dispositions du livre III du présent code, » par la résidence hors de France, ou par l'appartenance au régime applicable dans les départements du Haut-Rhin, du Bas-Rhin et de la Moselle ou par la durée du séjour de personnes âgées dans les établissements mentionnés au 5° de l'article 3 de la loi n° 75-535 du 30 juin 1975 relative aux institutions sociales et médico-sociales *[CASF, art. L. 312-1]*. Dans ce dernier cas, la durée minimale de séjour fixée par l'arrêté ne peut être inférieure à six mois ». – *V. Arr. du 6 mars 1995 (Annexe I) : affiliation des personnes âgées.*

Art. R. 312-2 (Abrogé par Décr. n° 2017-736 du 3 mai 2017, art. 1er-16°) ***Pour le paiement de leurs prestations, les assurés sociaux choisissent le service local ayant leur préférence parmi ceux qui sont habilités à cet effet, la caisse d'affiliation étant, en tout état de cause, celle prévue par l'article R. 312-1.***

Art. R. 312-3 *Abrogé par Décr. n° 99-434 du 28 mai 1999, art. 5.*

Art. R. 312-4 (Abrogé par Décr. n° 2017-736 du 3 mai 2017, art. 1er-16°) ***L'immatriculation au régime général s'effectue obligatoirement et sous les sanctions prévues aux articles L. 244-1 et suivants à la diligence de l'employeur, dans le délai de huitaine qui suit l'embauchage de toute personne non encore immatriculée et remplissant les conditions prévues aux articles L. 311-2 et suivants.***

Elle est opérée par la caisse primaire d'assurance maladie compétente aux termes de l'article R. 312-1. Cette caisse immatricule l'assuré et lui remet une carte individuelle du modèle arrêté par le ministre chargé de la sécurité sociale.

Art. R. 312-5 En ce qui concerne les travailleurs mentionnés à l'article L. 311-3, les obligations incombant à l'employeur sont mises :

1° Dans les cas prévus aux 1°, 2°, 3° et 9° dudit article, à la charge du chef d'établissement ou du chef d'entreprise ;

2° Dans les cas prévus aux 7° et 8° dudit article, à la charge des personnes ou sociétés qui fournissent les voitures, des exploitations et des concessionnaires ;

3° Dans les cas prévus au 10° dudit article, à la charge des parents, de l'administration ou de l'œuvre intéressée.

(Décr. n° 2007-546 du 11 avr. 2007, art. 7, en vigueur le 1er sept. 2007) « 4° Dans les cas prévus au 20° dudit article, à la charge de l'entreprise partie au contrat conclu avec l'intéressé à l'exception de l'obligation de déclaration prévue à l'article R. 312-8 ; »

(Décr. n° 2005-505 du 19 mai 2005, art. 6 ; Décr. n° 2007-546 du 11 avr. 2007, art. 7) « 5° Dans les cas prévus au 25° de cet article, à la charge de la personne morale mentionnée à l'article L. 127-1 du code de commerce. »

Art. R. 312-6 (Abrogé par Décr. n° 2017-736 du 3 mai 2017, art. 1er-16°) *Un arrêté du ministre chargé de la sécurité sociale fixe le modèle de la déclaration qui incombe à l'employeur ou assimilé par application de l'article R. 312-4.*

Art. R. 312-7 (Abrogé par Décr. n° 2017-736 du 3 mai 2017, art. 1er-16°) *L'immatriculation s'effectue à la diligence des assurés lorsqu'ils relèvent d'un employeur dont l'entreprise ne comporte pas d'établissement dans la métropole.*

Art. R. 312-8 (Abrogé par Décr. n° 2017-736 du 3 mai 2017, art. 1er-16°) *Sont tenues d'établir une déclaration conforme au modèle arrêté par le ministre chargé de la sécurité sociale les personnes non encore immatriculées qui travaillent, soit pour plusieurs employeurs, soit occasionnellement ou par intermittence pour le compte d'un même employeur lorsqu'elles remplissent les conditions prévues aux articles L. 311-2 et L. 311-3.*

Cette déclaration est adressée par les intéressés dans la huitaine qui suit le commencement de leur travail, à la caisse primaire d'assurance maladie compétente aux termes de l'article R. 312-1.

Art. R. 312-9 (Abrogé par Décr. n° 2017-736 du 3 mai 2017, art. 1er-16°) *Les personnes mentionnées à l'article R. 312-8 sont tenues de faire connaître à chacun de leurs employeurs le numéro national d'identification sous lequel elles sont inscrites à un régime obligatoire d'assurance.*

Art. R. 312-10 (Abrogé par Décr. n° 2017-736 du 3 mai 2017, art. 1er-16°) (Décr. n° 86-839 du 16 juill. 1986, art. 14) *Faute par l'employeur ou par la personne relevant de l'assurance obligatoire d'avoir satisfait aux obligations prévues respectivement par les articles R. 312-4, R. 312-5, R. 312-7 et R. 312-8, l'immatriculation peut être effectuée par la caisse primaire d'assurance maladie, soit de sa propre initiative, soit, suivant le cas, à la requête de l'intéressé lorsque la demande incombe à l'employeur ou à la requête de ce dernier lorsque la demande incombe à l'intéressé.*

Art. R. 312-11 (Abrogé par Décr. n° 2017-736 du 3 mai 2017, art. 1er-16°) *Des arrêtés du ministre chargé de la sécurité sociale précisent les conditions dans lesquelles les caisses primaires d'assurance maladie procèdent à l'immatriculation des assurés et à la vérification des renseignements fournis à cet égard, tant par les employeurs que par les salariés.*

CHAPITRE III **DROIT AUX PRESTATIONS (MALADIE, MATERNITÉ, CONGÉ DE PATERNITÉ, INVALIDITÉ, DÉCÈS)** *(Décr. n° 2001-1342 du 28 déc. 2001, art. 1er).*

Art. R. 313-1 Les conditions d'ouverture du droit prévues à l'article L. 313-1 sont appréciées en ce qui concerne :

(Abrogé par Décr. n° 2015-1865 du 30 déc. 2015, art. 5-2°, à compter du 1er janv. 2016) « 1° Les prestations en nature de l'assurance maladie, à la date des soins ; »

2° Les prestations en espèces de l'assurance maladie, au jour de l'interruption de travail ;

3° Les prestations *(Abrogé par Décr. n° 2015-1865 du 30 déc. 2015, art. 5-2°, à compter du 1er janv. 2016)* « *en nature et* » en espèces de l'assurance maternité, au début du 9e mois avant la date présumée de l'accouchement ou à la date du début du repos prénatal ;

4° *(Décr. n° 93-687 du 27 mars 1993, art. 1er)* « Les prestations en espèces de l'assurance maternité servies en cas d'adoption, » *(Décr. n° 2001-1342 du 28 déc. 2001, art. 1er)* « à la date du début du congé d'adoption ; »

(Décr. n° 2001-1342 du 28 déc. 2001, art. 2) « 5° Les prestations en espèces de l'assurance maternité servies en cas de congé de paternité, à la date du début de ce congé ; »

6° *(Décr. n° 93-687 du 27 mars 1993, art. 1er)* « La prestation de l'assurance décès, à la date du décès. »

V. Circ. interministérielle n° DSS/SD2/2015/179 du 26 mai 2015 relative aux modalités d'attribution des indemnités journalières dues au titre de la maladie.

Date d'ouverture du droit. Fait une exacte application de l'art. R. 313-1 CSS la cour d'appel qui retient que peut prétendre aux indemnités journalières de l'assurance maternité l'assurée sociale qui se trouve en situation de maintien de droits au début du neuvième mois avant la date présumée de l'accouchement. • Soc. 17 mai 2001, n° 99-17.447 P.

Art. R. 313-2 (Abrogé par Décr. n° 2015-1865 du 30 déc. 2015, art. 5-1°, à compter du 1er janv. 2016) (Décr. n° 93-687 du 27 mars 1993, art. 2 ; Décr. n° 2007-199 du 14 janv. 2007) « *Sans préjudice de l'application des articles L. 161-8, R. 613-6 et R. 613-29* », *les assurés ont droit et ouvrent droit aux prestations en nature des assurances maladie et maternité dans les conditions suivantes :*

1° L'assuré a droit et ouvre droit à ces prestations pendant (Décr. n° 2013-1260 du 27 déc. 2013, art. 1er-1°) « *deux ans* » *suivant la fin de la période de référence, s'il justifie à cette date :*

a) Soit que le montant des cotisations dues au titre des assurances maladie, maternité, invalidité et décès assises sur les rémunérations qu'il a perçues pendant un mois civil ou trente jours consécutifs est au moins égal au montant des mêmes cotisations dues pour un salaire égal à soixante fois la valeur du salaire minimum de croissance en vigueur au premier jour du mois de référence ;

b) Soit avoir effectué au moins soixante heures de travail salarié ou assimilé au cours d'un mois civil ou de trente jours consécutifs ;

c) Soit que le montant des cotisations mentionnées au a et assises sur les rémunérations qu'il a perçues pendant trois mois civils est au moins égal au montant des mêmes cotisations dues pour un salaire égal à 120 fois la valeur du salaire minimum de croissance en vigueur au premier jour des trois mois de référence ;

d) Soit avoir effectué au moins 120 heures de travail salarié ou assimilé pendant trois mois civils ou trois mois de date à date ;

(Décr. n° 2007-199 du 14 févr. 2007) « *e) Soit que le montant des cotisations mentionnées au a et assises sur les rémunérations qu'il a perçues pendant cette année civile est au moins égal au montant des mêmes cotisations dues pour un salaire égal à* (Décr. n° 2013-1260 du 27 déc. 2013, art. 1er-2°) « *400* » *fois la valeur du salaire minimum de croissance au 1er janvier de l'année de référence ;*

« *f) Soit avoir effectué au moins* (Décr. n° 2013-1260 du 27 déc. 2013, art. 1er-3°) « *400* » *heures de travail salarié ou assimilé au cours de cette même année civile ;* »

(Décr. n° 2013-1260 du 27 déc. 2013, art. 1er-4°) « *2° Pour le travailleur salarié entrant dans un régime obligatoire d'assurance maladie et maternité ou reprenant une activité salariée ou assimilée, la condition d'un montant minimum de cotisations ou d'un nombre minimum d'heures de travail salarié ou assimilé exigée pour percevoir les prestations en nature des assurances maladie et maternité est présumée remplie pendant un délai de dix-huit mois à compter de la date de son entrée dans le régime ou de la reprise de l'activité salariée ou assimilée ;*

« *3° Si, pendant les périodes d'ouverture du droit aux prestations prévues aux 1° et 2°, l'intéressé s'est ouvert des droits aux prestations en nature des assurances maladie et mater-*

nité en tant qu'assuré ou ayant droit auprès d'un autre régime obligatoire, ces périodes s'interrompent. »

Art. R. 313-3 *(Décr. n° 93-687 du 27 mars 1993, art. 3)* **1° Pour avoir droit aux indemnités journalières de l'assurance maladie pendant les six premiers mois d'***(Décr. n° 2002-1282 du 23 oct. 2002, art. 2-I)* **« interruption de travail, aux allocations journalières de maternité » et aux indemnités journalières de l'assurance maternité, l'assuré social doit justifier aux dates de référence prévues aux 2° et 3° de l'article R. 313-1 :**

a) Soit que le montant des cotisations dues au titre des assurances maladie, maternité, invalidité et décès assises sur les rémunérations qu'il a perçues pendant les six mois civils précédents est au moins égal au montant des mêmes cotisations dues pour un salaire égal à 1 015 fois la valeur du salaire minimum de croissance au premier jour de la période de référence ;

b) Soit avoir effectué au moins *(Décr. n° 2015-86 du 30 janv. 2015, art. 1er-1°)* **« 150 » heures de travail salarié ou assimilé au cours des trois mois civils ou des quatre-vingt-dix jours précédents.**

L'assuré doit en outre justifier de dix mois d'*(Décr. n° 2017-736 du 3 mai 2017, art. 1er-7°)* **« affiliation » à la date présumée de l'accouchement pour bénéficier des indemnités journalières de l'assurance maternité.**

2° Lorsque l'arrêt de travail se prolonge sans interruption au-delà du sixième mois, l'assuré social, pour avoir droit aux indemnités journalières après le sixième mois d'incapacité de travail, doit avoir été *(Décr. n° 2017-736 du 3 mai 2017, art. 1er-7°)* **« affilié » depuis douze mois au moins à la date de référence prévue au 2° de l'article R. 313-1.**

Il doit justifier en outre :

a) Soit que le montant des cotisations dues au titre des assurances maladie, maternité, invalidité et décès assises sur les rémunérations qu'il a perçues pendant les douze mois civils précédant l'interruption de travail est au moins égal au montant des mêmes cotisations dues pour un salaire égal à 2 030 fois la valeur du salaire minimum de croissance au 1er janvier qui précède immédiatement le début de cette période *(Abrogé par Décr. n° 2013-1260 du 27 déc. 2013, art. 2-1°)* ***« , dont 1 015 fois au moins la valeur du salaire minimum de croissance au cours des six premiers mois »*** **;**

b) Soit qu'il a effectué au moins *(Décr. n° 2015-86 du 30 janv. 2015, art. 1er-1°)* **« 600 » heures de travail salarié ou assimilé au cours des douze mois civils ou des 365 jours précédant l'interruption de travail** *(Abrogé par Décr. n° 2013-1260 du 27 déc. 2013, art. 2-2°)* ***« , dont 200 heures au moins au cours des trois premiers mois »*****.**

Les dispositions du Décr. n° 2015-86 du 30 janv. 2015 entrent en vigueur à compter du 1er févr. 2015 dans les conditions prévues aux art. R. 313-1 et R. 313-5 CSS (Décr. préc., art. 1er).

BIBL. ▸ FOUCHARD-TEISSER et MARTINEL, Indemnités journalières de l'assurance maladie. Les dernières évolutions de la jurisprudence de la Cour de cassation, *Dr. soc.* 2012. 291.

1. Période de référence. Les conditions prévues par l'art. R. 313-3, al. 3, CSS alors en vigueur, pour le droit aux indemnités journalières de l'assurance maladie, doivent s'apprécier au jour de la dernière cessation d'activité. Violent ces dispositions les juges du fond qui énoncent que l'assuré, ayant perçu alternativement des allocations de chômage et des indemnités journalières pour maladie depuis 1987, ne justifie pas avoir accompli, durant l'année précédant la date de l'arrêt de travail pour maladie – 1er avril 1992, le temps de travail salarié nécessaire : les conditions d'ouverture du droit aux prestations devaient s'apprécier à la date de la cessation d'activité, soit le 30 avr. 1987. • Soc. 2 mars 2000, n° 98-16.086 P : *D. 2000. IR 95* ; *RJS 2000, n° 444* ; *TPS 2000. Comm. 173.* ♦ A rappr. • Soc. 30 mai 1996, n° 94-10.893 P et • Soc. 19 mars 1992, n° 88-19.433 P. ♦ V. récemment : Les conditions d'ouverture des droits aux prestations en espèces de l'assurance maladie et maternité doivent s'apprécier, pour les assurés qui bénéficient du maintien de leur qualité d'assuré en application de l'art. L. 311-5 du CSS, à la date de la dernière cessation d'activité. • Civ. 2e, 12 févr. 2015, n° 13-25.591 P : *JCP S 2015, n° 1151, comm. Tauran ; RDSS 2015. 376, obs. Tauran*.

2. Congés payés. Les congés payés ouvrent droit au paiement d'indemnités soumises à cotisations, de sorte qu'ils doivent être considérés comme des périodes de travail salarié pour l'ouverture du droit aux indemnités journalières. • Soc. 2 déc. 1999, n° 97-22.248 P : *D. 2000. IR 1* ; *RJS 2000, n° 95* (justifie sa décision la cour d'appel qui, pour faire droit au recours formé contre le refus de la caisse primaire de régler les indemnités journalières d'un salarié en arrêt maladie, relève que l'assuré a bénéficié, au cours des douze mois précédant son interruption de travail, de congés payés dont la durée, jointe à celle des heures de travail effectuées durant cette période, lui donne droit aux indemnités journalières après le sixième mois de l'incapacité de travail).

3. Conditions alternatives d'ouverture des droits. L'art. R. 313-3 CSS prévoit pour l'ouverture du droit aux indemnités journalières de l'assurance maternité deux conditions alternatives tenant, soit au montant des cotisations assises sur les rémunérations des six derniers mois civils, soit aux heures travaillées au cours des trois derniers mois civils ou des quatre-vingt-dix jours précédents. Est justifiée la demande de l'assurée dès lors qu'elle établit avoir effectué plus de 200 heures de travail au cours de la période de référence, peu important le montant des cotisations sociales versées par l'employeur. • Civ. 2e, 22 févr. 2007, n° 05-16.026 P : *RJS 2007, n° 773 ; JCP S 2007. 1326, note Vachet.*

Art. R. 313-3-1 *(Décr. n° 2008-553 du 11 juin 2008, art. 4)* **En cas de redressement d'assiette sur la base d'une rémunération forfaitaire mis en recouvrement conformément aux dispositions de l'article L. 242-1-2, les conditions d'ouverture des droits du salarié intéressé mentionnées à l'article L. 313-1 sont fixées sur la base d'une fois la rémunération mensuelle minimale définie à l'article L. 3232-1 du code du travail en vigueur au moment du constat du délit de travail dissimulé.**

Art. R. 313-4 *(Décr. n° 93-687 du 27 mars 1993, art. 4)* **Pour avoir droit à l'indemnité journalière de repos prévue à l'article L. 331-7, l'assuré ou l'assurée doit justifier :**

a) **Soit que le montant des cotisations dues au titre des assurances maladie, maternité, invalidité et décès assises sur les rémunérations qu'il ou elle a perçues pendant les six mois civils précédant la date d'arrivée de l'enfant au foyer est au moins égal au montant des mêmes cotisations dues pour un salaire égal à 1 015 fois la valeur du salaire minimum de croissance au premier jour de la période de référence ;**

b) **Soit qu'il ou elle a effectué au moins** *(Décr. n° 2015-86 du 30 janv. 2015, art. 1er-2°)* **« 150 » heures de travail salarié ou assimilé au cours des trois mois civils ou des trois mois précédant la date d'arrivée de l'enfant au foyer.** — *Les dispositions du Décr. n° 2015-86 du 30 janv. 2015 entrent en vigueur à compter du 1er févr. 2015 dans les conditions prévues aux art. R. 313-1 et R. 313-5 CSS (Décr. préc., art. 1er).*

Il ou elle doit, en outre, justifier de dix mois d'*(Décr. n° 2017-736 du 3 mai 2017, art. 1er-7°)* **« affiliation » à la date d'arrivée de l'enfant au foyer.**

Pour permettre le service de l'indemnité journalière de repos, il est remis à l'assuré ou à l'assurée, par le service départemental de l'aide sociale à l'enfance ou par l'œuvre d'adoption autorisée, une attestation justifiant qu'un enfant lui est confié en vue de son adoption et précisant la date d'arrivée de l'enfant au foyer.

Conditions d'ouverture. L'art. R. 313-3 CSS prévoit pour l'ouverture du droit aux indemnités journalières de l'assurance maternité deux conditions alternatives tenant, soit au montant des cotisations assises sur les rémunérations des six derniers mois civils, soit aux heures travaillées au cours des trois derniers mois civils ou des quatre-vingt-dix jours précédents. Est justifiée la demande de l'assurée dès lors qu'elle établit avoir effectué plus de 200 heures de travail au cours de la période de référence, peu important le montant des cotisations sociales versées par l'employeur. • Civ. 2e, 22 févr. 2007 : *RJS 2007, n° 773 ; JCP S 2007. 1326, note Vachet.*

Art. R. 313-5 *(Décr. n° 93-687 du 27 mars 1993, art. 5)* **Pour invoquer le bénéfice de l'assurance invalidité, l'assuré social doit** *(Décr. n° 2017-736 du 3 mai 2017, art. 1er-12°)* **« être affilié » depuis douze mois au premier jour du mois au cours duquel est survenue l'interruption de travail suivie d'invalidité ou la constatation de l'état d'invalidité résultant de l'usure prématurée de l'organisme. Il doit justifier en outre :**

a) **Soit que le montant des cotisations dues au titre des assurances maladie, maternité, invalidité et décès assises sur les rémunérations qu'il a perçues pendant les douze mois civils précédant l'interruption de travail est au moins égal au montant des mêmes cotisations dues pour un salaire égal à 2 030 fois la valeur du salaire minimum de croissance au 1er janvier qui précède la période de référence** *(Abrogé par Décr. n° 2013-1260 du 27 déc. 2013, art. 3-1°)* ***« , dont 1 015 fois au moins la valeur du salaire minimum de croissance au cours des six premiers mois »*** **;**

b) **Soit qu'il a effectué au moins** *(Décr. n° 2015-86 du 30 janv. 2015, art. 1er-3°)* **« 600 » heures de travail salarié ou assimilé au cours des douze mois civils ou des 365 jours précédant l'interruption de travail ou la constatation de l'état d'invalidité résultant de l'usure prématurée de l'organisme** *(Abrogé par Décr. n° 2013-1260 du*

27 déc. 2013, art. 3-1°) **« , dont 200 heures au moins au cours des trois premiers mois ».** – *Les dispositions du Décr. n° 2015-86 du 30 janv. 2015 entrent en vigueur le 1er févr. 2015 dans les conditions prévues aux art. R. 313-1 et R. 313-5 CSS (Décr. préc., art. 1er).*

1. Période de référence (point de départ). Pour apprécier les conditions d'ouverture des droits à pension d'invalidité au titre de l'usure prématurée de l'organisme, les juges du fond doivent s'assurer, au besoin après avoir invité les parties à saisir le tribunal du contentieux de l'incapacité, que la date qu'ils entendent retenir comme point de départ de la période de référence correspond à la date de constatation médicale de l'invalidité. • Civ. 2e, 30 nov. 2004 : *TPS 2005. Comm. 59, obs. Prétot.* ♦ Les conditions d'ouverture des droits à une pension d'invalidité s'apprécient à la date à laquelle est survenue l'interruption de travail suivie d'invalidité ou la constatation de l'usure prématurée de l'organisme. • Civ. 2e, 5 avr. 2012, n° 11-13.378. ♦ Il résulte des art. L. 341-2 et R. 313-5 CSS que les conditions d'ouverture des droits à une pension d'invalidité du régime général de la sécurité sociale s'apprécient au premier jour du mois au cours duquel est survenue l'interruption de travail suivie d'invalidité ou constatée l'usure prématurée de l'organisme. Viole ces textes la cour d'appel qui, pour débouter l'assuré de sa demande de pension d'invalidité, retient que l'intéressé avait perdu la qualité d'assuré social alors qu'il était demeuré en arrêt maladie ininterrompu jusqu'à sa demande. • Civ. 2e, 4 avr. 2013 : *RJS 2013, n° 484.*

2. Distributeur de périodiques. Dès lors que la rémunération perçue par un distributeur de périodiques n'est pas déterminée sur une base horaire, celui-ci ne peut invoquer qu'il remplit la condition de durée de travail exigée pendant la période de référence. • Civ. 2e, 3 mai 2006 : *JCP S 2006, n° 1521, note Vachet ; JCP E 2006. 1923 ; ibid. 2129, n° 13, obs. Bugada ; RJS 2006, n° 892.*

3. Règlement n° 1408/71 CE. Il résulte des dispositions combinées des art. 40-1, 41-2, 45-1 et 46-2 du Règlement n° 1408/71 CE du 14 juin 1971 dans sa rédaction alors applicable, que la majoration de pension due par l'institution française compétente en cas d'aggravation d'une invalidité doit être calculée au prorata des périodes d'assurance accomplies sous la législation française par rapport à la durée totale d'assurance, dès lors que les conditions requises par la législation française pour ouvrir droit à la prestation invalidité n'ont été satisfaites qu'en tenant compte des périodes d'assurance accomplies sous la législation d'un autre État membre. • Civ. 2e, 21 déc. 2006, n° 05-18.400 P : *JCP S 2007, n° 1351, note Tauran.*

Art. R. 313-6 *(Décr. n° 2015-1865 du 30 déc. 2015, art. 5-3°, en vigueur le 1er janv. 2016)* **Pour ouvrir droit à l'assurance décès, l'assuré social doit justifier à la date du décès d'une des conditions suivantes :**

1° Soit le montant des cotisations dues au titre des assurances maladie, maternité, invalidité et décès assises sur les rémunérations qu'il a perçues pendant un mois civil ou trente jours consécutifs est au moins égal au montant des mêmes cotisations dues pour un salaire égal à soixante fois la valeur du salaire minimum de croissance en vigueur au premier jour du mois de référence ;

2° Soit il a effectué au moins soixante heures de travail salarié ou assimilé au cours d'un mois civil ou de trente jours consécutifs ;

3° Soit le montant des cotisations mentionnées au *a* et assises sur les rémunérations qu'il a perçues pendant trois mois civils est au moins égal au montant des mêmes cotisations dues pour un salaire égal à 120 fois la valeur du salaire minimum de croissance en vigueur au premier jour des trois mois de référence ;

4° Soit il a effectué au moins 120 heures de travail salarié ou assimilé pendant trois mois civils ou trois mois de date à date ;

5° Soit le montant des cotisations mentionnées au *a* et assises sur les rémunérations qu'il a perçues pendant cette année civile est au moins égal au montant des mêmes cotisations dues pour un salaire égal à 400 fois la valeur du salaire minimum de croissance au 1er janvier de l'année de référence ;

6° Soit il a effectué au moins 400 heures de travail salarié ou assimilé au cours de cette même année civile.

Art. R. 313-7 *(Décr. n° 93-687 du 27 mars 1993, art. 7)* **Les assurés appartenant aux professions à caractère saisonnier ou discontinu et qui ne remplissent pas les conditions de montant de cotisations ou de durée de travail prévues aux articles** *(Décr. n° 2015-1865 du 30 déc. 2015, art. 5-4°, en vigueur le 1er janv. 2016)* **« R. 313-3 à R. 313-6 » ont droit et ouvrent droit aux prestations mentionnées auxdits articles s'ils justifient :**

a) Soit que le montant des cotisations dues au titre des assurances maladie, maternité, invalidité et décès assises sur les rémunérations qu'ils ont perçues au cours des douze mois civils est au moins égal au montant des mêmes cotisations dues pour un salaire égal à 2 030 fois la valeur du salaire minimum de croissance au 1er janvier qui précède immédiatement le début de cette période ;

b) Soit qu'ils ont effectué au moins *(Décr. n° 2015-86 du 30 janv. 2015, art. 1er-4°)* « 600 » heures de travail salarié ou assimilé au cours de douze mois civils ou de 365 jours consécutifs. — *Les dispositions du Décr. n° 2015-86 du 30 janv. 2015 sont entrées en vigueur le 1er févr. 2015 dans les conditions prévues aux art. R. 313-1 et R. 313-5 CSS (Décr. préc., art. 1er).*

(Décr. n° 2008-1084 du 22 oct. 2008) « Ces dispositions s'appliquent également aux assurés occupant des emplois entrant dans le champ des services à la personne définis à l'article L. 7231-1 du code du travail et rémunérés par chèque emploi-service universel conformément au 1° de l'article L. 1271-1 du même code. »

(Décr. n° 2018-1255 du 27 déc. 2018, art. 1er-11°) « Un arrêté du ministre chargé de la sécurité sociale précise les conditions dans lesquelles la rémunération de certaines activités est considérée comme remplissant les conditions de durée du travail requises pour l'application des conditions mentionnées au présent article et à l'article R. 313-3 du présent code. » — *Les dispositions du 11° de l'art. 1er du Décr. n° 2018-1255 du 27 déc. 2018 sont applicables aux arrêts de travail débutant à compter du 1er janv. 2019 (Décr. préc., art. 5-I).*

Art. R. 313-8 *(Décr. n° 93-687 du 27 mars 1993, art. 8)* « Pour l'ouverture du droit aux prestations prévues par les articles *(Décr. n° 2015-1865 du 30 déc. 2015, art. 5-4°, en vigueur le 1er janv. 2016)* « R. 313-3 à R. 313-6 » ci-dessus, est considérée comme équivalant à six fois la valeur du salaire minimum de croissance au 1er janvier qui précède immédiatement la période de référence ou à six heures de travail salarié :

« 1° Chaque journée indemnisée au titre de la maladie, de la maternité *(Décr. n° 2001-1342 du 28 déc. 2001, art. 3)* « , de la paternité » ou de l'invalidité *(Décr. n° 2002-1282 du 23 oct. 2002, art. 2-II)* « ainsi que chaque journée de perception de l'allocation journalière de maternité » à l'exclusion des journées indemnisées en application des articles L. 161-8 et L. 311-5 ; »

2° Chaque journée d'interruption de travail due à la maladie au titre de laquelle l'assuré n'a pas perçu l'indemnité journalière de l'assurance maladie soit parce qu'elle est comprise dans les trois premiers jours de l'incapacité de travail, à condition que l'arrêt de travail ait donné lieu par la suite à l'attribution d'indemnités journalières, soit parce que l'assuré a épuisé ses droits à indemnisation tels qu'ils sont fixés par les articles L. 323-1 et R. 323-1, à condition que l'incapacité physique de reprendre ou de continuer le travail soit reconnue par le médecin-conseil ;

3° Chaque journée d'incapacité temporaire donnant lieu au versement des indemnités journalières au titre de la législation sur les accidents du travail ainsi que chaque journée pendant laquelle l'assuré a perçu, au titre de la même législation, une rente ou allocation correspondant à une incapacité permanente d'au moins 66,66 % ;

4° Chaque journée de stage effectuée dans un établissement de rééducation mentionné à l'article R. 481-1 par le titulaire d'une rente allouée en vertu de la législation sur les accidents du travail, quel que soit le taux de l'incapacité à laquelle cette rente correspond ;

5° Chaque journée pendant laquelle l'assuré fait l'objet d'une détention provisoire.

(Décr. n° 2006-658 du 2 juin 2006) « Pour l'ouverture du droit aux prestations prévues par les articles *(Décr. n° 2015-1865 du 30 déc. 2015, art. 5-4°, en vigueur le 1er janv. 2016)* « R. 313-3 à R. 313-6 », chaque journée de perception de l'allocation journalière de présence parentale est considérée comme équivalant à quatre fois la valeur du salaire minimum de croissance au 1er janvier qui précède immédiatement la période de référence ou à quatre heures de travail salarié. »

1. L'équivalence instituée par l'art. R. 313-8, 3°, CSS pour chaque journée de rente accident du travail allouée au titre d'une incapacité d'au moins 66,66 % n'a pour but que de permettre à la victime d'un accident du travail qui a exercé une activité salariée, malgré son incapacité partielle, de compléter les heures travaillées pour atteindre le minimum d'heures travaillées ou assimilées pendant la période de référence définie par l'art. R. 313-5, *b*, du même code. Ayant retenu qu'un salarié n'a pu justifier d'aucune activité salariée au cours de la période antérieure à la date de son licenciement et qu'il a expressément accepté que les indemnités journalières afférentes à la même période soient rétroactivement annulées pour être remplacées par le versement d'une rente au taux de 67 %, une cour d'appel, qui a fait ainsi ressortir que l'intéressé ne pouvait se prévaloir d'aucune heure de travail assimilée, décide exactement qu'il ne remplit pas les conditions requises pour bénéficier d'une pension d'invalidité. • Soc. 29 janv. 1998 : *D. 1998. IR 71*.

2. Pour ouvrir droit aux prestations de l'assurance invalidité prévues à l'art. R. 313-8, 3°, les indemnités journalières dues au titre des accidents de travail doivent être prises en compte, peu important que ces indemnités soient versées au titre du maintien des droits (CSS, art. L. 161-8). • Civ. 2e, 18 janv. 2005 : *TPS 2005. Comm. 126, obs. Prétot ; RJS 2005, n° 665.*

Art. R. 313-9 *(Décr. n° 93-687 du 27 mars 1993, art. 9)* **Pour l'ouverture du droit aux prestations prévues aux articles** *(Décr. n° 2015-1865 du 30 déc. 2015, art. 5-4°, en vigueur le 1er janv. 2016)* **« R. 313-3 à R. 313-6 » ci-dessus, est considérée comme équivalant à huit fois la valeur du salaire minimum de croissance au 1er janvier qui précède immédiatement la période de référence ou à huit heures de travail salarié chaque journée de congé formation pour laquelle le bénéficiaire n'a reçu aucune rémunération de son employeur, le nombre des journées décomptées ne pouvant être supérieur à cinq pour une semaine de stage.**

Art. R. 313-10 **La détermination du droit aux prestations** *(Décr. n° 2015-1865 du 30 déc. 2015, art. 5-5°, en vigueur le 1er janv. 2016)* **« en espèces », en application des dispositions des articles L. 313-1 et L. 341-2, est effectuée au vu de l'attestation prévue à l'article R. 323-10.**

Toutefois, en ce qui concerne *(Décr. n° 2015-1865 du 30 déc. 2015, art. 5-5°, en vigueur le 1er janv. 2016)* **« la prise en charge des frais de santé », l'attestation ci-dessus mentionnée pourra être remplacée par les pièces prévues à l'article L. 143-3** *[L. 3243-1, L. 3243-2 et L. 3243-4 nouv.]* **du code du travail, à condition que ces pièces portent la mention du numéro sous lequel l'employeur effectue le versement des cotisations de sécurité sociale dues pour les travailleurs qu'il emploie, ainsi que du nom et de l'adresse de l'organisme auquel l'employeur verse ces cotisations.**

Un arrêté du ministre chargé de la sécurité sociale fixe les modalités selon lesquelles l'assuré qui demande le bénéfice des prestations doit justifier qu'à la date à laquelle est survenu le fait ouvrant droit aux prestations il avait la qualité de salarié ou assimilé au sens de la législation sur les assurances sociales.

Art. R. 313-11 *Abrogé par Décr. n° 2004-557 du 16 juin 2004, art. 2.*

Art. R. 313-12 *Devient l'art. R. 161-4 (Décr. n° 2015-1865 du 30 déc. 2015, art. 3-4°, en vigueur le 1er janv. 2016).*

Art. R. 313-13 *Devient l'art. R. 161-5 (Décr. n° 2015-1865 du 30 déc. 2015, art. 3-5°, en vigueur le 1er janv. 2016).*

Art. R. 313-14 **Dans le cas prévu par l'article R. 313-15, le versement des prestations peut être obtenu par le tuteur aux allocations familiales sur la présentation, à défaut des documents mentionnés aux premier et deuxième alinéas de l'article R. 313-10, d'une attestation délivrée par la caisse d'allocations familiales et établissant qu'il a perçu lesdites allocations pour le mois écoulé. Cette attestation peut également être considérée comme une justification suffisante lorsque la charge de l'enfant est assumée par le conjoint séparé de droit ou de fait d'un assuré et que ce conjoint déclare n'être pas en mesure de produire les documents mentionnés aux premier et deuxième alinéas de l'article R. 313-10.**

(Abrogé par Décr. n° 2015-1865 du 30 déc. 2015, art. 5-6°, à compter du 1er janv. 2016) ***« Sont réputés conserver la qualité d'ayant droit les enfants qui, remplissant les conditions d'âge requises par le 3° de l'article L. 313-3, ont dû interrompre leur apprentissage ou leurs études en raison de leur état de santé.***

« En outre, les élèves des établissements d'enseignement publics ou privés, âgés de plus de vingt ans, qui ne bénéficient pas, à titre personnel, d'un régime de protection sociale leur garantissant des prestations en nature de l'assurance maladie et maternité, conservent la qualité d'ayant droit de leurs parents jusqu'à la fin de l'année scolaire au cours de laquelle

ils atteignent leur vingt et unième anniversaire, s'il est justifié qu'ils ont interrompu leurs études pour cause de maladie dans les conditions définies ci-après.

« Pour l'application de l'alinéa qui précède, l'année scolaire est réputée commencer le 1er octobre et s'achever le 30 septembre suivant.

« L'assuré doit justifier que le retard de la scolarité a été imputable à l'interruption d'études primaires, secondaires ou technologiques et que cette interruption a été causée par une maladie. La preuve peut être rapportée par tous moyens, notamment par la production de deux attestations délivrées, l'une par le médecin de l'hygiène scolaire, l'autre par le chef de l'établissement fréquenté par l'élève au moment où celui-ci atteint son vingtième anniversaire ou en établissant que l'affection, origine de l'interruption, a donné lieu à l'application des prescriptions de l'article L. 324-1 dans des conditions permettant de déterminer la réalité, l'origine et l'effet de l'interruption des études.

« Dans tous les cas, le bénéfice du recul de limite d'âge ne peut être accordé qu'après avis du service de contrôle médical. »

Art. R. 313-15 En cas de soins dispensés à un enfant d'assuré, la part garantie par les caisses est remboursée au tuteur aux allocations familiales lorsque celui-ci a fait l'avance des frais et à la condition qu'il justifie, d'une part, des dépenses engagées par lui, d'autre part, du fait que l'assuré remplit les conditions d'ouverture du droit aux prestations. Lorsque l'enfant a été confié par décision judiciaire à un établissement, un service ou une personne, ceux-ci ont droit, dans les mêmes conditions, au remboursement des frais engagés.

Art. R. 313-16 (Abrogé par Décr. n° 2015-1865 du 30 déc. 2015, art. 5-1°, à compter du 1er janv. 2016) *Sont également réputées conserver la qualité d'ayant droit les personnes mentionnées au 4° de l'article L. 313-3, qui ont dû cesser de vivre sous le toit de l'assuré pour être hospitalisées en vue de recevoir les soins nécessités par leur état de santé ou qui, par suite de cet état de santé, se sont trouvées, tout en continuant à demeurer sous le toit de l'assuré, dans l'obligation de renoncer à se consacrer aux soins du ménage et à l'éducation des enfants.*

Art. R. 313-17 L'attestation des journées de chômage indemnisées pour chaque assuré doit être délivrée à celui-ci ou à la caisse de celui-ci par l'organisme qui assure l'indemnisation.

CHAPITRE IV DISPOSITIONS RELATIVES AUX SOINS

Art. R. 314-1 à R. 314-3 *Abrogés par Décr. n° 2001-256 du 26 mars 2001, art. 4.*

CHAPITRE V CONTRÔLE MÉDICAL

Art. R. 315-1 *(Décr. n° 96-786 du 10 sept. 1996, art. 1er)* I. — Lorsque le service du contrôle médical procède à l'analyse de l'activité d'un établissement de santé en application du III de l'article L. 315-1, les résultats de cette analyse sont communiqués au directeur de l'établissement concerné ainsi qu'au directeur *(Décr. n° 2010-344 du 31 mars 2010, art. 306)* « général de l'agence régionale de santé ».

II. — Lorsque le service du contrôle médical vérifie le respect des références professionnelles et des recommandations de bonne pratique mentionnées à l'article L. 162-12-15, il informe de ses conclusions le professionnel concerné ainsi que, le cas échéant, la commission médicale d'établissement mentionnée à l'article L. 714-16 du code de la santé publique *[devenu CSP, art. L. 6144-2]*, la commission médicale mentionnée au deuxième alinéa de l'article L. 6161-8 ou la conférence médicale mentionnée à l'article L. 6161-2 du même code, ainsi que le directeur de l'établissement concerné et le directeur *(Décr. n° 2010-344 du 31 mars 2010, art. 306)* « général de l'agence régionale de santé ».

Les informations couvertes par le secret médical sont communiquées à la commission ou à la conférence médicale concernée ainsi qu'au médecin inspecteur de santé publique à l'échelon départemental et régional. — *Les dispositions de cet al. sont annulées en tant qu'elles prévoient la communication par le service du contrôle médical à la commission ou à la conférence médicale des informations couvertes par le secret médical (CE 12 juin 1998, nos 183 528 s., Cons. nat. de l'Ordre des médecins et autres, JO 16 juill., p. 10913).*

III. – Lorsque, à l'occasion de l'analyse de l'activité d'un professionnel de santé effectuée en application du IV de l'article L. 315-1, le service du contrôle médical constate le non-respect de dispositions législatives ou réglementaires régissant la prise en charge des frais médicaux au titre des risques maladie, maternité, invalidité, accidents du travail et maladies professionnelles, ou de règles de nature législative, réglementaire ou conventionnelle que les professionnels sont tenus d'appliquer dans leur exercice, les procédures prévues notamment aux articles L. 133-4 et L. 145-1, au 4° du deuxième alinéa de l'article L. 162-9, à l'article L. 162-12-6, au 6° du deuxième alinéa de l'article L. 162-12-9 et aux articles L. 162-12-16 et L. 315-3 sont mises en œuvre.

Le service du contrôle médical exerce ses missions dans les conditions définies par le présent chapitre et par le chapitre VI du titre VI du livre Ier.

IV. – *(Décr. n° 99-486 du 11 juin 1999, art. 6)* « Lorsque le service du contrôle médical constate qu'une prescription établie par un professionnel de santé a exclu la possibilité de substitution prévue au deuxième alinéa de l'article L. 5125-23 du code de la santé publique, il peut se faire communiquer par ce professionnel, dans le respect des règles de la déontologie médicale, les éléments de toute nature relatifs à cette exclusion ; cette communication est éventuellement suivie de la mise en œuvre de la procédure prévue à l'article R. 315-1-2. »

En matière d'inobservation de la nomenclature générale des actes professionnels, la procédure de recouvrement de l'indu obéit aux seules dispositions de l'art. L. 133-4 CSS. • Soc. 31 mars 2003, ♔ n° 01-21.470 P : *RJS 2003. 623, n° 934 ; TPS 2003. Comm. 236* (dès lors peu importe que le praticien se soit vu notifier les griefs de la caisse avant d'avoir reçu les conclusions du service de contrôle médical). ♦ Ayant rappelé qu'il résulte de l'art. L. 133-4 CSS et des art. L. 315-1 et R. 315-1, III, du même code qu'en cas d'inobservation de la NGAP ou des règles de facturation, la procédure de recouvrement de l'indu obéit aux dispositions spécifiques de l'art. L. 133-4, et relevé que la demande de la caisse portait exclusivement sur le remboursement de prestations indues en raison de l'inobservation des règles de tarification, la cour d'appel en a déduit exactement que la caisse était irrecevable à demander la condamnation d'un chirurgien-dentiste sur le fondement de l'art. 1382 C. civ. • Civ. 2e, 17 févr. 2011 : ♔ *RJS 2011, n° 462.* ♦ En cas de procédure de recouvrement de l'indu consécutive à une enquête administrative, la caisse établit sa demande de remboursement de l'indu au vu des renseignements qu'elle a recueillis, sans être préalablement tenue de faire procéder à une analyse médicale de l'activité du professionnel de santé dans les conditions prévues par les art. R. 315-1 s. CSS. • Civ. 2e, 3 mai 2006, ♔ n° 04-30.705 P : *JCP S 2006. 1678, note Coursier.*

Art. R. 315-1-1 *(Décr. n° 96-786 du 10 sept. 1996, art. 2)* Lorsque le service du contrôle médical procède à l'analyse de l'activité d'un professionnel de santé en application du IV de l'article L. 315-1, il peut se faire communiquer, dans le cadre de cette mission, l'ensemble des documents, actes, prescriptions et éléments relatifs à cette activité.

Dans le respect des règles de la déontologie médicale, il peut consulter les dossiers médicaux des patients ayant fait l'objet de soins dispensés par le professionnel concerné au cours de la période couverte par l'analyse. *(Décr. n° 2009-982 du 20 août 2009, art. 6)* « Il peut, en tant que de besoin, entendre et examiner ces patients. Il en informe au préalable le professionnel, sauf lorsque l'analyse a pour but de démontrer l'existence d'une fraude telle que définie à l'article R. 147-11, d'une fraude en bande organisée telle que définie à l'article R. 147-12 ou de faits relatifs à un trafic de médicaments. Un bilan annuel des cas où le professionnel n'a pas été informé préalablement, incluant les suites données pour chaque cas, est adressé aux Conseils nationaux des ordres concernés par chaque Caisse nationale. »

Examen des patients (rédaction antérieure au décret du 20 août 2009). Selon l'art. R. 315-1-1 CSS, dans sa rédaction antérieure au Décr. n° 2009-982 du 20 août 2009, dans le respect des règles de la déontologie médicale, le service du contrôle médical peut, lorsqu'il procède à l'analyse de l'activité d'un professionnel de santé en application du IV de l'art. L. 315-1 du même code, consulter les dossiers médicaux des patients ayant fait l'objet des soins dispensés par le professionnel concerné au cours de la période couverte par l'analyse et, en tant que de besoin, entendre et examiner ces patients après en avoir informé le professionnel ; il résulte de ces dispositions que le service du contrôle médical ne peut agir ainsi qu'après avoir informé le professionnel de santé de l'identité des patients qu'il entend auditionner et examiner. • Civ. 2e, 14 févr. 2013 : ♔ *RDSS 2013. 347, note Tauran* ✎.

Art. R. 315-1-2 *(Décr. nº 96-786 du 10 sept. 1996, art. 2)* A l'issue de cette analyse, le service du contrôle médical informe le professionnel concerné de ses conclusions. Lorsque le service du contrôle médical constate le non-respect de règles législatives, réglementaires ou conventionnelles régissant la couverture des prestations à la charge des organismes de sécurité sociale, il en avise la caisse. La caisse notifie au professionnel les griefs retenus à son encontre, par lettre recommandée avec demande d'avis de réception. Dans le délai d'un mois qui suit la notification des griefs, l'intéressé peut demander à être entendu par le service du contrôle médical.

Art. R. 315-1-3 *(Décr. nº 96-786 du 10 sept. 1996, art. 2)* Lorsque la caisse décide de suspendre le service d'une prestation en application de l'article L. 315-2, cette suspension prend effet à compter de la date de la notification de la décision à l'assuré par lettre recommandée avec demande d'avis de réception. Cette notification informe l'assuré de la portée de la décision et des recours dont il dispose.

La caisse informe simultanément de cette décision le médecin auteur de l'acte ou de la prescription en cause et, le cas échéant, le professionnel concerné par l'exécution de la prestation.

Art. R. 315-2 Le contrôle médical constitue un service national. Il est confié à des médecins-conseils, chirurgiens-dentistes-conseils et pharmaciens-conseils.

Pour la direction du service du contrôle médical, le *(Décr. nº 2007-102 du 26 janv. 2007)* « directeur général » de la Caisse nationale de l'assurance maladie est assisté d'un médecin-conseil national et *(Décr. nº 87-1020 du 18 déc. 1987, art. 1er)* « de médecins-conseils nationaux adjoints ». Des praticiens conseils peuvent se voir confier à l'échelon national certaines attributions ou missions d'ordre technique.

Art. R. 315-2-1 *(Décr. nº 2000-1005 du 16 oct. 2000)* Lorsque le service du contrôle médical estime devoir faire application des dispositions de l'article L. 315-2-1, il procède à l'évaluation de l'intérêt thérapeutique des soins et traitements dispensés à l'assuré *(Décr. nº 2004-1328 du 3 déc. 2004)* « y compris les prescriptions d'arrêt de travail » en tenant compte de tous les éléments recueillis auprès des professionnels de santé les ayant prescrits ou dispensés.

S'il apparaît utile, au cours de cette évaluation, de formuler des recommandations sur les soins et les traitements appropriés *(Décr. nº 2004-1328 du 3 déc. 2004)* « y compris les prescriptions d'arrêts de travail », le service du contrôle médical convoque l'assuré qui peut se faire assister par le médecin de son choix.

Les recommandations doivent être transmises dans le délai d'un mois qui suit la convocation.

L'assuré est informé que ces recommandations ne se substituent pas aux prescriptions médicales et n'interrompent pas les traitements et soins en cours.

Art. R. 315-3 Dans chaque région, le contrôle médical est placé sous la direction d'un médecin-conseil régional, assisté d'un médecin-conseil régional adjoint, et éventuellement de praticiens conseils auxquels il peut confier certaines attributions ou missions d'ordre technique. Le médecin-conseil régional et le médecin-conseil régional adjoint remplissent les fonctions de conseiller technique *(Décr. nº 2010-344 du 31 mars 2010, art. 306)* « des caisses primaires d'assurance maladie et des caisses d'assurance retraite et de la santé au travail » de leur région, notamment en matière d'action sanitaire et sociale. Le médecin-conseil régional établit, chaque année, le rapport d'activité du contrôle médical pour la région. Ce rapport est adressé à la Caisse nationale, *(Décr. nº 2010-344 du 31 mars 2010, art. 306)* « au directeur général de l'agence régionale de santé » et au ministre chargé de la sécurité sociale.

Le médecin-conseil régional ou le médecin-conseil régional adjoint est invité aux séances du conseil d'administration de la caisse *(Décr. nº 2010-344 du 31 mars 2010, art. 306)* « d'assurance retraite et de la santé au travail » et des commissions ayant reçu délégation de ce conseil, sauf lorsque ces organismes délibèrent sur des problèmes individuels concernant le personnel de direction et sur le statut du personnel.

Art. R. 315-4 *(Décr. nº 2007-102 du 26 janv. 2007)* « Chaque échelon local du contrôle médical, dont la circonscription est définie par le directeur général de la Caisse nationale de l'assurance maladie des travailleurs salariés, est dirigé par un médecin-conseil chef de service. » Le praticien conseil chef de service établit, chaque année, un rapport d'activité qu'il adresse au médecin conseil régional pour transmission à la Caisse nationale : ce rapport est communiqué à la caisse primaire d'assurance maladie dans la circonscription de laquelle fonctionne l'échelon local du contrôle médical. La caisse primaire intéressée peut adresser ses observations éventuelles à la Caisse nationale : elle peut également saisir, à tout moment, la Caisse nationale de ses observations concernant le fonctionnement de l'échelon local du contrôle médical ; elle les communique au médecin conseil régional. Le praticien conseil chef de service est invité aux séances du conseil d'administration de la caisse primaire d'assurance maladie et des commissions ayant reçu délégation de ce conseil, sauf lorsque ces organismes délibèrent sur des problèmes individuels concernant le personnel de direction et sur le statut du personnel.

Art. R. 315-5 *(Décr. nº 2007-102 du 26 janv. 2007, art. 3-III)* Le médecin-conseil national est nommé par le directeur général de la Caisse nationale de l'assurance maladie *(Abrogé par Décr. nº 2018-812 du 25 sept. 2018, art. 2) « des travailleurs salariés »*. Les médecins-conseils nationaux adjoints sont nommés par le directeur général de la Caisse nationale de l'assurance maladie *(Abrogé par Décr. nº 2018-812 du 25 sept. 2018, art. 2) « des travailleurs salariés »*, après avis du médecin-conseil national.

Les médecins-conseils régionaux et les médecins-conseils régionaux adjoints sont nommés par le directeur général de la Caisse nationale de l'assurance maladie *(Abrogé par Décr. nº 2018-812 du 25 sept. 2018, art. 2) « des travailleurs salariés »*, sur proposition du médecin-conseil national. *(Abrogé par Décr. nº 2018-812 du 25 sept. 2018, art. 2) « Ils sont choisis après avis du comité des carrières prévu à l'article R. 123-47-6. »*

Les praticiens conseils chefs de service et les praticiens conseils chargés de certaines attributions ou missions d'ordre technique sont nommés par le directeur général de la Caisse nationale de l'assurance maladie sur proposition du médecin-conseil national après avis du médecin-conseil régional intéressé. Ils sont choisis parmi les candidats qui ont fait l'objet d'une inscription sur une liste d'aptitude établie annuellement par le directeur général de la Caisse nationale dans des conditions fixées par la convention collective.

Les médecins-conseils, chirurgiens-dentistes-conseils et pharmaciens-conseils *(Abrogé par Décr. nº 2018-812 du 25 sept. 2018, art. 2) « reçus aux concours organisés dans les conditions déterminées par arrêté du ministre chargé de la sécurité sociale »* sont nommés par le directeur général de la Caisse nationale de l'assurance maladie *(Décr. nº 2018-812 du 25 sept. 2018, art. 2)* « , à l'issue d'un processus de recrutement organisé au niveau national. Ils sont recrutés sur titres selon des modalités qui sont définies par arrêté du ministre chargé de la sécurité sociale après avis du directeur général de la Caisse nationale de l'assurance maladie. »

Le directeur général procède aux changements d'affectation soit sur la demande des intéressés, soit dans l'intérêt du service. Il peut déléguer ses pouvoirs au médecin-conseil régional pour procéder aux changements d'affectation sur demande des intéressés à l'intérieur d'un échelon régional du service du contrôle médical.

Art. R. 315-5-1 *(Décr. nº 2007-102 du 26 janv. 2007, art. 3-III)* Par dérogation aux dispositions du quatrième alinéa de l'article R. 315-5, le directeur général de la Caisse nationale de l'assurance maladie des travailleurs salariés peut nommer aux postes de praticiens conseils du service du contrôle médical du régime général de sécurité sociale des praticiens conseils exerçant auparavant dans le service du contrôle médical d'autres régimes de sécurité sociale. Cette nomination tient compte notamment du parcours professionnel des praticiens conseils concernés.

Art. R. 315-6 *(Décr. nº 2007-102 du 26 janv. 2007, art. 3-III)* Les règles de fonctionnement du service du contrôle médical sont établies par la Caisse nationale de l'assurance maladie après avis du médecin-conseil national.

Art. R. 315-7 *(Décr. nº 2007-102 du 26 janv. 2007, art. 3-III)* Seuls peuvent exercer les fonctions de praticiens conseils les médecins, les chirurgiens-dentistes et les pharmaciens remplissant les conditions respectivement fixées aux articles L. 4111-1 à L. 4111-4, L. 4141-1 à L. 4141-5 et L. 4221-1 à L. 4221-19 du code de la santé publique.

Les praticiens conseils qui ne possèdent pas la nationalité française ne peuvent être membres des juridictions instituées par les articles L. 145-1 à L. 145-7.

Tout praticien conseil est tenu d'adresser une déclaration au directeur général de la Caisse nationale mentionnant ses liens directs ou indirects avec des entreprises, associations ou institutions à but lucratif bénéficiant de concours financiers de la part d'un organisme de sécurité sociale.

Art. R. 315-8 *Abrogé par Décr. n° 2007-102 du 16 janv. 2007, art. 8.*

Art. R. 315-9 Le personnel des échelons régionaux et locaux du contrôle médical autre que les praticiens conseils est rattaché à la Caisse nationale de l'assurance maladie. Il est placé sous un régime de droit privé défini conformément aux dispositions de l'article *(Décr. n° 2015-1622 du 9 déc. 2015)* « L. 224-7 ».

(Abrogé par Décr. n° 2015-1622 du 9 déc. 2015) ***« Toutefois, jusqu'à une date fixée par décret pris sur le rapport du ministre chargé de la sécurité sociale et du ministre chargé du budget, ce personnel est constitué par des agents mis à la disposition de l'échelon régional du contrôle médical par les caisses** (Décr. n° 2010-344 du 31 mars 2010, art. 306)* ***« d'assurance retraite et de la santé au travail ». Il est soumis aux mêmes conditions de travail et de rémunération que le personnel relevant des services administratifs de ces organismes. »***

Sous l'autorité du directeur de la Caisse nationale de l'assurance maladie, le médecin-conseil régional fixe l'organisation du travail dans les services de l'échelon régional et des échelons locaux du contrôle médical de sa région *(Abrogé par Décr. n° 2015-1622 du 9 déc. 2015)* ***«, après consultation, selon le cas, du directeur de la caisse** (Décr. n° 2010-344 du 31 mars 2010, art. 306)* ***« d'assurance retraite et de la santé au travail » ou du directeur de la caisse primaire »***. Le médecin-conseil régional a autorité sur le personnel mentionné à l'alinéa précédent. Dans le cadre des dispositions qui régissent ce personnel, il prend toute décision d'ordre individuel que comporte sa gestion.

Art. R. 315-10 Les opérations de recettes et de dépenses afférentes au service national du contrôle médical sont retracées dans un budget établi dans les conditions fixées par les arrêtés mentionnés à l'article R. 256-3 et s'exécutent soit à l'échelon national, soit à l'échelon régional.

En ce qui concerne les opérations intéressant chaque échelon régional, le médecin-conseil régional établit les prévisions de dépenses et les fait parvenir à la Caisse nationale de l'assurance maladie. Il les communique au conseil d'administration de la caisse *(Décr. n° 2010-344 du 31 mars 2010, art. 306)* « d'assurance retraite et de la santé au travail » et au *(Décr. n° 2010-344 du 31 mars 2010, art. 306)* « ministre chargé de la sécurité sociale ».

La Caisse nationale de l'assurance maladie arrête le budget du service national du contrôle médical. Elle notifie à chaque médecin-conseil régional les crédits mis à sa disposition.

Art. R. 315-11 Les opérations financières et comptables des échelons régionaux du contrôle médical sont exécutées par le médecin-conseil régional, ordonnateur secondaire, et l'agent comptable de la caisse *(Décr. n° 2010-344 du 31 mars 2010, art. 306)* « d'assurance retraite et de la santé au travail » qui agit alors pour le compte et sous l'autorité de l'agent comptable de la Caisse nationale de l'assurance maladie.

Art. R. 315-12 Les opérations comptables afférentes au contrôle médical et réalisées à l'échelon régional sont incorporées périodiquement dans les écritures de la Caisse nationale de l'assurance maladie.

Art. R. 315-13 Des régies de dépenses, et éventuellement de recettes, pourront être créées auprès des échelons locaux du contrôle médical par arrêté conjoint du ministre chargé de la sécurité sociale et du ministre chargé du budget.

Art. R. 315-14 *(Décr. n° 2018-661 du 26 juill. 2018, art. 2)* I. — L'arrêté des ministres chargés de la santé et de la sécurité sociale permettant de subordonner la prise en charge de certaines prestations à l'accord préalable du service du contrôle médical en application du dernier alinéa du II de l'article L. 315-2 fixe :

1° La liste des éléments qui doivent être transmis au service du contrôle médical, par le professionnel de santé effectuant la prescription ;

2° Les contrôles que le service du contrôle médical est tenu d'effectuer en vue de la délivrance de l'accord préalable.

Cet arrêté peut être pris à l'occasion de l'inscription initiale ou d'un renouvellement de l'inscription d'un produit ou d'une prestation associée, le cas échéant, lors de l'inscription d'une nouvelle indication thérapeutique d'un tel produit sur l'une des listes ou dans l'une des situations mentionnées au dernier alinéa du II de l'article L. 315-2, comme lors d'une modification des conditions d'inscription du produit ou d'une prestation associée. Il précise la ou les indications qui sont soumises à l'accord préalable du service du contrôle médical.

II. — Le prescripteur établit la demande d'accord préalable de manière dématérialisée. Par exception, l'arrêté mentionné au I peut préciser les situations dans lesquelles le prescripteur peut adresser sa demande au service du contrôle médical placé auprès de l'organisme d'assurance maladie de l'assuré par voie postale.

Le II de l'art. R. 315-14, l'art. R. 315-16 et l'art. R. 315-17 sont applicables à une date fixée par un arrêté des ministres chargés de la santé et de la sécurité sociale, et au plus tard, à compter du 1er janv. 2020.

Jusqu'au 1er janv. 2020 :

1° Le prescripteur établit la demande d'accord préalable de manière dématérialisée ou l'adresse par voie postale ;

2° Pour l'application du II de l'art. L. 315-3, le pharmacien, le distributeur ou le prestataire constate l'accord du service du contrôle médical, au regard de la demande effectuée auprès de ce service produite par l'assuré et de la réponse du service du contrôle médical, résultant, le cas échéant, de l'expiration du délai au terme duquel l'absence de réponse vaut accord de prise en charge (Décr. n° 2018-661 du 26 juill. 2018, art. 3).

Art. R. 315-15 *(Décr. n° 2018-661 du 26 juill. 2018, art. 2)* I. — L'absence de réponse de l'organisme d'assurance maladie dans un délai de quinze jours à compter de la réception d'une demande complète d'accord préalable par le service du contrôle médical vaut accord de prise en charge.

Par dérogation aux dispositions de l'alinéa précédent, la décision de mise sous accord préalable du collège des directeurs de l'Union nationale des caisses d'assurance maladie ou des ministres chargés de la santé et de la sécurité sociale peut porter ce délai à vingt et un jours lorsque la prestation concernée le justifie compte-tenu notamment de la complexité de l'analyse de la demande d'accord, de l'impact financier constaté ou prévisible de la prestation ou du nombre prévisible de demandes.

II. — En cas de refus opposé à une demande d'accord préalable, une décision motivée est notifiée à l'assuré par l'organisme d'assurance maladie. Elle mentionne les voies et délais de recours applicables. Le prescripteur à l'origine de la demande en est informé.

Art. R. 315-16 *(Décr. n° 2018-661 du 26 juill. 2018, art. 2)* La décision du service du contrôle médical peut être consultée par le prescripteur de manière dématérialisée au moyen d'un service mis en place par la caisse d'assurance maladie.

Pour l'application du II de l'article L. 315-3, le pharmacien, le distributeur ou le prestataire constate l'accord du service du contrôle médical de manière dématérialisée.

Par dérogation aux dispositions de l'alinéa précédent, lorsque l'information n'est pas accessible sous forme dématérialisée, le pharmacien, le distributeur ou le prestataire constate cet accord au regard de la demande effectuée auprès du service du contrôle médical produite par l'assuré et de la réponse du service du contrôle médical, résultant, le cas échéant, de l'expiration du délai au terme duquel l'absence de réponse vaut accord de prise en charge.

V. notes ss. art. R. 315-14.

Art. R. 315-17 *(Décr. n° 2018-661 du 26 juill. 2018, art. 2)* La Caisse nationale de l'assurance maladie et la caisse centrale de la Mutualité sociale agricole transmettent chaque année aux ministres chargés de la santé et de la sécurité sociale, et au plus tard le 1er avril de l'année suivante, les éléments d'information relatifs aux procédures d'accord préalable mises en œuvre au titre de l'année considérée, et notamment :

1° Les taux d'accord et de rejet des demandes de prise en charge ;

2° La proportion de demandes contrôlées dans le délai de réponse imparti au service du contrôle médical par l'article R. 315-15 ;

3° Les montants remboursés alors que les conditions de prise en charge n'étaient pas remplies ;

4° Les motifs des rejets des demandes d'accord préalable.

V. notes ss. art. R. 315-14.

TITRE DEUXIÈME ASSURANCE MALADIE

CHAPITRE PREMIER DISPOSITIONS GÉNÉRALES

Art. R. 321-1 *Abrogé par Décr. nº 97-1321 du 30 déc. 1997, art. 3-I [V. CSS, éd. 1998].*

1. Signature du praticien. Nul autre que le praticien ou l'auxiliaire médical n'est en droit de remplir les obligations qui incombaient personnellement à celui-ci lors de l'exécution de l'acte. C'est à bon droit que la caisse primaire d'assurance maladie a refusé le remboursement des prestations, les feuilles présentées au remboursement ayant été remplies par la fille du praticien décédé (Rép. min. nº 16522 : *JOAN Q 26 mai 1971, p. 2078*). ♦ L'absence de signature du médecin traitant sur les feuilles de soins ne peut être invoquée par la caisse pour retirer à l'assuré tout droit aux prestations dès lors qu'elle peut exercer son contrôle. • Civ. 2e, 18 févr. 1965 : *Bull. civ. II, nº 176.*

2. La caisse ne peut refuser de rembourser les assurés qui produisent des feuilles de soins comportant les mentions exigées par l'art. R. 321-1 CSS sur lesquelles les praticiens ont apposé des mentions critiques à l'égard du système de protection sociale. • Soc. 23 nov. 1995, nº 93-18.503 P : *CSB 1996, A. 14 ; D. 1996. IR 2.*

3. Original. Sauf cas de force majeure, le remboursement ne peut être accordé qu'au vu de l'original de la feuille de soins. • Soc. 10 juin 1993, nº 91-18.533 P : *D. 1993. IR 189.* ♦ Dans le même sens : • Soc. 16 janv. 1997 : *RJS 1997, nº 201* (peu importe l'absence de fraude, la bonne foi étant toujours présumée). ♦ V. cependant : • Soc. 16 janv. 1997, nº 95-12.334 P : *RJS 1997, nº 202* (s'agissant d'un bordereau récapitulatif de soins hospitaliers, la caisse est tenue de rembourser au vu du duplicata dès lors qu'elle n'en conteste pas la « consistance ») • 31 mars 1994 : *RJS 1994, nº 608 ; D. 1994. IR 111* (le remboursement des frais d'ambulance peut être effectué au vu de duplicata).

4. Dépenses hospitalières. En l'absence de dispositions exigeant la production de l'original de la facture, le remboursement des frais dispensés par la clinique doit être effectué par la caisse au vu d'un duplicata. • Soc. 28 janv. 1999 : *RJS 1999, nº 419.*

5. Durée de validité. V. art. R. 321-3. ♦ S'il apparaît qu'un contrôle de la caisse n'est pas nécessaire, ou qu'elle est encore en mesure d'y procéder, il n'y a pas lieu d'opposer à l'assuré l'expiration du délai de validité de la feuille de maladie pour refuser le remboursement (Circ. nº 93 du 6 oct. 1955 : *BOSS 41-55*).

Art. R. 321-2 En cas d'interruption de travail, l'assuré doit envoyer à la caisse primaire d'assurance maladie, dans les deux jours suivant la date d'interruption de travail, et sous peine de sanctions fixées conformément à l'article L. 321-2, une lettre d'avis d'interruption de travail indiquant, d'après les prescriptions du médecin, la durée probable de l'incapacité de travail.

En cas de prolongation de l'arrêt de travail initial, la même formalité doit, sous peine des mêmes sanctions, être observée dans les deux jours suivant la prescription de prolongation.

L'arrêté mentionné au deuxième alinéa de l'article L. 321-2 est pris par le ministre chargé de la sécurité sociale.

Art. R. 321-3 *Abrogé par Décr. nº 97-1321 du 30 déc. 1997, art. 3-I.*

Art. R. 321-4 Les prestations de l'assurance maladie dues à l'occasion du séjour d'assurés sociaux ou de leurs ayants droit dans les sanatoriums, les préventoriums, les aériums, les établissements affectés au traitement de la tuberculose extra-pulmonaire, les hôtels de cure, les établissements psychiatriques, les établissements de réadaptation fonctionnelle et de rééducation professionnelle, les établissements pour enfants inadaptés et les maisons d'enfants à caractère sanitaire sont servies, quelle que soit la durée de ce séjour, par la caisse primaire d'assurance maladie dans la circonscription de laquelle se trouve l'établissement.

Art. R. 321-5 L'examen de santé gratuit prévu par l'article L. 321-3 doit être pratiqué à certaines périodes de la vie, déterminées par un arrêté du ministre chargé de la sécurité sociale et du ministre chargé de la santé. – *V. Arr. du 20 juill. 1992 (JO 19 sept.).*

Ledit arrêté fixe également la nature de cet examen et les modalités selon lesquelles il est effectué, compte tenu des examens médicaux auxquels les intéressés sont tenus de se soumettre en application de dispositions légales ou réglementaires autres que celles relatives aux assurances sociales et des examens préventifs auxquels ils se soumettent volontairement.

Les caisses de sécurité sociale prennent toutes mesures de coordination destinées à éviter que les intéressés ne subissent plusieurs fois des examens de santé identiques aux mêmes périodes de la vie.

Art. R. 321-6 *(Décr. nº 2016-1257 du 27 sept. 2016, art. 1er)* Les personnes mentionnées au quatrième alinéa de l'article L. 321-3 sont personnellement informées par tout moyen, lors de leur inscription ou de la signature de leur contrat, par l'établissement ou l'organisme auquel elles sont rattachées, de la possibilité d'effectuer l'examen de santé gratuit prévu par cet article.

CHAPITRE II PRESTATIONS EN NATURE

SECTION PREMIÈRE PARTICIPATION DE L'ASSURÉ

SOUS-SECTION 1 MONTANT DE LA PARTICIPATION DE L'ASSURÉ *(Décr. nº 2004-1490 du 30 déc. 2004).*

Art. R. 322-1 *Devient l'art. R. 160-5 (Décr. nº 2015-1865 du 30 déc. 2015, art. 2-I-3º, en vigueur le 1er janv. 2016).*

Art. R. 322-1-1 *Devient l'art. R. 160-6 (Décr. nº 2015-1865 du 30 déc. 2015, art. 2-I-3º, en vigueur le 1er janv. 2016).*

Art. R. 322-1-2 (Abrogé par Décr. nº 2015-1865 du 30 déc. 2015, art. 2-I-3º, à compter du 1er janv. 2016) (Décr. nº 2006-1498 du 29 nov. 2006) ***Dans le cas des préparations magistrales incluant une ou plusieurs spécialités pharmaceutiques déconditionnées, et dès lors que ce déconditionnement est autorisé conformément aux dispositions de l'article R. 5132-8 du code de la santé publique, le taux de participation de l'assuré est égal au plus faible de ceux applicables à ces spécialités.***

Art. R. 322-1-3 *Devient l'art. R. 160-7 (Décr. nº 2015-1865 du 30 déc. 2015, art. 2-I-3º, en vigueur le 1er janv. 2016).*

Art. R. 322-2 *Devient l'art. R. 160-8 (Décr. nº 2015-1865 du 30 déc. 2015, art. 2-I-3º, en vigueur le 1er janv. 2016).*

Art. R. 322-3 *Devient l'art. R. 160-9 (Décr. nº 2015-1865 du 30 déc. 2015, art. 2-I-3º, en vigueur le 1er janv. 2016).*

Art. R. 322-4 *Devient l'art. R. 160-10 (Décr. nº 2015-1865 du 30 déc. 2015, art. 2-I-3º, en vigueur le 1er janv. 2016).*

Art. R. 322-5 *Devient l'art. R. 160-11 (Décr. nº 2015-1865 du 30 déc. 2015, art. 2-I-3º, en vigueur le 1er janv. 2016).*

Art. R. 322-6 *Devient l'art. R. 160-12 (Décr. nº 2015-1865 du 30 déc. 2015, art. 2-I-3º, en vigueur le 1er janv. 2016).*

Art. R. 322-7 *Devient l'art. R. 160-13 (Décr. nº 2015-1865 du 30 déc. 2015, art. 2-I-3º, en vigueur le 1er janv. 2016).*

Art. R. 322-7-1 *Devient l'art. R. 160-14 (Décr. nº 2015-1865 du 30 déc. 2015, art. 2-I-3º, en vigueur le 1er janv. 2016).*

Art. R. 322-7-2 *Devient l'art. R. 160-15 (Décr. nº 2015-1865 du 30 déc. 2015, art. 2-I-3º, en vigueur le 1er janv. 2016).*

Art. R. 322-8 *Devient l'art. R. 160-16 (Décr. n° 2015-1865 du 30 déc. 2015, art. 2-I-3°, en vigueur le 1er janv. 2016).*

Art. R. 322-9 *Devient l'art. R. 160-17 (Décr. n° 2015-1865 du 30 déc. 2015, art. 2-I-3°, en vigueur le 1er janv. 2016).*

Art. R. 322-9-1 *Devient l'art. R. 160-18 (Décr. n° 2015-1865 du 30 déc. 2015, art. 2-I-3°, en vigueur le 1er janv. 2016).*

Art. R. 322-9-2 *Devient l'art. R. 160-19 (Décr. n° 2015-1865 du 30 déc. 2015, art. 2-I-3°, en vigueur le 1er janv. 2016).*

Art. R. 322-9-3 *Devient l'art. R. 160-20 (Décr. n° 2015-1865 du 30 déc. 2015, art. 2-I-3°, en vigueur le 1er janv. 2016).*

SOUS-SECTION 2 PROCÉDURE DE FIXATION DE LA PARTICIPATION DE L'ASSURÉ

(Décr. n° 2004-1490 du 30 déc. 2004)

Art. R. 322-9-4 *Devient l'art. R. 160-21 (Décr. n° 2015-1865 du 30 déc. 2015, art. 2-I-3°, en vigueur le 1er janv. 2016).*

SECTION II FRAIS DE TRANSPORT

SOUS-SECTION 1 REMBOURSEMENT *(Décr. n° 2011-305 du 21 mars 2011, art. 2).*

Art. R. 322-10 *(Décr. n° 2006-1746 du 23 déc. 2006)* **Sont pris en charge les frais de transport de l'assuré ou de l'ayant droit se trouvant dans l'obligation de se déplacer :**

1° Pour recevoir les soins ou subir les examens appropriés à son état dans les cas suivants :

a) **Transports liés à une hospitalisation ;**

b) **Transports liés aux traitements ou examens prescrits en application de l'article L. 324-1 pour les malades reconnus atteints d'une affection de longue durée** *(Décr. n° 2011-258 du 10 mars 2011)* **« et présentant l'une des déficiences ou incapacités définies par le référentiel de prescription mentionné à l'article R. 322-10-1 » ;**

c) **Transports par ambulance justifiés par l'état du malade dans les conditions prévues par l'arrêté mentionné à l'article R. 322-10-1 ;**

d) **Transports en un lieu distant de plus de 150 kilomètres dans les conditions prévues aux articles R. 322-10-4 et R. 322-10-5 ;**

e) **Transports en série, lorsque le nombre de transports prescrits au titre d'un même traitement est au moins égal à quatre au cours d'une période de deux mois et que chaque transport est effectué vers un lieu distant de plus de 50 kilomètres ;**

(Décr. n° 2014-531 du 26 mai 2014, art. 2-1°) **« *f)* Transports liés aux soins ou traitements dans les centres mentionnés au 3° du I de l'article L. 312-1 du code de l'action sociale et des familles et dans les centres médico-psycho-pédagogiques, mentionnés au 19° de l'article** *(Décr. n° 2015-1865 du 30 déc. 2015, art. 5-7°, en vigueur le 1er janv. 2016)* **« L. 160-14 » du présent code. »**

2° Pour se soumettre à un contrôle en application de la législation de la sécurité sociale dans les cas suivants :

a) *(Abrogé par Décr. n° 2010-332 du 24 mars 2010, art. 1er-4°)* ***« Pour se rendre à la convocation d'une consultation médicale d'appareillage ou »*** **Pour se rendre chez un fournisseur d'appareillage agréé pour la fourniture d'appareils mentionnés aux chapitres V, VI et VII du titre II de la liste des produits et prestations établie en application de l'arrêté prévu à l'article R. 165-1 ;**

b) **Pour répondre à une convocation du contrôle médical ;**

(Décr. n° 2018-928 du 29 oct. 2018, art. 11, en vigueur le 1er janv. 2019) **« *c)* Pour répondre à la convocation d'un médecin expert ou consultant désigné par une juridiction saisie d'une contestation relevant du 1° de l'article L. 142-1, de l'article L. 142-2 excepté son 4° » ;**

d) **Pour se rendre à la consultation d'un expert désigné en application de l'article R. 141-1 ;**

(Décr. n° 2018-928 du 29 oct. 2018, art. 11, en vigueur le 1er janv. 2019) **« *e)* Pour se rendre à la convocation de la commission saisie en application de l'article R. 142-8. »**

Il résulte des termes mêmes de l'art. L. 321-1 CSS que l'objet du remboursement des frais de transports médicaux par l'assurance maladie qu'il prévoit est de garantir une prise en charge de ces frais dans des conditions et limites relatives à leur coût et aux besoins particuliers de transport liés à l'état de la personne malade. Les déficiences ou incapacités dont souffrent les assurés sociaux sont, même lorsqu'elles n'ont pas de lien avec les soins ou examens qui leur sont nécessaires, au nombre des caractéristiques de leur état qui sont liées à leurs besoins de transport. Ainsi, le fait de réserver, pour ceux des assurés sociaux qui bénéficient du régime des affections de longue durée, le remboursement systématique des frais de transport à ceux seulement de ces assurés qui présentent des déficiences ou incapacités justifiant le recours à des modes de transport particuliers institue entre assurés sociaux une différence de traitement en rapport direct avec l'objet de l'art. L. 321-1, qui n'est pas manifestement disproportionnée. • CE 27 juill. 2012, n° 349173 : *Lebon 2012* ; *Dr. ouvrier 2012. 807, note Ginon ; RDSS 2012. 1137, note Vioujas* .

Art. R. 322-10-1 *(Décr. n° 2006-1746 du 23 déc. 2006)* **Les transports pris en charge par l'assurance maladie peuvent être assurés par les moyens suivants :**

1° L'ambulance ;

2° Le transport assis professionnalisé, véhicule sanitaire léger et taxi ;

3° Les transports en commun terrestres, l'avion ou le bateau de ligne régulière, les moyens de transport individuels.

Un référentiel de prescription arrêté par le ministre chargé de la sécurité sociale précise les situations dans lesquelles l'état du malade justifie respectivement la prescription des modes de transport prévus au présent article en fonction de l'importance des déficiences et incapacités et de leurs incidences. — *V. Arr. du 23 déc. 2006 fixant le référentiel de prescription des transports (JO 30 déc.).*

Le moyen de transport dans une voiture dite « de petite remise » n'entre dans aucun des cas limitativement énumérés par les dispositions de l'art. R. 322-10-1 CSS. • Civ. 2e, 10 mai 2012 : *RDSS 2012. 578, note Vioujas* ; *JCP S 2012, n° 1322, obs. Tauran ; Dr. ouvrier 2012. 809, note Ginon.* ♦ Seuls peuvent être pris en charge par l'assurance maladie les transports effectués par une entreprise agréée au moyen d'une ambulance ou d'un véhicule sanitaire léger appartenant à l'une des quatre catégories visées par l'art. R. 6312-6 CSP. • Civ. 2e, 2 avr. 2015, n° 14-15.291 P : *JCP S 2015, n° 1259, comm. Tauran.*

Art. R. 322-10-2 *(Décr. n° 2006-1746 du 23 déc. 2006)* **La prise en charge des frais de transport est subordonnée à la présentation par l'assuré de la prescription médicale de transport ainsi que d'une facture délivrée par le transporteur ou d'un justificatif de transport. La prescription indique le motif du transport et le mode de transport retenu en application des règles de prise en charge mentionnées au premier alinéa de l'article L. 322-5.**

En cas d'urgence, la prescription médicale peut être établie *a posteriori*.

Dans les cas mentionnés au 2° de l'article R. 322-10, la convocation vaut prescription médicale. Le moyen de transport le moins onéreux compatible avec l'état du bénéficiaire doit être indiqué dans la convocation par :

a)* Le médecin-conseil** *(Abrogé par Décr. n° 2010-332 du 24 mars 2010, art. 1er-5°)* ***« membre de la commission médicale d'appareillage » **ou le médecin prescripteur de l'appareil si l'assuré se rend chez un fournisseur d'appareillage dans** *(Décr. n° 2010-332 du 24 mars 2010, art. 1er-5°)* **« le cas mentionné » au *a* ;**

***b)* Le médecin-conseil dans les cas mentionnés au *b* ;**

(Décr. n° 2018-928 du 29 oct. 2018, art. 11, en vigueur le 1er janv. 2019) **« *c)* Le médecin expert ou consultant désigné par une juridiction saisie d'une contestation relevant du 1° de l'article L. 142-1 et de l'article L. 142-2 excepté son 4° ; »**

***d)* Le médecin expert dans les cas mentionnés au *d*.**

Nécessité d'une prescription médicale préalable (sauf cas d'urgence). Viole l'art. R. 322-10-2 CSS, dans sa rédaction issue du Décr. n° 2010-332 du 24 mars 2010 applicable au litige, une cour d'appel qui a accueilli la demande de remboursement tout en ayant constaté que la prescription médicale n'avait pas été établie préalablement à l'exécution de chacun des transports en litige (en l'espèce, les prescriptions avaient été établies le jour même des transports, soit après les transports aller mais avant les transports retour). • Civ. 2e, 15 sept. 2016, n° 15-24.772 P : *D. 2016. 1866* ; *JCP S 2016, n° 1353, note Tauran.*

Art. R. 322-10-3 *(Décr. n° 2006-1746 du 23 déc. 2006)* Lorsque la distance séparant le point de prise en charge du malade de la structure de soins ne dépasse pas 150 kilomètres, les frais de transport mentionnés au *a* du 1° de l'article R. 322-10 sont pris en charge sur la base de la distance parcourue.

Art. R. 322-10-4 *(Décr. n° 2006-1746 du 23 déc. 2006)* Est, sauf urgence attestée par le médecin prescripteur, subordonnée à l'accord préalable de l'organisme qui sert les prestations après avis du contrôle médical la prise en charge des frais de transport :

a) Exposés sur une distance excédant 150 kilomètres ;

b) *(Décr. n° 2014-531 du 26 mai 2014, art. 2-2°)* « Mentionnés aux *e* et *f* » du 1° de l'article R. 322-10 ;

c) Par avion et par bateau de ligne régulière.

Dans le cas prévu au *a* le contrôle médical vérifie notamment que les soins ne peuvent être dispensés dans une structure de soins située à une distance n'excédant pas 150 kilomètres.

L'absence de réponse dans un délai de quinze jours à compter de l'expédition de la demande vaut accord préalable.

Demande d'accord préalable par le médecin prescripteur. Viole les art. R. 322-10, R. 322-10-4 et R. 322-10-6 CSS le tribunal qui constate que la demande de l'assurée concernant le transport litigieux, effectué en un lieu distant de plus de 150 kilomètres, n'avait donné lieu à aucune demande distincte d'accord préalable formulée par le médecin prescripteur et conforme au modèle réglementaire. • Civ. 2e, 9 oct. 2014, n° 13-23.920. ♦ Hormis le cas d'urgence, la prise en charge des frais de transport est toujours subordonnée à l'accord préalable de la caisse dès lors qu'il s'agit d'un transport sur une distance excédant 150 kilomètres. Le refus d'attribution d'une prestation faute que soient réunies les conditions de son attribution (en l'espèce, l'absence d'entente préalable) ne revêt pas le caractère d'une sanction. • Civ. 2e, 12 févr. 2015, n° 13-23.876 P : *RJS 2015, n° 366 ; JCP S 2015, n° 1221, comm. Tauran.*

Art. R. 322-10-5 *(Décr. n° 2006-1746 du 23 déc. 2006) (Décr. n° 2015-207 du 24 févr. 2015, art. 1er-1°)* « I. — » Le remboursement des frais de transport mentionnés *(Décr. n° 2014-531 du 26 mai 2014, art. 2-3°)* « aux *b* à *f* du 1° » de l'article R. 322-10 est calculé sur la base de la distance séparant le point de prise en charge du malade de la structure de soins prescrite appropriée la plus proche.

(Décr. n° 2015-207 du 24 févr. 2015, art. 1er-2°) « II. — Les tarifs servant de base au remboursement des frais de transport aux assurés qui utilisent leur véhicule personnel sont fixés par arrêté du ministre chargé de la sécurité sociale. »

Art. R. 322-10-6 *(Décr. n° 2006-1746 du 23 déc. 2006)* Les modèles de prescription, d'accord préalable et de facture sont conformes aux modèles types fixés par arrêté des ministres chargés de la sécurité sociale et de l'agriculture.

Art. R. 322-10-7 *(Décr. n° 2006-1746 du 23 déc. 2006)* Sont pris en charge, dans les conditions fixées par la présente section, les frais de transport en commun exposés par une personne accompagnant un assuré ou un ayant droit, lorsque l'état de ce dernier nécessite l'assistance d'un tiers ou qu'il est âgé de moins de seize ans.

SOUS-SECTION 2 RÉGULATION DES PRESCRIPTIONS DANS LES ÉTABLISSEMENTS DE SANTÉ REMBOURSÉES SUR L'ENVELOPPE DE SOINS DE VILLE

(Décr. n° 2011-305 du 21 mars 2011, art. 2)

Art. R. 322-11 (Abrogé par Décr. n° 2017-500 du 6 avr. 2017, art. 2-III) *Le taux prévisionnel d'évolution mentionné au premier alinéa de l'article L. 322-5-5 est fixé, pour chaque année, par arrêté des ministres chargés de la santé et de la sécurité sociale pris sur recommandation du conseil de l'hospitalisation et publié au plus tard le 31 décembre de l'année précédente.*

Art. R. 322-11-1 (Abrogé par Décr. n° 2017-500 du 6 avr. 2017, art. 2-III) *L'agence régionale de santé, en lien avec la caisse mentionnée aux articles L. 174-2, L. 174-18 ou L. 752-1 ou la caisse mentionnée à l'article 3 de l'ordonnance n° 77-1102 du 26 septembre 1977 portant extension et adaptation au département de Saint-Pierre-et-Miquelon de diverses dispositions relatives aux affaires sociales, assure le suivi des dépenses de transports résultant* *des prescriptions des médecins exerçant leur activité au sein de chaque établissement de santé et remboursées sur l'enveloppe de soins de ville.*

Si l'évolution des dépenses occasionnées par les prescriptions dans un établissement fait apparaître, en cours d'année, un risque sérieux de dépassement du taux prévisionnel d'évolution (Décr. n° 2015-207 du 24 févr. 2015, art. 2-1°) *« ou que ces dépenses dépassent un montant fixé par arrêté conjoint des ministres chargés de la santé et de la sécurité sociale », l'agence régionale de santé en avertit l'établissement et recherche, avec lui, par quelles mesures immédiates d'amélioration des pratiques de prescription* (Décr. n° 2015-207 du 24 févr. 2015, art. 2-1°) *« les dépenses peuvent être maîtrisées ».*

L'agence régionale de santé établit chaque année conjointement avec la caisse mentionnée au premier alinéa, pour chaque établissement, le bilan des prescriptions de transports occasionnant des dépenses remboursées sur l'enveloppe de soins de ville et le lui communique avant le 1er (Décr. n° 2015-207 du 24 févr. 2015, art. 2-2°) *« juin » de l'année suivant l'exercice concerné.*

Art. R. 322-11-2 (Abrogé par Décr. n° 2017-500 du 6 avr. 2017, art. 2-III) *Si le bilan des prescriptions établi conjointement par l'agence régionale de santé et la caisse mentionnée à l'article R. 322-11-1 fait apparaître que la progression annuelle des dépenses est supérieure au taux prévisionnel* (Décr. n° 2015-207 du 24 févr. 2015, art. 3-1° ; Décr. n° 2015-887 du 21 juill. 2015, art. 4) *« ou que le montant annuel des dépenses de transport de l'établissement de santé est supérieur au montant de* [des] *dépenses mentionné au deuxième alinéa de l'article R. 322-11-1 », le directeur général de l'agence régionale de santé peut proposer à l'établissement de santé de conclure avec l'agence et la caisse, pour une durée de trois ans, un contrat d'amélioration de la qualité et de l'organisation des soins portant sur les transports.*

En ce cas, après avis de la caisse, il soumet à l'établissement, par tout moyen permettant de rapporter la preuve de sa date de réception, une proposition de contrat. Si l'établissement n'a pas conclu de contrat un mois après la réception de la proposition, le directeur général de l'agence régionale de santé lui adresse, dans les mêmes formes, une notification mentionnant la pénalité qu'il encourt et l'informant qu'il dispose d'un nouveau délai d'un mois à compter de la réception pour conclure un contrat ou, s'il le refuse, pour demander à être entendu ou présenter ses observations écrites.

A l'issue de ce délai, le directeur général de l'agence régionale de santé peut enjoindre à l'établissement de verser à la caisse mentionnée à l'article R. 322-11-1 une fraction des dépenses de transports occasionnées pendant l'année écoulée par les prescriptions des médecins qui y exercent et remboursées sur l'enveloppe de soins de ville, qui ne peut excéder 10 %. Cette fraction est déterminée en fonction de l'ampleur du dépassement du taux prévisionnel d'évolution des dépenses (Décr. n° 2015-207 du 24 févr. 2015, art. 3-2° ; Décr. n° 2015-887 du 21 juill. 2015, art. 4) *« ou de l'ampleur de l'écart entre le montant des dépenses mentionné au deuxième alinéa de l'article R. 322-11-1 et le montant des dépenses de l'établissement ».*

Le délai au terme duquel la sanction peut être prononcée est prolongé jusqu'à l'audition de l'établissement si elle a été demandée avant l'expiration de ce délai.

Quand, compte tenu des explications de l'établissement relatives notamment à son activité et aux caractéristiques sanitaires de ses patients, le directeur général de l'agence régionale de santé décide de ne pas prononcer de pénalité, il en informe celui-ci sans délai.

La décision enjoignant le versement mentionne le délai d'un mois à compter de sa notification pour s'acquitter de la somme. Le directeur général de l'agence régionale de santé informe simultanément de cette décision la caisse mentionnée à l'article R. 322-11-1, chargée du recouvrement.

Art. R. 322-11-3 (Abrogé par Décr. n° 2017-500 du 6 avr. 2017, art. 2-III) *Le contrat d'amélioration de la qualité et de l'organisation des soins portant sur les transports, établi conformément à un contrat type élaboré selon les modalités définies à l'article L. 1435-4 du code de la santé publique, comporte notamment :*

1° Un objectif de réduction du taux d'évolution des dépenses faisant l'objet du contrat. Cet objectif est fixé par les signataires de chaque contrat lors de sa conclusion et actualisé (Décr. n° 2015-207 du 24 févr. 2015, art. 4-1°) *« , le cas échéant, » par un avenant annuel proposé et approuvé dans les mêmes formes que le contrat. L'absence d'approbation de l'avenant expose l'établissement aux mêmes pénalités que l'absence de conclusion du contrat. L'objectif annuel est déterminé* (Abrogé par Décr. n° 2015-207 du 24 févr. 2015, art. 4-1°) *« de manière à rapprocher progressivement l'évolution des dépenses du taux mentionné à l'article R. 322-11, » en tenant compte de l'évolution passée des prescriptions de l'établissement, de son activité, des caractéristiques sanitaires de ses patients et des conditions locales de la coordination des soins ;*

2° Un objectif d'amélioration des pratiques hospitalières au titre duquel le contrat peut prévoir des actions de sensibilisation des prescripteurs, la diffusion de règles, de référentiels et de procédures de prescription, en particulier afin d'assurer le respect de l'obligation de mentionner sur chaque ordonnance le numéro du prescripteur au répertoire partagé des professionnels de santé, et des mesures d'amélioration de l'organisation interne de l'établissement ;

(Décr. n° 2015-207 du 24 févr. 2015, art. 4-2°) *« 3° Le cas échéant, un objectif d'amélioration de l'organisation des soins ou examens délivrés dans un même établissement de santé pour proposer au patient le mode de transport le moins onéreux compatible avec son état de santé et concourir à l'optimisation de l'utilisation des véhicules de transport des patients. »*

Art. R. 322-11-4 (Abrogé par Décr. n° 2017-500 du 6 avr. 2017, art. 2-III) *Au terme de chaque année d'application du contrat, l'agence régionale de santé, conjointement avec la caisse mentionnée à l'article R. 322-11-1, procède à une évaluation.*

Si cette évaluation fait apparaître que l'établissement de santé n'a pas respecté l'objectif de réduction du taux d'évolution des dépenses faisant l'objet du contrat (Décr. n° 2015-207 du 24 févr. 2015, art. 5) *« et s'il estime que le dépassement de dépenses qui en résulte justifie une pénalité, » le directeur général de l'agence régionale de santé lui adresse, par tout moyen permettant de rapporter la preuve de sa date de réception, une notification mentionnant la pénalité qu'il encourt et l'informant qu'il dispose d'un délai d'un mois à compter de la réception pour demander à être entendu ou présenter ses observations écrites.*

A l'issue de ce délai, le directeur général de l'agence régionale de santé peut enjoindre à l'établissement de verser à la caisse mentionnée à l'article R. 322-11-1 une fraction des dépenses de transports résultant pendant l'année écoulée des prescriptions des médecins qui y exercent et remboursées sur l'enveloppe de soins de ville, dans la limite du dépassement de l'objectif. Cette fraction est déterminée en fonction de la nature et de l'importance des manquements de l'établissement à ses engagements figurant au contrat.

Le délai au terme duquel la sanction peut être prononcée est prolongé jusqu'à l'audition de l'établissement si elle a été demandée avant l'expiration de ce délai.

Quand, compte tenu des explications de l'établissement, le directeur général de l'agence régionale de santé décide de ne pas prononcer de pénalité, il en informe celui-ci sans délai.

La décision enjoignant le versement mentionne le délai d'un mois à compter de sa notification pour s'acquitter de la somme. Le directeur général de l'agence régionale de santé informe simultanément de cette décision la caisse mentionnée à l'article R. 322-11-1, chargée du recouvrement.

Art. R. 322-11-5 (Abrogé par Décr. n° 2017-500 du 6 avr. 2017, art. 2-III) *Lorsque le directeur général de l'agence régionale de santé, conjointement avec la caisse mentionnée à l'article R. 322-11-1, constate que des économies ont été réalisées par rapport aux objectifs fixés au contrat d'amélioration de la qualité et de l'organisation des soins portant sur les transports, il peut enjoindre à cette même caisse de verser à l'établissement de santé une fraction de ces économies, dans la limite de 30 % de leur montant. Dans ce cas, il en informe simultanément l'établissement.*

SECTION III **DISPOSITIONS DIVERSES**

Art. R. 322-12 *Devient l'art. R. 160-22 (Décr. n° 2015-1865 du 30 déc. 2015, art. 2-I-3°, en vigueur le 1er janv. 2016).*

Art. R. 322-13 *Devient l'art. R. 160-23 (Décr. n° 2015-1865 du 30 déc. 2015, art. 2-I-3°, en vigueur le 1er janv. 2016).*

Art. R. 322-14 *Devient l'art. R. 160-24 (Décr. n° 2015-1865 du 30 déc. 2015, art. 2-I-3°, en vigueur le 1er janv. 2016).*

CHAPITRE III PRESTATIONS EN ESPÈCES

Art. R. 323-1 Pour l'application du premier alinéa de l'article L. 323-1 :

1° Le point de départ de l'indemnité journalière définie par *(Abrogé par Décr. nº 2015-1865 du 30 déc. 2015, art. 5-8°, à compter du 1er janv. 2016)* « *le* *(Décr. nº 2011-1957 du 26 déc. 2011, art. 1er-1°)* « *5° de* » l'article L. 321-1 est le quatrième jour de l'incapacité de travail *[.]* *(Décr. nº 2011-1957 du 26 déc. 2011, art. 1er-1°)* « Ce délai ne s'applique, pour une période de trois ans, qu'au premier des arrêts de travail dus à une même affection donnant lieu à application de la procédure prévue à l'article L. 324-1 ; » — *Les dispositions issues du Décr. nº 2011-1957 du 26 déc. 2011 sont applicables aux indemnités journalières versées à l'occasion d'arrêts de travail débutant à compter du 1er janv. 2012 (Décr. préc., art. 2).*

2° La durée maximale de la période pendant laquelle l'indemnité journalière peut être servie est fixée à trois ans ;

3° La durée de la reprise du travail, mentionnée au 1° de l'article L. 323-1, au-delà de laquelle le délai de trois ans court à nouveau, est fixée à un an ;

4° Le nombre maximal d'indemnités journalières mentionné au 2° de l'article L. 323-1, que peut recevoir l'assuré pour une période quelconque de trois ans, est fixé à 360.

1. Reprise du travail. L'assuré en arrêt de travail pour une affection de longue durée perçoit les prestations en espèces de l'assurance maladie durant un délai qui ne peut excéder trois ans. Un délai de même durée ne recommence à courir que s'il y a reprise du travail durant une année sans que cette période ait été interrompue du fait de l'affection de longue durée au titre de laquelle a été servie l'indemnité journalière. • Soc. 9 mars 1995, nº 93-13.470 P. ♦ L'assuré doit avoir travaillé pendant une année continue sans interruption du fait de l'affection de longue durée. • Soc. 20 janv. 1994, nº 91-15.878 P.

2. Nombre maximal d'indemnités journalières applicable uniquement aux affections de courte durée. Selon l'art. L. 323-1-2° CSS, l'assuré ne peut recevoir, au titre des affections non mentionnées à l'art. L. 324-1 du même code, qu'un nombre maximum d'indemnités journalières que l'art. R. 323-1-4° fixe à trois cent soixante pour une période quelconque de trois ans. Il résulte de ces dispositions que seules peuvent être prises en compte, pour l'application de ces dispositions, les indemnités journalières afférentes à une ou plusieurs maladies non mentionnées à l'art. L. 324-1 CSS. • Civ. 2e, 15 mars 2012 : *RJS 2012, nº 504 ; JCP S 2012, nº 1335, obs. Vachet.*

Art. R. 323-2 L'âge mentionné au premier alinéa de l'article L. 323-2 est *(Décr. nº 2011-620 du 31 mai 2011, art. 4-1°)* « l'âge prévu par l'article L. 161-17-2 ».

Pour l'application du deuxième alinéa du même article, l'indemnité journalière est supprimée à partir du septième mois d'arrêt de travail.

Art. R. 323-3 *(Décr. nº 2001-532 du 20 juin 2001, art. 41)* « Le silence gardé pendant plus de six mois sur la demande de maintien de l'indemnité journalière prévue au 2° de l'article L. 323-3 vaut décision de rejet ».

La durée maximale, prévue au premier alinéa de l'article L. 323-3, durant laquelle, en cas de reprise du travail, l'indemnité journalière peut être maintenue par la caisse ne peut excéder d'un an le délai de trois ans prévu à l'article R. 323-1.

Art. R. 323-4 Le gain journalier servant de base au calcul de l'indemnité journalière prévue à l'article L. 323-4 est déterminé comme suit :

(Décr. nº 2014-953 du 20 août 2014, art. 1er-1°, en vigueur le 1er janv. 2015) « 1° 1/91,25 du montant des trois dernières paies des mois civils antérieurs à la date de l'interruption de travail lorsque le salaire ou le gain est réglé mensuellement ou dans les cas autres que ceux mentionnés aux 3° et 5° ; »

(Abrogé par Décr. nº 2014-953 du 20 août 2014, art. 1er-1°, à compter du 1er janv. 2015) *« 2° (Décr. nº 2010-1305 du 29 oct. 2010, art. 1er) « 1/91,25 » du montant des paies des trois (Décr. nº 2013-266 du 28 mars 2013, art. 8-I) « mois civils antérieurs » à la date d'interruption de travail lorsque le salaire ou le gain est réglé journellement ; »*

« 3° 1/84 du montant des six ou des douze dernières *(Décr. nº 2013-266 du 28 mars 2013, art. 8-I)* « paies des mois civils antérieurs » à la date de l'interruption de travail suivant que le salaire ou le gain est réglé toutes les deux semaines ou chaque semaine » ;

(Abrogé par Décr. n° 2014-953 du 20 août 2014, art. 1er-1°, à compter du 1er janv. 2015) ***« 4° (Décr. n° 2010-1305 du 29 oct. 2010, art. 1er) « 1/91,25 » du montant du salaire ou du gain des trois (Décr. n° 2013-266 du 28 mars 2013, art. 8-I) « mois civils antérieurs » à la date de l'interruption de travail, lorsque ledit salaire ou gain n'est pas réglé au moins une fois par mois, mais l'est au moins une fois par trimestre ; »***

5° *(Décr. n° 2010-1305 du 29 oct. 2010, art. 1er)* « 1/365 » du montant du salaire ou du gain des douze *(Décr. n° 2013-266 du 28 mars 2013, art. 8-I)* « mois civils antérieurs » à la date de l'interruption de travail, lorsque le travail n'est pas continu ou présente un caractère saisonnier.

(Décr. n° 86-839 du 16 juill. 1986, art. 16) **« Pour l'application des dispositions qui précèdent, il est tenu compte du salaire servant de base, lors de chaque paie, au calcul de la cotisation due pour les risques maladie, maternité, invalidité et décès** *(Décr. n° 2011-1957 du 26 déc. 2011, art. 1er-2°)* **« dans la limite d'un plafond égal à 1,8 fois le** *(Décr. n° 2014-953 du 20 août 2014, art. 1er-1°, en vigueur le 1er janv. 2015)* **« salaire minimum de croissance en vigueur le dernier jour du mois civil précédant celui de l'interruption de travail et » calculé, pour chaque paie prise en compte, pour un mois sur la base de la durée légale du travail. » Toutefois, lorsque l'assiette des cotisations fait l'objet d'un abattement par application des dispositions des articles R. 242-7 à R. 242-11, il est tenu compte du salaire brut perçu par l'assuré, sans abattement,** *(Décr. n° 2011-1957 du 26 déc. 2011, art. 1er-2°)* **« dans la limite du plafond ainsi défini. »** *— Les dispositions issues du Décr. n° 2011-1957 du 26 déc. 2011 sont applicables aux indemnités journalières versées à l'occasion d'arrêts de travail débutant à compter du 1er janv. 2012 (Décr. préc., art. 2).*

Un arrêté du ministre chargé de la sécurité sociale fixe les modalités suivant lesquelles est déterminé le gain journalier servant de base au calcul des indemnités journalières dues aux assurés appartenant aux catégories pour lesquelles les cotisations sont établies forfaitairement.

Les dispositions du Décr. n° 2010-1305 du 29 oct. 2010 sont applicables aux assurés dont la période d'indemnisation débute à compter du 1er déc. 2010 (Décr. préc., art. 3).

V. Circ. n° DSS/SD2/2010/398 du 25 nov. 2010 relative à certaines modalités de calcul des indemnités journalières dues au titre de la maladie, de la maternité et des accidents du travail et maladies professionnelles.

Les dispositions de l'art. 8 du Décr. n° 2013-266 du 28 mars 2013 sont applicables aux indemnités journalières versées au titre d'arrêts de travail débutant à compter du 1er juill. 2013 (Décr. préc., art. 10).

Les dispositions issues du Décr. n° 2014-953 du 20 août 2014 sont applicables aux indemnités journalières versées au titre d'arrêts de travail débutant à compter du 1er janv. 2015 (Décr. préc., art. 3).

Art. R. 323-5 **Le nombre d'enfants prévu au premier alinéa de l'article L. 323-4 est fixé à trois au moins.**

La fraction du gain journalier de base prévue au premier alinéa de l'article L. 323-4 est fixée à la moitié pour l'indemnité journalière normale et aux deux tiers pour l'indemnité journalière majorée. Cette dernière indemnité est due à partir du trente et unième jour qui suit le point de départ de l'incapacité de travail.

(Abrogé par Décr. n° 2010-1305 du 29 oct. 2010, art. 1er) (Décr. n° 98-167 du 13 mars 1998) ***« Toutefois à partir du premier jour du septième mois de perception ininterrompue de ces indemnités, la fraction du gain journalier de base est fixée à 51,49 % pour l'indemnité journalière normale et à 68,66 % pour l'indemnité journalière majorée. »***

Art. R. 323-6 La durée prévue au cinquième alinéa de l'article L. 323-4 est fixée à trois mois.

En vue de la révision, prévue au même alinéa dudit article, de l'indemnité journalière, le gain journalier mentionné au troisième alinéa du même article ayant servi de base au calcul de l'indemnité journalière est majoré, le cas échéant, par application des coefficients de majoration fixés par arrêtés du ministre chargé de la sécurité sociale et du ministre chargé du budget. Toutefois, lorsqu'il existe une convention collective de travail applicable à la profession à laquelle appartient l'assuré, celui-ci peut, s'il entre dans le champ d'application territorial de cette convention, demander que la révision

du taux de son indemnité journalière soit effectuée sur la base d'un gain journalier calculé d'après le salaire normal prévu pour sa catégorie professionnelle dans ladite convention, au cas où cette modalité lui est favorable. — *Coefficient de majoration fixé à 1,01 avec effet au 1er avr. 2009 : Arr. du 28 mai 2009 (JO 31 mai).*

Art. R. 323-7 Si l'assuré tombe malade au cours d'une période de chômage involontaire, de fermeture de l'établissement employeur ou d'un congé non payé, le gain journalier servant de base au calcul de l'indemnité journalière est celui dont bénéficiait l'assuré avant la date de la cessation effective du travail, même si celle-ci a été suivie d'un stage de formation professionnelle, sous réserve cependant de l'application des dispositions prévues pour la période comprenant la durée du stage et le mois qui suit celui-ci.

Art. R. 323-8 Dans les cas énumérés ci-après, il y a lieu de déterminer le salaire ou le gain journalier de base comme si l'assuré avait travaillé pendant le mois, les vingt-huit jours, les trois mois ou les douze mois dans les mêmes conditions :

1° L'assuré travaillait depuis moins d'un mois, de vingt-huit jours, de trois mois ou de douze mois au moment de l'interruption du travail consécutive à la maladie ou à l'accident ;

2° L'assuré n'avait pas, à la date de ladite interruption, accompli les périodes de travail mentionnées à l'article R. 323-4, soit par suite de maladie, accident, maternité, chômage involontaire total ou partiel, soit en raison de la fermeture de l'établissement employeur à la disposition duquel reste l'assuré, soit en cas de congé non payé à l'exclusion des absences non autorisées, de service militaire ou appel sous les drapeaux ;

3° L'assuré, bénéficiaire d'une indemnité de changement d'emploi pour silicose, s'est trouvé effectivement sans emploi au cours de la période à considérer ;

4° L'assuré avait changé d'emploi au cours de la période à considérer. Dans ce cas, le salaire ou gain journalier de base est déterminé à partir du salaire ou gain afférent à l'emploi occupé au moment de l'arrêt du travail. *(Abrogé par Décr. n° 2018-1255 du 27 déc. 2018, art. 1er-12°)* ***« Toutefois, si le salaire ou gain journalier de base ainsi déterminé se trouve inférieur au montant global des rémunérations réellement perçues dans les différents emplois au cours de la période à considérer, c'est sur ce montant global que doit être calculée l'indemnité journalière. »*** — *Les dispositions du 12° de l'art. 1er du Décr. n° 2018-1255 du 27 déc. 2018 sont applicables aux arrêts de travail débutant à compter du 1er janv. 2019 (Décr. préc., art. 5-I).*

Art. R. 323-9 En aucun cas l'indemnité journalière servie à un assuré social ne peut être supérieure au *(Décr. n° 2010-1305 du 29 oct. 2010, art. 1er)* « sept cent trentième » du montant annuel *(Décr. n° 2011-1957 du 26 déc. 2011, art. 1er-3°)* « du plafond mentionné au septième alinéa de l'article R. 323-4 ». Pour les assurés ayant trois enfants ou plus à charge au sens *(Décr. n° 2015-1865 du 30 déc. 2015, art. 5-9°, en vigueur le 1er janv. 2016)* « du 2° de l'article L. 161-1 », l'indemnité servie à partir du trente et unième jour qui suit le point de départ de l'incapacité de travail ne peut dépasser le *(Décr. n° 2010-1305 du 29 oct. 2010, art. 1er)* « 1/547,5 » de ce plafond.

(Abrogé par Décr. n° 2010-1305 du 29 oct. 2010, art. 1er) (Décr. n° 98-167 du 13 mars 1998) ***« Toutefois à partir du premier jour du septième mois de perception ininterrompue de ces indemnités, les montants maximaux mentionnés au précédent alinéa sont fixés respectivement au sept centième et au cinq cent vingt-cinquième du montant annuel du plafond retenu. »***

Les dispositions du Décr. n° 2010-1305 du 29 oct. 2010 sont applicables aux assurés dont la période d'indemnisation débute à compter du 1er déc. 2010 (Décr. préc., art. 3).

Les dispositions issues du Décr. n° 2011-1957 du 26 déc. 2011 sont applicables aux indemnités journalières versées à l'occasion d'arrêts de travail débutant à compter du 1er janv. 2012 (Décr. préc., art. 2).

Art. R. 323-10 *(Décr. n° 2013-266 du 28 mars 2013, art. 8-II)* « En vue de la détermination du montant de l'indemnité journalière, l'employeur ou les employeurs successifs doivent établir une attestation se rapportant aux payes effectuées pendant les périodes de référence définies ci-dessus. Cette attestation, à l'appui de laquelle sont

présentées, le cas échéant, les pièces prévues à l'article L. 3243-2 du code du travail est adressée à la caisse :

« 1° Sous forme électronique, par l'employeur ;

« 2° A défaut, sous forme papier par le salarié auquel l'employeur aura remis l'attestation dument remplie.

« L'attestation, conforme au modèle fixé par arrêté du ministre chargé de la sécurité sociale, doit comporter notamment : » — *Les dispositions de l'art. 8 du Décr. n° 2013-266 du 28 mars 2013 sont applicables aux indemnités journalières versées au titre d'arrêts de travail débutant à compter du 1er juill. 2013 (Décr. préc., art. 10).*

1° Les indications figurant sur les pièces prévues à l'article L. 143-3 *[L. 3243-1, L. 3243-2 et L. 3243-4 nouv.]* **du code du travail en précisant la période et le nombre de journées et d'heures de travail auxquelles s'appliquent la ou les payes, le montant et la date de celles-ci, ainsi que le montant de la retenue effectuée au titre des assurances sociales ;**

2° Le numéro sous lequel l'employeur effectue le versement des cotisations de sécurité sociale dues pour les travailleurs qu'il emploie ;

3° Le nom et l'adresse de l'organisme auquel l'employeur verse ces cotisations.

Art. R. 323-11 L'attribution de l'indemnité journalière prévue à l'article L. 323-4 est exclusive de l'allocation de chômage.

La caisse primaire de l'assurance maladie n'est pas fondée à suspendre le service de l'indemnité journalière lorsque l'employeur maintient à l'assuré, en cas de maladie, tout ou partie de son salaire ou des avantages en nature, soit en vertu d'un contrat individuel ou collectif de travail, soit en vertu des usages, soit de sa propre initiative.

Toutefois, lorsque le salaire est maintenu en totalité, l'employeur est subrogé de plein droit à l'assuré, quelles que soient les clauses du contrat, dans les droits de celui-ci aux indemnités journalières qui lui sont dues.

Lorsque, en vertu d'un contrat individuel ou collectif de travail, le salaire est maintenu en totalité ou en partie sous déduction des indemnités journalières, l'employeur qui paie tout ou partie du salaire pendant la période de maladie sans opérer cette déduction *(Décr. n° 2013-266 du 28 mars 2013, art. 8-III)* **« est subrogé de plein droit à l'assuré » dans ses droits aux indemnités journalières pour la période considérée, à condition que le salaire maintenu au cours de cette période soit au moins égal au montant des indemnités dues pour la même période.** — *Les dispositions de l'art. 8 du Décr. n° 2013-266 du 28 mars 2013 sont applicables aux indemnités journalières versées au titre d'arrêts de travail débutant à compter du 1er juill. 2013 (Décr. préc., art. 10).*

Dans les autres cas, l'employeur est seulement fondé à poursuivre auprès de l'assuré le recouvrement de la somme correspondant aux indemnités journalières, dans la limite du salaire maintenu pendant la même période.

L'employeur et l'assuré, qui se sont mis d'accord pour le maintien d'avantages en nature en cas de maladie, peuvent en informer la caisse et demander le versement par elle à l'employeur de la partie de l'indemnité journalière correspondant à la valeur des avantages maintenus.

1. Subrogation. L'employeur est subrogé de plein droit à l'assuré lorsque le salaire est maintenu en totalité conformément à la convention collective. Il ne peut conserver les indemnités journalières, servies au titre des assurances sociales ou d'un régime de prévoyance, qui excéderaient le montant des sommes versées au salarié. • Soc. 9 oct. 2001, n° 98-43.949 P : *RJS 2001, n° 1450 ; TPS 2001. Comm. 406, obs. Prétot.* ♦ Aucune stipulation contractuelle ne prévoyant la possibilité pour l'employeur de déduire les indemnités journalières de la rémunération maintenue à la salariée en arrêt maladie, l'al. 3 de l'art. R. 323-11, applicable à l'exclusion de l'al. 4 du même article, ouvre à l'employeur une subrogation de plein droit dans le bénéfice des prestations en espèces ; le silence de la transaction sur le sort de ces prestations ne peut s'analyser comme une autorisation consentie à l'assurée de les cumuler avec son salaire ou avec l'indemnité compensatrice de préavis. • Civ. 2e, 8 juill. 2004 : *TPS 2005. Comm. 308, obs. Prétot ; RJS 2004, n° 1088.*

2. Répétition de l'indu. L'action en répétition de l'indu peut être engagée, soit contre celui qui a reçu le paiement, soit contre celui pour le compte duquel il a été reçu ; dès lors que les indemnités journalières ont été versées à l'employeur, l'action en répétition de l'indu ne peut prospérer à l'encontre de l'assuré. • Soc. 19 juill. 2001 : *RJS 2001, n° 1194.* ♦ La caisse, qui a payé les indemnités litigieuses à l'assuré, par erreur, alors qu'elle était tenue de les verser à son employeur subrogé de plein droit, est fondée à recouvrer l'indu auprès de l'assuré dès lors qu'il n'était pas contesté que le salaire avait été versé en totalité à l'assuré et alors qu'il n'était pas soutenu que le salaire devait, en vertu du contrat de travail, être maintenu en totalité ou en partie sans déduction des indemnités journalières. • Soc. 17 mai 2001 : *RJS 2001, n° 920.* ♦ La créance étant éteinte lorsque l'employeur a sollicité le bénéfice de la subrogation, est indu le paiement consenti par la caisse à l'employeur dès lors que celle-ci, ignorant le paiement par l'employeur du salaire et de l'indemnité compensatrice de préavis, s'est libérée de sa dette en servant les prestations en espèces à l'assurée conformément à l'art. R. 323-11. • Civ. 2e, 8 juill. 2004 : *préc. note 1.*

Art. R. 323-11-1 *(Décr. n° 2007-1348 du 12 sept. 2007)* **Le praticien indique sur l'arrêt de travail :**

– soit que les sorties ne sont pas autorisées ;

– soit qu'elles le sont. Dans ce cas, l'assuré doit rester présent à son domicile de 9 h à 11 h et de 14 h à 16 h, sauf en cas de soins ou d'examens médicaux. Toutefois, le praticien peut, par dérogation à cette disposition, autoriser les sorties libres. Dans ce cas, il porte sur l'arrêt de travail les éléments d'ordre médical le justifiant.

Art. R. 323-12 La caisse est fondée à refuser le bénéfice des indemnités journalières afférentes à la période pendant laquelle son contrôle aura été rendu impossible, sans préjudice des dispositions de l'article L. 324-1.

Viole l'art. R. 323-12 CSS, le tribunal, qui met à la charge de la caisse la moitié des indemnités journalières dues pour la période considérée, alors qu'il résultait de ses constatations que l'assuré n'établissait pas avoir remis à la caisse l'arrêt de travail avant la fin de la période d'interruption de travail, de sorte que la caisse n'avait pu exercer son contrôle pendant cette période. • Civ. 2e, 11 févr. 2016, n° 14-27.021 P : *RJS 2016, n° 297.*

CHAPITRE IV **AFFECTIONS DE LONGUE DURÉE**

Art. R. 324-1 *(Décr. n° 2016-1362 du 12 oct. 2016, art. 1er-5°)* **« En l'absence de demande adressée par un médecin, tout assuré estimant pouvoir bénéficier de l'application de l'article L. 324-1 peut solliciter sa caisse à cet effet. La caisse invite le service du contrôle médical, après s'être rapproché du médecin traitant de l'assuré s'il en a un, à prendre toutes dispositions utiles en vue de lui transmettre un avis.**

« Le directeur de la caisse peut, si l'assuré est en cas d'interruption de travail ou de soins continus supérieurs à six mois, proposer au médecin conseil de se rapprocher du médecin traitant, qui décidera de la nécessité d'élaborer un protocole de soins. »

(Décr. n° 2008-1440 du 22 déc. 2008) **« L'expertise prévue au deuxième alinéa de l'article L. 324-1 est diligentée dans les conditions prévues par le chapitre Ier du titre IV du livre Ier. »**

Art. R. 324-1-1 *(Décr. n° 2016-1362 du 12 oct. 2016, art. 1er-6°)* **Le délai mentionné au huitième alinéa de l'article L. 324-1 est fixé à deux semaines. Toute observation émise par le service du contrôle médical au médecin suspend ce délai pour une durée maximale de deux mois.**

Art. R. 324-2 La décision intervenant en application de l'article L. 324-1 est prise par *(Décr. n° 2008-1440 du 22 déc. 2008 ; Décr. n° 2010-344 du 31 mars 2010, art. 308)* **« le directeur de la caisse primaire d'assurance maladie** *(Décr. n° 2016-1362 du 12 oct. 2016, art. 1er-7°)* **« ou par le directeur de tout organisme »** *(Décr. n° 2015-1865 du 30 déc. 2015, art. 5-11°, en vigueur le 1er janv. 2016)* **« assurant la prise en charge des frais de santé », après avis du service du contrôle médical ».**

(Décr. n° 2016-1362 du 12 oct. 2016, art. 1er-7°) **« Le directeur de la caisse ou de l'organisme dispose d'un délai d'un mois à compter de la date de réception de la demande par le service du contrôle médical pour notifier sa décision à l'assuré. Dans le cas où le service du contrôle médical transmet une observation sur la demande avant l'expiration du délai fixé à l'article R. 324-1-1, le délai d'un mois est suspendu pour une durée maximale de deux mois.**

« La décision, dont une copie est adressée au médecin traitant, est notifiée à l'assuré par tout moyen donnant date certaine à sa réception toutes les fois qu'il s'agit d'une décision de suspension, de réduction ou de suppression du service des prestations. »

Art. R. 324-3 Un arrêté du ministre chargé de la sécurité sociale et du ministre chargé du budget fixe le montant minimum de l'indemnité journalière. Ce minimum ne sera applicable que lorsque l'interruption de travail se prolonge d'une manière continue au-delà du sixième mois. – *V. Arr. du 22 déc. 1955 (D. 1956. 46 ; BLD 1956. 86).*

CHAPITRE V DISPOSITIONS PARTICULIÈRES AUX DÉPARTEMENTS DU HAUT-RHIN, DU BAS-RHIN ET DE LA MOSELLE

Art. R. 325-1 *Abrogé par Décr. n° 2010-674 du 18 juin 2010, art. 4.*

Art. R. 325-2 *(Décr. n° 98-1025 du 12 nov. 1998, art. 1er ; Décr. n° 2010-674 du 18 juin 2010, art. 1er)* Pour les titulaires de pension de réversion ou de veuve visés aux articles L. 353-1, L. 353-2 et L. 357-9, il est tenu compte des droits au régime local d'assurance maladie du conjoint décédé ou disparu pour apprécier les conditions de durée d'assurance ou de cotisations définies aux 9°, 10° et 11° du II de l'article L. 325-1.

Art. R. 325-3 *(Décr. n° 2010-674 du 18 juin 2010, art. 2)* La durée pendant laquelle *(Décr. n° 2015-1865 du 30 déc. 2015, art. 5-12°, en vigueur le 1er janv. 2016)* « une personne mentionnée à l'article L. 161-1, à la charge effective et permanente de l'assuré, » a bénéficié du régime local peut compléter ou remplacer les périodes d'assurance exigées aux 9°, 10° et 11° du II de l'article L. 325-1 à condition, soit d'être incluse dans la période des cinq années précédant la date de départ en retraite ou de cessation d'activité de l'assuré, soit de totaliser dix années au moins et d'être incluse dans la période de quinze années précédant cette date, soit de totaliser quinze années au moins avant cette date. Cette durée est prise en compte qu'elle ait été continue ou discontinue.

V. art. D. 325-1 à D. 325-20.

Art. R. 325-4 *(Décr. n° 2010-674 du 18 juin 2010, art. 3)* La demande d'affiliation au régime local d'assurance maladie en application de l'article R. 325-3 est adressée à la caisse primaire d'assurance maladie ou à la caisse générale de sécurité sociale à laquelle l'assuré social est affilié.

TITRE TROISIÈME ASSURANCE MATERNITÉ

CHAPITRE PREMIER DISPOSITIONS PROPRES À L'ASSURANCE MATERNITÉ

SECTION PREMIÈRE DISPOSITIONS GÉNÉRALES

Art. R. 331-1 La date de la première constatation médicale de la grossesse est celle à laquelle l'état de grossesse a été constaté par le médecin ou la sage-femme, quelle que soit la date de la notification de cet état à la caisse primaire d'assurance maladie.

Art. R. 331-2 En cas de grossesse pathologique ou de suites de couches pathologiques, *(Décr. n° 2015-1865 du 30 déc. 2015, art. 5-13°, en vigueur le 1er janv. 2016)* « la prise en charge des frais de santé est assurée et les prestations en espèces de l'assurance-maladie » sont servies à compter de la constatation médicale de l'état morbide dans les conditions prévues aux articles L. 313-1, L. 313-2, L. 321-2, L. 324-1, *(Décr. n° 2015-1865 du 30 déc. 2015, art. 5-13°, en vigueur le 1er janv. 2016)* « L. 160-7 » et L. 371-1 et aux chapitres II et III du titre II du livre III sous réserve de l'article R. 331-6.

Si l'état morbide est constaté avant la période de six semaines précédant l'accouchement, il y a lieu d'appliquer le délai de carence mentionné à l'article L. 323-1.

En cas de suites de couches pathologiques, le délai de trois ans prévu à l'article R. 323-1 commence à courir à compter de la date d'accouchement.

Art. R. 331-3 Les dispositions réglementaires relatives au contrôle médical sont applicables à l'assurance maternité.

Art. R. 331-4 Les caisses doivent délivrer aux futures mères un carnet de maternité conforme au modèle établi par arrêté du ministre chargé de la santé et du ministre chargé de la sécurité sociale. A défaut de la production par la bénéficiaire des feuilles détachées du carnet de maternité, la caisse peut refuser le bénéfice des prestations.

SECTION II PRESTATIONS EN NATURE

Néant.

SECTION III PRESTATIONS EN ESPÈCES

Art. R. 331-5 L'indemnité journalière prévue à l'article L. 331-3 est égale *(Décr. no 95-1361 du 30 déc. 1995, art. 1er)* « au gain journalier de base ». Elle est allouée même si l'enfant n'est pas né vivant.

(Décr. no 95-1361 du 30 déc. 1995, art. 1er-4o) « Pour le calcul de l'indemnité journalière de repos, le gain journalier de base est déterminé selon les règles prévues aux articles *(Décr. no 2014-953 du 20 août 2014, art. 1er-2o)* « R. 323-4 et R. 323-8 ». *(Décr. no 2011-1957 du 26 déc. 2011, art. 1er-4o)* « Toutefois, pour l'application de ces dispositions, le salaire pris en compte est le salaire servant de base, lors de chaque paie, au calcul de la cotisation due pour les risques maladie, maternité, invalidité et décès dans la limite du *(Décr. no 2014-953 du 20 août 2014, art. 1er-2o)* « plafond mentionné à l'article L. 241-3 en vigueur le dernier jour du mois civil précédant celui de l'interruption de travail. Ce » salaire est diminué » *(Décr. no 2013-266 du 28 mars 2013, art. 8-IV)* « par application d'un taux forfaitaire représentatif de la part salariale des cotisations et contributions d'origine légale ou conventionnelle rendues obligatoires par la loi ; ce taux forfaitaire est fixé » par arrêté du ministre chargé de la sécurité sociale. » *— V. Arr. du 28 mars 2013, ci-dessous.*

L'indemnité journalière de repos ne peut être inférieure à un minimum fixé par arrêté du ministre chargé de la sécurité sociale et du ministre chargé du budget. *— V. Arr. du 22 déc. 1955 (D. 1956. 46 ; BLD 1956. 86).*

En cas d'augmentation générale des salaires, l'indemnité journalière de repos peut faire l'objet d'une révision dans les mêmes conditions que celles qui sont prévues à l'article R. 323-6 pour l'indemnité journalière de maladie.

La durée de trois mois prévue au premier alinéa de l'article R. 323-6 s'apprécie, le cas échéant, en totalisant tant le délai de carence prévu à l'article R. 323-1 que les périodes pendant lesquelles l'intéressée a bénéficié de l'indemnité journalière de l'assurance maladie et de l'indemnité journalière de repos de l'assurance maternité.

Les dispositions des articles R. 323-10 et R. 323-11 sont applicables à l'indemnité journalière de repos.

Les dispositions issues du Décr. no 2011-1957 du 26 déc. 2011 sont applicables aux indemnités journalières versées à l'occasion d'arrêts de travail débutant à compter du 1er janv. 2012 (Décr. préc., art. 2).

Les dispositions de l'art. 8 du Décr. no 2013-266 du 28 mars 2013 sont applicables aux indemnités journalières versées au titre d'arrêts de travail débutant à compter du 1er juill. 2013 (Décr. préc., art. 10).

Les dispositions issues du Décr. no 2014-953 du 20 août 2014 sont applicables aux indemnités journalières versées au titre d'arrêts de travail débutant à compter du 1er janv. 2015 (Décr. préc., art. 3).

Sur la précision de certaines règles applicables aux prestations en espèces servies au titre de la maladie et de la maternité aux personnes exerçant une profession à caractère saisonnier ou discontinu : V. Circ. interministérielle no DSS/2A/5B/2017/126 du 19 avr. 2017 (NOR : AFSS1711508C, publiée au BO).

1. Maintien du salaire. La caisse n'est pas fondée à suspendre le service de l'indemnité journalière lorsque l'employeur maintient à l'assurée tout ou partie de son salaire durant le congé de maternité. • Soc. 25 juin 1998 : *RJS 1998, no 1066 ; D. 1998. IR 187 ; JCP E 1998. 1481.* ♦ V. art. R. 323-11.

2. Salaire de référence. Les indemnités journalières doivent être calculées sur la base des trois derniers salaires mensuels antérieurs à la date à laquelle l'assurée a été contrainte, par son état de grossesse, d'interrompre son travail. Peu importe que la salariée ait finalement poursuivi son activité à mi-temps pendant six mois ; la caisse ne peut calculer les indemnités journalières sur la base du demi-salaire. • Soc. 31 oct. 2000 : *RJS 2001, n° 103 ; BS Lefebvre 2001, n° 24.*

3. Droit communautaire. Au sens de l'art. 141 [ancien art. 119] du traité CE, dans la mesure où la rémunération perçue par la travailleuse pendant son congé maternité est déterminée au moins en partie sur la base du salaire qu'elle a perçu avant le début de ce congé, toute augmentation de salaire intervenue entre le début de la période couverte par le salaire de référence et la fin dudit congé doit être intégrée dans les éléments du salaire pris en compte pour le calcul du montant de ladite rémunération. Une telle exigence n'est pas limitée au seul cas où cette augmentation s'applique rétroactivement à la période couverte par le salaire de référence. • CJCE 30 mars 2004 : *RJS 2004, n° 984 et obs. Kessler, p. 595 s.* (s'agissant de la législation britannique). ♦ En l'absence de réglementation communautaire en la matière, il appartient aux autorités nationales compétentes de fixer les modalités selon lesquelles, dans le respect de l'ensemble des règles de droit communautaire et notamment de la Dir. n° 92-85 du 19 oct. 1992, concernant la mise en œuvre de mesures visant à l'amélioration de la sécurité des travailleuses enceintes, accouchées ou allaitantes au travail, doit être intégrée dans les éléments de salaire servant à déterminer le montant de la rémunération due à la travailleuse pendant son congé de maternité toute augmentation de salaire intervenue avant ou pendant ce congé. • Même arrêt.

Arrêté du 28 mars 2013,

Fixant le taux forfaitaire mentionné à l'article R. 331-5 du code de la sécurité sociale (JO 30 mars).

Art. 1er Le taux forfaitaire mentionné au deuxième alinéa de l'article R. 331-5 du code de la sécurité sociale est fixé à 21 %.

Art. 2 Les dispositions du présent arrêté sont applicables aux indemnités journalières versées à l'occasion d'arrêts de travail débutant à compter du 1er juillet 2013.

L'arrêté du 30 décembre 1995 portant sur les modalités de calcul du gain journalier net mentionné à l'article R. 331-5 du code de la sécurité sociale est abrogé à cette même date.

Art. R. 331-6 **L'indemnité journalière de repos de l'assurance maternité prévue à l'article L. 331-3 est due pendant la période de repos prévue audit article, même en cas de prolongation d'un état morbide antérieurement constaté ou de constatation d'un état morbide au cours de cette période.**

Si l'état morbide consécutif à l'accouchement se déclare après la période légale de repos et si l'intéressée n'a pas repris le travail, les prestations en espèces de l'assurance maladie sont servies sans qu'il y ait lieu de faire état du délai de carence.

Pendant la période où l'intéressée reçoit les prestations en espèces de l'assurance maternité, elle ne peut recevoir en même temps les prestations en espèces de l'assurance maladie.

L'indemnité journalière de repos supplémentaire, prévue au deuxième alinéa de l'article L. 331-5, est attribuée au cours de la période prénatale en cas d'état pathologique résultant de la grossesse. Le repos auquel correspond cette indemnité peut être prescrit à partir de la déclaration de grossesse.

Art. R. 331-7 **Sont applicables à la femme assurée à qui un service départemental d'aide sociale à l'enfance ou une œuvre d'adoption autorisée confie un enfant en vue de son adoption les dispositions de l'article R. 331-5 et du troisième alinéa de l'article L. 331-6.**

CHAPITRE II DISPOSITIONS COMMUNES À L'ASSURANCE MATERNITÉ ET À L'ASSURANCE MALADIE

BIBL. ► LHERNOULD et KESSLER, La prise en charge des soins de santé programmés dans l'espace communautaire, *RJS 2001, p. 751 s.* ; L'impact sur le droit de la protection sociale de la jurisprudence de la CJCE relative à la libre prestation des services, *Dr. soc. 2002. 748*.

SECTION PREMIÈRE **CUMUL DE PRESTATIONS EN ESPÈCES ET D'AUTRES PRESTATIONS OU REVENUS** *(Décr. nº 2005-386 du 19 avr. 2005)*.

Art. R. 332-1 Les prestations en espèces de l'assurance maladie et de l'assurance maternité ne peuvent être cumulées avec les revenus de remplacement ou allocations mentionnés à l'article L. 311-5.

SECTION II *[ABROGÉE]* **SOINS DISPENSÉS HORS DE FRANCE** *(Décr. nº 2005-386 du 19 avr. 2005)*.

(Abrogée par Décr. nº 2015-1865 du 30 déc. 2015, art. 2-II, à compter du 1er janv. 2016)

Art. R. 332-2 *Devient l'art. R. 160-4 (Décr. nº 2015-1865 du 30 déc. 2015, art. 2-I-1º, en vigueur le 1er janv. 2016).*

Art. R. 332-3 *Devient l'art. R. 160-1 (Décr. nº 2015-1865 du 30 déc. 2015, art. 2-I-1º, en vigueur le 1er janv. 2016).*

Art. R. 332-4 *Devient l'art. R. 160-2 (Décr. nº 2015-1865 du 30 déc. 2015, art. 2-I-1º, en vigueur le 1er janv. 2016).*

Art. R. 332-5 *Devient l'art. R. 160-3 (Décr. nº 2015-1865 du 30 déc. 2015, art. 2-I-1º, en vigueur le 1er janv. 2016).*

Art. R. 332-6 *Devient l'art. R. 160-3-1 (Décr. nº 2015-1865 du 30 déc. 2015, art. 2-I-1º, en vigueur le 1er janv. 2016).*

TITRE QUATRIÈME **ASSURANCE INVALIDITÉ**

CHAPITRE PREMIER **DROITS PROPRES**

Art. R. 341-1 La caisse primaire d'assurance maladie doit prendre toutes dispositions propres à prévenir l'invalidité pendant la période de maladie ou de maternité.

SECTION PREMIÈRE **OUVERTURE DU DROIT**

Néant.

SECTION II **TAUX D'INVALIDITÉ**

Art. R. 341-2 Pour l'application des dispositions de l'article L. 341-1 :

1º L'invalidité que présente l'assuré doit réduire au moins des deux tiers sa capacité de travail ou de gain ;

2º Le salaire de référence ne doit pas être supérieur au tiers de la rémunération normale mentionnée audit article.

Art. R. 341-3 Lorsque l'expertise fait apparaître que l'invalide doit être classé dans une catégorie autre que celle dans laquelle il était antérieurement classé, la caisse primaire détermine cette nouvelle catégorie et notifie sa décision à l'intéressé par lettre recommandée avec demande d'avis de réception.

Dans ce cas, le nouveau montant de la pension est appliqué, soit à la première *échéance suivant* la date de la décision de la caisse lorsqu'il y a réduction de la pension antérieurement servie, soit à la date de la constatation de l'état d'invalidité ayant motivé le nouveau classement, lorsqu'il y a augmentation de ladite pension.

S'il est constaté que la capacité de gain de l'invalide pensionné est supérieure à 50 %, la caisse primaire suspend ou supprime la pension, soit immédiatement, soit à partir d'une date ultérieure qu'elle fixe dans sa décision.

La caisse primaire notifie sa décision à l'assuré par lettre recommandée avec demande d'avis de réception.

Pour l'application des alinéas ci-dessus, la capacité de gain est appréciée dans les conditions fixées par les articles L. 341-1 et L. 341-3.

Les décisions prises par la caisse primaire d'assurance maladie en application des alinéas ci-dessus peuvent être contestées *(Décr. nº 2018-928 du 29 oct. 2018, art. 11, en vigueur le 1er janv. 2019)* « en application du chapitre II du titre IV du livre Ier applicable au contentieux technique de la sécurité sociale ».

SECTION III MONTANT DE LA PENSION D'INVALIDITÉ

Art. R. 341-4 Pour les invalides de la première catégorie mentionnés à l'article L. 341-4, la pension est égale à 30 % du salaire annuel moyen correspondant aux cotisations versées au cours des dix années civiles d'assurance dont la prise en considération est la plus avantageuse pour l'assuré ; ces années doivent être comprises entre le 31 décembre 1947 et la date soit de l'interruption de travail suivie d'invalidité, soit de la constatation médicale de l'invalidité résultant de l'usure prématurée de l'organisme.

Toutefois, lorsque l'assuré ne compte pas dix années d'assurance, la pension est égale à 30 % du salaire annuel moyen correspondant aux cotisations versées au cours des années d'assurance accomplies depuis l'immatriculation.

En vue du calcul du salaire annuel moyen, il est tenu compte, pour les périodes d'assurance comprises entre le 30 septembre 1967 et le 1er janvier 1980, des salaires qui ont donné lieu à précompte de la fraction de cotisation d'assurances sociales à la charge du salarié afférente aux risques maladie, maternité, invalidité et décès et calculée dans la limite du plafond mentionné à l'article L. 241-3.

A compter du 1er janvier 1980, les salaires pris en considération pour le calcul du salaire annuel moyen sont ceux qui *(Décr. no 2011-615 du 31 mai 2011, art. 1er-1o, en vigueur le 1er juin 2011)* « donnent » lieu, lors de chaque paie, au versement de la fraction de cotisation d'assurances sociales afférente aux risques maladie, maternité, invalidité et décès, dans la limite du plafond prévu à l'alinéa précédent.

Toutefois, lorsque l'assiette des cotisations fait l'objet d'un abattement par application des dispositions des articles R. 242-7 à R. 242-11, il est tenu compte du salaire brut perçu par l'assuré, sans abattement, dans la limite du plafond correspondant.

(Décr. no 93-1022 du 27 août 1993, art. 4) « Les salaires exonérés de cotisations entre le 1er avril et le 31 décembre 1987 en application de l'article L. 241-10 entrent en compte, s'il y a lieu, dans la détermination du salaire servant de base au calcul de la pension. »

Mode de calcul. L'année au cours de laquelle l'assuré a interrompu son travail, qui n'est pas une année civile antérieure à cette interruption, n'entre pas dans les prévisions de l'art. R. 341-4, al. 1er, CSS. Elle ne saurait, dès lors, être prise en compte pour le calcul d'une pension d'invalidité, quelle que soit l'importance du salaire perçu par l'intéressé. • Soc. 26 nov. 1992, no 90-10.971 P : *D. 1993. IR 15.* ♦ V. aussi • Civ. 2e, 19 sept. 2013 : *JCP S 2014, no 1035, note Tauran.* ♦ Les pensions d'invalidité sont fixées en fonction des cotisations versées au cours des années civiles et non de périodes de douze mois aussi bien en ce qui concerne les assurés comptant au moins dix années d'assurance qu'en ce qui concerne ceux comptant moins de dix ans. • Soc. 16 janv. 1992, no 89-18.701. ♦ Si la durée des périodes assimilées à des périodes d'assurance est prise en considération pour la détermination du nombre d'années civiles retenues pour le calcul du salaire annuel moyen, le montant de celui-ci est fixé, conformément à l'art. R. 341-4 CSS, exclusivement d'après les salaires ayant donné lieu, dans la limite du plafond, au paiement de la fraction des cotisations d'assurances sociales afférente au risque maladie, maternité, invalidité et décès. • Civ. 2e, 16 févr. 2012 : *JCP S 2012, no 1265, obs. Tauran.*

Art. R. 341-5 Pour les invalides de la deuxième catégorie mentionnée à l'article L. 341-4, la pension est égale à 50 % du salaire défini à l'article R. 341-4.

Le montant de la pension d'invalidité ne peut être supérieur à 30 % ou à 50 % du montant annuel du plafond des rémunérations ou gains retenu pour le calcul de la fraction de cotisation prévue *(Décr. no 2011-615 du 31 mai 2011, art. 1er-1o, en vigueur le 1er juin 2011)* « au troisième et au quatrième » alinéas *[alinéa]* de l'article R. 341-4, *selon qu'il s'agit* d'un invalide de la première catégorie ou d'un invalide de la deuxième catégorie.

Art. R. 341-6 Pour les invalides de la troisième catégorie mentionnée à l'article L. 341-4, la pension est égale au montant prévu à l'article R. 341-5 ci-dessus majoré de 40 % sans que cette majoration puisse être inférieure à un minimum annuel fixé par décret, auquel sont applicables les coefficients de revalorisation des pensions prévus à l'article L. 341-6.

(Décr. nº 86-130 du 28 janv. 1986, art. 1er) « La majoration pour aide d'une tierce personne est versée jusqu'au dernier jour du mois civil suivant celui au cours duquel l'assuré a été hospitalisé ; au-delà de cette date, son service est suspendu. »

Art. R. 341-6-1 *(Décr. nº 2008-553 du 11 juin 2008, art. 5)* En cas de redressement d'assiette sur la base d'une rémunération forfaitaire mis en recouvrement conformément aux dispositions de l'article L. 242-1-2, les conditions d'ouverture des droits du salarié intéressé mentionnées aux articles L. 341-1 et L. 341-2 sont fixées sur la base d'une fois la rémunération mensuelle minimale définie à l'article L. 3232-1 du code du travail en vigueur au moment du constat du délit de travail dissimulé.

Art. R. 341-7 Les arrêtés mentionnés à l'article L. 341-6 sont pris par le ministre chargé de la sécurité sociale et le ministre chargé du budget.

Art. R. 341-7-1 *Abrogé par Décr. nº 2007-56 du 12 janv. 2007.*

SECTION IV **LIQUIDATION ET SERVICE DE LA PENSION D'INVALIDITÉ — ATTRIBUTIONS DES CAISSES PRIMAIRES D'ASSURANCE MALADIE**

Art. R. 341-8 La caisse primaire d'assurance maladie est tenue de faire connaître à l'assuré, par lettre recommandée, aussitôt qu'elle se trouve à même d'apprécier son état, la date à partir de laquelle il ne peut plus prétendre aux prestations de l'assurance maladie, en raison de la stabilisation dudit état.

Elle lui fait connaître, dans les mêmes conditions, sa décision de procéder à la liquidation, à son profit, d'une pension d'invalidité, si elle estime qu'il présente une invalidité réduisant au moins des deux tiers sa capacité de gain.

A défaut d'initiative de la caisse primaire d'assurance maladie, l'assuré peut, lui-même, adresser une demande de pension d'invalidité à ladite caisse dans le délai de douze mois qui suit, selon le cas, soit la date de la consolidation de la blessure, soit la date de la constatation médicale de l'invalidité si cette invalidité résulte de l'usure prématurée de l'organisme, soit la date de la stabilisation de l'état de l'assuré, telle qu'elle résulte de la notification qui lui en est faite par la caisse primaire, soit la date de l'expiration de la période légale d'attribution des prestations en espèces de l'assurance maladie ou la date à laquelle la caisse primaire a cessé d'accorder lesdites prestations. La caisse est tenue d'informer l'assuré du délai qui lui est ainsi imparti pour présenter lui-même sa demande.

Lorsque la demande de pension a été rejetée ou lorsque la pension antérieurement accordée a été supprimée, une nouvelle demande de pension d'invalidité peut être formée par l'assuré dans le délai de douze mois mentionné à l'alinéa précédent. Dans ce cas, l'état d'invalidité est apprécié à la date de la nouvelle demande ; toutefois, si l'incapacité ne devient égale aux deux tiers qu'au cours du délai susmentionné de douze mois, l'état d'invalidité est apprécié à la date de l'aggravation.

Le modèle de la demande de pension et les pièces à y annexer sont déterminés par le ministre chargé de la sécurité sociale.

Sur les exceptions à l'application du droit des usagers de saisir l'administration par voie électronique concernant les démarches effectuées auprès des organismes de sécurité sociale, V. CRPA, App., vº Saisine par voie électronique — Exceptions. — **CRPA.**

La forclusion de l'art. R. 341-8, al. 3, est applicable aux seuls cas où, à défaut d'initiative de la caisse, l'assuré dépose lui-même une demande de pension. • Soc. 5 nov. 1998 : *RJS 1999, nº 304.*

Art. R. 341-9 La caisse primaire statue sur le droit à pension après avis du contrôle médical dans le délai de deux mois à compter soit de la date à laquelle elle a adressé à l'assuré la notification prévue au deuxième alinéa de l'article R. 341-8, soit à la date à laquelle la demande lui a été adressée par l'assuré. Elle apprécie notamment, en se conformant aux dispositions des articles L. 341-1 et L. 341-3, si l'affection ou l'infirmité dont l'assuré est atteint réduit au moins des deux tiers sa capacité de gain.

Elle détermine la catégorie dans laquelle l'assuré doit être classé aux termes de l'article L. 341-4.

Elle notifie sa décision à l'intéressé avec demande d'avis de réception. Le défaut de réponse de la caisse dans le délai de deux mois prévu au premier alinéa du présent article vaut décision de rejet et ouvre un droit de recours à l'assuré.

Art. R. 341-10 Lorsqu'elle a pris l'initiative de procéder à la liquidation de la pension d'invalidité dans les conditions prévues aux premier et deuxième alinéas de l'article R. 341-8, la caisse primaire accorde les prestations en nature de l'assurance maladie jusqu'à la date à laquelle elle notifie la décision prévue au troisième alinéa de l'article R. 341-9.

Art. R. 341-11 La caisse primaire détermine, conformément aux dispositions de la section III du présent chapitre, le montant de la pension d'invalidité. Elle notifie le montant de la pension à l'intéressé.

Pour la détermination du salaire annuel moyen servant de base au calcul de la pension d'invalidité, il est fait application des dispositions des articles *(Décr. n° 93-1022 du 27 août 1993, art. 5)* « R. 351-9 et R. 351-12 ».

Les salaires annuels pris en considération pour déterminer le salaire de base sont les salaires revalorisés par application des coefficients mentionnés à l'article L. 341-6.

Sont retenues les dix années civiles d'assurance accomplies postérieurement au 31 décembre 1947 qui ont précédé soit l'interruption de travail suivie d'invalidité, soit la constatation médicale de l'invalidité résultant de l'usure prématurée de l'organisme, et dont la prise en considération est la plus avantageuse pour l'assuré.

Lorsque l'assuré ne compte pas dix années civiles d'assurance, sont prises en considération les années d'assurance depuis l'immatriculation.

Art. R. 341-12 Quelle que soit la date de la demande, la pension a effet à compter de la date à laquelle est apprécié l'état d'invalidité.

Art. R. 341-13 Les arrérages de la pension d'invalidité sont servis par la caisse primaire d'assurance maladie à laquelle l'assuré est affilié. – *V. Arr. du 22 oct. 1985 (JO 30 oct.).*

SECTION V SUSPENSION, RÉVISION, SUPPRESSION DE LA PENSION D'INVALIDITÉ

Art. R. 341-14 *(Décr. n° 2011-615 du 31 mai 2011, art. 1er-1°, en vigueur le 1er juin 2011)* Un contrôle des droits des titulaires d'une pension d'invalidité est effectué chaque année.

Toutefois, le contrôle des droits est effectué trimestriellement lorsque le titulaire d'une pension d'invalidité exerce une activité salariée.

V. note ss. art. R. 341-8.

Art. R. 341-15 *L'art. R. 341-15 devient l'art. R. 341-17 (Décr. n° 2011-615 du 31 mai 2011, art. 1er-1°).*

Art. R. 341-16 La suspension ou la suppression de la pension prévue à l'article L. 341-13 intervient lorsque la capacité de gain de l'invalide pensionné devient supérieure à 50 %.

Pour l'application de ces dispositions, la caisse primaire d'assurance maladie peut, à tout moment, provoquer une expertise médicale sur la capacité de gain qui reste à l'intéressé. – *[Anc. art. R. 341-14.]*

Art. R. 341-17 *(Décr. n° 89-176 du 14 mars 1989, art. 1er)* « La pension doit être suspendue, en tout ou partie, par la caisse primaire d'assurance maladie lorsqu'il est constaté que le montant cumulé de la pension d'invalidité, calculée conformément aux dispositions de la section III du présent chapitre, et des salaires ou gains de l'intéressé excède, pendant deux trimestres consécutifs, le salaire trimestriel moyen de la dernière année civile précédant l'arrêt de travail suivi d'invalidité. »

(Décr. n° 2011-615 du 31 mai 2011, art. 1er-1°, en vigueur le 1er juin 2011) « Pour l'application de ces dispositions, il est tenu compte du salaire tel que défini au quatrième alinéa de l'article R. 341-4, effectivement versé, augmenté des avantages susceptibles de donner lieu au versement des cotisations et affecté des coefficients de revalorisation établis en application de l'article L. 341-6.

« Pour l'appréciation des gains mentionnés au premier alinéa lorsqu'ils sont tirés d'une activité professionnelle non salariée, sont retenus soit le revenu professionnel entrant dans l'assiette des cotisations d'assurance maladie, soit, pour les bénéficiaires du régime prévu à l'article L. 133-6-8, le revenu résultant de l'application au chiffre d'affaires ou aux recettes des taux d'abattement définis aux articles 50-0 et 102 *ter* du code général des impôts, l'un ou l'autre de ces revenus étant pris en compte à hauteur de 125 % de son montant. »

Pendant les arrêts de travail en cours de la période de référence définie au premier alinéa, l'assuré est considéré comme ayant perçu un salaire égal au salaire moyen correspondant à la durée effective de travail salarié.

(Décr. n° 86-130 du 28 janv. 1986) « Le montant des arrérages de chaque mois ultérieur est réduit à concurrence du dépassement constaté au cours du trimestre précédent. »

Si l'assuré était en apprentissage lors de la survenance du risque, ses ressources sont comparées à la rémunération habituelle d'un salarié du même âge et de la même région appartenant à la catégorie professionnelle à laquelle l'assuré aurait normalement accédé à sa sortie d'apprentissage.

La décision de la caisse primaire portant suspension en tout ou partie de la pension doit être notifiée à l'assuré par lettre recommandée avec demande d'avis de réception. – *[Anc. art. R. 341-15.]*

Art. R. 341-18 En cas de suspension ou de suppression de la pension d'invalidité dans les conditions prévues aux articles L. 341-12 et L. 341-13, la caisse primaire peut maintenir à l'invalide qui fait l'objet d'un traitement, suit des cours ou effectue un stage en vue de son reclassement ou de sa rééducation professionnelle, pendant toute la durée de ce traitement, cours ou stage, une fraction de ladite pension qui peut atteindre 50 %.

Le maintien d'une fraction de la pension d'invalidité, dans la limite de 50 %, à l'invalide qui fait l'objet d'un traitement, suit des cours ou effectue un stage en vue de son reclassement ou de sa rééducation professionnelle ne constitue pour les organismes sociaux qu'une simple faculté, les juridictions contentieuses ne pouvant substituer leur appréciation à celle de la caisse. • Civ. 2e, 15 sept. 2016, n° 15-26.141 P : *RJS 12/2016, n° 818 ; JCPS 2016, n° 1375, obs. Tauran.*

Art. R. 341-19 Après achèvement du traitement, des cours ou du stage et pendant une durée ne pouvant excéder trois ans, la caisse primaire peut maintenir à l'invalide la fraction de la pension prévue à l'article R. 341-18.

Art. R. 341-20 Si un assuré reprend le travail après la suppression de sa pension d'invalidité, il est considéré comme ayant rempli pendant l'année précédant la date de la suppression de cette pension les conditions exigées en application des articles L. 313-1 et L. 341-2 pour avoir droit et ouvrir droit aux prestations des assurances maladie, maternité, invalidité et décès.

Art. R. 341-21 *(Décr. n° 2017-736 du 3 mai 2017, art. 11)* Sans préjudice de l'application des dispositions sur l'assurance maladie, la caisse primaire procède à la liquidation d'une seconde pension qui se substitue à la première pension d'invalidité, si elle est d'un montant plus élevé :

– lorsque l'assuré, dont la pension est suspendue, est atteint d'une nouvelle affection entraînant une invalidité qui réduit au moins des deux tiers sa capacité de gain ;

– ou lorsque l'assuré, dont la pension est suspendue en totalité en application de l'article R. 341-16 pendant une durée minimale fixée par arrêté du ministre chargé de la sécurité sociale, présente pour la même affection une invalidité qui réduit à nouveau au moins des deux tiers sa capacité de gain. – *Cette durée minimale de suspension de la pension d'invalidité est fixée à trois ans (Arr. du 4 mai 2017, JO 6 mai).*

Jurisprudence antérieure au Décr. n° 2017-736 du 3 mai 2017.

Il suffit, pour l'application de l'art. R. 341-21, que, s'ajoutant aux affections antérieures, les nouvelles affections entraînent la réduction de capacité visée par ce texte. • Soc. 13 juill. 2000, n° 99-11.536 P : *RJS 2000, n° 998.*

SECTION VI CONVERSION DE LA PENSION D'INVALIDITÉ EN PENSION DE VIEILLESSE

Art. R. 341-22 L'entrée en jouissance de la pension de vieillesse substituée à la pension d'invalidité, en application de l'article L. 341-15, est fixée au premier jour du mois suivant *(Décr. n° 2011-620 du 31 mai 2011, art. 4-3°)* « la date à laquelle le pensionné atteint l'âge prévu à l'article L. 161-17-2 ».

L'âge minimum prévu au premier alinéa de l'article L. 341-16 est celui mentionné à l'article R. 351-2.

Art. R. 341-23 *Abrogé par Décr. n° 2011-620 du 31 mai 2011, art. 9.*

SECTION VII DISPOSITIONS DIVERSES

Art. R. 341-24 Les dispositions relatives à l'assurance maladie et à l'assurance maternité sont applicables à l'assurance invalidité en ce qui concerne les prestations en nature servies par la caisse primaire d'assurance maladie.

CHAPITRE II DROITS DU CONJOINT SURVIVANT

Art. R. 342-1 La pension à laquelle peut prétendre le conjoint survivant est calculée selon l'âge atteint par le défunt, soit sur la pension d'invalidité dont ce dernier eût bénéficié s'il avait été classé dans la deuxième catégorie, soit sur la pension de vieillesse qui lui aurait été allouée s'il avait été reconnu inapte au travail, soit sur la pension de vieillesse dont il bénéficiait ou à laquelle il aurait pu prétendre.

Art. R. 342-2 La majoration, dont le taux est fixé à 10 % de la pension de veuf ou de veuve prévue à l'article L. 342-4, est applicable lorsque le bénéficiaire a eu au moins trois enfants. Ouvrent droit également à cette majoration les enfants ayant été, pendant au moins neuf ans avant leur seizième anniversaire, élevés par le titulaire de la pension et à sa charge ou à celle de son conjoint.

Art. R. 342-3 Les personnes qui sollicitent le bénéfice de la pension d'invalidité de veuf ou de veuve prévue au présent chapitre adressent à la caisse primaire d'assurance maladie du dernier lieu de travail du « *de cujus* » une demande conforme au modèle arrêté par le ministre chargé de la sécurité sociale.

Il est donné au requérant récépissé de sa demande et des pièces qui l'accompagnent.

Sur les exceptions à l'application du droit des usagers de saisir l'administration par voie électronique concernant les démarches effectuées auprès des organismes de sécurité sociale, V. CRPA, App., v° Saisine par voie électronique — Exceptions. — **CRPA.**

Art. R. 342-4 L'entrée en jouissance de la pension prévue à l'article L. 342-1 est fixée, soit *(Décr. n° 86-130 du 28 janv. 1986, art. 3)* « au premier jour du mois qui suit le décès de l'assuré » si la demande est présentée dans le délai d'un an, soit au premier jour du mois suivant la date de réception de la demande ou la date à compter de laquelle la veuve est reconnue invalide postérieurement au dépôt de sa demande. — *V. note ss. art. R. 342-3.*

Art. R. 342-5 Les dispositions de l'article *(Décr. n° 2011-615 du 31 mai 2011, art. 1er-2°, en vigueur le 1er juin 2011)* « R. 341-17 » sont applicables aux pensions de veufs ou de veuves. S'il s'agit de bénéficiaires n'ayant pas exercé d'activité professionnelle antérieurement à l'entrée en jouissance de la pension d'invalidité de veuf ou de veuve, leurs ressources devront être comparées à la rémunération normale perçue par un manœuvre de la région où ils résident.

Art. R. 342-6 La pension d'invalidité attribuée à la veuve ou au veuf en vertu de l'article L. 342-1 est remplacée par une pension de vieillesse de veuve ou de veuf d'un montant égal à compter de la première échéance suivant le cinquante-cinquième anniversaire du titulaire. — *V. art. D. 342-1.*

TITRE CINQUIÈME **ASSURANCE VIEILLESSE — ASSURANCE VEUVAGE**

CHAPITRE PREMIER **OUVERTURE DU DROIT, LIQUIDATION ET CALCUL DES PENSIONS DE RETRAITE**

Art. R. 351-1 Les droits à l'assurance vieillesse sont déterminés en tenant compte :

1° Des cotisations versées au titre de la législation sur les assurances sociales et arrêtées au dernier jour du trimestre civil précédant la date prévue pour l'entrée en jouissance de la pension, rente ou *(Ord. nº 2004-605 du 24 juin 2004, art. 3)* « allocation de solidarité aux personnes âgées » ;

2° De l'âge atteint par l'intéressé à cette dernière date ;

3° Du nombre de trimestres d'assurance valables pour le calcul de la pension.

SECTION PREMIÈRE **CONDITIONS D'ÂGE**

Art. R. 351-2 L'âge prévu au premier alinéa de l'article L. 351-1 est *(Décr. nº 2011-620 du 31 mai 2011, art. 4-4º)* « l'âge prévu par l'article L. 161-17-2 ».

SECTION II **PÉRIODES D'ASSURANCE, PÉRIODES ÉQUIVALENTES ET PÉRIODES ASSIMILÉES**

SOUS-SECTION 1 **DISPOSITIONS GÉNÉRALES**

Art. R. 351-3 Les termes "durée d'assurance" et "périodes d'assurance" figurant à l'article L. 351-1 désignent :

1° Les périodes de cotisations à l'assurance vieillesse obligatoire ou volontaire ainsi que les périodes assimilées à des périodes d'assurance ou validables en application des règles propres à chacun des régimes de base obligatoires ;

2° Les majorations de durée d'assurance pour enfant accordées par l'un de ces régimes et retenues conformément aux règles de coordination posées par les articles R. 173-15 et R. 173-16 ;

3° Les majorations de durée d'assurance en fonction de la durée d'un congé parental, accordées par ces mêmes régimes et retenues dans les mêmes conditions.

Les périodes mentionnées au 3° ci-dessus sont retenues de date à date, le nombre de trimestres correspondant étant arrondi au chiffre immédiatement supérieur.

Art. R. 351-4 Les termes "périodes reconnues équivalentes" figurant au deuxième alinéa de l'article L. 351-1 désignent :

(Décr. nº 2004-971 du 13 sept. 2004) « 1° Les périodes d'activité professionnelle antérieures au 1er avril 1983 qui peuvent ou auraient pu donner lieu à rachat de cotisations d'assurance vieillesse au titre d'un régime de base obligatoire, à l'exclusion des périodes d'activité accomplies par un aide familial entre son quatorzième et son dix-huitième anniversaire et mentionnées à l'article L. 732-35-1 du code rural et de la pêche maritime et des périodes au titre desquelles un versement de cotisation peut être effectué en application des articles L. 351-14-1, L. 634-2-2, L. 643-2, L. 721-8 et L. 723-10 du présent code, de l'article L. 732-27-1 du code rural et de la pêche maritime et de l'article L. 9 *bis* du code des pensions civiles et militaires de retraite ;

« 2° Les périodes d'activité professionnelle agricole non salariée accomplies de façon habituelle et régulière, avant le 1er janvier 1976, dans une exploitation agricole ou assimilée, entre le dix-huitième et le vingt et unième anniversaire des intéressés et n'ayant pas donné lieu au versement de cotisations en application de l'article L. 732-35-1 du code rural et de la pêche maritime ; »

3° les périodes antérieures au 1er avril 1983 au cours desquelles les membres de la famille du chef d'entreprise, âgés d'au moins dix-huit ans et ne bénéficiant pas d'un régime obligatoire d'assurance vieillesse, ont participé de façon habituelle à l'exercice d'une activité professionnelle *(Décr. nº 2017-735 du 3 mai 2017, art. 3-10º)* « relevant de l'assurance vieillesse du régime social des indépendants ». Les membres de la famille s'entendent des conjoints, ascendants, descendants, frères, sœurs ou alliés au même degré.

Les périodes mentionnées ci-dessus sont retenues de date à date, le nombre de trimestres correspondant étant arrondi au chiffre immédiatement supérieur. – *Cet article est applicable à Saint-Pierre-et-Miquelon (Décr. n° 89-110 du 20 févr. 1989, art. 7).*

Art. R. 351-5 L'application des dispositions des articles R. 351-3 et R. 351-4 ne peut avoir pour effet de porter à un chiffre supérieur à quatre le nombre de trimestres d'assurance valable au titre d'une même année civile.

Cette disposition ne concerne pas les majorations de durée d'assurance mentionnées aux 2° et 3° de l'article R. 351-3.

Art. R. 351-6 *(Décr. n° 2004-144 du 13 févr. 2004, art. 2)* I. – La durée maximum d'assurance dans le régime général prise en compte pour le calcul de la pension de vieillesse est celle prévue au troisième alinéa de l'article L. 351-1.

Si l'assuré a accompli une durée d'assurance inférieure à cette durée maximum, la pension est réduite au prorata.

Les dispositions ci-dessus s'appliquent *(Abrogé par Décr. n° 2007-614 du 25 avr. 2007, art. 1er)* *« aux pensions prenant effet après le 31 décembre 2007 et »* aux assurés nés après 1947 quelle que soit la date d'effet de leur pension.

II. – Pour les pensions prenant effet après le 31 décembre 2003 *(Abrogé par Décr. n° 2007-614 du 25 avr. 2007, art. 1er)* *« et avant le 1er janvier 2008 »*, la durée maximum d'assurance est fixée à :

150 trimestres pour les assurés nés avant 1944 ;

152 trimestres pour les assurés nés en 1944 ;

154 trimestres pour les assurés nés en 1945 ;

156 trimestres pour les assurés nés en 1946 ;

158 trimestres pour les assurés nés en 1947.

Art. R. 351-7 *(Décr. n° 2011-620 du 31 mai 2011, art. 4-5°)* « L'assuré bénéficie, en application de l'article L. 351-6, d'une majoration de sa durée d'assurance dans le régime général de sécurité sociale égale à 2,5 % pour chaque trimestre accompli postérieurement à l'âge fixé au 1° de l'article L. 351-8 ou à l'âge de soixante-cinq ans s'il remplit les conditions prévues *[aux]* au 1° *bis* ou 1° *ter* de ce même article L. 351-8 ou au *[aux]* III ou IV de l'article 20 de la loi n° 2010-1330 du 9 novembre 2010 portant réforme des retraites : »

(Décr. n° 2004-144 du 13 févr. 2004, art. 3) « 1° Au titre des périodes antérieures au 1er janvier 2004 ;

« 2° Au titre des périodes accomplies dans ce régime et, le cas échéant, dans un ou plusieurs autres régimes obligatoires postérieurement au 31 décembre 2003.

« Sous réserve des dispositions de l'article R. 173-4-2, le nombre total de trimestres d'assurance obtenu en application des dispositions des alinéas précédents est arrondi, s'il y a lieu, au chiffre immédiatement supérieur.

« La majoration prévue au présent article ne peut avoir pour effet de porter la durée totale d'assurance de l'assuré au-delà de la limite prévue au troisième alinéa de l'article L. 351-1. Elle est répartie entre les régimes selon les modalités prévues à l'article R. 173-4-2. » – *Les dispositions du Décr. n° 2004-144 du 13 févr. 2004 s'appliquent aux pensions prenant effet postérieurement au 31 déc. 2003 (Décr. préc., art. 8).*

Art. R. 351-8 Par dérogation aux dispositions de l'article R. 351-7, les assurés âgés de plus de soixante-cinq ans au 1er avril 1983 pourront, en application du dernier alinéa de l'article L. 351-1, conserver le bénéfice des coefficients de majoration acquis au 31 mars 1983 dans le cadre de la législation en vigueur jusqu'à cette dernière date.

Art. R. 351-9 Les périodes d'assurance accomplies du 1er juillet 1930 au 31 décembre 1935 comptent pour autant de trimestres d'assurance que, durant ce délai, l'intéressé a versé de fois soixante cotisations journalières de la catégorie où il était classé, sans que le nombre de trimestres entrant en compte puisse dépasser vingt-deux.

Pour la période comprise entre le 1er janvier 1936 et le 31 décembre 1941, ne comptent comme trimestres d'assurance que ceux au cours desquels l'assuré a subi sur son salaire une retenue au moins égale à 0,15 F.

Pour la période comprise entre le 1er janvier 1942 et le 31 décembre 1945, il y a lieu de retenir autant de trimestres que la retenue subie par l'assuré sur son salaire annuel représente de fois 0,15 F avec un maximum de quatre trimestres par année civile.

Pour la période comprise entre le 1er janvier 1946 et le 31 décembre 1948, il y a lieu de retenir autant de trimestres que le salaire annuel correspondant aux retenues subies par l'assuré sur sa rémunération représente de fois 18 F avec un maximum de quatre trimestres par année civile.

Pour la période comprise entre le 1er janvier 1949 et le 31 décembre 1971, il y a lieu de retenir autant de trimestres que le salaire annuel correspondant aux retenues subies par l'assuré sur sa rémunération représente de fois le montant trimestriel de l'allocation aux vieux travailleurs salariés au 1er janvier de l'année considérée, avec un maximum de quatre trimestres par année civile ; jusqu'au 31 décembre 1962, ce montant est celui des villes de plus de 5 000 habitants. – *Il est substitué au montant de l'allocation aux vieux travailleurs salariés un montant fixé par décret, revalorisé dans les conditions prévues à l'art. L. 816-2 CSS (Ord. no 2004-605 du 24 juin 2004, art. 3).*

(Décr. no 2014-349 du 19 mars 2014, art. 1er-1o) « Pour la période comprise entre le 1er janvier 1972 et le 31 décembre 2013, » *[V. art. D. 634-1, § V]* il y a lieu de retenir autant de trimestres que le salaire annuel correspondant aux retenues subies par l'assuré sur sa rémunération représente de fois le montant du salaire minimum de croissance en vigueur au 1er janvier de l'année considérée calculé sur la base de 200 heures, avec un maximum de quatre trimestres par année civile. En ce qui concerne les assurés ayant, au cours de tout ou partie d'une année déterminée, exercé leur activité dans l'un des départements mentionnés à l'article L. 751-1, le montant du salaire minimum de croissance à retenir est celui qui est en vigueur dans ledit département au 1er janvier de l'année considérée.

(Décr. no 2014-349 du 19 mars 2014, art. 1er-2o) « Pour la période postérieure au 31 décembre 2013, il y a lieu de retenir autant de trimestres que le salaire annuel correspondant aux retenues subies par l'assuré sur sa rémunération représente de fois le montant du salaire minimum de croissance en vigueur au 1er janvier de l'année considérée calculé sur la base de 150 heures, avec un maximum de quatre trimestres par année civile. »

Art. R. 351-10 La pension ou la rente liquidée dans les conditions prévues aux articles R. 351-1 et R. 351-9 n'est pas susceptible d'être révisée pour tenir compte des versements afférents à une période postérieure à la date à laquelle a été arrêté le compte de l'assuré pour l'ouverture de ses droits à l'assurance vieillesse dans les conditions définies à l'article R. 351-1.

1. Intangibilité des pensions liquidées (principe). En vertu du principe de l'intangibilité des pensions liquidées, le montant de la pension ne peut plus être modifié. • Civ. 2e, 8 nov. 2006 : *RJS 2007, no 109, 1re esp.* ♦ Après l'expiration du délai de recours contentieux, les parties ne peuvent, hors les cas prévus par la loi, modifier les bases de calcul de la pension (une caisse n'est ainsi pas fondée à réduire le montant d'une pension liquidée en 1981, en raison de l'attribution de points injustifiée). • Soc. 31 oct. 2000, no 99-11.258 P : *RJS 2001, no 244 ; TPS 2001. Comm. 28.* ♦ Le principe de l'intangibilité des droits liquidés, qui résulte de l'art. R. 351-10 CSS, fait obstacle, après l'expiration des délais du recours contentieux et hors les cas prévus par la loi, à la modification des bases de calcul de la pension de retraite notifiée à l'assuré. • Civ. 2e, 12 févr. 2015, no 14-10.609 P : *JCP S 2015, no 1196, obs. Tricoit ; RJS 5/2015, no 367.* ♦ V., de même, • Civ. 2e, 25 janv. 2018, no 16-27.854 P : *RJS 4/2018, no 289.*

2. Principe d'intangibilité (atténuations). Le principe de l'intangibilité des pensions liquidées résultant des dispositions de l'art. R. 351-10 CSS ne fait pas obstacle à ce que l'attributaire d'une pension de vieillesse renonce définitivement au bénéfice de celle-ci. • Civ. 2e, 16 sept. 2003, no 01-21.352 P : *RJS 2003. 999, no 1435.* ♦ Si le principe posé par l'art. R. 351-10 CSS interdit la révision des pensions liquidées pour tenir compte de versements postérieurs à la date de liquidation, il n'interdit pas à l'assuré de renoncer, pendant la durée du recours contentieux, au bénéfice de la pension dans le but de parfaire ses droits. • Civ. 2e, 18 nov. 2003, no 02-30.287 P : *RJS 2004. 83, no 110.* ♦ De même, ce principe ne fait pas obstacle à ce que le pensionné sollicite, dans le délai de recours contentieux, la prise en considération d'une inaptitude au travail dont il n'avait pas fait mention dans sa demande de pension. • Civ. 2e, 11 oct. 2018, no 17-20.932 P : *JCP S 2018, no 1361, obs. Tauran.* ♦ Le principe de l'intangibilité des pensions liquidées résultant des dispositions de l'art. R. 351-10 CSS ne saurait faire obstacle à l'exécution d'une décision juridictionnelle, devenue irrévocable, modifiant les droits d'un assuré. • Civ. 2e, 25 oct. 2006, n° 05-10.660 P : *RJS 2007, n° 109, 2e esp. ; JCP S 2007. 1191, note Tauran ; Gaz. Pal. 2007. 21, note Coursier.* ♦ Le principe ne fait pas obstacle à ce que la caisse puisse réviser une pension de réversion liquidée en raison d'une erreur dans l'application des textes commise lors de la liquidation. • Civ. 2e, 25 avr. 2007, n° 06-12.860 P : *JCP S 2007. 1523, note Vachet, 2e esp.*

3. Retraite des cadres (caractère définitif). Aucune des dispositions des textes spécifiques à la retraite des cadres ne déroge au principe posé par l'art. R. 351-10 CSS, selon lequel l'opération de liquidation de la pension de retraite du régime général de la sécurité sociale présente un caractère définitif. Il s'ensuit qu'une garantie de ressources perçue postérieurement à la liquidation de la pension de retraite d'un cadre ne peut donner lieu à l'attribution de points gratuits. • Paris, 20 févr. 1990 : *D. 1991. Somm. 131, obs. Prétot.*

4. Révision de la pension (charge de la preuve de l'obligation de renseigner). Les juges du fond, appréciant souverainement l'ensemble des documents soumis à leur examen, peuvent estimer que la caisse régionale d'assurance maladie ne rapporte pas la preuve de l'exécution de son obligation d'information des assurés et fixer le mode de réparation du préjudice qui leur paraît le mieux approprié, y compris permettre à l'assuré de demander la révision de sa pension. • Soc. 6 mars 2003 : *RJS 2003. 521, n° 789.*

Art. R. 351-11 « I. — » *(Décr. n° 87-671 du 14 août 1987 ; Décr. n° 88-679 du 6 mai 1988, art. 2-I)* « Sous réserve, pour la période du 1er avril au 31 décembre 1987, de l'application de l'article L. 241-10 », il est tenu compte, pour l'ouverture du droit et le calcul des pensions de vieillesse prévues aux articles L. 351-1, L. 351-7 et L. 352-1, de toutes les cotisations d'assurance vieillesse versées pour les périodes antérieures à l'entrée en jouissance de la pension, quelle que soit la date de leur versement. *(Décr. n° 2008-553 du 11 juin 2008, art. 6)* « Toutefois, il n'est tenu compte des cotisations versées en cas de redressement d'assiette sur la base d'une rémunération forfaitaire prévu à l'article L. 242-1-2 que pour leur fraction correspondant à une assiette égale à deux fois la rémunération mensuelle minimale définie à l'article L. 3232-1 du code du travail en vigueur au moment du constat du délit de travail dissimulé. »

(Décr. n° 2008-845 du 25 août 2008) « II. — Le versement de cotisations afférentes à une période d'activité antérieure de plus de trois ans à la date dudit versement s'effectue dans les conditions déterminées ci-après.

« Le montant des cotisations dues est calculé en appliquant à la rémunération qui aurait dû être soumise à cotisation salariale selon les dispositions en vigueur à l'époque de l'activité rémunérée :

« 1° Les coefficients de revalorisation en vigueur à la date du versement, applicables aux salaires et aux cotisations servant de base au calcul des pensions ou rentes en vertu de l'article L. 351-11 ;

« 2° Les taux de cotisations pour le risque vieillesse incombant au salarié et à l'employeur, applicables lors de la période d'activité en cause ou, pour les périodes d'activité antérieures au 1er octobre 1967, le taux de 9 % ;

« 3° Une actualisation au taux de 2, 5 % par année civile révolue séparant la date du versement de la fin de la période d'activité en cause.

« Ces cotisations ne sont pas soumises aux pénalités et aux majorations de retard prévues par les articles R. 243-16 et R. 243-18.

« Le versement mentionné au premier alinéa du présent II porte sur l'intégralité de la période d'activité pour laquelle les cotisations dues n'ont pas été versées.

« Lorsque le montant de la rémunération perçue par l'assuré n'est pas démontré, un versement de cotisations ne peut être effectué qu'au titre d'une période d'activité accomplie pour le compte du même employeur et correspondant soit à une période continue d'au moins quatre-vingt-dix jours, soit à des périodes discontinues d'une durée totale d'au moins quatre-vingt-dix jours sur une même année civile. Dans ce cas, les cotisations sont calculées sur une assiette forfaitaire, fixée par arrêté conjoint du ministre chargé de la sécurité sociale et du ministre chargé de l'agriculture, dans les conditions prévues aux alinéas précédents.

« Lorsque les cotisations sont calculées sur une base forfaitaire, le versement des cotisations afférentes à chaque année civile ne peut avoir pour effet d'augmenter la durée d'assurance déterminée selon les modalités définies à l'article R. 351-9 d'un nombre de trimestres supérieur à la durée de la période de travail au titre de laquelle

intervient le versement, pour l'année civile considérée, exprimée en périodes de quatre-vingt-dix jours et arrondie le cas échéant à l'entier le plus proche.

« Le versement de cotisations est effectué par l'employeur. Toutefois, en cas de disparition de l'employeur ou lorsque celui-ci refuse d'effectuer le versement, l'assuré est admis à procéder lui-même au versement.

« Le versement est effectué auprès de l'organisme visé à l'article R. 351-34. — *Al. applicable à compter du 1er janv. 2010 (Décr. n° 2008-845 du 25 août 2008, art. 2).*

« Aucun versement volontaire de cotisations n'est admis au titre du travail dissimulé ayant donné lieu à un redressement d'assiette sur la base d'une rémunération forfaitaire, en application de l'article L. 242-1-2, plus de trois ans après la date à laquelle a été constaté ce délit.

« III. — Si un versement de cotisations intervient après une première liquidation de la pension, la révision des droits prend effet à compter du premier jour du mois suivant celui au cours duquel ont été encaissées les cotisations éventuellement majorées et les pénalités et majorations de retard éventuellement dues.

« IV. — Sont également valables pour l'ouverture du droit et le calcul desdites pensions, les cotisations non versées, lorsque l'assuré apporte la preuve qu'il a subi en temps utile, sur son salaire, le précompte des cotisations d'assurance vieillesse, sous réserve des cas visés à la deuxième phrase du premier alinéa de l'article L. 351-2. »

Les dispositions du Décr. n° 2008-845 du 25 août 2008 sont applicables aux décomptes de cotisations adressés par les organismes visés à l'art. L. 213-1 CSS et à l'art. L. 723-3 C. rur. à compter du premier jour suivant sa publication (Décr. n° 2008-845 du 25 août 2008, art. 2).

CALCUL DES COTISATIONS ARRIÉRÉES. — *Lorsque, en cas de disparition de l'employeur, le salarié est admis à effectuer un versement de cotisations afférentes à une période d'activité antérieure de plus de cinq ans audit versement et pour laquelle le montant de la rémunération qu'il a perçue n'est pas connu, les salaires constituant l'assiette des cotisations sont égaux, sauf dispositions particulières contraires, aux chiffres figurant dans le tableau annexé à l'arrêté du 31 déc. 1975 (JO 25 janv. 1976 ; D. et BLD 1976. 99), mod. par Arr. du 26 janv. 1977 (D. et BLD 1977. 114) et Arr. du 24 mai 2000 (JO 3 juin).*

Sur les exceptions à l'application du droit des usagers de saisir l'administration par voie électronique concernant les démarches effectuées auprès des organismes de sécurité sociale, V. CRPA, App., v° Saisine par voie électronique — Exceptions. — **CRPA.**

Effet déclaratif des jugements. Lorsqu'un assuré social est admis, à la suite d'un recours contentieux formé après liquidation de sa retraite, à effectuer un versement de cotisations afférentes à une période d'activité antérieure, la régularisation de sa pension prend effet à compter de la date de l'introduction de sa demande en justice. • Soc. 20 déc. 2001, n° 00-10.776 P : *RJS 2002, n° 339.*

Art. R. 351-12 **Pour l'application de l'article L. 351-3, sont comptés comme périodes d'assurance, depuis le 1er juillet 1930, pour l'ouverture du droit à pension :**

1° Le trimestre civil au cours duquel l'assuré a bénéficié, au titre du *(Décr. n° 90-1061 du 26 nov. 1990, art. 1er)* **« 5° » de l'article L. 321-1, du soixantième jour d'indemnisation, un trimestre étant également décompté pour chaque nouvelle période d'indemnisation de soixante jours ;**

(Décr. n° 2014-566 du 30 mai 2014, art. 1er) **« 2° *a)* Le trimestre civil au cours duquel l'assuré a bénéficié du quatre-vingt-dixième jour d'indemnisation au titre du 2° de l'article L. 330-1 et de l'article 32 de la loi n° 2004-1370 du 20 décembre 2004 de financement de la sécurité sociale pour 2005. Si la durée d'indemnisation a été inférieure à quatre-vingt-dix jours, le trimestre civil au cours duquel l'assuré a bénéficié du dernier jour d'indemnisation est décompté comme période d'assurance ;**

« *b)* Un trimestre est également décompté pour chaque nouvelle période d'indemnisation de quatre-vingt-dix jours ; » — *Les dispositions du Décr. n° 2014-566 du 30 mai 2014 sont applicables pour la détermination des périodes d'assurance postérieures au 31 déc. 2013. Ne sont pas pris en compte, pour cette détermination, les jours d'indemnisation se rapportant à un accouchement intervenu avant le 1er janv. 2014 (Décr. préc., art. 2).*

3° Chaque trimestre civil comportant une échéance du paiement des arrérages de la pension d'invalidité ;

4° Autant de trimestres qu'au cours de l'année civile correspond de fois à cinquante jours la durée :

a. de la détention provisoire, dans la mesure où elle ne s'impute pas sur la durée de la peine ;

b. des périodes antérieures au 1er janvier 1980 durant lesquelles l'assuré était en situation de chômage involontaire constaté ou a bénéficié soit du régime de garantie de ressources auquel se réfère la loi n° 72-635 du 5 juillet 1972, soit de l'allocation spéciale créée par l'article 3 de la loi n° 63-1240 du 18 décembre 1963 ;

c. des périodes postérieures au 31 décembre 1979 durant lesquelles *(Décr. n° 2011-620 du 31 mai 2011, art. 4-6°)* « l'assuré dont l'âge est inférieur à celui prévu au 1° de l'article **L. 351-8** » a bénéficié de l'un des revenus de remplacement prévus à l'article **L. 351-5** *[L. 5422-14 nouv.]* du code du travail en vigueur avant le 1er avril 1984 ou à l'article **L. 351-2** *[L. 5421-2 nouv.]* du même code ou de l'une des allocations mentionnées aux articles **L. 351-6** *[L. 5422-15 s. et R. 5422-9 nouv.]*, **L. 351-6-1** *[L. 5422-18 s. nouv.]*, **L. 351-6-2** *[L. 5422-4 s. nouv.]*, **L. 351-16** *[L. 5421-3 nouv.]* et **L. 351-17** *[L. 5426-2 et L. 5426-9 nouv.]* du même code *(Décr. n° 87-671 du 14 août 1987, art. 2)* « en vigueur avant cette dernière date, à l'article **L. 322-3** *[abrogé]* et aux 2° et 4° du deuxième alinéa de l'article **L. 322-4** *[L. 5123-2 nouv.]* du même code » ;

d. des périodes postérieures au 31 décembre 1979 pendant lesquelles *(Décr. n° 2011-620 du 31 mai 2011, art. 4-6°)* « l'assuré dont l'âge est inférieur à celui prévu au 1° de l'article **L. 351-8** » et en état de chômage involontaire n'a pu bénéficier ou a cessé de bénéficier de l'un des revenus de remplacement ou de l'une des allocations susmentionnés. Toutefois, ces périodes ne sont prises en compte que dans les conditions et limites suivantes :

• la première période de chômage non indemnisé, qu'elle soit continue ou non, est prise en compte dans la limite d'un an *(Décr. n° 2011-934 du 1er août 2011, art. 1er-I)* « et demi, sans que plus de six trimestres d'assurance puissent être comptés à ce titre » ; — *Les dispositions issues du Décr. n° 2011-934 du 1er août 2011 s'appliquent aux périodes de chômage involontaire non indemnisé postérieures au 31 déc. 2010 (Décr. préc., art. 2).*

• chaque période ultérieure de chômage non indemnisé est prise en compte à condition qu'elle succède sans solution de continuité à une période de chômage indemnisé, dans la limite d'un an ;

• cette dernière limite est portée à cinq ans lorsque l'assuré justifie d'une durée de cotisation d'au moins vingt ans, est âgé d'au moins cinquante-cinq ans à la date où il cesse de bénéficier de l'un des revenus de remplacement ou de l'une des allocations susmentionnés, et ne relève pas à nouveau d'un régime obligatoire d'assurance vieillesse ;

e. des périodes pendant lesquelles, par application des dispositions de l'article 5 du décret n° 82-991 du 24 novembre 1982 ou de l'article 35 du règlement annexé à la convention du 24 février 1984 relative à l'assurance chômage, l'assuré n'a pas perçu les allocations du régime mentionné à l'article **L. 351-2** *[L. 5421-2 nouv.]* du code du travail en vigueur avant le 1er avril 1984 ou le revenu de remplacement mentionné à l'article **L. 351-2** *[L. 5421-2 nouv.]* du même code ou les allocations mentionnées au 2° du deuxième alinéa de l'article **L. 322-4** *[L. 5123-2 nouv.]* du même code ;

f. des périodes pendant lesquelles, par application d'accords professionnels ou interprofessionnels, nationaux ou régionaux mentionnés au dernier alinéa de l'article **L. 352-3** *[L. 5122-4 et L. 5123-6 nouv.]* du code du travail, l'assuré a bénéficié, en cas d'absence complète d'activité, d'une allocation versée par son entreprise, sous réserve que, durant lesdites périodes, une convention de conversion ait été conclue entre l'État et son entreprise par application du 4° de l'article **R. 322-1** *[R. 5111-2 et R. 5123-2 s. nouv.]* du même code ;

g. *(Décr. n° 2000-1242 du 19 déc. 2000, art. 1er)* « des périodes pendant lesquelles l'assuré a bénéficié du revenu de remplacement prévu à l'article **R. 322-7-2** *[R. 5123-22 s. nouv.]* du code du travail en application de la convention prévue au IV de cet article » *(Décr. n° 2004-144 du 13 févr. 2004, art. 4)* « ou de la rémunération prévue au quatrième alinéa de l'article **L. 321-4-3** *[L. 1233-72 nouv.]* du même code » ; — *Les dispositions du Décr. n° 2004-144 du 13 févr. 2004 s'appliquent aux pensions prenant effet postérieurement au 31 déc. 2003 (Décr. préc., art. 8).*

h. (Décr. n° 2001-496 du 11 juin 2001, art. 1er) « des périodes pendant lesquelles l'assuré a bénéficié de l'allocation de congé-solidarité dans les conditions prévues par l'article 15 de la loi n° 2000-1207 du 13 décembre 2000 » ;

(Décr. n° 2015-1240 du 7 oct. 2015, art. 1er-19°) « *i.* Des périodes de stage mentionnées au 8° de l'article L. 351-3 du code de la sécurité sociale ; » — *Les dispositions du 19° de l'art. 1er issues du Décr. n° 2015-1240 du 7 oct. 2015 sont applicables à compter de l'exercice 2015 (Décr. préc., art. 3).*

5° Pour les bénéficiaires de la législation sur les accidents du travail, les dispositions des 1° ou 3° ci-dessus sont applicables selon que l'assuré a perçu des indemnités journalières au titre de l'incapacité temporaire ou une rente pour une incapacité permanente au moins égale à 66 % ;

6° Les périodes pendant lesquelles l'assuré a été présent sous les drapeaux pour son service militaire légal, par suite de mobilisation ou comme volontaire en temps de guerre, sont retenues de date à date, le nombre de trimestres valables correspondant étant, éventuellement, arrondi au chiffre immédiatement supérieur. — *V. art. D. 351-1.*

Toutefois, les périodes prévues aux 1°, 2° et 3° ne peuvent être comptées comme périodes d'assurance, postérieurement au 1er janvier 1942, que si mention en a été faite au compte de l'intéressé ;

7° Les périodes pendant lesquelles l'assuré s'est trouvé dans l'une des situations mentionnées au 5° de l'article L. 351-3. Elles sont retenues de date à date, dans les conditions fixées par des arrêtés du ministre chargé de la sécurité sociale, le nombre de trimestres valables correspondant étant, éventuellement, arrondi au chiffre immédiatement supérieur. Les arrêtés mentionnés au 5° de l'article L. 351-3 précisent, de plus, les justifications à produire par les intéressés ;

8° *(Décr. n° 2000-1242 du 19 déc. 2000, art. 2)* « Les périodes mentionnées à l'article L. 432-11 ; elles sont retenues de date à date, le nombre de trimestres valables correspondant étant, éventuellement, arrondi au chiffre immédiatement supérieur » ;

(Décr. n° 2012-1202 du 29 oct. 2012, art. 1er) « 9° Les périodes d'inscription sur la liste des sportifs de haut niveau mentionnée au premier alinéa de l'article L. 221-2 du code du sport dans les conditions et limites suivantes :

« *a)* Ces périodes sont celles postérieures au vingtième anniversaire de l'intéressé ;

« *b)* Ces périodes sont décomptées à raison d'un trimestre par période d'inscription continue de 90 jours, à partir du premier jour d'inscription. Lorsque la période de 90 jours considérée couvre deux années civiles, le trimestre est affecté à l'année civile où cette période compte le plus grand nombre de jours ;

« *c)* Les ressources annuelles de l'intéressé n'excèdent pas, pour l'année civile au titre de laquelle l'assuré demande à bénéficier de ces périodes, 0,75 fois la valeur annuelle du plafond définie en application de l'article L. 241-3. Les ressources prises en considération incluent le total des revenus nets catégoriels retenus pour l'établissement de l'impôt sur le revenu d'après le barème des revenus taxés à un taux proportionnel ou soumis à un prélèvement libératoire de l'impôt sur le revenu, ainsi que les revenus perçus hors de France ou versés par une organisation internationale ;

« *d)* L'application de ces dispositions ne peut avoir pour effet de porter à un chiffre supérieur à quatre le nombre de trimestres d'assurance validés dans un ou plusieurs régimes de base d'assurance vieillesse obligatoire, au titre d'une même année civile ;

« *e)* Le nombre total de trimestres pouvant être validés par chaque intéressé en application du présent 9° est limité à 16. » — *Le Décr. n° 2012-1202 du 29 oct. 2012 est applicable aux périodes d'inscription sur la liste des sportifs de haut niveau mentionnée au premier al. de l'art. L. 221-2 C. sport postérieures au 31 déc. 2011 (Décr. préc., art. 3).*

L'application des dispositions du présent article ne peut avoir pour effet de porter à un chiffre supérieur à quatre le nombre de trimestres d'assurance valable au titre d'une même année civile. — *Les dispositions du Décr. n° 2004-144 du 13 févr. 2004 s'appliquent aux pensions prenant effet postérieurement au 31 déc. 2003 (Décr. préc., art. 8).*

Périodes de mobilisation. Il résulte de l'art. R. 351-1 CSS que les droits à l'assurance vieillesse sont déterminés en tenant compte du nombre de trimestres d'assurance valables pour le calcul de la pension. Selon l'art. R. 351-12, 6°, du même code, lorsqu'il s'agit de périodes de mobilisation, celles-ci sont retenues de date à date, le nombre de trimestres valables correspondant étant, éventuellement, arrondi au chiffre immédiatement supérieur. Une période ne pouvant être prise en compte pour la liquidation des droits à pension que si elle comprend au moins un trimestre, la possibilité d'un calcul arrondi est limitée au cas où un trimestre a déjà été retenu. • Soc. 18 nov. 1993, ☎ nº 90-19.725 P : *D. 1993. IR 255.*

Art. R. 351-13 Les caisses primaires, les institutions ou employeurs assurant le service du revenu de remplacement prévu à l'article L. 351-2 *[L. 5421-2 nouv.]* du code du travail *(Décr. nº 87-671 du 14 août 1987, art. 3-I)* « ou des allocations versées en application de l'article L. 322-3 *[abrogé]*, des 2º et 4º du deuxième alinéa de l'article L. 322-4 *[L. 5123-2 nouv.]* et du 4º de l'article R. 322-1 *[R. 5111-2 et R. 5123-2 s. nouv.]* du même code », les services et organismes relevant du ministre chargé du travail et les établissements pénitentiaires doivent fournir aux caisses chargées de la gestion de l'assurance vieillesse les renseignements permettant de prendre en considération les périodes mentionnées du 1º au 5º de l'article R. 351-12 du présent code.

(Abrogé par Décr. nº 2011-934 du 1er août 2011, art. 1er-II) ***« L'assuré qui demande la prise en compte d'une période de chômage involontaire non indemnisé mentionné au d. du 4º de l'article R. 351-12 du présent code doit produire, à l'appui de sa demande, une déclaration sur l'honneur signalant qu'il a été en état de chômage involontaire et qu'il n'a pas bénéficié, pendant la période considérée, de l'un des revenus de remplacement prévus à l'article L. 351-5*** *[L. 5422-14 nouv.]* ***du code du travail en vigueur avant le 1er avril 1984 ou à l'article L. 351-2*** *[L. 5421-2 nouv.]* ***du même code ou de l'une des allocations mentionnées aux articles L. 351-6*** *[L. 5422-15 s. et R. 5422-9 nouv.]*, ***L. 351-6-1*** *[L. 5422-18 s. nouv.]*, ***L. 351-6-2*** *[L. 5422-4 s. nouv.]*, ***L. 351-16*** *[L. 5421-3 nouv.]*, ***L. 351-17*** *[L. 5426-2 et L. 5426-9 nouv.]* ***du même code*** *(Décr. nº 87-671 du 14 août 1987, art. 3-II)* ***« en vigueur avant cette dernière date à l'article L. 322-3*** *[abrogé]* ***et aux 2º et 4º du deuxième alinéa de l'article L. 322-4*** *[L. 5123-2 nouv.]* ***du même code ». Il joint à sa demande tous documents de nature à préciser sa situation, notamment l'attestation de cessation de paiement délivrée par l'organisme qui lui servait l'un des revenus de remplacement ou l'une des allocations susmentionnés, ses bulletins de salaire. »*** — *Cet al. demeure applicable aux périodes de chômage involontaire non indemnisé antérieures au 1er juill. 2012 (Décr. nº 2011-934 du 1er août 2011, art. 1er-II).*

SOUS-SECTION 2 BÉNÉFICIAIRES DE L'INDEMNITÉ DE SOINS AUX TUBERCULEUX

Art. R. 351-14 *(Décr. nº 2012-1202 du 29 oct. 2012, art. 2)* Avant le 1er octobre de chaque année, les services du ministère chargé des sports invitent à déposer leur demande les sportifs de haut niveau inscrits sur la liste mentionnée au premier alinéa de l'article L. 221-2 du code du sport au cours de l'année civile précédente et qui sont susceptibles d'obtenir la validation d'au moins un trimestre au titre de cette même année civile en application des dispositions du 9º de l'article R. 351-12 du présent code. La demande de l'intéressé est accompagnée de pièces justificatives dont la liste est fixée par arrêté du ministre chargé de la sécurité sociale et du ministre chargé des sports. Les services du ministère chargé des sports communiquent avant le 31 décembre de la même année à la Caisse nationale d'assurance vieillesse l'ensemble des demandes déposées, accompagnées des pièces justificatives. La Caisse nationale d'assurance vieillesse procède à l'instruction des demandes et informe les intéressés de sa décision avant le 30 avril de l'année suivante. — *Le Décr. nº 2012-1202 du 29 oct. 2012 est applicable aux périodes d'inscription sur la liste des sportifs de haut niveau mentionnée au premier al. de l'art. L. 221-2 C. sport postérieures au 31 déc. 2011 (Décr. préc., art. 3).*

Sur les exceptions à l'application du droit des usagers de saisir l'administration par voie électronique concernant les démarches effectuées auprès des organismes de sécurité sociale, V. CRPA, App., vº Saisine par voie électronique — Exceptions. — ***CRPA.***

Art. R. 351-15 Les périodes définies au premier alinéa de *(Décr. nº 87-801 du 29 sept. 1987, art. 15)* « l'article L. 161-21 » sont prises en compte pour l'ouverture et la liquidation des droits à la pension mentionnée à l'article L. 351-1 à condition qu'elles soient antérieures à l'entrée en jouissance de ladite pension.

Ces périodes sont calculées de date à date et décomptées en trimestres ; toute fraction de trimestre est comptée pour un trimestre. Le nombre total de trimestres retenu ne peut excéder trente-six.

Art. R. 351-16 Les prestations de vieillesse ayant fait l'objet d'une liquidation sont révisées pour tenir compte des périodes validées dans les conditions fixées par les articles R. 351-15 et R. 351-18, dans la limite du maximum de trimestres d'assurance susceptibles d'être pris en compte à la date d'entrée en jouissance initiale de ces prestations.

Conformément aux dispositions de l'article 31 de la loi n° 82-599 du 13 juillet 1982, cette révision prend effet au plus tôt au 1er décembre 1982.

Art. R. 351-17 Les demandes de validation des périodes définies au premier alinéa *(Décr. n° 87-801 du 29 sept. 1987, art. 15)* « de l'article L. 161-21 » sont adressées à la caisse chargée de la liquidation des droits à prestation de vieillesse dans la circonscription de laquelle l'assuré cotise ou a cotisé en dernier lieu ou qui, le cas échéant, lui sert déjà une prestation de vieillesse.

Si l'assuré avait demandé à effectuer un rachat de cotisations en application des articles R. 742-22 à R. 742-29, la caisse compétente est celle qui a été chargée de l'instruction de la demande de rachat.

Les demandes de validation sont obligatoirement accompagnées d'une attestation délivrée par le service des anciens combattants qui a attribué l'indemnité de soins aux tuberculeux, indiquant :

1° Les périodes durant lesquelles cette indemnité a été servie ;

2° Le cas échéant, les périodes pendant lesquelles l'hospitalisation de l'intéressé a entraîné la suspension de l'indemnité ;

3° Les périodes pour lesquelles l'activité professionnelle éventuellement exercée n'a pas entraîné la suspension de l'indemnité.

Dans le cas prévu au 3°, la demande doit préciser, en outre, le régime d'assurance vieillesse auquel l'intéressé a été affilié au titre de l'activité exercée ainsi que les références sous lesquelles il a cotisé.

Lorsqu'une demande de rachat avait été faite en application de l'article L. 742-4, seule est exigée la production des justifications complémentaires relatives aux périodes d'hospitalisation éventuelle.

Art. R. 351-18 Lorsque, en application du quatrième alinéa de l'article L. 161-21, les cotisations afférentes aux périodes définies au premier alinéa de cet article sont remboursées, lesdites périodes sont validées dans le régime général de sécurité sociale dans les limites fixées à l'article R. 351-15, sauf si cette validation incombe, en vertu de l'article R. 173-18, à un autre régime obligatoire d'assurance vieillesse.

Art. R. 351-19 Les cotisations d'assurance vieillesse rachetées en application de l'article L. 742-4 et afférentes aux périodes définies au premier alinéa de l'article L. 161-21 sont remboursées aux intéressés quelle que soit la date de leur versement.

Toutefois, lorsque l'intéressé a bénéficié de la révision d'une prestation de vieillesse du fait du rachat de ces cotisations, les suppléments de prestation qu'il a ainsi obtenus sont déduits des sommes remboursées en application de l'alinéa premier du présent article.

Art. R. 351-20 Les cotisations versées au titre du rachat et afférentes à des périodes qui ne sont pas susceptibles d'être validées en application du premier alinéa de l'article L. 161-21 restent acquises au régime général de sécurité sociale en vue du calcul des droits à pension correspondants.

SECTION III **PENSION POUR INAPTITUDE AU TRAVAIL**

Art. R. 351-21 La définition contenue dans l'article L. 351-7 est applicable à l'inaptitude au sens des articles L. 351-8, L. 357-10 et L. 357-14 et de l'article R. 351-31.

Le taux d'incapacité de travail prévu à l'article L. 351-7 est fixé à 50 %.

Pour apprécier si le requérant n'est pas en mesure de poursuivre l'exercice de son emploi sans nuire gravement à sa santé, il est tenu compte, lorsque l'intéressé n'exerce aucune activité professionnelle au moment de sa demande, de la dernière activité exercée au cours des cinq années antérieures. Au cas où aucune activité professionnelle n'a été exercée durant cette période, l'inaptitude au travail est appréciée exclusivement par référence à la condition d'incapacité de travail de 50 % médicalement constatée compte tenu des aptitudes physiques et mentales à l'exercice d'une activité professionnelle.

La procédure de reconnaissance de l'inaptitude est, dans tous les cas, celle qui est prévue à l'article R. 351-22 ci-après.

Art. R. 351-22 L'inaptitude au travail définie par l'article L. 351-7 est appréciée par la caisse chargée de la liquidation des droits à prestations de vieillesse.

A l'appui de la demande de prestation formulée par l'assuré au titre de l'inaptitude au travail, sont produits :

1° Un rapport médical, dont le modèle est fixé par arrêté du ministre chargé de la sécurité sociale *[V. Arr. du 17 mai 1972, JO 25 mai]*, sur lequel le médecin traitant mentionne ses constatations relatives à l'état de santé du requérant ainsi que son avis sur le degré d'incapacité de travail de celui-ci, compte tenu de ses aptitudes physiques et mentales à l'exercice d'une activité professionnelle.

Le rapport du médecin traitant est accompagné des renseignements fournis par l'intéressé à l'appui de sa demande, et notamment des indications relatives aux diverses activités exercées par lui dans le passé et à sa situation pendant la période de guerre.

Ce rapport doit être placé sous enveloppe fermée portant le mot "confidentiel", précisant les références nécessaires à l'identification de la demande et mentionnant qu'elle est destinée au médecin-conseil chargé du contrôle médical de la caisse intéressée. Elle sera adressée aux services administratifs de la caisse et transmise fermée au médecin-conseil ;

2° Pour ceux des requérants qui relèvent de la médecine du travail, une fiche établie par le médecin du travail compétent en raison du contrat de travail liant le requérant à son entreprise et dont le modèle est fixé par arrêté conjoint du ministre chargé de la sécurité sociale et du ministre chargé du travail *[V. Arr. du 17 mai 1972, JO 25 mai.]*. Cette fiche comporte, en vue de l'appréciation de la première condition prévue à l'article L. 351-7, la description de l'état pathologique du requérant en tant qu'il a une incidence sur son aptitude au travail et la mention de celles des exigences particulières du poste et des conditions de travail de l'intéressé qui sont de nature à comporter un risque grave pour sa santé.

Ce document doit être placé sous enveloppe fermée portant le mot "confidentiel", précisant les références nécessaires à l'identification de la demande et mentionnant qu'elle est destinée au médecin-conseil chargé du contrôle médical de la caisse intéressée. Elle sera adressée aux services administratifs de la caisse et transmise fermée au médecin-conseil.

Dans le cas où cette pièce n'est pas parvenue au médecin-conseil dans le délai d'un mois suivant la date à laquelle le médecin du travail a été saisi, il est procédé à l'examen de la demande compte tenu des autres éléments d'appréciation figurant au dossier.

(Décr. n° 2001-532 du 20 juin 2001, art. 42) « Le silence gardé pendant plus de quatre mois sur la demande de liquidation ou de révision d'une pension de retraite subordonnée à l'appréciation de l'état de santé de l'intéressé pour inaptitude au travail et de ses accessoires vaut décision de rejet. »

Sur les exceptions à l'application du droit des usagers de saisir l'administration par voie électronique concernant les démarches effectuées auprès des organismes de sécurité sociale, V. CRPA, App., v° Saisine par voie électronique — Exceptions. — ***CRPA.***

SECTION IV DISPOSITIONS PROPRES À CERTAINES CATÉGORIES D'ASSURÉS

Art. R. 351-23 Pour bénéficier des dispositions du 4° de l'article L. 351-8, les mères de famille salariées, qui ont élevé au moins trois enfants dans les conditions prévues à l'article R. 342-2, doivent :

1° D'une part, avoir accompli trente années d'assurance dans le régime général ou dans ce régime et celui des salariés agricoles ;

2° D'autre part, avoir exercé pendant au moins cinq ans, au cours des quinze dernières années précédant leur demande de liquidation de pension, un travail manuel ouvrier.

Est considérée comme travail manuel ouvrier toute activité salariée classée dans la catégorie ouvrière par référence aux classifications professionnelles annexées à la convention collective de travail applicable à l'employeur de l'intéressée.

En tout état de cause, est considéré comme ouvrier tout emploi répondant simultanément aux conditions suivantes :

1° Rémunération sur la base d'un tarif horaire (taux de base de rémunération au rendement ou rémunération au temps) ou bénéficiaire d'un accord de mensualisation ;

2° Affectation permanente et effective à l'un des travaux suivants :

a. travaux de fabrication et traitements industriels ;

b. travaux d'entretien et de réparation des constructions, installations et machines ;

c. travaux de fourniture d'énergie et des fluides nécessaires au fonctionnement des installations et machines ;

d. travaux de manutention, de conditionnement et de transport ;

e. travaux du bâtiment et des travaux publics.

Art. R. 351-24 L'assurée qui demande la liquidation de sa pension de vieillesse au titre du 4° de l'article L. 351-8 doit justifier de la nature et de la durée de l'activité dont l'exercice est susceptible de lui ouvrir droit au bénéfice de cette disposition, en produisant, à l'appui de sa demande, une attestation de l'employeur ou des employeurs qui l'ont occupée pendant la période considérée.

Si l'employeur ne peut être retrouvé ou si ses archives ont été détruites, une déclaration sur l'honneur de la requérante peut suppléer à l'attestation de l'employeur.

Un arrêté du ministre chargé de la sécurité sociale fixe le modèle d'attestation de l'employeur ainsi que les pièces justificatives dont la déclaration de l'assurée doit être accompagnée. — *V. Arr. du 21 mai 1976 (JO 17 juin).*

Lorsque les documents produits par l'assurée ne lui permettent pas de se prononcer, la caisse demande l'avis du directeur *(Décr. n° 2010-344 du 31 mars 2010, art. 309)* « régional des entreprises, de la concurrence, de la consommation, du travail et de l'emploi » compétent en raison du lieu où la requérante a exercé son activité.

Dans le cas où cet avis n'est pas parvenu à la caisse dans le délai d'un mois suivant la date à laquelle le directeur *(Décr. n° 2010-344 du 31 mars 2010, art. 309)* « régional des entreprises, de la concurrence, de la consommation, du travail et de l'emploi » a été saisi, la caisse prend sa décision en fonction de l'ensemble des éléments d'appréciation dont elle dispose.

Les dispositions issues du Décr. n° 2010-344 du 31 mars 2010 ne s'appliquent pas à la région Île-de-France et ses départements ni dans les régions et départements d'outre-mer (Décr. préc., art. 309-II).

Art. R. 351-24-1 *(Décr. n° 2011-352 du 30 mars 2011)* L'identité des lésions invoquées au titre d'un accident du travail avec celles indemnisées au titre d'une maladie professionnelle est appréciée dans les conditions prévues au I de l'article L. 351-1-4 par référence à une liste établie par arrêté du ministre chargé de la sécurité sociale en fonction des indications figurant dans les tableaux de maladies professionnelles mentionnés à l'article L. 461-2 et annexés au présent code ainsi qu'au code rural et de la pêche maritime, des maladies professionnelles reconnues au titre du quatrième alinéa de l'article L. 461-1 et du barème indicatif d'invalidité des maladies professionnelles mentionné à l'article R. 434-32. — *Art. applicable aux demandes déposées pour les retraites prenant effet à compter du 1er juill. 2011.*

V. Arr. du 30 mars 2011 fixant la liste de référence des lésions consécutives à un accident du travail et identiques à celles indemnisées au titre d'une maladie professionnelle, mentionnée à l'art. R. 351-24-1 CSS (JO 31 mars). — V. Circ. n° DSS/SD2/2011/151 du 18 avr. 2011 relative à la mise en œuvre de la retraite à raison de la pénibilité.

Art. R. 351-24-2 *(Décr. n° 2011-620 du 31 mai 2011, art. 1er-I)* Pour l'application du 1° *bis* de l'article L. 351-8, la durée minimale d'interruption de l'activité professionnelle est d'au moins trente mois consécutifs. Est assimilée à la fonction d'aidant familial, définie à l'article L. 245-12 du code de l'action sociale et des familles, la fonction de tierce personne prévue au 2° de l'article R. 245-3 de ce code dans sa rédaction antérieure à la publication du décret n° 2005-1588 du 19 décembre 2005 relatif à la prestation de compensation à domicile pour les personnes handicapées et modifiant le code de l'action sociale et des familles et le code de la sécurité sociale, remplie auprès d'une personne bénéficiant de l'allocation régie par cet article.

Art. R. 351-24-3 *(Décr. nº 2014-1702 du 30 déc. 2014, art. 4-I)* « Bénéficient des dispositions du 1° *ter* de l'article L. 351-8 les assurés dont l'incapacité permanente est supérieure ou égale au pourcentage prévu pour l'application de l'article L. 821-2. »

La condition d'incapacité permanente mentionnée ci-dessus est appréciée dans les conditions prévues au titre IV du livre II du code de l'action sociale et des familles.

SECTION V TAUX ET MONTANT DE LA PENSION

Art. R. 351-25 *(Décr. nº 2009-788 du 23 juin 2009)* En application de l'article L. 351-10-1, l'assuré ne peut bénéficier de la majoration prévue à l'article L. 351-10 avant la date qu'il a fixée, lors de sa demande de liquidation auprès des organismes redevables, pour l'entrée en jouissance de l'ensemble des pensions personnelles auxquelles il peut prétendre. Dans le cas où l'assuré ne remplit pas les conditions d'attribution d'une ou plusieurs de ses pensions à la date pour laquelle il demande le bénéfice de la majoration, il en apporte la preuve par tous moyens. La majoration est alors calculée sans tenir compte de ces pensions jusqu'au dernier jour du mois civil précédant celui au cours duquel ces conditions d'attribution sont remplies.

Art. R. 351-26 (Abrogé par Décr. nº 2016-117 du 5 févr. 2016, art. 2) *Lorsque le montant annuel de la pension de vieillesse à laquelle l'assuré pourrait prétendre, y compris le cas échéant les avantages complémentaires, est inférieur à 175 F, la pension ne peut être servie. Elle est remplacée par un versement forfaitaire unique, égal à quinze fois ce montant.*

Ce versement est effectué à la date à laquelle l'assuré aurait perçu les premiers arrérages de sa pension.

Il met obstacle à l'ouverture de nouveaux droits à l'assurance vieillesse résultant d'une activité postérieure à la date à laquelle le compte de l'assuré a été arrêté pour déterminer le montant de la pension.

(Décr. nº 2012-560 du 24 avr. 2012) *« L'assuré qui bénéficie du versement forfaitaire a la qualité de pensionné. »*

La somme de 175 F mentionnée au premier alinéa du présent article est applicable à la date du 1er juillet 1974. Elle est revalorisée en appliquant les coefficients fixés, pour la revalorisation des pensions, par les arrêtés prévus à l'article L. 351-11.

Art. R. 351-27 *(Décr. nº 2004-144 du 13 févr. 2004, art. 5-II-1º)* « I. – » Pour l'application du deuxième alinéa de l'article L. 351-1 et de l'article L. 351-8, le taux applicable au salaire annuel de base est déterminé selon les modalités suivantes *(Abrogé par Décr. nº 2008-1555 du 31 déc. 2008) (Décr. nº 93-1022 du 27 août 1993, art. 1er)* « *, sous réserve des dispositions de l'article R. 351-45* » :

1° Pour les assurés qui justifient, dans le régime général ou dans ce régime et un ou plusieurs autres régimes de base obligatoires, de périodes d'assurance et de périodes reconnues équivalentes, telles que définies aux articles R. 351-3 et R. 351-4, d'une durée au moins égale à *(Décr. nº 2008-1555 du 31 déc. 2008)* « une limite », le taux applicable à leur salaire annuel de base est le "taux plein", soit 50 %.

Bénéficient également du "taux plein", même si elles ne justifient pas de la durée d'assurance et de périodes reconnues équivalentes mentionnée à l'alinéa précédent, les catégories de personnes mentionnées à l'article L. 351-8 *[V. art. D. 351-12] (Abrogé par Décr. nº 2011-620 du 31 mai 2011, art. 4-7º)* « *; l'âge prévu au 1° de l'article L. 351-8 est fixé à soixante-cinq ans* » ;

(Décr. nº 2008-1555 du 31 déc. 2008) « La limite prévue au premier alinéa du présent 1° est celle résultant de l'article 5 de la loi nº 2003-775 du 21 août 2003 portant réforme des retraites. Pour les assurés nés avant le 1er janvier 1949, cette limite est fixée à 160 trimestres ; » *– V. Annexe I, art. 5 de la L. nº 2003-775 du 21 août 2003.*

2° Pour les assurés qui ne relèvent pas des dispositions du 1° ci-dessus, le taux applicable à leur salaire annuel de base est déterminé à partir du "taux plein" auquel est appliqué un coefficient de minoration qui est fonction soit du nombre de trimestres correspondant à la durée séparant l'âge auquel leur pension prend effet de leur soixante-cinquième anniversaire *(Décr. nº 2011-620 du 31 mai 2011, art. 4-7º)* « s'ils remplissent les conditions prévues au *[aux]* 1° *bis* ou 1° *ter* de l'article L. 351-8 ou au *[aux]* III ou IV de l'article 20 de la loi nº 2010-1330 du 9 novembre 2010 portant réforme des retraites ou, dans le cas contraire, de l'âge prévu au 1° de l'article L. 351-8 », soit du nombre de trimestres supplémentaires qui leur serait nécessaire, à la date d'effet de leur pension, pour relever de la première phrase du 1° ci-dessus ; le nombre de trimestres correspondant est éventuellement arrondi au chiffre immédiatement supérieur.

Le plus petit de ces deux nombres est pris en considération.

Pour chaque trimestre ainsi retenu, le coefficient de minoration à appliquer au "taux plein" est 2,5 % *(Décr. n° 2004-144 du 13 févr. 2004, art. 5-II-2° et 3°)* « pour les pensions ayant pris effet avant le 1er janvier 2004.

« II. — En ce qui concerne les pensions prenant effet postérieurement au 31 décembre 2003, le coefficient de minoration à appliquer au "taux plein" est fixé à :

« 2,5 % pour l'assuré né avant le 1er janvier 1944 ;
« 2,375 % pour l'assuré né en 1944 ;
« 2,25 % pour l'assuré né en 1945 ;
« 2,125 % pour l'assuré né en 1946 ;
« 2 % pour l'assuré né en 1947 ;
« 1,875 % pour l'assuré né en 1948 ;
« 1,75 % pour l'assuré né en 1949 ;
« 1,625 % pour l'assuré né en 1950 ;
« 1,5 % pour l'assuré né en 1951 ;
« 1,375 % pour l'assuré né en 1952 ;
« 1,25 % pour l'assuré né après 1952. »

Art. R. 351-27-1 *(Décr. n° 2014-1156 du 9 oct. 2014, art. 3-II, en vigueur le 1er janv. 2015)* Par dérogation aux dispositions prévues à l'article R. 351-27, le coefficient de minoration du taux plein prévu au 2° de cet article ne peut excéder 25 % lorsque l'assuré peut bénéficier d'une pension de retraite dans les conditions fixées à l'article L. 161-17-4.

Art. R. 351-28 *Abrogé par Décr. n° 2008-1555 du 31 déc. 2008, art. 4-2.*

Art. R. 351-29 *(Décr. n° 93-1022 du 27 août 1993, art. 6 ; Décr. n° 2011-408 du 15 avr. 2011)* I. — Pour l'application de l'article L. 351-1, et sous réserve des dispositions *(Décr. n° 2004-144 du 13 févr. 2004, art. 6-I-1°)* « des articles R. 173-4-3 et R. 351-29-1 », le salaire servant de base au calcul de la pension est le salaire annuel moyen correspondant aux cotisations *(Décr. n° 2004-144 du 13 févr. 2004, art. 6-I-1°)* « permettant la validation d'au moins un trimestre d'assurance selon les règles définies par l'article R. 351-9 et » versées au cours des vingt-cinq années civiles d'assurance accomplies postérieurement au 31 décembre 1947 dont la prise en considération est la plus avantageuse pour l'assuré.

Les salaires exonérés de cotisations entre le 1er avril et le 31 décembre 1987 en application de l'article L. 241-10 entrent en compte, s'il y a lieu, dans la détermination du salaire servant de base au calcul de la pension. *(Décr. n° 2005-1351 du 31 oct. 2005)* « Le salaire servant de base au calcul de la pension est celui correspondant, pour chaque année prise en compte, aux cotisations versées par le salarié au titre des gains et rémunérations perçus au cours de cette année, sans que ce salaire puisse excéder, le cas échéant tous emplois confondus, le montant du plafond mentionné au premier alinéa de l'article L. 241-3 en vigueur au cours de cette année. » Les indemnités journalières mentionnées au 2° de l'article L. 330-1 sont assimilées à un salaire au sens du présent alinéa et prises en compte à hauteur de 125 % de leur montant.

Lorsque l'assuré ne justifie pas de vingt-cinq années civiles d'assurance postérieurement au 31 décembre 1947, les années antérieures sont prises en considération en remontant à partir de cette date jusqu'à concurrence de vingt-cinq années pour la détermination du salaire de base.

Les salaires annuels pris en considération pour déterminer le salaire de base sont les salaires revalorisés par application des dispositions mentionnées à l'article L. 351-11.

Les arrêtés mentionnés à l'article L. 351-11 sont pris par le ministre chargé de la sécurité sociale et le ministre chargé du budget. — *Les dispositions du Décr. n° 2004-144 du 13 févr. 2004 s'appliquent aux pensions prenant effet postérieurement au 31 déc. 2003 (Décr. préc., art. 8).*

(Décr. n° 2010-1776 du 31 déc. 2010, art. 1er-1°) « Ne sont pas prises en compte pour la détermination du salaire annuel moyen défini au présent article les années comprenant une période au titre de laquelle un versement de cotisations a été effectué en

application de l'article L. 351-14-1 ou en application, en ce qui concerne des demandes de rachat déposées à compter du 1er janvier 2011, des articles L. 351-14 ou L. 742-2. » – *Les dispositions issues du Décr. n° 2010-1776 du 31 déc. 2010 sont applicables aux demandes d'adhésion et de rachat déposées à compter du 1er janv. 2011 (Décr. préc., art. 6).*

II. – Les caisses primaires assurant le service des indemnités journalières mentionnées au 2° de l'article L. 330-1 fournissent aux caisses chargées de la gestion de l'assurance vieillesse les renseignements permettant de prendre en compte, pour la détermination du salaire servant de base au calcul de la pension, les indemnités journalières mentionnées au deuxième alinéa du I.

Art. R. 351-29-1 *(Décr. n° 93-1022 du 27 août 1993, art. 7)* I. – Les durées de vingt-cinq années fixées aux premier et troisième alinéas de l'article R. 351-29 sont applicables *(Décr. n° 2007-614 du 25 avr. 2007, art. 1er)* « aux assurés nés après 1947, quelle que soit la date d'effet de leur pension ».

II. – *(Abrogé par Décr. n° 2007-614 du 25 avr. 2007, art. 1er) « En ce qui concerne les pensions prenant effet avant le 1er janvier 2008, »* Le nombre d'années mentionné aux premier et troisième alinéas de l'article R. 351-29 est de :

Dix années pour l'assuré né avant le 1er janvier 1934 ;
Onze années pour l'assuré né en 1934 ;
Douze années pour l'assuré né en 1935 ;
Treize années pour l'assuré né en 1936 ;
Quatorze années pour l'assuré né en 1937 ;
Quinze années pour l'assuré né en 1938 ;
Seize années pour l'assuré né en 1939 ;
Dix-sept années pour l'assuré né en 1940 ;
Dix-huit années pour l'assuré né en 1941 ;
Dix-neuf années pour l'assuré né en 1942 ;
Vingt années pour l'assuré né en 1943 ;
Vingt et une années pour l'assuré né en 1944 ;
Vingt-deux années pour l'assuré né en 1945 ;
Vingt-trois années pour l'assuré né en 1946 ;
Vingt-quatre années pour l'assuré né en 1947.

Art. R. 351-29-2 *Abrogé par Décr. n° 2007-56 du 12 janv. 2007.*

SECTION VI **MAJORATIONS POUR ENFANTS – MAJORATIONS POUR CONJOINT À CHARGE – AUTRES MAJORATIONS**

Art. R. 351-30 La majoration prévue à l'article L. 351-12 est applicable lorsque le bénéficiaire a eu au moins trois enfants. Elle est égale à 10 % du montant de la pension.

(Décr. n° 86-130 du 28 janv. 1986, art. 4) « La majoration est due à la date d'entrée en jouissance de la pension si, à cette date, les conditions d'attribution sont remplies. Dans le cas contraire, elle est due à compter du premier jour du mois suivant la date à laquelle ces conditions sont remplies. »

Art. R. 351-31 à R. 351-33 *Abrogés par Décr. n° 2011-620 du 31 mai 2011, art. 9.*

SECTION VII **LIQUIDATION – ENTRÉE EN JOUISSANCE**

Art. R. 351-34 Les demandes de liquidation de pension sont adressées à la caisse chargée de la liquidation des droits à prestations de vieillesse dans le ressort de laquelle se trouve *(Décr. n° 97-1001 du 27 oct. 1997, art. 2)* « la résidence de l'assuré ou, en cas de résidence à l'étranger, le dernier lieu de travail de l'assuré », dans les formes et avec les justifications déterminées par arrêté du ministre chargé de la sécurité sociale et, en ce qui concerne les demandes présentées pour inaptitude, par l'article R. 351-22.

Toutefois, est recevable la demande adressée à une caisse autre que celle *(Décr. n° 97-1001 du 27 oct. 1997, art. 2)* « de la résidence de l'assuré ». Dans ce cas, c'est la caisse saisie qui est chargée de l'étude et de la liquidation des droits.

(Décr. n° 90-1061 du 26 nov. 1990, art. 2) « La caisse régionale d'assurance vieillesse de Strasbourg a compétence exclusive pour recevoir la demande, procéder à l'étude et

à la liquidation des droits et servir la pension lorsque l'assuré réside dans les départements du Haut-Rhin, du Bas-Rhin ou de la Moselle » *(Décr. nº 98-1025 du 12 nov. 1998, art. 1er ; Décr. nº 2010-674 du 18 juin 2010, art. 1er)* **« ou lorsque, résidant hors de ces départements, le bénéficiaire relève du régime local d'assurance maladie en vertu des 9º, 10º et 11º du II de l'article L. 325-1 ».**

Il est donné au requérant récépissé de cette demande et des pièces qui l'accompagnent.

1. Date d'entrée en jouissance des pensions. La preuve de la réception par la caisse d'une demande de liquidation de pension de vieillesse ou de pension de réversion, présentée sur l'imprimé réglementaire, ne peut résulter que de la production du récépissé délivré par cet organisme ou de tout autre document en établissant la réalité. • Soc. 18 nov. 1993 : *RJS 1993, nº 420.* ♦ La circonstance que l'assuré ait transmis tardivement l'imprimé réglementaire ne peut avoir pour effet de le priver de son droit à pension à compter du premier jour du mois suivant la réception de la demande par la caisse. • Civ. 2e, 22 févr. 2005 : *RJS 2005, nº 572.* ♦ La date d'entrée en jouissance d'une pension de retraite ne peut être antérieure à la date du dépôt d'une demande dans les formes et avec les justifications déterminées par arrêté du ministre chargé de la sécurité sociale. • Civ. 2e, 20 juin 2013, nº 12-17.960.

2. Incidence de l'engagement d'un litige prud'homal contre l'employeur. Lorsqu'un salarié saisit la juridiction prud'homale afin de faire constater son droit à pension de retraite par application des bonifications pour enfants, la demande formée s'analyse à l'égard de la caisse, partie à l'instance, en une demande de liquidation de pension. Les droits du bénéficiaire doivent en conséquence s'analyser au jour de la demande en justice, à la date d'envoi au conseil de prud'hommes, de la lettre recommandée le saisissant. • Soc. 19 nov. 2014, nº 13-22.360.

3. Caractère définitif des pensions liquidées. La pension de retraite ne revêt un caractère définitif que lorsque son attribution a fait l'objet d'une décision de l'organisme dûment notifiée à l'assuré et non contestée en temps utile par ce dernier. • Civ. 2e, 3 nov. 2016, nº 14-26.188 P : *RDSS 2017. 167, obs. Ginon ; JCP S 2016, nº 1419, obs. Tauran.*

Art. R. 351-35 **Les caisses chargées de la liquidation des prestations vieillesse des travailleurs salariés examinent les droits des assurés, compte tenu des dispositions des articles L. 351-2 et L. 351-3.**

Art. R. 351-36 **Les caisses chargées de la liquidation des droits au titre de l'assurance vieillesse fixent le montant soit de la pension à attribuer à l'assuré, soit du versement forfaitaire unique prévu à l'article L. 351-9.**

La rente forfaitaire d'assurances sociales égale à 10 % du montant des cotisations d'assurance vieillesse afférentes à la période antérieure au 1er janvier 1941 est incluse dans la pension de vieillesse.

Art. R. 351-37 *(Décr. nº 2011-352 du 30 mars 2011)* **« I. — » Chaque assuré indique la date à compter de laquelle il désire entrer en jouissance de sa pension, cette date étant nécessairement le premier jour d'un mois et ne pouvant être antérieure** *(Décr. nº 2004-144 du 13 févr. 2004, art. 6-I-3º)* **« au dépôt de la demande ». Si l'assuré n'indique pas la date d'entrée en jouissance de sa pension, celle-ci prend effet le premier jour du mois suivant la réception de la demande par la caisse chargée de la liquidation des droits à pension de vieillesse.** — *Les dispositions du Décr. nº 2004-144 du 13 févr. 2004 s'appliquent aux pensions prenant effet postérieurement au 31 déc. 2003 (Décr. préc., art. 8).*

(Décr. nº 2011-352 du 30 mars 2011) **« II. — » L'entrée en jouissance de la pension allouée pour inaptitude au travail ne peut être fixée à une date antérieure au premier jour du mois suivant la date à partir de laquelle l'inaptitude a été reconnue.**

(Décr. nº 2011-352 du 30 mars 2011) **« III. — L'assuré qui demande à bénéficier des dispositions de l'article L. 351-1-4 en fait la demande auprès de la caisse chargée de la liquidation de sa pension de retraite. Il en est accusé réception.**

« Cette demande est accompagnée de la notification de rente prévue à l'article R. 434-32 et la notification de la date de consolidation prévue à l'article R. 433-17. Elle comporte en outre, s'il y a lieu, les modes de preuve mentionnés au dernier alinéa du III de l'article L. 351-1-4.

« Lorsque la demande de pension de retraite est présentée par un assuré victime d'un accident du travail, la caisse saisit l'échelon régional du service médical dont relève l'assuré au moment du dépôt de sa demande de pension de retraite ou, si l'assuré réside à l'étranger, l'échelon régional du service médical du lieu d'implantation

de la caisse chargée de la liquidation de la pension de retraite. L'identité des lésions dont souffre l'assuré avec celles figurant sur la liste prévue à l'article R. 351-24-1 est appréciée par un médecin-conseil du service médical au vu notamment des conclusions médicales figurant sur la notification de rente. Si le médecin-conseil ne reconnaît pas l'identité des lésions avec celles figurant sur cette liste, la caisse notifie à l'assuré le rejet de sa demande de pension de retraite.

« Lorsque la demande de pension de retraite relève des dispositions du 1° du III de l'article L. 351-1-4, la caisse saisit, le cas échéant après accomplissement de la procédure prévue à l'alinéa précédent, la commission pluridisciplinaire.

« Dans les cas prévus aux deux alinéas précédents, le silence gardé pendant plus de quatre mois par la caisse vaut décision de rejet. »

Les dispositions issues du Décr. n° 2011-352 du 30 mars 2011 sont applicables aux demandes déposées pour les retraites prenant effet à compter du 1er juill. 2011.

Pour les demandes de retraite déposées avant le 1er juill. 2011, le délai de quatre mois prévu au dernier alinéa du III de l'art. R. 351-37, tel qu'il résulte de l'art. 3 du Décr. n° 2011-352 du 30 mars 2011, est réduit à trois mois (Décr. préc.).

V. Circ. n° DSS/SD2/2011/151 du 18 avr. 2011 relative à la mise en œuvre de la retraite à raison de la pénibilité.

1. Dépôt de la demande de liquidation (preuve). Une demande de relevé de compte individuel ne constitue pas la demande de liquidation de pension permettant à l'avantage vieillesse de prendre effet à la date de celle-ci au sens de l'art. R. 351-37 CSS. • Soc. 7 mars 1996, ⚖ n° 94-16.537 P : *RJS 1996, n° 453.* ♦ V. déjà • Soc. 6 avr. 1995, ⚖ n° 93-16.184 P.

2. Modes de preuve. La demande de liquidation de pension de vieillesse ne peut être considérée comme adressée à la Caisse que si elle est effectivement parvenue aux services de celle-ci et si la preuve de cette réception résulte de la production du récépissé délivré par l'organisme social ou tout autre document établissant avec certitude la réalité du dépôt. • Soc. 26 oct. 1995, ⚖ n° 93-11.673 P : *RJS 1995, n° 1285.* ♦ La preuve ne peut résulter de la seule présentation d'un accusé de réception. • Civ. 2e, 18 janv. 2006 : ⚖ *RJS 2006, n° 494.* ♦ V. aussi, à propos de la preuve de la réception de la demande par la caisse et de sa date. • Soc. 4 déc. 1997 : ⚖ *RJS 1998, n° 214.*

3. Date d'entrée en jouissance (point de départ). Le régime de l'assurance vieillesse constitue un statut légal qui ne peut être modifié ni aménagé par la volonté des parties ; il n'appartient pas à la caisse liquidatrice de modifier la date retenue par l'assuré pour l'entrée en jouissance de sa pension. • Soc. 14 oct. 1993, ⚖ n° 89-21.738 P : *D. 1994. IR 1.* ♦ Il résulte de l'art. R. 351-37 CSS que l'entrée en jouissance d'une pension de vieillesse ne peut être fixée à une date antérieure à celle du dépôt de la demande. Il s'agit d'une règle impérative qui ne peut être écartée, quelle que soit la cause du retard apportée à la présentation de la demande. • Soc. 18 févr. 1993, ⚖ n° 91-10.206 P : *CSB 1993, B. 51.* ♦ V. aussi • Soc. 12 déc. 1996, ⚖ n° 95-13.521 P : *CSB 1997, S. 32* • 29 nov. 2001 : ⚖ *RJS 2002, n° 219* • Civ. 2e, 16 nov. 2004 : ⚖ *RJS 2004, n° 207* (pour une demande de pension retardée, le dossier de l'assuré étant incomplet). ♦ La circonstance que l'assuré n'a pu demander une pension du régime général qu'à compter de l'arrêté suspendant ses droits à pension en qualité de fonctionnaire ne permet pas à la caisse régionale d'assurance maladie d'écarter l'application des dispositions de l'art. R. 351-37 CSS selon lesquelles la date d'entrée en jouissance de la pension de retraite ne peut être antérieure au dépôt de la demande. • Soc. 25 nov. 1999 : ⚖ *RJS 2000, n° 96.*

4. En application de l'art. R. 351-37, chaque assuré indique la date à compter de laquelle il désire entrer en jouissance de sa pension, cette date étant nécessairement le premier jour d'un mois et ne pouvant être antérieure au dépôt de la demande. La date à prendre en compte est celle du dépôt de la demande et non celle, ultérieure, de l'envoi de l'imprimé réglementaire en vue de la régulariser. • Civ. 2e, 30 mars 2017, ⚖ n° 16-13.308 P : *JCP S 2017, n° 1178, obs. Asquinazi-Bailleux ; RJS 6/2017, n° 440.*

5. Date à retenir (inaptitude au travail). L'art. R. 351-37 CSS décidant que la date d'entrée en jouissance, qui ne peut être antérieure au dépôt de la demande, est fixée au premier jour du mois suivant la date à partir de laquelle l'inaptitude a été reconnue, si la demande est reçue le 18 mars 1994 et si l'inaptitude au travail est reconnue le 4 juill. 1994, la pension doit prendre effet le 1er août 1994. • Soc. 29 oct. 1998 : ⚖ *RJS 1998, n° 1540.*

6. Faute de la caisse. La faute commise par la caisse régionale d'assurance maladie ne peut donner lieu qu'à des dommages et intérêts et non pas au rétablissement de l'assuré dans ses droits à compter d'une date antérieure à la date d'entrée en jouissance de la pension. • Civ. 2e, 21 juin 2006 : ⚖ *JCP S 2006. 1849 ; RJS 2006, n° 1117.*

SECTION VIII **RACHAT**

Art. R. 351-37-1 *(Décr. nº 88-711 du 9 mai 1988, art. 1er)* **Sont admis, s'ils le demandent, à opérer des versements de rachat pour l'assurance vieillesse au titre du régime général de sécurité sociale des salariés pour la période postérieure au 30 juin 1930 :**

a) **Les personnes mentionnées aux articles L. 311-2 et L. 311-3 pour la période antérieure à la date à laquelle leur affiliation à l'assurance a été rendue obligatoire ;**

b) **Les salariés mentionnés à l'article L. 751-1 pour les périodes antérieures au 1er avril 1948 ;**

c) **Les personnes ayant exercé une activité salariée non agricole dans les départements d'Algérie et du Sahara pour les périodes antérieures à la date d'effet des dispositions législatives ou réglementaires relatives au régime d'assurance vieillesse auquel leur affiliation a été rendue obligatoire ;**

d) **Les personnes dont l'affiliation à l'assurance a été rendue obligatoire par des dispositions législatives ou réglementaires intervenues postérieurement au 13 juillet 1962.**

Sur les exceptions à l'application du droit des usagers de saisir l'administration par voie électronique concernant les démarches effectuées auprès des organismes de sécurité sociale, V. CRPA, App., vº Saisine par voie électronique — Exceptions. — ***CRPA.***

Art. R. 351-37-2 *(Décr. nº 2010-1776 du 31 déc. 2010, art. 1er-2º)* **« Les personnes mentionnées à l'article R. 351-37-1 doivent présenter leur demande de rachat dans le délai de dix ans à compter de la date d'effet de leur** *(Décr. nº 2017-736 du 3 mai 2017, art. 1er-7º)* **« affiliation » à l'assurance obligatoire. »**

(Décr. nº 92-461 du 19 mai 1992, art. 1er) **« Les demandes de rachat doivent être présentées dans les conditions fixées par arrêté du ministre chargé de la sécurité sociale aux organismes suivants :**

« *a)* Pour les personnes déjà titulaires d'une prestation de vieillesse dans le régime général, à l'organisme qui a liquidé cette prestation ;

« *b)* Pour les personnes déjà autorisées dans le régime général à racheter des cotisations ou à valider gratuitement des périodes de carrière algérienne ou des périodes définies au premier alinéa de l'article L. 161-21, à l'organisme auprès duquel la première demande a été instruite ;

« *c)* Pour les personnes résidant en France et n'entrant pas dans le champ des dispositions précédentes, à la caisse chargée du risque vieillesse du lieu de résidence de ces personnes ;

« *d)* Pour les personnes résidant à l'étranger et n'entrant pas dans le champ des dispositions prévues aux *a* ou *b* ci-dessus, les demandes sont adressées à la caisse chargée du risque vieillesse de leur choix. »

Pour les personnes dont le dernier lieu de travail se trouvait soit dans la région parisienne, soit dans les départements d'Algérie et du Sahara, la demande doit être présentée à la Caisse nationale d'assurance vieillesse.

Lorsque les intéressés sont déjà titulaires d'une prestation de vieillesse, leur demande doit être présentée à la caisse qui a liquidé cette prestation.

Ces organismes sont compétents pour l'encaissement des cotisations de rachat. — *[Décr. nº 88-711 du 9 mai 1988, art. 1er].*

Les dispositions issues du Décr. nº 2010-1776 du 31 déc. 2010 sont applicables aux demandes d'adhésion et de rachat déposées à compter du 1er janv. 2011 (Décr. préc., art. 6).

V. note ss. art. R. 351-37-1.

Art. R. 351-37-3 *et* R. 351-37-4 *Abrogés par Décr. nº 2010-1776 du 31 déc. 2010, art. 1er-3º.*

Art. R. 351-37-5 *(Décr. nº 2010-1776 du 31 déc. 2010, art. 1er-4º)* **Le montant des cotisations dues au titre du rachat est égal à celui des cotisations prévues au premier alinéa de l'article L. 351-14-1.**

Pour les assurés âgés de soixante-sept ans ou plus à la date de présentation de leur demande de rachat, le montant des cotisations est égal au montant des cotisations prévues par le premier alinéa de l'article L. 351-14-1 pour les assurés âgés de soixante-deux ans, diminué de 2,5 % par année révolue au-delà de cet âge. — *V. note ss. art. R. 351-37-2.*

Art. R. 351-37-6 *(Décr. n° 2010-1776 du 31 déc. 2010, art. 1er-5°)* Le versement des cotisations dues peut être échelonné dans les mêmes conditions que pour le versement des cotisations prévues à l'article L. 351-14-1. Il peut être mis fin au versement dans les mêmes conditions que le versement des cotisations prévues à l'article L. 351-14-1. – *V. note ss. art. R. 351-37-2.*

Art. R. 351-37-7 *(Décr. n° 88-711 du 9 mai 1988, art. 1er)* La demande de rachat ne peut concerner des périodes d'activité salariée postérieures à la date d'entrée en jouissance d'une prestation de vieillesse.

Art. R. 351-37-8 *(Décr. n° 88-711 du 9 mai 1988, art. 1er)* Les droits des personnes qui demandent le bénéfice de l'article L. 351-14 sont liquidés suivant les règles en vigueur dans le régime général à la date d'entrée en jouissance de la pension.

Art. R. 351-37-9 *(Décr. n° 2010-1776 du 31 déc. 2010, art. 1er-6°)* Les assurés peuvent obtenir la liquidation de leurs droits à l'assurance vieillesse à compter, au plus tôt, du premier jour du mois suivant la date de dépôt de leur demande de rachat, sous réserve que leur demande de prestation de vieillesse ait été formulée dans les six mois suivant la date à laquelle leur aura été notifiée la décision faisant droit à leur demande de rachat. – *V. note ss. art. R. 351-37-2.*

Art. R. 351-37-10 *(Décr. n° 88-711 du 9 mai 1988, art. 1er)* En cas de demande de rachat formulée par une personne déjà titulaire d'une prestation de vieillesse, celle-ci est révisée, avec effet au premier jour du mois civil suivant la date de la demande de rachat, compte tenu des périodes validées au titre de rachat, dans la limite du nombre maximum de trimestres susceptibles d'être pris en compte à la date d'entrée en jouissance initiale de cette prestation.

Art. R. 351-37-11 *(Décr. n° 2010-1776 du 31 déc. 2010, art. 1er-7°)* La mise en paiement des pensions est ajournée jusqu'au moment où le versement des cotisations de rachat est terminé. – *V. note ss. art. R. 351-37-2.*

SECTION IX **DISPOSITIONS DIVERSES**

Art. R. 351-38 Pour l'application du deuxième alinéa de l'article L. 351-1, les caisses et services gestionnaires des régimes de base obligatoires d'assurance vieillesse communiquent aux caisses du régime général de sécurité sociale chargées de la liquidation des droits à pension de vieillesse qui leur en ont fait la demande, un relevé mentionnant le nombre total de trimestres d'assurance ou d'activité pris en compte pour le calcul de la pension et, le cas échéant, de trimestres reconnus équivalents ainsi que le décompte de ce nombre par année civile.

Ces périodes décomptées suivant les règles propres à chacun des régimes susvisés sont prises en compte, telles qu'indiquées, par les caisses chargées de la liquidation de la pension de vieillesse prévue au deuxième alinéa de l'article L. 351-1.

SECTION X **RETRAITE PROGRESSIVE**

Art. R. 351-39 *(Décr. n° 2006-668 du 7 juin 2006)* La durée d'assurance et de périodes reconnues équivalentes mentionnée au 2° de l'article L. 351-15 est fixée à 150 trimestres *(Décr. n° 2014-1513 du 16 déc. 2014, art. 1er-I)* « au régime général et, le cas échéant, dans un ou plusieurs autres régimes obligatoires ».

Art. R. 351-40 *(Décr. n° 88-493 du 2 mai 1988, art. 1er)* L'assuré qui demande la liquidation de sa pension de vieillesse et le service d'une fraction de celle-ci en application de l'article L. 351-15 produit à l'appui de sa demande :

1° *(Décr. n° 2017-1645 du 30 nov. 2017, art. 1er-1°)* « Le ou les contrats de travail à temps partiel », en cours d'exécution à la date d'entrée en jouissance de la pension de vieillesse ;

2° *(Décr. n° 2006-668 du 7 juin 2006)* « Une déclaration sur l'honneur attestant qu'il n'exerce plus aucune autre activité professionnelle que *(Décr. n° 2017-1645 du 30 nov. 2017, art. 1er-2°)* « celle ou celles faisant l'objet du ou des contrats de travail mentionnés » au 1°, accompagnée, lorsqu'il exerçait une ou plusieurs activités non salariées, des attestations ou certificats suivants :

« *a)* Un certificat de radiation du registre du commerce et des sociétés, du répertoire des métiers ou du registre des entreprises des départements du Haut-Rhin, du Bas-Rhin et de la Moselle, ou un certificat de cessation d'activité du chef d'entreprise délivré par la chambre des métiers ;

« *b)* Une attestation de radiation du tableau de l'ordre professionnel dont il relevait ;

« *c)* Une attestation de radiation des rôles de la taxe professionnelle ;

« *d)* Une attestation de radiation du répertoire national des agents commerciaux ;

« *e)* Une attestation de cessation d'activité délivrée par la caisse de mutualité sociale agricole à laquelle il était affilié en qualité de personne non salariée des professions agricoles ; »

(Décr. n° 2017-1645 du 30 nov. 2017, art. 1er-3°) « 3° Si l'employeur est une personne morale ou un entrepreneur individuel, une attestation de l'employeur faisant apparaître la durée du travail à temps complet applicable à l'entreprise ou à la collectivité publique ;

« 4° Les bulletins de paie des douze mois civils précédant la date de dépôt de la demande. »

Un arrêté du ministre chargé de la sécurité sociale fixe le modèle de la déclaration sur l'honneur prévue au *(Décr. n° 2017-1645 du 30 nov. 2017, art. 1er-3°)* « premier alinéa du 2° » et de l'attestation de l'employeur au 3° *(Abrogé par Décr. n° 2017-1645 du 30 nov. 2017, art. 1er-3°)* « *du même alinéa* ».

Art. R. 351-41 *(Décr. n° 2014-1513 du 16 déc. 2014, art. 1er-II) (Décr. n° 2017-1645 du 30 nov. 2017, art. 2-1°)* « I. — » La fraction de pension de vieillesse servie en application de l'article L. 351-15 est égale à la différence entre 100 % et la quotité de travail à temps partiel par rapport à la durée du travail à temps complet dans l'entreprise *(Décr. n° 2017-1645 du 30 nov. 2017, art. 2-1°)* « ou la collectivité publique », sans que la quotité de travail à temps partiel ne puisse être inférieure à 40 % et supérieure à 80 %.

(Décr. n° 2017-1645 du 30 nov. 2017, art. 2-2°) « Pour les assurés salariés de plusieurs employeurs, l'appréciation de l'exercice des activités à temps partiel prévue au premier alinéa de l'article L. 351-15 est déterminée par l'addition des rapports entre le nombre d'heures de travail et la durée de travail à temps complet fixée par l'article L. 3123-1 du code du travail applicable à chacun des emplois.

« La quotité de travail à temps partiel globale est définie comme la somme des quotités de travail à temps partiel par rapport à la durée du travail à temps complet applicable de chacun des emplois. Cette quotité de travail, exprimée en pourcentage, est arrondie à l'unité la plus proche. La fraction égale à 0,5 est comptée pour 1. La quotité de travail ne peut être inférieure à 40 % et supérieure à 80 %. La fraction de pension servie est égale à la différence entre 100 % et cette quotité de travail.

« II. — Pour les salariés de particuliers employeurs autres que ceux mentionnés au III, la durée de travail à temps complet prise en compte est celle prévue par la convention ou l'accord collectif de travail qui leur est applicable, ou, à défaut, celle fixée par décret.

« III. — Pour l'application aux assistants maternels salariés auprès de particuliers employeurs :

« 1° Du premier alinéa de l'article L. 351-15, l'exercice d'une activité à temps partiel est apprécié à partir du nombre moyen d'heures d'accueil par contrat de travail ;

« 2° Du premier alinéa du présent article, la quotité de travail à temps partiel est déterminée à partir du nombre moyen d'heures d'accueil par contrat de travail rapporté au nombre d'heures hebdomadaires, au-delà duquel les heures travaillées donnent lieu à une majoration de rémunération, fixé par la convention ou l'accord collectif de travail qui leur est applicable ou, à défaut, celui fixé par décret. Cette dernière durée est multipliée par quarante-sept douzièmes lorsque la durée de travail est mensuelle, et par quarante-sept lorsque la durée de travail est annuelle.

« Lorsque les assurés exercent une activité d'assistant maternel et une autre activité salariée, l'activité d'assistant maternel est considérée comme exercée auprès d'un seul employeur pour l'application des deuxième et troisième alinéas du présent article. »

Par dérogation aux dispositions prévues à l'article R. 351-27, le coefficient de minoration du taux plein prévu au 2° du même article ne peut excéder 25 %.

Art. R. 351-42 *(Décr. nº 88-493 du 2 mai 1988, art. 1er)* En cas de modification de la durée de travail à temps partiel ayant une incidence sur la fraction de pension à laquelle peut prétendre l'assuré, celle-ci est modifiée à l'issue d'une période d'un an à compter de la date d'entrée en jouissance de la pension de vieillesse ; elle est éventuellement modifiée à l'issue de chaque période annuelle en cas de nouvelle modification de la durée de travail à temps partiel.

La modification de la fraction de pension prend effet au premier jour du mois suivant la fin de la dernière période annuelle écoulée.

A l'issue de chaque période d'un an, l'assuré doit justifier de sa durée de travail à temps partiel.

Lorsque le contrat de travail expire moins d'un an après la date d'entrée en jouissance de la pension, l'assuré doit justifier à nouveau de sa situation à la date d'expiration du contrat.

Art. R. 351-43 *(Décr. nº 88-493 du 2 mai 1988, art. 1er)* L'assuré est tenu de faire connaître à la caisse assurant le service de la fraction de pension :

1° La cessation de son activité ;

2° L'exercice d'une activité à temps partiel autre que *(Décr. nº 2017-1645 du 30 nov. 2017, art. 3)* « celle ou celles qui lui ouvrent » droit au service de la fraction de pension ;

3° L'exercice d'une activité à temps complet.

La suppression de la pension à laquelle il est procédé en application de l'article L. 351-16 prend effet au premier jour du mois suivant celui au cours duquel est intervenue la cessation ou la modification de l'activité professionnelle.

Art. R. 351-44 *(Décr. nº 88-493 du 2 mai 1988, art. 1er)* Les caisses chargées de la liquidation des droits à prestations de vieillesse communiquent aux caisses gestionnaires des régimes de base obligatoires d'assurance vieillesse mentionnés au *(Décr. nº 2014-1513 du 16 déc. 2014, art. 1er-III)* « quatrième » alinéa de l'article L. 351-15 :

1° La date d'entrée en jouissance de la pension de vieillesse liquidée en application de l'article L. 351-15 ;

2° Le taux de la fraction de pension servie à l'assuré et ses éventuelles modifications ;

3° La date d'interruption du service de la fraction de pension lorsque celui-ci est supprimé en application du premier alinéa de l'article L. 351-16 ;

4° La date d'effet du service de la pension complète.

SECTION XI *[ABROGÉE]* DISPOSITIONS TRANSITOIRES

(Abrogée par Décr. nº 2008-1555 du 31 déc. 2008, art. 4-I)

Art. R. 351-45 *Abrogé par Décr. nº 2008-1555 du 31 déc. 2008, art. 4-I.*

CHAPITRE II SERVICE DES PENSIONS DE RETRAITE

Art. R. 352-1 *Abrogé par Décr. nº 2004-1130 du 19 oct. 2004, art. 1er-III.*

Art. R. 352-2 *Abrogé par Décr. nº 2010-14 du 7 janv. 2010, art. 3.*

CHAPITRE III OUVERTURE DU DROIT, LIQUIDATION ET CALCUL DES PENSIONS DE RÉVERSION

Art. R. 353-1 *(Décr. nº 2004-1447 du 23 déc. 2004)* « La pension de réversion est attribuée lorsque le conjoint de l'assuré décédé ou disparu ne dispose pas de ressources dépassant un montant fixé par décret. Ces ressources sont appréciées selon les modalités et dans les conditions fixées par les *(Décr. nº 2007-56 du 12 janv. 2007 ; Décr. nº 2008-1555 du 31 déc. 2008)* « articles R. 815-18 à R. 815-20, R. 815-22 à R. 815-25, R. 815-27 et au deuxième alinéa de l'article R. 815-29 ». Toutefois, elles ne comprennent pas :

« 1° Les revenus d'activité et de remplacement de l'assuré décédé ;

« 2° Les avantages de réversion servis par les régimes légalement obligatoires complémentaires aux régimes de base mentionnés aux articles L. 200-2 *(Décr. n° 2017-735 du 3 mai 2017, art. 3-9°)* « , L. 611-1 et L. 640-1 du présent code, ainsi qu'aux articles L. 722-8 et » L. 722-20 du code rural et de la pêche maritime ;

« 3° Les revenus des biens mobiliers et immobiliers acquis du chef du conjoint décédé ou disparu ou en raison de ce décès ou de cette disparition.

« Les revenus d'activité du conjoint survivant font l'objet d'un abattement de 30 % s'il est âgé de 55 ans ou plus. »

(Décr. n° 2004-857 du 24 août 2004, art. 3-I) Les ressources à prendre en compte lors de la demande sont celles afférentes aux trois mois civils précédant la date d'effet de la pension de réversion. Lorsqu'elles excèdent le quart du plafond applicable en vertu du premier alinéa de l'article L. 353-1, il leur est substitué celles afférentes aux douze mois civils précédant cette date, qui sont alors comparées au montant annuel de ce plafond.

1. Ressources prises en compte. Les ressources prises en compte pour l'attribution d'une pension de réversion ne comprennent pas les revenus des biens mobiliers et immobiliers acquis du chef du conjoint décédé ou disparu ou en raison de ce décès ou de cette disparition. • Civ. 2e, 10 oct. 2013 : *RDSS 2013. 1143, obs. Tauran* ; *JCP S 2014, n° 1053, obs. Asquinazi-Bailleux.*

2. Incidence des inexactitudes dans la déclaration des ressources. Il résulte de la combinaison des dispositions des art. R. 353-1-1, R. 815-18 et R. 815-38 CSS, que si la date de la dernière révision de la pension de réversion ne peut être postérieure, notamment, à un délai de trois mois après la date à laquelle le conjoint survivant est entré en jouissance de l'ensemble des avantages personnels de retraite de base complémentaire lorsqu'il peut prétendre à de tels avantages, c'est à la condition que l'intéressé ait informé de cette date l'organisme auquel incombe le paiement de la pension de réversion. • Civ. 2e, 24 nov. 2016, n° 15-24.019 P.

Art. R. 353-1-1 *(Décr. n° 2004-1447 du 23 déc. 2004)* La pension de réversion est révisable en cas de variation dans le montant des ressources, calculé en application des dispositions de l'article R. 353-1, dans les conditions et selon les modalités fixées aux *(Décr. n° 2007-56 du 12 janv. 2007)* « articles R. 815-20, R. 815-38, R. 815-39 et R. 815-42 ». La date de la dernière révision ne peut être postérieure :

a) A un délai de trois mois après la date à laquelle le conjoint survivant est entré en jouissance de l'ensemble des avantages personnels de retraite de base et complémentaire lorsqu'il peut prétendre à de tels avantages ;

b) A la date *(Décr. n° 2011-620 du 31 mai 2011, art. 4-8°)* « à laquelle il atteint l'âge prévu par l'article L. 161-17-2 », lorsqu'il ne peut pas prétendre à de tels avantages.

Art. R. 353-2 La majoration prévue aux articles L. 353-1 et L. 353-3 est égale à 10 % de la pension.

La majoration prévue à l'article L. 353-1 ne peut être inférieure au dixième du montant minimum de la pension de réversion.

Art. R. 353-3 *(Décr. n° 2004-857 du 24 août 2004, art. 4-I)* Pour déterminer le montant de la pension principale servant de base au calcul de la pension de réversion, dans le cas où l'assuré n'était pas titulaire d'une pension de vieillesse ou d'une rente à la date de son décès *(Décr. n° 2011-620 du 31 mai 2011, art. 4-9°)* « et que toutes les conditions de détermination de cette pension ou rente ne sont pas fixées », il est fait application des dispositions applicables aux personnes atteignant *(Décr. n° 2011-620 du 31 mai 2011, art. 4-9°)* « leur cinquante-septième anniversaire » l'année au cours de laquelle l'assuré est décédé. – *V. Circ. CNAV n° 2012/48 du 3 juill. 2012.*

(Abrogé par Décr. n° 2007-614 du 25 avr. 2007, art. 1er) « Par dérogation aux dispositions de l'alinéa précédent, pour les assurés nés à partir du 1er janvier 1934 et pour les pensions de réversion liquidées au 1er janvier 2008, premier jour du mois suivant celui au cours duquel l'assuré est décédé, le nombre d'années mentionné aux articles R. 351-29 et R. 753-24 demeure fixé à vingt-quatre et la durée maximum d'assurance demeure fixée à cent cinquante-huit trimestres. »

Art. R. 353-3-1 *Abrogé par Décr. n° 2004-857 du 24 août 2004, art. 4-II.*

Art. R. 353-4 *(Décr. n° 2004-857 du 24 août 2004, art. 5-II)* « Pour l'application du deuxième alinéa de l'article L. 353-3, la durée de chaque mariage est déterminée de date à date et arrondie au nombre de mois inférieur. »

Lorsque le conjoint survivant et le ou les précédents conjoints divorcés ne réunissent pas tous à la même date les conditions d'attribution de la pension de réversion fixées par l'article R. 353-1, les parts de pension de réversion qui leur sont respectivement dues sont déterminées lors de la liquidation des droits du premier d'entre eux qui en fait la demande ; ces parts de pensions de réversion sont ensuite liquidées au fur et à mesure que les intéressés justifient qu'ils réunissent les conditions sus-rappelées.

Si, après plusieurs divorces, l'assuré décède sans laisser de conjoint survivant, la pension de réversion doit être partagée, dans les conditions sus-rappelées, entre ses précédents conjoints divorcés.

Au décès du conjoint survivant ou d'un conjoint divorcé, sa part accroîtra la part de l'autre ou, s'il y a lieu, des autres, à compter du premier jour du mois suivant le décès.

Art. R. 353-5 *Abrogé par Décr. n° 2004-857 du 24 août 2004, art. 6.*

Bénéficiaires. Le conjoint survivant ou divorcé remarié qui ne peut percevoir aucune pension du chef de son dernier conjoint recouvre, en application des art. L. 161-23 et R. 353-5 CSS, le droit à pension de réversion du chef de son premier conjoint. • Soc. 22 mars 2001, ⚖ n° 99-15.171 P : *RJS 2001, n° 793.* ♦ Peu importe que la non-perception d'une pension du chef du dernier conjoint soit la conséquence de l'application des dispositions qui plafonnent le montant total des retraites susceptibles d'être perçues par le conjoint survivant. • Soc. 22 mars 2001 : ⚖ *préc.* ♦ Les dispositions des art. L. 161-23 et R. 353-5 CSS n'exigent pas de l'époux survivant remarié et divorcé que son second conjoint soit décédé ou disparu pour recouvrer un droit à pension de réversion du chef de son premier conjoint. La seule condition requise est que l'époux survivant n'ait aucun droit à pension de réversion du chef de son dernier conjoint. • Soc. 20 févr. 1992, ⚖ n° 88-19.985 P : *RJS 1992, n° 516.* ♦ Comp. : • Soc. 23 mai 1991 : ⚖ *D. 1991. IR 167* ✎ (second mariage de l'intéressé dissous par le divorce moins de deux ans après avoir été célébré, sans qu'aucun enfant ne soit issu de cette union). ♦ V. aussi • Soc. 23 nov. 1995 : ⚖ *D. 1996. IR 1* ✎ et encore • Soc. 22 mars 2001 : ⚖ *D. 2001. IR 1361* ✎ (rendu entre les mêmes parties).

Art. R. 353-6 Lorsque le pensionné ou le titulaire de droits à une pension décède antérieurement à *(Décr. n° 2011-620 du 31 mai 2011, art. 4-10°)* « l'âge fixé au 1° de l'article L. 351-8 », la pension de réversion du conjoint survivant ou du conjoint divorcé est calculée en fonction du montant de la pension qui aurait été allouée au *de cujus* au titre de l'inaptitude au travail. – *V. Circ. CNAV n° 2012/48 du 3 juill. 2012.*

Art. R. 353-7 *(Décr. n° 2008-1555 du 31 déc. 2008)* Le conjoint survivant indique la date à compter de laquelle il désire entrer en jouissance de la pension de réversion, sous réserve des conditions suivantes :

1° Cette date est nécessairement le premier jour d'un mois ;

2° Elle ne peut pas être antérieure au premier jour du mois suivant lequel il remplit la condition d'âge prévue à l'article L. 353-1 ;

3° Elle ne peut pas être antérieure au dépôt de la demande. Toutefois :

a) Lorsque la demande est déposée dans le délai d'un an qui suit le décès, la date d'entrée en jouissance peut être fixée au plus tôt au premier jour du mois qui suit le décès ;

b) Lorsque la demande est déposée dans le délai d'un an suivant la période de douze mois écoulée depuis la disparition, la date d'entrée en jouissance peut être fixée au plus tôt au premier jour du mois suivant celui au cours duquel l'assuré a disparu.

La caisse chargée de la liquidation de la pension de réversion informe le demandeur de son droit à fixer une date d'entrée en jouissance de sa pension et s'il satisfait aux conditions mentionnées aux *a* ou *b* du 3°. A défaut d'exercice de ce droit, la date d'entrée en jouissance est fixée au premier jour du mois suivant la date de réception de la demande sous réserve de la condition mentionnée au 2°.

1. Preuve de la réception de la demande. La preuve de la réception par la caisse d'une demande de liquidation de pension de vieillesse ou de pension de réversion, présentée sur l'imprimé réglementaire, ne peut résulter que de la production du récépissé délivré par cet organisme ou de tout autre document en établissant la réalité. • Soc. 14 janv. 1999 : ⚖ *RJS 1999, n° 420.* – V.

aussi • Civ. 2e, 5 mars 2012 : *CSBP 2012. 182, obs. Pansier* (la demande de pension formulée initialement par lettre simple suffit à fixer dans le temps les droits de l'assuré dès lors qu'elle a été régularisée ensuite par l'imprimé réglementaire).

2. Point de départ du délai d'un an. Dès lors qu'il était établi que la caisse régionale d'assurance maladie avait reçu, moins d'une année après le décès de l'assuré, la lettre de sa veuve demandant le bénéfice d'une pension de réversion et que celle-ci remplissait alors les conditions pour l'obtenir, la circonstance qu'elle ait transmis l'imprimé réglementaire plus de six mois après que la caisse le lui eut fait parvenir ne pouvait avoir pour effet de la priver de son droit à pension à compter du premier jour du mois suivant le décès de son mari. • Soc. 3 avr. 2002, n° 00-17.187 P : *RJS 2002, n° 726* (l'imprimé réglementaire n'avait été transmis à la caisse que trois ans après le décès de l'assuré).

3. Forme de la demande. Il résulte des art. R. 353-7 et R. 354-1 CSS que les personnes qui sollicitent le bénéfice des avantages de réversion prévus aux art. L. 353-1 et L. 353-2 doivent formaliser leur demande au moyen de l'imprimé mentionné par le premier R. 173-4-1 et l'adresser à la Caisse d'assurance vieillesse ou à l'une des caisses ayant liquidé les droits à pension du *de cujus*. La demande de pension formulée initialement par lettre simple suffit à fixer dans le temps les droits de l'assuré dès lors qu'elle a été régularisée ensuite par l'imprimé réglementaire. • Civ. 2e, 8 oct. 2015, n° 14-23.206 P : *RJS 1/2016, n° 66.*

4. Demande déposée après l'expiration du délai d'un an. Une cour d'appel, qui n'était pas saisie d'une action en responsabilité de la caisse a pu, à bon droit, confirmer la décision de cette dernière fixant la date d'entrée en jouissance d'une pension de réversion au premier jour du mois suivant la réception de la demande, conformément aux dispositions de l'art. R. 353-7, 3°, CSS. Le fait que l'intéressée aurait pu déposer sa demande plus de quatre ans auparavant, au moment où elle a atteint l'âge de cinquante-cinq ans, importe peu. • Soc. 30 oct. 1997 : *RJS 1997, n° 1436.*

Art. R. 353-8 **Le délai d'un an prévu par l'article L. 353-2 en cas de disparition court à dater soit de la première échéance non acquittée lorsque le disparu était titulaire d'une pension, soit, dans le cas contraire, du jour de la déclaration de la disparition aux autorités de police.**

La demande de pension formée par le conjoint est appuyée de procès-verbaux de police et autres pièces relatant les circonstances de la disparition.

En cas de réapparition de l'assuré, la pension liquidée à titre provisoire au profit de son conjoint par application de l'article L. 353-2 est annulée à compter de son entrée en jouissance et les arrérages perçus doivent être reversés à la caisse, sous réserve de l'application de l'article L. 355-3.

Art. R. 353-9 *(Décr. n° 88-679 du 6 mai 1988, art. 1er ; Décr. n° 90-1061 du 26 nov. 1990, art. 4)* **Pour bénéficier de la majoration de la pension de réversion instituée par l'article L. 353-5, le conjoint au sens des articles L. 353-1 à L. 353-3** *(Décr. n° 2011-620 du 31 mai 2011, art. 4-11°)* **« ne doit pas avoir atteint l'âge prévu par le 1° de l'article L. 351-8 ».**

L'âge limite de l'enfant à charge est celui qui résulte de l'application des dispositions de l'article *(Décr. n° 2015-1865 du 30 déc. 2015, art. 10-18°, en vigueur le 1er janv. 2016)* **« R. 161-4 ».**

Art. R. 353-10 *(Décr. n° 88-679 du 6 mai 1988, art. 1er)* **La majoration est due à la date d'entrée en jouissance de la pension de réversion si, à cette date, les conditions d'ouverture du droit à cette majoration sont remplies ou à compter du premier jour du mois suivant la date à laquelle ces conditions sont satisfaites.**

La majoration est supprimée le premier jour du mois suivant celui au cours duquel l'assuré cesse d'y avoir droit.

Les intéressés sont tenus de faire connaître les changements intervenus dans leur situation de famille.

Art. R. 353-11 *(Décr. n° 88-679 du 6 mai 1988, art. 1er)* **Le montant mensuel de la majoration de pension de réversion instituée par l'article L. 353-5 est fixé à 400 F au 1er janvier 1988 ; les coefficients de revalorisation mentionnés au 2° de l'article L. 351-11 lui sont applicables.**

Art. R. 353-12 *(Décr. n° 2009-788 du 23 juin 2009)* **Pour l'attribution de la majoration de pension de réversion prévue à l'article L. 353-6, les avantages personnels de retraite et de réversion servis par les régimes légaux ou rendus obligatoires, de base et**

complémentaires, français et étrangers, ainsi que par les régimes des organisations internationales du conjoint de l'assuré décédé ou disparu sont appréciés selon les modalités et dans les conditions fixées par les articles R. 815-18 à R. 815-20, R. 815-22 et au deuxième alinéa de l'article R. 815-29.

Les avantages personnels de retraite et de réversion à prendre en compte pour l'attribution de la majoration sont ceux afférents aux trois mois civils précédant sa date d'effet. Lorsque l'addition de ces avantages et du montant de la majoration sur trois mois ainsi que, dans les cas où elle prend effet en même temps que la majoration, du montant de la pension de réversion sur trois mois excède le plafond fixé par le décret prévu au premier alinéa de l'article L. 353-6, la majoration est réduite à due concurrence du dépassement. — *Par dérogation au 2e al., les avantages personnels de retraite et de réversion à prendre en compte pour l'attribution de la majoration prévue à l'art. L. 353-6, pour le mois de janv. 2010, aux conjoints survivants âgés d'au moins soixante-cinq ans au 1er janv. 2010 dont la pension prévue par l'art. L. 353-1 a pris effet avant cette date sont ceux afférents aux mois de juill., août et sept. 2009 (Décr. no 2009-788 du 23 juin 2009, art. 5).*

Art. R. 353-13 *(Décr. no 2009-788 du 23 juin 2009)* La majoration de pension de réversion est due à compter du premier jour du mois suivant la date à laquelle les conditions d'attribution mentionnées à l'article L. 353-6 sont remplies.

La majoration de pension de réversion peut être révisée lorsque le montant des avantages personnels de retraite et de réversion perçus a varié par rapport au montant calculé selon les modalités prévues à l'article R. 353-12. Aucune révision ne peut plus intervenir :

1° Après l'expiration d'un délai de trois mois à partir de la date à laquelle le conjoint survivant est entré en jouissance de l'ensemble des avantages personnels de retraite de base et complémentaire auxquels il peut prétendre ;

2° Après la date *(Décr. no 2011-620 du 31 mai 2011, art. 4-12o)* « à laquelle il atteint l'âge prévu par le 1° de l'article L. 351-8 » lorsqu'il ne peut prétendre à de tels avantages.

Art. R. 353-14 *(Décr. no 2009-788 du 23 juin 2009)* En application de l'article L. 353-6, le conjoint survivant ne peut bénéficier de la majoration de pension de réversion avant la date d'entrée en jouissance qu'il a fixée, lors de sa demande de liquidation auprès des organismes redevables, pour l'ensemble des pensions personnelles et de réversion auxquelles il peut prétendre. Dans le cas où il ne remplit pas les conditions d'attribution d'une ou plusieurs de ses pensions à la date pour laquelle il demande le bénéfice de la majoration, il en apporte la preuve par tous moyens. La majoration est alors calculée sans tenir compte de ces pensions jusqu'au dernier jour du mois civil précédant celui au cours duquel ces conditions d'attribution sont remplies.

CHAPITRE IV MODALITÉS DE LA DEMANDE DE PENSION DE RÉVERSION

Art. R. 354-1 *(Décr. no 97-1001 du 27 oct. 1997, art. 3)* « Les personnes qui sollicitent le bénéfice des avantages de réversion prévus aux articles L. 353-1 et L. 353-2 adressent à la caisse ou à l'une des caisses ayant liquidé les droits à pension du *de cujus* la demande mentionnée à l'article R. 173-4-1. Lorsque les droits n'ont pas été liquidés, la demande est adressée à la caisse compétente dans le ressort de laquelle se trouve la résidence de la personne intéressée, cette caisse étant celle du régime de son choix si le *de cujus* avait relevé de plusieurs régimes. En cas de résidence à l'étranger ou pour l'application du deuxième alinéa de l'article L. 353-3, l'organisme compétent est celui qui a reçu les derniers versements du *de cujus* ou qui a liquidé ses droits. »

(Décr. no 90-1061 du 26 nov. 1990, art. 5) « La caisse régionale d'assurance vieillesse de Strasbourg a compétence exclusive pour recevoir la demande, procéder à l'étude et à la liquidation des droits et servir ces avantages, lorsque le bénéficiaire ou, en cas de partage de ces avantages en application de l'article L. 353-3, l'un des bénéficiaires réside dans les départements du Haut-Rhin, du Bas-Rhin ou de la Moselle » *(Décr.*

n° 98-1025 du 12 nov. 1998, art. 1er ; Décr. n° 2010-674 du 18 juin 2010, art. 1er) **« ou lorsque, résidant hors de ces départements, le bénéficiaire ou l'un des bénéficiaires relève du régime local d'assurance maladie en application des 9°, 10° et 11° du II de l'article L. 325-1 ».** *(Décr. n° 97-1001 du 27 oct. 1997, art. 3)* **« Elle est également compétente pour recevoir les demandes tendant à l'attribution des pensions prévues aux articles L. 357-9 et L. 357-10. »**

Le conjoint survivant et le conjoint divorcé doivent obligatoirement joindre à cette demande la copie de l'acte de naissance de l'assuré.

Lorsque la demande est formée au titre de l'inaptitude au travail, les documents prévus à l'article R. 351-22 doivent y être joints.

Il est donné au requérant récépissé de sa demande et des pièces qui l'accompagnent. *(Décr. n° 2001-532 du 20 juin 2001, art. 44)* **« Le silence gardé pendant plus de quatre mois sur la demande de liquidation ou de révision d'une pension de réversion et de ses accessoires vaut décision de rejet. »**

Sur les exceptions à l'application du droit des usagers de saisir l'administration par voie électronique concernant les démarches effectuées auprès des organismes de sécurité sociale, V. CRPA, App., v° Saisine par voie électronique — Exceptions. — **CRPA**.

1. Demande de liquidation (présentation et preuve). Il ressort de l'art. R. 354-1 CSS que les personnes qui sollicitent le bénéfice d'un avantage de réversion adressent à la caisse chargée de la liquidation des droits à prestation de vieillesse ayant effectué les derniers versements de la pension du défunt ou qui a liquidé sa pension une demande conforme au modèle arrêté par le ministre chargé de la sécurité sociale, et qu'il est donné récépissé au requérant de la demande et des pièces qui l'accompagnent. • Soc. 19 déc. 1996 : *RJS 1997, n° 204.* ♦ La preuve de la réception par la caisse d'une demande de liquidation de pension de réversion présentée sur l'imprimé conforme au modèle arrêté par le ministre chargé de la sécurité sociale, hormis le cas de perte par suite d'une cause fortuite ou de la force majeure, ne peut résulter que de la production du récépissé délivré par cet organisme ou de tout autre document en établissant avec certitude la réalité. • Soc. 19 déc. 1996 : *préc.*

2. Forme de la demande. Il résulte des art. R. 353-7 et R. 354-1 CSS que les personnes qui sollicitent le bénéfice des avantages de réversion prévus aux art. L. 353-1 et L. 353-2 doivent formaliser leur demande au moyen de l'imprimé mentionné par le premier R. 173-4-1 et l'adresser à la Caisse d'assurance vieillesse ou à l'une des caisses ayant liquidé les droits à pension du *de cujus*. La demande de pension formulée initialement par lettre simple suffit à fixer dans le temps les droits de l'assuré dès lors qu'elle a été régularisée ensuite par l'imprimé réglementaire. • Civ. 2e, 8 oct. 2015, n° 14-23.206 P : *RJS 1/2016, n° 66.*

CHAPITRE V DISPOSITIONS COMMUNES AVEC L'INVALIDITÉ

Art. R. 355-1 **L'âge avant lequel les conditions d'attribution de la majoration pour tierce personne doivent être remplies, conformément aux dispositions de l'article L. 355-1,** *(Décr. n° 2011-620 du 31 mai 2011, art. 4-13°)* **« est celui prévu au 1° de l'article L. 351-8 ».**

La majoration pour aide constante d'une tierce personne prévue à l'article L. 355-1 est accordée pour son montant intégral si les conditions d'attribution sont remplies, quelle que soit la durée d'assurance accomplie par l'assuré.

(Décr. n° 86-130 du 28 janv. 1986, art. 8) **« Cette majoration est due à la date d'entrée en jouissance de la pension si, à cette date, les conditions d'attribution sont remplies. Dans le cas contraire, elle est due à compter du premier jour du mois suivant la date de réception de la demande de majoration, dès lors que ces conditions sont remplies. »**

Art. R. 355-2 *(Décr. n° 86-130 du 28 janv. 1986, art. 9-I)* **Les pensions et rentes prévues au titre IV et aux chapitres Ier à IV du titre V du présent livre ainsi que leurs majorations et accessoires sont payables mensuellement et à terme échu, aux dates fixées par un arrêté du ministre chargé de la sécurité sociale.**

Le versement, dans les conditions prévues à l'art. R. 355-2, d'une pension de réversion est garanti aux assurés quatre mois civils après le dépôt de leur demande de liquidation dans les formes mentionnées à l'art. R. 173-4-1du CSS. Ces dispositions sont applicables aux demandes de pensions de réversion relevant du régime général de sécurité sociale déposées à compter du 1er sept. 2016 et aux demandes de pensions de réversion relevant du régime des salariés agricoles et du régime des professions artisanales, industrielles et commerciales déposées à compter de la date d'entrée en vigueur de l'art. L. 173-1-2 du CSS [date fixée par décret et au plus tard le 1er janv. 2017] (Décr. no 2016-1175 du 30 août 2016, JO 31 août). — V. Circ. CNAV no 2016-40 du 1er sept. 2016 relative à la garantie de versement d'une pension de réversion.

Art. R. 355-3 Les assurés en instance de liquidation de pension peuvent demander à la caisse primaire *(Décr. n o 2010-344 du 31 mars 2010, art. 309)* « d'assurance maladie, à la Caisse d'assurance retraite et de la santé au travail » ou à la caisse régionale d'assurance vieillesse de Strasbourg, suivant le cas, le versement d'acomptes sur leurs arrérages.

Un arrêté du ministre chargé de la sécurité sociale et du ministre chargé du budget fixe les conditions d'attribution et de paiement des acomptes.

Art. R. 355-4 La caisse primaire *(Décr. no 2010-344 du 31 mars 2010, art. 309)* « d'assurance maladie, la Caisse d'assurance retraite et de la santé au travail » ou la caisse régionale d'assurance vieillesse des travailleurs salariés de Strasbourg, suivant le cas, notifie à l'intéressé sa décision portant soit attribution d'une pension ou rente, soit droit au versement forfaitaire prévu à l'article L. 351-9.

Le décret prévu à l'article L. 256-2 fixe les conditions de délivrance de l'extrait d'inscription, les modalités de paiement des arrérages ainsi que les règles applicables en matière d'opposition.

Il indique également les conditions dans lesquelles est effectué le paiement aux ayants droit de l'assuré des arrérages des pensions ou rentes afférents à la période antérieure à la date du décès de ce dernier.

Les caisses débitrices peuvent opérer d'office et sans formalité les retenues sur les arrérages des pensions, rentes et avantages accessoires pour le recouvrement des sommes payées indûment aux titulaires. Les sommes retenues ne peuvent excéder la fraction saisissable, telle qu'elle résulte de l'application de l'article L. 355-2.

Art. R. 355-5 Il est tenu, par les caisses primaires *(Décr. no 2010-344 du 31 mars 2010, art. 309)* « d'assurance maladie, par les caisses d'assurance retraite et de la santé au travail » et par la caisse régionale d'assurance vieillesse de Strasbourg, un registre sur lequel sont inscrites les pensions et rentes liquidées.

Art. R. 355-6 Les dispositions des articles R. 355-3 à R. 355-5 sont applicables en ce qui concerne les pensions de veuves et de veufs et les pensions de réversion.

CHAPITRE VI *[ABROGÉ]* ASSURANCE VEUVAGE

(Abrogé par Décr. no 2004-857 du 24 août 2004, art. 8)

Art. R. 356-1 *à* R. 356-12 *Abrogés par Décr. no 2004-857 du 24 août 2004, art. 8.*

CHAPITRE VII RÉGIME APPLICABLE DANS LES DÉPARTEMENTS DU HAUT-RHIN, DU BAS-RHIN ET DE LA MOSELLE

SECTION PREMIÈRE PENSION DE VIEILLESSE

Néant. — V. art. D. 357-1 à D. 357-12.

SECTION II PENSION D'INVALIDITÉ

Néant. — V. art. D. 357-13 à D. 357-15.

SECTION III PENSION DE VEUVE ET DE VEUF

Néant. — V. art. D. 357-16 à D. 357-24.

SECTION IV DISPOSITIONS COMMUNES AUX PENSIONS DE VIEILLESSE, D'INVALIDITÉ, DE VEUVE ET DE VEUF

Néant. — V. art. D. 357-25 à D. 357-28.

TITRE SIXIÈME ASSURANCE DÉCÈS

CHAPITRE PREMIER DISPOSITIONS GÉNÉRALES

Art. R. 361-1 (Abrogé par Décr. n° 2015-209 du 24 févr. 2015, art. 1er-1°) ***Le capital décès prévu à l'article L. 361-1 est égal à*** (Décr. n° 2011-1957 du 26 déc. 2011, art. 1er-5°) ***« 91,25 » fois le gain journalier de base tel qu'il est défini à l'article L. 323-4.*** (Décr. n° 2011-1957 du 26 déc. 2011, art. 1er-5°) ***« Toutefois, pour l'application du septième alinéa de*** (Décr. n° 2013-6 du 3 janv. 2013, art. 3-V) ***« l'article R. 323-4 », le plafond pris en compte est celui mentionné à l'article L. 241-3 ».***

Art. R. 361-2 *(Abrogé par Décr. n° 2015-209 du 24 févr. 2015, art. 1er-2°)* ***« Le capital attribué au titre de l'assurance décès ne peut être inférieur à 1 % du montant du plafond mentionné à l'article L. 241-3. Il ne peut être supérieur au quart du montant de ce plafond. »*** *(Décr. n° 2015-209 du 24 févr. 2015, art. 1er-2°)* « Le capital décès » est accordé même en cas de décès survenu soit à la suite d'un accident du travail, soit pendant *(Décr. n° 2015-209 du 24 févr. 2015, art. 1er-2°)* « la journée défense citoyenneté » obligatoire, soit pendant une période d'appel ou de mobilisation, soit au cours d'une période de présence sous les drapeaux comme volontaire en temps de guerre.

Art. R. 361-3 Pour l'application des articles L. 361-1 à L. 361-4, les conditions requises par l'article L. 313-1 doivent être remplies à la date du décès.

Les titulaires d'une pension de vieillesse sont considérés comme ayant la qualité d'assurés ouvrant droit au capital décès tant qu'ils remplissent les conditions prévues à l'article L. 313-1 précité.

En cas de pluralité de personnes pouvant se prévaloir du droit de priorité prévu au premier alinéa de l'article L. 361-4, le capital est versé par ordre de préférence au conjoint *(Décr. n° 2000-97 du 3 févr. 2000, art. 3)* « ou au partenaire d'un pacte civil de solidarité », aux enfants, aux ascendants.

Art. R. 361-4 Les demandes tendant au paiement du capital prévu aux articles L. 361-1 à L. 361-4 sont adressées à la caisse primaire d'assurance maladie.

La décision de la caisse est notifiée aux intéressés.

Lorsque le droit au paiement du capital garanti au décès est ouvert aux descendants mineurs, la demande est formée par le représentant légal. En cas de carence du représentant légal, le juge du tribunal d'instance forme la demande et désigne la personne ou l'établissement qui doit recevoir en dépôt, pour le compte des mineurs, les sommes qui reviennent à ceux-ci.

Art. R. 361-5 Le délai prévu au deuxième alinéa de l'article L. 361-4, après lequel le capital décès peut être attribué aux personnes mentionnées à ce même alinéa, est fixé à un mois suivant le décès de l'assuré.

CHAPITRE II DISPOSITIONS COMMUNES À L'ASSURANCE MALADIE, À L'ASSURANCE MATERNITÉ ET À L'ASSURANCE DÉCÈS

Art. R. 362-1 Les prestations doivent être payées à l'assuré dans les quinze jours qui suivent tout renvoi de feuilles de soins ou d'incapacité de travail.

(Décr. n° 2017-736 du 3 mai 2017, art. 4) « La caisse paie valablement les prestations au conjoint de l'assuré, à son concubin ou à la personne avec laquelle il est lié par un pacte civil de solidarité, ou à toute personne justifiant d'avoir la charge du bénéficiaire des prestations si celui-ci est un enfant qui remplit les conditions mentionnées au 2° de l'article L. 161-1. »

L'assuré ou, en ce qui concerne l'assurance décès, les ayants droit de l'assuré, peuvent déléguer un tiers pour l'encaissement des prestations.

Cette délégation n'est valable que pour les prestations dont le versement est demandé dans le délai de *(Décr. n° 2018-1255 du 27 déc. 2018, art. 1er-13°, en vigueur le 1er janv. 2019)* « six » mois à compter de la date à laquelle elle a été établie par l'assuré.

En ce qui concerne le capital décès, elle ne peut porter que sur une somme ne dépassant pas le vingt-quatrième du montant maximum de la rémunération annuelle retenue pour le calcul des cotisations de sécurité sociale.

La délégation ne fait pas obstacle au droit de la caisse de surseoir au paiement pour procéder aux vérifications nécessaires et de payer les prestations par la poste.

Un employé d'une caisse ne peut être délégué par l'assuré pour l'encaissement de prestations que s'il a été spécialement accrédité à cet effet par le conseil d'administration de la caisse.

Art. R. 362-2 (Abrogé par Décr. nº 2014-953 du 20 août 2014, art. 1er-3º, à compter du 1er janv. 2015) ***Le montant des sommes ayant donné lieu à régularisation dans les conditions prévues aux articles R. 243-10 et R. 243-11 se répartit, tant pour le calcul de l'indemnité journalière en cas de maladie ou de maternité que pour la fixation du capital décès, sur une période d'une durée égale à la période à laquelle s'applique la régularisation effectuée et qui suit immédiatement cette dernière période.*** — Les dispositions issues du Décr. nº 2014-953 du 20 août 2014 sont applicables aux indemnités journalières versées au titre d'arrêts de travail débutant à compter du 1er janv. 2015 (Décr. préc., art. 3).

TITRE SEPTIÈME **DISPOSITIONS DIVERSES**

CHAPITRE PREMIER **DISPOSITIONS SPÉCIALES AUX BÉNÉFICIAIRES DE DIVERSES LÉGISLATIONS DE PRÉVOYANCE ET D'AIDE SOCIALE**

SECTION PREMIÈRE **BÉNÉFICIAIRES DE L'ASSURANCE ACCIDENTS DU TRAVAIL ET MALADIES PROFESSIONNELLES**

Art. R. 371-1 Pour l'application de l'article L. 371-1, le taux d'incapacité de travail doit être au moins des deux tiers.

Pour l'application de l'article L. 371-4, le degré total d'incapacité de l'assuré doit être au moins des deux tiers.

Art. R. 371-2 Le délai de carence mentionné au deuxième alinéa de l'article L. 371-3 est de trois jours.

Art. R. 371-3 Lorsque le caractère professionnel de l'accident ou de la maladie a été reconnu, les prestations servies à l'assuré à titre provisionnel dans les conditions déterminées à l'article L. 371-5 s'imputent sur le montant des prestations dues en vertu de la législation des accidents du travail.

SECTION II **BÉNÉFICIAIRES DE LA LÉGISLATION DES PENSIONS MILITAIRES**

Art. R. 371-4 Les indemnités journalières prévues par le troisième alinéa de l'article L. 371-6 sont servies pendant des périodes de trois années séparées par une interruption de deux ans.

Art. R. 371-5 Pour l'application de l'article L. 371-7, le degré total d'incapacité de l'assuré doit être au moins des deux tiers.

Art. R. 371-6 Le règlement intérieur modèle des caisses primaires d'assurance maladie arrêté par le ministre chargé de la sécurité sociale fixe les conditions dans lesquelles les caisses primaires d'assurance maladie paient les indemnités prévues à l'article L. 371-6 aux assurés malades ou blessés de guerre, lorsque ces assurés reçoivent personnellement les soins auxquels ils ont droit au titre *(Décr. nº 2010-332 du 24 mars 2010, art. 1er-6º)* « de l'article L. 115 » du code des pensions militaires d'invalidité et des victimes de la guerre.

Art. R. 371-7 Pour l'application du quatrième alinéa de l'article L. 371-6, la preuve qui incombe à l'assuré est réputée faite lorsqu'il justifie d'une décision de rejet prise par le service des soins gratuits, sous réserve de la faculté, pour la caisse primaire d'assurance maladie, d'exercer, le cas échéant, telle action que de droit contre ladite décision de rejet en vue d'obtenir le remboursement des prestations qu'elle a servies, dans la limite des prestations légalement dues, en application de l'article L. 115 du code des pensions militaires d'invalidité et des victimes de la guerre.

Les délais impartis à la caisse primaire d'assurance maladie pour exercer son recours devant les juridictions compétentes prévues par l'article *(Décr. n° 2010-332 du 24 mars 2010, art. 1er-7°)* « L. 79 » du code des pensions militaires d'invalidité et des victimes de la guerre sont de même durée que ceux qui sont impartis à l'assuré lui-même. Ils commencent à courir à la date de la réception par la caisse primaire d'assurance maladie de la notification qui doit lui être faite de la décision refusant le bénéfice des soins gratuits.

SECTION III **BÉNÉFICIAIRES DE L'AIDE SOCIALE**

Art. R. 371-8 Les bénéficiaires des prestations en nature de l'assurance maternité qui n'ont pas droit aux indemnités journalières de repos peuvent recevoir les allocations journalières prévues par l'article L. 222-3 du code de l'action sociale et des familles dans les conditions fixées par ledit article.

Art. R. 371-9 Les assurés sociaux indigents sont traités dans les mêmes conditions que les autres assurés. Toutefois, ils ne supportent aucune participation aux frais de traitement, sous réserve de l'application des dispositions de l'article L. 371-12.

Art. R. 371-10 Les règlements prévus à l'article L. 371-12 *[abrogé]* sont valables pour un an au moins.

Ils cessent d'avoir effet au premier jour du trimestre civil suivant leur abrogation par l'autorité administrative compétente en vertu de la loi n° 83-663 du 22 juillet 1983 ou la dénonciation par les caisses ou les syndicats médicaux intéressés de l'accord intervenu par l'application de l'article précité.

Si le règlement s'applique à plusieurs caisses d'assurance maladie, la dénonciation mentionnée à l'alinéa précédent ne produit d'effet qu'à l'égard de la ou des caisses qui ont dénoncé l'accord.

Art. R. 371-11 En cas d'application d'un règlement ne prévoyant l'inscription sur les listes d'assistance que pour l'hospitalisation, les assurés sociaux indigents paient directement aux praticiens les frais médicaux et pharmaceutiques, qui leur sont remboursés par la caisse primaire d'assurance maladie, dans les conditions fixées par ledit règlement.

Ce règlement peut, toutefois, autoriser les praticiens à se faire rembourser directement par la caisse primaire d'assurance maladie. Il indique, dans ce cas, les formalités à remplir par eux.

CHAPITRE II **SERVICE MILITAIRE ET APPEL SOUS LES DRAPEAUX. – VOLONTARIAT POUR L'INSERTION. – SERVICE CIVIQUE** *(Décr. n° 2010-1032 du 30 août 2010, art. 1er-1°).*

Art. R. 372-1 Lorsque à la suite d'une période de service militaire ou d'appel sous les drapeaux l'assuré social est réformé pour maladie ou infirmité contractée en dehors du service ne donnant pas lieu, de ce fait, à l'attribution d'une pension militaire, la pension d'invalidité, dont l'octroi est prévu à l'article L. 372-1, peut lui être accordée dans les conditions prévues audit article, même s'il n'a pas bénéficié des prestations de l'assurance maladie, soit d'office par la caisse primaire d'assurance maladie, soit sur sa demande.

Dans ce cas, la date d'entrée en jouissance de la pension est celle à laquelle l'état d'invalidité est constaté par la caisse primaire d'assurance maladie. Elle ne peut être antérieure à la date du retour de l'assuré dans ses foyers.

Art. R. 372-2 (Abrogé par Décr. n° 2010-1032 du 30 août 2010, art. 1er-2°) (Décr. n° 2000-1159 du 30 nov. 2000, art. 23-IV) *I. — Le volontaire civil mentionné au I de l'article L. 122-14 du code du service national est affilié, à la diligence de l'organisme d'accueil dans lequel il effectue sa période de volontariat civil, auprès de la caisse primaire d'assurance maladie ou de la caisse générale de sécurité sociale dans le ressort de laquelle est situé cet organisme d'accueil.*

La caisse remet au volontaire civil une carte d'assuré social.

II. — Les cotisations afférentes à la couverture des prestations en nature de l'assurance maladie et maternité et des prestations d'accidents du travail et de maladies professionnelles

font l'objet d'un seul versement par l'organisme d'accueil mentionné au I ci-dessus à l'Union pour le recouvrement des cotisations de sécurité sociale ou à la caisse générale de sécurité sociale dans la circonscription de laquelle est situé l'organisme d'accueil précité.
(Décr. n° 2007-546 du 11 avr. 2007, art. 7, en vigueur le 1er sept. 2007) *« Lorsque la durée du volontariat est au plus égale à douze mois, les cotisations mentionnées à l'alinéa précédent sont versées au cours du premier mois du semestre civil qui suit la fin de la période de volontariat.*

« Lorsque la durée du volontariat dépasse douze mois, les cotisations sont versées :

« — au titre des cotisations afférentes aux douze premiers mois, au cours du premier mois du semestre civil qui suit le douzième mois après la date de l'affectation du volontaire civil ;

« — au titre des cotisations afférentes à la période de volontariat excédant les douze premiers mois, au cours du premier mois du semestre civil qui suit la fin de la période de volontariat.

« Le versement intervient à la date d'échéance de paiement des cotisations et contributions de sécurité sociale applicables à l'entreprise et, à défaut, au 15 du mois. »

III. — Les dispositions relatives aux majorations de retard prévues à l'article R. 243-18 sont applicables aux cotisations prévues au II ci-dessus.

V. Annexe I, Décr. n° 2000-1159 du 30 nov. 2000, art. 24 à 26, 32 à 37.

Les dispositions de l'art. R. 372-2 demeurent applicables aux contrats ou engagements de volontariat maintenus en application de l'art. 21 de la L. n° 2010-421 du 10 mars 2010 (Décr. n° 2010-1032 du 30 août 2010, art. 4).

Art. R. 372-3 *(Décr. n° 2005-1052 du 29 août 2005) (Abrogé par Décr. n° 2017-858 du 9 mai 2017, art. 7-I) « I. — Le volontaire pour l'insertion est affilié à la diligence du centre de formation dans lequel il effectue sa période de volontariat pour l'insertion, auprès de la caisse primaire d'assurance maladie dans le ressort de laquelle est situé ce centre de formation.*

« La caisse remet au volontaire pour l'insertion une carte d'assuré social. »

I. — Les cotisations afférentes *(Décr. n° 2017-858 du 9 mai 2017, art. 7-I)* « aux » prestations d'accidents du travail et de maladies professionnelles font l'objet d'un seul versement par l'établissement public d'insertion de la défense mentionné à l'article *(Décr. n° 2017-858 du 9 mai 2017, art. 7-I)* « L. 3414-1 » du code de la défense *(Abrogé par Décr. n° 2017-858 du 9 mai 2017, art. 7-I) « , à l'union pour le recouvrement des cotisations de sécurité sociale dans la circonscription de laquelle est situé le centre de formation précité ». — Le II devient le I (Décr. n° 2017-858 du 9 mai 2017, art. 7-I).*

Lorsque la durée du volontariat est au plus égale à douze mois, les cotisations mentionnées à l'alinéa précédent sont versées au cours du premier mois du semestre civil qui suit la fin de la période de volontariat.

Lorsque la durée du volontariat dépasse douze mois, les cotisations sont versées :

1° Au titre des cotisations afférentes aux douze premiers mois, au cours du premier mois du semestre civil qui suit le douzième mois après la date de l'affectation du volontaire ;

2° Au titre des cotisations afférentes à la période de volontariat excédant les douze premiers mois, au cours du premier mois du semestre civil qui suit la fin de la période de volontariat.

Le versement intervient à la date d'échéance de paiement des cotisations et contributions de sécurité sociale applicable à l'établissement public d'insertion de la défense et, à défaut, au quinze du mois.

(Décr. n° 2017-858 du 9 mai 2017, art. 7-I) « II. — Sous réserve des dispositions du I, le versement des contributions mentionnées à l'article L. 130-3 du code du service national sont recouvrées et contrôlées selon les règles et sous les garanties et sanctions applicables au recouvrement des cotisations de sécurité sociale assises sur les salaires. » *— Le III devient le II (Décr. n° 2017-858 du 9 mai 2017, art. 7-I).*

Art. R. 372-4 *(Décr. n° 2010-1032 du 30 août 2010, art. 1er-3°)* I. — Lorsque le service civique est effectué en métropole ou dans un département d'outre-mer, les obligations de l'employeur sont à la charge de l'Agence du service civique, sous réserve du III ci-dessous, pour les volontaires effectuant un engagement de service civique et à la charge de la personne morale agréée en vertu de l'article L. 120-30 du code du service national pour les autres volontaires en service civique.

La personne agréée auprès de laquelle est effectué l'engagement de service civique communique à l'agence ou à l'organisme versant l'indemnité pour son compte les informations nécessaires à l'accomplissement de leurs obligations.

II. — Les volontaires en service civique ne sont pas pris en compte pour l'appréciation des effectifs de l'entreprise *(Décr. n° 2017-858 du 9 mai 2017, art. 1er-3°, en vigueur le 1er janv. 2018)* « conformément à l'article R. 130-1 ».

III. — Les cotisations dues au titre des volontaires effectuant un engagement de service civique sont acquittées par l'organisme versant l'indemnité pour le compte de l'Agence du service civique, dans les conditions prévues au 1° de l'article R. 243-6, à une union de recouvrement des cotisations de sécurité sociale et d'allocations familiales désignée par le directeur de l'Agence centrale des organismes de sécurité sociale.

IV. — Les dispositions de l'article R. 243-14 ne sont pas applicables aux personnes morales agréées en vertu de l'article L. 120-30 du code du service national au titre des volontaires en service civique.

CHAPITRE III STAGIAIRES DE LA FORMATION PROFESSIONNELLE

Art. R. 373-1 Les stagiaires de la formation professionnelle continue rémunérés par l'État *(Décr. n° 2002-1324 du 4 nov. 2002, art. 2)* « ou la région » dans les conditions définies au titre VI du livre IX *[titre IV du livre III de la partie VI nouv.]* du code du travail, qui relèvent du régime général de sécurité sociale, ont droit, sous réserve des dispositions de l'article R. 373-4 ci-dessous, au versement, à la charge des services et organismes payeurs des rémunérations de stage, d'indemnités journalières *(Décr. n° 2002-1324 du 4 nov. 2002, art. 2)* « en cas de maladie, de maternité et de paternité », ou d'un capital en cas de décès, dans les conditions fixées ci-après.

Art. R. 373-2 Pour toute maladie née pendant la durée des stages auxquels leur inscription a été acceptée ou, le cas échéant, pendant les trois mois qui suivent la fin de ces stages, l'État *(Décr. n° 2002-1324 du 4 nov. 2002, art. 3)* « ou, selon le cas, la région » garantit aux stagiaires une indemnité journalière égale à 50 % de leur rémunération journalière de stage.

En cas de repos pour maternité débutant durant la période définie à l'alinéa précédent, l'État *(Décr. n° 2002-1324 du 4 nov. 2002, art. 3)* « ou, selon le cas, la région » garantit aux stagiaires une indemnité journalière égale à 90 % de leur rémunération journalière de stage.

(Décr. n° 2002-1324 du 4 nov. 2002, art. 3) « En cas de congé de paternité débutant pendant la durée du stage et s'achevant avant la fin de celui-ci, l'État ou, selon le cas, la région garantit aux stagiaires une indemnité journalière égale à 90 % de leur rémunération journalière de stage. »

En cas de décès survenant durant la même période, l'État *(Décr. n° 2002-1324 du 4 nov. 2002, art. 3)* « ou, selon le cas, la région » garantit aux ayants droit des stagiaires le paiement d'un capital égal à 90 fois la rémunération journalière de stage.

Art. R. 373-3 Les indemnités complémentaires mentionnées ci-dessus sont versées au stagiaire, sous déduction des prestations en espèces dues pour les mêmes risques par son régime de sécurité sociale, jusqu'à concurrence du montant maximum desdites prestations en espèces.

Elles sont dues et servies dans les conditions et durant les périodes fixées pour le paiement de ces prestations.

Art. R. 373-4 Les prestations de sécurité sociale dues, en application des dispositions de l'article L. 962-5 *[L. 6342-4 nouv.]* du code du travail et du décret n° 75-454 du 2 juin 1975, aux stagiaires bénéficiaires d'un congé de formation sont exclusives des indemnités prévues par le présent chapitre.

CHAPITRE IV EMPLOI DES ÉTRANGERS

Néant. — V. art. D. 374-1 à D. 374-7.

CHAPITRE V FAUTE INTENTIONNELLE DE L'ASSURÉ

Néant.

CHAPITRE VI **RECOURS DES CAISSES CONTRE LES TIERS**

Art. R. 376-1 Les dépenses à rembourser aux caisses de sécurité sociale en application de l'article L. 376-1 peuvent faire l'objet d'une évaluation forfaitaire dans les conditions prévues par arrêté du ministre chargé de la sécurité sociale.

La caisse qui a engagé l'action en remboursement par application de l'article L. 376-1 poursuit jusqu'à son terme l'action engagée.

V. Arr. du 27 déc. 2011 relatif à l'application des art. R. 376-1 et R. 454-1 CSS (JO 30 déc.), mod. par Arr. du 29 janv. 2013 (JO 31 janv.), Arr. du 11 févr. 2015 (JO 17 mars) et Arr. du 19 déc. 2016 (JO 22 déc.).

Art. R. 376-2 *(Décr. nº 2007-1747 du 12 déc. 2007, art. 1er)* L'assignation délivrée par la victime ou ses ayants droit à ses caisses de sécurité sociale, aux fins de déclaration de jugement commun, en application de l'article L. 376-1, mentionne, outre la dénomination et l'adresse de ces caisses de sécurité sociale, le numéro de sécurité sociale de la victime.

Art. R. 376-3 *(Décr. nº 2007-1747 du 12 déc. 2007, art. 1er)* Devant les juridictions civiles, le greffe du tribunal informe les caisses de sécurité sociale de la victime de la date de l'audience, dès que celle-ci est fixée.

Art. R. 376-4 *(Décr. nº 2012-1160 du 17 oct. 2012, art. 1er)* I. — Lorsque le directeur de l'organisme de sécurité sociale entend faire application des dispositions de l'article L. 376-4 à l'encontre d'un organisme d'assurance qui a manqué à l'une des obligations d'information mentionnées par cet article, il le lui notifie par tout moyen permettant de rapporter la preuve de sa date de réception. Cette notification précise, d'une part, les date et lieu de l'accident, les nom, prénom et adresse de l'assuré social victime ainsi que les nom, prénom et adresse du ou des tiers responsables identifiés, d'autre part, les faits reprochés et le montant de la pénalité envisagée.

L'organisme d'assurance dispose d'un délai d'un mois à compter de la réception de la notification pour demander à être entendu, s'il le souhaite, et pour présenter des observations écrites.

II. — Si, après réception des observations écrites ou audition de l'organisme d'assurance ou en l'absence de réponse de celui-ci à l'expiration du délai mentionné au I, le directeur décide de poursuivre la procédure, il fixe le montant de la pénalité et le notifie dans un délai d'un mois à l'organisme d'assurance par tout moyen permettant de rapporter la preuve de sa date de réception.

Cette notification précise les faits retenus et le motif qui, le cas échéant, a conduit au rejet total ou partiel des observations présentées et mentionne l'existence d'un délai de deux mois à partir de sa réception imparti à l'organisme d'assurance pour s'acquitter des sommes réclamées ainsi que les voies et délais de recours.

III. — A défaut de paiement à l'expiration du délai de forclusion prévu au deuxième alinéa de l'article R. 142-1 ou après notification de la décision de la commission de recours amiable instituée à ce même article, le directeur de l'organisme de sécurité sociale compétent adresse à l'organisme d'assurance une mise en demeure par tout moyen permettant de déterminer sa date de réception. Elle comporte les mêmes mentions que la notification de la pénalité ainsi que l'existence d'un nouveau délai d'un mois imparti, à compter de sa réception, pour acquitter les sommes réclamées. Elle mentionne, en outre, l'existence et le montant de la majoration de 10 % prévue au septième alinéa du IV de l'article *(Décr. nº 2015-1865 du 30 déc. 2015, art. 10-1º, en vigueur le 1er janv. 2016)* « L. 114-17-1 » et appliquée en l'absence de paiement dans ce délai.

Les dispositions du III de l'article R. 133-9-1 sont applicables pour le recouvrement des pénalités non acquittées mentionnées à l'article L. 376-4.

Art. R. 376-5 *(Décr. nº 2012-1160 du 17 oct. 2012, art. 1er)* Le montant de la pénalité est fixé dans la limite de :

1º 4 000 € et 50 % des sommes obtenues par l'organisme de sécurité sociale à la date de la notification mentionnée au premier alinéa du I lorsque celles-ci sont inférieures à 10 000 € ;

2° 15 000 € et 40 % de ces sommes lorsqu'elles sont supérieures ou égales à 10 000 € et inférieures à 50 000 € ;

3° 20 000 € et 30 % de ces sommes lorsqu'elles sont supérieures ou égales à 50 000 € et inférieures à 100 000 € ;

4° 20 % de ces sommes lorsqu'elles sont supérieures ou égales à 100 000 €.

Toutefois, le montant de la pénalité peut être fixé à un montant supérieur, dans la limite de 50 % des sommes versées, si le directeur de l'organisme de sécurité sociale a déjà prononcé une pénalité à l'encontre de l'organisme d'assurance dans les trois ans qui précèdent la date de la notification prévue au premier alinéa du I.

CHAPITRE VII PÉNALITÉS

Néant.

TITRE HUITIÈME DISPOSITIONS RELATIVES À DIVERSES CATÉGORIES DE PERSONNES RATTACHÉES AU RÉGIME GÉNÉRAL — DISPOSITIONS D'APPLICATION DU LIVRE III

CHAPITRE PRÉLIMINAIRE DIVERSES COTISATIONS AFFECTÉES AU FINANCEMENT DU RISQUE MALADIE *(Décr. n° 2017-736 du 3 mai 2017, art. 7-1°).*

(Décr. n° 99-1005 du 1er déc. 1999)

Art. R. 380-1 (Abrogé par Décr. n° 2015-1865 du 30 déc. 2015, art. 5-1°, à compter du 1er janv. 2016) (Décr. n° 99-1005 du 1er déc. 1999, art. 1er) *I. —* (Décr. n° 2007-354 du 14 mars 2007) « *Pour être affiliées ou rattachées en qualité d'ayants droit au régime général,* » *les personnes visées à l'article L. 380-1 doivent justifier qu'elles résident en France métropolitaine ou dans un département d'outre-mer de manière ininterrompue depuis plus de trois mois.*

Toutefois, ce délai de trois mois n'est pas opposable :

1° Aux personnes inscrites dans un établissement d'enseignement, ainsi qu'aux personnes venant en France effectuer un stage dans le cadre d'accords de coopération culturelle, technique et scientifique ;

2° Aux bénéficiaires des prestations suivantes :

— prestations familiales prévues à l'article L. 511-1 et au chapitre V du titre V du livre VII et aides à l'emploi pour la garde de jeunes enfants prévues au titre IV du livre VIII ;

— allocations aux personnes âgées prévues au titre Ier du livre VIII ;

— allocation de logement prévue par l'article L. 831-1 et aide personnalisée au logement prévue par l'article L. 351-1 du code de la construction et de l'habitation ;

(Décr. n° 2009-404 du 15 avr. 2009, art. 4) « *— prestations instituées au livre II du code de l'action sociale et des familles à l'exception de celles mentionnées au titre V ;* »

3° (Décr. n° 2015-1166 du 21 sept. 2015, art. 27-1°) « *Aux personnes reconnues réfugiés ou bénéficiant de la protection subsidiaire, admises à ce titre, ou aux personnes dont la demande d'asile a été enregistrée par l'autorité compétente et qui disposent du droit de se maintenir sur le territoire, dans les conditions prévues par les articles L. 742-1 et L. 743-1 du code de l'entrée et du séjour des étrangers et du droit d'asile ;*

(Décr. n° 2013-1260 du 27 déc. 2013, art. 4) « *4° Aux personnes ayant accompli, en application des dispositions du chapitre II du titre II du livre Ier du code du service national, un volontariat international à l'étranger, si elles n'ont droit à aucun autre titre à leur retour en France aux prestations d'un régime obligatoire d'assurance maladie et maternité.* »

II. — Les personnes de nationalité étrangère doivent en outre justifier qu'elles sont en situation régulière au regard de la législation sur le séjour des étrangers en France à la date de leur affiliation.

(Décr. n° 2007-354 du 14 mars 2007) « *III. — Pour bénéficier du service des prestations en nature des assurances maladie et maternité, les personnes mentionnées à l'article L. 380-1 doivent résider en France conformément aux dispositions de l'article R. 115-6.* »

Art. R. 380-2 (Abrogé par Décr. n° 2015-1865 du 30 déc. 2015, art. 5-1°, à compter du 1er janv. 2016) (Décr. n° 99-1049 du 15 déc. 1999, art. 3) *Les personnes visées à* *l'article L. 380-1 sont affiliées obligatoirement, le cas échéant d'office, au régime général par la caisse primaire d'assurance maladie prévue à l'article R. 312-1.* (Décr. n° 2014-516 du 22 mai 2014, art. 2-1°) « *Toutefois, si la demande a été adressée à une caisse primaire autre que celle-ci, la caisse qui a reçu la demande procède à l'affiliation provisoire et transmet le dossier, suivant le cas, à la caisse primaire mentionnée à la première phrase du présent article ou à celle du lieu d'élection de domicile. Lorsqu'il apparaît que l'intéressé ne relève pas du régime général au titre de l'article L. 380-1, la caisse primaire ayant reçu sa demande d'affiliation la transmet à l'organisme compétent.* »

Art. R. 380-3 *(Décr. n° 2014-516 du 22 mai 2014, art. 2-2°)* Les cotisations mentionnées à l'article L. 380-2 et au deuxième alinéa du IV de l'article L. 380-3-1 sont *(Décr. n° 2017-736 du 3 mai 2017, art. 7-2°)* « calculées, appelées » et recouvrées par les organismes chargés du recouvrement des cotisations du régime général au vu des éléments transmis par l'administration fiscale ou par les personnes *(Décr. n° 2017-736 du 3 mai 2017, art. 7-2°)* « redevables de ces cotisations ».

Art. R. 380-4 *(Décr. n° 2017-736 du 3 mai 2017, art. 7-3°)* I. — La cotisation mentionnée à l'article L. 380-2 est appelée au plus tard le dernier jour ouvré du mois de novembre de l'année suivant celle au titre de laquelle elle est due. Elle est exigible dans les trente jours suivant la date à laquelle elle est appelée.

II. — Au plus tard à l'issue de ce délai, l'assuré qui estime que le montant appelé ne tient pas compte de manière exacte de sa situation ou de ses revenus peut s'acquitter du montant de la cotisation dont il estime être redevable sur la base de tout élément probant qu'il communique à l'organisme chargé du recouvrement. Après examen des éléments envoyés, l'organisme de recouvrement, dans un délai d'un mois suivant la date de paiement de la cotisation et par tout moyen donnant date certaine à la réception par le redevable, lui confirme le montant estimé ou, le cas échéant, lui transmet un appel rectificatif fixant le solde restant dû par le redevable ou les sommes à rembourser. Le solde est exigible dans les trente jours suivant la date à laquelle il est appelé.

III. — Lorsque le redevable choisit de verser sa cotisation en trois échéances, le premier versement intervient avant la date prévue au I et chacune des échéances supplémentaires intervient par prélèvement dans un délai maximum de 90 jours suivant le versement précédent.

Chaque versement est égal à un tiers du montant de la cotisation due. Si le redevable rectifie le montant de cotisation conformément aux éléments communiqués dans les conditions prévues au II, il ajuste alors le montant qu'il estime devoir acquitter lors du premier versement. Après examen de ces éléments, l'organisme de recouvrement ajuste, le cas échéant, les montants à prélever à l'occasion des deux échéances supplémentaires.

IV. — Dans le cadre d'un contrôle effectué en application de l'article L. 243-7, en cas d'absence de mise à disposition par l'employeur d'élément probant permettant le chiffrage des cotisations et contributions, l'organisme de recouvrement peut fixer l'assiette de la cotisation mentionnée au I à cinq fois le plafond annuel de la sécurité sociale en vigueur au 1er janvier de l'année au titre de laquelle est notifiée la fixation forfaitaire.

Cette fixation forfaitaire est opérée à titre provisoire et constitue l'assiette de la cotisation tant que le cotisant n'apporte pas d'éléments probants permettant d'en rectifier le montant.

Art. R. 380-5 *(Décr. n° 2014-516 du 22 mai 2014, art. 2-4°) (Décr. n° 2017-736 du 3 mai 2017, art. 7-4°)* « La cotisation mentionnée au deuxième alinéa du IV de l'article L. 380-3-1 fait l'objet d'un paiement trimestriel auprès de l'organisme de recouvrement, au plus tard le dernier jour ouvré de chaque trimestre civil.

« Lorsque l'assuré en fait la demande, est autorisé, uniquement par voie dématérialisée, le paiement de la cotisation au moyen de prélèvements à échéances mensuelles, de janvier à décembre de l'année considérée, au plus tard le dernier jour ouvré de chaque mois. »

Lorsque l'assuré n'a pas fourni les éléments permettant de calculer la cotisation *(Décr. n° 2017-736 du 3 mai 2017, art. 7-4°)* « mentionnée au deuxième alinéa du IV de l'article L. 380-3-1 » dont il est redevable, celle-ci est fixée provisoirement par l'organisme de recouvrement sur la base d'une assiette fixée à cinq fois le plafond annuel de la sécurité sociale en vigueur au 1er janvier de l'année au titre de laquelle est notifiée la taxation.

La taxation déterminée en application des dispositions de l'alinéa précédent est notifiée à l'assuré par tout moyen permettant de rapporter la preuve de sa date de réception. La cotisation calculée sur cette base est recouvrée dans les mêmes conditions que la cotisation définitive.

Lorsque l'assuré déclare ses revenus postérieurement à cette notification, la cotisation est régularisée sur cette base, majorée de 10 % pour retard de déclaration.

Art. R. 380-6 *(Décr. nº 2017-736 du 3 mai 2017, art. 7-5º)* Les dispositions des articles R. 243-18, R. 243-19, R. 243-19-1, R. 243-20, R. 243-20-3 et R. 243-21 s'appliquent aux personnes redevables des cotisations mentionnées à l'article L. 380-2 et au deuxième alinéa du IV de l'article L. 380-3-1, lorsque cette cotisation n'a pas été versée aux dates limites d'exigibilité fixées aux articles R. 380-4 et R. 380-5.

Art. R. 380-7 *(Décr. nº 99-1012 du 2 déc. 1999, art. 1er) (Décr. nº 2017-736 du 3 mai 2017, art. 7-6º)* « Vingt jours après les dates d'échéance prévues aux articles R. 380-4 et R. 380-5, l'organisme chargé du recouvrement adresse au débiteur, par tout moyen donnant date certaine à sa réception, une lettre le mettant en demeure de régulariser sa situation dans le délai d'un mois. »

(Abrogé par Décr. nº 2017-736 du 3 mai 2017, art. 7-6º) ***« La mise en demeure donne le détail des sommes réclamées au titre des cotisations et majorations de retard. Elle précise que la dette peut être contestée dans un délai d'un mois par une réclamation adressée à la commission de recours amiable prévue à l'article R. 243-20 et accompagnée de la mise en demeure. Elle indique l'adresse de cette commission. »***

Art. R. 380-8 (Abrogé par Décr. nº 2017-736 du 3 mai 2017, art. 7-7º) (Décr. nº 99-1012 du 2 déc. 1999, art. 1er) ***A défaut de règlement dans le délai d'un mois à partir de la mise en demeure, le directeur de l'organisme chargé du recouvrement peut décerner une contrainte dans les conditions fixées par l'article L. 244-9 et la section II du chapitre III du titre III du livre Ier.***

Art. R. 380-9 (Abrogé par Décr. nº 2017-736 du 3 mai 2017, art. 7-7º) (Décr. nº 99-1012 du 2 déc. 1999, art. 1er) ***Les cotisations peuvent être admises en non-valeur dans les conditions prévues par l'article L. 243-3.***

CHAPITRE PREMIER PERSONNES RATTACHÉES AU RÉGIME GÉNÉRAL POUR CERTAINS RISQUES OU CHARGES

SECTION PREMIÈRE BÉNÉFICIAIRES DU COMPLÉMENT FAMILIAL, DE LA PRESTATION D'ACCUEIL DU JEUNE ENFANT, DE L'ALLOCATION JOURNALIÈRE DE PRÉSENCE PARENTALE — PERSONNES ASSUMANT LA CHARGE D'UN HANDICAPÉ *(Décr. nº 2003-1393 du 31 déc. 2003, art. 3-II ; Décr. nº 2006-658 du 2 juin 2006).*

La prestation d'accueil du jeune enfant remplace l'allocation pour jeune enfant et l'allocation parentale d'éducation. Sur l'entrée en vigueur du Décr. nº 2003-1393 du 31 déc. 2003, V. note avant art. R. 531-1.

Art. R. 381-1 *(Décr. nº 2011-1278 du 11 oct. 2011, art. 1er-1º)* « Sous réserve des dispositions des alinéas suivants, » l'affiliation des personnes mentionnées à l'article L. 381-1 est laissée à la diligence de l'organisme ou du service débiteur des prestations familiales.

(Décr. nº 2011-1278 du 11 oct. 2011, art. 1er-1º) « L'affiliation de la personne ayant la charge d'un enfant handicapé est faite soit à sa demande, soit à la diligence de l'organisme ou du service chargé de la liquidation de l'allocation d'éducation de l'enfant handicapé.

« L'affiliation de la personne assumant au foyer familial la charge d'un adulte handicapé est faite à sa demande par l'organisme ou le service débiteur des prestations familiales, sur l'avis conforme et motivé de la commission des droits et de l'autonomie des personnes handicapées, mentionnée à l'article L. 146-9 du code de l'action sociale et des familles. Cette commission se prononce, après information de la personne handicapée vivant au domicile familial ou bénéficiant d'une prise en charge partielle dans un établissement ou un service médico-social, sur la nécessité pour elle de bénéficier à domicile de l'assistance ou de la présence de l'aidant familial ayant déposé la demande d'affiliation. »

Art. R. 381-2 L'*(Décr. n° 2017-736 du 3 mai 2017, art. 1er-7°)* « affiliation » est effectuée, en tant que de besoin, par la caisse *(Décr. n° 2010-344 du 31 mars 2010, art. 310)* « d'assurance retraite et de la santé au travail » dans le ressort de laquelle est situé le domicile des intéressés. Lorsque le domicile se situe dans la région parisienne ou dans la région de Strasbourg, sont respectivement compétentes : la Caisse nationale d'assurance vieillesse des travailleurs salariés ou la caisse régionale d'assurance vieillesse des travailleurs salariés de Strasbourg.

Cette *(Décr. n° 2017-736 du 3 mai 2017, art. 1er-7°)* « affiliation » prend effet :

1° Pour le complément familial et *(Décr. n° 2014-1705 du 30 déc. 2014, art. 1er-1°)* « la prestation partagée d'éducation de l'enfant », à compter du premier jour du mois civil au cours duquel sont attribuées l'une ou l'autre de ces prestations ;

2° *(Décr. n° 96-553 du 20 juin 1996, art. 1er ; Décr. n° 2003-1393 du 31 déc. 2003, art. 3-II-2°)* « Pour l'allocation de base de la prestation d'accueil du jeune enfant, à compter du premier jour du mois civil suivant celui de la naissance » *[application au titre des droits à l'allocation pour jeune enfant ouverts à compter du 1er janv. 1996].*

Art. R. 381-2-1 *(Décr. n° 2011-1278 du 11 oct. 2011, art. 1er-2°)* Est considérée comme exerçant une activité à temps partiel pour l'application du sixième alinéa de l'article L. 381-1 la personne dont les revenus professionnels perçus au cours de l'année d'affiliation sont inférieurs à 63 % du plafond annuel de la sécurité sociale en vigueur au 1er janvier de l'année considérée. Sont pris en compte les revenus d'origine professionnelle compris dans les ressources définies à l'article R. 532-3.

Art. R. 381-3 La cotisation due au titre des personnes mentionnées à l'article L. 381-1 *(Décr. n° 95-685 du 9 mai 1995, art. 1er ; Décr. n° 2003-1393 du 31 déc. 2003, art. 3-II-3°)* « à l'exception *(Décr. n° 2011-1278 du 11 oct. 2011, art. 1er-3°)* « de celles ayant la charge d'un enfant handicapé ou assumant au foyer familial la charge d'un adulte handicapé *(Décr. n° 2016-1552 du 18 nov. 2016, art. 8-1°, en vigueur le 1er janv. 2017)* « , et des bénéficiaires du congé de proche aidant » et » des bénéficiaires » *(Décr. n° 2014-1705 du 30 déc. 2014, art. 1er-2°)* « de la prestation partagée d'éducation de l'enfant » et *(Décr. n° 2001-105 du 5 févr. 2001, art. 2)* « de l'allocation *(Décr. n° 2006-658 du 2 juin 2006)* « journalière » de présence parentale » est égale au taux cumulé de la cotisation employeur et salarié dans le régime général de sécurité sociale, pour la couverture du risque vieillesse.

(Décr. n° 2002-1253 du 11 oct. 2002, art. 1er) « Cette cotisation est calculée sur la base d'une assiette forfaitaire égale, par mois, à 169 fois le salaire horaire minimum de croissance en vigueur au 1er juillet de l'année civile précédente. »

Art. R. 381-3-1 *(Décr. n° 95-685 du 9 mai 1995, art. 2)* La cotisation due au titre des personnes bénéficiaires *(Décr. n° 2014-1705 du 30 déc. 2014, art. 1er-3°)* « de la prestation partagée d'éducation de l'enfant » ou *(Décr. n° 2001-105 du 5 févr. 2001, art. 2)* « de l'allocation *(Décr. n° 2006-658 du 2 juin 2006)* « journalière » de présence parentale » mentionnées à l'article L. 381-1 est égale au taux cumulé de la cotisation employeur et salarié dans le régime général de sécurité sociale, pour la couverture du risque vieillesse. *(Décr. n° 2011-1278 du 11 oct. 2011, art. 1er-4°)* « Il en est de même pour les personnes ayant la charge d'un enfant handicapé ou assumant au foyer familial la charge d'un adulte handicapé *(Décr. n° 2016-1552 du 18 nov. 2016, art. 8-1°, en vigueur le 1er janv. 2017)* « et pour les bénéficiaires du congé de proche aidant ». »

(Décr. n° 2006-658 du 2 juin 2006) « Cette cotisation est assise sur une assiette forfaitaire égale :

« 1° Pour les bénéficiaires *(Décr. n° 2014-1705 du 30 déc. 2014, art. 1er-3°)* « de la prestation partagée d'éducation de l'enfant », par mois, à :

« *a)* 100 % de la valeur de 169 fois le salaire minimum de croissance pour un complément de libre choix d'activité de la prestation d'accueil du jeune enfant au taux de

(Décr. n° 2014-1705 du 30 déc. 2014, art. 1er-3°) « **96,62 %** » de la base mensuelle de calcul des allocations familiales *(Abrogé par Décr. n° 2014-1705 du 30 déc. 2014, art. 1er-3°)* ***« ou au taux de 96,62 % de cette base lorsque ce complément est attribué en sus de l'allocation de base »*** ;

« *b)* 50 % de la valeur de 169 fois le salaire minimum de croissance pour un complément de libre choix d'activité de la prestation d'accueil du jeune enfant au taux de *(Décr. n° 2014-1705 du 30 déc. 2014, art. 1er-3°)* « **62,46 %** » de la base mensuelle des allocations familiales *(Abrogé par Décr. n° 2014-1705 du 30 déc. 2014, art. 1er-3°)* ***« ou au taux de 62,46 % de cette base lorsque ce complément est attribué en sus de l'allocation de base »*** ;

« *c)* 20 % de la valeur de 169 fois le salaire minimum de croissance pour un complément de libre choix d'activité de la prestation d'accueil du jeune enfant au taux de *(Décr. n° 2014-1705 du 30 déc. 2014, art. 1er-3°)* « **36,03 %** » de la base mensuelle des allocations familiales *(Abrogé par Décr. n° 2014-1705 du 30 déc. 2014, art. 1er-3°)* ***« ou au taux de 36,03 % de cette base lorsque ce complément est attribué en sus de l'allocation de base »*** ;

« 2° Pour les bénéficiaires de l'allocation journalière de présence parentale *(Décr. n° 2016-1552 du 18 nov. 2016, art. 8-1°, en vigueur le 1er janv. 2017)* « et pour les bénéficiaires du congé de proche aidant », par jour, à un vingt-deuxième de la valeur de 169 fois le salaire minimum de croissance ; »

Le salaire horaire minimum de croissance est celui en vigueur au 1er juillet de l'année civile précédente.

(Décr. n° 2011-1278 du 11 oct. 2011, art. 1er-5°) « 3° Pour les personnes ayant la charge d'un enfant handicapé ou assumant au foyer familial la charge d'un adulte handicapé, par mois, à :

« *a)* 100 % de la valeur de 169 fois le salaire minimum de croissance lorsque leurs revenus professionnels perçus au cours de l'année d'affiliation sont inférieurs à 13,6 % du plafond annuel de la sécurité sociale en vigueur au 1er janvier de l'année considérée ;

« *b)* 50 % de la valeur de 169 fois le salaire minimum de croissance lorsque leurs revenus professionnels perçus au cours de l'année d'affiliation sont compris entre 13,6 % et 63 % du plafond annuel de la sécurité sociale en vigueur au 1er janvier de l'année considérée ;

« Sont pris en compte pour l'application des *a* et *b* ci-dessus les revenus d'origine professionnelle compris dans les ressources définies à l'article R. 532-3. »

Art. R. 381-4 Les modalités de versement des cotisations d'assurance vieillesse, calculées conformément aux dispositions de l'article précédent, ainsi que les documents à produire à l'appui de ce versement, sont fixés par un arrêté du ministre chargé de la sécurité sociale, du ministre chargé de l'agriculture et du ministre chargé du budget. — *V. Arr. du 13 juill. 1978 (*ANNEXE *I).*

V. art. D. 381-1 à D. 381-7.

SECTION II *[ABROGÉE]* BÉNÉFICIAIRES DE L'ALLOCATION DE PARENT ISOLÉ

(Abrogée par Décr. n° 2009-404 du 15 avr. 2009, art. 4)

Néant.

SECTION III *[ABROGÉE]* ÉTUDIANTS

(Abrogée par Décr. n° 2018-1255 du 27 déc. 2018, art. 1er-14°, à compter du 1er janv. 2019)

Art. R. 381-5 ***L'âge limite prévu à l'article L. 381-4 est fixé à*** (Décr. n° 94-961 du 2 nov. 1994, art. 1er-1°) ***« vingt-huit » ans.***

Art. R. 381-6 ***L'arrêté mentionné à l'article L. 381-5 est pris par le ministre chargé de la sécurité sociale et le ministre chargé de l'éducation nationale, le ministre chargé des universités ou le ministre intéressé.***

Art. R. 381-7 *Abrogé par Décr. n° 2017-736 du 3 mai 2017, art. 1er-16°.*

Art. R. 381-8 à R. 381-11 *Abrogés par Décr. n° 2015-1865 du 30 déc. 2015, art. 6-1°.*

Art. R. 381-12 à R. 381-14 *Abrogés par Décr. n° 2017-736 du 3 mai 2017, art. 1er-16°.*

Art. R. 381-15 (Décr. n° 2015-1865 du 30 déc. 2015, art. 6-2°) *La cotisation forfaitaire prévue au premier alinéa de l'article L. 381-8 est due au titre de chaque période s'étendant du 1er septembre au 31 août de l'année suivante.*

Art. R. 381-16 (Décr. n° 2015-1865 du 30 déc. 2015, art. 6-3°) *La cotisation forfaitaire fait l'objet d'un versement unique auprès de l'établissement au titre de l'année d'étude, dans les conditions fixées par des arrêtés conjoints du ministre chargé de la sécurité sociale et du ministre chargé de l'éducation nationale et du ministre chargé de l'enseignement supérieur. L'établissement auprès duquel s'effectue le versement ne peut majorer le montant de cette cotisation.*

Lorsque l'élève ou l'étudiant en fait la demande au moment de son inscription, est autorisé le versement en trois fois de la cotisation forfaitaire. Chaque versement est égal à un tiers de la cotisation forfaitaire. Il est acquitté lors de l'inscription pour le premier versement, puis au cours des premier et deuxième mois suivant celui de l'inscription pour les deuxième et troisième versements.

La cotisation ou le premier versement de la cotisation, lorsque le versement intervient en trois fois, est exigible concomitamment à l'inscription des étudiants qui remplissent les conditions prévues à l'article L. 381-4 à la date de leur demande d'inscription dans l'établissement.

Art. R. 381-17 (Décr. n° 2015-1865 du 30 déc. 2015, art. 6-4°) *I. — Les étudiants titulaires d'une bourse de l'enseignement supérieur au titre de la période mentionnée à l'article R. 381-15 sont exonérés de la cotisation due pour cette période.*

Les étudiants qui ont déposé un dossier de demande d'obtention ou de renouvellement d'une bourse au titre de la période mentionnée à l'article R. 381-15 procèdent au versement de la cotisation à titre provisionnel. Il est procédé au remboursement de celle-ci en cas de décision favorable. Sont cependant dispensés de ce versement à titre provisionnel les étudiants qui, en application des dispositions législatives et réglementaires relatives aux bourses de l'enseignement supérieur, justifient de conditions sociales leur permettant de prétendre au bénéfice ou au renouvellement d'une bourse au titre de l'année universitaire à venir. Un arrêté du ministre chargé de la sécurité sociale et du ministre chargé de l'enseignement supérieur fixe les modalités d'application du présent article.

(Décr. n° 2017-736 du 3 mai 2017, art. 8) *« II. — Les étudiants qui, au moment de leur inscription, exercent une activité professionnelle, ou sont mariés à un conjoint ou liés par un pacte civil de solidarité à un partenaire exerçant une activité professionnelle, sont exonérés de la cotisation due au titre de la période mentionnée à l'article R. 381-15, dès lors qu'ils justifient pour eux-mêmes ou pour l'autre membre du couple soit d'un contrat de travail ou d'une des situations mentionnées à l'article L. 311-3 couvrant cette période et prévoyant une activité dont la durée cumulée est d'au moins 150 heures de travail par trimestre, soit qu'ils exercent une activité indépendante ayant donné lieu à une affiliation en application des dispositions de l'article L. 613-1 du présent code ou de l'article L. 722-1 du code rural et de la pêche maritime. »*

III. — Les étudiants qui, au cours de la période mentionnée à l'article R. 381-15, cessent de remplir les critères mentionnés au I ou au II leur ayant permis d'être exonérés de la cotisation due au titre de cette période, sont redevables de cette cotisation, sauf si cette situation intervient au cours des deux derniers mois de cette période. Le montant de la cotisation est réduit de moitié si cette situation intervient à compter du septième mois et antérieurement au onzième mois de la période mentionnée à l'article R. 381-15.

La cotisation est exigible dans les trente jours calendaires suivant la date à laquelle les étudiants ne remplissent plus les critères mentionnés au I ou au II.

Lorsque l'étudiant le demande, la cotisation due dans ces cas est versée en trois fois. Le premier versement intervient à la date d'exigibilité mentionnée au premier alinéa, puis au cours des premier et deuxième mois suivant ce premier versement.

IV. — Les étudiants âgés de moins de 20 ans sur la totalité de la période mentionnée à l'article R. 381-15 sont exonérés de la cotisation due pour cette période.

Art. R. 381-18 (Décr. n° 2015-1865 du 30 déc. 2015, art. 6-5°) *Les étudiants qui débutent une activité professionnelle au cours de la période mentionnée à l'article R. 381-15 sont redevables des cotisations et contributions sociales à ce titre et ne peuvent prétendre au remboursement de tout ou partie de la cotisation forfaitaire due pour cette même période.*

Art. R. 381-19 (Décr. n° 2003-801 du 26 août 2003, art. 3) *« Les inscriptions dans les établissements, écoles ou classes définis à l'article L. 381-4 ne peuvent être acceptées que moyennant le versement de la cotisation prévue au* (Décr. n° 2015-1865 du 30 déc. 2015, art. 6-6°) *« premier alinéa de l'article L. 381-8 », sous réserve des dispositions prévues* (Décr. n° 2015-1865 du 30 déc. 2015, art. 6-6°) *« aux articles R. 381-16 et R. 381-17 ». Au cas où l'inscription est faite pour* (Décr. n° 2015-1865 du 30 déc. 2015, art. 6-4°) *« une durée excédant la période mentionnée à l'article R. 381-15 », elle ne reste valable qu'autant que la cotisation annuelle a été effectivement versée.*

(Décr. n° 2015-1865 du 30 déc. 2015, art. 6-6°) *« En cas de fractionnement du versement de la cotisation dans les conditions prévues à l'article R. 381-16 et à défaut de versement des deuxième et troisième fractions de la cotisation, la somme restant due est exigible dans les trente jours suivant l'incident de paiement, après mise en demeure, et son montant est majoré de 5 %. »* — [Anc. art. R. 381-21.]

Art. R. 381-20 *Les étudiants bénéficient de la réduction ou suppression de la participation dans les conditions prévues aux articles* (Décr. n° 2015-1865 du 30 déc. 2015, art. 6-7°) *« L. 160-13 et L. 160-14 », sans qu'ils aient à justifier d'une interruption d'études.* — [Anc. art. R. 381-25.]

Art. R. 381-21 *Abrogé par Décr. n° 2017-656 du 27 avr. 2017, art. 3.*

Art. R. 381-22 *L'arrêté mentionné* (Décr. n° 2015-1865 du 30 déc. 2015, art. 6-9°, en vigueur le 1er janv. 2016) *« au premier alinéa de » l'article L. 381-8 est pris par le ministre chargé de la sécurité sociale, le ministre chargé de l'éducation nationale, le ministre chargé des universités et le ministre chargé du budget.* — [Anc. art. R. 381-33.]

Art. R. 381-23 et R. 381-24 *Abrogés par Décr. n° 2015-1865 du 30 déc. 2015, art. 6-1°.*

Art. R. 381-25 *Devient l'art. R. 381-20 (Décr. n° 2015-1865 du 30 déc. 2015, art. 6-7°, en vigueur le 1er janv. 2016).*

Art. R. 381-26 et R. 381-27 *Abrogés par Décr. n° 2015-1865 du 30 déc. 2015, art. 6-1°.*

Art. R. 381-28 *Abrogé par Décr. n° 2012-413 du 23 mars 2012, art. 2.*

Art. R. 381-29 à R. 381-31 *Abrogés par Décr. n° 2015-1865 du 30 déc. 2015, art. 6-1°.*

Art. R. 381-32 *Devient l'art. R. 381-21 (Décr. n° 2015-1865 du 30 déc. 2015, art. 6-8°, en vigueur le 1er janv. 2016).*

Art. R. 381-33 *Devient l'art. R. 381-22 (Décr. n° 2015-1865 du 30 déc. 2015, art. 6-9°, en vigueur le 1er janv. 2016).*

SECTION IV *[ABROGÉE]* MINISTRES DES CULTES ET MEMBRES DES CONGRÉGATIONS ET COLLECTIVITÉS RELIGIEUSES (ASSURANCE MALADIE ET ASSURANCE MATERNITÉ)

(Abrogée par Décr. n° 2006-1324 du 31 oct. 2006, art. 2)

SECTION V INVALIDES DE GUERRE

Art. R. 381-80 *(Décr. n° 2017-736 du 3 mai 2017, art. 5-I)* **La contribution mentionnée au 2° de l'article L. 381-23 couvre le montant des frais pris en charge en application des dispositions de l'article L. 160-8 et, lorsque les personnes concernées sont titulaires d'une pension d'invalidité, le montant de la participation mentionnée à l'article L. 160-13 et du forfait mentionné à l'article L. 174-4 pour les personnes mentionnées à l'article L. 381-20 en cas de maladie, blessure ou infirmité autres que celles visées par la législation sur les pensions militaires, des personnes.**

Les dispositions du précédent alinéa s'appliquent en ce qui concerne les victimes mentionnées aux 1°, 4° et 6° de l'article L. 381-20 lorsque celles-ci bénéficient d'une pension d'invalidité acquise au titre de la législation des pensions militaires et basée sur un taux d'incapacité d'au moins 85 %.

Elles s'appliquent pour les ascendants mentionnés au 7° du même article lorsque ceux-ci sont âgés de plus de 65 ans.

Elles ne s'appliquent pas pour les personnes qui sont affiliées à un régime de sécurité sociale de base au titre de leur activité ou qui bénéficient d'une pension de retraite ou d'invalidité de tels régimes ou d'une rente d'accident du travail correspondant à une incapacité de travail des deux tiers au moins.

La contribution mentionnée au premier alinéa couvre également une quote-part des charges non individualisables de l'assurance maladie calculée à due proportion des effectifs concernés.

Art. R. 381-81 *(Décr. n° 2017-736 du 3 mai 2017, art. 5-I)* Les dépenses prises en charge sont celles constatées au titre de l'ensemble de la période pendant laquelle les personnes mentionnées au premier alinéa de l'article R. 381-80 remplissent les conditions fixées à cet article.

Art. R. 381-82 (Abrogé par Décr. n° 2017-736 du 3 mai 2017, art. 5-I) *« La cotisation mentionnée à l'article précédent est due à compter de la date d'effet de l'immatriculation ; elle est précomptée sur les arrérages des pensions servies aux intéressés qui sont payées pour le net. »*

En fin de trimestre, le ministre chargé du budget verse à la Caisse nationale de l'assurance maladie des travailleurs salariés ou à la Caisse nationale militaire de sécurité sociale, suivant le cas, une provision à valoir sur *(Abrogé par Décr. n° 2017-736 du 3 mai 2017, art. 5-I) « le produit de la cotisation des intéressés et sur »* la contribution de l'État prévue au 2° de l'article L. 381-23. Cette provision, inscrite au budget de l'État, est fixée au quart du montant des charges supportées par lesdites caisses pour l'application de la présente section, telles que lesdites charges ressortent du dernier compte connu.

Pour chaque année, il est procédé à la comparaison entre le montant des provisions versées aux caisses nationales et le montant des charges supportées par lesdites caisses au titre de la présente section. Si cette comparaison fait ressortir un excédent de versement, cet excédent est précompté sur la première provision trimestrielle à verser ; dans le cas contraire, il est procédé à un versement complémentaire au profit de la caisse intéressée. – *[Anc. art. R. 381-89.]*

Art. R. 381-83 *à* R. 381-88 *Abrogés par Décr. n° 2017-736 du 3 mai 2017, art. 5-I.*

Art. R. 381-89 *Devient l'art. R. 381-82 (Décr. n° 2017-736 du mai 2017, art. 5-I).*

Art. R. 381-90 *à* R. 381-93 *Abrogés par Décr. n° 2017-736 du 3 mai 2017, art. 5-I.*

Art. R. 381-94 (Abrogé par Décr. n° 2015-1865 du 30 déc. 2015, art. 10-20°, à compter du 1er janv. 2016) ***Pour l'application de l'article L. 381-22, un arrêté du ministre chargé de la sécurité sociale fixe la liste des pièces que doivent fournir les intéressés aux caisses d'assurance maladie pour bénéficier des prestations mentionnées à cet article.***

SECTION VI **SAPEURS-POMPIERS VOLONTAIRES**

(Décr. n° 2017-736 du 3 mai 2017, art. 5-III)

Art. R. 381-83 La contribution mentionnée au 2° de l'article L. 381-23 due au titre des sapeurs-pompiers volontaires couvre le montant des frais pris en charge en application des dispositions de l'article L. 160-8 et, lorsque les personnes concernées sont titulaires d'une pension d'invalidité, le montant de la participation mentionnée à l'article L. 160-13 et du forfait mentionné à l'article L. 174-4 pour les personnes mentionnées à l'article L. 381-25 en cas de maladie, blessure ou infirmité autres que celles ayant donné lieu à l'attribution de la rente d'invalidité prévue à l'article 11 de la loi n° 91-1389 du 31 décembre 1991 relative à la protection sociale des sapeurs-pompiers volontaires en cas d'accident survenu ou de maladie contractée en service.

Les dispositions du précédent alinéa s'appliquent en ce qui concerne les personnes mentionnées au 1° de l'article L. 381-25 lorsque celles-ci bénéficient d'une pension basée sur un taux d'invalidité d'au moins 66,66 %.

Elles ne s'appliquent pas pour les personnes qui sont affiliées à un régime de sécurité sociale de base au titre de leur activité ou qui bénéficient d'une pension de retraite ou d'invalidité de tels régimes ou d'une rente d'accident du travail correspondant à une incapacité de travail des deux tiers au moins.

La contribution mentionnée au premier alinéa couvre également une quote-part des charges non individualisables de l'assurance maladie calculée à due proportion des effectifs concernés.

Art. R. 381-84 Les dépenses prises en charge sont celles constatées au titre de l'ensemble de la période pendant laquelle les personnes mentionnées au premier alinéa de l'article R. 381-83 remplissent les conditions fixées à cet article.

Art. R. 381-85 La Caisse des dépôts et consignations verse annuellement à la Caisse nationale d'assurance maladie la contribution de l'État prévue au 2° de l'article L. 381-23.

Cette contribution est calculée, selon les dispositions fixées par arrêté conjoint du ministre chargé du budget, du ministre chargé de la sécurité sociale et du ministre chargé de la sécurité civile, de façon *[à]* couvrir les charges supportées par les caisses primaires d'assurance maladie en application de l'article R. 381-83.

SECTION VII BÉNÉFICIAIRES DE L'ALLOCATION AUX VIEUX TRAVAILLEURS SALARIÉS ET DE L'ALLOCATION AUX MÈRES DE FAMILLE

Néant.

SECTION VIII BÉNÉFICIAIRES DE L'ALLOCATION AUX ADULTES HANDICAPÉS

Art. R. 381-96 *(Décr. n° 2015-1865 du 30 déc. 2015, art. 6-17°, en vigueur le 1er janv. 2016)* « Les bénéficiaires de l'allocation aux adultes handicapés sont » immatriculés soit sur leur demande, soit à la diligence de l'organisme débiteur de l'allocation aux adultes handicapés.

SECTION IX DÉTENUS

SOUS-SECTION 1 ASSURANCES MALADIE ET MATERNITÉ

Art. R. 381-97 (Abrogé par Décr. n° 2017-736 du 3 mai 2017, art. 1er-16°) (Décr. n° 94-929 du 27 oct. 1994, art. 3) *Les détenus mentionnés à l'article L. 381-30 sont immatriculés, à la diligence du chef de l'établissement pénitentiaire dans lequel ils sont incarcérés, par la caisse primaire d'assurance maladie dans le ressort de laquelle est situé cet établissement.*

La caisse primaire d'assurance maladie délivre aux détenus un document attestant de leur affiliation à l'assurance maladie.

Art. R. 381-97-1 à R. 381-97-4 *Abrogés par Décr. n° 94-929 du 27 oct. 1994, art. 6 et 7, à compter du 1er janv. 1994.*

Art. R. 381-98 *(Décr. n° 2008-1373 du 19 déc. 2008)* Pour l'application du premier alinéa de l'article L. 381-30, les cotisations sont assises sur le montant total des rémunérations brutes des détenus. — *Les dispositions issues du Décr. n° 2008-1373 s'appliquent aux rémunérations dues au titre d'un travail pénal effectué à compter du 1er janv. 2009 (Décr. préc., art. 2).*

Art. R. 381-99 *(Décr. n° 98-613 du 15 juill. 1998)* « Le taux de la cotisation d'assurance maladie et maternité sur les rémunérations versées aux détenus est fixé à 4,20 % du montant brut de ces rémunérations. Cette cotisation est à la charge de l'employeur ».

Lorsque le travail est effectué par voie de concession, la cotisation patronale est prélevée sur le produit de la redevance spéciale créée par l'article 28 de la loi n° 55-359 du 3 avril 1955 relative aux comptes spéciaux du Trésor pour l'année 1955.

(Abrogé par Décr. n° 2008-1373 du 19 déc. 2008) (Décr. n° 98-613 du 15 juill. 1998) ***« L'ensemble des cotisations fait l'objet, dans les quinze premiers jours de chaque trimestre pour le trimestre écoulé, d'un versement par l'administration pénitentiaire » à l'union de recouvrement dans la circonscription de laquelle a son siège le comptable chargé de l'établissement pénitentiaire. »***

Art. R. 381-100 (Abrogé par Décr. n° 2018-1255 du 27 déc. 2018, art. 1er-18°, à compter du 1er janv. 2019) (Décr. n° 94-929 du 27 oct. 1994, art. 5) ***Pour l'application de l'article L. 381-30-3, le montant global des cotisations dues par l'Etat pour une année civile est déterminé en multipliant le montant de la cotisation prévue à l'article L. 381-30-2 applicable au 1er juillet de l'année précédente par le nombre de détenus correspondant à la moyenne des détenus présents le premier jour de chaque mois dans les établissements pénitentiaires au cours de la période comprise entre le 1er juillet de l'avant-dernière année et le 30 juin de l'année précédente.*** — V. art. D. 381-23.

Art. R. 381-101 et R. 381-102 *Abrogés par Décr. n° 94-929 du 27 oct. 1994, art. 6 et 7, à compter du 1er janv. 1994.*

SOUS-SECTION 2 ASSURANCE VIEILLESSE

Art. R. 381-103 (Abrogé par Décr. n° 2017-736 du 3 mai 2017, art. 1er-16°) ***Les détenus exécutant un travail pénal ou suivant un stage de formation professionnelle, affiliés obligatoirement à l'assurance vieillesse du régime général de sécurité sociale en application de l'article L. 381-31, sont immatriculés à la diligence du chef d'établissement pénitentiaire dans lequel ils sont incarcérés suivant les conditions prévues à l'article R. 381-97.***

Art. R. 381-104 **Les cotisations, salariale et patronale, sont fixées au taux de droit commun du régime général. Elles sont assises sur le total des rémunérations brutes des détenus** *(Abrogé par Décr. n° 2008-1373 du 19 déc. 2008)* ***« , calculées au dernier jour de chaque trimestre civil ».***

Art. R. 381-105 *(Décr. n° 2001-264 du 27 mars 2001, art. 1er)* **Lorsque le travail est effectué pour le compte de l'administration et rémunéré sur les crédits affectés au fonctionnement des services généraux, les cotisations, salariale et patronale, sont intégralement prises en charge par l'administration. En outre, elles sont assises sur un montant forfaitaire établi par mois et égal au salaire minimum de croissance en vigueur au 1er janvier de l'année et calculé sur la base de 67 heures.** — *Application aux cotisations dues à raison des périodes de travail postérieures au 1er mars 2001.*

Art. R. 381-106 **Lorsque le travail est effectué par voie de concession, la cotisation patronale est prélevée sur la redevance spéciale créée par l'article 28 de la loi n° 55-359 du 3 avril 1955.**

Art. R. 381-107 **La part de cotisation à la charge du détenu est précomptée sur sa rémunération lors de chaque paie, sous réserve de l'application de l'article R. 381-105.**

Art. R. 381-108 *Abrogé par Décr. n° 2008-1373 du 19 déc. 2008.*

Art. R. 381-109 *(Décr. n° 2008-1373 du 19 déc. 2008)* **L'administration pénitentiaire adresse chaque année, avant le 31 janvier, aux organismes de recouvrement du régime général de sécurité sociale désignés en application des dispositions de l'article R. 243-44-1, une déclaration nominative par établissement pénitentiaire faisant ressortir le montant total des rémunérations brutes de chacun des détenus ayant effectué un travail pénal au cours de l'année civile précédente.** — *Les dispositions issues du Décr. n° 2008-1373 s'appliquent aux rémunérations dues au titre d'un travail pénal effectué à compter du 1er janv. 2009 (Décr. préc., art. 2).*

Art. R. 381-110 *(Décr. n° 88-711 du 9 mai 1988, art. 2)* **Les personnes ayant exécuté un travail pénal antérieurement au 1er janvier 1977 sont admises, si elles le demandent, à opérer des versements de rachat pour l'assurance vieillesse, au titre des périodes de détention comprises entre le 1er juillet 1930 et le 31 décembre 1976 inclus.**

Les mêmes dispositions s'appliquent aux personnes qui, avant le 1er janvier 1977, ont fait l'objet d'une détention provisoire dans la mesure où la durée de celle-ci n'a pas été imputée sur la durée de la peine.

Sur les exceptions à l'application du droit des usagers de saisir l'administration par voie électronique concernant les démarches effectuées auprès des organismes de sécurité sociale, V. CRPA, App., v° Saisine par voie électronique — Exceptions. — **CRPA.**

Art. R. 381-111 *(Décr. n° 88-711 du 9 mai 1988, art. 2)* **Les demandes de rachat doivent être présentées soit dans le délai de** *(Décr. n° 2010-1776 du 31 déc. 2010, art. 1er-8°)* **« dix ans » à compter de la date d'effet de l'***(Décr. n° 2017-736 du 3 mai 2017, art. 1er-7°)* **« affiliation » à l'assurance obligatoire, soit dans le délai de** *(Décr. n° 2010-1776 du 31 déc. 2010, art. 1er-8°)* **« dix ans » à compter de la libération des intéressés.** *(Abrogé par Décr. n° 2010-1776 du 31 déc. 2010, art. 1er-8°)* ***« Toutefois, aucune forclusion ne sera opposée aux demandes de rachat présentées avant le 1er janvier 2003. »***

Les caisses compétentes pour recevoir les demandes et encaisser les cotisations de rachat sont celles qui sont déterminées par l'article R. 351-37-2.

Les dispositions issues du Décr. n° 2010-1776 du 31 déc. 2010 sont applicables aux demandes d'adhésion et de rachat déposées à compter du 1er janv. 2011 (Décr. préc., art. 6).

Art. R. 381-112 et R. 381-113 *Abrogés par Décr. n° 2010-1776 du 31 déc. 2010, art. 1er-9°.*

Art. R. 381-114 *(Décr. n° 2010-1776 du 31 déc. 2010, art. 1er-10°)* **Le montant des cotisations dues au titre du rachat est égal à celui des cotisations prévues au premier alinéa de l'article L. 351-14-1.**

Pour les assurés âgés de soixante-sept ans ou plus à la date de présentation de leur demande de rachat, le montant des cotisations est égal au montant des cotisations prévues par le premier alinéa de l'article L. 351-14-1 pour les assurés âgés de soixante-deux ans, diminué de 2,5 % par année révolue au-delà de cet âge.

Les dispositions issues du Décr. n° 2010-1776 du 31 déc. 2010 sont applicables aux demandes d'adhésion et de rachat déposées à compter du 1er janv. 2011 (Décr. préc., art. 6).

Art. R. 381-115 *(Décr. n° 2010-1776 du 31 déc. 2010, art. 1er-11°)* **Le versement des cotisations dues peut être échelonné dans les mêmes conditions que le versement des cotisations prévues à l'article L. 351-14-1. Il peut être mis fin au versement dans les mêmes conditions que pour le versement des cotisations prévues à l'article L. 351-14-1.** — *V. note ss. art. R. 381-114.*

Art. R. 381-116 *(Décr. n° 88-711 du 9 mai 1988, art. 2)* **La demande de rachat ne peut concerner des périodes de détention postérieures à la date d'entrée en jouissance d'une prestation de vieillesse.**

Art. R. 381-117 *(Décr. n° 88-711 du 9 mai 1988, art. 2)* **Les droits des personnes qui demandent le bénéfice de l'article R. 381-110 sont liquidés suivant les règles en vigueur dans le régime général à la date d'entrée en jouissance de la pension.**

Art. R. 381-118 *(Décr. n° 2010-1776 du 31 déc. 2010, art. 1er-12°)* **Les assurés peuvent obtenir la liquidation de leurs droits à l'assurance vieillesse à compter, au plus tôt, du premier jour du mois suivant la date de dépôt de leur demande de rachat, sous réserve que leur demande de prestation de vieillesse ait été formulée dans les six mois suivant la date à laquelle leur aura été notifiée la décision faisant droit à leur demande de rachat.** — *V. note ss. art. R. 381-114.*

Art. R. 381-119 *(Décr. n° 88-711 du 9 mai 1988, art. 2)* **Pour les personnes déjà titulaires d'une prestation de vieillesse, les droits sont révisés compte tenu des périodes antérieures à la date d'effet de la liquidation de cette prestation et ayant donné lieu à un versement de rachat dans la limite du nombre maximum de trimestres susceptibles d'être pris en compte à la date d'entrée en jouissance initiale. La prestation de vieillesse révisée prend effet au premier jour du mois civil suivant la date de la demande de rachat.**

Art. R. 381-120 *(Décr. n° 88-711 du 9 mai 1988, art. 2)* **La mise en paiement des pensions correspondant au rachat est ajournée jusqu'au moment où le versement des cotisations de rachat est terminé.**

CHAPITRE II PERSONNES RATTACHÉES AU RÉGIME GÉNÉRAL POUR L'ENSEMBLE DES RISQUES *(Décr. n° 2006-1324 du 31 oct. 2006).*

SECTION PREMIÈRE ARTISTES AUTEURS *(Décr. n° 2006-1324 du 31 oct. 2006).*

SOUS-SECTION 1 CHAMP D'APPLICATION *(Décr. n° 2006-1324 du 31 oct. 2006).*

Art. R. 382-1 *(Décr. n° 2018-1185 du 19 déc. 2018, art. 1er, en vigueur le 1er janv. 2019)* Sont affiliées au régime général, en application des dispositions de la présente section, les personnes mentionnées à l'article L. 382-1 qui tirent un revenu d'une ou de plusieurs activités, relevant des articles L. 112-2 ou L. 112-3 du code de la propriété intellectuelle et se rattachant à l'une des branches professionnelles suivantes :

1° Branche des écrivains :

– auteurs de livres, brochures et autres écrits littéraires et scientifiques ;

– auteurs de traductions, adaptations et illustrations des œuvres précitées ;

– auteurs d'œuvres dramatiques ;

– auteurs d'œuvres de même nature enregistrées sur un support matériel autre que l'écrit ou le livre ;

2° Branche des auteurs et compositeurs de musique :

– auteurs de composition musicale avec ou sans paroles ;

– auteurs d'œuvres chorégraphiques et pantomimes ;

3° Branche des arts graphiques et plastiques :

– auteurs d'œuvres originales graphiques et plastiques telles que celles définies par les alinéas 1° à 6° du II de l'article 98 A de l'annexe III du code général des impôts ;

4° Branche du cinéma et de la télévision :

– auteurs d'œuvres cinématographiques et audiovisuelles, quels que soient les procédés d'enregistrement et de diffusion ;

5° Branche de la photographie :

– auteurs d'œuvres photographiques ou d'œuvres réalisées à l'aide de techniques analogues à la photographie.

Art. R. 382-2 *(Décr. n° 2018-1185 du 19 déc. 2018, art. 1er, en vigueur le 1er janv. 2019)* Peuvent être agréées, pour assurer la gestion de l'affiliation au régime général des personnes mentionnées à l'article R. 382-1 et les missions prévues à l'article R. 382-3, une ou plusieurs associations régies par la loi du 1er juillet 1901 relative au contrat d'association, et dont les statuts satisfont aux dispositions des articles R. 382-8 à R. 382-15.

L'agrément est donné par arrêté conjoint du ministre chargé de la culture et du ministre chargé de la sécurité sociale.

SOUS-SECTION 2 ORGANISMES AGRÉÉS ET COMMISSIONS *(Décr. n° 2006-1324 du 31 oct. 2006).*

Art. R. 382-3 *(Décr. n° 2018-1185 du 19 déc. 2018, art. 2, en vigueur le 1er janv. 2019)* Pour exercer ses missions d'affiliation et de contrôle du respect du champ du régime, l'organisme agréé compétent peut demander des pièces justificatives à l'artiste-auteur ou consulter, en tant que de besoin, l'une des commissions instituées à l'article L. 382-1 qui donne un avis technique sur l'appartenance des activités de l'intéressé au champ défini à l'article R. 382-1. La nature des justificatifs à apporter par l'artiste-auteur, sur demande de l'organisme agréé compétent, est précisée par arrêté conjoint du ministre chargé de la culture et du ministre chargé de la sécurité sociale.

L'organisme agréé compétent transmet sa décision d'affilier l'artiste-auteur aux organismes de sécurité sociale dans les deux mois à compter soit du premier précompte lorsque ses revenus tirés de son activité d'artiste-auteur lui sont versés et déclarés par l'une des personnes mentionnées à l'article L. 382-4, soit à compter de sa demande de création d'activité d'artiste-auteur au centre de formalités des entreprises mentionné à l'article R. 123-1 du code de commerce lorsque ses revenus tirés de son activité d'artiste-auteur sont imposables au titre des bénéfices non commerciaux.

L'organisme agréé compétent met fin à l'affiliation, sans préjudice des droits aux prestations acquis précédemment, dans les quatre cas suivants :

a) Lorsque dans le cadre de son activité de contrôle mentionnée au premier alinéa du présent article, il est établi que les revenus perçus par l'intéressé ne sont tirés d'aucune des activités définies à l'article R. 382-1 ;

b) Lorsque l'artiste-auteur a déclaré chaque année pendant cinq années successives n'avoir tiré ni revenu ni recette de son ou ses activités artistiques ;

c) Lorsque l'organisme mentionné à l'article L. 382-5 a procédé à l'évaluation d'office des revenus servant de base au calcul des cotisations et contributions sociales mentionnées à l'article L. 382-3 durant trois années successives sans que l'artiste-auteur n'ait procédé à la régularisation de ses déclarations ;

d) Après qu'il en a informé immédiatement l'organisme mentionné au premier alinéa de l'article L. 382-5*[,]* lorsque l'artiste-auteur a décidé de cesser définitivement toute activité artistique.

Le ou les organismes agréés procèdent en outre au recensement permanent des artistes-auteurs et des diffuseurs, assurent le secrétariat de la commission d'action sociale définie à l'article R. 382-30-2 et des commissions instituées par l'article L. 382-1 et informent les artistes-auteurs des conditions d'affiliation et des prestations auxquelles ils peuvent prétendre.

Art. R. 382-4 *(Décr. nº 2018-1185 du 19 déc. 2018, art. 2, en vigueur le 1er janv. 2019)* Les commissions instituées par l'article L. 382-1 sont composées de représentants de l'État, de représentants des organisations professionnelles et syndicales des artistes-auteurs, de représentants des personnes mentionnées à l'article L. 382-4 et peuvent comprendre également des représentants des organismes de gestion collective. Elles sont composées au plus de quatorze membres, y compris les représentants de l'État. Plus de la moitié de ces membres représentent les organisations professionnelles et syndicales des artistes-auteurs et, le cas échéant, les organismes de gestion collective.

Un arrêté conjoint du ministre chargé de la culture et du ministre chargé de la sécurité sociale désigne, pour une durée de trois ans, les organisations professionnelles et syndicales représentant les artistes-auteurs et les personnes mentionnées au premier alinéa de l'article L. 382-4 ainsi que les organismes de gestion collective qui sont appelés à siéger au sein de ces commissions, en tenant compte des critères mentionnés aux 1º, 2º, 3º, 4º, 6º et 7º de l'article L. 2121-1 du code du travail.

Art. R. 382-5 Les commissions élisent leur président pour trois ans parmi leurs membres. *(Décr. nº 2018-1185 du 19 déc. 2018, art. 2, en vigueur le 1er janv. 2019)* « Elles se réunissent sur convocation de leur président. »

(Abrogé par Décr. nº 2018-1185, du 19 déc. 2018, art. 2, à compter du 1er janv. 2019) ***« Elles se réunissent au moins une fois par trimestre sur convocation de leur président. »***

(Décr. nº 94-1147 du 27 déc. 1994, art. 3) « Elles émettent leur avis à la majorité des membres présents, compte non tenu des représentants de l'État, qui ne prennent pas part au vote. Ces derniers *(Décr. nº 2018-1185 du 19 déc. 2018, art. 2, en vigueur du 1er janv. 2019)* « assortissent » de réserves tout avis qui ne leur paraît pas conforme aux dispositions législatives et réglementaires en vigueur. » *(Décr. nº 2018-1185 du 19 déc. 2018, art. 2, en vigueur du 1er janv. 2019)* « En cas de partage égal des voix, celle du président est prépondérante. »

Elles établissent leur règlement intérieur qui est *(Décr. nº 94-1147 du 27 déc. 1994, art. 3)* « soumis à l'approbation du ministre chargé de la sécurité sociale et du ministre chargé de la culture ».

(Abrogé par Décr. nº 2018-1185 du 19 déc. 2018, art. 2, à compter du 1er janv. 2019) ***« Un suppléant ne siège qu'en l'absence du titulaire qu'il remplace. »***

Art. R. 382-6 (Abrogé par Décr. nº 2018-1185 du 19 déc. 2018, art. 2) (Décr. nº 94-1147 du 27 déc. 1994, art. 4) ***« L'accomplissement des missions prévues au dernier alinéa de l'article L. 382-4 est assuré pour le compte du régime général par deux organismes agréés, l'un pour les branches professionnelles mentionnées aux 1º, 2º, 4º et 5º de l'article R. 382-2, et l'autre pour la branche professionnelle mentionnée au 3º du même article. »***

Peuvent être agréées conformément aux dispositions du troisième alinéa de l'article L. 382-4, pour l'accomplissement des missions prévues à l'article R. 382-7, des associations régies par la loi du 1er juillet 1901 relative au contrat d'association et dont les statuts satisfont aux dispositions des articles R. 382-8 à R. 382-11.

L'agrément est donné par arrêté conjoint du ministre chargé de la culture et du ministre chargé de la sécurité sociale.

L'abrogation prévue par le Décr. n° 2018-1185 du 19 déc. 2018 est applicable aux cotisations et contributions dues au titre des périodes courant à compter du 1er janv. 2019.

Art. R. 382-7 (Abrogé par Décr. n° 2018-1185 du 19 déc. 2018, art. 2) *Les organismes agréés assurent le recouvrement des cotisations et contributions instituées par les articles L. 382-3 et L. 382-4. Ils assument les obligations des employeurs en matière d'affiliation. A cet effet, ils instruisent les dossiers des artistes-auteurs pour lesquels ils ont compétence et les transmettent aux organismes de sécurité sociale après avoir consulté, en tant que de besoin, les commissions définies à l'article R. 382-4.*

Ils procèdent au recensement permanent des artistes-auteurs et des diffuseurs, et assurent d'une manière générale les tâches administratives et comptables définies par les articles R. 382-16 et suivants et par la convention prévue au dernier alinéa de l'article R. 382-29.

(Décr. n° 2012-1370 du 7 déc. 2012, art. 1er) *« Ils assurent et contrôlent le recouvrement de la contribution instituée par l'article L. 6331-65 du code du travail. »*

L'abrogation prévue par le Décr. n° 2018-1185 du 19 déc. 2018 est applicable aux cotisations et contributions dues au titre des périodes courant à compter du 1er janv. 2019.

Art. R. 382-8 *(Décr. n° 94-1147 du 27 déc. 1994, art. 5) (Décr. n° 2018-1185 du 19 déc. 2018, art. 2, en vigueur le 1er janv. 2019)* « Le ou les organismes agréés prévus à l'article R. 382-2 sont administrés chacun par un conseil d'administration comprenant dix représentants des artistes-auteurs et quatre représentants des personnes physiques ou morales mentionnées au premier alinéa de l'article L. 382-4.

« Un arrêté conjoint du ministre chargé de la culture et du ministre chargé de la sécurité sociale désigne, pour une durée de six ans, les organisations professionnelles et syndicales représentant les artistes-auteurs et les personnes mentionnées au premier alinéa de l'article L. 382-4 qui sont appelées à siéger à ce ou ces conseils d'administration ainsi que la répartition des sièges, en tenant compte des critères mentionnés aux 1°, 2°, 3°, 4°, 6° et 7° de l'article L. 2121-1 du code du travail. »

En outre, le conseil comprend deux personnalités qualifiées nommées par arrêté conjoint du ministre chargé de la sécurité sociale et du ministre chargé de la culture sur proposition des administrateurs élus. Ces personnalités sont nommées pour six ans et ont voix délibérative.

Siègent également au conseil d'administration, avec voix consultative :

1° Deux représentants de l'État, désignés respectivement par le ministre chargé de la sécurité sociale et par le ministre chargé de la culture ;

2° Un représentant de la Caisse nationale d'assurance maladie des travailleurs salariés ;

3° Un représentant de l'Agence centrale des organismes de sécurité sociale ;

4° Trois personnalités qualifiées représentant les tiers avec lesquels l'organisme agréé a conclu des conventions prévues à l'article R. 382-19, nommées par arrêté conjoint du ministre chargé de la sécurité sociale et du ministre chargé de la culture.

Le président du conseil d'administration est élu en son sein par le conseil.

Le conseil d'administration siège valablement dès lors que le nombre de ses membres présents est supérieur à la moitié du nombre total des membres dont il est composé.

(Décr. n° 2018-1185 du 19 déc. 2018, art. 2, en vigueur le 1er janv. 2019) « Le ou les organismes agréés ne peuvent, en aucun cas, allouer un traitement à leurs administrateurs. Ils peuvent toutefois leur allouer une indemnité forfaitaire de perte de gain, dont le montant est fixé en application du dernier alinéa de l'article L. 231-12 du code de la sécurité sociale, pour tenir compte de la réduction d'activité professionnelle nécessitée par l'exercice de ces fonctions. Ils leur remboursent en outre leurs frais de déplacement dans les conditions prévues à l'article R. 121-4.

« Le conseil d'administration se réunit au moins une fois tous les trois mois. Il peut en outre être convoqué par le président pour une session extraordinaire. Les décisions sont prises à la majorité des voix. En cas de partage égal des voix, celle du président est prépondérante. »

Les délibérations du conseil deviennent exécutoires, en l'absence d'opposition du ministre chargé de la sécurité sociale ou du ministre chargé de la culture, dans un délai d'un mois à compter de leur transmission aux autorités précitées.

(Décr. n° 2018-1185 du 19 déc. 2018, art. 2, en vigueur le 1er janv. 2019) **« Un rapport annuel sur la gestion du recouvrement des cotisations des personnes mentionnées à l'article L. 382-1 est présenté chaque année au ou aux conseils d'administration, réunis le cas échéant en une formation unique, par des représentants de l'organisme mentionné au premier alinéa de l'article L. 382-5. »**

Art. R. 382-9 **Les opérations financières et comptables** *(Décr. n° 2018-1185 du 19 déc. 2018, art. 2, en vigueur le 1er janv. 2019)* **« du ou des organismes agréés » sont effectuées sous le contrôle** *(Décr. n° 2018-1185 du 19 déc. 2018, art. 2, en vigueur le 1er janv. 2019)* **« du ou des conseils d'administration », par un directeur et un agent comptable.**

(Décr. n° 94-1147 du 27 déc. 1994, art. 6) **« Le directeur** *(Décr. n° 2018-1185 du 19 déc. 2018, art. 2, en vigueur le 1er janv. 2019)* **« du ou des organismes agréés » est nommé par arrêté conjoint du ministre chargé de la sécurité sociale et du ministre chargé de la culture.**

« L'agent comptable *(Décr. n° 2018-1185 du 19 déc. 2018, art. 2, en vigueur le 1er janv. 2019)* **« du ou des organismes agréés » est nommé par un arrêté conjoint du ministre chargé de la sécurité sociale, du ministre chargé de la culture et du ministre chargé du budget.** *(Abrogé par Décr. n° 2018-1185 du 19 déc. 2018, art. 2, à compter du 1er janv. 2019)* ***« Il est tenu d'assurer la gestion des comptes distincts correspondant au fonctionnement de l'organisme agréé. »***

Art. R. 382-10 **Le directeur a seul qualité pour procéder à l'émission des ordres de recettes et des ordres de paiement ; il peut toutefois déléguer, sous sa responsabilité, une partie de ses pouvoirs à certains agents de l'organisme.**

(Décr. n° 94-1147 du 27 déc. 1994, art. 7 ; Décr. n° 2009-1596 du 18 déc. 2009, art. 14-I) **« En cas de carence du directeur, à l'expiration d'un délai de huit jours suivant une mise en demeure effectuée par le responsable du service mentionné à l'article R. 155-1, ledit responsable peut, au lieu et place du directeur, ordonner l'exécution d'une dépense ou le recouvrement d'une recette, lorsque la dépense ou la recette a un caractère obligatoire en vertu d'une disposition législative ou réglementaire ou d'une décision de justice. L'agent comptable est tenu, sous la responsabilité du responsable du service mentionné à l'article R. 155-1, de procéder à cette exécution. »**

Art. R. 382-11 **L'agent comptable est chargé** *(Abrogé par Décr. n° 2018-1185 du 19 déc. 2018, art. 2, à compter du 1er janv. 2019)* ***« , sous sa propre responsabilité et sous le contrôle du conseil d'administration, »*** **des opérations financières et comptables** *(Décr. n° 2018-1185 du 19 déc. 2018, art. 2, en vigueur le 1er janv. 2019)* **« du ou des organismes » afférentes aux activités mentionnées à l'article** *(Décr. n° 2018-1185 du 19 déc. 2018, art. 2, en vigueur le 1er janv. 2019)* **« R. 382-2.**

« Il est tenu d'assurer la gestion des comptes distincts correspondant au fonctionnement des organismes agréés s'il y en a plusieurs. »

Il doit, avant son installation, fournir, en garantie de sa gestion, un cautionnement dont le montant est fixé par arrêté conjoint du ministre chargé de la sécurité sociale et du ministre chargé du budget.

Il peut, sous sa responsabilité, se faire suppléer pour tout ou partie de ses attributions par un fondé de pouvoir muni d'une procuration, *(Décr. n° 94-1147 du 27 déc. 1994, art. 8)* **« nommé par arrêté conjoint du ministre chargé de la sécurité sociale, du ministre chargé de la culture et du ministre chargé du budget », et astreint également à la constitution d'un cautionnement.**

Art. R. 382-12 *(Décr. n° 2018-1185 du 19 déc. 2018, art. 2)* **« Le ou les organismes agréés agissent pour le compte des organismes de sécurité sociale. »**

(Abrogé par Décr. n° 2018-1185 du 19 déc. 2018, art. 2) ***« La comptabilité doit permettre de suivre distinctement les opérations afférentes, d'une part, aux cotisations et contributions et, d'autre part, à la gestion administrative. »***

Les dispositions du Décr. n° 2018-1185 du 19 déc. 2018 sont applicables aux cotisations et aux contributions dues au titre des périodes courant à compter du 1er janv. 2019.

Art. R. 382-13 **Le financement des charges de gestion est** *(Décr. n° 2018-1185 du 19 déc. 2018, art. 2, en vigueur le 1er janv. 2019)* **« couvert par des virements effectués » par l'Agence centrale des organismes de sécurité sociale dans la limite du budget qui est soumis, avant le 31 décembre de l'année précédente, à l'approbation** *(Décr.*

n° 2009-1596 du 18 déc. 2009, art. 20) « du ministre chargé de la sécurité sociale et du ministre chargé de la culture.

« Les ministres peuvent » apporter à ce budget les modifications nécessaires.

L'Agence centrale des organismes de sécurité sociale accorde des avances à l'organisme agréé dans les conditions fixées par la convention prévue au dernier alinéa de l'article R. 382-29.

Art. R. 382-14 *(Abrogé par Décr. n° 2018-1185 du 19 déc. 2018, art. 2)* ***« En cas de carence des organismes agréés, l'évaluation d'office de l'assiette des contributions et cotisations prévue à l'article R. 382-21 et au troisième alinéa de l'article R. 382-28 peut être effectuée, au lieu et place des organismes,*** *(Décr. n° 2009-1596 du 18 déc. 2009, art. 14-II)* ***« par le responsable du service mentionné à l'article R. 155-1 ». Cette évaluation est notifiée à l'organisme agréé concerné à l'expiration d'un délai de huit jours à compter de la date de la mise en demeure lorsque celle-ci est restée sans effet. »***

(Décr. n° 94-1147 du 27 déc. 1994, art. 9 ; Décr. n° 2009-1596 du 18 déc. 2009, art. 14-II) « Le responsable du service mentionné à l'article R. 155-1, après avis du ministre chargé de la culture, peut, en cas d'irrégularité grave, de mauvaise gestion ou de carence du conseil d'administration, suspendre ledit conseil, ou l'un ou plusieurs de ses membres, et nommer un administrateur provisoire. Les mêmes dispositions s'appliquent au directeur. »

L'abrogation prévue par le Décr. n° 2018-1185 du 19 déc. 2018 est applicable aux cotisations et contributions dues au titre des périodes courant à compter du 1er janv. 2019.

Art. R. 382-15 *(Décr. n° 2009-1387 du 11 nov. 2009, art. 1er)* « Par exception aux dispositions de l'article R. 112-1, *(Décr. n° 2018-1185 du 19 déc. 2018, art. 2)* « le ou les organismes agréés » sont soumis au contrôle du ministre chargé de la sécurité sociale, du ministre chargé du budget et du ministre chargé de la culture, qui peuvent faire procéder par leurs représentants à toutes investigations et tous contrôles sur place.

(Abrogé par Décr. n° 2018-1185 du 19 déc. 2018, art. 2) ***« L'Agence centrale des organismes de sécurité sociale exerce sur les organismes agréés un contrôle sur pièces dans les conditions déterminées par la convention mentionnée au dernier alinéa de l'article R. 382-29, contrôle qui peut donner lieu aux vérifications sur place mentionnées au précédent alinéa. »***

(Décr. n° 2018-1185 du 19 déc. 2018, art. 2) « Le ou les organismes agréés » sont tenus de communiquer aux fonctionnaires et agents chargés du contrôle sur place les documents administratifs et pièces comptables de toute nature.

Les dispositions du Décr. n° 2018-1185 du 19 déc. 2018 sont applicables aux cotisations et aux contributions dues au titre des périodes courant à compter du 1er janv. 2019.

SOUS-SECTION 3 **AFFILIATION** *(Décr. n° 2017-736 du 3 mai 2017, art. 1er-11°).*

Art. R. 382-16 *(Décr. n° 2018-1185 du 19 déc. 2018, art. 3, en vigueur le 1er janv. 2019)* L'affiliation, le refus d'affiliation ou la décision de mettre fin à l'affiliation sont notifiés par l'organisme agréé compétent à l'intéressé, à l'organisme en charge du recouvrement mentionné au premier alinéa de l'article L. 382-5 et à la caisse primaire d'assurance maladie dans la circonscription de laquelle se trouve le domicile de chaque intéressé.

Art. R. 382-16-1 *(Décr. n° 2018-1185 du 19 déc. 2018, art. 3, en vigueur le 1er janv. 2019)* La date d'effet de l'affiliation est la date du premier précompte, lorsque les revenus de l'artiste-auteur lui sont versés et déclarés par l'une des personnes mentionnées à l'article L. 382-4, ou la date de la demande de création d'activité d'artiste-auteur au centre de formalités des entreprises, lorsque les revenus de l'artiste-auteur sont imposables au titre des bénéfices non commerciaux.

La date d'effet de la décision de mettre fin à l'affiliation est la date de sa notification à l'intéressé par l'organisme agréé.

L'affiliation peut être retirée au vu des conditions réelles d'exercice d'activité établies à l'occasion des contrôles réalisés dans les conditions prévues à l'article R. 382-29.

Art. R. 382-16-2 *(Décr. n° 2018-1185 du 19 déc. 2018, art. 3, en vigueur le 1er janv. 2019)* Les recours administratifs préalables obligatoires formés par les intéressés contre les décisions relatives à l'affiliation prises par l'organisme agréé compétent doivent être adressés au directeur de l'organisme agréé concerné dans un délai de deux mois à compter de la notification de la décision contestée. Le directeur de l'organisme agréé statue après avis de la commission compétente prévue à l'article L. 382-1 et notifie sa décision à l'intéressé dans le délai de deux mois à compter de la réception de la réclamation par l'organisme agréé. La motivation des décisions prises par le directeur est régie par les dispositions du code des relations entre le public et l'administration. Ces décisions sont notifiées aux intéressées par tout moyen conférant date certaine à la notification.

Lorsque la décision du directeur de l'organisme agréé n'a pas été portée à la connaissance du requérant dans le délai prévu à l'alinéa précédent, l'intéressé peut considérer sa demande comme rejetée.

Les recours contentieux, précédés obligatoirement d'un recours administratif préalable mentionné aux alinéas précédents, portés devant les juridictions spécialement désignées en application des articles L. 211-16, L. 311-15 et L. 311-16 du code de l'organisation judiciaire sont formés, instruits et jugés, au fond comme en référé, selon les dispositions du code de procédure civile.

Le délai de recours contentieux est de deux mois à compter de la notification de la décision contestée. Ce délai ainsi que celui mentionné aux premier et deuxième alinéas ne sont opposables qu'à la condition d'avoir été mentionnés, ainsi que les voies de recours, dans la notification de la décision contestée ou, en cas de décision implicite, dans l'accusé de réception de la demande.

SOUS-SECTION 4 **COTISATIONS** *(Décr. nº 2006-1324 du 31 oct. 2006).*

Art. R. 382-17 Toute personne physique ou morale qui procède à la diffusion ou à l'exploitation commerciale des œuvres originales relevant des arts mentionnés au présent chapitre est tenue de verser à l'organisme *(Décr. nº 2018-1185 du 19 déc. 2018, art. 4)* « mentionné au premier alinéa de l'article L. 382-5 » la contribution instituée à l'article L. 382-4.

La contribution due à l'occasion de la diffusion ou de l'exploitation commerciale des œuvres des artistes, vivants ou morts, auteurs d'œuvres graphiques et plastiques, est calculée *(Décr. nº 94-1147 du 27 déc. 1994, art. 11)* « en pourcentage, soit du chiffre d'affaires », toutes taxes comprises, afférent à cette diffusion ou à cette exploitation, même lorsque les œuvres sont tombées dans le domaine public, soit, lorsque l'œuvre n'est pas vendue au public, du montant de la rémunération brute de l'artiste-auteur.

Pour la détermination du chiffre d'affaires mentionné à l'alinéa précédent, il est tenu compte de 30 % du prix de vente des œuvres et, en cas de vente à la commission, du montant de la commission.

Lorsqu'il s'agit d'œuvres autres que graphiques et plastiques, la contribution est calculée en pourcentage du montant brut des droits d'auteur versés à l'auteur directement ou indirectement.

Pour l'application de l'alinéa précédent, on entend par droit d'auteur la rémunération au sens des articles *(Décr. nº 2001-644 du 18 juill. 2001, art. 4)* « L. 131-4 et L. 132-6 du code de la propriété intellectuelle », afférente à la cession par l'auteur de ses droits sur son œuvre, et versée soit directement à l'auteur ou à ses ayants droit, soit sous forme de redevance à un tiers habilité à les recevoir.

Le chiffre d'affaires mentionné au deuxième alinéa ci-dessus est celui de l'année civile précédant la date de la déclaration prévue au deuxième alinéa de l'article R. 382-20.

La rémunération ou les droits d'auteur sont ceux qui sont versés au cours du trimestre civil précédant la date de la déclaration.

Les dispositions du Décr. nº 2018-1185 du 19 déc. 2018 sont applicables aux cotisations et aux contributions dues au titre des périodes courant à compter du 1er janv. 2019.

Art. R. 382-18 *(Décr. nº 94-1147 du 27 déc. 1994, art. 12)* Les taux de la contribution mentionnée à l'article précédent sont fixés par arrêté conjoint du ministre chargé de la sécurité sociale, du ministre chargé du budget et du ministre chargé de la culture. *— V. Arr. du 13 avr. 1981 (D. et BLD 1981. 186), mod. par Arr. du 12 juill. 1985 (D. et ALD 1985. 410).*

Art. R. 382-19 *(Décr. n° 94-1147 du 27 déc. 1994, art. 12)* « Sans préjudice des dispositions de l'article R. 382-29 », *(Décr. n° 2018-1185 du 19 déc. 2018, art. 4)* « l'Agence centrale prévue à l'article L. 225-1 ou l'organisme mentionné au premier alinéa de l'article L. 382-5 » peuvent conclure, avec les tiers habilités par les artistes-auteurs à percevoir pour leur compte des droits d'auteur, des conventions en vue du versement, par ces tiers, de la contribution et des cotisations précomptées afférentes à ces droits au lieu et place des débiteurs de ces contributions et cotisations. *(Décr. n° 94-1147 du 27 déc. 1994, art. 12)* « Ces conventions sont soumises à l'agrément du ministre chargé de la sécurité sociale et du ministre chargé de la culture. »

Les dispositions du présent article issues du Décr. n° 2018-1185 du 19 déc. 2018 sont applicables aux cotisations et aux contributions dues au titre des périodes courant à compter du 1er janv. 2019.

Art. R. 382-20 *(Décr. n° 2018-1185 du 19 déc. 2018, art. 4)* « Les personnes physiques ou morales mentionnées au premier alinéa de l'article R. 382-17 doivent se déclarer par voie dématérialisée à l'organisme mentionné au premier alinéa de l'article L. 382-5 dans les huit jours qui suivent le début de leur activité, en indiquant leur adresse ou siège social ainsi que, s'il y a lieu, leur numéro d'immatriculation à titre d'employeur du régime général de sécurité sociale. »

Les mêmes personnes doivent déclarer *(Décr. n° 2018-1185 du 19 déc. 2018, art. 4)* « par voie dématérialisée à l'organisme mentionné au premier alinéa de l'article L. 382-5 » les éléments déterminant l'assiette de leurs contributions dans les conditions ci-après :

Les personnes dont la contribution est assise sur le chiffre d'affaires font parvenir *(Décr. n° 2018-1185 du 19 déc. 2018, art. 4)* « à l'organisme mentionné au premier alinéa de l'article L. 382-5 » avant le 1er mai de chaque année la déclaration de leur chiffre d'affaires de l'année civile précédente *(Décr. n° 94-1147 du 27 déc. 1994, art. 13)* « ainsi qu'un état récapitulatif précisant la part du chiffre d'affaires correspondant à la diffusion ou à l'exploitation commerciale des œuvres de chaque artiste-auteur ».

(Décr. n° 2018-1185 du 19 déc. 2018, art. 4) « Dans les autres cas, les déclarations de droits d'auteur et de rémunération versés à chaque artiste-auteur, que ses cotisations et contributions aient été ou non précomptées, sont adressées trimestriellement à l'organisme mentionné au premier alinéa de l'article L. 382-5 en même temps que le versement des contributions ainsi que des cotisations précomptées prévues au deuxième alinéa de l'article L. 382-5. Elles portent sur le montant des rémunérations et des droits d'auteur versés au cours du trimestre civil écoulé.

« Ces personnes doivent également faire parvenir par voie dématérialisée à l'organisme mentionné au premier alinéa de l'article L. 382-5[,] avant le 31 janvier de chaque année, une déclaration faisant ressortir, pour chaque artiste-auteur dont elles ont diffusé ou exploité commercialement les œuvres originales, le montant total des rémunérations versées au cours de l'année précédente. »

(Décr. n° 94-1147 du 27 déc. 1994, art. 13) « Un arrêté du ministre chargé de la sécurité sociale fixe les modèles des déclarations nécessaires à l'application des dispositions du présent article. »

Les tiers habilités mentionnés à l'article R. 382-19 effectuent pour le compte des débiteurs les déclarations et versements aux dates fixées par la convention prévue au même article.

Les dispositions du présent article issues du Décret n° 2018-1185 du 19 déc. 2018 sont applicables aux cotisations et aux contributions dues au titre des périodes courant à compter du 1er janv. 2019.

Art. R. 382-21 *(Décr. n° 2018-1185 du 19 déc. 2018, art. 4)* Lorsqu'il n'a pas reçu aux dates prescrites les déclarations requises à l'article précédent, l'organisme mentionné au premier alinéa de l'article L. 382-5 procède à l'évaluation de l'assiette de la contribution, qui est calculée, par dérogation au I de l'article R. 242-5, provisoirement et à titre forfaitaire sur la base de :

a) La moyenne des chiffres d'affaires déclarés au titre des deux années précédentes ou, en deuxième année d'activité, le chiffre d'affaire*[s]* déclaré au titre de la première année d'activité, pour les personnes mentionnées au premier alinéa de l'article R. 382-17 dont la contribution est assise sur le chiffre d'affaires ;

b) La moyenne des sommes versées à titre de droits d'auteur aux artistes ou organismes percevant ces sommes pour leur compte au titre des deux années précédentes

ou, en deuxième année d'activité, les sommes versées déclarées au titre de la première année d'activité, dans les autres cas.

En l'absence de revenus connus, l'organisme mentionné au premier alinéa de l'article L. 382-5 peut estimer par tout moyen un montant provisoire.

L'assiette retenue est majorée de 25 % pour la première échéance non déclarée ; ce taux est augmenté de 5 points à chaque échéance non déclarée consécutive.

Les dispositions du présent art. issues du Décr. n° 2018-1185 du 19 déc. 2018 sont applicables aux cotisations et aux contributions dues au titre des périodes courant à compter du 1er janv. 2019.

Art. R. 382-22 Dès la cessation de leur activité et, au plus tard, dans le délai de deux mois à dater de celle-ci, les personnes physiques ou morales concernées sont tenues de faire parvenir *(Décr. n° 2018-1185 du 19 déc. 2018, art. 4)* « à l'organisme chargé du recouvrement » une déclaration de cessation d'activité accompagnée des éléments permettant de déterminer l'assiette de la contribution. A l'expiration de ce délai, l'organisme agréé compétent procède à l'évaluation d'office de l'assiette de la contribution due sur le chiffre d'affaires réalisé, jusqu'à la date de cessation d'activité.

Les dispositions du présent art. issues du Décr. n° 2018-1185 du 19 déc. 2018 sont applicables aux cotisations et aux contributions dues au titre des périodes courant à compter du 1er janv. 2019.

Art. R. 382-23 (Abrogé par Décr. n° 2018-1185 du 19 déc. 2018, art. 4) (Décr. n° 94-1147 du 27 déc. 1994, art. 15) ***Les cotisations dont sont redevables, pour la période du 1er juillet au 30 juin suivant, en application de l'article L. 382-3, les personnes mentionnées à l'article L. 382-1, sont assises, pour partie sur la totalité de leurs revenus artistiques tels que définis à l'article L. 382-3 », pour partie sur la fraction de ces revenus qui n'excède pas le plafond de ressources prévu à l'article L. 241-3.***

Sous réserve des dispositions du deuxième alinéa de l'article R. 382-27, les revenus et le plafond de ressources s'entendent de ceux de l'année civile précédant la période définie au premier alinéa ci-dessus.

L'arrêté mentionné au deuxième alinéa de l'article L. 382-3 est pris par le ministre chargé de la sécurité sociale.

Pour les cotisations et contributions qui sont assises sur des revenus versés par une des personnes mentionnées à l'art. L. 382-4 et faisant l'objet par celles-ci d'un précompte, l'abrogation prévue par l'art. 4 du Décr. n° 2018-1185 du 19 déc. 2018 est applicable aux cotisations et contributions dues au titre des périodes courant à compter du 1er janv. 2019 Pour les autres cotisations et contributions, l'abrogation prévue par le Décr. préc. est applicable à celles dues au titre des périodes courant à compter du 1er janv. 2020.

Art. R. 382-24 (Abrogé par Décr. n° 2018-1185 du 19 déc. 2018, art. 4, à compter du 1er janv. 2019) (Décr. n° 94-1147 du 27 déc. 1994, art. 16) ***Lorsque les personnes mentionnées à l'article R. 382-1 exercent une ou plusieurs activités les assujettissant au régime de sécurité sociale prévu au présent chapitre et que les revenus qu'elles retirent de ces activités sont inférieurs au montant minimum défini à l'article R. 382-31, les cotisations sont établies sur une assiette forfaitaire égale à*** (Décr. n° 2001-644 du 18 juill. 2001, art. 5) ***« 900 » fois la valeur horaire moyenne du salaire minimum de croissance pour l'année considérée.***

Les dispositions du présent article ne sont pas applicables aux personnes qui bénéficient d'un avantage de retraite.

Nouvel art. R. 382-24 (Décr. n° 2018-1185 du 19 déc. 2018, art. 4, en vigueur le 1er janv. 2020) *Lorsque les revenus provenant des activités artistiques ne sont pas versés par une des personnes mentionnées à l'article L. 382-4 et ne font pas l'objet par celles-ci d'un précompte, les cotisations et contributions de sécurité sociale que l'artiste-auteur verse trimestriellement à l'organisme mentionné au premier alinéa de l'article L. 382-5 sont calculées, à titre provisionnel, sur la base des revenus artistiques de l'avant-dernière année. Pour les deux premières années d'activité artistique, les cotisations provisionnelles sont calculées sur la base d'un revenu forfaitaire fixé à 600 fois le salaire minimum interprofessionnel de croissance. Lorsque les revenus d'activité artistique de la dernière année écoulée sont définitivement connus, les cotisations provisionnelles sont recalculées et ajustées sur la base de ces revenus. Lorsque les revenus d'activité artistique de l'année au titre de laquelle elles sont dues sont définitivement connus, les cotisations font l'objet d'une régularisation sur la base de ces revenus.*

Par dérogation à l'alinéa précédent, sur demande de l'artiste-auteur, les cotisations provisionnelles peuvent être recalculées sur la base du dernier revenu artistique connu ou sur la base du

revenu artistique estimé de l'année en cours. La modulation prend effet à compter de la prochaine échéance qui suit, d'au moins quinze jours, la date de la demande. Cette modulation ne peut être effectuée plus de quatre fois par an.

Art. R. 382-25 *(Décr. nº 2018-1185 du 19 déc. 2018, art. 4)* **Lorsqu'une personne exerce une ou plusieurs activités mentionnées à l'article R. 382-1 et que les revenus qu'elle retire de ces activités au cours d'une année civile sont inférieures** *[inférieurs]* **à un montant fixé par décret, elle peut opter, dans la déclaration annuelle définie au premier alinéa de l'article R. 382-28, pour que ses cotisations soient établies sur une assiette forfaitaire correspondant à ce montant.**

Les dispositions du présent art. issues du Décr. nº 2018-1185 du 19 déc. 2018 sont applicables aux cotisations et aux contributions dues au titre des périodes courant à compter du 1er janv. 2019.

Art. R. 382-26 *(Décr. nº 2018-1185 du 19 déc. 2018, art. 4)* **Lorsque la rémunération artistique est versée à l'artiste-auteur par l'une des personnes mentionnées à l'article L. 382-4 ou par l'une des personnes mentionnées à l'article R. 382-19 et que l'artiste-auteur ne lui fournit pas une dispense de précompte, les cotisations et contributions de sécurité sociale précomptées et versées trimestriellement par cette personne à l'organisme mentionné au premier alinéa de l'article L. 382-5 sont assises sur les revenus artistiques de l'année en cours. Toutefois, si la rémunération artistique versée est supérieure à la valeur annuelle du plafond mentionné à l'article L. 241-3, la cotisation vieillesse assise sur les revenus artistiques inférieurs au plafond est assise sur ce plafond.**

Lorsque l'une des personnes mentionnées à l'article L. 382-4 verse à l'artiste-auteur des revenus artistiques d'une part et des revenus salariaux d'autre part, cette personne applique le plafonnement à l'assiette de revenus artistiques pour le précompte de la cotisation vieillesse assise sur les revenus artistiques inférieurs au plafond, dès lors que le montant des revenus artistiques versés est supérieur à la différence entre la valeur annuelle du plafond mentionné à l'article L. 241-3 et le total des revenus salariaux versés.

Lorsque la cotisation assise sur les revenus artistiques inférieurs au plafond mentionné à l'article L. 241-3 est précomptée par plusieurs personnes mentionnées à l'article L. 382-4 pour un même artiste-auteur, les sommes versées indûment sont automatiquement remboursées à l'artiste-auteur par l'organisme mentionné au premier alinéa de l'article L. 382-5, une fois ses revenus artistiques de l'année civile connus.

Lorsque les artistes-auteurs exercent par ailleurs une ou plusieurs activités donnant lieu au versement de cotisations assises sur les rémunérations ou gains perçus par les travailleurs salariés ou assimilés relevant du régime général, ils peuvent, une fois les revenus artistiques et salariaux de l'année civile connus, demander*[,]* **en complétant la déclaration pré-remplie mentionnée à l'article R. 382-28, le remboursement du montant des cotisations assises sur les revenus artistiques dont le montant est supérieur à la différence entre le plafond de ressources mentionné à l'article L. 241-3 et le total des revenus salariaux afférents à l'année civile précédant la période au cours de laquelle la cotisation est due. Lorsque les revenus salariaux sont égaux ou supérieurs audit plafond, les artistes-auteurs peuvent demander le remboursement intégral du montant versé au titre de la cotisation assise sur la part des revenus artistiques inférieurs à ce plafond. La cotisation vieillesse assise sur la totalité des revenus artistiques reste due.**

Les dispositions de l'article R. 382-25 sont applicables aux artistes-auteurs dont les cotisations et contributions sont précomptées et qui en font la demande lors de leur déclaration annuelle définie au premier alinéa de l'article R. 382-28. L'organisme mentionné au premier alinéa de l'article L. 382-5 procède alors à un appel de cotisation ajusté en tenant compte des cotisations déjà précomptées et des régularisations prévues aux troisième et quatrième alinéas du présent article.

Les dispositions du présent art. issues du Décr. nº 2018-1185 du 19 déc. 2018 sont applicables aux cotisations et aux contributions dues au titre des périodes courant à compter du 1er janv. 2019.

Art. R. 382-27 *(Décr. nº 2018-1185 du 19 déc. 2018, art. 4)* **Lorsqu'il y a précompte, les cotisations dues au titre de l'assurance vieillesse, la contribution sociale généralisée, la contribution pour le remboursement de la dette sociale à la charge de l'artiste-auteur sont précomptées :**

1° Aux taux applicables aux rémunérations des salariés sur les revenus assimilés fiscalement à des traitements et salaires au sens du 1 *quater* de l'article 93 du code général des impôts ;

2° De manière provisionnelle, aux taux applicables aux rémunérations des salariés sur les rémunérations qui ne sont pas assimilées à des traitements ou salaires au sens du 1 *quater* de l'article 93 du code général des impôts, lorsque l'artiste-auteur ne justifie pas auprès des personnes qui lui versent les rémunérations qu'il est imposable sur le revenu au titre des bénéfices non commerciaux pour ses activités artistiques. Les modalités d'octroi de la dispense de précompte délivrée annuellement à l'artiste-auteur qui déclare fiscalement ses revenus artistiques en bénéfices non commerciaux par l'organisme mentionné au premier alinéa de l'article L. 382-5 sont précisées par arrêté du ministre chargé de la sécurité sociale.

L'artiste-auteur ne peut s'opposer au prélèvement de ce précompte. Le paiement de la rémunération effectué sous déduction du précompte vaut acquit pour l'artiste-auteur des sommes précomptées, selon des modalités fixées par un arrêté conjoint du ministre chargé de la culture et du ministre chargé de la sécurité sociale.

Les dispositions du présent art. issues du Décr. n° 2018-1185 du 19 déc. 2018 sont applicables aux cotisations et aux contributions dues au titre des périodes courant à compter du 1er janv. 2019.

Arrêté du 17 mars 1995,

Pris en application de l'article R. 382-27 du code de la sécurité sociale et relatif aux revenus artistiques imposables au titre des bénéfices non commerciaux (JO 5 mai).

Cet Arr. a été modifié par Arr. du 19 févr. 2019 (JO 24 févr.), V. ses modifications sur Dalloz.fr.

Art. 1er En application des dispositions du troisième alinéa de l'art. R. 382-27 du code de la sécurité sociale, les cotisations dues au titre de l'assurance maladie maternité et de l'assurance veuvage et la contribution sociale généralisée à la charge d'un artiste-auteur ne sont pas précomptées si l'intéressé présente à la personne physique ou morale de laquelle il perçoit sa rémunération une attestation délivrée par l'organisme agréé compétent et conforme au modèle ministériel "Revenus artistiques imposables au titre des bénéfices non commerciaux — attestation annuelle (millésime)", homologué sous le numéro S. 2062.

Art. 2 L'organisme agréé vérifie à l'occasion de la réception du dernier avis d'imposition de l'artiste-auteur que les revenus artistiques de celui-ci sont imposables au titre des bénéfices non commerciaux et lui délivre une attestation annuelle conforme au modèle visé à l'art. 1er, valable pour la deuxième année civile suivant l'année à laquelle se rapporte ledit avis d'imposition.

Art. 3 Par dérogation aux dispositions de l'article précédent, sur présentation de la première déclaration fiscale établie par un artiste-auteur au titre des bénéfices non commerciaux pour ses activités artistiques, l'organisme agréé délivre à l'intéressé une attestation annuelle conforme au modèle défini à l'art. 1er, valable pour l'année civile suivant l'année à laquelle se rapporte ladite déclaration.

Art. 4 Lorsque les revenus artistiques d'un artiste-auteur sont pour partie assimilés fiscalement à des traitements et salaires et pour partie imposables au titre des bénéfices non commerciaux, l'organisme ne délivre l'attestation prévue à l'art. 1er que si les revenus artistiques imposables au titre des bénéfices non commerciaux sont majoritaires.

[V. Arr. du 19 avr. 1995, JO 5 mai : mentions obligatoires des documents délivrés lors du précompte des cotisations de sécurité sociale sur la rémunération des artistes-auteurs.]

Art. R. 382-28 Pour l'application des articles R. 382-23 et R. 382-26, les intéressés sont tenus de fournir à l'organisme agréé compétent avant le 1er avril une déclaration comportant l'indication détaillée par nature des revenus tirés de leurs activités professionnelles au cours de l'année précédente. A cette déclaration doit être jointe une copie certifiée conforme par l'intéressé de sa dernière déclaration d'impôt sur le revenu.

(Décr. n° 94-1147 du 27 déc. 1994, art. 20) « La déclaration doit être complétée, au plus tard le 1er octobre de chaque année, par l'avis d'imposition sur le revenu fourni par l'administration fiscale. »

En cas de carence, l'organisme agréé compétent procède à l'évaluation d'office des ressources servant de base au calcul de la cotisation.

Si la situation de l'intéressé se modifie au regard des conditions d'affiliation, l'organisme agréé compétent en avise la caisse primaire d'assurance maladie après avoir consulté, si cela est nécessaire, la commission mentionnée à l'article R. 382-1.

Nouvel art. R. 382-28 (Décr. n° 2018-1185 du 19 déc. 2018, art. 4, en vigueur le 1er janv. 2020) *L'organisme mentionné au premier alinéa de l'article L. 382-5 fait parvenir par voie dématérialisée aux artistes-auteurs une déclaration de revenus pré-remplie établie à partir des éléments dont il dispose sur le précompte de l'année civile antérieure.*

Pour le calcul et le recouvrement des cotisations et contributions sociales dont ils sont redevables, les artistes-auteurs dont les revenus artistiques ne font pas l'objet d'un précompte par un tiers fournissent à l'organisme mentionné au premier alinéa de l'article L. 382-5 au plus tard à une date fixée par arrêté du ministre chargé de la sécurité sociale une déclaration comportant l'indication détaillée par nature des revenus tirés de leurs activités professionnelles au cours de l'année précédente.

Les artistes-auteurs déclarant en traitements et salaires doivent valider avant une date fixée par arrêté du ministre chargé de la sécurité sociale le document dématérialisé mentionné au premier alinéa, après l'avoir, le cas échéant, corrigé et complété de leurs revenus artistiques qui n'ont pas fait l'objet d'un précompte.

Par dérogation, pour les artistes-auteurs dont les cotisations et contributions sont précomptées et dont le revenu annuel artistique est inférieur à 150 fois le salaire minimum interprofessionnel de croissance pour l'année considérée, l'absence de validation effective avant la date mentionnée à l'alinéa précédent vaut acceptation tacite.

En cas d'absence de déclaration ou de validation à la date fixée par arrêté du ministre chargé de la sécurité sociale, l'organisme mentionné au premier alinéa de l'article L. 382-5 procède à l'évaluation d'office des ressources servant de base au calcul des cotisations et contributions sociales mentionnées à l'article L. 382-3. Les cotisations sont calculées provisoirement et à titre forfaitaire sur la base de la moyenne des revenus artistiques déclarés au titre des deux années précédentes ou, en deuxième année d'activité, sur le revenu déclaré au titre de la première année d'activité. L'assiette retenue est majorée de 25 % dès la première année et pour chaque année consécutive non déclarée.

Art. R. 382-29 Les contributions et cotisations sont versées trimestriellement *(Décr. nº 2018-1185 du 19 déc. 2018, art. 4)* « à l'organisme mentionné au premier alinéa de l'article L. 382-5 » qui délivre, dès réception de celles-ci, les attestations de versement correspondantes.

(Décr. nº 2018-1185 du 19 déc. 2018, art. 4) « Les contributions ainsi que les cotisations, précomptées ou non, assises sur les revenus artistiques sont exigibles les 15 janvier, 15 avril, 15 juillet et 15 octobre. »

(Abrogé par Décr. nº 2018-1185 du 19 déc. 2018, art. 4) « Les cotisations assises sur la totalité des revenus sont dues aux mêmes dates au titre des précomptes effectués au cours du trimestre précédent. »

Dans le cas prévu à l'article R. 382-22, il est procédé par l'organisme agréé compétent à l'appel de la contribution due. Celle-ci est exigible dans le délai d'un mois à compter de la date de l'appel.

(Décr. nº 2018-1185 du 19 déc. 2018, art. 4) « Les cotisations et contributions mentionnées aux articles L. 382-3, L. 382-4 du code de la sécurité sociale et L. 6331-65 du code du travail dues par les artistes et les diffuseurs sont recouvrées par l'organisme mentionné au premier alinéa de l'article L. 382-5 et contrôlées par les organismes mentionnés aux articles L. 213-1 et L. 752-4 *[CSS]*, selon les règles et sous les garanties et sanctions applicables au recouvrement des cotisations de sécurité sociale assises sur les rémunérations. »

(Abrogé par Décr. nº 2018-1185 du 19 déc. 2018, art. 4) « Le produit des contributions et cotisations est adressé à l'Agence centrale des organismes de sécurité sociale selon des modalités fixées par convention entre cet organisme et l'organisme agréé. Cette convention est approuvée par le ministre chargé de la sécurité sociale. A défaut de convention, les modalités sont fixées par arrêté du ministre chargé de la sécurité sociale. »

Les dispositions du présent art. issues du Décr. nº 2018-1185 du 19 déc. 2018 sont applicables aux cotisations et aux contributions dues au titre des périodes courant à compter du 1er janv. 2019.

Art. R. 382-30 (Abrogé par Décr. nº 2018-1185 du 19 déc. 2018, art. 4) ***Lorsque les cotisations et contributions n'ont pas été acquittées à la date limite d'exigibilité prévue à l'article R. 382-29, il est fait application des dispositions des articles R. 243-18 à R. 243-21.***

Art. R. 382-30-1 *(Décr. nº 95-649 du 9 mai 1995, art. 1er)* **Le financement de l'action sociale prévue à l'article L. 382-7 est assuré par** *(Abrogé par Décr. nº 2018-1185 du 19 déc. 2018, art. 4)* ***« l'affectation d' »*** **une fraction de la contribution instituée à l'article L. 382-4. Cette fraction est fixée, pour la période comprise** *(Décr. nº 2018-1185 du 19 déc. 2018, art. 4)* **« entre le 1er janvier et le 31 décembre d'une année », à** *(Décr. nº 2012-1370 du 7 déc. 2012, art. 3)* **« 2 % » du montant recouvré lors de l'année civile précédente.**

Peuvent bénéficier de cette action sociale les personnes mentionnées à l'article *(Décr. nº 2018-1185 du 19 déc. 2018, art. 4)* **« R. 382-25 » que leur situation économique et sociale,** *(Décr. nº 2001-644 du 18 juill. 2001, art. 7)* **« appréciée compte tenu de celle de leur conjoint, de leur concubin ou de leur partenaire lié par un pacte civil de solidarité » met dans l'impossibilité de s'acquitter des cotisations sociales dont elles sont redevables.**

Le montant des cotisations prises en charge *(Décr. nº 2018-1185 du 19 déc. 2018, art. 4)* **« ou remboursées », pour la période comprise** *(Décr. nº 2018-1185 du 19 déc. 2018, art. 4)* **« entre le 1er janvier et le 31 décembre »,** *(Décr. nº 2005-1169 du 13 sept. 2005, art. 1er)* **« ne peut excéder le montant des cotisations établies sur la base de l'assiette forfaitaire mentionnée à l'article** *(Décr. nº 2018-1185 du 19 déc. 2018, art. 4)* **« R. 382-25.**

« La demande motivée de prise en charge ou de remboursement de tout ou partie des cotisations dues au titre de la dernière année civile est adressée à la commission prévue à l'article R. 382-30-2, accompagnée de la déclaration mentionnée au premier alinéa de l'article R. 382-28 relatives *[relative]* **à ladite année civile. »**

Un artiste-auteur ne peut bénéficier de la prise en charge de tout ou partie de ses cotisations au titre de plus de *(Décr. nº 2005-1169 du 13 sept. 2005, art. 1er)* **« trois années civiles consécutives ».**

Les dispositions du présent art. issues du Décr. nº 2018-1185 du 19 déc. 2018 sont applicables aux cotisations et aux contributions dues au titre des périodes courant à compter du 1er janv. 2019.

Art. R. 382-30-2 *(Décr. nº 95-649 du 9 mai 1995, art. 1er) (Décr. nº 2018-1185 du 19 déc. 2018, art. 4, en vigueur le 1er janv. 2019)* **« L'action sociale prévue à l'article L. 382-7 est exercée par une commission de dix membres, nommés par le ou les conseils d'administration du ou des organismes agréés prévus à l'article R. 382-2.**

« A cet effet, le ou les conseils d'administration choisissent en leur sein huit des représentants des artistes-auteurs et deux des représentants des personnes physiques ou morales mentionnées au premier alinéa de l'article L. 382-4. Ils désignent également, pour chaque membre titulaire, un suppléant. » Un suppléant ne siège qu'en l'absence du titulaire qu'il remplace.

Le président est élu en son sein par la commission, pour une durée d'un an. *(Abrogé par Décr. nº 2018-1185 du 19 déc. 2018, art. 4, à compter du 1er janv. 2019)* ***« Il doit être alternativement choisi parmi les représentants de chaque organisme agréé. »***

La commission établit son règlement intérieur qui est soumis à l'approbation du ministre chargé de la sécurité sociale et du ministre chargé de la culture.

La commission se prononce à la majorité de ses membres, en tenant compte notamment de la totalité des revenus nets de frais passibles de l'impôt sur le revenu des assurés *(Décr. nº 2001-644 du 18 juill. 2001, art. 8)* **« de leur conjoint, de leur concubin ou de leur partenaire lié par un pacte civil de solidarité » qui demandent à bénéficier d'une prise en charge de leurs cotisations, et de tous autres éléments relatifs à la situation économique et sociale des intéressés, appréciée compte tenu de celle de leur conjoint, de leur concubin ou de leur partenaire lié par un pacte civil de solidarité.**

Deux commissaires du Gouvernement, désignés respectivement par le ministre chargé de la sécurité sociale et le ministre chargé de la culture, assistent aux séances de la commission.

Les délibérations de la commission deviennent exécutoires dans un délai de quinze jours, en l'absence d'opposition de l'un des commissaires du Gouvernement.

(Abrogé par Décr. n° 2018-1185 du 19 déc. 2018, art. 4, à compter du 1er janv. 2019) **« Le secrétariat de la commission est assuré conjointement par les directeurs des deux organismes agréés. »**

SOUS-SECTION 5 **PRESTATIONS** *(Décr. n° 2006-1324 du 31 oct. 2006).*

Art. R. 382-31 Les personnes mentionnées à l'article R. 382-1, qui justifient avoir retiré de leur activité artistique des ressources au moins égales, au cours d'une année civile, *(Décr. n° 2018-1185 du 19 déc. 2018, art. 5)* « au montant mentionné à l'article R. 382-25 », sont réputées remplir les conditions de durée de travail requises par les articles *(Décr. n° 2015-1865 du 30 déc. 2015, art. 10-21°, en vigueur le 1er janv. 2016)* « R. 313-1 et R. 313-3 à R. 313-9 » pour avoir droit et ouvrir droit aux prestations des assurances maladie, maternité, invalidité et décès.

L'ouverture du droit est acquise sous cette condition pour la période qui, après la fin de l'année civile de référence, va du 1er juillet au 30 juin. *(Décr. n° 2018-1185 du 19 déc. 2018, art. 5)* « Elle reste en outre acquise jusqu'au 30 juin de l'année civile qui suit cette période.

« Conformément à l'article L. 382-3-1, les personnes qui ne satisfont pas à la condition prévue au premier alinéa peuvent, néanmoins, à leur demande, cotiser sur l'assiette prévue au premier alinéa pour ouvrir droit auxdites prestations. »

L'ouverture du droit est réexaminée l'année suivante en fonction des revenus déclarés.

Les dispositions du présent art. issues du Décr. n° 2018-1185 du 19 déc. 2018 sont applicables aux cotisations et aux contributions dues au titre des périodes courant à compter du 1er janv. 2019.

Art. R. 382-31-1 *(Décr. n° 2001-1342 du 28 déc. 2001, art. 4)* Pour avoir droit aux indemnités journalières prévues aux articles L. 331-3, L. 331-7 et L. 331-8, les personnes mentionnées à l'article R. 382-31 doivent en outre justifier de dix mois d'*(Décr. n° 2018-1185 du 19 déc. 2018, art. 5, en vigueur le 1er janv. 2019)* « affiliation » respectivement à la date présumée de l'accouchement, ou à la date du début du congé d'adoption ou à la date du début du congé de paternité.

Art. R. 382-31-2 *(Décr. n° 86-557 du 14 mars 1986, art. 1er)* Lorsque l'arrêt de travail se prolonge sans interruption au-delà du sixième mois, les personnes mentionnées à l'article R. 382-31, pour avoir droit aux indemnités journalières après le sixième mois d'incapacité de travail, doivent être *(Décr. n° 2018-1185 du 19 déc. 2018, art. 5, en vigueur le 1er janv. 2019)* « affiliées » depuis douze mois au moins au premier jour du mois au cours duquel est intervenue l'interruption de travail.

Art. R. 382-32 Pour les personnes mentionnées à l'article R. 382-1 qui exercent par ailleurs une ou plusieurs activités salariées ou assimilées, il est ajouté à la durée de travail requise par les articles R. 313-1 et suivants, pour l'ouverture du droit au titre de l'activité salariée ou assimilée, la durée de travail réputée correspondre à l'activité artistique et déterminée en rapportant le montant de l'assiette soumise à cotisation *(Décr. n° 2018-1185 du 19 déc. 2018, art. 5, en vigueur le 1er janv. 2019)* « au salaire minimum interprofessionnel de croissance ».

A cet effet, la durée de travail artistique évaluée comme il est dit au premier alinéa de l'article R. 382-31 est, le cas échéant, réduite au prorata de la durée de la période de référence retenue au titre de l'activité salariée ou assimilée.

La totalisation des périodes d'activités artistiques et salariées ou assimilées permet uniquement le versement des prestations de même nature, auxquelles chacune de ces activités ouvre respectivement droit.

Art. R. 382-33 *(Décr. n° 2011-1957 du 26 déc. 2011, art. 1er-6°)* Pour la détermination du délai à l'expiration duquel sont accordées les prestations en espèces de l'assurance maladie, il est fait application des dispositions du 1° de l'article R. 323-1.

Les dispositions issues du Décr. n° 2011-1957 du 26 déc. 2011 sont applicables aux indemnités journalières versées à l'occasion d'arrêts de travail débutant à compter du 1er janv. 2012 (Décr. préc., art. 2)

Art. R. 382-34 *(Décr. n° 2011-1957 du 26 déc. 2011, art. 1er-7°)* Le gain journalier servant de base au calcul des prestations en espèces de l'assurance maladie est déter-

miné en divisant par 365 le montant de l'assiette annuelle prévue aux articles *(Décr. n° 2018-1185 du 19 déc. 2018, art. 5, en vigueur le 1er janv. 2019)* **« R. 382-24 » à R. 382-26 afférente à la dernière année civile connue de la caisse et dans la limite de 1,8 fois le** *(Décr. n° 2014-953 du 20 août 2014, art. 1er-4°, en vigueur le 1er janv. 2015)* **« salaire minimum** *(Décr. n° 2018-1185 du 19 déc. 2018, art. 5, en vigueur le 1er janv. 2019)* **« interprofessionnel » de croissance en vigueur le dernier jour du mois civil précédant celui de l'interruption de travail et » calculé pour un an sur la base de la durée légale du travail.** — *V. note ss. art. R. 382-33.*

Les dispositions issues du Décr. n° 2014-953 du 20 août 2014 sont applicables aux indemnités journalières versées au titre d'arrêts de travail débutant à compter du 1er janv. 2015 (Décr. préc., art. 3).

Art. R. 382-34-1 *(Décr. n° 2011-1957 du 26 déc. 2011, art. 1er-8°)* **Le gain journalier servant de base au calcul des prestations en espèces de l'assurance maternité est déterminé en divisant par 365 le montant de l'assiette annuelle prévue aux articles** *(Décr. n° 2018-1185 du 19 déc. 2018, art. 5, en vigueur le 1er janv. 2019)* **« R. 382-24 » à R. 382-26 afférente à la dernière année civile connue de la caisse et dans la limite** *(Décr. n° 2018-1185 du 19 déc. 2018, art. 5, en vigueur le 1er janv. 2019)* **« de la valeur annuelle » du** *(Décr. n° 2014-953 du 20 août 2014, art. 1er-5°, en vigueur le 1er janv. 2015)* **« plafond mentionné à l'article L. 241-3 en vigueur le dernier jour du mois civil précédant celui de l'interruption de travail ».** — *V. note ss. art. R. 382-33 et R. 382-34.*

Art. R. 382-35 *(Décr. n° 2001-644 du 18 juill. 2001, art. 11)* **Le salaire à prendre en compte pour le calcul des pensions d'invalidité et de vieillesse est égal au montant de l'assiette définie selon le cas aux articles** *(Décr. n° 2018-1185 du 19 déc. 2018, art. 5, en vigueur le 1er janv. 2019)* **« R. 382-24 à R. 382-26 ».**

Art. R. 382-36 *(Décr. n° 2001-644 du 18 juill. 2001, art. 11)* **Le gain journalier servant de base au calcul de prestations de l'assurance décès est déterminé en divisant par** *(Décr. n° 2011-1957 du 26 déc. 2011, art. 1er-9°)* **« 365 » le montant de l'assiette annuelle mentionnée aux articles** *(Décr. n° 2018-1185 du 19 déc. 2018, art. 5, en vigueur le 1er janv. 2019)* **« R. 382-24 à R. 382-26 » et afférents à l'année civile antérieure au décès.**— *Les dispositions issues du Décr. n° 2011-1957 du 26 déc. 2011 sont applicables aux capitaux décès versés à l'occasion de décès intervenus à compter du 1er janv. 2012 (Décr. préc., art. 2).*

SOUS-SECTION 6 **RÉGIMES COMPLÉMENTAIRES** *(Décr. n° 2006-1324 du 31 oct. 2006).*

Néant.

SOUS-SECTION 7 **DISPOSITIONS DIVERSES — DISPOSITIONS D'APPLICATION** *(Décr. n° 2006-1324 du 31 oct. 2006).*

Art. R. 382-37 *(Décr. n° 2018-1185 du 19 déc. 2018, art. 6, en vigueur le 1er janv. 2019)* **A la fin de chaque exercice, l'agence centrale des organismes de sécurité sociale affecte à la caisse nationale de l'assurance maladie, à la caisse nationale des allocations familiales et à la caisse nationale d'assurance vieillesse une fraction du produit de la contribution prévue à l'article L. 382-4, selon une répartition prévue par arrêté du ministre chargé de la sécurité sociale.**

SOUS-SECTION 8 **ÉLECTIONS** *(Décr. n° 2006-1324 du 31 oct. 2006).*

§ 1er ÉLECTORAT — ÉLIGIBILITÉ *(Décr. n° 2006-1324 du 31 oct. 2006, art. 1er-V).*

Art. R. 382-38 (Abrogé par Décr. n° 2018-1185 du 19 déc. 2018, art. 7, à compter du 1er janv. 2019) (Décr. n° 94-1147 du 27 déc. 1994) ***Sont électeurs pour les conseils d'administration des organismes agréés mentionnés au troisième alinéa de l'article L. 382-4 :***

1° Les artistes-auteurs affiliés aux assurances sociales prévues au présent chapitre à jour de leurs obligations en matière de cotisations sociales ;

2° Les personnes mentionnées au premier alinéa de l'article L. 382-4 qui sont à jour de leurs obligations en matière de contribution et ont contribué au titre des trois dernières années pour un montant total au moins égal à 4 574 €.

La qualité d'électeur s'apprécie à une date fixée par arrêté du ministre chargé de la sécurité sociale.

Les personnes énumérées au présent article doivent n'avoir encouru aucune des condamnations mentionnées aux articles L. 5 et L. 6 du code électoral.

Art. R. 382-39 (Abrogé par Décr. n° 2018-1185 du 19 déc. 2018, art. 7, à compter du 1er janv. 2019) (Décr. n° 94-1147 du 27 déc. 1994) *Sont éligibles au conseil d'administration de l'organisme agréé dont ils relèvent les électeurs âgés de dix-huit ans accomplis et n'ayant pas fait l'objet, dans les cinq années précédentes, d'une condamnation à une peine contraventionnelle prononcée en application des dispositions du présent code ou à une peine correctionnelle.*

Art. R. 382-40 (Abrogé par Décr. n° 2018-1185 du 19 déc. 2018, art. 7, à compter du 1er janv. 2019) (Décr. n° 94-1147 du 27 déc. 1994) *Sont inéligibles ou, s'ils ont été élus, perdent le bénéfice de leurs mandats sur constat du conseil d'administration exprimé par une délibération :*

a) Les assurés sociaux qui ne sont pas à jour de leurs obligations en matière de cotisations sociales et les personnes mentionnées au premier alinéa de l'article L. 382-4 qui ne sont pas à jour de leurs obligations en matière de contribution ;

b) Les membres du personnel des organismes ;

c) Les personnes qui, dans l'exercice de leur activité professionnelle, plaident, consultent pour ou contre l'organisme où elles siègent ou effectuent des expertises pour l'application de la législation de sécurité sociale à des ressortissants dudit organisme.

Perd le bénéfice de son mandat l'administrateur élu qui cesse d'appartenir à l'une des branches professionnelles relevant de l'organisme où il siège, ainsi que l'administrateur qui, sans motif légitime, n'assiste pas à quatre séances consécutives du conseil d'administration auquel il appartient.

§ 2 LISTES ÉLECTORALES *(Décr. n° 2006-1324 du 31 oct. 2006, art. 1er-V).*

Art. R. 382-41 (Abrogé par Décr. n° 2018-1185 du 19 déc. 2018, art. 7, à compter du 1er janv. 2019) (Décr. n° 94-1147 du 27 déc. 1994 ; Décr. n° 2009-1596 du 18 déc. 2009, art. 15-I) *Les électeurs sont répartis, pour chaque organisme, en deux collèges regroupant respectivement les assurés sociaux et les personnes mentionnées au premier alinéa de l'article L. 382-4.*

Ils sont inscrits sur des listes électorales établies par le service mentionné à l'article R. 155-1, assisté d'une commission administrative pour chaque organisme agréé, compte tenu des documents qui lui sont transmis par cet organisme et par les caisses primaires d'assurance maladie. Les listes électorales sont publiées au siège des organismes agréés, ainsi qu'au siège de chaque caisse primaire d'assurance maladie, dans des conditions fixées par décret.

Les personnes radiées ou dont l'inscription a été refusée peuvent contester la radiation ou le refus d'inscription devant le tribunal d'instance. Dans les mêmes conditions, tout électeur inscrit peut réclamer l'inscription ou la radiation d'un électeur omis ou indûment inscrit. Le délai de recours est fixé à dix jours à compter de la date de publication des listes électorales. V. art. D. 382-3 à D. 382-8.

§ 3 DÉCLARATION DE CANDIDATURE *(Décr. n° 2006-1324 du 31 oct. 2006, art. 1er-V).*

Art. R. 382-42 (Abrogé par Décr. n° 2018-1185 du 19 déc. 2018, art. 7, à compter du 1er janv. 2019) (Décr. n° 94-1147 du 27 déc. 1994) *Les candidatures des artistes-auteurs et des personnes mentionnées au premier alinéa de l'article L. 382-4 sont présentées par listes. Les listes de candidatures doivent comprendre un nombre de candidats égal au double du nombre d'administrateurs titulaires à élire. Les listes sont déposées et publiées dans des conditions fixées par décret.* — V. art. D. 382-9 et D. 382-10.

La régularité des listes de candidatures peut être contestée devant le tribunal d'instance dans un délai de trois jours à partir de leur publication.

§ 4 PROPAGANDE *(Décr. n° 2006-1324 du 31 oct. 2006, art. 1er-V).*

Art. R. 382-43 (Abrogé par Décr. n° 2018-1185 du 19 déc. 2018, art. 7, à compter du 1er janv. 2019) (Décr. n° 94-1147 du 27 déc. 1994) *Pour assurer aux listes de candida-*

tures en présence l'égalité des moyens au cours de la campagne électorale, chaque liste disposera de documents dont les caractéristiques, le nombre et la date d'établissement sont fixés par décret. – V. art. D. 382-11 à D. 382-15.

Quarante-cinq jours avant la date du scrutin, il est institué (Décr. n° 2009-1596 du 18 déc. 2009, art. 15-II) *« auprès du service mentionné à l'article R. 155-1 » une commission chargée de l'ensemble des opérations matérielles de la propagande électorale et de la préparation du scrutin.*

Art. R. 382-44 (Abrogé par Décr. n° 2018-1185 du 19 déc. 2018, art. 7, à compter du 1er janv. 2019) (Décr. n° 94-1147 du 27 déc. 1994) *Les candidats d'une même liste font procéder eux-mêmes à l'impression de leurs bulletins, circulaires et affiches dont le coût leur est remboursé dans des conditions fixées par décret.* – V. art. D. 382-16.

§ 5 OPÉRATIONS PRÉPARATOIRES AU SCRUTIN *(Décr. n° 2006-1324 du 31 oct. 2006, art. 1er-V).*

Art. R. 382-45 (Abrogé par Décr. n° 2018-1185 du 19 déc. 2018, art. 7, à compter du 1er janv. 2019) (Décr. n° 94-1147 du 27 déc. 1994) *La date du scrutin et celle de l'ouverture de la campagne électorale sont fixées par arrêté du ministre chargé de la sécurité sociale.*

§ 6 OPÉRATIONS DE VOTE *(Décr. n° 2006-1324 du 31 oct. 2006, art. 1er-V).*

Art. R. 382-46 (Abrogé par Décr. n° 2018-1185 du 19 déc. 2018, art. 7, à compter du 1er janv. 2019) (Décr. n° 94-1147 du 27 déc. 1994) *Le vote a lieu par correspondance, auprès d'un bureau distinct pour chaque organisme. Le scrutin est secret.*

(Décr. n° 2009-1596 du 18 déc. 2009, art. 15-III) *« Le recensement général des votes est opéré, pour chaque organisme, par une commission présidée par un membre du service mentionné à l'article R. 155-1. Cette commission comprend, en outre, deux électeurs de chaque collège désignés par le responsable du service mentionné à l'article R. 155-1, un membre de ce service et le directeur de la circonscription régionale de La Poste ou son représentant. Le responsable du service mentionné ci-dessus désigne également le secrétaire de la commission. »*

Un représentant de chacune des listes peut assister avec voix consultative aux opérations de la commission. Les nom, prénoms, date et lieu de naissance des représentants des listes sont notifiés au président de la commission par pli recommandé en dispense d'affranchissement au plus tard quarante-huit heures avant le jour du scrutin.

Art. R. 382-47 (Abrogé par Décr. n° 2018-1185 du 19 déc. 2018, art. 7, à compter du 1er janv. 2019) (Décr. n° 94-1147 du 27 déc. 1994 ; Décr. n° 2009-1596 du 18 déc. 2009, art. 15-IV) *Le responsable du service mentionné à l'article R. 155-1 adresse à chaque électeur, quinze jours avant la date du scrutin, dans une même enveloppe fermée, une circulaire et un bulletin de vote de chacune des listes et l'enveloppe destinée à recueillir le bulletin de vote. Il lui adresse également une enveloppe externe portant mention des nom, prénoms et adresse de l'électeur ainsi que l'organisme agréé et du collège dont il relève.*

L'électeur introduit l'enveloppe destinée à recueillir le bulletin de vote dans l'enveloppe externe qu'il clôt et sur laquelle il appose sa signature.

Le pli doit être remis à La Poste au plus tard le jour de l'élection. Tout envoi postérieur à la date de l'élection, le cachet de La Poste faisant foi, n'entre en compte ni pour le recensement ni pour le dépouillement des votes.

Les enveloppes contenant les votes sont reçues au siège de la commission de recensement. Elles y sont classées et conservées dans un local clos sous la responsabilité du président de la commission de recensement. Le dépouillement a lieu le troisième jour suivant la date des élections.

Art. R. 382-48 (Abrogé par Décr. n° 2018-1185 du 19 déc. 2018, art. 7, à compter du 1er janv. 2019) (Décr. n° 94-1147 du 27 déc. 1994) *Les noms des électeurs inscrits sur les enveloppes externes dûment signées sont pointés sur la liste électorale : ces enveloppes sont en même temps ouvertes et les enveloppes destinées à recevoir le bulletin de vote sont placées dans une urne correspondant au collège concerné et conforme aux dispositions de l'article R. 214-5.*

Lorsque le scrutin est clos, la commission procède au dépouillement des votes. L'un des membres de la commission extrait le bulletin de l'enveloppe et le passe déplié à un autre membre qui lit à haute voix le titre de la liste. Ce titre est inscrit sur une feuille de dépouillement prévue à cet effet. Les dispositions de l'article R. 214-28 sont applicables à la présente section.

Lors de la clôture du scrutin, les enveloppes sont jointes aux listes d'émargement de la commission. Ces documents doivent être conservés pendant quatre mois après l'expiration des délais prescrits pour l'exercice des recours contre l'élection.

Les plis envoyés postérieurement à la date de l'élection sont détruits sans avoir été ouverts.

Art. R. 382-49 (Abrogé par Décr. n° 2018-1185 du 19 déc. 2018, art. 7, à compter du 1er janv. 2019) (Décr. n° 94-1147 du 27 déc. 1994) *L'élection des représentants des assurés sociaux et des personnes mentionnées au premier alinéa de l'article L. 382-4 a lieu au scrutin de liste à la représentation proportionnelle suivant la règle du plus fort reste sans panachage ni rature ni vote préférentiel. Sur chaque liste, les sièges sont attribués aux candidats d'après l'ordre des présentations et conformément aux dispositions de l'article R. 214-36.*

Art. R. 382-50 (Abrogé par Décr. n° 2018-1185 du 19 déc. 2018, art. 7, à compter du 1er janv. 2019) (Décr. n° 94-1147 du 27 déc. 1994) *Les résultats par collège sont proclamés par la commission compétente et affichés* (Décr. n° 2009-1596 du 18 déc. 2009, art. 15-V) *« au siège des organismes agréés » et au siège de chaque caisse primaire d'assurance maladie.*

Le procès-verbal des opérations de la commission est signé par les membres de la commission. Un exemplaire en est aussitôt transmis (Décr. n° 2009-1596 du 18 déc. 2009, art. 15-V) *« au responsable du service mentionné à l'article R. 155-1 ».*

§ 7 CONTENTIEUX *(Décr. n° 2006-1324 du 31 oct. 2006, art. 1er-V).*

Art. R. 382-51 (Abrogé par Décr. n° 2018-1185 du 19 déc. 2018, art. 7, à compter du 1er janv. 2019) (Décr. n° 94-1147 du 27 déc. 1994) *Dans les huit jours de l'affichage des résultats, tout électeur et tout éligible peuvent contester devant le tribunal d'instance la régularité des listes de candidatures, l'éligibilité d'un candidat, l'éligibilité ou l'élection d'un élu et la régularité des opérations électorales. Le recours est également ouvert* (Décr. n° 2009-1596 du 18 déc. 2009, art. 15-VI) *« au responsable du service mentionné à l'article R. 155-1 » qui peut l'exercer dans un délai de quinze jours à compter de la réception du procès-verbal mentionné à l'article R. 382-50.*

Art. R. 382-52 (Abrogé par Décr. n° 2018-1185 du 19 déc. 2018, art. 7, à compter du 1er janv. 2019) (Décr. n° 94-1147 du 27 déc. 1994) *Les contestations relatives à l'électorat, à l'éligibilité et à la régularité des opérations électorales relèvent de la compétence du tribunal d'instance dans le ressort duquel se trouve la préfecture de la région où l'organisme agréé a son siège. Le tribunal statue en dernier ressort. Les dispositions des articles R. 214-42 à R. 214-45 sont applicables. Toutefois, si le recours est formé en vertu des dispositions du deuxième alinéa de l'article R. 382-42, le tribunal statue dans les trois jours.*

Si le recours porte sur les listes électorales conformément aux dispositions de l'article R. 382-41 et concerne une autre personne que le requérant, la déclaration comporte les nom, prénoms et adresse de cette personne.

Art. R. 382-53 (Abrogé par Décr. n° 2018-1185 du 19 déc. 2018, art. 7, à compter du 1er janv. 2019) (Décr. n° 94-1147 du 27 déc. 1994) *Le pourvoi en cassation est formé dans les dix jours suivant la notification de la décision du tribunal d'instance.*

Les pourvois contre les décisions prises par le tribunal d'instance en vertu de l'article R. 382-41 sont régis par les articles R. 15-1 à R. 15-6 du code électoral.

Les pourvois contre les décisions prises par le tribunal d'instance en vertu des articles R. 382-42 et R. 382-51 sont régis par les articles 999 à 1008 du code de procédure civile.

Art. R. 382-54 (Abrogé par Décr. n° 2018-1185 du 19 déc. 2018, art. 7, à compter du 1er janv. 2019) (Décr. n° 94-1147 du 27 déc. 1994) *Les délais de recours fixés par la présente section sont calculés et prorogés conformément aux dispositions des articles 640, 641 et 642 du* (Décr. n° 2008-484 du 22 mai 2008, art. 22) *« code de procédure civile ».*

§ 8 DISPOSITIONS DIVERSES *(Décr. n° 2006-1324 du 31 oct. 2006, art. 1er-V).*

Art. R. 382-55 (Abrogé par Décr. n° 2018-1185 du 19 déc. 2018, art. 7, à compter du 1er janv. 2019) (Décr. n° 94-1147 du 27 déc. 1994) *Les dépenses afférentes aux élections* *sont prises en charge par les organismes, à l'exception des dépenses de fonctionnement courant exposées à ce titre* (Décr. n° 2009-1596 du 18 déc. 2009, art. 15-VII) *« par le service mentionné à l'article R. 155-1 ».*

Un décret fixe les conditions d'application du présent article.

SECTION II MINISTRES DES CULTES ET MEMBRES DES CONGRÉGATIONS ET COLLECTIVITÉS RELIGIEUSES

(Décr. n° 2006-1324 du 31 oct. 2006, art. 1er-VI-A)

SOUS-SECTION 1 DISPOSITIONS GÉNÉRALES

(Décr. n° 2006-1324 du 31 oct. 2006, art. 1er-VI-A)

Art. R. 382-56 **L'autorité compétente de l'État prévue au deuxième alinéa de l'article** *(Décr. n° 2006-1324 du 31 oct. 2006, art. 1er-VI-A)* **« L. 382-15 » est le ministre chargé de la sécurité sociale.** – *[Anc. art. R. 381-34.]*

§ 1er CHAMP D'APPLICATION *(Décr. n° 2006-1324 du 31 oct. 2006, art. 1er-VI-A).*

Art. R. 382-57 **Sous réserve qu'ils ne relèvent pas à titre obligatoire d'un autre** *(Décr. n° 2006-1324 du 31 oct. 2006, art. 1er-VI-A)* **« régime de base de sécurité sociale » et qu'ils résident en France métropolitaine** *(Décr. n° 99-1128 du 28 déc. 1999)* **« ou soient détachés temporairement à l'étranger », les ministres des cultes et les membres des congrégations et collectivités religieuses ainsi que les personnes titulaires de la pension de vieillesse ou de la pension d'invalidité instituées respectivement par l'article** *(Décr. n° 2006-1324 du 31 oct. 2006, art. 1er-VI-A)* **« L. 382-27 » et par l'article** *(Décr. n° 2006-1324 du 31 oct. 2006, art. 1er-VI-A)* **« L. 382-24 » relèvent du régime général de sécurité sociale, dans les conditions prévues par la présente section** *(Décr. n° 99-1128 du 28 déc. 1999)* **« et sont affiliés à la Caisse d'assurance vieillesse, invalidité et maladie des cultes mentionnée à l'article »** *(Décr. n° 2006-1324 du 31 oct. 2006, art. 1er-VI-A)* **« L. 382-17 ».**

Est considéré, pour l'application du présent article, comme relevant à titre obligatoire d'un autre *(Décr. n° 2006-1324 du 31 oct. 2006, art. 1er-VI-A)* **« régime de base de sécurité sociale » l'assuré qui remplit dans ce régime les conditions d'ouverture du droit aux prestations** *(Décr. n° 2006-1324 du 31 oct. 2006, art. 1er-VI-A)* **« en matière d'assurance maladie ou vieillesse ».**

(Décr. n° 2004-181 du 23 févr. 2004, art. 1er-IV) **« Le régime obligatoire d'assurance vieillesse s'applique également aux ministres des cultes et aux membres des congrégations et collectivités religieuses qui relèvent d'un autre régime obligatoire de sécurité sociale en raison d'une activité exercée à temps partiel dès lors qu'elle procure une rémunération annuelle inférieure à 800 fois la valeur horaire du salaire minimum de croissance en vigueur du 1er janvier de l'année considérée. »**

Cet art. est constitué par les dispositions de l'art. R. 381-36 et par celles du second al. de l'art. R. 721-13 (Décr. n° 2006-1324 du 31 oct. 2006, art. 1er-VI-A).

§ 2 COMMISSION CONSULTATIVE *(Décr. n° 2006-1324 du 31 oct. 2006, art. 1er-VI-A).*

Art. R. 382-58 **La commission instituée par le deuxième alinéa de l'article** *(Décr. n° 2006-1324 du 31 oct. 2006, art. 1er-VI-A)* **« L. 382-15 » auprès du ministre chargé de la sécurité sociale comprend :**

1° Un magistrat de l'ordre administratif ou judiciaire, président ;

2° Quatre représentants de l'administration, à savoir :

a. **deux représentants du ministre chargé de la sécurité sociale ;**

b. **un représentant du ministre de l'intérieur ;**

c. **un représentant du ministre chargé du budget ;**

3° Six personnalités choisies en raison de leur compétence et connues pour leurs travaux, leurs activités, leurs connaissances sur les problèmes de protection sociale des ministres *(Décr. n° 2006-1324 du 31 oct. 2006, art. 1er-VI-A)* **« des cultes » et des membres des congrégations et collectivités religieuses des divers cultes, et les questions relatives au statut juridique des cultes et aux problèmes de sociologie religieuse.**

Un représentant de la Caisse nationale de l'assurance maladie des travailleurs salariés *(Décr. nº 2006-1324 du 31 oct. 2006, art. 1er-VI-A)* « et » *(Décr. nº 99-1128 du 28 déc. 1999)* « deux représentants de la Caisse d'assurance vieillesse, invalidité et maladie des cultes » siègent à la commission, à titre consultatif.

La commission peut entendre à titre consultatif toute personne qui paraît pouvoir lui apporter un concours utile. – *[Anc. art. R. 721-1.]*

Art. R. 382-59 Les membres de la commission sont nommés pour quatre ans renouvelables par arrêté du ministre chargé de la sécurité sociale.

Les personnalités mentionnées au 1° et au 2° du premier alinéa de l'article *(Décr. nº 2006-1324 du 31 oct. 2006, art. 1er-VI-A)* « R. 382-58 » ont des suppléants nommés dans les mêmes conditions. Les membres suppléants ne siègent à la commission que lorsqu'ils remplacent des membres titulaires. – *[Anc. art. R. 721-2.]*

Art. R. 382-60 Le ministre chargé de la sécurité sociale saisit la commission de toutes questions soulevées par l'application des dispositions de *(Décr. nº 2006-1324 du 31 oct. 2006, art. 1er-VI-A)* « la présente section » sur lesquelles il estime devoir recueillir son avis.

Il la saisit également à la demande :

1° Du président de la commission ;

2° De la Caisse nationale de l'assurance maladie des travailleurs salariés ;

3° *(Décr. nº 99-1128 du 28 déc. 1999)* « De la Caisse d'assurance vieillesse, invalidité et maladie des cultes » ;

4° Des associations, congrégations et collectivités religieuses.

Le ministre informe de la saisine les organismes, associations, congrégations ou collectivités intéressés dont émane la demande. – *[Anc. art. R. 721-3.]*

Art. R. 382-61 La commission est convoquée par le ministre chargé de la sécurité sociale. – *[Anc. art. R. 721-4.]*

Art. R. 382-62 Le secrétariat de la commission est assuré par la direction de la sécurité sociale. – *[Anc. art. R. 721-5.]*

Art. R. 382-63 Le président de la commission peut constituer, pour préparer les délibérations de celle-ci, soit à son initiative, soit à la demande de la commission, des groupes de travail composés de membres de ladite commission ou de personnes non membres de la commission choisies en raison de leur compétence sur une question particulière dont la commission est saisie. – *[Anc. art. R. 721-6.]*

Art. R. 382-64 Chaque question soumise à la commission fait l'objet d'un rapport. Les rapports sont présentés soit par un membre de la commission, soit par un rapporteur désigné par le président.

Peuvent être désignés comme rapporteurs des fonctionnaires en activité ou retraités. – *[Anc. art. R. 721-7.]*

Art. R. 382-65 La commission ne peut émettre un avis que si plus de la moitié de ses membres, dont au moins trois personnalités mentionnées au 3° du premier alinéa de l'article *(Décr. nº 2006-1324 du 31 oct. 2006, art. 1er-VI-A)* « R. 382-58 », assistent à la séance. – *[Anc. art. R. 721-8.]*

Art. R. 382-66 Les avis émis par la commission sont communiqués au ministre chargé de la sécurité sociale qui les notifie, en tant que de besoin, aux organismes, associations, congrégations ou collectivités intéressés. – *[Anc. art. R. 721-9.]*

Art. R. 382-67 Les membres de la commission, sauf les représentants des ministres, ainsi que les personnes mentionnées au dernier alinéa de l'article *(Décr. nº 2006-1324 du 31 oct. 2006, art. 1er-VI-A)* « R. 382-58 » et à l'article *(Décr. nº 2006-1324 du 31 oct. 2006, art. 1er-VI-A)* « R. 382-63 » peuvent bénéficier, à l'exclusion de toute autre indemnité, du remboursement de leurs frais de déplacement dans les conditions fixées par arrêté conjoint du ministre chargé de la sécurité sociale et du ministre chargé du budget. – *[Anc. art. R. 721-10.]*

Art. R. 382-68 Les rapporteurs peuvent bénéficier d'indemnités de vacation dans les conditions fixées par arrêté conjoint du ministre chargé de la sécurité sociale et du ministre chargé du budget. – *[Anc. R. 721-11.]*

Art. R. 382-69 Sous réserve des dispositions réglementant le libre accès aux documents administratifs, les membres de la commission, les personnes mentionnées au dernier alinéa de l'article *(Décr. n° 2006-1324 du 31 oct. 2006, art. 1er-VI-A)* « R. 382-58 » et à l'article *(Décr. n° 2006-1324 du 31 oct. 2006, art. 1er-VI-A)* « R. 382-63 » ainsi que les rapporteurs sont tenus à l'obligation de discrétion en ce qui concerne les faits et informations dont ils ont pu avoir connaissance du fait de leurs fonctions.

Les rapporteurs ne peuvent publier certains de leurs rapports ou certaines parties de ceux-ci qu'avec l'accord du président et l'autorisation du ministre chargé de la sécurité sociale. – *[Anc. art. R. 721-12.]*

§ 3 ORGANISATION DE LA CAISSE D'ASSURANCE VIEILLESSE, INVALIDITÉ ET MALADIE DES CULTES *(Décr. n° 2006-1324 du 31 oct. 2006, art. 1er-VI-A)*.

Art. R. 382-70 *(Décr. n° 88-1036 du 10 nov. 1988, art. 1er ; Décr. n° 99-1128 du 28 déc. 1999, art. 1er-7)* Le conseil d'administration de la Caisse d'assurance vieillesse, invalidité et maladie des cultes est composé de *(Décr. n° 2012-477 du 12 avr. 2012, art. 1er)* « vingt-sept administrateurs nommés par arrêté du ministre chargé de la sécurité sociale selon la répartition suivante :

« 1° Un administrateur est désigné au titre de chaque culte dont relèvent les ministres des cultes et membres de congrégations et collectivités religieuses mentionnés à l'article L. 382-15 et dont le nombre de cotisants à la Caisse d'assurance vieillesse, invalidité et maladie des cultes est d'au moins vingt ;

« 2° Deux administrateurs sont désignés au titre des anciens ministres du culte et anciens membres des associations, congrégations ou collectivités religieuses ;

« 3° Les sièges restant sont répartis entre les cultes dont relèvent les ministres des cultes et membres de congrégations et collectivités religieuses mentionnés à l'article L. 382-15 proportionnellement aux effectifs de leurs cotisants à la Caisse d'assurance vieillesse, invalidité et maladie des cultes selon la règle de la plus forte moyenne.

« Pour l'application du 1° et du 3°, les effectifs de cotisants à la Caisse d'assurance vieillesse, invalidité et maladie des cultes sont appréciés au 31 décembre de l'année précédant celle au cours de laquelle sont nommés les membres du conseil d'administration.

« Des administrateurs suppléants en nombre égal aux administrateurs titulaires sont nommés dans les mêmes conditions que les administrateurs titulaires, dans la limite de six administrateurs suppléants pour un même culte. »

Un administrateur suppléant ne peut siéger qu'en l'absence d'un administrateur titulaire désigné au titre de la même catégorie. – *[Anc. art. R. 721-14.]*

Les dispositions du Décr. n° 2012-477 du 12 avr. 2012 sont applicables à compter du prochain renouvellement général des membres du conseil d'administration de la Caisse d'assurance vieillesse, invalidité et maladie des cultes (Décr. préc., art. 3).

Ancien art. R. 382-70 (Décr. n° 88-1036 du 10 nov. 1988, art. 1er ; Décr. n° 99-1128 du 28 déc. 1999, art. 1er-7) ***Le conseil d'administration de la Caisse d'assurance vieillesse, invalidité et maladie des cultes est composé de trente-quatre administrateurs nommés par arrêté du ministre chargé de la sécurité sociale, à savoir :***

1° Vingt-sept administrateurs au titre du culte catholique désignés par ses associations diocésaines ou leur union et ses congrégations en France ou leurs deux unions de supérieurs majeurs ;

2° Cinq administrateurs au titre des autres cultes concernés par l'article (Décr. n° 2006-1324 du 31 oct. 2006, art. 1er-VI-A) ***« L. 382-15 » ;***

3° Deux administrateurs au titre des anciens ministres du culte et anciens membres des associations, congrégations ou collectivités religieuses.

Sept administrateurs suppléants dont trois pour le culte catholique sont nommés dans les mêmes conditions que les administrateurs titulaires.

Un administrateur supplémentaire titulaire et un administrateur suppléant peuvent être nommés après avis de la commission consultative prévue à l'article (Décr. n° 2006-1324 du 31 oct. 2006, art. 1er-VI-A) ***« L. 382-15 » ;***

Un administrateur suppléant ne peut siéger qu'en l'absence d'un administrateur titulaire désigné au titre de la même catégorie. – [Anc. art. R. 721-14.]

Art. R. 382-71 Les membres du conseil d'administration sont nommés pour quatre ans et leur mandat est renouvelable.

Le président et le vice-président du conseil d'administration sont élus au scrutin secret *(Décr. n° 2006-1324 du 31 oct. 2006, art. 1er-VI-A)* « ; l'élection a lieu » au premier et au deuxième tour de scrutin à la majorité des suffrages exprimés, exclusion faite des bulletins blancs ou nuls, au troisième tour à la majorité relative des suffrages exprimés et, en cas de partage égal des voix, au bénéfice de l'âge.

Le président et le vice-président sont élus pour la durée du mandat des administrateurs. — *[Anc. art. R. 721-15.]*

Art. R. 382-72 Les membres du conseil d'administration de la Caisse d'assurance vieillesse, invalidité et maladie des cultes doivent relever de cette dernière, jouir de leurs droits civils, être à jour des cotisations de sécurité sociale prévues *(Décr. n° 2006-1324 du 31 oct. 2006, art. 1er-VI-A)* « aux articles R. 382-89 et R. 382-90 » et dont ils sont redevables soit à titre personnel, soit comme responsables d'un organisme débiteur de cotisations ; ils ne doivent pas avoir fait l'objet d'une condamnation à une peine correctionnelle en application des dispositions du présent code, ou, dans les cinq années précédentes, à une peine contraventionnelle prononcée en application du même code.

Les fonctions de membre du conseil d'administration sont incompatibles avec un emploi d'agent d'un organisme de sécurité sociale.

(Abrogé par Décr. n° 2012-477 du 12 avr. 2012, art. 2) ***« Les trois quarts au moins des membres du conseil d'administration doivent être de nationalité française. »*** — *[Anc. art. R. 721-16.]*

V. note ss. art. R. 382-70.

Art. R. 382-73 Sont déclarés démissionnaires d'office par arrêté du ministre chargé de la sécurité sociale :

1° Les administrateurs qui cessent de remplir l'une des conditions prévues à l'article *(Décr. n° 2006-1324 du 31 oct. 2006, art. 1er-VI-A)* « R. 382-72 » ;

2° *(Décr. n° 99-1128 du 28 déc. 1999)* « Les administrateurs qui cessent d'appartenir à la catégorie prévue à l'article *(Décr. n° 2006-1324 du 31 oct. 2006, art. 1er-VI-A)* « R. 382-70 » au titre de laquelle ils avaient été nommés » ;

3° Les membres du conseil d'administration qui, sans motif valable, n'assistent pas à quatre séances consécutives ;

Les administrateurs déclarés démissionnaires d'office ne peuvent être désignés à nouveau pour la durée du mandat du conseil d'administration en exercice, ni avant un délai de quatre ans.

Il est immédiatement pourvu aux vacances de postes d'administrateurs. Les fonctions des administrateurs nommés en cours de mandat des autres administrateurs cessent à la même date que les fonctions de ceux-ci. — *[Anc. art. R. 721-17.]*

Art. R. 382-74 *(Décr. n° 2010-82 du 21 janv. 2010, art. 3)* La Caisse d'assurance vieillesse, invalidité et maladie des cultes est placée sous la tutelle du ministre chargé de la sécurité sociale et du ministre chargé du budget.

Le ministre chargé de la sécurité sociale est représenté par un commissaire du Gouvernement, qui assiste aux séances du conseil d'administration et qui est entendu chaque fois qu'il le demande.

Un représentant du ministre de l'intérieur assiste également aux séances du conseil d'administration. Il est entendu chaque fois qu'il le demande.

Art. R. 382-75 Le conseil d'administration de la Caisse d'assurance vieillesse, invalidité et maladie des cultes se réunit au moins trois fois par an. Il peut, en outre, être convoqué par le président soit à l'initiative de celui-ci, soit sur l'invitation du ministre chargé de la sécurité sociale *(Abrogé par Décr. n° 2010-82 du 21 janv. 2010, art. 3)* *(Décr. n° 2006-1324 du 31 oct. 2006, art. 1er-VI-A)* ***« , du ministre de l'intérieur ou du ministre chargé du budget ».***

Le conseil d'administration ne peut valablement délibérer que si la majorité des membres ayant voix délibérative assiste à la séance.

Lorsqu'ils ne sont pas suppléés, les administrateurs peuvent donner délégation de vote à un autre membre du conseil d'administration. Dans ce cas, aucun membre ne peut recevoir plus d'une délégation.

Les décisions sont prises à la majorité des membres présents ayant voix délibérative. – *[Anc. art. R. 721-19.]*

Art. R. 382-76 Le conseil d'administration règle par ses délibérations les affaires de la Caisse d'assurance vieillesse, invalidité et maladie des cultes soit sur proposition de son président, de ses membres ou du directeur, soit sur l'initiative du ministre chargé de la sécurité sociale.

Le conseil d'administration établit le règlement intérieur de la caisse. Conformément aux dispositions *(Abrogé par Décr. n° 2006-1324 du 31 oct. 2006, art. 1er-VI-A)* « *combinées* » de l'article *(Décr. n° 2006-1324 du 31 oct. 2006, art. 1er-VI-A)* « L. 382-29 », ce règlement est soumis à l'approbation du ministre chargé de la sécurité sociale.

(Décr. n° 99-1128 du 28 déc. 1999) « Le conseil d'administration vote avant le 1er janvier de l'année à laquelle ils se rapportent le budget de gestion administrative de la caisse et les budgets d'action sanitaire et sociale de l'assurance maladie et de l'assurance vieillesse. Le directeur présente au conseil un tableau évaluatif pour l'année à venir des recettes et dépenses afférentes aux risques gérés par la caisse. Les dépenses de gestion administrative sont réparties entre ces risques suivant des modalités fixées par arrêté des ministres chargés de la sécurité sociale et du budget » *[V. Arr. du 24 juill. 2000, JO 11 août]*.

(Décr. n° 2008-1497 du 22 déc. 2008) « Les comptes annuels du régime sont établis par l'agent comptable et arrêtés par le directeur. Ils sont ensuite présentés par le directeur et l'agent comptable au conseil d'administration qui, au vu de l'opinion émise par l'instance chargée de la certification, les approuve sauf vote contraire à la majorité des deux tiers des membres. »

Le conseil d'administration émet un avis sur les questions dont il est saisi par le ministre chargé de la sécurité sociale *(Abrogé par Décr. n° 2010-82 du 21 janv. 2010, art. 3)* « *, le ministre de l'intérieur* » *(Décr. n° 2006-1324 du 31 oct. 2006, art. 1er-VI-A)* « et le ministre chargé du budget », ainsi que dans le cas où des textes particuliers prévoient sa consultation. – *[Anc. art. R. 721-20.]*

Art. R. 382-77 Dans les *(Décr. n° 88-1036 du 10 nov. 1988, art. 2)* « vingt jours » qui suivent la séance, les procès-verbaux des délibérations du conseil d'administration sont envoyés au ministre chargé de la sécurité sociale *(Abrogé par Décr. n° 2010-82 du 21 janv. 2010, art. 3) (Décr. n° 2006-1324 du 31 oct. 2006, art. 1er-VI-A)* « *, au ministre de l'intérieur* » et au ministre chargé du budget, en vue de leur examen dans le cadre des dispositions du *(Décr. n° 99-1128 du 28 déc. 1999)* « quatrième » alinéa de l'article *(Décr. n° 2006-1324 du 31 oct. 2006, art. 1er-VI-A)* « L. 382-17 ».

(Abrogé par Décr. n° 2006-1324 du 31 oct. 2006, art. 1er-VI-A) « *Le délai mentionné par ce même article est fixé à vingt jours.* »

En cas d'urgence, le ministre chargé de la sécurité sociale peut, *(Décr. n° 2010-82 du 21 janv. 2010, art. 3)* « après accord avec le ministre chargé du budget », viser pour exécution immédiate une délibération qui lui a été communiquée en application du *(Décr. n° 99-1128 du 28 déc. 1999, art. 1er-11)* « deuxième » alinéa de l'article *(Décr. n° 2006-1324 du 31 oct. 2006, art. 1er-VI-A)* « L. 382-17 ». – *[Anc. art. R. 721-21.]*

Art. R. 382-78 Le conseil d'administration de la Caisse d'assurance vieillesse, invalidité et maladie des cultes peut décider de constituer, en liaison avec un autre organisme de sécurité sociale, un service commun en vue de procéder à l'immatriculation des assurés et au recouvrement des cotisations et majorations de retard. – *[Anc. art. R. 721-22.]*

Art. R. 382-79 Le conseil d'administration peut désigner en son sein des commissions et leur déléguer une partie de ses attributions.

La commission de recours *(Décr. n° 99-1128 du 28 déc. 1999)* « amiable » comprend quatre administrateurs, dont un n'a pas été désigné au titre du culte catholique. – *[Anc. art. R. 721-23.]*

Art. R. 382-80 *(Décr. n° 99-1128 du 28 déc. 1999)* La commission de recours amiable de la Caisse d'assurance vieillesse, invalidité et maladie des cultes, saisie d'un litige portant sur le champ d'application des dispositions du présent chapitre et celles de *(Décr. n° 2006-1324 du 31 oct. 2006, art. 1er-VI-A)* « la présente section », peut solliciter l'avis de la commission consultative prévue à l'article *(Décr. n° 2006-1324 du 31 oct. 2006, art. 1er-VI-A)* « L. 382-15 ».

Dans ce cas, le délai *(Décr. n° 2018-928 du 29 oct. 2018, art. 11, en vigueur le 1er janv. 2019)* « de deux mois » mentionné à l'article R. 142-6 est suspendu à compter de la demande d'avis dont le requérant est informé. Le délai court à nouveau à compter du jour de la notification au requérant, par lettre recommandée avec demande d'avis de réception, de l'avis formulé par la commission consultative. – *[Anc. art. R. 721-28.]*

Art. R. 382-81 La caisse *(Décr. n° 99-1128 du 28 déc. 1999)* « d'assurance vieillesse, invalidité et maladie » des cultes peut faire appel à des correspondants locaux chargés de constituer les dossiers des assurés sociaux résidant dans la circonscription qui leur est attribuée.

Ces correspondants peuvent, en outre, recevoir du conseil d'administration de la caisse des missions plus étendues.

Ils sont considérés comme mandataires de la caisse et engagent la responsabilité de celle-ci dans la mesure où la caisse leur confie des fonds en vue du paiement des prestations.

Toutefois, les groupements mutualistes habilités en qualité de correspondants locaux agissent en tant que mandataires de l'assuré. – *[Anc. art. R. 381-47.]*

§ 4 DISPOSITIONS COMPTABLES ET FINANCIÈRES *(Décr. n° 2006-1324 du 31 oct. 2006, art. 1er-VI-A).*

Art. R. 382-82 La caisse *(Décr. n° 99-1128 du 28 déc. 1999)* « d'assurance vieillesse, invalidité et maladie » des cultes centralise les opérations comptables des correspondants habilités. – *[Anc. art. R. 381-54.]*

Art. R. 382-83 Le produit des cotisations est adressé à l'Agence centrale des organismes de sécurité sociale selon les modalités fixées par convention entre cet organisme et la caisse *(Décr. n° 99-1128 du 28 déc. 1999)* « d'assurance vieillesse, invalidité et maladie » des cultes. Cette convention est approuvée par le ministre chargé de la sécurité sociale et par le ministre chargé du budget. A défaut de convention, ces modalités sont fixées par arrêté du ministre chargé de la sécurité sociale et du ministre chargé du budget.

Cette convention ou cet arrêté fixe également les conditions dans lesquelles l'Agence centrale des organismes de sécurité sociale met à la disposition de la caisse *(Décr. n° 99-1128 du 28 déc. 1999)* « d'assurance vieillesse, invalidité et maladie » des cultes la trésorerie nécessaire au paiement des prestations et lui verse dans la limite de son budget des avances mensuelles pour la couverture des frais de gestion et du contrôle médical.

Les avances versées au titre de la gestion sont régularisées à la clôture des comptes par imputation au Fonds national de la gestion administrative prévue à l'article R. 251-11.

Les avances versées au titre du contrôle médical sont régularisées à la clôture des comptes par imputation au Fonds national du contrôle médical prévu à l'article R. 251-8. – *[Anc. art. R. 381-56.]*

§ 5 AFFILIATION *(Décr. n° 2017-736 du 3 mai 2017, art. 1er-11°).*

Art. R. 382-84 En vue de permettre à la caisse *(Décr. n° 99-1128 du 28 déc. 1999)* « d'assurance vieillesse, invalidité et maladie » des cultes de procéder à l'*(Décr. n° 2017-736 du 3 mai 2017, art. 1er-7°)* « affiliation » des personnes qui remplissent les conditions définies à l'article *(Décr. n° 2006-1324 du 31 oct. 2006, art. 1er-VI-A)* « R. 382-57 », les associations, congrégations ou collectivités religieuses doivent, sous les sanctions prévues aux articles *(Abrogé par Décr. n° 2006-1324 du 31 oct. 2006, art. 1er-VI-A) « L. 244-1, »* R. 244-4 et R. 244-5, déclarer à la caisse les personnes relevant d'elles qui remplissent les conditions définies *(Décr. n° 2006-1324 du 31 oct. 2006, art. 1er-VI-A)* « aux articles R. 382-57 et R. 382-131 ».

La déclaration doit être faite dans le délai d'un mois à compter de la date à laquelle ces conditions sont remplies.

A défaut de cette déclaration, l'affiliation est effectuée par la caisse *(Décr. n° 99-1128 du 28 déc. 1999)* « d'assurance vieillesse, invalidité et maladie » des cultes, soit de sa propre initiative, soit à la requête de l'intéressé.

(Décr. n° 99-246 du 29 mars 1999, art. 1er) « L'affiliation des personnes titulaires d'une pension servie en application de l'article *(Décr. n° 2006-1324 du 31 oct. 2006, art. 1er-VI-A)* « L. 382-15 » et qui ne relèvent pas d'une association, congrégation ou collectivité religieuse est effectuée soit à l'initiative de la Caisse *(Décr. n° 99-1128 du 28 déc. 1999)* « d'assurance vieillesse, invalidité et maladie » des cultes, soit à la requête de l'intéressé ».

(Décr. n° 99-696 du 3 août 1999, art. 1er) « Sur la base de cette déclaration, la caisse *(Abrogé par Décr. n° 2006-1324 du 31 oct. 2006, art. 1er-VI-A)* *« mutuelle d'assurance maladie des cultes »*, agissant dans le cadre de ses attributions légales, est autorisée, en application du troisième alinéa de l'article 31 de la loi n° 78-17 du 6 janvier 1978 relative à l'informatique, aux fichiers et aux libertés, à collecter, conserver et traiter des informations nominatives comportant des données relatives au rattachement de ses ressortissants à un culte. »

(Décr. n° 2006-1324 du 31 oct. 2006, art. 1er-VI-A) « Un arrêté du ministre chargé de la sécurité sociale fixe les modèles de déclarations prévues au présent article. » — *[Anc. art. R. 381-57.]*

Art. R. 382-85 (Abrogé par Décr. n° 2017-736 du 3 mai 2017, art. 1er-16°) *La caisse* (Décr. n° 99-1128 du 28 déc. 1999) *« d'assurance vieillesse, invalidité et maladie » des cultes procède à l'immatriculation des assurés et leur remet une carte individuelle conforme au modèle arrêté par le ministre chargé de la sécurité sociale pour les personnes affiliées aux caisses primaires d'assurance maladie.*

Art. R. 382-86 Les personnes qui, tout en remplissant les autres conditions définies à l'article *(Décr. n° 2006-1324 du 31 oct. 2006, art. 1er-VI-A)* « R. 382-57 », ne relèvent pas du régime prévu par l'article *(Décr. n° 2006-1324 du 31 oct. 2006, art. 1er-VI-A)* « L. 382-15 » parce qu'elles relèvent à titre obligatoire d'un autre régime d'assurance maladie *(Abrogé par Décr. n° 2006-1324 du 31 oct. 2006, art. 1er-VI-A)* *« et maternité »* doivent, dans le délai d'un mois à compter de la date à laquelle elles ont rempli ces autres conditions, justifier auprès de la caisse *(Décr. n° 99-1128 du 28 déc. 1999)* « d'assurance vieillesse, invalidité et maladie » des cultes qu'elles satisfont, dans cet autre régime, aux conditions d'ouverture du droit aux prestations en nature de l'assurance maladie. — *[Anc. art. R. 381-59.]*

Art. R. 382-87 *(Décr. n° 2001-532 du 20 juin 2001, art. 51)* « Le silence gardé pendant plus de quatre mois sur la demande d'affiliation vaut décision de rejet ».

(Décr. n° 98-490 du 17 juin 1998) « L'affiliation des assurés prend effet à compter du premier jour du mois civil qui suit la date à laquelle sont remplies les conditions d'assujettissement définies à l'article » *(Décr. n° 2006-1324 du 31 oct. 2006, art. 1er-VI-A)* « R. 382-57 au régime général de sécurité sociale institué par l'article L. 382-15 », ou à partir de cette date si celle-ci se situe le premier jour d'un mois civil. — *[Anc. art. R. 721-27.]*

§ 6 COTISATIONS *(Décr. n° 2006-1324 du 31 oct. 2006, art. 1er-VI-A).*

Art. R. 382-88 *(Décr. n° 2004-181 du 23 févr. 2004, art. 1er-II)* La base forfaitaire mentionnée respectivement aux 1° et 2° de l'article *(Décr. n° 2006-1324 du 31 oct. 2006, art. 1er-VI-A)* « L. 382-22 » correspond, pour chaque mois, à la valeur horaire du salaire minimum de croissance en vigueur, multipliée par le nombre légal d'heures de travail mensuel en vigueur.

Le taux des cotisations mentionnées respectivement aux 1° et 2° de l'article *(Décr. n° 2006-1324 du 31 oct. 2006, art. 1er-VI-A)* « L. 382-22 » est égal au taux des cotisations respectivement à la charge des employeurs et des salariés mentionnés à l'article L. 241-2.

A titre transitoire, du 1er janvier 2002 jusqu'au 30 juin 2005, la base mentionnée au premier alinéa est augmentée de la valeur de la garantie de rémunération mensuelle la plus élevée prévue à l'article 32 de la loi n° 2000-37 du 19 janvier 2000 modifiée. — *[Anc. art. R. 381-62.]*

Art. R. 382-89 *(Décr. n° 98-490 du 17 juin 1998)* La base forfaitaire prévue au 1° du I de l'article *(Décr. n° 2006-1324 du 31 oct. 2006, art. 1er-VI-A)* « L. 382-25 » est égale, par mois, *(Décr. n° 2004-181 du 23 févr. 2004, art. 1er-V)* « à la valeur horaire du salaire minimum de croissance en vigueur, multipliée par le nombre légal d'heures de travail mensuel en vigueur. A titre transitoire, du 1er janvier 2002 jusqu'au 30 juin 2005, cette base est augmentée de la valeur de la garantie mensuelle de rémunération la plus élevée prévue à l'article 32 de la loi n° 2000-37 du 19 janvier 2000 modifiée. »

Le taux de la cotisation d'assurance vieillesse des assurés prévue au 1° du I de l'article *(Décr. n° 2006-1324 du 31 oct. 2006, art. 1er-VI-A)* « L. 382-25 » est celui de la cotisation d'assurance vieillesse mise à la charge des salariés affiliés au régime général. – *[Anc. art. R. 721-29.]*

Art. R. 382-90 *(Décr. n° 98-490 du 17 juin 1998)* « La base forfaitaire prévue au 2° du I de l'article *(Décr. n° 2006-1324 du 31 oct. 2006, art. 1er-VI-A)* « L. 382-25 » est égale, par mois, *(Décr. n° 2004-181 du 23 févr. 2004, art. 1er-VI)* « à la valeur horaire du salaire minimum de croissance en vigueur, multipliée par le nombre légal d'heures de travail mensuel en vigueur. A titre transitoire, du 1er janvier 2002 jusqu'au 30 juin 2005, cette base est augmentée de la valeur de la garantie mensuelle de rémunération la plus élevée prévue à l'article 32 de la loi n° 2000-37 du 19 janvier 2000 modifiée ».

« Le taux de la cotisation d'assurance vieillesse des associations, congrégations ou collectivités religieuses prévue au 2° du I de l'article *(Décr. n° 2006-1324 du 31 oct. 2006, art. 1er-VI-A)* « L. 382-25 » est celui de la cotisation d'assurance vieillesse mise à la charge des employeurs des salariés affiliés au régime général. »

Cette cotisation est due pour tout assuré non retraité entrant dans le champ d'application *(Décr. n° 2006-1324 du 31 oct. 2006, art. 1er-VI-A)* « de la présente section » et relevant de l'association, congrégation ou collectivité. – *[Anc. art. R. 721-30.]*

Art. R. 382-91 Les cotisations sont dues à partir de la date d'effet de l'affiliation de l'assuré.

(Décr. n° 98-490 du 17 juin 1998 ; Décr. n° 2006-1324 du 31 oct. 2006, art. 1er-VI-A) « L'obligation de cotiser prend fin soit au dernier jour du mois civil précédant celui au cours duquel l'assuré a obtenu le bénéfice d'une pension de vieillesse en application de la présente section, soit, antérieurement, au dernier jour du mois civil au cours duquel il cesse de remplir la condition d'assujettissement au régime. »

L'art. R. 381-63 et le second al. de l'art. R. 721-31 deviennent l'art. R. 382-91 (Décr. n° 2006-1324 du 31 oct. 2006, art. 1er-VI-A).

Art. R. 382-92 *(Décr. n° 2006-1324 du 31 oct. 2006, art. 1er-VI-A)* Les cotisations sont payables chaque mois à terme échu. Elles sont versées par les associations, congrégations ou collectivités religieuses dans les quinze premiers jours suivant le mois au titre duquel elles sont dues.

Chaque versement de cotisations est obligatoirement accompagné d'un bordereau daté et signé par les associations, congrégations ou collectivités religieuses concernées indiquant les éléments nécessaires à la détermination des cotisations à leur charge et à celles des assurés. Ce bordereau est conforme à un modèle fixé par arrêté du ministre chargé de la sécurité sociale. Toutefois, les assurés visés au quatrième alinéa de l'article R. 382-84 versent les cotisations prévues au 1° de l'article L. 382-22.

Le 3e al. de l'art. R. 381-64 devient le second al. de l'art. R. 382-92 (Décr. n° 2006-1324 du 31 oct. 2006, art. 1er-VI-A).

Art. R. 382-93 *(Décr. n° 99-246 du 29 mars 1999, art. 4 et 8)* Les cotisations prévues à l'article *(Décr. n° 2006-1324 du 31 oct. 2006, art. 1er-VI-A)* « L. 382-22 » cessent d'être dues le premier jour du mois suivant la date à laquelle l'assuré cesse de remplir les conditions visées à l'article *(Décr. n° 2006-1324 du 31 oct. 2006, art. 1er-VI-A)* « R. 382-57 ». – *[Anc. art. R. 381-65.]*

Art. R. 382-94 Les associations, congrégations et collectivités religieuses font parvenir à la caisse *(Décr. n° 99-1128 du 28 déc. 1999)* « d'assurance vieillesse, invalidité et maladie » des cultes, au plus tard *(Décr. n° 99-246 du 29 mars 1999, art. 5)* « le 31 janvier de chaque année, une déclaration comportant la liste nominative des assurés qui ont relevé d'elles au cours de l'année précédente ». – *[Anc. art. R. 381-66.]*

Art. R. 382-95 En cas de défaut de *(Décr. n° 98-490 du 17 juin 1998, art. 9)* « production, dans les délais prescrits, des documents prévus aux articles *(Décr. n° 2006-1324 du 31 oct. 2006, art. 1er-VI-A)* « R. 382-92 et R. 382-94 » et en cas d'inexactitude ou d'omission », la Caisse d'assurance vieillesse, invalidité et maladie des cultes peut procéder à l'évaluation d'office des cotisations payables par les associations, congrégations et collectivités religieuses, sans préjudice de l'application des pénalités prévues à l'article R. 243-16. – *[Anc. art. R. 721-34.]*

Art. R. 382-96 *(Décr. n° 88-1036 du 10 nov. 1988, art. 6)* « Les majorations de retard fixées par l'article R. 243-18 sont applicables aux cotisations qui n'ont pas été acquittées aux échéances fixées à l'article *(Décr. n° 2006-1324 du 31 oct. 2006, art. 1er-VI-A)* « R. 382-92 ».

« Toutefois, lorsque est effectué un versement de cotisations afférentes à une période d'activité antérieure de plus de trois ans à la date dudit versement, ces cotisations ne sont pas soumises aux majorations de retard prévues au premier alinéa mais il leur est fait application des coefficients de majoration en vigueur à la date du versement, applicables aux salaires et aux cotisations servant de base au calcul des pensions ou rentes en vertu de l'article L. 351-11. »

Les pénalités et les majorations de retard sont liquidées par le directeur de la caisse ; elles doivent être versées dans *(Décr. n° 90-1009 du 14 nov. 1990, art. 34)* « le délai d'un mois » après leur notification par mise en demeure, dans les conditions définies ci-après, et sont recouvrées comme les cotisations. – *[Anc. art. R. 721-35.]*

Art. R. 382-97 Les débiteurs peuvent, en cas de bonne foi dûment prouvée, formuler une demande gracieuse en réduction *(Décr. n° 90-1009 du 14 nov. 1990, art. 27)* « des majorations et des pénalités » de retard résultant de l'article précédent.

Les dispositions de l'article R. 243-20 sont applicables à cette demande. – *[Anc. art. R. 381-70.]*

Art. R. 382-98 Vingt jours après la date d'échéance, la caisse adresse au débiteur une lettre recommandée avec demande d'avis de réception, le mettant en demeure de régulariser sa situation dans *(Décr. n° 90-1009 du 14 nov. 1990, art. 28)* « le délai d'un mois ». La mise en demeure ne peut concerner que les périodes relevant des dispositions prises en application de l'article *(Décr. n° 2006-1324 du 31 oct. 2006, art. 1er-VI-A)* « L. 382-15 », comprises dans les *(Décr. n° 90-1009 du 14 nov. 1990, art. 28)* « trois » années qui précèdent la date de son envoi.

La mise en demeure donne le détail des sommes réclamées au titre des cotisations, des pénalités et des majorations de retard.

Elle précise que la dette peut être contestée dans un délai *(Décr. n° 90-1009 du 14 nov. 1990, art. 28)* « d'un mois » par une réclamation adressée à la commission de recours *(Décr. n° 90-1009 du 14 nov. 1990, art. 28)* « amiable » et accompagnée de la mise en demeure. Elle indique l'adresse de ladite commission. – *[Anc. art. R. 381-71.]*

Art. R. 382-99 A défaut de règlement dans le délai *(Décr. n° 90-1009 du 14 nov. 1990, art. 28)* « d'un mois » à partir de la mise en demeure, le directeur de la caisse peut délivrer une contrainte dans les conditions de l'article L. 244-9 et de la section II du chapitre III du titre III du livre Ier. – *[Anc. art. R. 381-72.]*

Art. R. 382-100 Conformément aux articles L. 244-1, L. 244-2, L. 244-4, L. 244-7 et L. 244-11, R. 244-4, R. 244-5 et R. 244-7, le recouvrement des cotisations exigibles peut également faire l'objet d'une action civile ou d'une action pénale portée par la caisse, selon le cas, *(Décr. n° 2018-928 du 29 oct. 2018, art. 11, en vigueur le 1er janv. 2019)* « devant le tribunal de grande instance spécialement désigné » ou les juridictions répressives compétentes.

Il peut aussi faire l'objet de la procédure sommaire définie aux articles *(Décr. n° 2017-1409 du 25 sept. 2017, art. 1er-VI)* « L. 133-4-10 et R. 155-4 ». – *Les dispositions de l'art. 1er du Décr. n° 2017-1409 du 25 sept. 2017 sont applicables aux contrôles n'ayant pas fait l'objet d'un procès-verbal de travail dissimulé à la date de publication du décret susvisé (Décr. préc., art. 5, JO 27 sept.).*

Art. R. 382-101 Le paiement des créances de cotisations est garanti dans les conditions prévues à l'article L. 243-4. – *[Anc. art. R. 381-74.]*

Art. R. 382-102 Les cotisations peuvent être admises en non-valeur comme il est dit à l'article L. 243-3. – *[Anc. art. R. 381-76.]*

Art. R. 382-103 Les dispositions des articles *(Décr. n° 88-1036 du 10 nov. 1988, art. 9)* « R. 244-4 à R. 244-6 et R. 281-2 » sont applicables, dans la mesure où elles ne sont pas contraires aux dispositions de la présente section, aux personnes, collectivités ou organismes mentionnés à ladite section. – *[Anc. art. R. 721-40.]*

SOUS-SECTION 2 ASSURANCE MALADIE

(Décr. n° 2006-1324 du 31 oct. 2006, art. 1er-VI-B)

Art. R. 382-104 En application *(Abrogé par Décr. n° 2018-1255 du 27 déc. 2018, art. 1er-15°, à compter du 1er janv. 2019)* « ***du premier alinéa*** » de l'article L. 161-8, les prestations cessent d'être accordées aux personnes mentionnées à l'article *(Décr. n° 2006-1324 du 31 oct. 2006, art. 1er-VI-B)* « R. 382-57 » à l'expiration d'un délai de *(Décr. n° 99-1049 du 15 déc. 1999, art. 1er-III)* « quatre ans » suivant la date à laquelle elles cessent de remplir les conditions prévues à cet article. – *[Anc. art. R. 381-78.]*

Art. R. 382-105 *(Décr. n° 95-1127 du 16 oct. 1995, art. 1er)* Le contrôle médical des assurés définis à l'article *(Décr. n° 2006-1324 du 31 oct. 2006, art. 1er-VI-B)* « L. 382-15 » est exercé, sous l'autorité du médecin-conseil national du régime général de sécurité sociale, par un ou plusieurs praticiens conseils chargés du service du contrôle médical de ce régime, mentionnés à l'article R. 315-7. Préalablement à leur nomination, ce ou ces praticiens doivent être agréés par le conseil d'administration de la caisse *(Décr. n° 99-1128 du 28 déc. 1999)* « d'assurance vieillesse, invalidité et maladie » des cultes. – *[Anc. art. R. 381-79.]*

SOUS-SECTION 3 ASSURANCE INVALIDITÉ

(Décr. n° 2006-1324 du 31 oct. 2006, art. 1er-VI-C)

Art. R. 382-106 La pension d'invalidité prévue à l'article *(Décr. n° 2006-1324 du 31 oct. 2006, art. 1er-VI-C)* « L. 382-24 » est accordée aux assurés reconnus par le médecin-conseil de la Caisse d'assurance vieillesse, invalidité et maladie des cultes dans l'incapacité totale ou partielle d'exercer leur activité de ministre du culte ou de membre d'une congrégation ou collectivité religieuse. – *[Anc. art. R. 381-79-1.]*

Art. R. 382-107 Pour recevoir une pension d'invalidité, les assurés doivent avoir été affiliés au régime mentionné à l'article *(Décr. n° 2006-1324 du 31 oct. 2006, art. 1er-VI-C)* « L. 382-15 » depuis au moins douze mois au premier jour du mois au cours duquel ils ont été reconnus atteints d'une incapacité totale ou partielle et être à jour des cotisations prévues au 1° de l'article *(Décr. n° 2006-1324 du 31 oct. 2006, art. 1er-VI-C)* « L. 382-22 ». – *[Anc. art. R. 381-79-2.]*

Art. R. 382-108 Les assurés titulaires d'une pension ou rente acquise soit au titre du code des pensions militaires d'invalidité et des victimes de la guerre, soit au titre d'un régime de sécurité sociale en raison d'une maladie ou d'un accident survenu antérieurement à leur affiliation à l'assurance invalidité instituée à l'article *(Décr. n° 2006-1324 du 31 oct. 2006, art. 1er-VI-C)* « L. 382-24 », ne peuvent prétendre au bénéfice d'une pension pour une invalidité ou incapacité ayant la même origine que celle pour laquelle ils sont déjà pensionnés.

La pension d'invalidité peut être attribuée lorsque l'incapacité totale ou partielle d'exercer dont est atteint l'assuré résulte soit d'une cause étrangère à la précédente invalidité ou incapacité ayant déjà donné lieu à l'attribution d'une pension ou rente mentionnée à l'alinéa précédent, soit d'une aggravation de cette invalidité ou incapacité lorsque, dans ce dernier cas, cette aggravation n'est pas susceptible d'être indemnisée au titre de la législation ou de la réglementation en cause. – *[Anc. art. R. 381-79-3.]*

Art. R. 382-109 Les assurés, anciens déportés ou internés, titulaires de la carte de déporté ou interné de la Résistance ou de la carte de déporté ou interné politique, dont la pension militaire d'invalidité a été accordée pour un taux d'invalidité global d'au moins 60 %, qui cessent leur activité se rapportant à leur qualité de ministre du culte ou de membre d'une congrégation ou d'une collectivité religieuse et toute activité professionnelle sont présumés atteints, s'ils sont âgés d'au moins cinquante-cinq ans, d'une invalidité totale. – *[Anc. art. R. 381-79-4.]*

Art. R. 382-110 L'état d'invalidité que présente l'assuré doit réduire au moins des deux tiers sa capacité à exercer les activités incombant à un ministre du culte ou à un membre d'une congrégation ou d'une collectivité religieuse.

Cet état est apprécié en tenant compte de la capacité restante pour l'exercice des activités incombant à l'assuré, de son état général, de son âge ainsi que de ses facultés physiques et mentales :

1° En cas d'incapacité totale :

– à la date de la demande sous réserve qu'elle soit antérieure au soixantième anniversaire de l'assuré.

2° En cas d'incapacité partielle :

– soit après consolidation de la blessure ;

– soit après stabilisation de son état ;

– soit au moment de la constatation médicale de l'invalidité, lorsque celle-ci résulte d'une usure prématurée de l'organisme. – *[Anc. art. R. 381-79-5.]*

Art. R. 382-111 En vue de la détermination du montant de la pension, les invalides sont classés comme suit :

1° Invalides capables d'exercer une activité se rapportant à leur qualité de ministre du culte ou de membre d'une congrégation ou collectivité religieuse ;

2° Invalides absolument incapables d'exercer une activité se rapportant à leur qualité de ministre du culte ou de membre d'une congrégation ou collectivité religieuse ;

3° Invalides qui, étant absolument incapables d'exercer une activité se rapportant à leur qualité de ministre du culte ou de membre d'une congrégation ou collectivité religieuse, sont, en outre, dans l'obligation d'avoir recours à l'assistance d'une tierce personne pour effectuer les actes ordinaires de la vie. – *[Anc. art. R. 381-79-6.]*

Art. R. 382-112 La pension d'invalidité est attribuée et liquidée par la Caisse d'assurance vieillesse, invalidité et maladie des cultes sur demande de l'assuré.

La caisse détermine la catégorie dans laquelle l'assuré est classé et lui notifie sa décision par lettre recommandée avec demande d'avis de réception.

Le modèle de la demande de pension et les pièces à y annexer sont fixés par le ministre chargé de la sécurité sociale. – *[Anc. art. R. 381-79-7.]*

Art. R. 382-113 L'entrée en jouissance de la pension est fixée au premier jour du mois qui suit la date de la demande sans pouvoir, d'une part, être antérieure à la date à partir de laquelle l'assuré a été reconnu atteint d'une incapacité totale ou partielle et, d'autre part, être postérieure à son soixantième anniversaire. – *[Anc. art. R. 381-79-8.]*

Art. R. 382-114 La pension d'invalidité est toujours concédée à titre temporaire. Elle est payée à l'assuré mensuellement et à terme échu. – *[Anc. art. R. 381-79-9.]*

Art. R. 382-115 En cas d'hospitalisation, la majoration pour aide d'une tierce personne est versée jusqu'au dernier jour du mois civil suivant celui au cours duquel l'assuré a été hospitalisé ; au-delà de cette date, son service est suspendu. – *[Anc. art. R. 381-79-10.]*

Art. R. 382-116 La pension est revalorisée chaque année par application des coefficients de revalorisation du régime général. – *[Anc. art. R. 381-79-11.]*

Art. R. 382-117 Lorsqu'à l'issue d'un examen médical, il apparaît que l'invalide doit être classé dans une autre catégorie que celle dans laquelle il était antérieurement classé, la caisse détermine cette nouvelle catégorie et notifie sa décision à l'intéressé par lettre recommandée avec demande d'avis de réception.

Dans ce cas, le nouveau montant de la pension est appliqué soit à la première échéance suivant la date de la décision de la caisse lorsqu'il y a réduction de la pension antérieurement servie, soit à la date de la constatation de l'état d'invalidité ayant motivé le nouveau classement, lorsqu'il y a augmentation de ladite pension. – *[Anc. art. R. 381-79-12.]*

Art. R. 382-118 La pension d'invalidité est suspendue par la caisse lorsque l'intéressé exerce une activité rémunérée autre que celle visée à l'article *(Décr. n° 2006-1324 du 31 oct. 2006, art. 1er-VI-C)* « L. 382-15 ». – *[Anc. art. R. 381-79-13.]*

Art. R. 382-119 Au premier jour du mois qui suit le soixantième anniversaire de l'assuré, la pension d'invalidité est remplacée par une pension de vieillesse allouée au titre de l'inaptitude à l'exercice de l'activité de ministre du culte ou de membre d'une congrégation ou d'une collectivité religieuse.

Cette pension de vieillesse ne peut pas être inférieure au montant de l'allocation aux vieux travailleurs salariés fixé par décret. – *Il est substitué au montant de l'allocation aux vieux travailleurs salariés un montant fixé par décret, revalorisé dans les conditions prévues à l'art. L. 816-2 CSS (Ord. n° 2004-605 du 24 juin 2004, art. 3).* – *[Anc art. R. 381-79-14.]*

SOUS-SECTION 4 ASSURANCE VIEILLESSE

(Décr. n° 2006-1324 du 31 oct. 2006, art. 1er-VI-D)

§ 1er PENSION DE VIEILLESSE ET DE RÉVERSION *(Décr. n° 2006-1324 du 31 oct. 2006, art. 1er-VI-D).*

Art. R. 382-120 *(Décr. n° 2001-532 du 20 juin 2001, art. 52)* « Le silence gardé pendant plus de quatre mois sur la demande de liquidation ou de révision d'une pension de vieillesse subordonnée à l'appréciation de l'état de santé de l'intéressé et sur la demande de liquidation ou de révision d'une pension de réversion, ainsi que de leurs accessoires, présentée par ou en qualité d'ayant droit d'une personne relevant *(Décr. n° 2006-1324 du 31 oct. 2006, art. 1er-VI-D)* « de la présente section », vaut décision de rejet ».

(Décr. n° 88-1036 du 10 nov. 1988, art. 10) La pension de vieillesse ou de réversion est payée à l'assuré ou à son ayant droit *(Décr. n° 98-490 du 17 juin 1998, art. 11)* « mensuellement » et à terme échu. – *[Anc. art. R. 721-39-1.]*

Art. R. 382-121 *(Décr. n° 98-490 du 17 juin 1998, art. 12)* Le salaire annuel moyen mentionné à l'article R. 351-29 est déterminé en retenant la base forfaitaire prévue à l'article *(Décr. n° 2006-1324 du 31 oct. 2006, art. 1er-VI-D)* « R. 382-90 ». – *[Anc. art. R. 721-39-2.]*

§ 2 ÉTRANGER ET TERRITOIRES D'OUTRE-MER *(Décr. n° 2006-1324 du 31 oct. 2006, art. 1er-VI-D).*

Art. R. 382-122 Les ministres des cultes et les membres des congrégations et collectivités religieuses de nationalité française qui exercent à l'étranger et dans les territoires français d'outre-mer peuvent adhérer au régime d'assurance vieillesse institué par l'article *(Décr. n° 2006-1324 du 31 oct. 2006, art. 1er-VI-D)* « L. 382-15 » dans les conditions prévues *(Décr. n° 2006-1324 du 31 oct. 2006, art. 1er-VI-D)* « au présent paragraphe ». – *[Anc. art. R. 721-50.]*

Art. R. 382-123 Les ministres des cultes et les membres des congrégations et collectivités religieuses mentionnés à l'article *(Décr. n° 2006-1324 du 31 oct. 2006, art. 1er-VI-D)* « R. 382-122 » adressent leur demande d'adhésion au régime d'assurance vieillesse institué par l'article *(Décr. n° 2006-1324 du 31 oct. 2006, art. 1er-VI-D)* « L. 382-15 » à la Caisse d'assurance vieillesse, invalidité et maladie des cultes. – *[Anc. art. R. 721-51.]*

Art. R. 382-124 L'affiliation prend effet à compter du premier jour du *(Décr. n° 98-490 du 17 juin 1998)* « mois » civil qui suit la demande d'adhésion.

Toutefois, lorsque la demande est présentée dans le délai d'un an suivant la date de début d'exercice à l'étranger ou dans les territoires français d'outre-mer, l'intéressé peut demander que son affiliation prenne effet au premier jour du *(Décr. n° 98-490 du 17 juin 1998)* « mois » civil suivant cette date. – *[Anc. art. R. 721-52.]*

Art. R. 382-125 L'assuré volontaire a la faculté de demander la résiliation de son assurance par simple lettre adressée à la Caisse d'assurance vieillesse, invalidité et maladie des cultes. La radiation prend effet à compter du premier jour du *(Décr.*

n° 98-490 du 17 juin 1998) « mois » civil qui suit cette demande. – *[Anc. art. R. 721-53.]*

Art. R. 382-126 La cotisation d'assurance volontaire est égale au total des cotisations mentionnées aux articles *(Décr. n° 2006-1324 du 31 oct. 2006, art. 1er-VI-D)* « R. 382-89 et R. 382-90 » ; son versement est effectué par l'assuré aux échéances fixées à l'article *(Décr. n° 2006-1324 du 31 oct. 2006, art. 1er-VI-D)* « R. 382-92 ». Toutefois, la cotisation mentionnée à l'article *(Décr. n° 2006-1324 du 31 oct. 2006, art. 1er-VI-D)* « R. 382-90 » peut être prise en charge par l'association, la congrégation ou la collectivité dont relève l'assuré, laquelle effectue alors le versement, auxdites échéances, de la totalité de la cotisation d'assurance volontaire. – *[Anc. art. R. 721-54.]*

Art. R. 382-127 Lorsque la cotisation n'a pas été versée à l'une des échéances fixées à l'article *(Décr. n° 2006-1324 du 31 oct. 2006, art. 1er-VI-D)* « R. 382-92 », l'assuré est radié de l'assurance volontaire. Toutefois, la radiation ne peut être effectuée qu'après envoi par la caisse d'un avertissement par lettre recommandée adressée à l'assuré l'invitant à régulariser sa situation dans le mois à compter de la réception de l'avertissement.

Dans le cas mentionné au deuxième alinéa de l'article *(Décr. n° 2006-1324 du 31 oct. 2006, art. 1er-VI-D)* « R. 382-126 », l'avertissement est adressé, dans les mêmes conditions, à l'association, congrégation ou collectivité dont relève l'assuré auquel une copie dudit avertissement est également adressée. – *[Anc. art. R. 721-55.]*

Art. R. 382-128 L'assurance volontaire donne droit, dans les mêmes conditions que l'assurance obligatoire, aux prestations d'assurance vieillesse.

Les périodes d'assurance obligatoire et d'assurance volontaire se cumulent pour l'ouverture du droit aux prestations et pour le calcul de celles-ci. – *[Anc. art. R. 721-56.]*

Art. R. 382-129 Les personnes adhérant à l'assurance volontaire vieillesse dans les conditions prévues *(Décr. n° 2006-1324 du 31 oct. 2006, art. 1er-VI-D)* « au présent paragraphe » peuvent demander leur adhésion au régime d'assurance invalidité. Cette demande n'est recevable que si elle est présentée en même temps que la demande d'adhésion à l'assurance volontaire vieillesse. Les dispositions des articles *(Décr. n° 2006-1324 du 31 oct. 2006, art. 1er-VI-D)* « R. 382-126 et R. 382-127 » sont applicables aux personnes ayant adhéré volontairement au régime d'assurance invalidité. – *[Anc. art. R. 721-57.]*

Art. R. 382-130 *(Décr. n° 99-1128 du 28 déc. 1999, art. 1er-15)* I. – La demande formulée au titre de l'article *(Décr. n° 2006-1324 du 31 oct. 2006, art. 1er-VI-D)* « L. 382-16 » doit être adressée un mois avant le départ de l'intéressé à la Caisse d'assurance vieillesse, invalidité et maladie des cultes, accompagnée de l'engagement de l'association, congrégation ou collectivité religieuse de s'acquitter de l'intégralité des cotisations dues pendant la période de détachement. Cette demande précise le lieu et la durée du détachement de l'affilié.

En cas d'urgence, l'association, congrégation ou collectivité religieuse avise la Caisse d'assurance vieillesse, invalidité et maladie des cultes du détachement par lettre accompagnée de l'engagement prévu à l'alinéa précédent. Le maintien du bénéfice des dispositions *(Décr. n° 2006-1324 du 31 oct. 2006, art. 1er-VI-D)* « du régime prévu à l'article L. 382-15 » est alors prononcé à titre transitoire, sous réserve de régularisation de la demande dans un délai de trois mois.

Sur la demande de l'intéressé ou de l'association, congrégation ou collectivité religieuse dont il relève, la caisse délivre une attestation d'affiliation au régime de sécurité sociale des ministres des cultes et membres de congrégations et collectivités religieuses.

II. – Pour les soins à l'étranger, les prestations en nature de l'assurance maladie et de l'assurance maternité sont servies dans les conditions fixées à la section IV du chapitre II du titre VI du livre VII. – *[Anc. art. R. 721-58.]*

Art. R. 382-131 A titre transitoire, conformément aux dispositions de l'article *(Décr. n° 2006-1324 du 31 oct. 2006, art. 1er-VI-D)* « L. 382-30 », les ministres des cultes et les membres des congrégations et collectivités religieuses de nationalité française qui exercent à Mayotte peuvent adhérer au régime d'assurance vieillesse dans les conditions prévues *(Décr. n° 2006-1324 du 31 oct. 2006, art. 1er-VI-D)* « au présent paragraphe ». – *[Anc. art. R. 721-59.]*

CHAPITRE III DISPOSITIONS D'APPLICATION

Art. R. 383-1 Le décret prévu à l'article L. 383-1 est pris sur le rapport du ministre chargé de la sécurité sociale et des ministres intéressés.

LIVRE QUATRIÈME ACCIDENTS DU TRAVAIL ET MALADIES PROFESSIONNELLES — (DISPOSITIONS PROPRES ET DISPOSITIONS COMMUNES AVEC D'AUTRES BRANCHES)

TITRE PREMIER GÉNÉRALITÉS — DISPOSITIONS PROPRES À CERTAINS BÉNÉFICIAIRES

CHAPITRE PREMIER DÉFINITIONS : ACCIDENT DU TRAVAIL ET ACCIDENT DU TRAJET

Néant.

CHAPITRE II CHAMP D'APPLICATION — DISPOSITIONS APPLICABLES AUX SALARIÉS LIÉS PAR UN CONTRAT DE TRAVAIL TEMPORAIRE ET À DIVERSES AUTRES CATÉGORIES DE BÉNÉFICIAIRES

SECTION PREMIÈRE DISPOSITIONS GÉNÉRALES RELATIVES AU CHAMP D'APPLICATION

Néant.

SECTION II DISPOSITIONS APPLICABLES AUX SALARIÉS LIÉS PAR UN CONTRAT DE TRAVAIL TEMPORAIRE

Art. R. 412-1 La déclaration que le salarié d'un entrepreneur de travail temporaire défini à l'article L. 124-1 *[L. 1251-2 s. nouv.]* du code du travail est tenu de faire à l'utilisateur, en application de l'article L. 412-4, doit être effectuée dans un délai de vingt-quatre heures par lettre recommandée si elle n'a pas été faite à l'utilisateur ou à son préposé sur les lieux de l'accident.

Art. R. 412-2 Le délai dans lequel l'utilisateur doit, en application de l'article L. 412-4, informer l'entreprise de travail temporaire de tout accident dont il a eu connaissance et dont a été victime un salarié mis à sa disposition par cette entreprise est de vingt-quatre heures. Cette information est transmise par lettre recommandée et doit être également communiquée par l'entreprise utilisatrice, dans le même délai et les mêmes formes, au service de prévention de la caisse *(Décr. n° 2010-344 du 31 mars 2010, art. 311)* « d'assurance retraite et de la santé au travail » et à l'inspecteur du travail ou au fonctionnaire qui en exerce les attributions en vertu d'une législation spéciale.

SECTION III DISPOSITIONS APPLICABLES À DIVERSES CATÉGORIES DE BÉNÉFICIAIRES

SOUS-SECTION 1 DÉLÉGUÉS À LA SÉCURITÉ DES OUVRIERS MINEURS

Art. R. 412-3 Le décret n° 46-2769 du 27 novembre 1946 ou les textes pris pour son application déterminent à qui incombent les obligations imposées à l'employeur par la législation sur les accidents du travail et les maladies professionnelles en raison des risques encourus par les délégués à la sécurité des ouvriers mineurs par le fait ou à l'occasion de leur service.

Ces textes fixent la base des cotisations destinées à couvrir ces risques ainsi que celle des indemnités qui peuvent être dues.

SOUS-SECTION 2 ÉLÈVES ET ÉTUDIANTS

Art. R. 412-4 *(Décr. nº 2006-1627 du 18 déc. 2006)* **I. — A. — Pour les élèves et les étudiants des établissements d'enseignement mentionnés aux *a* et *b* du 2º de l'article L. 412-8 qui perçoivent une gratification égale ou inférieure à la fraction de gratification mentionnée** *(Décr. nº 2018-821 du 27 sept. 2018, art. 1er)* **« au *b* du 1º du III de l'article L. 136-1-1 », les obligations de l'employeur incombent à l'établissement d'enseignement signataire de la convention prévue à l'article 9 de la loi nº 2006-396 du 31 mars 2006, sous réserve du C du I du présent article. Toutefois, pour les élèves et étudiants des établissements publics relevant du ministre chargé de l'éducation nationale, le versement des cotisations incombe au recteur.**

B. — L'assiette servant de base au calcul des cotisations et des rentes est égale au salaire minimum mentionné à l'article L. 434-16.

C. — Lorsque l'accident survient par le fait ou à l'occasion du stage en entreprise ou, pour les étudiants en médecine, en chirurgie dentaire ou en pharmacie qui n'ont pas un statut hospitalier, du stage hospitalier effectué dans les conditions prévues au *b* du 2º de l'article L. 412-8, l'obligation de déclaration de l'accident du travail instituée par l'article L. 441-2 incombe à l'entreprise ou à l'établissement de santé dans lequel est effectué le stage. L'entreprise ou l'établissement de santé adresse sans délai à l'établissement d'enseignement ou à l'unité de recherche dont relève l'élève ou l'étudiant copie de la déclaration d'accident du travail envoyée à la caisse primaire d'assurance maladie compétente.

II. — A. — Pour les élèves et les étudiants des établissements d'enseignement mentionnés aux *a* et *b* du 2º de l'article L. 412-8 qui perçoivent une gratification supérieure à la fraction de gratification mentionnée *(Décr. nº 2018-821 du 27 sept. 2018, art. 1er)* **« au *b* du 1º du III de l'article L. 136-1-1 », les obligations de l'employeur incombent à l'entreprise signataire de la convention prévue à l'article 9 de la loi nº 2006-396 du 31 mars 2006, sous réserve du C du II du présent article.**

B. — L'assiette servant de base au calcul des cotisations est égale à la différence entre la gratification versée au stagiaire et le montant de la fraction de gratification mentionnée *(Décr. nº 2018-821 du 27 sept. 2018, art. 1er)* **« au *b* du 1º du III de l'article L. 136-1-1 ». Les rentes sont calculées sur la base du salaire minimum mentionné à l'article L. 434-16 ou du montant de la gratification versée au stagiaire, si celui-ci est supérieur.**

C. — Lorsque l'accident survient du fait ou à l'occasion de l'enseignement ou de la formation dispensés par l'établissement dont relève l'élève ou l'étudiant, l'obligation de déclaration incombe à l'établissement. Il adresse sans délai à l'entreprise signataire de la convention mentionnée ci-dessus une copie de la déclaration d'accident envoyée à la Caisse d'assurance maladie compétente.

III. — Les dispositions du I ou du II du présent article s'appliquent aux personnes mentionnées au *f* du 2º de l'article L. 412-8, en fonction du montant de la gratification qu'elles perçoivent. Dans ce cas, les références à « l'entreprise » sont remplacées par celles de "l'organisme public ou privé" dans lequel s'effectue le stage.

IV. — L'État supporte la charge des prestations dues aux élèves et étudiants des établissements d'enseignement technique de l'État, victimes d'accidents du travail survenus avant le 1er octobre 1985, y compris celles des prestations dues en cas de rechute et de révision postérieure à cette date et ayant pour origine l'accident pour lequel les intéressés sont ou ont été indemnisés.

SOUS-SECTION 3 STAGIAIRES DE LA FORMATION PROFESSIONNELLE ET PERSONNES BÉNÉFICIANT DES ALLOCATIONS DE CONVERSION

Art. R. 412-5 *(Décr. nº 86-381 du 10 mars 1986, art. 1er)* **Pour les stagiaires de la formation professionnelle, les obligations de l'employeur autres que celles relatives au paiement des cotisations incombent à la personne ou à l'organisme responsable de la gestion de l'établissement dans lequel est effectuée la formation.**

Le salaire servant de base au calcul des prestations est déterminé dans les conditions suivantes :

***a)* Pour les stagiaires rémunérés, ce salaire est déterminé conformément aux dispositions de l'article R. 412-11 ; toutefois, si la rémunération réelle allouée au stagiaire est supérieure, c'est cette rémunération qui est prise en considération ;**

b) Pour les stagiaires non rémunérés, le salaire servant de base au calcul de la rente est déterminé conformément aux dispositions de l'article R. 412-11.

1. Détermination du responsable des obligations de l'employeur. Pour la reconnaissance de la faute inexcusable d'une association ayant organisé un stage de formation professionnelle en entreprise au cours duquel un stagiaire a été blessé. • Civ. 2e, 12 juin 2007, n° 05-13.672. ♦ ... D'un organisme responsable des stages d'insertion sociale et professionnelle en alternance, organisés avec l'aide de l'État. • Soc. 4 oct. 2001, n° 00-11.527.

2. Détermination du salaire de base. Les indemnités journalières dues à un demandeur d'emploi stagiaire qui perçoit une allocation formation reclassement d'un montant supérieur au salaire minimum de croissance correspondant à la durée légale du travail, qui n'accomplit ni un stage de réadaptation fonctionnelle ni de rééducation professionnelle, doivent être calculées, en cas d'accident du travail, non sur la base du SMIC, mais sur celle de l'allocation considérée. • Soc. 16 nov. 1995, n° 93-15.467 P : *D. 1995. IR 271.*

Art. R. 412-5-1 *(Décr. n° 86-383 du 12 mars 1986, art. 1er-II)* Pour les assurés bénéficiaires des allocations de conversion mentionnées *(Décr. n° 87-895 du 30 oct. 1987, art. 1er)* « à l'article L. 322-3 *[abrogé]* et au 4° du deuxième alinéa de l'article L. 322-4 *[L. 5123-2 nouv.]* » du code du travail, les obligations de l'employeur autres que le paiement des cotisations incombent à la personne ou à l'organisme responsable de l'action de reclassement du fait ou à l'occasion de laquelle intervient l'accident.

Le salaire servant de base au calcul de l'indemnité journalière est, sous réserve des dispositions des articles *(Décr. n° 2006-111 du 2 févr. 2006)* « R. 433-4 à R. 433-7 » du présent code, celui du mois précédant la date de suspension *(Décr. n° 87-895 du 30 oct. 1987, art. 1er)* « ou de rupture » du contrat de travail.

Le salaire servant de base au calcul des rentes est, sous réserve des dispositions de l'article *(Décr. n° 2006-111 du 2 févr. 2006)* « R. 434-29 » (1° à 4°) ci-dessous, la rémunération effective totale reçue chez un ou plusieurs employeurs pendant les douze mois civils précédant la date de suspension *(Décr. n° 87-895 du 30 oct. 1987, art. 1er)* « ou de rupture » du contrat de travail.

Les dispositions des trois alinéas ci-dessus s'appliquent également aux bénéficiaires des allocations versées en cas d'absence complète d'activité par application d'accords professionnels ou interprofessionnels nationaux ou régionaux mentionnés au dernier alinéa de l'article L. 352-3 *[L. 5122-4 et L. 5123-6 nouv.]* du code du travail.

SOUS-SECTION 4 PERSONNES ACCOMPLISSANT UN STAGE DE RÉADAPTATION FONCTIONNELLE OU DE RÉÉDUCATION PROFESSIONNELLE

Art. R. 412-6 Pour les personnes accomplissant un stage de réadaptation fonctionnelle en application de l'article L. 432-6, les obligations de l'employeur incombent :

1° Au directeur de l'établissement si le stage est effectué dans un établissement public ;

2° A la personne ou à l'organisme responsable de la gestion de l'établissement si le stage est effectué dans un établissement privé.

Toutefois, la caisse primaire d'assurance maladie dont relève chaque victime d'accident supporte la charge des cotisations. Elle en effectue le règlement dans les conditions fixées pour les frais de réadaptation.

La rémunération à prendre en considération pour le calcul des cotisations est celle qui a servi de base au calcul de l'indemnité journalière allouée à l'intéressé pendant la période de traitement spécial en vue de la réadaptation fonctionnelle conformément aux dispositions de l'article L. 432-7.

L'indemnité journalière mentionnée à l'alinéa précédent est maintenue à la victime pendant la période d'interruption du traitement consécutive à l'accident survenu par le fait ou à l'occasion de la réadaptation.

Si, au moment où survient l'accident mentionné à l'alinéa précédent, l'état de la victime n'était pas consolidé et si, après consolidation des blessures résultant respectivement de l'accident du travail ayant nécessité la réadaptation et de l'accident survenu par le fait ou à l'occasion de celle-ci, la victime reste atteinte d'une incapacité permanente de travail, la rente qui lui est allouée est calculée compte tenu de l'ensemble de la réduction de capacité subie.

Si la consolidation de la blessure résultant de l'accident du travail ayant nécessité la réadaptation avait été constatée, il est alloué, le cas échéant, pour l'incapacité de travail résultant du second accident, une rente distincte, sans préjudice de l'application des dispositions du quatrième alinéa de l'article L. 434-2.

Dans les cas prévus aux deux alinéas qui précèdent, la rémunération à prendre en considération pour le calcul de la rente est celle des douze mois antérieurs à l'arrêt de travail consécutif à l'accident du travail ayant nécessité la réadaptation ; elle est déterminée conformément aux dispositions des articles *(Décr. n° 2006-111 du 2 févr. 2006)* « R. 434-29 » et R. 436-1.

(Décr. n° 86-381 du 10 mars 1986, art. 2-I) « Toutefois, dans le cas où la rémunération ainsi calculée est inférieure au salaire mentionné à l'article R. 412-11, c'est ce salaire qui est pris en considération. »

Art. R. 412-7 Pour les personnes accomplissant un stage de rééducation professionnelle dans les conditions fixées par l'article L. 432-9, et par la section Ire du chapitre Ier du titre VIII du présent livre, les obligations de l'employeur incombent :

1° Au directeur de l'établissement si le stage est effectué dans un établissement public ;

2° A la personne ou à l'organisme responsable de la gestion de l'établissement si le stage est effectué dans un établissement ou un centre privé ;

3° A l'employeur chez lequel elles ont été placées.

Toutefois, dans les cas mentionnés *(Décr. n° 93-938 du 16 juill. 1993, art. 1er)* « aux 1° et 2° » du premier alinéa du présent article, la caisse primaire d'assurance maladie dont relève chaque victime d'accident du travail supporte la charge des cotisations. Elle en effectue le règlement dans les conditions prévues pour les frais de rééducation.

Le salaire servant de base au calcul tant des cotisations que des indemnités est déterminé conformément aux dispositions *(Décr. n° 86-381 du 10 mars 1986, art. 2-II)* « de l'article R. 412-11 ».

Toutefois, si la victime se trouvait encore au moment de l'accident l'ayant obligée à interrompre la rééducation dans la période d'incapacité temporaire consécutive à l'accident du travail antérieur, l'indemnité qui lui est due ne pourra être inférieure à celle dont elle bénéficiait au moment où l'accident est survenu, compte non tenu du complément d'indemnité prévu à l'article L. 432-9.

Si une rente est déjà servie, la nouvelle indemnité journalière se cumule avec ladite rente ; elle s'impute éventuellement sur le complément d'indemnité mentionné à l'alinéa ci-dessus.

Si, après consolidation de la blessure résultant de l'accident survenu par le fait ou à l'occasion de la rééducation, la victime reste atteinte d'une incapacité permanente de travail, il est fait, selon le cas, application des dispositions des sixième, septième et huitième alinéas de l'article R. 412-6.

Art. R. 412-8 Pour les assurés sociaux bénéficiaires des dispositions de l'article L. 324-1 ou titulaires d'une pension d'invalidité et qui effectuent un stage de réadaptation fonctionnelle ou de rééducation professionnelle, les obligations de l'employeur incombent :

1° Au directeur de l'établissement si le stage est effectué dans un établissement public ;

2° A la personne ou à l'organisme responsable de la gestion de l'établissement si le stage est effectué dans un établissement privé ;

3° A l'employeur chez lequel ils ont été placés.

Toutefois, dans les cas mentionnés aux 1° et 2° du premier alinéa du présent article, l'organisme de sécurité sociale qui a la charge respectivement des prestations prévues à l'article L. 324-1 ou de la pension d'invalidité, supporte la charge des cotisations. Il en effectue le règlement dans les conditions fixées pour les frais de réadaptation ou de rééducation.

La rémunération à prendre en considération pour le calcul, tant des cotisations que des indemnités, est soit celle qui a été perçue par l'assuré au cours de la dernière période de travail normal antérieure à l'affection indemnisée au titre des assurances sociales pour les bénéficiaires de l'article L. 324-1, soit celle qui a servi de base au calcul de la pension d'invalidité pour les titulaires d'une telle pension.

(Décr. n° 86-381 du 10 mars 1986, art. 2-II) « Toutefois, dans le cas où la rémunération ainsi calculée est inférieure au salaire mentionné à l'article R. 412-11, c'est ce salaire qui est pris en considération. »

Art. R. 412-9 Pour les personnes autres que celles mentionnées aux articles précédents et qui, en vertu d'un texte législatif ou réglementaire, effectuent un stage de rééducation professionnelle dans les écoles administrées par l'office national des anciens combattants et victimes de la guerre, les obligations de l'employeur incombent au directeur de l'école ou à la personne ou à l'organisme responsable de la gestion de l'établissement privé dans lequel ces personnes ont été exceptionnellement placées par l'office susnommé.

Ce dernier supporte, dans tous les cas, la charge des cotisations.

Le salaire à prendre en considération pour le calcul tant des cotisations que des indemnités, est déterminé conformément aux dispositions *(Décr. n° 86-381 du 10 mars 1986, art. 2-II)* « de l'article R. 412-11 ».

Art. R. 412-10 L'interruption de la formation professionnelle, de la réadaptation fonctionnelle ou de la rééducation professionnelle par suite de l'accident est assimilée à l'arrêt de travail mentionné au deuxième alinéa de l'article L. 433-1.

Toutefois, en ce qui concerne les élèves et étudiants des établissements d'enseignement mentionnés au premier alinéa de l'article R. 412-4, cet arrêt ne donne lieu, en aucun cas, au paiement d'indemnités journalières.

Art. R. 412-11 *(Décr. n° 86-381 du 10 mars 1986)* Le salaire servant de base au calcul des prestations, pour l'application des articles R. 412-5, R. 412-6 (dernier alinéa), R. 412-7 (3e alinéa), R. 412-8 (dernier alinéa), R. 412-9 (3e alinéa) et R. 436-4-1, est égal :

a) Pour les indemnités journalières, au salaire minimum de croissance correspondant à la durée légale du travail, et applicable à la date de l'accident ;

b) Pour les rentes, au salaire minimum mentionné à l'article L. 434-16.

Le salaire servant de base au calcul des cotisations, pour l'application des dispositions des articles R. 412-7 (3e alinéa), R. 412-8 (dernier alinéa) et R. 412-9 (3e alinéa) est égal au salaire minimum mentionné à l'article L. 434-16.

SOUS-SECTION 5 PERSONNES AGRÉÉES ACCUEILLANT DES ENFANTS À DOMICILE

Art. R. 412-12 *(Décr. n° 95-181 du 16 févr. 1995)* En application de l'article L. 412-2, les personnes mentionnées au 10° de l'article L. 311-3 et qui ont été agréées dans les conditions fixées aux articles 123-1 et suivants du code de la famille et de l'aide sociale *[CASF, art. L. 421-1]* bénéficient de la protection relative aux accidents du travail et aux maladies professionnelles à raison de leurs activités ayant un lien direct avec l'accueil ou l'entretien du ou des enfants qui leur sont confiés.

Art. R. 412-13 *(Décr. n° 95-181 du 16 févr. 1995)* Sont notamment couverts à ce titre les accidents survenus auxdites personnes à leur domicile et qui ont un lien direct avec leur activité de garde et d'entretien des enfants. Sont également couverts les accidents intervenus lors des déplacements avec l'enfant ou pour son compte, incluant ceux survenus pendant les trajets d'aller et retour entre le domicile des intéressés et les établissements où les enfants sont scolarisés, soignés ou pris en charge dans le cadre d'activités éducatives et récréatives, ou entre leur domicile et les centres où les assistantes ou assistants maternels reçoivent une formation.

Art. R. 412-14 *(Décr. n° 95-181 du 16 févr. 1995)* Les obligations de l'employeur en matière de déclaration des accidents et de paiement des cotisations incombent aux parents ou à la personne morale de droit public ou privé qui assurent la rémunération des assistantes ou assistants maternels.

Art. R. 412-15 *(Décr. n° 95-181 du 16 févr. 1995)* Les dispositions du livre IV du présent code sont applicables aux personnes mentionnées à l'article R. 412-12 sous réserve des aménagements indiqués à l'alinéa suivant.

Pour l'application du 2° de l'article L. 431-1, seule l'interruption de l'activité rémunérée ouvre droit aux prestations en espèces de l'incapacité temporaire. Ces prestations sont calculées sur la base de la rémunération versée conformément aux articles L. 773-3 *[art. L. 423-3 du* ***CASF****]* et L. 773-3-1 *[abrogé]* du code du travail, non compris les indemnités remises pour l'entretien des enfants.

SOUS-SECTION 6 PERSONNES AGRÉÉES ACCUEILLANT DES PERSONNES ÂGÉES OU HANDICAPÉES ADULTES À DOMICILE

Art. R. 412-16 *(Décr. n° 95-181 du 16 févr. 1995)* En application de l'article L. 412-2, les personnes mentionnées au 17° de l'article L. 311-3 bénéficient de la protection relative aux accidents du travail et aux maladies professionnelles dès lors que l'accident survenu ou la maladie contractée, soit à leur domicile, soit au cours de déplacements effectués en présence ou pour le compte de la personne accueillie, a un lien direct avec l'accueil ou l'entretien de cette personne.

Art. R. 412-17 *(Décr. n° 95-181 du 16 févr. 1995)* Les obligations de l'employeur en matière de déclaration des accidents du travail et de paiement des cotisations incombent à la personne accueillie ou à son tuteur.

Art. R. 412-18 *(Décr. n° 95-181 du 16 févr. 1995)* Les dispositions du livre IV du présent code sont applicables aux personnes mentionnées à l'article R. 412-16 sous réserve des aménagements indiqués à l'alinéa suivant.

Pour l'application du 2° de l'article L. 431-1, seule l'interruption de l'activité rémunérée ouvre droit aux prestations en espèces de l'incapacité temporaire. Ces prestations sont calculées sur la base de la rémunération journalière perçue pour services rendus, éventuellement majorée pour sujétions particulières, visée à l'article 6 de la loi n° 89-475 du 10 juillet 1989, non compris l'indemnité représentative des frais d'entretien de la personne accueillie ni le loyer.

SOUS-SECTION 7 VOLONTARIAT POUR L'INSERTION. – SERVICE CIVIQUE *(Décr. n° 2010-1032 du 30 août 2010, art. 2-1°).*

Art. R. 412-19 (Abrogé par Décr. n° 2010-1032 du 30 août 2010, art. 2-2°) (Décr. n° 2000-1159 du 30 nov. 2000) ***Pour les volontaires civils mentionnés au 13° de l'article L. 412-8, les obligations de l'employeur, notamment le versement des cotisations, incombent à l'organisme d'accueil. Les modalités de ce versement sont identiques à celles prévues au II de l'article R. 372-2.***

Le salaire servant de base au calcul des cotisations et à celui de la rente prévue à l'article L. 434-15 est égal au salaire minimum mentionné à l'article L. 434-16.

Les dispositions de l'art. R. 421-19 demeurent applicables aux contrats ou engagements de volontariat maintenus en application de l'art. 21 de la L. n° 2010-421 du 10 mars 2010 (Décr. n° 2010-1032 du 30 août 2010, art. 4).

Art. R. 412-20 *(Décr. n° 2005-1052 du 29 août 2005)* Pour les volontaires pour l'insertion mentionnés à l'article L. 130-4 du code du service national, les obligations de l'employeur, notamment en matière de déclaration des accidents, incombent au centre de formation.

Le salaire servant de base au calcul *(Abrogé par Décr. n° 2017-858 du 9 mai 2017, art. 7-II)* ***« des cotisations et à celui »*** des cotisations et à celui de la rente prévue à l'article L. 434-15 est égal au salaire minimum mentionné à l'article L. 434-16.

PERSONNE BÉNÉFICIANT D'UN APPUI À LA CRÉATION OU REPRISE D'UNE ACTIVITÉ ÉCONOMIQUE. — V. art. D. 412-99 à D. 412-99-2.

PUPILLES DE LA PROTECTION JUDICIAIRE DE LA JEUNESSE. — V. art. D. 412-7 à D. 412-35.

DÉTENUS. — V. art. D. 412-36 à D. 412-71.

PERSONNES CONDAMNÉES À UN TIG. — V. art. D. 412-72 à D. 412-77.

MEMBRES BÉNÉVOLES DES ORGANISMES SOCIAUX. — V. art. D. 412-78 à D. 412-81.

SALARIÉS DÉSIGNÉS POUR SIÉGER DANS CERTAINS ORGANISMES. — V. art. D. 412-82 à D. 412-85.

PERSONNES BÉNÉFICIAIRES D'UN RMI. — V. art. D. 412-86 à D. 412-89.

DEMANDEURS D'EMPLOI. — V. art. D. 412-91 à D. 412-94.

SALARIÉS BÉNÉFICIAIRES D'UN CONGÉ DE REPRÉSENTATION. — V. art. D. 412-95 à D. 412-97.

Art. R. 412-21 *(Décr. nº 2010-1032 du 30 août 2010, art. 2-3º)* « Pour les volontaires effectuant un service civique en métropole ou dans un département d'outre-mer, les obligations de l'employeur sont à la charge des organismes et personnes agréées mentionnés à l'article R. 372-4 dans les conditions prévues par cet article.

« La personne agréée auprès de laquelle est effectué l'engagement de service civique communique à l'Agence du service civique ou à l'organisme versant l'indemnité pour son compte les informations nécessaires à l'accomplissement de leurs obligations. »

(Décr. nº 2006-1743 du 23 déc. 2006) L'assiette de calcul des cotisations et de la rente prévue à l'article L. 434-15 est égale au salaire minimum mentionné à l'article L. 434-16.

CHAPITRE III DISPOSITIONS APPLICABLES AUX PERSONNES INDEMNISÉES EN APPLICATION DE TEXTES ANTÉRIEURS — RÉGIMES DISTINCTS

SECTION PREMIÈRE DISPOSITIONS APPLICABLES AUX PERSONNES INDEMNISÉES EN APPLICATION DE TEXTES ANTÉRIEURS

SOUS-SECTION 1 ACCIDENTS SURVENUS APRÈS LE 31 DÉCEMBRE 1946

Art. R. 413-1 En vue d'obtenir le bénéfice des dispositions de l'article L. 413-1, la victime ou l'ayant droit adresse à la caisse primaire d'assurance maladie dont relevait ou aurait relevé la victime à la date de l'accident une demande établie au moyen d'un imprimé mis à sa disposition par cet organisme et accompagnée des pièces justifiant qu'il satisfait aux conditions exigées.

En outre, si l'accident a donné lieu à réparation au titre du droit commun, ou est susceptible de donner lieu, à ce titre, à un recours contre un tiers, le postulant est tenu d'annexer à sa déclaration tous actes, jugements, constats, procès-verbaux, pièces de procédure relatifs à cet accident.

La demande comporte un questionnaire ; le requérant doit attester sur l'honneur l'exactitude de ses réponses.

Il est donné au requérant récépissé de sa demande et des pièces qui l'accompagnent.

Pour l'application des dispositions du troisième alinéa de l'article L. 413-1 susmentionné, la réparation attribuée en capital est convertie en une rente fictive sur la base des tarifs appliqués par la Caisse nationale de prévoyance en matière de rente de droit commun à la date de la décision judiciaire ayant fixé la réparation. En outre, cette rente fictive ou la rente attribuée est, avant l'imputation sur le montant des prestations et indemnités dues, affectée des majorations résultant des dispositions de la loi nº 51-695 du 24 mai 1951 modifiée.

Dans le cas où la rente et la majoration ou l'un de ces avantages ont fait l'objet d'un rachat, le calcul est effectué comme si ce rachat n'avait pas été réalisé.

Toute nouvelle majoration légalement fixée donne lieu à révision des prestations et indemnités.

SOUS-SECTION 2 ACCIDENTS SURVENUS OU MALADIES CONSTATÉES AVANT LE 1er JANVIER 1947

Art. R. 413-2 Le taux d'incapacité minimum prévu au deuxième alinéa de l'article L. 413-2 est égal à 10 %.

Art. R. 413-3 Le montant de l'allocation prévue à l'article L. 413-2 est calculé par application des règles fixées aux articles L. 434-2 et L. 434-7 sur la base du salaire minimum prévu à l'article L. 434-16.

L'allocation prend effet de la date de présentation de la demande.

Art. R. 413-4 L'allocation, s'il y a lieu, et la *(Décr. nº 2013-276 du 2 avr. 2013, art. 1er-1º, en vigueur le 1er mars 2013)* « prestation complémentaire pour recours à tierce personne *[ancienne rédaction : majoration]* » prévues à l'article L. 413-4 prennent effet de la date de la demande.

Les personnes qui bénéficient, au 28 févr. 2013, de la majoration pour tierce personne mentionnée au troisième al. de l'art. L. 434-2, dans sa rédaction antérieure au 1er mars 2013, et qui n'ont pas opté pour le bénéfice de la prestation complémentaire pour recours à tierce personne, continuent de percevoir cette majoration dans les conditions et selon les règles de revalorisation en vigueur au 28 févr. 2013 (Décr. nº 2013-276 du 2 avr. 2013, art. 3).

Art. R. 413-5 **L'allocation prévue à l'article L. 413-5 prend effet de la date de présentation de la demande. Toutefois, en ce qui concerne les décès survenant après le 24 juin 1946, l'allocation prend effet de la date du décès si la demande est présentée dans un délai de six mois suivant cette date.**

Art. R. 413-6 **La victime ou l'ayant droit de la victime d'un accident ou d'une maladie qui revendique le bénéfice de l'une des dispositions des articles L. 413-2 à L. 413-5 doit, en vue de faire constater son droit aux prestations conformément aux dispositions de l'article L. 413-8, adresser une requête au président du tribunal de grande instance de son domicile.**

Il produit, à l'appui de sa demande, toutes pièces justificatives, expéditions de jugements et arrêts et, d'une façon générale, tous renseignements de nature à apporter la preuve qui lui incombe en vertu de la loi.

Le président du tribunal de grande instance peut prescrire toutes enquêtes, vérifications, examens médicaux et expertises qu'il estime utiles. Il peut entendre le requérant. Il statue après avoir entendu le représentant de l'État employeur ou, dans les autres cas, *(Décr. nº 2018-1256 du 27 déc. 2018, art. 4, en vigueur le 1er janv. 2019)* **« soit celui de l'organisme mentionné à l'article L. 221-1 soit celui d'un autre organisme qui aurait été désigné par voie de convention en application des dispositions du II de l'article 46 de la loi nº 2017-1836 de financement de la sécurité sociale pour 2018 ».**

Art. R. 413-7 **Dans le cas prévu à l'article L. 413-2, le président du tribunal de grande instance constate dans son ordonnance, par référence aux dispositions du présent livre, le caractère professionnel de l'accident ou de la maladie, le lien de cause à effet existant entre celui-ci et l'incapacité permanente ou le décès de la victime et fixe, s'il y a lieu, le taux de cette incapacité.**

Il constate, le cas échéant, le droit de la victime à *(Décr. nº 2013-276 du 2 avr. 2013, art. 1er-2º)* **« la prestation complémentaire pour recours à tierce personne** *[ancienne rédaction : la majoration pour assistance d'une tierce personne]* **» prévue au troisième alinéa de l'article L. 434-2.** — *V. note ss. art. R. 413-4.*

En outre, dans le cas prévu à l'article L. 413-3, le président du tribunal de grande instance fixe, par la même ordonnance, le droit de la victime à l'appareillage.

Par application des dispositions du deuxième alinéa de l'article L. 413-2, l'allocation prévue audit article ne peut être attribuée à la victime que lorsque, par suite d'un ou de plusieurs accidents du travail ou maladies professionnelles, le taux de l'incapacité permanente est au moins égal à 10 %.

Majoration pour tierce personne. Seule l'incapacité d'effectuer l'ensemble des actes ordinaires de la vie est de nature à justifier la demande de majoration, pour assistance d'une tierce personne. • Soc. 2 juill. 2001, nº 00-11.469 P : *D. 2002. 1867, obs. Dagorne-Labbe* .

Art. R. 413-8 **Dans le cas prévu à l'article L. 413-4, le président du tribunal de grande instance mentionne dans son ordonnance la décision qui a fixé le taux de l'incapacité permanente de la victime et, le cas échéant, la ou les décisions qui ont révisé ce taux.**

Il constate que, par suite des conséquences de l'accident du travail ou de la maladie professionnelle :

1º La victime est atteinte d'une incapacité totale de travail si cette constatation ne résulte pas de la dernière décision intervenue dans le délai prévu à l'article 19 de la loi du 9 avril 1898 ;

2º Une aggravation de l'état de la victime s'est produite à une date qu'il détermine, postérieurement à l'expiration dudit délai, et que cette aggravation oblige la victime à avoir recours à l'assistance d'une tierce personne pour effectuer *(Décr. nº 2013-276 du*

2 avr. 2013, art. 1er-3°) **« des actes ordinaires de la vie dont il précise, le cas échéant, le nombre et la nature** *[ancienne rédaction : les actes ordinaires de la vie]* **».** *— V. note ss. art. R. 413-4.*

Reconnaissance du droit à l'assistance d'une tierce personne pour les séquelles d'un accident survenu soixante ans auparavant. • Civ. 2e, 8 janv. 2009, n° 07-17.609.

Art. R. 413-9 **Dans le cas prévu à l'article L. 413-5, le président du tribunal de grande instance mentionne dans son ordonnance la décision ayant fixé les droits de la victime, conformément aux dispositions de la législation sur les accidents du travail alors en vigueur. Il constate que le décès de la victime, survenu postérieurement à l'expiration du délai de révision prévu à l'article 19 de la loi du 9 avril 1898, est directement imputable aux conséquences de l'accident du travail ou de la maladie professionnelle.**

L'exigence de la mention, dans l'ordonnance du président du tribunal de grande instance, de la décision ayant fixé les droits de la victime conformément aux dispositions de la législation sur les accidents du travail alors en vigueur ne prive pas le conjoint, en l'absence d'une telle décision, du droit, prévu à l'art. L. 413-5, d'obtenir une allocation en cas de décès directement imputable aux conséquences de l'accident et survenu postérieurement à l'expiration du délai prévu à l'art. 19 de la L. du 9 avr. 1898, dès lors que l'action en révision ouverte par ce texte pouvait être engagée indépendamment de l'action tendant à la réparation des séquelles initiales de l'accident. • Soc. 7 déc. 1988, n° 87-14.298 P.

Art. R. 413-10 **Toute modification dans l'état de la victime, dont la première constatation médicale est postérieure à la date de l'ordonnance rendue conformément aux dispositions des articles précédents, de même que le décès de la victime survenu après cette date par suite des conséquences de l'accident du travail ou de la maladie professionnelle, peuvent donner lieu, à la requête soit de la victime ou de ses ayants droit, soit du service compétent pour l'État employeur ou, dans les autres cas, de la Caisse des dépôts et consignations, à une nouvelle fixation des droits aux prestations.**

Cette nouvelle fixation est effectuée selon la procédure prévue aux articles R. 413-6 à R. 413-8. Dans le cas où la requête est présentée par l'État employeur ou par la Caisse des dépôts et consignations, le président statue après avoir entendu la victime ou les ayants droit de celle-ci.

Si une partie ne se présente pas, bien que régulièrement appelée, l'exécution provisoire peut être ordonnée d'office nonobstant opposition.

La réduction ou la suppression des avantages précédemment attribués ne prend effet qu'au premier jour du trimestre suivant celui au cours duquel est signifiée l'ordonnance du président du tribunal de grande instance prononçant cette nouvelle fixation.

Art. R. 413-11 **En vue de la liquidation des prestations, le bénéficiaire est tenu de souscrire une déclaration conforme au modèle fixé par arrêté du ministre chargé de la sécurité sociale et de fournir les pièces y énumérées. Cette déclaration comporte un questionnaire auquel le postulant doit répondre sous la foi du serment. Les pièces justificatives comprennent notamment :**

1° Une expédition de l'ordonnance rendue par le président du tribunal de grande instance fixant le droit aux prestations ;

2° Dans le cas où l'accident ou la maladie a donné lieu à réparation une expédition de l'acte ou du jugement qui a fixé le montant de la réparation et, le cas échéant, de ceux qui ont modifié ce montant ;

3° Dans les cas, autres que ceux mentionnés au 2°, où la victime ou ses ayants droit ont fait valoir ou sont susceptibles de faire valoir des droits contre les tiers responsables, tous constats, procès-verbaux ou pièces de procédure de nature à permettre l'exercice de la subrogation prévue à l'article L. 413-6.

La déclaration et les pièces qui l'accompagnent sont adressées au service compétent pour l'État employeur ou, dans les autres cas, à la Caisse des dépôts et consignations. Il est donné au requérant récépissé de sa demande et des pièces qui l'accompagnent.

En cas de nouvelle fixation des droits aux prestations conformément aux dispositions de l'article R. 413-10 ou de révision de la réparation mentionnée au deuxième alinéa de l'article L. 413-6, le bénéficiaire est tenu de se conformer aux dispositions qui précèdent. Toutefois, il n'est pas tenu de produire la pièce mentionnée au 1° lorsque la

nouvelle fixation du droit aux prestations a été prononcée à la requête de l'État employeur ou de la Caisse des dépôts et consignations. – *V. Arr. du 11 déc. 1967 (BOSS 1967-19, n° 616).*

Art. R. 413-12 Le service compétent pour l'État employeur ou, dans les autres cas, la Caisse des dépôts et consignations liquide le montant de l'allocation et, le cas échéant, de la majoration, sur le vu des déclarations souscrites et des pièces produites par l'intéressé et, éventuellement, des résultats des enquêtes et vérifications auxquelles il fait procéder lorsqu'il l'estime nécessaire.

Ce service ou cet établissement porte à la connaissance de l'intéressé le montant et le point de départ de l'avantage ou des avantages attribués et procède au paiement des sommes dues.

(Décr. n° 2010-332 du 24 mars 2010, art. 1er-8°) « Il assure le règlement des frais d'appareillage dans le cadre prévu à l'article L. 413-3. »

Art. R. 413-13 Pour l'application des dispositions du deuxième alinéa de l'article L. 413-6, la réparation attribuée en capital est convertie en une rente fictive sur la base des tarifs appliqués par la Caisse nationale de prévoyance en matière de rente de droit commun à la date de la décision judiciaire ayant fixé la réparation. En outre cette rente fictive ou la rente attribuée est, avant imputation sur le montant de l'allocation, affectée des majorations résultant de la loi n° 51-695 du 24 mai 1951 modifiée.

Dans le cas où la rente et la majoration, ou l'un de ces avantages, ont fait l'objet d'un rachat, le calcul est effectué comme si ce rachat n'avait pas été réalisé.

Toute nouvelle majoration légalement fixée donne lieu à révision de l'allocation.

Art. R. 413-14 Les prestations accordées par application des articles L. 413-2 à L. 413-4 se substituent pour l'avenir à la pension d'invalidité à laquelle l'intéressé pouvait avoir droit au titre des assurances sociales.

Art. R. 413-15 Les frais de la procédure, notamment ceux afférents aux mesures d'instruction, sont à la charge de l'État employeur ou, selon le cas, *(Décr. n° 2018-1256 du 27 déc. 2018, art. 4, en vigueur le 1er janv. 2019)* « de l'organisme mentionné à l'article L. 221-1 ou à l'article L. 723-11 du code rural et de la pêche maritime ».

Toutefois, le président du tribunal de grande instance peut, à la demande de l'État employeur ou *(Décr. n° 2018-1256 du 27 déc. 2018, art. 4, en vigueur le 1er janv. 2019)* « de l'organisme concerné », mettre à la charge du requérant tout ou partie des frais de la procédure lorsque la requête est reconnue manifestement abusive. Les frais provoqués par la faute d'une partie peuvent être, dans tous les cas, mis à sa charge.

Art. R. 413-16 Les dispositions des articles R. 413-6 à R. 413-15 sont applicables aux personnes mentionnées à l'article L. 413-9.

Art. R. 413-17 Tout bénéficiaire d'un avantage, en exécution des articles L. 413-2 à L. 413-9 et L. 754-4 est tenu de se soumettre aux contrôles prescrits par le service, établissement ou organisme qui a la charge de l'avantage considéré et qui, en cas de refus, peut suspendre le paiement de cet avantage.

Art. R. 413-18 Le service, établissement ou organisme compétent fait application aux allocations et majorations attribuées, des dispositions de l'article L. 413-7, sans que le bénéficiaire ait à formuler une demande.

SOUS-SECTION 3 ACCIDENTS SURVENUS OU MALADIES CONSTATÉES EN ALGÉRIE AVANT LE 1er JUILLET 1962

Art. R. 413-19 En vue d'obtenir le bénéfice de l'allocation différentielle prévue au premier alinéa de l'article L. 413-10, toute personne remplissant les conditions requises est tenue de justifier de celles-ci auprès du service compétent pour l'État employeur ou de *(Décr. n° 2018-1256 du 27 déc. 2018, art. 4, en vigueur le 1er janv. 2019)* « l'organisme mentionné à l'article L. 221-1 ou à l'article L. 723-11 du code rural et de la pêche maritime » dans les autres cas.

Ce service ou *(Décr. n° 2018-1256 du 27 déc. 2018, art. 4, en vigueur le 1er janv. 2019)* « cet organisme » recueille tous renseignements, procède à toute vérification qu'il estime nécessaire. – *[Anc. art. R. 413-20.]*

Art. R. 413-20 Les arrérages de l'allocation différentielle prennent effet à la date à laquelle les justifications sont parvenues au service ou à *(Décr. n° 2018-1256 du 27 déc. 2018, art. 4, en vigueur le 1er janv. 2019)* « l'organisme » compétent. – *[Anc. art. R. 413-21.]*

Date d'effet. Le bénéfice des dispositions prévues par l'art. L. 413-10 prend effet à la date à laquelle les justifications sont parvenues au service ou à l'établissement compétent, et non à la date du retour en France de la personne qui demande le rétablissement de ses droits. • Civ. 2e, 23 mai 2007, n° 06-15.311.

Art. R. 413-21 Les avantages mentionnés au quatrième alinéa de l'article L. 413-10 s'entendent de tous ceux qui, en vertu de la législation applicable en Algérie avant le 1er juillet 1962, *(Décr. n° 2018-1256 du 27 déc. 2018, art. 4, en vigueur le 1er janv. 2019)* « à raison des accidents du travail agricoles et non agricoles survenus en Algérie avant cette date, relèvent soit des caisses mentionnées aux articles L. 211-1, L. 215-5 et L. 752-4 du présent code, soit des caisses mentionnées à l'article L. 723-2 du code rural et de la pêche maritime », notamment en application de l'article 24 de la loi du 9 avril 1898 et des articles 13, 14, 26 et 30 de la loi n° 54-892 du 2 septembre 1954.

Toute personne qui désire obtenir le bénéfice des dispositions du quatrième alinéa de l'article L. 413-10 est tenue de justifier auprès de la *(Décr. n° 2018-1256 du 27 déc. 2018, art. 4, en vigueur le 1er janv. 2019)* « caisse concernée » qu'elle réunit les conditions prévues respectivement au premier et au quatrième alinéa dudit article ; la *(Décr. n° 2018-1256 du 27 déc. 2018, art. 4, en vigueur le 1er janv. 2019)* « caisse » recueille tous renseignements et procède à toute vérification qu'elle estime nécessaire.

(Abrogé par Décr. n° 2018-1256 du 27 déc. 2018, art. 4, à compter du 1er janv. 2019) ***« En mettant en paiement l'avantage dû, sous forme d'avance à la charge selon le cas, du fonds commun prévu à l'article L. 437-1 ou à l'article 1203 du code rural, la Caisse des dépôts et consignations avise le bénéficiaire que ledit fonds est subrogé à due concurrence dans ses droits conformément aux dispositions de l'article 5 de la loi n° 64-1330 du 26 décembre 1964 à l'égard de l'institution algérienne compétente. »*** – *[Anc. art. R. 413-23.]*

Art. R. 413-22 Les dispositions de la présente sous-section sont applicables aux étrangers admis au bénéfice d'une ou plusieurs prestations dans le cadre du décret n° 62-1049 du 4 septembre 1962 portant règlement d'administration publique pour l'application à certains étrangers de la loi n° 61-1439 du 26 décembre 1961 relative à l'accueil et à la réinstallation des Français d'outre-mer. – *[Anc. art. R. 413-25.]*

SECTION II **RÉGIMES DISTINCTS**

SOUS-SECTION 1 **PENSIONS**

Néant.

SOUS-SECTION 2 **COLLECTIVITÉS, ÉTABLISSEMENTS ET ENTREPRISES ASSUMANT DIRECTEMENT LA CHARGE DE LA RÉPARATION**

§ 1er ENTREPRISES PRIVÉES

Néant. – V. art. D. 413-1 à D. 413-9.

§ 2 COLLECTIVITÉS, ÉTABLISSEMENTS ET ENTREPRISES ASSURANT UN SERVICE PUBLIC, ENTREPRISES PRIVÉES D'INTÉRÊT GÉNÉRAL ET EMPLOYEURS ASSUJETTIS À UNE ORGANISATION SPÉCIALE DE SÉCURITÉ SOCIALE

Néant. – V. art. D. 413-10 à D. 413-12.

SOUS-SECTION 3 **ADMINISTRATIONS, SERVICES, OFFICES ET ÉTABLISSEMENTS PUBLICS DE L'ÉTAT AUTRES QUE LES ÉTABLISSEMENTS PUBLICS À CARACTÈRE INDUSTRIEL OU COMMERCIAL**

Néant.

TITRE DEUXIÈME PRÉVENTION

CHAPITRE PREMIER ORGANISATION

SECTION PREMIÈRE DISPOSITIONS GÉNÉRALES

Art. R. 421-1 La politique de prévention mentionnée à l'article L. 421-1 est définie par le ministre chargé du travail et par le ministre chargé de la sécurité sociale.

Art. R. 421-2 Les décisions *(Décr. n° 95-39 du 11 janv. 1995, art. 6-I)* « de la commission des accidents du travail et des maladies professionnelles » de la Caisse nationale de l'assurance maladie des travailleurs salariés doivent être prises après avis du comité technique national intéressé ou, si plusieurs branches d'activités sont intéressées, *(Décr. n° 2000-1192 du 1er déc. 2000, art. 1er)* « des comités techniques nationaux concernés » pour toutes mesures de caractère technique et d'ordre statistique.

Art. R. 421-3 *Abrogé par Décr. n° 2000-1192 du 1er déc. 2000, art. 3.*

Art. R. 421-4 Le classement des entreprises en fonction de leur risque professionnel est effectué à l'intérieur d'une région déterminée soit par les conseils d'administration des caisses *(Décr. n° 2010-344 du 31 mars 2010, art. 312)* « d'assurance retraite et de la santé au travail », après consultation des comités techniques régionaux, soit par les comités techniques régionaux lorsqu'ils statuent en vertu d'une délégation des conseils d'administration.

SECTION II FONDS DE PRÉVENTION DES ACCIDENTS DU TRAVAIL

Art. R. 421-5 Le Fonds national de prévention des accidents du travail prévu à l'article R. 251-1 contribue à la prévention des accidents du travail et des maladies professionnelles :

1° Par la création ou le développement d'institutions ou de services de recherches, d'études, d'essais, d'enseignement, de documentation ou de propagande concernant l'hygiène et la sécurité du travail et la prévention des accidents du travail et des maladies professionnelles ;

2° Par la création ou le développement d'institutions ou de services chargés de l'organisation ou du contrôle de la prévention ou fournissant le concours de techniciens-conseils en matière de prévention ;

3° Par l'attribution de subventions ou de prêts aux institutions mentionnées aux 1° et 2° ci-dessus ;

(Abrogé par Décr. n° 2011-2029 du 29 déc. 2011, art. 1er-2°) « ***4° Par l'attribution aux entreprises d'avances à un taux réduit, en vue de leur faciliter la réalisation d'aménagements destinés à assurer une meilleure protection des travailleurs.*** »

Art. R. 421-6 Le fonds de prévention fournit les moyens de recourir à tous les procédés de publicité et de propagande appropriés pour faire connaître, tant dans les entreprises que parmi la population, les méthodes de prévention et exercer spécialement une action sur les travailleurs par l'intermédiaire de leurs syndicats et sur les comités d'hygiène, de sécurité et des conditions de travail.

Il favorise l'enseignement de la prévention en liaison avec le ministère chargé de la Sécurité sociale, le ministère chargé du Travail, le ministère chargé de la Santé et le ministère chargé de l'Éducation nationale.

SECTION III COMITÉS TECHNIQUES NATIONAUX ET RÉGIONAUX

Art. R. 421-7 *(Décr. n° 2000-1192 du 1er déc. 2000, art. 2)* La commission des accidents du travail et des maladies professionnelles est assistée de comités techniques nationaux constitués par branches ou groupes de branches d'activité. Ces comités centralisent et étudient les statistiques concernant leurs branches de production respectives.

Lorsque les questions à étudier ou les décisions à prendre intéressent plusieurs comités, la commission des accidents du travail et des maladies professionnelles assure leur coordination. – *V. Arr. du 22 déc. 2000 (JO 27 déc.) : comités techniques nationaux. – Sur l'indemnisation des membres des comités techniques nationaux, V. Arr. du 29 juin 1970 (JO 16 juill.), mod. par Arr. du 28 mai 1979 (JONC 8 juill.), Arr. du 29 juill. 1991 (JO 7 août).*

Art. R. 421-8 *(Décr. nº 2000-1192 du 1er déc. 2000, art. 2)* **Un arrêté du ministre chargé de la sécurité sociale fixe la liste et la composition des comités sur proposition de la commission des accidents du travail et des maladies professionnelles.**

Chaque comité comprend seize membres désignés pour quatre ans par la commission des accidents du travail et des maladies professionnelles, pour moitié sur proposition des organisations professionnelles d'employeurs et pour moitié sur proposition des organisations syndicales de salariés, représentatives sur le plan national. Des membres suppléants en nombre égal à celui des titulaires sont désignés dans les mêmes conditions. Le mandat des membres est renouvelable.

Le directeur de la sécurité sociale, le directeur général du travail, le chef du service de l'inspection médicale du travail ou leur représentant assistent avec voix consultative aux séances des comités techniques nationaux.

Les comités peuvent s'adjoindre des spécialistes des questions de prévention des accidents du travail et des maladies professionnelles.

Par dérogation aux dispositions de l'art. R. 421-8, les mandats des membres des comités techniques nationaux mentionnés à l'art. R. 421-7 CSS, en cours à la date de publication du Décr. nº 2018-353 du 14 mai 2018, sont prorogés de quinze mois (Décr. préc., art. 3).

Art. R. 421-9 et R. 421-10 *Abrogés par Décr. nº 2000-1192 du 1er déc. 2000, art. 3.*

Art. R. 421-11 **Les comités techniques mentionnés à l'article L. 215-4 et chargés d'assister les conseils d'administration des caisses** *(Décr. nº 2010-344 du 31 mars 2010, art. 313)* **« d'assurance retraite et de la santé au travail » en matière d'accidents du travail et de maladies professionnelles comprennent chacun huit membres au moins désignés par lesdits conseils sur la proposition des organisations professionnelles de travailleurs et d'employeurs reconnues les plus représentatives par le préfet de région. Des membres suppléants en nombre égal à celui des titulaires sont désignés dans les mêmes conditions.**

(Décr. nº 99-449 du 2 juin 1999, art. 26 ; Décr. nº 2010-344 du 31 mars 2010, art. 313) **« Le directeur régional des entreprises, de la concurrence, de la consommation, du travail et de l'emploi » et, le cas échéant, le fonctionnaire chargé de l'inspection du travail en vertu d'une législation spéciale, assistent aux séances desdits comités avec voix consultative. Chacun d'eux peut se faire représenter par un fonctionnaire placé sous son autorité.**

Les comités techniques peuvent s'adjoindre des spécialistes des questions de prévention des accidents du travail et maladies professionnelles, notamment des médecins inspecteurs du travail.

Un arrêté du ministre chargé de la sécurité sociale détermine les branches ou groupes de branches d'activité devant donner lieu à la création de comités techniques.

Art. R. 421-12 **Les questions relatives à la prévention sur lesquelles les comités techniques régionaux sont obligatoirement consultés par la caisse** *(Décr. nº 2010-344 du 31 mars 2010, art. 313)* **« d'assurance retraite et de la santé au travail » comportent notamment :**

1º L'institution de nouvelles mesures de prévention auxquelles doivent se soumettre les employeurs exerçant une même activité, imposées en application de l'article L. 422-4 ;

2º Les ristournes accordées ou les cotisations supplémentaires imposées aux entreprises par application des dispositions de l'article L. 242-7.

1. Lorsqu'une délégation a été conférée par le conseil d'administration de la caisse régionale à un comité technique régional, la délibération de ce comité ne doit pas être considérée comme un simple avis mais comme une véritable décision susceptible de recours. • Soc. 26 juin 1975 : *Bull. civ. V, nº 359.*

2. Si le comité technique régional compétent a délégué sans restriction ses pouvoirs à la commission paritaire permanente, il ne peut statuer lui-même tant que dure la délégation de pouvoir ; il n'est pas tenu de rapporter cette délégation pour statuer lui-même en cas de partage des voix en commission paritaire, ce partage équivalant à un avis défavorable. • Soc. 13 mai 1981 : *Bull. civ. V, nº 422.*

Art. R. 421-13 Les comités techniques régionaux procèdent à toutes études statistiques se rapportant au risque professionnel dans leurs branches d'activités respectives. Les résultats de ces études sont transmis immédiatement aux comités techniques nationaux intéressés.

Les comités techniques régionaux concourent à la diffusion pour leur région des méthodes de prévention avec la collaboration des organisations professionnelles patronales et ouvrières, des organisations nationales de jeunesse ouvrière et des comités d'hygiène, de sécurité et des conditions de travail.

Art. R. 421-14 Les services de l'inspection du travail et de l'inspection médicale du travail et de l'emploi fournissent aux comités techniques régionaux et nationaux et sur leur demande les renseignements et la documentation qu'ils possèdent et dont lesdits comités ont besoin pour procéder à l'étude de toute question relevant de leur compétence.

CHAPITRE II ATTRIBUTIONS DES ORGANISMES

SECTION PREMIÈRE ATTRIBUTIONS DE LA CAISSE NATIONALE DE L'ASSURANCE MALADIE DES TRAVAILLEURS SALARIÉS

Art. R. 422-1 Les ingénieurs-conseils de la Caisse nationale de l'assurance maladie des travailleurs salariés peuvent être chargés d'enquêtes concernant l'activité des services de prévention des caisses *(Décr. nº 2010-344 du 31 mars 2010, art. 314)* « d'assurance retraite et de la santé au travail ».

Art. R. 422-2 L'arrêté mentionné au premier alinéa de l'article L. 422-1 est pris par le ministre chargé de la sécurité sociale et le ministre chargé du travail.

L'arrêté mentionné au dernier alinéa de l'article L. 422-1 est pris par le ministre chargé de la sécurité sociale et le ministre chargé du budget.

SECTION II ATTRIBUTIONS DES CAISSES D'ASSURANCE RETRAITE ET DE LA SANTÉ AU TRAVAIL *(Décr. nº 2010-344 du 31 mars 2010, art. 315)*.

Art. R. 422-3 Les statistiques mentionnées au premier alinéa de l'article L. 422-2 sont communiquées annuellement au ministre chargé du travail et au ministre chargé de la sécurité sociale.

Les résultats des études mentionnées au deuxième alinéa du même article L. 422-2 sont portés à la connaissance du directeur régional du travail et de l'emploi.

Art. R. 422-4 Les ingénieurs-conseils et contrôleurs de sécurité sont des agents de la caisse *(Décr. nº 2010-344 du 31 mars 2010, art. 315)* « d'assurance retraite et de la santé au travail » ou des personnes choisies par le conseil d'administration en dehors du personnel de la caisse, en raison de leur compétence technique.

Ils sont agréés dans les conditions fixées par un arrêté du ministre chargé de la sécurité sociale. — *V. Arr. du 23 juill. 1997 (JO 1er août).*

L'autorité de tutelle compétente pour agréer un ingénieur ou un contrôleur de sécurité n'est liée que par les prescriptions réglementaires qui conditionnent cet agrément au moment où elle prend cette décision et non par les exigences contraires ou supplémentaires qu'a pu y ajouter la convention collective même agréée, à moins que les textes ne renvoient expressément à ladite convention. • CE 29 juin 1990 : *D. 1991. Somm. 123, obs. Prétot*.

Art. R. 422-5 L'autorité compétente pour l'exercice des pouvoirs prévus au 1° du premier alinéa de l'article L. 422-4 est le directeur régional du travail et de l'emploi.

Les autorités compétentes pour l'exercice des pouvoirs prévus au deuxième alinéa de l'article L. 422-4 sont le directeur régional du travail et de l'emploi ou, en cas de refus de celui-ci, le ministre chargé du travail.

Le délai prévu au 2° du troisième alinéa du même article est fixé à trois ans.

Art. R. 422-6 La caisse *(Décr. nº 2010-344 du 31 mars 2010, art. 315)* « d'assurance retraite et de la santé au travail » peut :

1° Accorder des récompenses aux travailleurs, agents de maîtrise et chefs d'entreprise qui se sont signalés par leur activité et leurs initiatives en matière de prévention ;

2° Avec l'autorisation de la Caisse nationale de l'assurance maladie, créer et gérer des institutions ou des services dont le but est le perfectionnement ou le développement, dans le cadre régional, des méthodes de prévention, aider financièrement par des subventions, des prêts ou la rémunération de services rendus, à la création et au fonctionnement de telles institutions ou services.

Art. R. 422-7 *Abrogé par Décr. n° 2011-2029 du 29 déc. 2011, art. 1er-2°.*

Art. R. 422-8 La caisse *(Décr. n° 2010-344 du 31 mars 2010, art. 315)* « d'assurance retraite et de la santé au travail », en vue de réaliser, à titre d'expérience et sous son contrôle, certaines mesures de protection et de prévention, peut conclure avec des entreprises des conventions comportant une participation au financement de ces mesures. Cette participation peut prendre la forme soit d'avances remboursables, soit de subventions, soit d'avances susceptibles, suivant les résultats obtenus, d'être transformées, en tout ou en partie, en subventions.

Art. R. 422-9 Il est trimestriellement rendu compte au conseil d'administration de la caisse *(Décr. n° 2010-344 du 31 mars 2010, art. 315)* « d'assurance retraite et de la santé au travail » des opérations mentionnées à l'article L. 422-4 et aux articles R. 422-6 à R. 422-8.

Cette caisse rend annuellement compte à la Caisse nationale de l'ensemble de ses activités en matière de prévention.

TITRE TROISIÈME PRESTATIONS

CHAPITRE PREMIER DISPOSITIONS GÉNÉRALES

Art. R. 431-1 Le taux d'incapacité mentionné au 4° de l'article L. 431-1 est fixé à 10 %.

Art. R. 431-2 Les prestations mentionnées à l'article L. 431-1 sont supportées conformément aux dispositions du présent titre, par la caisse primaire d'assurance maladie à laquelle la victime est affiliée.

Toutefois, en cas d'accidents successifs survenus à un même travailleur, la caisse primaire compétente pour le dernier accident assume la charge des rentes afférentes à chacun des accidents du travail antérieurs. Cette caisse a qualité pour assurer la gestion desdites rentes et notamment pour recevoir tous documents, procéder à tous contrôles, prendre toute décision et exercer toute action y relative.

Ladite caisse assume également la charge des prestations et indemnités autres que les rentes qui seraient dues postérieurement au transfert de la rente, notamment en exécution des dispositions des articles *(Décr. n° 2018-1256 du 27 déc. 2018, art. 4, en vigueur le 1er janv. 2019)* « L. 432-3 », L. 443-2 et R. 443-2.

CHAPITRE II LES PRESTATIONS EN NATURE

SECTION PREMIÈRE SOINS

Art. R. 432-1 L'arrêté interministériel mentionné à l'article L. 432-3 est pris par le ministre chargé de la sécurité sociale, le ministre chargé de la santé et le ministre chargé de l'économie.

Art. R. 432-2 Dans le cas où la victime est hospitalisée dans une clinique privée dont les tarifs sont plus élevés que ceux de l'établissement hospitalier public de même nature le plus proche, la caisse primaire, sauf le cas d'urgence, et sauf circonstances exceptionnelles, n'est tenue au paiement des frais que dans les limites de son tarif de responsabilité mentionné au deuxième alinéa de l'article L. 432-4.

SECTION II APPAREILLAGE

Art. R. 432-3 Le droit de la victime à l'appareillage prévu aux articles L. 431-1 et *(Décr. n° 2018-1256 du 27 déc. 2018, art. 4, en vigueur le 1er janv. 2019)* « L. 432-3 » s'exerce dans les conditions fixées par la section IV du chapitre Ier du titre VI du livre Ier.

Art. R. 432-4 En matière de prothèse dentaire, sauf en ce qui concerne la prothèse maxillo-faciale, à laquelle sont applicables les dispositions de la présente section, les mutilés se font appareiller chez un praticien de leur choix, dans les conditions fixées par la nomenclature générale des actes professionnels sous réserve des dispositions spéciales fixées par un arrêté interministériel pris conformément aux dispositions de l'article L. 432-3.

Les dispositions de l'article R. 141-1 sont applicables en matière de soins dentaires et de délivrance des appareils de prothèse dentaire.

La caisse primaire d'assurance maladie paie directement le praticien sur présentation de la note de frais établie sur la base du tarif fixé conformément aux dispositions des articles L. 162-5, L. 162-6, L. 162-8, L. 162-9, L. 162-11 et L. 162-12 d'après la nomenclature générale des actes professionnels.

Art. R. 432-5 *Abrogé par Décr. n° 2010-332 du 24 mars 2010, art. 1er-10°.*

SECTION III RÉADAPTATION FONCTIONNELLE, RÉÉDUCATION PROFESSIONNELLE, RECLASSEMENT ET RECONVERSION PROFESSIONNELLE

(Décr. n° 2017-1814 du 29 déc. 2017, art. 3-1°).

SOUS-SECTION 1 DISPOSITIONS GÉNÉRALES

Art. R. 432-6 Le bénéfice du traitement prévu à l'article L. 432-6 est accordé à la victime, soit sur sa demande, soit sur l'initiative de la caisse, après avis du médecin traitant et du médecin-conseil dès qu'il apparaît que ce traitement est de nature à favoriser la guérison ou la consolidation de la blessure ou à atténuer l'incapacité permanente. En cas de désaccord ou si la victime en fait la demande, il est procédé à une expertise dans les conditions prévues par décret.

Au vu des avis médicaux, émis dans les conditions mentionnées à l'alinéa précédent, il est statué par la caisse sur la nature et la durée du traitement nécessité par l'état de la victime.

Art. R. 432-7 La décision prise par la caisse primaire d'assurance maladie en application de l'article R. 432-6 est notifiée à la victime et à son médecin traitant. Lorsqu'il s'agit d'une décision de refus la notification à la victime est faite par lettre recommandée avec demande d'avis de réception.

Dans le cas où le bénéfice de la réadaptation fonctionnelle a été demandé par la victime, la caisse est tenue de répondre dans le délai d'un mois, à compter de la date de réception de la demande. Le défaut de réponse dans ce délai vaut décision de rejet et ouvre droit au recours de la victime.

En matière d'accidents du travail, seul s'applique l'art. R. 432-7, selon lequel le défaut de réponse de la caisse dans le délai d'un mois équivaut à un rejet. Cassation de l'arrêt ayant estimé que le défaut de réponse de la caisse dans les dix jours à une demande de prise en charge de soins de kinésithérapie au titre d'une réadaptation fonctionnelle valait acceptation. • Soc. 28 mai 1975 : *Bull. civ. V, n° 287.*

Art. R. 432-8 En cas d'inobservation des obligations mentionnées au premier alinéa de l'article L. 432-8, la date à laquelle la caisse cesse d'être tenue au paiement des frais mentionnés au deuxième alinéa du même article est celle qui est constatée sur l'avis de réception de la lettre recommandée adressée par la caisse aux praticiens ou établissements intéressés, pour leur notifier sa décision, dont la victime aura également été avisée par lettre recommandée.

Art. R. 432-9 Si une rente est due par la caisse primaire à la victime soumise au traitement spécial en vue de la réadaptation, à raison de l'incapacité permanente résultant de l'accident ayant nécessité cette réadaptation, la caisse primaire paie s'il y a lieu la fraction d'indemnité journalière qui excède le montant correspondant de la rente, conformément aux dispositions de l'article R. 443-2.

Art. R. 432-9-1 *(Décr. n° 2006-111 du 2 févr. 2006)* En cas de rééducation professionnelle, le salaire perçu avant l'accident en fonction duquel est calculé le supplément d'indemnité journalière ou de rente prévu à l'article L. 432-9 est celui mentionné aux articles R. 433-4 et R. 434-29.

Art. R. 432-9-2 *(Décr. nº 2017-1814 du 29 déc. 2017, art. 3-2º)* La victime peut bénéficier d'un abondement en *(Décr. nº 2018-1256 du 27 déc. 2018, art. 2, en vigueur le 1er janv. 2019)* « droits » complémentaires par accident du travail ou maladie professionnelle pour financer tout ou partie d'une formation, conformément aux dispositions du II de l'article L. 6323-4 du code du travail, dans les conditions prévues à la présente section.

Les dispositions du Décr. nº 2017-1814 du 29 déc. 2017 sont applicables aux victimes dont les taux d'incapacité permanente sont notifiés à compter du 1er janv. 2018 (Décr. préc., art. 5).

Art. R. 432-9-3 *(Décr. nº 2018-1256 du 27 déc. 2018, art. 2, en vigueur le 1er janv. 2019)* Le montant de l'abondement mentionné à l'article L. 432-12 est fixé à 7 500 euros, dont l'utilisation peut être fractionnée.

Ce montant est réévalué selon les modalités fixées au sixième alinéa de l'article L. 6323-11 du code du travail.

Art. R. 432-9-4 *(Décr. nº 2017-1814 du 29 déc. 2017, art. 3-2º)* Pour bénéficier de l'abondement mentionné à l'article L. 432-12, la victime fournit, à l'appui de sa demande, la dernière notification de taux d'incapacité permanente qui lui a été adressée par la caisse primaire dont elle relève.

La ou les demandes de formation au titre de l'abondement précité doivent être formulées dans les deux ans qui suivent la date de la notification mentionnée à l'alinéa précédent. Ce délai n'est opposable au bénéficiaire que s'il a été mentionné dans cette notification.

V. note ss. art. R. 432-9-2.

Art. R. 432-9-5 *(Décr. nº 2017-1814 du 29 déc. 2017, art. 3-2º)* L'abondement mentionné à l'article R. 432-9-2 est réputé remplir les conditions de l'article L. 432-12 lorsqu'il correspond à une action de formation de nature à favoriser la reconversion professionnelle ou lorsqu'elle *[l'action de formation]* est reconnue éligible par l'organisme *(Abrogé par Décr. nº 2018-1256 du 27 déc. 2018, art. 2, à compter du 1er janv. 2019)* « *ou l'employeur* » prenant en charge les frais de formation du demandeur. — *V. note ss. art. R. 432-9-2.*

Art. R. 432-9-6 *(Décr. nº 2017-1814 du 29 déc. 2017, art. 3-2º)* Le montant de l'heure de formation financée au titre de l'article L. 432-12 est fixé au regard du coût réel de la formation dans la limite d'un plafond déterminé par un arrêté des ministres chargés de la sécurité sociale, du budget et de la formation professionnelle.

Toutefois, lorsque le coût de l'heure de formation excède ce plafond, une valorisation monétaire supplémentaire des heures de formation, dans la limite du plafond, peut être accordée sur demande de la victime par la prise en compte d'heures abondées sur le compte personnel de formation non utilisées pour cette formation.

V. note ss. art. R. 432-9-2.

Nouvel art. R. 432-9-6 (Décr. nº 2017-1814 du 29 déc. 2017, art. 3-2º) (Décr. nº 2018-1256 du 27 déc. 2018, art. 2, en vigueur le 1er janv. 2020) « ***Pour chaque action de formation prise en charge dans le cadre de l'abondement du compte personnel de formation prévu à l'article L. 432-12, la Caisse des dépôts et consignations fournit à la Caisse nationale d'assurance maladie une attestation indiquant que la formation a été effectivement suivie et a fait l'objet d'un règlement. Les modalités de versement, par la Caisse nationale d'assurance maladie à la Caisse des dépôts et consignations, des sommes correspondantes sont fixées par une convention conclue entre ces deux organismes.*** »

Le contenu de cette attestation est défini par arrêté du ministre chargé de la sécurité sociale et du ministre chargé de la formation professionnelle. — [Anc. art. R. 432-9-7.]

V. note ss. art. R. 432-9-2.

Art. R. 432-9-7 *(Décr. nº 2017-1814 du 29 déc. 2017, art. 3-2º)* Afin d'obtenir le remboursement de la prise en charge du nombre d'heures utilisé par la victime en application de l'article L. 432-12, le financeur de l'action de formation suivie par la victime fournit à la Caisse nationale de l'assurance maladie une attestation indiquant notamment que la formation a été effectivement suivie et a fait l'objet d'un règlement.

Le contenu de cette attestation est défini par arrêté du ministre chargé de la sécurité sociale et du ministre chargé de la formation professionnelle.

V. note ss. art. R. 432-9-2.

A compter du 1er janv. 2020, l'art. R. 432-9-7 devient l'art. R. 432-9-6 (Décr. no 2018-1256 du 27 déc. 2018, art. 2).

Art. R. 432-9-8 (Abrogé par Décr. n° 2018-1256 du 27 déc. 2018, art. 2, à compter du 1er janv. 2020) (Décr. n° 2017-1814 du 29 déc. 2017, art. 3-2°) ***Sur la base de l'attestation mentionnée à l'article R. 432-9-7, la Caisse nationale de l'assurance maladie verse au financeur de l'action de formation le montant correspondant à l'utilisation de l'abondement mentionné à l'article L. 432-12.***

V. note ss. art. R. 432-9-2.

SOUS-SECTION 2 PRIME DE FIN DE RÉÉDUCATION ET PRÊT D'HONNEUR

Art. R. 432-10 En vue de faciliter le reclassement de la victime, la caisse primaire d'assurance maladie peut verser à celle-ci, après avis conforme de l'établissement où la rééducation a eu lieu :

1° Une prime de fin de rééducation dans la limite d'un maximum et selon les conditions d'attribution fixées par un décret pris sur le rapport du ministre chargé de la sécurité sociale et du ministre chargé du budget ;

2° Éventuellement, un prêt d'honneur en vue d'une installation industrielle, artisanale ou agricole.

Le décret mentionné au 1° ci-dessus détermine notamment le montant de ce prêt, le taux de l'intérêt y afférent, le délai maximum accordé pour le remboursement, les garanties exigées et, d'une façon générale, les conditions d'attribution du prêt. – *V. art. D. 432-1 à D. 432-14.*

1. Prime de fin de rééducation. Il résulte des dispositions des art. R. 432-10, D. 432-4 et D. 432-5 que l'attribution d'une prime de fin de rééducation n'est qu'une simple faculté pour la caisse, qui peut la subordonner au résultat d'une enquête sociale. • Civ. 2e, 2 mars 2004, n° 02-30.992 P : *RJS 2004, n° 603 ; TPS 2004, n° 155.*

2. Erreur de droit. L'erreur de droit commise par une caisse, lorsqu'elle procède d'une méconnaissance d'un texte dépourvu d'ambiguïté (prêt d'honneur), peut constituer une erreur grossière susceptible d'engager la responsabilité de l'organisme social. • Soc. 10 oct. 1991, n° 89-15.479 P.

CHAPITRE III INDEMNISATION DE L'INCAPACITÉ TEMPORAIRE

Art. R. 433-1 La fraction du salaire journalier mentionnée au premier alinéa de l'article L. 433-2 est égale à *(Décr. no 93-679 du 27 mars 1993, art. 1er-I)* **« 60 % ».** – *[Anc. art. R. 433-2.]*

Art. R. 433-2 La limite maximale de la rémunération annuelle mentionnée au premier alinéa de l'article L. 433-2 est égale à *(Décr. no 93-938 du 16 juill. 1993, art. 2)* **« 0,834 % ».** – *[Anc. art. R. 433-3.]*

Art. R. 433-3 Pour l'application du deuxième alinéa de l'article L. 433-2, le taux de l'indemnité journalière est porté *(Décr. no 93-679 du 27 mars 1993, art. 1er-II)* **« à 80 % » du salaire journalier, à partir du vingt-neuvième jour après celui de l'arrêt de travail consécutif à l'accident.** – *[Anc. art. R. 433-4.]*

Art. R. 433-4 *(Décr. no 93-679 du 27 mars 1993, art. 2)* **Le salaire journalier servant de base au calcul de l'indemnité journalière prévue à l'article L. 433-1 est déterminé comme suit :**

(Décr. no 2014-953 du 20 août 2014, art. 1er-6o, en vigueur le 1er janv. 2015) **« 1° 1/30,42 du montant de la paye du mois civil antérieur à la date de l'arrêt de travail lorsque le salaire est réglé mensuellement ou dans les cas autres que ceux mentionnés aux 2° et 5° ; »**

2° 1/28 du montant des deux ou des quatre dernières *(Décr. no 2014-953 du 20 août 2014, art. 1er-6o, en vigueur le 1er janv. 2015)* **« payes du mois civil antérieur » à la date de l'arrêt de travail, si le salaire est réglé toutes les deux semaines ou chaque semaine ;**

(Abrogé par Décr. n° 2014-953 du 20 août 2014, art. 1er-6°, à compter du 1er janv. 2015) « 3° *(Décr. n° 2010-1305 du 29 oct. 2010, art. 1er)* « **1/30,42** » du montant des payes afférentes au mois antérieur à la date de l'arrêt de travail, si le salaire est réglé journellement ou à intervalles réguliers, au début ou à la fin d'un travail ;

« 4° *(Décr. n° 2010-1305 du 29 oct. 2010, art. 1er)* « **1/91,25** » du montant du salaire des trois mois antérieurs à la date d'arrêt du travail, si ce salaire n'est pas réglé au moins une fois par mois, mais l'est au moins une fois par trimestre ; »

5° *(Décr. n° 2010-1305 du 29 oct. 2010, art. 1er)* « **1/365** » du montant du salaire des douze *(Décr. n° 2014-953 du 20 août 2014, art. 1er-6°, en vigueur le 1er janv. 2015)* « mois civils antérieurs » à la date de l'arrêt de travail, lorsque l'activité de l'entreprise n'est pas continue ou présente un caractère saisonnier ou lorsque la victime exerce une profession de manière discontinue.

L'indemnité journalière calculée à partir de ce salaire journalier ne peut dépasser le montant du gain journalier net perçu par la victime et déterminé *(Décr. n° 2014-953 du 20 août 2014, art. 1er-6°, en vigueur le 1er janv. 2015)* « par application au salaire de référence du taux forfaitaire mentionné au deuxième alinéa de l'article R. 331-5 ».– *[Anc. art. R. 433-5.]*

Les dispositions du Décr. n° 2010-1305 du 29 oct. 2010 sont applicables aux assurés dont la période d'indemnisation débute le 1er déc. 2010 (Décr. préc., art. 3).

Les dispositions issues du Décr. n° 2014-953 du 20 août 2014 sont applicables aux indemnités journalières versées au titre d'arrêts de travail débutant le 1er janv. 2015 (Décr. préc., art. 3).

1. VRP. Pour le calcul de l'indemnité journalière due aux VRP, il doit être fait application de la solution prévue pour les salariés saisonniers, soit l'étalement de la période de référence sur les douze mois précédant l'arrêt du travail. • Soc. 25 juin 1964 : *Bull. civ. IV, n° 563.* ♦ En revanche, dès lors qu'un salarié est payé mensuellement, il n'y a pas lieu de calculer les indemnités journalières sur une base annuelle afin d'y inclure des primes périodiques. • Soc. 4 avr. 1996, n° 94-12.938 P (inapplication aux visiteurs médicaux du statut des VRP).

2. Travailleur intérimaire. L'indemnité journalière versée au salarié d'une entreprise de travail temporaire est calculée sur la base de la rémunération reçue dans les douze mois qui précèdent l'arrêt de travail, car il exerce son activité de façon discontinue. • Soc. 6 déc. 1973 : *JCP 1974. II. 17688.*

3. Prestations de chômage. Les prestations de chômage perçues par l'intéressé ne constituaient pas des salaires et avantages versés à l'occasion d'un travail. • Soc. 12 juill. 2001, n° 00-10.573.

Art. R. 433-4-1 *(Décr. n° 2008-553 du 11 juin 2008, art. 7)* **En cas de redressement d'assiette sur la base d'une rémunération forfaitaire mis en recouvrement conformément aux dispositions de l'article L. 242-1-2, les droits du salarié intéressé mentionnés à l'article L. 433-2 sont fixés sur la base d'une fois la rémunération mensuelle minimale définie à l'article L. 3232-1 du code du travail en vigueur au moment du constat du délit de travail dissimulé.**

Art. R. 433-5 Par dérogation aux dispositions des articles R. 433-4 et R. 436-1, les conditions suivantes sont appliquées aux sommes allouées, soit à titre de rappel de rémunération pour une période écoulée, soit à titre de rémunération sous forme d'indemnités, primes ou gratifications, lorsqu'elles sont réglées postérieurement à la rémunération principale afférente à la même période de travail.

Ces sommes ne sont prises en considération pour la détermination du salaire de base de l'indemnité journalière qu'autant qu'elles ont été effectivement payées avant la date de l'arrêt de travail.

Elles sont considérées comme se rapportant à une période immédiatement postérieure au mois civil au cours duquel elles ont été effectivement payées et d'une durée égale à la période au titre de laquelle elles ont été allouées. – *[Anc. art. R. 433-6.]*

1. Versement antérieur : exclusion d'une régularisation. Seules sont prises en compte les primes versées antérieurement à l'arrêt de travail, ce qui exclut de retenir : une prime payée tardivement, même à la suite d'une erreur dont le salarié n'était pas responsable. • Soc. 18 mars 1999, n° 97-17.620 P : *TPS 1999, n° 205.* ♦ ... Une indemnité correspondant à des heures supplémentaires dont le versement a été ordonné par un jugement postérieur à l'arrêt de travail. • Soc. 20 mai 1998, n° 96-40.283.

2. ... De commissions afférentes à la période de référence. Il ne peut être reproché à un tribunal d'avoir exclu des commissions versées à un VRP postérieurement à un arrêt de travail, même si ces commissions sont échues, selon les stipulations du contrat de travail, durant la période de référence. • Civ. 2e, 16 nov. 2004, n° 03-30.374. ♦ De même dans le cas d'une commission sur chiffre d'affaires versée par le mandataire-liquidateur de l'employeur, échue au moment de l'arrêt de travail mais payée après. • Soc. 18 janv. 2005, n° 03-30.577.

3. … D'une augmentation postérieure. Il n'y a pas lieu de tenir compte d'une augmentation postérieure ayant été accordée à tous les salariés de l'entreprise de la même catégorie, catégorie dont le salarié n'était pas encore membre au moment de l'accident. • Soc. 9 nov. 1995, n° 93-14.589.

Art. R. 433-6 **Dans les cas énumérés ci-après et sous réserve des dispositions prévues au dernier alinéa, le salaire journalier de base est déterminé comme si la victime avait travaillé pendant le mois, les vingt-huit jours, les trois mois ou les douze mois dans les mêmes conditions :**

1° La victime travaillait, au sens de la législation sur les accidents du travail, depuis moins d'un mois, de vingt-huit jours, de trois mois ou de douze mois au moment de l'arrêt de travail ;

2° La victime n'avait pas accompli les périodes de travail mentionnées à l'article précédent en raison de maladie, longue maladie, accident, maternité, chômage total ou partiel constaté par le service administratif qualifié, fermeture de l'établissement à la disposition duquel l'intéressé est demeuré, congé non payé à l'exclusion des absences non autorisées, services militaires ou appel sous les drapeaux ;

3° La victime, bénéficiaire de l'indemnité de changement d'emploi prévue à l'article L. 461-8, s'est trouvée effectivement sans emploi au cours de la période à considérer ;

4° La victime avait changé d'emploi au cours de la période à considérer. Dans ce cas, le salaire de base est déterminé à partir du salaire afférent à l'emploi occupé au moment de l'arrêt de travail. Toutefois, si le salaire de base ainsi déterminé se trouve inférieur au montant global des rémunérations réellement perçues dans les différents emplois au cours de la période à considérer, c'est sur ce montant global que doit être calculée l'indemnité journalière ;

5° La victime bénéficiait d'un revenu de remplacement dans les conditions prévues aux articles L. 351-1 *[L. 5421-1 nouv.]* **et suivants du code du travail.**

Pour certaines catégories de salariés ou assimilés soumis à des conditions particulières de rémunération résultant du caractère normalement discontinu du travail, le salaire journalier de base mentionné au premier alinéa peut être adapté à ces conditions particulières de rémunération, suivant des modalités fixées par arrêté du ministre chargé de la sécurité sociale. — *V. Arr. du 16 mai 1974 (JO 22 mai).* — *[Anc. art. R. 433-7.]*

1. Changement d'emploi. Doit être considéré comme ayant changé d'emploi un salarié intérimaire embauché deux jours avant l'arrêt de travail. • Soc. 26 nov. 1998, n° 97-10.155 P. ♦ Le salarié d'une entreprise de travail temporaire qui précédemment au chômage ne travaillait que depuis deux mois lors de la survenance de l'accident relève du régime de l'art. R. 433-7 (devenu art. R. 433-6). • Soc. 18 mai 1988 : *Bull. civ. V, n° 291.* ♦ Le salarié victime d'un accident le jour même de son embauchage est fondé à demander que son salaire de base soit calculé comme s'il avait travaillé dans les conditions de son nouveau contrat pendant toute la période de référence. • Soc. 20 oct. 1955 : *JCP 1956. II. 9590.*

2. Période de chômage. Il ne peut être tenu compte des périodes de chômage qui n'ont pas été constatées par le service administratif qualifié. • Soc. 18 mai 1966 : *Bull. civ. IV, n° 470.* ♦ La grève ne doit pas être assimilée à une période de chômage involontaire. • Soc. 24 mai 1956 : *Bull. civ. IV, n° 487.*

3. Reconstitution de salaire. La reconstitution d'une période incomplète ne se fait qu'en fonction des salaires passés et non de ceux, même connus, qui pourraient être perçus conventionnellement après l'accident. • Soc. 15 oct. 1981 : *Bull. civ. V, n° 799.*

4. Exclusion de l'indemnité compensatrice de préavis. En s'engageant au service d'un nouvel employeur au cours d'un préavis qu'il a été dispensé d'exécuter, le salarié met fin au contrat de travail le liant à son précédent employeur ; seul le salaire afférent à l'emploi occupé pendant la période de référence et au moment de l'arrêt de travail doit être pris en considération pour déterminer le salaire de base des indemnités journalières. • Soc. 17 oct. 1991, n° 88-17.501 P (non-prise en compte de l'indemnité compensatrice de préavis).

Art. R. 433-7 **Dans le cas prévu à l'article L. 443-2, où l'aggravation de la lésion entraîne pour la victime une nouvelle incapacité temporaire, l'indemnité journalière**

est calculée sur la base du salaire journalier de la période mentionnée à l'article R. 433-4, qui précède immédiatement l'arrêt du travail causé par cette aggravation. Si la date de guérison ou de consolidation n'a pas été fixée, cette indemnité est portée *(Décr. nº 93-679 du 27 mars 1993, art. 3)* **« à 80 % » du salaire ainsi déterminé à partir du vingt-neuvième jour d'arrêt de travail, compte tenu de la durée de la première interruption de travail consécutive à l'accident.**

En aucun cas, l'indemnité journalière allouée conformément aux dispositions du présent article ne peut être inférieure à celle correspondant respectivement *(Décr. nº 93-679 du 27 mars 1993, art. 3)* **« à 60 % ou à 80 % » du salaire, perçue au cours de la première interruption de travail, compte tenu, le cas échéant, de la révision opérée, conformément aux dispositions du troisième alinéa de l'article L. 433-2.** – *[Anc. art. R. 433-8.]*

1. Modalités de calcul. L'art. R. 433-7 prévoit que l'indemnité journalière est calculée sur la base du salaire journalier précédant immédiatement l'arrêt de travail causé par l'aggravation de la lésion ; doit être pris en compte le salaire rendant le mieux compte de la capacité de gain de l'intéressé dans son expression la plus récente de manière à ne pas le défavoriser ; il en résulte que doit être pris en compte le salaire perçu par l'assuré au moment de son licenciement, et non la somme perçue pendant le premier arrêt, revalorisée. • Civ. 2e, 20 mai 2010, nº 09-13.637 P : *D. actu. 7 juin 2010, obs. Lavric.*

2. Comparaison avec la première indemnisation. L'indemnité allouée en cas de rechute ne peut être inférieure à celle qui avait été perçue au cours de la première interruption de travail, y compris les revalorisations ultérieures. • Soc. 4 juill. 1984 : *Bull. civ. V, nº 293.* ♦ Il y a lieu de comparer l'indemnité journalière de la rechute à celle de l'arrêt initial éventuellement revalorisée, peu important qu'au cours de la première période d'incapacité totale temporaire aucune majoration du salaire journalier ne soit intervenue. • Soc. 21 juill. 1986 : *Bull. civ. V, nº 432.*

3. Dernier salaire perçu. L'indemnité journalière est calculée sur la base du salaire journalier de la période mentionnée à l'art. R. 433-4, qui précède immédiatement l'arrêt de travail causé par cette aggravation. Ce salaire peut être celui perçu en qualité d'agent titulaire de l'Éducation nationale. • Civ. 2e, 7 juill. 2016, nº 15-22.038 P : *RDSS 2016. 984, obs. Tauran* ; *RJS 11/2016, nº 723.* ♦ Cependant, ne peuvent être prises en compte les rémunérations perçues au titre d'une activité indépendante : le salaire à prendre en compte est alors le dernier salaire perçu. • Soc. 20 déc. 2001, nº 00-12.311 : *RJS 2002, nº 341.*

Art. R. 433-8 *(Décr. nº 86-381 du 10 mars 1986, art. 4)* **Le salaire servant de base au calcul de l'indemnité journalière due à l'apprenti ne peut pas être inférieur au salaire mentionné à l'article R. 412-11 du présent code.** *(Décr. nº 93-679 du 27 mars 1993, art. 4)* **« L'indemnité journalière calculée à partir de ce salaire ne peut dépasser le gain journalier net perçu par l'apprenti et déterminé dans les conditions fixées au dernier alinéa de l'article R. 433-5. »** – *[Anc. art. R. 433-8-1.]*

Contrat d'apprentissage. Nécessité de rapporter la preuve écrite du contrat d'apprentissage. • Soc. 20 mars 1952 : *JCP 1952. II. 7245.*

Art. R. 433-9 La durée d'interruption du travail mentionnée au troisième alinéa de l'article L. 433-2 est fixée à trois mois.

Art. R. 433-10 En vue de la révision prévue à l'article L. 433-2, le salaire journalier ayant servi de base au calcul de l'indemnité journalière est majoré, le cas échéant, par application des coefficients de majoration fixés par arrêtés interministériels. – *Coefficient de majoration fixé à 1,01 avec effet au 1er avr. 2009 : Arr. du 28 mai 2009 (JO 31 mai).*

Toutefois, lorsqu'il existe une convention collective de travail applicable à la profession à laquelle appartient la victime, celle-ci peut, si elle entre dans le champ d'application territorial de cette convention, demander que la révision du taux de son indemnité journalière soit effectuée sur la base d'un salaire journalier calculé d'après le salaire normal prévu pour sa catégorie professionnelle dans ladite convention si cette modalité lui est favorable. La révision prend effet soit du premier jour du quatrième mois d'incapacité temporaire, soit de la date d'effet du coefficient de variation ou de la convention susmentionnée si cette date est postérieure.

1. Prise en compte de l'avancement indiciaire prévu par la convention collective. Cassation de l'arrêt qui retient que l'augmentation générale des salaires exigée par la loi peut procéder d'une revalorisation de point ou de toute autre mesure de revalorisation prévue au titre de la convention collective, se traduisant par une augmentation générale des salaires par suite d'une modification de la convention collective ou de ses avenants, mais ne concerne pas la seule application des règles existantes en matière de rémunération et d'ancienneté. • Civ. 2e, 10 déc. 2009, n° 08-20.488 P.

2. ... D'un accord d'entreprise. Les augmentations générales découlant d'un accord collectif d'entreprise peuvent être invoquées dès lors que cet accord a pour l'entreprise la même valeur obligatoire qu'une convention collective professionnelle. • Soc. 12 juin 1981 : *Bull. civ. V, n° 551.*

Art. R. 433-11 Dans le cas prévu au troisième alinéa de l'article L. 433-2, il appartient à la victime de demander à la caisse primaire qui lui sert l'indemnité journalière la révision du taux de celle-ci en produisant les justifications utiles, et, notamment, une attestation délivrée par l'employeur qui occupait la victime au moment de l'accident. En cas de doute, la caisse primaire prend l'avis de l'inspecteur du travail.

La caisse doit, si elle estime qu'une victime est susceptible de bénéficier des dispositions précitées et que celle-ci néglige d'en faire la demande, l'inviter à lui fournir les justifications utiles.

Art. R. 433-12 La caisse primaire d'assurance maladie n'est pas fondée à suspendre le service de l'indemnité journalière lorsque l'employeur maintient à la victime, en cas d'accident du travail, tout ou partie de son salaire ou des avantages en nature, soit en vertu d'un contrat individuel ou collectif de travail, soit en vertu des usages de la profession, soit de sa propre initiative.

Toutefois, lorsque le salaire est maintenu en totalité, l'employeur est subrogé de plein droit à la victime, quelles que soient les clauses du contrat, dans les droits de celle-ci aux indemnités journalières qui lui sont dues.

Lorsque, en vertu d'un contrat individuel ou collectif de travail, le salaire est maintenu en totalité ou en partie sous déduction des indemnités journalières, l'employeur qui paie tout ou partie du salaire pendant la période d'incapacité sans opérer cette déduction *(Décr. n° 2014-953 du 20 août 2014, art. 1er-7°, en vigueur le 1er janv. 2015)* « est subrogé de plein droit à la victime » dans ses droits aux indemnités journalières à condition que le salaire maintenu au cours de cette période soit au moins égal au montant des indemnités dues pour la même période ; dans les autres cas, l'employeur est seulement fondé à poursuivre auprès de la victime le recouvrement de la somme correspondant aux indemnités journalières dans la limite du salaire maintenu pour la même période. — *Les dispositions issues du Décr. n° 2014-953 du 20 août 2014 sont applicables aux indemnités journalières versées au titre d'arrêts de travail débutant à compter du 1er janv. 2015 (Décr. préc., art. 3).*

L'employeur et la victime qui se sont mis d'accord pour le maintien d'avantages en nature en cas d'accidents, peuvent en informer la caisse et demander le versement par elle, à l'employeur, de la partie de l'indemnité journalière correspondant à la valeur des avantages maintenus.

1. Conséquences de la subrogation. Cassation de l'arrêt ayant débouté la victime d'un accident de sa demande de remboursement des indemnités versées par la caisse à l'employeur, supérieures au salaire versé par l'employeur pendant les arrêts, l'employeur n'étant subrogé dans les droits du salarié aux indemnités journalières de la sécurité sociale que dans les limites des sommes qu'il a effectivement versées à l'intéressé au titre de la garantie de rémunération dont celui-ci bénéficie pendant ses absences pour maladie ou accident. • Soc. 26 févr. 1997, n° 93-46.794. ♦ En cas de subrogation de l'employeur, lorsque la caisse a versé par erreur les indemnités journalières à la victime et que l'employeur a maintenu son salaire, il appartient à la caisse de récupérer auprès de la victime l'indemnité journalière indûment perçue ; cassation de l'arrêt qui, se fondant sur l'art. R. 433-12, interdit à la caisse de suspendre le service de l'indemnité journalière lorsque l'employeur maintient tout ou partie de son salaire. • Soc. 17 mai 1979 : *Bull. civ. V, n° 431.*

2. Lorsque le salaire maintenu au cours de la période n'est pas au moins égal au montant des indemnités dues, l'employeur est seulement fondé à poursuivre auprès de la victime le recouvrement de la somme correspondant aux indemnités journalières dans la limite du salaire maintenu pour la même période. • Soc. 17 mai 1979 : *D. 1979. IR 401.*

3. Modulation. Lorsque, à la suite d'un accord de modulation, est appliqué dans l'entreprise un système de régularisation destiné à maintenir sur l'année entière un horaire moyen hebdomadaire de 38 heures, de telle sorte que les heures excédentaires accomplies en période de forte activité sont compensées par des heures de repos prises en période de faible activité, l'horaire à prendre en considération pour le calcul de l'indemnité revenant au salarié, en cas d'absence justifiée par un accident du travail, est l'horaire de 38 heures, que l'absence du salarié ait correspondu à une période de forte activité ou à une période de faible activité. • Soc. 19 juill. 1994, n° 90-43.013 P.

Art. R. 433-13 L'indemnité journalière prévue à l'article L. 433-1 est mise en paiement par la caisse primaire d'assurance maladie dès la réception de tout certificat médical attestant la nécessité d'arrêt de travail, sans préjudice des dispositions de l'article R. 433-17.

(Décr. n° 86-381 du 10 mars 1986, art. 5) « L'indemnité journalière n'est pas cumulable avec les revenus de remplacement ou allocations mentionnés à l'article L. 311-5. »

Paiement à l'étranger. Il n'existe aucune disposition restrictive pour le paiement à l'étranger. Les caisses doivent donc verser les indemnités à une personne victime d'un accident du travail en France et résidant à l'étranger. • Soc. 9 nov. 1972 : *Bull. civ. V, n° 610.*

Art. R. 433-14 L'indemnité journalière prévue à l'article L. 433-1 est payable aux époques fixées par le règlement intérieur de la caisse primaire débitrice, sans que l'intervalle entre deux paiements puisse excéder seize jours.

Art. R. 433-15 Lorsque la victime reprend avant sa guérison ou la consolidation de sa blessure un travail léger avec l'autorisation de son médecin traitant, elle doit immédiatement en aviser la caisse primaire et lui adresser :

1° Un certificat du médecin traitant accordant ladite autorisation ;

2° Une attestation de l'employeur indiquant la nature exacte de l'emploi et la rémunération correspondante. Une nouvelle attestation patronale doit être adressée par la victime à la caisse primaire lors de tout changement survenu dans la nature de l'emploi occupé ou le montant de la rémunération perçue.

En cas de désaccord entre le médecin traitant et le médecin-conseil, il est procédé à un nouvel examen conformément aux dispositions du chapitre Ier du titre IV du livre Ier.

Si le médecin-conseil ou le médecin expert reconnaît que le travail est de nature à favoriser la guérison ou la consolidation de la blessure, la caisse primaire décide, s'il y a lieu, le maintien total ou partiel de l'indemnité, compte tenu de l'attestation prévue au premier alinéa du présent article ou, si celle-ci n'a pas été produite ou lui paraît insuffisante, au vu des résultats de l'enquête effectuée.

La caisse primaire notifie sa décision à la victime par lettre recommandée.

1. Définition d'un travail léger. En présence d'un rapport d'expertise concluant à la possibilité de reprendre une activité salariée de nature quelconque ne rentre pas dans les prévisions de l'art. R. 433-15 le juge devant, en présence de conclusions qu'il estime contradictoires, ordonner un complément d'expertise, ou, sur demande d'une des parties, une nouvelle expertise. • Civ. 2e, 10 avr. 2008, n° 07-11.826.

2. La poursuite à l'université de cours en vue d'une réinsertion professionnelle n'interrompt pas le versement des indemnités journalières, une telle activité n'étant pas une activité économique de nature à justifier une mesure de suppression des indemnités journalières. • Grenoble, 11 févr. 1986 : *SSL 1986, n° 329.*

3. Appréciation de la sanction. Si la reprise du travail rémunéré ou non intervient sans autorisation, la caisse est en droit de retenir à titre de pénalité tout ou partie des indemnités sans que les tribunaux puissent substituer leur appréciation à celle de la caisse sur l'opportunité et l'importance de la sanction. • Soc. 10 mai 1978 : *Bull. civ. V, n° 350.* ♦ La Cour de cassation écarte pour sa part tout contrôle juridictionnel sur l'opportunité et l'étendue de la sanction prise par la caisse. • Cass., ass. plén., 13 janv. 1967 : *Bull. jur. UCANSS 67-9.*

Art. R. 433-16 La caisse primaire d'assurance maladie paie valablement les indemnités journalières dues à la victime entre les mains de son conjoint ou, si la victime est mineure, soit entre ses mains, soit entre les mains de toute personne justifiant l'avoir à sa charge.

La victime peut donner délégation à un tiers pour l'encaissement des indemnités journalières.

Cette délégation n'est valable que pour une seule période d'incapacité temporaire ; elle ne fait pas obstacle au droit de la caisse primaire de surseoir au paiement pour procéder aux vérifications nécessaires et de payer les indemnités par la poste.

Un employé d'une caisse ne peut recevoir de délégation de la victime pour l'encaissement des indemnités journalières que s'il a été spécialement accrédité à cet effet par le conseil d'administration de la caisse.

Art. R. 433-17 **Dès réception du certificat médical prévu au deuxième alinéa de l'article L. 441-6, la caisse primaire fixe, après avis du médecin-conseil, la date de la guérison ou de la consolidation de la blessure.**

Si la caisse conteste le contenu du certificat médical, il est statué dans les conditions fixées par le chapitre Ier du titre IV du livre Ier.

Dans le cas où le certificat prévu au deuxième alinéa de l'article L. 441-6 n'est pas fourni à la caisse, celle-ci, après avis du médecin-conseil, notifie à la victime par lettre recommandée avec demande d'accusé de réception la date qu'elle entend retenir comme date de la guérison ou de la consolidation de la blessure. Elle fait connaître également cette intention au médecin traitant. Si le certificat médical ne lui parvient pas dans un délai de dix jours à compter de la notification à la victime, la date, ainsi notifiée, devient définitive.

La notification de la décision de la caisse primaire est adressée à la victime sous pli recommandé avec demande d'avis de réception.

A. FIXATION DE LA CONSOLIDATION

1. Consolidation et état de santé. Ni la réduction de la capacité de travail de l'accidenté compensée par l'allocation d'une rente, ni la nécessité de la continuation de quelques soins médicaux, ni la perspective d'une modification de la capacité de travail du salarié ne sont de nature à écarter la fixation de la date de reprise du travail même réduit et de la consolidation des blessures telle que fixée par l'expertise technique. • Soc. 5 oct. 1961 : *Bull. civ. V, n° 835.* ♦ La date de consolidation peut être fixée à un moment où l'assuré victime d'un accident du travail et par ailleurs atteint d'une affection reconnue indépendante de l'accident est dans l'incapacité de reprendre son travail dès lors que cet état ne résulte pas des suites de l'accident du travail. • Soc. 9 févr. 1961 : *Bull. civ. IV, n° 191.*

2. Nécessité de la notification. Aux termes de l'art. R. 433-17, dans le cas où le certificat prévu au deuxième al. de l'art. L. 441-6 n'est pas fourni à la caisse, celle-ci, après avis du médecin conseil, notifie à la victime par lettre recommandée avec demande d'avis de réception la date qu'elle entend retenir comme date de la guérison ou de la consolidation de la blessure ; ainsi une expertise technique ne peut être mise en œuvre, faute de contestation sur la date de consolidation, avant que la caisse ait notifié à la victime la date qu'elle entend retenir. • Soc. 4 avr. 1996, n° 94-15.785 P : *RJS 1996, n° 606* • 26 oct. 2000, n° 98-22.211 P.

3. Conséquences d'une décision irrégulière. Une caisse primaire d'assurance maladie qui a commis une erreur sur la procédure de notification applicable à sa décision ne peut valablement procéder à la notification d'une nouvelle décision après l'expiration du délai de recours contentieux ouvert par la première. • Soc. 18 mars 2003, n° 01-17.152.

4. ... Pour la victime. N'acquiert pas un caractère définitif, justifiant l'interruption des prestations en espèces au titre de la législation sur le risque professionnel jusqu'à la décision à intervenir dans le cadre de la procédure d'arbitrage médical mise en œuvre, la date de consolidation des blessures notifiée par la caisse à la victime d'un accident du travail en méconnaissance des formes et du délai édictés par l'art. R. 433-17. • Soc. 13 mai 1987 : *Bull. civ. V, n° 296.*

5. ... Pour l'employeur. L'irrégularité de la décision par laquelle la caisse fixe la date de consolidation de l'état du salarié victime d'un accident du travail, ainsi que le taux de la rente réparant l'incapacité de travail, ne rend pas cette décision inopposable à l'employeur, qui conserve la possibilité de contester tant le taux de l'incapacité retenue que le point de départ du versement de la rente correspondante. • Civ. 2e, 14 févr. 2007, n° 05-17.472 P : *JCP S 2007. 1430, note Asquinazi.* • 9 juill. 2009, n° 08-12.971.

B. EFFETS DE LA FIXATION DE LA CONSOLIDATION

6. Fin du versement de l'indemnité journalière. L'indemnité journalière cesse d'être due dès la date de consolidation, même si en cas de contestation la décision prise à la suite de l'expertise technique n'est notifiée à la victime que postérieurement à cette date. • Soc. 19 déc. 1968 : *Bull. civ. V, n° 618.* ♦ Mais en cas d'irrégularité, V. note 5. • Soc. 13 févr. 2003, n° 01-20.857 (le fait que la caisse ait continué à verser des indemnités ne vaut pas admission d'une date de consolidation postérieure). ♦ Le fait que la caisse ait versé des indemnités journalières au regard des prolongations d'arrêt de travail régulièrement adressées ne peut remettre en cause la fixation de la consolidation fixée à une date antérieure, et partant la fin du service des indemnités journalières. • Civ. 2e, 12 juill. 2006, n° 04-30.709.

7. Reprise du travail. Le salarié qui ne reprend pas son activité à la date de consolidation fixée par le médecin-conseil agit à ses risques et périls, de sorte que le préjudice, correspondant à la perte de la rémunération qu'il aurait perçue s'il avait travaillé durant la période considérée et dont l'expert technique avait admis la même date de consolidation que la caisse, n'est pas la conséquence d'une application défectueuse de la législation relative à la sécurité sociale mais provient de la carence de l'assuré. • Soc. 12 oct. 1972 : *Bull. civ. V, n° 546.*

8. Effets d'une contestation. Si, dans le cadre d'une contestation sur la date de la consolidation, aucune disposition légale n'autorise la caisse à suspendre le paiement de l'indemnité journalière en attendant la décision à intervenir, la caisse est fondée, une fois la date de la consolidation établie, à demander la répétition des indemnités versées à partir de cette date en application des art. 1376 et 1377 C. civ. • Soc. 25 oct. 1951 : *JCP 1952. II. 6710.* ♦ A défaut de circonstances exceptionnelles, l'incapacité de travail ne peut être prise en compte au-delà de la date retenue par le certificat médical du médecin traitant sans priver l'organisme social de toute possibilité de contrôle ; l'existence d'un contentieux entre la caisse et l'assuré ne dispense pas celui-ci de fournir à la caisse une prolongation d'arrêt de travail. • Soc. 12 juill. 1995, n° 93-17.810.

CHAPITRE IV **INDEMNISATION DE L'INCAPACITÉ PERMANENTE**

SECTION PREMIÈRE **VICTIMES**

Art. R. 434-1 **Le taux d'incapacité prévu aux premier et deuxième alinéas de l'article L. 434-1 et au deuxième alinéa de l'article L. 434-2 est fixé à 10 %.**

Art. R. 434-1-1 *(Décr. n° 86-381 du 10 mars 1986, art. 6)* **Lorsque l'indemnité en capital prévue à l'article L. 434-1 a déjà été versée et qu'un nouveau taux d'incapacité permanente est fixé, supérieur au taux précédemment notifié à la victime, il est tenu compte de l'indemnité en capital précédemment versée dans les conditions suivantes :**

***a)* Si le nouveau taux d'incapacité reste inférieur à 10 %, la victime reçoit une indemnité en capital correspondant à ce nouveau taux, diminuée d'une somme égale à l'indemnité correspondant, à la date de la révision, à l'ancien taux ;**

***b)* Si le nouveau taux d'incapacité est au moins égal à 10 %, la rente due à la victime est calculée suivant les règles fixées par les articles L. 434-2, L. 434-15 et L. 434-16 ; les arrérages annuels de cette rente sont diminués de 30 % au plus, à concurrence d'une somme égale à la moitié de l'indemnité en capital précédemment versée.**

1. La révision par la caisse du taux d'incapacité permanente ne peut entraîner la fixation d'une nouvelle date de consolidation. • Nancy, 8 févr. 1989 : *Somm. SS mai 1989, p. 4238.*

2. Les dispositions de l'art. R. 434-1-1 du CSS font état du versement du capital, antérieurement à la fixation d'un nouveau taux d'incapacité, sans faire référence au caractère définitif ou non du taux ayant donné lieu au versement de ce capital. Le recouvrement par la caisse du capital déjà versé doit en conséquence s'effectuer dans les limites qu'impartit ce texte. • Civ. 2e, 7 nov. 2013, n° 12-24.925.

Art. R. 434-1-2 *(Décr. n° 86-381 du 10 mars 1986, art. 6)* **Lorsque la rente versée à la victime d'un accident du travail a été partiellement remplacée par un capital et qu'un nouveau taux d'incapacité permanente est fixé pour la même personne, il est tenu compte du capital précédemment versé dans les conditions suivantes :**

***a)* Si le nouveau taux d'incapacité est inférieur à 10 %, la rente est remplacée par l'indemnité en capital prévue à l'article L. 434-1 ;**

***b)* Si le nouveau taux d'incapacité est au moins égal à 10 %, le montant de la rente due à la victime et correspondant à ce taux est diminué du montant de la fraction de la rente correspondant à l'ancien taux et qui a été précédemment remplacée par un capital.**

Art. R. 434-1-3 *(Décr. n° 86-381 du 10 mars 1986, art. 6)* **Lorsqu'un nouveau taux d'incapacité permanente inférieur à 10 % est fixé pour une personne bénéficiaire d'une rente, cette rente est remplacée par l'indemnité en capital prévue à l'article L. 434-1.** – *V. art. D. 434-1.*

Il ressort de l'art. 4-I de la L. du 10 juill. 1989 que ces dispositions sont applicables lorsqu'il a été procédé à une nouvelle fixation du taux de l'incapacité permanente postérieurement au 1er nov. 1986. • Cass., ass. plén., 8 févr. 1993, n° 90-19.910 P : *D. 1993. Somm. 273, obs. Prétot* ; *RJS 1993, n° 324* • Soc. 3 févr. 1994, n° 90-10.345 P.

Art. R. 434-2 **La rente à laquelle a droit la victime en application du deuxième alinéa de l'article L. 434-2 est égale au salaire annuel multiplié par le taux d'incapacité préalablement réduit de moitié pour la partie de ce taux qui ne dépasse pas 50 % et augmenté de la moitié pour la partie qui excède 50 %.**

1. La majoration pour assistance d'une tierce personne ne peut être accordée que si cette assistance est nécessaire pour accomplir l'ensemble des actes ordinaires de la vie et non simplement certains actes seraient-ils essentiels. • Soc. 4 nov. 1981 : *Bull. civ. V, n° 856* • 8 févr. 1973 : *Bull. civ. V, n° 72.*

2. La victime d'un accident du travail ne peut obtenir le bénéfice d'une tierce personne au seul prétexte qu'elle a besoin de quelqu'un pour mettre son appareillage, lequel lui permet ensuite d'exécuter la plupart des actes de la vie courante. • Soc. 19 juin 1985 : *Bull. civ. V, n° 343.*

Art. R. 434-2-1 *(Décr. n° 2002-542 du 18 avr. 2002)* **En cas d'accidents successifs, le calcul de la rente afférente au dernier accident prend en compte la somme de tous les taux d'incapacité permanente antérieurement reconnus, qu'ils aient donné lieu au versement d'une rente ou d'une indemnité en capital, pour déterminer, en application de l'article R. 434-2, la partie du taux de l'accident considéré inférieure ou supérieure à 50 %.**

Art. R. 434-3 *(Décr. n° 2013-276 du 2 avr. 2013, art. 1er-4°, en vigueur le 1er mars 2013)* **I. — Le taux d'incapacité prévu au troisième alinéa de l'article L. 434-2 est fixé à 80 %.**

II. — Le montant annuel de la prestation complémentaire pour recours à tierce personne est fixé par décret.

Il ne peut être inférieur au tiers du montant du salaire minimum mentionné au premier alinéa de l'article L. 434-16 lorsque la victime ne peut accomplir seule trois ou quatre des actes ordinaires de la vie figurant sur la grille d'appréciation des besoins d'assistance par une tierce personne prévue à l'article D. 434-2.

Il ne peut être inférieur aux deux tiers du montant de ce salaire minimum lorsque la personne ne peut accomplir seule cinq ou six de ces actes.

Il ne peut être inférieur à 100 % ni supérieur à 133 % du montant de ce salaire minimum lorsque la personne ne peut accomplir seule au moins sept de ces actes ou, lorsqu'en raison de troubles neuropsychiques, son état présente un danger pour elle-même ou pour autrui.

Les personnes qui bénéficient, au 28 févr. 2013, de la majoration pour tierce personne mentionnée au troisième al. de l'art. L. 434-2, dans sa rédaction antérieure au 1er mars 2013, et qui n'ont pas opté pour le bénéfice de la prestation complémentaire pour recours à tierce personne, continuent de percevoir cette majoration dans les conditions et selon les règles de revalorisation en vigueur au 28 févr. 2013 (Décr. n° 2013-276 du 2 avr. 2013, art. 3).

Ancien art. R. 434-3 (Décr. n° 2002-1555 du 24 déc. 2002, art. 1er) ***Le taux d'incapacité prévu au troisième alinéa de l'article L. 434-2 est fixé à 80 %. La majoration mentionnée à ce même alinéa est fixée à 40 % de la rente.***

Le montant minimum de cette majoration est fixé par arrêté du ministre chargé de la sécurité sociale et du ministre chargé du budget.

Art. R. 434-4 *(Décr. n° 2002-542 du 18 avr. 2002)* **Lorsqu'à la date de consolidation d'un nouvel accident susceptible de donner lieu à une indemnité en capital, la somme des taux d'incapacité permanente visés à l'article R. 434-1 atteint le taux de 10 %, la victime est informée par la caisse de son droit à bénéficier soit d'une rente qui tient compte de la ou des indemnités en capital précédemment versées, soit d'une indemnité en capital pour l'indemnisation de cet accident.**

En l'absence d'option de la victime dans un délai de deux mois à compter de la date de notification de cette information, la caisse verse au titre de ce nouvel accident une indemnité en capital dans les conditions prévues à l'article L. 434-1.

L'option est souscrite à titre définitif.

Lorsque la victime opte pour une rente, celle-ci est calculée conformément aux dispositions des articles R. 434-2-1, R. 434-28 et R. 434-29 sur le salaire annuel perçu au moment de l'accident ouvrant droit à l'option. Les arrérages annuels de la rente sont diminués de 30 % au plus, à concurrence d'une somme égale à la moitié du montant de la ou des indemnités en capital précédemment versées. Cette rente ne peut pas faire l'objet d'un rachat.

Les modalités d'information de la victime et d'exercice de son droit d'option sont déterminées par un arrêté du ministre chargé de la sécurité sociale et du ministre chargé de l'agriculture.

Lorsque le nouvel accident du travail a été déclaré entre le 1er janv. 2000 et la date d'entrée en vigueur du présent décret du 18 avr. 2002, l'organisme chargé de la liquidation de l'indemnité due à l'assuré par application du titre III du livre IV doit informer la victime de son droit d'option ; dans ce cas, le délai mentionné au deuxième alinéa court à compter de la date de notification de cette information (Décr. nº 2002-542 du 18 avr. 2002, art. 5).

1. Conditions de l'option. Il résulte de la combinaison des art. L. 434-1, L. 434-2, al. 4, R. 434-1 et R. 434-4 que les dispositions selon lesquelles, en cas d'accidents successifs, il est ouvert, en faveur de la victime d'un nouvel accident susceptible de donner lieu à une indemnité en capital, un droit d'option entre l'attribution d'une rente qui tient compte de la ou des indemnités en capital précédemment versées et le versement d'une indemnité en capital, lorsque la somme des taux d'incapacité permanente est égale ou supérieure à 10 %, ne s'appliquent que dans le cas où, à la suite d'un accident ou des accidents précédents, la victime restait atteinte d'une incapacité permanente inférieure à 10 %. • Civ. 2e, 11 juill. 2005, nº 04-30.234 P (jurisprudence constante).

2. L'option ne s'applique pas dans l'hypothèse d'un premier accident ayant donné lieu à l'attribution d'une rente. • Civ. 2e, 6 mars 2008, nº 06-21.261.

Art. R. 434-5 **Quels que soient le montant de la rente et le taux d'incapacité, le titulaire peut demander que le quart au plus du capital correspondant à la valeur de la rente si le taux d'incapacité est de 50 % au plus, ou, s'il est plus élevé, du capital correspondant à la fraction de rente allouée jusqu'à 50 % lui soit attribué en espèces.**

Si la rente est calculée sur un taux d'incapacité au plus égal à 50 %, le titulaire peut demander que le capital représentatif de la rente ou ce capital réduit du quart au plus, comme il vient d'être dit, serve à constituer sur sa tête une rente viagère réversible pour moitié au plus sur la tête *(Décr. nº 2015-653 du 10 juin 2015, art. 1er-1º)* **« , selon le cas, soit de son conjoint, soit de son partenaire d'un pacte civil de solidarité, soit de son concubin. » Si le taux d'incapacité est supérieur à 50 % cette transformation ne peut être demandée que pour la portion de rente correspondant au taux d'incapacité de 50 %. La rente viagère est diminuée de façon qu'il ne résulte de la réversibilité aucune augmentation de charge pour la caisse.**

(Décr. nº 2006-111 du 2 févr. 2006) **« Les conversions prévues ci-dessus sont effectuées suivant le tarif arrêté par le ministre chargé de la sécurité sociale d'après le taux d'incapacité permanente fixé à la date de la demande. »** *— V. Arr. du 6 août 1947 (JO 17 août), mod. par Arr. du 17 déc. 1954 (BLD 1955. 44 ; JO 31 déc.), Arr. du 8 juin 1959 (BLD 1959. 962 ; JO 18 juin).*

Art. R. 434-6 *(Décr. nº 2006-111 du 2 févr. 2006)* **La demande de conversion est adressée par le titulaire de la rente à la caisse primaire d'assurance maladie chargée du paiement de la rente sous pli recommandé avec demande d'accusé de réception.**

La caisse notifie sa décision sous pli recommandé avec demande d'accusé de réception dans un délai de deux mois à compter de la date de réception de la demande.

Si le titulaire de la rente a demandé à la fois la conversion en capital du quart de la rente et le bénéfice de la conversion en rente réversible, les deux décisions prises par la caisse doivent faire l'objet de notifications distinctes.

En l'absence de notification de décision de la caisse dans le délai prévu au deuxième alinéa la demande est réputée acceptée.

Sur les exceptions à l'application du droit des usagers de saisir l'administration par voie électronique concernant les démarches effectuées auprès des organismes de sécurité sociale, V. CRPA, App., vº Saisine par voie électronique — Exceptions. — ***CRPA.***

Art. R. 434-7 **Les arrérages de la rente ou fraction de rente convertie cessent d'être dus à la date d'effet de la conversion déterminée comme il est dit au premier alinéa de l'article R. 434-6.**

Dans le cas de constitution d'une rente réversible, la nouvelle rente a pour point de départ le lendemain de la date de cessation du paiement de la rente ou fraction de rente convertie. — *[Anc. art. R. 434-8.]*

Il est tenu compte, pour calculer les intérêts permettant de compenser le décalage entre la date d'effet de la conversion et la date à laquelle le capital est versé, des arrérages versés pendant l'instruction de la demande de conversion, ces arrérages constituant des acomptes. • Soc. 18 juin 1970 : *Bull. civ. V, n° 431.*

Art. R. 434-8 **Sauf en ce qui concerne la transformation de la rente en capital ou en rente réversible, opération qui a un caractère irrévocable, les droits et obligations de la victime après la conversion s'exercent dans les mêmes conditions qu'auparavant.** – *[Anc. art. R. 434-9.]*

Art. R. 434-9 **Pour l'application de l'article L. 434-6, le pourcentage du salaire perçu par le travailleur valide de la catégorie à laquelle appartenait la victime est fixé à 80 %.** – *[Anc. art. R. 434-10.]*

SECTION II **AYANTS DROIT**

Art. R. 434-10 *(Décr. n° 2002-1555 du 24 déc. 2002, art. 2)* **« La fraction de salaire annuel de la victime qui sert de base à la rente prévue au premier alinéa de l'article L. 434-8 en faveur du conjoint, du partenaire lié par un pacte civil de solidarité ou du concubin est fixée à 40 %. La durée mentionnée au même alinéa est de deux ans. »**

La fraction du salaire annuel de la victime qui sert de base à la rente viagère prévue au deuxième alinéa de l'article L. 434-8 est fixée à 20 %. Le minimum de la rente viagère institué en faveur du nouveau conjoint *(Décr. n° 2015-653 du 10 juin 2015, art. 1er-2°)* **« , partenaire d'un pacte civil de solidarité ou concubin » de la victime ne peut être inférieur à la moitié de la rente de** *(Décr. n° 2002-1555 du 24 déc. 2002, art. 2)* **« 40 % ».**

La fraction du salaire annuel de la victime qui sert de base au complément de rente prévu en faveur du conjoint survivant *(Décr. n° 2015-653 du 10 juin 2015, art. 1er-2°)* **« ou du partenaire survivant d'un pacte civil de solidarité ou du concubin survivant de la victime décédée » par le** *(Décr. n° 2015-653 du 10 juin 2015, art. 1er-2°)* **« sixième » alinéa de l'article L. 434-8 est fixée à 20 %. L'âge minimum que doit avoir ce dernier est de cinquante-cinq ans. Le pourcentage minimal de l'incapacité de travail générale prévue au même alinéa est fixé à 50 % ; sa durée minimale est fixée à trois mois.**

Est reconnu atteint d'une incapacité de travail générale d'au moins 50 % le conjoint survivant *(Décr. n° 2015-653 du 10 juin 2015, art. 1er-2°)* **« , le partenaire survivant d'un pacte civil de solidarité ou le concubin survivant de la victime décédée » qui se trouve hors d'état de se procurer, dans une profession quelconque, un gain supérieur à la moitié du salaire minimum de croissance.** – *[Anc. art. R. 434-11.]*

1. Application dans le temps. Le décès de la victime constituant le fait générateur des droits du conjoint survivant, ceux-ci doivent être déterminés, en fonction des dispositions légales et réglementaires en vigueur à cette date, sans que puissent être appliquées ultérieurement les dispositions du Décr. n° 2002-1555 du 24 déc. 2002 qui ont majoré le montant des rentes des ayants droit. • Civ. 2e, 17 mars 2010, n° 09-14.907 (absence de méconnaissance du principe constitutionnel d'égalité et du principe de non-discrimination énoncé par la Conv. EDH) • Civ. 2e, 12 mars 2009, n° 08-14.210 (absence de violation du principe constitutionnel d'égalité).

2. Conséquences d'une amélioration. Lorsqu'une amélioration réduit l'incapacité de travail du conjoint survivant de la victime d'un accident du travail à moins de 50 %, la rente qui lui a été attribuée doit être ramenée au taux normal. • Soc. 13 juin 1968 : *JCP 1968. IV. 127.*

Art. R. 434-11 **Le conjoint survivant** *(Décr. n° 2015-653 du 10 juin 2015, art. 1er-3°)* **« , le partenaire survivant d'un pacte civil de solidarité ou le concubin survivant de la victime décédée » qui sollicite le bénéfice des dispositions du** *(Décr. n° 2018-1256 du 27 déc. 2018, art. 4, en vigueur le 1er janv. 2019)* **« sixième » alinéa de l'article L. 434-8 adresse à la caisse primaire d'assurance maladie une demande au moyen d'un imprimé mis à sa disposition par cet organisme et accompagnée des pièces justifiant qu'il satisfait aux conditions exigées.**

Cette demande comporte un questionnaire ; le postulant doit attester sur l'honneur l'exactitude de ses réponses.

Il est donné au requérant récépissé de sa demande et des pièces qui l'accompagnent. – *[Anc. art. R. 434-12.]*

Art. R. 434-12 La caisse primaire, au reçu de la demande prévue au premier alinéa de l'article R. 434-11, doit prendre l'avis du service du contrôle médical.

Au vu des renseignements recueillis, il est statué par *(Décr. n° 86-658 du 18 mars 1986, art. 25)* « la caisse primaire », sur l'attribution du complément de rente de 20 % et le point de départ de celui-ci, qui ne peut être antérieur, suivant le cas, soit à la date connue avec certitude de la première constatation médicale de l'incapacité de travail générale, soit à la date à laquelle le postulant a atteint l'âge de cinquante-cinq ans.

La caisse est toutefois fondée à refuser au conjoint survivant *(Décr. n° 2015-653 du 10 juin 2015, art. 1er-4°)* « , au partenaire survivant d'un pacte civil de solidarité ou au concubin survivant de la victime décédée » le bénéfice du complément de rente de 20 %, demandé au titre d'une incapacité de travail générale, pour toute période pendant laquelle son contrôle aura été rendu impossible du fait de l'intéressé.

La décision doit être notifiée immédiatement *(Décr. n° 2015-653 du 10 juin 2015, art. 1er-4°)* « à ce dernier » par lettre recommandée avec demande d'avis de réception. – *[Anc. art. R. 434-13.]*

V. notes ss. art. L. 434-8.

Art. R. 434-13 La caisse primaire d'assurance maladie peut faire procéder par un de ses médecins-conseils à des examens de contrôle de l'état du bénéficiaire du complément de rente de 20 % obtenu en raison d'une incapacité générale de travail de 50 %.

Le bénéficiaire est tenu de se prêter à ces examens. Il est tenu, en outre, d'aviser la caisse primaire lorsque, par suite de l'amélioration de son état, les conditions de pourcentage minimal de l'incapacité de travail générale ne se trouvent plus remplies.

En cas d'inobservation de ces obligations par *(Décr. n° 2015-653 du 10 juin 2015, art. 1er-5°)* « le bénéficiaire », la caisse est fondée à supprimer le complément de rente de 20 %. – *[Anc. art. R. 434-14.]*

Art. R. 434-14 La durée de la période prévue à l'article L. 434-9 est fixée à trois ans.

Dans le cas prévu au troisième alinéa de l'article L. 434-9 le conjoint survivant *(Décr. n° 2015-653 du 10 juin 2015, art. 1er-6°)* « , le partenaire survivant d'un pacte civil de solidarité ou le concubin survivant de la victime décédée » adresse à la caisse primaire une demande au moyen d'un imprimé mis à sa disposition par cet organisme et accompagnée des pièces justifiant qu'il satisfait aux conditions prévues.

Cette demande comporte un questionnaire ; le postulant doit attester sur l'honneur l'exactitude de ses réponses.

Il est donné au requérant récépissé de sa demande et des pièces qui l'accompagnent. – *[Anc. art. R. 434-15.]*

Art. R. 434-15 *(Décr. n° 2002-1555 du 24 déc. 2002, art. 3)* « La limite d'âge prévue au premier alinéa de l'article L. 434-10 est fixée à 20 ans. »

La fraction du salaire annuel de la victime, prévue au deuxième alinéa de l'article L. 434-10 est fixée, pour chaque orphelin de père ou de mère remplissant les conditions requises à *(Décr. n° 2002-1555 du 24 déc. 2002, art. 3)* « 25 % » dans la limite de deux orphelins et à *(Décr. n° 2002-1555 du 24 déc. 2002, art. 3)* « 20 % » au-delà de deux.

Cette fraction est fixée à *(Décr. n° 2002-1555 du 24 déc. 2002, art. 3)* « 30 % » si l'enfant est orphelin de père et de mère lors du décès de la victime ou postérieurement à ce décès. – *[Anc. art. R. 434-16.]*

1. Application dans le temps. La possibilité, prévue par l'art. L. 434-10, de relèvement de l'âge limite jusqu'auquel la rente d'ayant droit est due pour certaines catégories d'orphelins est devenue sans objet à la suite du Décr. n° 2002-1555 du 24 déc. 2002 qui a porté cette limite de seize à vingt ans. • Civ. 2e, 4 févr. 2010, n° 09-11.305 • 17 mars 2010, n° 09-12.393 • 11 juin 2009, n° 08-13.764. ♦ La limite d'âge des bénéficiaires est désormais fixée à vingt ans sans distinction. • Civ. 2e, 19 juin 2014 : *RJS 11/2014, n° 811 ; JCP S 2014, n° 1437, obs. Vachet.*

2. Conséquences sur l'indemnisation des ayants droit. Pour une prise en compte des dispositions des art. L. 434-10 et R. 434-15 tenant à l'âge jusqu'auquel les enfants d'une victime perçoivent une rente (vingt ans), imposant la déduction de cette prestation de l'indemnité allouée à l'ayant droit en application du principe selon lequel le préjudice résultant d'une infraction doit être réparé dans son intégralité, sans perte ni profit pour aucune des parties, V. • Crim. 1er juin 2010, n° 09-85.990.

3. … Et des seuls ayants droit. L'enfant

ayant dépassé 20 ans, et ne pouvant prétendre à l'attribution de prestations dues aux descendants, n'a plus la qualité d'ayant droit au sens de l'art. L. 451-1, ce qui lui interdit d'exercer une action de droit commun contre l'auteur du dommage. • Soc. 22 juill. 1993 : *CSB 1993, n° 54, B. 145* • Crim. 6 janv. 2009, n° 08-85.044.

Art. R. 434-16 La fraction du salaire annuel de la victime, prévue à l'article L. 434-13, est fixée à 10 %.

Les fractions du salaire annuel de la victime, prévues respectivement aux premier et deuxième alinéas de l'article L. 434-14, sont fixées à 30 % et à 85 %. – *[Anc. art. R. 434-17.]*

Art. R. 434-17 Par dérogation aux dispositions de l'article R. 434-29, dans le cas où la victime d'un accident mortel était titulaire d'une ou de plusieurs rentes à raison d'accidents du travail antérieurs, et percevait un salaire inférieur à celui qu'elle aurait perçu si lesdits accidents ne s'étaient pas produits, ce dernier salaire est substitué au salaire réellement touché pour le calcul des rentes d'ayants droit. – *[Anc. art. R. 434-18.]*

Art. R. 434-18 Une allocation provisionnelle à déduire lors du paiement des premiers arrérages de la rente peut être versée immédiatement *(Décr. n° 2015-653 du 10 juin 2015, art. 1er-7°)* « au conjoint survivant, partenaire survivant d'un pacte civil de solidarité, concubin survivant » ou aux ayants droit des victimes sur leur demande.

(Décr. n° 86-658 du 18 mars 1986, art. 26) « La caisse primaire d'assurance maladie » apprécie le bien-fondé de cette demande et, le cas échéant, fixe le montant de l'allocation et les modalités suivant lesquelles elle sera remboursée par prélèvement sur les premiers arrérages, sous réserve des dispositions ci-après.

Le montant de l'allocation provisionnelle ne peut être supérieur au montant probable des arrérages correspondant à un trimestre pour chaque catégorie d'ayants droit.

Il n'est pas versé d'allocation provisionnelle lorsqu'il s'agit d'un bénéficiaire du droit au capital décès prévu à l'article L. 361-1, à moins que ce capital ne soit inférieur au montant du premier trimestre d'arrérages, auquel cas, l'intéressé pourra recevoir la différence entre la valeur de ces arrérages et le capital.

Le remboursement de l'allocation est opéré par fractions égales, sur les arrérages des quatre premiers trimestres. Exceptionnellement, il pourra être échelonné sur une période de plus longue durée, qui ne devra toutefois en aucun cas excéder deux ans. – *[Anc. art. R. 434-19.]*

SECTION III DISPOSITIONS COMMUNES

SOUS-SECTION 1 CHARGE ET GESTION DES PRESTATIONS DE L'INCAPACITÉ PERMANENTE

Art. R. 434-19 *(Décr. n° 86-381 du 10 mars 1986, art. 7-II)* Le paiement des indemnités en capital et des arrérages des rentes d'accidents du travail *(Décr. n° 2013-276 du 2 avr. 2013, art. 1er-5°, en vigueur le 1er mars 2013 ; Décr. n° 2018-1256 du 27 déc. 2018, art. 4, en vigueur le 1er janv. 2019)* « ainsi que de la prestation complémentaire pour recours à tierce personne prévue à l'article L. 434-2 » est effectué par les caisses primaires d'assurance maladie. – *[Anc. art. R. 434-20.]*

Les personnes qui bénéficient, au 28 févr. 2013, de la majoration pour tierce personne mentionnée au troisième al. de l'art. L. 434-2, dans sa rédaction antérieure au 1er mars 2013, et qui n'ont pas opté pour le bénéfice de la prestation complémentaire pour recours à tierce personne, continuent de percevoir cette majoration dans les conditions et selon les règles de revalorisation en vigueur au 28 févr. 2013 (Décr. n° 2013-276 du 2 avr. 2013, art. 3).

Art. R. 434-20 Dès que la caisse primaire a connaissance *(Abrogé par Décr. n° 2006-111 du 2 févr. 2006)* ***« par le procès-verbal d'enquête établi en application de l'article L. 442-2 ou par tout autre moyen »*** du ou des accidents du travail entraînant une incapacité permanente de travail dont l'intéressé a été victime antérieurement, elle demande à la caisse primaire qui assure la gestion de la rente afférente à chacun desdits accidents de se dessaisir à son profit du dossier de la rente.

La caisse primaire saisie de la demande prévue à l'alinéa précédent doit assurer le paiement des arrérages en cours et transmettre ensuite le dossier au plus tard dans le mois suivant l'échéance dudit paiement, le transfert ne prenant effet qu'à compter de l'échéance suivante. – *[Anc. art. R. 434-21.]*

Art. R. 434-21 Par dérogation aux dispositions de l'article R. 434-20, le transfert est différé dans le cas où, à la date de réception de la demande, on se trouve dans l'un des cas suivants :

1° Le taux de l'incapacité permanente n'a pas encore été fixé ;

2° La liquidation de la rente est en cours ;

3° Une contestation est en cours, notamment sur le taux d'incapacité permanente, le caractère professionnel d'une lésion invoquée par la victime, le montant de la rente ;

4° Une action récursoire est engagée par la caisse primaire en application des dispositions des articles L. 452-4, L. 452-5 et L. 454-1.

Dans les cas énumérés ci-dessus, le transfert prend effet de la seconde échéance suivant la date à laquelle la décision prise par la caisse primaire ou par la juridiction compétente devient définitive, le paiement des arrérages en cours à cette date étant assuré par la caisse primaire avant son dessaisissement. – *[Anc. art. R. 434-22.]*

Art. R. 434-22 Le transfert de la charge de la gestion de la rente, dans les conditions prévues aux articles R. 434-20 et R. 434-21 n'entraîne un transfert de fonds que dans la limite des sommes dont le remboursement est opéré au profit de la caisse primaire dans les cas prévus aux articles L. 452-4, L. 452-5 et L. 454-1. En accord avec les caisses primaires intéressées, le débiteur peut, s'il y a lieu, rembourser directement à la caisse primaire à laquelle la rente a été transférée. – *[Anc. art. R. 434-23.]*

Art. R. 434-23 La caisse primaire qui a la charge et assure la gestion de plusieurs rentes pour un même bénéficiaire, effectue simultanément le paiement des arrérages desdites rentes.

La caisse primaire fait connaître au bénéficiaire qu'elle assume également, à compter du transfert de la rente, la charge des prestations autres que la rente qui seraient dues par suite des conséquences de l'accident ayant donné lieu au transfert. – *[Anc. art. R. 434-24.]*

Art. R. 434-24 En cas d'accidents successifs à la charge soit de différentes organisations spéciales de sécurité sociale, notamment de celles qui sont mentionnées aux articles L. 413-13 et L. 413-14, à l'article 58 du décret n° 60-452 du 12 mai 1960, soit d'une ou plusieurs de ces organisations et d'une ou plusieurs caisses primaires d'assurance maladie, la charge et la gestion de la rente ou des rentes antérieures ainsi que les prestations autres que la ou les rentes sont également transférées à l'organisme qui a la charge du dernier accident.

Ce transfert s'opère dans les conditions prévues aux articles R. 434-20 et R. 434-21 et au présent article. Toutefois, le transfert de la charge de la rente donne lieu au transfert, à titre de règlement définitif, du capital représentatif de ladite rente évaluée à la date du transfert suivant le tarif arrêté par le ministre chargé de la sécurité sociale. Le transfert de la charge des majorations de rentes ainsi que des prestations autres que les rentes peut faire l'objet d'une évaluation forfaitaire dans les conditions fixées par arrêté du ministre chargé de la sécurité sociale. – *V. Arr. du 8 janv. 1964 (JO 22 janv.).* – *[Anc. art. R. 434-25.]*

SOUS-SECTION 2 CALCUL DE LA RENTE

Art. R. 434-25 Le taux d'incapacité mentionné au premier alinéa de l'article L. 434-15 est le taux de 10 % prévu à l'article R. 434-1. – *[Anc. art. R. 434-26.]*

Art. R. 434-26 Le pourcentage de réduction prévu au premier alinéa de l'article L. 434-16 est fixé à 10 %. – *[Anc. art. R. 434-27.]*

Art. R. 434-27 Le salaire minimum prévu au premier alinéa de l'article L. 434-16 est fixé à *(Décr. n° 2016-398 du 1er avr. 2016, art. 3-II)* « 18 281,80 euros à la date du 1er avril 2016 ». – *[Anc. art. R. 434-28.]*

Art. R. 434-28 Le salaire annuel sur lequel est calculée la rente prévue au troisième alinéa de l'article L. 434-16, s'il est supérieur au salaire minimum prévu au premier alinéa dudit article, et lorsqu'il s'agit de la victime de l'accident, quelle que soit la réduction de capacité subie, n'entre intégralement en compte pour le calcul de la rente que s'il ne dépasse pas le double de ce salaire minimum. S'il le dépasse, l'excédent n'est compté que pour un tiers. Toutefois, il n'est pas tenu compte de la fraction excédant huit fois le montant du salaire minimum. – *[Anc. art. R. 434-29.]*

Art. R. 434-29 *(Décr. nº 97-189 du 4 mars 1997)* « Pour le calcul des rentes, le salaire mentionné à l'article R. 436-1 s'entend de la rémunération effective totale reçue chez un ou plusieurs employeurs pendant les douze mois civils qui ont précédé l'arrêt de travail consécutif à l'accident. Ce salaire est revalorisé par application *(Décr. nº 2016-398 du 1er avr. 2016, art. 3-III)* « du coefficient mentionné » à l'article L. 434-17 si, entre la date de l'arrêt de travail et la date de consolidation, un ou plusieurs arrêtés de revalorisation sont intervenus. Il est déterminé compte tenu des dispositions ci-après » :

1° Si la victime appartenait depuis moins de douze mois à la catégorie professionnelle dans laquelle elle est classée au moment de l'arrêt de travail consécutif à l'accident, le salaire annuel est calculé en ajoutant à la rémunération effective afférente à la durée de l'emploi dans cette catégorie celle que la victime aurait pu recevoir pendant le temps nécessaire pour compléter les douze mois ; toutefois, si la somme ainsi obtenue est inférieure au montant total des rémunérations perçues par la victime dans ses divers emplois, c'est sur ce dernier montant que sont calculées les rentes ;

2° Si, pendant ladite période de douze mois, la victime a interrompu son travail pour l'une des causes prévues à l'article R. 433-6, il est fait état du salaire moyen qui eût correspondu à ces interruptions de travail ;

3° Si la victime travaillait dans une entreprise fonctionnant normalement pendant une partie de l'année seulement ou effectuant normalement un nombre d'heures inférieur à la durée légale du travail, le salaire annuel est calculé en ajoutant à la rémunération afférente à la période d'activité de l'entreprise les gains que le travailleur a réalisés par ailleurs dans le reste de l'année ;

4° Si, par suite d'un ralentissement accidentel de l'activité économique, le travailleur n'a effectué qu'un nombre d'heures de travail inférieur à la durée légale du travail, le salaire annuel est porté à ce qu'il aurait été, compte tenu du nombre légal d'heures de travail ;

5° Si l'état d'incapacité permanente de travail apparaît pour la première fois après une rechute ou une aggravation dans les conditions prévues respectivement aux articles R. 443-3 et R. 443-4, la période de douze mois à prendre en considération est celle qui précède :

a. soit l'arrêt de travail causé par la rechute ou, si l'aggravation n'a pas entraîné d'arrêt de travail, la date de constatation de l'incapacité permanente ;

b. soit l'arrêt de travail consécutif à l'accident, selon le mode de calcul le plus favorable à la victime. – *[Anc. art. R. 434-30.]*

1° PÉRIODE DE RÉFÉRENCE

1. Point de départ : date de l'accident. Le salaire pris en compte ne peut s'entendre que de la rémunération effective totale reçue par la victime pendant les douze mois civils ayant précédé l'arrêt de travail consécutif à l'accident à l'exclusion de toute autre date, et notamment de celle de la révision en baisse du taux de l'incapacité permanente. • Soc. 15 juill. 1987 : *Bull. civ. V, nº 468.* ♦ Si la victime dont l'état ne nécessitait pas un arrêt de travail a pris sa retraite entre la date de l'accident et la date de consolidation de ses blessures, le salaire à prendre en considération est celui des douze mois précédant l'accident et non celui des douze mois précédant la mise à la retraite ; la mise à la retraite est sans rapport avec l'accident et c'est la date de réalisation du risque qui fixe la période de salaires à prendre en compte pour le calcul de la rente lorsqu'il n'y a pas eu d'arrêt de travail. • Soc. 14 mai 1969 : *Bull. civ. V, nº 325.*

2° SALAIRES PRIS EN COMPTE

2. Salaire perçu pendant la période de référence. Pour le calcul de la rente, le salaire ne peut s'entendre que de la rémunération effective totale reçue par l'intéressé pendant les douze mois civils ayant précédé l'arrêt de travail consécutif à l'accident, ce qui excluait la prise en compte d'une prime de caractère exceptionnel et décidée postérieurement à cet arrêt de travail. • Soc. 23 mai 1996, nº 93-17.386 P : *D. 1996. IR 149* (exclusion d'une prime de bilan). ♦ Il est tenu compte des rémunérations acquises durant la période de référence, même si elles correspondent à une période de travail salarié antérieure à la période de référence. • Soc. 25 juin 1964 : *Bull. civ. IV, nº 563.* ♦ Le mois civil s'entend alors d'un mois entier. • Civ. 2e, 12 mars 2015, n° 14-12.799 P : *JCP S 2015, n° 1219, obs. Asquinazi-Bailleux ; RJS 6/2015, n° 444.*

3. *... Au titre d'une activité accessoire.* Doivent être inclus dans le calcul de la rente les gains tirés au cours de la période de référence d'une activité accessoire même modeste. • Soc. 26 mars 1984 : *Bull. civ. V, n° 121.*

4. *Revalorisation.* Bien qu'il faille tenir compte des revalorisations de salaire intervenues entre la date de l'accident et celle de la consolidation, la révision ultérieure des taux d'incapacité, si elle entraîne une adaptation du montant de la réparation, ne modifie pas le salaire de base adopté initialement. • Soc. 15 juill. 1987 : *Bull. civ. V, n° 468.* ♦ Revalorisation (non). Pour la fixation de la rente, il n'y a pas lieu d'appliquer les coefficients de revalorisation ayant affecté le salaire avant la consolidation, la lettre ministérielle posant cette tolérance n'étant pas créatrice de droits. • Soc. 31 mars 1994, n° 91-20.973 P.

5. Il ne peut être tenu compte des revalorisations de salaire intervenues entre le jour ayant précédé la date de cette constatation et la date de consolidation, peu important le taux d'incapacité permanente partielle reconnu. • Soc. 19 nov. 1998 : *RJS 1999, n° 234.*

6. *Revenus exclus.* La solde d'un militaire ne peut être prise en compte. • Soc. 17 janv. 1991 : *Somm. SS mars 1991, p. 4523.* ♦ ... Ni l'indemnité de logement et de nourriture versée à un mutilé de guerre en stage de rééducation professionnelle dans un centre agréé. • Soc. 21 juill. 1986 : *Bull. civ. V, n° 433.*

7. *Salaires perçus hors de France.* En application du principe de territorialité, il ne peut être tenu compte des salaires perçus hors de France même dans le cadre d'un État membre de la CE. • Soc. 25 mars 1980 : *Bull. civ. V, n° 294.*

8. *Rappel de salaire.* Cassation de l'arrêt ayant retenu que la mention de la rémunération effective totale reçue pendant les douze mois civils doit s'entendre de la rémunération totale due et non de celle effectivement payée, et ayant à ce titre inclus un complément de salaire décidé postérieurement dans le cadre d'un procès-verbal de conciliation. • Civ. 2e, 14 sept. 2006 : *RJS 12/06, n° 1314.*

9. Les indemnités de congés payés et de licenciement non perçues au cours de la période de référence ne peuvent pas être prises en compte pour le calcul de la rente. • Soc. 11 mai 2001, n° 99-78.571.

3° CAS PARTICULIER : RECONSTITUTION

10. *Changement de catégorie professionnelle.* Si la victime appartenait depuis moins de douze mois à la catégorie professionnelle dans laquelle elle est classée au moment de l'arrêt de travail consécutif à l'accident, le salaire annuel est calculé en ajoutant à la rémunération effective afférente à la durée de l'emploi dans cette catégorie celle que la victime aurait pu recevoir pendant le temps nécessaire pour compléter les douze mois. • Civ. 2e, 21 déc. 2006, n° 05-14.598. ♦ La rémunération fictive envisagée pour la reconstitution du salaire annuel s'entend de celle qui aurait été due à la victime si celle-ci durant la période où elle n'a pas accompli de travail avait travaillé dans les mêmes conditions que durant la période de travail effectif et non de celle qui lui aurait été due si elle avait travaillé suivant un horaire légal. • Soc. 5 juin 1965 : *Bull. civ. IV, n° 539.*

11. *Interruption du travail pendant la période de référence.* Ne peuvent être retenus comme base de calcul de la rente les cachets perçus pendant l'année qui a précédé l'arrêt de travail dans la mesure où la victime avait étépendant plusieurs mois demandeur d'emploi, peu importe que l'activité discontinue ait été compensée par des cachets très élevés. • Soc. 8 nov. 1982 : *Bull. civ. V, n° 611.*

12. *Rechute ou aggravation.* Ne peuvent être pris en compte au titre d'une rechute des arrêts de travail postérieurs à la consolidation s'il est établi que la non-reprise du travail est liée à une difficulté à exercer l'ancien métier déjà indemnisée par une rente et non à une nouvelle aggravation. • Soc. 2 juin 1980 : *Bull. civ. V, n° 593.*

13. *Incapacité permanente après rechute.* Cassation de l'arrêt ayant retenu que la rente d'accident du travail devait être calculée sur la base du salaire perçu au cours des douze mois précédant la date de la première apparition pour l'intéressée d'un état d'incapacité permanente tout en constatant que la consolidation de la rechute était antérieure, sans préciser si le mode de calcul retenu était celui le plus favorable à la victime. • Soc. 21 janv. 1993, n° 91-11.953 P.

Art. R. 434-30 **Les périodes d'activité des entreprises mentionnées au 3° de l'article précédent sont déterminées par arrêté préfectoral pris sur la proposition de l'inspecteur du travail dans la circonscription duquel se trouve l'entreprise considérée, après avis des organisations patronales et ouvrières intéressées.**

Les propositions de l'inspecteur du travail sont établies, le cas échéant, en prenant pour base les arrêtés du ministre chargé du travail intervenus en exécution des décrets *(Décr. n° 2016-1551 du 18 nov. 2016, art. 6-III, en vigueur le 1er janv. 2017)* **« prévus à l'article L. 3121-67 du code du travail », à l'effet d'autoriser la récupération des heu-**

res perdues dans les industries ou commerces qui subissent des baisses normales de travail à certaines époques de l'année, en raison des conditions spéciales dans lesquelles elles fonctionnent. – *[Anc. art. R. 434-31.]*

Pour le calcul de la rente allouée à un assuré victime d'un accident du travail, le salaire ne peut s'entendre que de la rémunération effective totale perçue par l'intéressé pendant les douze mois civils ayant précédé l'arrêt de travail consécutif à l'accident ce qui exclut le prise en charge d'un complément de salaire décidé après cet arrêt. • Civ. 2e, 14 sept. 2006 : *RJS 12/06 n° 1314.*

SOUS-SECTION 3 ATTRIBUTION DE LA RENTE

Art. R. 434-31 **Dès qu'il apparaît que l'accident a entraîné, entraîne ou paraît devoir entraîner la mort ou une incapacité permanente de travail, la caisse, à quelque époque que ce soit, prend l'avis du service du contrôle médical.**

Sur proposition de ce service, lorsqu'il estime que l'incapacité permanente présentée par la victime est susceptible de rendre celle-ci inapte à l'exercice de sa profession ou à la demande de la victime ou de son médecin traitant et si cette victime relève de la médecine du travail, la caisse, sans préjudice de l'application des dispositions relatives à la réadaptation ou à la rééducation professionnelle, recueille l'avis du médecin du travail compétent en raison du contrat de travail liant ladite victime à son employeur. A cet effet, elle adresse au médecin du travail une fiche dont le modèle est fixé par arrêté du ministre chargé de la sécurité sociale.

Le médecin du travail mentionne sur la fiche celles des constatations et observations par lui faites lors de la visite prévue à l'article R. 241-51 *[R. 4624-21 s. nouv.]* **du code du travail et qui sont relatives à l'aptitude de la victime à reprendre son ancien emploi ou à la nécessité d'une réadaptation.**

Dans le délai de quinze jours à compter de la date à laquelle il a été saisi, le médecin du travail adresse à la caisse primaire intéressée la fiche prévue par les dispositions qui précèdent, sous pli confidentiel, à destination du médecin-conseil chargé du contrôle médical.

Dès que ce document lui est parvenu ou, à défaut, après l'expiration du délai prévu à l'alinéa précédent, le médecin-conseil exprime dans un rapport son avis, au vu de ces constatations et de l'ensemble des éléments d'appréciation figurant au dossier. – *[Anc. art. R. 434-34.]*

Art. R. 434-32 **Au vu de tous les renseignements recueillis,** *(Décr. n° 86-658 du 18 mars 1986, art. 28)* **« la caisse primaire se prononce » sur l'existence d'une incapacité permanente et, le cas échéant, sur le taux de celle-ci et sur le montant de la rente due à la victime ou à ses ayants droit.**

(Décr. n° 99-323 du 27 avr. 1999, art. 1er) **« Les barèmes indicatifs d'invalidité dont il est tenu compte pour la détermination du taux d'incapacité permanente d'une part en matière d'accidents du travail et d'autre part en matière de maladies professionnelles sont annexés au présent livre** *[V. annexes reproduites sur Dalloz.fr et sur les applications mobiles Dalloz]*. **Lorsque ce dernier barème ne comporte pas de référence à la lésion considérée, il est fait application du barème indicatif d'invalidité en matière d'accidents du travail. »**

(Décr. n° 2009-938 du 29 juill. 2009, en vigueur le 1er janv. 2010 ; Décr. n ° 2010-344 du 31 mars 2010, art. 316) **« La décision motivée est immédiatement notifiée par la caisse primaire par tout moyen permettant de déterminer la date de réception, avec mention des voies et délais de recours, à la victime ou à ses ayants droit et à l'employeur au service duquel se trouvait la victime au moment où est survenu l'accident. Le double de cette décision est envoyé à la Caisse d'assurance retraite et de la santé au travail. »**

(Décr. n° 99-27 du 15 janv. 1999, art. 2) **« La notification adressée à la victime ou à ses ayants droit invite ceux-ci à faire connaître à la caisse, dans un délai de dix jours, à l'aide d'un formulaire annexé à la notification, s'ils demandent l'envoi, soit à eux-mêmes, soit au médecin que désignent à cet effet la victime ou ses ayants droit, d'une copie du rapport médical prévu au cinquième alinéa de l'article R. 434-31.**

« La caisse procède à cet envoi dès réception de la demande, en indiquant que la victime, ses ayants droit ou le médecin désigné à cet effet peuvent, dans un délai de

quinzaine suivant la réception du rapport, prendre connaissance au service du contrôle médical de la caisse des autres pièces médicales. » – *[Anc. art. R. 434-35.]*

1. Modalités de calcul. Une rente d'accident du travail ne peut être considérée comme attribuée « en premier règlement définitif » au sens de l'art. 4 b de l'Arr. du 1er oct. 1976 alors applicable que lorsque la décision attributive de la caisse primaire est devenue définitive, c'est-à-dire après expiration du délai de deux mois suivant sa notification à l'employeur. Les capitaux représentatifs de la rente ne doivent être imputés au compte de l'employeur qu'au titre de l'année au cours de laquelle la rente acquiert un caractère définitif. • Soc. 5 juin 1998 : *RJS 1998, n° 1069.*

2. Notification. Ayant relevé que la décision d'attribution de la rente d'accident du travail à son salarié avait été adressée par la caisse à l'employeur à l'adresse de son siège social indiquée par celui-ci sur la déclaration d'accident, la Cour nationale de l'incapacité et de la tarification en a exactement déduit que, l'employeur n'alléguant pas avoir avisé le service concerné de son changement d'adresse, cette notification était régulière au regard des dispositions de l'art. R. 434-35 CSS. • Soc. 2 déc. 1999, n° 98-11.929 P : *TPS 2000, n° 64.*

3. Motivation. Le défaut ou le caractère insuffisant ou erroné de la motivation de la décision de la caisse se prononçant sur le taux d'incapacité d'un salarié victime d'une maladie professionnelle permet seulement à son destinataire d'en contester sans condition de délai le bien-fondé devant le juge et ne peut être un motif d'inopposabilité de la décision. • Civ. 2e, 9 nov. 2017, n° 16-21.793 P : *RJS 1/2018, n° 70.*

SOUS-SECTION 4 ENTRÉE EN JOUISSANCE ET SERVICE DE LA RENTE

Art. R. 434-33 *(Décr. n° 87-895 du 30 oct. 1987, art. 2)* **« Les arrérages courent du lendemain de la date de consolidation de la blessure, du lendemain du décès, ou du premier jour suivant la fin du mois d'arrérages au cours duquel un titulaire d'une rente d'accident du travail est décédé ».**

La caisse peut consentir une avance sur le premier arrérage de la rente.

En cas de contestations autres que celles portant sur le caractère professionnel de l'accident, la caisse *(Décr. n ° 2010-344 du 31 mars 2010, art. 317)* **« d'assurance retraite et de la santé au travail » peut accorder des avances sur rentes payables dans les conditions prévues à l'alinéa précédent. Ces avances viennent en déduction du montant des indemnités journalières ou de la rente qui seraient reconnues être dues. Elles ne peuvent être inférieures à la rente proposée par la caisse.** – *[Anc. art. R. 433-36.]*

Art. R. 434-34 *(Décr. n° 86-130 du 28 janv. 1986, art. 10)* **Les rentes mentionnées à l'article L. 434-15 sont payables à la résidence du titulaire, par trimestre et à terme échu.**

Toutefois, lorsque le taux d'incapacité permanente est égal ou supérieur à *(Décr. n° 99-323 du 27 avr. 1999, art. 1er-II)* **« 50 % »** *[application du nouveau taux pour la première fois aux rentes dues au titre du mois d'avr. 1999 : taux antérieur fixé à 66,66 %]*, **la rente est versée mensuellement par la caisse primaire débitrice, sous réserve de son paiement soit par lettre chèque, soit par virement sur un compte bancaire** *(Abrogé par Décr. n° 2006-1115 du 5 sept. 2006, art. 6-3°)* **«** ***, postal*** **» ou d'épargne ouvert au nom du titulaire ou de son représentant dûment mandaté.**

Les dates de paiement sont fixées par un arrêté du ministre chargé de la sécurité sociale. – *V. Arr. du 14 mars 1986 (JO 16 mars).*

(Abrogé par Décr. n° 2013-276 du 2 avr. 2013, art. 1er-6°, à compter du 1er mars 2013) (Décr. n° 86-381 du 10 mars 1986, art. 8) ***« En cas d'hospitalisation de l'assuré, la majoration pour aide d'une tierce personne est versée jusqu'au dernier jour du mois civil suivant celui au cours duquel il a été hospitalisé ; au-delà de cette période, son service est suspendu. »*** – *[Anc. art. R. 434-37.]*

Les personnes qui bénéficient, au 28 févr. 2013, de la majoration pour tierce personne mentionnée au troisième al. de l'art. L. 434-2, dans sa rédaction antérieure au 1er mars 2013, et qui n'ont pas opté pour le bénéfice de la prestation complémentaire pour recours à tierce personne, continuent de percevoir cette majoration dans les conditions et selon les règles de revalorisation en vigueur au 28 févr. 2013 (Décr. n° 2013-276 du 2 avr. 2013, art. 3).

Art. R. 434-34-1 *(Décr. n° 2013-276 du 2 avr. 2013, art. 1er-7°, en vigueur le 1er mars 2013)* **I. – La prestation complémentaire pour recours à tierce personne prend effet dans les conditions suivantes :**

1° A la même date que la rente lorsqu'elle est attribuée simultanément à celle-ci ;
2° A la date de révision de la rente lorsqu'elle est attribuée à l'occasion d'une modification du taux d'incapacité permanente ;
3° A compter du jour de la constatation, par le médecin de la victime, de l'incapacité de celle-ci à accomplir les actes ordinaires de la vie ou, si l'incapacité est constatée par le médecin-conseil sans examen préalable par le médecin de la victime, à la date du dépôt de la demande de la prestation lorsque cette dernière n'est pas attribuée simultanément à la rente ou à l'occasion d'une modification du taux d'incapacité permanente.

II. — Elle cesse d'être due à compter du premier jour du mois qui suit celui au cours duquel la victime est informée, par tout moyen permettant de déterminer la date de réception de la décision de la caisse, qu'elle ne remplit plus les conditions d'attribution de cette prestation.

III. — Lorsque, par suite d'un réexamen de la victime, à l'initiative de celle-ci ou de la caisse, il est constaté une modification de sa capacité à accomplir les actes ordinaires de la vie justifiant une révision du montant de la prestation, le nouveau montant de celle-ci est appliqué :
1° En cas de réduction de la prestation, au premier jour du mois qui suit celui au cours duquel la victime est informée de cette décision, qui lui est adressée par tout moyen permettant d'en déterminer la date de réception ;
2° En cas d'augmentation de la prestation, à compter de la date de révision de la rente si le réexamen de la victime emporte une modification de son taux d'incapacité ou, dans le cas contraire, à compter du jour de la constatation, par le médecin de la victime, de l'incapacité de celle-ci à accomplir les actes ordinaires de la vie ou, si l'incapacité est constatée par le médecin-conseil sans examen préalable par le médecin de la victime, à la date du dépôt de la demande de révision du montant de la prestation.

IV. — Lorsque la prestation prend effet en cours de mois, son montant est diminué à due concurrence du nombre de jours écoulés entre le début de ce mois et la date de prise d'effet.

V. — En cas d'hospitalisation de l'assuré, la prestation complémentaire pour recours à tierce personne est versée jusqu'au dernier jour du mois civil suivant celui au cours duquel il a été hospitalisé ; au-delà de cette période, son service est suspendu.

V. note ss. art. R. 434-34.

SOUS-SECTION 5 TRAVAILLEURS ÉTRANGERS

Art. R. 434-35 Le capital mentionné au premier alinéa de l'article L. 434-20 est égal à trois fois le montant annuel de la rente. — *[Anc. art. R. 434-38.]*

Si l'art. R. 434-35 CSS prévoit que le double de la décision, par laquelle la caisse se prononce sur l'existence d'une incapacité permanente, sur son indemnisation et est envoyé à l'employeur au service duquel est survenu l'accident, l'inobservation de cette formalité n'entraîne pas l'inopposabilité de la décision à l'employeur. • Civ. 2e, 15 nov. 2005 : *JCP S 2005. 292 ; RJS 2/06, n° 277.*

SECTION IV DISPOSITIONS D'APPLICATION

Néant.

CHAPITRE V FRAIS FUNÉRAIRES

Néant. — V. art. D. 435-1 et D. 435-2.

CHAPITRE VI DISPOSITIONS COMMUNES AUX PRESTATIONS EN ESPÈCES

Art. R. 436-1 *(Décr. n° 2014-953 du 20 août 2014, art. 1er-8°, en vigueur le 1er janv. 2015)* « Le salaire servant de base au calcul de l'indemnité journalière et des rentes par application des articles L. 433-2 et L. 434-15 s'entend des rémunérations, au sens du chapitre II du titre IV du livre II du présent code, servant au calcul des cotisations dues au titre des accidents du travail et des maladies professionnelles et afférentes à la

période à considérer dans chacun des cas prévus aux articles R. 433-4 et R. 434-29. L'assiette ainsi définie s'applique y compris en cas de mise en œuvre des dispositions du deuxième alinéa de l'article L. 241-5. » — *Les dispositions issues du Décr. n° 2014-953 du 20 août 2014 sont applicables aux indemnités journalières versées au titre d'arrêts de travail débutant à compter du 1er janv. 2015 (Décr. préc., art. 3).*

En ce qui concerne les revenus non salariaux, ceux-ci ne peuvent être pris en compte que pour le calcul de la rente et seulement dans la mesure où ils ont supporté une cotisation d'assurance volontaire au titre de l'article L. 743-1.

La rémunération de base fait l'objet d'un abattement en raison des frais professionnels qui y sont incorporés, lorsque le travailleur bénéficie, en matière d'impôts sur les traitements et salaires, d'une réduction propre, en sus du taux général de réduction pour frais professionnels. Le taux d'abattement de la rémunération est égal au taux de cette réduction supplémentaire.

1° ÉLÉMENTS DE CALCUL DU SALAIRE DE BASE

a. Salaires et éléments annexes

1. *Rémunération effective.* Le salaire servant de base au calcul de l'indemnité journalière et des rentes d'accident du travail s'entend de la rémunération effective totale reçue chez un ou plusieurs employeurs pendant les douze mois civils qui ont précédé l'arrêt de travail consécutif à l'accident. L'assiette de calcul de la rente ne peut en conséquence inclure que les seules rémunérations effectivement reçues au cours de la période de référence, à l'exclusion des commissions prévues par le contrat mais non versées au salarié. • Civ. 2e, 11 oct. 2012 : *RJS 2013, n° 73 ; CSBP 2012, n° 246, p. 344, obs. Pansier.*

2. *Primes diverses.* Sont aussi intégrées dans le salaire de base : les primes d'intéressement versées au cours de la période de référence. • Soc. 6 mars 1974 : *Bull. civ. V, n° 158.* ♦ ... Les primes de déplacement lorsqu'elles n'ont pas le caractère de remboursement de dépenses réellement engagées mais constituent en fait un supplément de rémunération. • Soc. 17 janv. 1957 : *Bull. civ. IV, n° 68.* ♦ ... La prime de précarité d'emploi. • Angers, 19 juin 1990 : *Somm. SS 1990, p. 4455.* ♦ ... Une prime de cherté de la vie. • Soc. 25 avr. 1952 : *Dr. soc. 1952. 571.* ♦ V. aussi • Soc. 9 oct. 1997 : *JCP E 1997. Pan. 1230 ; D. 1998. 107, note Saint-Jours* (indemnité mensuelle forfaitaire).

3. *Proratisation des primes annuelles.* Une prime annuelle versée antérieurement à la date d'arrêt de travail consécutif à l'accident ne doit être prise en compte qu'à concurrence de sa part mensuelle servant de base au calcul des indemnités journalières. • Civ. 2e, 10 oct. 2013 : *RJS 1/2014, n° 82.*

4. *Indemnité de congés payés.* L'indemnité de congés payés est intégrée dans le calcul du salaire de base. • Soc. 4 avr. 1973 : *Bull. jur. UCANSS 73-48.* ♦ Mais le salaire d'une période de travail ne peut se cumuler pour la même période avec une indemnité compensatrice de congés payés non pris. • Soc. 4 avr. 1973 : *Bull. civ. V, n° 222.*

5. *Salaire afférent à la période de référence (prime exceptionnelle).* Une prime de caractère exceptionnel n'est pas allouée au titre d'une période déterminée, et ne se trouve pas comprise dans le salaire en vigueur dans l'entreprise au cours de la période de référence. • Soc. 25 nov. 1999, n° 97-21.207.

6. *Condition de versement des cotisations (non).* Une indemnité forfaitaire mensuelle compensatrice d'heures supplémentaires doit être prise en compte dans le calcul de la rente de la victime d'un accident du travail, peu important que cette indemnité n'ait pas donné lieu à déclaration par l'employeur, ni à versement de cotisations ou précompte. • Cass., ass. plén., 16 nov. 2001 : *D. 2001. IR 3488 ; Dr. soc. 2002. 229, obs. Prétot ; TPS 2002. 22 ; RDSS 2002. 71, obs. Verkindt.* ♦ Déjà, dans le même sens : • Soc. 9 oct. 1997, n° 95-21.481 P : *D. 1998. 107, note Saint-Jours ; JCP E 1997. Pan. 1230* (indemnité mensuelle forfaitaire).

7. *Revalorisation (non).* Pour la fixation de l'indemnité journalière, il n'y a pas lieu d'appliquer les coefficients de revalorisation ayant affecté le salaire avant la consolidation, la lettre ministérielle l'autorisant n'étant pas créatrice de droits. • Soc. 31 mars 1994, n° 91-20.973 P.

8. *Indemnité compensatrice de préavis.* L'indemnité compensatrice de préavis servie à un salarié dispensé de l'exécution de son préavis n'est pas prise en considération pour déterminer le salaire de base des indemnités journalières. • Soc. 17 oct. 1991, n° 88-17.501 P.

9. *Salaires perçus à l'étranger.* Lorsque pendant la période de référence du calcul des indemnités journalières des salaires ont été perçus dans deux États membres des Communautés européennes, ne doit être retenu que le salaire moyen perçu dans l'État où la victime travaille au moment de l'accident conformément aux dispositions en vigueur dans cet État. • CJCE 11 juill. 1979, n° 268/78 : *Rec. CJCE 2411.*

b. Exclusion des frais professionnels

10. *Frais professionnels.* Les frais professionnels, dans les professions où ils constituent un remboursement des dépenses nécessitées par la nature du travail, ne constituent pas un supplément de salaire ; exclusion d'une indemnité forfaitaire dont la nature de frais professionnels se trouve confirmée. • Soc. 18 janv. 2001 : RJS *2001, n° 512.*

11. ... Dont l'utilisation est conforme à leur objet. Une allocation forfaitaire dont l'employeur ne justifie pas qu'elle est utilisée conformément à son objet doit être réintégrée, pour la partie litigieuse, en tant que complément de salaire pour le calcul des indemnités journalières. • Soc. 1er juill. 1999, n° 96-14.014.

c. Prestations familiales

12. Dès lors que les prestations familiales sont extra-légales, elles doivent être incorporées au salaire de base. • Soc. 25 avr. 1952 : *JCP 1952. IV. 89.*

d. Cotisations

13. Prise en compte des cotisations salariales. Sont aussi intégrées les sommes retenues par l'employeur sur le salaire en vue de leur versement au nom de l'ouvrier et dans son intérêt telle la cotisation ouvrière aux assurances sociales ou les cotisations dues à une société mutualiste ou à une institution de prévoyance ou de retraite. • Soc. 18 janv. 1979 : *Bull. civ. V, n° 56* • 24 oct. 1991, n° 89-18.332 P : *D. 1991. IR 261.*

14. Exclusion des cotisations patronales (décisions rendues sous le régime antérieur au Décr. du 27 mars 1993). Les cotisations patronales à un régime complémentaire de retraite, bien que versées à une caisse pratiquant le système de la répartition et n'étant donc pas reçues directement par le salarié, n'en constituent pas moins un élément qui, pris en considération lors de l'embauche par le salarié à qui elles procurent un avantage alloué en exécution du contrat de travail, entre dans le salaire servant de base au calcul de l'indemnité journalière. • Soc. 24 oct. 1991, n° 89-18.332 P : *RDSS 1992. 300, obs. Vachet* • Soc. 6 mai 1994, n° 92-11.368 P. ♦ Les cotisations patronales à un régime complémentaire de retraite constituent un élément qui, en procurant au salarié un avantage alloué en exécution du contrat de travail, entre dans le salaire servant de base au calcul des rentes d'accident du travail. • Soc. 26 mai 1994, n° 92-11.368 P.

2° REVENUS NON SALARIAUX

15. Prestations de chômage. Les prestations de chômage perçues par l'intéressé ne constituaient pas des salaires et avantages versés à l'occasion d'un travail. • Soc. 12 juill. 2001, n° 00-10.573.

Art. R. 436-2 **Le salaire servant de base au calcul de l'indemnité journalière et des rentes dues au travailleur âgé de moins de dix-huit ans ou à ses ayants droit ne peut être inférieur au salaire minimum de la catégorie, de l'échelon ou de l'emploi de la profession en fonction duquel ont été fixés, par voie d'abattements, les taux minima de rémunération des jeunes travailleurs âgés de moins de dix-huit ans.**

A défaut de cette référence, le salaire de base de l'indemnité journalière et de la rente ne peut être inférieur au salaire le plus bas des travailleurs adultes de la même catégorie occupés dans l'établissement ou, à défaut, dans un établissement voisin similaire.

(Décr. n° 93-679 du 27 mars 1993, art. 6) **« L'indemnité journalière calculée à partir de l'un de ces deux salaires ne peut dépasser le gain journalier net perçu par le travailleur âgé de moins de dix-huit ans et déterminé dans les conditions fixées au dernier alinéa de l'article »** *(Décr. n° 2006-111 du 2 févr. 2006)* **« R. 433-4 ».**

Le salaire minimum prévu par l'art. R. 436-2 n'est pas limité à la durée légale du travail. Il convient de se reporter à l'horaire couramment pratiqué dans l'entreprise où la victime travaille, même s'il excède trente-neuf heures hebdomadaire. • Soc. 22 juill. 1965 : *Bull. civ. IV, n° 610.*

Art. R. 436-3 *Abrogé par Décr. n° 86-381 du 10 mars 1986, art. 14-IV.*

Art. R. 436-4 **Le salaire servant de base au calcul des indemnités journalières et des rentes dues aux gérants de coopératives ouvrières de production et aux gérants de dépôts de sociétés à succursales multiples ou d'autres établissements commerciaux ou industriels mentionnés à l'article L. 311-3 auquel renvoie l'article L. 412-2, s'entend de la rémunération totale afférente à la période d'un an ayant pris fin au dernier inventaire de l'établissement ou de la succursale avant la date de l'arrêt de travail.**

(Décr. n° 93-679 du 27 mars 1993, art. 7) **« Le salaire journalier est calculé en divisant le salaire annuel ainsi déterminé par »** *(Décr. n° 2011-370 du 4 avr. 2011)* **« 365 ».**

Dans le cas où l'établissement ou la succursale est géré par des conjoints ou lorsque le gérant emploie un personnel auxiliaire à ses frais et sous sa responsabilité, le salaire

de base du gérant ou de son conjoint victime de l'accident est déterminé suivant la répartition indiquée par une déclaration adressée au siège de l'entreprise dans les dix premiers jours qui suivent chaque trimestre civil par le ou les titulaires de la gérance.

Art. R. 436-4-1 *(Décr. n° 86-381 du 10 mars 1986, art. 9)* Pour les travailleurs privés d'emploi bénéficiaires des revenus de remplacement prévus à l'article L. 351-2 *[L. 5421-2 nouv.]* du code du travail et pour les bénéficiaires de l'allocation prévue à l'article R. 322-7 *[R. 5123-12 s. nouv.]* dudit code, victimes d'accidents du travail à l'occasion ou par le fait de tâches d'intérêt général qu'ils accomplissent, le salaire servant de base au calcul des prestations est déterminé conformément aux dispositions de l'article R. 412-11.

Les dispositions du dernier alinéa de l'article R. 433-13 sont applicables à l'indemnité journalière versée en application du présent article.

Art. R. 436-5 L'astreinte prévue à l'article L. 436-1 est versée à partir du huitième jour de l'échéance de l'indemnité journalière, de l'indemnité en capital ou de la rente. Elle est quotidienne et égale à 1 % du montant des sommes non payées.

V. notes ss. art. L. 436-1.

Art. R. 436-6 *(Décr. n° 86-381 du 10 mars 1986, art. 10)* Les dispositions des articles R. 412-5, R. 412-6 (dernier alinéa), R. 412-7 (troisième alinéa), R. 412-8 (dernier alinéa), R. 412-9 (dernier alinéa), R. 412-11, *(Décr. n° 2006-111 du 2 févr. 2006)* « R. 433-8 », R. 433-13 et R. 436-4-1 s'appliquent pour le calcul des indemnités journalières aux accidents survenus postérieurement au 7 décembre 1985 et pour le calcul des rentes aux victimes d'accidents du travail dont l'état est consolidé postérieurement à cette date.

CHAPITRE VII FONDS COMMUN DES ACCIDENTS DU TRAVAIL SURVENUS DANS LA MÉTROPOLE

Art. R. 437-1 Les employeurs auxquels sont applicables les modalités particulières de gestion des risques d'accidents du travail et de maladies professionnelles, fixées par le présent titre, participent à l'alimentation du fonds commun des accidents du travail survenus dans la métropole institué par l'article L. 437-1. L'assiette de leur contribution est celle qui est définie par l'article L. 241-5, pour les cotisations de sécurité sociale. Le taux est fixé par l'arrêté prévu à l'article L. 437-1 et pris par le ministre chargé de la sécurité sociale.

Toutefois, l'État employeur est exonéré de toute contribution à l'alimentation du fonds commun.

TITRE QUATRIÈME PROCÉDURES — RÉVISION — RECHUTE — ACCIDENTS SURVENUS HORS DU TERRITOIRE MÉTROPOLITAIN

CHAPITRE PREMIER DÉCLARATIONS ET FORMALITÉS

SECTION PREMIÈRE DISPOSITIONS GÉNÉRALES

Art. R. 441-1 Les formalités de déclaration d'accident sont effectuées par l'employeur conformément aux dispositions des articles L. 441-2 et L. 441-4.

(Décr. n° 86-839 du 16 juill. 1986, art. 18) « Dans les collectivités, établissements et entreprises assurant directement la charge de la réparation, un exemplaire des certificats médicaux prévus à l'article L. 441-6 est transmis sans délai par la caisse primaire au comité d'entreprise intéressé. »

Art. R. 441-2 La déclaration à laquelle la victime d'un accident du travail est tenue conformément à l'article L. 441-1 doit être effectuée dans la journée où l'accident s'est produit ou au plus tard dans les vingt-quatre heures.

Elle doit être envoyée, par lettre recommandée, si elle n'est pas faite à l'employeur ou à son préposé sur le lieu de l'accident.

V. note ss. art. L. 441-1.

Art. R. 441-3 La déclaration de l'employeur ou l'un de ses préposés prévue à l'article L. 441-2 doit être faite par lettre recommandée, avec demande d'avis de réception, dans les quarante-huit heures non compris les dimanches et jours fériés.

Pour la déclaration des accidents dont sont victimes hors des locaux de l'établissement les personnes mentionnées aux 1°, 2°, 4°, 6°, 7°, 8° et 13° de l'article L. 311-3 auquel renvoie l'article L. 412-2, le délai imparti à l'employeur ne commence à courir que du jour où il a été informé de l'accident.

1. Caractère automatique des sanctions. Refus de prendre en compte des circonstances exceptionnelles. • Soc. 22 juin 1995, n° 93-10.010 P : *D. 1996. Somm. 40, obs. Prétot*. ♦ La sanction prévue en cas de déclaration tardive ne requiert pas la preuve de la mauvaise foi ou de la négligence de l'employeur. • Soc. 4 févr. 1999 : *RJS 1999, n° 423.*

2. Retard justifié : ignorance de l'accident. Ne s'expose pas aux sanctions prévues en cas de retard dans la déclaration d'accident du travail l'employeur du salarié victime d'un accident un jour férié et à l'extérieur de l'entreprise, resté dans le coma pendant cinq jours, alors qu'aucune personne de l'entreprise n'avait été informée des circonstances de fait de l'accident, et notamment de ce qu'il pouvait s'agir d'un accident du travail. • Civ. 2e, 10 juin 2003 : *CSB n° 154 ; S. 420.* ♦ Rappr. • Soc. 14 oct. 1993, n° 91-20.398.

3. ... L'employeur qui n'a eu connaissance de l'accident qu'après la fermeture annuelle de l'entreprise, l'accident ayant eu lieu à la sortie du travail juste avant la fermeture pour congés annuels. • Soc. 8 févr. 2001 : *RJS 2001, n° 510.*

4. Point de départ. Le délai imparti à l'employeur pour déclarer l'accident ne court qu'à compter du jour où il en a eu connaissance. • Civ. 2e, 9 déc. 2003, n° 02-30.603 P : *Dr. soc. 2004. 229, obs. Prétot ; RJS 2004. 174, n° 258* • 4 nov. 2003, n° 02-30.319 P. ♦ La détermination de la date à laquelle l'employeur a eu connaissance de l'accident relève du pouvoir souverain d'appréciation des juges du fond. • Civ. 2e, 9 déc. 2003 : *préc.*

Art. R. 441-4 L'employeur est tenu d'adresser à la caisse primaire d'assurance maladie, en même temps que la déclaration d'accident ou au moment de l'arrêt du travail, si celui-ci est postérieur, une attestation indiquant la période du travail, le nombre de journées et d'heures auxquelles s'appliquent la ou les payes mentionnées à l'article *(Décr. n° 2006-111 du 2 févr. 2006)* « R. 433-4 », le montant et la date de ces payes.

La caisse primaire peut demander à l'employeur et à la victime ou à ses ayants droit tous renseignements complémentaires qu'elle juge utiles.

Une déclaration effectuée auprès d'un organisme incompétent n'est pas valable. • Soc. 4 mai 1977 : *Bull. civ. V, n° 292.*

Art. R. 441-5 L'autorité de l'État prévue au troisième alinéa de l'article L. 441-4 est l'inspection du travail.

La déclaration de l'employeur doit être faite dans les quarante-huit heures qui suivent la survenance de la circonstance nouvelle mentionnée au quatrième alinéa de l'article L. 441-4.

Établissement du caractère professionnel de l'accident. Cassation de l'arrêt ayant considéré que les faits déclarés par un salarié ne constituaient pas un accident du travail, au motif que tant la déclaration que la constatation de la lésion étaient intervenues tardivement, que le fait déclaré n'avait eu aucun témoin direct, que le salarié avait poursuivi son travail sans aviser qui que ce soit et que les témoignages qu'il produisait n'emportaient pas la conviction, alors que la cour d'appel aurait dû rechercher si l'inscription de l'événement à l'origine des lésions faite sur le registre détenu par l'employeur dans les conditions légales et réglementaires requises, suivie d'une déclaration d'accident du travail, n'était pas de nature à établir le caractère professionnel de l'accident. • Civ. 2e, 25 juin 2009, n° 08-11.997.

Art. R. 441-6 Pour chaque accident du travail, la caisse primaire donne avis immédiatement à la caisse régionale de la déclaration d'accident. Elle lui communique le montant total des dépenses engagées pendant la période d'incapacité temporaire, à l'exception des frais de rééducation professionnelle.

Toute modification apportée au montant desdites dépenses en application des articles R. 441-10 et R. 443-3 est immédiatement portée à la connaissance de la caisse régionale.

Art. R. 441-7 Les certificats médicaux adressés à la caisse primaire d'assurance maladie par le praticien, conformément aux dispositions de l'article L. 441-6 devront mentionner, indépendamment des renseignements prévus audit article, toutes les constatations qui pourraient présenter une importance pour la détermination de l'origine traumatique ou morbide des lésions.

La formule arrêtée pour ces certificats peut être utilisée par le praticien pour établir le certificat médical attestant, au cours du traitement, la nécessité selon le cas, d'interrompre le travail ou de prolonger le repos. Ce certificat justifie du droit de la victime au bénéfice des indemnités journalières, sous réserve des dispositions de l'article R. 433-17.

En application de l'article L. 441-6, dans les vingt-quatre heures, l'un des exemplaires du certificat de consolidation ou de guérison est adressé par les soins du praticien à la caisse primaire, le second est remis à la victime, ainsi que toutes les pièces ayant servi à l'établissement dudit certificat.

Art. R. 441-8 La feuille d'accident prévue à l'article L. 441-5, remise par la victime au praticien, n'entraîne pas de plein droit la prise en charge de l'indemnisation au titre du présent livre.

Elle porte désignation de la caisse primaire d'assurance maladie chargée du service des prestations.

Il est interdit d'y mentionner le nom et l'adresse d'un praticien, d'un pharmacien, d'une clinique ou d'un dispensaire quelconque.

La caisse elle-même peut délivrer la feuille d'accident.

La feuille d'accident est valable pour la durée du traitement consécutif à l'accident ou à la maladie professionnelle.

A la fin du traitement ou dès que la feuille d'accident est entièrement utilisée, la victime adresse celle-ci à la caisse. Celle-ci délivre à la victime, s'il y a lieu, une nouvelle feuille d'accident.

Art. R. 441-9 Tout praticien, tout auxiliaire médical appelé à donner des soins mentionne sur la feuille d'accident en possession de la victime les actes accomplis et appose sa signature. Il en est de même pour le pharmacien ou le fournisseur lors de toute fourniture aussi bien que pour l'établissement hospitalier dans le cas d'hospitalisation.

Le praticien, auxiliaire médical, pharmacien, fournisseur ou établissement hospitalier utilise la partie de la feuille d'accident qui lui est destinée pour établir sa note d'honoraires ou sa facture, ou bien il reproduit sur cette note les mentions figurant sur ladite feuille, en ce qui concerne, notamment, les nom et prénoms et adresse, numéro d'immatriculation de la victime, désignation de l'employeur, date de l'accident, ainsi que toutes circonstances particulières qu'il lui paraîtrait utile de signaler.

La note d'honoraires ou la facture est adressée, selon le cas, soit à la caisse primaire d'assurance maladie, soit à l'établissement, service ou entreprise autorisé à gérer le risque d'accident du travail conformément aux dispositions de l'article L. 413-13, tels qu'ils sont désignés sur la feuille d'accident présentée par la victime.

V. art. D. 441-1 à D. 441-4.

SECTION II DISPOSITIONS RELATIVES À LA PROCÉDURE DE RECONNAISSANCE DU CARACTÈRE PROFESSIONNEL DE L'ACCIDENT OU DE LA MALADIE PAR LES CAISSES

BIBL. ▶ Durand et Ferre, La portée de la règle de l'inopposabilité à l'employeur des décisions de la CPAM. Un éclairage à partir de l'exemple des cancers professionnels, *Sem soc. Lamy 30 juin 2014, nº 1637 ; ibid. 6 et 7 juill. 2014, nº 1638, p. 6.* – Fantoni-Quinton, Le délai d'instruction des maladies professionnelles : vers une banalisation de son contournement ?, *RDSS 2009. 345*. – Fournier-Gatier et Dejean de la Bâtie, Reconnaissance des AT/MP : les nouvelles règles du jeu, *SSL 2009, nº 1412, p. 2.* – Simon, La reconnaissance du caractère professionnel des accidents et des maladies et droits de la défense, *SSL 1996, nº 811, p. 3.* – Verkindt, À propos de l'opposabilité à l'employeur de la décision de prise en charge d'une pathologie ou d'un accident au titre du livre IV du code de la sécurité sociale, *RDSS 2007. 706*. – Voxeur, Accidents du travail et maladies professionnelles : quels délais pour décider de la reconnaissance ?, *JCP S 2011, nº 1103.*

Art. R. 441-10 *(Décr. nº 99-323 du 27 avr. 1999, art. 1er-III)* « La caisse dispose d'un délai de trente jours à compter de la date à laquelle *(Décr. nº 2009-938 du 29 juill.*

2009, en vigueur le 1er janv. 2010) **« elle a reçu la déclaration d'accident et le certificat médical initial » ou de trois mois à compter de la date à laquelle** *(Décr. no 2009-938 du 29 juill. 2009, en vigueur le 1er janv. 2010)* **« elle a reçu »** *(Décr. no 2016-756 du 7 juin 2016, art. 1er-1o)* **« le dossier complet comprenant la déclaration de la maladie professionnelle intégrant le certificat médical initial et le résultat des examens médicaux complémentaires***[,]* **le cas échéant***[,]* **prescrits par les tableaux de maladies professionnelles » pour statuer sur le caractère professionnel de l'accident ou de la maladie.**

Il en est de même lorsque, sans préjudice de l'application des dispositions du chapitre Ier du titre IV du livre Ier et de l'article L. 432-6, il est fait état pour la première fois d'une lésion ou maladie présentée comme se rattachant à un accident du travail ou maladie professionnelle.

(Décr. no 99-323 du 27 avr. 1999, art. 1er-III) **« Sous réserve des dispositions de l'article R. 441-14, en l'absence de décision de la caisse dans le délai prévu au premier alinéa, le caractère professionnel de l'accident ou de la maladie est reconnu. »**

1o ÉQUITÉ DES PROCÉDURES

1. Sur le caractère compatible des dispositions des art. R. 441-10 s. CSS avec les dispositions de l'art. 6, § 1, Conv. EDH, V. • CEDH 18 avr. 2012, *Eternit c/ France,* no 20041/10 : *RJS 2012. Chron. 527, obs. Chauchard ; JCP S 2012, no 1271, obs. Colonna et Renaux-Personnic.*

2o FORME DE LA DÉCLARATION

2. Contenu de la déclaration. La caisse dispose d'un délai de trente jours à compter de la date à laquelle elle a eu connaissance de la déclaration d'accident pour statuer sur le caractère professionnel de l'accident, et qu'en l'absence de décision de la caisse dans ce délai, le caractère professionnel de l'accident est reconnu. La déclaration n'étant soumise à aucune forme réglementaire, les juges ne sauraient rejeter la demande au motif que la déclaration ne comportait aucun des renseignements réglementaires que doit impérativement communiquer l'accidenté ou ses ayants droit sur l'identification administrative de la victime et les circonstances précises de l'accident. • Civ. 2e, 2 mai 2007, ☎ no 05-21.691 P.

3. Conséquence du défaut de certificat médical. La déclaration de maladie professionnelle doit, en application de l'art. L. 461-5, être accompagnée de deux exemplaires d'un certificat médical indiquant la nature de la maladie. Il en résulte que le délai de trois mois prévu par l'art. R. 441-10 ne saurait courir à compter de l'envoi de la déclaration de maladie dépourvue d'un tel certificat, mais à compter de l'envoi ultérieur de celui-ci. • Civ. 2e, 10 déc. 2009, ☎ no 08-18.316 P.

4. Pluralité d'affections. Lorsque le salarié fait valoir l'existence de deux affections distinctes, le délai de trois mois de l'art. R. 441-10 ne court qu'à compter de la date de la réception par la caisse des demandes établies sur l'imprimé réglementaire dûment complété pour chacune des affections déclarées. • Civ. 2e, 21 juin 2006, ☎ no 04-30.872 P.

5. Changement de qualification de la maladie. Si l'organisme social doit instruire la demande de prise en charge d'une maladie professionnelle sans être tenu par le tableau visé par la déclaration, il lui appartient d'informer l'employeur d'un changement de qualification de la maladie. • Civ. 2e, 17 sept. 2009, ☎ no 08-18.703 P.

6. Pouvoir d'appréciation des juges du fond sur la régularité de la notification. Les juges du fond apprécient souverainement, en cas de contestation, si la lettre contestant la prise en charge a été adressée au domicile du salarié dans des conditions conformes aux dispositions de l'art. R. 441-10. • Soc. 14 janv. 1993, ☎ no 90-16.898 P.

3o DÉLAI POUR STATUER DE LA CAISSE

7. Point de départ du délai. Le délai de contestation du caractère professionnel d'un accident peut être computé à compter de la découverte d'une lésion liée à l'accident ; mais révélée postérieurement à lui. • Soc. 25 janv. 1989 : ☎ *Bull. civ. V, no 67.*

8. Délai imparti à la caisse pour statuer en cas de saisine du comité régional de reconnaissance des maladies professionnelles. La caisse dispose d'un délai de trois mois à compter de la date à laquelle elle a eu connaissance de la déclaration d'une maladie professionnelle pour statuer sur le caractère professionnel de celle-ci. Cependant, en cas de saisine du comité régional de reconnaissance des maladies professionnelles en application de l'art. R. 441-14, la caisse doit en informer la victime et l'employeur avant l'expiration du délai susvisé et, à l'expiration d'un nouveau délai qui ne peut excéder trois mois, sur lequel s'impute le délai imparti au comité pour donner son avis, notifier sa décision motivée à la victime. • Civ. 2e, 10 juill. 2008, ☎ no 07-15.670 P.

9. Délai implicite. L'envoi, avant l'expiration du délai de trois mois suivant la déclaration de la maladie professionnelle, d'une lettre recommandée informant l'assuré de la nécessité d'une instruction complémentaire en application de l'art. R. 441-14 exclut qu'une décision de prise en charge implicite puisse être invoquée par celui-ci. • Civ. 2e, 11 oct. 2012 : *JCP S 2012, n° 1524, obs. C. F. et V. Pradel ; CSBP 2012, n° 246, p. 345.*

4° EFFETS DE LA MÉCONNAISSANCE DU DÉLAI

10. Opposabilité à l'employeur de la reconnaissance de la maladie professionnelle. Le caractère implicite de la reconnaissance de la maladie professionnelle dans le délai de trois mois n'a pas pour effet de rendre par lui-même cette décision inopposable à l'employeur. • Civ. 2e, 16 nov. 2004, n° 03-30.498 P • 16 déc. 2003, n° 02-30.788 P.

11. Effets à l'égard du FIVA de la reconnaissance de la maladie en raison du non-respect des délais. La décision de reconnaissance d'une maladie professionnelle occasionnée par l'amiante au titre de la législation française de sécurité sociale ou d'un régime assimilé ou de la législation applicable aux pensions civiles et militaires, qu'elle soit explicite ou qu'elle découle du non-respect des délais de réponse imposés aux caisses par les dispositions du code de la sécurité sociale relatives à la procédure de reconnaissance du caractère professionnel de l'accident ou de la maladie, s'impose, avec tous ses effets, au Fonds. • Civ. 2e, 8 janv. 2009, n° 08-12.376 P.

12. Incidence de la fraude du salarié. En cas de déclaration mensongère de l'accident par le salarié, le caractère frauduleux de la déclaration rend impossible l'appréciation des circonstances exactes de l'accident dans le délais imparti par l'art. R. 441-10. La caisse conserve en conséquence la possibilité d'en contester le caractère professionnel et de se prévaloir des dispositions de l'art. L. 453-1. • Soc. 5 janv. 1995, n° 93-14.793 P. ♦ Cependant de simples doutes sur la véracité de la déclaration du salarié ne caractérisent pas l'existence d'une fraude autorisant la caisse à remettre en cause sa décision de prise en charge. • Soc. 4 mai 1988 : *Bull. civ. V, n° 269.*

13. Non-opposabilité du délai aux ayants droit. Le délai pour contester le caractère professionnel de l'accident n'est imparti à la caisse à peine de forclusion qu'à l'égard de la victime elle-même, mais non à l'égard de ses ayants droit. • Soc. 2 juill. 1992, n° 90-16.432 P.

14. Demande de prise en charge de nouvelles lésions postérieures à la consolidation. Il résulte de l'art. R. 441-10 CSS que la règle, selon laquelle, en l'absence de réponse de la caisse primaire d'assurance maladie dans les trente jours suivant la réception de la déclaration d'accident du travail, le caractère professionnel de l'accident est reconnu, s'applique aux demandes de prise en charge de l'accident initial de nouvelles lésions présentées comme se rattachant à l'accident et de rechutes, et non à une demande de prise en charge de soins liés à l'accident prescrits postérieurement à la consolidation de l'état de la victime, sur laquelle la caisse doit se prononcer explicitement. • Civ. 2e, 16 juin 2011 : *JCP S 2011, n° 1391, note Asquinazi-Bailleux.*

Art. R. 441-11 *(Décr. n° 2009-938 du 29 juill. 2009, en vigueur le 1er janv. 2010)* **I. — La déclaration d'accident du travail peut être assortie de réserves motivées de la part de l'employeur.**

Lorsque la déclaration de l'accident en application du deuxième alinéa de l'article L. 441-2 n'émane pas de l'employeur, la victime adresse à la caisse la déclaration de l'accident. Un double est envoyé par la caisse à l'employeur à qui la décision est susceptible de faire grief par tout moyen permettant de déterminer sa date de réception. L'employeur peut émettre des réserves motivées. La caisse adresse également un double de cette déclaration au médecin du travail.

En cas de rechute d'un accident du travail, le double de la demande de reconnaissance de la rechute de l'accident du travail déposé par la victime est envoyé par la caisse primaire à l'employeur qui a déclaré l'accident dont la rechute est la conséquence par tout moyen permettant de déterminer sa date de réception. L'employeur peut alors émettre des réserves motivées.

II. — La victime adresse à la caisse la déclaration de maladie professionnelle. Un double est envoyé par la caisse à l'employeur à qui la décision est susceptible de faire grief par tout moyen permettant de déterminer sa date de réception. L'employeur peut émettre des réserves motivées. La caisse adresse également un double de cette déclaration au médecin du travail.

III. — En cas de réserves motivées de la part de l'employeur ou si elle l'estime nécessaire, la caisse envoie avant décision à l'employeur et à la victime d'un accident du travail ou d'une maladie professionnelle un questionnaire portant sur les circonstances ou la cause de l'accident ou de la maladie ou procède à une enquête auprès des intéressés. Une enquête est obligatoire en cas de décès.

V. Circ. DSS/2C/2009/267 du 21 août 2009 relative à la procédure d'instruction des déclarations d'accidents du travail et maladies professionnelles.

Ancien art. R. 441-11 *Hors les cas de reconnaissance implicite, et en l'absence de réserves de l'employeur, la caisse primaire assure l'information de la victime, de ses ayants droit et de l'employeur, préalablement à sa décision, sur la procédure d'instruction et sur les points susceptibles de leur faire grief.*

(Décr. n° 99-323 du 27 avr. 1999, art. 1er-IV) *« En cas de réserves de la part de l'employeur ou si elle l'estime nécessaire, la caisse* (Abrogé par Décr. n° 2006-111 du 2 févr. 2006) *« hors le cas d'enquête prévue à l'article L. 442-1 » envoie avant décision à l'employeur et à la victime un questionnaire portant sur les circonstances ou la cause de l'accident ou de la maladie ou procède à une enquête auprès des intéressés.* (Décr. n° 2006-111 du 2 févr. 2006) *« Une enquête est obligatoire en cas de décès. »*

« La victime adresse à la caisse la déclaration de maladie professionnelle dont un double est envoyé par la caisse à l'employeur. La caisse adresse également un double de cette déclaration au médecin du travail. La même procédure s'applique lorsque la déclaration de l'accident, en application du deuxième alinéa de l'article L. 441-2, n'émane pas de l'employeur ». Le double de la demande de reconnaissance de la rechute d'un accident du travail déposée par la victime est envoyé par la caisse primaire à l'employeur qui a déclaré l'accident dont la rechute est la conséquence.

Jurisprudence rendue sous l'empire des textes antérieurs au Décr. n° 2009-938 du 29 juill. 2009, sauf mention contraire.

A. PRINCIPE DE LA CONTRADICTION

1° OBLIGATIONS PESANT SUR LES CAISSES

1. Étendue des obligations. En application des dispositions spécifiques des art. R. 441-11 s., le respect du principe de la contradiction, dans la procédure de reconnaissance du caractère professionnel d'un accident ou d'une maladie, est satisfait par le seul envoi à l'employeur par la caisse primaire d'assurance maladie d'une lettre l'informant de la fin de la procédure d'instruction, des éléments recueillis susceptibles de lui faire grief, de la possibilité de consulter le dossier et de la date à laquelle elle prévoit de prendre sa décision. • Cass., avis, 20 sept. 2010, n° 10-00.005 P : *BICC 1er déc. 2010, p. 14, rapport Martinel et obs. Lautru ; RJS 2011, n° 76 ; D. actu. 20 oct. 2010, obs. Mavoka-Isana.* ♦ Comp. • Civ. 2e, 18 oct. 2005 : *JCP S 2006, n° 1013, note Vachet* • 18 janv. 2006 : *JS Lamy 2006, n° 184-17.* ♦ V. • Civ. 2e, 12 juill. 2006 : *JS Lamy 2006, n° 197-22* • 7 févr. 2008, n° 07-10.910 P • 16 oct. 2008, n° 07-21.037 P : *JCP S 2009, n° 1023, note Asquinazi-Bailleux.*

2. Inapplication aux lésions nouvelles apparues avant la consolidation. Les dispositions de l'art. R. 441-11 ne sont pas applicables lorsque la demande porte sur de nouvelles lésions survenues avant consolidation et déclarées au titre de l'accident du travail initial. • Civ. 2e, 20 sept. 2012 : *JCP S 2012, n° 1513, obs. Le Bras et Cailloux-Meurice.*

3. Régime des rechutes. La caisse doit également respecter les règles de la contradiction en cas de rechute. • Soc. 14 juin 2001 : *JS Lamy 2001, n° 87-3 ; RJS 2001, n° 1202* • Civ. 2e, 21 déc. 2006 : *JCP 2007. 1247* • 8 janv. 2009 : *JCP 2009. 1168, note Asquinazi-Bailleux ; RJS 2009, n° 398 ; Dr. soc. 2009. 458, note Tauran.* ♦ Toutefois, il résulte de la combinaison des art. L. 443-1, L. 443-2, R. 441-10 et que la caisse n'est tenue de mettre en œuvre les dispositions des art. R. 441-11 s. CSS que lorsque l'aggravation d'une lésion déjà prise en charge entraîne pour la victime la nécessité d'un traitement médical, qu'il y ait ou non nouvelle incapacité temporaire, et non lorsque la demande ne porte que sur une nouvelle fixation des réparations, en cas d'aggravation de l'infirmité ou de décès de la victime par suite des conséquences de l'accident ou de la maladie. • Civ. 2e, 13 oct. 2011 : *JCP S 2012, n° 1062, obs. Asquinazi-Bailleux.* ♦ Lorsque la décision de prendre en charge la maladie a été déclarée inopposable à l'employeur, la décision de prise en charge d'une rechute de cette affection ne saurait produire effet à l'encontre de celui-ci. • Civ. 2e, 20 janv. 2012 : *JCP S 2012, n° 1188, obs. Asquinazi-Bailleux ; RJS 2012, n° 390.*

4. Le principe du contradictoire s'applique aussi aux actions en recherche de faute inexcusable supposant acquis le caractère professionnel de la maladie. • Civ. 2e, 3 mai 2006 : *JCP S 2006, n° 1592.*

5. La CPAM doit aussi envoyer, sauf à lui être inopposable, le double de la déclaration d'accident du travail adressée directement par le salarié à sa caisse. • Civ. 2e, 21 déc. 2006, n° 05-20349.

6. Moment de l'information. En l'absence de réserves de la société, la caisse, qui a la possibilité de renoncer à sa contestation préalable du caractère professionnel de l'accident, n'est pas tenue de mettre en œuvre, avant sa décision, les diligences énoncées à l'art. R. 441-11 CSS, dans sa rédaction alors applicable. • Civ. 2e, 10 mai 2012 : *JCP S 2012, n° 1321, obs. Plichon.*

7. Invocation des irrégularités par le nouvel employeur. Le ou les précédents employeurs de la victime d'une affection prise en charge au titre de la législation professionnelle peuvent se prévaloir, aux fins d'inopposabilité de la décision de la caisse, des manquements de celle-ci dans l'instruction du dossier à l'égard du dernier employeur de la victime. • Civ. 2e, 19 déc. 2013 : *D. actu. 15 janv. 2014, obs. Fraisse ; RJS 3/2014, n° 269.*

8. Preuve du respect des obligations. Les dispositions de l'art. 1316-1 C. civ. relatives à la preuve de l'écrit sous forme électronique ne sont pas applicables au courrier électronique produit pour faire la preuve du courrier adressé à l'entreprise, dont l'existence peut être établie par tous moyens, lesquels sont appréciés souverainement par les juges du fond. • Civ. 2e, 13 févr. 2014 : *JCP S 2014, n° 1294, obs. Fournier-Gatier et Nicolas.*

2° LIMITE DE L'OBLIGATION PESANT SUR LES CAISSES

9. Absence de réserves de l'employeur. Lorsque la caisse se prononce au seul vu de la déclaration d'accident du travail transmise sans réserve par l'employeur, elle n'est pas tenue à l'obligation d'information prévue par l'art. R. 441-11 CSS préalablement à sa décision. • Civ. 2e, 14 oct. 2003 : *TPS 2003. 404, obs. Prétot* • 27 janv. 2004 : *RJS 2004, n° 461.* ♦ Elle ne saurait non plus être tenue de la communication du dossier sur le fondement de l'art. R. 441-13 en l'absence de telles réserves. • 10 juill. 2014 : *RJS 11/2014, n° 812.*

10. Décision implicite. L'obligation d'information préalable ne s'impose pas en cas de reconnaissance implicite. • Civ. 2e, 4 juill. 2007, n° 06-16.628.

11. Reconnaissance implicite. Cette obligation ne s'impose pas non plus lorsque la CPAM se contente de maintenir sa décision de prise en charge ; l'obligation d'information préalable n'existant que dans le cadre de la décision initiale. • Civ. 2e, 5 avr. 2007 : *JCP S 2007, n° 1497, note Vachet.*

12. Décision de la commission de recours amiable. Elle ne s'étend pas non plus aux décisions de la commission de recours amiable. • Civ. 2e, 25 avr. 2007 : *JCP S 2007, n° 1497, note Vachet.* ♦ V. dans le même sens : • Civ. 2e, 16 oct. 2008, n° 07-16.574 P.

13. Suite d'une décision juridictionnelle antérieure. L'employeur n'est pas recevable à invoquer l'irrégularité de la procédure administrative d'instruction d'une demande de prise en charge d'une maladie au titre de la législation professionnelle menée par une caisse, lorsque la prise en charge résulte d'une décision juridictionnelle rendue dans une instance engagée par le salarié qui conteste le refus opposé par la caisse, procédure dans laquelle l'employeur, qui y a été appelé, a pu faire valoir ses moyens de défense. • Civ. 2e, 11 oct. 2012 : *JCP S 2012, n° 1514, obs. Asquinazi-Bailleux.*

14. Observations des ayants droit. La caisse primaire n'est pas tenue de recueillir les observations des ayants droit de la victime décédée d'un accident du travail sur les circonstances et les causes de l'accident. • Civ. 2e, 20 sept. 2012 : *CSBP 2012, n° 246, p. 345, obs. Pansier.*

15. Prise en charge résultant d'une décision de justice. L'employeur n'est pas recevable à invoquer l'irrégularité de la procédure administrative d'instruction d'une demande de prise en charge d'une maladie au titre de la législation professionnelle menée par une caisse, lorsque la décision de prise en charge résulte d'une décision juridictionnelle rendue dans une procédure intentée par le salarié qui conteste la décision de refus opposée par la caisse, procédure dans laquelle l'employeur, qui y a été appelé, a pu faire valoir ses moyens de défense. • Civ. 2e, 1er déc. 2011 : *JCP S 2012, n° 1103, obs. Tauran.* • Civ. 2e, 11 oct. 2012 : *préc. note 13.* • Civ. 2e, 14 mars 2013, n° 12-17.421 P.

16. Reprise de l'instruction. L'inopposabilité de la décision de prise en charge ne peut résulter d'un défaut d'information de l'employeur après une décision initiale de refus lorsque la caisse a repris l'instruction de l'affaire et a régulièrement notifié à l'employeur la fin de cette procédure d'instruction. • Civ. 2e, 7 nov. 2013, n° 12-25.334 P.

3° CONTENU DES OBLIGATIONS

17. Destinataire. Seul l'employeur est destinataire d'information. En conséquence, l'entreprise utilisatrice ne peut pas se prévaloir du principe du contradictoire pour que lui soit déclarée inopposable la prise en charge d'un accident du travail alors que les informations ont été envoyées à l'entreprise de travail temporaire. • Civ. 2e, 4 juill. 2007 : *JCP S 2007, n° 1725, note Vachet.* ♦ L'obligation d'information qui incombe à la caisse ne concerne que la victime, ses ayants droit et la personne physique ou morale qui a la qualité d'employeur actuel ou de dernier employeur de la victime. Les juges ne sauraient en conséquence exiger l'envoi du double de la déclaration de maladie professionnelle à l'employeur à qui la décision est susceptible de faire grief lorsque celui-ci n'est pas le dernier employeur. • Civ. 2e, 6 nov. 2014, n° 13-20.510 P. ♦ La caisse qui choisit de recourir à une enquête peut, dans ce cadre, adresser un questionnaire au salarié sans être tenue d'en adresser un à l'employeur. • Civ. 2e, 31 mars 2016, n° 15-15.954 : *RJS 6/2016, n° 452.*

18. Information du précédent employeur. Le ou les précédents employeurs de la victime d'une affection prise en charge au titre de la législation professionnelle peuvent se prévaloir, aux fins d'inopposabilité de la décision de la caisse, de l'absence d'information du dernier employeur existant de la victime. • Civ. 2e, 3 avr. 2014 : *JCP S 2014, n° 1314, obs. Asquinazi-Bailleux.*

19. Objet. L'information de l'employeur doit porter sur les éléments pouvant lui faire grief, la possibilité de consulter le dossier dans un certain délai, la date à laquelle la CPAM entend statuer et la fin de la procédure d'instruction. • Civ. 2e, 12 juill. 2006, n° 04-30.403 P. ♦ ... Sachant que ces informations peuvent parfois être déduites les unes des autres. • Civ. 2e, 5 avr. 2007, n° 06-11.468 P.

20. Modalités d'information. Si l'art. R. 441-11 prévoit que la caisse primaire, avant de se prononcer sur le caractère professionnel d'un accident ou d'une maladie, doit informer l'employeur de la fin de la procédure d'instruction, des éléments susceptibles de lui faire grief, de la possibilité de consulter le dossier et de la date à laquelle elle prévoit de prendre sa décision, ces dispositions n'imposent pas à la caisse de devoir aviser l'employeur par lettre recommandée avec accusé de réception. • Civ. 2e, 12 févr. 2009 : *JCP S 2009, n° 1206, note Asquinazi-Bailleux ; RJS 2009, n° 396.* ♦ La preuve d'un fait juridique pouvant être rapportée par tout moyen, y compris par présomption, les juges du fond apprécient souverainement la valeur et la portée des éléments de preuve soumis au débat. La production d'un relevé justifiant la transmission d'une télécopie peut à ce titre être appréciée comme un élément attestant du respect de l'obligation d'information par la Caisse. • Civ. 2e, 30 mai 2013 : *JCP S 2013, n° 1415, obs. Michalletz.*

4° DÉLAI REQUIS

21. L'employeur ne peut pas exiger que lui soit adressée la copie du dossier du salarié. Il doit pouvoir en revanche consulter sur place (dans les locaux de la CPAM) les pièces. • Civ. 2e, 4 juill. 2007 : *JCP S 2007, n° 1499, note Tauran.* ♦ ... A condition que le délai soit suffisant en pratique. • Civ. 2e, 5 avr. 2007 : *JCP S 2007, n° 1498, note Vachet* (tel n'est pas le cas lorsque, de 10 jours théoriques, le délai se résume à 4 jours utiles). ♦ Les dispositions de l'art. 641, al. 2, C. pr. civ., propres à la computation des délais légaux pour l'accomplissement d'un ordre ou d'une formalité, n'ont pas vocation à s'appliquer au calcul d'un délai fixé par un organisme de sécurité sociale à un employeur pour venir consulter le dossier de la caisse préalablement à la décision d'intervenir sur la prise en charge d'un accident au titre de la législation professionnelle • Civ. 2e, 13 nov. 2008, n° 07-18.731 P : *JCP S 2009, n° 1021, note Tauran.*

B. RÔLE DES RÉSERVES

1° NOTION DE RÉSERVES

22. Les réserves visées par l'art. R. 441-11 CSS, s'entendant de la contestation du caractère professionnel de l'accident par l'employeur, ne peuvent porter que sur les circonstances de temps et de lieu de celui-ci ou sur l'existence d'une cause totalement étrangère au travail. • Civ. 2e, 17 févr. 2011 : *RJS 2011, n° 466 ; Dr. ouvrier 2011. 530, note Guiomard ; JCP S 2011, n° 1235, note Asquinazi-Bailleux* • Soc. 12 juill. 2001 : *RJS 2001, n° 1200* • Civ. 2e, 10 oct. 2013 : *D. actu. 30 oct. 2013, obs. Fraisse ; RJS 1/2013, n° 81.* ♦ V. également • Paris 26 juin 2014, n° 11/05302 :*RJS 10/2014, n° 742.* ♦ Constitue des réserves motivées de la part de l'employeur, au sens des dispositions de l'art. R. 441-11 CSS, toute contestation du caractère professionnel de l'accident portant sur les circonstances de temps et de lieu de celui-ci ou sur l'existence d'une cause totalement étrangère au travail. Peut constituer de telles réserves la mise en doute du fait que l'accident ait pu se produire au temps et au lieu du travail en relevant, d'une part, l'absence de témoins, et d'autre part, l'absence de déclaration de l'accident par le salarié à l'employeur le jour supposé de sa survenue, ce qui permet de retenir l'existence de réserves motivées au sens des dispositions de l'art. R. 441-11. L'émission de réserves ne saurait en revanche être interprétée comme imposant à l'employeur de rapporter, à ce stade de la procédure, la preuve de faits de nature à démontrer que l'accident n'a pu se produire au temps et au lieu du travail. • Civ. 2e, 23 janv. 2014 : *RJS 4/2013, n° 352 ; SSL, supplément, 29 sept. 2014, n° 1645, p. 109, obs. Chapellon-Liedhart ; JCP S 2014, n° 1292, obs. Michalletz.*

2° PORTÉE DES RÉSERVES

23. Les réserves n'obligent la CPAM à envoyer à l'employeur un questionnaire ou à procéder à une enquête auprès des intéressés ou à procéder à une enquête obligatoire en cas de décès de la victime qu'à la condition d'avoir été émises avant la prise de décision par la CPAM, ce qu'elle peut faire en matière d'accident du travail sans attendre l'expiration du délai de 30 jours. • Civ. 2e, 5 avr. 2007 : *JCP S 2007, n° 1526, note Asquinazi-Bailleux.* ♦ Méconnaît les dispositions de l'art. R. 441-11 le juge du fond qui, pour débouter l'employeur, retient essentiellement que la caisse primaire, qui n'entendait pas prendre de décision faisant grief à l'une ou l'autre des parties et ne procédait à aucune instruction, n'avait pas à les informer, alors qu'il résulte des documents de la procédure que, saisie d'une déclaration d'accident assortie des réserves de l'employeur, elle a fondé sa décision sur les renseignements et témoignages relevés au retour du questionnaire adressé à la victime sans avoir préalablement informé l'employeur de cette procédure d'instruction dont les résultats étaient susceptibles de lui faire grief, de sorte que la décision de prise en charge était inopposable à l'employeur. • Soc. 20 avr. 2000 : *TPS 2000, n° 244.* ♦ V. plus récemment • Civ. 2e, 12 juill. 2006 : *JCP S 2006, n° 1801, note Voxeur* (les réserves formulées par l'employeur n'exonèrent pas l'organisme social de son obligation découlant de l'art. R. 441-11).

24. Inopposabilité de la décision de la caisse. Selon l'art. R. 441-11, III, CSS, dans sa rédaction issue du Décr. n° 2009-938 du 29 juill. 2009, en cas de réserves motivées de la part de l'employeur ou si elle l'estime nécessaire, la caisse envoie avant décision à l'employeur et à la victime d'un accident du travail ou d'une maladie professionnelle un questionnaire portant sur les circonstances ou la cause de l'accident ou de la maladie ou procède à une enquête auprès des intéressés. En l'absence de tout recueil des observations de l'employeur, que ce soit de vive voix ou par questionnaire, la décision de prise en charge de l'accident du travail lui est inopposable. • Civ. 2e, 10 mars 2016, n° 15-16.669 P : *RJS 5/2016, n° 372, JCP S 2016, n° 1145, obs. Michalletz.* ♦ Lorsque la caisse décide de l'envoi d'un questionnaire à l'assuré, le défaut d'envoi d'un tel questionnaire à l'employeur a pour conséquence de rendre inopposable à la société la prise en charge de l'accident, en application de l'art. R. 441-11, III, CSS, dans sa rédaction issue du Décr. n° 2009-938 du 29 juill. 2009, applicable au litige. • Civ. 2e, 6 juill. 2017, n° 16-18.774 P : *D. actu. 21 juill. 2017, obs. Fraisse ; JCP S 2017, n° 1302, obs. Michalletz ; RJS 11/2017, n° 763.*

25. Mais l'absence de réserves portées par l'employeur sur la déclaration d'accident du travail ne vaut pas reconnaissance tacite de sa part du caractère professionnel de l'accident et ne le prive pas de la possibilité de contester par la suite. • Soc. 6 déc. 2001 : *RJS 2002, n° 223.* ♦ Elle ne dispense pas non plus la CPAM de son obligation lorsqu'elle est obligatoire. • Civ. 2e, 14 févr. 2007, n° 06-14.849.

3° PREUVE DES RÉSERVES

26. L'employeur n'établissant pas que le courrier dans lequel il émettait des réserves sur le caractère professionnel de l'accident dont avait été victime le salarié ait été notifié avant l'expiration du délai de vingt jours [désormais trente jours] prévu par l'art. R. 441-10, de sorte que la caisse qui n'avait pas élevé de contestation préalable avant le terme de ce délai n'était pas tenue de mettre en œuvre les mesures d'instruction prévues par l'art. R. 441-11, est justifié le rejet par la cour d'appel du recours formé par l'intéressé contre la décision de prise en charge de l'accident par la caisse primaire d'assurance maladie. • Soc. 28 janv. 1998 : *RJS 1998, n° 523.*

4° RÉSERVES POSTÉRIEURES À LA DÉCISION DE PRISE EN CHARGE

27. Opposabilité de la décision en cas de réserves postérieures à la décision de la caisse. Lorsque les réserves émises par l'employeur sont réceptionnées par la caisse postérieurement à la décision de prise en charge, ces réserves ne sont pas recevables, de sorte que la prise en charge est opposable à l'employeur. • Civ. 2e, 18 sept. 2014 : *RJS 12/2014, n° 896 ; JCP S 2014, n° 1454, obs. Tauran.*

Art. R. 441-12 **Après la déclaration de l'accident ou de la maladie, la victime ou ses ayants droit et l'employeur peuvent faire connaître leurs observations et toutes informations complémentaires ou en faire part directement à l'enquêteur de la caisse primaire.**

En cas d'enquête effectuée par la caisse primaire sur l'agent causal d'un accident du travail ou d'une maladie professionnelle, l'employeur doit, sur demande, lui communiquer les renseignements nécessaires permettant d'identifier le ou les risques ainsi que les produits auxquels le salarié a pu être exposé à l'exclusion de toute formule, dosage, ou processus de fabrication d'un produit.

Pour les besoins de l'enquête, la caisse régionale communique à la caisse primaire, sur la demande de celle-ci, les éléments dont elle dispose sur les produits utilisés ou sur les risques afférents au poste de travail ou à l'atelier considéré à l'exclusion de toute formule, dosage ou processus de fabrication d'un produit.

1. Rapport d'autopsie. L'obligation pour la caisse d'informer l'employeur des éléments recueillis et de la possibilité de consulter le dossier vaut autorisation, au sens de l'art. 226-14 C. pén., de communiquer à l'employeur sur sa demande l'intégralité du rapport d'autopsie prévu par l'art. L. 442-4 CSS. • Civ. 2e, 22 févr. 2005, n° 03-30.308 P : *TPS 2005, n° 185 ; RDSS 2005. 508, obs. Verkindt.* ♦ L'employeur à qui la caisse n'a communiqué que les conclusions du rapport d'autopsie n'a pu faire valoir ses droits avant la décision de prise en charge qui ne lui est ainsi pas opposable. • Civ. 2e, 22 févr. 2005 : *préc.*

2. Avis de la caisse régionale d'assurance maladie. La caisse primaire d'assurance maladie n'étant pas tenue de recueillir l'avis de la caisse régionale d'assurance maladie ne peut se voir reprocher de ne pas avoir fait figurer au dossier l'avis de cette caisse, dès lors qu'elle ne l'avait pas interrogée sur l'exposition au risque de la victime. • Civ. 2e, 22 févr. 2005, n° 03-30.499 P.

Art. R. 441-13 **Le dossier constitué par la caisse primaire doit comprendre :**

1° La déclaration d'accident *(Abrogé par Décr. n° 2016-756 du 7 juin 2016, art. 1er-2°) « et l'attestation de salaire »* **;**

2° Les divers certificats médicaux *(Décr. n° 2016-756 du 7 juin 2016, art. 1er-2°)* « détenus par la caisse » ;
3° Les constats faits par la caisse primaire ;
4° Les informations parvenues à la caisse de chacune des parties ;
5° Les éléments communiqués par la caisse régionale.
(Abrogé par Décr. n° 2016-756 du 7 juin 2016, art. 1er-2°) *« 6° Éventuellement, le rapport de l'expert technique. »*

Il peut, à leur demande, être communiqué à l'assuré, ses ayants droit et à l'employeur, ou à leurs mandataires.

Ce dossier ne peut être communiqué à un tiers que sur demande de l'autorité judiciaire.

I. CONTENU DE L'OBLIGATION D'INFORMATION

1. La forme par laquelle la CPAM met en œuvre l'obligation de communication imposée par l'art. R. 441-13 CSS est appréciée avec souplesse par la Cour de cassation. Elle est ainsi satisfaite dès que la CPAM offre à l'employeur la possibilité de prendre connaissance du dossier et d'en contester le cas échéant les éléments. • Civ. 2e, 31 mai 2005 : *JCP S 2005. 1243, note Martinon.*

2. En revanche, l'avis de contrôle médical n'a pas à être motivé. L'employeur qui a reçu copie des pièces constitutives du dossier prévu à l'art. R. 441-13 CSS et a été avisé qu'il disposait d'un délai de huit jours pour faire parvenir ses observations ne peut donc pas valablement solliciter l'inopposabilité de la prise en charge de l'accident dont le salarié a été victime. • Civ. 2e, 12 juill. 2006 : *JCP S 2006. 1786, note Asquinazi-Bailleux ; ibid. 2006. 1762, note Asquinazi-Bailleux ; RJS 10/06, n° 1121.* ♦ V. déjà en ce sens • Civ. 2e, 22 mars 2005 : *JCP E 2005. 1851.*

3. La teneur de l'examen tomodensitométrique mentionné au tableau n° 30 B des maladies professionnelles, qui constitue un élément du diagnostic, n'a pas à figurer dans les pièces du dossier constitué par les services administratifs de la caisse en application de l'art. R. 441-13 CSS et dont l'employeur peut demander la communication. • Civ. 2e, 17 janv. 2008, n° 07-13.356 P : *RJS 3/08, n° 332.*

4. Communication du dossier par les caisses. Sur la possibilité d'obtenir communication du dossier détenu par la CPAM sur le fondement de l'art. 6 de la loi du 17 juill. 1978, • TA Châlons-en-Champagne, 17 sept. 2013, nos 1300677 et 1300679 : *JCP S 2014, n° 1144, obs. Mondolfo.*

II. EFFETS DE L'OBLIGATION D'INFORMATION

A. OBLIGATION RESPECTÉE

5. Dès lors que, d'une part, l'employeur avait été avisé par la caisse de la demande de prise en charge formée par le salarié, d'autre part, qu'il avait participé à l'enquête antérieure à toute procédure judiciaire en formulant des réserves et en présentant des observations, il lui appartient conformément à l'art. R. 441-13 CSS, de demander la communication du dossier constitué par la caisse. Le juge du fond a légalement justifié sa décision de rejet du recours formé par l'employeur à l'encontre de la décision de prise en charge. • Soc. 30 nov. 2000 : *TPS 2001, n° 61.*

6. Les dispositions des art. R. 441-11 et R. 441-13, destinées à assurer le caractère contradictoire de la procédure d'instruction, ont été respectées dès lors que le certificat médical faisant état de la rechute a été transmis à l'employeur avec l'indication qu'une procédure d'instruction était mise en œuvre, que la société a été informée de la clôture de l'instruction et de la possibilité de venir consulter le dossier pendant un délai de dix jours, et que le représentant de l'employeur, venu consulter le dossier dans le délai, n'a formulé aucune observation sur son contenu, notamment en ce qui concerne l'avis du médecin-conseil rattachant la rechute à l'accident initial. • Civ. 2e, 8 janv. 2009 : *JCP S 2009. 1168, note Asquinazi-Bailleux.*

B. OBLIGATION VIOLÉE

7. Ayant relevé que la caisse primaire d'assurance maladie n'a avisé l'employeur de la réalisation du second audiogramme produit par le salarié à l'appui de sa demande de prise en charge d'une surdité d'origine professionnelle, que lorsqu'elle lui a notifié le taux d'incapacité permanente partielle, la cour d'appel a retenu à bon droit que l'organisme avait ainsi privé l'employeur de la possibilité reconnue par l'art. R. 441-13 CSS, de demander communication de ce document pour faire valoir ses droits avant la décision de prise en charge de la maladie professionnelle et en a exactement déduit que cette décision de l'organisme était inopposable à l'employeur. • Soc. 22 juin 2000 : *TPS 2000, n° 279 ; RJS 2000, n° 1009.* ♦ Mais après sa décision sur la prise en charge d'un accident à titre d'accident du travail, une caisse n'est plus tenue de communiquer à l'employeur le dossier constitué conformément à l'art. R. 441-13 CSS. • Civ. 2e, 16 déc. 2003, n° 02-30.788 P : *TPS 2004, n° 90 ; JCP E 2004. Pan. 280 ; RJS 2004. 238, n° 344.*

8. La décision de prise en charge d'une maladie à titre professionnel n'est pas opposable à l'employeur dès lors que celui-ci n'a reçu de la part de la caisse aucune information, mais seulement l'avis d'attribution d'une rente au salarié, et que ledit organisme a refusé de lui communiquer les pièces du dossier visé à l'art. R. 441-13 CSS. • Soc. 20 déc. 2001 : *RJS 2002, n° 340.*

9. Une cour d'appel a exactement déclaré la décision de prise en charge d'une maladie à titre professionnel inopposable à l'employeur après avoir relevé que la caisse n'avait pas avisé ce dernier de la demande de son salarié et ne lui avait adressé aucun élément d'information avant de lui communiquer la copie de sa décision d'attribution d'une rente, de sorte que, en procédant ainsi, l'organisme social avait mis l'employeur dans l'impossibilité d'exercer son droit d'obtenir sur sa demande, conformément à l'art. R. 441-13 CSS, le dossier constitué dans le cadre de la procédure de reconnaissance de la maladie professionnelle. • Soc. 28 mars 2002 : *RJS 2002, n° 731.*

10. Une cour d'appel a décidé à bon droit que, dès lors que la décision de la caisse primaire d'assurance maladie d'admettre le caractère professionnel de la maladie était inopposable à l'employeur, la caisse ne pouvait récupérer sur ce dernier, après reconnaissance de sa faute inexcusable, les compléments de rente et les indemnités versées par elle au salarié malade ou à ses ayants droit. • Soc. 26 nov. 2002, n° 00-19.347 P.

11. L'inopposabilité à l'employeur, dans ses rapports avec la CPAM, du caractère professionnel de la maladie du salarié, ne fait pas obstacle à ce que le salarié invoque à l'encontre de son employeur l'origine professionnelle de sa maladie pour bénéficier de la législation protectrice applicable aux salariés victimes d'un accident du travail ou d'une maladie professionnelle. Si l'employeur est en droit de contester devant les juges du fond le caractère professionnel de la maladie, il lui appartient d'en rapporter la preuve. A cet égard invoquer l'inopposabilité de la décision de la caisse est insuffisant. • Soc. 9 juill. 2003, n° 01-41.514 P : *SSL 2003, n° 1140, p. 12 ; JS Lamy 2003, n° 133-12.*

12. Précédent employeur. Le ou les précédents employeurs de la victime d'une affection prise en charge au titre de la législation professionnelle peuvent se prévaloir, aux fins d'inopposabilité à leur égard de la décision de la caisse, des manquements de celle-ci dans l'instruction du dossier à l'égard du dernier employeur de la victime. • Civ. 2e, 10 juill. 2014 : *D. actu. 3 sept. 2014, obs. Fraisse ; JCP S 2014, n° 1411, obs. Vachet.*

Art. R. 441-14 *(Décr. n° 99-323 du 27 avr. 1999, art. 1er-V)* **« Lorsqu'il y a nécessité d'examen ou d'enquête complémentaire, la caisse doit en informer la victime ou ses ayants droit et l'employeur avant l'expiration du délai prévu au premier alinéa de l'article R. 441-10 par lettre recommandée avec demande d'avis de réception. A l'expiration d'un nouveau délai qui ne peut excéder deux mois en matière d'accidents du travail ou trois mois en matière de maladies professionnelles à compter de la date de cette notification et en l'absence de décision de la caisse, le caractère professionnel de l'accident ou de la maladie est reconnu.**

« En cas de saisine du comité régional de reconnaissance des maladies professionnelles, mentionné au cinquième alinéa de l'article L. 461-1, le délai imparti à ce comité pour donner son avis s'impute sur les délais prévus à l'alinéa qui précède. »

(Décr. n° 2009-938 du 29 juill. 2009, en vigueur le 1er janv. 2010) **« Dans les cas prévus au dernier alinéa de l'article R. 441-11, la caisse communique à la victime ou à ses ayants droit et à l'employeur au moins dix jours francs avant de prendre sa décision, par tout moyen permettant d'en déterminer la date de réception, l'information sur les éléments recueillis et susceptibles de leur faire grief, ainsi que sur la possibilité de consulter le dossier mentionné à l'article R. 441-13.**

« La décision motivée de la caisse est notifiée, avec mention des voies et délais de recours par tout moyen permettant de déterminer la date de réception, à la victime ou ses ayants droit, si le caractère professionnel de l'accident, de la maladie professionnelle ou de la rechute n'est pas reconnu, ou à l'employeur dans le cas contraire. Cette décision est également notifiée à la personne à laquelle la décision ne fait pas grief. »

Le médecin traitant est informé de cette décision.

A. OBLIGATION D'INFORMATION

1. Domaine de l'obligation d'information. La décision de la caisse refusant la prise en charge d'un accident au titre professionnel est envoyée pour information à l'employeur. A la différence d'une notification une simple information ne confère pas à la décision de la caisse un caractère définitif vis-à-vis de l'employeur. • Soc. 14 déc. 1989 : *D. 1991. Somm. 121, obs. Prétot* • 11 juin 1992, n° 90-13.032 P • 19 mars 1992, n° 90-14.239 P : *D. 1992. IR 153 ; CSB 1992, S. 83.* ♦ V. également • Civ. 2e, 22 oct. 2009 : *JCP S 2009, n° 1567, note Tauran.* ♦ L'obligation d'information de l'employeur pesant sur la CPAM vaut également en cas de déclenchement d'une enquête administrative. • Civ. 2e, 31 mai 2005 : *JCP S 2005, n° 1243, note Martinon.*

2. Étendue de l'obligation d'information. La pièce caractérisant la première constatation médicale d'une maladie professionnelle dont la date est antérieure à celle du certificat médical initial n'est pas soumise aux mêmes exigences de forme que celui-ci et n'est pas au nombre des documents constituant le dossier qui doit être mis à la disposition de la victime ou de ses ayants droit et de l'employeur en application de l'art. R. 441-14, al. 3, CSS. Il appartient seulement aux juges du fond de vérifier, en cas de contestation, si les pièces du dossier constitué par la caisse ont permis à l'employeur d'être suffisamment informé sur les conditions dans lesquelles cette date a été retenue. • Civ. 2e, 9 mars 2017, n° 15-29.070 P : *RJS 5/2017, n° 373.* ♦ Selon l'art. R. 441-14 CSS, dans les cas où elle a procédé à une instruction conformément au dernier al. de l'art. R. 441-11, la caisse communique à la victime ou à ses ayants droit et à l'employeur au moins dix jours francs avant de prendre sa décision, par tout moyen permettant d'en déterminer la date de réception, l'information sur les éléments recueillis et susceptibles de leur faire grief ainsi que la possibilité de venir consulter le dossier qui comprend, en application de l'art. R. 441-13, au titre des éléments médicaux relatifs à la victime, les divers certificats médicaux ainsi que l'avis du médecin-conseil. Cette information ne s'étend pas aux documents portant la fixation du taux d'incapacité permanente partielle susceptible d'être reconnu à la victime, qui n'ont pas à figurer dans le dossier sur la base duquel se prononce la caisse pour la reconnaissance du caractère professionnel d'une maladie ou d'un accident. • Civ. 2e, 21 sept. 2017, n° 16-26.842 P : *RJS 12/2017, n° 832 ; JCP S 2017, n° 1373, obs. Asquinazi-Bailleux.*

3. Auteur de l'information. Le défaut de pouvoir d'un agent d'une caisse primaire de sécurité sociale, signataire d'une décision de reconnaissance du caractère professionnel d'un accident ou d'une maladie, ne rend pas cette décision inopposable à l'employeur, qui conserve la possibilité d'en contester tant le bien-fondé que les modalités de mise en œuvre au regard des obligations d'information et de motivation incombant à l'organisme social. • Civ. 2e, 23 janv. 2014 : *RJS 4/2014, n° 353* • 4 avr. 2018, n° 17-14.176 P : *RJS 6/2018, n° 443.*

4. Conséquence de la notification d'un délai d'instruction. L'envoi, avant l'expiration du délai de trois mois suivant la déclaration de la maladie professionnelle, d'une lettre recommandée informant l'assuré de la nécessité d'une instruction complémentaire exclut qu'une décision de prise en charge implicite puisse être invoquée par celui-ci. • Civ. 2e, 11 oct. 2012, n° 11-23.517 P : *JCP S 2012, n° 1524, obs. C.F. et V. Pradel ; CSBP 2012, n° 246, p. 345.*

5. Délai de notification (al. 3). Selon l'art. R. 441-14 CSS dans sa rédaction issue du Décr. n° 2009-938 du 29 juill. 2009, dans les cas prévus au dernier al. de l'art. R. 441-11, la caisse communique à la victime ou à ses ayants droit et à l'employeur au moins dix jours francs avant de prendre sa décision, par tout moyen permettant d'en déterminer la date de réception, l'information sur les éléments recueillis et susceptibles de leur faire grief, ainsi que sur la possibilité de consulter le dossier mentionné à l'art. R. 441-13. L'octroi d'un délai de dix jours francs, en réalité onze jours, constitue en conséquence un délai suffisant pour consulter les pièces du dossier et faire part de ses observations. • Civ. 2e, 13 mars 2014 : *D. actu. 14 avr. 2014, obs. Fraisse ; RJS 6/2014, n° 522 ; JCP S 2014, n° 1291, obs. Michalletz.* ♦ Le délai imposé par l'art. R. 441-14, al. 3, issu du Décr. du 29 juill. 2009 ne s'applique qu'aux procédures d'instruction des accidents ou maladies engagées à compter du 1er janv. 2010. Antérieurement à cette date, le délai doit être suffisant pour permettre à l'employeur de prendre connaissance de la procédure d'instruction et de formuler d'éventuelles observations. • Civ. 2e, 24 janv. 2013 : *JCP S 2013, n° 1127, obs. Tauran.*

6. Notification pendant une période de fermeture de l'entreprise. La procédure peut être considérée comme respectée au regard de l'art. R. 441-14 quand bien même la caisse aurait notifié la prolongation du délai d'instruction pendant une période de fermeture dont la caisse avait été préalablement informée. • Civ. 2e, 28 mai 2015, n° 14-17.728 P : *RJS 8-9/2015, n° 594.*

7. Computation du délai de notification. La date de notification par lettre recommandée est, à l'égard de l'organisme qui y procède, celle de l'expédition, et, à l'égard de celui à qui elle est faite, de sa réception. • Civ. 2e, 18 juin 2015, n° 13-23.127 P : *RJS 10/2015, n° 673.*

8. Pluralité de décisions. En cas de demande de reconnaissance de différentes maladies professionnelles par un même salarié, l'art. R. 441-14 CSS ne fait pas obligation aux caisses, lorsqu'elles notifient plusieurs décisions par un même envoi, d'insérer dans l'enveloppe, outre chacune des notifications, un document récapitulatif permettant l'identification de chacune de décisions. • Civ. 2e, 9 juill. 2015, n° 14-17.885 P : *RJS 11/2015, n° 733.*

9. Sanction du défaut d'information. Lorsque l'employeur a été informé de la décision initiale de la caisse refusant la prise en charge de l'accident au titre professionnel et n'a pas été appelé à la procédure suivie sur le recours du salarié, la décision ultérieure de prise en charge ne lui est pas opposable. Il importe peu qu'à l'égard de l'employeur la décision initiale n'ait pas acquis un caractère définitif. • Soc. 8 avr. 1993 : *RJS 1993, n° 662* • 16 févr. 1995, n° 92-15.651 P.

B. OBLIGATION DE MOTIVATION

10. Étendue de la motivation. Ayant relevé que les dispositions de l'art. L. 461-1, al. 2 CSS desquelles il résulte que la maladie telle qu'elle est désignée dans les tableaux des maladies professionnelles est celle définie par les éléments de description et les critères d'appréciation fixés par chacun de ces tableaux, l'arrêt retient à bon droit que les décisions litigieuses du refus de prise en charge au titre des tableaux n°s 69 et 98 des maladies déclarées par l'assuré, qui précisent que les conditions médicales du tableau des maladies professionnelles ne sont pas remplies, satisfont à l'exigence de motivation prévue à l'art. R. 441-14 CSS. • Civ. 2e, 21 juin 2006 : *JCP E 2006. 2262 ; JCP S 2006, n° 1675, note Tauran.* ♦ La lettre informant l'employeur de la clôture de l'instruction, de la nature de la maladie, de sa désignation et du tableau où elle figure, ainsi que de la possibilité de consulter le dossier, répond aux exigences de l'art. R. 441-14 CSS quant à l'information sur les éléments recueillis et susceptibles de faire grief. • Civ. 2e, 13 mars 2014 : *préc. note 5.* ♦ L'employeur qui a reçu une information complète sur la procédure d'instruction, n'est pas recevable à se prévaloir, aux fins d'inopposabilité à son égard de la décision de la caisse, des manquements de celle-ci dans l'instruction du dossier à l'égard du dernier employeur de la victime. • Civ. 2e, 6 oct. 2016, n° 15-22.721 P : *RDSS 2016. 984, obs. Tauran ; RJS 12/2016, n° 813 ; JCP S 2016, n° 1397, obs. Asquinazi-Bailleux.*

11. Motivation insuffisante. En application de l'art. R. 441-14, la décision motivée de la caisse est notifiée, avec mention des voies et délais de recours, par tout moyen permettant de déterminer la date de réception, à la victime ou ses ayants droit, si le caractère professionnel de l'accident, de la maladie ou de la rechute n'est pas reconnu, ou à l'employeur dans le cas contraire. Le caractère stéréotypé de la notification de la décision de la caisse a pour seule conséquence de permettre à son destinataire d'en contester le bien-fondé devant le juge sans condition de délai. • Civ. 2e, 26 mai 2016, n° 15-19.532 P : *RJS 8-9/2016, n° 594.*

12. Pouvoir d'appréciation des juges du fond. Il appartient aux juges du fond d'apprécier souverainement de la valeur et de la portée des éléments de preuve attestant du respect de l'obligation d'information. • Civ. 2e, 13 mars 2014 : *préc. note 5.*

13. Sanction du défaut de motivation. Le défaut ou le caractère insuffisant ou erroné de la motivation de la décision de la caisse, à le supposer établi, permet seulement à son destinataire d'en contester le bien-fondé devant le juge sans condition de délai, et ne saurait être automatiquement sanctionné par l'inopposabilité de cette décision au destinataire. • Civ. 2e, 12 mars 2015, n° 13-25.599 P : *JCP S 2015, n° 1218, obs. Jeansen ; RJS 6/2015, n° 445.*

C. CONTESTATION

14. Portée de la contestation. Ayant pour objet exclusif la prise en charge ou le refus de prise en charge au titre de la législation professionnelle, de l'accident, de la maladie ou de la rechute, la décision prise par la caisse dans les conditions prévues par l'art. R. 441-14 CSS, dans sa rédaction issue du Décr. n° 2009-938 du 29 juill. 2009, applicable le 1er janv. 2010, est sans incidence sur l'action en reconnaissance de la faute inexcusable de l'employeur. • Civ. 2e, 26 nov. 2015, n° 14-26.240 P : *RJS 2/16, n° 148* • Civ. 2e, 11 févr. 2016, n° 15-10.066 P : *JCP S 2016, n° 1121, obs. Asquinazi-Bailleux* • Civ. 2e, 31 mars 2016, n° 14-30.015 P : *RJS 6/2012 n° 453 ; JCP S 2016, n° 1235, obs. Asquinazi-Bailleux.* ♦ L'opposabilité à l'employeur de la décision de prise en charge ne le prive donc pas de contester le caractère professionnel de l'accident en cas d'action en reconnaissance d'une faute inexcusable, • Civ. 2e, 5 nov. 2015, n° 13-28.373 P : *RJS 2/16, n° 148 ; Dr. soc. 2015. 193, obs. Keim-Bagot.*

15. Le recours de l'employeur contre la décision de la caisse reconnaissant le caractère professionnel de la maladie déclarée par un salarié ne saurait être déclaré irrecevable car formé plus de deux mois après que la société en a eu connaissance par un courrier simple mentionnant les formes et délais de recours, alors que cette information ne constituant pas une notification ne pouvait faire courir le délai. • Civ. 2e, 5 avr. 2005 : *TPS 2005, n° 186.* ♦ Il pourra contester au plus tard dans les deux mois qui suivent la réception de la notification du taux de sa cotisation AT.

16. Lorsque l'employeur a été informé de la décision initiale de la caisse refusant la prise en charge de l'accident au titre professionnel et n'a pas été appelé à la procédure suivie sur le recours du salarié la décision ultérieure de prise en charge ne lui est pas opposable. Il importe peu qu'à l'égard de l'employeur la décision initiale n'ait pas acquis un caractère définitif. • Soc. 8 avr. 1993 : *RJS 1993, n° 662* • 16 févr. 1995, n° 92-15.651 P.

17. L'obligation d'information de l'employeur pesant sur la CPAM vaut également en cas de déclenchement d'une enquête administrative. • Civ. 2e, 31 mai 2005 : *JCP S 2005. 1243, note Martinon.*

18. Étendue de l'opposabilité de la décision à l'employeur. Si la décision de prise en charge de l'accident du travail, de la maladie professionnelle ou de la rechute, motivée et notifiée dans les conditions prévues par l'art. R. 441-14 CSS, dans sa rédaction issue du Décr. n° 2009-938 du 29 juill. 2009, revêt à l'égard de l'employeur, en l'absence de recours dans le délai imparti, un caractère définitif, elle ne fait pas obstacle à ce que l'intéressé conteste l'imputabilité à l'accident du travail des arrêts de travail et soins prescrits à la victime jusqu'à la guérison ou la consolidation. • Civ. 2e, 26 mai 2016, n° 15-17.649 P : *RJS 8-9/2016, n° 594 ; JCP S 2016, n° 1245, obs. Tauran.*

19. Délai de contestation. Les dispositions de l'art. 669 C. pr. civ., destinées à la computation des délais légaux d'accomplissement d'un acte ou d'une formalité spécifiques à cette procédure, n'ont pas vocation à s'appliquer aux procédures administratives diligentées par les caisses de sécurité sociale. Par ailleurs, l'art. R. 441-14 CSS prévoit que la caisse informe l'employeur par tout moyen permettant de déterminer la date de réception de cette information. La date du retour de l'accusé de réception peut, en conséquence, suffire à établir la date de réception de l'avis, incomplètement signé par l'employeur. • Civ. 2e, 15 mars 2018, n° 17-11.834 P : *RJS 5/2018, n° 372.*

20. Procédures concernées. L'art. R. 441-14 CSS régit exclusivement la procédure applicable à la prise en charge d'un accident du travail, d'une maladie professionnelle ou d'une rechute au titre de la législation professionnelle. Il en résulte que si l'employeur peut soutenir, en défense à l'action en reconnaissance de la faute inexcusable introduite par la victime ou ses ayants droit, que l'accident, la maladie ou la rechute n'a pas d'origine professionnelle, il n'est pas recevable à contester la décision de prise en charge de l'accident, de la maladie ou de la rechute par la caisse primaire au titre de la législation sur les risques professionnels. • Civ. 2e, 8 nov. 2018, n° 17-25.843 P : *RJS 2018. 1402, obs. Michalletz ; ibid. 1/2019, n° 57.*

Art. R. 441-15 Les prestations des assurances sociales sont servies à titre provisionnel conformément aux dispositions de l'article L. 371-5 tant que la caisse n'a pas notifié la décision à la victime ou à l'employeur et, le cas échéant, tant qu'il n'a pas été statué par la juridiction compétente.

Dans le cas où le caractère professionnel de l'accident, de la lésion ou de la maladie est admis par la caisse, celle-ci met immédiatement en paiement les sommes dues. Éventuellement dans ce cas ou si le caractère professionnel est reconnu par la juridiction compétente, le montant des prestations provisionnelles reçues par la victime entre en compte dans le montant de celles qui sont dues en application des dispositions du présent livre.

A compter de la réception de la notification prévue au *(Décr. n° 99-323 du 27 avr. 1999, art. 1er-VI)* « quatrième alinéa » de l'article R. 441-14, la victime ne peut plus faire usage de la feuille d'accident. Si cette feuille lui a été délivrée, elle doit la remettre à la caisse en échange d'une feuille de maladie.

Art. R. 441-16 Les dispositions de la présente section sont applicables en ce qui concerne la contestation du caractère professionnel des rechutes.

Art. R. 441-17 *(Décr. n° 2007-1273 du 27 août 2007)* Les dispositions du présent chapitre sont applicables aux accidents survenus et aux maladies contractées dans le cadre des périodes accomplies dans la réserve sanitaire conformément à l'article L. 3133-1 du code de la santé publique. Dans ce cas, les références à "l'employeur" sont remplacées par celles de *(Décr. n° 2016-523 du 27 avr. 2016, art. 4-II-2°, en vigueur le 1er mai 2016)* « l'Agence nationale de santé publique ».

CHAPITRE II EXPERTISES — CONTRÔLES — DISPOSITIONS DIVERSES

(Décr. n° 2006-111 du 2 févr. 2006).

SECTION PREMIÈRE EXPERTISES *(Décr. n° 2006-111 du 2 févr. 2006).*

Art. R. 442-1 La caisse peut, dès qu'elle a connaissance de l'accident par la déclaration prévue à l'article L. 441-2 ou par quelque moyen que ce soit, faire procéder à un examen de la victime par un médecin-conseil.

S'il y a désaccord entre le médecin-conseil et le médecin traitant sur l'état de la victime et notamment sur une question d'ordre médical touchant au caractère professionnel de la lésion ou de la maladie ou si la victime en fait la demande expresse, il est procédé à une expertise dans les conditions fixées par le chapitre Ier du titre IV du livre Ier.

SECTION II CONTRÔLE MÉDICAL ET CONTRÔLE ADMINISTRATIF

Art. R. 442-2 Indépendamment de l'examen médical prévu à l'article R. 442-1, le contrôle médical de la victime est exercé, soit sur la demande de la caisse, soit sur l'initiative du médecin-conseil, dans les mêmes conditions et sous les mêmes sanctions qu'en matière d'assurance maladie, sous réserve des dispositions ci-après.

La victime est tenue de présenter à toute réquisition du service de contrôle médical tous certificats médicaux, radiographies, examens de laboratoires et ordonnances en sa possession, ainsi que la feuille d'accident mentionnée à l'article L. 441-5. La victime doit également faire connaître, le cas échéant, les accidents du travail et les maladies professionnelles antérieurs et, au cas où il s'agit d'une rechute, fournir tous renseignements qui lui sont demandés sur son état de santé antérieur.

Les décisions prises par la caisse primaire à la suite du contrôle médical doivent être immédiatement notifiées par elle à la victime. — *[Anc. art. R. 442-16.]*

1. Une caisse de sécurité sociale ne peut se fonder sur les dispositions de l'art. R. 442-16 CSS pour imposer à la victime la production au contrôle médical de certificats médicaux et radiographies concernant un accident de droit commun antérieur. La victime ne doit les produire que dans le cas d'une rechute de son accident du travail ou au cas d'existence d'accident du travail ou maladies professionnelles antérieurs. • Soc. 8 juin 1961 : *Bull. civ. IV, n° 618.*

2. Lorsque la caisse a établi l'absence de la victime de son logement à l'occasion d'un contrôle administratif, c'est à cette dernière qui demande le rétablissement des indemnités journalières supprimées à titre de sanction qu'il incombe de démontrer la réalité du fait justificatif qu'elle invoque. • Soc. 20 juin 1968 : *Bull. civ. V, n° 315.* ♦ V. aussi • Soc. 8 juill. 1971 : *JCP 1971. IV. 233.*

3. La constatation que la victime d'un accident du travail à l'expiration de son congé de convalescence est partie à l'étranger sans informer la caisse et a attendu deux ans pour demander le paiement des indemnités temporaires pour une période pendant laquelle la caisse ignorant où elle se trouvait était dans l'impossibilité d'exercer un contrôle médical suffit à justifier les sanctions prévues par l'art. R. 442-16 CSS. • Soc. 3 janv. 1963 : *Bull. civ. IV, n° 11.* ♦ Lorsque la victime quitte sa résidence sans en avoir avisé la caisse primaire, celle-ci est fondée à supprimer les prestations dès le départ de l'intéressé et non pas seulement à partir de la date d'un contrôle infructueux effectué postérieurement à ce départ. • Soc. 15 juill. 1955 : *Dr. soc. 1955. 529.*

Art. R. 442-3 La caisse primaire d'assurance maladie fait procéder au contrôle administratif des victimes d'accidents du travail dans les conditions prévues en application de l'article L. 216-6. — *[Anc. art. R. 442-17.]*

SECTION III DISPOSITIONS DIVERSES

Art. R. 442-4 La décision de la caisse primaire fixant la date de la guérison ou de la consolidation de la blessure est notifiée à la victime. — *[Anc. art. R. 442-18.]*

Art. R. 442-5 Lorsque les soins sont donnés à la victime hors de la circonscription de la caisse dont elle relève, le service des prestations et le contrôle peuvent être effectués pour le compte de ladite caisse par la caisse dans la circonscription de laquelle sont donnés les soins. — *[Anc. art. R. 442-19.]*

Art. R. 442-6 Le tarif mentionné au deuxième alinéa de l'article L. 442-8 est celui qui est prévu au deuxième alinéa de l'article R. 141-7. — *[Anc. art. R. 442-20.]*

CHAPITRE III RÉVISION — RECHUTE

Art. R. 443-1 Les délais mentionnés au deuxième alinéa de l'article L. 443-1 sont respectivement de deux ans et un an.

Art. R. 443-2 La caisse primaire qui prend en charge la rechute paie les frais médicaux, chirurgicaux et pharmaceutiques et les frais d'hospitalisation, ainsi que, s'il y a lieu, la fraction d'indemnité journalière qui excède le montant correspondant de la rente maintenue pendant cette période.

En cas de rechute, seule la fraction d'indemnité journalière qui excède le montant de la rente d'accident du travail, que celle-ci soit ou non majorée, est due à l'assuré. • Soc. 13 mai 1993 : *RJS 1993, n° 661.*

Art. R. 443-3 Les dispositions de l'article R. 441-10 sont applicables en ce qui concerne la contestation du caractère professionnel de la rechute alléguée.

Les dispositions de l'article R. 433-17 sont applicables à la fixation de la date de guérison ou de consolidation.

Art. R. 443-4 La demande tendant à une nouvelle fixation des réparations, motivée par une aggravation de l'infirmité de la victime ou son décès par suite des conséquences de l'accident, est présentée soit au moyen d'une déclaration faite à la caisse primaire d'assurance maladie, soit au moyen d'une lettre recommandée adressée à ladite caisse.

Les justifications nécessaires sont fournies à l'appui de la demande.

L'ayant droit, qui entend bénéficier de la rente prévue à l'article L. 443-1 et se prévaloir à cette fin de la présomption d'imputabilité du décès de la victime à l'accident, doit en faire la demande à la caisse. Cette demande est assortie des justifications établissant qu'il a effectivement apporté à la victime l'assistance qualifiée assistance à tierce personne pendant la durée mentionnée au quatrième alinéa de l'article L. 443-1.

La caisse peut contester cette imputabilité. Dans ce cas, elle doit en informer l'ayant droit par lettre recommandée avec demande d'avis de réception, dans le délai de vingt jours suivant la date à laquelle lui sont parvenues les justifications utiles. La caisse peut faire procéder aux enquêtes et vérifications qu'elle estime nécessaires.

Si la caisse n'a pas usé de cette faculté, ou si elle n'a pu apporter la preuve contraire, l'imputabilité du décès à l'accident est réputée établie tant à son égard qu'à celui de l'ensemble des ayants droit.

Chaque nouvelle fixation des réparations, motivée par une aggravation ou une atténuation de l'infirmité ou par le décès de la victime, fait l'objet d'une décision *(Décr. nº 86-658 du 18 mars 1986, art. 30)* « de la caisse primaire, après avis de son médecin-conseil » dans les conditions fixées à l'article suivant.

Dans tous les cas, les décisions sont prises dans les mêmes conditions que pour la fixation de la rente initiale. Toutefois, lorsqu'il y a réduction du montant de la rente ou suppression de celle-ci, le nouveau montant ou la cessation de paiement ont pour point de départ la première échéance suivant la date de la décision.

1. En cas d'augmentation du montant de la rente sur demande de la victime, la rente révisée ne peut avoir de départ antérieur à la date de la demande. • Soc. 5 mars 1964 : *Bull. civ. IV, nº 211.*

2. Le point de départ du rétablissement de la majoration pour assistance d'une tierce personne précédemment supprimée doit être fixé au jour où un tel avantage se trouve à nouveau médicalement justifié par la production d'un certificat médical constatant une aggravation de l'état de la victime. • Soc. 3 juill. 1968 : *Bull. civ. V, nº 354.*

3. La présomption d'imputabilité, qui a été étendue par la jurisprudence au décès consécutif à la maladie professionnelle, ne peut être combattue que par la preuve que la maladie professionnelle n'a joué aucun rôle dans le décès. Cette preuve incombe à celui qui conteste l'imputabilité. L'avis du collège de médecins n'étant pas de nature à détruire la présomption d'imputabilité du décès de la victime à la maladie professionnelle, l'employeur ne rapporte pas la preuve que le décès de celle-ci est dû à des causes étrangères à cette maladie. • TASS Saint-Lô, 9 nov. 1995 : *D. 1996. 271, note Y. Saint-Jours* ⊘.

Art. R. 443-5 Postérieurement à la date de guérison apparente ou de la consolidation de la blessure, la caisse primaire peut faire procéder par un de ses médecins-conseils à des examens de contrôle de l'état de la victime. Ces examens ont lieu à intervalles de trois mois au cours des deux premières années et d'un an après l'expiration de ce délai.

La victime est informée au moins six jours à l'avance, par lettre recommandée, du jour, de l'heure et du lieu de l'examen de contrôle. Dans le cas où la victime ne peut, en raison de son état, se rendre au lieu indiqué pour cet examen, elle doit en avertir immédiatement la caisse primaire.

Art. R. 443-6 Dans le cas où la victime refuse de se prêter à l'examen de contrôle prévu à l'article R. 443-5, la caisse primaire peut décider la suspension du service de la rente.

Le fait pour un assuré titulaire d'une rente d'accident du travail de changer de domicile sans en aviser la caisse dont il dépend met celle-ci dans l'impossibilité de le convoquer utilement pour effectuer les examens de contrôle. Est donc justifiée la suspension de la rente. • Nancy, 13 nov. 1983 : *Somm. SS mars 1984, p. 2502.*

Art. R. 443-7 *(Décr. nº 2002-542 du 18 avr. 2002)* En cas de modification de l'état du bénéficiaire de plusieurs rentes, attribuées en application du deuxième ou du quatrième alinéa de l'article L. 434-2, la caisse procède au nouveau calcul de la seule rente affectée par l'aggravation ou l'amélioration en retenant toutefois, pour l'application de l'article R. 434-2-1, la somme des taux d'incapacité permanente antérieurement reconnus lors du calcul initial de cette rente.

En cas de modification de l'état du bénéficiaire de plusieurs indemnités en capital, attribuées en application de l'article L. 434-1 ou du quatrième alinéa de l'article L. 434-2, les dispositions du *b* de l'article R. 434-1-1 trouvent application lorsque le taux d'incapacité permanente afférent à l'accident ayant entraîné une aggravation de la victime atteint 10 %.

Lorsque la modification de l'état du bénéficiaire de plusieurs indemnités en capital, attribuées en application de l'article L. 434-1 ou du quatrième alinéa de l'article L. 434-2, porte la somme des taux d'incapacité permanente au taux minimum mentionné à l'article R. 434-4, les dispositions de cet article trouvent application.

Lorsque, en cas de modification de l'état du bénéficiaire d'une rente attribuée en application de l'article R. 434-4, la somme des taux d'incapacité permanente visée au premier alinéa de cet article devient inférieure à 10 %, cette rente est remplacée par l'indemnité en capital prévue à l'article R. 434-1-3.

CHAPITRE IV ACCIDENTS SURVENUS HORS DU TERRITOIRE MÉTROPOLITAIN ET DES DÉPARTEMENTS MENTIONNÉS À L'ARTICLE L. 751-1

Art. R. 444-1 Dans tous les cas où les accidents du travail auxquels s'applique le présent livre sont survenus hors du territoire métropolitain et des départements mentionnés à l'article L. 751-1, le délai imparti à l'employeur pour faire la déclaration prévue au premier alinéa de l'article L. 441-2 ne commence à courir que du jour où il a été informé de l'accident par lettre recommandée de la victime ou de son représentant. Si l'employeur n'est pas en mesure d'indiquer la nature des blessures, les noms et adresses des témoins de l'accident, il complète sa déclaration dans le plus bref délai possible par une déclaration complémentaire.

Art. R. 444-2 La caisse primaire d'assurance maladie à laquelle l'employeur doit envoyer la ou les déclarations mentionnées à l'article R. 444-1 ainsi que les certificats médicaux, est dans tous les cas, celle dont relève la victime.

Art. R. 444-3 Dans les cas mentionnés à l'article R. 444-1, la caisse primaire, dès réception de la déclaration principale ou complémentaire, peut, si elle l'estime utile, demander au ministre intéressé que les autorités locales, s'il s'agit d'un territoire français, ou les autorités consulaires françaises, s'il s'agit d'un pays étranger, soient invitées à faire procéder à une enquête sur les circonstances de l'accident et, le cas échéant, à lui transmettre copie des procès-verbaux des enquêtes qui auraient pu être effectuées par les autorités administratives ou judiciaires locales.

La caisse primaire peut, toutes les fois que cela sera nécessaire à l'exercice de son droit de contrôle, inviter la victime, directement ou par l'intermédiaire de l'employeur, à faire viser, selon le cas, soit par les autorités locales, soit par les autorités consulaires françaises, les certificats médicaux relatifs à l'accident.

Art. R. 444-4 La caisse primaire d'assurance maladie peut, en raison de l'éloignement, autoriser l'employeur à faire l'avance pour son compte, par l'entremise d'un service comptable situé au lieu de travail, de l'indemnité journalière due à la victime, et ce, pour une période de quinze jours au plus.

L'employeur qui a fait l'avance est subrogé de plein droit dans les droits de la victime vis-à-vis de la caisse primaire d'assurance maladie.

Art. R. 444-5 Les avances faites pour le paiement des frais afférents aux soins de toute nature tels que fournitures de médicaments, fournitures autres que les médicaments ainsi que les frais d'hospitalisation, sont remboursées par la caisse, sur production des pièces justificatives, éventuellement visées comme il est dit au deuxième alinéa de l'article R. 444-3, dans la limite du tarif qui aurait été appliqué si la victime avait été soignée sur le territoire métropolitain ou dans les départements mentionnés à l'article L. 751-1, sans que le remboursement puisse excéder les dépenses réellement engagées.

Toutefois, la limite du tarif applicable sur le territoire métropolitain ou dans les départements mentionnés à l'article L. 751-1 peut être dépassée lorsque les conditions suivantes se trouvent réunies :

1° Les soins présentent un caractère d'urgence ne permettant pas de les différer jusqu'au retour de l'intéressé sur le territoire métropolitain ou dans les départements mentionnés à l'article L. 751-1 ;

2° Les soins sont donnés dans des conditions comparables tant à celles qui seraient appliquées sur le territoire métropolitain ou dans les départements mentionnés à l'article L. 751-1 en matière d'assurance maladie, conformément aux dispositions du code de la sécurité sociale, qu'à celles qui s'appliquent dans le pays considéré, aux victimes d'accidents du travail.

Pour l'appréciation de ces deux conditions et la détermination du tarif applicable, la caisse peut demander leur concours :

1° S'il s'agit d'un territoire français aux autorités locales ;

2° S'il s'agit d'un pays étranger, soit aux organismes centraux de sécurité sociale du pays dans les conditions prévues par la convention intervenue entre ce pays et la France en matière de sécurité sociale, soit à défaut d'une telle convention, aux autorités consulaires françaises. Lorsqu'il existe, dans le pays considéré, une législation de réparation des accidents du travail, les frais ne peuvent excéder le tarif applicable aux victimes d'accidents du travail dans ce pays.

Art. R. 444-6 En cas de contestation portant sur le règlement d'un accident du travail survenu hors du territoire métropolitain et des départements mentionnés à l'article L. 751-1, le *(Décr. n° 2018-928 du 29 oct. 2018, art. 11, en vigueur le 1er janv. 2019)* « tribunal de grande instance spécialement désigné » compétent est celui dans le ressort duquel se trouve le lieu de domicile de la victime.

Art. R. 444-7 *(Décr. n° 2003-1215 du 18 déc. 2003)* Sont pris en charge dans les conditions prévues par le présent chapitre les accidents du travail survenus *(Décr. n° 2006-1627 du 18 déc. 2006)* « aux personnes mentionnées aux *a*, *b*, *c* et *f* du 2° de l'article L. 412-8 » pendant un délai de douze mois à compter du début du stage.

TITRE CINQUIÈME FAUTE DE L'ASSURÉ OU D'UN TIERS

CHAPITRE PREMIER DISPOSITIONS GÉNÉRALES

Néant.

CHAPITRE II FAUTE INEXCUSABLE OU INTENTIONNELLE DE L'EMPLOYEUR

Art. R. 452-1 (Abrogé par Décr. n° 2015-653 du 10 juin 2015, art. 2-II) ***La cotisation supplémentaire prévue au sixième alinéa de l'article L. 452-2 ne peut être perçue pendant plus de vingt ans et son taux excéder ni 50 % de la cotisation de l'employeur ni 3 % des salaires servant de base à cette cotisation.***

1. La limitation possible de la cotisation demeure sans effet sur la majoration de rente allouée à la victime ou ses ayants droit. • Soc. 4 févr. 1960 : *Bull. civ. IV, n° 131.*

2. La majoration de rente étant revalorisée chaque année comme l'ensemble des rentes d'accidents du travail la cotisation complémentaire doit être calculée de manière à permettre à la caisse de récupérer le montant de ces revalorisations. • Soc. 19 avr. 1963 : *Bull. civ. IV, n° 327.*

3. En cas de partage de responsabilité d'un accident du travail avec un tiers, l'employeur auteur d'une faute inexcusable ou son assureur est en droit d'obtenir le remboursement par ce tiers de la fraction correspondant à la part de responsabilité de la cotisation complémentaire mise à sa charge. • Soc. 18 janv. 1996, n° 93-15.675 P.

4. La majoration de la rente relève du pouvoir souverain d'appréciation des juges du fond qui peuvent tenir compte de l'imprudence commise par des salariés non substitués dans la direction. • Soc. 14 déc. 1983 : *Bull. civ. V, n° 623.*

Art. R. 452-2 *(Décr. n° 2002-542 du 18 avr. 2002)* **Lorsqu'une indemnité en capital attribuée en application de l'article L. 434-1 a été remplacée par une rente, dans les conditions de l'article R. 434-4, le montant de la majoration due en cas de faute inexcusable de l'employeur est calculé conformément au deuxième alinéa de l'article L. 452-2.**

CHAPITRE III FAUTE INEXCUSABLE OU INTENTIONNELLE DE LA VICTIME

Néant.

CHAPITRE IV FAUTE D'UN TIERS

Art. R. 454-1 Les dépenses à rembourser aux caisses d'assurance maladie en application de l'article L. 454-1 peuvent faire l'objet d'une évaluation forfaitaire dans les conditions prévues par arrêté du ministre chargé de la sécurité sociale. — *V. Arr. du 29 janv. 2013 (JO 31 janv.).*

La caisse qui a engagé l'action en remboursement par application de l'article L. 454-1 poursuit jusqu'à son terme l'action engagée.

V. Arr. du 27 déc. 2011 relatif à l'application des art. R. 376-1 et R. 454-1 CSS (JO 30 déc.), mod. par Arr. du 29 janv. 2013 (JO 31 janv.), Arr. du 11 févr. 2015 (JO 17 mars) et Arr. du 19 déc. 2016 (JO 22 déc.).

Art. R. 454-2 *(Décr. n° 2007-1747 du 12 déc. 2007, art. 2)* **L'assignation délivrée par la victime ou ses ayants droit à sa caisse primaire d'assurance maladie aux fins de déclaration de jugement commun, en application de l'article L. 455-2, mentionne, outre la dénomination et l'adresse de cette caisse primaire d'assurance maladie, le numéro de sécurité sociale de la victime.**

Art. R. 454-3 *(Décr. n° 2007-1747 du 12 déc. 2007, art. 2)* **Devant les juridictions civiles, le greffe du tribunal informe la caisse primaire d'assurance maladie de la victime de la date de l'audience, dès que celle-ci est fixée.**

Art. R. 454-4 *(Décr. n° 2012-1160 du 17 oct. 2012, art. 2)* **I. — Lorsque le directeur de la Caisse d'assurance maladie entend faire application des dispositions de l'article L. 454-2 à l'encontre d'un organisme d'assurance qui a manqué à l'une des obligations d'information mentionnées par cet article, il le lui notifie par tout moyen permettant de rapporter la preuve de sa date de réception. Cette notification précise, d'une part, les date et lieu de l'accident, les nom, prénom et adresse de l'assuré social victime ainsi que les nom, prénom et adresse du ou des tiers responsables identifiés, d'autre part, les faits reprochés et le montant de la pénalité envisagée.**

L'organisme d'assurance dispose d'un délai d'un mois à compter de la réception de la notification pour demander à être entendu, s'il le souhaite, et pour présenter des observations écrites.

II. — Si, après réception des observations écrites ou audition de l'organisme d'assurance ou en l'absence de réponse de celui-ci à l'expiration du délai mentionné au I, le directeur décide de poursuivre la procédure, il fixe le montant de la pénalité et le notifie dans un délai d'un mois à l'organisme d'assurance par tout moyen permettant de rapporter la preuve de sa date de réception.

Cette notification précise les faits retenus et le motif qui, le cas échéant, a conduit au rejet total ou partiel des observations présentées et mentionne l'existence d'un délai de deux mois à partir de sa réception imparti à l'organisme d'assurance pour s'acquitter des sommes réclamées ainsi que les voies et délais de recours.

III. — A défaut de paiement à l'expiration du délai de forclusion prévu au deuxième alinéa de l'article R. 142-1 ou après notification de la décision de la commission de recours amiable instituée à ce même article, le directeur de la Caisse d'assurance

maladie compétent adresse à l'organisme d'assurance une mise en demeure par tout moyen permettant de déterminer sa date de réception. Elle comporte les mêmes mentions que la notification de la pénalité ainsi que l'existence d'un nouveau délai d'un mois imparti, à compter de sa réception, pour acquitter les sommes réclamées. Elle mentionne, en outre, l'existence et le montant de la majoration de 10 % prévue au septième alinéa du IV de l'article *(Décr. nº 2015-1865 du 30 déc. 2015, art. 10-1º, en vigueur le 1er janv. 2016)* « L. 114-17-1 » et appliquée en l'absence de paiement dans ce délai.

Les dispositions du III de l'article R. 133-9-1 sont applicables pour le recouvrement des pénalités non acquittées mentionnées à l'article L. 454-2.

Art. R. 454-5 *(Décr. nº 2012-1160 du 17 oct. 2012, art. 2)* Le montant de la pénalité est fixé dans la limite de :

1º 4 000 € et 50 % des sommes obtenues par l'organisme de sécurité sociale à la date de la notification mentionnée au premier alinéa du I lorsque celles-ci sont inférieures à 10 000 € ;

2º 15 000 € et 40 % de ces sommes lorsqu'elles sont supérieures ou égales à 10 000 € et inférieures à 50 000 € ;

3º 20 000 € et 30 % de ces sommes lorsqu'elles sont supérieures ou égales à 50 000 € et inférieures à 100 000 € ;

4º 20 % de ces sommes lorsqu'elles sont supérieures ou égales à 100 000 €.

Toutefois, le montant de la pénalité peut être fixé à un montant supérieur, dans la limite de 50 % des sommes versées, si le directeur de l'organisme de sécurité sociale a déjà prononcé une pénalité à l'encontre de l'organisme d'assurance dans les trois ans qui précèdent la date de la notification prévue au premier alinéa du I.

CHAPITRE V DISPOSITIONS DIVERSES

Néant.

TITRE SIXIÈME DISPOSITIONS CONCERNANT LES MALADIES PROFESSIONNELLES

Art. R. 461-1 Les dispositions du présent livre sont applicables aux maladies d'origine professionnelle sous réserve des dispositions du présent titre.

A légalement justifié sa décision la cour d'appel qui a censuré le jugement du TASS qui avait dit que la maladie déclarée ne relevait pas de la législation professionnelle à raison du tabagisme avéré du salarié, le cancer du poumon étant une maladie multifactorielle ; en effet il résulte de l'art. R. 461-1, al. 3, CSS que si une ou plusieurs des conditions tenant au délai de prise en charge à la durée d'exposition ou à la liste limitative des travaux ne sont pas remplies, la maladie telle qu'elle est désignée dans un des tableaux de maladies professionnelles peut être reconnue d'origine professionnelle lorsqu'il est établi qu'elle a été directement causée par le travail habituel ; ce texte n'exige pas que le travail habituel soit la cause unique ou essentielle de la maladie. • Soc. 19 déc. 2002, nº 00-13.097 P : *RJS 2003, nº 385.*

Art. R. 461-2 Les ministres intéressés mentionnés au quatrième alinéa de l'article L. 461-2 sont le ministre chargé de la sécurité sociale, le ministre chargé du travail et le ministre chargé de la santé.

Art. R. 461-3 Dans le cas prévu aux troisième et quatrième phrases du quatrième alinéa de l'article L. 461-2, il est fait application des dispositions de l'article R. 413-1.

Les tableaux prévus au même article sont annexés au présent livre — *(V. Annexe II).*

1. Pour détruire la présomption d'origine professionnelle des affections présentées par les salariés exposés d'une façon habituelle à l'action des agents nocifs mentionnés aux tableaux annexés à l'art. R. 461-3, il faut apporter la preuve que la maladie dont le salarié est atteint est due à une cause autre que l'action de l'agent nocif à laquelle il a été exposé du fait de son emploi et que ce risque n'a eu aucune influence sur son origine ou son évolution. • Soc. 10 févr. 1966 : *JCP 1967. II. 14923* • 21 juill. 1966 : *Bull. civ. IV, nº 375.*

a. Tableau nº 4

2. Ne peut être considéré comme exposé habituellement à l'action du toluène susceptible de causer le benzolisme professionnel le travailleur qui n'a pas effectué des travaux comportant la manipulation ou l'emploi de ce produit chimique mais s'est borné à traverser deux fois par jour l'atelier où se traitait ce produit. • Soc. 28 juill. 1962 : *Bull. civ. IV, n° 658.*

3. Cassation de l'arrêt qui a admis le benzolisme alors que la victime n'avait pas personnellement été exposée au risque puisque le solvant à base de toluène ne servait qu'au nettoyage effectué par une équipe spécialisée et non par la victime elle-même et qu'en tout état de cause l'atmosphère de l'atelier ne contenait pratiquement pas de vapeurs de toluène. • Soc. 28 oct. 1981 : *Bull. civ. V, n° 850.*

4. Le fait pour l'employeur de ne pas avoir pris les mesures de protection pour protéger ses salariés contre les affections provoquées par le benzène est constitutif d'une faute d'exceptionnelle gravité génératrice de la faute inexcusable. • Soc. 13 juin 1991 : *Juris-Data n° 002018.*

5. Les rapports de la caisse et de l'assuré étant distincts de ceux liant cet organisme à l'employeur, est irrecevable le moyen de cassation formé par l'ayant droit de la victime contre une disposition qui, en l'absence de procédure fondée sur une éventuelle faute inexcusable de l'employeur, ne lui faisait pas grief. • Soc. 17 juill. 1998 : *RJS 1998, n° 1290.*

b. Tableau n° 6

6. Dès lors qu'un salarié a effectué de façon habituelle, pendant la durée nécessaire, des travaux prévus par la liste indicative du tableau n° 6, la victime bénéficie de la présomption d'imputabilité sans qu'il soit besoin de préciser si l'intensité des radiations était suffisante pour causer la maladie cette exigence n'étant pas posée par le texte. • Soc. 2 mai 1979 : *Bull. civ. V, n° 371.*

7. Les juridictions sociales ont à bon droit pu décider que la maladie de Vaquez entre dans le cadre du tableau n° 6 sous le vocable général de « leucémie », les juridictions sociales ayant le pouvoir de déterminer après expertise médicale si une affection particulière entre dans la définition de l'une des maladies professionnelles. • Limoges, 5 juin 1992 : *Somm. SS avr. 1993, p. 4860.*

8. En ce qui concerne la leucémie lymphoïde chronique, peu importe le taux d'irradiation auquel la victime aurait été soumise dès lors que l'employeur ne peut apporter la preuve d'une présomption d'origine étrangère au travail. • Soc. 6 mai 1993 : *Somm. SS oct. 1993, p. 4924.*

9. Si le travail du salarié ne comporte pas de contact réel avec les substances radioactives l'origine professionnelle ne peut être présumée. • Soc. 18 juin 1970 : *Bull. civ. V, n° 430.*

c. Tableau n° 10

10. La liste des agents nocifs désormais indicative, telle que rédigée avant le Décr. n° 55-1212 du 13 sept. 1955, était une liste limitative. • Soc. 26 févr. 1953 : *Bull. civ. IV, n° 170.*

11. Une rhino-pharyngite chronique ne peut entraîner de réparation au titre des maladies professionnelles que si elle est accompagnée d'ulcérations. • Soc. 23 avr. 1960 : *Bull. civ. IV, n° 390.*

d. Tableau n° 19 A

12. Doit être prise en charge la leptospirose contractée par une salariée et qui a provoqué son décès dès lors que son emploi de technicienne de laboratoire l'exposait à ce risque ; peu importe que cette pathologie n'ait pas été confirmée par un examen de laboratoire spécifique au sens du tableau 19 A. Une maladie désignée dans un tableau de maladies professionnelles peut en effet être reconnue d'origine professionnelle lorsqu'il est établi qu'elle a été essentiellement et directement causée par le travail habituel de la victime, même si certaines conditions prévues par le tableau ne sont pas remplies. • Soc. 18 janv. 2001 : *RJS 2001, n° 508.*

e. Tableau n° 24

13. Le salarié d'une entreprise industrielle qui contracte la brucellose ne peut être indemnisé au titre de la législation sur les maladies professionnelles dès lors qu'il a été exposé au risque dans les exploitations agricoles alors même que sa profession lui imposait de faire des livraisons dans des exploitations agricoles. • Soc. 24 oct. 1979 : *Bull. civ. V, n° 772.*

f. Tableau n° 25

14. Le I de l'art. 1 du décr. n° 2000-214 a d'une part complété la liste des maladies figurant au tableau n° 25 des maladies professionnelles et d'autre part a modifié la définition des affections professionnelles énumérées dans ce tableau qui sont dorénavant décrites comme consécutives à l'inhalation de poussières minérales renfermant de la silice. Seule l'inhalation des poussières minérales renfermant de la silice libre était jusqu'alors de nature à faire entrer les maladies qu'elle provoque dans la liste du tableau. L'élargissement du champ d'application du tableau n° 25, adopté sans consultation préalable du conseil supérieur de la prévention des risques professionnels en méconnaissance de l'art. L. 461-2, al. 4 CSS doit donc être annulé. • CE 27 juin 2001 : *RJS 2001, n° 1197.* ♦ Alors même que les textes ne prévoient aucune condition de quantité minimum de silice libre dès lors que les poussières auxquelles le salarié était exposé ne renferment qu'un taux de silice déclaré insignifiant par l'expert, les juges du fond peuvent valablement décider qu'un mineur à ciel ouvert n'avait pas été exposé au risque de silicose. • Soc. 29 juin 1961 : *Bull. civ. IV, n° 727.* ♦ V. toutefois • Grenoble, 11 sept. 1990 : *Somm. SS mars 1991, p. 4523.*

15. La simple constatation de l'empoussièrement des poumons d'un mineur est insuffisante pour caractériser la maladie professionnelle s'il n'est pas prouvé qu'il s'agit de poussières de silice libre. • Soc. 10 oct. 1979 : *Bull. civ. V, n° 712.*

16. Si le tableau n° 25 permet la prise en charge des complications tuberculeuses de la silicose, il n'en résulte pas que le droit aux prestations est ouvert dès lors que la victime a été successivement reconnue atteinte de silicose et de tuberculose. Encore faut-il qu'il soit établi que la silicose a contribué manifestement à l'éclosion ou à l'évolution des complications tuberculeuses. • Soc. 9 juill. 1981 : *Bull. civ. V, n° 695.*

17. Si la silicose professionnelle n'a eu aucun effet direct sur le décès de la victime, ses ayants droit ne peuvent bénéficier des rentes prévues par la législation sur les accidents du travail. • Soc. 9 juill. 1981 : *Bull. civ. V, n° 695.*

g. Tableau n° 30

18. Dès lors que le salarié a été exposé au risque, peu importe la quantité inhalée, le texte du tableau n° 30 ne prévoyant pas de seuil quantitatif. • Grenoble, 26 janv. 1988 : *Somm. SS 1988, p. 4106.*

19. La présence d'amiante dans le corps de la victime n'apporte pas la preuve suffisante pour affirmer la maladie professionnelle dans la mesure où l'exposition au risque n'était pas habituelle. • Soc. 12 oct. 1983 : *Bull. civ. V, n° 490.* ♦ Les dispositions du décr. n° 2000-243 du 14 avr. 2000 modifiant le tableau n° 30 méconnaissant le principe de présomption d'imputabilité doivent être annulées en ce qu'elles subordonnaient la prise en charge au titre des maladies professionnelles de l'épaississement de la plèvre viscérale à l'absence d'antécédents de pleurésie de topographie concordante de cause non asbestosique. • CE 16 mai 2001 : *RJS 2001, n° 1197.*

20. Une cour d'appel a caractérisé une exposition habituelle d'un salarié aux poussières d'amiante au temps et au lieu de travail et a ainsi justifié sa décision de reconnaître le caractère professionnel de la maladie dont était atteint celui-ci dès lors que, après avoir énoncé que le tableau n° 30 des maladies professionnelles ne fixait pas de seuil d'exposition à l'agent nocif elle a relevé que, durant deux longues périodes de juin 1967 à juin 1971, puis de mars 1983 à décembre 1988, l'intéressé avait travaillé dans un secteur d'un atelier où étaient utilisées des machines dont les garnitures de freins contenant de l'amiante dégageaient des poussières de ce produit. • Soc. 28 mai 1998 : *RJS 1998, n° 914.*

21. Les juges du fond ont pu, à bon droit, débouter un salarié de sa demande de prise en charge au titre de la législation professionnelle des lésions pulmonaires dont il est atteint après avoir examiné les conclusions d'un collège d'experts faisant apparaître que l'intéressé ne présentait pas d'affection inscrite au tableau n° 30 des maladies professionnelles et alors qu'il ne leur appartenait pas de recueillir l'avis d'un comité régional de reconnaissance des maladies professionnelles dans la mesure où l'intéressé n'ayant pas soumis de demande en ce sens à la caisse, aucun différend ne l'opposait à cet organisme sur la reconnaissance de l'origine professionnelle de sa maladie dans les conditions prévues aux al. 4 et 5 de l'art. L. 461-1 CSS. • Soc. 5 mars 1998 : *RJS 1998, n° 521.*

22. Il résulte de la combinaison des art. D. 461-5 et D. 461-13, al. 2, CSS que si l'examen effectué par le collège des trois médecins conformément à l'art. D. 461-10 du même code établit que la victime est atteinte d'une asbestose caractérisée, le droit aux indemnités en capital et aux rentes est également ouvert, après avis du médecin conseil, lorsque le malade fait constater son affection au-delà du délai de prise en charge prévu par le tableau n° 30 des maladies professionnelles. Par ce seul motif est justifiée la décision du juge du fond tendant à la prise en charge de l'affection dont le salarié est atteint. • Soc. 8 juill. 1999 : *TPS 1999, n° 406.*

23. Le certificat médical initial faisant état d'asbestose et la caisse ayant indiqué au salarié que le collège de trois médecins l'avait estimé atteint de cette maladie nettement caractérisée et qu'elle prenait cette affection en charge, la cour d'appel a pu, au vu des différents certificats médicaux et des conclusions desdits médecins, décider, sans contredire les termes de cette prise en charge, que l'intéressé était atteint à la fois d'asbestose et d'un mésothéliome, tous deux de nature professionnelle. • Soc. 24 janv. 2002, n° 00-11.696 P : *RJS 2002, n° 625.*

24. Les plaques pleurales constituent l'une des maladies, résultant des poussières d'amiante, incluses dans le tableau n° 30 instauré par le Décr. n° 85-630 du 19 juin 1985. La reconnaissance de cette maladie professionnelle, en application du Décr. n° 2000-343 du 14 avr. 2000 exige une exposition exclusive antérieure pour son inscription au compte spécial de l'entreprise. • Civ. 2e, 10 oct. 2013 : *RJS 2/2014, n° 163.*

25. Le cancer broncho-pulmonaire primitif constitue l'une des maladies, résultant des poussières d'amiante, incluses dans le tableau n° 30, instauré par le Décr. n° 85-630 du 19 juin 1985, dont l'annulation partielle, tirée de l'abrogation de la présomption d'imputabilité, n'a pas eu pour effet de retirer cette maladie dudit tableau. • Civ 2e, 12 juill. 2013 : *JCP S 2013, n° 1432, obs. Asquinazi-Bailleux ; JCP 2013. 962, obs Michalletz ; RJS 7-8/2013, n° 707.*

h. Tableau n° 36

26. Encourt la cassation l'arrêt qui limite le sens des travaux énumérés en excluant de la protection un salarié qui effectuait des travaux de fraisage, taraudage et perçage avec lubrifiant sur une machine portative au motif qu'il ne s'agit pas de véritables travaux d'usinage consistant à soumettre à des machines-outils une matière brute ou dégrossie. • Soc. 6 févr. 1975 : *Bull. civ. V, n° 56.*

i. Tableau n° 42

27. Le terme de galerie doit être entendu dans son acception générale et non dans la terminologie utilisée par les professionnels. • Soc. 26 juin 1975 : *Bull. civ. V, n° 361.* ♦ Le chantier d'abattage manuel peut ne pas être souterrain et être à ciel ouvert. • Soc. 21 juin 1979 : *Bull. civ. V, n° 576.* ♦ Mais ne peuvent être assimilés à des chantiers d'abattage manuel des ateliers où les compagnons de la victime débitaient des blocs d'ardoise à l'aide de marteaux pneumatiques. • Soc. 21 juin 1979 : *Bull. civ. V, n° 575.*

28. Dès lors que les conditions d'exposition au risque sont réunies, peu importe que le salarié n'ait pas personnellement effectué les travaux prévus dans le tableau n° 42 à partir du moment où il se trouve dans l'ambiance sonore créée par eux. • Soc. 7 déc. 1989 : *Somm. SS mars 1990, p. 4368.* ♦ V. aussi • Soc. 16 nov. 1995 : *D. 1995. IR 271.*

29. L'intéressé qui, 45 minutes par jour, est proche d'appareils bruyants est exposé de façon habituelle au risque de surdité. • Soc. 26 janv. 1995 : *Somm. SS 1995, p. 5216.*

30. La première constatation médicale intervenue avant que l'exposition au risque ait pris fin ne fait pas courir le délai de prise en charge qui est celui pendant lequel la maladie doit être au plus tard constatée et qui s'ouvre seulement au jour de la cessation de l'exposition au risque. • Soc. 17 mars 1976 : *D. 1976. IR 129.* ♦ Mais si la maladie a été constatée dans le délai prévu au tableau, elle ne peut être indemnisée que si la prise en charge a été demandée dans le délai imparti par la loi qui s'impose comme un délai de forclusion. • Soc. 7 mars 1968 : *Bull. civ. V, n° 144.* ♦ Il suffit que la surdité dont était atteint l'assuré n'ait pas été confirmée par un nouvel audiogramme effectué dans le délai prescrit pour rendre irrecevable la demande de prise en charge en maladie professionnelle. • Soc. 23 sept. 1983 : *Somm. SS févr. 1984, p. 2486.*

31. L'affection mentionnée au tableau constituée par un défaut cochléaire irréversible exclut une réduction du taux d'incapacité permanente partielle. • Soc. 8 déc. 1994, n° 92-16.042 P.

32. Doit être cassé l'arrêt qui écarte la présomption d'imputabilité en retenant que les bruits incriminés n'ont pas atteint une certaine intensité seule tenue pour lésionnelle par les experts, alors que le tableau n° 42 ne fixe aucun niveau de bruit pour la prise en charge de l'affection au titre des maladies professionnelles. • Soc. 11 avr. 1996, n° 94-12.257 P. ♦ Le tribunal du contentieux de l'incapacité ne saurait se déterminer, pour limiter le taux d'incapacité permanente, par des motifs d'ordre général sans apprécier concrètement la situation de l'intéressé. • Soc. 12 déc. 1996, *Bourdoncle,* n° 95-11586. ♦ Rappr. • Soc. 7 déc. 1995 : *D. 1996. IR 21.*

33. N'a pas satisfait aux exigences de l'art. 455 NCPC [C. pr. civ.] la cour d'appel qui, pour déclarer un assuré mal fondé en son recours tendant à obtenir la prise en charge de sa surdité au titre de la législation sur les maladies professionnelles, a énoncé, au vu d'un rapport d'enquête, d'une part, que l'intéressé avait été soumis un peu plus d'un quart d'heure par jour pendant 18 ans à deux sources de bruit visées par le tableau n° 42 et, d'autre part, qu'il avait été soumis à ces agents nocifs « seulement de façon occasionnelle ». • Soc. 19 févr. 1998 : *RJS 1998, n° 522.*

34. Sur la possibilité de former une nouvelle demande de prise en charge à la suite d'un refus de prise en charge pour défaut de production de l'audiogramme : • Civ. 2e, 4 mai 2016, n° 15-17.597 P : *RJS 6/2016, n° 521 ; JCP S 2016, n° 1210, obs. Asquinazi-Bailleux.*

j. Tableau n° 45

35. Dès lors qu'une infirmière avait une activité la conduisant à manipuler du sang humain, ces manipulations l'exposent au risque prévu au tableau n° 45 sans qu'il soit nécessaire de démontrer que l'intéressée était en contact avec des malades contaminés ou avec des objets contaminés par eux. • Soc. 23 févr. 1995, n° 92-17.315 P : *Somm. SS avr. 1995, p. 51-78 ; D. 1995. IR 77.*

k. Tableau n° 47

36. Est un bois exotique le bois provenant d'un pays étranger. • Bordeaux, 7 avr. 1974 : *Somm. SS 1975, p. 1014.*

l. Tableau n° 52

37. Une cour d'appel appréciant souverainement la valeur des éléments qui lui sont soumis et en particulier celle du rapport de l'expert qu'elle a désigné, décide à bon droit que la demande d'un salarié visant à la prise en charge de sa maladie au titre de la législation professionnelle est irrecevable après avoir constaté que celle-ci a été présentée plus de deux ans après la première constatation médicale de la maladie. • Soc. 4 déc. 1997 : *RJS 1998, n° 217.*

m. Tableau n° 57

38. La maladie doit être considérée comme contractée au service du dernier employeur chez lequel la victime a été exposée au risque avant sa constatation médicale sauf à cet employeur à rapporter la preuve contraire. A défaut de rapporter cette preuve, doit être rejeté le recours de l'employeur contre la décision de la caisse lui ayant notifié des taux de cotisations « accidents du travail/maladies professionnelles » tenant compte de la maladie du salarié. • Civ. 2e, 22 nov. 2005 : *JCP 2005. IV. 3748 ; JCP E 2006. 1316, note Vachet ; D. 2006. 840, note Saint-Jours*.

39. La première constatation médicale d'une maladie professionnelle n'est pas soumise aux mêmes exigences de forme que le certificat médical accompagnant la déclaration de cette maladie à la caisse. • Soc. 20 nov. 1997 : *RJS 1998, n° 103.*

40. Selon le tableau 57 A, est présumée maladie professionnelle la tendinopathie de la coiffe des rotateurs lorsque le salarié effectue des travaux comportant habituellement des mouvements répétés ou forcés de l'épaule, et que le caractère habituel de ces travaux n'implique pas qu'ils constituent une part prépondérante de l'activité du salarié. • Civ. 2e, 8 oct. 2009 : *RJS 2009. 845, n° 978.*

n. Tableau n° 65

41. Les conditions de prise en charge de lésions eczémateuses au titre de maladie professionnelle sont remplies lorsque sont respectés, d'une part, le délai de quinze jours fixé par le tableau n° 65 à compter de la date de cessation de l'exposition au risque pour faire médicalement constater les lésions et, d'autre part, le délai de deux ans fixé à compter du jour de la cessation du travail pour faire valoir son droit à réparation. • Soc. 14 janv. 1993 : *Juris-Data n° 000124.*

o. Tableau n° 66

42. Le tableau n° 66 des maladies professionnelles ne subordonne pas la reconnaissance des affections respiratoires de mécanisme allergique et en particulier de l'asthme à l'utilisation de l'un des produits qu'il énumère limitativement. Dès lors, s'il n'utilise aucun des produits ainsi énumérés le salarié atteint d'une des affections figurant à ce tableau relève non pas des dispositions de l'al. 4 de l'art. L. 461-1 CSS, mais de celles de l'al. 3 prévoyant que la maladie peut être prise en charge au titre professionnel s'il est établi qu'elle est directement causée par le travail habituel de la victime. • Soc. 5 nov. 1998 : *RJS 1999, n° 282.*

43. Cassation, pour violation de l'art. L. 461-1, al. 2 et 3, CSS, ensemble le tableau n° 66-A des maladies professionnelles, de l'arrêt qui, pour rejeter le recours d'un employé, lequel soudeur dans une société de construction métallique a présenté une crise respiratoire aiguë, tendant à ce que la caisse primaire d'assurance maladie accepte de prendre en charge cette affection à titre de maladie professionnelle, retient que, selon l'avis du comité régional de reconnaissance des maladies professionnelles, l'affection dont il est atteint a une origine professionnelle et entraîne une incapacité de 10 %, que les produits utilisés ne figurent pas au tableau n° 66 des maladies professionnelles et que l'employé qui souffre d'une maladie caractérisée non désignée dans un tableau ne peut bénéficier des dispositions de l'art. L. 461-1, al. 4, CSS qui ne sont applicables que lorsque la victime présente une incapacité supérieure à 66,66 %, alors que le tableau n° 66 des maladies professionnelles ne subordonne pas la reconnaissance des affections respiratoires de mécanisme allergique et en particulier de l'asthme à l'utilisation de l'un des produits énumérés limitativement, de sorte que l'employé atteint d'une des affections figurant à ce tableau relève des dispositions de l'art. L. 461-1, al. 3, CSS. • Soc. 5 nov. 1998 : *D. 1998. IR 257*.

p. Tableau n° 70

44. La victime exposée à l'inhalation des poussières de carbures métalliques non frittés compte tenu de l'interprétation du tableau n° 70 est victime d'une maladie professionnelle. • Grenoble, 1er mars 1988 : *Somm. SS mai 1988, p. 4076.*

q. Tableau n° 84

45. Peu importe, concernant le symptôme ébrieux, que la maladie n'ait pas été identifiée pendant le délai de prise en charge. • Limoges, 9 mai 1994 : *Somm. SS oct. 1994, p. 5082.*

r. Tableau n° 97

46. L'affection déclarée par un chauffeur d'autobus ne peut être prise en charge au titre du tableau n° 97 des maladies professionnelles dans la mesure où ce véhicule affecté au transport en commun de personnes ne constitue pas un camion monobloc au sens de ce tableau. • Civ. 2e, 31 mai 2005 : *RJS 2005, n° 902.*

47. Si l'organisme social doit instruire la demande de prise en charge d'une maladie professionnelle sans être tenu par le tableau visé par la déclaration, il lui appartient d'informer l'employeur d'un changement de qualification de la maladie. • Civ. 2e, 17 sept. 2009 : *RJS 2009. 846, n° 980 ; JCP S 2009. 1485, note Tauran.*

Art. R. 461-4 **La déclaration imposée par application de l'article L. 461-4 à tout employeur qui utilise des procédés de travail susceptibles de provoquer les maladies professionnelles mentionnées à l'article L. 461-2 est faite avant le commencement des travaux par lettre recommandée adressée d'une part en double exemplaire à la caisse primaire d'assurance maladie, d'autre part à l'inspecteur du travail ou au fonctionnaire qui en exerce les attributions en vertu d'une législation spéciale.**

La caisse primaire transmet à la caisse *(Décr. nº 2010-344 du 31 mars 2010, art. 318)* « d'assurance retraite et de la santé au travail » l'un des deux exemplaires qu'elle reçoit.

Art. R. 461-5 Le délai prévu au premier alinéa de l'article L. 461-5 est de quinze jours à compter de la cessation du travail.

Celui mentionné au deuxième alinéa du même article est fixé à trois mois.

Le malade peut prouver la suspension de la prescription lorsque l'affection s'est déclarée tardivement ce qui l'a mis dans l'impossibilité de faire la déclaration en temps voulu. • Cass., ch. réun., 23 juin 1966 : *Bull. civ., nº 2.*

Art. R. 461-6 L'attestation mentionnée à l'article R. 441-4 est remise par l'employeur à la victime, qui l'annexe à sa déclaration.

La feuille d'accident est remise à la victime ou à ses représentants par la caisse primaire d'assurance maladie.

Le certificat médical constatant la guérison ou la consolidation de l'état du malade ou indiquant les conséquences définitives est, comme le certificat initial, établi en trois exemplaires, qui reçoivent les mêmes destinations.

Art. R. 461-7 Par dérogation aux dispositions de l'article *(Décr. nº 2006-111 du 2 févr. 2006)* « R. 434-29 », dans le cas où, au moment de l'arrêt de travail, la victime occupait un nouvel emploi ne l'exposant pas au risque de la maladie constatée et dans lequel elle percevait un salaire inférieur à celui qu'elle aurait perçu si elle n'avait pas quitté l'emploi qui l'exposait au risque, ce dernier salaire est substitué au salaire réellement touché.

Ce même salaire fictif est pris en considération dans le cas où, à la date de la première constatation médicale de la maladie, dans le délai de prise en charge mentionné au cinquième alinéa de l'article L. 461-2, la victime n'exerçait plus aucune activité salariée ou assimilée.

Art. R. 461-8 *(Décr. nº 93-692 du 27 mars 1993, art. 4)* Le taux d'incapacité mentionné au quatrième alinéa de l'article L. 461-1 est fixé à *(Décr. nº 2002-543 du 18 avr. 2002)* « 25 % ».

1. Dès lors que l'organisme de sécurité sociale avait rejeté la demande de prise en charge de la maladie au motif que celle-ci n'entraînait pas un taux d'incapacité permanente égal ou supérieur à 66,66 %, la Cour nationale de l'incapacité ne pouvait se déclarer incompétente faute pour le comité technique régional d'avoir été saisi de la demande et devait se prononcer sur le taux d'incapacité permanente présenté par la victime. • Civ. 2e, 18 nov. 2003 : *TPS 2004, nº 91.*

2. Les dispositions du Décr. nº 2002-543 du 18 avr. 2002 qui ont ramené de 66,66 % à 25 % le taux d'incapacité permanente partielle minimal nécessaire à la prise en charge au titre des maladies professionnelles d'une affection qui ne figure pas dans les tableaux des maladies professionnelles, ne s'appliquent qu'aux maladies dont la première constatation médicale est intervenue après leur entrée en vigueur. • Civ. 2e, 23 oct. 2008 : *D. 2008. AJ 2801 ; JCP S 2009. 1058, note Asquinazi-Bailleux ; RJS 2009, nº 67.*

Art. R. 461-9 *Abrogé par Décr. nº 2009-938 du 29 juill. 2009, à compter du 1er janv. 2010. — V. art. D. 461-1 à D. 461-38.*

TITRE SEPTIÈME **SANCTIONS**

Art. R. 471-1 Toute infraction aux dispositions générales de prévention étendues à l'ensemble du territoire en application du premier alinéa de l'article L. 422-1 est punie d'une amende prévue pour les contraventions de 5e classe.

L'amende est appliquée autant de fois qu'il y a de salariés de l'entreprise concernés par la ou les infractions relevées dans le procès-verbal.

En cas de récidive, il pourra être prononcé l'amende prévue pour les contraventions de la 5e classe.

Art. R. 471-2 L'article R. 471-1 n'est applicable qu'aux infractions aux dispositions générales et aux mesures particulières de prévention étendues ou rendues obligatoires postérieurement au 31 décembre 1978.

Art. R. 471-3 Sont punis d'une amende prévue pour les contraventions de 4e classe, les employeurs ou leurs préposés qui ont contrevenu aux dispositions du premier alinéa de l'article L. 441-2 et du premier alinéa de l'article L. 441-5.

En cas de récidive dans l'année, l'amende peut être portée au montant de celle prévue pour les contraventions de 5e classe.

Encourent les mêmes sanctions, les employeurs ou leurs préposés qui n'ont pas inscrit sur le registre ouvert à cet effet les accidents mentionnés au premier alinéa de l'article L. 441-4 ou ont contrevenu aux dispositions des deuxième, troisième et quatrième alinéas du même article.

Après avoir justement retenu que la sanction mise en œuvre par la caisse contre l'employeur n'ayant pas respecté le délai légal de déclaration d'un accident du travail n'avait pas un caractère pénal mais civil et qu'elle relevait d'une procédure totalement distincte, une cour d'appel a pu exactement en déduire que cette sanction n'entrait pas dans les prévisions de la loi d'amnistie du 3 août 1995. La cour décide exactement que, en permettant à l'entreprise de remettre en cause devant le juge la sanction prononcée par une caisse suite au non-respect du délai légal de déclaration d'un accident du travail, le recours ouvert répond aux exigences de l'art. 6 § 1 de la Convention européenne de sauvegarde des droits de l'homme, après avoir relevé que le pouvoir de contrôle des juridictions judiciaires s'exerce tant sur la régularité de la procédure que sur la matérialité des faits et l'application des lois servant de fondement à la décision litigieuse. • Soc. 29 oct. 1998 : *RJS 1998, n° 1544.*

Art. R. 471-4 Toute infraction aux dispositions de l'article R. 412-2 constitue une contravention de 4e classe. En cas de récidive, toute infraction à ces dispositions constitue une contravention de 5e classe.

Art. R. 471-5 Sont punis d'une amende prévue pour les contraventions de la 3e classe, les employeurs qui ont contrevenu aux dispositions de l'article L. 461-4.

TITRE HUITIÈME **DISPOSITIONS COMMUNES AVEC D'AUTRES BRANCHES — DISPOSITIONS DIVERSES ET D'APPLICATION**

CHAPITRE PREMIER **DISPOSITIONS COMMUNES AUX ASSURANCES SOCIALES ET AUX ACCIDENTS DU TRAVAIL**

SECTION PREMIÈRE **PRISE EN CHARGE DES FRAIS DE PRÉORIENTATION, D'ÉDUCATION OU DE RÉÉDUCATION PROFESSIONNELLE DES TRAVAILLEURS HANDICAPÉS ET DES VICTIMES D'ACCIDENTS DU TRAVAIL**

Art. R. 481-1 *(Décr. n° 86-381 du 10 mars 1986, art. 11)* Par dérogation aux dispositions de l'article R. 162-22, l'agrément donné, conformément à l'article R. 323-41-1 *[R. 5213-27 nouv.]* du code du travail, à un centre de préorientation, d'éducation ou de rééducation professionnelle vaut, sauf mention contraire, autorisation de dispenser des soins aux assurés sociaux, par application de l'article L. 162-21.

Art. R. 481-2 *(Décr. n° 86-381 du 10 mars 1986, art. 12)* Les frais pris en charge par les organismes d'assurance maladie à l'occasion du séjour d'un travailleur handicapé dans un centre mentionné à l'article R. 481-1 et agréé conformément à l'article R. 323-41-1 *[R. 5213-27 nouv.]* du code du travail comprennent les frais de toute nature entraînés par le stage de préorientation, d'éducation ou de rééducation professionnelle, y compris, le cas échéant, les frais d'entretien et d'hébergement ainsi que les frais de transport dans les conditions fixées à l'article R. 481-3 sous réserve des participations prévues aux articles R. 481-5 et R. 481-6.

Ne sont pas pris en charge par la caisse primaire d'assurance maladie les frais payés par l'intéressé à un tiers même lorsque le centre ne peut pas l'héberger. • Soc. 23 mars 1995, n° 92-19.410 P.

Art. R. 481-3 *(Décr. n° 86-381 du 10 mars 1986, art. 12)* Lorsqu'un stagiaire ne peut prétendre au bénéfice des articles R. 963-1 *[R. 6341-49 s. nouv.]* et R. 963-2

[R. 6341-51 nouv.] du code du travail, ses frais de transport sont à la charge des organismes d'assurance maladie dans les limites et selon les modalités fixées par ces articles.

En outre, lorsque le stagiaire est interne et que la distance à parcourir est inférieure à 25 kilomètres, les frais de transport sont remboursés par les organismes d'assurance maladie, sur la base du mode de transport le plus économique compte tenu de l'état de l'intéressé, dans les limites et selon les modalités fixées par les articles R. 963-1 *[R. 6341-49 s. nouv.]* et R. 963-2 *[R. 6341-51 nouv.]* pour les trajets de plus de 25 kilomètres.

Art. R. 481-4 *(Décr. nº 95-571 du 6 mai 1995, art. 3)* La tarification des prestations supportées par les organismes d'assurance maladie et délivrées par les centres de préorientation définis à l'article *(Décr. nº 2010-344 du 31 mars 2010, art. 319)* « **R. 5213-2** » du code du travail et par les centres d'éducation ou de rééducation professionnelle définis aux 1º, 2º et 3º de l'article *(Décr. nº 2010-344 du 31 mars 2010, art. 319)* « **R. 5213-9** » du même code est fixée par le *(Décr. nº 2010-344 du 31 mars 2010, art. 319)* « préfet de » département après avis de la caisse *(Décr. nº 2010-344 du 31 mars 2010, art. 319)* « d'assurance retraite et de la santé au travail » selon les modalités fixées par *(Décr. nº 2010-344 du 31 mars 2010, art. 319)* « l'article **R. 314-105** du code de l'action sociale et des familles ».

Art. R. 481-5 *(Décr. nº 86-381 du 10 mars 1986, art. 12)* 1º Les personnes admises dans les établissements visés aux articles **R. 323-33-1** *[R. 5213-2 nouv.]* et **R. 323-34** (1º, 2º et 3º) *[R. 5213-9 nouv.]* du code du travail, à l'exclusion de celles visées à l'article L. 432-9, doivent acquitter une participation aux prix des repas qu'elles prennent dans l'établissement.

Cette participation est fixée par arrêté du ministre chargé de l'action sociale et de la sécurité sociale.

Son produit est à considérer comme une recette venant en atténuation des charges brutes du budget de l'établissement.

2º La participation aux frais de repas peut être prise en charge au titre de l'aide sociale.

Art. R. 481-6 *(Décr. nº 86-381 du 10 mars 1986, art. 12)* Par application du 1º de l'article *(Décr. nº 2015-1865 du 30 déc. 2015, art. 10-4º, en vigueur le 1er janv. 2016)* « **L. 160-14** », la participation prévue à l'article *(Décr. nº 2015-1865 du 30 déc. 2015, art. 10-6º, en vigueur le 1er janv. 2016)* « **L. 160-13** » est limitée à la somme de 91,47 € par stage. Cette somme est calculée en tenant compte de la participation prévue à l'article R. 481-5.

Les bénéficiaires de l'article L. 432-9 sont dispensés de toute participation.

Art. R. 481-7 *(Décr. nº 86-381 du 10 mars 1986, art. 12)* Le supplément d'indemnité prévu au deuxième alinéa de l'article L. 432-9 est pris en charge au titre de la législation sur les accidents du travail du régime général.

Ce supplément est maintenu dans les conditions ci-après, sous réserve des dispositions des quatrième et cinquième alinéas de l'article R. 412-7, en cas d'interruption involontaire de la rééducation par suite de congés réguliers prévus par le règlement de l'établissement et comportant ou non fermeture de celui-ci ou en conséquence de la maladie ou de l'accident du stagiaire. Les indemnités journalières allouées à ce dernier, au titre de l'assurance maladie, s'imputent sur le montant du supplément d'indemnité.

En cas d'interruption par suite d'accident ou de maladie, le maintien du supplément d'indemnité est accordé pour une durée maximale d'un mois, par décision expresse de l'organisme d'assurance maladie qui supporte les frais de rééducation.

Toute interruption de la rééducation professionnelle doit être signalée dans les vingt-quatre heures par le chef d'établissement à l'organisme d'assurance maladie.

Le supplément d'indemnité est payé au vu de la déclaration établie par le stagiaire qu'il n'a pas exercé, durant la période d'interruption du stage, d'activité rémunérée.

Sans préjudice des pénalités prévues à l'article L. 471-3 et des peines plus élevées résultant d'autres lois s'il y échet, l'intéressé est tenu au remboursement des sommes qu'il aurait indûment perçues à la suite de toute déclaration inexacte ou incomplète.

Art. R. 481-8 et R. 481-9 *Abrogés par Décr. nº 86-381 du 10 mars 1986, art. 12.*

SECTION II DISPOSITIONS DIVERSES

Art. R. 481-10 et R. 481-11 *Abrogés par Décr. n° 93-1023 du 27 août 1993, art. 3 et 4, à compter du 1er janv. 1994.*

CHAPITRE II DISPOSITIONS DIVERSES ET D'APPLICATION

Art. R. 482-1 L'âge limite jusqu'auquel l'enfant placé en apprentissage peut bénéficier de la rente d'orphelin mentionnée à l'article L. 482-1 est fixé à dix-huit ans.

L'âge limite jusqu'auquel l'enfant qui poursuit ses études ou qui est, par suite d'infirmités ou de maladies chroniques, dans l'impossibilité permanente de se livrer à un travail salarié, est fixé à vingt ans.

Art. R. 482-2 L'arrêté mentionné à l'article L. 482-3 est pris par le ministre chargé de la sécurité sociale, le ministre chargé de l'agriculture et le ministre chargé du budget.

Art. R. 482-3 Le décret prévu à l'article L. 482-5 est pris sur le rapport du ministre chargé de la sécurité sociale et des ministres intéressés.

LIVRE CINQUIÈME PRESTATIONS FAMILIALES ET PRESTATIONS ASSIMILÉES

TITRE PREMIER CHAMP D'APPLICATION — GÉNÉRALITÉS

CHAPITRE PREMIER LISTE DES PRESTATIONS

Néant.

CHAPITRE II CHAMP D'APPLICATION

Art. R. 512-1 *(Décr. n° 2007-354 du 14 mars 2007)* « Pour l'application de l'article L. 512-1, la résidence en France d'une personne assumant la charge d'un ou plusieurs enfants est appréciée dans les conditions fixées à l'article *(Décr. n° 2015-1865 du 30 déc. 2015, art. 10-2°, en vigueur le 1er janv. 2016)* « R. 111-2 ». »

Pour l'application de l'article L. 512-1, est considéré comme résidant en France tout enfant qui vit de façon permanente en France métropolitaine.

Est également réputé résider en France l'enfant qui, tout en conservant ses attaches familiales sur le territoire métropolitain où il vivait jusque-là de façon permanente, accomplit, hors de ce territoire :

1° Soit un ou plusieurs séjours provisoires dont la durée n'excède pas trois mois au cours de l'année civile ;

2° Soit un séjour de plus longue durée lorsqu'il est justifié, dans les conditions prévues par arrêté conjoint du ministre chargé de la santé, du ministre chargé de la sécurité sociale, du ministre chargé de l'agriculture, du ministre chargé du budget, du ministre chargé de l'éducation nationale et du ministre chargé des universités, que le séjour est nécessaire pour lui permettre soit de poursuivre ses études, soit d'apprendre une langue étrangère, soit de parfaire sa formation professionnelle *[V. Arr. du 4 déc. 1979, JONC 16 janv. 1980]* ;

3° Soit un ou plusieurs séjours de durée au plus égale à celle de l'année scolaire lorsqu'il est établi, dans les conditions prévues à l'arrêté mentionné au 2° ci-dessus, que la famille a sa résidence principale en France dans une zone frontalière, que l'enfant fréquente dans le pays voisin à proximité de la frontière un établissement de soins ou un établissement d'enseignement et qu'il rejoint sa famille à intervalles rapprochés.

(Décr. n° 2007-354 du 14 mars 2007) « Les organismes débiteurs de prestations familiales organisent périodiquement le contrôle de l'effectivité de la résidence en France. Ce contrôle est, chaque fois que possible, opéré par rapprochement avec les vérifications opérées par un autre organisme de sécurité sociale. »

Selon l'art. 1er de l'Arr. du 4 déc. 1979, le bénéfice des prestations familiales pour un enfant séjournant provisoirement à l'étranger ne peut être accordé que dans le cadre d'un maintien de droits acquis. Par suite, ces prestations ne sont pas dues pour la période de scolarité effectuée en Algérie, dès lors que, pendant son séjour en France précédant son départ à l'étranger, l'enfant concerné, ayant dépassé l'âge de 17 ans, n'ouvrait pas de droit aux prestations familiales. • Soc. 11 mai 1995 : *RJS 1995, n° 706.*

Art. R. 512-2 *(Décr. n° 90-526 du 28 juin 1990, art. 1er et 5 ; Décr. n° 2000-71 du 28 janv. 2000, art. 1er)* **« Les enfants ouvrent droit aux prestations familiales jusqu'à l'âge de vingt ans sous réserve que leur rémunération n'excède pas le plafond fixé au deuxième alinéa du présent article. »**

Le plafond de rémunération mentionné au 2° de l'article L. 512-3 est égal, pour un mois, à 55 % du salaire minimum interprofessionnel de croissance défini aux articles L. 141-1 à L. 141-9 *[L. 3231-1 à L. 3231-12, R. 3231-1 et R. 3231-7 nouv.]* **du code du travail, multiplié par 169.**

Pour ceux des enfants qui bénéficient d'avantages en nature, l'évaluation de ces avantages devra être faite suivant les barèmes fixés pour l'application de la législation sur les assurances sociales. — *Les enfants ouvrant droit aux prestations familiales en application du 1° (mod. par Décr. n° 98-1213 du 29 déc. 1998) sont ceux qui atteignent l'âge de dix-neuf ans à compter du 1er janv. 1999.*

V. Circ. DSS/4 A n° 98-766 du 28 déc. 1998 relative à l'âge limite de versement des prestations familiales ainsi qu'à la majoration pour âge des allocations familiales (BO Solidarité-santé n° 99/2, p. 139).

Art. R. 512-3 *Abrogé par Décr. n° 2000-71 du 28 janv. 2000, art. 2.*

Art. R. 512-4 *Abrogé par Décr. n° 90-776 du 3 sept. 1990, art. 4-1°.*

CHAPITRE III RÈGLES D'ALLOCATION ET D'ATTRIBUTION DES PRESTATIONS

Art. R. 513-1 La personne physique à qui est reconnu le droit aux prestations familiales a la qualité d'allocataire. *(Décr. n° 2007-550 du 13 avr. 2007, art. 1er, en vigueur le 1er juin 2007)* **« Sous réserve des dispositions de l'article R. 521-2, ce droit n'est reconnu qu'à une personne au titre d'un même enfant. »**

Lorsque les deux membres d'un couple assument à leur foyer la charge effective et permanente de l'enfant, l'allocataire est celui d'entre eux qu'ils désignent d'un commun accord. Ce droit d'option peut être exercé à tout moment. L'option ne peut être remise en cause qu'au bout d'un an, sauf changement de situation. Si ce droit d'option n'est pas exercé, l'allocataire est l'épouse ou la concubine.

En cas de divorce, de séparation de droit ou de fait des époux ou de cessation de la vie commune des concubins, et si l'un et l'autre ont la charge effective et permanente de l'enfant, l'allocataire est celui des membres du couple au foyer duquel vit l'enfant.

1. Jugé que le cumul du supplément familial de traitement versé à un fonctionnaire et du supplément de salaire versé à son époux salarié d'un établissement public à caractère industriel et commercial n'est pas interdit par l'art. R. 513-1 CSS, qui ne figure pas au titre II du livre V de ce code et ne saurait s'appliquer à un avantage salarial n'ayant pas le caractère de prestation familiale. • CE 21 févr. 1996 : *D. 1996. IR 99.*

2. Ayant relevé que, pendant la période litigieuse, les enfants avaient résidé chez leur mère alors que l'un et l'autre des époux divorcés avaient la charge effective et permanente des enfants en raison de la garde alternée et de l'autorité parentale conjointe, une cour d'appel décide à bon droit que le droit aux prestations familiales doit être attribué à la mère en application de l'art. R. 513-1, al. 3, CSS. • Soc. 28 oct. 1999, n° 97-21.373 P : *RJS 1999, n° 1521 ; RDSS 2000. 155, note Monéger.* ♦ La règle de l'unicité de l'allocataire prévue à l'art. R. 513-1 ne s'oppose pas à ce que lorsque la charge effective et permanente de l'enfant est partagée de manière égale entre les parents, en raison de la résidence alternée et de l'autorité parentale conjointe, le droit aux prestations familiales soit reconnu alternativement à chacun des parents en fonction de leurs situations respectives et des règles particulières à chaque prestation. • Cass., avis, 26 juin 2006 : *D. 2006. IR 1914 ; RDSS 2006. 945, note Verkindt ; Dr. fam. 2006. 179, p. 36, note Devers ; JCP S 2006. 1788, note Paillet.* – V. aussi « Premières applications des avis de la Cour de cassation du 26 juin 2006 », *Dr. fam. 2007, comm. 75, obs. Devers.* ♦ A rappr. de : • Civ. 2e, 3 juill. 2008 : *RJS 10/08, n° 1037.*

Art. R. 513-2 L'attributaire des prestations familiales est la personne entre les mains de laquelle sont versées les prestations. L'attributaire est soit l'allocataire, soit son conjoint ou son concubin. Toutefois, les conseils d'administration des caisses d'allocations familiales et des autres organismes débiteurs peuvent décider dans certains cas et après enquête sociale de verser les prestations familiales à la personne qui assure l'entretien de l'enfant.

Sans préjudice de l'article L. 552-6, lorsqu'une personne est déchue totalement ou partiellement de l'autorité parentale ou qu'elle a encouru soit une condamnation pénale en application de la loi sur les enfants maltraités ou moralement abandonnés, soit une condamnation pour ivresse, ou lorsque le versement des prestations familiales entre ses mains risque de priver l'enfant du bénéfice de ces prestations, celles-ci sont attribuées à l'autre conjoint ou concubin.

Art. R. 513-3 (Abrogé par Décr. n° 2011-89 du 21 janv. 2011, art. 2) *Pour les enfants qui poursuivent leurs études au-delà de l'âge scolaire, le versement des prestations familiales est subordonné à la présentation d'un certificat d'inscription établi par les directeurs des établissements d'enseignement supérieur, secondaire, technique ou professionnel.*

Le versement desdites prestations est suspendu ou supprimé en cas de défaut d'assiduité des élèves.

Un arrêté conjoint du ministre chargé de la sécurité sociale, du ministre chargé du budget, du ministre chargé de l'agriculture et du ministre chargé de l'éducation nationale détermine les conditions d'assiduité exigées et les modalités de contrôle de l'assiduité des enfants mentionnés au présent article. Il précise également les conditions dans lesquelles les prestations sont suspendues ou supprimées dans le cas où le défaut d'assiduité des élèves est constaté.

1. Ne constituent pas la poursuite des études ouvrant droit aux prestations familiales des études à domicile sous la direction du père de famille. • Soc. 9 déc. 1971 : *Bull. civ. V, n° 658.* ♦ ... Ni des cours dispensés par un instituteur en dehors d'un établissement d'enseignement. • Soc. 18 mai 1971 : *Bull. civ. V, n° 371.* ♦ ... Ni une inscription en qualité d'auditeur libre dès lors que l'intéressé n'est tenu ni à travail ni à assiduité. • Soc. 7 oct. 1976 : *Bull. civ. V, n° 481.*

2. L'assiduité scolaire de l'élève, c'est-à-dire la fréquentation pendant l'année scolaire d'un établissement, étant une condition impérative pour bénéficier des prestations familiales, les juges du fond ne sauraient reconnaître ce droit à un enfant qui cesse de fréquenter un établissement pour se consacrer davantage à la préparation du baccalauréat. • Soc. 24 mai 1989 : *Bull. civ. V, n° 388 ; RJS 1989, n° 647.*

3. L'exercice d'une activité rémunérée pendant une partie des vacances scolaires qui, compte tenu de son horaire, n'est pas de nature à compromettre la poursuite ultérieure des études, ne fait pas obstacle au versement des allocations familiales. • Soc. 23 juin 1982 : *Bull. civ. V, n° 416.*

4. C'est à la personne qui réclame le bénéfice des prestations familiales d'apporter la preuve que l'enfant a eu une scolarité répondant aux conditions légales et non à la caisse de produire des justifications contraires. • Soc. 20 oct. 1977 : *Bull. civ. V, n° 559.*

5. Sur les jeunes inscrits en première année de capacité en droit, V. Circ. DSS/PFL n° 94-72 du 22 sept. 1994 *(BO Aff. soc. n° 94/43, p. 131).*

CHAPITRE IV ORGANISME DÉBITEUR ET IMPUTATION COMPTABLE DES PRESTATIONS

Art. R. 514-1 Le service des prestations familiales incombe à la caisse d'allocations familiales du lieu de résidence habituel de la famille de l'allocataire, sous réserve des dérogations suivantes :

1° En ce qui concerne les personnes soumises aux dispositions relatives aux professions agricoles, le service des prestations familiales incombe à la caisse de mutualité sociale agricole du lieu de résidence habituelle de la famille de l'allocataire. Il en va de même des conjoints ou concubins de ces personnes s'ils sont allocataires et n'exercent pas d'activité professionnelle ;

2° Lorsque les allocataires sont des victimes de guerre ou des ayants cause de victimes de guerre au sens du premier alinéa de l'article L. 20 et du premier alinéa de l'article L. 54 du code des pensions militaires d'invalidité et des victimes de la guerre, les prestations familiales leur sont servies par l'État ;

3° Lorsque les allocataires font partie des catégories de personnes en activité ou en retraite mentionnées au deuxième alinéa de l'article L. 212-1, les prestations familiales leur sont servies par les organismes déterminés par ces dispositions.

Un arrêté du ministre chargé de la sécurité sociale ou du ministre chargé de l'agriculture selon le cas peut apporter à la règle de rattachement de l'allocataire à l'organisme débiteur du lieu de résidence habituel de sa famille des dérogations motivées soit par la nature de l'activité professionnelle de l'allocataire ou de son conjoint ou concubin, soit par les conditions d'exercice de cette activité, soit par la dispersion de la famille, soit par la fréquence de ses déplacements. — *V. Arr. du 15 oct. 1978 (JO 29 déc.). — V. Arr. du 6 mars 1995 (JO 11 mars).*

TITRE DEUXIÈME PRESTATIONS GÉNÉRALES D'ENTRETIEN

CHAPITRE PREMIER ALLOCATIONS FAMILIALES

Art. R. 521-1 *(Décr. n° 99-39 du 19 janv. 1999, art. 1er-II ; Décr. n° 2008-409 du 28 avr. 2008, art. 1er)* « L'âge mentionné au premier alinéa de l'article L. 521-3 à partir duquel les enfants ouvrent droit à la majoration des allocations familiales est fixé à 14 ans. » — *Dispositions applicables aux enfants dont le onzième anniversaire est postérieur au 30 avr. 2008 (Décr. n° 2008-409 du 28 avr. 2008, art. 2).*

Le nombre minimum d'enfants à charge, mentionné au deuxième alinéa de l'article L. 521-3, ouvrant droit à ladite majoration pour chaque enfant est fixé à trois. — *[Anc. art. R. 521-4.]*

V. art. D. 521-1.

Art. R. 521-2 *(Décr. n° 2007-550 du 13 avr. 2007, art. 2)* Dans les situations visées au deuxième alinéa de l'article L. 521-2, l'allocataire est celui des deux parents qu'ils désignent d'un commun accord. A défaut d'accord sur la désignation d'un allocataire unique, chacun des deux parents peut se voir reconnaître la qualité d'allocataire :

1° Lorsque les deux parents en ont fait la demande conjointe ;

2° Lorsque les deux parents n'ont ni désigné un allocataire unique, ni fait une demande conjointe de partage.

Lorsque les parents ont désigné un allocataire unique ou fait une demande conjointe de partage, ils ne peuvent remettre en cause les modalités ainsi choisies qu'au bout d'un an, sauf modification des modalités de résidence du ou des enfants.

Les dispositions du Décr. n° 2007-550 du 13 avr. 2007 sont applicables à compter du premier jour du mois suivant sa publication, soit le 1er mai 2007 (Décr. préc., art. 3).

Art. R. 521-3 *(Décr. n° 2007-550 du 13 avr. 2007, art. 2)* Sous réserve de l'article R. 521-4, dans les situations visées aux 1° et 2° de l'article R. 521-2, la prestation due à chacun des parents est égale au montant des allocations familiales dues pour le total des enfants à charge, multiplié par un coefficient résultant du rapport entre le nombre moyen d'enfants et le nombre total d'enfants.

Le nombre moyen d'enfants, pour chaque foyer, est obtenu en faisant la somme du nombre d'enfants à charge dans les conditions suivantes :

1° Chaque enfant en résidence alternée compte pour 0,5 ;

2° Les autres enfants à charge comptent pour 1.

Le nombre total d'enfants, pour chaque foyer, est obtenu en faisant la somme du ou des enfants en résidence alternée et, le cas échéant, du ou des autres enfants à charge.

V. note ss. art. R. 521-2.

Art. R. 521-4 *(Décr. n° 2007-550 du 13 avr. 2007, art. 2)* Pour l'ouverture du droit à la majoration prévue à l'article L. 521-3, le nombre d'enfants à charge est évalué dans les conditions prévues au premier alinéa de l'article R. 521-3.

Lorsque le ou les enfants ouvrant droit à ladite majoration sont en résidence alternée, le montant servi au titre de cette majoration est réduit de moitié.

V. note ss. art. R. 521-2.

CHAPITRE II COMPLÉMENT FAMILIAL

Art. R. 522-1 Pour l'attribution du complément familial prévu à l'article L. 522-1 le ménage ou la personne doit assumer la charge d'au moins trois enfants, âgés de trois ans et plus. — *V. art. D. 522-1.*

(Décr. nº 2000-71 du 28 janv. 2000, art. 3) « Par dérogation aux dispositions du premier alinéa de l'article R. 512-2, les enfants ouvrent droit au complément familial jusqu'à l'âge de vingt et un ans sous réserve que leur rémunération n'excède pas le plafond fixé au deuxième alinéa de l'article R. 512-2. »

Art. R. 522-2 *(Décr. nº 2003-1393 du 31 déc. 2003, art. 1er)* Pour l'attribution du complément familial prévu à l'article L. 522-1, le montant des ressources du ménage ou de la personne assumant la charge des enfants, apprécié dans les conditions prévues à l'article R. 532-1, ne doit pas dépasser un plafond annuel.

Ce plafond est majoré de 25 % par enfant à charge à partir du premier et de 30 % par enfant à charge à partir du troisième.

(Décr. nº 2011-1278 du 11 oct. 2011, art. 1er-6º) « Il est également majoré lorsque les deux membres du couple ont retiré chacun de leur activité professionnelle pendant l'année de référence un revenu au moins égal à 13,6 % du plafond annuel de la sécurité sociale en vigueur au 1er janvier de la même année. Sont pris en compte les revenus d'origine professionnelle compris dans les ressources définies à l'article R. 532-3. » Le plafond de ressources de la personne assumant seule la charge des enfants est majoré d'un montant identique.

Le montant du plafond de ressources et celui de la majoration prévus aux premier et troisième alinéas sont fixés par décret et revalorisés *(Décr. nº 2008-604 du 26 juin 2008)* « au 1er janvier » de chaque année, conformément à l'évolution en moyenne annuelle des prix à la consommation hors tabac *(Décr. nº 2008-604 du 26 juin 2008)* « de l'année civile de référence », par arrêté du ministre chargé de la sécurité sociale.

Le plafond de ressources prévu au premier al. de l'art. R. 522-2 relatif au complément familial et la majoration prévue au troisième al. du même article sont fixés respectivement à 21 199 € et 8 521 € pour la période du 1er janv. 2019 au 31 déc. 2019 (Arr. du 21 déc. 2018, art. 2-I, JO 28 déc.).

Le bénéfice du complément familial versé par la caisse d'allocations familiales est apprécié, au regard de la condition de ressources, en fonction des ressources dont le ménage a effectivement disposé durant l'année précédant la date d'ouverture des droits. • Civ. 2e, 7 mai 2009, nº 07-13.040 P : *RDSS 2009. 573, note Tauran.*

Art. R. 522-3 Pour l'application du dernier alinéa de l'article L. 522-2, un complément différentiel est versé aux ménages ou personnes dont les ressources annuelles, calculées dans les conditions fixées à l'article R. 522-2, dépassent le plafond de ressources défini *(Décr. nº 2003-1393 du 31 déc. 2003, art. 3-III)* « à l'article R. 522-2 » d'une somme inférieure à douze fois le montant mensuel du complément familial en vigueur *(Abrogé par Décr. nº 2013-530 du 21 juin 2013, art. 1er) (Décr. nº 2008-604 du 26 juin 2008) « au 1er janvier de l'année civile de référence ». — Cette abrogation vaut pour les prestations dues à compter du 1er janv. 2014 (Décr. nº 2013-530 du 21 juin 2013, art. 4).*

Ce complément différentiel est égal, pour chaque mois, au douzième de la différence entre, d'une part, le plafond de ressources défini *(Décr. nº 2003-1393 du 31 déc. 2003, art. 3-III)* « à l'article R. 522-2 » majoré de la somme définie au premier alinéa du présent article et, d'autre part, le montant des ressources. — *Sur l'entrée en vigueur du Décr. nº 2003-1393, V. note avant art. R. 531-1.*

Art. R. 522-4 *(Décr. nº 2014-420 du 23 avr. 2014, art. 1er)* Pour l'attribution du montant majoré du complément familial prévu à l'article L. 522-3, le montant des ressources du ménage ou de la personne assumant la charge des enfants, apprécié dans les conditions prévues à l'article R. 532-1, ne doit pas dépasser un plafond égal à la moitié du montant du plafond annuel mentionné au premier alinéa de l'article R. 522-2.

Ce plafond est majoré selon les modalités définies aux deuxième et troisième alinéas de l'article R. 522-2.

Le montant du plafond de ressources résultant du premier alinéa et le montant de sa majoration déterminé en application du premier alinéa de l'article L. 522-3 sont fixés par décret et revalorisés au 1er janvier de chaque année, conformément à l'évolution en moyenne annuelle des prix à la consommation hors tabac de l'année civile de référence, par arrêté des ministres chargés de la sécurité sociale, du budget et de l'agriculture.

Les dispositions du Décr. n° 2014-420 du 23 avr. 2014 sont applicables aux prestations dues à compter du 1er avr. 2014 (Décr. préc., art. 4).

Le plafond de ressources prévu au premier al. de l'art. R. 522-4 relatif au montant majoré du complément familial et la majoration prévue au 3e al. du même art. sont fixés respectivement à 10 601 € et 4 260 € pour la période du 1er janv. 2019 au 31 déc. 2019 (Arr. du 21 déc. 2018, art. 2-II, JO 28 déc.).

Art. R. 522-5 *Abrogé par Décr. n° 87-206 du 27 mars 1987, art. 12.*

Art. R. 522-6 *Abrogé par Décr. n° 2008-604 du 26 juin 2008.*

CHAPITRE III ALLOCATION DE SOUTIEN FAMILIAL

Art. R. 523-1 Est regardé comme remplissant les conditions fixées au *(Décr. n° 2017-532 du 12 avr. 2017, art. 1er-1°)* « 3° du I » de l'article L. 523-1 tout enfant dont, depuis au moins *(Décr. n° 2016-842 du 24 juin 2016, art. 1er-1°, en vigueur le 1er avr. 2016)* « un mois », l'un des parents se soustrait ou se trouve hors d'état de faire face à son obligation d'entretien ou au versement de la pension alimentaire mise à sa charge par décision de justice *(Décr. n° 2016-1907 du 28 déc. 2016, art. 12-1°, en vigueur le 1er janv. 2017)* « *(Abrogé par Décr. n° 2017-532 du 12 avr. 2017, art. 1er-1°)* « ***, par convention de divorce par consentement mutuel prévue à l'article 229-1 du code civil, par acte reçu en la forme authentique par un notaire*** » ou par convention judiciairement homologuée » *(Décr. n° 2017-532 du 12 avr. 2017, art. 1er-1°)* « ou d'une contribution à l'entretien et à l'éducation de l'enfant fixée par l'un des actes ou accords mentionnés au IV de l'article L. 523-1 ». – *V. art. D. 523-1.*

(Décr. n° 2016-842 du 24 juin 2016, art. 1er-2°, en vigueur le 1er avr. 2016) « Le même délai d'un mois est retenu pour tout enfant mentionné au *(Décr. n° 2017-532 du 12 avr. 2017, art. 1er-1°)* « 4° du I » de l'article L. 523-1 dont l'un des parents s'acquitte intégralement *(Abrogé par Décr. n° 2017-532 du 12 avr. 2017, art. 1er-1°)* « ***de l'obligation d'entretien fixée par l'accord mentionné à l'article R. 523-3-2 ou*** » du versement d'une pension alimentaire mise à sa charge par décision de justice *(Décr. n° 2016-1907 du 28 déc. 2016, art. 12-1°, en vigueur le 1er janv. 2017)* « *(Abrogé par Décr. n° 2017-532 du 12 avr. 2017, art. 1er-1°)* « ***, par convention de divorce par consentement mutuel prévue à l'article 229-1 du code civil, par acte reçu en la forme authentique par un notaire*** » ou par convention judiciairement homologuée *(Décr. n° 2017-532 du 12 avr. 2017, art. 1er-1°)* « ou d'une contribution à l'entretien et à l'éducation de l'enfant fixée par l'accord écrit et signé mentionné au premier alinéa du I de l'article R. 523-3-2 ou par l'un des actes ou accords mentionnés au IV de l'article L. 523-1 », lorsque ce montant est inférieur à celui de l'allocation de soutien familial. »

Les dispositions issues du Décr. n° 2017-532 du 12 avr. 2017 sont applicables à Saint-Pierre-et-Miquelon (Décr. préc., art. 4).

Art. R. 523-2 L'allocation de soutien familial fait l'objet d'une demande adressée à l'organisme ou service compétent pour le versement des prestations familiales au requérant. Cette demande, dont le modèle est fixé par arrêté du ministre chargé de la sécurité sociale, doit être accompagnée des justifications nécessaires à l'établissement du droit à la prestation.

Art. R. 523-3 *(Décr. n° 2016-1907 du 28 déc. 2016, art. 12-2°, en vigueur le 1er janv. 2017)* Lorsque le parent débiteur est défaillant et en l'absence d'une décision de justice, *(Décr. n° 2017-532 du 12 avr. 2017, art. 1er-2°)* « d'un des actes ou accords mentionnés au IV de l'article L. 523-1 » ou d'une convention judiciairement homologuée, fixant le montant de l'obligation d'entretien, le versement de l'allocation de soutien familial *(Décr. n° 2017-532 du 12 avr. 2017, art. 1er-2°)* « mentionné au 3° du I de l'article L. 523-1 » au parent créancier ne se poursuit au-delà de la quatrième mensualité que dans les cas suivants :

1° Lorsque, à l'issue d'un contrôle diligenté par l'organisme débiteur des prestations familiales sur la situation du parent débiteur, celui-ci est considéré comme étant hors d'état de faire face à son obligation d'entretien ;

2° Ou lorsque, à l'issue du contrôle mentionné au 1°, le parent débiteur n'est pas considéré comme étant hors d'état de faire face à son obligation d'entretien et que le parent créancier a saisi l'autorité judiciaire en vue de la fixation du montant de la pension alimentaire mise à la charge du débiteur défaillant.

Dans ce cas, le directeur de l'organisme débiteur des prestations familiales transmet à l'autorité judiciaire, sur sa demande, les renseignements dont il dispose concernant l'adresse et la solvabilité du débiteur en vue de faciliter la fixation de l'obligation d'entretien par cette autorité.

V. note ss. art. R. 523-1.

Art. R. 523-3-1 *(Décr. nº 2011-1840 du 7 déc. 2011, art. 1er-2°)* Si, à l'issue de ce contrôle, les informations sur le domicile du débiteur ne peuvent pas être obtenues, cette situation fait l'objet d'un signalement par l'organisme débiteur auprès des autres organismes de sécurité sociale dans le cadre de la communication des informations prévue par les dispositions de l'article L. 114-12.

Art. R. 523-3-2 *(Décr. nº 2018-655 du 24 juill. 2018, art. 1er)* I. — En l'absence d'une décision de justice, d'une convention judiciairement homologuée ou de l'un des actes ou accords mentionnés aux 1° et 2° du IV de l'article L. 523-1 fixant le montant de la contribution à l'entretien et à l'éducation de l'enfant, le montant de cette contribution n'est pris en compte pour le calcul de l'allocation différentielle mentionnée au 4° du I de l'article L. 523-1 que s'il a été fixé par l'accord mentionné au 3° du IV de ce même article à un montant égal ou supérieur au seuil résultant de l'application de la règle prévue aux I et II de l'article R. 582-1 et que cet accord a force exécutoire.

II. — Le montant de la contribution à l'entretien et à l'éducation de l'enfant retenu pour le calcul de l'allocation différentielle mentionnée au I est arrondi à l'euro supérieur. Il est révisé au 1er janvier de chaque année conformément aux modalités prévues pour le montant annuel du plafond mentionné à l'article L. 241-3.

III. — Lorsque la contribution à l'entretien et à l'éducation de l'enfant résulte de l'accord mentionné au 3° du IV de l'article L. 523-1, le bénéfice ou le maintien de l'allocation différentielle est subordonné à la transmission par les parents des documents et informations suivants :

1° L'ensemble des pièces justificatives mentionnées au I de l'article R. 582-2 ;

2° La date du premier versement de la contribution fixée dans l'accord ;

3° Le cas échéant, la date de tout changement concernant les ressources du débiteur, le nombre d'enfants à sa charge et le droit de visite et d'hébergement ayant une incidence sur le droit à cette allocation.

IV. — La connaissance par l'organisme débiteur des prestations familiales d'un changement de situation susceptible d'entraîner la révision de la contribution à l'entretien et à l'éducation de l'enfant mentionnée à l'article L. 582-2 ayant une incidence sur le droit à l'allocation différentielle mentionnée au 4° du I de l'article L. 523-1 entraîne systématiquement un réexamen du droit à cette allocation.

L'organisme suspend l'allocation lorsque le montant de la contribution fixé dans le titre exécutoire est inférieur au seuil mentionné au I calculé en fonction de la nouvelle situation. Dans ce cas, l'allocation différentielle mentionnée au 4° du I de l'article L. 523-1 cesse d'être due à compter du premier jour du mois suivant celui au cours duquel intervient le changement de situation. Si les parents transmettent un nouvel accord, l'allocation différentielle est due, une fois cet accord revêtu de la force exécutoire, à compter du premier jour du mois de la réception par l'organisme de la demande de délivrance du titre exécutoire.

Les dispositions de l'art. 1er du Décr. nº 2018-655 du 24 juill. 2018 sont applicables aux prestations dues à compter du 1er juill. 2018.

Pour les droits ouverts avant le 1er juill. 2018, les conditions dans lesquelles le montant de la contribution pris en compte pour le calcul de l'allocation de soutien familial différentielle mentionnée au 4° du I de l'art. L. 523-1 est retenu continuent à être régies au plus tard jusqu'au 1er oct. 2018, par les dispositions de l'art. R. 523-3-2 dans leur rédaction en vigueur avant cette date (Décr. préc., art. 5-I).

Art. R. 523-4 En cas de décès du parent survivant, l'allocation reste due de son chef jusqu'au dernier jour du mois du décès.

Art. R. 523-5 Dans le cas prévu au deuxième alinéa de l'article L. 523-2, l'allocation cesse d'être due à compter du premier jour du mois au cours duquel le parent de l'enfant se marie ou vit maritalement. Le versement de l'allocation peut être repris si le parent justifie vivre seul à nouveau de façon permanente, à compter du premier jour du mois civil suivant cette justification.

Art. R. 523-6 L'allocation différentielle de soutien familial mentionnée à l'article L. 581-2 est due au titre de chaque mois. Elle est versée trimestriellement.

Art. R. 523-7 Les taux servant au calcul de l'allocation de soutien familial sont fixés en pourcentage de la base mensuelle de calcul des allocations familiales déterminée en application de l'article L. 551-1 à :

1° *(Décr. n° 2017-532 du 12 avr. 2017, art. 5-II)* « 37,5 % » pour l'enfant mentionné au 1° de l'article L. 523-3 ;

2° *(Décr. n° 2017-532 du 12 avr. 2017, art. 5-II)* « 28,13 % » pour l'enfant mentionné au 2° de l'article L. 523-3.

Les dispositions issues du 4° de l'art. 1er du Décr. n° 2017-532 du 12 avr. 2017 sont applicables à Saint-Pierre-et-Miquelon. Ces mêmes dispositions sont applicables pour les prestations dues au titre de la période allant du 1er avr. 2017 au 31 mars 2018. A compter du 1er avr. 2018, les taux « 36 % » et « 27,02 % » mentionnés au 1° et au 2° de l'art. R. 523-7, dans sa rédaction issue du Décr. n° 2017-532 du 12 avr. 2017, sont respectivement remplacés par les taux « 37,5 % » et « 28,13 % » (Décr. préc., art. 1er-4°, 4 et 5).

Art. R. 523-8 Les sommes récupérées par l'organisme débiteur de prestations familiales, en vertu de la subrogation prévue à l'article L. 581-2, viennent en atténuation des dépenses constatées au titre des allocations de soutien familial.

CHAPITRE IV *[ABROGÉ]* ALLOCATION DE PARENT ISOLÉ

(Abrogé par Décr. n° 2009-404 du 15 avr. 2009, art. 4)

SECTION PREMIÈRE *[ABROGÉE]* DISPOSITIONS GÉNÉRALES

Art. R. 524-1 et R. 524-2 *Abrogés par Décr. n° 2009-404 du 15 avr. 2009.*

SECTION II *[ABROGÉE]* CONDITIONS D'OUVERTURE DU DROIT À L'ALLOCATION ET À LA PRIME FORFAITAIRE

SOUS-SECTION 1 *[ABROGÉE]* DÉTERMINATION DES RESSOURCES

Art. R. 524-3 à R. 524-5 *Abrogés par Décr. n° 2009-404 du 15 avr. 2009.*

SOUS-SECTION 2 *[ABROGÉE]* DISPOSITIONS PROPRES AUX REVENUS D'ACTIVITÉ ET PRIME FORFAITAIRE

Art. R. 524-6 à R. 524-13 *Abrogés par Décr. n° 2009-404 du 15 avr. 2009.*

SOUS-SECTION 3 *[ABROGÉE]* DISPOSITIONS PROPRES AUX ACTIVITÉS EXERCÉES DANS LE CADRE DE CONTRATS INSERTION-REVENU MINIMUM D'ACTIVITÉ ET DE CONTRATS D'AVENIR

Art. R. 524-14 et R. 524-15 *Abrogés par Décr. n° 2009-404 du 15 avr. 2009.*

SOUS-SECTION 4 *[ABROGÉE]* ÉVALUATION DES ÉLÉMENTS DE TRAIN DE VIE

Art. R. 524-15-1 à R. 524-15-7 *Abrogés par Décr. n° 2009-404 du 15 avr. 2009.*

SECTION III *[ABROGÉE]* ATTRIBUTION, LIQUIDATION, VERSEMENT ET RÉVISION DE L'ALLOCATION ET DE LA PRIME FORFAITAIRE

Art. R. 524-16 à R. 524-24 *Abrogés par Décr. n° 2009-404 du 15 avr. 2009.*

TITRE TROISIÈME PRESTATION D'ACCUEIL DU JEUNE ENFANT

(Décr. n° 2003-1393 du 31 déc. 2003, art. 2)

CHAPITRE PREMIER DISPOSITIONS GÉNÉRALES

Les dispositions du Décr. n° 2003-1393 du 31 déc. 2003 entrent en vigueur à compter du 1er janv. 2004, dans les conditions prévues au VIII de l'art. 60 de la L. n° 2003-1199 du 18 déc. 2003 pour les enfants nés ou adoptés à compter du 1er janv. 2004 ainsi que pour les enfants nés avant cette date alors que leur date de naissance présumée était postérieure au 31 déc. 2003.

Les personnes qui ont perçu moins de cinq mensualités d'allocation pour jeune enfant au titre de la grossesse pour des mois antérieurs au 1er janv. 2004 bénéficient de la prime à la naissance dans le courant du mois de janvier 2004. Les mensualités d'allocation pour jeune enfant perçues à ce titre antérieurement au 1er janv. 2004 sont déduites du montant de la prime à la naissance.

Les personnes bénéficiaires de l'allocation pour jeune enfant, de l'allocation d'adoption, de l'allocation parentale d'éducation, de l'allocation de garde d'enfant à domicile ou de l'aide à la famille pour l'emploi d'une assistante maternelle agréée en vertu de la réglementation applicable antérieurement au 1er janv. 2004 pour un enfant né avant cette date continuent à percevoir ces allocations jusqu'à leur terme.

Les personnes qui bénéficient au 1er janv. 2004 des prestations mentionnées ci-dessus pour un enfant né avant cette date, et qui ont à compter du 1er janv. 2004 un nouvel enfant à charge du fait d'une naissance ou d'une adoption, ouvrent droit à la prestation d'accueil du jeune enfant pour l'ensemble des enfants à charge qui remplissent les conditions de cette prestation. Le droit à la prestation d'accueil du jeune enfant est dans ce cas ouvert le mois qui suit la naissance de l'enfant. Toutefois, en cas de bénéfice de l'allocation de garde d'enfant à domicile ou de l'aide à la famille pour l'emploi d'une assistante maternelle agréée, le droit au complément de libre choix du mode de garde est ouvert à compter du premier jour du mois qui suit le trimestre civil où intervient la naissance de l'enfant. Pour les personnes ayant bénéficié de l'allocation parentale d'éducation avant le 1er janv. 2004, le complément de libre choix d'activité est versé sans examen des conditions d'activité professionnelle antérieures.

A compter du 1er janv. 2007, l'ensemble des ménages et personnes bénéficient de la prestation d'accueil du jeune enfant dès lors qu'ils répondent à ses conditions de droit (L. n° 2003-1199 du 18 déc. 2003, art. 60-VIII).

Art. R. 531-1 *(Décr. n° 2018-331 du 3 mai 2018, art. 1er)* **« Pour l'attribution de la prime à la naissance ou à l'adoption prévue à l'article L. 531-2 et de l'allocation de base mentionnée à l'article L. 531-3, les ressources annuelles du ménage ou de la personne s'apprécient dans les conditions prévues à l'article R. 532-1.**

« Les plafonds annuels respectifs de ces prestations sont majorés dans les conditions définies aux deuxième et troisième alinéas de l'article R. 522-2.

« Ces plafonds ainsi que leur majoration respective mentionnée au dernier alinéa de l'article L. 531-2 et au premier alinéa de l'article L. 531-3 sont revalorisés au 1er janvier de chaque année conformément à l'évolution en moyenne annuelle des prix à la consommation hors tabac de l'année civile de référence, par arrêté du ministre chargé de la sécurité sociale. » — *Les dispositions de l'art. 1er du Décr. n° 2018-331 du 3 mai 2018 entrent en vigueur à compter du 1er avr. 2018 pour les enfants nés ou adoptés à compter de cette date et à compter du 1er avr. 2021 pour l'ensemble des autres enfants, dans les conditions prévues à l'art. 37 [V. cet art. ss. art. L. 531-2] de la L. n° 2017-1836 du 30 déc. 2017 (Décr. préc., art. 3-I).*

Pour l'ouverture des droits à la prime à la naissance ou à l'adoption, la situation de la famille est appréciée le premier jour du mois civil suivant le cinquième mois de la grossesse. Pour les enfants adoptés ou confiés en vue d'adoption, cette condition est appréciée le premier jour du mois de l'arrivée de l'enfant au foyer des adoptants.

V. Arr. du 21 déc. 2018 relatif au montant des plafonds de ressources de certaines prestations familiales et aux tranches du barème applicable au recouvrement des indus et à la saisie des prestations (JO 28 déc.).

Art. R. 531-2 L'activité professionnelle mentionnée au III de l'article L. 531-4 pouvant ouvrir droit *(Décr. n° 2014-1705 du 30 déc. 2014, art. 1er-4°)* « à la prestation partagée d'éducation de l'enfant » doit avoir été exercée pendant une période de référence égale :

1° Aux deux ans qui précèdent la naissance, l'adoption ou l'accueil de l'enfant, lorsque est assumée la charge d'un seul enfant ;

2° Aux quatre ans qui précèdent soit la naissance, l'adoption ou l'accueil de l'enfant portant à deux le nombre d'enfants à charge, soit la demande de *(Décr. n° 2014-1705 du 30 déc. 2014, art. 1er-4°)* « cette prestation » au titre du deuxième enfant à charge si elle est postérieure ;

3° Aux cinq ans qui précèdent soit la naissance, l'adoption ou l'accueil de l'enfant au titre duquel *(Décr. n° 2014-1705 du 30 déc. 2014, art. 1er-4°)* « la prestation » est demandée, soit la demande de *(Décr. n° 2014-1705 du 30 déc. 2014, art. 1er-4°)* « cette prestation » si elle est postérieure, lorsque est assumée la charge de trois enfants et plus.

Cette activité professionnelle doit être d'au moins huit trimestres, appréciés selon les modalités prévues au dernier alinéa de l'article R. 351-9 ou ayant donné lieu à affiliation au régime de l'assurance vieillesse des personnes non salariées.

Lorsqu'un décès a pour effet de réduire le nombre d'enfants à charge, le droit *(Décr. n° 2014-1705 du 30 déc. 2014, art. 1er-4°)* « à la prestation » est maintenu jusqu'à son terme, sans que la condition relative à l'activité professionnelle soit à réexaminer, sous réserve que les autres conditions d'ouverture du droit soient remplies.

Art. R. 531-3 La condition relative à la quotité de travail à temps partiel est appréciée le premier mois de la période de l'ouverture du droit ou du renouvellement du droit.

Art. R. 531-4 Lorsque le bénéficiaire *(Décr. n° 2014-1705 du 30 déc. 2014, art. 1er-5°)* « d'une prestation partagée d'éducation de l'enfant » à taux plein reprend une activité ou une formation rémunérée à temps partiel, *(Décr. n° 2014-1705 du 30 déc. 2014, art. 1er-5°)* « la prestation partagée d'éducation de l'enfant » à taux partiel est *(Décr. n° 2014-1705 du 30 déc. 2014, art. 1er-5°)* « due » à compter du premier jour du mois civil au cours duquel l'activité à temps partiel a été reprise ou la formation professionnelle commencée.

La durée minimale d'attribution *(Décr. n° 2014-1705 du 30 déc. 2014, art. 1er-5°)* « d'une prestation partagée d'éducation de l'enfant » à taux partiel à un même taux est fixée à six mensualités. Toutefois, en cas de cessation de l'activité professionnelle ou de la formation rémunérée à temps partiel, *(Décr. n° 2014-1705 du 30 déc. 2014, art. 1er-5°)* « la prestation partagée d'éducation de l'enfant » à taux plein est *(Décr. n° 2014-1705 du 30 déc. 2014, art. 1er-5°)* « attribuée » à compter du premier jour du mois civil suivant celui au cours duquel est intervenue la cessation de l'activité ou de la formation.

Il résulte des art. D. 531-13, L. 531-4 et R. 531-4 CSS que le droit au complément de libre choix d'activité à temps partiel est ouvert au salarié ayant bénéficié d'un congé maternité suivi d'un congé maladie, le mois de l'arrêt du versement des indemnités journalières pour une durée maximale de six mois. Ces dispositions n'interdisent pas le différé d'une activité à temps partiel. • Civ. 2e, 14 févr. 2007 : *RJS 2007, n° 668 ; JCP S 2007, n° 1431, obs. Asquinazi-Bailleux.*

Art. R. 531-5 *(Décr. n° 2014-421 du 24 avr. 2014, art. 2)* La condition d'activité professionnelle prévue au cinquième alinéa de l'article L. 531-5 est appréciée, à l'ouverture du droit, le mois précédant celle-ci ou, si les conditions ne sont pas remplies au cours de ce mois, le mois d'ouverture du droit.

Art. R. 531-6 Les dispositions du dernier alinéa du I de l'article L. 531-5 sont applicables aux personnes bénéficiaires *(Décr. n° 2009-404 du 15 avr. 2009, art. 4)* « du revenu de solidarité active *(Abrogé par Décr. n° 2015-1709 du 21 déc. 2015, art. 3-II-1°, à compter du 1er janv. 2016)* « *dès lors que les ressources du foyer sont inférieures au montant forfaitaire applicable mentionné au 2° de l'article L. 262-2 ou à l'article L. 262-9 du code de l'action sociale et des familles et* » qui :

1° Sont titulaires d'un contrat de travail ;

2° Sont titulaires *(Décr. n° 2009-404 du 15 avr. 2009, art. 4)* « de l'un des contrats mentionnés aux articles L. 262-35 ou L. 262-36 du code de l'action sociale et des familles ou du projet personnalisé d'accès à l'emploi mentionné à l'article L. 5411-6-1 du code du travail » ;

3° Sont inscrites comme demandeur d'emploi auprès de *(Décr. n° 2009-404 du 15 avr. 2009, art. 4)* « Pôle emploi » ;

4° Suivent une formation professionnelle prévue au livre IX *[Partie VI nouv.]* du code du travail.

Lorsque le droit au complément de libre choix du mode de garde est ouvert en application des sixième à neuvième alinéas du I de l'article L. 531-5, les conditions prévues par ces alinéas sont présumées remplies pour une période de douze mois à compter de l'ouverture du droit. Elles sont appréciées, à l'ouverture du droit et à son renouvellement, le mois précédant l'ouverture ou le renouvellement du droit ou, si les conditions ne sont pas remplies au cours de ce mois, le mois d'ouverture ou de renouvellement du droit.

CHAPITRE II DISPOSITIONS RELATIVES AUX RESSOURCES

Art. R. 532-1 Pour l'ouverture du droit *(Décr. n° 2014-421 du 24 avr. 2014, art. 3)* « à la prime et à l'allocation prévues » aux articles L. 531-2 et L. 531-3, *(Abrogé par Décr. n° 2014-421 du 24 avr. 2014, art. 3) « et au III de l'article L. 531-5 »* la condition de ressources est appréciée pour chaque période de douze mois débutant *(Décr. n° 2008-604 du 26 juin 2008)* « le 1er janvier », en fonction des revenus de l'*(Décr. n° 2008-604 du 26 juin 2008)* « année civile de référence » tels que définis aux articles R. 532-3 à R. 532-8.

Toutefois, en cas de modification de la situation de famille en cours de période de paiement, cette condition est appréciée au premier jour du mois civil au cours duquel est intervenue la modification s'il y a diminution du nombre des enfants à charge, au premier jour du mois civil suivant si ce nombre a augmenté.

Art. R. 532-2 Il est procédé, dans les conditions prévues à l'article R. 532-1, à une appréciation spécifique des ressources perçues au cours de l'*(Décr. n° 2008-604 du 26 juin 2008)* « année civile de référence » en cas de modification de la situation familiale ou professionnelle pendant la période de paiement, due notamment au chômage, à l'invalidité, à l'admission à la retraite ou à l'exercice d'une première activité professionnelle en France.

Art. R. 532-3 *(Décr. n° 2008-604 du 26 juin 2008)* « Les ressources retenues sont celles perçues pendant l'année civile de référence. L'année civile de référence est l'avant-dernière année précédant la période de paiement. »

(Décr. n° 89-999 du 22 déc. 1989, art. 1er ; Décr. n° 2003-1393 du 31 déc. 2003, art. 3-IV) « Sous réserve des dispositions des articles R. 532-4 à R. 532-8 » et des alinéas suivants du présent article, les ressources prises en considération s'entendent du total des revenus nets catégoriels retenus pour l'établissement de l'impôt sur le revenu d'après le barème *(Décr. n° 90-499 du 21 juin 1990, art. 5)* « des revenus taxés à un taux proportionnel ou soumis à un prélèvement libératoire de l'impôt sur le revenu, ainsi que les revenus perçus hors de France ou versés par une organisation internationale », à l'exclusion des revenus des enfants ayant fait l'objet d'une imposition commune et après :

a) La déduction au titre des créances alimentaires mentionnée au 2° du II de l'article 156 du code général des impôts *(Décr. n° 2007-108 du 10 juill. 2007)* « et majorées dans les conditions prévues au 7 de l'article 158 du code général des impôts » ;

b) L'abattement mentionné à l'article 157 *bis* du code général des impôts en faveur des personnes âgées ou invalides ;

(Décr. n° 2004-710 du 15 juill. 2004, art. 1er-II) « Sont également prises en considération :

(Décr. n° 2007-1080 du 10 juill. 2007) « 1° Après application de la déduction correspondant à celle visée au deuxième alinéa du 3° de l'article 83 du code général des impôts, l'indemnité journalière mentionnée au 2° de l'article L. 431-1 ».

(Décr. n° 2008-604 du 26 juin 2008) « 2° Les rémunérations mentionnées à l'article 81 *quater* du code général des impôts » ;

(Abrogé par Décr. n° 2009-976 du 20 août 2009, art. 1er) (Décr. n° 88-1111 du 12 déc. 1988, art. 38) ***« Est toutefois exclue du décompte des ressources l'allocation de revenu minimum d'insertion mentionnée à »*** *(Décr. n° 2003-1393 du 31 déc. 2003, art. 3-IV)* ***« l'article L. 262-3 du code de l'action sociale et des familles ».***

Sont *(Abrogé par Décr. n° 2009-976 du 20 août 2009, art. 1er)* ***« également »*** exclus du décompte des ressources les arrérages des rentes viagères constituées en faveur d'une personne handicapée et mentionnées à l'article 199 *septies* (2°) du code général des impôts. *(Abrogé par Décr. n° 2009-976 du 20 août 2009, art. 1er) (Décr. n° 2005-1053 du 29 août 2005, art. 3-III)* ***« Il en est de même pour la prime de retour à l'emploi. »***

Il est fait abstraction des déductions opérées en vertu de l'article 156 I du code général des impôts au titre des reports des déficits constatés au cours d'une année antérieure à celle qui est prise en considération.

Lorsque les ressources de l'année de référence de l'allocataire ou de son conjoint ou concubin ne proviennent pas d'une activité salariée et que ces ressources ne sont pas connues au moment de la demande ou du réexamen des droits, il est tenu compte des dernières ressources connues et déterminées dans les conditions prévues aux alinéas précédents. Ces ressources sont revalorisées par application du taux d'évolution en moyenne annuelle de l'indice général des prix à la consommation des ménages pour l'année civile de référence figurant dans le rapport économique et financier annexé au projet de loi de finances.

En cas de concubinage, il est tenu compte du total des ressources perçues par chacun des concubins durant l'année de référence ; ces ressources sont déterminées dans les conditions prévues aux alinéas précédents.

Art. R. 532-4 Il n'est pas tenu compte des revenus d'activité professionnelle ni des indemnités de chômage perçus pendant l'année civile de référence par le conjoint ou concubin :

1° Soit cessant toute activité professionnelle pour se consacrer à un enfant de moins de trois ans ou à plusieurs enfants ;

(Décr. n° 2004-710 du 15 juill. 2004, art. 2-II) « 2° » Soit détenu, à moins que l'intéressé ne soit placé sous le régime de semi-liberté. — *Les dispositions du Décr. n° 2004-710 du 15 juill. 2004 sont applicables aux prestations dues à compter du 1er août 2004 (Décr. préc., art. 4).*

En cas de décès de l'un des conjoints ou concubins, il n'est pas tenu compte des ressources perçues par lui avant le décès.

(Décr. n° 88-568 du 4 mai 1988, art. 2) « En cas de divorce, de séparation légale ou de fait ou de cessation de la vie commune des concubins, il n'est tenu compte que des ressources perçues au cours de l'année civile de référence par le conjoint ou concubin conservant la charge du ou des enfants ; ces ressources sont déterminées » *(Décr. n° 2003-1393 du 31 déc. 2003, art. 3-V)* « dans les conditions prévues à l'article R. 532-3 ».

Les dispositions du présent article sont applicables à compter du premier jour du mois civil suivant celui au cours duquel intervient le changement de situation et jusqu'au dernier jour du mois civil précédant celui au cours duquel prend fin la situation considérée.

Art. R. 532-5 Lorsque la personne ou l'un des conjoints ou concubins cesse toute activité professionnelle et est admis au bénéfice d'une pension de retraite ou d'invalidité ou d'une rente d'accident du travail ou se voit reconnaître un droit à prestation en application des dispositions du titre II du livre VIII du présent code, il est procédé, à compter du premier jour du mois civil suivant celui au cours duquel est intervenu le changement de situation, à un abattement de 30 % sur les revenus d'activité professionnelle et les indemnités de chômage perçus par l'intéressé au cours de l'année civile de référence.

Cette mesure est applicable jusqu'à la fin de la période de paiement en cours et, éventuellement, jusqu'à la fin de la période suivante si le changement de situation se situe au cours du second semestre d'une période.

Art. R. 532-6 *(Décr. nº 90-499 du 21 juin 1990, art. 1er)* Lorsque la personne ou l'un des conjoints ou concubins justifie d'une interruption de travail supérieure à six mois dans les conditions mentionnées à l'article R. 324-1 du code de la sécurité sociale, il est procédé, à compter du premier jour du mois civil suivant celui au cours duquel est intervenu le changement de situation, à un abattement de 30 % sur les revenus d'activité professionnelle et les indemnités de chômage perçus par l'intéressé au cours de l'année civile de référence.

Cette mesure est applicable jusqu'au dernier jour du mois civil précédant celui au cours duquel la situation considérée prend fin.

Art. R. 532-7 *(Décr. nº 93-691 du 27 mars 1993, art. 1er ; Décr. nº 2000-749 du 1er août 2000, art. 1er ; Décr. nº 2009-976 du 20 août 2009, art. 2)* Lorsque, depuis deux mois consécutifs, la personne ou l'un des conjoints ou concubins se trouve en chômage total et perçoit l'allocation d'assurance prévue à l'article L. 5422-1 du code du travail ou se trouve en chômage partiel et perçoit l'allocation spécifique prévue à l'article L. 5122-1 du code du travail, les revenus d'activité professionnelle perçus par l'intéressé pendant l'année civile de référence sont affectés d'un abattement de 30 %.

(Décr. nº 92-662 du 13 juill. 1992, art. 1er ; Décr. nº 2009-976 du 20 août 2009, art. 2) « La rémunération perçue par les personnes relevant des conventions conclues en application de l'article L. 1233-68 du code du travail est assimilée, pendant la durée de la formation et pour l'application des dispositions de l'alinéa précédent, à l'allocation de chômage à laquelle elle s'est substituée lors de l'entrée en formation. »

Cette mesure s'applique à compter *(Décr. nº 2004-710 du 15 juill. 2004, art. 3)* « du premier jour du deuxième mois civil » suivant celui au cours duquel est intervenu le changement de situation et *(Décr. nº 2000-749 du 1er août 2000, art. 1er)* « jusqu'au dernier jour du mois civil précédant celui au cours duquel l'intéressé reprend une activité professionnelle lui faisant perdre le bénéfice des allocations ou rémunération prévues aux alinéas précédents. » – *Les dispositions du Décr. nº 2004-710 du 15 juill. 2004 sont applicables aux prestations dues à compter du 1er août 2004 (Décr. préc., art. 4).*

(Décr. nº 93-691 du 27 mars 1993, art. 1er ; Décr. nº 2000-749 du 1er août 2000, art. 1er ; Décr. nº 2009-976 du 20 août 2009, art. 2) « Lorsque la personne ou l'un des conjoints ou concubins, en chômage total depuis au moins deux mois consécutifs, ne bénéficie pas ou ne bénéficie plus d'une indemnisation dans les conditions fixées au premier alinéa ci-dessus, ou si l'indemnisation a atteint le montant minimum prévu par l'accord mentionné à l'article L. 5422-20 du code du travail, après application du taux dégressif prévu à l'article L. 5422-3 du même code, il n'est pas tenu compte des revenus d'activité professionnelle ni des indemnités de chômage perçus par l'intéressé durant l'année civile de référence. Les droits sont examinés sur cette nouvelle base à compter du premier jour du mois civil suivant celui au cours duquel sont intervenus le changement de situation, la cessation du versement ou la diminution du montant de l'allocation d'assurance, *(Décr. nº 2017-826 du 5 mai 2017, art. 3-II, en vigueur le 1er sept. 2017)* « ou l'admission à l'allocation de solidarité spécifique prévue aux articles L. 5423-1 à L. 5423-3 du code du travail » et jusqu'au dernier jour du mois civil précédant celui au cours duquel l'intéressé reprend une activité professionnelle lui faisant perdre le bénéfice desdites allocations. »

(Décr. nº 2009-976 du 20 août 2009, art. 2) « Lorsque la personne ou l'un des conjoints ou concubins perçoit le revenu de solidarité active mentionné à l'article L. 262-2 du code de l'action sociale et des familles *(Abrogé par Décr. nº 2015-1709 du 21 déc. 2015, art. 3-II-2º, à compter du 1er janv. 2016)* ***« et que les ressources du foyer entendues au sens de l'article L. 262-3 du même code n'excèdent pas le montant forfaitaire mentionné au 2º de l'article L. 262-2 de ce code »***, il n'est tenu compte ni des revenus d'activité professionnelle ni des indemnités de chômage perçus par l'intéressé durant l'année civile de référence. Les droits sont examinés sur cette nouvelle base à compter du premier jour du mois civil suivant celui au cours duquel ces conditions sont réunies et jusqu'au dernier jour du mois civil au cours duquel ces conditions cessent d'être réunies. »

(Abrogé par Décr. n° 2009-976 du 20 août 2009, art. 2) (Décr. n° 93-691 du 27 mars 1993, art. 1er) ***« Lorsque la personne ou l'un des conjoints ou concubins a conclu un contrat emploi-solidarité mentionné à l'article L. 322-4-7*** *[L. 5134-20 s. et R. 5134-4 nouv.]* ***du code du travail, et qu'il ne lui est plus fait application d'une des dispositions spécifiques de prise en compte des ressources au titre des alinéas précédents, le bénéfice de ces dispositions lui est maintenu pendant six mois. »***

Les dispositions issues du Décr. n° 2009-976 du 20 août 2009 sont applicables au calcul des prestations versées à compter du mois de juillet 2009 (Décr. préc., art. 7-II).

Art. R. 532-8 *(Décr. n° 97-83 du 30 janv. 1997, art. 3 ; Décr. n° 2009-976 du 20 août 2009, art. 3)* **I. — Il est procédé à une évaluation forfaitaire des ressources de la personne et de son conjoint ou concubin lorsque les conditions ci-après sont réunies :**

1° D'une part :

— soit, à l'ouverture du droit, lorsque le total des ressources de la personne et de son conjoint ou concubin perçu au cours de l'année civile de référence et apprécié selon les dispositions de l'article R. 532-3 est au plus égal à 1 015 fois le salaire minimum de croissance horaire en vigueur au 31 décembre de cette année ;

— soit, à l'occasion du premier renouvellement du droit, lorsque les ressources lors de l'ouverture du droit ont déjà fait l'objet d'une évaluation forfaitaire ;

— soit, à l'occasion du renouvellement du droit autre que le premier, lorsqu'au cours de l'année civile de référence ni le bénéficiaire, ni son conjoint, ni son concubin n'a disposé de ressources appréciées selon les dispositions de l'article R. 532-3 ;

2° D'autre part, le bénéficiaire, son conjoint ou son concubin perçoit une rémunération.

Ces dispositions ne sont pas applicables aux personnes qui perçoivent le revenu de solidarité active mentionné *(Décr. n° 2015-1709 du 21 déc. 2015, art. 3-II-3°, en vigueur le 1er janv. 2016)* **« à » l'article L. 262-2 du code de l'action sociale et des familles** *(Abrogé par Décr. n° 2015-1709 du 21 déc. 2015, art. 3-II-3°, à compter du 1er janv. 2016)* ***« sans que les ressources du foyer entendues au sens de l'article L. 262-3 du même code excèdent le montant forfaitaire du revenu de solidarité active ».*** **Elles ne sont pas non plus applicables aux personnes qui perçoivent l'allocation mentionnée à l'article L. 821-1 du présent code.**

La condition relative à l'existence d'une activité professionnelle rémunérée ou, à la perception *(Décr. n° 2009-976 du 20 août 2009, art. 3)* **« du revenu de solidarité active mentionné à l'article L. 262-2 du code de l'action sociale et des familles** *(Abrogé par Décr. n° 2015-1709 du 21 déc. 2015, art. 3-II-3°, à compter du 1er janv. 2016)* ***« et au niveau de ressources du foyer au sens de l'article L. 262-3 du même code »*** **» ou à celle de l'allocation mentionnée à l'article L. 821-1 du présent code est appréciée au cours du mois civil précédant l'ouverture du droit ou du mois de** *(Décr. n° 2008-604 du 26 juin 2008)* **« novembre » précédant le renouvellement du droit.**

II. — L'évaluation forfaitaire correspond :

***a)* S'il s'agit d'une personne exerçant une activité salariée à douze fois la rémunération mensuelle perçue par l'intéressé le mois civil précédant l'ouverture du droit ou le mois de** *(Décr. n° 2008-604 du 26 juin 2008)* **« novembre » précédant le renouvellement du droit, affectée** *(Décr. n° 2007-1080 du 10 juill. 2007)* **« de la déduction prévue au deuxième alinéa du 3° de l'article 83 du code général des impôts » ;**

***b)* S'il s'agit d'une personne exerçant une activité professionnelle non salariée à** *(Décr. n° 2007-1080 du 10 juill. 2007)* **« 1 500 » fois le salaire minimum de croissance horaire en vigueur au** *(Décr. n° 2008-604 du 26 juin 2008)* **« 1er juillet » qui précède l'ouverture ou le renouvellement du droit.**

Le montant des ressources ainsi déterminé est affecté *(Décr. n° 2007-1080 du 10 juill. 2007)* **« de la déduction et de l'abattement prévus aux *a* et *b* de l'article R. 532-3 ».**

(Décr. n° 2008-604 du 26 juin 2008) **« III. — Les dispositions des I et II du présent article ne sont pas applicables :**

« 1° Au bénéficiaire isolé âgé de moins de vingt-cinq ans, s'il exerce une activité professionnelle non salariée ou, s'il est salarié, s'il perçoit un salaire mensuel net fiscal inférieur à un montant fixé par arrêté interministériel des ministres en charge de la sécurité sociale, du logement, du budget et de l'agriculture ; *— V. Arr. du 29 déc. 2014 (JO 31 déc.).*

« 2° Au couple dont l'un au moins des membres est âgé de moins de vingt-cinq ans et exerce une activité professionnelle et si aucun des deux membres du couple n'est salarié ou, dans le cas contraire, si le salaire ou l'addition des deux salaires mensuels nets fiscaux est inférieur à un montant fixé par l'arrêté visé à l'alinéa précédent.

« Les salaires mensuels visés aux deux alinéas précédents sont ceux du mois civil précédant l'ouverture du droit ou du mois de novembre précédant le renouvellement du droit. »

(Décr. n° 2009-976 du 20 août 2009, art. 3) « Les montants mentionnés aux 1° et 2° du III sont revalorisés au 1er janvier de chaque année, conformément à l'évolution en moyenne annuelle de l'indice général des prix à la consommation des ménages hors tabac pour l'année civile précédente figurant dans le rapport économique, social et financier annexé au projet de loi de finances. »

(Décr. n° 2008-604 du 26 juin 2008) « La condition d'âge, visée aux deuxième et troisième alinéas, est appréciée le premier jour du mois de l'ouverture du droit ou le 1er janvier lors du renouvellement du droit.

« La condition relative à l'existence d'une activité professionnelle rémunérée visée aux 1° et 2° est appréciée au cours du mois civil précédant l'ouverture du droit ou du mois de novembre précédant le renouvellement du droit. »

L'évaluation forfaitaire instituée par l'art. R. 532-8 n'est appliquée qu'à certains des foyers susceptibles d'avoir connu une modification de leurs revenus depuis l'année de référence, alors même qu'elle leur attribue fictivement des ressources forfaitairement évaluées, sans leur ouvrir aucune possibilité de faire valoir et d'établir qu'ils ont disposé de revenus professionnels inférieurs à ceux qui résultent de l'évaluation forfaitaire. Ces dispositions peuvent ainsi conduire à ce que des foyers disposant de ressources identiques et inférieures au plafond au moment où le droit est ouvert soient traités de façon différente, certains d'entre eux, soumis à l'évaluation forfaitaire de leurs revenus, se trouvant privés du bénéfice de l'allocation de rentrée scolaire. Par suite, les dispositions de l'art. R. 532-8 introduisent une différence de traitement sans rapport avec l'objet de la norme qui l'établit et portent ainsi atteinte au principe d'égalité devant la loi. • CE, 1re et 4e ch. réunies, 26 déc. 2018, n° 420104 B.

TITRE QUATRIÈME PRESTATIONS À AFFECTATION SPÉCIALE

CHAPITRE PREMIER ALLOCATION D'ÉDUCATION DE L'ENFANT HANDICAPÉ *(Décr. n° 2005-1588 du 19 déc. 2005, art. 2)*.

Les dispositions de ce chapitre sont applicables à Saint-Pierre-et-Miquelon (Décr. n° 91-254 du 5 mars 1991, JO 7 mars).

Art. R. 541-1 Pour l'application du premier alinéa de l'article L. 541-1, le pourcentage d'incapacité permanente que doit présenter l'enfant handicapé pour ouvrir droit à l'*(Décr. n° 2005-1588 du 19 déc. 2005, art. 2)* « allocation d'éducation de l'enfant handicapé » doit être au moins égal à 80 %.

(Décr. n° 93-1216 du 4 nov. 1993, art. 3) « Le taux d'incapacité est apprécié suivant le guide-barème annexé au décret n° 93-1216 du 4 novembre 1993 *(JO 6 nov.)* relatif au guide-barème applicable pour l'attribution de diverses prestations aux personnes handicapées et modifiant le code de la famille et de l'aide sociale, le code de la sécurité sociale (deuxième partie : Décrets en Conseil d'État) et le décret n° 77-1549 du 31 décembre 1977. »

Pour l'application du troisième alinéa de l'article L. 541-1, le pourcentage d'incapacité permanente de l'enfant doit être au moins égal à 50 %.

La prise en charge de l'enfant par un *(Décr. n° 2005-1588 du 19 déc. 2005, art. 2)* « service mentionné au 2° du I de l'article L. 312-1 du code de l'action sociale et des familles » ou de soins à domicile au sens de l'article L. 541-1 précité est celle qui est accordée soit au titre de l'assurance maladie, soit par l'État, soit par l'aide sociale sur décision de la commission des droits et de l'autonomie des personnes handicapées prévue à l'article 6 de la loi n° 75-534 du 30 juin 1975.

L'*(Décr. n° 2005-1588 du 19 déc. 2005, art. 2)* « allocation d'éducation de l'enfant handicapé » due au titre des périodes mentionnées au quatrième alinéa de l'article L. 541-1 et, le cas échéant, son complément sont versés annuellement et en une seule fois. — *V. art. D. 541-1 et D. 541-2.*

Art. R. 541-2 *(Décr. n° 2002-422 du 29 mars 2002)* Pour la détermination du montant du complément d'*(Décr. n° 2005-1588 du 19 déc. 2005, art. 2)* « allocation d'éducation de l'enfant handicapé », l'enfant handicapé est classé, par la *(Décr. n° 2005-1588 du 19 déc. 2005, art. 2)* « commission des droits et de l'autonomie des personnes handicapées », au moyen d'un guide d'évaluation défini par arrêté, dans une des six catégories prévues ci-dessous. L'importance du recours à une tierce personne prévu à l'article L. 541-1 est appréciée par la *(Décr. n° 2005-1588 du 19 déc. 2005, art. 2)* « commission des droits et de l'autonomie des personnes handicapées » au regard de la nature ou de la gravité du handicap de l'enfant en prenant en compte, sur justificatifs produits par les intéressés, la réduction d'activité professionnelle d'un ou des parents ou sa cessation ou la renonciation à exercer une telle activité et la durée du recours à une tierce personne rémunérée :

1° Est classé dans la 1re catégorie l'enfant dont le handicap entraîne, par sa nature ou sa gravité, des dépenses égales ou supérieures à un montant fixé par arrêté conjoint des ministres chargés de la sécurité sociale, du budget et de l'agriculture ;

2° Est classé dans la 2e catégorie l'enfant dont le handicap contraint l'un des parents à exercer une activité professionnelle à temps partiel réduite d'au moins 20 % par rapport à une activité à temps plein ou exige le recours à une tierce personne rémunérée pendant une durée au moins équivalente à huit heures par semaine ou entraîne des dépenses égales ou supérieures à un montant fixé par arrêté conjoint des ministres chargés de la sécurité sociale, du budget et de l'agriculture ;

3° Est classé dans la 3e catégorie l'enfant dont le handicap, soit :

a) Contraint l'un des parents à exercer une activité professionnelle à temps partiel réduite d'au moins 50 % par rapport à une activité à temps plein ou l'oblige à recourir à une tierce personne rémunérée pendant une durée au moins équivalente à vingt heures par semaine ;

b) Contraint l'un des parents à exercer une activité professionnelle à temps partiel réduite d'au moins 20 % par rapport à une activité à temps plein ou exige le recours à une tierce personne rémunérée pendant une durée au moins équivalente à huit heures par semaine et entraîne d'autres dépenses égales ou supérieures à un montant fixé par arrêté conjoint des ministres chargés de la sécurité sociale, du budget et de l'agriculture ;

c) Entraîne, par sa nature ou sa gravité, des dépenses égales ou supérieures à un montant fixé par arrêté conjoint des ministres chargés de la sécurité sociale, du budget et de l'agriculture ;

4° Est classé dans la 4e catégorie l'enfant dont le handicap, soit :

a) Contraint l'un des parents à n'exercer aucune activité professionnelle ou exige le recours à une tierce personne rémunérée à temps plein ;

b) D'une part, contraint l'un des parents à exercer une activité professionnelle à temps partiel réduite d'au moins 50 % par rapport à une activité à temps plein ou exige le recours à une tierce personne rémunérée pendant une durée au moins équivalente à vingt heures par semaine et, d'autre part, entraîne des dépenses égales ou supérieures à un montant fixé par arrêté conjoint des ministres chargés de la sécurité sociale, du budget et de l'agriculture ;

c) D'une part, contraint l'un des parents à exercer une activité professionnelle à temps partiel réduite d'au moins 20 % par rapport à une activité à temps plein ou exige le recours à une tierce personne rémunérée pendant une durée au moins équivalente à huit heures par semaine et, d'autre part, entraîne des dépenses égales ou supérieures à un montant fixé par arrêté conjoint des ministres chargés de la sécurité sociale, du budget et de l'agriculture ;

d) Entraîne, par sa nature ou sa gravité, des dépenses égales ou supérieures à un montant fixé par arrêté conjoint des ministres chargés de la sécurité sociale, du budget et de l'agriculture ;

5° Est classé dans la 5e catégorie l'enfant dont le handicap contraint l'un des parents à n'exercer aucune activité professionnelle ou à recourir à une tierce personne rémunérée à temps plein et entraîne des dépenses égales ou supérieures à un montant fixé par arrêté conjoint des ministres chargés de la sécurité sociale, du budget et de l'agriculture ;

6° Est classé en 6e catégorie l'enfant dont le handicap, d'une part, contraint l'un des parents à n'exercer aucune activité professionnelle ou exige le recours à une tierce personne rémunérée à temps plein et, d'autre part, dont l'état impose des contraintes permanentes de surveillance et de soins à la charge de la famille ; en cas notamment de prise en charge de l'enfant en externat ou en semi-internat par un établissement d'éducation spéciale, la permanence des contraintes de surveillance et de soins à la charge de la famille est définie par arrêté, en tenant compte des sujétions qui pèsent sur la famille en dehors des heures passées par l'enfant en établissement.

Pour l'application du présent article, l'activité à temps plein doit être entendue comme l'activité exercée conformément à la durée légale ou à la durée équivalente du travail.

Les dispositions du présent décret sont applicables à compter du 1er avr. 2002 (Décr. no 2002-422 du 29 mars 2002).

Le montant des dépenses ouvrant droit aux différentes catégories de compléments de l'allocation d'éducation spéciale est fixé par Arr. du 29 mars 2002 (JO 30 mars).

Art. R. 541-3 *(Décr. no 2005-1588 du 19 déc. 2005, art. 2)* « La demande d'allocation d'éducation de l'enfant handicapé, de son complément et de la majoration mentionnés aux articles L. 541-1 et L. 541-4, est adressée à la maison départementale des personnes handicapées *(Décr. no 2012-1414 du 18 déc. 2012, art. 7-2o)* « compétente dans les conditions prévues à l'article L. 146-3 du code de l'action sociale et des familles ».

« Cette demande est accompagnée de toutes les pièces justificatives utiles à l'appréciation des droits de l'intéressé. »

1° D'un certificat médical détaillé sous pli fermé précisant la nature particulière de l'infirmité, le type de soins ou, le cas échéant, les mesures d'éducation nécessaires à l'enfant et mentionnant éventuellement l'avis du médecin sur l'aide nécessaire pour l'accomplissement des actes ordinaires de la vie lorsqu'elle doit lui être apportée par une tierce personne ;

2° D'une déclaration du demandeur attestant :

a. que l'enfant est admis ou n'est pas admis dans un *(Décr. no 2005-1588 du 19 déc. 2005, art. 2)* « établissement mentionné au 2° du I de l'article L. 312-1 du code de l'action sociale et des familles » en précisant le cas échéant s'il est placé en internat ;

b. que l'enfant bénéficie ou ne bénéficie pas de soins médicaux ou rééducatifs se rapportant à son invalidité, soit dans un établissement d'hospitalisation, soit à domicile.

La déclaration précise si les frais de séjour et de soins sont pris en charge intégralement ou partiellement au titre de l'assurance maladie ou par l'État ou par l'aide sociale. Le modèle de la déclaration est fixé par arrêté du ministre chargé de la sécurité sociale, du ministre chargé de l'agriculture et du ministre chargé de la santé.

(Décr. no 2018-1222 du 24 déc. 2018, art. 2, en vigueur le 1er janv. 2019) « Suite à la décision favorable de la commission mentionnée à l'article L. 146-9 du code de l'action sociale et des familles, la maison départementale des personnes handicapées transmet, sans délai, les données du dossier de demande nécessaire à la mise en œuvre de la décision de la commission à l'organisme débiteur en vue de l'examen des conditions relevant de la compétence de celui-ci. »

Il appartient à la personne qui assume la charge d'un enfant handicapé de demander le bénéfice de l'allocation d'éducation spéciale ; les juges doivent, pour déterminer l'étendue des droits de celle-ci, se fonder sur la date de sa demande et non sur celle, fût-elle antérieure, d'une tierce personne. • Civ. 2e, 10 juin 2003, no 02-30.545 P.

Art. R. 541-4 *(Décr. no 2018-1294 du 27 déc. 2018, art. 1er)* « I. — Lorsque le taux d'incapacité permanente de l'enfant fixé par la commission des droits et de l'autonomie des personnes handicapées est au moins égal à 80 %, l'allocation d'éducation de l'enfant handicapé est due :

« 1° Jusqu'au dernier jour du mois civil qui précède l'ouverture du droit à l'allocation aux adultes handicapés lorsque cette prestation lui succède ;

« 2° Jusqu'au dernier jour du mois civil qui précède celui au cours duquel les conditions d'ouverture du droit cessent d'être réunies lorsque l'enfant n'ouvre pas droit à l'allocation aux adultes handicapés.

« La commission fixe, le cas échéant, la période d'attribution du complément d'allocation pour une durée au moins égale à trois ans et au plus égale à cinq ans.

« Par dérogation aux dispositions des deuxième et troisième alinéas, en cas de perspective d'amélioration de l'état de l'enfant expressément mentionnée par le certificat médical prévu au 1° de l'article R. 541-3 du présent code, et sur proposition de l'équipe pluridisciplinaire mentionnée à l'article L. 146-8 du code de l'action sociale et des familles, la commission fixe, lors de l'attribution initiale ou le cas échéant du renouvellement, la période d'attribution de l'allocation d'éducation de l'enfant handicapé selon les modalités définies au quatrième alinéa.

« II. — Lorsque le taux d'incapacité permanente de l'enfant est au moins égal à 50 % et inférieur à 80 %, la commission fixe la période d'attribution de l'allocation d'éducation de l'enfant handicapé et, le cas échéant, de son complément, pour une durée au moins égale à deux ans et au plus égale à cinq ans.

« III. — Avant la fin de la période fixée en application des alinéas ci-dessus, et à tout moment, les droits à l'allocation d'éducation de l'enfant handicapé et, le cas échéant, à un complément peuvent être révisés, en cas de modification de l'incapacité de l'enfant ou des conditions prévues pour les différentes catégories, à la demande du bénéficiaire ou de l'organisme débiteur des prestations familiales.

« Lorsqu'elle a connaissance d'une amélioration ou d'une aggravation notable de la situation de handicap de l'enfant à l'occasion du réexamen des compléments, l'équipe pluridisciplinaire réévalue le taux d'incapacité et la commission réexamine les droits à l'allocation d'éducation de l'enfant handicapé et, le cas échéant, à un complément.

« IV. — Pour l'attribution éventuelle du complément, la commission classe l'enfant dans l'une des six catégories mentionnées à l'article R. 541-2. »

En cas de changement d'organisme ou de service débiteur de *(Décr. nº 2005-1588 du 19 déc. 2005, art. 2)* « l'allocation d'éducation de l'enfant handicapé » ou en cas de changement d'allocataire, la décision de la commission territorialement compétente en premier lieu s'impose sans qu'il soit nécessaire de renouveler la procédure.

(Décr. nº 2002-422 du 29 mars 2002) « L'organisme débiteur des prestations familiales peut contrôler l'effectivité du recours à une tierce personne *(Décr. nº 2018-1294 du 27 déc. 2018, art. 1er)* « ou de la réduction ou cessation de l'activité professionnelle d'un ou des parents ou de la renonciation à exercer une telle activité ». S'il constate que ce recours n'est pas effectif dans les conditions prévues pour les différentes catégories, il saisit la *(Décr. nº 2005-1588 du 19 déc. 2005, art. 4)* « commission des droits et de l'autonomie des personnes handicapées ». Celle-ci réexamine le droit au complément *(Décr. nº 2018-1294 du 27 déc. 2018, art. 1er)* « d'allocation d'éducation de l'enfant handicapé » à partir du moment où l'organisme prestataire a constaté que les conditions *(Décr. nº 2018-1294 du 27 déc. 2018, art. 1er)* « liées à l'activité professionnelle ou » en matière de recours à la tierce personne ne sont plus remplies. Dans l'attente de la décision de la *(Décr. nº 2005-1588 du 19 déc. 2005, art. 4)* « commission des droits et de l'autonomie des personnes handicapées », l'organisme débiteur des prestations familiales verse, à titre d'avance, le complément correspondant à la situation constatée. La *(Décr. nº 2005-1588 du 19 déc. 2005, art. 4)* « commission des droits et de l'autonomie des personnes handicapées » statue en urgence sur ces affaires, dans un délai fixé par arrêté conjoint du ministre chargé de la sécurité sociale et du ministre de l'éducation nationale. »

Le Décr. nº 2018-1294 du 27 déc. 2018 entre en vigueur le 1er janv. 2019 pour les demandes déposées à compter de cette date. Les personnes qui, au 1er janv. 2019, sont bénéficiaires de l'allocation d'éducation de l'enfant handicapé et le cas échéant de son complément continuent à percevoir lesdites prestations jusqu'à l'échéance prévue par la décision de la commission des droits et de l'autonomie des personnes handicapées, sous réserve qu'elles continuent de satisfaire aux conditions prévues pour leur attribution (Décr. préc., art. 2).

Art. R. 541-5 Lorsque la *(Décr. nº 2005-1588 du 19 déc. 2005, art. 4)* « commission des droits et de l'autonomie des personnes handicapées » a préconisé des mesures particulières d'éducation et de soins dans l'intérêt de l'enfant, l'ouverture du droit à la prestation doit faire l'objet d'un réexamen dans un délai maximum de deux ans.

Art. R. 541-6 *(Décr. nº 2005-1588 du 19 déc. 2005, art. 2)* Le silence gardé par la commission pendant plus de quatre mois à compter du dépôt de la demande d'allocation d'éducation de l'enfant handicapé vaut décision de rejet de celle-ci.

Art. R. 541-7 L'*(Décr. nº 2005-1588 du 19 déc. 2005, art. 2)* « allocation d'éducation de l'enfant handicapé » est attribuée à compter du premier jour du mois suivant celui du dépôt de la demande.

Dans le cas où l'*(Décr. nº 2005-1588 du 19 déc. 2005, art. 2)* « allocation d'éducation de l'enfant handicapé » est supprimée, la prestation cesse d'être due à compter du premier jour du mois civil au cours duquel intervient la notification de la décision à l'allocataire lorsque l'enfant bénéficiaire de l'*(Décr. nº 2005-1588 du 19 déc. 2005, art. 2)* « allocation d'éducation de l'enfant handicapé » n'ouvre pas droit à l'allocation aux adultes handicapés, au premier jour du mois civil suivant lorsque l'enfant ouvre droit à l'allocation aux adultes handicapés.

Les dispositions de l'article R. 512-2 sont applicables à l'*(Décr. nº 2005-1588 du 19 déc. 2005, art. 2)* « allocation d'éducation de l'enfant handicapé ».

(Décr. nº 2008-530 du 4 juin 2008) « Lorsque le bénéficiaire du complément de l'allocation d'éducation de l'enfant handicapé opte pour la prestation de compensation en application du 1° du III de l'article L. 245-1 du code de l'action sociale et des familles, le versement de ce complément cesse à compter de la date d'attribution de la prestation de compensation fixée par la décision de la commission des droits et de l'autonomie des personnes handicapées.

« Lorsque l'organisme débiteur des prestations familiales est informé par le président du conseil départemental de l'attribution d'une prestation de compensation en application de l'article R. 245-36 du code de l'action sociale et des familles, celui-ci suspend le versement du complément de l'allocation d'éducation de l'enfant handicapé dû à la famille au titre de l'enfant handicapé concerné à compter de la date d'attribution fixée par le président du conseil départemental. Toutefois, si la commission des droits et de l'autonomie des personnes handicapées ne confirme pas l'attribution, par le président du conseil départemental, de la prestation de compensation, l'organisme débiteur des prestations familiales rétablit le versement de ce complément rétroactivement à la date de la suspension, conformément à la décision de la commission. »

Art. R. 541-8 *(Décr. nº 2002-422 du 29 mars 2002)* Pour l'appréciation du droit à l'*(Décr. nº 2005-1588 du 19 déc. 2005, art. 2)* « allocation d'éducation de l'enfant handicapé » et à ses compléments, l'hospitalisation dans un établissement de santé est assimilée à un placement en internat dans un *(Décr. nº 2005-1588 du 19 déc. 2005, art. 2)* « établissement mentionné au 2° du I de l'article L. 312-1 du code de l'action sociale et des familles » à compter du premier jour du troisième mois civil suivant le début de l'hospitalisation de l'enfant, sauf si les contraintes liées à l'hospitalisation entraînent pour les parents une cessation ou une réduction de l'activité professionnelle y compris la renonciation à cette activité, le recours à une tierce personne rémunérée ou des dépenses dans des conditions identiques à celles requises pour l'attribution d'un complément. Dans ce cas, sur décision de la *(Décr. nº 2005-1588 du 19 déc. 2005, art. 4)* « commission des droits et de l'autonomie des personnes handicapées », le versement de la prestation peut être maintenu. — *Cette disposition est applicable à compter du 1er avr. 2002.*

Les commissions de l'éducation spéciale procèdent dans chaque département à l'examen des dossiers. Dans l'attente de leur décision, l'ancienne allocation est maintenue et versée aux allocataires. — Pour les enfants bénéficiant d'un complément d'allocation d'éducation spéciale antérieurement à l'entrée en vigueur du présent décret, les conditions posées pour l'attribution d'un des six compléments d'allocation d'éducation spéciale mentionnés ci-dessus seront présumées remplies, sous réserve du réexamen de leur situation par la commission de l'éducation spéciale, à compter soit : 1° de la date d'entrée en vigueur du présent décret, si le montant du complément fixé par la commission est supérieur ou égal à celui qui leur était attribué antérieurement à la mise en application du présent décret ; 2° du premier jour du mois suivant la notification de la décision de la commission de l'éducation spéciale, prise dans le respect du principe du caractère contradictoire de la procédure, si le montant du nouveau complément fixé par la commission de l'éducation spéciale est inférieur à celui qui leur était attribué avant la mise en application du présent décret (Décr. nº 2002-422 du 29 mars 2002).

Art. R. 541-9 *(Décr. nº 2005-1588 du 19 déc. 2005, art. 2)* La demande portant sur l'attribution du troisième élément de la prestation de compensation est déposée auprès de la maison départementale des personnes handicapées par la personne assumant la charge de l'enfant handicapé et bénéficiant d'une allocation d'éducation de l'enfant handicapé.

Si la personne n'est pas déjà bénéficiaire de l'allocation d'éducation de l'enfant handicapé au moment de sa demande de prestation de compensation, cette demande est déposée à la maison départementale des personnes handicapées conjointement à la demande d'allocation d'éducation de l'enfant handicapé.

Art. R. 541-10 *(Décr. n° 2005-1588 du 19 déc. 2005, art. 2)* Lorsque le demandeur fait simultanément une demande d'allocation d'éducation de l'enfant handicapé et de troisième élément de prestation de compensation, les charges liées à l'aménagement du logement et du véhicule ainsi que les surcoûts éventuels de transports sont pris en compte au titre de la prestation de compensation et ne peuvent pas l'être dans l'attribution du complément d'allocation d'éducation de l'enfant handicapé.

Lorsque la personne est bénéficiaire, au moment de sa demande de prestation de compensation, d'un complément de l'allocation d'éducation de l'enfant handicapé attribué pour des dépenses autres que celles entraînées par le recours à une tierce personne, la demande de prestation de compensation entraîne systématiquement révision de la décision d'allocation et de son complément.

(Décr. n° 2008-530 du 4 juin 2008) « La demande présentée par un bénéficiaire de la prestation de compensation au titre du 1° du III de l'article L. 245-1 du code de l'action sociale et des familles en vue du renouvellement ou de la révision de cette prestation en raison de l'évolution du handicap de la personne ou des facteurs ayant déterminé les charges prises en compte entraîne systématiquement un réexamen des conditions pour bénéficier du complément de l'allocation d'éducation de l'enfant handicapé.

« Le bénéficiaire des éléments mentionnés aux 2°, 4°, et 5° de l'article L. 245-3 du code de l'action sociale et des familles ne peut opter pour le complément de l'allocation d'éducation de l'enfant handicapé qu'à la date d'échéance de l'attribution de ces éléments, dès lors qu'ils ont donné lieu à un versement ponctuel. »

CHAPITRE II ALLOCATION DE LOGEMENT FAMILIALE — PRIMES DE DÉMÉNAGEMENT — PRÊTS À L'AMÉLIORATION DE L'HABITAT

V. art. D. 542-1 à D. 542-40.

CHAPITRE III ALLOCATION DE RENTRÉE SCOLAIRE

Art. R. 543-1 *(Décr. n° 99-535 du 28 juin 1999, art. 1er)* L'allocation de rentrée scolaire établie par l'article L. 543-1 est attribuée compte tenu des dispositions du présent chapitre, pour chaque enfant, aux ménages ou personnes qui en ont la charge au jour de la rentrée scolaire dans l'établissement qu'il fréquente. *— V. art. D. 543-1 : taux de l'allocation.*

Art. R. 543-2 Ouvre droit à l'allocation de rentrée scolaire chaque enfant à charge qui atteindra son sixième anniversaire avant le 1er février de l'année suivant celle de la rentrée scolaire.

L'allocation reste due, lors de chaque rentrée scolaire, pour tout enfant qui n'a pas atteint l'âge de *(Décr. n° 90-776 du 3 sept. 1990, art. 1er)* « dix-huit » ans révolus au 15 septembre de l'année considérée.

(Décr. n° 2008-766 du 30 juill. 2008) « Le montant de l'allocation de rentrée scolaire est majoré, d'une part, lorsque l'enfant atteint ses onze ans, et, d'autre part, lorsque l'enfant atteint ses quinze ans, au cours de l'année civile de la rentrée scolaire. »

Art. R. 543-3 Est, au sens et pour l'application *(Décr. n° 90-776 du 3 sept. 1990, art. 2)* « du premier alinéa » de l'article L. 543-1, un établissement ou organisme d'enseignement public ou privé tout établissement ou organisme qui a pour objet de dispenser un enseignement permettant aux enfants qui suivent cet enseignement de satisfaire à l'obligation scolaire.

Art. R. 543-4 La condition d'inscription prévue *(Décr. n° 90-776 du 3 sept. 1990, art. 2)* « au premier alinéa » de l'article L. 543-1 est, sauf preuve contraire, présumée remplie pour chacun des enfants ouvrant droit à l'allocation de rentrée scolaire.

Dans le cas où le versement des prestations familiales a été supprimé, au titre de l'année scolaire précédente, en application des dispositions qui édictent des sanctions aux manquements à l'obligation scolaire, l'allocation de rentrée scolaire ne doit être versée que sur justification de l'inscription de l'enfant intéressé pour la nouvelle année scolaire dans un établissement ou organisme d'enseignement.

(Décr. n° 2014-886 du 1er août 2014, art. 1er) « Pour le versement de l'allocation de rentrée scolaire après la fin de l'obligation scolaire, la condition d'inscription est présumée remplie sur la foi d'une déclaration sur l'honneur. »

Art. R. 543-5 *(Décr. n° 99-535 du 28 juin 1999, art. 1er)* Les ménages ou personnes remplissant les conditions fixées aux articles ci-dessus ne peuvent bénéficier de l'allocation de rentrée scolaire que si le montant des ressources dont ils ont disposé durant l'*(Décr. n° 2008-765 du 30 juill. 2008)* « année civile de référence » considérée est inférieur à un plafond.

(Décr. n° 96-553 du 20 juin 1996, art. 8) « Ce plafond est majoré, à partir du premier enfant, de 30 % par enfant à charge. Il est revalorisé *(Décr. n° 2008-604 du 26 juin 2008)* « au 1er janvier » de chaque année conformément à l'évolution en moyenne annuelle des prix à la consommation hors tabac *(Décr. n° 2008-604 du 26 juin 2008)* « de l'année civile de référence ». — *Le montant du plafond mentionné à l'art. R. 543-5 relatif à l'allocation de rentrée scolaire est fixé à 18 998 € pour la période du 1er janv. 2019 au 31 déc. 2019. Il est majoré, pour la même période, de 5 699 € par enfant à charge à compter du premier (Arr. du 21 déc. 2018, art. 4, JO 28 déc.).*

Le bénéfice de l'allocation de rentrée scolaire versée par la caisse d'allocations familiales est apprécié, au regard de la condition de ressources, en fonction des ressources dont le ménage a effectivement disposé durant l'année précédent la date d'ouverture des droits. • Civ. 2e, 7 mai 2009, n° 07-13.040 P : *RDSS 2009. 573, note Tauran*.

Art. R. 543-6 Pour l'application de la condition de ressources prévue à l'article R. 543-5, la situation de famille est appréciée *(Décr. n° 90-526 du 28 juin 1990, art. 3)* « au 31 juillet » précédant la rentrée scolaire considérée.

Il est fait application *(Décr. n° 2003-1393 du 31 déc. 2003, art. 3-VIII)* « des articles R. 532-3 à R. 532-8 ». — *Sur l'entrée en vigueur du Décr. n° 2003-1393, V. note avant art. R. 531-1.*

Art. R. 543-6-1 *(Décr. n° 2008-766 du 30 juill. 2008)* L'allocation différentielle de rentrée scolaire est égale, pour chaque enfant, à la différence entre, d'une part, le plafond défini au deuxième alinéa de l'article R. 543-5, majoré, pour chaque tranche d'âge, des montants d'allocation de rentrée scolaire en vigueur au 1er *(Décr. n° 2013-530 du 21 juin 2013, art. 2)* « avril » de l'année en cours multiplié par le nombre d'enfants y ouvrant droit pour cette tranche d'âge au titre de la rentrée scolaire en cours et, d'autre part, le montant des ressources, cette différence étant divisée par le nombre d'enfants à charge ouvrant droit à cette allocation.

Art. R. 543-7 L'allocation de rentrée scolaire fait l'objet d'un versement unique qui doit être opéré au plus tard le 31 octobre de l'année considérée.

Art. R. 543-8 *(Décr. n° 2016-1375 du 12 oct. 2016, art. 1er)* I. — La situation de l'enfant au regard du placement mentionné au premier alinéa de l'article L. 543-3 est appréciée au 31 juillet précédant la rentrée scolaire.

II. — Pour l'application de l'article L. 543-3, les directeurs de chaque organisme débiteur des prestations familiales concluent avec le président du conseil départemental une convention afin que leur soient transmises, pour chacun des enfants se trouvant dans les situations mentionnées au premier alinéa, les informations suivantes :

1° Le nom, le prénom, la date et le lieu de naissance et le sexe de l'enfant ;

2° Le nom, le prénom, l'adresse du domicile du ou des parents de cet enfant ou des personnes qui en ont la charge ;

3° Le type de placement ainsi que la date du début et de la fin du placement.

III. — Le mineur est informé par le président du conseil départemental des dispositions prévues à l'article L. 543-3 dans le cadre de l'entretien prévu à l'article L. 222-5-1 du code de l'action sociale et des familles ou du projet pour l'enfant mentionné à l'article L. 223-1-1 du même code.

Les dispositions du Décr. n° 2016-1375 du 12 oct. 2016 sont applicables aux allocations mentionnées à l'art. L. 543-3 dues à compter de la rentrée scolaire 2016 (Décr. préc., art. 3).

Art. R. 543-9 *(Décr. n° 2016-1375 du 12 oct. 2016, art. 1er)* I. — Pour l'application de l'article L. 543-3 du présent code, l'organisme débiteur des prestations familiales adresse une demande à la Caisse des dépôts et consignations afin d'être référencé comme organisme déposant. La Caisse des dépôts et consignations ouvre dans ses livres, au nom de l'organisme débiteur des prestations familiales, un compte de dépôt sur lequel sont portés les versements d'allocation de rentrée scolaire ou d'allocation différentielle. Le versement à la Caisse des dépôts et consignation *[consignations]* est accompagné des informations figurant sur la liste suivante :

1° Le nom, le prénom, la date et le lieu de naissance et le sexe de l'enfant ;

2° Le nom, le prénom et l'adresse du domicile de l'allocataire qui a la charge effective et permanente de l'enfant ainsi que le numéro permettant de l'identifier ;

3° Le montant de la somme versée par enfant et l'année d'affectation.

Un justificatif de dépôt est délivré par la Caisse des dépôts et consignations dans un délai maximum de deux mois à compter de la date de la réception d'un dossier complet.

II. — Le taux et le mode de calcul des intérêts produits par le compte de dépôt sont fixés dans les conditions prévues à l'article L. 518-23 du code monétaire et financier.

III. — L'organisme débiteur des prestations familiales notifie à la Caisse des dépôts et consignations par tout moyen donnant date certaine à la réception de cette information, le montant des sommes indûment versées, devant être restitué. La restitution de ces sommes est effectuée dans un délai maximum de deux mois à compter de la date de cette notification.

IV. — Le pécule, constitué de l'ensemble des sommes versées au nom de l'enfant par l'organisme débiteur des prestations familiales et des intérêts qu'elles ont produits, est attribué à l'intéressé devenu majeur ou émancipé, après qu'il en a été informé par la Caisse des dépôts et consignations et qu'il a produit les pièces justificatives dont la liste est fixée par arrêté des ministres chargés de la famille, de la sécurité sociale et des comptes publics.

V. — Au plus tard le 31 janvier de chaque année, la Caisse des dépôts et consignations adresse à la Caisse nationale des allocations familiales et à la Caisse centrale de mutualité sociale agricole, chacune en ce qui la concerne :

1° Un état des sommes qui lui ont été versées l'année civile précédente par les organismes débiteurs des prestations familiales ;

2° Un état des sommes qu'elle a attribuées l'année civile précédente en précisant le nombre d'enfants concernés et l'année d'affectation des sommes attribuées ;

3° Un état des sommes qui n'ont pas été attribuées l'année civile précédente en précisant le nombre d'enfants concernés ;

4° Un état des sommes indûment versées l'année civile précédente par les organismes débiteurs des prestations familiales, en précisant le nombre d'enfants concernés, les sommes qui ont été restituées et celles qui ont été attribuées à l'enfant.

V. note ss. art. R. 543-8.

CHAPITRE IV ALLOCATION JOURNALIÈRE DE PRÉSENCE PARENTALE

(Décr. n° 2006-658 du 2 juin 2006).

(Décr. n° 2001-105 du 5 févr. 2001)

Art. R. 544-1 *(Décr. n° 2006-658 du 2 juin 2006)* La demande d'allocation journalière de présence parentale est adressée à l'organisme débiteur accompagnée des documents suivants :

1° Une attestation de l'employeur précisant que le demandeur bénéficie d'un congé de présence parentale en application de l'article L. 122-28-9 *[L. 1225-62 s. et R. 1225-14 nouv.]* du code du travail, de l'article 40 *bis* de la loi n° 84-16 du 11 janvier 1984 portant dispositions statutaires relatives à la fonction publique de l'État, de l'article 60 *sexies* de la loi n° 84-53 du 26 janvier 1984 portant dispositions statutaires relatives à la fonction publique territoriale, du 11° de l'article 41 de la loi n° 86-33 du 9 janvier 1986 portant dispositions statutaires relatives à la fonction publique hospitalière ou de toute autre disposition applicable aux agents publics prévoyant le bénéfice d'un congé de présence parentale ;

2° Un certificat médical détaillé, établi conformément à un modèle défini par arrêté des ministres chargés de la santé et de la sécurité sociale, adressé sous pli fermé à l'attention du service du contrôle médical, attestant la particulière gravité de la maladie, du handicap ou de l'accident de l'enfant et précisant la nature des soins contraignants et les modalités de la présence soutenue du parent aux côtés de l'enfant, ainsi que la durée prévisible du traitement de l'enfant.

Lorsque la durée prévisible de traitement de l'enfant fixée par le médecin qui le suit fait l'objet d'un réexamen dans les conditions mentionnées à l'article L. 544-2, l'allocataire adresse à l'organisme débiteur, sous pli fermé à l'attention du service du contrôle médical, un nouveau certificat médical détaillé, dans les mêmes conditions que celles définies au troisième alinéa.

Art. R. 544-2 Le service du contrôle médical compétent pour se prononcer sur la nécessité de soins contraignants ou de présence soutenue aux côtés de l'enfant malade est celui dont relève ce dernier *(Abrogé par Décr. n° 2015-1865 du 30 déc. 2015, art. 7, à compter du 1er janv. 2016)* ***« en qualité d'ayant droit »*** pour *(Décr. n° 2015-1865 du 30 déc. 2015, art. 7, en vigueur le 1er janv. 2016)* « la prise en charge des frais de santé en cas de » maladie.

Art. R. 544-3 Le silence gardé par le service du contrôle médical jusqu'au dernier jour du deuxième mois civil qui suit la réception de la demande d'allocation de présence parentale par l'organisme débiteur vaut avis favorable de ce service.

Le silence gardé par l'organisme débiteur jusqu'au dernier jour du troisième mois civil qui suit la réception de la demande d'allocation de présence parentale vaut décision favorable de cet organisme.

TITRE CINQUIÈME DISPOSITIONS COMMUNES

CHAPITRE PREMIER ÉTABLISSEMENT DU SALAIRE DE BASE

Néant.

CHAPITRE II SERVICE DES PRESTATIONS

Art. R. 552-1 Si un allocataire relevant d'un régime d'allocations familiales se trouve temporairement ou définitivement transféré à un autre régime, le service des prestations familiales incombe au régime primitif jusqu'à régularisation administrative, à charge pour lui d'en poursuivre le remboursement auprès de l'autre régime.

V. art. D. 552-6.

Art. R. 552-2 *(Décr. n° 2014-1707 du 30 déc. 2014, art. 2-1°, en vigueur le 1er janv. 2015)* I. – Les prestations servies mensuellement par les organismes débiteurs de prestations familiales sont dues à partir du premier jour du mois civil suivant celui au cours duquel les conditions d'ouverture du droit sont réunies.

II. – Par dérogation au I, les prestations suivantes observent des règles particulières :

1° La prestation partagée d'éducation de l'enfant lorsque le bénéficiaire a un seul enfant à charge ou lorsqu'il est fait usage de l'option prévue au deuxième alinéa du VI de l'article L. 531-4 est due à compter du premier jour du mois civil au cours duquel les conditions d'ouverture du droit sont réunies ;

2° Le complément de libre choix du mode de garde est dû à compter du premier jour du mois civil *(Décr. n° 2018-331 du 3 mai 2018, art. 2)* « précédant celui du dépôt de la demande *[ancienne rédaction : au cours duquel la demande est déposée]* », sous réserve que les conditions d'ouverture du droit soient réunies à cette date. Toutefois, le droit est ouvert à compter du premier jour du mois civil où les conditions en sont remplies *(Décr. n° 2018-331 du 3 mai 2018, art. 2)* « lorsque la demande est déposée au cours de ce même mois ou » lorsqu'un droit est déjà ouvert au titre d'un autre enfant ; – *Les dispositions de l'art. 2 du Décr. n° 2018-331 du 3 mai 2018 sont applicables aux gardes réalisées à compter du 1er oct. 2018. Pour les gardes d'enfants réalisées avant le 1er oct. 2018, les dispositions du CSS demeurent applicables dans leur rédaction antérieure au décret susvisé (Décr. préc., art. 3-II).*

3° L'allocation d'éducation de l'enfant handicapé est due aux personnes remplissant les conditions d'ouverture de ce droit à compter de la date fixée au premier alinéa de l'article R. 541-7 ;

4° L'allocation journalière de présence parentale est due à compter du premier jour du mois civil au cours duquel est déposée la demande, sous réserve que les conditions d'ouverture du droit soient réunies à cette date.

(Décr. n° 2018-655 du 24 juill. 2018, art. 2) « 5° L'allocation de soutien familial mentionnée au 3° du I de l'article L. 523-1 est due à compter du premier jour du mois suivant celui du dépôt de la demande, lorsque l'un au moins des deux parents se soustrait à son obligation d'entretien sans être considéré comme hors d'état d'y faire face.

« Toutefois, si la créance alimentaire a été fixée par le juge judiciaire, à l'issue d'une procédure de recouvrement engagée à l'encontre du parent débiteur, l'allocation est due, si les conditions d'ouverture du droit sont réunies, à compter du premier jour du mois suivant la date à laquelle le parent défaillant a cessé de faire face à son obligation, et au plus tôt trois mois avant le premier jour du mois du dépôt de la demande. »

Les dispositions de l'art. 2 du Décr. n° 2018-655 du 24 juill. 2018 sont applicables aux prestations dues à compter du 1er oct. 2018 (Décr. préc., art. 5-II).

Art. R. 552-3 *(Décr. n° 2014-1707 du 30 déc. 2014, art. 2-1°, en vigueur le 1er janv. 2015)* I. — Les prestations servies mensuellement par les organismes débiteurs de prestations familiales cessent d'être dues à partir du premier jour du mois civil au cours duquel les conditions d'ouverture du droit cessent d'être réunies.

II. — Par dérogation au I, des règles particulières sont applicables aux prestations qui suivent :

1° Le complément de libre choix du mode de garde cesse d'être dû le premier jour du mois civil suivant celui au cours duquel les conditions de droit cessent d'être réunies ;

2° L'allocation d'éducation de l'enfant handicapé cesse d'être due dans les conditions prévues aux deuxième, quatrième et cinquième alinéas de l'article R. 541-7 ;

3° L'allocation journalière de présence parentale cesse d'être due à compter du premier jour du mois civil suivant celui au cours duquel les conditions de droit cessent d'être réunies.

III. — En cas de décès de l'allocataire, de son conjoint ou d'un enfant à charge, les prestations servies mensuellement par les organismes débiteurs de prestations familiales cessent d'être dues au premier jour du mois civil qui suit le décès, sauf dans le cas prévu à l'article L. 531-10.

Art. R. 552-4 *Abrogé par Décr. n° 2013-530 du 21 juin 2013, art. 3.*

CHAPITRE III DISPOSITIONS DIVERSES

SECTION PREMIÈRE DISPOSITIONS GÉNÉRALES

(Décr. n° 2008-88 du 28 janv. 2008, art. 2)

Art. R. 553-1 Le règlement des prestations familiales a lieu mensuellement.

(Décr. n° 87-206 du 27 mars 1987, art. 13) « Les prestations familiales versées mensuellement, l'allocation de rentrée scolaire *(Abrogé par Décr. n° 2008-765 du 30 juill. 2008) « et le revenu minimum familial »* sont payables à terme échu et aux dates fixées par un arrêté du ministre chargé de la sécurité sociale pour les caisses d'allocations familiales et par un arrêté du ministre chargé de l'agriculture pour les caisses de mutualité sociale agricole. »

Art. R. 553-2 *(Décr. n° 2000-97 du 3 févr. 2000, art. 4)* Les dispositions du présent livre relatives aux personnes vivant en concubinage s'appliquent aux partenaires d'un pacte civil de solidarité.

SECTION II ÉVALUATION DES ÉLÉMENTS DE TRAIN DE VIE

(Décr. n° 2008-88 du 28 janv. 2008, art. 2)

Art. R. 553-3 La présente section est applicable aux prestations suivantes :

1° La prestation d'accueil du jeune enfant ;

2° Le complément familial ;
3° L'allocation de rentrée scolaire.

Art. R. 553-3-1 I. – L'évaluation forfaitaire du train de vie prévue à l'article L. 553-5 prend en compte les éléments et barèmes suivants :

1° Propriétés bâties détenues ou occupées par le demandeur ou le bénéficiaire : valeur locative annuelle définie aux articles 1494 à 1508 et 1516 à 1518 B du code général des impôts. Pour les propriétés situées sur un territoire dans lequel aucune valeur locative n'est applicable ou ne peut être connue, la valeur locative est celle du logement occupé par le demandeur ou le bénéficiaire ;

2° Propriétés non bâties détenues ou occupées par le demandeur ou le bénéficiaire : valeur locative annuelle définie aux articles 1509 à 1518 A du code général des impôts. Pour les propriétés situées sur un territoire dans lequel aucune valeur locative n'est applicable ou ne peut être connue, la valeur locative est celle du logement occupé par le demandeur ou le bénéficiaire ;

3° Travaux, charges et frais d'entretien des immeubles : 80 % du montant des dépenses ;

4° Personnels et services domestiques : 80 % du montant des dépenses ;

5° Automobiles, bateaux de plaisance, motocyclettes : 25 % de la valeur vénale de chaque bien lorsque celle-ci est supérieure à 10 000 euros ;

6° Appareils électroménagers, équipements son-hifi-vidéo, matériels informatiques : 80 % du montant des dépenses lorsque celles-ci sont supérieures à 1 000 euros ;

7° Objets d'art ou de collection, articles de joaillerie et métaux précieux : 3 % de leur valeur vénale ;

8° Voyages, séjours en hôtels et locations saisonnières, restaurants, frais de réception, biens et services culturels, éducatifs, de communication ou de loisirs : 80 % du montant des dépenses ;

9° Clubs de sports et de loisirs, droits de chasse : 80 % du montant des dépenses ;

10° Capitaux : 10 % du montant à la fin de la période de référence.

II. – Pour l'application du présent article :

1° Les dépenses sont celles réglées au bénéfice du foyer du demandeur ou du bénéficiaire pendant la période de référence ;

2° La valeur vénale des biens est la valeur réelle à la date de la disposition. Sont retenus notamment à fin d'évaluation, lorsqu'ils existent :

a) Le montant garanti par le contrat d'assurance ;

b) L'estimation particulière effectuée par un professionnel ;

c) La référence issue d'une publication professionnelle faisant autorité.

Art. R. 553-3-2 La période de référence est celle prévue, selon le cas, à l'article R. 532-1 ou à l'article R. 543-5.

Art. R. 553-3-3 Les biens et services énumérés à l'article R. 553-3-1 ne sont pas pris en compte lorsqu'ils ont été détenus ou utilisés à usage professionnel. En cas d'usage mixte, l'évaluation est effectuée au prorata de l'utilisation à usage privé ou personnel.

Art. R. 553-3-4 Lorsqu'il est envisagé de faire usage de la procédure prévue à l'article L. 553-5, l'organisme de sécurité sociale en informe le demandeur ou le bénéficiaire de la prestation, par lettre recommandée avec accusé de réception. Cette lettre a pour objet :

1° De l'informer de l'objet de la procédure engagée, de son déroulement, de ses conséquences, de sa possibilité de demander à être entendu et à être assisté, lors de cet entretien, du conseil de son choix, des sanctions applicables en cas de déclarations fausses ou incomplètes et de ce que le résultat de cette évaluation sera transmis aux autres organismes de sécurité sociale qui lui attribuent, le cas échéant, des prestations sous conditions de ressources ;

2° De l'inviter à renvoyer, dans un délai de trente jours, le questionnaire adressé par l'organisme visant à évaluer les différents éléments de son train de vie accompagné de toutes les pièces justificatives, en précisant qu'à défaut de réponse complète dans ce délai les dispositions du dernier alinéa de l'article L. 583-3 du code de la sécurité sociale seront appliquées.

Art. R. 553-3-5 Si le montant du train de vie évalué forfaitairement en application de l'article R. 553-3-1 est supérieur ou égal à une somme correspondant au double du plafond de ressources applicable à la prestation familiale concernée, augmentée des revenus perçus, pour la période de référence, au titre des prestations et rémunérations exclues en tout ou en partie, pour l'appréciation des ressources déclarées, en application des articles R. 532-3 à R. 532-8, la disproportion marquée entre le train de vie et les ressources déclarées est constatée. Dans ce cas, l'évaluation forfaitaire des éléments du train de vie est prise en compte pour la détermination du droit à la prestation.

Art. R. 553-3-6 Lorsque les ressources prises en compte selon l'évaluation forfaitaire du train de vie ne donnent pas droit à la prestation, l'attribution ou le renouvellement de la prestation n'est pas refusé en cas de circonstances exceptionnelles liées notamment à la situation économique et sociale du foyer, ou s'il est établi que la disproportion marquée a cessé. En cas de refus, la décision est notifiée au demandeur ou au bénéficiaire, par lettre recommandée avec accusé de réception. Elle est motivée et indique les voies de recours dont dispose l'intéressé.

Art. R. 553-3-7 Les organismes locaux de sécurité sociale rendent compte sans délai *(Décr. n° 2009-1596 du 18 déc. 2009, art. 21-I)* « à l'organisme national chargé de coordonner leur activité » de chacune des évaluations effectuées, après suppression de tout élément d'identification des personnes concernées, en précisant :

1° Le cas échéant, si le demandeur ou le bénéficiaire a transmis une réponse à la demande d'évaluation dans le délai prescrit ;

2° Le sens de la décision prise à l'issue de l'évaluation ;

3° Les éléments de train de vie qui ont fait l'objet de l'évaluation ;

4° Le cas échéant, la nature et le montant de la sanction prononcée en cas de fraude ou de fausse déclaration.

(Décr. n° 2009-1596 du 18 déc. 2009, art. 21-III) « L'organisme national mentionné au premier alinéa » transmet périodiquement un bilan de ces éléments *(Décr. n° 2009-1596 du 18 déc. 2009, art. 21-II)* « au ministre chargé de la sécurité sociale ».

CHAPITRE IV PÉNALITÉS

Néant.

TITRE SIXIÈME REVENU FAMILIAL

Art. R. 561-1 à R. 564-5 *Abrogés par Décr. n° 90-776 du 3 sept. 1990, art. 4.*

TITRE SEPTIÈME CONGÉ DE NAISSANCE OU D'ADOPTION

Art. R. 571-1 et R. 571-2 *Abrogés par Décr. n° 87-206 du 27 mars 1987, art. 15.*

TITRE HUITIÈME DISPOSITIONS RELATIVES AU RECOUVREMENT DES CRÉANCES ALIMENTAIRES — DISPOSITIONS DIVERSES — DISPOSITIONS D'APPLICATION

CHAPITRE PREMIER DISPOSITIONS RELATIVES AU RECOUVREMENT DES CRÉANCES ALIMENTAIRES

Art. R. 581-1 Pour l'application du premier alinéa de l'article L. 581-4, le titulaire de la créance doit fournir à l'organisme débiteur de prestations familiales les éléments prouvant son droit à la créance.

Il fournit également à l'organisme mentionné au premier alinéa les renseignements en sa possession relatifs au débiteur, notamment l'identité, le numéro d'immatriculation à la sécurité sociale, l'adresse ou la dernière adresse connue, la profession, les nom et adresse de l'employeur, la nature, la situation et l'importance du patrimoine ainsi que les sources de revenus du débiteur.

Art. R. 581-2 (Abrogé par Décr. n° 2017-532 du 12 avr. 2017, art. 2-1°) *Lorsque le créancier fait une demande d'aide au recouvrement fondée sur l'article L. 581-6, il joint à sa*

demande les documents prévus à l'article 2 du décret nº 75-1339 du 31 décembre 1975, ou une attestation d'échec de la procédure de recouvrement public établie par le procureur de la République. — *Les dispositions issues du Décr. nº 2017-532 du 12 avr. 2017 sont applicables à Saint-Pierre-et-Miquelon (Décr. préc., art. 4).*

Art. R. 581-3 *(Décr. nº 2017-532 du 12 avr. 2017, art. 2-2º)* **Pour l'application du troisième alinéa de l'article L. 581-3, l'enfant majeur créancier d'une pension alimentaire fixée par décision de justice devenue exécutoire ou par convention judiciairement homologuée ou d'une contribution à l'entretien et à l'éducation de l'enfant fixée par un des actes ou accords mentionnés au IV de l'article L. 523-1 doit donner mandat à l'organisme débiteur de prestations familiales de recouvrer cette créance pour son compte.** — *V. note ss. art. R. 523-1.*

Art. R. 581-4 **L'organisme débiteur de prestations familiales notifie au débiteur, par lettre recommandée avec demande d'avis de réception, qu'il a admis la demande au recouvrement faite par le créancier.**

Par lettre mentionnée au premier alinéa, l'organisme débiteur de prestations familiales rappelle au débiteur les obligations auxquelles celui-ci est tenu envers le créancier et lui fait connaître qu'à défaut d'exécution volontaire, le recouvrement de la créance sera poursuivi au moyen de toute procédure appropriée. L'organisme débiteur de prestations familiales précise à cet égard que les termes à échoir et les arriérés pour lesquels il n'y a pas subrogation peuvent, avec l'accord de cet organisme, être acquittés directement entre les mains du créancier et qu'à défaut de ce paiement amiable, le débiteur sera tenu de s'acquitter auprès de l'organisme des arriérés de pension ainsi que des termes à échoir pendant une période de douze mois consécutifs à compter du premier versement ainsi effectué.

Art. R. 581-5 **L'organisme débiteur de prestations familiales notifie au débiteur l'apurement définitif des arriérés de la dette et la fin de l'obligation de se libérer auprès de lui.**

L'organisme débiteur de prestations familiales rend compte au créancier d'aliments des actes effectués pour son compte. Il l'informe, le cas échéant, de l'abandon des poursuites lorsqu'elles s'avèrent vaines ou manifestement contraires aux intérêts du créancier.

Art. R. 581-6 **Exception faite des créances recouvrées en application de l'article 7 de la loi nº 75-618 du 11 juillet 1975, le montant des sommes versées à l'organisme débiteur de prestations familiales est majoré, à son profit, de 7,5 % ainsi que du montant des frais effectivement payés aux officiers ministériels et aux auxiliaires de justice ; lorsque l'organisme débiteur de prestations familiales ne recourt pas aux services d'un officier ministériel ou d'un auxiliaire de justice, une majoration supplémentaire de 2,5 % est appliquée.**

Art. R. 581-7 **Les majorations mentionnées à l'article R. 581-6 sont recouvrées par les voies et moyens applicables au recouvrement de la créance principale. En cas de difficulté, le recouvrement forcé est soumis aux règles prévues aux articles 704 à 718 du** *(Décr. nº 2008-484 du 22 mai 2008, art. 22)* **« code de procédure civile ». Le tribunal compétent est celui dans le ressort duquel l'organisme débiteur de prestations familiales a son siège.**

Art. R. 581-8 **Les majorations mentionnées à l'article R. 581-6 constituent une recette de la gestion administrative des organismes débiteurs de prestations familiales.**

Art. R. 581-9 **Dans tous les cas, le dernier terme échu de la pension alimentaire et des créances des articles 214, 276 et 342 du code civil est imputé par priorité sur les sommes recouvrées et est reversé au créancier.**

Art. R. 581-10 *(Décr. nº 2014-551 du 27 mai 2014, art. 28-8º)* **Les comptables publics mentionnés à l'article L. 581-10 sont des comptables de la direction générale des finances publiques.**

CHAPITRE II DISPOSITIONS PARTICULIÈRES RELATIVES À CERTAINES CRÉANCES ALIMENTAIRES

(Décr. n° 2018-655 du 24 juill. 2018, art. 3, en vigueur le 1er juill. 2018)

Art. R. 582-1 I. — Le seuil mentionné au 2° de l'article L. 582-2 correspond au produit du montant des ressources mentionnées au V divisé par douze et du taux mentionné au IV, sous réserve que soit laissé à la disposition du parent débiteur un montant minimal, au moins égal au montant forfaitaire en vigueur du revenu de solidarité active mentionné à l'article L. 262-2 du code de l'action sociale et des familles fixé pour un foyer composé d'une seule personne.

Le montant minimal laissé à la disposition du parent débiteur est déterminé selon la règle de calcul suivante :

M = R – (S X N)

Dans laquelle :

1° M représente le montant minimal laissé à la disposition du parent débiteur ;

2° R représente le montant des ressources du débiteur mentionnées au V divisé par douze ;

3° S représente le montant du seuil résultant de l'application de la règle de calcul prévue au premier alinéa ;

4° N représente le nombre d'enfant (s) du débiteur à sa charge, déterminé dans des conditions fixées par décret.

II. — Lorsque le montant minimal laissé à la disposition du parent débiteur déterminé selon la règle de calcul mentionnée au I est inférieur au montant forfaitaire en vigueur du revenu de solidarité active mentionné à l'article L. 262-2 du code de l'action sociale et des familles fixé pour un foyer composé d'une seule personne, le seuil mentionné au 2° de l'article L. 582-2 du code de la sécurité sociale est obtenu en appliquant la formule suivante :

S = (R-RSA) /N

Dans laquelle :

1° S représente le seuil mentionné au premier alinéa ;

2° R représente le montant des ressources du débiteur mentionnées au V divisé par douze ;

3° RSA correspond au montant forfaitaire en vigueur du revenu de solidarité active mentionné à l'article L. 262-2 du code de l'action sociale et des familles fixé pour un foyer composé d'une seule personne ;

4° N représente le nombre d'enfant (s) du débiteur à sa charge déterminé dans des conditions fixées par décret.

III. — Lorsque les ressources mensuelles du débiteur mentionnées au V sont inférieures à un montant égal à 1,035 fois le montant forfaitaire en vigueur du revenu de solidarité active mentionnée à l'article L. 262-2 du code de l'action sociale et des familles et arrondi à l'euro inférieur, le seuil retenu est celui fixé pour ce dernier montant de ressources.

Lorsque les ressources mensuelles du débiteur mentionnées au V dépassent cinq mille euros, le seuil retenu est celui fixé pour ce dernier montant de ressources.

Le montant du seuil mentionné au premier alinéa du I et du II est arrondi à l'euro supérieur.

IV. — Le taux mentionné au premier alinéa du I est fixé par arrêté du ministre chargé de la sécurité sociale, en fonction du nombre d'enfants du débiteur à sa charge, dans la limite du taux de 20 % par enfant. — *V. Arr. du 25 juin 2018 (JO 26 juill.).*

Ce taux est majoré lorsque le temps de résidence de l'enfant chez le parent avec lequel il ne vit pas habituellement est inférieur à un quart du temps de résidence global chez les deux parents, c'est-à-dire un temps inférieur à la moitié des vacances scolaires et un week-end sur deux, ou en cas de droit de visite sans hébergement.

Ce taux est minoré en cas de résidence alternée ayant fait l'objet d'une déclaration de l'impôt sur le revenu permettant à l'enfant d'ouvrir droit à la majoration prévue en application du quatrième alinéa du I de l'article 194 du code général des impôts.

V. — Les ressources prises en compte pour le calcul du seuil mentionné au premier alinéa du I et du II correspondent au revenu net imposable du parent débiteur soumis au barème progressif de l'impôt sur le revenu prévu à l'article 197 du code général des impôts tel que retenu pour le calcul de l'impôt sur le revenu. Lorsque le parent débiteur est marié ou a conclu un pacte civil de solidarité, les revenus de son foyer qui ne sont pas individualisés dans l'avis d'imposition mentionné à l'article 170 du même code en cas de déclaration commune sont pris en compte à hauteur de la moitié du montant des revenus communs.

Art. R. 582-2 I. — Pour la délivrance du titre exécutoire mentionné à l'article L. 582-2, le directeur de l'organisme débiteur des prestations familiales est saisi d'une demande signée par les deux parents accompagnée des documents et informations suivants :

1° Une convention, conclue entre les deux parents, qui comporte :

a) Les nom, prénom, profession, résidence, date et lieu de naissance de chacun des parents, ainsi que les mêmes indications, le cas échéant, pour chacun de leurs enfants au titre desquels le montant de la contribution à l'entretien et à l'éducation a été fixé ;

b) Le montant de la contribution à l'entretien et à l'éducation fixé par enfant ;

c) Le mode d'exercice du droit de visite et d'hébergement choisi pour chacun de leurs enfants ;

d) Les ressources du débiteur ayant servi à déterminer le montant de la contribution à l'entretien et à l'éducation ;

e) Le nombre d'enfants du débiteur à sa charge ainsi que le nom, le prénom, la date de naissance de chacun de ces enfants ;

f) L'indice retenu le cas échéant pour réévaluer chaque année le montant de la contribution à l'entretien et l'éducation ;

2° Des pièces justificatives relatives aux informations mentionnées au *a*, *c*, *d* et *e*, déterminées par arrêté du ministre chargé de la sécurité sociale ;

3° Une attestation signée par les parents selon laquelle aucun d'entre eux n'est titulaire d'une créance fixée pour cet enfant par une décision de justice ou par un acte sous signature privée conclu selon les modalités prévues à l'article 229-1 du code civil ou un acte reçu en la forme authentique par un notaire, ou n'a engagé de démarche en ce sens.

II. — Le titre exécutoire n'est pas délivré :

1° Lorsque le montant de la contribution fixé dans la convention mentionnée au I est inférieur au seuil mentionné au 2° de l'article L. 582-2 ;

2° A défaut de la production des documents mentionnés au I.

Art. R. 582-3 La décision statuant sur la demande de délivrance d'un titre exécutoire est notifiée à chacun des deux parents.

Le refus de l'organisme débiteur des prestations familiales de conférer force exécutoire à la convention est motivé.

Le titre exécutoire prend la forme d'un courrier signé par le directeur de l'organisme débiteur des prestations familiales qui précise les informations suivantes :

1° Les nom, prénoms, résidence, date et lieu de naissance de chacun des parents et de l'enfant concerné ;

2° Le montant de la contribution à l'entretien et à l'éducation fixé pour cet enfant ainsi que, le cas échéant, l'indice retenu pour réévaluer ce montant ;

3° La mention selon laquelle ce titre exécutoire est frappé de nullité si les parents sont déjà titulaires d'une créance fixée pour cet enfant par décision de justice ou par un acte sous signature privée conclu selon les modalités prévues à l'article 229-1 du code civil ou un acte reçu en la forme authentique par un notaire, ou si une démarche a été engagée en ce sens ;

4° La mention selon laquelle toute décision judiciaire exécutoire supprimant ou modifiant la contribution à l'entretien et à l'éducation de l'enfant et postérieure à ce titre exécutoire prive ce titre de tout effet.

La demande conjointe des parents mentionnée au premier alinéa du I de l'article R. 582-2 est annexée au titre exécutoire.

Ce titre acquiert un caractère exécutoire à la date de la signature du courrier par le directeur de l'organisme débiteur des prestations familiales. Un original est délivré à chacun des deux parents et le troisième est conservé par l'organisme.

Le silence gardé par l'organisme débiteur des prestations familiales pendant quatre mois, à compter de la réception de la demande de délivrance du titre exécutoire, vaut décision d'acceptation de cet organisme.

Art. R. 582-4 **Les modèles de demande conjointe et de convention, mentionnées au I de l'article R. 582-2, sont déterminés par arrêté du ministre chargé de la sécurité sociale.**

CHAPITRE III DISPOSITIONS DIVERSES

Art. R. 583-1 *Abrogé par Décr. n° 95-238 du 2 mars 1995, à compter du 1er avr. 1995. — V. art. D. 583-1.*

CHAPITRE IV DISPOSITIONS D'APPLICATION

Néant.

LIVRE SIXIÈME DISPOSITIONS APPLICABLES AUX TRAVAILLEURS INDÉPENDANTS *(Décr. n° 2018-174 du 9 mars 2018, art. 15-I, en vigueur le 1er janv. 2018).*

TITRE PREMIER DISPOSITIONS GÉNÉRALES *(Décr. n° 2018-174 du 9 mars 2018, art. 15-I, en vigueur le 1er janv. 2018).*

Décret n° 2018-174 du 9 mars 2018,

Relatif à la mise en œuvre de la réforme de la protection sociale des travailleurs indépendants prévue par l'article 15 de la loi de financement de la sécurité sociale pour 2018 (JO 11 mars).

[Dispositions transitoires]

Art. 17 II. — Jusqu'à leur dissolution, le 2° de l'article R. 142-2, l'article R. 611-1 à l'exception du 1° du I, le 2° de l'article R. 142-2, l'article R. 611-2 à l'exception du septième alinéa du I, les cinquième à onzième et treizième alinéas de l'article R. 611-9, les articles R. 611-11 à R. 611-15, l'article R. 611-16 à l'exception de son quatrième alinéa, les articles R. 611-17 à R. 611-22, R. 611-26, R. 611-27, les trois premiers alinéas de l'article R. 611-51, les articles R. 611-53, R. 611-57 à R. 611-59, R. 611-62, R. 611-62-1, R. 611-63-1 à R. 611-68, R. 611-77, R. 613-55 à R. 613-58, R. 756-1 à R. 756-3 et D. 611-2 à D. 611-4 du code de la sécurité sociale, ainsi que l'annexe 2 du chapitre Ier du titre Ier du livre VI du même code restent applicables aux caisses déléguées pour la sécurité sociale des indépendants dans leur rédaction antérieure à la publication du présent décret sous réserve :

1° De remplacer la deuxième phrase du II de l'article R. 611-2 du même code par les dispositions suivantes : "Le suppléant est appelé à siéger au conseil d'administration en l'absence de son titulaire et à le remplacer en cas de vacance de siège." ;

2° De remplacer, pour l'application du 6° de l'article R. 611-9, du dixième alinéa de l'article R. 611-16 et du troisième alinéa de l'article R. 611-17 du même code, le régime par l'assurance vieillesse complémentaire et l'assurance invalidité-décès des travailleurs indépendants ;

3° En ce qui concerne les articles R. 611-63-1 à R. 611-67 et R. 613-55 à R. 613-58 du même code, de remplacer la caisse nationale du régime social des indépendants par la caisse nationale de l'assurance maladie d'une part et sous réserve des modalités d'organisation et de pilotage des activités des services médicaux des caisses déléguées telles que fixées par le schéma de transformation mentionné au troisième alinéa du 1° du XVI de l'article 15 de la loi de financement de la sécurité sociale pour 2018 susvisée *[L. n° 2017-1836 du 30 déc. 2017, V. cet art. ss. le livre VI, partie L.]* d'autre part.

Les statuts des caisses locales déléguées pour la sécurité sociale des travailleurs indépendants sont conformes à un modèle fixé par arrêté du ministre chargé de la sécurité sociale. Sauf décision contraire, le nom de chacune de ces caisses locales est obtenu en accolant les mots : "Caisse déléguée pour la sécurité sociale des travailleurs indépendants" et ceux, relatifs à la zone géographique et le cas échéant le secteur professionnel, figurant dans le nom des caisses de base du régime social des indépendants auxquelles elles succèdent.

Pour l'année 2019, le nombre de sièges des conseils d'administration des caisses déléguées est fixé à hauteur de celui prévu à l'article R. 612-1 du même code tel qu'il résulte de l'article 13. L'assemblée générale du Conseil de la protection sociale des travailleurs indépendants détermine les modalités selon lesquelles sont choisis, au sein de ses membres ou de ceux des instances régionales du Conseil, les personnes amenées à siéger pour la même année en tant qu'administrateurs de la caisse déléguée pour la sécurité sociale des travailleurs indépendants propre aux professions libérales.

III. — Jusqu'au 31 décembre 2018 :

1° Les dispositions de l'article R. 133-2-12 du code de la sécurité sociale dans sa rédaction antérieure à la publication du présent décret sont applicables à la Caisse nationale déléguée pour la sécurité sociale des travailleurs indépendants ;

2° Les dispositions de l'article R. 611-23 du même code dans sa rédaction antérieure à la publication du présent décret sont applicables aux caisses locales déléguées pour la sécurité sociale des travailleurs indépendants ;

3° Le conseil d'administration de la Caisse nationale déléguée peut faire au ministre chargé de la sécurité sociale toute proposition de modification législative ou réglementaire dans son domaine de compétence. Il peut être saisi par le ministre chargé de la sécurité sociale de toute question relative à la protection sociale des travailleurs indépendants. Il est saisi pour avis des projets de loi de financement de la sécurité sociale, ainsi que des projets de mesures législatives ou réglementaires lorsque celles-ci concernent spécifiquement la sécurité sociale des travailleurs indépendants ;

4° Le conseil d'administration de la Caisse nationale déléguée est compétent pour piloter le régime complémentaire d'assurance vieillesse obligatoire et le régime invalidité-décès des travailleurs indépendants et la gestion du patrimoine y afférent ;

5° Les organismes du régime général de sécurité sociale communiquent à la Caisse nationale déléguée les informations nécessaires à la mise en œuvre et au suivi des missions de cette dernière.

IV. — Les dispositions de l'article R. 612-1, à l'exclusion de ses cinquième et sixième alinéas, et celles des articles R. 612-2 et R. 612-3 du code de la sécurité sociale sont applicables, dans leur rédaction en vigueur au 1er janvier 2019, aux premières désignations des membres du Conseil de la protection sociale des travailleurs indépendants et de ses instances régionales. Toutefois, par dérogation au septième alinéa du même article R. 612-1, la durée des premiers mandats des membres de l'assemblée générale et des instances régionales du Conseil national de la protection sociale des travailleurs indépendants est fixée à trois ans.

V. — Les dispositions des articles R. 160-26 à R. 160-28, de l'article R. 611-79 à l'exception de son dernier alinéa, des articles R. 611-80 à R. 611-90, R. 613-17 à R. 613-25, R. 613-40 et R. 613-46 du code de la sécurité sociale dans leur rédaction antérieure au présent décret restent applicables aux conventions mentionnés au 7° du XVI de l'article 15 de la loi de financement de la sécurité sociale pour 2018 susvisée et, pendant leur durée, aux relations entre les travailleurs indépendants concernés et les organismes conventionnés sous réserve :

1° De remplacer la Caisse nationale du régime social des indépendants par la Caisse nationale de l'assurance maladie et, sous réserve du 3° du présent V, les caisses de base par les caisses primaires d'assurance maladie et les caisses générales de sécurité sociale ;

2° De supprimer au II de l'article R. 611-90 du même code les mots : "d'encaissement et de contentieux des cotisations maladie pour les professions libérales" ;

3° De remplacer aux deuxième et troisième alinéas de l'article R. 613-17 et aux articles R. 613-24 et R. 613-25 du même code les caisses de base par les organismes de sécurité sociale.

VI. — Par dérogation aux dispositions de l'article R. 611-3 du code de la sécurité sociale dans sa rédaction issue du présent décret, les assurés mentionnés au troisième alinéa du 7° du XVI de l'article 15 de la loi de financement de la sécurité sociale pour 2018 susvisée sont affiliés, jusqu'au 31 décembre 2019, dans la caisse primaire d'assurance maladie dans la circonscription de laquelle est située le siège de la caisse déléguée pour la sécurité sociale des travailleurs indépendants dont ces assurés relèvent. Lorsque leur résidence principale est située dans le ressort d'une autre caisse, ces assurés peuvent s'adresser indifféremment à l'un ou l'autre organisme pour la réalisation des démarches, relevant de ces organismes, mentionnées au deuxième alinéa de l'article L. 233-1 du même code.

VII. — Jusqu'au 31 décembre 2019, à l'exception de celles mentionnées au deuxième alinéa du présent VII ou au premier alinéa de l'article R. 612-8 du code de la sécurité sociale dans sa rédaction issue du présent décret, les réclamations relevant de l'article L. 142-1 du code de la sécurité sociale formées par les travailleurs indépendants en ce qui concerne leurs prestations ou leurs cotisations et contributions sociales ainsi que leurs demandes de remise de majorations, pénalités ou indus sont recevables qu'elles soient adressées à la caisse déléguée pour la sécurité sociale des travailleurs indépendants, au Conseil de la protection sociale des travailleurs indépendants ou aux organismes du régime général compétents. Ces réclamations et demandes sont instruites par les services des caisses déléguées et soumises aux commissions de recours amiable des organismes du régime général.

En ce qui concerne leur assurance vieillesse complémentaire ou leur assurance invalidité décès, les réclamations relevant de l'article L. 142-1 du code de la sécurité sociale formées par les travailleurs indépendants et leurs demandes de remise de dette sont soumises, jusqu'au 31 décembre 2018, aux commissions de recours amiable des caisses déléguées pour la sécurité sociale des travailleurs indépendants.

Lorsqu'elles relèvent du champ du deuxième alinéa de l'article R. 612-8 du même code dans sa rédaction issue du présent décret et qu'elles ont été adressées à la caisse déléguée pour la sécurité sociale des travailleurs indépendants, elles sont soumises, préalablement aux commissions de recours amiable des organismes mentionnés aux articles L. 213-1 et L. 752-4 du même code, à celle de la caisse déléguée ou, à compter du 1er janvier 2019, à celles mentionnées au premier alinéa du même article R. 612-8. Les commissions de recours amiable des organismes mentionnés aux articles L. 213-1 et L. 752-4 du même code se prononcent dans les conditions mentionnées au troisième alinéa du même article R. 612-8.

(Abrogé par Décr. nº 2018-928 du 29 oct. 2018, art. 12-II, à compter du 1er janv. 2019) « Par dérogation aux dispositions de l'article R. 142-6 du même code, le délai mentionné à cet article est porté à deux mois pour les demandes relevant du présent VII. »

Le présent VII n'est pas applicable aux prestations servies par les organismes mentionnés aux articles L. 641-1 et L. 723-1 du même code et aux cotisations recouvrées par ces mêmes organismes.

Art. 18 I. — La caisse nationale et les caisses locales déléguées pour la sécurité sociale des travailleurs indépendants établissent des comptes annuels sur le périmètre des activités au titre desquelles elles apportent leur concours aux caisses du régime général. Les flux afférents à ces activités sont comptabilisés en charges et en produits par la caisse nationale et les caisses locales déléguées pour la sécurité sociale des travailleurs indépendants. Après centralisation des balances des caisses locales déléguées, la Caisse nationale déléguée établit, pour chacune des branches concernées, des comptes combinés sur ce même périmètre. Pour celles qui ne peuvent pas être directement affectées à un risque ou une activité, la répartition des charges de fonctionnement entre les différentes branches et régimes est fixée par un arrêté du ministre chargé de la sécurité sociale et du ministre chargé du budget.

II. — La Caisse nationale déléguée pour la sécurité sociale des travailleurs indépendants transmet, à la caisse nationale de l'assurance maladie, à la caisse nationale d'assurance vieillesse et à l'agence centrale des organismes de sécurité sociale, dans des délais permettant la prise en compte de ces données par les caisses nationales mentionnées au premier alinéa pour la clôture de leurs comptes combinés, conformément au calendrier d'établissement des comptes commun aux régimes visé à l'article R. 114-6-1 du code de la sécurité sociale, les balances combinées retraçant, pour le dernier exercice clos, les opérations relatives aux activités mentionnées au deuxième alinéa du 2° du XVI de l'article 15 de la loi de financement de la sécurité sociale pour 2018 susvisée.

III. — Les opérations financières et comptables relatives aux activités mentionnées au deuxième alinéa du 2° du XVI de l'article 15 de la loi de financement de la sécurité sociale pour 2018 susvisée sont effectuées par les agents comptables des caisses locales et de la Caisse nationale déléguée pour la sécurité sociale des travailleurs indépendants dans les conditions prévues aux articles D. 122-2 à D. 122-5 du code de la sécurité sociale.

IV. — Le dispositif national de contrôle interne et d'audit interne relatif aux activités mentionnées au deuxième alinéa du 2° du XVI de l'article 15 de la loi de financement de la sécurité sociale pour 2018 susvisée est conçu et mis en place par la Caisse nationale déléguée pour la sécurité sociale des travailleurs indépendants selon les dispositions des articles D. 114-4-6 à D. 114-4-8 du code de la sécurité sociale. Les caisses locales déléguées pour la sécurité sociale des travailleurs indépendants mettent en œuvre ce dispositif selon les dispositions des articles D. 114-4-19 à D. 114-4-26 du même code.

Les procédures nationales relatives au dispositif de contrôle interne, la cartographie nationale des risques et le plan national de contrôle interne de la Caisse nationale déléguée pour la sécurité sociale des travailleurs indépendants, afférents aux activités mentionnées au premier alinéa sont communiqués aux directeurs et aux agents comptables des caisses nationales du régime général concernées. Ces derniers font part à la Caisse nationale déléguée pour la sécurité sociale des travailleurs indépendants de leurs éventuelles observations sur les éléments ainsi communiqués. En ce cas, la Caisse nationale déléguée pour la sécurité sociale des travailleurs indépendants est tenue de leur faire connaître les suites données à ces observations.

En complément du rapport mentionné au troisième alinéa de l'article L. 114-8 du code de la sécurité sociale, relatif aux comptes des régimes mentionnés aux articles L. 632-1 et L. 635-1 du même code, les commissaires aux comptes de la Caisse nationale déléguée pour la sécurité sociale des travailleurs indépendants établissent un rapport attestant de la conformité des balances visées au II du présent article. Ces documents sont transmis aux agents comptables des caisses nationales du régime général concernées.

CHAPITRE PREMIER **CHAMP D'APPLICATION** *(Décr. n° 2018-174 du 9 mars 2018, art. 15-I, en vigueur le 1er janv. 2018).*

Le chapitre Ier, dans sa rédaction antérieure au Décr. n° 2018-174 du 9 mars 2018, est consultable en ligne, V. Dalloz.fr et applications mobiles Dalloz

Art. R. 611-1 **Toute personne immatriculée doit, dans un délai de trente jours, faire connaître tout changement de résidence et toute modification intervenue dans ses activités professionnelles ou sa situation à l'égard des régimes légaux ou réglementaires d'assurance vieillesse ou d'assurance invalidité, qui peuvent soit entraîner son rattachement à une autre** *(Décr. n° 2006-83 du 27 janv. 2006)* **« caisse de base »** *(Abrogé par Décr. n° 2018-174 du 9 mars 2018, art. 15-I, à compter du 1er janv. 2018)* ***« ou son affiliation à un autre organisme conventionné »*****, soit lui ouvrir droit aux prestations du régime institué par le présent titre, soit entraîner sa radiation de ce régime.**

(Abrogé par Décr. n° 2018-174 du 9 mars 2018, art. 15-I, à compter du 1er janv. 2018) ***« Les personnes affiliées à un organisme conventionné adressent cette déclaration à l'organisme dont elles relèvent, à charge pour celui-ci de la transmettre à la*** *(Décr. n° 2006-83 du 27 janv. 2006)* ***« caisse de base » dans un délai de huit jours ; les personnes immatriculées mais non affiliées à un organisme conventionné envoient directement cette déclaration à la*** *(Décr. n° 2006-83 du 27 janv. 2006)* ***« caisse de base » intéressée. »*** – *[Ancien art. R. 613-26.]*

Art. R. 611-2 *(Décr. n° 2012-1550 du 28 déc. 2012, art. 6-2°) (Décr. n° 2018-174 du 9 mars 2018, art. 15-I, en vigueur le 1er janv. 2018)* **« Les directeurs des organismes mentionnés aux articles L. 213-1 et L. 752-4 procèdent à la radiation des travailleurs indépendants en application des dispositions de l'article L. 613-4 à leur initiative ou à la demande de tout autre organisme de sécurité sociale. »**

Lorsque *(Décr. n° 2017-864 du 9 mai 2017, art. 3-I)* **« les directeurs mentionnés au premier alinéa envisagent » de procéder à la radiation d'un travailleur indépendant en application des dispositions de l'article** *(Décr. n° 2018-174 du 9 mars 2018, art. 15-I, en vigueur le 1er janv. 2018)* **« L. 613-4 »,** *(Décr. n° 2017-864 du 9 mai 2017, art. 3-I)* **« ils informent les organismes des » autres régimes de sécurité sociale auxquels ce dernier est affilié de l'engagement à l'encontre de celui-ci d'une procédure de radiation et leur communique** *[communiquent]* **toute information justifiant la radiation.**

Les organismes informés en application de l'alinéa précédent peuvent, dans le délai de quinze jours à compter de la date de réception de l'information, transmettre tout élément de nature à établir la poursuite de l'activité ou le caractère injustifié de la procédure de radiation. A l'expiration de ce délai, *(Décr. n° 2017-864 du 9 mai 2017, art. 3-I)* **« les directeurs mentionnés au premier alinéa informent » le travailleur indépendant, par tout moyen permettant de rapporter la preuve de sa date de réception, de ses obligations déclaratives et, le cas échéant, du montant des cotisations dues ainsi que de l'engagement d'une procédure de radiation à son encontre. Le travailleur indépendant est informé également de la date d'effet de la radiation.**

Le travailleur indépendant dispose d'un mois à compter de la date de réception de cette information pour faire valoir ses observations, notamment quant à la poursuite de la procédure de radiation, et fournir, le cas échéant, les déclarations de revenus qui n'ont pas été adressées. En l'absence de réponse ou de transmission des déclarations

de revenus manquantes, *(Décr. n° 2017-864 du 9 mai 2017, art. 3-I)* « les directeurs mentionnés au premier alinéa peuvent » procéder à la radiation de cette personne.

La décision de radiation est notifiée à l'intéressé par tout moyen permettant de rapporter la preuve de la date de sa réception. Elle mentionne les voies et délais de recours. — *[Ancien art. R. 613-27-1.]*

Art. R. 611-3 Les personnes *(Décr. n° 2018-174 du 9 mars 2018, art. 15-I, en vigueur le 1er janv. 2018)* « mentionnés *[mentionnées]* à l'article L. 611-1 » sont affiliées par *(Décr. n° 2018-174 du 9 mars 2018, art. 15-I, en vigueur le 1er janv. 2018)* « les organismes » dans la circonscription *(Décr. n° 2018-174 du 9 mars 2018, art. 15-I, en vigueur le 1er janv. 2018)* « desquels » est située leur résidence principale.

Un arrêté du ministre chargé de la sécurité sociale et du ministre chargé du commerce, de l'artisanat et des professions libérales peut apporter à la règle énoncée ci-dessus des dérogations motivées par l'état de santé ou la nature des activités des assurés ou par leur résidence hors de France. — *[Ancien art. R. 611-61.]*

(Décr. n° 2018-174 du 9 mars 2018, art. 15-I, en vigueur le 1er janv. 2018) « La date d'effet de l'affiliation ou de la radiation est le jour du début ou de la fin de l'activité professionnelle. »

CHAPITRE II CONSEIL DE LA PROTECTION SOCIALE DES TRAVAILLEURS INDÉPENDANTS

(Décr. n° 2018-174 du 9 mars 2018, art. 13, en vigueur le 1er janv. 2019)

Le chapitre II, dans sa rédaction antérieure au Décr. n° 2018-174 du 9 mars 2018, est consultable en ligne, V. Dalloz.fr et applications mobiles Dalloz

Art. R. 612-1 L'assemblée générale du Conseil de la protection sociale des travailleurs indépendants, ainsi que chaque instance régionale, comprend vingt-quatre membres :

1° Quinze représentants des travailleurs indépendants, remplissant les conditions mentionnées à l'article L. 611-1, désignés par les organisations professionnelles représentatives de ces travailleurs au niveau national, telles qu'elles sont définies à l'article L. 612-6 ;

2° Sept représentants des travailleurs indépendants retraités, ayant rempli antérieurement les conditions mentionnées à l'article L. 611-1, désignés par les organisations mentionnées au 1° ;

3° Deux personnes qualifiées désignées par le ministre chargé de la sécurité sociale.

La liste des organisations professionnelles représentatives des travailleurs indépendants au niveau national, prévue à l'article L. 612-6, et leurs audiences respectives, sont fixées par arrêté du ministre chargé de la sécurité sociale.

Dans chacun des collèges mentionnées aux 1° et 2°, la répartition des sièges entre les organisations s'effectue proportionnellement à leur audience calculée en application des dispositions de l'article L. 612-6, avec répartition des sièges restants à la plus forte moyenne.

Les membres de l'assemblée générale et des instances régionales du Conseil de la protection sociale des travailleurs indépendants sont nommés pour quatre ans par arrêté du ministre chargé de la sécurité sociale.

L'assemblée générale et les instances régionales se réunissent au moins une fois par trimestre sur convocation de leur président. La convocation de l'assemblée générale et de ses instances régionales est de droit lorsqu'elle est demandée respectivement par l'un des ministres de tutelle ou par le responsable du service mentionné à l'article R. 155-1. Elle est également de droit sur demande respectivement de la moitié des membres de l'assemblée générale ou de ses instances régionales. Le président fixe l'ordre du jour. Les commissaires du Gouvernement représentant le ministère chargé de la sécurité sociale et le ministre chargé du budget assistent aux réunions de l'assemblée générale et peuvent être entendus à chaque fois qu'ils le demandent. Le responsable, ou son représentant, du service mentionné à l'article R. 155-1 peut également assister aux instances régionales du conseil et être entendu chaque fois qu'il le demande.

L'assemblée générale peut entendre toute personne ou organisation dont elle estime l'audition utile à son information.

Art. R. 612-2 Sauf lorsque les organisations mentionnées au 1° de l'article R. 612-1 ont conjointement, dans un délai de deux mois avant la date de son renouvellement, préalablement désigné en nombre égal des femmes et des hommes, il est procédé aux désignations des membres de l'assemblée générale mentionnés aux 1° et 2° de l'article R. 612-1 dans les conditions prévues à l'article R. 227-1.

Art. R. 612-3 Chaque organisation mentionnée aux 1° et 2° de l'article R. 612-1 est tenue de désigner des suppléants et suppléantes respectivement en même nombre que les titulaires femmes et hommes qu'elle a désignés.

Art. R. 612-4 Les dispositions de l'article R. 227-3 sont applicables aux membres de l'assemblée générale du Conseil de la protection sociale des travailleurs indépendants.

Art. R. 612-5 Les dispositions de l'article R. 121-1, à l'exception des 5° à 7°, sont applicables à l'assemblée générale.

L'assemblée générale établit, en outre, le règlement intérieur des instances régionales.

Art. R. 612-6 Le directeur du Conseil de la protection sociale des travailleurs indépendants est nommé après avis de l'assemblée générale.

Il met en œuvre les orientations adoptées par le Conseil et est chargé de prendre toutes décisions relatives à l'organisation et au fonctionnement des missions exercées par le Conseil et ses instances régionales. Il représente la Caisse nationale en justice et dans tous les actes de la vie civile. Il décide des actions en justice dans les matières relevant de sa compétence.

Il soumet à l'assemblée générale les documents mentionnés aux quatrième à huitième alinéas de l'article R. 122-3 et assure les fonctions mentionnés aux dixième à douzième alinéas du même article.

Il recrute et a autorité, dans les conditions mentionnées au deuxième alinéa de l'article R. 122-3, sur le personnel employé par le Conseil ou mis à sa disposition, à l'exception de l'agent comptable.

Le directeur signe les marchés, conventions et transactions au sens de l'article 2044 du code civil.

Il peut déléguer sa signature dans les conditions fixées au treizième alinéa de l'article R. 122-3.

Le directeur rend compte à l'assemblée générale, et le cas échéant aux instances régionales, de la gestion du Conseil après la clôture de chaque exercice.

Il rend également compte périodiquement à l'assemblée générale, et le cas échéant aux instances régionales, de la mise en œuvre des orientations qu'elle définit.

L'agent comptable du Conseil de la protection sociale des travailleurs indépendants est nommé par arrêté conjoint des ministres chargés de la sécurité sociale et du budget.

Art. R. 612-7 Les dispositions des articles R. 221-3 à R. 221-5 et R. 231-2 et des deux derniers alinéas de l'article R. 231-4 sont applicables au fonctionnement de l'assemblée générale et de ses instances régionales.

Le contrôle du Conseil de la protection sociale des travailleurs indépendants est exercé par le ministre chargé de la sécurité sociale et par le ministre chargé du budget. L'opposition prévue à l'article L. 224-10 est exercée par ces mêmes ministres.

Les dispositions des articles R. 151-1 à R. 151-3, R. 153-9, R. 155-1, R. 155-3, R. 281-1 à R. 281-3 et R. 281-7 sont applicables aux instances régionales du Conseil de la protection sociale des travailleurs indépendants. Pour l'application aux instances régionales des dispositions des articles L. 151-1 et R. 151-1, la référence à la Caisse nationale est remplacée par la référence à l'assemblée générale du Conseil de la protection sociale des travailleurs indépendants.

Les dispositions des articles R. 200-2 à R. 200-6, des trois premiers alinéas de l'article R. 224-3, et de l'article R. 224-5 sont applicables à l'assemblée générale du Conseil de la protection sociale des travailleurs indépendants.

Lorsque le Conseil de la protection sociale des travailleurs indépendants est saisi par le ministre chargé de la sécurité sociale et le ministre chargé du budget de la proposition de nomination du directeur, son assemblée générale dispose d'un délai de onze jours à compter de sa saisine pour communiquer son avis.

Art. R. 612-8 En ce qui concerne leur assurance vieillesse complémentaire ou leur assurance invalidité décès, les réclamations, relevant de l'article L. 142-1, formées par les travailleurs indépendants et leurs demandes de remise de dettes sont soumises à des commissions constituées dans chaque instance régionale qui fonctionnent selon les modalités prévues par la section II du chapitre II du titre IV du livre Ier, sous réserve des dispositions des alinéas suivants du présent article.

(Décr. no 2018-928 du 29 oct. 2018, art. 12, en vigueur le 1er janv. 2019) « Les travailleurs indépendants peuvent requérir que les réclamations, relevant de l'article L. 142-1, qu'ils forment en ce qui concerne leurs cotisations et contributions sociales ainsi que leurs demandes de remise de pénalités ou majorations applicables à ces mêmes cotisations ou contributions soient soumises, préalablement aux commissions de recours amiable des organismes mentionnés aux articles L. 213-1 et L. 752-4, à celles mentionnées au premier alinéa. Dans ce cas, les commissions de recours amiable des organismes mentionnés aux articles L. 231-1 et L. 752-4 sont tenues de suivre l'avis des commissions mentionnées au premier alinéa sauf opposition à la majorité des trois-quarts. »

Le présent article n'est pas applicable aux prestations servies par les organismes mentionnés aux articles L. 641-1 et L. 723-1 et aux cotisations recouvrées par ces mêmes organismes.

Art. R. 612-9 I. — Les réclamations, formulées par les travailleurs indépendants, qui concernent leurs relations avec l'un des organismes mentionnés aux articles L. 211-1, L. 213-1, L. 215-1, L. 216-4 et L. 752-4 et qui portent sur leurs cotisations ou contributions de sécurité sociale ou le service de leurs prestations peuvent être présentées, sans préjudice des voies de recours existantes, au médiateur régional de la protection sociale des travailleurs indépendants.

Le médiateur régional est désigné par l'instance régionale de la protection des travailleurs indépendants. Il est compétent à l'égard de l'ensemble des organismes dont le siège administratif est situé dans la circonscription de l'instance régionale.

Il formule auprès du directeur ou des services de l'organisme concerné des recommandations pour le traitement de ces réclamations, dans le respect des dispositions législatives et règlementaires en vigueur.

II. — La réclamation ne peut être traitée par le médiateur que si :

1° Elle a été précédée d'une démarche des travailleurs indépendants auprès des services concernés de l'organisme ;

2° Aucune des procédures prévues aux articles R. 142-1, L. 243-6-3, L. 243-6-5 et L. 243-7 n'a été engagée.

L'engagement d'une des procédures mentionnées à l'alinéa précédent met fin à la médiation.

Le délai mentionné au deuxième alinéa de l'article R. 142-1 est suspendu pendant la phase de médiation. Celle-ci s'achève lorsque le médiateur régional en fait état auprès du travailleur indépendant et au plus tard au bout de trois mois.

III. — Le médiateur national définit l'organisation générale du traitement des réclamations par les médiateurs régionaux, coordonne et anime le travail de ces derniers.

Il formule, dans le rapport prévu au dernier alinéa de l'article L. 612-3, les propositions qui lui paraissent de nature à améliorer le fonctionnement du service rendu aux travailleurs indépendants.

IV. — Les médiateurs régionaux exercent leur activité à titre bénévole. Ils perçoivent une indemnité forfaitaire représentative de frais dont le montant est fixé par arrêté du ministre chargé de la sécurité sociale.

Art. R. 612-10 Le Conseil de la protection sociale des travailleurs indépendants établit, de manière séparée, les comptes :

a) Du régime d'assurance invalidité-décès mentionné à l'article L. 632-1 ;

b) Du régime complémentaire obligatoire d'assurance vieillesse mentionné à l'article L. 635-1.

Il est soumis au contrôle économique de l'État dans les conditions fixées par le décret no 55-733 du 26 mai 1955 relatif au contrôle économique et financier de l'État.

CHAPITRE III *[ABROGÉ]* CHAMP D'APPLICATION ET PRESTATIONS D'ASSURANCE MALADIE *(Décr. n° 2006-83 du 27 janv. 2006, art. 3-III-1°).*

(Abrogé par Décr. n° 2018-174 du 9 mars 2018, art. 15-I, à compter du 1er janv. 2018)

Sur l'entrée en vigueur des dispositions issues du Décr. n° 2018-174 du 9 mars 2018, V. dispositions transitoires ss. le titre Ier du livre VI.

SECTION PREMIÈRE *[ABROGÉE]* GÉNÉRALITÉS

SOUS-SECTION 1 *[ABROGÉE]* CHAMP D'APPLICATION

Art. R. 613-1 (Abrogé par Décr. n° 2014-1690 du 30 déc. 2014, art. 28-1°) *L'âge auquel les personnes mentionnées au 3° de l'article* (Décr. n° 2006-83 du 27 janv. 2006) *« L. 613-1 » sont affiliées au régime d'assurance maladie et maternité institué par le présent titre est fixé à cinquante-cinq ans.* — [Anc. art. R. 615-1.]

Les dispositions du Décr. n° 2014-1690 du 30 déc. 2014 sont applicables aux cotisations et aux contributions de sécurité sociale dues au titre des périodes courant à compter du 1er janv. 2015 (Décr. préc., art. 29-I).

SOUS-SECTION 2 *[ABROGÉE]* SITUATIONS PARTICULIÈRES

(Abrogée par Décr. n° 2015-875 du 16 juill. 2015, art. 1er-2°)

Art. R. 613-3 *Est présumée exercer, à titre principal, une activité non salariée, la personne qui exerce simultanément au cours d'une année civile, d'une part, une ou plusieurs activités non salariées entraînant affiliation au régime d'assurance maladie et maternité des travailleurs non salariés des professions non agricoles ou au régime de l'assurance maladie, invalidité et maternité des exploitants agricoles, d'autre part, une ou plusieurs activités professionnelles entraînant affiliation au régime général ou à un régime spécial ou particulier de sécurité sociale applicable aux salariés ou assimilés.*

Toutefois, l'activité salariée ou assimilée est réputée avoir été son activité principale, si l'intéressée a accompli, au cours de l'année de référence, au moins 1 200 heures de travail salarié ou assimilé lui ayant procuré un revenu au moins égal à celui retiré par elle de ses activités non salariées ci-dessus mentionnées.

Un arrêté du ministre chargé de la sécurité sociale détermine les périodes assimilées à des heures de travail salarié et fixe pour les salariés et assimilés qui ne sont pas rémunérés à l'heure les bases de calcul du nombre annuel d'heures de travail auquel l'activité exercée par eux est réputée correspondre. — [Anc. art. R. 615-3.]

Art. R. 613-4 *Est réputée exercer, à titre principal, une activité non salariée, la personne qui exerce simultanément au cours d'une année civile, d'une part, une ou plusieurs activités non salariées entraînant affiliation au régime d'assurance maladie et maternité des travailleurs non salariés des professions non agricoles ou au régime de l'assurance maladie, invalidité et maternité des exploitants agricoles, d'autre part, une activité professionnelle entraînant affiliation au régime agricole des assurances sociales des salariés.*

Toutefois, l'activité salariée ou assimilée est réputée avoir été son activité principale si l'intéressée justifie avoir occupé au cours de chacun des semestres de l'année de référence un emploi salarié ou assimilé pendant le temps nécessaire pour avoir droit aux prestations de l'assurance maladie dans les conditions prévues au 1° de l'article 7 du décret du 20 avril 1950 modifié [article abrogé sauf en tant qu'il concerne les personnes mentionnées à l'art. 1025 C. rur.], *sans que le temps ainsi déterminé puisse être inférieur à 1 200 heures au cours de ladite année, et à condition qu'elle ait retiré de ce travail un revenu au moins égal à celui que lui ont procuré ses activités non salariées ci-dessus mentionnées.*

Un arrêté du ministre chargé de l'agriculture détermine les périodes assimilées à des heures de travail salarié et fixe, pour les salariés agricoles ou assimilés qui ne sont pas rémunérés à l'heure, les bases de calcul du nombre annuel d'heures de travail auquel l'activité exercée par eux est réputée correspondre. — [Anc. art. R. 615-4.]

Art. R. 613-5 *Lorsqu'une personne exerce, en même temps qu'une activité non salariée entraînant affiliation au régime d'assurance maladie et maternité des travailleurs non salariés des professions non agricoles ou au régime de l'assurance maladie, invalidité et maternité* *des exploitants agricoles, une activité salariée mentionnée à l'article* (Décr. n° 2006-83 du 27 janv. 2006) *« R. 613-3 » et une activité salariée mentionnée à l'article* (Décr. n° 2006-375 du 29 mars 2006) *« R. 613-4 », le nombre d'heures de travail accomplies par elle dans chacune de ces deux dernières activités et les revenus qu'elle en a retirés sont additionnés dans des conditions fixées par arrêté afin de déterminer, pour l'application des articles* (Décr. n° 2006-83 du 27 janv. 2006) *« R. 613-3 » et* (Décr. n° 2006-375 du 29 mars 2006) *« R. 613-4 », si cette personne doit être réputée exercer à titre principal une activité non salariée.* — [Anc. art. R. 615-5.]

Art. R. 613-6 *Lorsque, au cours d'une année civile, une personne a exercé plusieurs activités professionnelles dont l'une relève soit de celles mentionnées à l'article* (Décr. n° 2006-83 du 27 janv. 2006) *« L. 613-1 », soit de celles qui donnent lieu à l'application du régime de l'assurance maladie, invalidité et maternité des exploitants agricoles, la détermination de l'activité principale* (Décr. n° 2002-588 du 23 avr. 2002) *« a lieu au plus tard le 31 décembre suivant l'expiration de cette année civile, pour prendre effet, le cas échéant, au 1er janvier suivant ».*

Aucun changement de régime ne peut intervenir au cours de la période (Décr. n° 2001-372 du 26 avr. 2001, art. 3) *« de trois années » s'ouvrant* (Décr. n° 2002-588 du 23 avr. 2002) *« au 1er janvier », sauf dans le cas où l'intéressée cesse d'exercer l'activité principale qui a déterminé le rattachement au régime dont elle relève.*

Les dispositions de l'alinéa précédent ne font pas obstacle à l'application de celles prévues en matière de coordination entre le régime agricole et les autres régimes de sécurité sociale ou entre le régime général et les régimes spéciaux d'assurances sociales en ce qui concerne les prestations en cas de maladie, de maternité, d'invalidité et de décès. — [Anc. art. R. 615-6.]

Art. R. 613-7 *Lorsqu'une personne bénéficie au titre de régimes différents de plusieurs avantages, pensions ou rentes d'invalidité ou de vieillesse servies en application soit de la réglementation applicable aux régimes spéciaux mentionnés à l'article L. 711-1 du présent code, soit du livre III, du titre II du présent livre ou des chapitres Ier et III du titre Ier du livre VIII du même code, soit des chapitres II, III-1 et IV du titre II du livre VII du code rural et de la pêche maritime, son activité principale est déterminée comme suit :*

1° Si cette personne bénéficie en même temps d'une pension ou rente acquise à titre personnel et d'un avantage de réversion, elle est réputée avoir exercé à titre principal l'activité qui lui a ouvert droit à l'avantage acquis à titre personnel ;

2° Si cette personne bénéficie en même temps, à titre personnel, de plusieurs avantages de même nature, soit au titre de l'invalidité, soit au titre de la vieillesse, elle est réputée avoir exercé à titre principal l'activité correspondant au régime dans lequel elle compte le plus grand nombre d'années de cotisation. Dans le cas où l'un ou plusieurs des avantages sont de caractère non contributif, est réputée activité principale celle qui a été exercée pendant le plus grand nombre d'années. — [Anc. art. R. 615-7.]

Art. R. 613-8 *Pour l'application de l'article* (Décr. n° 2006-83 du 27 janv. 2006) *« L. 613-6 », est fixée à trois ans la durée exigée de rattachement au régime d'assurance maladie et maternité auquel l'intéressé était affilié au moment de la cessation de son activité professionnelle ou de l'ouverture de ses droits à pension de réversion.* —[Anc. art. R. 615-8.]

Art. R. 613-9 *Un arrêté conjoint du ministre chargé de la sécurité sociale et du ministre chargé de l'agriculture détermine les modalités d'application des articles* (Décr. n° 2006-83 du 27 janv. 2006) *« R. 613-2 à R. 613-7 ».* — V. Arr. du 2 août 1968 (D. 1968. 263 ; BLD 1968. 464) et Arr. du 16 juin 1969 (D. et BLD 1969. 295) : professions agricoles. — [Anc. art. R. 615-9.]

SOUS-SECTION 3 *[ABROGÉE]* AFFILIATION *(Décr. n° 2017-736 du 3 mai 2017, art. 1er-11°).*

Art. R. 613-10 *Les personnes qui relèvent à titre obligatoire du régime d'assurance maladie et maternité des travailleurs non salariés des professions non agricoles sont* (Décr. n° 2014-1690 du 30 déc. 2014, art. 14) *« affiliées et radiées dans les conditions fixées par la présente sous-section.* — [Anc. art. R. 615-10.]

« La date d'effet de l'affiliation ou de la radiation est le jour du début ou de la fin de l'activité professionnelle. »

Les dispositions du Décr. n° 2014-1690 du 30 déc. 2014 sont applicables aux cotisations et aux contributions de sécurité sociale dues au titre des périodes courant à compter du 1er janv. 2015 (Décr. préc., art. 29-I).

Art. R. 613-11 (Abrogé par Décr. n° 2015-875 du 16 juill. 2015, art. 1er-3°) *Les personnes mentionnées à l'article* (Décr. n° 2006-83 du 27 janv. 2006) *« R. 613-10 » relèvent de la* (Décr. n° 2006-375 du 29 mars 2006) *« caisse de base » dans la circonscription de laquelle est située leur résidence* (Décr. n° 2006-83 du 27 janv. 2006) *« principale » et correspondant, le cas échéant, à leur groupe professionnel déterminé dans les conditions prévues aux articles* (Décr. n° 2006-83 du 27 janv. 2006) *« R. 613-12 à R. 613-15 ».*

Art. R. 613-12 (Abrogé par Décr. n° 2017-864 du 9 mai 2017, art. 6-I) *Les personnes relevant du régime institué par le présent titre appartiennent au groupe professionnel auquel elles sont rattachées pour l'application du titre II du présent livre.* — [Anc. art. R. 615-12.]

Art. R. 613-13 (Abrogé par Décr. n° 2017-864 du 9 mai 2017, art. 6-I) *Les personnes mentionnées à l'article* (Décr. n° 2006-83 du 27 janv. 2006) *« R. 613-12 », bénéficiant, au titre de l'exercice passé d'activités non salariées non agricoles, de plusieurs avantages servis par des organisations* (Abrogé par Décr. n° 2006-83 du 27 janv. 2006) *« autonomes » d'allocation de vieillesse différentes, appartiennent au groupe professionnel correspondant à leur activité principale définie selon les règles fixées ci-après :*

1° Si une personne bénéficie en même temps d'une pension ou rente acquise à titre personnel et d'un avantage de réversion, elle est réputée avoir exercé à titre principal l'activité qui lui a ouvert droit à l'avantage acquis à titre personnel ;

2° Si une personne bénéficie à titre personnel d'une pension d'invalidité ou d'un avantage de vieillesse substitué et d'une pension, rente ou allocation de vieillesse, elle est réputée avoir exercé à titre principal l'activité au titre de laquelle elle perçoit la pension d'invalidité ou l'avantage de vieillesse substitué ;

3° Si une personne bénéficie en même temps, à titre personnel, de plusieurs pensions, rentes ou allocations de vieillesse de même nature, elle est réputée avoir exercé à titre principal l'activité correspondant à l'avantage pour lequel elle compte le plus grand nombre d'années de cotisations. Dans le cas où l'un ou plusieurs des avantages sont de caractère non contributif, est réputée activité principale celle qui a été exercée pendant le plus grand nombre d'années. — [Anc. art. R. 615-13.]

Art. R. 613-14 (Abrogé par Décr. n° 2017-864 du 9 mai 2017, art. 6-I) *Les personnes qui bénéficient d'une allocation ou d'une pension servie par l'une des organisations* (Abrogé par Décr. n° 2006-83 du 27 janv. 2006) *« autonomes » mentionnées aux 1°, 2° et 3° de l'article L. 621-3 et qui exercent une activité non salariée non agricole relevant d'un autre groupe de professions, sont rattachées au groupe professionnel correspondant à leur allocation ou pension.* — [Anc. art. R. 615-14.]

Art. R. 613-15 (Abrogé par Décr. n° 2015-875 du 16 juill. 2015, art. 1er-3°) *En cas de litige portant sur l'appartenance à un groupe professionnel d'une personne mentionnée à l'article* (Décr. n° 2006-83 du 27 janv. 2006) *« R. 613-12 », cette personne est rattachée au groupe professionnel correspondant à l'organisation* (Abrogé par Décr. n° 2006-83 du 27 janv. 2006) *« autonome » d'allocation de vieillesse à laquelle elle se trouve affiliée pour l'application du titre II du présent livre, même si cette affiliation est contestée. Si cette personne n'est pas affiliée à une organisation* (Abrogé par Décr. n° 2006-83 du 27 janv. 2006) *« autonome » d'allocation de vieillesse, elle est tenue de choisir un groupe professionnel de rattachement parmi ceux dont elle est susceptible de relever, compte tenu des règles posées aux articles* (Décr. n° 2006-83 du 27 janv. 2006) *« R. 613-12, R. 613-13 et R. 613-14 ».*

Les rattachements effectués en vertu des dispositions du premier alinéa du présent article conservent leur effet jusqu'à ce que l'appartenance de l'intéressé à l'un des groupes professionnels soit établie. — [Anc. art. R. 615-15.]

Art. R. 613-16 *Les organisations* (Abrogé par Décr. n° 2006-83 du 27 janv. 2006) *« autonomes » d'allocations de vieillesse mentionnées aux 1°, 2° et 3° de l'article L. 621-3 et la Caisse nationale des barreaux français communiquent au régime d'assurance maladie et maternité des travailleurs non salariés des professions non agricoles, avant le 15 du premier mois de chaque trimestre, la liste nominative des personnes entrant en jouissance d'un des* *avantages qu'elles servent ou cessant de bénéficier de ces avantages. Cette liste comporte l'indication de l'adresse des intéressés.* — [Anc. art. R. 615-16.]

Art. R. 613-17 (Décr. n° 2014-1690 du 30 déc. 2014, art. 18) *Lors de la déclaration de son activité indépendante auprès du centre de formalités des entreprises compétent, l'assuré désigne l'organisme conventionné de son choix afin que celui-ci assure, pour le compte de la caisse de base de rattachement de l'assuré, les missions fixées* (Décr. n° 2017-656 du 27 avr. 2017, art. 2-7°) *« au troisième alinéa de l'article L. 160-17 ».*

Si l'assuré n'a pas procédé à cette désignation, la caisse de base procède à l'affiliation d'office de l'intéressé auprès d'un organisme conventionné. Les affiliations d'office sont réparties entre les organismes conventionnés compte tenu du nombre d'adhésions recueillies par chacun, sous réserve de la nécessité de n'affecter à un organisme que des membres d'une profession dont les statuts permettent l'adhésion.

Les décisions relatives à l'affiliation d'office sont notifiées dans un délai d'un mois par la caisse de base aux personnes intéressées et aux organismes conventionnés auxquels ces dernières sont affiliées. Sans préjudice des voies de recours ouvertes aux assurés et aux organismes intéressés, ces décisions peuvent être contestées par les organismes conventionnés devant la Caisse nationale dans un délai d'un mois à compter de la notification des affiliations.

V. note ss. art. R. 613-10.

Art. R. 613-18 (Abrogé par Décr. n° 2014-1690 du 30 déc. 2014, art. 28-1°) *Le bulletin d'immatriculation et d'affiliation est conforme au modèle arrêté par le ministre chargé de la sécurité sociale, sur proposition de la Caisse nationale.* — [Anc. art. R. 615-18.] — V. note ss. art. R. 613-10.

Art. R. 613-19 (Abrogé par Décr. n° 2014-1690 du 30 déc. 2014, art. 28-1°) *Dans le délai d'un mois à compter de la réception du document d'immatriculation et d'affiliation dûment rempli, la* (Décr. n° 2006-83 du 27 janv. 2006) *« caisse de base » :*

1° immatricule l'intéressé et l'affilie à l'organisme conventionné de son choix ;

2° notifie sa décision d'accord à l'intéressé et à l'organisme conventionné auquel il a demandé à être affilié, ou sa décision de rejet au seul intéressé.

En cas d'accord, la notification adressée à l'assuré comporte son numéro d'immatriculation, qui est conforme au numéro d'identification national établi par l'Institut national de la statistique et des études économiques, ainsi que le nom de l'organisme auquel il est affilié. — [Anc. art. R. 615-19.]

V. note ss. art. R. 613-10.

Art. R. 613-20 (Abrogé par Décr. n° 2014-1690 du 30 déc. 2014, art. 28-1°) *Si les personnes mentionnées à l'article* (Décr. n° 2006-83 du 27 janv. 2006) *« R. 613-10 » n'ont pas fourni dans le délai fixé à l'article* (Décr. n° 2006-83 du 27 janv. 2006) *« R. 613-17 » le bulletin d'immatriculation et d'affiliation dûment rempli à la* (Décr. n° 2006-83 du 27 janv. 2006) *« caisse de base », celle-ci leur adresse une lettre recommandée avec demande d'avis de réception les mettant en demeure de retourner, dans un délai de quinze jours, ce document rempli.* — [Anc. art. R. 615-20.] — V. note ss. art. R. 613-10.

Art. R. 613-21 (Abrogé par Décr. n° 2014-1690 du 30 déc. 2014, art. 28-1°) *A défaut de réponse dans le délai mentionné à l'article* (Décr. n° 2006-83 du 27 janv. 2006) *« R. 613-20 » les intéressés sont immatriculés d'office à la* (Décr. n° 2006-83 du 27 janv. 2006) *« caisse de base » et affiliés d'office auprès d'un organisme conventionné. L'affiliation d'office est prononcée également lorsque les intéressés n'ont pas fait connaître leur choix concernant l'organisme d'affiliation.*

Les affiliations d'office auprès des organismes conventionnés sont effectuées conformément aux dispositions de l'article (Décr. n° 2006-83 du 27 janv. 2006) *« R. 613-25 ». Les décisions de la* (Décr. n° 2006-83 du 27 janv. 2006) *« caisse de base » sont prononcées et notifiées dans le délai d'un mois aux personnes concernées et à l'organisme conventionné auquel elles sont affiliées. Sans préjudice des voies de recours ouvertes aux assurés et aux organismes intéressés, ces décisions peuvent être contestées par les organismes conventionnés devant* (Décr. n° 2006-83 du 27 janv. 2006) *« la Caisse nationale » dans un délai d'un mois à compter de la notification des affiliations.* — [Anc. art. R. 615-21.] — V. note ss. art. R. 613-10.

Art. R. 613-22 *L'affiliation à un organisme conventionné prend effet à compter du jour où l'intéressé remplit les conditions d'assujettissement au régime.* — [Anc. art. R. 615-22.]

Art. R. 613-23 *Le choix des assurés entre les organismes avec lesquels* (Décr. n° 2007-1752 du 13 déc. 2007, art. 3) *« la Caisse nationale » a passé convention* (Abrogé par Décr. n° 2017-656 du 27 avr. 2017, art. 2-8°) *« , prévu* (Décr. n° 2007-1752 du 13 déc. 2007, art. 3) *« au premier alinéa de l'article L. 611-21 » est valable pour l'année civile en cours et* (Décr. n° 92-123 du 3 févr. 1992, art. 3) *« l'année suivante » et se renouvelle par tacite reconduction, sauf dénonciation adressée par lettre recommandée, trois mois au moins avant l'expiration de chaque période* (Décr. n° 92-123 du 3 févr. 1992, art. 3) *« annuelle », à la* (Décr. n° 2007-1752 du 13 déc. 2007) *« Caisse nationale » à laquelle se trouve affilié l'intéressé.*

Pour être valable, la dénonciation doit indiquer le nouvel organisme habilité choisi par l'assuré.

(Décr. n° 94-625 du 22 juill. 1994, art. 2) *« Dans le cas d'une fusion d'*(Décr. n° 2007-1752 du 13 déc. 2007, art. 3) *« organismes conventionnés », dans les conditions prévues à l'article* (Décr. n° 2007-1752 du 13 déc. 2007, art. 3) *« R. 611-84 » du présent code, ou dans le cas d'une adhésion à un groupement* (Abrogé par Décr. n° 2004-890 du 26 août 2004, art. 8-II) *« régional » de sociétés d'assurance*[s] *conventionné par la* (Décr. n° 2007-1752 du 13 déc. 2007) *« Caisse nationale », les assurés concernés sont affiliés de plein droit à l'organisme résultant de la fusion ou au groupement auquel l'organisme a adhéré. Cette affiliation ne fait pas obstacle à l'exercice par les assurés de la faculté de dénonciation dans les conditions prévues aux alinéas ci-dessus. »* — [Anc. art. R. 615-23.]

(Décr. n° 2017-656 du 27 avr. 2017, art. 2-8°) *« Le directeur général de la Caisse nationale, après concertation avec l'organe national représentant les organismes conventionnés, définit la liste des organismes conventionnés pouvant recevoir les flux d'affiliations et* [de] *mouvements d'assurés ayant notifié à la Caisse nationale un nouveau choix, afin d'accompagner les projets de fusion et* [de] *rapprochements des organismes conventionnés. »*

Art. R. 613-24 *Lorsque l'organisme auquel il est affilié a cessé de se voir confier le soin d'assurer les opérations prévues à* (Décr. n° 2017-656 du 27 avr. 2017, art. 2-9°) *« l'article L. 160-17 », l'assuré est invité par la* (Décr. n° 2006-83 du 27 janv. 2006) *« caisse de base » à formuler un nouveau choix, dans un délai d'un mois.* — [Anc. art. R. 615-24.]

Art. R. 613-25 (Décr. n° 2014-1690 du 30 déc. 2014, art. 20) *Si les assurés, dans le cas prévu à l'article R. 613-24, ont omis de désigner l'organisme auquel ils choisissent d'être affiliés, dans le délai imparti à l'invitation de la caisse de base, ils sont affiliés d'office auprès d'un organisme conventionné dans les conditions prévues aux deuxième et troisième alinéas de l'article R. 613-17.* — V. note ss. art. R. 613-10.

Art. R. 613-26 *Toute personne immatriculée doit, dans un délai de trente jours, faire connaître tout changement de résidence et toute modification intervenue dans ses activités professionnelles ou sa situation à l'égard des régimes légaux ou réglementaires d'assurance vieillesse ou d'assurance invalidité, qui peuvent soit entraîner son rattachement à une autre* (Décr. n° 2006-83 du 27 janv. 2006) *« caisse de base » ou son affiliation à un autre organisme conventionné, soit lui ouvrir droit aux prestations du régime institué par le présent titre, soit entraîner sa radiation de ce régime.*

Les personnes affiliées à un organisme conventionné adressent cette déclaration à l'organisme dont elles relèvent, à charge pour celui-ci de la transmettre à la (Décr. n° 2006-83 du 27 janv. 2006) *« caisse de base » dans un délai de huit jours ; les personnes immatriculées mais non affiliées à un organisme conventionné envoient directement cette déclaration à la* (Décr. n° 2006-83 du 27 janv. 2006) *« caisse de base » intéressée.* — [Anc. art. R. 615-26.]

Art. R. 613-27 *Dans un délai d'un mois à compter du jour où elle en est informée, la* (Décr. n° 2006-83 du 27 janv. 2006) *« caisse de base » tire les conséquences des changements qui lui ont été signalés et notifie la décision prise à l'intéressé et à l'organisme auquel il est affilié. La* (Décr. n° 2006-83 du 27 janv. 2006) *« caisse de base » procède à la radiation des personnes qui cessent de remplir les conditions d'affiliation au régime.* — [Anc. art. R. 615-27.]

Art. R. 613-27-1 (Décr. n° 2017-864 du 9 mai 2017, art. 3-I) *« Les directeurs des organismes mentionnés à l'article L. 611-3 procèdent à la radiation des travailleurs indépen-*

dants en application des dispositions de l'article L. 133-6-7-1 à la demande des organismes mentionnés à l'article L. 133-1-2 ou de tout autre organisme de sécurité sociale. »

Lorsque (Décr. n° 2017-864 du 9 mai 2017, art. 3-I) *« les directeurs mentionnés au premier alinéa envisagent » de procéder à la radiation d'un travailleur indépendant en application des dispositions de l'article L. 133-6-7-1,* (Décr. n° 2017-864 du 9 mai 2017, art. 3-I) *« ils informent les organismes des » autres régimes de sécurité sociale auxquels ce dernier est affilié de l'engagement à l'encontre de celui-ci d'une procédure de radiation et leur communique* [communiquent] *toute information justifiant la radiation.*

Les organismes informés en application de l'alinéa précédent peuvent, dans le délai de quinze jours à compter de la date de réception de l'information, transmettre tout élément de nature à établir la poursuite de l'activité ou le caractère injustifié de la procédure de radiation. A l'expiration de ce délai, (Décr. n° 2017-864 du 9 mai 2017, art. 3-I) *« les directeurs mentionnés au premier alinéa informent » le travailleur indépendant, par tout moyen permettant de rapporter la preuve de sa date de réception, de ses obligations déclaratives et, le cas échéant, du montant des cotisations dues ainsi que de l'engagement d'une procédure de radiation à son encontre. Le travailleur indépendant est informé également de la date d'effet de la radiation.*

Le travailleur indépendant dispose d'un mois à compter de la date de réception de cette information pour faire valoir ses observations, notamment quant à la poursuite de la procédure de radiation, et fournir, le cas échéant, les déclarations de revenus qui n'ont pas été adressées. En l'absence de réponse ou de transmission des déclarations de revenus manquantes, (Décr. n° 2017-864 du 9 mai 2017, art. 3-I) *« les directeurs mentionnés au premier alinéa peuvent » procéder à la radiation de cette personne.*

La décision de radiation est notifiée à l'intéressé par tout moyen permettant de rapporter la preuve de la date de sa réception. Elle mentionne les voies et délais de recours. — [Anc. art. R. 133-29-2.]

SOUS-SECTION 4 *[ABROGÉE]* DROITS AUX PRESTATIONS

Art. R. 613-28 *Cet art. est transféré à la sect. Ire du chap. Ier du titre II du présent livre (Décr. n° 2018-174 du 9 mars 2018, art. 15-I, en vigueur le 1er janv. 2018).*

Art. R. 613-29 (Abrogé par Décr. n° 2015-1865 du 30 déc. 2015, art. 8-1°, à compter du 1er janv. 2016) *Pendant la période définie au deuxième alinéa de l'article R. 615-6* [R. 613-6], *les intéressés sont réputés remplir, en tout état de cause, pour l'octroi des prestations en nature, les conditions d'ouverture des droits exigées, le cas échéant, dans le régime correspondant à l'activité qu'ils ont exercée à titre principal pendant la période de référence.* — [Anc. art. R. 615-29.]

Art. R. 613-30 *Les assurés malades ou blessés de guerre, qui bénéficient au titre de la législation des pensions militaires d'une pension d'invalidité à un taux inférieur à 85 % continuent de recevoir personnellement les soins auxquels ils ont droit au titre* (Décr. n° 2010-332 du 24 mars 2010, art. 1er-9°) *« de l'article L. 115 » du code des pensions militaires d'invalidité et des victimes de la guerre, suivant les prescriptions* (Décr. n° 2010-332 du 24 mars 2010, art. 1er-9°) *« dudit article ».*

Pour les maladies, blessures ou infirmités non mentionnées par la législation sur les pensions militaires, ils jouissent ainsi que leurs ayants droit des prestations prévues à l'article (Décr. n° 2006-83 du 27 janv. 2006) *« L. 613-14 » du présent code.*

Si, sur l'avis du contrôle médical, la (Décr. n° 2006-83 du 27 janv. 2006) *« caisse de base » conteste l'origine des maladies, blessures ou infirmités, il appartient aux assurés de faire la preuve que celles-ci ne relèvent pas de la législation sur les pensions militaires. Cette preuve est réputée faite lorsque l'assuré justifie d'une décision de rejet qui lui a été opposée par le service des soins gratuits.*

En ce cas la (Décr. n° 2006-83 du 27 janv. 2006) *« caisse de base » peut exercer au lieu et place de l'assuré les voies de recours ouvertes à celui-ci par ladite décision.* — [Anc. art. R. 615-30.]

Art. R. 613-31 *Lorsque des parents sont l'un et l'autre assurés à un régime d'assurance maladie et maternité, le rattachement des* (Décr. n° 2015-1865 du 30 déc. 2015, art. 8-2°) *« enfants en qualité d'ayants droit » à l'un ou à l'autre d'entre eux est régi par l'article R. 161-8.* — [Anc. art. R. 615-31.]

Art. R. 613-32 *Abrogé par Décr. n° 99-1049 du 15 déc. 1999, art. 8-II et 9, à compter du 1er oct. 2000. – [Anc. art. R. 615-32.]*

Art. R. 613-33 (Abrogé par Décr. n° 2015-1865 du 30 déc. 2015, art. 8-1°, à compter du 1er janv. 2016) *Les élèves des établissements d'enseignement publics ou privés, âgés de plus de vingt ans, qui ne bénéficient pas, à titre personnel, d'un régime de protection sociale leur garantissant des prestations en nature de l'assurance maladie et maternité, conservent la qualité d'ayants droit de leurs parents jusqu'à la fin de l'année scolaire au cours de laquelle ils atteignent leur vingt et unième anniversaire, s'il est justifié qu'ils ont interrompu leurs études pour cause de maladie dans les conditions définies ci-après.*

Pour l'application de l'alinéa qui précède, l'année scolaire est réputée commencer le 1er octobre et s'achever le 30 septembre suivant.

L'assuré doit justifier que le retard de la scolarité a été imputable à l'interruption d'études primaires, secondaires ou technologiques et que cette interruption a été causée par une maladie. La preuve peut être rapportée par tous moyens, notamment par la production de deux attestations délivrées, l'une par le médecin de l'hygiène scolaire, l'autre par le chef de l'établissement fréquenté par l'élève au moment où celui-ci atteint son vingtième anniversaire ou en établissant que l'affection, origine de l'interruption, a donné lieu aux examens prévus par l'article R. 615-69 [R. 613-69], *dans des conditions permettant de déterminer la réalité, l'origine et l'effet de l'interruption des études.*

Dans tous les cas, le bénéfice du recul de limite d'âge ne peut être accordé qu'après avis du service de contrôle médical. – [Anc. art. R. 615-33.]

Art. R. 613-34 *Après avis du contrôle médical, il peut être procédé au remboursement forfaitaire des soins dispensés hors de France aux assurés ou à leurs ayants droit qui sont tombés malades inopinément, sans que ce remboursement puisse excéder le montant de celui qui aurait été alloué si les intéressés avaient reçu les soins en France.*

Lorsque des assurés ou leurs ayants droit ne peuvent recevoir en France les soins appropriés à leur état, des conventions conclues entre les organismes qualifiés français, d'une part, et certains établissements de soins à l'étranger, d'autre part, peuvent, après autorisation du ministre chargé de la sécurité sociale, prévoir les conditions de séjour des intéressés dans lesdits établissements ainsi que les modalités de remboursement des soins dispensés.

Indépendamment des cas mentionnés à l'alinéa précédent et à titre exceptionnel, il peut être procédé, après avis favorable du contrôle médical, au remboursement forfaitaire des soins dispensés hors de France à un assuré ou à l'un de ses ayants droit, si l'intéressé établit qu'il ne peut recevoir, sur le territoire français, les soins appropriés à son état. – [Anc. art. R. 615-34.]

Art. R. 613-35 (Abrogé par Décr. n° 2015-1865 du 30 déc. 2015, art. 8-1°, à compter du 1er janv. 2016) *La* (Décr. n° 2006-83 du 27 janv. 2006) *« caisse de base » a la responsabilité de décider de la prise en charge par le régime des ayants droit des assurés. La convention type prévue au deuxième alinéa de l'article R. 611-128 fixe les modalités suivant lesquelles s'effectue cette prise en charge.* – [Anc. art. R. 615-35.]

SOUS-SECTION 5 *[ABROGÉE]* SERVICE DES PRESTATIONS

Art. R. 613-36 et R. 613-37 *Abrogés par Décr. n° 97-1321 du 30 déc. 1997, art. 3-I. – [Anc. art. R. 615-36 et R. 615-37.]*

Art. R. 613-38 *Au reçu des documents prévus* (Décr. n° 97-1321 du 30 déc. 1997, art. 2-II) *« à l'article R. 161-41 », l'organisme conventionné déclenche, s'il y a lieu, le contrôle médical.* – [Anc. art. R. 615-38.]

Art. R. 613-39 *Au vu de la feuille de soins médicaux ou de la feuille de soins dentaires attestant, d'une part, que les soins ont été dispensés ou les prothèses effectuées, d'autre part, que le montant de ces actes a été effectivement payé, l'organisme conventionné calcule le montant des prestations dues sur la base des tarifs fixés dans les conditions prévues à l'article* (Décr. n° 2006-83 du 27 janv. 2006) *« R. 613-44 ».* – [Anc. art. R. 615-39.]

Art. R. 613-40 *L'organisme conventionné établit le décompte des prestations dues en utilisant un imprimé du modèle fixé par la Caisse nationale et approuvé par le ministre chargé de la sécurité sociale. Les prestations doivent être réglées par l'organisme dans les* (Décr.

n° 94-625 du 22 juill. 1994, art. 3) *« dix » jours qui suivent la réception des documents mentionnés à l'article* (Décr. n° 2006-83 du 27 janv. 2006) *« R. 613-36 », sous réserve des cas prévus au deuxième alinéa du présent article et des cas où l'organisme conventionné doit, préalablement au versement des prestations, prendre l'avis du contrôle médical ou obtenir l'accord de la* (Décr. n° 2006-83 du 27 janv. 2006) *« caisse de base ».*

Les demandes de remboursement rejetées, parce qu'elles sont incomplètes ou pour toute autre raison, sont retournées à l'assuré dans les (Décr. n° 94-625 du 22 juill. 1994, art. 3) *« dix » jours suivant leur réception, avec les motifs du rejet.* — [Anc. art. R. 615-40.]

Art. R. 613-41 *Les prestations sont réglées directement à l'assuré, soit par virement au compte bancaire* (Abrogé par Décr. n° 2006-1115 du 5 sept. 2006, art. 6) *« , postal » ou d'épargne qu'il a désigné sur sa feuille de soins, soit par chèque bancaire* (Abrogé par Décr. n° 2006-1115 du 5 sept. 2006, art. 6) *« ou postal, » ou, à défaut, selon les modalités fixées par le règlement intérieur de la* (Décr. n° 2006-83 du 27 janv. 2006) *« caisse de base ».* — [Anc. art. R. 615-41.]

Art. R. 613-42 et R. 613-43 *Abrogés par Décr. n° 99-1049 du 15 déc. 1999, art. 8, à compter du 1er janv. 2000. — [Anc. art. R. 615-42 et R. 615-43.]*

SECTION II *[ABROGÉE]* DISPOSITIONS RELATIVES AUX SOINS — CONTRÔLE MÉDICAL

SOUS-SECTION 1 *[ABROGÉE]* DISPOSITIONS GÉNÉRALES

Art. R. 613-44 *Conformément à l'article* (Décr. n° 2006-83 du 27 janv. 2006) *« L. 613-12 », les tarifs des honoraires, y compris les frais accessoires, dus aux praticiens et aux auxiliaires médicaux par les assurés sont fixés dans les conditions prévues par les articles L. 162-5 à L. 162-11 et par les textes réglementaires pris pour leur application.* — [Anc. art. R. 615-44.]

Art. R. 613-45 *Les tarifs des frais mentionnés à l'article* (Décr. n° 2006-83 du 27 janv. 2006) *« L. 613-14 » sont fixés dans les mêmes conditions qu'en matière d'assurance maladie et maternité du régime général de sécurité sociale, les attributions confiées, le cas échéant, aux organismes de ce régime dans l'établissement de ces tarifs étant exercées par chaque* (Décr. n° 2006-375 du 29 mars 2006) *« caisse de base ».* — [Anc. art. R. 615-45.]

Art. R. 613-46 *Pour l'application de l'article L. 162-35, les organismes conventionnés sont tenus de signaler à la* (Décr. n° 2006-375 du 29 mars 2006) *« caisse de base » les dépassements d'honoraires qu'ils constatent.* — [Anc. art. R. 615-46.]

Art. R. 613-47 *Les médicaments sont remboursés par les organismes conventionnés conformément aux dispositions de l'article L. 162-16 et des deux premiers alinéas de l'article L. 162-17 ainsi que des textes réglementaires pris pour leur application.* — [Anc. art. R. 615-47.]

Art. R. 613-48 *Les* (Décr. n° 2011-2119 du 30 déc. 2011, art. 5-11°) *« examens de biologie médicale » et fournitures pharmaceutiques autres que les médicaments sont remboursés conformément aux dispositions de l'article L. 162-13 et du troisième alinéa de l'article L. 162-17. Les modalités pratiques de ce remboursement sont fixées par le règlement intérieur de chaque* (Décr. n° 2006-375 du 29 mars 2006) *« caisse de base ».* — [Anc. art. R. 615-48.]

Art. R. 613-49 *Les* (Décr. n° 2006-83 du 27 janv. 2006) *« caisses de base » et les organismes conventionnés prennent en charge les frais relatifs aux fournitures et appareils dans les conditions fixées par le chapitre V du titre VI du livre Ier.* —[Anc. art. R. 615-49.]

Art. R. 613-50 (Décr. n° 2009-982 du 20 août 2009, art. 7) *Sont applicables par le régime institué par le présent titre les dispositions prévues aux articles* (Décr. n° 2015-1865 du 30 déc. 2015, art. 10-1°) *« L. 114-17-1 », L. 162-1-15 et L. 162-1-17 ainsi que les textes réglementaires pris pour leur application, conformément à l'article L. 613-12.*

Art. R. 613-51 *Abrogé par Décr. n° 2004-1539 du 30 déc. 2004, art. 11.*

Art. R. 613-52 *En cas d'hospitalisation dans un établissement public ou privé, l'assuré doit, dès son admission, à moins d'impossibilité absolue, en aviser l'organisme conventionné auquel il est affilié et faire connaître à l'administration hospitalière sa qualité d'assuré.*

Lorsque le séjour du malade paraît devoir durer plus de vingt jours, les établissements d'hospitalisation publics ou privés sont tenus d'en aviser, dans un délai permettant d'assurer le contrôle, l'organisme conventionné intéressé, sauf dans le cas où l'assuré a reçu accord pour une hospitalisation supérieure à vingt jours.

Le renouvellement de la prise en charge des frais d'hospitalisation au-delà du premier mois et pour chacun des mois suivants ne peut intervenir que sur décision prise par l'organisme conventionné après avis du contrôle médical reconnaissant la nécessité de la prolongation des soins dans l'établissement.

Si l'établissement n'a pas avisé l'organisme conventionné de la prolongation de l'hospitalisation au-delà du vingtième jour ou demandé le remboursement de la prise en charge, le remboursement de tout ou partie des frais d'hospitalisation correspondant au séjour au-delà des vingt premiers jours peut être refusé. L'établissement ne peut alors réclamer à l'assuré le paiement de la partie des frais non remboursés.

L'assuré ne peut obtenir le remboursement de ses frais de séjour en préventorium, en sanatorium, en aérium ou dans une maison de convalescence que s'il a obtenu l'accord préalable de l'organisme conventionné auquel il est affilié, dans les conditions prévues à la nomenclature générale des actes professionnels. — [Anc. art. R. 615-52.]

SOUS-SECTION 2 *[ABROGÉE]* EXPERTISE MÉDICALE

Art. R. 613-53 *En application de l'article L. 141-3, les contestations d'ordre médical relatives à l'état du malade ou de l'accidenté donnent lieu à la procédure médicale dans les conditions fixées par le chapitre Ier du titre IV du livre Ier, sous réserve des dispositions de l'article* (Décr. n° 2006-83 du 27 janv. 2006) *« R. 613-30 ».*

Le médecin-conseil de la (Décr. n° 2006-375 du 29 mars 2006) *« caisse de base » joue le rôle imparti par ce texte au médecin-conseil du régime d'assurance maladie des travailleurs salariés.* — [Anc. art. R. 615-53.]

Art. R. 613-54 *Lorsque l'assuré demande une expertise il doit adresser sa demande accompagnée de l'avis sous pli cacheté de son médecin traitant à l'organisme conventionné auquel il est affilié, lequel la transmet sans délai à la* (Décr. n° 2006-375 du 29 mars 2006) *« caisse de base ».*

La décision prévue aux articles R. 141-5 et R. 141-6 est prise par la caisse mutuelle régionale.

Les frais prévus à l'article R. 141-7 sont pris en charge par la (Décr. n° 2006-375 du 29 mars 2006) *« caisse de base ».*

La caisse est compétente pour prendre la décision ou l'initiative prise en application de l'article L. 432-6 de faire bénéficier la victime ou le malade d'un traitement spécial en vue de sa réadaptation fonctionnelle. — [Anc. art. R. 615-54.]

SOUS-SECTION 3 *[ABROGÉE]* CONTRÔLE MÉDICAL

Art. R. 613-55 *Le contrôle médical que les* (Décr. n° 2006-83 du 27 janv. 2006) *« caisses de base » doivent assurer en vertu de l'article* (Décr. n° 2006-83 du 27 janv. 2006) *« L. 613-13 » porte sur tous les éléments d'ordre médical qui commandent l'attribution et le service des prestations et notamment sur l'appréciation faite par le médecin traitant de l'état de santé et de la capacité de travail des bénéficiaires du régime, sur les moyens thérapeutiques et les appareillages mis en œuvre, sur les abus en matière de soins et de tarification des honoraires, sur le respect des dispositions de l'article L. 162-4, de la nomenclature générale des actes professionnels et des conventions liant aux caisses les médecins, les chirurgiens-dentistes, les sages-femmes, les auxiliaires médicaux et les établissements de soins.*

Le service du contrôle médical procède en outre à une analyse sur le plan médical de l'activité des établissements entrant dans le champ d'application de l'article L. 162-29 et dans lesquels sont admis des bénéficiaires de l'assurance maladie. Cette analyse est destinée à s'assurer que les frais d'hospitalisation sont mis à la charge de l'assurance maladie dans le respect des dispositions législatives et réglementaires qui régissent la couverture de ce risque. (Décr. n° 89-998 du 22 déc. 1989, art. 20) *« Elle est communiquée sur sa demande au directeur de l'établissement et à l'autorité administrative mentionnée à l'article 29 du décret n° 83-744 du 21 août 1983. Les informations couvertes par le secret médical sont communiquées sur leur demande au président de la commission médicale d'établissement* (Décr.

n° 2016-1645 du 1er déc. 2016, art. 4-III) *« ou au président de la conférence médicale d'établissement » et au médecin inspecteur départemental. »*

Le service du contrôle médical exerce sa mission dans les conditions définies par la présente sous-section et par le chapitre VI du titre VI du livre Ier. – [Anc. art. R. 615-55.]

Art. R. 613-56 *Le contrôle médical est exercé soit par un service propre à chaque* (Décr. n° 2006-83 du 27 janv. 2006) *« caisse de base », soit par un service commun à plusieurs d'entre elles. Il peut également être exercé à la demande et pour le compte d'une ou plusieurs* (Décr. n° 2006-83 du 27 janv. 2006) *« caisses de base » soit par le service du contrôle médical d'une autre* (Décr. n° 2006-83 du 27 janv. 2006) *« caisse de base » auquel il est confié en tout ou partie conformément aux directives de la Caisse nationale, soit par le service de contrôle médical d'un autre régime d'assurance maladie auquel il est confié en tout ou partie dans les conditions fixées par une convention que la Caisse nationale conclut avec ce régime.*

Les (Décr. n° 2006-83 du 27 janv. 2006) *« caisses de base » peuvent, sous réserve de l'accord de la Caisse nationale, déroger aux directives de cette caisse ou aux règles fixées par les conventions conclues par celle-ci.* – [Anc. art. R. 615-56.]

Art. R. 613-57 *Abrogé par Décr. n° 2006-83 du 27 janv. 2006, art. 3-III-28°.*

Art. R. 613-58 *Les* (Décr. n° 2006-83 du 27 janv. 2006) *« caisses de base » et les organismes conventionnés fournissent sur sa demande au service du contrôle médical tous documents, renseignements et informations utiles sur les bénéficiaires du régime, les praticiens et les établissements de soins.*

Les (Décr. n° 2006-83 du 27 janv. 2006) *« caisses de base » doivent affecter au service du contrôle médical les moyens en personnel, en locaux et en matériel qui lui sont nécessaires pour le bon accomplissement de sa mission.* – [Anc. art. R. 615-58.]

Art. R. 613-59 à R. 613-62 *Abrogés par Décr. n° 2006-83 du 27 janv. 2006.*

Art. R. 613-63 *La Caisse nationale exerce dans le domaine médical sa mission d'animation, de coordination et de contrôle avec le concours du médecin-conseil national et du médecin-conseil national adjoint.*

Ces médecins, qui peuvent être assistés de praticiens conseils, participent à l'élaboration des directives concernant l'action des services régionaux de contrôle médical. Les médecins-conseils régionaux leur fournissent, sur leur demande, toutes informations utiles à cette fin, notamment les statistiques de contrôle.

Ils sont invités aux séances du conseil d'administration de la Caisse nationale, ainsi qu'aux réunions des diverses commissions existant au sein de la caisse. Ils ne peuvent toutefois assister aux séances du conseil d'administration, lorsque celui-ci délibère sur leur situation. Le médecin-conseil national dresse chaque année un rapport sur l'activité et le fonctionnement des services de contrôle médical du régime. Ce rapport est envoyé au conseil d'administration de la Caisse nationale, au haut-comité médical de la sécurité sociale et au ministre chargé de la sécurité sociale. – [Anc. art. R. 615-63.]

Art. R. 613-64 *La Caisse nationale organise périodiquement* (Abrogé par Décr. n° 2006-83 du 27 janv. 2006) *« , en liaison avec le haut-comité médical de la sécurité sociale, » des stages d'information et de perfectionnement à l'intention des praticiens conseils.* – [Anc. art. R. 615-64.]

SECTION III *[ABROGÉE]* PRESTATIONS DE BASE

SOUS-SECTION 1 *[ABROGÉE]* DISPOSITIONS GÉNÉRALES

Art. R. 613-65 *Les frais de vaccination obligatoire mentionnés au* (Décr. n° 2015-1865 du 30 déc. 2015, art. 8-3°, en vigueur le 1er janv. 2016) *« 5° de l'article L. 160-8 » sont remboursés lorsqu'ils sont dispensés aux enfants de moins de seize ans ou ayant atteint cet âge pendant l'année scolaire en cours, ainsi qu'aux enfants de moins de vingt ans qui, par suite d'infirmité ou de maladie chronique, sont dans l'impossibilité permanente d'exercer une activité rémunératrice.* – [Anc. art. R. 615-65.]

Art. R. 613-66 (Décr. n° 88-678 du 6 mai 1988, art. 2) *Les frais de transport sont pris en charge dans les conditions prévues à la section II du chapitre II du titre II du livre III du code de la sécurité sociale.*

Les dispositions du 2° de l'article R. 322-10 sont applicables aux examens prescrits en vertu des dispositions des articles (Décr. n° 2006-375 du 29 mars 2006) *« R. 613-68 et R. 613-69 ».*

En ce qui concerne l'accord préalable, l'organisme compétent est la (Décr. n° 2006-375 du 29 mars 2006) *« caisse de base » dont relève l'assuré.* — [Anc. art. R. 615-66.]

SOUS-SECTION 2 *[ABROGÉE]* ASSURANCE MALADIE

Art. R. 613-67 *Les frais afférents aux affections et traitements prévus aux 3° et 4° de l'article* (Décr. n° 2015-1865 du 30 déc. 2015, art. 8-4°, en vigueur le 1er janv. 2016) *« L. 160-14 » ne peuvent être remboursés que si leur prise en charge a été acceptée à la suite d'un examen spécial du malade effectué selon les modalités fixées par l'article R. 615-68.* — [Anc. art. R. 615-67.]

Art. R. 613-68 *L'organisme conventionné, saisi de la demande de prise en charge accompagnée d'un certificat du médecin traitant, fait examiner l'assuré par un médecin-conseil, en présence du médecin traitant ou lui dûment appelé. Les conclusions du médecin-conseil sont communiquées au médecin traitant. En cas de désaccord entre les deux médecins, l'assuré peut demander une expertise par un médecin désigné dans les conditions fixées à l'article R. 141-1. La caisse statue au vu des résultats de cette expertise.*

Si le médecin-conseil estime que les frais du traitement ordonné par le médecin traitant ne sont justifiés ni par la nature ni par la gravité de l'affection, la caisse peut, après avoir mis l'intéressé en mesure de fournir des explications, réduire ou supprimer les versements afférents à ce traitement. L'assuré peut demander une expertise comme ci-dessus. — [Anc. art. R. 615-68.]

Art. R. 613-69 *En cas d'affections ou traitements mentionnés aux 3° et 4° de l'article* (Décr. n° 2015-1865 du 30 déc. 2015, art. 8-4°, en vigueur le 1er janv. 2016) *« L. 160-14 » ou de soins continus d'une durée supérieure à six mois, la caisse doit faire procéder périodiquement à un examen spécial du bénéficiaire, par un médecin-conseil, en vue d'apprécier si le traitement suivi est toujours justifié.*

Le service des prestations peut être suspendu si l'assuré continue de suivre un traitement reconnu injustifié.

L'assuré peut demander une expertise comme à l'article précédent.

La même mesure de suspension peut être prise si l'assuré ne se soumet pas aux visites médicales et aux contrôles qui doivent être organisés au moins tous les six mois par la (Décr. n° 2006-375 du 29 mars 2006) *« caisse de base ».* — [Anc. art. R. 615-69.]

SOUS-SECTION 3 *[ABROGÉE]* ASSURANCE MATERNITÉ

Néant.

SECTION IV *[ABROGÉE]* PRESTATIONS SUPPLÉMENTAIRES

Néant.

SECTION V *[ABROGÉE]* ACTION SANITAIRE ET SOCIALE

Néant.

SECTION VI *[ABROGÉE]* DISPOSITIONS DIVERSES

Art. R. 613-70 *Conformément aux dispositions de l'article L. 376-1, lorsque l'accident ou la blessure dont l'assuré ou ses ayants droit sont les victimes est imputable à un tiers, la* (Décr. n° 2006-375 du 29 mars 2006) *« caisse de base » est subrogée de plein droit à l'assuré ou à ses ayants droit dans leur action contre le tiers responsable, pour le remboursement des dépenses que lui occasionne l'accident ou la blessure.* — [Anc. art. R. 615-70.]

Al. 2 et 3 abrogés par Décr. n° 2005-1016 du 23 août 2005, art. 2.

CHAPITRE IV CONTENTIEUX *(Décr. n° 2006-83 du 27 janv. 2006, art. 3-IV).*

SECTION PREMIÈRE CONTENTIEUX

Art. R. 614-1 (Abrogé par Décr. n° 2018-174 du 9 mars 2018, art. 15-I, à compter du 1er janv. 2018) *Les réclamations formées par l'assuré en matière de prestations sont sou-*

mises à (Décr. n° 2006-375 du 29 mars 2006) ***« la commission de recours amiable » constituée au sein du conseil d'administration de la*** (Décr. n° 2006-83 du 27 janv. 2006) ***« caisse de base » dont il relève.***

Cette commission doit être saisie dans le délai de deux mois à compter de la notification de la décision contre laquelle l'intéressé entend former une réclamation. La forclusion ne peut être opposée à l'intéressé que si la notification porte mention de cette voie de recours et du délai pendant lequel elle est ouverte.

Le secrétaire de (Décr. n° 2006-83 du 27 janv. 2006) ***« la commission de recours amiable » doit communiquer immédiatement le recours à l'organisme conventionné qui dispose d'un délai de dix jours pour formuler ses observations écrites.*** — [Anc. art. R. 616-1.]

Art. R. 614-2 (Abrogé par Décr. n° 2018-174 du 9 mars 2018, art. 15-I, à compter du 1er janv. 2018) ***Lorsque la réclamation a été rejetée par la commission de recours amiable, ou si cette dernière ne s'est pas prononcée dans le délai d'un mois à compter du jour où elle a été saisie, l'intéressé peut se pourvoir devant le tribunal des affaires de sécurité sociale.*** — [Anc. art. R. 616-2.]

SECTION II DISPOSITIONS D'APPLICATION

Néant.

TITRE DEUXIÈME ASSURANCE MALADIE, MATERNITÉ

(Décr. n° 2018-174 du 9 mars 2018, art. 15-I, en vigueur le 1er janv. 2018)

CHAPITRE PREMIER CHAMP D'APPLICATION ET PRESTATIONS D'ASSURANCE MALADIE

SECTION PREMIÈRE DROITS AUX PRESTATIONS

Art. R. 613-28 Le droit aux prestations est ouvert à la date d'effet de l'affiliation.

Les conditions d'ouverture du droit aux prestations *(Décr. n° 99-1049 du 15 déc. 1999, art. 7-V)* « en espèces » sont appréciées à la date des soins.

(Décr. n° 92-123 du 3 févr. 1992, art. 4) « L'assuré qui n'est pas à jour de ses cotisations à la date des soins ne peut faire valoir ses droits aux prestations que dans le délai de douze mois après la date d'échéance des cotisations impayées et à condition que la totalité des cotisations dues soit acquittée avant la date de l'échéance semestrielle se situant au terme de cette période de douze mois. »

TITRE DEUXIÈME *BIS* GÉNÉRALITÉS RELATIVES AUX ORGANISATIONS AUTONOMES D'ASSURANCE VIEILLESSE

(Décr. n° 2018-174 du 9 mars 2018, art. 15-I, en vigueur le 1er janv. 2018).

CHAPITRE PREMIER DISPOSITIONS INSTITUTIONNELLES

Néant.

CHAPITRE II *[ABROGÉ]* CHAMP D'APPLICATION — AFFILIATION

(Abrogé par Décr. n° 2018-174 du 9 mars 2018, art. 15-I, à compter du 1er janv. 2018)

Art. R. 622-1 (Abrogé par Décr. n° 2017-864 du 9 mai 2017, art. 6-I) ***Des décrets peuvent classer dans l'un des quatre groupes mentionnés à l'article L. 621-3*** (Décr. n° 2016-192 du 25 févr. 2016, art. 1er-11°) ***« les activités professionnelles » qui relèvent simultanément de plusieurs de ces groupes.***

Art. R. 622-2 (Abrogé par Décr. n° 2017-864 du 9 mai 2017, art. 6-I) ***Le régime d'assurance vieillesse des professions artisanales concerne :***

1° Les personnes non salariées des professions artisanales mentionnées par l'article L. 622-3 ou des professions rattachées à l'organisation (Abrogé par Décr. n° 2006-83 du 27 janv. 2006 ; Décr. n° 2006-375 du 29 mars 2006) ***« autonome » des professions artisanales dans les conditions prévues par l'article L. 622-7 ou par application de l'article R. 622-1 ;***

2° Les membres de la famille des personnes mentionnées au 1° lorsqu'ils participent effectivement aux travaux de l'entreprise et ne sont pas salariés ou assimilés aux salariés pour l'application de la législation générale de la sécurité sociale.

Les membres de la famille s'entendent des ascendants, descendants, frères, sœurs ou alliés au même degré.

Art. R. 622-3 (Abrogé par Décr. n° 2017-864 du 9 mai 2017, art. 6-I) *Le régime d'assurance vieillesse des travailleurs non salariés des professions industrielles et commerciales concerne, d'une part, les personnes des professions mentionnées à l'article L. 622-4, d'autre part, les personnes des professions classées dans le groupe des professions industrielles et commerciales en application de l'article L. 622-7 et de l'article R. 622-1.*

Art. R. 622-4 (Abrogé par Décr. n° 2018-174 du 9 mars 2018, art. 15-I, à compter du 1er janv. 2018) (Décr. n° 2014-1690 du 30 déc. 2014, art. 22) *La date d'effet de l'affiliation ou de la radiation est le jour du début ou de la fin de l'activité professionnelle.*

CHAPITRE III DISPOSITIONS COMMUNES À L'ENSEMBLE DES RÉGIMES D'ASSURANCE VIEILLESSE

Art. R. 623-1 Pour les professions non agricoles, sont applicables aux organismes et personnes entrant dans le champ d'application du présent titre et sous réserve des dispositions particulières dudit titre, les articles R. 244-4, R. 244-5, R. 244-7 *(Décr. n° 90-1061 du 26 nov. 1990, art. 6)* « et R. 256-1 ».

SECTION PREMIÈRE ORGANISATION FINANCIÈRE

(Décr. n° 2017-887 du 9 mai 2017, art. 1er, en vigueur le 1er janv. 2018)

Art. R. 623-2 La présente section s'applique :

1° A la Caisse nationale du régime social des indépendants, pour la gestion financière du régime de retraite de base, du régime de retraite complémentaire et du régime d'invalidité ;

2° Aux organismes mentionnés à l'article L. 641-1, pour la gestion financière du régime de retraite de base, des régimes de retraite complémentaire et des régimes d'invalidité ;

3° A la caisse mentionnée au premier alinéa de l'article L. 382-12, pour la gestion financière des régimes de retraite complémentaire ;

4° A la Caisse nationale des barreaux français, pour la gestion financière du régime de retraite de base, du régime de retraite complémentaire et du régime d'invalidité ;

5° A la Caisse centrale de la mutualité sociale agricole, pour la gestion financière du régime de retraite complémentaire des non-salariés agricoles ;

6° A la Caisse de retraite du personnel navigant professionnel de l'aéronautique civile, pour la gestion financière du régime de retraite complémentaire ;

7° A la Caisse de retraite et de prévoyance des clercs et employés de notaires, pour la gestion financière du régime spécial de retraite.

L'actif de ces organismes qui n'est pas directement nécessaire à la gestion administrative des régimes, dénommé "actif de placement", a pour objet de contribuer au règlement des prestations futures. Dans le cas d'un régime dont les dépenses de prestation ne sont pas intégralement couvertes par des ressources permanentes, les disponibilités nécessaires au règlement des prestations sur une période de trois mois n'appartiennent pas à l'actif de placement.

SOUS-SECTION 1 GOUVERNANCE EN MATIÈRE DE GESTION FINANCIÈRE

Art. R. 623-3 Dans le cadre de ses attributions, le conseil d'administration de chaque organisme mentionné à l'article R. 623-2 veille à l'équilibre démographique et financier de l'organisme, définit les principes de gestion des placements et en vérifie le respect.

Il peut déléguer, dans les limites qu'il détermine, ses attributions en matière de gestion des placements à une commission chargée des placements. Cette commission est composée de membres du conseil d'administration. Elle comprend en outre, avec voix consultative, une personnalité qualifiée, désignée par le conseil d'administration sur une liste de trois personnes établie par les ministres chargés de la sécurité sociale et du budget. Elle se réunit au moins une fois par trimestre.

Dans le cadre et les limites des compétences que le conseil d'administration lui a déléguées, la commission chargée des placements examine à chaque réunion les décisions d'achat ou de vente prises par les services de l'organisme mentionné à l'article R. 623-2 lorsqu'une délégation à cet effet leur est consentie, par les gestionnaires des organismes de placement collectifs *[collectif]* dont l'organisme mentionné à l'article R. 623-2 détient plus de 50 % de l'actif net et par les mandataires. Elle fait part, le cas échéant, de ses observations au conseil d'administration.

Art. R. 623-4 I. – Les membres du conseil d'administration de chaque organisme mentionné à l'article R. 623-2 reçoivent, dans les six premiers mois de leur mandat et en tout état de cause préalablement à l'approbation par le conseil d'un document relatif à la politique de placement et de gestion des risques mentionné à l'article R. 623-9, une formation relative aux questions actuarielles, financières et réglementaires pertinentes pour le pilotage des régimes et des placements. La formation porte notamment sur les catégories d'actifs que l'organisme est autorisé à détenir.

II. – Les formations reçues par les membres du conseil d'administration sont dispensées par des membres du personnel de ces organismes ou par des prestataires de formation professionnelle agréés spécialisés. Ceux-ci ne peuvent être ni des prestataires de services d'investissement ou entreprises étrangères équivalentes, ni des entités qui leur seraient liées ou dont les intérêts seraient susceptibles d'altérer l'objectivité de la formation. Lorsque les prestataires de formation professionnelle font appel à des personnels travaillant dans des sociétés de gestion spécialisées, ceux-ci ne doivent pas être en relation avec les organismes mentionnés à l'article R. 623-2 pour la gestion de leurs placements.

Les formations ont lieu au siège social ou dans les locaux administratifs de l'organisme ou d'une autre Caisse nationale, de base ou section professionnelle. Elles sont éligibles aux versements d'indemnités aux membres du conseil d'administration.

III. – Le II est applicable aux formations dispensées aux membres du personnel des organismes mentionnés à l'article R. 623-2.

Art. R. 623-5 Les organismes mentionnés à l'article R. 623-2 disposent d'une fonction permanente de contrôle des risques et de conformité, ainsi que de procédures de gestion des risques et de gestion de crise pour la mise en œuvre des politiques décrites par le document relatif à la politique de placement et de gestion des risques mentionné à l'article R. 623-9, dans les conditions fixées par arrêté des ministres chargés de la sécurité sociale et du budget.

La gestion des placements est prudente.

SOUS-SECTION 2 POLITIQUE DE PILOTAGE

Art. R. 623-6 A la clôture de chaque exercice, le conseil d'administration adopte un document relatif à la politique de pilotage pour chacun des régimes, qui comporte :

1° La situation financière du régime à la clôture de l'exercice ;

2° Des prévisions d'évolution de l'environnement économique général et de la population couverte, notamment en termes d'effectifs et d'assiette de cotisation. Ces prévisions comprennent plusieurs scénarios dont un scénario central ;

3° L'impact des décisions relatives aux paramètres du régime prises au cours de l'exercice ;

4° La projection, pour chaque scénario et à réglementation constante, de la situation financière du régime à horizon de quarante ans ;

5° Le cas échéant, des propositions d'évolution des paramètres du régime et leur impact sur les projections de sa situation financière à horizon de quarante ans. Ces propositions s'appuient sur une analyse du rendement d'équilibre de long terme, du taux d'effort demandé aux actifs, du montant des prestations servies et de l'équité inter-générationnelle du système.

Les projections mentionnées aux 4° et 5° sont effectuées sur la base d'un taux de rendement financier prévisionnel prudent et cohérent avec les actifs détenus. Elles sont assorties d'une chronique des dépenses de prestation et de gestion administrative du régime, ainsi que de ses ressources permanentes.

Le document relatif à la politique de pilotage est certifié au moins tous les trois ans par un actuaire indépendant de l'organisme.

Art. R. 623-7 Les organismes mentionnés à l'article R. 623-2 veillent, pour chaque régime, à l'adossement global sur toute la durée de la projection mentionnée au 4° de l'article R. 623-6 des actifs aux dépenses de prestation et de gestion administrative et aux cotisations, contributions et taxes affectées prévues dans le scénario central.

Pour chacune des dix premières années, si les dépenses de prestation et de gestion administrative sont supérieures aux cotisations, contributions et taxes affectées, les placements ont pour objectif prioritaire de dégager des liquidités garanties et sûres au moins égales à la différence en résultant. Dans le cas où cet objectif n'est pas atteint, aucune position ne peut être détenue si elle n'y contribue pas.

Toutefois, pour chacune des années entre la sixième et la dixième, l'organisme peut choisir de couvrir jusqu'à un quart de la différence par des cessions d'actifs. Les encaissements apportés par ces cessions sont retenus pour la moitié de la valeur de réalisation actuelle de ces actifs.

Les dépôts mentionnés au 3° de l'article R. 623-10-5 et au 7° de l'article R. 623-10-9 ainsi que les parts ou actions d'organismes de placement collectif mentionnés *[mentionnées]* au 6° de l'article R. 623-10-5 et au 3° de l'article R. 623-10-7 peuvent être utilisés pour couvrir toute différence survenant durant ces dix années.

Indétermination des conséquences de la deuxième phrase de l'al. 2. En imposant l'objectif prioritaire, pour combler le décalage entre les dépenses et les recettes, de placements dégageant des liquidités garanties et sûres, par des dispositions qui sont suffisamment claires et précises, le pouvoir réglementaire a entendu sécuriser la couverture des déficits prévisibles de ces régimes dans les dix premières années de leurs projections, par le recours, outre aux dépôts offrant une rémunération fixe ou indexée sur des taux usuels du marché monétaire et aux parts ou actions d'organismes de placement collectif procurant un rendement comparable à celui du marché monétaire ou visant à préserver la valeur de l'investissement, mobilisables tout au long de cette période de dix ans, aux revenus de tous types de placements dès lors qu'ils sont stables ou faiblement exposés aux conditions de marché. Toutefois, en interdisant aux caisses la détention de toute position qui ne contribue pas à cet objectif, lorsqu'il n'est pas atteint, il a attaché à la méconnaissance de cette règle des conséquences qui, par leur indétermination, font peser sur les caisses des contraintes manifestement excessives au regard de l'objectif poursuivi. Par suite, les requérants sont fondés à demander l'annulation de la 2e phrase du 2e al. de l'art. R. 623-7. • CE 26 nov. 2018, ☎ n° 412177 : *Lebon.*

Art. R. 623-8 Le document relatif à la politique de pilotage comporte également un rapport de gestion financière concernant le dernier exercice clos. Ce rapport compare les prévisions effectuées en termes de pilotage et d'adossement aux évolutions effectivement constatées, présente les résultats obtenus et les frais supportés pour chaque catégorie de placements, détaille les opérations sur contrats financiers et leur contribution au résultat financier, analyse les risques supportés par le portefeuille et démontre le respect de la politique de gestion des risques.

SOUS-SECTION 3 POLITIQUE DE PLACEMENT ET DE GESTION DES RISQUES

Art. R. 623-9 Le conseil d'administration adopte, au moins tous les trois ans, un document relatif à la politique de placement et de gestion des risques pour chacun des régimes, qui comporte :

1° Les catégories de placements autorisées, les limites retenues pour chacune de ces catégories, la durée de détention pour les titres de capital, les modalités de gestion des placements et leur contribution au service des prestations, en tenant compte du document relatif à la politique de pilotage prévu à l'article R. 623-6, de l'obligation d'adossement mentionnée à l'article R. 623-7 et du niveau de risque auquel l'organisme accepte de s'exposer ;

2° Les modalités de contrôle et de mesure du risque associé à la gestion des positions et opérations de placement, en indiquant comment l'organisme assure le respect des limites retenues, en tenant compte des actifs détenus directement comme de ceux détenus par l'intermédiaire d'organismes de placement collectifs *[collectif]*.

Un arrêté des ministres chargés de la sécurité sociale et du budget fixe le plan type du document relatif à la politique de placement et de gestion des risques.

Art. R. 623-10 Le document relatif à la politique de placement et de gestion des risques et ses modifications entrent en vigueur dans un délai de cinq mois à compter de leur transmission aux ministres chargés de la sécurité sociale et du budget à défaut de notification, dans ce délai, d'une décision de refus motivée par l'absence de conformité aux dispositions de la présente section.

Art. R. 623-10-1 Si le conseil d'administration n'adopte pas de document relatif à la politique de placement et de gestion des risques ou si celui-ci fait l'objet d'une décision de refus dans les conditions mentionnées à l'article R. 623-10, l'organisme est soumis, pour les régimes concernés, à un régime de gestion des placements dit "simplifié".

Les articles R. 623-9, R. 623-10-28 à R. 623-10-30, R. 623-10-32, R. 623-10-34, R. 623-10-36, R. 623-10-37, R. 623-10-38, R. 623-10-40, R. 623-10-42, R. 623-10-44 et R. 623-10-45 ne sont pas applicables aux organismes soumis à ce régime dit "simplifié".

Art. R. 623-10-2 Lorsque l'organisme est soumis au régime dit "simplifié", aucune nouvelle opération interdite dans ce régime ne peut plus être effectuée.

Les instruments financiers et les actifs qui ne peuvent pas être détenus dans ce régime mais sont détenus par l'organisme à la date de son application sont cédés dans un délai qui ne peut être supérieur à deux ans. Ce délai est porté à cinq ans pour les titres de créance tant que leur valeur de remboursement contractuelle reste supérieure, dans tous les cas, à leur valeur de réalisation. Pendant ces délais, la gestion des risques correspondants est maintenue par dérogation au dernier alinéa de l'article R. 623-10-1.

SOUS-SECTION 4 CONTRÔLE INTERNE EN MATIÈRE DE PLACEMENTS

Art. R. 623-10-3 Sans préjudice des dispositions applicables en matière de contrôle interne, les organismes mentionnés à l'article R. 623-2 ayant approuvé un document relatif à la politique de placement et de gestion des risques sont tenus de mettre en place un dispositif permanent de contrôle interne des placements.

Un rapport de contrôle interne, établi annuellement par le directeur et l'agent comptable de l'organisme et communiqué au ministre chargé de la sécurité sociale au plus tard le 30 juin de l'année suivant celle au titre de laquelle il a été établi, détaille :

a) Les méthodes utilisées pour assurer la mesure, l'évaluation et le contrôle des placements, en particulier en ce qui concerne l'évaluation de la qualité des actifs et de l'adossement des flux financiers aux flux de prestation et de gestion administrative des régimes concernés, le suivi des opérations sur contrats financiers et l'appréciation des performances et des coûts des intermédiaires financiers utilisés ;

b) La répartition interne des responsabilités au sein du personnel, les personnes chargées d'effectuer les transactions ne pouvant être également chargées de leur suivi, ainsi que les délégations de pouvoir, la diffusion de l'information et les procédures internes de contrôle ou d'audit ;

c) Les procédures et dispositifs permettant d'identifier, d'évaluer, de gérer et de contrôler les risques liés aux placements.

SOUS-SECTION 5 PRÉVENTION DES CONFLITS D'INTÉRÊTS

Art. R. 623-10-4 Les membres du conseil d'administration et la personnalité qualifiée mentionnée à l'article R. 623-3, ainsi que, le cas échéant, les experts qui apportent occasionnellement leur concours au conseil et à la commission chargée des placements :

1° Sont tenus au secret et à la discrétion professionnels pour les informations dont ils ont pu avoir connaissance en raison de leurs fonctions ;

2° Sont tenus d'établir une déclaration d'intérêts. Cette déclaration est remise au président du conseil d'administration et actualisée à l'initiative de l'intéressé dès que cela est nécessaire. Elle mentionne les liens d'intérêts de toute nature, directs ou par personne interposée, que le déclarant a, ou qu'il a eus pendant les cinq années précédant sa prise de fonctions, avec des entreprises, des établissements ou des organismes qui apportent leur concours au conseil d'administration ou à la commission chargée des placements, notamment les gestionnaires ou mandataires. Les personnes mentionnées au présent article ne peuvent prendre part aux travaux, aux délibérations et aux votes du conseil d'administration ou de la commission chargée des placements qu'une fois la déclaration transmise. Elles ne peuvent, sous les peines prévues à l'article 432-12 du code pénal, prendre part ni aux travaux, ni aux délibérations, ni aux votes de ces instances si elles ont un intérêt, direct ou indirect, à l'affaire examinée ;

3° Ne peuvent, par eux-mêmes ou par personne interposée, avoir, dans les établissements ou entreprises en relation avec l'organisme, aucun intérêt de nature à compromettre leur indépendance ;

4° Ne peuvent recevoir des avantages en nature ou en espèces, sous quelque forme et de quelque montant que ce soit, d'une façon directe ou indirecte, procurés par les établissements ou entreprises en relation avec l'organisme, notamment les gestionnaires ou mandataires. Est également interdit le fait, pour ces établissements ou entreprises, de proposer ou de procurer ces avantages.

SOUS-SECTION 6 ACTIFS ET OPÉRATIONS ADMISSIBLES

§ 1er RÈGLES APPLICABLES EN RÉGIME DIT "SIMPLIFIÉ"

Art. R. 623-10-5 L'actif de placement des organismes mentionnés à l'article R. 623-2 auxquels s'applique le régime dit "simplifié" ne peut être constitué que :

1° De titres de créances négociables relevant de la section I du chapitre III du titre Ier du livre II du code monétaire et financier émis par des personnes morales ayant leur siège social sur le territoire d'un État membre de l'Union européenne, d'un autre État partie à l'accord sur l'Espace économique européen ou de la Suisse ;

2° D'obligations admises à la négociation sur un marché réglementé, émises ou garanties par un État membre de l'Union européenne, un autre État partie à l'accord sur l'Espace économique européen ou la Suisse, par la Caisse d'amortissement de la dette sociale, par l'Agence centrale des organismes de sécurité sociale ou par un organisme public international dont un ou plusieurs États membres de l'Union européenne ou autres États partie *[parties]* à l'accord sur l'Espace économique européen font partie ;

3° De dépôts définis à l'article R. 623-10-12 ;

4° D'actifs immobiliers définis à l'article R. 623-10-13 ;

5° De parts, actions ou obligations de fonds mutualisés définis aux articles R. 623-10-19 à R. 623-10-26 lorsque ceux-ci sont investis à au moins 50 % dans des titres de capital et de créance vérifiant au moins l'une des conditions prévues à l'article R. 623-10-10 ;

6° De parts ou actions d'organismes de placement collectif de droit français ou étranger autorisés à la commercialisation en France dont l'objectif est de procurer un rendement comparable à celui du marché monétaire ou de préserver la valeur de l'investissement, qui obéissent à des conditions fixées par arrêté des ministres chargés de la sécurité sociale, de l'économie et du budget ;

7° De parts ou actions d'organismes de placement collectif réservant leur souscription ou acquisition à vingt investisseurs au plus ou ayant au plus vingt investisseurs, dénommés "organismes dédiés", et dont les actifs appartiennent exclusivement aux catégories mentionnées aux 1° à 3° et 6°.

Art. R. 623-10-6 Rapportée à la valeur de réalisation de l'actif de placement, la valeur de réalisation des actifs mentionnés à l'article R. 623-10-5 ne peut excéder :

1° 15 % pour l'ensemble des actifs mentionnés au 4° de cet article ;

2° 15 % pour l'ensemble des actifs mentionnés au 5° du même article ;

3° 10 % pour l'ensemble des actifs libellés ou réalisables dans une devise autre que l'euro.

Pour l'application du présent article, les actifs détenus par les organismes mentionnés au 7° de l'article R. 623-10-5 sont substitués aux parts ou actions de ces organismes, au prorata de la participation détenue.

§ 2 STRUCTURE ET COMPOSITION DE L'ACTIF VU PAR TRANSPARENCE

Art. R. 623-10-7 L'actif de placement des organismes mentionnés à l'article R. 623-2 qui ne sont pas soumis au régime dit "simplifié" est composé :

1° D'actifs détenus directement, à l'exclusion des parts ou actions d'organismes de placement collectif ;

2° De parts ou actions d'organismes de placement collectif en valeurs mobilières définis à l'article R. 623-10-16 investis à au moins 90 % en titres de créance et de capital respectant le I de l'article R. 623-10-10 ;

3° De parts ou actions d'organismes de placement collectif de droit français ou étranger autorisés à la commercialisation en France dont l'objectif est de procurer un rendement comparable à celui du marché monétaire ou de préserver la valeur de l'investissement, qui obéissent à des conditions fixées par arrêté des ministres chargés de la sécurité sociale, de l'économie et du budget ;

4° De parts, actions ou obligations de fonds mutualisés définis aux articles R. 623-10-19 à R. 623-10-26 ;

5° De parts ou actions d'organismes de placement collectif réservant leur souscription ou acquisition à vingt investisseurs au plus ou ayant au plus vingt investisseurs, dénommés "organismes dédiés", et dont les actifs appartiennent exclusivement aux catégories mentionnées aux 1° et 3°.

Art. R. 623-10-8 Les organismes mentionnés à l'article R. 623-2 qui ne sont pas soumis au régime dit "simplifié" déterminent un actif vu par transparence, équivalent à l'actif de placement, qui est composé :

1° Des instruments financiers et actifs mentionnés au 1° de l'article R. 623-10-7 ;

2° Des instruments financiers détenus par les organismes de placement collectif mentionnés au 2° de cet article ;

3° Des parts ou actions des organismes de placement collectif mentionnés au 3° de cet article ;

4° Des instruments financiers et actifs détenus par les fonds mutualisés mentionnés au 4° de cet article.

Pour la détermination de l'actif vu par transparence, les instruments financiers et actifs des organismes dédiés mentionnés à l'article R. 623-10-7 sont considérés comme appartenant à l'actif de placement, au prorata de la participation détenue.

Pour l'application des 2° et 4° et du sixième alinéa, les quantités d'instruments financiers et d'actifs vus par transparence sont corrigées proportionnellement de façon à ce que la somme de leurs valeurs de réalisation soit égale à la valeur liquidative des parts ou actions de l'organisme de placement collectif qui les détient.

Art. R. 623-10-9 Les actifs mentionnés aux 1° et 4° de l'article R. 623-10-8 ne peuvent être constitués que :

1° D'actions relevant de la section I du chapitre II du titre Ier du livre II du code monétaire et financier ;

2° De titres donnant ou pouvant donner accès au capital ou aux droits de vote relevant de la section II du chapitre II du titre Ier du livre II du code monétaire et financier remplissant les conditions mentionnées au I de l'article R. 623-10-10 du présent code ;

3° De titres de créances négociables relevant de la section I du chapitre III du titre Ier du livre II du code monétaire et financier émis par des personnes morales ayant leur siège social sur le territoire d'un État membre de l'Union européenne, d'un autre État partie à l'accord sur l'Espace économique européen, de la Suisse ou d'un autre État membre de l'Organisation de coopération et de développement économiques ;

4° D'obligations relevant de la section II du chapitre III du titre Ier du livre II du code monétaire et financier ;

5° De titres émis par l'État relevant de la section III du chapitre III du titre Ier du livre II du code monétaire et financier ;

6° De titres participatifs relevant de la section IV du chapitre III du titre Ier du livre II du code monétaire et financier ;

7° De dépôts définis à l'article R. 623-10-12 ;

8° D'actifs immobiliers définis à l'article R. 623-10-13 ;

9° De contrats financiers au sens du III de l'article L. 211-1 du code monétaire et financier ;

10° D'actifs relevant du 4° de l'article R. 623-10-8 mais ne relevant pas des 1° à 9° du présent article.

Les titres mentionnés aux 1° à 6° sont dénommés "titres financiers éligibles".

Les intérêts courus des placements énumérés au présent article sont assimilés à ces placements.

Art. R. 623-10-10 I. – Les titres financiers éligibles sont :

1° Soit admis à la négociation sur un marché réglementé au sens de l'article L. 422-1 du code monétaire et financier ;

2° Soit admis à la négociation sur un autre marché réglementé, en fonctionnement régulier, reconnu, ouvert au public et dont le siège est situé dans un État membre de l'Union européenne, dans un autre État partie à l'accord sur l'Espace économique européen ou en Suisse ;

3° Soit admis à la cote officielle d'une bourse de valeurs d'un État membre de l'Organisation de coopération et de développement économiques, ou négociés sur un autre marché d'un État membre de l'Organisation de coopération et de développement économiques, réglementé, en fonctionnement régulier, reconnu et ouvert au public, pour autant que cette bourse ou ce marché ne figure pas sur la liste mentionnée au a du 4° de l'article R. 214-11 du code monétaire et financier.

II. – Sont assimilés à des titres admis à la négociation au sens du 1° du I les titres de créances négociables émis ou garantis par :

1° Un État membre de l'Union européenne, un autre État partie à l'accord sur l'Espace économique européen ou la Suisse ;

2° La Banque centrale européenne ;

3° La banque centrale d'un État membre de l'Union européenne, d'un autre État partie à l'accord sur l'Espace économique européen ou de la Suisse ;

4° L'Union européenne ;

5° La Banque européenne d'investissement ;

6° Un organisme public international dont un ou plusieurs États membres de l'Union européenne ou autres États partie *[parties]* à l'accord sur l'Espace économique européen font partie ;

7° La Caisse d'amortissement de la dette sociale ;

8° L'Agence centrale des organismes de sécurité sociale.

III. – Sont assimilés à des titres admis à la négociation au sens du 3° du I les titres de créances négociables émis ou garantis par :

1° Un État membre de l'Organisation de coopération et de développement économiques ;

2° La banque centrale d'un État membre de l'Organisation de coopération et de développement économiques.

Art. R. 623-10-11 Les titres financiers éligibles satisfont aux conditions suivantes :

1° Une évaluation les concernant est disponible sous la forme de prix exacts, fiables et établis régulièrement, qui sont soit des prix de marché, soit des prix fournis par des systèmes d'évaluation indépendants des émetteurs ;

2° Des informations les concernant sont disponibles sous la forme d'informations précises, complètes et régulièrement fournies au marché sur le titre concerné ou, le cas échéant, sur les actifs sous-jacents à cet instrument ;

3° Ils sont négociables.

Art. R. 623-10-12 Les dépôts mentionnés aux 3° de l'article R. 623-10-5 et 7° de l'article R. 623-10-9 sont les dépôts effectués auprès d'un établissement de crédit, remboursables sur demande ou pouvant être retirés, à condition que l'établissement de crédit ait son siège dans un État membre de l'Union européenne, dans un autre État partie à l'accord sur l'Espace économique européen ou en Suisse. La rémunération est soit fixe, soit indexée sur des taux usuels du marché monétaire. Les comptes de dépôts doivent être libellés au nom de l'organisme.

Art. R. 623-10-13 Les actifs immobiliers mentionnés aux 4° de l'article R. 623-10-5 et 8° de l'article R. 623-10-9 ne peuvent être constitués que :

1° De droits réels immobiliers afférents à des immeubles ou à des terrains situés sur le territoire d'un État membre de l'Union européenne, d'un autre État partie à l'accord sur l'Espace économique européen ou de la Suisse ;

2° De parts ou actions de sociétés à objet strictement immobilier ayant leur siège social sur le territoire d'un État membre de l'Union européenne, d'un autre État partie à l'accord sur l'Espace économique européen ou de la Suisse, à l'exclusion de sociétés ayant une activité de marchand de biens et de sociétés en nom collectif. Le patrimoine de ces sociétés ne peut être composé que d'immeubles bâtis situés sur le territoire d'un État membre de l'Union européenne, d'un autre État partie à l'accord sur l'Espace économique européen ou de la Suisse, et de parts ou actions de sociétés répondant à ces mêmes conditions ;

3° De parts ou actions d'organismes de placement collectif immobilier relevant du paragraphe 3 de la sous-section 2 de la section II du chapitre IV du titre Ier du livre II du code monétaire et financier, à l'exclusion de ceux mentionnés à l'article R. 214-120 de ce même code.

Art. R. 623-10-14 Les valeurs mobilières et titres assimilés et les parts ou actions de sociétés immobilières ou foncières doivent faire l'objet, soit d'une inscription en compte ou d'un dépôt auprès d'un intermédiaire habilité, soit d'une inscription nominative dans les comptes de l'organisme émetteur, à condition que celui-ci soit situé dans un État partie à l'accord sur l'Espace économique européen. Les actes de propriété des actifs immobiliers et les actes et les titres consacrant les créances doivent être conservés sur le territoire de la République française.

Art. R. 623-10-15 La perte potentielle à laquelle la détention des actifs mentionnés à l'article R. 623-10-7 expose les organismes mentionnés à l'article R. 623-2 est limitée au montant versé pour acquérir ces actifs.

§ 3 ORGANISMES DE PLACEMENT COLLECTIF

Art. R. 623-10-16 Les organismes de placement collectif en valeurs mobilières mentionnés au 2° de l'article R. 623-10-7 sont des organismes de placement collectif en valeurs mobilières de droit français ou étranger autorisés à la commercialisation en France.

Art. R. 623-10-17 Lorsque l'actif de placement comporte des parts, actions ou obligations d'organismes de placement collectif mentionnés aux 2° et 4° de l'article R. 623-10-7, l'organisme mentionné à l'article R. 623-2 vérifie que ces derniers ne peuvent, aux termes de leur documentation réglementaire, prendre de positions qui ne seraient pas autorisées au titre de la présente section.

Il vérifie également que la documentation réglementaire garantit qu'il respecterait les limites définies par la présente section s'il substituait à ces parts ou actions, au prorata de sa participation, les positions entrant dans la composition de ces organismes.

Art. R. 623-10-18 Par dérogation à l'article R. 623-10-17, les dépassements potentiels, constitués de l'ensemble des positions que l'organisme mentionné à l'article R. 623-2 ne peut prendre directement ou excédant les limites réglementaires, mais autorisées aux termes de la documentation réglementaire d'organismes de placement collectifs *[collectif]* mentionnés aux 2° et 4° de l'article R. 623-10-7, évalués au prorata de sa participation, sont admis dès lors qu'ils n'excèdent pas la limite définie à l'article R. 623-10-33.

§ 4 FONDS MUTUALISÉS

Art. R. 623-10-19 Les fonds mutualisés mentionnés au 5° de l'article R. 623-10-5 et au 4° de l'article R. 623-10-7 peuvent être :

1° Des organismes de placement collectif en valeurs mobilières relevant de la section I du chapitre IV du titre Ier du livre II du code monétaire et financier ;

2° Des fonds d'investissement alternatifs relevant de la section II du même chapitre à l'exception :

a) Des sociétés d'épargne forestière relevant du sous-paragraphe 9 du paragraphe 4 de la sous-section 2 de la section II du même chapitre ;

b) Des fonds d'épargne salariale relevant de la sous-section 4 de la section II du même chapitre.

Art. R. 623-10-20 Les titres de capital figurant à l'actif d'un fonds mutualisé doivent être détenus dans le cadre d'une stratégie de l'organisme mentionné à l'article R. 623-2 visant à conserver ces titres pendant une longue période.

Art. R. 623-10-21 Un fonds mutualisé doit compter parmi ses souscripteurs au moins deux organismes chargés de la gestion d'un régime de retraite légalement obligatoire et au moins un tiers. Cette exigence s'apprécie au moment de la souscription, par les organismes chargés de la gestion d'un régime de retraite légalement obligatoire, de parts, actions ou obligations du fonds mutualisé.

La valeur initiale des parts ou actions d'un fonds mutualisé dont le règlement ou les statuts réservent la souscription ou l'acquisition de parts ou actions à vingt investisseurs au plus ou à une catégorie d'investisseurs dont les caractéristiques sont précisément définies par le prospectus, qui sont acquises par un organisme chargé de la gestion d'un régime de retraite légalement obligatoire, doit représenter au minimum 100 000 euros.

Au moins 15 % des parts ou actions émises par chaque fonds mutualisé dont le règlement ou les statuts réservent la souscription ou l'acquisition de parts ou actions à vingt investisseurs au plus ou à une catégorie d'investisseurs dont les caractéristiques sont précisément définies par le prospectus doivent être détenues par un tiers mentionné au premier alinéa.

Art. R. 623-10-22 Un fonds mutualisé est géré par une société de gestion de portefeuille ou une société équivalente d'un État partie à l'accord sur l'Espace économique européen.

Art. R. 623-10-23 Le passif d'un fonds mutualisé peut être composé de parts ou d'actions, émises en euros, dès lors que, économiquement, le risque de crédit associé à la détention de ces titres n'est pas subdivisé en tranches.

Art. R. 623-10-24 I. – Un fonds mutualisé ne peut, en dehors des obligations qu'il émet, recourir à l'emprunt, ni effectuer, en qualité de cédant, d'opérations de cession temporaire d'instruments financiers.

II. – Par dérogation au I, un fonds mutualisé peut recourir à l'emprunt dans les conditions suivantes :

1° Si les emprunts sont utilisés de manière temporaire et représentent au maximum 10 % de la valeur de ses actifs ;

2° Si le fonds mutualisé est un organisme de placement collectif immobilier ou un organisme professionnel de placement collectif immobilier. Dans ce cas, les emprunts peuvent représenter au maximum 40 % de la valeur des actifs du fonds.

Art. R. 623-10-25 La société de gestion d'un fonds mutualisé transmet à chaque organisme mentionné à l'article R. 623-2 ayant souscrit des parts, actions ou obligations du fonds la composition détaillée de l'actif du fonds, au moins une fois par trimestre et à chaque fois qu'un organisme souscripteur en fait la demande, dans des conditions permettant un traitement adapté de ces informations sensibles et une utilisation limitée au calcul des exigences de la présente section.

Après la clôture de chaque exercice comptable, la société de gestion transmet à chaque organisme mentionné au premier alinéa un rapport sur la gestion du fonds et le suivi du risque de crédit de l'ensemble et de chacun des actifs sous-jacents du fonds. Ce rapport est examiné par le conseil d'administration et, le cas échéant, par la commission chargée des placements de chaque organisme concerné.

Art. R. 623-10-26 Lorsque l'actif de placement d'un organisme mentionné à l'article R. 623-2 comporte des parts, actions ou obligations de fonds mutualisés, l'organisme concerné vérifie que les sociétés de gestion des fonds mutualisés dans lesquels il a investi ne peuvent, aux termes de la documentation réglementaire des fonds, prendre des positions qui ne seraient pas autorisées au titre de la présente section.

Les organismes mentionnés à l'article R. 623-2 s'assurent, lors de la souscription de parts, actions ou obligations de fonds mutualisés, que les stipulations des contrats qu'ils concluent à cette occasion leur permettent de disposer des informations nécessaires à l'accomplissement des missions qui leur sont confiées au titre de la présente section et à l'établissement des documents mentionnés aux articles R. 623-6, R. 623-8 et R. 623-9.

§ 5 CONTRATS FINANCIERS

Art. R. 623-10-27 I. — Un titre financier éligible mentionné à l'article R. 623-10-9 est réputé comporter un contrat financier lorsqu'il répond simultanément aux trois conditions suivantes :

1° Du fait de sa présence, tout ou partie des flux de trésorerie qu'impliquerait autrement le titre financier dans lequel le contrat financier est inclus peut être modifié en fonction d'un taux d'intérêt, du prix d'un instrument financier, d'un taux de change, d'un indice de prix ou de taux, d'une notation ou d'un indice de crédit ou d'une autre variable déterminée et varie en conséquence d'une manière similaire à un dérivé autonome ;

2° Les caractéristiques économiques et les risques que le contrat financier comporte ne sont pas étroitement liés aux caractéristiques économiques du titre financier dans lequel il est inclus, ni au profil de risque de ce dernier ;

3° Le contrat financier a une incidence notable sur le profil de risque et la valorisation du titre financier dans lequel il est inclus.

II. — Le titre financier éligible n'est pas réputé comporter un contrat financier lorsqu'il comporte une composante qui est contractuellement négociable indépendamment du titre financier éligible. Une telle composante est réputée constituer un instrument financier distinct.

III. — Lorsque des instruments financiers mentionnés à l'article R. 623-10-9 comportent un contrat financier au sens du présent article, ce dernier est pris en compte pour l'application des articles R. 623-8, R. 623-10-28 à R. 623-10-31, R. 623-10-34, R. 623-10-35, R. 623-10-42 et R. 623-10-44.

Art. R. 623-10-28 Les contrats financiers mentionnés au 9° de l'article R. 623-10-9 sont liés à un placement ou à un groupe de placements, détenu ou à détenir, à l'exclusion des contrats financiers portant sur des marchandises, et respectent, durant toute l'opération, les conditions suivantes :

1° Le placement ou le groupe de placements est identique ou assimilable au sous-jacent du contrat financier et est de montant au moins égal au montant notionnel de cet instrument ;

2° Pour les contrats d'échange, le sous-jacent du contrat financier est celui que l'organisme mentionné à l'article R. 623-2 s'engage à échanger ;

3° Le contrat financier permet, en adéquation avec les missions de l'organisme, une gestion prudente du placement ou du groupe de placements détenu, visant au maintien de sa valeur ou de son rendement.

Les contrats financiers peuvent, à l'initiative de l'organisme mentionné à l'article R. 623-2, être à tout moment vendus, liquidés ou clôturés à leur valeur de marché.

Un organisme mentionné à l'article R. 623-2 ne peut conclure de contrat financier que sur les marchés mentionnés au I de l'article R. 623-10-10.

Art. R. 623-10-29 Un organisme mentionné à l'article R. 623-2 ne peut procéder à une vente d'option que si celle-ci a été précédemment acquise dans le cadre défini par l'article R. 623-10-28 ou si elle permet le financement d'une stratégie de couverture portant sur le même sous-jacent et que ce sous-jacent exact est détenu pendant toute la durée de l'opération.

Art. R. 623-10-30 Un organisme mentionné à l'article R. 623-2 ne peut utiliser de contrat financier que dans les cas prévus par l'article R. 623-10-28. Toute opération financière à terme ne respectant plus les conditions fixées à cet article est communiquée sans délai au conseil d'administration et aux ministres chargés de la sécurité sociale et du budget. Elle doit être dénouée dans un délai de trois mois et faire l'objet d'une analyse détaillée dans le rapport de gestion financière mentionné à l'article R. 623-8.

Art. R. 623-10-31 Les organismes mentionnés à l'article R. 623-2 et leurs organismes dédiés mentionnés à l'article R. 623-10-7 ne peuvent pas :

1° Recourir à des opérations de pension, à des opérations assimilées d'acquisition ou de cessions temporaires de titres et à des emprunts ;

2° Recourir à des opérations d'achat ou de vente à terme, sauf lorsque les liquidités ou le sous-jacent nécessaires au dénouement de l'opération sont détenus pendant toute la durée de l'opération ;

3° Effectuer, directement ou indirectement, des ventes à découvert ;

4° Acquérir des certificats représentatifs de métaux précieux, de matières premières ou de tout autre actif dont la détention elle-même ne serait pas autorisée.

Les règlements ou statuts des organismes dédiés mentionnent ces interdictions.

§ 6 RATIOS ET LIMITES

Art. R. 623-10-32 Rapportée à la valeur de réalisation de l'actif de placement mentionné à l'article R. 623-2, la valeur de réalisation des actifs mentionnés ci-après ne peut excéder :

1° 15 % pour les parts ou actions mentionnées au 2° de l'article R. 623-10-7 ;

2° 20 % pour les actifs mentionnés au 8° de l'article R. 623-10-9 ;

3° 25 % pour les titres de capital émis par les sociétés par actions relevant des 1° et 2° de l'article R. 623-10-8 ;

4° 50 % pour les instruments financiers mentionnés au 3° du présent article et les titres de capital émis par les sociétés par actions relevant du 4° de l'article R. 623-10-8 ;

5° 15 % pour les titres de capital et de créance mentionnés aux 1° à 6° de l'article R. 623-10-9 vérifiant les conditions mentionnées au 3° du I de l'article R. 623-10-10 mais pas celles mentionnées aux 1° et 2° du I du même article ;

6° 15 % pour les actifs mentionnés au 10° de l'article R. 623-10-9 ;

7° 5 % pour les titres de capital et de créance émis par des organismes de *(Décr. nº 2018-1004 du 19 nov. 2018, art. 9)* « financement ».

Art. R. 623-10-33 Les dépassements potentiels mentionnés à l'article R. 623-10-18 sont admis dans la limite de 15 % de la valeur de réalisation des parts ou actions mentionnées aux 2° et 4° de l'article R. 623-10-7.

Art. R. 623-10-34 La somme des expositions résultant des contrats financiers appartenant à l'actif vu par transparence ne peut excéder 10 % de la valeur de réalisation de l'actif de placement. Les expositions positives sur une contrepartie peuvent être compensées par les expositions négatives sur la même contrepartie.

Art. R. 623-10-35 Les actifs composant l'actif vu par transparence doivent à tout moment être réalisables en euros.

Un organisme mentionné à l'article R. 623-2 peut déroger au premier alinéa à condition que son exposition au risque de change, incluant l'exposition provenant des contrats financiers définie à l'article R. 623-10-34, demeure inférieure à 15 % de la valeur de réalisation de l'actif de placement.

Art. R. 623-10-36 I. — Rapportée à la valeur de réalisation de l'actif de placement mentionné à l'article R. 623-2, la valeur de réalisation des actifs issus de l'actif vu par transparence mentionnés ci-après ne peut excéder :

1° 5 % pour l'ensemble des valeurs émises et des créances obtenues ou garanties par une même entité ;

2° 10 % pour un même actif immobilier ;

3° 5 % pour l'ensemble des valeurs émises et des créances obtenues ou garanties par une même entité, ainsi que des dépôts placés auprès de cette entité.

Le ratio de 5 % mentionné au 3° peut atteindre 10 % à condition que la valeur totale des actifs admis au-delà du ratio de 5 % n'excède pas 40 % de la valeur de réalisation de l'actif de placement.

II. — Par dérogation au I, un organisme mentionné à l'article R. 623-2 peut détenir jusqu'à 50 % de la valeur de réalisation de son actif de placement en titres de capital et de créance mentionnés aux 1° à 6° de l'article R. 623-10-9 émis ou garantis par une même entité si ces titres sont émis ou garantis par un État membre de l'Union européenne, un autre État partie à l'accord sur l'Espace économique européen, la Suisse, des organismes publics internationaux dont font partie un ou plusieurs États membres de l'Union européenne ou autres États parties à l'accord sur l'Espace économique européen, la Caisse d'amortissement de la dette sociale ou l'Agence centrale des organismes de sécurité sociale.

III. – Les sociétés regroupées aux fins de la consolidation des comptes, au sens de la directive n° 83/349/CEE du 13 juin 1983 concernant les comptes consolidés ou conformément aux règles comptables internationales reconnues, sont considérées comme une seule entité pour le calcul des limites prévues par le présent article.

Art. R. 623-10-37 I. – Un organisme mentionné à l'article R. 623-2 ne peut détenir au sein de son actif vu par transparence plus de :

1° 5 % de la valeur de réalisation des titres de capital d'un même émetteur ;

2° 5 % de la valeur de réalisation des titres de créance d'un même émetteur.

II. – Il peut être dérogé au I en ce qui concerne :

1° Les titres de capital ou de créance émis ou garantis par un État membre de l'Union européenne, un autre État partie à l'accord sur l'Espace économique européen ou la Suisse ;

2° Les titres de capital ou de créance émis ou garantis par un organisme public international dont un ou plusieurs États membres de l'Union européenne ou autres États parties à l'accord sur l'Espace économique européen font partie ;

3° Les titres de capital ou de créance détenus par l'intermédiaire d'un fonds mutualisé.

Art. R. 623-10-38 L'évaluation de l'exposition d'un organisme mentionné à l'article R. 623-2 issue de contrats financiers requiert la conversion de la position de chaque contrat financier de son actif vu par transparence en valeur de réalisation d'une position équivalente sur l'actif sous-jacent de ce contrat. Elle est constituée par la perte ou le gain potentiel de l'organisme évaluable à tout moment.

L'exposition issue de contrats financiers ne doit pas conduire à excéder les limites mentionnées à l'article R. 623-10-32.

Art. R. 623-10-39 Les règles de placement et les limites mentionnées dans la présente sous-section doivent être respectées à tout moment.

Toutefois, si un écart par rapport à ces règles ou à ces limites est constaté, l'organisme mentionné à l'article R. 623-2 a, dans le cadre de ses opérations, pour objectif prioritaire de régulariser cette situation, dans un délai ne pouvant excéder six mois, en tenant compte de l'intérêt des affiliés, dans des conditions précisées, le cas échéant, par le document relatif à la politique de placement et de gestion des risques.

Par dérogation au deuxième alinéa, lorsqu'un organisme mentionné à l'article R. 623-2 ne respecte plus, suite à une évolution des valeurs de réalisation de ses actifs, les limites mentionnées au 2° de l'article R. 623-10-32, au 1° de l'article R. 623-10-6 ou au 2° du I de l'article R. 623-10-36, il peut conserver les immeubles qu'il détient intégralement soit directement, soit par le biais d'une filiale. Il dispose alors d'un délai de cinq ans pour céder tous les autres actifs mentionnés au 8° de l'article R. 623-10-9 et ne peut entreprendre, tant que le dépassement persiste, aucun nouvel achat de tels actifs.

SOUS-SECTION 7 SUIVI DES PLACEMENTS

§ 1er VALORISATION

Art. R. 623-10-40 Les organismes mentionnés à l'article R. 623-2 tiennent à jour et conservent, dans les mêmes conditions que les documents comptables, un dossier de suivi démontrant le respect des dispositions réglementaires et des règles mentionnées dans le document relatif à la politique de placement et de gestion des risques. Ce dossier comporte notamment un inventaire extra-comptable permanent de l'actif de placement et un inventaire trimestriel de l'actif vu par transparence.

Ce dossier est tenu à disposition des commissaires aux comptes, le cas échéant.

Un arrêté des ministres chargés de la sécurité sociale et du budget fixe les modalités de tenue du dossier de suivi.

Art. R. 623-10-41 Les actifs mentionnés aux articles R. 623-10-7 et R. 623-10-8 font l'objet d'une évaluation sur la base de leur valeur de réalisation dans les conditions suivantes :

a) Les valeurs mobilières et les titres de toute nature admis à la négociation sur un marché réglementé sont retenus pour le dernier cours coté au jour de l'inventaire ;

b) Les titres non admis à la négociation sur un marché réglementé sont retenus pour leur valeur vénale correspondant au prix qui en serait obtenu dans des conditions normales de marché et en fonction de leur utilité pour l'organisme mentionné à l'article R. 623-2 ;

c) Les actions et parts d'organismes de placement collectif sont retenues pour le dernier prix de rachat publié au jour de l'inventaire ;

d) La valeur de réalisation des immeubles et des parts ou actions des sociétés immobilières non inscrites à la cote d'une bourse de valeurs d'un État membre de l'Union européenne, d'un autre État partie à l'accord sur l'Espace économique européen ou de la Suisse est déterminée sur la base d'une expertise quinquennale. Entre deux expertises, la valeur fait l'objet d'une estimation annuelle, certifiée par un expert externe en évaluation ;

e) Les contrats financiers et les instruments qui comportent un contrat financier conformément à l'article R. 623-10-27 font l'objet d'une évaluation fiable et vérifiable sur une base journalière, qui ne se fonde pas uniquement sur les prix de marché donnés par la contrepartie ;

f) Les autres placements sont retenus pour leur valeur comptable.

Les instruments financiers et les actifs vus par transparence sont évalués selon les mêmes modalités que dans les comptes de l'organisme de placement collectif qui les détient.

Art. R. 623-10-42 L'évaluation mentionnée au *e* de l'article R. 623-10-41 satisfait aux critères suivants :

1° L'évaluation se fonde sur une valeur de marché actuelle, qui a été établie de manière fiable pour l'instrument ou, si une telle valeur n'est pas disponible, sur un modèle de valorisation utilisant une méthode reconnue et appropriée ;

2° La vérification de l'évaluation est effectuée :

a) Soit par un expert externe en évaluation qui procède à la vérification selon une fréquence journalière et des modalités telles que l'organisme mentionné à l'article R. 623-2 peut le contrôler ;

b) Soit par un service de l'organisme mentionné à l'article R. 623-2 qui est en mesure de procéder à cette vérification.

L'expert externe en évaluation mentionné au *a* du 2° remplit les conditions suivantes :

– il est une personne morale indépendante de l'émetteur ou de la société de gestion de portefeuille assurant la gestion de l'organisme de placement collectif qui a recours à un contrat financier ou à un instrument qui comporte un contrat financier et de toute personne ayant des liens étroits avec l'émetteur ou la société de gestion de portefeuille ;

– il offre les garanties professionnelles nécessaires pour exercer sa fonction d'évaluation ;

– il ne délègue pas sa fonction d'évaluation à un tiers.

Art. R. 623-10-43 Un organisme mentionné à l'article R. 623-2 dont l'actif vu par transparence comprend des contrats financiers ou des instruments comportant un contrat financier intégré effectue, au moins une fois par mois, des projections concernant la composition de son portefeuille de placements afin de prendre en compte l'impact de ses opérations sur contrats financiers.

Ces projections sont établies pour les échéances d'un mois, trois mois, six mois, un an et annuellement jusqu'à l'échéance maximale des contrats financiers utilisés, en distinguant les conséquences des opérations qui n'emportent aucune obligation pour l'organisme.

Art. R. 623-10-44 Les organismes mentionnés à l'article R. 623-2 effectuent un suivi permanent des opérations mentionnées au paragraphe 5 de la sous-section 6. Ils tiennent à cet effet un relevé quotidien des positions prises pour chaque catégorie de placement*[s]* sous-jacent*[s]*, échéance par échéance.

Le système de suivi doit permettre :

a) Une évaluation sans délai des valeurs de réalisation ;

b) Le respect à tout moment des limites internes définies par la présente section et la politique de placement et de gestion des risques ;

c) Le contrôle à tout moment du respect de ces limites et des procédures internes nécessaires à l'application du présent article ;

d) La détermination de l'actif ou du groupe d'actifs couvert par chaque contrat financier.

Art. R. 623-10-45 Les organismes mentionnés à l'article R. 623-2 emploient une méthode permettant d'assurer une mesure précise de tous les frais de gestion des placements, internes comme externes, concernant chaque ligne de l'actif vu par transparence.

Les frais de gestion qui ne sont pas attribuables à une ligne déterminée sont répartis entre les lignes qu'ils concernent de façon à refléter la charge engendrée par chacune.

Ces frais de gestion comprennent notamment :

1° Les charges de personnel, y compris celles liées à la gestion des risques ;

2° Les frais, commissions ou assimilés, de toute nature, versés à toute entité extérieure, y compris pour ce qui concerne le conseil ou la formation ;

3° Les écarts entre la valeur mentionnée à l'article R. 623-10-41 et le prix auquel la transaction a effectivement lieu.

§ 2 DOCUMENTS

Art. R. 623-10-46 Les organismes mentionnés à l'article R. 623-2 transmettent chaque année aux ministres chargés de la sécurité sociale et du budget, dans les sept jours qui suivent l'approbation des comptes annuels et selon des modalités fixées par arrêté des mêmes ministres :

1° Des états annuels dont le modèle est fixé par arrêté des mêmes ministres ;

2° Les comptes accompagnés, le cas échéant, de l'avis des commissaires aux comptes ;

3° Le document relatif à la politique de pilotage mentionné à l'article R. 623-6.

Art. R. 623-10-47 Les organismes mentionnés à l'article R. 623-2 rendent publics annuellement les éléments mentionnés aux 2° et 3° de l'article R. 623-10-46.

SECTION II PRESTATIONS DE BASE

Art. R. 623-11 Sans préjudice des dispositions incluses dans les conventions de sécurité sociale conclues par la France avec les différents États étrangers, les prestations de vieillesse prévues par le présent titre attribuées aux personnes qui ont cotisé, ou aux personnes assimilées à des cotisants, sont liquidées et payées aux titulaires résidant en dehors du territoire de la France métropolitaine, sous les réserves ci-après :

1° Les frais supplémentaires occasionnés par le paiement des arrérages en dehors du territoire de la France métropolitaine sont imputés sur leur montant ;

2° La liquidation peut être différée et le paiement des arrérages suspendu lorsque les dispositions réglementaires relatives à l'inaptitude au travail, aux conditions de ressources, à la cessation de l'activité professionnelle, ne peuvent donner lieu à constatation ou à vérification et lorsque l'existence des titulaires à la date d'échéance des arrérages ne peut être contrôlée.

Art. R. 623-12 Les allocations de vieillesse attribuées aux personnes qui n'ont pas cotisé ou non assimilées à des cotisants ne peuvent être liquidées ou payées aux titulaires qu'autant que ces derniers résident sur le territoire de la France métropolitaine.

Art. R. 623-13 Les frais de paiement des prestations incombent aux caisses professionnelles et interprofessionnelles ou aux sections professionnelles.

V. art. D. 623-30.

SECTION III ASSURANCE VEUVAGE

Néant.

SECTION IV CONTRÔLE – CONTENTIEUX ET PÉNALITÉS

Art. R. 623-14 et R. 623-15 *Abrogés par Décr. nº 96-91 du 31 janv. 1996, art. 8.*

Art. R. 623-16 *Abrogé par Décr. nº 2007-703 du 3 mai 2007, art. 7.*

SECTION V CONTRÔLE DE L'ADMINISTRATION – DISPOSITIONS DIVERSES

Art. R. 623-17 Les caisses ou sections professionnelles, les caisses interprofessionnelles et les caisses nationales sont soumises aux vérifications *(Décr. n° 2009-1596 du 18 déc. 2009, art. 16-IV)* « de l'inspection générale des affaires sociales et du service mentionné à l'article R. 155-1 ».

Elles sont également soumises au contrôle de l'inspection générale des finances, des trésoriers-payeurs généraux, des receveurs particuliers des finances et, à Paris, du receveur central des finances de Paris.

Un arrêté conjoint du ministre chargé du budget et du ministre chargé de la sécurité sociale précise les conditions dans lesquelles est effectué le contrôle prévu au deuxième alinéa du présent article.

Art. R. 623-18 Le directeur et l'agent comptable assistent, avec voix consultative, aux séances du conseil d'administration et aux commissions ayant reçu délégation de celui-ci.

Art. R. 623-19 Les dispositions de l'article L. 281-2 sont applicables aux caisses nationales et aux caisses locales ou régionales ou aux sections professionnelles mentionnées à l'article L. 621-2.

Le pouvoir de substitution prévu à l'article L. 281-2 est exercé :

1° En cas de carence du conseil d'administration ou du directeur d'une Caisse nationale, par le ministre chargé de la sécurité sociale ;

2° En cas de carence du conseil d'administration ou du directeur d'une caisse locale ou régionale ou d'une section professionnelle, *(Décr. n° 2009-1596 du 18 déc. 2009, art. 16-V)* « par le responsable du service mentionné à l'article R. 155-1 ».

Le délai dans lequel les autorités mentionnées au deuxième alinéa du présent article peuvent exercer le pouvoir de substitution est fixé à huit jours à compter de la mise en demeure restée sans effet.

Art. R. 623-20 *Abrogé par Décr. n° 2009-1596 du 18 déc. 2009, art. 25-II.*

TITRE TROISIÈME ASSURANCE VIEILLESSE ET INVALIDITÉ-DÉCÈS DES PERSONNES AFFILIÉES AU RÉGIME SOCIAL DES INDÉPENDANTS *(Décr. n° 2017-864 du 9 mai 2017, art. 3-II).*

CHAPITRE PREMIER *[ABROGÉ]* ORGANISATION

(Abrogé par Décr. n° 2017-864 du 9 mai 2017, art. 6-I)

SECTION PREMIÈRE ORGANISATION ADMINISTRATIVE

SOUS-SECTION 1 CAISSE NATIONALE

Art. R. 631-1 *Abrogé par Décr. n° 2006-83 du 27 janv. 2006, art. 5-IV.*

Art. R. 631-2 (Abrogé par Décr. n° 2017-864 du 9 mai 2017, art. 6-I) (Décr. n° 2006-83 du 27 janv. 2006) *La Caisse nationale du régime social des indépendants assure en son nom propre, soit à la demande des caisses de base, soit de plein droit à l'expiration d'un délai d'un an suivant la date d'exigibilité,* (Décr. n° 2007-703 du 3 mai 2007, art. 7) *« le recouvrement contentieux des cotisations et des contributions impayées auprès de ces dernières » ainsi que les majorations de retard et pénalités y afférentes.*

(Décr. n° 2013-597 du 8 juill. 2013, art. 2) *« Toutefois, elle peut déléguer à la caisse de base à laquelle est rattaché le cotisant débiteur ou à une autre caisse de base le recouvrement contentieux qu'elle assure de plein droit en application du premier alinéa. La délégation s'étend aux actions de recouvrement contentieux en cours à la date à laquelle elle est décidée. »*

La CANCAVA tient des art. L. 621-1 à L. 621-4, L. 622-3 et R. 631-2 le pouvoir d'assurer soit en son propre nom, soit à la demande des caisses de base, soit de plein droit, le recouvrement des cotisations impayées du régime et des majorations de retard et des pénalités y afférentes. • Soc. 8 mars 2001 : *D. 2001. IR 1077 ; RJS 2001, n° 641.*

Art. R. 631-3 à R. 631-5 *Abrogés par Décr. nº 2006-83 du 27 janv. 2006, art. 5-IV.*

Art. R. 631-6 à R. 631-8 *Abrogés par Décr. nº 2005-362 du 20 avr. 2005, art. 21.*

Art. R. 631-9 à R. 631-14 *Abrogés par Décr. nº 98-39 du 19 janv. 1998, art. 15.*

Art. R. 631-15 à R. 631-28 *Abrogés par Décr. nº 2005-362 du 20 avr. 2005, art. 21.*

Art. R. 631-29 à R. 631-31 *Abrogés par Décr. nº 98-39 du 19 janv. 1998, art. 15.*

SOUS-SECTION 2 CAISSES DE BASE

Art. R. 631-32 à R. 631-36 *Abrogés par Décr. nº 2006-83 du 27 janv. 2006, art. 5-IV.*

SECTION II RÈGLES DE FONCTIONNEMENT ET DE GESTION

Art. R. 631-37 (Abrogé par Décr. n° 2014-1690 du 30 déc. 2014, art. 28-1°) ***Toute personne qui commence ou cesse d'exercer une profession artisanale est tenue de le déclarer dans le délai d'un mois à la caisse dont elle relève, en vue de son immatriculation ou de sa radiation.*** (Décr. n° 2002-588 du 23 avr. 2002) ***« La date d'effet de l'immatriculation ou de la radiation est le jour du début ou de la fin de l'activité professionnelle. »*** — Disposition applicable au 1er janv. 2003 (Décr. n° 2002-588 du 23 avr. 2002, art. 8).

En cas de cessation de l'activité professionnelle, de cession de fonds artisanal ou de radiation, le paiement des cotisations dues pour le trimestre en cours est immédiatement exigible.

Les dispositions du Décr. nº 2014-1690 du 30 déc. 2014 sont applicables aux cotisations et aux contributions de sécurité sociale dues au titre des périodes courant à compter du 1er janv. 2015 (Décr. préc., art. 29-I).

Art. R. 631-38 à R. 631-40 *Abrogés par Décr. nº 2006-375 du 29 mars 2006.*

Art. R. 631-41 et R. 631-42 *Abrogés par Décr. nº 2006-83 du 27 janv. 2006.*

CHAPITRE II ORGANISATION AUTONOME DU RÉGIME DES PROFESSIONS INDUSTRIELLES ET COMMERCIALES

SECTION PREMIÈRE ORGANISATION ADMINISTRATIVE

SOUS-SECTION 1 CAISSE NATIONALE

Art. R. 632-1 *Abrogé par Décr. nº 2006-375 du 29 mars 2006.*

Art. R. 632-2 et R. 632-3 *Abrogés par Décr. nº 2006-83 du 27 janv. 2006, art. 5-IV.*

Art. R. 632-4 à R. 632-20 *Abrogés par Décr. nº 2005-362 du 20 avr. 2005, art. 21.*

Art. R. 632-21 et R. 632-22 *Abrogés par Décr. nº 98-39 du 19 janv. 1998, art. 15.*

Art. R. 632-23 *Transféré ss. art. R. 633-8-1 par Décr. nº 98-39 du 19 janv. 1998, art. 13.*

SOUS-SECTION 2 CAISSES DE BASE

Art. R. 632-24 à R. 632-26 *Abrogés par Décr. nº 2006-83 du 27 janv. 2006, art. 5-IV.*

SECTION II RÈGLES DE FONCTIONNEMENT ET DE GESTION

Art. R. 632-27 et R. 632-28 *Abrogés par Décr. nº 2006-375 du 29 mars 2006.*

Art. R. 632-29 et R. 632-30 *Abrogés par Décr. nº 2006-83 du 27 janv. 2006, art. 5-IV.*

CHAPITRE III DISPOSITIONS COMMUNES EN MATIÈRE D'ORGANISATION ADMINISTRATIVE ET FINANCIÈRE

SECTION PREMIÈRE ORGANISATION ADMINISTRATIVE

Art. R. 633-1 et R. 633-2 *Abrogés par Décr. nº 2006-83 du 27 janv. 2006, art. 5-IV.*

SOUS-SECTION 1 CAISSES NATIONALES

Art. R. 633-3 à R. 633-6 *Abrogés par Décr. n° 2006-83 du 27 janv. 2006, art. 5-IV.*

Art. R. 633-6-1 à R. 633-7 *Abrogés par Décr. n° 2005-362 du 20 avr. 2005, art. 21.*

Art. R. 633-8 et R. 633-8-1 *Abrogés par Décr. n° 2006-83 du 27 janv. 2006, art. 5-IV.*

SOUS-SECTION 2 CAISSES DE BASE

§ 1er FONCTIONNEMENT

Art. R. 633-9 à R. 633-14 *Abrogés par Décr. n° 2006-83 du 27 janv. 2006, art. 5-IV.*

§ 2 ÉLECTIONS

Art. R. 633-15 *Abrogé par Décr. n° 2006-83 du 27 janv. 2006, art. 5-IV.*

Art. R. 633-20 *Abrogé par Décr. n° 97-839 du 12 sept. 1997, art. 3.*

Art. R. 633-21 à R. 633-48 *Abrogés par Décr. n° 2006-83 du 27 janv. 2006, art. 5-IV.*

§ 3 DISPOSITIONS DIVERSES

Art. R. 633-49 *Abrogé par Décr. n° 2006-83 du 27 janv. 2006.*

Art. R. 633-50 *Abrogé par Décr. n° 97-839 du 12 sept. 1997, art. 3.*

Art. R. 633-51 et R. 633-52 *Abrogés par Décr. n° 2006-83 du 27 janv. 2006.*

SOUS-SECTION 3 DISPOSITIONS COMMUNES À LA CAISSE NATIONALE ET AUX CAISSES DE BASE *(Décr. n° 2011-68 du 20 janv. 2012, art. 3).*

Art. R. 633-53 à R. 633-58 *Abrogés par Décr. n° 2006-83 du 27 janv. 2006, art. 5-IV.*

Art. R. 633-59 *Abrogé par Décr. n° 2006-375 du 29 mars 2006.*

Art. R. 633-60 Les dispositions du premier alinéa de l'article L. 122-1 et de l'article R. 122-1 sont applicables aux organismes et personnes entrant dans le champ d'application du présent titre, sous réserve d'adaptation par décret.

Art. R. 633-61 Les dépenses des caisses, qui peuvent être effectuées au titre de la gestion administrative, sont limitativement énumérées par le décret fixant les règles relatives à la comptabilité des organismes d'assurance vieillesse des professions non salariées conformément aux articles L. 256-2 et L. 623-1.

Ces dépenses font l'objet d'un budget annuel voté par le conseil d'administration de chaque caisse.

Art. R. 633-62 Toute décision de caractère individuel prise en matière de gestion du personnel est communiquée à l'agent comptable qui porte mention de la disponibilité des crédits correspondants et de sa conformité aux autorisations budgétaires.

Art. R. 633-63 Les caisses professionnelles et interprofessionnelles suivent dans des comptes distincts les opérations afférentes aux régimes d'assurance vieillesse de base mentionnés aux sections I et II du chapitre IV du présent titre, ainsi qu'aux articles L. 633-9, L. 633-10, L. 636-1, L. 812-1 et L. 813-5 et les opérations afférentes *(Décr. n° 2012-68 du 20 janv. 2012, art. 4-1°, en vigueur le 1er janv. 2013)* « au régime d'assurance vieillesse complémentaire mentionné à l'article L. 635-1 ».

Les excédents et déficits sont déterminés séparément pour chaque compte. Les excédents d'un compte ne peuvent compenser les déficits d'un autre.

(Décr. n° 2012-68 du 20 janv. 2012, art. 4-2°, en vigueur le 1er janv. 2013) « Le régime d'assurance vieillesse complémentaire prévoit » des avantages révisables chaque année selon les ressources qui peuvent y être affectées.

SECTION II ORGANISATION FINANCIÈRE — COTISATIONS

Art. R. 633-64 *Abrogé par Décr. nº 2007-703 du 3 mai 2007, art. 7.*

Art. R. 633-65 *(Décr. nº 2006-375 du 29 mars 2006) (Décr. nº 2017-864 du 9 mai 2017, art. 3-II)* « I. — Les ressources de la branche vieillesse mentionnée au 2° de l'article L. 611-2 sont constituées par : »

1° Le produit des cotisations des assurés du régime de base, ainsi que les majorations et pénalités de retard ;

2° Le produit des cotisations des assurés de l'assurance volontaire ;

(Abrogé par Décr. nº 2017-864 du 9 mai 2017, art. 3-II) « 3° Une fraction du produit de la contribution sociale de solidarité instituée par l'article L. 651-1 ; »

4° Le produit des versements effectués au titre de la compensation instituée par l'article L. 134-1 ;

5° Une part des produits financiers résultant de la gestion centralisée de la trésorerie par la Caisse nationale ;

6° Les dons et legs ;

7° Toute autre recette instituée par les dispositions législatives ou réglementaires en vigueur.

(Décr. nº 2017-864 du 9 mai 2017, art. 3-II) « II. — Les dépenses de la branche vieillesse mentionnée au 2° de l'article L. 611-2 sont constituées par :

« 1° Les charges supportées par les » caisses de base mentionnées à l'article L. 611-8 pour le service des prestations vieillesse, ainsi que les charges diverses en application des dispositions législatives et réglementaires en vigueur ;

2° La part des charges de fonctionnement, des dépenses en capital ainsi que des dépenses d'intervention des budgets mentionnés au 5° de l'article R. 611-18 versées à la Caisse nationale et aux caisses de base mentionnées à l'article L. 611-8 pour le service des prestations mentionnées au chapitre IV du titre III du présent livre et pour l'action sociale ;

3° Le montant des versements effectués au titre de la compensation instituée par l'article L. 134-1 ;

4° Une part des charges financières résultant de la gestion centralisée de la trésorerie par la Caisse nationale ;

5° Toute autre charge instituée en application des dispositions législatives et réglementaires en vigueur.

Art. R. 633-66 *(Décr. nº 2006-83 du 27 janv. 2006)* Les dispositions des articles R. 612-9 à R. 612-11 sont applicables aux cotisations dues au titre *(Décr. nº 2017-864 du 9 mai 2017, art. 3-II)* « de la branche » vieillesse visées *[visée]* à l'article L. 611-2.

Art. R. 633-67 *(Décr. nº 2012-1034 du 7 sept. 2012, art. 1er-1º)* La faculté de versement prévue à l'article L. 633-11 en vue de la prise en compte par l'assurance vieillesse des périodes d'activité exercées en tant que conjoint collaborateur est ouverte aux personnes âgées, à la date à laquelle elles présentent la demande de versement, d'au moins vingt ans et de moins de soixante-sept ans, et dont la pension de retraite dans le régime *(Décr. nº 2017-735 du 3 mai 2017, art. 3-11º)* « social des indépendants » n'a pas été liquidée.

Cette faculté de versement est ouverte dans la limite du rachat de vingt-quatre trimestres.

La demande de versement est prise en compte pour un nombre entier de trimestres. Est considérée comme égale à un trimestre toute période de quatre-vingt-dix jours successifs au cours de laquelle le conjoint collaborateur a participé directement et effectivement à l'activité de l'entreprise. Lorsque la période de quatre-vingt-dix jours se partage sur deux années civiles successives, elle peut être considérée comme ayant été effectuée au cours de l'une ou de l'autre de ces années, dans la limite prévue à l'article R. 633-72.

Art. R. 633-68 *(Décr. nº 2012-1034 du 7 sept. 2012, art. 1er-1º)* I. — Pour exercer la faculté de versement mentionnée à l'article R. 633-67, l'intéressé doit présenter une demande comportant, à peine d'irrecevabilité :

1° Les mentions et pièces justificatives permettant de l'identifier, de déterminer les périodes au titre desquelles la demande est présentée et de démontrer sa participation directe et effective à l'activité de l'entreprise ;

2° La mention de l'option pour l'une des deux possibilités ouvertes à l'article R. 633-69 ;

3° La mention éventuelle de l'option pour l'échelonnement mentionnée à l'article R. 633-70.

II. — La demande est adressée à la caisse de base du régime social des indépendants dont relève l'intéressé à la date de la demande ou dont il a relevé en dernier lieu. Lorsque l'intéressé n'a jamais relevé de ce régime, sa demande est adressée à la caisse de base du régime dans le ressort de laquelle se trouve sa résidence ou, en cas de résidence à l'étranger, à celle dans le ressort de laquelle se trouve le dernier lieu de résidence en France.

Dans un délai de deux mois, la caisse indique au demandeur s'il est admis à effectuer un versement. A défaut de réponse dans le délai de deux mois suivant la réception de la demande, la demande est réputée rejetée.

En cas d'admission, la décision de la caisse notifiée au demandeur indique le nombre de trimestres pour lequel il est autorisé à acquitter des cotisations au cours de chacune des années civiles où se situent les périodes dont il demande la prise en compte, compte tenu des limites fixées en application des articles R. 633-67 et R. 633-72, le montant du versement correspondant à un trimestre et le montant total du versement correspondant au nombre de trimestres retenu.

III. — Lorsque le demandeur a opté pour l'échelonnement prévu à l'article R. 633-70, la décision précise également le montant qui résulte de ce choix et la date de paiement de chaque échéance.

La majoration du montant des versements résultant de l'option pour l'échelonnement prévue à l'article R. 633-70 est notifiée au plus tard le 1er décembre de l'année précédant celle à laquelle elle doit être appliquée. Cette information est accompagnée de l'indication du montant de chaque échéance majorée pour l'année considérée.

IV. — La demande de rachat est déposée au plus tard le 31 décembre 2020.

Art. R. 633-69 *(Décr. n° 2012-1034 du 7 sept. 2012, art. 1er-1°)* Le versement est pris en compte, au choix du demandeur :

1° Soit au titre de l'atténuation du coefficient de minoration mentionné à l'article R. 351-27, sans que le versement soit pris en compte dans la durée d'assurance mentionnée au troisième alinéa de l'article L. 351-1 ;

2° Soit au titre de l'atténuation du coefficient de minoration mentionné à l'article R. 351-27 ainsi que pour la prise en compte des versements dans la durée d'assurance mentionnée au troisième alinéa de l'article L. 351-1.

Le choix de l'intéressé est exprimé dans la demande et est irrévocable.

Art. R. 633-70 *(Décr. n° 2012-1034 du 7 sept. 2012, art. 1er-1°)* Lorsque la demande porte sur plus d'un trimestre, l'intéressé peut demander à opter pour un échelonnement du versement en échéances mensuelles selon des modalités prévues par décret. Dans ce cas, le montant des cotisations est assorti d'une majoration.

Art. R. 633-71 *(Décr. n° 2012-1034 du 7 sept. 2012, art. 1er-1°)* Le montant du versement correspondant au rachat d'un trimestre est déterminé en tenant compte de l'âge de l'intéressé à la date à laquelle il présente sa demande, de la moyenne annuelle du total des salaires et des revenus d'activité non salariée qu'il a perçus au cours des trois dernières années, de l'option qu'il a choisie en application de l'article R. 633-69 et d'un taux d'actualisation décroissant appliqué en fonction de l'âge de l'intéressé à la date à laquelle il présente sa demande. Les modalités du calcul de ce montant sont précisées par décret.

Sauf si l'intéressé a été autorisé par la caisse à bénéficier de l'échelonnement prévu à l'article R. 633-70, le montant total du versement pour les trimestres pris en compte, calculé selon les dispositions de la présente section et notifié par la caisse dans sa décision d'admission, est versé en une seule fois.

Le montant total du versement est égal au produit du nombre de trimestres déterminés selon les modalités prévues à l'article R. 633-67 par la valeur du trimestre, déterminée selon les modalités prévues au présent article.

Art. R. 633-72 *(Décr. n° 2012-1034 du 7 sept. 2012, art. 1er-1°)* La prise en compte du versement effectué en application des dispositions de l'article L. 633-11 ne peut

avoir pour effet de porter à plus de quatre le nombre de trimestres d'assurance pris en compte par le régime *(Décr. n° 2017-864 du 9 mai 2017, art. 3-II)* **« social des indépendants » au titre d'une même année civile.**

Art. R. 633-73 *(Décr. n° 2012-1034 du 7 sept. 2012, art. 1er-1°)* **Le versement prend fin, dans les conditions précisées par décret :**

1° Soit, si l'intéressé ne bénéficie pas d'un échelonnement, en cas de non-paiement ou de paiement partiel de la somme due ;

2° Soit, lorsque l'échelonnement a été autorisé, si à la date fixée par la décision d'admission au bénéfice du paiement échelonné une autorisation de prélèvement sur le compte bancaire ou d'épargne n'a pas été reçue ou si le premier paiement n'est pas parvenu pour son montant intégral à la caisse, ou lorsque le paiement de deux échéances mensuelles, successives ou non, n'a pas été intégralement effectué ;

3° Soit lorsque l'intéressé demande la liquidation de sa pension ;

4° Soit au décès de l'intéressé.

Sauf dans le cas mentionné au 4°, la caisse informe l'intéressé de l'interruption du versement. Elle calcule le nombre de trimestres validés qui seront pris en compte pour le calcul de la pension ainsi que le montant qui excède le versement correspondant à ces trimestres et qui fait l'objet d'un remboursement.

SECTION III DISPOSITIONS D'APPLICATION

Néant.

CHAPITRE IV PRESTATIONS

SECTION PREMIÈRE GÉNÉRALITÉS

Néant. — V. art. D. 634-1.

SECTION II OUVERTURE DES DROITS ET LIQUIDATION DES PENSIONS DE RETRAITE

Art. R. 634-1 Le revenu annuel moyen mentionné à l'article L. 634-4 correspond *(Décr. n° 2014-1702 du 30 déc. 2014, art. 18-I)* **« aux cotisations versées dans la limite du plafond mentionné au premier alinéa de l'article L. 241-3 en vigueur au cours de l'année considérée »** *(Décr. n° 2004-144 du 13 févr. 2004, art. 7-I-1°)* **« permettant la validation d'au moins un trimestre d'assurance selon les règles définies par** *(Décr. n° 2017-735 du 3 mai 2017, art. 2-II)* **« les sixième et septième alinéas » de l'article R. 351-9 et » versées** *(Décr. n° 2017-735 du 3 mai 2017, art. 2-II)* **« au cours des années civiles » de la carrière au titre** *(Décr. n° 2017-864 du 9 mai 2017, art. 3-II)* **« du régime social des indépendants ».**

(Décr. n° 93-1022 du 27 août 1993, art. 8) **« Toutefois, et sous réserve des dispositions** *(Décr. n° 2004-144 du 13 févr. 2004, art. 7-I-2°)* **« des articles R. 173-4-3 et R. 634-1-1 », lorsque l'assuré aura accompli postérieurement au 31 décembre 1972 plus de vingt-cinq années d'assurance au titre des régimes dont il s'agit, il sera tenu compte des cotisations versées au cours des vingt-cinq années civiles dont la prise en considération est la plus avantageuse pour l'intéressé. »** — *Les dispositions du Décr. n° 2004-144 du 13 févr. 2004 s'appliquent aux pensions prenant effet postérieurement au 31 déc. 2003 (Décr. préc., art. 8).*

(Abrogé par Décr. n° 2017-735 du 3 mai 2017, art. 2-II) (Décr. n° 2012-1034 du 7 sept. 2012, art. 1er-2°) ***« Par dérogation au précédent alinéa, le revenu servant de base au calcul de la pension correspondant aux années donnant lieu au partage mentionné au 2° de l'article L. 633-10 est déterminé séparément et en ne tenant compte que des cotisations versées au cours de ces années. »***

(Décr. n° 2010-1776 du 31 déc. 2010, art. 1er-13°) **« Ne sont pas prises en compte pour la détermination du revenu annuel moyen défini au présent article les années comprenant une période au titre de laquelle un versement de cotisations a été effectué en application de l'article L. 634-2-2 ou en application, en ce qui concerne des demandes de rachat déposées à compter du 1er janvier 2011, de l'article L. 742-7. »** — *Les dispositions issues du Décr. n° 2010-1776 du 31 déc. 2010 sont applicables aux demandes d'adhésion et de rachat déposées à compter du 1er janv. 2011 (Décr. préc., art. 6).*

Les dispositions de l'art. 2 du Décr. n° 2017-735 du 3 mai 2017 entrent en vigueur à la date prévue au II de l'art. 43 de la L. n° 2014-40 du 20 janv. 2014, soit le 1er juill. 2017 (Décr. préc., art. 4, et Décr. n° 2017-737 du 3 mai 2017, art. 4).

Art. R. 634-1-1 *(Décr. n° 93-1022 du 27 août 1993, art. 9)* **I. — Les durées de vingt-cinq années fixées au deuxième alinéa de l'article R. 634-1 sont applicables** *(Décr. n° 2007-614 du 25 avr. 2007, art. 2)* **« aux assurés nés après 1952, quelle que soit la date d'effet de leur pension ».**

II. — *(Abrogé par Décr. n° 2007-614 du 25 avr. 2007, art. 2)* ***« En ce qui concerne les pensions prenant effet avant le 1er janvier 2013, »*** **Le nombre d'années d'assurance et le nombre d'années civiles mentionnés au deuxième alinéa de l'article R. 634-1 sont, l'un et l'autre, de :**

Dix années pour l'assuré né avant le 1er janvier 1934 ;
Onze années pour l'assuré né en 1934 ou 1935 ;
Douze années pour l'assuré né en 1936 ou 1937 ;
Treize années pour l'assuré né en 1938 ou 1939 ;
Quatorze années pour l'assuré né en 1940 ou 1941 ;
Quinze années pour l'assuré né en 1942 ou 1943 ;
Seize années pour l'assuré né en 1944 ;
Dix-sept années pour l'assuré né en 1945 ;
Dix-huit années pour l'assuré né en 1946 ;
Dix-neuf années pour l'assuré né en 1947 ;
Vingt années pour l'assuré né en 1948 ;
Vingt et une années pour l'assuré né en 1949 ;
Vingt-deux années pour l'assuré né en 1950 ;
Vingt-trois années pour l'assuré né en 1951 ;
Vingt-quatre années pour l'assuré né en 1952.

(Abrogé par Décr. n° 2007-614 du 25 avr. 2007, art. 2) (Décr. n° 2004-144 du 13 févr. 2004, art. 7-I-3°) ***« Vingt-cinq années pour l'assuré né après 1952.***

« III. — Par dérogation aux dispositions du I ci-dessus, les nombres d'années mentionnés au deuxième alinéa de l'article R. 634-1 demeurent fixés l'un et l'autre à vingt-quatre pour les assurés nés en décembre 1952 et dont la pension prend effet au 1er janvier 2013 en application de l'article R. 351-37. »

V. art. D. 634-2 à D. 634-10.

Les dispositions du Décr. n° 2004-144 du 13 févr. 2004 s'appliquent aux pensions prenant effet postérieurement au 31 déc. 2003 (Décr. préc., art. 8).

SECTION III **SERVICE DES PENSIONS DE VIEILLESSE**

Art. R. 634-2 (Abrogé par Décr. n° 2014-1513 du 16 déc. 2014, art. 4-I) ***L'âge prévu au premier alinéa de l'article L. 634-6 est fixé à*** (Décr. n° 2004-1130 du 19 oct. 2004) ***« cinquante-cinq ans ».*** — Les dispositions issues du Décr. n° 2014-1513 du 16 déc. 2014 s'appliquent aux assurés dont la première pension prend effet à compter du 1er janv. 2015 (Décr. préc., art. 4-II).

Art. R. 634-3 *Abrogé par Décr. n° 2004-1130 du 19 oct. 2004, art. 1er-III.*

Art. R. 634-4 (Abrogé par Décr. n° 2017-864 du 9 mai 2017, art. 6-I) ***La pension de l'assuré est suspendue à compter du premier jour du mois suivant celui au cours duquel est survenue la circonstance qui justifie cette suspension par application du*** (Décr. n° 2004-1130 du 19 oct. 2004) ***« troisième alinéa » de l'article L. 634-6.***

V. art. D. 634-11-1 à D. 634-13-2.

SECTION IV **PENSIONS DE RÉVERSION**

Art. R. 634-5 (Abrogé par Décr. n° 2017-735 du 3 mai 2017, art. 2-III) (Décr. n° 93-1022 du 27 août 1993, art. 13) ***Pour l'application de l'article R. 353-3 aux pensions de réversion servies par*** (Décr. n° 2017-864 du 9 mai 2017, art. 3-II) ***« le régime social des indépendants », il est tenu compte jusqu'au 31 décembre 2012, pour les assurés nés à partir du 1er janvier 1934, des dispositions applicables aux personnes atteignant leur soixantième anniversaire l'année au cours de laquelle l'assuré est décédé.*** — Les dispositions de l'art. 2 du

Décr. n° 2017-735 du 3 mai 2017 entrent en vigueur à la date prévue au II de l'art. 43 de la L. n° 2014-40 du 20 janv. 2014, soit le 1er juill. 2017 (Décr. préc., art. 4, et Décr. n° 2017-737 du 3 mai 2017, art. 4).

Art. R. 634-6 *(Décr. n° 97-1001 du 27 oct. 1997, art. 4)* **Les dispositions de l'article R. 354-1, à l'exception de celles du deuxième alinéa, sont applicables** *(Décr. n° 2017-864 du 9 mai 2017, art. 3-II)* **« au régime social des indépendants ».**

V. art. D. 634-15 à D. 634-19 : retraite progressive.

CHAPITRE V RÉGIME COMPLÉMENTAIRE D'ASSURANCE VIEILLESSE – RÉGIME D'ASSURANCE INVALIDITÉ-DÉCÈS *(Décr. n° 2017-864 du 9 mai 2017, art. 3-II).*

SECTION PREMIÈRE RÉGIME COMPLÉMENTAIRE D'ASSURANCE VIEILLESSE *(Décr. n° 2017-864 du 9 mai 2017, art. 3-II).*

Art. R. 635-1 *(Décr. n° 2001-532 du 20 juin 2001, art. 46)* **Le silence gardé pendant plus de quatre mois sur la demande de liquidation ou de révision d'une pension d'invalidité et de ses accessoires présentée par un assuré relevant du présent chapitre vaut décision de rejet.**

Art. R. 635-2 *(Décr. n° 2006-375 du 29 mars 2006)* **I. — Les ressources** *(Décr. n° 2012-68 du 20 janv. 2012, art. 6-1°)* **« du régime d'assurance vieillesse complémentaire obligatoire mentionné à l'article L. 635-1 », retracées dans la section décrite** *(Décr. n° 2012-68 du 20 janv. 2012, art. 6-1°)* **« au 4° de l'article R. 611-70 », sont constituées** *(Abrogé par Décr. n° 2012-1520 du 28 déc. 2012, art. 1er-I-1°)* **«** *, chacun en ce qui le concerne,* **» par :**

1° Le produit des cotisations des assurés, ainsi que les majorations et pénalités de retard ;

2° Le produit des réserves techniques constituées ;

3° Les produits financiers ;

4° Les dons et legs ;

(Décr. n° 2012-1520 du 28 déc. 2012, art. 1er-I-3°) **« 5° Le cas échéant, une part du produit des cotisations des régimes mentionnés à l'article L. 635-5 aux fins du financement des prestations mentionnées au 3° du II de l'article R. 635-11 ; »**

6° Toute autre recette instituée par les dispositions législatives ou réglementaires en vigueur.

II. — Les dépenses au titre *(Décr. n° 2012-68 du 20 janv. 2012, art. 6-1°)* **« du régime d'assurance vieillesse complémentaire obligatoire mentionné à l'article L. 635-1 », retracées dans la section décrite** *(Décr. n° 2012-68 du 20 janv. 2012, art. 6-2°)* **« au 4° de l'article R. 611-70 », sont constituées** *(Abrogé par Décr. n° 2012-1520 du 28 déc. 2012, art. 1er-I-1°)* **«** *, chacun en ce qui le concerne,* **» par :**

1° *(Décr. n° 2017-864 du 9 mai 2017, art. 3-II)* **« Les charges supportées par les » caisses de base mentionnées à l'article L. 611-8 pour le service des prestations servies ;**

2° La part des charges de fonctionnement et des dépenses en capital des budgets mentionnés au 5° de l'article R. 611-18, ainsi que les dépenses d'action sociale attribuées à la Caisse nationale et aux caisses de base mentionnées à l'article L. 611-8, au titre de la gestion du régime complémentaire obligatoire ;

(Décr. n° 2012-1520 du 28 déc. 2012, art. 1er-I-5°) **« 3° Le financement de l'intégralité ou de certaines des prestations de capital-décès versées, le cas échéant, par** *(Décr. n° 2017-864 du 9 mai 2017, art. 3-II)* **« le régime mentionné » à l'article L. 635-5, sur la base d'un montant fixé annuellement par le conseil d'administration de la Caisse nationale ; »**

4° Toute autre charge instituée en application des dispositions législatives et réglementaires en vigueur. — *[Anc. art. R. 635-10.]*

SECTION II RÉGIME D'ASSURANCE INVALIDITÉ-DÉCÈS *(Décr. n° 2017-864 du 9 mai 2017, art. 3-II).*

Art. R. 635-8 *Abrogé par Décr. n° 2006-83 du 27 janv. 2006, art. 5-IV.*

Art. R. 635-9 (Abrogé par Décr. n° 2017-864 du 9 mai 2017, art. 6-I) (Décr. n° 97-1218 du 26 déc. 1997, art. 1er ; Décr. n° 2001-532 du 20 juin 2001, art. 46 ; Décr. n° 2006-83 du 27 janv. 2006) *« La Caisse nationale du régime social des indépendants »* *gère le régime d'assurance vieillesse complémentaire des entrepreneurs du bâtiment organisé par le décret n° 50-60 du 11 janvier 1950 modifié.*

Les opérations réalisées dans le cadre de ce régime font l'objet de comptes distincts de ceux des autres régimes relevant de la (Décr. n° 2012-68 du 20 janv. 2012, art. 5) « *Caisse nationale du régime social des indépendants* ».

Art. R. 635-10 *Devient l'art. R. 635-2 (Décr. n° 2017-864 du 9 mai 2017, art. 3-II).*

Art. R. 635-11 I. — Les ressources *(Décr. n° 2017-864 du 9 mai 2017, art. 3-II)* « du régime d'assurance invalidité-décès mentionné » à l'article L. 635-5, retracées dans la section décrite au *b* des 2° et 3° de l'article R. 611-70, sont constituées *(Abrogé par Décr. n° 2017-864 du 9 mai 2017, art. 3-II)* « *, chacun en ce qui le concerne,* » par :

1° Le produit des cotisations des assurés, ainsi que les majorations et pénalités de retard ;

2° Les produits financiers ;

3° Les dons et legs ;

(Décr. n° 2012-1520 du 28 déc. 2012, art. 1er-II-2°) « 4° Le cas échéant, une part du produit des cotisations du régime mentionné à l'article L. 635-1 aux fins du financement des prestations mentionnées au 3° du II de l'article R. 635-10 ; »

5° Toute autre recette instituée par les dispositions législatives ou réglementaires en vigueur. — *Le 4° devient le 5° (Décr. n° 2012-1520 du 28 déc. 2012, art. 1er-II-1°).*

II. — Les dépenses *(Décr. n° 2017-864 du 9 mai 2017, art. 3-II)* « du régime d'assurance invalidité-décès mentionné » à l'article L. 635-5, retracées dans la section décrite *(Décr. n° 2012-68 du 20 janv. 2012, art. 7)* « au *b* des 2° et 3° » de l'article R. 611-70, sont constituées *(Abrogé par Décr. n° 2017-864 du 9 mai 2017, art. 3-II)* « *, chacun en ce qui le concerne,* » par :

1° Les dotations et, éventuellement, les subventions et avances versées aux caisses de base mentionnées à l'article L. 611-8 pour le service des prestations servies ;

2° La part des charges de fonctionnement et des dépenses en capital des budgets mentionnés au 5° de l'article R. 611-18 ainsi que les dépenses d'action sociale versées à la Caisse nationale et aux caisses de base mentionnées à l'article L. 611-8, au titre de la gestion du régime invalidité-décès ;

(Décr. n° 2012-1520 du 28 déc. 2012, art. 1er-II-4°) « 3° Le financement de la charge financière liée à l'attribution, le cas échéant, par le régime mentionné à l'article L. 635-1, de points de retraite complémentaire au titre des périodes d'invalidité, sur la base d'un montant fixé annuellement par le conseil d'administration de la Caisse nationale ; »

4° Toute autre charge instituée en application des dispositions législatives et réglementaires en vigueur. — *Le 3° devient le 4° (Décr. n° 2012-1520 du 28 déc. 2012, art. 1er-II-3°).*

CHAPITRE VI ACTION SOCIALE DES CAISSES

Néant.

CHAPITRE VII PÉNALITÉS

Néant.

TITRE QUATRIÈME ASSURANCE VIEILLESSE ET INVALIDITÉ-DÉCÈS DES PROFESSIONS LIBÉRALES

CHAPITRE PREMIER ORGANISATION ADMINISTRATIVE

(Décr. n° 2004-460 du 27 mai 2004, art. 2, en vigueur le 1er janv. 2004)

SECTION PREMIÈRE CAISSE NATIONALE

SOUS-SECTION 1 LE CONTRAT PLURIANNUEL

(Décr. n° 2015-403 du 8 avr. 2015)

Art. R. 641-0 I. — Le contrat pluriannuel mentionné au I de l'article L. 641-4-1 précise, pour une période de quatre à six ans :

1° Pour le régime de base et les régimes complémentaires :

a) Les objectifs liés à la mise en œuvre des dispositions législatives et réglementaires qui régissent la gestion des risques, le service des prestations ou le recouvrement des cotisations ;

b) Les objectifs liés à l'amélioration de la qualité du service aux usagers ;

c) Les objectifs liés à la qualité de gestion des sections professionnelles ;

d) Les objectifs de l'action sociale, de prévention et de lutte contre l'exclusion ;

2° Pour le seul régime de base :

a) Les règles de calcul et d'évolution des budgets de gestion et d'intervention ;

b) Les objectifs d'amélioration de la productivité.

Le contrat prévoit, le cas échéant, les indicateurs quantitatifs et qualitatifs associés à la définition et au suivi des objectifs mentionnés au 1° et au 2° ci-dessus ;

3° Il détermine également :

a) Les conditions de conclusion des avenants en cours d'exécution du contrat, notamment en fonction des lois de financement de la sécurité sociale et des modifications importantes de la charge de travail des organismes liées à l'évolution du cadre législatif et réglementaire de leur action ;

b) Le processus d'évaluation contradictoire des résultats obtenus au regard des objectifs fixés.

II. – Les contrats et, le cas échéant, les avenants qui les modifient sont transmis à la commission compétente de chaque assemblée mentionnée à l'article L.O. 111-9-1.

Art. R. 641-0-1 Le contrat pluriannuel mentionné au I de l'article L. 641-4-1 est signé, pour le compte de la Caisse nationale, par le président du conseil d'administration et par le directeur de la Caisse nationale.

Art. R. 641-0-2 Les contrats de gestion mentionnés au II de l'article L. 641-4-1 sont signés, pour le compte de la Caisse nationale, par le président du conseil d'administration et par le directeur et, pour le compte de chacune des sections professionnelles, par le président du conseil d'administration et par le directeur.

SOUS-SECTION 2 MODALITÉS DE CONSULTATION DU CONSEIL D'ADMINISTRATION

(Décr. n° 2015-403 du 8 avr. 2015)

Art. R. 641-0-3 Les dispositions des articles R. 200-2, R. 200-3, R. 200-5 et R. 200-6 sont applicables aux consultations du conseil d'administration de la Caisse nationale sur les projets mentionnés à l'avant-dernier alinéa de l'article L. 641-2.

SECTION II SECTIONS PROFESSIONNELLES

Art. R. 641-1 La Caisse nationale d'assurance vieillesse des professions libérales comprend *(Décr. n° 2008-1421 du 19 déc. 2008, en vigueur le 1er janv. 2009)* « dix » sections professionnelles :

1° La section professionnelle des notaires ;

2° La section professionnelle des officiers ministériels, officiers publics et des compagnies judiciaires réunissant : *(Abrogé par Décr. n° 2012-634 du 3 mai 2012, art. 21-13°)* *« les avoués près les cours d'appel, »* les huissiers de justice, les personnes ayant la qualité de commissaire-priseur judiciaire ou de personne habilitée à diriger les ventes dans les conditions prévues à l'article L. 321-8 du code de commerce, les administrateurs judiciaires, les mandataires judiciaires, les greffiers des tribunaux de commerce, les arbitres près le tribunal de commerce ;

3° La section professionnelle des médecins ;

4° La section professionnelle des chirurgiens-dentistes *(Décr. n° 2008-1421 du 19 déc. 2008, en vigueur le 1er janv. 2009)* « et des sages-femmes » ;

5° La section professionnelle des pharmaciens ;

(Abrogé par Décr. n° 2008-1421 du 19 déc. 2008, à compter du 1er janv. 2009) « 6° La section professionnelle des sages-femmes ; »

7° La section professionnelle des auxiliaires médicaux ;

8° La section professionnelle des vétérinaires ;

9° La section professionnelle des agents généraux d'assurance ;

10° La section professionnelle des experts-comptables ;

11° La section professionnelle des architectes, agréés en architecture, ingénieurs, techniciens, géomètres, experts et conseils, artistes auteurs ne relevant pas de l'article L. 382-1, enseignants, professionnels du sport, du tourisme et des relations publiques, et de toute profession libérale non rattachée à une autre section. — *V. art. D. 641-1 s.*

La section professionnelle mentionnée au 4° est substituée à la section professionnelle des sages-femmes dans ses droits et obligations vis-à-vis des assurés sociaux et de leurs ayants droit.

Trois administrateurs titulaires et trois administrateurs suppléants désignés en son sein par le conseil d'administration de la section professionnelle des sages-femmes à l'effet de représenter la profession au conseil d'administration de la section professionnelle mentionnée au 4° siègent ès qualités à ce conseil jusqu'au deuxième renouvellement partiel des administrateurs de la section suivant la publication du Décr. n° 2008-1421 du 19 déc. 2008, et au plus tard jusqu'au 31 déc. 2012 (Décr. préc., art. 2 et 3, JO 27 déc.).

V. Décr. n° 2008-1423 du 19 déc. 2008 fixant les modalités d'intégration des sages-femmes aux régimes relevant de la section professionnelle mentionnée au 4° de l'art. R. 641-1 (JO 27 déc.).

Il résulte des articles L. 622-5 et R. 641-1, 11°, CSS que les architectes, agréés en architecture, ingénieurs, techniciens, géomètres, experts et conseils, artistes auteurs ne relevant pas de l'art. L. 382-1, enseignants, professionnels du sport, du tourisme et des relations publiques, et membres de toute profession libérale non rattachée à une autre section relevant de l'organisation autonome de l'assurance vieillesse des professions libérales, sont obligatoirement affiliés à la caisse interprofessionnelle de prévoyance et d'assurance vieillesse. • Civ. 2e, 26 nov. 2015, n° 14-26.619 P : *RJS 2/16, n° 149 ; JCP S 2015, n° 1475, obs. Tauran.*

Art. R. 641-2 Pour chaque section professionnelle, un conseil d'administration règle par ses délibérations les affaires de l'organisme.

Art. R. 641-3 Lorsque plusieurs sections se sont réunies pour réaliser une gestion administrative commune, l'obligation d'avoir un directeur et un agent comptable, prévue au premier alinéa de l'article L. 122-1, ne s'impose pas à chacune d'entre elles mais au groupe qu'elles ont constitué.

Art. R. 641-4 Le conseil d'administration, ou les conseils d'administration s'il s'agit d'un groupe, nomment le directeur et l'agent comptable et mettent fin à leurs fonctions.

Les fonctions de directeur et d'agent comptable ne peuvent être confiés *[confiées]* qu'à des ressortissants majeurs des États de l'Union européenne, jouissant de leurs droits civils et civiques et n'ayant pas fait l'objet de condamnations ou de sanctions prévues au chapitre VIII du titre II du livre Ier du code de commerce.

Les fonctions d'agent comptable ne peuvent en outre être confiées qu'à des personnes titulaires d'un diplôme de comptable reconnu par l'État ou justifiant d'une expérience d'au moins cinq ans dans les fonctions de comptable.

Art. R. 641-5 Le directeur assure le fonctionnement de la section ou du groupe de sections suivant les directives et sous le contrôle du ou des conseils d'administration. Il nomme les agents de la section ou du groupe de sections avec l'accord du président en ce qui concerne les cadres et prend toute décision d'ordre individuel relative aux conditions générales d'emploi du personnel.

Chaque année, le directeur soumet *(Décr. n° 2015-889 du 22 juill. 2015, art. 1er-1°)* « au ou aux conseils » les prévisions budgétaires concernant la gestion administrative et, le cas échéant, l'action sanitaire et sociale ainsi que les établissements d'action sanitaire et sociale gérés par la caisse. Il remet *(Décr. n° 2015-889 du 22 juill. 2015, art. 1er-1°)* « au ou aux conseils » d'administration un rapport sur le fonctionnement administratif et financier de chaque section. Ce rapport doit être transmis *(Décr. n° 2009-1596 du 18 déc. 2009, art. 16-VI)* « au service mentionné à l'article R. 155-1 » après examen par le conseil d'administration.

Dans les limites fixées par chaque conseil d'administration et sous son contrôle, le directeur engage les dépenses, constate les créances et les dettes, émet les ordres de recettes et de dépenses et peut, avec l'accord préalable du conseil d'administration et sous leur commune responsabilité, requérir qu'il soit passé outre au refus de visa ou de paiement éventuellement opposé par l'agent comptable.

(Décr. n° 2015-889 du 22 juill. 2015, art. 1er-2°) « Le directeur de la ou des sections professionnelles est le directeur de la publication de cette ou ces sections professionnelles. »

Art. R. 641-6 L'agent comptable est placé sous l'autorité administrative du directeur. Il est chargé, sous sa propre responsabilité et sous le contrôle du ou des conseils d'administration, de l'exécution des opérations financières de la section ou du groupe des sections.

Les conditions dans lesquelles sa responsabilité pécuniaire peut être mise en jeu sont définies par décret. Aucune sanction ne peut être prise contre lui s'il justifie avoir agi en conformité des dispositions dudit décret. Sa gestion est garantie par un cautionnement dont le montant minimum est fixé dans les conditions déterminées par arrêté des ministres chargés de la sécurité sociale et du budget.

(Décr. n° 2009-386 du 7 avr. 2009) « Conformément aux dispositions de l'article R. 114-6-1, les comptes annuels de *(Décr. n° 2015-889 du 22 juill. 2015, art. 1er-3°)* « la ou les sections professionnelles » sont établis par l'agent comptable et arrêtés par le directeur. Les comptes annuels de *(Décr. n° 2015-889 du 22 juill. 2015, art. 1er-3°)* « la ou les sections professionnelles » sont ensuite présentés par le directeur et l'agent comptable au conseil d'administration qui, au vu de l'opinion émise *(Décr. n° 2015-889 du 22 juill. 2015, art. 1er-3°)* « par le commissaire aux comptes, les approuvent, sauf vote contraire à la majorité des membres ». — *Les dispositions du Décr. n° 2015-889 du 22 juill. 2015 entrent en vigueur au 1er janv. 2016 pour les comptes de l'exercice 2015 (Décr. préc., art. 3).*

Art. R. 641-7 Les articles R. 641-8 à R. 641-23 déterminent les règles communes à l'élection des membres des conseils d'administration des sections professionnelles.

(Décr. n° 2015-889 du 22 juill. 2015, art. 1er-4°) « Pour les articles R. 641-7 à R. 641-23, les personnes en situation de cumul d'une pension de vieillesse et d'un revenu d'activité professionnelle dans les conditions définies à l'article L. 643-6 sont considérées comme allocataires.

« Sous réserve des dispositions de l'article R. 641-11, les membres du conseil d'administration sont élus par les affiliés et les allocataires. »

Les modalités, particulières à chaque section professionnelle, concernant l'élection de ses administrateurs *(Abrogé par Décr. n° 2015-889 du 22 juill. 2015, art. 1er-4°)* « ***par l'ensemble de ses affiliés et, éventuellement, de ses allocataires*** », sont fixées par les statuts respectifs des sections. Il en est de même, le cas échéant, pour l'élection des administrateurs par les organes mentionnés à l'article R. 641-11.

Art. R. 641-8 La préparation des élections et les opérations électorales sont effectuées à la diligence du conseil d'administration de chaque section professionnelle.

Art. R. 641-9 Ne peuvent être électeurs en qualité de cotisants que les affiliés régulièrement inscrits à la section professionnelle dont ils relèvent et à jour de leurs cotisations, ces conditions s'appréciant au 31 décembre précédant l'année au cours de laquelle a lieu l'élection.

(Décr. n° 2015-889 du 22 juill. 2015, art. 1er-5°) « Les allocataires et, le cas échéant, les affiliés exonérés de cotisations sont électeurs dans les conditions fixées par les statuts des sections professionnelles. »

Les dispositions du Décr. n° 2015-889 du 22 juill. 2015 entrent en vigueur à la date d'ouverture des dépôts des candidatures au titre des prochaines élections des membres du conseil d'administration de chaque section (Décr. préc., art. 3).

Art. R. 641-10 *(Décr. n° 2015-889 du 22 juill. 2015, art. 1er-6°)* Les affiliés d'une section professionnelle peuvent être, si les statuts de la section le décident, répartis en collèges distincts si la section est composée de membres de professions différentes ou si les membres d'une même profession désirent être répartis en collèges territoriaux, sans que le nombre de ces collèges ne puisse être supérieur au nombre d'administrateurs prévu à l'article R. 641-13.

V. note ss. art. R. 641-9.

Art. R. 641-11 Lorsqu'il existe soit un ordre professionnel, soit un conseil supérieur, soit une chambre nationale, institués par la loi, les statuts de la section professionnelle peuvent prévoir que les membres du conseil d'administration sont, en totalité ou en partie, élus par les organismes locaux, régionaux ou nationaux de ces ordre, conseil ou chambre.

Art. R. 641-12 Sont éligibles tous les électeurs ayant, dans leur profession, le nombre d'années de cotisations requis pour l'éligibilité par les statuts de la section, sans que ce nombre puisse être inférieur à cinq.

Les statuts des sections professionnelles fixent les conditions dans lesquelles sont éventuellement éligibles les électeurs affiliés exonérés de cotisations et les allocataires.

Art. R. 641-13 *(Décr. n° 2015-889 du 22 juill. 2015, art. 1er-7°)* Les statuts de chaque section professionnelle fixent la composition de son conseil d'administration et le nombre des membres titulaires de ce conseil :

1° Dans la limite de 10 pour les sections professionnelles comptant moins de 10 000 cotisants ;

2° Dans la limite de 20 pour les sections professionnelles comptant entre 10 001 et 100 000 cotisants ;

3° Dans la limite de 25 pour les sections professionnelles comptant entre 100 001 et 200 000 cotisants ;

4° Dans la limite de 30 pour les sections professionnelles comptant plus de 200 000 cotisants.

Le nombre de cotisants de la section professionnelle, pour la détermination du nombre d'administrateurs dans les conditions prévues aux alinéas précédents du présent article, s'apprécie au 31 décembre de l'année précédant les élections des administrateurs.

Le nombre des administrateurs ayant la qualité d'allocataires est déterminé par les statuts des sections professionnelles. Il est au plus égal au tiers du nombre total de membres du conseil d'administration de la section professionnelle. Si un nombre entier ne résulte pas de l'application de ce taux, le résultat obtenu est arrondi au nombre entier immédiatement inférieur.

Lorsque les affiliés d'une section sont répartis en collèges professionnels ou territoriaux distincts, le conseil d'administration comprend au moins un administrateur pour chacun de ces collèges.

Les dispositions du Décr. n° 2015-889 du 22 juill. 2015 entrent en vigueur à la date d'ouverture des dépôts des candidatures au titre des prochaines élections des membres du conseil d'administration de chaque section (Décr. préc., art. 3).

Par dérogation à l'art. R. 641-13, les statuts de chaque section professionnelle de la Caisse nationale d'assurance vieillesse des professions libérales peuvent fixer, pour le premier renouvellement de leur conseil d'administration suivant l'entrée en vigueur du Décr. n° 2017-1103 du 23 juin 2017, un nombre supérieur de membres titulaires de ce conseil dès lors que ce nombre n'excède pas 150 % du nombre fixé par le même art. et qu'il est inférieur au nombre d'administrateurs titulaires fixé par les statuts à la date d'entrée en vigueur du décret susvisé.

Pour l'application de l'al. précédent, lorsque les statuts de la section en vigueur à la date d'entrée en vigueur du Décr. n° 2017-1103 du 23 juin 2017 prévoient, en application de l'art. R. 641-19 CSS, un renouvellement par moitié du conseil d'administration, il peut être procédé pour les deux renouvellements suivant l'entrée en vigueur dudit décret et par dérogation à l'art. susmentionné, à un renouvellement partiel portant sur un nombre de mandats qui ne soit pas strictement égal à la moitié du nombre d'administrateurs prévu par les statuts. Dans ce cas, les membres qui ne restent en fonction que pendant la première période de trois ans sont soit volontaires, soit, en l'absence de volontaires, désignés par voie de tirage au sort (Décr. préc., art. 1er, JO 25 juin).

Art. R. 641-13-1 *(Décr. n° 2015-889 du 22 juill. 2015, art. 1er-8°)* Le conseil d'administration élit en son sein le président du conseil d'administration.

La durée totale du mandat du président du conseil d'administration ne peut excéder trois ans, renouvelable deux fois. — *Les dispositions de cet al. ne font pas obstacle à la poursuite jusqu'à leur terme des mandats en cours à la date de publication du Décr. n° 2015-889 du 22 juill. 2015 (Décr. préc., art. 3).*

Art. R. 641-14 Des membres suppléants, en nombre égal à celui des membres titulaires, sont élus en même temps et dans les mêmes conditions que ceux-ci.

(Décr. nº 2015-889 du 22 juill. 2015, art. 1er-9º) « Ils ne siègent qu'en cas d'absence du titulaire. »

Art. R. 641-15 Les déclarations de candidature sont adressées au président du conseil d'administration de la section professionnelle dans les conditions fixées par ses statuts.

Art. R. 641-16 Les statuts peuvent prévoir soit le vote *(Décr. nº 2015-889 du 22 juill. 2015, art. 1er-10º)* « par voie électronique », soit le vote par correspondance, soit l'un et l'autre à la fois.

Le vote est secret.

Le vote par procuration est interdit.

Lorsque les affiliés d'une section sont répartis en collèges professionnels ou territoriaux distincts, chaque collège ne vote que pour ses propres candidats, tant titulaires que suppléants.

Les dispositions du Décr. nº 2015-889 du 22 juill. 2015 entrent en vigueur à la date d'ouverture des dépôts des candidatures au titre des prochaines élections des membres du conseil d'administration de chaque section (Décr. préc., art. 3).

Art. R. 641-17 Les résultats des élections des administrateurs, titulaires et suppléants, sont publiés au *Bulletin officiel* du ministère chargé de la sécurité sociale.

Art. R. 641-18 Les administrateurs titulaires ou suppléants sont élus pour une période de six ans.

Lorsqu'un administrateur *(Décr. nº 2015-889 du 22 juill. 2015, art. 1er-11º)* « ayant la qualité de cotisant » cesse d'exercer l'activité professionnelle qu'il avait lors de son élection, les conditions dans lesquelles il conserve ou non son mandat sont fixées par les statuts de la section professionnelle.

Tout administrateur titulaire qui cesse d'exercer son mandat avant l'expiration de celui-ci est remplacé par un suppléant. Les statuts des sections professionnelles fixent les conditions dans lesquelles ce suppléant est désigné.

L'administrateur suppléant appelé en remplacement d'un titulaire n'exerce la fonction que pour la durée restant à courir du mandat confié à son prédécesseur.

Les dispositions du Décr. nº 2015-889 du 22 juill. 2015 entrent en vigueur à la date d'ouverture des dépôts des candidatures au titre des prochaines élections des membres du conseil d'administration de chaque section (Décr. préc., art. 3).

Art. R. 641-19 Les statuts des sections professionnelles peuvent prévoir que les conseils d'administration sont renouvelables par moitié tous les trois ans. Dans ce cas, les membres qui ne restent en fonction que pendant la première période de trois ans sont soit volontaires, soit, en l'absence de volontaires, désignés par voie de tirage au sort.

(Décr. nº 2017-1103 du 23 juin 2017, art. 2) « Lorsqu'une section professionnelle dont les statuts ont prévu le renouvellement par moitié du conseil d'administration en application de l'alinéa précédent procède à une modification du nombre de ses administrateurs, il peut être procédé, pour le renouvellement suivant l'entrée en vigueur de cette modification, à un renouvellement partiel portant sur un nombre de mandats qui ne soit pas strictement égal à la moitié du nombre d'administrateurs prévu par les statuts. Dans ce cas, les membres qui ne restent en fonction que pendant la première période de trois ans sont soit volontaires, soit, en l'absence de volontaires, désignés par voie de tirage au sort. » — *Les dispositions de l'art. 2 issues du Décr. nº 2017-1103 du 23 juin 2017 ne sont pas applicables aux renouvellements réalisés dans les conditions prévues à l'art. 1er (V. 2e note ss. art. R. 641-13, Décr. préc., art. 3).*

Art. R. 641-20 Les conseils d'administration sont renouvelés en entier lorsque le nombre de leurs membres élus directement titulaires devient, en cours de mandat, inférieur à la moitié du nombre des membres composant le conseil en vertu des statuts.

Art. R. 641-21 Les administrateurs sortants sont toujours rééligibles.

Art. R. 641-22 Les dépenses administratives entraînées par les opérations électorales sont imputées sur les frais de gestion administrative des sections professionnelles, chacune en ce qui la concerne.

SECTION III **DISPOSITIONS COMMUNES**

Art. R. 641-23 *Abrogé par Décr. n° 2011-211 du 24 févr. 2011, art. 3.*

Art. R. 641-24 Les sections professionnelles sont considérées comme des organismes de base, au sens de l'article L. 153-2, de la Caisse nationale d'assurance vieillesse des professions libérales.

Art. R. 641-25 Le montant du budget d'action sociale du régime d'assurance vieillesse de base des professions libérales est décidé annuellement par le conseil d'administration de la Caisse nationale sur proposition de son président avant le 31 décembre de l'exercice précédant celui de son utilisation. Ce budget ne peut excéder 1 % du total des prestations versées au titre de l'exercice précédent.

Un règlement de la Caisse nationale d'assurance vieillesse des professions libérales, approuvé par le ministre chargé de la sécurité sociale, détermine les modalités d'affectation de ce budget, ainsi que les cas et conditions dans lesquelles l'action sociale est utilisée. Les statuts des sections professionnelles précisent, parmi ces cas et conditions, ceux mis en œuvre au profit des actifs et des allocataires de la section professionnelle concernée.

Art. R. 641-26 I. – Les sections professionnelles transmettent à la Caisse nationale d'assurance vieillesse des professions libérales, avant le 15 novembre de l'année précédant chaque exercice :

1° Un état prévisionnel des dépenses au titre du service des prestations du régime d'assurance vieillesse de base ;

2° Un budget prévisionnel de gestion administrative ;

3° Une répartition des coûts de gestion administrative des différents régimes qu'elles gèrent.

Un règlement de la Caisse nationale d'assurance vieillesse des professions libérales, approuvé par arrêté du ministre chargé de la sécurité sociale, détermine les modalités d'attribution aux sections professionnelles des sommes nécessaires à la gestion administrative du régime d'assurance vieillesse de base.

A défaut d'approbation de ce règlement, les budgets de gestion administrative du régime d'assurance vieillesse de base sont déterminés dans les conditions fixées au II du présent article.

II. – Le conseil d'administration de la Caisse nationale d'assurance vieillesse des professions libérales arrête, sur le rapport de son agent comptable, les clés de répartition des coûts de gestion administrative de l'ensemble des sections professionnelles.

Le budget de gestion administrative par affilié du régime d'assurance vieillesse de base correspond à la moyenne des coûts de gestion administrative par affilié de chaque section.

Lorsqu'une section professionnelle a des coûts de gestion administrative par affilié au titre de l'exercice à venir plus élevés que la moyenne, le président de la Caisse nationale l'invite à prendre les mesures appropriées pour que ces coûts puissent tendre vers cette moyenne. La section invitée à améliorer sa gestion doit présenter un plan de convergence dont la durée de réalisation ne peut excéder trois ans. Ce plan inclut le détail chiffré et justifié de l'ensemble des mesures propres à améliorer la situation constatée. Il peut inclure l'adhésion d'une section à un groupe ou comporter un échéancier de fusion du ou des régimes de retraite ou d'invalidité-décès de la section avec un ou plusieurs autres régimes de retraite ou d'invalidité-décès. Au vu de ce plan, le président de la Caisse nationale propose au conseil d'administration l'attribution d'une subvention spéciale permettant de couvrir tout ou partie des coûts de gestion administrative du régime d'assurance vieillesse de base de la section intéressée excédant le budget de gestion administrative déterminé en application de l'alinéa précédent. Le conseil d'administration approuve, avant le 31 décembre de chaque année, la dotation dont dispose chaque section au titre de la gestion administrative du régime d'assurance vieillesse de base pour l'exercice à venir.

Si, à la fin d'un exercice, le compte de gestion administrative d'une section professionnelle présente un excédent, celui-ci peut être affecté, sur proposition du président de la section intéressée, pour partie à l'action sociale de la section.

Si le compte de gestion administrative d'une section est déficitaire à la fin d'un exercice, le conseil d'administration de la Caisse nationale, sur proposition de son président, peut soit décider l'amortissement de tout ou partie du déficit sur le budget de gestion administrative de la section intéressée pour l'exercice suivant, soit accorder une subvention spéciale à ladite section.

En cas de carence dans l'exercice des compétences définies au présent article, le ministre chargé de la sécurité sociale peut, dans les cas prévus aux articles L. 153-4 et L. 153-5 du présent code, faire usage des pouvoirs qu'il tient de ses articles.

Art. R. 641-27 Les sections professionnelles suivent dans des comptes distincts les opérations afférentes au régime d'assurance vieillesse de base, les opérations afférentes aux régimes d'assurance vieillesse complémentaire ainsi que celles afférentes aux régimes complémentaires d'assurance invalidité-décès.

Un compte de résultat est établi à la clôture des comptes pour chacun des régimes visés à l'alinéa précédent. Aucune compensation ne peut intervenir entre les résultats excédentaires et déficitaires de chaque régime.

Les régimes complémentaires doivent prévoir des avantages révisables chaque année, selon les ressources qui peuvent y être affectées.

Lorsqu'un régime complémentaire d'assurance vieillesse ou d'assurance invalidité-décès s'applique à plusieurs activités professionnelles particulières relevant de sections professionnelles distinctes, la gestion de ce régime est assurée par une des sections professionnelles intéressées sous le contrôle d'un comité composé de membres des professions en cause.

CHAPITRE II ORGANISATION FINANCIÈRE

(Décr. n° 2007-703 du 3 mai 2007, art. 7, en vigueur le 1er janv. 2008)

SECTION PREMIÈRE RECOUVREMENT

Art. R. 642-1 En cas de recouvrement contentieux des cotisations du régime de base et du régime complémentaire, les cotisations du régime de base sont prélevées par priorité sur les sommes recouvrées.

Art. R. 642-2 *(Décr. n° 2017-864 du 9 mai 2017, art. 1er-II) (Abrogé par Décr. n° 2018-174 du 9 mars 2018, art. 15-I, à compter du 1er janv. 2018) « Les dispositions des articles R. 133-2-1 à R. 133-2-5, ainsi que les dispositions de l'article R. 133-2-6 à l'exception de ses troisième et quatrième alinéas, s'appliquent au recouvrement des cotisations et contributions mentionnées aux articles L. 136-3, L. 242-11, L. 612-3 et L. 722-4, dues par les personnes mentionnées à l'article L. 722-1. »*

Les dispositions des articles R. 133-2-4 et R. 133-2-5 s'appliquent au recouvrement des cotisations mentionnées aux articles L. 642-1 et L. 642-2-1, au deuxième alinéa de l'article L. 723-5 et à l'article L. 723-15, dues par les personnes mentionnées aux articles L. 640-1 et L. 723-1.

Pour le recouvrement des cotisations mentionnées aux articles L. 644-1 et L. 723-3, à l'article L. 723-5 à l'exception de son deuxième alinéa et à l'article L. 723-6, dues par les personnes mentionnées aux articles L. 640-1 et L. 723-31, les statuts et règlements mentionnés aux articles L. 641-5, L. 723-19 et R. 723-13 peuvent, en outre, prévoir l'application des dispositions des articles R. 133-2-1 à R. 133-2-5 ainsi que celles de l'article R. 133-2-6 *(Abrogé par Décr. n° 2018-174 du 9 mars 2018, art. 15-I, à compter du 1er janv. 2018) « à l'exception de ses troisième et quatrième alinéas ».* – *[Ancien art. R. 133-2-15.]*

CHAPITRE III AFFILIATION — PRESTATIONS DE BASE

SECTION PREMIÈRE AFFILIATION À LA SECTION PROFESSIONNELLE

Art. R. 643-1 *(Décr. n° 2014-1690 du 30 déc. 2014, art. 23)* « Par dérogation à l'article *(Décr. n° 2018-174 du 9 mars 2018, art. 15-I, en vigueur le 1er janv. 2018)* « R. 611-3 », la date d'effet de l'affiliation ou de la radiation d'une personne qui commence ou cesse d'exercer une profession libérale » est le premier jour du trimestre civil suivant le début ou la fin de l'activité professionnelle.

Les dispositions du Décr. n° 2014-1690 du 30 déc. 2014 sont applicables aux cotisations et aux contributions de sécurité sociale dues au titre des périodes courant à compter du 1er janv. 2015 (Décr. préc., art. 29-I).

Il résulte de la combinaison des art. L. 644-1, L. 644-2, R. 643-1, D. 642-1 CSS, et 7 et 8 des statuts du régime invalidité-décès de la CARPIMKO, approuvés par arrêté ministériel du 16 oct. 1998, que la date d'ouverture du droit aux prestations du régime invalidité-décès géré par la CARPIMKO est fixée, comme celles de la prise d'effet de l'immatriculation et de l'exigibilité des cotisations, au premier jour du trimestre civil suivant le début de l'activité professionnelle. • Civ. 2e, 25 oct. 2007 : *D. 2007. AJ 2877*.

Art. R. 643-2 Les personnes exerçant ou n'ayant exercé qu'une profession libérale sont affiliées à la section professionnelle dont relève cette profession.

Art. R. 643-3 La section professionnelle à laquelle doivent être affiliées les personnes exerçant ou ayant exercé simultanément plusieurs professions libérales relevant de sections professionnelles différentes est déterminée conformément aux dispositions énumérées ci-après par ordre de priorité dans leur application :

1° Lorsqu'une de leurs activités est exercée en vertu d'une nomination par l'autorité publique, elles sont affiliées à la section dont relève ladite activité ;

2° Lorsque plusieurs de leurs activités sont exercées en vertu de nomination par l'autorité publique, elles sont affiliées à la section dont relève l'activité exercée en vertu de leur première nomination ; toutefois, la nomination à une charge de notaire entraîne toujours affiliation à la section des notaires, à dater de la prestation de serment en cette qualité ;

3° Lorsqu'une de leurs activités relève d'un ordre professionnel institué en vertu d'une loi, elles sont affiliées à la section dont relève ladite activité ;

4° Lorsque plusieurs de leurs activités relèvent d'ordres professionnels institués en vertu de lois, elles sont affiliées à la section de leur choix, parmi celles auxquelles elles pourraient être affiliées ;

5° Dans tous les autres cas, elles sont affiliées à la section professionnelle de leur choix, parmi celles auxquelles elles pourraient prétendre être affiliées.

Dans les cas mentionnés aux 4° et 5° qui précèdent et à défaut de choix par la personne intéressée, son affiliation est effectuée au bénéfice de la section professionnelle la plus diligente à l'inscrire, sauf à l'intéressé à exprimer un choix dans le délai d'un mois suivant la date de réception de la lettre recommandée avec demande d'avis de réception lui ayant été adressée par ladite section pour l'informer de son affiliation d'office.

Cette affiliation prend effet *(Décr. n° 2016-192 du 25 févr. 2016, art. 1er-12°)* « à la date mentionnée à l'article R. 643-1 ».

Art. R. 643-4 Les experts qui exercent une profession relevant d'une section professionnelle sont affiliés à ladite section même lorsque leur activité se limite uniquement à des expertises.

L'activité d'un médecin qui n'est soumis, dans l'exercice de son activité auprès d'une compagnie d'assurance, à aucune directive ou contrôle, est une activité non salariée entrant dans les prévisions de l'art. R. 643-4 CSS en cas d'exercice exclusif de missions d'expertise. • Soc. 23 mai 1991 : *D. 1991. IR 191.*

Art. R. 643-5 Pour les personnes venant à exercer simultanément plusieurs activités *(Décr. n° 2016-192 du 25 févr. 2016, art. 1er-13°)* « relevant » *(Décr. n° 2017-735 du 3 mai 2017, art. 3-12°)* « des professions mentionnées à l'article L. 640-1 » mais qui, lors de leur affiliation, n'exerçaient qu'une activité, l'affiliation ainsi déterminée ne peut être changée aussi longtemps qu'elles continuent à exercer la profession sur laquelle elle a été fondée, sauf si une des nouvelles professions exercées l'est en vertu d'une nomination par l'autorité publique ou comporte l'inscription à un ordre professionnel, auxquels cas une nouvelle affiliation est déterminée conformément aux dispositions des 1°, 2°, 3° et 4° de l'article R. 643-3.

SECTION II OUVERTURE DES DROITS ET LIQUIDATION DES PRESTATIONS DE BASE

(Décr. nº 2004-460 du 27 mai 2004, art. 3, en vigueur le 1er janv. 2004)

Art. R. 643-6 L'entrée en jouissance de la pension de retraite est fixée au premier jour du trimestre civil qui suit la demande de l'intéressé.

Art. R. 643-7 La réduction prévu *[prévue]* au troisième alinéa du I de l'article L. 643-3 est fonction, soit du nombre de trimestres correspondant à la durée séparant l'âge auquel la pension de retraite prend effet du soixante-cinquième anniversaire *(Décr. nº 2011-620 du 31 mai 2011, art. 4-14º)* « s'ils remplissent les conditions prévues au 1º *bis* ou au 1º *ter* de l'article L. 351-8 ou aux III ou IV de l'article 20 de la loi nº 2010-1330 du 9 novembre 2010 portant réforme des retraites ou, dans le cas contraire, de l'âge prévu au 1º de l'article L. 351-8 », soit du nombre de trimestres supplémentaires qui serait nécessaire, à la date d'effet de la pension de retraite, pour relever du deuxième alinéa du I de l'article L. 643-3. Le nombre de trimestres correspondant est éventuellement arrondi au chiffre immédiatement supérieur. Le plus petit de ces deux nombres est pris en considération.

Le coefficient de minoration est égal à 1,25 % par trimestre manquant dans la limite de vingt trimestres.

Art. R. 643-8 La majoration prévue au dernier alinéa du I de l'article L. 643-3 est applicable au titre des périodes d'activité ayant donné lieu à cotisations à la charge de l'assuré accomplies à compter du 1er janvier 2004 après l'âge prévu au premier alinéa de l'article L. 351-1 et au-delà de la limite mentionnée au deuxième alinéa du même article.

Cette majoration est égale à 0,75 % par trimestre.

Art. R. 643-9 Il est statué sur l'inaptitude au travail par les sections professionnelles suivant les modalités fixées par les statuts de la Caisse nationale d'assurance vieillesse des professions libérales qui déterminent la procédure de constatation.

Le silence gardé pendant plus de quatre mois sur la demande de liquidation ou de révision d'une pension de retraite et de ses accessoires au titre de l'inaptitude au travail vaut décision de rejet.

Art. R. 643-10 Lorsque les cotisations arriérées n'ont pas été acquittées dans le délai de cinq ans suivant la date de leur exigibilité, les périodes correspondantes ne sont pas prises en considération pour le calcul de la pension de retraite.

Art. R. 643-11 Lorsqu'une personne a exercé successivement plusieurs professions libérales relevant de sections professionnelles distinctes, ses droits à l'assurance vieillesse de base sont liquidés par la section professionnelle à laquelle elle a été affiliée en dernier lieu.

Art. R. 643-11-1 *(Décr. nº 2012-1034 du 7 sept. 2012, art. 1er-3º)* La faculté de versement prévue à l'article L. 642-2-2 en vue de la prise en compte par l'assurance vieillesse des périodes d'activité exercées en tant que conjoint collaborateur est ouverte aux personnes âgées, à la date à laquelle elles présentent la demande de versement, d'au moins vingt ans et de moins de soixante-sept ans et dont la pension de retraite dans le régime d'assurance vieillesse de base des professions libérales n'a pas été liquidée.

Cette faculté de versement est ouverte dans la limite du rachat de vingt-quatre trimestres.

La demande de versement est prise en compte pour un nombre entier de trimestres. Est considérée comme égale à un trimestre toute période de quatre-vingt-dix jours successifs au cours de laquelle le conjoint collaborateur a participé directement et effectivement à l'activité de l'entreprise. Lorsque la période de quatre-vingt-dix jours se partage sur deux années civiles successives, elle peut être considérée comme ayant été effectuée au cours de l'une ou l'autre de ces années dans la limite prévue à l'article R. 643-11-6.

Art. R. 643-11-2 *(Décr. nº 2012-1034 du 7 sept. 2012, art. 1er-3º)* I. — Pour exercer la faculté de versement mentionnée à l'article R. 643-11-1, l'intéressé doit présenter une demande comportant, à peine d'irrecevabilité :

1° Les mentions et pièces justificatives permettant de l'identifier, de déterminer les périodes au titre desquelles la demande est présentée et de démontrer sa participation directe et effective à l'activité de l'entreprise ;

2° La mention de l'option pour l'une des deux possibilités ouvertes à l'article R. 643-11-3 ;

3° La mention éventuelle de l'option pour l'échelonnement mentionnée à l'article R. 643-11-4.

II. — La demande est adressée à la section professionnelle, mentionnée à l'article R. 641-1, compétente au titre de l'activité faisant l'objet d'une demande de versement.

Dans un délai de deux mois, la section professionnelle indique à l'intéressé s'il est admis ou non à effectuer un versement. A défaut de réponse dans le délai de deux mois suivant la réception de la demande, la demande est réputée rejetée.

En cas d'admission, la décision de la caisse notifiée à l'intéressé indique le nombre de trimestres pour lequel il est autorisé à acquitter des cotisations au cours de chacune des années civiles où se situent les périodes dont il demande la prise en compte, le nombre de trimestres susceptibles de faire l'objet d'un versement au titre de ces périodes, compte tenu des limites fixées en application des articles R. 643-11-1 et R. 643-11-6, le montant du versement correspondant à un trimestre et le montant total du versement correspondant au nombre de trimestres retenus.

III. — Lorsque le demandeur a opté pour l'échelonnement prévu à l'article R. 643-11-4, la décision précise également le montant qui résulte de ce choix et la date de paiement de chaque échéance.

La majoration des versements résultant de l'option pour l'échelonnement prévue à l'article R. 643-11-4 est notifiée au plus tard le 1er décembre de l'année précédant celle à laquelle elle doit être appliquée. Cette information est accompagnée de l'indication du montant de chaque échéance majorée pour l'année considérée.

IV. — La demande de rachat est déposée au plus tard le 31 décembre 2020.

Art. R. 643-11-3 *(Décr. nº 2012-1034 du 7 sept. 2012, art. 1er-3º)* Le versement est pris en compte, au choix de l'intéressé :

1° Soit au titre de l'atténuation du coefficient de minoration mentionné à l'article R. 643-7, sans que le versement donne lieu à l'attribution de points de retraite ;

2° Soit au titre de l'atténuation du coefficient de minoration mentionné à l'article R. 643-7 et avec attribution d'un nombre de points de retraite égal, pour chaque trimestre au titre duquel le versement est pris en compte, au quart du nombre de points correspondant à une cotisation au régime pour un revenu égal à celui pris en compte en application de l'article R. 643-11-5.

Le choix de l'intéressé est exprimé dans la demande et est irrévocable.

Art. R. 643-11-4 *(Décr. nº 2012-1034 du 7 sept. 2012, art. 1er-3º)* Lorsque la demande porte sur plus d'un trimestre, l'intéressé peut demander à opter pour un échelonnement du versement en échéances mensuelles selon les modalités prévues par un décret. Dans ce cas, le montant des cotisations est assorti d'une majoration.

Art. R. 643-11-5 *(Décr. nº 2012-1034 du 7 sept. 2012, art. 1er-3º)* Le montant du versement correspondant au rachat d'un trimestre est déterminé en tenant compte de l'âge du conjoint collaborateur à la date à laquelle il présente sa demande, de la moyenne annuelle du total des salaires et des revenus d'activité non salariée qu'il a perçus au cours des trois dernières années et de l'option qu'il a choisie en application de l'article R. 643-11-3 et d'un taux d'actualisation décroissant appliqué en fonction de l'âge de l'intéressé à la date à laquelle il présente sa demande. Les modalités du calcul de ce montant sont précisées par décret.

Sauf si l'intéressé a été autorisé par la caisse à bénéficier de l'échelonnement prévu à l'article R. 643-11-4, le montant total du versement pour les trimestres pris en compte, calculé selon les dispositions de la présente section et notifié par la caisse dans sa décision d'admission, est versé en une seule fois.

Le montant total du versement est égal au produit du nombre de trimestres déterminés selon les modalités prévues au second alinéa de l'article R. 643-11-1 par la valeur du trimestre, déterminée selon les modalités prévues au présent article.

Art. R. 643-11-6 *(Décr. n° 2012-1034 du 7 sept. 2012, art. 1er-3°)* La prise en compte du versement effectué en application des dispositions de l'article L. 642-2-2 ne peut avoir pour effet de porter à plus de quatre le nombre de trimestres d'assurance pris en compte par le régime d'assurance vieillesse des professions libérales au titre d'une même année civile.

Art. R. 643-11-7 *(Décr. n° 2012-1034 du 7 sept. 2012, art. 1er-3°)* Le versement prend fin, dans des conditions fixées par décret :

1° Soit, si l'intéressé ne bénéficie pas d'un échelonnement, en cas de non-paiement ou de paiement partiel du versement ;

2° Soit, lorsque l'échelonnement a été autorisé, si à la date fixée par la décision d'admission au bénéfice du paiement échelonné une autorisation de prélèvement sur le compte bancaire ou d'épargne n'a pas été reçue ou si le premier paiement n'est pas parvenu pour son montant intégral à la caisse, ou lorsque le paiement de deux échéances mensuelles, successives ou non, n'a pas été intégralement effectué ;

3° Soit lorsque l'intéressé demande la liquidation de sa pension ;

4° Soit au décès de l'intéressé.

Sauf dans le cas mentionné au 4°, la caisse informe l'intéressé de l'interruption du versement. Elle calcule le nombre de trimestres validés qui seront pris en compte pour le calcul de la pension ainsi que le montant qui excède le versement correspondant à ces trimestres et qui fait l'objet d'un remboursement.

SECTION III OUVERTURE DU DROIT ET LIQUIDATION DES PENSIONS DE RÉVERSION

(Décr. n° 2004-460 du 27 mai 2004, art. 3, en vigueur le 1er janv. 2004)

Art. R. 643-12 Le silence gardé pendant plus de quatre mois sur la demande de liquidation ou de révision d'une pension de réversion et de ses accessoires présentée par une personne relevant du présent chapitre vaut décision de rejet.

CHAPITRE IV RÉGIMES COMPLÉMENTAIRES VIEILLESSE — RÉGIMES INVALIDITÉ-DÉCÈS

Art. R. 644-1 *(Décr. n° 2001-532 du 20 juin 2001, art. 49)* Le silence gardé pendant plus de quatre mois sur la demande de liquidation ou de révision d'une pension d'invalidité et de ses accessoires vaut décision de rejet.

V. art. D. 644-1.

Art. R. 644-2 *(Décr. n° 2004-460 du 27 mai 2004, art. 4, en vigueur le 1er janv. 2004)* Les dispositions des articles L. 243-7 à *(Décr. n° 2014-1690 du 30 déc. 2014, art. 24)* « L. 243-12-4 », L. 244-1 à L. 244-5, L. 244-7, L. 244-9 à L. 244-12, R. 244-4, R. 244-5 et R. 244-7 sont applicables au recouvrement des cotisations aux régimes d'assurance vieillesse complémentaire prévus au premier alinéa de l'article L. 644-1 et aux régimes d'assurance invalidité-décès prévus à l'article L. 644-2. — *Les dispositions du Décr. n° 2014-1690 du 30 déc. 2014 sont applicables aux cotisations et aux contributions de sécurité sociale dues au titre des périodes courant à compter du 1er janv. 2015 (Décr. préc., art. 29-I).*

CHAPITRE V AVANTAGES COMPLÉMENTAIRES OUVERTS AUX PRATICIENS ET AUXILIAIRES MÉDICAUX CONVENTIONNÉS

SECTION PREMIÈRE DISPOSITIONS GÉNÉRALES

Art. R. 645-1 La durée minimum d'exercice d'activité professionnelle mentionnée à l'article L. 645-1 est fixée à un an. — *V. art. D. 645-1 à D. 645-6.*

SECTION II COMPENSATION

Néant.

CHAPITRE VI DISPOSITIONS D'APPLICATION

Néant. – V. art. D. 646-1.

TITRE CINQUIÈME DISPOSITIONS COMMUNES À L'ASSURANCE MALADIE-MATERNITÉ ET À L'ASSURANCE VIEILLESSE

CHAPITRE PREMIER CONTRIBUTIONS D'ÉQUILIBRE

SECTION PREMIÈRE CONTRIBUTION SOCIALE DE SOLIDARITÉ À LA CHARGE DES SOCIÉTÉS

V. art. D. 651-2 à D. 651-20.

Art. R. 651-5-1 *(Décr. nº 2004-890 du 26 août 2004, art. 7)* La demande de l'organisme de recouvrement mentionnée au premier alinéa de l'article L. 651-5-1 est motivée et adressée par lettre recommandée avec accusé de réception.

L'organisme de recouvrement, ayant constaté une inexactitude, une insuffisance, une omission ou une dissimulation dans les éléments servant au calcul de la contribution, notifie au redevable, par lettre recommandée avec accusé de réception, un document mentionnant l'objet des opérations de contrôle, les documents consultés, la période vérifiée, le mode de calcul et le montant du redressement envisagé.

Le redevable dispose d'un délai de trente jours pour faire part à l'organisme de recouvrement de sa réponse à cette notification, par lettre recommandée avec accusé de réception. Lorsque ce délai est écoulé, en l'absence de réponse ou si les observations de l'intéressé sont rejetées en tout ou en partie, la mise en recouvrement intervient sur la base du montant du redressement notifié ou en conséquence modifié.

Si les observations du redevable sont produites dans le délai légal, l'organisme de recouvrement est tenu de notifier à l'intéressé, par lettre recommandée avec accusé de réception, l'abandon total ou partiel du redressement dès lors qu'elles sont reconnues fondées ou de motiver leur rejet.

L'organisme ne peut engager la mise en recouvrement de la contribution et des majorations faisant l'objet du redressement avant l'expiration du délai de réponse prévu au troisième alinéa du présent article.

Le redevable qui ne s'est pas conformé aux prescriptions prévues au présent article est passible d'une amende de 1 500 €. L'amende est applicable dès l'expiration du délai de réponse mentionné au troisième alinéa du présent article.

SECTION II CONTRIBUTION DE SOLIDARITÉ À LA CHARGE DES RETRAITÉS

Néant.

CHAPITRE II DISPOSITIONS DIVERSES

SECTION PREMIÈRE PÉNALITÉS

Art. R. 652-1 *(Décr. nº 93-206 du 12 févr. 1993, art. 1er)* Sera punie de la peine d'amende applicable aux contraventions de la 5e classe toute personne physique proposant à une personne légalement tenue de cotiser à un régime d'assurance obligatoire institué par le livre VI, et qui n'est pas à jour des cotisations qu'elle doit à ce titre, de souscrire ou de renouveler un contrat ou une clause de contrat garantissant les risques couverts à titre obligatoire par ce régime.

Sera punie de la même peine toute personne légalement tenue de cotiser à un régime d'assurance obligatoire institué par le livre VI qui souscrit ou renouvelle un contrat ou une clause de contrat garantissant les risques couverts à titre obligatoire par ce régime alors qu'elle n'est pas à jour des cotisations qu'elle doit au titre de ce régime.

En cas de récidive, la peine d'amende encourue est celle qui est prévue pour la récidive des contraventions de la 5e classe.

SECTION II *[ABROGÉE]* OPPOSITION ENTRE LES MAINS DE TIERS DÉTENTEURS

(Abrogée par Décr. n° 2017-1409 du 25 sept. 2017, art. 1er-IV)

Les dispositions de l'art. 1er du Décr. n° 2017-1409 du 25 sept. 2017 sont applicables aux contrôles n'ayant pas fait l'objet d'un procès-verbal de travail dissimulé à la date de publication du décret susvisé (Décr. préc., art. 5, JO 27 sept.).

SOUS-SECTION 1 *[ABROGÉE]* PROCÉDURE D'OPPOSITION

Art. R. 652-2 à R. 652-4 *deviennent les art. R. 133-9-5 à R. 133-9-7 (Décr. n° 2017-1409 du 25 sept. 2017, art. 1er-II).*

SOUS-SECTION 2 *[ABROGÉE]* DÉCLARATION DU TIERS DÉTENTEUR

Art. R. 652-5 *Devient l'art. R. 133-9-8 (Décr. n° 2017-1409 du 25 sept. 2017, art. 1er-II).*

SOUS-SECTION 3 *[ABROGÉE]* PAIEMENT PAR LE TIERS DÉTENTEUR

Art. R. 652-6 *Devient l'art. R. 133-9-9 (Décr. n° 2017-1409 du 25 sept. 2017, art. 1er-II).*

SOUS-SECTION 4 *[ABROGÉE]* CONTESTATIONS

Art. R. 652-7 *Devient l'art. R. 133-9-10 (Décr. n° 2017-1409 du 25 sept. 2017, art. 1er-II).*

SOUS-SECTION 5 *[ABROGÉE]* DISPOSITIONS SPÉCIFIQUES AUX CRÉANCES À EXÉCUTION SUCCESSIVE

Art. R. 652-8 *Devient l'art. R. 133-9-11 (Décr. n° 2017-1409 du 25 sept. 2017, art. 1er-II).*

SOUS-SECTION 6 *[ABROGÉE]* DISPOSITIONS SPÉCIFIQUES AUX OPPOSITIONS EFFECTUÉES AUPRÈS D'ÉTABLISSEMENTS HABILITÉS PAR LA LOI À TENIR DES COMPTES DE DÉPÔT

Art. R. 652-9 *Devient l'art. R. 133-9-12 (Décr. n° 2017-1409 du 25 sept. 2017, art. 1er-II).*

Art. R. 652-10 à R. 652-13 *Abrogés par Décr. n° 2000-19 du 11 janv. 2000, art. 8 et 9, à compter du 1er janv. 2000.*

SECTION III CONTRÔLE

Art. R. 652-14 *(Décr. n° 96-91 du 31 janv. 1996, art. 5)* Les travailleurs non salariés des professions non agricoles sont tenus de présenter aux agents mentionnés à l'article L. 652-6 tous documents que ceux-ci leur demandent aux fins de l'exercice du contrôle, et notamment ceux concourant à la détermination de l'assiette des cotisations de sécurité sociale et au montant de ces dernières.

Le cas échéant, ces agents doivent communiquer par écrit les observations faites au cours du contrôle au cotisant, qui peut y répondre dans un délai de quinze jours. A l'expiration de ce délai, ils transmettent le procès-verbal faisant état des observations, accompagné s'il y a lieu de la réponse de l'intéressé, à l'organisme dont ils relèvent.

Les agents chargés du contrôle peuvent également procéder à toutes vérifications ou enquêtes administratives concernant l'attribution des prestations.

Dernier al. abrogé par Décr. n° 2003-252 du 19 mars 2003.

SECTION IV BONIFICATION DE CERTAINES PENSIONS

Art. R. 652-15 *(Décr. n° 96-551 du 14 juin 1996, art. 1er)* En application du premier alinéa de l'article L. 652-5, les personnes mentionnées audit article bénéficient d'une bonification de pension au titre de chacun de leurs mandats de président ou d'administrateur commencés après la publication de la loi n° 93-121 du 27 janvier 1993 portant diverses mesures d'ordre social, y compris dans les cas où des mandats sont exercés simultanément.

Cette bonification est calculée au moment de la liquidation de la pension. Elle est égale par année de mandat à un 1/240 du montant annuel du plafond mentionné à l'article L. 241-3 en vigueur au 1er janvier de l'année de la liquidation.

En cas de cessation d'activité, de démission ou de liquidation des droits à pension en cours de mandat, la durée ouvrant droit à la bonification est calculée du premier jour du mois suivant l'élection jusqu'au dernier jour du mois au cours duquel prend effet la cessation d'activité, la démission ou la pension de vieillesse.

Art. R. 652-16 *(Décr. n° 96-551 du 14 juin 1996, art. 1er)* La charge de la bonification incombe à l'organisation autonome d'assurance vieillesse dont relève l'activité professionnelle exercée pendant le mandat.

Décret n° 96-551 du 14 juin 1996, *relatif à la bonification des pensions de certains présidents et administrateurs des caisses d'assurance maladie-maternité et d'assurance vieillesse des travailleurs non salariés non agricoles.* **Art. 2** Pour le calcul de la bonification de pension dont bénéficient les personnes mentionnées au premier alinéa de l'article L. 652-5 du code de la sécurité sociale et en application du deuxième alinéa dudit article, les mandats en cours lors de la publication de la loi du 27 janvier 1993 susvisée sont pris en compte intégralement si les intéressés exercent une activité professionnelle et, s'ils sont retraités, pour la fraction de mandat pendant laquelle ils ont exercé une activité professionnelle.

Dans ce dernier cas, nonobstant les dispositions du deuxième alinéa de l'article R. 652-15 du code de la sécurité sociale, la bonification prend effet au premier jour du mois suivant la publication de la loi n° 93-121 du 27 janvier 1993 et la pension est révisée à compter de cette date.

LIVRE SEPTIÈME RÉGIMES DIVERS — DISPOSITIONS DIVERSES

TITRE PREMIER RÉGIMES SPÉCIAUX

CHAPITRE PREMIER DISPOSITIONS GÉNÉRALES

Art. R. 711-1 *(Décr. n° 91-489 du 14 mai 1991)* Restent soumis à une organisation spéciale de sécurité sociale, si leurs ressortissants jouissent déjà d'un régime spécial au titre de l'une ou de plusieurs des législations de sécurité sociale :

1° Les administrations, services, offices, établissements publics de l'État, les établissements industriels de l'État et l'Imprimerie nationale, pour les fonctionnaires, les magistrats et les ouvriers de l'État ;

2° Les régions, les départements et communes ;

3° Les établissements publics départementaux et communaux n'ayant pas le caractère industriel ou commercial ;

4° Les activités qui entraînent l'affiliation au régime d'assurance des marins français institué par le décret-loi du 17 juin 1938 modifié ;

5° Les entreprises minières et les entreprises assimilées, définies par le décret n° 46-2769 du 27 novembre 1946, à l'exclusion des activités se rapportant à la recherche ou à l'exploitation des hydrocarbures liquides ou gazeux ;

6° La Société nationale des chemins de fer français ; *— V. Décr. n° 2008-639 du 30 juin 2008 (JO 1er juill.), mod.*

7° Les chemins de fer d'intérêt général secondaire et d'intérêt local et les tramways ;

8° Les exploitations de production, de transport et de distribution d'énergie électrique et de gaz ;

9° La Banque de France ; *— V. Décr. n° 2007-262 du 27 févr. 2007 (JO 28 févr.), mod.*

10° Le Théâtre national de l'Opéra de Paris et la Comédie-Française. *— V. Décr. nos 2008-658 et 2008-659 du 2 juill. 2008 (JO 4 juill.).*

Pour la RATP, V. Décr. n° 2005-1635 du 26 déc. 2005, mod. — V. égal. Décr. n° 2008-637 du 30 juin 2008 (JO 1er juill.), mod.

SECTION PREMIÈRE RESSOURCES DES ASSURANCES MALADIE ET MATERNITÉ GARANTISSANT LES PERSONNES ASSUJETTIES À L'UN DES RÉGIMES SPÉCIAUX MENTIONNÉS À L'ARTICLE L. 711-1

Art. R. 711-2 Un arrêté du ministre chargé de la sécurité sociale et du ministre chargé du budget fixe les modalités de versement des cotisations afférentes aux assurés soumis à un régime spécial pour une partie des législations de sécurité sociale.

SOUS-SECTION 1 COTISATIONS D'ASSURANCE MALADIE, MATERNITÉ, INVALIDITÉ ET DÉCÈS ASSISES SUR LES REVENUS DE REMPLACEMENT

Art. R. 711-3 Les dispositions des articles R. 243-36 à R. 243-41 et R. 246-2 sont applicables au recouvrement des cotisations d'assurance maladie, maternité, invalidité et décès assises sur les indemnités, allocations et revenus de remplacement mentionnés à l'article L. 131-2 servis par des personnes autres que l'employeur à des assurés relevant de l'un des régimes de sécurité sociale prévus à l'article L. 711-1.

Art. R. 711-4 Lorsque les avantages mentionnés à l'article R. 711-3 sont servis par l'employeur, les cotisations assises sur ces avantages sont versées par celui-ci à l'organisme chargé du recouvrement de cotisations d'assurance maladie dont il relève, dans les mêmes conditions, et suivant les mêmes modalités de contrôle et les mêmes sanctions que les cotisations assises sur les salaires payés par l'employeur.

Art. R. 711-5 *Abrogé par Décr. nº 92-1078 du 2 oct. 1992, art. 8-1º.*

Art. R. 711-6 Bénéficient de l'exonération prévue au deuxième alinéa de l'article L. 711-2 :

1º Les personnes totalement privées d'emploi qui perçoivent soit l'un des avantages mentionnés à l'article R. 711-3 versés par les institutions prévues à la section V du chapitre Ier du titre V du livre III *[Partie V nouv.]* du code du travail, soit le revenu d'activité maintenu aux titulaires de l'indemnité de formation, lorsque le montant journalier de ces avantages n'excède pas le septième du produit de la valeur horaire du salaire minimum de croissance en vigueur à la date du paiement par le nombre d'heures correspondant à la durée légale hebdomadaire du travail ;

2º Les personnes totalement privées d'emploi qui perçoivent les avantages mentionnés à l'article R. 711-4 lorsque le montant mensuel de ces avantages n'excède pas le douzième du produit de la valeur horaire du salaire minimum de croissance en vigueur à la date du paiement par le nombre d'heures correspondant à cinquante-deux fois la durée légale hebdomadaire du travail ;

3º Les personnes partiellement privées d'emploi, lorsque le montant cumulé de leur rémunération d'activité et des avantages mentionnés à l'article R. 711-3 n'excède pas la valeur déterminée, selon le cas, au 1º ou au 2º ci-dessus.

Les montants maximum des rémunérations et avantages déterminés en application des dispositions du présent article sont arrondis *(Décr. nº 2001-384 du 30 avr. 2001, art. 3)* « à l'euro supérieur ».

Art. R. 711-7 La cotisation prélevée sur l'avantage indemnisant la cessation d'activité est réduite, le cas échéant, de telle sorte que soit assuré au bénéficiaire de cet avantage un montant minimal de prestations correspondant au seuil d'exonération déterminé comme il est dit à l'article R. 711-6 ci-dessus.

En cas de cessation partielle d'activité, il est tenu compte, pour déterminer si le seuil d'exonération est atteint, du total constitué par l'avantage net indemnisant cette cessation et la rémunération nette d'activité.

SOUS-SECTION 2 COTISATIONS D'ASSURANCE MALADIE, MATERNITÉ, INVALIDITÉ, DÉCÈS ASSISES SUR LES AVANTAGES DE RETRAITE

§ 1er COTISATIONS ASSISES SUR LES AVANTAGES DE RETRAITE SERVIS AUX RESSORTISSANTS DE CERTAINS RÉGIMES MENTIONNÉS À L'ARTICLE L. 711-1

Art. R. 711-8 *Abrogé par Décr. nº 92-1078 du 2 oct. 1992, art. 8-1º.*

Art. R. 711-9 *(Décr. nº 92-1078 du 2 oct. 1992, art. 1er)* La cotisation d'assurance maladie, maternité, invalidité, décès à laquelle sont assujettis, en application de l'article L. 711-2, les pensionnés des régimes spéciaux qui sont placés sous le régime général de sécurité sociale pour les risques précités est précomptée par le régime qui assure le paiement des retraites et reversée par lui à l'union de recouvrement des cotisations de sécurité sociale et d'allocations familiales du siège de l'organisme débiteur.

La périodicité du versement de cette cotisation est celle qui est fixée pour le régime général par les articles R. 243-27 à R. 243-35 et R. 246-1.

Art. R. 711-10 *Abrogé par Décr. nº 92-1078 du 2 oct. 1992, art. 8-1º.*

§ 2 COTISATIONS ASSISES SUR LES AVANTAGES DE RETRAITE COMPLÉMENTAIRE SERVIS PAR UN ORGANISME AUTRE QUE LES INSTITUTIONS DES RÉGIMES SPÉCIAUX

Art. R. 711-11 et R. 711-12 *Abrogés par Décr. nº 92-1078 du 2 oct. 1992, art. 8-1º.*

Art. R. 711-13 L'encaissement des cotisations assises sur les avantages de retraite *(Décr. nº 92-1078 du 2 oct. 1992, art. 2)* « complémentaire servis aux pensionnés des régimes spéciaux par un organisme autre que les institutions gestionnaires desdits régimes » est opéré par l'intermédiaire des organismes de recouvrement du régime général de sécurité sociale dans les conditions fixées aux articles R. 243-29 à R. 243-34.

Le régime général reverse annuellement aux régimes d'assurance maladie créanciers les cotisations qui leur sont dues en application de l'article L. 131-1. La répartition de ces cotisations est fixée par arrêté du ministre chargé de la sécurité sociale, compte tenu des effectifs des retraités concernés de chacun des régimes.

Art. R. 711-14 Les articles R. 243-59 et R. 244-3 s'appliquent au recouvrement des cotisations assises sur les avantages de retraite, le débiteur de ces avantages étant assimilé à l'employeur.

Pour l'application de ces articles, ainsi que de l'article L. 374-1, des sections II à V du chapitre III du titre IV du livre II et du chapitre IV des mêmes titre et livre, le débiteur des avantages de retraite est assimilé à un employeur, l'avantage de retraite à un salaire et le bénéficiaire de cet avantage à un salarié.

§ 3 DISPOSITIONS DIVERSES

Art. R. 711-15 *(Décr. nº 92-1078 du 2 oct. 1992, art. 3)* Pour l'application du deuxième alinéa de l'article L. 711-2, les conditions d'exonération des cotisations dues par les pensionnés des régimes spéciaux relevant des articles R. 711-1 et R. 711-24 sont celles fixées pour les cotisations d'assurance maladie, maternité, invalidité, décès assises sur les avantages de retraite servis au titre d'une activité professionnelle relevant du régime général de sécurité sociale.

Il en est de même pour les titulaires des avantages de retraite servis par les organismes gestionnaires des régimes spéciaux en application des dispositions de la sous-section 1 de la section I du chapitre III du titre VII du livre Ier et des prestations de retraite complémentaires desdits avantages à la charge de ces mêmes organismes.

Art. R. 711-16 Les dispositions des articles *(Décr. nº 2017-1409 du 25 sept. 2017, art. 1er-VII)* « R. 133-3 et R. 155-4 », R. 244-4, R. 244-5, R. 244-7 et R. 244-8 s'appliquent au recouvrement des cotisations prévues par la présente section. – *Les dispositions de l'art. 1er du Décr. nº 2017-1409 du 25 sept. 2017 sont applicables aux contrôles n'ayant pas fait l'objet d'un procès-verbal de travail dissimulé à la date de publication du décret susvisé (Décr. préc., art. 5, JO 27 sept.).*

V. art. D. 711-2 à D. 711-5.

SECTION II PRESTATIONS

Art. R. 711-17 L'organisation spéciale de sécurité sociale prévue à l'article L. 711-1 assure aux travailleurs des branches d'activités ou entreprises mentionnées à l'article R. 711-1, pour l'ensemble des prestations de chaque risque, des prestations équivalentes aux prestations du régime général de sécurité sociale, sans que les avantages de même nature déjà accordés antérieurement au 1er juillet 1946 puissent être réduits ou supprimés.

Art. R. 711-18 L'article *(Décr. n° 2015-1865 du 30 déc. 2015, art. 10-24°, en vigueur le 1er janv. 2016)* « R. 160-17 » est applicable, sauf dispositions plus favorables, aux personnes qui relèvent de l'un des régimes spéciaux mentionnés à l'article L. 711-1.

Art. R. 711-19 L'âge mentionné au dernier alinéa de l'article L. 711-11 est fixé à vingt et un ans.

Art. R. 711-19-1 *(Décr. n° 2001-532 du 20 juin 2001, art. 50)* Lorsqu'une demande de liquidation ou de révision d'une pension de retraite et de ses accessoires, présentée par une personne relevant des régimes spéciaux prévus aux 5°, 6°, 7° et 9° de l'article R. 711-1, ainsi que des régimes spéciaux des clercs et employés de notaire *(Abrogé par Décr. n° 2012-1482 du 27 déc. 2012, art. 4)* « *, de la chambre de commerce et d'industrie de Paris* » et du Port autonome de Strasbourg est subordonnée à l'appréciation de l'état de santé de l'intéressé, le silence gardé pendant plus de quatre mois sur cette demande vaut décision de rejet.

Art. R. 711-19-2 *(Décr. n° 2001-532 du 20 juin 2001, art. 50)* Le silence gardé pendant plus de quatre mois sur la demande de liquidation ou de révision d'une pension de réversion et de ses accessoires présentée par une personne relevant de l'un des régimes spéciaux mentionnés aux 1° à 9° de l'article R. 711-1 et à l'article R. 711-24, à l'exception des personnes relevant du code des pensions civiles et militaires de retraite, vaut décision de rejet.

Art. R. 711-19-3 *(Décr. n° 2001-532 du 20 juin 2001, art. 50)* Le silence gardé pendant plus de six mois sur la demande de validation rétroactive de services présentée par une personne relevant de l'un des régimes spéciaux mentionnés à l'article R. 711-1, à l'exception des personnes relevant du code des pensions civiles et militaires de retraite, vaut décision de rejet.

SECTION III DISPOSITIONS DIVERSES — DISPOSITIONS D'APPLICATION

Art. R. 711-20 *(Décr. n° 2018-928 du 29 oct. 2018, art. 11, en vigueur le 1er janv. 2019)* « Le chapitre II du titre IV du livre Ier s'applique », sous réserve des dispositions des articles R. 711-21 et R. 711-22, aux contestations concernant les régimes spéciaux de sécurité sociale mentionnés aux articles R. 711-1 et R. 711-24, lorsqu'elles ne relèvent pas, par leur nature, d'un autre contentieux.

Art. R. 711-21 *(Décr. n° 2018-928 du 29 oct. 2018, art. 3, en vigueur le 1er janv. 2019)* Le recours préalable formé dans les matières mentionnées à l'article L. 142-4 est soumis :

1° Lorsque la gestion du régime spécial est confiée à un conseil d'administration ou à un comité, quelle que soit sa dénomination, dans lequel les assurés et les employeurs sont représentés, à la commission prévue à l'article R. 142-1, qui est composée et fonctionne selon les modalités fixées en application de cet article ;

2° Lorsque la commission prévue à l'article R. 142-1 ne peut être composée selon les modalités fixées en application de cet article, à la commission prévue à cet effet par une disposition spécifique à ce régime spécial ou, à défaut, à l'auteur de la décision contestée ; sous ces réserves, les dispositions des articles R. 142-1 à R. 142-7 sont applicables à ces recours préalables.

Le recours préalable formé dans les matières mentionnées aux 1° et 2° de l'article L. 142-2 est soumis à l'auteur de la décision contestée. L'examen de ce recours est régi par les dispositions du code des relations entre le public et l'administration relatives aux recours administratifs préalables obligatoires.

Art. R. 711-22 *Abrogé par Décr. n° 2003-614 du 3 juill. 2003, art. 20.*

Art. R. 711-23 Les décrets mentionnés à l'article L. 711-1 déterminent également les modalités de liaison de l'organisation spéciale avec l'organisation générale de la sécurité sociale en ce qui concerne notamment :

1° La compensation nationale des charges de famille ;

2° L'action sanitaire et sociale et la prévention des accidents du travail.

Art. R. 711-24 Des décrets fixent la date d'*(Décr. n° 2017-736 du 3 mai 2017, art. 1er-7°)* « affiliation » au régime général de sécurité sociale des salariés mentionnés

à l'article 23 du décret du 28 octobre 1935 qui ne relèvent pas d'une branche d'activité ou d'une entreprise soumise à une organisation spéciale de sécurité sociale en application de l'article R. 711-1. Jusqu'à cette date, les dispositions antérieurement en vigueur demeurent applicables.

Les décrets mentionnés au premier alinéa déterminent les conditions dans lesquelles les cotisations d'assurances sociales viennent en déduction des cotisations prévues par le régime spécial.

Les décrets mentionnés au premier alinéa fixent les modalités de la transformation du régime spécial en régime complémentaire des assurances sociales et, le cas échéant, les conditions dans lesquelles les prestations du régime spécial se cumulent avec celles du régime général de sécurité sociale. En ce qui concerne l'assurance vieillesse et l'assurance invalidité, les institutions du régime spécial peuvent être subrogées dans les droits des assurés à l'égard des prestations qui seraient dues à ces derniers au titre de l'assurance vieillesse du régime général de sécurité sociale.

En aucun cas, la transformation du régime spécial ne doit avoir pour conséquence la suppression des avantages de même nature prévus par le régime spécial en faveur de la catégorie intéressée, compte tenu des avantages dont celle-ci bénéficie au titre du régime général de sécurité sociale.

Les décrets mentionnés au premier alinéa déterminent la part des charges du régime spécial qui incombe au régime général de sécurité sociale en contrepartie des cotisations qui sont versées à ce dernier. Il est tenu compte, à cet égard, des droits que les intéressés auraient acquis sous le régime général s'ils avaient été affiliés à ce régime pendant la période au cours de laquelle ils ont été soumis au régime spécial en application de l'article 23 du décret du 28 octobre 1935.

Art. R. 711-25 **Les stagiaires de la formation professionnelle continue rémunérés par l'État dans les conditions définies au titre VI du livre IX** *[titre IV du livre III de la partie VI nouv.]* **du code du travail qui relèvent d'un régime spécial de sécurité sociale de salariés bénéficient des dispositions des articles R. 373-1 à R. 373-4.**

Art. R. 711-26 **Le décret prévu à l'article L. 711-12 est pris sur le rapport du ministre chargé de la sécurité sociale et des ministres intéressés.**

V. art. D. 711-6.

CHAPITRE II **RÉGIME DES FONCTIONNAIRES DE L'ÉTAT ET DES MAGISTRATS**

Bénéficiaires : V. art. D. 712-1 à D. 712-8. — Prestations : V. art. D. 712-9 à D. 712-28.

SECTION III **ORGANISATION ADMINISTRATIVE**

Art. R. 712-1 (Abrogé par Décr. n° 2017-656 du 27 avr. 2017, art. 3) ***Les modalités de calcul et de répartition des remises de gestion qui sont destinées à la couverture des frais de gestion administrative afférents au service des prestations légales aux fonctionnaires sont déterminées par arrêté conjoint du ministre chargé de la sécurité sociale, du ministre chargé de la fonction publique et du ministre chargé du budget.***

V. art. D. 712-29 à D. 712-36.

Cotisations : V. art. D. 712-37 à D. 712-43. — Stagiaires : V. art. D. 712-44 à D. 712-47. — Détachements : V. art. D. 712-48 et D. 712-49. — Exercices dans les COM : V. art. D. 712-50 à D. 712-54-2. — Dispositions diverses : V. art. D. 712-55 et D. 712-56.

CHAPITRE III **RÉGIME DES MILITAIRES**

SECTION PREMIÈRE **DISPOSITIONS GÉNÉRALES**

Néant. — V. art. D. 713-1 et D. 713-2.

SECTION II DISPOSITIONS RELATIVES AUX SOINS ET AUX PRESTATIONS

SOUS-SECTION 1 PRESTATIONS EN NATURE

Art. R. 713-1 L'article *(Décr. n° 2015-1865 du 30 déc. 2015, art. 10-24°, en vigueur le 1er janv. 2016)* « R. 160-17 » est applicable, sauf dispositions plus favorables, aux personnes qui relèvent du présent chapitre. – *V. art. D. 713-3 à D. 713-7-2.*

SOUS-SECTION 2 CAPITAL DÉCÈS

Néant. – V. art. D. 713-8 à D. 713-14.

SECTION III COTISATIONS

Néant. – V. art. D. 713-15 à D. 713-18.

SECTION IV CAISSE NATIONALE MILITAIRE DE SÉCURITÉ SOCIALE

Art. R. 713-2 La Caisse nationale militaire de sécurité sociale instituée par l'article L. 713-19 est un établissement public national à caractère administratif doté de la personnalité civile et de l'autonomie financière.

Art. R. 713-3 La Caisse nationale militaire de sécurité sociale est administrée par un conseil d'administration comprenant :

1° Un conseiller d'État en activité ou honoraire, ou un conseiller ou ancien conseiller d'État en service extraordinaire, désigné pour trois ans par l'assemblée générale du Conseil d'État, président. Son mandat est renouvelable ;

2° *(Décr. n° 95-509 du 27 avr. 1995)* « Onze » membres représentant l'État ;

3° *(Décr. n° 95-509 du 27 avr. 1995)* « Onze » membres représentant les affiliés à la caisse.

(Décr. n° 95-509 du 27 avr. 1995) « Les représentants de l'État sont :

« 1° Le secrétaire général pour l'administration du ministère de la défense ou son représentant ;

« 2° Le directeur du service de santé des armées ou son représentant ;

« 3° Le directeur chargé des actions sociales ou son représentant ;

« 4° Le directeur des services financiers ou son représentant ;

« 5° *(Décr. n° 2010-82 du 21 janv. 2010, art. 4)* « Sept » membres désignés par le ministre de la défense ; »

(Abrogé par Décr. n° 2010-82 du 21 janv. 2010, art. 4) « 6° Deux membres désignés par le ministre chargé de la sécurité sociale ;

« 7° Deux membres désignés par le ministre chargé du budget. »

Les représentants de l'État autres que les membres de droit sont désignés pour trois ans. Leur mandat est renouvelable.

(Décr. n° 95-509 du 27 avr. 1995) « Les représentants des affiliés à la caisse sont :

« 1° Un officier et un membre non officier de l'armée de terre ;

« 2° Un officier et un membre non officier de la marine ;

« 3° Un officier et un membre non officier de l'armée de l'air ;

« 4° Un officier et un membre non officier de la gendarmerie ;

« 5° Un ingénieur de statut militaire ;

« 6° Deux représentants des personnels retraités. »

Les représentants des affiliés sont désignés par le ministre chargé des armées pour trois ans. Leur mandat est renouvelable.

(Décr. n° 95-509 du 27 avr. 1995) « Au conseil d'administration sont adjoints, avec voix consultative :

« 1° Un médecin désigné pour trois ans par la Confédération générale des syndicats médicaux ;

« 2° Un représentant du Conseil supérieur de la fonction militaire désigné, pour la durée de son mandat, par le ministre chargé des armées sur proposition du Conseil supérieur de la fonction militaire. »

(Décr. n° 2008-1388 du 19 déc. 2008) « 3° Un représentant du personnel de la caisse élu dans des conditions fixées par arrêté conjoint des ministres chargés de la défense et de la sécurité sociale ; » – *V. Arr. du 10 juin 2009 (JO 20 juin).*

(Décr. n° 95-509 du 27 avr. 1995) « Leurs mandats sont renouvelables. »

Assistent aux séances du conseil d'administration, avec voix consultative, le directeur de la Caisse nationale militaire de sécurité sociale et le *(Décr. n° 2012-1247 du 7 nov. 2012, art. 2, en vigueur le 1er janv. 2013)* « contrôleur budgétaire ».

Les administrateurs qui, au cours de leur mandat, perdent la qualité au titre de laquelle ils ont été désignés sont remplacés par l'autorité ayant procédé à leur désignation. Le mandat des nouveaux administrateurs cesse à la même date que celui des administrateurs qu'ils remplacent.

En cas de vacance, le conseil d'administration doit être complété dans un délai de deux mois à compter de la date à laquelle la vacance s'est produite.

(Décr. n° 2010-82 du 21 janv. 2010, art. 4) « Un commissaire du Gouvernement représentant le ministre chargé de la sécurité sociale assiste aux séances du conseil et des commissions ayant reçu délégation de celui-ci. Il est entendu chaque fois qu'il le demande. »

Art. R. 713-4 Le conseil d'administration se réunit au moins quatre fois par an et toutes les fois qu'il est convoqué par son président. Il ne peut délibérer valablement que si onze au moins de ses membres sont présents. En cas de partage des voix, celle du président est prépondérante.

Art. R. 713-5 Le conseil d'administration règle par ses délibérations les affaires de la caisse.

Sous réserve de l'application des dispositions prévues *(Décr. n° 2012-1247 du 7 nov. 2012, art. 42-14°, en vigueur le 1er janv. 2013)* « par les titres Ier et III *[du]* décret n° 2012-1246 du 7 novembre 2012 relatif à la gestion budgétaire et comptable publique », les délibérations du conseil d'administration deviennent exécutoires de plein droit s'il n'y a pas opposition *(Abrogé par Décr. n° 2010-82 du 21 janv. 2010, art. 4)* *« du ministre de la défense, »* du ministre chargé du budget ou du ministre chargé de la sécurité sociale, dans les vingt jours qui suivent la communication à eux faite des délibérations. Cette communication doit obligatoirement intervenir dans les vingt jours qui suivent la séance. *(Décr. n° 2010-82 du 21 janv. 2010, art. 4)* « En cas d'urgence, le ministre chargé de la sécurité sociale peut, en accord avec le ministre chargé du budget, viser une délibération pour exécution immédiate ».

(Décr. n° 2008-1497 du 22 déc. 2008) « Au vu de l'opinion émise par l'instance chargée de la certification, il approuve les comptes sauf vote contraire à la majorité des deux tiers des membres. »

Art. R. 713-6 Le règlement du service des prestations, établi par le conseil d'administration, est soumis à l'approbation *(Abrogé par Décr. n° 2010-82 du 21 janv. 2010, art. 4)* *« du ministre de la défense, »* du ministre chargé du budget et du ministre chargé de la sécurité sociale. Il ne peut être modifié que dans les mêmes formes.

Art. R. 713-7 Le conseil d'administration procède à l'étude de tous les problèmes sanitaires et sociaux concernant les affiliés à la caisse. Il arrête chaque année le programme de l'action sanitaire et sociale que la caisse, agissant en liaison avec le service de l'action sociale et la direction du service de santé du ministère chargé des armées, est chargée de promouvoir en faveur de ses ressortissants. Il pourvoit, pour ce qui relève de ses attributions, à la mise en œuvre de ce programme.

Art. R. 713-8 Le conseil d'administration fixe le montant des crédits affectés chaque année à la réalisation de l'action sanitaire et sociale ainsi que, le cas échéant, à l'attribution des prestations supplémentaires, dans les limites fixées par arrêté conjoint du ministre de la défense, du ministre chargé du budget et du ministre chargé de la sécurité sociale.

La nature des prestations supplémentaires et les catégories de bénéficiaires sont fixées *(Décr. n° 2010-82 du 21 janv. 2010, art. 4)* « dans une annexe du règlement du service de prestations soumise à l'approbation du ministre de la défense, du ministre chargé du budget et du ministre chargé de la sécurité sociale. »

Pour l'attribution des prestations supplémentaires, le conseil d'administration délègue ses pouvoirs à une commission composée de quatre membres choisis dans son sein.

Art. R. 713-9 Le directeur et le ou les directeurs adjoints de la Caisse nationale militaire de sécurité sociale sont nommés par décret pris *(Décr. n° 2010-82 du 21 janv.*

2010, art. 4) « sur le rapport des ministres chargés de la sécurité sociale, du budget et de la défense » après avis du conseil d'administration. Il est mis fin à leurs fonctions par décret.

(Décr. n° 2010-82 du 21 janv. 2010, art. 4) « Le directeur de la Caisse nationale militaire de sécurité sociale et le ou les directeurs adjoints sont nommés parmi les personnes remplissant l'une des conditions suivantes :

« *a)* Être inscrit sur la liste d'aptitude mentionnée à l'article R. 123-45 du code de la sécurité sociale ;

« *b)* Être depuis huit ans militaire ou fonctionnaire de catégorie A et avoir une expérience dans le domaine de la protection sociale ou de l'action sociale. »

Art. R. 713-10 Le directeur de la Caisse nationale militaire de sécurité sociale assure le fonctionnement de la caisse, sous le contrôle du conseil d'administration. A cet effet, il prend toutes mesures utiles pour assurer l'application des textes législatifs et réglementaires et celle des délibérations exécutoires du conseil d'administration.

Il représente l'établissement en justice et dans tous les actes de la vie civile et peut former pourvoi devant toutes les juridictions. *(Décr. n° 2008-1388 du 19 déc. 2008)* « Il conclut les transactions et en rend compte au conseil d'administration à sa plus prochaine séance. »

Il est ordonnateur des dépenses et des recettes de l'établissement *(Décr. n° 2012-1247 du 7 nov. 2012, art. 42-15°, en vigueur le 1er janv. 2013)* « dans les conditions prévues par les titres Ier et III du décret n° 2012-1246 du 7 novembre 2012 relatif à la gestion budgétaire et comptable publique ». *(Décr. n° 2008-1497 du 22 déc. 2008)* « Il arrête les comptes annuels du régime. »

Le directeur a sous son autorité le personnel de la caisse. Il a délégation permanente pour signer les arrêtés de concession de pension concernant les fonctionnaires de la caisse, à l'exception des arrêtés pris à l'égard des fonctionnaires nommés par décret.

Art. R. 713-11 Le ou les directeurs adjoints assistent le directeur de la caisse dans l'exercice de ses fonctions. Lorsqu'il y a plusieurs directeurs adjoints, le directeur désigne celui d'entre eux qui le remplace en cas d'absence ou d'empêchement. Ce dernier exerce dans ce cas les pouvoirs confiés au directeur par la présente section.

En cas d'absence momentanée ou d'empêchement d'un directeur adjoint, le directeur peut, avec l'autorisation du conseil d'administration, se faire suppléer dans ses fonctions d'ordonnateur, par un agent de la caisse spécialement désigné à cet effet.

Art. R. 713-12 Sous l'autorité technique du directeur central du service de santé des armées, le médecin-chef des services médicaux est responsable du fonctionnement du service du contrôle médical.

Il est le conseiller technique du conseil d'administration de la caisse et du directeur, notamment en matière sanitaire et sociale.

Le médecin-chef adjoint assiste le chef des services médicaux dans l'exercice de ses fonctions et le remplace en cas d'absence ou d'empêchement.

Art. R. 713-13 Le médecin-chef des services médicaux de la Caisse nationale militaire de sécurité sociale et le médecin-chef adjoint sont choisis sur une liste d'aptitude de trois médecins des armées établie, pour chacun de ces emplois, par le directeur central du service de santé des armées.

La nomination est prononcée par le directeur de la Caisse nationale militaire de sécurité sociale, après accord du conseil d'administration.

La Caisse nationale militaire de sécurité sociale assure aux médecins des armées ainsi nommés les émoluments correspondant aux soldes, accessoires de soldes et indemnités attachés à leur grade.

Art. R. 713-14 *(Décr. n° 2012-1247 du 7 nov. 2012, art. 42-16°, en vigueur le 1er janv. 2013)* La Caisse nationale militaire de sécurité sociale est soumise aux dispositions des titres Ier et III du décret n° 2012-1246 du 7 novembre 2012 relatif à la gestion budgétaire et comptable publique.

Art. R. 713-15 Le budget comprend l'ensemble des prévisions de recettes et de dépenses de l'établissement. Il est présenté de manière à faire apparaître séparément les prévisions des services administratifs, celles du contrôle médical et celles de l'action sanitaire et sociale.

(Décr. n° 2012-1247 du 7 nov. 2012, art. 42-17°, en vigueur le 1er janv. 2013) **« Les crédits ouverts pour le paiement des prestations obligatoires ont un caractère évaluatif. »**

Al. 3 à 5 Abrogés par Décr. n° 2012-1247 du 7 nov. 2012, art. 42-17°, à compter du 1er janv. 2013.

Art. R. 713-16 *Abrogé par Décr. n° 2012-1247 du 7 nov. 2012, art. 42-18°, à compter du 1er janv. 2013.*

Art. R. 713-17 **Indépendamment des contrôles prévus par** *(Décr. n° 2012-1247 du 7 nov. 2012, art. 42-19°, en vigueur le 1er janv. 2013)* **« le décret n° 2012-1246 du 7 novembre 2012 relatif à la gestion budgétaire et comptable publique », les opérations de la Caisse nationale militaire de sécurité sociale sont soumises aux vérifications du contrôle général des armées et de l'inspection générale de la sécurité sociale.**

V. art. D. 713-20 et D. 713-21.

Art. R. 713-18 *(Décr. n° 2010-82 du 21 janv. 2010, art. 4)* **L'arrêté prévu au deuxième alinéa de l'article L. 713-21 est pris par les ministres chargés de la sécurité sociale et du budget. Les mêmes ministres approuvent la convention prévue au dernier alinéa du même article.**

SECTION V DISPOSITIONS COMMUNES AVEC LE RÉGIME DES FONCTIONNAIRES

Néant. – V. art. D. 713-22 et D. 713-23.

SECTION VI DISPOSITIONS D'APPLICATION

Néant.

CHAPITRE IV RÉGIMES SPÉCIAUX RELEVANT DES DEUXIÈME ET TROISIÈME ALINÉAS DE L'ARTICLE L. 711-1

Dispositions diverses : V. art. D. 715-1 à D. 715-11.

TITRE DEUXIÈME RÉGIMES DIVERS DE NON-SALARIÉS ET ASSIMILÉS

CHAPITRE PREMIER *[ABROGÉ]* RÉGIME DES MINISTRES DES CULTES ET DES MEMBRES DES CONGRÉGATIONS ET COLLECTIVITÉS RELIGIEUSES

(Abrogé par Décr. n° 2006-1324 du 31 oct. 2006, art. 2)

V. art. R. 382-56 s.

CHAPITRE II RÉGIME DES PRATICIENS ET AUXILIAIRES MÉDICAUX CONVENTIONNÉS (MALADIE, MATERNITÉ, DÉCÈS)

SECTION PREMIÈRE CHAMP D'APPLICATION – AFFILIATION

Art. R. 722-1 **La durée d'exercice d'activité mentionnée au 1° du deuxième alinéa de l'article L. 722-1 est fixée à un mois.**

Art. R. 722-2 **La durée minimum d'exercice d'activité mentionnée au premier alinéa de l'article L. 722-2 est fixée à cinq ans.** – *V. art. D. 722-1.*

SECTION II FINANCEMENT – COTISATIONS

Néant. – V. art. D. 722-3 à D. 722-11.

SECTION III PRESTATIONS

Art. R. 722-3 Pour l'application du troisième alinéa de l'article L. 722-6 et sous réserve des modalités de coordination entre les régimes d'assurance maladie, les prestations cessent d'être accordées aux personnes mentionnées à l'article L. 722-1 à l'expiration d'un délai d'un mois suivant la date soit de cessation d'effet de la convention ou de l'adhésion personnelle, soit de cessation de l'exercice non salarié de la profession.

Art. R. 722-4 L'assuré qui cesse d'appartenir au régime d'assurance maladie, maternité, décès prévu au présent chapitre et, sans interruption, relève du régime des travailleurs non salariés des professions non agricoles institué par le titre I du livre VI ou réciproquement est régi par les dispositions suivantes.

Le droit aux prestations prévues par le régime auquel appartenait l'assuré lui est supprimé, *(Décr. n° 99-1049 du 15 déc. 1999, art. 7-VI)* « sous réserve des dispositions de l'article L. 161-15-2 », à l'expiration du délai d'un mois à compter du jour où il a cessé de remplir les conditions d'assujettissement à ce régime.

Si le nouveau régime dont il relève est le régime des travailleurs non salariés des professions non agricoles, le droit aux prestations lui est ouvert à l'expiration du délai d'un mois à compter de la date d'effet de l'affiliation comportant obligation de cotiser.

Si le nouveau régime dont il relève est le régime d'assurance maladie, maternité, décès prévu au présent chapitre, le droit aux prestations lui est ouvert dans les conditions prévues pour l'application de l'article L. 722-6.

Art. R. 722-5 L'article *(Décr. n° 2015-1865 du 30 déc. 2015, art. 10-24°, en vigueur le 1er janv. 2016)* « R. 160-17 » est applicable sauf dispositions plus favorables aux personnes qui relèvent du présent chapitre.

V. art. D. 722-14 à D. 722-18.

CHAPITRE III RÉGIME DES AVOCATS (ASSURANCE VIEILLESSE ET INVALIDITÉ-DÉCÈS)

Ce chapitre n'est pas applicable aux avocats salariés qui, avant la date d'entrée en vigueur de la loi n° 90-1259 du 31 déc. 1990, exerçaient en tant que salariés au sens de l'art. L. 311-2 CSS la profession de conseil juridique ; … ni aux mandataires sociaux qui relevaient du régime des salariés.

SECTION PREMIÈRE ORGANISATION ADMINISTRATIVE ET FINANCIÈRE

(Décr. n° 2004-1449 du 23 déc. 2004)

SOUS-SECTION 1 ORGANISATION ADMINISTRATIVE – CAISSE NATIONALE DES BARREAUX FRANÇAIS

Art. R. 723-1 La caisse instituée à l'article L. 723-1 est un établissement privé, dont le siège est à Paris. Elle est administrée par un conseil d'administration, dont les membres sont désignés dans les conditions prévues aux articles R. 723-3 à R. 723-6.

Art. R. 723-2 L'assemblée générale se compose de :

1° Deux délégués désignés par l'ordre des avocats au Conseil d'État et à la Cour de cassation ;

2° Cent vingt-neuf délégués élus par tous les avocats inscrits au tableau ou admis au stage, affiliés à la caisse et étant en règle au 31 décembre de l'année précédente pour le paiement de leurs cotisations *(Décr. n° 2010-734 du 30 juin 2010, art. 1er)* « , à l'exception des avocats qui bénéficient des dispositions *(Abrogé par Décr. n° 2014-1513 du 16 déc. 2014, art. 4-I)* « ***des deuxième, troisième et quatrième alinéas*** » de l'article L. 723-11-1 » ;

3° Quatorze délégués élus par les bénéficiaires d'une pension de retraite ou d'invalidité *(Décr. n° 2010-734 du 30 juin 2010, art. 1er)* « [,] y compris les avocats qui bénéficient des dispositions *(Abrogé par Décr. n° 2014-1513 du 16 déc. 2014, art. 4-I)* « ***des deuxième, troisième et quatrième alinéas*** » de l'article L. 723-11-1 ».

Les délégués sont élus ou désignés pour six ans au scrutin secret. Les candidats ayant obtenu le plus grand nombre de suffrages sont proclamés élus. En cas de décès ou de démission d'un délégué élu, celui-ci est remplacé, sans qu'il y ait lieu de procéder à de nouvelles élections, par le candidat non élu ayant obtenu le plus grand nombre de voix.

Les statuts fixent les modalités des élections ; ils prévoient notamment, pour les avocats inscrits au tableau ou admis au stage, la constitution de groupements correspondant au ressort d'une ou de plusieurs cours d'appel et le nombre des délégués élus par chaque groupement.

Sont déclarés démissionnaires d'office, par l'assemblée générale, les délégués qui, sans excuse valable, n'ont pas assisté à trois séances successives de l'assemblée générale.

Les dispositions issues du Décr. n° 2010-734 du 30 juin 2010 entrent en vigueur à compter du premier renouvellement des délégués et des administrateurs de la Caisse nationale des barreaux français suivant la publication de ce Décr. (Décr. préc., art. 5).

Les dispositions issues du Décr. n° 2014-1513 du 16 déc. 2014 s'appliquent aux assurés dont la première pension prend effet à compter du 1er janv. 2015 (Décr. préc., art. 4-II).

Art. R. 723-3 Le conseil d'administration comprend trente-huit membres titulaires et trente-huit membres suppléants.

Pour chaque groupe, les membres sont désignés ainsi qu'il suit :

1° Un parmi les avocats au Conseil d'État et à la Cour de cassation ;

2° Douze parmi les avocats au barreau de Paris ;

3° Vingt et un parmi les avocats des autres barreaux ;

4° Quatre parmi les bénéficiaires d'une pension de retraite ou d'invalidité.

Art. R. 723-4 L'administrateur titulaire et l'administrateur suppléant représentant les avocats au Conseil d'État et à la Cour de cassation sont désignés pour six ans par le conseil de l'ordre.

Les administrateurs titulaires et les administrateurs suppléants représentant les bénéficiaires d'une pension de retraite sont élus pour six ans par leurs délégués à l'assemblée générale.

Les administrateurs mentionnés au présent article sont indéfiniment renouvelables.

Art. R. 723-5 Les autres membres du conseil d'administration sont élus pour six ans et indéfiniment renouvelables.

Ils sont élus par les délégués mentionnés à l'article R. 723-2 réunis en un seul collège, à la majorité absolue des membres présents.

Si, après un premier tour de scrutin, des sièges restent à pourvoir, il est procédé à un deuxième tour ; l'élection a lieu alors à la majorité relative.

Les membres suppléants sont élus dans les mêmes conditions.

Les autres modalités de l'élection des administrateurs sont fixées par les statuts.

Art. R. 723-6 Les procès-verbaux de l'élection des membres de l'assemblée générale et de l'élection des administrateurs sont adressés, dans un délai de cinq jours, au procureur général près la cour d'appel dans le ressort duquel est situé le siège de la caisse.

Dans les dix jours de l'élection, tout électeur peut déposer au greffe de la cour d'appel du siège de la caisse une réclamation sur la régularité de l'élection. Dans les dix jours de la réception du procès-verbal, le procureur général a le même droit.

Art. R. 723-7 Les fonctions d'administrateur sont gratuites ; elles donnent droit, s'il y a lieu, au remboursement des frais de déplacement et au versement d'indemnités dans les conditions fixées par arrêté du ministre chargé de la sécurité sociale.

Art. R. 723-8 Le conseil d'administration élit parmi ses membres un bureau comprenant un président, huit vice-présidents et un secrétaire. Les vice-présidents peuvent suppléer le président en cas d'empêchement.

Le président est élu pour deux années consécutives. La présidence appartient alternativement à un avocat au Conseil d'État et à la Cour de cassation ou à un avocat du barreau de Paris d'une part, à un avocat appartenant à un barreau des départements d'autre part.

Les autres membres du bureau sont élus pour un an.

Art. R. 723-9 Le conseil d'administration se réunit au moins une fois par trimestre ; il est en outre convoqué chaque fois qu'il est nécessaire par son président, soit sur l'initiative de celui-ci, soit sur la demande *(Abrogé par Décr. nº 2009-1387 du 11 nov. 2009, art. 3)* *« du ministre de la justice ou »* du ministre chargé de la sécurité sociale, soit sur la demande du quart au moins des membres du conseil.

Art. R. 723-10 Le conseil d'administration ne peut valablement délibérer que si le tiers au moins des membres en exercice assiste à la séance. Les décisions sont prises à la majorité des voix des membres présents.

En cas de partage des voix, la voix du président est prépondérante.

Art. R. 723-11 Les administrateurs suppléants peuvent assister au conseil d'administration. Ils ne peuvent participer au vote que lorsqu'ils sont appelés à remplacer, dans les conditions fixées par les statuts, les administrateurs titulaires de la même catégorie.

Art. R. 723-12 Sont déclarés démissionnaires d'office, par le conseil d'administration, les administrateurs titulaires ou suppléants qui, sans excuse valable, n'ont pas assisté à trois séances consécutives du conseil d'administration.

Lorsqu'un administrateur cesse d'exercer l'activité professionnelle qu'il avait lors de son élection, les conditions dans lesquelles il conserve ou non son mandat sont fixées par les statuts de la Caisse nationale des barreaux français.

Tout administrateur titulaire qui cesse d'exercer son mandat avant l'expiration de celui-ci est remplacé par un suppléant. Les statuts de la Caisse nationale des barreaux français fixent les conditions dans lesquelles ce suppléant est désigné.

L'administrateur suppléant appelé en remplacement d'un titulaire n'exerce la fonction que pour la durée restant à courir du mandat confié à son prédécesseur.

Art. R. 723-13 Sous réserve des dispositions de l'article L. 723-1, les statuts de la Caisse nationale des barreaux français sont arrêtés, sur proposition du conseil d'administration, par l'assemblée générale des délégués.

L'arrêté prévu au *(Décr. nº 2009-1387 du 11 nov. 2009, art. 3)* « troisième » alinéa de l'article L. 723-1 est pris par *(Abrogé par Décr. nº 2009-1387 du 11 nov. 2009, art. 3)* *« le ministre de la justice, »* le ministre chargé du budget et le ministre chargé de la sécurité sociale.

Art. R. 723-14 Un directeur est nommé par le conseil d'administration et agréé par *(Décr. nº 2009-1387 du 11 nov. 2009, art. 3)* « le ministre chargé de la sécurité sociale et le ministre chargé du budget ».

Un agent comptable est nommé par le conseil d'administration et agréé par le ministre chargé de la sécurité sociale.

Ni le directeur, ni l'agent comptable ne peuvent être choisis parmi les membres du conseil d'administration.

Le retrait de l'agrément par l'un des ministres intéressés entraîne pour ces agents la cessation de leurs fonctions.

Le directeur et l'agent comptable peuvent être révoqués par le conseil d'administration.

Art. R. 723-15 Le directeur assure, sous le contrôle du conseil d'administration, le fonctionnement de la caisse. Il assiste, avec voix consultative, aux séances du conseil.

Le directeur a seul autorité sur le personnel. Il fixe l'organisation du travail dans les services et prend toutes mesures d'ordre individuel ou collectif relative aux conditions générales d'emploi du personnel.

Dans les limites fixées par le conseil d'administration, il engage les dépenses, constate les créances et les dettes, émet les ordres de recettes et de dépenses.

Il peut, avec l'accord préalable du conseil d'administration, requérir qu'il soit passé outre au refus de visa ou de paiement éventuellement opposé par l'agent comptable.

Art. R. 723-16 L'agent comptable est placé sous l'autorité administrative du directeur. Il est chargé, sous sa responsabilité et sous le contrôle du conseil d'administration, dans les conditions qui sont précisées par les statuts, de l'ensemble des opérations financières de la caisse.

Avant d'entrer en fonctions, l'agent comptable est assujetti à un cautionnement dont le montant, fixé par le conseil d'administration, ne peut être inférieur au minimum du cautionnement auquel sont astreints les agents comptables des caisses de sécurité sociale. Ce cautionnement est réalisé en numéraire ou en rentes sur l'État. Il est déposé à la Caisse des dépôts et consignations dans les conditions déterminées par les consignations administratives. Toutefois, il peut être remplacé, avec l'autorisation du conseil d'administration, par l'affiliation de l'agent comptable à une association de cautionnement mutuel.

Le conseil d'administration ne peut délivrer un certificat de quitus à l'agent comptable lors de la cessation de ses fonctions qu'après une vérification complète de sa gestion effectuée par un fonctionnaire dépendant soit du ministre chargé de la sécurité sociale, soit du ministre chargé du budget. Le certificat de quitus ne peut être délivré qu'à l'expiration d'un délai de trois mois à dater de la cessation des fonctions.

Art. R. 723-17 Le conseil d'administration de la Caisse nationale des barreaux français fixe le montant de l'encaisse que l'agent comptable est autorisé à conserver.

SOUS-SECTION 2 RESSOURCES

Art. R. 723-18 *(Décr. n° 2011-698 du 20 juin 2011)* La cotisation prévue au premier alinéa de l'article L. 723-5 et la cotisation prévue au premier alinéa de l'article L. 723-6 sont dues par tous les avocats affiliés à la Caisse nationale des barreaux français. Leurs montants respectifs sont fixés, chaque année, sur proposition du conseil d'administration de la caisse, par l'assemblée générale prévue à l'article R. 723-2, statuant à la majorité simple des membres présents ou représentés. Dans le cas où cette majorité n'est pas réunie, le montant de chacune de ces cotisations est de plein droit égal à celui de l'année précédente.

Art. R. 723-19 (Abrogé par Décr. n° 2014-1690 du 30 déc. 2014, art. 28-1°) (Décr. n° 2012-1550 du 28 déc. 2012, art. 20) *Pour le calcul de la cotisation annuelle prévue au deuxième alinéa de l'article L. 723-5, les avocats exerçant en qualité de travailleur indépendant sont tenus de déclarer, à la Caisse nationale des barreaux français, leur revenu d'activité au plus tard à une date fixée par arrêté du ministre chargé de la sécurité sociale.*

En cas d'absence de déclaration, les dispositions des articles R. 242-14 sont applicables.

Les dispositions du Décr. n° 2014-1690 du 30 déc. 2014 sont applicables aux cotisations et aux contributions de sécurité sociale dues au titre des périodes courant à compter du 1er janv. 2015 (Décr. préc., art. 29-I).

Art. R. 723-19-1 *(Décr. n° 2011-698 du 20 juin 2011)* La cotisation d'assurance invalidité-décès d'un conjoint collaborateur est une cotisation forfaitaire égale au quart ou à la moitié de la cotisation forfaitaire obligatoire dont est redevable l'avocat en vertu de l'article L. 723-6.

Cette cotisation est due pour tous les conjoints collaborateurs affiliés à la Caisse nationale des barreaux français en vertu de l'article R. 723-32. Elle est exigible et versée dans les conditions prévues aux articles R. 723-20 et R. 723-25.

Art. R. 723-19-2 *(Décr. n° 2011-698 du 20 juin 2011)* Le choix de la fraction retenue pour le calcul de la cotisation définie à l'article R. 723-19-1 est effectué par le conjoint collaborateur et communiqué par écrit à la Caisse nationale des barreaux français au plus tard deux mois suivant son affiliation. Si aucun autre choix de cotisation n'est effectué, la cotisation est égale au quart de celle due par l'avocat.

Ce choix s'applique pour la première fois aux cotisations dues au titre de l'année d'affiliation et des deux années civiles suivantes. Sauf demande contraire du conjoint collaborateur effectuée par écrit au plus tard un mois avant la fin de la dernière année civile considérée, ce choix est reconduit pour une période de trois ans renouvelable dans les mêmes conditions.

Art. R. 723-20 *(Décr. n° 2011-698 du 20 juin 2011)* Pour les avocats non salariés, en cas d'inscription au tableau ou sur la liste du stage en cours d'année civile, et pour les conjoints collaborateurs, en cas de réception par le centre de formalités des entreprises de la déclaration mentionnée au 1° ou au 2° de l'article R. 121-5 du code de commerce en cours d'année civile, *(Décr. n° 2012-1550 du 28 déc. 2012, art. 21)* « la cotisation forfaitaire mentionnée au premier alinéa de l'article L. 723-5 est réduite au prorata de la durée d'affiliation ».

En cas de cessation d'inscription au tableau ou sur la liste du stage en cours d'année civile ou de radiation du conjoint collaborateur dans les conditions mentionnées au 3°

de l'article R. 121-5 du code de commerce, *(Décr. n° 2012-1550 du 28 déc. 2012, art. 21)* « la cotisation forfaitaire mentionnée au premier alinéa de l'article L. 723-5 est réduite au prorata de la durée d'affiliation ». Si les cotisations ont été payées pour l'année entière, le trop*[-]*perçu est remboursé par la Caisse nationale des barreaux français au plus tard dans le mois suivant la demande de l'intéressé.

Le calcul ou le remboursement au prorata ne sont prévus qu'en faveur des avocats inscrits au tableau ou ayant cessé de l'être en cours d'année. Il en résulte que le fait générateur de la créance des cotisations perçues par la CNBF est l'existence de l'inscription de l'avocat à une date donnée, de sorte que, pour ceux d'entre eux qui étaient inscrits au 1er janvier, la créance naît à cette date pour l'année entière, sans avoir à distinguer entre les périodes antérieure et postérieure à l'ouverture de leur procédure collective. • Civ. 2e, 3 juill. 2012, n° 11-22.922.

Art. R. 723-21 Sont redevables de la cotisation annuelle *(Décr. n° 2012-1550 du 28 déc. 2012, art. 22)* « prévue au premier alinéa de l'article L. 723-5 » due au titre de leur exercice libéral au prorata du nombre de jours correspondant à cet exercice pendant l'année civile :

– l'avocat salarié poursuivant son exercice à titre libéral ;

– l'avocat exerçant à titre d'avocat salarié après avoir exercé à titre libéral.

Art. R. 723-22 Aucune cotisation n'est due par l'avocat exerçant *(Décr. n° 2012-1550 du 28 déc. 2012, art. 23)* « en qualité de travailleur indépendant » *(Décr. n° 2011-698 du 20 juin 2011)* « ou pour un conjoint collaborateur, lorsqu'ils sont bénéficiaires » de la pension pour invalidité permanente prévue à l'article R. 723-56.

Art. R. 723-23 *(Décr. n° 2014-1690 du 30 déc. 2014, art. 25-1°)* « Une prise en charge », totale ou partielle, des cotisations forfaitaires *(Décr. n° 2014-1690 du 30 déc. 2014, art. 25-2°)* « par la Caisse nationale des barreaux français » au profit des *(Décr. n° 2011-698 du 20 juin 2011 ; Décr. n° 2012-1550 du 28 déc. 2012, art. 24)* « avocats exerçant en qualité de travailleur indépendant et de leurs conjoints collaborateurs » dont l'état de maladie, dûment constaté par un expert désigné par le bureau, aura été d'une durée supérieure à six mois ainsi que *(Décr. n° 2014-1690 du 30 déc. 2014, art. 25-3°)* « la prise en charge, totale ou partielle, » soit de ces cotisations en cas d'insuffisance justifiée de ressources, soit des majorations de retard en cas de bonne foi dûment prouvée peuvent être prononcées par une commission de trois membres désignés par le conseil d'administration en son sein. Cette commission statue discrétionnairement. – *V. note ss. art. R. 723-19.*

Art. R. 723-24 Aucune cotisation n'est due pour les périodes pendant lesquelles l'avocat salarié établit sa qualité de bénéficiaire :

1° D'un revenu de remplacement versé en application de l'article L. 351-2 *[L. 5421-2 nouv.]* du code du travail ;

2° De prestations en espèces de l'assurance maladie, de l'assurance maternité ou de l'assurance invalidité lorsqu'il ne peut prétendre au maintien intégral de son salaire en application soit de dispositions législatives ou réglementaires, soit de stipulations conventionnelles.

Ces périodes sont comptées de date à date.

Art. R. 723-25 Les cotisations sont portables.

(Décr. n° 2012-1550 du 28 déc. 2012, art. 25) « Les cotisations définitives doivent être payées chaque année selon les modalités et à la date fixée par les statuts et au plus tard le 31 décembre de l'année suivant celle au titre de laquelle elles sont dues. Dans les cas prévus à l'article R. 723-20, elles sont exigibles dans le délai d'un mois suivant leur notification.

« Les statuts précisent également les modalités de versement à titre provisionnel de la cotisation mentionnée au deuxième alinéa de l'article L. 723-5. »

Le non-paiement des cotisations à la date d'échéance entraîne application de majorations de retard. Le taux de ces majorations est fixé par les statuts de la Caisse nationale des barreaux français sans qu'il puisse toutefois dépasser le taux prévu à l'article R. 243-18.

Art. R. 723-26 Le rôle des cotisations est établi par le conseil d'administration de la Caisse nationale des barreaux français. Il est transmis au premier président et au procureur général de chaque cour d'appel accompagné des requêtes aux fins de délivrance des titres exécutoires.

(Décr. n° 2012-1550 du 28 déc. 2012, art. 26) « Les titres exécutoires sont signifiés par acte d'huissier de justice ou notifiés par lettre recommandée avec demande d'avis de réception. A peine de nullité, l'acte d'huissier ou la lettre recommandée mentionne la référence du titre exécutoire, son montant, les délais et voies de recours ainsi que la juridiction compétente.

« Dans un délai de quinze jours à compter de la signification du titre exécutoire, le débiteur peut former opposition, selon le cas, devant le tribunal d'instance ou le tribunal de grande instance dans la limite de la compétence d'attribution de ces deux juridictions. Le juge territorialement compétent est celui du lieu du siège de la Caisse nationale des barreaux français. L'opposition est motivée. »

La fixation du taux des majorations de retard par les statuts de la Caisse nationale des barreaux français prend effet le 1er janv. 2005 ; pour l'exercice 2004, les majorations de retard sont celles prévues au troisième al. de l'art. R. 723-16-1 et au dernier al. de l'art. R. 723-18 CSS en vigueur au 31 déc. 2003 (Décr. n° 2004-1449 du 23 déc. 2004, art. 4-II).

Art. R. 723-26-1 *(Décr. n° 2014-1704 du 30 déc. 2014, art. 1er)* Le droit de plaidoirie prévu au premier alinéa de l'article L. 723-3 est exigible devant les juridictions administratives de droit commun et les juridictions de l'ordre judiciaire.

Toutefois, il n'est pas dû devant les conseils de prud'hommes, les tribunaux d'instance statuant en matière prud'homale, les tribunaux de police statuant en matière de contraventions des quatre premières classes et les juridictions statuant en matière de contentieux de la sécurité sociale ou de contentieux électoral, ni devant le Conseil d'État et la Cour de cassation pour les affaires dispensées du ministère d'avocat.

Il n'est pas non plus dû, dans les procédures comportant la tenue d'une audience à bref délai dont la liste est fixée par arrêté du garde des sceaux, lorsque l'avocat prête son concours à une personne bénéficiant de l'aide juridictionnelle totale en application de la loi n° 91-647 du 10 juillet 1991 relative à l'aide juridique.

Le droit de plaidoirie ne peut faire l'objet d'aucune dispense.

Les droits de plaidoirie restant à recouvrer par les barreaux au titre des plaidoiries antérieures au 1er janv. 2014 sont recouvrés par les barreaux jusqu'au 31 déc. 2014 et versés par ceux-ci à la Caisse nationale des barreaux français au plus tard le 15 janv. 2015.

Les dispositions prévues à l'art. 15 du Décr. n° 95-161 du 15 févr. 1995 [V. Annexe I] relatif aux droits de plaidoirie et à la contribution équivalente dans sa rédaction en vigueur au 31 déc. 2013 sont maintenues au titre des droits reversés à la Caisse nationale des barreaux français en application du précédent al. (Décr. n° 2014-1704 du 30 déc. 2014, art. 2).

Art. R. 723-26-2 *(Décr. n° 2014-1704 du 30 déc. 2014, art. 1er)* Le droit de plaidoirie est dû à l'avocat pour chaque plaidoirie faite aux audiences dont la liste est fixée par arrêté du garde des sceaux, ministre de la justice. A défaut de plaidoirie, est considéré comme ayant plaidé l'avocat représentant la partie à l'audience.

Lorsque plusieurs avocats plaident pour une seule partie, il est dû un droit par avocat plaidant. Si un avocat plaide pour plusieurs parties, un seul droit est dû.

Le droit de plaidoirie est dû à l'avocat auquel un de ses confrères s'est substitué à titre occasionnel ou en qualité de salarié ou de collaborateur.

Il est dû à la société d'avocats au nom de laquelle l'avocat intervient en qualité de salarié, d'associé ou de collaborateur ou à laquelle il se substitue à titre occasionnel.

V. note ss. art. R. 723-26-1.

Art. R. 723-26-3 *(Décr. n° 2014-1704 du 30 déc. 2014, art. 1er)* Le montant du droit de plaidoirie est fixé à 13 euros. – *V. note ss. art. R. 723-26-1.*

Art. R. 723-26-4 *(Décr. n° 2014-1704 du 30 déc. 2014, art. 1er)* Au plus tard le quinzième jour du mois suivant le dernier jour de chaque trimestre civil, l'avocat ou la société d'avocats reverse à la Caisse nationale des barreaux français les droits de plaidoirie qu'il a perçus durant ce trimestre. – *Par dérogation aux dispositions de l'art. R. 723-26-4, les droits de plaidoirie perçus au cours des trois premiers trimestres de l'année 2014 au titre des plaidoiries de cette période doivent être reversés au plus tard le 15 janv. 2015 (Décr. n° 2014-1704 du 30 déc. 2014, art. 3).*

V. note ss. art. R. 723-26-1.

Art. R. 723-26-5 *(Décr. n° 2014-1704 du 30 déc. 2014, art. 1er)* Les avocats ou sociétés d'avocats concernés transmettent à la caisse, dans le délai prévu à l'article R. 723-26-4, un bordereau déclaratif accompagné du paiement correspondant. Ce bordereau, dont le modèle est fixé par la caisse, comporte notamment le nombre de droits de plaidoirie versés et la période considérée. — *V. note ss. art. R. 723-26-1.*

Art. R. 723-26-6 *(Décr. n° 2014-1704 du 30 déc. 2014, art. 1er)* La contribution équivalente au droit de plaidoirie, prévue au deuxième alinéa de l'article L. 723-3, est calculée chaque année dans les conditions définies ci-après.

I. — Avant le 1er janvier de l'année civile au titre de laquelle la contribution est due, la Caisse nationale des barreaux français constate le montant moyen de revenu professionnel qui donne lieu à la perception d'une contribution équivalente aux droits de plaidoirie.

A cette fin, elle divise le montant total des revenus professionnels et des rémunérations nets imposables pour l'ensemble des avocats affiliés l'avant-dernière année à la caisse, calculés selon les modalités mentionnées à l'article R. 723-26-7, par le nombre de droits de plaidoirie nécessaires à la couverture du tiers des charges prévisionnelles du régime d'assurance vieillesse de base de l'année considérée.

II. — Le montant de la contribution équivalente susceptible d'être due par chaque avocat non salarié affilié à la caisse l'année civile au titre de laquelle la contribution est due ou par chaque société d'avocats dont au moins un associé ou un salarié est affilié à la caisse cette même année est déterminé en divisant le montant des revenus professionnels et rémunérations nets imposables calculés selon les modalités mentionnées à l'article R. 723-26-7 déclarés au titre de l'avant-dernière année par le montant moyen de revenu tel que constaté dans les conditions prévues au I du présent article.

La caisse déduit du résultat ainsi obtenu les droits de plaidoirie qui lui ont été reversés par l'avocat ou la société d'avocats au titre de l'avant-dernière année et dans les délais prévus au premier alinéa de l'article L. 723-26-4.

En cas d'inscription ou de fin d'inscription au barreau en cours d'année civile, la contribution équivalente aux droits de plaidoirie est réduite au prorata de la durée d'affiliation.

V. note ss. art. R. 723-26-1.

Art. R. 723-26-7 *(Décr. n° 2014-1704 du 30 déc. 2014, art. 1er)* I. — La contribution équivalente due par l'avocat non salarié est assise sur ses revenus professionnels nets imposables augmentés, le cas échéant, des rémunérations nettes imposables des avocats salariés affiliés à la Caisse nationale des barreaux français qu'il emploie dans la limite, pour l'avocat redevable et chacun de ses salariés, de sept fois le plafond de la première tranche du régime de retraite complémentaire institué en application de l'article L. 723-14.

II. — La contribution équivalente due par la société d'avocats est assise sur les revenus professionnels et les rémunérations nets imposables des associés et avocats salariés qu'elle emploie affiliés à la caisse, dans la limite pour chacun d'eux de sept fois le plafond de la première tranche du régime de retraite complémentaire institué en application de l'article L. 723-14.

V. note ss. art. R. 723-26-1.

Art. R. 723-26-8 *(Décr. n° 2014-1704 du 30 déc. 2014, art. 1er)* La contribution est annuelle. L'appel adressé par la Caisse nationale des barreaux français à chaque avocat ou société d'avocats précise les éléments de calcul retenus pour la fixation du montant de la contribution à verser. La contribution est recouvrée dans les mêmes conditions et sous les mêmes sanctions que celles mentionnées à l'article R. 723-25.

En cas d'absence de déclaration des revenus d'activité, les dispositions de l'article R. 242-14 sont applicables.

V. note ss. art. R. 723-26-1.

SOUS-SECTION 3 ORGANISATION FINANCIÈRE ET COMPTABLE

Art. R. 723-27 *(Décr. n° 2017-887 du 9 mai 2017, art. 2-III)* La section I du chapitre III du titre II du livre VI est applicable à l'actif du régime des avocats qui n'est pas directement nécessaire à la gestion administrative du régime.

Art. R. 723-28 Il est ouvert dans la comptabilité de la Caisse nationale des barreaux français quatre comptes distincts concernant le premier les prestations du régime de base, le deuxième les prestations du régime complémentaire, le troisième les prestations du régime invalidité-décès, et le quatrième le fonds d'action sociale.

Le premier compte reçoit, outre l'intégralité du produit des droits de plaidoirie, le montant des cotisations personnelles prévues à l'article L. 723-5.

Le deuxième compte reçoit les cotisations prévues à l'article L. 723-15.

Le troisième compte reçoit les cotisations prévues à l'article L. 723-6.

Le quatrième compte reçoit les recettes prévues aux 1° et 2° de l'article R. 723-57.

Les frais généraux relatifs au fonctionnement des quatre comptes font l'objet d'une avance faite par le régime de retraite de base, puis répartis entre chaque compte selon des modalités fixées par les statuts.

Art. R. 723-29 La Caisse nationale des barreaux français constitue quatre Fonds de réserve distincts, alimentés chacun par les excédents annuels du compte correspondant.

Lorsque le déficit d'un compte ne peut pas être intégralement couvert par son Fonds de réserve, il peut être exceptionnellement opéré un prélèvement temporaire sur le Fonds de réserve d'un autre compte, dans la limite du dixième de l'actif de celui-ci.

Le montant de cet emprunt et les intérêts au taux légal doivent être remboursés par une majoration de cotisation au cours de l'exercice suivant.

Les prestations ne sont garanties que dans la limite des ressources affectées au compte correspondant.

Art. R. 723-30 Les comptes financiers et le bilan annuel sont soumis, dans les trois mois de la clôture de l'exercice, à l'examen du ministre chargé de la sécurité sociale.

Un exemplaire est adressé au ministre chargé du budget *(Abrogé par Décr. n° 2009-1387 du 11 nov. 2009, art. 3)* « *, au ministre de la justice* » et au receveur général des finances de Paris.

(Décr. n° 2009-386 du 7 avr. 2009) « Conformément aux dispositions de l'article R. 114-6-1 du présent code, les comptes annuels du régime sont établis par l'agent comptable et arrêtés par le directeur. Les comptes annuels sont ensuite présentés par le directeur et l'agent comptable au conseil d'administration qui, au vu de l'opinion émise par l'instance chargée de la certification, les approuve sauf vote contraire à la majorité des deux tiers des membres. »

SOUS-SECTION 4 **DISPOSITIONS DIVERSES**

Art. R. 723-31 Avant le 1er mars de chaque année, chaque bâtonnier adresse à la Caisse nationale des barreaux français la liste, arrêtée au 1er janvier de la même année, des avocats et des personnes morales inscrits au tableau ou admis au stage, précisant leur domicile professionnel ainsi que :

1° Pour les avocats, outre leur date de naissance, celle de l'inscription au tableau ou de l'admission au stage, le mode d'exercice et, le cas échéant, les coordonnées de l'employeur ;

2° Pour les personnes morales, leur dénomination, leur structure juridique et la liste de leurs associés.

Tout changement intervenant en cours d'année doit être signalé sans délai à la caisse par le bâtonnier.

Art. R. 723-32 L'affiliation à la Caisse nationale des barreaux français prend effet à la date à laquelle l'avocat est inscrit au tableau ou au stage. La radiation prend effet à la date à laquelle il cesse d'y figurer.

(Décr. n° 2011-698 du 20 juin 2011) « L'affiliation des conjoints collaborateurs prend effet à la date de la réception, par le centre de formalités des entreprises, de la déclaration mentionnée au 1° ou 2° de l'article R. 121-5 du code de commerce. La radiation prend effet à la date de réception, par le centre de formalités des entreprises, de la déclaration mentionnée au 3° du même article. »

Art. R. 723-33 Les avocats mentionnés à l'article L. 723-1 sont tenus de présenter aux agents de la Caisse nationale des barreaux français, dans les conditions prévues à l'article L. 652-6, tous documents qui leur sont demandés par ces agents aux fins de l'exercice du contrôle, et notamment ceux concourant à la détermination de l'assiette des cotisations de sécurité sociale et au montant de ces dernières.

Le cas échéant, ces agents doivent communiquer par écrit les observations faites au cours du contrôle au cotisant, qui peut y répondre dans un délai de quinze jours. A l'expiration de ce délai, ils transmettent le procès-verbal faisant état des observations, accompagné, s'il y a lieu, de la réponse de l'intéressé, à l'organisme dont ils relèvent.

Les agents chargés du contrôle peuvent également procéder à toutes vérifications ou enquêtes administratives concernant l'attribution des prestations.

SECTION II CONTRÔLE DE L'ADMINISTRATION

Art. R. 723-34 Les commissaires du Gouvernement, qui représentent le ministre chargé de la sécurité sociale *(Décr. n° 2009-1387 du 11 nov. 2009, art. 3)* « et le ministre chargé du budget », assistent aux séances du conseil d'administration de la Caisse nationale des barreaux français et sont entendus chaque fois qu'ils le demandent.

La Caisse nationale des barreaux français fait en outre l'objet de vérifications de l'inspection générale des finances et du receveur général des finances de Paris.

Art. R. 723-35 L'opposition prévue à l'article L. 723-8 doit être formulée dans le délai d'un mois à compter du jour de la communication de la délibération de l'assemblée générale des délégués de la Caisse nationale des barreaux français *(Abrogé par Décr. n° 2009-1387 du 11 nov. 2009, art. 3)* ***« au ministre de la justice, »*** au ministre chargé du budget et au ministre chargé de la sécurité sociale.

SECTION III PRESTATIONS

SOUS-SECTION 1 PRESTATIONS DE RETRAITE DE BASE

Les dispositions issues du Décr. n° 2004-1449 du 23 déc. 2004 relatives à la pension de retraite de base versée par la Caisse nationale des barreaux français sont entrées en vigueur le 1er janv. 2004 (Décr. préc., art. 4-I).

§ 1er PENSION D'ASSURÉ

Art. R. 723-36 *Abrogé par Décr. n° 2010-14 du 7 janv. 2010, art. 3.*

Art. R. 723-37 Lorsque, *(Décr. n° 2010-14 du 7 janv. 2010, art. 1er-I)* « à la date d'entrée en jouissance de la pension », l'intéressé justifie, dans le présent régime et dans un ou plusieurs autres régimes d'assurance vieillesse de base, de la durée d'assurance fixée en application du deuxième alinéa de l'article L. 351-1, le montant de la pension de retraite est déterminé selon le nombre de trimestres d'assurance validés par la Caisse nationale des barreaux français :

1° Si ce nombre est au moins égal à *(Décr. n° 2010-734 du 30 juin 2010, art. 2)* « la durée d'assurance telle qu'elle résulte de l'application du deuxième alinéa de l'article L. 351-1 », le montant de la pension de retraite est celui fixé en application de l'article R. 723-43 ;

2° Si ce nombre est inférieur à *(Décr. n° 2010-734 du 30 juin 2010, art. 2)* « la durée d'assurance telle qu'elle résulte de l'application du deuxième alinéa de l'article L. 351-1 » *(Abrogé par Décr. n° 2017-735 du 3 mai 2017, art. 3-13°)* ***« et au moins égal à soixante »***, le montant de la pension est celui fixé en application de l'article R. 723-43 calculé proportionnellement au nombre de trimestres validés.

(Abrogé par Décr. n° 2017-735 du 3 mai 2017, art. 3-13°) ***« 3° Si ce nombre est inférieur à soixante, il est fait application des dispositions de l'article L. 723-11. La fraction de l'allocation aux vieux travailleurs salariés est calculée proportionnellement au nombre de trimestres validés par la Caisse nationale des barreaux français. »***

Art. R. 723-38 La réduction prévue au troisième alinéa du I de l'article L. 723-10-1 est fonction soit du nombre de trimestres correspondant à la durée séparant l'âge auquel la pension de retraite prend effet du soixante-cinquième anniversaire *(Décr. n° 2011-620 du 31 mai 2011, art. 4-16°)* « s'ils remplissent les conditions prévues au 1° *bis* ou au 1° *ter* de l'article L. 351-8 ou aux III ou IV de l'article 20 de la loi n° 2010-1330 du 9 novembre 2010 portant réforme des retraites ou, dans le cas contraire, de l'âge prévu au 1° de l'article L. 351-8 », soit du nombre de trimestres supplémentaires qui serait nécessaire, à la date d'effet de la pension de retraite, pour relever du deuxième alinéa du I de l'article L. 723-10-1. Le plus petit de ces nombres est pris en considération.

Le coefficient de minoration est égal à 1,25 % par trimestre manquant dans la limite de vingt trimestres.

Art. R. 723-39 La majoration prévue au dernier alinéa du I de l'article L. 723-10-1 est applicable au titre des périodes d'activité ayant donné lieu à cotisations à la charge de l'assuré accomplies à compter du 1er janvier 2004 après l'âge prévu au premier alinéa de l'article L. 351-1 et au-delà de la limite mentionnée au deuxième alinéa du même article.

Cette majoration est égale à 0,75 % par trimestre *(Décr. n° 2010-734 du 30 juin 2010, art. 3)* « accompli à compter du 1er janvier 2004 et avant le 1er juillet 2010 et à 1,25 % par trimestre accompli à compter du 1er juillet 2010 ».

Art. R. 723-40 Pour les avocats exerçant à titre libéral, sont comptées comme périodes d'assurance dans le présent régime :

1° Les périodes ayant donné lieu au versement effectif des cotisations. Les cotisations versées à la Caisse nationale des barreaux français sont arrêtées au dernier jour du trimestre civil précédant la date prévue pour l'entrée en jouissance de la retraite de base, sans préjudice des dispositions de l'article L. 723-10 ;

2° Les périodes ayant donné lieu aux exonérations de cotisations prononcées en application des articles L. 723-5-l et R. 723-23 ;

3° Les périodes de perception de l'allocation pour invalidité temporaire prévue à l'article R. 723-54 et de la pension pour invalidité permanente prévue à l'article R. 723-56 ;

4° Les périodes mentionnées à l'article L. 161-19 et les périodes assimilées définies par les mesures réglementaires d'application de cet article ;

(Décr. n° 2011-601 du 27 mai 2011, art. 5-1°) « 5° Les périodes attribuées au titre des majorations de durée d'assurance pour enfants mentionnées à l'article L. 351-4, lorsque l'assuré n'a relevé d'aucun autre régime que celui de la Caisse nationale des barreaux français, ou lorsque celle-ci a compétence pour attribuer ces majorations en application de l'article R. 173-15. Ces périodes ne peuvent avoir pour effet de porter le total des périodes d'assurance au-delà de la durée d'assurance mentionnée au 1° de l'article R. 723-37. »

Les périodes mentionnées aux 3° et 4° du présent article sont comptées de date à date au titre de l'année civile et ouvrent droit à la validation d'un trimestre d'assurance par période de quatre-vingt-dix jours, le solde étant compté pour un trimestre s'il est égal ou supérieur à soixante jours.

Art. R. 723-41 Pour les avocats salariés, sont comptées comme périodes d'assurance dans le présent régime :

1° Les périodes ayant donné lieu au versement effectif des cotisations. Ces périodes sont comptées de date à date au titre de l'année civile et ouvrent droit à la validation d'un trimestre d'assurance par période de quatre-vingt-dix jours, le solde étant compté pour un trimestre s'il est supérieur ou égal à soixante jours ;

2° Les périodes définies à l'article L. 351-3 du code de la sécurité sociale ;

(Décr. n° 2011-601 du 27 mai 2011, art. 5-2°) « 3° Les périodes attribuées au titre des majorations de durée d'assurance pour enfants mentionnées à l'article L. 351-4, lorsque l'assuré n'a relevé d'aucun autre régime que celui de la Caisse nationale des barreaux français, ou lorsque celle-ci a compétence pour attribuer ces majorations en application de l'article R. 173-15. Ces périodes ne peuvent avoir pour effet de porter le total des périodes d'assurance au-delà de la durée d'assurance mentionnée au 1° de l'article R. 723-37. »

Art. R. 723-42 L'application des dispositions des 2°, 3° et 4° de l'article R. 723-40 et du 2° de l'article R. 723-41 ne peut avoir pour effet de porter à un chiffre supérieur à quatre le nombre de trimestres d'assurance valables au titre d'une même année civile d'affiliation.

Art. R. 723-43 Le montant de la pension de retraite est fixé par l'assemblée générale sur proposition du conseil d'administration.

La pension de retraite servie aux bénéficiaires de la pension pour invalidité permanente prévue à l'article R. 723-56 ne peut être inférieure à la moitié du montant fixé par l'assemblée générale en application des dispositions du premier alinéa.

Art. R. 723-44 L'entrée en jouissance de la pension de retraite est fixée au premier jour du trimestre civil qui suit la demande de l'intéressé, sous réserve que les conditions d'attribution soient remplies.

(Décr. n° 2010-734 du 30 juin 2010, art. 4) « La pension de retraite est versée à trimestre échu. Elle peut faire l'objet d'un versement mensuel lorsque son montant est supérieur à un seuil fixé chaque année par décision du conseil d'administration.

« Les arrérages sont dus jusqu'au dernier jour du trimestre civil du décès. »

Art. R. 723-45 Lorsqu'une pension de retraite a été liquidée au profit d'un avocat qui reprend l'exercice de sa profession, le service de cette pension est suspendu du jour de la réinscription au tableau jusqu'au jour où il cesse d'y figurer.

(Décr. n° 2010-14 du 7 janv. 2010, art. 1er-II) « Les dispositions du premier alinéa ne sont pas applicables aux assurés remplissant les conditions prévues *(Décr. n° 2014-1513 du 16 déc. 2014, art. 4-I)* « à » l'article L. 723-11-1. » — *Les dispositions issues du Décr. n° 2014-1513 du 16 déc. 2014 s'appliquent aux assurés dont la première pension prend effet à compter du 1er janv. 2015 (Décr. préc., art. 4-II).*

La liquidation de la pension de retraite des avocats qui, au 31 déc. 2003 justifient d'au moins cent soixante-neuf trimestres d'assurance dans le régime des avocats et qui poursuivent l'exercice de la profession d'avocat après le 31 déc. 2003, sera effectuée selon les modalités en vigueur antérieurement à l'entrée en vigueur du Décr. n° 2004-1449 du 23 déc. 2004 si ces modalités s'avèrent plus favorables que celles prévues par l'art. R. 723-39 CSS (Décr. n° 2004-1449 du 23 déc. 2004).

Art. R. 723-45-1 *(Décr. n° 2010-14 du 7 janv. 2010, art. 1er-III)* Le bénéficiaire d'une pension de retraite qui poursuit ou reprend une activité d'avocat en informe la Caisse nationale des barreaux français, dans le mois suivant la date de son entrée en jouissance de la pension de vieillesse versée par la caisse ou de la reprise de son activité, en lui adressant une déclaration qui précise son lieu d'exercice ainsi que, le cas échéant, la date de la réinscription au tableau. Lorsqu'il entend cumuler le bénéfice de cette pension de retraite avec son revenu d'activité, il joint à cette déclaration une attestation sur l'honneur énumérant les différents régimes mentionnés au *(Décr. n° 2014-1513 du 16 déc. 2014, art. 4-I)* « premier » alinéa de l'article L. 723-11-1 dont il a relevé et certifiant qu'il est entré en jouissance de toutes ses pensions de vieillesse personnelles.

Le défaut de production, dans le délai prescrit, des documents prévus à l'alinéa précédent entraîne une pénalité d'un montant égal à celui fixé en application de l'article L. 133-3 pour l'abandon de la mise en recouvrement des créances à l'égard des cotisants. Si le retard excède un mois, une pénalité identique est automatiquement appliquée pour chaque mois ou fraction de mois de retard. Ces pénalités sont recouvrées dans les mêmes conditions et sous les mêmes garanties et sanctions que les majorations de retard afférentes aux cotisations dues au titre du présent chapitre.

Les dispositions *(Abrogé par Décr. n° 2014-1513 du 16 déc. 2014, art. 4-I) « des deuxième, troisième et quatrième alinéas »* de l'article L. 723-11-1 sont applicables aux pensions dues à compter du premier jour du trimestre qui suit celui au cours duquel l'assuré remplit les conditions prévues par ces dispositions.

Les dispositions issues du Décr. n° 2014-1513 du 16 déc. 2014 s'appliquent aux assurés dont la première pension prend effet à compter du 1er janv. 2015 (Décr. préc., art. 4-II).

Art. R. 723-45-2 *(Décr. n° 2010-14 du 7 janv. 2010, art. 1er-III)* Le versement des cotisations et contributions dues en application des dispositions de la sous-section 2 du présent chapitre pour des périodes postérieures à l'entrée en jouissance de la pension ne peut entraîner la révision de la pension déjà liquidée ni permettre l'acquisition de nouveaux droits.

§ 2 PENSION DE RÉVERSION

Art. R. 723-46 Au décès d'un avocat titulaire d'une pension de retraite ou remplissant les conditions pour en bénéficier, le conjoint survivant a droit à une pension de réversion égale à la moitié de celle dont jouissait son conjoint ou à laquelle celui-ci aurait pu prétendre.

Cette pension n'est acquise que si le mariage a été contracté cinq ans au moins avant la date du décès de l'avocat. Toutefois, cette condition de durée n'est pas exigée lorsqu'un enfant au moins est issu du mariage.

Le conjoint divorcé non remarié est assimilé à un conjoint survivant pour l'application des deux alinéas qui précèdent.

La pension à laquelle est susceptible d'ouvrir droit le décès d'un avocat divorcé et remarié est partagée entre son conjoint survivant et le ou les précédents conjoints divorcés non remariés au prorata de la durée respective de chaque mariage. Ce partage est opéré lors de la liquidation des droits au premier d'entre eux qui en fait la demande.

Au décès de l'un des bénéficiaires, sa part accroîtra la part de l'autre ou, s'il y a lieu, des autres, à compter du premier jour du mois suivant le décès.

Le silence gardé pendant plus de quatre mois sur la demande de liquidation ou de révision d'une pension de réversion et de ses accessoires présentée en application du présent article vaut décision de rejet.

Art. R. 723-47 Le service de la pension de réversion cesse en cas de mariage, mais profite aux enfants jusqu'à vingt et un ans.

A défaut de conjoint survivant ou d'ex-époux bénéficiaire d'une pension de réversion, l'enfant ou les enfants d'un avocat qui vient de décéder ont droit, jusqu'à l'âge de vingt et un ans, à la pension de réversion dans les conditions prévues pour le conjoint survivant ou l'ex-époux.

SOUS-SECTION 2 CAPITAL DÉCÈS

Art. R. 723-48 L'assemblée générale, sur la proposition du conseil d'administration, fixe le montant du capital alloué en cas de décès d'un avocat ou d'un avocat stagiaire inscrit au tableau ou sur la liste du stage durant les trois mois précédant le décès.

Les dispositions des articles L. 723-8 et R. 723-35 sont applicables à cette délibération.

(Décr. nº 2011-698 du 20 juin 2011) « Le montant du capital alloué en cas de décès d'un conjoint collaborateur est égal, selon la fraction retenue par celui-ci pour le calcul de la cotisation prévue à l'article R. 723-19-1, au quart ou à la moitié de celui prévu pour le conjoint avocat.

« Lorsque la fraction retenue pour le calcul de la cotisation a été modifiée par le conjoint collaborateur selon les modalités prévues à l'article R. 723-19-1, le montant du capital en cause est calculé en fonction de la moyenne des fractions successivement retenues pondérée par le nombre de jours au titre desquels les cotisations ainsi calculées ont été versées. »

Art. R. 723-49 Le décès des avocats *(Décr. nº 2011-698 du 20 juin 2011)* « ou des conjoints collaborateurs » retraités n'ouvre pas droit à l'allocation d'un capital.

Art. R. 723-50 Le capital décès est versé au conjoint survivant. A défaut de conjoint survivant, il est réparti entre les enfants du défunt :

– âgés de moins de vingt et un ans ;
– âgés de vingt et un à vingt-cinq ans et qui poursuivent des études ;
– quel que soit leur âge, handicapés physiques ou mentaux.

A défaut de conjoint survivant et d'enfants, le capital décès est versé au père, à la mère, au frère ou à la sœur qui étaient à la charge totale et effective du défunt.

Art. R. 723-51 Lorsque, au décès d'un avocat, il n'existe aucune des personnes mentionnées à l'article R. 723-50, la Caisse nationale des barreaux français peut rembourser à toute personne en ayant assumé la charge, dans la limite du quart du capital prévu à l'article R. 723-48, les frais d'obsèques et de dernière maladie sur présentation des justificatifs attestant des frais effectivement engagés.

SOUS-SECTION 3 ALLOCATION D'ORPHELIN

Art. R. 723-52 Chaque orphelin de mère et de père et chaque orphelin d'un père ou d'une mère qui exerçait effectivement la profession d'avocat à la date du décès a droit, jusqu'à l'âge de vingt et un ans, à une allocation annuelle dont le montant est égal au quart de la pension de retraite visée à l'article R. 723-43.

(Décr. nº 2011-698 du 20 juin 2011) « L'allocation accordée à chaque orphelin de mère ou de père conjoint collaborateur d'un avocat est égale, selon la part retenue pour le calcul de la cotisation prévue à l'article R. 723-19-1, au quart ou à la moitié de celle qui est accordée en application du premier alinéa de cet article. Lorsque la fraction retenue pour le calcul de la cotisation définie à l'article R. 723-19-1 a été modifiée par le conjoint collaborateur, le montant de l'allocation est calculé en fonction de la moyenne des fractions successivement retenues pondérée par le nombre de jours au titre desquels les cotisations ainsi calculées ont été versées. »

Lorsque l'orphelin poursuit ses études et même s'il est marié, le service de l'allocation peut être prolongé jusqu'à l'âge de vingt-cinq ans, par décision du conseil d'administration.

Art. R. 723-53 Le service de l'allocation peut être prolongé par décision du conseil d'administration lorsque l'orphelin est atteint d'une incapacité médicalement constatée au moins égale à 50 % :

1º Jusqu'à l'âge de vingt-cinq ans sans condition de ressources ;

2º Au-delà de l'âge de vingt-cinq ans après examen de la situation de l'intéressé, de ses ressources et notamment des prestations auxquelles il peut prétendre au titre d'un autre régime de protection sociale.

La Caisse nationale des barreaux français peut faire procéder, à tout moment, à un examen médical destiné à contrôler le taux d'incapacité de l'intéressé. Le service de l'allocation mentionnée au présent article est supprimé si, à la suite de l'examen prescrit par la caisse, il est constaté que le taux d'incapacité est devenu inférieur à 50 %.

SOUS-SECTION 4 ALLOCATIONS D'INVALIDITÉ

§ 1er INVALIDITÉ TEMPORAIRE

Art. R. 723-54 L'avocat ou l'avocat stagiaire reçoit une allocation s'il se trouve dans l'impossibilité d'exercer sa profession, à partir du quatre-vingt-onzième jour qui suit la cessation de toute activité à la condition de justifier qu'il était inscrit à un barreau lors de sa cessation d'activité et qu'il a exercé la profession pendant douze mois au moins.

Cette allocation n'est toutefois acquise à l'intéressé que si la cessation de l'activité a pour cause une maladie *(Décr. nº 2010-113 du 2 févr. 2010, art. 1er)* « ou un accident dont les effets invalidants interdisant l'exercice de la profession surviennent après l'inscription de l'intéressé à la Caisse nationale des barreaux français ».

(Décr. nº 2011-698 du 20 juin 2011) « Le conjoint collaborateur reçoit une allocation s'il se trouve dans l'impossibilité d'exercer son activité, à partir du quatre-vingt-onzième jour qui suit la cessation de toute activité à la condition de justifier du statut de conjoint collaborateur lors de cette cessation d'activité depuis douze mois au moins. Le montant de l'allocation est égal, selon la part retenue pour le calcul de la cotisation prévue à l'article R. 723-18-1, au quart ou à la moitié de celle prévue pour le conjoint avocat.

« Lorsque la fraction retenue pour le calcul de la cotisation a été modifiée par le conjoint collaborateur, le montant de l'allocation est calculé en fonction de la moyenne des fractions successivement retenues pondérée par le nombre de jours au titre desquels les cotisations ainsi calculées ont été versées. »

La cessation de l'activité est constatée dans les conditions fixées par les statuts de la caisse. Elle doit être totale, ce qui exclut toutes postulation, plaidoirie, réception de clientèle et consultation.

Le service de l'allocation *(Décr. nº 2010-113 du 2 févr. 2010, art. 1er)* « n'est pas interrompu par la cessation de l'inscription à un barreau. Ce service » cesse lorsque l'intéressé est redevenu apte à exercer sa profession *(Décr. nº 2011-698 du 20 juin 2011)* « ou, le cas échéant, sa collaboration » ou qu'il a reçu l'allocation pendant trois ans.

Toutefois, dans le cas d'interruption suivie de reprise de travail, il est ouvert un nouveau délai de trois ans, dès l'instant où ladite reprise a été d'au moins un an. Lorsque la reprise de travail dure moins d'un an, le total des périodes successives pendant lesquelles l'allocation est servie, comptées de date à date, ne peut excéder une durée de trois ans.

Bénéfice de la prestation d'invalidité temporaire en cas de liquidation des droits à retraite. La liquidation des droits à pension de retraite au titre du régime d'assurance vieillesse des avocats ne fait pas obstacle, lorsque l'avocat poursuit ou reprend son activité conformément aux dispositions de l'art. L. 723-11-1 CSS, à l'attribution à l'intéressé, en cas d'accident ou de maladie, de l'allocation temporaire d'invalidité. • Civ. 2e, 4 mai 2016, n° 15-18.241 P : *RJS 07/2016, n° 528 ; RDSS 2016. 580, obs. Tauran ; JCP S 2016, n° 1212, obs. Rozec.*

Art. R. 723-55 Le montant de l'allocation temporaire est fixé par l'assemblée générale sur proposition du conseil d'administration de la caisse.

Les dispositions des articles L. 723-8 et R. 723-35 sont applicables à cette délibération.

L'allocation est calculée par jour d'invalidité.

Les modalités de paiement, et notamment la périodicité, sont fixées par les statuts.

§ 2 INVALIDITÉ PERMANENTE

Art. R. 723-56 Les avocats en état d'incapacité permanente d'exercer leur profession et qui ne peuvent prétendre au bénéfice d'une pension de retraite bénéficient, à l'expiration du délai de trois ans durant lequel ils ont perçu l'allocation temporaire *(Décr. n° 2010-113 du 2 févr. 2010, art. 2 ; Décr. n° 2011-620 du 31 mai 2011, art. 4-15°)* « et jusqu'au dernier jour du trimestre civil au cours duquel ils atteignent l'âge prévu à l'article L. 161-17-2 », d'une pension d'invalidité égale à la moitié de la pension de retraite entière telle que fixée par l'assemblée générale annuelle.

(Décr. n° 2011-698 du 20 juin 2011) « Le montant de la pension d'invalidité mentionnée dans l'alinéa précédent est égal pour le conjoint collaborateur, selon la part retenue pour le calcul de la cotisation prévue à l'article R. 723-19-1, au quart ou à la moitié de celle prévue pour le conjoint avocat.

« Lorsque la fraction retenue pour le calcul de la cotisation a été modifiée par le conjoint collaborateur dans les conditions fixées par l'article R. 723-19-2, le montant de la pension est calculé en fonction de la moyenne des fractions successivement retenues pondérée par le nombre de jours au titre desquels les cotisations ainsi calculées ont été versées. »

Toutefois, le montant de la pension d'invalidité ne peut être inférieur à celui de la retraite proportionnelle qui aurait été attribuée aux intéressés s'ils avaient atteint l'âge *(Décr. n° 2011-620 du 31 mai 2011, art. 4-15°)* « prévu à l'article L. 161-17-2 » lors de la date de prise d'effet de leur pension d'invalidité.

Le temps d'invalidité permanente est pris en compte au titre des trimestres validés pour la retraite de base.

Le service de la pension d'invalidité est supprimé ou suspendu en cas de reprise d'une activité professionnelle.

La pension d'invalidité permanente est également attribuée, à partir de leur cinquante-cinquième anniversaire, aux avocats, anciens déportés ou internés, titulaires de la carte de déporté ou interné de la Résistance ou de la carte de déporté ou interné politique, dont la pension militaire d'invalidité a été accordée pour un taux d'invalidité globale d'au moins 60 %, à la condition qu'ils cessent toute activité professionnelle. La pension d'invalidité attribuée en application du présent alinéa peut être cumulée sans limitation de montant avec la pension militaire d'invalidité.

Le silence gardé pendant plus de quatre mois sur la demande de liquidation d'une pension d'invalidité vaut décision de rejet.

SOUS-SECTION 5 ACTION SOCIALE

Art. R. 723-57 Il est institué un fonds d'action sociale alimenté par les recettes suivantes :

1° Un prélèvement sur les recettes du régime de base et du régime complémentaire dont le taux maximum est fixé par arrêté interministériel ;

2° Les dons, legs et subventions éventuellement attribués à la caisse.

Ce fonds a pour objet, dans la limite des ressources qui y sont affectées, de mettre en œuvre une action sociale destinée aux affiliés ou allocataires de la caisse ainsi qu'à leurs conjoints survivants, leurs orphelins, et prenant la forme soit d'aides individuelles, soit d'actions collectives.

Les aides individuelles sont accordées, lorsque la situation matérielle du bénéficiaire le justifie, dans la limite d'une année. En cas de demande de renouvellement d'une telle aide, il est procédé à un nouvel examen de la situation du bénéficiaire.

Les actions collectives tendent à la mise en place de services correspondant à l'objet de la caisse.

Les statuts de la Caisse nationale des barreaux français précisent les diverses catégories d'aides individuelles et d'actions collectives mentionnées ci-dessus.

Les décisions en matière d'action sociale sont prises par le conseil d'administration sur proposition d'une commission d'action sociale désignée par lui en son sein.

Les opérations financières du fonds d'action sociale sont suivies dans un compte particulier et font l'objet d'un budget spécifique.

SOUS-SECTION 6 DISPOSITIONS COMMUNES

Art. R. 723-58 Les dispositions des sous-sections 2, 3 et 4 de la présente section ne s'appliquent pas si le décès ou l'invalidité trouvent leur origine dans des faits de guerre.

Art. R. 723-59 Les réclamations relatives aux prestations relevant de la présente section sont obligatoirement soumises à une commission de recours amiable composée de quatre administrateurs titulaires membres du conseil d'administration de la Caisse nationale des barreaux français.

Les membres de cette commission sont désignés au début de chaque année par le conseil d'administration.

La commission de recours amiable peut valablement statuer si deux de ses membres au moins sont présents.

La commission de recours amiable doit être saisie dans le délai de deux mois à compter de la notification de la décision contre laquelle les intéressés entendent former une réclamation. La forclusion ne peut être valablement opposée aux intéressés que si cette notification porte mention de ce délai.

La commission de recours amiable notifie sa décision aux intéressés. Cette décision doit être motivée.

Le silence gardé pendant plus de quatre mois à compter de la date de la réclamation vaut décision de rejet.

SECTION IV RÉGIME COMPLÉMENTAIRE D'ASSURANCE VIEILLESSE ET SURVIVANTS

Art. R. 723-62 Les autorités de l'État investies du pouvoir d'opposition aux décisions de la Caisse nationale des barreaux français relatives au taux des cotisations, au montant du plafond et à la revalorisation des prestations du régime complémentaire de vieillesse sont *(Abrogé par Décr. n° 2009-1387 du 11 nov. 2009, art. 3)* « *le garde des sceaux, ministre de la justice,* » le ministre chargé de la sécurité sociale et le ministre chargé du budget.

SECTION V RÉGIME D'ASSURANCE VIEILLESSE DES CONJOINTS COLLABORATEURS D'AVOCATS NON SALARIÉS

(Décr. n° 2007-1370 du 19 sept. 2007)

Art. R. 723-63 La cotisation d'assurance vieillesse de base d'un conjoint collaborateur, tel que défini à l'article 1er du décret n° 2006-966 du 1er août 2006 relatif au conjoint collaborateur d'un avocat non salarié, est composée de :

1° Une cotisation forfaitaire égale au quart ou à la moitié de la cotisation forfaitaire obligatoire dont est redevable l'avocat en vertu du premier alinéa de l'article L. 723-5 ;

2° Une cotisation proportionnelle assise sur le quart ou la moitié du revenu défini à l'article R. 723-19 *[R. 115-5]* et dont le taux est *(Décr. n° 2014-1690 du 30 déc. 2014, art. 26)* « égal à celui de la cotisation prévue au deuxième alinéa de l'article L. 723-5 ».

Le choix de la fraction retenue par le conjoint collaborateur est identique pour le 1° et le 2°.

La cotisation est exigible et doit être versée dans les mêmes conditions et délais et sous les mêmes sanctions que la cotisation due par l'avocat pour son propre compte.

Les dispositions du Décr. n° 2014-1690 du 30 déc. 2014 sont applicables aux cotisations et aux contributions de sécurité sociale dues au titre des périodes courant à compter du 1er janv. 2015 (Décr. préc., art. 29-I).

Art. R. 723-64 Le choix de la fraction retenue pour le calcul de la cotisation définie à l'article R. 723-63 est effectué par le conjoint collaborateur et communiqué par écrit à la caisse au plus tard deux mois avant la date limite de paiement de la première échéance de cotisations suivant le début de son activité.

Si aucun choix n'est effectué dans ce délai, la cotisation est égale au quart de la cotisation forfaitaire mentionnée au 1° de l'article R. 723-63 et calculée sur le quart du revenu mentionné au 2° du même article.

La fraction retenue pour le calcul de la cotisation s'applique pour la cotisation due au titre de l'année du début d'activité et des deux années civiles suivantes. Sauf demande contraire du conjoint effectuée par écrit au plus tard avant le 1er décembre de la dernière de ces années, l'option est reconduite pour une durée de trois ans renouvelable dans les mêmes conditions. — *V. note ss. art. R. 723-63.*

Art. R. 723-65 Lorsque l'avocat n'a pas déclaré ses revenus dans les conditions déterminées à l'article *(Décr. n° 2016-192 du 25 févr. 2016, art. 1er-4°)* « R. 131-1 », les cotisations de son conjoint collaborateur sont calculées sur la base des revenus fixés par la caisse, par application de la fraction retenue par le conjoint collaborateur ou fixée en application de l'article R. 723-64. — *V. note ss. art. R. 723-63.*

Art. R. 723-66 L'affiliation au régime de base du conjoint collaborateur lui ouvre droit en fonction de ses cotisations au quart ou à la moitié des prestations du régime de base au prorata de sa durée d'assurance auprès de la Caisse nationale des barreaux français. Les prestations du conjoint collaborateur peuvent être liquidées sur sa demande dans les conditions prévues au I de l'article L. 723-10-1.

Art. R. 723-67 *(Décr. n° 2012-1034 du 7 sept. 2012, art. 1er-4°)* La faculté de versement prévue à l'article L. 723-5 en vue de la prise en compte par l'assurance vieillesse des périodes d'activité exercées en tant que conjoint collaborateur est ouverte aux personnes âgées, à la date à laquelle elles présentent la demande de versement, d'au moins vingt ans et de moins de soixante-sept ans et dont la pension de retraite auprès du régime d'assurance vieillesse de base des avocats n'a pas été liquidée.

Cette faculté de versement est ouverte dans la limite du rachat de vingt-quatre trimestres.

La demande de versement est prise en compte pour un nombre entier de trimestres. Est considérée comme égale à un trimestre toute période de quatre-vingt-dix jours successifs au cours de laquelle le conjoint collaborateur a participé directement et effectivement à l'activité de l'entreprise. Lorsque la période de quatre-vingt-dix jours se partage sur deux années civiles successives, elle peut être considérée comme ayant été effectuée au cours de l'une ou l'autre de ces années dans la limite prévue à l'article R. 723-67-5.

Art. R. 723-67-1 *(Décr. n° 2012-1034 du 7 sept. 2012, art. 1er-4°)* I. — Pour exercer la faculté de versement mentionnée à l'article R. 723-67, l'intéressé doit présenter une demande comportant, à peine d'irrecevabilité :

1° Les mentions et pièces justificatives permettant de l'identifier, de déterminer les périodes au titre desquelles la demande est présentée et de démontrer sa participation directe et effective à l'activité de l'entreprise ;

2° La mention de l'option pour l'une des deux possibilités ouvertes à l'article R. 723-67-2 ;

3° La mention éventuelle de l'option pour l'échelonnement mentionné à l'article R. 723-67-3.

II. — La demande est adressée à la Caisse nationale des barreaux français.

Dans un délai de deux mois, la Caisse nationale des barreaux français indique à l'intéressé s'il est admis ou non à effectuer un versement. A défaut de réponse dans le délai de deux mois suivant la réception de la demande, la demande est réputée rejetée.

En cas d'admission, la décision de la Caisse nationale des barreaux français notifiée à l'intéressé indique le nombre de trimestres pour lequel il est autorisé à acquitter des cotisations au cours de chacune des années civiles où se situent les périodes dont il demande la prise en compte, le nombre de trimestres susceptibles de faire l'objet d'un versement au titre de ces périodes compte tenu des limites fixées en application des articles R. 723-67 et R. 723-67-5, le montant du versement correspondant à un trimestre et le montant total du versement correspondant au nombre de trimestres retenu.

III. – Lorsque le demandeur a opté pour l'échelonnement prévu à l'article R. 723-67-5, la décision précise également le montant qui résulte de ce choix et la date de paiement de chaque échéance.

La majoration du montant des versements résultant de l'option pour l'échelonnement prévue à l'article R. 723-67-3 est notifiée au plus tard le 1er décembre de l'année précédant celle à laquelle elle doit être appliquée. Cette information est accompagnée de l'indication du montant de chaque échéance majorée pour l'année considérée.

IV. – La demande de rachat est déposée au plus tard le 31 décembre 2020.

Art. R. 723-67-2 *(Décr. n° 2012-1034 du 7 sept. 2012, art. 1er-4°)* Le versement est pris en compte, au choix de l'intéressé :

1° Soit au titre de l'atténuation du coefficient de minoration mentionné à l'article R. 723-38, sans que le versement soit pris en compte dans la durée d'assurance prévue au 1° de l'article R. 723-37 ;

2° Soit au titre de l'atténuation du coefficient de minoration mentionné à l'article R. 723-38 ainsi que pour la prise en compte des versements dans la durée d'assurance prévue au 1° de l'article R. 723-37.

Le choix de l'intéressé est exprimé dans la demande et est irrévocable.

Art. R. 723-67-3 *(Décr. n° 2012-1034 du 7 sept. 2012, art. 1er-4°)* Lorsque la demande porte sur plus d'un trimestre, l'intéressé peut opter pour un échelonnement du versement en échéances mensuelles selon les modalités prévues par décret.

Art. R. 723-67-4 *(Décr. n° 2012-1034 du 7 sept. 2012, art. 1er-4°)* Le montant du versement correspondant au rachat d'un trimestre est déterminé en tenant compte de l'âge du conjoint collaborateur à la date à laquelle il présente sa demande, de l'option qu'il a choisie en application de l'article R. 723-67-2 et d'un taux d'actualisation décroissant appliqué en fonction de l'âge de l'intéressé à la date à laquelle il présente sa demande. Les modalités du calcul de ce montant sont précisées par décret.

Sauf si l'intéressé a été autorisé par la caisse à bénéficier de l'échelonnement prévu à l'article R. 723-67-3, le montant total du versement pour les trimestres pris en compte, calculé selon les dispositions de la présente section et notifié par la caisse dans sa décision d'admission est versé en une seule fois.

Le montant total du versement est égal au produit du nombre de trimestres déterminés selon les modalités prévues à l'article R. 723-67 par la valeur du trimestre, déterminée selon les modalités prévues au présent article.

Art. R. 723-67-5 *(Décr. n° 2012-1034 du 7 sept. 2012, art. 1er-4°)* La prise en compte du versement effectué en application des dispositions de l'article L. 723-5 ne peut avoir pour effet de porter à plus de quatre le nombre de trimestres d'assurance pris en compte par le régime d'assurance vieillesse des avocats au titre d'une même année civile.

Art. R. 723-67-6 *(Décr. n° 2012-1034 du 7 sept. 2012, art. 1er-4°)* Le versement prend fin, dans des conditions fixées par décret :

1° Soit, si l'intéressé ne bénéficie pas d'un échelonnement, en cas de non-paiement ou de paiement partiel du versement ;

2° Soit, lorsque l'échelonnement a été autorisé, si à la date fixée par la décision d'admission au bénéfice du paiement échelonné une autorisation de prélèvement sur le compte bancaire ou d'épargne n'a pas été reçue, ou si le premier paiement n'est pas

parvenu pour son montant intégral à la caisse ou lorsque le paiement de deux échéances mensuelles, successives ou non, n'a pas été intégralement effectué ;

3° Soit lorsque l'intéressé demande la liquidation de sa pension ;

4° Soit en cas de décès de l'intéressé.

Sauf dans le cas mentionné au 4°, la caisse informe l'intéressé de l'interruption du versement. Elle calcule le nombre de trimestres validés qui seront pris en compte pour le calcul de la pension ainsi que le montant qui excède le versement correspondant à ces trimestres et qui fait l'objet d'un remboursement.

Art. R. 723-68 *Abrogé par Décr. n° 2007-1370 du 19 sept. 2007.*

SECTION VI **DISPOSITIONS DIVERSES — DISPOSITIONS D'APPLICATION**

Art. R. 723-69 Le décret en Conseil d'État prévu par l'article L. 723-23 est pris sur le rapport *(Abrogé par Décr. n° 2009-1387 du 11 nov. 2009, art. 3) « du garde des sceaux, ministre de la justice, »* du ministre chargé du budget et du ministre chargé de la sécurité sociale. – *[Anc. art. R. 723-63.]*

TITRE TROISIÈME **DISPOSITIONS COMMUNES AUX RÉGIMES COMPLÉMENTAIRES DE SALARIÉS**

Les dispositions législatives (art. L. 731-1 à L. 732-22, réd. L. n° 89-1009 du 31 déc. 1989), dont ce titre était l'application, ont été abrogées par L. n° 94-678 du 8 août 1994, art. 16. – V. maintenant le livre IX du code « Dispositions relatives à la protection sociale complémentaire des salariés et aux institutions à caractère paritaire » : art. L. 911-1 à L. 914-4, L. 921-1 à L. 922-14, L. 931-1 à L. 933-8, L. 941-1 à L. 941-4 et L. 951-1 à L. 951-16. – V. art. R. 931-1-1 à R. 951-5-1 et art. A. 931-1-1 à A. 951-3-3.

TITRE QUATRIÈME **ASSURANCE VOLONTAIRE**

CHAPITRE PREMIER

Art. R. 741-1 à R. 741-41 *Abrogés par Décr. n° 99-1012 du 2 déc. 1999, art. 3, à compter du 1er janv. 2000.*

CHAPITRE II **ASSURANCE VOLONTAIRE VIEILLESSE ET ASSURANCE VOLONTAIRE INVALIDITÉ**

SECTION PREMIÈRE **DISPOSITIONS CONCERNANT LE RÉGIME DES SALARIÉS**

SOUS-SECTION 1 **GÉNÉRALITÉS**

Néant.

SOUS-SECTION 2 **ANCIENS ASSURÉS OBLIGATOIRES**

Art. R. 742-1 Ont la faculté de demander le bénéfice de l'assurance volontaire prévue par l'article L. 742-1, les anciens assurés sociaux qui cessent de remplir les conditions d'assujettissement obligatoire soit au régime général de sécurité sociale mentionné au livre III, soit à l'un des régimes spéciaux mentionnés à l'article L. 711-1, *(Décr. n° 92-461 du 19 mai 1992, art. 4-I)* « soit au régime des assurances sociales agricoles ».

Art. R. 742-2 Les personnes mentionnées à l'article R. 742-1 et qui désirent bénéficier de l'assurance sociale volontaire doivent adresser une demande à la caisse primaire d'assurance maladie dans la circonscription de laquelle est située leur résidence. *(Abrogé par Décr. n° 2010-1776 du 31 déc. 2010, art. 5-1°) « Toutefois, »* Pour les anciens assurés sociaux qui transportent leur domicile hors du territoire métropolitain, la demande doit être adressée à la caisse primaire de leur dernière résidence.

(Décr. n° 2010-1776 du 31 déc. 2010, art. 5-2°) « Par dérogation à l'alinéa précédent, les anciens assurés sociaux qui transportent leur domicile à l'étranger et qui souhaitent s'affilier à l'assurance volontaire au titre *(Décr. n° 2011-620 du 31 mai 2011, art. 8-12°)* « des seuls risques vieillesse et veuvage », adressent leur demande à la Caisse des

Français de l'étranger. Pour la mise en œuvre en ce qui les concerne des dispositions de la présente sous-section, la Caisse des Français de l'étranger est substituée à la caisse primaire d'assurance maladie et à l'union pour le recouvrement des cotisations de sécurité sociale et d'allocations familiales. »

La demande d'adhésion doit être formulée dans le délai de six mois.

Le modèle de la demande d'adhésion à l'assurance sociale volontaire est fixé par arrêté du ministre chargé de la sécurité sociale.

Les dispositions issues du Décr. n° 2010-1776 du 31 déc. 2010 sont applicables aux demandes d'adhésion présentées à compter du 1er mars 2011 (Décr. préc., art. 6).

Le délai de six mois édicté par l'art. R. 742-2, al. 2, CSS est un délai de forclusion. • Civ. 2e, 14 mai 1965 : *Bull. civ. II, n° 439.* ♦ Il est, de plus, impératif. • Soc. 1er mars 1967 : *Bull. civ. IV, n° 202.*

Art. R. 742-3 Les personnes mentionnées à l'article R. 742-1 doivent, à l'appui de leur demande, justifier qu'elles relevaient depuis au moins six mois de l'assurance sociale obligatoire *(Abrogé par Décr. n° 2017-736 du 3 mai 2017, art. 1er-14°)* ***« soit à titre personnel, soit à titre d'ayant droit, »*** par la production *(Abrogé par Décr. n° 2017-736 du 3 mai 2017, art. 1er-14°)* ***« de la carte d'immatriculation d'assuré social et »*** des derniers bulletins de paie comportant l'indication du précompte ou, à défaut de bulletin de paie, de toute autre pièce en tenant lieu.

Art. R. 742-4 Les assurés sociaux volontaires sont, en vue du calcul du montant de la cotisation, répartis en quatre catégories, chacune de ces catégories correspondant à un pourcentage de la somme des plafonds mensuels de l'année applicables à l'assiette des cotisations de sécurité sociale dues au titre du régime de sécurité sociale applicable aux salariés ou assimilés. Ce pourcentage est déterminé par arrêté du ministre chargé de la sécurité sociale et du ministre chargé du budget.

Les personnes mentionnées à l'article R. 742-1 sont classées dans la catégorie correspondant à leur rémunération professionnelle ayant donné lieu au versement des cotisations de sécurité sociale au titre du régime obligatoire, au cours des six derniers mois.

La caisse primaire d'assurance maladie peut, toutefois, décider pour l'une ou l'autre des catégories d'assurés volontaires, soit d'office, après une enquête périodique sur les revenus des intéressés, dans les conditions de l'article L. 152 du livre des procédures fiscales, leur affectation à une catégorie supérieure, soit, sur la demande des intéressés, au vu des justifications fournies et, s'il y a lieu, après enquête, leur affectation à une catégorie inférieure ou supérieure.

Art. R. 742-5 Les assurés volontaires peuvent s'affilier, *(Décr. n° 2011-620 du 31 mai 2011, art. 8-13°)* « soit pour les risques invalidité, vieillesse et veuvage, soit pour les risques vieillesse et veuvage seuls » en ce qui concerne uniquement les anciens assurés sociaux mentionnés à l'article R. 742-1 qui cessent de remplir les conditions d'assujettissement obligatoire à l'un des régimes de sécurité sociale applicable aux salariés, parce qu'ils transportent leur domicile hors du territoire métropolitain.

La faculté d'adhérer à l'assurance sociale volontaire pour *(Décr. n° 2011-620 du 31 mai 2011, art. 8-13°)* « les risques invalidité, vieillesse et veuvage » n'est pas ouverte aux personnes qui bénéficient ou sont susceptibles de bénéficier d'un avantage de vieillesse acquis au titre soit du régime général, *(Décr. n° 92-461 du 19 mai 1992, art. 4-II)* « soit du régime des assurances sociales agricoles », soit d'un régime spécial de sécurité sociale, non plus qu'à celles qui relèvent d'une organisation autonome d'allocation de vieillesse prévue au titre II du livre VI. Cette disposition, toutefois, ne s'applique pas aux anciens assurés obligatoires des régimes spéciaux, titulaires d'une retraite proportionnelle.

(Abrogé par Décr. n° 2004-857 du 24 août 2004, art. 9-II) ***« Les assurés volontaires à l'assurance vieillesse mentionnés à l'article L. 742-1 sont affiliés de plein droit à l'assurance veuvage. Le taux des cotisations dont ils sont redevables à ce titre est celui fixé pour les assurés affiliés à titre obligatoire à l'assurance veuvage. »***

Art. R. 742-6 *(Décr. n° 2010-1776 du 31 déc. 2010, art. 1er-14°)* « L'assiette des cotisations trimestrielles exigibles de chacune des catégories d'assurés sociaux volontaires mentionnées à l'article R. 742-4, pour la couverture des risques prévus à l'article R. 742-5, est fixée par arrêté du ministre chargé de la sécurité sociale et du ministre chargé du budget. Le taux de ces cotisations est égal, pour le risque vieillesse, à la somme des taux de cotisations, à la charge de l'employeur et du salarié, prévues aux deuxième et quatrième alinéas de l'article L. 241-3, à laquelle il convient d'ajouter 0,9 % pour le risque invalidité. » — *Les dispositions issues du Décr. nº 2010-1776 du 31 déc. 2010 sont applicables aux demandes d'adhésion et de rachat déposées à compter du 1er janv. 2011 (Décr. préc., art. 6).*

Les cotisations sont payables d'avance à l'union pour le recouvrement des cotisations de sécurité sociale et d'allocations familiales, dans les quinze premiers jours de chaque trimestre civil. Elles sont exigibles à compter du premier jour du trimestre civil qui suit la demande d'affiliation à l'assurance sociale volontaire. Toutefois, les intéressés peuvent demander que l'affiliation prenne effet à compter du premier jour du trimestre civil au cours duquel la demande est présentée. Dans ce cas, les cotisations sont dues à partir de la même date.

Le règlement des cotisations donne lieu à l'envoi ou à la remise par l'union de recouvrement d'une quittance valant attestation de paiement pour l'ouverture des droits à prestations.

Les cotisations peuvent être réglées d'avance, pour l'année civile entière, à la demande des redevables.

(Décr. nº 2017-736 du 3 mai 2017, art. 1er-15º) « La caisse primaire d'assurance maladie » reçoit et instruit la demande et porte à la connaissance des intéressés le montant des cotisations trimestrielles à payer.

Les personnes qui transportent leur domicile hors du territoire métropolitain peuvent désigner un mandataire résidant dans la métropole et chargé, par elles, *(Décr. nº 2017-736 du 3 mai 2017, art. 1er-15º)* « d'assurer » le versement des cotisations d'assurance sociale volontaire pour le risque vieillesse.

(Décr. nº 2018-1255 du 27 déc. 2018, art. 1er-16º, en vigueur le 1er janv. 2019) « Les apprentis et bénéficiaires de contrat de professionnalisation qui partent en mobilité, au sens des articles L. 6222-42 et L. 6325-25 du code du travail, dans un État de l'Union européenne autre que la France pendant leur formation ou leur apprentissage peuvent désigner un mandataire résidant en France et chargé, par eux, d'assurer le versement des cotisations d'assurance sociale volontaire pour les risques invalidité et vieillesse. »

Le droit aux prestations de l'assurance sociale volontaire est subordonné à la justification préalable du versement des cotisations trimestrielles exigibles pour la couverture du risque donnant lieu à la demande d'indemnisation. Ces cotisations cessent d'être exigibles dès l'entrée en jouissance de la pension invalidité ou vieillesse.

Art. R. 742-7 L'assuré qui s'abstient de verser la cotisation trimestrielle à l'échéance prescrite au deuxième alinéa de l'article R. 742-6 est radié de l'assurance volontaire. Toutefois, la radiation ne peut être effectuée qu'après envoi, par la caisse primaire, d'un avertissement, par lettre recommandée, invitant l'intéressé à régulariser sa situation dans les quinze jours à compter de la réception de l'avertissement préalable.

L'assuré social volontaire a la faculté de demander la résiliation de son assurance par simple lettre adressée à la caisse primaire d'assurance maladie compétente. La radiation prend effet à compter du premier jour du mois qui suit la demande et comporte, le cas échéant, remboursement partiel des cotisations acquittées au titre du trimestre ou de l'année civile considéré.

En cas de radiation ou de résiliation, les périodes au cours desquelles les cotisations ont été acquittées, au titre de l'assurance vieillesse, entrent en ligne de compte pour l'ouverture du droit à pension et pour le calcul de ladite pension.

La radiation prend effet du premier jour du mois qui suit la demande et comporte, le cas échéant, remboursement partiel des cotisations acquittées au titre du trimestre ou au cours de l'année civile considérée. • Soc. 18 mars 1985 : *Bull. civ. V, nº 186.*

Art. R. 742-8 Les pensions d'invalidité et les pensions de vieillesse sont calculées par référence au salaire annuel correspondant aux cotisations de l'assurance volontaire effectivement versées au cours de la période de référence. Toutefois, lorsqu'il est constaté que l'assuré a joui, sous forme de pension d'invalidité et de gains professionnels cumulés, pendant deux trimestres consécutifs, de ressources supérieures au quart du salaire correspondant à la catégorie dans laquelle il était rangé, le montant des arrérages de chaque trimestre ultérieur est réduit à concurrence du dépassement constaté au cours du trimestre précédent.

Les titulaires d'une pension d'invalidité acquise au titre de l'assurance sociale volontaire bénéficient des dispositions prévues pour les assurés sociaux obligatoires par les articles R. 171-2 et R. 355-1. *(Décr. n° 90-1061 du 26 nov. 1990, art. 7)* « Ils bénéficient également des dispositions des articles L. 341-15 et L. 341-16, lorsqu'ils ont droit à une pension du régime général d'assurance vieillesse. »

Les périodes d'assurance obligatoire et d'assurance volontaire se cumulent pour l'ouverture du droit aux prestations d'assurance vieillesse et d'invalidité et pour le calcul de ces prestations.

Un arrêté du ministre chargé de la sécurité sociale fixe le nombre des cotisations trimestrielles exigées des assurés sociaux volontaires pour avoir ou ouvrir droit aux différentes prestations définies au présent article.

SOUS-SECTION 3 TIERCE PERSONNE

Art. R. 742-9 Les personnes qui, sans recevoir de rémunération, remplissent effectivement les fonctions et obligations de la tierce personne auprès de leur conjoint ou d'un membre de leur famille infirme ou invalide sont, sur leur demande, affiliées à l'assurance volontaire pour les risques invalidité et vieillesse ou, si elles relèvent de l'assurance vieillesse du régime général de sécurité sociale par application du deuxième alinéa de l'article L. 381-1, pour le risque invalidité seul. — *V. Annexe I, Décr. n° 88-673 du 6 mai 1988.*

Art. R. 742-10 *(Décr. n° 2010-1776 du 31 déc. 2010, art. 1er-15°)* La demande d'affiliation est présentée dans un délai de dix ans à compter du début de l'activité au service de l'infirme ou de l'invalide ou à compter de la date à laquelle les intéressés cessent de relever de l'assurance vieillesse du régime général de sécurité sociale en application des dispositions du 2° de l'article L. 381-1.

Les dispositions issues du Décr. n° 2010-1776 du 31 déc. 2010 sont applicables aux demandes d'adhésion et de rachat déposées à compter du 1er janv. 2011 (Décr. préc., art. 6).

Art. R. 742-11 La demande est adressée à la caisse primaire d'assurance maladie dont relève le demandeur.

Elle comporte obligatoirement une déclaration signée du demandeur et attestant, sur l'honneur, que celui-ci assume effectivement auprès de son conjoint ou d'un membre de sa famille infirme ou invalide, sans recevoir de rémunération, les fonctions et obligations de la tierce personne.

Art. R. 742-12 Le demandeur doit en outre fournir les justifications suivantes :

1° Une pièce justifiant de sa qualité de conjoint, d'ascendant, de descendant, de collatéral jusqu'au troisième degré ou d'allié au même degré de l'infirme ou de l'invalide à l'assistance duquel il consacre son activité ;

2° Une fiche d'état civil ;

3° Une attestation de domicile ;

4° Tout document de nature à établir que l'infirme ou l'invalide est dans l'obligation d'avoir recours pour accomplir les actes ordinaires de la vie à l'assistance constante d'une tierce personne, notamment :

a. soit une pièce délivrée par le service ou l'organisme compétent attestant que l'intéressé est bénéficiaire d'une allocation ou majoration pour tierce personne servie au titre d'un régime social législatif ou réglementaire ;

b. soit une décision de la *(Décr. n° 2005-1589 du 19 déc. 2005, art. 2)* « commission des droits et de l'autonomie des personnes handicapées mentionnée à l'article L. 146-9 du code de l'action sociale et des familles » *[CASF, art. L. 242-1 s., L. 243-1 et L. 243-2].*

Art. R. 742-13 La caisse primaire d'assurance maladie apprécie, sur avis du service du contrôle médical, si l'infirme ou l'invalide est dans l'obligation d'avoir recours pour accomplir les actes ordinaires de la vie à l'assistance constante d'une tierce personne.

Les contestations sont réglées dans les conditions prévues par l'article L. 143-1.

Art. R. 742-14 *(Décr. nº 2002-1253 du 11 oct. 2002, art. 2)* « La cotisation des assurés est calculée sur la base d'une assiette forfaitaire égale, par mois, à 169 fois le salaire horaire minimum de croissance en vigueur au 1er juillet de l'année civile précédente. »

Sont applicables pour chacun des risques invalidité et vieillesse *(Décr. nº 2010-1776 du 31 déc. 2010, art. 1er-16º)* « les taux prévus à l'article R. 742-6 ». — *V. note ss. art. R. 742-10.*

Art. R. 742-15 Les dispositions des articles R. 742-6 et R. 742-7 sont applicables aux personnes mentionnées à l'article R. 742-9.

Art. R. 742-16 Les pensions sont liquidées suivant les règles en vigueur pour l'assurance vieillesse et l'assurance invalidité obligatoire du régime général de sécurité sociale.

Art. R. 742-17 à R. 742-21 *Abrogés par Décr. nº 88-711 du 9 mai 1988, art. 12.*

SOUS-SECTION 4 PERSONNES CHARGÉES DE FAMILLE

§ 1er DISPOSITIONS COMMUNES AUX PERSONNES CHARGÉES DE FAMILLE RÉSIDANT EN FRANCE ET HORS DE FRANCE

Néant. — V. art. D. 742-1 à D. 742-4.

§ 2 DISPOSITIONS CONCERNANT LES PERSONNES CHARGÉES DE FAMILLE RÉSIDANT EN FRANCE

Néant. — V. art. D. 742-5.

§ 3 DISPOSITIONS CONCERNANT LES PERSONNES CHARGÉES DE FAMILLE RÉSIDANT HORS DE FRANCE

Néant. — V. art. D. 742-6 à D. 742-12.

§ 4 DISPOSITIONS CONCERNANT L'ASSURANCE VOLONTAIRE INVALIDITÉ PARENTALE

(Décr. nº 88-494 du 2 mai 1988, art. 2)

Art. R. 742-21-1 La personne chargée de famille qui désire bénéficier de l'assurance volontaire invalidité parentale instituée par le quatrième alinéa de l'article L. 742-1 doit adresser une demande à la caisse primaire d'assurance maladie dans la circonscription de laquelle est située sa résidence.

Le modèle de la demande d'adhésion est fixé par arrêté du ministre chargé de la sécurité sociale.

Art. R. 742-21-2 La cotisation due au titre de l'assurance volontaire invalidité parentale est calculée en retenant :

1º Une assiette forfaitaire égale pour chaque trimestre au produit du montant du salaire minimum de croissance en vigueur au 1er janvier de l'année considérée par un nombre d'heures égal à 13 fois la durée hebdomadaire légale du travail, applicable à la même date ;

2º Un taux fixé par arrêté du ministre chargé de la sécurité sociale et du ministre chargé du budget.

Art. R. 742-21-3 Sur demande de l'intéressée, les cotisations sont prélevées mensuellement sur les prestations familiales, conformément aux dispositions de l'article L. 553-4, sous réserve que leur montant soit intégralement couvert par le montant desdites prestations.

Dans ce cas, l'organisme débiteur de prestations familiales est tenu :

1º De faire connaître à l'assuré, le premier jour du trimestre civil au cours duquel s'éteint son droit aux prestations familiales, qu'il lui appartient, à compter du trimestre suivant, d'acquitter personnellement ses cotisations à l'assurance volontaire invalidité parentale ;

2º D'informer la caisse primaire d'assurance maladie et l'Union pour le recouvrement des cotisations de sécurité sociale et d'allocations familiales de la date à laquelle prend fin le droit aux prestations familiales de l'assuré.

Art. R. 742-21-4 Les dispositions des articles R. 742-6 (2e, 3e, 4e, 5e et 7e alinéas), R. 742-7 (1er et 2e alinéas) et R. 742-8 (première phrase du *[des]* 1er, 2e et 3e alinéas) sont applicables à l'assurance volontaire invalidité parentale.

Art. R. 742-21-5 La personne qui, dans le délai de six mois suivant la date à laquelle elle cesse de relever des dispositions *(Abrogé par Décr. no 2018-1255 du 27 déc. 2018, art. 1er-17o, à compter du 1er janv. 2019)* ***« du premier alinéa »*** de l'article L. 161-8, adhère à l'assurance volontaire invalidité parentale peut acquitter les cotisations à compter du premier jour du trimestre civil suivant le début de la période de maintien des droits. L'affiliation prend effet à la même date. Lorsque le début de la période du maintien des droits ne coïncide pas avec le début d'un trimestre civil les cotisations sont réputées acquittées à compter du premier jour de cette période.

Art. R. 742-21-6 Lorsque la personne qui a cessé de relever de l'assurance volontaire invalidité parentale pour être affiliée à un régime obligatoire d'assurance invalidité de travailleurs salariés peut prétendre, dans l'année suivant la reprise d'activité professionnelle, au bénéfice d'une pension d'invalidité, elle est réputée, pour l'application de l'article R. 313-5, avoir accompli 200 heures de travail salarié par trimestre ayant donné lieu au versement de cotisation à l'assurance volontaire parentale.

V. art. D. 742-12-1 à D. 742-12-4.

SOUS-SECTION 5 PERSONNES AYANT BÉNÉFICIÉ DE L'INDEMNITÉ DE SOINS AUX TUBERCULEUX

Art. R. 742-22 *(Décr. no 92-461 du 19 mai 1992, art. 5-I)* La demande de rachat portant sur les périodes de perception de l'indemnité de soins aux tuberculeux est adressée aux organismes mentionnés à l'article R. 351-37-2.

Sur les exceptions à l'application du droit des usagers de saisir l'administration par voie électronique concernant les démarches effectuées auprès des organismes de sécurité sociale, V. CRPA, App., vo Saisine par voie électronique — Exceptions. — ***CRPA***.

La faculté de rachat n'est pas ouverte aux personnes qui, pour la période considérée, bénéficient déjà, au titre d'un régime spécial, d'un avantage vieillesse, sauf si celui-ci rémunère moins de 150 trimestres de services. • Soc. 15 déc. 1994, ♔ no 92-19.010 P.

Art. R. 742-23 Cette demande est obligatoirement accompagnée d'une attestation, délivrée par le service des anciens combattants qui attribue l'indemnité, indiquant les périodes durant lesquelles l'indemnité a été servie et celles pour lesquelles l'activité professionnelle éventuellement exercée n'a pas entraîné suspension de l'indemnité.

Dans ce dernier cas, la demande doit préciser en outre le régime d'assurance vieillesse auquel l'intéressé a été affilié au titre de l'activité ainsi que les références sous lesquelles il a cotisé.

Les périodes prévues au présent article ne peuvent être prises en compte pour le rachat si elles sont déjà retenues pour le calcul de la pension.

Art. R. 742-24 *(Décr. no 2010-1776 du 31 déc. 2010, art. 1er-17o)* Le montant des cotisations dues au titre du rachat est calculé en appliquant à l'assiette forfaitaire afférente à la troisième catégorie d'assurés volontaires définie en application de l'article R. 742-4 :

1o Les coefficients de revalorisation en vigueur à la date du versement, applicables aux salaires et aux cotisations servant de base au calcul des pensions ou rentes en vertu de l'article L. 351-11 ;

2o Les taux de cotisations pour le risque vieillesse incombant au salarié et à l'employeur, applicables lors de la période d'activité en cause ou, pour les périodes d'activité antérieures au 1er octobre 1967, le taux de 9 % ;

3o Une actualisation au taux de 2,5 % par année civile révolue séparant la date du versement de la fin de la période d'activité en cause.

Le versement des cotisations de rachat peut être échelonné avec l'accord de la caisse compétente, sur une période dont la durée ne peut excéder quatre ans à compter de la notification de l'admission au rachat. Si à l'expiration de ce délai, la totalité des cotisations dues n'a pas été versée, le rachat est annulé et les versements effectués sont remboursés à l'assuré.

Les dispositions issues du Décr. n° 2010-1776 du 31 déc. 2010 sont applicables aux demandes d'adhésion et de rachat déposées à compter du 1er janv. 2011 (Décr. préc., art. 6).

Art. R. 742-25 La demande de rachat ne peut concerner les périodes postérieures à la date d'entrée en jouissance d'une pension ou rente de vieillesse du régime général de sécurité sociale.

Les demandes de rachat au titre de l'assurance volontaire doivent porter sur la totalité des périodes non susceptibles d'être validées en application du premier alinéa de l'article L. 161-21.

Toutefois la demande de rachat peut être limitée à une partie de ces périodes lorsque l'application de la règle fixée à l'alinéa précédent aurait pour effet, compte tenu des périodes d'assurance retenues par ailleurs, de porter au-delà des quatre-vingts trimestres la durée d'assurance susceptible d'être prise en compte à la date de cette demande. *(Décr. n° 88-711 du 9 mai 1988, art. 5)* « Dans ce cas, le rachat ne peut être demandé que dans l'ordre chronologique de la ou des périodes. »

Art. R. 742-26 Les droits des personnes qui demandent à bénéficier de la faculté de rachat prévue à l'article L. 742-4 sont liquidés suivant les règles en vigueur pour l'assurance vieillesse du régime général de sécurité sociale.

Art. R. 742-27 *(Décr. n° 2010-1776 du 31 déc. 2010, art. 1er-18°)* Les assurés peuvent obtenir la liquidation de leurs droits à l'assurance vieillesse à compter, au plus tôt, du premier jour du mois suivant la date de dépôt de leur demande de rachat, sous réserve que leur demande de prestation de vieillesse ait été formulée dans les six mois suivant la date à laquelle leur aura été notifiée la décision faisant droit à leur demande de rachat. — *Les dispositions issues du Décr. n° 2010-1776 du 31 déc. 2010 sont applicables aux demandes d'adhésion et de rachat déposées à compter du 1er janv. 2011 (Décr. préc., art. 6).*

Art. R. 742-28 Lorsque des cotisations sont rachetées par le bénéficiaire d'une pension ou rente déjà liquidée, celle-ci est révisée à compter *(Décr. n° 88-711 du 9 mai 1988, art. 7)* « du premier jour du mois civil suivant la date de la demande de rachat » compte tenu des périodes rachetées au titre de l'assurance volontaire antérieures à la date d'effet de la liquidation, et dans la limite du maximum de trimestres susceptibles d'être pris en compte à cette date d'effet initiale.

Art. R. 742-29 La mise en paiement des pensions ou rentes correspondant au rachat est ajournée jusqu'au moment où le versement des cotisations de rachat est terminé.

SOUS-SECTION 6 PERSONNES EXERÇANT OU AYANT EXERCÉ UNE ACTIVITÉ PROFESSIONNELLE SALARIÉE OU ASSIMILÉE HORS DU TERRITOIRE FRANÇAIS

(Décr. n° 2010-1776 du 31 déc. 2010, art. 1er-19°).

Art. R. 742-30 *(Décr. n° 2010-1776 du 31 déc. 2010, art. 1er-20°)* « Les dispositions de la sous-section 2 de la présente section sont applicables, dans les conditions fixées ci-après, aux personnes exerçant ou ayant exercé une activité professionnelle salariée ou assimilée hors du territoire français et ayant été à la charge, à quelque titre que ce soit, d'un régime obligatoire français d'assurance maladie pendant une durée de cinq ans. » — *Les dispositions issues du Décr. n° 2010-1776 du 31 déc. 2010 sont applicables aux demandes d'adhésion et de rachat déposées à compter du 1er janv. 2011 (Décr. préc., art. 6).*

Ces dispositions sont également applicables aux veuves de salariés ou assimilés dont le conjoint aurait rempli les conditions fixées par la présente sous-section.

Art. R. 742-31 Ne peuvent donner lieu à rachat les périodes prises en compte antérieurement à l'accession à l'indépendance des États qui étaient placés sous la souveraineté, le protectorat ou la tutelle de la France soit au titre de la loi n° 64-1330 du 26 décembre 1964 portant prise en charge et revalorisation de droits et avantages sociaux consentis à des Français ayant résidé en Algérie, soit d'un régime obligatoire de vieillesse ayant fonctionné dans l'un desdits États et qui font l'objet d'une garantie de l'État français.

Art. R. 742-32 *(Décr. nº 2010-1776 du 31 déc. 2010, art. 1er-21º)* Les demandes d'adhésion à l'assurance volontaire vieillesse formées en application du 1º de l'article L. 742-1 doivent être présentées dans un délai de dix ans à compter du premier jour de l'exercice de leur activité à l'étranger.

Les personnes mentionnées à l'article L. 742-2 doivent présenter leur demande dans un délai de dix ans à compter du dernier jour de l'exercice de leur activité à l'étranger, ou de celle de leur conjoint décédé.

Les dispositions issues du Décr. nº 2010-1776 du 31 déc. 2010 sont applicables aux demandes d'adhésion et de rachat déposées à compter du 1er janv. 2011 (Décr. préc., art. 6).

Art. R. 742-33 *Abrogé par Décr. nº 2010-1776 du 31 déc. 2010, art. 1er-22º.*

Art. R. 742-34 *(Décr. nº 92-461 du 19 mai 1992, art. 6-I) (Décr. nº 2010-1776 du 31 déc. 2010, art. 1er-23º)* « Pour l'adhésion à l'assurance volontaire vieillesse, » les intéressés sont rangés dans la classe de cotisations correspondant à la rémunération afférente à leur dernière activité salariée à l'étranger.

Les demandes *(Abrogé par Décr. nº 2010-1776 du 31 déc. 2010, art. 1er-23º) « d'adhésion et »* de rachat sont adressées aux organismes mentionnés à l'article R. 351-37-2.

Les dispositions issues du Décr. nº 2010-1776 du 31 déc. 2010 sont applicables aux demandes d'adhésion et de rachat déposées à compter du 1er janv. 2011 (Décr. préc., art. 6).

Art. R. 742-35 Les droits des personnes qui demandent le bénéfice de l'article L. 742-2 sont liquidés suivant les règles en vigueur pour le régime général de l'assurance vieillesse.

Art. R. 742-36 Les périodes assimilées à des périodes d'activité salariée pour l'application de l'article L. 742-2 sont :

1º Les périodes postérieures au 30 juin 1930, pendant lesquelles les travailleurs ont été contraints de suspendre leur activité salariée à la suite de leur appel sous les drapeaux soit pour accomplir leur service militaire légal en temps de paix, soit comme mobilisés ou comme volontaires en temps de guerre ;

2º Les périodes postérieures au 1er septembre 1939 durant lesquelles les intéressés ont été mobilisés, engagés volontaires en temps de guerre, prisonniers ou déportés ;

3º Les périodes postérieures au 1er septembre 1939, telles qu'elles sont définies par arrêté du ministre chargé de la sécurité sociale, durant lesquelles les intéressés ont été, dans les territoires d'outre-mer et les États qui étaient antérieurement placés sous la souveraineté, le protectorat ou la tutelle de la France, empêchés d'exercer une activité salariée en raison de la situation où ils se sont trouvés placés du fait de la guerre ou de troubles à l'ordre public.

Pour bénéficier des dispositions du présent article, les intéressés doivent justifier de leur adhésion à l'assurance volontaire au titre d'une activité salariée pendant une durée d'au moins six mois précédant immédiatement le trimestre civil au cours duquel est survenue la cessation d'emploi.

Art. R. 742-37 *(Décr. nº 2010-1776 du 31 déc. 2010, art. 1er-24º)* Les assurés peuvent obtenir la liquidation de leurs droits à l'assurance vieillesse à compter, au plus tôt, du premier jour du mois suivant la date de dépôt de leur demande de rachat, sous réserve que leur demande de prestation de vieillesse ait été formulée dans les six mois suivant la date à laquelle leur aura été notifiée la décision faisant droit à leur demande de rachat. – *Les dispositions issues du Décr. nº 2010-1776 du 31 déc. 2010 sont applicables aux demandes d'adhésion et de rachat déposées à compter du 1er janv. 2011 (Décr. préc., art. 6).*

Art. R. 742-38 *Al. 1er et 2 abrogés par Décr. nº 88-711 du 9 mai 1988, art. 9-IV.*

(Décr. nº 88-711 du 9 mai 1988, art. 9-IV) « Les prestations de vieillesse sont révisées, avec effet au premier jour du mois civil suivant la date de la demande de rachat », compte tenu des périodes validées au titre du rachat, dans la limite du maximum de trimestres susceptibles d'être pris en compte à la date d'entrée en jouissance initiale de ces prestations de vieillesse.

La demande de rachat ne peut concerner des périodes d'activité postérieures à la date d'entrée en jouissance d'une prestation de vieillesse.

Art. R. 742-39 *(Décr. n° 2010-1776 du 31 déc. 2010, art. 1er-25°)* Le montant des cotisations dues au titre du rachat est égal à celui des cotisations prévues au premier alinéa de l'article L. 351-14-1.

Pour les assurés âgés de soixante-sept ans ou plus à la date de présentation de leur demande de rachat, le montant des cotisations est égal au montant des cotisations prévues par le premier alinéa de l'article L. 351-14-1 pour les assurés âgés de soixante-deux ans, diminué de 2,5 % par année révolue au-delà de cet âge.

Le tarif applicable est déterminé en fonction de la rémunération afférente aux douze derniers mois d'activité salariée à l'étranger.

Le versement des cotisations dues peut être échelonné dans les mêmes conditions que le versement des cotisations prévues à l'article L. 351-14-1. Il peut être mis fin au versement dans les mêmes conditions que pour le versement des cotisations prévues à l'article L. 351-14-1.

La mise en paiement des pensions liquidées en faveur des intéressés est ajournée jusqu'au moment où le versement des cotisations dont il s'agit est terminé.

Les dispositions issues du Décr. n° 2010-1776 du 31 déc. 2010 sont applicables aux demandes d'adhésion et de rachat déposées à compter du 1er janv. 2011 (Décr. préc., art. 6).

SECTION II DISPOSITIONS CONCERNANT LES RÉGIMES DES NON-SALARIÉS NON AGRICOLES

SOUS-SECTION 1 DISPOSITIONS COMMUNES AUX TROIS RÉGIMES

Néant. – V. art. D. 742-13 à D. 742-17-1.

SOUS-SECTION 2 DISPOSITIONS COMMUNES AU RÉGIME SOCIAL DES INDÉPENDANTS *(Décr. n° 2017-864 du 9 mai 2017, art. 4)*.

Art. R. 742-40 (Abrogé par Décr. n° 2017-735 du 3 mai 2017, art. 2-III) ***Pour l'application du deuxième alinéa de l'article R. 634-1, le revenu servant de base au calcul de la pension correspondant aux années donnant lieu au partage mentionné à l'article L. 742-10 est déterminé séparément et en ne tenant compte que des cotisations versées au cours de ces années.*** – Les dispositions de l'art. 2 du Décr. n° 2017-735 du 3 mai 2017 entrent en vigueur à la date prévue au II de l'art. 43 de la L. n° 2014-40 du 20 janv. 2014, soit le 1er juill. 2017 (Décr. préc., art. 4 et Décr. n° 2017-737 du 3 mai 2017, art. 4).

V. art. D. 742-18 à D. 742-34.

SOUS-SECTION 3 ADHÉSION VOLONTAIRE DE CERTAINS ARTISANS AU RÉGIME D'ASSURANCE VIEILLESSE COMPLÉMENTAIRE DES ENTREPRENEURS DU BÂTIMENT

Néant.

CHAPITRE III ASSURANCES VOLONTAIRES EN MATIÈRE D'ACCIDENTS DU TRAVAIL ET DE MALADIES PROFESSIONNELLES

SECTION PREMIÈRE ASSURANCE INDIVIDUELLE

Art. R. 743-1 Les personnes non mentionnées aux articles L. 411-1, L. 411-2, L. 412-2, *(Décr. n° 94-927 du 20 oct. 1994, art. 1er-III)* « L. 412-8 et L. 413-12 » qui désirent bénéficier de l'assurance volontaire prévue à l'article L. 743-1 adressent à la caisse primaire d'assurance maladie dans la circonscription de laquelle elles ont leur résidence habituelle, une demande conforme à un modèle fixé par arrêté accompagnée d'un extrait d'acte de naissance sur papier libre.

Art. R. 743-2 Le requérant fait connaître à la caisse primaire d'assurance maladie, dans sa déclaration, le salaire annuel devant servir de base au calcul des cotisations et, sous réserve des dispositions de l'article R. 743-4, au calcul des prestations.

Ce salaire ne peut être inférieur au salaire minimum prévu au premier alinéa de l'article L. 434-16, ni supérieur au plafond annuel moyen des cotisations de sécurité sociale.

Dans le cas où le requérant bénéficie également de l'assurance volontaire au titre de l'article L. 742-1 le salaire annuel de base des cotisations et des indemnités est celui de la classe dans laquelle l'intéressé se trouve rangé, sans pouvoir toutefois être inférieur au minimum prévu à l'alinéa précédent.

(Décr. nº 2014-1340 du 6 nov. 2014, art. 1er, en vigueur le 1er janv. 2015) « Pour les conjoints collaborateurs mentionnés à l'article L. 121-4 du code du commerce, l'assiette servant de base au calcul des cotisations et des prestations est le salaire minimum prévu au premier alinéa de l'article L. 434-16. »

La caisse primaire d'assurance maladie vérifie si la situation du requérant entre dans les catégories mentionnées à l'article R. 743-1 et lui notifie sa décision dans un délai de *(Décr. nº 94-927 du 20 oct. 1994, art. 1er-IV)* « un » mois à compter de la date de réception de la demande.

Art. R. 743-3 L'assurance volontaire ouvre droit aux prestations prévues par la législation relative aux accidents du travail à l'exception de l'indemnité journalière mentionnée à l'article L. 433-1. – *[Anc. art. R. 743-4.]*

SECTION II ASSURANCE DES BÉNÉVOLES D'ŒUVRES ET D'ORGANISMES D'INTÉRÊT GÉNÉRAL

(Décr. nº 94-927 du 20 oct. 1994, art. 2)

Art. R. 743-4 Les œuvres ou organismes d'intérêt général mentionnés à l'article L. 743-2 qui désirent souscrire une assurance couvrant les risques accidents du travail et maladies professionnelles pour tout ou partie de leurs bénévoles adressent à la caisse primaire d'assurance maladie dans le ressort de laquelle est situé chacun de leurs établissements une demande en ce sens. – *V. Arr. du 12 janv. 1995 (JO 21 janv.) : taux des cotisations accidents du travail.*

Cette demande doit être conforme à un modèle fixé par arrêté du ministre chargé de la sécurité sociale. Elle comporte un état nominatif des bénévoles concernés, qu'elle regroupe par catégories d'activité, définies par arrêté du même ministre. L'état nominatif ne peut être modifié que dans les quinze premiers jours du mois précédant chaque trimestre civil d'assurance, les modifications prenant effet à compter du premier jour dudit trimestre.

La caisse primaire d'assurance maladie mentionnée au premier alinéa vérifie si la demande de l'œuvre ou de l'organisme répond aux prescriptions de l'article L. 743-2 et du présent article et lui notifie sa décision dans un délai d'un mois à compter de la date de réception de la demande.

Art. R. 743-5 L'assurance volontaire en faveur des bénévoles ouvre droit aux prestations prévues par la législation relative aux accidents du travail, à l'exception de l'indemnité journalière mentionnée à l'article L. 433-1 et de l'indemnité en capital mentionnée à l'article L. 434-1. Ces prestations sont versées par la caisse primaire d'assurance maladie mentionnée à l'article R. 743-4 sous réserve de justification du paiement des cotisations dans les conditions fixées aux articles R. 743-9 et R. 743-10.

Art. R. 743-6 Pour l'application des articles L. 411-1 et L. 411-2, le lieu où s'exerce le bénévolat est considéré comme le lieu de travail. Doivent être considérés comme survenus à l'occasion de leurs missions les accidents dont pourraient être victimes les bénévoles pendant le trajet d'aller et retour entre leur lieu de travail et le siège de l'œuvre ou de l'organisme d'intérêt général, ou les instances aux travaux desquels ils participent.

Art. R. 743-7 Le salaire annuel servant de base au calcul des cotisations et des prestations des bénévoles est le salaire minimum prévu au premier alinéa de l'article L. 434-16.

Art. R. 743-8 Les obligations de l'employeur en matière de déclaration des accidents du travail ou des maladies professionnelles incombent à l'œuvre ou à l'organisme d'intérêt général.

SECTION III DISPOSITIONS COMMUNES

(Décr. n° 94-927 du 20 oct. 1994, art. 3)

Art. R. 743-9 Les droits des bénéficiaires des assurances prévues aux articles L. 743-1 et L. 743-2 prennent effet du premier jour du mois qui suit la décision de la caisse primaire d'assurance maladie. Ils cessent au dernier jour du trimestre civil en cours sous réserve de l'acquittement des cotisations.

En dehors du premier versement, les cotisations trimestrielles sont payables d'avance dans les quinze premiers jours du mois précédant le trimestre civil d'assurance.

Art. R. 743-10 Lorsque les cotisations n'ont pas été intégralement acquittées à la fin du mois précédant le trimestre civil d'assurance, les accidents intervenus pendant ce trimestre n'ouvrent pas droit aux prestations des assurances prévues aux articles L. 743-1 et L. 743-2.

TITRE CINQUIÈME DÉPARTEMENTS D'OUTRE-MER

CHAPITRE PREMIER GÉNÉRALITÉS

Néant.

CHAPITRE II ORGANISATION ADMINISTRATIVE ET FINANCIÈRE — CONTENTIEUX

SECTION PREMIÈRE DISPOSITIONS COMMUNES AUX CAISSES GÉNÉRALES DE SÉCURITÉ SOCIALE ET AUX CAISSES D'ALLOCATIONS FAMILIALES

Art. R. 752-1 Les dispositions des articles R. 231-1, R. 281-4 et R. 281-6 sont applicables aux caisses générales de sécurité sociale et caisses d'allocations familiales des départements mentionnés à l'article L. 751-1.

Art. R. 752-2 Sans préjudice de l'application de l'article L. 752-8 et dans le cadre du programme les concernant, les caisses générales de sécurité sociale et les caisses d'allocations familiales des départements mentionnés à l'article L. 751-1 exercent respectivement leur action sanitaire et sociale suivant les règles applicables aux caisses régionales d'assurance maladie et aux caisses d'allocations familiales des autres départements telles qu'elles sont fixées au titre VI du livre II du présent code.

Art. R. 752-3 *(Décr. n° 86-839 du 16 juill. 1986, art. 20)* Le délai d'un mois mentionné au deuxième alinéa de l'article R. 151-1 est, en ce qui concerne les départements mentionnés à l'article L. 751-1, porté à trois mois.

Art. R. 752-4 L'arrêté prévu à l'article L. 752-1 est pris par le ministre chargé de la sécurité sociale et le ministre chargé de l'agriculture.

Art. R. 752-5 Les arrêtés mentionnés au premier alinéa de l'article L. 752-2 sont pris par le ministre chargé de la sécurité sociale, le ministre chargé de l'agriculture et éventuellement les autres ministres intéressés.

Art. R. 752-6 L'arrêté mentionné à l'article L. 752-3 est pris par le ministre chargé de la sécurité sociale et le ministre chargé du budget.

Art. R. 752-7 L'autorité compétente pour la désignation des personnes qualifiées au sein des conseils d'administration des caisses générales de sécurité sociale et des caisses d'allocations familiales des départements mentionnés à l'article L. 751-1, est le ministre chargé de la sécurité sociale.

V. art. D. 752-1 et D. 752-2.

SECTION II DISPOSITIONS RELATIVES AUX CAISSES GÉNÉRALES DE SÉCURITÉ SOCIALE

Art. R. 752-8 Les caisses générales de sécurité sociale exercent les attributions dévolues aux caisses primaires d'assurance maladie, aux caisses régionales et à la Caisse nationale d'assurance vieillesse des travailleurs salariés.

Art. R. 752-9 Les dispositions de l'article R. 211-11 sont applicables aux caisses générales de sécurité sociale des départements mentionnés à l'article L. 751-1.

V. art. D. 752-3.

SECTION III DISPOSITIONS RELATIVES AUX CAISSES D'ALLOCATIONS FAMILIALES

Néant.

SECTION IV CONTENTIEUX

SOUS-SECTION 1 CONTENTIEUX GÉNÉRAL — CONTENTIEUX TECHNIQUE

Art. R. 752-10 Les dispositions *(Décr. n° 2018-928 du 29 oct. 2018, art. 11, en vigueur le 1er janv. 2019)* « des chapitres Ier et II du titre IV du livre Ier » sont applicables aux départements mentionnés à l'article L. 751-1 dans les conditions et sous les réserves prévues aux articles suivants.

Art. R. 752-11 Les dispositions *(Décr. n° 2018-928 du 29 oct. 2018, art. 11, en vigueur le 1er janv. 2019)* « du chapitre II du titre IV du livre Ier » relatives, en matière de contentieux général et technique, tant aux caisses primaires ou régionales d'assurance maladie qu'aux caisses d'allocations familiales sont applicables aux caisses générales de sécurité sociale et aux caisses d'allocations familiales des départements mentionnés à l'article L. 751-1.

Art. R. 752-12 (Abrogé par Décr. n° 2018-928 du 29 oct. 2018, art. 11, à compter du 1er janv. 2019) ***Le ressort des tribunaux des affaires de sécurité sociale*** (Décr. n° 2003-614 du 3 juill. 2003, art. 15) ***« et des tribunaux du contentieux de l'incapacité » correspond à la circonscription de chaque caisse générale de sécurité sociale.***

Art. R. 752-13 Le délai d'un mois pour interjeter appel des décisions *(Décr. n° 2018-928 du 29 oct. 2018, art. 11, en vigueur le 1er janv. 2019)* « des tribunaux de grande instance spécialement désignés en application de l'article L. 211-16 du code de l'organisation judiciaire » est, éventuellement, augmenté en raison des distances, conformément aux dispositions applicables dans les départements mentionnés à l'article L. 751-1.

Art. R. 752-14 (Abrogé par Décr. n° 2018-928 du 29 oct. 2018, art. 11, à compter du 1er janv. 2019) ***Les attributions du directeur régional des affaires sanitaires et sociales sont, dans le département de la Réunion, exercées par le directeur départemental.***

(Décr. n° 2003-614 du 3 juill. 2003, art. 15) ***« Dans les départements mentionnés à l'article L. 751-1, les fonctions de secrétaire de tribunal des affaires de sécurité sociale et de tribunal du contentieux de l'incapacité sont assurées par un fonctionnaire des services déconcentrés exerçant, en matière de sécurité sociale, les missions qui, en métropole, sont dévolues aux directions régionales des affaires sanitaires et sociales. »***

Art. R. 752-15 (Abrogé par Décr. n° 2018-928 du 29 oct. 2018, art. 11, à compter du 1er janv. 2019) (Décr. n° 2003-614 du 3 juill. 2003, art. 15) ***« Le délai de dix jours prévu à l'article R. 143-8 peut, dans les départements mentionnés à l'article L. 751-1, être prolongé. » Ce délai peut être prolongé dans certains territoires ou dans certaines circonscriptions locales de chacun de ces départements par arrêté du ministre chargé de la sécurité sociale et du ministre chargé de l'agriculture pris dans les conditions prévues à l'article L. 754-1.***

Art. R. 752-16 Les dispositions de la présente sous-section sont applicables aux différends mentionnés à l'article L. 752-12.

SOUS-SECTION 2 CONTENTIEUX DU CONTRÔLE TECHNIQUE

Art. R. 752-17 Pour leur application aux départements mentionnés à l'article L. 751-1, les dispositions du chapitre V du titre IV du livre Ier du présent code font l'objet, en tant que de besoin, d'adaptations déterminées par décret en Conseil d'État.

Art. R. 752-18 Les actions intentées en application des articles L. 145-1 et suivants à l'occasion de soins dispensés aux bénéficiaires du présent titre sont soumises en première instance à la *(Décr. n° 91-887 du 4 sept. 1991, art. 4)* « section des assurances sociales *(Décr. n° 2013-547 du 26 juin 2013, art. 5-1°, en vigueur le 1er sept. 2013)* « de la chambre disciplinaire de première instance du conseil interrégional de l'ordre des médecins des Antilles-Guyane », en ce qui concerne les départements de la Guadeloupe, de la Guyane et de la Martinique ».

Art. R. 752-18-1 *(Décr. n° 2013-547 du 26 juin 2013, art. 5-2°, en vigueur le 1er sept. 2013)* La section des assurances sociales de la chambre disciplinaire de première instance du conseil interrégional compétente à l'égard des médecins exerçant dans les départements de la Guadeloupe, de la Guyane et de la Martinique est présidée par le président du tribunal administratif où la section des assurances sociales de la chambre disciplinaire de première instance a son siège ou un magistrat délégué par lui.

La section comprend également, d'une part, deux assesseurs proposés par le conseil interrégional et choisis en son sein et, d'autre part, deux assesseurs proposés conjointement par les trois caisses générales de sécurité sociale, après consultation des médecins-conseils régionaux, parmi les médecins-conseils titulaires chargés du contrôle médical dans ces régions. Les assesseurs sont nommés par le président du tribunal administratif dans le ressort duquel est installé le siège de la section.

Art. R. 752-18-2 *(Décr. n° 91-887 du 4 sept. 1991, art. 5)* Les actions intentées en application des articles L. 145-1 et suivants à l'occasion de soins dispensés aux bénéficiaires du présent titre sont soumises en première instance à la section des assurances sociales *(Décr. n° 2013-547 du 26 juin 2013, art. 5-3°, en vigueur le 1er sept. 2013)* « de la chambre disciplinaire de première instance du conseil interrégional de l'ordre des chirurgiens-dentistes des Antilles-Guyane » en ce qui concerne les départements de la Guadeloupe, de la Guyane et de la Martinique.

Art. R. 752-18-3 *(Décr. n° 2013-547 du 26 juin 2013, art. 5-4°, en vigueur le 1er sept. 2013)* La section des assurances sociales de la chambre disciplinaire de première instance du conseil interrégional de l'ordre des chirurgiens-dentistes exerçant dans les départements de la Guadeloupe, de la Guyane et de la Martinique est présidée par le président du tribunal administratif où la section des assurances sociales de la chambre disciplinaire de première instance a son siège ou un magistrat délégué par lui.

La section comprend également, d'une part, deux assesseurs proposés par le conseil interrégional et choisis en son sein et, d'autre part, deux assesseurs proposés conjointement par les trois caisses générales de sécurité sociale, après consultation des chirurgiens-dentistes-conseils régionaux, parmi les chirurgiens-dentistes-conseils titulaires ou les médecins-conseils titulaires chargés du contrôle médical dans ces régions. Les assesseurs sont nommés par le président du tribunal administratif dans le ressort duquel est installé le siège de la section.

Art. R. 752-18-3-1 *(Décr. n° 2013-547 du 26 juin 2013, art. 5-5°, en vigueur le 1er sept. 2013)* Pour les actions intentées en application des articles L. 145-1 et suivants à l'occasion de soins dispensés aux bénéficiaires du présent titre, la section des assurances sociales compétente à l'égard des sages-femmes exerçant dans les départements de la Guadeloupe, de la Guyane et de la Martinique est la section des assurances sociales de la chambre disciplinaire de première instance de l'ordre des sages-femmes du secteur défini à l'article L. 4152-1 du code de la santé publique comprenant le département de Paris.

Art. R. 752-18-3-2 *(Décr. n° 2013-547 du 26 juin 2013, art. 5-5°, en vigueur le 1er sept. 2013)* Les actions intentées en application des articles L. 145-5-1 et suivants à l'occasion de soins dispensés aux bénéficiaires du présent titre sont soumises en première instance à la section des assurances sociales de la chambre disciplinaire de première instance du conseil interrégional de l'ordre des masseurs-kinésithérapeutes des Antilles-Guyane en ce qui concerne les départements de la Guadeloupe, de la Guyane et de la Martinique.

La section des assurances sociales de la chambre disciplinaire de première instance du conseil interrégional compétente à l'égard des masseurs-kinésithérapeutes exerçant dans les départements de la Guadeloupe, de la Guyane et de la Martinique est présidée par le président du tribunal administratif où la section des assurances sociales de la chambre disciplinaire de première instance a son siège ou un magistrat délégué par lui.

La section comprend également, d'une part, deux assesseurs proposés par le conseil interrégional et choisis en son sein et, d'autre part, deux assesseurs proposés conjointement par les trois caisses générales de sécurité sociale, après consultation des médecins-conseils régionaux, parmi les médecins-conseils titulaires chargés du contrôle médical dans ces régions. Les assesseurs sont nommés par le président du tribunal administratif dans le ressort duquel est installé le siège de la section.

Art. R. 752-18-3-3 *(Décr. nº 2013-547 du 26 juin 2013, art. 5-5º, en vigueur le 1er sept. 2013)* Pour les actions intentées en application des articles L. 145-5-1 et suivants à l'occasion de soins dispensés aux bénéficiaires du présent titre, la section des assurances sociales compétente à l'égard des pédicures-podologues exerçant dans les départements de la Guadeloupe, de la Guyane et de la Martinique est la section des assurances sociales de la chambre disciplinaire de première instance de l'ordre des pédicures-podologues de la région Île-de-France.

Art. R. 752-18-3-4 *(Décr. nº 2013-547 du 26 juin 2013, art. 5-5º, en vigueur le 1er sept. 2013)* Les actions intentées en application des articles L. 145-5-1 et suivants à l'occasion de soins dispensés aux bénéficiaires du présent titre sont soumises en première instance à la section des assurances sociales de la chambre disciplinaire de première instance du conseil interrégional de l'ordre des infirmiers des Antilles-Guyane en ce qui concerne les départements de la Guadeloupe, de la Guyane et de la Martinique.

La section des assurances sociales de la chambre disciplinaire de première instance du conseil interrégional compétente à l'égard des infirmiers exerçant dans les départements de la Guadeloupe, de la Guyane et de la Martinique est présidée par le président du tribunal administratif où la section des assurances sociales de la chambre disciplinaire de première instance a son siège ou un magistrat délégué par lui.

La section comprend également, d'une part, deux assesseurs proposés par le conseil interrégional et choisis en son sein et, d'autre part, deux assesseurs proposés conjointement par les trois caisses générales de sécurité sociale, après consultation des médecins-conseils régionaux, parmi les médecins-conseils titulaires chargés du contrôle médical dans ces régions. Les assesseurs sont nommés par le président du tribunal administratif dans le ressort duquel est installé le siège de la section.

Dispositions transitoires au Décr. nº 2013-547 du 26 juin 2013, art. 6-I et II :

Les dispositions issues du Décr. susvisé, en tant qu'elles concernent l'ordre des infirmiers, ne deviennent applicables qu'à compter du 1er janv. 2015.

Par dérogation à l'art. R. 752-18-3-4, la section des assurances sociales de la chambre disciplinaire des médecins mentionnée à l'art. R. 752-18-1 reste compétente à l'égard des infirmiers exerçant dans les départements de la Guadeloupe, de la Martinique et de la Guyane jusqu'au 1er janv. 2015.

Art. R. 752-18-3-5 *(Décr. nº 2013-547 du 26 juin 2013, art. 5-5º, en vigueur le 1er sept. 2013)* Pour les sections des assurances sociales d'Antilles-Guyane, pour chaque assesseur titulaire représentant les trois caisses générales de sécurité sociale, quatre assesseurs suppléants sont nommés dans les mêmes conditions que les assesseurs titulaires.

Les assesseurs représentant l'organisme d'assurance maladie dans la région où exerce le professionnel de santé objet de la plainte se déportent sur les assesseurs d'une autre région composant la section des assurances sociales Antilles-Guyane intéressée.

Art. R. 752-18-4 *(Décr. nº 2013-547 du 26 juin 2013, art. 5-6º, en vigueur le 1er sept. 2013)* Les actions intentées en application des articles L. 145-1 et suivants à l'occasion de soins dispensés aux bénéficiaires du présent titre sont soumises en première instance à la section des assurances sociales de la chambre disciplinaire de première instance du conseil interrégional de l'ordre des médecins de La Réunion-Mayotte, en ce qui concerne La Réunion et Mayotte.

La section des assurances sociales de la chambre disciplinaire de première instance compétente à l'égard des médecins exerçant à La Réunion et à Mayotte est présidée par le président du tribunal administratif de Saint-Denis de La Réunion ou un magistrat délégué par lui.

La section comprend également, d'une part, deux assesseurs proposés par le conseil interrégional et choisis en son sein et, d'autre part, *(Décr. nº 2013-1292 du 27 déc. 2013, art. 4-I)* « deux assesseurs proposés par le médecin-conseil national du régime général de sécurité sociale, parmi les médecins-conseils titulaires chargés du contrôle médical, en dehors du ressort de la section des assurances sociales de la chambre disciplinaire de première instance concernée ». Les assesseurs sont nommés par le président du tribunal administratif de La Réunion.

Art. R. 752-18-5 *(Décr. n° 2013-547 du 26 juin 2013, art. 5-7°, en vigueur le 1er sept. 2013)* Les actions intentées en application des articles L. 145-1 et suivants à l'occasion de soins dispensés aux bénéficiaires du présent titre sont soumises en première instance à la section des assurances sociales de la chambre disciplinaire de première instance du conseil interrégional de l'ordre des chirurgiens-dentistes de La Réunion et de Mayotte, en ce qui concerne La Réunion et Mayotte.

La section des assurances sociales de la chambre disciplinaire de première instance compétente à l'égard des chirurgiens-dentistes exerçant à La Réunion et à Mayotte est présidée par le président du tribunal administratif de Saint-Denis de La Réunion ou un magistrat délégué par lui.

La section comprend également, d'une part, deux assesseurs proposés par le conseil interrégional et choisis en son sein et, d'autre part, *(Décr. n° 2013-1292 du 27 déc. 2013, art. 4-II)* « deux assesseurs proposés par le médecin-conseil national du régime général de sécurité sociale, parmi les chirurgiens-dentistes-conseils titulaires chargés du contrôle médical, en dehors du ressort de la section des assurances sociales de la chambre disciplinaire de première instance concernée ». Les assesseurs sont nommés par le président du tribunal administratif de La Réunion.

Art. R. 752-18-5-1 *(Décr. n° 2013-547 du 26 juin 2013, art. 5-8°, en vigueur le 1er sept. 2013)* Pour les sections des assurances sociales de La Réunion et de Mayotte, pour chaque assesseur titulaire représentant *(Décr. n° 2013-1292 du 27 déc. 2013, art. 4-III)* « les organismes de sécurité sociale », quatre assesseurs suppléants sont nommés dans les mêmes conditions que les assesseurs titulaires.

(Abrogé par Décr. n° 2013-1292 du 27 déc. 2013, art. 4-III) ***« Les assesseurs appelés à siéger sont ceux du territoire où le professionnel de santé objet de la plainte n'exerce pas. »***

Les articles *(Abrogé par Décr. n° 2013-1292 du 27 déc. 2013, art. 4-III)* ***« R. 145-8 et »*** R. 145-13 à R. 145-68 sont applicables à Mayotte.

Art. R. 752-18-5-2 *(Décr. n° 2013-547 du 26 juin 2013, art. 5-8°, en vigueur le 1er sept. 2013)* La section *[Les sections]* des assurances sociales compétente *[compétentes]* à l'égard des masseurs-kinésithérapeutes, des pédicures-podologues et des infirmiers exerçant dans le département de La Réunion sont respectivement celles de la chambre disciplinaire de première instance de l'ordre *[des ordres]* des masseurs-kinésithérapeutes, des pédicures-podologues, des infirmiers de la région Île-de-France. La section des assurances sociales compétente à l'égard des sages-femmes exerçant dans ce même département est la section des assurances sociales de la chambre disciplinaire de première instance de l'ordre des sages-femmes du secteur défini à l'article L. 4152-1 du code de la santé publique comprenant le département de Paris.

Dispositions transitoires au Décr. n° 2013-547 du 26 juin 2013, art. 6-I et III :

Les dispositions issues du Décr. susvisé, en tant qu'elles concernent l'ordre des infirmiers, ne deviennent applicables qu'à compter du 1er janv. 2015.

Par dérogation à l'art. R. 752-18-5-2, la section des assurances sociales de la chambre disciplinaire de première instance d'Île-de-France de l'ordre des médecins reste compétente à l'égard des infirmiers exerçant à La Réunion jusqu'au 1er janv. 2015.

Art. R. 752-18-6 *(Décr. n° 91-887 du 4 sept. 1991, art. 5)* Les fautes, abus, fraudes et tous faits intéressant l'exercice de la profession relevés à l'occasion des prestations servies à des assurés sociaux à l'encontre des pharmaciens titulaires d'une officine, des pharmaciens des établissements hospitaliers, des pharmaciens mutualistes, des pharmaciens salariés et des pharmaciens *(Décr. n° 2011-2119 du 30 déc. 2011, art. 5-2°)* « biologistes-responsables, biologistes-coresponsables et biologistes médicaux des laboratoires de biologie médicale » exerçant dans les départements de la Guadeloupe, de la Guyane, de la Martinique et de la Réunion sont soumis en première instance à une section distincte, dite section des assurances sociales du conseil central de la section E de l'ordre des pharmaciens.

Art. R. 752-18-7 *(Décr. n° 91-887 du 4 sept. 1991, art. 5)* La section des assurances sociales du conseil central de la section E est présidée par le président du tribunal administratif de Paris ou *(Décr. n° 2013-547 du 26 juin 2013, art. 5-9°, en vigueur le 1er sept. 2013)* « un magistrat délégué par lui ».

La section comprend également, d'une part, deux assesseurs proposés par le conseil central de la section E de l'ordre des pharmaciens et choisis en son sein, d'autre part, *(Décr. n° 2013-547 du 26 juin 2013, art. 5-9°, en vigueur le 1er sept. 2013)* « deux assesseurs représentant les organismes de sécurité sociale. Ces derniers sont nommés parmi les pharmaciens-conseils des caisses d'assurance maladie :

« 1° Le premier, sur proposition du médecin-conseil national du régime général de sécurité sociale ;

« 2° Le second, sur proposition conjointe du médecin-conseil national du régime général de sécurité sociale et des responsables du service médical de la Caisse centrale de la mutualité sociale agricole et du régime social des indépendants. A défaut d'accord, après mise en demeure demeurée infructueuse, le *(Décr. n° 2013-1292 du 27 déc. 2013, art. 4-IV)* « ministre chargé de la sécurité sociale » procède, à l'expiration d'un délai de quinze jours à dater de celle-ci, à la désignation d'office du second représentant des organismes d'assurance maladie parmi les pharmaciens-conseils titulaires d'un des trois régimes mentionnés au présent alinéa, après avis du médecin-conseil national du régime général de sécurité sociale.

« Les assesseurs sont nommés par le ministre chargé de la sécurité sociale.

« Pour l'application des dispositions des articles *(Décr. n° 2013-1292 du 27 déc. 2013, art. 4-IV)* « R. 145-10 » à R. 145-68 aux pharmaciens mentionnés au présent article, la référence aux conseils régionaux et centraux des sections D, G et H est remplacée par la référence au conseil central de la section E. »

SECTION V **DISPOSITIONS RELATIVES AUX EXONÉRATIONS DE COTISATIONS PRÉVUES AUX ARTICLES L. 752-3-1 ET L. 752-3-2** *(Décr. n° 2009-1743 du 29 déc. 2009, art. 1er-1°).*

Art. R. 752-19 *(Décr. n° 2001-276 du 2 avr. 2001)* L'exonération prévue au I de l'article L. 752-3-1 est applicable aux cotisations d'assurances sociales *(Décr. n° 2009-1743 du 29 déc. 2009, art. 1er-2°)* « et d'allocations familiales » qui sont dues au titre des rémunérations des salariés employés dans des établissements situés *(Décr. n° 2009-1743 du 29 déc. 2009, art. 1er-2°)* « à Saint-Pierre-et-Miquelon ».

L'exonération est déterminée par mois civil et pour chaque salarié en prenant en compte le nombre d'heures de travail rémunérées au cours du mois.

(Décr. n° 2009-1743 du 29 déc. 2009, art. 1er-2°) « Pour les salariés dont la rémunération ne peut être déterminée au cours du mois en fonction d'un nombre d'heures de travail rémunérées ou pour lesquels le contrat de travail est suspendu, il est fait application des dispositions prises en application de l'article L. 241-15 du code de la sécurité sociale. »

Art. R. 752-19-1 *Devient l'art. D. 752-8 (Décr. n° 2016-193 du 25 févr. 2016, art. 5).*

Art. R. 752-20 I. – *(Décr. n° 2004-253 du 19 mars 2004, art. 1er-II)* « Pour l'application des seuils prévus aux 1° et 2° du I de l'article L. 752-3-1, l'effectif pris en compte est celui des salariés employés par l'entreprise, tous établissements confondus, situés *(Décr. n° 2009-1743 du 29 déc. 2009, art. 1er-4°)* « à Saint-Pierre-et-Miquelon ». Il est apprécié en moyenne sur l'année civile et déterminé selon les modalités fixées *(Décr. n° 2009-1743 du 29 déc. 2009, art. 1er-4°)* « aux articles L. 1111-2, L. 1111-3 et L. 1251-54 du code du travail » et arrondi à l'unité la plus proche.

« Dans l'attente de la détermination de l'effectif de l'année, il est tenu compte de l'effectif employé par l'entreprise au cours de l'année précédente. Toutefois, en cas de baisse de son effectif, l'entreprise peut obtenir l'application de l'exonération pour l'année en cours dans les conditions fixées par *(Décr. n° 2009-1743 du 29 déc. 2009, art. 1er-4°)* « les dispositions prises en application du 1° du I de l'article L. 752-3-1 du code de la sécurité sociale ».

« A titre provisionnel, l'exonération est applicable, pour chaque mois civil, aux rémunérations versées au cours du mois dans la limite de dix salariés dans le cas général et de cinquante salariés pour les entreprises du secteur du bâtiment et des travaux publics. »

(Décr. nº 2001-276 du 2 avr. 2001) « Une régularisation est effectuée au plus tard le 31 mars de l'année suivante au vu de la moyenne des effectifs de l'année calculée conformément au premier alinéa ci-dessus. »

(Décr. nº 2004-253 du 19 mars 2004, art. 1er-II) « II. – Bénéficient de l'exonération prévue au I de l'article L. 752-3-1 les entreprises, employeurs et organismes mentionnés au 1º et au 2º du I de cet article, qui se créent ou s'implantent *(Décr. nº 2009-1743 du 29 déc. 2009, art. 1er-4º)* « à Saint-Pierre-et-Miquelon » et dont l'effectif est, l'année de création ou d'implantation, de moins de onze salariés dans le cas général et de moins de cinquante et un salariés pour les entreprises du secteur du bâtiment et des travaux publics.

« Cet effectif est déterminé selon les modalités prévues au premier alinéa du I du présent article au prorata du nombre de mois civils d'activité de l'entreprise *(Décr. nº 2009-1743 du 29 déc. 2009, art. 1er-4º)* « à Saint-Pierre-et-Miquelon » pendant l'année au cours de laquelle a eu lieu cette création ou implantation. Dans l'attente de la détermination de l'effectif de cette année, l'entreprise applique l'exonération les mois civils au cours desquels son effectif ne dépasse pas, selon le cas, dix ou cinquante salariés.

« Si l'effectif ainsi déterminé est inférieur, selon le cas, à onze ou cinquante et un salariés, l'entreprise procède à une régularisation de cotisations au plus tard le 31 mars de l'année suivante, l'exonération étant applicable, au titre de cette première année d'activité, aux rémunérations versées, selon le cas, à au plus dix ou cinquante salariés.

« Dans le cas général, si l'effectif ainsi déterminé est de plus de dix salariés, l'exonération n'est pas applicable, l'entreprise n'étant pas éligible à l'exonération. Si l'effectif de l'entreprise du secteur du bâtiment et des travaux publics est de plus de cinquante salariés, le taux de l'exonération est réduit de 50 %. »

Art. R. 752-20-1 *(Décr. nº 2017-858 du 9 mai 2017, art. 1er-4º, en vigueur le 1er janv. 2018)* « Pour l'application des seuils prévus au 1º du II, au deuxième alinéa du III et au 1º du IV de l'article L. 752-3-2, l'effectif de l'entreprise est déterminé conformément aux dispositions de l'article R. 130-1. »

En cas de baisse de son effectif, l'entreprise peut obtenir l'application de l'exonération pour l'année en cours dans les conditions fixées par les dispositions prises en application du 1º du I de l'article L. 752-3-1 du code de la sécurité sociale.

Si l'effectif est de onze salariés ou plus, l'exonération prévue au deuxième alinéa du III de l'article L. 752-3-2 n'est pas applicable, l'entreprise n'étant pas éligible à l'exonération.

Art. R. 752-21 *(Décr. nº 2001-276 du 2 avr. 2001 ; Décr. nº 2004-253 du 19 mars 2004, art. 1er-III ; Décr. nº 2009-1743 du 29 déc. 2009, art. 1er-6º)* Pour l'application du IV de l'article L. 752-3-1 et du deuxième alinéa du V de l'article L. 752-3-2, le droit à l'exonération est apprécié au titre de chaque salarié, indépendamment de l'autre ou des autres activités exercées par l'entreprise ou l'établissement. En ce cas, est prise en compte l'activité exercée par le salarié pour plus de la moitié de son horaire de travail. l'employeur doit être en mesure de produire, auprès de l'organisme chargé du recouvrement, tout document justifiant l'activité exercée par le ou les salariés ouvrant droit à l'exonération au titre des 2º et 3º du I, du II et du III de l'article L. 752-3-1 et à l'exonération au titre du I de l'article L. 752-3-2.

Art. R. 752-22 *(Décr. nº 2001-276 du 2 avr. 2001)* Pour bénéficier *(Décr. nº 2009-1743 du 29 déc. 2009, art. 1er-7º)* « des exonérations prévues aux articles L. 752-3-1 et L. 752-3-2 », l'employeur adresse à l'organisme chargé du recouvrement des cotisations une déclaration, datée et signée, pour l'entreprise ou, si elle comporte plusieurs établissements, pour chacun de ceux-ci.

Cette déclaration comporte les renseignements et est accompagnée des documents dont la liste est établie par un arrêté conjoint des ministres chargés de la sécurité sociale et de l'outre-mer. Elle est transmise à l'organisme, selon des modalités fixées par ledit arrêté, au plus tard lors de la première échéance de cotisations à laquelle l'exonération est applicable. – *V. Arr. du 12 avr. 2001 (JO 24 avr.).*

L'employeur est tenu de déclarer sans délai à l'organisme de recouvrement des cotisations tout changement de situation entraînant une modification de son droit à l'exonération.

Décret n° 2001-276 du 2 avril 2001,

Pris pour l'application des articles 2 et 5 de la loi n° 2000-1207 du 13 décembre 2000 d'orientation pour l'outre-mer et modifiant le code de la sécurité sociale (deuxième partie : Décrets en Conseil d'État).

Art. 2 Pour les entreprises employant des salariés relevant du régime spécial de sécurité sociale des marins, il est fait application des articles R. 752-19 *(Décr. n° 2004-253 du 19 mars 2004, art. 2-I)* « à R. 752-22 » du code de la sécurité sociale sous réserve des adaptations suivantes :

I. — *(Décr. n° 2004-253 du 19 mars 2004, art. 2-II)* « Les exonérations prévues dans les cas mentionnés au 1° du I, ainsi qu'au II et au III de l'article L. 752-3-1 » du même code est applicable aux cotisations et contributions patronales dues au titre des marins titulaires d'un contrat d'engagement *(Décr. n° 2017-942 du 10 mai 2017, art. 12, en vigueur le 1er janv. 2018)* « figurant sur la liste d'équipage définie à l'article L. 5522-3 du code des transports *[ancienne rédaction applicable jusqu'au 31 déc. 2017 : inscrits sur le rôle d'équipage des navires armés auprès des services des affaires maritimes dans les départements d'outre-mer]* ». — *Le présent art., issu du Décr. n° 2017-942 du 10 mai 2017, entre en vigueur à une date fixée par l'arrêté mentionné au dernier al. de l'art. R. 5232-4 C. transp. et au plus tard le 1er janv. 2018 (Décr. préc., art. 18).*

II. — *(Décr. n° 2004-253 du 19 mars 2004, art. 2-III)* « Cette exonération est limitée au montant de ces cotisations et contributions dues sur un salaire forfaitaire fixé, par jour d'embarquement :

« 1° Pour les rémunérations versées jusqu'au 30 juin 2004, à un trentième de 169 fois la valeur horaire du salaire minimum de croissance majoré de 30 %, 40 % ou 50 % selon que le marin bénéficie des exonérations prévues au 1° du I, au II ou au III de l'article L. 752-3-1 du code de la sécurité sociale ;

« 2° Pour les rémunérations versées jusqu'au 30 juin 2005, à un trentième de 160,33 fois la valeur horaire du salaire minimum de croissance, majoré de 30 %, 40 % ou 50 % selon que le marin bénéficie des exonérations prévues au 1° du I, au II ou au III du même article L. 752-3-1 ;

« 3° Pour les rémunérations versées à compter du 1er juillet 2005, à un trentième de 151,67 fois la valeur horaire du salaire minimum de croissance, majoré de 30 %, 40 % ou 50 %, selon que le marin bénéficie des exonérations prévues au 1° du I, au II ou au III du même article L. 752-3-1. »

Pour les marins titulaires d'un contrat de travail à temps partiel, elle est limitée au montant déterminé en application de l'alinéa précédent et réduit dans la même proportion que celle appliquée au salaire forfaitaire.

III. — La déclaration prévue à l'article R. 752-22 du même code est adressée par l'employeur à l'Établissement national des invalides de la marine et à la Caisse nationale d'allocations familiales compétente. L'arrêté prévu audit article est signé également par le ministre chargé du régime de sécurité sociale des marins.

Art. 3 Par dérogation aux dispositions prévues au deuxième alinéa de l'article R. 752-22 du code de la sécurité sociale, les entreprises implantées dans les départements d'outre-mer à la date de publication du présent décret adressent la déclaration prévue audit article au plus tard trente jours après cette publication à l'organisme chargé du recouvrement des cotisations. La même date s'applique, pour ces entreprises, à la notification de l'option prévue à l'article R. 752-23 du même code.

SECTION II. *Modalités d'application de l'article 5 de la loi du 13 décembre 2000 susvisée*

Art. 4 Pour bénéficier de l'application des dispositions de l'article 5 de la loi n° 2000-1207 du 13 décembre 2000 susvisée, l'employeur, le travailleur indépendant ou le chef d'exploitation ou d'entreprise agricole doit adresser une demande de sursis à poursuites et une proposition de plan d'apurement à l'organisme de recouvrement auprès duquel il est redevable de cotisations arriérées.

Au cas où il est redevable de cotisations arriérées auprès de plusieurs organismes, il doit saisir chacun de ces organismes.

Art. 5 La demande de sursis à poursuites comporte :

1° Les renseignements et documents dont la liste est définie par arrêté conjoint des ministres chargés de la sécurité sociale et de l'outre-mer *[V. Arr. du 12 avr. 2001, JO 24 avr.]* ;

2° Une attestation sur l'honneur, datée et signée, que le chef d'entreprise ou l'entreprise n'a pas fait l'objet, au cours des cinq années précédant la publication de la loi du 13 décembre 2000 susvisée, d'une condamnation pénale pour travail dissimulé, marchandage, prêt illicite de main-d'œuvre ou fraude fiscale.

Art. 6 Le délai de six mois prévu aux I et II de l'article 5 de la loi du 13 décembre 2000 susvisée court à compter du dépôt ou de l'envoi de la demande complète telle que définie à l'article 5 du présent décret.

Art. 7 La proposition de plan d'apurement mentionne les motifs de la demande, l'origine des difficultés financières et les moyens envisagés pour y remédier et est accompagnée des pièces justificatives nécessaires à l'examen de la situation financière du débiteur, notamment de ses capacités de remboursement. L'arrêté prévu à l'article 5 du présent décret précise, en tant que de besoin, la composition du dossier à adresser à l'organisme de recouvrement des cotisations.

SECTION III. *Modalités d'application des articles 2 et 5 de la loi du 13 décembre 2000 susvisée à la collectivité territoriale de Saint-Pierre-et-Miquelon*

Art. 8 Pour l'application des dispositions du présent décret à Saint-Pierre-et-Miquelon, les termes : "département" et "départements d'outre-mer" sont remplacés par les termes : "collectivité territoriale" et "Saint-Pierre-et-Miquelon".

Art. R. 752-23 *Abrogé par Décr. n° 2004-253 du 19 mars 2004, art. 1er-IV.*

SECTION VI **DISPOSITIONS DIVERSES**

Art. R. 752-24 *(Décr. n° 2001-276 du 2 avr. 2001, art. 1er-I)* **Dans les départements mentionnés à l'article L. 751-1, les décisions des conseils d'administration des caisses générales de sécurité sociale et des caisses d'allocations familiales concernant l'action sanitaire sont communiquées au directeur départemental des affaires sanitaires et sociales territorialement compétent aux fins d'observations éventuelles.**

Le délai mentionné à l'article R. 151-1 est porté à quinze jours à l'égard de ces décisions. — *[Anc. art. R. 752-19.]*

CHAPITRE III **ASSURANCES SOCIALES**

Art. R. 753-1 Le décret en Conseil d'État prévu à l'article L. 753-1 est pris sur le rapport du ministre chargé de la sécurité sociale, du ministre chargé de l'agriculture, du ministre chargé du budget, du ministre chargé de la santé et du ministre chargé des départements d'outre-mer.

Art. R. 753-2 *(Décr. n° 86-130 du 28 janv. 1986, art. 11 ; Décr. n° 86-1375 du 31 déc. 1986, art. 3-I ; Décr. n° 93-1022 du 27 août 1993, art. 14 ; Décr. n° 2008-1555 du 31 déc. 2008, art. 4-I)* **Sont applicables dans les départements mentionnés à l'article L. 751-1, aux bénéficiaires du présent titre, et sous les réserves ci-après, les dispositions des articles** *(Décr. n° 2015-1865 du 30 déc. 2015, art. 9-1°, en vigueur le 1er janv. 2016)* **« R. 160-4, R. 160-22, R. 160-23 », R. 312-4 à R. 312-6, R. 312-8 à R. 312-11, R. 313-10, R. 313-11, R. 313-14,** *(Abrogé par Décr. n° 2015-1865 du 30 déc. 2015, art. 9-1°, à compter du 1er janv. 2016) « R. 313-16, »* **R. 314-1 à R. 314-3, R. 321-1 à R. 321-3, R. 321-5,** *(Décr. n° 2015-1865 du 30 déc. 2015, art. 9-1°, en vigueur le 1er janv. 2016)* **« R. 322-10 à R. 322-11-5 », R. 323-1, R. 323-4, R. 323-9 à R. 323-12, R. 324-4, R. 331-1 à R. 331-5 (1er alinéa), R. 331-6,** *(Abrogé par Décr. n° 2015-1865 du 30 déc. 2015, art. 9-1°, à compter du 1er janv. 2016) « R. 332-2, »* **R. 341-3, R. 341-6, R. 341-7 à R. 341-13, R. 341-14 (2e alinéa), R. 341-15, R. 341-16, R. 341-18 à R. 341-22 (1er alinéa),** *(Abrogé par Décr. n° 2015-1865 du 30 déc. 2015, art. 9-1°, à compter du 1er janv. 2016) « R. 341-23, »* **R. 341-24, R. 342-3 à R. 342-6, R. 351-1 à R. 351-7, R. 351-9, R. 351-11, R. 351-21 à R. 351-27, R. 351-30,** *(Abrogé par Décr. n° 2011-620 du 31 mai 2011, art. 4-17°) « R. 351-31, R. 351-32, R. 351-33, »* **R. 351-34, R. 351-38, R. 352-1, R. 352-2, R. 353-1, R. 353-3 à R. 353-8,**

R. 354-1, R. 355-1 à R. 355-3, R. 355-6, R. 361-3, R. 361-4, R. 362-1, *(Abrogé par Décr. n° 2014-953 du 20 août 2014, art. 1er-9°, à compter du 1er janv. 2015)* « R. 362-2, » R. 371-3, R. 371-6, R. 371-8 à R. 371-11, R. 372-1, R. 376-1, R. 742-1 à R. 742-8 et R. 742-30 à R. 742-39. — *Les dispositions issues du Décr. n° 2014-953 du 20 août 2014 sont applicables aux indemnités journalières versées au titre d'arrêts de travail débutant à compter du 1er janv. 2015 (Décr. préc., art. 3).*

Art. R. 753-3 Les dispositions du chapitre V du titre Ier du livre III sont applicables dans les départements mentionnés à l'article L. 751-1.

(Abrogé par Décr. n° 2007-102 du 16 janv. 2007, art. 8) « Les échelons du contrôle médical institués dans les départements de la Martinique, de la Guadeloupe et de la Guyane sont placés sous l'autorité d'un médecin-conseil régional.

« L'échelon du contrôle médical dans le département de la Réunion est dirigé par un médecin-conseil chef de service relevant directement de la Caisse nationale de l'assurance maladie des travailleurs salariés. »

SECTION PREMIÈRE ASSURANCE MALADIE, MATERNITÉ, INVALIDITÉ, DÉCÈS

SOUS-SECTION 1 OUVERTURE DES DROITS — MAINTIEN DES DROITS

Art. R. 753-4 (Abrogé par Décr. n° 2018-1255 du 27 déc. 2018, art. 1er-18°, à compter du 1er janv. 2019) (Décr. n° 86-838 du 16 juill. 1986, art. 42) *Les conditions d'ouverture du droit des assurés sociaux des professions agricoles et non agricoles aux prestations des assurances maladie, maternité, invalidité et décès dans les départements mentionnés à l'article L. 751-1 sont appréciées en ce qui concerne :*

1° Abrogé par Décr. n° 2015-1865 du 30 déc. 2015, art. 9-2°.

2° Les prestations en espèces de l'assurance maladie, au jour de l'interruption de travail ;

3° Les prestations en espèces de l'assurance maternité, au début du neuvième mois avant la date présumée de l'accouchement ou à la date du début du repos prénatal ;

4° Les prestations de l'assurance décès, à la date du décès.

Art. R. 753-4-1 *Abrogé par Décr. n° 2015-1865 du 30 déc. 2015, art. 9-3°.*

Art. R. 753-5 (Abrogé par Décr. n° 2018-1255 du 27 déc. 2018, art. 1er-18°, à compter du 1er janv. 2019) (Décr. n° 86-838 du 16 juill. 1986, art. 42) *Pour ouvrir droit aux indemnités journalières de l'assurance maladie pendant les six premiers mois d'interruption de travail, et aux indemnités journalières de l'assurance maternité, l'assuré social doit justifier à la date à laquelle est survenu le fait ouvrant droit aux prestations :*

a) Soit avoir occupé un emploi salarié ou assimilé pendant au moins trente jours au cours des six mois ou à défaut au moins cent trente jours au cours des douze mois précédents ;

b) Soit que le montant des cotisations dues au titre des assurances maladie, maternité, invalidité et décès, assises sur les rémunérations qu'il a perçues pendant les six mois civils précédents est au moins égal à 1 040 fois la valeur horaire du SMIC au premier jour des six mois civils qui précèdent immédiatement le début de cette période.

Il doit en outre justifier, pour avoir droit aux indemnités journalières de l'assurance maternité, de dix mois d'immatriculation à la date présumée de l'accouchement.

Lorsque l'arrêt de travail se prolonge sans interruption au-delà du sixième mois, l'assuré social, pour avoir droit aux indemnités journalières après le sixième mois d'incapacité de travail, doit avoir été immatriculé depuis douze mois au moins au premier jour du mois au cours duquel est survenue l'interruption de travail. Il doit justifier en outre qu'il a exercé une activité salariée ou assimilée pendant huit cents heures au moins au cours des douze mois précédents.

Ces conditions d'activité sont réputées remplies si l'assuré justifie que le montant des cotisations dues au titre des assurances maladie, maternité, invalidité et décès, assises sur les rémunérations qu'il a perçues pendant les douze mois civils précédant l'interruption de travail est au moins égal au montant des mêmes cotisations dues pour un salaire égal à 2 080 fois la valeur horaire du SMIC au 1er janvier qui précède immédiatement le début de cette période.

Art. R. 753-5-1 (Abrogé par Décr. n° 2018-1255 du 27 déc. 2018, art. 1er-18°, à compter du 1er janv. 2019) (Décr. n° 86-838 du 16 juill. 1986, art. 42-I) *Pour avoir* *droit à l'indemnité journalière de repos prévue à l'article L. 331-7, l'assuré doit justifier qu'il a occupé un emploi salarié ou assimilé pendant au moins trente jours au cours des six mois ou à défaut cent trente jours au cours des douze mois précédant la date d'arrivée de l'enfant au foyer.*

Ces conditions d'activité sont réputées remplies si l'assuré justifie que le montant des cotisations dues au titre des assurances maladie, maternité, invalidité et décès, assises sur les rémunérations qu'il a perçues pendant les six mois civils précédant la date d'arrivée de l'enfant au foyer est au moins égal au montant des mêmes cotisations dues pour un salaire égal à 1 040 fois la valeur horaire du SMIC au premier jour des six mois civils qui précèdent immédiatement le début de cette période.

Il doit, en outre, justifier de dix mois d'immatriculation à la date d'arrivée de l'enfant à son foyer.

Pour permettre le service de l'indemnité journalière de repos, il est remis à l'intéressé, par la direction départementale des affaires sanitaires et sociales ou par l'œuvre d'adoption autorisée, une attestation justifiant qu'un enfant lui est confié en vue de son adoption ainsi que la date d'arrivée de l'enfant au foyer.

Art. R. 753-6 (Abrogé par Décr. n° 2018-1255 du 27 déc. 2018, art. 1er-18°, à compter du 1er janv. 2019) (Décr. n° 86-838 du 16 juill. 1986, art. 42) *Pour invoquer le bénéfice de l'assurance invalidité, l'assuré social doit avoir été immatriculé depuis douze mois au premier jour du mois au cours duquel est survenue l'interruption de travail suivie d'invalidité ou la constatation de l'état d'invalidité résultant de l'usure prématurée de l'organisme. Il doit justifier, en outre, qu'il a exercé une activité salariée ou assimilée pendant huit cents heures au moins au cours des douze mois précédents.*

Art. R. 753-7 (Abrogé par Décr. n° 2018-1255 du 27 déc. 2018, art. 1er-18°, à compter du 1er janv. 2019) (Décr. n° 2015-1865 du 30 déc. 2015, art. 9-4°) *Pour ouvrir droit à l'assurance décès, l'assuré social doit justifier à la date du décès d'une des conditions suivantes :*

1° Soit il a occupé un emploi salarié ou assimilé pendant au moins trente jours au cours des six mois ou à défaut pendant au moins cent trente jours au cours des douze mois précédant la date à laquelle est survenu le décès ;

2° Soit le montant des cotisations dues au titre des assurances maladie, maternité, invalidité et décès, assises sur les rémunérations qu'il a perçues pendant six mois civils est au moins égal au montant des mêmes cotisations dues pour un salaire égal à 1 040 fois la valeur horaire du SMIC (salaire minimum de croissance) en vigueur au premier jour du semestre civil qui précède immédiatement le début de la période de six mois.

Art. R. 753-7-1 (Abrogé par Décr. n° 2018-1255 du 27 déc. 2018, art. 1er-18°, à compter du 1er janv. 2019) (Décr. n° 86-838 du 16 juill. 1986, art. 43) *Pour l'ouverture du droit aux prestations prévues par les articles R. 753-4 à R. 753-7 et sans préjudice de l'application de l'article L. 311-5, est considérée comme équivalant à six heures de travail salarié ou à six fois la valeur horaire du SMIC au 1er janvier qui précède immédiatement la période de référence :*

1° Chaque journée indemnisée au titre de la maladie, de la maternité ou de l'invalidité ;

2° Chaque journée d'interruption de travail due à la maladie au titre de laquelle l'assuré n'a pas perçu l'indemnité journalière de l'assurance maladie soit parce qu'elle est comprise dans les trois premiers jours de l'incapacité de travail, à condition que l'arrêt de travail ait donné lieu par la suite à l'attribution d'indemnités journalières, soit parce que l'assuré a épuisé ses droits à l'indemnisation tels qu'ils sont fixés par les articles L. 323-1 et R. 323-1 à condition que l'incapacité physique de reprendre ou de continuer le travail soit reconnue par le médecin-conseil ;

3° Chaque journée d'incapacité temporaire donnant lieu au versement des indemnités journalières au titre de la législation sur les accidents du travail ainsi que chaque journée pendant laquelle l'assuré a perçu, au titre de la même législation, une rente ou allocation correspondant à une incapacité permanente d'au moins 66, 66 % ;

4° Chaque journée de stage effectuée dans un établissement de rééducation mentionné à l'article R. 481-1 par le titulaire d'une rente allouée en vertu de la législation sur les accidents du travail, quel que soit le taux de l'incapacité à laquelle cette rente correspond ;

5° Chaque journée pendant laquelle l'assuré fait l'objet d'une détention préventive.

Art. R. 753-7-2 (Abrogé par Décr. n° 2018-1255 du 27 déc. 2018, art. 1er-18°, à compter du 1er janv. 2019) (Décr. n° 86-838 du 16 juill. 1986, art. 43) *Pour l'ouverture du droit aux prestations prévues aux articles R. 753-4 à R. 753-7, est considérée comme équivalant à huit heures de travail salarié ou huit fois la valeur horaire du SMIC au 1er janvier qui précède immédiatement la période de référence chaque journée de congé formation pour laquelle le bénéficiaire n'a reçu aucune rémunération de son employeur, le nombre de journées décomptées ne pouvant être supérieur à cinq pour une semaine de stage.*

Art. R. 753-7-3 (Abrogé par Décr. n° 2018-1255 du 27 déc. 2018, art. 1er-18°, à compter du 1er janv. 2019) (Décr. n° 86-838 du 16 juill. 1986, art. 43) *Les prestations en espèces de l'assurance maladie et de l'assurance maternité ne peuvent être cumulées avec les revenus de remplacement ou allocations mentionnés à l'article L. 311-5.*

Art. R. 753-8 (Abrogé par Décr. n° 2018-1255 du 27 déc. 2018, art. 1er-18°, à compter du 1er janv. 2019) (Décr. n° 86-838 du 16 juill. 1986, art. 44) *La détermination du droit aux prestations en application des dispositions des articles R. 753-4 à R. 753-5-1 et R. 753-6 est effectuée au vu de l'attestation prévue à l'article R. 323-10.*

Art. R. 753-9 (Abrogé par Décr. n° 2018-1255 du 27 déc. 2018, art. 1er-18°, à compter du 1er janv. 2019) *Pour les assurés dont les conditions habituelles de travail ne permettent pas la production de pièces précisant la durée du travail, un arrêté conjoint du ministre chargé de la sécurité sociale et du ministre chargé de l'agriculture fixe, pour l'application du présent titre, l'équivalence en heures de travail des cotisations versées.*

Art. R. 753-10 *Abrogé par Décr. n° 86-838 du 16 juill. 1986, art. 45.*

SOUS-SECTION 2 **SOINS**

Art. R. 753-11 (Abrogé par Décr. n° 2018-1255 du 27 déc. 2018, art. 1er-18°, à compter du 1er janv. 2019) *Il peut être dérogé, dans les conditions prévues à l'article L. 753-3, aux tarifs pris en application de l'article R. 314-1.*

Art. R. 753-12 *Abrogé par Décr. n° 86-838 du 16 juill. 1986, art. 45.*

Art. R. 753-13 (Abrogé par Décr. n° 2018-1255 du 27 déc. 2018, art. 1er-18°, à compter du 1er janv. 2019) *Le décret prévu à l'article L. 753-2 est pris sur le rapport du ministre chargé de la sécurité sociale et du ministre chargé de la santé.*

Art. R. 753-14 (Abrogé par Décr. n° 2018-1255 du 27 déc. 2018, art. 1er-18°, à compter du 1er janv. 2019) *Pour l'application de l'article L. 753-3 l'arrêté interministériel prévu audit article est pris par le ministre chargé de la sécurité sociale, le ministre chargé de l'agriculture et le ministre chargé de la santé sur proposition du préfet du département intéressé.*

SOUS-SECTION 3 **PRESTATIONS EN ESPÈCES DE L'ASSURANCE MALADIE ET DE L'ASSURANCE MATERNITÉ**

Art. R. 753-15 *Abrogé par Décr. n° 86-1375 du 31 déc. 1986, art. 3-II.*

Art. R. 753-16 (Abrogé par Décr. n° 2018-1255 du 27 déc. 2018, art. 1er-18°, à compter du 1er janv. 2019) *A titre transitoire, et jusqu'à une date qui sera fixée par arrêté conjoint du ministre chargé de la sécurité sociale, du ministre chargé de la santé et du ministre chargé de l'agriculture, sous peine d'encourir la suppression des indemnités journalières, l'assurée ou l'ayant droit mentionnés au 2° de l'article* (Décr. n° 2015-1865 du 30 déc. 2015, art. 9-6°) *« L. 161-1 », doivent se soumettre aux examens pré et postnataux dans les conditions précisées aux deuxième et troisième alinéas du présent article.*

Dès réception du certificat de constatation médicale de la grossesse, la caisse invite l'intéressée à subir un examen obstétrical dans le délai de deux mois.

Le médecin-conseil de la caisse peut, au vu dudit certificat, examiner ou faire examiner l'intéressée par un médecin auquel il fera appel dans les conditions prévues par les dispositions relatives au contrôle médical. L'assurée devra également faire parvenir à la caisse intéressée, dans les six semaines suivant l'accouchement, un certificat d'accouchement signé par le médecin ou la sage-femme qui l'a pratiqué, ainsi qu'un certificat attestant qu'un examen postnatal a eu lieu dans les quatre semaines suivant l'accouchement.

Art. R. 753-17 (Abrogé par Décr. n° 2018-1255 du 27 déc. 2018, art. 1er-18°, à compter du 1er janv. 2019) ***Sont applicables à la femme assurée à qui un service départemental d'aide sociale à l'enfance ou une œuvre d'adoption autorisée confie un enfant en vue de son adoption, la première phrase du premier alinéa de l'article R. 331-5 ainsi que le troisième alinéa de l'article R. 331-6.***

SOUS-SECTION 4 CAISSE COMPÉTENTE

Art. R. 753-18 (Abrogé par Décr. n° 2018-1255 du 27 déc. 2018, art. 1er-18°, à compter du 1er janv. 2019) ***Pour les personnes qui ont leur résidence habituelle dans un département mentionné à l'article L. 751-1, les prestations servies au titre de soins dispensés en France métropolitaine peuvent être versées par la caisse primaire d'assurance maladie du lieu des soins.***

SOUS-SECTION 5 AFFECTIONS DE LONGUE DURÉE

Art. R. 753-19 *Abrogé par Décr. n° 86-838 du 16 juill. 1986, art. 45.*

SOUS-SECTION 6 DÉTENUS

Art. R. 753-20 (Abrogé par Décr. n° 2018-1255 du 27 déc. 2018, art. 1er-18°, à compter du 1er janv. 2019) ***Pour l'application dans les départements mentionnés à l'article L. 751-1, les attributions dévolues par l'article R. 381-97 à la caisse primaire d'assurance maladie sont exercées par la caisse générale de sécurité sociale.***

SECTION II ASSURANCE VIEILLESSE

SOUS-SECTION 1 DISPOSITIONS GÉNÉRALES

Art. R. 753-21 Les cotisations versées au titre de la législation sur les assurances sociales dans les départements mentionnés à l'article L. 751-1 depuis le 1er janvier 1948 sont prises en compte pour la détermination des droits à l'assurance vieillesse dans les conditions suivantes :

1° Pour l'année 1948, il y a lieu de retenir, dans la limite de quatre trimestres, autant de trimestres que le salaire annuel correspondant aux retenues subies par l'assuré sur sa rémunération représente de fois 1 800 F métropolitains dans les départements de la Guadeloupe, de la Martinique et de la Guyane, ou 900 F CFA dans le département de la Réunion ;

2° Depuis le 1er janvier 1949, il y a lieu de retenir autant de trimestres que le salaire annuel correspondant aux retenues subies par l'assuré sur sa rémunération représente de fois le montant trimestriel de l'allocation aux vieux travailleurs salariés au 1er janvier de l'année considérée, dans les départements mentionnés à l'article L. 751-1 avec un maximum de quatre trimestres par année civile. — *Il est substitué au montant de l'allocation aux vieux travailleurs salariés un montant fixé par décret, revalorisé dans les conditions prévues à l'art. L. 816-2 CSS (Ord. n° 2004-605 du 24 juin 2004, art. 3).*

Art. R. 753-22 Les périodes pendant lesquelles l'assuré a bénéficié des prestations maladie, maternité, invalidité, accident du travail et les périodes pendant lesquelles l'assuré a été présent sous les drapeaux pour son service militaire légal, par suite de mobilisation ou comme volontaire en temps de guerre sont prises en considération en vue de l'ouverture du droit à pension dans les conditions suivantes.

Sont comptés comme période d'assurance pour l'ouverture du droit à pension :

1° Le trimestre civil au cours duquel l'assuré a bénéficié, au titre *(Abrogé par Décr. n° 2015-1865 du 30 déc. 2015, art. 10-25°, à compter du 1er janv. 2016)* « du 4° » de l'article L. 321-1, du soixantième jour d'indemnisation, un trimestre étant également décompté pour chaque nouvelle période d'indemnisation de soixante jours ;

2° Le trimestre civil au cours duquel est survenu l'accouchement ;

3° Chaque trimestre civil comportant une échéance du paiement des arrérages de la pension d'invalidité ;

4° Pour les bénéficiaires de la législation sur les accidents du travail, les dispositions du 1° ou du 3° du présent alinéa sont applicables selon que l'assuré a perçu des indemnités journalières au titre de l'incapacité temporaire ou une rente pour une incapacité permanente au moins égale à 66 % ;

5° Les périodes pendant lesquelles l'assuré, postérieurement à son immatriculation au régime des assurances sociales, a été présent sous les drapeaux pour son service militaire légal, par suite de mobilisation ou comme volontaire en temps de guerre ; ces périodes sont retenues de date à date, le nombre de trimestres valables correspondant étant éventuellement arrondi au chiffre immédiatement supérieur.

Art. R. 753-23 L'application des dispositions de l'article R. 753-22 ne peut avoir pour effet de porter à un chiffre supérieur à quatre le nombre de trimestres d'assurance valables au titre d'une même année civile.

Art. R. 753-24 *(Décr. n° 93-1022 du 27 août 1993, art. 10)* Pour l'application des premier, deuxième, troisième et quatrième alinéas de l'article L. 351-1, et sous réserve des dispositions de l'article R. 753-24-1, le salaire servant de base au calcul de la pension est le salaire annuel moyen correspondant aux cotisations versées au cours des vingt-cinq années civiles d'assurance accomplies postérieurement au 31 décembre 1947 dont la prise en considération est la plus avantageuse pour l'assuré.

Les salaires exonérés de cotisations entre le 1er avril et le 31 décembre 1987 en application de l'article L. 241-10 entrent en compte, s'il y a lieu, dans la détermination du salaire servant de base au calcul de la pension.

Pour les salaires perçus postérieurement au 31 janvier 1991, le salaire servant de base au calcul de la pension est celui correspondant aux cotisations versées dans la limite du plafond mentionné au premier alinéa de l'article L. 241-3.

Art. R. 753-24-1 *(Décr. n° 93-1022 du 27 août 1993, art. 11)* I. – La durée de vingt-cinq années fixée au premier alinéa de l'article R. 753-24 est applicable *(Décr. n° 2007-614 du 25 avr. 2007, art. 3)* « aux assurés nés après 1947, quelle que soit la date d'effet de leur pension ».

II. – *(Abrogé par Décr. n° 2007-614 du 25 avr. 2007, art. 3) « En ce qui concerne les pensions prenant effet avant le 1er janvier 2008, »* Le nombre d'années mentionné au premier alinéa de l'article R. 753-24 est de :

Dix années pour l'assuré né avant le 1er janvier 1934 ;

Onze années pour l'assuré né en 1934 ;

Douze années pour l'assuré né en 1935 ;

Treize années pour l'assuré né en 1936 ;

Quatorze années pour l'assuré né en 1937 ;

Quinze années pour l'assuré né en 1938 ;

Seize années pour l'assuré né en 1939 ;

Dix-sept années pour l'assuré né en 1940 ;

Dix-huit années pour l'assuré né en 1941 ;

Dix-neuf années pour l'assuré né en 1942 ;

Vingt années pour l'assuré né en 1943 ;

Vingt et une années pour l'assuré né en 1944 ;

Vingt-deux années pour l'assuré né en 1945 ;

Vingt-trois années pour l'assuré né en 1946 ;

Vingt-quatre années pour l'assuré né en 1947.

(Abrogé par Décr. n° 2007-614 du 25 avr. 2007, art. 3) « III. – Par dérogation aux dispositions du I ci-dessus, le nombre d'années mentionné au premier alinéa de l'article R. 753-24 demeure fixé à vingt-quatre pour les assurés nés en décembre 1947 et dont la pension prend effet au 1er janvier 2008 en application de l'article R. 351-37. »

V. art. D. 753-1.

SOUS-SECTION 2 PERSONNES QUI ONT LA CHARGE D'UN ENFANT HANDICAPÉ OU D'UN HANDICAPÉ ADULTE

Néant.

SOUS-SECTION 3 DÉTENUS

Art. R. 753-25 (Abrogé par Décr. n° 2018-1255 du 27 déc. 2018, art. 1er-18°, à compter du 1er janv. 2019) *Les articles R. 381-103 à* (Décr. n° 88-711 du 9 mai 1988, art. 11) *« R. 381-120 » sont applicables aux départements mentionnés à l'article L. 751-1. Les attributions dévolues par l'article R. 381-103 à la caisse primaire d'assurance maladie sont exercées par la caisse générale de sécurité sociale.*

SECTION III DISPOSITIONS DIVERSES

SOUS-SECTION 1 INVALIDES DE GUERRE

Art. R. 753-26 L'affiliation des bénéficiaires des dispositions de l'article L. 753-8 à la caisse générale de sécurité sociale du département est opérée soit sur leur demande, soit à la diligence de l'office départemental des anciens combattants dans la circonscription de laquelle se trouve cette résidence.

SOUS-SECTION 2 FONCTIONNAIRES DE L'ÉTAT

Néant. – V. art. D. 753-3.

CHAPITRE IV ACCIDENTS DU TRAVAIL

SECTION PREMIÈRE ACCIDENTS SURVENUS ET MALADIES PROFESSIONNELLES CONSTATÉES DEPUIS LE 1er JANVIER 1952

Art. R. 754-1 Il est institué au sein du conseil d'administration de chaque caisse générale de sécurité sociale un comité composé de quatre membres, dont deux membres choisis parmi les représentants des salariés et deux membres choisis parmi les autres catégories d'administrateurs, dont un employeur au moins.

Le comité donne son avis en cas de contestation portant sur le caractère professionnel de l'accident. Le conseil d'administration peut lui déléguer tout ou partie de ses pouvoirs pour statuer à ce sujet.

Art. R. 754-2 *Abrogé par Décr. n° 2009-1596 du 18 déc. 2009, art. 25-II.*

Art. R. 754-3 Le remboursement des avances mentionnées à l'article R. 422-7 est effectué par annuités.

Art. R. 754-4 Dans le cas où les conditions locales de communication ou de transmission ne permettraient pas de respecter les délais fixés par l'article R. 442-14, il pourra y être dérogé dans les limites qui seront fixées pour chaque département ou circonscription locale par arrêté interministériel.

Les arrêtés mentionnés à l'article L. 754-1 et au premier alinéa du présent article sont pris par le ministre chargé de la sécurité sociale et le ministre chargé de l'agriculture.

SECTION II ACCIDENTS SURVENUS ET MALADIES PROFESSIONNELLES CONSTATÉES AVANT LE 1er JANVIER 1952

Art. R. 754-5 Dans chacun des départements mentionnés à l'article L. 751-1, les prestations allouées en application des articles L. 413-2, L. 413-3 ou L. 413-5, en raison d'accidents survenus ou de maladies professionnelles constatées dans les professions agricoles et non agricoles avant le 1er janvier 1952 sont supportées par la section locale du fonds commun mentionné à l'article L. 437-1.

Il est fait application des dispositions des articles R. 413-6 à R. 413-14. Toutefois, l'administration de l'enregistrement est substituée à la Caisse des dépôts et consignations pour ce qui concerne la réception et l'instruction de la demande et la liquidation de l'allocation et de la majoration. Le *(Décr. n° 2014-551 du 27 mai 2014, art. 28-1°)* « directeur départemental ou, le cas échéant, régional des finances publiques » est, d'autre part, chargé du paiement desdites allocations et majorations ainsi que du règlement des frais d'appareillage et des frais de procédure.

SECTION III DISPOSITIONS COMMUNES

Art. R. 754-6 Dans les départements mentionnés à l'article L. 751-1, les frais de procédure, notamment ceux afférents aux mesures d'instruction, relatifs à l'indemnisation de certaines victimes d'accidents du travail survenus ou de maladies professionnelles constatées avant l'entrée en vigueur de dispositions nouvelles concernant ces accidents ou maladies sont supportés dans les conditions prévues à l'article R. 413-15.

Art. R. 754-7 Dans les départements mentionnés à l'article L. 751-1, la comptabilité des allocations et majorations à la charge des fonds communs des accidents du travail agricole et non agricole, en vertu des articles L. 413-2 et suivants, ainsi que les frais de procédure et de gestion y afférents est tenue dans les conditions prévues à l'article R. 413-19.

SECTION IV **DISPOSITIONS CONCERNANT CERTAINES CATÉGORIES**

(Décr. n° 2001-1170 du 10 déc. 2001)

Art. R. 754-8 Pour les personnes agréées dans les départements d'outre-mer et dans la collectivité territoriale de Saint-Pierre-et-Miquelon, en application de l'article R. 811-1 *[R. 6523-3 s. nouv.]* du code du travail en vue d'exercer l'activité de parrainage prévue par l'article L. 811-2 *[L. 6522-2, L. 6523-3 s. et R. 6523-4 nouv.]* dudit code, l'obligation de déclaration de l'accident du travail survenu dans l'exercice de leur mission incombe à l'entreprise qui accueille le jeune ou l'apprenti. Les obligations de l'employeur relatives à l'affiliation des parrains et au paiement des cotisations incombent au préfet.

Les accidents garantis sont ceux qui surviennent au cours de l'action de parrainage ou sur le trajet d'aller et retour entre le domicile de ces personnes et le lieu de déroulement de l'action.

Art. R. 754-9 La cotisation représentative des risques accident du travail et maladie professionnelle auxquels sont exposés les parrains dans l'exercice de leur mission est prise en charge par l'État sur une base forfaitaire dans les conditions précisées par arrêté des ministres chargés de la sécurité sociale, de l'outre-mer et du budget. — *V. Arr. du 26 déc. 2001 (JO 9 janv. 2002).*

La rente servie aux intéressés est déterminée par référence au salaire annuel mentionné à l'article L. 434-16 du présent code.

CHAPITRE V **PRESTATIONS FAMILIALES ET PRESTATIONS ASSIMILÉES**

SECTION PREMIÈRE **GÉNÉRALITÉS**

Art. R. 755-0-1 *(Décr. n° 2000-97 du 3 févr. 2000, art. 5)* Les dispositions du présent chapitre relatives aux personnes vivant en concubinage s'appliquent aux partenaires d'un pacte civil de solidarité.

Art. R. 755-0-2 *(Décr. n° 86-204 du 12 févr. 1986, art. 1er-II)* Le plafond de rémunération des enfants à charge mentionnés à l'article L. 512-3 est égal, pour un mois, à 55 % du salaire minimum de croissance en vigueur dans chacun des départements mentionnés à l'article L. 751-1, multiplié par 169.

Art. R. 755-0-3 *(Décr. n° 2003-816 du 27 août 2003)* Les dispositions des articles R. 513-1 et R. 513-2 sont applicables dans les départements mentionnés à l'article L. 751-1.

Pour l'application du deuxième alinéa de l'article R. 513-2, la référence à l'article L. 552-6 est remplacée par la référence à l'article L. 755-4.

Les dispositions du présent article sont applicables aux personnels mentionnés à l'article L. 755-10.

Dispositions applicables à compter du 1er sept. 2004.

V. art. D. 755-1 à D. 755-4.

SECTION II **ALLOCATIONS FAMILIALES**

Art. R. 755-0-4 *Abrogé par Décr. n° 99-39 du 19 janv. 1999, art. 2.*

SECTION III COMPLÉMENT FAMILIAL

Art. R. 755-1 *(Décr. nº 96-963 du 4 nov. 1996)* **Sous réserve de l'article R. 755-2, le complément familial institué à l'article L. 755-16 est attribué aux ménages ou personnes qui remplissent les conditions générales d'ouverture du droit aux prestations familiales applicables dans les départements mentionnés à l'article L. 751-1 et qui assument la charge d'un ou de plusieurs enfants tous âgés de plus de trois ans, à la condition qu'au moins l'un d'entre eux ait moins de cinq ans.** – *Montant du complément familial : V. art. D. 755-6.*

Art. R. 755-2 *(Décr. nº 2017-551 du 14 avr. 2017, art. 1er-1º)* **Le complément familial mentionné à l'article L. 755-16 est attribué dans les conditions prévues par l'article R. 522-2.** – *Les dispositions de l'art. 1er du Décr. nº 2017-551 du 14 avr. 2017 sont applicables aux prestations dues à compter du 1er avr. 2017 (Décr. préc., art. 4).*

Art. R. 755-3 *(Décr. nº 2017-551 du 14 avr. 2017, art. 1er-2º)* **Le complément familial différentiel prévu au dernier alinéa de l'article L. 755-16 est attribué aux ménages ou** *[aux]* **personnes qui satisfont aux conditions définies à l'article R. 755-1, dans les conditions prévues à l'article R. 522-3.** – *V. note ss. art. R. 755-2.*

Art. R. 755-4 *(Décr. nº 2017-551 du 14 avr. 2017, art. 1er-3º)* **Le montant majoré du complément familial mentionné à l'article L. 755-16-1 est attribué dans les conditions prévues à l'article R. 522-4.** – *V. note ss. art. R. 755-2.*

Art. R. 755-5 *Abrogé par Décr. nº 89-564 du 11 août 1989, art. 3.*

Art. R. 755-6 *Abrogé par Décr. nº 91-813 du 23 août 1991.*

Art. R. 755-7 à R. 755-11 *Abrogés par Décr. nº 2003-1393 du 31 déc. 2003, art. 3-X. – Sur l'entrée en vigueur du Décr. nº 2003-1393, V. note avant art. R. 531-1.*

Art. R. 755-11-1 *Abrogé par Décr. nº 93-691 du 27 mars 1993, art. 3.*

SECTION IV ALLOCATION DE SOUTIEN FAMILIAL

Art. R. 755-12 *Abrogé par Décr. nº 89-564 du 11 août 1989, art. 3. – V. art. D. 755-7 et D. 755-8.*

SECTION V *[ABROGÉE]* ALLOCATION DE PARENT ISOLÉ

(Abrogée par Décr. nº 2010-1783 du 31 déc. 2010, art. 5-II, à compter du 1er janv. 2011)

Art. R. 755-12-1 (Décr. nº 2001-279 du 2 avr. 2001) ***Les dispositions de l'article*** (Décr. nº 2006-1197 du 29 sept. 2006, art. 19, en vigueur le 1er oct. 2006) ***« R. 524-2 » sont applicables à compter du 1er janvier 2007 dans les départements mentionnés à l'article L. 751-1.***

Jusqu'à la date de l'alignement prévu au premier alinéa du présent article, les taux servant au calcul du revenu familial mentionné à l'article L. 524-1 sont majorés chaque année d'un pourcentage fixé par décret.

Art. R. 755-12-2 (Décr. nº 2001-279 du 2 avr. 2001) ***A compter du 1er janvier 2007, le montant forfaitaire prévu à l'article L. 524-1 est, dans les départements mentionnés à l'article L. 751-1, identique à celui applicable en métropole.***

Jusqu'à cette date, les taux servant au calcul du montant forfaitaire sont majorés chaque année d'un pourcentage fixé par décret, compte tenu de l'évolution du revenu familial prévu à l'article R. 755-12-1.

SECTION VI ALLOCATION POUR JEUNE ENFANT

Néant.

SECTION VII ALLOCATION D'ÉDUCATION SPÉCIALE

Art. R. 755-13 *Abrogé par Décr. nº 89-564 du 11 août 1989, art. 3. – V. art. D. 755-11.*

SECTION VIII ALLOCATION DE LOGEMENT FAMILIALE

Néant. – V. art. D. 755-12 à D. 755-38-1.

SECTION IX ALLOCATION DE RENTRÉE SCOLAIRE

Art. R. 755-14 *(Décr. n° 90-526 du 28 juin 1990, art. 4-I)* **Dans les départements mentionnés à l'article L. 751-1, les articles R. 543-1 à R. 543-7 sont applicables.**

Art. R. 755-14-1 *(Décr. n° 87-206 du 27 mars 1987, art. 18-III ; Décr. n° 90-526 du 28 juin 1990, art. 4-II)* **La somme des allocations de rentrée scolaire versées dans les départements mentionnés à l'article L. 751-1 n'entre pas en compte pour la détermination des ressources du fonds d'action sanitaire et social spécialisé des caisses d'allocations familiales desdits départements.** – *[Anc. art. R. 755-14-2.]*

Art. R. 755-14-2 *Abrogé par Décr. n° 90-526 du 28 juin 1990, art. 4-III.*

SECTION X *[ABROGÉE]* ALLOCATION D'ADOPTION

(Abrogée par Décr. n° 2003-1393 du 31 déc. 2003, art. 3-I)

Les dispositions du Décr. n° 2003-1393 du 31 déc. 2003 entrent en vigueur à compter du 1er janv. 2004, dans les conditions prévues au VIII de l'art. 60 de la loi n° 2003-1199 du 18 déc. 2003 pour les enfants nés ou adoptés à compter du 1er janv. 2004 ainsi que pour les enfants nés avant cette date alors que leur date de naissance présumée était postérieure au 31 déc. 2003.

Les personnes qui ont perçu moins de cinq mensualités d'allocation pour jeune enfant au titre de la grossesse pour des mois antérieurs au 1er janv. 2004 bénéficient de la prime à la naissance dans le courant du mois de janvier 2004. Les mensualités d'allocation pour jeune enfant perçues à ce titre antérieurement au 1er janv. 2004 sont déduites du montant de la prime à la naissance.

Les personnes bénéficiaires de l'allocation pour jeune enfant, de l'allocation d'adoption, de l'allocation parentale d'éducation, de l'allocation de garde d'enfant à domicile ou de l'aide à la famille pour l'emploi d'une assistante maternelle agréée en vertu de la réglementation applicable antérieurement au 1er janv. 2004 pour un enfant né avant cette date continuent à percevoir ces allocations jusqu'à leur terme.

Les personnes qui bénéficient au 1er janv. 2004 des prestations mentionnées ci-dessus pour un enfant né avant cette date, et qui ont à compter du 1er janv. 2004 un nouvel enfant à charge du fait d'une naissance ou d'une adoption, ouvrent droit à la prestation d'accueil du jeune enfant pour l'ensemble des enfants à charge qui remplissent les conditions de cette prestation. Le droit à la prestation d'accueil du jeune enfant est dans ce cas ouvert le mois qui suit la naissance de l'enfant. Toutefois, en cas de bénéfice de l'allocation de garde d'enfant à domicile ou de l'aide à la famille pour l'emploi d'une assistante maternelle agréée, le droit au complément de libre choix du mode de garde est ouvert à compter du premier jour du mois qui suit le trimestre civil où intervient la naissance de l'enfant. Pour les personnes ayant bénéficié de l'allocation parentale d'éducation avant le 1er janv. 2004, le complément de libre choix d'activité est versé sans examen des conditions d'activité professionnelle antérieures.

A compter du 1er janv. 2007, l'ensemble des ménages et personnes bénéficient de la prestation d'accueil du jeune enfant dès lors qu'ils répondent à ses conditions de droit (L. n° 2003-1199 du 18 déc. 2003, art. 60-VIII).

Art. R. 755-14-3 (Décr. n° 95-165 du 16 févr. 1995, art. 4) ***Dans les départements mentionnés à l'article L. 751-1, l'article R. 535-1 est applicable.*** – Ces dispositions s'appliquent à compter du 1er janv. 1995 au titre des enfants arrivés au foyer à compter de cette date. – Le montant de l'allocation est identique à celui applicable en métropole (art. D. 755-39).

(Décr. n° 97-418 du 25 avr. 1997, art. 4) ***« Pour la mise en œuvre de la condition de ressources prévue à l'article L. 755-23, il est fait application des articles R. 755-3 à R. 755-11.***

« L'allocation d'adoption est cumulable avec les allocations familiales et leur majoration pour âge servies au titre d'un seul enfant à charge pendant les neuf premiers mois de son attribution ». – Sous réserve des dispositions du III de l'art. 49 de la loi n° 96-604 du 5 juill. 1996, reproduit ss. l'art. L. 755-23 CSS, les dispositions du décret n° 97-418 du 25 avr. 1997 entrent en vigueur à compter du 1er août 1996 pour les enfants arrivés au foyer à compter de cette date.

SECTION XI ALLOCATION PARENTALE D'ÉDUCATION

Art. R. 755-15 *Abrogé par Décr. nº 88-192 du 26 févr. 1988, art. 3. – V. art. D. 755-40 et D. 755-41.*

SECTION XII DISPOSITIONS CONCERNANT CERTAINES CATÉGORIES

Néant. – V. art. D. 755-42 et D. 755-45.

SECTION XIII *[ABROGÉE]* DISPOSITIONS RELATIVES AUX EXAMENS MÉDICAUX DE LA MÈRE ET DE L'ENFANT

(Abrogée par Décr. nº 2003-1393 du 31 déc. 2003, art. 3-I)

Les dispositions du Décr. nº 2003-1393 du 31 déc. 2003 entrent en vigueur à compter du 1er janv. 2004, dans les conditions prévues au VIII de l'art. 60 de la loi nº 2003-1199 du 18 déc. 2003 pour les enfants nés ou adoptés à compter du 1er janv. 2004 ainsi que pour les enfants nés avant cette date alors que leur date de naissance présumée était postérieure au 31 déc. 2003.

Les personnes qui ont perçu moins de cinq mensualités d'allocation pour jeune enfant au titre de la grossesse pour des mois antérieurs au 1er janv. 2004 bénéficient de la prime à la naissance dans le courant du mois de janvier 2004. Les mensualités d'allocation pour jeune enfant perçues à ce titre antérieurement au 1er janv. 2004 sont déduites du montant de la prime à la naissance.

Les personnes bénéficiaires de l'allocation pour jeune enfant, de l'allocation d'adoption, de l'allocation parentale d'éducation, de l'allocation de garde d'enfant à domicile ou de l'aide à la famille pour l'emploi d'une assistante maternelle agréée en vertu de la réglementation applicable antérieurement au 1er janv. 2004 pour un enfant né avant cette date continuent à percevoir ces allocations jusqu'à leur terme.

Les personnes qui bénéficient au 1er janv. 2004 des prestations mentionnées ci-dessus pour un enfant né avant cette date, et qui ont à compter du 1er janv. 2004 un nouvel enfant à charge du fait d'une naissance ou d'une adoption, ouvrent droit à la prestation d'accueil du jeune enfant pour l'ensemble des enfants à charge qui remplissent les conditions de cette prestation. Le droit à la prestation d'accueil du jeune enfant est dans ce cas ouvert le mois qui suit la naissance de l'enfant. Toutefois, en cas de bénéfice de l'allocation de garde d'enfant à domicile ou de l'aide à la famille pour l'emploi d'une assistante maternelle agréée, le droit au complément de libre choix du mode de garde est ouvert à compter du premier jour du mois qui suit le trimestre civil où intervient la naissance de l'enfant. Pour les personnes ayant bénéficié de l'allocation parentale d'éducation avant le 1er janv. 2004, le complément de libre choix d'activité est versé sans examen des conditions d'activité professionnelle antérieures.

A compter du 1er janv. 2007, l'ensemble des ménages et personnes bénéficient de la prestation d'accueil du jeune enfant dès lors qu'ils répondent à ses conditions de droit (L. nº 2003-1199 du 18 déc. 2003, art. 60-VIII).

Art. R. 755-16 (Décr. nº 96-963 du 4 nov. 1996) ***Dans les départements mentionnés à l'article L. 751-1, les articles R. 534-1 à R. 534-4 sont applicables. Toutefois, pour l'application du troisième alinéa de l'article R. 534-4, lorsque la famille ou la personne ne perçoit que les allocations familiales au titre d'un seul enfant à charge, la première mensualité d'allocations familiales qui suit la décision de l'organisme débiteur de prestations familiales n'est pas versée.***

CHAPITRE VI RÉGIMES DES TRAVAILLEURS INDÉPENDANTS NON AGRICOLES *(Décr. nº 2018-174 du 9 mars 2018, art. 15-I, en vigueur le 1er janv. 2018).*

SECTION PREMIÈRE ORGANISATION ADMINISTRATIVE *(Décr. nº 2006-83 du 27 janv. 2006, art. 2).*

Art. R. 756-1 (Abrogé par Décr. nº 2018-174 du 9 mars 2018, art. 15-I, à compter du 1er janv. 2018) ***Il est créé en vue de l'application du titre Ier du livre VI une caisse mutuelle régionale compétente pour les départements de la Guadeloupe, de la Guyane et de la Martinique et une*** (Décr. nº 2006-83 du 27 janv. 2006) ***« caisse de base » compétente pour le département de la Réunion.***

Sur l'entrée en vigueur des dispositions issues du Décr. nº 2018-174 du 9 mars 2018, V. dispositions transitoires ss. le titre Ier du livre VI.

Art. R. 756-2 (Abrogé par Décr. nº 2018-174 du 9 mars 2018, art. 15-I, à compter du 1er janv. 2018) (Décr. nº 2006-83 du 27 janv. 2006) ***Les conseils d'administration des caisses de base créées par l'article R. 756-1 comprennent vingt-quatre administrateurs.***

La composition des conseils d'administration et la répartition des sièges entre les administrateurs des trois groupes professionnels des artisans, industriels et commerçants et professions libérales sont fixées dans les conditions prévues aux articles L. 611-12, R. 611-24, R. 611-25, R. 611-33 et R. 611-34, à l'exception du dernier alinéa.

Sous réserve des dispositions du présent article, les caisses de base mentionnées à l'article R. 756-1 sont régies par les dispositions de la section III du chapitre Ier du titre Ier du livre VI.

V. note ss. art. R. 756-1.

Art. R. 756-3 (Abrogé par Décr. nº 2018-174 du 9 mars 2018, art. 15-I, à compter du 1er janv. 2018) ***Les décrets pris pour l'application du titre Ier du livre VI sont applicables dans les départements de la Guadeloupe, de la Guyane, de la Martinique et de la Réunion.***

V. note ss. art. R. 756-1.

SECTION II ASSURANCE VIEILLESSE

SOUS-SECTION 1 DISPOSITIONS COMMUNES À L'ENSEMBLE DES RÉGIMES D'ASSURANCE VIEILLESSE

Néant.

SOUS-SECTION 2 DISPOSITIONS APPLICABLES AUX PROFESSIONS ARTISANALES, INDUSTRIELLES ET COMMERCIALES

Néant. – V. art. D. 756-4 à D. 756-9.

CHAPITRE VII ALLOCATIONS AUX PERSONNES ÂGÉES – ALLOCATION AUX ADULTES HANDICAPÉS (*Décr. nº 2003-1393 du 31 déc. 2003, art. 3-XI*).

Sur l'entrée en vigueur du Décr. nº 2003-1393 du 31 déc. 2003, V. note avant art. R. 531-1.

SECTION PREMIÈRE ALLOCATIONS AUX PERSONNES ÂGÉES

SOUS-SECTION 1 ALLOCATIONS AUX VIEUX TRAVAILLEURS SALARIÉS

Néant. – V. art. D. 757-1 à D. 757-13.

SOUS-SECTION 2 ALLOCATIONS AUX VIEUX TRAVAILLEURS NON SALARIÉS

Néant. – V. art. D. 757-14.

SOUS-SECTION 3 ALLOCATION SUPPLÉMENTAIRE DU FONDS NATIONAL DE SOLIDARITÉ

Art. R. 757-1 **Les prestations familiales, la retraite du combattant et les pensions attachées aux distinctions honorifiques, les majorations accordées aux personnes dont l'état de santé nécessite l'aide constante d'une tierce personne,** *(Décr. nº 2013-276 du 2 avr. 2013, art. 1er-8º, en vigueur le 1er mars 2013)* **« la prestation complémentaire pour recours à tierce personne, » l'allocation de compensation prévue à l'article 171 du code de la famille et de l'aide sociale** *[non repris au CASF]* **et l'allocation compensatrice des augmentations de loyer prévue à l'article 161** *[non codifié]* **dudit code n'entrent pas en compte pour l'attribution de l'allocation supplémentaire du Fonds national de solidarité dans les conditions prévues à l'article L. 757-2 du présent code.** *– Les personnes qui bénéficient, au 28 févr. 2013, de la majoration pour tierce personne mentionnée au troisième al. de l'art. L. 434-2, dans sa rédaction antérieure au 1er mars 2013, et qui n'ont pas* *opté pour le bénéfice de la prestation complémentaire pour recours à tierce personne, continuent de percevoir cette majoration dans les conditions et selon les règles de revalorisation en vigueur au 28 févr. 2013 (Décr. nº 2013-276 du 2 avr. 2013, art. 3).*

L'allocation supplémentaire est accordée par le préfet au vu de la décision de la commission d'admission à l'aide sociale.

Pour l'application des dispositions du chapitre III du titre III du code de la famille et de l'aide sociale, le préfet se substitue à la commission d'admission à l'aide sociale.

Art. R. 757-2 *Abrogé par Décr. nº 2011-620 du 31 mai 2011, art. 9.*

SECTION II ALLOCATION AUX ADULTES HANDICAPÉS

Art. R. 757-3 **Pour l'application des dispositions du titre II du livre VIII dans les départements mentionnés à l'article L. 751-1, les attributions dévolues dans ce titre aux caisses de mutualité agricole sont exercées par les caisses d'allocations familiales.**

SECTION III *[ABROGÉE]* AIDES À L'EMPLOI POUR LA GARDE DES JEUNES ENFANTS

(Abrogée par Décr. nº 2003-1393 du 31 déc. 2003, art. 3-I)

Art. R. 757-4 (Décr. nº 90-1243 du 31 déc. 1990, art. 4) ***Dans les départements mentionnés à l'article L. 751-1, les articles R. 841-1 et R. 843-1 sont applicables.***

Art. R. 757-5 (Décr. nº 95-122 du 7 févr. 1995, art. 4) ***Dans les départements mentionnés à l'article L. 751-1, les articles R. 842-1, R. 842-2 et R. 842-6 sont applicables.***

SECTION IV PRIME D'ACTIVITÉ

(Décr. nº 2015-1709 du 21 déc. 2015, art. 1er-II, en vigueur le 1er janv. 2016)

Art. *[R.]* 757-6 **Pour son application dans les départements d'outre-mer, l'article R. 844-4 est ainsi modifié :**

1º La référence à l'article L. 522-3 est remplacée par la référence à l'article L. 755-16-1 ;

2º Les mots : "à 41,65 % de la base mensuelle de calcul des allocations familiales déterminées en application de l'article L. 551-1" sont remplacés par les mots : "à 23,79 % de la base mensuelle de calcul des allocations familiales prévue à l'article L. 755-3".

CHAPITRE VIII DISPOSITIONS DIVERSES

Néant. – V. art. D. 758-1 à D. 758-3.

TITRE SIXIÈME FRANÇAIS RÉSIDANT À L'ÉTRANGER — TRAVAILLEURS MIGRANTS

CHAPITRE PREMIER TRAVAILLEURS SALARIÉS DÉTACHÉS À L'ÉTRANGER

SECTION PREMIÈRE DISPOSITIONS GÉNÉRALES

Art. R. 761-1 **Les travailleurs qui sont détachés temporairement à l'étranger par leur employeur pour y exercer une activité salariée ou assimilée rémunérée par cet employeur et qui ne sont pas soumis à la législation française de sécurité sociale en vertu de conventions ou de règlements internationaux peuvent être admis au bénéfice de l'article L. 761-2 pour une durée maximale de trois ans, renouvelable une fois.**

Les travailleurs détachés qui sont soumis à la législation française de sécurité sociale en vertu de conventions ou de règlements internationaux pendant une durée inférieure à la durée maximale prévue ci-dessus peuvent être admis au bénéfice de l'article L. 761-2 pour la période restant à couvrir jusqu'au terme de cette durée maximale.

Ces dispositions s'appliquent à l'occasion de tout nouveau détachement du même travailleur.

Toutefois, le travailleur auquel il a été fait application de l'article L. 761-2, pendant la durée maximale fixée ci-dessus, et qui est détaché à nouveau par le même employeur auprès de la même entreprise ne peut être à nouveau soumis à la législation française de sécurité sociale en application de cette disposition législative qu'à la condition qu'il se soit écoulé au moins deux ans depuis la fin du précédent détachement. Cette condition n'est pas applicable dans le cas du détachement d'une durée inférieure à trois mois.

Art. R. 761-2 La demande formée au titre de l'article L. 761-1 ou de l'article L. 761-2 est adressée à la caisse d'affiliation du salarié.

Pour les salariés mentionnés à l'article L. 761-2, cette demande doit être accompagnée de l'engagement de l'employeur de s'acquitter de l'intégralité des cotisations dues.

En cas d'urgence, l'employeur avise la caisse du détachement. Le maintien du travailleur au bénéfice de la législation française de sécurité sociale est alors prononcé à titre provisoire, sous réserve de régularisation de la demande. Cette régularisation doit intervenir dans les trois mois.

Pour les détachements d'une durée inférieure à trois mois, la décision de la caisse est prise au vu d'un simple avis qui lui est adressé par l'employeur, accompagné, le cas échéant, de l'engagement de s'acquitter de l'intégralité des cotisations dues.

Lorsque sont remplies les conditions requises pour que le travailleur bénéficie des dispositions de l'article L. 761-1 ou de l'article L. 761-2, la caisse délivre à l'intéressé soit le document prévu par la convention ou le règlement international applicable, soit une attestation dont le modèle est fixé par arrêté du ministre chargé de la sécurité sociale.

Art. R. 761-3 En cas d'accident du travail survenant au cours du détachement à l'étranger et sauf exception prévue par les conventions et règlements internationaux, il est fait application des dispositions du chapitre IV du titre IV du livre IV.

Art. R. 761-4 Pour les soins donnés à l'étranger, les prestations en nature de l'assurance maladie et de l'assurance maternité sont servies dans les conditions fixées à la section IV du chapitre II du présent titre.

Art. R. 761-5 Dans tous les autres cas, les prestations d'assurances sociales sont servies aux travailleurs détachés dans les mêmes conditions que s'ils résidaient en France.

Art. R. 761-6 Sous réserve des dispositions des conventions et règlements internationaux, seuls les enfants qui résident en France ouvrent au travailleur détaché droit aux prestations familiales prévues par le livre V du présent code.

En cas de dispersion des enfants, les allocations familiales sont calculées par la caisse d'allocations familiales comme si tous les enfants résidaient en France et versées au prorata du nombre des enfants qui résident effectivement en France ou sont réputés y résider.

Il résulte de la combinaison des art. L. 512-1 et R. 761-6 CSS que, sous réserve des dispositions des conventions et règlements internationaux, les travailleurs détachés à l'étranger ne bénéficient des prestations familiales prévues par le livre V CSS que pour leurs enfants résidant en France ; hormis l'enfant qui vit de façon permanente en France, n'est réputé également y résider que celui qui accomplit hors du territoire national un séjour dans les conditions limitativement énumérées par l'art. R. 512-1 CSS, pris pour l'application de l'art. L. 512-1 du même code. • Soc. 12 juill. 1995, n° 93-14.106 P : *D. 1995. IR 229.*

SECTION II PERSONNELS FRANÇAIS NON TITULAIRES EN SERVICE DANS LES ADMINISTRATIONS, SERVICES ET ÉTABLISSEMENTS DE L'ÉTAT À L'ÉTRANGER

Néant. — V. art. D. 761-2 à D. 761-9.

SECTION III TRAVAILLEURS ASSUJETTIS À UN RÉGIME SPÉCIAL DE SÉCURITÉ SOCIALE

SOUS-SECTION 1 FONCTIONNAIRES DE L'ÉTAT ET MAGISTRATS DE L'ORDRE JUDICIAIRE

Art. R. 761-7 Les dispositions prises en application du chapitre II du titre Ier du présent livre sont applicables, sous réserve des dispositions ci-après, aux fonctionnaires de l'État et aux magistrats de l'ordre judiciaire en service ou en mission à l'étranger lorsqu'ils sont rémunérés sur le budget général de l'État ou sur le budget d'un établissement public de l'État ne présentant pas un caractère industriel ou commercial.

Ces dispositions sont également applicables aux fonctionnaires de l'État et aux magistrats de l'ordre judiciaire détachés ou en mission à l'étranger pour l'accomplissement d'une tâche de coopération culturelle, scientifique et technique.

Art. R. 761-8 Les personnels mentionnés à l'article R. 761-7 bénéficient des prestations en nature des assurances maladie, maternité et invalidité pendant toute la durée de l'exercice de leurs fonctions à l'étranger, dans les conditions et selon les tarifs de remboursement prévus en faveur des ressortissants du régime général détachés à l'étranger.

Leurs ayants droit peuvent également prétendre aux prestations en nature des assurances maladie et maternité alors même qu'ils résident ou séjournent sur le territoire du ou des États où les personnels mentionnés à l'article R. 761-7 exercent leurs fonctions. Dans ce cas, les prestations leur sont servies dans les mêmes conditions et selon les mêmes tarifs de remboursement que pour ces personnels.

Art. R. 761-9 Les fonctionnaires et magistrats mentionnés à l'article R. 761-7 demeurent affiliés à la caisse primaire d'assurance maladie dont ils relèvent avant leur départ en service ou en mission à l'étranger.

Art. R. 761-10 Le service des prestations en nature des assurances maladie, maternité et invalidité est confié aux sections constituées par les mutuelles des fonctionnaires ou magistrats auprès des administrations dont relèvent les personnels mentionnés à l'article R. 761-7 et qui ont déjà compétence à cet effet à l'égard des fonctionnaires ou magistrats desdites administrations exerçant leurs fonctions sur le territoire métropolitain.

Art. R. 761-11 Le taux et l'assiette de la cotisation des assurances sociales afférente à la couverture des prestations en nature de l'assurance maladie et maternité servies en application de la présente sous-section sont identiques à ceux qui sont applicables pour les fonctionnaires ou magistrats en activité sur le territoire métropolitain.

SOUS-SECTION 2 MILITAIRES AFFILIÉS AU RÉGIME MILITAIRE DE SÉCURITÉ SOCIALE

Art. R. 761-12 Les dispositions prises en application du chapitre III du titre Ier du présent livre sont applicables, sous réserve des dispositions ci-après, aux militaires affiliés au régime militaire de sécurité sociale en service ou en mission à l'étranger lorsqu'ils sont rémunérés sur le budget général de l'État ou sur le budget d'un établissement public de l'État ne présentant pas un caractère industriel ou commercial.

Art. R. 761-13 Les militaires mentionnés à l'article R. 761-12 bénéficient des prestations en nature des assurances maladie, maternité pendant toute la durée de l'exercice de leurs fonctions à l'étranger, dans les conditions et selon les tarifs de remboursement prévus en faveur des ressortissants du régime général détachés à l'étranger.

Leurs ayants droit peuvent également prétendre aux prestations en nature des assurances maladie et maternité alors même qu'ils résident ou séjournent sur le territoire du ou des États où les militaires mentionnés à l'article R. 761-12 exercent leurs fonctions. Les prestations leur sont servies dans les mêmes conditions et selon les mêmes tarifs de remboursement que pour les militaires.

Art. R. 761-14 La situation des militaires mentionnés à l'article R. 761-12 affectés à l'étranger est signalée par les soins de l'administration ou de l'établissement dont ils relèvent à la Caisse nationale militaire de sécurité sociale chargée du service des prestations en nature.

Art. R. 761-15 Le taux et l'assiette de la cotisation des assurances sociales afférente à la couverture des prestations en nature de l'assurance maladie et maternité servies en application de la présente sous-section sont identiques à ceux qui sont applicables pour les militaires servant sur le territoire métropolitain.

SECTION IV PERSONNEL CIVIL DE COOPÉRATION CULTURELLE, SCIENTIFIQUE ET TECHNIQUE AUPRÈS D'ÉTATS ÉTRANGERS

Néant. – V. art. D. 761-10 à D. 761-18.

SECTION V PRESTATIONS

(Décr. n° 2002-546 du 19 avr. 2002)

Art. R. 761-16 La participation de l'assuré aux tarifs servant de base au calcul des prestations prévues à l'article R. 761-18 est fixée ainsi qu'il suit :

1° 30 % pour les frais d'honoraires des praticiens et 40 % pour les frais d'honoraires des auxiliaires médicaux ;

2° 35 % pour tous les autres frais prévus au 1° de l'article *(Décr. n° 2015-1865 du 30 déc. 2015, art. 10-5°, en vigueur le 1er janv. 2016)* « L. 160-8 », à l'exception des frais d'hospitalisation.

Pour les frais d'hospitalisation, la participation de l'assuré est fixée dans les conditions prévues à l'article *(Décr. n° 2015-1865 du 30 déc. 2015, art. 10-6°, en vigueur le 1er janv. 2016)* « L. 160-13 ».

Art. R. 761-17 La participation de l'assuré est limitée ou supprimée, dans les conditions fixées par les textes réglementaires pris pour l'application de l'article *(Décr. n° 2015-1865 du 30 déc. 2015, art. 10-4°, en vigueur le 1er janv. 2016)* « L. 160-14 » :

1° Lorsque, à l'occasion d'une hospitalisation ou au cours d'une période de temps déterminée, la dépense demeurant à la charge de l'intéressé dépasse un certain montant ;

2° Lorsque l'état du bénéficiaire justifie la fourniture d'un appareil appartenant à une catégorie déterminée, pour les frais d'acquisition de l'appareil ;

3° Lorsque le bénéficiaire a été reconnu atteint d'une des affections comportant un traitement prolongé et une thérapeutique particulièrement coûteuse, inscrites sur la liste prévue au 3° de l'article *(Décr. n° 2015-1865 du 30 déc. 2015, art. 10-4°, en vigueur le 1er janv. 2016)* « L. 160-14 » ;

4° Lorsque le bénéficiaire est un enfant ou un adolescent handicapé, pour les frais mentionnés au 2° de l'article *(Décr. n° 2015-1865 du 30 déc. 2015, art. 10-5°, en vigueur le 1er janv. 2016)* « L. 160-8 ».

La participation de l'assuré peut être supprimée, sur avis conforme du contrôle médical, lorsque l'assuré est reconnu atteint d'une affection non inscrite sur la liste mentionnée au 3° ci-dessus mais comportant un traitement prolongé et une thérapeutique particulièrement coûteuse.

Sont enfin exonérées de toute participation, dans les cas et conditions prévus par ces dispositions, les personnes mentionnées à l'article L. 371-6 et à l'article *(Décr. n° 2015-1865 du 30 déc. 2015, art. 10-23°, en vigueur le 1er janv. 2016)* « R. 160-10 ».

Art. R. 761-18 Pour les soins dispensés à l'étranger, les tarifs servant de base au calcul des prestations dues aux travailleurs détachés au titre de l'assurance maladie et de l'assurance maternité instituées par la présente section sont déterminés dans les conditions suivantes :

1° Pour les actes des praticiens et auxiliaires médicaux et pour les *(Décr. n° 2011-2119 du 30 déc. 2011, art. 5-7°)* « examens de biologie médicale », les remboursements sont effectués sur la base des frais réels, dans la limite des tarifs déterminés par les conventions nationales prévues au chapitre II du titre VI du livre Ier ; en l'absence de telles conventions, les remboursements s'effectuent dans la limite de tarifs fixés par arrêté conjoint du ministre chargé de la sécurité sociale, du ministre chargé du budget et du ministre chargé de l'agriculture, après avis de la Caisse nationale de l'assurance maladie des travailleurs salariés ;

2° Pour les médicaments, les frais sont calculés sur la base des prix facturés aux assurés sans pouvoir excéder le coût du traitement si celui-ci avait eu lieu en France ;

3° Pour les produits de santé autres que les médicaments et pour les frais d'appareillage, les remboursements sont effectués sur la base des frais réels dans la limite des tarifs de responsabilité prévus aux articles L. 165-1 et L. 314-1 ;

4° Pour les frais d'hospitalisation et de soins dans les établissements de cure, de réadaptation fonctionnelle et de rééducation professionnelle, le remboursement s'effec-

tue sur la base des frais réels dans la limite des tarifs fixés par arrêté conjoint du ministre chargé de la sécurité sociale, du ministre chargé du budget et du ministre chargé de l'agriculture, après avis de la Caisse nationale de l'assurance maladie des travailleurs salariés ;

5° Pour les frais de transports sanitaires exposés par les assurés dans le pays où les soins sont donnés, le remboursement s'effectue sur la base des frais réels dans la limite de forfaits déterminés par arrêté conjoint des mêmes ministres, après avis de la Caisse nationale de l'assurance maladie des travailleurs salariés.

Art. R. 761-19 **La part garantie ne peut excéder le montant des frais exposés par l'assuré ou par ses ayants droit.**

Le montant total des prestations en nature versées à l'occasion d'un traitement médical ne peut excéder le montant du remboursement qui aurait été alloué si l'intéressé avait reçu les soins en France.

Les prestations sont versées directement à l'assuré.

Art. R. 761-20 **Le dossier de remboursement adressé à la caisse compétente par l'assuré détaché doit comprendre toutes les justifications des dépenses exposées, et notamment :**

1° Le montant des honoraires perçus par le praticien ;

2° Les factures de pharmacie, d'examens ((*Décr. n° 2011-2119 du 30 déc. 2011, art. 5-6°*) **« de biologie médicale », de fournitures autres que les médicaments, d'appareillage ou de transport sanitaire ;**

3° Le montant des frais d'hospitalisation ou des frais de séjour dans un établissement de soins, de réadaptation fonctionnelle ou de rééducation professionnelle.

La demande de remboursement devra être constituée à l'aide de feuilles de maladie spéciales dont le modèle est fixé par arrêté conjoint du ministre chargé de la sécurité sociale et du ministre chargé de l'agriculture.

La caisse peut, toutes les fois que cela est nécessaire à l'exercice de son droit de contrôle, inviter l'intéressé à faire viser les justifications par les autorités consulaires françaises.

Toutes les dépenses exposées à l'étranger doivent être justifiées par des factures ou notes acquittées, ou portant la mention d'un paiement par chèque, traduites en français ou dans l'une des langues étrangères prévues par arrêté du ministre chargé de la sécurité sociale et du ministre chargé de l'agriculture.

CHAPITRE II **TRAVAILLEURS SALARIÉS EXPATRIÉS** (*Décr. n° 2002-545 du 19 avr. 2002*).

SECTION PREMIÈRE **GÉNÉRALITÉS**

Art. R. 762-1 **Les travailleurs expatriés qui adhèrent à l'assurance volontaire maladie-maternité-invalidité ou à l'assurance volontaire accidents du travail et maladies professionnelles instituées par l'article L. 762-1 sont affiliés à la caisse des Français de l'étranger.**

Art. R. 762-2 Les opérations relatives d'une part, à l'assurance volontaire "maladie-maternité-invalidité" des travailleurs salariés expatriés, d'autre part à l'assurance volontaire "accidents du travail" des mêmes personnes sont retracées dans des comptes distincts. – *V. art. D. 762-1 s.*

SECTION II **ASSURANCES MALADIE, MATERNITÉ, INVALIDITÉ**

SOUS-SECTION 1 **ADHÉSION** (*Décr. n° 2017-736 du 3 mai 2017, art. 1er-11°*).

Art. R. 762-3 **Les travailleurs expatriés qui désirent bénéficier de l'assurance volontaire maladie-maternité-invalidité adressent à la caisse des Français de l'étranger une demande d'adhésion conforme à un modèle fixé par arrêté du ministre chargé de la sécurité sociale et accompagnée de pièces justificatives dont la liste est fixée par le même arrêté.** – *V. Arr. du 27 déc. 1977 (JONC 14 janv. 1978).*

L'immatriculation est opérée, le cas échéant, à la diligence de la caisse.

L'adhésion prend effet du premier jour du mois qui suit la réception par la caisse de la demande. Toutefois, l'adhésion ne peut prendre effet à une date antérieure à celle où débute l'activité salariée du travailleur à l'étranger.

Les bénéficiaires de l'assurance volontaire maladie-maternité-invalidité sont tenus d'informer la caisse des Français de l'étranger de toute modification dans leur situation, et notamment de toute interruption de leur activité salariée ou de tout changement de pays ou d'employeur.

Art. R. 762-4 *Abrogé par Décr. nº 2002-545 du 19 avr. 2002.*

Art. R. 762-5 *Abrogé par Décr. nº 2002-545 du 19 avr. 2002.*

Art. R. 762-6 Sans préjudice de l'application de *(Décr. nº 2002-545 du 19 avr. 2002)* « l'article R. 766-3 », la personne qui a été radiée du régime d'assurance volontaire maladie-maternité-invalidité alors qu'elle continuait à remplir les conditions exigées pour bénéficier dudit régime, et qui, sans avoir changé de pays de résidence, présente une nouvelle demande d'adhésion doit s'acquitter des cotisations qu'elle aurait versées si elle n'avait pas été radiée.

SOUS-SECTION 2 COTISATIONS

Art. R. 762-7 La cotisation est due à compter de la date d'effet de l'adhésion et fait l'objet de paiements trimestriels.

La cotisation trimestrielle est exigible le premier jour du trimestre civil auquel elle se rapporte et payable dans le mois qui suit, en francs français *[en euros]*, à la caisse des Français de l'étranger. *– V. art. D. 762-1, D. 762-1-1 et D. 762-2.*

SOUS-SECTION 3 BÉNÉFICIAIRES ET OUVERTURE DES DROITS

Art. R. 762-8 *Al. 1er abrogé par Décr. nº 2002-545 du 19 avr. 2002.*

Les autres assurés ont droit aux prestations en nature de l'assurance maladie et de l'assurance maternité pour les soins donnés :

1°) à compter de la date d'effet de leur adhésion, si la demande d'adhésion est présentée dans le délai de trois mois à compter du jour où ils sont en situation de bénéficier de l'assurance volontaire ;

2°) à compter du premier jour du quatrième mois suivant la date d'effet de l'adhésion, si la demande est présentée après l'expiration de ce délai de trois mois.

(Décr. nº 99-1003 du 25 nov. 1999, art. 1er) « Les assurés ont droit aux prestations de l'assurance invalidité s'ils justifient de douze mois consécutifs d'adhésion à titre personnel, au premier jour du mois au cours duquel est survenue l'interruption de travail suivie d'invalidité ou la constatation de l'état d'invalidité résultant de l'usure prématurée de l'organisme ». *– Disposition applicable aux adhésions à l'assurance maladie-maternité-invalidité de la Caisse des Français de l'étranger postérieures à la date d'entrée en vigueur du décret du 25 nov. 1999.*

Dans tous les cas, le versement des prestations est subordonné à la justification du paiement des cotisations exigibles à la date à laquelle les soins ont été donnés ou l'invalidité constatée.

Art. R. 762-9 Lors de son retour en France, le salarié qui cotisait à l'assurance volontaire maladie-maternité-invalidité bénéficie, à compter du jour de son affiliation à un régime obligatoire d'assurances sociales ou à un régime d'assurance volontaire couvrant les risques de maladie et de maternité, des prestations en nature de ce régime.

Pour l'ouverture du droit aux prestations en espèces des assurances sociales, les périodes d'affiliation à l'assurance volontaire maladie-maternité-invalidité sont assimilées à des périodes de travail salarié.

Le travailleur salarié expatrié qui, de retour en France, se trouve en état de chômage involontaire indemnisé ou non indemnisé a droit et ouvre droit aux prestations du régime des expatriés pendant trois mois à compter du premier jour de résidence en France, sous réserve que l'assuré ait tenu informée la caisse des Français de l'étranger de son retour définitif en France. Passé ce délai, il cesse de relever du régime des expatriés ; en application de l'article L. 311-5, il est assujetti au régime général de sécurité sociale s'il perçoit un des revenus de remplacement ou une des allocations mentionnés à cet article.

Le travailleur salarié expatrié qui a adhéré à l'assurance volontaire maladie-maternité-invalidité et qui, dans les trois mois suivant son retour en France, est atteint d'une affection sans avoir repris une activité entraînant son assujettissement à un régime obligatoire de sécurité sociale conserve le droit aux prestations de l'assurance volontaire tant que le contrôle médical estime qu'il se trouve dans l'incapacité physique de reprendre un emploi. Ces prestations sont servies et prises en charge par le régime des expatriés.

Art. R. 762-10 *Abrogé par Décr. nº 2002-545 du 19 avr. 2002.*

SOUS-SECTION 4 PRESTATIONS D'ASSURANCE MALADIE ET MATERNITÉ

Art. R. 762-11 Les soins donnés en France à l'assuré et à ses ayants droit sont pris en charge par la caisse des Français de l'étranger dans les conditions fixées au livre III du présent code.

Art. R. 762-12 Pour les soins donnés à l'étranger, les prestations en nature de l'assurance maladie et de l'assurance maternité sont servies dans les conditions fixées à la section IV du présent chapitre.

Un arrêté du ministre chargé de la sécurité sociale détermine les cas et conditions dans lesquels le versement des prestations est subordonné à un accord préalable de la caisse des Français de l'étranger.

Art. R. 762-13 La participation de l'assuré aux tarifs servant de base au calcul des prestations de l'assurance maladie prévues à l'article R. 762-37 est fixée ainsi qu'il suit :

(Décr. nº 2002-545 du 19 avr. 2002) « 1° 30 % pour les frais d'honoraires des praticiens et 40 % pour les frais d'honoraires des auxiliaires médicaux ;

« 2° 35 % pour les autres frais prévus au 1° de l'article *(Décr. nº 2015-1865 du 30 déc. 2015, art. 10-5º, en vigueur le 1er janv. 2016)* « L. 160-8 », à l'exception des frais d'hospitalisation ;

« 3° 20 % pour les frais d'hospitalisation. »

Art. R. 762-14 La participation de l'assuré est limitée ou supprimée, dans les conditions fixées par les textes réglementaires pris pour l'application de l'article *(Décr. nº 2015-1865 du 30 déc. 2015, art. 10-4º, en vigueur le 1er janv. 2016)* « L. 160-14 » :

1° Lorsque à l'occasion d'une hospitalisation ou au cours d'une période de temps déterminée, la dépense demeurant à la charge de l'intéressé dépasse un certain montant ;

2° Lorsque l'état du bénéficiaire justifie la fourniture d'un appareil appartenant à une catégorie déterminée, pour les frais d'acquisition de l'appareil ;

3° Lorsque le bénéficiaire a été reconnu atteint d'une des affections comportant un traitement prolongé et une thérapeutique particulièrement coûteuse, inscrites sur la liste prévue au 3° de l'article *(Décr. nº 2015-1865 du 30 déc. 2015, art. 10-4º, en vigueur le 1er janv. 2016)* « L. 160-14 » ;

4° Lorsque le bénéficiaire est un enfant ou un adolescent handicapé, pour les frais mentionnés au 2° de l'article *(Décr. nº 2015-1865 du 30 déc. 2015, art. 10-5º, en vigueur le 1er janv. 2016)* « L. 160-8 ».

La participation peut être supprimée, sur avis conforme du contrôle médical, lorsque l'assuré est reconnu atteint d'une affection non inscrite sur la liste mentionnée au 3° ci-dessus mais comportant un traitement prolongé et une thérapeutique particulièrement coûteuse.

Sont enfin exonérées de toute participation, dans les cas et conditions prévus par ces dispositions, les personnes mentionnées à l'article L. 371-6 et à l'article *(Décr. nº 2015-1865 du 30 déc. 2015, art. 10-23º, en vigueur le 1er janv. 2016)* « R. 160-10 ».

SOUS-SECTION 5 PENSIONS D'INVALIDITÉ ET PENSIONS DE VIEILLESSE SUBSTITUÉES

Art. R. 762-15 Sous réserve de l'application de l'article L. 762-7, des articles R. 762-16 à R. 762-18, les pensions d'invalidité sont régies par les dispositions du titre IV du livre III.

Art. R. 762-16 La demande de pension doit être adressée à la caisse des Français de l'étranger accompagnée d'un dossier médical dont le modèle est fixé par arrêté du ministre chargé de la sécurité sociale.

Pour l'exercice de son droit de contrôle la caisse peut inviter l'intéressé à fournir toutes les justifications qu'elle estimera nécessaires, éventuellement visées par les autorités consulaires françaises.

Art. R. 762-17 Pour l'application de l'article L. 341-12, et lorsque la reprise du travail a lieu à l'étranger, la pension d'invalidité ne peut se cumuler avec les gains ou salaires du pensionné que dans la limite du salaire qui a servi de base au calcul de la pension.

Art. R. 762-18 La pension de vieillesse substituée à une pension d'invalidité liquidée au titre de l'assurance volontaire conformément aux dispositions du deuxième alinéa de l'article L. 762-7 ne peut être liquidée qu'au profit du titulaire qui, au cours des quatre trimestres civils précédant la date de l'interruption de travail consécutive à l'accident ou à la maladie invalidante ou celle de la constatation de l'invalidité résultant de l'usure prématurée de l'organisme, a également cotisé à l'assurance volontaire vieillesse à moins qu'il n'ait acquis pendant au moins cinq ans des droits à l'assurance vieillesse, obligatoire ou volontaire.

La pension de vieillesse de veuve ou de veuf substituée à une pension d'invalidité liquidée au titre de l'assurance volontaire conformément aux dispositions du troisième alinéa de l'article L. 762-7 ne peut être liquidée au profit du conjoint survivant que si l'assuré avait également cotisé à l'assurance volontaire vieillesse au cours des quatre trimestres civils précédant soit la date de l'interruption de travail consécutive à l'accident ou à la maladie invalidante ou celle de la constatation médicale de l'invalidité résultant de l'usure prématurée de l'organisme, soit la date de son décès s'il n'était pas titulaire d'une telle pension, à moins qu'il n'ait acquis, pendant au moins cinq ans, des droits à l'assurance vieillesse obligatoire ou volontaire.

SOUS-SECTION 6 CONTESTATION D'ORDRE MÉDICAL

Art. R. 762-19 Les dispositions du chapitre Ier du titre IV du livre Ier sont applicables en cas de contestation d'ordre médical. Toutefois la caisse des Français de l'étranger peut faire appel pour la désignation du médecin expert soit aux institutions de sécurité sociale du pays où réside le travailleur expatrié soit aux autorités consulaires françaises.

SOUS-SECTION 7 RADIATION

Art. R. 762-20 Lorsque les cotisations n'ont pas été versées à l'échéance prescrite, la caisse des Français de l'étranger invite le redevable à régulariser sa situation dans le mois suivant.

L'intéressé encourt la radiation de l'assurance volontaire lorsque les cotisations n'ont pas été acquittées à deux échéances successives.

Toutefois la radiation ne devient effective que si le redevable ne défère pas à une mise en demeure l'invitant à s'acquitter de ses cotisations dans les trois mois à compter de sa réception.

Lorsque l'assuré justifie par une attestation des services consulaires avoir versé le montant de sa cotisation en monnaie locale à l'organisme local agréé pour les transferts, la procédure de radiation est suspendue.

Les dispositions des articles R. 243-18 à R. 243-21 et R. 244-2 sont applicables aux employeurs mentionnés à l'article L. 762-3.

Art. R. 762-21 La caisse des Français de l'étranger procède, après en avoir informé les intéressés, à la radiation des assurés qui cessent de remplir les conditions exigées pour bénéficier de l'assurance volontaire maladie-maternité-invalidité.

Art. R. 762-22 L'assuré a la faculté de demander à tout moment sa radiation. Celle-ci prend effet à compter du premier jour du trimestre civil qui suit la demande. Elle entraîne le cas échéant le remboursement des cotisations qui auraient été acquittées par avance pour ce trimestre ou les trimestres ultérieurs.

SECTION III ASSURANCE ACCIDENTS DU TRAVAIL ET MALADIES PROFESSIONNELLES

Art. R. 762-23 Les travailleurs expatriés qui désirent bénéficier de l'assurance volontaire accidents du travail et maladies professionnelles adressent à la caisse des Français de l'étranger une demande d'adhésion conforme à un modèle fixé par arrêté du ministre chargé de la sécurité sociale et accompagnée de pièces justificatives dont la liste est fixée par le même arrêté. – *V. Arr. du 27 déc. 1977 (JONC 14 janv. 1978).*

L'immatriculation est faite, le cas échéant, à la diligence de la caisse.

L'adhésion prend effet au jour de la notification de la décision de la caisse et au plus tard deux mois après la date de réception de la demande.

Toutefois, lorsque le travailleur a formulé sa demande avant son départ de France, par lettre recommandée avec demande d'avis de réception, l'adhésion prend effet à la date où débute son activité salariée à l'étranger.

Les bénéficiaires de l'assurance volontaire accidents du travail et maladies professionnelles sont tenus d'informer la caisse de toute modification dans leur situation et notamment de toute interruption de leur activité salariée ou de tout changement de pays ou d'employeur.

Art. R. 762-24 Les assurés font connaître à la caisse des Français de l'étranger le salaire annuel qui doit servir de base au calcul des cotisations et des prestations. Le montant de ce salaire doit être exprimé en francs français *[en euros]*.

Il ne peut être inférieur, pour une année civile donnée, au montant en vigueur au 1er janvier du salaire minimum prévu au premier alinéa de l'article L. 434-16 ni excéder *(Décr. nº 93-197 du 8 févr. 1993, art. 1er)* « huit » fois ce montant.

La cotisation est due à compter de la date d'effet de l'adhésion et fait l'objet de paiements trimestriels.

La cotisation trimestrielle est exigible au premier jour du trimestre civil auquel elle se rapporte et payable dans le mois qui suit, en francs français *[en euros]*, à la caisse des Français de l'étranger.

La cotisation peut être réglée d'avance pour l'année civile entière.

Art. R. 762-25 Le droit aux prestations s'ouvre à la date d'effet de l'adhésion.

Le versement des prestations est subordonné à la justification du paiement des cotisations exigibles à la date de l'accident ou de la constatation de la maladie professionnelle.

Art. R. 762-26 Les soins et les frais d'appareillage, de réadaptation fonctionnelle et de rééducation professionnelle donnés ou exposés en France sont pris en charge par la caisse des Français de l'étranger dans les conditions prévues par le livre IV du présent code.

Pour les soins donnés et les frais exposés à l'étranger il est fait application de la section IV du présent chapitre.

Un arrêté du ministre chargé de la sécurité sociale détermine les cas et conditions dans lesquels le versement des prestations est subordonné à un accord préalable de la caisse des Français de l'étranger.

Art. R. 762-27 En vue du paiement des indemnités journalières l'assuré doit fournir une attestation certifiant que son salaire ne lui est pas maintenu intégralement ou partiellement par son employeur pendant la période d'incapacité temporaire.

Si, durant cette période, l'employeur maintient tout ou partie du salaire, il est subrogé de plein droit à la victime dans les droits de celle-ci aux indemnités journalières à due concurrence des sommes qu'il a versées.

Art. R. 762-28 Pour le calcul des indemnités journalières, le salaire journalier prévu à l'article L. 433-2 est égal au 1/300 du salaire annuel défini à l'article R. 762-24.

Art. R. 762-29 En matière d'indemnités journalières, l'intervalle entre deux paiements successifs peut être supérieur à celui qui est prévu à l'article R. 433-14.

Art. R. 762-30 Les assurés assument les obligations mises à la charge de l'employeur par la législation sur les accidents du travail et les maladies professionnelles.

La déclaration d'accident doit être établie par la victime ou son représentant. Elle doit, sauf motif grave, être adressée à la caisse des Français de l'étranger dans les quarante-huit heures qui suivent l'accident.

Art. R. 762-31 Dans le cas où la législation du pays où elle exerce son activité professionnelle prévoit une enquête d'accidents du travail analogue à celle prévue par l'article L. 442-1, la victime est tenue de faire parvenir à la caisse des Français de l'étranger un exemplaire du procès-verbal de cette enquête.

La caisse peut en outre, dans tous les cas et dès réception de la déclaration d'accident, demander que les autorités consulaires françaises procèdent, dans les conditions qui sont précisées par un arrêté conjoint du ministre chargé des relations extérieures et du ministre chargé de la sécurité sociale, à une enquête permettant de déterminer les droits de l'assuré et de ses ayants droit. – *V. Arr. du 31 janv. 1978 (JO 28 févr.).*

Pour l'exercice de son droit de contrôle, la caisse peut faire procéder à l'examen médical de la victime, en faisant appel soit aux organismes de sécurité sociale locaux, soit aux autorités consulaires françaises.

Elle peut également inviter la victime à faire viser par les autorités consulaires les réponses aux demandes de renseignements et les certificats médicaux relatifs à l'accident.

Art. R. 762-32 Les dispositions de l'article R. 762-19 sont applicables aux contestations d'ordre médical rendant nécessaire le recours à une expertise.

Art. R. 762-33 Si la caisse des Français de l'étranger entend contester le caractère professionnel de l'accident, elle doit en informer par écrit la victime et les autorités consulaires françaises dans le délai de deux mois à compter de la date à laquelle elle a eu connaissance de l'accident par quelque moyen que ce soit.

Lorsqu'il est fait état pour la première fois d'une lésion ou d'une maladie présentée par l'assuré comme se rattachant à un accident du travail ou à une maladie professionnelle, la caisse peut en contester le caractère professionnel. Dans ce cas elle doit, sans préjudice de l'application de l'article R. 762-32, en ce qui concerne la contestation d'ordre médical, en informer par écrit la victime et les autorités consulaires dans le délai de deux mois suivant la date à laquelle il a été fait état pour la première fois de cette lésion ou de cette maladie comme se rattachant à un accident du travail ou à une maladie professionnelle.

Les assurés qui ont également adhéré à l'assurance volontaire maladie, maternité et invalidité reçoivent à titre provisionnel les prestations de cette assurance tant que la caisse ne leur a pas notifié sa décision et, le cas échéant, tant qu'il n'a pas été statué par la juridiction compétente.

Si le caractère professionnel n'est pas admis, la caisse notifie sa décision motivée à l'assuré en lui indiquant les voies de recours et les délais de recevabilité de sa contestation.

Si la caisse n'a pas usé de la faculté prévue aux premier et deuxième alinéas du présent article, le caractère professionnel de l'accident, de la lésion ou de la maladie est considéré comme établi à son égard.

Art. R. 762-34 Pour l'application de l'article L. 443-2, s'il est fait état d'une aggravation de la lésion alors que le salarié a cessé d'exercer son activité à l'étranger et a repris une activité salariée en France, l'organisme ou service dont l'intéressé relève pour les accidents du travail prend en charge les conséquences de la rechute pour le compte de la caisse des Français de l'étranger.

L'indemnité journalière est alors calculée sur la base du salaire journalier antérieur à la première interruption de travail, compte tenu le cas échéant, de la révision opérée conformément aux dispositions du troisième alinéa de l'article L. 433-2.

Art. R. 762-35 Par dérogation aux dispositions des articles R. 434-30 et R. 461-7, dans le cas où, à la date de la constatation de la maladie professionnelle, le salarié occupe un emploi ne l'exposant plus au risque de la maladie constatée, la rente est calculée sur la base du salaire, éventuellement revalorisé dans les conditions indiquées à l'article R. 762-34, qui servait de base au calcul des cotisations à la date où l'intéressé a quitté son dernier emploi l'exposant au risque de la maladie constatée.

Art. R. 762-36 Les dispositions des articles R. 762-6 et R. 762-20 à R. 762-22 sont applicables à la radiation de l'assurance volontaire accidents du travail et maladies professionnelles, à l'exception de la référence à *(Décr. nº 2002-545 du 19 avr. 2002)* « l'article R. 766-3 » qui figure à l'article R. 762-6.

V. art. D. 762-3 à D. 762-7.

SECTION IV **DISPOSITIONS COMMUNES AUX TRAVAILLEURS SALARIÉS À L'ÉTRANGER**

Art. R. 762-37 *(Décr. nº 2002-545 du 19 avr. 2002)* « Pour les soins donnés à l'étranger, les tarifs servant de base au calcul des prestations dues aux travailleurs expatriés bénéficiaires de l'une des assurances volontaires instituées par le présent chapitre sont déterminés dans les conditions suivantes : »

1º Pour les actes des praticiens et auxiliaires médicaux et pour les *(Décr. nº 2011-2119 du 30 déc. 2011, art. 5-7º)* « examens de biologie médicale », les remboursements sont effectués sur la base des frais réels, dans la limite des tarifs déterminés par les conventions nationales prévues *(Décr. nº 2002-545 du 19 avr. 2002)* « au chapitre II du titre VI du livre Ier ». En l'absence de telles conventions, les remboursements s'effectuent dans la limite de tarifs fixés par arrêté conjoint du ministre chargé de la sécurité sociale, du ministre chargé du budget et du ministre chargé de l'agriculture, après avis de la caisse des Français de l'étranger *[V. Arr. du 9 févr. 1978, JO 4 mars]* ;

2º Pour les médicaments, les frais sont calculés sur la base des prix facturés aux assurés sans pouvoir excéder le coût du traitement si celui-ci avait eu lieu en France ;

3º Pour les fournitures pharmaceutiques autres que les médicaments et pour les frais d'appareillage, les remboursements sont effectués sur la base des frais réels dans la limite des tarifs de responsabilité prévus aux articles *(Décr. nº 2002-545 du 19 avr. 2002)* « L. 165-1 » et L. 314-1 du présent code ;

4º Pour les frais d'hospitalisation et de soins dans les établissements de cure, de réadaptation fonctionnelle et de rééducation professionnelle, le remboursement s'effectue sur la base des frais réels dans la limite des tarifs fixés par arrêté conjoint du ministre chargé de la sécurité sociale, du ministre chargé du budget et du ministre chargé de l'agriculture, après avis de la caisse des Français de l'étranger ;

5º Pour les frais de transports sanitaires exposés par les assurés dans le pays où les soins sont donnés, le remboursement s'effectue sur la base des frais réels dans la limite de forfaits déterminés par arrêté conjoint des mêmes ministres après avis de la caisse des Français de l'étranger.

Art. R. 762-38 La part garantie ne peut excéder le montant des frais exposés par l'assuré ou par ses ayants droit.

Le montant total des prestations en nature versées à l'occasion d'un traitement médical ne peut excéder le montant du remboursement qui aurait été alloué si l'intéressé avait reçu les soins en France.

Les prestations sont versées directement à l'assuré.

Art. R. 762-39 Le dossier de remboursement adressé à la caisse compétente par l'assuré expatrié doit comprendre toutes justifications des dépenses exposées, et notamment :

1º Le montant des honoraires perçus par le praticien *(Décr. nº 2002-545 du 19 avr. 2002)* « , ainsi que la ou les prescriptions correspondantes » ;

2º les factures de pharmacie, d'examens *(Décr. nº 2011-2119 du 30 déc. 2011, art. 5-6º)* « de biologie médicale », de fournitures autres que les médicaments, d'appareillage ou de transport sanitaire ;

3º le montant des frais d'hospitalisation ou des frais de séjour dans un établissement de soins, de réadaptation fonctionnelle ou de rééducation professionnelle.

La demande de remboursement devra être constituée à l'aide de feuilles de maladie spéciales dont le modèle est fixé par arrêté conjoint du ministre chargé de la sécurité sociale et du ministre chargé de l'agriculture.

La caisse peut, toutes les fois que cela est nécessaire à l'exercice de son droit de contrôle, inviter l'intéressé à faire viser les justifications par les autorités consulaires françaises.

Toutes les dépenses exposées à l'étranger doivent être justifiées par des factures ou notes acquittées, ou portant la mention d'un paiement par chèque, traduites en français ou dans l'une des langues étrangères prévues par arrêté du ministre chargé de la sécurité sociale et du ministre chargé de l'agriculture.

CHAPITRE III TRAVAILLEURS NON SALARIÉS EXPATRIÉS

Art. R. 763-1 Sont applicables aux travailleurs non salariés expatriés qui adhèrent à l'assurance volontaire maladie-maternité instituée par le présent chapitre les dispositions des articles R. 762-1, R. 762-3, *(Décr. n° 2002-545 du 19 avr. 2002)* « R. 766-3, R. 762-6, R. 762-7, des alinéas 1er, 3 et 4 de l'article R. 762-9, des articles R. 762-11 » à R. 762-14, R. 762-19, des alinéas 1er à 4 de l'article R. 762-20, des articles R. 762-21 et R. 762-22.

Art. R. 763-2 *Abrogé par Décr. n° 2002-545 du 19 avr. 2002.*

Art. R. 763-3 Les opérations financières relatives à l'assurance volontaire maladie-maternité des travailleurs non salariés expatriés, sont retracées dans un compte ouvert pour l'exécution, en recettes et en dépenses, des opérations afférentes au service des prestations en nature dans le cadre de l'assurance maladie-maternité-invalidité mentionnée au 1° du premier alinéa de l'article L. 762-3.

V. art. D. 763-1 à D. 763-3.

CHAPITRE IV PENSIONNÉS DES RÉGIMES FRANÇAIS DE RETRAITE RÉSIDANT À L'ÉTRANGER

Art. R. 764-1 Les dispositions du présent chapitre s'appliquent aux personnes mentionnées à l'article L. 764-1, dans la mesure où elles justifient d'une durée d'assurance minimum de vingt trimestres au régime français d'assurance vieillesse obligatoire ou volontaire qui leur sert l'avantage de retraite dont elles sont titulaires.

Les périodes d'assurance réunies dans différents régimes sont additionnées, à l'exclusion de celles qui se superposent.

Art. R. 764-2 Sont applicables aux pensionnés des régimes français de retraite résidant à l'étranger qui adhèrent à l'assurance volontaire maladie-maternité instituée par le présent chapitre, les dispositions des articles R. 762-1, *(Décr. n° 2002-545 du 19 avr. 2002)* « R. 762-11 » à R. 762-14 et R. 762-19.

Art. R. 764-3 Les pensionnés qui désirent bénéficier de l'assurance maladie-maternité adressent à la Caisse des Français de l'étranger une demande d'adhésion conforme à un modèle fixé par arrêté du ministre chargé de la sécurité sociale, dans laquelle ils indiquent notamment le ou les avantages de retraite dont ils bénéficient ainsi que les débiteurs de ces avantages. La demande d'adhésion est accompagnée de pièces justificatives dont la liste est fixée par le même arrêté.

L'immatriculation est opérée, le cas échéant, à la diligence de la caisse.

L'adhésion prend effet au premier jour du mois qui suit la réception par la caisse de la demande. Toutefois, l'adhésion ne peut prendre effet à une date antérieure au transfert de résidence du pensionné à l'étranger.

Les bénéficiaires de l'assurance volontaire maladie-maternité sont tenus d'informer la caisse des Français de l'étranger de toute modification dans leur situation, et notamment de tout nouvel avantage de vieillesse dont ils pourraient bénéficier ultérieurement, de toute reprise d'une activité professionnelle ou de tout changement de pays.

Art. R. 764-3-1 *(Décr. n° 97-341 du 11 avr. 1997, art. 2)* I. — Dès réception de la demande d'adhésion, la Caisse des Français de l'étranger, sur présentation des justificatifs de l'avantage ou des avantages de retraite du demandeur et de leur montant, détermine en fonction, d'une part, de l'application à ce montant du taux de cotisation prévu par le quatrième alinéa de l'article L. 764-4 et, d'autre part, du montant minimum de cotisation fixé en application du premier alinéa de l'article L. 764-5, si le recouvrement de la cotisation doit être effectué suivant les règles fixées à l'article L. 764-4 ou à l'article L. 764-5. Si l'article L. 764-4 est applicable, la Caisse des Français de l'étranger en informe les débiteurs de l'avantage ou des avantages de retraite dont le demandeur est titulaire.

II. – La Caisse des Français de l'étranger vérifie périodiquement, en fonction des informations transmises par l'assuré et en particulier celles concernant les revalorisations ou les nouveaux avantages de retraite dont il peut disposer, si le recouvrement de la cotisation doit être effectué suivant les règles fixées à l'article L. 764-4 ou à l'article L. 764-5. En cas de modification du mode de recouvrement de la cotisation par rapport à celui appliqué à l'échéance précédente, elle en informe les organismes débiteurs de l'avantage ou des avantages de retraite ainsi que l'intéressé.

La caisse peut à tout moment demander aux assurés volontaires la justification des avantages de retraite français dont ils disposent.

Art. R. 764-4 et R. 764-5 *Abrogés par Décr. n° 2002-545 du 19 avr. 2002.*

Art. R. 764-6 *(Décr. n° 97-341 du 11 avr. 1997, art. 4)* La personne qui a été radiée du régime d'assurance volontaire maladie-maternité en application des articles R. 764-15 ou R. 764-19, alors qu'elle continuait à remplir les conditions exigées pour bénéficier dudit régime et qui, sans avoir changé de pays de résidence, présente une nouvelle demande d'adhésion, est redevable des cotisations qui auraient été précomptées sur son ou ses avantages de retraite en application de l'article L. 764-4 ou versées directement par le titulaire de ce ou ces avantages en application de l'article L. 764-5, comme si elle n'avait pas été radiée, dans la limite des cinq années précédant la demande.

Art. R. 764-7 Les assurés volontaires ont droit et ouvrent droit aux prestations en nature de l'assurance maladie et de l'assurance maternité pour les soins reçus à l'étranger :

1° A compter de la date d'effet de leur adhésion, si la demande d'adhésion est présentée dans le délai de trois mois à compter du jour où ils sont en situation de bénéficier de l'assurance volontaire ;

2° A compter du premier jour du quatrième mois suivant la date d'effet de l'adhésion, si la demande est présentée après l'expiration de ce délai de trois mois.

Art. R. 764-8 La cotisation dont sont redevables les bénéficiaires de l'assurance volontaire maladie-maternité est due à compter de la date d'effet de l'adhésion.

(Décr. n° 97-341 du 11 avr. 1997, art. 5) « Dans le cas où elle est établie en application de l'article L. 764-4, cette cotisation est précomptée, à chaque échéance, sur le montant brut de chacun des avantages de retraite dont l'intéressé est titulaire par l'organisme débiteur ou payeur dudit avantage. Cet organisme est tenu de faire parvenir au pensionné, au moins une fois par an, un document mentionnant pour la période considérée les montants respectifs de l'assiette du précompte, de la cotisation précomptée et de la pension nette.

« Dans le cas où la cotisation est établie en application de l'article L. 764-5, elle est appelée et recouvrée, à échéance trimestrielle, par la Caisse des Français de l'étranger. Cet organisme est tenu de faire parvenir au pensionné, avant chaque échéance, un document mentionnant l'appel de cotisation et sa situation au regard de ses obligations de cotisant. »

Art. R. 764-9 *(Décr. n° 88-1057 du 22 nov. 1988)* « Les cotisations précomptées sur les avantages de retraite servis par les organismes du régime général de sécurité sociale aux pensionnés résidant à l'étranger sont virées annuellement par l'Agence centrale des organismes de sécurité sociale du compte de la Caisse nationale d'assurance vieillesse des travailleurs salariés à celui de la caisse des Français de l'étranger ». L'organisme débiteur notifie à la caisse des Français de l'étranger, à chaque échéance, l'assiette et le montant de la cotisation précomptée pour chacun des assurés.

Art. R. 764-10 Lorsque l'avantage de retraite est servi par l'employeur, les cotisations sont versées à la caisse des Français de l'étranger dans les conditions prévues par l'article R. 243-28.

Art. R. 764-11 Lorsque l'avantage de retraite est servi par d'autres débiteurs que les organismes du régime général de sécurité sociale ou que l'employeur, les cotisations sont versées à la caisse des Français de l'étranger dans les conditions prévues par l'article R. 243-29.

Chaque versement est obligatoirement accompagné d'un document établi et signé par le débiteur de l'avantage de retraite indiquant le montant des cotisations versées pour chaque assuré et celui des avantages de retraite sur lesquels elles sont assises. Les sommes à déclarer par le débiteur de l'avantage de retraite peuvent être arrondies au franc *[à l'euro]* le plus voisin. Les autres mentions qui doivent figurer dans le document sont fixées par arrêté du ministre chargé de la sécurité sociale et du ministre chargé du budget.

Si, pour quelque motif que ce soit, autre que la radiation de l'assuré, les cotisations n'ont pas été versées, le débiteur de l'avantage de retraite reste tenu d'adresser à la caisse des Français de l'étranger, au plus tard à la date limite d'exigibilité des cotisations, le document prévu au deuxième alinéa.

Il est fait application des pénalités et majorations de retard prévues aux articles R. 243-31 à R. 243-33.

Art. R. 764-12 L'article R. 246-1 est applicable quel que soit le débiteur ou le payeur de l'avantage de retraite.

Art. R. 764-13 Les dispositions des articles *(Décr. n° 2017-1409 du 25 sept. 2017, art. 1er-VII)* « R. 133-3 et R. 155-4 », R. 244-4, R. 244-5 et R. 244-7 s'appliquent au recouvrement des cotisations prévues par le premier alinéa de l'article L. 764-4. — *Les dispositions de l'art. 1er du Décr. n° 2017-1409 du 25 sept. 2017 sont applicables aux contrôles n'ayant pas fait l'objet d'un procès-verbal de travail dissimulé à la date de publication du décret susvisé (Décr. préc., art. 5, JO 27 sept.).*

Art. R. 764-14 La caisse des Français de l'étranger procède, après en avoir informé les intéressés *(Décr. n° 97-341 du 11 avr. 1997, art. 6)* « ainsi que, le cas échéant, les organismes débiteurs des avantages de retraite », à la radiation des assurés qui cessent de remplir les conditions exigées pour bénéficier de l'assurance volontaire maladie-maternité.

Art. R. 764-15 L'assuré a la faculté de demander à tout moment sa radiation. Celle-ci prend effet à compter du premier jour du trimestre civil qui suit la demande. La caisse des Français de l'étranger en informe sans délai, *(Décr. n° 97-341 du 11 avr. 1997, art. 7)* « le cas échéant », le débiteur ou le payeur du ou des avantages de retraite.

Art. R. 764-16 Lors de leur retour définitif en France, les pensionnés expatriés qui cotisaient à l'assurance volontaire maladie-maternité et qui ne sont pas couverts par un régime obligatoire conservent leur droit aux prestations de l'assurance volontaire pendant une durée de trois mois à compter du premier jour de résidence en France, sous réserve que les assurés aient tenu informée la caisse des Français de l'étranger de leur retour définitif en France.

Art. R. 764-17 Les opérations financières relatives à l'assurance volontaire maladie-maternité des pensionnés des régimes français de retraite résidant à l'étranger sont retracées dans un compte ouvert pour l'exécution en recettes et en dépenses, des opérations afférentes au service des prestations en nature dans le cadre de l'assurance maladie-maternité-invalidité mentionnée au 1° du premier alinéa de l'article L. 762-3.

Art. R. 764-18 *(Décr. n° 97-341 du 11 avr. 1997, art. 8)* La cotisation forfaitaire prévue à l'article L. 764-5 est due à compter de l'adhésion de l'intéressé à la Caisse des Français de l'étranger, ou à compter de la modification du mode de recouvrement de la cotisation mentionné au II de l'article R. 764-3-1.

Elle est exigible le premier jour du trimestre civil auquel elle se rapporte et payable à la caisse, en francs français *[en euros]*, dans le mois qui suit.

Art. R. 764-19 *(Décr. n° 97-341 du 11 avr. 1997, art. 8)* Lorsque la cotisation forfaitaire exigible en vertu de l'article L. 764-5 n'a pas été versée à l'échéance prescrite, la Caisse des Français de l'étranger invite le redevable à régulariser sa situation.

Lorsque l'intéressé n'a pas versé les cotisations de deux échéances successives, la caisse lui adresse une mise en demeure l'invitant à s'acquitter des cotisations dues dans le délai de trois mois et l'informant qu'il encourt la radiation de l'assurance volontaire en cas de non-paiement. Si cette mise en demeure est sans effet, la radiation est prononcée par la caisse.

Lorsque l'assuré justifie par une attestation des services consulaires avoir versé le montant de sa cotisation en monnaie locale à l'organisme local agréé pour les transferts, la procédure de radiation n'est pas engagée ou est suspendue.

V. art. D. 764-1 et D. 764-2.

CHAPITRE V **CATÉGORIES DIVERSES D'ASSURÉS VOLONTAIRES**

Art. R. 765-1 *Abrogé par Décr. nº 2002-545 du 19 avr. 2002.*

Art. R. 765-2 Les dispositions du code de la sécurité sociale mentionnées à l'article R. 764-13 s'appliquent au recouvrement des cotisations mentionnées aux articles L. 765-6 à L. 765-8.

Art. R. 765-3 Les opérations financières relatives à l'assurance volontaire maladie-maternité des catégories diverses d'assurés sont retracées dans un compte ouvert pour l'exécution, en recettes et en dépenses, des opérations afférentes au service des prestations en nature dans le cadre de l'assurance maladie-maternité-invalidité mentionnée au 1º du premier alinéa de l'article L. 762-3.

V. art. D. 765-1 à D. 765-2-12.

CHAPITRE VI **DISPOSITIONS COMMUNES AUX EXPATRIÉS VISÉS AUX CHAPITRES II À V** *(Décr. nº 2002-545 du 19 avr. 2002).*

SECTION PREMIÈRE **DISPOSITIONS COMMUNES RELATIVES À L'ADHÉSION, AUX PRESTATIONS ET AUX COTISATIONS À L'ASSURANCE VOLONTAIRE MALADIE-MATERNITÉ-INVALIDITÉ OU MALADIE-MATERNITÉ PRÉVUE AUX CHAPITRES II À V** *(Décr. nº 2002-545 du 19 avr. 2002).*

La sous-section 1, la sous-section 2 et la sous-section 4 de la section I du chapitre VI sont supprimées (Décr. nº 2002-545 du 19 avr. 2002, art. 1er-11º-b et f).

Art. R. 766-1 L'article R. 162-9 n'est pas applicable aux soins dispensés à l'étranger.

Art. R. 766-2 *Abrogé par Décr. nº 2002-545 du 19 avr. 2002.*

Art. R. 766-3 *(Décr. nº 2002-545 du 19 avr. 2002)* **Le délai imparti au premier alinéa de l'article L. 766-1 pour formuler la demande d'adhésion à l'une des assurances volontaires est fixé à deux ans.**

Les cotisations que doit acquitter l'intéressé lorsque sa demande est formulée après l'expiration du délai mentionné au premier alinéa sont limitées à celles correspondant aux deux années qui précèdent la demande. La caisse peut, sur demande de l'intéressé, autoriser un paiement échelonné de ces cotisations dans le délai maximum d'une année.

Le point de départ du délai mentionné au premier alinéa est fixé à la date à laquelle l'intéressé se trouvait dans l'une des situations suivantes :

1º Pour les travailleurs salariés visés au chapitre II, soit à la date à laquelle débute l'activité salariée du travailleur dans un pays étranger, soit la date à laquelle le travailleur qui exerce son activité dans un pays étranger cesse d'être soumis à la législation de sécurité sociale française ou d'un État membre de la Communauté *[l'Union]* **européenne ou partie à l'accord sur l'Espace économique européen dont il relevait ;**

2º Pour les travailleurs non salariés visés au chapitre III, à la date à laquelle débute l'activité non salariée du travailleur dans un pays étranger ;

3º Pour les pensionnés des régimes français de retraite résidant à l'étranger visés au chapitre IV, soit à la date à laquelle le titulaire d'un avantage de retraite transfère sa résidence dans un pays étranger, soit à la date de liquidation d'une pension de retraite servie par un régime français d'assurance vieillesse, lorsque la personne qui réside à l'étranger en devient titulaire ;

Pour les diverses catégories d'assurés volontaires visés au chapitre V, la date à laquelle les intéressés se trouvent dans la situation leur permettant de bénéficier de l'assurance volontaire.

L'âge mentionné au cinquième alinéa de l'article L. 766-1 est fixé à trente-cinq ans au plus.

Art. R. 766-4 *(Décr. n° 2002-545 du 19 avr. 2002)* I. – La qualité d'ayant droit visée à l'article L. 766-1-1 est établie sur présentation de pièces dont la liste est fixée par arrêté du ministre chargé de la sécurité sociale.

II. – La limite d'âge prévue au 2° de ce même article est fixée à seize ans. La limite d'âge prévue au 3° de ce même article est fixée à dix-huit ans pour les enfants placés en apprentissage et à vingt ans pour les enfants qui poursuivent leurs études et ceux qui sont, par suite d'infirmité ou de maladie chronique, dans l'impossibilité permanente de se livrer à une activité professionnelle.

Pour les enfants ayant dû interrompre leurs études pour cause de maladie, la limite d'âge peut être reculée jusqu'au 30 septembre de l'année de leur vingt et unième anniversaire sur présentation de pièces fixées par arrêté du ministre chargé de la sécurité sociale. Le bénéfice du recul de limite d'âge ne peut être accordé qu'après avis du contrôle médical de la caisse.

III. – Sont réputés conserver la qualité d'ayant droit :

– jusqu'au terme de l'année scolaire, l'enfant poursuivant des études qui atteint vingt ans au cours de cette année, s'il ne peut prétendre à la qualité d'étudiant ou bénéficier de la qualité d'assuré social à un autre titre ;

– durant les trois mois civils suivant la date du décès de l'assuré, les ayants droit énumérés à l'article L. 766-1-1.

IV. – Le nombre d'enfants mentionné au 4° de l'article 766-1-1 est de deux, et leur âge limite de quatorze ans.

Art. R. 766-5 *(Décr. n° 2002-545 du 19 avr. 2002)* L'assuré qui relevait en France d'un régime obligatoire couvrant les risques de maladie et de maternité et qui remplissait les conditions requises pour bénéficier des prestations à la date où il a cessé d'être assujetti à ce régime a droit et ouvre droit dès cette date aux prestations correspondantes de l'une des assurances volontaires maladie-maternité-invalidité ou maladie-maternité prévues aux chapitres II, III et V du présent titre si sa demande d'adhésion est présentée dans le délai de trois mois à compter de la même date. Jusqu'à l'expiration de ce délai de trois mois, les prestations lui sont servies par la Caisse des Français de l'étranger pour le compte du régime auquel il était précédemment affilié. Les organismes intéressés peuvent d'un commun accord fixer les bases d'une compensation forfaitaire.

Si leur demande est présentée après l'expiration de ce délai de trois mois, les assurés ont droit aux prestations en nature des assurances volontaires mentionnées au premier alinéa pour les soins donnés à compter du premier jour du quatrième mois suivant la date d'effet de l'adhésion et, s'ils sont âgés d'au moins quarante-cinq ans, à compter du premier jour du septième mois suivant cette date.

SECTION II DISPOSITIONS COMMUNES RELATIVES À L'ACCÈS AU RÉGIME D'ASSURANCE VOLONTAIRE MALADIE-MATERNITÉ-INVALIDITÉ ET MALADIE-MATERNITÉ DES CHAPITRES II, III ET V *(Décr. n° 2002-545 du 19 avr. 2002)*.

Néant.

SECTION III CAISSE DES FRANÇAIS DE L'ÉTRANGER *(Décr. n° 2002-545 du 19 avr. 2002)*.

Au sein de la section III, les art. R. 766-3 à R. 766-60 deviennent respectivement les art. R. 766-6 à R. 766-63 (Décr. n° 2002-545 du 19 avr. 2002, art. 1er-11°-d).

§ 1er DURÉE DU MANDAT DES ADMINISTRATEURS ET COMPOSITION DU CONSEIL D'ADMINISTRATION DE LA CAISSE *(Décr. n° 2014-1163 du 9 oct. 2014, art. 4-I)*.

Art. R. 766-6 *(Décr. n° 2014-1163 du 9 oct. 2014, art. 4-I)* La durée du mandat des administrateurs de la Caisse des Français de l'étranger est de six ans.

Les mandats des administrateurs de la Caisse des Français de l'étranger, en cours le 11 oct. 2014, date de publication du Décr. n° 2014-1163 du 9 oct. 2014, sont prorogés d'un an (Décr. préc., art. 4-II, JO 11 oct.).

Art. R. 766-6-1 Les autorités compétentes pour la désignation des personnes qualifiées prévue à l'article L. 766-5 sont respectivement le ministre chargé de la sécurité sociale, le ministre chargé des relations extérieures et le ministre chargé du budget. – *[Anc. art. R. 766-6.]*

§ 2 ÉLECTION DES REPRÉSENTANTS DES ASSURÉS AU CONSEIL D'ADMINISTRATION DE LA CAISSE

Art. R. 766-7 Les membres du conseil supérieur des Français de l'étranger élisent, sous le contrôle d'un bureau de vote, les représentants des assurés au conseil d'administration de la caisse des Français de l'étranger à une date fixée par arrêté du ministre chargé de la sécurité sociale. Cet arrêté est affiché au secrétariat général du conseil supérieur des Français de l'étranger et au siège de la caisse des Français de l'étranger quatre semaines au moins avant la date du scrutin. – *V. art. D. 766-1 à D. 766-16.*

Art. R. 766-8 Le conseil supérieur des Français de l'étranger se réunit, pour procéder à l'élection, au ministère chargé des relations extérieures.

Le scrutin est ouvert de neuf heures à quinze heures, sans interruption. Toutefois, le président du bureau de vote peut déclarer, avant le terme fixé ci-dessus, le scrutin clos postérieurement au dernier des votes exprimés, si tous les membres du collège électoral ont pris part au vote.

Art. R. 766-9 Le vote a lieu sous enveloppe. Les enveloppes électorales sont fournies par le ministère chargé des relations extérieures. Elles sont opaques et non gommées.

Le jour du vote, elles sont mises à la disposition des électeurs dans la salle de vote. Avant l'ouverture du scrutin, le bureau doit constater que le nombre des enveloppes correspond exactement au nombre des électeurs inscrits.

Art. R. 766-10 La salle de vote comporte au moins un isoloir.

Il est installé au lieu du vote une urne n'ayant qu'une ouverture destinée à laisser passer l'enveloppe contenant le bulletin de vote. Elle doit avoir été fermée par deux serrures dissemblables, dont les clefs restent l'une entre les mains du président du bureau de vote et l'autre entre les mains d'un assesseur tiré au sort parmi les assesseurs.

Art. R. 766-11 A son entrée dans la salle du scrutin, chaque électeur justifie de son identité et présente sa carte de membre du conseil supérieur des Français de l'étranger en cours de validité, qui tient lieu de carte électorale. Il prend lui-même une enveloppe et, sans quitter la salle du scrutin, il se rend isolément dans la partie de la salle aménagée pour se soustraire au regard pendant qu'il met son bulletin dans l'enveloppe.

Il fait ensuite constater au président du bureau de vote qu'il n'est porteur que d'une seule enveloppe ; le président le constate sans toucher l'enveloppe que l'électeur introduit lui-même dans l'urne.

Art. R. 766-12 Le bureau de vote est composé d'un président, d'au moins deux assesseurs et d'un secrétaire choisi par eux parmi les électeurs inscrits sur la liste électorale.

Dans les délibérations du bureau, le secrétaire n'a qu'une voix consultative. Deux membres du bureau au moins doivent être présents pendant tout le cours des opérations électorales.

Art. R. 766-13 Le bureau de vote est présidé par un conseiller à la cour d'appel de Paris désigné par le premier président de cette juridiction. Le président du bureau de vote est remplacé, en cas d'absence, par l'assesseur le plus âgé.

Le secrétaire est remplacé, en cas d'absence, par l'assesseur le plus jeune.

Art. R. 766-14 Chaque liste en présence désigne un assesseur pris parmi les électeurs.

Si, pour une cause quelconque, le nombre des assesseurs désignés est inférieur à deux, les assesseurs manquants sont pris jusqu'à concurrence de ce nombre parmi les électeurs présents selon l'ordre de priorité suivant : l'électeur le plus âgé s'il manque un assesseur, le plus âgé et le plus jeune s'il en manque deux.

En cas de besoin, le président peut désigner comme assesseur tout électeur.

Art. R. 766-15 Les nom, prénoms, date et lieu de naissance, adresse des assesseurs sont notifiés par les mandataires des listes, par pli déposé au secrétariat général du conseil supérieur des Français de l'étranger, contre récépissé, quarante-huit heures avant le jour de l'élection.

Art. R. 766-16 Chaque liste de candidats peut être représentée par un délégué habilité à contrôler les opérations de vote ; si ce délégué est empêché, il est remplacé par un suppléant.

Art. R. 766-17 Le président du bureau de vote a seul la police de l'assemblée.

Le bureau se prononce sur les difficultés qui s'élèvent touchant les opérations électorales.

Les décisions motivées du bureau et les réclamations sont inscrites au procès-verbal. Les pièces qui s'y rapportent y sont annexées après avoir été paraphées par les membres du bureau.

Le président du bureau de vote constate publiquement et mentionne au procès-verbal l'heure d'ouverture et l'heure de clôture du scrutin.

Aucun vote ne peut être reçu après la déclaration de clôture. Toutefois, un électeur ayant pénétré dans la salle de vote avant l'heure de clôture du scrutin peut déposer son bulletin dans l'urne après cette heure.

Art. R. 766-18 Au moment du vote, les électeurs justifient de leur identité et présentent au président du bureau leur carte de membre du conseil supérieur des Français de l'étranger en cours de validité.

Les assesseurs sont associés sur leur demande à ce contrôle d'identité.

Art. R. 766-19 Le vote de chaque électeur est constaté par la signature ou le paraphe de l'un des membres du bureau, apposé à l'encre sur la liste d'émargement en face du nom du votant.

Art. R. 766-20 Les électeurs peuvent également voter par procuration, dans les conditions prévues pour l'élection des sénateurs représentant les Français établis hors de France.

Le mandataire participe au scrutin dans les conditions définies à l'article R. 766-8.

Art. R. 766-21 Lorsque le scrutin est clos, il est procédé immédiatement au dépouillement des votes.

Le dépouillement est opéré par les scrutateurs sous la surveillance des membres du bureau.

Le bureau peut participer au dépouillement. A défaut de scrutateurs en nombre suffisant, le dépouillement est assuré par les membres du bureau.

Art. R. 766-22 Les scrutateurs sont désignés soit par les mandataires des listes, soit par les délégués des listes parmi les électeurs inscrits sur la liste électorale.

Les délégués peuvent être également scrutateurs.

Art. R. 766-23 Après l'ouverture de l'urne par le président, les enveloppes sont comptées. Si leur nombre excède ou n'atteint pas celui des émargements, il en est fait mention au procès-verbal.

A la table de dépouillement, l'un des scrutateurs extrait le bulletin de l'enveloppe et le passe déplié à un autre scrutateur. Celui-ci lit à haute voix le titre de la liste qui est inscrit sur une feuille de dépouillement prévue à cet effet.

Art. R. 766-24 Les délégués des listes ont le droit de contrôler toutes les opérations de dépouillement des bulletins et de décompte des voix, ainsi que de faire inscrire au procès-verbal leurs observations.

Art. R. 766-25 N'entrent pas en compte dans le résultat du dépouillement :

1° Les bulletins blancs ;

2° Les bulletins désignant une liste qui n'a pas été régulièrement publiée ou dont l'irrégularité a été constatée par le juge ;

3° Les bulletins dans lesquels les votants se sont fait connaître ;
4° Les bulletins trouvés dans l'urne sans enveloppe ou dans des enveloppes non réglementaires ;
5° Les bulletins multiples trouvés dans la même enveloppe et concernant des listes différentes ;
6° Les bulletins ou enveloppes portant des signes intérieurs ou extérieurs de reconnaissance ;
7° Les bulletins ou enveloppes portant des mentions injurieuses pour les candidats ou pour des tiers ;
8° Les bulletins comportant adjonction ou suppression de noms ou modification de l'ordre de présentation des candidats.

Les bulletins qui n'ont pas été pris en compte ainsi que les enveloppes non réglementaires sont annexés au procès-verbal, contresignés par les membres du bureau et portent mention des causes de l'annexion.

Art. R. 766-26 Une fois les opérations de lecture et de pointage terminées, les scrutateurs remettent au bureau les feuilles de pointage signées par eux et les bulletins dont la validité est contestée par des électeurs ou des délégués des listes.

Art. R. 766-27 Après la fin du dépouillement, le procès-verbal des opérations électorales est rédigé par le secrétaire dans la salle de vote, en présence des électeurs.

Il est établi en double exemplaire et signé de tous les membres du bureau et des délégués des listes.

Les réclamations, les décisions du bureau et la feuille de dépouillement sont jointes au procès-verbal.

Art. R. 766-28 Le président proclame en public les résultats du scrutin, dès l'établissement du procès-verbal.

Art. R. 766-29 Une commission des votes composée de quatre électeurs désignés par le président du bureau de vote et présidée par un magistrat de l'ordre judiciaire en activité ou honoraire désigné par le premier président de la cour d'appel de Paris attribue les sièges au scrutin de liste dans l'ordre de présentation de chaque liste en faisant application de la représentation proportionnelle avec répartition complémentaire suivant la règle du plus fort reste.

Art. R. 766-30 Le quotient électoral est déterminé, pour chaque catégorie d'assurés, en divisant le nombre de suffrages valablement exprimés par le nombre de mandats d'administrateur titulaire à pourvoir.

Pour chaque catégorie d'assurés, il est attribué à chaque liste autant de mandats d'administrateur titulaire que le nombre de suffrages obtenus par la liste contient de fois le quotient électoral correspondant à cette catégorie d'assurés.

Les mandats des administrateurs titulaires non répartis par application des dispositions précédentes sont attribués successivement aux listes qui comportent les plus grands restes.

Lorsqu'une liste a obtenu un nombre de voix inférieur au quotient électoral : ce nombre de voix tient lieu de reste.

Au cas où il n'y a plus à attribuer qu'un seul mandat, si deux listes ont le même reste, le mandat revient à la liste qui a obtenu le plus grand nombre de suffrages.

Si les deux listes en cause ont recueilli le même nombre de suffrages, le mandat est attribué au plus âgé des deux candidats susceptibles d'être proclamés élus.

Art. R. 766-31 Le procès-verbal consignant l'attribution des sièges est signé par les membres de la commission.

Art. R. 766-32 Les résultats sont affichés au secrétariat général du conseil supérieur des Français de l'étranger et au siège de la caisse des Français de l'étranger.

Art. R. 766-33 Dans les huit jours de l'affichage des résultats, tout électeur et tout éligible peuvent contester la régularité des listes de candidats, l'éligibilité d'un candidat, l'éligibilité ou l'élection d'un élu et la régularité des opérations électorales devant le tribunal d'instance *(Abrogé par Décr. n° 2017-1643 du 30 nov. 2017, art. 2-2°, à compter du 14 mai 2018)* « *du 1er arrondissement* » de Paris.

Art. R. 766-34 En cas de contestation, les administrateurs proclamés élus demeurent en fonctions jusqu'à ce qu'il ait été définitivement statué sur les recours.

Art. R. 766-35 Le recours est formé par déclaration orale ou écrite faite, remise ou adressée au secrétariat-greffe du tribunal d'instance. *(Décr. n° 2005-1678 du 28 déc. 2005, art. 19)* « Outre les mentions prescrites par l'article 58 du code de procédure civile, la déclaration indique la qualité en laquelle le requérant agit. » Si le recours met en cause l'éligibilité d'un candidat, l'éligibilité ou l'élection d'un élu, la déclaration mentionne les noms *[nom]* , prénoms et adresses de ces derniers.

S'il porte sur la régularité d'une liste ou d'une candidature, elle fait état, selon le cas, des noms, prénoms et adresses des mandataires de la liste contestée ou des candidats contestés.

S'il porte sur la régularité du scrutin, elle fait état des noms, prénoms et adresses des mandataires de l'ensemble des listes.

Il est délivré un récépissé du recours.

Le recours est porté à la connaissance du procureur de la République par le greffier en chef.

Art. R. 766-36 Au plus tard deux mois après la réception du recours, le tribunal d'instance statue sans formalités, sans frais et sur simple avertissement donné un mois à l'avance à toutes les parties mentionnées à l'article R. 766-32.

Art. R. 766-37 La décision prise par le tribunal d'instance est notifiée dans les trois jours par le secrétariat-greffe aux parties par lettre recommandée avec demande d'avis de réception.

Le secrétariat-greffe en donne avis au procureur de la République dans le même délai.

La décision est rendue en dernier ressort. Elle n'est pas susceptible d'opposition.

Art. R. 766-38 Le pourvoi en cassation est formé dans les dix jours suivant la notification de la décision du tribunal d'instance.

Les dispositions des articles 999 à 1008 du code de procédure civile sont applicables.

Art. R. 766-39 Les délais fixés aux articles R. 766-30 et R. 766-35 sont calculés et prorogés conformément aux dispositions des articles 640, 641 et 642 du code de procédure civile.

§ 3 ÉLECTION DES REPRÉSENTANTS DU CONSEIL SUPÉRIEUR DES FRANÇAIS DE L'ÉTRANGER

Art. R. 766-40 La liste électorale établie en vue de l'élection des administrateurs de la caisse des Français de l'étranger prévue au 1° du premier alinéa de l'article L. 766-5 est utilisée pour l'élection des administrateurs prévue au 2° du premier alinéa du même article.

Art. R. 766-41 Pour l'application du 2° du premier alinéa de l'article L. 766-5, chaque liste de candidats doit comporter trois noms.

Art. R. 766-42 Les listes de candidats, comprenant l'intitulé de la liste ainsi que les nom et prénoms des candidats, sont déposées au secrétariat général du conseil supérieur des Français de l'étranger, contre récépissé, au plus tard à 18 heures deux jours avant la date du scrutin.

Le dépôt de chaque liste est fait par un mandataire de la liste ayant la qualité d'électeur au conseil d'administration.

Chaque liste fait l'objet d'une déclaration collective qui précise le titre de la liste et l'ordre de présentation des candidats.

Au dépôt de la liste sont jointes les déclarations individuelles de chacun des candidats de la liste. Chaque déclaration individuelle est signée par le candidat et comporte la procuration donnée au mandataire. Elle énumère les nom, prénoms, date et lieu de naissance, domicile et profession des intéressés.

Art. R. 766-43 Aucun remplacement ou retrait de candidature ne peut être opéré après le dépôt de la liste.

Toutefois, un candidat décédé peut être remplacé jusqu'à l'expiration du délai de dépôt des candidatures.

Art. R. 766-44 Les listes de candidats sont affichées dans l'heure qui suit la clôture du dépôt des listes au secrétariat général du conseil supérieur des Français de l'étranger.

Art. R. 766-45 Les bulletins de vote sont imprimés par le secrétariat général du conseil supérieur des Français de l'étranger.

Les bulletins ne doivent pas comporter d'autres indications que le nom de la caisse des Français de l'étranger suivi de la mention "Élection des représentants du CSFE", le titre de la liste ainsi que le nom et le prénom de chaque candidat.

Ces mentions doivent figurer sur un seul côté du bulletin.

Art. R. 766-46 Il est interdit de distribuer ou de faire distribuer le jour du scrutin des bulletins, circulaires et autres documents.

Art. R. 766-47 Les dispositions des articles R. 766-5 à R. 766-26 et R. 766-28 à R. 766-36 sont applicables à l'élection des administrateurs prévue au 2° du premier alinéa de l'article L. 766-5.

Art. R. 766-48 La date de l'élection est fixée par arrêté du ministre chargé des relations extérieures. Cet arrêté est affiché au secrétariat général du conseil supérieur des Français de l'étranger au plus tard quatre jours avant la date du scrutin.

Art. R. 766-49 Pour l'élection des administrateurs prévue au 2° du premier alinéa de l'article L. 766-5, le quotient électoral est déterminé en divisant le nombre de suffrages valablement exprimés par le nombre de sièges à pourvoir.

Il est attribué à chaque liste autant de mandats d'administrateur que le nombre de suffrages obtenus par la liste contient de fois le quotient électoral.

Les mandats d'administrateur non répartis par application des dispositions précédentes sont attribués successivement aux listes qui comportent les plus forts restes.

Lorsqu'une liste a obtenu un nombre de voix inférieur au quotient électoral, ce nombre de voix tient lieu de reste.

Au cas où il n'y a plus à attribuer qu'un seul mandat, si deux listes ont le même reste, le mandat revient à la liste qui a obtenu le plus grand nombre de suffrages.

Si les deux listes en cause ont recueilli le même nombre de suffrages, le mandat est attribué au plus âgé des deux candidats susceptibles d'être proclamés élus.

§ 4 ORGANISATION ADMINISTRATIVE DE LA CAISSE

Art. R. 766-50 *(Décr. n° 2018-353 du 14 mai 2018, art. 1er)* I. – L'article L. 211-2-1 est applicable au conseil d'administration de la Caisse des Français de l'étranger, à l'exception des deuxième et treizième alinéas et, au huitième alinéa, des mots : "dans le cadre des orientations définies par la Caisse nationale de l'assurance maladie des travailleurs salariés" et sous réserve de la substitution des mots : "conseil d'administration" aux mots : "conseil" ou "conseil de la caisse primaire d'assurance maladie" ;

II. – Le conseil d'administration de la Caisse des Français de l'étranger établit les statuts et son règlement intérieur.

Conformément aux dispositions de l'article R. 114-6-1, il approuve, sauf vote contraire à la majorité des deux tiers des membres, les comptes annuels sur présentation du directeur et de l'agent comptable.

III. – Le conseil d'administration élit en son sein le président et deux vice-présidents. L'élection a lieu à scrutin secret. Aux premier et deuxième tours de scrutin, l'élection a lieu à la majorité absolue des suffrages exprimés, exclusion faite des bulletins blancs ou nuls, et au troisième tour à la majorité relative des suffrages exprimés. En cas de partage des voix, l'élection a lieu au bénéfice de l'âge.

Le président et les vice-présidents sont élus pour la durée du mandat des administrateurs.

Le mandat de président est renouvelable une fois.

Les décisions du conseil d'administration sont prises à la majorité simple. En cas d'empêchement, un membre du conseil peut donner délégation à un autre membre. Aucun membre ne peut toutefois recevoir plus d'une délégation.

Le conseil d'administration se réunit au moins une fois par an. Il peut en outre être convoqué par le président soit à l'initiative de celui-ci, soit sur l'invitation du ministre chargé de la sécurité sociale ou du ministre chargé du budget.

Outre la commission prévue à l'article R. 142-1 pour le traitement des réclamations déposées par les usagers, il peut constituer en son sein des commissions et leur déléguer une partie de ses attributions.

Il peut exercer le droit d'opposition prévu au sixième alinéa de l'article L. 211-2-1 par avis motivé adopté à la majorité qualifiée des deux tiers de ses membres.

Le conseil peut entendre toute personne ou organisation dont il estime l'audition utile à son information.

Le conseil ne peut se substituer ou donner des injonctions au directeur dans l'exercice des pouvoirs propres de décision de ce dernier, ni annuler ou réformer les décisions prises à ce titre.

Le directeur et l'agent comptable, ou leurs représentants, assistent, avec voix consultative, aux séances du conseil d'administration ou des commissions ayant reçu délégation de celui-ci.

IV. — Le conseil d'administration émet un avis sur tous les projets de loi et de règlement intéressant les matières de sa compétence.

V. — Le conseil d'administration nomme, sous réserve de l'agrément prévu à l'article R. 123-48, le directeur, le directeur adjoint, sur proposition du directeur, et l'agent comptable, après avis du directeur.

Art. R. 766-51 *(Décr. n° 2018-353 du 14 mai 2018, art. 1er)* I. — L'article L. 211-2-2 est applicable à la Caisse des Français de l'étranger à l'exception du deuxième alinéa et sous réserve de la substitution des mots : "conseil d'administration" au mot : "conseil" et des mots : "Caisse des Français de l'étranger" aux mots : "caisse primaire d'assurance maladie".

II. — Le directeur de la Caisse des Français de l'étranger fixe l'organisation du travail dans les services et a seul autorité sur le personnel. Dans le cadre des dispositions qui régissent le personnel, y compris les agents de direction et sauf en ce qui concerne l'agent comptable, il prend toute décision d'ordre individuel nécessaire à la gestion du personnel et notamment nomme aux emplois, règle l'avancement, assure la discipline et procède aux licenciements.

Le directeur prépare les travaux du conseil d'administration et met en œuvre les orientations et délibérations que celui-ci adopte.

Dans les domaines mentionnés aux troisième, quatrième et cinquième alinéas de l'article L. 211-2-1, le directeur présente ses propositions chaque année.

En cas d'opposition motivée du conseil à ces propositions, le directeur lui soumet dans le délai de quinze jours une nouvelle proposition tenant compte de cet avis.

Conformément aux dispositions de l'article R. 114-6-1, il arrête les comptes annuels établis par l'agent comptable.

Le directeur met en œuvre les actions de prévention et d'éducation sanitaire nécessaires au respect des priorités de santé publique arrêtées au niveau national.

Il est responsable dans le ressort de la caisse de la conduite et de la coordination des actions de gestion du risque et de contrôle.

Il met en œuvre toutes les mesures nécessaires au respect des budgets d'intervention et de gestion de la caisse.

Dans les conditions définies par décret, le directeur engage les dépenses, constate les créances et les dettes, émet les ordres de recettes et de dépenses et peut, sous sa responsabilité, requérir qu'il soit passé outre au refus de visa de paiement éventuellement opposé par l'agent comptable.

Il a pouvoir de donner la mainlevée des inscriptions et des privilèges ou d'hypothèques sur les immeubles, requises au profit de l'organisme.

Il peut déléguer une partie de ses pouvoirs à certains agents de l'organisme et leur donner mandat en vue d'assurer la représentation de celui-ci en justice et dans les actes de la vie civile.

Il rend périodiquement compte au conseil d'administration de la mise en œuvre de ses orientations ainsi que de la gestion de l'organisme.

Au plus tard à la fin du premier semestre de chaque année, il remet au conseil d'administration un rapport d'activité et de fonctionnement pour l'année écoulée retraçant notamment les orientations définies par le conseil, les actions mises en œuvre pour les atteindre et les résultats constatés.

III. – En cas d'absence momentanée ou d'empêchement du directeur, ses fonctions sont exercées par le directeur adjoint. En cas d'absence ou d'empêchement du directeur et du directeur adjoint, ou à défaut de directeur adjoint, les fonctions de directeur sont exercées par un agent de l'organisme désigné préalablement à cet effet par le directeur.

IV. – Sont également applicables à la Caisse des Français de l'étranger les dispositions des articles R. 211-1-3 et R. 217-12.

Art. R. 766-52 (Abrogé par Décr. n° 2018-353 du 14 mai 2018, art. 1er) *Le conseil d'administration peut désigner en son sein des commissions et leur déléguer certaines de ses attributions.*

Art. R. 766-53 (Abrogé par Décr. n° 2018-353 du 14 mai 2018, art. 1er) *Le président représente de plein droit la caisse en justice et dans tous les actes de la vie civile.* (Décr. n° 86-1260 du 8 déc. 1986, art. 2) *« Il peut déléguer ses pouvoirs aux vice-présidents ou au directeur par mandat spécial ou général. »*

Art. R. 766-54 (Abrogé par Décr. n° 2018-353 du 14 mai 2018, art. 1er) (Décr. n° 88-713 du 9 mai 1988, art. 5) *En cas de vacance d'emploi, d'absence momentanée ou d'empêchement du directeur, ses fonctions sont exercées par le directeur adjoint. En cas d'absence ou d'empêchement du directeur ou du directeur adjoint ou à défaut de directeur adjoint, les fonctions de directeur sont exercées par un agent de l'organisme désigné dans les conditions prévues à l'article R. 766-48.*

Art. R. 766-55 Les marchés sont passés dans les formes et les conditions prescrites pour les marchés des organismes du régime général.

§ 5 ORGANISATION FINANCIÈRE ET COMPTABLE

Art. R. 766-56 La caisse des Français de l'étranger assure d'une manière autonome :

1° La gestion de l'assurance maladie-maternité-invalidité ;

2° La gestion de l'assurance accidents du travail et maladies professionnelles ;

3° La gestion de l'action sanitaire et sociale ;

4° La gestion administrative.

V. art. D. 766-18 et D. 766-19.

Art. R. 766-57 Le régime des expatriés doit être équilibré en recettes et en dépenses.

Art. R. 766-58 La Caisse nationale d'assurance vieillesse du régime général verse à la caisse des Français de l'étranger, par l'intermédiaire du Fonds national de la gestion administrative, les sommes correspondant au montant des frais de gestion afférents au recouvrement des cotisations d'assurance volontaire vieillesse. Ces sommes sont inscrites en recettes dans la gestion administrative de la caisse.

Art. R. 766-59 Les disponibilités excédant les besoins de trésorerie de la caisse des Français de l'étranger font l'objet de placements en valeurs d'État, en valeurs garanties par l'État ou en valeurs mobilisables dans des conditions fixées par le ministre chargé de la sécurité sociale et le ministre chargé du budget.

La caisse des Français de l'étranger effectue ces placements par l'intermédiaire de la Caisse des dépôts et consignations qui est en outre chargée de la gestion des valeurs.

Le produit de ces placements est affecté au financement des assurances gérées par la caisse. Sont également affectés au financement de ces assurances les intérêts créditeurs sur dépôts.

Art. R. 766-60 Le compte retraçant les opérations financières afférentes aux assurances volontaires maladie-maternité des Français résidant à l'étranger est ouvert dans les écritures de la caisse des Français de l'étranger.

Ce compte comporte quatre sections où sont respectivement inscrites les recettes et les dépenses :

1° De l'assurance volontaire des travailleurs salariés expatriés ;

2° De l'assurance volontaire des travailleurs non salariés expatriés ;

3° De l'assurance volontaire des pensionnés d'un régime français résidant à l'étranger ;

4° De l'assurance volontaire des catégories diverses d'assurés volontaires, réparties dans les subdivisions suivantes :

a. titulaires d'un avantage de cessation anticipée d'activité ;

b. étudiants ;

c. chômeurs ;

d. titulaires d'une rente d'accident du travail ;

e. titulaires d'une pension d'invalidité ;

f. conjoints survivants ou divorcés ou séparés d'un assuré ;

g. conjoints ou conjoints survivants ou divorcés ou séparés d'étrangers ou de Français non assurés ;

h. les personnes mentionnées à l'article L. 765-3.

Des comptes distincts retracent les opérations financières afférentes à l'assurance invalidité et à l'assurance accidents du travail et maladies professionnelles des travailleurs salariés expatriés.

Art. R. 766-61 Les dispositions relatives aux opérations financières et comptables exécutées par les directeurs et agents comptables des organismes du régime général sont applicables à la caisse des Français de l'étranger sous réserve des dispositions particulières de la présente sous-section.

§ 6 DISPOSITIONS DIVERSES

Art. R. 766-62 Les chapitres II, III et IV du titre IV du livre Ier sont applicables aux litiges relatifs aux assurances volontaires instituées par le présent titre.

Pour les litiges relevant du contentieux technique sont compétentes les commissions régionales du contentieux technique dans le ressort desquelles la caisse des Français de l'étranger a son siège.

Art. R. 766-63 Le ministre chargé de la sécurité sociale et le ministre chargé du budget sont représentés au conseil d'administration par des commissaires du Gouvernement, qui assistent aux séances et sont entendus chaque fois qu'ils le demandent.

Pour l'application de l'article L. 766-10, les procès-verbaux des délibérations du conseil d'administration sont communiqués dans les dix jours qui suivent la séance au ministre chargé de la sécurité sociale et au ministre chargé du budget.

Le délai, prévu par l'article L. 766-10, dont disposent les autorités compétentes de l'État pour faire opposition aux délibérations du conseil d'administration, est fixé à vingt jours.

En cas d'urgence, le ministre chargé de la sécurité sociale peut, après entente avec le ministre chargé du budget, viser, pour exécution immédiate, une délibération qui lui a été communiquée en application de l'article L. 766-10.

SECTION IV DISPOSITIONS DIVERSES ET D'APPLICATION *(Décr. n° 2002-545 du 19 avr. 2002)*.

CHAPITRE VII TRAVAILLEURS MIGRANTS

SECTION PREMIÈRE CENTRE DES LIAISONS EUROPÉENNES ET INTERNATIONALES DE SÉCURITÉ SOCIALE

SOUS-SECTION 1 DISPOSITIONS GÉNÉRALES

Art. R. 767-1 *(Décr. n° 2002-1568 du 24 déc. 2002, art. 2)* Le centre des liaisons européennes et internationales de sécurité sociale est placé sous la tutelle du ministre chargé de la sécurité sociale *(Abrogé par Décr. n° 2015-223 du 26 févr. 2015, art. 2-1°)* « *, du ministre chargé de l'agriculture* » et du ministre chargé du budget.

Art. R. 767-2 *(Décr. n° 2015-223 du 26 févr. 2015, art. 2-2°, en vigueur le 1er janv. 2015)* Le Centre des liaisons européennes et internationales de sécurité sociale a pour missions :

1° D'assurer la diffusion des règlements de l'Union européenne, des accords internationaux de sécurité sociale et des accords de coordination avec les régimes des collectivités territoriales et des territoires français ayant leur autonomie en matière de sécurité sociale, ainsi que d'une documentation actualisée sur la législation relative à la protection sociale des États étrangers ;

2° De satisfaire aux demandes d'information formulées notamment par les particuliers et les entreprises et, le cas échéant, d'assurer des actions de formation dans son domaine de compétence. Cette mission comprend l'information sur les droits en matière de soins de santé transfrontaliers conformément à l'article 6 de la directive 2011/24/UE du Parlement européen et du Conseil du 9 mars 2011 ;

3° De contribuer à la mise en œuvre des règlements et accords mentionnés au 1° par les institutions françaises de sécurité sociale en assistant celles-ci pour l'instruction des dossiers individuels ;

4° D'instruire, dans les conditions prévues par les règlements et accords mentionnés au 1° et, lorsque ces derniers le prévoient, de traiter les demandes individuelles relatives au maintien exceptionnel ou à la prolongation du maintien dans les régimes français de sécurité sociale des personnes travaillant hors de France ou dans les collectivités territoriales ou territoires précités, et les demandes individuelles relatives à l'exemption d'affiliation à ces régimes des personnes exerçant leur activité sur le territoire français ;

5° D'apporter, en tant que de besoin, un appui technique au ministre chargé de la sécurité sociale dans le domaine des relations européennes et internationales et au ministre des affaires étrangères dans le cadre de l'action qu'il mène dans le domaine de la protection sociale en faveur des Français installés à l'étranger ;

6° De collecter, pour toutes les branches de la sécurité sociale, les données statistiques et financières sur la mise en œuvre des règlements et accords mentionnés au 1° et d'établir un rapport annuel ;

7° De procéder à la traduction des documents rédigés dans une langue étrangère qui leur sont adressés par les organismes français ;

8° D'accomplir, dans le domaine de la sécurité sociale, toutes autres tâches qui lui seraient confiées concernant les personnes visées par les règlements et accords mentionnés au 1° ainsi que la coopération technique avec les États étrangers.

Art. R. 767-3 *(Décr. n° 2002-1568 du 24 déc. 2002, art. 4)* Les ministres de tutelle peuvent conclure avec le centre des liaisons européennes et internationales de sécurité sociale une convention d'objectifs et de gestion comportant les engagements réciproques des signataires.

(Décr. n° 2015-223 du 26 févr. 2015, art. 2-3°, en vigueur le 1er janv. 2015) « Cette convention détermine les objectifs pluriannuels de gestion, les moyens de fonctionnement dont le centre dispose pour les atteindre et les actions mises en œuvre à ces fins par chacun des signataires.

« Elle précise :

« 1° Les objectifs liés à l'exécution des missions dévolues au centre ;

« 2° Les objectifs liés à l'amélioration de la qualité du service rendu ;

« 3° Les objectifs d'amélioration de la productivité du centre ;

« 4° Les règles de calcul et d'évolution des budgets de gestion.

« Cette convention prévoit, le cas échéant, les indicateurs quantitatifs et qualitatifs associés à la définition des objectifs. »

SOUS-SECTION 2 ORGANISATION ADMINISTRATIVE

Art. R. 767-4 *(Décr. n° 2002-1568 du 24 déc. 2002, art. 5)* I. — Le centre des liaisons européennes et internationales de sécurité sociale est administré par un conseil d'administration qui comprend *(Décr. n° 2015-223 du 26 févr. 2015, art. 2-4°)* « huit » membres :

1° Le président, *(Abrogé par Décr. n° 2015-223 du 26 févr. 2015, art. 2-4°) « membre du Conseil d'État, de la Cour des comptes, de l'inspection générale des finances ou de l'inspection générale des affaires sociales »* nommé pour une durée de trois ans renouvelable, par arrêté conjoint du ministre chargé de la sécurité sociale *(Abrogé par Décr. n° 2015-223 du 26 févr. 2015, art. 2-1°)* « *, du ministre chargé de l'agriculture* » et du ministre chargé du budget ;

2° Un représentant de la Caisse nationale de l'assurance maladie des travailleurs salariés ;

3° Un représentant de la Caisse nationale des allocations familiales ;

4° Un représentant de la Caisse nationale d'assurance vieillesse des travailleurs salariés ;

5° Un représentant de l'Agence centrale des organismes de sécurité sociale ;

6° Un représentant de la Caisse autonome nationale de la sécurité sociale dans les mines ;

7° Un représentant de la Caisse centrale de la mutualité sociale agricole ;

(Abrogé par Décr. n° 2018-174 du 9 mars 2018, art. 15-I, à compter du 1er janv. 2018) *(Décr. n° 2015-223 du 26 févr. 2015, art. 2-4°)* « *8° Un représentant de la Caisse nationale du régime social des indépendants.* »

II. — Participent également aux séances du conseil d'administration avec voix consultative :

(Décr. n° 2015-223 du 26 févr. 2015, art. 2-4°) « 1° Un représentant du ministre des affaires étrangères ;

« 2° Un représentant du ministre chargé de l'agriculture ;

« 3° Un représentant du personnel du centre, élu pour trois ans dans des conditions fixées par arrêté du ministre chargé de la sécurité sociale. »

III. — Les membres du conseil d'administration mentionnés aux 2° *(Décr. n° 2015-223 du 26 févr. 2015, art. 2-4° ; Décr. n° 2018-174 du 9 mars 2018, art. 15-I, en vigueur le 1er janv. 2018)* « à 7° du I » ci-dessus, ainsi que, pour chacun d'eux, un suppléant, sont désignés pour une durée de trois ans renouvelable par délibération des conseils d'administration des organismes qu'ils représentent.

IV. — Les commissaires du Gouvernement, représentants du ministre chargé de la sécurité sociale *(Abrogé par Décr. n° 2015-223 du 26 févr. 2015, art. 2-1°)* « *, du ministre chargé de l'agriculture* » et du ministre chargé du budget, assistent aux séances du conseil d'administration et sont entendus chaque fois qu'ils le demandent.

Art. R. 767-5 *(Décr. n° 95-402 du 13 avr. 1995)* Le conseil d'administration détermine les orientations générales de l'activité de l'établissement.

Il délibère notamment sur :

1° Le budget et ses modifications, ainsi que le compte financier ;

(Décr. n° 2002-1568 du 24 déc. 2002, art. 6) « 2° Les conditions de mise en œuvre des missions prévues à l'article R. 767-2 ;

« 3° Les objectifs pluriannuels qui peuvent prendre la forme d'une convention d'objectifs et de gestion ;

« 4° Le rapport annuel d'activité présenté par le directeur ;

« 5° L'acceptation des dons et legs. »

Il est informé *(Décr. n° 2015-223 du 26 févr. 2015, art. 2-5°, en vigueur le 1er janv. 2015)* « du rapport annuel prévu au 6° de » l'article R. 767-2.

Art. R. 767-6 *(Décr. n° 95-402 du 13 avr. 1995)* Le conseil d'administration se réunit sur convocation de son président au moins une fois par an. La réunion est de droit à la demande du ministre chargé de la sécurité sociale *(Abrogé par Décr. n° 2015-223 du 26 févr. 2015, art. 2-1°)* « *, du ministre chargé de l'agriculture* » ou du ministre chargé du budget. Ceux-ci peuvent demander l'inscription d'une question à l'ordre du jour.

Les délibérations du conseil sont prises à la majorité des membres présents ; en cas de partage des voix, celle du président est prépondérante.

(Décr. n° 2012-1247 du 7 nov. 2012, art. 42-21°, en vigueur le 1er janv. 2013) « Les délibérations du conseil d'administration sont exécutoires vingt jours après leur communication au ministre chargé de la sécurité sociale *(Abrogé par Décr. n° 2015-223 du 26 févr. 2015, art. 2-1°)* « *, au ministre chargé de l'agriculture* » et au ministre chargé du budget, à moins que ceux-ci n'y fassent opposition dans ce délai. Les délibérations portant sur le budget et le compte financier sont exécutoires dans les conditions pré-

vues par le titre III du décret n° 2012-1246 du 7 novembre 2012 relatif à la gestion budgétaire et comptable publique. En cas d'urgence, le ministre chargé de la sécurité sociale peut autoriser l'exécution immédiate d'une délibération après accord *(Abrogé par Décr. n° 2015-223 du 26 févr. 2015, art. 2-1°)* « *du ministre chargé de l'agriculture et* » du ministre chargé du budget. »

(Décr. n° 2002-1568 du 24 déc. 2002, art. 7-II) « Les délibérations du conseil d'administration portant sur les acquisitions, échanges et aliénations d'immeubles ne sont exécutoires qu'après approbation expresse par les ministres précités. »

Le directeur du centre *(Abrogé par Décr. n° 2015-223 du 26 févr. 2015, art. 2-6°)* « *, le secrétaire général* », le *(Décr. n° 2012-1247 du 7 nov. 2012, art. 2, en vigueur le 1er janv. 2013)* « contrôleur budgétaire » et l'agent comptable de l'établissement assistent aux séances du conseil d'administration avec voix consultative.

Art. R. 767-7 *(Décr. n° 95-402 du 13 avr. 1995 ; Décr. n° 2002-1568 du 24 déc. 2002, art. 1er)* Le « centre des liaisons européennes et internationales de sécurité sociale » est dirigé par un directeur *(Abrogé par Décr. n° 2015-223 du 26 févr. 2015, art. 2-7°)* « *assisté d'un secrétaire général qui le supplée en tant que de besoin* ».

Le directeur dirige l'établissement et exerce celles des compétences de celui-ci qui ne sont pas attribuées à une autre autorité par la présente section. A ce titre, notamment :

1° Il prépare et exécute les délibérations du conseil d'administration auquel il rend compte de sa mission ;

2° Il prépare et exécute le budget ;

3° Il a autorité sur l'ensemble du personnel du centre. Il recrute le personnel contractuel et nomme à toutes les fonctions pour lesquelles aucune autre autorité n'a reçu pouvoir de nomination ;

4° Il est responsable du bon fonctionnement de l'établissement ;

5° Il est ordonnateur des dépenses et recettes ;

6° Il conclut au nom du centre les marchés publics et contrats ;

7° Il représente l'établissement en justice et dans tous les actes de la vie civile ;

(Décr. n° 2002-1568 du 24 déc. 2002, art. 8) « 8° Il signe les autorisations découlant de l'application du *(Décr. n° 2015-223 du 26 févr. 2015, art. 2-7°, en vigueur le 1er janv. 2015)* « 4° de » l'article R. 767-2. »

(Décr. n° 2015-223 du 26 févr. 2015, art. 2-7°) « Le directeur peut déléguer sa signature à ceux de ses collaborateurs qui exercent des fonctions de direction au sein de l'établissement pour effectuer en son nom soit certains actes, soit tous les actes relatifs à certaines de ses attributions.

« En cas de vacance d'emploi, d'absence momentanée ou d'empêchement du directeur, ses fonctions sont exercées par un agent de direction de l'établissement désigné préalablement à cet effet par le directeur. »

Art. R. 767-8 *(Décr. n° 95-402 du 13 avr. 1995)* Le personnel du *(Décr. n° 2002-1568 du 24 déc. 2002, art. 1er)* « centre des liaisons européennes et internationales de sécurité sociale » comporte :

1° Le directeur, nommé par arrêté conjoint du ministre chargé de la sécurité sociale *(Abrogé par Décr. n° 2015-223 du 26 févr. 2015, art. 2-1°)* « *, du ministre chargé de l'agriculture* » et du ministre chargé du budget ;

(Abrogé par Décr. n° 2015-223 du 26 févr. 2015, art. 2-8°) (Décr. n° 2002-1568 du 24 déc. 2002, art. 9-I) « *2° Le secrétaire général nommé par le directeur ;* »

3° L'agent comptable, nommé par arrêté conjoint du ministre chargé du budget *(Décr. n° 2015-223 du 26 févr. 2015, art. 2-8°)* « et du ministre chargé de la sécurité sociale » ;

4° Des fonctionnaires détachés de leur administration d'origine et des fonctionnaires du ministère chargé de la sécurité sociale affectés à l'établissement ;

5° Des agents contractuels répartis en plusieurs catégories selon les fonctions qu'ils exercent ; — *Les 2°, 3°, 4° deviennent respectivement les 3°, 4°, 5° (Décr. n° 2002-1568 du 24 déc. 2002, art. 9-II).*

(Décr. n° 2002-1568 du 24 déc. 2002, art. 9-III) « 6° Des agents de droits privé régis par les conventions collectives applicables au personnel des organismes de sécurité sociale. »

(*Abrogé par Décr. n° 2015-223 du 26 févr. 2015, art. 2-8°*) *« Un arrêté conjoint des ministres chargés de la sécurité sociale, de l'agriculture et du budget fixe les rémunérations applicables à chaque catégorie d'agents contractuels.*

« Un arrêté conjoint des mêmes ministres approuve le règlement intérieur établi par le directeur. »

SOUS-SECTION 3 DISPOSITIONS FINANCIÈRES ET COMPTABLES

Art. R. 767-9 (*Décr. n° 2012-1247 du 7 nov. 2012, art. 42-22°, en vigueur le 1er janv. 2013*) Le centre de liaisons européennes et internationales de sécurité sociale est soumis aux dispositions des titres Ier et III du décret n° 2012-1246 du 7 novembre 2012 relatif à la gestion budgétaire et comptable publique. (*Abrogé par Décr. n° 2015-223 du 26 févr. 2015, art. 2-9°, à compter du 1er janv. 2015*) *« Les opérations réalisées en application du 1° du I de l'article R. 767-2 sont retracées par l'agent comptable, au vu des pièces justificatives récapitulatives. Le centre conserve les pièces justificatives de ces opérations et procède avec les échelons nationaux des organismes français de sécurité sociale à des ajustements financiers périodiques. »*

Art. R. 767-10 (*Décr. n° 95-402 du 13 avr. 1995*) Les recettes du centre comprennent, notamment :

(*Décr. n° 2002-1568 du 24 déc. 2002, art. 11-I*) « 1° Les contributions annuelles supportées par les régimes français visés au dernier alinéa de l'article L. 767-1 dont (*Décr. n° 2015-223 du 26 févr. 2015, art. 2-10°*) « les modalités de répartition entre les régimes sont fixées en fonction des charges induites par leurs demandes d'intervention au centre » par un arrêté conjoint des ministres chargés de la sécurité sociale (*Abrogé par Décr. n° 2015-223 du 26 févr. 2015, art. 2-1°*) *« , de l'agriculture »* et du budget ; — *V. Arr. du 22 mai 2018 fixant les modalités de répartition de la contribution des régimes de sécurité sociale au financement du centre des liaisons européennes et internationales de sécurité sociale (JO 29 mai).*

« 2° Les participations de (*Décr. n° 2015-223 du 26 févr. 2015, art. 2-10°*) « l'Union européenne » ainsi que toutes subventions liées aux missions du centre ; »

3° Les frais de traduction versés par les organismes français de protection sociale ne participant pas au financement du budget du centre ;

(*Décr. n° 2015-223 du 26 févr. 2015, art. 2-10°*) « 4° Le produit d'actions de formation assurées par le centre au profit d'entités autres que les institutions françaises de sécurité sociale ; » — *Le Décr. n° 2015-223 du 26 févr. 2015 introduit un 4° alors qu'il existait déjà un 4° issu du Décr. n° 2002-1568 du 24 déc. 2002.*

[5°] 4° Les dons, legs et libéralités. — *Les 4° et 5° deviennent respectivement les 3° et 4° (Décr. n° 2002-1568 du 24 déc. 2002, art. 11-II).*

Art. R. 767-11 (*Décr. n° 95-402 du 13 avr. 1995*) Les dépenses du centre comprennent les frais de personnel, et les charges de fonctionnement et d'équipement.

Art. R. 767-12 (Abrogé par Décr. n° 2015-223 du 26 févr. 2015, art. 2-11°, à compter du 1er janv. 2015) (Décr. n° 95-402 du 13 avr. 1995) *Pour l'application des dispositions du 1° de l'article R. 767-2, le* (Décr. n° 2002-1568 du 24 déc. 2002, art. 1er) *« centre des liaisons européennes et internationales de sécurité sociale » est doté d'un fonds exclusivement destiné à des opérations de trésorerie courante et constitué par une contribution des divers régimes de sécurité sociale en fonction de l'intérêt que chacun d'eux a dans les opérations mentionnées au 1° dudit article. Un arrêté conjoint du ministre chargé de la sécurité sociale, du ministre chargé de l'agriculture et du ministre chargé du budget fixe le montant de ce fonds et les modalités de sa répartition.*

SECTION II FONDS D'ACTION SOCIALE POUR LES TRAVAILLEURS IMMIGRÉS ET LEURS FAMILLES

Néant.

LIVRE HUITIÈME ALLOCATIONS AUX PERSONNES ÂGÉES — ALLOCATION AUX ADULTES HANDICAPÉS — ALLOCATION DE LOGEMENT SOCIALE — AIDES À L'EMPLOI POUR LA GARDE DES JEUNES ENFANTS — AIDE AUX COLLECTIVITÉS ET ORGANISMES LOGEANT À TITRE TEMPORAIRE DES PERSONNES DÉFAVORISÉES OU GÉRANT DES AIDES *[AIRES]* D'ACCUEIL DES GENS DU VOYAGE — PROTECTION COMPLÉMENTAIRE EN MATIÈRE DE SANTÉ

TITRE PREMIER ALLOCATIONS AUX PERSONNES ÂGÉES

V. notes ss. le chap. V du tit. Ier du livre VIII de la partie législative.

CHAPITRE PRÉLIMINAIRE DISPOSITIONS COMMUNES À TOUTES LES ALLOCATIONS

Art. R. 810-1 *(Décr. nº 2001-532 du 20 juin 2001, art. 56)* Le silence gardé pendant plus de quatre mois sur la demande de liquidation ou de révision de l'une des allocations prévues au présent titre, à l'exception de celles concernant des personnes relevant du code des pensions civiles et militaires de retraite, vaut décision de rejet.

CHAPITRE PREMIER ALLOCATION AUX VIEUX TRAVAILLEURS SALARIÉS

Néant.

CHAPITRE II ALLOCATION AUX VIEUX TRAVAILLEURS NON SALARIÉS

Néant.

CHAPITRE III ALLOCATION AUX MÈRES DE FAMILLE

Néant.

CHAPITRE IV ALLOCATION SPÉCIALE

Néant.

CHAPITRE V ALLOCATION DE SOLIDARITÉ AUX PERSONNES ÂGÉES

(Décr. nº 2007-56 du 12 janv. 2007)

SECTION PREMIÈRE OUVERTURE DU DROIT ET LIQUIDATION DE L'ALLOCATION DE SOLIDARITÉ AUX PERSONNES ÂGÉES

SOUS-SECTION 1 CONDITIONS D'OUVERTURE DU DROIT À L'ALLOCATION

Art. R. 815-1 L'âge mentionné à l'article L. 815-1 est fixé à soixante-cinq ans.

Il est abaissé à *(Décr. nº 2011-620 du 31 mai 2011, art. 4-18º)* « l'âge prévu à l'article L. 161-17-2 » pour les personnes mentionnées *(Décr. nº 2014-1702 du 30 déc. 2014, art. 4-II)* « au 1º *ter* et » aux 2º à 5º de l'article L. 351-8.

Art. R. 815-2 Les dispositions des sections I à III du présent chapitre s'appliquent aux assurés du régime de retraite des fonctionnaires de l'État sous les réserves prévues aux articles R. 815-10, R. 815-11, R. 815-32, R. 815-35, R. 815-41, R. 815-44, R. 815-52 et R. 815-54, lorsqu'ils ne bénéficient d'aucun autre avantage de vieillesse ou lorsque, en application des articles R. 815-7 à R. 815-9 et R. 815-12 à R. 815-14, la liquidation de l'allocation de solidarité aux personnes âgées incombe à ce régime.

Art. R. 815-2-1 *(Décr. nº 2009-788 du 23 juin 2009)* En application de l'article L. 815-5 l'allocataire ne peut bénéficier de l'allocation mentionnée à l'article L. 815-1, avant la date d'entrée en jouissance qu'il a fixée, lors de sa demande de liquidation auprès des organismes redevables, pour l'ensemble des pensions personnelles et de réversion auxquelles il peut prétendre. Dans le cas où il ne remplit pas les conditions d'attribution d'une ou plusieurs de ses pensions à la date pour laquelle il demande le bénéfice de cette allocation, il en apporte la preuve par tous moyens. L'allocation est alors calculée sans tenir compte de ces pensions jusqu'au dernier jour du mois civil précédant celui au cours duquel ces conditions d'attribution sont remplies.

SOUS-SECTION 2 PRÉSENTATION DES DEMANDES ET MISSION DES ORGANISMES LIQUIDATEURS

Art. R. 815-3 Pour l'application des dispositions de l'article L. 815-7, est considérée comme avantage de vieillesse de base toute prestation viagère résultant d'un droit personnel ou d'un droit dérivé, quelle que soit sa dénomination, servie par un régime obligatoire faisant appel à une contribution des travailleurs et instituée par une disposition législative ou réglementaire.

Art. R. 815-4 La majoration pour conjoint à charge servie par un régime d'assurance vieillesse de salariés est considérée comme un avantage de vieillesse servi au conjoint à charge pour l'application du présent chapitre.

Si le droit personnel est liquidé à titre provisoire dans le cadre du dispositif de retraite progressive, la fraction de pension de vieillesse liquidée, la majoration pour conjoint à charge rattachée à cette fraction et la pension de réversion n'ouvrent pas droit au bénéfice de l'allocation de solidarité aux personnes âgées.

Art. R. 815-5 Pour bénéficier de l'allocation de solidarité aux personnes âgées instituée par l'article L. 815-1, l'intéressé doit souscrire une demande conforme au modèle arrêté par le ministre chargé de la sécurité sociale.

Des exemplaires de la demande sont mis à la disposition des intéressés par les organismes ou services de retraite de base mentionnés à l'article L. 815-7 et, s'agissant des personnes mentionnées au deuxième alinéa de cet article, par les mairies.

Art. R. 815-6 Le demandeur titulaire d'un seul avantage de vieillesse adresse ou remet sa demande à l'organisme ou au service débiteur de cet avantage qui procède à la liquidation de l'allocation de solidarité aux personnes âgées.

Art. R. 815-7 Le demandeur titulaire de plusieurs avantages de vieillesse adresse ou remet sa demande à l'organisme ou au service déterminé selon l'ordre de priorité suivant :

1° A la caisse de retraite de la mutualité sociale agricole lorsqu'il est titulaire d'une allocation ou retraite de vieillesse agricole des non-salariés et a la qualité d'exploitant agricole au jour de la demande ;

2° A la caisse de retraite du régime général des travailleurs salariés lorsque l'un des avantages dont il bénéficie est servi par cet organisme ;

3° A l'organisme ou au service débiteur de l'avantage de vieillesse dont le montant trimestriel est le plus élevé au jour de la demande parmi ceux dont il est titulaire.

L'organisme ou le service ainsi défini procède à la liquidation de l'allocation de solidarité aux personnes âgées.

Art. R. 815-8 Par dérogation à l'article R. 815-6, lorsque le paiement des arrérages n'est pas opéré directement par l'organisme ou le service débiteur, la demande est adressée ou remise à l'organisme ou au service chargé du mandatement ou au comptable payeur de la pension qui transmet pour liquidation la demande à l'organisme ou au service débiteur.

Art. R. 815-9 Lorsque le demandeur est titulaire d'un avantage de vieillesse dont l'organisme ou le service débiteur est situé en dehors du territoire métropolitain et des départements mentionnés à l'article L. 751-1, la demande est transmise par le comptable payeur ou adressée directement pour liquidation à l'organisme ou au service désigné par un arrêté du ministre chargé de la sécurité sociale.

Art. R. 815-10 Les assurés mentionnés à l'article R. 815-2 adressent ou remettent leur demande d'allocation de solidarité aux personnes âgées au comptable payeur de leur pension. Celui-ci, après avoir vérifié et éventuellement complété la demande, la transmet au *(Décr. n° 2014-551 du 27 mai 2014, art. 28-10°)* « directeur départemental ou, le cas échéant, régional des finances publiques » du département de la résidence du pensionné. Le *(Décr. n° 2014-551 du 27 mai 2014, art. 28-10°)* « directeur départemental ou, le cas échéant, régional des finances publiques » constitue le dossier de demande d'attribution en y joignant les pièces et les renseignements qu'il est en mesure de détenir sur la situation de l'assuré.

Le dossier ainsi constitué est transmis au préfet qui fait procéder aux enquêtes indispensables pour connaître l'ensemble des ressources de l'assuré.

Le préfet décide de l'attribution et du montant de l'allocation de solidarité aux personnes âgées auquel l'assuré peut prétendre.

Art. R. 815-11 En ce qui concerne les assurés auxquels s'appliquent les dispositions du décret n° 2003-1306 du 26 décembre 2003 relatif au régime de retraite des fonctionnaires affiliés à la Caisse nationale de retraites des agents des collectivités locales et du décret n° 2004-1056 du 5 octobre 2004 relatif au régime des pensions des ouvriers des établissements industriels de l'État qui ne bénéficient d'aucun autre avantage de vieillesse ou pour lesquels la liquidation de l'allocation de solidarité aux personnes âgées incombe à ces régimes en application des articles R. 815-7 à R. 815-9 et R. 815-12 à R. 815-14, les demandes d'allocation de solidarité aux personnes âgées pourront être instruites par les préfets dans les conditions fixées aux deux premiers alinéas de l'article R. 815-10.

Art. R. 815-12 La demande d'allocation de solidarité aux personnes âgées présentée par un demandeur non titulaire d'un avantage de vieillesse, mais ouvrant droit à une majoration pour conjoint à charge, peut être établie sur le formulaire de demande présenté par le titulaire de l'avantage de vieillesse.

Art. R. 815-13 En cas de demandes séparées du titulaire d'un avantage de vieillesse et de son conjoint à charge, non titulaire lui-même d'un avantage de vieillesse, la demande du conjoint à charge est adressée ou remise à l'organisme ou service qui est ou serait compétent pour liquider l'allocation de solidarité aux personnes âgées rattachée à l'avantage de vieillesse.

Art. R. 815-14 Le demandeur non encore titulaire d'un avantage de vieillesse adresse sa demande d'allocation de solidarité aux personnes âgées à l'organisme ou au service compétent pour liquider l'avantage de vieillesse auquel il est susceptible de prétendre.

Lorsque le demandeur déjà titulaire d'un avantage de vieillesse demande simultanément, d'une part, la liquidation d'un deuxième avantage de vieillesse auquel il est susceptible de prétendre et, d'autre part, l'allocation de solidarité aux personnes âgées, la demande d'allocation de solidarité aux personnes âgées est adressée ou remise à l'organisme ou au service compétent pour liquider le deuxième avantage de vieillesse qu'il sollicite.

Lorsqu'il demande simultanément la liquidation de deux avantages de vieillesse et l'allocation de solidarité aux personnes âgées, il ne peut formuler qu'une seule demande d'allocation de solidarité aux personnes âgées, qu'il adresse ou remet à l'un des organismes ou services chargés de liquider ces avantages. Cet organisme ou service transmet, le cas échéant, cette demande à l'organisme ou au service compétent dans les conditions fixées à l'article R. 815-7.

Art. R. 815-15 Les dispositions du deuxième alinéa de l'article L. 815-7 sont applicables :

1° Aux personnes n'appartenant pas et n'ayant pas appartenu à une catégorie professionnelle entrant dans le champ de l'affiliation obligatoire à un régime de retraite de base institué par une disposition législative ou réglementaire ;

2° Aux personnes qui ne bénéficient pas de leur propre chef ou du chef de leur conjoint d'un avantage de vieillesse auprès d'un tel régime, ni n'ouvrent droit à la majoration pour conjoint à charge ;

3° Aux veuves de guerre titulaires d'une pension servie au titre du premier alinéa de l'article L. 51 du code des pensions militaires d'invalidité et des victimes de la guerre, dès lors qu'elles ne relèvent ni d'une organisation autonome d'allocation vieillesse, ni d'un régime de vieillesse de sécurité sociale.

Le demandeur appartenant aux catégories mentionnées ci-dessus dépose sa demande d'allocation de solidarité aux personnes âgées auprès de la mairie de son lieu de résidence. Il produit une déclaration sur l'honneur, conforme au modèle mis à sa disposition par la Caisse des dépôts et consignations dans les mairies.

Art. R. 815-16 L'exactitude des indications concernant l'état civil du demandeur et, le cas échéant, de son conjoint est attestée par le maire, qui adresse le dossier au service de l'allocation de solidarité aux personnes âgées.

Art. R. 815-17 L'organisme ou le service qui a été chargé, conformément aux articles précédents, de la liquidation de l'allocation de solidarité aux personnes âgées reste compétent pour l'application des articles L. 815-1 et suivants en ce qui concerne l'intéressé, quelles que soient les modifications survenues dans le montant ou le nombre des avantages de vieillesse dont il bénéficie.

Toutefois, en cas de suppression de l'avantage de vieillesse qui relève de l'organisme ou service liquidateur, le dossier de l'intéressé est, le cas échéant, transmis à un autre organisme ou service déterminé dans les conditions des articles R. 815-6 et suivants.

SOUS-SECTION 3 APPRÉCIATION DES RESSOURCES

Art. R. 815-18 La personne qui sollicite le bénéfice de l'allocation de solidarité aux personnes âgées est tenue de faire connaître à l'organisme ou au service chargé de la liquidation le montant des ressources, prises en compte dans les conditions fixées aux articles R. 815-22 à R. 815-25, dont elle, et le cas échéant son conjoint, son concubin ou son partenaire lié par un pacte civil de solidarité, dispose.

Art. R. 815-19 L'organisme ou le service liquidateur procède, s'il y a lieu, à toute enquête ou recherche nécessaire et demande tout éclaircissement qu'il juge utile.

Art. R. 815-20 Les organismes ou services mentionnés à l'article L. 815-7 peuvent mettre en demeure, sous les sanctions prévues à l'article R. 815-49, toute personne, institution ou organisme de leur faire connaître dans un délai d'un mois le montant des pensions, retraites, rentes viagères ou allocations viagères autres que les avantages de vieillesse mentionnés à l'article L. 815-7, tels qu'ils sont définis à l'article R. 815-4, qu'il est tenu de servir à une personne bénéficiant ou ayant demandé le bénéfice de l'allocation de solidarité aux personnes âgées.

Art. R. 815-21 Il n'est pas tenu compte de l'allocation de solidarité aux personnes âgées pour l'application des plafonds de ressources institués pour les différents régimes mentionnés à l'article L. 621-2 et pour le calcul des avantages garantis par les régimes complémentaires mentionnés à l'article L. 921-1.

Art. R. 815-22 Il est tenu compte, pour l'appréciation des ressources, de tous les avantages d'invalidité et de vieillesse dont bénéficie l'intéressé, des revenus professionnels et autres, y compris ceux des biens mobiliers et immobiliers et des biens dont il a fait donation au cours des dix années qui ont précédé la demande.

Toutefois, et indépendamment des ressources exclues par des dispositions particulières, il n'est pas tenu compte, le cas échéant, dans l'estimation des ressources, des éléments suivants :

1° La valeur des locaux d'habitation occupés à titre de résidence principale par l'intéressé et les membres de sa famille vivant à son foyer ;

2° La valeur des bâtiments de l'exploitation agricole ;

3° Les prestations familiales ;

4° L'indemnité de soins aux tuberculeux prévue par l'article L. 41 du code des pensions militaires d'invalidité et des victimes de la guerre ;

5° La majoration spéciale prévue par l'article L. 52-2 du même code ;

6° *(Décr. n° 2013-276 du 2 avr. 2013, art. 1er-9°, en vigueur le 1er mars 2013)* « La prestation complémentaire pour recours à tierce personne et les majorations *[ancienne rédaction : Les majorations]* » accordées aux personnes dont l'état de santé nécessite l'aide constante d'une tierce personne, lorsqu'elles sont allouées à ce titre en application de l'article L. 18 du même code ou en application des législations des accidents du travail, des assurances sociales et de l'aide sociale ; – *Les personnes qui bénéficient, au 28 févr. 2013, de la majoration pour tierce personne mentionnée au troisième al. de l'art. L. 434-2, dans sa rédaction antérieure au 1er mars 2013, et qui n'ont pas opté pour le bénéfice de la prestation complémentaire pour recours à tierce personne, continuent de percevoir cette majoration dans les conditions et selon les règles de revalorisation en vigueur au 28 févr. 2013 (Décr. nº 2013-276 du 2 avr. 2013, art. 3).*

7° L'allocation de compensation accordée aux aveugles et grands infirmes travailleurs et généralement les avantages en espèces dont les intéressés bénéficient au titre de l'aide sociale ;

8° La retraite du combattant ;

9° Les pensions attachées aux distinctions honorifiques ;

10° L'allocation de logement prévue à l'article L. 831-1 du présent code ;

11° Les allocations de reconnaissance mentionnées au I et au I *bis* de l'article 47 de la loi de finances rectificative pour 1999 nº 99-1173 du 30 décembre 1999 ;

12° La mesure de réparation prévue par le décret nº 2000-657 du 13 juillet 2000 instituant une mesure de réparation pour les orphelins dont les parents ont été victimes de persécutions antisémites.

Art. R. 815-23 Les avantages en nature dont jouit, à quelque titre que ce soit, le bénéficiaire de l'allocation de solidarité aux personnes âgées ou la personne qui sollicite le bénéfice de cette allocation sont évalués forfaitairement à un montant égal à celui retenu pour l'évaluation de ces mêmes avantages pour le calcul des cotisations du régime général de sécurité sociale.

Toutefois, lorsque des avantages en nature sont dus en vertu d'une disposition législative ou réglementaire et peuvent être remplacés par une indemnité compensatrice, les avantages en nature dont jouit effectivement l'intéressé sont évalués forfaitairement au montant de l'indemnité compensatrice afférente à ces avantages.

Il n'est pas tenu compte des prestations en nature accordées au titre de l'aide sociale, de l'assurance maladie ou de l'assurance maternité, ni des dépenses de soins couvertes par la famille en cas de maladie de l'intéressé, de son conjoint ou de ses enfants à charge.

Art. R. 815-24 Lorsqu'il s'agit de salaires ou de gains assimilés à des salaires par la législation de sécurité sociale, les revenus professionnels sont appréciés d'après les règles suivies pour le calcul des cotisations d'assurances sociales.

Lorsqu'il s'agit d'autres revenus professionnels, ceux-ci sont appréciés comme en matière fiscale en faisant abstraction des exonérations, abattements et décotes et sans qu'il soit tenu compte de toute déduction ne correspondant pas à une charge réelle pour la période considérée.

Art. R. 815-25 Les biens actuels mobiliers et immobiliers et ceux dont le demandeur a fait donation à ses descendants au cours des cinq années précédant la demande, à l'exception des biens mentionnés aux 1° et 2° de l'article R. 815-22, sont réputés lui procurer un revenu évalué à 3 % de leur valeur vénale fixée à la date de la demande, contradictoirement et, à défaut, à dire d'expert. Ce pourcentage est fixé à 1,5 % lorsque la donation est intervenue depuis plus de cinq ans mais moins de dix ans avant la demande.

Le demandeur qui a fait donation de biens mobiliers ou immobiliers à d'autres personnes que ses descendants au cours des dix années précédant la demande est réputé percevoir du donataire une rente viagère, calculée sur la valeur de ces biens à la date de la demande, admise par l'enregistrement, suivant les tables de mortalité et le taux d'actualisation de référence figurant dans l'arrêté pris pour l'application du dernier alinéa de l'article R. 931-10-17.

Art. R. 815-26 En ce qui concerne les veuves de guerre titulaires d'une pension servie au titre du premier alinéa de l'article L. 51 du code des pensions militaires d'invalidité et des victimes de guerre, le plafond de ressources pour l'attribution de l'allocation de solidarité aux personnes âgées est égal au montant de la pension de veuve de soldat au taux spécial, augmenté du montant de l'allocation de solidarité aux personnes âgées.

Art. R. 815-27 Le calcul des ressources des époux, quel que soit leur régime matrimonial, des concubins ou des partenaires liés par un pacte civil de solidarité est effectué en totalisant leurs ressources, sans distinction entre les biens communs ou les biens propres des conjoints, concubins ou partenaires liés par un pacte civil de solidarité.

Toutefois, pour les conjoints, concubins ou partenaires liés par un pacte civil de solidarité, séparés de fait avec résidence distincte et pour les personnes séparées de corps, les ressources sont appréciées comme pour les célibataires.

Art. R. 815-28 Dans le cas où les deux conjoints, concubins ou partenaires liés par un pacte civil de solidarité, peuvent l'un et l'autre prétendre à l'allocation de solidarité aux personnes âgées, la réduction opérée, le cas échéant, en application de l'article L. 815-9 porte pour moitié sur l'allocation de chacun des deux conjoints, concubins ou partenaires liés par un pacte civil de solidarité.

Art. R. 815-29 Les ressources à prendre en considération sont celles afférentes à la période de trois mois précédant la date d'entrée en jouissance de l'allocation de solidarité aux personnes âgées. Le montant de ces ressources ne doit pas dépasser le quart des plafonds fixés par le décret prévu à l'article L. 815-9.

En ce qui concerne les avantages viagers, il est tenu compte du montant théorique des arrérages dus au cours de ces trois mois, abstraction faite des rappels effectivement payés au cours de ceux-ci.

(Décr. n° 2014-1568 du 22 déc. 2014, art. 1er, en vigueur le 1er janv. 2015) « Lorsque le foyer est constitué d'une seule personne, les revenus professionnels du demandeur ou bénéficiaire pris en compte font l'objet d'un abattement forfaitaire égal à 0,9 fois la valeur de la rémunération mensuelle minimale mentionnée à l'article L. 3232-3 du code du travail, en vigueur au 1er janvier de l'année. Cet abattement est égal à 1,5 fois la valeur de la rémunération mensuelle minimale et porte sur les revenus professionnels du foyer lorsque le ou les demandeurs ou allocataires sont mariés, concubins ou partenaires liés par un pacte civil de solidarité. »

Si le montant des ressources ainsi évaluées dépasse le quart des plafonds fixés par le décret prévu à l'article L. 815-9, l'allocation est néanmoins servie lorsque l'intéressé justifie qu'au cours de la période de douze mois précédant la date d'entrée en jouissance le montant de ses ressources a été inférieur à ces plafonds. Pour l'application du présent alinéa, le montant annuel des avantages viagers est déterminé d'après la valeur en vigueur à la date d'entrée en jouissance.

S'il y a lieu, l'allocation est réduite dans les conditions prévues à l'article L. 815-9 et à l'article R. 815-28.

SOUS-SECTION 4 SERVICE DE L'ALLOCATION

Art. R. 815-30 Au vu des déclarations souscrites par le demandeur et compte tenu des renseignements recueillis, l'organisme ou le service liquidateur détermine le montant de l'allocation de solidarité aux personnes âgées auquel l'intéressé a droit, compte non tenu de l'aide que lui apportent ou sont susceptibles de lui apporter les personnes tenues à l'obligation alimentaire.

Art. R. 815-31 Lorsque le demandeur âgé de moins de soixante-cinq ans est titulaire d'un avantage de vieillesse pour la liquidation duquel il n'a pas été nécessaire de faire connaître son inaptitude au travail, l'organisme ou le service liquidateur détermine si, compte tenu de l'article L. 351-7 et, le cas échéant, de l'article R. 351-21, l'intéressé est inapte au travail.

Dans ce cas, les pièces justificatives mentionnées à l'article R. 351-22 sont jointes à la demande. La caisse compétente procède, s'il y a lieu, à toute enquête ou recherche nécessaire et demande tout éclaircissement qu'elle juge utile.

Lorsque le demandeur relève du service de l'allocation de solidarité aux personnes âgées conformément aux dispositions du deuxième alinéa de l'article L. 815-7 et de l'article R. 815-15, ce service communique le dossier à la caisse du régime général chargée de la gestion du risque vieillesse dans le ressort de laquelle réside le demandeur. La demande est alors instruite par la caisse conformément aux dispositions des articles L. 351-7 et R. 351-21. La caisse renvoie, avec un avis motivé, le dossier au service de l'allocation de solidarité aux personnes âgées.

L'organisme ou service liquidateur notifie sa décision à l'intéressé. En cas de rejet, la notification est faite par lettre recommandée.

Art. R. 815-32 Pour les assurés mentionnés aux articles R. 815-2 et R. 815-11, l'inaptitude au travail est appréciée par les commissions de réforme, prévues respectivement à l'article L. 31 du code des pensions civiles et militaires de retraite, à l'article 31 du décret n° 2003-1306 du 26 décembre 2003 relatif au régime de retraite des fonctionnaires affiliés à la Caisse nationale de retraites des agents des collectivités locales et à l'article 23 du décret n° 2004-1056 du 5 octobre 2004 relatif au régime des pensions des ouvriers des établissements industriels de l'État.

La décision de la commission de réforme est notifiée aux intéressés par le préfet.

Art. R. 815-33 La date de l'entrée en jouissance de l'allocation de solidarité aux personnes âgées est fixée, sans pouvoir être antérieure au premier jour du mois suivant la date de réception de la demande :

1° A la date d'entrée en jouissance de l'avantage de vieillesse de l'intéressé si celle-ci est postérieure à son soixante-cinquième anniversaire ;

2° Au premier jour du mois qui suit le soixante-cinquième anniversaire de l'intéressé si ce dernier jouissait déjà à cette date d'un avantage de vieillesse ;

3° Au premier jour du mois qui suit leur soixante-cinquième anniversaire, pour les personnes mentionnées à l'article R. 815-15.

Pour les personnes mentionnées au second alinéa de l'article R. 815-1, les mêmes règles s'appliquent, compte tenu de la date à laquelle elles ont été reconnues inaptes au travail ou sont entrées en jouissance d'un avantage de vieillesse entre *(Décr. n° 2011-620 du 31 mai 2011, art. 4-19°)* « l'âge prévu par l'article L. 161-17-2 » et leur soixante-cinquième anniversaire.

Art. R. 815-34 L'organisme ou le service liquidateur notifie au demandeur sa décision d'attribution ou de rejet, motivé, de l'allocation de solidarité aux personnes âgées.

La notification attributive de l'allocation de solidarité aux personnes âgées par l'organisme ou service liquidateur constitue titre pour le bénéficiaire. Un arrêté du ministre intéressé fixe le modèle de cette notification.

Les décisions de révision, de suspension, de suppression ou de rétablissement du service de l'allocation de solidarité aux personnes âgées sont notifiées par l'organisme ou le service liquidateur selon les mêmes modalités.

Art. R. 815-35 Le montant de l'allocation de solidarité aux personnes âgées attribuée aux bénéficiaires mentionnés à l'article R. 815-2 est notifié par le préfet au *(Décr. n° 2014-551 du 27 mai 2014, art. 28-11°)* « directeur départemental ou, le cas échéant, régional des finances publiques » assignataire de la pension.

Cette notification fait apparaître la nature et le montant des ressources considérées pour l'attribution de l'allocation.

L'allocation de solidarité aux personnes âgées s'ajoute au montant de la pension inscrite au grand-livre de la dette publique et suit les mêmes règles de paiement que celle-ci.

Art. R. 815-36 Les services ou organismes débiteurs de l'allocation de solidarité aux personnes âgées en assurent le paiement à terme échu aux échéances de l'avantage de vieillesse dont jouit le bénéficiaire.

Pour les personnes mentionnées à l'article R. 815-15, l'allocation est payée par le service de l'allocation de solidarité aux personnes âgées à terme échu le premier jour de chaque mois.

Art. R. 815-37 Les arrérages de l'allocation de solidarité aux personnes âgées sont payés dans les mêmes formes et conditions que ceux de l'avantage de vieillesse dont l'organisme ou le service liquidateur est débiteur.

L'allocation de solidarité aux personnes âgées allouée au conjoint à charge est payée dans les mêmes formes et conditions que la majoration pour conjoint à charge.

L'allocation de solidarité aux personnes âgées allouée aux personnes mentionnées à l'article R. 815-15 est payée selon la formule choisie par le bénéficiaire soit par virement à un compte ouvert au nom du bénéficiaire ou de son représentant légal dans un centre de chèques postaux, dans une banque, dans une caisse d'épargne ou chez un *(Décr. n° 2014-551 du 27 mai 2014, art. 28-2°)* « comptable de la direction générale des finances publiques », soit par lettre-chèque.

Les frais de paiement des arrérages sont à la charge de l'organisme ou du service débiteur de l'allocation de solidarité aux personnes âgées.

Dans le cas où l'allocataire ne jouit pas de sa capacité civile, le paiement est effectué, après justification de l'existence de l'allocataire, à son représentant légal.

Art. R. 815-38 Les bénéficiaires de l'allocation de solidarité aux personnes âgées sont tenus de déclarer à l'organisme ou au service qui leur sert cette allocation tout changement survenu dans leurs ressources, leur situation familiale ou leur résidence.

Art. R. 815-39 Les organismes et services mentionnés à l'article L. 815-7 peuvent procéder, à tout moment, à la vérification des ressources, de la résidence ou de la situation familiale des demandeurs ou au contrôle des ressources, de la résidence ou de la situation familiale des bénéficiaires de l'allocation de solidarité aux personnes âgées.

Ces organismes et services peuvent passer convention entre eux pour utiliser le concours de leurs agents agréés en vue de ces vérifications ou contrôles.

Art. R. 815-40 Indépendamment des cas mentionnés à l'article R. 815-2, le préfet, de sa propre initiative ou à la demande du service de l'allocation de solidarité aux personnes âgées, fait procéder à toute enquête sur les ressources, la résidence ou la situation familiale des intéressés. Il transmet, le cas échéant, le résultat de cette enquête au service de l'allocation de solidarité aux personnes âgées.

Art. R. 815-41 Pour les personnes mentionnées à l'article R. 815-2, les droits du bénéficiaire de l'allocation de solidarité aux personnes âgées peuvent être révisés par le préfet.

En cas de modification du montant de la pension susceptible d'entraîner la modification du montant de l'allocation de solidarité aux personnes âgées, le *(Décr. n° 2014-551 du 27 mai 2014, art. 28-11°)* « directeur départemental ou, le cas échéant, régional des finances publiques » assignataire de la pension peut suspendre provisoirement, pour tout ou partie, le paiement de l'allocation de solidarité aux personnes âgées. Il saisit alors immédiatement le préfet qui a attribué l'allocation en vue de la révision des droits du bénéficiaire.

Art. R. 815-42 En cas de variation dans le montant des ressources, la révision, la suspension ou le rétablissement de l'allocation de solidarité aux personnes âgées prend effet à compter du premier jour du terme d'arrérages suivant la période de trois mois au cours de laquelle il a été constaté que les ressources sont devenues supérieures ou inférieures au quart des plafonds fixés par le décret prévu à l'article L. 815-9.

En cas de modification du montant d'un avantage viager, il est fait état du nouveau montant, quelle que soit la date de sa mise en paiement, à compter du premier jour du terme d'arrérages suivant la date à laquelle la modification du montant de l'avantage viager aurait dû intervenir.

Pour l'application des dispositions qui précèdent, les ressources dont les échéances sont éloignées de plus d'un trimestre sont prises en considération pour la fraction de leur montant correspondant à un trimestre.

Lorsque l'intéressé justifie qu'au cours d'une période de douze mois précédant le premier jour d'un terme d'arrérages de l'allocation de solidarité aux personnes âgées dont le service a été suspendu en application du présent article, le montant de ses ressources n'a pas atteint les plafonds, l'allocation de solidarité aux personnes âgées peut être rétablie rétroactivement dans la mesure où la prise en considération des ressources pendant une période de douze mois aurait été plus favorable à l'intéressé. Pour l'application du présent alinéa, le montant annuel des avantages viagers est déterminé d'après la valeur en vigueur à la date du rétablissement.

Art. R. 815-43 Dans les conditions fixées au troisième alinéa de l'article L. 815-11, les organismes ou services mentionnés à l'article L. 815-7 peuvent opérer d'office et sans formalité des retenues sur les arrérages de l'allocation de solidarité aux personnes âgées pour le recouvrement des sommes payées indûment à l'allocataire.

Ces retenues ne peuvent excéder la fraction saisissable, telle qu'elle résulte de l'application de l'article L. 815-10.

Art. R. 815-44 Lorsque les arrérages versés aux bénéficiaires mentionnés à l'article R. 815-2 sont sujets à répétition, le recouvrement en est effectué par voie d'état exécutoire, dans les conditions fixées par les *(Décr. nº 2012-1247 du 7 nov. 2012, art. 21-4º)* « articles 112 à 124 du décret nº 2012-1246 du 7 novembre 2012 relatif à la gestion budgétaire et comptable publique », sauf application des dispositions de l'article L. 815-13.

Art. R. 815-45 Les dispositions qui régissent l'avantage de vieillesse payé par l'organisme ou le service liquidateur s'appliquent à l'allocation de solidarité aux personnes âgées en cas de décès du titulaire.

Pour les personnes mentionnées à l'article R. 815-15, l'allocation est servie jusqu'au dernier jour du mois au cours duquel le décès est survenu.

SECTION II RECOUVREMENT SUR LES SUCCESSIONS

Art. R. 815-46 *(Décr. nº 2012-1462 du 26 déc. 2012, art. 35-XIV)* « L'organisme ou le service mentionné à l'article L. 815-7 a la faculté de requérir, dans les conditions prévues aux articles 2428 du code civil et 55 du décret nº 55-1350 du 14 octobre 1955 modifié, l'inscription au fichier immobilier d'une hypothèque grevant les biens des bénéficiaires de l'allocation de solidarité aux personnes âgées pour sûreté de la créance éventuelle résultant des sommes versées au titre de l'allocation. »

Les bordereaux d'inscription mentionnent une évaluation du montant des prestations qui seront allouées au bénéficiaire.

Lorsque les allocations servies dépassent l'évaluation figurant au bordereau d'inscription primitif, l'organisme ou le service mentionné à l'article L. 815-7 a la faculté de requérir une nouvelle inscription d'hypothèque.

Art. R. 815-47 Pour l'application des dispositions des articles L. 815-13 et R. 815-46, l'organisme ou le service mentionné à l'article L. 815-7 détermine, au vu des déclarations des intéressés ou après enquête, ceux des bénéficiaires qui possèdent des biens immobiliers d'une valeur supérieure au seuil fixé par le décret prévu au deuxième alinéa de l'article L. 815-13.

L'inscription prévue à l'article R. 815-46 ne peut être prise que si l'allocataire possède des biens immobiliers d'une valeur égale ou supérieure à ce montant, cette valeur étant appréciée au jour de l'inscription.

Dans le cas où l'allocataire est propriétaire de plusieurs immeubles, l'inscription peut n'être prise que sur l'un ou certains d'entre eux, même si la valeur de chacun d'eux est inférieure au montant prévu au deuxième alinéa du présent article.

Art. R. 815-48 La mainlevée des inscriptions prises en conformité avec les articles R. 815-46 et R. 815-47 intervient au vu des pièces justificatives soit du remboursement de la créance, soit d'une remise accordée par l'organisme ou le service liquidateur.

SECTION III CONTENTIEUX ET PÉNALITÉS

Art. R. 815-49 Toute personne, institution ou organisme tenu à déclaration en application des articles L. 815-18 et R. 815-20 et, dans le cas où la déclaration incombe à une personne morale, la ou les personnes chargées de son administration ou de sa direction sont passibles d'une amende prévue pour les contraventions de 4e classe par titulaire d'un avantage de vieillesse pour lequel la déclaration n'a pas été fournie.

Art. R. 815-50 Les dispositions des articles R. 142-1 à R. 142-6 sont applicables aux contestations relatives à l'attribution, à la suspension, à la révision et à la récupération sur successions de l'allocation de solidarité aux personnes âgées.

Pour les personnes mentionnées à l'article R. 815-15, un recours gracieux contre les décisions prises par le service de l'allocation de solidarité aux personnes âgées peut être formé auprès du directeur général de la Caisse des dépôts et consignations. En cas de rejet du recours ou à défaut de réponse dans un délai d'un mois, le requérant dispose des voies de recours prévues par les articles L. 142-1 et suivants.

Art. R. 815-51 Le ministre chargé de la sécurité sociale *(Décr. n° 2009-1596 du 18 déc. 2009, art. 23)* « est recevable » à intervenir devant toutes les juridictions et en tout état de la procédure dans toutes les affaires relatives à l'application du présent chapitre.

Art. R. 815-52 Dans le cas des assurés du régime de retraite des fonctionnaires de l'État mentionnés à l'article R. 815-2, l'*(Décr. n° 2012-985 du 23 août 2012, art. 4)* « agent judiciaire de l'État » est seul qualifié, en application de l'article 38 de la loi n° 55-366 du 3 avril 1955, pour intervenir devant les juridictions compétentes dans toutes les affaires relatives à l'attribution, à la suspension, à la révision et à la récupération sur successions de l'allocation de solidarité aux personnes âgées.

Art. R. 815-53 Dans le cas mentionné à l'article R. 815-9, l'organisme ou le service désigné dans les conditions fixées à cet article est substitué à l'organisme ou au service débiteur de l'avantage de vieillesse dont l'intéressé est titulaire pour tout ce qui concerne les contestations relatives à l'attribution, à la suspension, à la révision, à la récupération sur successions de l'allocation de solidarité aux personnes âgées et à la reconnaissance de l'inaptitude au travail.

Art. R. 815-54 Le recours ouvert en application des articles L. 815-15, R. 815-50 et R. 815-51 aux titulaires d'une pension attribuée au titre du code des pensions civiles et militaires de retraite devant *(Décr. n° 2018-928 du 29 oct. 2018, art. 11, en vigueur le 1er janv. 2019)* « les tribunaux spécialement désignés » est strictement limité aux contestations concernant l'allocation de solidarité aux personnes âgées et ne saurait en aucun cas être étendu aux contestations d'attribution ou à la qualification de la pension principale.

La présente disposition s'applique également dans le cas des régimes de retraite mentionnés à l'article R. 815-11.

SECTION IV DISPOSITIONS ADMINISTRATIVES

Art. R. 815-55 Le ministre chargé de la sécurité sociale contrôle l'application des articles L. 815-1 et suivants.

Sous réserve des dispositions des articles R. 815-56 et R. 815-57, le contrôle sur place de l'exécution des articles L. 815-1 et suivants est assuré par l'inspection générale des affaires sociales et *(Décr. n° 2009-1596 du 18 déc. 2009, art. 17)* « par le service mentionné à l'article R. 155-1 ».

Art. R. 815-56 Le ministre chargé de l'agriculture contrôle l'application des articles L. 815-1 et suivants en ce qui concerne les personnes auxquelles le service de l'allocation de solidarité aux personnes âgées prévue par le présent chapitre est assuré par les organismes de mutualité sociale agricole.

(Abrogé par Décr. n° 2009-1596 du 18 déc. 2009, art. 25-I) « *Il dispose, pour l'accomplissement de sa mission, des services régionaux de l'inspection du travail, de l'emploi et de la politique sociale agricoles qui assurent notamment le contrôle sur place de l'exécution des articles L. 815-1 et suivants.*

« *Les attributions confiées aux directeurs régionaux des affaires sanitaires et sociales sont, en ce qui concerne les personnes auxquelles le service de l'allocation de solidarité aux personnes âgées est assuré par les organismes de mutualité sociale agricole, exercées par les chefs des services régionaux de l'inspection du travail, de l'emploi et de la politique sociale agricoles.* »

Art. R. 815-57 Le ministre chargé du budget contrôle l'application des articles L. 815-1 et suivants en ce qui concerne les avantages servis par les régimes mentionnés aux articles R. 815-2 et R. 815-11.

CHAPITRE V *BIS* ALLOCATION SUPPLÉMENTAIRE D'INVALIDITÉ *(Décr. n° 2007-56 du 12 janv. 2007).*

Art. R. 815-58 *(Décr. n° 2007-56 du 12 janv. 2007)* L'invalidité générale mentionnée à l'article L. 815-24 doit réduire au moins des deux tiers la capacité de travail ou de gain du demandeur.

Pour les assurés mentionnés aux articles R. 815-2 et R. 815-11, le taux d'invalidité est celui fixé au premier alinéa de l'article L. 30 du code des pensions civiles et militaires de retraite.

Art. R. 815-58-1 *(Décr. n° 2007-56 du 12 janv. 2007)* Le fonds spécial d'invalidité mentionné à l'article L. 815-26 est administré par le ministre chargé de la sécurité sociale.

Art. R. 815-59 *(Décr. n° 93-1354 du 30 déc. 1993, art. 2-V)* Le comité du fonds spécial d'invalidité est composé comme suit :

1° Le directeur de la sécurité sociale, président ;

2° Un représentant du régime général de sécurité sociale des travailleurs salariés, désigné par le conseil d'administration de la Caisse nationale de l'assurance maladie des travailleurs salariés parmi ses membres représentants des salariés ;

3° Deux représentants des régimes des assurances sociales des travailleurs salariés et non salariés des professions agricoles, désignés parmi ses membres par le conseil central d'administration de la mutualité sociale agricole ;

4° Un représentant des régimes spéciaux des travailleurs salariés, désigné par le conseil d'administration de la caisse autonome de la sécurité sociale dans les mines parmi ses membres représentants des salariés ;

5° Un représentant du régime d'assurance vieillesse et invalidité des professions artisanales, désigné parmi ses membres par le conseil d'administration de la *(Décr. n° 2006-83 du 27 janv. 2006)* « Caisse nationale du régime social des indépendants » ;

6° Un représentant du régime d'assurance vieillesse et invalidité des professions industrielles et commerciales, désigné parmi ses membres par le conseil d'administration de la *(Décr. n° 2006-83 du 27 janv. 2006)* « Caisse nationale du régime social des indépendants » ;

7° Le directeur du budget ou son représentant ;

8° Le directeur chargé de la protection sociale au ministère de l'agriculture ou son représentant ;

9° Le directeur de l'action sociale ou son représentant.

Le directeur général de la Caisse des dépôts et consignations ou son représentant assiste aux séances du comité.

Les représentants des régimes d'assurance invalidité sont désignés pour cinq ans. Il est procédé dans les mêmes conditions à la désignation de membres suppléants.

Le mandat des représentants et des suppléants est renouvelable. Il cesse lorsqu'ils perdent la qualité en vertu de laquelle ils ont été désignés. Leurs remplaçants sont nommés pour la durée du mandat restant à courir. – *Entrée en vigueur le 1er janv. 1994.*

Art. R. 815-60 Le comité du *(Décr. n° 93-1354 du 30 déc. 1993, art. 5)* « fonds spécial d'invalidité » élit dans son sein un vice-président. Son secrétariat est assuré par la Caisse des dépôts et consignations.

Le comité émet un avis sur toutes les questions intéressant le fonctionnement du *(Décr. n° 93-1354 du 30 déc. 1993, art. 5)* « fonds spécial d'invalidité » dont il est saisi par le ministre chargé de la sécurité sociale.

Toutefois, il est obligatoirement consulté sur les conditions dans lesquelles doit s'exercer le contrôle de l'application du présent chapitre à l'égard des bénéficiaires de *(Décr. n° 93-1354 du 30 déc. 1993, art. 2-VII)* « l'allocation supplémentaire prévue à l'article » *(Décr. n° 2007-56 du 12 janv. 2007)* « L. 815-24 ».

Il délibère sur le rapport annuel établi par la Caisse des dépôts et consignations sur les opérations du *(Décr. n° 93-1354 du 30 déc. 1993, art. 5)* « fonds spécial d'invalidité ».

Art. R. 815-61 La Caisse des dépôts et consignations, chargée de la gestion financière du *(Décr. n° 93-1354 du 30 déc. 1993, art. 5)* « fonds spécial d'invalidité », a notamment pour rôle :

1° D'établir des propositions en vue de déterminer le montant des subventions forfaitaires à allouer aux organismes et services mentionnés à l'article *(Décr. n° 2007-56 du 12 janv. 2007)* « L. 815-27 » *(Décr. n° 93-1354 du 30 déc. 1993, art. 2-VIII)* « qui sont débiteurs d'un avantage mentionné à l'article *(Décr. n° 2007-56 du 12 janv. 2007)* « L. 815-24 » ;

2° D'assurer, au profit de ces organismes et services, le règlement des subventions forfaitaires ainsi que des avances qui peuvent leur être consenties en exécution de l'article » *(Décr. n° 2007-56 du 12 janv. 2007)* « **L. 815-20** » ;

3° D'assurer la gestion des fonds qui lui sont confiés au titre du *(Décr. n° 93-1354 du 30 déc. 1993, art. 5)* « fonds spécial d'invalidité ».

Art. R. 815-62 La Caisse des dépôts et consignations ouvre dans ses écritures un compte particulier où elle enregistre les opérations de recettes et de dépenses du *(Décr. n° 93-1354 du 30 déc. 1993, art. 5)* « fonds spécial d'invalidité ». Les disponibilités de ce compte sont déposées au Trésor par la Caisse des dépôts et consignations en compte courant sans intérêt.

(Décr. n° 2012-1247 du 7 nov. 2012, art. 42-23°, en vigueur le 1er janv. 2013) « Le fonds n'est pas soumis aux dispositions du décret n° 2012-1246 du 7 novembre 2012 relatif à la gestion budgétaire et comptable publique. »

Art. R. 815-63 Les recettes du *(Décr. n° 93-1354 du 30 déc. 1993, art. 5)* « fonds spécial d'invalidité » sont les suivantes :

1° Le montant des sommes affectées au *(Décr. n° 93-1354 du 30 déc. 1993, art. 5)* « fonds spécial d'invalidité » ;

2° Les recettes diverses et accidentelles ;

3° Les dons et legs.

Les dépenses du *(Décr. n° 93-1354 du 30 déc. 1993, art. 5)* « fonds spécial d'invalidité » sont les suivantes :

1° Le montant des subventions forfaitaires réglées aux organismes et services mentionnés à l'article » *(Décr. n° 2007-56 du 12 janv. 2007)* « **L. 815-27** » *(Décr. n° 93-1354 du 30 déc. 1993, art. 2-IX)* « et qui sont débiteurs d'un avantage mentionné à l'article *(Décr. n° 2007-56 du 12 janv. 2007)* « **L. 815-24** » sur lesquelles s'imputeront, le cas échéant, les avances consenties ;

2° Les dépenses exposées par les services d'aide sociale mentionnées à l'article R. 815-76 ;

3° Les frais de fonctionnement du fonds spécial d'invalidité ;

4° Les frais de contentieux ;

5° Le forfait postal ;

6° Les dépenses diverses et accidentelles.

Art. R. 815-64 *(Décr. n° 93-1354 du 30 déc. 1993, art. 2-X)* « Au cours du quatrième trimestre de chaque année et sauf en ce qui concerne les régimes mentionnés aux articles *(Décr. n° 2007-56 du 12 janv. 2007)* « **R. 815-2, R. 815-11** » et **R. 815-73** » et le régime général de sécurité sociale, chacun des organismes et services mentionnés à l'article » *(Décr. n° 2007-56 du 12 janv. 2007)* « **L. 815-27** » *(Décr. n° 93-1354 du 30 déc. 1993, art. 2-X-b)* « débiteurs d'un avantage mentionné à l'article *(Décr. n° 2007-56 du 12 janv. 2007)* « **L. 815-24** » adresse à la Caisse des dépôts et consignations un état indiquant :

1° *(Décr. n° 93-1354 du 30 déc. 1993, art. 2-X)* « le nombre total des prestations d'invalidité servies au 1er juillet précédent » ;

2° le nombre des allocations supplémentaires servies à la même date.

L'état susmentionné est signé par le directeur de l'organisme ou du service.

Art. R. 815-65 Chaque trimestre, chacun des organismes ou services mentionnés à l'article précédent fait connaître à la Caisse des dépôts et consignations le montant total des arrérages effectivement payés pendant le trimestre précédent au titre de l'allocation supplémentaire.

Ces renseignements doivent faire l'objet d'états dûment arrêtés et signés par le directeur de l'organisme ou service.

(Décr. n° 93-1354 du 30 déc. 1993, art. 2-XI) « En ce qui concerne le régime des salariés agricoles et les régimes des non-salariés », les états prévus à l'article R. 815-64 et au premier alinéa du présent article sont fournis respectivement par la caisse centrale de secours mutuels agricoles et par les caisses nationales mentionnées au premier alinéa de l'article L. 621-2.

Art. R. 815-66 Le montant de la subvention forfaitaire annuelle due à chaque organisme ou service en exécution de l'article *(Décr. n° 2007-56 du 12 janv. 2007)* « L. 815-

19 » est déterminé à partir des éléments prévus au 1° de l'article R. 815-64 et du montant total des arrérages payés par chacun desdits organismes ou services au cours de l'année précédente en application du présent chapitre.

Art. R. 815-67 Au cours du premier trimestre de chaque année, la Caisse des dépôts et consignations établit, dans les conditions indiquées ci-après, les propositions de subventions forfaitaires se rapportant à l'année en cours.

Elle détermine, pour chaque organisme et service, le montant de la subvention forfaitaire par titulaire de prestations *(Décr. n° 93-1354 du 30 déc. 1993, art. 2-XII)* « d'invalidité ». Ce montant est égal au quotient du montant des arrérages payés par les organismes et services au cours de l'année précédente du fait de l'application du présent chapitre par le nombre total des bénéficiaires de prestations *(Décr. n° 93-1354 du 30 déc. 1993, art. 2-XII)* « d'invalidité »

Elle propose, pour chaque organisme ou service, une subvention forfaitaire dont le montant est, en application de l'article *(Décr. n° 2007-56 du 12 janv. 2007)* « L. 815-19 », au plus égal au produit majoré de 5 % du nombre de bénéficiaires de prestations *(Décr. n° 93-1354 du 30 déc. 1993, art. 2-XII)* « d'invalidité » par le montant unitaire de la subvention affecté, le cas échéant, d'un coefficient destiné à tenir compte de l'évolution des charges imposées aux organismes et services pendant l'année en cours.

Le montant des subventions est fixé par arrêté du ministre chargé du budget et du ministre chargé de la sécurité sociale.

Art. R. 815-68 En application de l'article *(Décr. n° 2007-56 du 12 janv. 2007)* « L. 815-19 », des acomptes sur subventions sont versés aux organismes et services au cours de chaque trimestre civil.

Le montant total des acomptes sur subventions versés au cours d'un trimestre ne peut excéder le quart de la subvention forfaitaire annuelle fixée pour l'année en cours ou, si celle-ci n'a pas encore été déterminée, le quart de la subvention forfaitaire annuelle de l'année précédente.

Art. R. 815-69 La Caisse des dépôts et consignations détermine, pour chaque organisme et service, le montant des excédents de subvention par rapport aux arrérages payés ainsi que la fraction de ces excédents qui est susceptible de rester à la disposition desdits organismes ou services. Cette fraction ne peut dépasser, pour chaque service ou organisme, le vingtième du montant total des arrérages payés.

Au cas où la subvention forfaitaire allouée est insuffisante pour couvrir ces charges, il est procédé, par arrêté du ministre chargé du budget et du ministre chargé de la sécurité sociale, à un réajustement du montant de la subvention, ce montant ne pouvant, en aucun cas, excéder celui des arrérages majoré de 5 %.

Art. R. 815-70 Le directeur général de la Caisse des dépôts et consignations peut demander aux ministres et aux secrétaires d'État chargés de la tutelle des organismes et services mentionnés à l'article *(Décr. n° 2007-56 du 12 janv. 2007)* « L. 815-27 » *(Décr. n° 93-1354 du 30 déc. 1993, art. 2-XIII)* « débiteurs d'un avantage mentionné à l'article » *(Décr. n° 2007-56 du 12 janv. 2007)* « L. 815-24 » de faire effectuer tout contrôle des renseignements fournis en application des articles R. 815-64, R. 815-65 et R. 815-73 ».

Art. R. 815-71 Les excédents de subventions forfaitaires qui ne peuvent être laissés à la disposition des organismes et services peuvent être imputés sur le montant des subventions allouées au titre de l'année suivante.

Art. R. 815-72 Les subventions forfaitaires prévues à l'article R. 815-66 couvrent, pour chacun des organismes ou services, les arrérages payés en application du présent chapitre, y compris les frais de gestion et les dépenses de contentieux.

Art. R. 815-73 *(Décr. n° 93-1354 du 30 déc. 1993, art. 2-XV et V)* Les organismes ou services ayant assuré au 1er juillet précédant l'année en cours le service d'un nombre d'allocations supplémentaires inférieur ou égal à mille reçoivent, sur justifications comptables, du fonds spécial d'invalidité une subvention annuelle égale au montant, majoré de 5 %, des dépenses supportées du fait de l'application du présent chapitre. — *[Anc. art. R. 815-75.]*

Art. R. 815-74 Les dépenses supportées par la Caisse nationale de retraites des agents des collectivités locales, par le fonds spécial des pensions des ouvriers des établissements industriels de l'État et par la caisse de retraites de l'imprimerie nationale du fait de l'application *(Décr. n° 93-1354 du 30 déc. 1993, art. 2-XIV)* « de l'article » *(Décr. n° 2007-56 du 12 janv. 2007)* « L. 815-24 » font l'objet d'un remboursement par le budget général.

Art. R. 815-75 *(Décr. n° 93-1354 du 30 déc. 1993, art. 2-XV)* Les allocations versées par le budget des affaires sociales en application du présent chapitre sont payées, sans ordonnancement préalable, pour le compte du *(Décr. n° 2014-551 du 27 mai 2014, art. 28-1°)* « directeur départemental ou, le cas échéant, régional des finances publiques » du département de la résidence du comptable payeur. Les dépenses correspondantes sont ensuite centralisées et vérifiées par le *(Décr. n° 2014-551 du 27 mai 2014, art. 28-1°)* « directeur départemental ou, le cas échéant, régional des finances publiques ».

Les dépenses supportées par le budget des affaires sociales du fait de l'application du présent chapitre sont couvertes au moyen des crédits transférés du budget du ministère chargé du budget (charges communes). – *[Anc. art. R. 815-73.]*

Art. R. 815-76 *(Décr. n° 2007-56 du 12 janv. 2007)* La date de l'entrée en jouissance de l'allocation supplémentaire d'invalidité est fixée, sans pouvoir être antérieure au premier jour du mois suivant la date de réception de la demande, à la date d'entrée en jouissance de l'avantage de vieillesse ou d'invalidité de l'intéressé.

Art. R. 815-77 *(Décr. n° 2007-56 du 12 janv. 2007)* Le demandeur titulaire de plusieurs avantages de vieillesse et d'invalidité adresse ou remet sa demande à l'organisme ou au service déterminé selon l'ordre de priorité suivant :

1° A la caisse régionale de sécurité sociale du régime des salariés s'il est titulaire d'une pension d'invalidité du régime général des professions non agricoles ;

2° A l'organisme ou au service débiteur de l'avantage de vieillesse ou d'invalidité dont le montant trimestriel est le plus élevé au jour de la demande parmi ceux dont il est titulaire.

L'organisme ou le service ainsi défini procède à la liquidation de l'allocation supplémentaire d'invalidité.

Art. R. 815-78 *(Décr. n° 2007-56 du 12 janv. 2007)* Les dispositions des articles R. 815-2 et R. 815-3, du second alinéa de l'article R. 815-4, du premier alinéa de l'article R. 815-5, des articles R. 815-6, R. 815-8 à R. 815-11, R. 815-17 à R. 815-30, R. 815-34 et R. 815-35, du premier alinéa de l'article R. 815-36, des premier, quatrième et dernier alinéas de l'article R. 815-37, des articles R. 815-38 à R. 815-44, du premier alinéa de l'article R. 815-45, des articles R. 815-46 à R. 815-49, du premier alinéa de l'article R. 815-50 et des articles R. 815-51 à R. 815-57 sont applicables au service, au contentieux et aux pénalités afférents à l'allocation supplémentaire mentionnée à l'article L. 815-24, sous réserve des adaptations suivantes :

1° Les mots : "allocation de solidarité aux personnes âgées" sont remplacés par les mots : "allocation supplémentaire d'invalidité" ;

2° Les mots : "avantage de vieillesse" et les mots : "avantages de vieillesse" sont remplacés respectivement par les mots : "avantage de vieillesse ou d'invalidité" et les mots : "avantages de vieillesse ou d'invalidité" ;

3° Les mots : "fonds de solidarité vieillesse" sont remplacés par les mots : "fonds spécial d'invalidité mentionné à l'article L. 815-26" ;

4° Les références aux articles L. 815-1 et L. 815-7 sont remplacées par la référence à l'article L. 815-24 ;

5° La référence à l'article L. 815-13 est remplacée par la référence à l'article L. 815-28 ;

(Décr. n° 2008-1555 du 31 déc. 2008) « 6° La référence à l'article L. 815-9 est remplacée par la référence à l'article L. 815-24-1. »

SECTION VII DISPOSITIONS D'APPLICATION

Néant.

CHAPITRE VI DISPOSITIONS DIVERSES

Art. R. 816-1 L'allocation de logement n'est pas prise en compte pour l'appréciation de la condition de ressources en vue de l'attribution d'un avantage de vieillesse non contributif ou d'une prestation d'aide sociale.

Art. R. 816-2 *(Décr. n° 93-761 du 29 mars 1993, art. 2)* Lorsque le bénéfice d'avantages d'invalidité *(Décr. n° 2007-56 du 12 janv. 2007)* « ou de vieillesse mentionnés aux articles L. 815-1 et L. 815-24 » est subordonné soit à une condition de ressources, soit à une condition de limitation ou d'interdiction de cumul avec d'autres prestations ou d'autres ressources, les prestations et les ressources d'origine étrangère ou versées par une organisation internationale sont prises en compte pour l'appréciation de ces conditions.

Art. R. 816-3 *(Décr. n° 2007-354 du 14 mars 2007)* Pour l'application du présent titre, la condition de résidence est appréciée dans les conditions fixées à l'article *(Décr. n° 2015-1865 du 30 déc. 2015, art. 10-2°, en vigueur le 1er janv. 2016)* « R. 111-2 ».

Les organismes et services débiteurs des allocations mentionnées au présent titre organisent annuellement un contrôle de l'effectivité de la résidence en France. Ce contrôle est, chaque fois que possible, opéré par rapprochement avec les vérifications opérées par un autre organisme de sécurité sociale.

TITRE DEUXIÈME ALLOCATION AUX ADULTES HANDICAPÉS

Art. R. 821-1 Est regardé comme ayant dépassé l'âge d'ouverture du droit à l'*(Décr. n° 2005-724 du 29 juin 2005, art. 1er)* « allocation d'éducation de l'enfant handicapé » pour l'application des articles L. 821-1 et suivants tout enfant âgé d'au moins seize ans qui cesse de réunir les conditions exigées pour ouvrir droit aux allocations familiales.

(Décr. n° 2005-724 du 29 juin 2005, art. 1er) « Est considérée comme résidant sur le territoire métropolitain ou dans les départements mentionnés à l'article L. 751-1 ou à Saint-Pierre-et-Miquelon la personne handicapée qui y réside de façon permanente. Est également réputée y résider la personne handicapée qui accomplit hors de ces territoires :

« – soit un ou plusieurs séjours dont la durée n'excède pas trois mois au cours de l'année civile. En cas de séjour de plus de trois mois hors de ces territoires, soit de date à date, soit sur une année civile, l'allocation aux adultes handicapés n'est versée, dans les conditions précisées à l'article L. 552-1, que pour les seuls mois civils complets de présence sur ces territoires ;

« – soit un séjour de plus longue durée lorsqu'il est justifié, dans les conditions prévues au 2° de l'article R. 512-1, que le séjour est nécessaire pour lui permettre soit de poursuivre ses études, soit d'apprendre une langue étrangère, soit de parfaire sa formation professionnelle. »

V. art. D. 821-1.

Les dispositions de l'art. R. 821-1 issues du Décr. n° 2005-724 du 29 juin 2005 sont entrées en vigueur le 1er juill. 2005 (Décr. préc., art. 17).

Art. R. 821-2 *(Décr. n° 2005-724 du 29 juin 2005, art. 2)* La demande d'allocation aux adultes handicapés, du complément de ressources mentionné à l'article L. 821-1-1, accompagnée de toutes les pièces justificatives utiles, est adressée à la maison départementale des personnes handicapées *(Décr. n° 2012-1414 du 18 déc. 2012, art. 7-3°)* « compétente dans les conditions prévues à l'article L. 146-3 du code de l'action sociale et des familles ».

(Décr. n° 2018-1222 du 24 déc. 2018, art. 2, en vigueur le 1er janv. 2019) « Sans préjudice de l'article L. 821-7-1, suite à la décision favorable de la commission mentionnée à l'article L. 146-9 du code de l'action sociale et des familles, la maison départementale des personnes handicapées transmet, sans délai, les données du dossier de demande nécessaires à la mise en œuvre de la décision de la commission à l'organisme débiteur en vue de l'examen des conditions relevant de sa compétence. »

Au vu de la décision de la commission et après avoir vérifié que le demandeur remplit les conditions administratives et financières exigées, l'organisme débiteur prend la décision de liquidation des prestations. Le silence gardé pendant plus d'un mois par l'organisme débiteur, à compter de la date de la décision de la commission relative à une demande d'allocation aux adultes handicapés et de complément de ressources, vaut décision de rejet.

En cas de changement d'organisme débiteur de l'allocation et du complément de ressources, la décision de la commission territorialement compétente en premier lieu s'impose sans qu'il soit nécessaire de renouveler la procédure.

Les dispositions de l'art. R. 821-2 issues du Décr. nº 2005-724 du 29 juin 2005 sont entrées en vigueur le 1er juill. 2005 (Décr. préc., art. 17).

Art. R. 821-3 Le modèle de la demande et la liste des pièces justificatives sont fixés par arrêté *(Décr. nº 2005-724 du 29 juin 2005, art. 3)* « du ministre chargé des personnes handicapées ».

Pour l'application des art. R. 821-1 à R. 821-3 à Saint-Pierre-et-Miquelon, V. Décr. nº 2005-724 du 29 juin 2005, art. 14 (JO 30 juin).

L'art. 10 du Décr. nº 75-1197 du 16 déc. 1975 (art. R. 821-7) fixe l'entrée en jouissance de l'allocation aux adultes handicapés au premier jour du mois civil suivant celui du dépôt de la demande. Il résulte par ailleurs des art. 6 et 7 du même décret (art. R. 821-2 et R. 821-3) que celle-ci ne peut être réputée déposée que si elle a été faite dans les formes et avec les justifications utiles requises. Par suite et abstraction faite de toute considération tirée de la prescription biennale, l'allocation aux adultes handicapés ne peut être attribuée à une personne handicapée à compter de sa première demande dès lors que celle-ci n'a pas été suivie d'effet en l'absence des pièces justificatives et qu'aucune démarche n'a été accomplie pour la régulariser avant le dépôt de la seconde demande. • Soc. 12 juill. 1988 : *Bull. civ. V, nº 441.*

Art. R. 821-4 *(Décr. nº 2010-1403 du 12 nov. 2010, art. 1er-1º)* I. — Lorsque le demandeur ou le bénéficiaire de l'allocation aux adultes handicapés ne perçoit pas de revenu d'activité professionnelle ou est admis dans un établissement ou un service d'aide par le travail mentionnés à l'article L. 344-2 du code de l'action sociale et des familles, la condition de ressources prévue à l'article L. 821-3 s'applique conformément aux dispositions du présent article.

II. — La condition de ressources s'apprécie au regard des revenus perçus au cours de l'année civile de référence mentionnée à l'article R. 532-3.

Les revenus pris en compte sont ceux définis aux articles R. 532-3 à R. 532-7, sous réserve de l'application des articles R. 821-4-3, R. 821-4-4, D. 821-9 et D. 821-10, ainsi que des dispositions suivantes :

1º Ne sont pas pris en compte les revenus appartenant aux catégories suivantes :

a) Les rentes viagères mentionnées aux 1º et 2º du I de l'article 199 *septies* du code général des impôts lorsqu'elles ont été constituées en faveur d'une personne handicapée ou, dans la limite d'un montant fixé par décret, lorsqu'elles ont été constituées par une personne handicapée pour elle-même ;

b) Le salaire perçu en application du deuxième alinéa de l'article L. 245-12 du code de l'action sociale et des familles par le conjoint, concubin ou partenaire lié par un pacte civil de solidarité ;

c) La prime d'intéressement à l'excédent d'exploitation versée à une personne handicapée admise dans un établissement ou service d'aide par le travail mentionnée à l'article R. 243-6 du code de l'action sociale et des familles ;

2º Il est appliqué un abattement de 20 % aux pensions et rentes viagères à titre gratuit perçues par l'allocataire ainsi qu'aux revenus perçus par le conjoint, concubin ou partenaire lié par un pacte civil de solidarité qui n'est pas allocataire de l'allocation aux adultes handicapés, lorsque ces revenus relèvent des catégories suivantes :

a) Les revenus d'activités commerciales, artisanales, libérales ou agricoles ;

b) Les traitements et les salaires, les pensions, les rentes viagères à titre gratuit et les rémunérations des gérants et associés de sociétés mentionnées à l'article 62 du code général des impôts ;

c) Les bénéfices agricoles soumis à l'évaluation forfaitaire prévue aux articles 64 et suivants du code général des impôts ;

d) La rémunération garantie mentionnée à l'article L. 243-4 du code de l'action sociale et des familles ;

3° L'abattement prévu à l'article 157 *bis* du code général des impôts en faveur des personnes âgées ou invalides n'est pas applicable aux revenus d'activité professionnelle perçus par l'allocataire.

III. — Les ressources déterminées conformément au II sont prises en compte pour déterminer le droit à l'allocation servie au titre de chaque période de douze mois commençant le 1er janvier, sous réserve de l'application des articles R. 532-4 à R. 532-7, R. 821-4-3, R. 821-4-4, D. 821-9 et D. 821-10, ainsi que, en cas de modification de la situation familiale en cours de période de paiement, des dispositions prévues à l'article L. 552-1.

Les dispositions issues du Décr. n° 2010-1403 du 12 nov. 2010 sont applicables aux allocations servies au titre des périodes postérieures au 31 déc. 2010 (Décr. préc., art. 2-I).

Rente viagère. Ne sont pas prises en compte pour la détermination du plafond de ressources applicable à l'attribution de l'allocation aux adultes handicapés, notamment, les rentes viagères mentionnées aux 1° et 2° du I de l'art. 199 *septies* CGI lorsqu'elles ont été constituées en faveur d'une personne handicapée ou, dans la limite d'un montant fixé par décret, lorsqu'elles ont été constituées par une personne handicapée pour elle-même. L'attribution par un contrat de prévoyance d'une prestation d'invalidité aux seuls participants âgés de moins de soixante-cinq ans ne saurait revêtir le caractère d'une rente viagère. • Civ. 2e, 28 mai 2015, n° 14-18.915 P : *RDSS 2015. 936, obs. Tauran*.

Art. R. 821-4-1 *(Décr. n° 2010-1403 du 12 nov. 2010, art. 1er-1°)* **I. — Lorsque le demandeur ou le bénéficiaire de l'allocation aux adultes handicapés perçoit, au jour du dépôt de la demande ou en cours de service, des revenus d'activité professionnelle, la condition de ressources prévue à l'article L. 821-3 s'applique conformément aux dispositions du présent article.**

II. — La condition de ressources s'apprécie au regard des revenus perçus au cours du trimestre de référence. Le trimestre de référence correspond aux trois mois civils précédant la période de droits définie au III.

Les revenus pris en compte sont ceux définis au II de l'article R. 821-4, sous réserve des alinéas suivants :

1° Pour l'application des articles R. 532-3 à R. 532-7 et du 3° du II de l'article R. 821-4, le trimestre de référence mentionné ci-dessus se substitue à l'année civile de référence ;

2° Pour l'application du dixième alinéa de l'article R. 532-3, il est tenu compte des derniers revenus d'activité professionnelle connus de manière proportionnelle à la période de référence considérée ;

3° L'abattement mentionné à l'article R. 532-5 s'applique jusqu'à la fin de la période de paiement en cours et, si le changement de situation intervient au cours des deuxième ou troisième mois du trimestre de référence, jusqu'à la fin de la période de paiement suivante ;

4° L'abattement mentionné à l'article R. 532-6 n'est pas applicable ;

5° Les abattements, déductions ou majorations appliqués pour déterminer le revenu de l'année civile de référence mentionné à l'article R. 821-4 et dont les montants sont exprimés en euros dans les textes qui les instituent sont affectés d'un coefficient de 0,25. Lorsque ces montants sont indexés sur un indice dont la valeur n'est pas connue au dernier jour du trimestre de référence, ils sont revalorisés conformément à l'évolution prévisionnelle en moyenne annuelle de l'indice général des prix à la consommation hors tabac figurant dans le rapport économique, social et financier annexé au projet de loi de finances.

III. — Les ressources déterminées conformément au II sont prises en compte pour déterminer le droit à l'allocation servie au titre de chaque période successive de trois mois civils faisant suite au dépôt de la demande d'allocation, sous réserve de l'application des articles mentionnés au III de l'article R. 821-4 et du quatrième alinéa du II de l'article R. 821-4-5.

Lorsqu'un allocataire dont les ressources sont appréciées conformément à l'article R. 821-4 débute ou reprend une activité professionnelle, le premier trimestre de référence retenu pour l'application du présent article est celui au cours duquel l'allocataire a débuté ou repris cette activité. — *V. note ss. art. R. 821-4.*

L'art. R. 821-4-1, créé par le Décr. n° 2010-1403 du 12 nov. 2010, est applicable au titre des trimestres de référence dont le début est postérieur au 30 sept. 2010.

Pour les allocataires relevant, au 1er janv. 2011, de l'art. R. 821-4-1 précité, le montant mensuel de l'allocation aux adultes handicapés ne peut être inférieur au montant de l'allocation servie au titre du mois de janv. 2011 qui résulterait de l'application de la réglementation en vigueur avant cette date. Cette disposition cesse d'être applicable en cas de changement dans la situation de l'allocataire affectant ses ressources, sa situation familiale ou ses activités professionnelles ou celles de son conjoint, concubin ou partenaire lié par un pacte civil de solidarité et susceptible de modifier le montant de l'allocation servie en application de la réglementation désormais en vigueur (Décr. n° 2010-1403 du 12 nov. 2010, art. 2-I et II).

Art. R. 821-4-2 *(Décr. n° 2010-1403 du 12 nov. 2010, art. 1er-1°)* **Lorsqu'un allocataire dont les ressources sont appréciées conformément à l'article R. 821-4-1 cesse de percevoir des revenus d'activité professionnelle, ses ressources demeurent appréciées selon les modalités prévues à cet article.**

Toutefois, lorsque l'allocataire n'a pas, au 1er janvier d'une année considérée, repris d'activité professionnelle depuis au moins neuf mois consécutifs, ses ressources sont appréciées, à compter de cette date, conformément aux dispositions mentionnées à l'article R. 821-4. — *V. note ss. art. R. 821-4.*

Art. R. 821-4-3 *(Décr. n° 2010-1403 du 12 nov. 2010, art. 1er-1°)* **Lorsque** *[,]* **depuis deux mois consécutifs, un allocataire ou son conjoint, concubin ou partenaire lié par un pacte civil de solidarité a réduit la durée de son activité professionnelle ou de son activité à caractère professionnel mentionnée à l'article R. 344-7 du code de l'action sociale et des familles, ses ressources sont appréciées en appliquant aux revenus d'activité professionnelle ou à caractère professionnel perçus par l'intéressé pendant l'année civile de référence ou, pour le bénéficiaire dont les ressources sont appréciées conformément à l'article R. 821-4-1, pendant le trimestre de référence, un abattement égal au pourcentage de la réduction de la durée du travail constatée par rapport à la situation antérieure, arrondi à la dizaine inférieure. La valeur de l'abattement ne peut excéder 80 %.**

Cet abattement s'applique à compter du premier jour du mois civil suivant celui au cours duquel la modification est intervenue et jusqu'à la fin de la période de paiement suivant celle en cours. — *V. note ss. art. R. 821-4.*

Art. R. 821-4-4 *(Décr. n° 2010-1403 du 12 nov. 2010, art. 1er-1°)* **Lorsqu'un allocataire ou son conjoint, concubin ou partenaire lié par un pacte civil de solidarité a cessé toute activité professionnelle ou à caractère professionnel sans revenu de remplacement, ses ressources sont appréciées en ne tenant pas compte des revenus d'activité professionnelle ou à caractère professionnel ni des indemnités de chômage perçues par l'intéressé pendant l'année civile de référence ou, pour le bénéficiaire dont les ressources sont appréciées conformément à l'article R. 821-4-1, pendant le trimestre de référence.**

Cette mesure s'applique à compter du premier jour du mois civil suivant celui au cours duquel est intervenu le changement de situation et jusqu'au dernier jour du mois civil précédant celui de la reprise d'une activité professionnelle ou à caractère professionnel par l'intéressé. — *V. note ss. art. R. 821-4.*

Date d'application du mode de calcul dérogatoire. L'art. R. 821-4-4 s'applique par dérogation à la règle de périodicité retenue pour l'appréciation des conditions de revenus prévue par les art. R. 821-4 et R. 821-4-1. Lorsqu'un allocataire, son conjoint, concubin ou son partenaire lié par un pacte civil de solidarité a cessé toute activité professionnelle ou à caractère professionnel sans revenu de remplacement, ses ressources sont appréciées en ne tenant pas compte des revenus d'activité professionnelle ou à caractère professionnel, ni des indemnités de chômage perçues par l'intéressé pendant l'année civile de référence. Cette mesure s'applique à compter du premier jour du mois civil suivant celui au cours duquel est intervenu le changement de situation et jusqu'au dernier jour du mois civil précédant celui de la reprise d'une activité professionnelle ou à caractère professionnel par l'intéressé. • Civ. 2e, 9 mai 2018, n° 17-15.049 P.

Art. R. 821-4-5 *(Décr. n° 2010-1403 du 12 nov. 2010, art. 1er-1°)* **I. — Le bénéficiaire de l'allocation aux adultes handicapés est tenu de faire connaître à l'organisme débiteur de la prestation toutes informations relatives à sa résidence, à sa situation de famille et ses**

activités professionnelles ou à caractère professionnel ainsi que celles de son conjoint, concubin ou partenaire lié par un pacte civil de solidarité ; il doit faire connaître à cet organisme tout changement intervenu dans l'un ou l'autre de ces éléments.

II. – Le bénéficiaire dont les ressources sont appréciées conformément à l'article R. 821-4-1 est tenu de retourner à l'organisme débiteur de l'allocation une déclaration trimestrielle de ressources dûment complétée.

En cas de non-retour de la déclaration trimestrielle de ressources dans les délais nécessaires pour procéder au calcul de l'allocation, qui ne peuvent être inférieurs à quinze jours, l'organisme débiteur verse à l'allocataire, au titre du premier mois de la nouvelle période de droits, une avance d'un montant égal à la moitié de la précédente mensualité et lui notifie un délai supplémentaire de réponse. En l'absence de réponse dans ce nouveau délai, la même procédure est applicable au titre du mois suivant. En cas de non-retour de la déclaration trimestrielle de ressources à l'issue du délai notifié à la suite de la seconde avance, le versement de l'allocation est suspendu.

Les indus occasionnés par la ou les avances versées sont recouvrés conformément à l'article L. 821-5-1.

Lorsque le bénéficiaire de l'allocation aux adultes handicapés est marié, concubin ou lié par un pacte civil de solidarité à une personne bénéficiaire de la même allocation, une seule déclaration trimestrielle de ressources est adressée au couple par l'organisme débiteur de la prestation. Dans ce cas, le trimestre de référence commun aux deux allocations est déterminé par rapport à celle dont la date d'effet est la plus ancienne. *— V. note ss. art. R. 821-4.*

Le II de l'art. R. 821-4-5 créé, par le Décr. n° 2010-1403 du 12 nov. 2010, est applicable au titre des trimestres de référence dont le début est postérieur au 30 sept. 2010.

Par dérogation au II de l'art. R. 821-4-5 précité, pour les allocations servies sur la base des trimestres de référence dont le début est antérieur au 1er janv. 2011, l'avance mensuelle mentionnée au deuxième al. du même II est égale à l'intégralité du montant de l'allocation aux adultes handicapés servie au titre du mois de déc. 2010 et peut être versée pendant trois mois au maximum (Décr. n° 2010-1403 du 12 nov. 2010, art. 2-I).

Art. R. 821-5 *(Décr. n° 2015-387 du 3 avr. 2015, art. 1er)* **« L'allocation aux adultes handicapés prévue à l'article L. 821-1 et le complément de ressources prévu à l'article L. 821-1-1 sont accordés par la commission des droits et de l'autonomie des personnes handicapées pour une période au moins égale à un an et au plus égale à cinq ans.** *(Décr. n° 2018-1222 du 24 déc. 2018, art. 2, en vigueur le 1er janv. 2019)* **« L'allocation aux adultes handicapées** *[handicapés]* **prévue à l'article L. 821-1 du code de la sécurité sociale est attribuée sans limitation de durée à toute personne qui présente un taux d'incapacité permanente d'au moins 80 % et dont les limitations d'activité ne sont pas susceptibles d'évolution favorable, compte tenu des données de la science. Un arrêté du ministre chargé des personnes handicapées fixe les modalités d'appréciation de ces situations. »**

« L'allocation aux adultes handicapés prévue à l'article L. 821-2 est accordée par ladite commission pour une période de un à deux ans. La période d'attribution de l'allocation peut excéder deux ans sans toutefois dépasser cinq ans, si le handicap et la restriction substantielle et durable pour l'accès à l'emploi prévue au troisième alinéa de cet article ne sont pas susceptibles d'une évolution favorable au cours de la période d'attribution. »

(Décr. n° 2005-724 du 29 juin 2005, art. 5) **« Toutefois, avant la fin de la période ainsi fixée et à la demande de l'intéressé, de l'organisme débiteur ou du préfet de département, les droits à l'allocation et au complément de ressources peuvent être révisés, en cas de modification de l'incapacité du bénéficiaire. »**

Par dérogation aux dispositions de l'art. R. 821-5, les bénéficiaires de l'allocation aux adultes handicapés prévue à l'art. L. 821-2, dont l'accord est antérieur à la date de publication du Décr. n° 2015-387 du 3 avr. 2015 et a été délivré pour une durée de deux ans, peuvent bénéficier, sans nouvelle demande de leur part, d'une prorogation de la durée de leur accord pour une période maximale de trois ans, sur décision motivée de la commission des droits et de l'autonomie des personnes handicapées, dès lors que le handicap et la restriction substantielle et durable pour l'accès à l'emploi ne sont pas susceptibles d'une évolution favorable au cours de la période d'attribution.

La reconnaissance de la qualité de travailleur handicapé et l'orientation professionnelle mentionnées à l'art. L. 5213-2 C. trav. sont renouvelées à l'occasion de la décision prévue à l'al. précédent (Décr. n° 2015-387 du 3 avr. 2015, art. 3, JO 5 avr.).

Art. R. 821-5-1 *(Décr. n° 94-634 du 19 juill. 1994)* **Pour l'ouverture du droit** *(Décr. n° 2005-724 du 29 juin 2005, art. 6)* **« à la majoration pour la vie autonome instituée par l'article L. 821-1-2** *[ancienne rédaction : complément d'allocation aux adultes handicapés]* **», la condition de perception d'une aide personnelle au logement est remplie par la personne qui bénéficie, soit comme titulaire du droit,** *(Décr. n° 2000-97 du 3 févr. 2000, art. 6)* **« soit du fait d'un conjoint, d'un partenaire d'un pacte civil de solidarité, ou d'un concubin allocataire », de l'une des aides suivantes :**

a) **Allocation de logement prévue aux articles L. 542-1 et L. 755-21 du présent code ;**

b) **Allocation de logement prévue à l'article L. 831-1 du présent code ;**

c) **Aide personnalisée au logement prévue à l'article L. 351-1 du code de la construction et de l'habitation.**

Lorsque, dans un ménage bénéficiant d'une telle aide, chacun des membres du couple remplit les autres conditions prévues au premier alinéa *(Décr. n° 2005-724 du 29 juin 2005, art. 6)* **« de l'article L. 821-1-2 », le droit** *(Décr. n° 2005-724 du 29 juin 2005, art. 6)* **« à la majoration pour la vie autonome** *[ancienne rédaction : complément d'allocation aux adultes handicapés]* **» est ouvert à chacun d'eux.**

Les dispositions concernant le complément d'allocation aux adultes handicapés demeurent en vigueur dans leur rédaction antérieure au Décr. n° 2005-724 du 29 juin 2005, art. 16-III, conformément à l'art. 95-IV de la L. n° 2005-102 du 11 févr. 2005 (Décr. préc., art. 16).

Art. R. 821-5-2 *(Décr. n° 94-634 du 19 juill. 1994)* **Est réputé indépendant,** *(Décr. n° 2005-724 du 29 juin 2005, art. 7)* **« au sens des articles L. 821-1-1 et L. 821-1-2 », un logement qui n'appartient pas à une structure dotée de locaux communs meublés ou de services collectifs ou fournissant diverses prestations annexes moyennant une redevance.** *(Décr. n° 2005-724 du 29 juin 2005, art. 7)* **« N'est pas considérée disposer d'un logement indépendant la personne hébergée par un particulier à son domicile, sauf s'il s'agit de son conjoint, de son concubin ou de la personne avec laquelle elle a conclu un pacte civil de solidarité. »**

Les dispositions de l'art. R. 821-5-2 issues du Décr. n° 2005-724 du 29 juin 2005 sont entrées en vigueur le 1er juill. 2005 (Décr. préc., art. 17).

Art. R. 821-5-3 *Abrogé par Décr. n° 2005-724 du 29 juin 2005, art. 9-II, à compter du 1er juill. 2005.*

Art. R. 821-6 **La liquidation et le paiement de l'allocation aux adultes handicapés** *(Décr. n° 2005-724 du 29 juin 2005, art. 8)* **« , du complément de ressources et de la majoration pour la vie autonome » sont assurés par la caisse d'allocations familiales du lieu de résidence de l'intéressé.**

Toutefois, lorsqu'une caisse de mutualité sociale agricole est compétente pour verser à ce dernier les prestations familiales dont il bénéficie ou serait susceptible de bénéficier *(Décr. n° 2006-703 du 16 juin 2006, art. 7)* **« ou lorsque le bénéficiaire de l'allocation aux adultes handicapés relève d'un régime de protection sociale agricole** *(Décr. n° 2015-1865 du 30 déc. 2015, art. 10-26°, en vigueur le 1er janv. 2016)* **« ou lorsqu'elle assure pour ce dernier la prise en charge des frais de santé en cas de maladie ou de maternité », » cet organisme assure la liquidation et** *(Décr. n° 2005-724 du 29 juin 2005, art. 8)* **« le paiement de l'allocation aux adultes handicapés, du complément de ressources et de la majoration pour la vie autonome ».**

Les dispositions issues du Décr. n° 2006-703 du 16 juin 2006 sont entrées en vigueur le 17 juin 2006 (Décr. préc., art. 10-I).

La caisse d'allocations familiales est en droit, sans être tenue à aucune preuve, d'obtenir le remboursement d'une fraction de l'allocation versée au cours d'une période pendant laquelle le bénéficiaire a exercé une activité professionnelle, peu important qu'elle ait effectué ce paiement en toute connaissance de cause. • Soc. 28 mars 1996, n° 93-15.189.

Art. R. 821-7 *(Décr. n° 2005-724 du 29 juin 2005, art. 9)* **L'allocation aux adultes handicapés et le complément de ressources sont attribués à compter du premier jour du mois civil suivant celui du dépôt de la demande.**

La majoration pour la vie autonome est attribuée, sans demande particulière de l'intéressé, à compter du premier jour du mois au cours duquel il remplit les conditions mentionnées à l'article L. 821-1-2.

L'allocation aux adultes handicapés, le complément de ressources et la majoration pour la vie autonome sont versés mensuellement et à terme échu.

Les dispositions de l'art. R. 821-7 issues du Décr. n° 2005-724 du 29 juin 2005 sont entrées en vigueur le 1er juill. 2005 (Décr. préc., art. 17).

Art. R. 821-7-1 *(Décr. n° 2005-724 du 29 juin 2005, art. 10)* **Lorsque l'allocation aux adultes handicapés continue d'être versée en application du** *(Décr. n° 2010-1403 du 12 nov. 2010, art. 1er-2°)* **« onzième » alinéa de l'article L. 821-1, la majoration pour la vie autonome et le complément de ressources ne sont pas maintenus. Ces prestations sont rétablies dès lors qu'est ouvert un droit à l'allocation aux adultes handicapés dans les conditions prévues au** *(Décr. n° 2010-1403 du 12 nov. 2010, art. 1er-2°)* **« neuvième » alinéa du même article et que les autres conditions d'ouverture des droits à la majoration et au complément continuent d'être remplies.**

Les dispositions de l'art. R. 821-7-1 issues du Décr. n° 2005-724 du 29 juin 2005 sont entrées en vigueur le 1er juill. 2005 (Décr. préc., art. 17).

Les dispositions issues du Décr. n° 2010-1403 du 12 nov. 2010 sont applicables aux allocations servies au titre des périodes postérieures au 31 décembre 2010 (Décr. préc., art. 2-I).

Art. R. 821-8 *(Décr. n° 2005-724 du 29 juin 2005, art. 11)* **I. — A partir du premier jour du mois suivant une période de soixante jours révolus passés dans un établissement de santé, dans une maison d'accueil spécialisée, ou dans un établissement pénitentiaire, le montant de l'allocation aux adultes handicapés est réduit de manière que son bénéficiaire conserve 30 % du montant mensuel de ladite allocation. L'intéressé ne peut recevoir une allocation plus élevée que celle qu'il percevrait s'il n'était pas hospitalisé, placé dans une maison d'accueil spécialisée ou incarcéré.**

Toutefois aucune réduction n'est effectuée :

***a)* Lorsque l'allocataire est astreint au paiement du forfait journalier prévu à l'article L. 174-4 ;**

***b)* Lorsqu'il a au moins un enfant ou un ascendant à sa charge au sens de l'article** *(Décr. n° 2015-1865 du 30 déc. 2015, art. 10-16°, en vigueur le 1er janv. 2016)* **« L. 161-1 » ;**

***c)* Lorsque le conjoint ou le concubin de l'allocataire ou la personne avec laquelle il a conclu un pacte civil de solidarité ne travaille pas pour un motif reconnu valable par la commission des droits et de l'autonomie des personnes handicapées.**

La réduction de l'allocation n'est opérée que pendant la période où la personne handicapée est effectivement accueillie dans l'établissement, à l'exclusion des périodes de congé ou de suspension de prise en charge.

II. — Sous réserve que les conditions d'ouverture du droit à ces prestations continuent d'être remplies, le versement du complément de ressources et de la majoration pour la vie autonome est maintenu jusqu'au premier jour du mois suivant une période de soixante jours révolus d'hospitalisation, d'hébergement dans un établissement social ou médico-social mentionné au *b* du 5° et au 7° du I de l'article L. 312-1 du code de l'action sociale et des familles ou d'incarcération dans un établissement pénitentiaire. A compter de cette date, le service des prestations est suspendu, à l'exclusion des périodes de congé ou de suspension de la prise en charge par un régime d'assurance maladie.

III. — Le service de l'allocation, du complément de ressources et de la majoration pour la vie autonome est repris, sans nouvelle demande, à compter du premier jour du mois civil suivant celui au cours duquel la personne n'est plus hospitalisée, hébergée dans un établissement social ou médico-social ou incarcérée dans un établissement pénitentiaire.

Art. R. 821-9 *(Décr. n° 2005-724 du 29 juin 2005, art. 12)* **La personne handicapée qui, dans l'attente d'être admise dans l'établissement pour adultes désigné par la commission des droits et de l'autonomie des personnes handicapées mentionnée à l'article L. 146-9 du code de l'action sociale et des familles dans sa décision d'orientation, est maintenue au-delà de l'âge de vingt ans dans un établissement ou service mentionné au 2° du I de l'article L. 312-1 du code de l'action sociale et des familles perçoit l'allocation aux adultes handicapés qui lui aurait été versée dans l'établissement pour adul-**

tes désigné, à compter du jour où la décision de la commission susmentionnée siégeant en formation plénière a été notifiée à l'organisme débiteur concerné.

Tant que cette notification n'est pas intervenue, l'allocation aux adultes handicapés continue à être versée, ou est réduite, dans les conditions fixées à l'article R. 821-8.

Les dispositions de l'art. R. 821-9 issues du Décr. n° 2005-724 du 29 juin 2005 sont entrées en vigueur le 1er juill. 2005 (Décr. préc., art. 17).

Art. R. 821-10 *Abrogé par Décr. n° 2006-703 du 16 juin 2006, art. 8. — V. art. D. 821-10.*

Art. R. 821-11 *Abrogé par Décr. n° 2005-724 du 29 juin 2005, art. 13.*

Art. R. 821-12 *Est devenu l'art. R. 821-10 à compter du 1er juill. 2005 (Décr. n° 2005-724 du 29 juin 2005, art. 13).*

Art. R. 821-13 à R. 821-15 *Abrogés par Décr. n° 2005-724 du 29 juin 2005, art. 13, à compter du 1er juill. 2005.*

TITRE TROISIÈME ALLOCATION DE LOGEMENT SOCIALE

CHAPITRE PREMIER CONDITIONS GÉNÉRALES D'ATTRIBUTION

SECTION PREMIÈRE DISPOSITIONS COMMUNES

V. art. D. 831-1 à D. 831-6.

Art. R. 831-1 **L'allocation de logement prévue aux articles L. 831-1 et suivants est attribuée aux personnes qui sont locataires ou qui accèdent à la propriété d'un local à usage exclusif d'habitation et constituant leur résidence principale. Elle peut être attribuée également aux sous-locataires et occupants à titre onéreux.**

(Décr. n° 95-1157 du 2 nov. 1995, art. 2) **« La notion de résidence principale doit être entendue au sens du logement effectivement occupé au moins huit mois par an soit par le bénéficiaire, soit par son conjoint ou concubin »** *(Décr. n° 2000-749 du 1er août 2000, art. 3)* **« , sauf obligation professionnelle, raison de santé ou cas de force majeure ».**

L'allocation n'est due que si les intéressés paient un minimum de loyer fixé par décret compte tenu de leurs ressources.

Sont assimilées aux loyers les mensualités versées pour accéder à la propriété de l'habitation, selon les modalités fixées par les articles R. 831-22 à R. 831-24.

Le logement mis à la disposition d'un requérant par un des ascendants ou de ses descendants n'ouvre pas droit au bénéfice de l'allocation.

1. Le logement mis à disposition d'un requérant par un de ses ascendants ou de ses descendants n'ouvre pas droit au bénéfice de l'allocation. Une personne âgée qui occupe un logement dont son fils est propriétaire ne peut donc prétendre à l'allocation de logement même si elle règle effectivement un loyer dont le montant dépasse le minimum fixé compte tenu de ses ressources. • Soc. 27 nov. 1975 : *Bull. civ. V, n° 581.*

2. La simple contribution pécuniaire apportée ponctuellement par une mère à son fils n'a pas pour conséquence de priver celui-ci du bénéfice de l'allocation de logement dès lors non seulement que l'intéressé occupe effectivement les lieux et règle ses loyers, mais encore qu'il ne s'agit ni d'un logement dont la mère de l'intéressé est propriétaire ni d'un logement qu'elle met à sa disposition au sens de l'art. R. 831-1 CSS. • Soc. 16 févr. 1995, n° 92-10.626 P : *RJS 1995, n° 439.*

3. Ne saurait être reproché à une cour d'appel de faire droit au recours d'une personne ayant sollicité le bénéfice de l'allocation de logement sociale que lui a refusée la caisse d'allocations familiales au motif que l'appartement dont elle est locataire appartient à son beau-père, alors que cette cour, qui constate que l'appartement litigieux fait l'objet d'un bail, que les loyers sont payés et que rien n'indique que ce bail soit fictif en déduit exactement que ce locataire seul attributaire de l'allocation logement sociale, remplit dès lors qu'il est locataire régulier les conditions prévues à l'art. R. 331-1 CSS pour bénéficier de cette allocation sans que lui soient opposables les exclusions limitativement prévues par ce même article. • Soc. 1er avr. 1999, n° 96-12.928 P : *D. 1999. IR 127.*

Art. R. 831-2 *Abrogé par Décr. n° 93-835 du 3 juin 1993, art. 3.*

Art. R. 831-3 *(Décr. nº 95-1157 du 2 nov. 1995, art. 3-1º)* « L'allocation de logement est due à la date et aux conditions définies à l'article L. 831-4-1. »

Le droit s'éteint à compter du premier jour du mois civil au cours duquel les conditions d'ouverture du droit cessent d'être réunies, sauf si la clôture du droit résulte du décès de l'allocataire ou de son conjoint ou d'une personne à charge, auquel cas le droit prend fin le premier jour du mois civil suivant le décès.

Les changements intervenus dans la composition de la famille ou dans la situation de l'allocataire ou de son conjoint et qui sont de nature à modifier ses droits à l'allocation prennent effet et cessent de produire leur effet selon les règles ci-dessus définies respectivement pour l'ouverture et pour l'extinction des droits.

(Décr. nº 95-1157 du 2 nov. 1995, art. 3-2º) « Par dérogation aux dispositions du présent article, en cas de déménagement et en cas de conclusion ou de résiliation de l'une des conventions mentionnées à l'article L. 351-2 du code de la construction et de l'habitation, le droit à l'allocation de logement, le cas échéant :

« *a)* Est ouvert à compter du premier jour du mois civil au cours duquel les conditions d'ouverture du droit sont réunies ;

« *b)* S'éteint le dernier jour du mois civil au cours duquel les conditions d'ouverture du droit cessent d'être réunies. »

Art. R. 831-4 *(Décr. nº 88-568 du 4 mai 1988, art. 9)* Pour la mise en œuvre de la condition de ressources prévue aux articles L. 831-2 et L. 831-4, le droit à l'allocation de logement sociale est examiné pour chaque période de douze mois consécutifs commençant le *(Décr. nº 2008-604 du 26 juin 2008)* « 1er janvier » de chaque année.

Art. R. 831-5 *(Décr. nº 97-83 du 30 janv. 1997, art. 6)* Le minimum de loyer que l'intéressé doit acquitter annuellement pour bénéficier de l'allocation de logement est déterminé soit en fonction des ressources perçues pendant l'*(Décr. nº 2008-604 du 26 juin 2008)* « année civile de référence » par l'allocataire, son conjoint et par les personnes ayant vécu à son foyer pendant plus de six mois au cours de *(Décr. nº 2008-604 du 26 juin 2008)* « l'année civile précédant la période de paiement » et y vivant à la date d'ouverture du droit ou au début de la période de paiement, soit en fonction des ressources appréciées dans les conditions prévues *(Décr. nº 2003-1393 du 31 déc. 2003, art. 3-XII)* « à l'article R. 532-8 ». — *Sur l'entrée en vigueur du Décr. nº 2003-1393 du 31 déc. 2003, V. note avant art. R. 531-1.*

Art. R. 831-6 *(Décr. nº 2008-604 du 26 juin 2008)* Les ressources retenues sont celles perçues pendant l'année civile de référence. L'année civile de référence est l'avant-dernière année précédant la période de paiement.

Sous réserve des dispositions des articles R. 532-4 à R. 532-8 et des alinéas suivants du présent article, les ressources prises en considération s'entendent du total des revenus nets catégoriels retenus pour l'établissement de l'impôt sur le revenu d'après le barème des revenus taxés à un taux proportionnel ou soumis à un prélèvement libératoire de l'impôt sur le revenu, ainsi que les revenus perçus hors de France ou versés par une organisation internationale et après :

a) La déduction au titre des créances alimentaires mentionnées au 2º du II de l'article 156 du code général des impôts et majorées dans les conditions prévues au 7 de l'article 158 du code général des impôts ;

b) L'abattement mentionné à l'article 157 *bis* du code général des impôts pour les personnes nées avant le 1er janvier 1931 ou invalides quel que soit leur âge.

Sont également prises en considération :

1º Après application de la déduction correspondant au deuxième alinéa de l'article 83 du code général des impôts, l'indemnité journalière mentionnée au 2º de l'article L. 431-1 ;

2º Les rémunérations mentionnées à l'article 81 *quater* de ce même code.

(Abrogé par Décr. nº 2009-976 du 20 août 2009, art. 4) ***« Est toutefois exclue du décompte des ressources l'allocation de revenu minimum d'insertion mentionnée à l'article L. 262-3 du code de l'action sociale et des familles et servie soit à l'allocataire ou à son conjoint ou concubin, soit aux personnes définies à l'article R. 831-5. Il en est de même pour la prime de retour à l'emploi. »***

En application des dispositions de l'article L. 832-1, sont exclus également du décompte des ressources les arrérages des rentes viagères constituées en faveur d'une personne handicapée et mentionnée à l'article 199 *septies* du code général des impôts.

Il est fait abstraction des déductions opérées en vertu de l'article 156 I du code général des impôts au titre des reports des déficits constatés au cours d'une année antérieure à celle qui est prise en considération.

Lorsque les ressources de l'année de référence de l'allocataire ou de son conjoint ne proviennent pas d'une activité salariée et que ces ressources ne sont pas connues au moment de la demande ou du réexamen des droits, il est tenu compte des dernières ressources connues et déterminées dans les conditions prévues aux alinéas précédents. Ces ressources sont revalorisées par application du taux d'évolution en moyenne annuelle de l'indice général des prix à la consommation des ménages pour l'année civile de référence figurant dans le rapport économique et financier annexé au projet de loi de finances.

(Décr. n° 2008-1502 du 30 déc. 2008) « Lors de l'ouverture du droit ou en début de période de paiement, lorsque le demandeur poursuit des études ainsi que, le cas échéant, son conjoint, et que les ressources du ménage au titre de l'année civile de référence appréciées au sens des alinéas précédents, sont inférieures à un montant minimal de ressources, les ressources du bénéficiaire ou du ménage sont réputées égales à ce montant. Un montant minimal de ressources inférieur à ce dernier est appliqué lorsque le demandeur est titulaire d'une bourse de l'enseignement supérieur qui n'est pas assujettie à l'impôt sur le revenu. Ces montants, fixés par arrêté conjoint des ministres chargés du logement, du budget, de la sécurité sociale et de l'agriculture, évoluent le 1er janvier de chaque année comme l'indice de référence des loyers défini à l'article 17 de la loi n° 89-462 du 6 juillet 1989. Ils sont arrondis à la centaine d'euros la plus proche. »

V. Arr. du 29 déc. 2017 relatif au calcul des aides personnelles au logement et à l'évaluation forfaitaire des ressources (JO 31 déc.).

Art. R. 831-6-1 *(Décr. n° 2001-1021 du 5 nov. 2001)* Lorsque le bénéficiaire justifie qu'en raison d'obligations professionnelles lui-même ou son conjoint est contraint d'occuper de manière habituelle un logement distinct de celui de son ou de leur lieu de résidence principale et qu'il supporte des charges de loyer supplémentaires afférentes à ce logement, il est procédé à un abattement forfaitaire sur les ressources de la personne ou du ménage déterminées dans les conditions prévues aux articles R. 831-6 à R. 831-8.

L'abattement est appliqué à compter du premier jour du mois civil suivant celui au cours duquel le bénéficiaire doit supporter ces charges. Il est supprimé à compter du premier jour du mois civil au cours duquel le bénéficiaire cesse de les supporter.

Le montant de cet abattement est fixé par un arrêté conjoint des ministres chargés de la sécurité sociale, du budget, de l'agriculture et du logement. — *L'abattement forfaitaire est fixé à 2 589 € à compter du 1er juill. 2007 (Arr. du 10 juill. 2007, JO 12 juill.).*

Art. R. 831-7 Ne sont prises en compte que pour la fraction dépassant le plafond individuel prévu *(Décr. n° 2007-1080 du 10 juill. 2007)* « à l'article L. 815-9 et multiplié par 1,25, » les ressources de chacune des personnes mentionnées, qui sont :

1° Ascendants de l'allocataire ou de son conjoint *(Décr. n° 2011-620 du 31 mai 2011, art. 4-20°)* « ayant atteint un âge au moins égal à celui prévu par l'article L. 161-17-2 augmenté de cinq années, ou d'un âge au moins égal à celui prévu par l'article L. 161-17-2 en cas d'inaptitude au travail ou âgés d'au moins soixante-cinq ans s'ils percevaient l'allocation de solidarité aux personnes âgées » ;

2° *(Décr. n° 2013-140 du 14 févr. 2013, art. 1er-1°)* « Titulaires de la » *(Décr. n° 2016-1849 du 23 déc. 2016, art. 5-1°, en vigueur le 1er janv. 2017)* « carte mobilité inclusion comportant la mention "invalidité" prévue à l'article L. 241-3 du code de l'action sociale et des familles ou de la carte d'invalidité prévue à l'article L. 241-3 du même code dans sa rédaction antérieure au 1er janvier 2017 » et ascendants, descendants ou collatéraux au deuxième ou au troisième degré de l'allocataire ou de son conjoint ;

3° Enfants de l'allocataire ou de son conjoint.

Le Décr. n° 2013-140 du 14 févr. 2013 est applicable aux prestations dues à compter du mois de févr. ainsi qu'aux cotisations et contributions dues sur les gains et rémunérations versés à compter du mois de févr. (Décr. préc. art. 8-I).

Art. R. 831-8 *(Décr. n° 2016-1385 du 12 oct. 2016, art. 2-1°)* Pour l'application des conditions relatives à la prise en compte du patrimoine prévues à l'article L. 831-4, il est fait application des modalités suivantes :

1° Le seuil de 30 000 euros est appliqué à la somme de la valeur du patrimoine mobilier financier et de la valeur estimée de l'ensemble du patrimoine immobilier, à l'exception de la résidence principale et des biens à usage professionnel ;

2° Lorsque la valeur du patrimoine est supérieure à 30 000 euros, seul le patrimoine n'ayant pas produit, au cours de l'année civile de référence, de revenus retenus pour l'établissement de l'impôt sur le revenu au titre des revenus nets catégoriels visés à l'article R. 351-5 du code de la construction et de l'habitation est pris en compte pour le calcul de l'allocation. Ce patrimoine est considéré comme procurant un revenu annuel égal à 50 % de sa valeur locative s'il s'agit d'immeubles bâtis, à 80 % de cette valeur s'il s'agit de terrains non bâtis et à 3 % du montant des capitaux.

La valeur estimée du patrimoine est déterminée sur la base de la dernière valeur connue soit à l'ouverture du droit soit à l'occasion du renouvellement du droit.

La dernière valeur connue s'entend comme :

a) Pour le patrimoine financier, la valeur figurant sur les derniers relevés bancaires reçus par l'allocataire ;

b) Pour le patrimoine immobilier, la valeur locative figurant sur le dernier avis d'imposition à la taxe d'habitation ou à la taxe foncière reçu par l'allocataire.

Art. R. 831-9 Un décret pris sur le rapport du ministre chargé du logement, du ministre chargé de la sécurité sociale, du ministre chargé du budget et du ministre chargé de l'agriculture, détermine le mode et les bases de calcul de l'allocation, en tenant compte, notamment, de ce que le local est ou n'est pas soumis à une législation spéciale réglant les rapports entre bailleurs et locataires et de ce que le bénéficiaire occupe un local meublé ou non meublé en qualité de locataire ou d'accédant à la propriété.

Art. R. 831-10 *(Décr. n° 87-206 du 27 mars 1987, art. 21-II ; Décr. n° 2003-693 du 29 juill. 2003, art. 1er)* « L'allocation de logement est attribuée » sur demande de l'intéressé introduite soit auprès de la caisse d'allocations familiales de la circonscription de résidence du requérant, soit auprès de la caisse de mutualité sociale agricole compétente pour lui verser les prestations familiales dont il bénéficie ou serait susceptible de bénéficier.

(Décr. n° 2003-693 du 29 juill. 2003, art. 1er) « En aucun cas, lorsqu'il est fait application de la dérogation aux caractéristiques de logement décent prévue à l'article R. 831-13, l'allocation de logement ne peut être versée entre les mains du bailleur. » *– Application à compter du 1er août 2003.*

Art. R. 831-11 I. – *(Décr. n° 2002-1564 du 23 déc. 2002, art. 2 ; Décr. n° 2008-604 du 26 juin 2008)* « Le modèle de la demande d'« allocation logement » *(Décr. n° 2013-140 du 14 févr. 2013, art. 1er-2°)* « ainsi que la liste des pièces justificatives, comprenant notamment une attestation de respect des conditions prévues au premier alinéa de l'article R. 831-13, sont déterminés » par arrêté du ministre chargé de la sécurité sociale et du ministre chargé du logement. » *– V. Arr. du 23 déc. 2002 (JO 29 déc.), mod. par Arr. du 30 juill. 2008 (JO 7 août) et Arr. du 14 févr. 2013 (JO 16 févr.).*

(Décr. n° 2016-748 du 6 juin 2016, art. 14, en vigueur le 1er sept. 2016) « II. – En cas de non-présentation avant le 1er janvier d'un état des personnes vivant habituellement au foyer ainsi que d'une déclaration sur l'honneur indiquant le total des ressources perçues au cours de l'année civile de référence par l'intéressé et par toutes personnes vivant ou ayant vécu à son foyer dans les conditions déterminées aux articles R. 831-4 à R. 831-7, le paiement des allocations de logement peut être suspendu.

« III. – A. – En cas de non-présentation des justificatifs relatifs au paiement du loyer ou des échéances de prêt avant le 1er décembre, cet organisme notifie simultanément :

« 1° A l'allocataire son intention de procéder au versement des mensualités d'allocation de logement entre les mains du bailleur ou du prêteur si celui-ci le demande ;

« 2° Au bailleur ou au prêteur la possibilité qu'il aura de recevoir ce versement s'il en fait la demande.

« B. – A compter de ces notifications court un délai de deux mois. Durant ce délai, l'allocataire peut présenter les justificatifs prévus au A et l'allocation continue de lui être versée.

« A compter de l'expiration du délai et si les justificatifs mentionnés au A n'ont pas été fournis, l'organisme payeur suspend le versement de l'allocation de logement.

« Toutefois, lorsque ces justificatifs ne peuvent être produits du fait que l'allocataire n'a pas payé intégralement la dépense de logement à sa charge, l'allocation de logement est maintenue sous réserve que cette situation ait été signalée par le bailleur ou par l'allocataire dans le délai d'un mois et les dispositions des articles R. 831-21-1 à R. 831-26 sont applicables dès que l'impayé est constitué dans les conditions prévues à l'article R. 831-21. »

Art. R. 831-12 Les changements dans la structure des locaux ou dans leurs conditions de peuplement doivent être déclarés dans le délai d'un mois.

Les changements survenus au cours de la période de paiement de l'allocation dans la situation de l'allocataire ou de son conjoint font l'objet de justifications fournies avec la demande de révision du montant de l'allocation.

L'allocataire qui entend se prévaloir des dispositions de *(Décr. n° 2003-1393 du 31 déc. 2003, art. 3-XIV)* « l'article R. 532-7 » doit produire toutes justifications des changements survenus au cours de la période de paiement dans la situation de ses ressources.

(Décr. n° 2016-748 du 6 juin 2016, art. 15-1°, en vigueur le 1er sept. 2016) « Les déménagements et les résiliations de bail doivent être déclarés par le bailleur à l'organisme payeur dans le délai d'un mois à compter de la date du déménagement ou de la résiliation du bail. Ce délai peut être prolongé d'un mois si le bailleur apporte la preuve qu'il n'était manifestement pas en mesure de signaler ce déménagement ou cette résiliation dans le premier délai d'un mois. » La déclaration doit être accompagnée des justifications nécessaires à la révision de l'allocation de logement.

(Décr. n° 2016-748 du 6 juin 2016, art. 15-2°, en vigueur le 1er sept. 2016) « Le délai prévu au sixième alinéa de l'article L. 835-2 est fixé à un mois à compter de la date de remboursement du solde du prêt. »

Sur l'entrée en vigueur du Décr. n° 2003-1393 du 31 déc. 2003, V. note avant art. R. 531-1.

Art. R. 831-13 *(Décr. n° 2003-693 du 29 juill. 2003, art. 2)* Pour ouvrir droit à l'allocation de logement, le logement doit remplir les caractéristiques de logement décent telles que définies par le décret n° 2002-120 du 30 janvier 2002 relatif aux caractéristiques du logement décent pris pour l'application des premier et deuxième alinéas de l'article 6 de la loi n° 89-462 du 6 juillet 1989 modifiée tendant à améliorer les rapports locatifs.

Lorsque le logement ne répond pas aux caractéristiques mentionnées au premier alinéa *(Décr. n° 2013-140 du 14 févr. 2013, art. 1er-3°)* « ou lorsque le propriétaire n'a pas produit l'attestation mentionnée au I de l'article R. 831-11 », l'allocation de logement peut être accordée, à titre dérogatoire, par l'organisme payeur ;

(Abrogé par Décr. n° 2015-191 du 18 févr. 2015, art. 2-1°) « a) Aux personnes locataires, pour une durée de six mois, pour lui permettre de demander la mise en conformité du logement dans les conditions fixées à l'article 20-1 de la loi du 6 juillet 1989 susvisée ou d'engager une action en justice en application du c de l'article 6 de la même loi. L'organisme payeur doit en informer son conseil d'administration et le préfet. En cas de refus de dérogation, le préfet doit également être tenu informé ; »

a) Aux personnes logées en hôtel meublé ou en pension de famille, pour une durée d'un an. L'organisme payeur doit en informer son conseil d'administration et le préfet.

Le préfet désigne alors, dans le cadre du *(Décr. n° 2015-191 du 18 févr. 2015, art. 2-3°)* « plan local d'action pour le logement et l'hébergement » des personnes défavorisées mentionné aux articles 2 et suivants de la loi n° 90-449 du 31 mai 1990, un organisme privé ou public aux fins de proposer au propriétaire une solution adaptée d'amélioration du logement ou à l'allocataire une solution de relogement correspondant à ses besoins et à ses possibilités.

Cette dérogation peut être prorogée pour six mois par le conseil d'administration de l'organisme payeur si les travaux de mise aux normes, bien que décidés, n'ont pas encore pu être achevés à l'issue de la première année ou si la solution de relogement bien qu'acceptée par l'allocataire n'a pas encore pris effet dans le même délai.

En cas de refus de dérogation, le préfet doit également être tenu informé.

b) Aux personnes mentionnées à l'article R. 831-22 *(Décr. n° 2015-191 du 18 févr. 2015, art. 2-4°)* « pour une durée de dix-huit mois renouvelable une fois ». L'organisme payeur doit en informer son conseil d'administration et le préfet. *— Le b devient le a et le c devient le b (Décr. n° 2015-191 du 18 févr. 2015, art. 2-2°).*

(Décr. n° 2015-191 du 18 févr. 2015, art. 2-5°) « Il en informe également le comité responsable du plan local d'action pour le logement et l'hébergement des personnes défavorisées mentionné ci-dessus afin que ce dernier examine avec l'allocataire une solution adaptée d'amélioration du logement ou une solution de relogement. »

Les dispositions du Décr. n° 2003-693 du 29 juill. 2003 s'appliquent à compter du 1er août 2003 (Décr. préc., art. 5).

V. note ss. art. R. 831-7.

Art. R. 831-13-1 *(Décr. n° 95-1157 du 2 nov. 1995, art. 5)* « Pour une personne seule, le logement doit être d'une superficie habitable d'au moins 9 mètres carrés et, pour deux personnes d'au moins 16 mètres carrés, augmentée de 9 mètres carrés par personne en plus.

« Pour les logements autres que les logements collectifs, lorsque la condition de superficie n'est pas remplie au moment de la demande, l'allocation de logement peut être accordée pour une durée de deux ans, à titre exceptionnel, par décision de la caisse d'allocations familiales ou de la caisse de mutualité sociale agricole concernée. Le conseil d'administration de l'organisme payeur et le préfet sont informés de la décision prise. En cas de refus de dérogation, le préfet doit également être tenu informé.

« Le préfet désigne alors, dans le cadre du *(Décr. n° 2015-191 du 18 févr. 2015, art. 3-1°)* « plan local d'action pour le logement et l'hébergement des personnes défavorisées », mentionné aux articles 2 et suivants de la loi n° 90-449 du 31 mai 1990, un organisme privé ou public aux fins de proposer à l'allocataire une solution de relogement correspondant à ses besoins et à ses possibilités.

« Cette dérogation peut être prorogée par décision du conseil d'administration de l'organisme payeur, par période de deux ans renouvelable, après enquête sociale et au vu d'une attestation motivée du préfet certifiant que l'allocataire ne peut être logé conformément aux conditions prévues au premier alinéa du présent article. »

(Abrogé par Décr. n° 2015-191 du 18 févr. 2015, art. 3-2°) ***« L'allocation de logement n'est pas due si le local est loué ou sous-loué en partie à des tiers*** *(Décr. n° 90-504 du 22 juin 1990, art. 7-I)* ***« sauf si le local est loué ou sous-loué à une personne hébergée en application de la loi n° 89-475 du 10 juillet 1989 relative à l'accueil par des particuliers, à leur domicile, à titre onéreux, de personnes âgées ou handicapées adultes ». »***

Art. R. 831-13-2 *(Décr. n° 2015-191 du 18 févr. 2015, art. 4)* L'allocation de logement n'est pas due si le local est loué ou sous-loué en partie à des tiers, sauf si le local est loué ou sous-loué à une personne hébergée en application de l'article L. 442-1 du code de l'action sociale et des familles.

Art. R. 831-14 L'allocation de logement est versée mensuellement, à terme échu *(Décr. n° 87-206 du 27 mars 1987, art. 20)* « dans les conditions déterminées à l'article R. 553-1 ».

Elle est calculée pour une période de douze mois débutant *(Décr. n° 2008-604 du 26 juin 2008)* « au 1er janvier » de chaque année.

Lorsque le droit à l'allocation de logement n'est pas ouvert pour toute la durée de la période précitée, l'allocation de logement est calculée et versée proportionnellement au nombre de mois pendant lesquels le droit est ouvert.

Hors le cas prévu à l'alinéa précédent, l'allocation de logement ne peut être révisée au cours de la période de douze mois prévue ci-dessus que lorsque la composition de la famille est modifiée ou que l'allocataire s'installe dans un nouveau logement ou, sur demande des intéressés, dans les cas mentionnés à *(Décr. n° 2003-1393 du 31 déc. 2003, art. 3-XIV)* « l'article R. 532-7 » pour le chômage total ou partiel.

Dans ce dernier cas l'allocation de logement est calculée ou révisée soit sur la base du loyer principal effectivement payé pour le premier mois de location du nouveau local, soit sur la base des paiements incombant à l'allocataire en vue de l'accession à la propriété pour la partie de la période restant à courir. – *Sur l'entrée en vigueur du Décr. n° 2003-1393 du 31 déc. 2003, V. note avant art. R. 531-1.*

Art. R. 831-15 L'allocation de logement n'est pas *(Décr. n° 2015-1908 du 30 déc. 2015, art. 2-1°)* « versée lorsque son montant, calculé selon les modalités prévues à l'article R. 831-9, est inférieur » à une somme fixée par décret.

(Décr. n° 2015-1908 du 30 déc. 2015, art. 2-2°) « Le montant de l'allocation de logement, versé net des contributions sociales qui s'y appliquent, est arrondi à l'euro inférieur. »

Le Décr. n° 2015-1908 du 30 déc. 2015 entre en vigueur le 1er janv. 2016 et s'applique aux prestations dues à compter de cette date (Décr. préc., art. 4).

Art. R. 831-16 *Al. 1er abrogé par Décr. n° 90-886 du 2 oct. 1990, art. 4-I, à compter du 1er déc. 1990.*

En cas de suspension du paiement du loyer ou des arrérages des dettes contractés en vue d'accéder à la propriété consécutive à une contestation relative à l'étendue des obligations du débiteur et donnant lieu à instance judiciaire, le versement de l'allocation est suspendu par l'organisme payeur jusqu'à ce que la décision de justice rendue soit devenue définitive *(Décr. n° 2013-1180 du 17 déc. 2013, art. 1er-1°)* «, sauf lorsqu'une procédure de surendettement a été engagée devant la commission prévue à l'article L. 331-1 du code de la consommation ».

Art. R. 831-17 Lorsque par suite d'un défaut d'entretien imputable au bénéficiaire le logement cesse de remplir les conditions prévues à l'article L. 831-3, ou lorsque le bénéficiaire refuse de se soumettre au contrôle prévu à l'article L. 831-7, l'organisme ou service payeur peut suspendre le versement de l'allocation de logement après avertissement motivé adressé au bénéficiaire par lettre recommandée avec demande d'avis de réception.

Si, dans un délai qui ne peut être inférieur à trois mois, l'allocataire n'a pas procédé à la remise en état de son logement ou a persisté dans son refus de se soumettre au contrôle prévu par la loi, le versement des allocations est interrompu.

Art. R. 831-18 *(Décr. n° 2015-191 du 18 févr. 2015, art. 5)* Les organismes mentionnés au II de l'article L. 831-3 sont habilités, au vu de leur expertise professionnelle, par convention conclue avec l'organisme payeur. L'organisme payeur ne peut habiliter un organisme de droit privé que si celui-ci est en règle au regard de ses obligations fiscales et sociales et s'il n'a pas fait l'objet de condamnation pénale définitive en rapport avec son activité depuis au moins cinq ans. L'habilitation ne porte que sur les logements pour lesquels l'organisme payeur verse une allocation de logement. – *L'agrément déjà accordé, à la date de publication du Décr. n° 2015-191 du 18 févr. 2015, soit le 20 févr. 2015, par les organismes payeurs pour établir des constats de non-décence vaut habilitation au titre de l'art. R. 831-18 pour une durée de deux ans à compter de cette date (Décr. préc., art. 25-I, JO 20 févr.).*

Art. R. 831-19 *(Décr. n° 2015-191 du 18 févr. 2015, art. 6)* Si l'allocataire fait simultanément l'objet de la procédure de conservation de l'allocation de logement prévue aux II à IV de l'article L. 831-3 et de la procédure de bénéfice dérogatoire de l'allocation de logement prévue à l'article R. 831-13-1 lorsque le logement est surpeuplé au regard de sa superficie, les dispositions suivantes sont applicables :

1° Si le logement n'est toujours pas décent à l'expiration de la procédure de conservation de l'allocation de logement, cette dernière est suspendue, même si la période de bénéfice dérogatoire de l'allocation de logement au titre de l'article R. 831-13-1 n'est pas expirée ;

2° Si le logement est toujours surpeuplé au regard de sa superficie à l'expiration de la période de bénéfice dérogatoire de l'allocation de logement à ce titre, cette dernière est suspendue, même si la procédure de conservation de l'allocation de logement prévue aux II à IV de l'article L. 831-3 est toujours en cours.

Le bénéfice de l'allocation de logement au titre de l'article R. 831-13-1 ne fait pas obstacle à sa conservation par l'organisme payeur telle que prévue aux II à IV de l'article L. 831-3 pour les sommes dues pendant la période de conservation.

Dans tous les cas, l'organisme payeur informe le bailleur de la suspension de l'allocation de logement.

Art. R. 831-19-1 *(Décr. nº 2016-748 du 6 juin 2016, art. 16, en vigueur le 1er sept. 2016)* Si l'allocataire fait l'objet de la procédure relative à l'indécence du logement prévue au II de l'article L. 831-3 ou de celle relative au surpeuplement du logement prévue à l'article R. 831-13-1, l'allocation de logement est maintenue dès lors que l'allocataire fait également l'objet de la procédure relative aux impayés de dépense de logement prévue aux articles R. 831-21-1 et R. 831-25 jusqu'à l'achèvement de cette dernière.

Le maintien de l'allocation de logement ne fait pas obstacle à sa conservation par l'organisme payeur prévue à l'article L. 831-3 pour les sommes dues pendant la période de conservation. A l'achèvement de la procédure prévue aux articles R. 831-21-1 à R. 831-21-6, R. 831-25 et R. 831-26, si les conditions de peuplement et de décence ne sont toujours pas remplies et si les délais de la procédure prévue au II de l'article L. 831-3 ou de celle prévue à l'article R. 831-13-1 sont expirés, le versement de l'allocation de logement est suspendu.

Art. R. 831-20 *(Décr. nº 2000-97 du 3 févr. 2000, art. 7)* Les dispositions du présent chapitre relatives à la résidence principale ou qui comportent la prise en compte de ressources sont applicables dans les mêmes conditions au conjoint, au partenaire lié par un pacte civil de solidarité ou au concubin.

Art. R. 831-21 *(Décr. nº 2016-748 du 6 juin 2016, art. 17, en vigueur le 1er sept. 2016)* I. — Dans le secteur locatif, lorsque l'allocation de logement est versée à l'allocataire, l'impayé de dépense de logement, à savoir le loyer et, le cas échéant, les charges locatives, est constitué quand le locataire est débiteur à l'égard du bailleur d'une somme au moins égale à deux fois le montant mensuel brut du loyer hors charges. Lorsque le versement de l'allocation de logement est effectué entre les mains du bailleur, l'impayé de dépense de logement est constitué quand le locataire est débiteur à l'égard du bailleur d'une somme au moins égale à deux fois le montant mensuel net du loyer hors charges.

Le montant mensuel brut du loyer hors charges correspond au loyer hors charges figurant dans le bail. Le montant mensuel net du loyer hors charges correspond à ce même loyer, déduction faite du montant de l'allocation de logement.

II. — Dans le secteur de l'accession à la propriété :

1° Lorsque l'allocation de logement est versée à l'allocataire, l'impayé est constitué :

a) En cas de périodicité mensuelle du prêt, lorsque l'emprunteur est débiteur à l'égard de l'établissement habilité d'une somme au moins égale à deux échéances de prêt brutes ;

b) En cas de périodicité autre que mensuelle du prêt, lorsque l'emprunteur est débiteur à l'égard de l'établissement habilité d'une somme au moins égale à un sixième du total annuel des échéances de prêt brutes ;

2° Lorsque l'allocation de logement est versée directement auprès de l'établissement habilité, l'impayé est constitué :

— en cas de périodicité mensuelle du prêt, lorsque l'emprunteur est débiteur à l'égard de l'établissement habilité d'une somme au moins égale à deux échéances de prêt nettes ;

— en cas de périodicité autre que mensuelle, lorsque l'emprunteur est débiteur à l'égard de l'établissement habilité d'une somme au moins égale à un sixième du total annuel des échéances de prêt nettes.

L'échéance de prêt brute correspond à celle figurant dans le prêt et l'échéance de prêt nette correspond à cette même échéance, déduction faite de l'allocation de logement.

III. — Les redevances prévues en cas de contrat de location-accession et en cas d'hébergement en logement-foyer mentionné à l'article L. 633-1 du code de la construction et de l'habitation sont assimilées respectivement à un loyer ou à une échéance.

V. Arr. du 5 août 2016 relatif au maintien des aides personnelles au logement en cas d'impayés de dépense de logement d'un montant égal ou inférieur à cent euros (JO 12 août).

SECTION II DISPOSITIONS SPÉCIALES AUX LOCATAIRES

Art. R. 831-21-1 *(Décr. n° 2016-748 du 6 juin 2016, art. 18, en vigueur le 1er sept. 2016)* I. — 1° Lorsque l'allocataire ne règle pas la part de dépense de logement restant à sa charge, sa situation est soumise à l'organisme payeur par le bailleur ou l'établissement habilité percevant l'allocation de logement pour son compte, dans un délai de deux mois après la constitution de l'impayé défini à l'article R. 831-21, sauf si la somme due a été réglée entre-temps en totalité. Le bailleur ou l'établissement habilité doit porter la situation de l'allocataire défaillant à la connaissance de l'organisme payeur et justifier qu'il poursuit par tous les moyens possibles le recouvrement de sa créance. L'organisme payeur se saisit de toute situation d'impayé telle que définie à l'article R. 831-21 dont il a connaissance et qui ne lui a pas été signalée ;

2° Pour les allocataires en situation d'impayé de dépense de logement, l'organisme payeur informe la commission de coordination des actions de prévention des expulsions locatives et met en œuvre la procédure suivante :

Pour se prononcer sur le maintien de l'aide, l'organisme payeur choisit en fonction de la situation de l'allocataire :

a) Soit de renvoyer le dossier au bailleur afin que celui-ci établisse, dans un délai de six mois au plus, un plan d'apurement de la dette. L'organisme payeur maintient le versement de l'allocation de logement sous réserve de la reprise du paiement de la dépense courante de logement, du respect du plan d'apurement et de son approbation par l'organisme payeur. A défaut de réception du plan d'apurement dans le délai précité et après mise en demeure du bailleur, l'organisme payeur saisit un fonds de solidarité pour le logement mentionné à l'article 6 de la loi n° 90-449 du 31 mai 1990 qui dispose d'un délai maximum de trois mois pour établir un dispositif d'apurement. L'organisme payeur tient la commission de coordination des actions de prévention des expulsions locatives informée de l'évolution de la situation de l'allocataire. En cas de mauvaise exécution du plan ou du dispositif d'apurement ou de non-reprise du paiement de la dépense courante de logement, l'organisme payeur suspend le versement de l'allocation de logement sans préjudice des dispositions du IV ;

b) Soit de saisir directement un fonds de solidarité pour le logement prévu à l'article 6 de la loi n° 90-449 du 31 mai 1990 ou tout autre organisme à vocation analogue, en lui demandant de faire connaître son dispositif d'apurement dans un délai de six mois. L'organisme payeur informe la commission de coordination des actions de prévention des expulsions locatives de l'évolution de la situation de l'allocataire. Le bailleur est informé de cette saisine par l'organisme payeur. Il peut faire part de ses propositions au fonds ou à l'organisme susmentionné. Après réception du dispositif d'apurement, l'organisme payeur décide de maintenir le versement de l'allocation de logement sous réserve de la reprise du paiement de la dépense courante de logement. En cas de mauvaise exécution du plan ou du dispositif d'apurement, de refus de s'engager sur le dispositif d'apurement ou de non-reprise du paiement de la dépense courante de logement, l'organisme payeur suspend le versement de l'allocation de logement sans préjudice des dispositions du IV ;

c) Si le fonds de solidarité pour le logement mentionné à l'article 6 de la loi n° 90-449 du 31 mai 1990 ou un organisme à vocation analogue n'a pas fait connaître son dispositif dans les délais prévus au *a* ou au *b*, l'organisme payeur met en demeure l'allocataire de reprendre le paiement de la dépense courante de logement et d'apurer l'intégralité de sa dette en remboursant chaque mois au bailleur 1/36e de sa dette pendant trente-six mois à compter du mois suivant la mise en demeure. En cas de non-reprise du paiement de la dépense courante de logement ou de mauvaise exécution du plan ou du dispositif d'apurement, l'organisme payeur suspend le versement de l'allocation de logement sans préjudice des dispositions du IV ;

d) La bonne exécution du plan ou du dispositif d'apurement est vérifiée au moins tous les six mois par l'organisme payeur ;

e) Pour les impayés d'un montant égal ou inférieur à cent euros, l'organisme payeur peut proposer au bailleur et à l'allocataire de recourir à une procédure de traitement de l'impayé selon des modalités fixées par arrêté des ministres chargés de la sécurité sociale, de l'agriculture et du logement. Cet arrêté précise les conditions requises pour la mise en œuvre de cette procédure ainsi que le cadre dans lequel l'organisme payeur élabore un plan d'apurement.

Lorsque le plan d'apurement proposé par l'organisme payeur n'est pas approuvé par le bailleur et l'allocataire dans le délai imparti ou en cas de non-respect du plan d'apurement, cette procédure de traitement de l'impayé prend fin. Il est alors fait application de la procédure de droit commun, les délais fixés au *a* et au *b* du 2° du I ainsi que le délai de deux mois prévu au premier alinéa du I de l'article R. 831-21-4 étant divisés par deux ;

3° *a)* Si un fonds de solidarité pour le logement mentionné à l'article 6 de la loi n° 90-449 du 31 mai 1990 ou un organisme à vocation analogue a été saisi selon les modalités du même article, simultanément à l'organisme payeur, il en informe sans délai l'organisme payeur qui doit maintenir le versement de l'allocation de logement pour une durée de six mois à compter de cette saisine. A défaut de réception d'un dispositif d'apurement dans le délai précité, et après mise en demeure du fonds de solidarité pour le logement mentionné à l'article 6 de la loi n° 90-449 du 31 mai 1990 ou d'un organisme à vocation analogue, l'organisme payeur renvoie le dossier au bailleur afin de mettre en place un plan d'apurement dans un délai de trois mois à compter de la réception du dossier. Il en informe simultanément la commission de coordination des actions de prévention des expulsions locatives ;

b) A défaut de réception du plan d'apurement dans le délai de trois mois, l'organisme payeur met en demeure l'allocataire de reprendre immédiatement le paiement de la dépense courante de logement et d'apurer l'intégralité de sa dette en remboursant chaque mois au bailleur 1/36e de sa dette pendant trente-six mois ;

c) Pour chacune des situations mentionnées au *a* et au *b*, en cas de non-reprise du paiement de la dépense courante de logement ou de mauvaise exécution du plan ou du dispositif d'apurement, l'organisme payeur suspend le versement de l'allocation de logement.

II. — Si le bailleur ne signale pas l'impayé à l'organisme payeur dans le délai et les conditions mentionnés au 1° du I ou n'apporte pas les justifications prévues également au 1° du I, il pourra être fait application des dispositions de l'article L. 114-17.

III. — En cas de suspension du versement de l'allocation de logement, celle-ci peut donner lieu à récupération de l'indu.

IV. — Si l'allocataire s'acquitte du paiement de la dépense courante de logement, ou s'il se trouve dans une situation sociale difficile et qu'il s'acquitte du paiement de la moitié de la dépense courante de logement, déduction faite de l'allocation, l'organisme payeur peut décider du maintien du versement de l'allocation de logement, notamment pour tenir compte des recommandations de la commission de coordination des actions de prévention des expulsions locatives.

Cette possibilité est offerte pour les situations prévues par le présent article et par l'article R. 831-21-6.

V. — Pour l'application du II de l'article 24 de la loi n° 89-462 du 6 juillet 1989, la première information de la commission de coordination des actions de prévention des expulsions locatives vaut saisine.

Pour l'application de l'article 7-2 de la loi n° 90-449 du 31 mai 1990, la première information de la commission de coordination des actions de prévention des expulsions locatives vaut alerte.

VI. — Lorsque le juge décide d'un plan d'apurement, notamment dans le cas prévu au V de l'article 24 de la loi du 6 juillet 1989, l'aide est maintenue ou rétablie sous réserve du respect de ce plan d'apurement dans les conditions prévues aux IV et V de l'article R. 831-21-5.

Art. R. 831-21-2 (Abrogé par Décr. n° 2016-748 du 6 juin 2016, art. 19, à compter du 1er sept. 2016) (Décr. n° 86-563 du 14 mars 1986 ; Décr. n° 90-886 du 2 oct. 1990, art. 6) ***Au terme du plan d'apurement, le versement de l'allocation de logement à l'allocataire est repris si celui-ci est à jour vis-à-vis de son bailleur.***

Art. R. 831-21-3 (Abrogé par Décr. n° 2016-748 du 6 juin 2016, art. 19, à compter du 1er sept. 2016) (Décr. n° 95-1157 du 2 nov. 1995, art. 6-I) ***Il appartient à l'organisme payeur de décider du délai durant lequel l'allocation de logement peut être versée au bailleur***

ou au prêteur en application (Décr. n° 2013-140 du 14 févr. 2013, art. 1er-5°) *« du II de l'article R. 831-21 ».*

V. note ss. art. R. 831-7.

Art. R. 831-21-4 *(Décr. n° 2016-748 du 6 juin 2016, art. 20, en vigueur le 1er sept. 2016)* **I. — Dans le cas où l'allocataire perçoit directement l'allocation de logement et s'il se trouve en situation d'impayé au sens de l'article R. 831-21, sauf si le logement ne répond pas aux exigences prévues aux 1° et 2° du I de l'article L. 831-3, l'organisme payeur demande au bailleur d'indiquer, dans un délai de deux mois, s'il veut obtenir le versement entre ses mains de cette allocation en lieu et place de l'allocataire. Le silence du bailleur à l'expiration de ce délai vaut refus.**

En cas d'accord du bailleur, il y joint les renseignements relatifs au compte sur lequel il demande que soient effectués les versements.

A réception de l'accord, l'organisme payeur en informe l'allocataire et lui notifie son intention de procéder au versement de l'allocation au bailleur, sauf si l'allocataire justifie par tous moyens avoir soldé sa dette de dépense de logement avant l'expiration d'un délai de deux mois à compter de cette notification.

Le versement de l'allocation est effectué entre les mains du bailleur à compter de l'expiration du délai de deux mois. Ce versement est maintenu dans les conditions prévues à l'article R. 831-21-1 et aux articles R. 831-21-5 et R. 831-21-6.

Le délai de deux mois de réponse du bailleur est inclus dans les délais prévus à l'article R. 831-21-1.

II. — En cas de refus du bailleur de percevoir directement l'allocation ou lorsque le logement ne répond pas aux exigences prévues aux 1° et 2° du I de l'article L. 831-3, le versement de l'allocation est maintenu dans les conditions prévues aux articles R. 831-21-1, R. 831-21-5 et R. 831-21-6. Toutefois, s'il est fait application de la procédure prévue au deuxième alinéa du *a* du 2° du I de l'article R. 831-21-1, le délai de six mois accordé au bailleur pour mettre en place un plan d'apurement est réduit à deux mois à compter de la date du refus par le bailleur.

Art. R. 831-21-5 *(Décr. n° 2013-1180 du 17 déc. 2013, art. 1er-2°) (Décr. n° 2016-748 du 6 juin 2016, art. 21-1°, en vigueur le 1er sept. 2016)* **« I. — Lorsqu'une procédure de surendettement a été engagée devant la commission prévue à l'article L. 331-1 du code de la consommation, préalablement ou parallèlement à l'engagement des procédures prévues aux articles R. 831-21-1, R. 831-21-4 et R. 831-21-6 du présent code, le versement de l'allocation est maintenu pendant le délai prévu pour l'orientation du dossier de surendettement. »**

II. — Lorsque l'allocation est rétablie dans les conditions prévues à l'article L. 831-8, son versement est effectué entre les mains du bailleur, sauf dans les cas relevant du second alinéa de l'article R. 831-10 et sauf refus du bailleur.

III. — Dans le cas où, avant la décision déclarant la recevabilité prévue au premier alinéa de l'article L. 331-3-1 du code de la consommation *[art. abrogé, V. **C. consom.**, art. L. 722-2 à L. 722-5, L. 722-10, L. 722-11, L. 722-13 à L. 722-16]*, **l'allocation de logement était versée à l'allocataire, le refus ou l'acceptation du bailleur** *(Décr. n° 2016-748 du 6 juin 2016, art. 21-2°, en vigueur le 1er sept. 2016)* **« de percevoir l'allocation entre ses mains » est transmis à l'organisme payeur mentionné à l'article R. 834-14 du présent code dans un délai de quinze jours à compter de la notification de la possibilité de refus qui est adressée par l'organisme payeur au bailleur par tout moyen lui donnant date certaine.**

Lorsqu'une échéance de versement de l'allocation de logement intervient pendant ce délai, l'allocation de logement est rétablie par versement à l'allocataire jusqu'à la transmission à l'organisme payeur de l'acceptation du bailleur *(Décr. n° 2016-748 du 6 juin 2016, art. 21-2°, en vigueur le 1er sept. 2016)* **« de percevoir l'allocation entre ses mains ».**

Si le bailleur fait connaître à cet organisme son acceptation du versement entre ses mains de l'allocation, il joint à cette déclaration les renseignements relatifs au compte de dépôt de l'établissement de crédit ou au compte de paiement de l'établissement de paiement ou de l'établissement de monnaie électronique auprès duquel il demande que soient effectués les versements.

A défaut de transmission de la déclaration d'acceptation et des renseignements précités dans le délai de quinze jours, le bailleur est réputé refuser le versement de l'allocation de logement entre ses mains. Toutefois, si le bailleur fait connaître à l'organisme payeur son acceptation et lui communique les renseignements requis après l'expiration du délai précité, le versement est effectué entre ses mains à compter du mois suivant celui de la réception par l'organisme payeur de ces pièces.

IV. — Dans le cas où, avant la décision déclarant la recevabilité prévue au premier alinéa de l'article L. 331-3-1 du code de la consommation *[art. abrogé, V.* ***C. consom.****, art. L. 722-2 à L. 722-5, L. 722-10, L. 722-11, L. 722-13 à L. 722-16]*, l'allocation de logement était versée entre les mains du bailleur, le refus du bailleur est transmis à l'organisme payeur dans un délai de quinze jours à compter de la notification de cette décision au bailleur par la commission de surendettement. Le bailleur est préalablement informé par l'organisme payeur, au stade du versement initial de l'allocation entre ses mains intervenant en application de l'article L. 835-2 ou du II de l'article R. 831-11 du présent code, des conditions dans lesquelles il peut ainsi exprimer son refus à la suite de la déclaration de recevabilité.

A défaut de transmission à l'organisme payeur d'une déclaration de refus du bailleur dans le délai mentionné à l'alinéa précédent, le bailleur est réputé accepter le maintien du versement de l'allocation entre ses mains.

V. — Le versement de l'allocation est maintenu entre les mains du bailleur, sauf refus de ce dernier, dans les conditions prévues aux III et IV ci-dessus, jusqu'à la transmission par le bailleur à l'organisme payeur des notifications des plans, mesures ou jugements mettant fin à la procédure qui lui sont adressées par la commission de surendettement ou par le juge.

L'organisme payeur informe simultanément l'allocataire de chacune des étapes de la procédure qu'il engage auprès du bailleur et de ses conséquences.

VI. — A réception des plans, mesures ou jugements mettant fin à la procédure, l'organisme payeur maintient le versement de l'allocation de logement sous réserve de la reprise du paiement du loyer *(Décr. n° 2016-748 du 6 juin 2016, art. 21-3°, en vigueur le 1er sept. 2016)* « courant, ainsi que les charges locatives » et du respect des conditions prévues par la commission de surendettement, le plan conventionnel ou le juge. *(Décr. n° 2016-748 du 6 juin 2016, art. 21-3°, en vigueur le 1er sept. 2016)* « La bonne exécution du plan, de la mesure ou de la décision judiciaire est vérifiée tous les six mois par l'organisme payeur. Si la suspension de l'allocation a été mise en œuvre avant l'engagement de la procédure de surendettement, il décide, le cas échéant, des modalités de versement du rappel de l'allocation correspondant à la période de suspension. »

Art. R. 831-21-6 *(Décr. n° 2005-1164 du 13 sept. 2005, art. 2)* Pour le rétablissement du versement de l'allocation de logement, la signature du protocole d'accord, conclu en application de l'article L. 442-6-5 et du *(Décr. n° 2016-748 du 6 juin 2016, art. 22-1°, en vigueur le 1er sept. 2016)* « sixième » alinéa de l'article L. 442-8-2 du code de la construction et de l'habitation, est subordonnée à l'approbation préalable du plan d'apurement par l'organisme payeur.

L'organisme payeur fixe les modalités du versement du rappel de l'aide pendant la période comprise entre l'interruption du versement par l'organisme payeur et la signature du protocole.

Ces modalités doivent tenir compte de la situation financière du bénéficiaire et du plan de résorption de la dette établi avec le bailleur. A ce titre, l'organisme payeur décide du versement du rappel d'aide :

— soit en une seule fois si le montant du rappel ou de la dette *(Décr. n° 2016-748 du 6 juin 2016, art. 22-2°, en vigueur le 1er sept. 2016)* « est inférieur à quatre cent cinquante euros » ;

— soit par versements semestriels échelonnés sur la durée du plan d'apurement et sous réserve de sa bonne exécution. Dans ce cas, le premier versement est effectué trois mois après la reprise du paiement par l'occupant des échéances prévues par le protocole.

En cas de non-respect par l'occupant des engagements contenus dans le protocole, le bailleur est tenu d'en informer l'organisme payeur qui suspend le versement du rappel.

(Décr. n° 2016-748 du 6 juin 2016, art. 22-3°, en vigueur le 1er sept. 2016) « L'organisme payeur décide en fonction de la situation de l'allocataire le maintien de l'allocation de logement pendant une durée qui ne peut excéder trois mois pour permettre la négociation d'un nouveau plan d'apurement entre le bailleur et l'occupant. Ce nouveau plan d'apurement fait l'objet d'un avenant au protocole, la durée totale de ce dernier ne pouvant être supérieure à cinq ans.

« Si l'organisme payeur ne reçoit pas le plan d'apurement dans le délai précité, ou s'il ne l'approuve pas, l'organisme payeur met en demeure l'allocataire de reprendre le paiement de la dépense courante de logement et d'apurer l'intégralité de sa dette en remboursant chaque mois au bailleur 1/36e de sa dette pendant trente-six mois à compter de la mise en demeure.

« En cas de non-reprise du paiement de la dépense courante de logement ou de mauvaise exécution du plan d'apurement, l'organisme payeur suspend le versement de l'allocation de logement et les indus d'allocations correspondant aux dépenses de logement impayées donnent lieu à récupération. La bonne exécution du plan d'apurement est vérifiée au moins tous les six mois par l'organisme payeur.

« En cas de résiliation du bail, lorsque le juge a prononcé un commandement de quitter les lieux et fixé une indemnité d'occupation, et que l'occupant du logement s'acquitte de cette indemnité d'occupation, le versement de l'allocation est maintenu, dans les conditions du présent article, durant l'intégralité de la période où l'occupant s'acquitte de l'indemnité fixée et jusqu'à l'exécution du commandement de quitter les lieux. »

SECTION III DISPOSITIONS SPÉCIALES AUX ACCÉDANTS À LA PROPRIÉTÉ

Art. R. 831-22 L'allocation de logement est accordée au titre de la résidence principale :

1° Aux personnes propriétaires du logement pendant la période au cours de laquelle elles se libèrent de la dette contractée pour accéder à la propriété dudit logement et, le cas échéant, de celle contractée en même temps pour effectuer des travaux destinés à permettre l'ouverture du droit à l'allocation de logement ;

2° *(Décr. n° 2003-693 du 29 juill. 2003, art. 3-I, en vigueur le 1er août 2003)* « Aux personnes qui se libèrent d'une dette contractée en vue d'effectuer des travaux figurant sur la liste mentionnée à l'article R. 321-15 du code de la construction et de l'habitation ; »

3° Aux personnes qui ont souscrit un contrat de location-attribution ;

4° Aux personnes qui se libèrent d'une dette contractée en vue soit d'agrandir leur logement, soit d'aménager à usage de logement des locaux non destinés à l'habitation lorsque ces travaux répondent aux normes techniques imposées pour le bénéfice des *(Décr. n° 2003-693 du 29 juill. 2003, art. 3-II, en vigueur le 1er août 2003)* « prêts conventionnés mentionnés à l'article R. 331-63 du code de la construction et de l'habitation ».

Art. R. 831-23 Sont seuls pris en considération par les organismes payeurs pour le calcul de l'allocation de logement sous déduction des primes ou bonifications :

1° Les charges d'intérêts et d'amortissement et les charges accessoires au principal de la dette, afférentes aux emprunts contractés en vue de l'accession à la propriété d'un logement et qui ont fait, pour chacun d'entre eux, l'objet d'un certificat daté, notifié au demandeur par les organismes prêteurs précisant les modalités et la périodicité des paiements et présenté à l'appui de la demande d'allocation de logement. *(Abrogé par Décr. n° 2002-1564 du 23 déc. 2002, art. 2)* « *Le modèle de ce certificat est fixé par arrêté du ministre chargé de la sécurité sociale* » ;

2° *(Décr. n° 88-1111 du 12 déc. 1988, art. 42 ; Décr. n° 2000-749 du 1er août 2000, art. 5)* « Les charges d'intérêts et d'amortissements et les charges accessoires afférentes aux emprunts substitués à ceux qui sont mentionnés au 1° ci-dessus, dans la limite des sommes restant dues en capital sur le montant du premier prêt » ;

3° Les charges afférentes au paiement de tout ou partie du prix d'achat ou ayant pour objet de financer les dépenses indispensables à la délivrance du certificat de conformité dans les conditions prévues au 1° ci-dessus ;

4° Le versement des primes de l'assurance-vie contractée par le bénéficiaire en garantie de l'exécution des engagements souscrits.

Art. R. 831-24 Ne sont notamment pas pris en considération par les organismes payeurs de l'allocation de logement :

1° Les remboursements effectués par le bénéficiaire en anticipation des obligations résultant des contrats de prêts qu'il a souscrits ;

2° Abrogé par Décr. n° 2000-749 du 1er août 2000, art. 5, à compter des prestations dues au titre du mois de juillet 2000 ;

3° Les prêts constituant une obligation au porteur.

Toutefois, peuvent être pris en considération les prêts au logement consentis par les banques ou établissements financiers et en représentation desquels des billets à ordre ont été créés en vue d'une mobilisation éventuelle de la créance, dès lors que dans le contrat de prêt lui-même le créancier et le débiteur sont expressément désignés et que les paiements sont effectifs.

Art. R. 831-25 *(Décr. n° 2016-748 du 6 juin 2016, art. 23, en vigueur le 1er sept. 2016)* Lorsque l'allocataire accédant à la propriété se trouve en situation d'impayé au sens de l'article R. 831-21, le versement de l'allocation de logement est maintenu selon les dispositions prévues aux articles R. 831-21-1 et R. 831-21-4, l'établissement habilité étant substitué au bailleur, l'échéance de prêt au loyer et le comité responsable du plan local d'action pour le logement et l'hébergement des personnes défavorisées à la commission de coordination des actions de prévention des expulsions locatives.

Art. R. 831-26 *(Décr. n° 2013-1180 du 17 déc. 2013, art. 1er-3°)* Le I et le VI de l'article R. 831-21-5 sont applicables aux accédants à la propriété. L'échéance d'emprunt est assimilée au loyer.

CHAPITRE II CONDITIONS PARTICULIÈRES AUX PERSONNES ÂGÉES ET AUX PERSONNES ATTEINTES D'UNE INFIRMITÉ

Art. R. 832-1 *Abrogé par Décr. n° 2003-693 du 29 juill. 2003, art. 4 et 5, à compter du 1er août 2003.*

Art. R. 832-2 *(Décr. n° 91-356 du 12 avr. 1991, art. 3)* La condition de superficie prévue au premier alinéa de l'article R. 831-13-1 est réputée remplie en ce qui concerne les personnes qui occupent un logement aménagé de manière à constituer une unité d'habitation autonome et situé dans un foyer doté de services collectifs.

(Décr. n° 90-535 du 29 juin 1990, art. 1er) « Les dispositions des deuxième, troisième et quatrième alinéas de l'article R. 831-13-1 ne sont pas applicables aux personnes résidant dans une maison de retraite ou hébergées dans les unités et centres de long séjour relevant de » *(Décr. n° 2013-140 du 14 févr. 2013, art. 1er-7°)* « l'article L. 6111-1 du code de la santé publique », celles-ci doivent disposer d'une chambre d'au moins 9 mètres carrés pour une personne seule et de 16 mètres carrés pour deux personnes. Le droit à l'allocation de logement n'est pas ouvert si la chambre est occupée par plus de deux personnes. Les personnes ou les ménages bénéficiaires de l'allocation de logement et qui s'en trouveraient exclus par application des présentes normes continueront à en bénéficier, pour le même local, dans la limite des dérogations qui leur avaient été accordées avant le 1er juillet 1978.

(Décr. n° 2004-1538 du 30 déc. 2004, art. 4) « Les caractéristiques des locaux affectés aux personnes hébergées en application des articles L. 441-1 à *(Décr. n° 2013-140 du 14 févr. 2013, art. 1er-7°)* « L. 443-10 » du code de l'action sociale et des familles sont celles qui sont fixées par l'article R. 831-13 et par le premier alinéa de l'article R. 831-13-1 et sont compatibles avec les contraintes liées à l'âge ou au handicap de ces personnes. »

V. art. D. 832-1.

V. note ss. art. R. 831-7.

L'allocation de logement présente un caractère personnel. La circonstance qu'une surface minimale soit exigée pour l'occupation dans une maison de retraite d'une chambre pour deux personnes ne fait pas obstacle à ce que des époux occupant une chambre satisfaisant à la condition de surface puissent bénéficier chacun de cette allocation. • Soc. 9 mai 1996 : *RJS 1996, n° 724 ; D. 1996. IR 145.*

CHAPITRE III CONDITIONS PARTICULIÈRES AUX PERSONNES RÉSIDANT DANS DES LOGEMENTS-FOYERS DE JEUNES TRAVAILLEURS

Art. R. 833-1 et R. 833-2 *Abrogés par Décr. nº 93-835 du 3 juin 1993, art. 3.*

Art. R. 833-3 *Cet article est devenu l'art. R. 831-13-1, à compter de la mensualité due au titre de janvier 1991 (Décr. nº 91-356 du 12 avr. 1991, art. 3-I et 6).*

Art. R. 833-4 Les conditions prévues aux articles R. 831-1 et *(Décr. nº 91-356 du 12 avr. 1991, art. 3-V)* « R. 833-13-1 » sont réputées remplies lorsque le bénéficiaire occupe un des logements-foyers construits en application de la loi nº 57-908 du 7 août 1957, et notamment du § III de son article 12 relatif aux logements-foyers.

CHAPITRE III-1 CONDITIONS PARTICULIÈRES À CERTAINES CATÉGORIES DE DEMANDEURS D'EMPLOI

Art. R. 833-5 *Abrogé par Décr. nº 93-835 du 3 juin 1993, art. 3.*

Art. R. 833-6 *Abrogé par Décr. nº 91-356 du 12 avr. 1991, art. 3-VI.*

Art. R. 833-7 *Abrogé par Décr. nº 93-835 du 3 juin 1993, art. 3.*

Art. R. 833-7-1 *Abrogé par Décr. nº 91-356 du 12 avr. 1991, art. 3-VI.*

CHAPITRE III-2 CONDITIONS PARTICULIÈRES AUX PERSONNES BÉNÉFICIAIRES DE L'ALLOCATION DE REVENU MINIMUM D'INSERTION

Art. R. 833-8 *Abrogé par Décr. nº 91-356 du 12 avr. 1991, art. 3-VI.*

CHAPITRE IV FONDS NATIONAL D'AIDE AU LOGEMENT — DISPOSITIONS FINANCIÈRES

Art. R. 834-1 *(Décr. nº 2005-1777 du 30 déc. 2005)* « Le financement de l'allocation de logement prévue à l'article L. 831-1 est assuré par le Fonds national d'aide au logement mentionné à l'article L. 351-6 du code de la construction et de l'habitation selon les modalités précisées aux articles R. 351-33 à R. 351-45 du même code. »

(Décr. nº 95-1157 du 2 nov. 1995, art. 7) Le contentieux du recouvrement *(Décr. nº 2017-858 du 9 mai 2017, art. 6-2º, en vigueur le 1er janv. 2018)* « de la contribution » et celui du service des prestations sont de la compétence des organismes mentionnés respectivement aux articles R. 834-7 à R. 834-10 inclus et à l'article R. 834-14.

Art. R. 834-1-1 (Abrogé par Décr. nº 2017-858 du 9 mai 2017, art. 1er-7º, à compter du 1er janv. 2018) (Décr. nº 2009-775 du 23 juin 2009, art. 2) *Pour l'application des dispositions prévues à l'article L. 834-1, l'effectif de l'entreprise calculé au 31 décembre, tous établissements confondus, est égal à la moyenne des effectifs déterminés chaque mois de l'année civile.*

Pour la détermination des effectifs du mois, il est tenu compte des salariés titulaires d'un contrat de travail le dernier jour de chaque mois, y compris les salariés absents, conformément aux dispositions des articles L. 1111-2, L. 1111-3 et L. 1251-54 du code du travail.

Pour une entreprise créée en cours d'année, l'effectif est apprécié à la date de sa création. Au titre de l'année suivante, l'effectif de cette entreprise est apprécié dans les conditions définies aux deux alinéas précédents, en fonction de la moyenne des effectifs de chacun des mois d'existence de la première année.

Pour la détermination de la moyenne mentionnée aux premier et troisième alinéas, les mois au cours desquels aucun salarié n'est employé ne sont pas pris en compte.

SECTION PREMIÈRE ORGANISATION ET FONCTIONNEMENT DU FONDS

Art. R. 834-2 à R. 834-6 *Abrogés par Décr. nº 2005-1777 du 30 déc. 2005.*

SECTION II DISPOSITIONS FINANCIÈRES

SOUS-SECTION 1 RECOUVREMENT DES COTISATIONS

Art. R. 834-7 *(Décr. n° 2017-858 du 9 mai 2017, art. 6-1°, en vigueur le 1er janv. 2018)* **« La contribution relative à l'allocation logement » prévue aux articles L. 831-1 et suivants est due par toute personne physique ou morale employant un ou plusieurs salariés relevant soit des professions non agricoles, soit des professions agricoles.**

(Abrogé par Décr. n° 2017-858 du 9 mai 2017, art. 6-3°, à compter du 1er janv. 2018) ***« Cette cotisation est calculée sur les rémunérations versées aux travailleurs salariés ou assimilés dans la limite du plafond prévu pour la fixation du montant des cotisations d'accidents du travail, d'allocations familiales et d'assurance vieillesse. Le taux de cette cotisation est fixé à 0,10 % des rémunérations définies ci-dessus. »***

La *(Décr. n° 2017-858 du 9 mai 2017, art. 6-3°, en vigueur le 1er janv. 2018)* **« contribution » est, sous réserve des dispositions de l'article R. 834-9, recouvrée, pour le compte du Fonds national d'aide au logement** *(Décr. n° 2005-1777 du 30 déc. 2005)* **« mentionné à l'article L. 351-6 du code de la construction et de l'habitation », par les organismes ou services chargés du recouvrement des cotisations de sécurité sociale ou d'assurances sociales agricoles.**

Art. R. 834-8 **Les employeurs qui emploient du personnel relevant du régime général de sécurité sociale sont, sous réserve des dispositions de l'article R. 834-9, soumis, pour le versement de** *(Décr. n° 2017-858 du 9 mai 2017, art. 6-1°, en vigueur le 1er janv. 2018)* **« la contribution relative à l'allocation logement », aux règles applicables aux cotisations de sécurité sociale, pour tout ce qui concerne la liquidation, le paiement, le recouvrement, le contrôle et le contentieux.**

Art. R. 834-9 **Les employeurs qui emploient du personnel relevant d'un régime spécial de sécurité sociale mentionné à l'article L. 711-1 sont soumis aux règles suivantes :**

1° Dans le cas où les organismes de recouvrement des cotisations de sécurité sociale et d'allocations familiales assurent déjà le recouvrement de la part patronale de l'une des cotisations de sécurité sociale ou d'allocations familiales versées du chef de ces salariés, le recouvrement de *(Décr. n° 2017-858 du 9 mai 2017, art. 6-1°, en vigueur le 1er janv. 2018)* **« la contribution relative à l'allocation logement » incombe auxdits organismes. Les règles mentionnées à l'article R. 834-8, concernant les cotisations du régime général de sécurité sociale, sont alors applicables aux versements de** *(Décr. n° 2017-858 du 9 mai 2017, art. 6-1°, en vigueur le 1er janv. 2018)* **« la contribution relative à l'allocation logement » ;**

2° Dans les cas autres que ceux qui sont mentionnés au 1° ci-dessus, l'organisme ou service chargé du recouvrement de la cotisation patronale affectée à l'assurance maladie du régime spécial auquel sont assujettis le ou les salariés intéressés, assure également celui de *(Décr. n° 2017-858 du 9 mai 2017, art. 6-1°, en vigueur le 1er janv. 2018)* **« la contribution relative à l'allocation logement ». Cet organisme ou service applique au versement de cette** *(Décr. n° 2017-858 du 9 mai 2017, art. 6-1°, en vigueur le 1er janv. 2018)* **« contribution » les règles relatives aux cotisations d'assurance maladie qu'il recouvre pour les opérations de liquidation, de paiement, de recouvrement, de contrôle et de contentieux qui en résultent.**

Art. R. 834-10 **Les employeurs qui emploient du personnel relevant du régime des assurances sociales agricoles et qui sont assujettis de ce fait aux caisses de mutualité sociale agricole sont soumis, pour le versement de** *(Décr. n° 2017-858 du 9 mai 2017, art. 6-1°, en vigueur le 1er janv. 2018)* **« la contribution relative à l'allocation logement », aux règles applicables aux cotisations d'assurances sociales agricoles, pour tout ce qui concerne la liquidation, le paiement, le recouvrement, le contrôle et le contentieux.**

Art. R. 834-11 *(Décr. n° 2017-858 du 9 mai 2017, art. 6-5°, en vigueur le 1er janv. 2018)* **« La contribution relative à l'allocation logement est mise en recouvrement » en même temps et dans les mêmes conditions que les cotisations de sécurité sociale ou d'assurances sociales agricoles. Elle est exigible à la même date que lesdites cotisations et donne lieu, en cas de défaut de paiement dans les délais prescrits, aux majorations de retard.**

Ces majorations peuvent faire l'objet d'une remise dans les mêmes conditions que celles qui s'appliquent aux cotisations de sécurité sociale ou d'assurances sociales agricoles.

Art. R. 834-12 Lorsque le règlement d'un redevable est inférieur à sa dette globale, le montant de ce règlement est affecté, par priorité, aux cotisations de sécurité sociale ou d'assurances sociales agricoles.

Art. R. 834-13 *(Décr. n° 2008-1502 du 30 déc. 2008)* « Au plus tard à la fin du premier trimestre de chaque année, l'Agence centrale des organismes de sécurité sociale fait connaître au Fonds national d'aide au logement mentionné à l'article L. 351-6 du code de la construction et de l'habitation :

« 1° Après déduction d'une retenue pour frais de recouvrement, le montant du produit effectivement encaissé durant l'année précédente et le montant prévisionnel du produit attendu pour l'année au titre des prélèvements mis à la charge des employeurs mentionnés au *b* de l'article L. 351-7 du code de la construction et de l'habitation ;

« 2° Le montant du produit effectivement encaissé durant l'année précédente et le montant prévisionnel du produit attendu pour l'année au titre des recettes mentionnées au *d* de l'article L. 351-7 du code de la construction et de l'habitation.

« Dans les mêmes délais, la Caisse centrale de la mutualité sociale agricole fait connaître au Fonds national d'aide au logement le montant du produit effectivement encaissé durant l'année précédente, après déduction d'une retenue pour frais de recouvrement, et le montant prévisionnel du produit attendu pour l'année au titre des prélèvements mis à la charge des employeurs relevant du régime agricole mentionnés au b de l'article L. 351-7 du code de la construction et de l'habitation. »

La retenue pour frais de recouvrement *(Décr. n° 2008-1502 du 30 déc. 2008)* « prévue aux deuxième et quatrième alinéas » est fixée, de façon à couvrir les dépenses assumées par chaque organisme, par un arrêté conjoint du ministre chargé de la sécurité sociale, du ministre chargé du logement, du ministre chargé de l'agriculture et du ministre chargé du budget. — *Retenue fixée à 0,60 % (Arr. du 7 oct. 1980, JONC 28 oct.), mod. par Arr. du 23 sept. 1992 (JO 24 sept.).*

Art. R. 834-13-1 (Abrogé par Décr. n° 2017-858 du 9 mai 2017, art. 6-6°, à compter du 1er janv. 2018) (Décr. n° 86-838 du 16 juill. 1986, art. 47) ***Les articles R. 834-7 (dernier alinéa), R. 834-8, R. 834-9, R. 834-11, R. 834-12 et R. 834-13 sont applicables pour le recouvrement de la contribution prévue au 2° du deuxième alinéa de l'article L. 834-1.***

SOUS-SECTION 2 PAIEMENT DES PRESTATIONS

Art. R. 834-14 *(Décr. n° 87-206 du 27 mars 1987, art. 21-III)* « La liquidation et le service de l'allocation de logement prévus aux articles L. 831-1 et suivants », ainsi que le service de ces prestations sont assurés par les caisses d'allocations familiales, sous réserve *(Décr. n° 92-662 du 13 juill. 1992, art. 3 et 4)* « de l'alinéa suivant ».

Lorsqu'une caisse de mutualité sociale agricole est compétente pour verser à un allocataire les prestations familiales dont il bénéficie ou serait susceptible de bénéficier, la liquidation du droit et le service des prestations sont assurés par cet organisme.

Al. 3 et 4 abrogés par Décr. n° 92-662 du 13 juill. 1992, art. 3 et 4, à compter du 1er janv. 1993.

Dans les cas prévus aux premier et deuxième alinéas ci-dessus, les dépenses de prestations ainsi que les frais administratifs s'y rapportant sont centralisés respectivement par la Caisse nationale des allocations familiales ou par la *(Décr. n° 2013-140 du 14 févr. 2013, art. 1er-8°)* « caisse centrale de la mutualité sociale agricole ».

V. note ss. art. R. 831-7.

Art. R. 834-15 *Abrogé par Décr. n° 2005-1777 du 30 déc. 2005.*

Art. R. 834-16 L'Agence centrale des organismes de sécurité sociale met à la disposition des caisses d'allocations familiales les fonds nécessaires au paiement des prestations prévues aux articles L. 831-1 et suivants dans les conditions prévues en matière de dépenses de sécurité sociale par les dispositions relatives à la gestion commune de la trésorerie des organismes de sécurité sociale.

En ce qui concerne les caisses de mutualité sociale agricole, les fonds nécessaires au service des prestations qu'elles assurent en application des articles L. 831-1 et suivants sont mis à leur disposition par la caisse centrale d'allocations familiales mutuelles agricoles.

Al. abrogés par Décr. n° 2005-1777 du 30 déc. 2005.

Art. R. 834-16-1 et R. 834-17 *Abrogés par Décr. n° 2005-1777 du 30 déc. 2005.*

Art. R. 834-18 *(Décr. n° 87-206 du 27 mars 1987, art. 21-I)* « Les frais entraînés par le service de l'allocation de logement » sont remboursés dans les conditions précisées au deuxième alinéa de l'article R. 834-13. *— V. Arr. du 7 oct. 1980 (JONC 28 oct.), mod. par Arr. du 23 sept. 1992 (JO 24 sept.).*

CHAPITRE V DISPOSITIONS DIVERSES — DISPOSITIONS D'APPLICATION

Art. R. 835-1 Le décret en Conseil d'État prévu à l'article L. 835-7 est pris sur le rapport du ministre chargé de la sécurité sociale, du ministre chargé du budget, du ministre chargé du logement et du ministre chargé de l'agriculture.

TITRE IV PRIME D'ACTIVITÉ

(Décr. n° 2015-1709 du 21 déc. 2015, art. 1er-I, en vigueur le 1er janv. 2016)

Le présent titre quatrième est applicable à Saint-Pierre-et-Miquelon, sous réserve des adaptations suivantes :

1° Le I et le III de l'art. R. 844-4 ne sont pas applicables et la référence : « II. — » est supprimée ;

2° Les 5°, 7° et 8° de l'art. R. 844-5 ne sont pas applicables ;

3° A l'art. R. 846-6, les mots : « les caisses de mutualité sociale agricole assurent » sont remplacés par les mots : « la caisse de prévoyance sociale de Saint-Pierre-et-Miquelon assure » et les mots : « , sauf si des prestations familiales sont versées à l'une ou l'autre par une caisse d'allocations familiales » sont supprimés ;

4° L'art. R. 846-9 est complété par les mots : « ainsi que, le cas échéant, par la caisse de prévoyance sociale de Saint-Pierre-et-Miquelon » (Décr. n° 2015-1709 du 21 déc. 2015, art. 4-II).

CHAPITRE PREMIER DISPOSITIONS GÉNÉRALES

Néant.

CHAPITRE II CONDITIONS D'OUVERTURE DU DROIT

Art. R. 842-1 Pour l'application de l'article L. 842-1, est considérée comme résidant en France de manière stable et effective la personne qui y réside de façon permanente ou qui accomplit hors de France un ou plusieurs séjours dont la durée de date à date ou la durée totale par année civile n'excède pas trois mois. Les séjours hors de France qui résultent des contrats mentionnés aux articles L. 262-34 ou L. 262-35 du code de l'action sociale et des familles ou du projet personnalisé d'accès à l'emploi mentionné à l'article L. 5411-6-1 du code du travail ne sont pas pris en compte dans le calcul de cette durée.

Art. R. 842-2 Les conditions mentionnées aux articles L. 842-1 et L. 842-2 doivent être remplies par le bénéficiaire de la prime d'activité et son conjoint, concubin ou partenaire lié par un pacte civil de solidarité :

1° Chaque mois civil au cours du trimestre précédant l'examen ou la révision du droit à la prime d'activité ; et

2° Le mois du droit.

Toutefois, l'alinéa précédent n'est pas applicable aux conditions mentionnées aux 1°, 3° et 5° de l'article L. 842-2.

Art. R. 842-3 Le foyer mentionné au 1° de l'article L. 842-3 est composé :

1° Du bénéficiaire ;

2° De son conjoint, concubin, ou partenaire lié par un pacte civil de solidarité ; et

3° Des enfants et personnes à charge remplissant les deux conditions suivantes :

a) Ouvrir droit aux prestations familiales ou avoir moins de vingt-cinq ans et être à la charge effective et permanente du bénéficiaire ou de son conjoint, concubin ou partenaire lié par un pacte civil de solidarité à condition, en cas d'arrivée au foyer après le dix-septième anniversaire, d'avoir avec le bénéficiaire ou son conjoint, son concubin ou son partenaire lié par un pacte civil de solidarité un lien de parenté jusqu'au quatrième degré inclus ;

b) Ne pas bénéficier ou avoir bénéficié, au cours de l'année civile de droit, de la prime d'activité en tant que bénéficiaire ou conjoint, concubin ou partenaire lié par un pacte civil de solidarité d'un bénéficiaire.

Art. R. 842-4 Lorsqu'il n'est pas tenu compte, pour la détermination du foyer bénéficiaire, du conjoint, concubin ou partenaire lié par un pacte civil de solidarité parce qu'il ne remplit pas une ou plusieurs des conditions mentionnées aux articles L. 842-1 et L. 842-2 ses ressources au sens de l'article L. 842-4 sont prises en compte, et ses revenus professionnels sont assimilés à des revenus de remplacement mentionnés au 2° de l'article L. 842-4.

Art. R. 842-5 La durée maximale pendant laquelle le montant forfaitaire est majoré conformément à l'article L. 842-7 est de douze mois. Pour bénéficier de la majoration, la personne concernée doit présenter la demande dans un délai de six mois *(Décr. n° 2017-122 du 1er févr. 2017, art. 2-2°)* « soit à compter de la date à laquelle une personne isolée commence à assumer la charge effective et permanente d'un enfant ou, pour les femmes enceintes, à la date de la déclaration de grossesse, soit à compter de la date à laquelle une personne ayant un ou plusieurs enfants doit, du fait qu'elle devient isolée, en assumer désormais la charge effective et permanente ». Au-delà de ce délai, la durée de service de l'allocation majorée est réduite à due proportion.

Toutefois, cette durée de douze mois est prolongée jusqu'à ce que le plus jeune enfant à charge ait atteint l'âge de trois ans. Cette disposition s'applique même si le parent isolé n'a assumé la charge de l'enfant qu'après la date à laquelle les conditions d'ouverture du droit à l'allocation ont été réunies.

CHAPITRE III **DÉTERMINATION DE LA PRIME D'ACTIVITÉ**

Art. R. 843-1 I. — Le montant dû au foyer bénéficiaire de la prime d'activité est égal à la moyenne des primes calculées conformément à l'article L. 842-3 pour chacun des trois mois précédant l'examen ou le réexamen périodique du droit.

II. — Pour chacun des trois mois mentionnés au I, la composition du foyer et la situation d'isolement mentionnée à l'article L. 842-7 retenues pour la détermination du montant forfaitaire sont celles du foyer au dernier jour du mois considéré, sous réserve des dispositions des 1° et 2° ci-dessous :

1° Il n'est pas tenu compte pour le calcul de la prime d'activité, de l'ancien conjoint, concubin, ou partenaire lié par un pacte civil de solidarité du bénéficiaire, ni de ses ressources, lorsque celui-ci n'appartient plus au foyer lors du dépôt de la demande ou lors du réexamen périodique mentionné à l'article L. 843-4 ;

2° Le conjoint, concubin ou partenaire lié par un pacte civil de solidarité du bénéficiaire lors du dépôt de la demande ou lors du réexamen périodique est réputé avoir appartenu au foyer tout au long des trois mois précédents.

III. — Pour chacun des trois mois mentionnés au I, les ressources prises en compte pour le calcul de la prime d'activité sont celles perçues au cours du mois considéré. Toutefois, les revenus imposables mentionnés au 5° de l'article L. 842-4 pris en compte sont égaux au douzième de ceux de l'avant-dernière année civile précédant celle du mois étudié.

Art. R. 843-2 *(Décr. n° 2017-122 du 1er févr. 2017, art. 2-3°, en vigueur le 1er janv. 2017)* En application de l'article L. 843-4, le montant de la prime d'activité est révisé lorsque les conditions mentionnées à l'article L. 842-7 sont remplies. La modification des droits prend effet à compter du premier jour du mois civil au cours duquel s'est produit l'événement modifiant la situation de l'intéressé.

CHAPITRE IV RESSOURCES PRISES EN COMPTE POUR LA PRIME D'ACTIVITÉ

Art. R. 844-1 Ont le caractère de revenus professionnels ou en tiennent lieu en application du 1° de l'article L. 842-4 :

1° L'ensemble des revenus tirés d'une activité salariée ou non salariée ;

2° Les revenus tirés de stages de formation professionnelle ;

3° La rémunération perçue dans le cadre d'un volontariat dans les armées mentionné à l'article L. 4132-11 du code de la défense ;

4° L'aide légale ou conventionnelle aux salariés en chômage partiel ;

5° Les indemnités perçues à l'occasion des congés légaux de maternité, de paternité ou d'adoption ;

6° Les indemnités journalières de sécurité sociale de base et complémentaires, perçues en cas d'incapacité physique médicalement constatée de continuer ou de reprendre le travail, d'accident du travail ou de maladie professionnelle pendant une durée qui ne peut excéder trois mois à compter de l'arrêt de travail ;

7° La rémunération garantie perçue par les travailleurs handicapés admis dans un établissement ou un service d'aide par le travail ;

8° La rémunération perçue dans le cadre d'une action ayant pour objet l'adaptation à la vie active, prévue à l'article R. 345-3 du code de l'action sociale et des familles ;

9° Les sommes perçues au titre du dédommagement par l'aidant familial tel que défini à l'article R. 245-7 du code de l'action sociale et des familles ;

10° Les sommes perçues au titre de leur participation à un travail destiné à leur insertion sociale par les personnes accueillies dans les organismes d'accueil communautaire et d'activités solidaires mentionnés à l'article L. 265-1 du code de l'action sociale et des familles.

Art. R. 844-2 Ont le caractère de revenus de remplacement en application du 2° de l'article L. 842-4 :

1° Les avantages de vieillesse ou d'invalidité relevant d'un régime obligatoire législatif ou conventionnel ;

2° Les allocations versées aux travailleurs involontairement privés d'emploi en application du titre II du livre IV de la cinquième partie du code du travail ainsi que de l'article L. 1233-68 du même code ;

3° Les allocations de cessation anticipée d'activité prévue à l'article 41 de la loi n° 98-1194 du 23 décembre 1998 de financement de la sécurité sociale pour 1999 ;

4° Les indemnités journalières de sécurité sociale de base et complémentaires, perçues au-delà de trois mois après l'arrêt de travail en cas d'incapacité physique médicalement constatée de continuer ou de reprendre le travail, d'accident du travail ou de maladie professionnelle ;

5° La prestation compensatoire mentionnée à l'article 270 du code civil ;

6° Les pensions alimentaires *(Décr. n° 2017-122 du 1er févr. 2017, art. 2-4°)* « ou rentes fixées sur le fondement des articles 205, 212, 276 et 371-2 du code civil ;

« 7° Les rentes allouées aux victimes d'accidents du travail et de maladies professionnelles mentionnées au livre IV du présent code. »

Art. R. 844-3 L'avantage en nature procuré par un logement occupé soit par son propriétaire ne bénéficiant pas d'aide personnelle au logement, soit, à titre gratuit, par les membres du foyer, est évalué mensuellement et de manière forfaitaire :

1° A 12 % du montant forfaitaire mentionné au 1° de l'article L. 842-3 applicable à un foyer composé d'une seule personne ;

2° A 16 % du montant forfaitaire calculé pour deux personnes lorsque le foyer se compose de deux personnes ;

3° A 16,5 % du montant forfaitaire calculé pour trois personnes lorsque le foyer se compose de trois personnes ou plus.

Les avantages en nature procurés par un jardin exploité à usage privatif ne sont pas pris en compte.

Art. R. 844-4 I. – Les aides personnelles au logement prévues aux articles L. 542-1 et L. 831-1 du présent code et à l'article L. 351-1 du code de la construction et de l'habitation sont incluses dans les ressources, dans la limite d'un forfait calculé selon les modalités fixées aux 1°, 2° et 3° de l'article R. 844-3.

Cependant, lorsque les personnes autres que le bénéficiaire mentionnées aux 2° et 3° de l'article R. 844-3 ne sont pas prises en compte pour l'attribution des aides personnelles au logement, elles sont exclues du calcul de ce forfait.

II. – Le complément familial majoré, mentionné à l'article L. 522-3, est pris en compte pour la détermination du montant de prime d'activité, à hauteur d'un forfait égal à 41,65 % de la base mensuelle de calcul des allocations familiales déterminée en application de l'article L. 551-1.

III. – L'allocation de soutien familial mentionnée à l'article L. 523-1 est prise en compte pour la détermination du montant de prime d'activité, dans la limite d'un forfait égal à :

1° 30 % de la base mensuelle de calcul des allocations familiales déterminée en application de l'article L. 551-1 pour chaque enfant mentionné au 1° de l'article L. 523-3 ;

2° 22,5 % de la base mensuelle de calcul des allocations familiales déterminée en application de l'article L. 551-1 pour chaque enfant mentionné au 2° de l'article L. 523-3.

Art. R. 844-5 Sont exclues des ressources prises en compte pour le calcul de la prime d'activité les prestations et aides sociales suivantes :

1° La prime à la naissance ou à l'adoption mentionnée à l'article L. 531-2 ;

2° L'allocation de base mentionnée à l'article L. 531-3 jusqu'au dernier jour du mois civil au cours duquel l'enfant atteint l'âge de trois mois lorsqu'elle est versée aux bénéficiaires dans les situations mentionnées à l'article L. 842-7 ;

3° La majoration pour âge des allocations familiales mentionnée à l'article L. 521-3 ainsi que l'allocation forfaitaire instituée par le second alinéa de l'article L. 521-1 ;

4° L'allocation de rentrée scolaire mentionnée à l'article L. 543-1 ;

5° Le complément de libre choix du mode de garde mentionné aux articles L. 531-5 à L. 531-9 ;

6° L'allocation d'éducation de l'enfant handicapé et ses compléments mentionnés à l'article L. 541-1, la majoration spécifique pour personne isolée mentionnée à l'article L. 541-4 ;

7° L'allocation journalière de présence parentale mentionnée à l'article L. 544-1 du présent code ;

8° Les primes de déménagement prévues par les articles L. 542-8 du présent code et L. 351-5 du code de la construction et de l'habitation ;

9° La prestation de compensation mentionnée à l'article L. 245-1 du code de l'action sociale et des familles pour l'ensemble des éléments visés à l'article L. 245-3 du même code ;

10° L'allocation compensatrice prévue au chapitre V du titre IV du livre II du code de l'action sociale et des familles dans sa rédaction antérieure à la loi n° 2005-102 du 11 février 2005 pour l'égalité des droits et des chances, la participation et la citoyenneté des personnes handicapées, lorsque l'une ou l'autre sert à rémunérer un tiers ne faisant pas partie du foyer du bénéficiaire de la prime d'activité ;

11° Les prestations en nature dues au titre des assurances maladie, maternité, accidents du travail et maladies professionnelles ou au titre de l'aide médicale de l'État ;

12° L'allocation de remplacement pour maternité prévue par les articles L. 613-19-1 et L. 722-8-1 du présent code et L. 732-10 du code rural et de la pêche maritime ;

13° La prime de rééducation et le prêt d'honneur mentionnés à l'article R. 432-10 ;

14° Les aides et secours financiers dont le montant ou la périodicité n'ont pas de caractère régulier ainsi que des aides et secours affectés à des dépenses concourant à l'insertion du bénéficiaire et de sa famille, notamment dans les domaines du logement, des transports, de l'éducation et de la formation ;

15° La prime de retour à l'emploi et de l'aide personnalisée de retour à l'emploi mentionnées respectivement aux articles L. 5133-1 et L. 5133-8 du code du travail ainsi que l'allocation mentionnée à l'article L. 5131-6 du même code ;

16° Les bourses d'études ainsi que l'allocation pour la diversité dans la fonction publique ;

17° Les frais funéraires mentionnés à l'article L. 435-1 ;

18° Le capital décès servi par un régime de sécurité sociale ;

19° L'allocation du fonds de solidarité en faveur des anciens combattants d'Afrique du Nord prévue à l'article 125 de la loi n° 91-1322 du 30 décembre 1991 de finances pour 1992 ;

20° L'aide spécifique en faveur des conjoints survivants de nationalité française des membres des formations supplétives et assimilés, mentionnée aux premier et troisième alinéas de l'article 10 de la loi n° 94-488 du 11 juin 1994 relative aux rapatriés, anciens membres des formations supplétives et assimilés ou victimes de la captivité en Algérie ;

21° L'allocation de reconnaissance instituée par l'article 47 de la loi n° 99-1173 du 30 décembre 1999 de finances rectificative pour 1999 ;

22° Les mesures de réparation mentionnées à l'article 2 du décret n° 2000-657 du 13 juillet 2000 instituant une mesure de réparation pour les orphelins dont les parents ont été victimes de persécutions antisémites ;

23° Les mesures de réparation mentionnées à l'article 2 du décret n° 2004-751 du 27 juillet 2004 instituant une aide financière en reconnaissance des souffrances endurées par les orphelins dont les parents ont été victimes d'actes de barbarie durant la Deuxième Guerre mondiale ;

24° Le revenu de solidarité prévu à l'article L. 522-14 du code de l'action sociale et des familles ;

25° Le revenu de solidarité active prévu à l'article L. 262-1 du code de l'action sociale et des familles ;

26° Les gratifications perçues dans le cadre de stages effectués en application de l'article L. 124-1 du code de l'éducation.

CHAPITRE V DISPOSITIONS PROPRES AUX NON-SALARIÉS

Art. R. 845-1 Les revenus professionnels soumis à l'impôt sur le revenu dans la catégorie des bénéfices agricoles s'entendent des bénéfices de l'avant-dernière année précédant celle au cours de laquelle le droit à l'allocation est examiné ou révisé, ou ceux de la dernière année s'ils sont connus, pourvu qu'ils correspondent à une année complète d'activité.

(Décr. n° 2017-811 du 5 mai 2017, art. 2-1°, en vigueur le 1er juill. 2017) « Les revenus professionnels pris en compte pour le calcul de la prime d'activité sont égaux au douzième des revenus annuels fixés en application de l'alinéa précédent ;

« Lorsque les bénéfices n'ont pas été imposés, ou ne correspondent pas à une année complète d'activité, les revenus professionnels sont calculés par l'organisme chargé du service de la prime d'activité en appliquant au tiers du total des recettes du trimestre précédant l'examen ou la révision du droit, un abattement dont le taux correspond à celui qui est mentionné au deuxième alinéa de l'article 64 *bis* du code général des impôts.

« Le calcul prévu à l'alinéa précédent est également applicable aux travailleurs indépendants qui en font la demande, dès lors que le total des recettes des douze derniers mois n'excède pas le montant fixé au I de l'article 69 du code général des impôts.

« Cette demande peut être faite à tout moment et est valable pour les trimestres de l'année civile en cours dont le total des recettes trimestrielles déclaré n'excède pas le quart du montant fixé au I de l'article 69 du même code. Elle est tacitement reconduite sauf demande contraire du bénéficiaire.

« Si le travailleur indépendant demande également le bénéfice du revenu de solidarité active mentionné à l'article L. 262-1 du code de l'action sociale et des familles, cette demande porte sur le même mode de calcul pour la détermination et le calcul du revenu de solidarité active. Elle peut dans ce cas être accueillie sous réserve d'un accord du président du conseil départemental en tant qu'elle porte sur le calcul du revenu de solidarité active. »

Pour l'application des art. R. 845-1 et R. 845-2, dans leur rédaction issue du Décr. n° 2017-811 du 5 mai 2017, à Saint-Barthélemy, Saint-Martin et Saint-Pierre-et-Miquelon, les références au CGI sont remplacées par les références aux dispositions ayant le même objet applicables localement (Décr. préc., art. 3-II).

Art. R. 845-2 Les revenus professionnels soumis à l'impôt sur le revenu dans la catégorie des bénéfices industriels et commerciaux et des bénéfices non commerciaux s'entendent des bénéfices de l'avant-dernière année précédant celle au cours de laquelle le droit à l'allocation est examiné ou révisé, ou ceux de la dernière année s'ils sont connus, pourvu qu'ils correspondent à une année complète d'activité.

Les revenus professionnels pris en compte pour le calcul de la prime d'activité sont égaux au douzième des revenus annuels fixés en application de l'alinéa précédent.

Lorsque les bénéfices n'ont pas été imposés, ou ne correspondent pas à une année complète d'activité, et pour les travailleurs indépendants ayant opté pour le régime prévu à l'article L. 133-6-8 *(Décr. n° 2017-122 du 1er févr. 2017, art. 2-5°)* « , les personnes mentionnées à l'article L. 382-3 et les personnes mentionnées à l'article L. 382-15 dont le traitement n'est pas imposé à l'impôt sur le revenu dans la catégorie des traitements et salaires », les revenus professionnels sont calculés par l'organisme chargé du service de la prime d'activité en appliquant au tiers du montant du chiffre d'affaires ou du total des recettes du trimestre précédant l'examen ou la révision du droit, un abattement dont le taux correspond à celui qui est mentionné aux articles 50-0 et 102 *ter* du code général des impôts pour chaque catégorie d'activité mentionnée auxdits articles.

(Décr. n° 2017-811 du 5 mai 2017, art. 2-2°, en vigueur le 1er juill. 2017) « Le calcul prévu à l'alinéa précédent est également applicable aux travailleurs indépendants qui en font la demande, dès lors que le chiffre d'affaires des douze derniers mois n'excède pas, selon la nature de l'activité exercée, les montants fixés aux articles 50-0 et 102 *ter* du code général des impôts.

« Cette demande peut être faite à tout moment et est valable pour les trimestres de l'année civile en cours dont le chiffre d'affaires trimestriel déclaré n'excède pas, selon la nature de l'activité exercée, le quart des montants fixés aux mêmes articles. Elle est tacitement reconduite sauf demande contraire du bénéficiaire.

« Si le travailleur indépendant demande également le bénéfice du revenu de solidarité active mentionné à l'article L. 262-1 du code de l'action sociale et des familles, cette demande porte sur le même mode de calcul pour la détermination et le calcul du revenu de solidarité active. Elle peut dans ce cas être accueillie sous réserve d'un accord du président du conseil départemental en tant qu'elle porte sur le calcul du revenu de solidarité active. »

V. note ss. art. R. 845-1.

Art. R. 845-3 Pour les personnes mentionnées à l'article 62 du code général des impôts, les revenus perçus s'entendent des rémunérations avant déduction pour frais professionnels.

CHAPITRE VI ATTRIBUTION, SERVICE ET FINANCEMENT DE LA PRESTATION

Art. R. 846-1 La demande du bénéfice de la prime d'activité est réalisée par téléservice. Elle peut également être réalisée par le dépôt d'un formulaire auprès de l'organisme chargé de son service.

La déclaration de l'exercice, de la prise ou de la reprise d'une activité professionnelle par un bénéficiaire du revenu de solidarité active vaut demande du bénéfice de la prime d'activité.

Art. R. 846-2 L'allocation est due à compter du premier jour du mois civil au cours duquel la demande a été déposée conformément à l'article R. 846-1.

Art. R. 846-3 La prime d'activité est versée mensuellement à terme échu.

Art. R. 846-4 Lorsque, au sein du foyer, un des membres ou son conjoint, partenaire lié par un pacte civil de solidarité ou concubin est déjà allocataire au titre des prestations familiales ou du revenu de solidarité active, il est également l'allocataire au titre de la prime d'activité.

Dans le cas contraire, l'allocataire est celui qu'ils désignent d'un commun accord. Ce droit d'option peut être exercé à tout moment. L'option ne peut être remise en cause qu'au bout d'un an, sauf changement de situation. Si ce droit d'option n'est pas exercé, l'allocataire est celui qui a déposé la demande d'allocation.

Art. R. 846-5 Le bénéficiaire de la prime d'activité est tenu de faire connaître à l'organisme chargé du service de la prestation toutes informations nécessaires à l'établissement et au calcul des droits, relatives à sa résidence, à sa situation de famille, aux activités, aux ressources et aux biens des membres du foyer. Il doit faire connaître à cet organisme tout changement intervenu dans l'un ou l'autre de ces éléments.

Art. R. 846-6 Les caisses de mutualité sociale agricole assurent le service de la prime d'activité :

1° Lorsque le bénéficiaire, son conjoint, son partenaire lié par un pacte civil de solidarité ou son concubin relève du régime des non-salariés des professions agricoles ;

2° Lorsque le bénéficiaire, son conjoint, son partenaire lié par un pacte civil de solidarité ou son concubin est salarié agricole, chef d'exploitation ou d'entreprise agricole ou artisan rural, sauf si des prestations familiales sont versées à l'un ou à l'autre par une caisse d'allocations familiales.

Art. R. 846-7 Si un bénéficiaire qui n'a ni conjoint, ni partenaire lié par un pacte civil de solidarité, ni concubin, ni personne à charge est hospitalisé dans un établissement de santé, en bénéficiant d'une prise en charge par l'assurance maladie, le montant de sa prime calculé lors de la deuxième révision périodique suivant le début de l'hospitalisation est réduit de 50 %. Cette disposition n'est pas applicable aux personnes en état de grossesse.

La réduction de la prime n'est opérée que pendant les périodes durant lesquelles le bénéficiaire est effectivement accueilli dans un établissement de santé, à l'exclusion des périodes de suspension de la prise en charge par l'assurance maladie.

Le service de la prime est repris au taux normal, sans nouvelle demande, à compter du réexamen périodique suivant la fin de l'hospitalisation.

Art. R. 846-8 Le droit à la prime d'activité de la personne incarcérée qui n'a ni conjoint, ni partenaire lié par un pacte civil de solidarité, ni concubin, ni personne à charge, est suspendu à partir de la deuxième révision trimestrielle suivant le début de son incarcération.

Lorsque la personne incarcérée a un conjoint, un partenaire lié par un pacte civil de solidarité, un concubin ou une personne à charge, il est procédé au terme du délai mentionné au premier alinéa à un examen des droits dont bénéficient ces autres personnes, le bénéficiaire n'étant plus alors compté au nombre des membres du foyer.

Le droit à la prime d'activité est repris à compter du réexamen périodique du droit suivant la fin de l'incarcération.

Les dispositions du présent article ne sont pas applicables aux personnes qui, conservant un enfant à charge, ont droit à la majoration mentionnée à l'article L. 842-7.

Art. R. 846-9 La Caisse nationale des allocations familiales et la caisse centrale de Mutualité sociale agricole centralisent les opérations financières et comptables réalisées, au titre de la prime d'activité, respectivement par les caisses d'allocations familiales et les caisses de mutualité sociale agricole.

CHAPITRE VII **CONTRÔLE, RECOURS, RÉCUPÉRATION ET LUTTE CONTRE LA FRAUDE**

Art. R. 847-1 La téléprocédure et le formulaire relatifs à la prime d'activité prévus à l'article R. 846-1 font mention de la possibilité pour les organismes chargés du service de l'allocation d'effectuer les vérifications des déclarations des bénéficiaires.

Art. R. 847-2 Le recours préalable mentionné à l'article L. 845-2 est adressé par la personne concernée à la commission de recours amiable dans le délai prévu à l'article R. 142-1.

La personne concernée peut considérer sa demande comme rejetée dans le délai prévu à l'article R. 142-6, et se pourvoir, le cas échéant, devant le tribunal administratif dans le délai prévu à l'article R. 421-1 du code de justice administrative.

Le recours présenté par une association régulièrement constituée depuis cinq ans au moins pour œuvrer dans les domaines de l'insertion professionnelle n'est recevable que s'il est accompagné d'un écrit de l'intéressé donnant mandat à l'association d'agir en son nom.

Art. R. 847-3 Les décisions relatives à la prime d'activité mentionnent les voies de recours ouvertes aux personnes concernées et précisent les modalités du recours préalable institué par l'article L. 845-2.

CHAPITRE VIII SUIVI STATISTIQUE, ÉVALUATION ET OBSERVATION

Art. R. 848-1 Les informations mentionnées à l'article L. 846-2 sont transmises aux services statistiques des ministères chargés de l'action sociale et de l'emploi.

TITRE CINQUIÈME AIDE AUX COLLECTIVITÉS ET ORGANISMES LOGEANT À TITRE TEMPORAIRE DES PERSONNES DÉFAVORISÉES OU GÉRANT DES AIDES [AIRES] D'ACCUEIL DES GENS DU VOYAGE

L'art. 53-I de la loi nº 98-657 du 29 juill. 1998 a substitué au mot « associations » le mot « organismes ».

CHAPITRE PREMIER CONDITIONS GÉNÉRALES D'ATTRIBUTION

Art. R. 851-1 *(Décr. nº 2001-568 du 29 juin 2001, art. 2)* 1º Pour l'aide mentionnée au I de l'article L. 851-1, la demande est déposée par l'organisme auprès du préfet du département et instruite par ses services. Elle comporte un état descriptif des différentes formes d'hébergement envisagées.

2º Pour l'aide mentionnée au II de l'article L. 851-1, la demande est déposée par la commune, l'établissement public de coopération intercommunale ou la personne morale qui gère l'aire d'accueil auprès du préfet du département et instruite par ses services. Elle comporte un état descriptif de la ou des aires d'accueil à destination des gens du voyage mentionnant notamment leur aménagement, le nombre de places de caravanes telles que définies aux articles 2 et 3 du décret nº 2001-569 du 29 juin 2001 relatif aux normes techniques applicables aux aires d'accueil des gens du voyage, ainsi que les conditions de gardiennage de ces aires.

Lorsque la gestion de l'aire est confiée à une personne morale visée au II de l'article L. 851-1, une copie de la convention signée à cet effet en application du II de l'article 2 de la loi nº 2000-614 du 5 juillet 2000 relative à l'accueil et à l'habitat des gens du voyage doit être jointe à la demande.

Art. R. 851-2 *(Décr. nº 93-336 du 12 mars 1993, art. 1er ; Décr. nº 2001-568 du 29 juin 2001, art. 3)* I. — *(Décr. nº 2017-1472 du 13 oct. 2017, art. 1er-1º)* « La convention prévue au I de l'article L. 851-1 est conclue, sur la base d'une année civile, entre l'organisme et le préfet du département où sont situés les hébergements. Elle peut être renouvelée, par avenant, dans la limite de trois années consécutives. »

Elle fixe, pour chaque année civile, mois par mois, la capacité d'hébergement envisagée, en nombre et en types de logements, et le montant prévisionnel de l'aide qui en résulte.

(Décr. nº 2017-1472 du 13 oct. 2017, art. 1er-2º) « Le montant de l'aide est liquidé et versé en trois fois au cours de l'année civile par les services de l'État, en fonction de la capacité d'hébergement effective, justifiée par l'organisme, dans la limite du montant prévisionnel et selon les modalités fixés par la convention. »

(Décr. nº 2014-1742 du 30 déc. 2014, art. 1er) « II. — La convention prévue au II de l'article L. 851-1 est conclue par année civile avec le préfet du département dans lequel se situent la ou les aires d'accueil des gens du voyage.

« Elle fixe le montant de l'aide mensuelle qui en résulte par aire d'accueil selon les modalités prévues au II de l'article R. 851-5 en fonction du nombre de places conformes aux articles 2 et 3 du décret nº 2001-569 du 29 juin 2001 relatif aux normes techniques applicables aux aires d'accueil des gens du voyage, effectivement disponibles mois par mois et de la prévision d'occupation mensuelle de ces places.

« Elle précise dans les conditions définies au II de l'article R. 851-6 les modalités de régularisation du versement de l'aide en fonction de l'occupation effective.

« Un arrêté conjoint des ministres chargés du logement, de la sécurité sociale et du budget définit les mentions qui doivent figurer obligatoirement à la convention. » — *V. Arr. du 30 déc. 2014 (JO 31 déc.).*

L'aide est versée mensuellement, à terme échu, au gestionnaire de l'aire par la caisse d'allocations familiales dans la limite du montant prévisionnel fixé par la convention.

Art. R. 851-3 *(Décr. nº 93-336 du 12 mars 1993, art. 1er ; Décr. nº 2001-568 du 29 juin 2001, art. 4)* I. – En application du I de l'article L. 851-1, peuvent seuls faire l'objet d'une convention les hébergements comportant :

1. Un poste d'eau potable et un w.-c. à proximité immédiate ;
2. Un moyen de chauffage adapté au climat.

II. – *(Décr. nº 2001-568 du 29 juin 2001, art. 4)* « En application du II de l'article L. 851-1, peuvent seules faire l'objet d'une convention les aires d'accueil satisfaisant aux normes techniques fixées par le décret nº 2001-569 du 29 juin 2001 relatif aux normes techniques applicables aux aires d'accueil des gens du voyage ».

Art. R. 851-4 *(Décr. nº 93-336 du 12 mars 1993, art. 1er)* L'organisme doit s'assurer que les étrangers hébergés au titre de l'aide prévue au I de l'article L. 851-1 sont en possession d'un titre de séjour en cours de validité d'une durée supérieure à trois mois ou d'un récépissé de demande de renouvellement de ce titre.

Les étrangers âgés de moins de dix-huit ans peuvent produire, à défaut d'un des documents prévus à l'alinéa précédent, soit un extrait d'acte de naissance en France, soit un visa de long séjour, soit un certificat de contrôle médical délivré par *(Décr. nº 2017-1472 du 13 oct. 2017, art. 2)* « l'Office français de l'immigration et de l'intégration » à l'issue de la procédure de regroupement familial et comportant leur nom.

Art. R. 851-5 *(Décr. nº 93-336 du 12 mars 1993, art. 1er ; Décr. nº 2001-568 du 29 juin 2001, art. 6)* I. – Pour chaque hébergement mentionné dans la convention prévue au I de l'article L. 851-1, le montant de l'aide mensuelle est égal à la somme d'un plafond de loyer mensuel et d'une majoration forfaitaire au titre des charges.

Les montants mensuels des plafonds de loyer et de la majoration forfaitaire sont fixés au 1er janvier de chaque année selon la capacité d'accueil dans le logement et la zone géographique, par référence aux montants définis aux articles D. 542-21 et D. 755-28, par arrêté des ministres chargés de la sécurité sociale, du budget et du logement. *— V. Arr. du 24 déc. 2008 (JO 30 déc.) : application aux allocations dues à compter du mois de janv. 2009.*

(Décr. nº 2014-1742 du 30 déc. 2014, art. 2) « II. – Pour chaque aire d'accueil mentionnée dans la convention prévue au II de l'article L. 851-1, l'aide mensuelle est égale à l'addition des montants suivants :

« 1º Un montant fixe déterminé en fonction du nombre total de places effectivement disponibles et conformes aux articles 2 et 3 du décret nº 2001-569 du 29 juin 2001 relatif aux normes techniques applicables aux aires d'accueil des gens du voyage ;

« 2º Un montant variable déterminé en fonction de l'occupation effective de ces places.

« Le montant prévu au présent 2º est calculé à partir du taux moyen d'occupation mensuel des places.

« Ce taux est égal au nombre de jours prévisionnel d'occupation mensuelle des places divisé par le nombre de places effectivement disponibles. Cette prévision repose notamment sur les taux moyens d'occupation mensuels de ces places observés les deux années précédentes.

« Les montants mentionnés au 1º et 2º du présent II sont déterminés à partir des montants mensuels par place fixés par arrêté conjoint des ministres chargés de la sécurité sociale, du budget et du logement. » *— V. Arr. du 30 déc. 2014 (JO 31 déc.).*

Art. R. 851-6 *(Décr. nº 93-336 du 12 mars 1993, art. 1er ; Décr. nº 2001-568 du 29 juin 2001, art. 7) (Décr. nº 2017-1472 du 13 oct. 2017, art. 3)* « I. – Au titre de l'aide mentionnée au I de l'article L. 851-1, avant la fin du premier trimestre suivant l'exercice ayant donné lieu aux versements de l'aide, l'organisme adresse au préfet les pièces justificatives prévues par la convention mentionnée au I du même article.

« Celles-ci comportent notamment :

« 1º Un bilan d'occupation des douze mois de l'exercice ayant donné lieu aux versements de l'aide ;

« 2º La capacité d'hébergement envisagée mois par mois, en nombre et en types de logements, pour l'année à venir ;

« 3° Ses comptes à la date du 31 décembre. »

(Décr. n° 2014-1742 du 30 déc. 2014, art. 3) « II. – Au titre de l'aide mentionnée au II de l'article L. 851-1, le gestionnaire de l'aire ou des aires adresse au préfet et à la caisse d'allocations familiales avant le 15 janvier de l'année suivante, pour chaque aire, la déclaration dont le modèle est fixé par arrêté conjoint des ministres chargés de la sécurité sociale, du budget et du logement, qui comporte notamment pour l'année précédente :

« 1° Le nombre de places conformes aux articles 2 et 3 du décret n° 2001-569 du 29 juin 2001 relatif aux normes techniques applicables aux aires d'accueil des gens du voyage et effectivement disponibles chaque mois ;

« 2° Le nombre de jours d'occupation mensuelle effective par place ;

« 3° Le montant de la recette mensuelle des droits d'occupation des places acquittés par les gens du voyage ;

« 4° Les pièces justificatives des éléments déclarés.

« Il est joint à la déclaration le rapport de visite mentionné à l'article 4 du décret n° 2001-569 du 29 juin 2001 susmentionné ainsi qu'un état arrêté à la date du 31 décembre indiquant pour les douze derniers mois l'aide versée par la caisse d'allocations familiales, le montant de la recette mentionnée au 3° perçue ainsi que les dépenses de fonctionnement et d'entretien de l'aire.

« En cas de défaut de déclaration à la date prévue au premier alinéa du présent II, le préfet met en demeure le gestionnaire de la produire dans le délai de quinze jours. A défaut de régularisation dans ce délai, le préfet notifie au gestionnaire bénéficiaire de l'aide une décision de restitution des versements. Cette décision est communiquée à la caisse d'allocations familiales afin qu'elle mette en œuvre la restitution des versements effectués l'année précédente au titre du 2° du II de l'article R. 851-5.

« Lorsque le contrôle sur pièces des déclarations fait apparaître une discordance entre le nombre de jours d'occupation mensuelle effective par place et la recette mensuelle de l'aire, le préfet, après avoir invité le gestionnaire à présenter ses observations, lui notifie au plus tard le dernier jour du mois de février le montant qu'il retient pour le versement de l'aide au titre du 2° du II de l'article R. 851-5. Dans le même délai, la décision est communiquée à la caisse d'allocations familiales afin qu'elle engage la procédure de versement ou de récupération de la différence entre le montant de l'aide prévisionnelle versée et le montant arrêté par le préfet. » – *V. Arr. du 30 déc. 2014 (JO 31 déc.).*

Art. R. 851-7 *(Décr. n° 93-336 du 12 mars 1993, art. 1er ; Décr. n° 2001-568 du 29 juin 2001, art. 8)* I. – La convention prévue au I de l'article L. 851-1 peut être résiliée par l'une des deux parties avec un préavis de trois mois.

Toutefois, en cas de méconnaissance des finalités de l'aide au logement des personnes défavorisées, ou en l'absence de production des documents mentionnés à l'article R. 851-6, le préfet peut résilier la convention dans le délai d'un mois après une mise en demeure par lettre recommandée avec avis de réception.

Dans tous les cas, le versement de l'aide cesse à compter du premier jour du mois suivant celui de la résiliation.

II. – *(Décr. n° 2001-568 du 29 juin 2001, art. 8)* « La convention prévue au II de l'article L. 851-1 peut être résiliée par l'une des deux parties avec un préavis de trois mois.

« Toutefois, en cas de non-respect des normes définies par le décret n° 2001-569 du 29 juin 2001 relatif aux normes techniques applicables aux aires d'accueil des gens du voyage, le préfet peut résilier la convention dans le délai d'un mois après une mise en demeure par lettre recommandée avec avis de réception.

« Le versement de l'aide cesse à compter du premier jour du mois suivant celui de la résiliation. »

CHAPITRE II DISPOSITIONS FINANCIÈRES

Art. R. 852-1 *(Décr. n° 2017-1472 du 13 oct. 2017, art. 4)* Le financement de l'aide mentionnée au I de l'article L. 851-1 est assuré par l'État.

Le financement de l'aide mentionnée au II du même article est assuré par une contribution des régimes de prestations familiales et par une contribution de l'État,

fixées en fonction des caractéristiques des personnes accueillies par les associations, selon une répartition déterminée par arrêté du ministre chargé de la sécurité sociale, du ministre chargé du budget, du ministre chargé de l'action sociale et du ministre chargé de l'agriculture.

Arrêté du 12 mars 1993,

Relatif aux dispositions financières prises pour l'application de l'aide aux associations logeant à titre temporaire des personnes défavorisées instituée par l'article L. 851-1 du code de la sécurité sociale (JO 14 mars).

Art. 1er Pour l'application de l'article R. 852-1 du code de la sécurité sociale, la contribution financière est fixée à :

50 % pour l'État ;

48 % pour les régimes de prestations familiales des salariés de toutes professions, des employeurs indépendants des professions non agricoles et de la population non active dont le Fonds national des prestations familiales géré par la Caisse nationale des allocations familiales assure le financement ;

2 % pour le régime de prestations familiales des non-salariés agricoles dont *(Décr. no 2004-1428 du 23 déc. 2004)* « l'établissement de gestion du fonds de financement des prestations sociales des non-salariés agricoles » assure le financement.

Art. R. 852-2 *(Décr. no 2005-1777 du 30 déc. 2005)* **Les dépenses occasionnées aux caisses d'allocations familiales par la gestion** *(Décr. no 2017-1472 du 13 oct. 2017, art. 5)* **« de l'aide mentionnée au II de » l'article L. 851-1 sont remboursées par une contribution de l'État et de la caisse centrale de mutualité sociale agricole à concurrence d'un montant égal à un pourcentage des contributions dues par ceux-ci au titre de l'article R. 852-1. Ce pourcentage est fixé par arrêté des ministres chargés de la sécurité sociale, du budget, de l'action sociale et de l'agriculture.**

Art. R. 852-3 *(Décr. no 2005-1777 du 30 déc. 2005)* **La Caisse nationale des allocations familiales fait connaître à l'État au titre** *(Décr. no 2017-1472 du 13 oct. 2017, art. 6-1o)* **« de l'aide prévue au II de » l'article L. 851-1 :**

1o Au cours de chaque mois, le montant des aides versées pendant le mois précédent ;

2o Au cours du premier trimestre de chaque année, le montant total des aides versées au cours de l'année précédente et des frais administratifs exposés pendant la même période.

(Abrogé par Décr. no 2017-1472 du 13 oct. 2017, art. 6-2o) « Une ventilation des dépenses est effectuée entre celles qui relèvent du I et celles qui relèvent du II de l'article L. 851-1. »

TITRE SIXIÈME **PROTECTION COMPLÉMENTAIRE EN MATIÈRE DE SANTÉ ET CRÉDIT D'IMPÔT** *(Décr. no 2004-1450 du 23 déc. 2004).*

(Décr. no 99-1004 du 1er déc. 1999)

Les dispositions du titre VI (art. R. 861-1 à R. 861-15) sont entrées en vigueur le 1er janv. 2000.

CHAPITRE PREMIER **DISPOSITIONS RELATIVES À LA PROTECTION COMPLÉMENTAIRE EN MATIÈRE DE SANTÉ** *(Décr. no 2004-1450 du 23 déc. 2004).*

(Décr. no 99-1028 du 9 déc. 1999)

SECTION PREMIÈRE **DISPOSITIONS RELATIVES À LA RÉSIDENCE** *(Décr. no 2008-88 du 28 janv. 2008, art. 5).*

Art. R. 861-1 *(Décr. no 2015-1865 du 30 déc. 2015, art. 10-27o, en vigueur le 1er janv. 2016)* **I. — Les personnes qui n'exercent pas d'activité professionnelle doivent justifier de leur résidence stable dans les conditions prévues à l'article L. 160-5.**

II. – Pour les personnes qui exercent une activité professionnelle, la condition de stabilité de la résidence est satisfaite dès lors qu'elles présentent un justificatif démontrant qu'elles remplissent l'une des conditions suivantes :

1° Être affiliées à un régime obligatoire de sécurité sociale au titre d'une activité professionnelle sur le territoire métropolitain, en Guadeloupe, en Guyane, à la Martinique, à La Réunion, à Saint-Barthélemy ou à Saint-Martin, dont elles peuvent attester par tout moyen qu'elle doit excéder une durée de trois mois ou, lorsque l'activité professionnelle de ces personnes est inférieure à trois mois, démontrer la stabilité de leur résidence dans les conditions prévues à l'article L. 160-5 ;

2° Être inscrites à un stage de formation professionnelle au sens du livre IX du code du travail pour une durée supérieure à trois mois ;

3° Être bénéficiaires de l'allocation prévue à l'article L. 821-1 ;

4° Être bénéficiaires des revenus de remplacement prévus à l'article L. 5421-2 du code du travail.

SECTION II **DISPOSITIONS RELATIVES AUX RESSOURCES** *(Décr. nº 2008-88 du 28 janv. 2008, art. 5).*

SOUS-SECTION 1 **DISPOSITIONS COMMUNES** *(Décr. nº 2008-88 du 28 janv. 2008, art. 5).*

Art. R. 861-2 *(Décr. nº 2008-88 du 28 janv. 2008, art. 5)* « Le foyer mentionné à l'article L. 861-1 se compose de l'auteur de la demande de protection complémentaire en matière de santé, ainsi que, le cas échéant, de son conjoint ou de son partenaire lié par un pacte civil de solidarité lorsqu'ils sont soumis à une imposition commune, de son concubin, des personnes suivantes, considérées comme étant à charge, si elles sont à la charge réelle et continue du demandeur, de son conjoint, de son concubin ou de son partenaire lié par un pacte civil de solidarité : »

(Décr. nº 99-1004 du 1er déc. 1999) 1° Les enfants et les autres personnes, âgés de moins de vingt-cinq ans à la date du dépôt de la demande, rattachés au foyer fiscal du demandeur, de son conjoint, de son concubin ou de son partenaire lié par un pacte civil de solidarité ;

2° Les enfants du demandeur, de son conjoint, de son concubin ou de son partenaire lié par un pacte civil de solidarité âgés de moins de vingt-cinq ans à la date du dépôt de la demande, vivant sous le même toit que le demandeur et ayant établi une déclaration au titre de l'impôt sur le revenu en leur nom propre ;

3° Les enfants majeurs du demandeur, de son conjoint, de son concubin ou de son partenaire lié par un pacte civil de solidarité âgés de moins de vingt-cinq ans à la date du dépôt de la demande et qui reçoivent une pension faisant l'objet d'une déduction fiscale prévue à l'article 80 *septies* du code général des impôts, et dont le versement ne fait pas suite à une décision judiciaire.

(Décr. nº 2008-88 du 28 janv. 2008, art. 5) « Les enfants mineurs en résidence alternée au domicile de chacun de leurs parents en application de l'article 373-2-9 du code civil sont considérés à la charge réelle et continue de leurs deux parents ou à la charge réelle et continue de l'un d'entre eux en fonction de leur rattachement fiscal au titre des dispositions du quatrième alinéa du I de l'article 194 du code général des impôts.

« L'imposition commune du conjoint ou partenaire lié par un pacte civil de solidarité, le rattachement prévu au 1° et à l'alinéa précédent, la déclaration prévue au 2° et la pension mentionnée au 3° sont pris en compte conformément au dernier avis d'imposition ou de non-imposition, ou de la dernière déclaration effectuée au titre de l'impôt sur le revenu si celle-ci est plus récente. Toutefois, le rattachement au foyer du concubin s'apprécie à la date du dépôt de la demande de protection complémentaire en matière de santé. »

Art. R. 861-3 *(Décr. nº 99-1004 du 1er déc. 1999, art. 2)* Le plafond de ressources prévu à l'article L. 861-1 est majoré :

1° De 50 % au titre de la deuxième personne membre du foyer tel que défini à l'article R. 861-2 ;

2° De 30 % au titre de la troisième et de la quatrième personnes ;

3° De 40 % par personne supplémentaire à compter de la cinquième personne.

(Décr. n° 2008-88 du 28 janv. 2008, art. 5) « Les taux sont réduits de moitié pour les enfants mineurs en résidence alternée au domicile de chacun des parents lorsqu'ils sont réputés à la charge égale de l'un ou de l'autre parent en application du quatrième alinéa du I de l'article 194 du code général des impôts.

« Pour l'application du présent article, le rang des personnes membres du foyer est déterminé en fonction de la composition du foyer considéré dans l'ordre décroissant suivant :

« 1° Le conjoint ou concubin ou partenaire lié par un pacte civil de solidarité ;

« 2° Les enfants et autres personnes mentionnés aux deuxième à quatrième alinéas (1° à 3°) de l'article R. 861-2, par ordre décroissant d'âge. »

Art. R. 861-4 *(Décr. n° 99-1004 du 1er déc. 1999, art. 2)* Les ressources prises en compte pour la détermination du droit au bénéfice de la protection complémentaire en matière de santé comprennent, sous les réserves et selon les modalités de calcul ci-après, l'ensemble des ressources nettes de prélèvements sociaux obligatoires, de contribution sociale généralisée et de contributions pour le remboursement de la dette sociale, de quelque nature qu'elles soient, des personnes composant le foyer, tel qu'il est défini à l'article R. 861-2, y compris les avantages en nature et les revenus procurés par des biens mobiliers et immobiliers et *(Décr. n° 2017-533 du 12 avr. 2017, art. 1er-I, en vigueur le 1er juin 2017)* « les revenus procurés par des capitaux lorsque ces revenus sont soumis à l'impôt sur le revenu ».

Art. R. 861-5 *(Décr. n° 99-1004 du 1er déc. 1999, art. 2)* Les avantages en nature procurés par un logement occupé soit par son propriétaire ne bénéficiant pas d'aide personnelle au logement, soit, à titre gratuit, par les membres du foyer du demandeur sont évalués mensuellement et de manière forfaitaire :

1° A 12 % *(Décr. n° 2009-404 du 15 avr. 2009, art. 4)* « du montant forfaitaire prévu *(Décr. n° 2015-1709 du 21 déc. 2015, art. 3-II-4°, en vigueur le 1er janv. 2016)* « à » l'article L. 262-2 du code de l'action sociale et des familles » *(Abrogé par Décr. n° 2010-1783 du 31 déc. 2010, art. 6)* ***« applicable à un foyer composé d'une seule personne »*** fixé pour un allocataire lorsque le foyer se compose d'une personne ;

2° A 14 % *(Décr. n° 2009-404 du 15 avr. 2009, art. 4)* « du montant forfaitaire prévu *(Décr. n° 2015-1709 du 21 déc. 2015, art. 3-II-4°, en vigueur le 1er janv. 2016)* « à » l'article L. 262-2 du code de l'action sociale et des familles » *(Abrogé par Décr. n° 2010-1783 du 31 déc. 2010, art. 6)* ***« applicable à un foyer composé d'une seule personne »*** fixé pour deux personnes lorsque le foyer se compose de deux personnes ;

3° A 14 % *(Décr. n° 2009-404 du 15 avr. 2009, art. 4)* « du montant forfaitaire prévu *(Décr. n° 2015-1709 du 21 déc. 2015, art. 3-II-4°, en vigueur le 1er janv. 2016)* « à » l'article L. 262-2 du code de l'action sociale et des familles » *(Abrogé par Décr. n° 2010-1783 du 31 déc. 2010, art. 6)* ***« applicable à un foyer composé d'une seule personne »*** fixé pour trois personnes lorsque le foyer se compose de trois personnes ou plus.

Art. R. 861-6 *(Décr. n° 2008-88 du 28 janv. 2008, art. 5)* Pour l'appréciation des ressources, les biens non productifs de revenu sont considérés comme procurant un revenu annuel égal à 50 % de leur valeur locative telle que définie aux articles 1494 à 1508 et 1516 à 1518 B du code général des impôts s'il s'agit d'immeubles bâtis, à 80 % de la valeur locative telle que définie aux articles 1509 à 1518 A du code général des impôts s'il s'agit de terrains non bâtis, et à 3 % du montant des capitaux.

L'alinéa précédent ne s'applique pas aux avantages mentionnés à l'article R. 861-5.

Le revenu procuré par les immeubles bâtis et terrains non bâtis, situés sur un territoire dans lequel aucune valeur locative n'est applicable ou ne peut être connue, est déterminé en appliquant les pourcentages fixés au premier alinéa à la valeur locative de la résidence principale du demandeur.

Art. R. 861-6-1 *(Décr. n° 2008-88 du 28 janv. 2008, art. 5)* Sous réserve des dispositions de l'article R. 861-10, les avantages en nature autres que ceux prévus à l'article R. 861-5 et les libéralités servis par des tiers sont pris en compte lorsqu'ils excèdent 7 % du plafond prévu à l'article L. 861-1 pour une personne seule.

Art. R. 861-7 *(Décr. n° 99-1004 du 1er déc. 1999, art. 1er)* Les aides personnelles au logement instituées par les articles L. 542-1, L. 755-21 et L. 831-1 du présent code et l'article L. 351-1 du code de la construction et de l'habitation ne sont incluses dans les ressources qu'à concurrence d'un forfait égal à :

(Décr. n° 2009-716 du 18 juin 2009, art. 11-III) « 1° 12 % du montant forfaitaire prévu *(Décr. n° 2015-1709 du 21 déc. 2015, art. 3-II-4°, en vigueur le 1er janv. 2016)* « à » l'article L. 262-2 du code de l'action sociale et des familles applicable à un foyer composé d'une seule personne, lorsque le foyer est composé d'une personne ;

« 2° 16 % du montant forfaitaire prévu *(Décr. n° 2015-1709 du 21 déc. 2015, art. 3-II-4°, en vigueur le 1er janv. 2016)* « à » l'article L. 262-2 du code de l'action sociale et des familles applicable à un foyer composé de deux personnes, lorsque le foyer est composé de deux personnes ;

« 3° 16, 5 % du montant forfaitaire prévu *(Décr. n° 2015-1709 du 21 déc. 2015, art. 3-II-4°, en vigueur le 1er janv. 2016)* « à » l'article L. 262-2 du code de l'action sociale et des familles applicable à un foyer composé de trois personnes, lorsque le foyer est composé d'au moins trois personnes. »

Art. R. 861-8 *(Décr. n° 99-1004 du 1er déc. 1999, art. 1er)* Les ressources prises en compte sont celles qui ont été effectivement perçues au cours de la période des douze mois civils précédant la demande, sous réserve des dispositions des articles *(Abrogé par Décr. n° 2014-1154 du 8 oct. 2014, art. 1er-1°)* « *R. 861-11,* » R. 861-14 et R. 861-15. *(Décr. n° 2017-533 du 12 avr. 2017, art. 1er-II, en vigueur le 1er juin 2017)* « Toutefois, les revenus procurés par les capitaux pris en compte sont ceux de l'avant-dernière année civile précédant la demande. »

(Abrogé par Décr. n° 2008-88 du 28 janv. 2008, art. 5) « *En cas de diminution au cours de cette période du nombre de personnes composant le foyer tel que défini à l'article R. 861-2, il n'est pas tenu compte des ressources perçues par les personnes qui, durant la période, ont cessé d'entrer dans les catégories visées audit article.* »

Les rémunérations d'activité perçues par toute personne mentionnée à l'article R. 861-2 pendant la période de référence sont affectées d'un abattement de 30 % :

1° Si l'intéressé justifie d'une interruption de travail supérieure à six mois dans les conditions mentionnées à l'article R. 324-1 ;

2° S'il se trouve en chômage total et perçoit l'allocation d'assurance prévue à l'article L. 351-3 *[art. L. 5422-1 s. nouv.]* du code du travail ou s'il se trouve en chômage partiel et perçoit l'allocation spécifique prévue à l'article L. 351-25 *[art. L. 5122-1 nouv.]* du même code ; la rémunération perçue par les personnes relevant des conventions conclues en application du deuxième alinéa de l'article L. 961-1 *[art. L. 6341-1 nouv.]* du même code est assimilée, pendant la durée de la formation et pour l'application de l'abattement précité, à l'allocation de chômage à laquelle elle s'est substituée lors de l'entrée en formation ;

3° S'il perçoit l'allocation d'insertion prévue à l'article L. 351-9 *[art. L. 5423-8 s. et R. 5423-18 nouv.]* du code du travail ;

4° S'il perçoit l'allocation de solidarité spécifique prévue à l'article L. 351-10 *[art. L. 5423-1, L. 5423-2, L. 5423-6, L. 5423-33 et R. 5423-11 nouv.]* du code du travail ;

5° S'il est sans emploi et perçoit une rémunération de stage de formation professionnelle légale, réglementaire ou conventionnelle.

Il n'est pas tenu compte des rémunérations de stages de formation professionnelle légales, réglementaires ou conventionnelles perçues pendant l'année de référence lorsque l'intéressé justifie que la perception de celles-ci est interrompue de manière certaine et qu'il ne peut prétendre à un revenu de substitution.

Art. R. 861-9 *(Décr. n° 99-1004 du 1er déc. 1999, art. 2)* Sont déduites des ressources les charges consécutives aux versements des pensions et obligations alimentaires.

Art. R. 861-10 *(Décr. n° 99-1004 du 1er déc. 1999, art. 2)* Ne sont pas prises en compte dans les ressources les prestations suivantes :

1° *(Décr. n° 2010-1032 du 30 août 2010, art. 3-I-1°)* « L'allocation d'éducation de l'enfant handicapé » et ses compléments institués par les articles L. 541-1 et L. 755-20 *(Décr. n° 2014-1154 du 8 oct. 2014, art. 1er-2°)* « , ainsi que la majoration mentionnée à l'article L. 541-4 » ;

2° L'allocation de rentrée scolaire instituée par les articles L. 543-1 et L. 755-22 ;

3° Les primes de déménagement instituées par les articles L. 542-8 et L. 755-21 du présent code et par l'article L. 351-5 du code de la construction et de l'habitation ;

4° *(Décr. n° 2013-276 du 2 avr. 2013, art. 1er-10°, en vigueur le 1er mars 2013)* **« La prestation complémentaire pour recours à tierce personne et les majorations** *[ancienne rédaction : Les majorations]* **» pour tierce personne ainsi que** *(Décr. n° 2010-1032 du 30 août 2010, art. 3-I-2°)* **« la prestation de compensation mentionnée à l'article L. 245-1 du code de l'action sociale et des familles, l'allocation compensatrice prévue au chapitre V du titre IV du livre II du même code dans sa rédaction antérieure à la loi n° 2005-102 du 11 février 2005 pour l'égalité des droits et des chances, la participation et la citoyenneté des personnes handicapées et l'allocation personnalisée d'autonomie mentionnée à l'article L. 232-1 du même code » ;** — *Les personnes qui bénéficient, au 28 févr. 2013, de la majoration pour tierce personne mentionnée au troisième al. de l'art. L. 434-2, dans sa rédaction antérieure au 1er mars 2013, et qui n'ont pas opté pour le bénéfice de la prestation complémentaire pour recours à tierce personne, continuent de percevoir cette majoration dans les conditions et selon les règles de revalorisation en vigueur au 28 févr. 2013 (Décr. n° 2013-276 du 2 avr. 2013, art. 3).*

5° Les prestations en nature dues au titre des assurances maladie, maternité, invalidité ou de l'assurance accident du travail ;

(Décr. n° 2010-1032 du 30 août 2010, art. 3-I-3°) **« 6° Les indemnités complémentaires et allocations de remplacement instituées par les articles L. 613-19-1, L. 613-19-2, L. 722-8-1 et L. 722-8-3 et par les articles L. 732-10 à L. 732-12-1 du code rural et de la pêche maritime ; »**

7° L'indemnité en capital attribuée à la victime d'un accident du travail prévue à l'article L. 434-1 *(Décr. n° 2010-1032 du 30 août 2010, art. 3-I-4°)* **« et à l'article L. 751-8 du code rural et de la pêche maritime » ;**

8° La prime de rééducation et le prêt d'honneur mentionnés à l'article R. 432-10 *(Décr. n° 2010-1032 du 30 août 2010, art. 3-I-5°)* **« et à l'article R. 751-40 du code rural et de la pêche maritime » ;**

(Décr. n° 2010-1032 du 30 août 2010, art. 3-I-6°) **« 9° La prestation d'accueil du jeune enfant mentionnée aux articles L. 531-1 et L. 755-19, à l'exception** *(Décr. n° 2014-1705 du 30 déc. 2014, art. 1er-6°)* **« de la prestation partagée d'éducation de l'enfant ; »**

10° Les aides et secours financiers versés par des organismes à vocation sociale dont le montant ou la périodicité n'ont pas de caractère régulier ainsi que les aides et secours affectés à des dépenses concourant à l'insertion du bénéficiaire et de sa famille notamment dans les domaines du logement, des transports, de l'éducation et de la formation ;

11° Les bourses d'études des enfants mentionnés à l'article R. 861-2, sauf les bourses de l'enseignement supérieur ;

12° Les frais funéraires mentionnés à l'article L. 435-1 *(Décr. n° 2010-1032 du 30 août 2010, art. 3-I-7°)* **« et aux articles L. 751-8 et L. 752-3 du code rural et de la pêche maritime » ;**

13° Le capital-décès servi par un régime de sécurité sociale ;

14° L'allocation du fonds de solidarité en faveur des anciens combattants d'Afrique du Nord créée par l'article 125 de la loi de finances pour 1992 (n° 91-1322 du 30 décembre 1991) ;

15° L'aide spécifique en faveur des conjoints survivants des membres des formations supplétives instituée aux premier et troisième alinéas de l'article 10 de la loi n° 94-488 du 11 juin 1994 ;

(Décr. n° 2010-1032 du 30 août 2010, art. 3-I-8° et 9°) **« 16° Les indemnités et prestations versées aux volontaires en service civique en application de l'article L. 120-21 du code du service national ; »**

(Abrogé par Décr. n° 2014-1154 du 8 oct. 2014, art. 1er-2°) ***« 17° Le revenu minimum d'insertion prévu à l'article L. 262-1 du code de l'action sociale et des familles dans sa rédaction antérieure à la loi n° 2008-1249 du 1er décembre 2008 généralisant le revenu de solidarité active et réformant les politiques d'insertion et le revenu supplémentaire temporaire d'activité prévu par le décret n° 2009-602 du 27 mai 2009. »***

SOUS-SECTION 2 DISPOSITIONS PARTICULIÈRES APPLICABLES AUX TRAVAILLEURS NON SALARIÉS *(Décr. nº 2008-88 du 28 janv. 2008, art. 5).*

Art. R. 861-11 à R. 861-13 *Abrogés par Décr. nº 2014-1154 du 8 oct. 2014, art. 1er-3º.*

Art. R. 861-14 *(Décr. nº 99-1004 du 1er déc. 1999, art. 2)* Le calcul des ressources des personnes non salariées des professions agricoles prises en compte pour leur admission au bénéfice de la protection complémentaire en matière de santé prend en considération leurs revenus professionnels déterminés selon les dispositions de l'article 1003-12 du code rural.

Dans les départements d'outre-mer, le revenu professionnel est constitué par le bénéfice imposable tel qu'il ressort des derniers avis d'imposition. Toutefois, en l'absence d'imposition du demandeur de la protection complémentaire, le préfet peut, à la demande de l'intéressé et pour tenir compte de situations exceptionnelles, évaluer les revenus de celui-ci au vu des éléments d'appréciation qui lui sont fournis.

Art. R. 861-15 *(Décr. nº 99-1004 du 1er déc. 1999, art. 2)* Le calcul des ressources des personnes non salariées des professions non agricoles prises en compte pour leur admission au bénéfice de la protection complémentaire en matière de santé prend en considération leurs revenus professionnels déterminés selon les dispositions de l'article L. 131-6.

Si la demande de protection complémentaire est présentée au cours de la première année d'activité professionnelle non salariée non agricole, les revenus sont calculés sur la base de ceux de l'année civile précédant la création de l'entreprise.

Si la demande est présentée au cours des six premiers mois de la deuxième année d'activité, les revenus sont calculés sur la base d'une déclaration sur l'honneur, accompagnée des justificatifs nécessaires attestant que les revenus perçus au cours de la première année d'activité sont inférieurs au plafond prévu à l'article L. 861-1 ou, le cas échéant, que la fraction des revenus du foyer correspondant à ceux perçus au cours de la première année au titre de l'activité non salariée non agricole ne porte pas le total des ressources du foyer au-dessus du plafond prévu à l'article L. 861-1.

Si la demande est présentée au cours des six derniers mois de la deuxième année d'activité, les revenus sont calculés sur la base de ceux de la première année d'activité.

Lorsque les revenus professionnels ne sont pas connus, ils sont évalués selon un forfait correspondant à une fraction du plafond annuel de la sécurité sociale déterminé par arrêté des ministres chargés du commerce et de l'artisanat, du budget et de la sécurité sociale. — *Ce forfait est fixé, à compter du 1er janv. 2000, à 40 % du plafond annuel de la sécurité sociale (Arr. du 29 déc. 1999, JO 31 déc.).*

Si l'intéressé a disposé de revenus professionnels inférieurs à ceux qui résultent de l'évaluation forfaitaire, il peut, en produisant les éléments d'appréciation nécessaires, demander au préfet de fixer le montant de ses revenus qui sera retenu.

SOUS-SECTION 3 ÉVALUATION DES ÉLÉMENTS DE TRAIN DE VIE

(Décr. nº 2008-88 du 28 janv. 2008, art. 5)

Art. R. 861-15-1 I. — L'évaluation forfaitaire du train de vie prévue à l'article L. 861-2-1 prend en compte les éléments et barèmes suivants :

1º Propriétés bâties détenues ou occupées par le demandeur ou le bénéficiaire : valeur locative annuelle définie aux articles 1494 à 1508 et 1516 à 1518 B du code général des impôts. Pour les propriétés situées sur un territoire dans lequel aucune valeur locative n'est applicable ou ne peut être connue, la valeur locative est celle du logement occupé par le demandeur ou le bénéficiaire ;

2º Propriétés non bâties détenues ou occupées par le demandeur ou le bénéficiaire : valeur locative annuelle définie aux articles 1509 à 1518 A du code général des impôts. Pour les propriétés situées sur un territoire dans lequel aucune valeur locative n'est applicable ou ne peut être connue, la valeur locative est celle du logement occupé par le demandeur ou le bénéficiaire ;

3º Travaux, charges et frais d'entretien des immeubles : 80 % du montant des dépenses ;

4º Personnels et services domestiques : 80 % du montant des dépenses ;

5° Automobiles, bateaux de plaisance, motocyclettes : 25 % de la valeur vénale de chaque bien lorsque celle-ci est supérieure à 10 000 euros ;

6° Appareils électroménagers, équipements son-hifi-vidéo, matériels informatiques : 80 % du montant des dépenses lorsque celles-ci sont supérieures à 1 000 euros ;

7° Objets d'art ou de collection, articles de joaillerie et métaux précieux : 3 % de leur valeur vénale ;

8° Voyages, séjours en hôtels et locations saisonnières, restaurants, frais de réception, biens et services culturels, éducatifs, de communication ou de loisirs : 80 % du montant des dépenses ;

9° Clubs de sports et de loisirs, droits de chasse : 80 % du montant des dépenses ;

10° Capitaux : 10 % du montant à la fin de la période de référence.

II. — Pour l'application du présent article :

1° Les dépenses sont celles réglées au bénéfice du foyer du demandeur ou du bénéficiaire pendant la période de référence ;

2° La valeur vénale des biens est la valeur réelle à la date de la disposition. Sont retenus notamment à fin d'évaluation, lorsqu'ils existent :

a) Le montant garanti par le contrat d'assurance ;

b) L'estimation particulière effectuée par un professionnel ;

c) La référence issue d'une publication professionnelle faisant autorité.

Art. R. 861-15-2 La période de référence est celle prévue à l'article R. 861-8.

Art. R. 861-15-3 Les biens et services énumérés à l'article R. 861-15-1 ne sont pas pris en compte lorsqu'ils ont été détenus ou utilisés à usage professionnel. En cas d'usage mixte, l'évaluation est effectuée au prorata de l'utilisation à usage privé ou personnel.

Art. R. 861-15-4 Lorsqu'il est envisagé de faire usage de la procédure prévue à l'article L. 861-2-1, l'organisme de sécurité sociale en informe le demandeur ou le bénéficiaire de la prestation, par lettre recommandée avec accusé de réception. Cette lettre a pour objet :

1° De l'informer de l'objet de la procédure engagée, de son déroulement, de ses conséquences, de sa possibilité de demander à être entendu et à être assisté, lors de cet entretien, du conseil de son choix, des sanctions applicables en cas de déclarations fausses ou incomplètes et de ce que le résultat de cette évaluation sera transmis aux autres organismes de sécurité sociale qui lui attribuent, le cas échéant, des prestations sous conditions de ressources ;

2° De l'inviter à renvoyer, dans un délai de trente jours, le questionnaire adressé par l'organisme visant à évaluer les différents éléments de son train de vie accompagné de toutes les pièces justificatives, en précisant qu'à défaut de réponse complète dans ce délai, les dispositions du troisième alinéa de l'article L. 161-1-4 du code de la sécurité sociale seront appliquées.

Art. R. 861-15-5 Si le montant du train de vie évalué forfaitairement en application de l'article R. 861-15-1 est supérieur ou égal à une somme correspondant au double du plafond défini, selon les cas, à l'article L. 861-1 ou à l'article L. 863-1, augmentée des revenus perçus, pour la période de référence, au titre des prestations et rémunérations exclues en tout ou en partie, pour l'appréciation des ressources déclarées, en application des articles R. 861-8 et R. 861-10, la disproportion marquée entre le train de vie et les ressources déclarées est constatée. Dans ce cas, l'évaluation forfaitaire des éléments du train de vie est prise en compte pour la détermination du droit à la prestation.

Art. R. 861-15-6 Lorsque les ressources prises en compte selon l'évaluation forfaitaire du train de vie ne donnent pas droit à la prestation, l'attribution ou le renouvellement de la prestation n'est pas refusé en cas de circonstances exceptionnelles liées notamment à la situation économique et sociale du foyer, ou s'il est établi que la disproportion marquée a cessé. En cas de refus, la décision est notifiée au demandeur ou au bénéficiaire, par lettre recommandée avec accusé de réception. Elle est motivée et indique les voies de recours dont dispose l'intéressé.

Art. R. 861-15-7 Les organismes locaux de sécurité sociale rendent compte sans délai *(Décr. n° 2009-1596 du 18 déc. 2009, art. 21-I)* « à l'organisme national chargé de coordonner leur activité » de chacune des évaluations effectuées, après suppression de tout élément d'identification des personnes concernées, en précisant :

1° Le cas échéant, si le demandeur ou le bénéficiaire a transmis une réponse à la demande d'évaluation dans le délai prescrit ;

2° Le sens de la décision prise à l'issue de l'évaluation ;

3° Les éléments de train de vie qui ont fait l'objet de l'évaluation ;

4° Le cas échéant, la nature et le montant de la sanction prononcée en cas de fraude ou de fausse déclaration.

(Décr. n° 2009-1596 du 18 déc. 2009, art. 21-III) « L'organisme national mentionné au premier alinéa » transmet périodiquement un bilan de ces éléments *(Décr. n° 2009-1596 du 18 déc. 2009, art. 21-III)* « au ministre chargé de la sécurité sociale ».

SECTION III **MODALITÉS D'ATTRIBUTION** *(Décr. n° 2008-88 du 28 janv. 2008, art. 5).*

Art. R. 861-16 *(Décr. n° 99-1049 du 15 déc. 1999, art. 5)* I. — Pour bénéficier de la protection complémentaire en matière de santé, les personnes mentionnées à l'article L. 861-1 adressent à la Caisse d'assurance maladie dont elles relèvent un dossier comprenant un formulaire de demande conforme à un modèle défini par arrêté ainsi que les renseignements relatifs à la composition et aux revenus du foyer *(Décr. n° 2011-2096 du 30 déc. 2011, art. 2)* « , sauf si le dossier est établi par voie électronique conformément aux dispositions prévues aux A et C du I de l'article R. 262-103 et à l'article R. 262-104-1 du code de l'action sociale et des familles ». La demande comporte l'indication de l'organisme mentionné à l'article L. 861-4 choisi pour assurer la protection complémentaire. *(Décr. n° 2017-533 du 12 avr. 2017, art. 2, en vigueur le 1er juin 2017)* « En l'absence d'indication, l'organisme d'assurance maladie mentionné au *a* de l'article L. 861-4 est désigné par défaut comme organisme gestionnaire. »

Si le demandeur ne peut produire les éléments d'appréciation relatifs aux revenus du foyer, il atteste sur l'honneur que ces revenus ne dépassent pas le plafond prévu à l'article L. 861-1.

Les conjoints *(Décr. n° 2008-88 du 28 janv. 2008, art. 5)* « , partenaires liés par un pacte civil de solidarité » et autres personnes rattachées au foyer au titre des situations prévues aux 1° ou 3° de l'article R. 861-2 peuvent, lorsque la situation ayant justifié ce rattachement prend fin, demander à bénéficier à titre personnel de la protection complémentaire en matière de santé. S'ils ne sont pas en mesure de fournir les justificatifs relatifs à leurs ressources, ils peuvent produire une déclaration sur l'honneur et les éléments d'appréciation en leur possession sur leurs revenus, en s'engageant à établir dorénavant une déclaration de revenu distincte de celle du foyer fiscal auquel ils étaient antérieurement attachés.

II. — La décision d'attribution de la protection complémentaire en matière de santé est prise par le préfet du département dans lequel est situé le siège de la caisse d'affiliation du demandeur. Il peut déléguer par arrêté sa compétence aux directeurs des caisses d'assurance maladie du département.

Le préfet ou le directeur de la Caisse d'assurance maladie notifie sa décision à l'intéressé dans un délai de deux mois à compter de la réception par la Caisse d'assurance maladie compétente du dossier complet de demande d'attribution de la protection complémentaire en matière de santé. Il délivre à chaque bénéficiaire âgé de seize ans révolus une attestation du droit à la protection complémentaire mentionnant la période d'ouverture du droit et l'adresse de l'organisme qui en assure le service.

Art. R. 861-17 *(Décr. n° 99-1049 du 15 déc. 1999, art. 5)* Après que la décision d'attribution de la protection complémentaire a été prise conformément à l'article R. 861-16, si le bénéficiaire a choisi un organisme mentionné au *b* de l'article L. 861-4, la Caisse d'assurance maladie à laquelle il est affilié transmet sans délai à cet organisme les renseignements relatifs au bénéficiaire et aux personnes à sa charge. *(Décr. n° 2008-88 du 28 janv. 2008, art. 5)* « Il lui indique notamment si l'une ou plusieurs de ces personnes sont des enfants mineurs en résidence alternée chez chacun de leurs parents considérés à la charge réelle et continue de leurs deux parents en application de l'avant-dernier alinéa de l'article R. 861-2. »

L'organisme adresse au bénéficiaire un formulaire d'adhésion ou un contrat prévu à l'article L. 861-5 qui précise le contenu et les modalités de la prise en charge consentie au titre de la protection complémentaire en matière de santé, la date à laquelle les droits sont ouverts et à laquelle le contrat ou l'adhésion prend effet, ainsi que les conditions dans lesquelles le contrat ou l'adhésion prend fin. Ce formulaire d'adhésion ou ce contrat ne peut comporter aucune disposition afférente à d'autres garanties.

Art. R. 861-18 *(Décr. nº 99-1049 du 15 déc. 1999, art. 5)* Le renouvellement de la protection complémentaire en matière de santé est demandé au moins deux mois avant l'expiration de la période pour laquelle elle a été attribuée, selon les modalités prévues au I de l'article R. 861-16.

Les dispositions du II de l'article R. 861-16 et de l'article R. 861-17 sont applicables à ce renouvellement.

SECTION IV PARTICIPATION DES MUTUELLES, INSTITUTIONS DE PRÉVOYANCE ET ENTREPRISES RÉGIES PAR LE CODE DES ASSURANCES À LA PROTECTION COMPLÉMENTAIRE EN MATIÈRE DE SANTÉ *(Décr. nº 2008-88 du 28 janv. 2008).*

Art. R. 861-19 *(Décr. nº 2011-1386 du 27 oct. 2011, art. 1er-1º)* I. — La déclaration prévue à l'article L. 861-7 est adressée au fonds mentionné au premier alinéa de l'article L. 862-1.

L'organisme qui la souscrit s'engage à accueillir et à renseigner les personnes mentionnées à l'article L. 861-1 dans toutes ses implantations compétentes en matière d'assurance complémentaire de santé. La liste de ces implantations est annexée à la déclaration.

Les organismes inscrits sur la liste mentionnée à l'article L. 861-7 actualisent chaque année, avant le 1er novembre, les indications figurant sur la déclaration prévue au premier alinéa et la liste prévue au deuxième alinéa du présent article.

II. — Au vu de la déclaration et de la liste des implantations mentionnées aux premier et deuxième alinéas du I, le directeur du fonds inscrit l'organisme sur la liste mentionnée à l'article L. 861-7 par décision publiée au *Bulletin officiel* du ministère chargé de la sécurité sociale.

L'inscription prend effet à compter du 1er janvier si la déclaration de l'organisme a été adressée au fonds avant le 1er novembre de l'année précédente. Elle se renouvelle par tacite reconduction par année civile sous réserve d'une renonciation adressée au fonds avant le 1er novembre de l'année précédente.

Toute décision d'attribution de la protection complémentaire en matière de santé emporte, pour l'organisme inscrit sur la liste, l'obligation de servir au bénéficiaire les prestations prévues à l'article L. 861-3 pendant un an à compter de la date d'effet de la décision d'attribution.

III. — Le fonds met à disposition du public sur son site internet la liste des organismes participant à la protection complémentaire en matière de santé et celle des implantations qu'ils lui ont déclarées. — *Les dispositions issues du Décr. nº 2011-1386 du 27 oct. 2011 ne sont pas applicables à Mayotte (Décr. préc., art. 2).*

Art. R. 861-20 *(Décr. nº 99-1049 du 15 déc. 1999, art. 5)* Dans les cas mentionnés au dernier alinéa de l'article L. 861-7, *(Décr. nº 2011-1386 du 27 oct. 2011, art. 1er-2º)* « la radiation de la liste prévue à cet article n'est prononcée par le directeur du fonds » qu'après que l'organisme de protection complémentaire a été mis à même de présenter des observations écrites et, le cas échéant, sur sa demande, des observations orales. Il dispose à cet effet d'un délai d'un mois à compter de la notification des faits qui lui sont reprochés. Il peut se faire assister par un conseil ou représenter par un mandataire de son choix.

L'organisme qui a fait l'objet d'une radiation ne peut faire l'objet d'une nouvelle inscription sur la liste, à sa demande, avant la troisième année suivant sa radiation. — *Entrée en vigueur le 1er janv. 2000.*

Les dispositions issues du Décr. nº 2011-1386 du 27 oct. 2011 ne sont pas applicables à Mayotte (Décr. préc., art. 2).

Art. R. 861-21 *(Décr. n° 99-1049 du 15 déc. 1999, art. 5)* Lorsque l'organisme de protection complémentaire n'est plus en mesure d'honorer les clauses du contrat ou de l'adhésion, ou lorsqu'il a été radié de la liste dans les conditions prévues à l'article R. 861-20, le service des prestations de la protection complémentaire en matière de santé est assuré, jusqu'à l'expiration de la période prévue au dernier alinéa de l'article L. 861-5, par l'organisme mentionné à l'article L. 861-6. – *Entrée en vigueur le 1er janv. 2000.*

SECTION V REMBOURSEMENT DES PRESTATIONS VERSÉES A TORT

(Décr. n° 2008-88 du 28 janv. 2008, art. 5)

Art. R. 861-22 Pour l'application de l'article L. 861-10, les organismes mentionnés à l'article L. 861-4 peuvent obtenir le remboursement des prestations de la protection complémentaire en matière de santé versées à tort en émettant à l'encontre du débiteur un avis des sommes à payer. Cet avis précise les dates des soins ou prestations effectués et les dates et les montants correspondants des versements effectués à tort. A peine de nullité, cet avis, établi en deux exemplaires, informe le débiteur qu'il peut demander la remise ou la réduction de sa dette, dans un délai d'un mois à compter de la notification de l'avis des sommes à payer. Cette demande est déposée auprès de l'organisme qui a émis l'avis des sommes à payer. Le recouvrement de la somme due ne peut intervenir pendant ce délai.

Art. R. 861-23 La demande de remise ou de réduction de dette est transmise par l'organisme mentionné à l'article R. 861-22 au préfet territorialement compétent en application de la première phrase du II de l'article R. 861-16, accompagnée du second exemplaire de l'avis des sommes à payer, dans un délai de quinze jours à compter de la réception de cette demande à peine de nullité de sa créance.

Art. R. 861-24 La décision du préfet mentionné à l'article R. 861-23 est notifiée au débiteur et à l'organisme qui a émis l'avis des sommes à payer en application de l'article R. 861-22. La décision mentionne le montant de la somme due et, le cas échéant, le montant de la remise ou réduction accordée.

Art. R. 861-25 La dette restant à la charge du débiteur mentionné à l'article R. 861-22 peut être remboursée selon un échéancier établi par l'organisme qui a émis l'avis des sommes à payer.

Art. R. 861-26 La décision de remise ou de réduction de dette éteint la créance ou fraction de créance correspondante de l'organisme qui a émis l'avis des sommes à payer à l'encontre du débiteur. Si cette créance est consécutive au retrait ou à l'annulation contentieuse de la décision d'attribution de la protection complémentaire en matière de santé, les versements effectués au titre du a de l'article L. 862-2, ainsi que les déductions antérieurement déclarées par l'organisme en application du 2° du I de l'article R. 862-11, se rapportant à la personne et aux périodes concernées, restent acquis à l'organisme concerné.

SECTION VI PÉNALITÉS

(Décr. n° 2008-1527 du 30 déc. 2008)

Art. R. 861-27 *(Décr. n° 2009-982 du 20 août 2009, art. 4)* Les dispositions de la section II et des sous-sections 1 et 2 de la section I du chapitre VII du titre IV du livre Ier sont applicables aux bénéficiaires de la protection complémentaire en matière de santé.

Les dispositions de la section II et des sous-sections 1, 4, 5 et 6 de la section I du chapitre VII du titre IV du livre Ier sont applicables aux professionnels et établissements de santé, ou toute autre personne physique ou morale autorisée à dispenser des soins, à réaliser une prestation de service ou des analyses de biologie médicale ou à délivrer des produits ou dispositifs médicaux, recevant des bénéficiaires de la protection complémentaire en matière de santé ou leur servant des prestations.

Art. R. 861-28 *Abrogé par Décr. n° 2009-982 du 20 août 2009, art. 4.*

Art. R. 861-29 Lorsque la pénalité financière est prononcée *(Décr. n° 2009-982 du 20 août 2009, art. 4)* « au titre du premier alinéa de l'article R. 861-27 », la notification de payer mentionne que la dette doit être réglée dans un délai d'un mois et qu'un échelonnement du paiement peut être accordé, sur une durée maximale de douze mois, sur demande motivée de l'intéressé.

CHAPITRE II DISPOSITIONS RELATIVES À L'ORGANISATION ET À LA GESTION DU FONDS DE FINANCEMENT DE LA PROTECTION COMPLÉMENTAIRE DE LA COUVERTURE UNIVERSELLE DU RISQUE MALADIE

(Décr. nº 99-1028 du 9 déc. 1999)

Les art. R. 862-1 à R. 862-13 sont entrés en vigueur le 1er janv. 2000.

SECTION PREMIÈRE DISPOSITIONS RELATIVES À L'ORGANISATION ET À LA GESTION DU FONDS DE FINANCEMENT DE LA PROTECTION COMPLÉMENTAIRE DE LA COUVERTURE UNIVERSELLE DU RISQUE MALADIE

SOUS-SECTION 1 DISPOSITIONS RELATIVES À L'ORGANISATION ET À LA GESTION BUDGÉTAIRE ET COMPTABLE DU FONDS DE FINANCEMENT DE LA PROTECTION COMPLÉMENTAIRE DE LA COUVERTURE UNIVERSELLE DU RISQUE MALADIE

Art. R. 862-1 Le fonds de financement de la protection complémentaire de la couverture universelle du risque maladie est placé sous la tutelle du ministre chargé de la sécurité sociale et du ministre chargé du budget.

Art. R. 862-2 Le conseil d'administration du fonds de financement de la protection complémentaire de la couverture universelle du risque maladie comprend sept membres :

1° Le président ;

2° Trois représentants du ministre chargé de la sécurité sociale ;

3° Deux représentants du ministre chargé du budget et un représentant du ministre chargé de l'économie.

Le président est nommé, pour une période de cinq ans renouvelable, par décret pris sur proposition du ministre chargé de la sécurité sociale. Les autres membres du conseil d'administration sont nommés pour la même durée, renouvelable, par arrêté conjoint du ministre chargé de la sécurité sociale et du ministre chargé du budget.

Les fonctions de président et administrateur sont exercées à titre gratuit. Elles ouvrent droit aux indemnités et frais de déplacement et de séjour dans les conditions prévues par le décret nº 2006-781 du 3 juillet 2006 fixant les conditions et les modalités de règlement des frais occasionnés par les déplacements temporaires des personnels civils de l'État.

Art. R. 862-3 Le conseil d'administration se réunit au moins deux fois par an sur convocation de son président. La convocation est de droit lorsqu'elle est demandée par l'un des ministres chargés de la tutelle de l'établissement.

Les délibérations du conseil d'administration sont adoptées à la majorité simple des membres présents.

En cas de partage égal des voix au sein du conseil d'administration, la voix du président est prépondérante.

Le directeur, le *(Décr. nº 2012-1247 du 7 nov. 2012, art. 2, en vigueur le 1er janv. 2013)* « contrôleur budgétaire » et l'agent comptable assistent avec voix consultative aux délibérations du conseil.

Art. R. 862-4 Le conseil d'administration a pour rôle :

1° D'adopter le budget du fonds de la protection complémentaire de la couverture universelle du risque maladie ;

2° D'approuver le compte financier et le rapport annuel d'activité ;

3° De proposer au Gouvernement toutes mesures tendant à maintenir l'équilibre financier du fonds ;

4° D'accepter les dons et legs ;

5° D'autoriser le directeur à passer les conventions *(Décr. n° 2013-827 du 16 sept. 2013, art. 1er-1°)* « relatives à la gestion de la couverture des dépenses de santé prévue à l'article L. 861-3 et du crédit d'impôt mentionné à l'article L. 863-1 », qui lui sont soumises par celui-ci.

Les procès-verbaux des séances du conseil d'administration sont communiqués au ministre chargé de la sécurité sociale et au ministre chargé du budget dans les quinze jours qui suivent la réunion du conseil.

Art. R. 862-5 *(Décr. n° 2012-1247 du 7 nov. 2012, art. 42-24°, en vigueur le 1er janv. 2013)* « Les délibérations portant sur le budget et le compte financier sont exécutoires dans les conditions prévues par le titre III du décret n° 2012-1246 du 7 novembre 2012 relatif à la gestion budgétaire et comptable publique. »

(Décr. n° 99-1028 du 9 déc. 1999) « Les autres délibérations sont exécutoires à l'expiration du délai de vingt jours suivant la date de réception des procès-verbaux, par les ministres de tutelle à moins qu'ils n'aient fait connaître, dans ce délai, leur refus d'approuver ces délibérations.

« Les ministres de tutelle peuvent, par décision notifiée avant l'expiration du délai, décider de renouveler celui-ci pour une durée de vingt jours, qui court à compter de la date de notification de la décision de renouvellement. »

Art. R. 862-6 Le conseil d'administration est assisté d'un conseil de surveillance dont les membres sont désignés pour une durée de cinq ans. Ce conseil de surveillance est composé de trente membres comprenant :

1° Trois membres de l'Assemblée nationale et trois membres du Sénat ;

2° Huit représentants des organisations œuvrant dans le domaine économique et social en faveur des populations les plus démunies, désignés par le ministre chargé de la sécurité sociale et choisis notamment au sein d'organismes exerçant une action sanitaire ou sociale ;

3° *(Décr. n° 2018-174 du 9 mars 2018, art. 15-I, en vigueur le 1er janv. 2018)* « Quatre » représentants des régimes obligatoires d'assurance maladie :

a) Deux membres du conseil d'administration de la Caisse nationale de l'assurance maladie *(Abrogé par Décr. n° 2018-174 du 9 mars 2018, art. 15-I, à compter du 1er janv. 2018)* *« des travailleurs salariés »*, dont le président ou son représentant ;

(Abrogé par Décr. n° 2018-174 du 9 mars 2018, art. 15-I, à compter du 1er janv. 2018) *« b) Deux membres du conseil d'administration de la Caisse nationale d'assurance maladie et maternité des travailleurs non salariés, dont le président ou son représentant ; »*

b) Deux membres du conseil d'administration de la Caisse centrale de mutualité sociale agricole, dont le président ou son représentant. — *Le b est abrogé et le c devient le b (Décr. n° 2018-174 du 9 mars 2018, art. 15-I, en vigueur le 1er janv. 2018).*

4° Dix représentants des organismes de protection sociale complémentaire, à raison de :

a) Cinq représentants des organismes mutualistes, dont trois désignés par la Fédération nationale de la mutualité française, un désigné par la Fédération des mutuelles de France et un désigné par la Fédération nationale interprofessionnelle des mutuelles ;

b) Trois représentants des entreprises d'assurance ;

1. Deux représentants de la Fédération française des sociétés d'assurance ;

2. Un représentant du groupement des entreprises mutuelles d'assurance ;

c) Deux représentants désignés par le centre technique des institutions de prévoyance.

Un représentant du ministre chargé des affaires sociales, un représentant du ministre chargé du budget et un représentant du ministre chargé de l'agriculture assistent aux réunions du conseil de surveillance.

Art. R. 862-7 Le président du conseil de surveillance est nommé par le ministre chargé de la sécurité sociale parmi les parlementaires qui en sont membres.

Les fonctions de président et de membre du conseil de surveillance sont exercées à titre gratuit. Les frais de déplacement sont remboursés dans les conditions prévues par le décret n° 2006-781 du 3 juillet 2006 fixant les conditions et les modalités de règlement des frais occasionnés par les déplacements temporaires des personnels civils de l'État.

Art. R. 862-8 Le conseil de surveillance se réunit au moins deux fois par an sur convocation de son président. La convocation est de droit lorsqu'elle est demandée par l'un des ministres chargés de la tutelle de l'établissement ou par la majorité des membres du conseil.

Le conseil de surveillance est chargé d'assister le conseil d'administration dans la définition des orientations du fonds. Il donne son avis sur le rapport annuel d'activité du fonds. Le conseil d'administration peut le consulter sur toute question.

Il concourt au suivi et à l'analyse de la mise en œuvre de la couverture maladie universelle dans ses aspects financier, sanitaire et social. Il établit à cet effet un rapport annuel transmis au conseil d'administration du fonds et au Parlement.

Art. R. 862-9 Le fonds de financement de la protection complémentaire de la couverture universelle du risque maladie est dirigé par un directeur, nommé par arrêté conjoint des ministres chargés de la sécurité sociale et du budget.

En cas de vacance provisoire de l'emploi de directeur ou d'empêchement de celui-ci, ses fonctions sont exercées par un agent de l'établissement nommé par arrêté conjoint du ministre chargé de la sécurité sociale et du ministre chargé du budget.

Le directeur dirige l'établissement et est responsable de son bon fonctionnement. Il exerce toutes les compétences qui ne sont pas attribuées à une autre autorité, et notamment :

1° Il prépare et exécute les délibérations du conseil d'administration, auquel il rend compte de sa gestion ;

2° Il représente l'établissement en justice et dans tous les actes de la vie civile ;

3° Il prépare le budget et l'exécute ;

4° Il est ordonnateur des dépenses et des recettes du fonds ;

5° Il recrute le personnel de l'établissement ;

6° Il exerce l'autorité hiérarchique sur le personnel ;

7° Il conclut au nom du fonds les marchés publics et les contrats ;

8° Il prépare les conventions *(Décr. n° 2013-827 du 16 sept. 2013, art. 1er-1°)* « relatives à la gestion de la couverture des dépenses de santé prévue à l'article L. 861-3 et du crédit d'impôt mentionné à l'article L. 863-1 » et les signe après y avoir été autorisé par le conseil d'administration dans les conditions prévues au 5° du premier alinéa de l'article R. 862-4 ;

9° Il organise les *(Décr. n° 2013-827 du 16 sept. 2013, art. 1er-2°)* « vérifications mentionnées » à l'article R. 862-13 ;

10° Il assure le secrétariat du conseil d'administration et du conseil de surveillance.

Art. R. 862-10 *(Décr. n° 2012-1247 du 7 nov. 2012, art. 42-25°, en vigueur le 1er janv. 2013)* « Le fonds est soumis aux dispositions des titres Ier et III du décret n° 2012-1246 du 7 novembre 2012 relatif à la gestion budgétaire et comptable publique. »

(Abrogé par Décr. n° 2012-1247 du 7 nov. 2012, art. 42-25°, à compter du 1er janv. 2013) « L'agent comptable du fonds est nommé par arrêté conjoint des ministres chargés de la sécurité sociale et du budget. »

Des régies de recettes et d'avances peuvent être instituées conformément aux dispositions du décret n° 92-681 du 20 juillet 1992 relatif aux régies de recettes et aux régies d'avances des organismes publics.

(Abrogé par Décr. n° 2012-1247 du 7 nov. 2012, art. 42-25°, à compter du 1er janv. 2013) « Le fonds est soumis au contrôle financier de l'État dans les conditions prévues par le décret du 25 octobre 1935 organisant le contrôle financier des offices et des établissements publics autonomes de l'État. »

SOUS-SECTION 2 DISPOSITIONS RELATIVES AUX OPÉRATIONS FINANCIÈRES EXÉCUTÉES PAR LE FONDS DE FINANCEMENT DE LA PROTECTION COMPLÉMENTAIRE DE LA COUVERTURE UNIVERSELLE DU RISQUE MALADIE

Art. R. 862-11 *(Décr. n° 2013-827 du 16 sept. 2013, art. 1er-3°)* « I. — Les organismes mentionnés au deuxième alinéa du I de l'article L. 862-4 adressent chaque trimestre aux organismes chargés du recouvrement des cotisations du régime général mentionnés au deuxième alinéa de l'article L. 862-5 *(Abrogé par Décr. n° 2016-272 du 4 mars 2016, art. 1er-2°) « , et en copie au fonds, »* une déclaration comportant notamment : »

(Décr. nº 2004-1450 du 23 déc. 2004) « 1º L'assiette et le montant de la *(Décr. nº 2013-827 du 16 sept. 2013, art. 1er-3º)* « taxe » due par chaque organisme mentionné au I de l'article L. 862-4 ;

« 2º Le nombre de personnes bénéficiant, *(Décr. nº 2013-827 du 16 sept. 2013, art. 1er-3º)* « auprès de cet organisme », *(Abrogé par Décr. nº 2013-827 du 16 sept. 2013, art. 1er-3º)* ***« le dernier jour du deuxième mois de chaque trimestre civil, »*** de la prise en charge des dépenses mentionnées à l'article L. 861-3 par application des dispositions du *b* de l'article L. 861-4 et le montant global *(Abrogé par Décr. nº 2013-827 du 16 sept. 2013, art. 1er-3º)* ***« de la déduction prévue à la première phrase du III de l'article L. 862-4 au titre »*** de cette prise en charge ;

« 3º Le nombre de personnes ouvrant droit, au bénéfice de cet organisme, *(Abrogé par Décr. nº 2013-827 du 16 sept. 2013, art. 1er-3º)* ***« le dernier jour du deuxième mois de chaque trimestre civil, »*** au crédit d'impôt mentionné à l'article L. 863-1 et le montant global » *(Décr. nº 2013-827 du 16 sept. 2013, art. 1er-3º)* « de ce crédit d'impôt.

« II. — Ces mêmes organismes adressent annuellement aux organismes chargés du recouvrement des cotisations du régime général mentionnés au deuxième alinéa de l'article L. 862-5 *(Abrogé par Décr. nº 2016-272 du 4 mars 2016, art. 1er-2º)* ***« , et en copie au fonds, »*** une déclaration au titre de l'année civile précédente, comportant la valeur définitive des éléments mentionnés au I du présent article.

« III. — Un arrêté des ministres chargés du budget et de la sécurité sociale détermine le modèle des déclarations mentionnées au I et au II et précise les dates de leur communication. » — *V. Arr. du 25 juin 2014 relatif aux dates limites de communication des déclarations mentionnées aux I et II de l'art. R. 862-11 du CSS (JO 3 juill.).*

(Décr. nº 2016-272 du 4 mars 2016, art. 1er-2º) « IV. — Les organismes chargés du recouvrement des cotisations du régime général mentionnés au deuxième alinéa de l'article L. 862-5 communiquent au fonds les éléments portés sur les déclarations mentionnées aux I et II du présent article. Les modalités de communication de ces éléments sont déterminées par une convention signée entre le fonds et l'Agence centrale des organismes de sécurité sociale et approuvée par le ministre chargé de la sécurité sociale. »

Art. R. 862-11-1 *(Décr. nº 2016-272 du 4 mars 2016, art. 1er-3º)* Par dérogation à l'article R. 243-16, le défaut de production, dans les délais prescrits, des documents relatifs à la taxe mentionnée à l'article L. 862-4 entraîne l'application d'une pénalité forfaitaire de 3 750 €. Si le retard excède un mois, une pénalité identique est automatiquement appliquée pour chaque mois ou fraction de mois de retard.

Une pénalité de 750 € est également encourue en cas d'inexactitude de la déclaration produite.

Art. R. 862-11-2 *(Décr. nº 2016-272 du 4 mars 2016, art. 1er-3º)* Par dérogation à l'article R. 242-5, lorsque les déclarations de la taxe mentionnée à l'article L. 862-4 n'ont pas été produites dans les délais prescrits ou sont manifestement erronées, le montant de son produit peut être provisoirement fixé par l'union de recouvrement des cotisations de sécurité sociale et d'allocations familiales désignée à cet effet en fonction des versements effectués au titre des exercices antérieurs ou, à défaut, par tout autre moyen d'estimation.

Art. R. 862-11-3 *(Décr. nº 2016-272 du 4 mars 2016, art. 1er-3º)* Le troisième alinéa de l'article R. 243-18 n'est pas applicable à la taxe mentionnée à l'article L. 862-4.

Art. R. 862-11-4 *(Décr. nº 2016-272 du 4 mars 2016, art. 1er-3º)* Le mode de paiement dématérialisé de la taxe mentionnée à l'article L. 862-4 est le virement bancaire. L'ordre de virement est accompagné des références permettant notamment l'identification du redevable ainsi que celle de la période au titre de laquelle le versement de la taxe est dû. Ces références sont conformes à la codification indiquée par l'organisme en charge du recouvrement.

Art. R. 862-11-5 *(Décr. nº 2016-272 du 4 mars 2016, art. 1er-3º)* La méconnaissance de l'obligation de déclaration ou de versement par voie dématérialisée dans les conditions prévues à l'article R. 862-11-4 entraîne l'application d'une majoration dans la limite de 0,2 % de la taxe mentionnée à l'article L. 862-4.

Art. R. 862-11-6 *(Décr. n° 2016-272 du 4 mars 2016, art. 1er-3°)* Les pénalités mentionnées aux articles R. 862-11-1 et R. 862-11-5 peuvent faire l'objet d'une demande gracieuse de réduction ou de remise selon les modalités prévues aux articles R. 243-19-1 et R. 243-20.

Art. R. 862-12 *(Décr. n° 2013-827 du 16 sept. 2013, art. 1er-4°)* « I. — Un arrêté des ministres chargés du budget et de la sécurité sociale fixe le contenu et les dates de transmission des éléments, autres que ceux mentionnés à l'article R. 862-11, devant être communiqués par les organismes mentionnés au deuxième alinéa du I de l'article L. 862-4 et par les organismes de sécurité sociale en application du *c* et du *d* de l'article L. 862-7.

« Ce même arrêté précise les modalités de transmission au fonds, par les organismes de sécurité sociale, d'un état relatif au nombre de personnes ayant bénéficié du crédit d'impôt défini à l'article L. 863-1 ainsi qu'au montant des dépenses prises en charge au titre de ces mêmes personnes. »

(Abrogé par Décr. n° 2013-827 du 16 sept. 2013, art. 1er-4°) « II. — Pour l'application du d de l'article L. 862-7, le fonds reçoit des organismes de sécurité sociale un état retraçant notamment :

« 1° Le nombre de personnes ayant bénéficié d'une décision d'attribution au titre de la protection complémentaire au cours de l'année civile de référence et ayant choisi l'option prévue au a de l'article L. 861-4 ;

« 2° Le nombre de personnes bénéficiant, le dernier jour du deuxième mois de chaque trimestre civil, de la prise en charge des dépenses mentionnées à l'article L. 861-3 au titre des dispositions du a de l'article L. 861-4.

Cet état est envoyé au fonds au plus tard le 30 avril de l'année civile suivante. En outre, le fonds peut à tout moment demander à recevoir certaines des données visées aux 1° et 2° du premier alinéa ci-dessus. »

(Décr. n° 2004-1450 du 23 déc. 2004, en vigueur le 1er janv. 2005) « II. — Les organismes mentionnés à l'article L. 863-2 sont tenus de communiquer au fonds mentionné à l'article L. 862-1, sur sa demande, tous renseignements nécessaires à l'élaboration du rapport pris pour l'application de l'article L. 863-5 et tous renseignements statistiques relatifs aux bénéficiaires du droit à déduction prévu à l'article L. 863-2.

« *(Abrogé par Décr. n° 2013-827 du 16 sept. 2013, art. 1er-4°) « Les organismes de sécurité sociale communiquent au fonds le nombre de personnes auxquelles elles ont attribué le droit à déduction prévu à l'article L. 863-2, leur répartition selon les tranches d'âge mentionnées au troisième alinéa de l'article L. 863-1 et leur répartition géographique. »*

« Le fonds transmet, à sa demande, les éléments mentionnés aux deux alinéas précédents au ministre chargé de la sécurité sociale. » — *Le III devient le II (Décr. n° 2013-827 du 16 sept. 2013, art. 1er-4°).*

Art. R. 862-12-1 *(Décr. n° 2008-88 du 28 janv. 2008, art. 5)* Pour l'application *(Décr. n° 2013-827 du 16 sept. 2013, art. 1er-5°)* « des articles R. 862-11 et R. 862-12 », chaque enfant mineur en résidence alternée au domicile de chacun de ses parents considéré à la charge réelle et continue de ses deux parents en application de l'avant-dernier alinéa de l'article R. 861-2 est compté pour un demi-bénéficiaire dans chacun des deux foyers au titre duquel il bénéficie, le cas échéant, de la prise en charge des dépenses mentionnées à l'article L. 861-3.

Art. R. 862-13 *(Décr. n° 2013-827 du 16 sept. 2013, art. 1er-6°)* Les modalités de versement au fonds des recettes prévues à l'article L. 862-3 ainsi que les pièces ou états justificatifs à produire sont déterminées par des conventions signées entre le fonds et l'Agence centrale des organismes de sécurité sociale, approuvées par le ministre chargé de la sécurité sociale.

SECTION II **DISPOSITIONS RELATIVES AUX ASSOCIATIONS PRÉVUES À L'ARTICLE L. 862-8**

(Décr. n° 99-1054 du 15 déc. 1999, art. 1er)

Art. R. 862-14 Les associations mentionnées à l'article L. 862-8 ont pour membres les organismes mentionnés au I de l'article L. 862-4, quelle que soit la localisation de leur siège.

Art. R. 862-15 Ne peuvent être élues dirigeantes d'une association :

1° Les personnes de nationalité française condamnées à une peine qui fait obstacle à leur inscription sur les listes électorales ;

2° Les personnes de nationalité étrangère condamnées à une peine qui, lorsqu'elle est prononcée contre un citoyen français, fait obstacle à son inscription sur les listes électorales.

Les administrateurs des organismes chargés du recouvrement des cotisations du régime général de sécurité sociale ne peuvent être désignés comme dirigeants d'une association.

Art. R. 862-16 Les statuts de l'association doivent obligatoirement préciser :

1° La période minimale d'adhésion à l'association qui ne peut être inférieure à une année civile ;

2° La durée minimale de préavis applicable à tout membre souhaitant quitter l'association et qui ne peut être inférieure à trois mois ;

3° La date à laquelle les membres adressent à l'association les éléments déclaratifs nécessaires à l'établissement de la contribution et effectuent le versement de la contribution due ;

4° Le délai dans lequel l'association verse aux membres les montants recueillis auprès du fonds.

Art. R. 862-17 L'agrément des associations est prononcé, pour une durée de cinq ans renouvelable, par le préfet de région du siège de l'association sur proposition du directeur régional *(Décr. n° 2010-344 du 31 mars 2010, art. 321)* « de la jeunesse, des sports et de la cohésion sociale ».

Les associations doivent déposer auprès de la direction régionale *(Décr. n° 2010-344 du 31 mars 2010, art. 321)* « de la jeunesse, des sports et de la cohésion sociale » du siège de l'association, en vue de leur agrément, un dossier comportant :

a) Une copie à jour des statuts ;

b) Une liste des membres de l'association ;

c) Un état des moyens susceptibles d'être mis en œuvre pour réaliser leurs missions.

Art. R. 862-18 Les associations dûment agréées doivent notifier leur existence et leur composition à l'organisme chargé du recouvrement des cotisations du régime général de sécurité sociale territorialement compétent et l'informer de toute modification de leur composition.

Art. R. 862-19 *(Décr. n° 2004-1450 du 23 déc. 2004)* « L'association adresse à l'organisme chargé du recouvrement des cotisations du régime général de sécurité sociale territorialement compétent, à l'appui du versement de la contribution prévue à l'article L. 862-4 et *(Décr. n° 2013-827 du 16 sept. 2013, art. 1er-7°)* « aux échéances mentionnées au même article », un document déclaratif défini par arrêté *(Décr. n° 2013-827 du 16 sept. 2013, art. 1er-7°)* « des ministres chargés de la sécurité sociale et du budget » qui comporte notamment, pour chacun de ses membres, les éléments mentionnés aux 1° à 3° du I de l'article R. 862-11. » *(Décr. n° 2013-827 du 16 sept. 2013, art. 1er-7°)* « Elle adresse également, dans des conditions prévues par le même arrêté, une déclaration comportant les éléments mentionnés au II de l'article R. 862-11. »

L'association adresse, à l'appui de la demande de remboursement prévue à l'article L. 862-6, et pour l'application de l'article R. 862-11, au fonds mentionné à l'article L. 862-1 le document visé à l'alinéa précédent.

Art. R. 862-20 L'organisme compétent pour le recouvrement de la *(Décr. n° 2013-827 du 16 sept. 2013, art. 1er-8°)* « taxe » *(Abrogé par Décr. n° 2013-827 du 16 sept. 2013, art. 1er-8°)* « *, au sens du premier alinéa de l'article L. 862-5,* » est l'organisme du siège de l'association, quelle que soit la domiciliation de ses membres.

Cet organisme peut être assisté, en tant que de besoin, par les organismes de recouvrement du ressort territorial correspondant à la domiciliation des membres de l'association. – *Les dispositions des art. R. 862-14 à R. 862-20 sont entrées en vigueur le 1er janv. 2000.*

CHAPITRE III DISPOSITIONS RELATIVES AU CRÉDIT D'IMPÔT AU TITRE DES CONTRATS D'ASSURANCE COMPLÉMENTAIRE DE SANTÉ INDIVIDUELS

(Décr. n° 2004-1450 du 23 déc. 2004)

Les dispositions des art. R. 863-1 à R. 863-6, issues du Décr. n° 2004-1450 du 23 déc. 2004, sont entrées en vigueur le 1er janv. 2005 (Décr. préc., art. 4).

Art. R. 863-1 L'autorité administrative mentionnée au premier alinéa de l'article L. 863-3 est celle mentionnée au II de l'article R. 861-16.

Les modalités d'attribution du droit à déduction prévu à l'article L. 863-2 sont celles prévues à l'article R. 861-16, à l'exception :

1° De la deuxième phrase du premier alinéa du I ;

2° Du deuxième alinéa du II.

(Abrogé par Décr. n° 2014-1144 du 8 oct. 2014, art. 1er-1°) « Sauf dans le cas prévu à l'article R. 863-4, » Le renouvellement du droit à déduction prévu à l'article L. 863-2 est demandé au moins deux mois et au plus quatre mois avant l'échéance de la période définie au premier alinéa de l'article R. 863-3. Dans le cas où le bénéficiaire n'a plus en sa possession l'attestation prévue au deuxième alinéa de l'article R. 863-3, il fournit les nom et adresse du ou des organismes auprès desquels il a été fait application de son droit à déduction. — *Les dispositions du Décr. n° 2014-1144 du 8 oct. 2014 s'appliquent aux contrats conclus à compter de la date mentionnée au 1er al. du II de l'art. 56 de la LFSS pour 2014, soit le 1er juill. 2015 (Décr. préc., art. 2-II, et L. n° 2013-1203 du 23 déc. 2013, art. 56-II, mod. par L. n° 2014-892 du 8 août 2014, art. 11-II).*

La Caisse d'assurance maladie délivre une attestation de droit à déduction prévu à l'article L. 863-2 à chaque bénéficiaire âgé de seize ans révolus. En cas de perte ou de vol, la caisse dont relève le bénéficiaire lui remet, sur sa demande, un duplicata sur présentation d'une déclaration sur l'honneur de perte ou de vol. L'attestation et le duplicata sont conformes à un modèle défini par arrêté du ministre chargé de la sécurité sociale et du ministre chargé de l'agriculture.

Art. R. 863-2 Le bénéficiaire du droit à déduction prévu à l'article L. 863-2 dispose d'un délai de six mois à compter de la date de la décision d'attribution de droit pour faire valoir son droit auprès d'une mutuelle, d'une entreprise régie par le code des assurances ou d'une institution de prévoyance. Il remet à celle-ci l'attestation ou le duplicata délivré par la Caisse d'assurance maladie.

Art. R. 863-3 Le droit à déduction prévu à l'article L. 863-2 est ouvert pour un an à compter de la date d'effet du contrat souscrit auprès d'une mutuelle, d'une entreprise régie par le code des assurances ou d'une institution de prévoyance, choisie par le bénéficiaire. Toutefois, si celui-ci est couvert par un contrat d'assurance complémentaire de santé individuel à la date de remise de l'attestation, le droit à déduction prend effet à cette date.

L'organisme mentionné à l'article L. 863-2 délivre au souscripteur une attestation de la date d'effet du droit à déduction de chacun des bénéficiaires.

Il bénéficie à compter de cette date et pour la même durée du crédit d'impôt mentionné à l'article L. 863-1.

En cas de suspension par l'organisme du versement des prestations prévues au contrat, notamment en cas de non-paiement à l'échéance par le souscripteur de la prime ou de la cotisation, le bénéfice du crédit d'impôt est suspendu.

Art. R. 863-4 *(Décr. n° 2014-1144 du 8 oct. 2014, art. 1er-2°)* Si le contrat prend fin au cours de la période définie au premier alinéa de l'article R. 863-3, l'organisme auprès duquel le contrat a été souscrit remet au bénéficiaire l'attestation mentionnée au dernier alinéa de l'article R. 863-1 et une attestation indiquant la période pendant laquelle il a exercé son droit à déduction. Le bénéficiaire remet ces attestations à l'organisme auprès duquel il souscrit un nouveau contrat. — *Les dispositions du Décr. n° 2014-1144 du 8 oct. 2014 s'appliquent aux contrats conclus à compter de la date mentionnée au 1er al. du II de l'art. 56 de la LFSS pour 2014, soit le 1er juill. 2015 (Décr. préc., art. 2-II, et L. n° 2013-1203 du 23 déc. 2013, art. 56-II, mod. par L. n° 2014-892 du 8 août 2014, art. 11-II).*

Art. R. 863-5 Lorsque le droit à déduction prévu à l'article L. 863-2 s'exerce dans le cadre de plusieurs contrats souscrits par des personnes différentes d'un même foyer, au sens de l'article L. 861-1 :

1° La demande de renouvellement est déposée, pour l'ensemble des personnes composant le foyer, au moins deux mois et au plus quatre mois avant l'échéance du droit à déduction ;

(Abrogé par Décr. n° 2014-1144 du 8 oct. 2014, art. 1er-3°) « 2° Une appréciation anticipée des ressources ne peut être demandée, en application de l'article R. 863-4, que si tous ces contrats ont pris fin ; »

2° Si l'une des personnes n'est plus couverte, pour des raisons indépendantes de sa volonté, par son contrat, sans que tous les autres contrats aient pris fin et alors que la période du droit à déduction n'est pas expirée, l'organisme auprès duquel le contrat a été souscrit lui remet *(Décr. n° 2014-1144 du 8 oct. 2014, art. 1er-3°)* « les attestations prévues par l'article R. 863-4. » L'intéressé remet ces deux attestations à l'organisme auprès duquel il souscrit un nouveau contrat. — *Le 3° devient le 2° (Décr. n° 2014-1144 du 8 oct. 2014, art. 1er-3°).*

Les dispositions du Décr. n° 2014-1144 du 8 oct. 2014 s'appliquent aux contrats conclus à compter de la date mentionnée au 1er al. du II de l'art. 56 de la LFSS pour 2014, soit le 1er juill. 2015 (Décr. préc., art. 2-II, et L. n° 2013-1203 du 23 déc. 2013, art. 56-II, mod. par L. n° 2014-892 du 8 août 2014, art. 11-II).

Art. R. 863-6 En cas de naissance ou d'adoption ou d'arrivée d'un enfant mineur à charge dans un foyer bénéficiaire du droit à déduction prévu à l'article L. 863-2, l'enfant donne droit, pour la période de droit restant à courir, à la déduction prévue à l'article L. 863-2 pour le souscripteur du contrat et au crédit d'impôt prévu à l'article L. 863-1 pour l'organisme auprès duquel le contrat a été souscrit.

Lorsque le bénéficiaire du droit à déduction cesse de résider en France dans les conditions fixées à l'article L. 861-1, il est tenu d'en informer l'organisme auprès duquel il a fait valoir son droit. Le bénéfice de la déduction et du crédit d'impôt est interrompu.

Art. R. 863-7 *(Décr. n° 2009-982 du 20 août 2009, art. 4)* Les dispositions de la section II et des sous-sections 1 et 2 de la section I du chapitre VII du titre IV du livre Ier et de l'article R. 861-29 sont applicables aux bénéficiaires de l'aide au paiement d'une assurance complémentaire de santé.

Art. R. 863-8 *(Décr. n° 2014-1144 du 8 oct. 2014, art. 1er-4°)* Pour la sélection des contrats prévue à l'article L. 863-6, il est procédé à une mise en concurrence préalable des organismes candidats.

Le ministre chargé de la sécurité sociale est responsable de la procédure de mise en concurrence. A ce titre, il veille à la mise en œuvre des principes de transparence, d'objectivité et de non-discrimination entre les organismes candidats.

Il met en place une commission de sélection chargée de la mise en œuvre et du contrôle de la procédure ainsi que du suivi du respect des engagements correspondant aux offres sélectionnées. Il en fixe la composition par arrêté. — *V. Arr. du 26 févr. 2015 (JO 3 mars 2015 ; Rect. JO 7 mars).*

Ne peuvent pas être nommés comme membres de la commission de sélection des personnes ayant, au cours des trois dernières années, exercé une activité salariée ou des fonctions délibérantes ou dirigeantes au sein d'un organisme complémentaire ou d'un groupement de ces organismes, ou ayant entretenu une relation professionnelle à but lucratif avec ces organismes ou groupements.

Les membres de la commission de sélection ne peuvent prendre part aux travaux de la commission s'ils ont un lien d'intérêt, direct ou indirect, avec l'organisme ou le groupement d'organismes dont l'offre est examinée.

Aucun membre de la commission de sélection ne peut, pendant trois ans à compter de la date à laquelle la liste des offres retenues a été publiée en application de l'article R. 863-12, exercer de fonctions délibérantes ou dirigeantes au sein des organismes dont l'offre a été sélectionnée ou au sein du groupe dont ces organismes sont membres.

Les membres de la commission sont tenus au secret et la discrétion professionnelle dans les mêmes conditions que celles définies à l'article 26 de la loi n° 83-634 du 13 juillet 1983 portant droits et obligations des fonctionnaires.

Les dispositions du Décr. n° 2014-1144 du 8 oct. 2014 s'appliquent aux contrats conclus à compter de la date mentionnée au 1er al. du II de l'art. 56 de la LFSS pour 2014, soit le 1er juill. 2015 (Décr. préc., art. 2-II, et L. n° 2013-1203 du 23 déc. 2013, art. 56-II, mod. par L. n° 2014-892 du 8 août 2014, art. 11-II).

Art. R. 863-9 *(Décr. n° 2014-1144 du 8 oct. 2014, art. 1er-4°)* La procédure de mise en concurrence est régie par les dispositions suivantes :

1° Les caractéristiques principales de l'offre souhaitée sont définies dans un avis d'appel à la concurrence auquel est joint le cahier des charges défini à l'article R. 863-11 ;

2° Sont recevables les candidatures déposées dans un délai défini dans l'avis d'appel à la concurrence, ne pouvant être inférieur à cinquante-deux jours à compter de la date la plus tardive des publications de l'avis prévues à l'article R. 863-9, et respectant les règles de présentation des offres fixées dans le cahier des charges ;

3° Sont éligibles les candidatures des mutuelles ou unions relevant du code de la mutualité, des entreprises régies par le code des assurances ou des institutions de prévoyance régies par le code de la sécurité sociale, disposant de l'agrément en branche 2 "maladie" mentionné à l'article R. 211-2 du code de la mutualité, à l'article R.* 321-1 du code des assurances et à l'article R. 931-2-1 du code de la sécurité sociale et respectant l'ensemble des critères fixés par l'avis d'appel à la concurrence ainsi que les règles énoncées dans le cahier des charges.

La candidature de plusieurs organismes assureurs sur une offre commune est éligible dans la mesure où sont respectées les conditions du présent alinéa ainsi que les dispositions du droit de la concurrence et la réglementation propre aux organismes d'assurance ;

4° Les critères d'évaluation des offres qui permettent d'établir leur notation reposent, de manière prépondérante, sur un critère de prix et, pour le reste, sur des critères relatifs à la qualité de service définis dans l'avis d'appel à la concurrence et portant sur les services proposés et sur les moyens mis en œuvre pour la diffusion de l'offre, selon une pondération déterminée dans l'avis d'appel à la concurrence ;

5° La sélection est opérée dans la limite d'un nombre d'offres mentionné dans l'avis d'appel à la concurrence et d'une note établie par référence à celle de l'offre la mieux notée, dans des conditions précisées dans le même avis. Le nombre minimum d'offres retenues ne peut être inférieur à trois.

Sur l'entrée en vigueur du Décr. n° 2014-1144 du 8 oct. 2014, V. note ss. art. R. 863-8.

Art. R. 863-10 *(Décr. n° 2014-1144 du 8 oct. 2014, art. 1er-4°)* L'avis d'appel à la concurrence mentionné à l'article R. 863-9 est publié au *Journal officiel* de la République française et au *Journal officiel de l'Union européenne.*

Sur l'entrée en vigueur du Décr. n° 2014-1144 du 8 oct. 2014, V. note ss. art. R. 863-8.

Art. R. 863-11 *(Décr. n° 2014-1144 du 8 oct. 2014, art. 1er-4°)* I. — Le cahier des charges énonce les garanties demandées, notamment les services accessibles aux souscripteurs ainsi que les conditions relatives au bénéfice de la dispense d'avance de frais par les assurés, à l'encadrement des pratiques tarifaires et à l'interdiction de clauses contractuelles de nature à remettre en cause l'objectif de solidarité et de mutualisation des risques poursuivi par la procédure de sélection, du fait de l'introduction de conditions particulières de remboursement, de souscription ou de cotisation.

Il précise les obligations incombant aux organismes dont l'offre est sélectionnée, notamment en ce qui concerne l'information à délivrer aux assurés.

Il prévoit que les contrats doivent comporter une clause de résiliation, à la demande de l'assuré, en cas de radiation de l'offre correspondant au contrat, de la liste établie en application de l'article R. 863-12. La clause précise qu'en cas de résiliation prononcée à ce titre l'organisme rembourse à l'assuré le montant des cotisations correspondant à la période courant de la date de résiliation à la date initiale d'échéance du contrat.

Il détermine les conditions de suivi et de réexamen périodique des contrats sélectionnés.

II. – Le cahier des charges précise les caractéristiques des trois contrats correspondant à des niveaux minima de prise en charge que doit comporter chaque offre.

Ces trois contrats, dénommés A, B et C, garantissent, dans le respect des dispositions des articles R. 871-1 et R. 871-2, la couverture des frais engagés par l'assuré selon les modalités suivantes :

1° Prise en charge intégrale de la participation des assurés définie à l'article *(Décr. n° 2015-1865 du 30 déc. 2015, art. 10-8°, en vigueur le 1er janv. 2016)* « R. 160-5 ». Cette prise en charge n'est toutefois pas obligatoire pour les prestations de santé mentionnées aux 10° et 14° de l'article *(Décr. n° 2015-1865 du 30 déc. 2015, art. 10-8°, en vigueur le 1er janv. 2016)* « R. 160-5 ». La prise en charge est majorée, pour certains frais, dans les conditions prévues au 3° du présent II ;

2° Prise en charge intégrale du forfait journalier mentionné à l'article L. 174-4, sans limitation de durée ;

3° Prise en charge des frais exposés par l'assuré pour certains dispositifs médicaux à usage individuel soumis au remboursement et certains frais d'honoraires de praticiens, à hauteur de montants minima, comprenant la participation des assurés définie au 1°, dans les conditions suivantes :

a) Pour les dispositifs d'optique médical :

– par équipement à verres simple foyer dont la sphère est comprise entre – 6,00 et + 6,00 et dont le cylindre est inférieur ou égal à + 4,00, à 100 euros pour le contrat B et à 150 euros pour le contrat C ;

– par équipement à verres simple foyer dont la sphère est hors zone de – 6,00 ou + 6,00 ou dont le cylindre est supérieur à + 4,00 et à verres multifocaux ou progressifs, à 200 euros pour le contrat B et à 350 euros pour le contrat C ;

– par équipement comportant un verre mentionné au deuxième alinéa du *a* et un verre mentionné au troisième alinéa du *a*, à 150 euros pour le contrat B et à 250 euros pour le contrat C ;

– pour les frais de lentilles, à 100 euros pour les contrats B et C ;

b) Pour les frais d'honoraires des chirurgiens-dentistes, respectivement pour les contrats A, B et C, à 125 %, 225 % et 300 % du tarif de responsabilité pour les actes d'orthopédie dento-faciale et pour les prothèses dentaires ;

c) Pour les prothèses auditives, à hauteur de 450 euros par prothèse pour le contrat C.

Sur l'entrée en vigueur du Décr. n° 2014-1144 du 8 oct. 2014, V. note ss. art. R. 863-8.

Art. R. 863-12 *(Décr. n° 2014-1144 du 8 oct. 2014, art. 1er-4°)* Seuls peuvent être ouverts, par la commission de sélection mentionnée à l'article R. 863-8, les plis qui ont été reçus au plus tard à la date d'expiration du délai de dépôt fixé conformément aux dispositions du 2° de l'article R. 863-9.

Les candidatures qui n'ont pas été écartées en application des dispositions du premier alinéa et qui respectent les règles de présentation des offres fixées dans le cahier des charges sont examinées, par la commission de sélection, au regard des conditions d'éligibilité mentionnées au 3° de l'article R. 863-9.

Les offres des candidats éligibles sont classées conformément aux règles résultant du 4° de l'article R. 863-9. Ce classement constitue l'avis rendu par la commission de sélection au ministre en charge de la sécurité sociale.

La liste des contrats donnant droit au crédit d'impôt en application de l'article L. 863-6 est fixée par arrêté du ministre chargé de la sécurité sociale. L'inscription des contrats sur la liste est prononcée pour une durée de cinq ans. — *V. Arr. du 10 avr. 2015 (JO 11 avr.), mod. par Arr. du 25 juin 2015 (JO 28 juin).*

La liste des contrats sélectionnés est publiée au *Journal officiel* de la République française.

Par dérogation aux dispositions des art. R. 863-12 et R. 863-14, les contrats retenus sur la liste mentionnée à l'art. R. 863-12 au terme de la première procédure de mise en concurrence mise en œuvre en application des dispositions du Décr. n° 2014-1144 du 8 oct. 2014 sont inscrits pour une durée de trois ans. Le renouvellement de la procédure prévue à l'art. R. 863-14 intervient au plus tard neuf mois avant l'expiration de cette période de trois ans (Décr. préc., art. 2-I).

Art. R. 863-13 *(Décr. nº 2014-1144 du 8 oct. 2014, art. 1er-4º)* A chacune des étapes de la procédure de mise en concurrence définies aux deux premiers alinéas de l'article R. 863-12, la commission de sélection notifie, par une décision motivée, le rejet de leur offre aux organismes dont l'offre n'est pas recevable ou éligible, par tout moyen permettant de déterminer la date de réception de la décision.

Les candidats dont l'offre n'a pas été inscrite sur la liste mentionnée à l'article R. 863-12 peuvent demander au ministre chargé de la sécurité sociale les raisons pour lesquelles leur offre n'a pas été retenue.

Sur l'entrée en vigueur du Décr. nº 2014-1144 du 8 oct. 2014, V. note ss. art. R. 863-8.

Art. R. 863-14 *(Décr. nº 2014-1144 du 8 oct. 2014, art. 1er-4º)* La procédure de mise en concurrence prévue par l'article R. 863-8 est renouvelée au plus tard neuf mois avant l'expiration du délai de cinq ans mentionné à l'article R. 863-12.

Sur l'entrée en vigueur du Décr. nº 2014-1144 du 8 oct. 2014, V. notes ss. art. R. 863-8 et R. 863-12.

Art. R. 863-15 *(Décr. nº 2014-1144 du 8 oct. 2014, art. 1er-4º)* I. – S'il est constaté qu'un organisme ne respecte pas les engagements correspondant à l'offre sélectionnée, celle-ci peut être radiée par le ministre chargé de la sécurité sociale de la liste mentionnée à l'article R. 863-12, après le recueil, dans un délai de deux mois à compter de la notification de ce constat, des observations écrites et, le cas échéant, sur sa demande, des observations orales de l'organisme et après avis de la commission de sélection mentionnée à l'article R. 863-8. La décision de radiation prend effet quatre mois après la publication de l'arrêté la prononçant.

II. – En cas de radiation de son offre, l'organisme informe, dans un délai d'un mois à compter de l'arrêté de radiation, les souscripteurs ou adhérents des conséquences de cette radiation au regard du bénéfice de l'aide mentionnée à l'article L. 863-2 pour leur permettre de résilier leur contrat dans un délai de trois mois à compter de la date d'envoi de cette information, en application du troisième alinéa du I de l'article R. 863-11.

III. – A compter de la date de publication de l'arrêté de radiation, les contrats correspondant à cette offre ne peuvent plus donner lieu à une souscription ou un renouvellement avec le bénéfice de l'aide mentionnée à l'article L. 863-2.

Sur l'entrée en vigueur du Décr. nº 2014-1144 du 8 oct. 2014, V. note ss. art. R. 863-8.

Art. R. 863-16 *(Décr. nº 2014-1144 du 8 oct. 2014, art. 1er-4º)* Si le nombre d'offres figurant sur la liste mentionnée à l'article R. 863-12 est réduit à moins de trois au cours de la période de cinq ans prévue au même article et si la durée restant à courir est supérieure à douze mois, une procédure de mise en concurrence destinée à compléter la liste est ouverte. Les offres sont sélectionnées dans les conditions prévues à l'article R. 863-9 à l'exception de la règle fixée à la dernière phrase du 5º du même article et s'ajoutent à celles figurant sur la liste en vigueur, pour la période restant à courir avant l'expiration du délai prévu à l'article R. 863-12.

Sur l'entrée en vigueur du Décr. nº 2014-1144 du 8 oct. 2014, V. note ss. art. R. 863-8.

CHAPITRE IV DISPOSITIONS RELATIVES À LA COUVERTURE COMPLÉMENTAIRE SANTÉ DES PERSONNES ÂGÉES DE SOIXANTE-CINQ ANS ET PLUS

(Décr. nº 2016-509 du 25 avr. 2016, art. 1er)

Art. R. 864-1 Le nombre de niveaux de garanties mentionnés au dernier alinéa de l'article L. 864-2 est fixé à trois.

Art. R. 864-2 L'Autorité de la concurrence et l'Autorité de contrôle prudentiel et de résolution sont saisies du projet de décret mentionné au 1º de l'article L. 864-2 par le ministre chargé de la sécurité sociale et le ministre chargé des finances.

Les avis de ces autorités parviennent à ces ministres dans un délai d'un mois à compter de la date de réception de la saisine. A défaut, ils sont réputés rendus.

Art. R. 864-3 L'autorité compétente mentionnée aux quatrième et sixième alinéas de l'article L. 864-2 est le Fonds de financement de la protection complémentaire de la couverture universelle du risque maladie institué par l'article L. 862-1.

TITRE SEPTIÈME CONTENU DES DISPOSITIFS D'ASSURANCE MALADIE COMPLÉMENTAIRE BÉNÉFICIANT D'UNE AIDE

(Décr. nº 2005-1226 du 29 sept. 2005)

Art. R. 871-1 Les garanties mentionnées à l'article L. 871-1 ne peuvent comprendre :

1° La prise en charge de la majoration de participation prévue aux articles L. 162-5-3 *[CSS]* et *(Décr. nº 2014-1374 du 18 nov. 2014)* « L. 1111-15 du code de la santé publique » ;

2° Les dépassements d'honoraires sur les actes cliniques et techniques pris en application du 18° de l'article L. 162-5, à hauteur au moins du montant du dépassement autorisé sur les actes cliniques.

Art. R. 871-2 *(Décr. nº 2014-1374 du 18 nov. 2014, art. 2)* Les garanties mentionnées à l'article L. 871-1 comprennent la prise en charge :

1° De l'intégralité de la participation des assurés définie à l'article *(Décr. nº 2015-1865 du 30 déc. 2015, art. 10-8°, en vigueur le 1er janv. 2016)* « R. 160-5 ». Cette prise en charge n'est toutefois pas obligatoire pour les prestations de santé mentionnées aux 6°, 7°, 10° et 14° du même article ;

2° Si le contrat, le bulletin d'adhésion ou le règlement propose cette garantie, des dépassements tarifaires des médecins n'ayant pas adhéré *(Décr. nº 2017-736 du 3 mai 2017, art. 12)* « à l'un des dispositifs de pratique tarifaire maîtrisée prévus » par la convention nationale mentionnée à l'article L. 162-5, dans la double limite de 100 % du tarif de responsabilité et du montant pris en charge pour les dépassements des médecins ayant adhéré *(Décr. nº 2017-736 du 3 mai 2017, art. 12)* « à l'un des dispositifs de pratique tarifaire maîtrisée » minoré d'un montant égal à 20 % du tarif de responsabilité ;

3° Si le contrat, le bulletin d'adhésion ou le règlement propose une couverture des frais exposés par l'assuré en sus des tarifs de responsabilité pour l'acquisition des dispositifs médicaux d'optique médicale à usage individuel soumis au remboursement, des dépenses d'acquisition de ces dispositifs, à hauteur des minima et dans la limite des maxima fixés ci-dessous incluant la participation des assurés définie au 1° et dans les conditions suivantes :

a) Au minimum à 50 euros et au maximum à 470 euros par équipement à verres simple foyer dont la sphère est comprise entre – 6,00 et + 6,00 dioptries et dont le cylindre est inférieur ou égal à + 4,00 dioptries ;

b) Au minimum à 125 euros et au maximum à 610 euros par équipement comportant un verre mentionné au *a* et un verre mentionné au *c* ;

c) Au minimum à 200 euros et au maximum à 750 euros par équipement à verres simple foyer dont la sphère est hors zone de – 6,00 à + 6,00 dioptries ou dont le cylindre est supérieur à + 4,00 dioptries et à verres multifocaux ou progressifs ;

d) Au minimum à 125 euros et au maximum à 660 euros par équipement comportant un verre mentionné au *a* et un verre mentionné au *f* ;

e) Au minimum à 200 euros et au maximum à 800 euros par équipement comportant un verre mentionné au *c* et un verre mentionné au *f* ;

f) Au minimum à 200 euros et au maximum à 850 euros par équipement pour adulte à verres multifocaux ou progressifs sphéro-cylindriques dont la sphère est hors zone de – 8,00 à + 8,00 dioptries ou à verres multifocaux ou progressifs sphériques dont la sphère est hors zone de – 4,00 à + 4,00 dioptries.

Pour l'application des maxima mentionnés ci-dessus, la prise en charge des montures au sein de l'équipement est limitée à 150 euros.

Cette garantie s'applique, s'agissant des lunettes, aux frais exposés pour l'acquisition d'un équipement composé de deux verres et d'une monture, par période de deux ans. Toutefois, pour les mineurs ou en cas de renouvellement de l'équipement justifié par une évolution de la vue, elle s'applique pour les frais exposés pour l'acquisition d'un équipement par période d'un an ;

4° Du forfait journalier des établissements hospitaliers prévu à l'article L. 174-4, sans limitation de durée.

BIBL. ► JEAN-MARIE, La complémentaire « santé » sous tension, *SSL, 1er déc 2014, no 1654, p. 2.*

Nouvel art. R. 871-2 (Décr. n° 2014-1374 du 18 nov. 2014, art. 2) *Les garanties mentionnées à l'article L. 871-1 comprennent la prise en charge :*

1° De l'intégralité de la participation des assurés définie à l'article (Décr. n° 2015-1865 du 30 déc. 2015, art. 10-8°, en vigueur le 1er janv. 2016) *« R. 160-5 ». Cette prise en charge n'est toutefois pas obligatoire pour les prestations de santé mentionnées aux 6°, 7°, 10° et 14° du même article ;*

2° Si le contrat, le bulletin d'adhésion ou le règlement propose cette garantie, des dépassements tarifaires des médecins n'ayant pas adhéré (Décr. n° 2017-736 du 3 mai 2017, art. 12) *« à l'un des dispositifs de pratique tarifaire maîtrisée prévus » par la convention nationale mentionnée à l'article L. 162-5, dans la double limite de 100 % du tarif de responsabilité et du montant pris en charge pour les dépassements des médecins ayant adhéré* (Décr. n° 2017-736 du 3 mai 2017, art. 12) *« à l'un des dispositifs de pratique tarifaire maîtrisée » minoré d'un montant égal à 20 % du tarif de responsabilité ;*

(Décr. n° 2019-21 du 11 janv. 2019, art. 1er) *« 3° Des dépenses d'acquisition des dispositifs médicaux d'optique médicale à usage individuel soumis au remboursement, dans les conditions suivantes :*

« – à hauteur des frais exposés par l'assuré en sus des tarifs de responsabilité dans la limite des prix fixés en application de l'article L. 165-3 pour les verres et les montures appartenant à une classe à prise en charge renforcée définie en application du deuxième alinéa de l'article L. 165-1, la prestation d'appairage pour des verres d'indices de réfraction différents et le supplément applicable pour les verres avec filtre, dans les conditions définies par la liste prévue par le même article ;

« – dans le respect des limites ci-dessous, si le contrat, le bulletin d'adhésion ou le règlement prévoit une couverture des frais exposés par l'assuré en sus de la participation mentionnée au 1° pour l'acquisition d'équipements composés de verres ou d'une monture appartenant à une classe prévue à l'article L. 165-1 autre que celles à prise en charge renforcée susmentionnée :

« a) Au minimum à 50 euros et au maximum à 420 euros dans les cas suivants :

« – par équipement à verres unifocaux sphériques dont la sphère est comprise entre – 6,00 et + 6,00 dioptries ;

« – par équipement à verre unifocaux sphéro-cylindriques dont la sphère est comprise entre – 6,00 et 0 dioptries et dont le cylindre est inférieur ou égal à + 4,00 dioptries ;

« – par équipement à verre unifocaux sphéro-cylindriques dont la sphère est positive et dont la somme S (sphère + cylindre) est inférieure ou égale à 6,00 dioptries ;

« b) Au minimum à 125 euros et au maximum à 560 euros par équipement comportant un verre mentionné au a et un verre mentionné au c ;

« c) Au minimum à 200 euros et au maximum à 700 euros dans les cas suivants :

« – par équipement à verres unifocaux sphériques dont la sphère est hors zone de – 6,00 à + 6,00 dioptries ;

« – par équipement à verre unifocaux sphéro-cylindriques dont la sphère est comprise entre – 6,00 et 0 dioptries et dont le cylindre est supérieur à + 4,00 dioptries ;

« – par équipement à verre unifocaux sphéro-cylindriques dont la sphère est inférieure à – 6,00 dioptries et dont le cylindre est supérieur ou égal à 0,25 dioptrie ;

« – par équipement à verre unifocaux sphéro-cylindriques dont la sphère est positive et dont la somme S est supérieure à 6,00 dioptries ;

« – par équipement à verres multifocaux ou progressifs sphériques dont la sphère est comprise entre – 4,00 et + 4,00 dioptries ;

« – par équipement à verres multifocaux ou progressifs sphéro-cylindriques dont la sphère est comprise entre – 8,00 et 0,00 dioptries et dont le cylindre est inférieur ou égal à + 4,00 dioptries ;

« – par équipement à verres multifocaux ou progressifs sphéro-cylindriques dont la sphère est positive et dont la somme S est inférieure ou égale à 8,00 dioptries ;

« d) Au minimum à 125 euros et au maximum à 610 euros par équipement comportant un verre mentionné au a et un verre mentionné au f ;

« e) Au minimum à 200 euros et au maximum à 750 euros par équipement comportant un verre mentionné au c et un verre mentionné au f ;

« f) Au minimum à 200 euros et au maximum à 800 euros dans les cas suivants :

« — par équipement à verres multifocaux ou progressifs sphériques dont la sphère est hors zone de – 4,00 à + 4,00 dioptries ;

« — par équipement à verres multifocaux ou progressifs sphéro-cylindriques dont la sphère est comprise entre -8,00 et 0 dioptries et dont le cylindre est supérieur à + 4,00 dioptries ;

« — par équipement à verres multifocaux ou progressifs sphéro-cylindriques dont la sphère est inférieure à – 8,00 dioptries et dont le cylindre est supérieur ou égal à 0,25 dioptrie ;

« — par équipement à verres multifocaux ou progressifs sphéro-cylindriques dont la sphère est positive et dont la somme S est supérieure à 8,00 dioptries.

« Lorsque l'équipement est composé de verres différents appartenant à une même catégorie a, c ou f[,] définies ci-dessus, les montants minimum et maximum de prise en charge des frais exposés par l'assuré pour l'équipement sont ceux afférents à cette catégorie.

« Dans tous les cas, la prise en charge d'une monture est limitée à 100 euros.

« Les montants minimum et maximum mentionnés ci-dessus incluent la part des dépenses prises en charge par l'assurance maladie obligatoire et la participation des assurés mentionnée au 1° pour l'acquisition de l'équipement.

« Ces garanties s'appliquent aux frais exposés pour l'acquisition d'un équipement composé de deux verres et d'une monture, par période de deux ans, à l'exception des cas pour lesquels un renouvellement anticipé est prévu dans la liste mentionnée à l'article L. 165-1, notamment pour les enfants de moins de 16 ans et en cas d'évolution de la vue.

« 4° Des dépenses d'acquisition des dispositifs médicaux d'aides auditives dans les conditions suivantes :

« a) A hauteur des frais exposés par l'assuré en sus des tarifs de responsabilité, dans la limite des prix fixés en application de l'article L. 165-3, pour les appareils appartenant à une classe à prise en charge renforcée définie en application du deuxième alinéa de l'article L. 165-1 ;

« b) Au maximum à 1 700 euros par aide auditive, incluant la part des dépenses prise en charge par l'assurance maladie obligatoire et la participation mentionnée au 1° pour les appareils appartenant à une classe autre que celles à prise en charge renforcée.

« Ces garanties s'appliquent aux frais exposés pour l'acquisition d'une aide auditive par période de quatre ans dans les conditions précisées par la liste prévue à l'article L. 165-1 ;

« 5° Des frais de soins dentaires prothétiques exposés par l'assuré en sus des tarifs de responsabilité dans la limite des honoraires de facturation fixés par la convention prévue à l'article L. 162-9 ou, en l'absence de convention applicable, par le règlement arbitral prévu à l'article L. 162-14-2, pour les actes définis par arrêté des ministres chargés de la santé et de la sécurité sociale, en fonction du service rendu et des caractéristiques esthétiques ; »

Pour l'application des maxima mentionnés ci-dessus, la prise en charge des montures au sein de l'équipement est limitée à 150 euros.

Cette garantie s'applique, s'agissant des lunettes, aux frais exposés pour l'acquisition d'un équipement composé de deux verres et d'une monture, par période de deux ans. Toutefois, pour les mineurs ou en cas de renouvellement de l'équipement justifié par une évolution de la vue, elle s'applique pour les frais exposés pour l'acquisition d'un équipement par période d'un an ;

6° Du forfait journalier des établissements hospitaliers prévu à l'article L. 174-4, sans limitation de durée. — Le 4° devient le 6° (Décr. n° 2019-21 du 11 janv. 2019, art. 1er).

Sur l'entrée en vigueur du présent art., dans sa rédaction issue du Décr. n° 2019-21 du 11 janv. 2019, V. art. 5 ci-dessous.

Décret n° 2019-21 du 11 janvier 2019

Visant à garantir un accès sans reste à charge à certains équipements d'optique, aides auditives et soins prothétiques dentaires (JO 12 janv.).

Art. 2 I. — Il est créé auprès des ministres chargés de la santé et de la sécurité sociale un comité de suivi de la réforme « 100 % santé ».

Ce comité est chargé d'évaluer la mise en œuvre de la réforme de la prise en charge des prestations et équipements dentaires, d'optique médicale et d'audiologie. Il remet aux ministres chargés de la santé et de la sécurité sociale, tous les deux ans au plus tard le 30 septembre, un rapport portant sur les pratiques constatées et formulant, le cas échéant, des préconisations.

Il se réunit en trois formations définies par les II à IV du présent article.

II. — La formation « assurance maladie obligatoire et assurance maladie complémentaire » est chargée de suivre notamment l'évolution, dans les trois secteurs concernés, des frais restant à la charge des assurés, des montants de prestations prises en charge par l'assurance maladie obligatoire et par l'assurance maladie complémentaire, des garanties des contrats d'assurance complémentaire en santé, ainsi que des cotisations ou primes des contrats bénéficiant d'aides fiscales et sociales mentionnées à l'article L. 871-1 du code de la sécurité sociale. Elle s'attache également à suivre la mise en œuvre des engagements pris en matière de lisibilité des contrats d'assurance complémentaire en santé.

Elle comprend des représentants des ministres chargés de la santé et de la sécurité sociale, de l'Union nationale des caisses d'assurance maladie, de l'Union nationale des associations agréées d'usagers du système de santé et des organismes d'assurance maladie complémentaire.

III. — La formation « audiologie » est chargée d'analyser les volumes, les prix de vente, les caractéristiques et la qualité des aides auditives des classes à prise en charge renforcée ou n'en faisant pas l'objet. Elle s'attache également à suivre leur niveau de remboursement par les contrats d'assurance complémentaire en santé. Elle analyse les données relatives à la satisfaction des assurés et à leur accès effectif à ces équipements. Elle évalue les évolutions du marché de ces appareils, ainsi que de la filière dans laquelle s'inscrivent leur production et leur distribution.

Elle comprend, outre les personnes mentionnées au II, des représentants des ministres chargés de l'économie et de l'industrie et des syndicats professionnels du secteur de l'audioprothèse.

IV. — La formation « optique médicale » est chargée d'analyser les volumes et les prix de vente, ainsi que les caractéristiques et la qualité des équipements d'optique des classes à prise en charge renforcée ou n'en faisant pas l'objet. Elle s'attache également à suivre leur niveau de remboursement par les contrats d'assurance complémentaire en santé. Elle analyse les données relatives à la satisfaction des assurés et à leur accès effectif à ces équipements. Elle évalue les évolutions du marché de ces équipements, ainsi que de la filière dans laquelle s'inscrivent leur production et leur distribution. Elle s'intéresse enfin aux enjeux de la filière de l'optique médicale.

Elle comprend, outre les personnes mentionnées au II, des représentants des ministres chargés de l'économie et de l'industrie et des syndicats professionnels du secteur de l'optique médicale.

V. — La composition et les règles de fonctionnement du comité sont fixées par arrêté des ministres chargés de la santé et de la sécurité sociale.

Art. 3 L'article 3 du décret du 18 novembre 2014 susvisé est abrogé.

Art. 4 Les dispositions de l'article 2 peuvent être modifiées par décret.

Art. 5 Les dispositions des 3° et 5° de l'article R. 871-2 du code de la sécurité sociale dans leur rédaction issue du présent décret s'appliquent aux contrats souscrits ou renouvelés à compter du 1er janvier 2020, sous réserve des dispositions du troisième alinéa du présent article.

Les dispositions du 4° de l'article R. 871-2 du code de la sécurité sociale dans leur rédaction issue du présent décret s'appliquent aux contrats souscrits ou renouvelés à compter du 1er janvier 2021.

Les dispositions du 5° de l'article R. 871-2 du code de la sécurité sociale dans leur rédaction issue du présent décret s'appliquent aux actes pour lesquels l'entente directe est limitée et sans reste à charge tels que définis dans la convention prévue à l'article L. 162-9, aux dates fixées par la convention organisant les rapports entre les chirurgiens-dentistes libéraux et l'assurance maladie signée le 21 juin 2018.

LIVRE NEUVIÈME DISPOSITIONS RELATIVES À LA PROTECTION SOCIALE COMPLÉMENTAIRE DES SALARIÉS ET AUX INSTITUTIONS À CARACTÈRE PARITAIRE

(Décr. n° 96-294 du 2 avr. 1996)

BIBL. GÉN. ▸ CECCALDI, *Dr. trav. 1996. Chron. 19.*

TITRE PREMIER DISPOSITIONS GÉNÉRALES RELATIVES À LA PROTECTION SOCIALE COMPLÉMENTAIRE DES SALARIÉS

(Décr. n° 2014-1498 du 11 déc. 2014, art. 1er)

Art. R. 912-1 Les accords professionnels ou interprofessionnels mentionnés au premier alinéa du I de l'article L. 912-1 prévoient la part de la prime ou de la cotisation acquittée qui sera affectée au financement de prestations mentionnées aux 1°, 2° et 3° de l'article R. 912-2 ainsi que, le cas échéant, à d'autres actions équivalentes procédant d'un objectif de solidarité qu'ils stipulent.

Sont regardés comme présentant un degré élevé de solidarité au sens des dispositions du premier alinéa de l'article L. 912-1 les accords pour lesquels la part de ce financement est au moins égale à 2 % de la prime ou de la cotisation.

Art. R. 912-2 Les accords professionnels ou interprofessionnels mentionnés au premier alinéa du I de l'article L. 912-1 peuvent prévoir, en vue de comporter des garanties présentant un degré élevé de solidarité au sens des dispositions de cet alinéa :

1° Une prise en charge, totale ou partielle, de la cotisation de tout ou partie des salariés ou apprentis pouvant bénéficier des dispenses d'adhésion prévues au *b* du 2° de l'article R. 242-1-6, ainsi que de la cotisation de tout ou partie des salariés, apprentis ou anciens salariés dont la cotisation représente au moins 10 % de leurs revenus bruts ;

2° Le financement d'actions de prévention concernant les risques professionnels ou d'autres objectifs de la politique de santé, relatifs notamment aux comportements en matière de consommation médicale.

Ces actions de prévention pourront relayer des actions prioritaires dans des domaines identifiés comme tels dans le cadre de la politique de santé, notamment des campagnes nationales d'information ou de formation, ou prévoir des actions propres au champ professionnel ou interprofessionnel concerné et visant à réduire les risques de santé futurs et à améliorer les conditions de vie au travail et la santé des salariés.

3° La prise en charge de prestations d'action sociale, comprenant notamment :

a) Soit à titre individuel : l'attribution, lorsque la situation matérielle des intéressés le justifie, d'aides et de secours individuels aux salariés, anciens salarié et ayants droit ;

b) Soit à titre collectif, pour les salariés, les anciens salariés ou leurs ayants droit : l'attribution suivant des critères définis par l'accord d'aides leur permettant de faire face à la perte d'autonomie, y compris au titre des dépenses résultant de l'hébergement d'un adulte handicapé dans un établissement médico-social, aux dépenses liées à la prise en charge d'un enfant handicapé ou à celles qui sont nécessaires au soutien apporté à des aidants familiaux.

Les orientations des actions de prévention ainsi que les règles de fonctionnement et les modalités d'attribution des prestations d'action sociale sont déterminées par la commission paritaire de branche, en prenant en compte, le cas échéant, les objectifs d'amélioration de la santé définis dans le cadre de la politique de santé à la mise en œuvre desquels ces orientations contribuent dans le champ professionnel ou interprofessionnel qu'elles couvrent.

La commission paritaire de branche contrôle la mise en œuvre de ces orientations par les organismes auprès desquels les entreprises organisent la couverture de leurs salariés.

Art. R. 912-3 *(Décr. n° 2017-162 du 9 févr. 2017, art. 1er)* Lorsqu'ils mettent en œuvre les dispositions du IV de l'article L. 912-1, les accords mentionnés au premier alinéa du I du même article :

1° Définissent les prestations gérées de manière mutualisée qui comprennent des actions de prévention ou des prestations d'action sociale mentionnées à l'article R. 912-2 ;

2° Déterminent les modalités de financement de ces actions. Ce financement peut prendre la forme d'un montant forfaitaire par salarié, d'un pourcentage de la prime ou de la cotisation mentionnée à l'article R. 912-1, ou d'une combinaison de ces deux éléments ;

3° Créent un fonds finançant les prestations mentionnées au 1° et percevant les ressources mentionnées au 2° ;

4° Précisent les modalités de fonctionnement de ce fonds, notamment les conditions de choix du gestionnaire chargé de son pilotage par la commission paritaire de branche.

Le Décr. n° 2017-162 du 9 févr. 2017 s'applique aux accords conclus ou renouvelés à compter de la date d'entrée en vigueur du décret susvisé (Décr. préc., art. 2, JO 11 févr.).

TITRE DEUXIÈME DISPOSITIONS RELATIVES AUX RETRAITES COMPLÉMENTAIRES OBLIGATOIRES, AUX INSTITUTIONS DE RETRAITE COMPLÉMENTAIRE ET À LEURS FÉDÉRATIONS

(Décr. n° 2004-965 du 9 sept. 2004)

CHAPITRE PREMIER DISPOSITIONS RELATIVES À LA GÉNÉRALISATION DE LA RETRAITE DES SALARIÉS

Néant.

CHAPITRE II DISPOSITIONS RELATIVES AUX INSTITUTIONS DE RETRAITE COMPLÉMENTAIRE ET À LEURS FÉDÉRATIONS

SECTION PREMIÈRE CRÉATION ET FONCTIONNEMENT

SOUS-SECTION 1 INSTITUTIONS DE RETRAITE COMPLÉMENTAIRE

Art. R. 922-1 Une institution de retraite complémentaire est créée par une convention ou un accord collectif signé entre une ou plusieurs organisations syndicales d'employeurs et une ou plusieurs organisations syndicales de salariés représentatives dans le champ de compétence du régime que cette convention ou cet accord institue. Cet accord ou cette convention prévoit l'adhésion de l'institution à une fédération d'institutions de retraite complémentaire. Il fixe les modalités de désignation et de convocation des membres de l'assemblée générale paritaire constitutive de l'institution ou de l'instance paritaire en tenant lieu, qui approuve les projets de statuts et de règlement de celle-ci.

Art. R. 922-2 L'autorisation de fonctionnement d'une institution de retraite complémentaire est accordée par le ministre chargé de la sécurité sociale sur proposition de la fédération à laquelle elle doit adhérer. La proposition est accompagnée d'une étude d'impact détaillant les conséquences de cette création sur l'équilibre économique et financier du régime géré par la fédération. Elle ne peut être acceptée que si l'institution de retraite complémentaire compte un nombre minimal de 5 000 membres participants.

L'arrêté autorisant le fonctionnement de l'institution approuve ses statuts et son règlement.

Art. R. 922-3 Le retrait de l'autorisation de fonctionnement d'une institution de retraite complémentaire peut être prononcé par arrêté du ministre chargé de la sécurité sociale :

— lorsque de graves irrégularités dans la gestion ou le fonctionnement de l'institution sont constatées ;

— lorsque le nombre de membres participants de l'institution n'atteint plus, pendant une durée de trois années consécutives, 5 000 membres participants ;

— sur demande de la fédération dans les conditions prévues par les articles R. 922-43, R. 922-52 et R. 922-53.

Art. R. 922-4 La fusion d'institutions de retraite complémentaire relevant d'une même fédération est opérée soit par regroupement au sein d'une nouvelle institution, soit au sein d'une institution déjà agréée, dont les statuts sont modifiés en conséquence.

Dans le premier cas, les assemblées générales extraordinaires des institutions regroupées ou les instances paritaires en tenant lieu adoptent, sur proposition de la fédération concernée, des projets de statuts et de règlement identiques qui sont réputées approuvés par le ministre chargé de la sécurité sociale dans un délai de deux mois à compter de leur réception, sauf décision de rejet motivée notifiée à la fédération dont relève l'institution. Cette approbation vaut autorisation de fonctionnement. Dans le second cas, l'assemblée générale extraordinaire de chaque institution ou l'instance paritaire en tenant lieu approuve l'opération de regroupement.

Art. R. 922-5 En cas de dissolution volontaire ou de retrait de l'autorisation de fonctionnement d'une institution de retraite complémentaire, sa liquidation est effectuée dans les conditions prévues par le règlement de la fédération.

La fédération décide des mesures nécessaires au maintien des droits des membres adhérents et participants de l'institution. Elle procède à la clôture des comptes de l'institution et aux dévolutions patrimoniales correspondantes.

Elle informe le ministre chargé de la sécurité sociale de l'achèvement des opérations de fusion ou de liquidation. Dans les cas de fusion et de dissolution volontaire, celui-ci constate la caducité des autorisations de fonctionnement préexistantes par lettre adressée à la fédération.

SOUS-SECTION 2 FÉDÉRATIONS D'INSTITUTIONS DE RETRAITE COMPLÉMENTAIRE

Art. R. 922-6 Une fédération d'institutions est créée pour la mise en œuvre des dispositions d'un accord collectif mentionné à l'article L. 921-4. La fédération a notamment pour objet la réalisation de la compensation prévue par l'article L. 922-4.

L'instance paritaire constitutive de la fédération, dont les modalités de convocation sont fixées par l'accord mentionné au précédent alinéa, est :

— soit une assemblée générale composée de délégués élus par l'assemblée générale, ou à défaut désignés par le conseil d'administration de chaque institution membre de la fédération ;

— soit une commission paritaire composée de membres désignés par chacune des organisations signataires de cet accord.

Elle est composée de représentants qui doivent en nombre égal être des membres adhérents et des membres participants du régime mis en œuvre. Elle approuve les projets de statuts et règlement de la fédération.

Art. R. 922-7 L'autorisation de fonctionnement d'une fédération prévue à l'article L. 922-4 ne peut être accordée par le ministre chargé de la sécurité sociale que si la fédération présente au ministre un plan détaillé des dispositions propres à assurer l'équilibre financier à long terme du régime qu'elle met en œuvre, et notamment le mécanisme de compensation entre les institutions de retraite complémentaire qui y adhèrent. L'arrêté autorisant le fonctionnement de la fédération approuve ses statuts et son règlement. Les modifications des statuts et du règlement de la fédération sont approuvées par arrêté du ministre chargé de la sécurité sociale.

Art. R. 922-8 Le retrait de l'autorisation de fonctionnement d'une fédération peut être prononcé par arrêté du ministre chargé de la sécurité sociale en cas de dénonciation de l'accord collectif mentionné à l'article L. 921-4 ayant institué le régime.

Le ministre prononce la dissolution ; il prend toutes dispositions pour assurer sa liquidation et préciser les conditions de dévolution de son patrimoine.

Il peut à cet effet nommer un administrateur provisoire.

Art. R. 922-9 La fusion de fédérations d'institutions de retraite complémentaire peut intervenir si elle est prévue par un accord national interprofessionnel.

Cet accord fixe les modalités de désignation des membres de l'assemblée générale ou de la commission paritaire constitutive de la nouvelle fédération et les modalités d'adoption des projets de statuts et de règlement de la fédération issue de la fusion. Ces projets précisent les conditions dans lesquelles sont repris les droits et obligations des fédérations préexistantes.

Les projets de statuts et de règlement sont approuvés par arrêté du ministre chargé de la sécurité sociale après avis des assemblées générales extraordinaires ou des commissions paritaires de chaque fédération préexistante. Cette approbation vaut autorisation de fonctionnement.

A l'achèvement des opérations de transfert des droits et des obligations des fédérations ayant fusionné, le ministre chargé de la sécurité sociale constate la caducité des autorisations de fonctionnement des fédérations préexistantes par lettre adressée à la fédération qui leur a succédé.

Art. R. 922-10 Les conditions de liquidation des fédérations d'institutions de retraite complémentaire sont fixées par arrêté du ministre chargé de la sécurité sociale.

SECTION II **STATUTS, RÈGLEMENT ET CONSEIL D'ADMINISTRATION**

SOUS-SECTION 1 **DISPOSITIONS COMMUNES**

Art. R. 922-11 Les statuts des institutions de retraite complémentaire et des fédérations fixent les règles de fonctionnement interne de ces organismes. Ils déterminent notamment :

– le siège social, la dénomination et l'objet de l'institution de retraite complémentaire ou de la fédération ;

– la composition, le mode de désignation et les modalités de fonctionnement de l'assemblée générale ou de l'instance paritaire en tenant lieu et du conseil d'administration ;

– les attributions du président et du directeur de l'institution ou de la fédération et les modalités selon lesquelles le conseil d'administration leur délègue ses pouvoirs ;

– les attributions du conseil d'administration qui ne peuvent être déléguées au bureau.

Art. R. 922-12 La dénomination d'une institution de retraite complémentaire est suivie de la mention : "institution de retraite complémentaire régie par le code de la sécurité sociale" et du nom de la fédération à laquelle elle adhère. La dénomination d'une fédération d'institutions de retraite complémentaire est suivie de la mention : "fédération d'institutions de retraite complémentaire régie par le code de la sécurité sociale".

Cette mention figure obligatoirement dans les statuts, le règlement et tous les documents concernant les droits et obligations des membres adhérents et participants de l'institution de retraite complémentaire ou de la fédération définis à l'article L. 922-2.

Art. R. 922-13 Les institutions de retraite complémentaire et leurs fédérations sont administrées par un conseil d'administration composé paritairement de représentants des membres adhérents et des membres participants. Ces membres sont soit désignés, soit élus, soit pour une part désignés et pour l'autre part élus, dans une proportion fixée par les statuts.

Le nombre de membres et la composition du conseil d'administration, ainsi que les conditions de désignation ou d'élection des administrateurs sont également fixés par les statuts de l'institution de retraite complémentaire ou de la fédération. Des modalités différentes peuvent être prévues selon qu'il s'agit du collège des membres adhérents ou du collège des membres participants.

Les administrateurs suppléants, élus ou désignés peuvent siéger au conseil d'administration dans les mêmes conditions que les administrateurs titulaires sans voix délibérative. Ils ne siègent avec voix délibérative qu'en cas d'empêchement du titulaire. Dans le cas où il n'y a pas de suppléant, les administrateurs peuvent donner procuration à un membre du même collège, chaque administrateur ne pouvant détenir qu'un seul pouvoir.

Art. R. 922-14 La durée des fonctions d'administrateur est fixée par les statuts de l'institution ou de la fédération dans la limite de six années. Cette durée est la même que celle du mandat des membres de l'assemblée générale ou de l'instance en tenant lieu. Le mandat des administrateurs sortants est renouvelable dans les conditions fixées par les statuts.

En outre, les statuts doivent prévoir, pour l'exercice des fonctions d'administrateur, une limite d'âge s'appliquant soit à l'ensemble des administrateurs, soit à un pourcentage déterminé d'entre eux identique pour chacun des deux collèges.

A défaut de disposition expresse dans les statuts, le nombre des administrateurs ayant plus de soixante-dix ans ne peut être supérieur, dans chacun des deux collèges, au tiers des administrateurs en fonction.

Art. R. 922-15 Une même personne ne peut appartenir simultanément à plus de quatre conseils d'administration d'institutions de retraite complémentaire ou de fédérations.

L'administrateur qui méconnaît les dispositions du précédent alinéa lorsqu'il accède à un nouveau mandat doit, dans les trois mois suivant sa nomination, se démettre de l'un de ses mandats. A l'expiration de ce délai, il est réputé s'être démis de son mandat le plus récent, sans que soit de ce fait remise en cause la validité des délibérations auxquelles il a pris part.

Art. R. 922-16 Un administrateur d'une institution de retraite complémentaire, d'un groupement dont l'institution est membre, d'une personne morale liée directement ou indirectement à l'institution par convention ou d'une fédération ne peut en être salarié durant son mandat ou le devenir qu'à l'issue d'une durée de trois ans à compter de la fin de son mandat.

Un ancien salarié d'une institution de retraite complémentaire, d'un groupement dont l'institution est membre, d'une personne morale liée directement ou indirectement à l'institution par convention ou d'une fédération ne peut en être administrateur qu'à l'issue d'une durée de trois ans à compter de la rupture de son contrat de travail. Tout candidat au poste d'administrateur doit faire connaître au conseil d'administration les autres fonctions qu'il exerce à cette date.

Toute désignation ou élection intervenue en violation des dispositions des deux alinéas précédents est nulle. Cette nullité n'entraîne pas celle des délibérations auxquelles a pris part l'administrateur irrégulièrement désigné ou élu.

Art. R. 922-17 Les postes d'administrateur deviennent vacants par décès, démission ou perte de la qualité de membre de l'institution de retraite complémentaire ou d'administrateur de la fédération, ou encore, lorsque l'administrateur a été désigné par une organisation syndicale, par retrait du mandat d'un administrateur sur décision de celle-ci ou par démission de l'organisation syndicale d'employeurs ou de salariés représentée. Ces postes sont pourvus par les suppléants ou, à défaut, dans les conditions et délais définis par les statuts de l'institution de retraite complémentaire ou de la fédération.

Art. R. 922-18 Le conseil d'administration peut nommer en son sein une ou plusieurs commissions. Ces commissions exercent leur activité sous la responsabilité du conseil qui ne peut en aucun cas leur déléguer les compétences mentionnées aux articles R. 922-34 et R. 922-44. Il peut créer, pour la mise en œuvre de l'action sociale au profit de ses membres, une commission d'action sociale à laquelle il donne mandat, sur le fondement des orientations qu'il arrête, pour l'attribution d'aides individuelles. Cette commission rend compte chaque année au conseil de l'exercice de son mandat.

Art. R. 922-19 Le conseil d'administration élit en alternance un président et un vice-président choisis parmi les administrateurs appartenant à des collèges différents. La durée de leur mandat doit être inférieure à celle prévue pour les fonctions d'administrateur. Elle est précisée par les statuts. Le conseil d'administration peut à tout moment mettre un terme aux fonctions du président ou du vice-président.

Art. R. 922-20 Nul ne peut exercer simultanément plus de deux mandats de président ou de vice-président d'une institution de retraite complémentaire ou d'une fédération. Nul ne peut exercer simultanément plus d'un mandat de président ou de vice-président au sein d'une fédération et des institutions de retraite complémentaire qui en relèvent. La méconnaissance de ces dispositions entraîne les conséquences prévues au deuxième alinéa de l'article R. 922-15.

Art. R. 922-21 Dans les rapports avec les tiers, l'institution de retraite complémentaire ou la fédération est engagée par les actes du conseil d'administration, même lorsque ceux-ci ne relèvent pas de leur objet social. Elle ne peut s'exonérer de cet engagement qu'en prouvant que le tiers savait que l'acte dépassait cet objet ou qu'il ne pouvait l'ignorer compte tenu des circonstances. Cette preuve ne peut résulter de la seule existence des statuts et de leur publication. La responsabilité de ces organismes est également engagée par les décisions du directeur général, sauf lorsque ces décisions excèdent le cadre de la délégation mentionnée aux articles R. 922-34 et R. 922-44.

L'institution ou la fédération sont valablement représentées dans tous les actes de la vie civile soit par le président ou à défaut le vice-président du conseil d'administration, soit, dans le cadre de la délégation mentionnée aux articles R. 922-34 et R. 922-44, par le directeur général.

Art. R. 922-22 Le président du conseil d'administration, ou en cas d'empêchement, le vice-président, convoque le conseil d'administration au moins deux fois par an. L'ordre du jour de ces réunions est fixé conjointement par le président et le vice-président du conseil d'administration. Les modalités de convocation des membres du conseil sont déterminées par les statuts.

Art. R. 922-23 Le conseil d'administration délibère valablement si la moitié au moins de ses membres sont présents ou représentés et les décisions sont acquises à la majorité des membres présents ou représentés, sous réserve de dispositions plus rigoureuses des statuts. Si le quorum n'est pas atteint, le conseil est à nouveau réuni. Les règles en cas de partage des voix sont fixées par les statuts.

(Décr. n° 2012-978 du 21 août 2012, art. 1er) « Sauf pour l'arrêt des comptes annuels et des comptes combinés, les statuts peuvent prévoir que sont réputés présents, pour le calcul du quorum et de la majorité, les administrateurs qui participent à la réunion par des moyens de visioconférence ou de télécommunication permettant leur identification et garantissant leur participation effective. Les statuts peuvent limiter la nature des décisions pouvant être prises lors d'une réunion tenue dans ces conditions et prévoir un droit d'opposition au profit d'un nombre déterminé d'administrateurs. »

Les administrateurs, ainsi que toute personne appelée à assister aux séances du conseil d'administration, sont tenus à la discrétion à l'égard des informations présentant un caractère confidentiel et données comme telles par le président, le vice-président ou le directeur général.

Art. R. 922-24 Sont considérés comme dirigeants d'une institution de retraite complémentaire ou d'une fédération les membres du conseil d'administration, le directeur général, toute personne à laquelle il a été donné délégation par le conseil d'administration et tout dirigeant de fait d'une institution de retraite complémentaire ou d'une fédération.

Art. R. 922-25 A peine de nullité du contrat, il est interdit aux dirigeants de contracter, sous quelque forme que ce soit, des emprunts auprès de l'institution ou de la fédération, de se faire consentir par celle-ci un découvert, en compte courant ou autrement, de faire cautionner ou avaliser par elles leurs engagements envers les tiers ou de percevoir, directement ou par personne interposée, toute rémunération relative aux opérations mises en œuvre par l'institution de retraite complémentaire ou la fédération.

La même interdiction s'applique aux conjoints, ascendants et descendants des personnes visées au premier alinéa du présent article ainsi qu'à toute personne interposée.

Les dirigeants ou leurs conjoints, ascendants et descendants peuvent toutefois bénéficier de ces opérations financières dans les mêmes conditions que celles qui sont proposées par l'institution de retraite complémentaire ou par la fédération à l'ensemble de ses membres au titre de l'action sociale qu'elle met en œuvre.

Les mêmes règles s'appliquent aux dirigeants de l'institution ou de la fédération autres que les administrateurs lorsque ceux-ci sont susceptibles d'en bénéficier aux mêmes conditions que les salariés de l'institution ou de la fédération.

Dans tous les cas, le conseil d'administration est informé du montant et des conditions des prêts accordés au cours de l'année à chacun de ses dirigeants.

Art. R. 922-26 Les fonctions d'administrateur d'une institution de retraite complémentaire ou d'une fédération sont gratuites. Toute clause contraire est réputée non écrite. Toutefois, les administrateurs ont droit au remboursement des frais de déplacement et de séjour ainsi que des pertes de salaires effectivement subies en stricte relation avec l'exercice de leurs fonctions. Dans l'hypothèse où les rémunérations sont maintenues par l'employeur, celui-ci peut demander à l'institution ou à la fédération le remboursement des rémunérations maintenues aux administrateurs pour les activités liées à l'exercice de leur mandat qui sont effectuées sur leur temps de travail. Les activités liées à l'exercice de ce mandat sont couvertes par une assurance souscrite par la fédération ou l'institution de retraite complémentaire.

Art. R. 922-27 Les statuts de l'institution de retraite complémentaire ou de la fédération fixent les conditions d'établissement et de contrôle, ainsi que la durée et les modalités de renouvellement de la délégation mentionnée aux articles R. 922-34 et R. 922-44 que le conseil d'administration consent au directeur de l'institution ou de la fédération. Le conseil d'administration peut également déléguer des pouvoirs aux collaborateurs du directeur général, à la demande de celui-ci. Ces délégations ne peuvent être générales.

Art. R. 922-28 Tout candidat aux fonctions de directeur général d'une institution de retraite complémentaire ou d'une fédération doit faire connaître au conseil d'administration les autres fonctions qu'il exerce à cette date afin que le conseil puisse apprécier leur compatibilité avec les fonctions de directeur général d'une institution de retraite complémentaire ou d'une fédération.

La nomination du directeur d'une institution de retraite complémentaire doit être agréée par la fédération à laquelle l'institution adhère.

Le directeur général d'une institution de retraite complémentaire ou d'une fédération doit informer le conseil d'administration de toute autre fonction qui pourrait lui être confiée. Le conseil statue dans un délai d'un mois sur la compatibilité de ces fonctions avec celles de directeur général d'une institution de retraite complémentaire ou d'une fédération.

Art. R. 922-29 *(Décr. n° 2012-978 du 21 août 2012, art. 2)* « L'exercice des fonctions de directeur général est soumis à une limite d'âge fixée par les statuts, qui ne peut être inférieure à l'âge prévu au 1° de l'article L. 351-8. A défaut de disposition expresse, elle est égale à cet âge. »

Toute nomination intervenue en violation de ces dispositions prévues est nulle.

Lorsqu'un directeur général atteint la limite d'âge, il est réputé démissionnaire d'office.

Les dispositions issues du Décr. n° 2012-978 du 21 août 2012 ne s'appliquent aux directeurs généraux nommés antérieurement à la publication du décret susvisé qu'en l'absence de stipulations contractuelles contraires (Décr. préc., art. 9).

Art. R. 922-30 Toute convention intervenant entre une institution de retraite complémentaire ou une fédération ou toute personne morale à qui elle a délégué tout ou partie de sa gestion et l'un de ses dirigeants doit être soumise à l'autorisation préalable du conseil d'administration.

Il en est de même des conventions auxquelles un dirigeant est indirectement intéressé ou dans lesquelles il traite avec l'institution de retraite complémentaire ou la fédération par personne interposée.

Sont également soumises à autorisation préalable les conventions passées entre une institution de retraite complémentaire ou une fédération et toute personne morale, si l'un des dirigeants de l'institution de retraite complémentaire ou de la fédération est propriétaire, associé indéfiniment responsable, gérant, administrateur, directeur général, membre du directoire ou du conseil de surveillance de cette personne morale.

Des règles plus rigoureuses peuvent être prévues par les statuts des institutions de retraite complémentaire et des fédérations.

Art. R. 922-31 Les articles R. 931-3-26 à R. 931-3-28 du code de la sécurité sociale sont applicables aux conventions conclues par les dirigeants d'une institution de retraite complémentaire ou d'une fédération. Toutefois, les compétences attribuées à la commission paritaire par ces articles sont exercées par le comité d'approbation des comptes dans les institutions de retraite complémentaire et par la commission paritaire élargie dans les fédérations.

SOUS-SECTION 2 **DISPOSITIONS PARTICULIÈRES AUX INSTITUTIONS DE RETRAITE COMPLÉMENTAIRE**

Art. R. 922-32 Les statuts des institutions de retraite complémentaire doivent être conformes au modèle arrêté pour chaque fédération par le ministre chargé de la sécurité sociale, sur proposition de la fédération concernée. Les modèles de statuts comportent des dispositions obligatoires, notamment celles qui sont mentionnées à l'article R. 922-11 et des dispositions facultatives.

Les demandes de modifications des statuts et du règlement des institutions de retraite complémentaire, transmises au ministre chargé de la sécurité sociale après avis conforme de la fédération concernée, sont approuvées dans les conditions prévues à l'article R. 922-4.

Art. R. 922-33 Le règlement d'une institution de retraite complémentaire comprend l'ensemble des règles régissant les rapports entre l'institution de retraite complémentaire et ses membres adhérents ou participants. Il précise notamment :

– les dispositions particulières nécessaires pour la mise en œuvre de l'accord national interprofessionnel en matière d'affiliation, de recouvrement des cotisations et de liquidation des retraites ;

– les règles en matière d'action sociale ;

– les conditions dans lesquelles est assurée l'information des membres adhérents et participants ;

– les conditions de dévolution du patrimoine et de transfert des opérations gérées par l'institution, ainsi que des droits et obligations qui s'y rattachent, dont la fédération garantit le maintien.

Art. R. 922-34 Le conseil d'administration de l'institution de retraite complémentaire est investi des pouvoirs les plus étendus pour administrer celle-ci.

Il peut constituer un bureau dont la composition et les attributions sont déterminées par les statuts. Il nomme, en dehors de ses membres et après agrément par la fédération, le directeur général et le révoque. Il fixe les conditions dans lesquelles il lui délègue les pouvoirs nécessaires à la gestion de l'institution. Il peut donner délégation au directeur général pour représenter l'institution en justice.

Il arrête et vote le budget et les comptes. Il établit le rapport de gestion soumis à l'assemblée générale ou au comité paritaire d'approbation des comptes. Un arrêté du ministre chargé de la sécurité sociale détermine le contenu de ce rapport. Il approuve le règlement de l'institution de retraite complémentaire à la majorité qualifiée prévue par les statuts.

Il autorise la conclusion et la modification de toute convention dont l'objet est de déléguer à un organisme extérieur tout ou partie des opérations liées au recouvrement des cotisations ou au versement des prestations.

Il est chargé de l'élaboration des modifications statutaires, qui sont soumises au vote de l'assemblée générale dans les conditions fixées à l'article R. 922-39. Toutefois, lorsque l'instance représentative des adhérents et des participants est le comité paritaire d'approbation des comptes, le conseil d'administration est compétent pour approuver les demandes de modifications statutaires.

Art. R. 922-35 L'instance représentative des adhérents et des participants au sein d'une institution de retraite complémentaire est définie par les statuts. Cette instance peut être soit une assemblée générale, soit un comité paritaire d'approbation des comptes.

Art. R. 922-36 L'assemblée générale d'une institution de retraite complémentaire est composée paritairement de délégués représentant les membres adhérents et les membres participants désignés, élus, ou désignés pour une part et pour l'autre élus selon les modalités prévues par les statuts de l'institution. Des modalités différentes peuvent être prévues selon qu'il s'agit du collège des membres adhérents ou du collège des membres participants. La durée du mandat des membres des assemblées générales des institutions de retraite complémentaire est fixée par les statuts sans pouvoir excéder six ans.

Art. R. 922-37 L'assemblée générale, réunie en session ordinaire, est convoquée par le président du conseil d'administration ou, en cas d'empêchement, par le vice-président. En cas de carence, elle peut également être convoquée par le ou les commissaires aux comptes. Les formes et les délais de convocation de l'assemblée générale sont fixés par les statuts.

Les membres de l'assemblée générale doivent disposer de tout document utile à la préparation de l'assemblée. La liste de ces documents ainsi que leurs modalités d'envoi et de mise à disposition sont fixées par les statuts.

A compter de la convocation, tout membre de l'assemblée générale a la faculté de poser par écrit des questions relevant de la compétence de l'assemblée générale, auxquelles il peut être répondu par le président du conseil d'administration, dans des conditions fixées par les statuts.

L'ordre du jour de l'assemblée générale ordinaire d'une institution de retraite complémentaire est arrêté conjointement par le président et le vice-président. L'inscription à l'ordre du jour de l'assemblée générale de toute question relevant de sa compétence est de droit quand elle est demandée par une fraction, fixée par les statuts, des membres de l'assemblée générale.

L'assemblée ne peut délibérer sur une question qui n'est pas à l'ordre du jour. L'ordre du jour de l'assemblée ne peut être modifié sur deuxième convocation que dans le respect des formes et des délais prévus par les statuts.

L'assemblée générale est réunie au moins une fois par an et obligatoirement dans les neuf mois suivant la clôture de l'exercice. Elle se réunit au siège social ou en tout autre lieu du même département ou de la même région. Une feuille de présence est tenue à chaque assemblée dans les conditions fixées par les statuts.

Art. R. 922-38 L'assemblée générale, réunie en session ordinaire, entend le rapport de gestion du conseil d'administration et le rapport du ou des commissaires aux comptes et approuve les comptes de l'exercice écoulé. Elle est informée de la conclusion et de la modification de toute convention dont l'objet est de déléguer à un organisme extérieur tout ou partie des opérations liées au recouvrement des cotisations ou au versement des prestations.

Elle nomme le ou les commissaires aux comptes et leurs suppléants pour six ans.

Elle désigne ses représentants au conseil d'administration de l'institution de retraite complémentaire et, le cas échéant, ses représentants à l'assemblée générale de la fédération.

L'assemblée générale d'une institution de retraite complémentaire ne délibère valablement que si, lors de la première convocation et pour chaque collège, le quart au moins de ses membres est présent ou représenté. A défaut de ce quorum, une seconde assemblée est convoquée qui délibère quel que soit le quorum. Les délibérations sont acquises à la majorité des suffrages exprimés. Les statuts peuvent prévoir, pour l'exercice de certaines attributions, un vote à la majorité des suffrages de chaque collège. Tout membre de l'assemblée générale empêché peut déléguer ses pouvoirs à un membre du même collège dans des conditions précisées par les statuts.

Art. R. 922-39 L'assemblée générale, réunie en session extraordinaire, se prononce sur les modifications statutaires, sur la fusion ou la dissolution de l'institution de retraite complémentaire.

Elle est réunie dans un délai de trois mois à compter de la demande du conseil d'administration ou d'une fraction, fixée par les statuts, de ses membres. Elle peut également être convoquée par le conseil d'administration de la fédération dont l'institution relève.

L'assemblée générale extraordinaire d'une institution de retraite complémentaire ne délibère valablement que si, lors de la première convocation et pour chaque collège, le tiers au moins de ses membres est présent ou représenté. A défaut de ce quorum, une seconde assemblée est convoquée, qui délibère quel que soit le quorum. Les délibérations sont acquises à la majorité qualifiée des suffrages exprimés dans chaque collège, fixée par les statuts. Tout membre de l'assemblée générale empêché peut déléguer ses pouvoirs à un membre du même collège dans des conditions précisées par les statuts.

Art. R. 922-40 Le comité paritaire d'approbation des comptes d'une institution de retraite complémentaire est composé paritairement de représentants des membres adhérents et des membres participants désignés selon les modalités prévues par les statuts. Les fonctions de membre du comité paritaire d'approbation des comptes sont incompatibles avec le mandat d'administrateur de l'institution. La durée du mandat des membres des comités paritaires d'approbation des comptes des institutions de retraite complémentaire est fixée par les statuts, dans la limite de six années.

Art. R. 922-41 Le comité paritaire d'approbation des comptes exerce les attributions mentionnées à l'article R. 922-38. Il se prononce également sur la fusion et la dissolution de l'institution.

Art. R. 922-42 Le comité paritaire d'approbation des comptes est convoqué par le président du conseil d'administration ou, en cas d'empêchement, par le vice-président. En cas de carence, il peut également être convoqué par le ou les commissaires aux comptes. Il peut aussi être convoqué par le conseil d'administration de la fédération dont l'institution relève.

Il est réuni au moins une fois par an, et obligatoirement dans les six mois suivant la clôture de l'exercice, au siège social ou en tout autre lieu du même département ou de la même région.

Les formes et les délais de convocation du comité paritaire d'approbation des comptes sont fixés par les statuts. Ses membres doivent disposer de tout document utile à la préparation du comité. La liste de ces documents ainsi que leurs modalités d'envoi et de mise à disposition sont fixées par les statuts de l'institution.

L'ordre du jour du comité paritaire d'approbation des comptes est arrêté conjointement par ses président et vice-président. L'inscription à l'ordre du jour du comité paritaire d'approbation des comptes de toute question relevant de sa compétence est de droit quand elle est demandée par une fraction de ses membres fixée par les statuts. Le comité paritaire d'approbation des comptes ne peut délibérer sur une question qui n'est pas à l'ordre du jour. L'ordre du jour du comité ne peut être modifié sur deuxième convocation que dans le respect des formes et délais prévus par les statuts.

Le comité paritaire d'approbation des comptes d'une institution de retraite complémentaire ne délibère valablement que si, lors de la première convocation et pour chaque collège, la moitié au moins de ses membres en exercice est présente ou représentée. A défaut de ce quorum, un second comité est convoqué, qui délibère quel que soit le quorum. Les délibérations du comité paritaire d'approbation des comptes sont acquises à la majorité des voix dans chaque collège. Toutefois, lorsqu'il se prononce sur la fusion de l'institution avec une autre institution, ses délibérations sont acquises à la majorité qualifiée des suffrages exprimés dans chaque collège qui a été fixée par les statuts. Tout membre du comité paritaire d'approbation des comptes d'une institution de retraite complémentaire peut, en cas d'empêchement, donner procuration à un membre du même collège dans des conditions précisées par les statuts. Une feuille de présence est tenue à chaque réunion.

SOUS-SECTION 3 DISPOSITIONS PARTICULIÈRES AUX FÉDÉRATIONS D'INSTITUTIONS DE RETRAITE COMPLÉMENTAIRE

Art. R. 922-43 Le règlement de la fédération fixe les principes qui régissent les rapports entre la fédération et les institutions de retraite complémentaire qui y adhèrent et les règles communes qu'elles doivent respecter. Il précise notamment :

– les conditions d'adhésion à la fédération d'une institution de retraite complémentaire ;

– les modalités d'application de la compensation financière prévue à l'article L. 922-4 ;

– les modalités de sauvegarde des droits des participants en cas de fusion d'institutions ou de retrait de l'autorisation de fonctionner d'une institution ;

– les modalités d'approbation des conventions mentionnées à l'article R. 922-30 ;

– les conditions de mise en œuvre des sanctions et l'organisation de la procédure contradictoire mentionnées aux articles R. 922-52 et R. 922-53 ;

– les modalités de fusion, de dissolution et de liquidation des institutions de retraite complémentaire membres de la fédération ;

– les critères de bonne gestion et les règles de contrôle interne des institutions de retraite complémentaire, ainsi qu'une liste d'actes, d'acquisitions ou de pratiques qui peuvent être qualifiés de graves manquements dans la gestion ou le fonctionnement de l'institution ;

– les modalités de suivi, par la fédération, de l'activité des institutions de retraite complémentaire qui y adhèrent, notamment la liste des pièces dont l'envoi aux fédérations est obligatoire ;

– les conditions dans lesquelles les institutions peuvent accorder des cautions, avals ou garanties ;

– les principes de la politique d'action sociale.

Le règlement précise également les sanctions que la fédération peut prononcer à l'encontre de ses institutions ou de leurs dirigeants en cas de manquement aux obligations qui leur incombent ; ces sanctions ne peuvent être autres que celles qui sont mentionnées à l'article R. 922-52 et doivent être prononcées dans le respect de procédure prévue à l'article R. 922-53.

Art. R. 922-44 Le conseil d'administration de la fédération est investi des pouvoirs les plus étendus pour administrer celle-ci. Il peut constituer un bureau dont la composition et les attributions sont déterminées par les statuts.

Il nomme, en dehors de ses membres, le directeur général et le révoque. Il fixe les conditions dans lesquelles il lui délègue les pouvoirs nécessaires à la gestion de la fédération ; il peut lui donner délégation pour représenter la fédération en justice.

Le conseil d'administration arrête et vote le budget propre de la fédération et les comptes de la fédération ainsi que les comptes combinés des institutions de retraite complémentaire et de la fédération dont elles relèvent. Il établit le rapport de gestion.

Dans le respect des dispositions des accords nationaux interprofessionnels et des décisions de la commission paritaire, le conseil d'administration fixe les paramètres du régime. Il prend les mesures nécessaires à l'application des décisions de la commission paritaire et à la mise en œuvre de la compensation financière entre les institutions membres de la fédération.

Il est chargé des relations avec les institutions de retraite complémentaire qui y adhèrent et notamment :

– de proposer au ministre chargé de la sécurité sociale d'accorder ou de retirer l'autorisation de fonctionnement aux institutions de retraite complémentaire membres de la fédération ;

– d'approuver le règlement de la fédération et de veiller à son application ;

– d'appliquer les sanctions mentionnées à l'article R. 922-52 ;

– de donner son accord préalable à la conclusion de toute convention par laquelle une institution de retraite complémentaire délègue à un organisme extérieur tout ou partie de sa gestion ;

– d'élaborer les modifications statutaires soumises au vote, selon le cas, de l'assemblée générale ou de la commission paritaire.

Art. R. 922-45 Instance représentative des organisations signataires de l'accord collectif ayant institué un régime en application de l'article L. 921-4, la commission paritaire est composée de délégués désignés par chacune de ces organisations et représentant en nombre égal les membres adhérents et les membres participants.

Elle est compétente pour interpréter les dispositions de l'accord et pour décider des mesures nécessaires à son application. Elle peut être saisie par l'une des organisations ou par la fédération de toute question relative à l'interprétation ou à l'application des accords.

La commission paritaire élabore, sous la responsabilité des organisations signataires de l'accord, un rapport prospectif sur les prévisions d'évolution de l'équilibre financier à moyen terme du régime établies sur la base d'hypothèses ajustées à intervalles réguliers et au minimum tous les trois ans.

Elle fournit en outre au Conseil d'orientation des retraites tous les éléments d'information et les études nécessaires pour les projections des régimes obligatoires, conformément aux dispositions de l'article L. 114-2.

Lorsque l'accord instituant le régime et confirmé par les statuts n'a pas prévu l'existence d'une assemblée générale, la commission paritaire compétente pour approuver les modifications statutaires se prononce sur la fusion de la fédération prévue par un accord national interprofessionnel.

Le ministre chargé de la sécurité sociale ou son représentant peut être entendu à sa demande par la commission paritaire. La commission paritaire peut, dans les mêmes conditions, inviter le ministre ou son représentant à s'exprimer devant elle sur un des sujets figurant à l'ordre du jour.

Art. R. 922-46 L'instance représentative des adhérents et des participants d'une fédération d'institutions de retraite complémentaire est définie par l'accord collectif instituant le régime, et confirmée par ses statuts. Cette instance peut être soit une assemblée générale, soit la commission paritaire élargie mentionnée à l'article R. 922-49.

Art. R. 922-47 L'assemblée générale d'une fédération d'institutions de retraite complémentaire est composée paritairement de délégués représentant les membres adhérents et les membres participants des institutions de retraite complémentaire composant la fédération soit élus, soit pour une part désignés et pour l'autre part élus, dans une proportion fixée par les statuts. Les statuts de la fédération déterminent le collège électoral, composé soit des membres des conseils d'administration, soit des membres des assemblées générales des institutions de retraite complémentaire composant la fédération.

Art. R. 922-48 L'assemblée générale entend les rapports des commissaires aux comptes sur les comptes de la fédération et sur les comptes combinés des institutions de retraite complémentaire et de la fédération *(Abrogé par Décr. n° 2012-978 du 21 août 2012, art. 3)* ***« tels qu'ils sont définis par le règlement de*** *(Ord. n° 2009-79 du 22 janv. 2009, art. 6)* ***« l'Autorité des normes comptables » prévu par l'article* L. 931-34 »**. Elle approuve les comptes de la fédération et les comptes combinés au titre de l'exercice écoulé. Elle nomme les commissaires aux comptes et leurs suppléants pour six ans. Elle est informée de la conclusion et de la modification de toute convention dont l'objet est de déléguer à un organisme extérieur tout ou partie des opérations liées au recouvrement des opérations ou au versement des prestations.

Lorsqu'elle exerce ces compétences, les dispositions de l'article R. 922-37, à l'exception du délai de réunion obligatoire qui est porté à douze mois suivant la clôture de l'exercice, ainsi que les dispositions du dernier alinéa de l'article R. 922-38 lui sont applicables.

L'assemblée générale approuve les modifications statutaires et se prononce sur la fusion de la fédération avec une autre fédération prévue par un accord national interprofessionnel. Lorsqu'elle exerce ces compétences, les dispositions du dernier alinéa de l'article R. 922-39 lui sont applicables.

Art. R. 922-49 La commission paritaire exerce les compétences définies au premier alinéa de l'article R. 922-48 dans une formation élargie. La commission paritaire élargie, dont la composition est déterminée par l'accord collectif instituant le régime et confirmé par les statuts de la fédération, est constituée de délégués désignés par chacune des organisations signataires de l'accord et représentant en nombre égal les membres adhérents et les membres participants de la fédération. Elle comprend au moins le double des membres de la commission paritaire. Les délégués des organisations signataires désignés pour constituer la commission paritaire peuvent ne pas en être membres. La moitié au moins des représentants de chaque organisation au sein de la commission paritaire élargie ne doit pas exercer de fonctions d'administrateur de la fédération. La commission paritaire élargie est réunie à l'initiative des organisations signataires de l'accord instituant le régime ou par le conseil d'administration de la fédération ou, en cas de carence, par les commissaires aux comptes. Les auteurs de la convocation définissent l'ordre du jour de la réunion.

Sous réserve du précédent alinéa, et d'un délai de réunion obligatoire porté à douze mois suivant la clôture de l'exercice, les dispositions des deuxième, troisième et quatrième alinéas de l'article R. 922-42 sont applicables.

La commission paritaire élargie ne délibère valablement que si le nombre des membres participant à la séance et ayant le droit de vote est, dans chaque collège, au moins égal à la moitié du nombre des titulaires. Les délibérations sont acquises à la majorité des suffrages exprimés dans chaque collège. Tout membre empêché peut déléguer ses pouvoirs à un membre du même collège.

SECTION III CONTRÔLE DES INSTITUTIONS DE RETRAITE COMPLÉMENTAIRE

SOUS-SECTION 1 CONTRÔLE DES INSTITUTIONS DE RETRAITE COMPLÉMENTAIRE PAR LEUR FÉDÉRATION

Art. R. 922-50 La fédération vérifie que les institutions de retraite complémentaire effectuent leurs opérations conformément à la réglementation en vigueur, aux dispositions des accords instituant le régime ainsi qu'à ses statuts et à son règlement. Elle s'assure de l'efficacité de la gestion et de la qualité du service offert par les institutions.

Art. R. 922-51 Le contrôle par la fédération est effectué sur pièces ou sur place, avec ou sans préavis. Les institutions font l'objet d'un contrôle sur place au moins une fois tous les cinq ans. La mise en œuvre de la procédure de signalement prévue à l'article R. 922-58 est immédiatement suivie d'un contrôle sur place.

En cas de contrôle sur place, un rapport est obligatoirement établi. Il est communiqué au conseil d'administration de l'institution de retraite complémentaire, qui transmet ses observations et réponses à la fédération. Le conseil d'administration de la fédération, ou par délégation son directeur, arrête les mesures éventuellement nécessaires, qui peuvent être assorties d'un échéancier. Ces décisions s'imposent à l'institution. Les personnes appartenant au corps de contrôle de la fédération ont accès à toutes les informations utiles à la bonne exécution de leur mission.

Les rapports de contrôle sont communiqués aux commissaires aux comptes de l'institution et aux commissaires aux comptes de la fédération chargés de la certification des comptes combinés.

Art. R. 922-52 Lorsqu'une institution de retraite complémentaire ne s'est pas conformée aux obligations qui lui incombent ou n'a pas déféré aux injonctions de la fédération à la suite d'un contrôle, le conseil d'administration de la fédération peut prononcer à l'encontre de l'institution ou de ses dirigeants, en tenant compte de la gravité du manquement, l'une ou plusieurs des sanctions prévues par son règlement. Ces sanctions peuvent être :

– l'avertissement ;
– le blâme ;
– l'interdiction d'effectuer certaines opérations ou toute autre limitation dans l'exercice de l'activité ;
– le transfert à un autre organisme de tout ou partie des opérations gérées ;
– la suspension temporaire d'un ou plusieurs dirigeants de l'institution ;
– le retrait d'agrément du directeur ;
– la révocation du conseil d'administration et la nomination d'un administrateur provisoire qui exerce ses fonctions jusqu'à la désignation, dans les délais prévus par le règlement de la fédération, d'un nouveau conseil d'administration.

La fédération peut également proposer au ministre compétent le retrait de l'autorisation de fonctionner de cette institution. Le ministre chargé de la sécurité sociale est informé de toute sanction prononcée par la fédération à l'encontre de l'institution.

Art. R. 922-53 La fédération décide des sanctions mentionnées à l'article R. 922-52 après une procédure contradictoire. Les intéressés sont informés par lettre recommandée avec accusé de réception de la procédure engagée ainsi que des griefs et manquements qui leur sont reprochés. Cette lettre doit leur parvenir au moins quinze jours avant la réunion du conseil d'administration. Ils peuvent demander à être entendus par le conseil d'administration de la fédération et se faire représenter ou assister lors de leur audition.

SOUS-SECTION 2 CONTRÔLE DES INSTITUTIONS DE RETRAITE COMPLÉMENTAIRE ET DES FÉDÉRATIONS PAR LE COMMISSAIRE AUX COMPTES

Art. R. 922-54 Les institutions de retraite complémentaire et leurs fédérations appliquent le plan comptable mentionné à l'article L. 114-5. Les fédérations peuvent y apporter les adaptations qui sont nécessaires à l'exercice de leur mission, après *(Décr. n° 2012-978 du 21 août 2012, art. 4)* « avis conforme du Conseil de normalisation des comptes publics ».

Art. R. 922-55 Les commissaires aux comptes exercent les fonctions définies par le code de commerce, dans les conditions prévues par ce code, sous réserve des dispositions des articles R. 922-56 à 59 du présent code.

Art. R. 922-56 Une institution de retraite complémentaire a l'obligation de nommer au moins un commissaire aux comptes et un ou plusieurs suppléants.

Une fédération d'institutions de retraite complémentaire a l'obligation de nommer au moins deux commissaires aux comptes et deux suppléants. Ceux-ci certifient les comptes de la fédération ainsi que les comptes combinés des institutions de retraite complémentaire.

En vigueur à compter du 1er janv. 2006 (Décr. no 2004-965 du 9 sept. 2004, art. 2).

Art. R. 922-57 Les commissaires aux comptes des institutions de retraite complémentaire et de leurs fédérations établissent un rapport général de certification des comptes, accompagné d'un rapport spécial relatif aux conventions réglementées. Ces rapports sont entendus par l'assemblée générale ou par l'instance paritaire en tenant lieu.

Ils exposent dans leur rapport général les conditions de l'accomplissement de leur mission en mentionnant, le cas échéant, les difficultés de toute nature qu'ils ont rencontrées.

Ils établissent également annuellement et présentent au conseil d'administration un rapport spécifique sur une fonction ou sur une activité particulière de l'institution ou de la fédération significative en termes d'analyse du risque. Ce rapport est transmis par les institutions à la fédération concernée.

Lorsque le commissaire aux comptes des institutions de retraite complémentaire n'obtient pas des personnes morales liées directement ou indirectement à l'institution les informations nécessaires à la bonne exécution de sa mission, il en informe sans délai la fédération pour la mise en œuvre des dispositions du deuxième alinéa de l'article L. 922-5.

Les commissaires aux comptes des fédérations d'institutions de retraite complémentaire certifient également que les comptes combinés des institutions de retraite complémentaire et de la fédération dont elles relèvent, établis par les fédérations, sont réguliers et sincères et donnent une image fidèle de la situation financière de l'ensemble des institutions qui relèvent de la fédération. La certification des comptes combinés est délivrée notamment après examen des travaux des commissaires aux comptes des institutions de retraite complémentaire.

En vigueur à compter du 1er janv. 2006 (Décr. no 2004-965 du 9 sept. 2004, art. 2).

Art. R. 922-58 Lorsque le commissaire aux comptes d'une institution de retraite complémentaire constate un grave manquement à un ou plusieurs des critères de gestion prévus par le règlement de la fédération ou l'existence d'actes, d'acquisitions ou de pratiques déterminés par ce règlement, il doit le signaler à la fédération concernée. Lorsque le commissaire aux comptes exerce ce signalement, la fédération en informe le ministre chargé de la sécurité sociale.

En vigueur à compter du 1er janv. 2006 (Décr. no 2004-965 du 9 sept. 2004, art. 2).

Art. R. 922-59 Les honoraires des commissaires aux comptes sont à la charge, selon le cas, des institutions de retraite complémentaire ou de leurs fédérations. Le montant des honoraires est fixé d'un commun accord entre le commissaire aux comptes et l'institution ou la fédération, en tenant compte de l'importance du travail nécessaire à l'accomplissement de la mission légale de contrôle.

SOUS-SECTION 3 DEVOIR D'INFORMATION DES INSTITUTIONS DE RETRAITE COMPLÉMENTAIRE ET DES FÉDÉRATIONS

Art. R. 922-60 Tout membre adhérent ou participant a le droit d'obtenir communication des statuts, des règlements et des comptes des trois derniers exercices de l'institution de retraite complémentaire et de la fédération dont elle relève. Les frais de photocopie et d'envoi peuvent être mis à la charge du demandeur dans des conditions fixées selon le cas par le règlement de l'institution ou de la fédération. Le règlement détermine les autres documents communicables aux membres adhérents et participants.

Art. R. 922-61 Le ministre chargé de la sécurité sociale reçoit de la fédération communication :
– des procès-verbaux des conseils d'administration de la fédération ;
– de l'ensemble des documents soumis aux assemblées générales ou aux commissions paritaires des fédérations ;
– du rapport prospectif mentionné à l'article R. 922-45 ;
– des circulaires ou instructions à caractère général diffusées auprès des institutions par les fédérations ;
– des sanctions prononcées par la fédération à l'encontre d'une institution ou de ses dirigeants.

En outre, le ministre chargé de la sécurité sociale reçoit, à sa demande, copie des rapports mentionnés à l'article R. 922-57 ainsi que des documents soumis aux différents organes des institutions de retraite complémentaire.

TITRE TROISIÈME INSTITUTIONS DE PRÉVOYANCE ET OPÉRATIONS DE CES INSTITUTIONS

CHAPITRE PREMIER INSTITUTIONS DE PRÉVOYANCE ET UNIONS D'INSTITUTIONS DE PRÉVOYANCE *(Décr. nº 2008-1154 du 7 nov. 2008, art. 19).*

SECTION PREMIÈRE DISPOSITIONS GÉNÉRALES

(Décr. nº 96-294 du 2 avr. 1996)

SOUS-SECTION 1 DISPOSITIONS PRÉLIMINAIRES

Art. R. 931-1-1 Les institutions de prévoyance et les unions d'institutions de prévoyance ne peuvent pratiquer que des activités définies à l'article L. 931-1 et les opérations qui en découlent directement, exercées dans les conditions fixées par ledit article.

Elles peuvent adhérer à des règlements ou souscrire des contrats, au profit de leurs membres participants, auprès d'autres institutions de prévoyance, de mutuelles régies par le code de la mutualité ou de sociétés régies par le code des assurances dont l'objet est de couvrir des risques ou de garantir des engagements mentionnés au deuxième alinéa de l'article L. 931-1, dès lors que ces opérations demeurent d'importance limitée par rapport à celles qu'elles réalisent sous leur responsabilité directe. Un arrêté du ministre chargé de la sécurité sociale détermine les conditions et limites dans lesquelles les institutions et unions d'institutions de prévoyance peuvent réaliser ces opérations. – *V. 4e Partie, CSS, art. A. 931-1-1 à A. 931-1-3.*

Art. R. 931-1-2 Toute institution de prévoyance *(Décr. nº 2008-1154 du 7 nov. 2008, art. 20)* « ou union » est désignée par une dénomination sociale qui doit être suivie de la mention : "Institution de prévoyance *(Décr. nº 2008-1154 du 7 nov. 2008, art. 20)* « ou union » régie par le code de la sécurité sociale". Cette mention figure obligatoirement dans les statuts, les règlements, les bulletins d'adhésion et les contrats de l'institution ainsi que dans tous documents à caractère contractuel ou publicitaire.

(Décr. nº 2008-1154 du 7 nov. 2008, art. 20) « Toute institution de prévoyance ou union ayant la réassurance pour activité exclusive est désignée par une dénomination sociale qui doit être suivie de la mention "Institution de prévoyance ou union de réassurance régie par le code de la sécurité sociale". Cette mention figure obligatoirement dans les statuts, les règlements, les bulletins d'adhésion et les contrats de l'institution ou de l'union ainsi que dans tous documents à caractère contractuel ou publicitaire. »

Ces documents ne doivent contenir aucune assertion susceptible d'induire en erreur sur la véritable nature de l'institution ou de l'union ou l'importance réelle de ses engagements ainsi que sur la nature des contrôles exercés sur celles-ci sur la base des dispositions du présent titre *(Décr. nº 2015-513 du 7 mai 2015, art. 14-I-1º, en vigueur le 1er janv. 2016)* « et du livre VI du code monétaire et financier ».

SOUS-SECTION 2 **CONSTITUTION**

Art. R. 931-1-3 Les institutions de prévoyance sont constituées selon l'une des modalités suivantes :

a) Lorsque leur champ d'intervention s'étend à une branche professionnelle ou à une profession relevant *(Décr. n° 2015-513 du 7 mai 2015, art. 14-I-2°, en vigueur le 1er janv. 2016)* « de la septième partie du code du travail », par la conclusion, pour la mise en œuvre de l'article L. 912-1, d'une convention ou d'un accord collectif entre une ou plusieurs organisations syndicales d'employeurs et une ou plusieurs organisations syndicales de salariés ;

b) Lorsque leur champ d'intervention porte sur une entreprise, par la conclusion, dans le respect des dispositions de l'article L. 912-2, d'une convention ou d'un accord collectif d'entreprise, ou par la ratification par les intéressés, dans les conditions fixées par l'article L. 911-5, d'un projet de l'employeur ; dans ce cas, les autres sociétés, liées au sens de l'article L. 233-16 du code de commerce à l'entreprise fondatrice, peuvent, dans les mêmes formes ou en étant parties à un accord ou une convention collective de groupe, participer à la constitution de l'institution ;

c) Lorsque le champ d'intervention est ouvert à plusieurs branches professionnelles, professions ou entreprises, par la délibération concordante, d'une part, des représentants des entreprises adhérentes, d'autre part, des représentants des membres participants tels que définis à l'article L. 931-3, réunis en une assemblée générale constitutive de l'institution convoquée dans des conditions fixées par arrêté du ministre chargé de la sécurité sociale.

Ce même arrêté fixe, pour chacune de ces catégories, le nombre minimum de membres adhérents et de membres participants que l'institution doit comporter lors de sa constitution. – *V. CSS, art. A. 931-1-4 à A. 931-1-7.*

Art. R. 931-1-4 Les unions d'institutions de prévoyance sont constituées par la délibération *(Décr. n° 99-683 du 3 août 1999, art. 12-I)* « concordante » en assemblée générale constitutive, de délégués élus ou désignés par le conseil d'administration de chaque institution membre et représentant, en nombre égal, les membres adhérents et les membres participants de l'institution.

Art. R. 931-1-5 Un arrêté du ministre chargé de la sécurité sociale détermine les mentions et les rubriques que doivent comporter les statuts d'une institution de prévoyance ou d'une union d'institutions de prévoyance.

Dans les statuts d'une institution ou d'une union, il ne peut être stipulé aucun avantage particulier au profit des membres, adhérents ou participants, fondateurs de celle-ci.

Art. R. 931-1-6 Le fonds d'établissement des institutions de prévoyance et des unions d'institutions de prévoyance est destiné à faire face, dans les limites fixées par le programme d'activité mentionné à l'article *(Décr. n° 2015-513 du 7 mai 2015, art. 14-I-3°, en vigueur le 1er janv. 2016)* « L. 321-10 du code des assurances », aux dépenses des cinq premiers exercices et à garantir les engagements de l'institution ou de l'union.

Le fonds d'établissement est de 380 000 € au moins lorsque celles-ci pratiquent les opérations mentionnées soit au *a*, soit au *a* et au *b* de l'article L. 931-1 et de 230 000 € au moins lorsqu'elles pratiquent les opérations mentionnées au *b* et au *c* du même article. Il doit être intégralement versé en espèces préalablement à la constitution de l'institution ou de l'union telle que prévue à l'article R. 931-1-9.

Art. R. 931-1-7 Avant la constitution de l'institution ou de l'union, chacun des éléments constitutifs du fonds d'établissement est déposé, pour le compte de l'institution ou de l'union en formation, soit chez un notaire, soit dans un établissement de crédit avec une liste comportant le montant de chacun de ces éléments constitutifs, la dénomination sociale et le siège social ou les noms et prénoms et le domicile de chacun des apporteurs ainsi que la somme apportée par chacun de ces derniers.

Le dépositaire est tenu, jusqu'au retrait de ces éléments constitutifs, de communiquer la liste mentionnée à l'alinéa précédent à chacun des apporteurs qui justifie de son apport. Chacun de ceux-ci peut en prendre connaissance et obtenir, à ses frais, la délivrance d'une copie.

Les apports sont constatés par un certificat du dépositaire établi au moment du dépôt des fonds, soit par le notaire, soit par l'établissement de crédit auprès duquel ils ont été déposés.

Art. R. 931-1-8 Les statuts de l'institution de prévoyance ou de l'union d'institutions de prévoyance peuvent prévoir la constitution d'un fonds de développement destiné à procurer à l'institution ou à l'union les éléments de solvabilité dont elle doit disposer pour satisfaire à la réglementation en vigueur. Ce fonds est alimenté par des emprunts contractés en vue de financer un plan d'amélioration de l'exploitation ou un plan de développement à moyen ou long terme.

Les dispositions de l'article R. 931-1-7 s'appliquent au fonds de développement.

Art. R. 931-1-9 I. – En ce qui concerne les institutions de prévoyance qui se constituent dans les conditions prévues au *a* ou au *b* de l'article R. 931-1-3, la commission paritaire ou le chef d'entreprise et les intéressés adoptent le projet de statuts de l'institution, approuvent les modalités de constitution du fonds d'établissement, prennent connaissance du certificat du dépositaire mentionné à l'article R. 931-1-7, constatent que l'institution dispose de moyens financiers suffisants et approuvent, le cas échéant, les projets de règlements ; ils nomment les membres du premier conseil d'administration et le ou les commissaires aux comptes de l'institution lorsque ceux-ci ne l'ont pas été dans la convention ou l'accord.

Les statuts et les règlements de l'institution sont annexés, selon les cas, à la convention ou à l'accord collectif ou à l'accord ratifié par les intéressés.

L'institution de prévoyance n'est définitivement constituée qu'à partir du dépôt, selon les cas, de la convention ou de l'accord collectif dans les conditions posées par *(Décr. nº 2015-513 du 7 mai 2015, art. 14-I-4º, en vigueur le 1er janv. 2016)* « les articles L. 2231-6 et L. 2261-1 du code du travail » ou de l'accord ratifié.

II. – En ce qui concerne les institutions de prévoyance qui se constituent dans les conditions prévues au *c* de l'article R. 931-1-3 et les unions d'institutions de prévoyance, la première assemblée générale, convoquée à la diligence des membres adhérents et des membres participants fondateurs, adopte le projet de statuts ainsi que les modalités de constitution du fonds d'établissement, prend connaissance du certificat du dépositaire mentionné à l'article R. 931-1-7, constate que l'institution ou l'union dispose de moyens financiers suffisants et approuve, le cas échéant, les projets de règlements ; elle nomme les membres du premier conseil d'administration et le ou les commissaires aux comptes de l'institution de prévoyance ou de l'union d'institutions de prévoyance.

Le procès-verbal de la séance constate l'accord entre la majorité des membres adhérents, d'une part, et la majorité des membres participants, d'autre part, sur leur volonté de constituer une institution de prévoyance ou une union d'institutions de prévoyance.

L'institution de prévoyance ou l'union d'institutions de prévoyance n'est définitivement constituée qu'à partir de cet accord.

Art. R. 931-1-10 *(Décr. nº 99-683 du 3 août 1999, art. 1er)* Dans le mois qui suit la constitution de toute institution de prévoyance et union d'institutions de prévoyance, une copie certifiée de la convention, de l'accord ou de la délibération mentionnée à l'article R. 931-1-3 et à l'article R. 931-1-4 ainsi que des statuts est déposée en double exemplaire au greffe du tribunal de grande instance du siège social.

Sont soumises aux mêmes formalités toutes décisions modifiant ces documents ainsi que les statuts mis à jour. Les décisions ayant pour objet la fusion, la scission ou la dissolution de l'institution ou de l'union obéissent également à ces formalités.

Art. R. 931-1-11 *(Décr. nº 99-683 du 3 août 1999, art. 1er)* Dans le même délai d'un mois, un extrait des documents mentionnés à l'article R. 931-1-10 est publié dans l'un des journaux habilités à recevoir les annonces légales dans le département du siège social. Il est justifié de l'insertion par un exemplaire du journal conservé au siège social de l'institution ou de l'union.

L'extrait comprend la dénomination sociale de l'institution ou de l'union, l'indication du siège social, la désignation *(Décr. nº 2015-513 du 7 mai 2015, art. 14-I-5º, en vigueur le 1er janv. 2016)* « des administrateurs, du directeur général et du ou des directeurs généraux délégués » et, en outre, le montant et le mode de constitution du fonds d'établissement et, s'il y a lieu, le montant et le mode d'alimentation du fonds de développement. Il indique également la date et le lieu du dépôt prévu à l'article R. 931-1-10.

Art. R. 931-1-12 *(Décr. n° 99-683 du 3 août 1999, art. 1er)* Toute personne peut obtenir communication des pièces déposées au greffe du tribunal de grande instance ou s'en faire délivrer à ses frais expédition ou extrait par le greffier ou par le notaire détenteur de la minute. — *V. ss. art. R. 931-4-6, l'art. 13 du décret n° 99-683 du 3 août 1999.*

SOUS-SECTION 3 RELATIONS ENTRE LES UNIONS D'INSTITUTIONS DE PRÉVOYANCE ET LEURS MEMBRES

(Décr. n° 99-683 du 3 août 1999, art. 2)

Art. R. 931-1-13 Les statuts d'une union d'institutions de prévoyance fixent les modalités selon lesquelles, en cas de manquement d'une institution à ses obligations vis-à-vis de l'union, le conseil d'administration de cette dernière peut, après que l'institution concernée ait présenté ses observations, procéder à son exclusion.

Art. R. 931-1-14 Lorsque l'adhésion à une union est réalisée par une institution de prévoyance membre dans le cadre d'une convention, le bulletin d'adhésion au règlement de l'union ou le contrat souscrit auprès de celle-ci ainsi que la notice d'information remise à chaque membre participant indiquent en caractères apparents que l'union est seule responsable vis-à-vis des membres participants, des bénéficiaires et des ayants droit et précisent la nature des opérations réalisées par l'institution pour le compte de l'union. — *V. ss. art. R. 931-4-6, l'art. 13 du décret n° 99-683 du 3 août 1999.*

SOUS-SECTION 4 LES SOCIÉTÉS DE GROUPE ASSURANTIEL DE PROTECTION SOCIALE

(Décr. n° 2015-513 du 7 mai 2015, art. 14-I-6°)

Art. R. 931-1-15 Les sociétés de groupe assurantiel de protection sociale sont constituées par la réunion en assemblée générale des représentants des organismes fondateurs.

Préalablement à la tenue de l'assemblée générale constitutive de la société de groupe assurantiel de protection sociale, les organismes fondateurs procèdent au dépôt des éléments constitutifs du fonds d'établissement dans les conditions prévues à l'article R. 931-1-7.

Au procès-verbal de l'assemblée constitutive sont annexés les éléments suivants :

a) La liste dûment certifiée des organismes fondateurs, mentionnant*[,]* pour chacun d'eux, leur dénomination, leur siège social, le montant de leurs engagements techniques et leur chiffre d'affaire*[s]* par branche ;

b) Un exemplaire des statuts ;

c) L'état des sommes versées pour la constitution du fonds d'établissement ;

d) Un certificat du notaire ou de l'établissement de crédit constatant que ces sommes ont été versées préalablement à la constitution de la société de groupe assurantiel de protection sociale.

Les documents susmentionnés doivent être adressés dans un délai d'un mois à l'Autorité de contrôle prudentiel et de résolution.

Les dispositions des articles R. 931-1-10 et R. 931-1-11 relatives à la publicité sont applicables aux sociétés de groupe assurantiel de protection sociale.

Art. R. 931-1-16 I. — Les statuts des sociétés de groupe assurantiel de protection sociale doivent fixer les conditions d'admission, de retrait ou d'exclusion des organismes affiliés à la société de groupe assurantiel de protection sociale.

Ils doivent prévoir que l'admission, le retrait ou l'exclusion d'un organisme affilié fait l'objet d'une déclaration préalable auprès de l'Autorité de contrôle prudentiel et de résolution, accompagnée d'un dossier dont celle-ci fixe la composition. L'Autorité peut, dans un délai de trois mois à compter de la réception du dossier, s'opposer à l'opération, si celle-ci apparaît contraire aux intérêts des assurés des organismes affiliés, par une décision motivée adressée à la ou aux personnes intéressées par lettre recommandée avec accusé de réception. A défaut d'opposition de l'Autorité, l'opération peut être réalisée à l'expiration de ce délai.

Ces statuts doivent également :

a) Fixer, sans être tenus par un minimum, le montant de leur fonds d'établissement ;

b) Prévoir que l'assemblée générale est composée de tous les organismes affiliés, représentés chacun par au plus deux de ses dirigeants, administrateurs ou membres du conseil de surveillance dûment mandatés ou par un représentant directement nommé soit par l'assemblée générale ou par la commission paritaire le cas échéant, soit par des délégués de l'organisme affilié eux-mêmes nommés par l'assemblée générale ou par la commission paritaire le cas échéant ;

c) Déterminer le nombre de voix dont dispose chacun de ces organismes ;

d) Déterminer les modalités de l'exercice effectif de l'influence dominante de la société de groupe assurantiel de protection sociale sur les décisions, y compris financières, des organismes affiliés.

II. — Les statuts doivent conférer à la société de groupe assurantiel de protection sociale des pouvoirs de contrôle à l'égard des organismes affiliés, y compris en ce qui concerne leur gestion. Ils peuvent notamment, à condition que les statuts des organismes affiliés le permettent :

a) Subordonner à l'autorisation préalable du conseil d'administration ou du conseil de surveillance de la société de groupe assurantiel de protection sociale, la conclusion par ces organismes d'opérations énumérées par leurs statuts, notamment l'acquisition ou la cession d'immeubles par nature, l'acquisition ou la cession totale ou partielle d'actifs ou de participations, la constitution de sûretés et l'octroi de cautions, avals ou garanties ;

b) Prévoir des pouvoirs de sanction de la société de groupe assurantiel de protection sociale à l'égard des organismes affiliés.

III. — Les statuts peuvent prévoir que tout organisme demandant son admission à la société de groupe assurantiel de protection sociale modifie au préalable ses propres statuts afin de reconnaître à la société de groupe assurantiel de protection sociale le droit de demander la convocation de son assemblée générale, ou le cas échéant de la commission paritaire*[,]* et de proposer lors de celle-ci l'élection de nouveaux candidats aux fonctions d'administrateur ou de membre du conseil de surveillance.

IV. — Un arrêté du ministre chargé de la sécurité sociale précise les mentions et les rubriques que doivent comporter les statuts des sociétés de groupe assurantiel de protection sociale.

Art. R. 931-1-17 La société de groupe assurantiel de protection sociale est administrée par un conseil d'administration composé de dix membres au moins. Les statuts fixent le nombre maximum des membres du conseil, qui ne peut excéder trente.

Le conseil d'administration est composé dans les conditions précisées aux trois derniers alinéas de l'article R. 931-3-1.

Art. R. 931-1-18 Les administrateurs sont nommés par l'assemblée générale.

Sous réserve des dispositions de l'article R. 931-1-20, la durée des fonctions d'administrateur est fixée par les statuts de la société de groupe assurantiel de protection sociale sans pouvoir excéder quatre ans.

Le mandat des administrateurs sortants peut être renouvelé, sauf stipulation contraire des statuts.

Art. R. 931-1-19 Les statuts doivent prévoir, pour l'exercice des fonctions d'administrateur, une limite d'âge s'appliquant soit à l'ensemble des administrateurs, soit à un pourcentage déterminé d'entre eux.

A défaut de disposition expresse dans les statuts, le nombre des administrateurs ayant dépassé l'âge de soixante-dix ans ne peut être supérieur au tiers des administrateurs en fonctions. Toute nomination intervenue en violation de ces dispositions est nulle.

A défaut de disposition expresse dans les statuts prévoyant une autre procédure, lorsque la limitation statutaire ou légale fixée pour l'âge des administrateurs est dépassée, l'administrateur le plus âgé est réputé démissionnaire d'office.

Art. R. 931-1-20 Les postes d'administrateur devenus vacants par décès, démission ou perte du mandat de l'organisme qu'il représente sont pourvus dans des conditions et délais définis par les statuts de la société de groupe assurantiel de protection sociale.

Les postes d'administrateurs dont la poursuite du mandat a fait l'objet d'une opposition de la part de l'Autorité de contrôle prudentiel et résolution dans les conditions mentionnées au V de l'article L. 612-23-1 du code monétaire et financier sont pourvus dans des conditions et délais définis par les statuts de la société de groupe assurantiel de protection sociale.

Art. R. 931-1-21 Le conseil d'administration détermine les orientations de l'activité de la société de groupe assurantiel de protection sociale et veille à leur mise en œuvre. Sous réserve des pouvoirs expressément attribués aux assemblées générales et dans la limite de l'objet social, il se saisit de toute question intéressant la bonne marche de la société de groupe assurantiel de protection sociale et règle par ses délibérations les affaires qui la concernent. Il arrête le budget, les comptes ainsi que le rapport de gestion.

A l'égard des tiers, la société de groupe assurantiel de protection sociale est engagée même par les actes du conseil d'administration qui ne relèvent pas de son objet social, à moins qu'elle ne prouve que le tiers savait que l'acte dépassait cet objet ou qu'il ne pouvait l'ignorer compte tenu des circonstances, la seule publication des statuts ne suffisant pas à constituer cette preuve.

Le conseil d'administration procède aux contrôles et vérifications qu'il juge opportuns. Le président ou le directeur général de la société de groupe assurantiel de protection sociale est tenu de communiquer à chaque administrateur tous les documents et informations nécessaires à l'accomplissement de sa mission.

Les cautions, avals et garanties donnés par la société de groupe assurantiel de protection sociale font l'objet d'une autorisation du conseil d'administration dans les conditions prévues à l'article R. 225-28 du code de commerce.

Art. R. 931-1-22 Il peut être alloué, par le conseil d'administration, des rémunérations exceptionnelles pour les missions ou mandats confiés à des administrateurs. Dans ce cas, ces rémunérations, portées aux charges d'exploitation*[,]* sont soumises aux dispositions des articles R. 931-3-24 à R. 931-3-28.

Art. R. 931-1-23 Le conseil d'administration élit parmi ses membres un président et le cas échéant un vice-président. Il détermine sa rémunération.

Le président et le cas échéant le vice président sont nommés pour une durée qui ne peut excéder celle de leur mandat d'administrateur. Ils sont rééligibles.

Le conseil d'administration peut les révoquer à tout moment. Toute disposition contraire est réputée non écrite.

Art. R. 931-1-24 En cas d'empêchement temporaire ou de décès du président, le conseil d'administration peut déléguer un administrateur dans les fonctions de président.

En cas d'empêchement temporaire, cette délégation est donnée pour une durée limitée. Elle est renouvelable. En cas de décès, elle vaut jusqu'à l'élection du nouveau président.

En cas de décès, de démission ou de révocation du président du conseil d'administration et si le conseil n'a pu le remplacer par un de ses membres, il peut nommer, sous réserve des dispositions de l'article R. 931-1-20, un administrateur supplémentaire qui est appelé aux fonctions de président.

Art. R. 931-1-25 Les fonctions d'un administrateur prennent fin à l'issue de la réunion de l'assemblée générale ayant statué sur les comptes de l'exercice écoulé et tenue dans l'année au cours de laquelle expire le mandat de cet administrateur.

Art. R. 931-1-26 Sauf clause contraire des statuts, un administrateur peut donner, par écrit, mandat à un autre administrateur de le représenter à une séance du conseil d'administration.

Chaque administrateur ne peut disposer, au cours d'une même séance, que d'une seule des procurations reçues par application de l'alinéa précédent.

Art. R. 931-1-27 Le conseil d'administration peut conférer à un ou plusieurs de ses membres tous mandats spéciaux pour un ou plusieurs objets déterminés.

Il peut décider la création de comités chargés d'étudier les questions que lui-même ou son président soumet, pour avis, à leur examen. Il fixe la composition et les attributions des comités qui exercent leur activité sous sa responsabilité.

Art. R. 931-1-28 Les articles R. 931-3-9, R. 931-3-10-1, R. 931-3-13 à R. 931-3-14-1, R. 931-3-16 à R. 931-3-19, R. 931-3-21 à R. 931-3-22-4, R. 931-3-23, R. 931-3-24 à R. 931-3-28 et le premier alinéa de l'article R. 931-3-20 s'appliquent aux sociétés de groupe assurantiel de protection sociale.

Pour l'application de ces dispositions, il faut entendre : "sociétés de groupe assurantiel de protection sociale" là où est mentionné : les "institutions de prévoyance ou leurs unions".

Art. R. 931-1-29 I. — Il est tenu chaque année au moins une assemblée générale dans les conditions prévues par les statuts. A cette assemblée sont présentés*[,]* par le conseil d'administration, le bilan, le compte de résultat et l'annexe de l'exercice écoulé de la société de groupe assurantiel de protection sociale.

L'assemblée générale peut, en outre, être convoquée, à toute époque, par le conseil d'administration.

II. — Le président convoque l'assemblée générale par lettre recommandée adressée aux organismes affiliés, quinze jours au moins avant la date fixée pour la réunion de l'assemblée, en mentionnant l'ordre du jour. L'assemblée ne peut délibérer que sur les questions figurant à cet ordre du jour.

L'ordre du jour, arrêté par le président, comporte les propositions du conseil d'administration et celles qui lui auront été communiquées par tout organisme affilié vingt jours au moins avant la réunion de l'assemblée générale.

III. — Tout organisme affilié peut, dans les quinze jours qui précèdent la réunion d'une assemblée générale, prendre, au siège social, communication par lui-même ou par un mandataire, du bilan, du compte de résultat et de l'annexe de la société de groupe assurantiel de protection sociale qui seront présentés à l'assemblée générale ainsi que tous les documents qui doivent être communiqués à l'assemblée parmi lesquels doivent figurer le bilan, les comptes de résultat technique et non technique et l'annexe de chacun des organismes affiliés à la société de groupe assurantiel de protection sociale.

IV. — L'assemblée générale délibère valablement si les organismes affiliés par convention présents ou représentés constituent la moitié au moins, à la fois, du nombre total d'organismes affiliés et des voix dont ils disposent. A défaut, une nouvelle assemblée est convoquée dans les formes et délais prescrits par les statuts ; dans ce cas, l'assemblée délibère valablement quel que soit le nombre des organismes présents ou représentés.

V. — L'assemblée générale, à condition de délibérer à la majorité des deux tiers au moins, en nombre et en voix, des organismes affiliés, peut modifier les statuts dans toutes leurs dispositions. Elle peut, dans les mêmes conditions, autoriser la fusion de la société de groupe assurantiel de protection sociale avec une autre société de groupe assurantiel de protection sociale.

VI. — Les dispositions des articles R. 931-3-52 à R. 931-3-64 sont applicables aux sociétés de groupe assurantiel de protection sociale.

VII. — Dans le cas où, du fait de pertes constatées dans les documents comptables, l'actif net devient inférieur à la moitié du fonds d'établissement, le conseil d'administration est tenu de provoquer la réunion de l'assemblée générale délibérant dans les conditions fixées au V et de statuer sur la question de savoir s'il y a lieu de prononcer la dissolution de la société de groupe assurantiel de protection sociale.

VIII. — Toute décision d'emprunter doit être autorisée par l'assemblée générale délibérant dans les conditions prévues au V et faire l'objet d'une résolution spéciale dont la teneur est préalablement soumise à l'approbation de l'Autorité de contrôle prudentiel et de résolution. Celle-ci se prononce, en veillant à la sauvegarde des intérêts des assurés ou membres participants des organismes affiliées *[affiliés]*, au vu d'un dossier comportant une présentation détaillée des objectifs poursuivis, des conséquences de l'emprunt sur la situation financière de la société de groupe assurantiel de protection sociale et des organismes affiliés, ainsi que, le cas échéant, une description précise des cas de remboursement anticipé. La décision de l'Autorité est communiquée à l'assemblée générale.

Art. R. 931-1-30 Toute société de groupe assurantiel de protection sociale constituée en violation des articles R. 931-1-15 à R. 931-1-18 est nulle.

Toutefois, ni la société de groupe assurantiel de protection sociale ni les organismes affiliés ne peuvent se prévaloir de la nullité à l'égard des tiers de bonne foi.

Lorsque la société de groupe assurantiel de protection sociale est ainsi déclarée nulle à la demande des personnes intéressées, les fondateurs auxquels la nullité est imputable et les administrateurs en fonction au moment où elle a été encourue sont responsables solidairement envers les tiers et les organismes affiliés du dommage résultant de cette annulation.

Si, pour couvrir la nullité, une assemblée générale devait être convoquée, l'action en nullité n'est plus recevable à partir de la date de la convocation régulière de cette assemblée.

L'action en nullité de la société de groupe assurantiel de protection sociale ou des actes et délibérations postérieurs à sa constitution est éteinte lorsque la cause de la nullité a cessé d'exister avant l'introduction de la demande ou, en tout cas, du jour où le tribunal statue sur le fond en première instance. Nonobstant la régularisation, les frais des actions en nullité intentées antérieurement sont à la charge des défendeurs.

Le tribunal saisi d'une action en nullité peut, même d'office, fixer un délai pour couvrir les nullités.

L'action en responsabilité, pour les faits dont résultait la nullité, cesse également d'être recevable, lorsque la cause de la nullité a cessé d'exister, soit avant l'introduction de la demande, soit au jour où le tribunal statue sur le fond en première instance, soit dans un délai imparti pour couvrir la nullité, et, en outre, lorsque trois ans se sont écoulés depuis le jour où la nullité était encourue.

Art. R. 931-1-31 La convention d'affiliation mentionnée au onzième alinéa de l'article L. 931-2-2 contient la description des liens, des obligations, des engagements et des modalités de partage des coûts ou de toute autre forme de coopération entre la société de groupe assurantiel de protection sociale et l'organisme affilié. Elle doit comporter l'engagement de celui-ci de subordonner son retrait éventuel au respect des conditions posées au deuxième alinéa du I de l'article R. 931-1-16.

Les conventions d'affiliation, leurs modifications et leur résiliation éventuelle doivent être approuvées par les assemblées générales de la société de groupe assurantiel de protection sociale et de l'organisme affilié.

SECTION II AGRÉMENT ADMINISTRATIF

(Décr. n° 96-294 du 2 avr. 1996)

SOUS-SECTION 1 AGRÉMENT ADMINISTRATIF DES INSTITUTIONS DE PRÉVOYANCE ET UNIONS D'ASSURANCE *(Décr. n° 2015-513 du 7 mai 2015, art. 14-II-1°, en vigueur le 1er janv. 2016).*

Art. R. 931-2-1 *(Décr. n° 2015-513 du 7 mai 2015, art. 14-II-2°, en vigueur le 1er janv. 2016)* « Pour l'octroi de l'agrément prévu à l'article L. 931-4, » les opérations réalisées par les institutions de prévoyance et les unions d'institutions de prévoyance sont classées en branches et sous-branches de la manière suivante :

1. Accidents (y compris les accidents du travail et les maladies professionnelles) :
a) Prestations forfaitaires ;
b) Prestations indemnitaires ;
c) Combinaisons.
2. Maladie :
a) Prestations forfaitaires ;
b) Prestations indemnitaires ;
c) Combinaisons.
16. Pertes pécuniaires diverses :
a) Risques d'emploi.

20. Vie-décès :

Toute opération comportant des engagements dont l'exécution dépend de la durée de la vie humaine autre que les activités visées aux branches 22 et 26.

21. Nuptialité-natalité :

Toute opération ayant pour objet le versement d'un capital en cas de mariage ou de naissance d'enfants.

22. Assurances liées à des fonds d'investissement :

Toutes opérations comportant des engagements dont l'exécution dépend de la durée de la vie humaine et liées à un fonds d'investissement.

24. Capitalisation :

Toute opération d'appel à l'épargne en vue de la capitalisation et comportant, en échange de versements uniques ou périodiques, directs ou indirects, des engagements déterminés quant à leur durée et à leur montant.

25. Gestion de fonds collectifs :

Toute opération consistant à gérer les placements, et notamment les actifs représentatifs des réserves des organismes qui fournissent des prestations en cas de décès, en cas de vie ou en cas de cessation ou de réduction d'activités.

26. Toute opération à caractère collectif définie à la section IV du chapitre II du titre III du présent livre. — *V. CSS, art. A. 931-2-1 s.*

Art. R. 931-2-2 *(Décr. n° 2015-513 du 7 mai 2015, art. 14-II-3°, en vigueur le 1er janv. 2016)* Sous réserve des dispositions de la présente section, les articles R. 321-1-1 à R. 321-5, R. 321-14 et R. 321-16 à R. 321-18 du code des assurances sont applicables aux institutions de prévoyance et unions mentionnées à l'article L. 931-4.

Pour l'application de l'alinéa précédent, la référence : "R. 321-1 du code des assurances" est remplacée par la référence : "R. 931-2-1 du code de la sécurité sociale"*[,]* et il y a lieu d'entendre "institution de prévoyance ou union mentionnée à l'article L. 931-4" là où est mentionné dans le code des assurances le mot : "entreprise", "le bulletin d'adhésion à un règlement ou le contrat collectif" là où est mentionné dans le code des assurances le mot : "contrat", "les institutions de prévoyance et les unions mentionnées à l'article L. 931-4" là où est mentionné : "les entreprises mentionnées aux 1°, 3° et 4° de l'article L. 310-2", "les risques mentionnés au *a* et *b* de l'article L. 931-1 du code de la sécurité sociale" là où est mentionné : "les risques mentionnés au 1° et au 2° de l'article L. 310-1" et "agréments mentionnés à l'article L. 931-4" là où est mentionné : "agréments mentionnés aux articles L. 321-1, L. 321-7 et L. 321-9".

Art. R. 931-2-3 (Abrogé par Décr. n° 2015-513 du 7 mai 2015, art. 14-II-4°, à compter du 1er janv. 2016) *Les institutions de prévoyance et unions d'institutions de prévoyance agréées pour pratiquer les branches mentionnées aux 20 à 22 de l'article R. 931-2-1 peuvent être autorisées à réaliser directement, à titre de garantie accessoire au bulletin d'adhésion ou au contrat couvrant le risque principal, des garanties complémentaires relatives à la couverture des risques d'atteintes corporelles, y compris l'incapacité de travail professionnelle, des risques de décès à la suite d'un accident et du risque d'invalidité à la suite d'un accident ou d'une maladie. La cotisation due doit distinguer la part relative à la couverture du risque principal et la part relative aux garanties accessoires.*

Les garanties complémentaires au risque principal mentionnées au premier alinéa du présent article prennent fin au plus tard en même temps que la garantie principale.

Art. R. 931-2-4 Les institutions de prévoyance et les unions d'institutions de prévoyance ne peuvent être agréées que pour pratiquer soit les branches ou sous-branches mentionnées aux 1, 2 et 16 *a* de l'article R. 931-2-1, soit les branches mentionnées aux 20 à 22 et 24 à 26 du même article.

Toutefois, les institutions et les unions peuvent être agréées pour pratiquer simultanément au moins deux ou plusieurs branches mentionnées soit aux 1 et 2, soit aux 20 à 22 et 24 à 26 de l'article R. 931-2-1.

Art. R. 931-2-5 (Abrogé par Décr. n° 2015-513 du 7 mai 2015, art. 14-II-4°, à compter du 1er janv. 2016) *L'agrément administratif est donné par branche aux institutions de prévoyance ou unions d'institutions de prévoyance.*

Exception faite de la branche 16, il couvre la branche entière, sauf si l'institution ou l'union ne désire garantir que les opérations relevant d'une ou plusieurs sous-branches.

SOUS-SECTION 2 AGRÉMENT ADMINISTRATIF DES INSTITUTIONS DE PRÉVOYANCE ET UNIONS DE RÉASSURANCE *(Décr. n° 2015-513 du 7 mai 2015, art. 14-II-5°, en vigueur le 1er janv. 2016).*

Art. R. 931-2-5-1 *(Décr. n° 2015-513 du 7 mai 2015, art. 14-II-2-6°, en vigueur le 1er janv. 2016)* **Pour l'octroi de l'agrément prévu à l'article L. 931-4-1, » les opérations de réassurance sont classées en activités de la manière suivante :**

1. Non-vie : réassurance des opérations visées aux *b* et *c* de l'article L. 931-1 ;

2. Vie : réassurance des opérations visées au *a* de l'article L. 931-1.

Art. R. 931-2-5-2 *(Décr. n° 2008-1154 du 7 nov. 2008, art. 21)* **Les institutions et les unions de réassurance doivent limiter leur objet à l'activité de réassurance et aux opérations liées. Cette exigence peut inclure une fonction de détention de participation dans le secteur financier** *(Décr. n° 2015-513 du 7 mai 2015, art. 14-II-7°, en vigueur le 1er janv. 2016)* **« au sens du 3° de l'article L. 517-2 du code monétaire et financier ».**

Art. R. 931-2-5-3 *(Décr. n° 2015-513 du 7 mai 2015, art. 14-II-8°, en vigueur le 1er janv. 2016)* **Sous réserve des dispositions de la présente section, les articles R. 321-5-2*[,]* R. 321-5-3 et R. 321-26 à R. 321-29 du code des assurances sont applicables aux institutions de prévoyance et unions mentionnées à l'article L. 931-4-1.**

Pour l'application de l'alinéa précédent, il y a lieu d'entendre : "les institutions et unions mentionnées à l'article L. 931-4-1" là où est mentionné dans le code des assurances : "toute entreprise mentionnée au 1° du III de l'article L. 310-1-1" et "agréments mentionnés à l'article L. 931-4-1" là où est mentionné : "agréments mentionnés à l'article L. 321-1-1".

Art. R. 931-2-6 *à* R. 931-2-11 *Abrogés par Décr. n° 2015-513 du 7 mai 2015, art. 14-II-9°, à compter du 1er janv. 2016.*

SECTION III FONCTIONNEMENT

(Décr. n° 99-683 du 3 août 1999, art. 3)

SOUS-SECTION 2 GOUVERNANCE *(Décr. n° 2015-513 du 7 mai 2015, art. 14-III-1°, en vigueur le 1er janv. 2016).*

A compter du 1er janv. 2016, la sous-section 1 devient la sous-section 2 intitulée « Gouvernance » (Décr. n° 2015-513 du 7 mai 2015, art. 14-III-1°).

§ 1er COMPOSITION DU CONSEIL D'ADMINISTRATION

Art. R. 931-3-1 **Les institutions de prévoyance et les unions d'institutions de prévoyance sont administrées par un conseil d'administration composé de personnes physiques représentant, en nombre égal, les membres adhérents, qui constituent le collège des adhérents, et les membres participants, qui constituent le collège des participants. Les statuts fixent le nombre de membres du conseil, qui ne peut être inférieur à dix, ni supérieur à trente.**

(Décr. n° 2015-513 du 7 mai 2015, art. 14-III-2°, en vigueur le 1er janv. 2016) **« Le conseil d'administration est composé en recherchant une représentation équilibrée des femmes et des hommes.**

« La proportion des administrateurs de chaque sexe ne peut être inférieure à 40 % dans les institutions de prévoyance et les unions qui emploient, pendant trois exercices consécutifs, un nombre moyen d'au moins deux cent cinquante salariés permanents et présentent un montant net de chiffre d'affaires ou un total de bilan d'au moins 50 millions d'euros.

« Toute désignation intervenue en violation du précédent alinéa et n'ayant pas pour effet de remédier à l'irrégularité de la composition du conseil est nulle. Cette nullité n'entraîne pas celle des délibérations auxquelles a pris part l'administrateur irrégulièrement désigné. »

Les dispositions des trois derniers al. de l'art. R. 931-3-1 s'appliquent au plus tard le 1er janv. 2020. La conformité à ces dispositions de la composition des conseils d'administration des institutions de prévoyance, des unions et des sociétés de groupe assurantiel de protection sociale concernées est appréciée à l'issue de la première assemblée générale qui suit cette date.

Par dérogation à l'al. précédent, la proportion des administrateurs de chaque sexe ne peut, à compter du 1er janv. 2016, être inférieure à 30 % dans les institutions de prévoyance, les unions et les sociétés de groupe assurantiel de protection sociale qui, pour le troisième exercice consécutif, emploient un nombre moyen d'au moins cinq cents salariés permanents et présentent un montant net de chiffre d'affaires ou un total de bilan d'au moins 50 millions d'euros. La conformité à cette disposition de la composition des conseils d'administration des institutions de prévoyance, des unions et des sociétés de groupe assurantiel de protection sociale concernées est appréciée à l'issue de la première assemblée générale qui suit cette date (Décr. no 2015-513 du 7 mai 2015, art. 21-I et II).

Art. R. 931-3-2 Les statuts des institutions de prévoyance déterminent la composition du conseil d'administration.

Les administrateurs des institutions de prévoyance constituées selon le a du premier alinéa de l'article R. 931-1-3 sont désignés, pour le collège des adhérents, par les organisations syndicales d'employeurs et, pour le collège des participants, par les organisations syndicales de salariés ayant participé à la négociation de la convention, de l'accord collectif ou de leurs avenants.

Les administrateurs des institutions de prévoyance constituées selon le b du premier alinéa de l'article R. 931-1-3 appartenant au collège des adhérents sont désignés par l'employeur. Lorsque l'institution a été constituée sur la base d'une convention ou d'un accord collectif, les administrateurs appartenant au collège des participants sont désignés par les organisations syndicales de salariés ayant participé à la négociation de la convention, de l'accord collectif ou de leurs avenants ; lorsque l'institution a été constituée sur la base d'un accord ratifié par référendum, ces administrateurs sont élus par les intéressés.

Les administrateurs des institutions constituées selon le c du premier alinéa de l'article *(Décr. no 2015-513 du 7 mai 2015, art. 14-III-3o, en vigueur le 1er janv. 2016)* « R. 931-1-3 sont » désignés, pour le collège des adhérents, par les organisations syndicales d'employeurs et, pour le collège des participants, par les organisations syndicales de salariés représentatives dans le champ d'intervention de l'institution *(Abrogé par Décr. no 2015-513 du 7 mai 2015, art. 14-III-3o, à compter du 1er janv. 2016)* ***«, soit, enfin, et dans les mêmes conditions, pour une part, désignés par ces mêmes organisations et, pour l'autre part, élus par l'assemblée générale. Dans ce dernier cas, le nombre d'administrateurs** (Décr. no 2012-978 du 21 août 2012, art. 5) **« élus » ne peut, pour chaque collège, excéder la moitié du nombre total d'administrateurs ».***

Lorsque les statuts de l'institution prévoient des administrateurs suppléants, ceux-ci sont élus ou désignés dans les mêmes conditions que les administrateurs titulaires.

Les dispositions de l'art. R. 931-3-2 s'appliquent à tout renouvellement de la composition des conseils d'administration des institutions de prévoyance, des unions et des sociétés de groupe assurantiel de protection sociale intervenant à compter du 1er janv. 2016 (Décr. no 2015-513 du 7 mai 2015, art. 21-III).

Art. R. 931-3-3 Les organisations syndicales d'employeurs et de salariés procèdent à la désignation d'administrateurs conformément aux dispositions de l'article R. 931-3-2 :

a) Soit en fonction de leur représentativité dans le champ d'intervention de l'institution ;

(Décr. no 2015-513 du 7 mai 2015, art. 14-III-4o, en vigueur le 1er janv. 2016) « *b)* Soit sur la base d'un accord conclu entre les organisations représentatives de chacun des deux collèges, qui détermine le nombre de sièges de chaque organisation. »

Dans tous les cas, les organisations syndicales veillent, par les désignations qu'elles opèrent, à assurer la représentation de l'ensemble des membres adhérents et participants de l'institution.

Art. R. 931-3-4 Les administrateurs des unions d'institutions de prévoyance ainsi que leurs suppléants sont élus *(Décr. no 2015-513 du 7 mai 2015, art. 14-III-5o, en vigueur le 1er janv. 2016)* « ou désignés » dans les conditions fixées par les statuts, pour chacun des deux collèges, respectivement par les délégués à l'assemblée générale des membres adhérents de chacune des institutions membres de l'union et par les délégués à l'assemblée générale des membres participants de ces institutions.

Art. R. 931-3-5 Sous réserve des dispositions de l'article R. 931-3-10, la durée des fonctions d'administrateur est fixée par les statuts de l'institution de prévoyance ou de l'union d'institutions de prévoyance sans pouvoir excéder *(Décr. n° 2015-513 du 7 mai 2015, art. 14-III-6°, en vigueur le 1er janv. 2016)* « quatre » ans.

Le mandat des administrateurs sortants peut être renouvelé, sauf stipulation contraire des statuts.

(Décr. n° 2015-513 du 7 mai 2015, art. 14-III-6°, en vigueur le 1er janv. 2016) « Les administrateurs peuvent être révoqués à tout moment par l'organisation qui les a nommés. »

Les dispositions de l'art. R. 931-3-5 s'appliquent à tout renouvellement de la composition des conseils d'administration des institutions de prévoyance, des unions et des sociétés de groupe assurantiel de protection sociale intervenant à compter du 1er janv. 2016 (Décr. n° 2015-513 du 7 mai 2015, art. 21-III).

Art. R. 931-3-6 Toute élection ou désignation des administrateurs intervenue en violation des dispositions des articles R. 931-3-1 à R. 931-3-5 est nulle, à l'exception de celles auxquelles il est procédé dans les conditions prévues à l'article R. 931-3-10.

Art. R. 931-3-7 Les statuts doivent prévoir, pour l'exercice des fonctions d'administrateur, une limite d'âge, s'appliquant soit à l'ensemble des administrateurs, soit à un pourcentage déterminé d'entre eux identique pour chacun des deux collèges.

A défaut de disposition expresse dans les statuts, le nombre des administrateurs ayant dépassé la limite d'âge de soixante-dix ans ne pourra être supérieur, dans chacun des deux collèges, au tiers des administrateurs en fonction.

Toute élection ou désignation intervenue en violation des dispositions des deux alinéas précédents est nulle.

A défaut de disposition expresse dans les statuts prévoyant une procédure différente, lorsque la limitation statutaire ou légale fixée pour l'âge des administrateurs est dépassée, l'administrateur le plus âgé du collège considéré est réputé démissionnaire d'office.

Art. R. 931-3-8 Une même personne ne peut appartenir simultanément à plus de quatre conseils d'administration d'institutions de prévoyance et d'unions d'institutions de prévoyance.

Toute personne qui, lorsqu'elle accède à un nouveau mandat, se trouve en infraction avec les dispositions de l'alinéa qui précède doit, dans les trois mois de sa nomination, se démettre de l'un de ses mandats. A l'expiration de ce délai, elle est réputée s'être démise de son nouveau mandat, sans que soit, de ce fait, remise en cause la validité des délibérations auxquelles elle a pris part.

(Décr. n° 2015-513 du 7 mai 2015, art. 14-III-7°, en vigueur le 1er janv. 2016) Les mandats d'administrateur des institutions de prévoyance ou unions d'institutions de prévoyance détenus dans des organismes paritaires faisant partie d'un groupe défini à l'article L. 356-1 du code des assurances ne comptent que pour un seul mandat ». — *Les dispositions de l'art. R. 931-3-8 s'appliquent à tout renouvellement de la composition des conseils d'administration des institutions de prévoyance, des unions et des sociétés de groupe assurantiel de protection sociale intervenant à compter du 1er janv. 2016 (Décr. n° 2015-513 du 7 mai 2015, art. 21-III).*

Art. R. 931-3-9 Un administrateur d'une institution de prévoyance ou d'une union d'institutions de prévoyance *(Décr. n° 2012-978 du 21 août 2012, art. 6)* «, d'un groupement dont l'institution ou l'union est membre, d'une personne morale liée directement ou indirectement à l'institution ou à l'union par convention » ne peut être salarié de l'institution ou de l'union *(Décr. n° 2012-978 du 21 août 2012, art. 6)* « ou le devenir qu'à l'issue d'une durée de trois ans à compter de la fin de son mandat.

« Un ancien salarié d'une institution de prévoyance ou d'une union d'institutions de prévoyance, d'un groupement dont l'institution ou l'union est membre, d'une personne morale liée directement ou indirectement à l'institution ou à l'union par convention ne peut être administrateur de l'institution ou de l'union qu'à l'issue d'une durée de trois ans à compter de la rupture de son contrat de travail. Tout candidat au poste d'administrateur doit faire connaître au conseil d'administration les autres fonctions qu'il exerce à cette date. »

Toute nomination intervenue en violation des dispositions des deux alinéas qui précèdent est nulle. Cette nullité n'entraîne pas celle des délibérations auxquelles a pris part l'administrateur irrégulièrement nommé.

Les dispositions issues du Décr. nº 2012-978 du 21 août 2012 s'appliquent aux élections ou désignations d'administrateurs et aux embauches de salariés intervenant postérieurement à la publication du décret susvisé (Décr. préc., art. 9).

Art. R. 931-3-10 Les postes d'administrateur devenus vacants par décès, démission ou perte de la qualité de membre de l'institution ou de l'union *(Décr. nº 2015-513 du 7 mai 2015, art. 14-III-8º, en vigueur le 1er janv. 2016)* « , par démission de l'organisation syndicale d'employeurs ou de salariés représentée ou par retrait du mandat » confié par ladite organisation syndicale, sont pourvus dans des conditions et délais définis par les statuts de l'institution de prévoyance ou de l'union d'institutions de prévoyance.

(Décr. nº 2015-513 du 7 mai 2015, art. 14-III-8º, en vigueur le 1er janv. 2016) « Les postes d'administrateurs dont la poursuite du mandat a fait l'objet d'une opposition de la part de l'Autorité de contrôle prudentiel et de résolution dans les conditions mentionnées au V de l'article L. 612-23-1 du code monétaire et financier » sont pourvus dans des conditions et délais définis par les statuts de l'institution de prévoyance ou de l'union d'institutions de prévoyance. Dans le cas où le ou les administrateurs ont été désignés par une organisation syndicale d'employeurs ou de salariés dans les conditions mentionnées à l'article R. 931-3-2, l'institution de prévoyance ou l'union transmet à ladite organisation syndicale les motivations de l'opposition qui lui ont été communiquées par l'Autorité de contrôle prudentiel et de résolution.

Art. R. 931-3-10-1 *(Décr. nº 2014-1357 du 13 nov. 2014, art. 3-2º, en vigueur le 1er janv. 2015)* Lorsque, en application de l'article *(Décr. nº 2015-513 du 7 mai 2015, art. 14-III-9º, en vigueur le 1er janv. 2016)* « L. 931-7-2 », l'Autorité de contrôle prudentiel et de résolution tient compte, dans l'appréciation portée sur chaque membre du conseil d'administration, de la compétence, de l'expérience et des attributions des autres membres de l'organe auquel il appartient, elle s'assure que ceux-ci disposent collectivement des connaissances et de l'expérience nécessaires en matière de marchés de l'assurance et de marchés financiers, de stratégie de l'institution de prévoyance ou de l'union et de son modèle économique, de son système de gouvernance, d'analyse financière et actuarielle et d'exigences législatives et réglementaires applicables à l'institution de prévoyance ou à l'union, appropriées à l'exercice des responsabilités dévolues au conseil d'administration.

§ 2 ATTRIBUTIONS ET FONCTIONNEMENT DU CONSEIL D'ADMINISTRATION

Art. R. 931-3-11 *(Décr. nº 2015-513 du 7 mai 2015, art. 14-III-10º, en vigueur le 1er janv. 2016)* Le conseil d'administration détermine les orientations de l'activité de l'institution de prévoyance ou de l'union d'institutions de prévoyance telles que définies à l'article L. 931-1 et veille à leur mise en œuvre. Il détermine également les orientations de la politique d'action sociale de l'institution ou de l'union. Il arrête le budget, les comptes ainsi que le rapport de gestion.

Sous réserve des pouvoirs expressément attribués, selon les cas, par les lois et règlements, à la commission paritaire, à l'assemblée générale ou à l'employeur et aux intéressés et dans la limite de l'objet social, il se saisit de toute question intéressant la bonne marche de l'institution de prévoyance ou de l'union et règle par ses délibérations les affaires qui la concernent.

A l'égard des tiers, l'institution de prévoyance ou l'union est engagée même par les actes du conseil d'administration qui ne relèvent pas de l'objet social, à moins qu'elle ne prouve que le tiers savait que l'acte dépassait cet objet ou qu'il ne pouvait l'ignorer compte tenu des circonstances, la seule publication des statuts ne suffisant pas à constituer cette preuve.

Le conseil d'administration procède aux contrôles et vérifications qu'il juge opportuns. Le président du conseil d'administration, ou à défaut le vice président du conseil d'administration, ou le directeur général est tenu de communiquer à chaque administrateur tous les documents et informations nécessaires à l'accomplissement de sa mission.

Les cautions, avals et garanties donnés par des institutions ou unions font l'objet d'une autorisation du conseil dans les conditions de l'article R. 225-28 du code de commerce.

Art. R. 931-3-12 *(Décr. n° 99-683 du 3 août 1999, art. 3 ; Décr. n° 2015-513 du 7 mai 2015, art. 14-III-11°, en vigueur le 1er janv. 2016)* Le conseil d'administration peut nommer en son sein une ou plusieurs commissions. Ces commissions exercent leur activité sous la responsabilité du conseil qui ne peut en aucun cas leur déléguer les pouvoirs qu'il tient de l'article R. 931-3-11.

Lorsque l'institution de prévoyance ou l'union d'institutions de prévoyance met en œuvre une action sociale au profit de ses membres participants, bénéficiaires et ayants droits, le conseil peut créer une commission d'action sociale à laquelle il donne mandat, sur la base des orientations qu'il arrête, pour l'attribution d'aides individuelles. La commission d'action sociale rend obligatoirement compte au conseil, chaque année, de l'exercice de son mandat.

Le conseil d'administration d'une union d'institutions de prévoyance peut donner mandat aux conseils d'administration des institutions de prévoyance qui en sont membres pour la mise en œuvre de l'action sociale de l'union. Nonobstant l'application des dispositions de l'alinéa précédent par les institutions membres, la commission d'action sociale de chacune d'entre elles rend obligatoirement compte au conseil d'administration de l'union de l'exercice du mandat qui lui a été consenti.

Art. R. 931-3-13 *(Décr. n° 2015-513 du 7 mai 2015, art. 14-III-12°, en vigueur le 1er janv. 2016)* Le conseil d'administration délibère annuellement sur la politique de l'institution de prévoyance ou de l'union en matière d'égalité professionnelle et salariale. Dans les institutions de prévoyance ou unions devant établir le rapport sur la situation comparée des conditions générales d'emploi et de formation des femmes et des hommes dans l'entreprise prévu à l'article L. 2323-57 du code du travail et dans celles qui mettent en œuvre un plan pour l'égalité professionnelle entre les femmes et les hommes visé par l'article L. 1143-1 du même code, il délibère sur cette base.

Art. R. 931-3-14 Le déplacement du siège social dans le même département ou dans un département limitrophe peut être décidé par le conseil d'administration, sous réserve de ratification de cette décision par, selon le cas, la prochaine commission paritaire ou assemblée générale.

Art. R. 931-3-14-1 *(Décr. n° 2015-513 du 7 mai 2015, art. 14-III-13°, en vigueur le 1er janv. 2016)* Les statuts de l'institution de prévoyance ou de l'union déterminent les règles relatives à la convocation et aux délibérations du conseil d'administration.

Lorsqu'il ne s'est pas réuni depuis plus de quatre mois, le tiers au moins des membres du conseil d'administration peut demander au président de convoquer celui-ci sur un ordre du jour déterminé.

Le directeur général peut également demander au président de convoquer le conseil d'administration sur un ordre du jour déterminé.

Le président est lié par les demandes qui lui sont adressées en vertu des deux alinéas précédents.

Art. R. 931-3-15 Le conseil d'administration d'une institution de prévoyance ou d'une union d'institutions de prévoyance élit en alternance et pour une durée fixée par les statuts, inférieure à celle des fonctions d'administrateur, un président et un vice-président obligatoirement choisis parmi des administrateurs appartenant à des collèges différents.

Le conseil d'administration peut à tout moment mettre un terme aux fonctions du président et du vice-président. Toute disposition contraire au présent article est réputée non écrite.

Le président ou, à défaut, le vice-président convoque le conseil d'administration et fixe l'ordre du jour de ses réunions.

Art. R. 931-3-16 Les statuts prévoient pour l'exercice des fonctions de président du conseil d'administration et de vice-président une limite d'âge qui, à défaut d'une disposition expresse, est fixée à soixante-dix ans.

Toute nomination intervenue en violation des dispositions prévues à l'alinéa précédent est nulle.

Lorsqu'un président ou un vice-président atteint la limite d'âge, il est réputé démissionnaire d'office.

Art. R. 931-3-17 Nul ne peut exercer simultanément plus de trois mandats de président ou de vice-président du conseil d'administration d'une institution ou d'une union d'institutions de prévoyance.

Sauf disposition contraire des statuts, nul ne peut exercer simultanément un mandat de président ou de vice-président d'une union d'institutions de prévoyance et d'une institution de prévoyance membre de ladite union.

Les dispositions des deux derniers alinéas de l'article R. 931-3-8 sont applicables.

Art. R. 931-3-18 *(Décr. nº 2015-513 du 7 mai 2015, art. 14-III-14º)* Le président du conseil d'administration ou, à défaut, le vice-président organise et dirige les travaux du conseil d'administration, dont il rend compte à l'assemblée générale ou à la commission paritaire. Il veille au bon fonctionnement des organes de l'institution de prévoyance ou de l'union et s'assure, en particulier, que les administrateurs sont en mesure de remplir leur mission.

Art. R. 931-3-19 *(Décr. nº 99-683 du 3 août 1999, art. 3)* Le conseil d'administration d'une institution de prévoyance ou d'une union d'institutions de prévoyance ne délibère valablement que si la moitié au moins de ses membres sont présents ou représentés. Les décisions sont prises à la majorité des membres présents ou représentés. Toute clause contraire est réputée non écrite.

(Décr. nº 2012-978 du 21 août 2012, art. 8) « Sauf pour l'arrêt des comptes annuels et des comptes consolidés ou combinés, les statuts peuvent prévoir que sont réputés présents, pour le calcul du quorum et de la majorité, les administrateurs qui participent à la réunion par des moyens de visioconférence ou de télécommunication permettant leur identification et garantissant leur participation effective. Les statuts peuvent limiter la nature des décisions pouvant être prises lors d'une réunion tenue dans ces conditions et prévoir un droit d'opposition au profit d'un nombre déterminé d'administrateurs. »

L'administrateur d'un collège déterminé ne peut disposer, au cours d'une même séance, que d'une procuration donnée par un administrateur appartenant au même collège.

Les administrateurs, ainsi que toute personne appelée à assister aux réunions du conseil d'administration, sont tenus à la discrétion à l'égard des informations présentant un caractère confidentiel et données comme telles par le président, le vice-président ou le directeur général.

A compter du 1er janv. 2016, l'art. R. 931-3-21 devient l'art. R. 931-3-19 (Décr. nº 2015-513 du 7 mai 2015, art. 14-III-16º).

Art. R. 931-3-20 *(Décr. nº 99-683 du 3 août 1999, art. 3) (Décr. nº 2015-513 du 7 mai 2015, art. 14-III-16º, en vigueur le 1er janv. 2016)* « A peine de nullité du contrat, il est interdit aux administrateurs, au directeur général et aux directeurs généraux délégués » de l'institution de prévoyance ou de l'union d'institutions de prévoyance de contracter, sous quelque forme que ce soit, des emprunts auprès de l'institution ou de l'union, de se faire consentir par celle-ci un découvert, en compte courant ou autrement, de faire cautionner ou avaliser par elle leurs engagements envers les tiers et de percevoir, directement ou par personne interposée, toute rémunération relative aux opérations mises en œuvre par l'institution ou l'union. La même interdiction s'applique aux conjoints, ascendants et descendants des personnes visées au présent article ainsi qu'à toute personne interposée.

Toutefois, l'interdiction de contracter des emprunts ne s'applique pas lorsque les personnes concernées peuvent, en cette dernière qualité, en bénéficier aux mêmes conditions que celles qui sont offertes par l'institution ou l'union à l'ensemble de ses membres participants au titre de l'action sociale qu'elle met en œuvre. Cette interdiction ne s'applique pas aux dirigeants de l'institution ou de l'union autres que les administrateurs lorsque ceux-ci sont susceptibles d'en bénéficier aux mêmes conditions que les salariés de l'institution ou de l'union. Dans tous les cas, le conseil d'administration est informé du montant et des conditions des prêts accordés au cours de l'année à chacun des dirigeants.

A compter du 1er janv. 2016, l'art. R. 931-3-22 devient l'art. R. 931-3-20 (Décr. no 2015-513 du 7 mai 2015, art. 14-III-16o).

Art. R. 931-3-21 *(Décr. no 99-683 du 3 août 1999, art. 3)* Les fonctions d'administrateur d'une institution de prévoyance ou d'une union d'institutions de prévoyance sont gratuites. Toutefois, les administrateurs ont droit au remboursement des frais de déplacement ou de séjour ainsi que des pertes de salaires subies à l'occasion de l'exercice de leurs fonctions. *(Décr. no 2015-513 du 7 mai 2015, art. 14-III-16o, en vigueur le 1er janv. 2016)* « Toute clause contraire est réputée non écrite et toute décision contraire est nulle. » — *A compter du 1er janv. 2016, l'art. R. 931-3-23 devient l'art. R. 931-3-21 (Décr. no 2015-513 du 7 mai 2015, art. 14-III-16o).*

§ 3 DIRECTION GÉNÉRALE

(Décr. no 2015-513 du 7 mai 2015, art. 14-III-17o, en vigueur le 1er janv. 2016)

Art. R. 931-3-22 La direction générale de l'institution de prévoyance ou de l'union est assumée, sous le contrôle du conseil d'administration et dans le cadre des orientations arrêtées par celui-ci, par une personne physique nommée par le conseil d'administration et portant le titre de directeur général.

Le conseil d'administration nomme, sur proposition du directeur général, une ou plusieurs personnes physiques chargées d'assister le directeur général, avec le titre de directeur général délégué.

Les statuts fixent le nombre maximum *[maximal]* des directeurs généraux délégués, qui ne peut dépasser cinq.

Le conseil d'administration détermine la rémunération du directeur général et des directeurs généraux délégués et fixe les modalités de leur contrat de travail le cas échéant.

Aucune rémunération liée de manière directe ou indirecte au montant des cotisations de l'institution de prévoyance ou de l'union ne peut être allouée, à quelque titre que ce soit, à un directeur général ou à un directeur général délégué.

Les dispositions précédentes ne font pas obstacle à l'institution d'un intéressement collectif des salariés de l'entreprise dans les conditions prévues par l'ordonnance no 86-1134 du 21 octobre 1986 modifiée relative à l'intéressement et à la participation des salariés aux résultats de l'entreprise et à l'actionnariat.

Art. R. 931-3-22-1 Le directeur général est révocable à tout moment par le conseil d'administration. Il en est de même, sur proposition du directeur général, du ou des directeurs généraux délégués. Si la révocation est décidée sans juste motif, elle peut donner lieu à dommages-intérêts.

Lorsque le directeur général cesse ou est empêché d'exercer ses fonctions, le ou les directeurs généraux délégués conservent, sauf décision contraire du conseil d'administration, leurs fonctions et leurs attributions jusqu'à la nomination du nouveau directeur général.

Au cas où le directeur général ou le directeur général délégué aurait conclu avec l'institution de prévoyance ou l'union un contrat de travail, sa révocation n'a pas pour effet de résilier ce contrat.

Art. R. 931-3-22-2 I. — Le directeur général est investi des pouvoirs les plus étendus pour agir en toute circonstance au nom de l'institution de prévoyance ou de l'union. Il exerce ces pouvoirs dans la limite de l'objet social et sous réserve des pouvoirs expressément attribués par la loi, au conseil d'administration et, selon les cas, à la commission paritaire ou à l'assemblée générale.

Il représente l'institution de prévoyance ou l'union dans ses rapports avec les tiers. L'institution de prévoyance ou l'union est engagée même par les actes du directeur général qui ne relèvent pas de l'objet social, à moins qu'elle ne prouve que le tiers savait que l'acte dépassait cet objet ou qu'il ne pouvait l'ignorer compte tenu des circonstances.

Les dispositions des statuts ou les décisions du conseil d'administration limitant les pouvoirs du directeur général sont inopposables aux tiers.

II. – En accord avec le directeur général, le conseil d'administration détermine l'étendue et la durée des pouvoirs conférés aux directeurs généraux délégués.

Les directeurs généraux délégués disposent, à l'égard des tiers, des mêmes pouvoirs que le directeur général.

Art. R. 931-3-22-3 Tout candidat aux fonctions de directeur général ou de directeur général délégué d'une institution de prévoyance ou d'une union d'institutions de prévoyance doit faire connaître au conseil d'administration les autres fonctions qu'il exerce à cette date afin que le conseil puisse apprécier leur compatibilité avec les fonctions de directeur général *(Décr. n° 2017-1765 du 26 déc. 2017, art. 4-1°, en vigueur le 31 déc. 2017)* « ou de directeur général délégué » de l'institution ou de l'union.

Le directeur général ou le directeur général délégué d'une institution ou d'une union doit informer le conseil d'administration de toute autre fonction qui pourrait lui être confiée. Le conseil statue dans un délai d'un mois sur la compatibilité de ces fonctions avec celles de directeur général ou directeur général délégué de l'institution de prévoyance ou de l'union.

Art. R. 931-3-22-4 L'exercice des fonctions de directeur général ou de directeur général délégué est soumis à une limite d'âge fixée par les statuts, qui ne peut être inférieure à l'âge prévu au 1° de l'article L. 351-8. A défaut de disposition expresse, elle est égale à cet âge.

Toute nomination intervenue en violation des dispositions prévues à l'alinéa précédent est nulle.

Lorsqu'un directeur général ou un directeur général délégué atteint la limite d'âge, il est réputé démissionnaire d'office.

§ 4 CONVENTIONS RÉGLEMENTÉES *(Décr. n° 2015-513 du 7 mai 2015, art. 14-III-17°, en vigueur le 1er janv. 2016)*.

Art. R. 931-3-24 *(Décr. n° 2015-513 du 7 mai 2015, art. 14-III-18°, en vigueur le 1er janv. 2016)* Toute convention intervenant directement ou par personne interposée entre une institution de prévoyance ou une union d'institutions de prévoyance, ou toute personne morale à laquelle elle a délégué tout ou partie de sa gestion, et son directeur général, l'un de ses directeurs généraux délégués, l'un de ses administrateurs ou, le cas échéant, son entreprise participante au sens du 3° de l'article L. 356-1 du code des assurances doit être soumise à l'autorisation préalable du conseil d'administration.

Il en est de même des conventions auxquelles une des personnes mentionnées à l'alinéa précédent est indirectement intéressé.

Sont également soumises à autorisation préalable les conventions intervenant entre une institution de prévoyance ou une union et toute personne morale, si le directeur général, l'un des directeurs généraux délégués ou l'un des administrateurs de l'institution ou de l'union d'institutions de prévoyance est propriétaire, associé indéfiniment responsable, gérant, administrateur, directeur général, membre du directoire ou du conseil de surveillance ou, de façon générale, dirigeant de la personne morale.

L'autorisation préalable du conseil d'administration est motivée en justifiant de l'intérêt de la convention pour l'institution de prévoyance ou l'union d'institutions de prévoyance, notamment en précisant les conditions financières qui y sont attachées.

Art. R. 931-3-25 Les dispositions de l'article R. 931-3-24 ne sont pas applicables aux conventions portant sur des opérations courantes et conclues à des conditions normales.

Art. R. 931-3-26 Sans préjudice de *(Décr. n° 2015-513 du 7 mai 2015, art. 14-III-18°, en vigueur le 1er janv. 2016)* « la responsabilité de l'intéressé », les conventions visées à l'article R. 931-3-24 et conclues sans autorisation préalable du conseil d'administration peuvent être annulées si elles ont eu des conséquences dommageables pour l'institution ou l'union.

L'action en nullité se prescrit par trois ans, à compter de la date de la convention. Toutefois, si la convention a été dissimulée, le point de départ du délai de la prescription est reporté au jour où elle a été révélée.

La nullité peut être couverte par un vote de la commission paritaire ou de l'assemblée générale intervenant sur rapport spécial des commissaires aux comptes exposant les circonstances en raison desquelles la procédure d'autorisation n'a pas été suivie. Les dispositions du quatrième alinéa de l'article R. 931-3-27 sont applicables.

Art. R. 931-3-27 *(Décr. n° 2015-513 du 7 mai 2015, art. 14-III-18°, en vigueur le 1er janv. 2016)* « L'administrateur ou le dirigeant » est tenu d'informer le conseil d'administration de l'institution de prévoyance ou de l'union d'institutions de prévoyance dès qu'il a connaissance d'une convention à laquelle l'article R. 931-3-24 est applicable. Le dirigeant intéressé, lorsqu'il s'agit d'un administrateur, ne peut prendre part au vote sur l'autorisation sollicitée.

Le président du conseil d'administration ou, à défaut, le vice-président donne avis aux commissaires aux comptes de toutes les conventions autorisées dans un délai d'un mois à compter de leur conclusion. Celles-ci sont soumises à l'approbation de la commission paritaire ou de l'assemblée générale.

Les commissaires aux comptes présentent, sur ces conventions, un rapport spécial à la commission paritaire ou à l'assemblée qui statue sur ce rapport.

L'administrateur intéressé ne prend pas part au vote.

Un arrêté du ministre chargé de la sécurité sociale précise les modalités d'application du présent article.

Art. R. 931-3-28 Les conventions approuvées, comme celles qui sont désapprouvées, par la commission paritaire ou l'assemblée générale produisent leurs effets à l'égard des tiers, sauf lorsqu'elles sont annulées dans le cas de fraude.

(Décr. n° 2015-513 du 7 mai 2015, art. 14-III-18°, en vigueur le 1er janv. 2016) « Même en l'absence de fraude, les conséquences préjudiciables à l'institution de prévoyance ou à l'union d'institutions de prévoyance des conventions désapprouvées peuvent être mises à la charge de l'intéressé et, éventuellement, des autres membres du conseil d'administration ».

§ 5 DISPOSITIONS GÉNÉRALES ET ATTRIBUTIONS DE LA COMMISSION PARITAIRE, DE L'EMPLOYEUR ET DE L'ASSEMBLÉE GÉNÉRALE *(Décr. n° 2015-513 du 7 mai 2015, art. 14-III-19°).*

Art. R. 931-3-29 Les attributions mentionnées aux articles R. 931-3-30 et R. 931-3-31 sont, selon les cas, exercées par :

a) La commission paritaire qui, conformément aux dispositions du *a* et du *b* de l'article R. 931-1-3, a constitué l'institution ;

b) L'employeur et les intéressés pour celles figurant à l'article R. 931-3-30 et l'assemblée générale pour celles figurant à l'article R. 931-3-31 lorsque l'institution a été constituée à la suite de la ratification par les intéressés d'un projet de l'employeur conformément au *b* de l'article R. 931-1-3 ;

c) L'assemblée générale lorsque l'institution a été constituée conformément au *c* de l'article R. 931-1-3 ou lorsqu'il s'agit d'une union d'institutions de prévoyance.

Art. R. 931-3-30 La commission paritaire, l'employeur et les intéressés ou l'assemblée générale, dans les conditions fixées au premier alinéa de l'article R. 931-3-41, sont seuls habilités à se prononcer sur la modification des statuts et règlements des institutions de prévoyance et de leurs unions, le transfert de tout ou partie d'un portefeuille d'opérations, que l'institution ou l'union soit cédante ou cessionnaire, la fusion, la scission ou la dissolution de l'institution ou de l'union.

Les décisions prises par la commission paritaire ou par l'employeur et les intéressés dans le cadre de l'alinéa précédent prennent la forme d'un avenant à la convention ou à l'accord qui a constitué l'institution.

Art. R. 931-3-31 Les décisions autres que celles mentionnées à l'article R. 931-3-30 sont prises par la commission paritaire et par l'assemblée générale dans les conditions visées au présent article.

La commission paritaire ou l'assemblée générale sont réunies au moins une fois par an, dans les six mois suivant la clôture de l'exercice, sauf prolongation de ce délai, à la demande motivée du conseil d'administration, par ordonnance du tribunal de grande instance statuant sur requête.

Après lecture du rapport de gestion, le conseil d'administration présente à la commission paritaire ou à l'assemblée générale les comptes annuels de l'institution ou de l'union. Les commissaires aux comptes relatent dans leur rapport l'accomplissement de leur mission.

Un arrêté du ministre chargé de la sécurité sociale précise le contenu du rapport de gestion du conseil d'administration.

La commission paritaire ou l'assemblée générale délibèrent et statuent sur toutes les questions relatives aux comptes de l'exercice écoulé. Elles exercent les pouvoirs qui leur sont attribués, notamment par les articles R. 931-3-26, troisième alinéa, et R. 931-3-27, deuxième et troisième alinéa *[alinéas]*.

Elles autorisent les emprunts pour fonds de développement ainsi que les émissions, par l'institution ou l'union, des titres et emprunts subordonnés.

Pour l'exercice des attributions prévues au présent article, la commission paritaire se prononce par voie de délibération adoptée par accord entre, d'une part, l'employeur ou la majorité des organisations syndicales d'employeurs et, d'autre part, la majorité des organisations syndicales de salariés.

Art. R. 931-3-32 Lorsque les circonstances le justifient, les commissaires aux comptes et les liquidateurs peuvent convoquer la commission paritaire ou enjoindre à l'employeur de consulter les intéressés.

Art. R. 931-3-33 Le conseil d'administration adresse ou met à la disposition en temps utile, selon le cas, des membres de la commission paritaire, des membres de l'assemblée générale ou de l'employeur et des intéressés les documents nécessaires pour leur permettre de se prononcer en connaissance de cause et de porter un jugement informé sur la gestion de l'institution de prévoyance ou de l'union d'institutions de prévoyance. Un arrêté du ministre chargé de la sécurité sociale fixe la liste de ces documents ainsi que leurs modalités d'envoi et de mise à disposition.

A compter de la communication prévue au premier alinéa du présent article, tout membre de la commission paritaire ou de l'assemblée générale a la faculté de poser par écrit des questions auxquelles le conseil d'administration est tenu de répondre au cours de la réunion de la commission paritaire ou de l'assemblée.

Art. R. 931-3-34 Un arrêté du ministre chargé de la sécurité sociale fixe la liste des documents dont tout membre adhérent ou participant de l'institution de prévoyance ou de l'union d'institutions de prévoyance a le droit, à toute époque, d'obtenir communication.

Art. R. 931-3-35 Lorsqu'une institution ou une union refuse à un membre adhérent ou à un membre participant, en totalité ou en partie, communication des documents mentionnés aux articles R. 931-3-33 et R. 931-3-34, le président du tribunal de grande instance, statuant en référé, peut, à la demande de cette personne, ordonner à l'institution ou à l'union, sous astreinte, de lui communiquer ces documents dans les conditions prévues à ces mêmes articles.

Art. R. 931-3-36 Les décisions prises en violation des articles R. 931-3-30 et R. 931-3-31, troisième et septième alinéa *[alinéas]*, sont nulles.

§ 6 COMPOSITION ET FONCTIONNEMENT DES ASSEMBLÉES GÉNÉRALES *(Décr. nº 2015-513 du 7 mai 2015, art. 14-III-19º)*.

Art. R. 931-3-37 Les statuts de l'institution ou de l'union déterminent la composition de l'assemblée générale sous réserve des dispositions des articles R. 931-3-38 à R. 931-3-40.

Art. R. 931-3-38 L'assemblée générale des institutions de prévoyance est composée soit de l'ensemble des membres adhérents et des membres participants, soit de délégués désignés ou élus représentant les membres adhérents et les membres participants.

Dans tous les cas, ne peuvent participer à l'assemblée générale que les membres à jour de leurs cotisations.

Art. R. 931-3-39 Lorsque l'assemblée générale d'une institution de prévoyance est composée de délégués nommés par les organisations syndicales d'employeurs et de salariés, les statuts fixent les modalités de leur nomination qui doivent permettre d'assurer une représentation de l'ensemble des membres adhérents et de l'ensemble des membres participants qui prend notamment en compte les résultats des élections professionnelles dans la ou les entreprises couvertes par l'institution. Les statuts peuvent également prévoir un nombre de sièges identique pour chacune des organisations syndicales de salariés.

Lorsque l'assemblée générale d'une institution de prévoyance est composée de délégués élus par les membres adhérents et les membres participants, ceux-ci peuvent être répartis en circonscription de vote selon des critères géographiques ou professionnels.

Dans tous les cas, le nombre des délégués d'un même collège ne peut être inférieur à trente.

Les clauses des statuts contraires aux dispositions du présent article sont réputées non écrites.

Art. R. 931-3-40 L'assemblée générale des unions d'institutions de prévoyance est constituée soit de délégués désignés par chacun des deux collèges des conseils d'administration des institutions qui en sont membres, soit de l'ensemble des administrateurs appartenant à chacun desdits conseils d'administration. Le nombre de voix des délégués est fonction du nombre de membres participants couverts par l'union. Il ne peut en aucun cas être déterminé par référence au volume d'activité des institutions membres de l'union.

Art. R. 931-3-41 Lorsqu'elle se réunit pour exercer les attributions fixées par l'article R. 931-3-30, l'assemblée générale ne délibère valablement que si, lors de la première convocation et pour chacun des deux collèges, le tiers au moins des membres ou des délégués sont présents ou représentés. A défaut de ce dernier quorum, une seconde assemblée est convoquée qui délibère quel que soit le quorum.

Lorsqu'elle se réunit pour exercer les attributions fixées par l'article R. 931-3-31, l'assemblée générale ne délibère valablement que si, lors de la première convocation et pour chacun des deux collèges, le quart au moins des membres ou des délégués sont présents ou représentés. A défaut de ce dernier quorum, une seconde assemblée est convoquée qui délibère quel que soit le quorum.

Dans tous les cas, les projets de délibérations soumis à l'assemblée générale sont adoptés par voie de délibération concordante entre les membres ou délégués adhérents et participants, qu'ils soient présents ou représentés ou aient fait usage de la faculté de vote par correspondance.

Art. R. 931-3-42 L'assemblée générale est convoquée par le président du conseil d'administration ou, en cas d'empêchement, par le vice-président.

Lorsque les circonstances le justifient, elle peut être également convoquée par les commissaires aux comptes et les liquidateurs.

Sauf clause différente des statuts, les assemblées générales sont réunies au siège social ou en tout autre lieu du même département ou de la même région.

Une feuille de présence est tenue à chaque assemblée.

Un arrêté du ministre chargé de la sécurité sociale détermine les formes et délais de convocation de l'assemblée générale.

Art. R. 931-3-43 L'ordre du jour de l'assemblée générale est fixé par l'auteur de la convocation. L'assemblée ne peut délibérer sur une question qui n'est pas inscrite à l'ordre du jour. L'ordre du jour de l'assemblée ne peut être modifié sur deuxième convocation.

Art. R. 931-3-44 Tout membre de l'assemblée générale peut voter par procuration ou par correspondance. Les dispositions contraires des statuts sont réputées non écrites.

Art. R. 931-3-45 Les délibérations prises en violation des articles R. 931-3-41, R. 931-3-42, quatrième alinéa, et R. 931-3-43 sont nulles.

§ 7 SYSTÈME DE GOUVERNANCE APPLICABLE AUX INSTITUTIONS DE PRÉVOYANCE ET UNIONS RELEVANT DU RÉGIME DIT "SOLVABILITÉ II"

(Décr. nº 2015-513 du 7 mai 2015, art. 14-III-20º, en vigueur le 1er janv. 2016)

Art. R. 931-3-45-1 L'exigence de compétence mentionnée au VII de l'article L. 931-7 s'apprécie conformément à l'article 258 du règlement délégué (UE) nº 2015/35 de la Commission du 10 octobre 2014, sans préjudice de l'article R. 931-3-10-1 du présent code.

Art. R. 931-3-45-2 Les dispositions du chapitre IV du titre V du livre III du code des assurances sont applicables aux institutions de prévoyance et unions mentionnées à l'article L. 931-6.

Art. R. 931-3-45-3 Le directeur général et le ou les directeurs généraux délégués dirigent effectivement l'institution de prévoyance ou l'union au sens de l'article L. 931-7-1.

Le conseil d'administration peut également, sur proposition du directeur général, désigner comme dirigeant effectif une ou plusieurs personnes physiques, qui ne sont pas mentionnées à l'alinéa précédent. Ces personnes doivent disposer d'un domaine de compétence et de pouvoirs suffisamment larges sur les activités et les risques de l'institution de prévoyance ou l'union, faire preuve d'une disponibilité suffisante au sein de l'institution de prévoyance ou l'union pour exercer ce rôle, et être impliquées dans les décisions ayant un impact important sur l'institution de prévoyance ou l'union, notamment en matière de stratégie, de budget ou de questions financières. Sur proposition du directeur général, le conseil d'administration peut leur retirer cette fonction.

Le conseil d'administration définit les cas dans lesquels les dirigeants effectifs sont absents ou empêchés de manière à garantir la continuité de la direction effective de l'institution de prévoyance ou de l'union.

SOUS-SECTION 3 RÉGIME PRUDENTIEL ET FINANCIER *(Décr. nº 2015-513 du 7 mai 2015, art. 14-III-21º).*

Art. R. 931-3-46 Tout emprunt destiné à la constitution et, éventuellement, à l'alimentation du fonds de développement est autorisé conformément aux dispositions de l'article R. 931-3-31 par la commission paritaire ou l'assemblée générale se prononçant par une délibération spéciale.

Art. R. 931-3-47 Trois mois au moins avant la réunion de la commission paritaire ou de l'assemblée générale, l'institution de prévoyance ou l'union d'institutions de prévoyance soumet à l'approbation de l'Autorité de contrôle prudentiel et de résolution le texte du projet de délibération mentionnée à l'article R. 931-3-46. L'Autorité se prononce au vu du plan d'amélioration de l'exploitation ou du plan de développement à moyen ou long terme mentionnés à l'article R. 931-1-8. A l'expiration d'un délai de deux mois à dater du dépôt du texte de l'un ou l'autre de ces plans ainsi que du texte de la délibération, en l'absence de décision expresse de l'Autorité, l'autorisation est réputée accordée.

Art. R. 931-3-48 La délibération mentionnée à l'article R. 931-3-46 détermine, le cas échéant, la ou les catégories de membres à laquelle ou auxquelles il est proposé de souscrire à l'emprunt.

L'institution ou l'union est tenue d'informer, au moins une fois par an, chaque membre participant ou adhérent concerné du montant et de l'échéance de sa créance au titre de l'emprunt pour fonds de développement.

Art. R. 931-3-49 Les prospectus, affiches, circulaires, notices, annonces ou documents quelconques relatifs aux emprunts que les institutions de prévoyance ou unions d'institutions de prévoyance contractent sur la base des dispositions du premier alinéa de l'article R. 931-3-48 comprennent une mention en caractères apparents indiquant de manière explicite qu'un privilège est institué au profit de leurs membres participants et bénéficiaires par l'article *(Décr. nº 2015-513 du 7 mai 2015, art. 14-III-21º, en vigueur le 1er janv. 2016)* « L. 931-22 » et que le membre adhérent ou participant qui souscrit à un emprunt pour fonds de développement émis par ces institutions ou unions ne bénéficie d'aucun privilège pour les intérêts et le remboursement de l'emprunt.

Art. R. 931-3-50 Il est porté chaque année dans les charges de l'institution de prévoyance ou de l'union d'institutions de prévoyance une somme constante destinée au paiement des intérêts et au remboursement des emprunts ou à la constitution de la réserve pour amortissement des emprunts.

Art. R. 931-3-51 Toute émission de titres participatifs ou de titres subordonnés *(Abrogé par Décr. n° 2017-1765 du 26 déc. 2017, art. 4-2°, à compter du 31 déc. 2017)* « *remboursables* » dans les conditions prévues à l'article L. 931-12 *(Décr. n° 2015-204 du 23 févr. 2015, art. 3-2°)* « et toute émission de certificats paritaires dans les conditions prévues à l'article L. 931-15-1 doivent être autorisées » par la commission paritaire ou l'assemblée générale se prononçant par une délibération spéciale.

Trois mois au moins avant la réunion de la commission paritaire ou de l'assemblée générale, l'institution de prévoyance ou l'union d'institutions de prévoyance soumet à l'approbation de l'Autorité de contrôle prudentiel et de résolution le texte du projet de délibération mentionnée au premier alinéa. L'Autorité se prononce en veillant à la sauvegarde des intérêts des membres participants et bénéficiaires au vu d'un dossier comprenant une présentation détaillée des objectifs poursuivis, des caractéristiques des titres *(Décr. n° 2015-204 du 23 févr. 2015, art. 3-2°)* « ou certificats paritaires » émis, des conséquences de l'émission sur la situation financière de l'institution ou de l'union ainsi que, le cas échéant, une description précise des cas de remboursement anticipé. A l'expiration d'un délai de deux mois à dater du dépôt de ce dossier ainsi que du texte de la délibération, en l'absence de décision expresse de l'Autorité, l'autorisation est réputée accordée. *(Décr. n° 2015-204 du 23 févr. 2015, art. 3-2°)* « En cas de décision expresse, celle-ci est communiquée à l'assemblée générale. »

La délibération de la commission paritaire ou de l'assemblée générale fixe les caractéristiques essentielles de l'émission de titres participatifs et, notamment, l'assiette de la rémunération pour la partie variable. Pour les titres subordonnés, elle précise la clause de subordination et les modalités de remboursement, notamment en cas de liquidation de l'institution ou de l'union. *(Décr. n° 2015-204 du 23 févr. 2015, art. 3-2°)* « Pour les certificats paritaires mentionnés au L. 931-15-1, elle fixe le montant maximal de l'émission, la ou les monnaies dans laquelle ou lesquelles l'émission est libellée, les modalités de remboursement et le montant des frais d'émission. »

L'émission doit être réalisée en une ou plusieurs fois dans un délai de deux ans à compter de l'adoption de la délibération par la commission paritaire ou l'assemblée générale.

Le conseil d'administration rend compte à la plus prochaine commission paritaire ou assemblée générale de la mise en œuvre de la délibération.

(Décr. n° 2015-204 du 23 févr. 2015, art. 3-2°) « La part maximale des résultats du dernier exercice clos et des précédents exercices susceptible d'être affectée annuellement à la rémunération des certificats paritaires est égale à 10 % de la somme des résultats des trois derniers exercices clos.

« Toutefois, si *[,]* par application de la règle ci-dessus énoncée, les certificats paritaires ne peuvent pas être rémunérés alors que le résultat du dernier exercice clos est positif, la part maximale des résultats pouvant être affectée à la rémunération des certificats est égale à 25 % du résultat du dernier exercice clos.

« Par dérogation aux dispositions qui précèdent, un groupement paritaire de prévoyance peut, dans la limite de 95 % du résultat du dernier exercice clos, affecter à la rémunération des certificats paritaires qu'il a émis l'intégralité de la rémunération qu'il a reçue au titre des certificats mutualistes ou paritaires souscrits auprès de ses membres. »

Art. R. 931-3-52 Les commissaires aux comptes ne peuvent être nommés *(Décr. n° 2015-513 du 7 mai 2015, art. 14-III-22°, en vigueur le 1er janv. 2016)* « administrateur, directeur général ou directeur général délégué » des institutions de prévoyance ou unions d'institutions de prévoyance qu'ils contrôlent moins de cinq années après la cessation de leurs fonctions. La même interdiction est applicable aux associés, actionnaires ou dirigeants d'une société de commissaires aux comptes.

Pendant le même délai, ils ne peuvent exercer les mêmes fonctions dans les sociétés dont l'institution ou l'union possède le dixième du capital lors de la cessation des fonctions du commissaire.

Art. R. 931-3-53 Les personnes ayant été *(Décr. n° 2015-513 du 7 mai 2015, art. 14-III-22°, en vigueur le 1er janv. 2016)* « administrateur, directeur général ou directeur général délégué » ou salariées d'une institution de prévoyance ou d'une union d'institutions de prévoyance ne peuvent être nommées commissaires aux comptes de cette institution ou de cette union moins de cinq années après la cessation de leurs fonctions.

Pendant le même délai, elles ne peuvent être nommées commissaires aux comptes dans les sociétés dont l'institution ou l'union possédait le dixième du capital lors de la cessation de leurs fonctions.

Les interdictions prévues au présent article pour les personnes mentionnées au premier alinéa sont applicables aux sociétés de commissaires aux comptes dont lesdites personnes sont associées, actionnaires ou dirigeantes.

Art. R. 931-3-54 Les délibérations prises à défaut de désignation régulière de commissaires aux comptes ou sur le rapport de commissaires aux comptes nommés ou demeurés en fonction contrairement aux dispositions des articles L. 822-1 et L. 822-11 du code de commerce sont nulles. L'action en nullité est éteinte si ces délibérations sont expressément confirmées par une commission paritaire ou une assemblée générale sur le rapport de commissaires régulièrement désignés.

Art. R. 931-3-55 En dehors des cas prévus à l'article R. 931-1-9, les commissaires aux comptes sont désignés par la commission paritaire ou l'assemblée générale dont les attributions sont prévues à l'article R. 931-3-31. Les dispositions *(Décr. n° 2016-1026 du 26 juill. 2016, art. 90)* « du I du même article *[de l'article L. 823-1]* » du code de commerce sont applicables.

Art. R. 931-3-56 Les commissaires aux comptes sont nommés pour six exercices. Leurs fonctions expirent après la réunion de la commission paritaire ou de l'assemblée générale qui statue sur les comptes du sixième exercice.

Le commissaire aux comptes nommé, selon le cas, par la commission paritaire ou l'assemblée générale en remplacement d'un autre ne demeure en fonction que jusqu'à l'expiration du mandat de son prédécesseur.

Si, selon les cas, la commission paritaire ou l'assemblée générale omet d'élire un commissaire, tout membre adhérent ou participant de l'institution de prévoyance ou de l'union d'institutions de prévoyance peut demander au tribunal de grande instance statuant en référé la désignation d'un commissaire aux comptes, le président et le vice-président du conseil d'administration de l'institution ou de l'union dûment appelés ; le mandat ainsi conféré prend fin lorsqu'il a été pourvu par la commission paritaire ou l'assemblée générale à la nomination du ou des commissaires.

Art. R. 931-3-57 En cas de faute ou d'empêchement, les commissaires aux comptes peuvent, à la demande du conseil d'administration ou, selon le cas, de la commission paritaire ou de l'assemblée générale, être relevés de leurs fonctions avant l'expiration normale de celles-ci par le tribunal de grande instance statuant en référé.

Lorsque, à l'expiration des fonctions d'un commissaire aux comptes, il est proposé, selon le cas, à la commission paritaire ou à l'assemblée générale de ne pas le renouveler, le commissaire aux comptes doit être, s'il le demande, entendu, selon le cas, par la commission paritaire ou par l'assemblée générale.

Art. R. 931-3-58 Les commissaires aux comptes certifient que les comptes annuels sont réguliers et sincères et donnent une image fidèle du résultat des opérations de l'exercice écoulé ainsi que de la situation financière et du patrimoine de l'institution de prévoyance ou de l'union d'institutions de prévoyance à la fin de cet exercice selon des modalités fixées par arrêté des ministres chargés de la sécurité sociale et de l'agriculture.

Ils ont pour mission permanente, à l'exclusion de toute immixtion dans la gestion, de vérifier les valeurs et les documents comptables de l'institution ou de l'union et de contrôler la conformité de sa comptabilité aux règles en vigueur. Ils vérifient également la sincérité et la concordance avec les comptes annuels des informations données dans le rapport de gestion du conseil d'administration et dans les documents adressés aux membres de la commission paritaire ou aux membres de l'assemblée générale sur la situation financière et les comptes annuels.

Les premier, deuxième et dernier alinéas de l'article L. 823-13 du code de commerce s'appliquent aux institutions de prévoyance et aux unions d'institutions de prévoyance.

Art. R. 931-3-59 Lorsque le commissaire aux comptes d'une institution de prévoyance ou d'une union d'institutions de prévoyance relève, à l'occasion de l'exercice de sa mission, des faits de nature à compromettre la continuité de l'exploitation, il en informe le président et le vice-président du conseil d'administration dans des conditions fixées par arrêté du ministre chargé de la sécurité sociale.

A défaut de réponse sous quinze jours ou si celle-ci ne permet pas d'être assuré de la continuité de l'exploitation, le commissaire aux comptes invite par écrit le président ou le vice-président du conseil d'administration à faire délibérer le conseil d'administration sur les faits relevés. Le commissaire aux comptes est convoqué à cette séance. La délibération du conseil d'administration est communiquée au comité d'entreprise. Le commissaire aux comptes en informe le président du tribunal de grande instance du siège social de l'institution ou de l'union.

En cas d'inobservation de ces dispositions ou s'il constate qu'en dépit des décisions prises la continuité de l'exploitation demeure compromise, le commissaire aux comptes établit un rapport spécial qui est présenté à la prochaine commission paritaire ou assemblée générale. Ce rapport est communiqué au comité d'entreprise.

Si, à l'issue de la réunion de la commission paritaire ou de celle de l'assemblée générale, le commissaire aux comptes constate que les décisions prises ne permettent pas d'assurer la continuité de l'exploitation, il informe de ses démarches le président du tribunal de grande instance et lui en communique les résultats.

Art. R. 931-3-60 Lorsque le comité d'entreprise ou, s'il n'est pas constitué, les délégués du personnel ont connaissance de faits de nature à affecter de manière préoccupante la situation économique de l'institution de prévoyance ou de l'union d'institutions de prévoyance, ils peuvent demander au directeur général, dans les conditions définies aux articles *(Décr. n° 2015-513 du 7 mai 2015, art. 14-III-22°, en vigueur le 1er janv. 2016)* « L. 2313-14, L. 2323-78 à L. 2323-82 du code du travail », de leur fournir des explications.

Le directeur général est tenu d'en informer le président et le vice-président.

Si le comité d'entreprise ou, à défaut, les délégués du personnel n'ont pu obtenir de réponse suffisante du directeur général ou si celle-ci confirme le caractère préoccupant de la situation, ils établissent un rapport.

Le rapport est transmis au directeur général et au commissaire aux comptes. Le directeur général est tenu de le remettre au président et au vice-président.

Art. R. 931-3-61 Les commissaires aux comptes sont convoqués à la réunion du conseil d'administration, qui arrête les comptes de l'exercice écoulé, ainsi qu'aux commissions paritaires ou aux assemblées générales.

Art. R. 931-3-62 Les honoraires des commissaires aux comptes sont à la charge de l'institution de prévoyance ou de l'union d'institutions de prévoyance. Le montant des honoraires est fixé d'un commun accord entre le commissaire aux comptes et l'institution de prévoyance ou l'union d'institutions de prévoyance, eu égard à l'importance effective du travail nécessaire à l'accomplissement de la mission légale de contrôle.

Le président du tribunal de grande instance du lieu du siège social de l'institution ou de l'union, statuant en référé, est compétent pour connaître de tout litige tenant à la fixation du montant des honoraires des commissaires aux comptes.

Art. R. 931-3-63 Les commissaires aux comptes signalent à la plus proche commission paritaire ou assemblée générale les irrégularités ou inexactitudes relevées par eux au cours de l'accomplissement de leur mission.

En outre, ils révèlent au procureur de la République les faits délictueux dont ils ont eu connaissance, sans que leur responsabilité puisse être engagée par cette révélation.

Sous réserve des dispositions des alinéas précédents, les commissaires aux comptes ainsi que leurs collaborateurs et experts sont astreints au secret professionnel pour les faits, actes et renseignements dont ils ont pu avoir connaissance à raison de leurs fonctions.

Art. R. 931-3-64 Les commissaires aux comptes sont responsables, tant à l'égard de l'institution ou de l'union que des tiers, des conséquences dommageables des fautes et négligences par eux commises dans l'exercice de leurs fonctions. Toutefois, leur responsabilité ne peut pas être engagée pour les informations ou divulgations de faits auxquelles ils procèdent en exécution de leur mission définie à l'article R. 931-3-59.

Ils ne sont pas civilement responsables des infractions commises *(Décr. n° 2015-513 du 7 mai 2015, art. 14-III-22°, en vigueur le 1er janv. 2016)* « par les administrateurs, le directeur général ou le ou les directeurs généraux délégués » des institutions de prévoyance et des unions d'institutions de prévoyance sauf si, en ayant eu connaissance, ils ne les ont pas révélées dans leur rapport à la commission paritaire ou à l'assemblée générale.

SECTION IV TRANSFERT DE PORTEFEUILLE — FUSION ET SCISSION

(Décr. n° 99-683 du 3 août 1999, art. 7)

SOUS-SECTION 1 TRANSFERT DE PORTEFEUILLE

Art. R. 931-4 (Abrogé par Décr. n° 2015-513 du 7 mai 2015, art. 14-IV, à compter du 1er janv. 2016) (Décr. n° 2008-1154 du 7 nov. 2008, art. 22) ***Lorsqu'en vertu de l'article L. 931-16-1 une demande d'autorisation est déposée auprès*** (Décr. n° 2010-217 du 3 mars 2010, art. 5-2°) ***« de l'Autorité de contrôle prudentiel » et de résolution, celle-ci est portée à la connaissance des entreprises réassurées et créanciers par un avis publié au Journal officiel qui leur impartit un délai de deux mois pour présenter leurs observations.***

Art. R. 931-4-1 Les actifs transférés avec un portefeuille de bulletins d'adhésion à un règlement ou de contrats relevant du *a* de l'article L. 931-1 par une institution de prévoyance ou une union d'institutions de prévoyance sont affectés à une section comptable distincte du bilan de l'institution ou de l'union cessionnaire des bulletins d'adhésion ou contrats.

Pour le calcul de la participation aux excédents afférents à ces actifs prévue à l'article *(Décr. n° 2015-513 du 7 mai 2015, art. 14-IV, en vigueur le 1er janv. 2016)* « L. 932-23-3 », il n'est pas tenu compte de l'importance respective des fonds propres et des engagements pris envers les membres participants, les bénéficiaires et ayants droit figurant au bilan de l'institution ou de l'union.

Art. R. 931-4-2 (Abrogé par Décr. n° 2015-513 du 7 mai 2015, art. 14-IV, à compter du 1er janv. 2016) ***Lorsqu'elle décide,*** (Décr. n° 2010-217 du 3 mars 2010, art. 5-6°) ***« en application*** (Décr. n° 2014-1315 du 3 nov. 2014, art. 16-1°) ***« du 8° de l'article L. 612-33 » du code monétaire et financier », le transfert d'office d'un portefeuille de bulletins d'adhésion à un règlement ou de contrats conclus sur le territoire d'un ou de plusieurs États membres de l'Espace économique européen, l'Autorité de contrôle prudentiel et de résolution en avise les autorités compétentes de ces différents États.***

Lorsque l'entreprise d'assurance cessionnaire a son siège social dans un État membre de l'Espace économique européen, l'Autorité de contrôle prudentiel et de résolution s'assure auprès des autorités compétentes de cet État que l'entreprise possède, compte tenu du transfert, la marge de solvabilité nécessaire.

La décision de transfert et le nom de l'entreprise cessionnaire font l'objet d'une publication au Journal officiel, à la diligence de l'Autorité de contrôle prudentiel et de résolution.

SOUS-SECTION 2 FUSION ET SCISSION

(Décr. n° 99-683 du 3 août 1999, art. 7)

Art. R. 931-4-3 *(Décr. n° 2010-217 du 3 mars 2010, art. 5-7°)* Lorsque les opérations de fusion ou de scission ne comportent pas de transfert de portefeuille de bulletins d'adhésion à un règlement ou de contrats, les institutions ou unions participantes adressent à l'Autorité de contrôle prudentiel et de résolution une demande d'approbation de la fusion ou de la scission décidée selon l'une des formes prévues à l'article R. 931-3-30 accompagnée de tous documents utiles exposant les buts et les modalités de l'opération.

A réception de la demande, l'Autorité de contrôle prudentiel et de résolution dispose d'un mois pour se prononcer sur l'opération. Elle n'approuve celle-ci que s'il lui apparaît qu'elle est conforme à l'intérêt des membres adhérents, participants, bénéficiaires et ayants droit ou des créanciers ou qu'elle n'a pas pour conséquence de diminuer la valeur de réalisation des placements correspondant à des engagements pris envers les membres adhérents, participants, bénéficiaires ou ayants droit déterminée conformément aux dispositions de l'article L. 931-32.

Lorsque l'Autorité de contrôle prudentiel et de résolution demande des documents complémentaires nécessaires à l'appréciation de l'opération, le délai d'un mois mentionné à l'alinéa précédent court à partir de la date de production des documents demandés.

Art. R. 931-4-4 La fusion ou la scission prend effet à la date de publication au *Journal officiel* de *(Décr. nº 2010-217 du 3 mars 2010, art. 5-2º et 8º)* « la décision de l'Autorité de contrôle prudentiel » et de résolution approuvant l'opération, sauf si *(Décr. nº 2010-217 du 3 mars 2010, art. 5-8º)* « la décision » prévoit que l'opération prend effet à une autre date, laquelle ne doit être ni postérieure à la date de clôture de l'exercice en cours de la ou des institutions ou unions bénéficiaires ni antérieure à la date de clôture du dernier exercice clos de la ou des institutions ou unions qui transmettent leur patrimoine.

Art. R. 931-4-5 Le conseil d'administration de chacune des institutions de prévoyance ou unions d'institutions de prévoyance qui participent à une fusion ou une scission établit un projet de fusion ou de scission dont le contenu est fixé par arrêté du ministre chargé de la sécurité sociale. Ce projet est déposé au greffe du tribunal de grande instance du siège desdites institutions ou unions et fait l'objet d'une publicité dont les modalités sont fixées par le même arrêté.

Art. R. 931-4-6 Le conseil d'administration de chaque institution de prévoyance ou union d'institutions de prévoyance participant à l'opération établit un rapport écrit qu'il adresse ou met à la disposition, selon le cas, des membres de la commission paritaire, des membres de l'assemblée générale ou de l'employeur et des intéressés, dont le contenu est fixé par arrêté des ministres chargés de la sécurité sociale et de l'agriculture.

Décret nº 99-683 du 3 août 1999, *relatif au fonctionnement des institutions de prévoyance et modifiant le code de la sécurité sociale.* **Art. 13** I. — Les institutions de prévoyance et les unions d'institutions de prévoyance modifient leurs statuts avant la fin de l'exercice se terminant au cours de l'an 2000 afin de les rendre conformes aux dispositions du présent décret.

II. — Les membres des conseils d'administration et des assemblées générales qui, à la date de publication du présent décret, ne satisfont pas à tout ou partie des conditions et règles fixées à la section III du chapitre Ier du titre III du livre IX du code de la sécurité sociale et dont la durée du mandat restant à courir n'excède pas dix-huit mois sont maintenus jusqu'au terme de leur mandat.

III. — Les commissaires aux comptes et leurs suppléants exercent leur mission conformément aux dispositions de ladite section III à compter de l'exercice qui commence au cours de l'an 1999.

IV. — Les institutions et les unions informent, avant le 30 novembre 1999, leurs commissaires aux comptes des conventions relevant de l'article R. 931-3-27 du code de la sécurité sociale intervenues avant la date de publication du présent décret et encore en vigueur. Les dispositions de la sous-section 1 de la section III du chapitre Ier du titre III du livre IX du code de la sécurité sociale s'appliquent aux conventions intervenues à compter du 1er janvier 1999.

SECTION V REDRESSEMENT, MESURE DE SAUVEGARDE ET D'ASSAINISSEMENT, DISSOLUTION ET LIQUIDATION *(Décr. nº 2015-513 du 7 mai 2015, art. 14-V-1º).*

Art. R. 931-5-1 *(Décr. nº 2015-513 du 7 mai 2015, art. 14-V-2º, en vigueur le 1er janv. 2016)* Hormis les cas de fusion et de scission, l'institution de prévoyance ou l'union d'institutions de prévoyance est en liquidation dès l'instant de sa dissolution pour quelque cause que ce soit. Sa dénomination sociale est suivie de la mention : "institution de prévoyance en liquidation" ou "union d'institutions de prévoyance en liquidation". Cette mention ainsi que, le cas échéant, le nom du ou des liquidateurs ou du mandataire de justice figurent sur tous les actes émanant de l'institution ou de l'union et destinés aux tiers.

La personnalité morale de l'institution ou de l'union subsiste pour les besoins de la liquidation jusqu'à la clôture de celle-ci.

Art. R. 931-5-1-1 à R. 931-5-1-6 *Abrogés par Décr. nº 2015-513 du 7 mai 2015, art. 14-V-4º, à compter du 1er janv. 2016.*

Art. R. 931-5-1-7 *Abrogé par Décr. nº 2010-217 du 3 mars 2010, art. 5-15º.*

Art. R. 931-5-1-8 et R. 931-5-1-9 *Abrogés par Décr. nº 2015-513 du 7 mai 2015, art. 14-V-4º, à compter du 1er janv. 2016.*

Art. R. 931-5-2 *(Décr. nº 2015-513 du 7 mai 2015, art. 14-V-2º, en vigueur le 1er janv. 2016)* La dissolution anticipée d'une institution de prévoyance ou d'une union d'institutions de prévoyance est prononcée selon les formes prévues au premier alinéa de l'article R. 931-3-30.

Art. R. 931-5-3 *(Décr. nº 2015-513 du 7 mai 2015, art. 14-V-2º, en vigueur le 1er janv. 2016)* L'avenant à la convention ou à l'accord collectif, l'avenant à l'accord ratifié par la majorité des intéressés ou le procès-verbal de la délibération de l'assemblée générale sont transmis dans un délai de huit jours à compter du prononcé de la dissolution de l'institution de prévoyance ou de l'union d'institutions de prévoyance à l'Autorité de contrôle prudentiel et de résolution, qui intervient dans les conditions prévues à l'article R. 931-6-4.

Art. R. 931-5-4 *(Décr. nº 2015-513 du 7 mai 2015, art. 14-V-3º, en vigueur le 1er janv. 2016) (Décr. nº 2018-179 du 13 mars 2018, art. 5-1º)* « I. — » Le chapitre V du titre II du livre III du code des assurances est applicable aux institutions de prévoyance et unions mentionnées aux articles L. 931-4 et L. 931-4-1.

Pour l'application de l'alinéa précédent, il y a lieu d'entendre : "institution de prévoyance ou union" là où est mentionné dans le code des assurances : "entreprise".

(Décr. nº 2018-179 du 13 mars 2018, art. 5-2º) « II. — Le chapitre III du titre Ier du livre III du code des assurances est applicable aux institutions de prévoyance et unions régies par le présent titre, aux groupes définis à l'article L. 356-1 du code des assurances et institutions de retraite professionnelle supplémentaire mentionnées à l'article L. 942-1. »

Art. R. 931-5-5 *(Décr. nº 2015-513 du 7 mai 2015, art. 14-V-3º, en vigueur le 1er janv. 2016)* Lorsqu'une procédure de liquidation est ouverte en application de l'article L. 931-18, le liquidateur informe sans délai et individuellement par une note écrite chaque créancier connu qui a sa résidence habituelle, son domicile ou son siège social dans un État membre autre que la France.

Le contenu et le format de la note sont fixés par arrêté du ministre chargé de la sécurité sociale.

Art. R. 931-5-6 et R. 931-5-7 *Abrogés par Décr. nº 2015-513 du 7 mai 2015, art. 14-V-4º, à compter du 1er janv. 2016.*

Art. R. 931-5-8 *Abrogé par Décr. nº 2010-217 du 3 mars 2010, art. 5-23º.*

Art. R. 931-5-9 *Abrogé par Décr. nº 2015-513 du 7 mai 2015, art. 14-V-4º, à compter du 1er janv. 2016.*

SECTION VI *[ABROGÉE]* CESSATION DE VALIDITÉ, CADUCITÉ ET RETRAIT DE L'AGRÉMENT ADMINISTRATIF

(Abrogée par Décr. n° 2015-513 du 7 mai 2015, art. 14-VI, à compter du 1er janv. 2016)

Art. R. 931-6-1 à R. 931-6-11 *Abrogés par Décr. n° 2015-513 du 7 mai 2015, art. 14-VI, à compter du 1er janv. 2016.*

SECTION VII *[ABROGÉE]* DISSOLUTION — LIQUIDATION

(Abrogée par Décr. n° 2015-513 du 7 mai 2015, art. 14-VI, à compter du 1er janv. 2016)

Art. R. 931-7-1 à R. 931-7-3 *Abrogés par Décr. n° 2015-513 du 7 mai 2015, art. 14-VI, à compter du 1er janv. 2016.*

SECTION VIII PRIVILÈGES

(Décr. n° 96-294 du 2 avr. 1996)

Art. R. 931-8-1 Le montant de la créance garantie par le privilège ou l'hypothèque légale mentionnée au premier alinéa de l'article L. 931-24 est égal au montant de la provision mathématique diminuée, s'il y a lieu, des avances sur bulletins d'adhésion ou contrats, y compris les intérêts, et augmentée, le cas échéant, du montant du compte de participation aux excédents, ouvert au nom de l'adhérent lorsqu'il s'agit d'opérations collectives mentionnées à l'article L. 932-1 et au *(Décr. n° 99-683 du 3 août 1999, art. 12-III)* « deuxième » alinéa de l'article L. 932-14 ou au nom du participant lorsqu'il s'agit d'opérations individuelles mentionnées au troisième alinéa de l'article L. 932-14, lorsque ces participations aux excédents ne sont pas payables immédiatement après la liquidation de l'exercice qui les a produites.

Art. R. 931-8-2 Le montant de la créance garantie par le privilège ou l'hypothèque légale *(Décr. n° 99-683 du 3 août 1999, art. 12-III)* « mentionnés » respectivement aux articles L. 931-22 et L. 931-23 pour les opérations mentionnées au troisième alinéa de l'article L. 931-24 est arrêté à un montant égal à la différence entre le montant des provisions techniques qui figurent au dernier passif du bilan du cessionnaire au titre de ses acceptations et le montant de toutes créances nettes dudit cessionnaire sur le cédant, telles qu'elles figurent au même bilan au titre des acceptations.

SECTION IX SANCTIONS

(Décr. n° 96-294 du 2 avr. 1996)

Art. R. 931-9-1 *(Décr. n° 2017-1765 du 26 déc. 2017, art. 4-3°, en vigueur le 31 déc. 2017)* Est puni de la peine d'amende prévue pour les contraventions de cinquième classe le fait pour tout dirigeant d'une institution de prévoyance, d'une union d'institutions de prévoyance ou d'une institution de retraite professionnelle supplémentaire :

1° De ne pas respecter les obligations qui lui incombent en matière de tenue de la comptabilité, d'enregistrement des opérations, de conservation des pièces comptables et de présentation des comptes annuels ;

2° De méconnaître les obligations ou interdictions résultant du dernier alinéa de l'article R. 931-1-2, du troisième alinéa de l'article R. 931-3-19, du dernier alinéa de l'article R. 931-5-1-7 et du dernier alinéa de l'article R. 942-1 du présent code et des articles R. 331-1, R. 332-1 et R. 332-16 du code des assurances.

Pour l'application des pénalités édictées au présent titre, sont considérés comme dirigeants d'institutions de prévoyance, d'unions d'institutions de prévoyance ou d'institutions de retraite professionnelle supplémentaire : les membres du conseil d'administration, le directeur général, le ou les directeurs généraux délégués, les directeurs et tout dirigeant de fait d'une institution, d'une union ou d'une institution de retraite professionnelle supplémentaire.

En cas de récidive, la peine d'amende prévue pour la récidive des contraventions de la cinquième classe est applicable.

SECTION X *[ABROGÉE]* RÉGIME FINANCIER

(Abrogée par Décr. n° 2015-513 du 7 mai 2015, art. 14-VIII, à compter du 1er janv. 2016)

SOUS-SECTION 1 *[ABROGÉE]* MARGE DE SOLVABILITÉ — DISPOSITIONS COMMUNES

Art. R. 931-10-1 *Abrogé par Décr. n° 2015-513 du 7 mai 2015, art. 14-VIII, à compter du 1er janv. 2016.*

Art. R. 931-10-2 *Abrogé par Décr. n° 2001-384 du 30 avr. 2001, art. 3-II, à compter du 1er janv. 2002.*

SOUS-SECTION 2 *[ABROGÉE]* MARGE DE SOLVABILITÉ DES INSTITUTIONS DE PRÉVOYANCE NON-VIE

Art. R. 931-10-3 à R. 931-10-5 *Abrogés par Décr. n° 2015-513 du 7 mai 2015, art. 14-VIII, à compter du 1er janv. 2016.*

SOUS-SECTION 3 *[ABROGÉE]* MARGE DE SOLVABILITÉ DES INSTITUTIONS DE PRÉVOYANCE VIE

Art. R. 931-10-6 à R. 931-10-8 *Abrogés par Décr. n° 2015-513 du 7 mai 2015, art. 14-VIII, à compter du 1er janv. 2016.*

SOUS-SECTION 4 *[ABROGÉE]* MARGE DE SOLVABILITÉ DES INSTITUTIONS DE PRÉVOYANCE MIXTES

Art. R. 931-10-9 à R. 931-10-11 *Abrogés par Décr. n° 2015-513 du 7 mai 2015, art. 14-VIII, à compter du 1er janv. 2016.*

SOUS-SECTION 5 *[ABROGÉE]* MARGE DE SOLVABILITÉ DES INSTITUTIONS ET UNIONS DE RÉASSURANCE

Art. R. 931-10-11-1 à R. 931-10-11-3 *Abrogés par Décr. n° 2015-513 du 7 mai 2015, art. 14-VIII, à compter du 1er janv. 2016.*

SOUS-SECTION 6 *[ABROGÉE]* ENGAGEMENTS RÉGLEMENTÉS — DISPOSITIONS GÉNÉRALES

Art. R. 931-10-12 et R. 931-10-13 *Abrogés par Décr. n° 2015-513 du 7 mai 2015, art. 14-VIII, à compter du 1er janv. 2016.*

SOUS-SECTION 7 *[ABROGÉE]* PROVISIONS TECHNIQUES DES OPÉRATIONS NON-VIE

Art. R. 931-10-14 à R. 931-10-16 *Abrogés par Décr. n° 2015-513 du 7 mai 2015, art. 14-VIII, à compter du 1er janv. 2016.*

SOUS-SECTION 8 *[ABROGÉE]* PROVISIONS TECHNIQUES DES OPÉRATIONS VIE

Art. R. 931-10-17 à R. 931-10-18-2 *Abrogés par Décr. n° 2015-513 du 7 mai 2015, art. 14-VIII, à compter du 1er janv. 2016.*

SOUS-SECTION 9 *[ABROGÉE]* RÉGLEMENTATION DES PLACEMENTS ET AUTRES ÉLÉMENTS D'ACTIFS

§ 1er *[ABROGÉ]* DISPOSITIONS APPLICABLES AUX INSTITUTIONS ET UNIONS EXERÇANT L'ACTIVITÉ D'ASSURANCE *(Décr. n° 2008-1154 du 7 nov. 2008, art. 26).*

Art. R. 931-10-19 à R. 931-10-47 *Abrogés par Décr. n° 2015-513 du 7 mai 2015, art. 14-VIII, à compter du 1er janv. 2016.*

§ 2 *[ABROGÉ]* DISPOSITIONS APPLICABLES AUX INSTITUTIONS ET UNIONS DE RÉASSURANCE

(Décr. n° 2008-1154 du 7 nov. 2008, art. 26)

Art. R. 931-10-47-1 à R. 931-10-47-3 *Abrogés par Décr. n° 2015-513 du 7 mai 2015, art. 14-VIII, à compter du 1er janv. 2016.*

SOUS-SECTION 10 *[ABROGÉE]* INSTRUMENTS FINANCIERS À TERME

Art. R. 931-10-48 à R. 931-10-61 *Abrogés par Décr. n° 2015-513 du 7 mai 2015, art. 14-VIII, à compter du 1er janv. 2016.*

SECTION XI COMPTES ET ÉTATS STATISTIQUES

Art. R. 931-11-1 *(Décr. n° 2015-513 du 7 mai 2015, art. 14-IX-1°, en vigueur le 1er janv. 2016)* Les dispositions du titre IV du livre III du code des assurances, à l'exception du chapitre IV, s'appliquent aux institutions de prévoyance *(Décr. n° 2017-1765 du 26 déc. 2017, art. 4-4°, en vigueur le 31 déc. 2017)* « , aux unions d'institutions de prévoyance et aux institutions de retraite professionnelle supplémentaire ».

Pour l'application du présent article, il y a lieu d'entendre : "participation aux excédents" là où est mentionné dans le code des assurances : "participation aux bénéfices", "cotisations" là où est mentionné : "primes", "prestations à payer" là où est mentionné : "sinistres à payer", institutions de prévoyance et unions" là où est mentionné : "entreprises d'assurance", "bulletin d'adhésion à un règlement ou contrat collectif" là où est mentionné : "contrat", "membres participants" là où est mentionné : "assurés", "opérations" là où est mentionné : "contrats", "les institutions de prévoyance et unions régies par le titre III du livre IX du code de la sécurité sociale" là où est mentionné : "les entreprises mentionnées à l'article L. 310-1 ou au 1° du III de l'article L. 310-1-1", "contrats collectifs" là où est mentionné : "opérations d'assurance de groupe", "les opérations mentionnées au *a* de l'article L. 931-1 du code de la sécurité sociale" là où est mentionné : "les opérations mentionnées au 1° de l'article L. 310-1", "les opérations mentionnées aux *a* et *b* de l'article L. 931-1 du code de la sécurité sociale" là où est mentionné : "les opérations mentionnées au 1° et au 2° de l'article L. 310-1", "cotisation" là où est mentionné : "prime", "l'institution de prévoyance ou l'union" là où est mentionné : "l'assureur" *(Décr. n° 2017-1765 du 26 déc. 2017, art. 4-4°, en vigueur le 31 déc. 2017)* « et "l'institution de retraite professionnelle supplémentaire" là où est mentionné dans le code des assurances : "le fonds de retraite professionnelle supplémentaire". La référence à l'article L. 143-1 du code des assurances est remplacée par la référence à l'article L. 932-40 du présent code et la référence à l'article L. 143-4 du code des assurances est remplacée par la référence à l'article L. 932-43 du présent code. »

Art. R. 931-11-2 à R. 931-11-8 *Abrogés par Décr. n° 2015-513 du 7 mai 2015, art. 14-IX-2°, à compter du 1er janv. 2016.*

Art. R. 931-11-9 *(Décr. n° 2017-1765 du 26 déc. 2017, art. 4-5°, en vigueur le 31 déc. 2017)* I. — La quote-part mentionnée à l'article L. 931-32 est un pourcentage de la valeur de l'ensemble des placements appartenant à l'institution de prévoyance, l'union ou l'institution de retraite professionnelle supplémentaire et de ceux des autres actifs affectables à la représentation des engagements réglementés, évalués conformément à l'article R. 343-11 du code des assurances. Pour les institutions de prévoyance et unions mentionnées à l'article L. 931-6 et les institutions de retraite professionnelle supplémentaire, les autres actifs comprennent les créances sur les membres participants et les réassureurs ainsi que les frais d'acquisition reportés.

Ce pourcentage est au moins égal au résultat obtenu en divisant par cette valeur la somme des montants suivants :

a) Actifs correspondant aux opérations relevant de l'article L. 932-24 faisant l'objet d'une comptabilité auxiliaire d'affectation, évalués conformément à l'article R. 343-11 du code des assurances ;

b) Placements affectés à la représentation des opérations en unités de compte dans lesquels la somme assurée est déterminée par rapport à une valeur de référence et évalués conformément à l'article R. 332-5 du code des assurances, ainsi que placements affectés aux contrats de retraite professionnelle dont les droits sont exprimés en unités de compte et qui ne font pas l'objet d'une comptabilité auxiliaire d'affectation en application de l'article L. 942-2 du présent code ;

c) Actifs transférés avec un portefeuille de bulletins d'adhésion à un règlement ou de contrats, évalués conformément à l'article R. 343-11 du code des assurances ;

d) Montant des provisions techniques brutes de réassurance constituées au titre des opérations pratiquées par l'institution de prévoyance ou l'union pour les branches 20 à 22 et 24 à 26 de l'article R. 931-2-1, ou par l'institution de retraite professionnelle supplémentaire, autres que celles qui sont mentionnées aux *a* et *b* et diminué du montant des actifs mentionnés au *c*, évalués conformément aux articles R. 343-9 et R. 343-10 du code des assurances ;

e) Un pourcentage, défini au II du présent article, de la différence entre la valeur, évaluée d'une part conformément à l'article R. 343-11 du code des assurances et d'autre part conformément aux articles R. 343-9 et R. 343-10 du même code, de l'ensemble des placements appartenant à l'institution de prévoyance, à l'union ou à l'institution de retraite professionnelle supplémentaire, et de ceux des autres actifs affectables à la représentation des engagements réglementés autres que ceux mentionnés aux *a*, *b* et *c*. Pour les institutions de prévoyance et unions mentionnées à l'article L. 931-6 du présent code et les institutions de retraite professionnelle supplémentaire, les autres actifs comprennent les créances sur les membres participants, sur les réassureurs ainsi que les frais d'acquisition reportés.

II. — Le pourcentage mentionné au *e* du I est égal à 85 % du quotient A/B, avec :

A. — Montant moyen des provisions techniques brutes de réassurance constituées au titre de l'ensemble des opérations pratiquées par l'institution de prévoyance ou l'union autres que celles mentionnées aux *a* et *b* du I ou relatives à des opérations collectives en cas de décès ou, pour les institutions de prévoyance ou unions agréées pour pratiquer simultanément les opérations mentionnées aux *a* et *b* de l'article L. 931-1, à des opérations relevant des branches 1 ou 2 de l'article R. 931-2-1, ou, pour les institutions de retraite professionnelle supplémentaire, à des garanties complémentaires mentionnées au premier alinéa de l'article L. 932-41, et diminué du montant moyen des actifs mentionnés au *c* du I, évalués conformément aux articles R. 343-9 et R. 343-10 du code des assurances ;

B. — Montant moyen de l'ensemble des placements appartenant à l'institution de prévoyance, l'union ou l'institution de retraite professionnelle supplémentaire et de ceux des autres actifs affectables à la représentation des engagements réglementés, autres que ceux mentionnés aux *a*, *b* et *c* du I, évalués conformément aux articles R. 343-9 et R. 343-10 du code des assurances. Pour les institutions de prévoyance et unions mentionnées à l'article L. 931-6 du présent code et les institutions de retraite professionnelle supplémentaire, les autres actifs comprennent les créances sur les membres participants et les réassureurs ainsi que les frais d'acquisition reportés.

Le montant moyen mentionné à l'alinéa précédent est obtenu en divisant par deux la somme des montants inscrits dans les comptes à l'ouverture et à la clôture de l'exercice.

III. — Les placements, actifs et provisions mentionnés au présent article ne comprennent pas ceux qui sont constitués par l'institution de prévoyance, l'union ou l'institution de retraite professionnelle supplémentaire dans le cadre des opérations effectuées par ses succursales situées à l'étranger.

IV. — En cas de transfert de portefeuille, la valeur des actifs transférés ne peut excéder celle qui résulte de leur évaluation conformément à l'article R. 343-11 du code des assurances.

SECTION XII **FONDS PARITAIRE DE GARANTIE**

(Décr. nº 2005-327 du 31 mars 2005)

Art. R. 931-12-1 Le fonds paritaire de garantie institué par l'article L. 931-35 ne peut refuser l'adhésion d'une institution de prévoyance ou union mentionnée au même article, agréée dans les conditions prévues aux articles *(Décr. nº 2015-513 du 7 mai 2015, art. 14-X-1º)* « L. 931-4 et L. 931-4-1 » *(Décr. nº 2017-1765 du 26 déc. 2017,* *art. 4-6°, en vigueur le 31 déc. 2017)* « , ou d'une institution de retraite professionnelle supplémentaire agréée dans les conditions prévues à l'article L. 942-7. »

L'adhésion au fonds ne prend fin qu'en cas de retrait, de cessation ou de caducité de l'agrément.

Art. R. 931-12-2 Les membres adhérents, les membres participants, leurs ayants droit et les bénéficiaires de prestations relevant de toutes les branches définies à l'article R. 931-2-1 souscrits *[souscrites]* auprès d'institutions de prévoyance ou unions adhérentes bénéficient du fonds paritaire de garantie.

(Décr. n° 2017-1765 du 26 déc. 2017, art. 4-7°, en vigueur le 31 déc. 2017) « Les adhérents, participants et bénéficiaires de prestations relevant des activités de retraite professionnelle supplémentaire souscrites auprès d'institutions de retraite professionnelle supplémentaire adhérentes bénéficient du fonds paritaire de garantie. »

Il est interdit d'utiliser à des fins publicitaires le fait que des bulletins d'adhésion à des règlements ou des contrats sont couverts par le mécanisme de garantie institué à l'article L. 931-35.

Art. R. 931-12-3 Le collège institué à l'article *(Décr. n° 2015-513 du 7 mai 2015, art. 14-X-2°, en vigueur le 1er janv. 2016)* « L. 951-36-1 » est composé du directeur de la sécurité sociale, des président et vice-président du conseil d'administration du fonds paritaire de garantie, ou de leurs représentants, et de deux membres *(Décr. n° 2015-513 du 7 mai 2015, art. 14-X-2°, en vigueur le 1er janv. 2016)* « de l'Autorité de contrôle prudentiel et de résolution mentionnée à l'article L. 951-1 ».

Art. R. 931-12-4 *(Décr. n° 2015-513 du 7 mai 2015, art. 14-X-3°, en vigueur le 1er janv. 2016)* « L'Autorité de contrôle prudentiel et de résolution » peut retenir un taux de réduction différent par ensemble de bulletins d'adhésion à un règlement ou de contrats présentant les mêmes caractéristiques. Tous les bulletins d'adhésion à un règlement ou les contrats d'un même ensemble ont le même taux de réduction.

Si l'Autorité de contrôle prudentiel et de résolution décide le transfert de tout ou partie des bulletins d'adhésion à un règlement ou des contrats à un ou plusieurs organismes assureurs, elle fait procéder, aux frais de l'institution de prévoyance ou de l'union défaillante, à l'évaluation des actifs de cette dernière, afin de procéder à leur attribution. L'Autorité de contrôle prudentiel et de résolution notifie à chaque organisme cessionnaire la liste des actifs accompagnant le transfert de portefeuille.

Si l'Autorité de contrôle prudentiel et de résolution estime que les taux de réduction proposés sont excessifs, elle peut, sur le fondement de l'évaluation mentionnée à l'alinéa précédent, demander aux organismes ayant répondu à l'appel d'offres d'améliorer leur offre dans un délai qu'elle fixe. En l'absence de réponse satisfaisante, elle peut rejeter leur candidature.

Si l'institution de prévoyance ou l'union défaillante pratiquait les opérations relevant de l'article L. 932-24 du présent code, les actifs affectés à ces opérations sont attribués aux cessionnaires des engagements correspondants.

Art. R. 931-12-5 L'organisme cessionnaire présente au fonds paritaire de garantie la demande de versement prévue au premier alinéa de *(Décr. n° 2015-513 du 7 mai 2015, art. 14-X-4°, en vigueur le 1er janv. 2016)* « l'article L. 931-36-2 » dont il calcule le montant sur la base des engagements arrêtés à la date de publication au *Journal officiel* du transfert de portefeuille et des actifs accompagnant ce transfert. Dans un délai de deux mois à compter de la date de réception de cette demande, le fonds, après avoir vérifié que les bulletins d'adhésion à un règlement ou les contrats sont couverts par la garantie et contrôlé le montant garanti par bulletin d'adhésion à un règlement ou par contrat, notifie à l'organisme cessionnaire le montant de la somme qui lui est due et qu'il lui verse en une seule fois.

A titre exceptionnel, l'Autorité de contrôle prudentiel et de résolution peut, sur la demande du fonds paritaire de garantie, lui accorder une prolongation, qui ne saurait être supérieure à trois mois, du délai prévu à l'alinéa précédent.

Les sommes dues par le fonds paritaire de garantie et non versées portent intérêt aux taux éventuellement prévus dans les bulletins d'adhésion à un règlement ou les contrats transférés à compter de la date d'expiration du délai imparti au fonds pour en effectuer le versement. Pour les membres adhérents, membres participants, ayants droit et bénéficiaires qui, en vertu des clauses du règlement auquel ils ont adhéré ou du contrat qu'ils ont souscrit, ont un droit sur la provision mathématique du bulletin d'adhésion au règlement ou du contrat, l'organisme cessionnaire informe chaque membre adhérent, membre participant, ayants droit ou bénéficiaires de prestations, du montant de la reconstitution, effectuée par le fonds, de la provision attachée à son bulletin d'adhésion ou son contrat. Pour les autres opérations, l'organisme cessionnaire informe les bénéficiaires de prestations à la date d'intervention du fonds paritaire de garantie du montant de la reconstitution, effectuée par le fonds, des prestations auxquelles ils ont droit.

Le cas échéant, le fonds paritaire de garantie dispose d'un délai de deux mois à compter de la date de versement prévue au présent article pour présenter à l'organisme cessionnaire une demande de reversement.

Art. R. 931-12-6 Le liquidateur demande au fonds paritaire de garantie le versement prévu au deuxième alinéa de l'article *(Décr. n° 2015-513 du 7 mai 2015, art. 14-X-5°, en vigueur le 1er janv. 2016)* « L. 931-36-2 », qu'il calcule sur la base des engagements arrêtés à la date de cessation des effets des bulletins d'adhésion à un règlement ou des contrats, déterminée dans les conditions prévues aux articles *(Décr. n° 2015-513 du 7 mai 2015, art. 14-X-5°, en vigueur le 1er janv. 2016)* « L. 326-12 et L. 326-13 du code des assurances ». Dans un délai de deux mois à compter de la date de réception de cette demande, le fonds, après avoir vérifié que les bulletins d'adhésion à un règlement ou les contrats sont couverts par la garantie et contrôlé le montant garanti par bulletins d'adhésion à un règlement ou par contrat, procède à un versement en une seule fois au profit de chaque membre adhérent, membre participant, ayants droit ou bénéficiaires de prestations contre la remise par celui-ci d'un récépissé du versement.

A titre exceptionnel, l'Autorité de contrôle prudentiel et de résolution peut, sur la demande du fonds paritaire de garantie, lui accorder une prolongation, qui ne saurait être supérieure à trois mois, du délai prévu à l'alinéa précédent.

Le fonds met en œuvre la garantie, selon la même procédure, si le liquidateur présente une demande complémentaire de versement en apportant la preuve que des membres adhérents, membres participants, ayants droit ou bénéficiaires de prestations concernés n'ont pas été en mesure de présenter à temps les bulletins d'adhésion à un règlement ou contrats susceptibles de bénéficier de la garantie.

Les sommes dues par le fonds paritaire de garantie et non versées portent intérêt au taux légal, à compter de la date d'expiration du délai imparti au fonds pour en effectuer le versement.

Le cas échéant, le fonds paritaire de garantie dispose d'un délai de deux mois à compter de la date de versement des prestations pour présenter au membre adhérent, membre participant, ayant droit ou bénéficiaire de prestations concerné une demande de reversement.

Art. R. 931-12-7 Dès la notification prévue au I de l'article *(Décr. n° 2015-513 du 7 mai 2015, art. 14-X-6°, en vigueur le 1er janv. 2016)* « L. 951-36-1 », l'institution de prévoyance ou l'union défaillante informe chaque membre adhérent, membre participant, ayant droit ou bénéficiaire de prestations de la procédure en cours.

Les formalités à remplir par l'organisme cessionnaire du portefeuille de bulletins d'adhésion à un règlement ou de contrats pour bénéficier du versement par le fonds prévu au premier alinéa de l'article *(Décr. n° 2015-513 du 7 mai 2015, art. 14-X-6°, en vigueur le 1er janv. 2016)* « L. 931-36-2 » sont précisées par le règlement du fonds paritaire de garantie. Celles qui devront être accomplies par le liquidateur en vue de permettre le versement prévu au deuxième alinéa du même article aux membres adhérents, membres participants, leurs ayants droit ou bénéficiaires de prestations sont également précisées par ce même règlement.

Art. R. 931-12-8 Le membre adhérent, le membre participant, l'ayant droit, le bénéficiaire de prestations ou l'organisme cessionnaire qui conteste une décision du fonds paritaire de garantie saisit la juridiction compétente du lieu de son domicile ou de son siège social.

Art. R. 931-12-9 Le règlement du fonds paritaire de garantie fixe les conditions de fonctionnement du fonds, de versement des sommes dues aux membres adhérents, membres participants, ayants droit ou bénéficiaires, ou aux organismes cessionnaires ainsi que les règles relatives à la tenue de la comptabilité du fonds.

Art. R. 931-12-10 Les décisions du fonds paritaire de garantie sont communiquées au ministre chargé de la sécurité sociale.

Art. R. 931-12-11 Sous réserve des dispositions de l'article R. 931-12-13, le fonds doit disposer en permanence d'un montant global de ressources égal à 0,05 % du total des provisions mathématiques constatées au 31 décembre de l'année précédente pour l'ensemble des institutions de prévoyance et unions mentionnées à l'article L. 931-35. Le montant global est constitué par les institutions de prévoyance et unions adhérentes, après déduction des ressources propres du fonds qui comprennent les produits financiers, pour moitié par des cotisations versées au fonds et pour moitié par des cotisations non versées prenant la forme de réserves pour fonds de garantie.

Le fonds paritaire de garantie notifie à chaque institution de prévoyance ou union adhérente le montant de sa cotisation annuelle qui correspond à sa quote-part du montant global prévu au premier alinéa.

Cette quote-part est égale au pourcentage que représentent ses provisions techniques constatées au 31 décembre de l'année précédente, après un abattement des trois quarts pour les provisions des contrats en unités de compte, dans les provisions techniques de l'ensemble des institutions de prévoyance et unions adhérentes calculées avec le même abattement.

Si le montant de sa cotisation de l'année est supérieur à celui de l'année précédente, chaque institution de prévoyance ou union procède en une seule fois au versement au fonds et à la dotation à la réserve pour un montant égal à cette différence. Lorsque cette différence est négative, elle donne lieu, la même année, pour moitié à sa restitution par le fonds à l'institution de prévoyance ou union concernée et pour moitié à une reprise par l'institution de prévoyance ou union sur la réserve pour fonds de garantie.

Le fonds paritaire de garantie informe l'Autorité de contrôle prudentiel et de résolution de tout retard de versement de plus de deux mois ou de tout refus de versement d'une institution de prévoyance ou union, afin que l'autorité mette en œuvre, le cas échéant, les procédures de sanctions prévues à l'article *(Décr. n° 2015-513 du 7 mai 2015, art. 14-X-7°, en vigueur le 1er janv. 2016)* « L. 612-39 du code monétaire et financier ». L'Autorité peut également engager une procédure de sanction si elle constate que l'institution de prévoyance ou l'union n'a pas doté la réserve pour fonds de garantie du montant prévu.

Les cotisations versées au fonds paritaire de garantie par les institutions de prévoyance ou unions dont l'adhésion au fonds a pris fin ne peuvent faire l'objet d'un reversement par celui-ci.

Art. R. 931-12-12 Si le fonds paritaire de garantie intervient dans les conditions prévues à l'article L. 951-15, il utilise par priorité ses ressources disponibles, avant d'appeler, en tant que de besoin, les réserves pour fonds de garantie prévues à l'article R. 931-12-11.

Si la mise en jeu de la garantie du fonds excède le montant global prévu au premier alinéa de l'article R. 931-12-11, le fonds emprunte les sommes nécessaires à la préservation des droits des membres adhérents, membres participants, de leurs ayants droit ou bénéficiaires de prestations, dans la limite d'une fois ce montant global.

Art. R. 931-12-13 En cas d'intervention du fonds paritaire de garantie dans les conditions prévues à l'article *(Décr. n° 2015-513 du 7 mai 2015, art. 14-X-8°, en vigueur le 1er janv. 2016)* « L. 931-36-2 », les institutions de prévoyance ou unions reconstituent, au cours des trois années suivantes, le montant des sommes versées par le fonds par un versement complémentaire au fonds égal, pour chacune de ces trois années, au tiers des ressources disponibles utilisées par le fonds et, le cas échéant, par une dotation complémentaire de leur réserve pour fonds de garantie égale, pour chacune des trois années, au tiers du montant de cette réserve appelé par le fonds.

Art. R. 931-12-14 *Abrogé par Décr. n° 2015-513 du 7 mai 2015, art. 14-X-9°, à compter du 1er janv. 2016.*

Art. R. 931-12-15 Le règlement du fonds paritaire de garantie des assurés détermine les conditions dans lesquelles celui-ci emprunte auprès de ses adhérents.

Chaque emprunt doit être remboursé dans un délai maximal de six ans à compter de la date de sa souscription.

(Abrogé par Décr. nº 2015-513 du 7 mai 2015, art. 14-X-10º, à compter du 1er janv. 2016) ***« La quote-part de chaque institution de prévoyance ou union adhérente dans les emprunts du fonds vient en diminution de sa marge de solvabilité. »***

Art. R. 931-12-16 Une *(Décr. nº 2006-1578 du 11 déc. 2006)* « provision » est constituée dans la comptabilité du fonds paritaire de garantie pour enregistrer les cotisations versées par les institutions de prévoyance ou unions adhérentes, les produits financiers générés par ces cotisations, et toutes autres ressources du fonds, sous déduction de ses frais de gestion.

Le montant de cette provision est investi dans :

1º Des valeurs cotées sur un marché réglementé d'instruments financiers d'un État membre de l'Union européenne, à l'exclusion des valeurs émises par une institution de prévoyance ou union adhérente au fonds paritaire de garantie ;

2º Des valeurs émises ou garanties par un État membre de l'Union européenne ;

3º Des liquidités ;

4º Des actions de sociétés d'investissement à capital variable et des parts de fonds communs de placement détenant exclusivement des actifs relevant des 1º, 2º et 3º sans que soient prohibées les valeurs émises par des institutions ou unions adhérentes au fonds de garantie dès lors que le montant total de ces valeurs n'excède pas 15 % de la valeur d'actif de chacun des instruments financiers de gestion collective, visés ci-dessus.

Les placements sont comptabilisés au prix d'achat et les moins-values provisionnées ligne par ligne.

La provision ne peut être investie à hauteur de plus de 5 % dans des valeurs émises par un même organisme, à l'exception des valeurs émises ou garanties par un État membre de l'Union européenne.

Les liquidités doivent représenter à tout instant au moins 20 % des actifs du fonds.

Les valeurs et liquidités du fonds de garantie sont déposées auprès d'établissements de crédit ou d'entreprises d'investissement régulièrement habilités par un État membre de l'Union européenne. Aucun de ces établissements ou entreprises ne peut détenir plus de 25 % du montant de la provision.

La comptabilité du fonds doit permettre de distinguer le montant des cotisations versées par les institutions de prévoyance ou unions adhérentes, le montant cumulé des produits financiers des cotisations et les autres ressources du fonds.

SECTION XIII *[ABROGÉE]* CONTRÔLE INTERNE

(Abrogée par Décr. nº 2015-513 du 7 mai 2015, art. 14-XI, à compter du 1er janv. 2016)

Art. R. 931-43 à R. 931-46 *Abrogés par Décr. nº 2015-513 du 7 mai 2015, art. 14-XI, à compter du 1er janv. 2016.*

CHAPITRE II OPÉRATIONS DES INSTITUTIONS DE PRÉVOYANCE

(Décr. nº 96-800 du 9 sept. 1996)

SECTION PREMIÈRE DISPOSITIONS RELATIVES AUX OPÉRATIONS COLLECTIVES À ADHÉSION OBLIGATOIRE

Art. R. 932-1-1 Les règlements et les bulletins d'adhésion des institutions de prévoyance ou de leurs unions ainsi que leurs contrats sont rédigés par écrit, en français et en caractères apparents. Ces documents décrivent, de manière claire et précise, les droits et obligations de l'adhérent, du participant et de l'institution de prévoyance ou de l'union et comportent notamment :

a) La dénomination sociale de l'institution ou de l'union ;

b) Les nom et adresse de l'adhérent ;

c) La ou les catégories de personnes couvertes ;

d) La nature et le contenu des engagements pris ou des risques couverts ;

e) Le moment à partir duquel le ou les engagements sont pris ou le ou les risques sont couverts, ainsi que la durée de ces engagements ou de la couverture de ces risques ;

f) Le montant ou le taux et l'assiette de la cotisation ;

g) Les clauses édictant des nullités, des déchéances ou des exclusions ou limitations de garanties ;

h) La durée de l'adhésion ou du contrat, celle de la tacite reconduction, ainsi que les conditions de celle-ci ;

i) Les cas et conditions de prorogation ou de résiliation du bulletin d'adhésion ou du contrat ainsi que ceux de cessation de ses effets ;

j) Les obligations de l'adhérent lors de l'adhésion au règlement ou de la souscription du contrat et au cours de l'adhésion ou du contrat en ce qui concerne notamment la déclaration de nouveaux participants ;

k) Les obligations du participant, lors de son affiliation et, éventuellement, au cours de la durée de l'adhésion ou du contrat en ce qui concerne notamment la déclaration du risque ;

l) Les conditions et les modalités de la déclaration à effectuer auprès de l'institution ou de l'union en cas de sinistre ;

m) Le délai dans lequel l'institution ou l'union paye les prestations ou les indemnités aux participants, aux bénéficiaires ou aux ayants droit de ceux-ci ;

n) Les conditions dans lesquelles l'adhérent et le participant peuvent, sans préjudice des actions en justice qu'ils ont la possibilité d'exercer par ailleurs, adresser d'éventuelles réclamations relatives au règlement et au bulletin d'adhésion ou au contrat *(Décr. n° 2015-1382 du 30 oct. 2015, art. 6)* « et recourir à un processus de médiation dans les conditions prévues au titre V du livre Ier du code de la consommation » ;

o) L'adresse du siège social de l'institution ou de l'union et, le cas échéant, de la succursale qui se propose d'accorder la garantie ainsi que les États dans lesquels ils sont établis ;

p) Le nom et l'adresse des autorités chargées du contrôle de l'institution ou de l'union qui accorde la garantie ;

q) La loi applicable lorsque ce n'est pas la loi française.

Le règlement et le bulletin d'adhésion ou le contrat doivent rappeler les dispositions du présent chapitre relatives à la prescription des actions des opérations mises en œuvre par les institutions de prévoyance ou leurs unions.

Art. R. 932-1-2 *(Décr. n° 2018-229 du 30 mars 2018, art. 32-1°)* La remise des documents mentionnés aux trois premiers alinéas de l'article L. 932-3 est constatée, par tout moyen, par l'adhérent qui reconnaît avoir reçu au préalable ces documents.

Art. R. 932-1-3 Lorsqu'une institution de prévoyance ou une union d'institutions de prévoyance fait l'objet d'une désignation conformément aux dispositions des articles L. 912-1 *(Décr. n° 2015-513 du 7 mai 2015, art. 14-XII-1°, en vigueur le 1er janv. 2016)* « dans sa rédaction antérieure à la loi n° 2013-1203 du 23 décembre 2013 » et L. 912-2, elle *(Décr. n° 2018-229 du 30 mars 2018, art. 32-2°)* « fournit » aux entreprises concernées le règlement et le bulletin d'adhésion ou le contrat.

En cas de modification d'un règlement ou d'un contrat relatif à une ou plusieurs des garanties collectives mentionnées à l'article L. 911-2, l'institution ou l'union notifie à chaque adhérent un avenant constatant les modifications apportées au règlement ou au contrat.

Art. R. 932-1-4 Les clauses édictant des nullités, des déchéances ou des exclusions ou limitations de garanties sont mentionnées dans la notice d'information prévue à l'article L. 932-6 en caractères très apparents.

Art. R. 932-1-5 Lorsque la cotisation annuelle a été fractionnée, la suspension de la garantie prévue au premier alinéa de l'article L. 932-9, intervenue en cas de non-paiement d'une des fractions de cotisation, produit ses effets jusqu'à l'expiration de la période annuelle considérée.

La mise en demeure prévue au deuxième alinéa de l'article L. 932-9 résulte de l'envoi d'une lettre recommandée adressée par l'institution de prévoyance ou l'union d'institutions de prévoyance à l'adhérent.

Art. R. 932-1-6 *(Décr. n° 2018-229 du 30 mars 2018, art. 32-3°)* La résiliation par l'adhérent d'une adhésion à un règlement ou d'un contrat souscrit auprès d'une institution de prévoyance ou d'une union s'effectue par lettre recommandée ou par envoi recommandé électronique, au moins deux mois avant la date d'échéance. La résiliation par l'institution ou l'union s'effectue par lettre recommandée, au moins deux mois avant la date d'échéance. Le cachet de la poste ou la date d'expédition de l'envoi recommandé électronique fait foi du respect de ce préavis.

Art. R. 932-1-6-1 *(Décr. nº 2018-284 du 18 avr. 2018, art. 78-I, en vigueur le 1er oct. 2018)* Les dispositions de l'article R. 113-14 du code des assurances sont applicables aux institutions de prévoyance et unions. Pour l'application de ces dispositions, il y a lieu d'entendre : "opérations" là où est mentionné dans le code des assurances : "contrats", "institution de prévoyance ou union" là où est mentionné : "entreprise d'assurance", "adhérent ou participant" là où est mentionné : "client" ou "souscripteur", et "participant" là où est mentionné : "assuré".

Art. R. 932-1-7 *(Décr. nº 99-683 du 3 août 1999, art. 10)* Lorsque la convention ou l'accord collectif qui déterminent la ou les garanties collectives mentionnées à l'article L. 911-2 organisent l'examen annuel, par la commission paritaire, des résultats techniques et financiers et, le cas échéant, d'action sociale du règlement ou du contrat souscrit auprès d'une institution de prévoyance ou d'une union d'institutions de prévoyance, celle-ci fournit et présente à ladite commission les comptes du règlement ou du contrat ainsi que le rapport prévu aux articles 3 et 4 du décret nº 90-769 du 30 août 1990 pris pour l'application des articles 4, 9 et 15 de la loi nº 89-1009 du 31 décembre 1989 renforçant les garanties offertes aux personnes assurées contre certains risques.

Art. R. 932-1-8 *(Décr. nº 2018-431 du 1er juin 2018, art. 9, en vigueur le 1er oct. 2018)* Le document d'information sur le produit d'assurance mentionné à l'article L. 932-13-6 comporte les informations suivantes :

1º Des précisions sur le type d'assurance ;

2º Un résumé de la couverture d'assurance, y compris les principaux risques assurés, les plafonds de garantie et, le cas échéant, la couverture géographique et un résumé des risques non couverts ;

3º Les modalités des cotisations et les délais de paiement ;

4º Les principales exclusions de garantie ;

5º Les obligations lors de la souscription du contrat collectif ou de l'adhésion au règlement ;

6º Les obligations pendant la durée de l'adhésion au règlement ou au contrat collectif ;

7º Les obligations en cas de sinistre ;

8º La durée de l'adhésion au règlement ou au contrat collectif, y compris les dates de début et de fin de l'adhésion au règlement ou au contrat collectif ;

9º Les modalités de résiliation de l'adhésion au règlement ou au contrat collectif.

SECTION II DISPOSITIONS RELATIVES AUX OPÉRATIONS COLLECTIVES À ADHÉSION FACULTATIVE ET AUX OPÉRATIONS INDIVIDUELLES

Art. R. 932-2-1 *(Décr. nº 96-800 du 9 sept. 1996 ; Décr. nº 99-683 du 3 août 1999, art. 12-VIII)* I. — Les dispositions des articles R. 932-1-1 à R. 932-1-6 *(Décr. nº 2018-431 du 1er juin 2018, art. 9, en vigueur le 1er oct. 2018)* « et de l'article R. 932-1-8 » s'appliquent aux opérations collectives à adhésion facultative des institutions de prévoyance et de leurs unions visées au deuxième alinéa de l'article L. 932-14. Les dispositions de l'article R. 932-1-5 s'appliquent dans le cas prévu au I de l'article L. 932-22. Les dispositions du même article s'appliquent dans le cas prévu au II de l'article L. 932-22 sous réserve de substituer au terme "adhérent" le terme "participant".

II. — Les dispositions de l'article R. 932-1-1 s'appliquent aux opérations individuelles des institutions de prévoyance et de leurs unions visées au troisième alinéa de l'article L. 932-14 à l'exception des *b*, *c* et *j* du premier alinéa dudit article. Pour ces dernières opérations, le bulletin d'adhésion ou le contrat contiennent en outre les nom et adresse du participant et l'indication de la ou des personnes couvertes et comportent en caractères très apparents les clauses mentionnées au *g* du premier alinéa de l'article R. 932-1-1. Les dispositions des articles R. 932-1-2 et R. 932-1-4 à R. 932-1-6 *(Décr. nº 2018-431 du 1er juin 2018, art. 9, en vigueur le 1er oct. 2018)* « et de l'article R. 932-1-8 » s'appliquent également sous réserve de substituer au terme "adhérent" le terme "participant".

III. – Le règlement et le bulletin d'adhésion ou le contrat doivent rappeler les dispositions du troisième alinéa de l'article L. 932-17 relatives à la règle proportionnelle lorsque celle-ci est applicable.

Art. R. 932-2-2 I. – En ce qui concerne les opérations collectives à adhésion facultative des institutions de prévoyance et de leurs unions, la notice d'information prévue à l'article L. 932-6 comprend obligatoirement une mention relative aux conditions d'exercice, par le participant, de la faculté de renonciation prévue à l'article L. 932-15. Lorsque le règlement ou le contrat comporte une garantie décès, la notice d'information précise le sort de celle-ci en cas d'exercice de la faculté de renonciation avant l'expiration du délai mentionné à l'article L. 932-15.

Le défaut de remise de la notice d'information ou l'absence de la mention prévue à l'alinéa précédent entraînent de plein droit la prorogation du délai de trente jours prévu au premier alinéa de l'article L. 932-15 jusqu'au trentième jour suivant la date de la remise effective de la notice complète.

II. – En ce qui concerne les opérations individuelles des institutions de prévoyance et de leurs unions, la proposition de bulletin d'adhésion à un règlement ou de contrat comprend un *(Décr. nº 2018-229 du 30 mars 2018, art. 33-1º)* « modèle de rédaction » destiné à faciliter l'exercice, par le participant, de la faculté de renonciation prévue à l'article L. 932-15. La proposition doit indiquer, notamment, pour les bulletins d'adhésion ou contrats qui en comportent, les valeurs de rachat au terme des huit premières années au moins. L'institution ou l'union doit, en outre, remettre contre récépissé *(Décr. nº 2018-229 du 30 mars 2018, art. 33-2º)* « , sur support papier ou tout autre support durable, » une notice d'information sur les dispositions essentielles du bulletin d'adhésion ou du contrat, sur les conditions d'exercice de la faculté de renonciation. Lorsque le règlement ou le contrat comporte une garantie décès, la notice d'information précise le sort de celle-ci en cas d'exercice de la faculté de renonciation avant l'expiration du délai mentionné à l'article L. 932-15.

Le défaut de remise des documents ou l'absence des informations prévus à l'alinéa précédent entraînent de plein droit la prorogation du délai de trente jours prévu au premier alinéa de l'article L. 932-15 jusqu'au trentième jour suivant la date de la remise effective de la notice complète.

Art. R. 932-2-3 *(Décr. nº 2005-1450 du 25 nov. 2005, art. 4)* Pour l'application de l'article L. 932-15-1, l'institution de prévoyance ou l'union communique au membre participant les informations suivantes :

1º Les modalités de conclusion du contrat ou d'adhésion au règlement et de paiement de la cotisation.

Ces informations, dont le caractère commercial doit apparaître sans équivoque, sont fournies de manière claire et compréhensible par tout moyen adapté à la technique de commercialisation à distance utilisée.

2º En cas de communication par téléphonie vocale, le nom de l'institution de prévoyance ou l'union ainsi que le caractère commercial de l'appel sont indiqués sans équivoque au début de toute conversation avec le membre participant. La personne en contact avec le membre participant doit en outre préciser son identité et son lien avec l'institution de prévoyance ou l'union.

Sous réserve de l'accord formel du membre participant, seules les informations visées aux 2º, 3º et 5º du III de l'article L. 932-15-1 peuvent lui être communiquées. Le membre participant est toutefois informé que les informations visées aux 1º, 4º, 6º et 7º peuvent lui être fournies sur demande.

En outre, l'institution de prévoyance ou l'union est tenue de fournir l'ensemble des informations mentionnées au III de l'article L. 932-15-1 lorsqu'elle remplit ses obligations en vertu de l'article *(Décr. nº 2014-1061 du 17 sept. 2014, art. 6)* « L. 121-28 » du code de la consommation.

Art. R. 932-2-4 *(Décr. nº 2005-1450 du 25 nov. 2005, art. 4)* L'absence matérielle des éléments d'information prévus au III de l'article L. 932-15-1 est punie de la peine d'amende prévue pour les contraventions de la cinquième classe.

Art. R. 932-2-5 *(Décr. nº 2018-284 du 18 avr. 2018, art. 78-II, en vigueur le 1er oct. 2018)* Les dispositions de l'article R. 113-14 du code des assurances sont applicables aux institutions de prévoyance et unions. Pour l'application de ces dispositions, il y a lieu d'entendre : "opérations" là où est mentionné dans le code des assurances : "contrats", "institution de prévoyance ou union" là où est mentionné : "entreprise d'assurance", et "participant" là où est mentionné : "client", "souscripteur" ou "assuré".

SECTION III DISPOSITIONS PARTICULIÈRES RELATIVES AUX OPÉRATIONS DÉPENDANT DE LA DURÉE DE LA VIE HUMAINE ET AUX OPÉRATIONS DE CAPITALISATION

Art. R. 932-3-1 *(Décr. n° 2017-1105 du 23 juin 2017, art. 3-1°)* « I. – » Lorsque les institutions de prévoyance et leurs unions réalisent des opérations soumises aux dispositions du second alinéa de l'article L. 131-1 du code des assurances, les unités de compte visées à cet article sont :

1° Les actifs énumérés aux 1°, 2°, *(Décr. n° 2015-513 du 7 mai 2015, art. 14-XII-2° ; Décr. n° 2017-1105 du 23 juin 2017, art. 3-2°)* « 2° *bis*, 2° *ter*, 3°, 4°, 5° et 8° de l'article R. 332-2 du code des assurances » ;

2° Dans les conditions fixées à l'article R. 131-3 du code des assurances, les parts ou actions visées au *(Décr. n° 2015-513 du 7 mai 2015, art. 14-XII-2° ; Décr. n° 2017-1105 du 23 juin 2017, art. 3-3°)* « 9° *bis* de l'article R. 332-2 du code des assurances » ;

3° *(Décr. n° 99-683 du 3 août 1999, art. 11-I ; Décr. n° 2015-513 du 7 mai 2015, art. 14-XII-2° ; Décr. n° 2017-1105 du 23 juin 2017, art. 3-4°)* « Les parts visées au 7° et les actions mentionnées au 6° de l'article R. 332-2 du code des assurances ».

(Décr. n° 2017-1105 du 23 juin 2017, art. 3-5° et 6°) « II. – La structure des engagements du bulletin d'adhésion au règlement ou du contrat respecte les conditions suivantes :

« 1° L'encours des engagements exprimés en unités de compte relevant du 3° du I ne dépasse pas 10 % de l'ensemble de l'encours du contrat ;

« 2° Pour les contrats relevant du I *bis* de l'article 990-I *[990 I]* du code général des impôts, le plafond défini au 1° est porté à 33 %.

« Les plafonds définis aux 1° et 2° sont appréciés lors du versement d'une cotisation ou de la réalisation d'un arbitrage. Si, en dehors de ces opérations, ces plafonds sont dépassés, le contrat est réputé respecter ces derniers.

« Par dérogation aux dispositions des 1° et 2°, une opération ayant pour conséquence de réduire l'écart au plafond lorsque celui-ci est dépassé est autorisée.

« III. – » Le bulletin d'adhésion ou le contrat doit prévoir les modalités selon lesquelles, en cas de disparition d'une unité de compte, une autre unité de compte de même nature lui est substituée, par un avenant au bulletin d'adhésion ou au contrat.

(Décr. n° 2017-1104 du 23 juin 2017, art. 4) « Les articles R. 131-8 à R. 131-11 du code des assurances s'appliquent aux opérations d'assurance vie des institutions de prévoyance dont les garanties sont exprimées en unités de compte. »

Les dispositions du Décr. n° 2017-1105 du 23 juin 2017 s'appliquent aux versements et arbitrages réalisés à compter du 1er nov. 2017 (Décr. préc., art. 4).

Art. R. 932-3-2 Dans le cas où le bulletin d'adhésion se réfère à une part ou à une action de société immobilière non cotée, l'institution de prévoyance ou l'union d'institutions de prévoyance fixe, suivant des modalités précisées par arrêté du ministre chargé de la sécurité sociale, la valeur de cette action ou de cette part préalablement à la diffusion du bulletin d'adhésion ou du contrat et, par la suite, au moins une fois par an pendant la durée de l'adhésion ou du contrat.

Art. R. 932-3-3 I. – Les articles R. 132-2 et R. 132-3 du code des assurances sont applicables aux opérations régies par la présente section sous réserve des adaptations prévues au deuxième alinéa de l'article L. 932-23 du présent code.

II. – Outre les mentions figurant à l'article R. 932-1-1 du présent code, les bulletins d'adhésion ou les contrats relatifs aux opérations régies par la présente section doivent comporter l'ensemble des mentions figurant à l'article R. 132-4 du code des assurances.

V. art. A. 932-3-1 à A. 932-3-4.

Art. R. 932-3-4 *(Décr. n° 2010-933 du 24 août 2010, art. 2)* I. – Le I de l'article R. 132-5-1-1 du code des assurances s'applique sous réserve des adaptations prévues au deuxième alinéa de l'article L. 932-23 du présent code.

II. — Lorsque le participant le demande ou lorsqu'une couverture immédiate est nécessaire, les informations peuvent être fournies oralement. Dans ce cas, sitôt le contrat conclu, les informations sont communiquées au participant sur support papier ou tout autre support durable à sa disposition et auquel il a facilement accès.

En cas de commercialisation d'un contrat à distance, les informations précontractuelles fournies au participant sont conformes aux dispositions de l'article L. 932-15-1 du présent code. En outre, lorsque le contrat a été conclu à la demande du participant en utilisant une technique de commercialisation à distance ne permettant pas la transmission des informations sur support papier ou sur un autre support durable, ces informations sont, sitôt le contrat conclu, communiquées au participant sur support papier ou tout autre support durable à sa disposition et auquel il a facilement accès.

SECTION IV DISPOSITIONS PARTICULIÈRES RELATIVES À CERTAINES OPÉRATIONS DE RETRAITE À CARACTÈRE COLLECTIF

SOUS-SECTION 1 CONTENU DU RÈGLEMENT

Art. R. 932-4-1 Les opérations collectives prévues à l'article L. 932-24 sont autorisées à la condition qu'elles comportent une prestation déterminée dans les conditions fixées par la présente section.

Art. R. 932-4-2 Les opérations collectives prévues à l'article L. 932-24 sont réalisées dans le cadre d'adhésions à un règlement dans les conditions fixées à l'article L. 932-1 pour les opérations collectives à adhésion obligatoire et à l'article L. 932-14 pour les opérations collectives à adhésion facultative. Ce règlement doit indiquer les modalités de fonctionnement du régime, y compris dans les cas de conversion prévus aux articles R. 932-4-18 et R. 932-4-19.

Art. R. 932-4-2-1 *(Décr. nº 2017-1765 du 26 déc. 2017, art. 4-8º, en vigueur le 31 déc. 2017)* Les institutions de prévoyance qui sont habilitées à réaliser des opérations comportant des engagements dont l'exécution dépend de la durée de la vie humaine ne peuvent réaliser les opérations prévues à l'article L. 932-24 qu'en se conformant aux dispositions de la présente section.

Art. R. 932-4-2-2 *(Décr. nº 2017-1765 du 26 déc. 2017, art. 4-8º, en vigueur le 31 déc. 2017)* Le règlement comporte, outre les énonciations mentionnées à l'article R. 932-1-1 :

1º Les nom, prénoms et date de naissance du ou des membres participants ;

2º L'événement ou le terme duquel dépend l'exigibilité du capital ou de la rente garantis ;

3º Les délais et les modalités de règlement du capital ou de la rente garantis.

A compter du 1er janv. 2018, dans le cadre de la première information annuelle aux membres participants ou aux participants, le souscripteur ou adhérent communique, selon les modalités prévues à l'art. R. 932-4-2-2 CSS, le rapport, au 31 déc. 2017, entre, d'une part, la provision technique spéciale et, d'autre part, la provision mathématique théorique calculée selon (…) le chap. II du tit. III du liv. IX CSS, dans sa rédaction antérieure au Décr. nº 2017-1765 du 26 déc. 2017 (Décr. préc., art. 9-IV).

Art. R. 932-4-2-3 *(Décr. nº 2017-1765 du 26 déc. 2017, art. 4-8º, en vigueur le 31 déc. 2017)* Lorsque le règlement prévoit des possibilités de baisse de la valeur de service de l'unité de rente, cette baisse ne peut intervenir que lorsque le rapport entre, d'une part, la somme de la provision technique spéciale et des plus-values et moins-values latentes nettes sur les actifs affectés à la provision technique spéciale et, d'autre part, la provision mathématique théorique est inférieur à 0,95 à la date de fin d'exercice ou qu'il est inférieur à 1 depuis trois exercices.

Pour l'application du premier alinéa, il n'est pas tenu compte des exercices clôturés avant le 1er janvier 2017, ni des exercices clôturés avant l'introduction dans le règlement de possibilités de baisse de la valeur de service de l'unité de rente.

La baisse mentionnée au premier alinéa ne peut être mise en œuvre qu'à la condition que :

a) Une diminution annuelle de la valeur de service de l'unité de rente ne conduise pas à ce que le rapport, à la fin de l'exercice précédant la date à laquelle la décision de diminution de la valeur de service a été prise entre, d'une part, la somme de la provision technique spéciale et des plus-values ou moins-values latentes nettes sur les actifs affectés à la provision technique spéciale et, d'autre part, la provision mathématique théorique dépasse 1,05 ;

b) La valeur de service de l'unité de rente n'ait pas diminué de plus d'un tiers au cours des soixante derniers mois.

Art. R. 932-4-2-4 *(Décr. n° 2017-1765 du 26 déc. 2017, art. 4-8°, en vigueur le 31 déc. 2017)* I. – Les informations techniques et financières prévues aux 7° et 8° du I de l'article L. 932-24-3 comprennent les éléments suivants :

1° Le montant de la provision mathématique théorique calculée au 31 décembre de l'exercice clos ;

2° Le montant des provisions techniques mentionnées aux 1° à 3° de l'article R. 932-4-4 à cette même date ;

3° Le rapport entre, d'une part, la somme de la provision technique spéciale et des plus-values et moins-values latentes nettes sur les actifs affectés à la provision technique spéciale et, d'autre part, la provision mathématique théorique à cette même date et à la date de clôture des neuf exercices qui la précèdent, sans inclure les exercices clôturés avant le 1er janvier 2017 ;

4° Une mention expliquant de façon claire et non ambiguë si, au regard des conditions prévues par le règlement, en application de l'article L. 932-24-1, une baisse de la valeur de service du règlement est susceptible d'être appliquée dans les douze mois à venir, selon quelles modalités et dans quelle proportion ;

5° L'évolution de la valeur de service au cours des cinq derniers exercices ainsi que son évolution cumulée sur cette période.

II. – Le souscripteur ou l'adhérent peut décider de faire figurer les informations mentionnées au I sur son site internet et renvoyer de façon précise à ce dernier dans la communication annuelle qu'il fournit à l'ensemble des participants en application de l'article L. 932-24-2.

III. – Lorsque l'institution de prévoyance, l'union ou l'institution de retraite professionnelle supplémentaire inclut les informations mentionnées au I dans son rapport sur la solvabilité et la situation financière, le souscripteur ou adhérent peut renvoyer de façon précise à ce dernier dans la communication annuelle qu'il fournit à l'ensemble des participants en application de l'article L. 932-24-2.

Pour les règlements relevant de la section IX du présent chapitre pour lesquels l'institution de prévoyance, l'union ou l'institution de retraite professionnelle supplémentaire établit un rapport, en application de l'article L. 932-41-2, et y inclut les informations mentionnées au I, ou pour les règlements relevant de l'article L. 144-2 du code des assurances pour lesquels l'institution, l'union ou l'institution de retraite professionnelle supplémentaire établit un rapport, en application du III du même article L. 144-2, et y inclut les informations mentionnées au I, le souscripteur ou l'adhérent peut renvoyer de façon précise à ce dernier rapport dans sa communication annuelle.

Art. R. 932-4-2-5 *(Décr. n° 2017-1765 du 26 déc. 2017, art. 4-8°, en vigueur le 31 déc. 2017)* Toute personne qui, même à titre d'intermédiaire, propose la souscription de règlements contrevenant aux dispositions de la présente section, ou fait souscrire de tels règlements, est punie de la peine d'amende prévue pour les contraventions de la cinquième classe.

En cas de récidive, la peine d'amende est celle prévue pour les contraventions de la cinquième classe en récidive.

Art. R. 932-4-3 Les prélèvements à appliquer aux cotisations *(Abrogé par Décr. n° 2017-1765 du 26 déc. 2017, art. 4-9°, à compter du 31 déc. 2017)* *« et les tables de mortalité servant au calcul de la provision mathématique théorique mentionnée à l'article R. 932-4-15 et à l'établissement des inventaires »* sont déterminés dans les conditions et limites définies par arrêté du ministre chargé de la sécurité sociale.

Art. R. 932-4-4 *(Décr. n° 2017-1765 du 26 déc. 2017, art. 4-10°, en vigueur le 31 déc. 2017)* Les provisions techniques des opérations prévues à l'article L. 932-24 sont les suivantes :

1° La provision technique spéciale, sur laquelle sont prélevés les prestations servies et les chargements de gestion, dans les limites prévues par le règlement, et à laquelle sont affectées les cotisations versées, nettes des chargements inclus dans les cotisations et de taxes, ainsi que la totalité des produits et charges financiers générés par les actifs affectés à la provision technique spéciale, y compris les produits correspondant aux éventuels crédits d'impôt attachés à la détention de ces mêmes titres et placements et le solde des produits et charges financiers reçus des réassureurs au titre de la revalorisation de la part de provision technique spéciale cédée. Cette provision est capitalisée à un taux nul ;

2° La provision technique spéciale complémentaire, à laquelle sont affectés les actifs mentionnés au dernier alinéa de l'article R. 932-4-15 et sur laquelle sont prélevées les prestations servies, dans le cas où les prélèvements sur la provision technique spéciale ne permettraient pas de payer ces prestations ;

3° La provision technique spéciale de retournement, à laquelle peuvent être affectés, dans les conditions prévues au III de l'article R. 932-4-4-1, des actifs précédemment affectés à la provision technique spéciale complémentaire et sur laquelle sont prélevés les prestations servies, dans le cas où les prélèvements sur la provision technique spéciale et la provision technique spéciale complémentaire ne permettraient pas de payer ces prestations.

Les engagements mentionnés aux 1° à 3° sont à toute époque représentés par les actifs qui font l'objet d'une comptabilité auxiliaire d'affectation telle que prévue à l'article L. 932-24, selon les conditions prévues :

a) Au chapitre III du titre V du livre III du code des assurances pour les institutions de prévoyance mentionnées à l'article L. 931-6 du présent code ;

b) Au chapitre II du titre III du livre III du code des assurances pour les institutions de prévoyance mentionnées à l'article L. 931-6-1. Les articles R. 332-3 et R. 332-3-1 du code des assurances s'appliquent séparément à chaque portefeuille de titres et de placements qui fait l'objet d'une comptabilité auxiliaire d'affectation telle que prévue à l'article L. 932-24 du présent code ;

c) A la section III du chapitre V du titre VIII du livre III du code des assurances pour les institutions de retraite professionnelle supplémentaire. Les articles R. 385-6 à R. 385-8 du code des assurances s'appliquent séparément à chaque portefeuille de titres et de placements qui fait l'objet d'une comptabilité auxiliaire d'affectation telle que prévue à l'article L. 932-24 du présent code.

Art. R. 932-4-4-1 *(Décr. n° 2017-1765 du 26 déc. 2017, art. 4-11°, en vigueur le 31 déc. 2017)* I. — Lorsque, en application du dernier alinéa de l'article R. 932-4-15, les engagements de l'institution de prévoyance ou de l'union au titre d'un règlement ne sont plus représentés de manière au moins équivalente par les actifs relatifs à ce règlement et qu'une baisse de la valeur de service de l'unité de rente n'est pas autorisée par le règlement dans les conditions prévues par l'article L. 932-24-1, l'institution ou l'union parfait ce déficit de représentation de la provision mathématique théorique par la somme de la provision technique spéciale, des plus-values et moins-values latentes sur les actifs affectés à la provision technique spéciale et la provision technique spéciale de retournement en procédant à l'affectation aux engagements relatifs à ce règlement d'actifs représentatifs de réserves ou de provisions de l'institution ou de l'union autres que ceux représentatifs de ses engagements réglementés. Ces actifs sont choisis dans le respect du principe de la "personne prudente" mentionné à l'article L. 353-1 du code des assurances et sont affectés à la provision technique spéciale complémentaire de ce règlement.

II. — Lorsque, en application du dernier alinéa de l'article R. 932-4-15, les engagements de l'institution de prévoyance ou de l'union au titre d'un règlement ne sont plus représentés de manière au moins équivalente par les actifs relatifs à ce règlement et qu'une baisse de la valeur de service de l'unité de rente est autorisée par le règlement dans les conditions prévues par l'article L. 932-24-1, l'institution de prévoyance ou l'union parfait cette représentation par affectation d'actifs, dans les conditions prévues au I, à concurrence du montant du déficit de représentation qui subsiste après la prise en compte de la variation de la provision mathématique théorique résultant de la baisse de valeur de service de l'unité de rente que l'institution ou l'union aura décidée pour l'année à venir et de la dotation à la provision technique spéciale de retournement dans les conditions prévues au III.

Lorsque l'institution ou l'union ne décide aucune baisse de valeur de service de l'unité de rente pour l'année à venir, elle parfait la représentation de l'ensemble des engagements du règlement dans les conditions prévues au I.

III. — Lorsqu'elle décide, pour un règlement donné, une baisse de la valeur de service de l'unité de rente, l'institution ou l'union évalue le montant de la variation de la provision mathématique théorique résultant de cette baisse.

L'institution ou l'union réaffecte à la provision technique spéciale de retournement mentionnée au 3° de l'article R. 932-4-4, constituée au titre de ce règlement, une partie des actifs apportés en représentation des engagements du règlement en application du I, le cas échéant les actifs acquis pour les remplacer à la suite de la vente de ces derniers, pour un montant équivalent à celui évalué au premier alinéa du présent III, dans la limite du total des actifs affectés à la provision technique spéciale complémentaire du règlement.

Lorsque le montant de la variation mentionnée au premier alinéa du présent III est supérieur à la valeur nette comptable du total des actifs affectés à la provision technique spéciale complémentaire du règlement avant la réaffectation prévue à l'alinéa précédent, l'institution ou l'union parfait cet écart dans la limite de la différence du produit de 0,05 par le montant de la provision mathématique théorique, avant la baisse concernée de la valeur de service de l'unité de rente, et de la somme des actifs affectés à la provision technique spéciale complémentaire avant la réaffectation prévue à l'alinéa précédent. A cet effet, l'institution ou l'union affecte directement à la provision technique spéciale de retournement des actifs représentatifs de ses réserves ou de ses provisions autres que ceux représentatifs de ses engagements réglementés.

IV. — Les actifs affectés à la provision technique spéciale de retournement en application du III et, le cas échéant, les actifs acquis pour les remplacer à la suite de la vente de ces derniers sont réaffectés à la représentation de réserves ou de provisions autres que celles relatives au règlement concernée lorsque l'institution ou l'union décide une hausse de la valeur de service de l'unité de rente du règlement concerné, pour un montant d'actifs équivalent au montant de la variation de la provision mathématique théorique résultant de cette hausse, dans la limite du total des actifs apportés à la provision technique spéciale de retournement.

V. — Les changements d'affectation d'actifs prévus au I, au dernier alinéa du III et au IV n'emportent pas affectation au règlement du produit des droits attachés à ces actifs, y compris les produits correspondant aux éventuels crédits d'impôt attachés à la détention de ces mêmes actifs. Les produits et charges financiers générés par les actifs ainsi affectés à la provision technique spéciale complémentaire ou à la provision technique spéciale de retournement sont enregistrés, au gré de leur constatation comptable, dans le compte de résultat de l'institution ou de l'union.

Les actifs ainsi affectés à la provision technique spéciale complémentaire ou à la provision technique spéciale de retournement sont inscrits au bilan mentionné à l'article R. 932-4-7 pour leur valeur de réalisation, déterminée conformément aux articles R. 343-11 et R. 343-12 du code des assurances. La différence entre cette valeur et la valeur comptable antérieure est constatée dans le compte de résultat de l'institution ou de l'union.

VI. — Lorsque, pour un règlement donné, la somme du montant de la provision technique spéciale, de la provision technique spéciale complémentaire, de la provision technique spéciale de retournement et des plus-values et moins-values latentes nettes sur les actifs affectés à la provision technique spéciale devient supérieure au montant de la provision mathématique théorique, l'institution ou l'union réaffecte en représentation de réserves ou de provisions autres que celles relatives à ce règlement des actifs qui en application du I avaient été affectés à la provision technique spéciale complémentaire et, le cas échéant, les actifs acquis avec le produit de la vente de ces derniers, dans la limite de la différence positive entre la somme précitée et la provision mathématique théorique.

VII. — Les actifs réaffectés à la représentation de réserves ou de provisions autres que celles relatives au règlement concerné en application des *[du]* IV et du VI sont inscrits au bilan de l'entreprise d'assurance pour leur valeur nette comptable, déterminée conformément aux articles R. 343-9 et R. 343-10 du code des assurances.

(...) Au 31 déc. 2017, les institutions de prévoyance et unions réaffectent, en représentation des réserves ou de provisions autres que celles relatives aux règlements régies par la sect. IV du chap. II du tit. III du liv. IX CSS, l'intégralité des montants apportés au titre de provisions techniques spéciales complémentaires, selon les modalités prévues au dernier al. de l'art. R. 932-4-4-1 [Ndlr : R. 932-4-4] du même code dans sa rédaction antérieure au Décr. n° 2017-1765 du 26 déc. 2017.

Au 31 déc. 2017, si l'application (...) de la sect. IV du chap. II du tit. III du liv. IX CSS conduit à constater que, pour un règlement donné, le rapport entre, d'une part, la somme de la provision technique spéciale et des plus-values et moins-values latentes nettes sur les actifs affectés à la provision technique spéciale et, d'autre part, la provision mathématique théorique est inférieur à 1, (...) l'institution ou union concernée parfait ce déficit selon les modalités prévues (...) à l'art. R. 932-4-4-1 dans sa rédaction issue du Décr. n° 2017-1765 du 26 déc. 2017 (Décr. préc., art. 9-II et III).

Art. R. 932-4-4-2 *(Décr. n° 2017-1765 du 26 déc. 2017, art. 4-11°, en vigueur le 31 déc. 2017)* **Les actifs représentatifs des engagements relatifs à plusieurs règlements, lorsqu'ils ne font pas l'objet d'un enregistrement comptable distinct pour chacun de ces règlements, sont, notamment pour chaque arrêté des comptes mentionnés à l'article R. 932-4-7, réputés répartis uniformément entre ces mêmes règlements au prorata, évalué à la même date, des provisions techniques mentionnées aux 1° à 3° de l'article R. 932-4-4.**

Art. R. 932-4-4-3 *(Décr. n° 2017-1765 du 26 déc. 2017, art. 4-11°, en vigueur le 31 déc. 2017)* **I. — Lorsque, pour une institution de prévoyance ou union n'appartenant pas à un groupe au sens de l'article L. 356-1 du code des assurances, les engagements constitués au titre des opérations régies par le présent chapitre représentent, à la date du 31 décembre 2017, plus de 80 % de l'ensemble des provisions techniques au sens du titre IV du livre III du code des assurances, constituées au niveau de l'institution ou de l'union, l'article R. 932-4-4-1 du présent code et le dernier alinéa de l'article R. 932-4-15 ne s'appliquent pas.**

II. — Pour les règlements conclus à partir du 1er janvier 2018 auprès d'une institution ou d'une union n'appartenant pas à un groupe au sens de l'article L. 356-1 du code des assurances et agréée pour l'exercice des opérations régies par la présente section depuis moins d'un exercice, cette institution ou union peut ne pas appliquer l'article R. 932-4-4-1 et le dernier alinéa de l'article R. 932-4-15 dès lors qu'un an après le début de l'exercice des opérations prévues par le règlement les engagements constitués au titre des opérations régies par la présente section représentent plus de 80 % de l'ensemble des provisions techniques au sens du titre IV du livre III du code des assurances, constituées au niveau de l'institution ou de l'union.

III. — Les institutions ou unions satisfaisant les conditions des I ou II informent les souscripteurs ou adhérents de l'ensemble des règlements régis par la présente section que l'article R. 932-4-4-1 et le dernier alinéa de l'article R. 932-4-15 ne s'appliquent pas et les raisons de leur non-application.

Les souscripteurs ou adhérents de chaque règlement en informent l'ensemble des participants dans le cadre de l'information annuelle prévue à l'article L. 932-24-2.

IV. — Lorsque, pour un règlement assuré par une institution ou union satisfaisant les conditions des I ou II, la somme du montant de la provision technique spéciale constituée au titre du règlement et des plus-values et moins-values latentes nettes sur les actifs affectés à la provision technique spéciale est inférieure au montant de la provision mathématique théorique, l'institution ou l'union peut décider de procéder à l'affectation d'actifs à ce règlement dans les conditions mentionnées au I de l'article R. 932-4-4-1.

Elle informe le souscripteur ou adhérent au règlement de son choix, en en expliquant les raisons. Le souscripteur ou adhérent du règlement en informe l'ensemble des participants dans le cadre de l'information annuelle prévue à l'article L. 932-24-2.

Art. R. 932-4-4-4 *(Décr. n° 2017-1765 du 26 déc. 2017, art. 4-11°, en vigueur le 31 déc. 2017)* **Les institutions de prévoyance réassurant proportionnellement de manière uniforme les engagements d'un règlement appliquent à ce titre les articles R. 932-4-4 à R. 932-4-4-2, R. 932-4-7 et R. 932-4-15.**

Pour l'application de ces dispositions, il y a lieu d'entendre : "le traité" là où est mentionné : "le règlement", "le réassureur" là où est mentionnée : " l'institution de prévoyance" et "la cédante" là où sont mentionnés : "les participants".

Art. R. 932-4-5 Il est ouvert, pour chacun des participants cotisants ou bénéficiaires, un compte individuel où sont portés les cotisations versées et le nombre d'unités de rentes correspondantes, ventilés par année.

Art. R. 932-4-6 Il ne peut être stipulé aucun avantage gratuit pour les opérations collectives prévues à l'article L. 932-24.

Art. R. 932-4-7 *(Décr. nº 2017-1765 du 26 déc. 2017, art. 4-12º, en vigueur le 31 déc. 2017)* Pour chaque règlement relevant de l'article L. 932-24, il est tenu une comptabilité auxiliaire d'affectation. Il est établi, pour chaque règlement, un compte de résultat d'affectation et un compte de bilan d'affectation, où sont inscrits les actifs représentatifs des engagements du règlement et les provisions techniques mentionnées aux 1º, 2º et 3º de l'article R. 932-4-4, ainsi qu'un tableau des engagements reçus et donnés, une annexe comportant un inventaire des actifs représentatifs des engagements du règlement et un état récapitulatif des opérations mentionnées à l'article R. 932-4-4-1. Ces documents sont arrêtés par l'institution de prévoyance à chaque fin d'exercice. Ils précisent que les informations qu'ils contiennent ont été ou non certifiées par les commissaires aux comptes de l'institution de prévoyance. Ils sont tenus à la disposition des participants qui en font la demande.

Art. R. 932-4-8 Le règlement d'opérations collectives prévues à l'article L. 932-24 doit définir le mode de détermination des cotisations annuelles.

Il doit contenir, en outre, les indications relatives à la détermination du nombre d'unités de rente correspondant à ladite cotisation.

Le bulletin d'adhésion au règlement comporte les mêmes indications pour chacun des participants et fixe l'âge d'entrée en jouissance de la retraite pour chacun des bénéficiaires.

Art. R. 932-4-9 Le nombre de participants à un règlement *(Décr. nº 2017-1765 du 26 déc. 2017, art. 4-13º, en vigueur le 31 déc. 2017)* « , y compris non cotisants et retraités, » ne peut être inférieur à 1 000.

Cet effectif doit être réuni dans un délai de trois ans à partir de l'entrée en vigueur dudit règlement.

Art. R. 932-4-10 En cas de cessation de paiement des cotisations, le règlement peut prévoir la déchéance des droits acquis si le participant ne justifie pas du versement d'au moins deux années de cotisations.

Le règlement peut également prévoir une réduction du nombre d'unités de rentes inscrites au compte d'un participant en application de l'article R. 932-4-12 :

a) Lorsque celui-ci a payé les cotisations afférentes à plus de trois années, mais n'a pas effectué de versements réguliers jusqu'à l'âge de l'entrée en jouissance, cette réduction ne peut avoir pour effet de réduire la prestation à un montant inférieur au produit du nombre d'unités de rente inscrites avant réduction par la moyenne des valeurs de service de l'unité de rente fixées pour les années au cours desquelles il a effectué ses versements ;

b) Lorsque à l'âge de l'entrée en jouissance le participant ne peut faire état d'un nombre minimal d'années fixé par le règlement depuis son adhésion ;

c) Lorsque le participant demande une anticipation de la date de l'entrée en jouissance ;

d) Lorsque le participant use de la faculté d'obtenir une réversion prévue à titre facultatif par le règlement.

Le règlement peut également prévoir une majoration du nombre d'unités de rente inscrites au compte du participant en application de l'article R. 932-4-12 lorsque celui-ci ajourne la date de l'entrée en jouissance.

Art. R. 932-4-11 *(Décr. nº 96-800 du 9 sept. 1996)* Le nombre d'unités de rente, éventuellement ajusté comme il est dit à l'article R. 932-4-10, qui est inscrit chaque année au compte individuel de chacun des participants cotisants et bénéficiaires, est égal au quotient de la cotisation, nette de prélèvements et de taxes, par la valeur d'acquisition de l'unité de rente.

(Décr. nº 2017-1765 du 26 déc. 2017, art. 4-14º, en vigueur le 31 déc. 2017) « La valeur d'acquisition de l'unité de rente, stipulée au règlement, peut dépendre de l'âge du participant. »

Art. R. 932-4-12 Le montant de la prestation est égal, pour chaque bénéficiaire, au produit du nombre d'unités de rente inscrites à son compte par la valeur de service de l'unité déterminée par le règlement auquel il a adhéré.

Art. R. 932-4-13 *(Décr. n° 2017-1765 du 26 déc. 2017, art. 4-15°, en vigueur le 31 déc. 2017)* La valeur d'acquisition de l'unité de rente et sa valeur de service sont fixées chaque année par l'institution ou l'union, dans les conditions prévues par le règlement et sous réserve du respect des conditions prévues à l'article R. 932-4-16, de telle sorte que si le rapport, évalué à la date de fin de l'exercice précédent, entre, d'une part, la somme de la provision technique spéciale et des plus-values ou moins-values latentes nettes sur les actifs affectés à la provision technique spéciale et, d'autre part, la provision mathématique théorique est inférieur à 1,1, alors le rapport entre les cotisations nettes de chargements perçues dans l'année et la provision mathématique théorique des nouveaux droits de l'année est supérieur à 1.

Les conditions d'évaluation de la provision mathématique théorique des nouveaux droits mentionnée au premier alinéa sont fixées par l'arrêté prévu au dernier alinéa de l'article R. 441-19 du code des assurances.

Art. R. 932-4-14 (Abrogé par Décr. n° 2017-1765 du 26 déc. 2017, art. 4-16°, à compter du 31 déc. 2017) ***Dans le cas d'une rente sans réversion payable à soixante-cinq ans, le quotient de la valeur de service par la valeur d'acquisition doit être au moins égal à 0,05.***

Dans les autres cas, il est procédé à une équivalence actuarielle dont les conditions sont déterminées par arrêté du ministre chargé de la sécurité sociale.

Art. R. 932-4-15 Chaque année, l'institution ou l'union calcule le montant de la provision mathématique théorique qui serait nécessaire pour assurer le service des rentes viagères immédiates et différées sur la base de la valeur de service à la date de l'inventaire.

(Décr. n° 2017-1765 du 26 déc. 2017, art. 4-17°, en vigueur le 31 déc. 2017) « Lorsque la somme du montant de la provision technique spéciale constituée au titre du règlement, des plus-values et moins-values latentes nettes sur les actifs affectés à la provision technique spéciale et de la provision technique spéciale de retournement est inférieure au montant de la provision mathématique théorique relative à ce même règlement, l'institution ou l'union procède, dans les conditions mentionnées au I de à l'article R. 932-4-4-1, à l'affectation aux engagements relatifs à ce règlement d'actifs représentatifs de ses réserves ou de ses provisions autres que ceux représentatifs de ses engagements réglementés, à hauteur de la différence entre le montant de la provision mathématique théorique et la somme précitée.

« Les conditions d'évaluation de la provision mathématique théorique mentionnée au premier alinéa sont fixées par l'arrêté prévu au premier alinéa de l'article R. 441-21 du code des assurances. »

Art. R. 932-4-16 *(Décr. n° 2017-1765 du 26 déc. 2017, art. 4-18°, en vigueur le 31 déc. 2017)* I. – Lorsque, pour un règlement donné, le rapport de la somme de la provision technique spéciale, de la provision technique spéciale de retournement et des plus-values et moins-values latentes nettes sur les actifs affectés à la provision technique spéciale à la provision mathématique théorique est inférieur à 1,05, la valeur de service de l'unité de rente déterminée pour l'exercice suivant, conformément à l'article R. 932-4-15, ne peut être supérieure à celle de l'année passée.

II. – Lorsque, pour un règlement donné, le rapport de la somme de la provision technique spéciale, de la provision technique spéciale de retournement et des plus-values et moins-values latentes nettes sur les actifs affectés à la provision technique spéciale à la provision mathématique théorique est supérieur à 1,05, la valeur de service de l'unité de rente déterminée pour l'exercice suivant, conformément à l'article R. 932-4-15, peut être supérieure à celle de l'année passée, dans le respect des conditions suivantes :

a) Pour les règlements prévoyant des facultés de baisse en application de l'article L. 932-24-1, la valeur de service de l'unité de rente est déterminée chaque année de telle manière que, après service des prestations dues au titre de l'année, le rapport de la somme entre, d'une part, la provision technique spéciale, de la provision technique spéciale de retournement et des plus-values et moins-values latentes nettes sur les actifs affectés à la provision technique spéciale et, d'autre part, la provision mathématique théorique ne devienne pas inférieur à 1,05 et que, le cas échéant, l'excédent par rapport à 1,05 ne diminue pas plus que la somme d'un dixième de l'excédent par rapport à 1,05, plafonné à 0,25, et de l'excédent par rapport à 1,3 ;

b) Pour les règlements ne prévoyant pas de facultés de baisse en application de l'article L. 932-24-1, la valeur de service de l'unité de rente est déterminée chaque année de telle manière que, après service des prestations dues au titre de l'année, le rapport entre, d'une part, la somme de la provision technique spéciale, de la provision technique spéciale de retournement et des plus et moins-values latentes nettes sur les actifs affectés à la provision technique spéciale et, d'autre part, la provision mathématique théorique ne devienne pas inférieur à 1,1 et que, le cas échéant, l'excédent par rapport à 1,1 ne diminue pas plus que la somme d'un dixième de l'excédent par rapport à 1,1, plafonné à 0,3, et de l'excédent par rapport à 1,4.

Art. R. 932-4-17 (Abrogé par Décr. n° 2017-1765 du 26 déc. 2017, art. 4-19°, à compter du 31 déc. 2017) ***La valeur de service de l'unité de rente doit être déterminée chaque année de telle manière que, après le service des prestations dues au titre de l'année, le rapport de la provision technique spéciale à la provision mathématique théorique ne devienne pas inférieur à 1 et que, le cas échéant, l'excédent par rapport à 1 ne diminue pas de plus d'un dixième.***

SOUS-SECTION 2 CONVERSION DU RÈGLEMENT

Art. R. 932-4-18 *(Décr. n° 2017-1765 du 26 déc. 2017, art. 4-20°, en vigueur le 31 déc. 2017)* Lorsque le rapport, évalué en fin d'exercice, entre, d'une part, la somme de la provision technique spéciale et des plus-values et moins-values latentes nettes sur les actifs affectés à la provision technique spéciale et, d'autre part, la provision mathématique théorique est inférieur à 0,9 depuis trois exercices, l'institution ou l'union élabore un plan de convergence visant à rétablir un rapport de 1 dans un délai de sept ans. Ce plan est adopté par le conseil d'administration dans un délai de deux mois à compter de la fin du troisième exercice. Il est transmis à l'Autorité de contrôle prudentiel et de résolution dans un délai de trente jours à compter de son adoption. Les participants au règlement sont informés des principes de ce plan dans le cadre du relevé d'information annuel prévu par l'article L. 932-24-3.

L'institution ou l'union rend compte annuellement à l'Autorité de contrôle prudentiel et de résolution de la mise en œuvre de ce plan et de ses effets sur le rapport défini au premier alinéa.

Si, au terme du plan de convergence, le rapport mentionné au premier alinéa est inférieur à 1, l'institution ou l'union le précise dans le rapport prévu par l'article L. 355-5 du code des assurances, en explicitant les raisons pour lesquelles la couverture de la provision mathématique théorique n'a pas été rétablie, et en informe les participants au règlement dans le cadre du relevé d'information annuel prévu par l'article L. 932-24-3 du présent code.

Dans ce même cas ou si l'institution ou l'union n'a pas établi de plan de convergence conformément au premier alinéa, il est procédé à la conversion du règlement, dans les conditions prévues à l'article R. 932-4-20, lorsqu'au terme de dix exercices successifs, le rapport mentionné au premier alinéa est inférieur à 0,9.

Pour l'application du présent article, il n'est pas tenu compte des exercices clôturés avant le 1er janvier 2017.

Art. R. 932-4-19 Lorsque le nombre de participants cotisants à un règlement *(Décr. n° 2017-1765 du 26 déc. 2017, art. 4-21°, en vigueur le 31 déc. 2017)* « , y compris non cotisants et retraités, » est ou devient inférieur à 1 000 après l'expiration du délai prévu à l'article R. 932-4-9, il est procédé à la conversion du règlement.

Art. R. 932-4-20 La conversion du règlement entraîne, dans un délai d'un an, la transformation des opérations concernées en opérations de rentes viagères couvertes, intégralement et à tout moment, par des provisions mathématiques.

La part des provisions revenant à chaque participant dans la conversion des opérations considérées détermine la prestation que comporte l'opération d'assurance de substitution. Cette répartition *(Décr. nº 2017-1765 du 26 déc. 2017, art. 4-22º, en vigueur le 31 déc. 2017)* « et le montant des prestations de l'opération d'assurance de substitution sont déterminés » sur des bases techniques définies par arrêté du ministre chargé de la sécurité sociale.

Art. R. 932-4-21 *(Décr. nº 2017-1765 du 26 déc. 2017, art. 4-23º, en vigueur le 31 déc. 2017)* En cas de conversion d'un ou de plusieurs règlements dans les conditions mentionnées aux articles R. 932-4-18 et R. 932-4-19, les actifs représentatifs des provisions techniques mentionnées aux 1º et 3º de l'article R. 932-4-4 et la moitié des actifs représentatifs des provisions techniques mentionnées au 2º du même article sont répartis entre les bénéficiaires du ou des règlements considérés.

SECTION V DISPOSITIONS RELATIVES AUX OPÉRATIONS DE RETRAITE PROFESSIONNELLE SUPPLÉMENTAIRE

(Décr. nº 2006-740 du 27 juin 2006, art. 3-2º)

Art. R. 932-5-1 à R. 932-5-4 *Abrogés par Décr. nº 2015-513 du 7 mai 2015, art. 14-XII-3º, à compter du 1er janv. 2016.*

Art. R. 932-5-5 Les tarifs pratiqués par les institutions de prévoyance et leurs unions sont établis d'après des tables de mortalité et des taux définis par arrêté du ministre chargé de la sécurité sociale.

Art. R. 932-5-6 I. — Pour l'application de l'article L. 932-41, la valeur de transfert d'un membre participant d'un contrat d'origine ne relevant pas de l'article L. 932-24 au contrat d'accueil ne peut être inférieure à la cotisation unique qui à la date de calcul dudit transfert conduirait par hypothèse à disposer dans le contrat d'origine des mêmes droits individuels que ceux du membre participant demandant le transfert.

Pour l'application de la règle mentionnée à l'alinéa précédent, la cotisation unique mentionnée au même alinéa est calculée en retenant les taux d'intérêt techniques et les tables utilisées lors de l'établissement du ou des tarifs pratiqués vis-à-vis du membre participant demandant le transfert, et il n'est pas tenu compte des éventuels prélèvements sur cotisations prévus au contrat.

II. — Pour les contrats ne relevant pas du troisième alinéa de l'article L. 932-40, le comité de surveillance mentionné au troisième alinéa de l'article L. 932-41 est composé à parts égales de représentants des salariés et des employeurs.

Nul ne peut être membre du comité de surveillance s'il a fait l'objet de l'une des condamnations ou mesures mentionnées *(Décr. nº 2015-513 du 7 mai 2015, art. 14-XII-4º, en vigueur le 1er janv. 2016)* « aux 1º à 3º de l'article L. 931-7 ».

Le comité de surveillance élit son président par un scrutin à bulletin secret.

Le comité de surveillance est composé d'au moins une personne représentant les participants ayant déjà procédé à la liquidation de leurs droits, et d'au moins une personne représentant les participants dont l'adhésion n'est plus obligatoire, mais n'ayant pas transféré leurs droits, sous réserve que le nombre de personnes ainsi représentées appartenant à chacune de ces catégories soit supérieur à un seuil précisé par arrêté du ministre chargé de la sécurité sociale.

Art. R. 932-5-7 Pour l'application de l'article L. 932-41, le règlement intérieur du comité détermine les possibilités pour ses membres de donner pouvoir, les conditions et les délais de convocation du comité ainsi que les conditions dans lesquelles ce comité délibère. Il prévoit en particulier que chacun de ses membres détient un droit de vote et qu'en cas d'égalité des suffrages le président du comité a voix prépondérante.

Le comité est réuni au moins une fois par an, sur convocation de son président ou d'au moins la moitié de ses membres. L'ordre du jour de la réunion est fixé par l'auteur de la convocation. Il est tenu un procès-verbal et un registre de présence des réunions du comité.

Art. R. 932-5-8 Le comité de surveillance :

1º Émet un avis sur le rapport prévu au dernier alinéa de l'article *(Décr. nº 2017-1765 du 26 déc. 2017, art. 4-24º, en vigueur le 31 déc. 2017)* « L. 932-41-2 », lors de son établissement et à chaque modification de celui-ci ;

2° Peut entendre le ou les commissaires aux comptes mentionnés à l'article L. 932-45 sur les comptes mentionnés *(Décr. n° 2017-1765 du 26 déc. 2017, art. 4-24°, en vigueur le 31 déc. 2017)* « à » cet article. Ils sont sur cette question déliés à son égard de l'obligation du secret professionnel.

Lorsque le comité de surveillance institué au niveau d'un contrat souhaite entendre le commissaire aux comptes en application de l'article L. 932-41, les informations communiquées sont celles relatives à la comptabilité auxiliaire d'affectation dans laquelle sont enregistrées les opérations de ce contrat, et portent sur les comptes annuels issus de cette comptabilité même si celle-ci regroupe plusieurs contrats de retraite professionnelle supplémentaire.

A compter du 1er janv. 2023, les trois premiers al. de l'art. R. 932-5-8 sont remplacés par les dispositions suivantes : « Le comité de surveillance émet un avis sur le rapport prévu au dernier alinéa de l'article L. 932-41-2, lors de son établissement et à chaque modification de ce rapport. » (Décr. n° 2017-1765 du 26 déc. 2017, art. 10-2°).

Art. R. 932-5-9 *(Décr. n° 2017-1765 du 26 déc. 2017, art. 4-25°, en vigueur le 31 déc. 2017)* Le rapport mentionné au dernier alinéa de l'article L. 932-41-2 est transmis à l'Autorité de contrôle prudentiel et de résolution.

L'institution de prévoyance, l'union ou l'institution de retraite professionnelle supplémentaire peut décider de remettre le rapport mentionné au premier alinéa, sur demande, aux adhérents, participants et bénéficiaires ou de le faire figurer sur son site internet, à condition de l'indiquer de façon précise dans l'information annuelle transmise aux participants.

Ce rapport peut également être inclus dans le rapport sur la solvabilité et la situation financière de l'institution, l'union ou l'institution de retraite professionnelle supplémentaire, si ce rapport est complété d'une partie décrivant la politique de placement.

Art. R. 932-5-10 Les provisions techniques correspondant aux opérations mentionnées à l'article L. 932-40 sont calculées chaque année par un actuaire et certifiées soit par le ou les commissaires aux comptes de l'institution de prévoyance ou de l'union dans le cadre d'une mission distincte de la mission générale de commissariat aux comptes exercée dans cette institution de prévoyance ou union, soit par un autre actuaire, indépendant de l'institution de prévoyance ou union et agréé à cet effet par l'une des associations d'actuaires reconnues par l'autorité *(Décr. n° 2015-513 du 7 mai 2015, art. 14-XII-6°, en vigueur le 1er janv. 2016)* « mentionnée à l'article L. 951-1 ». L'actuaire ou le ou les commissaires aux comptes vérifie que les provisions, *(Décr. n° 2015-513 du 7 mai 2015, art. 14-XII-6°, en vigueur le 1er janv. 2016)* « dans le respect des dispositions du code des assurances » applicables à celles-ci, sont constituées de façon suffisamment prudente, en tenant compte le cas échéant d'une marge adéquate pour les écarts défavorables, et que les méthodes et les bases de calcul des provisions techniques restent en général constantes d'un exercice à l'autre. Une modification de ces méthodes peut toutefois être justifiée, *(Décr. n° 2015-513 du 7 mai 2015, art. 14-XII-6°, en vigueur le 1er janv. 2016)* « dans le respect des dispositions du code des assurances », par un changement des données juridiques, démographiques ou économiques sur lesquelles se fondent ces hypothèses.

Art. R. 932-5-11 Toute institution de prévoyance ou union projetant de fournir des services d'institutions de retraite professionnelle sur le territoire d'un autre État membre ou d'un autre État partie à l'accord sur l'Espace économique européen, conformément aux dispositions de l'article L. 932-48, notifie son projet à l'Autorité de contrôle prudentiel et de résolution *(Décr. n° 2015-513 du 7 mai 2015, art. 14-XII-7°, en vigueur le 1er janv. 2016)* « mentionnée à l'article L. 951-1 » dans les conditions fixées à l'article R. 310-17-1 du code des assurances.

Lorsque l'Autorité de contrôle prudentiel et de résolution instituée à l'article L. 951-1 exerce la faculté mentionnée au troisième alinéa de l'article L. 932-43, elle en informe l'autorité compétente de l'État dans lequel l'institution de prévoyance ou l'union fournit des services d'institution de retraite professionnelle dans les conditions fixées à l'article R. 310-17-2 du code des assurances.

Art. R. 932-5-11-1 *(Décr. n° 2015-46 du 22 janv. 2015, art. 3)* Lorsque, dans le cadre des opérations mentionnées à l'article L. 932-40, les institutions de prévoyance ou unions utilisent des références à des notations de crédit émises par des agences de notation de crédit au sens de l'article 3, paragraphe 1, point *b*, du règlement (CE) n° 1060/2009 du Parlement européen et du Conseil du 16 septembre 2009 sur les agences de notation de crédit dans leurs politiques d'investissement, l'Autorité de contrôle prudentiel et de résolution, en tenant compte de la nature, de l'ampleur et de la complexité de ces opérations, surveille l'adéquation des processus d'évaluation du crédit de l'institution ou de l'union, évalue l'utilisation de références à des notations de crédit et, le cas échéant, encourage l'atténuation des effets de telles références, en vue de réduire le recours exclusif et mécanique à de telles notations de crédit.

Art. R. 932-5-12 Les modalités techniques de mise en œuvre du présent chapitre sont précisées par arrêté du ministre chargé de la sécurité sociale.

SECTION VI *[ABROGÉE]* DISPOSITIONS SPÉCIFIQUES RELATIVES AUX COMPTABILITÉS AUXILIAIRES D'AFFECTATION

(Abrogée par Décr. n° 2015-513 du 7 mai 2015, art. 14-XII-8°, à compter du 1er janv. 2016)

Art. R. 932-6-1 à R. 932-6-9 *Abrogés par Décr. n° 2015-513 du 7 mai 2015, art. 14-XII-8°, à compter du 1er janv. 2016.*

SECTION VII DISPOSITIONS TRANSITOIRES RELATIVES AUX INSTITUTIONS DE PRÉVOYANCE ISSUES DE LA TRANSFORMATION D'UNE INSTITUTION DE RETRAITE SUPPLÉMENTAIRE EN INSTITUTION DE PRÉVOYANCE OU AYANT FUSIONNÉ AVEC UNE TELLE INSTITUTION

(Décr. n° 2007-1897 du 26 déc. 2007)

Art. R. 932-7-1 Les institutions de prévoyance issues de la transformation d'une institution de retraite supplémentaire ou ayant fusionné avec une telle institution bénéficient des dispositions de la présente section au titre des opérations, relatives aux régimes précédemment gérés par l'institution de retraite supplémentaire, mentionnées ci-après :

a) Constitution et service de rente viagère ou temporaire dont les revalorisations éventuelles ne résultent que de l'intégration aux provisions mathématiques des participations aux excédents du contrat ;

b) Opérations régies par les dispositions de l'article L. 932-24.

Art. R. 932-7-2 I. — Lorsque, en application des dispositions de l'article L. 941-1, une institution de retraite supplémentaire, pour bénéficier des dispositions de la présente section, dépose une demande en vue de l'agrément en qualité d'institution de prévoyance ou en vue de fusionner avec une institution de prévoyance agréée, doit être fixée, selon l'une des modalités définies à l'avant-dernier alinéa de l'article L. 931-1, la part de l'engagement de retraite de l'institution de retraite supplémentaire correspondant aux opérations mentionnées à l'article R. 932-7-1 qui reste ou qui est mise à la charge de l'institution de prévoyance.

II. — La fraction de l'engagement de l'institution de retraite supplémentaire correspondant aux droits à retraite liquidés dans le cadre des opérations mentionnées à l'article R. 932-7-1 est intégralement transférée à l'institution de prévoyance.

III. — Par dérogation aux dispositions de l'article *(Décr. n° 2015-513 du 7 mai 2015, art. 14-XII-9°, en vigueur le 1er janv. 2016)* « R. 343-1 du code des assurances », les provisions relatives aux engagements restant ou mis à la charge de l'institution de prévoyance peuvent, à concurrence des droits acquis antérieurement au 31 décembre 2008, pour les opérations mentionnées à l'article R. 932-7-1, être constituées dans les conditions mentionnées aux articles R. 932-7-3 à R. 932-7-5.

Art. R. 932-7-3 Lorsque l'institution de prévoyance n'a pas constitué l'intégralité des provisions techniques correspondant à l'ensemble des engagements restant ou mis à sa charge, elle doit, pour obtenir l'agrément, établir un plan de provisionnement pour atteindre, à l'issue d'une période ne pouvant excéder quinze ans à compter de la date du bilan d'ouverture immédiatement postérieur à l'agrément ou à l'approbation de la fusion mentionnés à l'article L. 941-1, un montant de provisions techniques au moins égal à l'engagement restant ou mis à sa charge.

Art. R. 932-7-4 Pour les opérations relevant du *a* de l'article R. 932-7-1, les provisions techniques de l'institution de prévoyance prévues à l'article *(Décr. n° 2015-513 du 7 mai 2015, art. 14-XII-10°, en vigueur le 1er janv. 2016)* « R. 343-3 du code des assurances » doivent atteindre, à l'issue de chaque exercice de la période du plan mentionné à l'article R. 932-7-3, un montant au moins égal à la somme de :

a) La valeur actuelle des engagements correspondant aux droits à retraite déjà liquidés ;

b) 60 % de la valeur actuelle de l'ensemble des engagements transférés au titre de l'article R. 932-7-2 relatifs aux droits à retraite non liquidés.

A la date du bilan d'ouverture immédiatement postérieur à l'agrément ou l'approbation de la fusion mentionnés à l'article L. 941-1, le taux de couverture des engagements, défini comme le rapport entre les provisions techniques mentionnées ci-dessus et la valeur actuelle des engagements transférés au titre de l'article R. 932-7-2, ne peut être inférieur à 85 %.

Ce taux de couverture doit augmenter annuellement d'un pourcentage au moins égal au rapport entre, d'une part, la différence entre 100 et le taux de couverture observé à la date mentionnée à l'alinéa précédent et, d'autre part, la durée totale, exprimée en années, du plan de provisionnement.

Art. R. 932-7-5 Pour les opérations relevant du *b* de l'article R. 932-7-1, le taux de couverture des engagements, défini comme le rapport entre les provisions techniques mentionnées à l'article R. 932-4-4 et la provision mathématique théorique mentionnée à l'article R. 932-4-15, ne peut être inférieur à 85 % à la date du bilan d'ouverture immédiatement postérieur à l'agrément ou l'approbation de la fusion mentionnés à l'article L. 941-1.

Ce taux de couverture doit augmenter annuellement d'un pourcentage au moins égal au rapport entre d'une part la différence entre 100 et le taux de couverture observé à la date mentionnée à l'alinéa précédent et d'autre part la durée totale, exprimée en années, du plan de provisionnement.

Art. R. 932-7-6 *Abrogé par Décr. n° 2015-513 du 7 mai 2015, art. 14-XII-11°, à compter du 1er janv. 2016.*

Art. R. 932-7-7 Pendant la durée d'application du plan de provisionnement mentionné aux articles R. 932-7-3 à R. 932-7-5, les règlements des opérations collectives et les bulletins d'adhésion, ainsi que les publicités et tous autres documents afférents aux opérations, indiquent, pour les droits qui ne sont pas couverts intégralement par des provisions techniques suffisantes, la fraction provisionnée des engagements correspondants.

Les institutions de prévoyance indiquent annuellement à chaque membre participant ou bénéficiaire la fraction provisionnée des droits inscrits à son compte.

Le rapport annuel soumis à l'assemblée générale conformément à l'article R. 931-3-31 ainsi que le rapport cité à l'article L. 322-2-4 du code des assurances mentionnent les provisions techniques qui seraient exigibles en vertu des dispositions de droit commun applicables aux opérations mentionnées à l'article R. 932-7-1.

Art. R. 932-7-8 Jusqu'au terme de la période transitoire prévue à l'article R. 932-7-3, toute institution de prévoyance relevant des dispositions de la présente section est tenue de présenter chaque année à l'autorité mentionnée à l'article L. 951-1 le compte-rendu d'exécution de son plan de provisionnement établi dans les conditions prévues aux articles R. 932-7-3 à R. 932-7-5.

CHAPITRE III *[ABROGÉ]* INSTITUTION DE PRÉVOYANCE APPARTENANT À UN GROUPE

(Abrogé par Décr. n° 2015-513 du 7 mai 2015, art. 14-XIII, à compter du 1er janv. 2016)

SECTION PREMIÈRE *[ABROGÉE]* SURVEILLANCE COMPLÉMENTAIRE

Art. R. 933-1 à R. 933-8 *Abrogés par Décr. n° 2015-513 du 7 mai 2015, art. 14-XIII, à compter du 1er janv. 2016.*

Art. R. 933-9 à R. 933-11 *Abrogés par Décr. nº 2014-1315 du 3 nov. 2014, art. 16-13º.*

TITRE QUATRIÈME INSTITUTIONS DE GESTION DE RETRAITE SUPPLÉMENTAIRE ET INSTITUTIONS DE RETRAITE PROFESSIONNELLE SUPPLÉMENTAIRE *(Décr. nº 2017-1765 du 26 déc. 2017, art. 4-26º, en vigueur le 31 déc. 2017).*

(Décr. nº 2007-1897 du 26 déc. 2007)

CHAPITRE PREMIER INSTITUTIONS DE GESTION DE RETRAITE SUPPLÉMENTAIRE *(Décr. nº 2017-1765 du 26 déc. 2017, art. 4-27º, en vigueur le 31 déc. 2017).*

Art. R. 941-1 Les institutions de gestion de retraite supplémentaire sont régies par les dispositions du présent *(Décr. nº 2017-1765 du 26 déc. 2017, art. 4-28º, en vigueur le 31 déc. 2017)* « chapitre » ainsi que par leurs statuts.

Art. R. 941-2 Toute institution de gestion de retraite supplémentaire est désignée par une dénomination sociale suivie de la mention : "Institution de gestion de retraite supplémentaire régie par le *(Décr. nº 2017-1765 du 26 déc. 2017, art. 4-29º, en vigueur le 31 déc. 2017)* « chapitre Ier du » titre IV du livre IX du code de la sécurité sociale".

Cette mention figure obligatoirement dans les statuts de l'institution ainsi que dans tous les documents destinés à ses membres adhérents et participants. Ces documents ne doivent comporter aucune mention susceptible d'induire en erreur sur la nature de l'institution ainsi que sur celle des contrôles exercés sur elle en application des dispositions du *(Décr. nº 2017-1765 du 26 déc. 2017, art. 4-29º, en vigueur le 31 déc. 2017)* « présent chapitre » *(Abrogé par Décr. nº 2015-513 du 7 mai 2015, art. 14-XIV-1º)* ***« ainsi que du titre V du présent livre ».***

Art. R. 941-3 Les statuts des institutions de gestion de retraite supplémentaire mentionnent obligatoirement :

1º Que l'institution de gestion de retraite supplémentaire est chargée, à l'exclusion de toute autre opération, d'accomplir, pour le compte de ses entreprises adhérentes, les opérations de gestion administrative relatives aux régimes de retraite supplémentaire ou d'indemnités de fin de carrière ;

2º La date de conclusion de l'accord collectif ou la date de ratification par les intéressés du projet d'accord relatif aux régimes de retraite supplémentaire ou d'indemnités de fin de carrière ;

3º L'absence de responsabilité, autre que de gestion administrative, de l'institution au titre des engagements résultant de cet accord ou projet d'accord.

Art. R. 941-4 Les statuts de l'institution de gestion de retraite supplémentaire ainsi que, selon les cas, la convention, l'accord collectif ou le procès-verbal de l'assemblée générale de l'institution approuvant l'accord entre membres adhérents et membres participants sont déposés, dans le mois qui suit leur adoption, auprès du ministre chargé de la sécurité sociale *(Abrogé par Décr. nº 2010-217 du 3 mars 2010, art. 5-39º)* ***« ainsi que de l'autorité mentionnée à l'article L. 951-1 »*** *(Abrogé par Décr. nº 2015-513 du 7 mai 2015, art. 14-XIV-2º, à compter du 1er janv. 2016)* ***« , accompagnés le cas échéant de la décision de cette autorité approuvant les modifications apportées à son règlement dans les conditions prévues par le VI de l'article 116 de la loi nº 2003-775 du 21 août 2003 portant réforme des retraites ».*** A défaut, l'institution de gestion de retraite supplémentaire n'est pas autorisée à fonctionner en cette qualité et les statuts, conventions et accords mentionnés ci-dessus sont inopposables aux membres adhérents et participants.

Les mêmes dispositions s'appliquent pour les modifications apportées aux statuts des institutions de gestion de retraite supplémentaire.

Art. R. 941-5 Les dispositions des articles R. 931-3-24 à R. 931-3-28, R. 931-3-52 à R. 931-3-64, R. 931-4-3 à R. 931-4-6 et *(Décr. nº 2015-513 du 7 mai 2015, art. 14-XIV-3º ; Décr. nº 2017-1765 du 26 déc. 2017, art. 4-30º, en vigueur le 31 déc. 2017)*

« R. 931-5-1 à R. 931-5-2 » sont applicables aux institutions de gestion de retraite supplémentaire.

Art. R. 941-6 *Abrogé par Décr. n° 2015-513 du 7 mai 2015, art. 14-XIV-4°, à compter du 1er janv. 2016.*

CHAPITRE II INSTITUTIONS DE RETRAITE PROFESSIONNELLE SUPPLÉMENTAIRE

(Décr. n° 2017-1765 du 26 déc. 2017, art. 4-31°, en vigueur le 31 déc. 2017)

SECTION PREMIÈRE DISPOSITIONS GÉNÉRALES

Art. R. 942-1 Toute institution de retraite professionnelle supplémentaire est désignée par une dénomination sociale qui doit être suivie de la mention : "institution de retraite professionnelle supplémentaire régie par le code de la sécurité sociale". Cette mention figure obligatoirement dans les statuts, les règlements, les bulletins d'adhésion et les contrats de l'institution, ainsi que dans tous documents à caractère contractuel ou publicitaire.

Ces documents ne doivent contenir aucune assertion susceptible d'induire en erreur sur la véritable nature de l'institution de retraite professionnelle supplémentaire, sur l'importance réelle de ses engagements et sur la nature des contrôles exercés sur celles-ci sur le fondement du présent chapitre et du livre VI du code monétaire et financier.

SECTION II AGRÉMENT

Art. R. 942-2 Le chapitre II du titre VIII du livre III du code des assurances est applicable aux institutions de retraite professionnelle supplémentaire.

Pour l'application de ces dispositions, il y a lieu d'entendre : "institutions de retraite professionnelle supplémentaire" là où sont mentionnés dans le code des assurances : "fonds de retraite professionnelle supplémentaire" ou "fonds", "participants et bénéficiaires" là où sont mentionnés dans le code des assurances : "assurés et tiers bénéficiaires" et "bulletin d'adhésion à un règlement ou contrat collectif" là où est mentionné dans le code des assurances : "contrat".

SECTION III RETRAIT D'AGRÉMENT

Art. R. 942-3 Le chapitre III du titre VIII du livre III du code des assurances est applicable aux institutions de retraite professionnelle supplémentaire.

Pour l'application de ces dispositions, il y a lieu d'entendre : "institutions de retraite professionnelle supplémentaire" là où sont mentionnés dans le code des assurances : "fonds de retraite professionnelle supplémentaire" et "bulletin d'adhésion à un règlement ou contrat collectif" là où est mentionné dans le code des assurances : "contrat".

SECTION IV TRANSFERT DE PORTEFEUILLE

Art. R. 942-4 Le chapitre IV du titre VIII du livre III du code des assurances est applicable aux institutions de retraite professionnelle supplémentaire.

Pour l'application de ces dispositions, il y a lieu d'entendre : "institutions de retraite professionnelle supplémentaire" là où sont mentionnés dans le code des assurances : "fonds de retraite professionnelle supplémentaire" ou "fonds" et "bulletin d'adhésion à un règlement ou contrat collectif" là où est mentionné dans le code des assurances : "contrat".

SECTION V RÈGLES FINANCIÈRES ET PRUDENTIELLES

Art. R. 942-5 Le chapitre V du titre VIII du livre III du code des assurances est applicable aux institutions de retraite professionnelle supplémentaire.

Pour l'application de ces dispositions, il y a lieu d'entendre : "institutions de retraite professionnelle supplémentaire" là où sont mentionnés dans le code des assurances : "fonds de retraite professionnelle supplémentaire" ou "fonds", "participants et bénéficiaires" là où sont mentionnés dans le code des assurances : "assurés" et "bulletin d'adhésion à un règlement ou contrat collectif" là où est mentionné dans le code des assurances : "contrat". La référence à l'article L. 143-2 du code des assurances est remplacée par la référence à l'article L. 932-41 du présent code.

TITRE CINQUIÈME CONTRÔLE DES INSTITUTIONS

CHAPITRE PREMIER *[ABROGÉ]* MODALITÉS DE CONTRÔLE

(Abrogé par Décr. n° 2015-513 du 7 mai 2015, art. 14-XV-1°, à compter du 1er janv. 2016)

Art. R. 951-1 *Abrogé par Décr. n° 2015-513 du 7 mai 2015, art. 14-XV-1°, à compter du 1er janv. 2016.*

CHAPITRE II *[ABROGÉ]* ATTRIBUTIONS PARTICULIÈRES DE L'AUTORITÉ DE CONTRÔLE PRUDENTIEL ET DE RÉSOLUTION *(Décr. n° 2010-217 du 3 mars 2010, art. 5-42°).*

(Abrogé par Décr. n° 2015-513 du 7 mai 2015, art. 14-XV-1°, à compter du 1er janv. 2016)

Art. R. 951-3-1 *Abrogé par Décr. n° 2010-217 du 3 mars 2010, art. 5-43°.*

Art. R. 951-3-2 *et* R. 951-3-3 *Abrogés par Décr. n° 2015-513 du 7 mai 2015, art. 14-XV-1°, à compter du 1er janv. 2016.*

CHAPITRE IV

L'intitulé du Chap. IV a été supprimé par le Décr. n° 2015-513 du 7 mai 2015 (Décr. préc., art. 14-XV-2°, en vigueur le 1er janv. 2016).

Art. R. 951-4-1 *(Décr. n° 96-800 du 9 sept. 1996)* Le fait pour tout dirigeant d'une institution de prévoyance ou d'une union d'institutions de prévoyance de méconnaître les obligations ou interdictions résultant de l'article *(Décr. n° 2010-217 du 3 mars 2010, art. 5-46°)* « R. 612-26 du code monétaire et financier » est puni de la peine d'amende prévue pour les contraventions de cinquième classe.

(Décr. n° 2008-1154 du 7 nov. 2008, art. 29) « Le fait pour tout dirigeant d'une institution de prévoyance ou d'une union ayant la réassurance pour activité exclusive de méconnaître les obligations ou interdictions résultant des articles R. 931-1-2 et *(Décr. n° 2010-217 du 3 mars 2010, art. 5-46°)* « R. 612-26 du code monétaire et financier » est puni de la même peine.

« La récidive de la contravention prévue au présent article est réprimée conformément à l'article 132-11 du code pénal. »

Pour l'application du présent article, sont considérés comme dirigeants d'institutions de prévoyance ou d'unions d'institutions de prévoyance : *(Décr. n° 2015-513 du 7 mai 2015, art. 14-XV-3°, en vigueur le 1er janv. 2016)* « les membres du conseil d'administration, le directeur général, le ou les directeurs généraux délégués et tout dirigeant de fait d'une institution ou d'une union ».

CHAPITRE V *[ABROGÉ]* CONTRÔLE DES INSTITUTIONS DE RETRAITE SUPPLÉMENTAIRE ET DES INSTITUTIONS DE RETRAITE COMPLÉMENTAIRE QUI N'ADHÈRENT PAS À UNE FÉDÉRATION

(Abrogé par Décr. n° 2010-217 du 3 mars 2010, art. 5-40°)

Art. R. 951-5-1 *Abrogé par Décr. n° 2010-217 du 3 mars 2010, art. 5-40°.*

TROISIÈME PARTIE : DÉCRETS

(Décr. n° 85-1354 du 17 déc. 1985, JO 21 déc. ; Rect. JO 20 mars 1986 ; Arr. du 17 déc. 1985, JO 21 déc.)

LIVRE PREMIER GÉNÉRALITÉS — DISPOSITIONS COMMUNES À TOUT OU PARTIE DES RÉGIMES DE BASE

TITRE PREMIER GÉNÉRALITÉS

CHAPITRE PREMIER ORGANISATION DE LA SÉCURITÉ SOCIALE

SECTION PREMIÈRE DISPOSITIONS GÉNÉRALES

(Décr. n° 2009-34 du 9 janv. 2009)

Art. D. 111-1 La demande d'exemption, conforme au modèle fixé par arrêté des ministres chargés de la sécurité sociale et de l'agriculture, est adressée à la caisse primaire d'assurance maladie ou à la caisse de mutualité sociale agricole dont relève l'entreprise qui accueille le salarié ou dans laquelle il est employé.

Sont jointes à la demande les pièces justificatives suivantes :

1° Une attestation d'assurance vieillesse couvrant la durée de la période d'exemption ;

2° Les bulletins de salaire ou, à défaut, une attestation de l'employeur relative à la période minimale de trois mois mentionnée au septième alinéa de l'article L. 111-2-2 ;

3° Une déclaration sur l'honneur du salarié ou de l'employeur attestant que le salarié n'a pas été soumis au régime de sécurité sociale d'un État auquel s'applique le règlement communautaire de coordination des régimes de sécurité sociale pour la période mentionnée au sixième alinéa de l'article L. 111-2-2.

CHAPITRE II MINISTRES COMPÉTENTS

Néant.

CHAPITRE III INSPECTION GÉNÉRALE

Art. D. 113-1 Les membres de l'inspection générale de la sécurité sociale exercent le contrôle supérieur de tous les services, caisses, organismes, unions ou fédérations d'organismes et institutions qui participent à l'application des législations de sécurité sociale. Ils proposent, le cas échéant, au ministre chargé du contrôle des organismes de sécurité sociale, la mise en cause des responsabilités encourues dans le fonctionnement des organismes de sécurité sociale.

Art. D. 113-2 Ils sont chargés d'effectuer les missions et enquêtes d'ensemble sur l'application des législations de sécurité sociale, sur la coordination des différents régimes obligatoires, spéciaux et complémentaires.

Art. D. 113-3 Des membres de l'inspection générale peuvent être mis à la disposition des divers départements ministériels chargés de la tutelle pour effectuer, dans les divers régimes de sécurité sociale, les missions prévues par le plan de contrôle établi chaque année par le comité de coordination.

Art. D. 113-4 Dans le cadre de leur mission et en ce qui concerne l'application des législations de sécurité sociale, les membres de l'inspection générale ont libre accès dans toutes les administrations de l'État et collectivités publiques, dans tous les organismes, unions ou fédérations d'organismes, établissements, œuvres et groupements qui participent au fonctionnement des régimes de sécurité sociale.

Les membres de l'inspection générale ont également libre accès dans tous institutions, œuvres ou groupements qui ont bénéficié de prêts ou de subventions des organismes de sécurité sociale pour procéder à toute vérification sur l'emploi desdits fonds.

Les administrations, organismes, œuvres ou groupements sont tenus de prêter leur concours aux membres de l'inspection générale, de leur fournir toutes justifications et tous renseignements utiles et de leur communiquer tous documents nécessaires à l'accomplissement de leur mission. Le droit de communication comporte le droit d'obtenir copie.

Art. D. 113-5 L'inspecteur général faisant fonction de chef du service rend compte de l'activité de l'inspection générale par un rapport annuel présenté au président du comité de coordination.

CHAPITRE IV COMMISSIONS ET CONSEILS

SECTION PREMIÈRE HAUT CONSEIL DU FINANCEMENT DE LA PROTECTION SOCIALE

(Décr. n° 2012-428 du 29 mars 2012, art. 1er)

Art. D. 114-0-1 *(Décr. n° 2012-1070 du 20 sept. 2012, art. 1er-I)* Il est institué auprès du Premier ministre un Haut Conseil du financement de la protection sociale.

Au regard des évolutions économiques, sociales et démographiques, et à la lumière des expériences étrangères, le Haut Conseil mène des travaux sur les moyens d'assurer, pour la protection sociale, en cohérence avec les prestations qu'elle couvre, un financement pérenne, favorable au développement et à la compétitivité de l'économie française, compatible avec les impératifs de solidarité et d'équilibre des finances sociales, dans le respect de la trajectoire des finances publiques.

Le Haut Conseil a pour mission :

1° De dresser un état des lieux du système de financement de la protection sociale, d'analyser ses caractéristiques et ses changements ;

2° D'évaluer les évolutions possibles de ce système de financement ;

3° D'examiner l'efficacité des règles de gouvernance et d'allocation des recettes de l'ensemble du système de protection sociale de manière à assurer son équilibre pérenne ;

4° De formuler, le cas échéant, des recommandations et des propositions de réforme.

Le Haut Conseil peut, en outre, être saisi de toute question par le Premier ministre.

Art. D. 114-0-2 *(Décr. n° 2012-1070 du 20 sept. 2012, art. 1er-I)* I. — Le Haut Conseil est composé de quarante-neuf membres répartis comme suit :

1° Dix-huit membres représentant les organisations professionnelles et syndicales :

a) Deux représentants désignés par la Confédération générale du travail (CGT) ;

b) Deux représentants désignés par la Confédération française démocratique du travail (CFDT) ;

c) Deux représentants désignés par la Confédération générale du travail-Force ouvrière (CGT-FO) ;

d) Un représentant désigné par la Confédération française des travailleurs chrétiens (CFTC) ;

e) Un représentant désigné par la Confédération française de l'encadrement-Confédération générale des cadres (CFE-CGC) ;

f) Trois représentants désignés par le Mouvement des entreprises de France (MEDEF) ;

g) Un représentant désigné par la Confédération générale des petites et moyennes entreprises (CGPME) ;

h) Un représentant désigné par l'Union professionnelle artisanale (UPA) ;

i) Un représentant désigné par la Caisse nationale du régime social des indépendants (RSI) parmi les membres de son conseil d'administration ayant la qualité de commerçant ;

j) Un représentant désigné par la Fédération nationale des syndicats d'exploitants agricoles (FNSEA) ;

k) Un représentant désigné par l'Union nationale des professions libérales (UNAPL) ;

l) Un représentant désigné par la Fédération syndicale unitaire (FSU) ;

m) Un représentant désigné par l'Union nationale des syndicats autonomes (UNSA) ;

2° Deux députés et deux sénateurs ;

3° Huit représentants de l'État :

a) Le directeur de la sécurité sociale ;

b) Le directeur de la recherche, des études, de l'évaluation et des statistiques ;
c) Le directeur de la législation fiscale ;
d) Le directeur du budget ;
e) Le directeur général du Trésor ;
f) Le directeur général de l'Institut national de la statistique et des études économiques ;
g) Le directeur de l'animation de la recherche, des études et des statistiques ;
h) Le directeur général des entreprises ;

4° Un représentant désigné par l'Assemblée des départements de France ;

5° Le directeur de l'Agence centrale des organismes de sécurité sociale ;

6° Le président du Haut Conseil pour l'avenir de l'assurance maladie, le président du Conseil d'orientation des retraites, *(Décr. n° 2016-1441 du 25 oct. 2016, art. 2-I)* « le président du Haut Conseil de la famille, de l'enfance et de l'âge ou le vice-président qu'il désigne », le président du Conseil d'orientation pour l'emploi, le Commissaire général à la stratégie et à la prospective ;

7° Douze personnalités qualifiées désignées par le Premier ministre en raison de leur compétence ou de leur expérience dans les domaines relevant des attributions du Haut Conseil.

II. — Le président et le vice-président du Haut Conseil sont désignés par le Premier ministre parmi les membres mentionnés au 7° du I.

III. — Les désignations prévues au 2° du I sont renouvelées après chaque élection générale en ce qui concerne les députés et après chaque renouvellement triennal du Sénat en ce qui concerne les sénateurs.

V. Décr. n° 2012-1285 du 20 nov. 2012 relatif aux indemnités susceptibles d'être allouées au président, au vice-président, aux membres et aux collaborateurs du Haut Conseil du financement de la protection sociale (JO 22 nov.) et Arr. du 20 nov. 2012 fixant le montant des indemnités susceptibles d'être allouées au président, au vice-président, aux membres et aux collaborateurs du Haut Conseil du financement de la protection sociale (JO 22 nov.).

Art. D. 114-0-3 Sauf dispositions législatives contraires, les administrations de l'État, les établissements publics de l'État et les organismes de sécurité sociale sont tenus de communiquer au Haut Conseil les éléments d'information et les études dont ils disposent et qui apparaissent nécessaires à ce conseil pour l'exercice de ses missions. Le Haut Conseil leur fait connaître ses besoins afin qu'ils soient pris en compte dans les programmes de travaux statistiques et d'études de ces administrations, établissements ou organismes.

Art. D. 114-0-4 *(Décr. n° 2012-1070 du 20 sept. 2012, art. 1er-II)* Le Haut Conseil est assisté d'un secrétaire général nommé par le Premier ministre. Le secrétaire général assure, sous l'autorité du président, l'organisation des travaux du conseil ainsi que l'établissement des rapports.

Art. D. 114-0-5 Les crédits nécessaires au fonctionnement du Haut Conseil sont inscrits au budget du ministre chargé des comptes de la sécurité sociale.

SECTION III COMMISSION DES COMPTES DE LA SÉCURITÉ SOCIALE

Art. D. 114-1 *(Décr. n° 87-441 du 23 juin 1987, art. 1er)* La commission des comptes de la sécurité sociale, placée sous la présidence du ministre chargé de la sécurité sociale, comprend, en outre :

1° Quatre membres de l'Assemblée nationale et quatre membres du Sénat désignés respectivement par le président de l'Assemblée nationale et par le président du Sénat ;

2° Un membre du Conseil économique, social et environnemental désigné par le président du Conseil économique, social et environnemental ;

3° Un magistrat de la Cour des comptes désigné par le premier président de la Cour des comptes ;

4° Douze représentants des organisations professionnelles syndicales et sociales désignés à raison de :

a) Cinq par les organisations syndicales les plus représentatives des salariés ;
b) Trois par le Conseil national du patronat français *[devenu le Mouvement des entreprises de France]* ;

c) Un par la Confédération générale des petites et moyennes entreprises ;

d) Un par la Fédération nationale des syndicats d'exploitants agricoles ;

e) Un par *(Décr. nº 2019-56 du 30 janv. 2019, art. 4)* « CMA France » ;

f) Un par l'Union nationale des associations familiales ;

5º *a)* *(Décr. nº 96-834 du 20 sept. 1996, art. 1er)* « Le président du conseil d'administration de l'Agence centrale des organismes de sécurité sociale ;

« *b)* Le président du conseil d'administration de la Caisse nationale de l'assurance maladie des travailleurs salariés ;

« *c)* Le président de la commission des accidents du travail et des maladies professionnelles prévue à l'article L. 221-4 ;

« *d)* Le président du conseil d'administration de la Caisse nationale d'assurance vieillesse des travailleurs salariés ;

« *e)* Le président du conseil d'administration de la Caisse nationale des allocations familiales ;

« *f)* Le président du conseil central d'administration de la mutualité sociale agricole ;

« *g)* Le président du conseil d'administration de la Caisse nationale d'assurance vieillesse des professions libérales ; »

(Décr. nº 2007-709 du 4 mai 2007, art. 5) « *h)* Le président du conseil d'administration de la Caisse nationale du régime social des indépendants ; »

(Décr. nº 96-834 du 20 sept. 1996, art. 1er) « *i)* Le président du conseil d'administration de la Caisse nationale de retraite des agents des collectivités locales ;

« *j)* La commission comprend en outre un représentant des régimes autres que ceux énumérés ci-dessus, désigné après entente entre les présidents des caisses et institutions intéressés ou, à défaut, par le ministre chargé de la sécurité sociale ;

« *k)* Le président du conseil d'administration du Fonds de solidarité vieillesse ;

« *l)* Le président du conseil d'administration de l'Association des régimes de retraites complémentaires ;

« *m)* Le président du conseil d'administration de l'Association générale des institutions de retraites des cadres ;

« *n)* Un représentant désigné par la Fédération nationale de la mutualité française ; »

6º Le président du Centre national des professions de santé ainsi que *(Décr. nº 97-812 du 1er sept. 1997, art. 1er)* « cinq représentants des organisations professionnelles de médecins » et trois représentants des établissements de soins désignés par le ministre chargé de la sécurité sociale ;

7º *(Décr. nº 93-764 du 29 mars 1993, art. 1er et 2)* « Sept » personnalités qualifiées désignées pour leur compétence particulière par le ministre chargé de la sécurité sociale.

Art. D. 114-2 *(Décr. nº 2004-1077 du 12 oct. 2004)* Le secrétaire général permanent assure l'organisation des travaux ainsi que l'établissement du rapport prévu à l'article D. 114-3. Il fait appel à cette fin aux services du ministre chargé de la sécurité sociale.

Art. D. 114-3 *(Décr. nº 87-441 du 23 juin 1987, art. 1er)* La commission se réunit au moins deux fois par an, à l'initiative de son président.

(Décr. nº 96-834 du 20 sept. 1996, art. 3) « La commission est réunie une première fois entre le 15 avril et le 15 juin et traite des comptes du régime général de sécurité sociale.

« La seconde réunion se déroule entre le 15 septembre et le 15 octobre. Les comptes de l'ensemble des régimes obligatoires de sécurité sociale y sont présentés à la commission et analysés par elle. »

Elle reçoit communication des comptes des régimes de sécurité sociale établis pour l'année antérieure et des comptes prévisionnels établis pour l'année en cours et l'année suivante par les directions compétentes des ministères concernés, qui assistent aux séances de la commission.

La commission prend en outre connaissance des comptes définitifs et prévisionnels, établis dans les mêmes conditions, des régimes complémentaires de retraites rendus obligatoires par la loi.

Le secrétaire général permanent établit un rapport qui est exposé à la commission et transmis au Gouvernement en vue de sa présentation au Parlement.

La commission peut créer, en son sein, des groupes de travail sur des thèmes déterminés.

Elle peut faire participer à ses travaux les experts de son choix et procéder à toute audition qu'elle jugera utile.

Art. D. 114-4 *(Décr. nº 92-663 du 13 juill. 1992, art. 1er)* Il est alloué une indemnité forfaitaire mensuelle au secrétaire général permanent *(Décr. nº 2004-1077 du 12 oct. 2004)* « et aux autres membres du comité d'alerte ».

Le secrétaire général permanent peut faire appel à des rapporteurs extérieurs qui perçoivent pour leurs travaux des vacations dont le nombre est fixé par le secrétaire général permanent selon l'importance des travaux effectués.

Le taux unitaire des vacations est fixé à 1/1 000e du traitement brut annuel afférent à l'indice brut 494 soumis à retenue pour pension.

Ces vacations sont exclusives de toute autre rémunération pour travaux effectués pour le compte du ministre chargé de la sécurité sociale.

Le montant de l'indemnité allouée au secrétaire général permanent *(Décr. nº 2004-1077 du 12 oct. 2004)* « et aux autres membres du comité d'alerte » et le nombre maximum annuel de vacations susceptibles d'être allouées à un même rapporteur extérieur, en application du présent article, sont fixés par arrêté conjoint des ministres chargés de la sécurité sociale, du budget et de la fonction publique. *— V. Arr. du 13 juill. 1992 (JO 16 juill.), mod. par Arr. du 5 août 1994 (JO 28 sept.).*

SECTION IV CONSEIL D'ORIENTATION DES RETRAITES

(Décr. nº 2004-453 du 28 mai 2004, art. 1er)

Art. D. 114-4-0-1 Le Conseil d'orientation des retraites est placé auprès du Premier ministre. Il remet un rapport au Premier ministre au moins une fois tous les deux ans. Préalablement à l'élaboration des rapports prévus au II et au IV de l'article 5 de la loi nº 2003-775 du 21 août 2003 portant réforme des retraites, le Conseil d'orientation des retraites remet un rapport d'ensemble analysant la situation des régimes de retraite. Ces rapports sont communiqués au Parlement et rendus publics.

Art. D. 114-4-0-2 Outre son président, le Conseil d'orientation des retraites est composé de *(Décr. nº 2018-1295 du 27 déc. 2018, art. 1er)* « quarante » membres répartis comme suit :

1° Quatre députés et quatre sénateurs, respectivement désignés par l'Assemblée nationale et par le Sénat ;

2° Seize représentants des organisations professionnelles et syndicales :

a) Deux représentants désignés par la Confédération générale du travail (CGT) ;

b) Deux représentants désignés par la Confédération française démocratique du travail (CFDT) ;

c) Deux représentants désignés par la Confédération générale du travail-Force ouvrière (CGT-FO) ;

d) Un représentant désigné par la Confédération française des travailleurs chrétiens (CFTC) ;

e) Un représentant désigné par la Confédération française de l'encadrement-Confédération générale des cadres (CFE-CGC) ;

f) Deux représentants désignés par le Mouvement des entreprises de France (MEDEF) ;

g) Un représentant désigné par la Confédération générale des petites et moyennes entreprises (CGPME) ;

h) Un représentant désigné par l'Union professionnelle artisanale (UPA) ;

i) Un représentant désigné par la Fédération nationale des syndicats d'exploitants agricoles (FNSEA) ;

j) Un représentant désigné par l'Union nationale des professions libérales (UNAPL) ;

k) Un représentant désigné par la Fédération syndicale unitaire (FSU) ;

l) Un représentant désigné par l'Union des fédérations de fonctionnaires (UNSA) ;

3° Le président de l'Union nationale des associations familiales (UNAF) ou son représentant ;

4° *(Décr. n° 2016-1441 du 25 oct. 2016, art. 2-I)* « Le président du Haut Conseil de la famille, de l'enfance et de l'âge ou le vice-président qu'il désigne » ou son représentant ;

5° *(Décr. n° 2018-1295 du 27 déc. 2018, art. 1er)* « Huit » représentants de l'État :

a) Le Commissaire général à la stratégie et à la prospective ;

b) Le directeur général de l'administration et de la fonction publique ;

c) Le directeur de la sécurité sociale ;

d) Le directeur du budget ;

e) Le délégué général à l'emploi et à la formation professionnelle ;

(Décr. n° 2016-236 du 1er mars 2016, art. 1er-2°) « *f)* Le directeur général du Trésor ;

« g) Le directeur de la recherche, des études, de l'évaluation et des statistiques ; »

(Décr. n° 2018-1295 du 27 déc. 2018, art. 1er) « *h)* Le directeur général de l'Institut national de la statistique et des études économiques ; »

6° Six personnalités choisies en raison de leur compétence et de leur expérience.

Les membres du Conseil d'orientation des retraites mentionnés aux 2° et 6° sont nommés par arrêté du Premier ministre pour une durée de quatre ans. Celui-ci désigne parmi les membres mentionnés au 6° celui qui assure la suppléance du président du conseil en cas d'empêchement de ce dernier.

Les membres mentionnés au 5° désignent un suppléant ayant au moins rang de sous-directeur.

Toute personne ayant perdu la qualité en raison de laquelle elle a été nommée cesse d'appartenir au conseil. Les membres mentionnés aux 2° et 6° sont, dans ce cas, remplacés par une personne désignée pour la durée du mandat restant à courir. En outre, les désignations prévues au 1° sont renouvelées après chaque élection générale à l'Assemblée nationale en ce qui concerne les députés et après chaque renouvellement triennal du Sénat en ce qui concerne les sénateurs.

Art. D. 114-4-0-3 Le Conseil d'orientation des retraites se réunit sur convocation de son président.

Art. D. 114-4-0-4 Le Conseil d'orientation des retraites est assisté par un secrétaire général nommé par le Premier ministre. Le secrétaire général assure sous l'autorité du président l'organisation des travaux du conseil ainsi que l'établissement de ses rapports et la préparation de ses avis prévus au 4° de l'article L. 114-2.

Art. D. 114-4-0-5 *(Décr. n° 2014-654 du 20 juin 2014, art. 1er-1°)* Les indicateurs mentionnés au 4° de l'article L. 114-2 sont ainsi définis :

1° Au titre du suivi de l'objectif mentionné au premier alinéa du II de l'article L. 111-2-1 :

Le taux de remplacement défini à l'article D. 114-4-0-14 projeté sur dix ans ;

2° Au titre du suivi des objectifs mentionnés au deuxième alinéa du même II :

a) La durée moyenne de versement de la pension projetée sur vingt-cinq ans ;

b) Le taux de remplacement, projeté sur dix ans, d'un assuré ayant effectué toute sa carrière comme agent sédentaire de la fonction publique de catégorie B. Le taux de remplacement est défini comme le rapport entre la moyenne des avantages de vieillesse perçus l'année de la liquidation et le salaire moyen d'activité, y compris les primes, perçu la dernière année d'activité ;

3° Au titre du suivi des objectifs mentionnés au troisième alinéa du même II :

a) Le rapport, par génération de retraités, pour l'ensemble des régimes de retraite légalement obligatoires, entre la valeur de la pension en deçà de laquelle se situent les 10 % de retraités les moins aisés, d'une part, et la valeur moyenne des pensions de l'ensemble des retraités, d'autre part. Ce rapport est présenté selon le genre ;

b) Le niveau de vie des retraités rapporté à celui de l'ensemble de la population, ce rapport étant présenté selon le genre ;

4° Au titre du suivi des objectifs mentionnés au quatrième alinéa du même II :

Les soldes comptables annuels exprimés en droits constatés des régimes de retraite légalement obligatoires pour l'année en cours et projetés sur vingt-cinq ans, déterminés sur la base des prévisions financières des régimes de retraite sous-jacentes aux prévisions de comptes publics présentés dans le programme de stabilité de l'année en cours.

SECTION V COMMISSION DE COMPENSATION

(*Décr. nº 2006-1659 du 21 déc. 2006*)

L'art. D. 114-4-0-4-1 devient l'art. D. 114-4-0-6 (Décr. nº 2014-654 du 20 juin 2014, art. 1er-2º).

Art. D. 114-4-0-6 Les membres de la commission représentant un régime entrant dans le champ d'application de l'article L. 134-1 sont désignés d'un commun accord par le président et le directeur ou le directeur général de la Caisse nationale gérant ce régime. Sont désignés un représentant titulaire et un représentant suppléant par branche du régime. Lorsqu'un régime ne relève pas d'une Caisse nationale, ces représentants sont désignés par le gestionnaire du régime.

Sont également membres de la commission le directeur de la sécurité sociale et le directeur du budget.

Chaque ministre assurant la tutelle de l'un des régimes mentionnés au premier alinéa peut se faire représenter et contribuer aux travaux de la commission.

Tout projet d'arrêté d'acomptes de compensation est transmis au président de la commission, qui peut éventuellement décider de réunir la commission pour avis, dans un délai de dix jours après réception du projet d'arrêté.

Les régimes transmettent chaque année, au secrétariat de la commission, un rapport explicatif sur les données qu'ils ont fournies pour le calcul des transferts définitifs. Le secrétariat de la commission peut se faire communiquer toute information nécessaire à l'accomplissement par la commission de sa mission de contrôle.

La commission est saisie pour avis par le ministre chargé de la sécurité sociale des projets de mesures législatives ou réglementaires modifiant les règles de calcul des compensations définies à l'article L. 134-1 du code de la sécurité sociale.

L'avis doit être notifié au ministre chargé de la sécurité sociale et au ministre chargé du budget dans le délai de trente jours à compter de la date de réception du projet de mesure législative ou réglementaire par le président de la commission de compensation. Toutefois, en cas d'urgence invoquée dans la lettre de saisine, ce délai est réduit à quinze jours.

A défaut de notification au ministre chargé de la sécurité sociale et au ministre chargé du budget d'un avis dans les délais fixés, l'avis est réputé rendu.

Les délais fixés sont des délais francs. Lorsque le premier jour d'un de ces délais est un jour férié ou un samedi, le délai ne court qu'à compter du premier jour ouvrable qui suit le jour férié ou le samedi. — *[Anc. art. D. 114-4-0-4-1.]*

SECTION VI COMITÉ DE SUIVI DES RETRAITES

(*Décr. nº 2014-654 du 20 juin 2014, art. 1er-3º*)

Art. D. 114-4-0-7 Le jury citoyen mentionné au troisième alinéa du I de l'article L. 114-4 est consulté par le comité de suivi des retraites avant la remise des avis et des recommandations mentionnés au II du même article.

Le jury citoyen est convoqué par le président du comité de suivi des retraites. En cas d'absence de certains membres du jury citoyen, ce dernier est valablement consulté s'il comprend au moins le tiers de ses membres.

Si ce quorum n'est pas atteint, le président du comité convoque de nouveau le jury citoyen qui est alors valablement consulté quel que soit le nombre de ses membres.

Art. D. 114-4-0-8 Le comité de suivi des retraites soumet au jury citoyen les orientations qu'il envisage de donner à ses avis et ses recommandations. Le jury citoyen débat oralement de ces orientations et communique au comité de suivi des retraites le contenu de ses discussions.

Les membres du jury citoyen sont soumis au secret des délibérations et à une obligation de confidentialité portant sur ses travaux et l'ensemble des éléments qui leur sont communiqués.

Art. D. 114-4-0-9 Les neuf femmes et les neuf hommes membres du jury citoyen sont tirés au sort parmi les personnes âgées de plus de dix-huit ans. Ils exercent leurs fonctions pour une durée de trois ans.

Le tirage au sort est assuré par le secrétariat du comité de suivi des retraites qui peut recourir, le cas échéant, à un prestataire extérieur.

Art. D. 114-4-0-10 I. – Il est accordé aux membres du jury, s'ils le requièrent et quand il y a lieu, une indemnité pour perte de revenu professionnel égale, par jour, à huit fois la valeur horaire du salaire minimum interprofessionnel de croissance.

II. – Les membres du jury citoyen perçoivent, sur justification, une indemnité calculée suivant la réglementation relative aux frais occasionnés par les déplacements des personnels civils de l'État.

Art. D. 114-4-0-11 Le salarié prévient son employeur de sa participation au jury citoyen en lui remettant une copie de sa convocation. L'employeur est alors tenu de le libérer de ses obligations professionnelles pour le temps de la session du jury citoyen.

La durée du congé est assimilée à une période de travail effectif pour la détermination de la durée des congés payés ainsi que pour l'ensemble des autres droits résultant pour l'intéressé de son contrat.

Art. D. 114-4-0-12 La formation des jurés est, à la demande du président du comité de suivi des retraites et en fonction des orientations qu'il définit, assurée par le secrétariat du comité de suivi des retraites.

Art. D. 114-4-0-13 Les recommandations du comité de suivi des retraites mentionnées au II de l'article L. 114-4 ne peuvent tendre à augmenter au-delà de 28 % la somme des taux de cotisation d'assurance vieillesse assises sur les rémunérations ou gains pour un salarié non cadre, à carrière ininterrompue, relevant du régime général d'assurance vieillesse et d'une institution de retraite complémentaire mentionnée à l'article L. 921-4 et dont la rémunération mensuelle est égale au salaire moyen du tiers inférieur de la distribution des salaires.

Art. D. 114-4-0-14 Les recommandations mentionnées au II de l'article L. 114-4 ne peuvent tendre à diminuer en deçà des deux tiers le rapport, pour une année donnée et pour un assuré tel que défini à l'article D. 114-4-0-13, entre la moyenne des avantages de vieillesse perçus l'année de la liquidation et le revenu moyen d'activité perçu pendant la dernière année d'activité.

SECTION VII COMITÉ D'ALERTE SUR L'ÉVOLUTION DES DÉPENSES DE L'ASSURANCE MALADIE

(Décr. nº 2004-1077 du 12 oct. 2004)

Les art. D. 114-4-0-5 à D. 114-4-0-8 deviennent les art. D. 114-4-0-15 à D. 114-4-0-18 (Décr. nº 2014-654 du 20 juin 2014, art. 1er-4º).

Art. D. 114-4-0-15 Le comité d'alerte prévu à l'article L. 114-4-1 peut faire participer à ses travaux les experts de son choix et procéder à toute audition qu'il jugera utile. – *[Anc. art. D. 114-4-0-5.]*

Art. D. 114-4-0-16 Les services de l'État, les établissements publics de l'État et les organismes de sécurité sociale sont tenus de communiquer au comité d'alerte les éléments d'information et les études dont ils disposent utiles à l'exercice de sa mission. – *[Anc. art. D. 114-4-0-6.]*

Art. D. 114-4-0-17 Le seuil prévu à l'article L. 114-4-1 est fixé à *(Décr. nº 2011-432 du 19 avr. 2011, en vigueur le 1er janv. 2013)* « 0,5 % ».

Les caisses nationales d'assurance maladie disposent d'un délai d'un mois à compter de la notification par le comité d'alerte d'un risque sérieux de dépassement de l'objectif national des dépenses d'assurance maladie pour proposer des mesures de redressement.

Le comité d'alerte dispose d'un délai de quinze jours à compter de la transmission des mesures de redressement par les caisses nationales d'assurance maladie ou, le cas échéant, l'État pour rendre un avis sur l'impact financier de ces mesures. – *[Anc. art. D. 114-4-0-7.]*

Art. D. 114-4-0-18 Le secrétaire général permanent de la commission des comptes de la sécurité sociale organise les travaux du comité d'alerte. Il fait appel à cette fin aux services du ministre chargé de la sécurité sociale. – *[Anc. art. D. 114-4-0-8.]*

SECTION VIII *[ABROGÉE]* COMMISSION DE GARANTIE DES RETRAITES

(Abrogée par Décr. nº 2014-654 du 20 juin 2014, art. 1er-5º)

Art. D. 114-4-0-9 *à* D. 114-4-0-13 *Abrogés par Décr. nº 2014-654 du 20 juin 2014, art. 1er-5º.*

SECTION IX *[ABROGÉE]* COMITÉ DE PILOTAGE DES RÉGIMES DE RETRAITE

(Abrogée par Décr. nº 2014-654 du 20 juin 2014, art. 1er-5º)

Art. D. 114-4-0-14 *à* D. 114-4-0-16 *Abrogés par Décr. nº 2014-654 du 20 juin 2014, art. 1er-5º.*

CHAPITRE IV *BIS* ORGANISATION COMPTABLE

(Décr. nº 2001-859 du 19 sept. 2001)

SECTION PREMIÈRE ORGANISATION COMPTABLE *(Décr. nº 2013-917 du 14 oct. 2013, art. 1er-I).*

Art. D. 114-4-1 *(Abrogé par Décr. nº 2018-174 du 9 mars 2018, art. 16-1º, à compter du 1er janv. 2018) (Décr. nº 2016-1212 du 9 sept. 2016, art. 1er-1º)* ***« Les comptes annuels des organismes de sécurité sociale sont constitués d'un compte de résultat, d'un bilan et, pour les organismes nationaux, d'une annexe. »***

Le plan comptable unique des organismes de sécurité sociale *(Décr. nº 2005-1771 du 30 déc. 2005)* **« mentionné à l'article L. 114-5 » est approuvé par arrêté conjoint des ministres chargés du budget, de la sécurité sociale et de l'agriculture.** — *V. Arr. du 30 janv. 2008 (JO 13 févr.), mod. par Arr. du 24 févr. 2010 (JO 4 mars).*

Art. D. 114-4-2 *(Décr. nº 2005-1771 du 30 déc. 2005)* **I. — Les agents comptables des organismes nationaux, après avoir centralisé les balances mensuelles des organismes de base, et les agents comptables des organismes à compétence nationale adressent à la mission comptable permanente, suivant un calendrier fixé par arrêté, la balance mensuelle des branches ou régimes qu'ils gèrent ainsi que la balance de fin d'exercice avant et après inventaire.** — *V. Arr. du 24 déc. 2014 fixant le calendrier d'établissement des comptes annuels et les modalités d'élaboration des balances mensuelles des organismes de sécurité sociale (JO 30 déc.).*

II. — Les agents comptables des organismes de base de sécurité sociale, après avoir établi les comptes annuels, les transmettent, à fin de validation, aux agents comptables des organismes nationaux chargés de leur centralisation, selon un calendrier fixé par ces derniers.

(Abrogé par Décr. nº 2016-1212 du 9 sept. 2016, art. 1er-2º) ***« Les comptes annuels des organismes de sécurité sociale mentionnés au troisième alinéa de l'article L. 114-6 sont constitués par le compte de résultat, le bilan et l'annexe. »*** — *V. note ss. art.*

(Abrogé par Décr. nº 2018-174 du 9 mars 2018, art. 16-1º, à compter du 1er janv. 2018) ***« Les comptes combinés annuels des organismes de sécurité sociale mentionnés au quatrième alinéa de l'article L. 114-6 sont constitués par la combinaison,*** *(Décr. nº 2013-107 du 29 janv. 2013, art. 1er-1º)* ***« selon des modalités fixées par arrêté conjoint des ministres chargés du budget, de la sécurité sociale et de l'agriculture », du compte de l'organisme national concerné, des comptes des organismes de base ainsi que de ceux des autres organismes compris dans le périmètre de combinaison, conformément à la norme arrêtée en la matière après avis*** *(Décr. nº 2013-107 du 29 janv. 2013, art. 1er-1º)* ***« du Conseil de normalisation des comptes publics ». Ils comportent un bilan combiné, un compte de résultat combiné et une annexe. »***

La validation, effectuée par l'agent comptable national, consiste à attester que les comptes annuels des organismes locaux sont réguliers et sincères et donnent une image fidèle de leur résultat, de leur situation financière et de leur patrimoine.

Les contrôles de l'agent comptable national sont effectués selon les modalités fixées par un référentiel commun de validation des comptes dont les principes sont approuvés par arrêté conjoint des ministres chargés du budget, de la sécurité sociale et de l'agriculture *(Abrogé par Décr. nº 2013-107 du 29 janv. 2013, art. 1er-2º)* ***« après avis du Haut Conseil interministériel de la comptabilité des organismes de sécurité sociale ».***

Le rapport de validation présente les conclusions de l'agent comptable national sur la tenue des comptes. Après en avoir pris connaissance, le directeur de l'organisme national y appose son visa.

Ce rapport comporte deux parties : l'une relative à l'opinion de l'agent comptable national sur les comptes annuels des organismes locaux, l'autre constituée par le compte rendu des vérifications effectuées et complétée des informations utiles pour l'appréciation du dossier.

(Décr. nº 2008-549 du 11 juin 2008) « L'agent comptable de l'organisme national transmet son avis sur les comptes annuels de chaque organisme local, après visa par le directeur ou le directeur général de l'organisme national, au directeur et à l'agent comptable de l'organisme concerné. »

Le rapport de validation est transmis au ministre chargé de la sécurité sociale et à la Cour des comptes, ainsi qu'au ministre chargé de l'agriculture pour ce qui concerne les comptes des régimes de protection sociale agricole.

(Abrogé par Décr. nº 2016-1212 du 9 sept. 2016, art. 1er-2º) ***« Ce dispositif est mis en œuvre à compter des comptes de l'exercice 2006. »*** *— V. note ss. art.*

III. — Les agents comptables des organismes nationaux, après avoir *(Décr. nº 2016-1212 du 9 sept. 2016, art. 1er-2º)* « établi les comptes annuels de leur organisme puis » centralisé et validé les comptes annuels des organismes de base, établissent les comptes combinés annuels *(Décr. nº 2016-1212 du 9 sept. 2016, art. 1er-2º)* « des branches, de l'activité de recouvrement ou du régime qu'ils gèrent ». A cette fin, ils opèrent les corrections ou compléments d'écritures comptables nécessaires. L'agent comptable national les notifie à l'agent comptable local, qui les intègre dans ses comptes.

(Abrogé par Décr. nº 2016-1212 du 9 sept. 2016, art. 1er-2º) ***« Les agents comptables des organismes à compétence nationale établissent les comptes annuels. »***

Les comptes annuels *(Décr. nº 2016-1212 du 9 sept. 2016, art. 1er-2º)* « des organismes nationaux, les comptes combinés mentionnés au premier alinéa du présent III ainsi que, pour la Caisse de l'assurance maladie des travailleurs salariés, l'état financier mentionné à l'article D. 221-2, sont transmis après visa du directeur de l'organisme national » à la mission comptable permanente qui les diffuse au ministre chargé de la sécurité sociale, au ministre chargé de l'agriculture, à la Cour des comptes et aux autres destinataires habilités à cet effet. *— V. note ss. art.*

IV. — Des tableaux de centralisation des données comptables, établis par branche ou régime, sont transmis à la mission comptable permanente instituée au II de l'article D. 114-4-3, qui les communique à la Commission des comptes de la sécurité sociale prévue à l'article D. 114-1 et aux autres destinataires habilités à cet effet.

V. — Les documents mentionnés aux II, III et IV sont transmis sous la forme et dans les conditions fixées par arrêté.

Les dispositions issues du Décr. nº 2016-1212 du 9 sept. 2016 s'appliquent à compter de l'exercice 2016 (Décr. préc., art. 12).

Art. D. 114-4-3 *Al. 1er à 23 Abrogés par Décr. nº 2013-107 du 29 janv. 2013, art. 2-1º.*

II. — Il est créé une mission comptable permanente des organismes de sécurité sociale rattachée pour sa gestion administrative aux services du ministre chargé de la sécurité sociale. Cette mission interministérielle est notamment chargée, en liaison avec les services concernés des ministres chargés du budget, de la sécurité sociale et de l'agriculture, d'organiser les travaux nécessaires aux arrêtés des comptes annuels, de centraliser les comptes annuels et infra-annuels des organismes de sécurité sociale et de s'assurer de leur qualité, de mettre les informations comptables à disposition des destinataires habilités à cet effet, de proposer toute évolution jugée nécessaire du plan comptable unique des organismes de sécurité sociale, de saisir *(Décr. nº 2013-107 du 29 janv. 2013, art. 2-2º)* « le Conseil de normalisation des comptes publics » en tant que de besoin, de veiller à l'exacte application des principes comptables par les organismes de sécurité sociale.

La mission peut faire tout commentaire et porter toute appréciation jugée nécessaire sur la qualité des comptes produits par les organismes de sécurité sociale.

(Abrogé par Décr. nº 2013-107 du 29 janv. 2013, art. 2-2º) ***« Elle prépare le rapport annuel du Haut Conseil. »***

Le secrétaire général de la mission est nommé, sur proposition du ministre chargé de la sécurité sociale, par arrêté conjoint des ministres chargés du budget et de la sécurité sociale.

Il reçoit délégation du ministre chargé du budget et du ministre chargé de la sécurité sociale à l'effet de signer tous actes de gestion courante nécessaires à l'exécution de ses missions.

Il est habilité à rédiger et signer des conventions, valant cahier des charges, avec les administrations, services, corps de contrôle ou organismes de sécurité sociale, relatives au contenu des données comptables annuelles et infra-annuelles, leur transmission, leur réception et leur diffusion. Les modalités de contrôles à mettre en œuvre pour s'assurer de la fiabilité des données comptables transmises et de leur confidentialité sont annexées à ces conventions.

Les crédits nécessaires au fonctionnement de la mission sont inscrits au budget du ministre chargé de la sécurité sociale.

Art. D. 114-4-4 *(Décr. n° 2007-619 du 26 avr. 2007, art. 1er)* Les produits et les charges de toute nature sont rattachés à l'exercice au cours duquel est intervenu le fait générateur qui leur a donné naissance dans les conditions prévues par le plan comptable unique des organismes de sécurité sociale mentionné à l'article D. 114-4-1.

Art. D. 114-4-5 *(Décr. n° 2008-65 du 17 janv. 2008, art. 1er)* La certification des comptes des organismes nationaux de sécurité sociale par les commissaires aux comptes porte sur les comptes annuels et, le cas échéant, sur les comptes combinés annuels tels que définis au deuxième alinéa du II de l'article D. 114-4-2.

Les commissaires aux comptes exercent leur mission dans les conditions prévues au titre II du livre VIII du code de commerce relatif aux commissaires aux comptes, sous réserve des adaptations résultant des règles propres à ces organismes.

Les commissaires aux comptes sont nommés dans les conditions prévues à l'article L. 823-1 du code de commerce.

Un ou plusieurs commissaires aux comptes suppléants, appelés à remplacer les titulaires en cas de refus, d'empêchement, de démission ou de décès sont désignés dans les mêmes conditions.

Les commissaires aux comptes portent à la connaissance du conseil ou du conseil d'administration, du directeur et de l'agent comptable, dans le cadre de leurs compétences respectives et selon un calendrier fixé en conséquence, les documents et informations prévus à l'article L. 823-16 du code de commerce.

Les comptes annuels ou les comptes combinés annuels sont transmis, accompagnés du rapport du commissaire aux comptes, aux autorités administratives compétentes et, pour information, à la Cour des comptes. Cette transmission intervient avant le 1er juin qui suit la fin de l'exercice et quarante-cinq jours au plus tôt après leur réception par les commissaires aux comptes.

Les dispositions du Décr. n° 2008-65 du 17 janv. 2008 s'appliquent au plus tard aux comptes de l'exercice 2008 (Décr. préc., art. 2).

SECTION II CONTRÔLE INTERNE

(Décr. n° 2013-917 du 14 oct. 2013 art. 1er-I)

SOUS-SECTION 1 DISPOSITIONS PROPRES AUX ORGANISMES NATIONAUX, ORGANISÉS OU NON EN RÉSEAU, ASSURANT LA GESTION D'UN RÉGIME OBLIGATOIRE DE BASE ET À L'AGENCE CENTRALE DES ORGANISMES DE SÉCURITÉ SOCIALE

§ 1er CONTRÔLE INTERNE DES ACTIVITÉS DU RÉGIME OU DE LA BRANCHE ET DE L'ACTIVITÉ DE RECOUVREMENT DU RÉGIME GÉNÉRAL

Art. D. 114-4-6 Le directeur et l'agent comptable de l'organisme national conçoivent et mettent en place conjointement un dispositif national de contrôle interne dont l'objet est d'assurer la maîtrise des risques de toute nature, notamment financiers, inhérents aux missions confiées à cet organisme.

Le dispositif national de contrôle interne est applicable aux organismes constitutifs d'un même réseau.

Le dispositif national de contrôle interne *[a]* pour finalité d'apporter une assurance raisonnable quant au respect des objectifs suivants :

1° La conformité aux lois, règlements et conventions ;

2° L'exactitude des montants de cotisations et contributions sociales et des autres prélèvements à recouvrer et des prestations liquidées ;

3° La prévention des indus et le recouvrement des créances ;

4° L'utilisation efficiente des fonds publics et des moyens de toute nature mis en œuvre, dans le respect des autorisations budgétaires annuelles et pluriannuelles ;

5° La protection du patrimoine de l'organisme et des personnes ;

6° La prévention et la détection des fraudes internes et externes ;

7° L'intégrité, la fiabilité et le caractère exhaustif des informations financières, comptables, budgétaires et de gestion.

Le dispositif de contrôle interne repose sur les principes suivants :

1° Unicité du dispositif ;

2° Exhaustivité dans l'identification des processus et des risques associés ;

3° Définition de la stratégie de traitement des risques en fonction de leur prévalence et de leur criticité ;

4° Évaluation périodique de l'effectivité et de l'efficacité des actions de maîtrise des risques et mise à jour régulière du dispositif en fonction des enseignements tirés des contrôles effectués ;

5° Documentation des procédures, des organisations et des risques ;

6° Traçabilité des acteurs et des opérations.

Le dispositif national de contrôle interne définit, à partir d'une cartographie des risques établie dans les conditions prévues à l'article D. 114-4-7, les moyens mis en œuvre afin d'assurer la couverture des risques relatifs aux activités du régime ou de la branche ainsi que la couverture des risques liés aux opérations effectuées pour leur compte par des organismes délégataires ou des organismes bénéficiant de leur concours financier.

Le dispositif national de contrôle interne définit, par des instructions et des procédures nationales, les principes et règles communs applicables à l'organisme national et aux autres organismes éventuellement constitutifs du réseau relatifs au contrôle interne des gestions techniques, des gestions budgétaires et de la comptabilité ainsi qu'au contrôle interne des systèmes d'information.

Il définit les moyens de maîtrise, notamment les actions de contrôle et de supervision, mis en œuvre par l'organisme national et les autres organismes éventuellement constitutifs du réseau, y compris au titre des contrôles des agents comptables, afin d'assurer la maîtrise des risques inhérents aux missions qui leur sont confiées, conformément aux objectifs fixés par le directeur et l'agent comptable de l'organisme national.

Art. D. 114-4-7 I. – Le directeur et l'agent comptable établissent une cartographie nationale des risques qui identifie de manière exhaustive les risques de l'organisme national et des éventuels autres organismes constitutifs du réseau. Elle est établie à partir d'une cartographie de l'ensemble des processus métiers et supports et de la cartographie des systèmes d'information mentionnée à l'article D. 114-4-10.

Les cartographies sont actualisées, le cas échéant, selon une périodicité au moins annuelle.

II. – Le directeur et l'agent comptable définissent un plan national de contrôle interne annuel opposable aux autres organismes éventuellement constitutifs du réseau, qui intègre le plan de contrôle annuel national établi par l'agent comptable.

Le plan national de contrôle interne annuel, qui porte sur une période correspondant à l'année civile :

– précise les actions de maîtrise et les axes de contrôle prioritaires pour l'ordonnateur et l'agent comptable au cours de l'exercice ainsi que les objectifs de maîtrise des risques associés, notamment en matière de liquidation des prestations, de recouvrement des cotisations et autres prélèvements, et de sécurités informatiques ;

— définit les moyens permettant de vérifier l'effectivité du dispositif de contrôle interne et les indicateurs de suivi de son efficacité au regard de ces objectifs. Ces indicateurs mesurent, notamment, le risque lié aux activités relevant de l'ordonnateur et le risque financier résiduel après supervision de l'ordonnateur et contrôle de l'agent comptable.

Art. D. 114-4-8 L'organisme national contrôle sur place l'exécution des opérations dont il délègue la réalisation à d'autres organismes ainsi que celle des opérations effectuées par des organismes bénéficiant d'un concours financier au moyen de ce concours. Il peut déléguer ces contrôles à un organisme de son réseau.

Les organismes délégataires ou bénéficiant d'un concours financier sont tenus de communiquer, à la demande de l'organisme national, tous documents et pièces justificatives relatifs aux missions qui leur sont confiées ou aux activités faisant l'objet d'un financement du régime ou de la branche.

Le directeur et l'agent comptable de l'organisme national établissent le cadre du contrôle sur pièces à effectuer par ses services, ou par les autres organismes éventuellement constitutifs du réseau, sur les organismes bénéficiant d'un concours financier, au titre des opérations mises en œuvre au moyen de ces concours financiers, ou sur les organismes assurant une gestion déléguée pour le compte de la Caisse nationale.

§ 2 AUDIT INTERNE

Art. D. 114-4-9 Les organismes nationaux mettent en place un dispositif d'audit interne qui a, notamment, pour objet d'évaluer périodiquement l'effectivité, l'efficacité et la pertinence du dispositif de contrôle interne. Les activités d'audit interne sont mises en œuvre dans des conditions définies par une charte, établie conjointement par le directeur et l'agent comptable, qui prévoit, notamment, les modalités de gouvernance du dispositif, les règles de programmation annuelle des audits et de suivi de leurs résultats, les modalités de délégation éventuelle des travaux d'audit et les règles de déontologie applicables.

Ce dispositif tient compte, le cas échéant, des audits effectués dans le cadre de la validation des comptes mentionnée à l'article D. 114-4-2. Les auditeurs exécutent leur mission et rendent compte de ses résultats en toute indépendance.

Les rapports définitifs d'audit, à l'exception de ceux mentionnés à l'article D. 114-4-17, sont transmis au ministre chargé de la sécurité sociale conjointement à la transmission du rapport de contrôle interne prévu à l'article D. 114-4-16.

§ 3 CONTRÔLE INTERNE DES SYSTÈMES D'INFORMATION

Art. D. 114-4-10 Le directeur et l'agent comptable de l'organisme national établissent une cartographie de l'ensemble des applications informatiques nationales et des éventuelles applications locales. Cette cartographie est actualisée, le cas échéant, selon une périodicité au moins annuelle.

Art. D. 114-4-11 Le directeur et l'agent comptable de l'organisme national assurent la maîtrise d'ouvrage des applications informatiques nationales. Toutefois, la maîtrise d'ouvrage d'une application informatique nationale peut être déléguée à une caisse ou à une union de caisses relevant d'un organisme national. Les modalités de cette délégation sont définies par une convention signée par les directeurs et les agents comptables desdits organismes.

Le directeur de l'organisme national assure la maîtrise d'œuvre des applications informatiques nationales. Toutefois, la maîtrise d'œuvre d'une application informatique nationale peut être déléguée à une caisse ou à une union de caisses relevant d'un organisme national. Les modalités de cette délégation sont définies par une convention signée par les directeurs desdits organismes.

Art. D. 114-4-12 Le directeur et l'agent comptable de l'organisme national valident, conjointement, les applications nationales, préalablement à leur mise en production. Lorsque la maîtrise d'ouvrage est déléguée à une caisse ou à une union de caisses relevant d'un organisme national, les applications sont validées, conjointement, par les directeurs et agents comptables de l'organisme national et de la caisse ou de l'union de caisses concernée. Toutefois, la validation peut être déléguée à une caisse ou à une union de caisses relevant d'un organisme national. Les modalités de cette délégation sont définies par une convention signée par les directeurs et agents comptables desdits organismes.

Le directeur et l'agent comptable sont tenus de procéder, par des essais, au contrôle :

1° De l'existence et de l'efficacité de sécurités physiques et logiques destinées à assurer l'intégrité des règles d'accès aux systèmes informatiques, la sauvegarde des programmes, des fichiers, des données et des échanges ;

2° De la conformité des règles de gestion programmées dans les applications aux lois, règlements et conventions ;

3° De l'exactitude des traitements de liquidation des cotisations et contributions sociales, des autres prélèvements et des prestations ;

4° De l'existence de procédures assurant l'intégrité des échanges de données informatisées entre les applications informatiques des services techniques et les applications financières et comptables ;

5° De la pertinence et de l'effectivité des contrôles automatisés conçus en lien avec la cartographie des risques ;

6° De l'absence de régression des systèmes d'information résultant de la mise en production de l'application.

Un procès-verbal de validation est dressé par le directeur et l'agent comptable.

L'agent comptable de l'organisme national peut refuser la mise en production d'une application informatique dont il estime qu'elle ne respecte pas les règles fixées par le présent code. Il en informe le directeur de l'organisme national qui a la possibilité de passer outre ce refus par décision notifiée à l'agent comptable. Le directeur transmet une copie de cette décision, dûment motivée, au ministre chargé de la sécurité sociale.

Les applications informatiques dont la maîtrise d'ouvrage est déléguée sont validées conjointement par le directeur et l'agent comptable de l'organisme national dans les mêmes conditions.

Art. D. 114-4-13 Le directeur et l'agent comptable de l'organisme national recensent les incidents informatiques constatés dans les organismes compris dans le périmètre du régime ou de la branche et procèdent à une analyse régulière de leur criticité, notamment en termes d'incidence financière, et de l'effectivité de leur traitement.

Art. D. 114-4-14 Le directeur et l'agent comptable national établissent un plan national de sécurité des systèmes d'information actualisé, le cas échéant, annuellement. Ce plan a, notamment, pour objet d'assurer la disponibilité du système d'information, la sécurité des accès, l'intégrité des données, la qualité de preuve des données et la protection de leur confidentialité.

Le directeur et l'agent comptable national établissent également un plan national de reprise d'activité des systèmes d'information, afin d'assurer la continuité du service en cas d'incident ou de sinistre majeur. Ce plan est actualisé, le cas échéant, annuellement.

Le directeur et l'agent comptable de l'organisme national établissent les règles de gestion des habilitations qui sont actualisées, le cas échéant, annuellement.

Art. D. 114-4-15 Dans le respect des dispositions de la loi n° 78-17 du 6 janvier 1978 modifiée relative à l'informatique, aux fichiers et aux libertés et de l'ordonnance n° 2005-1516 du 8 décembre 2005 relative aux échanges électroniques entre les usagers et les autorités administratives, les échanges de données informatisées entre organismes de protection sociale font l'objet d'un conventionnement. Les conventions définissent, notamment, le contenu des données transmises, les échéances de transmission, les contrôles mis en œuvre par l'émetteur et le destinataire des données, qui portent notamment sur leur exactitude, et les modalités de traitement des rejets. Elles précisent également les modalités de suivi et d'évaluation réciproques des engagements conventionnels.

La mise en œuvre des conventions fait l'objet d'un audit périodique en application de l'article D. 114-4-9.

§ 4 RAPPORT ANNUEL DE CONTRÔLE INTERNE DU RÉGIME OU DE LA BRANCHE ET DE L'ACTIVITÉ DE RECOUVREMENT DU RÉGIME GÉNÉRAL

Art. D. 114-4-16 Un rapport présentant un bilan du dispositif national de contrôle interne et intégrant les conclusions des audits est établi annuellement par le directeur et l'agent comptable de l'organisme national. Il est communiqué au ministre chargé de la sécurité sociale au plus tard le 30 juin de l'année suivant celle au titre de laquelle il a été établi, accompagné des rapports d'audit prévus à l'article D. 114-4-9.

Le rapport de contrôle interne comprend, notamment, une description des principales caractéristiques du dispositif et du plan de contrôle interne, les résultats des activités de contrôle et des indicateurs de maîtrise des risques, l'analyse des principaux motifs d'erreur ou d'anomalie détectées par catégorie d'opérations, ainsi que la description des actions de correction mises en œuvre ou prévues, le cas échéant, dans le cadre de plans d'actions spécifiques.

§ 5 DISPOSITIONS SPÉCIFIQUES AUX ORGANISMES NATIONAUX GÉRANT UN RÉGIME OU UNE BRANCHE ORGANISÉS EN RÉSEAU ET À L'AGENCE CENTRALE DES ORGANISMES DE SÉCURITÉ SOCIALE

Art. D. 114-4-17 Chaque organisme constitutif du réseau fait l'objet d'un audit sur place selon une périodicité fixée par le directeur et l'agent comptable de l'organisme national. Le directeur et l'agent comptable de l'organisme national peuvent prévoir une périodicité plus rapprochée pour les organismes dont les performances sont inférieures à la moyenne nationale, notamment dans la réalisation des objectifs des contrats pluriannuels de gestion. Le directeur peut également décider d'audits inopinés.

Pour l'exercice de sa compétence d'audit, l'organisme national peut requérir des organismes locaux la communication sur place ou sur pièces de tous documents détenus par ces organismes, notamment les pièces comptables et correspondances*[,]* relatifs aux gestions techniques et budgétaires, à la comptabilité et au contrôle interne informatique de ces organismes.

Les auditeurs mettent en œuvre une procédure contradictoire à l'égard des organismes contrôlés. Les réponses de l'organisme assorties, le cas échéant, des observations des auditeurs sur ces dernières sont annexées au rapport d'audit définitif, qui est transmis pour information au service mentionné à l'article R. 155-1 dans un délai de trente jours suivant son adoption définitive.

Le directeur de l'organisme local est tenu de communiquer au directeur et à l'agent comptable de l'organisme national les suites données aux recommandations formulées.

Art. D. 114-4-18 En cas de défaillances importantes, le directeur de l'organisme national demande à l'organisme local, en concertation avec l'agent comptable, de mettre en œuvre un plan de redressement dont il définit les orientations et les modalités d'exécution. Le directeur de l'organisme local concerné est tenu de communiquer au directeur et à l'agent comptable de l'organisme national les suites données aux recommandations du plan de redressement.

SOUS-SECTION 2 DISPOSITIONS PROPRES AUX ORGANISMES LOCAUX

§ 1er CONTRÔLE INTERNE

Art. D. 114-4-19 Le directeur et l'agent comptable de l'organisme local mettent en œuvre et, le cas échéant, complètent en fonction des activités et de la criticité des risques locaux le dispositif de contrôle interne national mentionné à l'article D. 114-4-6.

Art. D. 114-4-20 Le directeur et l'agent comptable de l'organisme local déclinent et, le cas échéant, complètent en fonction des risques et des processus propres à l'organisme les cartographies mentionnées à l'article D. 114-4-7. Elles sont actualisées, le cas échéant, selon une périodicité annuelle.

Le directeur et l'agent comptable mettent en œuvre et, le cas échéant, complètent le plan de contrôle interne national mentionné à l'article D. 114-4-7 en fonction des activités et de la criticité des risques locaux, en cohérence avec le plan de contrôle annuel de l'agent comptable mentionné à l'article D. 122-8.

Ce plan local, qui porte sur une période correspondant à l'année civile :

– précise l'objet des contrôles et des supervisions à effectuer au cours de l'exercice et les objectifs de maîtrise des risques associés, notamment en matière de liquidation des prestations, de recouvrement des cotisations et d'habilitations informatiques ;

– décline les moyens destinés à mesurer l'effectivité du dispositif de contrôle interne et les indicateurs de suivi de son efficacité définis par l'organisme national. Il les complète, le cas échéant, d'outils et d'indicateurs propres à l'organisme. Ces indicateurs mesurent, notamment, le risque lié aux activités relevant de l'ordonnateur et le risque financier résiduel après les supervisions de l'ordonnateur et les contrôles de l'agent comptable.

Art. D. 114-4-21 Un rapport de contrôle interne présentant un bilan du dispositif de contrôle interne est établi annuellement par le directeur et l'agent comptable de l'organisme local. Il comprend, notamment, une description des principales caractéristiques du dispositif et du plan de contrôle annuel, les résultats des activités de contrôle et des indicateurs de maîtrise des risques, l'analyse des principaux motifs d'erreur ou d'anomalie détectées par catégorie d'opérations ainsi que la description des actions de correction mises en œuvre ou prévues. Il est communiqué à l'organisme national dont il relève au plus tard le 31 mai de l'année suivante.

§ 2 CONTRÔLE INTERNE DES SYSTÈMES D'INFORMATION

Art. D. 114-4-22 Le contrôle interne des systèmes d'information des organismes locaux est conforme au dispositif national défini à la sous-section 1 de la présente section.

Art. D. 114-4-23 Le directeur et l'agent comptable de l'organisme local complètent, le cas échéant, la cartographie nationale des applications informatiques mentionnée à l'article D. 114-4-10. Cette cartographie est actualisée, le cas échéant, selon une périodicité annuelle.

Art. D. 114-4-24 Le directeur et l'agent comptable de l'organisme recensent les incidents informatiques propres aux applications locales et procèdent à une analyse régulière de leur criticité, notamment en termes d'incidence financière, et de l'effectivité de leur traitement. Ce recensement est transmis à l'organisme national selon une périodicité annuelle.

Art. D. 114-4-25 Le directeur et l'agent comptable déclinent et, le cas échéant, complètent le plan national de sécurité des systèmes d'information mentionné à l'article D. 114-4-14. Ce plan est actualisé, le cas échéant, selon une périodicité au moins annuelle.

Le directeur et l'agent comptable s'assurent du respect des règles de gestion des habilitations pour les applications nationales définies en application de l'article D. 114-4-14 et établissent, le cas échéant, les règles de gestion des habilitations des applications locales.

Art. D. 114-4-26 Les applications réalisées localement, qui doivent répondre à un besoin spécifique de l'organisme local, sont validées par le directeur et l'agent comptable de l'organisme local conformément aux dispositions de l'article D. 114-4-12, après accord exprès du directeur et de l'agent comptable de l'organisme national. Un procès-verbal de validation est dressé par le directeur et l'agent comptable de l'organisme local.

L'agent comptable de l'organisme local peut refuser la mise en production d'une application informatique dont il estime qu'elle ne respecte pas les règles fixées par le présent code. Il en informe le directeur de l'organisme*[,]* qui a la possibilité de passer outre ce refus par décision notifiée à l'agent comptable. Le directeur transmet une copie de cette décision au directeur et à l'agent comptable de l'organisme national*[,]* qui disposent d'un délai de trente jours pour s'opposer à cette décision.

SOUS-SECTION 3 DISPOSITIONS PROPRES AUX RÉGIMES OBLIGATOIRES DE BASE GÉRÉS PAR DES ORGANISMES RÉGIS PAR DES DISPOSITIONS PARTICULIÈRES

Art. D. 114-4-27 Pour l'application des dispositions de la présente section aux régimes obligatoires de base qui ne sont pas gérés par un organisme national de sécurité sociale :

1° Les mots : "le directeur et l'agent comptable", les mots : "le directeur et l'agent comptable de l'organisme national", les mots : "le directeur" et les mots : "l'agent comptable" sont remplacés par les mots : "l'organisme gestionnaire" ;

2° Les dispositions du dixième alinéa de l'article D. 114-4-12 ne sont pas applicables ;

3° A l'article D. 114-4-9, les mots : "les organismes nationaux" sont remplacés par les mots : "les organismes gestionnaires".

Art. D. 114-4-28 *(Décr. n° 2015-861 du 13 juill. 2015, art. 11-1°)* Les dispositions de la présente section sont applicables à la Mutualité sociale agricole sous réserve des dispositions des sous-sections 6 et 7 de la section IV du chapitre III du titre II du livre VII du code rural et de la pêche maritime.

SOUS-SECTION 4 DISPOSITIONS PROPRES AUX ORGANISMES CONCOURANT AU FINANCEMENT DES RÉGIMES OBLIGATOIRES DE BASE DE SÉCURITÉ SOCIALE

Art. D. 114-4-29 Les dispositions des articles D. 114-4-6, D. 114-4-7 et D. 114-4-16 sont applicables aux organismes concourant au financement des régimes obligatoires de base de sécurité sociale selon des modalités adaptées à la nature de leurs activités.

CHAPITRE IV *TER* CONTRÔLE ET LUTTE CONTRE LA FRAUDE

(Décr. n° 2006-1612 du 15 déc. 2006)

Art. D. 114-5 Le seuil mentionné au *(Décr. n° 2015-20 du 12 janv. 2015, art. 1er-1°)* « quatrième » alinéa de l'article L. 114-9 est fixé comme suit :

a) Pour les prestations des branches maladie et accidents du travail et maladies professionnelles, *(Décr. n° 2015-20 du 12 janv. 2015, art. 1er-3°)* « huit » fois le montant du plafond mensuel de la sécurité sociale *(Abrogé par Décr. n° 2015-20 du 12 janv. 2015, art. 1er-2°)* ***« applicable au moment des faits ou, lorsqu'elle s'est répétée, à la date du début de la fraude » ;***

b) Pour les prestations des branches famille *(Abrogé par Décr. n° 2015-20 du 12 janv. 2015, art. 1er-4°)* ***« et vieillesse »***, *(Décr. n° 2015-20 du 12 janv. 2015, art. 1er-4°)* « huit » fois le plafond mensuel de la sécurité sociale *(Abrogé par Décr. n° 2015-20 du 12 janv. 2015, art. 1er-2°)* ***« applicable au moment des faits ou, lorsqu'elle s'est répétée, à la date du début de la fraude » ;***

(Décr. n° 2015-20 du 12 janv. 2015, art. 1er-5°) « *c)* Pour les prestations des branches vieillesse, quatre fois le plafond mensuel de la sécurité sociale ;

« *d)* » Pour le recouvrement des cotisations et contributions, huit fois le plafond mensuel de la sécurité sociale *(Abrogé par Décr. n° 2015-20 du 12 janv. 2015, art. 1er-2°)* ***« applicable au moment des faits ou, lorsqu'elle s'est répétée, à la date du début de la fraude ».*** — *Le c devient le d (Décr. n° 2015-20 du 12 janv. 2015, art. 1er-6°).*

(Décr. n° 2015-20 du 12 janv. 2015, art. 1er-7°) « Pour l'application du présent article, le montant du plafond mensuel de la sécurité sociale est celui en vigueur au moment des faits ou, lorsqu'elle s'est répétée, à la date du début de la fraude. »

Art. D. 114-6 *Abrogé par Décr. n° 2008-371 du 18 avr. 2008, art. 12.*

CHAPITRE V DISPOSITIONS DIVERSES

La subdivision en sections du présent chap. (sect. Ire et II) a été supprimée (Décr. n° 2017-736 du 3 mai 2017, art. 6-7°).

Art. D. 115-1 (Abrogé par Décr. n° 2017-736 du 3 mai 2017, art. 6-7°) (Décr. n° 98-1172 du 22 déc. 1998, art. 1er) ***Les titres de séjour ou documents mentionnés à l'article L. 115-6 sont les suivants :***

1° Carte de résident ;

2° Carte de séjour temporaire ;

3° Certificat de résidence de ressortissant algérien ;

4° Récépissé de demande de renouvellement de l'un des titres mentionnés ci-dessus ;

(Décr. n° 2015-1166 du 21 sept. 2015, art. 27-2°) ***« 5° Récépissé de demande de titre de séjour valant autorisation de séjour portant la mention "reconnu réfugié", dont la durée de*** *validité est fixée à l'article R. 743-3 du code de l'entrée et du séjour des étrangers et du droit d'asile ; »*

6° Récépissé de demande de titre de séjour portant la mention : "étranger admis au titre de l'asile" d'une durée de validité de six mois, renouvelable ;

7° Récépissé constatant le dépôt d'une demande de statut de réfugié portant la mention : "a demandé le statut de réfugié" d'une validité de trois mois, renouvelable ;

8° Autorisation provisoire de travail pour les personnes séjournant en France sous couvert d'un visa de séjour d'une durée égale ou inférieure à trois mois, ou, pour celles qui ne sont pas soumises à visa et qui sont sur le territoire français, pour une durée inférieure à trois mois ;

9° Autorisation provisoire de séjour accompagnée d'une autorisation provisoire de travail ;

(Abrogé par Décr. n° 2006-234 du 27 févr. 2006) *« 10° Le titre d'identité d'Andorran délivré par le préfet des Pyrénées-Orientales ; »*

11° Le passeport monégasque revêtu d'une mention du consul général de France à Monaco valant autorisation de séjour ;

12° Contrat de travail saisonnier visé par la direction départementale du travail et de l'emploi ;

13° Récépissé de demande de titre de séjour portant la mention : "il autorise son titulaire à travailler" ;

14° Carte de frontalier ;

(Décr. n° 2015-1166 du 21 sept. 2015, art. 27-2°, en vigueur le 1er nov. 2015) *« 15° Récépissé de demande de titre de séjour valant autorisation de séjour portant la mention "a obtenu le bénéfice de la protection subsidiaire", dont la durée de validité est fixée à l'article R. 743-4 du code de l'entrée et du séjour des étrangers et du droit d'asile ;*

« 16° Attestation de demande d'asile ».

Sur la légalité de ces dispositions, V. • CE 9 déc. 1996, *GISTI : RJS 1997, n° 218* • CE, Sect., 23 avr. 1997, *GISTI : RJS 1997, n° 877* • 6 nov. 2000, *GISTI : RJS 2001, n° 374.*

Art. D. 115-2 (Abrogé par Décr. n° 2017-736 du 3 mai 2017, art. 6-7°) (Décr. n° 94-820 du 21 sept. 1994) *L'affiliation obligatoire à un régime de sécurité sociale résultant de l'exercice d'une activité professionnelle est subordonnée à la production d'un des titres ou documents visés à l'article D. 115-1 attestant de la régularité de cet exercice.*

Art. D. 115-3 et D. 115-4 *Abrogés par Décr. n° 2000-649 du 7 juill. 2000.*

TITRE DEUXIÈME ADMINISTRATION, FONCTIONNEMENT ET PERSONNEL DES ORGANISMES

CHAPITRE PREMIER CONSEILS D'ADMINISTRATION

....

CHAPITRE II DIRECTEUR ET AGENT COMPTABLE

SECTION PREMIÈRE DISPOSITIONS GÉNÉRALES

(Décr. n° 2007-1500 du 18 oct. 2007, art. 1er)

Art. D. 122-1 L'agent comptable est l'agent de direction chargé de l'ensemble des opérations financières et comptables de l'organisme ; il est placé sous l'autorité administrative du directeur.

L'agent comptable peut se voir confier par le directeur de cet organisme ou par le directeur de l'organisme national dont relève cet organisme toute mission compatible avec ses attributions.

Art. D. 122-2 L'agent comptable d'un organisme de sécurité sociale est responsable de l'encaissement des recettes, du paiement des dépenses, des opérations de trésorerie, de la conservation des fonds et valeurs appartenant à l'organisme, du maniement des fonds, des mouvements de comptes de disponibilités et de la justification de ses opérations comptables, ainsi que de l'exacte concordance entre les résultats de ses opérations et de la position de ses comptes de disponibilités.

L'agent comptable est responsable du recouvrement amiable des créances, à l'exception des cotisations.

Il est tenu de définir et d'assurer les contrôles en matière de recettes, de dépenses et de patrimoine. Il définit et contrôle les modalités de conservation et de mise à disposition des pièces justificatives, quel que soit leur support, en respectant les préconisations de l'organisme national.

L'agent comptable assure la conservation des fonds et valeurs de l'organisme :

1° Le numéraire ;

2° Les effets bancaires ;

3° Les titres nominatifs au porteur ou à ordre et les valeurs acquises par l'organisme.

Ils sont suivis en comptabilité par nature d'opération. La position de ces comptes doit être conforme à l'inventaire des fonds et valeurs détenus par l'organisme.

Les excédents sont acquis à l'organisme à l'expiration des délais de prescription.

L'agent comptable a qualité pour recevoir, détenir et conserver les titres de propriété et les titres de créances.

Art. D. 122-3 L'agent comptable vérifie la régularité des ordres de recettes établis et signés par le directeur.

Art. D. 122-4 L'agent comptable vérifie la régularité des ordres de dépenses établis et signés par le directeur.

Pour l'ensemble des opérations de l'organisme, cette vérification porte sur les points suivants :

1° La qualité du signataire ou de son délégué ;

2° La validité de la créance ;

3° Le caractère libératoire du règlement.

Pour la gestion budgétaire, cette vérification porte en outre sur la disponibilité des crédits, l'exacte imputation de la dépense et l'exécution du service.

Le contrôle de la validité de la créance a pour objet de vérifier, conformément à l'acte d'engagement, les droits des créanciers ou la réalité soit des fournitures livrées, soit des services accomplis par le créancier et l'exactitude des calculs de liquidation établis par le directeur.

Art. D. 122-5 L'agent comptable qui, à l'occasion des vérifications auxquelles il est tenu, constate une irrégularité doit surseoir au paiement et en aviser le directeur de la caisse ou le tiers pour le compte duquel l'organisme gère des prestations.

Lorsque l'agent comptable a suspendu le paiement des dépenses, le directeur peut, par écrit et sous sa responsabilité, requérir l'agent comptable de payer.

La réquisition de paiement a pour effet d'engager la responsabilité personnelle et pécuniaire du directeur. La responsabilité du directeur est mise en cause dans les conditions fixées aux articles D. 122-11 à D. 122-18.

Art. D. 122-6 Lorsque le directeur a requis l'agent comptable de payer, celui-ci défère à la réquisition, annexe à l'ordre de dépense l'original de la réquisition et en rend compte *(Décr. n° 2009-1597 du 18 déc. 2009, art. 2-I, en vigueur le 1er janv. 2010)* « au responsable du service mentionné à l'article R. 155-1 » *(Abrogé par Décr. n° 2012-1521 du 28 déc. 2012, art. 1er)* ***« ou, pour les organismes de mutualité sociale agricole, du service mentionné à l'article R. 155-2 »*** et à l'organisme national défini à l'article D. 122-13. Il doit refuser de déférer à l'ordre de réquisition lorsque la suspension de paiement est motivée par :

1° Une opposition faite entre les mains de l'agent comptable ;

2° La contestation sur la validité de la créance ;

3° L'absence de service fait ;

4° L'absence ou l'insuffisance de crédits ;

5° La suspension ou l'annulation de la décision du conseil ou du conseil d'administration par application des articles L. 151-1 et L. 152-1 qui lui a été notifiée.

Art. D. 122-7 *Abrogé par Décr. n° 2013-917 du 14 oct. 2013, art. 2-I.*

Art. D. 122-8 Pour l'application des articles D. 122.1 à D. 122.4, l'agent comptable établit un plan de contrôle qu'il communique à l'organisme national. Ce plan de contrôle s'insère dans le dispositif de contrôle interne de l'organisme et respecte les instructions définies par l'organisme national.

Il fixe notamment :

a) les procédures de vérification des opérations de dépenses et de recettes des gestions techniques et budgétaires ;

b) les modalités de contrôle des données ou pièces justificatives ;

c) la hiérarchie des contrôles par nature des opérations, ceux-ci pouvant ne pas être exhaustifs ;

d) les contrôles globaux du domaine informatique, mentionnés à l'article D. 122-9.

Art. D. 122-9 Dès lors que l'organisme fait appel à des procédures informatisées, l'agent comptable doit veiller à la mise en œuvre d'un dispositif de contrôle permettant de prévenir les fraudes et les erreurs, compte tenu de spécificités propres à chaque organisme.

Il est tenu d'exercer les vérifications correspondant aux objectifs généraux de fiabilité et de sécurité et portant sur les points suivants :

1° Habilitation des personnes autorisées à saisir ou manipuler des données utilisées pour les calculs de liquidation de droits ;

2° Justification des données saisies ou traitées par des pièces ou supports répondant aux conditions de forme et de régularité prévues par les dispositions en vigueur ;

3° Détection des fraudes et des risques majeurs liés au traitement automatique des informations ;

4° Traitement de données justifiées et d'elles seules ;

5° Contrôle des sécurités physiques et logiques destinées à assurer le respect des règles d'accès aux systèmes informatiques et la sauvegarde des programmes et des fichiers ;

6° Contrôle des sécurités physiques et logiques destinées à assurer l'intégrité des fichiers, des données et des échanges.

Art. D. 122-10 *Abrogé par Décr. n° 2013-917 du 14 oct. 2013, art. 2-I.*

SECTION II RESPONSABILITÉ PERSONNELLE ET PÉCUNIAIRE

(Décr. n° 2007-1500 du 18 oct. 2007, art. 1er)

Art. D. 122-11 En application de l'article L. 122-2, l'agent comptable est personnellement et pécuniairement responsable des opérations suivantes :

1° L'encaissement des recettes ;

2° Le paiement des dépenses ;

3° Les opérations de trésorerie ;

4° La conservation des fonds et valeurs appartenant à l'organisme ;

5° Le maniement des fonds et des mouvements de comptes de disponibilités ;

6° Le recouvrement amiable des créances, à l'exception des cotisations. — *Sur les exceptions à l'application du droit des usagers de saisir l'administration par voie électronique concernant les démarches effectuées auprès des organismes de sécurité sociale, V. CRPA, App., v° Saisine par voie électronique — Exceptions. —* ***CRPA.***

Art. D. 122-12 Le délai prévu au premier alinéa de l'article L. 122-3 est fixé à six mois.

Il est renouvelé une fois sur la demande présentée aux autorités d'installation par l'agent comptable entrant avant l'expiration du délai.

Art. D. 122-13 La responsabilité personnelle et pécuniaire de l'agent comptable d'un organisme de sécurité sociale peut être mise en jeu *(Décr. n° 2009-1597 du 18 déc. 2009, art. 2-II, en vigueur le 1er janv. 2010)* « par le responsable du service mentionné à l'article R. 155-1 » *(Abrogé par Décr. n° 2012-1521 du 28 déc. 2012, art. 1er)* *« ou, pour les organismes de mutualité sociale agricole, du service mentionné à l'article R. 155-2 ».* *(Décr. n° 2012-1527 du 28 déc. 2012, art. 1er)* « Pour les organismes ne relevant pas d'un organisme national au sens du dernier alinéa, l'autorité compétente est le ministre chargé de la sécurité sociale ou le ministre chargé de l'agriculture pour les organismes de mutualité sociale agricole à compétence nationale.

« Les autorités mentionnées au premier alinéa peuvent » engager la responsabilité notamment après un contrôle *(Décr. n° 2012-1527 du 28 déc. 2012, art. 1er)* « qu'elles ont diligenté » ou sur saisine de la Cour des comptes.

Lorsqu'il s'agit de l'agent comptable d'un organisme local relevant d'un organisme national compétent pour valider ses comptes en application de l'article L. 114-6, celui-ci peut aussi saisir *(Décr. nº 2009-1597 du 18 déc. 2009, art. 2-II, en vigueur le 1er janv. 2010)* « les responsables *(Décr. nº 2012-1527 du 28 déc. 2012, art. 1er)* « des services » visés au premier alinéa ».

Art. D. 122-14 En application de l'article L. 122-2, avant d'engager la responsabilité personnelle et pécuniaire d'un agent comptable, l'autorité compétente de l'État informe celui-ci qu'il dispose de quinze jours pour indiquer s'il considère que le manquant constaté provient d'un cas de force majeure.

L'agent comptable fait connaître ses observations par écrit.

L'autorité compétente de l'État prend sa décision au plus tard quarante-cinq jours après la saisine de l'agent comptable.

Art. D. 122-15 L'agent comptable dont la responsabilité pécuniaire est mise en jeu a l'obligation de verser immédiatement sur ses deniers personnels une somme égale au montant du manquant.

Dans le cas contraire, l'agent comptable est constitué en débet par l'émission à son encontre, par le directeur de l'organisme, d'un titre de recettes.

L'agent comptable peut demander, dans un délai de quinze jours, à l'autorité compétente de l'État le sursis de versement de la somme fixée au premier alinéa.

La durée du sursis est limitée à un an. Elle peut être prolongée si l'agent comptable a demandé une décharge partielle de responsabilité ou une remise gracieuse. Le sursis expire à la date de notification de la décision statuant sur ces demandes.

Art. D. 122-16 L'agent comptable constitué en débet peut demander à l'autorité compétente de l'État la décharge partielle si le manquant résulte du fait des fondés de pouvoir, des régisseurs ou des délégués de l'agent comptable.

L'autorité compétente de l'État statue sur cette demande dans un délai maximum de six mois.

La décision de l'autorité compétente de l'État est soumise à l'approbation du ministre compétent lorsque le montant du débet dépasse une somme déterminée par arrêté.

Art. D. 122-17 L'agent comptable peut présenter à l'autorité définie à l'article D. 122-13 une demande de remise gracieuse des sommes laissées à sa charge.

La demande de remise gracieuse est examinée, notamment en fonction du respect par l'agent comptable des procédures de contrôle décrites aux articles D. 122-7 à D. 122-10 et des instructions prises pour leur application.

La somme définitivement mise à la charge de l'agent comptable lui est notifiée par l'autorité compétente de l'État.

Art. D. 122-18 L'agent comptable qui a couvert de ses deniers le montant du manquant est en droit de poursuivre à titre personnel le recouvrement de la somme correspondante.

Les sommes allouées en décharge partielle de responsabilité ou en remise gracieuse sont supportées par le budget de l'organisme. Il en est de même si la force majeure est reconnue.

Dans le cas de caution solidaire fournie par une association de cautionnement mutuel, le ministre compétent notifie à l'association les débets constatés à la charge de ses adhérents et dont le versement incombe à celle-ci.

Dans le cas où il ne pourrait être procédé au recouvrement de la somme mise à la charge de l'agent comptable, la somme en cause est admise en non-valeur par l'organisme.

Dans le cas où des recouvrements seraient opérés alors que le débet a été couvert, les sommes correspondantes servent à rembourser :

a) par priorité l'organisme, dans la limite des sommes laissées à sa charge,

b) pour le surplus, le comptable qui s'est acquitté d'une partie du débet.

Art. D. 122-19 Le quitus est acquis automatiquement à l'agent comptable après l'expiration du délai prévu au deuxième alinéa de l'article L. 122-3 si aucune procédure n'a été engagée à son encontre. Si la responsabilité personnelle et pécuniaire de l'agent comptable a été mise en cause, le quitus est délivré *(Décr. nº 2009-1597 du*

18 déc. 2009, art. 2-III, en vigueur le 1er janv. 2010) **« , après apurement du débet, par le responsable du service mentionné à l'article R. 155-1 »** *(Abrogé par Décr. n° 2012-1521 du 28 déc. 2012, art. 1er)* ***« ou, pour les organismes de mutualité sociale agricole, du service mentionné à l'article R. 155-2 ».***

Pour une année donnée, le quitus peut aussi être octroyé par *(Décr. n° 2012-1527 du 28 déc. 2012, art. 2)* « le responsable du service mentionné à l'article R. 155-1 », à la demande de l'agent comptable *(Décr. n° 2012-1527 du 28 déc. 2012, art. 2)* « cessant définitivement ses fonctions » dont la caisse relève d'un organisme national défini à l'article D. 122-13.

A cette fin, après la transmission prévue à l'article D. 114-4-2 des comptes annuels ou des comptes combinés annuels de l'exercice suivant l'année pour laquelle le quitus est demandé, l'agent comptable d'un organisme local demande à l'agent comptable de l'organisme national son inscription sur une liste communiquée chaque année *(Décr. n° 2012-1527 du 28 déc. 2012, art. 2)* « au responsable du service mentionné à l'article R. 155-1. A cet effet, l'agent comptable de l'organisme national communique à ce dernier l'ensemble des éléments ayant fondé la validation des comptes prévue à l'article L. 114-6. » Un agent comptable dont les comptes de l'exercice concerné ont fait l'objet d'un refus de validation ne peut pas être inscrit sur cette liste.

Pour les agents comptables *(Décr. n° 2012-1527 du 28 déc. 2012, art. 2)* « cessant définitivement leurs fonctions » dont l'organisme ne relève pas d'un organisme national défini à l'article D. 122-13, le quitus peut être octroyé pour une année donnée à leur demande, par l'autorité compétente pour mettre en jeu la responsabilité personnelle et pécuniaire, après la transmission prévue à l'article D. 114-4-2 des comptes annuels ou des comptes combinés annuels de l'exercice suivant l'année pour laquelle le quitus est demandé.

Le quitus ne peut pas être octroyé si le compte annuel de l'exercice concerné a fait l'objet d'un refus de la certification prévue à l'article L. 114-8.

(Décr. n° 2012-1527 du 28 déc. 2012, art. 2) « Lorsque les comptes annuels de l'exercice au titre duquel il est demandé ont fait l'objet d'une validation sans observation en application de l'article L. 114-6, ou d'une certification sans réserve en application de l'article L. 114-8, le quitus est réputé acquis à l'expiration du délai prévu au troisième alinéa de l'article D. 253-12, à la condition qu'aucune réserve n'ait été formulée par l'agent comptable entrant pendant ce délai sur ces mêmes comptes.

« Lorsque les comptes annuels de l'exercice au titre duquel il est demandé ont fait l'objet d'une validation avec observation en application de l'article L. 114-6, la délivrance du quitus fait l'objet d'un examen par le responsable du service mentionné à l'article R. 155-1. En l'absence de décision de ce responsable dans le délai de six mois suivant l'expiration du délai prévu au troisième alinéa de l'article D. 253-12, le quitus est réputé octroyé à la condition qu'aucune réserve n'ait été formulée sur ces mêmes comptes par l'agent comptable entrant. Dans le cas contraire, il est fait application des dispositions prévue *[prévues]* au premier alinéa.

« Lorsque les comptes annuels de l'exercice au titre duquel il est demandé ont fait l'objet d'une certification avec ou sans réserve en application de l'article L. 114-8, la délivrance du quitus fait l'objet d'un examen par le ministre chargé de la sécurité sociale ou par le ministre chargé de l'agriculture pour les organismes de mutualité sociale agricole à compétence nationale, dans des conditions fixées par arrêté desdits ministres, au vu d'un rapport du commissaire aux comptes de l'organisme établi à cette fin. En l'absence de décision de l'un ou l'autre des ministres dans le délai de six mois suivant l'expiration du délai prévu au troisième alinéa de l'article D. 253-12, le quitus est réputé octroyé à la condition qu'aucune réserve n'ait été formulée sur ces mêmes comptes par l'agent comptable entrant. Dans le cas contraire, il est fait application des dispositions prévues au premier alinéa. »

Le quitus peut être octroyé aux fondés de pouvoir de l'agent comptable, aux régisseurs ou aux responsables des centres agréés dans les conditions décrites *(Décr. n° 2012-1527 du 28 déc. 2012, art. 2)* « au présent article », après avis favorable de l'agent comptable.

(Abrogé par Décr. n° 2012-1527 du 28 déc. 2012, art. 2) ***« Pour tous les agents comptables, fondés de pouvoir, régisseurs et responsables des centres agréés,*** *(Décr. n° 2009-1597 du 18 déc. 2009, art. 2-III, en vigueur le 1er janv. 2010)* ***« l'autorité compétente définie au***

premier alinéa dispose » d'un délai de six mois à compter de la demande de l'intéressé pour octroyer ou refuser le quitus. En l'absence de décision dans ce délai, le quitus est considéré comme octroyé. Le délai de six mois peut être renouvelé une fois, sous réserve qu'avant l'expiration de ce délai notification en soit faite à l'intéressé. »

Les dispositions de cet article, à l'exception de son premier alinéa, s'appliquent à compter du 1er janv. 2008 (Décr. no 2007-1500 du 18 oct. 2007, art. 5).

Art. D. 122-20 Le cas échéant, simultanément à la mise en cause de la responsabilité personnelle et pécuniaire de l'agent comptable, peut être conjointement mise en cause la responsabilité personnelle et pécuniaire des fondés de pouvoir, des régisseurs ou des responsables des centres agréés visés à l'article L. 122-3.

Leur responsabilité est limitée au montant de leur cautionnement ; l'agent comptable supporte le surplus de la dette non couverte.

En cas de détournement ou de malversation, leur responsabilité s'étend au montant des sommes détournées.

Les dispositions des articles D. 122-11 à D. 122-18 sont applicables aux fondés de pouvoir de l'agent comptable, aux régisseurs et aux responsables des centres agréés.

Art. D. 122-21 *(Décr. no 2008-549 du 11 juin 2008)* Pour tous les organismes autres que ceux de la Mutualité sociale agricole, les pièces justificatives des opérations des gestions budgétaires, à l'exception de celles qui se rapportent aux gestions techniques, ainsi que les livres, registres et documents comptables sont conservés pendant cinq ans après la clôture des comptes de l'exercice, sous réserve des délais de prescription de droit commun applicables à certaines opérations particulières.

En tout état de cause, les documents cités à l'alinéa précédent ne peuvent être détruits qu'après que l'agent comptable a obtenu quitus pour les exercices qu'ils concernent. Une instruction particulière précise les modalités de conservation des pièces originales ainsi que la nature des supports à utiliser et notamment les microformes et l'archivage électronique, compte tenu de la nature des documents à archiver.

Art. D. 122-22 *(Décr. no 2008-549 du 11 juin 2008)* Pour tous les organismes autres que ceux de la Mutualité sociale agricole, les comptes annuels validés, accompagnés de l'avis de validation établi dans les conditions fixées à l'article D. 114-4-2 du code de la sécurité sociale, seront transmis *(Décr. no 2009-1597 du 18 déc. 2009, art. 2-IV, en vigueur le 1er janv. 2010)* « au service mentionné à l'article R. 155-1 » par l'organisme local et au ministre chargé de la sécurité sociale, à sa demande, en tant que de besoin.

Art. D. 122-23 *(Décr. no 2016-1068 du 3 août 2016, art. 1er-1o)* L'agent comptable de l'organisme qui s'est vu confier la réalisation de missions ou d'activités communes relatives à la gestion des organismes, au service des prestations, au recouvrement et à la gestion des activités de trésorerie, conformément aux articles L. 122-6, L. 122-7, L. 122-8, L. 221-3-1 (3°), L. 611-9-1 ou L. 611-11 peut être chargé des opérations comptables et financières relevant de ces missions ou de ces activités en application des conventions prévues aux articles L. 122-6, L. 122-7, L. 122-8 et L. 611-9-1 ou de la décision prévue au 3° de l'article L. 221-3-1.

Il est alors responsable personnellement et pécuniairement de ces opérations dans les conditions prévues aux articles D. 122-11 à D. 122-20.

Il peut déléguer sa signature à des agents de son propre organisme ou à des agents d'autres organismes, placés sous sa responsabilité et concourant à l'exercice des missions ou activités communes.

CHAPITRE III PERSONNEL

....

CHAPITRE IV DISPOSITIONS DIVERSES — DISPOSITIONS D'APPLICATION

....

TITRE TROISIÈME DISPOSITIONS COMMUNES RELATIVES AU FINANCEMENT

CHAPITRE PREMIER ASSIETTE ET RÉGIME FISCAL DES COTISATIONS

(Décr. n° 2007-966 du 15 mai 2007)

SECTION PREMIÈRE COTISATIONS SUR LES REVENUS D'ACTIVITÉ DES TRAVAILLEURS INDÉPENDANTS NON AGRICOLES *(Décr. n° 2017-1894 du 30 déc. 2017, art. 1er-I)*.

Art. D. 131-1 *(Décr. n° 2011-2038 du 29 déc. 2011, art. 1er)* Les cotisations provisionnelles dues au titre des deux premières années *(Décr. n° 2012-443 du 3 avr. 2012, art. 1er-I-1°)* « civiles » d'activité sont calculées sur un revenu forfaitaire égal à un pourcentage de la valeur annuelle du plafond de la sécurité sociale prévu à l'article L. 241-3 en vigueur au 1er janvier de *(Décr. n° 2017-301 du 8 mars 2017, art. 1er-1°)* « la première année civile d'activité », sans que ce revenu forfaitaire puisse être inférieur à l'assiette minimale mentionnée *(Décr. n° 2012-443 du 3 avr. 2012, art. 1er-I-2° ; Décr. n° 2017-1894 du 30 déc. 2017, art. 1er-I)* « au troisième alinéa de l'article D. 621-1, en ce qui concerne la cotisation prévue à l'article L. 621-1 » *(Abrogé par Décr. n° 2017-301 du 8 mars 2017, art. 1er-1°)* ***« , ou à celle mentionnée à l'article D. 635-12, en ce qui concerne la cotisation invalidité-décès prévue à l'article L. 635-5 ».*** *(Décr. n° 2012-443 du 3 avr. 2012, art. 1er-I-3°)* « Ce pourcentage est égal *(Décr. n° 2014-1637 du 26 déc. 2014, art. 1er)* « à 19 % au titre » *(Décr. n° 2017-301 du 8 mars 2017, art. 1er-1°)* « des deux premières années d'activité ». »

En cas de période d'affiliation inférieure à une année, le plafond servant au calcul des cotisations provisionnelles est réduit au prorata de la durée d'affiliation. Le présent alinéa n'est pas applicable au calcul des cotisations provisionnelles correspondant à la cotisation *(Abrogé par Décr. n° 2017-1894 du 30 déc. 2017, art. 1er-I)* ***« supplémentaire »*** mentionnée à l'article *(Décr. n° 2017-1894 du 30 déc. 2017, art. 1er-I)* « D. 621-1 ».

Ne sont assimilées à un début d'activité ni la modification des conditions d'exercice de l'activité de travailleur indépendant, ni la reprise d'activité intervenue soit au cours de l'année durant laquelle est survenue la cessation d'activité, soit au cours de l'année suivante *(Décr. n° 2017-301 du 8 mars 2017, art. 1er-1°)* « , ni le changement du lieu d'exercice de l'activité concernée. »

Les dispositions issues du Décr. n° 2014-1637 du 26 déc. 2014 s'appliquent aux cotisations et aux contributions de sécurité sociale dues au titre des périodes courant à compter du 1er janv. 2015 (Décr. préc., art. 31-I).

Les dispositions du Décr. n° 2017-301 du 8 mars 2017 sont applicables aux cotisations et aux contributions de sécurité sociale dues au titre des périodes courant à compter du 1er janv. 2017. Toutefois, les dispositions de l'art. 1er et de l'art. 2 du décret préc. s'appliquent aux cotisations et contributions de sécurité sociale dues au titre des périodes courant à compter du 1er janv. 2017 pour les créations et reprises d'entreprise intervenues à compter de cette même date (Décr. n° 2017-301 du 8 mars 2017, art. 5).

Les dispositions du Décr. n° 2017-1894 du 30 déc. 2017 sont applicables aux cotisations et aux contributions de sécurité sociale dues au titre des périodes courant à compter du 1er janv. 2018 (Décr. préc., art. 8).

Art. D. 131-2 *(Décr. n° 2012-443 du 3 avr. 2012, art. 1er-II)* Pour le calcul des cotisations provisionnelles dues par les travailleurs indépendants en application du deuxième alinéa de l'article L. 131-6-2, à l'exclusion de celles dues au titre des deux premières années d'activité *(Décr. n° 2014-1637 du 26 déc. 2014, art. 2-1°)* « qui sont calculées sur la base du revenu forfaitaire mentionné à l'article D. 131-1 », le revenu d'activité de l'avant-dernière année *(Décr. n° 2014-1637 du 26 déc. 2014, art. 2-1°)* « ou de la dernière année écoulée » sur lequel sont assises ces cotisations est :

1° Rapporté à l'année entière, en cas de période d'affiliation incomplète au cours de l'avant-dernière année *(Décr. n° 2014-1637 du 26 déc. 2014, art. 2-2°)* « ou de la dernière année écoulée » ;

2° Réduit au prorata de la durée d'affiliation, en cas de période d'affiliation incomplète au cours de l'année au titre de laquelle ces cotisations sont dues. Le présent alinéa n'est pas applicable au calcul des cotisations provisionnelles correspondant à la cotisation supplémentaire mentionnée à l'article D. 612-9.

Les dispositions de l'art. D. 131-2 dans leur rédaction résultant du II de l'art. 1er du Décr. n° 2012-443 du 3 avr. 2012 ne sont pas applicables aux cotisations provisionnelles dues au titre de l'année 2012 par les travailleurs indépendants non agricoles qui, ayant cessé leur activité en 2011 ou en 2012, reprennent leur activité en 2012.

Les cotisations définitives dues au titre de l'année 2012 par les travailleurs indépendants non agricoles qui cessent leur activité au cours de cette même année demeurent régies par les dispositions du CSS qui leur sont applicables dans leur rédaction antérieure à la date de publication du décret précité (4 avr.), sauf si ces personnes reprennent leur activité avant le 1er janv. 2013 (Décr. n° 2012-443 du 3 avr. 2012, art. 10).

Les dispositions issues du Décr. n° 2014-1637 du 26 déc. 2014 s'appliquent aux cotisations et aux contributions de sécurité sociale dues au titre des périodes courant à compter du 1er janv. 2015 (Décr. préc., art. 31-I).

Art. D. 131-3 *(Décr. n° 2012-443 du 3 avr. 2012, art. 1er-II) (Décr. n° 2017-876 du 9 mai 2017, art. 1er-1°)* **« Les travailleurs indépendants qui souhaitent être exemptés » de la majoration de retard prévue au quatrième alinéa de l'article L. 131-6-2** *(Décr. n° 2017-876 du 9 mai 2017, art. 1er-1°)* **« fournissent aux organismes de sécurité sociale chargés » du recouvrement tout élément de nature à justifier son estimation soit au moment de cette estimation, soit, au plus tard, le quinzième jour suivant la réception de la notification** *(Décr. n° 2017-876 du 9 mai 2017, art. 1er-1°)* **« par ces organismes » du montant des cotisations finalement dues sur la base des revenus connus.**

Lorsque le revenu définitif est supérieur de plus d'un tiers au revenu estimé par le cotisant, le taux de la majoration de retard applicable à la différence mentionnée au quatrième alinéa de l'article L. 131-6-2 est de 5 % lorsque le revenu définitif est inférieur ou égal à 1,5 fois le revenu estimé de l'année considérée et de 10 % lorsque le revenu définitif est supérieur à 1,5 fois le revenu estimé de l'année considérée.

La majoration de retard est calculée et recouvrée en même temps et selon les mêmes règles que la régularisation prévue au troisième alinéa de l'article L. 131-6-2 au titre des revenus de l'année considérée. Elle peut être remise dans les conditions prévues aux articles R. 243-20 et R. 243-20-1. Cette remise peut être totale ou partielle.

Art. D. 131-4 *(Décr. n° 2015-1856 du 30 déc. 2015, art. 3-I)* **I. — La demande mentionnée à l'article** *(Décr. n° 2018-174 du 9 mars 2018, art. 16-2°, en vigueur le 1er janv. 2018)* **« L. 613-9 » est effectuée** *(Décr. n° 2017-876 du 9 mai 2017, art. 1er-2°)* **« auprès des organismes mentionnés** *(Décr. n° 2018-174 du 9 mars 2018, art. 16-2°, en vigueur le 1er janv. 2018)* **« aux articles L. 213-1 et L. 752-4 » » et, le cas échéant, auprès des organismes mentionnés aux articles L. 641-1 et L. 723-1. Elle est formulée, par tout moyen permettant de rapporter la preuve de sa date de réception, au plus tard le 31 octobre de l'année civile précédant celle au titre de laquelle elle est exercée ou, le cas échéant, dans le délai de quinze jours suivant la date d'affiliation. Elle est tacitement reconduite chaque année civile, sauf demande contraire formulée selon les mêmes modalités que celles prévues au présent I.**

II. — *(Décr. n° 2017-876 du 9 mai 2017, art. 1er-2°)* **« Les organismes mentionnés à l'article L. 843-1 communiquent sans délai aux organismes mentionnés au I » les informations relatives à l'ouverture et à l'extinction du droit à la prime d'activité des personnes mentionnées à l'article** *(Décr. n° 2018-162 du 6 mars 2018, art. 6-I)* **« L. 613-9 ».**

Les dispositions issues du Décr. n° 2015-1856 du 30 déc. 2015 s'appliquent aux cotisations et aux contributions de sécurité sociale dues au titre de la période courant à compter du 1er janv. 2016 (Décr. préc., art. 10-I).

SECTION II **RÈGLEMENT SIMPLIFIÉ DES COTISATIONS ET CONTRIBUTIONS DES TRAVAILLEURS INDÉPENDANTS – RÉGIME MICRO-SOCIAL** *(Décr. n° 2017-1894 du 30 déc. 2017, art. 1er-I).*

Art. D. 131-5 *(Décr. n° 2018-1120 du 10 déc. 2018, art. 1er)* **Les personnes mentionnées au 11° de l'article R. 641-1 peuvent bénéficier des dispositions prévues à l'article L. 613-7.**

Art. D. 131-5-1 *(Décr. nº 2017-301 du 8 mars 2017, art. 4-I)* Pour les travailleurs indépendants relevant des dispositions de l'article L. 133-6-8, le taux global mentionné au premier alinéa du même article est fixé à :

a) *(Décr. nº 2017-1894 du 30 déc. 2017, art. 1er-I)* « 12,8 % » pour ceux appartenant à la première catégorie mentionnée au 1 de l'article 50-0 du code général des impôts ;

b) *(Décr. nº 2017-1894 du 30 déc. 2017, art. 1er-I)* « 22 % » pour les professionnels libéraux affiliés à la section professionnelle mentionnée au 11º de l'article R. 641-1 ;

c) 6,0 % pour les personnes mentionnées au 8º de l'article L. 613-1 lorsqu'elles exercent une activité de location de locaux d'habitation meublés de tourisme, définis conformément à l'article L. 324-1 du code du tourisme ;

d) *(Décr. nº 2017-1894 du 30 déc. 2017, art. 1er-I)* « 22 % » dans les autres cas. – *[Ancien art. D. 131-6-1.]*

Les dispositions du Décr. nº 2017-301 du 8 mars 2017 sont applicables aux cotisations et aux contributions de sécurité sociale dues au titre des périodes courant à compter du 1er janv. 2017 (Décr. préc., art. 5).

Les dispositions du Décr. nº 2017-1894 du 30 déc. 2017 sont applicables aux cotisations et aux contributions de sécurité sociale dues au titre des périodes courant à compter du 1er janv. 2018 (Décr. préc., art. 8).

Art. D. 131-5-2 *(Décr. nº 2015-1856 du 30 déc. 2015, art. 4-I)* I. – Les cotisations de sécurité sociale dues par le conjoint collaborateur du travailleur indépendant relevant des dispositions prévues au premier alinéa du I de l'article L. 133-6-8 sont calculées trimestriellement ou mensuellement en appliquant les taux mentionnés *(Décr. nº 2017-1894 du 30 déc. 2017, art. 1er-I)* « à l'article D. 131-5-1 » à une assiette égale à un pourcentage de l'un ou l'autre des deux montants suivants, selon la demande de l'assuré :

1º Soit le chiffre d'affaires ou des recettes du travailleur indépendant ;

2º Soit le rapport entre le revenu forfaitaire mentionné au 1º de l'article D. 633-19-2 et le taux d'abattement correspondant à l'activité exercée en application des articles 50-0 et 102 *ter* du code général des impôts.

Le pourcentage mentionné au premier alinéa est fixé à 58 % pour les professions artisanales, industrielles et commerciales et à 46 % pour les professions libérales.

II. – Les cotisations de sécurité sociale sont dues par le conjoint collaborateur à compter de la date de son affiliation. Leur première date d'exigibilité est celle de l'échéance mensuelle ou trimestrielle qui suit d'au moins quinze jours la date d'affiliation du conjoint collaborateur. – *[Ancien art. D. 131-6-4.]*

Les dispositions issues du Décr. nº 2015-1856 du 30 déc. 2015 s'appliquent aux cotisations et aux contributions de sécurité sociale dues au titre de la période courant à compter du 1er janv. 2016 (Décr. préc., art. 10-I).

Les dispositions du Décr. nº 2017-1894 du 30 déc. 2017 sont applicables aux cotisations et aux contributions de sécurité sociale dues au titre des périodes courant à compter du 1er janv. 2018 (Décr. préc., art. 8).

Art. D. 131-5-3 *(Décr. nº 2018-1120 du 10 déc. 2018, art. 1er)* Les montants de cotisations recouvrés au titre des personnes mentionnées au 11º de l'article R. 641-1 qui bénéficient des dispositions prévues à l'article L. 613-7 sont répartis dans les proportions suivantes :

Cotisations	Taux de répartition des montants de cotisations
Cotisation d'assurance maladie maternité	12,5 %
Cotisation d'assurance invalidité-décès	2,5 %
Cotisation d'assurance vieillesse de base mentionnée au 1º de l'article D. 642-3 du code de la sécurité sociale	25 %

Cotisations	Taux de répartition des montants de cotisations
Cotisation d'assurance vieillesse de base mentionnée au 2° de l'article D. 642-3 du code de la sécurité sociale	5 %
Cotisation d'assurance vieillesse complémentaire	20 %
Contribution sociale généralisée et contribution pour le remboursement de la dette sociale	35 %

Art. D. 131-6 *Abrogé par Décr. n° 2008-1349 du 18 déc. 2008, art. 4, à compter du 1er janv. 2010.*

SECTION III **EXONÉRATION DE DÉBUT D'ACTIVITÉ DE CRÉATION OU REPRISE D'ENTREPRISE** *(Décr. n° 2017-1894 du 30 déc. 2017, art. 1er-I).*

Art. D. 131-6-1 *(Décr. n° 95-683 du 9 mai 1995, art. 1er) (Décr. n° 2017-301 du 8 mars 2017, art. 2-I)* **« I. — La durée de l'exonération des cotisations dues par les personnes bénéficiant de l'aide à la création et à la reprise d'entreprise prévue à l'article** *(Décr. n° 2017-1894 du 30 déc. 2017, art. 1er-I)* **« L. 131-6-4 » est de douze mois » à compter soit de la date d'effet d'affiliation de l'assuré, s'il relève d'un régime de non-salariés, soit du début d'activité de l'entreprise, s'il relève d'un régime de salariés.**

(Décr. n° 2017-301 du 8 mars 2017, art. 2-I) **« II. — Lorsque le revenu ou la rémunération est inférieur ou égal aux trois quarts de la valeur du plafond mentionné à l'article L. 241-3, l'exonération applicable pendant la période mentionnée au I correspond au montant total des cotisations** *(Décr. n° 2017-1894 du 30 déc. 2017, art. 1er-I)* **« dues aux régimes d'assurance maladie, maternité, veuvage, vieillesse de base, invalidité et décès et d'allocations familiales mentionnées au 1° ou au 2° du II de l'article L. 131-6-4 ».**

« Lorsque le revenu ou la rémunération est supérieur au*[x]* **trois quarts de la valeur du plafond mentionné à l'article L. 241-3 mais inférieur ou égal à la valeur de ce plafond, le montant de l'exonération applicable pendant la période mentionnée au I est calculé selon la formule suivante :**

« Montant de l'exonération = E/0,25 PSS × (PSS - R)

« Où :

« E est le montant total des cotisations *(Décr. n° 2017-1894 du 30 déc. 2017, art. 1er-I)* **« dues aux régimes d'assurance maladie, maternité, veuvage, vieillesse de base, invalidité et décès et d'allocations familiales mentionnées au 1° ou au 2° du II de l'article L. 131-6-4 » dues pour un revenu ou une rémunération égal aux trois quarts de la valeur du plafond mentionné à l'article L. 241-3 ;**

« PSS est la valeur du plafond mentionné à l'article L. 241-3 ;

« R est le revenu ou la rémunération de la personne bénéficiant de l'exonération. »

« III. — La valeur du plafond de la sécurité sociale mentionné à la présente section est la valeur annuelle de ce plafond, tel que prévu à l'article L. 241-3, en vigueur au 1er janvier de l'année au titre de laquelle les cotisations sont dues. En cas de période d'affiliation inférieure à une année, cette valeur est réduite au prorata de la durée d'affiliation. »

Pour les ressortissants du régime d'assurance des marins mentionné au 4° de l'article R. 711-1, l'exonération est applicable aux contributions dues sur le salaire forfaitaire visé à l'article L. 42 du code des pensions de retraite des marins dans la limite du salaire de la 3e catégorie.

(Décr. n° 2017-876 du 9 mai 2017, art. 1er-5°) **« IV. — Les dispositions de l'article R. 131-3 sont applicables pour le bénéfice de l'exonération de cotisations prévue à l'article** *(Décr. n° 2017-1894 du 30 déc. 2017, art. 1er-I)* **« L. 131-6-4 ». »** — *[Ancien art. D. 161-1-1.]*

Les dispositions du Décr. n° 2017-301 du 8 mars 2017 sont applicables aux cotisations et aux contributions de sécurité sociale dues au titre des périodes courant à compter du 1er janv. 2017. Tou-

tefois, les dispositions de l'art. 1er et de l'art. 2 du décret préc. s'appliquent aux cotisations et contributions de sécurité sociale dues au titre des périodes courant à compter du 1er janv. 2017 pour les créations et reprises d'entreprises intervenues à compter de cette même date (Décr. no 2017-301 du 8 mars 2017, art. 5).

Les dispositions du Décr. no 2017-1894 du 30 déc. 2017 sont applicables aux cotisations et aux contributions de sécurité sociale dues au titre des périodes courant à compter du 1er janv. 2018 (Décr. préc., art. 8).

Art. D. 131-6-2 *(Décr. no 2017-301 du 8 mars 2017, art. 2-II)* **Pour les travailleurs indépendants qui relèvent des régimes définis aux articles 50-0** *(Décr. no 2018-1357 du 28 déc. 2018, art. 2)* **« , 64 *bis* » et 102 *ter* du code général des impôts mais ne relèvent pas des dispositions de l'article L. 133-6-8, l'exonération mentionnée à l'article** *(Décr. no 2017-1894 du 30 déc. 2017, art. 1er-I)* **« L. 131-6-4 » est prolongée :**

1° A hauteur des deux tiers des montants mentionnés au II de l'article *(Décr. no 2017-1894 du 30 déc. 2017, art. 1er-I)* **« D. 131-6-1 » au titre des douze mois qui suivent la période prévue au I de ce même article ;**

2° A hauteur d'un tiers des montants mentionnés au II de ce même article au titre des douze mois qui suivent la période prévue au 1°. — *[Ancien art. D. 161-1-2.]*

Les dispositions du Décr. no 2018-1357 du 28 déc. 2018 s'appliquent aux cotisations et contributions dues au titre des périodes courant à compter du 1er janv. 2019 (Décr. préc., art. 4).

V. notes ss. art. D. 131-6-1.

Art. D. 131-6-3 *(Décr. no 2017-301 du 8 mars 2017, art. 4-II)* **« I. — »** *(Décr. no 2009-484 du 29 avr. 2009)* **Pour les travailleurs indépendants bénéficiant de l'exonération prévue à l'article** *(Décr. no 2017-1894 du 30 déc. 2017, art. 1er-I)* **« L. 131-6-4 », le taux mentionné à l'article L. 133-6-8 correspond, sans préjudice des dispositions de la dernière phrase du premier alinéa de ce même article, et après arrondi au dixième de pour-cent supérieur, à une fraction des taux prévus par** *(Décr. no 2017-301 du 8 mars 2017, art. 4-I ; Décr. no 2017-1894 du 30 déc. 2017, art. 1er-I)* **« l'article D. 131-5-1 » fixée à :**

***a)* 25 % jusqu'à la fin du troisième trimestre civil qui suit celui au cours duquel intervient la date d'effet de l'affiliation ;**

***b)* 50 % pour les quatre trimestres civils qui suivent la période prévue au *a* ;**

***c)* 75 % pour les quatre trimestres civils suivant la période prévue au *b*.** — *Les dispositions du Décr. no 2009-484 du 29 avr. 2009 sont applicables aux entreprises créées à compter du 1er mai 2009 (Décr. préc., art. 3).*

(Décr. no 2017-301 du 8 mars 2017, art. 4-II) **« II. — L'exonération prévue au I est calculée sur le chiffre d'affaires ou les recettes dans la limite »** *(Décr. no 2017-1894 du 30 déc. 2017, art. 1er-I)* **« des chiffres d'affaires ou de recettes qui, compte tenu des taux d'abattement mentionnés aux articles 50-0 et 102 *ter* du code général des impôts, correspondent à un revenu qui est égal à la valeur du plafond mentionné à l'article L. 241-3. Ce plafond est déterminé conformément à l'article D. 613-2. »**

Les dispositions du Décr. no 2017-301 du 8 mars 2017 sont applicables aux cotisations et aux contributions de sécurité sociale dues au titre des périodes courant à compter du 1er janv. 2017 (Décr. no 2017-301 du 8 mars 2017, art. 5).

Les dispositions du Décr. no 2017-1894 du 30 déc. 2017 sont applicables aux cotisations et aux contributions de sécurité sociale dues au titre des périodes courant à compter du 1er janv. 2018 (Décr. préc., art. 8).

Art. D. 131-6-4 *(Décr. no 2018-1357 du 28 déc. 2018, art. 2)* **Pour l'application des dispositions de l'article L. 131-6-4 sont considérées comme exerçant le contrôle effectif de l'entreprise lorsqu'elle est constituée sous la forme de société les personnes remplissant l'une des conditions prévues aux 1° à 3° de l'article R. 5141-2 du code du travail.** — *Sur l'entrée en vigueur du Décr. no 2018-1357 du 28 déc. 2018, V. note ss. art. D. 131-6-2.*

Art. D. 131-6-5 (Abrogé par Décr. no 2015-1856 du 30 déc. 2015, art. 4-II) (Décr. no 2011-159 du 8 févr. 2011) ***Le solde mentionné à l'article L. 133-6-8-3 est affecté aux cotisations dans l'ordre de priorité suivant :***

— la cotisation d'assurance maladie maternité mentionnée à l'article L. 612-4 ;

— la cotisation mentionnée à l'article L. 612-13 ;
— la cotisation mentionnée aux articles L. 635-5 ou L. 644-2 ;
— la cotisation mentionnée aux articles L. 635-1 ou L. 644-1 ;
— la cotisation d'allocations familiales mentionnée à l'article L. 242-11 ;
— la cotisation d'assurance vieillesse de base mentionnée aux articles L. 633-10 ou L. 642-1.

Cette affectation s'applique aux cotisations dues au titre de la dernière échéance puis à celles dues au titre des échéances antérieures, en remontant de la plus ancienne à la plus récente.

Les dispositions issues du Décr. n° 2015-1856 du 30 déc. 2015 s'appliquent aux cotisations et aux contributions de sécurité sociale dues au titre de la période courant à compter du 1er janv. 2016 (Décr. préc., art. 10-I).

Art. D. 131-7 et D. 131-8 *Abrogés par Décr. n° 2008-1349 du 18 déc. 2008, art. 4, à compter du 1er janv. 2010.*

CHAPITRE II **PRISE EN CHARGE PAR L'ÉTAT DES DÉPENSES EXPOSÉES PAR LES ORGANISMES AU TITRE DE L'INTERRUPTION VOLONTAIRE DE GROSSESSE**

SECTION PREMIÈRE **PRISE EN CHARGE DES INTERRUPTIONS VOLONTAIRES DE GROSSESSE PRATIQUÉES DANS LES CONDITIONS PRÉVUES AU TROISIÈME ALINÉA DE L'ARTICLE L. 2212-7 DU CODE DE LA SANTÉ PUBLIQUE**

(Décr. n° 2002-799 du 3 mai 2002)

Art. D. 132-1 Lorsqu'une interruption volontaire de grossesse est pratiquée dans les conditions prévues au troisième alinéa de l'article L. 2212-7 du code de la santé publique, aucune demande de paiement ne peut être présentée à l'assuré ou à l'intéressée pour les dépenses relatives :

1° Aux consultations prévues à l'article L. 2212-3, L. 2212-5, au quatrième alinéa de l'article L. 2212-7 du code de la santé publique et à la consultation pré-anesthésique prévue par l'article D. 712-40 du même code ;

2° Aux frais de soins et d'hospitalisation afférents à une interruption volontaire de grossesse ;

3° Aux frais afférents à une interruption volontaire de grossesse réalisée par un médecin dans les conditions prévues à l'article L. 2212-2 du code de la santé publique.

Art. D. 132-2 Les dépenses mentionnées à l'article D. 132-1 sont déterminées par l'application des tarifs et des prix tels qu'ils résultent du chapitre II du titre VI du livre Ier du présent code.

Art. D. 132-3 Les dépenses mentionnées aux 1° et 2° de l'article D. 132-1 sont remboursées aux médecins autres que ceux mentionnés à l'alinéa suivant par la caisse primaire d'assurance maladie dans le ressort de laquelle ces médecins sont installés.

Lorsqu'un médecin, en application de l'article L. 2212-2 du code de la santé publique, a conclu une convention avec un établissement de santé, les dépenses mentionnées au 3° et, le cas échéant, au 1° de l'article D. 132-1 sont remboursées à ce médecin par la caisse primaire dans le ressort de laquelle est implanté l'établissement avec lequel le médecin a passé convention.

Les documents nécessaires au remboursement de ces dépenses sont anonymes. Ils sont envoyés par le professionnel de santé ou l'établissement à la caisse primaire d'assurance maladie définie aux deux premiers alinéas. Celle-ci procède, chaque trimestre, au vu des documents qui lui ont été envoyés, au remboursement de ces dépenses pour le compte de l'ensemble des régimes obligatoires d'assurance maladie.

Art. D. 132-4 Les dépenses mentionnées aux 1° et 2° de l'article D. 132-1 sont remboursées à l'établissement de santé lorsque son financement ne relève pas de la dotation globale prévue à l'article L. 174-1 par la caisse primaire d'assurance maladie dans le ressort de laquelle cet établissement est implanté.

Les documents nécessaires au remboursement de ces dépenses sont envoyés par l'établissement au service du contrôle médical de la caisse primaire d'assurance maladie qui procède à leur anonymisation avant de les transmettre à la caisse. Celle-ci procède, chaque trimestre, au vu des documents qui lui ont été envoyés, au remboursement de ces dépenses pour le compte de l'ensemble des régimes obligatoires d'assurance maladie.

Art. D. 132-5 Les documents nécessaires au dénombrement des interruptions volontaires de grossesse pratiquées par un établissement relevant de l'article L. 174-1 sont envoyés par l'établissement au service du contrôle médical de la caisse primaire d'assurance maladie dans le ressort de laquelle est implanté l'établissement, qui procède à leur anonymisation.

CHAPITRE III **RECOUVREMENT DES COTISATIONS, VERSEMENT ET RECOUVREMENT DES PRESTATIONS** *(Décr. n° 2009-549 du 15 mai 2009).*

Art. D. 133-1 *(Décr. n° 92-283 du 20 mars 1992, art. 1er)* Le montant visé à l'article L. 133-3 en deçà duquel les organismes chargés du recouvrement des cotisations de sécurité sociale sont autorisés à abandonner la mise en recouvrement de leurs créances à l'égard des cotisants est fixé à *(Décr. n° 2002-556 du 22 avr. 2002)* « 1,27 % du plafond mensuel de sécurité sociale en vigueur, arrondi à l'euro supérieur ».

Le montant visé à l'article L. 133-3 en deçà duquel les organismes chargés du recouvrement des cotisations sont autorisés à acquérir définitivement les créances détenues à leur égard par les cotisants, constatées dans les écritures d'un agent comptable de ces organismes et provenant de trop-perçus de cotisations, de majorations ou de pénalités de retard, est fixé à *(Décr. n° 2002-556 du 22 avr. 2002)* « 1,27 % du plafond mensuel de sécurité sociale en vigueur, arrondi à l'euro supérieur ». Cette acquisition ne peut intervenir avant l'expiration d'un délai de douze mois à compter de la date à laquelle lesdites cotisations, majorations ou pénalités de retard ont été acquittées.

(Abrogé par Décr. n° 2017-876 du 9 mai 2017, art. 1er-12°) (Décr. n° 2007-878 du 14 mai 2007) ***« Les dispositions des deux alinéas précédents sont applicables aux cotisations et contributions sociales des personnes exerçant les professions artisanales, industrielles et commerciales, recouvrées par le régime social des indépendants. Les sommes mentionnées au deuxième alinéa sont définitivement acquises à la Caisse nationale du régime social des indépendants. »***

Art. D. 133-2 *(Décr. n° 92-283 du 20 mars 1992, art. 2)* Le montant visé à l'article L. 133-3 en deçà duquel les organismes chargés du versement des prestations de sécurité sociale sont autorisés à abandonner la mise en recouvrement des indus de prestations de sécurité sociale versés à leurs assurés *(Décr. n° 97-266 du 18 mars 1997, art. 7)* « ou constatés à l'égard de tiers » est fixé à *(Décr. n° 2002-556 du 22 avr. 2002)* « 0,68 % du plafond mensuel de sécurité sociale en vigueur, arrondi à l'euro supérieur ».

(Décr. n° 2002-1060 du 7 août 2002) « Sous réserve des dispositions des articles D. 542-7, D. 543-2 et D. 755-25 », le montant visé à l'article L. 133-3 en deçà duquel les organismes chargés du versement des prestations de sécurité sociale sont autorisés à différer le paiement des créances constatées dans les écritures d'un agent comptable de ces organismes et provenant d'une insuffisance ou d'un non-versement de prestation est fixé à *(Décr. n° 2002-556 du 22 avr. 2002)* « 0,68 % du plafond mensuel de sécurité sociale en vigueur, arrondi à l'euro supérieur ». Le versement différé doit intervenir au plus tard à la fin de l'exercice comptable en cours.

Art. D. 133-2-1 *(Décr. n° 2008-801 du 20 août 2008)* L'admission en non-valeur des créances non prescrites autres que les cotisations de sécurité sociale ou impôts et taxes affectés, en principal et accessoire, est prononcée par le conseil ou le conseil d'administration de l'organisme de sécurité sociale chargé du paiement des prestations.

Elle ne peut être prononcée moins d'un an après la date d'émission de l'ordre de recette et seulement en cas d'insolvabilité du débiteur, de disparition ou de décès du débiteur ne laissant aucun actif saisissable ou de clôture des opérations de liquidation judiciaire pour insuffisance d'actif.

Pour les créances inférieures à un montant fixé par arrêté du ministre chargé de la sécurité sociale, du ministre chargé du budget et du ministre chargé de l'agriculture, l'admission en non-valeur ne peut être prononcée moins d'un an après l'envoi de la mise en demeure, dès lors que les frais de recouvrement contentieux atteignent ce montant.

Lorsque le jugement de clôture pour insuffisance d'actif n'est pas prononcé dans un délai d'un an après la date d'émission de l'ordre de recette, l'organisme de sécurité sociale chargé du paiement des prestations peut prononcer l'admission en non-valeur au vu d'une simple attestation du liquidateur d'une clôture prochaine pour insuffisance d'actif sans possibilité de distribution de dividendes, la clôture n'étant pas différée en raison de l'existence d'une procédure de répartition en cours.

Art. D. 133-3 *(Décr. nº 2007-878 du 14 mai 2007, art. 2)* **Les personnes** *(Décr. nº 2017-876 du 9 mai 2017, art. 1er-3º)* **« mentionnées à l'article L. 611-1 » dont le compte cotisant présente auprès** *(Décr. nº 2017-876 du 9 mai 2017, art. 1er-3º)* **« des organismes mentionnés à l'article L. 133-1-2 » un solde débiteur inférieur ou égal au montant fixé par le premier alinéa de l'article D. 133-1 peuvent ne pas faire l'objet d'une mise en demeure. Le droit aux prestations maladie en espèces leur est ouvert au titre de l'échéance en cours.** – *[Anc. art. D. 133-15.]*

Art. D. 133-4 *(Décr. nº 2007-878 du 14 mai 2007, art. 1er)* **Le solde éventuel de cotisations mentionné au III de l'article** *(Décr. nº 2017-876 du 9 mai 2017, art. 1er-4º)* **« L. 133-1-4 » et dû à un même organisme local** *(Décr. nº 2015-1856 du 30 déc. 2015, art. 4-III-1º)* **« ainsi que celui mentionné à l'article L. 133-6-8-3 sont affectés » aux cotisations, dans l'ordre de priorité suivant :**

– la cotisation d'assurance maladie maternité ;

(Abrogé par Décr. nº 2017-1894 du 30 déc. 2017, art. 1er-II) *« – la cotisation mentionnée à l'article L. 612-13 ; »*

– la cotisation d'assurance vieillesse de base ;

– la cotisation *(Décr. nº 2015-1856 du 30 déc. 2015, art. 4-III-2º)* **« d'assurance invalidité-décès » ;**

– la cotisation *(Décr. nº 2015-1856 du 30 déc. 2015, art. 4-III-3º)* **« d'assurance vieillesse complémentaire » ;**

– la cotisation d'allocations familiales ;

(Abrogé par Décr. nº 2015-1856 du 30 déc. 2015, art. 4-III-4º) *« – la contribution mentionnée à l'article L. 953-1 [L. 6312-2 et L. 6331-48 s. nouv.] du code du travail. »*

(Décr. nº 2014-1637 du 26 déc. 2014, art. 4) **« Cette affectation s'applique aux cotisations dues au titre de la dernière échéance puis à celles dues au titre des échéances antérieures, en remontant de la plus ancienne à la plus récente. »**

(Décr. nº 2015-1856 du 30 déc. 2015, art. 4-III-5º) **« Le reliquat est ensuite affecté à la contribution à la formation professionnelle mentionnée à l'article L. 6331-48 du code du travail et, le cas échéant, à la taxe pour frais de chambre consulaire mentionnée aux articles 1600 A et 1601-0 A du code général des impôts. »**

Les dispositions issues du Décr. nº 2014-1637 du 26 déc. 2014 s'appliquent aux cotisations et aux contributions de sécurité sociale dues au titre des périodes courant à compter du 1er janv. 2015 (Décr. préc., art. 31-I).

Les dispositions issues du Décr. nº 2015-1856 du 30 déc. 2015 s'appliquent aux cotisations et aux contributions de sécurité sociale dues au titre de la période courant à compter du 1er janv. 2016 (Décr. préc., art. 10-I).

Les dispositions du Décr. nº 2017-1894 du 30 déc. 2017 sont applicables aux cotisations et aux contributions de sécurité sociale dues au titre des périodes courant à compter du 1er janv. 2018 (Décr. préc., art. 8).

Art. D. 133-4-1 *(Décr. nº 2009-549 du 15 mai 2009)* **La caisse mentionnée à l'article L. 174-6 ou à l'article L. 174-8 reverse aux différents organismes d'assurance maladie concernés les sommes mentionnées au premier alinéa de l'article L. 133-4-4 au plus tard dans les trois mois qui suivent la date de leur récupération.**

CHAPITRE III *BIS* MODERNISATION ET SIMPLIFICATION DES DÉCLARATIONS SOCIALES ET DU RECOUVREMENT DES COTISATIONS ET CONTRIBUTIONS SOCIALES *(Décr. n° 2018-1235 du 24 déc. 2018).*

(Décr. n° 2005-984 du 10 août 2005)

SECTION PREMIÈRE MODERNISATION ET SIMPLIFICATION DES FORMALITÉS AU REGARD DES EMPLOYEURS *(Décr. n° 2018-1235 du 24 déc. 2018).*

SOUS-SECTION 1 TITRE EMPLOI-SERVICE ENTREPRISE

(Décr. n° 2009-342 du 27 mars 2009)

Art. D. 133-5 Les organismes habilités à proposer le service "titre emploi-service entreprise" conformément aux articles L. 1273-1 à L. 1273-7 du code du travail sont, dans les conditions fixées par la présente sous-section et par les articles D. 1273-1 à D. 1273-8 du code du travail :

1° Les unions de recouvrement des cotisations de sécurité sociale et d'allocations familiales ;

2° Les centres nationaux de traitement du titre emploi-service entreprise gérés par des organismes de recouvrement du régime général de la sécurité sociale désignés par le directeur de l'Agence centrale des organismes de sécurité sociale. Pour cette mission, l'organisme de recouvrement gestionnaire d'un centre national de traitement adhère à une convention avec l'Agence centrale des organismes de sécurité sociale.

Les dispositions issues du Décr. n° 2009-342 du 27 mars 2009 s'appliquent aux employeurs qui adhèrent au service « titre emploi-service entreprise » à compter du 1er avr. 2009. Ces dispositions s'appliquent à compter de la même date aux employeurs qui ont adhéré aux dispositifs mentionnés aux art. L. 133-5-3 et L. 133-5-5 dans leur rédaction antérieure à la L. n° 2008-776 du 4 août 2008 portant modernisation de l'économie, sans qu'ils aient à procéder à une nouvelle adhésion (Décr. préc., art. 5).

Art. D. 133-6 Sur la base des informations communiquées, chaque mois, par l'employeur, le centre national de traitement du titre emploi-service entreprise compétent pour le secteur professionnel auquel appartient l'employeur calcule les cotisations et contributions sociales créées par la loi et les cotisations et contributions conventionnelles rendues obligatoires par celle-ci et établit le bulletin de paie mentionné à l'article D. 1273-6 du code du travail.

Le centre national de traitement notifie à l'employeur un décompte des cotisations et contributions dues, au plus tard le dixième jour du mois qui suit celui de la réception de la déclaration mensuelle. — *V. note ss. art. D. 133-5.*

Art. D. 133-6-1 *(Décr. n° 2009-1598 du 18 déc. 2009, art. 1er)* L'employeur transmet les informations mentionnées à l'article D. 133-6 au moyen d'un volet social qui comporte les mentions suivantes :

1° Mentions relatives au salarié :

a) Les nom et prénom ;

b) Le numéro d'inscription au répertoire des personnes physiques ou, à défaut, la date de naissance ;

2° Mentions relatives à l'activité exercée et à la rémunération :

a) La période d'emploi ;

b) Le nombre de jours ou d'heures rémunérés ;

c) Les éléments constituant la rémunération, avec une option pour la déclaration de leur montant en brut ou en net ;

d) La base forfaitaire retenue, le cas échéant ;

e) Les dates de congés et, le cas échéant, le montant de l'indemnité de congés payés ;

f) Le cas échéant, le total des jours d'absence ainsi que le détail, par nature, de ces absences ;

g) Le montant des frais professionnels, le cas échéant ;

3° Date de paiement de la rémunération et signature de l'employeur.

L'employeur est responsable du caractère exact et complet du volet social qu'il communique au Centre national de traitement du titre emploi-service entreprise.

La communication est effectuée dans les délais suivants :

a) Pour les salariés mentionnés au 1° de l'article L. 1273-2 du code du travail, avant le vingt-cinquième jour du mois d'activité du salarié concerné. Toutefois, lorsque le contrat de travail du salarié débute après le 21 du mois, le premier volet social peut être envoyé dans les cinq jours suivant la date du début de ce contrat ;

b) Pour les salariés mentionnés au 2° du même article, au plus tard dans les huit jours ouvrés suivant le versement de la rémunération.

Dans tous les cas, la période d'emploi déclarée sur le volet social ne peut couvrir une période excédant le mois civil.

Art. D. 133-7 L'organisme de recouvrement du régime général de la sécurité sociale territorialement compétent est habilité à recouvrer et contrôler les cotisations et contributions dues par l'employeur qui recourt au titre emploi-service entreprise. — *V. note ss. art. D. 133-5.*

Art. D. 133-8 A défaut de l'accord prévu à l'article L. 133-5-2, la transmission des déclarations des employeurs qui recourent au titre emploi-service entreprise et la répartition de leurs versements de cotisations et contributions sont régies par les dispositions du présent article.

Ces opérations de transmission et de répartition ne donnent pas lieu à perception de frais de gestion.

Les cotisations et contributions versées par les employeurs aux organismes de recouvrement habilités au bénéfice des régimes dont relèvent ces employeurs sont centralisées mensuellement sur un compte ouvert dans les écritures de l'Agence centrale des organismes de sécurité sociale au profit des organismes nationaux pour le compte desquels ces cotisations et contributions sont recouvrées.

Dans les quinze premiers jours de chaque mois, l'Agence centrale des organismes de sécurité sociale met à disposition des organismes nationaux mentionnés à l'alinéa précédent une provision égale à 95 % du montant des cotisations et contributions recouvrées pour leur compte au cours du mois précédent. Le versement de régularisation intervient dans les deux mois suivant la mise à disposition de la provision. — *V. note ss. art. D. 133-5.*

SOUS-SECTION 2 DÉCLARATION ANNUELLE DES DONNÉES SOCIALES

(*Décr. n° 2013-506 du 14 juin 2013, art. 1er*)

Les dispositions du Décr. n° 2013-506 du 14 juin 2013 sont applicables pour la première fois au titre des rémunérations versées au cours de l'année 2012.

Toutefois, elles ne sont applicables qu'au titre des rémunérations versées au cours de l'année 2015 pour :

— la Banque de France ;

— la Régie autonome des transports parisiens ;

— le groupe Électricité de France ;

— la société Gaz réseau Distribution France (GrDF) ;

— l'Opéra national de Paris (Décr. préc., art. 3).

Art. D. 133-9 (Abrogé par Décr. n° 2016-1567 du 21 nov. 2016, art. 7-1°) *Les employeurs mentionnés à l'article L. 133-5-4 souscrivent auprès de la Caisse nationale d'assurance vieillesse, au plus tard le 31 janvier de chaque année, la déclaration annuelle des données sociales relative aux rémunérations versées au cours de l'année précédente par voie électronique, selon la norme d'échanges établie dans les conditions prévues à l'article R. 133-11.*

Le Centre national de transfert des données sociales mentionné à l'article D. 133-9-5, les institutions chargées de la gestion d'un régime de retraite complémentaire obligatoire en application du chapitre Ier du titre II du livre IX et les organismes chargés de la gestion d'un régime de protection sociale complémentaire institué en application de l'article L. 911-1 déterminent, de façon concertée et coordonnée, les modalités de collecte, à la même date et selon la même norme d'échanges, des déclarations annuelles accomplies auprès d'eux. Ils prévoient, notamment, la possibilité de réaliser l'ensemble de ces déclarations en une seule transmission.

A défaut d'utiliser la voie électronique, la déclaration annuelle des données sociales est souscrite au moyen d'un formulaire adressé à l'organisme chargé localement de la gestion du risque vieillesse du régime général de sécurité sociale dans la circonscription duquel est situé chaque établissement de l'employeur.

Sur l'entrée en vigueur du Décr. n° 2016-1567 du 21 nov. 2016, V. note ss. art. R. 133-14.

Art. D. 133-9-1 (Abrogé par Décr. n° 2016-1567 du 21 nov. 2016, art. 7-1°) *Au moyen de la déclaration annuelle des données sociales, sont accomplies :*

— la déclaration des rémunérations versées aux salariés prévue par l'article R. 243-14 destinée aux organismes chargés du recouvrement des cotisations du régime général de sécurité sociale ;

— la déclaration de traitements, émoluments, salaires ou autres rétributions imposables prescrites à l'article 87 du code général des impôts ;

— la déclaration des commissions, courtages, ristournes, honoraires, droits d'auteurs, rémunérations d'associés et parts de bénéfices et autres versements prévue aux articles 240 et 241 du code général des impôts ;

— la déclaration relative à la formation professionnelle continue et la déclaration relative à la taxe d'apprentissage prévues à l'article 39 de l'annexe III du code général des impôts ;

— la déclaration relative à la participation des employeurs à l'effort de construction prévue à l'article 161 de l'annexe II du code général des impôts ;

— la déclaration de départ des salariés de l'entreprise mentionnée à l'article L. 1221-18 du code du travail ;

(Abrogé par Décr. n° 2016-1359 du 11 oct. 2016, art. 7-III) *« — la déclaration nécessaire à l'établissement des listes électorales prud'homales prévue à l'article L. 1441-8 du code du travail ; »*

— la déclaration relative à l'emploi obligatoire des travailleurs handicapés, mutilés de guerre et assimilés prévue à l'article L. 5212-5 du code du travail, pour les informations mentionnées au 1° de son article R. 5212-1 ;

— l'attestation d'activité salariée relative à l'ouverture du droit aux prestations en nature de l'assurance maladie produite en application de l'article R. 313-2 du code de la sécurité sociale ;

— la déclaration annuelle des rémunérations prévue par l'article 6 bis du décret n° 70-1277 du 23 décembre 1970 portant création d'un régime de retraites complémentaire des assurances sociales en faveur des agents non titulaires de l'État et des collectivités publiques ;

— la déclaration annuelle des rémunérations prévue par l'article 6 du décret n° 2007-173 du 7 février 2007 relatif à la Caisse nationale de retraites des agents des collectivités locales ;

— la déclaration prévue par l'article 4 du décret n° 50-783 du 24 juin 1958 portant règlement d'administration publique pour l'application de la loi n° 49-1097 du 2 août 1949 portant réforme du régime des pensions des personnels de l'État tributaires de la loi du 21 mars 1928 ;

— la déclaration prévue par l'article 3 du décret n° 85-885 du 12 août 1985 modifiant la composition de la commission instituée par l'article L. 413-14 du code des communes et modifiant les modalités de fonctionnement du Fonds national de compensation institué par l'article L. 413-13 du même code et à l'article 3 du décret n° 85-886 du 12 août 1985 pris pour l'application de l'article 106 de la loi n° 84-53 du 26 janvier 1984 portant dispositions statutaires relatives à la fonction publique territoriale et relatif aux modalités de la compensation du supplément familial de traitement alloué aux fonctionnaires à temps non complet ;

— la déclaration mentionnée à l'article 15 du décret n° 2004-569 du 18 juin 2004 relatif à la retraite additionnelle de la fonction publique ;

— la déclaration annuelle des salaires adressée à la Caisse nationale des barreaux français par les employeurs d'avocats salariés ;

— la déclaration annuelle mentionnée à l'article R. 382-94 du présent code ;

— la déclaration prévue par l'article 8 du décret n° 2007-1796 du 19 décembre 2007 relatif à la cotisation et à la contribution dues pour la couverture des charges de pensions et

allocations temporaires d'invalidité des fonctionnaires de l'État, des magistrats et des militaires détachés ainsi que des agents des offices ou établissements de l'État dotés de l'autonomie financière ;

— la déclaration annuelle des salaires adressée par les employeurs de personnel navigant professionnel de l'aéronautique civile à la caisse mentionnée à l'article L. 426-5 du code de l'aviation civile ;

— la déclaration prévue à l'article R. 914-99 du code de l'éducation au titre du régime additionnel de retraite des personnels enseignants et de documentation ;

— la déclaration relative au bonus exceptionnel versé en application de l'article 3 de la loi n° 2009-594 du 27 mai 2009 pour le développement économique des outre-mer.

Sur l'entrée en vigueur du Décr. n° 2016-1567 du 21 nov. 2016, V. note ss. art. R. 133-14

Art. D. 133-9-2 (Abrogé par Décr. n° 2016-1567 du 21 nov. 2016, art. 7-1°) *Les données des déclarations annuelles des données sociales sont traitées par les organismes mentionnés aux premier et troisième alinéas de l'article D. 133-9.*

Ces données sont transférées, dans les conditions définies par arrêté des ministres chargés du budget et de la sécurité sociale, aux administrations et organismes destinataires suivants, selon leurs compétences respectives :

— les organismes chargés du recouvrement des cotisations et des contributions sociales du régime général de sécurité sociale : unions de recouvrement des cotisations de sécurité sociale et d'allocations familiales (URSSAF) et caisses générales de sécurité sociale (CGSS) ;

— la direction générale des finances publiques (DGFiP) ;

— la direction générale du travail (DGT) ;

— l'Institut national de la statistique et des études économiques (INSEE) ;

— le service des retraites de l'État (SRE) ;

— les organismes mentionnés aux articles L. 215-1 et L. 752-4 chargés de la gestion de l'assurance vieillesse du régime général de sécurité sociale : caisses d'assurance retraite et de la santé au travail (CARSAT) et caisses générales de sécurité sociale (CGSS) ;

— les organismes chargés de la gestion du risque maladie du régime général de la sécurité sociale : caisses primaires d'assurance maladie (CPAM) et caisses générales de sécurité sociale (CGSS) ;

— les organismes chargés de la tarification du risque d'accident du travail du régime général de sécurité sociale : caisses d'assurance retraite et de la santé au travail (CARSAT) et caisses générales de sécurité sociale (CGSS) ;

— l'institution de retraite complémentaire des agents non titulaires de l'État et des collectivités territoriales (IRCANTEC) ;

— la Caisse nationale de retraite des agents des collectivités locales (CNRACL) ;

— le fonds spécial des pensions des ouvriers des établissements industriels de l'État (FSPOEIE) ;

— les fonds nationaux de compensation du supplément familial de traitement (FNC) ;

— l'établissement de retraite additionnelle de la fonction publique (RAFP) ;

— la caisse de retraite du personnel navigant professionnel de l'aéronautique civile (CRPNPAC) ;

— la caisse de prévoyance et de retraite du personnel de la Société nationale des chemins de fer (CPRPSNCF) ;

— l'organisme gestionnaire du régime additionnel de retraite des personnels enseignants et de documentation mentionnés aux articles L. 914-1 du code de l'éducation et L. 813-8 du code rural et de la pêche maritime : régime additionnel de retraite des maîtres de l'enseignement privé sous contrat avec l'État (RAEP) ;

— la Caisse nationale des barreaux français (CNBF) ;

— la Caisse d'assurance vieillesse, invalidité et maladie des cultes (CAVIMAC) ;

— Pôle emploi ;

— le Centre national de la fonction publique territoriale (CNFPT) ;

— l'association mentionnée à l'article L. 5214-1 du code du travail (AGEFIPH) ;

— l'Agence de services et de paiement (ASP).

Sur l'entrée en vigueur du Décr. n° 2016-1567 du 21 nov. 2016, V. note ss. art. R. 133-14.

Art. D. 133-9-3 (Abrogé par Décr. n° 2016-1567 du 21 nov. 2016, art. 7-1°) *Les organismes mentionnés aux premier et troisième alinéas de l'article D. 133-9 s'assurent de la* *conformité des déclarations annuelles des données sociales reçues au cahier technique de la norme servant à accomplir cette déclaration et au formulaire prévus au II de l'article L. 133-5-4. Ils ne conservent les données de ces déclarations que pendant le temps nécessaire à leur traitement, sans que ce délai puisse excéder trois mois.*

Sur l'entrée en vigueur du Décr. n° 2016-1567 du 21 nov. 2016, V. note ss. art. R. 133-14.

Art. D. 133-9-4 (Abrogé par Décr. n° 2016-1567 du 21 nov. 2016, art. 7-1°) *Les déclarations mentionnées à l'article D. 133-9-1 sont réputées remises aux administrations et organismes mentionnés à l'article D. 133-9-2 à la date de réception de la déclaration annuelle des données sociales. Ces administrations et organismes sont seuls compétents pour apprécier la validité des déclarations et informations transmises les concernant.*

Le droit d'accès institué par l'article 39 de la loi n° 78-17 du 6 janvier 1978 modifiée s'exerce auprès de ces administrations et de ces organismes.

Sur l'entrée en vigueur du Décr. n° 2016-1567 du 21 nov. 2016, V. note ss. art. R. 133-14.

Art. D. 133-9-5 (Abrogé par Décr. n° 2016-1567 du 21 nov. 2016, art. 7-1°) *Le Centre national de transfert des données sociales, institué au sein de la Caisse nationale d'assurance vieillesse, organise le transfert des données mentionné à l'article D. 133-9-2. Il veille à la qualité, d'une part, des informations déclarées par les employeurs et, d'autre part, des informations retransmises aux destinataires.*

Un comité de gestion, composé d'un représentant de chaque administration et organisme mentionné à l'article D. 133-9-2, veille au fonctionnement de la collecte et du transfert des données de la déclaration annuelle des données sociales et en rend compte aux ministres chargés du budget et de la sécurité sociale. Il valide le budget relatif à ce transfert et sa répartition. Il statue sur le calendrier des échanges entre la Caisse nationale d'assurance vieillesse et les destinataires.

L'organisation du comité de gestion et les modalités de répartition du budget sont précisées par une convention conclue entre la Caisse nationale d'assurance vieillesse et les administrations et organismes mentionnés à l'article D. 133-9-2.

Sur l'entrée en vigueur du Décr. n° 2016-1567 du 21 nov. 2016, V. note ss. art. R. 133-14.

SOUS-SECTION 3 DÉMATÉRIALISATION DE LA DÉCLARATION ET DU PAIEMENT DES COTISATIONS ET CONTRIBUTIONS SOCIALES

(Décr. n° 2014-628 du 17 juin 2014, art. 1er-1°, en vigueur le 1er oct. 2014)

Art. D. 133-10 I. — Les employeurs privés redevables de cotisations et contributions sociales d'un montant supérieur à 20 000 euros au titre de l'année civile précédente sont tenus d'effectuer par voie dématérialisée les déclarations et le paiement de celles-ci. — *A compter du 1er janv. 2015, au I de l'article D. 133-10, le montant : « 35 000 » est remplacé par le montant : « 20 000 » (Décr. n° 2014-628 du 17 juin 2014, art. 5-II-1°).*

Le seuil mentionné ci-dessus est apprécié en tenant compte des prélèvements recouvrés par l'organisme assurant le recouvrement des cotisations et contributions sociales. En revanche, ne sont pas prises en compte les éventuelles majorations et pénalités prévues aux articles L. 133-5-5, R. 243-16 et R. 243-18 du présent code et aux articles R. 741-22 et R. 741-23 du code rural et de la pêche maritime.

II. — Lorsque le montant des cotisations et contributions sociales défini au I est supérieur à 7 millions d'euros au titre d'une année civile, le mode de paiement est le virement bancaire. Dans ce cas, l'ordre de virement est accompagné de références dont la liste est fixée par arrêté du ministre chargé de la sécurité sociale.

Art. D. 133-11 I. — La méconnaissance de l'obligation de déclaration dématérialisée prévue au I de l'article D. 133-10 entraîne l'application d'une majoration de 0,2 % du montant des sommes dont la déclaration a été effectuée par une autre voie que la voie dématérialisée.

II. — La méconnaissance de l'obligation de versement dématérialisé prévue au I de l'article D. 133-10 ou la méconnaissance des modalités de paiement définies au II du même article entraînent l'application d'une majoration de 0,2 % du montant des sommes dont le versement a été effectué selon un autre mode de paiement.

SOUS-SECTION 4 CHÈQUE-EMPLOI ASSOCIATIF

(Décr. nº 2008-244 du 7 mars 2008, art. 8)

La sous-section 3 devient la sous-section 4 (Décr. nº 2014-628 du 17 juin 2014, art. 1er-2º, en vigueur le 1er oct. 2014).

Art. D. 133-12 *(Décr. nº 2014-649 du 20 juin 2014, art. 1er, en vigueur le 1er janv. 2015)* **I. — Les employeurs publics redevables de cotisations et contributions sociales d'un montant supérieur à 50 000 euros au titre de l'année civile précédente sont tenus d'effectuer par voie dématérialisée les déclarations et le paiement de celles-ci. Le mode de paiement est le virement bancaire.** — *V. note ss. art.*

II. — Le seuil mentionné au I est apprécié en tenant compte des prélèvements recouvrés par l'organisme assurant le recouvrement des cotisations et contributions sociales. En revanche, ne sont pas prises en compte les éventuelles majorations et pénalités prévues aux articles L. 133-5-5, R. 243-16 et R. 243-18.

III. — La méconnaissance des obligations de déclaration ou de versement dématérialisées prévues au présent article entraîne l'application d'une majoration selon les mêmes modalités que celles prévues respectivement aux I et II de l'article D. 133-11.

A compter du 1er janv. 2016, au I de l'art. D. 133-12, le montant : « 100 000 » est remplacé par le montant : « 50 000 » (Décr. nº 2014-649 du 20 juin 2014, art. 2-II).

Art. D. 133-13-1 Lorsque l'organisme de recouvrement constate que la condition d'effectif n'est pas remplie ou cesse de l'être, ou qu'un salarié n'a pas donné son accord à l'utilisation du chèque-emploi associatif prévu à l'article L. 1272-1 du code du travail, il notifie à l'employeur l'impossibilité pour lui d'utiliser ce dispositif pour le ou les salariés intéressés tant que la condition méconnue n'est pas satisfaite.

Art. D. 133-13-2 Le volet social du chèque-emploi associatif prévu au 1º de l'article D. 1272-1 du code du travail comporte les mentions suivantes :

1º Mentions relatives au salarié :

***a)* Nom et prénom ;**

***b)* Numéro d'inscription au répertoire des personnes physiques et date de naissance ;**

2º Mentions relatives à :

***a)* La rémunération et aux différents éléments qui la constituent ;**

***b)* La période d'emploi ;**

***c)* L'application, le cas échéant, d'une base forfaitaire pour le calcul des cotisations et contributions de sécurité sociale ;**

3º La date de paiement du salaire et la signature de l'employeur.

Art. D. 133-13-3 Le Centre national du chèque-emploi associatif, désigné par arrêté du ministre chargé de la sécurité sociale, assure :

1º Le calcul de l'ensemble des contributions et cotisations sociales d'origine légale ou conventionnelle ;

2º L'établissement des attestations d'emploi destinées aux salariés embauchés et rémunérés par le chèque-emploi associatif.

Art. D. 133-13-4 Les cotisations et contributions dues au titre de l'utilisation du chèque-emploi associatif sont recouvrées et contrôlées par l'organisme de recouvrement du régime général de sécurité sociale territorialement compétent.

Le recouvrement est réalisé sous les garanties et sanctions applicables au recouvrement des cotisations du régime général de sécurité sociale assises sur les salaires.

Art. D. 133-13-5 Le Centre national du chèque-emploi associatif adresse à l'association le volet d'identification du salarié prévu au 2º de l'article D. 1272-1 du code du travail.

Art. D. 133-13-6 L'association employeur adresse au Centre national du chèque-emploi associatif les documents prévus dans les conditions suivantes :

1º Le volet d'identification du salarié, dans le délai indiqué au premier alinéa de l'article R. 1221-5 du code du travail ;

2º Le volet social, au plus tard dans les huit jours ouvrés suivant le versement de la rémunération.

Art. D. 133-13-7 Le Centre national du chèque-emploi associatif communique à l'organisme de recouvrement dont relève l'employeur, ainsi qu'à ce dernier, le calcul qu'il a effectué des contributions et cotisations dues.

Dans les cinq jours ouvrés qui suivent la réception du volet social, le Centre national du chèque-emploi associatif délivre au salarié une attestation d'emploi destinée à justifier ses droits aux prestations de sécurité sociale, aux prestations prévues à l'article L. 5421-2 du code du travail et aux prestations des régimes de retraite complémentaire et de prévoyance.

L'attestation d'emploi comporte les mentions figurant sur le bulletin de paie prévues aux articles R. 3243-1 à R. 3243-5 du code du travail. Elle se substitue à la remise du bulletin de paie par l'employeur.

Art. D. 133-13-8 L'organisme de recouvrement dont relève l'association accomplit, sur le compte bancaire désigné par celle-ci, le prélèvement automatique des contributions et cotisations sociales décomptées, *(Décr. nº 2009-342 du 27 mars 2009)* « le douzième jour du mois civil » suivant celui au cours duquel les sommes dues ont été notifiées.

Les dispositions issues du Décr. nº 2009-342 du 27 mars 2009, s'appliquent aux employeurs qui adhèrent au service « titre emploi-service entreprise » à compter du 1er avr. 2009 Ces dispositions s'appliquent à compter de la même date aux employeurs qui ont adhéré aux dispositifs mentionnés aux art. L. 133-5-3 et L. 133-5-5 dans leur rédaction antérieure à la L. nº 2008-776 du 4 août 2008 portant modernisation de l'économie, sans qu'ils aient à procéder à une nouvelle adhésion (Décr. préc., art. 5).

Art. D. 133-13-9 L'établissement et l'envoi du volet d'identification du salarié et du volet social ainsi que l'établissement et l'envoi de la demande d'adhésion peuvent être accomplis par voie électronique, dans les conditions prévues à l'article L. 133-5.

L'utilisation de cette procédure ne dispense pas l'employeur de l'obligation de signature prévue au 3º de l'article D. 1272-5 du code du travail.

Art. D. 133-13-10 Une convention conclue entre, d'une part, le ministre chargé de la sécurité sociale, l'Agence centrale des organismes de sécurité sociale et, d'autre part, chacun des établissements de crédit, institutions ou services mentionnés à l'article L. 1272-5 du code du travail fixe les obligations réciproques des parties.

Art. D. 133-13-11 Les modalités de diffusion des informations et de répartition des versements aux régimes intéressés font l'objet de conventions entre l'Agence centrale des organismes de sécurité sociale et les organismes nationaux gérant ces régimes.

Ces conventions fixent également le délai de conservation des informations recueillies et des formulaires reçus par le Centre national du chèque-emploi associatif, ainsi que les modalités de prise en charge des dépenses exposées par lui pour l'exécution de ses missions, en prenant en compte notamment le montant des contributions et cotisations reversées.

Art. D. 133-13-12 L'utilisation du chèque-emploi associatif vaut déclaration auprès de l'ensemble des administrations ou organismes intéressés au titre des articles R. 243-10, R. 243-13, R. 243-14 et R. 312-4 du présent code et de l'article 87 du code général des impôts. Elle satisfait également aux obligations de déclaration prescrites par les institutions mentionnées au livre IX du présent code.

Pour les associations relevant du régime agricole, l'utilisation du chèque-emploi associatif vaut déclaration auprès de l'ensemble des administrations ou organismes intéressés au titre des dispositions du code du travail et du code général des impôts, mentionnées à l'alinéa précédent ainsi que des articles R. 722-35, R. 741-2, R. 741-5 et R. 741-15 du code rural et de la pêche maritime, et vaut déclaration aux institutions prévues à l'article L. 727-2 du code rural et de la pêche maritime.

SECTION II MODERNISATION ET SIMPLIFICATION DES FORMALITÉS AU REGARD DES TRAVAILLEURS INDÉPENDANTS

(Décr. nº 2007-878 du 14 mai 2007, art. 2)

Les dispositions du Décr. nº 2007-878 du 14 mai 2007 sont applicables à compter du 1er janv. 2008 (Décr. préc., art. 6).

SOUS-SECTION 1 *[ABROGÉE]* INTERLOCUTEUR SOCIAL UNIQUE

(Abrogée par Décr. n° 2017-876 du 9 mai 2017, art. 1er-13°)

Art. D. 133-14 *Abrogé par Décr. n° 2014-1637 du 26 déc. 2014, art. 30.*

Art. D. 133-15 *Devient l'art. D. 133-3 (Décr. n° 2017-876 du 9 mai 2017, art. 1er-3°).*

Art. D. 133-16 (Abrogé par Décr. n° 2017-876 du 9 mai 2017, art. 1er-13°)*Les frais de versement et de recouvrement des cotisations et contributions sociales auprès du régime social des indépendants sont à la charge de la partie payante.*

SOUS-SECTION 2 DÉMATÉRIALISATION DE LA DÉCLARATION ET DU PAIEMENT DES COTISATIONS ET CONTRIBUTIONS SOCIALES

(Décr. n° 2014-628 du 17 juin 2014, art. 2, en vigueur le 1er oct. 2014)

Art. D. 133-17 *(Décr. n° 2014-628 du 17 juin 2014, art. 2, en vigueur le 1er oct. 2014)* *(Décr. n° 2014-1637 du 26 déc. 2014, art. 5-1°)* **« I. — Pour les travailleurs indépendants mentionnés au II de l'article** *(Décr. n° 2018-533 du 27 juin 2018, art. 7)* **« L. 613-5 », les obligations prévues au I de cet article s'imposent lorsque leur dernier revenu d'activité connu excède un montant égal à un pourcentage de la valeur annuelle du plafond de la sécurité sociale, tel que prévu à l'article L. 241-3, en vigueur au 1er janvier de l'année civile en cours. En cas de période d'affiliation inférieure à une année, cette valeur est réduite au prorata de la durée d'affiliation.**

« Le pourcentage mentionné à l'alinéa précédent est égal à *(Décr. n° 2017-700 du 2 mai 2017, art. 1er, en vigueur le 1er janv. 2018)* **« 10% ».**

« II. — *(Décr. n° 2015-1856 du 30 déc. 2015, art. 5)* **« Pour les travailleurs indépendants mentionnés au premier alinéa du III de l'article** *(Décr. n° 2018-533 du 27 juin 2018, art. 7)* **« L. 613-5 », les obligations prévues au I de cet article s'imposent lorsque leur dernier chiffre d'affaires annuel déclaré ou leurs dernières recettes annuelles déclarées excèdent un montant égal à un pourcentage du seuil fixé** *(Décr. n° 2018-533 du 27 juin 2018, art. 7)* **« aux *a* des 1° et 2° de l'article 293 B du code général des impôts ». Ce pourcentage est égal à** *(Décr. n° 2017-700 du 2 mai 2017, art. 1er, en vigueur le 1er janv. 2018)* **« 25% ».**

(Décr. n° 2014-1637 du 26 déc. 2014, art. 5-2°) **« La valeur du seuil fixé** *(Décr. n° 2018-533 du 27 juin 2018, art. 7)* **« aux *a* des 1° et 2° de l'article 293 B » susmentionné est celle en vigueur l'année au titre de laquelle les cotisations et contributions sociales sont dues. En cas de période d'affiliation inférieure à une année, cette valeur est réduite au prorata de la durée d'affiliation. »**

III. — Abrogé par Décr. n° 2014-1637 du 26 déc. 2014, art. 5-3°.

Art. D. 133-17-1 **La méconnaissance des obligations de déclaration dématérialisée ou de versement dématérialisé mentionnées à l'article D. 133-17 entraîne l'application des majorations fixées à l'article D. 133-11.**

SECTION IV MODERNISATION ET SIMPLIFICATION DES FORMALITÉS PAR LES PARTICULIERS EMPLOYEURS

(Décr. n° 2008-244 du 7 mars 2008, art. 8)

La sect. III devient la sect. IV (Décr. n° 2018-1235 du 24 déc. 2018).

SOUS-SECTION 1 CHÈQUE EMPLOI-SERVICE UNIVERSEL

A compter du 1er avr. 2008, les art. D. 133-17 à D. 133-23 deviennent les art. D. 133-18 à D. 133-24 (Décr. n° 2008-413 du 28 avr. 2008, art. 1er).

Art. D. 133-18 **Les particuliers employeurs qui ont l'obligation de déclarer au Centre national de traitement du chèque emploi-service universel les salariés qu'ils rémunèrent avec des chèques emploi-service universels doivent accepter d'acquitter les contributions et les cotisations sociales par prélèvement sur leur compte.**

Art. D. 133-19 Le volet social du chèque emploi-service universel prévu à l'article L. 133-8 comporte les mentions suivantes :

1° Mentions relatives à l'employeur :

a) Nom, prénom et adresse ;

b) Références bancaires ;

2° Mentions relatives au salarié :

a) Nom, nom d'époux et prénom ;

b) Numéro d'inscription au répertoire des personnes physiques ou date et lieu de naissance du salarié ;

c) Adresse ;

3° Mentions relatives à l'emploi et aux cotisations :

a) Nombre d'heures de travail effectuées ;

b) Période d'emploi ;

c) Salaires horaire et total nets versés ;

(Décr. n° 2013-604 du 9 juill. 2013, art. 1er-I) « *d)* Date de versement du salaire si elle est différente de celle mentionnée au 4° » ;

(Décr. n° 2015-326 du 23 mars 2015, art. 2, en vigueur le 1er juin 2015) « *e)* Dans le cas où l'établissement du volet social se fait par voie dématérialisée et où le nombre d'heures de travail inscrites au contrat excède pour un employeur donné trente-deux heures par mois, option annuelle retenue pour la période conventionnelle de congés payés : indemnité égale à un dixième de la rémunération brute versée mensuellement ou indemnité déterminée dans les conditions prévues par l'article *(Décr. n° 2016-1553 du 18 nov. 2016, art. 7-II, en vigueur le 1er janv. 2017)* « L. 3141-24 » du code du travail ; »

4° Date et signature de l'employeur.

Art. D. 133-20 Le volet social du chèque emploi-service universel est adressé par l'employeur à un organisme de recouvrement de sécurité sociale, désigné par arrêté du ministre chargé de la sécurité sociale, au plus tard *(Décr. n° 2013-604 du 9 juill. 2013, art. 1er-II)* « dans les quinze jours suivant la fin du mois au cours duquel le salarié a effectué sa prestation ». Pour la gestion des missions mentionnées au présent article, l'organisme de recouvrement adhère à une convention établie par l'Agence centrale des organismes de sécurité sociale.

Cet organisme assure le calcul et le recouvrement des contributions et cotisations sociales d'origine légale ou conventionnelle. Il délivre une attestation d'emploi permettant au salarié de justifier de ses droits aux prestations de sécurité sociale, d'assurance chômage et de retraite complémentaire. Il délivre également une attestation annuelle permettant à l'employeur de justifier de son droit à la réduction d'impôt prévue par l'article 199 *sexdecies* du code général des impôts.

Lorsque le particulier employeur bénéficie de l'allocation prévue au I de l'article L. 531-5, et par dérogation aux dispositions du présent article, l'emploi doit être déclaré selon les modalités prévues à l'article L. 531-8. Lorsque l'employeur bénéficie de l'une des allocations prévues aux articles L. 841-1 et L. 842-1, en vertu de la réglementation applicable avant le 1er janvier 2004, l'emploi doit être déclaré selon les modalités prévues aux articles L. 841-4, L. 842-4, D. 841-2 et D. 842-4, dans leur rédaction en vigueur avant cette même date.

(Décr. n° 2013-604 du 9 juill. 2013, art. 1er-II) « Lorsque le particulier employeur bénéficie de la prise en charge de tout ou partie de ses cotisations et contributions sociales dans les conditions prévues à l'article L. 133-8-3, l'organisme chargé du recouvrement calcule, à réception du volet social mentionné à l'article D. 133-19, la part des cotisations et contributions faisant l'objet de cette prise en charge et en reçoit paiement de la part du département qui sert l'allocation, préalablement au paiement des cotisations et contributions dues, le cas échéant, par l'employeur. Une convention type, approuvée par arrêté du ministre chargé de la sécurité sociale, entre l'organisme de recouvrement mentionné au premier alinéa et chaque département précise les modalités de mise en œuvre. » – *V. Arr. du 3 juin 2014 fixant le modèle de convention d'adhésion au dispositif de tiers payant des cotisations et contributions des bénéficiaires de l'allocation personnalisée pour l'autonomie (APA) ou de la prestation de compensation du handicap (PCH) utilisant le chèque emploi-service universel (CESU) (JO 14 juin).*

Art. D. 133-21 Les taux et l'assiette des cotisations de sécurité sociale sont ceux en vigueur dans le département de résidence de l'employeur au jour de la réception du volet social du chèque emploi-service universel.

Art. D. 133-22 Les volets sociaux des chèques emploi-service universel reçus jusqu'au quinzième jour du mois civil donnent lieu à prélèvement automatique des contributions et cotisations sociales le dernier jour du mois suivant, sur le compte désigné par l'employeur.

(Décr. n° 2013-604 du 9 juill. 2013, art. 1er-III) « Toutefois, lorsqu'il est fait application de la prise en charge mentionnée au dernier alinéa de l'article D. 133-20, le paiement par le particulier employeur et par le département de la part des cotisations et contributions sociales à la charge de chacun d'eux a lieu le dernier jour du deuxième mois suivant la réception du volet social. »

Art. D. 133-23 Lorsque le volet social du chèque emploi-service universel n'est pas adressé dans le délai prescrit à *(Décr. n° 2011-1220 du 29 sept. 2011, art. 2)* « l'article D. 133-20 », il est fait application des articles R. 243-16 et R. 243-19 à R. 243-20.

Lorsque le prélèvement des cotisations sociales dues au titre de l'utilisation du chèque emploi-service universel n'est pas honoré, il est fait application des dispositions des articles R. 243-18, R. 243-19 à R. 243-20, R. 243-20-3 et R. 243-21.

Art. D. 133-24 Les émetteurs de chèques emploi-service universel mentionnés à l'article D. 1271-8 du code du travail communiquent à l'Agence centrale des organismes de sécurité sociale les informations nécessaires à la vérification de la déclaration régulière des salariés mentionnés au 1° de l'article L. 1271-1 du code du travail.

SECTION V **MODERNISATION ET SIMPLIFICATION DES FORMALITÉS AU REGARD DES EMPLOYEURS NON ÉTABLIS EN FRANCE**

(Décr. n° 2011-1220 du 29 sept. 2011, art. 1er)

La sect. IV devient la sect. V (Décr. n° 2018-1235 du 24 déc. 2018).

Art. D. 133-25 I. — L'organisme de recouvrement du régime général désigné en application de l'article R. 243-8-1 est l'interlocuteur unique des employeurs non établis en France pour le recouvrement des contributions et cotisations sociales.

II. — Lorsque l'employeur est une entreprise qui ne comporte pas d'établissement en France et qu'il opte pour l'utilisation d'un titre-emploi, les dispositions des articles D. 133-6 à D. 133-8 et R. 243-6-4 du présent code lui sont applicables et le versement des cotisations et contributions sociales est effectué par virement ou prélèvement bancaire.

Si l'employeur est un particulier qui n'est pas considéré comme domicilié en France pour l'établissement de l'impôt sur le revenu et qu'il opte pour l'utilisation d'un titre-emploi, les dispositions des articles D. 133-18 à D. 133-23 lui sont applicables.

Art. D. 133-26 Lorsque le particulier mentionné au II de l'article D. 133-25 opte pour l'utilisation d'un titre-emploi et que le séjour de son salarié en France n'excède pas une durée de trois mois sur une période de six mois au sens de l'article 2 du règlement (CE) n° 810/2009 du Parlement européen et du Conseil du 13 juillet 2009 établissant un code communautaire des visas, les cotisations et contributions sociales dues au titre de l'emploi de ce salarié peuvent être payées de manière forfaitaire et antérieurement à la période d'emploi, sous les conditions suivantes :

1° La rémunération horaire brute du salarié ne doit pas excéder une fois et demie la valeur horaire du salaire minimum interprofessionnel de croissance ;

2° L'employeur joint au volet social prévu à l'article D. 133-19 du présent code une copie de l'autorisation provisoire de travail de son salarié lorsque ce dernier relève des dispositions du 13° de l'article R. 5221-3 du code du travail ou, à défaut, une copie de son propre titre de séjour.

Lorsqu'il est fait application du dispositif de paiement anticipé des cotisations prévu au premier alinéa du présent article, les cotisations et contributions sociales dues sont calculées sur la base d'une assiette égale au produit de huit fois la valeur horaire du salaire minimum interprofessionnel de croissance en vigueur au jour où l'employeur adresse le volet social prévu à l'article D. 133-19 par le nombre de jours calendaires que comporte la période de séjour en France du salarié ou de l'employeur figurant sur les documents mentionnés au 2° du présent article. Le versement de ces cotisations et contributions est effectué par carte bancaire.

Dans tous les autres cas, elles sont dues dans les conditions prévues à l'article L. 242-1 et au II de l'article D. 133-25 du présent code.

L'art. D. 133-26 est entré en vigueur le 1er janv. 2012 (Décr. n° 2011-1220 du 29 sept. 2011, art. 4).

Art. D. 133-27 Les taux et l'assiette des cotisations et contributions sociales dues par les employeurs non établis en France et utilisant un titre-emploi sont ceux en vigueur dans le département où travaille le salarié au jour de la réception du volet social prévu à l'article D. 133-6-1 si l'employeur est une entreprise ou à l'article D. 133-19 s'il s'agit d'un particulier employeur.

CHAPITRE IV **RELATIONS INTER-RÉGIMES** *(Décr. n° 2015-420 du 14 avr. 2015, art. 2-I).*

SECTION PREMIÈRE **RELATIONS FINANCIÈRES ENTRE LES RÉGIMES D'ASSURANCE VIEILLESSE** *(Décr. n° 2016-1212 du 9 sept. 2016, art. 2-1°).*

Art. D. 134-1 *Abrogé par Décr. n° 2011-2083 du 30 déc. 2011, art. 1er-16°.*

Art. D. 134-2 *(Décr. n° 2003-1035 du 29 oct. 2003, art. 1er ; Décr. n° 2011-2083 du 30 déc. 2011, art. 1er-2°)* « La compensation prévue à l'article L. 134-1 est calculée entre *(Décr. n° 2018-1299 du 28 déc. 2018, art. 1er)* « le régime général au titre des personnes mentionnées aux articles L. 311-2, L. 311-3, L. 311-6, L. 381-1, L. 382-1 et L. 382-31 et » les régimes de salariés sur la base d'un régime unique fictif versant à chaque titulaire d'une pension de droit direct, âgé d'au moins soixante-cinq ans, une pension de référence *(Décr. n° 2018-1299 du 28 déc. 2018, art. 1er)* « fixée annuellement par arrêté sur la base du montant de 2017 revalorisé chaque année dans les conditions définies à l'article L. 161-23-1 du code de la sécurité sociale. L'effectif de cotisants actifs du régime général est calculé à partir des données d'emploi salarié transmises par l'institut national de la statistique et des études économiques. » Le financement est assuré par une cotisation proportionnelle au salaire plafonné de chacun des cotisants. Concernant les effectifs mentionnés au dernier alinéa de l'article D. 134-4, le salaire plafonné est égal à l'assiette forfaitaire fixée au troisième alinéa de l'article R. 135-16. Le taux de cotisation de référence est égal au produit de l'effectif des retraités d'au moins soixante-cinq ans titulaires d'une pension de droit direct de l'ensemble des régimes concernés par la prestation de référence, rapporté à la masse salariale sous plafond des ressortissants de l'ensemble desdits régimes. Les effectifs sont appréciés au 1er juillet de l'année considérée. »

Le solde de la compensation est égal, pour chaque régime, à la différence entre le produit de la cotisation proportionnelle et le montant des prestations calculées sur la base du régime fictif, définis au deuxième alinéa ci-dessus.

Art. D. 134-3 *(Décr. n° 2018-1299 du 28 déc. 2018, art. 1er)* Pour le calcul de la compensation démographique prévue par l'article L. 134-1 entre les régimes de salariés mentionnés à l'article D. 134-2 pris dans leur ensemble, d'une part, et chacun des régimes de non-salariés ainsi que le régime général au titre des personnes mentionnées à l'article L. 631-1, d'autre part, la cotisation moyenne correspond à la cotisation théorique uniforme qui devrait être versée par chaque cotisant actif de l'ensemble des régimes pour financer une pension de référence fixée par arrêté sur la base du montant de 2017 revalorisé chaque année dans les conditions de l'article L. 161-23-1 du code de la sécurité sociale.

Art. D. 134-4 Est considérée comme cotisant actif toute personne quel que soit son âge, exerçant une activité professionnelle, assujettie à un régime obligatoire de sécurité sociale et qui verse personnellement ou pour laquelle est versée une cotisation.

Ne sont pas considérés comme des cotisants actifs :

1° Les affiliés mentionnés aux sections III et V du chapitre Ier du titre VIII du livre III ;

2° Les assurés volontaires ;

3° Les assujettis exonérés ou dispensés totalement du versement des cotisations.

(Décr. n° 2003-1035 du 29 oct. 2003, art. 3) « Sont néanmoins considérés comme cotisants actifs les effectifs dont les cotisations sont prises en charge par le fonds mentionné au chapitre V du titre III du livre Ier du présent code. » — *Cette disposition s'applique aux calculs de compensations à compter de l'exercice 2003.*

Art. D. 134-5 Les soldes de la compensation démographique mentionnée à l'article D. 134-3 sont déterminés *(Abrogé par Décr. n° 2011-2083 du 30 déc. 2011, art. 1er-4°)* « *dans chaque branche,* » pour l'ensemble des régimes de salariés, d'une part, et pour chacun des régimes de non-salariés, d'autre part, par la différence entre le produit du nombre de leurs cotisants actifs par la cotisation moyenne définie au 2° de l'article D. 134-3 et le produit du nombre de leurs bénéficiaires par la prestation de référence.

Le solde résultant pour l'ensemble des régimes de salariés de la compensation démographique tel qu'il ressort du calcul défini à l'article D. 134-3 est réparti entre ces régimes au prorata des masses salariales sous plafond de leurs ressortissants respectifs.

(Décr. n° 2011-2083 du 30 déc. 2011, art. 1er-4°) « Les bénéficiaires, au sens du présent article, sont les assurés âgés d'au moins soixante-cinq ans percevant un avantage au titre d'un droit propre. »

(Abrogé par Décr. n° 2011-2083 du 30 déc. 2011, art. 1er-4°) « *1° Pour l'assurance maladie, l'ensemble des personnes protégées, à l'exclusion des affiliés mentionnés aux 1°, 2° et 3° de l'article D. 134-4 ;*

« *2° Pour l'assurance vieillesse, les assurés âgés d'au moins soixante-cinq ans percevant un avantage au titre d'un droit propre.* »

Les effectifs concernés sont appréciés au 1er juillet de l'année considérée.

En cas d'affiliation multiple, les cotisants actifs et les bénéficiaires sont comptés simultanément dans chaque régime pour une unité.

Art. D. 134-6 Les arrêtés interministériels prévus *(Décr. n° 2011-2083 du 30 déc. 2011, art. 1er-5°)* « à » l'article L. 134-1 sont pris conjointement par le ministre chargé de la sécurité sociale, *(Décr. n° 2006-1659 du 21 déc. 2006)* « et le ministre chargé du budget ».

Art. D. 134-7 Les sommes correspondant aux soldes positifs de la compensation sont versées par les organismes nationaux des régimes débiteurs à *(Décr. n° 2011-2083 du 30 déc. 2011, art. 1er-6°)* « l'Agence centrale des organismes de sécurité sociale ». Celle-ci reverse aux organismes nationaux des régimes créanciers les sommes correspondant aux soldes négatifs.

(Abrogé par Décr. n° 2011-2083 du 30 déc. 2011, art. 1er-6°) « *Les opérations financières de l'espèce concernant le régime général des travailleurs salariés sont effectuées par l'Agence centrale des organismes de sécurité sociale.*

« *Les régimes débiteurs peuvent verser des acomptes aux régimes créanciers dont la situation de trésorerie l'exige.*

« *Ces opérations sont effectuées par l'intermédiaire de la Caisse des dépôts et consignations.* »

Un arrêté conjoint du ministre chargé de la sécurité sociale et du ministre chargé du budget fixe *(Décr. n° 2011-2083 du 30 déc. 2011, art. 1er-6°)* « les dates et les montants des acomptes et des régularisations au titre de ces compensations ».

(Abrogé par Décr. n° 2011-2083 du 30 déc. 2011, art. 1er-6°) « *En ce qui concerne le régime des exploitants agricoles, les opérations financières sont effectuées entre la Caisse des dépôts et consignations et l'agence comptable de (Décr. n° 2008-1495 du 30 déc. 2008) « la Caisse centrale de la mutualité sociale agricole ».* »

Art. D. 134-8 (Abrogé par Décr. n° 2016-1212 du 9 sept. 2016, art. 2-2°) (Décr. n° 2011-2083 du 30 déc. 2011, art. 1er-7°) *Un arrêté conjoint du ministre chargé de la sécurité sociale et du ministre chargé du budget fixe, après avis du conseil d'administration de la Caisse nationale du régime d'assurance vieillesse des professions libérales, la répartition entre les sections professionnelles des sommes correspondant aux soldes positif ou négatif de la compensation mentionnée à l'article L. 134-1.* — Les dispositions issues du Décr. n° 2016-1212 du 9 sept. 2016 s'appliquent à compter de l'exercice 2016 (Décr. préc., art. 12).

Art. D. 134-9 *(Décr. n° 87-802 du 29 sept. 1987, art. 1er ; Décr. n° 2011-2083 du 30 déc. 2011, art. 1er-8°)* Les dispositions de la présente section ne sont applicables qu'aux régimes de sécurité sociale dont l'effectif des actifs cotisants et des retraités titulaires de droits propres âgés de soixante-cinq ans ou plus dépasse au total 20 000 personnes au 1er juillet de l'année considérée.

Art. D. 134-9-1 à D. 134-9-5 *Abrogés par Décr. n° 2009-1750 du 30 déc. 2009, art. 2.*

Art. D. 134-10 *(Décr. n° 2016-1212 du 9 sept. 2016, art. 2-3°)* Pour l'application des dispositions de l'article L. 134-3, la Caisse nationale du régime social des indépendants et la Caisse centrale de la mutualité sociale agricole transmettent à la Caisse nationale de l'assurance vieillesse des travailleurs salariés un état retraçant, pour le dernier exercice clos, les charges et les produits des branches mentionnées aux 2° et 3° de l'article L. 611-2 et du risque vieillesse et veuvage de la branche mentionnée au 2° de l'article L. 722-27 du code rural et de la pêche maritime.

Cette transmission est effectuée dans des délais permettant la prise en compte de ces données par la Caisse nationale de l'assurance vieillesse des travailleurs salariés pour la clôture de ses comptes annuels, conformément au calendrier d'établissement des comptes commun aux régimes mentionné à l'article R. 114-6-1.

Le solde entre les charges et produits définis au premier alinéa est inscrit au compte de résultat de la branche mentionnée au 3° de l'article L. 200-2.

Les dispositions issues du Décr. n° 2016-1212 du 9 sept. 2016 s'appliquent à compter de l'exercice 2016 (Décr. préc., art. 12).

Art. D. 134-11 *(Décr. n° 2016-1212 du 9 sept. 2016, art. 2-3°)* Les versements effectués pour assurer l'équilibre financier des branches mentionnées aux 2° et 3° de l'article L. 611-2 et du risque vieillesse et veuvage de la branche mentionnée au 2° de l'article L. 722-27 du code rural et de la pêche maritime sont imputés sur les comptes ouverts en application des dispositions du premier alinéa de l'article D. 225-2 dans les conditions fixées par cet article.

Sauf dans les cas où il est fait application des dispositions générales prévues à l'article D. 225-2-1, ces versements peuvent donner lieu en cours d'exercice à des acomptes dont les montants sont fixés par un échéancier annuel déterminé par l'Agence centrale des organismes de sécurité sociale et les caisses concernées sur la base des prévisions retenues dans le cadre de la loi de financement de la sécurité sociale de l'année considérée s'agissant des produits et charges mentionnés au premier alinéa de l'article D. 134-10. Un versement définitif intervient une fois les comptes mentionnés au deuxième alinéa de l'article D. 134-10 clôturés. — *V. note ss. art. D. 134-10.*

SECTION II RELATIONS FINANCIÈRES ENTRE LA CAISSE NATIONALE DE L'ASSURANCE MALADIE DES TRAVAILLEURS SALARIÉS ET LES AUTRES RÉGIMES

(Décr. n° 2016-1212 du 9 sept. 2016, art. 2-4°)

Art. D. 134-12 Pour l'application des dispositions des articles L. 134-4 et L. 241-2, les organismes gestionnaires des risques et branches mentionnés aux 1° à 4° de l'article L. 134-4 transmettent à la Caisse nationale de l'assurance maladie des travailleurs salariés un état retraçant les charges et les produits des risques et branches concernés.

Sont isolés au moins une fois par exercice les charges et produits qui n'entrent pas dans le champ couvert par l'article L. 241-2. Les modalités de répartition, entre ce qui relève du champ couvert par l'article L. 241-2 et ce qui n'en relève pas, des montants des dépenses de gestion et d'action sociale des organismes sont fixées par arrêté des ministres chargés du budget et de la sécurité sociale.

La transmission mentionnée au premier alinéa est effectuée dans des délais permettant la prise en compte de ces données par la Caisse nationale de l'assurance maladie des travailleurs salariés pour la clôture de ses comptes annuels, conformément au calendrier d'établissement des comptes mentionné à l'article R. 114-6-1.

Les dispositions issues du Décr. n° 2016-1212 du 9 sept. 2016 s'appliquent à compter de l'exercice 2016 (Décr. préc., art. 12).

Art. D. 134-13 *(Décr. nº 2017-736 du 3 mai 2017, art. 10-1º)* « Pour les organismes qui ne sont pas régis par les dispositions de l'article D. 225-2-1, les règlements à effectuer » pour assurer l'équilibre financier des branches mentionnées aux 1º à 4º de l'article L. 134-4 sont *(Décr. nº 2017-736 du 3 mai 2017, art. 10-1º)* « imputés » sur les comptes ouverts en application du premier alinéa de l'article D. 225-2 *(Abrogé par Décr. nº 2017-736 du 3 mai 2017, art. 10-1º) « dans les conditions fixées par cet article, soit exécutés »* selon des modalités fixées par convention entre la Caisse nationale de l'assurance maladie des travailleurs salariés, l'Agence centrale des organismes de sécurité sociale et les organismes gestionnaires des risques et branches respectivement concernés. Ces conventions sont soumises à l'approbation de l'autorité de tutelle compétente.

(Décr. nº 2017-736 du 3 mai 2017, art. 10-1º) « Ces règlements » peuvent donner lieu en cours d'exercice à des acomptes dont les montants sont fixés par des échéanciers annuels, annexés aux conventions mentionnées au premier alinéa, déterminés par l'Agence centrale des organismes de sécurité sociale et les caisses concernées sur la base des prévisions retenues dans le cadre de la loi de financement de la sécurité sociale de l'année considérée s'agissant des produits et charges mentionnés au premier alinéa de l'article D. 134-12. *(Décr. nº 2017-736 du 3 mai 2017, art. 10-1º)* « Un règlement » définitif intervient une fois les comptes mentionnés au troisième alinéa de l'article D. 134-12 clôturés. — *V. note ss. art. D. 134-12.*

Art. D. 134-14 *(Décr. nº 2017-736 du 3 mai 2017, art. 10-2º)* Les conventions mentionnées à l'article D. 134-13 peuvent prévoir des modalités de compensation entre les opérations découlant respectivement des dispositions mentionnées au même article et aux articles D. 175-1 et D. 136-1.

SECTION III RELATIONS FINANCIÈRES ENTRE RÉGIMES AU TITRE DE LA COUVERTURE DES ACCIDENTS DU TRAVAIL ET MALADIES PROFESSIONNELLES *(Décr. nº 2016-1212 du 9 sept. 2016, art. 2-6º).*

L'art. 2-5º du Décr. nº 2016-1212 du 9 sept. 2016 indique que les Sect. III et IV sont abrogées. Quant à l'art. 2-6º, il indique que la Sect. IV bis, comprenant les art. D. 134-42 à D. 134-45, devient la Sect. III dont l'intitulé est ainsi rédigé : « Relations financières entre régimes au titre de la couverture des accidents du travail et maladies professionnelles ». Or, les art. D. 134-42 à D. 134-45 appartiennent à la Ss.-sect. 2 relative aux accidents du travail et maladies professionnelles de la Sect. IV qui est abrogée par l'art. 2-5º de ce même décret.

Il s'agit donc d'une erreur, il faut lire en conséquence aux art. 2-5º et 2-6º que les sect. III et IV bis sont abrogées et que la Ss-sect. 2 de la Sect. IV, comprenant les art. D. 134-42 à D. 134-45, devient la Sect. III.

Les dispositions issues du Décr. nº 2016-1212 du 9 sept. 2016 s'appliquent à compter de l'exercice 2016 (Décr. préc., art. 12).

Art. D. 134-42 Le champ d'application de la compensation instituée par l'article L. 134-7 est limité :

1º Aux rentes accordées aux victimes atteintes d'une incapacité permanente de travail ou à leurs ayants droit en cas d'accident mortel, telles que ces prestations sont définies par le livre IV et le décret nº 73-600 du 29 juin 1973 ;

2º Aux revalorisations de rentes d'accidents du travail survenus ou de maladies professionnelles constatées soit avant le 1er janvier 1947 dans le régime général de sécurité sociale des travailleurs salariés du commerce et de l'industrie, soit avant le 1er juillet 1973 dans le régime des salariés agricoles ;

3º Aux rentes et revalorisations de rentes accordées au titre des accidents du travail et des maladies professionnelles des salariés agricoles du Haut-Rhin, du Bas-Rhin et de la Moselle relevant du code local des assurances sociales en vigueur dans ces départements.

Sont incluses dans les charges du régime général de sécurité sociale celles qui lui incombent au titre de la surcompensation des prestations d'accidents du travail du régime minier, instituée par l'article L. 134-15.

Art. D. 134-43 Le solde de compensation est égal pour chaque régime à la différence entre la cotisation d'équilibre définie ci-après et les prestations effectivement versées durant l'année considérée.

La cotisation d'équilibre de chaque régime s'obtient par l'application à la masse salariale plafonnée de ce régime, du rapport des charges totales de rentes et de revalorisation de rentes des trois régimes sur la somme des masses salariales plafonnées des trois régimes, les charges étant majorées, pour le régime général de sécurité sociale, des charges de surcompensation des prestations d'accidents du travail du régime minier.

Pour l'application de l'alinéa précédent il n'est pas tenu compte, pour le régime d'assurance contre les accidents définis par le code local des assurances sociales en vigueur dans les départements du Bas-Rhin, du Haut-Rhin et de la Moselle, des charges de rentes et de revalorisations de rentes versées aux non-salariés.

Art. D. 134-44 Pour un exercice considéré, les soldes définitifs de compensation entre le régime général de sécurité sociale des salariés *(Abrogé par Décr. n° 2016-1212 du 9 sept. 2016, art. 2-6°) « du commerce et de l'industrie »* et chacun des régimes de salariés agricoles sont fixés, compte tenu des dispositions *(Décr. n° 2016-1212 du 9 sept. 2016, art. 2-6°)* « de l'article D. 134-45, » avant le 30 septembre de l'année suivante par arrêté du ministre chargé du budget, du ministre chargé de la sécurité sociale et du ministre chargé de l'agriculture, pris après avis de la Caisse nationale de l'assurance maladie des travailleurs salariés.

Les régimes débiteurs versent aux régimes créanciers, au début de chaque trimestre, des acomptes égaux au quart du montant des transferts de l'avant-dernière année. L'acompte du dernier trimestre est majoré ou minoré du montant de la différence entre les soldes définitifs de compensation de l'année précédente et de l'avant-dernière année.

(Abrogé par Décr. n° 2016-1212 du 9 sept. 2016, art. 2-6°) « Les opérations financières de l'espèce concernant le régime général des travailleurs salariés du commerce et de l'industrie sont effectuées par l'Agence centrale des organismes de sécurité sociale, celles concernant le régime des salariés agricoles sont effectuées par la caisse centrale de secours mutuels agricoles et celles concernant les départements du Bas-Rhin, du Haut-Rhin et de la Moselle par la Caisse d'assurance accidents agricole du Bas-Rhin qui passera à cet effet une convention avec les caisses des deux autres départements concernés. »

Les dispositions issues du Décr. n° 2016-1212 du 9 sept. 2016 s'appliquent à compter de l'exercice 2016 (Décr. préc., art. 12).

Art. D. 134-45 Le transfert de compensation au profit de chacun des régimes agricoles ne pourra en aucun cas excéder un montant égal au produit de la masse salariale plafonnée de chacun de ces régimes pour l'année considérée par l'écart entre le taux de cotisation qui couvrirait l'ensemble des charges des trois régimes et le taux de cotisation qui couvrirait l'ensemble des charges de chacun de ces régimes agricoles avant compensation.

Art. D. 134-46 *Abrogé par Décr. n° 2013-1223 du 23 déc. 2013, art. 6-I, à compter du 1er janv. 2014.*

SECTION IV *[ABROGÉE]* RELATIONS FINANCIÈRES ENTRE LE RÉGIME GÉNÉRAL ET LE RÉGIME DES SALARIÉS AGRICOLES

SOUS-SECTION 1 *[ABROGÉE]* ASSURANCES SOCIALES ET PRESTATIONS FAMILIALES

(Abrogée par Décr. n° 2016-1212 du 9 sept. 2016, art. 2-5°)

Les dispositions issues du Décr. n° 2016-1212 du 9 sept. 2016 s'appliquent à compter de l'exercice 2016 (Décr. préc., art. 12).

SECTION IV *BIS [ABROGÉE]* RELATIONS FINANCIÈRES ENTRE LE RÉGIME GÉNÉRAL ET LES AUTRES RÉGIMES *(Décr. n° 2015-420 du 14 avr. 2015, art. 2-II-1°).*

(Abrogée par Décr. n° 2016-1212 du 9 sept. 2016, art. 2-5°)

Art. D. 134-47 *Pour l'application* (Décr. n° 2015-420 du 14 avr. 2015, art. 2-II-2°) *« des dispositions du 2° du I » de l'article L. 134-11-1, la Caisse centrale de la mutualité* *sociale agricole transmet à la Caisse nationale de l'assurance maladie des travailleurs salariés, chaque année* (Décr. n° 2015-420 du 14 avr. 2015, art. 2-II-2°) *« pour la clôture des comptes annuels des régimes et organismes prévue par l'article L. 114-6-1 »*[,] *un état retraçant, pour* (Décr. n° 2015-420 du 14 avr. 2015, art. 2-II-2°) *« le dernier exercice clos », les charges et les produits de la branche mentionnée au 2° de l'article L. 722-8 du code rural et de la pêche maritime* (Abrogé par Décr. n° 2013-1223 du 23 déc. 2013, art. 6-II, à compter du 1er janv. 2014) *« à l'exclusion des dépenses complémentaires mentionnées à l'article L. 731-10 du même code ».*

(Décr. n° 2015-420 du 14 avr. 2015, art. 2-II-2°) *« Cette transmission est effectuée dans des délais permettant la prise en compte de ces données par la Caisse nationale de l'assurance maladie des travailleurs salariés pour la clôture de ses comptes annuels, conformément au calendrier d'établissement des comptes commun aux régimes visé à l'article R. 114-6-1. »*

Le solde entre les charges et les produits définis (Décr. n° 2015-420 du 14 avr. 2015, art. 2-II-2°) *« au premier alinéa » est inscrit au compte de résultat de la branche mentionnée au 1° de l'article L. 200-2 pour l'exercice concerné.*

Art. D. 134-48 (Décr. n° 2015-420 du 14 avr. 2015, art. 2-II-3°) *Les versements effectués en vue d'assurer l'équilibre financier de la branche mentionnée au 2° de l'article L. 722-8 du code rural et de la pêche maritime sont imputés sur le compte de la Caisse centrale de la mutualité sociale agricole ouvert en application du premier alinéa de l'article D. 225-2 dans les conditions fixées par cet article.*

Ils peuvent donner lieu en cours d'exercice à des acomptes dont les montants sont fixés par un échéancier annuel déterminé par la Caisse centrale de la mutualité sociale agricole et l'Agence centrale des organismes de sécurité sociale sur la base des prévisions retenues dans le cadre de l'adoption de la loi de financement de la sécurité sociale de l'année considérée.

Un versement définitif intervient dès l'établissement du solde mentionné au dernier alinéa de l'article D. 134-47.

Art. D. 134-49 (Décr. n° 2015-420 du 14 avr. 2015, art. 2-II-4°) *Pour l'application des dispositions du 1° du I et du 1° du II de l'article L. 134-11-1, la Caisse nationale du régime social des indépendants transmet chaque année, pour la clôture des comptes annuels des régimes et organismes prévue par l'article L. 114-6-1 :*

1° A la Caisse nationale de l'assurance maladie des travailleurs salariés, un état retraçant, pour le dernier exercice clos, les charges et les produits de la branche mentionnée au 1° de l'article L. 611-2 ;

2° A la Caisse nationale de l'assurance vieillesse des travailleurs salariés, un état retraçant, pour le dernier exercice clos, les charges et les produits des branches mentionnées aux 2° et 3° de l'article L. 611-2.

Cette transmission est effectuée dans des délais permettant la prise en compte de ces données par la Caisse nationale de l'assurance maladie des travailleurs salariés et la Caisse nationale de l'assurance vieillesse des travailleurs salariés pour la clôture de leurs comptes annuels, conformément au calendrier d'établissement des comptes commun aux régimes visé à l'article R. 114-6-1.

Les soldes entre les charges et les produits définis aux 1° et 2° précédents sont inscrits respectivement au compte de résultat des branches mentionnées aux 1° et 3° de l'article L. 200-2 pour l'exercice concerné.

Art. D. 134-50 (Décr. n° 2015-420 du 14 avr. 2015, art. 2-II-4°) *Les versements effectués en vue d'assurer l'équilibre financier des branches mentionnées aux 1° à 3° de l'article L. 611-2 sont imputés sur le compte de la Caisse nationale du régime social des indépendants ouvert en application du premier alinéa de l'article D. 225-2 dans les conditions fixées par cet article.*

Ils peuvent donner lieu en cours d'exercice à des acomptes dont les montants sont fixés par un échéancier annuel déterminé par la Caisse nationale du régime social des indépendants et l'Agence centrale des organismes de sécurité sociale sur la base des prévisions retenues dans le cadre de la loi de financement de la sécurité sociale de l'année considérée.

Un versement définitif intervient dès l'établissement du solde mentionné au dernier alinéa de l'article D. 134-49.

Art. D. 134-51 (Décr. n° 2016-1189 du 1er sept. 2016, art. 1er) *La compensation financière prévue au III de l'article L. 173-1-2 pour l'application de la liquidation à titre unique*

des pensions de retraite de base s'effectue entre les régimes concernés selon les modalités prévues pour l'application des dispositions mentionnées à l'article L. 134-3. La répartition des montants de prestations versées à ce titre et rattachables à chacun des régimes est détaillée en annexe aux comptes de chacun d'entre eux.

Les dispositions issues du Décr. n° 2016-1189 du 1er sept. 2016 entrent en vigueur à la date prévue au II de l'art. 43 (V. note ss. art. L. 173-1-2) de la L. n° 2014-40 du 20 janv. 2014 (Décr. préc., art. 2).

CHAPITRE V FONDS DE SOLIDARITÉ VIEILLESSE

(Décr. n° 2015-1240 du 7 oct. 2015, art. 2-I)

Art. D. 135-1 Les modalités suivant lesquelles sont effectuées les opérations financières et comptables du fonds, mentionnées au IV de l'article R. 135-8, sont celles que définissent les articles D. 122-2, D. 122-5 et D. 122-6. Pour l'application au fonds de solidarité vieillesse de ces trois articles, la référence au directeur est remplacée par la référence au président.

Les dispositions du I de l'art. 2 issues du Décr. n° 2015-1240 du 7 oct. 2015 sont applicables à compter de l'exercice 2016 (Décr. préc., art. 3).

Art. D. 135-2 (Abrogé par Décr. n° 2017-583 du 20 avr. 2017, art. 2) *La fraction prévue* (Décr. n° 2016-1212 du 9 sept. 2016, art. 3-1°) *« au 1° du II » de l'article L. 135-2 est fixée à 50 %.*

Art. D. 135-3 *(Décr. n° 2016-1212 du 9 sept. 2016, art. 3-2°)* Le montant des frais de gestion mentionné au IV de l'article L. 135-2 est réparti entre les trois sections mentionnées au même article au prorata du montant des dépenses techniques enregistré sur chaque section. – *V. 2e note ss. art. D. 135-2.*

CHAPITRE VI CONTRIBUTION SOCIALE GÉNÉRALISÉE

(Décr. n° 2016-1212 du 9 sept. 2016, art. 4)

Art. D. 136-1 Le produit correspondant à l'application du taux mentionné au *a* du 4° du IV de l'article L. 136-8 aux revenus d'activité des personnes affiliées dans chacun des régimes est affecté à la couverture des dépenses relevant, dans chacun d'eux, de l'article L. 160-1.

L'Agence centrale des organismes de sécurité sociale notifie mensuellement le produit correspondant aux organismes auxquels les déclarations effectuées au titre de la contribution mentionnée à l'article L. 136-1 ne sont pas transmises par les employeurs ou travailleurs indépendants concernés.

Le reversement *(Décr. n° 2017-736 du 3 mai 2017, art. 10-3°)* « aux organismes qui ne sont pas régis par les dispositions de l'article D. 225-2-1 » des sommes dues en application des dispositions du présent article est effectué selon une périodicité, un calendrier et des modalités définis *(Décr. n° 2017-736 du 3 mai 2017, art. 10-3°)* « par les conventions mentionnées à l'article D. 134-13 ».

Les dispositions issues du Décr. n° 2016-1212 du 9 sept. 2016 s'appliquent à compter de l'exercice 2016 (Décr. préc., art. 12).

CHAPITRE VII RECETTES DIVERSES

(Décr. n° 2015-1526 du 25 nov. 2015)

Art. D. 137-1 Pour l'application de l'article L. 137-16 du code de la sécurité sociale, l'allocation de l'épargne mentionnée au second alinéa de l'article L. 3334-11 du code du travail est organisée de telle sorte que le portefeuille de parts qu'un participant détient est composé directement ou indirectement, pour une fraction des sommes investies, d'au moins 7 % de titres de petites et moyennes entreprises et d'entreprises de taille intermédiaire. Cette fraction varie en fonction de l'échéance prévisionnelle de sortie du participant du plan d'épargne pour la retraite collectif. Elle est :

1° Égale à 100 % du portefeuille pour les participants dont l'échéance de sortie du plan est strictement supérieure à 15 ans ;

2° D'au minimum 85 % pour les participants dont l'échéance de sortie du plan est strictement supérieure à 12 ans et inférieure ou égale à 15 ans ;

3° D'au minimum 70 % pour les participants dont l'échéance de sortie du plan est strictement supérieure à 10 ans et inférieure ou égale à 12 ans ;

4° D'au minimum 30 % pour les participants dont l'échéance de sortie du plan est strictement supérieure à 7 ans et inférieure ou égale à 10 ans.

CHAPITRE VIII CONTRIBUTIONS À LA CHARGE DES ÉTABLISSEMENTS DE VENTE EN GROS DE SPÉCIALITÉS PHARMACEUTIQUES ET DES ENTREPRISES ASSURANT L'EXPLOITATION D'UNE OU PLUSIEURS SPÉCIALITÉS PHARMACEUTIQUES

(Décr. n° 2018-317 du 27 avr. 2018, art. 1er)

SECTION PREMIÈRE MODALITÉS DE TRANSMISSION ET D'ÉCHANGE DES DONNÉES DÉCLARATIVES

Art. D. 138-1 A compter de leur réception et au plus tard le 5 avril suivant l'année civile au titre de laquelle les contributions mentionnées à l'article L. 138-10 sont dues, les organismes mentionnés à l'article L. 138-15 transmettent au Comité économique des produits de santé, pour chacune des contributions et par entreprise, les montants des chiffres d'affaires et des remises visées à l'article L. 138-13, issus des déclarations renseignées par les entreprises redevables.

Art. D. 138-2 Avant le 1er mai, le Comité économique des produits de santé communique aux organismes mentionnés à l'article L. 138-15 les éventuelles différences identifiées avec les données dont il dispose au titre des missions mentionnées à l'article L. 162-17-3.

Les organismes mentionnés à l'article L. 138-15 informent sans délai les entreprises redevables concernées des différences signalées par le comité. Les entreprises concernées disposent alors d'un délai courant jusqu'au 15 mai inclus pour rectifier, le cas échéant, la déclaration qu'elles ont transmise.

CHAPITRE VIII *TER* PÉNALITÉS

(Décr. n° 2009-564 du 20 mai 2009)

SECTION PREMIÈRE *[ABROGÉE]* ACCORDS EN FAVEUR DE L'EMPLOI DES SALARIÉS ÂGÉS

(Abrogée par Décr. n° 2013-222 du 15 mars 2013, art. 3)

Art. D. 138-25 *Abrogé par Décr. n° 2013-222 du 15 mars 2013, art. 3.*

SECTION II ACCORDS EN FAVEUR DE LA PRÉVENTION DE LA PÉNIBILITÉ

(Décr. n° 2011-824 du 7 juill. 2011, art. 1er, en vigueur le 1er janv. 2012)

Art. D. 138-26 *Abrogé par Décr. n° 2014-1160 du 9 oct. 2014, art. 1er-I, à compter du 1er janv. 2015. — L'art. D. 138-26 devient l'art. D. 4163-1 C. trav. à compter du 1er janv. 2015 (Décr. n° 2014-1160 du 9 oct. 2014, art. 1er-1).*

Art. D. 138-27 *Abrogé par Décr. n° 2014-1160 du 9 oct. 2014, art. 1er-I, à compter du 1er janv. 2015. — L'art. D. 138-27 devient l'art. D. 4163-3 C. trav. à compter du 1er janv. 2015 (Décr. n° 2014-1160 du 9 oct. 2014, art. 1er-1.)*

Art. D. 138-28 *Abrogé par Décr. n° 2014-1160 du 9 oct. 2014, art. 1er-I, à compter du 1er janv. 2015. — L'art. D. 138-28 devient l'art. D. 4163-2 C. trav. à compter du 1er janv. 2015 (Décr. n° 2014-1160 du 9 oct. 2014, art. 1er-1).*

TITRE QUATRIÈME EXPERTISE MÉDICALE — CONTENTIEUX — PÉNALITÉS

CHAPITRE PREMIER EXPERTISE MÉDICALE

Néant.

CHAPITRE II CONTENTIEUX GÉNÉRAL

Néant.

CHAPITRE III CONTENTIEUX TECHNIQUE DE LA SÉCURITÉ SOCIALE

Néant.

CHAPITRE IV DISPOSITIONS COMMUNES — DISPOSITIONS DIVERSES

SECTION PREMIÈRE POURVOI EN CASSATION

Art. D. 144-1 *(Décr. n° 2009-1597 du 18 déc. 2009, art. 3, en vigueur le 1er janv. 2010)* **Lorsque l'une des parties au litige interjette appel ou forme un pourvoi en cassation contre une décision relevant des contentieux visés aux articles L. 142-1 et L. 143-1, les organismes de sécurité sociale sont tenus d'en informer le service mentionné à l'article R. 155-1** *(Abrogé par Décr. n° 2012-1521 du 28 déc. 2012, art. 1er) « ou, pour les organismes de mutualité sociale agricole, le service mentionné à l'article R. 155-2 ».*

CHAPITRE V CONTENTIEUX DU CONTRÔLE TECHNIQUE

Néant.

TITRE CINQUIÈME CONTRÔLE DE L'ADMINISTRATION — CONTRÔLE DE LA COUR DES COMPTES

CHAPITRE PREMIER DISPOSITIONS APPLICABLES AU RÉGIME GÉNÉRAL, AUX RÉGIMES SPÉCIAUX MENTIONNÉS À L'ARTICLE L. 711-1 ET À CERTAINS RÉGIMES DE TRAVAILLEURS NON SALARIÉS DES PROFESSIONS NON AGRICOLES

Néant.

CHAPITRE II DISPOSITIONS APPLICABLES AU RÉGIME D'ASSURANCE VIEILLESSE DES PROFESSIONS LIBÉRALES ET AUX RÉGIMES MENTIONNÉS À L'ARTICLE 1002 DU CODE RURAL ET DE LA PÊCHE MARITIME

Néant.

CHAPITRE III CONTRÔLE DES BUDGETS — CONTRÔLES DIVERS

Néant.

CHAPITRE IV CONTRÔLE DE LA COUR DES COMPTES

Art. D. 154-1 *Abrogé par Décr. n° 2003-245 du 13 mars 2003.*

TITRE SIXIÈME DISPOSITIONS RELATIVES AUX PRESTATIONS ET AUX SOINS — CONTRÔLE MÉDICAL — TUTELLE AUX PRESTATIONS SOCIALES

CHAPITRE PRÉLIMINAIRE DISPOSITIONS RELATIVES À LA PRISE EN CHARGE DES FRAIS DE SANTÉ *(Décr. nº 2015-1882 du 30 déc. 2015, art. 1er-I, en vigueur le 1er janv. 2016).*

SECTION PREMIÈRE DISPOSITIONS RELATIVES AUX BÉNÉFICIAIRES

(Décr. nº 2015-1882 du 30 déc. 2015, art. 1er-II, en vigueur le 1er janv. 2016)

Art. D. 160-1 *(Décr. nº 2018-1258 du 27 déc. 2018, art. 1er, en vigueur le 1er janv. 2019)* **« La date définie au deuxième alinéa de l'article L. 160-2 est le jour où l'enfant atteint 18 ans. »**

La demande prévue au troisième alinéa de l'article L. 160-2 est effectuée par l'enfant auprès de l'organisme d'assurance maladie auquel est affilié l'assuré dont il est l'ayant droit.

Dès réception de cette demande, l'organisme lui ouvre droit, à titre personnel, à la prise en charge des frais de santé en cas de maladie ou de maternité.

L'organisme d'assurance maladie compétent remet à l'enfant un document attestant sa qualité d'assuré.

Pour les enfants ayant atteint l'âge de 18 ans entre le 1er sept. 2018 et le 1er janv. 2019, la date définie au 2e al. de l'article L. 160-2 est au plus tard le jour de l'entrée en vigueur du Décr. nº 2018-1258 du 27 déc. 2018, soit le 1er janv. 2019 (Décr. préc., art. 6).

Art. D. 160-2 *(Décr. nº 2017-736 du 3 mai 2017, art. 6-1º)* **« I. — »** *(Décr. nº 2017-240 du 24 févr. 2017, art. 5-1º)* **« Les personnes qui demandent à bénéficier de la prise en charge des frais de santé en application des dispositions de l'article L. 160-5 doivent produire un justificatif démontrant qu'elles résident en France de manière ininterrompue depuis plus de »** *(Décr. nº 2017-736 du 3 mai 2017, art. 6-1º)* **« trois mois.**

« Ce justificatif peut attester de la perception d'une des prestations ou allocations suivantes, attribuée sous des conditions de résidence équivalentes : »

a) **Prestations familiales définies à l'article L. 511-1 et au chapitre V du titre V du livre VII ;**

b) **Allocations aux personnes âgées définies au titre Ier du livre VIII ou à l'article 2 de l'ordonnance nº 2004-605 du 24 juin 2004 simplifiant le minimum vieillesse ;**

c) **Allocation de logement définie par l'article L. 831-1 du présent code et aide personnalisée au logement définie à l'article L. 351-1 du code de la construction et de l'habitation ;**

d) **Prestations définies au livre II du code de l'action sociale et des familles, à l'exception de celles mentionnées au titre V de ce livre ;**

e) **Allocation définie à l'article L. 821-1 du présent code ;**

(Décr. nº 2017-240 du 24 févr. 2017, art. 5-2º) **« *f)* Aide définie à l'article L. 117-3 du code de l'action sociale et des familles. »**

(Décr. nº 2017-736 du 3 mai 2017, art. 6-1º) **« II. — La condition de stabilité de la résidence est également satisfaite, sans délai, pour la personne qui présente un justificatif démontrant qu'elle relève de l'une ou l'autre des catégories suivantes : »**

1º Personnes reconnues réfugiées ou bénéficiaires de la protection subsidiaire *(Abrogé par Décr. nº 2017-240 du 24 févr. 2017, art. 5-3º)* **« *, admises à ce titre,* » ou enregistrées par l'autorité compétente en qualité de demandeur d'asile et disposant du droit de se maintenir sur le territoire, dans les conditions prévues par les articles L. 742-1 et L. 743-1 du code de l'entrée et du séjour des étrangers et du droit d'asile ;**

2º Personnes de retour en France après avoir accompli, en application des dispositions du chapitre II du titre II du livre Ier du code du service national, un volontariat international à l'étranger, si elles n'ont droit à aucun autre titre aux prestations d'un régime obligatoire d'assurance maladie et maternité ;

(Décr. n° 2017-240 du 24 févr. 2017, art. 5-4°) « 3° Membres de la famille au sens de l'article L. 161-1 qui rejoignent ou accompagnent pour s'installer en France un assuré y séjournant dans les conditions prévues à l'article L. 160-1 » ; — *Les 3° à 5° deviennent respectivement les 1° à 3° (Décr. n° 2017-736 du 3 mai 2017, art. 6-1°-d).*

(Décr. n° 2017-736 du 3 mai 2017, art. 6-1°) « 4° Personnes prises en charge par les établissements ou services mentionnés aux 1° et 4° du I de l'article L. 312-1 du code de l'action sociale et des familles ;

« 5° Personnes inscrites dans un établissement d'enseignement ou personnes venant en France effectuer un stage dans le cadre d'accords de coopération culturelle, technique et scientifique.

« III. — Les caisses primaires d'assurance maladie sont habilitées à procéder d'office à l'ouverture des droits à la prise en charge des frais de santé des personnes mentionnées à l'article L. 160-5 lorsqu'elles ont connaissance qu'elles remplissent les conditions prévues par cet article. »

SECTION II **DISPOSITIONS RELATIVES AUX PRESTATIONS** *(Décr. n° 2015-1882 du 30 déc. 2015, art. 1er-III-1°, en vigueur le 1er janv. 2016).*

Art. D. 160-3 *(Décr. n° 2004-1455 du 23 déc. 2004)* La période mentionnée *(Décr. n° 2015-1882 du 30 déc. 2015, art. 1er-III-2°, en vigueur le 1er janv. 2016)* « au premier alinéa de l'article L. 160-9 » débute quatre mois avant la date présumée de l'accouchement et se termine douze jours après l'accouchement. — *[Anc. art. D. 331.]*

SECTION III **PARTICIPATION DE L'ASSURÉ SOCIAL** *(Décr. n° 2015-1882 du 30 déc. 2015, art. 1er-IV-1°, en vigueur le 1er janv. 2016).*

Art. D. 160-4 *(Décr. n° 86-1380 du 31 déc. 1986, art. 1er)* La liste des affections comportant un traitement prolongé et une thérapeutique particulièrement coûteuse, susceptibles d'ouvrir droit à la suppression de la participation des assurés sociaux aux tarifs servant de base au calcul des prestations en nature de l'assurance maladie, en application du 3° de l'article *(Décr. n° 2015-1882 du 30 déc. 2015, art. 1er-IV-1°, en vigueur le 1er janv. 2016)* « L. 160-14 », est établie ainsi qu'il suit :

— accident vasculaire cérébral invalidant ;

— *(Décr. n° 2002-594 du 22 avr. 2002)* « insuffisances médullaires et autres cytopénies chroniques ;

« — artériopathies chroniques avec manifestations ischémiques » ;

— bilharziose compliquée ;

— *(Décr. n° 2002-594 du 22 avr. 2002)* « insuffisance cardiaque grave, troubles du rythme graves, cardiopathies valvulaires graves ; cardiopathies congénitales graves » ;

— *(Décr. n° 94-842 du 26 sept. 1994, art. 1er)* « maladies chroniques actives du foie et cirrhoses » ;

— *(Décr. n° 93-676 du 27 mars 1993, art. 1er)* « déficit immunitaire primitif grave nécessitant un traitement prolongé, infection par le virus de l'immuno-déficience humaine » ;

— *(Décr. n° 2002-594 du 22 avr. 2002)* « diabète de type 1 et diabète de type 2 » ;

— *(Décr. n° 99-1035 du 6 déc. 1999, art. 1er)* « formes graves des affections neurologiques et musculaires (dont myopathie), épilepsie grave » ;

— *(Décr. n° 2002-594 du 22 avr. 2002)* « hémoglobinopathies, hémolyses, chroniques constitutionnelles et acquises sévères ;

« — hémophilies et affections constitutionnelles de l'hémostase graves » ;

— *(Abrogé par Décr. n° 2011-726 du 24 juin 2011, art. 1er-I) « hypertension artérielle sévère ; » — V. notes ss. cet art.*

— *(Décr. n° 2002-594 du 22 avr. 2002)* « maladie coronaire » ;

— insuffisance respiratoire chronique grave ;

— *(Décr. n° 2004-1049 du 4 oct. 2004)* « maladie d'Alzheimer et autres démences » ;

— maladie de Parkinson ;

— maladies métaboliques héréditaires nécessitant un traitement prolongé spécialisé ;

— mucoviscidose ;

— *(Décr. n° 2002-594 du 22 avr. 2002)* « néphropathie chronique grave et syndrome néphrotique primitif » ;

— paraplégie ;
— *(Décr. n° 2011-77 du 19 janv. 2011, art. 1er-1°)* **« vascularites, lupus érythématheux systémique, sclérodermie systémique » ;**
— polyarthrite rhumatoïde évolutive *(Abrogé par Décr. n° 2011-77 du 19 janv. 2011, art. 1er-2°) « grave »* **;**
— *(Décr. n° 2004-1048 du 4 oct. 2004)* **« affections psychiatriques de longue durée » ;**
— rectocolite hémorragique et maladie de Crohn évolutives ;
— *(Décr. n° 2002-594 du 22 avr. 2002)* **« sclérose en plaques » ;**
— *(Décr. n° 2011-77 du 19 janv. 2011, art. 1er-3°)* **« scoliose idiopathique structurale évolutive » ;**
— spondylarthrite *(Abrogé par Décr. n° 2011-77 du 19 janv. 2011, art. 1er-4°) « ankylosante »* **grave ;**
— suites de transplantation d'organe ;
— tuberculose active, *(Décr. n° 2004-1048 du 4 oct. 2004)* **« lèpre » ;**
— tumeur maligne, affection maligne du tissu lymphatique ou hématopoïétique. — *[Anc. art. D. 322-1.]*

Les assurés sociaux admis au bénéfice des dispositions prévues au 3° de l'art. L. 322-3 [devenu art. L. 160-14] avant l'entrée en vigueur du Décr. n° 2011-726 du 24 juin 2011 demeurent régis par les dispositions réglementaires applicables avant cette entrée en vigueur pour la durée de validité de l'exonération en cours (Décr. préc., art. 2).

Le renouvellement des droits des assurés sociaux admis au bénéfice des dispositions prévues au 3° de l'art. L. 322-3 [devenu art. L. 160-14] au titre de l'hypertension artérielle sévère avant l'entrée en vigueur du Décr. n° 2011-726 du 24 juin 2011 portant suppression de cette affection de la liste des affections comportant un traitement prolongé et une thérapeutique particulièrement coûteuse, tel que prévu à l'art. R. 322-5 [devenu art. R. 160-11], demeure régi par les dispositions réglementaires applicables avant cette entrée en vigueur (Décr. n° 2011-727 du 24 juin 2011).

ANNEXE

Critères médicaux utilisés pour la définition des affections de longue durée ouvrant droit à la suppression de la participation de l'assuré au titre de l'article L. 322-3 (3°) *[devenu art. L. 160-14]* du code de la sécurité sociale

(Décr. n° 2011-77 du 19 janv. 2011)

Les bénéficiaires de l'assurance maladie admis au bénéfice des dispositions prévues au 3° de l'art. L. 160-14 CSS avant l'entrée en vigueur du Décr. n° 2017-472 du 3 avr. 2017 demeurent régis par les dispositions réglementaires applicables avant cette entrée en vigueur pour la durée de validité de l'exonération en cours (Décr. préc., art. 2, JO 5 avr).

Les bénéficiaires de l'assurance maladie admis au bénéfice des dispositions prévues au 3° de l'art. L. 160-14 CSS au titre de l'hypertension artérielle sévère avant l'entrée en vigueur du Décr. n° 2011-726 du 24 juin 2011 bénéficient, à l'expiration de la période d'exonération initiale, du renouvellement de cette exonération pour une durée de dix ans, elle-même renouvelable (Décr. n° 2017-472 du 3 avr. 2017, art. 3).

1. Critères médicaux utilisés pour la définition de l'affection de longue durée "accident vasculaire cérébral invalidant"

Relève de l'exonération du ticket modérateur l'accident vasculaire cérébral (AVC) en présence de troubles neurologiques persistants au-delà de vingt-quatre heures nécessitant une prise en charge médicale lourde, des soins de maintenance puis de rééducation active.

(Décr. n° 2017-472 du 3 avr. 2017, art. 1er-1°) « L'exonération initiale est accordée pour une période de trois ans, renouvelable par période de dix ans, en cas de déficit neurologique entraînant une incapacité justifiant une rééducation prolongée. »

2. Critères médicaux utilisés pour la définition de l'affection de longue durée "insuffisances médullaires et autres cytopénies chroniques"

Relèvent de l'exonération du ticket modérateur :

2.1. Aplasies médullaires globales ou limitées à une seule lignée :

2.1.1. Aplasies médullaires (AM) globales :

Ce sont des insuffisances quantitatives de la production médullaire touchant les trois lignées, avec moelle osseuse hypocellulaire, en relation avec une réduction du nombre de cellules-souches hématopoïétiques primitives. Une AM globale peut être acquise ou, beaucoup plus rarement, constitutionnelle.

Ces affections relèvent de l'exonération du ticket modérateur pour une durée de *(Décr. n° 2017-472 du 3 avr. 2017, art. 1er-2°)* « dix » ans, renouvelable.

2.1.1. *a)* Aplasies médullaires globales acquises :

Ce sont des pathologies peu fréquentes en dehors des AM survenant dans les suites immédiates d'une chimiothérapie antimitotique (la prise en charge de ces dernières relève de l'affection cancéreuse concernée). Les AM globales acquises reconnaissent pour la plupart dans leur mécanisme un phénomène auto-immun.

Une fois installée, une AM globale acquise ne régresse jamais spontanément et doit faire l'objet d'un traitement spécialisé.

2.1.1. *b)* Aplasies médullaires globales constitutionnelles :

La moins rare est la maladie de Fanconi de transmission héréditaire autosomique récessive.

2.1.2. Aplasies médullaires dissociées ou restreintes à une ligne médullaire :

Le défaut de production ne concerne qu'une lignée. Sont concernées les érythroblastopénies chroniques constitutionnelles ou acquises, les agranulocytoses chroniques constitutionnelles et les amégacaryocytoses chroniques constitutionnelles.

Ces affections relèvent de l'exonération du ticket modérateur pour une durée de *(Décr. n° 2017-472 du 3 avr. 2017, art. 1er-2°)* « dix » ans, renouvelable.

Toute récidive ou apparition d'une séquelle tardive grave dont le lien de causalité avec le traitement est établi conduit à la reprise de l'exonération du ticket modérateur.

2.2. Syndromes myélodysplasiques (SMD) :

Entrent dans le cadre des SMD : les cytopénies réfractaires simples, les anémies réfractaires sidéroblastiques, les anémies réfractaires avec excès de blastes et la leucémie myélomonocytaire chronique.

Ces affections relèvent de l'exonération du ticket modérateur pour une durée de *(Décr. n° 2017-472 du 3 avr. 2017, art. 1er-2°)* « dix » ans, renouvelable.

2.3. Autres cytopénies chroniques ou à rechutes :

Les plus fréquentes résultent d'une destruction de mécanisme immunologique. Ces manifestations peuvent parfois révéler ou compliquer une maladie auto-immune générale (lupus érythémateux disséminé), un lymphome ou une leucémie lymphoïde chronique et relèvent alors de la prise en charge spécifique de chaque affection. Cependant, elles sont bien souvent idiopathiques.

Sont notamment concernées les anémies hémolytiques auto-immunes chroniques, les purpuras thrombopéniques auto-immuns chroniques, les neutropénies chroniques sévères. Ces dernières comportent le syndrome de Felty et des variétés idiopathiques. Il convient d'exclure de ce cadre les pseudo-neutropénies par excès de margination des polynucléaires habituellement moins prononcées et dénuées de risque infectieux.

Ces affections relèvent de l'exonération du ticket modérateur pour une durée de *(Décr. n° 2017-472 du 3 avr. 2017, art. 1er-2°)* « dix » ans, renouvelable.

3. Critères médicaux utilisés pour la définition de l'affection de longue durée "artériopathies chroniques avec manifestations ischémiques"

Relèvent de l'exonération du ticket modérateur :

— l'artériopathie oblitérante des membres inférieurs (AOMI) au stade d'ischémie permanente chronique, ou avec un épisode d'ischémie aiguë, ou ayant nécessité un geste de revascularisation ou d'amputation ;

— les autres artériopathies chroniques (artères à destinée viscérale, principalement digestive et rénale) avec manifestations ischémiques objectivement documentées.

Les atteintes pariétales (lésions ulcéro-végétantes, anévrismes ou dissections) de l'aorte thoracique ou abdominale objectivement documentées, sont également exonérées au titre de cette affection.

L'exonération initiale est accordée pour une durée de cinq ans, renouvelable *(Décr. n° 2017-472 du 3 avr. 2017, art. 1er-3°)* « par période de dix ans ».

4. Critères médicaux utilisés pour la définition de l'affection de longue durée "bilharziose compliquée"

L'exonération du ticket modérateur concerne les bilharzioses compliquées :

— complication aiguë des primo-invasions : syndrome toxi-infectieux immunoallergique systémique ;

— complications évolutives spécifiques à chaque espèce de schistosome : hypertension portale, pathologies obstructives de l'arbre urinaire et insuffisance rénale, stérilité, complications encéphalique et médullaire, hypertension artérielle pulmonaire (HTAP), carcinome vésical, bilharziomes compressifs ou hémorragiques.

L'exonération initiale est accordée pour une durée de *(Décr. n° 2017-472 du 3 avr. 2017, art. 1er-4°)* « trois » ans, renouvelable.

5. Critères médicaux utilisés pour la définition de l'affection de longue durée "insuffisance cardiaque grave, troubles du rythme graves, cardiopathies valvulaires graves ; cardiopathies congénitales graves"

Relèvent de l'exonération du ticket modérateur :

5.1. L'insuffisance cardiaque systolique (ICS) symptomatique chronique associant des symptômes de l'IC (au repos ou à l'effort) présents ou retrouvés dans les antécédents et une preuve objective d'une dysfonction cardiaque systolique au repos, avec une fraction d'éjection (FE) FE < 40 %.

L'exonération initiale est accordée pour une durée de *(Décr. n° 2017-472 du 3 avr. 2017, art. 1er-5°)* « dix » ans, renouvelable.

5.2. L'insuffisance cardiaque à fonction systolique préservée (ICFSP) symptomatique chronique associant :

— des symptômes de l'IC (au repos ou à l'effort) présents et retrouvés dans les antécédents objectivés par une poussée d'IC aiguë congestive (sous forme d'œdème pulmonaire) ;

— un signe objectif (parmi électrocardiogramme (ECG), radiographie, échographie, peptide natriurétique de type B [BNP]) de dysfonction cardiaque au repos, avec une fonction systolique préservée ou modérément altérée (FE > 40 %) ;

— une réponse au traitement pharmacologique de l'IC.

L'insuffisance cardiaque est irréversible en l'absence de cause curable.

L'exonération initiale est accordée pour une période de *(Décr. n° 2017-472 du 3 avr. 2017, art. 1er-5°)* « dix » ans, renouvelable.

5.3. Les troubles du rythme supraventriculaires graves :

Sont concernées :

— la fibrillation auriculaire (FA) paroxystique récidivante (se terminant spontanément en moins de sept jours, généralement en 48 heures), avec des récidives entrecoupées d'épisodes en rythme sinusal ;

— la FA persistante récurrente (nécessitant un choc électrique ou un traitement pharmacologique pour être réduite), avec des récurrences (> 7 jours) entrecoupées d'épisodes en rythme sinusal ;

— la FA permanente (cardioversion inefficace ou non envisagée).

L'exonération initiale est accordée pour une durée de *(Décr. n° 2017-472 du 3 avr. 2017, art. 1er-5°)* « cinq » ans, renouvelable, étant précisé que la poursuite d'un traitement anticoagulant ne constitue pas, en elle-même, une condition suffisante de renouvellement systématique de l'exonération.

5.4. Les troubles du rythme ventriculaire graves :

Sont concernés :

— les troubles du rythme ventriculaire pouvant entraîner une instabilité hémodynamique et une mort subite cardiaque :

— tachycardie ventriculaire (TV) :

— soutenue ou non ;

— monomorphe ou polymorphe (dont les torsades de pointe) ;

— fibrillation ventriculaire (FV) ;

— les troubles du rythme ventriculaire potentiellement graves : toute extrasystolie ventriculaire n'ayant pas les caractéristiques de la bénignité c'est-à-dire avec extrasystoles ventriculaires monomorphes non répétitives, survenant à distance du sommet de l'onde T, sur cœur sain.

L'exonération initiale est accordée pour une durée de *(Décr. n° 2017-472 du 3 avr. 2017, art. 1er-5°)* « cinq » ans, renouvelable si la poursuite d'un traitement (médicaments et/ou implantation d'un défibrillateur) s'avère nécessaire.

5.5. Les cardiopathies valvulaires et congénitales graves :

Sont concernées :

— les cardiopathies valvulaires (rétrécissement ou insuffisance), avec une atteinte valvulaire quantifiée sévère (rétrécissement serré ou fuite importante), ou une atteinte valvulaire quantifiée moins sévère avec des symptômes d'IC ou d'ischémie myocardique, ou, en l'absence de symptôme, une preuve objective à l'échocardiogramme de dysfonction cardiaque au repos (FE abaissée), hypertension artérielle pulmonaire (HTAP) ou dilatation ventriculaire marquée ;

— les patients atteints de cardiopathies valvulaires opérés (prothèses valvulaires cardiaques, tubes) ou de cardiopathies congénitales complexes ayant subi une intervention cardiaque et dont la réparation est incomplète.

L'exonération initiale est accordée pour une durée de *(Décr. n° 2017-472 du 3 avr. 2017, art. 1er-5°)* « dix » ans, renouvelable.

6. Critères médicaux utilisés pour la définition de l'affection de longue durée "maladies chroniques actives du foie et cirrhoses"

Relèvent d'une exonération du ticket modérateur :

6.1. Les hépatites chroniques virales B présentant une positivité de l'Ag HBs et :

— des signes de réplication virale active : ADN VHB > 2 000 UI/ml ou une élévation même occasionnelle de l'activité des transaminases ;

— la nécessité d'un traitement antiviral ou d'un suivi prolongé.

L'exonération est accordée pour une durée initiale de *(Décr. n° 2017-472 du 3 avr. 2017, art. 1er-6°)* « cinq ans, renouvelable par période de dix ans*[,]* » si le patient reçoit le traitement antiviral.

L'apparition de séquelles graves dont le lien de causalité avec le traitement est établi conduit à la reprise de l'exonération du ticket modérateur.

6.2. Les hépatites virales C prouvées par la présence de l'ARN du virus de l'hépatite C (VHC) dans le sérum et :

— une indication de bilan initial de sévérité de l'affection ;

— la nécessité d'un traitement antiviral ou d'un suivi prolongé.

L'exonération est accordée pour une durée initiale de *(Décr. n° 2017-472 du 3 avr. 2017, art. 1er-6°)* « cinq ans, renouvelable par période de dix ans*[,]* » si le patient reçoit le traitement antiviral.

L'apparition de séquelles graves dont le lien de causalité avec le traitement est établi conduit à la reprise de l'exonération du ticket modérateur.

6.3. Toute cirrhose dont le diagnostic est établi sur un ensemble de données cliniques, morphologiques et histologiques :

L'exonération du ticket modérateur peut être accordée en l'absence de confirmation (par ponction biopsie hépatique (PBH) ou autre moyen non invasif) si les arguments épidémiologiques, cliniques et biologiques, voire les éléments obtenus fortuitement par imagerie ou endoscopie, sont concordants.

L'exonération initiale est accordée pour une durée de *(Décr. n° 2017-472 du 3 avr. 2017, art. 1er-6°)* « dix » ans, renouvelable.

7. Critères médicaux utilisés pour la définition de l'affection de longue durée "déficit immunitaire primitif grave nécessitant un traitement prolongé, infection par le virus de l'immuno-déficience humaine"

Relèvent d'une exonération du ticket modérateur :

7.1. Déficit immunitaire primitif grave nécessitant un traitement prolongé :

La variété de ces déficits immunitaires primitifs graves est grande, résultant d'anomalies des lymphocytes, des phagocytes, des immunoglobulines ou du complément.

Sont notamment concernés :

— les déficits immunitaires combinés sévères, le syndrome des lymphocytes dénudés et les affections apparentées nécessitent des traitements lourds (du type greffe de moelle osseuse ou greffe de foie fœtal) en milieu hospitalier et une surveillance biologique prolongée ;

— les déficits immunitaires combinés incomplets du type syndrome de Wiskott-Aldrich ou ataxie télangiectasie sont également l'objet de traitements prolongés et d'explorations coûteuses, répétés au fil des années ;

— les déficits importants de l'immunité cellulaire, tel le syndrome de Di George, relèvent de greffes du thymus fœtal ou de traitements de longue durée ;

— les déficits en immunoglobulines comportant un abaissement constant et significatif du taux des IgG (par exemple, en dessous de 2,5 g par litre chez le petit enfant et de 5 g par litre chez le grand enfant ou l'adulte), notamment l'agammaglobulinémie de Burton et les grandes hypogammaglobulinémies dites communes, qui nécessitent l'administration itérative et indéfiniment prolongée d'immunoglobulines. En revanche, les fréquents déficits isolés en IgA ne relèvent pas d'une exonération du ticket modérateur ;

— d'autres déficits immunitaires à composante lymphocytaire : syndrome à hyper IgE, candidose cutanéomuqueuse chronique ;

— les déficits majeurs de la phagocytose ou de la bactéricidie (granulomatose septique chronique ou affections apparentées, déficits de la mobilité ou de l'adhérence des phagocytes, par exemple liés à l'absence de certaines glycoprotéines de membrane) nécessitent tous une prise en charge prolongée afin que soient convenablement conduits la prophylaxie ou le traitement anti-infectieux et parfois le traitement étiologique ;

— les cas de déficits primitifs du complément comportant des manifestations graves à répétition (infections sévères, syndrome lupique, vascularite importante, œdème angioneurotique héréditaire).

L'exonération initiale est accordée pour une durée de *(Décr. n° 2017-472 du 3 avr. 2017, art. 1er-7°)* « dix » ans, renouvelable lorsqu'un traitement important et coûteux ou des examens biologiques onéreux doivent être répétés avec une grande fréquence.

7.2. Infection par le virus de l'immuno-déficience humaine :

Sont concernés :

— l'infection par le VIH affirmée par les résultats concordants de deux prélèvements distincts et par un test de confirmation (Western-Blot ou un immuno-Blot) sur l'un des prélèvements ; l'exonération initiale est accordée pour une durée de *(Décr. n° 2017-472 du 3 avr. 2017, art. 1er-7°)* « dix » ans, renouvelable ;

— le nouveau-né de mère séropositive dans les *(Décr. n° 2017-472 du 3 avr. 2017, art. 1er-7°)* « trois » ans suivant sa naissance.

8. Critères médicaux utilisés pour la définition de l'affection de longue durée "diabète de type 1 et diabète de type 2"

Relève de l'exonération du ticket modérateur le diabète, de type 1 et de type 2, défini par la constatation à deux reprises au moins d'une glycémie à jeun supérieure ou égale à 7 mmol/l (1,26 g/l) dans le plasma veineux.

L'exonération initiale est accordée pour une durée de *(Décr. n° 2017-472 du 3 avr. 2017, art. 1er-8°)* « dix » ans, renouvelable.

9. Critères médicaux utilisés pour la définition de l'affection de longue durée "formes graves des affections neurologiques et musculaires (dont myopathie), épilepsie grave"

Relèvent d'une exonération du ticket modérateur :

9.1. Les formes graves des affections neurologiques et musculaires :

Sont concernées les formes graves des affections neurologiques et musculaires suivantes :

— des affections musculaires primitives (les myopathies au sens général du terme, et plus particulièrement les dystrophies musculaires progressives, les polymyosites) ;

— la myasthénie ;

— des affections du système nerveux périphérique : polynévrites (souvent de cause indéterminée), multinévrites (habituellement en rapport avec une affection exonérante de la liste), polyradiculonévrites diverses, polyneuropathies dites dégénératives (telles que maladie de Thévenard, de Denny-Brown, de Charcot-Marie-Tooth, de Déjerine-Sottas) ;

— de multiples affections médullaires, acquises ou héréditaires comme la sclérose latérale amyotrophique, les atteintes évolutives de la corne antérieure, la syringomyélie, la poliomyélite antérieure aiguë ;

— les hérédo-ataxies (dégénérescences spino-cérébelleuses de tous types, atrophies cérébelleuses dégénératives) et les séquelles ataxiques de neuropathies diverses.

La liste des affections citées n'est pas limitative. De nombreux syndromes neurologiques d'étiologie ou de classification imprécise peuvent y être rattachés. Pour toutes ces affections, les critères de gravité doivent être appréciés de façon très large.

L'exonération doit être accordée dès l'indication du bilan initial à visée diagnostique comportant de multiples investigations, ou ultérieurement devant l'aggravation de l'état du malade ou en raison de nécessités thérapeutiques (orthopédie, rééducation, kinésithérapie, etc.).

L'exonération initiale est accordée pour une durée de *(Décr. n° 2017-472 du 3 avr. 2017, art. 1er-9°)* « dix » ans, renouvelable.

9.2. L'épilepsie grave :

Sont concernées :

— l'épilepsie qui s'intègre dans le contexte d'une pathologie à l'origine de déficits neurologiques ou neuropsychologiques permanents. *(Abrogé par Décr. n° 2017-472 du 3 avr. 2017, art. 1er-9°) « L'exonération initiale est accordée pour une durée de cinq ans renouvelable »* ;

— l'épilepsie non associée à des déficits permanents, en présence d'au moins un des critères de gravité suivants : fréquence des crises élevée ; nature des crises (pouvant être à l'origine de chutes ou entraîner une rupture du contact avec l'entourage, sévérité allant jusqu'à l'état de mal épileptique) ; pharmaco-résistance.

L'exonération initiale est accordée pour une durée de *(Décr. n° 2017-472 du 3 avr. 2017, art. 1er-9°)* « dix » ans, renouvelable.

10. Critères médicaux utilisés pour la définition de l'affection de longue durée "hémoglobinopathies, hémolyses, chroniques constitutionnelles et acquises sévères"

Relèvent de l'exonération du ticket modérateur :

10.1. Les hémoglobinopathies invalidantes parmi lesquelles on peut en particulier citer les :

— syndromes drépanocytaires et thalassémiques majeurs ;

— syndromes thalassémiques bêta intermédiaires ;

— hémoglobinopathies rares de transmission dominante générant soit une anémie chronique (Hb instables) soit une polyglobulie congénitale (Hb hyperaffines).

L'exonération initiale est accordée pour une durée de *(Décr. n° 2017-472 du 3 avr. 2017, art. 1er-10°)* « dix » ans, renouvelable.

10.2. Les hémolyses génétiques et acquises chroniques ou évoluant par poussées parmi lesquelles on peut en particulier citer :

— la sphérocytose héréditaire (maladie de Minkowski-Chauffard) et les formes graves des autres maladies apparentées (xérocytose, stomatocytose) ;

— les déficits en pyruvate-kinase, en glucose 6-phosphate déshydrogénase (de forme grave type I ou II) ;

— les autres enzymopathies érythrocytaires de forme grave ;

— la micro-angiopathie thrombotique thrombocytopénique.

L'exonération initiale est accordée pour une durée de *(Décr. n° 2017-472 du 3 avr. 2017, art. 1er-10°)* « dix » ans, renouvelable.

Ne relèvent pas de l'exonération du ticket modérateur les formes mineures des hémoglobinopathies (thalassémique α ou β, drépanocytaire, HbC ou HbE...) qui sont en règle générale asymptomatiques et bien supportées. Leur prise en charge médicale est restreinte à l'établissement du diagnostic.

11. Critères médicaux utilisés pour la définition de l'affection de longue durée "hémophilies et affections constitutionnelles de l'hémostase graves"

Relèvent de l'exonération du ticket modérateur les affections qui suivent :

11.1. L'hémophilie, maladie constitutionnelle de l'hémostase liée à un déficit en facteur VIII ou IX exposant les sujets atteints à des hémorragies graves :

L'exonération du ticket modérateur est justifiée dès lors que des hospitalisations répétées ou des substitutions par des fractions coagulantes sont nécessaires en particulier lors de chaque procédure invasive même minime (extraction dentaire par exemple).

L'exonération initiale est accordée pour une durée de *(Décr. n° 2017-472 du 3 avr. 2017, art. 1er-10°)* « dix » ans, renouvelable.

11.2. Les autres maladies constitutionnelles graves de l'hémostase caractérisées par l'absence ou l'anomalie d'un constituant plasmatique ou plaquettaire indispensable à une hémostase normale : maladie de Willebrand ; déficits en facteurs plasmatiques I (afibrinogénémies), II, V, VII, X, XI, XIII, thrombopathies constitutionnelles :

L'exonération initiale est accordée pour une durée de *(Décr. n° 2017-472 du 3 avr. 2017, art. 1er-10°)* « dix » ans, renouvelable.

11.3. Les rares et graves formes acquises d'hémophilie (auto-anticorps antifacteur VIII) et de syndrome de Willebrand acquis :

Ces cas relèvent de l'exonération du ticket modérateur tant que leur prise en charge thérapeutique est nécessaire.

L'exonération initiale est accordée pour une durée de *(Décr. n° 2017-472 du 3 avr. 2017, art. 1er-10°)* « dix » ans, renouvelable.

12. Critères médicaux utilisés pour la définition de l'affection de longue durée "hypertension artérielle sévère"

(Abrogé par Décr. n° 2011-726 du 24 juin 2011, art. 1er-II)

L'exonération du ticket modérateur pour hypertension artérielle sévère est accordée devant l'existence de deux des trois constatations suivantes :

1° Attestation par le médecin traitant que la pression artérielle en l'absence du traitement a été égale ou supérieure à 180 mmHg (pression artérielle systolique/PAS) et/ou 110 mmHg (pression artérielle diastolique/PAD) à trois consultations successives, sauf contexte d'urgence, qu'il y ait ou non des signes cliniques ou paracliniques de retentissement tels que ceux décrits ci-dessous ;

2° Attestation par le médecin traitant que la pression artérielle quoique inférieure à 180 mmHg (PAS) et/ou à 110 mmHg (PAD) a été supérieure à 140 mmHg (PAS) et/ou 90 mmHg (PAD), à plusieurs consultations successives espacées de plusieurs semaines ou que le diagnostic d'HTA a été confirmé par automesure ou mesure ambulatoire et qu'elle est associée à au moins l'un des signes de retentissement organiques suivants :

— hypertrophie ventriculaire gauche et/ou ischémie myocardique ;

— insuffisance coronarienne ;

— microalbuminurie à ≥ 30 mg/j ou 20 mg/l ;

— insuffisance rénale (Dr. fisc.G < 60 ml/min) ou protéinurie > 500 mg/j ;

— accident ischémique transitoire (AIT) ou accident vasculaire cérébral (AVC) ;

— hémorragies ou exsudats à l'examen du fond d'œil (stade III) ou œdème papillaire (stade IV) ;

— artériopathie des membres inférieurs et aorto-iliaque ;

3° Prescription continue depuis trois mois, de trois classes d'antihypertenseurs au moins, reconnus comme tels par les commissions compétentes, et prescrits chacun à la dose quotidienne optimale.

L'exonération initiale est accordée pour une durée de cinq ans, renouvelable.

13. Critères médicaux utilisés pour la définition de l'affection de longue durée "maladie coronaire"

Toute ischémie myocardique objectivement documentée (ECG, épreuve d'effort, scintigraphie de perfusion, échographie de stress, échographie d'effort, holter ECG, coronarographie) relève de l'exonération du ticket modérateur.

L'exonération initiale est accordée pour une durée de *(Décr. n° 2017-472 du 3 avr. 2017, art. 1er-10°)* « dix » ans, renouvelable.

14. Critères médicaux utilisés pour la définition de l'affection de longue durée "insuffisance respiratoire chronique grave"

Relèvent de l'exonération du ticket modérateur les situations suivantes :

14.1. Bronchopneumopathie chronique obstructive (BPCO) :

Sont concernés :

— les BPCO avec $paO_2 < 60$ mmHg et/ou $paCO_2 > 50$ mmHg à distance d'un épisode aigu ;

— les BPCO lorsque le volume expiratoire maximum seconde (VEMS), mesuré dans de bonnes conditions techniques, est inférieur à 50 % des valeurs théoriques normales.

L'exonération initiale est accordée pour une durée de *(Décr. n° 2017-472 du 3 avr. 2017, art. 1er-10°)* « dix » ans, renouvelable.

14.2. Maladie asthmatique :

Dans le cas de la maladie asthmatique, les seuls critères gazométriques ou spirométriques ne sont pas toujours pertinents. Est concerné l'asthme persistant sévère défini par l'association des critères de sévérité clinique et des critères thérapeutiques suivants :

1° Critères de sévérité clinique avant traitement de fond :

— symptômes quotidiens ;

— symptômes d'asthme nocturne fréquents ;

— exacerbations fréquentes ;

— activité physique limitée par les symptômes avec VEMS ou débit expiratoire de pointe (DEP) ≤ 60 % des valeurs attendues ou variabilité du DEP > 30 %.

2° Critères thérapeutiques :

– chez l'adulte ou l'adolescent : patient nécessitant de hautes doses de corticostéroïdes inhalés (µ 1 500 g/j équivalent béclométhasone) associés à un bêta-2 agoniste de durée d'action prolongée (B2LA) et, si besoin (pour exacerbation ou en continu) à un antagoniste des récepteurs aux cystéinyl-leucotriènes ou à la théophilline (et ses dérivés) ou aux corticoïdes oraux ;

– chez l'enfant : patient nécessitant de hautes doses de corticostéroides inhalés (µ 1 000 g/j équivalent béclométhasone) associés à un bêta-2 agoniste de durée d'action prolongée (B2LA) chez l'enfant de plus de 4 ans ou à un antagoniste des récepteurs aux cystéinyl-leucotriènes ou à la théophilline (et ses dérivés).

L'exonération initiale est accordée pour une durée de *(Décr. n° 2017-472 du 3 avr. 2017, art. 1er-10°)* « dix » ans, renouvelable.

14.3. Insuffisance respiratoire chronique d'autre origine :

Sont concernés :

— les syndromes obstructifs ou restrictifs quelle que soit la cause avec $paO_2 < 60$ mmHg et/ou $paCO_2 > 50$ mmHg à distance d'un épisode aigu ;

— les syndromes restrictifs avec capacité pulmonaire totale inférieure à 60 % des valeurs théoriques normales ;

— les malades dont la SaO_2 chute au-dessous de 90 % pendant un test de marche de six minutes.

L'exonération initiale est accordée pour une durée de *(Décr. n° 2017-472 du 3 avr. 2017, art. 1er-10°)* « dix » ans, renouvelable.

15. Critères médicaux utilisés pour la définition de l'affection de longue durée "maladie d'Alzheimer et autres démences"

Relèvent de l'exonération du ticket modérateur la maladie d'Alzheimer et les démences correspondant à la définition suivante : syndrome dû à une affection cérébrale habituellement chronique et progressive et caractérisé par une perturbation durable de nombreuses fonctions corticales supérieures, telles que la mémoire, l'idéation, l'orientation, la compréhension, le calcul, la capacité d'apprendre, le langage et le jugement. Les perturbations cognitives s'accompagnent habituellement (et sont parfois précédées) d'une détérioration du contrôle émotionnel, du comportement social ou de la motivation. Elles ont un retentissement sur la vie quotidienne ou sur la vie professionnelle. Le syndrome survient dans la maladie d'Alzheimer, dans les maladies vasculaires cérébrales et dans d'autres affections, qui touchent le cerveau primitivement ou secondairement (par exemple : VIH, traumatisme crânien, maladie de Huntington, dégénérescences lobaires fronto-temporales, démence à corps de Lewy, maladie de Creutzfeldt-Jakob, maladie de Parkinson, intoxications chroniques à des substances psychotropes, etc.).

L'exonération initiale est accordée pour une durée de *(Décr. nº 2017-472 du 3 avr. 2017, art. 1er-10º)* « dix » ans, renouvelable.

16. Critères médicaux utilisés pour la définition de l'affection de longue durée "maladie de Parkinson"

Relève de l'exonération du ticket modérateur toute affection comportant un syndrome parkinsonien non réversible (maladie de Parkinson et syndromes parkinsoniens atypiques) nécessitant l'administration d'au moins un traitement anti-parkinsonien pendant au moins six mois.

L'exonération initiale est accordée pour une durée de *(Décr. nº 2017-472 du 3 avr. 2017, art. 1er-10º)* « dix » ans, renouvelable.

17. Critères médicaux utilisés pour la définition de l'affection de longue durée "maladies métaboliques héréditaires nécessitant un traitement prolongé spécialisé"

Les maladies métaboliques héréditaires concernées sont très nombreuses mais toutes rares.

Relèvent de l'exonération du ticket modérateur les maladies héréditaires monogéniques à transmission mendélienne, certaines maladies mitochondriales à hérédité maternelle et quelques affections sporadiques dès lors que leur traitement comporte au moins l'un des éléments suivants :

— des régimes spéciaux comportant des aliments de substitution ;

— pour certaines affections, l'administration régulière d'un traitement médicamenteux substitutif ou à visée épuratrice ;

— pour certaines affections, une alimentation artificielle administrée par voie parentérale ou entérale à débit constant ;

— la surveillance à domicile du traitement. Le contrôle de la maladie et du traitement en milieu spécialisé ;

— la rééducation et la prise en charge des handicaps inhérents.

En revanche, sont exclues de l'exonération les maladies métaboliques non héréditaires (notamment la maladie coeliaque) et les maladies métaboliques à hérédité polygénique, notamment les hyperlipoprotéinémies et les hyperuricémies de cause non monogénique.

L'exonération initiale est accordée pour une durée de cinq ans, renouvelable.

18. Critères médicaux utilisés pour la définition de l'affection de longue durée "mucoviscidose"

Relève de l'exonération du ticket modérateur toute mucoviscidose dès que le diagnostic est objectivement documenté.

L'exonération initiale est accordée pour une durée de *(Décr. nº 2017-472 du 3 avr. 2017, art. 1er-10º)* « dix » ans, renouvelable.

19. Critères médicaux utilisés pour la définition de l'affection de longue durée "néphropathie chronique grave et syndrome néphrotique primitif ou idiopathique"

Relèvent de l'exonération du ticket modérateur :

19.1. Néphropathie chronique grave :

Sont concernées les atteintes glomérulaires, interstitielles, vasculaires, tubulaires ou les maladies héréditaires rénales, évoluant sur le mode chronique, en présence d'au moins un des critères de gravité suivants :

— un débit de filtration glomérulaire (estimé chez l'adulte par la formule de Cockcroft ou le MDRD et chez l'enfant par la formule de Schwartz) inférieur à 60 ml/min, à deux reprises à plus de trois mois d'intervalle ;

— une protéinurie permanente supérieure de façon durable à au moins deux examens, à 1 g par vingt-quatre heures et par 1,73 m^2 de surface corporelle et qui peut justifier un traitement continu ;

— une hypertension artérielle permanente nécessitant un traitement médicamenteux au long cours (HTA > 130/80 mmHg) ;

— des troubles métaboliques phosphocalciques, acidobasiques, électrolytiques ou une anémie nécessitant un traitement et une surveillance biologique ;

— une uropathie nécessitant des soins et une surveillance continus.

L'exonération initiale est accordée pour une durée de *(Décr. nº 2017-472 du 3 avr. 2017, art. 1er-10º)* « dix » ans, renouvelable.

19.2. Syndrome néphrotique primitif ou idiopathique :

Sont concernées les formes de syndrome néphrotique primitif ou idiopathique (le syndrome néphrotique est défini par l'association d'une protéinurie abondante > 3 g/j chez l'adulte ou > 50 mg/kg/j chez l'enfant et d'une hypoalbuminémie < 30 g/l) nécessitant une surveillance médicale, des examens biologiques de contrôle et un traitement médicamenteux au long cours.

L'exonération initiale est accordée pour une durée de *(Décr. n° 2017-472 du 3 avr. 2017, art. 1er-11°)* « trois » ans, renouvelable.

Toute récidive ou apparition d'une séquelle tardive grave dont le lien de causalité avec le traitement est établi conduit à la reprise de l'exonération du ticket modérateur.

20. Critères médicaux utilisés pour la définition de l'affection de longue durée "paraplégie"

Relèvent de l'exonération du ticket modérateur les lésions médullaires avec déficit moteur de la partie inférieure du corps, quelle qu'en soit l'étiologie (notamment traumatique ou compressive, vasculaire, dégénérative), dès lors que le traitement nécessite des soins lourds et ou fréquents.

L'exonération initiale est accordée pour une durée de *(Décr. n° 2017-472 du 3 avr. 2017, art. 1er-12°)* « dix » ans, renouvelable.

Il est précisé que les atteintes non traumatiques du neurone périphérique sont comprises dans le champ de l'ALD "formes graves des affections neurologiques et musculaires (dont myopathie), épilepsie grave".

21. Critères médicaux utilisés pour la définition de l'affection de longue durée "vascularites, lupus érythémateux systémique, sclérodermie systémique"

Relèvent de l'exonération du ticket modérateur :

21.1. Vascularites :

Sont concernées les vascularites comportant des manifestations ou symptômes extra-cutanés et les vascularites cutanées dont l'évolution est marquée par des rechutes multiples. Cette disposition concerne les différentes vascularites quelle que soit leur étiologie, virale (virus B ou C de l'hépatite en particulier) ou non.

En raison des difficultés diagnostiques de ces affections, la preuve histologique n'est pas exigée, certains malades étant traités sur un faisceau convergent d'arguments cliniques, biologiques ou radiologiques.

L'exonération initiale est accordée pour une durée de *(Décr. n° 2017-472 du 3 avr. 2017, art. 1er-13°)* « dix » ans, renouvelable.

21.2. Lupus érythémateux systémique (LES) :

Sont concernés :

— le lupus érythémateux systémique (lupus érythémateux disséminé), quelle qu'en soit la forme, la gravité, et associé ou non au syndrome des anticorps anti-phospholipides (SAPL).

L'exonération initiale est accordée pour une durée de *(Décr. n° 2017-472 du 3 avr. 2017, art. 1er-13°)* « dix » ans, renouvelable.

Ne relèvent pas de l'exonération du ticket modérateur les cas de lupus discoïde chronique isolé.

— les "lupus induits" (lupus iatrogènes).

L'exonération du ticket modérateur est accordée pour une durée initiale de *(Décr. n° 2017-472 du 3 avr. 2017, art. 1er-13°)*« dix » ans, renouvelable si ce délai n'a pas permis la disparition des anomalies cliniques et biologiques après le retrait du traitement inducteur.

21.3. Sclérodermie systémique :

Sont concernées :

— les sclérodermies systémiques cutanées diffuses si la sclérose cutanée remonte au-dessus des coudes ou des genoux ou atteint le tronc ;

— les sclérodermies systémiques cutanées limitées si la sclérose cutanée ne remonte pas au-dessus des coudes et des genoux et épargne le tronc ;

— les sclérodermies systémiques limitées sans sclérose cutanée (sclérodermie systémique *sine scleroderma*).

L'exonération initiale est accordée pour une durée de *(Décr. n° 2017-472 du 3 avr. 2017, art. 1er-13°)* « dix » ans, renouvelable.

22. Critères médicaux utilisés pour la définition de l'affection de longue durée "polyarthrite rhumatoïde évolutive"

Relèvent de l'exonération du ticket modérateur les polyarthrites inflammatoires d'évolution chronique justifiant un traitement de fond.

On entend par polyarthrite inflammatoire la polyarthrite rhumatoïde ou polyarthrite avec réaction de Waaler-Rose et test au latex négatifs, ou affections apparentées qui en partagent le caractère inflammatoire, l'évolutivité, les thérapeutiques et le pronostic fonctionnel tels le rhumatisme psoriasique et les formes articulaires des connectivites.

Il est précisé que si les traitements de fond, bien que justifiés, ne sont pas possibles, les formes de polyarthrite rhumatoïde évolutive se traduisant par un handicap lourd relèvent d'une exonération du ticket modérateur.

L'exonération initiale est accordée pour une durée de *(Décr. n° 2017-472 du 3 avr. 2017, art. 1er-14°)* « dix » ans, renouvelable.

23. Critères médicaux utilisés pour la définition de l'affection de longue durée "affections psychiatriques de longue durée"

Trois ordres de critères médicaux doivent être réunis pour ouvrir droit à l'exonération du ticket modérateur : le diagnostic de l'affection, son ancienneté et ses conséquences fonctionnelles.

1° Diagnostic établi selon la liste et les critères de la CIM 10 :

a) Les psychoses : schizophrénies, troubles schizo-affectifs et troubles délirants persistants :

En revanche, les troubles psychotiques aigus et transitoires (bouffées délirantes isolées) ne relèvent pas de l'exonération du ticket modérateur.

b) Les troubles de l'humeur récurrents ou persistants :

— troubles bipolaires (maladies maniaco-dépressives) ;

— troubles dépressifs récurrents (après trois épisodes au moins) ;

— troubles de l'humeur persistants et sévères.

En revanche, l'épisode dépressif isolé, la réaction dépressive brève, la réaction aiguë à un facteur de stress et la dysthymie légère ne relèvent pas de l'exonération du ticket modérateur.

c) Les déficiences intellectuelles et les troubles graves du développement durant l'enfance :

Sous cette rubrique, figurent les déficiences intellectuelles primaires (retard mental, psychoses infantiles déficitaires) comportant une réduction notable de l'efficience et intriquées à des troubles psychiatriques ou à des troubles marqués de la personnalité ou du comportement. Les troubles du développement retenus débutent dans la première ou la deuxième enfance, et concernent des fonctions liées à la maturation biologique du SNC, avec une évolution continue sans rémission (autisme infantile, troubles graves des conduites et du fonctionnement social débutant dans l'enfance, troubles envahissants du développement,...).

d) Les troubles névrotiques sévères et les troubles graves de la personnalité et du comportement :

Sous cette rubrique, il convient de faire entrer des perturbations qui, d'un point de vue nosographique, ont été individualisées sous des terminologies diverses :

— troubles anxieux graves ;

— états limites ;

— troubles profonds de la personnalité : paranoïaque, schizoïde, dyssociale ;

— troubles du comportement alimentaire (anorexie mentale) ;

— troubles addictifs graves ;

— dysharmonies évolutives graves de l'enfance.

L'exonération du ticket modérateur est limitée aux formes de troubles mentaux avec manifestations sévères, notamment :

— pour les manifestations de type hystérique : les phénomènes de conversion répétitifs et prolongés ou la méconnaissance étendue des éléments de réalité relèvent de l'exonération du ticket modérateur ;

— pour les manifestations de type obsessionnel : l'envahissement par des conduites compulsionnelles ou par des rites contraignants, et la présence de modes de pensée paralysants relèvent de l'exonération du ticket modérateur ;

— pour les manifestations de type phobique : l'étendue des mesures d'évitement et des moyens contraphobiques et les phases prolongées de sidération relèvent de l'exonération du ticket modérateur ;

— pour les manifestations anxieuses : la souffrance du sujet, l'impossibilité de faire des projets, la restriction marquée des intérêts et l'anticipation systématiquement péjorative de l'avenir relèvent de l'exonération du ticket modérateur.

2° L'ancienneté de cette affection :

Relèvent de l'exonération du ticket modérateur les affections dont l'ancienneté est supérieure à un an au moment de la demande. Il appartient au médecin traitant de fournir des repères chronologiques sur l'histoire de cette affection.

3° Conséquences fonctionnelles (aspects cognitifs, affectifs, comportementaux) :

Les affections relevant de l'exonération du ticket modérateur sont celles ayant des conséquences fonctionnelles majeures et en relation directe avec cette affection. Il s'agit de décrire le handicap créé par l'affection dans la vie quotidienne du patient puisque, en psychiatrie, la sévérité du diagnostic n'est pas toujours corrélée à la sévérité du handicap qui en découle.

L'exonération initiale est accordée pour une durée de cinq ans, renouvelable *(Décr. nº 2017-472 du 3 avr. 2017, art. 1er-15º)* « pour les *a*, *b* et *d* et pour une durée de dix ans renouvelable pour le *c* ».

24. Critères médicaux utilisés pour la définition de l'affection de longue durée "rectocolite hémorragique et maladie de Crohn évolutives"

Relève de l'exonération du ticket modérateur toute maladie inflammatoire chronique intestinale (MICI) dont le diagnostic est établi sur un ensemble de données cliniques, morphologiques et histologiques.

L'exonération initiale est accordée pour une durée de *(Décr. nº 2017-472 du 3 avr. 2017, art. 1er-16º)* « trois » ans, renouvelable.

Toutefois le renouvellement n'est pas accordé pour :

— les formes de maladie de Crohn non opérée et n'ayant pas fait de poussée malgré l'absence de traitement de fond pendant les deux premières années d'évolution ;

— les formes de rectocolite hémorragique (RCH) exclusivement rectales ne nécessitant pas de traitement de fond et sans poussée significative pendant les deux premières années d'évolution.

25. Critères médicaux utilisés pour la définition de l'affection de longue durée « sclérose en plaques »

Relève de l'exonération du ticket modérateur la sclérose en plaques :

— dès qu'un traitement immunomodulateur de fond est prescrit à l'issue du bilan diagnostique, même en l'absence de handicap permanent ;

— dès qu'il existe un handicap permanent (parfois seulement constitué d'une asthénie ou de troubles cognitifs) nécessitant un traitement symptomatique et justifiant une prise en charge au long cours.

L'exonération initiale est accordée pour une durée de *(Décr. nº 2017-472 du 3 avr. 2017, art. 1er-17º)* « dix » ans, renouvelable.

26. Critères médicaux utilisés pour la définition de l'affection de longue durée "scoliose idiopathique structurale évolutive"

Relèvent d'une exonération du ticket modérateur les scolioses idiopathiques structurales :

— avec une courbure (angle de COBB) d'emblée > à 30º quel que soit l'âge ;

— avec une courbure d'au moins 15º s'aggravant de 5º entre deux radiographies successives (habituellement à six mois d'intervalle) chez l'enfant ;

— avec une perte de taille ou une évolution cyphosante confirmée par deux radiographies à cinq ans d'intervalle chez l'adulte justifiant d'un traitement orthopédique ou chirurgical ;

L'exonération initiale est accordée pour une durée de cinq ans, renouvelable en cas de prolongation du traitement orthopédique ou de nouvelle indication chirurgicale.

27. Critères médicaux utilisés pour la définition de l'affection de longue durée "spondylarthrite grave"

Relèvent de l'exonération du ticket modérateur les spondylarthrites graves d'évolution chronique justifiant un traitement de fond ou les affections apparentées qui en partagent le caractère inflammatoire, l'évolutivité, les thérapeutiques et le pronostic fonctionnel : rhumatisme psoriasique, spondylarthropathies secondaires telles le syndrome de Fiessenger-Leroy-Reiter, les formes articulaires des Yersinioses, la maladie périodique, ainsi que les manifestations rhumatismales accompagnant les entéropathies type maladie de Crohn ou rectocolite hémorragique.

Il est précisé que si les traitements de fond, bien que justifiés, ne sont pas possibles, les formes de spondylarthrite grave se traduisant par un handicap lourd relèvent d'une exonération du ticket modérateur.

L'exonération initiale est accordée pour une durée de *(Décr. nº 2017-472 du 3 avr. 2017, art. 1er-17º)* « dix » ans, renouvelable.

28. Critères médicaux utilisés pour la définition de l'affection de longue durée "suite de transplantation d'organe"

Relèvent d'une exonération du ticket modérateur les suites de transplantation (rénale, cardiaque, hépatique, pulmonaire, pancréatique, intestinale, etc. ; ou de greffe de moelle osseuse).

L'exonération initiale est accordée pour une durée de *(Décr. nº 2017-472 du 3 avr. 2017, art. 1er-18º)* « dix » ans, renouvelable.

En revanche, les suites de la greffe de cornée ne relèvent pas de l'exonération du ticket modérateur, sauf dans les cas exceptionnels où un traitement corticoïde ou immunosuppresseur par voie générale est nécessaire. L'exonération est alors accordée pour une durée de *(Décr. nº 2017-472 du 3 avr. 2017, art. 1er-18º)* « trois » ans, renouvelable.

29. Critères médicaux utilisés pour la définition de l'affection de longue durée "tuberculose maladie, lèpre"

29.1. Tuberculose maladie :
Relèvent d'une exonération du ticket modérateur :
— les cas confirmés : maladie due à une mycobactérie du complexe tuberculosis prouvée par la culture ;
— les cas probables : signes cliniques ou radiologiques compatibles avec une tuberculose entraînant la décision de traiter le patient avec un traitement antituberculeux standard.
La durée de la thérapeutique antituberculeuse est le plus souvent de six mois (jusqu'à douze mois dans certaines formes de la maladie). La guérison est confirmée à dix-huit mois après le début du traitement par un examen clinique et radiographique.
La durée d'exonération est de *(Décr. n° 2017-472 du 3 avr. 2017, art. 1er-19°)* « trois » ans.
29.2. Lèpre :
Relève du ticket modérateur la lèpre ou maladie de Hansen, quels que soient son ancienneté d'évolution, sa forme clinique (tuberculoïde ou lépromateuse) et son caractère bacillifère ou non.
L'exonération initiale est accordée pour une durée de cinq ans, renouvelable.

30. Critères médicaux utilisés pour la définition de l'affection de longue durée "tumeur maligne, affection maligne du tissu lymphatique ou hématopoïétique"

Relèvent d'une exonération du ticket modérateur les affections malignes caractérisées par :
— des arguments objectifs indiscutables : histologie, perturbations hématologique ou humorale caractéristiques ;
— ou, en l'absence de preuve directe, un faisceau d'arguments cliniques, radiologiques ou biologiques convergents et emportant la décision médicale.
L'exonération initiale est accordée pour une durée de cinq ans, renouvelable dès lors que la poursuite d'une thérapeutique *(Abrogé par Décr. n° 2011-726 du 24 juin 2011, art. 1er-II)* « *lourde* » ou la prise en charge diagnostique et thérapeutique des séquelles liées à la maladie ou aux traitements, notamment l'usage permanent d'appareillages, sont nécessaires.
Toute récidive ou apparition d'une séquelle tardive grave dont le lien de causalité avec le traitement est établi conduit à la reprise de l'exonération du ticket modérateur.

Art. D. 160-5 *(Décr. n° 2011-75 du 19 janv. 2011)* **I. – La suppression de la participation de l'assuré prévue au 10° de l'article** *(Décr. n° 2015-1882 du 30 déc. 2015, art. 1er-IV-1°, en vigueur le 1er janv. 2016)* **« L. 160-14 » est accordée pour une durée initiale au plus de cinq ans, renouvelable.**

II. – Les actes médicaux et examens biologiques donnant droit à la suppression de la participation de l'assuré sont prescrits par le médecin traitant sur la base, lorsqu'ils existent, des référentiels élaborés par la Haute Autorité de santé, ou élaborés conjointement par la Haute Autorité de santé et l'Institut national du cancer pour les affections cancéreuses. La mention "suivi post-ALD" doit figurer sur l'ordonnance mentionnée à l'article R. 161-45 et sur la feuille de soins mentionnée à l'article R. 161-40. – *[Anc. art. D. 322-1-1.]*

Art. D. 160-6 *(Décr. n° 2004-1453 du 23 déc. 2004)* **Le nombre maximum de participations forfaitaires supportées en application du II de l'article** *(Décr. n° 2015-1882 du 30 déc. 2015, art. 1er-IV-1°, en vigueur le 1er janv. 2016)* **« L. 160-13 » par le bénéficiaire des soins au cours d'une année civile est fixé à 50.**

Pour l'application de l'alinéa précédent, les participations forfaitaires sont prises en compte à la date du remboursement des consultations et des actes. – *[Anc. art. D. 322-2.]*

Art. D. 160-7 **La caisse ne peut abandonner la mise en recouvrement de la participation forfaitaire. Toutefois, toute créance née à ce titre, non recouvrée à sa date de prescription, est annulée.**

Pour l'application de l'article L. 133-3, les créances relatives à la participation forfaitaire ne sont pas cumulables avec les créances visées à l'article D. 133-2. – *[Anc. art. D. 322-3.]*

Art. D. 160-8 *(Décr. n° 2004-1453 du 23 déc. 2004)* **Lorsque, pour un bénéficiaire, plusieurs actes ou consultations sont effectués par un même professionnel au cours de la même journée, le nombre de participations forfaitaires supportées ne peut être supérieur** *(Décr. n° 2007-1166 du 1er août 2007)* **« à quatre ».**

Lorsqu'un acte de prélèvement est effectué pour la réalisation d'un *(Décr. n° 2011-2120 du 30 déc. 2011, art. 1er-1°)* « examen de biologie médicale », seul l'*(Décr. n° 2011-2120 du 30 déc. 2011, art. 1er-1°)* « examen de biologie médicale » supporte une participation forfaitaire. — *[Anc. art. D. 322-4.]*

Art. D. 160-9 *(Décr. n° 2007-1937 du 26 déc. 2007)* Le montant de la franchise prévue au III de l'article *(Décr. n° 2015-1882 du 30 déc. 2015, art. 1er-IV-1°, en vigueur le 1er janv. 2016)* « L. 160-13 » est fixé ainsi qu'il suit :

a) 0,5 € pour *(Décr. n° 2014-1534 du 17 déc. 2014)* « les frais d'acquisition des médicaments mentionnés au 1° dudit III, comprenant le médicament et l'honoraire de dispensation prévu au 7° de l'article L. 162-16-1 y afférent ». Ce montant s'applique par unité de conditionnement de médicament. Toutefois, lorsque le médicament est délivré au titre de l'article L. 5126-4 du code de la santé publique, il s'applique par médicament prescrit ;

b) 0,5 € par acte effectué par un auxiliaire médical ;

c) 2 € par transport, ce montant s'appliquant à chaque trajet.

Pour un produit, acte ou prestation donné, le montant de la franchise prélevé en application du présent article ne peut toutefois excéder le montant de la différence entre le tarif servant de base au calcul des prestations prévues à l'article *(Décr. n° 2015-1882 du 30 déc. 2015, art. 1er-IV-1°, en vigueur le 1er janv. 2016)* « L. 160-8 » et celui de la participation prévue au I de l'article *(Décr. n° 2015-1882 du 30 déc. 2015, art. 1er-IV-1°, en vigueur le 1er janv. 2016)* « L. 160-13 ». S'il y a lieu, le montant de la franchise est réduit à due concurrence. — *[Anc. art. D. 322-5.]*

Art. D. 160-10 *(Décr. n° 2007-1937 du 26 déc. 2007)* Le montant maximum supporté au titre de la franchise mentionnée au III de l'article *(Décr. n° 2015-1882 du 30 déc. 2015, art. 1er-IV-1°, en vigueur le 1er janv. 2016)* « L. 160-13 » par le bénéficiaire des soins au cours d'une année civile est fixé à 50 €.

Pour l'application de l'alinéa précédent, les montants de franchise sont pris en compte à la date du remboursement des prestations. — *[Anc. art. D. 322-6.]*

Art. D. 160-11 *(Décr. n° 2007-1937 du 26 déc. 2007)* Le montant maximum journalier prévu au sixième alinéa du III de l'article *(Décr. n° 2015-1882 du 30 déc. 2015, art. 1er-IV-1°, en vigueur le 1er janv. 2016)* « L. 160-13 » est fixé à :

a) 2 € pour les actes mentionnés au 2° du III de l'article *(Décr. n° 2015-1882 du 30 déc. 2015, art. 1er-IV-1°, en vigueur le 1er janv. 2016)* « L. 160-13 » ;

b) 4 € pour les transports mentionnés au 3° du III du même article. — *[Anc. art. D. 322-7.]*

Art. D. 160-12 *(Décr. n° 2007-1937 du 26 déc. 2007)* La franchise mentionnée au III de l'article *(Décr. n° 2015-1882 du 30 déc. 2015, art. 1er-IV-1°, en vigueur le 1er janv. 2016)* « L. 160-13 » n'est pas exigée au titre des ayants droit qui n'ont pas atteint l'âge de dix-huit ans au 1er janvier de l'année civile considérée. — *[Anc. art. D. 322-8.]*

Art. D. 160-13 *(Décr. n° 2007-1937 du 26 déc. 2007)* Les dispositions de l'article *(Décr. n° 2015-1882 du 30 déc. 2015, art. 1er-IV-1°, en vigueur le 1er janv. 2016)*. « D. 160-9 » sont applicables à la franchise prévue au III de l'article *(Décr. n° 2015-1882 du 30 déc. 2015, art. 1er-IV-1°, en vigueur le 1er janv. 2016)* « L. 160-13 ». — *[Anc. art. D. 322-9.]*

SECTION IV DISPOSITIONS RELATIVES À L'ORGANISATION ET AU SERVICE DES PRESTATIONS *(Décr. n° 2015-1882 du 30 déc. 2015, art. 1er-V, en vigueur le 1er janv. 2016).*

Art. D. 160-14 *(Décr. n° 2015-1882 du 30 déc. 2015, art. 1er-V-1°, en vigueur le 1er janv. 2016)* La prise en charge des frais de santé en cas de maladie et de maternité est assurée :

1° Pour les personnes *(Abrogé par Décr. n° 2018-1258 du 27 déc. 2018, art. 1er, à compter du 1er janv. 2019) (Décr. n° 2017-736 du 3 mai 2017, art. 6-2°) « autres que celles mentionnées au 7° »* relevant d'un régime de sécurité sociale au titre de leur activité professionnelle, y compris en application des dispositions de l'article L. 311-5, par les organismes chargés de la gestion des régimes obligatoires auxquelles *[auxquels]* elles sont affiliées pour le service des prestations d'assurance sociale. Parmi elles, la prise en charge est effectuée à ce titre :

a) *(Décr. n° 2018-1258 du 27 déc. 2018, art. 1er, en vigueur le 1er janv. 2019)* « Pour les fonctionnaires civils de l'État et les magistrats mentionnés aux articles L. 712-1 et L. 712-2 », par les mutuelles ou groupements mentionnés à la première phrase du *(Décr. n° 2018-1258 du 27 déc. 2018, art. 1er, en vigueur le 1er janv. 2019)* « deuxième » alinéa de l'article L. 160-17 ;

b) Pour les militaires, par la caisse mentionnée à l'article L. 713-19 ;

c) Pour les praticiens et auxiliaires médicaux mentionnés à l'article L. 722-1, par les caisses primaires d'assurance maladie ;

d) Pour les travailleurs indépendants non agricoles, par les organismes mentionnés à la deuxième phrase du *(Décr. n° 2018-1258 du 27 déc. 2018, art. 1er, en vigueur le 1er janv. 2019)* « deuxième » alinéa de l'article L. 160-17 ;

2° Pour les personnes titulaires d'une pension, d'une rente ou d'une allocation mentionnée aux 1° à 3° de l'article L. 160-3 qui n'exercent pas d'activité professionnelle, par les organismes qui assurent la prise en charge des frais de santé pour le régime obligatoire dont elles relèvent du fait de cette pension ou rente ;

(Décr. n° 2017-736 du 3 mai 2017, art. 6-2°) « 3° Pour les personnes mentionnées aux articles L. 381-20 et L. 381-25 autres que celles mentionnées aux 1° et 2°, par les organismes chargés de la gestion du régime général de sécurité sociale ; »

4° Pour les personnes qui n'exercent pas d'activité professionnelle, autres que celles mentionnées aux 2°, *(Décr. n° 2017-736 du 3 mai 2017, art. 6-2° ; Décr. n° 2018-1258 du 27 déc. 2018, art. 1er, en vigueur le 1er janv. 2019)* « 3°, 5° et 8° » ainsi qu'à l'article L. 311-5 :

a) Par les organismes chargés de la gestion du régime dont elles relevaient, pour la prise en charge de leurs frais de santé au titre de l'activité professionnelle exercée la plus récente, si celles-ci ont déjà exercé une activité professionnelle ;

b) Par les organismes chargés de la gestion du régime général de sécurité sociale si celles-ci n'ont jamais exercé une activité professionnelle. Le présent alinéa s'applique également aux personnes autres que les titulaires des pensions, rentes ou allocations mentionnées aux 1° à 3° de l'article L. 160-3, lorsque l'organisme mentionné à l'alinéa précédent relève d'une organisation spéciale de sécurité sociale au sens de l'article L. 711-1 ou des dispositions de l'article L. 382-17 et que les personnes concernées ne remplissent plus les conditions pour y demeurer affiliées ;

5° Pour les enfants *(Décr. n° 2018-1258 du 27 déc. 2018, art. 1er, en vigueur le 1er janv. 2019)* « jusqu'au mois au cours duquel ils atteignent l'âge de 24 ans », par les organismes chargés de la gestion du régime du ou des assurés auxquels l'enfant est ou était rattaché *(Décr. n° 2018-1258 du 27 déc. 2018, art. 1er, en vigueur le 1er janv. 2019)* « ou à défaut, par les organismes chargés de la gestion du régime général de sécurité sociale, à condition qu'ils n'aient jamais relevé du 1° ; » *(Abrogé par Décr. n° 2018-1258 du 27 déc. 2018, art. 1er, à compter du 1er janv. 2019)* ***« Par dérogation, l'âge mentionné au présent alinéa est repoussé pour les enfants des bénéficiaires du régime de prévoyance du personnel de la Société nationale des chemins de fer français dans les conditions prévues par le décret n° 2010-1362 du 10 novembre 2010 ;***

« 6° Pour les étudiants mentionnés à l'article L. 381-4 qui n'exercent pas d'activité professionnelle ou qui exercent une activité professionnelle (Décr. n° 2017-736 du 3 mai 2017, art. 6-2°) *« ne permettant pas de justifier des conditions mentionnées au 7° », par les mutuelles ou groupements de mutuelles étudiantes mentionnés à l'article L. 160-17 :*

« a) A compter de la date où ils débutent des études dans des établissements mentionnés à l'article précité s'ils sont ou étaient rattachés à des assurés auprès des organismes du régime général, des régimes des salariés et des exploitants agricoles ou des régimes dont relèvent les fonctionnaires civils de l'État, les magistrats et les ouvriers de l'État ;

« b) A compter (Décr. n° 2017-736 du 3 mai 2017, art. 6-2°) *« de la date où ils débutent des études dans les établissements mentionnés à l'article précité, pour les étudiants qui atteignent l'âge de 20 ans au cours de la période mentionnée à l'article R. 381-15 » s'ils sont ou étaient rattachés à des assurés auprès d'un autre régime, à l'exception du régime spécial de la Société nationale des chemins de fer français. L'âge mentionné au présent alinéa est repoussé d'une année pour les étudiants rattachés à des assurés relevant du régime spécial de sécurité sociale des marins ;*

« *(Décr. n° 2017-736 du 3 mai 2017, art. 6-2°)* « *Par dérogation au présent 6°, la prise en charge des frais de santé des étudiants enregistrés par l'autorité compétente en qualité de demandeur d'asile est assurée par les organismes chargés de la gestion du régime général de sécurité sociale.* »

« *7° Sans préjudice de l'option prévue au 3° de l'article L. 613-2, pour les étudiants mentionnés à l'article L. 381-4 qui* (Décr. n° 2017-736 du 3 mai 2017, art. 6-2°) « *justifient soit d'un contrat de travail ou d'une des situations mentionnées à l'article L. 311-3 couvrant la période mentionnée à l'article R. 381-15 et prévoyant une activité dont la durée cumulée est d'au moins 150 heures de travail par trimestre, soit de l'exercice d'une activité indépendante ayant donné lieu à une affiliation au titre de l'article L. 613-1 du présent code ou de l'article L. 722-1 du code rural et de la pêche maritime* », *par les organismes chargés de la gestion de ce régime. Dans ce cas, les étudiants dont* (Décr. n° 2017-736 du 3 mai 2017, art. 6-2°) « *la prise en charge des frais de santé* » *est assuré* [assurée] *par le régime auquel ils sont affiliés au titre de leur activité professionnelle continuent de relever de ce régime jusqu'au dernier jour de la période mentionnée à l'article R. 381-15 au cours de laquelle ils cessent de justifier des conditions d'ouverture des droits aux prestations en espèces ;* »

(Décr. n° 2017-736 du 3 mai 2017, art. 6-2°) « 8° Pour les personnes ayant relevé des dispositions de l'article L. 381-30 qui n'exercent pas d'activité professionnelle à leur libération, par les organismes chargés de la gestion du régime général de sécurité sociale. Toutefois, lorsqu'elles font valoir leur droit aux prestations en espèces dans le cadre du maintien de droit prévu à l'article L. 161-13-1, la prise en charge des frais de santé de ces personnes incombe au régime dont elles relevaient avant leur mise sous écrou. »

Art. D. 160-15 *(Décr. n° 2018-1258 du 27 déc. 2018, art. 1er, en vigueur le 1er janv. 2019)* Pour l'application de l'article L. 160-18, lorsque le changement d'organisme de sécurité sociale est à l'initiative de l'assuré, il est opéré à sa demande au moyen d'un télé service ou à défaut d'un formulaire mis à disposition par le régime de l'activité auquel l'assuré souhaite être rattaché. L'assuré est informé de son nouveau rattachement par l'organisme compétent dans un délai d'un mois.

Pour l'application du 1° de l'article L. 160-18, le changement d'organisme de rattachement pour la prise en charge des frais de santé est effectué directement par les caisses mentionnées aux articles L. 211-1 et L. 752-4 du présent code et L. 723-2 du code rural et de la pêche maritime en cas de contrat à durée indéterminée ou d'une durée au moins égale à six mois et sous réserve que la quotité de travail du contrat soit au moins égale à 100 heures par mois. En l'absence de quotité de travail exprimée en heures, la rémunération ramenée au mois doit être au moins égale à 100 fois le salaire minimum de croissance. L'organisme chargé de la gestion du régime dont relève cette activité salariée devient alors l'organisme de rattachement de l'assuré, sauf si ce dernier exerce également une activité relevant de l'article L. 711-1 du présent code et de l'article L. 732-9 du code rural et de la pêche maritime ;

Pour l'application du 4° de l'article L. 160-18, lorsque l'assuré déclare exercer une activité de travailleur indépendant au sens de l'article L. 611-1 sans exercer d'autre activité ou déclare exercer une activité de travailleur indépendant au sens de l'article L. 611-1 ainsi qu'une activité ne remplissant pas les conditions mentionnées au 1° ou 3° de l'article L. 160-18, l'organisme chargé de la gestion du régime général devient l'organisme de rattachement de l'assuré. Si l'assuré est titulaire d'une ou plusieurs pensions de vieillesse et exerce son activité de travailleur indépendant dans les conditions prévues à l'article L. 161-22, il peut choisir de demeurer rattaché aux organismes chargés de la gestion du régime qui lui verse la pension.

Lorsque l'assuré se trouve dans l'une des situations mentionnées aux 1° à 5° de l'article L. 160-18, le changement d'organisme est opéré par l'organisme nouvellement compétent pour la prise en charge des frais de santé de l'assuré dans un délai maximum de deux mois à compter du début de sa nouvelle activité professionnelle lorsque l'assuré relève des 1°, 3° et 4° de l'article précité, à compter de la déclaration de l'accident du travail ou de la maladie professionnelle lorsque l'assuré relève du 2° de l'article précité, à compter de la date d'envoi du courrier informant l'assuré qu'il ne remplit plus les conditions pour être rattaché à son régime actuel lorsque l'assuré relève du 5° de l'article précité.

Dans tous les cas, l'assuré est informé de son rattachement par l'organisme compétent dans un délai d'un mois à compter de ce rattachement par tout moyen permettant d'en rapporter la preuve.

Art. D. 160-16 *(Décr. nº 2015-877 du 16 juill. 2015, art. 2)* I. — Les personnes mentionnées au 2º de l'article L. 171-6 et à l'article L. 613-7 *(Décr. nº 2015-1882 du 30 déc. 2015, art. 1er-V-2º, en vigueur le 1er janv. 2016)* « bénéficient de la prise en charge de leurs frais de santé » dans celui de ces régimes dont elles relevaient jusqu'à la date à laquelle a débuté leur situation de cumul, si elles continuent de remplir les conditions pour être affiliées à ce régime.

II. — Elles peuvent néanmoins opter pour l'un des régimes auxquelles elles sont nouvellement affiliées, sauf au titre de la perception d'une pension de réversion.

L'exercice de cette option est obligatoire dans l'un ou l'autre des cas suivants :

1º Lorsqu'elles sont affiliées à au moins un régime à un titre qui diffère de la perception d'une pension de réversion et qu'elles relevaient de leur régime antérieur au titre de la perception d'une pension de réversion ;

2º Lorsqu'elles cessent de remplir les conditions pour être affiliées à leur régime antérieur. Dans ce cas, si elles n'ont pas d'activité et ne perçoivent que des pensions de réversion, l'option mentionnée au premier alinéa est étendue à l'ensemble des régimes leur versant des pensions.

L'option mentionnée au premier alinéa du présent II est exercée dans les conditions prévues par les dispositions des *(Décr. nº 2015-1882 du 30 déc. 2015, art. 1er-V-2º, en vigueur le 1er janv. 2016)* « deux derniers alinéas de l'article D. 160-15 ».

III. — Par dérogation au II, l'option, au titre de la perception d'une pension, pour un des régimes spéciaux relevant de l'article R. 711-1 ou de l'article R. 711-24, est réservée aux assurés justifiant d'une ancienneté minimale, en tant qu'actif, de quinze années dans ce régime. — *[Anc. art. D. 171-15.]*

Art. D. 160-17 (Abrogé par Décr. nº 2018-1258 du 27 déc. 2018, art. 1er, à compter du 1er janv. 2019) (Décr. nº 2015-1882 du 30 déc. 2015, art. 1er-V-3º) *Les personnes mentionnées aux 4º* (Décr. nº 2017-736 du 3 mai 2017, art. 6-3º) *« et 6º, ainsi que les personnes majeures mentionnées au 5º de l'article D. 160-14 » peuvent demander à l'organisme gestionnaire du régime de leurs conjoints, concubins et partenaires d'un pacte civil de solidarité de prendre en charge leurs frais de santé en cas de maladie ou de maternité.*

En cas de divorce, de séparation ou de rupture du pacte civil de solidarité, la personne ayant fait valoir la demande mentionnée au premier alinéa demeure rattachée au régime de son ancien conjoint, concubin ou partenaire jusqu'à la date à laquelle, le cas échéant, elle exerce une activité professionnelle. Le présent alinéa ne s'applique pas lorsque l'ancien conjoint, concubin ou partenaire relève d'un régime spécial de sécurité sociale au sens de l'article L. 711-1 ou des dispositions des articles L. 382-15 et suivants.

Sur les exceptions à l'application du droit des usagers de saisir l'administration par voie électronique concernant les démarches effectuées auprès des organismes de sécurité sociale, V. CRPA, App., vº Saisine par voie électronique — Exceptions. — **CRPA.**

Art. D. 160-18 *(Décr. nº 2017-736 du 3 mai 2017, art. 6-4º)* I. — Lorsqu'elle n'est pas faite à l'initiative du service départemental de l'Office national des anciens combattants et victimes de guerre dans la circonscription duquel se trouve la résidence de l'intéressé, la demande de rattachement des personnes mentionnées à l'article L. 381-20 faite en application des dispositions du 3º de l'article D. 160-14 est adressée à ce service suivant un modèle fixé par décision conjointe du ministre chargé de la sécurité sociale et du ministre chargé des anciens combattants. Si cette demande paraît à ce stade susceptible d'avoir une suite favorable, le service précité l'envoie à la caisse primaire d'assurance maladie ou la caisse générale de sécurité sociale du lieu de résidence de l'intéressé afin que cette caisse procède à l'ouverture des droits à la prise en charge des frais de santé de l'intéressé. Ce dernier est avisé de cette transmission par les soins du service départemental susmentionné. Dans le cas contraire, le service départemental de l'Office national des anciens combattants et victimes de guerre renvoie la demande à l'intéressé en lui indiquant les motifs du rejet de celle-ci.

La décision de la caisse saisie d'une demande *[de]* rattachement d'un orphelin de guerre majeur titulaire d'une pension en vertu des dispositions de l'article L. 57 du code des pensions militaires d'invalidité et des victimes de la guerre se trouvant dans l'incapacité de travailler est notifiée à l'intéressé qui peut la contester dans les conditions et suivant la procédure fixées par la section II du chapitre III du titre IV du livre Ier du présent code.

Les mêmes dispositions s'appliquent aux orphelins lorsqu'ils atteignent leur majorité ou, lorsque, ayant atteint l'âge de 16 ans, ils bénéficient de la prise en charge de leurs frais de santé à titre personnel, s'ils sont titulaires d'une pension en vertu des dispositions de l'article L. 57 du code des pensions militaires d'invalidité et des victimes de la guerre et se trouvent dans l'incapacité de travailler.

Lorsqu'une personne mentionnée à l'article L. 381-20 perd cette qualité du fait de la suppression ou de la modification de la pension qui lui a été allouée au titre du code des pensions militaires d'invalidité et des victimes de la guerre, l'administration liquidatrice de la pension doit en aviser la caisse d'assurance maladie à laquelle était rattaché l'intéressé.

II. – La demande de rattachement des personnes mentionnées à l'article L. 381-25 faite en application des dispositions du 3° de l'article D. 160-14 est adressée à la Caisse des dépôts et consignations. Si cette demande paraît à ce stade susceptible d'avoir une suite favorable, cet établissement l'envoie à la caisse primaire d'assurance maladie ou *[à]* la caisse générale de sécurité sociale du lieu de résidence de l'intéressé afin que cette caisse procède à l'ouverture des droits à la prise en charge des frais de santé de l'intéressé. Ce dernier est avisé de cette transmission par les soins de la Caisse des dépôts et consignations. Dans le cas contraire, cet établissement renvoie la demande à l'intéressé en lui indiquant les motifs du rejet de celle-ci.

Lorsqu'une personne mentionnée à l'article L. 381-25 perd cette qualité du fait de la suppression ou de la modification de la pension qui lui a été allouée en application des dispositions de l'article 11 de la loi n° 91-1389 du 31 décembre 1991 relative à la protection sociale des sapeurs-pompiers volontaires en cas d'accident survenu ou de maladie contractée en service, la Caisse des dépôts et consignations doit aviser la caisse d'assurance maladie à laquelle était rattaché l'intéressé.

CHAPITRE PREMIER **DISPOSITIONS RELATIVES AUX PRESTATIONS**

SECTION PREMIÈRE **BÉNÉFICIAIRES**

SOUS-SECTION 1 **DISPOSITIONS COMMUNES**

Art. D. 161-1 *Abrogé par Décr. n° 2012-443 du 3 avr. 2012, art. 9.*

Art. D. 161-1-1 *Devient l'art. D. 131-6-1 (Décr. n° 2017-1894 du 30 déc. 2017, art. 1er-I).*

Art. D. 161-1-1-1 (Abrogé par Décr. n° 2017-301 du 8 mars 2017, art. 2-III) (Décr. n° 2009-484 du 29 avr. 2009) ***Pour l'application des dispositions de l'article L. 161-1-1 aux travailleurs indépendants relevant des régimes définis aux articles 50-0 et 102 ter du code général des impôts :***

1° L'exonération cesse à l'issue de la période prévue au c de l'article D. 131-6-3 ;

2° Le plafond de revenus ou de rémunérations mentionné dans la première phrase de l'article L. 161-1-1 est égal au seuil fixé par les articles 50-0 et 102 ter du code général des impôts compte tenu des abattements prévus par ces articles. Il est apprécié sur l'année civile et ajusté, le cas échéant, selon les règles fixées par ces articles.

Art. D. 161-1-1-2 (Abrogé par Décr. n° 2017-301 du 8 mars 2017, art. 2-III) (Décr. n° 2015-1856 du 30 déc. 2015, art. 6) ***La régularisation prévue au dernier alinéa de l'article L. 161-1-1 s'applique aux cotisations de sécurité sociale ayant fait l'objet de l'exonération prévue à cet article et dues au titre de la période courant depuis la date à laquelle le travailleur indépendant cesse de bénéficier de cette exonération en application du dernier alinéa de l'article L. 161-1-1.***

Le complément de cotisations résultant de cette régularisation est égal à la différence entre :

– D'une part, le montant des cotisations et contributions sociales calculées par application du taux fixé aux articles D. 131-6-1 et D. 131-6-2 dont l'intéressé aurait été redevable au cours de la période mentionnée au premier alinéa du présent article s'il n'avait pas bénéficié de l'exonération prévue à l'article L. 161-1-1 ;

– Et, d'autre part, le montant des cotisations et contributions sociales calculées par application du taux fixé à l'article D. 131-6-3 dont l'intéressé est redevable au titre de la même période.

Ce complément est recouvré dans les mêmes conditions que les versements provisionnels de l'année en cours restant à échoir.

Art. D. 161-1-2 *Devient l'art. D. 131-6-2 (Décr. n° 2017-1894 du 30 déc. 2017, art. 1er-I).*

Art. D. 161-1-3 *(Décr. n° 2008-992 du 18 sept. 2008)* Pour les décisions régies par un régime de décision implicite de rejet, la durée maximale prévue au troisième alinéa de l'article L. 161-1-4 est fixée à deux mois à compter de la date à laquelle l'organisme de sécurité sociale a informé le demandeur qu'il avait à produire des pièces supplémentaires.

Pour les décisions régies par un régime de décision implicite d'acceptation, la suspension du délai d'instruction est celle prévue au deuxième alinéa de l'article 2 du décret n° 2001-492 du 6 juin 2001 pris pour l'application du chapitre II du titre II de la loi n° 2000-321 du 12 avril 2000 et relatif à l'accusé de réception des demandes présentées aux autorités administratives *[V. désormais* ***CRPA****, art. L. 114-5]*.

SOUS-SECTION 2 ASSURANCES MALADIE, MATERNITÉ, INVALIDITÉ ET DÉCÈS

(Décr. n° 95-423 du 20 avr. 1995)

Art. D. 161-2 *(Décr. n° 95-423 du 20 avr. 1995, art. 1er)* Les personnes qui reprennent le travail à l'issue du congé parental d'éducation prévu *(Décr. n° 2014-1708 du 30 déc. 2014, art. 1er-1°)* « au 1° de l'article L. 1225-47 » du code du travail ou de la perception de *(Décr. n° 2014-1708 du 30 déc. 2014, art. 1er-1°)* « la prestation partagée d'éducation de l'enfant » ou à l'issue d'un congé pour maladie ou maternité faisant immédiatement suite au congé parental retrouvent, pendant douze mois à compter de la reprise du travail, les droits aux prestations *(Abrogé par Décr. n° 2015-1882 du 30 déc. 2015, art. 2-1°, à compter du 1er janv. 2016) « en nature et »* en espèces de l'assurance maladie-maternité, invalidité et décès qui leur étaient ouverts avant la perception de *(Décr. n° 2014-1708 du 30 déc. 2014, art. 1er-1°)* « la prestation partagée d'éducation de l'enfant » ou le début du congé parental d'éducation.

Les dispositions du Décr. n° 2014-1708 du 30 déc. 2014 s'appliquent aux enfants nés ou adoptés à partir du 1er janv. 2015. Pour les enfants nés ou adoptés avant le 1er janv. 2015, les dispositions du CSS demeurent applicables dans leur rédaction antérieure à la date d'entrée en vigueur du décret susvisé (Décr. préc., art. 2, JO 31 déc.).

Ancien art. D. 161-2 (Décr. n° 95-423 du 20 avr. 1995, art. 1er) *Les personnes qui reprennent le travail à l'issue du congé parental d'éducation prévu à l'article L. 122-28-1* [L. 1225-47 s. nouv.] *du code du travail ou de la perception de l'allocation parentale d'éducation ou à l'issue d'un congé pour maladie ou maternité faisant immédiatement suite au congé parental retrouvent, pendant douze mois à compter de la reprise du travail, les droits aux prestations en nature et en espèces de l'assurance maladie-maternité, invalidité et décès qui leur étaient ouverts avant la perception de l'allocation parentale d'éducation ou le début du congé parental d'éducation.*

Art. D. 161-2-1 *(Décr. n° 99-1042 du 13 déc. 1999, art. 1er)* La suspension *(Décr. n° 2015-1882 du 30 déc. 2015, art. 2-2°, en vigueur le 1er janv. 2016)* « de la prise en charge des frais de santé en cas de » maladie prévues *[prévus]* par le présent code ou le code rural et de la pêche maritime peut *(Abrogé par Décr. n° 2015-1882 du 30 déc. 2015, art. 2-2°, à compter du 1er janv. 2016) « , en application des dispositions du III de l'article 6 de la loi n° 99-641 du 27 juillet 1999 portant création d'une couverture maladie universelle (Décr. n° 2007-972 du 15 mai 2007, art. 1er) « ou du cinquième alinéa de l'article L. 380-2 », »* être décidée par le directeur de la caisse ou de l'organisme compétent à l'égard d'un assuré dont la mauvaise foi est établie par des faits caractérisant l'intention de ne pas payer les cotisations obligatoires d'assurance maladie *(Décr. n° 2007-972 du 15 mai 2007, art. 1er)* « ou en cas de fraude ou de fausse déclaration sur le montant des ressources.

« Dans les cas mentionnés à l'alinéa précédent, le directeur de la caisse compétente adresse à l'assuré une mise en demeure, par lettre recommandée avec demande d'avis de réception, l'invitant à régulariser sa situation sous trente jours.

« A défaut de régularisation par l'assuré, » la décision de suspendre le versement desdites prestations, dûment motivée, est notifiée à l'assuré par lettre recommandée avec demande d'avis de réception, et précise que cette décision est susceptible de recours dans les conditions prévues aux articles R. 142-1 et R. 142-6.

La suspension du droit *(Décr. n° 2015-1882 du 30 déc. 2015, art. 2-2°, en vigueur le 1er janv. 2016)* « à la prise en charge des frais de santé en cas de » maladie cesse dès lors que l'assuré est à jour de ses cotisations d'assurance maladie ou respecte l'échéancier qui lui a été accordé. La caisse ou l'organisme compétent en informe dans un délai de huit jours l'assuré par lettre recommandée avec demande d'avis de réception.

(Décr. n° 2007-972 du 15 mai 2007, art. 1er) « Sauf dans les cas de fraude ou de fausse déclaration *(Abrogé par Décr. n° 2015-1882 du 30 déc. 2015, art. 2-2°, à compter du 1er janv. 2016)* ***« mentionnés au cinquième alinéa de l'article L. 380-2 »*** et » par dérogation aux dispositions des trois premiers alinéas, le droit *(Décr. n° 2015-1882 du 30 déc. 2015, art. 2-2°, en vigueur le 1er janv. 2016)* « à la prise en charge des frais de santé en cas de » maladie ne peut être suspendu si l'intéressé remplit les conditions de ressources prévues par le décret pris en application du premier alinéa de l'article L. 861-1, s'il a été admis au bénéfice *(Décr. n° 2010-1304 du 29 oct. 2010, art. 12)* « d'une procédure de traitement des situations de surendettement des particuliers *(Abrogé par Décr. n° 2015-1882 du 30 déc. 2015, art. 2-2°, à compter du 1er janv. 2016)* ***« ou s'il a été admis au bénéfice » des dispositions prévues par le décret n° 97-656 du 30 mai 1997 instituant une commission des chefs des services financiers et des représentants des organismes de sécurité sociale pour l'examen de la situation des débiteurs retardataires »***.

Art. D. 161-2-1-1 (Abrogé par Décr. n° 2017-736 du 3 mai 2017, art. 6-7°) (Décr. n° 98-1172 du 22 déc. 1998, art. 2) ***Les titres ou documents prévus à l'article L. 161-16-1 sont ceux mentionnés à l'article D. 115-1.***

Art. D. 161-2-1-1-1 *(Décr. n° 2007-1124 du 20 juill. 2007, art. 2)* Les organismes agréés dans les conditions prévues au chapitre IV du titre VI du livre II du code de l'action sociale et des familles sont tenus de transmettre chaque mois à l'organisme de sécurité sociale désigné dans le cahier des charges et au département une copie des attestations d'élection de domicile qu'ils ont délivrées ainsi que la liste des personnes qui ont fait l'objet d'une radiation.

Art. D. 161-2-1-1-1-1 *(Décr. n° 2011-50 du 11 janv. 2011)* Les périodes mentionnées au dernier alinéa de l'article L. 161-9-3 pendant lesquelles les bénéficiaires du congé de solidarité familiale conservent leurs droits sont fixées comme suit :

1° Douze mois à compter de la reprise du travail à l'issue de ce congé ;

2° La durée de l'interruption de travail pour cause de maladie ou de maternité en cas de non-reprise du travail à l'issue de ce congé ;

3° Douze mois à compter de la reprise du travail à l'issue du congé de maladie ou de maternité susmentionné.

SOUS-SECTION 4 ASSURANCE VIEILLESSE

§ 1er INFORMATION DES ASSURÉS

Art. D. 161-2-1-2 *(Décr. n° 2006-709 du 19 juin 2006)* Les personnes bénéficiaires du droit à l'information sur leur retraite mentionnées *(Décr. n° 2011-2073 du 30 déc. 2011, art. 1er-1° ; Décr. n° 2017-1004 du 10 mai 2017, art. 1er-1°)* « aux III et IV » de l'article L. 161-17 sont celles relevant ou ayant relevé, à titre obligatoire ou volontaire, en qualité d'assurées ou à raison des services accomplis, d'un régime de retraite légalement ou réglementairement obligatoire ou rendu obligatoire par la loi, avant le 1er janvier de l'année à laquelle le relevé ou l'estimation doivent être établis, et n'ayant pas obtenu la liquidation ou, en cas de retraite progressive, la liquidation provisoire de leur pension dans ce régime.

Art. D. 161-2-1-3 *(Décr. n° 2006-709 du 19 juin 2006)* Le droit à l'information sur la retraite prévu à l'article L. 161-17 s'exerce auprès des organismes et services mentionnés à l'article R. 161-10. Il comporte *(Décr. n° 2011-2073 du 30 déc. 2011, art. 1er-2°)* « notamment » la délivrance au bénéficiaire :

1° Sur demande du bénéficiaire ou à l'initiative de l'organisme ou du service, d'un relevé de sa situation individuelle au regard des droits à pension de retraite constitués auprès de chacun des régimes dont il relève ou a relevé et déterminés à la date précisée, pour chaque régime, dans le relevé ;

2° A l'initiative de l'organisme ou du service, d'une estimation indicative globale du montant total et du montant de chacune des pensions de retraite dont il pourrait bénéficier.

(Décr. n° 2017-1004 du 10 mai 2017, art. 1er-2°) « Le relevé ou l'estimation » ne peut être accompagné d'aucun autre document ni comporter d'autres mentions que celles relatives à son objet, à l'expéditeur et au destinataire.

Art. D. 161-2-1-4 *(Décr. n° 2006-709 du 19 juin 2006)* Sous réserve de l'application des dispositions des 3° et 4° de l'article 3 du décret n° 2006-708 du 19 juin 2006 relatif aux modalités et au calendrier de mise en œuvre du droit des assurés à l'information sur leur retraite et modifiant le code de la sécurité sociale (deuxième partie : Décrets en Conseil d'État), le relevé de situation individuelle mentionné *(Décr. n° 2017-1004 du 10 mai 2017, art. 1er-3°)* « au III » de l'article L. 161-17 comporte, pour chacun des régimes dont relève ou a relevé le bénéficiaire :

1° Les données mentionnées à l'article R. 161-11 connues par les organismes ou services en charge de la gestion de ces régimes à la date à laquelle le relevé est établi, compte non tenu, s'il y a lieu, des cotisations dont l'assuré est redevable à cette date ;

2° La désignation de chacune des catégories de périodes, situations ou événements non pris en compte dans les données mentionnées au 1° du présent article et susceptibles d'affecter l'âge de liquidation ou le montant des droits à pension dans chacun des régimes.

L'indication de *(Décr. n° 2017-1004 du 10 mai 2017, art. 1er-3°)* « la délivrance » du relevé à titre de renseignement, le caractère provisoire des données figurant sur le relevé et l'absence d'engagement de l'organisme ou du service ayant *(Décr. n° 2017-1004 du 10 mai 2017, art. 1er-3°)* « délivré » le relevé ou en charge de la gestion du ou des régimes concernés de calculer la pension sur la base de ces données sont mentionnés sur le relevé.

Art. D. 161-2-1-5 *(Décr. n° 2006-709 du 19 juin 2006)* Le relevé de situation individuelle mentionné au *(Décr. n° 2017-1004 du 10 mai 2017, art. 1er-4°)* « premier alinéa du III » de l'article L. 161-17 est délivré, *(Décr. n° 2011-2073 du 30 déc. 2011, art. 1er-4°)* « à la demande du bénéficiaire, soit par courrier au plus tous les ans, soit par *(Décr. n° 2017-1004 du 10 mai 2017, art. 1er-4°)* « tout moyen de communication électronique sécurisé ». »

Le délai *(Décr. n° 2011-2073 du 30 déc. 2011, art. 1er-4°)* « d'un an » fixé au premier alinéa du présent article est décompté de date à date à partir de la réception de la précédente demande par l'organisme ou le service y ayant répondu.

(Décr. n° 2011-2073 du 30 déc. 2011, art. 1er-4°, en vigueur le 1er janv. 2013) « Le relevé est accessible en ligne pour l'assuré. »

La demande est adressée à l'un des organismes ou services mentionnés à l'article R. 161-10 parmi ceux en charge de la gestion de l'un des régimes dont le bénéficiaire relève ou a relevé et dont il n'a pas obtenu, à la date laquelle il adresse sa demande, la liquidation ou, en cas de retraite progressive, la liquidation provisoire de la ou des pensions dont cet organisme ou service a la charge.

Pour être recevable, la demande doit comporter les mentions prévues aux 1° et 2° de l'article R. 161-11 ainsi que l'indication d'au moins l'un des régimes dont il déclare relever ou avoir relevé et, lorsqu'elle est présentée sur support papier, être datée et signée du demandeur. L'adresse figurant dans la demande peut toutefois être différente de celle connue par l'organisme ou le service. *(Abrogé par Décr. n° 2017-1004 du 10 mai 2017, art. 1er-4°)* *« Elle ne peut cependant consister en une adresse électronique que lorsque la demande est présentée par cette voie. »* La demande est établie conformément au modèle fixé par décision du groupement d'intérêt public *(Décr. n° 2017-1004 du 10 mai 2017, art. 1er-4°)* « mentionné au VI » de l'article L. 161-17.

(Décr. n° 2017-1004 du 10 mai 2017, art. 1er-4°) « Le relevé est mis à disposition du bénéficiaire par tout moyen de communication électronique sécurisé par l'organisme ou le service auquel il a adressé sa demande, sauf option contraire de sa part. Dans ce dernier cas, le relevé lui est adressé à son adresse postale personnelle. » Cet organisme ou ce service recueille, s'il y a lieu, les données nécessaires à l'établissement du relevé

auprès du ou des autres organismes ou services en charge du ou des autres régimes dont relève ou a relevé le bénéficiaire et lui adresse le relevé *(Décr. n° 2017-1004 du 10 mai 2017, art. 1er-4°)* « ou le met à sa disposition » dans des conditions et selon des modalités garantissant notamment la fiabilité de l'identification du bénéficiaire, l'intégrité et la confidentialité des échanges, fixées par décision du groupement d'intérêt public prévu au *(Décr. n° 2017-1004 du 10 mai 2017, art. 1er-4°)* « VI » de l'article L. 161-17 et approuvées par arrêté du ministre chargé de la sécurité sociale et du ministre chargé du budget, pris après avis de la Commission nationale de l'informatique et des libertés.

Dans le cas où le bénéficiaire a adressé sa demande à un organisme ou service en charge d'un ou de plusieurs régimes où il n'a pas la qualité d'assuré ou dont le bénéficiaire perçoit la ou les pensions, sans apporter d'indication permettant d'identifier un autre régime, cet organisme ou ce service l'informe qu'il doit s'adresser à un autre organisme ou service *(Décr. n° 2011-2073 du 30 déc. 2011, art. 1er-4°)* « et lui communique la liste de ces organismes ou services ».

Art. D. 161-2-1-6 *(Décr. n° 2006-709 du 19 juin 2006)* I. — Sous réserve de l'application des dispositions du 1° de l'article 3 du décret n° 2006-708 du 19 juin 2006 relatif aux modalités et au calendrier de mise en œuvre du droit des assurés à l'information sur leur retraite et modifiant le code de la sécurité sociale (deuxième partie : Décrets en Conseil d'État), le relevé de situation individuelle prévu au *(Décr. n° 2017-1004 du 10 mai 2017, art. 1er-5°)* « deuxième alinéa du III » de l'article L. 161-17 est établi au 1er juillet de chaque année, à partir de 2010, pour les bénéficiaires atteignant l'âge de 35, 40, 45 ou 50 ans.

II. — Le relevé est établi par l'organisme ou le service en charge de la gestion du régime dont le bénéficiaire a relevé en dernier lieu, à partir de l'année précédant celle au cours de laquelle il est établi. Lorsque le bénéficiaire a relevé en dernier lieu au cours de l'année considérée de plusieurs régimes gérés par des organismes ou services distincts, il est établi par l'organisme ou le service déterminé selon les modalités fixées par décision du groupement d'intérêt public prévu au *(Décr. n° 2017-1004 du 10 mai 2017, art. 1er-5°)* « VI » de l'article L. 161-17 et approuvées par arrêté du ministre chargé de la sécurité sociale. — *Arr. du 6 avr. 2012 (JO 26 avr.).*

III. — *(Décr. n° 2017-1004 du 10 mai 2017, art. 1er-5°)* « Le relevé est mis à disposition du bénéficiaire par tout moyen de communication électronique sécurisé par l'organisme ou le service compétent, sauf option contraire de sa part. Dans ce dernier cas, le relevé lui est adressé à l'adresse postale personnelle connue par cet organisme ou service ou qui lui a été communiquée par l'un des organismes ou services en charge de l'un des régimes dont il a relevé. »

Pour l'application du présent article, les organismes et services échangent les adresses personnelles *(Décr. n° 2017-1004 du 10 mai 2017, art. 1er-5°)* « , postales ou électroniques » des intéressés dans les conditions, garantissant notamment l'intégrité et la confidentialité des échanges, fixées par décision du groupement d'intérêt public prévu au *(Décr. n° 2017-1004 du 10 mai 2017, art. 1er-5°)* « VI » de l'article L. 161-17 et approuvées par arrêté du ministre chargé de la sécurité sociale et du ministre chargé du budget, pris après avis de la Commission nationale de l'informatique et des libertés.

(Décr. n° 2017-1004 du 10 mai 2017, art. 1er-5°) « Lorsque » le bénéficiaire a la qualité de fonctionnaire de l'État, de militaire ou de magistrat, le relevé peut, si l'État employeur le décide, lui être adressé par l'intermédiaire de son service gestionnaire. Un arrêté conjoint, pris après avis de la Commission nationale de l'informatique et des libertés, du ministre de la fonction publique et du ministre chargé du budget fixe les conditions garantissant l'intégrité et la confidentialité de l'envoi.

Art. D. 161-2-1-7 *(Décr. n° 2006-709 du 19 juin 2006)* Sous réserve de l'application des dispositions des 3° à 5° de l'article 3 du décret n° 2006-708 du 19 juin 2006 relatif aux modalités et au calendrier de mise en œuvre du droit des assurés à l'information sur leur retraite et modifiant le code de la sécurité sociale (deuxième partie : Décrets en Conseil d'État), l'estimation indicative globale mentionnée au *(Décr. n° 2017-1004 du 10 mai 2017, art. 1er-6°)* « IV » de l'article L. 161-17 comporte les données mentionnées au 1° de l'article D. 161-2-1-4 ainsi que le montant total et le montant de chacune des pensions susceptibles d'être versées au bénéficiaire ; elle ne comporte pas la ou les pensions dont le bénéficiaire a obtenu ou, s'il a atteint l'âge à partir duquel le droit est ouvert, demandé la liquidation ou, en cas de retraite progressive, la liquidation provisoire au plus tard à la date à laquelle est établie l'estimation.

Le montant des pensions est estimé :

1° Pour les bénéficiaires ayant relevé des régimes mentionnés aux 1° à 3° de l'article R. 161-10 et de l'institution de retraite complémentaire des agents non titulaires de l'État et des collectivités locales :

a) A l'âge *(Décr. n° 2011-2073 du 30 déc. 2011, art. 1er-6°)* « prévu à l'article L. 161-17-2 » ;

b) A l'âge atteint à la date prévisible à laquelle la pension pourrait être liquidée, selon les régimes, au taux plein ou sans coefficient d'abattement ;

c) A l'âge *(Décr. n° 2011-2073 du 30 déc. 2011, art. 1er-6°)* « prévu au 1° de l'article L. 351-8 » ;

d) S'il est plus élevé, à l'âge atteint l'année où est établie l'estimation.

2° Pour les bénéficiaires ayant relevé des régimes mentionnés à l'article R. 161-10 autres que ceux mentionnés au 1° du présent article :

a) A l'âge d'ouverture du droit à pension ;

b) A l'âge atteint à la date prévisible à laquelle la pension pourra être liquidée, selon les régimes, sans coefficient d'abattement ou à son pourcentage maximum ;

c) A l'âge limite applicable à la catégorie dont relève le bénéficiaire ;

d) S'il est plus élevé, à l'âge atteint l'année où est établie l'estimation.

L'âge et la date fixés au 1° ou au 2° du présent article sont mentionnés sur l'estimation.

Dans le cas où le bénéficiaire exerce, à la date à laquelle elle est établie, une activité relevant d'un régime où est applicable la surcote, l'estimation comporte également l'indication du ou des régimes dont il relève ou a relevé où la surcote est applicable ainsi que le taux et les conditions requises pour son application et la date prévisible à laquelle elle pourrait être appliquée à cette ou à ces pensions dans l'hypothèse de la poursuite de la situation du bénéficiaire dans le régime ou les régimes concernés jusqu'à cette date ou, si le bénéficiaire remplit les conditions pour en bénéficier, le montant de surcote afférent à chacune des pensions.

Pour l'estimation de chaque pension, sont prises en compte les données pertinentes mentionnées aux 4° à 9° de l'article R. 161-11, complétées, le cas échéant, des données mentionnées au 3° du même article connues à la date à laquelle l'estimation est établie et arrêtées pour leur valeur prévisible dans l'hypothèse de la poursuite de la situation du bénéficiaire dans le régime à la date à laquelle l'estimation est établie jusqu'à l'âge mentionné au 1° ou au 2° du présent article.

A cette même fin, chaque organisme ou service fait application des dispositions législatives, réglementaires ou conventionnelles en vigueur dans le ou les régimes dont il a la charge à la date à laquelle l'estimation est établie et susceptibles d'être appliquées au bénéficiaire compte tenu de son âge ou de sa situation à cette date en application de la législation, ou des décisions des instances compétentes du régime, en vigueur à la date à laquelle l'estimation est réalisée et connues ou rendues publiques pour les années à venir.

Chaque organisme ou service retient les hypothèses établies et rendues publiques par le conseil d'orientation des retraites visé à l'article L. 114-2 dans le cadre de la mission qui lui est confiée en application du 5° de cet article et relatives aux facteurs pouvant affecter la détermination du montant des pensions de chaque régime.

L'indication de *(Décr. n° 2017-1004 du 10 mai 2017, art. 1er-6°)* « la délivrance » de l'estimation à titre de renseignement, le caractère estimatif et non contractuel de l'estimation et l'absence d'engagement de l'organisme ou du service ayant établi l'estimation ou de l'organisme ou du service en charge du ou des régimes concernés de verser aux âges indiqués le ou les montants estimés sont mentionnés sur l'estimation.

(Décr. n° 2011-2073 du 30 déc. 2011, art. 1er-6°) « L'estimation est accompagnée d'une information sur les dispositifs mentionnés aux articles L. 161-22, L. 241-3-1 et L. 351-15. »

Art. D. 161-2-1-8 *(Décr. n° 2006-709 du 19 juin 2006)* Sous réserve de l'application des dispositions du 2° de l'article 3 du décret n° 2006-708 du 19 juin 2006 relatif aux modalités et au calendrier de mise en œuvre du droit des assurés à l'information sur leur retraite et modifiant le code de la sécurité sociale (deuxième partie : Décrets en Conseil d'État), l'estimation mentionnée à l'article D. 161-2-1-7 est *(Décr. nº 2017-1004 du 10 mai 2017, art. 1er-7º)* « délivrée soit par courrier, soit par tout moyen de communication électronique sécurisé », à l'initiative des organismes ou services, aux bénéficiaires atteignant, à partir du 1er juillet 2011, chaque année, l'âge de 55 ans.

La périodicité mentionnée au *(Décr. nº 2017-1004 du 10 mai 2017, art. 1er-7º)* « IV » de l'article L. 161-17 est fixée à cinq ans à compter de l'âge fixé au premier alinéa du présent article.

Les dispositions *(Décr. nº 2011-2073 du 30 déc. 2011, art. 1er-7º)* « du sixième alinéa de l'article D. 161-2-1-5 » et celles du II et du III de l'article D. 161-2-1-6 relatives à l'envoi *(Décr. nº 2017-1004 du 10 mai 2017, art. 1er-7º)* « ou à la mise à disposition par tout moyen de communication électronique sécurisé » du relevé de situation individuelle sont applicables à *(Abrogé par Décr. nº 2017-1004 du 10 mai 2017, art. 1er-7º)* « *l'envoi de* » l'estimation.

Art. D. 161-2-1-8-1 *(Décr. nº 2012-138 du 30 janv. 2012, art. 1er, en vigueur le 1er mars 2012)* Les règles d'attribution des majorations de durée d'assurance prévues par l'article L. 351-4 sont présentées sur les sites internet des caisses nationales des régimes mentionnés au premier alinéa de l'article R. 173-1.

Ces caisses élaborent, en outre, un plan de diffusion de documents destinés à l'information des assurés notamment en ce qui concerne le délai dans lequel ceux-ci peuvent exprimer l'option ou le désaccord prévus aux II et III de l'article L. 351-4.

Ces caisses concluent une convention qui détermine dans quelles conditions sont réparties entre elles les dépenses découlant du présent article.

Art. D. 161-2-1-8-2 *(Décr. nº 2011-2073 du 30 déc. 2011, art. 1er-8º)* Pour l'application du *(Décr. nº 2017-1004 du 10 mai 2017, art. 1er-8º)* « II » de l'article L. 161-17, un document d'information générale est délivré à l'assuré au cours de l'année civile suivant la première année civile au titre de laquelle il a validé au moins deux trimestres d'assurance dans un régime de retraite légalement obligatoire, sauf s'il a déjà bénéficié de cette information antérieurement au titre des mêmes dispositions.

Ce document est délivré par l'organisme ou le service mentionné à l'article R. 161-10 dont le bénéficiaire a relevé au cours de l'année civile précédant l'envoi. Lorsque le bénéficiaire a relevé de plusieurs régimes gérés par des organismes ou services distincts, le document est délivré par l'organisme ou le service déterminé selon les modalités fixées par décision du groupement d'intérêt public prévu au *(Décr. nº 2017-1004 du 10 mai 2017, art. 1er-8º)* « VI » de l'article L. 161-17 et approuvées par arrêté du ministre chargé de la sécurité sociale.

Le document d'information générale est envoyé par l'organisme ou le service compétent à l'adresse personnelle du bénéficiaire, postale ou électronique, connue par cet organisme ou service ou qui lui a été communiquée par l'un des organismes ou services en charge de l'un des régimes dont il a relevé, ou est mis à la disposition du bénéficiaire par tout autre moyen de communication électronique.

Pour l'application du présent article, les organismes et services échangent les adresses personnelles des intéressés dans des conditions garantissant notamment l'intégrité et la confidentialité des échanges, fixées par décision du groupement d'intérêt public prévu au *(Décr. nº 2017-1004 du 10 mai 2017, art. 1er-8º)* « VI » de l'article L. 161-17 et approuvées par arrêté du ministre chargé de la sécurité sociale et du ministre chargé du budget, pris après avis de la Commission nationale de l'informatique et des libertés.

Le document d'information générale, dont le contenu est défini par le groupement d'intérêt public prévu au *(Décr. nº 2017-1004 du 10 mai 2017, art. 1er-8º)* « VI » de l'article L. 161-17, comporte notamment :

1º Une présentation générale du système de retraite par répartition, des règles d'acquisition de droits à pension et du mode de calcul des pensions, qui rappelle le principe de solidarité intergénérationnelle, le caractère contributif des régimes et les mécanismes de solidarité applicables ;

2º Une information sur l'impact potentiel sur la constitution de droits à retraite d'une activité professionnelle réduite, exercée à temps partiel ou donnant lieu à versement de cotisations forfaitaires en application de l'article L. 241-3, ainsi que sur la possibilité de cotiser à un régime de retraite légalement ou réglementairement obligatoire sur une assiette correspondant à une activité exercée à temps plein en cas d'emploi à temps partiel, en particulier dans les conditions prévues à l'article L. 241-3-1 ;

3° Une information sur les modalités de prise en compte des activités professionnelles accomplies dans l'Union européenne et ou dans un État tiers, pour autant qu'il ait conclu une convention bilatérale de sécurité sociale avec la France. — *Les dispositions de l'art. D. 161-2-1-8-2, issues du Décr. n° 2011-2073 du 30 déc. 2011, sont applicables aux assurés qui valident pour la première fois une durée d'assurance d'au moins deux trimestres dans un régime de retraite légalement obligatoire au cours de l'année 2011 ou des années suivantes (Décr. préc., art. 2-III).*

Art. D. 161-2-1-8-3 *(Décr. n° 2011-2073 du 30 déc. 2011, art. 1er-8°)* I. — L'entretien mentionné au *(Décr. n° 2017-1004 du 10 mai 2017, art. 1er-9°)* « II » de l'article L. 161-17 est ouvert aux personnes d'au moins 45 ans qui ont relevé, à titre obligatoire ou volontaire, en qualité d'assurés ou à raison des services accomplis, d'un régime de retraite légalement ou réglementairement obligatoire, avant le 1er janvier de l'année au cours de laquelle elles demandent à bénéficier de l'entretien, sous réserve qu'elles n'aient pas déjà obtenu la liquidation ou, en cas de retraite progressive, la liquidation provisoire de leur pension dans ce régime.

L'entretien est réalisé dans un délai maximal de six mois suivant la demande de l'assuré. — *Ces dispositions sont applicables aux demandes d'entretien présentées à compter du 1er janv. 2013 (Décr. n° 2011-2073 du 30 déc. 2011, art. 2-IV).*

II. — La demande d'entretien est adressée à l'un des organismes ou services mentionnés à l'article R. 161-10 parmi ceux en charge de la gestion de l'un des régimes dont le bénéficiaire relève ou a relevé et dont il n'a pas obtenu, à la date à laquelle il adresse sa demande, la liquidation ou, en cas de retraite progressive, la liquidation provisoire de la ou des pensions dont cet organisme ou service a la charge.

Pour être recevable, la demande doit comporter les mentions prévues aux 1° et 2° de l'article R. 161-11 ainsi que l'indication d'au moins l'un des régimes dont il déclare relever ou avoir relevé.

La demande est établie selon les modalités définies par décision du groupement d'intérêt public mentionné au *(Décr. n° 2017-1004 du 10 mai 2017, art. 1er-9°)* « VI » de l'article L. 161-17.

Dans le cas où l'assuré a adressé sa demande à un organisme ou service en charge d'un ou de plusieurs régimes où il n'a pas la qualité d'assuré ou dont il perçoit la ou les pensions, cet organisme ou ce service lui indique les organismes ou services auxquels il peut s'adresser en application du premier alinéa du présent II. Si l'assuré n'apporte pas d'indication permettant d'identifier un autre régime, cet organisme ou ce service l'informe qu'il doit s'adresser à un autre organisme ou service et lui communique la liste de ces organismes ou services.

Les assurés ayant bénéficié d'un entretien au titre du présent article ne peuvent bénéficier d'un nouvel entretien avant l'expiration d'un délai de six mois à compter de celui-ci.

A la demande de l'assuré, de l'organisme ou du service, l'entretien peut se dérouler par téléphone ou, avec l'accord de l'organisme ou du service et celui de l'assuré, par tout moyen de communication électronique.

III. — L'entretien a notamment pour objet :

1° D'informer l'assuré sur les possibilités ouvertes dans les régimes de retraite légalement ou réglementairement obligatoires :

a) De cotiser en cas d'emploi à temps partiel sur une assiette correspondant à une activité exercée à temps plein ;

b) De compléter la durée d'assurance au titre de certaines périodes, telles que les années d'études supérieures, les années d'activité incomplètes ou les périodes d'activité professionnelle exercées hors de France ;

c) De liquider une pension de retraite à titre provisoire en application de l'article L. 351-15 ou de dispositions législatives ou réglementaires ayant le même objet ;

d) De majorer la pension de retraite en application de l'article L. 351-1-2 ou de dispositions législatives ou réglementaires ayant le même objet ;

e) D'exercer une activité professionnelle procurant des revenus après la liquidation d'une pension de retraite.

Pour l'application du présent 1°, un document d'information, défini par le groupement d'intérêt public prévu au *(Décr. n° 2017-1004 du 10 mai 2017, art. 1er-9°)* « VI » de l'article L. 161-17, est remis à l'assuré. Il comporte également les éléments définis aux 2° et 3° de l'article D. 161-2-1-8-2 ;

2° D'inviter l'assuré à vérifier la complétude des données du relevé mentionné à l'article R. 161-10 au regard de l'ensemble des droits qu'il a pu constituer dans les régimes de retraite légalement ou réglementairement obligatoires ;

3° De répondre aux questions de l'assuré relatives aux droits qu'il a pu constituer dans les régimes de retraite légalement obligatoires et aux perspectives d'évolution de ces droits, compte tenu des choix et aléas de carrière éventuels ;

4° De communiquer à l'assuré des simulations du montant potentiel de sa future pension, en prenant l'hypothèse d'une liquidation des droits :

a) A l'âge d'ouverture des droits à retraite et à l'âge auquel s'annule le coefficient de minoration ;

b) A la demande de l'assuré, selon d'autres hypothèses. — *Cet al. entre en vigueur le 1er juill. 2014 (Décr. n° 2011-2073 du 30 déc. 2011, art. 2-V).*

Les simulations sont remises à l'assuré *(Décr. n° 2017-1004 du 10 mai 2017, art. 1er-9°)* « ou mises à sa disposition par tout moyen de communication électronique sécurisé » lors de l'entretien ou, au plus tard, dans un délai de trois mois suivant la transmission par l'intéressé de justificatifs relatifs aux données du relevé mentionné à l'article R. 161-10.

IV. — Les simulations mentionnées au 4° du III sont réalisées à législation constante et sur la base d'hypothèses économiques et d'évolution salariale fixées chaque année par le groupement d'intérêt public prévu au *(Décr. n° 2017-1004 du 10 mai 2017, art. 1er-9°)* « VI » de l'article L. 161-17. Les informations et données transmises aux assurés en application du présent alinéa n'engagent pas la responsabilité des organismes et services en charge de les délivrer.

Afin d'assurer la réalisation de ces simulations, un outil de simulation est rendu accessible en ligne aux assurés, selon des modalités fixées par décision du groupement d'intérêt public visé au *(Décr. n° 2017-1004 du 10 mai 2017, art. 1er-9°)* « VI » de l'article L. 161-17. — *Cet al. est entré en vigueur le 1er juill. 2014 (Décr. n° 2011-2073 du 30 déc. 2011, art. 2-V).*

V. — Lorsque, dans le cadre de l'entretien, l'assuré soulève une question relative à ses droits à retraite en application du 1° du présent article ou formule une demande de rectification relative aux données du relevé mentionné à l'article R. 161-10 en application du 3°, qui ne relèvent pas de la compétence de l'organisme ou service réalisant l'entretien, ce dernier la transmet dans un délai de deux semaines à l'organisme ou service compétent, lequel adresse une réponse à l'assuré dans un délai de deux mois.

Art. D. 161-2-1-8-4 *(Décr. n° 2014-815 du 17 juill. 2014, en vigueur le 1er janv. 2015)* I. — L'entretien prévu au V de l'article L. 161-17, dont bénéficie l'assuré dans le cadre de tout projet d'expatriation, a notamment pour objet de l'informer :

1° Sur les règles générales d'acquisition de droits à pension ;

2° Sur les dispositifs lui permettant de cotiser volontairement à l'assurance vieillesse ou d'effectuer des rachats de cotisations au titre de périodes passées en application des articles L. 742-1 à L. 742-3, L. 742-6 et L. 763-1 du présent code et de l'article L. 722-18 du code rural et de la pêche maritime ;

3° Sur les modalités de prise en compte des activités professionnelles accomplies dans un État de l'Union européenne ou dans un État tiers ayant conclu une convention bilatérale de sécurité sociale avec la France.

II. — La demande d'entretien est adressée selon les conditions prévues aux premier et quatrième alinéas du II de l'article D. 161-2-1-8-3.

Si l'assuré n'a jamais relevé de l'un des régimes gérés par les organismes ou services mentionnés aux 1° à 5° de l'article R. 161-10, sa demande est adressée à l'organisme

chargé de la gestion des régimes de retraite de base du régime général de la sécurité sociale mentionné à l'article L. 222-1.

Pour être recevable, la demande doit comporter les mentions prévues aux 1° et 2° de l'article R. 161-11.

III. – L'entretien est réalisé dans un délai maximal de trois mois suivant la demande de l'assuré, le cas échéant selon les modalités prévues au sixième alinéa du II de l'article D. 161-2-1-8-3.

Le groupement d'intérêt public mentionné à l'article L. 161-17-1 élabore, en lien avec l'établissement public défini à l'article L. 767-1, les documents d'information générale et les éléments d'information complémentaires destinés à répondre aux besoins particuliers, qui sont transmis à l'assuré à l'occasion de l'entretien, le cas échéant sous forme dématérialisée. Ces informations sont également consultables et téléchargeables sur internet de manière accessible à l'ensemble du public.

IV. – Le conjoint d'un assuré ayant un projet d'expatriation peut demander à bénéficier d'un entretien dans les conditions et selon les modalités prévues au présent article.

§ 2 OUVERTURE DU DROIT ET LIQUIDATION

Art. D. 161-2-1-9 *(Décr. nº 2010-1734 du 30 déc. 2010, art. 1er)* **L'âge prévu au second alinéa de l'article L. 161-17-2 est fixé à :**

1° Soixante ans pour les assurés nés avant le 1er juillet 1951 ;

2° Soixante ans et quatre mois pour les assurés nés entre le 1er juillet 1951 et le 31 décembre 1951 inclus ;

3° *(Décr. nº 2011-2034 du 29 déc. 2011, art. 1er-1°)* **« Soixante ans et neuf mois » pour les assurés nés en 1952 ;**

4° Soixante et un ans *(Décr. nº 2011-2034 du 29 déc. 2011, art. 1er-2°)* **« et deux mois » pour les assurés nés en 1953 ;**

5° *(Décr. nº 2011-2034 du 29 déc. 2011, art. 1er-3°)* **« Soixante et un ans et sept mois » pour les assurés nés en 1954 ;**

6° *(Décr. nº 2011-2034 du 29 déc. 2011, art. 1er-4°)* **« Soixante***[-]***deux ans pour les assurés nés à compter du 1er janvier 1955 » ;**

(Abrogé par Décr. nº 2011-2034 du 29 déc. 2011, art. 1er-5°) ***« 7° Soixante-deux ans pour les assurés nés à compter du 1er janvier 1956. »***

Les dispositions issues du Décr. nº 2010-1734 du 30 déc. 2010 sont applicables aux pensions prenant effet à compter du 1er juill. 2011 (Décr. préc., art. 11).

Art. D. 161-2-1-10 *(Décr. nº 2014-1156 du 9 oct. 2014, art. 3-I, en vigueur le 1er janv. 2015)* **L'âge prévu à l'article L. 161-17-2 est abaissé à due concurrence du nombre de trimestres attribués au titre de la majoration de durée d'assurance prévue à l'article L. 351-6-1 du code de la sécurité sociale dans la limite de huit trimestres.**

Art. D. 161-2-2 *(Décr. nº 87-595 du 22 juill. 1987, art. 1er ; Décr. nº 92-16 du 2 janv. 1992, art. 2)* **Pour l'application de l'article L. 161-18, la caisse compétente pour apprécier l'inaptitude au travail est celle où l'intéressé a été affilié en dernier lieu** *(Décr. nº 2017-737 du 3 mai 2017, art. 2-I, en vigueur le 1er juill. 2017)* **« , ou lorsque la pension relève des dispositions de l'article L. 173-1-2, celle du régime déterminé en application de l'article R. 173-4-4 ». En cas d'activités simultanées relevant des régimes visés à l'article L. 161-18, la demande est valablement adressée à l'un des organismes dont relèvent ces activités. L'organisme qui apprécie l'inaptitude au travail informe le ou les autres régimes en cause.** – *[Anc. art. D. 161-2-1.]*

Art. D. 161-2-3 (Abrogé par Décr. nº 2017-737 du 3 mai 2017, art. 2-III, à compter du 1er juill. 2017) (Décr. nº 87-595 du 22 juill. 1987, art. 1er ; Décr. nº 92-16 du 2 janv. 1992, art. 2) ***La caisse qui apprécie l'inaptitude au travail est chargée du contrôle du montant des revenus professionnels prévu selon le cas à l'article R. 352-2, dernier alinéa, à l'article D. 634-2 ou à l'article 71 (§ 3-III, dernier alinéa) du décret nº 50-1225 du 21 septembre 1950, ainsi que du respect des dispositions prévues à l'article 1122-5*** [L. 732-36] ***du code rural et de la pêche maritime.*** – [Anc. art. D. 161-2-2.]

Art. D. 161-2-4 (Abrogé par Décr. nº 2017-736 du 3 mai 2017, art. 6-7°) (Décr. nº 98-1172 du 22 déc. 1998, art. 3) ***Pour l'application de l'article L. 161-18-1 et à***

l'exclusion des prestations visées au titre Ier du livre VIII, la régularité du séjour est justifiée par la production d'un des documents ou titres mentionnés à l'article D. 115-1.

Art. D. 161-2-4-1 *(Décr. nº 2017-999 du 10 mai 2017, art. 1er, en vigueur le 1er sept. 2017)* La commission mentionnée à l'article L. 161-21-1 comprend :

1° Un médecin-conseil désigné par le directeur général de la Caisse nationale de l'assurance maladie des travailleurs salariés ;

2° Un médecin-conseil désigné par le directeur général de la caisse centrale de la Mutualité sociale agricole ;

3° Un médecin-conseil désigné par le directeur général de la Caisse nationale du régime social des indépendants ;

4° Un membre de l'équipe pluridisciplinaire mentionnée à l'article L. 146-8 du code de l'action sociale et des familles ayant des compétences médicales. Sont désignés conjointement à ce titre par les directeurs des maisons départementales des personnes handicapées de la région Île-de-France, quatre représentants qui siègent alternativement. A défaut, est désigné un membre de l'équipe pluridisciplinaire de la maison départementale des personnes handicapées de Paris par le directeur de cet organisme ;

5° Une personnalité qualifiée, membre du corps médical, choisie à raison de sa compétence en matière de handicap, et nommée pour une durée de trois ans renouvelable par arrêté du ministre chargé de la sécurité sociale.

En cas d'indisponibilité, chacun des membres de la commission, à l'exception de la personnalité mentionnée au 5°, est remplacé par un suppléant désigné dans les mêmes conditions que le titulaire.

Le secrétariat de la commission est assuré par la Caisse nationale d'assurance vieillesse.

Les membres de la commission sont remboursés de leurs frais de déplacement. Le membre mentionné au 5° perçoit pour sa participation aux travaux de la commission une rémunération dans des conditions fixées par arrêté des ministres chargés de la sécurité sociale et du budget.

Art. D. 161-2-4-2 *(Décr. nº 2017-999 du 10 mai 2017, art. 1er, en vigueur le 1er sept. 2017)* La fraction mentionnée à l'article L. 161-21-1 est au plus égale à 30 % de la durée d'assurance ou de périodes reconnues équivalentes mentionnée à l'article D. 351-1-5, à l'article D. 732-41 du code rural et de la pêche maritime, à l'article R. 37 *bis* du code des pensions civiles et militaires de retraite ou à l'article 25 du décret nº 2003-1306 du 26 décembre 2003 relatif au régime de retraite des fonctionnaires affiliés à la Caisse nationale de retraites des agents des collectivités locales.

Art. D. 161-2-4-3 *(Décr. nº 2017-999 du 10 mai 2017, art. 1er, en vigueur le 1er sept. 2017)* I. — Pour l'application de l'article L. 161-21-1, l'assuré adresse sa demande à la caisse ou au service chargé de la liquidation de sa pension de retraite. Lorsqu'il relève ou a relevé d'au moins deux des régimes entrant dans le champ d'application de l'article L. 161-21-1, l'assuré adresse sa demande au régime auquel il a été affilié en dernier lieu ou au régime compétent en application de l'article R. 173-4-4.

L'assuré joint les pièces mentionnées au deuxième alinéa de l'article D. 351-1-6 permettant de justifier d'un taux d'incapacité d'au moins 80 % au moment de sa demande de liquidation de sa pension, ainsi que le dossier à caractère médical mentionné à l'article L. 161-21-1, sous pli fermé portant la mention "confidentiel – secret médical". L'assuré précise la ou les périodes faisant l'objet de sa demande.

Le dossier est constitué de tout document à caractère médical permettant de justifier de son taux d'incapacité au cours de la période mentionnée à l'article D. 161-2-4-2. Il peut notamment comprendre des résultats d'examen, comptes rendus de consultation, d'intervention, d'exploration ou d'hospitalisation, protocoles et prescriptions thérapeutiques mis en œuvre, feuilles de surveillance, correspondances entre professionnels de santé. Le dossier peut être complété de documents à caractère administratif.

La caisse ou le service ayant reçu la demande donne au requérant récépissé de sa demande et des pièces qui l'accompagnent.

II. — Lorsque l'assuré remplit les conditions mentionnées au premier alinéa de l'article L. 161-21-1, la caisse ou le service chargé de la liquidation de la pension de retraite transmet à la commission mentionnée à l'article L. 161-21-1 le dossier à caractère médical adressé par l'assuré sous pli fermé portant la mention "confidentiel

– secret médical", en précisant les références nécessaires à l'identification de la demande ainsi que les périodes d'assurance pour lesquelles l'assuré justifie de la reconnaissance administrative de son incapacité.

Dans tous les cas, l'assuré est informé de la suite donnée à sa demande.

III. – La commission rend un avis motivé sur l'ampleur de l'incapacité, de la déficience ou du désavantage présenté par l'assuré au cours de tout ou partie de la période mentionnée à l'article D. 161-2-4-2 pour le bénéfice des dispositions des articles L. 351-1-3 et L. 634-3-3, du III des articles L. 643-3 et L. 723-10-1 du présent code et de l'article L. 732-18-2 du code rural et de la pêche maritime, ainsi que du 5° du I de l'article L. 24 du code des pensions civiles et militaires de retraites *[retraite]*.

L'avis motivé est notifié à la caisse ou au service chargé de la liquidation de la pension de retraite.

§ 3 SERVICE DES PENSIONS DE VIEILLESSE

Art. D. 161-2-5 *(Décr. n° 2004-1131 du 19 oct. 2004)* Pour l'application du premier alinéa de l'article L. 161-22 *(Décr. n° 2014-1713 du 30 déc. 2014, art. 1er-I-1°)* « par le régime général de sécurité sociale, le régime des salariés agricoles ou l'un des régimes spéciaux de retraite au sens de l'article L. 711-1 auxquels s'appliquent les dispositions prévues du deuxième alinéa au quinzième alinéa de l'article L. 161-22 », le service d'une pension de vieillesse est assuré à compter du premier jour du mois suivant celui au cours duquel l'assuré a rompu tout lien professionnel avec son employeur ou a cessé l'activité non salariée *(Décr. n° 2014-1713 du 30 déc. 2014, art. 1er-I-1°)* « donnant lieu à affiliation au régime général ».

Pour les pensions dont l'échéance est fixée au premier jour de chaque trimestre civil, le service de la pension est assuré à compter du premier jour du trimestre civil suivant celui au cours duquel l'assuré se trouve dans la situation définie à l'alinéa précédent.

Dans le cas où il exerçait en dernier lieu une activité non salariée *(Décr. n° 2014-1713 du 30 déc. 2014, art. 1er-I-3°)* « donnant lieu à affiliation au régime général », l'assuré doit établir, par tout mode de preuve, qu'il a cessé définitivement cette activité, notamment par la production, suivant la nature de l'activité, d'un certificat de radiation du registre du commerce et des sociétés, du répertoire des métiers ou du registre des entreprises des départements du Haut-Rhin, du Bas-Rhin et de la Moselle, ou d'un certificat de cessation d'activité du chef d'entreprise délivré par la chambre de métiers et de l'artisanat de région.

Dans les autres cas, l'assuré doit produire une attestation sur l'honneur mentionnant la date de cessation de toute activité *(Décr. n° 2014-1713 du 30 déc. 2014, art. 1er-I-1°)* « visée par le premier alinéa de l'article L. 161-22 » dont il relevait au cours des six mois précédant la date d'effet de la pension. Lorsque l'assuré exerçait en dernier lieu une activité salariée relevant d'un régime spécial de retraite auquel s'appliquent les dispositions *(Décr. n° 2014-1713 du 30 déc. 2014, art. 1er-I-1°)* « prévues du premier alinéa au quinzième alinéa » de l'article L. 161-22 dont la gestion est assurée par l'employeur dont il relevait *(Abrogé par Décr. n° 2014-1713 du 30 déc. 2014, art. 1er-I-1°)* *« au titre de cette activité »*, il est dispensé *(Décr. n° 2014-1713 du 30 déc. 2014, art. 1er-I-1°)* « , au titre de cette activité, » de la production de cette attestation pour le service de la pension due par ce régime.

Ces dispositions s'appliquent aux pensions de vieillesse prenant effet à compter du 1er janv. 2005. Toutefois, pour les assurés dont la pension de vieillesse a pris effet en 2004, la rupture de tout lien professionnel avec l'employeur ou la cessation de l'activité non salariée visée au premier alinéa de l'art. L. 161-22 est attestée soit dans les conditions de l'art. R. 352-1, soit dans les conditions prévues à l'art. D. 161-2-5 (Décr. n° 2004-1131 du 19 oct. 2004, art. 2).

Les dispositions issues du Décr. n° 2014-1713 du 30 déc. 2014 sont applicables aux assurés dont la première pension prend effet à compter du 1er janv. 2015 (Décr. préc., art. 1er-IV).

Art. D. 161-2-6 *(Décr. n° 2004-1131 du 19 oct. 2004)* Les activités antérieures et postérieures à la date d'effet de la pension qui doivent être prises en compte pour l'application des deuxième et troisième alinéas de l'article L. 161-22, dans les conditions définies aux articles D. 161-2-7 à D. 161-2-10, D. 161-2-12, D. 161-2-15 et D. 161-2-16, sont celles qui ont donné lieu ou donnent lieu à affiliation aux régimes *(Décr. n° 2014-1713 du 30 déc. 2014, art. 1er-I-9°)* « mentionnés au premier alinéa de l'article

D. 161-2-5 », à l'exception des activités mentionnées aux 1° à 7° *(Décr. n° 2014-1713 du 30 déc. 2014, art. 1er-I-2°)* « et au *(Décr. n° 2017-416 du 27 mars 2017, art. 1er-1°, en vigueur le 1er avr. 2017)* « seizième alinéa » » de l'article L. 161-22. Toutefois, lorsque les assurés exerçant les activités mentionnées au 7° de l'article L. 161-22 ne peuvent bénéficier des règles prévues par cet alinéa et que leur situation est alors examinée au regard des dispositions des deuxième et troisième alinéas de l'article L. 161-22, les revenus procurés par ces activités sont pris en compte pour l'application de ces dernières dispositions. — *V. 2e note ss. art. D. 161-2-5.*

Les dispositions de l'art. 1er-1° du Décr. n° 2017-416 du 27 mars 2017 entrent en vigueur le 1er avr. 2017 et s'appliquent aux activités exercées à compter de cette date (Décr. préc., art. 3).

Art. D. 161-2-7 *(Décr. n° 2004-1131 du 19 oct. 2004)* I. — Sous réserve des dispositions des deux alinéas suivants et des II et IV ci-après, le revenu de l'activité antérieure à la date d'effet de la pension qui doit être pris en compte pour l'application des deuxième et troisième alinéas de l'article L. 161-22 est égal à la moyenne mensuelle des revenus d'activité perçus au cours de la période définie au III retenus pour le calcul de la contribution sociale généralisée instituée à l'article L. 136-1.

Pour les périodes d'activité antérieures au 1er février 1991, le revenu d'activité est égal à la moyenne mensuelle des revenus d'activité perçus au cours de la période définie au III retenus pour le calcul des cotisations affectées à la couverture des charges de prestations familiales.

Lorsque, dans un ou plusieurs régimes mentionnés à l'article L. 161-22, l'intéressé a relevé, successivement ou simultanément, de plusieurs employeurs au cours de la période définie au III ou a exercé, successivement ou simultanément, plusieurs activités non salariées *(Décr. n° 2014-1713 du 30 déc. 2014, art. 1er-I-3°)* « donnant lieu à affiliation au régime général » au cours de cette période, l'ensemble des revenus mentionnés aux deux alinéas précédents et perçus au cours de ladite période est pris en considération.

La prise en compte des revenus mentionnés aux trois alinéas précédents est subordonnée à la production, par l'assuré, des bulletins de salaires correspondants ou de tout autre moyen de preuve.

II. — En cas d'activité salariée exercée à temps partiel au cours de la période définie au III, le revenu d'activité défini au I ne peut être inférieur à celui correspondant à une activité exercée à temps complet.

Lorsque l'intéressé a exercé au cours de la période définie au III, une activité à temps partiel auprès de plusieurs employeurs relevant des régimes *(Décr. n° 2014-1713 du 30 déc. 2014, art. 1er-I-9°)* « mentionnés au premier alinéa de l'article D. 161-2-5 », le total des rémunérations à prendre en compte ne peut être inférieur à la rémunération correspondant à l'activité à temps complet la plus élevée.

L'application des dispositions des deux alinéas précédents est mise en œuvre à la demande de l'assuré. A l'appui de sa demande, celui-ci doit produire une attestation du ou des employeurs concernés faisant apparaître la durée de travail de l'intéressé durant la période de référence et la durée de travail à temps complet applicable à l'entreprise durant cette même période ou tout autre moyen de preuve.

III. — La période retenue pour la détermination du revenu de l'activité antérieure à la date d'effet de la pension correspond au mois civil au cours duquel est intervenue la cessation d'activité dans *(Décr. n° 2014-1713 du 30 déc. 2014, art. 1er-I-4°)* « l'un des régimes mentionnés au *[à l'article]* D. 161-2-5 » auquel l'intéressé a été affilié en dernier lieu et aux deux mois civils précédents.

En cas d'affiliation simultanée à *(Décr. n° 2014-1713 du 30 déc. 2014, art. 1er-I-5°)* « plusieurs régimes mentionnés au premier alinéa du *[de l'article]* D. 161-2-5 » antérieurement à la date d'effet de la pension, la période définie à l'alinéa précédent est celle justifiée dans au moins un régime.

Lorsque les pensions acquises au titre de *(Décr. n° 2014-1713 du 30 déc. 2014, art. 1er-I-5°)* « plusieurs régimes mentionnés au premier alinéa du *[de l'article]* D. 161-2-5 » prennent effet à des dates différentes, les règles définies aux deux alinéas précédents sont mises en œuvre sur la base de la période d'affiliation au régime dont l'intéressé a relevé en dernier lieu constatée lors de la dernière liquidation.

IV. — Lorsque la dernière période d'activité dans *(Décr. n° 2014-1713 du 30 déc. 2014, art. 1er-I-4°)* « l'un des régimes mentionnés au *[à l'article]* D. 161-2-5 » auquel l'intéressé a été affilié en dernier lieu antérieurement à la date d'effet de la pension est d'une durée inférieure à celle définie au premier alinéa du III, le revenu qui doit être pris en compte pour l'application des deuxième et troisième alinéas de l'article L. 161-22 est déterminé dans les conditions suivantes :

1° Si les revenus d'activité retenus pour le calcul de la contribution ou des cotisations mentionnées aux premier et deuxième alinéas du I ont été perçus au cours d'un seul mois civil, le revenu mentionné à l'alinéa précédent correspond au total desdits revenus ;

2° Si les revenus d'activité retenus pour le calcul de la contribution ou des cotisations mentionnées aux premier et deuxième alinéas du I ont été perçus au cours de deux mois civils, le revenu mentionné au premier alinéa correspond à la moyenne mensuelle desdits revenus.

Les règles définies aux troisième et quatrième alinéas du I, au II et aux deuxième et troisième alinéas du III sont également applicables dans la situation prévue au premier alinéa.

V. 2e note ss. art. D. 161-2-5.

Art. D. 161-2-8 *(Décr. n° 2004-1131 du 19 oct. 2004)* Pour la période postérieure à celle définie aux III et IV de l'article D. 161-2-7 et antérieure à la date à laquelle sont mises en œuvre les règles prévues *(Décr. n° 2009-1738 du 30 déc. 2009, art. 1er)* « aux deuxième et troisième alinéas de l'article L. 161-22 », le revenu défini à l'article D. 161-2-7 est revalorisé, sous réserve des dispositions de l'alinéa suivant, dans les mêmes conditions que les pensions servies par le régime au titre duquel ce revenu a donné lieu à cotisation.

Lorsque l'intéressé a relevé, au cours de la période définie aux III et IV de l'article D. 161-2-7, de *(Décr. n° 2014-1713 du 30 déc. 2014, art. 1er-I-5°)* « plusieurs régimes mentionnés au premier alinéa du *[de l'article]* D. 161-2-5 », le revenu est revalorisé sur la base du dispositif de revalorisation des pensions applicable dans le régime de la plus longue durée d'assurance et de périodes reconnues équivalentes au sens des articles R. 351-3 et R. 351-4.

Les dispositions issues du Décr. n° 2009-1738 du 30 déc. 2009 s'appliquent aux périodes postérieures au 31 déc. 2009, au cours desquelles les assurés, titulaires d'une pension, poursuivent ou reprennent une activité (Décr. préc., art. 7).

V. 2e note ss. art. D. 161-2-5.

Art. D. 161-2-9 *(Décr. n° 2004-1131 du 19 oct. 2004)* Le revenu défini à l'article D. 161-2-7, le cas échéant revalorisé *[revalorisé]* en application de l'article D. 161-2-8, ne peut être inférieur *(Décr. n° 2009-1738 du 30 déc. 2009, art. 1er)* « à 160 % du montant mensuel » du salaire minimum de croissance déterminé compte tenu de la valeur horaire de ce salaire au 1er janvier de l'année au cours de laquelle sont mises en œuvre les règles prévues *(Décr. n° 2009-1738 du 30 déc. 2009, art. 1er)* « aux deuxième et troisième alinéas de l'article L. 161-22 » et sur la base de 1 820 heures par année civile. — *V. note ss. art. D. 161-2-8.*

Art. D. 161-2-10 *(Décr. n° 2004-1131 du 19 oct. 2004)* Le revenu de l'activité postérieure à la date d'effet de la pension qui doit être pris en compte pour l'application des deuxième et troisième alinéas de l'article L. 161-22 est le revenu servant de base au calcul de la contribution sociale généralisée instituée à l'article L. 136-1.

Lorsque l'intéressé relève simultanément de plusieurs employeurs ou exerce simultanément plusieurs activités non salariées *(Décr. n° 2014-1713 du 30 déc. 2014, art. 1er-I-3°)* « donnant lieu à affiliation au régime général », l'ensemble des revenus perçus est pris en considération. — *V. 2e note ss. art. D. 161-2-5.*

Art. D. 161-2-11 *(Décr. n° 2004-1131 du 19 oct. 2004)* Les pensions qui doivent être prises en compte pour l'application des deuxième et troisième alinéas de l'article L. 161-22 sont les pensions de droit direct liquidées par les régimes visés auxdits alinéas, quelle que soit leur date d'effet. Sont également pris en compte les avantages accessoires de ces pensions qui sont liquidés au titre de ces régimes, à l'exception de la majoration pour aide constante d'une tierce personne. Ces pensions et avantages accessoires sont retenus pour leur montant brut.

Art. D. 161-2-12 *(Décr. nº 2004-1131 du 19 oct. 2004)* Les activités *(Décr. nº 2014-1713 du 30 déc. 2014, art. 1er-I-6º)* « relevant des régimes mentionnés au premier alinéa de l'article D. 161-2-5 » antérieures à la date d'effet de la pension qui doivent être prises en considération pour la mise en œuvre des trois premiers alinéas de l'article L. 161-22 sont celles exercées au cours des six mois précédant la date d'effet de la pension.

En cas de reprise, postérieurement à la date d'effet de la pension, soit d'une activité salariée pour le compte de l'employeur dont relevait l'assuré avant cette date, soit de l'activité non salariée, *(Décr. nº 2014-1713 du 30 déc. 2014, art. 1er-I-3º)* « donnant lieu à affiliation au régime général », qu'exerçait l'assuré pour le compte de la même entreprise avant cette date, la situation de l'intéressé au regard du délai fixé à l'alinéa précédent et du délai de six mois postérieur à la date d'effet de la pension fixé au deuxième alinéa de *(Décr. nº 2014-1713 du 30 déc. 2014, art. 1er-I-7º)* « l'article L. 161-22 » est appréciée compte tenu :

1º En cas d'exercice d'une activité salariée antérieurement à la date d'effet de la pension : de la date d'effet de la fin du contrat de travail en vigueur antérieurement à la date d'effet de la pension et, selon la nature de l'activité reprise, soit de la date d'effet du nouveau contrat de travail conclu postérieurement à la date d'effet de la pension avec le même employeur, soit de la date d'effet du début de l'activité non salariée exercée postérieurement à la date d'effet de la pension pour le compte de la même entreprise ;

2º En cas d'exercice d'une activité non salariée *(Décr. nº 2014-1713 du 30 déc. 2014, art. 1er-I-6º)* « donnant lieu à affiliation au régime général » antérieurement à la date d'effet de la pension : de la date d'effet de la cessation de cette activité et, d'autre part, selon la nature de l'activité reprise, soit de la date d'effet du contrat de travail conclu postérieurement à la date d'effet de la pension avec l'employeur de la même entreprise, soit de la date d'effet du début de l'activité non salariée exercée postérieurement à la date d'effet de la pension auprès de la même entreprise.

V. 2e note ss. art. D. 161-2-5.

Art. D. 161-2-13 *(Décr. nº 2004-1131 du 19 oct. 2004)* Le titulaire d'une pension de vieillesse d'un ou de plusieurs régimes *(Décr. nº 2014-1713 du 30 déc. 2014, art. 1er-I-9º)* « mentionnés au premier alinéa de l'article D. 161-2-5 » prenant effet à compter de l'âge fixé à l'article R. 161-18 qui reprend une ou plusieurs activités donnant lieu à affiliation à l'un ou à plusieurs de ces régimes doit, dans le mois suivant la date de la reprise d'activité, déclarer sa situation, par écrit, à l'organisme qui lui sert la pension au titre de son dernier régime d'affiliation relevant dudit alinéa. En cas d'affiliation simultanée à plusieurs de ces régimes lors du départ en retraite, l'organisme auprès duquel l'assuré doit déclarer sa situation est celui qui lui sert la pension correspondant à la plus longue durée d'assurance et de périodes reconnues équivalentes au sens des articles R. 351-3 et R. 351-4.

L'intéressé doit produire à l'organisme susmentionné les éléments d'information et pièces justificatives suivants :

a) Les noms et adresses soit du ou des employeurs auprès desquels il exerce une activité salariée, soit du ou des entreprises auprès desquelles il exerce une activité non salariée *(Décr. nº 2014-1713 du 30 déc. 2014, art. 1er-I-3º)* « donnant lieu à affiliation au régime général » ;

b) La date de début de cette ou ces activités ;

c) Le montant et la nature des revenus professionnels afférents à cette ou ces activités ainsi que le ou les régimes de sécurité sociale auxquels il est affilié à ce titre ;

d) Les bulletins de salaire afférents à la période définie au III et IV de l'article D. 161-2-7 et, pour les personnes exerçant une activité non salariée au sens de l'article L. 161-22, tout document justificatif des revenus perçus durant ladite période ;

e) Les noms et adresses des autres organismes de retraite de salariés, de base et complémentaires, qui lui servent une pension.

f) Le cas échéant, les pièces justificatives prévues au dernier alinéa du II de l'article D. 161-2-7.

(Décr. n° 2009-1738 du 30 déc. 2009, art. 1er) « Par dérogation au deuxième alinéa, l'assuré qui entend cumuler le bénéfice de sa pension de retraite avec un revenu d'activité dans les conditions prévues aux quatrième, cinquième et sixième alinéas de l'article L. 161-22 produit, auprès du ou des organismes mentionnés au premier alinéa, les éléments prévus aux *a* et *b* ci-dessus, lorsqu'ils n'ont pas déjà été communiqués à ces organismes, dans le mois suivant la reprise de l'activité et y joint une attestation sur l'honneur énumérant les différents régimes mentionnés au quatrième alinéa de l'article L. 161-22 dont il a relevé et certifiant qu'il est entré en jouissance de toutes ses pensions de vieillesse personnelles. » *— V. note ss. art. D. 161-2-8.*

V. 2e note ss. art. D. 161-2-5.

Art. D. 161-2-14 *(Décr. n° 2004-1131 du 19 oct. 2004)* Les organismes gestionnaires des régimes relevant du premier alinéa de l'article *(Décr. n° 2014-1713 du 30 déc. 2014, art. 1er-I-8°)* « D. 161-2-5 » rappellent à leurs ressortissants, lors de la liquidation de la pension puis chaque année, *(Décr. n° 2009-1738 du 30 déc. 2009, art. 1er)* « les règles prévues par ce même article ainsi que » l'obligation de déclaration définie à l'article D. 161-2-13. *— V. note ss. art. D. 161-2-8. — V. 2e note ss. art. D. 161-2-5.*

L'instruction du dossier de l'assuré, consécutivement à sa déclaration, incombe à l'organisme mentionné au premier alinéa de l'article D. 161-2-13. Lorsque l'assuré a saisi un autre organisme de sécurité sociale, celui-ci transmet la déclaration de l'assuré à l'organisme compétent.

Art. D. 161-2-15 *(Décr. n° 2004-1131 du 19 oct. 2004)* En cas de reprise, dans les six mois postérieurs à la date d'effet de la pension, d'une activité salariée pour le compte de l'employeur dont relevait l'assuré avant cette date ou de l'activité non salariée, *(Décr. n° 2014-1713 du 30 déc. 2014, art. 1er-I-3°)* « donnant lieu à affiliation au régime général », qu'exerçait l'assuré pour le compte de la même entreprise avant cette date, la pension n'est pas due :

1° Lorsqu'elle est à échéance mensuelle : pour la période comprise entre le premier jour du mois au cours duquel intervient la reprise de l'activité et le dernier jour du mois au cours duquel cesse l'activité et, au plus tard, le dernier jour du sixième mois courant à compter de la date d'effet de la pension ;

2° Lorsqu'elle est à échéance trimestrielle : pour la période comprise entre le premier jour du trimestre au cours duquel intervient la reprise de l'activité et le dernier jour du trimestre au cours duquel cesse l'activité et, au plus tard, le dernier jour du sixième mois courant à compter de la date d'effet de la pension.

Les dispositions ci-dessus sont également applicables lorsque l'assuré n'a pas cessé son activité à la date d'effet de sa pension. Dans ce cas, l'application de ces dispositions court à compter de la date d'effet de la pension.

(Décr. n° 2009-1738 du 30 déc. 2009, art. 1er) « Les dispositions du présent article ne sont pas applicables aux assurés remplissant, lors de la reprise d'activité, les conditions prévues aux quatrième, cinquième et sixième alinéas de l'article L. 161-22. » *— V. note ss. art. D. 161-2-8.*

V. 2e note ss. art. D. 161-2-5.

Art. D. 161-2-16 *(Décr. n° 2004-1131 du 19 oct. 2004)* I. — Les dispositions du présent article sont applicables :

1° En cas de reprise, postérieurement à la date d'effet de la pension, d'une activité salariée pour le compte de l'employeur dont relevait l'assuré avant cette date ou de l'activité non salariée, *(Décr. n° 2014-1713 du 30 déc. 2014, art. 1er-I-3°)* « donnant lieu à affiliation au régime général », qu'exerçait l'assuré pour le compte de la même entreprise avant cette date : à compter du premier jour du septième mois courant de la date d'effet de la pension ;

2° En cas de reprise, postérieurement à la date d'effet de la pension, d'une activité salariée pour le compte d'un employeur autre que celui mentionné au 1° ou d'une activité non salariée, *(Décr. n° 2014-1713 du 30 déc. 2014, art. 1er-I-3°)* « donnant lieu à affiliation au régime général », pour le compte d'une entreprise autre que celle mentionnée au 1° : à compter de la date d'effet de la pension.

(Décr. n° 2009-1738 du 30 déc. 2009, art. 1er) « Toutefois, les dispositions du présent article ne sont pas applicables aux assurés remplissant les conditions prévues aux qua-

trième, cinquième et sixième alinéas de l'article L. 161-22. » — *V. note ss. art. D. 161-2-8.*

(Décr. n° 2017-416 du 27 mars 2017, art. 1er-2°, en vigueur le 1er avr. 2017) « II. — Le montant de la réduction de chacune des pensions, prévue au troisième alinéa de l'article L. 161-22, est égal au montant du dépassement mentionné au même alinéa. Lorsque le montant de la réduction est supérieur au montant de la pension, cette dernière n'est pas servie.

« III. — Sous réserve des dispositions du IV, selon que l'échéance de pension est mensuelle ou trimestrielle, la réduction s'applique à compter du mois civil ou du trimestre au cours duquel le montant des revenus d'activité tels que définis à l'article D. 161-2-10 et des pensions mentionnées à l'article D. 161-2-11 excède le plafond prévu au deuxième alinéa de l'article L. 161-22.

« Elle cesse d'être appliquée à compter du mois civil ou du trimestre au cours duquel ces revenus et pensions sont à nouveau inférieurs au plafond mentionné au deuxième alinéa de l'article L. 161-22.

« Si la pension servie par l'organisme mentionné au premier alinéa de l'article D. 161-2-13 a une échéance mensuelle et si une ou plusieurs autres pensions de retraite concernées ont une échéance trimestrielle, le montant à prendre en considération est déterminé sur une base mensuelle. Si la pension servie par l'organisme mentionné au premier alinéa de l'article D. 161-2-13 a une échéance trimestrielle et si une ou plusieurs autres pensions de retraite concernées ont une échéance mensuelle, le montant à prendre en considération est déterminé sur une base trimestrielle. » — *V. 2e note ss. le présent art.*

IV. — Lorsque la déclaration de l'assuré intervient dans le délai fixé au premier alinéa de l'article D. 161-2-13, les dispositions *(Décr. n° 2017-416 du 27 mars 2017, art. 1er-2°, en vigueur le 1er avr. 2017)* « du premier alinéa du III » prennent effet à compter du premier jour du mois ou du trimestre suivant celui au cours duquel l'organisme compétent notifie sa décision à l'assuré. — *V. 2e note ss. le présent art.*

V. — Pour apprécier la situation de l'assuré au regard de la règle *(Décr. n° 2017-416 du 27 mars 2017, art. 1er-2°, en vigueur le 1er avr. 2017)* « de réduction » de la pension prévue au troisième alinéa de l'article L. 161-22, sont pris en compte les revenus définis à l'article D. 161-2-10 et les pensions mentionnées à l'article D. 161-2-11 afférents à la période correspondant à la dernière échéance de la pension concernée par cette règle. Lorsqu'une ou plusieurs pensions à prendre en compte ont une échéance différente de celle de la pension faisant l'objet de la règle précitée, le montant à retenir est déterminé sur la base de l'échéance correspondant à cette dernière pension. — *V. 2e note ss. le présent art.*

(Décr. ° 2017-416 du 27 mars 2017, art. 1er-2°, en vigueur le 1er avr. 2017) « L'assuré est tenu de signaler tout changement de ses revenus d'activité. Le nouveau montant de la pension prend effet dans ce cas au premier jour du mois ou du trimestre au cours duquel ces revenus ont changé. » — *V. 2e note ss. le présent art.*

V. 2e note ss. art. D. 161-2-5.

Les dispositions de l'art. 1er-2° du Décr. n° 2017-416 du 27 mars 2017 entrent en vigueur le 1er avr. 2017 et s'appliquent aux activités exercées à compter de cette date (Décr. préc., art. 3).

Art. D. 161-2-16-1 *(Décr. n° 2009-1738 du 30 déc. 2009, art. 1er)* L'assuré bénéficie des dispositions des quatrième, cinquième et sixième alinéas de l'article L. 161-22 à compter du premier jour du mois qui suit celui au cours duquel il remplit les conditions prévues à ce même article. — *V. note ss. art. D. 161-2-8.*

Art. D. 161-2-17 *(Décr. n° 2004-1131 du 19 oct. 2004)* Pour l'application des règles issues de l'article L. 161-22, les organismes gestionnaires des régimes *(Décr. n° 2014-1713 du 30 déc. 2014, art. 1er-I-9°)* « mentionnés au premier alinéa de l'article D. 161-2-5 » mettent en œuvre des procédures de contrôle *a posteriori*.

Le contrôle *a posteriori* est réalisé par l'organisme qui sert la pension au titre du dernier régime d'affiliation relevant du premier alinéa de l'article *(Décr. n° 2014-1713 du 30 déc. 2014, art. 1er-I-8°)* « D. 161-2-5 ». En cas d'affiliation simultanée à plusieurs régimes relevant de ces dispositions, l'organisme compétent est celui qui sert la pension rémunérant la plus longue durée d'assurance et de périodes reconnues équivalentes au sens des articles R. 351-3 et R. 351-4.

Dans le cadre d'un contrôle *a posteriori*, les règles définies à l'article D. 161-2-15 et *(Décr. n° 2017-416 du 27 mars 2017, art. 1er-3°, en vigueur le 1er avr. 2017)* « au III et au second alinéa du V » de l'article D. 161-2-16 sont mises en œuvre pour chaque échéance de pension antérieure au contrôle. — *Les dispositions de l'art. 1er-3° du Décr. n° 2017-416 du 27 mars 2017 entrent en vigueur le 1er avr. 2017 et s'appliquent aux activités exercées à compter de cette date (Décr. préc., art. 3).*

V. 2e note ss. art. D. 161-2-5.

Art. D. 161-2-18 *(Décr. n° 2004-1131 du 19 oct. 2004)* La décision prise par l'organisme compétent, en application des articles D. 161-2-15 à D. 161-2-17, *(Décr. n° 2017-416 du 27 mars 2017, art. 1er-4°, en vigueur le 1er avr. 2017)* « est transmise par ce dernier et » s'impose aux autres organismes gestionnaires des régimes visés au premier alinéa de l'article *(Décr. n° 2014-1713 du 30 déc. 2014, art. 1er-I-8°)* « D. 161-2-5 » dont le service des pensions relève de *(Décr. n° 2014-1713 du 30 déc. 2014, art. 1er-I-7°)* « l'article L. 161-22 », dès lors que l'échéance de paiement des pensions en cause est identique. — *Les dispositions de l'art. 1er-4° du Décr. n° 2017-416 du 27 mars 2017 entrent en vigueur le 1er avr. 2017 et s'appliquent aux activités exercées à compter de cette date (Décr. préc., art. 3).*

Les art. D. 161-2-6 à D. 161-2-18 s'appliquent, à compter du 1er janv. 2005, au service des pensions de vieillesse dont la date d'effet est postérieure au 31 déc. 2003 (Décr. n° 2004-1131 du 19 oct. 2004, art. 2).

V. 2e note ss. art. D. 161-2-5.

Art. D. 161-2-19 *(Décr. n° 2004-1131 du 19 oct. 2004)* Les retraités exerçant une activité mentionnée au 7° de l'article L. 161-22 communiquent aux établissements de santé et aux établissements ou services sociaux et médico-sociaux auprès desquels ils exercent cette activité le nom et l'adresse de l'organisme qui leur sert une pension au titre d'un régime de base *(Décr. n° 2014-1713 du 30 déc. 2014, art. 1er-I-9°)* « mentionné au premier alinéa de l'article D. 161-2-5 » ainsi que la date d'effet de cette pension.

Lorsque les intéressés sont titulaires de pensions au titre de plusieurs régimes de base *(Décr. n° 2014-1713 du 30 déc. 2014, art. 1er-I-9°)* « mentionnés au premier alinéa de l'article D. 161-2-5 », les informations prévues ci-dessus sont fournies pour l'ensemble des organismes concernés, en précisant celui d'entre eux qui sert la pension correspondant à la plus longue durée d'assurance et de périodes reconnues équivalentes au sens des articles R. 351-3 et R. 351-4.

(Décr. n° 2017-737 du 3 mai 2017, art. 2-I, en vigueur le 1er juill. 2017) « Pour l'application de l'alinéa précédent, lorsque la pension relève des dispositions de l'article L. 173-1-2, la durée d'assurance au titre du régime compétent en application de l'article R. 173-4-4 est celle prise en compte pour la détermination du droit à pension en application du I de l'article L. 173-1-2. »

V. 2e note ss. art. D. 161-2-5.

Art. D. 161-2-20 *(Décr. n° 2004-1131 du 19 oct. 2004)* Pour les activités relevant du 7° de l'article L. 161-22, les établissements de santé et les établissements ou services sociaux et médico-sociaux concernés communiquent à l'organisme mentionné au premier alinéa de l'article D. 161-2-19 les informations suivantes :

1° En cas d'exercice d'activités, entre la date d'effet de la pension et le dernier jour du sixième mois courant à compter de cette date, pour le compte de l'établissement ou du service dont relevait l'assuré au cours des six mois précédant la date d'effet de sa pension : la durée totale des activités en cause afférente à la période postérieure à la date d'effet de la pension.

2° Les revenus perçus au titre des activités en cause au cours de chaque année civile, tels qu'ils sont définis au 2° de l'article R. 161-19.

Lorsque les intéressés sont titulaires de pensions au titre de plusieurs régimes de base *(Décr. n° 2014-1713 du 30 déc. 2014, art. 1er-I-9°)* « mentionnés au premier alinéa de l'article D. 161-2-5 », les informations prévues aux 1° et 2° sont fournies à l'organisme qui sert la pension correspondant à la plus longue durée d'assurance et de périodes reconnues équivalentes au sens des articles R. 351-3 et R. 351-4, en lui précisant le nom et l'adresse des autres organismes concernés. – *V. 2e note ss. art. D. 161-2-5.*

(Décr. no 2017-737 du 3 mai 2017, art. 2-I, en vigueur le 1er juill. 2017) « Pour l'application de l'alinéa précédent, lorsque la pension relève des dispositions de l'article L. 173-1-2, la durée d'assurance au titre du régime compétent en application de l'article R. 173-4-4 est celle prise en compte pour la détermination du droit à pension en application du I de l'article L. 173-1-2. »

Art. D. 161-2-21 *(Décr. no 2004-1131 du 19 oct. 2004)* I. – Dans le cas prévu au 1o de l'article D. 161-2-20 et lorsque la durée totale des activités en cause afférente à la période postérieure à la date d'effet de la pension est supérieure à la moitié de celle définie au 1o de l'article R. 161-19, les arrérages de pension correspondant à la période d'exercice desdites activités ne sont pas dus.

Lorsque les intéressés sont titulaires de pensions au titre de plusieurs régimes de base *(Décr. no 2014-1713 du 30 déc. 2014, art. 1er-I-9o)* « mentionnés au premier alinéa de l'article D. 161-2-5 », les dispositions de l'alinéa précédent s'appliquent à l'ensemble de ces pensions. La situation des intéressés au regard de ces dispositions est appréciée par l'organisme défini au dernier alinéa de l'article D. 161-2-20, lequel en informe ensuite les autres organismes concernés.

II. – Sous réserve des dispositions du I, la réduction de la pension de retraite prévue au 7o de l'article L. 161-22 est applicable lorsque les revenus mentionnés au 2o de l'article D. 161-2-20 sont supérieurs au plafond défini au 2o de l'article R. 161-19. Cette réduction est égale à la différence entre le montant de ces revenus et ce plafond.

Lorsque les intéressés sont titulaires de pensions au titre de plusieurs régimes de base *(Décr. no 2014-1713 du 30 déc. 2014, art. 1er-I-9o)* « mentionnés au premier alinéa de l'article D. 161-2-5 », les dispositions de l'alinéa précédent s'appliquent au regard de la pension correspondant à la plus longue durée d'assurance et de périodes reconnues équivalentes au sens des articles R. 351-3 et R. 351-4.

(Décr. no 2017-737 du 3 mai 2017, art. 2-I, en vigueur le 1er juill. 2017) « Pour l'application de l'alinéa précédent, lorsque la pension relève des dispositions de l'article L. 173-1-2, la durée d'assurance au titre du régime compétent en application de l'article R. 173-4-4 est celle prise en compte pour la détermination du droit à pension en application du I de l'article L. 173-1-2. »

V. 2e note ss. art. D. 161-2-5.

Art. D. 161-2-22 *(Décr. no 2004-1131 du 19 oct. 2004)* Les arrérages non dus en application des articles D. 161-2-15 à D. 161-2-17 et de l'article D. 161-2-21 donnent lieu à remboursement.

Les dispositions de l'art. D. 161-2-22 prennent effet dans les mêmes conditions que celles définies pour l'application de l'art. R. 161-11-1 (Décr. no 2004-1131 du 19 oct. 2004, art. 2).

§ 4 PENSIONS DE RÉVERSION

Néant.

§ 5 REVALORISATION DES PENSIONS DE VIEILLESSE

(Décr. no 2007-647 du 30 avr. 2007, art. 1er)

Art. D. 161-2-23 à D. 161-2-25 *Abrogés par Décr. no 2011-594 du 27 mai 2011, art. 2.*

Art. D. 161-2-26 (Abrogé par Décr. no 2017-737 du 3 mai 2017, art. 2-III, à compter du 1er juill. 2017) (Décr. no 2009-292 du 16 mars 2009) ***La commission mentionnée au premier alinéa de l'article L. 161-23-1 est la commission économique de la nation créée par le décret no 99-416 du 26 mai 1999 portant suppression de la commission des comptes et des budgets économiques de la nation et création de la commission économique de la nation.***

SOUS-SECTION 5 ACCIDENTS DU TRAVAIL

Art. D. 161-3 Le délai prévu à l'article L. 161-24 est fixé à *(Décr. no 94-224 du 21 mars 1994, art. 2)* « douze mois ».

SECTION II DISPOSITIONS DIVERSES

Art. D. 161-4 (Abrogé par Décr. n° 2016-398 du 1er avr. 2016, art. 4-I) *Le décret mentionné à l'article L. 161-25 est pris sur le rapport du ministre chargé de la sécurité sociale et du ministre chargé du budget.*

Art. D. 161-5 *Abrogé par Décr. n° 2007-57 du 12 janv. 2007.*

Art. D. 161-5-1 (Abrogé par Décr. n° 2015-1882 du 30 déc. 2015, art. 2-3°, à compter du 1er janv. 2016) (Décr. n° 2000-157 du 23 févr. 2000) *Pour l'application de l'article L. 161-25-3, il convient d'entendre par durée d'assurance les périodes cotisées à un régime d'assurance vieillesse obligatoire ou volontaire, les périodes assimilées, la majoration de durée d'assurance pour enfant, le congé parental d'éducation, les périodes de perception de l'allocation de préparation à la retraite en faveur des anciens combattants et les majorations de trimestres d'assurance au-delà* (Décr. n° 2010-1734 du 30 déc. 2010, art. 5-1°) « [de] *l'âge prévu par le 1° de l'article L. 351-8 ».*

Ces durées d'assurance, qui peuvent avoir été acquises dans plusieurs régimes de retraite obligatoires, se cumulent pour l'appréciation des 15 ans mentionnés au premier alinéa de l'article L. 161-25-3.

SECTION III DISPOSITIONS D'APPLICATION

Néant.

SECTION IV SYSTÈMES D'INFORMATION DE L'ASSURANCE MALADIE ET CARTES DE SANTÉ *(Décr. n° 99-866 du 7 oct. 1999).*

Art. D. 161-6 *(Décr. n° 93-677 du 27 mars 1993, art. 1er)* Le Comité national paritaire de l'information médicale comprend :

1° *(Décr. n° 94-391 du 18 mai 1994)* « Un conseiller maître de la Cour des comptes, président, nommé sur proposition du premier président de la Cour des comptes ; »

2° *(Décr. n° 94-391 du 18 mai 1994)* « Quinze » représentants des professions et établissements de santé ;

3° *(Décr. n° 94-391 du 18 mai 1994)* « Quinze » représentants des caisses nationales d'assurance maladie.

Les membres du comité sont nommés pour trois ans.

Art. D. 161-7 *(Décr. n° 93-677 du 27 mars 1993, art. 1er)* Les membres du Comité national paritaire de l'information médicale mentionnés au 2° de l'article D. 161-6 comprennent :

1° *(Décr. n° 94-391 du 18 mai 1994)* « Quatre » professionnels nommés sur proposition conjointe des organisations nationales syndicales les plus représentatives, au sens de l'article L. 162-33, des médecins ou, à défaut, après consultation de ces organisations ;

2° Un professionnel nommé sur proposition conjointe des organisations nationales syndicales les plus représentatives, au sens de l'article L. 162-33, des chirurgiens-dentistes ou, à défaut, après consultation de ces organisations ;

3° Un professionnel nommé sur proposition conjointe des organisations nationales syndicales les plus représentatives, au sens de l'article L. 162-33, des sages-femmes ou, à défaut, après consultation de ces organisations ;

4° Un professionnel nommé sur proposition conjointe des organisations nationales syndicales les plus représentatives des pharmaciens ou, à défaut, après consultation de ces organisations ;

5° Un professionnel nommé sur proposition conjointe des organisations nationales syndicales les plus représentatives, des directeurs de laboratoires d'analyses de biologie médicale ou, à défaut, après consultation de ces organisations ;

6° Trois professionnels représentant les auxiliaires médicaux pratiquant des actes inscrits à la nomenclature des actes professionnels dont un nommé sur proposition conjointe des organisations nationales syndicales les plus représentatives, au sens de l'article L. 162-33, des infirmiers ou, à défaut, après consultation de ces organisations, un nommé sur proposition conjointe des organisations nationales syndicales les plus représentatives, au sens de l'article L. 162-33, des masseurs-kinésithérapeutes ou, à défaut, après consultation de ces organisations, et un nommé sur proposition conjointe des organisations nationales syndicales les plus représentatives, au sens de l'article L. 162-33, des autres auxiliaires médicaux ou, à défaut, après consultation de ces organisations ;

7° Trois personnes nommées sur proposition conjointe des organisations nationales représentant les établissements privés ou, à défaut, après consultation de ces organisations ;

8° Une personne nommée sur proposition conjointe des organisations nationales représentant les centres de santé agréés ou, à défaut, après consultation de ces organisations.

Les suppléants sont nommés dans les mêmes conditions que les titulaires.

Art. D. 161-8 *(Décr. n° 93-677 du 27 mars 1993, art. 1er)* Les membres du Comité national paritaire de l'information médicale mentionnés au 3° de l'article D. 161-6 comprennent :

1° Le directeur de la Caisse nationale de l'assurance maladie des travailleurs salariés, le directeur général de la caisse centrale de secours mutuels agricoles et le directeur général de la *(Décr. n° 2007-709 du 4 mai 2007, art. 5)* « Caisse nationale du régime social des indépendants » ou leurs représentants ;

2° Le médecin-conseil national de chacune des caisses nationales mentionnées au 1°, ou son représentant ;

3° Deux administrateurs de chacune des caisses nationales mentionnées au 1°, désignés en leur sein par les conseils d'administration ou leurs suppléants ;

4° *(Décr. n° 94-391 du 18 mai 1994)* « Une personnalité qualifiée nommée par chacune des caisses nationales mentionnées au 1°. »

Art. D. 161-9 *(Décr. n° 93-677 du 27 mars 1993, art. 1er)* Le Comité national de l'information médicale se réunit sur convocation de son président ou à la demande de la majorité des membres qui le compose.

Les deux catégories de représentants mentionnés aux 2° et 3° de l'article D. 161-6 élisent chacune en leur sein un vice-président.

Art. D. 161-10 *(Décr. n° 93-677 du 27 mars 1993, art. 1er)* Le Comité national paritaire de l'information médicale élabore son règlement intérieur. Celui-ci fixe notamment :

1° Les conditions de fonctionnement du comité ;

2° Les conditions dans lesquelles les membres du comité peuvent se donner procuration ;

3° Les conditions dans lesquelles le comité peut se réunir en formation restreinte pour examiner des questions particulières.

Art. D. 161-11 *(Décr. n° 93-677 du 27 mars 1993, art. 1er)* Les décisions du Comité national paritaire de l'information médicale sont prises à la majorité des membres présents.

En cas de partage des voix, celle du président est prépondérante.

Les délibérations du comité donnent lieu à l'établissement de procès-verbaux signés du président. Le secrétariat du comité est assuré par le ministère chargé de la sécurité sociale.

Les membres du comité, ainsi que toute personne qui assiste aux réunions du comité, sont tenus au secret professionnel selon les règles prévues pour les administrateurs des organismes de sécurité sociale.

Art. D. 161-12 *(Décr. n° 93-677 du 27 mars 1993, art. 1er)* Les membres du comité sont indemnisés, le cas échéant, de leurs frais de déplacement et de séjour. Ces frais sont à la charge de l'État.

Art. D. 161-13 *(Décr. n° 93-677 du 27 mars 1993, art. 1er)* Pour l'application de l'article L. 161-30, le Comité national paritaire de l'information médicale :

1° Émet à la demande du ministre chargé de la sécurité sociale des avis sur les dispositions réglementaires prises pour l'application du premier alinéa de l'article L. 161-29 ;

2° Émet à la demande du ministre chargé de la sécurité sociale, des caisses nationales d'assurance maladie ou des organisations syndicales de professionnels ou d'établissements de santé tous avis relatifs à l'application de l'article L. 161-29 du code de la sécurité sociale.

Art. D. 161-13-1 *(Décr. n° 2014-727 du 27 juin 2014, en vigueur le 1er juill. 2014)* Lors de la délivrance de produits de santé remboursables destinés à un assuré porteur de la carte électronique individuelle inter-régimes ou à l'un de ses ayants droit, le pharmacien est tenu de reporter sur l'original de l'ordonnance les éléments suivants :

1° *(Décr. n° 2014-1616 du 24 déc. 2014, art. 1er, en vigueur le 1er janv. 2015)* « Le montant total des frais d'acquisition des produits délivrés incluant, le cas échéant, l'honoraire de dispensation », le montant total pris en charge par le régime d'assurance maladie obligatoire de l'assuré et le montant total de la participation de l'assuré ainsi que, le cas échéant et lorsque le pharmacien en a connaissance, le montant total pris en charge par son assurance complémentaire de santé. Ces montants s'entendent avant application, le cas échéant, de la franchise prévue à l'article *(Décr. n° 2015-1882 du 30 déc. 2015, art. 2-4°, en vigueur le 1er janv. 2016)* « L. 160-13 » ;

2° Pour chaque spécialité pharmaceutique inscrite sur la liste mentionnée au premier alinéa de l'article L. 162-17 présentée au remboursement :

a) La quantité délivrée ;

b) La dénomination sous laquelle la spécialité figure sur la liste mentionnée au premier alinéa de l'article L. 162-17 ;

c) Le numéro sous lequel la spécialité est inscrite sur cette liste ;

d) Le prix de vente unitaire au public fixé en application de l'article L. 162-16-4 ;

e) Le cas échéant, le tarif forfaitaire de responsabilité prévu à l'article L. 162-16 ;

(Décr. n° 2014-1616 du 24 déc. 2014, art. 1er, en vigueur le 1er janv. 2015) « *f)* Le tarif unitaire de l'honoraire de dispensation y afférent ;

« *g)* » La part de la base de remboursement garantie par le régime d'assurance maladie obligatoire de l'assuré ;

(Décr. n° 2014-1616 du 24 déc. 2014, art. 1er, en vigueur le 1er janvier 2015) « 3° Le cas échéant, le montant, ainsi que la part de la base de remboursement garantie par le régime d'assurance maladie obligatoire de l'assuré, des autres catégories d'honoraires dont le tarif est fixé par la convention nationale prévue à l'article L. 162-16-1 du code de la sécurité sociale. »

Les mentions prévues au présent article sont présentées conformément aux spécifications techniques et selon un modèle définis par arrêté des ministres chargés de la santé, de la sécurité sociale et de l'agriculture. — *V. Arr. du 27 juin 2014 fixant le modèle normalisé et les spécifications techniques applicables pour la mise en œuvre de l'information des patients sur le coût des produits de santé délivrés (JO 29 juin), mod. par Arr. du 24 déc. 2014 (JO 27 déc.).*

Art. D. 161-13-2 *(Décr. n° 2016-1069 du 3 août 2016, art. 1er)* Pour bénéficier du tiers payant prévu à l'article L. 161-36-4, le bénéficiaire des soins doit présenter au professionnel de santé sa carte d'assurance maladie mentionnée à l'article L. 161-31. Le paiement au professionnel de santé de la part prise en charge par l'assurance maladie pour les actes ou prestations qu'il a effectués est garanti en application des dispositions des articles L. 161-36-3 et L. 161-36-4, sous réserve des conditions générales de leur prise en charge.

Les dispositions issues de l'art. 1er du Décr. n° 2016-1069 du 3 août 2016 s'appliquent aux factures transmises par le professionnel de santé à compter du 1er juill. 2016 (Décr. préc., art. 3).

Art. D. 161-13-3 *(Décr. n° 2016-1069 du 3 août 2016, art. 1er)* Le délai maximal de paiement prévu au premier alinéa de l'article L. 161-36-3 est fixé à sept jours ouvrés lorsque la transmission est effectuée par le professionnel de santé dans les conditions prévues à l'article L. 161-35. — *V. note ss. art. D. 161-13-2.*

Art. D. 161-13-4 *(Décr. n° 2016-1069 du 3 août 2016, art. 1er)* En application du deuxième alinéa de l'article L. 161-36-3, le non-respect du délai fixé à l'article D. 161-13-3 par l'organisme d'assurance maladie entraîne le versement au professionnel de santé :

— soit d'une pénalité forfaitaire de 1 € calculée pour chaque facture payée le huitième jour ouvré ou le neuvième jour ouvré ;

– soit d'une pénalité égale à 10 % de la part prise en charge par l'assurance maladie calculée pour chaque facture payée à compter du dixième jour ouvré.

Ces pénalités sont versées au cours du semestre qui suit celui au titre duquel elles sont dues. – *V. note ss. art. D. 161-13-2.*

Art. D. 161-13-5 *(Décr. n° 2016-1069 du 3 août 2016, art. 1er)* En application du troisième alinéa de l'article L. 161-36-3, les délais de paiement de chaque organisme de sécurité sociale pour chaque profession sont publiés trimestriellement sur les sites internet des organismes d'assurance maladie. – *V. note ss. art. D. 161-13-2.*

SECTION V TITRES ET DOCUMENTS ATTESTANT DE LA RÉGULARITÉ DU SÉJOUR ET DU TRAVAIL DES RESSORTISSANTS ÉTRANGERS

(Décr. n° 94-820 du 21 sept. 1994)

Art. D. 161-14 (Abrogé par Décr. n° 2017-736 du 3 mai 2017, art. 6-7°) (Décr. n° 94-820 du 21 sept. 1994) *Les titres ou documents prévus à l'article L. 161-25-1 sont ceux mentionnés à l'article D. 115-1.*

Art. D. 161-15 (Abrogé par Décr. n° 2015-1882 du 30 déc. 2015, art. 2-3°, à compter du 1er janv. 2016) (Décr. n° 98-1172 du 22 déc. 1998, art. 4) *Les titres de séjour mentionnés à l'article L. 161-25-2 sont les suivants :*

1° Carte de résident ;

2° Carte de séjour temporaire ;

3° Certificat de résidence de ressortissant algérien ;

4° Récépissé de demande de renouvellement de l'un des titres mentionnés ci-dessus ;

5° Récépissé de première demande de titre de séjour accompagné soit du certificat de contrôle médical délivré par l'Office des migrations internationales au titre du regroupement familial, soit d'un acte d'état civil attestant la qualité de membre de la famille d'une personne de nationalité française ;

(Décr. n° 2015-1166 du 21 sept. 2015, art. 27-3°, en vigueur le 1er nov. 2015) *« 6° Récépissé de demande de titre de séjour valant autorisation de séjour portant la mention "reconnu réfugié", dont la durée de validité est fixée à l'article R. 743-3 du code de l'entrée et du séjour des étrangers et du droit d'asile » ;*

7° Récépissé de demande de titre de séjour portant la mention : "étranger admis au titre de l'asile" d'une durée de validité de six mois, renouvelable ;

8° Autorisation provisoire de séjour ;

(Abrogé par Décr. n° 2006-234 du 27 févr. 2006) *« 9° Le titre d'Andorran délivré par le préfet des Pyrénées-Orientales ; »*

10° Le passeport monégasque revêtu d'une mention du consul général de France à Monaco valant autorisation de séjour ;

(Décr. n° 2015-1166 du 21 sept. 2015, art. 27-3°, en vigueur le 1er nov. 2015) *« 11° Récépissé de demande de titre de séjour valant autorisation de séjour portant la mention "a obtenu le bénéfice de la protection subsidiaire", dont la durée de validité est fixée à l'article R. 743-4 du code de l'entrée et du séjour des étrangers et du droit d'asile ;*

« 12° Attestation de demande d'asile. »

CHAPITRE PREMIER *BIS* HAUTE AUTORITÉ DE SANTÉ

(Décr. n° 2004-1305 du 26 nov. 2004)

SECTION PREMIÈRE CONTRIBUTION FINANCIÈRE DES ÉTABLISSEMENTS DE SANTÉ *(Décr. n° 2013-871 du 27 sept. 2013).*

Art. D. 161-16 et D. 161-17 *Abrogés par Décr. n° 2014-94 du 31 janv. 2014, art. 2.*

SECTION II BASE DE DONNÉES ADMINISTRATIVES ET SCIENTIFIQUES PUBLIQUE SUR LES TRAITEMENTS ET LE BON USAGE DES PRODUITS DE SANTÉ

(Décr. n° 2013-871 du 27 sept. 2013)

Art. D. 161-18 La base de données administratives et scientifiques mentionnée à l'article L. 161-40-1, mise en œuvre par l'Agence nationale de sécurité du médicament et des produits de santé, en liaison avec la Haute Autorité de santé et l'Union des caisses d'assurance maladie, sous l'égide du ministère chargé de la santé, est accessible, librement et gratuitement, sur le site internet du ministère chargé de la santé.

Art. D. 161-19 La base de données comprend, notamment, des informations et des données relatives aux spécialités pharmaceutiques bénéficiant d'une autorisation de mise sur le marché délivrée en France, conformément à l'article L. 5121-8 du code de la santé publique ou par l'Union européenne en application du règlement (CE) n° 726/2004 du Parlement européen et du Conseil du 31 mars 2004 établissant des procédures communautaires pour l'autorisation et la surveillance en ce qui concerne les médicaments à usage humain et à usage vétérinaire, et instituant une Agence européenne des médicaments, ou bénéficiant d'un enregistrement conformément aux articles L. 5121-13 et L. 5121-14-1 du code de la santé publique ou d'une autorisation d'importation parallèle conformément à l'article L. 5124-13 du même code.

Art. D. 161-20 Pour les spécialités pharmaceutiques mentionnées à l'article D. 161-19, les données sont, notamment :

1° Le nom de la spécialité au sens de l'article R. 5121-2 du code de la santé publique ;

2° La composition qualitative et quantitative en substances actives ;

3° Le nom du titulaire de l'autorisation de mise sur le marché ou de l'enregistrement ou de l'autorisation d'importation parallèle ;

4° La date de l'autorisation de mise sur le marché ou de l'enregistrement ou de l'autorisation d'importation parallèle ;

5° Les différentes présentations commercialisées, accompagnées de la date de la déclaration de leur commercialisation ;

6° Le résumé des caractéristiques du produit prévu à l'article R. 5121-23 du code de la santé publique ;

7° La notice prévue à l'article R. 5121-148 du code de la santé publique ;

8° Les conditions de prescription et de délivrance ;

9° Le code identifiant la spécialité et le code identifiant la présentation ;

10° Le type de procédure d'autorisation ;

11° L'appartenance à un groupe générique tel que défini à l'article L. 5121-1 du code de la santé publique ;

12° Le motif et la date de l'avis de la Commission de la transparence ;

13° Les indications thérapeutiques du médicament ainsi que les niveaux de service médical rendu et d'amélioration du service médical rendu correspondants ;

14° Le lien vers les pages du site de la Haute Autorité de santé présentant une synthèse de l'avis de la Commission de la transparence ainsi que l'avis complet de cette dernière ;

15° Le prix de vente au public, en euros toutes taxes comprises, de la spécialité, par présentation ;

16° Le taux de remboursement du médicament ;

17° L'agrément aux collectivités du médicament ;

18° Le cas échéant, la date d'arrêt de commercialisation de la spécialité ou de l'une de ses présentations ;

19° Le cas échéant, la date de suspension, de retrait ou d'abrogation de l'autorisation de mise sur le marché ou la date de suppression de l'enregistrement ou la date de fin de l'autorisation d'importation parallèle ;

20° Les informations de sécurité sanitaire ;

21° Le statut du médicament au regard de son autorisation de mise sur le marché et de sa commercialisation ;

22° L'appartenance à la liste des médicaments faisant l'objet d'une surveillance supplémentaire.

Art. D. 161-21 I. – Les données administratives et scientifiques sont mises à jour régulièrement.

II. – Les données relatives aux spécialités pharmaceutiques dont l'autorisation de mise sur le marché est retirée ou abrogée ne sont plus accessibles au terme d'un délai de deux ans suivant la date de la décision de l'Agence nationale de sécurité du médicament et des produits de santé ou de la Commission européenne portant retrait ou abrogation de l'autorisation.

Les données relatives aux spécialités dont l'autorisation d'importation parallèle a pris fin ne sont plus accessibles au terme d'un délai de deux ans suivant la date d'échéance de l'autorisation.

Les données relatives aux spécialités dont l'enregistrement a été retiré ne sont plus accessibles au terme d'un délai de deux ans suivant la date de la décision de l'Agence nationale de sécurité du médicament et des produits de santé retirant l'enregistrement.

Les données relatives aux spécialités dont toutes les présentations font l'objet d'un arrêt de commercialisation ne sont plus accessibles au terme d'un délai de deux ans suivant l'arrêt de commercialisation de la dernière présentation.

SECTION III **MISSIONS DE LA HAUTE AUTORITÉ DE SANTÉ**

(Décr. n° 2016-1900 du 27 déc. 2016, art. 1er)

Art. D. 161-22 Les ministres chargés de la santé et de la sécurité sociale et l'Union nationale des caisses d'assurance maladie saisissent, notamment dans le cadre des priorités définies au titre du dernier alinéa de l'article R. 161-77, la Haute Autorité de santé des situations cliniques nécessitant des guides des stratégies diagnostiques et thérapeutiques les plus efficientes ainsi que des listes de médicaments à utiliser préférentiellement, mentionnés au 2° de l'article L. 161-37. Cette saisine précise les délais attendus de publication. La haute autorité peut, de sa propre initiative, élaborer des guides et les listes de médicaments associées pour des situations cliniques quand elle l'estime pertinent.

La Haute Autorité de santé, pour chaque situation clinique, élabore les guides et les listes de médicaments ou procède à un appel à candidatures pour leur élaboration. La décision de la haute autorité d'élaborer les guides et listes de médicaments ou de procéder à un appel à candidatures est rendue publique sur le site internet de la haute autorité.

Dans le cas d'un appel à candidatures, le cahier des charges de cet appel et les éléments constitutifs des dossiers de candidature sont fixés par décision du collège de la Haute Autorité de santé et rendus publics. Les candidats, notamment les Conseils nationaux professionnels et les sociétés savantes, transmettent dans un délai de deux mois, après que l'appel a été rendu public, un dossier de candidature. La haute autorité dispose d'un délai d'un mois pour procéder aux contrôles de liens d'intérêts, retenir la candidature et en informer le candidat. Le ou les guides et les listes de médicaments à utiliser préférentiellement élaborés par le candidat retenu sont transmis à la haute autorité dans un délai de douze mois. Les industriels dont le produit est inscrit sur la liste peuvent adresser leurs observations écrites à la haute autorité. La haute autorité valide les guides et les listes dans un délai de trois mois. Le cas échéant, la haute autorité fait connaître au candidat les motifs de son absence ou de son refus de validation. En cas d'absence de candidatures retenues ou d'absence ou refus de validation, la haute autorité élabore les guides ainsi que les listes des médicaments correspondants.

Les guides et listes de médicaments, élaborés ou validés par la Haute Autorité de santé, sont rendus publics sur le site internet de la haute autorité. Les listes de médicaments à utiliser préférentiellement utilisent, sauf exception justifiée, la dénomination commune internationale.

La mise à jour des guides des stratégies diagnostiques et thérapeutiques les plus efficientes ainsi que des listes de médicaments à utiliser préférentiellement qui leur sont associés est réalisée en tant que de besoin par la Haute Autorité de santé et au plus tard à la date d'expiration de validité fixée par celle-ci. En cas de modification des prix, tarifs, service médical rendu ou amélioration du service médical rendu des médicaments concernés par ces listes ou d'arrivée sur le marché d'un nouveau médicament dans la situation clinique concernée pouvant impacter ces listes, l'Union nationale des caisses d'assurance maladie ou les ministres en charge de la santé et de la sécurité sociale peuvent également saisir la haute autorité afin qu'elle procède à une mise à jour. La haute autorité peut de sa propre initiative procéder, dans les mêmes conditions, à leur mise à jour.

CHAPITRE II DISPOSITIONS GÉNÉRALES RELATIVES AUX SOINS

SECTION PREMIÈRE MÉDECINS

SOUS-SECTION 1 ORGANISME GESTIONNAIRE DES SOMMES AFFECTÉES À LA FORMATION PROFESSIONNELLE CONVENTIONNELLE

(Décr. n° 2005-1369 du 3 nov. 2005)

Art. D. 162-1-1 à D. 162-1-5 *Abrogés par Décr. n° 2011-2113 du 30 déc. 2011, art. 2.*

SOUS-SECTION 2 MÉDECIN TRAITANT

(Décr. n° 2005-1369 du 3 nov. 2005)

Art. D. 162-1-6 Outre les cas mentionnés au sixième alinéa de l'article L. 162-5-3, la majoration prévue au cinquième alinéa de cet article n'est pas appliquée :

1° Lorsqu'à la suite d'une prescription du médecin traitant, des soins itératifs sont pratiqués par le médecin consulté, sous réserve que ces soins aient fait l'objet d'un plan de soins. Ce plan de soins, convenu entre les deux médecins en accord avec le patient, fixe la nature et la périodicité de ces soins ;

2° En cas d'intervention successive de plusieurs médecins pour une même pathologie, sous réserve que cette séquence de soins soit réalisée en concertation avec le médecin traitant ;

3° Pour les actes et consultations prévus dans le cadre du protocole de soins mentionné à l'article L. 324-1 ;

4° Pour les actes et consultations assurés, en cas d'indisponibilité du médecin traitant, par le médecin qui assure son remplacement ou, lorsque le médecin traitant exerce en centre de santé ou en groupe, par un autre médecin exerçant dans le même centre ou dans un cabinet situé dans les mêmes locaux ;

5° Pour les actes et consultations d'un médecin intervenant au titre de la permanence des soins mentionnée à l'article L. 6315-1 du code de la santé publique ;

6° Pour les actes et consultations assurés par un médecin exerçant dans une consultation hospitalière de tabacologie, d'alcoologie ou de lutte contre les toxicomanies ;

7° Lorsqu'un militaire consulte sur prescription d'un médecin du service de santé des armées ;

(Décr. n° 2016-145 du 10 févr. 2016) « 8° Pour les consultations de génétique prévues au quatrième alinéa de l'article L. 1131-1-2 du code de la santé publique. »

(Décr. n° 2019-112 du 18 févr. 2019, art. 2) « 9° Pour les actes et consultations assurés par un médecin exerçant dans les services de médecine préventive et de promotion de la santé mentionnés à l'article L. 831-3 du code de l'éducation. »

Art. D. 162-1-7 La majoration prévue au cinquième alinéa de l'article L. 162-5-3 n'est pas appliquée lorsque le patient consulte, sans prescription de son médecin traitant, des médecins relevant des spécialités suivantes : gynécologie médicale, gynécologie obstétrique, ophtalmologie, psychiatrie et neuro-psychiatrie.

Ces dispositions entrent en vigueur le 1er janv. 2006 (Décr. n° 2005-1369 du 3 nov. 2005, art. 2).

Art. D. 162-1-8 *(Décr. n° 2006-1 du 2 janv. 2006)* Les durées mentionnées à l'article L. 162-5-4 applicables aux consultations assurées ou prescrites par un médecin généraliste installé pour la première fois en exercice libéral ou par un médecin qui s'installe dans une zone mentionnée à l'article L. 162-47 sont de cinq ans.

SOUS-SECTION 3 CONTRAT TYPE COMPORTANT DES ENGAGEMENTS INDIVIDUALISÉS

(Décr. n° 2008-593 du 23 juin 2008)

Art. D. 162-1-9 Les ministres chargés de la santé et de la sécurité sociale disposent d'un délai d'un mois à compter de la réception du contrat type prévu à l'article L. 162-12-21 pour faire connaître leur opposition à l'application de ce contrat.

SOUS-SECTION 4 MISE SOUS ACCORD PRÉALABLE DES FORTS [FORT-] PRESCRIPTEURS

(Décr. nº 2008-642 du 30 juin 2008)

Art. D. 162-1-10 Les dispositions du 5° de l'article L. 162-1-15 sont mises en œuvre selon les modalités suivantes :

1° Pour les produits inscrits sur les listes mentionnées aux premier et deuxième alinéas de l'article L. 162-17, l'appréciation du volume de prescription pourra se faire sur la base d'une spécialité ou de regroupements par classe thérapeutique ou par principe actif ;

2° Pour les actes inscrits sur la liste prévue à l'article L. 162-1-7, le volume de prescription ou de réalisation pourra être apprécié au regard d'un acte déterminé ou d'un groupe défini par :

a) Un article, un chapitre, un titre ou une lettre clef de la nomenclature générale des actes professionnels ;

b) Un chapitre ou un sous-chapitre de la classification commune des actes médicaux ;

c) Un chapitre ou sous-chapitre de la nomenclature des actes de biologie médicale ;

3° Pour les produits et prestations inscrits sur la liste prévue à l'article L. 165-1, le volume de prescription pourra être apprécié pour un produit ou prestation déterminé ou par un groupe défini par un titre, un chapitre, une section, une sous-section ou un paragraphe de cette liste.

SOUS-SECTION 5 PROCÉDURE CONTRADICTOIRE PRÉALABLE À UNE MISE SOUS ACCORD PRÉALABLE

(Décr. nº 2011-955 du 10 août 2011)

Art. D. 162-1-17 (Abrogé par Décr. nº 2015-1510 du 19 nov. 2015, art. 2) *Le directeur général de l'agence régionale de santé notifie à l'établissement, par tout moyen permettant de rapporter la preuve de sa date de réception, la liste des prestations d'hospitalisation pour lesquelles il envisage la mise en œuvre de la procédure de mise sous accord préalable.*

Le représentant légal de l'établissement peut présenter ses observations écrites ou demander à être entendu par le directeur général de l'agence régionale de santé ou son représentant, dans le délai d'un mois à compter de la date de réception de la notification. Le représentant légal de l'établissement peut se faire assister par la personne de son choix.

A l'expiration de ce délai ou après l'audition du représentant légal de l'établissement, si celle-ci intervient postérieurement à l'expiration de ce délai, le directeur de l'agence régionale de santé notifie à l'établissement et par tout moyen permettant de rapporter la preuve de la date de réception, sa décision. La décision est motivée. Elle précise, le cas échéant, la date effective d'entrée en vigueur de la mise sous accord préalable, son terme, les prestations concernées, ainsi que les voies et délais de recours.

Le directeur général de l'agence régionale de santé fait connaître, simultanément, sa décision au directeur de l'organisme local d'assurance maladie mentionné aux articles L. 174-2, L. 174-18 ou L. 752-1 et au service du contrôle médical de cet organisme ou placé auprès de ce dernier.

SECTION II CHIRURGIENS-DENTISTES, SAGES-FEMMES ET AUXILIAIRES MÉDICAUX

Néant.

SECTION III DIRECTEURS DE LABORATOIRES

Néant.

SECTION IV PHARMACIENS, ENTREPRISES PHARMACEUTIQUES

Art. D. 162-2-1 *(Décr. nº 2001-257 du 26 mars 2001)* Le Comité économique des produits de santé institué par l'article L. 162-17-3 est composé des membres suivants :

1° Un président et deux vice-présidents, l'un chargé du médicament, l'autre des *(Décr. nº 2004-1225 du 17 nov. 2004)* « produits et prestations » mentionnés à l'article

L. 165-1, nommés pour une durée de trois ans par arrêté conjoint des ministres chargés de la sécurité sociale, de la santé et de l'économie ;

2° Le directeur de la sécurité sociale ou son représentant ;

3° Le directeur général de la santé ou son représentant ;

4° Le directeur général de la concurrence, de la consommation et de la répression des fraudes ou son représentant ;

5° *(Décr. nº 2016-172 du 18 févr. 2016, art. 1er-1º)* « Le directeur général des entreprises » ou son représentant ;

(Décr. nº 2004-1225 du 17 nov. 2004 ; Décr. nº 2018-174 du 9 mars 2018, art. 16-3º, en vigueur le 1er janv. 2018) « 6° Trois représentants des organismes nationaux d'assurance maladie désignés par le collège des directeurs de l'Union nationale des caisses d'assurance maladie mentionné à l'article L. 182-2-2. Ces représentants peuvent être différents selon que le comité siège en section du médicament ou en section des produits et prestations mentionnés à l'article L. 165-1 ;

« 7° Un représentant désigné par le conseil de l'Union nationale des organismes d'assurance maladie complémentaire. »

(Décr. nº 2016-172 du 18 févr. 2016, art. 1er-2º) « Pour chaque représentant titulaire désigné au titre du 6° et du 7°, deux représentants suppléants peuvent être désignés dans les mêmes conditions que les représentants titulaires. » *(Décr. nº 2018-174 du 9 mars 2018, art. 16-3º, en vigueur le 1er janv. 2018)* « En cas d'empêchement, chaque membre mentionné au 6° peut donner mandat à un autre membre, désigné au titre du même 6°, pour le représenter ; nul ne peut être porteur de plus de deux mandats par séance. »

(Décr. nº 2004-1225 du 17 nov. 2004) « Assistent aux réunions du comité, avec voix consultative, le directeur général de l'offre de soins ou son représentant et un représentant du ministre chargé de la recherche. »

En fonction de l'ordre du jour, le président peut associer le directeur général de la cohésion sociale ou son représentant, un représentant du ministre chargé du budget, un représentant du ministre chargé de l'agriculture, un représentant du ministre chargé des petites et moyennes entreprises ou un représentant du ministre chargé des anciens combattants aux travaux du comité et de ses sections, avec voix consultative.

(Décr. nº 2005-1203 du 22 sept. 2005, art. 1er) « Lorsque l'ordre du jour comporte l'examen de produits ou prestations relevant de l'article L. 165-1 et contribuant à la prise en charge d'une perte d'autonomie, *(Décr. nº 2016-172 du 18 févr. 2016, art. 1er-3º)* « le président peut associer » aux travaux du comité et de ses sections, pour le produit ou la prestation concernée, un représentant de la Caisse nationale de solidarité pour l'autonomie, avec voix consultative. »

(Abrogé par Décr. nº 2016-172 du 18 févr. 2016, art. 1er-4º) ***« Les directeurs d'administration centrale ne peuvent se faire représenter que par des membres de leur service occupant des fonctions au moins égales à celles de sous-directeur. Les représentants des organismes nationaux d'assurance maladie doivent occuper des fonctions au moins égales à celle de directeur adjoint. »***

Art. D. 162-2-2 *(Décr. nº 2001-257 du 26 mars 2001)* Pour l'exercice de ses missions, le comité peut entendre :

a) Le directeur de l'*(Décr. nº 2012-597 du 27 avr. 2012, art. 5-II)* « Agence nationale de sécurité du médicament et des produits de santé » ou son représentant ;

(Décr. nº 2004-1225 du 17 nov. 2004) *b)* « Le président du collège de la Haute Autorité de santé ou son représentant ; »

c) Le président de la Commission de la transparence mentionnée à l'article R. 163-15 ou son représentant ;

d) Le président de la commission mentionnée à l'article L. 165-1 ou son représentant ;

e) Le président de la commission prévue à l'article R. 5054 du code de la santé publique ou son représentant ;

(Décr. nº 2012-1116 du 2 oct. 2012, art. 4-1º) « *f)* Le président de la commission mentionnée au treizième alinéa de l'article L. 161-37 »,

ainsi que toute personne qualifiée.

(Décr. n° 2012-1116 du 2 oct. 2012, art. 4-2°) « Le comité peut également saisir la Haute Autorité de santé d'une demande d'évaluation ou d'avis relevant des compétences de l'une des commissions mentionnées au présent article. »

Art. D. 162-2-3 *(Décr. n° 2004-1225 du 17 nov. 2004)* I. – Lorsqu'il exerce les missions définies aux articles L. 162-16-4, L. 162-17-3, L. 162-17-4 et L. 162-18, le Comité économique des produits de santé se réunit en section du médicament ; le vice-président qui siège est celui en charge du médicament.

II. – Lorsqu'il exerce les missions définies aux articles L. 165-2, L. 165-3 et L. 165-4, le Comité économique des produits de santé se réunit en section des produits et prestations mentionnés à l'article L. 165-1 ; le vice-président qui siège est celui en charge des produits et prestations mentionnés à l'article L. 165-1.

Art. D. 162-2-4 *(Décr. n° 2001-257 du 26 mars 2001)* Les ministres chargés de la sécurité sociale, de la santé, de l'économie et de l'industrie notifient *(Décr. n° 2004-1225 du 17 nov. 2004)* « , après consultation de l'Union nationale des caisses d'assurance maladie, » chaque année au président du Comité économique des produits de santé, après publication de la loi de financement de la sécurité sociale, les orientations relatives à la politique économique du médicament, prévues à l'article L. 162-17-3.

Le Comité économique des produits de santé remet chaque année un rapport sur l'activité de ses deux sections aux ministres chargés de la sécurité sociale, de la santé, de l'économie et de l'industrie.

(Décr. n° 2004-1225 du 17 nov. 2004) « Le Comité économique des produits de santé peut être saisi sur les questions relevant de ses attributions mentionnées notamment aux articles L. 162-17-3 et L. 165-4 par les ministres compétents ou par l'Union nationale des caisses d'assurance maladie. »

Le Comité économique des produits de santé est saisi par les entreprises exploitant des médicaments, les fabricants ou les distributeurs des produits mentionnés à l'article L. 165-1 pour l'exercice de ses compétences définies aux articles L. 162-17-4, L. 162-18 et L. 165-4.

Art. D. 162-2-5 *(Décr. n° 2001-257 du 26 mars 2001)* Le Comité économique des produits de santé se réunit sur convocation de son président. Le président fixe l'ordre du jour des séances. *(Décr. n° 2016-172 du 18 févr. 2016, art. 2)* « Les délibérations du comité économique des produits de santé ne sont valables que si au moins six de ses membres ayant voix délibérative sont présents. »

Le président recherche l'accord des membres du comité sur les dossiers qui lui sont présentés. En cas de désaccord, les décisions du comité sont prises à la majorité simple des membres présents. En cas de partage égal des voix, le président a voix prépondérante. *(Décr. n° 2004-1225 du 17 nov. 2004)* « Le président du comité notifie immédiatement aux membres du comité mentionnés aux 2°, 3°, 4° et 5° de l'article D. 162-2-1 les décisions relatives aux prix et aux tarifs prises par le comité en application des articles L. 162-16, L. 162-16-4 à L. 162-16-6 et L. 165-2 à L. 165-4.

« Le président signe les conventions passées et les décisions prises en application des articles L. 162-16-4 à L. 162-16-6, L. 162-17-3, L. 162-17-4, L. 162-18 et L. 165-2 à L. 165-4. »

En cas d'absence ou d'empêchement du président, ses pouvoirs sont exercés, pour les missions définies aux articles L. 162-16-4, L. 162-17-3, L. 162-17-4, L. 162-18, par le vice-président chargé du médicament ; pour les missions définies aux articles L. 165-2, L. 165-3 et L. 165-4, par le vice-président chargé des produits mentionnés à l'article L. 165-1.

Art. D. 162-2-6 *(Décr. n° 2001-257 du 26 mars 2001)* Le Comité économique des produits de santé élabore son règlement intérieur. Le secrétariat du comité est placé auprès de la direction de la sécurité sociale.

(Décr. n° 2004-1225 du 17 nov. 2004) « Le président peut confier l'instruction des dossiers étudiés par le comité à des rapporteurs désignés par le comité. »

(Décr. n° 2012-745 du 9 mai 2012, art. 4-XI° en vigueur le 1er juill. 2012) « Les membres du Comité économique des produits de santé ainsi que les rapporteurs sont soumis aux dispositions de l'article L. 1451-1 du code de la santé publique. »

Art. D. 162-2-7 *(Décr. n° 2002-641 du 29 avr. 2002)* Dans la limite des crédits ouverts à cet effet au budget du ministère de l'emploi et de la solidarité, le président, les vice-présidents et les rapporteurs du Comité économique des produits de santé peuvent percevoir des indemnités ou vacations dans les conditions ci-après :

Des indemnités peuvent être attribuées au président et aux vice-présidents du comité des produits de santé sauf si ces fonctions sont exercées à temps plein et font l'objet de rémunérations correspondant à des emplois permanents.

L'indemnité allouée au président a un caractère forfaitaire et mensuel.

L'indemnité mensuelle allouée aux vice-présidents a un caractère forfaitaire et mensuel. En outre, le vice-président chargé du médicament peut recevoir une indemnité variable fixée par le président du Comité économique des produits de santé en fonction des sujétions rencontrées dans l'exercice de ses fonctions.

Les rapporteurs désignés en application de l'article D. 162-2-6 perçoivent pour leurs travaux des vacations dont le nombre est fixé par le président du comité selon l'importance des travaux effectués.

Le montant des indemnités attribuées au président et aux vice-présidents ainsi que le taux unitaire et le nombre maximum annuel de vacations allouées à un même rapporteur sont fixés par arrêté conjoint des ministres chargés de la sécurité sociale, du budget et de la fonction publique.

Le président, les vice-présidents, les membres et les rapporteurs du Comité économique des produits de santé peuvent bénéficier du remboursement des frais de transport et de séjour qu'ils sont susceptibles d'engager à l'occasion de déplacements effectués dans le cadre de leur mission dans les conditions fixées par le décret n° 2006-781 du 3 juillet 2006 fixant les conditions et les modalités de règlement des frais occasionnés par les déplacements temporaires des personnels civils de l'État. – *[Anc. art. D. 162-2-8.]*

Art. D. 162-2-8 *(Décr. n° 2018-499 du 21 juin 2018)* I. – Le nombre maximum de personnels mis à disposition, prévu au I de l'article L. 162-17-3-1, est fixé à six agents en équivalent temps plein.

II. – Pour l'application du II de l'article L. 162-17-3-1, le ministre chargé de la sécurité sociale saisit la Caisse nationale de l'assurance maladie en vue du développement par celle-ci d'un système d'information relatif aux médicaments pris en charge ou remboursables par l'assurance maladie ou aux produits et prestations mentionnés à l'article L. 165-1. Il précise le périmètre du système d'information, ses objectifs ; il précise également s'il sera mis à la disposition du Comité économique des produits de santé ou de l'État.

Lorsque le système d'information a vocation à être mis à disposition du Comité économique des produits de santé, le ministre consulte préalablement le Comité sur ce projet et ses besoins en matière de systèmes d'information.

Le ministre chargé de la sécurité sociale transmet pour avis à la Caisse nationale de l'assurance maladie un projet de cahier des charges et de calendrier relatif aux délais de développement du système d'information. La Caisse présente ses observations dans un délai maximal de trente jours suivant sa saisine.

III. – Après avis de la Caisse nationale, le ministre chargé de la sécurité sociale, ou son représentant, établit le cahier des charges définitif, les objectifs et le programme de développement du système d'information en précisant notamment ses étapes et les délais correspondants. Le ministre, le cas échéant en lien avec le Comité, valide chaque étape de développement et les tests éventuellement pratiqués. Il valide la version finale du système d'information.

La Caisse nationale de l'assurance maladie assure le développement et le fonctionnement du système d'information au moyen de ses ressources internes ou, le cas échéant, en ayant recours à des compétences ou des prestataires extérieurs. Dans tous les cas, la Caisse nationale s'assure que le système d'information fera l'objet d'une maintenance et d'une actualisation régulières.

Art. D. 162-2-9 *(Décr. n° 2017-395 du 24 mars 2017, art. 1er)* I. – La liste des pays européens mentionnés au 6° du II de l'article L. 162-16-4 comprend les quatre pays suivants : Allemagne ; Espagne ; Italie ; Royaume-Uni.

II. – La liste des pays européens mentionnés au 5° du II de l'article L. 165-2 comprend les quatre pays suivants : Allemagne ; Espagne ; Italie ; Royaume-Uni.

SECTION V ÉTABLISSEMENTS DE SOINS

SOUS-SECTION 1 DISPOSITIONS GÉNÉRALES

(Décr. n° 2017-584 du 20 avr. 2017, art. 1er-1°)

Art. D. 162-3 *(Décr. n° 2005-246 du 14 mars 2005)* L'objectif de dépenses d'assurance maladie commun aux activités de médecine, chirurgie, obstétrique et odontologie mentionné à l'article L. 162-22-9 est constitué des charges d'assurance maladie afférentes aux frais d'hospitalisation couverts par les éléments suivants :

1° Les forfaits mentionnés à l'article *(Décr. n° 2017-500 du 6 avr. 2017, art. 2-I)* « R. 162-33-1 » ;

2° Les spécialités pharmaceutiques et les produits et prestations mentionnés à l'article L. 162-22-7 ;

3° Les consultations et actes mentionnés au premier alinéa de l'article L. 162-26 et relatifs aux activités de médecine, chirurgie, obstétrique et odontologie ;

4° Les forfaits annuels mentionnés à l'article L. 162-22-8 ;

5° Les forfaits relatifs aux interruptions volontaires de grossesse réalisées en établissement de santé dans les conditions prévues au chapitre II du titre Ier du livre II de la deuxième partie du code de la santé publique ;

6° Les forfaits techniques, fixés en application des dispositions de l'article L. 162-1-7, facturés par les établissements de santé mentionnés aux *d* et *e* de l'article L. 162-22-6 titulaires d'une autorisation administrative de fonctionnement d'un équipement matériel lourd en application des dispositions *(Décr. n° 2017-500 du 6 avr. 2017, art. 2-I)* « de l'article R. 6122-26 du code de la santé publique ;

« 7° La dotation mentionnée à l'article L. 162-23-15 au titre de l'activité de médecine, chirurgie, obstétrique et odontologie. »

Ces dispositions sont applicables à compter du 1er janv. 2005 (Décr. n° 2005-246 du 14 mars 2005, art. 5).

Art. D. 162-3-1 *(Décr. n° 2017-500 du 6 avr. 2017, art. 2-I)* L'objectif de dépenses d'assurance maladie commun aux activités de soins de suite et de réadaptation mentionné à l'article L. 162-23 est constitué des charges d'assurance maladie afférentes aux frais d'hospitalisation couverts par les éléments suivants :

1° Les dotations et forfaits mentionnés à l'article L. 162-23-3 ;

2° Les spécialités pharmaceutiques mentionnés *[mentionnées]* à l'article L. 162-23-6 ;

3° Les plateaux techniques spécialisés mentionnés à l'article L. 162-23-7 ;

4° Les dotations finançant les missions mentionnées à l'article L. 162-23-8 ;

5° La dotation mentionnée à l'article L. 162-23-15 au titre de l'activité *[des activités]* de soins de suite et de réadaptation ;

6° Les consultations et actes mentionnés au premier alinéa de l'article L. 162-26 et relatifs aux activités de soins de suite et de réadaptation ;

7° Les forfaits techniques, fixés en application des dispositions de l'article L. 162-1-7, facturés par les établissements de santé mentionnés aux *d* et *e* de l'article L. 162-22-6 titulaires d'une autorisation administrative de fonctionnement d'un équipement matériel lourd en application des dispositions de l'article R. 6122-26 du code de la santé publique.

Art. D. 162-4 *(Décr. n° 2005-246 du 14 mars 2005)* L'objectif quantifié national mentionné à l'article L. 162-22-2 est constitué des charges d'assurance maladie afférentes aux frais d'hospitalisation couverts par les éléments suivants :

1° Les forfaits mentionnés à l'article *(Décr. n° 2017-500 du 6 avr. 2017, art. 2-I)* « R. 162-31-1 » ;

2° La fourniture des produits sanguins labiles et des médicaments dérivés du sang respectivement mentionnés aux *c* et *d* de l'article *(Décr. n° 2017-500 du 6 avr. 2017, art. 2-I)* « R. 162-31-2 » ;

3° La fourniture des produits mentionnés au *e* de l'article R. 162-31-1 ;

4° La fourniture des médicaments mentionnés au *f* de l'article R. 162-31-1.

Ces dispositions sont applicables à compter du 1er janv. 2005 (Décr. nº 2005-246 du 14 mars 2005, art. 5).

Art. D. 162-5 *(Décr. nº 2005-263 du 22 mars 2005)* Font l'objet d'un financement conjoint sous forme de tarifs de prestation d'hospitalisation et d'un forfait annuel les activités de soins suivantes :

1º L'activité d'accueil et de traitement des urgences mentionnée au 14 de l'article R. 712-37-1 du code de la santé publique ;

2º L'activité de prélèvements d'organes mentionnée à l'article L. 1233-1 du même code ;

3º L'activité de transplantations d'organes et de greffes de moelle osseuse mentionnée au 8 de l'article R. 712-37-1 susmentionné.

Bénéficient de ce financement les établissements de santé autorisés à exercer ces activités.

Art. D. 162-6 *(Décr. nº 2005-336 du 8 avr. 2005)* Peuvent être financées par la dotation nationale de financement des missions d'intérêt général et d'aide à la contractualisation mentionnée à l'article L. 162-22-13 les dépenses correspondant aux missions d'intérêt général suivantes :

1º L'enseignement, la recherche, le rôle de référence et l'innovation. Notamment, à ce titre :

a) La recherche médicale et l'innovation, notamment la recherche clinique ;

b) L'enseignement et la formation des personnels médicaux et paramédicaux ;

c) La recherche, l'enseignement, la formation, l'expertise, la coordination et l'évaluation des soins relatifs à certaines pathologies et réalisés par des structures spécialisées ainsi que les activités hautement spécialisées assurées par des structures assumant un rôle de recours ;

d) Les activités de soins réalisées à des fins expérimentales ou la dispensation des soins non couverts par les nomenclatures ou les tarifs ;

2º La participation aux missions de santé publique mentionnées ci-dessous :

a) La vigilance, la veille épidémiologique, l'évaluation des pratiques et l'expertise réalisées par des centres de référence *(Décr. nº 2017-1483 du 18 oct. 2017, art. 2-I)* « ou des membres des réseaux régionaux de vigilances et d'appui prévus à l'article R. 1413-62 du code de la santé publique » au bénéfice des autorités de santé publique, des établissements de santé ou du public ;

b) La formation, le soutien, la coordination et l'évaluation des besoins du patient réalisés par des équipes pluridisciplinaires intervenant auprès des équipes soignantes ;

c) La collecte, la conservation et la distribution des produits d'origine humaine, à l'exception de la part de cette activité couverte par les tarifs de cession ;

d) *(Abrogé par Décr. nº 2009-294 du 13 mars 2009)* *« L'assistance aux patients pour l'accès aux droits sociaux et »* Les dispositifs ayant pour objet de favoriser le maintien des soins de proximité et l'accès à ceux-ci ;

e) Le dépistage anonyme et gratuit effectué dans les conditions prévues à l'article L. 3121-2 du code de la santé publique ;

f) La prévention et l'éducation pour la santé ;

g) Le conseil aux équipes hospitalières en matière d'éthique, de bioéthique et de protection des personnes ;

h) La veille sanitaire, la prévention et la gestion des risques sanitaires liés à des circonstances exceptionnelles ;

i) L'intervention d'équipes pluridisciplinaires pour la prise en charge de certaines pathologies en consultation ou en hospitalisation ;

(Décr. nº 2017-390 du 23 mars 2017, art. 1er) « *j)* L'aide médicale urgente constituée des missions des services d'aide médicale urgente mentionnées aux articles R. 6311-2 et R. 6311-3 du code de la santé publique et de l'ensemble des interventions des structures mobiles d'urgence et de réanimation mentionnées au 2º de l'article R. 6123-1 du même code, quel que soit le lieu de prise en charge du patient ; »

3º La participation à la définition et à la mise en œuvre des politiques publiques dans les domaines suivants :

a) La politique hospitalière ;

b) Le développement du dialogue social dans le secteur hospitalier ;

c) La coopération internationale en matière hospitalière ;

(Décr. n° 2009-294 du 13 mars 2009) « 4° La permanence des soins hospitalière. »

V. Arr. du 4 mai 2017 fixant la liste des structures, des programmes, des actions, des actes et des produits financés au titre des missions d'intérêt général mentionnées aux art. D. 162-6 et D. 162-7 CSS, ainsi que la liste des missions d'intérêt général financées au titre de la dotation mentionnée à l'art. L. 162-23-8 (JO 11 mai).

Art. D. 162-7 *(Décr. n° 2005-336 du 8 avr. 2005)* Peuvent également être financées par la dotation nationale de financement des missions d'intérêt général et d'aide à la contractualisation mentionnée à l'article L. 162-22-13 les dépenses correspondant aux activités de soins dispensés à des populations spécifiques dans les conditions suivantes :

1° Prise en charge des femmes enceintes dans les centres périnatals de proximité ;

2° Prise en charge des détenus dans des unités hospitalières spécialisées ou dans les établissements pénitentiaires ;

3° Prise en charge des populations en difficulté par des équipes hospitalières à l'extérieur des établissements de santé ;

(Décr. n° 2009-294 du 13 mars 2009) « 4° La prise en charge spécifique des patients en situation de précarité. »

Art. D. 162-8 *(Décr. n° 2005-336 du 8 avr. 2005)* Un arrêté précise la liste des structures, des programmes et des actions ainsi que des actes et produits pris en charge par la dotation nationale mentionnée à l'article L. 162-22-13 au titre des missions mentionnées aux articles D. 162-6 et D. 162-7 *(Décr. n° 2017-500 du 6 avr. 2017, art. 2-I)* « ainsi que la liste des structures, des programmes, des actions et des actes et produits pris en charge par la dotation nationale mentionnée à l'article L. 162-23-8.

« Ces dotations participent » au financement de ces missions dans la limite des dépenses y afférentes, à l'exclusion de la part incombant à d'autres financeurs en application de dispositions législatives ou réglementaires et de celle déjà supportée par l'assurance maladie en application des dispositions législatives ou réglementaires relatives à la prise en charge des soins.

Art. D. 162-9 (Abrogé par Décr. n° 2017-1483 du 18 oct. 2017, art. 2-I) (Décr. n° 2017-584 du 20 avr. 2017, art. 1er-2°) *Un observatoire régional constitué auprès de l'agence régionale de santé regroupe notamment des représentants des établissements de santé de la région, dont un établissement autorisé à pratiquer une activité d'hospitalisation à domicile. Il assure un suivi et une analyse des pratiques de prescription observées au niveau régional. Il organise, notamment sur la base de ces travaux, des échanges réguliers sur les pratiques relatives à l'usage des médicaments et des produits et prestations, en particulier ceux figurant sur la liste définie au I de l'article L. 162-22-7 et, s'agissant des produits et prestations, ceux mentionnés au premier alinéa de l'article L. 165-1.*

La dotation régionale prévue à l'article L. 162-22-13 peut contribuer au financement de cet observatoire.

L'observatoire définit notamment les critères d'évaluation, en fonction des indicateurs et des thèmes régionaux.

Un observatoire interrégional peut être constitué auprès de plusieurs agences régionales de santé en lieu et place des observatoires régionaux.

Art. D. 162-10 *(Décr. n° 2017-584 du 20 avr. 2017, art. 1er-2°)* I. — Lorsqu'un établissement de santé fait l'objet d'une mise sous accord préalable en application des dispositions de l'article L. 162-1-17, le directeur général de l'agence régionale de santé notifie à l'établissement, par tout moyen permettant de rapporter la preuve de sa date de réception, la liste des actes, prestations ou prescriptions pour lesquels il envisage la mise en œuvre de la procédure de mise sous accord préalable.

Le représentant légal de l'établissement peut présenter ses observations écrites ou demander à être entendu par le directeur général de l'agence régionale de santé dans le délai d'un mois à compter de la date de réception de la notification.

A l'expiration de ce délai et après avis de l'organisme local d'assurance maladie, le directeur général de l'agence régionale de santé notifie sa décision à l'établissement, par tout moyen permettant de rapporter la preuve de la date de réception. La décision est motivée. Elle précise au représentant légal de l'établissement, qui en informe dans les meilleurs délais les professionnels concernés, la date effective d'entrée en vigueur de la mise sous accord préalable, son terme, les actes, prestations ou prescriptions concernés, la procédure applicable ainsi que les voies et délais de recours.

Le directeur général de l'agence régionale de santé fait connaître, simultanément, sa décision au directeur de l'organisme local d'assurance maladie et au service du contrôle médical placé auprès de ce dernier.

II. — Les sanctions mentionnées au septième alinéa de l'article L. 162-1-17 sont applicables lorsque l'établissement de santé faisant l'objet d'une mise sous accord délivre des actes, prestations ou prescriptions malgré une décision de refus de prise en charge et lorsqu'il omet, en l'absence d'urgence, de solliciter l'accord du service du contrôle médical placé près de l'organisme local d'assurance maladie.

SOUS-SECTION 2 **PROMOTION DE LA PERTINENCE DES ACTES, DES PRESTATIONS ET DES PRESCRIPTIONS**

(Décr. n° 2017-584 du 20 avr. 2017, art. 1er-2°)

Art. D. 162-11 I. — Le plan d'actions pluriannuel régional d'amélioration de la pertinence des soins mentionné aux articles L. 162-1-17, L. 162-30-2 et L. 162-30-3 précise :

1° Le diagnostic de la situation régionale, réalisé sur un champ thématique délimité par la commission régionale de coordination des actions de l'agence régionale de santé et de l'assurance maladie mentionnée à l'article R. 1434-13 du code de la santé publique avec le concours de l'instance régionale d'amélioration de la pertinence des soins mentionnée à l'article D. 162-12 du présent code ;

2° Les domaines d'action prioritaires en matière d'amélioration de la pertinence des soins en établissement de santé, en définissant les actes, prestations et prescriptions retenus qui portent, le cas échéant, sur la structuration des parcours de santé et l'articulation des prises en charge en ville et en établissement de santé, avec ou sans hébergement ;

3° Les actions communes aux domaines mentionnés au 2° et la déclinaison, pour chacun d'eux, des actions qui seront menées en précisant le calendrier et les moyens mobilisés pour leur mise en œuvre ;

4° Lorsque les actions mentionnées au 3° impliquent un ciblage des établissements de santé, les critères permettant d'identifier :

a) Les établissements faisant l'objet du volet additionnel relatif à la pertinence du contrat d'amélioration de la qualité et de l'efficience des soins mentionné à l'article D. 162-14 ;

b) Les établissements faisant l'objet de la procédure de mise sous accord préalable prévue par l'article D. 162-10 ;

5° Les modalités de suivi et d'évaluation de chacune des actions mentionnées au 3°.

II. — Le plan d'actions pluriannuel régional d'amélioration de la pertinence des soins est arrêté par le directeur général de l'agence régionale de santé pour une durée de quatre ans, après avis de la commission régionale de coordination des actions de l'agence régionale de santé et de l'assurance maladie mentionnée à l'article R. 1434-13 du code de la santé publique. Il est révisé chaque année dans les mêmes conditions.

Art. D. 162-12 I. — Une instance régionale d'amélioration de la pertinence des soins contribue à l'amélioration de la pertinence des prestations, des prescriptions et des actes dans la région. Elle concourt à la diffusion de la culture de la pertinence des soins et à la mobilisation des professionnels de santé autour de cette démarche.

Elle est consultée sur le projet de plan d'actions pluriannuel régional d'amélioration de la pertinence des soins, lors de sa préparation, de sa révision et de son évaluation. Le directeur général de l'agence régionale de santé lui communique chaque année la liste des établissements de santé ayant été ciblés en application des dispositions du 4° *de l'article D. 162-11,* ainsi qu'une synthèse des résultats de l'évaluation de la réalisation des objectifs du contrat mentionné à l'article L. 162-30-2.

II. — Les membres de l'instance régionale d'amélioration de la pertinence des soins, dont le nombre ne peut excéder vingt, sont nommés par le directeur général de l'agence régionale de santé. Cette instance comprend obligatoirement :

1° Le directeur général de l'agence régionale de santé ou son représentant ;

2° Le directeur de l'organisme ou du service, représentant, au niveau régional, de chaque régime d'assurance maladie dont la Caisse nationale est membre de l'Union nationale des caisses d'assurance maladie, ou son représentant ;

3° Un représentant de chacune des fédérations hospitalières représentatives au niveau régional ;

4° Un professionnel de santé exerçant au sein d'un établissement de santé de la région ;

5° Un représentant de l'une des unions régionales des professionnels de santé ;

6° Un représentant des associations d'usagers agréées mentionnées à l'article L. 1114-1 du code de la santé publique au niveau régional ou, à défaut, au niveau national.

L'instance élit son président parmi les professionnels de santé qui en sont membres. Ses avis sont adoptés à la majorité des voix. En cas de partage égal des voix, celle du président est prépondérante.

Elle se réunit au moins deux fois par an à l'initiative de son président ou du directeur général de l'agence régionale de santé. Son secrétariat est assuré par les services de l'agence régionale de santé.

Art. D. 162-13 Pour l'application des articles D. 162-11 et D. 162-12 :

1° A Saint-Pierre-et-Miquelon, les compétences dévolues à l'instance régionale d'amélioration de la pertinence des soins mentionnées à l'article D. 162-12 sont exercées par la conférence territoriale de la santé et de l'autonomie mentionnée à l'article L. 1441-2 du code de la santé publique. Le plan d'actions mentionné à l'article D. 162-11 du présent code est dénommé "plan d'actions pluriannuel territorial d'amélioration de la pertinence des soins" ;

2° A La Réunion et à Mayotte, le plan d'actions pluriannuel régional d'amélioration de la pertinence des soins prévu à l'article D. 162-11 comporte un volet particulier applicable à La Réunion et un volet particulier applicable à Mayotte ;

3° En Guadeloupe, à Saint-Barthélemy et à Saint-Martin, le plan d'actions mentionné à l'article D. 162-11 est dénommé "plan d'actions pluriannuel d'amélioration de la pertinence des soins de Guadeloupe, de Saint-Martin et de Saint-Barthélemy".

SOUS-SECTION 3 CONTRAT D'AMÉLIORATION DE LA QUALITÉ ET DE L'EFFICIENCE DES SOINS

(Décr. n° 2017-584 du 20 avr. 2017, art. 1er-2°)

Les contrats conclus, avant le lendemain de la date de publication du Décr. n° 2017-584 du 20 avr. 2017, en application des dispositions des art. L. 162-22-7, L. 162-30-2 à L. 162-30-4 et L. 322-5-5 CSS dans leur rédaction antérieure à la L. n° 2015-1702 du 21 déc. 2015 de financement de la sécurité sociale pour 2016 continuent à produire leurs effets jusqu'au 31 déc. 2017 et deviennent caducs au 1er janv. 2018 (Décr. préc., art. 2, JO 22 avr.).

Art. D. 162-14 I. — Le volet obligatoire du contrat d'amélioration de la qualité et de l'efficience des soins mentionné au 1° de l'article L. 162-30-2 est conclu entre le directeur de l'agence régionale de santé, le directeur de l'organisme local d'assurance maladie et le représentant légal de chaque établissement de santé relevant de leur ressort géographique.

Lorsque les prestations d'hospitalisation, les actes réalisés au sein de l'établissement ou les prescriptions des professionnels de santé y exerçant ne sont pas conformes à un ou *[à]* plusieurs référentiels mentionnés à l'article L. 162-30-3 ou si l'établissement est identifié en application du plan d'actions régional défini à l'article D. 162-11, le directeur de l'agence régionale de santé et le directeur de l'organisme local d'assurance maladie peuvent proposer à l'établissement de santé de conclure un ou plusieurs volets additionnels mentionnés au 2° de l'article L. 162-30-2.

II. — Les référentiels mentionnés au I sont établis notamment sur la base de l'analyse nationale de l'évolution de prescriptions réalisées en établissements de santé, des référentiels et recommandations élaborés par la Haute Autorité de santé, l'Institut national du cancer ou l'Agence nationale de sécurité du médicament et des produits de santé.

III. — Les données prises en compte pour vérifier la conformité des pratiques des établissements sont notamment les données mentionnées à l'article L. 6113-7 du code de la santé publique et celles transmises par la Caisse nationale de l'assurance maladie des travailleurs salariés.

Art. D. 162-15 Le directeur général de l'agence régionale de santé, après avis de l'organisme local d'assurance maladie, soumet à l'établissement, par tout moyen permettant de rapporter la preuve de sa date de réception, une proposition de contrat d'amélioration de la qualité et de l'efficience comportant un volet obligatoire mentionné au 1° de l'article L. 162-30-2 et*[,]* le cas échéant, un ou plusieurs volets additionnels mentionnés au 2° du même article.

Le représentant légal de l'établissement dispose d'un délai d'un mois à compter de la réception de cette proposition pour conclure le contrat ou, s'il le refuse, pour demander à être entendu ou présenter ses observations écrites.

A l'issue de ce délai, si l'établissement n'a pas conclu le contrat ou si, compte tenu des observations de l'établissement, le directeur général de l'agence régionale de santé décide de maintenir sa décision, ce dernier lui notifie, dans les mêmes formes, la proposition de contrat, amendée le cas échéant, et mentionne la sanction encourue en cas de refus de signature correspondant à 1 % des produits reçus des régimes obligatoires d'assurance maladie par l'établissement de santé au titre du dernier exercice clos. En cas de refus de conclure les volets relatifs aux produits de santé, le directeur général de l'agence régionale de santé peut choisir, en alternative à cette sanction, de réduire de 30 % la part prise en charge par les régimes obligatoires d'assurance maladie des spécialités pharmaceutiques, produits et prestations mentionnés à l'article L. 162-22-7.

Le représentant légal de l'établissement dispose d'un délai de quinze jours à compter de la réception de cette nouvelle proposition pour conclure le contrat ou, s'il le refuse, pour demander à être entendu ou présenter ses observations écrites. A défaut, le directeur général de l'agence régionale de santé notifie à l'établissement de santé la sanction encourue. Il informe simultanément de cette décision la caisse mentionnée aux articles L. 174-2, L. 174-18 ou L. 752-1 qui procède au recouvrement de la sanction.

Le délai au terme duquel la sanction peut être prononcée est prolongé jusqu'à l'audition de l'établissement si elle a été demandée avant l'expiration de ce délai.

La procédure mentionnée aux alinéas précédents s'applique dans les mêmes conditions aux avenants au contrat.

Art. D. 162-16 I. – Le contrat mentionné à l'article D. 162-14 comporte notamment :

1° Les obligations relatives au volet obligatoire mentionné au 1° de l'article L. 162-30-2, supports de l'évaluation du volet ;

2° Pour les volets additionnels mentionnés au 2° de l'article L. 162-30-2, les obligations de résultats dont l'évaluation déclenche la sanction ou l'intéressement mentionnés au III et les obligations complémentaires qui permettent de pondérer le niveau de sanction ou d'intéressement ;

3° Les modalités de détermination des sanctions et des intéressements.

II. – La réalisation des objectifs du contrat fait l'objet d'une évaluation annuelle effectuée conjointement par l'agence régionale de santé et l'organisme local d'assurance maladie sur la base des données disponibles.

Lorsque cette évaluation nécessite un retour au dossier médical, le directeur de l'établissement peut désigner, sur proposition du président de la commission médicale d'établissement ou du président de la conférence médicale d'établissement, un ou plusieurs professionnels de santé exerçant au sein de l'établissement évalué pour assister aux échanges et répondre aux demandes des évaluateurs.

III. – A l'issue de l'évaluation, le directeur général de l'agence régionale de santé transmet au représentant légal de l'établissement, par tout moyen permettant de rapporter la preuve de sa date de réception, un rapport d'évaluation mentionnant notamment, le cas échéant, les sanctions ou intéressements envisagés. Cette notification précise également à l'établissement qu'il dispose d'un délai d'un mois à compter de la réception de ce rapport d'évaluation pour demander à être entendu ou présenter ses observations écrites.

Le délai au terme duquel les sanctions ou intéressements peuvent être notifiés est prolongé jusqu'à l'audition de l'établissement si elle a été demandée avant l'expiration de ce délai.

A l'expiration de ce délai, le directeur général de l'agence régionale de santé peut, dans un délai de deux mois et après avis de l'organisme local d'assurance maladie :

1° Notifier soit une sanction financière dans la limite, pour chaque volet du contrat, de 1% des produits reçus des régimes obligatoires d'assurance maladie par l'établissement au titre du dernier exercice clos, et dans la limite de 5 % de ces produits, pour l'ensemble des volets, auquel cas il en informe la caisse mentionnée aux articles L. 174-2, L. 174-18 ou L. 752-1, qui procède au recouvrement des sommes dues, soit un intéressement dans les conditions prévues par le contrat dans la limite de 30 % des économies constatées ;

2° Lorsqu'il s'agit de manquements relatifs aux produits de santé, décider de procéder à la réduction, dans la limite de 30 %, de la part prise en charge par l'assurance maladie des spécialités pharmaceutiques et de produits et prestations mentionnés à l'article L. 162-22-7 ;

3° Engager la procédure de mise sous accord préalable, dans les conditions prévues par l'article D. 162-10, au titre du champ thématique concerné par les manquements constatés, en précisant la liste des actes, prestations ou prescriptions pour lesquels il envisage la mise en œuvre de la procédure de mise sous accord préalable.

IV. — Le représentant légal de l'établissement peut présenter ses observations écrites ou demander à être entendu par le directeur général de l'agence régionale de santé dans un délai de quinze jours à compter de la date de réception de la notification.

A l'expiration de ce délai et après avis de l'organisme local d'assurance maladie, le directeur général de l'agence régionale de santé notifie à l'établissement, par tout moyen permettant de rapporter la preuve de la date de réception, sa décision définitive qui indique le montant final et, le cas échéant, la date effective d'entrée en vigueur de la mise sous accord préalable, son terme, les actes, prestations ou prescriptions concernés, la procédure applicable ainsi que les voies et délais de recours.

Le directeur général de l'agence régionale de santé fait connaître, simultanément, sa décision au directeur de l'organisme local d'assurance maladie et au service du contrôle médical placé auprès de ce dernier.

Si, compte tenu des observations de l'établissement relatives notamment à son activité et aux caractéristiques sanitaires de ses patients, le directeur général de l'agence régionale de santé décide de ne pas prononcer de sanction, il en informe celui-ci sans délai.

Art. D. 162-16-1 (Abrogé par Décr. n° 2016-349 du 24 mars 2016, art. 3) (Décr. n° 2015-501 du 30 avr. 2015) ***L'inscription d'une indication thérapeutique d'une spécialité pharmaceutique, d'un produit ou d'une prestation sur la liste visée au premier alinéa de l'article L. 162-22-7 peut être sollicitée auprès des ministres chargés de la santé et de la sécurité sociale par l'entreprise qui exploite la spécialité pharmaceutique, le produit ou la prestation concerné.***

La demande d'inscription est adressée, par voie dématérialisée ou par voie postale, au conseil de l'hospitalisation mentionné à l'article L. 162-21-2, qui en accuse réception et en informe les ministres concernés. La date de réception de la demande d'inscription par le conseil de l'hospitalisation constitue le point de départ du délai de cent quatre-vingts jours mentionné au premier alinéa du I de l'article L. 162-16-6 et au dernier alinéa de l'article L. 165-2.

La demande d'inscription est accompagnée d'un dossier qui comporte les informations nécessaires pour apprécier les conditions d'inscription de l'indication thérapeutique de la spécialité, du produit ou de la prestation. A ce titre, elle comporte l'avis définitif de la Commission de la transparence mentionnée à l'article L. 5123-3 du code de la santé publique, pour une spécialité pharmaceutique, ou l'avis définitif de la Commission nationale d'évaluation des dispositifs médicaux et des technologies de santé mentionnée à l'article L. 165-1, pour un produit ou une prestation. Elle peut également être accompagnée des prix pratiqués à l'étranger, d'éléments d'impact budgétaire ainsi que, le cas échéant, du montant de l'indemnité maximale mentionnée à l'article L. 162-16-5-1.

Les dispositions du Décr. n° 2016-349 du 24 mars 2016 sont applicables aux demandes d'inscription ou de modification des conditions d'inscription des spécialités pharmaceutiques sur la liste mentionnée à l'art. L. 162-22-7 en cours d'instruction à la date de sa publication (25 mars 2016). Les entreprises qui le souhaitent disposent d'un délai d'un mois pour compléter leur dossier. Dans ce cas, le délai prévu au deuxième al. de l'art. D. 162-16-1 dans sa rédaction antérieure à la publication du décret susvisé est prolongé d'un mois (Décr. préc., art. 4).

Art. D. 162-17 (Abrogé par Décr. n° 2017-584 du 20 avr. 2017, art. 1er) (Décr. n° 2007-970 du 15 mai 2007, art. 1er) *L'observatoire économique de l'hospitalisation publique et privée comprend :*

1° Au titre des services de l'État :

a) Le chef de l'inspection générale des affaires sociales ;

b) Le directeur général de l'offre de soins ;

c) Le directeur de la sécurité sociale ;

d) Le directeur de la recherche, des études, de l'évaluation et des statistiques ;

e) Le directeur général de la santé.

2° Au titre des organisations nationales les plus représentatives des établissements de santé publics et privés :

a) Le président de la Fédération hospitalière de France ;

b) Le président de la Fédération de l'hospitalisation privée ;

c) Le président de la Fédération des établissements hospitaliers et d'assistance privés à but non lucratif ;

d) Le président de la Fédération nationale des centres de lutte contre le cancer ;

e) Le président de la Fédération nationale des établissements d'hospitalisation à domicile.

3° Au titre des organismes nationaux d'assurance maladie, cinq représentants désignés par l'Union nationale des caisses d'assurance maladie.

Le président de l'observatoire et le vice-président sont nommés par le ministre chargé de la santé parmi les représentants des services de l'État.

L'observatoire se réunit au moins deux fois par an à l'initiative de son président ou à la demande du ministre chargé de la santé ou du ministre chargé de la sécurité sociale.

Il ne peut délibérer valablement que si la moitié au moins de ses membres sont présents. Lorsque le quorum n'est pas atteint, il se réunit à nouveau dans les huit jours et la délibération n'est pas soumise à l'obligation de quorum.

Les membres disposent chacun d'une voix délibérative. Les rapports semestriels et les avis de l'observatoire relatifs à la mise en œuvre de la procédure prévue au second alinéa du II des articles L. 162-22-3 et L. 162-22-10 sont adoptés à la majorité des voix. Celle du président est prépondérante en cas de partage égal des voix.

Un secrétaire permanent, placé auprès de la direction générale de l'offre de soins, assure l'organisation des travaux ainsi que la préparation des rapports prévus à l'article L. 162-21-3. Les frais inhérents au fonctionnement du secrétariat de l'observatoire sont pris en charge dans la limite des crédits ouverts à cet effet au budget du ministère de la santé.

L'observatoire élabore son règlement intérieur.

L'observatoire remet chaque année aux ministres chargés de la santé et de la sécurité sociale et au Parlement :

— au plus tard le 30 mai, un rapport portant notamment sur les charges supportées par les régimes obligatoires d'assurance maladie afférentes aux frais d'hospitalisation mentionnés aux articles L. 162-22-2, L. 162-22-9 et L. 174-1-1 au titre de l'année précédente ;

— au plus tard le 15 octobre, un rapport portant notamment sur les données d'activité de soins et les charges supportées par les régimes obligatoires d'assurance maladie afférentes aux frais d'hospitalisation mentionnés aux articles L. 162-22-2, L. 162-22-9 et L. 174-1-1 au titre du premier semestre de l'année en cours.

V. annexe reproduite sur Dalloz.fr et sur les applications mobiles Dalloz.

SOUS-SECTION 4 PRISE EN CHARGE DES DÉPENSES DE TRANSPORT PAR LES ÉTABLISSEMENTS DE SANTÉ

(Décr. n° 2018-354 du 15 mai 2018, art. 1er, en vigueur le 1er oct. 2018)

Art. D. 162-17 I. — Sont prises en charge par l'établissement de santé à l'origine de la prescription médicale de transport les dépenses de transports de patients hospitalisés réalisés par les prestataires mentionnés aux articles L. 6312-2 du code de la santé publique ou L. 322-5 du code de la sécurité sociale, correspondant aux cas suivants :

1° Les transports réalisés au sein d'établissements relevant d'une même entité juridique ;

2° Les transports réalisés entre deux établissements constituant deux entités juridiques distinctes ;

3° Les transports réalisés au cours d'une permission de sortie telle que définie à l'article R. 1112-56 du code de la santé publique, à l'exception des transports correspondant à une prestation pour exigences particulières du patient telles que définie à l'article R. 162-27 facturables au patient ;

4° Les transports, pour transfert d'une durée inférieure à 48 heures de patients hospitalisés pour la réalisation d'une prestation de soins en dehors de l'établissement.

II. – Par exception au I, sont pris en charge dans les conditions définies aux articles R. 322-10 et suivants :

1° Les transports réalisés entre deux établissements, relevant ou non d'une même entité juridique, visant à hospitaliser un patient n'ayant bénéficié dans l'établissement depuis lequel il est transféré d'aucune prestation d'hospitalisation ;

2° Les transports sanitaires effectués dans le cadre de l'aide médicale urgente qui ne sont pas assurés par des structures mobiles d'urgence et de réanimation mentionnées au 2° de l'article R. 6123-1 du code de la santé publique ;

3° Les transports par avion ou par bateau ;

4° Les transports prescrits par les établissements d'hospitalisation à domicile à l'exception des transports prescrits pour des soins prévus au protocole de soins ou non prévus au protocole de soins lorsque le transfert a pour objet la réalisation d'une prestation en lien avec le mode de prise en charge en cours au moment de la prescription ;

5° Les transports depuis et vers une unité ou un centre mentionnés à l'article L. 174-5, à l'exception des transports réalisés entre deux établissements relevant d'une même implantation géographique ;

6° Les transports depuis et vers un établissement ou un service mentionnés au I et au II de l'article L. 313-12 du code de l'action sociale et des familles qui ne sont pas sur la même implantation géographique ;

7° Les transports pour transfert d'une durée inférieure à 48 heures de patients hospitalisés pour la réalisation d'une séance de radiothérapie dans une structure d'exercice libéral ou un centre de santé

III. – Par exception au I, les transports réalisés par les structures mobiles d'urgence et de réanimation mentionnées au 2° de l'article R. 6123-1 du code de la santé publique sont pris en charge dans les conditions définies à l'article D. 162-6.

Art. D. 162-17-1 Les dépenses de transports mentionnées au I de l'article D. 162-17 sont prises en charge dans les tarifs des prestations mentionnées au 1° de l'article L. 162-22-1, au 1° de l'article L. 162-22-6, à l'article L. 162-23-1, ou à travers les dotations annuelles de financement fixées en application des articles L. 162-22-16, L. 174-1, L. 174-5, L. 174-15-1 et L. 174-15-2 et de celles fixées en application des articles L. 6147-5 et L. 6416-1 du code de la santé publique.

Art. D. 162-17-2 I. – L'établissement chargé de la prescription médicale de transport mentionnée au I de l'article D. 162-17 correspond à l'établissement depuis lequel le patient est transféré.

II. – Par exception au I, lorsque le patient est transféré pour une durée inférieure à deux jours vers un autre établissement ou vers une autre unité médicale appartenant au même établissement, pour la réalisation d'une prestation d'hospitalisation relevant d'un champ d'activité différent au sens de l'article L. 162-22, l'établissement ou l'unité vers lequel le patient est transféré est chargé de prescrire le transport.

III. – Par exception au I, lorsque le patient est transféré pour une durée inférieure à deux jours vers un autre établissement ou vers une autre unité médicale appartenant au même établissement, pour la réalisation d'une séance de chimiothérapie, de radiothérapie ou de dialyse en centre, l'établissement ou l'unité vers lequel le patient est transféré est chargé de prescrire le transport.

Art. D. 162-17-3 Les prestations de transport mentionnées au I de l'article D. 162-17 sont facturées à l'établissement prescripteur dans les conditions définies au contrat liant l'établissement au prestataire.

SECTION VI ACTIONS EXPÉRIMENTALES

Art. D. 162-18 Les actions expérimentales de caractère médical et social agréées conformément aux dispositions de l'article L. 162-31 font l'objet :

1° D'une convention de règlement des prestations légales dans les conditions prévues par les articles R. 162-46 et suivants ;

2° D'une convention d'expérimentation dans les conditions définies ci-après ;

3° Le cas échéant, d'une convention spécifique pour prise en charge de la participation des assurés sociaux.

Art. D. 162-19 La convention d'expérimentation est conclue entre la personne physique ou morale titulaire de l'agrément et la caisse primaire d'assurance maladie, *(Décr. n° 2007-709 du 4 mai 2007, art. 5)* « la caisse de base du régime social des indépendants » et la caisse de mutualité sociale agricole ou un ou deux de ces organismes seulement en fonction du champ d'application des actions expérimentales envisagées, ainsi que par les collectivités ou organismes publics ou privés qui participent au financement d'opérations de prévention, d'éducation sanitaire, d'épidémiologie ou d'action sociale.

Elle définit les obligations respectives des parties, les conditions générales de mise en œuvre de l'expérimentation, les modalités de financement et la répartition des charges entre les signataires.

Sa durée ne peut être supérieure à la convention de règlement mentionnée au 1° de l'article D. 162-18.

Elle entre en vigueur après son approbation par le préfet du département où se déroule l'action expérimentale.

Art. D. 162-20 La convention spécifique relative à la prise en charge de la participation des assurés sociaux mentionnée au 3° de l'article D. 162-18 est conclue entre la personne physique ou morale titulaire de l'agrément et une ou plusieurs sociétés ou unions ou fédérations mutualistes ou sociétés ou groupements d'assurance habilités à verser aux assurés sociaux des prestations complémentaires aux prestations des assurances sociales.

Art. D. 162-21 Il est procédé, une fois par an, à l'évaluation des résultats des actions expérimentales, dans les conditions définies à l'article R. 162-50.

Le rapport d'activité est en outre transmis, pour avis, aux syndicats des professions de santé représentatifs au plan national concernées par l'expérience ainsi qu'à la fédération nationale de la mutualité française.

SECTION VII CENTRES DE SANTÉ ET ENTREPRISES PHARMACEUTIQUES

SOUS-SECTION 1 CENTRES DE SANTÉ

Art. D. 162-22 *(Décr. n° 2000-1219 du 13 déc. 2000, art. 3)* La partie des cotisations visée au premier alinéa de l'article L. 162-32 pour la détermination de la subvention mentionnée à ce même alinéa est fixée à 11,5 points. – *[Anc. art. D. 162-37.]*

Art. D. 162-23 *(Décr. n° 2000-1219 du 13 déc. 2000, art. 4)* Il n'est accordé aucun remboursement par les caisses d'assurance maladie pour les malades soignés dans un centre de santé non agréé.

Art. D. 162-24 *(Décr. n° 2000-1219 du 13 déc. 2000, art. 5)* Pour bénéficier de la dispense d'avance des frais prévue à l'article L. 162-32, le malade devra produire sa carte d'assuré social mentionnée à l'article L. 161-31, pour justifier de son droit aux prestations.

Le centre de santé transmet, avec sa demande de paiement, à l'organisme d'assurance maladie servant les prestations de base à l'assuré, dans les conditions fixées aux articles R. 161-47 et R. 161-48, les documents mentionnés à l'article R. 161-40 permettant la constatation des soins et conditionnant l'ouverture du droit au remboursement.

Le règlement de la part garantie par la Caisse d'assurance maladie est effectué directement auprès du centre de santé.

Les centres de santé qui, à la date d'application de la L. n° 99-1140 du 29 décembre 1999, sont placés sous le régime d'une convention avec l'assurance maladie, gardent le bénéfice des dispositions de cette convention jusqu'à la mise en œuvre de l'accord national prévu à l'article L. 162-32-1 (Décr. n° 2000-1219 du 13 déc. 2000, art. 7).

SOUS-SECTION 2 ENTREPRISES PHARMACEUTIQUES

Art. D. 162-25 *Abrogé par Décr. n° 2013-828 du 16 sept. 2013, art. 1er-2°.*

SECTION VIII DISPOSITIONS DIVERSES

Art. D. 162-26 *(Décr. n° 2009-514 du 5 mai 2009)* Le délai dans lequel l'Union nationale des organismes d'assurance maladie complémentaire fait part de sa décision de participer à une négociation en application de l'article L. 162-14-3 est de vingt et un jours à compter de la réception de la notification par l'Union nationale des caisses d'assurance maladie de son intention d'ouvrir une négociation.

Art. D. 162-27 *(Décr. n° 2009-514 du 5 mai 2009)* L'Union nationale des caisses d'assurance maladie adresse pour signature à l'Union nationale des organismes d'assurance maladie complémentaire le projet d'accord, de convention ou d'avenant par lettre recommandée avec accusé de réception. Le refus de l'Union nationale des organismes d'assurance maladie complémentaire de conclure cet accord, cette convention ou cet avenant fait l'objet d'une lettre recommandée avec accusé de réception adressée à l'Union nationale des caisses d'assurance maladie. L'absence de réponse dans un délai d'un mois vaut également refus de l'Union nationale des organismes d'assurance maladie complémentaire.

Art. D. 162-28 *(Décr. n° 2009-514 du 5 mai 2009)* Le délai prévu au troisième alinéa de l'article L. 162-14-3 est fixé à six mois.

Art. D. 162-29 *(Décr. n° 2015-188 du 18 févr. 2015, art. 3)* Le délai prévu au deuxième alinéa de l'article L. 162-1-7-1 est fixé à six mois.

Le délai prévu au premier alinéa de l'article L. 162-1-8 est fixé à cinq mois.

Le délai prévu au deuxième alinéa de l'article L. 162-1-8 est fixé à trente jours.

Art. D. 162-30 *(Décr. n° 2017-1002 du 10 mai 2017, art. 1er)* I. — Sont pris en charge par les régimes obligatoires de base d'assurance maladie, en application de l'article L. 162-5-14-2, les frais relatifs à l'examen nécessaire à l'établissement du certificat de décès réalisé par les médecins mentionnés aux articles L. 162-5 et L. 162-5-10, dans le cadre de leur activité libérale, et à l'article L. 162-32-1 :

1° Au domicile du patient, y compris dans le cadre d'une hospitalisation à domicile ou lorsque le patient réside dans un établissement social ou médico-social ;

2° Aux horaires suivants :

a) Sur l'ensemble du territoire national : la nuit entre 20 heures et 8 heures, le samedi, le dimanche et les jours fériés de 8 heures à 20 heures, le lundi lorsqu'il précède un jour férié, le vendredi et le samedi lorsqu'ils suivent un jour férié de 8 heures à 20 heures ;

b) En outre, dans les zones déterminées par arrêté du directeur général de l'agence régionale de santé, pris en application du 1° de l'article L. 1434-4 du code de la santé publique : de 8 heures à 20 heures.

II. — L'examen est rémunéré par un forfait versé au médecin libéral ou salarié d'un centre de santé, sur la base d'une attestation sur l'honneur de la réalisation de l'examen par le médecin, transmise à l'organisme d'assurance maladie.

Ce forfait est versé par les régimes d'assurance maladie obligatoire sans avance de frais du patient.

Le montant de ce forfait est fixé par arrêté des ministres chargés de la santé et de la sécurité sociale. — *V. Arr. du 10 mai 2017 relatif au forfait afférent à l'examen nécessaire à l'établissement du certificat de décès réalisé au domicile du patient (JO 11 mai).*

CHAPITRE III SPÉCIALITÉS REMBOURSABLES

SECTION PREMIÈRE PRISE EN CHARGE PAR LES ORGANISMES DE SÉCURITÉ SOCIALE

(Décr. n° 2017-336 du 14 mars 2017, art. 1er)

Art. D. 163-1 Lorsqu'elle envisage de négocier pour leur compte les conditions d'acquisition des vaccins en application des articles L. 3111-11 et L. 3112-3 du code de la santé publique, la Caisse nationale d'assurance maladie des travailleurs salariés invite au préalable les établissements ou organismes habilités et les collectivités territoriales exerçant des activités en matière de vaccination à lui communiquer les données relatives au volume et au prix des vaccins acquis au cours de la période passée ainsi qu'à leurs besoins prévisionnels et à lui faire part, le cas échéant, de leur souhait de bénéficier des prix négociés par son intermédiaire.

Le cas échéant, la Caisse nationale d'assurance maladie des travailleurs salariés négocie avec les entreprises exploitant les vaccins en cause les conditions de leur acquisition, selon les règles prévues par le code des marchés publics.

CHAPITRE IV PRODUITS D'ORIGINE HUMAINE

Néant.

CHAPITRE V APPAREILLAGE

SECTION UNIQUE DEVIS NORMALISÉ D'APPAREILLAGE AUDITIF

(Décr. n° 2008-1122 du 31 oct. 2008)

Art. D. 165-1 Le devis normalisé d'appareillage auditif mentionné à l'article L. 165-9 du code de la sécurité sociale établit une présentation distincte de l'appareillage auditif proposé et des prestations d'adaptation indissociables de cet appareillage.

Le devis fait ressortir de façon distincte le prix de l'appareil électronique correcteur de surdité proposé et le prix global des prestations d'adaptation indissociables dans les conditions précisées à l'article D. 165-2.

Art. D. 165-2 Le devis normalisé d'appareillage auditif mentionné à l'article L. 165-9 et ses annexes comprennent au minimum les éléments suivants :

1° Les informations nécessaires à l'identification précise de l'audioprothésiste, du médecin prescripteur et de l'assuré ou de son ayant droit ;

2° Le numéro d'enregistrement dans une série continue, la date d'émission et la durée de validité du devis ;

3° La marque, le modèle, la classe, le contenu et la durée de la garantie, le prix de vente hors taxes et toutes taxes comprises de l'appareil électronique correcteur de surdité proposé incluant les accessoires et les éléments renouvelables nécessaires à son fonctionnement, le cas échéant pour chaque oreille en cas d'appareillage bilatéral ;

4° La durée des essais, les éléments facturés le cas échéant à l'occasion des essais et le montant restant éventuellement à la charge du patient si l'appareil n'est pas acheté à l'issue des essais. Le montant du dépôt de garantie éventuellement demandé pour le matériel confié pendant les essais ;

5° La nature des prestations d'adaptation indissociables de l'appareillage proposé, nécessaires à son adaptation initiale et à son suivi périodique, et leur prix global estimé hors taxes et toutes taxes comprises, le cas échéant pour chaque oreille en cas d'appareillage bilatéral ;

6° Le prix net total toutes taxes comprises à payer par l'assuré ou son ayant droit et le tarif de prise en charge par l'assurance maladie correspondant figurant sur la liste des produits et prestations remboursables mentionnée à l'article L. 165-1 du code de la sécurité sociale ;

7° La signature de l'audioprothésiste délivrant le devis.

Le devis est obligatoirement accompagné d'une fiche technique présentant les principales spécificités de l'appareil proposé.

Art. D. 165-3 Le devis normalisé mentionné à l'article L. 165-9 est rédigé conformément au modèle fixé par arrêté conjoint des ministres chargés de la santé, de la sécurité sociale et de la consommation.

CHAPITRE VI CONTRÔLE MÉDICAL

Néant.

CHAPITRE VII TUTELLE AUX PRESTATIONS SOCIALES

Néant.

CHAPITRE VIII ALLOCATION JOURNALIÈRE D'ACCOMPAGNEMENT D'UNE PERSONNE EN FIN DE VIE

(Décr. n° 2011-50 du 11 janv. 2011)

Art. D. 168-1 La demande de versement de l'allocation d'accompagnement d'une personne en fin de vie prévue à l'article L. 168-1, établie conformément à un modèle défini par arrêté du ministre chargé de la sécurité sociale, est accompagnée des pièces suivantes :

1° Pour les personnes mentionnées au 1° de l'article L. 168-1, une attestation de l'employeur précisant que le demandeur bénéficie d'un congé de solidarité familiale ou l'a transformé en période d'activité à temps partiel ;

2° Pour les personnes mentionnées au 2° de l'article L. 168-1, une déclaration sur l'honneur du demandeur précisant que le demandeur a suspendu ou réduit son activité professionnelle pour accompagner à domicile une personne en fin de vie.

Art. D. 168-2 Les personnes mentionnées à l'article L. 168-2 bénéficient de l'allocation journalière d'accompagnement d'une personne en fin de vie dans les conditions suivantes :

1° Être un ascendant, un descendant, un frère, une sœur ou une personne de confiance de la personne accompagnée au sens de l'article L. 1111-6 du code de la santé publique ou partager le même domicile que celle-ci ;

2° Accompagner la demande d'allocation, établie conformément au modèle mentionné à l'article D. 168-1, d'une déclaration sur l'honneur de cessation de recherche active d'emploi pour accompagner à domicile une personne en fin de vie.

Art. D. 168-3 La demande d'allocation comporte l'indication, par l'accompagnant, du nombre de journées d'allocation demandées dans la limite maximale fixée, selon qu'il suspend ou réduit son activité professionnelle, au premier alinéa de l'article L. 168-4 ou à l'article D. 168-8.

Pour les personnes mentionnées à l'article L. 168-2, la limite maximale est fixée au premier alinéa de l'article L. 168-4 ou à l'article D. 168-8 selon qu'elles exercent ou non une activité professionnelle et qu'elles la suspendent ou la réduisent.

Art. D. 168-4 L'accompagnant adresse sa demande d'allocation à l'organisme dont il relève, en cas de maladie, pour le versement des prestations en espèces ou le maintien de tout ou partie de la rémunération.

Cet organisme informe, dans les quarante-huit heures à compter de la date de réception de la demande, celui dont relève la personne accompagnée pour le service des prestations en nature de l'assurance maladie. Le silence gardé pendant plus de sept jours à compter de la date à laquelle l'organisme reçoit la demande vaut accord.

Conditions d'attribution. L'allocation journalière d'accompagnement d'une personne en fin de vie est due à compter de la date de réception de la demande par l'organisme mentionné à l'art. D. 168-4, dès lors que les conditions sont réunies à cette date : est ainsi censuré le jugement du TASS qui accorde le bénéfice de l'allocation journalière d'accompagnement d'une personne en fin de vie avant la date de la demande aux motifs que la caisse ne rapporte pas la preuve de l'exécution de son obligation d'information autrement que par l'affirmation péremptoire selon laquelle les renseignements mis en ligne par l'assurance maladie seraient très explicites. • Civ. 2e, 28 mai 2015, n° 14-16.040 P : *RDSS 2015. 742, obs. Tauran ; JCP S 2015, n° 1305, comm. Tauran.*

Art. D. 168-5 L'allocation est due à compter de la date de réception de la demande par l'organisme mentionné au premier alinéa de l'article D. 168-4, dès lors que les conditions sont réunies à cette date.

Art. D. 168-6 Le montant de l'allocation est fixé à *(Décr. nº 2013-12 du 4 janv. 2013)* « 54,17 € » par jour lorsque le demandeur suspend son activité professionnelle. Ce montant est revalorisé *(Décr. nº 2013-12 du 4 janv. 2013)* « à la même date et selon le même taux que l'allocation journalière de présence parentale mentionnées *[mentionnée]* au 9° de l'article L. 511-1 ».

Art. D. 168-7 Le montant de l'allocation est fixé à *(Décr. nº 2013-12 du 4 janv. 2013)* « 54,17 € » par jour pour les personnes mentionnées à l'article L. 168-2 qui n'exercent aucune activité professionnelle. Ce montant est revalorisé *(Décr. nº 2013-12 du 4 janv. 2013)* « à la même date et selon le même taux que l'allocation journalière de présence parentale mentionnées *[mentionnée]* au 9° de l'article L. 511-1 ».

Art. D. 168-8 Lorsque le demandeur réduit son activité professionnelle, le nombre maximal d'allocations journalières est porté à 42. En ce cas, le montant de l'allocation fixé à l'article D. 168-6 est diminué de moitié.

Art. D. 168-9 Le versement des indemnités dues aux personnes mentionnées à l'article L. 168-2 est suspendu pendant les jours de versement de l'allocation journalière d'accompagnement de fin de vie. Il reprend à l'issue de la période de versement de l'allocation journalière d'accompagnement de fin de vie.

Art. D. 168-10 En cas de partage de l'allocation entre plusieurs bénéficiaires pour une même personne accompagnée, chacun établit une demande et l'adresse à l'organisme mentionné au premier alinéa de l'article D. 168-4.

Chaque demande comporte les informations permettant l'identification des autres bénéficiaires, telles que prévues sur le modèle mentionné à l'article D. 168-1, ainsi que la répartition du nombre d'allocations demandées par chacun des accompagnants.

Le nombre maximal d'allocations servies pour une même personne accompagnée ne peut excéder ceux prévus aux articles D. 168-6 à D. 168-8 selon le montant de l'allocation journalière.

Lorsque l'organisme d'assurance maladie dont relève la personne accompagnée reçoit plusieurs demandes concomitantes excédant le nombre maximal mentionné au troisième alinéa du présent article, celles-ci sont classées par ordre chronologique croissant en fonction de la date de réception de la demande par l'organisme dont relève l'accompagnant. L'organisme dont relève la personne accompagnée autorise alors le versement de l'allocation aux demandes les plus anciennes jusqu'à épuisement de nombre maximal d'allocations. Lorsque le nombre maximal d'allocations pour une même personne accompagnée est atteint, les autres demandes sont rejetées.

CHAPITRE IX **PRISE EN CHARGE DES VICTIMES D'UN ACTE DE TERRORISME**

(Décr. nº 2016-1 du 2 janv. 2016, art. 1er-1°)

Art. D. 169-1 Pour la mise en œuvre de l'article L. 169-1 :

1° Les personnes blessées s'entendent des personnes présentes sur les lieux de l'acte de terrorisme et ayant subi un dommage physique ou psychique immédiat directement lié à cet acte ;

2° Les personnes impliquées s'entendent des personnes présentes sur les lieux de l'acte de terrorisme qui, ultérieurement à cet acte, présentent un dommage physique ou psychique qui lui est directement lié.

Art. D. 169-2 Pour la mise en œuvre de l'article L. 169-11, la Caisse nationale de l'assurance maladie des travailleurs salariés est chargée :

1° De coordonner l'action des organismes d'assurance maladie. A cet effet, elle centralise les questions des assurés avant leur transmission, s'il y a lieu, à leur régime d'affiliation ;

2° De coordonner l'envoi, par les organismes d'assurance maladie, aux personnes mentionnées aux articles L. 169-1 et L. 169-7 d'une attestation leur permettant de faire valoir, auprès des professionnels et établissements de santé, la dispense d'avance des frais prévue à l'article L. 169-8 ;

3° D'évaluer, au vu des données statistiques fournies par les organismes d'assurance maladie, l'impact de la mise en œuvre des articles L. 169-2 à L. 169-7 *(Décr. n° 2017-994 du 10 mai 2017, art. 1er-1°)* « du présent code » sur les dépenses des régimes obligatoires d'assurance maladie *(Décr. n° 2017-994 du 10 mai 2017, art. 1er-1°)* « , du fonds mentionné au premier alinéa de l'article L. 422-1 du code des assurances » et de l'État.

(Décr. n° 2017-994 du 10 mai 2017, art. 1er-1°) « Lorsqu'une personne mentionnée aux articles L. 169-1 ou L. 169-7 change d'organisme d'assurance maladie, les organismes concernés en informent la Caisse nationale de l'assurance maladie des travailleurs salariés. »

Art. D. 169-3 L'expertise médicale commune mentionnée à l'article L. 169-13 du présent code est diligentée par le fonds mentionné à l'article L. 422-1 du code des assurances au plus tard après consolidation de la blessure ou stabilisation de l'état de santé de la victime de l'acte de terrorisme.

L'expertise médicale commune est effectuée dans les conditions prévues à l'article R. 422-7 du code des assurances.

Sauf opposition de la victime dûment avertie, le médecin expert adresse son rapport d'expertise sous pli confidentiel au médecin-conseil national de la Caisse nationale de l'assurance maladie des travailleurs salariés, au titre du rôle de coordination mentionné à l'article L. 169-11 du présent code, dans les dix jours suivant la transmission à la victime dans les conditions prévues à l'article R. 422-7 du code des assurances.

Le règlement des honoraires du médecin expert incombe au fonds mentionné à l'article L. 422-1 du code des assurances.

Art. D. 169-4 *(Décr. n° 2017-994 du 10 mai 2017, art. 1er-2°)* I. — Pour la mise en œuvre du II de l'article L. 169-4 du présent code, le ministre de la défense détermine, dans le respect de sa vie privée et du secret des informations la concernant, si la personne sollicitant la pension d'invalidité mentionnée à l'article L. 113-13 du code des pensions militaires d'invalidité et des victimes de guerre est susceptible de bénéficier de cette pension sur la base de l'expertise commune mentionnée à l'article L. 169-13 du présent code et, le cas échéant, de l'avis d'un sapiteur.

Lorsque l'expertise commune mentionnée à l'article L. 169-13 n'a pu être effectuée ou lorsque la victime a refusé sa transmission, le ministre de la défense diligente une expertise réalisée par un médecin expert agréé par le ministre chargé des anciens combattants.

L'identité des personnes susceptibles de bénéficier d'une pension ainsi déterminée est transmise par le ministre de la défense à la Caisse nationale de l'assurance maladie des travailleurs salariés.

II. — Le ministre de la défense transmet au fonds mentionné au premier alinéa de l'article L. 422-1 du code des assurances l'identité des victimes mentionnées à l'article L. 169-1 du présent code ayant déposé une demande de pension au titre de l'article L. 113-13 du code des pensions militaires d'invalidité et des victimes de guerre. Le ministre de la défense transmet également cette liste à l'Office national des anciens combattants et des victimes de guerre pour la prise en charge des victimes dans la durée.

Le fonds mentionné au premier alinéa de l'article L. 422-1 du code des assurances transmet en retour au ministre de la défense l'identité des victimes mentionnées à l'alinéa précédent ayant bénéficié d'une offre d'indemnisation mentionnée au deuxième alinéa de l'article L. 422-2 du code des assurances. Il transmet également au ministre de la défense, sous réserve de l'accord de la victime, dès leur réalisation, l'expertise commune et les éventuels avis des sapiteurs concernant les victimes mentionnées au présent II.

Art. D. 169-5 *(Décr. n° 2017-994 du 10 mai 2017, art. 1er-2°)* I. — Pour la mise en œuvre des II et III et du IV de l'article L. 169-10 en tant qu'il concerne les organismes mentionnés au premier alinéa de l'article L. 182-3, l'organisme d'assurance maladie communique au moins une fois par trimestre à la mutuelle, l'institution de prévoyance ou l'entreprise d'assurance mentionnée au premier alinéa de l'article L. 182-3 à laquelle est affiliée la personne mentionnée à l'article L. 169-1 le montant des dépenses prises en charge, par type d'actes, au titre :

1° Des dépassements d'honoraires mentionnés à l'article L. 169-2-1 ;

2° Des dépassements de tarifs pour les produits et prestations inscrits sur la liste prévue à l'article L. 165-1 et les prothèses dentaires inscrites sur la liste prévue à l'article L. 162-1-7.

Au moins une fois par trimestre, la mutuelle, l'institution de prévoyance ou l'entreprise d'assurance transmet à l'organisme d'assurance maladie le relevé des sommes qu'en l'absence des dispositions des articles L. 169-2-1 et L. 169-3, elle aurait remboursées à la personne mentionnée à l'article L. 169-1.

Ces échanges d'informations précisent le type et la date des actes, le montant payé pour la personne mentionnée à l'article L. 169-1 et la base de remboursement de l'assurance maladie.

Au plus tard le 31 janvier de chaque année, les mutuelles, institutions de prévoyance et entreprises d'assurance mentionnées au premier alinéa de l'article L. 182-3 remboursent aux organismes d'assurance maladie le montant des sommes retracées dans les relevés émis au titre de l'année civile précédente.

II. — La Caisse nationale de l'assurance maladie des travailleurs salariés communique aux organismes d'assurance maladie auxquels ont été et sont affiliées les personnes mentionnées à l'article L. 169-1 :

1° La date de notification de la décision et d'expiration du délai mentionnée au 1° du I de l'article L. 169-4 ;

2° L'identité des personnes mentionnées au 2° du I de l'article L. 169-4.

Les organismes d'assurance maladie transmettent alors, selon le cas, au fonds mentionné au premier alinéa de l'article L. 422-1 du code des assurances, en application du 1° et du *a* du 2° du II de l'article L. 169-10 du présent code, ou à l'État, en application du *b* du 2° du II et du III du même article, un état des sommes restant dues après déduction des sommes mentionnées au quatrième alinéa du I du présent article.

Sur la base de ces informations, le fonds mentionné au premier alinéa de l'article L. 422-1 du code des assurances rembourse à l'organisme d'assurance maladie les sommes dues en application du 1° et du *a* du 2° du II de l'article L. 169-10 du présent code et l'État rembourse à l'organisme d'assurance maladie les sommes dues en application du *b* du 2° du II et du III de l'article L. 169-10. Le remboursement est effectué dans le délai d'au plus trois mois suivant la demande de l'organisme d'assurance maladie.

Art. D. 169-6 *(Décr. n° 2017-994 du 10 mai 2017, art. 1er-2°)* Pour les frais de santé n'ayant pas donné lieu au versement direct prévu à l'article L. 169-8, les personnes mentionnées à l'article L. 169-1 par dérogation à l'article D. 169-2-2 et celles mentionnées à l'article L. 169-7 adressent à leur organisme d'assurance maladie leurs demandes de remboursement des dépenses mentionnées aux articles L. 169-2-1 et L. 169-3 et intervenues postérieurement au 14 juillet 2016. L'organisme d'assurance maladie assure à ces personnes le versement de la différence entre les frais réellement engagés et le montant remboursé par la mutuelle, l'institution de prévoyance ou l'entreprise d'assurance mentionnée au premier alinéa de l'article L. 182-3. Ces dépenses sont remboursées à l'assurance maladie selon les modalités prévues au dernier alinéa de l'article D. 169-5.

TITRE SEPTIÈME COORDINATION ENTRE LES RÉGIMES — PRISE EN CHARGE DE CERTAINES DÉPENSES PAR LES RÉGIMES

CHAPITRE PREMIER DISPOSITIONS GÉNÉRALES — DISPOSITIONS COMMUNES À L'ASSURANCE VIEILLESSE ET À L'ASSURANCE INVALIDITÉ

SECTION PREMIÈRE DISPOSITIONS GÉNÉRALES

SOUS-SECTION 1 COORDINATION ENTRE LE RÉGIME GÉNÉRAL ET LES RÉGIMES SPÉCIAUX *(Décr. n° 2015-877 du 16 juill. 2015, art. 1er-1°).*

Art. D. 171-1 *Abrogé par Décr. n° 2004-858 du 24 août 2004, art. 20.*

Art. D. 171-2 Les dispositions des articles D. 171-3 à D. 171-11 sont applicables aux travailleurs des branches d'activité ou entreprises mentionnées à l'article R. 711-1 ou relevant de l'article R. 711-24, *(Abrogé par Décr. nº 2015-877 du 16 juill. 2015, art. 1er-2º)* ***« bénéficiaires d'une organisation spéciale pour tout ou partie des législations de sécurité sociale, »*** lorsqu'ils exercent simultanément *(Abrogé par Décr. nº 2015-877 du 16 juill. 2015, art. 1er-2º)* ***« et à titre accessoire »*** une activité salariée ou assimilée relevant du régime général de sécurité sociale.

Art. D. 171-3 *(Décr. nº 2015-877 du 16 juill. 2015, art. 1er-3º)* I. — Sous réserve des dispositions des articles D. 171-4 à D. 171-11, les travailleurs mentionnés à l'article D. 171-2 sont affiliés, cotisent et bénéficient des prestations simultanément auprès de chacun des régimes de sécurité sociale dont relèvent leurs activités.

II. — Les employeurs des travailleurs mentionnés au I cotisent simultanément à l'ensemble des régimes de sécurité sociale auxquels sont affiliés ces travailleurs.

Pour l'application des dispositions relatives au plafond des cotisations dues au régime général, il est tenu compte, dans les conditions prévues au premier alinéa de l'article L. 242-3, des rémunérations soumises à cotisations dans l'ensemble des régimes salariés.

Art. D. 171-4 *(Décr. nº 2015-1882 du 30 déc. 2015, art. 2-5º, en vigueur le 1er janv. 2016)* Les travailleurs mentionnés à l'article D. 171-2 qui sont affiliés simultanément, au titre de l'assurance maladie et de l'assurance maternité, au régime général et à un régime spécial bénéficient de la prise en charge de leurs frais de santé dans les conditions prévues à l'article D. 160-15.

Art. D. 171-5 Les travailleurs mentionnés à l'article D. 171-2 qui bénéficient d'une organisation spéciale en matière de prévention et de réparation des accidents du travail et des maladies professionnelles et qui exercent simultanément *(Abrogé par Décr. nº 2015-877 du 16 juill. 2015, art. 1er-5º)* ***« et à titre accessoire »*** une activité salariée ou assimilée relevant de l'organisation générale de la sécurité sociale, sont couverts, en cas d'accident du travail, par l'organisation dont relève l'activité qu'ils exerçaient effectivement ou qu'ils allaient exercer, ou qu'ils venaient d'exercer, au moment de l'accident.

Les prestations en espèces auxquelles peuvent prétendre les intéressés sont calculées en tenant compte des salaires ou gains qu'ils percevaient au titre de l'ensemble de leurs activités salariées ou assimilées.

Lorsque la réparation de l'accident du travail incombe à l'organisation générale, l'organisation spéciale de sécurité sociale dont relève l'intéressé *(Abrogé par Décr. nº 2015-877 du 16 juill. 2015, art. 1er-5º)* ***« au titre de son activité principale »*** impute, pendant la période d'incapacité temporaire, sur le montant des prestations en espèces qu'elle peut servir à l'intéressé, la fraction de l'indemnité journalière correspondant à la rémunération perçue au titre de son activité de l'organisation spéciale.

Art. D. 171-6 Les rentes allouées par l'organisation générale en application de l'article D. 171-5 se cumulent avec les pensions d'invalidité ou de retraites auxquelles peuvent avoir droit les intéressés en vertu de leur statut particulier et pour la constitution desquelles ils ont été appelés à subir une retenue sur leur traitement ou salaire. Toutefois, ce cumul est limité, dans le cas où la pension d'invalidité serait allouée en raison d'infirmités ou de maladies résultant de l'accident qui a donné lieu à l'attribution de la rente, à 80 % du salaire perçu, au moment de l'accident ou de la dernière liquidation ou révision de la rente, par le travailleur valide de la catégorie à laquelle appartenait la victime du fait de son activité *(Décr. nº 2015-877 du 16 juill. 2015, art. 1er-6º)* « relevant du régime spécial ». Le montant de la réduction de rentes résultant éventuellement des dispositions du présent article est acquis à l'organisme débiteur de la pension ou de la retraite due en vertu d'un statut particulier.

En aucun cas, l'ensemble des indemnités allouées en application du présent article ne peut être inférieur au montant de la rente qui aurait été servie en vertu de l'article L. 434-2. Les majorations éventuellement dues au titre du présent alinéa sont à la charge de l'organisation générale.

Art. D. 171-7 Les travailleurs mentionnés à l'article D. 171-2, qui ne bénéficient pas de la législation sur les accidents du travail et les maladies professionnelles au titre de leur activité *(Décr. nº 2015-877 du 16 juill. 2015, art. 1er-7º)* « relevant du régime spécial », en application de l'article L. 413-12, ont droit, lorsqu'ils sont victimes d'un accident survenu dans l'exercice de leur activité *(Décr. nº 2015-877 du 16 juill. 2015,* *art. 1er-7°)* « relevant du régime général », aux prestations prévues par le code de la sécurité sociale, calculées sans tenir compte des salaires ou gains perçus au titre de l'activité relevant de l'article L. 413-12 susmentionné.

Art. D. 171-8 Les rentes allouées par le régime général de sécurité sociale en application des articles D. 171-5 *(Décr. n° 2015-877 du 16 juill. 2015, art. 1er-8°)* « à D. 171-7 » se cumulent avec les pensions d'invalidité ou de retraite auxquelles peuvent avoir droit les intéressés en vertu de leur statut particulier et pour la constitution desquelles ils ont été appelés à subir une retenue sur leur traitement ou salaire. Toutefois, ce cumul est limité, dans le cas où la pension d'invalidité serait allouée en raison d'infirmités ou de maladies résultant de l'accident qui a donné lieu à l'attribution de la rente, à 80 % du salaire perçu, au moment de l'accident ou de la dernière liquidation ou révision de la rente, par le travailleur valide de la catégorie à laquelle appartenait la victime du fait de son activité *(Décr. n° 2015-877 du 16 juill. 2015, art. 1er-8°)* « relevant du régime spécial ». Le montant de la réduction de rentes résultant éventuellement des dispositions du présent article est acquis à l'organisme débiteur de la pension ou de la retraite en vertu d'un statut particulier.

En aucun cas, l'ensemble des indemnités allouées en application du présent article ne peut être inférieur au montant de la rente calculée sans tenir compte des salaires ou gains perçus au titre de l'activité *(Décr. n° 2015-877 du 16 juill. 2015, art. 1er-8°)* « relevant du régime spécial » qui aurait été servie en vertu de l'article L. 434-2. Les majorations éventuellement dues au titre du présent alinéa sont à la charge de l'organisation générale.

Art. D. 171-9 Lorsqu'un travailleur mentionné à l'article D. 171-2 est victime, dans l'exercice de son activité *(Décr. n° 2015-877 du 16 juill. 2015, art. 1er-9°)* « relevant du régime général », d'un accident ou d'une maladie professionnelle entraînant son décès, le régime général rembourse au régime spécial auquel l'intéressé était soumis *(Abrogé par Décr. n° 2015-877 du 16 juill. 2015, art. 1er-9°) « du fait de son activité principale »* une somme égale au montant du capital-décès prévu aux articles L. 361-1 à L. 361-4, dans la limite des prestations servies par le régime spécial à l'occasion du décès.

Art. D. 171-10 (Abrogé par Décr. n° 2015-877 du 16 juill. 2015, art. 13-1°) *La charge des prestations familiales dues aux travailleurs mentionnés à l'article D. 171-2 incombe au régime dont ils relèvent au titre de leur activité principale.*

Toutefois, pendant les périodes où les intéressés présentent au regard de leur activité principale une incapacité totale de travail temporaire ou permanente résultant d'un accident du travail ou d'une maladie professionnelle imputable à l'activité accessoire relevant du régime général, le montant des prestations familiales légales auxquelles a droit ou ouvre droit la victime est remboursé par le régime général à l'organisme débiteur de ces avantages.

Art. D. 171-11 Les dispositions des articles D. 171-3 à *(Décr. n° 2015-877 du 16 juill. 2015, art. 1er-10°)* « D. 171-9 » ne sont pas applicables aux fonctionnaires titulaires et stagiaires de l'État et aux agents permanents des collectivités locales ne relevant pas, au titre de leur activité principale, des dispositions du livre IV du présent code, lorsqu'ils exercent une activité accessoire au service de l'État, d'un département, d'une commune ou d'un établissement public.

Dans ce cas, aucune cotisation n'est due au titre de l'activité accessoire par l'administration, la collectivité ou l'établissement employeur, ni par l'intéressé. Ce dernier n'a droit qu'aux prestations prévues par le régime dont il relève du fait de son activité principale. Les accidents survenus dans l'activité accessoire sont réparés comme s'ils étaient survenus dans l'activité principale.

Les dispositions de l'art. D. 171-11 ne sont pas applicables pour l'exercice des activités effectuées en application du chapitre III du titre II du livre Ier de la première partie [art. L. 1123-1 s. relatifs aux Comités de protection des personnes] du CSP (Décr. n° 2016-744 du 2 juin 2016, art. 2).

1. Gaz de France. Les fonctions exercées par un ambassadeur auprès de Gaz de France n'entraînent, en application de l'art. D. 171-11 CSS, l'affiliation à aucun régime d'assurance vieillesse ni ne donnent lieu à versement de cotisations. • CE 26 janv. 2000 : *RJS 2000, n° 738 (1re esp.).*

2. Association. Personne morale de droit privé non assimilable à un établissement public, une association ne peut se prévaloir de l'art. D. 171-11 CSS pour s'abstenir de payer les cotisations de sécurité sociale sur les rémunérations qu'elle verse à des professeurs de l'éducation nationale exerçant pour elle une activité accessoire d'enseignement. Le fait que ces professeurs soient désignés par leur administration d'origine et que cette dernière leur maintienne leur traitement est à cet égard sans influence. • Soc. 18 janv. 1989 : *RJS 1989, n° 269 ; Bull. civ. V, n° 39.*

3. École de notariat. Les fonctionnaires exerçant une activité accessoire d'enseignement dans un centre de formation professionnelle des notaires ou dans une école de notariat ne sauraient être exonérés de cotisations au régime général du chef de cette activité sur le fondement de l'art. D. 171-11 CSS ; ces établissements n'ont pas en effet la nature d'établissement public. • Soc. 6 oct. 1994, (2 esp.), n° 92-12.164 P : *RJS 1994, n° 1293 ; D. 1994. IR 243* • 17 oct. 1996, n° 94-19.043 P : *D. 1996. IR 244 ; CSB 1997, S. 17.*

4. Établissement de soins. Un médecin du service public hospitalier ne peut bénéficier pour son activité accessoire exercée dans un établissement privé de l'exonération de cotisations prévue à l'art. D. 171-11 CSS, quand bien même il s'agirait d'un établissement à but non lucratif participant au service public hospitalier, cet établissement n'étant pas un établissement public et ne pouvant y être assimilé. • Soc. 28 mars 1991, n° 88-20.276 P : *RJS 1991, n° 627.*

SOUS-SECTION 2 COORDINATION ENTRE LE RÉGIME DES NON-SALARIÉS AGRICOLES ET LES RÉGIMES DES TRAVAILLEURS INDÉPENDANTS NON AGRICOLES

(Décr. n° 2015-877 du 16 juill. 2015, art. 2)

Art. D. 171-12 I. — Les personnes mentionnées au premier alinéa de l'article L. 171-3 *(Décr. n° 2017-1894 du 30 déc. 2017, art. 2-I)* « et de l'article L. 171-6-1 » sont affiliées, cotisent, sur l'ensemble de leurs revenus, et ouvrent droit à prestations dans le seul régime de leur activité principale, telle que définie par le présent article.

II. — Pour l'application du I, l'activité principale est réputée être l'activité la plus ancienne.

III. — A partir de la troisième année civile suivant celle au cours de laquelle le premier alinéa de l'article L. 171-3 devient applicable, les personnes intéressées peuvent demander que l'activité qui a procuré le montant de chiffre d'affaires ou de recettes hors taxes le plus élevé sur les trois dernières années soit considérée comme leur activité principale.

L'affiliation au régime de cette nouvelle activité principale prend effet le 1er janvier de la deuxième année civile suivant ces trois années civiles consécutives.

IV. — Par dérogation aux II et III, lorsque l'une des activités est permanente et l'autre saisonnière, l'activité principale est réputée être l'activité permanente. Si cette activité est la plus récente, l'affiliation au régime dont relève l'activité permanente prend effet à la date à laquelle la situation de cumul débute.

(Décr. n° 2017-1894 du 30 déc. 2017, art. 2-I) « V. — Pour l'application du second alinéa de l'article L. 171-6-1, l'activité principale est réputée être :

« 1° Pour les personnes bénéficiant à la fois d'une pension, rente ou allocation de vieillesse acquise à titre personnel et d'un avantage de réversion, l'activité qui leur a ouvert droit à l'avantage acquis à titre personnel ;

« 2° Pour les personnes bénéficiant à la fois, à titre personnel, de plusieurs pensions, rentes ou allocations de vieillesse de même nature, l'activité correspondant à l'avantage pour lequel elles comptent le plus grand nombre de trimestres d'assurance ayant donné lieu au versement de cotisations à leur charge ou, en cas d'égalité ou lorsque l'un ou plusieurs des avantages sont de caractère non contributif, l'activité qu'elles ont exercée pendant le plus grand nombre d'années. »

Les dispositions du Décr. n° 2017-1894 du 30 déc. 2017 sont applicables aux cotisations et aux contributions de sécurité sociale dues au titre des périodes courant à compter du 1er janv. 2018 (Décr. préc., art. 8).

Art. D. 171-13 Pour l'application du premier alinéa de l'article L. 171-3, les travailleurs non salariés exercent le droit d'option prévu au III de l'article D. 171-12 auprès du régime dont ils relèvent par tout moyen permettant de rapporter la preuve de sa date de réception.

SOUS-SECTION 3 DISPOSITIONS DIVERSES

(Décr. nº 2015-877 du 16 juill. 2015, art. 2)

Art. D. 171-14 Les personnes mentionnées au 2° de l'article L. 171-6 sont affiliées et, le cas échéant, cotisent simultanément aux régimes de sécurité sociale dont relèvent leurs pensions.

Art. D. 171-15 *(Décr. nº 2016-1507 du 8 nov. 2016, art. 1er)* Conformément à l'article L. 171-7, lorsqu'un événement susceptible d'avoir causé un préjudice à plusieurs caisses locales de leur réseau ou à plusieurs assurés sociaux placés dans une situation similaire est porté à la connaissance de l'organisme national compétent, la Caisse nationale de l'assurance maladie des travailleurs salariés, la Caisse nationale du régime social des indépendants et la Caisse centrale de la mutualité sociale agricole peuvent engager toute action pour le compte de ces caisses locales et les représenter à titre amiable ou en justice, notamment pour exercer les recours contre tiers prévus aux articles L. 376-1 et L. 454-1 afin d'obtenir réparation et de recouvrer les créances auprès du tiers responsable ou le cas échéant de son assureur.

Art. D. 171-16 *(Décr. nº 2016-1507 du 8 nov. 2016, art. 1er)* Le directeur général de la Caisse nationale de l'assurance maladie des travailleurs salariés, le directeur général de la Caisse centrale de la mutualité sociale agricole et le directeur général de la Caisse nationale du régime social des indépendants notifient au directeur de chaque caisse concernée par tout moyen lui conférant date certaine leur décision de se substituer à elles.

Art. D. 171-17 *(Décr. nº 2016-1507 du 8 nov. 2016, art. 1er)* Après la notification prévue à l'article D. 171-16, le directeur de chaque caisse concernée transmet sans délai toute pièce utile au directeur général de la Caisse nationale de l'assurance maladie des travailleurs salariés, au directeur général de la Caisse centrale de la mutualité sociale agricole ou au directeur général de la Caisse nationale du régime social des indépendants.

SECTION II DISPOSITIONS COMMUNES À L'ASSURANCE VIEILLESSE ET À L'ASSURANCE INVALIDITÉ

Néant.

CHAPITRE II COORDINATION EN MATIÈRE D'ASSURANCES MALADIE, MATERNITÉ, INVALIDITÉ, DÉCÈS

SECTION PREMIÈRE COORDINATION ENTRE LE RÉGIME GÉNÉRAL ET LES RÉGIMES SPÉCIAUX

SOUS-SECTION 1 DISPOSITIONS GÉNÉRALES

Art. D. 172-1 (Abrogé par Décr. nº 2018-1258 du 27 déc. 2018, art. 1er, à compter du 1er janv. 2019) *Lorsqu'un travailleur salarié ou assimilé cesse d'être soumis à un régime spécial d'assurances sociales, relevant de l'article R. 711-1 ou de l'article R. 711-24 sans devenir tributaire soit d'un autre régime spécial, soit du régime général de sécurité sociale, le régime spécial reste responsable des prestations des assurances maladie, maternité, invalidité ou décès tant que l'intéressé satisfait aux conditions de durée de travail ou de périodes assimilées et d'immatriculation, telles qu'elles sont fixées aux articles L. 161-8, L. 313-1, L. 313-2 et L. 341-2. Pour l'appréciation de ses droits, les périodes pendant lesquelles il a été affilié au régime spécial sont assimilées à des périodes d'immatriculation au régime général.*

Art. D. 172-2 *(Décr. nº 2018-1258 du 27 déc. 2018, art. 1er, en vigueur le 1er janv. 2019)* Dans le cas où l'assuré a relevé successivement d'un régime spécial au sens de l'article L. 711-1 et du régime général, ou inversement, le service et la charge des prestations de l'assurance décès incombent au régime auquel l'assuré était affilié à la date du décès, sous réserve des conditions d'ouverture du droit aux prestations.

Art. D. 172-3 (Abrogé par Décr. n° 2018-1258 du 27 déc. 2018, art. 1er, à compter du 1er janv. 2019) *Pour avoir droit ou ouvrir droit aux prestations, l'intéressé doit justifier, soit des conditions exigées aux articles L. 161-8, L. 313-1, L. 313-2 et L. 341-2 lorsque la charge des prestations incombe au régime général de sécurité sociale, soit des conditions exigées par la réglementation propre au régime spécial, lorsque la charge des prestations incombe à ce régime.*

Art. D. 172-4 (Abrogé par Décr. n° 2018-1258 du 27 déc. 2018, art. 1er, à compter du 1er janv. 2019) *Pour l'appréciation du droit aux prestations :*

1° La durée d'immatriculation à l'un des deux régimes est assimilée à une durée d'immatriculation à l'autre régime ;

2° Le temps de travail effectué sous l'un des deux régimes et le temps assimilé à un temps de travail pour l'ouverture du droit aux prestations à l'égard de ce régime sont pris en compte, pour leur durée, par l'autre régime.

Art. D. 172-5 (Abrogé par Décr. n° 2018-1258 du 27 déc. 2018, art. 1er, à compter du 1er janv. 2019) *Dans le cas mentionné aux articles D. 172-2 à D. 172-4, et par dérogation aux dispositions de l'article D. 172-3, les prestations sont accordées à l'assuré qui ne remplit pas, compte tenu des dispositions de l'article D. 172-4, les conditions d'ouverture du droit à prestations à l'égard du régime auquel incombe la charge des prestations, mais qui les remplit à l'égard de l'autre régime en ne tenant compte que du temps de travail accompli sous celui-ci.*

Art. D. 172-6 Lorsque la réglementation propre à un régime spécial ne permet pas l'attribution des prestations dudit régime dans les cas mentionnés aux articles précédents, ce régime doit accorder à l'intéressé les prestations prévues par le régime général de sécurité sociale.

Art. D. 172-7 (Abrogé par Décr. n° 2018-1258 du 27 déc. 2018, art. 1er, à compter du 1er janv. 2019) *Les assurés titulaires d'une pension d'invalidité au titre d'un régime spécial de retraites ne peuvent prétendre, s'ils deviennent tributaires du régime général de sécurité sociale, au bénéfice de l'assurance invalidité de ce régime pour une invalidité ayant la même origine que celle pour laquelle ils sont déjà pensionnés. S'ils invoquent une invalidité ayant une autre origine, ils peuvent prétendre au bénéfice de l'assurance invalidité au titre du régime général. Il est tenu compte, dans ce cas, pour la détermination de leurs droits, de leur degré total d'incapacité.*

Art. D. 172-8 (Abrogé par Décr. n° 2018-1258 du 27 déc. 2018, art. 1er, à compter du 1er janv. 2019) *Les assurés titulaires d'une pension d'un régime spécial de retraites acquise à un autre titre que l'invalidité peuvent prétendre, s'ils deviennent tributaires du régime général de sécurité sociale, au bénéfice de l'assurance invalidité de ce régime s'ils remplissent les conditions fixées par ledit régime.*

Art. D. 172-9 (Abrogé par Décr. n° 2018-1258 du 27 déc. 2018, art. 1er, à compter du 1er janv. 2019) *Dans les cas mentionnés aux articles D. 172-7 et D. 172-8, il est tenu compte, pour l'application des dispositions de l'article L. 341-5 du total de la pension d'invalidité du régime général et de la pension du régime spécial. Ce total ne peut, en aucun cas, excéder le salaire perçu par un travailleur valide de la catégorie professionnelle à laquelle l'intéressé appartenait au moment de l'interruption de travail suivie de l'invalidité ouvrant droit à la pension du régime général, de l'accident ayant entraîné cette invalidité ou de la constatation médicale de l'invalidité résultant de l'usure prématurée de l'organisme ; la pension d'invalidité du régime général est réduite, s'il y a lieu, à concurrence de l'excédent.*

Ces dispositions sont également applicables à l'assuré titulaire d'une pension d'invalidité au titre du régime général de sécurité sociale qui est ultérieurement admis au bénéfice d'une pension fondée sur la durée des services ou d'une pension d'invalidité au titre d'un régime spécial. La pension d'invalidité du régime général est réduite, s'il y a lieu, à compter de la date d'entrée en jouissance de la pension du régime spécial.

Art. D. 172-10 Le salaire servant de base au calcul des prestations en espèces dues à un assuré qui a été affilié successivement à un régime spécial et au régime général de sécurité sociale ou inversement est fixé en ne tenant compte que des rémunérations perçues au cours des périodes d'affiliation au régime auquel incombe la charge desdites prestations.

SOUS-SECTION 2 *[ABROGÉE]* ASSURÉS TITULAIRES DE PLUSIEURS PENSIONS

(Abrogée par Décr. n° 2015-877 du 16 juill. 2015, art. 13-2°)

Art. D. 172-11 *Lorsqu'un assuré n'exerçant pas une activité salariée l'assujettissant à un régime de sécurité sociale est titulaire de plusieurs pensions servies soit au titre du régime général de sécurité sociale, soit au titre d'un ou plusieurs régimes spéciaux de retraite relevant de l'article R. 711-1 ou de l'article R. 711-24, le régime de sécurité sociale auquel il est affilié est, sous réserve de l'application de l'article L. 161-6, déterminé dans les conditions suivantes :*

1° Si l'assuré est titulaire d'une pension acquise à titre personnel et d'une pension de réversion, il est affilié au régime de sécurité sociale dont il relève du fait de la pension, rémunérant ses services personnels ;

2° Si l'assuré est titulaire d'une pension d'invalidité et d'une pension acquise à un autre titre, il est affilié au régime de sécurité sociale dont il relève du fait de la pension d'invalidité ;

3° Si l'assuré est titulaire de deux pensions de même nature, il est affilié au régime de sécurité sociale dont il relève du fait de la pension calculée sur la base du plus grand nombre d'annuités. Si les deux pensions sont calculées sur la base du même nombre d'annuités, il est affilié au régime de sécurité sociale dont il relève du fait de la pension rémunérant les services accomplis en dernier lieu.

Art. D. 172-12 *Les prestations en nature de l'assurance maladie et, le cas échéant, les prestations en nature de l'assurance invalidité sont à la charge exclusive du régime auquel l'assuré est affilié, en application de l'article D. 172-11.*

Art. D. 172-13 *Les dispositions de la présente sous-section ne sont pas applicables aux titulaires de pensions du code des pensions militaires d'invalidité qui bénéficient des dispositions des articles L. 381-19 et suivants.*

SOUS-SECTION 3 COORDINATION EN CE QUI CONCERNE LES PENSIONS DE VEUVES OU DE VEUFS

Art. D. 172-14 Les conjoints survivants des assurés qui ont été :

1° Soit affiliés successivement ou simultanément au régime général de sécurité sociale (vieillesse) applicable aux assurés des professions non agricoles et à un ou plusieurs régimes spéciaux de retraites relevant de l'article R. 711-1 ou de l'article R. 711-23 ;

2° Soit affiliés successivement ou alternativement à plusieurs régimes spéciaux de retraites ;

3° Soit affiliés à un régime spécial de retraites,

ont droit à la pension dont ils auraient bénéficié, en application de l'article L. 342-1, si le *"de cujus"* avait été soumis au régime général de sécurité sociale durant la ou les périodes où il a été affilié à un régime spécial postérieurement au 30 juin 1930. Ces périodes entrent en compte, quel qu'ait été le montant du salaire, tant pour l'ouverture et la détermination des droits que pour le calcul des avantages prévus audit article L. 342-1. Le *"de cujus"* est supposé, pour l'application des articles D. 172-16 à D. 172-19 inclus, avoir donné lieu au versement des cotisations prévues par le régime général pendant les périodes au cours desquelles il a été soumis à un régime spécial. Pour les périodes où sa rémunération était supérieure au chiffre limite d'assujettissement aux assurances sociales, il est supposé avoir donné lieu au versement des cotisations dues pour un travailleur dont la rémunération aurait été égale audit chiffre limite.

Art. D. 172-15 Le montant de la pension est déterminé sans tenir compte des avantages de réversion dont le conjoint survivant est éventuellement titulaire au titre du régime spécial de retraites dont relevait le *"de cujus"*.

Art. D. 172-16 Si le *"de cujus"* *(Décr. n° 2010-1734 du 30 déc. 2010, art. 5-2°)* « avait un âge inférieur à celui prévu par l'article L. 161-17-2 » au moment de son décès, les avantages auxquels le conjoint survivant peut prétendre en application de l'article D. 172-14 sont à la charge du régime dont le *"de cujus"* relevait à la date de son décès.

Les dispositions issues du Décr. n° 2010-1734 du 30 déc. 2010 sont applicables aux pensions prenant effet à compter du 1er juill. 2011 (Décr. préc., art. 11).

Art. D. 172-17 Si le *"de cujus"* (*Décr. n° 2010-1734 du 30 déc. 2010, art. 5-3°*) « avait un âge supérieur ou égal à celui prévu par l'article L. 161-17-2 » au moment de son décès, les avantages auxquels le conjoint survivant peut prétendre sont liquidés et la charge en est répartie dans les conditions prévues aux articles D. 173-4, D. 173-8 et D. 173-11 ou à l'article D. 173-18, selon le cas.

Les dispositions issues du Décr. n° 2010-1734 du 30 déc. 2010 sont applicables aux pensions prenant effet à compter du 1er juill. 2011 (Décr. préc., art. 11).

Art. D. 172-18 Lorsque le *"de cujus"* (*Décr. n° 2010-1734 du 30 déc. 2010, art. 5-3°*) « avait un âge supérieur ou égal à celui prévu par l'article L. 161-17-2 » au moment de son décès les dispositions de la présente sous-section ne sont pas applicables :

1° Lorsque, dans le cas mentionné au 1° de l'article D. 172-14, le conjoint survivant est titulaire d'un avantage de réversion au titre d'un régime spécial auquel le *"de cujus"* avait été soumis et que ce dernier comptait moins d'un trimestre d'affiliation au régime général de sécurité sociale ou à un autre régime spécial de retraites ;

2° Lorsque, dans le cas mentionné au 2° de l'article D. 172-14, le conjoint survivant est titulaire d'un avantage de réversion au titre de chacun des régimes spéciaux auxquels le *"de cujus"* avait été soumis ou lorsque le conjoint survivant est titulaire d'un avantage de réversion au titre de l'un de ces régimes spéciaux et que le *"de cujus"* comptait moins d'un trimestre d'affiliation à un autre régime spécial de retraites ;

3° Lorsque, dans le cas mentionné au 3° de l'article D. 172-14, le conjoint survivant est titulaire d'un avantage de réversion au titre du régime spécial auquel le *"de cujus"* avait été soumis ou lorsque le *"de cujus"* comptait moins d'un trimestre d'affiliation audit régime.

Les dispositions issues du Décr. n° 2010-1734 du 30 déc. 2010 sont applicables aux pensions prenant effet à compter du 1er juill. 2011 (Décr. préc., art. 11).

Art. D. 172-19 L'avantage de réversion dont le conjoint survivant est titulaire au titre du régime spécial dont relevait le "de cujus" est imputé sur la pension ou sur la fraction de pension mise à la charge de ce régime en application des articles D. 172-14 à D. 172-18.

SECTION II COORDINATION DU RÉGIME AGRICOLE ET DES AUTRES RÉGIMES

Néant.

SECTION III COORDINATION ENTRE DIVERS RÉGIMES

Néant.

CHAPITRE III COORDINATION EN MATIÈRE D'ASSURANCE VIEILLESSE ET D'ASSURANCE VEUVAGE

SECTION PREMIÈRE COORDINATION EN MATIÈRE D'ASSURANCE VIEILLESSE ENTRE LE RÉGIME GÉNÉRAL ET LES RÉGIMES SPÉCIAUX

SOUS-SECTION 1 DISPOSITIONS GÉNÉRALES

Art. D. 173-1 Les dispositions ci-dessous relatives à la coordination entre le régime général et les régimes spéciaux sont applicables :

1° Aux assurés qui ont été affiliés successivement ou alternativement au régime général de sécurité sociale applicable aux assurés des professions non agricoles et à un ou plusieurs régimes spéciaux de retraites relevant de l'article R. 711-1 ou de l'article R. 711-24 ;

2° Aux assurés qui ont été affiliés successivement ou alternativement à plusieurs régimes spéciaux de retraites ;

3° Aux assurés qui ont cessé d'être soumis à un régime spécial de retraites sans avoir droit à une pension d'invalidité ou de vieillesse à jouissance immédiate ou différée et qui ne sont devenus ultérieurement tributaires ni d'un autre régime spécial ni du régime général de sécurité sociale.

Toutefois, elles ne sont pas applicables aux ressortissants des régimes spéciaux de retraites des ouvriers des établissements industriels de l'État, des fonctionnaires civils et militaires, de l'Imprimerie nationale et du Service d'exploitation industrielle des tabacs et allumettes et aux tributaires *[titulaires]* de la Caisse nationale de retraite des agents des collectivités locales.

Art. D. 173-1-1 *(Décr. n° 2015-1872 du 30 déc. 2015, art. 1er)* Le seuil mentionné à l'article L. 173-1-3 est égal à 200 euros par an. Ce montant est revalorisé dans les conditions mentionnées à l'article L. 161-23-1.

Les dispositions du Décr. n° 2015-1872 du 30 déc. 2015 s'appliquent aux assurés dont l'ensemble des pensions prend effet à compter du 1er janv. 2016 (Décr. préc., art. 3).

Art. D. 173-1-2 *(Décr. n° 2015-1872 du 30 déc. 2015, art. 1er)* Des conventions de gestion, conclues entre les organismes et services de l'État assurant la gestion d'un régime obligatoire de retraite de base, déterminent les modalités selon lesquelles le versement des pensions inférieures au seuil déterminé à l'article D. 173-1-1 est confié au régime dans lequel l'assuré justifie de la plus longue durée d'assurance.

(Décr. n° 2017-737 du 3 mai 2017, art. 2-I, en vigueur le 1er juill. 2017) « Pour l'application de l'alinéa précédent, lorsque la pension relève des dispositions de l'article L. 173-1-2, la durée d'assurance au titre du régime compétent en application de l'article R. 173-4-4 est celle prise en compte pour la détermination du droit à pension en application du I de l'article L. 173-1-2. »

Ces conventions déterminent notamment :

1° Les modalités d'information de l'assuré sur les conditions du versement de ses pensions ;

2° Les modalités de transmission des informations entre les régimes ;

3° Les modalités de remboursement entre régimes des sommes engagées. Ces remboursements s'effectuent sur la base des sommes réellement engagées, selon une périodicité au moins annuelle.

V. note ss. art. D. 173-1-1.

§ 1er ASSURÉS AFFILIÉS SUCCESSIVEMENT OU ALTERNATIVEMENT AU RÉGIME GÉNÉRAL ET À UN OU PLUSIEURS RÉGIMES SPÉCIAUX DE RETRAITE

Art. D. 173-2 Les assurés mentionnés à l'article D. 173-1 ont droit, en ce qui concerne l'assurance vieillesse, aux avantages dont ils auraient bénéficié sous le régime général de sécurité sociale si ce régime leur avait été applicable durant la ou les périodes où ils ont été soumis à un régime spécial de retraites postérieurement au 30 juin 1930. Ces périodes entrent en compte, quel qu'ait été le montant de leur salaire, tant pour l'ouverture et la détermination de leurs droits que pour le calcul des avantages prévus par le régime général de sécurité sociale en matière d'assurance vieillesse.

Les intéressés sont supposés, pour l'application des dispositions du présent article, avoir donné lieu au versement des cotisations prévues par le régime général pendant les périodes au cours desquelles ils ont été soumis à un régime spécial. Pour les périodes où leur rémunération était supérieure au chiffre limite d'assujettissement aux assurances sociales, ils sont supposés avoir donné lieu au versement des cotisations dues pour un travailleur dont la rémunération aurait été égale audit chiffre limite.

Art. D. 173-3 Les avantages auxquels un assuré peut prétendre en application du présent paragraphe sont liquidés par la dernière caisse régionale d'assurance chargée de la liquidation des prestations vieillesse dans le régime général à laquelle il a été affilié, ou par la caisse que l'assuré a saisie conformément à l'article R. 351-34.

Chaque régime auquel l'assuré a été affilié supporte la charge de la prestation qui lui incombe, sur la base des seules périodes valables au regard dudit régime, postérieures au 30 juin 1930 et antérieures à la date de l'entrée en jouissance.

Chaque régime effectue le service de la fraction des avantages dont il a la charge.

Lorsque l'assuré bénéficie d'une pension ou d'une rente au titre de la législation ou de la réglementation propre au régime spécial de retraites auquel il a été soumis, cet avantage est imputé sur les prestations dont le régime spécial doit supporter la charge.

Art. D. 173-4 En cas de décès de l'assuré, le conjoint survivant peut prétendre à la pension de réversion prévue à l'article L. 353-1 si les conditions exigées par ledit article se trouvent remplies.

(Abrogé par Décr. n° 2004-858 du 24 août 2004, art. 21) ***« Le montant de la pension est déterminé sans tenir compte de l'avantage de réversion dont le conjoint survivant est éventuellement titulaire au titre du régime spécial de retraites dont relevait le "de cujus". »***

Chaque régime auquel le *"de cujus"* a été affilié supporte la charge de la prestation qui lui incombe sur la base des seules périodes valables au regard dudit régime, postérieures au 30 juin 1930 et antérieures à la date de l'entrée en jouissance de la pension attribuée en application de l'article D. 173-3 ou à la date du décès.

L'avantage de réversion dont le conjoint survivant est titulaire au titre du régime spécial est imputé sur la fraction de pension mise à la charge de ce régime en application du présent article.

Les avantages auxquels le conjoint survivant peut prétendre en application du présent article sont liquidés par la dernière caisse chargée de la liquidation des droits à prestation vieillesse dans le régime général à laquelle le *"de cujus"* a été affilié.

Chaque régime effectue le service de la fraction des avantages dont il a la charge.

§ 2 ASSURÉS AFFILIÉS SUCCESSIVEMENT OU ALTERNATIVEMENT À PLUSIEURS RÉGIMES SPÉCIAUX DE RETRAITE

Art. D. 173-5 Les assurés mentionnés au 2° de l'article D. 173-1 ont droit, en ce qui concerne l'assurance vieillesse, aux avantages dont ils auraient bénéficié sous le régime général de sécurité sociale si ce régime leur avait été applicable durant la ou les périodes où ils ont été soumis à un régime spécial de retraites postérieurement au 30 juin 1930. Ces périodes entrent en compte, quel qu'ait été le montant de leur salaire, tant pour l'ouverture et la détermination de leurs droits que pour le calcul des avantages prévus par le régime général de sécurité sociale en matière d'assurance vieillesse.

Les intéressés sont supposés, pour l'application des dispositions du présent article, avoir donné lieu au versement des cotisations prévues par le régime général pendant les périodes au cours desquelles ils ont été soumis à un régime spécial. Pour les périodes où leur rémunération était supérieure au chiffre limite d'assujettissement aux assurances sociales, ils sont supposés avoir donné lieu au versement des cotisations dues pour un travailleur dont la rémunération aurait été égale audit chiffre limite.

Art. D. 173-6 Les avantages auxquels un assuré peut prétendre en cas d'affiliation successive ou alternative à plusieurs régimes spéciaux sont liquidés par le régime spécial de retraites auquel l'intéressé était affilié en dernier lieu.

Chaque régime auquel l'assuré a été affilié supporte la charge de la prestation qui lui incombe sur la base des seules périodes valables au regard dudit régime, postérieures au 30 juin 1930 et antérieures à la date de l'entrée en jouissance.

Chaque régime effectue le service de la fraction des avantages dont il a la charge.

Lorsque l'assuré bénéficie d'une pension ou d'une rente au titre de la législation ou de la réglementation propre au régime spécial de retraites auquel il a été soumis, cet avantage est imputé sur les prestations dont le régime spécial doit supporter la charge.

La mission de coordination confiée par l'art. D. 173-6 CSS au régime spécial de retraite auquel l'assuré était affilié en dernier lieu, implique nécessairement que ce régime s'assure par tous moyens qu'il a bien rempli sa mission. • Civ. 2e, 10 sept. 2009 : *JCP S 2009. 1470, note Tauran.*

Art. D. 173-7 Les dispositions du présent paragraphe ne sont pas applicables aux assurés titulaires d'une pension d'invalidité ou de vieillesse à jouissance immédiate ou différée au titre de chacun des régimes spéciaux de retraites auxquels ils ont été soumis.

Art. D. 173-8 En cas de décès de l'assuré, le conjoint survivant peut prétendre à la pension de réversion prévue à l'article L. 353-1 si les conditions exigées par ledit article se trouvent remplies.

Le montant de la pension est déterminé sans tenir compte des avantages de réversion dont le conjoint survivant est éventuellement titulaire au titre des régimes spéciaux de retraites auxquels avait été affilié le *"de cujus"*.

Chaque régime auquel le *"de cujus"* a été assujetti supporte la charge de la prestation qui lui incombe sur la base des seules périodes valables au regard dudit régime, postérieures au 30 juin 1930 et antérieures à la date de l'entrée en jouissance de la pension attribuée en application de l'article D. 173-6 ou à la date du décès.

L'avantage de réversion dont le conjoint survivant est titulaire au titre d'un régime spécial est imputé sur la fraction de pension mise à la charge de ce régime en application du présent article.

Les avantages auxquels le conjoint survivant peut prétendre en application du présent article sont liquidés par le régime spécial de retraites auquel le *"de cujus"* était affilié en dernier lieu.

Chaque régime effectue le service de la fraction des avantages dont il a la charge.

Les dispositions du présent article ne sont pas applicables aux conjoints survivants titulaires d'un avantage de réversion au titre de chacun des régimes spéciaux auxquels le *"de cujus"* avait été soumis.

§ 3 ASSURÉS AYANT CESSÉ D'ÊTRE SOUMIS À UN RÉGIME SPÉCIAL DE RETRAITE SANS AVOIR DROIT À PENSION ET QUI NE SONT DEVENUS ULTÉRIEUREMENT TRIBUTAIRES D'AUCUN RÉGIME DE RETRAITE

Art. D. 173-9 Les assurés mentionnés au 3° de l'article D. 173-1 ont droit, en ce qui concerne l'assurance vieillesse, aux avantages dont ils auraient bénéficié sous le régime général de sécurité sociale si ce régime leur avait été applicable durant la ou les périodes où ils ont été soumis à un régime spécial de retraites postérieurement au 30 juin 1930. Ces périodes entrent en compte, quel qu'ait été le montant de leur salaire, tant pour l'ouverture et la détermination de leurs droits que pour le calcul des avantages prévus par le régime général de sécurité sociale en matière d'assurance vieillesse.

Les intéressés sont supposés, pour l'application des dispositions du présent article, avoir donné lieu au versement des cotisations prévues par le régime général pendant les périodes au cours desquelles ils ont été soumis à un régime spécial. Pour les périodes où leur rémunération était supérieure au chiffre limite d'assujettissement aux assurances sociales, ils sont supposés avoir donné lieu au versement des cotisations dues pour un travailleur dont la rémunération aurait été égale audit chiffre limite.

Art. D. 173-10 La liquidation des avantages auxquels un assuré peut prétendre en application de l'article D. 173-9 et le service des arrérages de la pension sont effectués par le régime spécial de retraites auquel l'intéressé était affilié.

Les avantages dont l'intéressé bénéficie, le cas échéant, au titre de son régime spécial sont imputés sur les prestations dont ledit régime doit supporter la charge.

Art. D. 173-11 En cas de décès de l'assuré, le conjoint survivant peut prétendre à la pension de réversion prévue à l'article L. 353-1, si les conditions exigées par ledit article se trouvent remplies.

Le montant de l'avantage de réversion dont le conjoint survivant est éventuellement titulaire au titre du régime spécial de retraites dont relevait le *"de cujus"* est imputé sur la pension mise à la charge de ce régime en application du présent article.

La liquidation de la pension et le service des arrérages sont effectués par le régime spécial de retraites auquel le *"de cujus"* était affilié.

§ 4 DISPOSITIONS DIVERSES

Art. D. 173-12 Lorsqu'un régime spécial de retraites prévoit en faveur des assurés qui cessent d'être soumis à ce régime, sans avoir droit à une pension d'invalidité ou de vieillesse à jouissance immédiate ou différée, le remboursement des cotisations qui ont été retenues sur leur salaire, ledit remboursement n'est effectué que sous la déduction du montant des cotisations d'assurance vieillesse qu'ils auraient acquittées sous le régime général de sécurité sociale si ce régime leur avait été applicable durant la période où ils ont été soumis au régime spécial, compte tenu des dispositions du deuxième alinéa des articles D. 173-2, D. 173-5 et D. 173-9.

Art. D. 173-13 Lorsqu'un assuré, tributaire d'un régime spécial de retraites, a été admis à effectuer, sous ce régime, des versements rétroactifs pour des services antérieurement accomplis dans la collectivité ou l'établissement et que, pour la période correspondant à ces services, il a acquitté les versements prévus par les législations sur les retraites ouvrières et paysannes et les assurances sociales, les sommes qui ont été acquittées pour ladite période, au titre de l'assurance vieillesse, sont annulées et versées à la collectivité ou à l'établissement qui l'emploie pour être affectées, s'il y a lieu, à sa caisse de retraites. La part correspondant aux contributions personnelles de l'assuré est déduite, par ladite collectivité ou ledit établissement, des versements rétroactifs que l'intéressé doit effectuer au titre du régime spécial.

L'annulation de versements prescrite au premier alinéa ci-dessus est opérée par la caisse chargée de la liquidation des droits à prestations vieillesse dans le régime général à laquelle l'intéressé était affilié en dernier lieu.

Art. D. 173-14 Les pensions ou les fractions de pensions du régime général de sécurité sociale se rapportant à des périodes d'assurance validées au titre d'un régime spécial de retraites relevant de l'article R. 711-1 ou de l'article R. 711-24 et ouvrant droit à pension au titre de ce régime peuvent faire l'objet, lorsqu'elles ne sont pas cumulables avec la pension du régime spécial, d'un versement de rachat dans les conditions prévues par arrêté du ministre chargé de la sécurité sociale et du ministre chargé du budget.

Ce versement est opéré au profit de l'organisme ou service gérant le régime spécial de retraites et, sur sa demande, par la caisse chargée de la liquidation des droits à prestations vieillesse dans le régime général des travailleurs salariés.

Les mêmes dispositions sont applicables aux avantages dont les assurés mentionnés au présent article peuvent bénéficier au titre des retraites ouvrières et paysannes ou du régime d'assurances sociales en vigueur avant le 1er juillet 1946 dans les départements du Haut-Rhin, du Bas-Rhin et de la Moselle.

SOUS-SECTION 2 DISPOSITIONS APPLICABLES AUX BÉNÉFICIAIRES DES RÉGIMES DE RETRAITE DES OUVRIERS DES ÉTABLISSEMENTS INDUSTRIELS DE L'ÉTAT, DES FONCTIONNAIRES CIVILS ET MILITAIRES, DE L'IMPRIMERIE NATIONALE ET DU SERVICE D'EXPLOITATION INDUSTRIELLE DES TABACS ET ALLUMETTES ET AUX TRIBUTAIRES DE LA CAISSE NATIONALE DE RETRAITE DES AGENTS DES COLLECTIVITÉS LOCALES

Art. D. 173-15 Les dispositions de la présente sous-section sont applicables aux bénéficiaires des régimes de retraite des ouvriers des établissements industriels de l'État, des fonctionnaires civils et militaires, de l'Imprimerie nationale et du Service d'exploitation industrielle des tabacs et allumettes et aux tributaires de la Caisse nationale de retraite des agents des collectivités locales.

Art. D. 173-16 Lorsqu'un des bénéficiaires des régimes de retraites mentionnés à l'article D. 173-15 vient à quitter l'administration, la collectivité ou l'établissement qui l'emploie sans avoir droit à une pension d'invalidité ou de vieillesse à jouissance immédiate ou différée et sans devenir tributaire d'un régime de retraites comportant des règles particulières de coordination avec le régime auquel il appartenait, il lui est fait application des dispositions suivantes : ses droits sont rétablis, en ce qui concerne l'assurance vieillesse, dans la situation dont il aurait bénéficié sous le régime général de sécurité sociale, si ce régime lui avait été applicable durant la période où il a été soumis à son régime de retraites postérieurement au 30 juin 1930. Cette période entre en compte, quel qu'ait été le montant de sa rémunération, pour la détermination de ses droits aux avantages prévus par le régime général en matière d'assurance vieillesse.

A cet effet, il est opéré, par le régime spécial de retraites, un versement égal au montant des cotisations qui auraient été acquittées pour le compte de l'intéressé au titre de l'assurance vieillesse sous le régime général de sécurité sociale pendant la période indiquée au premier alinéa ci-dessus. Ce versement est calculé sur la base des derniers émoluments soumis à retenues pour pensions au titre du régime spécial de retraites, compte tenu du ou des plafonds prévus pour le calcul des cotisations de sécurité sociale au cours de la période sus-indiquée. Il doit être effectué par l'administration, la collectivité ou l'établissement à l'union de recouvrement du dernier lieu de travail du bénéficiaire, dans un délai d'un an à compter de la radiation des cadres.

(Décr. n° 2012-598 du 27 avr. 2012) « Un versement complémentaire de cotisations est effectué par le régime spécial de retraite au plus tard dans un délai d'un an suivant la date de liquidation ou de révision de la pension de vieillesse du régime général de sécurité sociale lorsqu'il est tenu compte dans cette pension, soit à l'initiative du régime spécial ou du régime général, soit à la suite d'une demande de l'assuré formée conformément à l'article R. 142-1, soit en application d'une décision de justice, de périodes de services civils ou militaires n'ayant pas donné lieu au versement prévu à l'alinéa précédent ou à l'article D. 173-17. Le montant du versement complémentaire est déterminé conformément à l'alinéa précédent. »

Base de calcul (derniers émoluments). Le versement opéré au régime général par le régime spécial de retraites dont relevait le bénéficiaire de l'un des régimes de retraite mentionnés à l'art. D. 173-1 qui vient à quitter l'administration, la collectivité ou l'établissement qui l'employait sans avoir droit à une pension d'invalidité ou de retraite et sans devenir tributaire d'un régime de retraite comportant des règles de coordination particulières avec le régime auquel il appartenait, est calculé sur la base des derniers émoluments soumis à retenues pour pension au titre du régime spécial de retraite, compte tenu du ou des plafonds de sécurité sociale au cours de la période considérée. Par suite, la cour d'appel n'a pas donné de base légale à sa décision en ne recherchant pas si les primes de technicité et indemnités d'astreinte étaient incluses dans les émoluments soumis à retenue pour constitution du droit à pension au titre du régime de retraite des agents des collectivités locales. • Civ. 2e, 12 mars 2015, n° 14-11.618 P : *RJS 2015, n° 441.*

Art. D. 173-17 Pour l'application de l'article précédent, en ce qui concerne les militaires tributaires du code des pensions civiles et militaires de retraite, il est effectué chaque année, au profit de l'Agence centrale des organismes de sécurité sociale, un versement forfaitaire pour l'ensemble des militaires ayant quitté l'armée sans droit à pension au cours de l'année civile précédente. Le montant de ce versement est fixé annuellement par décision concertée du ministre chargé de la sécurité sociale, du ministre chargé de la défense et du ministre chargé du budget, compte tenu du montant moyen de la solde des militaires quittant l'armée sans droit à pension.

Art. D. 173-18 En cas de décès de l'assuré, le conjoint survivant peut prétendre à la pension de réversion prévue à l'article L. 353-1 si les conditions exigées par ledit article se trouvent remplies.

(Abrogé par Décr. n° 2004-858 du 24 août 2004, art. 21) ***« Le montant de la pension est déterminé sans tenir compte de l'avantage de réversion dont le conjoint survivant est éventuellement titulaire au titre du régime spécial de retraites dont relevait le "de cujus". »***

Le régime général de sécurité sociale sert à l'intéressé le montant de la pension de réversion attribuée en application du premier alinéa de l'article D. 173-16.

Art. D. 173-19 Lorsqu'un des bénéficiaires des régimes de retraites mentionnés à l'article D. 173-15 a été admis à effectuer sous ce régime des versements rétroactifs pour des services antérieurement accomplis dans la collectivité ou l'établissement et que, pour la période correspondant à ces services, il a acquitté les versements prévus par les législations sur les retraites ouvrières et paysannes et les assurances sociales, les sommes qui ont été acquittées pour ladite période, au titre de l'assurance vieillesse, sont annulées et versées à la collectivité ou à l'établissement qui l'emploie, pour être affectées, s'il y a lieu, à sa caisse de retraites. La part correspondant aux contributions personnelles de l'assuré est réduite, par ladite collectivité ou ledit établissement, des versements rétroactifs que l'intéressé doit effectuer au titre de son régime de retraites.

(Décr. n° 90-110 du 30 janv. 1990, art. 1er) « L'annulation de versement prescrite au premier alinéa ci-dessus est opérée par la caisse du régime général de sécurité sociale chargée de la gestion du risque vieillesse dont l'intéressé relevait en dernier lieu à la demande de l'établissement ou de la collectivité concerné ».

Art. D. 173-20 Les versements effectués en application du paragraphe 2 de l'article 6 du décret du 2 juin 1944, pour des assurés ayant cessé d'être affiliés à leur régime de retraite avant le 1er janvier 1950, conservent leur entier effet.

SOUS-SECTION 3 DISPOSITIONS DIVERSES

Art. D. 173-21 Lorsqu'un assuré satisfait aux conditions prévues par la réglementation propre à un régime spécial de retraites pour avoir droit à une majoration de pension pour conjoint à charge et que, simultanément, il remplit les conditions requises pour avoir droit à un avantage de même nature au titre du régime général de sécurité sociale, d'un autre régime spécial de retraites ou des dispositions des première et deuxième sous-sections de la présente section, il ne lui est servi que la majoration attachée à la pension calculée sur le plus grand nombre d'annuités.

SECTION II COORDINATION EN MATIÈRE D'ASSURANCE VIEILLESSE ENTRE LE RÉGIME AGRICOLE ET LES AUTRES RÉGIMES

Néant.

SECTION III COORDINATION EN MATIÈRE D'ASSURANCE VIEILLESSE ENTRE DIVERS RÉGIMES

SOUS-SECTION 1 DISPOSITIONS GÉNÉRALES

Art. D. 173-21-1 *(Décr. n° 2003-1376 du 31 déc. 2003, art. 5 ; Décr. n° 2008-1383 du 19 déc. 2008)* Pour l'application des articles L. 382-29, L. 351-14-1, L. 634-2-2, L. 643-2 et L. 723-10-3 du présent code et de l'article L. 732-27-1 du code rural et de la pêche maritime, lorsque la demande de versement prévue à ces articles porte sur une période au cours de laquelle ont été obtenus plusieurs diplômes, ou a été achevée la scolarité assimilée et a été obtenu au moins un diplôme, la demande est adressée au premier régime d'assurance vieillesse où l'assuré a été affilié et où a été validé au moins un trimestre postérieurement à l'obtention du dernier de ces diplômes ou de ce diplôme.

Aux fins de l'application des mêmes articles, lorsque l'assuré a été affilié et a validé au moins un trimestre au cours de la même année, postérieurement à l'obtention du diplôme visé à l'alinéa précédent, simultanément dans plusieurs régimes d'assurance vieillesse mentionnés auxdits articles, la demande est adressée au régime déterminé selon les modalités suivantes :

1° Le régime général de sécurité sociale si l'intéressé a été affilié et a validé un trimestre dans ce régime ;

2° Si la condition prévue au 1° ci-dessus n'est pas remplie, dans le régime des salariés agricoles si l'intéressé a été affilié et a validé un trimestre dans ce régime ;

3° Si les conditions prévues au 1° et au 2° ci-dessus ne sont pas remplies, dans le régime *(Décr. n° 2017-737 du 3 mai 2017, art. 3-I)* « social des indépendants » si l'intéressé a été affilié et a validé un trimestre dans ce régime ;

(Abrogé par Décr. n° 2017-737 du 3 mai 2017, art. 3-I) « 4° Si les conditions prévues aux 1° à 3° ci-dessus ne sont pas remplies, dans le régime d'assurance vieillesse des professions industrielles et commerciales prévu au 2° de l'article L. 621-3 si l'intéressé a été affilié et a validé un trimestre dans ce régime ; »

5° Si les conditions prévues aux 1° à 4° ci-dessus ne sont pas remplies, dans le régime d'assurance vieillesse des professions libérales prévu *(Décr. n° 2017-737 du 3 mai 2017, art. 3-I)* « à l'article L. 640-1 » si l'intéressé a été affilié et a validé un trimestre dans ce régime ;

6° Si les conditions prévues aux 1° à 5° ci-dessus ne sont pas remplies, dans le régime d'assurance vieillesse des professions agricoles prévu *(Décr. n° 2017-737 du 3 mai 2017, art. 3-I)* « à l'article L. 722-1 du code rural et de la pêche maritime » si l'intéressé a été affilié et a validé un trimestre dans ce régime ;

7° Si les conditions prévues aux 1° à 6° ci-dessus ne sont pas remplies, à la Caisse nationale des barreaux français visée à l'article L. 723-1 si l'assuré a été affilié et a validé un trimestre dans ce régime. — *[Anc. art. D. 173-21-0-1.]*

Art. D. 173-21-2 *(Décr. n° 2003-1036 du 30 oct. 2003, art. 6)* Pour l'appréciation de la condition de durée d'assurance ayant donné lieu à cotisations à la charge de l'assuré prévue aux articles D. 351-1-1, *(Décr. n° 2004-232 du 17 mars 2004, art. 4-1°)* « D. 351-1-5, » *(Décr. n° 2004-461 du 27 mai 2004, art. 12-III)* « D. 643-8 » et *(Décr. n° 2004-1457 du 23 déc. 2004)* « D. 723-3 », *(Décr. n° 2004-232 du 17 mars 2004, art. 4-2°)* « aux articles D. 732-40 et D. 732-41 » du code rural et de la pêche maritime et *(Décr. n° 2004-232 du 17 mars 2004, art. 4-2°)* « aux articles 3 *bis* et 3 *quater* » du décret n° 73-937 du 2 octobre 1973 portant application de l'article L. 634-3 du code de la sécurité sociale et relatif aux prestations des régimes d'assurance vieillesse des professions artisanales, industrielles et commerciales afférentes aux périodes d'assurance ou d'activité non salariée antérieures au 1er janvier 1973, il est retenu un nombre de trimestres au plus égal à quatre au titre de chaque année civile au cours de laquelle l'assuré a été affilié successivement ou simultanément à plusieurs des régimes considérés.

Les dispositions de l'article D. 732-40 du code rural et de la pêche maritime précité sont applicables à la détermination de la condition de début d'activité mentionnée aux articles D. 351-1-1, *(Décr. n° 2004-461 du 27 mai 2004, art. 12-III)* « D. 643-8 » et *(Décr. n° 2004-1457 du 23 déc. 2004)* « D. 723-3 » et à l'article 3 *bis* du décret du 2 octobre 1973 précités pour les assurés ayant relevé de l'assurance vieillesse des personnes non salariées des professions agricoles et de l'un des autres régimes visés à ces articles. — *[Anc. art. D. 173-21-0-1-1.]*

Les dispositions du Décr. n° 2003-1036 du 30 oct. 2003 sont applicables aux pensions prenant effet postérieurement au 31 déc. 2003. Les dispositions du Décr. n° 2004-232 du 17 mars 2004 sont applicables aux pensions prenant effet postérieurement au 30 juin 2004.

Art. D. 173-21-3 *(Décr. n° 2017-737 du 3 mai 2017, art. 1er-3°, en vigueur le 1er juill. 2017)* Lorsqu'un assuré relève ou a relevé successivement, alternativement ou simultanément du régime général de sécurité sociale, du régime des salariés agricoles et du régime social des indépendants, le régime compétent en application de l'article R. 173-4-4 calcule la pension, en fonction des paramètres prévus au I de l'article L. 173-1-2, selon ses modalités et règles de liquidation, dans les conditions suivantes :

1° La durée ou les périodes d'assurance mentionnées au II de l'article D. 351-1-5, au deuxième alinéa de l'article D. 351-2-1 et à l'article D. 353-1 s'apprécient en tenant compte de l'ensemble des périodes d'assurance retenues pour la détermination du droit à pension au titre de chacun des régimes mentionnés au premier alinéa ;

2° La limite de quatre trimestres d'assurance par année civile fixée à l'article D. 351-6 et au dernier alinéa de l'article D. 634-2 s'apprécie en tenant compte des périodes mentionnées au 1° ;

3° La majoration de durée d'assurance mentionnée à l'article D. 634-5 s'applique pour chaque trimestre accompli dans l'un des régimes mentionnés au premier alinéa ;

4° La référence au revenu mentionné à l'article D. 756-8 est remplacée par la référence au salaire et revenu.

SOUS-SECTION 2 PENSIONS PORTÉES AU MINIMUM

(Décr. n° 2011-772 du 28 juin 2011, art. 1er)

Art. D. 173-21-4 Le montant mensuel total des pensions personnelles de retraite mentionné au premier alinéa de l'article L. 173-2 est fixé à *(Décr. n° 2014-129 du 14 févr. 2014, art. 1er)* « 1 120 euros au 1er février 2014 ». Ce montant est revalorisé aux mêmes dates et dans les mêmes proportions que le salaire minimum de croissance. — *[Anc. art. D. 173-21-0-1-2.]*

Art. D. 173-21-5 Lorsque l'assuré est susceptible de bénéficier du minimum de pension prévu à l'article L. 351-10 dans plusieurs régimes, chaque régime concerné impute le dépassement mentionné au deuxième alinéa de l'article L. 173-2 sur la majoration résultant de l'article L. 351-10 dont il est redevable, à due concurrence du rapport, avant application de l'article L. 173-2, entre le montant de cette majoration et le total des majorations dues par les régimes en cause. — *[Anc. art. D. 173-21-0-1-3.]*

(Décr. n° 2017-737 du 3 mai 2017, art. 2-I, en vigueur le 1er juill. 2017) « Lorsque la pension relève des dispositions de l'article L. 173-1-2, le régime compétent en application de l'article R. 173-4-4 impute, au titre des régimes mentionnés au premier alinéa du I de l'article L. 173-1-2, le dépassement mentionné au précédent alinéa sur la majoration dont il est redevable. »

SOUS-SECTION 3 MAJORATIONS DE DURÉE D'ASSURANCE ACCORDÉES AU TITRE DES ENFANTS

(Décr. n° 2012-138 du 30 janv. 2012, art. 2, en vigueur le 1er mars 2012)

Art. D. 173-21-6 Sont soumis aux règles fixées à l'article L. 173-2-0-2 les avantages prévus :

– aux *b* et *b bis* de l'article L. 12 et à l'article L. 12 *bis* du code des pensions civiles et militaires de retraite ;

– aux articles 12 et 14 de l'annexe 3 au statut annexé au décret n° 46-1541 du 22 juin 1946 approuvant le statut national du personnel des industries électriques et gazières ;

– au premier alinéa de l'article 114 du décret n° 62-766 du 6 juillet 1962 portant statut des personnels du service d'exploitation industrielle des tabacs et allumettes ;

– au troisième alinéa de l'article 12 du décret n° 68-382 du 5 avril 1968 portant statut de la caisse de retraites des personnels de l'Opéra national de Paris ;

– aux I et III de l'article 11 *bis* du décret n° 68-960 du 11 octobre 1968 modifiant le statut de la caisse de retraites du personnel de la Comédie-Française ;

– aux I et III de l'article 92 du décret n° 90-1215 du 20 décembre 1990 portant application de la loi du 12 juillet 1937 instituant une caisse de retraite et de prévoyance des clercs et employés de notaires et modifiant certaines dispositions relatives à cette caisse ;

– aux 2° et 3° du I de l'article 15 et au I de l'article 21 du décret n° 2003-1306 du 26 décembre 2003 relatif au régime de retraite des fonctionnaires affiliés à la Caisse nationale de retraites des agents des collectivités locales ;

– aux 2° et 3° du I de l'article 12 et au I de l'article 17 du décret n° 2004-1056 du 5 octobre 2004 relatif au régime des pensions des ouvriers des établissements industriels de l'État ;

– aux articles 12 et 16 du règlement annexé au décret n° 2007-262 du 27 février 2007 relatif au régime de retraite des agents titulaires de la Banque de France ;

– à l'article 9 pour ce qui concerne la réduction des durées d'assurance, au V de l'article 51-1 pour ce qui concerne la réduction des durées de services, au 3° de l'article 20 et au deuxième alinéa du III de l'article 24 du décret n° 2008-637 du 30 juin 2008 portant règlement des retraites du personnel de la Régie autonome des transports parisiens ;

– au deuxième alinéa du III de l'article 13 du décret n° 2008-639 du 30 juin 2008 relatif au régime spécial de retraite du personnel de la *(Décr. n° 2016-1006 du 21 juill. 2016, art. 1er)* « SNCF, SNCF Réseau et SNCF Mobilités » ;

– au 2 du I de l'article 7 du règlement des pensions du personnel titulaire du Port autonome de Strasbourg. — *[Anc. art. D. 173-21-0-2.]*

SOUS-SECTION 4 PENSION DE RÉVERSION

Art. D. 173-21-7 *(Décr. n° 88-680 du 6 mai 1988, art. 1er)* La majoration de pension de réversion prévue à l'article L. 353-5 et à l'article *(Décr. n° 2017-737 du 3 mai 2017, art. 2-I, en vigueur le 1er juill. 2017)* « L. 732-50 » du code rural et de la pêche maritime est accordée, par priorité, par le régime auquel l'assuré a été affilié en dernier lieu si ce régime sert la majoration.

Lorsque l'assuré décédé relevait simultanément à la date de son décès de plusieurs régimes servant la majoration, le service et la charge de cette majoration incombent au régime qui verse la pension de réversion rémunérant la plus longue durée d'assurance. — *[Anc. art. D. 173-21-1.]*

(Décr. n° 2017-737 du 3 mai 2017, art. 2-I, en vigueur le 1er juill. 2017) « Pour l'application du premier et du deuxième alinéa, lorsque le régime de la dernière affiliation est l'un des régimes mentionnés au premier alinéa du I de l'article L. 173-1-2 et que la pension est liquidée en application de cet article, le régime compétent est celui déterminé en application de l'article R. 173-4-4 et la durée d'assurance est celle prise en compte pour la détermination du droit à pension en application du I de l'article L. 173-1-2. »

SOUS-SECTION 5 PENSIONS OU ALLOCATIONS DE VIEILLESSE DES NON-SALARIÉS

Art. D. 173-22 (Abrogé par Décr. n° 2017-737 du 3 mai 2017, art. 2-III, à compter du 1er juill. 2017) *Lorsqu'un assuré demande simultanément la liquidation de deux pensions ou allocations au titre du régime des professions artisanales, d'une part, et du régime des professions industrielles et commerciales, d'autre part, l'inaptitude au travail est appréciée* (Décr. n° 2007-709 du 4 mai 2007, art. 5) *« par la caisse de base du régime social des indépendants à laquelle » l'intéressé a été affilié en dernier lieu.* (Abrogé par Décr. n° 2007-709 du 4 mai 2007, art. 5) *« La décision prise par cette caisse s'impose à la caisse de l'autre régime. »*

Dans le cas prévu au présent article, le contrôle du montant des revenus professionnels prévu au dernier alinéa de l'article R. 352-1 est effectué par la caisse qui a apprécié l'inaptitude au travail.

SOUS-SECTION 6 BÉNÉFICIAIRES DE L'INDEMNITÉ DE SOINS AUX TUBERCULEUX

Néant.

SOUS-SECTION 7 CLERCS, SECRÉTAIRES ET EMPLOYÉS D'AVOUÉ, D'AGRÉÉ OU D'AVOCAT

Néant.

SOUS-SECTION 8 MINISTRES DES CULTES ET MEMBRES DES CONGRÉGATIONS ET COLLECTIVITÉS RELIGIEUSES

Art. D. 173-23 Les périodes d'assurance valables au regard du régime d'assurance vieillesse institué par l'article L. 721-1 ou assimilées sont prises en compte, pour l'examen de la condition d'ouverture du droit, par les régimes d'assurance vieillesse entrant dans le champ d'application des décrets n° 58-436 du 14 avril 1958 et n° 65-69 du 26 janvier 1965, chacun des régimes concernés déterminant le montant de l'avantage de vieillesse dont la charge lui incombe au prorata de la durée de la période susceptible d'être prise en considération en ce qui le concerne.

SECTION IV COORDINATION EN MATIÈRE D'ASSURANCE VEUVAGE

(Décr. n° 2010-1178 du 31 déc. 2010)

Art. D. 173-24 Lorsque l'assuré décédé a relevé successivement ou alternativement de régimes distincts de sécurité sociale, le service et la charge de l'allocation de veuvage incombent au régime auquel était affilié l'assuré au moment de son décès, pour autant que ce régime ouvre droit à l'assurance veuvage.

Toutefois, lorsque le défunt, à la date de son décès, avait cessé de remplir, depuis moins de douze mois, les conditions pour relever d'un régime de sécurité sociale ouvrant droit à l'assurance veuvage, l'allocation de veuvage est servie à son conjoint survivant par le régime dont le défunt relevait antérieurement, sauf si le conjoint survivant bénéficie d'un avantage de réversion au titre du dernier régime d'affiliation de l'assuré décédé.

Art. D. 173-25 Lorsque l'assuré décédé relevait simultanément, à la date de son décès, de plusieurs régimes de sécurité sociale ouvrant droit à l'assurance veuvage, ou lorsqu'il avait des droits liquidés au titre de l'assurance vieillesse dans au moins deux de ces régimes, le service et la charge de l'allocation de veuvage incombent au régime auquel l'assuré décédé a été affilié le plus longtemps ou, en cas de durée égale d'assurance ou d'affiliation, à celui qui attribuait ou était susceptible d'attribuer la pension de retraite la plus élevée.

CHAPITRE IV PRISE EN CHARGE PAR LES RÉGIMES D'ASSURANCE MALADIE DES DÉPENSES AFFÉRENTES AUX SOINS MÉDICAUX DISPENSÉS DANS CERTAINS ÉTABLISSEMENTS

SECTION PREMIÈRE BUDGET GLOBAL, FORFAIT JOURNALIER

Art. D. 174-1 Pour les assurés sociaux mentionnés au quatrième alinéa de l'article L. 174-4, les dispositions du troisième alinéa de cet article s'appliquent aux prestations légales servies au titre du régime général de sécurité sociale et du régime des assurances sociales agricoles, à l'exclusion des prestations légales complémentaires garanties par le régime local des départements du Bas-Rhin, du Haut-Rhin et de la Moselle.

SECTION II DÉPENSES AFFÉRENTES AUX SOINS DISPENSÉS DANS LES UNITÉS OU CENTRES DE LONG SÉJOUR

Néant.

SECTION III DÉPENSES AFFÉRENTES AUX SOINS DISPENSÉS DANS CERTAINS ÉTABLISSEMENTS SOCIAUX

Art. D. 174-2 (Abrogé par Décr. n° 2017-736 du 3 mai 2017, art. 10-8°) *Le forfait global de soins est versé par douzièmes à l'établissement par la caisse primaire d'assurance maladie territorialement compétente pour le compte de l'ensemble des régimes d'assurance maladie dont les bénéficiaires sont hébergés dans cet établissement.*

Toutefois, lorsque la moyenne des tableaux (Décr. n° 2010-621 du 7 juin 2010, art. 2) *« ou des données mensuelles », établie conformément à l'article D. 174-3, fait apparaître que le nombre de bénéficiaires d'un régime d'assurance maladie, autre que le régime général, est le plus élevé, l'organisme d'assurance maladie territorialement compétent de ce régime peut demander à effectuer ce versement.*

En cas de contestation, le versement est assuré par l'organisme désigné par le préfet de région, après avis du directeur (Décr. n° 2010-344 du 31 mars 2010, art. 324) *« général de l'agence régionale de santé » et du* (Décr. n° 2010-344 du 31 mars 2010, art. 324) *« directeur régional de l'alimentation, de l'agriculture et de la forêt ».*

Art. D. 174-3 (Abrogé par Décr. n° 2017-736 du 3 mai 2017, art. 10-8°) *Le forfait global de soins de chaque établissement est réparti selon les modalités suivantes entre les différents régimes d'assurance maladie, au prorata du nombre de pensionnaires pris en charge par chacun d'eux. L'établissement dresse au premier jour de chaque trimestre civil un tableau indiquant le nombre de pensionnaires pris en charge par chaque régime. Ce tableau est transmis à la caisse désignée en application de l'article D. 174-2 et aux organismes d'assurance maladie intéressés.*

Chaque année, la moyenne des tableaux trimestriels sert de base à la répartition du forfait entre les différents régimes d'assurance maladie.

(Décr. n° 2010-621 du 7 juin 2010, art. 2) *« Pour les établissements d'hébergement pour personnes âgées dépendantes, la répartition du forfait est basée sur la moyenne des données transmises mensuellement, conformément aux dispositions de l'article R. 314-169 du code de l'action sociale et des familles. »*

Art. D. 174-4 (Abrogé par Décr. n° 2017-736 du 3 mai 2017, art. 10-8°) *La répartition entre les régimes d'assurance maladie des sommes versées aux établissements pour le compte de ces régimes est effectuée au sein d'une commission nationale de répartition.*

Cette commission comprend des représentants de tous les régimes d'assurance maladie pour le compte desquels sont effectués les versements aux établissements. Le ministre chargé de la sécurité sociale, le ministre chargé de l'agriculture, le ministre chargé du budget sont représentés à la commission par des commissaires du Gouvernement.

La composition et les règles de fonctionnement de cette commission ainsi que la nomination de ses membres font l'objet d'un arrêté du ministre chargé de la sécurité sociale.

Art. D. 174-5 (Abrogé par Décr. n° 2017-736 du 3 mai 2017, art. 10-8°) *Les caisses qui assurent en vertu de l'article D. 174-2 les versements aux établissements envoient à la commission nationale de répartition, pour chacun de ces établissements, les éléments nécessaires à la répartition des charges entre les différents régimes, et notamment le montant du forfait global de soins et les tableaux établis* (Décr. n° 2010-621 du 7 juin 2010, art. 2) *« , ou les données mensuelles transmises, » en vertu de l'article D. 174-3.*

Elles tiennent les mêmes documents à la disposition des autres organismes d'assurance maladie intéressés.

Art. D. 174-6 (Abrogé par Décr. n° 2017-736 du 3 mai 2017, art. 10-8°) *L'instruction des décisions de la commission est assurée par la Caisse nationale de l'assurance maladie des travailleurs salariés qui centralise à cette fin les éléments mentionnés à l'article D. 174-5.*

Art. D. 174-7 (Abrogé par Décr. n° 2017-736 du 3 mai 2017, art. 10-8°) *La commission nationale de répartition se réunit au cours du dernier trimestre, dès que les montants des forfaits de soins et les bases de leur répartition entre les différents régimes sont connus pour l'année en cours.*

Sur la base de ces éléments et en tenant compte de la procédure de versement aux établissements définie à l'article D. 174-2, la commission procède :

1° A la répartition provisionnelle des charges entre les régimes pour l'année à venir et à la détermination des acomptes qui en résultent ;

2° A la répartition définitive des charges entre les régimes pour l'année en cours, compte tenu du montant des acomptes versés au titre de cette même année.

Pour la détermination du montant des acomptes, il est appliqué au total des forfaits de soins de l'année en cours un coefficient de variation tenant compte des prévisions d'évolution économique.

A défaut d'accord, la répartition définitive ou provisionnelle est fixée par arrêté interministériel.

Art. D. 174-8 (Abrogé par Décr. n° 2017-736 du 3 mai 2017, art. 10-8°) *Les sommes correspondant aux soldes positifs de la répartition définitive et de la répartition provisionnelle sont versées pour le compte des organismes de base par les organismes nationaux des régimes débiteurs aux organismes nationaux des régimes créditeurs.*

Le versement de compensation résultant de la répartition provisionnelle est effectué par mensualités. Toutefois, les régimes non mentionnés à l'article D. 134-9, et éventuellement certains régimes dont la liste est fixée par arrêté du ministre chargé de la sécurité sociale, peuvent effectuer ces versements selon une périodicité trimestrielle.

Le versement des soldes de la régularisation définitive est effectué au plus tard au cours du mois qui suit leur détermination.

SECTION IV DÉPENSES DE SOINS PARAMÉDICAUX DISPENSÉS DANS LE CADRE D'UNE ACTION MÉDICO-SOCIALE DE MAINTIEN À DOMICILE

Art. D. 174-9 Le montant des frais afférents aux soins à domicile dispensés aux assurés sociaux supportés en vertu de l'article L. 174-10 par les régimes d'assurance maladie est versé au service de soins sous la forme d'un forfait global et annuel.

Art. D. 174-10 Pour les services de soins à domicile publics ou privés ayant passé convention pour admettre des bénéficiaires de l'aide sociale et en admettant effectivement, le préfet arrête, après avoir recueilli l'avis des organismes d'assurance maladie selon les modalités fixées à l'article 12 du décret n° 81-448 du 8 mai 1981, et dans les conditions prévues à l'article 34 du décret n° 58-1202 du 11 décembre 1958 et par le décret n° 61-9 du 3 janvier 1961, le montant du forfait global et annuel supporté par les régimes d'assurance maladie, ainsi que le montant du forfait journalier, sur la base du budget prévisionnel du service sans qu'y soient incorporés les résultats financiers des exercices précédents.

Art. D. 174-11 Pour les services de soins à domicile privés ne relevant pas des dispositions de l'article D. 174-10, le forfait global de soins et le forfait journalier sont fixés par convention conclue entre les régimes d'assurance maladie et le service, en tenant compte des dépenses prévisionnelles du service.

Ces conventions sont soumises à l'homologation du préfet de la région dans laquelle est situé le service.

A défaut de convention, le forfait global de soins supporté par l'assurance maladie est fixé d'autorité par les organismes d'assurance maladie à un montant qui ne peut être inférieur à 75 % de la moyenne des montants des forfaits globaux applicables aux services de soins à domicile situés dans la région, ramenés à la journée.

Art. D. 174-12 Le médecin-conseil du régime d'assurance maladie dont relève l'assuré est immédiatement informé de toute admission dans le service de soins à domicile ; il reçoit alors copie du protocole de traitement établi par le médecin prescripteur de l'intervention du service. Il est également informé des modifications apportées au traitement et de toutes les prolongations de prise en charge au-delà du trentième jour et tous les trois mois ensuite. Il peut mettre fin à tout moment à la prise en charge.

Il évalue régulièrement le fonctionnement médical du service.

Art. D. 174-13 Le forfait global et annuel de soins ainsi que les dotations prévues à l'article 15 du décret n° 81-448 du 8 mai 1981 sont versés par un organisme d'assurance maladie et répartis entre les régimes dans les mêmes conditions que celles prévues par les articles D. 174-2 à D. 174-11.

Des avances de trésorerie peuvent être versées dans la limite d'un douzième du budget global de soins.

Art. D. 174-14 Lorsqu'une personne relève du code des pensions militaires d'invalidité et des victimes de la guerre et d'un régime d'assurance maladie, la charge des soins à domicile incombe à l'organisme dont dépend la prise en charge de l'affection motivant principalement ces soins.

La détermination de l'origine de cette affection est faite par concertation entre les médecins chargés du contrôle médical des organismes considérés.

SECTION IX **DÉPENSES RELATIVES AUX PRESTATIONS DISPENSÉES DANS LES CENTRES GRATUITS D'INFORMATION, DE DÉPISTAGE ET DE DIAGNOSTIC DES INFECTIONS PAR LES VIRUS DE L'IMMUNODÉFICIENCE HUMAINE ET DES HÉPATITES VIRALES ET DES INFECTIONS SEXUELLEMENT TRANSMISSIBLES** *(Décr. n° 2015-796 du 1er juill. 2015, art. 2-1°).*

(Décr. n° 99-1177 du 30 déc. 1999)

Art. D. 174-15 *(Décr. n° 2015-796 du 1er juill. 2015, art. 2-2°, en vigueur le 1er janv. 2016)* Les dépenses afférentes aux activités des centres gratuits d'information, de dépistage et de diagnostic des infections par les virus de l'immunodéficience humaine et des hépatites virales et des infections sexuellement transmissibles mentionnés à l'article L. 3121-2 du code de la santé publique sont prises en charge par le fonds mentionné à l'article L. 1435-8 du même code.

Ces dépenses comprennent :

1° Les consultations médicales, paramédicales, de psychologues et d'assistants sociaux ;

2° Les investigations biologiques ;

3° Les médicaments nécessaires au traitement ambulatoire des infections sexuellement transmissibles, les médicaments contraceptifs indiqués dans la contraception d'urgence ainsi que les produits nécessaires aux vaccinations et aux éventuelles réactions indésirables graves ;

4° Les dépenses relatives aux activités administratives, d'interprétariat et le cas échéant de médiation ;

5° Les dépenses relatives aux interventions de prévention ou de dépistage hors les murs ;

6° Les dépenses relatives aux activités d'expertise, de formation et le cas échéant aux activités de coordination qui sont confiées à ces centres.

Art. D. 174-16 *(Décr. n° 99-1177 du 30 déc. 1999)* Les dépenses des *(Décr. n° 2015-796 du 1er juill. 2015, art. 2-3°)* « activités effectuées dans les centres gratuits d'information, de dépistage et de diagnostic des infections par les virus de l'immunodéficience humaine et des hépatites virales et des infections sexuellement transmissibles mentionnés à l'article L. 174-16 » sont prises en charge sous la forme d'une dotation forfaitaire annuelle versée par la caisse primaire d'assurance maladie dans le ressort de laquelle la structure est implantée, pour le compte des régimes obligatoires d'assurance maladie. La caisse primaire d'assurance maladie procède chaque trimestre au règlement du quart de la dotation annuelle.

La répartition entre les régimes est effectuée chaque année suivant la répartition nationale des dotations globales hospitalières pour l'année considérée.

Art. D. 174-17 *(Décr. n° 99-1177 du 30 déc. 1999)* Le montant de la dotation forfaitaire annuelle relative aux dépenses liées aux *(Décr. n° 2015-796 du 1er juill. 2015, art. 2-4°, en vigueur le 1er janv. 2016)* « activités effectuées dans les centres gratuits d'information, de dépistage et de diagnostic mentionnés à l'article L. 174-16 » est déterminé par un accord signé entre le représentant *(Décr. n° 2015-796 du 1er juill.*

2015, art. 2-4°, en vigueur le 1er janv. 2016) « du centre » et *(Décr. n° 2010-344 du 31 mars 2010, art. 325)* « le directeur général de l'agence régionale de santé » avant la fin du premier trimestre de l'année au titre de laquelle s'applique la dotation. *(Abrogé par Décr. n° 2010-344 du 31 mars 2010, art. 325)* ***« L'accord est transmis, pour approbation, au préfet de région, qui dispose de vingt jours pour se prononcer, à compter de la date de transmission. Passé ce délai, l'accord est réputé approuvé. »***

En l'absence d'accord entre *(Décr. n° 2010-344 du 31 mars 2010, art. 325)* « le directeur général de l'agence régionale de santé » et la structure concernée *[,]* *(Décr. n° 2010-344 du 31 mars 2010, art. 325)* « le directeur général de l'agence régionale de santé fixe le montant de la dotation avant le 30 avril de l'année concernée et le notifie à » la caisse primaire d'assurance maladie territorialement compétente. En attendant la notification de la dotation définitive, la caisse primaire verse un trimestre prévisionnel qui équivaut à un trimestre du montant total de la dotation de l'année précédente.

Art. D. 174-18 *(Décr. n° 2015-796 du 1er juill. 2015, art. 2-5°, en vigueur le 1er janv. 2016)* La dotation forfaitaire annuelle est fixée dans le respect des montants de crédits définis à l'article R. 1435-25 du code de la santé publique, en tenant compte notamment :

1° Du périmètre des dépenses d'activité définies à l'article D. 174-15 du présent code ;

2° De l'activité du centre constatée au cours des trois dernières années. Lorsque le centre est en activité depuis moins de trois ans, ou en cas de circonstances particulières, l'activité prise en compte est celle prévue pour l'exercice en cause ;

3° Du coût moyen des dépenses d'activité attendu du centre au regard de son activité prévisionnelle.

SECTION X DISPOSITIONS DIVERSES

(Décr. n° 2015-1042 du 20 août 2015, art. 1er)

Art. D. 174-19 L'établissement de santé qui applique les dispositions de l'article L. 174-20 est tenu de fournir au patient un devis préalablement à sa prise en charge hospitalière puis une facture lorsque cette prise en charge a été réalisée. Le devis et la facture comprennent, de manière dissociée, les tarifs des prestations de soins et des prestations hôtelières associées à la prise en charge.

CHAPITRE V DISPOSITIONS D'APPLICATION — DISPOSITIONS DIVERSES

Art. D. 175-1 *(Décr. n° 2017-736 du 3 mai 2017, art. 10-4°)* La Caisse nationale de l'assurance maladie des travailleurs salariés assure le suivi de l'ensemble des charges d'assurance maladie afférentes aux soins dispensés dans les établissements de santé et les établissements et services mentionnés à l'article L. 312-1 du code de l'action sociale et des familles.

Elle notifie à chacun des régimes la part leur incombant sur la base des coefficients de répartition fixés en application des articles L. 174-8 et L. 175-2.

Pour les organismes qui ne sont pas régis par les dispositions de l'article D. 225-2-1, les conventions mentionnées à l'article D. 134-13 prévoient les modalités selon lesquelles sont réglées, au moins mensuellement, le cas échéant de manière provisionnelle, les sommes mentionnées à l'article R. 162-30-1 et celles dues en application du précédent alinéa.

CHAPITRE VI REVERSEMENT FORFAITAIRE À L'ASSURANCE MALADIE AU TITRE DES MALADIES PROFESSIONNELLES

Art. D. 176-1 *(Décr. n° 98-178 du 16 mars 1998)* Le montant du versement institué par l'article L. 176-1 est calculé tous les trois ans, après avis d'une commission présidée par un magistrat à la Cour des comptes, en fonction de l'évolution des connaissances relatives à la sous-déclaration des maladies professionnelles, du coût réel des affections qui devraient être prises en charge au titre du livre IV et des dépenses

d'incapacité temporaire liées aux maladies professionnelles de la branche Accidents du travail et maladies professionnelles. Ce montant est fixé par décret.

Art. D. 176-2 *(Décr. nº 98-178 du 16 mars 1998)* **Le montant du versement revalorisé en application du deuxième alinéa de l'article L. 176-1 est fixé par arrêté du ministre chargé de la sécurité sociale.**

Art. D. 176-3 *(Décr. nº 98-178 du 16 mars 1998)* **Le versement institué par l'article L. 176-1 intervient au cours du premier semestre de l'année au titre de laquelle il est dû.**

Art. D. 176-4 *(Décr. nº 98-178 du 16 mars 1998)* **La participation, prévue au troisième alinéa de l'article L. 176-1, des collectivités, établissements et entreprises mentionnés à l'article L. 413-13 et assumant directement la charge totale de la réparation des accidents du travail et des maladies professionnelles est calculée par application, à l'assiette définie à l'article L. 241-5, d'un taux fixé par arrêté du ministre chargé de la sécurité sociale et correspondant à une fraction du taux établi conformément aux articles D. 242-6-1 à D. 242-6-12 si ces dispositions leur étaient applicables. Pour ce calcul, seuls sont pris en compte les salaires perçus par les personnels concernés, bénéficiaires du livre IV et dont la charge est assumée par l'employeur.** — *V. Arr. du 16 oct. 1998 (JO 28 oct.) ss. art.*

Le taux fictif ainsi déterminé est notifié par la caisse *(Décr. nº 2010-344 du 31 mars 2010, art. 326)* **« d'assurance retraite et de la santé au travail » dont relève le siège social ou l'établissement principal de l'entreprise ou de la collectivité, dans les conditions prévues à l'article D. 242-6-17. L'établissement ou la collectivité est tenu, le cas échéant, de produire à la caisse** *(Décr. nº 2010-344 du 31 mars 2010, art. 326)* **« d'assurance retraite et de la santé au travail » compétente toutes justifications des éléments entrant dans le calcul de ce taux fictif.**

Les employeurs susvisés versent à l'union de recouvrement des cotisations de sécurité sociale et d'allocations familiales dont ils relèvent le montant de leur contribution. Ce versement, calculé par l'employeur d'après le taux fixé au premier alinéa ci-dessus, est effectué dans les conditions prévues par le chapitre III du titre IV du livre II.

Arrêté du 16 octobre 1998,

Fixant en application de l'article D. 176-4 du code de la sécurité sociale le taux de la participation à la branche Maladie, maternité, invalidité, décès due par les collectivités, établissements et entreprises mentionnés à l'article L. 413-13 du même code.

Art. 1er En vue de leur participation, prévue au troisième alinéa de l'article L. 176-1 du code de la sécurité sociale, au bénéfice de la branche Maladie, maternité, invalidité, décès au titre des affections non prises en charge au titre des maladies professionnelles, les collectivités, établissements et entreprises mentionnés à l'article L. 413-13 du même code et assumant directement la charge totale de la réparation des accidents du travail et des maladies professionnelles sont tenus de verser une cotisation destinée à la branche Accidents du travail et maladies professionnelles dont le taux correspond à 3,3 % du taux établi conformément aux dispositions des articles D. 242-6-1 à D. 242-6-12 du code de la sécurité sociale et qui serait applicable à leur personnel s'il relevait de l'organisation générale de la sécurité sociale pour les accidents du travail et les maladies professionnelles.

CHAPITRE VIII PARTICIPATION DE L'ASSURANCE MALADIE AU FINANCEMENT DE DIFFÉRENTS ORGANISMES

(Décr. nº 2013-828 du 16 sept. 2013, art. 1er)

Art. D. 178-1 **I. — La participation des régimes obligatoires de base d'assurance maladie au financement des fonds et établissements mentionnés au II du présent article est répartie au prorata du montant des prestations en nature de l'assurance maladie et maternité du dernier exercice connu servies par chacun de ces régimes, à l'exclusion de la participation au financement des avantages sociaux des praticiens et**

auxiliaires médicaux conventionnés mentionnés aux articles L. 722-1 à L. 722-9 et L. 645-1 à L. 645-5.

La participation de l'assurance maladie est versée au fonds ou à l'établissement par la Caisse nationale de l'assurance maladie des travailleurs salariés au nom de l'ensemble des régimes d'assurance maladie. Une convention entre la Caisse nationale de l'assurance maladie des travailleurs salariés, l'Agence centrale des organismes de sécurité sociale et le fonds ou l'établissement établit les modalités de son versement.

Chaque régime obligatoire de base d'assurance maladie autre que le régime général verse sa participation au financement des différents fonds et établissements à la Caisse nationale de l'assurance maladie des travailleurs salariés selon des conditions fixées par un arrêté conjoint des ministres chargés de la sécurité sociale et du budget.

II. — Les dispositions du I s'appliquent pour la participation de l'assurance maladie au financement des organismes suivants :

a) L'autorité mentionnée à l'article L. 161-37 ;

b) Le fonds mentionné à l'article L. 221-1-1 ;

c) Le groupement mentionné à l'article L. 1111-24 du code de la santé publique ;

d) L'office mentionné à l'article L. 1142-22 du même code ;

e) L'établissement mentionné à l'article L. 1222-1 du même code ;

f) L'*(Décr. n° 2016-523 du 27 avr. 2016, art. 4-II, en vigueur le 1er mai 2016)* « agence mentionnée à l'article L. 1413-1 » du même code ;

g) L'agence mentionnée à l'article L. 1418-1 du même code ;

(Abrogé par Décr. n° 2016-523 du 27 avr. 2016, art. 4-II, à compter du 1er mai 2016) « *h) L'établissement mentionné à l'article L. 3135-1 du même code ;* »

i) L'agence mentionnée à l'article L. 6113-10 du même code ;

j) Le centre mentionné à l'article 116 de la loi n° 86-33 du 9 janvier 1986 portant dispositions statutaires relatives à la fonction publique hospitalière ;

k) Le fonds mentionné à l'article 40 de la loi n° 2000-1257 de financement de la sécurité sociale pour 2001 ;

l) L'agence mentionnée à l'article 4 de la loi n° 2002-73 du 17 janvier 2002 de modernisation sociale ;

m) Le comité mentionné à l'article 69 de la loi n° 2008-1330 du 17 décembre 2008 de financement de la sécurité sociale pour 2009.

TITRE HUITIÈME DISPOSITIONS DIVERSES — DISPOSITIONS D'APPLICATION

CHAPITRE PREMIER DISPOSITIONS PROPRES AUX DÉPARTEMENTS DU HAUT-RHIN, DU BAS-RHIN ET DE LA MOSELLE

Art. D. 181-1 *Abrogé par Décr. n° 95-349 du 31 mars 1995, art. 4.*

CHAPITRE II DISPENSE D'AFFRANCHISSEMENT

Néant.

CHAPITRE III *[ABROGÉ]* UNIONS RÉGIONALES DES CAISSES D'ASSURANCE MALADIE

(Abrogé par Décr. n° 2010-344 du 31 mars 2010, art. 342)

Art. D. 183-1 à D. 183-3 *Abrogés par Décr. n° 2010-344 du 31 mars 2010, art. 342.*

CHAPITRE IV *[ABROGÉ]* DISPOSITIONS D'APPLICATION

(Abrogé par Décr. n° 2010-344 du 31 mars 2010, art. 342)

Néant.

CHAPITRE V PARTICIPATION DE LA CAISSE NATIONALE D'ASSURANCE MALADIE DES TRAVAILLEURS SALARIÉS AUX ASSURANCES EN RESPONSABILITÉ CIVILE

(Décr. n° 2006-909 du 21 juill. 2006, art. 2)

Art. D. 185-1 Les médecins régis par la convention nationale mentionnée à l'article L. 162-5 ou le règlement arbitral mentionné à l'article L. 162-4-2 du présent code exerçant une spécialité énumérée à l'article D. 4135-2 du code de la santé publique dans un établissement de santé, et qui sont accrédités ou engagés dans une procédure de renouvellement de leur accréditation prévue à l'article L. 4135-1 du code de la santé publique, peuvent bénéficier d'une aide à la souscription d'une assurance en responsabilité civile dont le montant tient compte des caractéristiques d'exercice énumérées à l'alinéa suivant, de la part de la caisse primaire d'assurance maladie dans le ressort de laquelle ils exercent leur activité.

Les médecins exerçant en établissement les spécialités mentionnées à l'article D. 4135-2 du code de la santé publique peuvent bénéficier, de la caisse primaire d'assurance maladie dans le ressort de laquelle ils exercent leur activité, d'une aide annuelle variable en fonction du montant de la prime d'assurance en responsabilité civile qu'ils ont à leur charge, de leur spécialité et de leurs conditions d'exercice, dès lors que plus de la moitié des actes techniques qu'ils réalisent sont :

1° Pour ce qui concerne les spécialités mentionnées du 1° au 17° de l'article D. 4135-2 du code de la santé publique, des accouchements, des échographies obstétricales ou des actes inscrits sous l'appellation "acte de chirurgie" ou "acte d'anesthésie" sur la liste mentionnée aux articles L. 162-1-7 et R. 162-52 du présent code ;

2° Pour ce qui concerne les spécialités visées aux 18°, 19°, 20° et 21°, les actes interventionnels remboursables suivants : actes d'endoscopies de l'appareil digestif, actes de proctologie, actes d'endoscopies de l'appareil respiratoire, actes par voie vasculaire transcutanée, échographies obstétricales.

Cette aide annuelle est calculée à partir d'un seuil minimum d'appel de cotisation de 4 000 € dans la limite d'un seuil maximum fixé selon les spécialités :

a) à *(Décr. n° 2011-2032 du 29 déc. 2011, art. 1er-1°)* « 25 200 » € pour la gynécologie-obstétrique et l'obstétrique ;

b) à *(Décr. n° 2011-2032 du 29 déc. 2011, art. 1er-2°)* « 9 800 » € pour l'anesthésie-réanimation et la réanimation médicale ;

(Décr. n° 2011-2032 du 29 déc. 2011, art. 1er-3°) « *c)* à 21 000 € pour les spécialités mentionnées du 1° au 11° à l'article D. 4135-2 du code de la santé publique ;

« *d)* à 15 000 € pour les spécialités mentionnées du 15° au 21° à l'article D. 4135-2 du code de la santé publique. »

Le montant de cette aide est calculé dans les conditions suivantes :

– 50 % de cette part pour les médecins non autorisés à pratiquer des honoraires différents et pour les médecins autorisés à pratiquer des honoraires différents ayant adhéré *(Décr. n° 2016-1305 du 3 oct. 2016, art. 1er)* « au contrat d'accès aux soins » ;

– 35 % de cette part pour les médecins autorisés à pratiquer des honoraires différents n'ayant pas adhéré *(Décr. n° 2016-1305 du 3 oct. 2016, art. 1er)* « au contrat d'accès aux soins ».

(Décr. n° 2006-1559 du 7 déc. 2006) « Pour les spécialités mentionnées du 1° au 12° et au 16° de l'article D. 4135-2 du code de la santé publique, l'aide annuelle est calculée par exception aux cinquième, dixième et onzième alinéas du présent article selon les modalités suivantes :

« 1° Le seuil minimum d'appel de cotisation mentionné au cinquième alinéa du présent article est fixé à 0 euro.

« 2° Les taux mentionnés aux dixième et onzième alinéas du présent article sont portés :

« – aux deux tiers pour les médecins non autorisés à pratiquer des honoraires différents ainsi que pour les médecins autorisés à pratiquer des honoraires différents ayant adhéré *(Décr. n° 2016-1305 du 3 oct. 2016, art. 1er)* « au contrat d'accès aux soins » ;

« – à 55 % pour les médecins autorisés à pratiquer des honoraires différents n'ayant pas adhéré *(Décr. n° 2016-1305 du 3 oct. 2016, art. 1er)* « au contrat d'accès aux soins ».

« Une partie, dont le niveau est fixé par arrêté du ministre chargé de la sécurité sociale, de l'aide prévue au présent article est versée par la caisse primaire d'assurance maladie à l'organisme auprès duquel le médecin s'est engagé dans la procédure d'accréditation. – *V. Arr. du 6 févr. 2007 (JO 11 févr.).*

« Les seuils maximum d'appel de cotisation mentionnés ci-dessus évoluent chaque année en fonction d'un indice des primes de responsabilité civile médicale de la spécialité ou du groupe de spécialités concernés, dans des conditions fixées par décret.

« Cet indice est fondé sur des informations transmises annuellement par les entreprises d'assurance couvrant en France les risques de responsabilité civile mentionnés à l'article L. 1142-2 du code de la santé publique. »

Art. D. 185-2 *(Décr. n° 2006-1559 du 7 déc. 2006)* Pour bénéficier de l'aide mentionnée à l'article D. 185-1, les médecins doivent remplir les conditions suivantes :

1° Transmettre à la caisse primaire d'assurance maladie dans le ressort duquel ils exercent leur activité une copie du certificat d'accréditation ou de renouvellement d'accréditation ;

2° *Ne pas avoir fait l'objet d'une pénalité sur le fondement de l'article L. 162-1-14, d'une sanction sur le fondement de la convention mentionnée à l'article L. 162-5 ou d'une sanction disciplinaire visée aux 3°, 4° et 5° de l'article L. 4124-6du code de la santé publique ou aux 3° et 4° de l'article L. 145-2, dans les vingt-quatre mois précédant leur demande. Lorsque la pénalité ou la sanction en cause fait l'objet d'un recours juridictionnel ayant un effet suspensif, il n'est pas tenu compte de celle-ci dans l'examen de la situation du médecin jusqu'à ce que ce recours ait donné lieu à un jugement ; – Al. annulé par CE 21 nov. 2008, Union des chirurgiens de France, n° 306152.*

3° Transmettre *(Décr. n° 2016-1305 du 3 oct. 2016, art. 2-1°)* « chaque année une copie de l'attestation d'assurance en responsabilité civile mentionnant le montant de la prime versée. »

(Abrogé par Décr. n° 2016-1305 du 3 oct. 2016, art. 2-2°) « Les conditions prévues aux 2° et 3° doivent être satisfaites chaque année. »

Lorsqu'une pénalité ou une sanction mentionnée au 2° est annulée par décision juridictionnelle devenue définitive, le médecin perçoit la part de l'aide qui n'a pas été versée en application des dispositions du présent article. – Al. annulé par CE 21 nov. 2008, Union des chirurgiens de France, n° 306152.

Art. D. 185-3 Le bénéfice de l'aide cesse à compter de la date du renoncement à l'accréditation, du retrait d'accréditation ou du refus de renouvellement de l'accréditation.

LIVRE DEUXIÈME ORGANISATION DU RÉGIME GÉNÉRAL — ACTION SANITAIRE ET SOCIALE DES CAISSES

TITRE PREMIER ORGANISMES LOCAUX ET RÉGIONAUX — ORGANISMES À CIRCONSCRIPTION NATIONALE

CHAPITRE PREMIER CAISSES PRIMAIRES D'ASSURANCE MALADIE

Néant.

CHAPITRE II CAISSES D'ALLOCATIONS FAMILIALES

SECTION PREMIÈRE DISPOSITIONS GÉNÉRALES

Art. D. 212-1 Le décret prévu au deuxième alinéa de l'article L. 212-1 est pris sur le rapport du ministre chargé de la sécurité sociale, du ministre chargé du budget et, le cas échéant, du ministre intéressé.

Art. D. 212-2 Pour les catégories de salariés autres que les salariés agricoles, mentionnées à l'article L. 212-1, et dont les prestations familiales sont financées par la

Caisse nationale des allocations familiales, le service desdites prestations est assuré dans les conditions définies ci-après.

Art. D. 212-3 *Abrogé par Décr. n° 2006-775 du 30 juin 2006. — Pour les personnels de l'État en service à l'étranger, les dispositions du Décr. n° 2006-775 du 30 juin 2006 entrent en vigueur le 1er janv. 2010 (Décr. n° 2008-1513 du 30 déc. 2008, art. 1er).*

Art. D. 212-4 *Abrogé par Décr. n° 2014-1538 du 18 déc. 2014, à compter du 1er janv. 2015.*

Art. D. 212-5 *Abrogé par Décr. n° 90-787 du 3 sept. 1990, art. 3.*

SECTION II CAISSE D'ALLOCATIONS FAMILIALES DE LA RÉGION PARISIENNE

Néant.

SECTION III CAISSE NATIONALE D'ALLOCATIONS FAMILIALES DES MARINS DU COMMERCE — CAISSE NATIONALE D'ALLOCATIONS FAMILIALES DE LA PÊCHE MARITIME — CAISSE NATIONALE D'ALLOCATIONS FAMILIALES DE LA NAVIGATION INTÉRIEURE

Art. D. 212-6 (Abrogé par Décr. n° 2016-1068 du 3 août 2016, art. 3-1°) (Décr. n° 2002-419 du 28 mars 2002) ***Le conseil d'administration de la caisse maritime d'allocations familiales est composé de la manière suivante :***

1. Quinze représentants des assurés sociaux désignés, à raison de :

— six par la Confédération générale du travail ;

— quatre par la Confédération française démocratique du travail ;

— trois par la Confédération française des travailleurs chrétiens ;

— deux par la Confédération générale du travail-Force ouvrière.

2. Quinze représentants des armateurs et des travailleurs indépendants, dont :

— six représentants désignés par le Comité central des armateurs de France ;

— trois représentants des armateurs désignés par l'Union des armateurs à la pêche de France ;

— trois représentants des travailleurs indépendants désignés par la Confédération générale du travail ;

— deux représentants des travailleurs indépendants désignés par la Confédération française des travailleurs chrétiens ;

— un représentant des travailleurs indépendants désigné par la Confédération française démocratique du travail ;

3. Quatre représentants des associations familiales désignés par l'Union nationale des associations familiales.

4. Une personne qualifiée désignée par le ministre chargé de la sécurité sociale.

Art. D. 212-7 *Abrogé par Décr. n° 2002-419 du 28 mars 2002, art. 2.*

CHAPITRE III UNIONS DE RECOUVREMENT DES COTISATIONS DE SÉCURITÉ SOCIALE ET D'ALLOCATIONS FAMILIALES (URSSAF)

Art. D. 213-1 *(Décr. n° 2011-1079 du 8 sept. 2011, art. 1er)* **La circonscription territoriale d'une union de recouvrement des cotisations de sécurité sociale et d'allocations familiales est départementale ou régionale. Elle est fixée, ainsi que le siège de l'union, par arrêté du ministre chargé de la sécurité sociale.**

V. Arr. du 18 juin 2013 fixant les modèles de statuts des unions pour le recouvrement des cotisations de sécurité sociale et d'allocations familiales dont la circonscription territoriale est régionale (JO 28 juin).

Fusion URSSAF. Il résulte de l'Arr. du 28 mai 2008 portant fusion des unions de recouvrement des cotisations sociales et d'allocations familiales de Lyon et de Villefranche-sur-Saône, et de l'Arr. du 15 juill. 2013 portant création de l'union pour le recouvrement des cotisations sociales et d'allocations familiales de Rhône-Alpes, pris sur le fondement de l'art. D. 213-1 CSS, qu'initialement attribué à l'URSSAF de Lyon en application de l'art. L. 138-20, le pouvoir de recouvrer et de contrôler les contributions que ce dernier texte mentionne a été transféré, successivement, à l'URSSAF du Rhône, puis de celle-ci à l'URSSAF Rhône-Alpes. Doit être cassé l'arrêt qui retient que seul le directeur de l'Agence centrale des organismes de sécurité sociale a le pouvoir de désigner, en application de l'art. L. 138-20 CSS, les organismes chargés de procéder au recouvrement et au contrôle de la contribution visée à l'art. L. 245-5-1, et que les Arr. des 28 mai 2008 et 15 juill. 2013 ont entraîné le transfert, au profit de l'URSSAF nouvellement créée, de tous les droits et obligations dont étaient titulaires les URSSAF absorbées, mais sont restés sans effet sur les compétences spécifiques en matière de recouvrement de la contribution instituée par l'art. L. 245-5-1 CSS. • Civ. 2e, 19 janv. 2014, no 16-10.630 P : *RJS 2017, no 227 ; JCP S 2017, no 1064, obs. Tauran, ibid. no 1071, obs. Michalletz.*

Art. D. 213-1-1 *(Décr. no 2001-978 du 25 oct. 2001)* **Pour l'application du dernier alinéa de l'article L. 213-1, la délégation de compétences en matière de contrôle entre unions de recouvrement prend la forme d'une convention générale de réciprocité ouverte à l'adhésion de l'ensemble des unions, pour une période d'adhésion minimale d'un an, renouvelable par tacite reconduction.**

Le directeur de l'Agence centrale des organismes de sécurité sociale est chargé d'établir cette convention et de recevoir les adhésions.

Art. D. 213-1-2 *(Décr. no 2001-978 du 25 oct. 2001)* **En application du pouvoir de coordination prévu par l'article L. 225-1-1 et pour des missions de contrôle spécifiques, le directeur de l'Agence centrale des organismes de sécurité sociale peut, à son initiative ou sur demande émise par une union, demander à une union de recouvrement** *(Décr. no 2017-1409 du 25 sept. 2017, art. 4)* **« d'exercer, dans le cadre de la convention de délégation prévue à l'article D. 213-1-1, les missions de contrôle en lieu et place de l'organisme de recouvrement auquel ressortit la personne contrôlée. »**

1. Condition. La convention de réciprocité spécifique entre organismes de recouvrement mentionnée à l'art. D. 213-1-2 CSS, si elle ne peut être conclue que pour un contrôle déterminé, n'a pas à désigner nominativement les cotisants susceptibles de faire l'objet du contrôle envisagé. Il appartient à la juridiction de sécurité sociale, saisie d'un recours à la suite du contrôle, de vérifier, lorsque le cotisant conteste la compétence de l'organisme qui a procédé au contrôle, si la situation de l'intéressé entrait dans l'objet de la convention de réciprocité spécifique. • Civ. 2e, 19 janv. 2017, no 15-28.023 P : *RJS 2017, no 227.*

2. Cas de fusion d'URSSAF. L'union de recouvrement issue de la fusion de plusieurs unions antérieurement existantes, est substituée à celles-ci pour la mise en œuvre de la convention générale de réciprocité à laquelle elles avaient souscrit. • Civ. 2e, 24 mai 2017, no 16-15.759 P : *RJS 2017, no 613 ; JCP S 2017, no 1217, obs. Tauran ; RDSS 2017. 387, note Tauran.*

3. Effet. La conclusion de telles conventions emporte par elle-même délégation de compétences réciproque (en particulier pour assurer des opérations de contrôle et de redressement). • Civ. 2e, 27 nov. 2014, no 13-26.244. ♦ Selon l'art. D. 213-1-2 CSS, en application du pouvoir de coordination prévu par l'art. L. 225-1-1 CSS et pour des missions de contrôle spécifiques, le directeur de l'Agence centrale des organismes de sécurité sociale peut, à son initiative ou sur demande émise par une union, demander à une union de recouvrement de déléguer, sous la forme d'une convention de réciprocité spécifique, ses compétences en matière de contrôle à une autre union de recouvrement. Ce texte n'a pas pour objet, ni pour effet de subordonner la régularité d'un contrôle concerté à l'existence préalable d'une convention de réciprocité spécifique, mais uniquement d'étendre la compétence des organismes chargés d'y procéder. Une délégation spécifique de compétence n'est pas nécessaire lorsque ceux-ci bénéficient déjà d'une délégation de compétence prenant la forme d'une convention générale de réciprocité consentie en application de l'art. L. 213-1 CSS. • Civ. 2e, 30 mars 2017, no 16-12.851 P : *RJS 2017, no 431 ; JCP S 2017, no 1177, obs. Michalletz.*

Art. D. 213-1-3 *(Décr. no 2011-37 du 10 janv. 2011)* **Le directeur de l'Agence centrale des organismes de sécurité sociale peut, à son initiative ou à la demande d'une union, confier à une union faisant fonction d'interlocuteur unique défini à l'article R. 243-6 la conduite des actions liées au recouvrement et de toute action contentieuse, tant en demande qu'en défense, à l'encontre des cotisants pour lesquels l'union a été désignée comme interlocuteur unique, quelles que soient la date et l'origine des litiges.**

Le directeur de l'Agence centrale des organismes de sécurité sociale veille à la mise en œuvre des décisions prises en vertu du précédent alinéa et en assure la publicité auprès des tiers concernés.

Art. D. 213-2 **Le personnel de l'union ne peut être pris en dehors du personnel des caisses tant que ces organismes n'ont pas avisé l'union de l'impossibilité de répondre aux demandes présentées.**

Les fonctions de directeur et d'agent comptable de l'union pourront être assurées par les titulaires des postes correspondants de l'une ou l'autre des caisses constituantes.

Art. D. 213-3 La commission de recours amiable des unions de recouvrement des cotisations de sécurité sociale et d'allocations familiales est composée conformément aux dispositions de l'article R. 142-2, sous les réserves suivantes :

(Abrogé par Décr. n° 2013-704 du 1er août 2013, art. 1er) ***« Le trésorier-payeur général, ou son représentant, participe aux délibérations de la commission de recours amiable avec voix consultative. »*** *— Les avis et propositions régulièrement émis par les organismes dont la composition est modifiée par le Décr. n° 2013-704 du 1er août 2013 demeurent valables pour l'édiction des décisions qu'ils préparent lorsque celles-ci interviennent après le 4 août, date de l'entrée en vigueur du Décr. susvisé (Décr. préc., art. 3).*

La commission de recours amiable peut s'adjoindre des membres suppléants choisis parmi les administrateurs travailleurs indépendants de la caisse d'allocations familiales.

Art. D. 213-4 Les dispositions de l'article *(Décr. n° 2018-174 du 9 mars 2018, art. 16-4°, en vigueur le 1er janv. 2018)* « R. 231-4 » sont applicables aux conseils d'administration des unions de recouvrement des cotisations de sécurité sociale et d'allocations familiales.

Art. D. 213-5 Lors de leur création, les unions reçoivent des caisses membres une avance pour frais de premier établissement. Le montant de la participation de chaque caisse peut être fixé par arrêté du ministre chargé de la sécurité sociale en fonction des cotisations encaissées par elles au cours de l'année civile précédant celle de la création. Cette participation peut être représentée pour partie par des biens meubles ou immeubles transférés à l'union.

Art. D. 213-6 Pour chacune de ces unions de recouvrement, un arrêté du ministre chargé de la sécurité sociale fixera, le cas échéant, la date à partir de laquelle leur compétence est étendue à l'ensemble des opérations mentionnées aux 1°, 2° et 3° de l'article L. 213-1.

Art. D. 213-7 *(Décr. n° 2011-1079 du 8 sept. 2011, art. 2)* I. — Des conseils départementaux sont créés dans chaque département auprès des conseils d'administration des unions de recouvrement des cotisations de sécurité sociale et d'allocations familiales dont la circonscription géographique est régionale.

Les dispositions de l'alinéa précédent ne sont pas applicables aux départements de la collectivité territoriale de Corse. Pour la région Île-de-France, elles s'appliquent au seul département de Seine-et-Marne.

Les conseils départementaux sont composés de seize membres comprenant :

1° Huit membres désignés au titre des assurés sociaux par les organisations syndicales de salariés interprofessionnelles représentatives au plan national ;

2° Huit membres désignés au titre des employeurs et des travailleurs indépendants, dont cinq par les organisations professionnelles nationales d'employeurs représentatives, et trois désignés par les institutions ou organisations professionnelles de travailleurs indépendants les plus représentatives au plan national ;

Les sièges sont répartis entre les représentants des assurés sociaux, les représentants des employeurs et des travailleurs indépendants selon les règles prévues respectivement aux articles D. 231-2 et D. 231-3 pour les conseils d'administration des unions pour le recouvrement des cotisations sociales et d'allocations familiales.

Les règles d'inéligibilité et d'incompatibilité imposées aux membres des conseils d'administration des unions de recouvrement des cotisations de sécurité sociale et d'allocations familiales par les articles L. 144-1, L. 231-6 et L. 231-6-1 sont applicables aux membres des conseils départementaux.

Les membres des conseils départementaux sont nommés par arrêté du ministre chargé de la sécurité sociale *(Abrogé par Décr. n° 2017-1535 du 3 nov. 2017, art. 1er-1°)* ***« après transmission, par l'Agence centrale des organismes de sécurité sociale, des désignations auxquelles ont procédé les organisations ou institutions mentionnées aux 1° et 2° ».***

Les fonctions des membres des conseils départementaux prennent fin à l'expiration du mandat des membres du conseil d'administration.

II. – Dans chaque département, ces conseils :
1° Assurent le suivi de l'activité de l'URSSAF, notamment celle relative au recouvrement, au contrôle et à la lutte contre les fraudes ;
2° S'assurent de la qualité du service rendu aux cotisants au regard, notamment, des objectifs fixés par les contrats pluriannuels de gestion prévus à l'article L. 227-3 ;
3° Suivent l'évolution du contexte socio-économique.
Des instances départementales d'instruction des recours amiables sont constituées au sein des conseils départementaux. Elles sont composées de dix membres désignés parmi les conseillers départementaux à raison d'un représentant par organisation syndicale au titre des assurés sociaux et de cinq représentants au titre des employeurs et travailleurs indépendants.

CHAPITRE IV ÉLECTIONS

Art. D. 214-1 à D. 214-60 *Abrogés par Décr. n° 96-592 du 2 juill. 1996, art. 6.*

CHAPITRE V CAISSES D'ASSURANCE RETRAITE ET DE LA SANTÉ AU TRAVAIL *(Décr. n° 2010-344 du 31 mars 2010, art. 285).*

Art. D. 215-1 *(Décr. n° 86-512 du 15 mars 1986)* **Les circonscriptions des caisses** *(Décr. n° 2010-344 du 31 mars 2010, art. 327)* **« d'assurance retraite et de la santé au travail » sont fixées conformément au tableau joint au présent chapitre** ***(annexe)***. – *V. ci-dessous.*

L'autorité administrative chargée du contrôle de chacune des caisses d'assurance retraite et de la santé au travail est déterminée par arrêté du ministre chargé de la sécurité sociale (Décr. 15 mars 1986, art. 2).

ANNEXE

(mentionnée à l'article D. 215-1)

La composition des circonscriptions à l'intérieur desquelles s'exerce la compétence des caisses *(Décr. n° 2010-344 du 31 mars 2010, art. 327)* « d'assurance retraite et de la santé au travail » est fixée ainsi qu'il suit :

Aquitaine	Dordogne, Gironde, Landes, Lot-et-Garonne, Pyrénées-Atlantiques
Massif central	Allier, Cantal, Haute-Loire, Puy-de-Dôme
Bourgogne - Franche-Comté	Côte-d'Or, Doubs, Jura, Nièvre, Haute-Saône, Saône-et-Loire, Yonne, Territoire de Belfort
Nord - Picardie	Aisne, Nord, Oise, Pas-de-Calais, Somme
Centre Ouest	Charente, Charente-Maritime, Corrèze, Creuse, Deux-Sèvres, Vienne, Haute-Vienne
Rhône-Alpes	Ain, Ardèche, Drôme, Isère, Loire, Rhône, Savoie, Haute-Savoie
Sud-Est	Alpes-de-Haute-Provence, Hautes-Alpes, Alpes-Maritimes, Bouches-du-Rhône, Corse-du-Sud, Haute-Corse, Var, Vaucluse
Languedoc-Roussillon	Aude, Gard, Hérault, Lozère, Pyrénées-Orientales
Nord-Est	Ardennes, Aube, Marne, Haute-Marne, Meurthe-et-Moselle, Meuse, Vosges
Pays de la Loire	Loire-Atlantique, Maine-et-Loire, Mayenne, Sarthe, Vendée
Centre	Cher, Eure-et-Loir, Indre, Indre-et-Loire, Loiret, Loir-et-Cher
Île-de-France	Paris, Yvelines, Essonne, Hauts-de-Seine, Seine-Saint-Denis, Val-de-Marne, Val-d'Oise, Seine-et-Marne
Bretagne	Côtes-du-Nord [*Côtes-d'Armor*], Finistère, Ille-et-Vilaine, Morbihan
Normandie	Calvados, Eure, Manche, Orne, Seine-Maritime
Alsace-Moselle	Moselle, Bas-Rhin, Haut-Rhin
Midi-Pyrénées	Ariège, Aveyron, Haute-Garonne, Gers, Lot, Hautes-Pyrénées, Tarn, Tarn-et-Garonne

CHAPITRE VI CONSTITUTION ET GROUPEMENT DES CAISSES

Néant.

CHAPITRE VII DISPOSITIONS COMMUNES — DISPOSITIONS D'APPLICATION

SECTION PREMIÈRE RÈGLEMENT INTÉRIEUR

Néant.

SECTION II DISPOSITIONS DIVERSES CONCERNANT LES ADMINISTRATEURS DES CAISSES

Art. D. 217-1 (Abrogé par Décr. n° 2018-1084 du 4 déc. 2018, art. 1er) *En cas de pluralité d'unions départementales des associations familiales dans la circonscription d'une caisse primaire d'assurance maladie, d'une caisse d'allocations familiales ou d'une caisse* (Décr. n° 2010-344 du 31 mars 2010, art. 328) *« d'assurance retraite et de la santé au travail », le ou les représentants des associations familiales au conseil d'administration de cette caisse sont désignés par l'union nationale des associations familiales si les unions départementales ne sont pas parvenues à un accord dans le délai de deux mois à compter de la date des élections des représentants des assurés sociaux dans les conseils d'administration des caisses locales.*

SECTION III OPÉRATIONS IMMOBILIÈRES DES ORGANISMES DE SÉCURITÉ SOCIALE CONCERNANT L'INSTALLATION DE LEURS SERVICES ADMINISTRATIFS

Néant.

SECTION IV DISPOSITIONS D'APPLICATION

Néant.

SECTION IV *BIS* MÉDIATION

(*Décr. n° 2018-1084 du 4 déc. 2018, art. 1er, en vigueur le 7 juin 2019*)

Art. D. 217-7-1 I. — Le médiateur est rattaché fonctionnellement à la direction de l'organisme et dispose des moyens nécessaires à l'exécution de ses missions mis à disposition par celle-ci.

Lorsqu'il exerce son activité à titre bénévole le médiateur perçoit une indemnité forfaitaire représentative de frais dans les mêmes conditions que celles applicable aux administrateurs des conseils et conseils d'administration des organismes.

II. — Peut être désignée par le directeur de l'organisme en qualité de médiateur toute personne qui justifie d'une formation ou d'une expérience adaptée à la pratique de la médiation et qui possède, par l'exercice présent ou passé d'une activité, une qualification en droit suffisante eu égard à la nature des affaires à connaître, et en particulier en droit de la sécurité sociale.

III. — La médiation est soumise au principe de confidentialité.

Les constatations du médiateur et les déclarations recueillies au cours de la médiation ne peuvent être divulguées aux tiers ni invoquées ou produites dans le cadre d'une instance judiciaire ou arbitrale sans l'accord des parties.

Il est fait exception aux alinéas précédents dans les deux cas suivants :

a) En présence de raisons impérieuses d'ordre public ou de motifs liés à la protection de l'intérêt supérieur de l'enfant ou à l'intégrité physique ou psychologique de la personne ;

b) Lorsque la révélation de l'existence ou la divulgation du contenu de l'accord issu de la médiation est nécessaire pour son exécution.

IV. — Le médiateur accomplit sa mission en toute impartialité et ne peut recevoir aucune instruction quant au traitement d'une réclamation qui lui est soumise.

Il veille à prévenir toute situation de conflit d'intérêts.

Le médiateur déclare, s'il y a lieu, qu'il a un lien direct ou indirect, notamment d'ordre familial, professionnel ou financier, avec la personne dont la réclamation est examinée.

Lorsque tel est le cas, la réclamation est traitée par le médiateur d'un autre organisme.

TITRE DEUXIÈME ORGANISMES NATIONAUX

CHAPITRE PREMIER CAISSE NATIONALE DE L'ASSURANCE MALADIE DES TRAVAILLEURS SALARIÉS

SECTION PREMIÈRE COMPTES COMBINÉS ÉTABLIS PAR LA CAISSE NATIONALE DE L'ASSURANCE MALADIE DES TRAVAILLEURS SALARIÉS

(Décr. n° 2016-1212 du 9 sept. 2016, art. 5)

Art. D. 221-1 Le compte de résultat de la branche mentionnée au 1° de l'article L. 200-2 enregistre :

1° La prise en charge des frais de santé effectuée par les caisses mentionnées aux articles L. 211-1 et L. 752-2 ainsi que par les organismes mentionnés au troisième alinéa de l'article L. 160-17 pour les assurés mentionnés à l'article L. 381-4 ;

2° Les prestations mentionnées aux titres II à IV et VI du livre III ;

3° Les dépenses et recettes relatives au dispositif mentionné au 10° de l'article L. 221-1 ;

4° Les frais de gestion et autres charges de la branche maladie ;

5° Les cotisations mentionnées aux 1° et 2° du II de l'article L. 241-2 qui sont acquittées par les personnes mentionnées au 1° de l'article L. 200-1 et à l'article L. 722-1 ainsi que les cotisations mentionnées au 3° du II de l'article L. 241-2 ;

6° Les cotisations mentionnées au III de l'article L. 241-2 acquittées auprès des organismes mentionnés aux articles L. 211-1, L. 225-1 et L. 752-4 au titre des avantages de retraite et des allocations et revenus de remplacement mentionnés à l'article L. 131-2 ;

7° La fraction du produit de la contribution sociale généralisée mentionnée au 4° du IV de l'article L. 136-8, attribuée à la branche mentionnée au 1° de l'article L. 200-1 en application des dispositions de l'article D. 136-1 ;

8° Les autres ressources mentionnées au IV de l'article L. 241-2 autres que celles mentionnées au 7° ;

9° Le solde des opérations mentionnées au premier alinéa de l'article D. 134-12.

Les dispositions issues du Décr. n° 2016-1212 du 9 sept. 2016 s'appliquent à compter de l'exercice 2016 (Décr. préc., art. 12).

Art. D. 221-2 I. – La Caisse nationale de l'assurance maladie des travailleurs salariés établit un état financier qui enregistre l'ensemble des charges et produits mentionnés à l'article L. 241-2 selon les mêmes règles et la même présentation que celles applicables pour l'établissement des comptes de résultat des caisses nationales de sécurité sociale. Le calendrier d'établissement de cet état est fixé par l'arrêté mentionné à l'article R. 114-6-1. Ce calendrier peut différer de celui applicable pour les autres comptes établis par la Caisse nationale de l'assurance maladie des travailleurs salariés.

L'état financier mentionné au premier alinéa est transmis aux destinataires mentionnés au IV de l'article D. 114-4-2 dans les conditions fixées par ce même IV.

II. – L'état financier mentionné au premier alinéa enregistre en charges les prestations en espèces des régimes pour lesquels la réglementation renvoie intégralement aux titres II à IV et VI du livre III.

Les cotisations mentionnées aux 1° et 2° de l'article L. 241-2 sont prises en compte pour les régimes autres que le régime général et les régimes mentionnés à l'alinéa précédent dans la limite d'un taux de 11,1 %. Ce taux est porté à 11,5 % pour les régimes pour lesquels la cotisation d'assurance maladie n'est pas assise sur la totalité des rémunérations mentionnées à l'article L. 242-1.

V. note ss. art. D. 221-1.

SECTION II FONDS DES ACTIONS CONVENTIONNELLES

(Décr. n° 2007-1810 du 21 déc. 2007, art. 1er-III)

Art. D. 221-28 Le fonds des actions conventionnelles créé au sein de la Caisse nationale de l'assurance maladie des travailleurs salariés par l'article L. 221-1-2 comporte une section distincte par profession faisant l'objet d'une convention mentionnée à l'article L. 162-14-1 et pour les centres de santé conventionnés au titre de l'accord mentionné à l'article L. 162-32-1.

Pour chacune des sections, les partenaires conventionnels déterminent, dans les conditions prévues à l'article L. 162-15, les modalités selon lesquelles il est établi chaque année, et modifié le cas échéant par décision modificative, un budget prévisionnel en équilibre des recettes et des dépenses de la section, ainsi que les modalités selon lesquelles sont prises les décisions de financements.

Lorsque des ressources inscrites dans la convention mentionnée à l'article L. 227-1 sont affectées au budget d'une ou plusieurs sections du fonds des actions conventionnelles, le directeur général de la Caisse nationale de l'assurance maladie des travailleurs salariés veille à ce que la totalité de ces affectations n'excède pas le montant inscrit pour ces ressources dans la convention précitée. Ces budgets sont soumis au conseil de la Caisse nationale de l'assurance maladie des travailleurs salariés.

Art. D. 221-29 Les opérations d'engagement, de liquidation et d'ordonnancement sont assurées par le directeur général de la Caisse nationale de l'assurance maladie des travailleurs salariés.

L'agent comptable de la Caisse nationale d'assurance maladie des travailleurs salariés procède au paiement au vu des états liquidatifs transmis par le directeur général.

Art. D. 221-30 La section des médecins dispose d'une sous-section retraçant les recettes et les dépenses liées au produit de la cotisation et au versement de l'allocation de remplacement prévues à l'article 4 de la loi n° 88-16 du 5 janvier 1988 relative à la sécurité sociale et mentionnées respectivement au 1° du I de l'article L. 221-1-2 et au premier alinéa du II du même article. En vue de l'établissement du budget mentionné à l'article D. 221-28, sont prises en compte les prévisions établies par la caisse autonome de retraite des médecins français.

Ces dispositions sont entrées en vigueur le 31 déc. 2007 (Décr. n° 2007-1810 du 21 déc. 2007, art. 3).

Art. D. 221-31 Le produit de la cotisation mentionnée au 1° du I de l'article L. 221-1-2 est versé par la caisse autonome de retraite des médecins français à la Caisse nationale de l'assurance maladie des travailleurs salariés, qui en retrace le montant dans la sous-section mentionnée à l'article D. 221-30. Les modalités de ce versement sont fixées par une convention passée entre les deux caisses.

Les allocations de remplacement prévues par l'article 4 de la loi du 5 janvier 1988 susmentionnée sont liquidées par la caisse autonome de retraite des médecins français. Celle-ci adresse un état liquidatif des allocations et des cotisations qui y sont assises à la Caisse nationale de l'assurance maladie des travailleurs salariés ainsi que toutes les pièces justificatives nécessaires. L'agent comptable de la Caisse nationale de l'assurance maladie des travailleurs salariés procède aux vérifications auxquelles il est tenu conformément à la réglementation applicable aux établissements publics de l'État. Si une irrégularité est constatée, il en avise la caisse autonome de retraite des médecins français qui procède aux régularisations nécessaires et adresse un nouvel état liquidatif.

La Caisse nationale de l'assurance maladie des travailleurs salariés peut déléguer le versement des allocations de remplacement mentionnées au deuxième alinéa du présent article à la caisse autonome de retraite des médecins français, selon des modalités fixées par la convention mentionnée au premier alinéa du présent article.

Ces dispositions sont entrées en vigueur le 31 déc. 2007 (Décr. n° 2007-1810 du 21 déc. 2007, art. 3).

Art. D. 221-32 Le directeur général de la Caisse nationale de l'assurance maladie des travailleurs salariés notifie à chaque caisse primaire d'assurance maladie et caisse générale de sécurité sociale le montant de la dotation annuelle dont elle dispose au titre de chacune des sections du fonds. Les opérations d'engagement, de liquidation et d'ordonnancement sont effectuées par le directeur de la caisse primaire ou générale de sécurité sociale.

Le paiement est effectué par l'agent comptable de la caisse primaire d'assurance maladie ou de la caisse générale de sécurité sociale au vu des états liquidatifs transmis par son directeur.

Art. D. 221-33 Un compte de résultat du fonds des actions conventionnelles est établi à l'issu de chaque exercice comptable. Le compte de résultat est présenté par section. Aucune section ne peut être déficitaire. Les résultats excédentaires de la sous-section mentionnée à l'article D. 221-30 sont affectés à cette sous-section.

Le compte de résultat est soumis au conseil de la Caisse nationale de l'assurance maladie des travailleurs salariés dans le cadre des opérations d'arrêté des comptes préparées par l'agent comptable de la Caisse nationale de l'assurance maladie des travailleurs salariés.

SECTION III FONDS NATIONAL POUR LA DÉMOCRATIE SANITAIRE

(Décr. n° 2017-709 du 2 mai 2017, art. 1er)

Art. D. 221-34 Le comité de pilotage du Fonds national pour la démocratie sanitaire comprend :

1° Le secrétaire général des ministères chargés des affaires sociales ;
2° Le directeur général de la santé ;
3° Le directeur de la sécurité sociale ;
4° Le directeur du budget ;
5° Le directeur général de l'offre de soins ;
6° Le directeur général de la cohésion sociale ;
7° Le directeur général de la Caisse nationale de l'assurance maladie des travailleurs salariés.

La présidence du comité de pilotage est assurée par le secrétaire général des ministères chargés des affaires sociales.

Le secrétariat du comité de pilotage est assuré par le secrétariat général des ministères chargés des affaires sociales.

Le comité de pilotage émet un avis sur la liste des bénéficiaires des financements assurés par le fonds et les montants des sommes à verser. L'avis est rendu à la majorité des membres présents. Le président a voix prépondérante en cas de partage égal des voix.

Art. D. 221-35 I. – Le budget du fonds est établi, adopté et exécuté dans les conditions prévues par les articles L. 221-3 et L. 221-3-1.

Les dépenses sont inscrites au budget du fonds dans des limites fixées par la convention d'objectifs et de gestion mentionnée à l'article L. 227-1 conclue avec la Caisse nationale de l'assurance maladie des travailleurs salariés. – *Cet al. entre en vigueur à compter du prochain renouvellement de la convention d'objectifs et de gestion mentionnée à l'art. L. 227-1 CSS conclue avec la CNAMTS (décr. n° 2017-709 du 2 mai 2017, art. 3).*

II. – Une convention financière est conclue avec chaque bénéficiaire des financements assurés par le fonds qui précise l'objet, la durée, les modalités de versement et les conditions d'utilisation des financements. La convention prévoit en outre la justification des dépenses, la production d'un bilan d'exécution et les modalités d'une éventuelle régularisation.

La convention est signée par le directeur général de la Caisse nationale de l'assurance maladie des travailleurs salariés et par les ministres chargés de la santé, de la sécurité sociale et du budget.

III. – Le fonds ne peut être déficitaire.

IV. – Le ministre chargé de la santé établit un rapport annuel sur les financements assurés par le fonds.

CHAPITRE II CAISSE NATIONALE D'ASSURANCE VIEILLESSE DES TRAVAILLEURS SALARIÉS

Néant.

CHAPITRE III CAISSE NATIONALE DES ALLOCATIONS FAMILIALES

Art. D. 223-1 *(Décr. nº 2002-1301 du 25 oct. 2002, art. 1er)* I. – Pour l'application du 7° de l'article L. 223-1, les opérations de remboursement aux employeurs autres que l'État des rémunérations versées sont confiées, à titre exclusif, par la Caisse nationale des allocations familiales à la Caisse des dépôts et consignations par une convention de gestion également passée avec l'Agence centrale des organismes de sécurité sociale.

Cette convention fixe les conditions dans lesquelles la Caisse nationale des allocations familiales verse à la Caisse des dépôts et consignations, de façon provisionnelle, les sommes nécessaires aux opérations de remboursement. Elle fixe également le montant des frais de gestion versés par la Caisse nationale des allocations familiales à la Caisse des dépôts et consignations, ainsi que la périodicité et la nature des états ou pièces justificatives produits par la Caisse des dépôts et consignations.

Les employeurs autres que l'État adressent une demande de remboursement à la Caisse des dépôts et consignations. Les remboursements interviennent trimestriellement, sur la base d'un état récapitulatif indiquant, pour chaque agent concerné, le montant des dépenses à la charge de l'employeur et des dépenses remboursables, ainsi que le nombre des agents concernés et le nombre de jours de congés pris.

Les employeurs tiennent à la disposition de la Caisse des dépôts et consignations les pièces justificatives des demandes de remboursement pour chacun des agents concernés.

II. – Le remboursement des rémunérations servies par l'État à ses agents est effectué annuellement, sur le fondement d'un état récapitulatif produit à l'occasion des opérations de centralisation des comptes effectuées en application du 1° de l'article L. 223-1. L'état récapitulatif précise notamment le nombre des agents concernés et des jours de congés pris.

L'État tient à la disposition de la Caisse nationale des allocations familiales les pièces justificatives des demandes de remboursement pour chacun des agents concernés.

Art. D. 223-2 *(Décr. nº 2002-1300 du 25 oct. 2002, art. 1er)* Pour l'application du 8° de l'article L. 223-1, les modalités de remboursement par la Caisse nationale des allocations familiales à la Banque de France des sommes versées aux agents titulaires de la Banque de France au titre du congé de paternité, ainsi que les pièces justificatives à produire, sont fixées par une convention conclue entre la Caisse nationale des allocations familiales et la Banque de France.

Cette convention peut prévoir le versement d'acomptes, calculés en fonction des dépenses constatées au cours de l'exercice précédent. Les états justificatifs comportent notamment le nombre des agents concernés et des jours de congé pris.

Le remboursement à leurs employeurs des rémunérations servies aux agents bénéficiaires des autres régimes spéciaux mentionnés au 8° de l'article L. 223-1 est effectué annuellement, sur le fondement d'un état récapitulatif produit à l'occasion des opérations de centralisation des comptes effectuées en application du 1° du même article. L'état récapitulatif précise notamment le nombre des agents concernés et des jours de congé pris.

Les employeurs mentionnés à cet article tiennent à la disposition de la Caisse nationale des allocations familiales les pièces justificatives des demandes de remboursement pour chacun des agents concernés.

CHAPITRE IV DISPOSITIONS COMMUNES AUX CAISSES NATIONALES ET À L'AGENCE CENTRALE

(Décr. nº 2002-338 du 6 mars 2002)

Art. D. 224-1 Pour l'application des dispositions du deuxième alinéa de l'article L. 224-5, l'union des caisses nationales de sécurité sociale est chargée *(Décr. nº 2015-711 du 22 juin 2015, art. 1er-1°, en vigueur le 1er janv. 2016)* « de contrôler la gestion de l'Institut national de formation défini à l'article L. 228-1 dans les conditions définies au chapitre VII du présent titre ».

L'union établit un bilan annuel des formations dispensées aux agents des organismes de sécurité sociale du régime général.

Art. D. 224-2 Le conseil d'orientation de l'union des caisses nationales de sécurité sociale comprend 24 membres. Le nombre de sièges attribués aux représentants d'une part des assurés sociaux, d'autre part des employeurs, ainsi que la répartition de ces sièges entre les organisations représentant chacune de ces deux catégories *(Décr. nº 2017-322 du 13 mars 2017, art. 2-1º)* « de membres » sont identiques à ceux retenus pour la composition des conseils *(Abrogé par Décr. nº 2017-322 du 13 mars 2017, art. 2-1º)* « *d'administration* » des organismes visés à l'article L. 211-2.

(Décr. nº 2017-322 du 13 mars 2017, art. 2-1º) « Les membres du conseil d'orientation sont désignés pour une durée de quatre ans »

Les suppléants sont désignés conformément aux dispositions du I de l'article L. 231-3.

Les membres du conseil d'orientation, désignés ou membres de droit, sont nommés par arrêté du ministre chargé de la sécurité sociale.

La durée des mandats prévue à l'art. D. 224-2, dans sa rédaction issue du Décr. nº 2017-322 du 13 mars 2017, s'applique aux mandats des membres du conseil d'orientation de l'union des caisses nationales de sécurité sociale à compter de son premier renouvellement organisé postérieurement à la date de publication dudit décret.

Les mandats des membres du conseil d'orientation de l'union des caisses nationales de sécurité sociale, en cours à la date de publication dudit décret, sont prorogés de douze mois.

Les dispositions précitées peuvent être modifiées par décret (Décr. préc., art. 4-I, II et VI, JO 14 mars ; mod. par Décr. nº 2017-736 du 3 mai 2017, art. 13-II).

Art. D. 224-3 Le président et le vice-président du conseil d'orientation sont élus dans des conditions fixées à l'article *(Décr. nº 2018-174 du 9 mars 2018, art. 16-4º, en vigueur le 1er janv. 2018)* « R. 231-4 ».

Le conseil se réunit chaque fois qu'il est convoqué par son président et au moins quatre fois par an.

Le conseil siège valablement dès lors que le nombre de ses membres assistant à la séance est supérieur à la moitié du nombre total des administrateurs ayant voix délibérative dont il est composé.

Est nulle et non avenue toute décision prise dès lors que le quorum n'est plus atteint en cours de séance.

L'agent comptable de l'union assiste, avec voix consultative, aux séances du conseil d'orientation et de ses commissions.

Le ministre chargé de la sécurité sociale et le ministre chargé du budget sont représentés auprès de l'union des caisses nationales de sécurité sociale chacun par un commissaire du Gouvernement.

Les commissaires du Gouvernement assistent aux séances du conseil d'orientation et sont entendus chaque fois qu'ils le demandent.

Art. D. 224-4 Le conseil d'orientation est tenu de constituer en son sein *(Abrogé par Décr. nº 2009-387 du 7 avr. 2009)* « *une commission de contrôle, conformément à l'article D. 253-64, et* » une commission des marchés, conformément à la réglementation en vigueur.

Les membres du conseil d'orientation suppléants peuvent être désignés par le conseil d'orientation membres titulaires des commissions.

Art. D. 224-5 Pour l'application des dispositions du premier alinéa de l'article L. 224-5-2, un représentant chargé de siéger au comité exécutif des directeurs de l'union des caisses nationales de sécurité sociale est désigné pour une période de trois ans renouvelable une fois par les directeurs d'organismes locaux ou régionaux relevant des branches visées aux 1º, 3º et 4º de l'article L. 200-2 et d'organismes locaux ou régionaux de recouvrement, qui composent chacun des comités de branche placés respectivement auprès du directeur de la Caisse nationale de l'assurance maladie des travailleurs salariés, de la Caisse d'assurance vieillesse des travailleurs salariés, de la Caisse nationale des allocations familiales et de l'Agence centrale des organismes de sécurité sociale. Chaque nomination est transmise à l'union des caisses nationales de sécurité sociale par le directeur de la Caisse nationale concernée.

Le comité de branche placé auprès du directeur de la Caisse nationale d'assurance vieillesse des travailleurs salariés comprend les directeurs des caisses *(Décr. nº 2010-*

344 du 31 mars 2010, art. 329) « d'assurance retraite et de la santé au travail » et le directeur de la caisse régionale d'assurance vieillesse de Strasbourg.

Le comité de branche placé auprès du directeur de la Caisse nationale de l'assurance maladie des travailleurs salariés représente la branche maladie, maternité, invalidité décès ainsi que la branche accidents du travail et maladies professionnelles.

Le mandat de membre du comité des directeurs est lié à l'exercice de la fonction de directeur d'organisme de la branche.

Art. D. 224-6 Le président et le vice-président du comité exécutif des directeurs sont élus parmi les membres du comité dans des conditions définies à l'article *(Décr. n° 2018-174 du 9 mars 2018, art. 16-4°, en vigueur le 1er janv. 2018)* « R. 231-4 ».

Le vice-président remplace le président en cas d'empêchement.

Le comité se réunit chaque fois qu'il est convoqué par le président et au moins quatre fois par an.

Le comité ne peut délibérer valablement que si la majorité des membres assistent à la séance.

Les membres du comité ne peuvent se faire représenter aux séances. Toutefois, ils peuvent donner délégation de vote à un autre membre du comité. Dans ce cas, aucun membre ne peut recevoir plus d'une délégation. Les directeurs des caisses nationales et de l'Agence centrale des organismes de sécurité sociale ne peuvent donner leur délégation de vote qu'à un autre membre du comité, directeur d'un organisme national.

En cas d'absence d'un directeur d'une Caisse nationale ou de l'Agence centrale des organismes de sécurité sociale, un agent de la Caisse nationale ou de l'agence peut assister aux séances du comité avec voix consultative.

Les décisions sont prises à la majorité des voix. Le directeur et l'agent comptable de l'union assistent de plein droit avec voix consultative aux séances du comité.

Les commissaires du Gouvernement mentionnés à l'article D. 224-3 assistent aux séances du comité et sont entendus chaque fois qu'ils le demandent.

Art. D. 224-7 Sous réserve des dispositions des articles L. 224-5-1 et L. 224-5-2, le comité exécutif des directeurs a également pour rôle :

(Abrogé par Décr. n° 2016-1068 du 3 août 2016, art. 3-2°) « ***1° De nommer, sur la proposition du directeur, aux autres emplois de direction de l'union, sous réserve de l'agrément prévu à l'article R. 123-48 ;*** »

2° De désigner les agents chargés de l'intérim des emplois de *(Décr. n° 2016-1068 du 3 août 2016, art. 3-2°)* « directeur, d'agent comptable et de directeur adjoint » de l'union ;

3° De donner son avis sur les accords collectifs locaux soumis à l'agrément ministériel en application des articles L. 123-1 et L. 123-2 ;

4° De déterminer les modalités de mise en œuvre des tâches communes aux différentes branches du régime général qui sont confiées à l'union ;

5° De donner mandat au directeur de l'union pour signer les accords collectifs nationaux négociés.

Art. D. 224-8 Le directeur de l'union assure le fonctionnement de l'union sous le contrôle du comité exécutif des directeurs.

Le directeur soumet au comité exécutif des directeurs les accords collectifs nationaux négociés avant leur signature.

Le directeur a seul autorité sur le personnel, fixe l'organisation du travail dans les services et assure la discipline générale ; sous réserve des dispositions législatives ou réglementaires donnant compétence à une autre autorité, il prend toutes mesures individuelles concernant la gestion du personnel.

Le directeur est ordonnateur des recettes et des dépenses de l'union.

Le directeur peut, sous sa responsabilité, déléguer sa signature à un ou plusieurs agents de l'union pour effectuer en son nom soit certains actes, soit tous les actes relatifs à certaines de ses attributions.

En cas de vacance de l'emploi de directeur, d'absence momentanée ou d'empêchement de celui-ci, ses fonctions sont exercées par le directeur adjoint ou, à défaut, par un sous-directeur.

Le directeur préside le comité d'entreprise et le comité d'hygiène, de sécurité et des conditions de travail.

(Décr. nº 2015-711 du 22 juin 2015, art. 1er-2º, en vigueur le 1er janv. 2016) « Le directeur, après avis du comité exécutif prévu à l'article L. 224-5-2, propose au conseil d'administration de l'Institut national de formation défini à l'article L. 228-1 les nominations du directeur et de l'agent comptable de cet institut. »

Art. D. 224-9 Le conseil d'orientation décide de la représentation de l'union des caisses nationales de sécurité sociale auprès des organismes extérieurs.

Art. D. 224-10 Le secrétariat de l'instance nationale de concertation mentionnée au dernier alinéa de l'article L. 224-5-2 est assuré par le directeur de l'union.

Art. D. 224-11 Les délibérations du conseil d'orientation et du comité exécutif des directeurs sont soumises à approbation des autorités de tutelle dans les conditions fixées à l'article L. 224-10.

CHAPITRE V AGENCE CENTRALE DES ORGANISMES DE SÉCURITÉ SOCIALE

Art. D. 225-1 *(Décr. nº 2012-1127 du 4 oct. 2012, art. 1er-I)* Pour les missions prévues à l'article L. 225-1, l'Agence centrale des organismes de sécurité sociale organise les circuits d'encaissement et de décaissement associés à l'ensemble des opérations financières des organismes du régime général.

Pour la gestion commune de la trésorerie des organismes du régime général, l'agence :

1º Centralise, chaque jour, le produit des cotisations et des contributions encaissé par les organismes chargés du recouvrement ;

2º Assure, chaque jour, l'alimentation en trésorerie des organismes, en fonction des échéanciers de besoins établis par chacun d'eux dans les conditions fixées par instruction de l'agence et à hauteur des demandes de paiement que ceux-ci lui adressent ;

3º Centralise, chaque jour, les éventuels excédents de trésorerie présents sur les comptes courants des organismes ;

4º Procède au règlement, sur instruction des caisses nationales, des créances et dettes nées entre les organismes du régime général ainsi qu'au règlement des créances et dettes réciproques de ces organismes et des organismes tiers ;

5º Notifie aux trois caisses nationales le montant des recettes et des dépenses correspondant aux gestions dont elles ont la charge.

Art. D. 225-2 *(Décr. nº 2015-420 du 14 avr. 2015, art. 1er-1º)* Les montants de trésorerie centralisés et reversés quotidiennement par l'Agence centrale des organismes de sécurité sociale au bénéfice des organismes ou fonds définis par un arrêté du ministre chargé de la sécurité sociale et du ministre chargé du budget sont retracés dans des comptes distincts par organisme ou fonds au sein de la comptabilité de l'agence. Ces comptes peuvent comporter des subdivisions en fonction des différentes branches ou sections que gèrent les organismes ou fonds précités. — *V. Arr. du 20 déc. 2016 fixant la liste des organismes ou fonds pour lesquels est ouvert un compte de suivi des opérations financières au sein de la comptabilité de l'agence centrale des organismes de sécurité sociale (JO 28 déc.).*

Afin de limiter les opérations financières entre l'ensemble des caisses, organismes ou fonds, les comptes mentionnés à l'alinéa précédent peuvent être utilisés, à la demande des organismes ou fonds mentionnés au même alinéa, pour le paiement de dettes auprès des caisses de sécurité sociale du régime général ou d'autres organismes ou fonds mentionnés au même alinéa.

Le cas échéant, ces comptes retracent également les opérations financières conclues en application des dispositions des articles L. 225-1-3 et L. 225-1-4.

(Décr. nº 2017-736 du 3 mai 2017, art. 10-5º) « La convention mentionnée à l'article D. 225-2-1 ou, pour les organismes ou fonds ne relevant pas des dispositions de cet article, une » convention signée entre l'Agence centrale des organismes de sécurité sociale et chacun des organismes ou fonds mentionnés au premier alinéa, approuvée par les ministres chargés de la sécurité sociale et du budget, prévoit les modalités selon lesquelles la situation des comptes mentionnés au premier alinéa leur est communiquée régulièrement et celles selon lesquelles, à leur demande ou de manière préétablie, tout ou partie des sommes inscrites sur ces comptes leur sont reversées.

(Décr. nº 2017-736 du 3 mai 2017, art. 10-5º) « Lorsque ces reversements ne sont pas effectués de manière préétablie en fonction du solde des comptes mentionnés au pre-

mier alinéa, les organismes ou fonds mentionnés au même alinéa transmettent au moins annuellement à l'Agence centrale un état prévisionnel pour l'année suivante de ces reversements. »

Art. D. 225-2-1 *(Décr. n° 2017-736 du 3 mai 2017, art. 10-6°)* L'Agence centrale des organismes de sécurité sociale assure le versement régulier aux caisses nationales qui gèrent ces régimes des sommes nécessaires, déduction faite des cotisations et contributions que ces caisses recouvrent au titre des mêmes risques, au règlement des prestations de sécurité sociale de base servies dans le régime des salariés agricoles et le régime social des indépendants et des prestations d'assurance maladie maternité servies dans le régime des exploitants agricoles, le régime des militaires et le régime spécial dans les mines.

Lorsque les cotisations et contributions recouvrées par ces caisses dépassent les sommes nécessaires au règlement des prestations, l'excédent est reversé à l'Agence centrale.

Art. D. 225-2-2 *(Décr. n° 2017-736 du 3 mai 2017, art. 10-7°)* Les caisses mentionnées au 1° de l'article L. 225-1-4 transmettent à l'Agence centrale, avant le 31 octobre, un état prévisionnel pour l'année suivante de la trésorerie du régime qu'elles gèrent et des prêts auprès de l'Agence centrale devant en découler.

Art. D. 225-3 *(Décr. n° 2012-1127 du 4 oct. 2012, art. 1er-II)* I. — Les comptes de l'Agence centrale des organismes de sécurité sociale permettant, notamment, la centralisation quotidienne de la trésorerie des organismes du régime général et l'approvisionnement en trésorerie de ces organismes sont ouverts dans les livres de la Caisse des dépôts et consignations.

A ce titre, il est ouvert un compte courant central dans les livres de la Caisse des dépôts et consignations au nom de l'Agence centrale des organismes de sécurité sociale.

Les dispositions de l'alinéa précédent sont sans préjudice de l'ouverture d'autres comptes dans les livres de la Caisse des dépôts et consignations *(Abrogé par Décr. n° 2018-1323 du 28 déc. 2018, art. 1er)* « *, notamment des comptes nécessaires à l'organisation des circuits financiers ainsi que d'un compte dédié à la mise en réserve au titre de la gestion des risques financiers associés à la mission confiée à l'agence par l'article L. 225-1* ».

La Caisse des dépôts et consignations transmet, chaque jour, à l'Agence centrale des organismes de sécurité sociale la situation des opérations effectuées sur les comptes mentionnés au présent I.

Les comptes du présent I enregistrent en recettes et en dépenses les opérations associées aux missions prévues aux 1° à 3° de l'article D. 225-1.

II. — L'Agence centrale des organismes de sécurité sociale peut également ouvrir des comptes *(Abrogé par Décr. n° 2018-1323 du 28 déc. 2018, art. 1er)* « *de dépôt* » auprès de la Banque de France pour :

(Décr. n° 2018-1323 du 28 déc. 2018, art. 1er) « 1° La sécurisation et l'optimisation de l'alimentation des comptes mentionnés au I du présent article y compris par la mise en réserve de fonds au titre de la gestion des risques ; »

2° Le placement des excédents durables ou des autres disponibilités mentionnés à l'article R. 255-4.

III. — Aucun des comptes mentionnés au présent article ne peut être débiteur.

Art. D. 225-4 *(Décr. n° 2015-420 du 14 avr. 2015, art. 1er-2°)* L'arrêté prévu par l'article L. 225-6 est pris par le ministre chargé de la sécurité sociale et le ministre chargé du budget.

CHAPITRE VI DISPOSITIONS COMMUNES AUX CAISSES NATIONALES ET À L'AGENCE CENTRALE

Néant.

CHAPITRE VII INSTITUT NATIONAL DE FORMATION

(Décr. n° 2015-711 du 22 juin 2015, art. 2, en vigueur le 1er janv. 2016)

Les missions et les activités du service commun des formations géré par la caisse primaire d'assurance maladie (CPAM) du Val-d'Oise sont transférées à l'Institut national de formation le 1er janv. 2016.

A cette même date :

1° L'Institut national de formation se substitue de plein droit à la CPAM du Val-d'Oise, pour les missions et activités du service commun des formations, dans l'ensemble de ses droits, biens et obligations ;

2° Les biens meubles et immeubles affectés à ce service sont apportés sans frais à l'Institut national de formation ;

3° Les contrats de travail des salariés affectés à ce service sont transférés à l'Institut national de formation (Décr. n° 2015-711 du 22 juin 2015, art. 3-III).

SECTION PREMIÈRE MISSIONS

Art. D. 227-1 Sous réserve des dispositions prévues au présent chapitre, l'Institut national de formation fonctionne selon les règles applicables aux unions et définies au présent livre.

Art. D. 227-2 Pour la réalisation des formations institutionnelles spécifiques au service public de la sécurité sociale, les caisses nationales du régime général, l'Agence centrale des organismes de sécurité sociale et les organismes locaux du régime général sont tenus de recourir à l'Institut national de formation.

Sont considérées comme des formations spécifiques, au sens de l'alinéa précédent, les formations ayant au moins l'un des objets suivants :

1° La mise en œuvre des législations spécifiques à une ou plusieurs branches du régime général ;

2° Les modes d'organisation ou de fonctionnement développés spécifiquement par les organismes de sécurité sociale pour répondre aux missions qui leur sont confiées ;

3° Les métiers de la prévention des risques, de la régulation, du contrôle ou du recouvrement, ou impliquant la mise en œuvre de prérogatives de puissance publique ;

4° L'utilisation d'un système d'information spécifique à une ou plusieurs branches du régime général de sécurité sociale.

SECTION II ORGANISATION ET FONCTIONNEMENT

Art. D. 227-3 L'Union des caisses nationales de sécurité sociale contrôle la gestion de l'Institut national de formation et approuve son budget. Elle constitue l'organisme national de rattachement de l'Institut national de formation au sens de l'article L. 153-2.

Un contrat pluriannuel de gestion est conclu entre, d'une part, l'Union des caisses nationales de sécurité sociale, représentée par son directeur, le président du conseil d'orientation mentionné à l'article L. 224-5-1 et le président du comité exécutif prévu à l'article L. 224-5-2 *[,]* et, d'autre part, l'Institut national de formation, représenté par son directeur et le président de son conseil d'administration.

Ce contrat détermine les orientations pluriannuelles liées à la mise en œuvre des missions confiées à l'institut, les règles de calcul et d'évolution de son budget ainsi que les objectifs assignés à l'institut et les indicateurs qui leur sont associés. Il précise les conditions de conclusion des avenants en cours d'exécution, notamment pour tenir compte du renouvellement de la convention mentionnée à l'article L. 224-5-5.

Art. D. 227-4 L'Institut national de formation est doté d'un conseil d'administration de douze membres qui comprend :

1° Le directeur général de la Caisse nationale de l'assurance maladie des travailleurs salariés et les directeurs de la Caisse nationale des allocations familiales, de la Caisse nationale d'assurance vieillesse des travailleurs salariés et de l'Agence centrale des organismes de sécurité sociale, ou leur représentant ;

2° Huit membres désignés par le conseil d'orientation de l'Union des caisses nationales de sécurité sociale parmi ses membres, dont quatre présidents ou vice-présidents des caisses nationales et de l'Agence centrale des organismes de sécurité sociale du régime général.

Le conseil d'orientation de l'Union des caisses nationales de sécurité sociale désigne pour chaque siège un titulaire et un suppléant.

Siègent également, avec voix consultative, le directeur de l'Union des caisses nationales de sécurité sociale ou son représentant, le directeur de l'École nationale supérieure de sécurité sociale ou son représentant ainsi que deux représentants du personnel élus. Les employés et assimilés, d'une part, et les cadres et assimilés, d'autre part, élisent chacun un représentant. Le directeur et l'agent comptable de l'institut assistent aux séances du conseil d'administration avec voix consultative.

Le ministre chargé de la sécurité sociale est représenté par un commissaire du Gouvernement qui assiste aux séances du conseil d'administration. Le commissaire du Gouvernement est entendu chaque fois qu'il le demande.

Les membres du conseil d'administration sont désignés après chaque renouvellement du conseil d'orientation de l'Union des caisses nationales de sécurité sociale. — *Par dérogation aux dispositions du septième al. de l'art. D. 227-4 créé par le Décr. n° 2015-711 du 22 juin 2015, la désignation des membres du conseil d'administration de l'Institut national de formation et l'élection des représentants du personnel sont organisées avant le 1er janv. 2016. Le mandat des membres du conseil d'administration est exercé pour la durée restant à courir jusqu'au renouvellement du conseil d'orientation de l'Union nationale des caisses nationales de sécurité sociale (Décr. préc., art. 3-II).*

Le président et le vice-président du conseil d'administration sont élus par les membres du conseil d'administration. Les directeurs des caisses nationales du régime général et de l'Agence centrale ne sont pas éligibles aux fonctions de président et de vice-président.

Art. D. 227-5 Le conseil d'administration de l'Institut national de formation a notamment pour rôle :

1° D'établir les statuts et le règlement intérieur ;

2° De voter le budget ;

3° De nommer, sur proposition du directeur de l'Union des caisses nationales de sécurité sociale après avis du comité exécutif prévu à l'article L. 224-5-2, le directeur et l'agent comptable ;

4° De contrôler l'application des dispositions législatives et réglementaires par le directeur et l'agent comptable ;

5° De délibérer sur les orientations générales de l'offre de formation ;

6° D'approuver le contrat pluriannuel de gestion prévu à l'article D. 227-3 ;

7° De délibérer sur les rapports qui lui sont soumis par le directeur.

Art. D. 227-6 Les délibérations du conseil d'administration de l'Institut national de formation sont soumises à l'approbation du ministre chargé de la sécurité sociale dans les conditions fixées à l'article L. 224-10.

TITRE TROISIÈME DISPOSITIONS COMMUNES À TOUTES LES CAISSES

CHAPITRE PREMIER DISPOSITIONS RELATIVES AUX CONSEILS OU AUX CONSEILS D'ADMINISTRATION *(Décr. n° 2004-1282 du 26 nov. 2004).*

SECTION PREMIÈRE COMPOSITION DES CONSEILS OU DES CONSEILS D'ADMINISTRATION *(Décr. n° 2004-1282 du 26 nov. 2004).*

SOUS-SECTION 1 DISPOSITIONS GÉNÉRALES

Art. D. 231-1 *(Décr. n° 2014-1163 du 9 oct. 2014, art. 2-II)* La durée du mandat des membres des conseils ou des conseils d'administration des organismes du régime général de sécurité sociale est de quatre ans.

I. — La durée des mandats prévue à l'art. D. 231-1 s'applique aux mandats des membres des conseils et conseils d'administration à compter des renouvellements généraux de l'ensemble des conseils et conseils d'administration organisés postérieurement au 31 déc. 2016.

II. — Par dérogation à l'art. D. 231-1, dans sa rédaction issue du II de l'art. 2 du Décr. n° 2014-1163 du 9 oct. 2014, la durée des mandats des membres des conseils de la Caisse nationale de l'assurance maladie des travailleurs salariés et des caisses primaires d'assurance maladie qui seront désignés ou élus dans le cadre du premier renouvellement général suivant la publication du décret précité est fixée à trois ans et trois mois.

III. — Les mandats des membres des conseils d'administration des organismes du régime général de sécurité sociale autres que ceux qui sont mentionnés au II, en cours à la date de publication du Décr. n° 2014-1163 du 9 oct. 2014 et dont le renouvellement est intervenu en 2011, sont prorogés d'un an et trois mois.

IV. — En cas de renouvellement intégral ou de création pour quelque motif que ce soit d'un conseil ou d'un conseil d'administration se produisant postérieurement à la date de publication du Décr. n° 2014-1163 du 9 oct. 2014 et en dehors d'un renouvellement général de l'ensemble des conseils ou conseils d'administration, le mandat des membres du conseil ou conseil d'administration concerné prend fin le 31 mars 2018. Par dérogation aux dispositions précitées, les mandats des membres du conseil d'administration de la Caisse des allocations familiales des Pyrénées-Atlantiques, créée par l'Arr. du 2 juin 2017 portant fusion de la caisse d'allocations familiales du Pays basque et du Seignanx et de la caisse d'allocations familiales de Béarn et Soule, prennent fin le 9 janv. 2022.

V. — Les membres des conseils d'administration des unions de recouvrement des cotisations de sécurité sociale et d'allocations familiales, dont le mandat est en cours à la date de publication du Décr. n° 2017-736 du 3 mai 2017 relatif aux règles d'identification, d'affiliation et de rattachement des bénéficiaires des prestations de sécurité sociale et portant modification de diverses dispositions relatives à l'assurance maladie, demeurent en fonction jusqu'à la fin des mandats des membres du conseil d'administration de l'agence centrale du recouvrement des organismes de sécurité sociale dont le renouvellement est intervenu en 2011.

VI. — Les dispositions prévues au présent article peuvent être modifiées par décret (Décr. préc., art. 3, JO 11 oct. ; mod. par Décr. n° 2017-736 du 3 mai 2017, art. 13-I, et Décr. n° 2017-1535 du 3 nov. 2017, art. 2).

SOUS-SECTION 2 **MEMBRES DÉSIGNÉS**

Art. D. 231-1-1 *(Décr. n° 96-592 du 2 juill. 1996, art. 1er)* L'autorité compétente pour la désignation des personnes qualifiées au sein des conseils d'administration des caisses nationales et de l'Agence centrale des organismes de sécurité sociale est le ministre chargé de la sécurité sociale.

L'autorité compétente pour la désignation des personnes qualifiées au sein des conseils d'administration des organismes visés aux articles L. 212-2, L. 213-2, L. 215-2, L. 215-3, L. 215-7, L. 752-6 et L. 752-9 est le préfet de la région dans laquelle l'organisme a son siège. — *[Anc. art. D. 231-1.]*

Art. D. 231-2 *(Décr. n° 96-592 du 2 juill. 1996, art. 2)* Les sièges des représentants des assurés sociaux dans les conseils d'administration des organismes visés aux articles L. 212-2, L. 213-2, L. 215-2, L. 215-3, L. 215-7, L. 752-6 et L. 752-9 sont répartis ainsi :

— Confédération générale du travail : deux ;
— Confédération générale du travail Force ouvrière : deux ;
— Confédération française démocratique du travail : deux ;
— Confédération française des travailleurs chrétiens : un ;
— Confédération française de l'encadrement CGC. : un.

Les sièges des représentants des assurés sociaux dans les conseils d'administration des caisses nationales et de l'Agence centrale des organismes de sécurité sociale sont répartis ainsi :

— Confédération générale du travail : trois ;
— Confédération générale du travail Force ouvrière : trois ;
— Confédération française démocratique du travail : trois ;
— Confédération française des travailleurs chrétiens : deux ;
— Confédération française de l'encadrement CGC : deux.

Art. D. 231-3 *(Décr. n° 96-592 du 2 juill. 1996, art. 3) (Décr. n° 2001-889 du 28 sept. 2001)* « Les représentants des employeurs dans les conseils d'administration des organismes de sécurité sociale du régime général visés aux articles L. 215-2, L. 215-3 et L. 215-7 sont désignés à raison de :

« — quatre membres par le Mouvement des entreprises de France ;

« — deux membres par la *(Décr. n° 2017-1535 du 3 nov. 2017, art. 1er-2°)* « Confédération des petites et moyennes entreprises » ;

« — deux membres par l'*(Décr. n° 2017-1535 du 3 nov. 2017, art. 1er-2°)* « Union des entreprises de proximité ».

« Les représentants des employeurs *(Décr. n° 2004-1282 du 26 nov. 2004)* « au conseil d'administration » de la Caisse nationale d'assurance vieillesse des travailleurs salariés sont désignés à raison de :

« – sept membres par le Mouvement des entreprises de France ;

« – trois membres par la *(Décr. n° 2017-1535 du 3 nov. 2017, art. 1er-2°)* « Confédération des petites et moyennes entreprises » ;

« – trois membres par l'*(Décr. n° 2017-1535 du 3 nov. 2017, art. 1er-2°)* « Union des entreprises de proximité ».

« Les représentants des employeurs dans les conseils d'administration des organismes de sécurité sociale visés aux articles L. 212-2, L. 213-2, L. 752-6 et L. 752-9 sont désignés à raison de :

« – trois membres par le Mouvement des entreprises de France ;

« – un membre par la *(Décr. n° 2017-1535 du 3 nov. 2017, art. 1er-2°)* « Confédération des petites et moyennes entreprises » ;

« – un membre par l'*(Décr. n° 2017-1535 du 3 nov. 2017, art. 1er-2°)* « Union des entreprises de proximité ».

« Les représentants des employeurs dans les conseils d'administration de la Caisse nationale des allocations familiales et de l'Agence centrale des organismes de sécurité sociale sont désignés à raison de :

« – six membres par le Mouvement des entreprises de France ;

« – deux membres par la *(Décr. n° 2017-1535 du 3 nov. 2017, art. 1er-2°)* « Confédération des petites et moyennes entreprises » ;

« – deux membres par l'*(Décr. n° 2017-1535 du 3 nov. 2017, art. 1er-2°)* « Union des entreprises de proximité ». »

Les représentants des travailleurs indépendants dans les conseils d'administration des organismes visés aux articles L. 212-2, L. 213-2, L. 223-3, L. 225-3, L. 752-6 et L. 752-9 sont désignés à raison de :

– un membre par la *(Décr. n° 2017-1535 du 3 nov. 2017, art. 1er-2°)* « Confédération des petites et moyennes entreprises » ;

– un membre par l'*(Décr. n° 2017-1535 du 3 nov. 2017, art. 1er-2°)* « Union des entreprises de proximité » ;

– un membre désigné conjointement par l'Union nationale des professions libérales et la Chambre nationale des professions libérales.

Art. D. 231-4 Les membres *(Décr. n° 2004-1282 du 26 nov. 2004)* « du conseil ou du conseil d'administration de chaque Caisse nationale, » *(Décr. n° 96-592 du 2 juill. 1996, art. 4)* « de l'Agence centrale des organismes de sécurité sociale » *(Décr. n° 91-278 du 15 mars 1991, art. 1er)* « et de l'Union des caisses nationales de sécurité sociale » sont nommés par arrêté du ministre chargé de la sécurité sociale.

Les membres désignés des *(Décr. n° 2004-1282 du 26 nov. 2004)* « conseils ou conseils d'administration » des autres caisses ainsi que des unions de recouvrement des cotisations de sécurité sociale sont nommés *(Décr. n° 2017-736 du 3 mai 2017, art. 13-III, en vigueur le 1er juill. 2017)* « par arrêté du ministre chargé de la sécurité sociale ».

SOUS-SECTION 3 REPRÉSENTANTS DU PERSONNEL

Les art. L. 212-2, L. 215-2, L. 215-3, L. 215-7, L. 222-5, L. 223-3, L. 225-3, L. 752-6 et L. 752-9, cités à l'al. 1er de l'art. D. 231-5, ont été modifiés par Ord. n° 96-344 du 24 avr. 1996, art. 6.

Art. D. 231-5 *(Décr. n° 91-163 du 12 févr. 1991, art. 1er)* Les trois représentants du personnel dans les *(Décr. n° 2004-1282 du 26 nov. 2004)* « conseils ou conseils d'administration » des organismes de sécurité sociale mentionnés aux articles L. 211-2, L. 212-2, L. 213-2, L. 215-2, L. 215-3, L. 215-7, L. 222-5, L. 223-3, L. 225-3, L. 752-6 et L. 752-9 sont élus, d'une part, par les employés et assimilés et, d'autre part, par les cadres et assimilés de chaque organisme.

Les praticiens conseils des échelons régionaux et locaux du contrôle médical votent au conseil d'administration des caisses régionales d'assurance maladie. *– Annulé par CE 25 sept. 1987.*

Les employés et assimilés élisent deux représentants. Les cadres et assimilés élisent un représentant.

(Décr. n° 91-163 du 12 févr. 1991, art. 1er) « Toutefois, les *(Décr. n° 2018-353 du 14 mai 2018, art. 1er)* « quatre » représentants du personnel au conseil de l'organisme de sécurité sociale mentionné à l'article L. 221-3 sont élus comme suit :

« Les employés et assimilés élisent *(Décr. n° 2018-353 du 14 mai 2018, art. 1er)* « deux représentants ». Les praticiens conseils y compris ceux affectés aux échelons régionaux et locaux du contrôle médical élisent un représentant. Les cadres et assimilés élisent un représentant. »

(Abrogé par Décr. n° 2010-344 du 31 mars 2010, art. 342) (Décr. n° 2001-508 du 7 juin 2001) « ***Le représentant du personnel dans les conseils des organismes de sécurité sociale mentionnés à l'article L. 183-1 est élu par les employés et assimilés et par les cadres et assimilés de chaque organisme*** ».

Art. D. 231-6 La répartition du personnel dans les collèges électoraux fait l'objet d'un accord entre le directeur et chacune des organisations syndicales affiliées aux organisations syndicales représentatives des salariés en application de l'article *(Décr. n° 2009-1597 du 18 déc. 2009, art. 4)* « L. 2121-1 » du code du travail.

(Décr. n° 2017-1535 du 3 nov. 2017, art. 1er-3°) « Dans le cas où cet accord ne peut être obtenu, il est procédé à la répartition entre les collèges électoraux par le responsable du service mentionné à l'article R. 155-1, en ce qui concerne les organismes locaux, ou par le ministre chargé de la sécurité sociale, en ce qui concerne les organismes nationaux. »

Dern. al. abrogé par Décr. n° 2010-344 du 31 mars 2010, art. 342.

Art. D. 231-6-1 *(Décr. n° 2017-1535 du 3 nov. 2017, art. 1er-4°)* L'élection a lieu à la date fixée par le directeur de l'organisme.

Sont informées de l'organisation des élections et invitées à négocier le protocole d'accord préélectoral et à établir les listes de leurs candidats les organisations syndicales affiliées aux organisations syndicales représentatives des salariés en application de l'article L. 2121-1 du code du travail.

L'invitation à négocier mentionnée au présent article doit parvenir au plus tard huit jours avant la date de la première réunion de négociation.

Art. D. 231-7 Sont électeurs les salariés travaillant depuis au moins trois mois dans un organisme du régime général de sécurité sociale au jour du scrutin, âgés à cette même date de seize ans accomplis, et *(Décr. n° 2017-1535 du 3 nov. 2017, art. 1er-5°)* « n'ayant fait l'objet d'aucune interdiction, déchéance ou incapacité relative à leurs droits civiques ».

Art. D. 231-8 Sont éligibles les électeurs âgés de dix-huit ans accomplis au jour du scrutin et ayant travaillé sans interruption depuis six mois au moins dans un organisme de sécurité sociale.

Ne peuvent être candidats les directeurs, agents de direction et agents comptables nommés dans le cadre de l'article R. 224-6 et de l'article R. 225-6.

Aucun agent de direction ou agent comptable nommé ou désigné par le conseil d'administration en vertu de l'article R. 121-1 ne peut être candidat.

Art. D. 231-9 La liste électorale est arrêtée par le directeur de chaque organisme et est affichée un mois *(Décr. n° 2017-1535 du 3 nov. 2017, art. 1er-6°)* « au moins » avant le jour du scrutin.

(Décr. n° 2017-1535 du 3 nov. 2017, art. 1er-6°) « La liste électorale mentionne l'âge, l'appartenance à l'organisme et l'ancienneté des salariés. »

Art. D. 231-10 Dans les trois jours ouvrés qui suivent l'affichage de la liste, tout électeur peut réclamer l'inscription ou la radiation d'un électeur omis ou indûment inscrit, par déclaration orale ou écrite, faite, remise ou adressée au secrétariat-greffe du tribunal d'instance du siège de l'organisme.

La déclaration indique les nom, prénoms et adresse du requérant et la qualité en laquelle il agit ainsi que l'objet du recours.

Le tribunal d'instance statue dans les huit jours sans frais ni forme de procédure sur simple avertissement donné trois jours à l'avance à toutes les parties intéressées.

La décision du tribunal d'instance est en dernier ressort. Elle peut être déférée à la Cour de cassation. Le délai du pourvoi est de dix jours. Le pourvoi est formé, instruit et jugé dans les conditions fixées par les articles 999 et 1008 du code de procédure civile.

La liste électorale ainsi rectifiée est affichée quinze jours au moins avant la date de l'élection par le directeur de l'organisme.

Art. D. 231-11 *(Décr. n° 2001-508 du 7 juin 2001, art. 4)* Seules les organisations syndicales affiliées aux organisations syndicales reconnues représentatives des salariés en application de l'article L. 133-2 *[L. 2121-1 nouv.]* du code du travail peuvent présenter des candidats dans les collèges mentionnés à l'article D. 231-5.

Chaque liste comprend, au maximum, un nombre de candidats égal au *(Décr. n° 2017-1535 du 3 nov. 2017, art. 1er-7°)* « triple » du nombre de postes de représentant du personnel à pourvoir dans le collège concerné.

(Décr. n° 2017-1535 du 3 nov. 2017, art. 1er-7°) « Les fonctions de suppléant des représentants du personnel sont exercées par les candidats venant sur la liste immédiatement après le dernier candidat élu de cette liste. »

Il résulte des dispositions de l'art. D. 231-11, lesquelles renvoient aux dispositions de l'art. L. 133-2 C. trav., reprises à l'art. L. 2121-1 et modifiées par la loi du 20 août 2008, que peuvent présenter des candidats aux élections organisées pour la désignation des représentants du personnel au conseil d'administration des caisses d'allocations familiales, d'une part, les syndicats affiliés à une organisation syndicale représentative au niveau national et interprofessionnel et, d'autre part, les organisations syndicales satisfaisant aux critères énoncés à l'art. L. 2121-1 et ayant recueilli au moins 10 % des suffrages exprimés au premier tour des dernières élections des titulaires au comité d'entreprise ou de la délégation unique du personnel ou, à défaut, des délégués du personnel. • Soc. 26 sept. 2012 : *D. actu. 16 oct. 2012, obs. Siro.*

Art. D. 231-12 Les candidatures sont déposées auprès du directeur de l'organisme quinze jours au moins avant la date fixée pour les élections et sont affichées sans délai.

La déclaration de candidature est faite collectivement pour chaque liste par le candidat tête de liste ou par un mandataire muni d'une procuration écrite signée de chaque candidat figurant sur la liste.

Cette déclaration précise :

1° Le collège électoral ;

2° Le titre de la liste ;

3° L'ordre de présentation des candidats figurant sur la liste.

Avant-dernier al. supprimé par Décr. n° 2001-508 du 7 juin 2001, art. 5.

A cette déclaration collective sont jointes les déclarations individuelles de chacun des candidats de la liste. Chaque déclaration individuelle est signée par le candidat.

Art. D. 231-13 Si, après la date limite de dépôt des candidatures, un ou plusieurs candidats inscrits sur une liste sont reconnus inéligibles, la liste devenue ainsi incomplète participe néanmoins à l'élection.

L'inéligibilité de candidats n'entraîne pas l'invalidation de la liste sur laquelle ils se présentent.

Art. D. 231-14 Les contestations relatives à la régularité des listes de candidats sont portées, dans les conditions prévues à l'article D. 231-10, devant le tribunal d'instance qui statue dans les mêmes formes et délais.

Art. D. 231-15 *(Abrogé par Décr. n° 2017-1535 du 3 nov. 2017, art. 1er-8°) « L'élection a lieu à la date fixée par arrêté du ministre chargé de la sécurité sociale. »*

(Décr. n° 2001-508 du 7 juin 2001, art. 6) « L'élection se déroule au scrutin secret sous enveloppe sur le lieu et pendant le temps de travail. La participation des salariés au scrutin ne peut donner lieu à aucune diminution de rémunération. Les salariés peuvent voter par correspondance ».

(Décr. n° 2017-1535 du 3 nov. 2017, art. 1er-8°) « L'élection peut également avoir lieu par vote électronique, selon les modalités prévues à l'article L. 2314-26 du code du travail. »

Art. D. 231-16 Les bulletins et enveloppes sont établis par chaque organisation selon un modèle qui sera fixé par arrêté. Les frais d'établissement de ces documents sont à la charge dudit organisme.

L'envoi des documents de propagande aux électeurs est assuré par les organismes de sécurité sociale.

Art. D. 231-17 Un protocole d'accord préélectoral *(Décr. nº 2017-1535 du 3 nov. 2017, art. 1er-9º)* « , conclu selon les conditions de l'article L. 2314-6 du code du travail, » détermine les modalités d'organisation et de déroulement des opérations électorales, notamment les conditions d'envoi par les organismes des documents de propagande et celles du vote par correspondance. *(Décr. nº 2017-1535 du 3 nov. 2017, art. 1er-9º)* « Il » doit respecter les principes généraux du droit électoral.

Les modalités sur lesquelles aucun accord n'a pu intervenir peuvent être fixées par une décision du tribunal d'instance statuant en dernier ressort en la forme des référés.

Art. D. 231-18 Il est constitué un bureau de vote pour chacun des collèges électoraux.

Chaque liste de candidats a le droit d'être représentée dans chaque bureau de vote par un délégué habilité à contrôler toutes les opérations de vote, de dépouillement des bulletins et de décompte des voix. Le délégué qui doit avoir la qualité d'électeur peut exiger l'inscription au procès-verbal de toutes observations, protestations ou contestations sur ces opérations, soit avant la proclamation des résultats, soit immédiatement après. Un même délégué peut être habilité à exercer ce contrôle dans plusieurs bureaux de vote.

Pour assurer pendant le vote les fonctions définies au premier alinéa du présent article, l'intéressé peut quitter son poste de travail sans perte de salaire.

Des bureaux de vote annexes peuvent être constitués. Chaque liste peut nommer un délégué pour composer ces bureaux.

Lorsque plusieurs bureaux de vote ont été constitués, l'un des bureaux déterminé par le protocole d'accord préélectoral ou, à défaut, par le directeur de l'organisme est le bureau centralisateur.

Les procès-verbaux établis dans chacun des bureaux de vote sont transmis au bureau centralisateur qui recense les résultats de l'ensemble de l'organisme.

Art. D. 231-19 L'élection a lieu au scrutin de liste, avec représentation proportionnelle à la plus forte moyenne, sans panachage.

Lorsque le nom d'un candidat a été raturé, les ratures ne sont pas prises en compte si leur nombre est inférieur à 10 % des suffrages valablement exprimés en faveur de la liste sur laquelle figure ce candidat ; dans ce cas, les candidats sont proclamés élus dans l'ordre de présentation.

Art. D. 231-20 Il est attribué à chaque liste autant de sièges que le nombre de voix recueilli par elle contient de fois le quotient électoral. Le quotient électoral est égal au nombre total des suffrages valablement exprimés par les électeurs du collège, divisé par le nombre de sièges à pourvoir.

Au cas où il n'a été pourvu à aucun siège ou s'il reste des sièges à pourvoir, les sièges restants sont attribués sur la base de la plus forte moyenne.

A cet effet, le nombre de voix obtenu par chaque liste est divisé par le nombre augmenté d'une unité des sièges attribués à la liste. Les différentes listes sont classées dans l'ordre décroissant des moyennes ainsi obtenues. Le premier siège non pourvu est attribué à la liste ayant la plus forte moyenne.

Il est procédé successivement à la même opération pour chacun des sièges non pourvus.

Dans le cas où deux listes ont la même moyenne et où il ne reste qu'un siège à pourvoir, ledit siège est attribué à la liste qui a le plus grand nombre de voix.

Si deux listes ont recueilli le même nombre de voix, le siège est attribué au plus âgé des deux candidats susceptibles d'être élus.

Art. D. 231-21 Les contestations relatives à l'électorat, à l'éligibilité des candidats et à la régularité des opérations électorales sont portées dans un délai de cinq jours à compter de la proclamation des résultats devant le tribunal d'instance du siège de l'organisme dans les formes prévues à l'article D. 231-10.

Le tribunal d'instance statue dans les dix jours sans frais ni forme de procédure sur simple avertissement donné trois jours à l'avance à toutes les parties intéressées. La décision du juge du tribunal d'instance est en dernier ressort.

Elle peut être déférée à la Cour de cassation. Le délai du pourvoi est de dix jours. Le pourvoi est formé, instruit et jugé dans les conditions fixées par les articles 999 et 1008 du code de procédure civile.

Art. D. 231-22 Les représentants du personnel sont élus pour la durée du mandat du *(Décr. nº 2004-1282 du 26 nov. 2004)* « conseil ou du conseil d'administration » où ils siègent.

Ils peuvent être réélus.

Art. D. 231-23 Sont démissionnaires d'office les représentants du personnel qui cessent d'appartenir à l'organisme ou au collège au sein duquel ils ont été élus.

SECTION II FONCTIONNEMENT

Art. D. 231-24 *Devient l'art. R. 231-4 (Décr. nº 2018-174 du 9 mars 2018, art. 15-I, en vigueur le 1er janv. 2018).*

Art. D. 231-25 *Devient l'art. R. 231-6 (Décr. nº 2018-174 du 9 mars 2018, art. 15-I, en vigueur le 1er janv. 2018).*

SECTION III DISPOSITIONS D'APPLICATION

Néant.

CHAPITRE II TRANSMISSION D'INFORMATIONS ENTRE CAISSES EN MATIÈRE D'ASSURANCE VIEILLESSE

Néant.

CHAPITRE III MOYENS MÉCANOGRAPHIQUES ET ÉLECTRONIQUES DES CAISSES

Néant.

CHAPITRE IV REMBOURSEMENT DU FORFAIT POSTAL

Néant.

TITRE QUATRIÈME RESSOURCES

CHAPITRE PREMIER GÉNÉRALITÉS

SECTION PREMIÈRE ASSURANCES SOCIALES

SOUS-SECTION 1 ASSURANCES MALADIE, MATERNITÉ, INVALIDITÉ ET DÉCÈS

Art. D. 241-1 L'arrêté prévu au deuxième alinéa de l'article L. 241-2 est pris par le ministre chargé de la sécurité sociale.

Art. D. 241-1-1 *(Décr. nº 2005-1352 du 31 oct. 2005)* Pour l'application des dispositions de l'article L. 241-3-1 aux salariés dont la rémunération, en application de dispositions réglementaires, conventionnelles ou du contrat de travail, n'est pas déterminée selon un nombre d'heures de travail effectuées, le nombre d'heures considéré comme correspondant à la rémunération mensuelle versée, pris en compte pour le calcul du salaire correspondant à l'activité exercée à temps plein mentionné à l'article R. 241-0-2, est égal :

1º Pour les salariés dont la durée de travail est fixée par une convention individuelle de forfait annuel en heures, à cinquante-deux douzièmes du rapport entre ce forfait et 45,7 ;

2º Pour les travailleurs à domicile mentionnés à l'article L. 721-1 *[L. 7411-1 et L. 7412-1 nouv.]* du code du travail et pour les concierges et employés d'immeubles à usage d'habitation mentionnés à l'article L. 771-1 *[L. 7211-1 s. nouv.]* du même code, au rapport entre la rémunération mensuelle versée au cours du mois civil considéré et le taux horaire du salaire minimum de croissance ;

3° Pour les autres salariés, non mentionnés au 1° ou au 2° ci-dessus, au rapport entre la rémunération mensuelle versée au cours du mois civil considéré et le taux horaire du salaire minimum de croissance majoré de 70 %.

Pour l'application des dispositions du présent article :

a) Le salaire minimum de croissance est pris en compte pour sa valeur la plus élevée en vigueur au cours de la période d'emploi rémunérée ;

b) La rémunération mensuelle prise en compte est constituée des *(Décr. nº 2018-821 du 27 sept. 2018, art. 1er)* « revenus d'activité tels qu'ils sont pris en compte pour la détermination de l'assiette des cotisations définie » à l'article L. 242-1 du présent code, versés au salarié au cours du mois civil considéré.

Pour les salariés dont le contrat de travail a été conclu avant le 3 nov. 2005, les dispositions issues du Décr. nº 2005-1352 du 31 oct. 2005 sont applicables aux gains et rémunérations versés depuis le 1er janv. 2004. Si le contrat a été conclu postérieurement au 31 déc. 2003, ces mêmes dispositions sont applicables dès le premier jour du mois civil suivant la date d'effet du contrat de travail, dès lors que l'accord prévu à l'art. R. 241-0-3 est conclu avant le 1er mars 2006.

Pour les salariés dont le contrat de travail fait l'objet au 3 nov. 2005 de l'application des dispositions de l'art. L. 241-3-1 CSS, l'accord prévu à l'art. R. 241-0-3 CSS est considéré comme acquis (Décr. préc., art. 3).

SOUS-SECTION 2 ASSURANCE VIEILLESSE — ASSURANCE VEUVAGE

Art. D. 241-2 Les arrêtés prévus au troisième alinéa de l'article L. 241-3 sont pris par le ministre chargé de la sécurité sociale.

(Décr. nº 2011-353 du 30 mars 2011, applicable à compter de la tarification 2012) « Une convention conclue entre la Caisse nationale d'assurance vieillesse des travailleurs salariés et la Caisse nationale de l'assurance maladie des travailleurs salariés détermine les relations financières nécessaires au versement, par la branche accidents du travail — maladies professionnelles du régime général, de la contribution mentionnée au premier alinéa de l'article L. 241-3 couvrant, sur la base des dépenses engagées, les dépenses supplémentaires engendrées par les départs en retraite à l'âge fixé en application de l'article L. 351-1-4, y compris celles liées au fonctionnement de la commission pluridisciplinaire chargée d'examiner les départs relevant du III de cet article. »

SECTION II ACCIDENTS DU TRAVAIL ET MALADIES PROFESSIONNELLES

Art. D. 241-2-1 *(Décr. nº 89-8 du 5 janv. 1989)* L'arrêté prévu au troisième alinéa de l'article L. 241-5 est pris par le ministre chargé de la sécurité sociale.

Art. D. 241-2-2 *(Décr. nº 2007-1501 du 18 oct. 2007, art. 1er)* Les dépenses relatives aux accidents du travail et maladies professionnelles définis aux articles L. 411-1, L. 411-2 et L. 461-1 et survenus ou contractées dans le cadre des périodes d'emploi ou de formation prévues à l'article L. 3133-1 du code de la santé publique sont inscrites à un compte spécial de l'État. La valeur du risque mentionnée à l'article D. 242-6-3 n'est pas inscrite au compte employeur.

L'État et la Caisse nationale d'assurance maladie des travailleurs salariés peuvent conclure une convention précisant les modalités de remboursement de ces dépenses. En l'absence de convention, les dépenses sont remboursées annuellement.

Art. D. 241-2-3 *(Décr. nº 2007-1501 du 18 oct. 2007, art. 1er)* La cotisation supplémentaire mentionnée à l'article L. 452-2 n'est pas imposée lorsque la faute inexcusable de l'État est reconnue pour les dommages subis par le réserviste à l'occasion du service dans la réserve prévu à l'article L. 3133-1 du code de la santé publique.

Art. D. 241-2-4 *(Décr. nº 2014-1688 du 29 déc. 2014, art. 4)* La réduction mentionnée à l'article L. 241-13 du code de la sécurité sociale et à l'article L. 751-17 du code rural et de la pêche maritime peut s'imputer sur les cotisations dues au titre des accidents du travail et des maladies professionnelles, sans pouvoir excéder *(Décr. nº 2018-1356 du 28 déc. 2018, art. 1er-I)* « 0,78 % » de la rémunération. — *Les dispositions de* *l'art. 1er-I du Décr. no 2018-1356 du 28 déc. 2018 s'appliquent pour les rémunérations dues pour les périodes courant à compter du 1er janv. 2019 (Décr. préc., art. 3).*

SECTION III PRESTATIONS FAMILIALES

Art. D. 241-3 **L'arrêté prévu à l'article L. 241-6 est pris par le ministre chargé de la sécurité sociale.**

Art. D. 241-3-1 *(Décr. no 2014-1531 du 17 déc. 2014, art. 1er-1o)* **Le taux des cotisations d'allocations familiales prévues aux 1°, 2° et 3° de l'article L. 241-6 est fixé à 5,25 %, sous réserve des dispositions des articles D. 241-3-2 et** *(Décr. no 2017-1894 du 30 déc. 2017, art. 4-I)* **« D. 613-1 ».**

Les dispositions issues du Décr. no 2014-1531 du 17 déc. 2014 s'appliquent aux modalités de calcul des cotisations de sécurité sociale dues au titre des rémunérations versées à compter du 1er janv. 2015 (Décr. préc., art. 13-I).

Les dispositions du Décr. no 2017-1894 du 30 déc. 2017 sont applicables aux cotisations et aux contributions de sécurité sociale dues au titre des périodes courant à compter du 1er janv. 2018 (Décr. préc., art. 8).

Art. D. 241-3-2 *(Décr. no 2014-1531 du 17 déc. 2014, art. 1er-1o)* **I. — Le seuil de rémunérations ou gains prévu à l'article L. 241-6-1 pour ouvrir droit à l'application du taux réduit est déterminé selon les modalités définies aux II** *(Décr. no 2014-1688 du 29 déc. 2014, art. 5)* **« à IV » de l'article D. 241-7.**

II. — Le montant des cotisations prévues au 1° de l'article L. 241-6 et à l'article L. 241-6-1 dû au titre des rémunérations versées au cours d'un mois civil est égal au produit de la rémunération mensuelle et du taux de cotisation déterminé selon les modalités définies aux II *(Décr. no 2014-1688 du 29 déc. 2014, art. 5)* **« à IV » de l'article D. 241-7, en tenant compte, pour l'application de ces dernières dispositions, du montant mensuel de la rémunération et du salaire minimum de croissance.**

Il est procédé à une régularisation des cotisations dues en application du premier alinéa du présent II selon les mêmes modalités que celles prévues à l'article D. 241-9.

Sur l'entrée en vigueur du Décr. no 2014-1531 du 17 déc. 2014, V. note ss. art. D. 241-3-1.

Les dispositions issues du Décr. no 2014-1688 du 29 déc. 2014 s'appliquent aux cotisations et contributions dues au titre des rémunérations versées à compter du 1er janv. 2015 (Décr. préc., art. 14).

SECTION IV DISPOSITIONS COMMUNES

SOUS-SECTION 1 TRAVAILLEURS À DOMICILE

(Décr. no 2007-1380 du 24 sept. 2007, art. 1er)

Art. D. 241-4 **L'arrêté prévu au deuxième alinéa de l'article L. 241-9 est pris par le ministre chargé de la sécurité sociale.**

SOUS-SECTION 2 SERVICES À LA PERSONNE

(Décr. no 2007-1380 du 24 sept. 2007, art. 1er)

Art. D. 241-5 *(Décr. no 87-211 du 27 mars 1987, art. 1er ; Décr. no 99-485 du 9 juin 1999, art. 1er)* **Pour l'application de l'article L. 241-10, les conditions d'âge sont les suivantes :**

— soixante-dix ans, pour les personnes mentionnées au *a* de cet article ; pour les couples, la condition est satisfaite dès lors que l'un de ses membres a atteint cet âge ;

— *(Décr. no 2010-1734 du 30 déc. 2010, art. 5-4o)* **« l'âge prévu par l'article L. 161-17-2 », pour les personnes mentionnées au *d* du même article, lorsqu'une condition d'âge est requise.**

(Décr. no 99-485 du 9 juin 1999, art. 1er) **« Le plafond de rémunération prévu au *a* du I de l'article L. 241-10 est fixé, par mois, à soixante-cinq fois la valeur horaire du salaire minimum de croissance en vigueur au premier jour du mois considéré ».**

Les dispositions issues du Décr. no 2010-1734 du 30 déc. 2010 sont applicables aux pensions prenant effet à compter du 1er juill. 2011 (Décr. préc., art. 11).

Art. D. 241-5-1 *(Décr. nº 99-485 du 9 juin 1999, art. 2)* Les personnes visées au *d* du I de l'article L. 241-10 sont dans l'obligation de recourir à l'assistance d'une tierce personne pour l'accomplissement des actes ordinaires de la vie lorsqu'elles ne peuvent accomplir seules, totalement, habituellement et correctement au moins quatre des actes de la grille nationale annexée au décret nº 97-427 du 28 avril 1997 portant application de certaines dispositions de la loi nº 97-60 du 24 janvier 1997 tendant, dans l'attente du vote de la loi instituant une prestation d'autonomie pour les personnes âgées dépendantes, à mieux répondre aux besoins des personnes âgées par l'institution d'une prestation spécifique dépendance, que ces actes se rapportent aux variables discriminantes relatives à la perte d'autonomie physique et psychique, ou aux variables illustratives relatives à la perte d'autonomie domestique et sociale.

Art. D. 241-5-2 *(Décr. nº 2018-1357 du 28 déc. 2018, art. 2)* I. — Pour les employeurs mentionnés au cinquième alinéa du III de l'article L. 241-10, l'exonération prévue à ce III est applicable aux revenus d'activité tels qu'ils sont pris en compte pour la détermination de l'assiette des cotisations définie à l'article L. 242-1, multipliés par le rapport entre le nombre d'heures d'aide à domicile réalisées chez les personnes mentionnées audit III et le nombre total d'heures effectuées au cours de l'année civile.

II. — Lorsque le salaire annuel brut est égal ou supérieur au SMIC majoré de 20 %, le montant annuel de l'exonération est égal au produit de la rémunération annuelle brute versée au salarié par un coefficient déterminé par l'application de la formule suivante :

Coefficient = 1,2 × T / 0,4 × (1,6 × SMIC calculé pour un an / rémunération annuelle brute – 1).

Pour l'application de la formule ci-dessus, la valeur de T, le salaire minimum de croissance et la rémunération à prendre en compte sont déterminés selon les modalités définies à l'article D. 241-7.

III. — Pour les salariés en contrat à durée déterminée auprès d'un même employeur, le coefficient mentionné au II est déterminé pour chaque contrat.

IV. — Les dispositions des articles D. 241-8 et D. 241-9 s'appliquent au calcul de la réduction prévue au présent article.

Les dispositions du Décr. nº 2018-1357 du 28 déc. 2018 s'appliquent aux cotisations et contributions dues au titre des périodes courant à compter du 1er janv. 2019 (Décr. préc., art. 4).

Art. D. 241-5-3 *(Décr. nº 99-485 du 9 juin 1999, art. 2)* I. — *(Décr. nº 2018-1357 du 28 déc. 2018, art. 2)* « Pour les employeurs mentionnés au III de l'article L. 241-10, à l'exception de ceux mentionnés au cinquième alinéa dudit III, l'exonération prévue au premier alinéa du même III de cet article » est applicable *(Décr. nº 2018-821 du 27 sept. 2018, art. 1er)* « aux revenus d'activité tels qu'ils sont pris en compte pour la détermination de l'assiette des cotisations définie à » l'article L. 242-1, au prorata du nombre d'heures d'aide à domicile réalisées chez les personnes mentionnées audit III au cours du mois civil auquel ces rémunérations sont afférentes.

Lorsque l'aide à domicile n'a effectué aucune heure de travail au cours du mois considéré, mais a néanmoins perçu des *(Décr. nº 2018-821 du 27 sept. 2018, art. 1er)* « revenus d'activité tels qu'ils sont pris en compte pour la détermination de l'assiette des cotisations définie à » l'article L. 242-1, l'exonération prévue au *(Décr. nº 2018-1357 du 28 déc. 2018, art. 2)* « premier alinéa du » III de l'article L. 241-10 est applicable au prorata du nombre d'heures d'aide à domicile réalisées chez les personnes mentionnées audit III, retenu pour le mois civil précédent.

II. — Lorsque la rémunération mensuelle est fixée sur la base d'une durée du travail indépendante de l'horaire réel, l'exonération prévue au *(Décr. nº 2018-1357 du 28 déc. 2018, art. 2)* « premier alinéa du » III de l'article L. 241-10 s'applique, dans les conditions prévues au I ci-dessus, à l'ensemble des rémunérations afférentes à la période annuelle ou infra-annuelle retenue pour apprécier la durée du travail moyenne.

Les employeurs doivent procéder, à l'expiration de ladite période, à une régularisation :

1º Le montant, pour chaque aide à domicile, des rémunérations effectivement exonérées est déterminé en appliquant au total des rémunérations versées le rapport entre le nombre d'heures d'aide à domicile qu'elle a réalisées chez les personnes mentionnées au III de l'article L. 241-10 au cours de la période mentionnée au premier alinéa et le total de ses heures sur cette même période ;

2° Si ce montant est inférieur à la somme des rémunérations exonérées au cours de chacun des mois, les cotisations calculées sur l'écart constaté sont versées en même temps que celles afférentes à la rémunération versée au cours du dernier mois de la période considérée ; s'il est supérieur, le trop-versé de cotisations est déduit des cotisations patronales d'assurances sociales *(Abrogé par Décr. n° 2012-1565 du 31 déc. 2012)* « *, d'accidents du travail* » et d'allocations familiales dues au titre de ce même mois ou, le cas échéant, des mois suivants.

La régularisation mentionnée à l'alinéa ci-dessus intervient dans le délai mentionné au dernier alinéa de l'article R. 243-14 en cas de cessation d'activité ou, le cas échéant, de cession de l'organisme d'aide à domicile.

Sur l'entrée en vigueur du Décr. n° 2018-1357 du 28 déc. 2018, V. note ss. art. D. 241-5-2.

Art. D. 241-5-4 *(Décr. n° 99-485 du 9 juin 1999, art. 2)* Les rémunérations versées par les employeurs mentionnés au III de l'article L. 241-10 aux aides à domicile intervenant chez les personnes mentionnées au *d* du premier alinéa du I de l'article L. 241-10 sont exonérées *(Décr. n° 2018-1357 du 28 déc. 2018, art. 2)* « en application des dispositions des articles D. 241-5-2 et D. 241-5-3 », sous réserve que lesdites personnes aient été préalablement reconnues par l'organisme chargé du recouvrement des cotisations dont relève leur domicile comme remplissant les conditions définies au *d* dudit I.

Sur l'entrée en vigueur du Décr. n° 2018-1357 du 28 déc. 2018, V. note ss. art. D. 241-5-2.

Art. D. 241-5-5 *(Décr. n° 99-485 du 9 juin 1999, art. 2)* Les employeurs mentionnés au III de l'article L. 241-10 doivent :

1° Adresser, lors de l'envoi du bordereau prévu au I de l'article R. 243-13 et afférent à la période au cours de laquelle ils appliquent pour la première fois l'exonération, tout document attestant qu'ils sont *(Décr. n° 2012-1565 du 31 déc. 2012)* « déclarés ou agréés », en application de l'article *[des articles]* *(Décr. n° 2012-1565 du 31 déc. 2012)* « L. 7232-1 et L. 7232-1-1 » du code du travail, pour exercer des activités concernant la garde d'enfant ou l'assistance aux personnes âgées ou handicapées, qu'ils sont habilités au titre de l'aide sociale ou qu'ils ont conclu une convention avec un organisme de sécurité sociale ;

2° Être en mesure de produire auprès des organismes chargés du recouvrement des cotisations de sécurité sociale du régime général :

a) Pour les personnes visées aux *b*, *c* et *e* du I de l'article L. 241-10, les documents que ces personnes doivent produire auprès de l'organisme chargé du recouvrement des cotisations de sécurité sociale du régime général à l'appui d'une demande d'exonération en tant que particuliers employeurs d'une aide à domicile ;

b) Pour les personnes visées au *d* du I de l'article L. 241-10, la décision de l'organisme chargé du recouvrement des cotisations de sécurité sociale du régime général prévue à l'article D. 241-5-4 ;

c) Pour les personnes *(Décr. n° 2012-1565 du 31 déc. 2012)* « mentionnées au *b* du III de l'article L. 241-10 », tous documents des organismes ou collectivités territoriales compétents attestant que l'intéressé bénéficie de ces prestations ;

d) Dans tous les cas, un bordereau mensuel comportant les nom, prénom et signature des personnes recourant à l'aide à domicile, les dates et durées des interventions de l'aide à domicile, les nom, prénom et signature de celle-ci et, le cas échéant, la dénomination de l'organisme finançant les interventions ;

e) Pour chaque aide à domicile, un bordereau mensuel comportant ses nom et prénom, sa durée de travail, les nom, prénom et adresse de chacune des personnes mentionnées ci-dessus chez lesquelles elle est intervenue et le nombre d'heures afférents à chacune de ces interventions.

Art. D. 241-5-6 *(Décr. n° 99-485 du 9 juin 1999, art. 2)* Les organismes servant les prestations mentionnées aux *b*, *c*, *d* et *e* du I ou au premier alinéa du III de l'article L. 241-10 communiquent aux organismes chargés du recouvrement des cotisations de sécurité sociale du régime général, sur demande de ceux-ci, les renseignements nécessaires à la vérification des informations mentionnées à l'article D. 241-5-3.

Art. D. 241-5-7 (Abrogé par Décr. n° 2018-1357 du 28 déc. 2018, art. 2)(Décr. n° 2015-441 du 17 avr. 2015, art. 1er) ***Le droit à la déduction forfaitaire mentionnée au 2° du I bis de l'article L. 241-10 est ouvert pour chaque heure de travail effectuée par les salariés dans la limite de 40 heures de travail par mois*** [et] ***par salarié.***

L'employeur bénéficie de cette déduction sous réserve de se conformer aux modalités de déclarations fixées aux alinéas 3 et 4 de l'article D. 531-24.

Sur l'entrée en vigueur du Décr. n° 2018-1357 du 28 déc. 2018, V. note ss. art. D. 241-5-2.

SOUS-SECTION 3 ASSOCIATIONS INTERMÉDIAIRES

(Décr. n° 2007-1380 du 24 sept. 2007, art. 1er)

Art. D. 241-6 (Abrogé par Décr. n° 2018-1357 du 28 déc. 2018, art. 2) (Décr. n° 87-303 du 30 avr. 1987, art. 9) ***La durée d'activité en deçà de laquelle est accordée l'exonération mentionnée à l'article L. 241-11 est de*** (Décr. n° 92-331 du 30 mars 1992, art. 1er) ***« sept cent cinquante heures par année civile ou sur une période continue d'un an ».***– Les dispositions du Décr. n° 2018-1357 du 28 déc. 2018 s'appliquent aux cotisations et contributions dues au titre des périodes courant à compter du 1er janv. 2019 (Décr. préc., art. 4).

SOUS-SECTION 4 ALLÉGEMENT GÉNÉRAL DES COTISATIONS PATRONALES

(Décr. n° 2007-1380 du 24 sept. 2007, art. 1er)

V. Circ. interministérielle n° DSS/SD5B/SG/SAFSL/SDTPS/2011/34 du 27 janv. 2011 relative à la mise en œuvre de l'annualisation de la réduction générale de cotisations sociales patronales.

V. également :

– Circ. n° DSS/5B/2008/34 du 5 févr. 2008 portant diffusion d'un « questions-réponses » relatif aux modalités techniques d'application de l'art. 1er de la L. n° 2007-1223 du 21 août 2007 en faveur du travail, de l'emploi et du pouvoir d'achat ;

– Circ. n° DSS/5B/2007/422 du 27 nov. 2007 portant complément d'information sur la mise en œuvre de l'art. 1er de la L. n° 2007-1223 du 21 août 2007 en faveur du travail, de l'emploi et du pouvoir d'achat ;

– Circ. n° DSS/5B/2003/282 du 12 juin 2003 portant application du titre III de la L. n° 2003-47 du 17 janv. 2003 relative aux salaires, au temps de travail et au développement de l'emploi.

Art. D. 241-7 *(Décr. n° 2012-1074 du 21 sept. 2012, art. 1er-I)* **I. — Le coefficient mentionné au III de l'article L. 241-13 est déterminé par application de la formule suivante :**

(Décr. n° 2014-1688 du 29 déc. 2014, art. 1er-1° et 2°) **« Coefficient = (T/0,6) × (1,6 × SMIC calculé pour un an/rémunération annuelle brute – 1).**

« T est la valeur maximale du coefficient mentionnée au troisième alinéa du III de l'article L. 241-13. Elle est fixée *(Décr. n° 2016-1932 du 28 déc. 2016, art. 1er-II ; Décr. n° 2018-1356 du 28 déc. 2018, art. 1er)* **« à 0,3214 pour les** *(Décr. n° 2018-821 du 27 sept. 2018, art. 1er)* **« revenus d'activité dus » par les employeurs soumis au 1° de l'article L. 834-1 et à 0,3254 pour les** *(Décr. n° 2018-821 du 27 sept. 2018, art. 1er)* **« revenus d'activité dus » par les employeurs soumis au 2° de l'article L. 834-1. »** *– V. note ss. art.*

« Le résultat obtenu par application de cette formule est arrondi à quatre décimales, au dix millième le plus proche. Il est pris en compte pour les valeurs mentionnées *(Décr. n° 2016-1932 du 28 déc. 2016, art. 1er-II)* **« au précédent alinéa » s'il est supérieur à celles-ci.**

(Décr. n° 2018-1356 du 28 déc. 2018, art. 1er-II) **« La valeur T est ajustée, le cas échéant, pour correspondre au taux de chacune des cotisations effectivement à la charge de l'employeur, si ceux-ci sont inférieurs aux taux dont les valeurs maximales mentionnées au troisième alinéa sont la somme ou, pour les cotisations dues au titre des régimes de retraite complémentaire légalement obligatoires mentionnés à l'article L. 921-4, au taux qui résulte de la répartition de la prise en charge telle qu'elle est prévue au premier alinéa de l'article 38 de l'accord national interprofessionnel du 13 novembre 2017. »** *– le présent al., dans sa rédaction issue du Décr. n° 2018-1356 du 28 déc. 2018, s'applique pour les rémunérations dues au titre des périodes d'emploi courant à compter du 1er janv. 2020, sauf pour les salariés mentionnés au B du IX de l'art. 8 de la L. n° 2018-1203 du 22 déc. 2018 pour le financement de la sécurité sociale pour 2019 [V. dernière ndlr ss. art. L. 241-13], pour lesquels il s'applique pour les rémunérations dues au titre des périodes d'emploi courant à compter du 1er janv. 2019 (Décr. préc., art. 3).*

« En cas d'application d'un dispositif de lissage des effets liés au franchissement d'un seuil d'effectif, conduisant l'employeur à appliquer à titre transitoire un taux réduit pour le calcul de la contribution prévue à l'article L. 834-1, le coefficient T est ajusté en conséquence.

« II. — » Le montant de la rémunération annuelle brute à prendre en compte est défini selon les modalités prévues au III de l'article L. 241-13.

Sous réserve des dispositions prévues par les alinéas suivants, le montant annuel du salaire minimum de croissance à prendre en compte est égal à 1 820 fois le salaire minimum de croissance prévu par l'article L. 3231-2 du code du travail ou à la somme de douze fractions identiques correspondant à sa valeur multipliée par les 52/12 de la durée légale hebdomadaire.

Pour les salariés *(Décr. n° 2014-1688 du 29 déc. 2014, art. 1er-3°)* « dont la rémunération contractuelle est fixée sur une base inférieure à la durée légale » ainsi que pour les salariés n'entrant pas dans le champ d'application de l'article L. 3242-1 du code du travail *(Décr. n° 2014-1688 du 29 déc. 2014, art. 1er-3°)* « autres que ceux mentionnés au deuxième alinéa du III », le montant du salaire minimum de croissance ainsi déterminé est corrigé à proportion de la durée de travail *(Abrogé par Décr. n° 2014-1688 du 29 déc. 2014, art. 1er-3°)* ***« ou de la durée équivalente au sens de l'article L. 3121-9 du code du travail ou de l'article L. 713-5 du code rural et de la pêche maritime »***, hors heures supplémentaires *(Décr. n° 2014-1688 du 29 déc. 2014, art. 1er-3°)* « mentionnées à » l'article L. 241-18 du code de la sécurité sociale et complémentaires au sens des articles *(Décr. n° 2016-1553 du 18 nov. 2016, art. 7-II, en vigueur le 1er janv. 2017)* « L. 3123-8, L. 3123-9, L. 3123-20 et L. 3123-28 » du code du travail, inscrite à leur contrat de travail au titre de la période où ils sont présents dans l'entreprise et rapportée à celle correspondant à la durée légale du travail.

En cas de suspension du contrat de travail avec paiement intégral de la rémunération brute du salarié, la fraction du montant du salaire minimum de croissance correspondant *(Décr. n° 2018-821 du 27 sept. 2018, art. 1er)* « aux mois au cours desquels » le contrat est suspendu est prise en compte pour sa valeur déterminée dans les conditions ci-dessus.

Pour les salariés entrant dans le champ d'application de l'article L. 3242-1 susmentionné qui ne sont pas présents toute l'année ou dont le contrat de travail est suspendu sans paiement de la rémunération ou avec paiement partiel de celle-ci *(Décr. n° 2014-1688 du 29 déc. 2014, art. 1er-4°)* « par l'employeur, ainsi que pour les salariés mentionnés au deuxième alinéa du III, » la fraction du montant du salaire minimum de croissance correspondant *(Décr. n° 2018-821 du 27 sept. 2018, art. 1er)* « aux mois au cours desquels » a lieu l'absence est corrigée, selon le rapport entre *(Décr. n° 2018-821 du 27 sept. 2018, art. 1er)* « les revenus d'activité, tels qu'ils sont pris en compte pour la détermination de l'assiette des cotisations définie à l'article L. 242-1, dus et ceux qui auraient été dus » si le salarié avait été présent tout le mois, hors éléments de rémunération qui ne sont pas affectés par l'absence. Le salaire minimum de croissance est corrigé selon les mêmes modalités pour les salariés n'entrant pas dans le champ d'application de l'article L. 3242-1 susmentionné dont le contrat de travail est suspendu avec paiement partiel de la rémunération.

Le cas échéant, le montant du salaire minimum de croissance à prendre en compte est majoré du produit du nombre d'heures supplémentaires *(Décr. n° 2014-1688 du 29 déc. 2014, art. 1er-5°)* « mentionnées à » l'article L. 241-18 du code de la sécurité sociale et complémentaires au sens des articles *(Décr. n° 2016-1553 du 18 nov. 2016, art. 7-II, en vigueur le 1er janv. 2017)* « L. 3123-8, L. 3123-9, L. 3123-20 et L. 3123-28 » du code du travail rémunérées au cours de l'année par le salaire minimum de croissance prévu par l'article L. 3231-2 du code du travail.

Si un des paramètres de détermination du montant annuel du salaire minimum de croissance à prendre en compte évolue en cours d'année, sa valeur annuelle est égale à la somme des valeurs déterminées par application des règles précédentes pour les périodes antérieure et postérieure à l'évolution.

(Décr. n° 2014-1688 du 29 déc. 2014, art. 1er-6°) « III. — » Pour les salariés en contrat de travail temporaire mis à disposition au cours d'une année auprès de plusieurs entreprises utilisatrices, le coefficient mentionné au I est déterminé pour chaque mission.

(Décr. n° 2014-1688 du 29 déc. 2014, art. 1er-7°) « Les dispositions du précédent alinéa ne s'appliquent pas aux salariés intérimaires titulaires d'un contrat de travail à durée indéterminée n'entrant pas dans le champ d'application de l'article L. 3242-1 du code du travail et ouvrant droit à une garantie minimale mensuelle au moins égale pour un temps plein à 151,67 fois le montant horaire du salaire minimum de croissance, en application des dispositions d'une convention de branche ou d'un accord professionnel ou interprofessionnel étendu. »

Pour les salariés en contrat à durée déterminée auprès d'un même employeur, le coefficient mentionné au I est déterminé pour chaque contrat.

(Décr. n° 2014-1688 du 29 déc. 2014, art. 1er-8°) « IV. — Conformément *(Décr. n° 2016-1553 du 18 nov. 2016, art. 7-II, en vigueur le 1er janv. 2017)* « au 3° du I de l'article L. 3121-64 » du code du travail, pour les salariés dont la durée de travail est fixée en jours, et dans le cas où ce nombre est inférieur à 218, le SMIC annuel est corrigé du rapport entre le nombre de jours travaillés et la durée légale du travail de 218 jours.

« En cas de suspension du contrat de travail, il est fait application des dispositions du II. »

(Décr. n° 2018-1356 du 28 déc. 2018, art. 1er-II) « V. — A. — Le montant de la réduction prévue à l'article L. 241-13 est imputé par l'employeur sur les cotisations et contributions mentionnées au I de cet article, de la manière suivante :

« — sur les cotisations et contributions déclarées aux organismes de recouvrement mentionnés aux articles L. 213-1 et L. 752-4, en appliquant un coefficient égal au rapport entre la somme des taux de ces cotisations et contributions, le cas échéant dans les limites résultant des dispositions du cinquième alinéa du I, et la valeur T mentionnée au troisième alinéa du I. Par exception, pour les employeurs des salariés mentionnés à l'avant dernier alinéa du VII de l'article L. 241-13, le montant de la réduction est imputé par l'employeur sur les cotisations recouvrées par l'institution mentionnée à l'article L. 5312-1 du code du travail en appliquant un coefficient égal au rapport entre le taux de ces cotisations et la valeur T mentionnée au I ;

« — sur les cotisations déclarées aux institutions mentionnées à l'article L. 922-4 pour la part complémentaire.

« B. — Par exception au A, pour les employeurs des salariés mentionnés au dernier alinéa du VII de l'article L. 241-13, le montant de la réduction est imputé en totalité sur les cotisations recouvrées par l'organisme de recouvrement habilité par l'État en application de l'article L. 133-9. » — *V. note ss. art.*

Les dispositions de l'art. 1er-II du Décr. n° 2018-1356 du 28 déc. 2018 s'appliquent pour les rémunérations dues pour les périodes courant à compter du 1er janv. 2019 (Décr. préc., art. 3).

Pour les rémunérations dues pour les périodes courant du 1er janv. au 31 déc. 2019, à l'exception des rémunérations dues par les employeurs des salariés mentionnés au B du IX de l'art. 8 de la L. n° 2018-1203 du 22 déc. 2018 pour le financement de la sécurité sociale pour 2019 [V. dernière ndlr ss. art. L. 241-13] :

a) La valeur T mentionnée au troisième al. du I de l'art. D. 241-7 est égale à 0,2809 pour les employeurs soumis au 1° de l'art. L. 834-1 CSS et à 0,2849 pour les employeurs soumis au 2° du même art. ;

b) Cette valeur fait l'objet d'une majoration égale à 0,0405 pour les rémunérations dues pour les périodes courant du 1er oct. au 31 déc. 2019.

Art. D. 241-8 *(Décr. n° 2012-1074 du 21 sept. 2012, art. 1er-II)* Le montant de la réduction prévue à l'article L. 241-13 appliquée par anticipation aux cotisations dues au titre des rémunérations versées au cours d'un mois civil est égal au produit de la rémunération mensuelle par le coefficient mentionné au I de l'article D. 241-7 calculé selon les modalités prévues au même article, à l'exception du montant du salaire minimum de croissance et de la rémunération qui sont pris en compte pour un mois.

Art. D. 241-9 *(Décr. n° 2012-1074 du 21 sept. 2012, art. 1er-II)* Les cotisations dues au titre du dernier mois ou du dernier trimestre de l'année tiennent compte, le cas échéant, de la régularisation du différentiel entre la somme des montants de la réduction mentionnée à l'article L. 241-13 appliquée par anticipation pour les mois précédents de l'année et le montant de cette réduction calculée pour l'année. En cas de cessation du contrat de travail en cours d'année, la régularisation s'opère sur les cotisations dues au titre du dernier mois ou trimestre d'emploi.

Une régularisation progressive des cotisations peut être opérée en cours d'année, d'un versement à l'autre, en faisant masse, à chaque échéance, des éléments nécessaires au calcul de la réduction sur la période écoulée depuis le premier jour de l'année ou à dater de l'embauche si elle est postérieure.

Art. D. 241-10 *(Décr. n° 2014-1688 du 29 déc. 2014, art. 2)* I. — Pour les salariés mentionnés au IV de l'article L. 241-13, le coefficient mentionné au deuxième alinéa du III est calculé selon la formule suivante :

Coefficient = (T/0,6) × (1,6 × *a* × SMIC calculé pour un an/rémunération annuelle brute − 1) × *b*.

Le coefficient noté T et les montants du SMIC calculé pour un an et de la rémunération brute sont identiques à ceux mentionnés à l'article D. 241-7.

Le septième alinéa du II de l'article D. 241-7 du même code est applicable si la valeur a à prendre en compte évolue en cours d'année.

II. — Pour les salariés mentionnés au 1° du IV de l'article L. 241-13 qui sont soumis à un régime d'heures d'équivalences payées à un taux majoré en application d'une convention ou d'un accord collectif étendu en vigueur au 1er janvier 2010, les valeurs *a* et *b* sont respectivement fixées :

— à 45/35 et à 1 pour ceux mentionnés au deuxième alinéa du 3° de l'article 5 du décret n° 83-40 du 26 janvier 1983 modifié relatif aux modalités d'application des dispositions du code du travail concernant la durée du travail dans les entreprises de transport routier de marchandise *[V. **C. transp.**, art. D. 3312-45, 1°]* ;

— à 40/35 et à 1 pour ceux mentionnés au troisième alinéa du 3° de l'article 5 du décret mentionné au précédent alinéa du présent article *[V. **C. transp.**, art. D. 3312-45, 2°]*.

Lorsque la rémunération versée, hors heures supplémentaires, n'est pas établie sur la base de la durée équivalente à la durée légale, la valeur *a* est ajustée dans la même proportion.

III. — Pour les salariés mentionnés au 2° du IV de l'article L. 241-13 auxquels l'employeur est tenu de verser une indemnité compensatrice de congé payé en application de l'article L. 1251-19 du code du travail, les valeurs *a* et *b* sont respectivement fixées à 1 et à 1,1.

IV. — Pour les salariés mentionnés au 3° du IV de l'article L. 241-13 qui relèvent des professions dans lesquelles le paiement des congés et des charges sur les indemnités de congés est mutualisé entre les employeurs affiliés aux caisses de congés, les valeurs *a* et *b* sont respectivement fixées à 1 et à 100/90.

Par dérogation à l'alinéa précédent, la valeur *a* est fixée à la valeur mentionnée au II du présent article pour les salariés entrant dans le champ d'application de la convention collective nationale des transports routiers et activités auxiliaires du transport.

Art. D. 241-11 *(Abrogé par Décr. n° 2011-2086 du 30 déc. 2011, art. 1er-2°)* « ***Lorsque le bénéfice de la réduction prévue à l'article L. 241-13 est cumulé, au titre du versement d'une même rémunération, avec celui de la réduction prévue par l'article L. 241-14, est d'abord appliquée la réduction mentionnée à l'article L. 241-14, puis la réduction prévue par l'article L. 241-13.*** »

(Décr. n° 2005-88 du 4 févr. 2005) « Le montant total des allégements obtenu par application de la réduction mentionnée à l'article L. 241-13 *(Abrogé par Décr. n° 2011-2086 du 30 déc. 2011, art. 1er-2°)* « ***, dont le bénéfice est le cas échéant cumulé avec l'autre mesure d'allégement mentionnée à l'alinéa précédent,*** » est dans tous les cas limité au montant des cotisations *(Décr. n° 2014-1688 du 29 déc. 2014, art. 3-1°)* « et des contributions » mentionnées au I dudit article dues pour l'emploi du salarié au titre des gains et rémunérations versés au cours » *(Décr. n° 2011-2086 du 30 déc. 2011, art. 1er-2°)* « de l'année, majoré » *(Décr. n° 2014-1688 du 29 déc. 2014, art. 3-2°)* « du facteur *b* de l'article D. 241-10. »

Art. D. 241-12 *Abrogé par Décr. n° 2007-1380 du 24 sept. 2007, art. 1er.*

Art. D. 241-13 *Abrogé par Décr. n° 2012-1074 du 21 sept. 2012, art. 2-II.*

SOUS-SECTION 5 HÔTELS, CAFÉS, RESTAURANTS

(Décr. n° 2007-1380 du 24 sept. 2007, art. 1er)

Art. D. 241-14 *Abrogé par Décr. n° 2011-2086 du 30 déc. 2011, art. 1er-3°.*

SOUS-SECTION 6 ARBITRES ET JUGES SPORTIFS

(Décr. nº 2007-1380 du 24 sept. 2007, art. 1er)

Art. D. 241-15 *(Décr. nº 2007-969 du 15 mai 2007, art. 1er)* En application des dispositions du troisième alinéa de l'article L. 241-16, dès lors que les sommes versées aux arbitres et juges, à l'exception de celles ayant le caractère de remboursement de frais professionnels *(Décr. nº 2018-821 du 27 sept. 2018, art. 1er)* « dans les conditions et limites fixées par l'arrêté interministériel mentionné au second alinéa du I de l'article L. 136-1-1 », excèdent la limite prévue au premier alinéa de l'article L. 241-16, la fédération sportive ou la ligue professionnelle qu'elle a créée en application des dispositions de l'article L. 132-1 du code du sport remplit les obligations relatives aux déclarations et versements des cotisations et contributions mentionnées au deuxième alinéa de l'article L. 241-16 du présent code.

Art. D. 241-16 *(Décr. nº 2007-969 du 15 mai 2007, art. 1er)* Lorsque le montant total perçu par l'arbitre ou par le juge dépasse la limite prévue au premier alinéa de l'article L. 241-16, il doit sans délai en informer les fédérations ou la ligue professionnelle dont il relève, puis leur communiquer l'ensemble des sommes perçues ainsi que l'identité des organismes les ayant versées.

Art. D. 241-17 *(Décr. nº 2007-969 du 15 mai 2007, art. 1er)* Lorsque le dépassement est lié à des sommes qu'elle n'a pas versées, la fédération ou la ligue professionnelle qu'elle a créée peut répartir le montant des cotisations et contributions dues entre les différents organismes ayant versé ces sommes.

Elle informe alors les organismes du montant dû. Ceux-ci doivent lui verser les sommes correspondantes avant la date qu'elle fixe.

Dans le cas où ces organismes ne s'acquittent pas de leurs obligations avant la date d'exigibilité, la fédération ou la ligue professionnelle verse l'ensemble des cotisations et contributions dues. Elle peut ensuite engager une action en remboursement des sommes versées.

Art. D. 241-18 *(Décr. nº 2007-969 du 15 mai 2007, art. 1er)* Le versement des cotisations et contributions de sécurité sociale mentionné à l'article D. 241-15 intervient au cours du mois civil suivant le trimestre au cours duquel les rémunérations perçues au titre des missions arbitrales ont été versées et à la date d'échéance de paiement applicable à la fédération sportive ou à la ligue professionnelle.

Art. D. 241-19 *(Décr. nº 2007-969 du 15 mai 2007, art. 1er)* Les arbitres et juges doivent tenir à jour un document recensant l'ensemble des sommes perçues pour chaque événement au titre de leur mission arbitrale.

Ce document, établi pour une année civile, doit être conservé pendant trois ans et mis à disposition sur simple demande de la fédération ou de la ligue professionnelle qu'elle a créée afin qu'elle puisse s'assurer du non-dépassement de la limite définie au premier alinéa de l'article *(Décr. nº 2018-821 du 27 sept. 2018, art. 1er)* « L. 241-16 » ou renseigner les agents de contrôle mentionnés à l'article L. 243-7 ou l'Agence centrale des organismes de sécurité sociale.

Art. D. 241-20 *(Décr. nº 2007-969 du 15 mai 2007, art. 1er)* La fédération sportive ou la ligue professionnelle qu'elle a créée tient à disposition des agents chargés du contrôle mentionnés à l'article L. 243-7 et de l'Agence centrale des organismes de sécurité sociale la liste des arbitres et juges licenciés. A leur demande, elle leur donne également accès aux informations mentionnées à l'article D. 241-19.

SOUS-SECTION 7 HEURES SUPPLÉMENTAIRES *(Décr. nº 2012-1074 du 21 sept. 2012, art. 2-I).*

Art. D. 241-21 *(Décr. nº 2019-40 du 24 janv. 2019, art. 1er)* Le taux de la réduction de cotisations salariales prévue à l'article L. 241-17 est égal à la somme des taux de chacune des cotisations d'assurance vieillesse d'origine légale et conventionnelle rendue obligatoire par la loi effectivement à la charge du salarié, dans la limite de 11,31 %.

Les dispositions du Décr. nº 2019-40 du 24 janv. 2019 s'appliquent pour les rémunérations dues pour les périodes courant à compter du 1er janv. 2019. Ces mêmes dispositions sont applicables à

Mayotte et à Saint-Pierre-et-Miquelon, dans la limite des taux de cotisations en vigueur dans ces territoires (Décr. préc., art. 3 et 4).

Art. D. 241-22 *(Décr. nº 2019-40 du 24 janv. 2019, art. 1er)* **En cas d'application d'une exonération totale ou partielle de cotisations salariales de sécurité sociale, de taux réduits, d'assiettes ou de montants forfaitaires de cotisations, la réduction s'applique dans la limite des cotisations effectivement à la charge du salarié.** *— V. note ss. art. D. 241-21.*

Art. D. 241-23 *Abrogé par Décr. nº 2012-1074 du 21 sept. 2012, art. 2-II.*

Art. D. 241-24 *(Décr. nº 2012-1074 du 21 sept. 2012, art. 2-III)* **Le montant de la déduction forfaitaire des cotisations patronales prévue au I de l'article L. 241-18 est fixé à 1,50 €.**

Pour bénéficier des dispositions de l'article L. 241-18, l'employeur doit s'assurer que le montant de la déduction forfaitaire des cotisations patronales et des autres aides entrant dans le champ du règlement communautaire mentionné au IV de l'article L. 241-18 n'excède pas, sur une période de trois exercices fiscaux dont l'exercice en cours, le plafond fixé par ledit règlement.

Art. D. 241-25 *(Décr. nº 2007-1380 du 24 sept. 2007, art. 1er ; Décr. nº 2012-1074 du 21 sept. 2012, art. 2-IV)* **Pour l'application du** *(Décr. nº 2019-40 du 24 janv. 2019, art. 1er)* **« du V de l'article L. 241-17 et » du V de l'article L. 241-18, l'employeur tient à disposition les informations prévues aux articles** *(Décr. nº 2016-1553 du 18 nov. 2016, art. 7-II, en vigueur le 1er janv. 2017)* **« D. 3171-1 à D. 3171-15 » du code du travail et aux articles R. 713-35 à R. 713-50 du code rural et de la pêche maritime.** *— V. note ss. art. D. 241-21.*

Lorsque ces données ne sont pas immédiatement accessibles, l'employeur complète, au moins une fois par an pour chaque salarié, les informations fournies en application des articles susmentionnés par un récapitulatif hebdomadaire du nombre d'heures supplémentaires ou complémentaires effectuées, ou du nombre d'heures de travail lorsque le décompte des heures supplémentaires n'est pas établi par semaine, indiquant le mois au cours duquel elles sont rémunérées et distinguant les heures supplémentaires et complémentaires en fonction du taux de majoration qui leur est applicable.

Lorsque en vertu *(Décr. nº 2016-1553 du 18 nov. 2016, art. 7-II, en vigueur le 1er janv. 2017)* **« de l'article L. 3121-31 » du code du travail, les heures supplémentaires résultent d'une durée collective hebdomadaire de travail supérieure à la durée légale et font l'objet d'une rémunération mensualisée, l'indication de cette durée collective suffit à satisfaire à l'obligation mentionnée à l'alinéa précédent pour les seules heures supplémentaires concernées.**

SOUS-SECTION 8 DISPOSITIONS COMMUNES À PLUSIEURS DISPOSITIFS

(Décr. nº 2007-1380 du 24 sept. 2007, art. 1er)

Art. D. 241-26 (Abrogé par Décr. nº 2017-858 du 9 mai 2017, art. 1er-7º, à compter du 1er janv. 2018) ***Pour l'application*** (Décr. nº 2014-1688 du 29 déc. 2014, art. 6-1º) ***« de l'article » D. 241-24, l'effectif de l'entreprise est apprécié au 31 décembre, tous établissements confondus, en fonction de la moyenne, au cours de l'année civile, des effectifs déterminés chaque mois conformément aux dispositions des articles*** (Décr. nº 2009-776 du 23 juin 2009, art. 2) ***« L. 1111-2, L. 1111-3 et L. 1251-54 » du code du travail.***

Cet effectif détermine, selon le cas, (Décr. nº 2014-1688 du 29 déc. 2014, art. 6-2º) ***« le montant de la déduction forfaitaire visée à l'article D. 241-24 applicable » au titre des gains et rémunérations versés à compter du 1er janvier de l'année suivante et pour la durée de celle-ci.***

Pour une entreprise créée en cours d'année, l'effectif est apprécié à la date de sa création. Au titre de l'année suivante, l'effectif de cette entreprise est apprécié dans les conditions définies aux deux alinéas précédents, en fonction de la moyenne des effectifs de chacun des mois d'existence de la première année.

(Décr. nº 2009-776 du 23 juin 2009, art. 2) ***« Pour la détermination de la moyenne mentionnée aux premier et troisième alinéas, les mois au cours desquels aucun salarié n'est employé ne sont pas pris en compte. »***

Les dispositions issues du Décr. nº 2014-1688 du 29 déc. 2014 s'appliquent aux cotisations et contributions dues au titre des rémunérations versées à compter du 1er janv. 2015 (Décr. préc., art. 14).

Art. D. 241-27 *(Décr. nº 2014-1179 du 13 oct. 2014, art. 2-1º)* « I. — » Pour l'application de l'article L. 241-15 aux salariés dont la rémunération ne peut être déterminée au cours du mois en fonction d'un nombre d'heures de travail rémunérées, le nombre d'heures de travail pris en compte est réputé égal :

1. Pour les salariés dont la durée du travail est fixée par une convention individuelle de forfait annuel en jours, au produit de la durée légale du travail calculée sur le mois et du rapport entre ce forfait et deux cent dix-huit jours.

2. Pour les salariés dont la durée du travail est fixée par une convention individuelle de forfait annuel en heures, à cinquante-deux douzièmes de leur durée moyenne hebdomadaire de travail.

3. Pour les autres salariés, à l'application de la durée collective du travail applicable dans l'établissement ou la partie de l'établissement où est employé le salarié calculée sur le mois lorsque la rémunération versée au cours du mois est au moins égale au produit de cette durée collective par la valeur du salaire minimum de croissance. Si leur rémunération est inférieure à cette rémunération de référence d'une activité à temps plein, le nombre d'heures déterminé comme ci-dessus est réduit selon le rapport entre la rémunération versée et cette rémunération de référence.

II. — Dans les cas prévus au I, lorsque la période d'emploi rémunérée couvre une partie du mois civil, le nombre d'heures rémunérées au cours du mois est réputé égal au produit du nombre de jours calendaires compris dans la période par un trentième du nombre d'heures reconstitué conformément aux dispositions prévues au I.

(Décr. nº 2014-1179 du 13 oct. 2014, art. 2-2º) « Si le contrat de travail du salarié est suspendu avec maintien partiel de sa rémunération mensuelle brute, le nombre d'heures pris en compte au titre de ces périodes de suspension est égal au produit du nombre d'heures rémunérées, le cas échéant reconstitué conformément aux dispositions du I, d'une part, et du pourcentage de la rémunération soumise à cotisations demeurant à la charge de l'employeur, d'autre part. »

Pour l'application de ces dispositions, dans le cas des salariés mentionnés au 3 du I, la rémunération à comparer à la rémunération de référence d'une activité à temps plein est celle qu'aurait perçue le salarié s'il avait effectué son activité sur la totalité du mois civil.

III. — La durée collective calculée sur le mois mentionnée au présent article est égale à cinquante-deux douzièmes de la durée hebdomadaire ou de la durée moyenne hebdomadaire *(Décr. nº 2016-1553 du 18 nov. 2016, art. 7-II, en vigueur le 1er janv. 2017)* « en cas d'aménagement du temps de travail sur une période supérieure à la semaine en application des articles L. 3121-41 à L. 3121-47 du code du travail, » du V de l'article 8 de la loi nº 2000-37 du 19 janvier 2000 relative à la réduction négociée du temps de travail *(Décr. nº 2016-1553 du 18 nov. 2016, art. 7-II, en vigueur le 1er janv. 2017)* « ou du V de l'article 20 de la loi nº 2008-789 du 20 août 2008 portant rénovation de la démocratie sociale et réforme du temps de travail ».

CHAPITRE II ASSIETTE, TAUX ET CALCUL DES COTISATIONS

SECTION PREMIÈRE COTISATIONS ASSISES SUR LES RÉMUNÉRATIONS OU GAINS VERSÉS AUX TRAVAILLEURS SALARIÉS OU ASSIMILÉS

SOUS-SECTION 1 DISPOSITIONS GÉNÉRALES

Art. D. 242-1 *(Décr. nº 2005-435 du 9 mai 2005)* I. — Les contributions des employeurs au financement d'opérations de retraite mentionnées *(Décr. nº 2018-821 du 27 sept. 2018, art. 1er)* « au *a* du 4º du II » de l'article L. 242-1 sont exclues de l'assiette des cotisations de sécurité sociale propre à chaque assuré, pour une fraction n'excédant pas la plus élevée des deux valeurs suivantes :

a) 5 % du montant du plafond de la sécurité sociale ;

b) 5 % de la rémunération soumise à cotisations de sécurité sociale en application de l'article L. 242-1, déduction faite de la part des contributions des employeurs destinées au financement de prestations complémentaires de retraite et de prévoyance soumise à cotisations de sécurité sociale, la rémunération ainsi calculée étant retenue jusqu'à concurrence de cinq fois le montant du plafond de la sécurité sociale.

Les contributions des employeurs au financement de prestations complémentaires de prévoyance mentionnées au huitième alinéa de l'article L. 242-1 sont exclues de l'assiette des cotisations de sécurité sociale propre à chaque assuré, pour une fraction n'excédant pas un montant égal à la somme de 6 % du montant du plafond de la sécurité sociale et de 1,5 % de la rémunération soumise à cotisations de sécurité sociale en application de l'article L. 242-1, déduction faite de la part des contributions des employeurs destinées au financement de prestations complémentaires de retraite et de prévoyance soumise à cotisations de sécurité sociale, sans que le total ainsi obtenu puisse excéder 12 % du montant du plafond de la sécurité sociale.

II. — Les opérations de retraite mentionnées au septième alinéa de l'article L. 242-1 sont celles organisées par des contrats d'assurance souscrits par un ou plusieurs employeurs ou par tout groupe d'employeurs auprès d'entreprises relevant du code des assurances, d'institutions de prévoyance régies par le titre III du livre IX du présent code ou d'organismes mutualistes relevant du livre II du code de la mutualité au profit d'une ou plusieurs catégories objectives de salariés. La contribution de l'employeur est fixée à un taux uniforme pour chacune de ces catégories.

Ces contrats ont pour objet l'acquisition et la jouissance de droits viagers personnels payables à l'assuré au plus tôt à compter de la date de liquidation de sa pension dans un régime obligatoire d'assurance vieillesse ou à l'âge fixé en application de l'article L. 351-1 du présent code soit par l'acquisition d'une rente viagère différée, soit par la constitution d'une épargne qui sera obligatoirement convertie en rente viagère, soit dans le cadre d'une opération régie par l'article L. 441-1 du code des assurances, par l'article L. 932-24 du présent code ou par l'article L. 222-1 du code de la mutualité.

Ces contrats peuvent prévoir des garanties complémentaires en cas de décès de l'adhérent avant ou après la date de mise en service de la rente viagère, ainsi qu'en cas d'invalidité ou d'incapacité.

Les contrats relevant du présent article ne peuvent faire l'objet de rachats même partiels, sauf dans les cas prévus aux troisième, quatrième et cinquième alinéas de l'article L. 132-23 du code des assurances et de l'article L. 223-22 du code de la mutualité.

Le contrat prévoit, au bénéfice du participant qui n'est plus tenu d'y adhérer, une faculté de transfert vers un autre contrat respectant les règles définies en application du septième alinéa de l'article L. 242-1 ou vers un plan d'épargne retraite populaire défini à l'article L. 144-2 du code des assurances. La notice d'information mentionnée aux articles L. 140-4 *[L. 141-4]* du code des assurances, L. 221-6 du code de la mutualité et L. 932-6 du présent code précise cette faculté et en détaille les modalités d'exercice.

Entrent également dans le champ des opérations de retraite mentionnées au septième alinéa de l'article L. 242-1 du présent code les régimes de retraite à prestations définies, institués avant le 1er janvier 2005 et n'entrant pas dans le champ d'application de l'article L. 137-11 du présent code, à condition qu'ils n'acceptent plus de nouveaux adhérents à compter du 30 juin 2008.

Ces dispositions sont applicables aux contributions versées à compter du 1er janv. 2005. Toutefois, les dispositions de l'avant-dernier alinéa du II ne sont pas applicables aux opérations régies par l'art. L. 441-1 C. assur., par l'art. L. 932-24 CSS ou par l'art. L. 222-1 C. mut. créées avant cette date (Décr. n° 2005-435 du 9 mai 2005, art. 4).

Art. D. 242-2 L'arrêté prévu au deuxième alinéa de l'article L. 242-3 est pris par le ministre chargé de la sécurité sociale.

Art. D. 242-2-1 *(Décr. n° 2006-757 du 29 juin 2006)* Le montant de la fraction de la gratification, mentionnée *(Décr. n° 2018-821 du 27 sept. 2018, art. 1er)* « au *b* du 1° du III de l'article L. 136-1-1 », est égal au produit de *(Décr. n° 2014-1420 du 27 nov. 2014, art. 1er-V, en vigueur le 1er sept. 2015)* « 15 % » du plafond horaire défini en application de l'article L. 241-3 et du nombre d'heures de stage effectuées au cours du mois considéré.

Ce montant est apprécié au moment de la signature de la convention de stage compte tenu de la gratification, des avantages en nature et en espèces et du temps de présence mensuel prévu au cours du stage.

Les dispositions issues du Décr. n° 2014-1420 du 27 nov. 2014 sont applicables aux conventions conclues à compter du 1er déc. 2014, date de son entrée en vigueur. Toutefois, pour les conventions de stage signées avant le 1er sept. 2015, le montant horaire de la gratification due au stagiaire est fixé, en l'absence de convention de branche ou d'accord professionnel étendu fixant un taux supérieur, à 13,75 % du plafond horaire de la sécurité sociale en application de l'art. L. 241-3 (Décr. préc., art. 4).

Art. D. 242-2-2 *(Décr. nº 2011-1387 du 25 oct. 2011)* La personne tierce mentionnée au sixième alinéa de l'article L. 242-1-4 transmet à l'employeur une copie du document adressé au salarié indiquant le montant des sommes et avantages qui lui ont été alloués ainsi que celui des cotisations et contributions acquittées sur ceux-ci.

Cette transmission est effectuée au plus tard, au choix de la personne tierce, le premier jour du mois qui suit l'allocation des sommes et avantages ou le 30 juin de l'année civile qui suit celle de cette allocation.

Cet art. est applicable aux sommes et avantages alloués à compter du 1er nov. 2011 (Décr. nº 2011-1387 du 25 oct. 2011, art. 2).

SOUS-SECTION 2 DISPOSITIONS PROPRES À CHAQUE BRANCHE

§ 1er ASSURANCES MALADIE, MATERNITÉ, INVALIDITÉ ET DÉCÈS

Art. D. 242-3 Le taux de la cotisation des assurances sociales affectée aux risques maladie, maternité, invalidité et décès est fixé à *(Décr. nº 2017-1891 du 30 déc. 2017, art. 1er-III)* « 13 % à la charge de l'employeur », sur la totalité des rémunérations ou gains de l'intéressé.

(Décr. nº 2017-1895 du 30 déc. 2017, art. 1er-I) « Toutefois, pour les personnes mentionnées à l'article L. 131-9, le taux de la cotisation à la charge du salarié ou assimilé est fixé à *(Décr. nº 2018-162 du 6 mars 2018, art. 1er-I)* « 5,50 % ». Le taux de cotisation à la charge de l'employeur est le taux fixé au premier alinéa du présent article. »

Les dispositions de l'art. 1er-III du Décr. nº 2017-1891 du 30 déc. 2017 s'appliquent aux cotisations et aux contributions de sécurité sociale dues au titre des périodes courant à compter du 1er janv. 2018 (Décr. préc., art. 8).

Les dispositions du Décr. nº 2017-1895 du 30 déc. 2017 s'appliquent aux cotisations de sécurité sociale dues au titre des périodes courant à compter du 1er janv. 2018 (Décr. préc., art. 6).

Les dispositions de l'art. 1er du Décr. nº 2018-162 du 6 mars 2018 s'appliquent aux cotisations de sécurité sociale dues au titre des périodes courant à compter du premier jour du mois de sa publication, soit le 1er mars 2018 (Décr. préc., art. 7).

§ 2 ASSURANCE VIEILLESSE

Art. D. 242-4 *(Décr. nº 2012-847 du 2 juill. 2012, art. 5-1º)* Le taux de la cotisation des assurances vieillesse et veuvage est fixé comme indiqué dans le tableau suivant :

RÉMUNÉRATIONS VERSÉES	SUR LA PART de la rémunération dans la limite du plafond prévu au premier alinéa de l'article L. 241-3		SUR LA TOTALITÉ de la rémunération	
	Employeur	Salarié	Employeur	Salarié
Du 1er janvier au 31 décembre 2015	8,50 %	6,85 %	1,80 %	0,30 %
Du 1er janvier au 31 décembre 2016	8,55 %	6,90 %	1,85 %	0,35 %
A compter du 1er janvier 2017	8,55 %	6,90 %	1,90 %	0,40 %

Ce tableau a été modifié par le Décr. nº 2014-1531 du 17 déc. 2014 (art. 4-3º, JO 19 déc.), lequel s'applique aux modalités de calcul des cotisations de sécurité sociale dues au titre des rémunérations versées à compter du 1er janv. 2015 (Décr. préc., art. 13-I).

§ 3 ASSURANCE VEUVAGE

Art. D. 242-5 *Abrogé par Décr. nº 2004-858 du 24 août 2004, art. 2.*

§ 4 ASSURANCE ACCIDENTS DU TRAVAIL ET MALADIES PROFESSIONNELLES

Art. D. 242-6 *(Décr. nº 95-1109 du 16 oct. 1995, art. 1er ; Décr. nº 99-1129 du 28 déc. 1999, art. 2-I)* **Le décret mentionné aux premier et quatrième alinéas de l'article L. 242-5 est pris sur le rapport du ministre chargé de la sécurité sociale et du ministre chargé du budget.**

(Abrogé par Décr. nº 2009-1597 du 18 déc. 2009, art. 11-II, à compter du 1er janv. 2010) ***« L'autorité compétente pour introduire le recours prévu au deuxième alinéa de l'article L. 242-5 est le directeur régional des affaires sanitaires et sociales. »***

(Décr. nº 2017-1769 du 27 déc. 2017, art. 3-I) **« Le montant de la contribution mentionnée à l'article L. 241-3 couvrant les dépenses supplémentaires engendrées par les départs en retraite à l'âge fixé en application de l'article L. 351-1-4 et les dépenses supplémentaires engendrées par les départs en retraite mentionnées au 3º du I de l'article L. 4163-7 du code du travail est fixé par arrêté du ministre chargé de la sécurité sociale et du ministre chargé du budget. »**

L'arrêté prévu *(Décr. nº 2017-1769 du 27 déc. 2017, art. 3-I)* **« à l'avant-dernier » alinéa de l'article L. 242-5 est pris par le ministre chargé de la sécurité sociale et par le ministre chargé du budget.**

Art. D. 242-6-1 *(Décr. nº 95-1109 du 16 oct. 1995)* **« Le taux de la cotisation due au titre des accidents du travail et des maladies professionnelles est déterminé par établissement. »**

(Décr. nº 2010-753 du 5 juill. 2010, art. 1er-1º) **« Toutefois, l'entreprise qui relève d'une tarification individuelle ou mixte en application de l'article D. 242-6-2 peut demander, selon des modalités fixées par arrêté du ministre chargé de la sécurité sociale, à bénéficier d'un taux unique pour l'ensemble de ses établissements appartenant à la même catégorie de risque. Cette option de calcul est définitive pour la catégorie de risque concernée. »** — *Sur l'entrée en vigueur de cet al., V. art. 3 du Décr. nº 2010-753 du 5 juill. 2010 ss. art. D. 242-6-23.*

(Décr. nº 95-1109 du 16 oct. 1995) **« Le classement d'un établissement dans une catégorie de risque est effectué en fonction de l'activité exercée selon une nomenclature des risques et des modalités fixées par arrêté du ministre chargé de la sécurité sociale. »** — *V. Arr. du 17 oct. 1995 (JO 18 oct.) : ANNEXE I.*

1. Calcul de coût de l'accident. Le coût de l'accident du travail, au sens des art. L. 241-5-1 et R. 242-6-1 CSS, s'entend exclusivement du capital versé aux ayants droit en cas d'accident mortel et du capital représentatif de la rente servie à la victime, peu important la reconnaissance d'une faute inexcusable. • Civ. 2e, 10 juill. 2014 : *RJS 11/2014, nº 819 ; JCP S 2014, nº 1498, obs. Vachet.*

2. Tarification des AT/MP (Arr. du 24 déc. 2014). Le code 92.6 CI fait référence aux sportifs professionnels, pour les sports non visés par ailleurs, incluant les entraîneurs non joueurs des sports visés par le code 92.6 CH, quel que soit le classement de l'établissement qui les emploie, arbitres et juges ; qu'il en résulte que ce code de risque correspond aux salariés dont l'activité professionnelle implique la participation à des compétitions sportives. • Civ. 2e, 17 sept. 2015, nº 14-23.181 P : *RJS 12/2015, nº 809 ; JCP S 2015, nº 1389, obs. Tauran.*

3. Établissement distinct. Le taux de la cotisation due au titre des accidents du travail et des maladies professionnelles est déterminé par établissement. • Civ. 2e, 21 déc. 2017, nº 16-27.604 P : *RJS 3/ 2018, nº 218 ; JCP S 2018, nº 1090, obs. Aumeran.* ♦ Constitue un établissement distinct susceptible d'être assujetti à une tarification particulière en ce qui concerne les cotisations d'accidents du travail, toute entité présentant une implantation distincte et une activité propre, même si elle est rattachée pour sa gestion à une entreprise englobant d'autres activités. • Civ. 2e, 14 janv. 2010, nº 09-11.450 P : *RJS 4/2010, nº 380* • Civ. 2e, 21 juin 2018, nº 17-20.279 (inédit) : *RJS 11/2018, nº 692.*

Art. D. 242-6-2 *(Décr. nº 2010-753 du 5 juill. 2010, art. 1er-3º ; Décr. nº 2017-337 du 14 mars 2017, art. 1er-1º ; Décr. nº 2017-858 du 9 mai 2017, art. 1er-5º, en vigueur le 1er janv. 2018)* **Le mode de tarification est déterminé en fonction de l'effectif de l'entreprise, tel que défini à l'article R. 130-1, que celle-ci comporte un ou plusieurs établissements :**

1º La tarification collective est applicable aux entreprises dont l'effectif est inférieur à 20 salariés ;

2º La tarification individuelle est applicable aux entreprises dont l'effectif est au moins égal à 150 salariés ;

3º La tarification mixte est applicable aux entreprises dont l'effectif est au moins égal à 20 et inférieur à 150. — *Sur l'entrée en vigueur de cet art., V. art. 3 du Décr. nº 2010-753 du 5 juill. 2010 ss. art. D. 242-6-23.*

Art. D. 242-6-3 *(Décr. nº 2010-753 du 5 juill. 2010, art. 1er-3º)* **Le taux net de cotisation est constitué par le taux brut affecté de** *(Décr. nº 2011-353 du 30 mars 2011, applicable à compter de la tarification 2012)* **« quatre majorations », dans les conditions prévues par les articles D. 242-6-2 et D. 242-6-4 à D. 242-6-9.** — *Sur l'entrée en vigueur de cet art., V. art. 3 du Décr. nº 2010-753 du 5 juill. 2010 ss. art. D. 242-6-23.*

Art. D. 242-6-4 *(Décr. nº 2010-753 du 5 juill. 2010, art. 1er-3º)* **Le taux brut collectif est calculé d'après le rapport de la valeur du risque propre à l'ensemble des établissements appartenant à la même catégorie de risque ou à un même groupe de risques, à la masse totale des salaires payés au personnel respectif, pour les trois dernières années connues. Il est calculé par risque ou groupe de risques définis selon des modalités déterminées par arrêté du ministre chargé de la sécurité sociale.**

Le taux brut individuel est calculé d'après le rapport de la valeur du risque propre à l'établissement, à la masse totale des salaires payés au personnel respectif, pour les trois dernières années connues.

Toutefois, lorsque l'entreprise bénéficie d'un taux unique prévu à l'article D. 242-6-1, le taux brut individuel est calculé d'après le rapport de la valeur du risque propre à l'ensemble de ses établissements appartenant à la même catégorie de risque, à la masse totale des salaires payés au personnel respectif, pour les trois dernières années connues.

L'ensemble des dépenses constituant la valeur du risque est pris en compte par les caisses mentionnées à l'article L. 215-1 dès que ces dépenses leur ont été communiquées par les caisses primaires, sans préjudice de l'application des décisions de justice ultérieures.

Seules sont prises en compte dans la valeur du risque les dépenses liées aux accidents et aux maladies dont le caractère professionnel a été reconnu.

Ne sont pas compris dans la valeur du risque les dépenses liées aux accidents de trajet mentionnés à l'article L. 411-2 *(Décr. nº 2016-1 du 2 janv. 2016, art. 1er-2º)* **« et aux actes de terrorisme au sens de l'article L. 169-1, ainsi que les » frais de rééducation** *(Décr. nº 2017-1815 du 29 déc. 2017, art. 1er-1º)* **« et de reconversion professionnelles » mentionnés à l'article L. 431-1.** — *Sur l'entrée en vigueur de cet art., V. art. 3 du Décr. nº 2010-753 du 5 juill. 2010 ss. art. D. 242-6-23.*

Art. D. 242-6-5 *(Décr. nº 2010-753 du 5 juill. 2010, art. 1er-3º)* **La valeur du risque mentionnée à l'article D. 242-6-4 pour le calcul du taux brut collectif comprend :**

1º La totalité des prestations et indemnités, autres que les rentes, versées au cours de la période triennale de référence ; les indemnités en capital sont affectées d'un coefficient fixé par arrêté du ministre chargé de la sécurité sociale et du ministre chargé du budget ; sont exclues les indemnités en capital versées après révision ou rechute ;

2º Les capitaux représentatifs des rentes notifiées au cours de la période triennale de référence aux victimes atteintes, à la date de consolidation initiale de leur état de santé, d'une incapacité permanente afférente à l'accident ou à la maladie concernés, à l'exception de l'incapacité permanente reconnue après révision ou rechute ;

3º Les capitaux correspondant aux accidents et maladies mortels dont le caractère professionnel a été reconnu au cours de la même période, que la victime ait ou non laissé des ayants droit.

Un arrêté du ministre chargé de la sécurité sociale et du ministre chargé du budget fixe les bases d'évaluation forfaitaire des capitaux mentionnés aux 2º et 3º.

Les dépenses engagées par les caisses d'assurance maladie par suite de la prise en charge de maladies professionnelles constatées ou contractées dans des conditions fixées par arrêté du ministre chargé de la sécurité sociale et du ministre chargé du budget ne sont pas comprises dans la valeur du risque mais sont inscrites à un compte spécial.

Lorsque des recours sont engagés contre les tiers responsables d'accidents du travail, le montant des prestations et indemnités afférentes à ces accidents du travail est déduit de la valeur du risque au prorata du pourcentage de responsabilité mis à la charge du tiers responsable par voie amiable ou contentieuse. — *Sur l'entrée en vigueur de cet art, V. art. 3 du Décr. nº 2010-753 du 5 juill. 2010 ss. art. D. 242-6-23.*

Art. D. 242-6-6 *(Décr. nº 2010-753 du 5 juill. 2010, art. 1er-3º)* **La valeur du risque telle que mentionnée à l'article D. 242-6-4 pour le calcul du taux brut individuel comprend la somme des termes suivants :**

1º Le produit du nombre total d'accidents du travail ou de maladies professionnelles déclarés pendant la période triennale de référence ayant donné lieu à des soins ou ayant entraîné un arrêt de travail par le coût moyen de la catégorie dans laquelle est rattaché chaque accident ou chaque maladie ;

2º Le produit du nombre total d'accidents du travail ou de maladies professionnelles ayant, pendant la période triennale de référence, soit entraîné le décès de la victime, soit donné lieu à la notification d'un taux d'incapacité permanente par le coût moyen de la catégorie dans laquelle est rattaché chaque accident ou chaque maladie.

Les accidents du travail et maladies professionnelles sont classés en six catégories d'incapacité temporaire et en quatre catégories d'incapacité permanente pour lesquelles sont calculés des coûts moyens.

Les six catégories d'incapacité temporaire sont définies en fonction du nombre de jours d'arrêt de travail prescrits :

— sans arrêt de travail ou arrêt de travail de moins de 4 jours ;
— arrêts de travail de 4 jours à 15 jours ;
— arrêts de travail de 16 jours à 45 jours ;
— arrêts de travail de 46 jours à 90 jours ;
— arrêts de travail de 91 jours à 150 jours ;
— arrêts de travail de plus de 150 jours.

Les quatre catégories d'incapacité permanente sont définies en fonction du taux d'incapacité :

— incapacité permanente de moins de 10 % ;
— incapacité permanente de 10 % à 19 % ;
— incapacité permanente de 20 % à 39 % ;
— incapacité permanente de 40 % et plus ou décès de la victime.

Pour les entreprises de bâtiment et de travaux publics, les catégories d'incapacité permanente de 10 % à 100 % et celles concernant les décès sont les suivantes :

— incapacité permanente ou décès pour les activités de gros œuvre ;
— incapacité permanente ou décès pour les activités de second œuvre ;
— incapacité permanente ou décès pour les activités de bureaux.

Sur l'entrée en vigueur de cet art., V. art. 3 du Décr. nº 2010-753 du 5 juill. 2010 ss. art. D. 242-6-23.

V. Arr. du 21 déc. 2011 relatif à la tarification des accidents du travail et des maladies professionnelles et fixant les risques bénéficiant des mesures d'ajustement des coûts moyens (JO 24 déc.), mod. par Arr. du 29 nov. 2013 (JO 11 déc.), Arr. du 16 déc. 2015 (JO 27 déc.) et Arr. du 23 nov. 2016 (JO 1er déc.).

V. Arr. du 5 déc. 2017 fixant les coûts moyens des catégories d'incapacité temporaire et d'incapacité permanente mentionnées aux art. D. 242-6-6 et D. 242-34 CSS pour le calcul des cotisations d'accidents du travail et de maladies professionnelles des établissements relevant du régime général et des établissements situés dans les départements du Haut-Rhin, du Bas-Rhin et de la Moselle pour l'année 2018 (JO 10 déc.).

Selon l'art. D. 242-6-6, la valeur du risque telle que mentionnée par l'art. D. 242-6-4 CSS pour le calcul du taux brut individuel des cotisations d'accidents du travail comprend, notamment, le produit du nombre total d'accidents du travail ou de maladies professionnelles ayant, pendant la période triennale de référence, soit entraîné le décès de la victime, soit donné lieu à la notification d'un taux d'incapacité permanente, par le coût moyen de la catégorie dans laquelle est rattaché chaque accident ou maladie. En cas de décès de la victime, l'accident doit être inscrit sur le compte de l'employeur pour l'année du décès dès lors qu'il n'a pas été suivi de la notification d'un taux d'incapacité permanente. • Civ. 2e, 9 mars 2017, nº 16-14.554 P : *RDSS 2017. 570, obs. Tauran ; JCP S 2017, nº 1144, obs. Michalletz et Courtois d'Arcollières ; RJS 5/2017, nº 372.*

Art. D. 242-6-7 *(Décr. nº 2010-753 du 5 juill. 2010, art. 1er-3º)* **L'accident du travail ou la maladie professionnelle ayant donné lieu à une incapacité temporaire est classé de manière définitive dans une des catégories définies à l'article D. 242-6-6, le 31 décembre de l'année qui suit celle de sa déclaration, sans prise en compte de l'incapacité temporaire reconnue après rechute.**

L'accident du travail ou la maladie professionnelle ayant donné lieu à une incapacité permanente est classé de manière définitive dans une des catégories définies à l'article D. 242-6-6 lors de la première notification du taux d'incapacité permanente ou en cas de décès lors de la reconnaissance de son caractère professionnel, sans prise en compte de l'incapacité permanente reconnue après révision ou rechute ou du décès survenu après consolidation.

L'accident du travail ou la maladie professionnelle donnant lieu à une incapacité temporaire puis à une incapacité permanente est classé *(Décr. nº 2010-1626 du 23 déc. 2010, art. 2)* « dans » les catégories d'incapacité temporaire et d'incapacité permanente correspondantes.

Les maladies professionnelles constatées ou contractées dans des conditions fixées par arrêté du ministre chargé de la sécurité sociale et du ministre chargé du budget ne sont pas imputées au compte de l'employeur mais sont inscrites à un compte spécial.

L'accident du travail résultant d'une agression perpétrée au moyen d'armes ou d'explosifs n'est pas imputé au compte de l'employeur lorsque celle-ci est attribuable à un tiers qui n'a pu être identifié.

Lorsque des recours sont engagés contre les tiers responsables d'accidents du travail, les montants des coûts moyens correspondant aux catégories dans lesquelles sont classées ces accidents sont proratisés selon le pourcentage de responsabilité mis à la charge du tiers responsable par voie amiable ou contentieuse.

Sur l'entrée en vigueur de cet art., V. art. 3 du Décr. nº 2010-753 du 5 juill. 2010 ss. art. D. 242-6-23.

Fixation de la valeur du risque en cas de rechute. Il résulte de la combinaison des art. D. 242-6-6 et D. 242-6-7 qu'il n'y a lieu d'exclure, en cas d'accident suivi de rechute, de la valeur du risque retenue pour le calcul du taux brut individuel des cotisations d'accidents du travail que l'incapacité permanente imputable à la rechute. • Civ. 2e, 30 mars 2017, nº 16-14.563 P : *JCP S 2017, nº 1185, obs. Jeansen ; RJS 6/2017, nº 434.*

Art. D. 242-6-8 *(Décr. nº 2010-753 du 5 juill. 2010, art. 1er-3º)* Les coûts moyens de chacune des catégories d'accident du travail ou de maladie professionnelle mentionnées à l'article D. 242-6-6 sont déterminés, pour chaque comité technique national mentionné à l'article L. 422-1, sur la base des résultats statistiques des trois dernières années connues de la valeur du risque définie à l'article D. 242-6-5, à laquelle est ajouté le montant des prestations et indemnités afférentes aux accidents du travail pour lesquels ont été engagés des recours contre les tiers responsables.

Un ajustement des coûts moyens pour certains risques ou groupe *[groupes]* de risques peut être déterminé pour tenir compte des spécificités substantielles et manifestes de certains secteurs liées à la proportion des salariés à temps partiel et à leur durée de travail. Les mesures d'ajustement sont fixées par arrêté du ministre chargé de la sécurité sociale après avis de la commission des accidents du travail et des maladies professionnelles.

Les coûts moyens sont fixés chaque année par la commission des accidents du travail et des maladies professionnelles après avis des comités techniques nationaux mentionnés au premier alinéa.

La délibération de la commission des accidents du travail et des maladies professionnelles fixant les coûts moyens est adressée au plus tard le 30 novembre au ministre chargé de la sécurité sociale qui les établit par arrêté.

Sur l'entrée en vigueur de cet art., V. art. 3 du Décr. nº 2010-753 du 5 juill. 2010, ss. art. D. 242-6-23.

V. Arr. du 21 déc. 2011 relatif à la tarification des accidents du travail et des maladies professionnelles et fixant les risques bénéficiant des mesures d'ajustement des coûts moyens (JO 24 déc.), mod. par Arr. du 29 nov. 2013 (JO 11 déc.), Arr. du 16 déc. 2015 (JO 27 déc.) et Arr. du 23 nov. 2016 (JO 1er déc.).

Art. D. 242-6-9 *(Décr. nº 95-1109 du 16 oct. 1995) (Décr. nº 2011-353 du 30 mars 2011, applicable à compter de la tarification 2012)* « Les quatre majorations » mentionnées à l'article *(Décr. nº 2010-753 du 5 juill. 2010, art. 1er-4º)* « D. 242-6-3 » sont déterminées de la façon suivante :

1° Une majoration forfaitaire correspondant à la couverture des accidents du trajet est fixée en pourcentage des salaires *[0,21 % pour l'année 2018 : Arr. du 30 déc. 2017, JO 31 déc.]* ;

2° Une majoration couvrant les frais de rééducation *(Décr. n° 2017-1815 du 29 déc. 2017, art. 1er-1°)* « et de reconversion professionnelles », les charges de gestion du Fonds national des accidents du travail, les dépenses liées aux prélèvements au profit des fonds visés à l'article R. 252-5, *(Décr. n° 2010-1626 du 23 déc. 2010, art. 1er)* « 50 % du montant du versement annuel mentionné à l'article L. 176-1, » est calculée en pourcentage du taux brut augmenté de la majoration visée au 1° ci-dessus *[53 % pour l'année 2018 : Arr. du 30 déc. 2017, JO 31 déc.]* ;

3° Une majoration couvrant les dépenses correspondant aux compensations interrégimes visées *(Décr. n° 2017-1868 du 30 déc. 2017, art. 1er-1°)* « aux articles L. 134-6, L. 134-7 » et L. 134-15, les dépenses *(Décr. n° 2017-1868 du 30 déc. 2017, art. 1er-1°)* « mentionnées aux articles L. 437-1, L. 413-6, L. 413-10 et L. 413-11-2 », *(Décr. n° 2010-753 du 5 juill. 2010, art. 1er-4°)* « le montant des contributions de la branche accidents du travail et maladies professionnelles au financement du fonds d'indemnisation des victimes de l'amiante mentionné à l'article 53 de la loi n° 2000-1257 du 23 décembre 2000 et au fonds de cessation anticipée d'activité des travailleurs de l'amiante mentionné à l'article 41 de la loi n° 98-1194 du 23 décembre 1998 » *(Décr. n° 2016-1 du 2 janv. 2016, art. 1er-3°)* « , la valeur » *(Décr. n° 2010-1626 du 23 déc. 2010, art. 1er ; Décr. n° 2011-2033 du 29 déc. 2011, art. 1er)* « du risque constituée par les dépenses inscrites au compte spécial visé à l'article D. 242-6-5 et 50 % du montant du versement annuel mentionné à l'article L. 176-1, » *(Décr. n° 2016-1 du 2 janv. 2016, art. 1er-3°)* « et les dépenses liées aux actes de terrorisme au sens de l'article L. 169-1, » est fixée en pourcentage des salaires *[0,49 % pour l'année 2018 : Arr. du 30 déc. 2017, JO 31 déc.]* ; – *[Anc. art. D. 242-6-4.]*

(Décr. n° 2011-353 du 30 mars 2011, applicable à compter de la tarification 2012) « 4° Une majoration correspondant au montant de la contribution mentionnée à l'article L. 241-3 couvrant les dépenses supplémentaires engendrées par les départs en retraite à l'âge fixé en application de l'article L. 351-1-4 *(Décr. n° 2017-1769 du 27 déc. 2017, art. 3-II)* « et les dépenses supplémentaires engendrées par le dispositif mentionné à l'article L. 4163-1 du code du travail » est fixée en pourcentage des salaires *[0,03 % pour l'année 2018 : Arr. du 30 déc. 2017, JO 31 déc.]*. »

Sur l'entrée en vigueur de cet art. [anc. art. D. 242-6-4 mod.], V. art. 3 du Décr. n° 2010-753 du 5 juill. 2010 ss. art. D. 242-6-23.

V. Arr. du 24 janv. 1980 relatif aux cotisations forfaitaires de sécurité sociale dues pour les stagiaires de la formation professionnelle continue non rémunérés ou rémunérés par l'État (JO 1er févr.), mod. par Arr. du 27 déc. 2016 (JO 30 déc.).

V. Arr. du 22 déc. 2015 portant fixation du taux de la cotisation d'accidents du travail et de maladies professionnelles due pour les stagiaires de la formation professionnelle continue pour l'année 2016 (JO 29 déc.).

V. Arr. du 30 déc. 2017 fixant les tarifs des cotisations d'accidents du travail et des maladies professionnelles dans les exploitations minières et assimilées pour 2018 (JO 31 déc.).

Art. D. 242-6-10 *(Décr. n° 99-1129 du 28 déc. 1999, art. 3)* La délibération de la commission des accidents du travail et des maladies professionnelles fixant les majorations mentionnées à l'article *(Décr. n° 2010-753 du 5 juill. 2010, art. 1er-5°)* « D. 242-6-9 » conformément aux dispositions des quatrième et cinquième alinéas de l'article L. 242-5 est approuvée par arrêté du ministre chargé de la sécurité sociale et du ministre chargé du budget et publiée au *Journal officiel* de la République française.

L'arrêté prévu au sixième alinéa de l'article L. 242-5 est pris par le ministre chargé de la sécurité sociale et le ministre chargé du budget. – *[Anc. art. D. 242-6-5.]*

Sur l'entrée en vigueur de cet art. [anc. art. D. 242-6-5 mod.], V. art. 3 du Décr. n° 2010-753 du 5 juill. 2010 ss. art. D. 242-6-23.

Art. D. 242-6-11 *(Décr. n° 95-1109 du 16 oct. 1995 ; Décr. n° 2010-753 du 5 juill. 2010, art. 1er-6°)* Les taux nets collectifs sont calculés suivant les règles prévues aux articles D. 242-6-1 à D. 242-6-5 et D. 242-6-9, en fonction des résultats statistiques des trois dernières années connues.

La commission des accidents du travail et des maladies professionnelles fixe chaque année, après avis des comités techniques nationaux compétents, les taux bruts qu'elle adresse au plus tard le 30 novembre au ministre chargé de la sécurité sociale. Celui-ci établit, par arrêté, les taux nets en fonction de ces taux bruts et des majorations telles qu'approuvées ou fixées en application de l'article D. 242-6-10.

Ces tarifs entrent en vigueur à partir du premier jour du trimestre civil suivant leur publication au *Journal officiel* de la République française. En cas de publication après le 31 décembre, ce sont les taux nets antérieurs qui s'appliquent jusqu'à la publication des nouveaux taux nets.

(Décr. n° 2017-337 du 14 mars 2017, art. 1er-2°) « Pour les entreprises dont l'effectif est au moins égal à 10 salariés, le taux net collectif de l'établissement est majoré forfaitairement, dans la limite de 10 pour cent du taux net moyen national lorsqu'au moins un accident du travail ayant entraîné la prescription d'un arrêt de travail est intervenu au cours de chacune des trois dernières années connues. Le montant de cette majoration est fixé par arrêté du ministre chargé de la sécurité sociale et du ministre chargé du budget. » — *Les dispositions issues l'art. 1er-2° du Décr. n° 2017-337 du 14 mars 2017 sont applicables aux cotisations dues au titre des périodes courant à compter du 1er janv. 2022 (Décr. préc., art. 4-1°).*

En ce qui concerne les assurés souscrivant une assurance volontaire individuelle visée à l'article L. 743-1, le taux applicable est le taux collectif défini au premier alinéa du présent article fixé pour l'activité professionnelle dudit assuré, diminué d'un pourcentage forfaitaire fixé par arrêté du ministre chargé de la sécurité sociale en tenant compte des résultats statistiques. — *[Anc. art. D. 242-6-6.]*

Sur l'entrée en vigueur de cet art. [anc. art. D. 242-6-6 mod.], V. art. 3 du Décr. n° 2010-753 du 5 juill. 2010 ss. art. D. 242-6-23.

V. Arr. du 17 oct. 1995 relatif à la tarification des risques d'accidents du travail et de maladies professionnelles (JO 18 oct.), ANNEXE I.

Art. D. 242-6-12 *(Décr. n° 2010-753 du 5 juill. 2010, art. 1er-7°)* Les taux nets individuels de cotisation sont déterminés par les caisses mentionnées à l'article L. 215-1, suivant les règles fixées aux articles D. 242-6-1 à D. 242-6-4 et D. 242-6-6 à D. 242-6-9. — *Sur l'entrée en vigueur de cet art., V. art. 3 du Décr. n° 2010-753 du 5 juill. 2010 ss. art. D. 242-6-23.*

Art. D. 242-6-13 *(Décr. n° 2010-753 du 5 juill. 2010, art. 1er-7°)* Les taux nets mixtes de cotisation sont déterminés par les caisses mentionnées à l'article L. 215-1 par l'addition des deux éléments suivants :

1° Une fraction du taux net collectif fixé pour l'activité professionnelle dont relève l'établissement ou l'ensemble des établissements appartenant à la même catégorie de risque ;

2° Une fraction du taux net individuel qui serait attribué à l'établissement ou à l'ensemble des établissements appartenant à la même catégorie de risque si ce taux leur était applicable.

Les fractions de taux varient en fonction du nombre de salariés de l'entreprise dans les proportions fixées par le tableau ci-après : — *Sur l'entrée en vigueur de cet art., V. art. 3 du Décr. n° 2010-753 du 5 juill. 2010 ss. art. D. 242-6-23.*

NOMBRE DE SALARIÉS de l'entreprise (1)	FRACTION du taux individuel (2)	FRACTION du taux collectif (2)
au moins égal à 20 et inférieur à 150	0,9/130 × (E – 20) + 0,1	1 – [0,9/130 × (E – 20) + 0,1]

(1) L'entreprise peut comporter un ou plusieurs établissements.
(2) E représente l'effectif de l'entreprise *(Décr. n° 2017-1868 du 30 déc. 2017, art. 1er-2°)* « tel que défini à l'article R. 130-1 ».

Ce tableau a été modifié par le Décr. n° 2017-337 du 14 mars 2017 et entre en vigueur le 1er janv. 2018 (Décr. préc., art. 1er-3° et 4-2°).

Art. D. 242-6-14 *(Décr. n° 95-1109 du 16 oct. 1995)* **I. – Les établissements exerçant une activité dont la liste est fixée par arrêté du ministre chargé de la sécurité sociale conservent un taux de cotisation collectif quel que soit leur effectif de salariés ou celui de l'entreprise dont ils relèvent.** – *V. Arr. du 17 oct. 1995 relatif à la tarification des risques d'accidents du travail et de maladies professionnelles (JO 18 oct.), ANNEXE I.*

II. – Les travailleurs à domicile des entreprises constituent des établissements distincts auxquels sont applicables les taux collectifs. – *[Anc. art. D. 242-6-10.]*

Sur l'entrée en vigueur de cet art. [anc. art. D. 242-6-10], V. art. 3 du Décr. n° 2010-753 du 5 juill. 2010 ss. art. D. 242-6-23.

Art. D. 242-6-15 *(Décr. n° 95-1109 du 16 oct. 1995 ; Décr. n° 2010-753 du 5 juill. 2010, art. 1er-8°)* **Pour les établissements qui cotisent sur la base d'un taux mixte ou d'un taux individuel, le taux net notifié ne peut varier d'une année sur l'autre :**

1° Soit en augmentation de plus de 25 % si le taux net notifié de l'année précédente est supérieur à 4, ou de plus d'un point si le taux net notifié de l'année précédente est inférieur ou égal à 4 ;

2° Soit en diminution de plus de 20 % si le taux net notifié de l'année précédente est supérieur à 4, ou de plus de 0,8 point si le taux net notifié de l'année précédente est inférieur ou égal à 4.

Dans le cas où l'entreprise opte pour l'application d'un taux unique *(Décr. n° 2013-1293 du 27 déc. 2013, art. 1er)* **« ou en cas de regroupement de catégories de risque », ces variations s'apprécient la première année par rapport à un taux net unique correspondant à la moyenne des taux nets notifiés de ses établissements appartenant à la même catégorie de risque de l'année précédente pondérée par la masse salariale de la dernière année connue des mêmes établissements.** – *[Anc. art. D. 242-6-11.]*

Sur l'entrée en vigueur de cet art. [anc. art. D. 242-6-11 mod.], V. art. 3 du Décr. n° 2010-753 du 5 juill. 2010, ss. art. D. 242-6-23.

Art. D. 242-6-16 (Abrogé par Décr. n° 2017-858 du 9 mai 2017, art. 1er-7°, à compter du 1er janv. 2018) (Décr. n° 95-1109 du 16 oct. 1995) ***Le nombre de salariés d'un établissement est déterminé par année civile selon des modalités fixées par arrêté du ministre chargé de la sécurité sociale. Le nombre de salariés d'une entreprise qui exploite plusieurs établissements est égal à la somme du nombre de salariés de chaque établissement, à l'exception des établissements situés dans les départements du Haut-Rhin, du Bas-Rhin et de la Moselle.***

Toutefois ne doivent pas être pris en compte pour déterminer les effectifs d'un établissement ou d'une entreprise :

1° Les élèves et étudiants visés à l'article (Décr. n° 2010-753 du 5 juill. 2010, art. 1er-9°) ***« D. 242-6-23 » ;***

2° Les artistes du spectacle et mannequins visés à l'article L. 311-3 (15°) ;

3° Les salariés dont les activités relèvent du bâtiment et des travaux publics ;

4° Les dockers visés à l'article (Décr. n° 2010-753 du 5 juill. 2010, art. 1er-9°) ***« D. 242-6-20 ».*** – [Anc. art. D. 242-6-12.]

Sur l'entrée en vigueur de cet art., V. art. 3 du Décr. n° 2010-753 du 5 juill. 2010 ss. art. D. 242-6-23.

Art. D. 242-6-17 *(Décr. n° 95-1109 du 16 oct. 1995 ; Décr. n° 2010-753 du 5 juill. 2010, art. 1er-10°)* **Les taux nets collectifs sont applicables aux établissements nouvellement créés durant l'année de leur création et les deux années civiles suivantes, quel que soit leur effectif ou celui de l'entreprise dont ils relèvent. Toutefois, le taux unique est applicable pour les établissements nouvellement créés appartenant à la même catégorie de risque que ceux des entreprises bénéficiant d'un taux unique.**

A l'expiration de ce délai, les taux nets collectif, mixte ou individuel sont applicables à ces établissements en fonction de leur effectif ou de l'effectif de l'entreprise dont ils relèvent. Pour les taux individuel ou mixte, il est tenu compte des résultats propres à ces établissements et afférents aux années civiles, complètes ou non, écoulées depuis leur création.

Ne peut être considéré comme un établissement nouvellement créé celui issu d'un précédent établissement dans lequel a été exercée une activité similaire, avec les mêmes moyens de production et ayant repris au moins la moitié du personnel. – *[Anc. art. D. 242-6-13.]*

Sur l'entrée en vigueur de cet art. [anc. art. D. 242-6-13 mod.], V. art. 3 du Décr. n° 2010-753 du 5 juill. 2010 ss. art. D. 242-6-23.

Notion d'établissement nouvellement créé. Ne peut être considéré comme un établissement nouvellement créé celui issu d'un précédent établissement dans lequel a été exercée une activité similaire, avec les mêmes moyens de production et ayant repris au moins la moitié du personnel. Cette condition doit s'apprécier à la date de cession de l'établissement. • Civ. 2e, 21 janv. 2016, n° 14-28.981 P : *RJS 4/2016, n° 294 ; JCP S 2016, n° 1091, obs. Fieschi.*

Art. D. 242-6-18 *(Décr. n° 95-1109 du 16 oct. 1995 ; Décr. n° 2010-753 du 5 juill. 2010, art. 1er-11°)* **Pour le calcul des taux nets de cotisation dus au titre des agents statutaires des industries électriques et gazières, les majorations visées aux 1° et 3° de l'article D. 242-6-9 sont prises en compte pour le quart de leur valeur.** – *[Anc. art. D. 242-6-14.]*

Sur l'entrée en vigueur de cet art. [anc. art. D. 242-6-14 mod.], V. art. 3 du Décr. n° 2010-753 du 5 juill. 2010 ss. art. D. 242-6-23.

Art. D. 242-6-19 *(Décr. n° 96-96 du 1er févr. 1996, art. 1er ; Décr. n° 2010-753 du 5 juill. 2010, art. 1er-12°)* **Pour les établissements ou groupes d'établissements qui ont été autorisés à assumer la charge partielle de la réparation des accidents du travail et des maladies professionnelles, en application de l'article L. 413-13, les taux nets de la cotisation due par les employeurs sont calculés selon les dispositions des articles D. 242-6-2 à D. 242-6-4 et D. 242-6-6 à D. 242-6-9, sous les réserves ci-après :**

1° Il n'est tenu compte, pour le calcul de la valeur du risque, que des coûts moyens des catégories relevant de l'incapacité permanente définies à l'article D. 242-6-6 ;

2° La majoration prévue au 1° de l'article D. 242-6-9 est diminuée de 30 %. – *[Anc. art. D. 242-6-14-1.]*

Sur l'entrée en vigueur de cet art. [anc. art. D. 242-6-14-1 mod.], V. art. 3 du Décr. n° 2010-753 du 5 juill. 2010 ss. art. D. 242-6-23.

Art. D. 242-6-20 *(Décr. n° 2002-1616 du 31 déc. 2002)* **Pour les dockers maritimes intermittents soumis au régime de la vignette,** *(Décr. n° 2010-753 du 5 juill. 2010, art. 1er-13°)* **« les taux nets notifiés » de cotisation ne peuvent dépasser une limite fixée par arrêté du ministre chargé de la sécurité sociale.** – *[Anc. art. D. 242-6-15.]*

Sur l'entrée en vigueur de cet art. [anc. art. D. 242-6-15 mod.], V. art. 3 du Décr. n° 2010-753 du 5 juill. 2010 ss. art. D. 242-6-23.

Art. D. 242-6-21 *Abrogé par Décr. n° 2014-1594 du 23 déc. 2014, à compter du 1er janv. 2015. – [Anc. art. D. 242-6-16.]*

Art. D. 242-6-22 *(Décr. n° 95-1109 du 16 oct. 1995)* **Les** *(Décr. n° 2010-753 du 5 juill. 2010, art. 1er-15°)* **« caisses mentionnées à l'article L. 215-1 » notifient à chaque employeur, dans les conditions fixées par arrêté du ministre chargé de la sécurité sociale, le classement des risques et le ou les taux de cotisation afférents aux établissements permanents situés dans leur circonscription territoriale, quel que soit le lieu du siège de l'entreprise dont relèvent ces établissements.**

Toutefois, le taux de cotisation mixte ou réel applicable à chaque établissement distinct d'une entreprise du bâtiment et des travaux publics est déterminé *(Décr. n° 2010-753 du 5 juill. 2010, art. 1er-15°)* **« et notifié par la caisse » d'assurance maladie dans la circonscription de laquelle se trouve le siège social ou le principal siège ou, à défaut, le principal chantier sis en France, hors des départements du Haut-Rhin, du Bas-Rhin et de la Moselle.**

(Décr. n° 2010-753 du 5 juill. 2010, art. 1er-15°) **« Le taux de cotisation unique applicable à l'ensemble des établissements appartenant à la même catégorie de risque de la même entreprise est également déterminé et notifié par la caisse dans la circonscription de laquelle se trouve le siège social ou, à défaut, le principal établissement sis en France, hors des départements du Haut-Rhin, du Bas-Rhin et de la Moselle. »**

Tant que cette notification n'a pas été effectuée, l'employeur doit verser, à titre provisionnel, les cotisations dues au titre des accidents du travail et des maladies professionnelles sur la base du taux antérieurement applicable.

Les dispositions du présent article ne sont pas applicables en ce qui concerne certaines catégories de travailleurs énumérées par arrêté du ministre chargé de la sécurité sociale, pour lesquelles le taux collectif de cotisation publié est directement applicable à l'employeur. – *[Anc. art. D. 242-6-17.]*

Sur l'entrée en vigueur de cet art. [anc. art. D. 242-6-17 mod.], V. art. 3 du Décr. n° 2010-753 du 5 juill. 2010 ss. art. D. 242-6-23.

L'employeur est recevable, à l'occasion de la notification d'un taux rectifié des cotisations d'accident du travail à la suite d'une décision de justice, à contester devant la juridiction du contentieux technique, l'ensemble des bases de la tarification afférente à l'année en cause, le taux de cotisation dû au titre des accidents du travail et des maladies professionnelles déterminé par les caisses régionales d'assurance maladie pouvant être remis en cause par une décision de justice ultérieure qui en modifierait les éléments de calcul. • Civ. 2e, 24 nov. 2016, n° 15-26.187 P.

Art. D. 242-6-23 *(Décr. n° 95-1109 du 16 oct. 1995 ; Décr. n° 2010-753 du 5 juill. 2010, art. 1er-16°)* **Par dérogation aux dispositions de l'article D. 242-6-9, le calcul des taux nets de cotisation applicables aux élèves et étudiants visés aux articles D. 412-2 à D. 412-6 est effectué en n'incorporant que la majoration mentionnée au 2° de l'article D. 242-6-9 au taux brut déterminé suivant les dispositions des articles D. 242-6-4 et D. 242-6-5.**

Le taux de cotisation collectif à la charge de l'établissement est fixé par la commission des accidents du travail et des maladies professionnelles, après avis du Comité technique national des activités de services I, pour une année civile au titre de l'année scolaire ou universitaire commencée en septembre de l'année précédente.

Elle est versée en totalité dans les quinze derniers jours du mois de mars de chaque année à l'union pour le recouvrement des cotisations de sécurité sociale et d'allocations familiales dont relève soit l'établissement d'enseignement, soit le rectorat pour les établissements publics. Le versement est obligatoirement accompagné d'un bordereau daté et signé faisant apparaître, notamment, le montant unitaire de la cotisation, le nombre d'élèves et étudiants assurés et le montant total du versement. — *[Anc. art. D. 242-6-18.]*

Sur l'entrée en vigueur de cet art. [anc. art. D. 242-6-18 mod.], V. art. 3 du Décr. n° 2010-753 du 5 juill. 2010 ci-dessous.

Décret n° 2010-753 du 5 juillet 2010,

Fixant les règles de tarification des risques d'accidents du travail et de maladies professionnelles.

Art. 3 I. — Le présent décret s'applique à compter de la tarification 2012, sous réserve, pour 2012 et 2013, des dispositions suivantes :

1° Le taux brut individuel de cotisation pour 2012 est calculé sur la valeur du risque définie selon les modalités prévues à l'article D. 242-6-3 dans sa rédaction antérieure au présent décret pour les années 2008 et 2009 et sur la valeur du risque définie selon les modalités prévues aux articles D. 242-6-6 à D. 242-6-8 et D. 242-34 dans leur rédaction issue du présent décret pour l'année 2010 ;

2° Le taux brut individuel de cotisation pour 2013 est calculé sur la valeur du risque définie selon les modalités prévues à l'article D. 242-6-3 dans sa rédaction antérieure au présent décret pour l'année 2009 et sur la valeur du risque définie selon les modalités prévues aux articles D. 242-6-6 à D. 242-6-8 et D. 242-34 dans leur rédaction issue du présent décret pour les années 2010 et 2011.

II. — Un comité de suivi paritaire composé de membres de la commission des accidents du travail et des maladies professionnelles représentant les employeurs et les salariés est institué jusqu'au 31 décembre 2014. Il suit la mise en œuvre des règles fixées par le présent décret et peut proposer toute mesure utile au ministre chargé de la sécurité sociale pour leur adaptation.

Art. D. 242-6-24 *(Décr. n° 2017-337 du 14 mars 2017, art. 1er-4°)* **Un comité de suivi paritaire composé de membres de la commission des accidents du travail et des maladies professionnelles représentant les employeurs et les salariés suit la mise en œuvre des règles fixées par le présent décret et peut proposer toute mesure utile au ministre chargé de la sécurité sociale pour leur adaptation.**

§ 4 *[ANCIEN]* ASSURANCE ACCIDENTS DU TRAVAIL ET MALADIES PROFESSIONNELLES

Ancien art. D. 242-6 (Décr. n° 95-1109 du 16 oct. 1995, art. 1er ; Décr. n° 99-1129 du 28 déc. 1999, art. 2-I) ***Le décret mentionné aux premier et quatrième alinéas de l'article L. 242-5 est pris sur le rapport du ministre chargé de la sécurité sociale et du ministre chargé du budget.***

(Abrogé par Décr. n° 2009-1597 du 18 déc. 2009, art. 11-II, à compter du 1er janv. 2010) *« L'autorité compétente pour introduire le recours prévu au deuxième alinéa de l'article L. 242-5 est le directeur régional des affaires sanitaires et sociales. »*

L'arrêté prévu au dernier alinéa de l'article L. 242-5 est pris par le ministre chargé de la sécurité sociale et par le ministre chargé du budget.

Ancien art. D. 242-6-1 (Décr. n° 95-1109 du 16 oct. 1995) *Le taux de la cotisation due au titre des accidents du travail et des maladies professionnelles est déterminé par établissement.*

Le classement d'un établissement dans une catégorie de risque est effectué en fonction de l'activité exercée selon une nomenclature des risques et des modalités fixées par arrêté du ministre chargé de la sécurité sociale.

Jurisprudence antérieure au Décr. n° 2010-753 du 5 juill. 2010.

1. *Notion d'établissement.* Le taux de cotisation accident du travail est fixé pour l'ensemble du personnel d'un établissement déterminé, sans établir de distinction suivant la qualité et les fonctions du personnel employé. • Soc. 11 janv. 1962 : *Bull. civ. V, n° 55.* ♦ Le taux de cotisation est fixé pour l'ensemble d'un établissement d'après la nature du risque créé par son activité et non pour chaque catégorie de personnel. • Soc. 17 janv. 1979 : *Bull. civ. V, n° 49.*

2. Les règles de tarification reposent sur la notion d'établissement et non sur la notion d'entreprise. • Soc. 11 janv. 1962 : *Bull. civ. V, n° 55.* ♦ A cet égard, un établissement géographiquement indépendant, possédant un personnel propre, doit faire l'objet d'une tarification distincte en fonction de son activité principale et non en fonction de celle de l'entreprise dont il dépend. • Soc. 11 janv. 1962 : *préc.* ♦ Constitue un établissement susceptible d'être assujetti à une tarification particulière tout atelier, usine ou chantier présentant un caractère topographique distinct et une activité propre, bien qu'il se rattache pour son administration à une entreprise englobant d'autres activités. • Soc. 11 janv. 1962 : *préc.*

3. Un centre d'essais de véhicules automobiles constitue un établissement distinct en raison de sa localisation géographique et de son activité particulière. • Soc. 26 mars 1992, n° 89-13.174 P.

4. Aucune distinction ne peut être établie entre deux établissements dès lors que les travaux auxquels tout le personnel doit faire face et qu'il doit exécuter se trouvent étroitement réunis et ne peuvent être arbitrairement dissociés, la première activité ne pouvant s'exercer qu'avec l'aide et le concours du personnel situé à un autre étage de l'entreprise. • Soc. 24 oct. 1962 : *Bull. civ. V, n° 726.*

5. Les salariés en situation de dispense d'activité constituant un établissement distinct du reste de l'entreprise, les allocations qui leur sont versées n'ont pas à être prises en compte pour le calcul des cotisations dues au titre du personnel actif de l'entreprise. • Soc. 18 juill. 1996, n° 94-19.705 P.

6. *Activité principale.* Il y a lieu de retenir le taux collectif de risque qui constitue une moyenne déterminée sur le plan national et correspond à l'activité de l'employeur. • Soc. 20 nov. 1974 : *Bull. civ. V, n° 552.*

7. La caisse n'est pas liée par le classement des entreprises opéré par les services de l'INSEE. • Soc. 20 mars 1961 : *Bull. civ. IV, n° 380.*

8. Selon l'art. 1er *bis* de l'Arr. du 1er oct. 1976 (CSS, art. D. 242-6-1, al. 2, et Arr. du 17 oct. 1995, art. 1er), le classement d'un établissement dans une catégorie déterminée est effectué en fonction de l'activité exercée dans ledit établissement ; en cas de pluralité d'activités au sein du même établissement, le classement de l'établissement est effectué en fonction de son activité principale qui est celle exercée par le plus grand nombre de salariés ; si les activités existant dans l'établissement sont exercées par un nombre égal de salariés, le classement est effectué en fonction de l'activité qui engendre le risque professionnel le plus important. • Soc. 24 oct. 1996, n° 94-21.433 P. ♦ V. aussi : • Soc. 7 déc. 1988 : *Bull. civ. V, n° 641.* ♦ Pour rechercher quelle est l'activité exercée par le plus grand nombre, il importe peu que chaque salarié soit susceptible d'être affecté à l'une ou l'autre des activités en présence. • Soc. 14 janv. 1999 : *RJS 1999, n° 586.*

9. *Modification dans la situation juridique de l'employeur.* En cas de cession d'un établissement entre deux sociétés, le juge ne peut exonérer le cessionnaire des conséquences financières des accidents survenus à des salariés, lors du calcul du taux de la cotisation qui lui est applicable, sans rechercher si ces salariés étaient, à la date de leur accident, affectés à l'établissement ou à la succursale objet de la cession. • Soc. 18 janv. 1996, n° 93-18.976 P : *D. 1996. IR 45.*

Ancien art. D. 242-6-2 (Décr. n° 95-1109 du 16 oct. 1995) *Le taux net de cotisation est constitué par le taux brut affecté de trois majorations, dans les conditions prévues par les articles D. 242-6-3 et D. 242-6-4 ci-après.*

Ancien art. D. 242-6-3 (Décr. n° 95-1109 du 16 oct. 1995) *Le taux brut est calculé d'après le rapport de la valeur du risque propre à l'établissement à la masse totale des salaires payés au personnel, pour les trois dernières années connues. Ne sont pas compris dans la valeur du risque* *les dépenses liées aux accidents du trajet visés à l'article L. 411-2 et les frais de rééducation professionnelle visés à l'article L. 431-1.*

La valeur du risque, telle que définie ci-dessus, comprend :

1° La totalité des prestations et indemnités, autres que les rentes, versées au cours de la période triennale de référence ; les indemnités en capital sont affectées d'un coefficient fixé par arrêté du ministre chargé de la sécurité sociale et du ministre chargé du budget ; sont exclues les indemnités en capital versées après révision du taux d'incapacité permanente des victimes ;

2° Les capitaux représentatifs des rentes notifiées au cours de la période triennale de référence aux victimes atteintes, à la date de consolidation initiale de leur état de santé, d'une incapacité permanente afférente à l'accident ou à la maladie concernés, à l'exception de l'incapacité permanente reconnue après rechute ;

3° Les capitaux correspondant aux accidents et maladies mortels dont le caractère professionnel a été reconnu au cours de la même période, que la victime ait ou non laissé des ayants droit.

Un arrêté du ministre chargé de la sécurité sociale et du ministre chargé du budget fixe les bases d'évaluation forfaitaire des capitaux visés respectivement aux 2° et 3° ci-dessus. — V. Annexe I, Arr. du 16 oct. 1995.

Les dépenses engagées par les caisses d'assurance maladie par suite de la prise en charge de maladies professionnelles constatées ou contractées dans des conditions fixées par arrêté du ministre chargé de la sécurité sociale et du ministre chargé du budget ne sont pas comprises dans la valeur du risque propre d'un établissement, mais inscrites à un compte spécial. — Pour les dépenses relatives aux maladies professionnelles consécutives à l'inhalation de poussières d'amiante ou provoquées par elles, V. Décr. n° 99-1129 du 28 déc. 1999, art. 1er (JO 29 déc.).

Lorsque des recours sont engagés contre les tiers responsables d'accidents du travail, le montant des prestations et indemnités afférentes à ces accidents du travail est déduit du compte employeur au titre des années concernées au prorata du pourcentage de responsabilité mis à la charge du tiers responsable par voie amiable ou contentieuse.

(Décr. n° 2001-393 du 4 mai 2001) *« Le montant des prestations et indemnités afférentes aux accidents du travail résultant d'une agression perpétrée au moyen d'armes à feu ou d'explosifs n'est pas imputé au compte de l'employeur lorsque celle-ci est attribuable à un tiers qui n'a pu être identifié ».*

L'ensemble des dépenses constituant la valeur du risque est pris en compte par les caisses régionales d'assurance maladie dès que ces dépenses leur ont été communiquées par les caisses primaires, sans préjudice de l'application des décisions de justice ultérieures.

Jurisprudence antérieure au Décr. n° 2010-753 du 5 juill. 2010.

1. Le caractère distinct de l'établissement constitué par les salariés en situation de dispense d'activité ne fait pas obstacle à ce que les conséquences financières des accidents dont ces salariés ont été victimes avant leur dispense d'activité soient prises en compte pour le calcul de la valeur du risque de l'établissement où ils étaient précédemment affectés. • Soc. 18 juill. 1996, n° 94-19.705 P.

2. V. aussi notes ss. Arr. du 16 oct. 1995, art. 2, Annexe I.

3. Sur le caractère définitif, à l'égard de l'employeur, de l'attribution d'une rente à un salarié (art. D. 242-6-3, 2°), V. • Soc. 16 mars 1988 : *Bull. civ. V, n° 177* • 3 mai 1989 : *Bull. civ. V, n° 333* • 13 juin 1991, n° 88-18.411 P • 5 juin 1998 : *RJS 1998, n° 1069* (sous l'empire de l'art. 4 de l'Arr. du 1er oct. 1976, la décision attribuant la rente devenait définitive à l'expiration du délai de recours contentieux et n'était prise en compte qu'à ce moment).

4. Recours contre les tiers. La caisse régionale ne peut calculer les cotisations d'accident du travail qu'en fonction du pourcentage de responsabilité retenu lors de la transaction passée entre la CPAM et l'assureur du tiers responsable. • Soc. 12 mars 1998 : *RJS 1998, n° 641.* ♦ Selon l'art. D. 242-6-3, lorsque des recours sont engagés contre les tiers responsables d'accidents du travail, le montant des prestations et indemnités afférentes à ces accidents du travail est déduit du compte employeur au titre des années concernées au prorata du pourcentage de responsabilité mis à la charge du tiers responsable par voie amiable ou contentieuse ; l'ensemble des dépenses constituant la valeur du risque est pris en compte par les caisses régionales d'assurance maladie dès que ces dépenses leur ont été communiquées par les caisses primaires, sans préjudice de l'application des décisions de justice ultérieures ; dès lors, c'est à bon droit, s'agissant d'une transaction passée entre la CPAM et l'assureur du tiers responsable qui n'est pas opposable à l'employeur, que la Cour nationale de l'incapacité et de la tarification de l'assurance des accidents du travail a décidé, par une décision motivée, que l'employeur était fondé à se prévaloir de la décision judiciaire devenue définitive pour obtenir les déductions des sommes litigieuses de son compte. • Soc. 31 oct. 2002, n° 01-20.903 P : *D. 2002. IR 3185.*

5. L'appréciation de l'affectation des dépenses de la maladie professionnelle sur le compte spécial prévu par l'art. D. 242-6-3 (al. 4) CSS constitue une question relative à la tarification relevant de la compétence exclusive de la juridiction du contentieux technique de la sécurité sociale.

• Soc. 17 juin 1999 : *RJS 1999, n° 1293.* ♦ *RJS 2009, n° 280.*
Rappr., • Civ. 2e, 23 oct. 2008, n° 07-19.116 P :

Ancien art. D. 242-6-4 (Décr. n° 95-1109 du 16 oct. 1995) *Les trois majorations mentionnées à l'article D. 242-6-2 sont déterminées de la façon suivante :*

1° Une majoration forfaitaire correspondant à la couverture des accidents du trajet est fixée en pourcentage des salaires ;

2° Une majoration couvrant les frais de rééducation professionnelle, les charges de gestion du Fonds national des accidents du travail, les dépenses liées aux prélèvements au profit des fonds visés à l'article R. 252-5, (Décr. n° 2010-1626 du 23 déc. 2010, art. 1er) *« 50 % du montant du versement annuel mentionné à l'article L. 176-1, » est calculée en pourcentage du taux brut augmenté de la majoration visée au 1° ci-dessus ;*

3° Une majoration couvrant les dépenses correspondant aux compensations inter-régimes visées aux articles L. 134-7 et L. 134-15, les dépenses du fonds commun des accidents du travail visé à l'article L. 437-1, le montant des contributions de la branche accidents du travail et maladies professionnelles au financement du fonds d'indemnisation des victimes de l'amiante mentionné à l'article 53 de la loi n° 2000-1257 du 23 décembre 2000 et au fonds de cessation anticipée d'activité des travailleurs de l'amiante mentionné à l'article 41 de la loi n° 98-1194 du 23 décembre 1998 et (Décr. n° 2010-1626 du 23 déc. 2010, art. 1er) *« la valeur du risque constituée par les dépenses inscrites au compte spécial visé à l'article D. 242-6-3 et 50 % du montant du versement annuel mentionné à l'article L. 176-1, » est fixée en pourcentage des salaires.*

Ancien art. D. 242-6-5 (Décr. n° 99-1129 du 28 déc. 1999, art. 3) *La délibération de la commission des accidents du travail et des maladies professionnelles fixant les majorations mentionnées à l'article D. 242-6-4 conformément aux dispositions des quatrième et cinquième alinéas de l'article L. 242-5 est approuvée par arrêté du ministre chargé de la sécurité sociale et du ministre chargé du budget et publiée au Journal officiel de la République française.*

L'arrêté prévu au sixième alinéa de l'article L. 242-5 est pris par le ministre chargé de la sécurité sociale et le ministre chargé du budget.

Ancien art. D. 242-6-6 (Décr. n° 95-1109 du 16 oct. 1995) *Les tarifs des cotisations dits taux collectifs sont applicables aux établissements occupant habituellement moins de dix salariés. Ils ne sont pas applicables aux établissements appartenant à une même entreprise lorsque l'effectif global de ladite entreprise est au moins égal à dix salariés.*

Ils sont calculés par risque ou groupe de risques définis selon des modalités déterminées par arrêté du ministre chargé de la sécurité sociale, suivant les règles prévues aux articles D. 242-6-2 à D. 242-6-4, en fonction des résultats statistiques des trois dernières années connues.

La commission des accidents du travail et des maladies professionnelles fixe chaque année, après avis des comités techniques nationaux compétents, les taux bruts qu'elle adresse au plus tard le 30 novembre au ministre chargé de la sécurité sociale. Celui-ci établit, par arrêté, les taux nets en fonction de ces taux bruts et des majorations telles qu'approuvées ou fixées en application de l'article D. 242-6-5.

Ces tarifs entrent en vigueur à partir du premier jour du trimestre civil suivant leur publication au Journal officiel de la République française.

En ce qui concerne les assurés souscrivant une assurance volontaire individuelle visée à l'article L. 743-1, le taux applicable est le taux collectif défini au premier alinéa du présent article fixé pour l'activité professionnelle dudit assuré, diminué d'un pourcentage forfaitaire fixé par arrêté du ministre chargé de la sécurité sociale en tenant compte des résultats statistiques.

Jurisprudence antérieure au Décr. n° 2010-753 du 5 juill. 2010.

1. Interprétation des rubriques de la tarification collective. A défaut de numéro de risque spécifique et de rubrique adéquate à une entreprise, il appartient au juge de procéder à un reclassement par assimilation. V. par ex. : • Soc. 17 janv. 1962 : *Bull. civ. IV, n° 71* (d'après l'origine du risque) • 31 janv. 1991, n° 87-19.878 P • 26 mars 1992, n° 89-13.174 P (personnel d'un centre d'essais de véhicules automobiles reclassé sous le numéro « construction de voitures particulières » et non « sportifs professionnels » faute de compétition entre les essayeurs).

2. Le juge peut estimer qu'il n'y a pas pluralité d'activités mais une activité complexe susceptible d'être assimilée à l'une de celles de la tarification. • Soc. 11 juin 1986 : *Bull. civ. V, n° 294* (activité de location et vente de matériel et d'outillages de bricolage, jardinage et loisirs classée sous le numéro « commerce de détail de quincaillerie et d'appareils ménagers »).

3. Détermination des groupes de risques. Le juge administratif exerce un contrôle de l'erreur manifeste d'appréciation sur la décision de la commission des accidents du travail de constituer un groupe de risques au regard des taux de risques révélés par les statistiques selon les secteurs d'activités, V. par ex. • CE 29 nov. 1999 : *RJS 2000, n° 211.*

Ancien art. D. 242-6-7 (Décr. n° 95-1109 du 16 oct. 1995) *Les taux nets de cotisation dits taux réels sont applicables aux entreprises qui ne comportent qu'un seul établissement et dont l'effectif habituel de salariés est au moins égal à 200, ou à chaque établissement d'une même entreprise lorsque l'effectif global habituel de ladite entreprise est au moins égal à 200. Ils sont déterminés par les caisses régionales d'assurance maladie suivant les règles fixées aux articles D. 242-6-1 à D. 242-6-4, en fonction de la valeur du risque et de la masse salariale de chaque établissement, sous réserve des dispositions de l'article D. 242-6-8.*

Ancien art. D. 242-6-8 (Décr. n° 95-1109 du 16 oct. 1995) *Pour la détermination du taux net réel des établissements des entreprises du bâtiment et des travaux publics, la valeur du risque est calculée, par dérogation aux dispositions des 2° et 3° de l'article D. 242-6-3, en appliquant les règles suivantes :*

Au lieu des capitaux représentatifs des rentes et des capitaux correspondant aux accidents et maladies mortels, il est tenu compte du produit du coût moyen de ces accidents et de ces maladies dans l'activité professionnelle ou le groupe d'activités auquel l'établissement est rattaché pour la détermination de ce coût moyen, par le nombre des accidents et maladies ayant, pendant la période triennale de référence, donné lieu soit à la reconnaissance du caractère professionnel du décès de la victime, soit à l'attribution d'une rente d'incapacité permanente.

Les coûts moyens sont calculés par groupe d'activités en appliquant les règles prévues à l'article D. 242-6-3 concernant les rentes et les accidents et maladies mortels et en divisant le montant obtenu par le nombre de ces accidents et maladies réglés pendant la période triennale dans le groupe d'activités considéré, sous réserve des dispositions des articles R. 242-6-1 à R. 242-6-3.

La commission des accidents du travail et des maladies professionnelles fixe chaque année, après avis du comité technique national des industries du bâtiment et des travaux publics, les coûts moyens définis à l'alinéa précédent qu'elle adresse au plus tard le 30 novembre au ministre chargé de la sécurité sociale. Celui-ci établit, par arrêté, les coûts moyens définitifs qui comprennent la majoration prévue au 2° de l'article D. 242-6-4 telle qu'approuvée ou fixée en application de l'article D. 242-6-5.

Jurisprudence antérieure au Décr. n° 2010-753 du 5 juill. 2010.

Les dispositions de l'art. D. 242-6-8 CSS (anc.), qui prévoient que, par dérogation aux seules dispositions des 2° et 3° de l'art. D. 242-6-3 (anc.) du même code, pour la détermination du taux net réel des établissements des entreprises du bâtiment, la valeur du risque est calculée pour partie en tenant compte d'un coût moyen fixé par arrêté ministériel, ne font pas obstacle à l'application du cinquième al. de ce dernier texte, qui précise que lorsque des recours sont engagés contre des tiers responsables d'accident du travail, le montant des prestations et indemnités afférentes à ces accidents du travail est déduit du compte employeur au titre des années concernées *au prorata* du pourcentage de responsabilité mis à la charge du tiers responsable par voie amiable ou contentieuse. • Civ. 2e, 10 nov. 2009 : *JCP S 2009. 1587, note Tauran.*

Ancien art. D. 242-6-9 (Décr. n° 95-1109 du 16 oct. 1995) *Les taux nets de cotisation, dits taux mixtes, sont applicables aux entreprises qui ne comportent qu'un seul établissement et dont l'effectif habituel de salariés est compris entre 10 et 199, ou à chaque établissement d'une même entreprise lorsque l'effectif global habituel de salariés de cette entreprise est compris entre 10 et 199. Ils sont déterminés par les caisses régionales d'assurance maladie par l'addition des deux éléments suivants :*

1° Une fraction du taux collectif fixé pour l'activité professionnelle dont relève l'établissement ;

2° Une fraction du taux net réel qui serait attribué à l'établissement si ce taux lui était applicable.

Les fractions de taux définies ci-dessus varient en fonction du nombre de salariés de l'entreprise dans les proportions fixées par le tableau ci-après :

NOMBRE de salariés de l'entreprise (1)	FRACTION du taux réel propre à l'établissement (2)	FRACTION du taux collectif correspondant à l'activité de l'établissement (2)
10 à 199	$\frac{E-9}{191}$	$1-\frac{E-9}{191}$

(1) L'entreprise peut comporter un ou plusieurs établissements.

(2) E représente l'effectif habituel de l'entreprise déterminé conformément aux dispositions de l'arrêté prévu à l'article D. 242-6-12.

Ancien art. D. 242-6-10 (Décr. n° 95-1109 du 16 oct. 1995) *I. — Les établissements exerçant une activité dont la liste est fixée par arrêté du ministre chargé de la sécurité sociale conservent un taux de cotisation collectif quel que soit leur effectif de salariés ou celui de l'entreprise dont ils relèvent.*

II. — Les travailleurs à domicile des entreprises constituent des établissements distincts auxquels sont applicables les taux collectifs.

Ancien art. D. 242-6-11 (Décr. n° 95-1109 du 16 oct. 1995) *Pour les établissements qui cotisent sur la base d'un taux mixte ou d'un taux réel, le taux notifié ne peut varier d'une année sur l'autre :*

1° Soit en augmentation de plus de 25 % si le taux de l'année précédente est supérieur à 4, ou de plus d'un point si le taux de l'année précédente est inférieur ou égal à 4 ;

2° Soit en diminution de plus de 20 % si le taux de l'année précédente est supérieur à 4, ou de plus de 0,8 point si le taux de l'année précédente est inférieur ou égal à 4.

Ancien art. D. 242-6-12 (Décr. n° 95-1109 du 16 oct. 1995) *Le nombre de salariés d'un établissement est déterminé par année civile selon des modalités fixées par arrêté du ministre chargé de la sécurité sociale. Le nombre de salariés d'une entreprise qui exploite plusieurs établissements est égal à la somme du nombre de salariés de chaque établissement, à l'exception des établissements situés dans les départements du Haut-Rhin, du Bas-Rhin et de la Moselle.*

Toutefois ne doivent pas être pris en compte pour déterminer les effectifs d'un établissement ou d'une entreprise :

1° Les élèves et étudiants visés à l'article D. 242-6-18 ;

2° Les artistes du spectacle et mannequins visés à l'article L. 311-3 (15°) ;

3° Les salariés dont les activités relèvent du bâtiment et des travaux publics ;

4° Les dockers visés à l'article D. 242-6-15.

Ancien art. D. 242-6-13 (Décr. n° 95-1109 du 16 oct. 1995) *Les taux collectifs sont applicables aux établissements nouvellement créés durant l'année de leur création et les deux années civiles suivantes, quel que soit leur effectif ou celui de l'entreprise dont ils relèvent.*

A l'expiration de ce délai, les taux collectif, mixte ou réel sont applicables à ces établissements en fonction de leur effectif ou de l'effectif de l'entreprise dont ils relèvent. Pour les taux réel ou mixte, il est tenu compte des résultats propres à ces établissements et afférents aux années civiles, complètes ou non, écoulées depuis leur création.

Ne peut être considéré comme un établissement nouvellement créé celui issu d'un précédent établissement dans lequel a été exercée une activité similaire, avec les mêmes moyens de production et ayant repris au moins la moitié du personnel.

Par dérogation aux dispositions de l'art. D. 242-6-13 (ancien), la tarification des établissements créés antérieurement au 1er janv. 1996 est la suivante :

Les taux collectifs sont applicables à ces établissements durant l'année de leur création et l'année civile suivante quel que soit leur effectif ou celui de l'entreprise dont ils relèvent.

Les taux collectif, mixte ou réel sont applicables à ces établissements à l'expiration de la première, de la deuxième ou de la troisième année civile suivant l'année de leur création, en fonction du nombre de salariés qu'ils occupent habituellement ou du nombre de salariés de l'entreprise dont ils relèvent.

Le nombre de salariés de ces établissements à prendre en compte à l'expiration de la première, de la deuxième et de la troisième année suivant l'année de création, pour déterminer leur mode de tarification et, le cas échéant, celui des établissements existants de l'entreprise dont ils relèvent, correspond respectivement au tiers, aux deux tiers et à la totalité de l'effectif de ces établissements (Décr. 16 oct. 1995, art. 5).

Jurisprudence antérieure au Décr. n° 2010-753 du 5 juill. 2010.

ÉTABLISSEMENT NOUVELLEMENT CRÉÉ

A. EXCLUSION DE LA RUPTURE DU RISQUE

1. Fusions. Ni les modalités d'une opération de fusion, ni l'augmentation de la masse salariale en résultant n'étant de nature à conférer à des établissements un caractère de nouveauté, la commission nationale technique (Cour nationale de l'incapacité et de la tarification de l'assurance des accidents du travail) qui relève qu'après la fusion l'activité des agences concernées est demeurée la même que précédemment et s'est exercée, pour la plus grande partie, dans les mêmes locaux et avec le même personnel, peut en déduire qu'en l'absence de rupture des risques, elles ne peuvent être considérées comme des établissements nouvellement créés. • Soc. 16 mai 1991, n° 88-18.065 P. ♦ Dans le même sens, retenant l'identité d'activité, de locaux et de personnel pour écarter la rupture de risque : • Soc. 7 mars 1974 : *Bull. civ. V, n° 168* • 28 nov. 1979 : *Bull. civ. V, n° 910* • 12 juill. 1995, n° 93-12.864 P • 18 juill. 1996, n° 94-19.155 P.

2. La commission (la cour) nationale ayant relevé qu'après l'absorption d'une société l'établissement qu'elle exploitait avait conservé dans une large mesure les mêmes objectifs commerciaux, les mêmes locaux, le même comptable et le même personnel, en a déduit exactement qu'il ne pouvait être considéré comme un établissement nouveau. • Soc. 2 mars 1983 : *Bull. civ. V, n° 122.*

3. Ne peut être assimilée à un établissement nouveau l'entreprise issue d'une scission qui ne fait que continuer, sous une forme juridique différente, une activité déjà existante. • Soc. 2 déc. 1965 : *Bull. civ. V, n° 870.* ♦ Si aux termes du 3e al. de l'art. D. 242-6-3 CSS, ne peut être considéré comme un établissement nouvellement créé, celui issu d'un précédent établissement dans lequel a été exercée une activité similaire, avec les mêmes moyens de production et ayant repris au moins la moitié du personnel, cette disposition, destinée à empêcher qu'aucune structure ne reprenne le risque, n'interdit pas au juge de la tarification, en présence d'une scission d'entreprise, de rechercher par une appréciation souveraine des faits et des éléments de preuve, la société ou l'établissement issus de cette scission ayant repris le risque qui avait été aggravé par l'accident du travail ou la maladie professionnelle. • Civ. 2e, 10 sept. 2009 : *JCP S 2009. 1551, note Vachet.*

4. Liquidation judiciaire. Le fait qu'une société ait été placée en liquidation n'implique pas nécessairement une rupture de risque et le changement d'exploitant n'a pas d'incidence sur la tarification des cotisations d'accident du travail dès lors que l'entreprise conserve la même activité. • Soc. 18 juin 1986 : *Bull. civ. V, n° 312.*

5. Simples restructurations. Une société ayant repris la même activité, dans les mêmes locaux et avec le même personnel, la commission (cour) nationale en déduit à bon droit qu'en l'absence de rupture du risque, qui ne peut résulter d'une simple restructuration et de nouvelles méthodes de travail, l'établissement dont la société a poursuivi l'exploitation ne peut être considéré comme nouvellement créé. • Soc. 18 juill. 1988 : *Bull. civ. V, n° 458* • 12 déc. 1983 : *Bull. civ. V, n° 608.*

6. Une modification d'activité qui a été progressive et qui est résultée de l'évolution normale des techniques n'a pas entraîné de rupture brusque du risque. • Soc. 9 juin 1966 : *Bull. civ. V, n° 580* (fabrication nouvelle ayant peu à peu éclipsé une fabrication ancienne, après une fusion) • 10 oct. 1968 : *Bull. civ. V, n° 432.* ♦ V. déjà, pour un simple changement de fabrication : • Soc. 17 janv. 1962 : *Bull. civ. IV, n° 71.*

7. Le simple déménagement d'un établissement dans des locaux plus vastes et mieux adaptés, où l'activité, le personnel et le matériel sont restés les mêmes, ne crée pas un risque nouveau. • Soc. 19 févr. 1969 : *Bull. civ. V, n° 119.* ♦ Il appartient à une société qui conteste la tarification fixée pour l'ensemble de ses établissements par la caisse régionale de démontrer que la fermeture d'un seul établissement a modifié la nature du risque créé par son activité. • Soc. 18 févr. 1999 : *RJS 1999, n° 606.*

8. La circonstance qu'une partie du personnel ait dû être recrutée sur place n'est pas, à elle seule, de nature à faire considérer un établissement comme nouvellement créé dès lors que l'établissement n'a fait l'objet que d'un simple déplacement sans modification de l'activité ou du fonctionnement des ateliers, les mêmes machines ayant été réinstallées et étant servies par un personnel ayant la même qualification professionnelle. • Soc. 26 juin 1975 : *Bull. civ. V, n° 360.* ♦ Dans le même sens, relevant que le même matériel et la même main-d'œuvre étaient employés et que les conditions de travail du personnel n'avaient pas en fait sensiblement varié : • Soc. 29 oct. 1968 : *Bull. civ. V, n° 477* • 25 mars 1971 : *Bull. civ. V, n° 260.*

9. Ne constituent pas des établissements nouveaux devant être soumis à la tarification collective ceux qui ont été créés récemment pour poursuivre l'activité déjà exercée par ceux existant depuis plus de trois ans et dont la création n'a pas eu pour effet d'engendrer un risque nouveau. • Soc. 17 oct. 1968 : *Bull. civ. V, n° 447.*

10. Établissement issu d'un précédent établissement (art. D. 242-6-13, al. 3). Ne peut être considéré comme un établissement nouvellement créé celui issu d'un précédent établissement dans lequel a été exercée une activité similaire, avec les mêmes moyens de production et ayant repris au moins la moitié du personnel, ces critères n'étant pas alternatifs mais cumulatifs, de sorte que, s'ils ne sont pas réunis, l'établissement peut être considéré comme nouveau au regard de la tarification du risque d'accident du travail. • Civ. 2e, 24 janv. 2013 : *JCP S 2013, n° 1139, obs. Plichon et Fieschi.*

11. Effets. Les établissements nouvellement créés, dont le classement dans une catégorie de risque est effectué en fonction de l'activité exercée, sont redevables, au titre des accidents du travail et des maladies professionnelles, durant l'année de leur création et les deux années civiles suivantes, d'une cotisation affectée d'un taux collectif. • Civ. 2e, 24 janv. 2013 : *préc. note 10.* ♦ En l'absence de rupture de risque, le taux de cotisation applicable doit être calculé sur la base des éléments statistiques de la période triennale de référence antérieure, les résultats des mesures de prévention prises par le nouvel exploitant devant être retenus pour le calcul des cotisations afférentes aux exercices ultérieurs. • Soc. 18 juill. 1988 : *préc. note 5* • 12 déc. 1983 : *préc. note 5.*

12. La reprise de diverses sociétés n'ayant entraîné aucune rupture de risque, les cotisations dues par la société repreneuse doivent être calculées en fonction des risques survenus aux salariés des anciennes sociétés, même si ceux-ci n'ont pas été repris par le nouvel exploitant. • Soc. 18 juill. 1996, n° 94-19.705 P.

13. Les règles générales de tarification étant destinées non à évaluer le montant d'une créance en remboursement de la sécurité sociale contre l'employeur mais à fixer, en fonction de l'importance de l'entreprise de ce dernier et du coût du risque engendré par l'établissement concerné, le taux de la cotisation d'accident du travail dont il est redevable pour cet établissement, ce taux doit tenir compte des éléments statistiques visant les accidents qui y sont survenus, peu important qu'ils aient pu avoir une incidence différente pour le calcul du taux applicable à la société absorbée soumise, en raison de sa dimension, à un autre mode de tarification. • Soc. 2 mars 1983 : *Bull. civ. V, n° 122.*

14. Informée que les cotisations primitivement réclamées avaient été calculées sur la base du taux prévu pour les établissements nouvellement créés et que ce taux n'était appliqué qu'à titre provisoire dans l'attente de la notification par la CRAM des taux définitifs, une société ne peut se prévaloir d'un accord de l'URSSAF, opposable à la caisse régionale, lui reconnaissant la qualité d'établissement nouveau. • Soc. 15 nov. 1990, n° 89-10.392 P.

15. Une société nouvelle étant gérée par les mêmes personnes que celles qui dirigeaient une société en cessation de paiement, reprise depuis lors par la première en location-gérance, le chef d'entreprise, connaissant les risques de l'exploitation, et quelles que soient les modifications intervenues dans sa situation juridique, reste tenu de la majoration pour risque exceptionnel (art. L. 242-7 CSS) imposée à la précédente entreprise jusqu'à exécution des mesures de prévention prescrites par la caisse. • Soc. 3 mai 1979 : *Bull. civ. V, n° 385.* ♦ V. déjà : • Soc. 14 nov. 1973 : *Bull. civ. V, n° 573* (la cotisation supplémentaire peut être maintenue en cas de modification dans la situation juridique du chef d'entreprise dès lors que celui-ci connaissait les risques et ne les a pas fait disparaître).

B. ADMISSION DE LA RUPTURE DU RISQUE

16. Une société qui s'est bornée à prendre à bail une partie des locaux où s'exerçait l'activité d'une précédente entreprise, qui n'a repris que sept des vingt salariés qu'elle employait et aucun élément du matériel utilisé par le précédent exploitant établit l'existence d'une rupture du risque. • Soc. 11 janv. 1984 : *Bull. civ. V, n° 12.*

17. Une modification profonde de la technique de fabrication entraînant une réduction sensible des accidents du travail provoque une rupture du risque. • Soc. 21 avr. 1961 : *Bull. civ. V, n° 441.*

18. Le fait pour la caisse d'avoir notifié un taux collectif à une société ayant repris l'activité d'une autre admise au règlement judiciaire qui faisait l'objet d'un taux différent, implique que le repreneur ne puisse être considéré comme ayant purement et simplement succédé à la première société, mais constitue un établissement nouvellement créé générateur d'un risque différent. • Soc. 1er déc. 1982 : *Bull. civ. V, n° 673.* ♦ En conséquence, la majoration pour risque exceptionnel notifiée au précédent employeur du fait de la persistance de sa carence ne peut être maintenue à l'encontre du repreneur, quitte, pour la caisse, à lui infliger une majoration distincte s'il s'avère que les conditions d'exploitation entraînent des risques supérieurs à la normale. • Soc. 1er déc. 1982 : *préc.*

C. ÉTABLISSEMENT DISSIMULÉ

19. Est nouvellement créé l'établissement, dont l'existence avait été dissimulée et dont l'activité était distincte, immatriculé à la suite d'un contrôle URSSAF. • Soc. 11 juill. 2002 : *RJS 2002, n° 1291.*

Ancien art. D. 242-6-14 (Décr. n° 95-1109 du 16 oct. 1995) *Pour le calcul des taux de cotisation dus au titre des agents statutaires des industries électriques et gazières, les majorations visées aux 1° et 3° de l'article D. 242-6-4 sont prises en compte pour le quart de leur valeur.*

Ancien art. D. 242-6-14-1 (Décr. n° 96-96 du 1er févr. 1996, art. 1er) *Pour les établissements ou groupes d'établissements qui ont été autorisés à assumer la charge partielle de la réparation des accidents du travail et des maladies professionnelles, en application de l'article L. 413-13, les taux de la cotisation due par les employeurs sont calculés selon les dispositions des articles D. 242-6-2 à D. 242-6-4, sous les réserves ci-après :*

1° Il n'est pas tenu compte, pour le calcul de l'élément de la valeur du risque visé au 1° de l'article D. 242-6-3, des prestations et indemnités autres que les rentes et les indemnités en capital ;

2° La majoration prévue au 1° de l'article D. 242-6-4 est diminuée de 30 %.

Ancien art. D. 242-6-15 (Décr. n° 2002-1616 du 31 déc. 2002) *Pour les dockers maritimes intermittents soumis au régime de la vignette, les taux de cotisation notifiés ne peuvent dépasser une limite fixée par arrêté du ministre chargé de la sécurité sociale.*

Ancien art. D. 242-6-16 (Décr. n° 95-1109 du 16 oct. 1995) *Les salariés âgés d'au moins cinquante ans et de moins de cinquante-cinq ans dispensés d'activité et maintenus aux effectifs de l'entreprise au titre d'une convention passée en application de l'article L. 322-2* [L. 5112-1 et

R. 5111-1 nouv.] *du code du travail constituent un établissement distinct. Le taux de la cotisation due est égal au total des éléments visés aux 1°, 2° et 3° de l'article D. 242-6-4, quel que soit le ou les taux applicables aux établissements de l'entreprise dont ils relèvent. Ce taux, déterminé chaque année par la commission des accidents du travail et des maladies professionnelles, est publié au Journal officiel de la République française avec les taux des catégories de travailleurs visées au dernier alinéa de l'article D. 242-6-17.*

Ancien art. D. 242-6-17 (Décr. n° 95-1109 du 16 oct. 1995) *Les caisses régionales d'assurance maladie notifient à chaque employeur, dans les conditions fixées par arrêté du ministre chargé de la sécurité sociale, le classement des risques et le ou les taux de cotisation afférents aux établissements permanents situés dans leur circonscription territoriale, quel que soit le lieu du siège de l'entreprise dont relèvent ces établissements.*

Toutefois, le taux de cotisation mixte ou réel applicable à chaque établissement distinct d'une entreprise du bâtiment et des travaux publics est déterminé par la caisse régionale d'assurance maladie dans la circonscription de laquelle se trouve le siège social ou le principal siège ou, à défaut, le principal chantier sis en France, hors des départements du Haut-Rhin, du Bas-Rhin et de la Moselle.

Tant que cette notification n'a pas été effectuée, l'employeur doit verser, à titre provisionnel, les cotisations dues au titre des accidents du travail et des maladies professionnelles sur la base du taux antérieurement applicable.

Les dispositions du présent article ne sont pas applicables en ce qui concerne certaines catégories de travailleurs énumérées par arrêté du ministre chargé de la sécurité sociale, pour lesquelles le taux collectif de cotisation publié est directement applicable à l'employeur.

Ancien art. D. 242-6-18 (Décr. n° 95-1109 du 16 oct. 1995) *Par dérogation aux dispositions de l'article D. 242-6-4, le calcul des taux de cotisation applicables aux élèves et étudiants visés aux articles D. 412-2 à D. 412-6 est effectué en n'incorporant que la majoration mentionnée au 2° de l'article D. 242-6-4 au taux brut déterminé suivant les dispositions de l'article D. 242-6-3.*

Le taux de cotisation collectif à la charge de l'établissement est fixé par la commission des accidents du travail et des maladies professionnelles, après avis du Comité technique national des activités du groupe interprofessionnel, pour une année civile au titre de l'année scolaire ou universitaire commencée en septembre de l'année précédente.

Elle est versée en totalité dans les quinze derniers jours du mois de mars de chaque année à l'union pour le recouvrement des cotisations de sécurité sociale et d'allocations familiales dont relève soit l'établissement d'enseignement, soit le rectorat pour les établissements publics. Le versement est obligatoirement accompagné d'un bordereau daté et signé faisant apparaître, notamment, le montant unitaire de la cotisation, le nombre d'élèves et étudiants assurés et le montant total du versement.

§ 5 PRESTATIONS FAMILIALES

Art. D. 242-7 (Abrogé par Décr. n° 2014-1531 du 17 déc. 2014, art. 1er-2°) (Décr. n° 2013-1290 du 27 déc. 2013, art. 1er-4°) *Le taux de la cotisation d'allocations familiales est fixé à 5,25 %.* — Les dispositions issues du Décr. n° 2014-1531 du 17 déc. 2014 s'appliquent aux modalités de calcul des cotisations de sécurité sociale dues au titre des rémunérations versées à compter du 1er janv. 2015 (Décr. préc., art. 13-I).

SECTION II COTISATIONS ASSISES SUR LES AVANTAGES DE VIEILLESSE

SOUS-SECTION 1 TAUX

Art. D. 242-8 *(Décr. n° 97-1252 du 29 déc. 1997, art. 4)* **Le taux de la cotisation d'assurance maladie, maternité, invalidité, décès assise sur les avantages de retraite mentionnés à l'article** *(Décr. n° 2018-821 du 27 sept. 2018, art. 1er)* **« L. 131-2 », autres que ceux servis par les organismes du régime général de sécurité sociale des salariés, est fixé à 1 %** *(Décr. n° 2002-1627 du 30 déc. 2002)* **« pour les personnes qui remplissent les conditions définies à l'article L. 136-1 ».**

Toutefois, pour les personnes mentionnées *(Décr. n° 2017-1891 du 30 déc. 2017, art. 1er-IV)* **« à » l'article** *(Décr. n° 2014-1695 du 30 déc. 2014, art. 1er-1°)* **« L. 131-9 » :**

1° Le taux de la cotisation d'assurance maladie, maternité, invalidité, décès assise sur les avantages de retraite servis par les organismes du régime général de sécurité sociale des salariés est fixé à *(Décr. n° 2018-162 du 6 mars 2018, art. 1er-II)* **« 3,20 % » ;**

2° Le taux de la cotisation d'assurance maladie, maternité, invalidité, décès assise sur les avantages de retraite mentionnés à l'article *(Décr. n° 2018-821 du 27 sept. 2018, art. 1er)* **« L. 131-2 », autres que ceux servis par les organismes du régime général de sécurité sociale des salariés, est fixé à** *(Décr. n° 2018-162 du 6 mars 2018, art. 1er-II)* **« 4,20 % ».**

(Abrogé par Décr. n° 2017-1891 du 30 déc. 2017, art. 1er-IV) (Décr. n° 2014-1695 du 30 déc. 2014, art. 1er-1°) ***« En application des dispositions du premier alinéa de l'article L. 131-9, aucune cotisation d'assurance maladie, maternité, invalidité, décès n'est due au titre des avantages de retraite servis par les organismes du régime général de sécurité sociale des salariés. »***

Les taux fixés aux 1° et 2° s'appliquent aux avantages versés à compter du 1er janv. 2005 (Décr. n° 2004-1230 du 17 nov. 2004, art. 1, XI).

Les dispositions du Décr. n° 2014-1695 du 30 déc. 2014 s'appliquent aux avantages de retraite dont le fait générateur intervient à compter du 1er janv. 2015 (Décr. préc., art. 3).

Les dispositions de l'art. 1er-IV du Décr. n° 2017-1891 du 30 déc. 2017 s'appliquent aux cotisations et aux contributions de sécurité sociale dues au titre des périodes courant à compter du 1er janv. 2018 (Décr. préc., art. 8).

Les dispositions de l'art. 1er du Décr. n° 2018-162 du 6 mars 2018 s'appliquent aux cotisations de sécurité sociale dues au titre des périodes courant à compter du premier jour du mois de sa publication, soit le 1er mars 2018 (Décr. préc., art. 7).

V. Circ. ACOSS n° 2003-027 du 31 janv. 2003 ; Circ. DSS/5B n° 2005-78 du 10 févr. 2005 relative aux taux particuliers de cotisations d'assurance maladie, maternité, invalidité et décès dues sur les pensions de retraite et les avantages de préretraite.

SOUS-SECTION 2 EXONÉRATION

Art. D. 242-9 Bénéficient de l'exonération prévue à l'article *(Décr. n° 2018-821 du 27 sept. 2018, art. 1er)* **« L. 131-2 » pour la période** *(Décr. n° 91-1280 du 17 déc. 1991, art. 1er)* **« allant du 1er janvier au 31 décembre d'une année »** *(Décr. n° 2014-1695 du 30 déc. 2014, art. 1er-2°)* **« , en ce qui concerne les avantages de retraite mentionnés** *(Décr. n° 2018-821 du 27 sept. 2018, art. 1er)* **« au 1° de cet article » qu'elles perçoivent :**

« 1° Les personnes dont les revenus de l'avant-dernière année, définis au IV de l'article 1417 du code général des impôts, sont inférieurs aux seuils mentionnés au 2° du III de l'article L. 136-8 du présent code » ;

2° *(Décr. n° 2007-57 du 12 janv. 2007)* **« Les personnes qui ont perçu, au cours de l'année civile antérieure au début de la période de douze mois définie ci-dessus, l'un des avantages de retraite ci-après :**

« *a)* L'une des allocations mentionnées à l'article 2 de l'ordonnance n° 2004-605 du 24 juin 2004 simplifiant le minimum vieillesse ;

« *b)* L'allocation de solidarité aux personnes âgées prévue à l'article L. 815-1. »

Le bénéfice de cette exonération est étendu aux personnes qui perçoivent l'un des avantages énumérés au 2° *(Abrogé par Décr. n° 2014-1695 du 30 déc. 2014, art. 1er-2°) « de l'alinéa précédent »*, **dès qu'elles sont titulaires de cet avantage.**

Sur l'entrée en vigueur du Décr. n° 2014-1695 du 30 déc. 2014, V. 2e note ss. art. D. 242-8.

Art. D. 242-10 Les dispositions de l'article D. 242-9 s'appliquent aux personnes domiciliées en France métropolitaine ou dans les départements mentionnés à l'article L. 751-1.

Les personnes n'ayant pas leur domicile en France métropolitaine ou dans un département mentionné à l'article L. 751-1 ne bénéficient de l'exonération que si elles ont perçu ou perçoivent l'un des avantages de retraite mentionnés au 2° du premier alinéa de l'article D. 242-9 dans les conditions prévues audit article.

Art. D. 242-11 *(Décr. n° 2014-1695 du 30 déc. 2014, art. 1er-3°)* **« En vue de bénéficier de l'exonération de cotisation mentionnée au 1° de l'article D. 242-9 et lorsque l'organisme débiteur mentionné au premier alinéa de l'article D. 242-8 n'a pas informé les pensionnés qu'il dispose des revenus lui permettant d'apprécier leur situation au regard de cette exonération, les pensionnés font connaître à l'organisme débiteur qu'ils**

remplissent les conditions prévues à l'article D. 242-9, en lui adressant un avis d'imposition de l'avant-dernière année civile. »

Le débiteur de l'avantage de retraite, soit de sa propre initiative, soit sur réquisition de l'organisme chargé du recouvrement, procède à toutes enquêtes ou recherches nécessaires et demande tous éclaircissements qu'il juge utiles. Les résultats de ces investigations sont communiqués aux institutions intéressées.

Sur l'entrée en vigueur du Décr. n° 2014-1695 du 30 déc. 2014, V. 2e note ss. art. D. 242-8.

SECTION III COTISATIONS ASSISES SUR LES RÉMUNÉRATIONS DES SALARIÉS À TEMPS PARTIEL

Néant.

SECTION IV COTISATIONS ASSISES SUR LES REVENUS DE REMPLACEMENT

SOUS-SECTION 1 TAUX

Art. D. 242-12 *(Décr. n° 2018-821 du 27 sept. 2018, art. 1er)* **« le taux de la cotisation d'assurance maladie, maternité, invalidité et décès due en application du 3° de l'article L. 131-2 est fixé à 1,70 %. Par dérogation, le taux est fixé à 1 % lorsque les avantages sont dus en application d'une décision unilatérale de l'employeur. »**

(Décr. n° 97-1252 du 29 déc. 1997, art. 5) **« Toutefois, pour les personnes mentionnées** *(Décr. n° 2017-1891 du 30 déc. 2017, art. 1er-V)* **« à l'article L. 131-9 » :**

« 1° Le taux de la cotisation mentionnée *(Décr. n° 2018-821 du 27 sept. 2018, art. 1er)* **« au 3° » de l'article L. 131-2 est fixé à** *(Décr. n° 2018-162 du 6 mars 2018, art. 1er-III)* **« 4,90 % » ;**

« 2° Les bénéficiaires *(Décr. n° 2018-821 du 27 sept. 2018, art. 1er)* **« des avantages mentionnés au 2° » du même article** *[art. L. 131-2]* **sont redevables d'une cotisation au taux de 2,80 % ».** – *Application à compter du 1er janv. 1998.*

Les dispositions de l'art. 1er-V du Décr. n° 2017-1891 du 30 déc. 2017 s'appliquent aux cotisations et aux contributions de sécurité sociale dues au titre des périodes courant à compter du 1er janv. 2018 (Décr. préc., art. 8).

Les dispositions de l'art. 1er du Décr. n° 2018-162 du 6 mars 2018 s'appliquent aux cotisations de sécurité sociale dues au titre des périodes courant à compter du premier jour du mois de sa publication, soit le 1er mars 2018 (Décr. préc., art. 7).

SOUS-SECTION 2 EXONÉRATION

Art. D. 242-13 Bénéficient de l'exonération prévue à l'article *(Décr. n° 2018-821 du 21 sept. 2018, art. 1er)* **« L. 131-2 » :**

1° Les personnes totalement privées d'emploi qui perçoivent soit l'un des avantages mentionnés à l'article D. 242-12, versés par les institutions prévues au livre III, titre V, chapitre Ier, section V *[Partie V nouv.]* **du code du travail, soit le revenu d'activité maintenu aux titulaires de l'indemnité de formation, lorsque le montant journalier de ces avantages n'excède pas le septième du produit de la valeur horaire du salaire minimum de croissance en vigueur à la date du paiement, par le nombre d'heures correspondant à la durée légale hebdomadaire du travail ;**

2° Les personnes totalement privées d'emploi qui perçoivent les avantages mentionnés à l'article D. 242-12, versés par l'employeur, lorsque le montant mensuel de ces avantages n'excède pas le douzième du produit de la valeur horaire du salaire minimum de croissance en vigueur à la date du paiement, par le nombre d'heures correspondant à cinquante-deux fois la durée légale hebdomadaire du travail ;

3° Les personnes partiellement privées d'emploi, lorsque le montant cumulé de leur rémunération d'activité et des avantages mentionnés à l'article D. 242-12 n'excède pas la valeur déterminée, selon le cas, au 1° ou 2° du présent alinéa.

Les montants maximum des rémunérations et avantages déterminés en application des dispositions du présent article sont arrondis *(Décr. n° 2001-1203 du 17 déc. 2001)* **« à l'euro supérieur ».**

Art. D. 242-14 La cotisation prélevée sur l'avantage indemnisant la cessation d'activité est réduite, le cas échéant, de telle sorte que soit assuré au bénéficiaire de cet

avantage un montant minimal de prestations correspondant au seuil d'exonération déterminé comme il est dit à l'article D. 242-13 ci-dessus.

En cas de cessation partielle d'activité, il doit être tenu compte, pour déterminer si le seuil d'exonération est atteint, du total constitué par l'avantage net indemnisant cette cessation et la rémunération nette d'activité.

Art. D. 242-15 Pour l'application aux ouvriers dockers professionnels des dispositions de l'article D. 242-13 ci-dessus, la caisse des congés payés du port peut, en tant que de besoin, demander au bureau central de la main-d'œuvre du port communication du montant des rémunérations et indemnités versées par lui aux intéressés.

SECTION V COTISATIONS DES TRAVAILLEURS INDÉPENDANTS

(Décr. nº 2014-1531 du 17 déc. 2014, art. 1er-3º)

Art. D. 242-15-1 *Devient l'art. D. 613-1 (Décr. nº 2017-1894 du 30 déc. 2017, art. 4-II).*

SECTION VI DISPOSITIONS COMMUNES

Néant.

SECTION VII PROCÉDURE DE FIXATION DU PLAFOND DES COTISATIONS

Art. D. 242-16 *(Décr. nº 2011-2082 du 30 déc. 2011, art. 1er-1º)* « En dehors du cas de sa revalorisation annuelle dans les conditions prévues par les dispositions des articles D. 242-17 à D. 242-19, le montant maximum » des rémunérations ou gains à prendre en compte pour la fixation du montant des cotisations *(Abrogé par Décr. nº 2011-2082 du 30 déc. 2011, art. 1er-1º)* « ***d'accidents du travail, d'allocations familiales et*** » d'assurance vieillesse est fixé par décret pris après avis des organisations signataires de la convention collective nationale du 14 mars 1947.

1. Des intervenants étant appelés à exercer leur tâche de conférenciers dans le cadre de sessions pouvant s'étendre sur plusieurs mois, les juges du fond décident exactement qu'en raison du paiement mensuel des rémunérations, il y a lieu de faire application du plafond correspondant pour le calcul des cotisations de sécurité sociale quels que soient le nombre et la répartition des heures de travail à l'intérieur de la période considérée, et sans qu'il soit nécessaire de rechercher si les contrats de travail des intéressés sont à durée déterminée ou indéterminée. • Soc. 5 mars 1992, ☎ nº 90-11.384 P.

2. Le plafond annuel étant la règle, il appartient à l'employeur qui entend faire application du plafond réduit prévu par l'art. R. 243-11 CSS de démontrer que les rémunérations soumises à régularisation se rapportent de façon certaine à des périodes d'emploi inférieures à une année. • Soc. 9 déc. 1976 : *Bull. civ. V, nº 656.*

Art. D. 242-17 *(Décr. nº 96-1169 du 27 déc. 1996, art. 2) (Décr. nº 2011-2082 du 30 déc. 2011, art. 1er-2º)* « La valeur mensuelle du plafond est fixée », pour chaque année civile, à partir du plafond applicable au cours de l'année antérieure, ci-après dénommée année de référence. *(Décr. nº 2011-2082 du 30 déc. 2011, art. 1er-2º)* « Elle » tient compte de l'évolution moyenne estimée des salaires de cette année de référence prévue par *(Décr. nº 2002-1374 du 22 nov. 2002, art. 1er)* « le dernier rapport sur la situation et les perspectives économiques, sociales et financières de la nation » annexé au projet de loi de finances.

Le cas échéant, le plafond applicable au cours de l'année civile suivante tient compte de la nouvelle estimation de l'évolution moyenne des salaires de l'année de référence figurant dans *(Décr. nº 2002-1374 du 22 nov. 2002, art. 1er)* « le dernier rapport sur la situation et les perspectives économiques, sociales et financières de la nation » annexé au projet de loi de finances. — *V. Arr. du 5 déc. 2017 (JO 9 déc.), Annexe I.*

(Décr. nº 2011-2082 du 30 déc. 2011, art. 1er-2º) « La valeur journalière du plafond est égale à la valeur mensuelle multipliée par 12 et divisée par le nombre de jours travaillés dans l'année fixé *(Décr. nº 2016-1553 du 18 nov. 2016, art. 7-II, en vigueur le 1er janv. 2017)* « au 3º du I de l'article L. 3121-64 » du code du travail. »

Art. D. 242-18 *(Décr. n° 2011-2082 du 30 déc. 2011, art. 1er-3°)* Les valeurs mensuelles et journalières du plafond fixées par l'arrêté pris pour l'application de l'article L. 241-3 sont arrondies à l'euro le plus proche.

Art. D. 242-19 *(Décr. n° 2011-2082 du 30 déc. 2011, art. 1er-4°)* Pour les dispositions législatives et réglementaires faisant référence à une valeur du plafond différente de celles mentionnées à l'article D. 242-17, le montant du plafond est déterminé à partir de la valeur mensuelle mentionnée au même article dans les conditions suivantes :

— la valeur horaire est égale à la valeur mensuelle multipliée par 12 et divisée par le nombre d'heures annuelles de travail fixé *(Décr. n° 2016-1553 du 18 nov. 2016, art. 7-II, en vigueur le 1er janv. 2017)* « au troisième alinéa de l'article L. 3121-41 » du code du travail ;

— la valeur hebdomadaire est égale à la valeur mensuelle multipliée par 12 et divisée par 52 ;

— la valeur par quinzaine est égale à la valeur mensuelle divisée par 2 ;

— la valeur trimestrielle est égale à la valeur mensuelle multipliée par 3 ;

— la valeur annuelle est égale à la valeur mensuelle multipliée par 12.

Dans tous les cas, la valeur obtenue est arrondie à l'euro le plus proche.

SECTION VIII DISPOSITIONS PROPRES AUX DÉPARTEMENTS DU HAUT-RHIN, DU BAS-RHIN ET DE LA MOSELLE

Art. D. 242-20 Les taux des cotisations fixés par les articles D. 242-3 à D. 242-5 et *(Décr. n° 2014-1531 du 17 déc. 2014, art. 1er-4°)* « D. 241-3-1 » sont applicables aux rémunérations ou gains versés aux salariés ou assimilés des départements du Haut-Rhin, du Bas-Rhin et de la Moselle. — *Les dispositions issues du Décr. n° 2014-1531 du 17 déc. 2014 s'appliquent aux modalités de calcul des cotisations de sécurité sociale dues au titre des rémunérations versées à compter du 1er janv. 2015 (Décr. préc., art. 13-I).*

Al. 2 abrogé par Décr. n° 95-349 du 31 mars 1995, art. 4.

Art. D. 242-21 *(Décr. n° 89-540 du 3 août 1989, art. 1er)* La cotisation d'assurance maladie prévue par le deuxième alinéa de l'article L. 242-13 est précomptée sur :

— les avantages de retraite mentionnés au 1° de l'article *(Décr. n° 2018-821 du 27 sept. 2018, art. 1er)* « L. 131-2 » ;

— les avantages de retraite des bénéficiaires du régime local d'assurance maladie mentionnés à l'article *(Décr. n° 91-613 du 28 juin 1991, art. 3)* « D. 711-6 » donnant lieu à cotisation d'assurance maladie en application de l'article L. 711-2 (2°).

Al. 2 abrogé par Décr. n° 95-349 du 31 mars 1995, art. 4.

Art. D. 242-21-1 *(Décr. n° 2002-1299 du 25 oct. 2002, art. 3)* La part de la cotisation due au titre d'un ou plusieurs avantages de vieillesse servis au titre de la législation d'un ou plusieurs autres États est prélevée mensuellement sur le montant de la pension acquise au titre du régime général. Son montant est calculé sur la base du montant mensuel moyen des avantages d'origine étrangère perçus au cours de l'année civile précédente.

Lorsque la cotisation excède la pension acquise au titre du régime général, l'intéressé effectue directement à la caisse régionale d'assurance vieillesse d'Alsace-Moselle un versement complémentaire de la part correspondant à la partie restant due de ladite cotisation.

Si le versement de la cotisation ou le versement complémentaire ne sont pas effectués dans un délai de deux mois à compter de la demande émise par la caisse régionale d'assurance vieillesse d'Alsace-Moselle, le droit aux prestations du régime local est suspendu. Ce droit peut être rétabli dès la mise à jour de la situation de l'ancien bénéficiaire affilié au régime ; il est alors procédé à une récupération des cotisations non honorées sur l'ensemble de la période.

Art. D. 242-21-2 *(Décr. n° 2002-1299 du 25 oct. 2002, art. 3)* Lorsque la caisse régionale d'assurance vieillesse d'Alsace-Moselle ne dispose pas des informations permettant de déterminer l'assiette de la cotisation prévue au 2° du I de l'article L. 242-13 s'agissant des avantages de retraite servis au titre de la législation d'un ou plusieurs autres États, l'assuré produit, à la demande de la caisse, une déclaration des avantages et pensions de retraite perçus à l'étranger et la lui adresse en vue de réaliser le prélèvement de la cotisation.

La déclaration annuelle des avantages et pensions perçus par les retraités au titre d'un ou plusieurs autres États et éventuellement les pièces justificatives à l'appui de cette déclaration devront être produites avant le 1er avril de l'année qui suit celle au titre de laquelle ces avantages ont été perçus. L'organisme qui précompte ou prélève les cotisations procède à tout type de contrôle nécessaire à la détermination de l'assiette.

En l'absence de déclaration dans les délais, les cotisations pour l'année en cours sont calculées sur la base qui a servi au calcul des cotisations prélevées l'année précédente. Les prestations continuent d'être versées jusqu'à la fin de l'année civile au cours de laquelle la déclaration doit être faite. Au-delà de ce délai, si aucune déclaration n'a été transmise, le droit aux prestations du régime local est suspendu. Ce droit peut être rétabli dès la mise à jour de la situation de l'ancien bénéficiaire affilié au régime ; il est alors procédé à une récupération des cotisations non honorées, sur l'ensemble de la période.

S'il est établi que la déclaration prévue au présent article a fait l'objet d'une falsification, le droit aux prestations du régime local est immédiatement suspendu.

Art. D. 242-22 *(Décr. nº 2002-1299 du 25 oct. 2002, art. 4)* La caisse régionale d'assurance vieillesse d'Alsace-Moselle prélève ou précompte les cotisations d'assurance maladie au titre du régime local d'assurance maladie sur les prestations vieillesse. Elle vire au compte de l'instance de gestion du régime local le montant des cotisations prélevées.

Art. D. 242-23 *(Décr. nº 89-540 du 3 août 1989, art. 1er)* Les cotisations prévues par le deuxième alinéa de l'article L. 242-13 assises sur les avantages de retraite servis par l'employeur sont versées à l'organisme de recouvrement dont relève ce dernier, conformément aux dispositions des articles R. 242-5, R. 243-6 à R. 243-8, R. 243-13, R. 243-15, R. 243-16, *(Décr. nº 2016-941 du 8 juill. 2016, art. 21-II)* « R. 243-18, R. 243-19 et R. 243-59-4 ». Pour l'application de ces articles, les avantages de retraite sont assimilés à des rémunérations. — *Les dispositions issues du II de l'art. 21 du Décr. nº 2016-941 du 8 juill. 2016 s'appliquent aux contrôles engagés à compter du 11 juill. 2016, lendemain de la publication du décret susvisé (Décr. préc., art. 37-I).*

Art. D. 242-24 *(Décr. nº 89-540 du 3 août 1989, art. 1er)* Les cotisations prévues par le deuxième alinéa de l'article L. 242-13 dues sur les avantages de retraite servis pendant un mois civil par des organismes autres que ceux du régime général au titre d'une activité professionnelle relevant du régime général sont versées dans les quinze premiers jours du mois suivant à l'organisme chargé du recouvrement dont relève le débiteur de l'avantage de retraite. Sont applicables au recouvrement de ces cotisations les articles R. 243-30 à R. 243-34.

Art. D. 242-25 *(Décr. nº 89-540 du 3 août 1989, art. 1er)* Les cotisations prévues par le deuxième alinéa de l'article L. 242-13, dues par les bénéficiaires du régime local d'assurance maladie mentionnés à l'article *(Décr. nº 91-613 du 28 juin 1991, art. 3)* « D. 711-6 », sont recouvrées selon les règles applicables aux cotisations d'assurance maladie dues par les intéressés au régime général en application de l'article L. 711-2 (2º).

Art. D. 242-26 *(Décr. nº 89-540 du 3 août 1989, art. 1er)* Le produit des cotisations mentionnées aux articles D. 242-23 à D. 242-25 est centralisé par l'Agence centrale des organismes de sécurité sociale qui en vire le montant au compte de *(Décr. nº 2002-1299 du 25 oct. 2002, art. 5)* « l'instance de gestion du régime local d'assurance maladie d'Alsace-Moselle ».

Art. D. 242-27 *(Décr. nº 89-540 du 3 août 1989, art. 1er)* Le livre Ier du code de la sécurité sociale et les articles R. 243-35, R. 244-4, R. 244-5 et R. 244-6 sont applicables aux cotisations prévues par le deuxième alinéa de l'article L. 242-13.

Art. D. 242-28 *Abrogé par Décr. nº 95-349 du 31 mars 1995, art. 4.*

Art. D. 242-29 *(Décr. nº 2010-753 du 5 juill. 2010, art. 2-1º)* Le taux de la cotisation due au titre des accidents du travail et des maladies professionnelles des établissements situés dans les départements du Haut-Rhin, du Bas-Rhin et de la Moselle est fixé par établissement.

Toutefois, l'entreprise qui relève d'une tarification individuelle ou mixte en application de l'article D. 242-30 bénéficie d'un taux unique pour l'ensemble de ses établissements appartenant à la même catégorie de risque situés dans les départements du Haut-Rhin, du Bas-Rhin et de la Moselle quel que soit le lieu du siège social de l'entreprise.

Le classement d'un établissement dans une catégorie de risque est effectué en fonction de l'activité exercée selon une nomenclature des risques et des modalités fixées par arrêté du ministre chargé de la sécurité sociale. — *Sur l'entrée en vigueur de cet art., V. art. 3 du Décr. nº 2010-753 du 5 juill. 2010 ss. art. D. 242-6-23.*

V. Arr. du 30 déc. 2017 fixant les tarifs des risques applicables dans les départements du Haut-Rhin, du Bas-Rhin et de la Moselle en ce qui concerne les accidents du travail et les maladies professionnelles pour 2018 (JO 31 déc.).

Art. D. 242-30 *(Décr. nº 2010-753 du 5 juill. 2010, art. 2-1º)* Le mode de tarification est déterminé en fonction de l'effectif *(Abrogé par Décr. nº 2017-858 du 9 mai 2017, art. 1er-6º, à compter du 1er janv. 2018)* « *global* » de l'entreprise, défini à l'article *(Décr. nº 2017-858 du 9 mai 2017, art. 1er-6º, en vigueur le 1er janv. 2018)* « R. 130-1 », que celle-ci comporte un ou plusieurs établissements :

1º La tarification collective est applicable aux entreprises dont l'effectif *(Abrogé par Décr. nº 2017-858 du 9 mai 2017, art. 1er-6º, à compter du 1er janv. 2018)* « *global* » est inférieur à 50 salariés ;

2º La tarification individuelle est applicable aux entreprises dont l'effectif *(Abrogé par Décr. nº 2017-858 du 9 mai 2017, art. 1er-6º, à compter du 1er janv. 2018)* « *global* » est au moins égal à 150 salariés. Toutefois, pour les entreprises de bâtiment et de travaux publics, cet effectif est au moins égal à 300 salariés ;

3º La tarification mixte est applicable aux entreprises dont l'effectif *(Abrogé par Décr. nº 2017-858 du 9 mai 2017, art. 1er-6º, à compter du 1er janv. 2018)* « *global* » *(Décr. nº 2017-337 du 14 mars 2017, art. 2-1º, Rect. JO 18 mars)* « est au moins égal à 50 et inférieur à 150 » salariés. Toutefois, pour les entreprises de bâtiment et de travaux publics, cet effectif *(Décr. nº 2017-337 du 14 mars 2017, art. 2-1º)* « est au moins égal à 50 et inférieur à 300 » salariés. — *Sur l'entrée en vigueur de cet art., V. art. 3 du Décr. nº 2010-753 du 5 juill. 2010 ss. art. D. 242-6-23.*

Art. D. 242-31 *(Décr. nº 2010-753 du 5 juill. 2010, art. 2-1º)* Le taux net de cotisation est constitué par le taux brut affecté *(Décr. nº 2011-2033 du 29 déc. 2011, art. 3)* « des majorations » définies à l'article D. 242-6-9 dans les conditions prévues aux articles D. 242-30 et D. 242-32 à D. 242-34. — *Sur l'entrée en vigueur de cet art., V. art. 3 du Décr. nº 2010-753 du 5 juill. 2010 ss. art. D. 242-6-23.*

Art. D. 242-32 *(Décr. nº 2010-753 du 5 juill. 2010, art. 2-1º)* Le taux brut collectif est calculé d'après le rapport de la valeur du risque propre à l'ensemble des établissements situés dans les départements du Haut-Rhin, du Bas-Rhin et de la Moselle appartenant à une même catégorie de risque ou à un même groupe de risques, à la masse totale des salaires payés au personnel respectif, pour les trois dernières années connues. Il est fixé chaque année par risque ou groupe de risque *[risques]* par la caisse mentionnée à l'article *(Décr. nº 2017-337 du 14 mars 2017, art. 2-4º)* « L. 215-5 » après avis des comités techniques régionaux compétents.

Le taux brut individuel est calculé d'après le rapport de la valeur du risque propre à l'établissement, à la masse totale des salaires payés au personnel respectif, pour les trois dernières années connues.

Pour l'entreprise qui bénéficie d'un taux unique prévu à l'article D. 242-29, le taux brut individuel est calculé d'après le rapport de la valeur du risque propre à l'ensemble de ses établissements appartenant à la même catégorie de risque, à la masse totale des salaires payés au personnel respectif, pour les trois dernières années connues.

Seules sont prises en compte dans la valeur du risque les dépenses liées aux accidents et aux maladies dont le caractère professionnel a été reconnu.

L'ensemble des dépenses constituant la valeur du risque est pris en compte par la caisse susvisée dès que ces dépenses lui ont été communiquées par les caisses primaires, sans préjudice de l'application des décisions de justice ultérieures.

Ne sont pas compris dans la valeur du risque les dépenses liées aux accidents de trajet mentionnés à l'article L. 411-2 et les frais de rééducation professionnelle mentionnés à l'article L. 431-1. – *Sur l'entrée en vigueur de cet art., V. art. 3 du Décr. nº 2010-753 du 5 juill. 2010 ss. art. D. 242-6-23.*

Art. D. 242-33 *(Décr. nº 2010-753 du 5 juill. 2010, art. 2-1º)* La valeur du risque mentionnée à l'article D. 242-32 pour le calcul du taux brut collectif est déterminée suivant les mêmes règles que celles définies à l'article D. 242-6-5. – *Sur l'entrée en vigueur de cet art., V. art. 3 du Décr. nº 2010-753 du 5 juill. 2010 ss. art. D. 242-6-23.*

Art. D. 242-34 *(Décr. nº 2010-753 du 5 juill. 2010, art. 2-1º)* La valeur du risque mentionnée à l'article D. 242-32 pour le calcul du taux brut individuel est déterminée en application des articles D. 242-6-6 à D. 242-6-8.

Toutefois, par dérogation au dernier alinéa de l'article D. 242-6-6, pour les entreprises de bâtiment et de travaux publics, les accidents du travail et les maladies professionnelles sont classés dans les catégories d'incapacité permanente suivantes :

– incapacité permanente de moins de 10 % ;

– incapacité de 10 % à 19 % ;

– incapacité permanente de 20 % à 39 % ;

– incapacité permanente de 40 % et plus ou décès de la victime. – *Sur l'entrée en vigueur de cet art., V. art. 3 du Décr. nº 2010-753 du 5 juill. 2010 ss. art. D. 242-6-23.*

V. Arr. du 5 déc. 2017 fixant les coûts moyens des catégories d'incapacité temporaire et d'incapacité permanente mentionnées aux art. D. 242-6-6 et D. 242-34 CSS pour le calcul des cotisations d'accidents du travail et de maladies professionnelles des établissements relevant du régime général et des établissements situés dans les départements du Haut-Rhin, du Bas-Rhin et de la Moselle pour l'année 2018 (JO 10 déc.).

Art. D. 242-35 *(Décr. nº 2010-753 du 5 juill. 2010, art. 2-1º)* Les taux nets collectifs sont calculés suivant les règles fixées aux articles D. 242-29 à D. 242-33.

Le ministre chargé de la sécurité sociale établit, par arrêté, les taux nets en fonction des taux bruts fixés en application de l'article D. 242-32 et des majorations telles qu'approuvées ou fixées en application de l'article D. 242-6-10.

Ces taux nets entrent en vigueur à partir du premier jour du trimestre civil suivant leur publication au *Journal officiel* de la République française. En cas de publication après le 31 décembre, ce sont les taux nets antérieurs qui s'appliquent jusqu'à la publication des nouveaux taux nets.

(Décr. nº 2017-337 du 14 mars 2017, art. 2-2º) « Le taux net collectif de l'établissement est majoré forfaitairement, dans la limite de dix pour cent du taux net moyen national lorsqu'au moins un accident du travail ayant entraîné la prescription d'un arrêt de travail est intervenu au cours de chacune des trois dernières années connues :

« 1º Au sein des entreprises dont l'effectif est au moins égal à 10 et inférieur à 20 salariés, lorsque le total de ces accidents est au moins égal à trois sur cette période ;

« 2º Au sein des entreprises dont l'effectif est au moins égal à 20 et inférieur à 35 salariés, lorsque le total de ces accidents est au moins égal à sept sur cette période ;

« 3º Au sein des entreprises dont l'effectif est au moins égal à 35 salariés, lorsque le total de ces accidents est au moins égal à neuf sur cette période.

« Le montant de cette majoration est fixé par arrêté du ministre chargé de la sécurité sociale et du ministre chargé du budget. » – *Les dispositions issues de l'art. 2-2º du Décr. nº 2017-337 du 14 mars 2017 sont applicables aux cotisations dues au titre des périodes courant à compter du 1er janv. 2022 (Décr. préc., art. 4-1º).*

Pour les assurés souscrivant une assurance volontaire individuelle mentionnée à l'article L. 743-1, le taux applicable est le taux collectif défini au premier alinéa du présent article fixé pour l'activité professionnelle dudit assuré, diminué d'un pourcentage forfaitaire fixé par arrêté du ministre chargé de la sécurité sociale en tenant compte des résultats statistiques. – *Sur l'entrée en vigueur de cet art., V. art. 3 du Décr. nº 2010-753 du 5 juill. 2010 ss. art. D. 242-6-23.*

Art. D. 242-36 *(Décr. nº 2010-753 du 5 juill. 2010, art. 2-1º)* Les taux nets individuels sont déterminés par la caisse mentionnée à l'article *(Décr. nº 2017-337 du 14 mars 2017, art. 2-4º)* « L. 215-5 » pour les établissements situés dans les départements du Haut-Rhin, du Bas-Rhin et de la Moselle quel que soit le lieu du siège social de l'entreprise dont relèvent éventuellement ces établissements, suivant les règles fixées aux articles D. 242-29 à D. 242-32 et D. 242-34. – *Sur l'entrée en vigueur de cet art., V. art. 3 du Décr. n° 2010-753 du 5 juill. 2010 ss. art. D. 242-6-23.*

Art. D. 242-37 *(Décr. n° 2010-753 du 5 juill. 2010, art. 2-2°)* **Les taux nets mixtes sont déterminés par la caisse mentionnée à l'article** *(Décr. n° 2017-337 du 14 mars 2017, art. 2-4°)* **« L. 215-5 » pour les établissements situés dans les départements du Haut-Rhin, du Bas-Rhin et de la Moselle quel que soit le lieu du siège social de l'entreprise dont relèvent éventuellement ces établissements par l'addition des deux éléments suivants :**

1° Une fraction du taux net collectif fixé pour la catégorie de risque dont relève l'établissement ou l'ensemble des établissements de l'entreprise appartenant à la même catégorie de risque ;

2° Une fraction du taux net individuel qui serait attribué à l'établissement ou à l'ensemble des établissements de l'entreprise appartenant à la même catégorie de risque si ce taux leur était applicable.

Les fractions de taux collectif et individuel varient en fonction du nombre de salariés de l'entreprise dans les proportions fixées par les tableaux ci-après :

1° Entreprises dont l'activité relève d'une industrie autre que celles du bâtiment et des travaux publics :

NOMBRE DE SALARIÉS de l'entreprise (1)	FRACTION du taux individuel (2)	FRACTION du taux collectif (2)
au moins égal à 50 et inférieur à 150	$\frac{0{,}075\,E - 1{,}25}{10}$	$1 - \frac{(0{,}075\,E - 1{,}25)}{10}$

(1) L'entreprise peut comporter un ou plusieurs établissements.
(2) E représente l'effectif de l'entreprise tel que défini à l'article *(Décr. n° 2017-1868 du 30 déc. 2017, art. 1er-3°)* « R. 130-1 ».

Ce tableau a été modifié par le Décr. n° 2017-337 du 14 mars 2017, art. 2-3° (JO 16 mars).

2° Entreprises dont l'activité relève des industries du bâtiment et des travaux publics :

NOMBRE DE SALARIÉS de l'entreprise (1)	FRACTION du taux individuel (2)	FRACTION du taux collectif (2)
au moins égal à 50 et inférieur à 300	$\frac{0{,}075\,E + 2{,}5}{25}$	$1 - \frac{(0{,}075\,E + 2{,}5)}{25}$

(1) L'entreprise peut comporter un ou plusieurs établissements.
(2) E représente l'effectif de l'entreprise tel que défini à l'article *(Décr. n° 2017-1868 du 30 déc. 2017, art. 1er-3°)* « R. 130-1 ».

Ce tableau a été modifié par le Décr. n° 2017-337 du 14 mars 2017, art. 2-3° (JO 16 mars).

Sur l'entrée en vigueur de cet art., V. art. 3 du Décr. n° 2010-753 du 5 juill. 2010 ss. art. D. 242-6-23.

Art. D. 242-38 *(Décr. n° 2010-753 du 5 juill. 2010, art. 2-2°)* **Le taux net notifié collectif, mixte ou individuel ne peut varier d'une année sur l'autre :**

1° Soit en augmentation de plus de 25 % si le taux net notifié de l'année précédente est supérieur à 4, ou de plus d'un point si le taux net notifié de l'année précédente est inférieur ou égal à 4 ;

2° Soit en diminution de plus de 20 % si le taux net notifié de l'année précédente est supérieur à 4, ou de plus de 0,8 point si le taux net notifié de l'année précédente est inférieur ou égal à 4.

Pour l'entreprise qui bénéficie d'un taux unique *(Décr. n° 2013-1293 du 27 déc. 2013, art. 2)* **« ou en cas de regroupement de catégories de risque », ces variations s'appré-**

cient la première année par rapport à un taux net unique correspondant à la moyenne des taux nets notifiés de ses établissements appartenant à la même catégorie de risque de l'année précédente pondérée par la masse salariale de la dernière année connue des mêmes établissements. — *Sur l'entrée en vigueur de cet art., V. art. 3 du Décr. n° 2010-753 du 5 juill. 2010, ss. art. D. 242-6-23.*

Art. D. 242-39 (Abrogé par Décr. n° 2017-858 du 9 mai 2017, art. 1er-7°, à compter du 1er janv. 2018) (Décr. n° 2010-753 du 5 juill. 2010, art. 2-2°) *Le nombre de salariés d'un établissement est déterminé selon les modalités fixées par l'article D. 242-6-16. Le nombre de salariés d'une entreprise qui exploite plusieurs établissements situés dans les départements du Haut-Rhin, du Bas-Rhin et de la Moselle est égal à la somme du nombre de salariés de chacun de ces établissements.* — Sur l'entrée en vigueur de cet art., V. art. 3 du Décr. n° 2010-753 du 5 juill. 2010 ss. art. D. 242-6-23.

Art. D. 242-40 *(Décr. n° 2010-753 du 5 juill. 2010, art. 2-2°)* **La caisse mentionnée à l'article** *(Décr. n° 2017-337 du 14 mars 2017, art. 2-4°)* **« L. 215-5 » notifie à chaque employeur, dans les conditions fixées par l'arrêté prévu au premier alinéa de l'article D. 242-6-22, le classement des risques et le ou les taux de cotisation afférents aux établissements permanents situés dans le Haut-Rhin, le Bas-Rhin et la Moselle, quel que soit le lieu du siège de l'entreprise dont relèvent ces établissements.**

Tant que cette notification n'a pas été effectuée, l'employeur doit verser, à titre provisionnel, les cotisations dues au titre des accidents du travail et des maladies professionnelles sur la base du taux antérieurement applicable.

Les dispositions du présent article ne sont pas applicables à certaines catégories de travailleurs définies par arrêté du ministre chargé de la sécurité sociale, pour lesquelles le taux net collectif de cotisation publié est directement applicable à l'employeur. — *Sur l'entrée en vigueur de cet art., V. art. 3 du Décr. n° 2010-753 du 5 juill. 2010 ss. art. D. 242-6-23.*

Art. D. 242-41 *(Décr. n° 2010-753 du 5 juill. 2010, art. 2-2°)* **Les règles prévues aux articles D. 242-6-14, D. 242-6-17 à D. 242-6-21 et D. 242-6-23 s'appliquent pour la détermination des taux de cotisation due au titre des accidents du travail et des maladies professionnelles des établissements situés dans les départements du Haut-Rhin, du Bas-Rhin, et de la Moselle.** — *Sur l'entrée en vigueur de cet art., V. art. 3 du Décr. n° 2010-753 du 5 juill. 2010 ss. art. D. 242-6-23.*

SECTION IX DISPOSITIONS CONCERNANT LES ACTIONS DISTRIBUÉES AUX SALARIÉS

Néant.

CHAPITRE III RECOUVREMENT — SÛRETÉS — PRESCRIPTION — CONTRÔLE

SECTION PREMIÈRE RECOUVREMENT

SOUS-SECTION 1 RECOUVREMENT DES COTISATIONS ASSISES SUR LES RÉMUNÉRATIONS PAYÉES AUX TRAVAILLEURS SALARIÉS ET ASSIMILÉS

Art. D. 243 (Abrogé par Décr. n° 2017-858 du 9 mai 2017, art. 5-7°, à compter du 1er janv. 2018) *Pour l'application des dispositions du deuxième alinéa du I de l'article R. 243-6, le directeur de l'Agence centrale des organismes de sécurité sociale désigne pour chaque entreprise une union de recouvrement, dénommée "URSSAF-Interlocuteur unique", parmi la liste suivante : les unions pour le recouvrement des cotisations de sécurité sociale et d'allocations familiales du Bas-Rhin, des Bouches-du-Rhône, de la Gironde, de la Haute-Garonne, de la Loire-Atlantique* (Décr. n° 2008-796 du 20 août 2008, en vigueur le 1er janv. 2010) *« , du Nord »* (Décr. n° 2008-796 du 20 août 2008, en vigueur le 1er janv. 2009) *« , de Paris-région parisienne et du Rhône ».*

La phase de consultation prévue au deuxième alinéa du I de l'article R. 243-6 s'achève dans les conditions suivantes :

1° Une proposition de rattachement à une URSSAF-Interlocuteur unique est adressée à l'entreprise, par lettre recommandée avec avis de réception, au plus tard le 1er septembre de

l'année précédant son entrée dans le dispositif. A compter de la réception de la proposition, l'entreprise dispose d'un délai de quinze jours soit pour indiquer son accord, soit pour décliner la proposition qui lui est faite. L'absence de réponse dans le délai imparti vaut accord tacite de l'entreprise.

2° En cas de désaccord de l'entreprise sur l'organisme de recouvrement proposé, le directeur de l'Agence centrale des organismes de sécurité sociale désigne une autre URSSAF-Interlocuteur unique.

Dans tous les cas, la notification de la décision finale du directeur de l'Agence centrale des organismes de sécurité sociale est faite par lettre recommandée avec avis de réception, accompagnée d'un descriptif des modalités pratiques de mise en place du dispositif.

Pour l'année 2008, il est ajouté à la liste ci-dessus les unions pour le recouvrement des cotisations de sécurité sociale et d'allocations familiales de Lyon et de Lille (Décr. n° 2007-708 du 4 mai 2007, art. 3).

Pour l'année 2009, il est ajouté à la liste fixée au présent art. l'union pour le recouvrement des cotisations de sécurité sociale et d'allocations familiales de Lille (Décr. n° 2008-796 du 20 août 2008, art. 2).

Art. D. 243-0-1 *(Décr. n° 2008-1367 du 18 déc. 2008)* **Le directeur de l'Agence centrale des organismes de sécurité sociale désigne les organismes de recouvrement auprès desquels l'État verse les cotisations et contributions dues au régime général de sécurité sociale au titre de la paie avec ordonnancement préalable :**

a) Pour les services situés à l'étranger ;

b) Pour les services situés dans les départements d'outre-mer ;

c) Pour les autres services.

Cet art. s'applique aux rémunérations dues à compter du 1er janv. 2009 (Décr. n° 2008-1367 du 18 déc. 2008, JO 20 déc.).

Art. D. 243-0-2 *(Décr. n° 2017-1891 du 30 déc. 2017, art. 1er-VI)* **Le taux des majorations prévues à l'article L. 243-1-3 est fixé à 11,5 %.**

Les dispositions de l'art. 1er-VI du Décr. n° 2017-1891 du 30 déc. 2017 s'appliquent aux cotisations et aux contributions de sécurité sociale dues au titre des périodes courant à compter du 1er janv. 2018 (Décr. préc., art. 8).

Art. D. 243-0-3 *(Décr. n° 2017-1891 du 30 déc. 2017, art. 1er-VI)* **Le taux prévu au 2° de l'article L. 243-1-3 appliqué aux cotisations versées par les employeurs aux caisses mentionnées à l'article L. 3141-32 du code du travail, correspondant aux sommes versées en vue de contribuer à la couverture des périodes des congés de leurs salariés, est fixé :**

– pour le secteur du bâtiment et des travaux publics, à *(Décr. n° 2018-1356 du 28 déc. 2018, art. 1er-III)* **« 5,09 % » pour les caisses situées en métropole et à** *(Décr. n° 2018-1356 du 28 déc. 2018, art. 1er-III)* **« 3,55 % » pour les caisses situées dans les départements d'outre-mer ;**

– pour les autres secteurs, à *(Décr. n° 2018-1356 du 28 déc. 2018, art. 1er-III)* **« 3,66 % ».**

Art. D. 243-0-4 *(Décr. n° 2017-1891 du 30 déc. 2017, art. 1er-VI)* **L'ajustement correspondant à la différence entre les cotisations et contributions sociales salariales et patronales calculées sur les indemnités de congés payés effectivement versées au cours de chaque période annuelle de prise de congés et les versements mentionnés à l'article D. 243-0-3, effectués par la caisse au cours de l'exercice d'acquisition des droits à congés correspondant, est versé lors de l'exigibilité des cotisations de sécurité sociale qui suit la fin de la période de prise des congés payés.**

Pour les congés relatifs à ce même exercice pris au cours d'une période ultérieure, l'ajustement correspondant est versé lors de l'ajustement relatif à cette période ultérieure.

V. note ss. art. D. 243-0-2.

Art. D. 243-0-5 *(Décr. n° 2017-1891 du 30 déc. 2017, art. 1er-VI)* **Les caisses mentionnées à l'article L. 3141-32 du code du travail procèdent au versement et à l'ajustement mentionnés aux articles D. 243-0-3 et D. 243-0-4 selon les règles, les garanties et les sanctions applicables au recouvrement des cotisations de sécurité sociale.** *– V. note ss. art. D. 243-0-2.*

SOUS-SECTION 2 RECOUVREMENT DES COTISATIONS DUES À TITRE PERSONNEL PAR LES EMPLOYEURS ET TRAVAILLEURS INDÉPENDANTS

Néant.

SOUS-SECTION 3 RECOUVREMENT DES COTISATIONS D'ASSURANCE MALADIE, MATERNITÉ, INVALIDITÉ ET DÉCÈS ASSISES SUR LES AVANTAGES DE RETRAITE

Néant.

SOUS-SECTION 4 RECOUVREMENT DES COTISATIONS D'ASSURANCE MALADIE, MATERNITÉ, INVALIDITÉ ET DÉCÈS ASSISES SUR LES REVENUS DE REMPLACEMENT

Néant.

SOUS-SECTION 5 DISPOSITIONS COMMUNES — DISPOSITIONS DIVERSES

Art. D. 243-1 Dans le courant du premier trimestre de chaque année, les organismes chargés du recouvrement sont tenus de communiquer *(Décr. n° 2009-1597 du 18 déc. 2009, art. 2-IV, en vigueur le 1er janv. 2010)* « au service mentionné à l'article R. 155-1 » et au *(Décr. n° 2014-552 du 27 mai 2014, art. 15-1°)* « directeur départemental ou, le cas échéant, régional des finances publiques » l'état des cotisations de sécurité sociale restant à recouvrer supérieures à un montant fixé par arrêté du ministre chargé de la sécurité sociale et du ministre chargé du budget. Cet état est arrêté le dernier jour de l'exercice précédent. Il précise les mesures prises en vue du recouvrement ainsi que les garanties et sûretés constituées pour la conservation de ces créances.

Les organismes doivent fournir tous renseignements en leur possession sur la solvabilité du débiteur.

Art. D. 243-2 *(Décr. n° 2008-802 du 20 août 2008)* L'admission en non-valeur des cotisations non prescrites de sécurité sociale, impôts et taxes affectés, en principal et accessoire, est prononcée par le conseil d'administration de l'organisme de sécurité sociale chargé du recouvrement.

Elle ne peut être prononcée moins d'un an après la date d'exigibilité des cotisations non prescrites et seulement en cas d'insolvabilité du débiteur, de disparition ou de décès du débiteur ne laissant aucun actif saisissable ou de clôture des opérations de liquidation judiciaire pour insuffisance d'actif.

Pour les créances inférieures à un montant fixé par arrêté du ministre chargé de la sécurité sociale et du ministre chargé du budget, l'admission en non-valeur ne peut être prononcée moins d'un an après l'envoi de la mise en demeure, dès lors que les frais de recouvrement contentieux atteignent ce montant.

Lorsque le jugement de clôture pour insuffisance d'actif n'est pas prononcé dans un délai d'un an après la date d'exigibilité de la créance, l'organisme chargé du recouvrement peut prononcer l'admission en non-valeur au vu d'une simple attestation du liquidateur d'une clôture prochaine pour insuffisance d'actif sans possibilité de distribution de dividendes, la clôture n'étant pas différée en raison de l'existence d'une procédure de répartition en cours.

Arrêté du 25 août 1995,

Pris pour l'application de l'article D. 243-2 du code de la sécurité sociale (JO 31 août).

Art. 1er Le montant en dessous duquel les organismes chargés du recouvrement peuvent admettre en non-valeur les cotisations au vu d'une attestation du liquidateur, dès lors qu'un jugement de clôture pour insuffisance d'actif n'est pas prononcé dans un délai de trois ans après la date d'exigibilité des cotisations, est fixé à 76 230 €.

Art. 2 Le montant prévu au deuxième *[troisième]* alinéa de l'article D. 243-2 est fixé à 80 €.

SECTION II **SÛRETÉS**

Art. D. 243-3 *(Décr. n° 2008-1544 du 30 déc. 2008)* Le montant mentionné au premier alinéa de l'article L. 243-5 est fixé à :

a) 10 000 € pour les créances dues, à titre personnel, par les travailleurs indépendants ;

b) 15 000 € pour les créances dues par les employeurs occupant moins de 50 salariés ;

c) 20 000 € pour les autres créances.

Pour la détermination du seuil applicable, l'effectif des salariés est calculé au 31 décembre de chaque année.

SECTION III **PRESCRIPTION**

Néant.

SECTION IV **CONTRÔLE**

Néant.

SECTION V **DISPOSITIONS DIVERSES**

Néant.

SECTION VI **DÉLIVRANCE D'ATTESTATIONS RELATIVES AUX OBLIGATIONS DÉCLARATIVES ET DE PAIEMENT**

(Décr. n° 2011-1601 du 21 nov. 2011, art. 3, en vigueur le 1er janv. 2012)

Art. D. 243-15 Lorsque le cocontractant emploie des salariés, l'attestation prévue à l'article L. 243-15 mentionne l'identification de l'entreprise, le nombre de salariés et le total des rémunérations déclarés au cours de la dernière période ayant donné lieu à la communication des informations prévue à l'article R. 243-13.

La contestation des cotisations et contributions dues devant les juridictions de l'ordre judiciaire ne fait pas obstacle à la délivrance de l'attestation. Toutefois, l'attestation ne peut pas être délivrée quand la contestation fait suite à une verbalisation pour travail dissimulé.

L'attestation est sécurisée par un dispositif d'authentification délivré par l'organisme chargé du recouvrement des cotisations et contributions sociales. Le donneur d'ordre vérifie l'exactitude des informations figurant dans l'attestation transmise par son cocontractant par voie dématérialisée ou sur demande directement auprès de cet organisme au moyen d'un numéro de sécurité.

CHAPITRE IV **CONTENTIEUX ET PÉNALITÉS**

Néant.

CHAPITRE V **RESSOURCES AUTRES QUE LES COTISATIONS**

SECTION PREMIÈRE **CONTRIBUTION DES ENTREPRISES DE PRÉPARATION DE MÉDICAMENTS**

Art. D. 245-1 Les entreprises mentionnées à l'article L. 245-1 s'entendent de celles qui sont titulaires d'une autorisation de mise sur le marché pour une ou des spécialités inscrites sur la liste des médicaments remboursables aux assurés sociaux *(Décr. n° 91-1208 du 29 nov. 1991, art. 1er)* « ou sur la liste des médicaments agréés à l'usage des collectivités ».

Art. D. 245-2 *Abrogé par Décr. n° 97-621 du 31 mai 1997.*

Art. D. 245-3 *Al. 1er abrogé par Décr. n° 97-621 du 31 mai 1997.*

L'arrêté de revalorisation est signé du ministre chargé de la sécurité sociale, du ministre chargé du budget et du ministre chargé de la santé.

Art. D. 245-4 à D. 245-12 *Abrogés par Décr. n° 97-621 du 31 mai 1997.*

Art. D. 245-13 *Abrogé par Décr. n° 91-1208 du 29 nov. 1991, art. 5.*

SECTION II COTISATION SUR LES BOISSONS ALCOOLIQUES

Art. D. 245-14 La cotisation perçue sur les boissons alcooliques bénéficie, sous réserve de la présentation d'une caution, des mêmes crédits que le droit de consommation sur les alcools.

Art. D. 245-15 Les infractions aux dispositions des articles L. 245-7 à L. 245-12 sont recherchées, constatées et sanctionnées, les poursuites sont effectuées comme en matière de droit de consommation sur les alcools.

CHAPITRE VI DISPOSITIONS COMMUNES

Néant.

TITRE CINQUIÈME RÉGIME FINANCIER

CHAPITRE PREMIER GESTION DES RISQUES ET FONDS

Art. D. 251-1 Les gestions techniques comprennent :

1° L'assurance maladie des salariés du régime général,

2° L'assurance maladie du régime Alsace-Moselle,

3° L'assurance maladie des fonctionnaires et ouvriers de l'État, agents des collectivités locales, agents relevant du statut national des industries électriques et gazières,

4° L'assurance maladie des étudiants,

5° L'assurance maladie des invalides de guerre,

6° L'assurance maladie des praticiens et auxiliaires médicaux,

7° L'assurance maladie des assurés volontaires et des assurés personnels,

8° L'assurance maladie des artistes auteurs,

9° Les accidents du travail et maladies professionnelles,

10° Les prestations familiales,

11° L'assurance vieillesse des travailleurs salariés,

12° L'assurance vieillesse des artistes auteurs,

(Décr. n° 2004-858 du 24 août 2004, art. 3-I) « 13° Le recouvrement des cotisations et majorations de retard. »

Art. D. 251-2 Les gestions budgétaires comprennent :

1° La gestion des opérations administratives,

2° L'action sanitaire et sociale (assurance maladie),

3° L'action sanitaire et sociale (allocations familiales),

4° L'action sanitaire et sociale (assurance vieillesse),

5° L'action sanitaire des caisses d'allocations familiales d'outre-mer (FASO),

6° Le contrôle médical,

7° La prévention des accidents du travail et des maladies professionnelles,

8° Les œuvres et établissements.

SECTION PREMIÈRE ASSURANCES MALADIE, MATERNITÉ, INVALIDITÉ, DÉCÈS, ACCIDENTS DU TRAVAIL ET MALADIES PROFESSIONNELLES

Art. D. 251-3 L'arrêté prévu par l'article L. 251-1 est pris par le ministre chargé de la sécurité sociale et par le ministre chargé du budget.

Art. D. 251-4 Le décret prévu au deuxième alinéa de l'article L. 251-4 est pris sur le rapport du ministre chargé de la sécurité sociale et du ministre chargé du budget.

Art. D. 251-5 Les pouvoirs prévus au troisième alinéa de l'article L. 251-4 sont exercés par le ministre chargé de la sécurité sociale et le ministre chargé du budget.

SECTION II **ASSURANCE VIEILLESSE** *(Décr. n° 2004-858 du 24 août 2004, art. 3-II).*

Art. D. 251-6 *Abrogé par Décr. n° 2004-858 du 24 août 2004, art. 3-III.*

Art. D. 251-7 **L'arrêté prévu par l'article L. 251-7 est pris par le ministre chargé de la sécurité sociale et le ministre chargé du budget.**

SECTION III **ALLOCATIONS FAMILIALES**

Art. D. 251-8 **L'arrêté prévu par l'article L. 251-8** *[al. 1er abrogé]* **est pris par le ministre chargé de la sécurité sociale et le ministre chargé du budget.**

SECTION IV **DISPOSITIONS COMMUNES**

Néant.

CHAPITRE II **DOTATIONS — BUDGETS — ÉTATS PRÉVISIONNELS**

SECTION PREMIÈRE **ORGANISMES D'ASSURANCE MALADIE, MATERNITÉ, INVALIDITÉ, DÉCÈS, ACCIDENTS DU TRAVAIL ET MALADIES PROFESSIONNELLES**

Art. D. 252-1 **L'arrêté interministériel prévu au premier alinéa de l'article L. 252-1 est pris par le ministre chargé de la sécurité sociale et le ministre chargé du budget.**

Art. D. 252-2 **L'arrêté prévu par l'article L. 252-2 est pris par le ministre chargé de la sécurité sociale et le ministre chargé du budget.**

SECTION II **ORGANISMES D'ASSURANCE VIEILLESSE ET D'ASSURANCE VEUVAGE**

Néant.

SECTION III **ORGANISMES DE PRESTATIONS FAMILIALES**

Néant.

SECTION IV **AGENCE CENTRALE DES ORGANISMES DE SÉCURITÉ SOCIALE ET UNIONS DE RECOUVREMENT**

Néant.

CHAPITRE III **GESTION FINANCIÈRE ET COMPTABLE**

Art. D. 253-1 *(Décr. n° 2012-1127 du 4 oct. 2012, art. 1er-III)* **Les articles ci-après s'appliquent aux organismes du régime général et aux organismes de sécurité sociale dont la gestion de trésorerie est confiée à l'Agence centrale des organismes de sécurité sociale.** — *V. ANNEXE I, Décr. n° 94-962 du 2 nov. 1994 : responsabilité personnelle et pécuniaire des régisseurs de dépenses et de recettes des organismes de sécurité sociale.*

Art. D. 253-2 *(Décr. n° 93-1004 du 10 août 1993, art. 1er)* **Les opérations financières et comptables des organismes visés à l'article D. 253-1 qui résultent des missions qui leur ont été confiées par les dispositions législatives et réglementaires concernent les recettes, les dépenses, la trésorerie et le patrimoine. Elles sont assurées par un directeur et un agent comptable.**

SECTION PREMIÈRE **DIRECTEUR ET AGENT COMPTABLE**

SOUS-SECTION 1 **DIRECTEUR**

Art. D. 253-3 *(Décr. n° 93-1004 du 10 août 1993, art. 1er)* **Le directeur est nommé et agréé conformément aux articles R. 121-1 (5°) et R. 122-1.**

Art. D. 253-4 *(Décr. n° 93-1004 du 10 août 1993, art. 1er)* **Le directeur exerce les fonctions d'ordonnateur. A ce titre, conformément aux dispositions de l'article**

R. 122-3, il engage et liquide les dépenses, constate ou liquide les créances de l'organisme sous le contrôle du conseil d'administration. Il a seul qualité pour émettre les ordres de recettes et de dépenses. Il est seul chargé des poursuites à l'encontre des débiteurs de l'organisme.

Art. D. 253-5 *(Décr. n° 93-1004 du 10 août 1993, art. 1er)* Le directeur et le directeur adjoint *(Décr. n° 2009-1597 du 18 déc. 2009, art. 5-I, en vigueur le 1er janv. 2010)* « et leurs conjoint, concubin ou personne avec laquelle ils ont conclu un pacte civil de solidarité » ne peuvent assumer les fonctions d'agent comptable ou de délégué de l'agent comptable.

(Décr. n° 2009-1597 du 18 déc. 2009, art. 5-I, en vigueur le 1er janv. 2010) « Sauf autorisation du responsable du service visé à l'article R. 155-1, les délégués du directeur ou leurs conjoint, concubin ou personne avec laquelle ils ont conclu un pacte civil de solidarité ne peuvent assumer les fonctions d'agent comptable ou de délégués de l'agent comptable. »

Art. D. 253-6 *(Décr. n° 93-1004 du 10 août 1993, art. 1er)* Le directeur peut, conformément aux dispositions de l'article R. 122-3, déléguer, sous sa responsabilité, une partie de ses pouvoirs à certains agents de l'organisme.

Il peut déléguer, à titre permanent, sa signature au directeur adjoint de la caisse ou à un ou plusieurs agents de l'organisme.

Cette délégation doit préciser, pour chaque délégué, la nature des opérations qu'il peut effectuer et leur montant maximum s'il y a lieu.

L'agent comptable est dépositaire d'un exemplaire certifié des signatures du directeur et de ses délégués.

L'entrée en vigueur des délégations de signature du directeur n'est pas subordonnée à l'accomplissement d'une mesure de publicité, alors même que les actes signés par délégation constituent des actes administratifs. • CE 27 juin 2001 : *RDP 2001, n° 5, p. 1963, concl. P. Fombeur ; RJS 2001, n° 1354.*

Art. D. 253-7 *(Décr. n° 93-1004 du 10 août 1993, art. 1er)* Conformément aux dispositions de l'article R. 122-3, en cas de vacance d'emploi, d'absence momentanée ou d'empêchement du directeur, ses fonctions sont exercées par le directeur adjoint. Si la vacance est définitive, le conseil d'administration procède à la nomination dans les six mois au plus tard.

En cas d'absence ou d'empêchement du directeur ou du directeur adjoint ou, à défaut de directeur adjoint, les fonctions de directeur sont exercées par un agent de l'organisme désigné à cet effet dans les conditions prévues au 7° de l'article R. 121-1.

SOUS-SECTION 2 AGENT COMPTABLE

Art. D. 253-8 *(Décr. n° 93-1004 du 10 août 1993, art. 1er)* L'agent comptable est nommé et agréé conformément aux articles R. 121-1 (5°) et R. 122-1.

Art. D. 253-9 *Abrogé par Décr. n° 2007-1500 du 18 oct. 2007, art. 2.*

Art. D. 253-10 *Abrogé par Décr. n° 2009-1597 du 18 déc. 2009, art. 11, à compter du 1er janv. 2010.*

Art. D. 253-11 *Abrogé par Décr. n° 2007-1500 du 18 oct. 2007, art. 2.*

§ 1er INSTALLATION ET REMISE DE SERVICE

Art. D. 253-12 *(Décr. n° 93-1004 du 10 août 1993, art. 1er) (Décr. n° 2012-1527 du 28 déc. 2012, art. 3)* « L'installation de l'agent comptable dans ses fonctions ainsi que la remise de service de l'agent comptable sortant sont constatées par un procès-verbal dressé par le directeur de l'organisme en présence des intéressés ainsi que du président du conseil d'administration ou de son représentant pour les organismes de mutualité sociale agricole. Un exemplaire de ce procès-verbal est adressé au responsable du service mentionné à l'article R. 155-1, ou au ministre chargé de la sécurité sociale pour les organismes ne relevant pas d'un organisme national défini à l'article D. 122-13, ainsi qu'au ministre chargé de l'agriculture pour les organismes mentionnés à l'article R. 123-50-1. »

Au préalable, il doit fournir en garantie de sa gestion un cautionnement dont le montant est fixé par un arrêté conjoint *(Décr. n° 2012-1527 du 28 déc. 2012, art. 3)* « du ministre chargé du budget, du ministre chargé de la sécurité sociale et du ministre chargé de l'agriculture ».

(Abrogé par Décr. n° 2012-1527 du 28 déc. 2012, art. 3) « Simultanément à l'installation de l'agent comptable entrant, il est procédé à la remise de service de l'agent comptable sortant.

« L'installation de l'agent comptable et la remise de service de l'agent comptable sortant donnent lieu à l'établissement d'un procès-verbal dressé contradictoirement. »

(Décr. n° 2012-1527 du 28 déc. 2012, art. 3) « L'agent comptable entrant dispose d'un délai de six mois, renouvelable une fois pour une durée de trois mois, pour formuler des réserves écrites et motivées sur la gestion de son prédécesseur ; il adresse ces réserves au responsable du service mentionné à l'article R. 155-1, ou au ministre chargé de la sécurité sociale pour les organismes ne relevant pas d'un organisme national défini à l'article D. 122-13, ou au ministre chargé de l'agriculture pour les organismes mentionnés à l'article R. 123-50-1.

« Par dérogation aux dispositions de l'article D. 253-1, le présent article est applicable à tous organismes, à l'exception de ceux ayant le caractère d'établissement public, de la Caisse autonome nationale de la sécurité sociale dans les mines et des organismes d'assurance vieillesse des professions libérales. »

§ 2 DÉSIGNATION DES MANDATAIRES

Art. D. 253-13 *(Décr. n° 93-1004 du 10 août 1993, art. 1er)* Après avoir été installé, l'agent comptable doit, sous sa responsabilité, se faire suppléer, pour tout ou partie de ses attributions, par un ou plusieurs fondés de pouvoir agréés par le conseil d'administration, munis d'une procuration régulière. Ces procurations doivent être transmises pour information au directeur.

L'agent comptable peut également charger :

1° Des agents de l'organisme de l'exécution de certaines opérations, et notamment des vérifications.

Les délégations données aux agents de l'organisme doivent préciser, pour chaque délégué, la nature des opérations qu'il peut effectuer et leur montant maximum.

2° Un centre agréé par arrêté du ministre chargé du budget et du ministre chargé de la sécurité sociale des opérations d'encaissement de certains moyens de paiement.

Les délégations données aux responsables des centres agréés font l'objet d'une convention établie entre l'agent comptable et les centres, approuvée par le directeur de l'organisme de sécurité sociale. Une convention type définie par le ministre chargé de la sécurité sociale et le ministre chargé du budget précise les conditions dans lesquelles la délégation s'exécute.

Les fondés de pouvoir et les responsables des centres agréés ayant reçu délégation de l'agent comptable sont astreints à la constitution d'un cautionnement dont le montant est fixé par un arrêté conjoint du ministre chargé du budget et du ministre chargé de la sécurité sociale.

§ 3 INTÉRIM

Art. D. 253-14 *Abrogé par Décr. n° 2012-1527 du 28 déc. 2012, art. 5.*

SECTION II OPÉRATIONS

Art. D. 253-15 *(Décr. n° 93-1004 du 10 août 1993, art. 1er)* Les opérations de recettes et de dépenses donnent lieu à l'établissement d'ordres de recette et d'ordres de dépense.

Des régies de recettes et de dépenses peuvent être créées auprès des organismes de sécurité sociale visés à l'article D. 253-1 suivant les modalités fixées par une instruction particulière du ministre chargé du budget et du ministre chargé de la sécurité sociale.

SOUS-SECTION 1 OPÉRATIONS DE RECETTES

Art. D. 253-16 *(Décr. nº 93-1004 du 10 août 1993, art. 1er)* Le directeur est chargé du recouvrement des cotisations et majorations de retard conformément aux dispositions des articles L. 243-1 et R. 243-1 à R. 243-21. Il est seul chargé de la liquidation et du recouvrement contentieux des créances autres que les cotisations. Sauf en matière de cotisation, l'agent comptable est chargé du recouvrement amiable des créances.

Les ordres de recette individuels ou collectifs, établis et signés par le directeur, sont transmis, accompagnés, s'il y a lieu, des pièces justificatives, à l'agent comptable, qui les prend en charge, les date et les signe après vérification.

Les contrôles pourront être sélectifs suivant la nature de la recette.

Il est fait recette du montant intégral des produits sans contraction entre les recettes et les dépenses.

Les ordres de recette sont conservés par l'agent comptable.

Art. D. 253-17 à D. 253-17-5 *Abrogés par Décr. nº 2007-619 du 26 avr. 2007, art. 2.*

SOUS-SECTION 2 OPÉRATIONS DE DÉPENSES

Art. D. 253-18 *Abrogé par Décr. nº 2007-1500 du 18 oct. 2007, art. 2.*

Art. D. 253-19 à D. 253-19-4 *Abrogés par Décr. nº 2007-619 du 26 avr. 2007, art. 2.*

Art. D. 253-20 *(Décr. nº 93-1004 du 10 août 1993, art. 1er)* Les frais et accessoires se rattachent au même exercice que la dépense principale.

Art. D. 253-21 *(Décr. nº 93-1004 du 10 août 1993, art. 1er)* L'agent comptable peut payer sans ordonnancement préalable certaines catégories de dépenses, dont la liste est dressée par le ministre chargé de la sécurité sociale et le ministre chargé du budget, sous réserve que les crédits soient disponibles.

Art. D. 253-22 à D. 253-25 *Abrogés par Décr. nº 2007-1500 du 18 oct. 2007, art. 2.*

SOUS-SECTION 3 OPÉRATIONS DE TRÉSORERIE

§ 1er FONDS ET VALEURS

Art. D. 253-26 *Abrogé par Décr. nº 2007-1500 du 18 oct. 2007, art. 2.*

Art. D. 253-27 *(Décr. nº 93-1004 du 10 août 1993, art. 1er)* L'ensemble des fonds, valeurs, deniers et tout document justificatif des opérations financières et comptables d'un organisme est détenu en un même lieu et forme une unité de caisse.

Art. D. 253-28 *Abrogé par Décr. nº 2007-1500 du 18 oct. 2007, art. 2.*

§ 2 DISPONIBILITÉS ET MOUVEMENTS DE FONDS

Art. D. 253-29 *Abrogé par Décr. nº 2012-1127 du 4 oct. 2012, art. 2.*

Art. D. 253-30 *(Décr. nº 2012-1127 du 4 oct. 2012, art. 1er-IV)* I. – Les fonds des organismes peuvent être déposés sur :

1º Des comptes tenus par la Caisse des dépôts et consignations ou ses préposés ;

2º Des comptes tenus par la Banque de France ;

3º Des comptes tenus par des établissements de crédit agréés au sens du code monétaire et financier.

Les frais afférents au fonctionnement de ces comptes peuvent être débités d'office.

II. – Les organismes de recouvrement disposent de comptes dédiés aux opérations d'encaissement réalisées en application des missions prévues à l'article L. 213-1.

Les frais afférents au fonctionnement de ces comptes ne sont pas débités sur ces derniers. Les frais de versement des cotisations et des contributions sont à la charge de la partie versante.

Le cas échéant, les organismes de recouvrement disposent de comptes spécifiquement dédiés aux opérations d'encaissement des cotisations et contributions centralisées par les *(Décr. nº 2014-552 du 27 mai 2014, art. 15-2º)* « comptables publics principaux de la direction générale des finances publiques et les agents comptables des établissements publics ». Ces comptes sont ouverts dans les livres de la Caisse des dépôts et consignations, au siège ou auprès de ses préposés, par lesdits organismes, sous réserve de l'autorisation de l'Agence centrale des organismes de sécurité sociale.

L'agence est habilitée à disposer de l'information afférente à ces comptes et à passer les ordres relatifs à ces comptes en application du 1° de l'article D. 225-1. La Caisse des dépôts et consignations transmet, chaque jour, aux organismes, la situation des opérations effectuées sur ces comptes. La Caisse des dépôts et consignations est également habilitée à transmettre ces informations à l'Agence centrale des organismes de sécurité sociale.

III. — Les organismes peuvent ouvrir, dans les livres de la Caisse des dépôts et consignations, au siège ou auprès de ses préposés, sous réserve de l'autorisation de l'Agence centrale des organismes de sécurité sociale, des comptes dédiés servant d'intermédiaires dans le processus d'alimentation en trésorerie initié à partir du compte courant central de l'agence mentionné au I de l'article D. 225-3.

L'agence est habilitée à disposer de l'information afférente à ces comptes et à passer les ordres relatifs à ces comptes sur la base des demandes qui lui sont adressées par les organismes. La Caisse des dépôts et consignations transmet chaque jour aux organismes la situation des opérations effectuées sur ces comptes. Elle est également habilitée à transmettre ces informations à l'Agence centrale des organismes de sécurité sociale.

IV. — Aucun des comptes mentionnés au présent article ne peut être débiteur.

Art. D. 253-31 *(Décr. n° 93-1004 du 10 août 1993, art. 1er)* Les comptes de l'article D. 253-30 sont ouverts sur demande de l'agent comptable après avis du directeur de l'organisme. *(Abrogé par Décr. n° 2012-1127 du 4 oct. 2012, art. 1er-V) « Le trésorier-payeur général du département est informé de l'ouverture de ces comptes[.] »*

Art. D. 253-32 *(Décr. n° 93-1004 du 10 août 1993, art. 1er)* L'agent comptable doit procéder régulièrement au rapprochement de ses écritures et de celles des établissements teneurs *(Décr. n° 2012-1127 du 4 oct. 2012, art. 1er-VI)* « de ses comptes courants. » Les réajustements et rectifications sont effectués sous le contrôle du conseil d'administration.

Art. D. 253-33 *(Décr. n° 2007-1500 du 18 oct. 2007, art. 2)* L'agent comptable qui fait ouvrir *(Décr. n° 2012-1127 du 4 oct. 2012, art. 1er-VII)* « un compte courant auprès d'un établissement autre que ceux mentionnés à l'article D. 253-30 » commet une faute professionnelle, passible de sanction disciplinaire.

§ 3 TRÉSORERIE

Art. D. 253-34 *(Décr. n° 93-1004 du 10 août 1993, art. 1er)* Sont considérés comme opérations de trésorerie tous les mouvements de numéraire, valeurs mobilisables, comptes de dépôts et comptes courants.

Art. D. 253-35 *(Décr. n° 93-1004 du 10 août 1993, art. 1er ; Décr. n° 2012-1127 du 4 oct. 2012, art. 1er-VIII)* « Sous réserve des dispositions spécifiques prévues aux II et III de l'article D. 253-30 *(Décr. n° 2016-1068 du 3 août 2016, art. 1er-2°)* « et, le cas échéant, des opérations de trésorerie réalisées en application des articles L. 122-6, L. 122-7, L. 122-8 et L. 122-9 », » les opérations de trésorerie sont effectuées par les agents comptables des organismes de sécurité sociale soit spontanément, soit à la demande du directeur de l'organisme, des représentants qualifiés de l'Agence centrale des organismes de sécurité sociale ou des autorités de tutelle, selon les modalités prévues par les textes relatifs à l'organisation financière et comptable des organismes de sécurité sociale.

§ 4 CIRCUITS DE TRÉSORERIE

Art. D. 253-36 et D. 253-37 *Abrogés par Décr. n° 2012-1127 du 4 oct. 2012, art. 2.*

Art. D. 253-38 *(Décr. n° 2012-1127 du 4 oct. 2012, art. 1er-IX)* L'agent comptable doit veiller à ce que les comptes courants soient régulièrement approvisionnés en fonction des décaissements effectifs attendus et à ce que les échéanciers mentionnés à l'article D. 225-1 qu'il transmet à l'Agence centrale des organismes de sécurité sociale, déterminés en fonction du calendrier des sommes dues et des recettes prévisibles au cours de la période considérée, présentent la meilleure fiabilité.

Il doit donner sans délai toute explication à l'Agence centrale des organismes de sécurité sociale lorsque celle-ci signale une anomalie dans les demandes de paiement qui lui sont adressées pour l'application du 2° de l'article D. 225-1.

Art. D. 253-39 et D. 253-40 *Abrogés par Décr. n° 2012-1127 du 4 oct. 2012, art. 2.*

Art. D. 253-41 *(Décr. n° 93-1004 du 10 août 1993, art. 1er)* Pour l'exercice de sa mission, l'Agence centrale des organismes de sécurité sociale donne les instructions nécessaires aux organismes de recouvrement. Elle peut effectuer à cet effet des contrôles sur pièces et sur place.

SOUS-SECTION 4 JUSTIFICATION DES OPÉRATIONS — CONSERVATION

Art. D. 253-42 *(Décr. n° 93-1004 du 10 août 1993, art. 1er)* La liste des pièces justificatives des opérations techniques et budgétaires de recettes et de dépenses est dressée dans une instruction arrêtée par le ministre chargé de la sécurité sociale et le ministre chargé du budget.

Art. D. 253-43 *Abrogé par Décr. n° 2008-549 du 11 juin 2008.*

Art. D. 253-44 *(Décr. n° 93-1004 du 10 août 1993, art. 1er)* Pour les gestions techniques, le délai de conservation des pièces justificatives papier est le suivant :

— six mois après le délai de prescription visé par l'article L. 244-3 pour l'encaissement des cotisations et majorations de retard ;

— six mois après le délai de prescription pour les prestations visées aux articles *(Décr. n° 2015-1882 du 30 déc. 2015, art. 2-6°, en vigueur le 1er janv. 2016)* « L. 160-11 » et L. 361-1. Pour les prestations accordées au titre des accidents du travail, le délai de conservation est fixé à six mois après le délai de prescription visé à l'article L. 431-2 sous réserve des dispositions relatives à la conservation de certaines pièces du dossier du bénéficiaire qui seront précisées dans une instruction particulière ;

— six mois après le délai de prescription pour les prestations familiales visées à l'article L. 553-1 et les prestations gérées pour le compte de tiers ;

— cinq ans après le décès du titulaire ou de son conjoint pour les prestations d'assurance vieillesse et invalidité.

Une instruction particulière précisera les modalités de conservation des pièces originales ainsi que la nature des supports à utiliser et notamment les microformes et l'archivage électronique, compte tenu de la nature des documents à archiver.

Les titres de propriété ne peuvent être détruits.

Art. D. 253-45 *(Décr. n° 93-1004 du 10 août 1993, art. 1er)* Les délais ci-dessus visés sont prolongés lorsque les droits et obligations constatés sur les pièces justificatives sont susceptibles de faire l'objet d'une révision ou font partie d'un dossier litigieux.

SOUS-SECTION 5 CONTRÔLE INTERNE ET SÉCURITÉS INFORMATIQUES

Art. D. 253-46 à D. 253-49 *Abrogés par Décr. n° 2007-1500 du 18 oct. 2007, art. 2.*

SECTION III COMPTABILITÉ

Art. D. 253-50 *(Décr. n° 93-1004 du 10 août 1993, art. 1er)* La comptabilité des organismes de sécurité sociale a pour fonction :

1° De faire apparaître la situation patrimoniale de l'organisme, active et passive ;

2° De déterminer les résultats globaux de l'exercice ;

3° De dégager les résultats en fin d'exercice et de les comparer aux prévisions ;

4° De dégager éventuellement les résultats analytiques d'exploitation.

Elle retrace les opérations des gestions budgétaires, les opérations des gestions techniques, les opérations de trésorerie, les opérations faites avec les tiers ou pour le compte de tiers, les mouvements du patrimoine des organismes.

Art. D. 253-51 *(Décr. n° 93-1004 du 10 août 1993, art. 1er)* La comptabilité générale est tenue selon le principe de la partie double. L'exercice comptable s'étend, sauf dérogation, du 1er janvier au 31 décembre.

Art. D. 253-52 *(Décr. n° 93-1004 du 10 août 1993, art. 1er)* Le plan comptable des organismes de sécurité sociale constitue un plan particulier du plan comptable général ; il est établi par arrêté conjoint du ministre chargé de la sécurité sociale et du ministre chargé du budget.

Une instruction conjointe du ministre chargé de la sécurité sociale et du ministre chargé du budget détermine :

1° La codification des différentes gestions prévues par les articles R. 251-1, R. 251-2, R. 251-14, R. 251-24 et R. 251-32, la gestion du recouvrement des cotisations et des majorations de retard, la gestion des établissements et des œuvres ;

2° Le cadre comptable fixant les règles générales de classement et la nomenclature des comptes à ouvrir ;

3° Les modalités de fonctionnement des comptes avec leur terminologie explicative ;

4° Les normes régissant la présentation et l'établissement des comptes et des documents de synthèse ;

5° La tenue de la comptabilité matière prévue à l'article D. 253-53 ;

6° Les liaisons financières et comptables qui s'établissent entre l'organisme compétent et les organismes de l'article D. 253-1.

Art. D. 253-53 *(Décr. n° 93-1004 du 10 août 1993, art. 1er)* L'agent comptable tient :

1° La comptabilité générale ;

2° Éventuellement, la comptabilité des dépenses engagées ;

3° La comptabilité auxiliaire des comptes cotisants ;

4° La comptabilité analytique d'exploitation s'il en existe une ;

5° La comptabilité de programme en tant que de besoin.

Il peut être chargé de la tenue de la comptabilité matière. Dans le cas où il n'est pas chargé de la comptabilité matière, il doit s'assurer au moins une fois par an de la concordance entre les écritures de comptabilité matière et l'inventaire annuel des stocks.

Art. D. 253-54 *(Décr. n° 93-1004 du 10 août 1993, art. 1er)* L'agent comptable tient sa comptabilité à la disposition du directeur et lui fournit, sur demande, tout renseignement.

Il doit être en mesure de justifier à tout instant que sa comptabilité est équilibrée.

Art. D. 253-55 *Abrogé par Décr. n° 2009-1597 du 18 déc. 2009, art. 11, à compter du 1er janv. 2010.*

SECTION IV **COMPTES ANNUELS** *(Décr. n° 2009-387 du 7 avr. 2009).*

Art. D. 253-56 (Abrogé par Décr. n° 2018-174 du 9 mars 2018, art. 16-5°, à compter du 1er janv. 2018) (Décr. n° 93-1004 du 10 août 1993, art. 1er) *Les comptes annuels comprennent :*

Le bilan ;

Le compte de résultat de l'exercice ;

L'annexe.

Art. D. 253-57 *(Décr. n° 2009-387 du 7 avr. 2009)* Conformément aux dispositions de l'article R. 114-6-1, les comptes mentionnés à l'article R. 122-4 sont établis par l'agent comptable et arrêtés par le directeur. Ils sont ensuite présentés par le directeur et l'agent comptable au conseil d'administration ou à l'instance ou commission délibérative compétente qui les approuve sauf vote contraire à la majorité des deux tiers des membres.

Art. D. 253-58 à D. 253-63 *Abrogés par Décr. n° 2008-549 du 11 juin 2008.*

SECTION V **CONTRÔLE DE LA GESTION DE L'AGENT COMPTABLE**

Art. D. 253-64 à D. 253-66 *Abrogés par Décr. n° 2009-387 du 7 avr. 2009.*

Art. D. 253-67 *(Décr. nº 93-1004 du 10 août 1993, art. 1er)* L'agent comptable est, en outre, soumis aux vérifications prévues par les lois et règlements en vigueur.

L'agent comptable qui refuse *(Abrogé par Décr. nº 2009-387 du 7 avr. 2009) « soit à la commission de contrôle de l'article D. 253-64, soit »* à un vérificateur dûment habilité de présenter sa comptabilité ou d'établir l'inventaire des fonds et valeurs est immédiatement suspendu dans les conditions prévues par l'article R. 123-52.

La même mesure est prise contre lui s'il est constaté une irrégularité de nature telle que sa probité puisse être mise en doute.

Art. D. 253-68 *(Décr. nº 93-1004 du 10 août 1993, art. 1er)* Les fonctionnaires habilités par le ministre chargé de la sécurité sociale et le ministre chargé du budget pour exercer le contrôle prévu aux articles L. 281-1 et R. 153-9 ont libre accès dans tous les services et établissements relevant des organismes de sécurité sociale. Ils doivent, lors de leurs opérations sur place et au moment même d'y procéder, en donner avis au directeur de l'organisme contrôlé ou à son représentant local.

Les organismes de sécurité sociale sont tenus de prêter leur concours à ces fonctionnaires lors de leurs missions, enquêtes ou vérifications, de fournir tous renseignements et de communiquer toutes délibérations et décisions, tous contrats, conventions et marchés, tous documents, registres, livres, justifications de recettes ou de dépenses ; ils devront présenter leur caisse, leur portefeuille, leurs valeurs de toute nature, leurs titres de propriété ou de créances.

Le droit de communication comporte le droit d'obtenir copie.

SECTION VI RESPONSABILITÉ

Art. D. 253-69 à D. 253-83 *Abrogés par Décr. nº 2007-1500 du 18 oct. 2007, art. 2.*

CHAPITRE IV DISPOSITIONS DIVERSES

Art. D. 254-1 *(Décr. nº 93-1004 du 10 août 1993, art. 1er)* Le remboursement des avances consenties à la gestion administrative, l'apurement des déficits antérieurs, l'amortissement des constructions, des travaux d'aménagement, du matériel, du mobilier et des frais d'établissement doivent être effectués dans les délais fixés par instructions des organismes nationaux.

Art. D. 254-2 *(Décr. nº 93-1004 du 10 août 1993, art. 1er)* Les fonds mis à la disposition des sections locales, des correspondants locaux ou des correspondants d'entreprises correspondent aux besoins immédiats en trésorerie pour assurer le paiement des prestations.

Toutefois, dans des cas exceptionnels, des avances de fonds pourront être consenties. Ces avances ne peuvent dépasser le montant moyen des paiements calculés sur la base de deux jours ouvrés. Elles ne peuvent être complétées ou renouvelées qu'au fur et à mesure des justifications fournies.

Art. D. 254-3 *(Décr. nº 93-1004 du 10 août 1993, art. 1er)* L'agent comptable peut, dans les conditions de l'article D. 253-31, faire ouvrir des comptes de disponibilités à ses délégués des sections locales, aux correspondants locaux ou d'entreprises, pour l'exécution, sous la signature des agents habilités à cet effet, de retraits de fonds, de paiements ou de virements.

Art. D. 254-4 *(Décr. nº 93-1004 du 10 août 1993, art. 1er)* L'organisme chargé du paiement des pensions d'invalidité, des pensions de vieillesse et *(Ord. nº 2004-605 du 24 juin 2004, art. 3)* « de l'allocation de solidarité aux personnes âgées » remet à chaque titulaire un extrait d'inscription établissant ses droits.

L'extrait d'inscription est adressé au titulaire.

Il comporte les indications suivantes :

1. Nom, prénoms, domicile, état civil, numéro d'inscription au répertoire national d'identification des personnes physiques ;

2. Le numéro de l'avantage servi, le numéro d'inscription au répertoire national d'identification des personnes physiques et toutes indications utiles permettant d'identifier ledit avantage ;

3. Le montant de la pension ou allocation ;

4. La date d'entrée en jouissance.

Seront également mentionnés, s'il y a lieu, les nom, prénoms et adresse, ou toutes indications en permettant l'identification, du tuteur aux prestations sociales ou, s'il s'agit d'un incapable majeur protégé par la loi n° 68-5 du 3 janvier 1968, du représentant ayant préalablement justifié de ses pouvoirs.

Art. D. 254-5 *(Décr. n° 93-1004 du 10 août 1993, art. 1er)* L'organisme chargé du paiement des pensions d'invalidité, des pensions de vieillesse et *(Ord. n° 2004-605 du 24 juin 2004, art. 3)* « des allocations de solidarité aux personnes âgées *[ancienne rédaction : allocations aux vieux travailleurs salariés]* » tient un répertoire des oppositions. Il est fait mention sur ce répertoire des oppositions formulées des arrérages retenus et réglés aux créanciers.

Les sommes retenues sont virées à un compte spécial "Oppositions sur prestations".

Les oppositions autorisées par les lois ne peuvent être notifiées valablement qu'à l'organisme chargé du paiement des arrérages.

Art. D. 254-6 *(Décr. n° 93-1004 du 10 août 1993, art. 1er)* Les arrérages des pensions, rentes ou allocations afférentes à la période antérieure à la date du décès du pensionné sont payables aux ayants droit sur production du bulletin de décès et sur présentation des pièces établissant leur qualité.

Les arrérages des prestations d'invalidité, des pensions de veuf ou de veuve invalide, des rentes d'accidents du travail ainsi que les arrérages des prestations de vieillesse contributives et non contributives, et leurs majorations et accessoires sont dus jusqu'à la fin du mois d'arrérages au cours duquel le prestataire est décédé. Ils sont payables aux ayants droit dans les conditions prévues à l'alinéa précédent.

Art. D. 254-7 à D. 256-16 *Abrogés par Décr. n° 93-1004 du 10 août 1993.*

TITRE SIXIÈME PRÉVENTION, INFORMATION ET ÉDUCATION SANITAIRES, ACTION SANITAIRE ET SOCIALE

CHAPITRE PREMIER DISPOSITIONS GÉNÉRALES

Art. D. 261-1 à D. 261-4 *Abrogés implicitement par Décr. n° 86-762 du 6 juin 1986, art. 1er (abrogeant l'art. R. 261-2).*

CHAPITRE II ACTION SANITAIRE ET SOCIALE DANS LA BRANCHE « MALADIE »

Néant.

CHAPITRE III ACTION SOCIALE DANS LA BRANCHE « PRESTATIONS FAMILIALES »

Néant.

CHAPITRE IV ACTION SANITAIRE ET SOCIALE DANS LA BRANCHE « VIEILLESSE »

Néant.

CHAPITRE V DISPOSITIONS DIVERSES

Néant.

TITRE SEPTIÈME DISPOSITIONS DIVERSES

CHAPITRE PREMIER RELATIONS AVEC LE RÉGIME AGRICOLE

Néant.

CHAPITRE II SANCTIONS

Néant.

CHAPITRE III SURVEILLANCE DES OBLIGATIONS DES EMPLOYEURS ET DES BÉNÉFICIAIRES

Néant.

TITRE HUITIÈME CONTRÔLE DE L'ADMINISTRATION — DISPOSITIONS D'APPLICATION DU LIVRE II

CHAPITRE PREMIER CONTRÔLE SUR LES ORGANISMES LOCAUX ET RÉGIONAUX

Art. D. 281-1 *(Décr. n° 2009-1597 du 18 déc. 2009, art. 6-I, en vigueur le 1er janv. 2010)* Les dispositions des articles L. 151-1, L. 153-1, R. 151-1, R. 151-4, R. 151-5 et R. 153-1 sont applicables aux décisions des directeurs des organismes du régime général de sécurité sociale relatives aux conditions de travail du personnel, notamment celles ayant pour objet d'accorder des avantages individuels ou collectifs non expressément prévus par les conventions collectives ou celles qui n'ont pas été prises en compte dans le financement du budget prévisionnel de l'organisme.

Art. D. 281-2 Les directeurs des organismes de sécurité sociale devront communiquer *(Décr. n° 2009-1597 du 18 déc. 2009, art. 6-II, en vigueur le 1er janv. 2010)* « au responsable du service mentionné à l'article R. 155-1 » toutes les décisions prises dans les matières mentionnées à l'article D. 281-1, conformément à la procédure et dans les délais prévus par les articles L. 151-1, R. 151-1, R. 151-2, R. 151-4 et R. 151-5.

(Abrogé par Décr. n° 2012-1521 du 28 déc. 2012, art. 1er) ***« Toutefois, la communication d'un compte rendu mensuel des mouvements d'effectifs pourra être substituée à celle des décisions prises par le directeur en matière de recrutement, d'avancement et de licenciement du personnel lorsque ces décisions porteront la mention de la disponibilité des crédits correspondants et de leur conformité aux autorisations budgétaires, dans les conditions prévues à l'article R. 253-3. »***

Art. D. 281-3 Les dispositions des articles D. 281-1 et D. 281-2 sont applicables aux décisions de même nature prises :

1° Par les agents auxquels le directeur a donné délégation de pouvoir en application du huitième alinéa de l'article R. 122-3 ;

2° Par le directeur adjoint en cas de vacance d'emploi, d'absence momentanée ou d'empêchement du directeur ;

3° Par l'agent chargé de l'intérim de la direction en cas d'absence, d'empêchement du directeur ou du directeur adjoint, ou à défaut du directeur adjoint ;

4° Par le médecin-conseil régional concernant le personnel mis à la disposition de l'échelon régional du contrôle médical conformément aux dispositions de l'article R. 315-9.

CHAPITRE II CONTRÔLE SUR LES ORGANISMES NATIONAUX

Néant.

CHAPITRE III DISPOSITIONS D'APPLICATION

Néant.

LIVRE TROISIÈME DISPOSITIONS RELATIVES AUX ASSURANCES SOCIALES ET À DIVERSES CATÉGORIES DE PERSONNES RATTACHÉES AU RÉGIME GÉNÉRAL

TITRE PREMIER GÉNÉRALITÉS

CHAPITRE PREMIER CHAMP D'APPLICATION DES ASSURANCES SOCIALES

Art. D. 311-1 *(Décr. n° 2015-1869 du 30 déc. 2015, art. 1er)* Les personnes qui contribuent de façon occasionnelle à l'exécution d'une mission de service public à caractère administratif au sens des dispositions du 21° de l'article L. 311-3 sont : – *V. dernière note ss. art.*

(Décr. n° 2016-744 du 2 juin 2016, art. 1er-1°) « 1° Les personnes contribuant au contrôle judiciaire ou au sursis avec mise à l'épreuve, médiateurs du procureur de la République, délégués du procureur de la République, énumérés au 3° de l'article R. 92 du code de procédure pénale, au titre des indemnités versées en application de l'article R. 91 du même code ;

« 2° Les interprètes et les traducteurs mentionnés aux articles R. 92 et R. 93 du code de procédure pénale, au titre des indemnités versées en application de l'article R. 91 du même code ;

« 3° Les médecins et les psychologues exerçant des activités d'expertises médicales, psychiatriques, psychologiques ou des examens médicaux, rémunérés en application des dispositions de l'article R. 91 du code de procédure pénale et qui ne sont pas affiliés à un régime de travailleurs non salariés ;

« 4° Les membres des comités de protection des personnes mentionnés à l'article L. 1123-1 du code de la santé publique, au titre des indemnités compensatrices pour perte de revenu versées par les comités en application des dispositions de l'article R. 1123-18 du code de la santé publique et de toutes autres rémunérations versées en contrepartie des expertises réalisées pour le compte de ces comités ; »

5° Les enquêteurs sociaux en matière pénale pour les activités rémunérées en application du 1° de l'article R. 121-1 du code de procédure pénale ; – *Les 2° à 24° deviennent respectivement les 5° à 23° (Décr. n° 2016-744 du 2 juin 2016, art. 1er-1°).*

(Décr. n° 2018-1312 du 28 déc. 2018, art. 2, en vigueur le 1er janv. 2019) « 6° Les médecins experts désignés en application du premier alinéa de l'article R. 141-1 du code de la sécurité sociale et les médecins mentionnés au 1° de l'article R. 142-8-1 et au premier alinéa de l'article R. 142-8-4 du même code au titre des honoraires versés par les caisses d'assurance maladie et de retraite en application du troisième alinéa de l'article R. 141-7 et du premier alinéa de l'article R. 142-8-6 du même code ; »

7° Les médecins experts de la commission centrale ou des commissions départementales d'aide sociale désignés par le préfet ou le président du conseil général en application de l'article L. 134-7 du code de l'action sociale et des familles, et les médecins consultés par les commissions départementales d'aide sociale en application des dispositions du deuxième alinéa de l'article L. 232-20 du même code, au titre des rémunérations versées par l'État en application de l'article R. 134-12 du même code ;

8° Les médecins agréés par le préfet ou les médecins membres des commissions médicales départementales ou interdépartementales du permis de conduire mentionnés aux articles R. 226-1, R. 226-2 et R. 221-11 du code de la route au titre des frais médicaux pris en charge par les usagers en application des articles L. 223-5 et L. 224-14 du même code ;

9° Les médecins et les vétérinaires mentionnés aux articles L. 232-12 et L. 241-4 du code du sport exerçant des contrôles dans le cadre de la lutte contre le dopage, au titre des rémunérations versées par l'Agence française de lutte contre le dopage en application de l'article R. 232-10 du même code ;

10° Les commissaires enquêteurs mentionnés à l'article L. 123-4 du code de l'environnement, à l'article R. 1322-18 du code de la santé publique et à l'article *(Décr. n° 2016-744 du 2 juin 2016, art. 1er-1°)* « R. 134-15 du code des relations entre le public et l'administration, » au titre des indemnités versées par le maître d'ouvrage, en application des articles *(Décr. n° 2016-744 du 2 juin 2016, art. 1er-1°)* « L. 123-18 et R. 123-25 du code de l'environnement et des articles R. 134-18 à *[R.]* 134-21 du code des relations entre le public et l'administration ; »

11° Les hydrogéologues agréés en matière d'hygiène publique mentionnés à l'article R. 1321-14 du code de la santé publique, pour les avis qui leur sont demandés en application du 5° de l'article R. 1321-6, du 5° de l'article R. 1322-5, des articles R. 1322-12, R. 1322-13, R. 1322-17, R. 1322-24 et R. 1322-25 du code de la santé publique et de l'article R. 2213-32 du code général des collectivités territoriales ainsi que pour les missions réalisées au titre des articles L. 1331-1 à L. 1331-7 et L. 1331-10 du code de santé publique, des articles L. 214-1 à L. 214-6, de l'article R. 214-1 et de l'article R. 211-23 du code de l'environnement et *[de l'article]*

L. 2224-8 du code général des collectivités territoriales, au titre des indemnités qui leur sont versées par le demandeur d'autorisation ;

12° Les membres des commissions et des comités de lecture du centre national du cinéma et de l'image animée mentionnés aux articles 211-157, 212-55, 312-60 et 411-70 du code du cinéma et de l'image animée au titre des rémunérations ou indemnités qui leur sont versées par le centre national de la cinématographie ;

13° Les médecins coordonnateurs mentionnés à l'article L. 3711-1 du code de la santé publique et intervenant dans le cadre d'une injonction de soins mentionnée à l'article 131-36-4 du code pénal et aux articles 723-30 et 731-1 du code de procédure pénale, au titre de la prise en charge par les agences régionales de santé des dépenses afférentes à leur intervention en application des dispositions de l'article L. 3711-4 du code de la santé publique ;

14° Les praticiens agréés-maîtres de stage des universités mentionnés aux articles R. 632-16 à R. 632-20 du code de l'éducation et à l'article R. 6153-46 du code de la santé publique au titre des honoraires ou des indemnités forfaitaires pédagogiques et pour perte de gain versées par les unités de formation et de recherche des universités concernées en application *(Décr. n° 2016-744 du 2 juin 2016, art. 1er-1°)* « de l'arrêté du 18 novembre 2015 relatif aux stages accomplis auprès de praticiens agréés-maîtres de stage des universités au cours du deuxième cycle des études de médecine » et de l'arrêté du 27 juin 2011 relatif aux stages effectués dans le cadre de la formation dispensée au cours du troisième cycle des études de médecine ;

15° Les médecins participant à la permanence des soins ambulatoires mise en œuvre par les agence *[agences]* régionales de santé en application de l'article L. 1435-5 du code de la santé publique au titre des rémunérations à l'acte ou forfaitaire*[s]* déterminées par les agences régionales de santé et versées par les caisses primaires d'assurance maladie en application de l'article R. 6315-6 du même code et de l'arrêté du 20 avril 2011 relatif à la rémunération des médecins participant à la permanence des soins en médecine ambulatoire ;

16° Les administrateurs des associations de gestion agréée et des centres de gestion agréée mentionnés aux articles 371 A et 371 M de l'annexe II, et 1649 *quater* C et F du code général des impôts, au titre de leurs fonctions électives et des indemnités forfaitaires versées par ces organismes selon les règles posées par les différentes réglementations professionnelles et le bulletin officiel des finances publiques ;

17° Les professionnels de santé salariés et non salariés en leur qualité de membre de *(Décr. n° 2016-942 du 8 juill. 2016, art. 2-III)* « l'Agence nationale de développement professionnel continu mentionnée à l'article L. 4021-6 du code de la santé publique », au titre des indemnités forfaitaires versées par ces instances en application des dispositions de l'article *(Décr. n° 2016-942 du 8 juill. 2016, art. 2-III)* « R. 4021-17 » du même code ;

18° Les médecins agréés pour siéger au sein des comités médicaux, désignés par le décret n° 86-442 du 14 mars 1986 et mentionnés à l'article R. 3132-5 du code de la santé publique, chargés par l'administration ou par les comités médicaux et les commissions de réforme d'effectuer des contre-visites et expertises, au titre des honoraires ou indemnités versées *[versés]* par les administrations intéressées en application de l'article 53 du décret précité ;

(Décr. n° 2016-744 du 2 juin 2016, art. 1er-1°) « 19° Les membres des conseils d'administration et les membres des conseils des organismes gestionnaires des régimes obligatoires de base de sécurité sociale et des régimes de retraite complémentaire légalement obligatoire, ainsi que les administrateurs de l'École nationale supérieure de sécurité sociale, au titre des indemnités pour perte de gains ou de salaires versées par ces organismes ; »

20° Les membres élus des chambres consulaires mentionnées à l'article 5-1 du code de l'artisanat et à l'article L. 710-1 du code de commerce, au titre des indemnités qui leur sont versées par les chambres en application de l'article 18 du code de l'artisanat et *[de l'article]* R. 712-1 du code de commerce ;

21° Les membres ainsi que les experts de l'Office national d'indemnisation des accidents médicaux mentionné aux articles L. 1142-22 et L. 1142-24-4 du code de la santé publique, au titre des indemnités de fonctions ou forfaitaires versées par l'office en application des articles R. 1142-44 et R. 1142-63-4 du même code ;

(Décr. nº 2016-744 du 2 juin 2016, art. 1er-1º) **« 22º Les membres désignés des conseils de prud'hommes mentionnés aux articles L. 1421-1 et L. 1423-2 du code du travail, au titre des allocations et vacations horaires versées par le conseil en application des articles R. 1423-55, D. 1423-56 et D. 1423-57 du même code ; »** – *Les personnes mentionnées au 22º de l'art. D. 311-1 dans sa rédaction issue du Décr. nº 2016-744 du 2 juin 2016 entrent dans le champ d'application du 21º de l'art. L. 311-3, pour les cotisations dues au titre des périodes courant à compter du 1er janv. 2018 (Décr. préc., art. 3-II).*

23º Les personnes recrutées à titre temporaire en vue de procéder aux opérations de recensement de la population en application du décret nº 2003-485 du 5 juin 2003, aux enquêtes *(Abrogé par Décr. nº 2016-744 du 2 juin 2016, art. 1er-1º)* **« *de recensement* » agricole** *[agricoles]* **en application** *(Décr. nº 2016-744 du 2 juin 2016, art. 1er-1º)* **« du décret nº 69-600 du 13 juin 1969 » ou aux opérations de recensement destinées à permettre de procéder à l'établissement du cadastre viticole prévues par le décret nº 53-977 du 30 septembre 1953, au titre de la rémunération versée par questionnaire ou de la rémunération à la journée ;**

(Décr. nº 2016-744 du 2 juin 2016, art. 1er-1º) **« 24º Les membres** *(Décr. nº 2017-626 du 25 avr. 2017, art. 11-1º)* **« de la Commission nationale du débat public et » des commissions particulières du débat public mentionnées à l'article L. 121-9 du code de l'environnement, au titre des indemnités versées par la Commission nationale du débat public en application des articles R. 121-15 et R. 121-16 du même code ; »**

(Décr. nº 2017-626 du 25 avr. 2017, art. 11-2º) **« 25º Les garants mentionnés à l'article L. 121-1-1 du code de l'environnement, au titre des indemnités versées par la Commission nationale du débat public en application de l'article L. 121-6 du même code ;**

« 26º Les délégués régionaux mentionnés à l'article L. 121-4 du code de l'environnement, au titre des indemnités versées par la Commission nationale du débat public en application de l'article R. 121-15 du même code » ; – *Les dispositions de l'art. D. 311-1 tel que modifié par l'art. 11 du Décr. 2017-626 du 25 avr. 2017 peuvent être modifiées par décret (Décr. préc., art. 18).*

(Décr. nº 2017-1002 du 10 mai 2017, art. 2-1º) **« 27º Les médecins réalisant l'examen nécessaire à l'établissement d'un certificat de décès, au titre des rémunérations versées sous forme de forfait par les organismes d'assurance maladie en application de l'article L. 162-5-14-2. »**

Les dispositions du Décr. nº 2015-1869 du 30 déc. 2015 entrent en vigueur pour les cotisations dues au titre des périodes courant à compter du 1er janv. 2016 (Décr. préc., art. 4).

Les dispositions du Décr. nº 2016-744 du 2 juin 2016 entrent en vigueur pour les cotisations dues au titre des périodes courant à compter du 1er janv. 2016 (Décr. préc., art. 3-I).

L'art. 1er du Décr. nº 2015-1869 du 30 déc. 2015 relatif à l'affiliation au régime général de sécurité sociale des personnes participant de façon occasionnelle à des missions de service public est annulé en tant qu'il ne fait pas figurer les experts désignés par le juge judiciaire pour accomplir des expertises médicales, psychiatriques ou psychologiques, autres que les médecins et psychologues exerçant des activités d'expertises médicales, psychiatriques ou psychologiques rémunérés en application des dispositions de l'art. R. 91 C. pr. pén. et qui ne sont pas affiliés à un régime de travailleurs non salariés, sur la liste, fixée à l'art. D. 311-1 CSS, des collaborateurs occasionnels du service public au sens du 21º de l'art. L. 311-3 du même code (CE 17 mars 2017, nos 397362, 397531).

Art. D. 311-2 *(Décr. nº 2015-1869 du 30 déc. 2015, art. 1er)* **Les cotisations dues au titre des assurances sociales, des accidents du travail et des allocations familiales, les contributions mentionnées à l'article L. 834-1 et à l'article L. 14-10-4 du code de l'action sociale et des familles, et le versement mentionné aux articles L. 2333-64 et L. 2531-2 du code général des collectivités territoriales sont calculés sur les rémunérations versées aux personnes mentionnées à l'article D. 311-1 mensuellement ou pour chaque acte ou mission ou, le cas échéant, par nombre de personnes suivies annuellement. Le taux des accidents du travail et maladies professionnelles est celui applicable aux services extérieurs des administrations, aux collectivités territoriales, et à l'administration hospitalière, y compris leurs établissements publics et établissements publics médico-sociaux. Ce taux est également applicable lorsque la mission de service public constitue le prolongement d'une activité salariée dans le cas de l'accord mentionné à l'article D. 311-3.**

V. notes ss. art. D. 311-1.

Art. D. 311-3 *(Décr. nº 2015-1869 du 30 déc. 2015, art. 1er)* L'organisme pour le compte duquel est effectuée la mission de service public est chargé du versement des cotisations et contributions sociales aux organismes de recouvrement mentionnés aux articles L. 213-1 et L. 752-4, sous réserve des dispositions de l'article D. 311-4.

Toutefois, pour les personnes mentionnées aux *(Décr. nº 2016-744 du 2 juin 2016, art. 1er-2º)* « 6º et 7º, aux 13º à 15º, aux 17º et 18º *(Décr. nº 2017-1002 du 10 mai 2017, art. 2-2º)* « ainsi qu'aux 21º et 27º de l'article D. 311-1 », » lorsque la participation à la mission de service public constitue le prolongement d'une activité salariée, l'employeur habituel pour le compte duquel est exercée cette activité salariée peut, sous réserve d'un accord écrit et préalable passé avec le salarié et l'organisme mentionné au premier alinéa, verser la rémunération et les cotisations et contributions de sécurité sociale afférentes. L'employeur habituel assure le précompte des cotisations et contributions mentionnées à l'article D. 311-2 aux organismes de recouvrement mentionnés aux articles L. 213-1 et L. 752-4.

L'organisme pour le compte duquel est effectuée la mission de service public verse à l'employeur habituel les sommes et les cotisations et contributions de sécurité sociale dues au titre de cette mission, selon les modalités prévues dans l'accord écrit. Celui-ci doit notamment comprendre les éléments relatifs aux modalités de remboursement, aux échéanciers de paiement et à la mise en cause de la responsabilité en cas de retard ou de non paiement. L'accord écrit et un état récapitulatif comprenant le décompte des sommes et des cotisations et contributions dues doivent être tenus à la disposition des organismes de recouvrement mentionnés aux articles L. 213-1 et L. 752-4.

Les cotisations et contributions mentionnées aux premier et deuxième alinéas sont recouvrées et contrôlées selon les règles et sous les garanties et sanctions applicables au recouvrement des cotisations du régime général de sécurité sociale assises sur les salaires.

V. notes ss. art. D. 311-1.

Art. D. 311-4 *(Décr. nº 2015-1869 du 30 déc. 2015, art. 1er)* A l'exception de celles mentionnées aux *(Décr. nº 2016-744 du 2 juin 2016, art. 1er-3º)* « 1º à 5º » de l'article D. 311-1, les personnes relevant de l'article L. 621-3 peuvent demander le rattachement des sommes tirées de la mission de service public à leurs revenus tirés d'activité non salariée. Dans ce cas, elles fournissent à l'organisme pour le compte duquel est effectuée la mission de service public une attestation de rattachement au régime dont elles relèvent au titre de leur activité non salariée. Cette demande de rattachement prend effet à la date de la présentation de cette attestation à l'organisme auprès duquel elles sont intervenues et vaut jusqu'au 30 juin de l'année suivante. Sauf dénonciation par le travailleur indépendant avant le 30 juin, elle est tacitement reconduite. La dénonciation prend effet au 30 juin suivant sa réception.

Les personnes qui ont fait la demande de rattachement versent les cotisations et contributions sociales dont elles sont redevables sur l'ensemble des revenus et rémunérations perçus au titre de leur activité non salariée et de l'activité mentionnée à l'article D. 311-1 aux régimes auxquels elles sont affiliées.

Les montants perçus au titre de la participation à la mission de service public doivent figurer dans la déclaration de revenus mentionnée à l'article R. 115-5.

L'organisme pour le compte duquel est effectuée la mission de service public transmet aux organismes de sécurité sociale des régimes des personnes relevant de l'article L. 621-3 concernés les montants bruts des sommes versées au titre de cette mission, une fois par an, et au plus tard le 5 ou le 15 janvier de l'année civile suivant la période au cours de laquelle a été effectuée la mission de service public.

V. notes ss. art. D. 311-1.

Art. D. 311-5 *(Décr. nº 2015-1869 du 30 déc. 2015, art. 1er)* Les articles D. 311-2 à D. 311-4 sont applicables aux personnes mentionnées à l'article D. 741-99 *(Abrogé par Décr. nº 2016-744 du 2 juin 2016, art. 1er-4º)* « *742-3-2* » du code rural et de la pêche maritime. – *V. notes ss. art. D. 311-1.*

CHAPITRE II **AFFILIATION** *(Décr. nº 2017-736 du 3 mai 2017, art. 6-6º)*.

Néant.

CHAPITRE III DROIT AUX PRESTATIONS (MALADIE, MATERNITÉ, INVALIDITÉ, DÉCÈS)

Néant.

CHAPITRE IV DISPOSITIONS RELATIVES AUX SOINS

Néant.

CHAPITRE V CONTRÔLE MÉDICAL

Art. D. 315-1 *(Décr. nº 2007-146 du 1er févr. 2007)* Lors de l'entretien prévu à l'article R. 315-1-2, le professionnel de santé contrôlé peut se faire assister par un membre de sa profession.

Art. D. 315-2 *(Décr. nº 2007-146 du 1er févr. 2007)* Préalablement à l'entretien prévu à l'article R. 315-1-2, le service du contrôle médical communique au professionnel de santé contrôlé l'ensemble des éléments nécessaires à la préparation de cet entretien, comportant notamment la liste des faits reprochés au professionnel et l'identité des patients concernés.

Cet entretien fait l'objet d'un compte-rendu qui est adressé, par lettre recommandée avec demande d'avis de réception, au professionnel de santé dans un délai de quinze jours. A compter de sa réception, le professionnel de santé dispose d'un délai de quinze jours pour renvoyer ce compte-rendu signé, accompagné d'éventuelles réserves. A défaut, il est réputé approuvé.

Art. D. 315-3 *(Décr. nº 2007-146 du 1er févr. 2007)* A l'expiration des délais prévus au second alinéa de l'article D. 315-2 ou, à défaut, à l'expiration du délai d'un mois mentionné à l'article R. 315-1-2, la caisse informe dans un délai de trois mois le professionnel de santé des suites qu'elle envisage de donner aux griefs initialement notifiés. A défaut, la caisse est réputée avoir renoncé à poursuivre le professionnel de santé contrôlé.

Les dispositions de l'art. D. 315-3 CSS sont applicables aux seules procédures disciplinaires qui résultent des art. L. 315-1 et R. 315-1 CSS (inapplication à des poursuites pénales pour escroquerie). • Crim. 23 sept. 2008, nº 08-85.369 P.

Art. D. 315-4 *(Décr. nº 2010-957 du 24 août 2010, art. 1er)* Pour l'application du 1º du II de l'article L. 315-1, le délai dont dispose l'assuré pour demander à sa Caisse d'assurance maladie de saisir le service du contrôle médical est fixé à dix jours francs à compter de la notification de la décision de suspension des indemnités journalières. Le délai dont dispose le service du contrôle médical pour se prononcer sur cette demande est fixé à quatre jours francs à compter de la réception de la saisine de l'assuré.

Art. D. 315-5 *(Décr. nº 2018-557 du 30 juin 2018)* I. — Le délai prévu au premier alinéa du II de l'article L. 315-2 est fixé à 15 jours à compter de la réception d'une demande complète d'accord préalable par le service du contrôle médical. Ce délai peut être porté à une durée maximale de 21 jours lorsque la prestation concernée justifie un délai supérieur compte tenu notamment de la complexité de l'analyse de la demande d'accord, de l'impact budgétaire constaté ou prévisible de la prestation ou du nombre prévisible de demandes.

A défaut d'indication d'un délai, le délai applicable est celui de 15 jours.

II. — Lorsqu'en application du 8e alinéa du II de l'article L. 315-2, les ministres chargés de la santé et de la sécurité sociale saisissent le collège des directeurs de l'Union nationale des caisses d'assurance maladie, le collège dispose d'un délai de deux mois pour informer les ministres de son refus ou de son intention de mettre en œuvre une procédure d'accord préalable. Dans ce dernier cas, la décision de mise en œuvre effective intervient dans un délai maximal de six mois à compter de la date de la saisine du collège par les ministres.

L'absence de réponse du collège à la saisine précitée dans le délai de deux mois vaut refus.

TITRE DEUXIÈME **ASSURANCE MALADIE**

CHAPITRE PREMIER **DISPOSITIONS GÉNÉRALES**

Néant.

CHAPITRE II **PRESTATIONS EN NATURE**

SECTION PREMIÈRE **PARTICIPATION DE L'ASSURÉ**

Art. D. 322-1 *Devient l'art. D. 160-4 (Décr. n° 2015-1882 du 30 déc. 2015, art. 1er-IV-1°, en vigueur le 1er janv. 2016).*

Art. D. 322-1-1 *Devient l'art. D. 160-5 (Décr. n° 2015-1882 du 30 déc. 2015, art. 1er-IV-1°, en vigueur le 1er janv. 2016).*

Art. D. 322-2 *Devient l'art. D. 160-6 (Décr. n° 2015-1882 du 30 déc. 2015, art. 1er-IV-1°, en vigueur le 1er janv. 2016).*

Art. D. 322-3 *Devient l'art. D. 160-7 (Décr. n° 2015-1882 du 30 déc. 2015, art. 1er-IV-1°, en vigueur le 1er janv. 2016).*

Art. D. 322-4 *Devient l'art. D. 160-8 (Décr. n° 2015-1882 du 30 déc. 2015, art. 1er-IV-1°, en vigueur le 1er janv. 2016).*

Art. D. 322-5 *Devient l'art. D. 160-9 (Décr. n° 2015-1882 du 30 déc. 2015, art. 1er-IV-1°, en vigueur le 1er janv. 2016).*

Art. D. 322-6 *Devient l'art. D. 160-10 (Décr. n° 2015-1882 du 30 déc. 2015, art. 1er-IV-1°, en vigueur le 1er janv. 2016).*

Art. D. 322-7 *Devient l'art. D. 160-11 (Décr. n° 2015-1882 du 30 déc. 2015, art. 1er-IV-1°, en vigueur le 1er janv. 2016).*

Art. D. 322-8 *Devient l'art. D. 160-12 (Décr. n° 2015-1882 du 30 déc. 2015, art. 1er-IV-1°, en vigueur le 1er janv. 2016).*

Art. D. 322-9 *Devient l'art. D. 160-13 (Décr. n° 2015-1882 du 30 déc. 2015, art. 1er-IV-1°, en vigueur le 1er janv. 2016).*

SECTION II **FRAIS DE DÉPLACEMENT DE L'ASSURÉ — FRAIS DE TRANSPORT**

Néant.

SECTION III **DISPOSITIONS DIVERSES**

Néant.

CHAPITRE III **PRESTATIONS EN ESPÈCES**

Art. D. 323-1 *(Décr. n° 94-1230 du 30 déc. 1994, art. 1er)* **Bénéficient de la prise en charge des indemnités journalières prévues** *(Décr. n° 2015-1882 du 30 déc. 2015, art. 2-7°, en vigueur le 1er janv. 2016)* **« à » l'article L. 321-1 les assurés sociaux auxquels a été accordée une prise en charge pour cure thermale, après accord préalable de l'organisme d'assurance maladie dont ils relèvent, lorsque le total des ressources mensuelles de toute nature de l'assuré, de son conjoint ou de la personne vivant maritalement avec lui, de ses enfants à charge et de ses ascendants vivant au foyer de manière habituelle et se trouvant au moins en partie à la charge de l'assuré est inférieur au montant du plafond mensuel prévu par l'article L. 241-3, ce chiffre étant majoré de 50 % pour le conjoint ou la personne vivant maritalement avec l'assuré et de 50 % pour chacun de ses enfants, des ascendants et des autres ayants droit à charge au sens des dispositions** *(Décr. n° 2015-1882 du 30 déc. 2015, art. 2-7°, en vigueur le 1er janv. 2016)* **« de l'article L. 161-1 ».**

Art. D. 323-2 *(Décr. n° 2004-1454 du 23 déc. 2004)* **En cas d'envoi à la caisse primaire d'assurance maladie de l'avis d'interruption de travail ou de prolongation d'arrêt**

de travail au-delà du délai prévu à l'article R. 321-2, la caisse informe l'assuré du retard constaté et de la sanction à laquelle il s'expose en cas de nouvel envoi tardif dans les vingt-quatre mois suivant la date de prescription de l'arrêt considéré.

En cas de nouvel envoi tardif, sauf si l'assuré est hospitalisé ou s'il établit l'impossibilité d'envoyer son avis d'arrêt de travail en temps utile, le montant des indemnités journalières afférentes à la période écoulée entre la date de prescription de l'arrêt et la date d'envoi est réduit de 50 %.

Art. D. 323-3 *(Décr. nº 2004-1456 du 23 déc. 2004)* En cas d'interruption de travail de plus de trois mois, le médecin-conseil peut, à son initiative ou à celle du médecin traitant, saisir le médecin du travail pour avis sur la capacité de l'assuré à reprendre son travail.

Lorsqu'il saisit le médecin du travail à son initiative, le médecin-conseil en informe préalablement le médecin traitant.

Dans tous les cas, l'assuré est également informé.

Dans le cadre de ses missions, le médecin du travail, après l'examen médical de préreprise mentionné à l'article R. 241-51 du code du travail *[devenu C. trav., art. R. 4624-21 s.]*, organisé avec l'accord de l'intéressé, communique au médecin-conseil, sous vingt jours à compter de la réception de sa saisine, les éléments pertinents à prendre en compte par ce dernier dans l'exercice de ses missions, notamment celles mentionnées aux articles L. 315-1, L. 315-2, L. 323-3 et L. 341-1 du code de la sécurité sociale, afin de préparer le retour à l'emploi.

Art. D. 323-4 *(Décr. nº 2010-957 du 24 août 2010, art. 2)* Pour l'application de l'article L. 323-7, lorsqu'une interruption de travail intervient dans un délai de dix jours francs à compter d'une décision de suspension des indemnités journalières, le service de ces indemnités est subordonné à un avis du service du contrôle médical. Ce service rend son avis dans un délai de quatre jours francs à compter de la date de réception de l'avis d'arrêt de travail.

Art. D. 323-5 *(Décr. nº 2016-743 du 2 juin 2016, art. 6)* Dans le cadre d'une interruption volontaire de grossesse réalisée par voie médicamenteuse, une sage-femme peut prescrire un arrêt de travail, conformément à l'article L. 321-1.

La durée de l'arrêt de travail ainsi prescrit n'excède pas quatre jours calendaires, renouvelables une fois.

CHAPITRE IV AFFECTIONS DE LONGUE DURÉE

Art. D. 324-1 *(Décr. nº 2004-1050 du 4 oct. 2004)* Le médecin atteste qu'il a pris connaissance du protocole de soins et que ses prescriptions figurant sur l'ordonnance prévue à l'article R. 161-45 sont conformes au protocole de soins mentionné à l'article L. 324-1.

CHAPITRE V DISPOSITIONS PARTICULIÈRES AUX DÉPARTEMENTS DU HAUT-RHIN, DU BAS-RHIN ET DE LA MOSELLE

V. art. L. 181-1 modifié.

SECTION PREMIÈRE DISPOSITIONS GÉNÉRALES RELATIVES AU RÉGIME LOCAL D'ASSURANCE MALADIE DU HAUT-RHIN, DU BAS-RHIN ET DE LA MOSELLE

(Décr. nº 95-349 du 31 mars 1995)

Art. D. 325-1 Le régime local d'assurance maladie des départements du Haut-Rhin, du Bas-Rhin et de la Moselle, régime obligatoire et complémentaire du régime général, assure à ses bénéficiaires des prestations légales servies en complément du régime général en application des 1º, 2º et 4º de l'article *(Décr. nº 2015-1882 du 30 déc. 2015, art. 2-9º, en vigueur le 1er janv. 2016)* « L. 160-8 » pour couvrir tout ou partie de la participation laissée à la charge de l'assuré conformément à l'article *(Décr. nº 2015-1882 du 30 déc. 2015, art. 2-8º, en vigueur le 1er janv. 2016)* « R. 160-5 ». Il peut prendre en charge tout ou partie du forfait journalier institué à l'article L. 174-4.

Art. D. 325-1-1 *(Décr. nº 2002-1299 du 25 oct. 2002, art. 2)* Les titulaires d'un avantage vieillesse remplissant les conditions fixées aux 9º et 11º de l'article L. 325-1 sont avisés par la caisse *(Décr. nº 2010-344 du 31 mars 2010, art. 331)* « d'assurance retraite et de la santé au travail ou » la caisse générale de sécurité sociale qui instruit ou liquide l'avantage vieillesse du régime général qu'ils remplissent les conditions d'ouverture de droits au régime local d'assurance maladie.

Art. D. 325-1-2 *(Décr. nº 2002-1299 du 25 oct. 2002, art. 2)* Les titulaires d'un avantage vieillesse remplissant les conditions fixées au 10º de l'article L. 325-1 peuvent faire une demande d'affiliation au régime local d'assurance maladie dans le délai d'un an à compter de la date de l'attribution de l'avantage vieillesse.

Art. D. 325-1-3 *(Décr. nº 2002-1299 du 25 oct. 2002, art. 2)* Les personnes mentionnées à l'article D. 325-1-2 adressent leur demande à la caisse *(Décr. nº 2010-344 du 31 mars 2010, art. 331)* « d'assurance retraite et de la santé au travail ou » à la caisse générale de sécurité sociale qui instruit ou liquide l'avantage vieillesse du régime général.

Celle-ci leur délivre un récépissé de la demande, puis la transmet à la caisse régionale d'assurance vieillesse d'Alsace-Moselle en application des dispositions prévues au troisième alinéa de l'article R. 351-34.

Art. D. 325-1-4 *(Décr. nº 2002-1299 du 25 oct. 2002, art. 2)* Le caractère irrévocable de l'affiliation au régime local d'assurance maladie prend effet, selon le cas, à la date d'envoi du courrier ou du récépissé mentionné à l'article D. 325-1-1 ou à la date de réception de la demande par la caisse mentionnée au premier alinéa de l'article D. 325-1-3.

Art. D. 325-2 Le régime local peut disposer, dans les conditions prévues par le code de la mutualité, des dons et legs qu'il a reçus.

Art. D. 325-3 Le régime local est administré par un conseil d'administration comprenant :

1º Membres délibérants :

– *(Décr. nº 2001-940 du 11 oct. 2001)* « vingt-trois » représentants des assurés sociaux désignés par les unions interprofessionnelles départementales du Haut-Rhin, du Bas-Rhin et de la Moselle des organisations syndicales nationales de salariés représentatives visées au 1º de l'article L. 221-3 ;

(Décr. nº 2001-940 du 11 oct. 2001) « Les sièges des représentants des assurés sociaux sont répartis ainsi qu'il suit :

« Confédération française démocratique du travail : 7 ;

« *(Décr. nº 2007-1659 du 23 nov. 2007)* « Confédération générale du travail : 6 ;

« « Confédération générale du travail-Force ouvrière : 4 ; »

« Confédération française des travailleurs chrétiens : 4 ;

« Confédération française de l'encadrement-CGC : 2 ;

« Un nombre de suppléants égal à celui des titulaires est désigné par les mêmes organisations syndicales ; »

– une personne qualifiée appartenant à une organisation de salariés désignée par le préfet de région ;

– un représentant de la mutualité désigné par la Fédération nationale de la mutualité française.

2º Membres consultatifs :

– un représentant des associations familiales désigné par l'Union nationale des associations familiales ;

(Décr. nº 2001-940 du 11 oct. 2001) « – un représentant désigné par les *(Décr. nº 2016-1206 du 7 sept. 2016, art. 3)* « conseils départementaux de la citoyenneté et de l'autonomie » du Haut-Rhin, du Bas-Rhin et de la Moselle ; »

– un médecin-conseil désigné par le médecin-conseil régional du régime général de sécurité sociale de la région de Strasbourg ;

– le directeur et l'agent comptable du régime local.

3º Trois représentants des employeurs désignés par les unions départementales du Haut-Rhin, du Bas-Rhin et de la Moselle assistent également au conseil d'administration.

Le directeur et l'agent comptable du régime local assistent également aux séances du conseil d'administration et des commissions créées par celui-ci.

Le président du conseil d'administration est élu par les membres délibérant au scrutin secret aux premier et deuxième tours de scrutin, à la majorité absolue des suffrages exprimés, exclusion faite des bulletins blancs ou nuls, au troisième tour à la majorité relative des suffrages exprimés et, en cas de partage des voix, au bénéfice de l'âge. Il est élu pour la durée du mandat des administrateurs.

Les membres du conseil d'administration sont nommés par arrêté du préfet de région pour une durée de six ans renouvelable.

SECTION II CONSEIL D'ADMINISTRATION

(Décr. nº 95-349 du 31 mars 1995)

Art. D. 325-4 Le conseil d'administration :

1° Établit le règlement intérieur du conseil d'administration. Le règlement intérieur est soumis pour approbation *(Décr. nº 2009-1597 du 18 déc. 2009, art. 7-I, en vigueur le 1er janv. 2010)* « au responsable du service mentionné à l'article R. 155-1 » ;

2° Désigne le directeur et l'agent comptable du régime local, choisis parmi les agents en activité des caisses primaires d'assurance maladie des départements du Haut-Rhin, du Bas-Rhin, de la Moselle, de la caisse *(Décr. nº 2010-344 du 31 mars 2010, art. 331)* « de la santé au travail » d'Alsace-Moselle ou de la caisse régionale d'assurance vieillesse des travailleurs salariés de Strasbourg, occupant respectivement des fonctions de directeur ou d'agent comptable ;

3° Peut créer une ou des commissions consultatives dont il définit la composition et les missions ;

4° Détermine la liste des prestations prises en charge par le régime ainsi que leurs taux de remboursement conformément aux dispositions prévues aux articles D. 325-6 et D. 325-7 ;

5° Fixe les taux des cotisations mentionnées aux premier et second alinéas de l'article L. 242-13 dans la limite d'une fourchette de 0,75 % à 2,5 % ;

6° Détermine la nature des avantages vieillesse et des autres revenus de remplacement à soumettre à cotisations et les exonérations accordées en cas d'insuffisance de ressources ;

7° Fixe le montant du prélèvement d'équilibre sur les cotisations à la charge des bénéficiaires du régime local, constituant les recettes du fonds de gestion administrative visé au *b* de l'article D. 325-10 ;

8° Arrête les comptes annuels de résultats présentés par l'agent comptable ;

9° Délibère au moins deux fois par an sur les prévisions financières du régime ;

10° Prend les mesures nécessaires pour assurer l'équilibre financier du régime dans les conditions fixées à l'article D. 325-12 ;

11° Se prononce sur le rapport annuel d'activité présenté par le directeur ainsi que sur les projets de loi et de règlement intéressant les matières de sa compétence ;

12° *(Décr. nº 98-1026 du 12 nov. 1998, art. 1er-1°)* « Fixe annuellement, pour l'application du I de l'article L. 325-2, un état prévisionnel des dépenses et des recettes du fonds de l'assurance maladie visé au *a* de l'article D. 325-10, d'une part, dans le cadre de l'évolution des dépenses déterminées par la loi du financement de la sécurité sociale et, d'autre part, dans les limites de l'équilibre financier du régime local défini aux articles D. 325-12 à D. 325-14 ».

(Décr. nº 98-1206 du 12 nov. 1998, art. 1er-2°) « L'état prévisionnel des dépenses à la charge du régime local est établi compte tenu :

« *a)* Pour les dépenses hospitalières de la région Alsace et de la région Lorraine, du montant des dotations régionales de ces deux régions déterminées conformément aux dispositions de l'article L. 174-1-1 ;

« *b)* Pour les dépenses de soins de ville de la région Alsace et de la région Lorraine, de l'objectif prévisionnel d'évolution des dépenses soins de ville fixé par l'avenant annuel à la convention d'objectifs et de gestion de la branche maladie du régime général, mentionné à l'article L. 227-1.

« Si les résultats comptables du fonds de l'assurance maladie constatés à la clôture de l'exercice sont excédentaires, tout ou partie de cet excédent peut être affecté par le conseil d'administration à des actions prévues par les articles L. 162-31-1 du présent code et L. 1411-3 du code de la santé publique, dans le cadre des prévisions de dépenses du fonds de l'assurance maladie de l'exercice suivant.

« Cette disposition ne peut avoir pour résultat de déroger aux règles relatives au seuil du Fonds de réserve fixé au premier alinéa de l'article D. 325-12 ».

Art. D. 325-5 Les délibérations du conseil d'administration sont soumises au contrôle *(Décr. n° 2009-1597 du 18 déc. 2009, art. 7-II, en vigueur le 1er janv. 2010)* « du responsable du service mentionné à l'article R. 155-1 ». Elles lui sont transmises dans les dix jours à compter du jour de la délibération.

Toute délibération contraire à la législation en vigueur et susceptible de porter atteinte à l'équilibre financier du régime local peut être annulée *(Décr. n° 2009-1597 du 18 déc. 2009, art. 7-II, en vigueur le 1er janv. 2010)* « par l'autorité visée à l'alinéa précédent » dans un délai d'un mois à compter du jour de sa réception.

(Décr. n° 2009-1597 du 18 déc. 2009, art. 7-II, en vigueur le 1er janv. 2010) « Cette autorité » peut, en cas d'irrégularités graves, de mauvaise gestion ou de carence du conseil d'administration, suspendre ou dissoudre le conseil et nommer un administrateur provisoire.

SECTION III PRESTATIONS PRISES EN CHARGE PAR LE RÉGIME LOCAL

(Décr. n° 95-349 du 31 mars 1995)

Art. D. 325-6 Le régime local peut prendre en charge, selon les taux qu'il détermine et sous réserve des dispositions de l'article D. 325-7 :

1° La participation laissée à la charge de l'assuré en application de l'article *(Décr. n° 2015-1882 du 30 déc. 2015, art. 2-4°, en vigueur le 1er janv. 2016)* « L. 160-13 » ;

2° Tout ou partie du forfait journalier mentionné à l'article L. 174-4, pour tout ou partie du séjour hospitalier, selon des modalités qu'il détermine.

Art. D. 325-7 I. — Sous réserve des cas où, par application de l'article *(Décr. n° 2015-1882 du 30 déc. 2015, art. 2-10°, en vigueur le 1er janv. 2016)* « L. 160-14 » et du premier alinéa de l'article *(Décr. n° 2015-1882 du 30 déc. 2015, art. 2-10°, en vigueur le 1er janv. 2016)* « R. 160-8 », l'assuré en est exonéré, la participation de l'assuré aux frais de soins ambulatoires mentionnés au chapitre II du titre VI du livre Ier du code de la sécurité sociale et aux frais mentionnés aux articles L. 314-1 et *(Décr. n° 2015-1882 du 30 déc. 2015, art. 2-9°, en vigueur le 1er janv. 2016)* « L. 160-8 » (2°) est au minimum égale à 10 %.

La prise en charge par le régime local est calculée sur la base des tarifs pris en application du chapitre II du titre VI du livre Ier et des articles *(Décr. n° 2007-350 du 14 mars 2007, art. 1er)* « L. 165-2 » et L. 322-5.

II. — Le conseil d'administration peut instituer une participation de l'assuré aux frais d'hospitalisation. Cette participation est acquittée par l'assuré directement auprès de l'établissement.

(Décr. n° 2007-350 du 14 mars 2007, art. 1er) « III. — Le conseil d'administration peut décider que la participation minimale de l'assuré prévue au I ne s'applique pas à la prise en charge, par le régime local, des médicaments dans les cas suivants :

« *a)* Prise en charge des spécialités génériques mentionnées au 5° de l'article L. 5121-1 du code de la santé publique ;

« *b)* Prise en charge, sur la base du tarif forfaitaire de responsabilité prévu à l'article L. 162-16 du présent code, des spécialités relevant de ce tarif ;

« *c)* Prise en charge de la spécialité de référence si son prix public de vente est au plus égal à celui d'une des spécialités génériques correspondantes.

« Le conseil d'administration ne peut pas décider que la participation minimale de l'assuré ne s'applique qu'à une partie des médicaments énumérés aux *a*, *b* et *c*. »

Les dispositions du III ne s'appliquent pas aux spécialités pharmaceutiques mentionnées au second alinéa du I de l'art. 41 de la loi de financement de la sécurité sociale pour 2006 (Décr. n° 2007-350 du 14 mars 2007, art. 2).

Art. D. 325-8 En cas d'hospitalisation dans un établissement public ou privé conventionné, le montant des frais d'hospitalisation à la charge du régime local est réglé directement à l'établissement de soins.

SECTION IV DISPOSITIONS RELATIVES À LA GESTION DU RISQUE MALADIE MATERNITÉ ET DES FONDS DU RÉGIME LOCAL

(Décr. nº 95-349 du 31 mars 1995)

Art. D. 325-9 Les opérations de recettes et de dépenses du régime local font l'objet d'une gestion distincte de celle du régime général.

Art. D. 325-10 Le régime local d'assurance maladie comporte les fonds ci-après :

a) Un fonds de l'assurance maladie ;

Les recettes du fonds de l'assurance maladie sont constituées par le produit des cotisations prévues à l'article L. 242-13, par les majorations de retard, par les produits des recours contre tiers exercés en application de l'article L. 376-1 et par les revenus des disponibilités du Fonds de réserve. Elles sont encaissées par les unions de recouvrement des cotisations de sécurité sociale et d'allocations familiales.

Les dépenses du fonds sont constituées par les prestations visées à l'article D. 325-4 (4°). La liquidation des prestations servies par le régime local est assurée par les caisses primaires d'assurance maladie auxquelles sont affiliés les bénéficiaires du régime local ;

b) Un fonds de gestion administrative comportant, en dépenses, les frais de fonctionnement du régime local et alimenté, en recettes, par un prélèvement d'équilibre sur les cotisations. Ce fonds rémunère les services rendus au régime local par les organismes du régime général. *(Décr. nº 96-457 du 23 mai 1996, art. 2)* « Les frais de gestion sont fixés au taux de 0,50 %. Ils s'appliquent aux cotisations encaissées et aux prestations versées » ;

c) Un Fonds de réserve.

Art. D. 325-11 En fin d'exercice, après l'attribution des dotations prévues à l'article D. 325-10, le conseil d'administration affecte au Fonds de réserve le solde disponible du fonds de l'assurance maladie.

SECTION V RÈGLES RELATIVES À L'ÉQUILIBRE FINANCIER DU RÉGIME LOCAL

(Décr. nº 95-349 du 31 mars 1995)

Art. D. 325-12 Lorsque au 1er octobre les prévisions financières de l'agent comptable, pour l'exercice en cours, font apparaître que le Fonds de réserve est inférieur à 8 % des prestations versées l'année précédente, le conseil d'administration doit, avant le 15 décembre, prendre les mesures nécessaires au rétablissement de l'équilibre financier et à la reconstitution du Fonds de réserve.

Le conseil d'administration peut :

I. – Modifier la liste des prestations prises en charge par le régime ou un ou les taux de prise en charge mentionnés à l'article D. 325-6.

II. – Fixer les taux des cotisations mentionnées à l'article L. 242-13 dans les conditions déterminées au 5° de l'article D. 325-4 et, au-delà du taux de 2,5 % prévu à cet article, proposer au ministre chargé de la sécurité sociale et au ministre chargé du budget un relèvement du ou des taux de cotisations mises à la charge des bénéficiaires du régime local en application de l'article L. 242-13.

Art. D. 325-13 Lorsque, à la clôture des comptes, un déficit est constaté et que les mesures prises conformément aux dispositions de l'article précédent ne paraissent pas de nature à rétablir l'équilibre financier pour l'exercice suivant et à reconstituer le Fonds de réserve à hauteur des 8 % des prestations versées l'année précédente, *(Décr. nº 2009-1597 du 18 déc. 2009, art. 7-III, en vigueur le 1er janv. 2010)* « le responsable du service mentionné à l'article R. 155-1 » saisit le ministre chargé de la sécurité sociale et le ministre chargé du budget, qui prennent au lieu et place du conseil d'administration les mesures réglementaires nécessaires.

Art. D. 325-14 Lorsque le Fonds de réserve est supérieur au seuil de 20 % des prestations versées l'année précédente, le conseil d'administration peut, pour les cotisations mentionnées à l'article L. 242-13, diminuer les taux de cotisations mentionnés à l'article L. 242-13 dans la limite du seuil de 0,75 % prévu au 5° de l'article D. 325-4.

Il peut également proposer au ministre chargé de la sécurité sociale et au ministre chargé du budget une diminution du ou des taux de cotisations mises à la charge des bénéficiaires du régime local, en application de l'article L. 242-13 en deçà du seuil de 0,75 %.

Art. D. 325-15 Les règles d'organisation et de gestion des caisses d'assurance maladie du régime général sont applicables au régime local, sous réserve des dispositions particulières prévues par le présent texte.

SECTION VI GESTION FINANCIÈRE

(Décr. nº 96-457 du 23 mai 1996, art. 1er)

Art. D. 325-16 L'Agence centrale des organismes de sécurité sociale verse mensuellement au régime local, sur son compte externe de disponibilités ouvert dans les conditions fixées par l'article D. 253-30 du code de la sécurité sociale, un acompte sur les cotisations encaissées par les organismes de recouvrement visés à l'article D. 325-10, calculé à partir de la prévision mensuelle établie annuellement par l'Agence centrale et transmise au mois de décembre de chaque année au régime local.

Le versement de l'acompte est effectué par l'Agence centrale le 15 de chaque mois ou le premier jour ouvré suivant. La régularisation intervient lors du versement de l'acompte suivant la production de l'état de ventilation mensuel des cotisations établi par l'Agence centrale.

Art. D. 325-17 Pour le paiement des prestations visées à l'article D. 325-6, le régime local d'assurance maladie des départements du Haut-Rhin, du Bas-Rhin et de la Moselle met à la disposition des caisses primaires d'assurance maladie des départements du Haut-Rhin, du Bas-Rhin et de la Moselle les fonds correspondant aux besoins quotidiens de trésorerie.

Un échéancier mensuel prévisionnel des dépenses est établi par chaque caisse primaire visée à l'alinéa précédent et transmis au régime local.

Les caisses primaires confirment quotidiennement au régime local le montant des dépenses à effectuer pour le compte du régime local le jour ouvré suivant. Le régime local fait procéder au virement de ces montants, à partir de son compte externe de disponibilités visé au premier alinéa de l'article D. 325-16.

Art. D. 325-18 Dans tous les départements, à l'exception de ceux visés à l'article D. 325-17, les prestations dues aux bénéficiaires du régime local sont payées par l'ensemble des caisses primaires d'assurance maladie et les caisses générales de sécurité sociale suivant les mêmes modalités que celles prévues pour les prestations du régime général.

La Caisse nationale de l'assurance maladie des travailleurs salariés transmet chaque mois au régime local un état retraçant le montant des dépenses effectuées par les organismes visés à l'alinéa précédent au titre du mois écoulé.

Le régime local procède au versement du montant des dépenses payées au plus tard le dernier jour ouvré du mois suivant le paiement des prestations par virement au compte unique de disponibilités courantes ouvert au siège de la Caisse des dépôts et consignations au nom de l'Agence centrale des organismes de sécurité sociale. L'Agence centrale mouvemente le compte courant maladie de la Caisse nationale d'assurance maladie des travailleurs salariés ouvert dans ses écritures pour le montant reçu du régime local.

Art. D. 325-19 Le régime local verse le dernier jour ouvré de chaque mois, par virement au compte unique de disponibilités courantes ouvert au siège de la Caisse des dépôts et consignations au nom de l'Agence centrale des organismes de sécurité sociale, un acompte correspondant au douzième de la dotation globale de financement des hôpitaux à la charge du régime local calculé sur la base du dernier exercice connu. L'Agence centrale mouvemente les comptes courants maladie et accidents du travail de la Caisse nationale d'assurance maladie des travailleurs salariés ouverts dans ses écritures pour le montant reçu du régime local.

La régularisation intervient lors de la fixation des montants définitifs dus par chaque régime.

Art. D. 325-20 *(Décr. n° 97-297 du 26 mars 1997, art. 1er)* **Le solde disponible du fonds de l'assurance maladie affecté au Fonds de réserve visé à l'article D. 325-11 peut faire l'objet de placements en valeur d'État, en valeurs garanties par l'État,** *(Décr. n° 2016-707 du 30 mai 2016, art. 2)* **« titres négociables à court terme », actions des sociétés d'investissement à capital variable et parts de fonds communs de placements du titre Ier de la loi n° 79-594 du 13 juillet 1979 dont l'objet est limité à la gestion d'un portefeuille d'obligations et titres participatifs inscrits à la cote officielle d'une bourse française de valeurs ou en instance d'inscription, après visa de** *(L. n° 2003-706 du 1er août 2003, art. 46-V)* **« l'Autorité des marchés financiers » et présentation d'une demande tendant à cette inscription.**

TITRE TROISIÈME ASSURANCE MATERNITÉ

CHAPITRE PREMIER DISPOSITIONS PROPRES À L'ASSURANCE MATERNITÉ

SECTION PREMIÈRE DISPOSITIONS GÉNÉRALES

Néant.

SECTION II PRESTATIONS EN NATURE

Art. D. 331 *Devient l'art. D. 160-3 (Décr. n° 2015-1882 du 30 déc. 2015, art. 1er-III-2°, en vigueur le 1er janv. 2016).*

SECTION III PRESTATIONS EN ESPÈCES

Art. D. 331-1 Les sages-femmes peuvent prescrire des arrêts de travail, conformément *(Décr. n° 2015-1882 du 30 déc. 2015, art. 2-11°, en vigueur le 1er janv. 2016)* **« à » l'article L. 321-1, à une femme enceinte en cas de grossesse non pathologique.**

Art. D. 331-2 La durée de l'arrêt de travail prescrit en application de l'article D. 331-1 ne saurait excéder quinze jours calendaires. La prescription d'un arrêt de travail par une sage-femme n'est pas susceptible de renouvellement ou de prolongation au-delà de ce délai.

SECTION IV DISPOSITIONS RELATIVES À L'INDEMNISATION DU CONGÉ DE PATERNITÉ ET D'ACCUEIL DE L'ENFANT *(Décr. n° 2015-771 du 29 juin 2015, art. 1er-1°).*

Art. D. 331-3 *(Décr. n° 2001-1352 du 28 déc. 2001, art. 2)* **Le délai mentionné au premier alinéa de l'article L. 331-8 est fixé à quatre mois à compter de la naissance de l'enfant.**

Toutefois le père dont l'enfant est hospitalisé ou qui bénéficie du congé postnatal de maternité dans les conditions prévues à l'article L. 331-6 peut demander le report du délai prévu au précédent alinéa à la fin de l'hospitalisation de l'enfant ou à l'expiration de la durée de congé à laquelle il pouvait prétendre.

Art. D. 331-4 *(Décr. n° 2001-1352 du 28 déc. 2001, art. 3)* **Pour bénéficier de l'indemnité journalière prévue à l'article L. 331-8, l'assuré doit** *(Décr. n° 2008-32 du 9 janv. 2008, art. 1er)* **« adresser à l'organisme de sécurité sociale dont il relève la ou les pièces justificatives dont la liste est fixée par arrêté du ministre chargé de la sécurité sociale » et attester de la cessation de son activité professionnelle dans les mêmes conditions que celles applicables à l'indemnité prévue à l'article L. 331-3.** *— V. Arr. du 3 mai 2013 ci-dessous (JO 23 mai).*

En sus des pièces mentionnées à l'art. 3, les pères doivent attester de la date présumée de la naissance établie au moment de la déclaration de grossesse par l'organisme de sécurité sociale dont relève la mère (Décr. n° 2001-1352 du 28 déc. 2001, art. 4).

Les dispositions du Décr. n° 2008-32 du 9 janv. 2008 s'appliquent aux accouchements survenant à compter du 9 janv. 2008 (Décr. préc., art. 3).

Arrêté du 3 mai 2013,

Fixant la liste des pièces justificatives à fournir pour bénéficier de l'indemnisation du congé de paternité et d'accueil de l'enfant (JO 23 mai).

Art. 1er Pour le bénéfice de l'indemnisation de son congé de paternité ou d'accueil de l'enfant, en application des articles D. 331-4 et D. 613-10 du code de la sécurité sociale, l'assuré doit adresser à l'organisme de sécurité sociale dont il relève une ou plusieurs pièces justificatives figurant sur les listes ci-dessous.

a) Si l'assuré est le père de l'enfant, il doit fournir l'une des pièces suivantes attestant de la naissance de son enfant :

1° Soit la copie intégrale de l'acte de naissance de l'enfant ;

2° Soit la copie du livret de famille mis à jour ;

3° Soit la copie de l'acte de reconnaissance de l'enfant par le père ;

4° Soit la copie de l'acte d'enfant sans vie et un certificat médical d'accouchement d'un enfant né mort et viable ;

b) Si l'assuré n'est pas le père de l'enfant mais est le conjoint de la mère ou la personne liée à elle par un pacte civil de solidarité ou vivant maritalement avec elle, il doit fournir l'une des pièces suivantes attestant de la naissance de l'enfant :

1° Soit la copie intégrale de l'acte de naissance de l'enfant ;

2° Soit la copie de l'acte d'enfant sans vie et un certificat médical d'accouchement d'un enfant né mort et viable,

ainsi que l'une des pièces suivantes attestant de son lien avec la mère de l'enfant :

3° Soit un extrait d'acte de mariage ;

4° Soit la copie du pacte civil de solidarité ;

5° Soit un certificat de vie commune ou de concubinage de moins d'un an ou, à défaut, une attestation sur l'honneur de vie maritale cosignée par la mère de l'enfant.

Art. 2 L'arrêté du 9 janvier 2008 fixant la liste des pièces justificatives à fournir pour bénéficier de l'indemnisation du congé de paternité est abrogé.

Art. D. 331-5 *(Décr. n° 2015-771 du 29 juin 2015, art. 1er-2°)* **Pour bénéficier de l'indemnisation mentionnée à l'article L. 331-6, le père, le conjoint de la mère ou la personne liée à elle par un pacte civil de solidarité ou vivant maritalement avec elle doit adresser sa demande à l'organisme de sécurité sociale dont il relève, au moyen d'un imprimé, accompagné le cas échéant de pièces justificatives, dont le modèle est fixé par arrêté des ministres chargés de la sécurité sociale et de l'agriculture.**

CHAPITRE II DISPOSITIONS COMMUNES À L'ASSURANCE MATERNITÉ ET À L'ASSURANCE MALADIE

Néant.

TITRE QUATRIÈME ASSURANCE INVALIDITÉ

CHAPITRE PREMIER DROITS PROPRES

(Décr. n° 2017-998 du 10 mai 2017, en vigueur le 1er sept. 2017)

SECTION VI CONVERSION DE LA PENSION D'INVALIDITÉ EN PENSION DE VIEILLESSE

Art. D. 341-1 **Les dispositions de l'article L. 341-17 s'appliquent à l'assuré qui exerce une activité professionnelle à l'âge prévu au premier alinéa de l'article L. 351-1 abaissé de six mois.**

Le bénéfice de sa pension d'invalidité peut, s'il ne reprend pas d'activité professionnelle, être maintenu dans les conditions mentionnées à l'article L. 341-17 au plus tard jusqu'à l'âge prévu au premier alinéa de l'article L. 351-1 augmenté de six mois.

CHAPITRE II **DROITS DU CONJOINT SURVIVANT**

Art. D. 342-1 La pension d'invalidité de veuve ou de veuf mentionnée à l'article L. 342-1 est égale à *(Décr. nº 94-1140 du 27 déc. 1994, art. 1er)* « 54 % » de la pension principale définie à l'article L. 342-3, dont bénéficiait ou eût bénéficié le défunt.

Art. D. 342-2 *(Décr. nº 2004-858 du 24 août 2004, art. 4)* La condition d'âge prévue aux articles L. 342-5 et L. 342-6 est de 55 ans.

Art. D. 342-3 *(Décr. nº 2004-858 du 24 août 2004, art. 4)* Pour l'application des articles L. 342-1 et L. 342-6, le conjoint survivant cumule la pension d'invalidité de veuve ou de veuf ou la pension de vieillesse de veuve ou de veuf avec ses avantages personnels de vieillesse, d'invalidité ou d'accident du travail, notamment ceux qui résultent des articles L. 434-8 et L. 434-9, dans la limite de 52 % du total de ces avantages et de la pension principale dont l'assuré bénéficiait ou eût bénéficié, et qui a servi de base au calcul de l'avantage de réversion.

Toutefois, la limite prévue à l'alinéa ci-dessus ne peut être inférieure à 73 % du montant maximum de la pension de vieillesse du régime général *(Décr. nº 2010-1734 du 30 déc. 2010, art. 5-5º)* « liquidée à l'âge prévu par les 1º, 1º *bis*, 1º *ter* de l'article L. 351-8 et aux III et IV de l'article 20 de la loi nº 2010-1330 du 9 novembre 2010 ».

L'application des limites prévues aux deux alinéas ci-dessus ne peut conduire à verser une pension d'invalidité de veuve ou de veuf, ou une pension de vieillesse de veuve ou de veuf, supérieure au montant prévu à l'article D. 342-1.

En cas de dépassement de la limite déterminée en application des alinéas précédents, la pension d'invalidité de veuve ou de veuf, ou la pension de vieillesse de veuve ou de veuf, est réduite en conséquence.

La pension ainsi réduite est majorée aux mêmes dates et selon les mêmes taux que les pensions de vieillesse du régime général.

Les opérations de comparaison prévues aux deux premiers alinéas du présent article ne sont effectuées qu'au moment de la liquidation du deuxième avantage.

Les dispositions issues du Décr. nº 2010-1734 du 30 déc. 2010 sont applicables aux pensions prenant effet à compter du 1er juill. 2011 (Décr. préc., art. 11).

TITRE CINQUIÈME **ASSURANCE VIEILLESSE — ASSURANCE VEUVAGE**

CHAPITRE PREMIER **OUVERTURE DU DROIT, LIQUIDATION ET CALCUL DES PENSIONS DE RETRAITE**

SECTION PREMIÈRE **CONDITIONS D'ÂGE**

Néant.

SECTION II **PÉRIODES D'ASSURANCE, PÉRIODES ÉQUIVALENTES ET PÉRIODES ASSIMILÉES**

SOUS-SECTION 1 **DISPOSITIONS GÉNÉRALES**

Art. D. 351-1 Pour l'application de l'article L. 161-19, sont assimilées aux périodes de mobilisation ou de captivité mentionnées par cet article les périodes durant lesquelles les requérants ont été engagés volontaires en temps de guerre, combattants volontaires de la Résistance, déportés ou internés résistants ou politiques, réfractaires au service du travail obligatoire, patriotes résistant à l'occupation des départements du Rhin et de la Moselle incarcérés en camps spéciaux ou patriotes réfractaires à l'annexion de fait.

Seules les périodes accomplies postérieurement au 1er septembre 1939 peuvent, au titre de l'article L. 161-19, être assimilées à des périodes d'assurance pour l'ouverture du droit et la liquidation de la pension de vieillesse, sous réserve que les intéressés aient ensuite exercé, en premier lieu, une activité au titre de laquelle des cotisations ont été versées au régime général de sécurité sociale.

Pour bénéficier des dispositions susmentionnées, les intéressés doivent apporter la preuve qu'ils ont été mobilisés ou prisonniers de guerre ou qu'ils se sont trouvés dans l'une des situations énumérées ci-dessus, au moyen de la production des pièces prévues par l'article 3 de l'arrêté du 9 septembre 1946 ou, éventuellement, d'une attestation délivrée par le ministère ou l'office national des anciens combattants.

Sur les exceptions à l'application du droit des usagers de saisir l'administration par voie électronique concernant les démarches effectuées auprès des organismes de sécurité sociale, V. CRPA, App., v° Saisine par voie électronique — Exceptions. — **CRPA**.

Art. D. 351-1-1 *(Décr. n° 2012-847 du 2 juill. 2012, art. 1er-1°)* I. — L'âge prévu au premier alinéa de l'article L. 351-1 est abaissé, en application de l'article L. 351-1-1, à soixante ans, pour les assurés qui justifient d'une durée d'assurance cotisée, entendue comme la durée d'assurance accomplie dans le régime général et, le cas échéant, dans un ou plusieurs autres régimes obligatoires et ayant donné lieu à cotisations à leur charge, au moins égale à celle prévue au deuxième alinéa de l'article L. 351-1 et qui ont débuté leur activité avant l'âge de vingt ans.

II. — L'âge prévu au premier alinéa de l'article L. 351-1 est abaissé, en application de l'article L. 351-1-1, pour les assurés qui justifient d'une durée d'assurance cotisée, entendue comme la durée d'assurance accomplie dans le régime général et, le cas échéant, dans un ou plusieurs autres régimes obligatoires et ayant donné lieu à cotisations à leur charge, au moins égale aux seuils définis ci-après :

A. — Pour les assurés nés en 1952 :

A cinquante-neuf ans et quatre mois pour les assurés justifiant d'une durée d'assurance cotisée au moins égale à celle prévue au deuxième alinéa de l'article L. 351-1 et ayant débuté leur activité avant l'âge de dix-sept ans ;

B. — Pour les assurés nés en 1953 :

1° A cinquante-six ans pour les assurés justifiant d'une durée d'assurance cotisée au moins égale à celle prévue au deuxième alinéa de l'article L. 351-1 majorée de huit trimestres et ayant débuté leur activité avant l'âge de seize ans ;

2° A cinquante-huit ans et quatre mois pour les assurés justifiant d'une durée d'assurance cotisée au moins égale à celle prévue au deuxième alinéa de l'article L. 351-1 majorée de quatre trimestres et ayant débuté leur activité avant l'âge de seize ans ;

3° A cinquante-neuf ans et huit mois pour les assurés justifiant d'une durée d'assurance cotisée au moins égale à celle prévue au deuxième alinéa de l'article L. 351-1 et ayant débuté leur activité avant l'âge de dix-sept ans ;

C. — Pour les assurés nés en 1954 :

1° A cinquante-six ans pour les assurés justifiant d'une durée d'assurance cotisée au moins égale à celle prévue au deuxième alinéa de l'article L. 351-1 majorée de huit trimestres et ayant débuté leur activité avant l'âge de seize ans ;

2° A cinquante-huit ans et huit mois pour les assurés justifiant d'une durée d'assurance cotisée au moins égale à celle prévue au deuxième alinéa de l'article L. 351-1 majorée de quatre trimestres et ayant débuté leur activité avant l'âge de seize ans ;

D. — Pour les assurés nés en 1955 :

1° A cinquante-six ans et quatre mois pour les assurés justifiant d'une durée d'assurance cotisée au moins égale à celle prévue au deuxième alinéa de l'article L. 351-1 majorée de huit trimestres et ayant débuté leur activité avant l'âge de seize ans ;

2° A cinquante-neuf ans pour les assurés justifiant d'une durée d'assurance cotisée au moins égale à celle prévue au deuxième alinéa de l'article L. 351-1 majorée de quatre trimestres et ayant débuté leur activité avant l'âge de seize ans ;

E. — Pour les assurés nés en 1956 :

1° A cinquante-six ans et huit mois pour les assurés justifiant d'une durée d'assurance cotisée au moins égale à celle prévue au deuxième alinéa de l'article L. 351-1 majorée de huit trimestres et ayant débuté leur activité avant l'âge de seize ans ;

2° A cinquante-neuf ans et quatre mois pour les assurés justifiant d'une durée d'assurance cotisée au moins égale à celle prévue au deuxième alinéa de l'article L. 351-1 majorée de quatre trimestres et ayant débuté leur activité avant l'âge de seize ans ;

F. — Pour les assurés nés en 1957 :

1° A cinquante-sept ans pour les assurés justifiant d'une durée d'assurance cotisée au moins égale à celle prévue au deuxième alinéa de l'article L. 351-1 majorée de huit trimestres et ayant débuté leur activité avant l'âge de seize ans ;

2° A cinquante-neuf ans et huit mois pour les assurés justifiant d'une durée d'assurance cotisée au moins égale à celle prévue au deuxième alinéa de l'article L. 351-1 et ayant débuté leur activité avant l'âge de seize ans ;

G. — Pour les assurés nés en 1958 :

A cinquante-sept ans et quatre mois pour les assurés justifiant d'une durée d'assurance cotisée au moins égale à celle prévue au deuxième alinéa de l'article L. 351-1 majorée de huit trimestres et ayant débuté leur activité avant l'âge de seize ans ;

H. — Pour les assurés nés en 1959 :

A cinquante-sept ans et huit mois pour les assurés justifiant d'une durée d'assurance cotisée au moins égale à celle prévue au deuxième alinéa de l'article L. 351-1 majorée de huit trimestres et ayant débuté leur activité avant l'âge de seize ans ;

I. — Pour les assurés nés à compter du 1er janvier 1960 :

A cinquante-huit ans pour les assurés justifiant d'une durée d'assurance cotisée au moins égale à celle prévue au deuxième alinéa de l'article L. 351-1 majorée de huit trimestres et ayant débuté leur activité avant l'âge de seize ans.

Les dispositions issues des art. 1er à 4 du Décr. n° 2012-847 du 2 juill. 2012 sont applicables aux pensions prenant effet à compter du 1er nov. 2012 (Décr. préc., art. 14).

Art. D. 351-1-2 *(Décr. n° 2012-847 du 2 juill. 2012, art. 1er-2°)* I. — Pour l'appréciation de la durée d'assurance ayant donné lieu à cotisations à la charge de l'assuré mentionnée à l'article D. 351-1-1, sont réputées avoir donné lieu à cotisations :

1° Les périodes de service national, à raison d'un trimestre par période d'au moins quatre-vingt-dix jours, consécutifs ou non, dans la limite de quatre trimestres. Lorsque cette période couvre deux années civiles, elle peut être affectée à l'une ou l'autre de ces années, la solution la plus favorable étant retenue ;

(Décr. n° 2014-350 du 19 mars 2014, art. 1er-1°) « 2° Les périodes comptées comme périodes d'assurance en application des 1° et 5° au titre de l'incapacité temporaire de l'article R. 351-12, dans la limite de quatre trimestres ; »

3° Les périodes comptées comme périodes d'assurance en application des *b* et *c* du 4° de l'article R. 351-12, dans la limite de *(Décr. n° 2014-350 du 19 mars 2014, art. 1er-2° et 3°)* « quatre trimestres.

« 4° Les périodes comptées comme périodes d'assurance en application du 2° de l'article R. 351-12 ;

« 5° Les périodes comptées comme périodes d'assurance en application du 3° de l'article R. 351-12, dans la limite de deux trimestres ;

« 6° Les trimestres de majoration de durée d'assurance acquis au titre de l'article L. 351-6-1. »

II. — Sont également réputées avoir donné lieu à cotisations les périodes accomplies dans les autres régimes obligatoires et réputées comme telles en application du présent article ou des dispositions réglementaires ayant le même objet, selon les conditions propres à chacun de ces régimes.

Pour l'application de chacune des limites prévues aux 1°, 2° *(Décr. n° 2014-350 du 19 mars 2014, art. 1er-4°)* « , 3° et 5° » du I, il est tenu compte des trimestres réputés cotisés auprès de l'ensemble des régimes obligatoires, au titre de ces mêmes dispositions ou des dispositions réglementaires ayant le même objet et se rapportant, respectivement, aux périodes de même nature.

Le nombre de trimestres ayant donné lieu à cotisations ou réputés tels ne peut excéder quatre pour une même année civile.

Les dispositions issues des art. 1er à 4 du Décr. n° 2012-847 du 2 juill. 2012 sont applicables aux pensions prenant effet à compter du 1er nov. 2012 (Décr. préc., art. 14).

Les dispositions issues du Décr. n° 2014-350 du 19 mars 2014 sont applicables aux pensions prenant effet à compter du 1er avr. 2014 (Décr. préc., art. 5).

Service national : situation des objecteurs de conscience. En limitant à quatre trimestres la prise en compte des périodes de service national pour l'appréciation de la durée d'assurance requise pour l'abaissement de l'âge d'ouverture des droits à pension de retraite prévu par l'art. L. 351-1-1 CSS pour les assurés relevant du régime des carrières longues, alors que l'obtention du statut d'objecteur de conscience était assortie d'un service d'une durée double de celle des autres formes du service national, les dispositions de l'art. D. 351-1-2, 1° CSS introduisent au détriment des assurés ayant relevé du statut des objecteurs de conscience une différence de traitement qui ne repose sur aucune justification objective et raisonnable et sont ainsi incompatibles avec les exigences des stipulations combinées des art. 14 de la Conv. EDH et 1er du protocole additionnel n° 1 à ladite Convention. Les juges sont donc fondés à prendre en compte les trimestres supplémentaires liés à ces périodes. • Civ. 2e, 20 sept. 2018, n° 17-21.576 P : *RJS 12/2018, n° 778.*

Art. D. 351-1-3 *(Décr. n° 2003-1036 du 30 oct. 2003, art. 1er)* **Pour l'application de la condition de début d'activité mentionnée à l'article D. 351-1-1, sont considérés comme ayant débuté leur activité avant l'âge de** *(Décr. n° 2010-1734 du 30 déc. 2010, art. 2-II)* **« seize, dix-sept ou** *(Décr. n° 2012-847 du 2 juill. 2012, art. 1er-3°)* **« vingt » ans » les assurés justifiant :**

1° D'une durée d'assurance d'au moins cinq trimestres à la fin de l'année au cours de laquelle est survenu, respectivement, leur *(Décr. n° 2010-1734 du 30 déc. 2010, art. 2-II)* **« seizième, dix-septième ou »** *(Décr. n° 2012-847 du 2 juill. 2012, art. 1er-3°)* **« vingtième » anniversaire ;**

2° S'ils sont nés au cours du quatrième trimestre et ne justifient pas de la durée d'assurance prévue au 1° du présent article, d'une durée d'assurance d'au moins quatre trimestres *(Décr. n° 2012-847 du 2 juill. 2012, art. 1er-4°)* **« à la fin de » l'année au cours de laquelle est survenu, respectivement, leur** *(Décr. n° 2010-1734 du 30 déc. 2010, art. 2-II)* **« seizième, dix-septième ou »** *(Décr. n° 2012-847 du 2 juill. 2012, art. 1er-3°)* **« vingtième » anniversaire.**

Les dispositions du Décr. n° 2003-1036 du 30 oct. 2003 sont applicables aux pensions prenant effet postérieurement au 31 déc. 2003.

Les dispositions issues du Décr. n° 2010-1734 du 30 déc. 2010 sont applicables aux pensions prenant effet à compter du 1er juill. 2011 (Décr. préc., art. 11).

Les dispositions issues du Décr. n° 2012-847 du 2 juill. 2012 sont applicables aux pensions prenant effet à compter du 1er nov. 2012 (Décr. préc., art. 14).

Art. D. 351-1-4 *(Décr. n° 2006-1611 du 15 déc. 2006 ; Décr. n° 2008-1509 du 30 déc. 2008, art. 5)* **« La majoration prévue à l'article L. 351-1-2 pour la période d'assurance accomplie après** *(Décr. n° 2010-1734 du 30 déc. 2010, art. 3-1°)* **« l'âge prévu au premier alinéa de l'article L. 351-1 » et au-delà de la durée d'assurance et de périodes reconnues équivalentes mentionnée au deuxième alinéa de l'article L. 351-1 est égale, pour chaque trimestre accompli à compter du 1er janvier 2004 et avant le 1er janvier 2009, à :**

« 1° 0,75 % du premier au quatrième trimestre ;

« 2° 1 % au-delà du quatrième trimestre ;

« 3° ou, quel que soit son rang, 1,25 % pour chaque trimestre accompli après le soixante-cinquième anniversaire de l'assuré.

« La majoration est égale à 1,25 % pour chaque trimestre accompli à compter du 1er janvier 2009. »

(Décr. n° 2004-156 du 16 févr. 2004, art. 1er) **Pour l'application du présent article, il est retenu au titre de l'année** *(Décr. n° 2010-1734 du 30 déc. 2010, art. 3-2°)* **« au cours de laquelle l'assuré a atteint l'âge prévu au premier alinéa de l'article L. 351-1 ou soixante-cinq ans » un nombre de trimestres égal au nombre de trimestres civils entiers suivant celui au cours duquel** *(Décr. n° 2010-1734 du 30 déc. 2010, art. 3-2°)* **« cet âge a été atteint ».** *(Abrogé par Décr. n° 2006-1611 du 15 déc. 2006)* ***« Dans le cas où la durée d'assurance visée à l'article L. 351-1-2 au titre de cette année est inférieure à quatre trimestres, ce nombre est réduit au prorata et arrondi, s'il y a lieu, soit à l'entier supérieur si la première décimale est égale ou supérieure à 5, soit à l'entier inférieur dans le cas contraire. »***

La durée d'assurance prise en compte au-delà de la limite mentionnée au deuxième alinéa de l'article L. 351-1 ne peut excéder quatre trimestres par année.

(Décr. n° 2008-1509 du 30 déc. 2008, art. 6) **« La majoration prévue au présent article est calculée avant la majoration prévue à l'article L. 351-12. »** – *Ces dispositions sont*

applicables aux pensions prenant effet à compter du 1er avr. 2009 (Décr. n° 2008-1509 du 30 déc. 2008, art. 8).

Les dispositions issues du Décr. n° 2006-1611 du 15 déc. 2006 sont applicables aux pensions prenant effet à compter du 1er janv. 2007 (Décr. n° 2006-1611 du 15 déc. 2006).

Les dispositions issues du Décr. n° 2010-1734 du 30 déc. 2010 sont applicables aux pensions prenant effet à compter du 1er juill. 2011 (Décr. préc., art. 11).

Art. D. 351-1-5 *(Décr. n° 2004-232 du 17 mars 2004, art. 1er)* **I. – L'âge prévu au premier alinéa de l'article L. 351-1 est abaissé, en application de l'article L. 351-1-3 :**

1. A cinquante-cinq ans pour les assurés handicapés qui ont accompli dans le régime général, et, le cas échéant, dans un ou plusieurs autres régimes obligatoires, alors qu'ils étaient atteints d'une incapacité permanente au moins égale à celle prévue à l'article D. 351-1-6 *(Décr. n° 2010-1734 du 30 déc. 2010, art. 4-I)* **« ou avaient été reconnus travailleurs handicapés au sens de l'article L. 5213-2 du code du travail »,** *(Décr. n° 2014-1702 du 30 déc. 2014, art. 1er-I)* **« avant le 1er janvier 2016 et en prenant en compte, dans ce dernier cas, les périodes d'assurance antérieures à cette date, » une durée d'assurance ou de périodes reconnues équivalentes au moins égale à la limite fixée en vertu du deuxième alinéa de l'article L. 351-1 diminuée de 40 trimestres et une durée d'assurance ayant donné lieu à cotisations à leur charge au moins égale à cette même limite diminuée de 60 trimestres ;**

2. A cinquante-six ans pour ceux qui ont accompli, dans les conditions prévues au 1°, une durée d'assurance ou de périodes reconnues équivalentes au moins égale à la limite fixée en vertu du deuxième alinéa de l'article L. 351-1 diminuée de 50 trimestres et une durée d'assurance ayant donné lieu à cotisations à leur charge au moins égale à cette même limite diminuée de 70 trimestres ;

3. A cinquante-sept ans pour ceux qui ont accompli, dans les conditions prévues au 1°, une durée d'assurance ou de périodes reconnues équivalentes au moins égale à la limite fixée en vertu du deuxième alinéa de l'article L. 351-1 diminuée de 60 trimestres et une durée d'assurance ayant donné lieu à cotisations à leur charge au moins égale à cette même limite diminuée de 80 trimestres ;

4. A cinquante-huit ans pour ceux qui ont accompli, dans les conditions prévues au 1°, une durée d'assurance ou de périodes reconnues équivalentes au moins égale à la limite fixée en vertu du deuxième alinéa de l'article L. 351-1 diminuée de 70 trimestres et une durée d'assurance ayant donné lieu à cotisations à leur charge au moins égale à cette même limite diminuée de 90 trimestres ;

5. A cinquante-neuf ans pour ceux qui ont accompli, dans les conditions prévues au 1°, une durée d'assurance ou de périodes reconnues équivalentes au moins égale à la limite fixée en vertu du deuxième alinéa de l'article L. 351-1 diminuée de 80 trimestres et une durée d'assurance ayant donné lieu à cotisations à leur charge au moins égale à cette même limite diminuée de 100 trimestres. *– Ces dispositions sont applicables aux pensions prenant effet postérieurement au 30 juin 2004 (Décr. n° 2004-232 du 17 mars 2004, art. 5).*

(Décr. n° 2005-1774 du 30 déc. 2005) **« II. – Pour l'application de la majoration de pension prévue à l'article L. 351-1-3, la pension est augmentée à proportion d'un nombre égal au tiers du quotient formé par la durée d'assurance dans le régime accomplie alors que l'assuré justifiait du taux d'incapacité permanente prévu au même article** *(Décr. n° 2010-1734 du 30 déc. 2010, art. 4-I)* **« ou avait été reconnu travailleur handicapé au sens de l'article L. 5213-2 du code du travail »** *(Décr. n° 2014-1702 du 30 déc. 2014, art. 1er-I)* **« avant le 1er janvier 2016 et en prenant en compte, dans ce dernier cas, les périodes d'assurance antérieures à cette date, » et ayant donné lieu à cotisations à sa charge, d'une part, et la durée d'assurance accomplie dans le régime au sens du troisième alinéa de l'article L. 351-1, d'autre part. Ce nombre est arrondi, le cas échéant, au centième le plus proche.**

« L'application de cette majoration ne peut avoir pour effet de porter la pension à un montant supérieur à celui qu'elle aurait atteint, sans cette majoration, dans le cas d'une durée d'assurance dans le régime égale à la limite mentionnée au troisième alinéa de l'article L. 351-1.

« La pension majorée en application des alinéas précédents est portée, le cas échéant, au montant minimum mentionné à l'article L. 351-10. » *– Les dispositions issues du Décr.*

n° 2005-1774 du 30 déc. 2005 sont applicables aux pensions prenant effet postérieurement au 31 déc. 2005 (Décr. préc., art. 4).

Art. D. 351-1-6 *(Décr. n° 2004-232 du 17 mars 2004, art. 1er)* **Le taux d'incapacité permanente prévu à l'article L. 351-1-3 est celui fixé** *(Décr. n° 2014-1702 du 30 déc. 2014, art. 3-1°)* **« au deuxième alinéa de l'article D. 821-1 ».**

L'assuré qui demande le bénéfice des dispositions de l'article L. 351-1-3 produit, à l'appui de sa demande, les pièces justifiant de la décision relative à son taux d'incapacité permanente prononcée par *(Décr. n° 2014-1702 du 30 déc. 2014, art. 3-2°)* **« les maisons départementales des personnes handicapées prévues à l'article L. 146-3 du code de l'action sociale et des familles. Un arrêté du ministre chargé de la sécurité sociale fixe la liste des pièces justificatives et documents permettant d'attester du taux d'incapacité requis ou de l'existence de situations équivalentes du point de vue de l'impact des altérations fonctionnelles de la personne concernée, qu'il définit. »**

Ces dispositions sont applicables aux pensions prenant effet postérieurement au 30 juin 2004 (Décr. n° 2004-232 du 17 mars 2004, art. 5). — V. Arr. du 5 juill. 2004 (JO 30 juill.).

Art. D. 351-1-7 *(Décr. n° 2014-1702 du 30 déc. 2014, art. 16-II)* **Le taux prévu à l'article L. 351-4-2 est égal ou supérieur à 80 %. Il est apprécié d'après le guide-barème pour l'évaluation des déficiences et incapacités des personnes handicapées figurant à l'annexe 2-4 du code de l'action sociale et des familles (partie réglementaire).**

Art. D. 351-1-8 *(Décr. n° 2011-353 du 30 mars 2011)* **Pour l'application de l'article L. 351-1-4, l'âge prévu au premier alinéa de l'article L. 351-1 est abaissé à soixante ans.**

Les dispositions issues du Décr. n° 2011-353 du 30 mars 2011 sont applicables aux pensions de retraite prenant effet à compter du 1er juill. 2011 (Décr. préc., art. 3).

V. Circ. n° DSS/SD2/2011/151 du 18 avr. 2011 relative à la mise en œuvre de la retraite à raison de la pénibilité.

Art. D. 351-1-9 *(Décr. n° 2011-353 du 30 mars 2011)* **Le taux d'incapacité permanente mentionné au I de l'article L. 351-1-4 est fixé à 20 %. Ce taux peut être atteint par l'addition de plusieurs taux d'incapacité permanente reconnus à la suite d'une maladie professionnelle ou d'un accident du travail ayant entraîné des lésions identiques à celles indemnisées au titre d'une maladie professionnelle, sous réserve qu'un taux d'incapacité permanente au moins égal à 10 % ait été reconnu au titre d'une même maladie professionnelle ou d'un même accident du travail.**

V. notes ss. art. D. 351-1-8.

Art. D. 351-1-10 *(Décr. n° 2011-353 du 30 mars 2011)* **I. — Le taux d'incapacité permanente mentionné au 1° du III de l'article L. 351-1-4 est fixé à 10 %. Ce taux doit être atteint au titre d'une même maladie professionnelle ou d'un même accident du travail.**

II. — La durée d'exposition mentionnée au 2° du III de l'article L. 351-1-4 est fixée à dix-sept ans.

V. notes ss. art. D. 351-1-8.

Art. D. 351-1-11 *(Décr. n° 2011-353 du 30 mars 2011)* **I. — Il est constitué une commission pluridisciplinaire mentionnée au dernier alinéa du III de l'article L. 351-1-4 pour chaque caisse chargée de la liquidation des pensions de retraite du régime général.**

La commission pluridisciplinaire compétente est celle de la caisse chargée d'apprécier la demande de pension de retraite en application de l'article R. 173-3-1.

II. — La commission pluridisciplinaire comprend :

1° Le directeur de la caisse chargée de la liquidation des pensions de retraite du régime général ou son représentant intervenant au titre de l'assurance vieillesse ;

2° Le médecin-conseil régional mentionné à l'article R. 315-3 ou un médecin-conseil de l'échelon régional du contrôle médical de la Caisse nationale d'assurance maladie des travailleurs salariés qu'il désigne pour le représenter ;

3° L'ingénieur-conseil chef du service de prévention de la caisse mentionnée à l'article L. 215-1 ou à l'article L. 215-3, ou son représentant ;

4° Le professeur des universités-praticien hospitalier ou le praticien hospitalier mentionnés au 3° de l'article D. 461-27, ou leur représentant ;

5° Le directeur régional des entreprises, de la concurrence, de la consommation, du travail et de l'emploi, ou son représentant.

En tant que de besoin, la commission pluridisciplinaire peut recueillir l'avis du médecin inspecteur régional du travail mentionné à l'article L. 8123-1 du code du travail ou, à défaut, d'un médecin du travail désigné par le directeur régional des entreprises, de la concurrence, de la consommation, du travail et de l'emploi.

L'assuré peut être, à son initiative ou à celle de la commission, entendu par la commission pluridisciplinaire. Il peut se faire assister par une personne de son choix.

Le secrétariat de la commission pluridisciplinaire est assuré par la caisse chargée de la liquidation des pensions de retraite du régime général.

Les membres de la commission pluridisciplinaire sont astreints au secret professionnel. Ils sont remboursés de leurs frais de déplacement. Le membre mentionné au 4° perçoit pour sa participation aux travaux de la commission une rémunération dans des conditions fixées par arrêté des ministres chargés de la sécurité sociale et du budget.

V. notes ss. art. D. 351-1-8.

Art. D. 351-1-12 *(Décr. n° 2011-353 du 30 mars 2011)* La commission pluridisciplinaire se prononce au vu d'un dossier comprenant :

1° La notification de rente prévue à l'article R. 434-32 et la notification de la date de consolidation prévue à l'article R. 433-17 ;

2° Les justifications apportées par l'assuré quant aux conditions mentionnées aux 2° et 3° du III de l'article L. 351-1-4, reposant sur tout document à caractère individuel remis à celui-ci dans le cadre de son activité professionnelle et attestant de cette activité, notamment les bulletins de paie, contrats de travail et *(Décr. n° 2015-1888 du 30 déc. 2015, art. 2)* « tout document comportant des informations relatives à l'exposition aux risques professionnels mentionnés *[mentionné]* à l'article L. 4161-1 du code du travail ».

V. notes ss. art. D. 351-1-8.

SOUS-SECTION 2 BÉNÉFICIAIRES DE L'INDEMNITÉ DE SOINS AUX TUBERCULEUX

Néant.

SECTION III PENSION POUR INAPTITUDE AU TRAVAIL

Néant.

SECTION IV DISPOSITIONS PROPRES À CERTAINES CATÉGORIES D'ASSURÉS

Néant.

SECTION V TAUX ET MONTANT DE LA PENSION

Art. D. 351-2 Bénéficient du "taux plein" même s'ils ne justifient pas de la durée requise d'assurance ou de périodes équivalentes dans le régime général ou un ou plusieurs autres régimes obligatoires, les anciens prisonniers de guerre ou les anciens combattants titulaires de la carte du combattant, lorsque, sur leur demande, leur pension est liquidée avant l'âge de soixante-cinq ans et à partir de :

1° Soixante-quatre ans pour ceux dont la durée de captivité et des services militaires en temps de guerre a été de six à dix-sept mois ;

2° Soixante-trois ans pour ceux dont la durée de captivité et des services militaires en temps de guerre a été de dix-huit à vingt-neuf mois ;

3° Soixante-deux ans pour ceux dont la durée de captivité et des services militaires en temps de guerre a été de trente à quarante et un mois ;

4° Soixante et un ans pour ceux dont la durée de captivité et des services militaires en temps de guerre a été de quarante-deux à cinquante-trois mois ;

5° Soixante ans pour ceux dont la durée de captivité et des services militaires en temps de guerre a été d'au moins cinquante-quatre mois et pour les anciens prisonniers de guerre évadés justifiant d'une captivité d'au moins six mois ou rapatriés pour maladie.

Le temps de captivité prévu au deuxième alinéa de l'article L. 351-8 au-delà duquel les anciens prisonniers de guerre évadés peuvent choisir le régime le plus favorable est fixé à cinq mois.

Pour bénéficier de ces dispositions, les intéressés devront justifier de la durée de leur captivité et de leurs services militaires en temps de guerre, dans les forces françaises ou alliées, au moyen de la production de leur livret militaire ou d'une attestation délivrée par l'autorité militaire compétente ou par le ministère ou l'office national des anciens combattants.

Art. D. 351-2-1 *(Décr. nº 2003-1279 du 26 déc. 2003, art. 1er)* Le montant minimum auquel est portée, lors de sa liquidation, la pension de vieillesse au taux plein en application de l'article L. 351-10 est fixé à *(Décr. nº 2007-1899 du 26 déc. 2007)* « 6 958,21 € » par an au *(Décr. nº 2007-1899 du 26 déc. 2007)* « 1er janvier 2008. »

Seuls peuvent bénéficier de l'intégralité du montant minimum les titulaires d'une pension de vieillesse correspondant à une durée d'assurance accomplie dans le régime général de sécurité sociale au moins égale à la limite prévue au troisième alinéa de l'article L. 351-1 applicable à l'assuré.

Lorsque cette durée est inférieure à la limite prévue à l'alinéa précédent, le montant minimum est réduit au prorata du nombre de trimestres d'assurance effectivement accomplis rapporté à ladite limite.

(Décr. nº 2008-1509 du 30 déc. 2008, art. 6) « Sous réserve de la condition prévue à la deuxième phrase du premier alinéa de l'article L. 351-10, » ce montant minimum est majoré au titre des périodes ayant donné lieu à cotisations à la charge de l'assuré, de façon à atteindre *(Décr. nº 2007-1899 du 26 déc. 2007)* « 7 603,41 € » par an au *(Décr. nº 2007-1899 du 26 déc. 2007)* « 1er janvier 2008 » lorsque le total de ces périodes est supérieur ou égal à la limite prévue au troisième alinéa de l'article L. 351-1 applicable à l'assuré. Il est éventuellement réduit dans les conditions prévues au troisième alinéa du présent article.

Les montants prévus aux alinéas précédents sont revalorisés aux mêmes dates et dans les mêmes conditions que celles prévues pour les pensions de vieillesse par l'article L. 161-23-1.

(Décr. nº 2008-1509 du 30 déc. 2008, art. 6) « Au montant minimum déterminé s'ajoutent, le cas échéant, les bonifications, majorations et rentes mentionnées au deuxième et au troisième alinéa de l'article L. 351-10. La majoration prévue à l'article L. 351-1-2 est calculée sur la base du montant de pension avant qu'il ne soit porté au montant minimum. »

Les dispositions issues du Décr. nº 2008-1509 du 30 déc. 2008 sont applicables aux pensions prenant effet à compter du 1er avr. 2009 (Décr. préc., art. 8).

Art. D. 351-2-2 *(Décr. nº 2008-1509 du 30 déc. 2008, art. 7)* La durée d'assurance minimale ayant donné lieu à cotisations à la charge de l'assuré prévue à la deuxième phrase du premier alinéa de l'article L. 351-10 est fixée à 120 trimestres.

Pour apprécier la durée d'assurance minimale visée au précédent alinéa, le nombre de trimestres retenu au titre de chaque année civile ne peut être supérieur à quatre.

Ces dispositions sont applicables aux pensions prenant effet à compter du 1er avr. 2009 (Décr. nº 2008-1509 du 30 déc. 2008, art. 8).

SECTION VI MAJORATIONS POUR ENFANTS — MAJORATIONS POUR CONJOINT À CHARGE — AUTRES MAJORATIONS

Néant.

SECTION VII LIQUIDATION — ENTRÉE EN JOUISSANCE

Néant.

SECTION VIII RACHAT

Art. D. 351-3 *(Décr. nº 2003-1376 du 31 déc. 2003, art. 1er)* La faculté de versement de cotisations prévue à l'article L. 351-14-1 est ouverte aux personnes âgées d'au moins vingt ans et *(Décr. nº 2010-1737 du 30 déc. 2010, art. 1er-1, en vigueur le 1er janv.*

2011) « de moins de soixante-sept ans » à la date à laquelle elles présentent la demande de versement, dont la pension de retraite dans le régime général de sécurité sociale n'a pas été liquidée à cette date et qui n'ont pas déjà obtenu la prise en compte, au titre de demandes antérieures, de douze trimestres par l'assurance vieillesse du régime général de sécurité sociale en application de cet article. *— V. note ss. art. D. 351-8.*

Art. D. 351-4 *(Décr. n° 2015-14 du 8 janv. 2015, art. 1er-1°)* « Pour exercer la faculté de versement mentionnée à l'article D. 351-3, l'intéressé présente une demande comportant, à peine d'irrecevabilité :

« 1° La mention de l'option prévue à l'article D. 351-7 et de l'échelonnement choisi en application de l'article D. 351-11 ou du IV de l'article D. 351-14-1 ;

« 2° Les mentions et pièces justificatives permettant d'identifier l'intéressé et d'apprécier ses revenus au regard des seuils fixés au 3° de l'article D. 351-8 ;

« 3° Les mentions et pièces justificatives permettant de déterminer les périodes au titre desquelles elle est présentée ;

« 4° Les mentions et pièces justificatives permettant d'apprécier la situation de l'intéressé au regard des conditions mentionnées au 1° du I de l'article L. 351-14-1, relatives à l'obtention du diplôme ou à la scolarité assimilée à l'obtention d'un diplôme et à l'affiliation au régime, et au regard des conditions posées au II du même article, relatives au caractère initial de la formation et au respect du délai de présentation de la demande.

« La liste de ces mentions et pièces justificatives est fixée par arrêté du ministre chargé de la sécurité sociale ainsi que, s'agissant de l'enseignement et des revenus agricoles, du ministre chargé de l'agriculture. » *— V. Arr. du 19 mai 2015 établissant la liste des mentions et pièces justificatives permettant d'accéder aux versements pour la retraite (JO 12 juin).*

Pour l'application du 1° *(Décr. n° 2015-14 du 8 janv. 2015, art. 1er-1°)* « du I de l'article L. 351-14-1 », la demande adressée au régime général de sécurité sociale n'est recevable par ce régime que s'il est le premier régime où l'assuré a été affilié et où a été validé au moins un trimestre postérieurement à l'obtention du diplôme afférent à la période d'étude mentionnée dans la demande ou à l'issue de la scolarité assimilée à l'obtention d'un diplôme.

Pour l'application du 2° *(Décr. n° 2015-14 du 8 janv. 2015, art. 1er-1°)* « du I de l'article L. 351-14-1 », la demande adressée au régime général est recevable par ce régime dès lors qu'un report de salaire au compte de l'assuré a été effectué ou une période assimilée ou une période reconnue équivalente à une période d'assurance a été validée au titre de l'année considérée.

La demande est adressée à la caisse chargée de l'assurance vieillesse du régime général de sécurité sociale dans le ressort de laquelle se trouve la résidence de l'assuré ou, en cas de résidence à l'étranger, la caisse dont il relevait lors du dernier report de salaire à son compte. *— V. note ss. art. D. 351-8.*

Art. D. 351-5 *(Décr. n° 2003-1376 du 31 déc. 2003, art. 1er)* La demande de versement prévue à l'article D. 351-4 est prise en compte pour un nombre entier de trimestres.

Pour l'application du présent article aux demandes afférentes aux périodes visées au 1° *(Décr. n° 2015-14 du 8 janv. 2015, art. 1er-2°)* « du I de l'article L. 351-14-1 », est considérée comme égale à un trimestre toute période de quatre-vingt-dix jours successifs au cours de laquelle l'intéressé a eu soit la qualité d'élève d'un établissement, école ou classe mentionné au premier alinéa *(Décr. n° 2015-14 du 8 janv. 2015, art. 1er-2°)* « du I de l'article L. 351-14-1 » et ayant conduit à l'obtention d'un diplôme, soit la qualité d'élève d'une grande école ou d'une classe préparatoire à une grande école *(Abrogé par Décr. n° 2015-14 du 8 janv. 2015, art. 1er-2°)* « ***, et au cours de laquelle il n'a pas relevé à titre obligatoire ou volontaire d'un régime d'assurance vieillesse*** ».

Lorsque la période de quatre-vingt-dix jours couvre deux années civiles successives, elle peut être considérée comme ayant été effectuée au cours de l'une ou l'autre de ces années, dans la limite prévue à l'article D. 351-6. *— V. note ss. art. D. 351-8.*

Art. D. 351-6 *(Décr. n° 2003-1376 du 31 déc. 2003, art. 1er)* La prise en compte du versement effectué en application des dispositions de l'article L. 351-14-1 ne peut avoir pour effet de porter à plus de quatre le nombre de trimestres d'assurance au titre d'une même année civile pris en compte par le régime général de sécurité sociale. — *V. note ss. art. D. 351-8.*

Art. D. 351-7 *(Décr. nº 2003-1376 du 31 déc. 2003, art. 1er)* Le versement est pris en compte, au choix de l'assuré :

1° Soit au titre de l'atténuation du coefficient de minoration mentionné à l'article R. 351-27, sans que le versement soit pris en compte dans la durée d'assurance mentionnée au troisième alinéa de l'article L. 351-1 ;

2° Soit au titre de l'atténuation du coefficient de minoration mentionné à l'article R. 351-27 et pour être pris en compte dans la durée d'assurance mentionnée au troisième alinéa de l'article L. 351-1.

(Abrogé par Décr. nº 2009-1739 du 30 déc. 2009, art. 2) (Décr. nº 2006-879 du 17 juill. 2006) ***« Le versement ne peut être pris en compte ni pour la détermination de la durée d'assurance ou de périodes reconnues équivalentes, ni pour celle de la durée d'assurance ayant donné lieu à cotisations à la charge de l'assuré, mentionnées aux articles D. 351-1-1 et D. 351-1-5, lorsqu'il se rapporte à une période postérieure à la fin de l'année au cours de laquelle est survenu le dix-septième anniversaire du demandeur. »***

Le choix de l'assuré est exprimé dans la demande et est irrévocable. — *V. note ss. art. D. 351-8.*

Art. D. 351-8 *(Décr. nº 2003-1376 du 31 déc. 2003, art. 1er)* I. — En vue d'assurer la neutralité actuarielle du versement prévue à l'article L. 351-14-1, le montant du versement à effectuer au titre de chaque trimestre est égal, pour un âge donné, à la valeur, actualisée à l'année au cours de laquelle *(Décr. nº 2008-1383 du 19 déc. 2008)* « l'assuré présente sa demande » et majorée d'un coefficient forfaitaire représentatif des avantages de réversion, de la différence entre :

1° Si le versement est effectué au titre du 1° de l'article D. 351-7, d'une part, la somme actualisée d'une pension de référence liquidée mensuellement, à terme échu, à l'âge *(Décr. nº 2010-1737 du 30 déc. 2010, art. 1er-2)* « de soixante-deux ans », calculée sur la base d'un salaire annuel moyen déterminé selon les modalités prévues à l'article R. 351-29 et égal, pour chacune des années prises en compte, au salaire défini au 3° du présent article et liquidée au taux de 50 % et, d'autre part, la somme actualisée de cette même pension liquidée au taux de 50 % minoré de 0,625 point, cette différence étant multipliée par un rapport fixé à *(Décr. nº 2015-332 du 24 mars 2015, art. 1er-I)* « 171/172 » ;

2° Si le versement est effectué au titre du 2° de l'article D. 351-7, d'une part, la somme actualisée d'une pension de référence liquidée mensuellement, à terme échu, à l'âge *(Décr. nº 2010-1737 du 30 déc. 2010, art. 1er-2)* « de soixante-deux ans », et calculée sur la base d'un salaire annuel moyen déterminé selon les modalités prévues à l'article R. 351-29 et égal, pour chacune des années prises en compte, au salaire défini au 3° du présent article et liquidée à un taux égal à 50 %, et, d'autre part, la somme actualisée de cette même pension liquidée au taux de 50 % minoré de 0,625 point et multipliée par un rapport fixé à *(Décr. nº 2015-332 du 24 mars 2015, art. 1er-I)* « 171/172 ».

3° Pour l'application des 1° et 2° du I du présent article, la pension de référence est déterminée en fonction de la moyenne annuelle du total des salaires et des revenus d'activité non salariée perçus par l'assuré au cours des trois dernières années. Le salaire ou revenu annuel moyen pris en compte est égal à :

a) Lorsque la moyenne annuelle mentionnée au premier alinéa du présent 3° n'excède pas une limite fixée à 75 % du montant annuel du plafond mentionné à l'article L. 241-3 en vigueur au 1er janvier de l'année au cours de laquelle *(Décr. nº 2008-1383 du 19 déc. 2008)* « l'assuré présente sa demande », à 75 % de la valeur moyenne des plafonds annuels actualisés afférents aux vingt-cinq années précédant celle au cours de laquelle il atteindra l'âge *(Décr. nº 2010-1737 du 30 déc. 2010, art. 1er-2)* « de soixante-deux ans » ;

b) Lorsque la moyenne annuelle mentionnée au premier alinéa du présent 3° est supérieure à 75 % et n'excède pas 100 % du montant annuel du plafond mentionné à l'article L. 241-3 en vigueur au 1er janvier de l'année au cours de laquelle *(Décr. nº 2008-1383 du 19 déc. 2008)* « l'assuré présente sa demande », au produit de cette moyenne annuelle par le rapport entre, d'une part, la valeur moyenne des plafonds annuels actualisés afférents aux vingt-cinq années précédant celle au cours de laquelle il atteindra l'âge *(Décr. nº 2010-1737 du 30 déc. 2010, art. 1er-2)* « de soixante-deux ans » et, d'autre part, le montant annuel du plafond mentionné à l'article L. 241-3 en vigueur au 1er janvier de l'année au cours de laquelle *(Décr. nº 2008-1383 du 19 déc. 2008)* « l'assuré présente sa demande » ;

c) Lorsque la moyenne annuelle mentionnée au premier alinéa du présent 3° excède le montant annuel du plafond mentionné à l'article L. 241-3 en vigueur au 1er janvier de l'année au cours de laquelle *(Décr. nº 2008-1383 du 19 déc. 2008)* « l'assuré présente sa demande », à la valeur moyenne des plafonds annuels actualisés afférents aux vingt-cinq années précédant celle au cours de laquelle il atteindra l'âge *(Décr. nº 2010-1737 du 30 déc. 2010, art. 1er-2)* « de soixante-deux ans ».

4° Pour l'application du 3° du I du présent article :

a) Sont pris en compte, pour les *(Décr. nº 2008-1383 du 19 déc. 2008)* « demandes de versement présentées » au cours d'une période allant du 1er juillet d'une année au 30 juin de l'année suivante, les salaires et revenus d'activité non salariée perçus au cours de chacune des trois années civiles précédant celle où débute cette période, soumis à cotisations de sécurité sociale et non limités au plafond mentionné à l'article L. 241-3 ;

b) Les salaires et revenus mentionnés au premier alinéa du 3° du I du présent article sont revalorisés des coefficients applicables aux salaires pris en compte pour le calcul des pensions intervenus depuis l'année considérée et jusqu'à l'année au cours de laquelle *(Décr. nº 2008-1383 du 19 déc. 2008)* « l'assuré présente sa demande » ;

c) La moyenne annuelle des salaires et revenus mentionnés au premier alinéa du 3° du I du présent article est calculée sur la ou les années au cours desquelles l'assuré a perçu de tels salaires ou revenus ;

d) Lorsque l'assuré n'a perçu aucun des salaires et revenus mentionnés au premier alinéa du 3° du I du présent article au cours des trois dernières années, la pension de référence est déterminée selon les modalités prévues au *a* dudit 3°.

II. — L'actualisation prévue au premier alinéa du I du présent article est effectuée en appliquant un taux décroissant en fonction de l'âge de l'assuré, apprécié à la date à laquelle *(Décr. nº 2008-1383 du 19 déc. 2008)* « il présente sa demande », selon les modalités suivantes :

a) 4 % pour les assurés âgés de moins de vingt-quatre ans ;

b) Le taux prévu à l'alinéa précédent diminué de 0,05 point par année d'âge à partir de l'âge de vingt-quatre ans ;

c) *(Décr. nº 2010-1737 du 30 déc. 2010, art. 1er-2)* « 2,05 % pour les assurés âgés de soixante-deux ans. »

Les modalités d'actualisation des sommes mentionnées au présent article sont fixées à l'article D. 351-9. Un arrêté des ministres chargés de la sécurité sociale et du budget précise, pour chaque année, le barème des versements applicables aux assurés *(Décr. nº 2010-1737 du 30 déc. 2010, art. 1er-2)* « atteignant au moins vingt ans et moins de soixante-sept ans » au cours de cette année. *(Décr. nº 2006-879 du 17 juill. 2006)* « A défaut de publication de cet arrêté avant le 1er janvier d'une année, demeure applicable pour cette année le barème de l'année précédente. » — *Pour l'année 2015 et par dérogation à la dernière phrase de cet al., le barème fixé par l'arrêté pris en application de l'art. D. 351-8, dans sa version résultant du Décr. nº 2015-332 du 24 mars 2015, est applicable aux demandes présentées à compter du lendemain de la publication de cet arrêté (Décr. préc., art. 3).*

(Décr. nº 2008-1383 du 19 déc. 2008) « Pour les assurés *(Décr. nº 2010-1737 du 30 déc. 2010, art. 1er-2)* « âgés de plus de soixante-deux ans » l'année au cours de laquelle ils présentent leur demande, le montant du versement est déterminé sur la base du barème applicable pour les assurés *(Décr. nº 2010-1737 du 30 déc. 2010, art. 1er-2)* « âgés de soixante-deux ans » et diminué de 2,5 % par année révolue au-delà de cet âge. »

Les dispositions issues du Décr. nº 2006-879 du 17 juill sont applicables aux demandes de versement reçues, ou aux versements interrompus, postérieurement au 31 déc. 2005 (Décr. préc., art. 1er).

Par dérogation aux dispositions du premier al. du II de l'art. D. 351-8, pour les demandes acceptées en 2006 présentées par des personnes âgées de moins de 54 ans en 2004 et d'au moins 20 ans en 2004 :

1º L'âge pris en compte est celui atteint à la date d'acceptation de la demande, diminué de 2 ans ;

2° B est l'âge atteint par l'assuré à la date à laquelle il est informé de l'acceptation de sa demande diminué de 2 ans (Décr. préc., art. 7).

Les dispositions issues du Décr. n° 2008-1383 du 19 déc. 2008 sont applicables aux demandes de versements reçues postérieurement au 24 déc. 2008, date de publication dudit décret au JO (Décr. préc., art. 7).

Les dispositions issues du Décr. n° 2010-1737 du 30 déc. 2010 entrent en vigueur le 1er janv. 2011 (Décr. préc., art. 3-III).

Par dérogation aux dispositions du Décr. n° 2010-1737 du 30 déc. 2010, le montant du versement est majoré d'un coefficient tenant compte de la génération de l'assuré, déterminé comme suit et appliqué au barème fixé chaque année par l'arrêté prévu à l'art. D. 351-8 CSS :

1,06 pour les assurés nés avant le 1er juill. 1951 ;

1,05 pour les assurés nés entre le 1er juill. 1951 et le 31 déc. 1951 ;

1,04 pour les assurés nés en 1952 ;

1,03 pour les assurés nés en 1953 ;

1,01 pour les assurés nés en 1954 ;

Par dérogation à la troisième phrase de l'avant-dernier alinéa de l'art. D. 351-8 CSS, le barème de versement applicable aux demandes présentées au cours de l'année 2011 est fixé par arrêté des ministres chargés de la sécurité sociale et du budget (Décr. n° 2010-1737 du 30 déc. 2010, art. 3-I et II, mod. par Décr. n° 2011-2034 du 29 déc. 2011, art. 2).

Art. D. 351-9 *(Décr. n° 2003-1376 du 31 déc. 2003, art. 1er)* **Pour l'application de l'article D. 351-8, la valeur d'un trimestre est déterminée sur la base des paramètres et en application des formules suivantes :**

1° La valeur annuelle du plafond de la sécurité sociale prise en compte pour chacune des années postérieures à l'année au cours de laquelle *(Décr. n° 2008-1383 du 19 déc. 2008)* **« l'assuré présente sa demande » est obtenue par l'application** *(Décr. n° 2010-1737 du 30 déc. 2010, art. 1er-3)* **« d'une majoration de 1,8 % » au montant de l'année précédente et la valeur annuelle ou, le cas échéant, la valeur annuelle moyenne des plafonds applicables pour chacune des années antérieures à cette même année est revalorisée par application des coefficients applicables aux salaires pris en compte pour le calcul de la pension intervenus jusqu'à cette même année ;**

2° Le coefficient forfaitaire mentionné au premier alinéa de l'article D. 351-8, représentatif du rapport entre le montant des avantages de réversion et celui des avantages de droit direct de l'assurance vieillesse du régime général de sécurité sociale, est fixé à 10 % ;

3° Les coefficients viagers pris en compte dans la formule ci-après sont déterminés à partir *(Décr. n° 2015-332 du 24 mars 2015, art. 2-1°)* **« des tables de mortalité applicables aux institutions de prévoyance pour les contrats de rente viagère et homologuées par arrêté du ministre chargé de la sécurité sociale » ;**

4° La valeur d'un trimestre est déterminée, selon l'option prévue à l'article D. 351-7, par l'application de la formule suivante :

***a)* Au titre du 1° de l'article D. 351-7 :**

$$P \times 50\,\% \times C \times \left(1 - \frac{1}{D}\right) \times E \times (1 + 10\,\%)$$

***b)* Au titre du 2° de l'article D. 351-7 :**

$$P \times 50\,\% \times \left[1 - (1 - C) \times \left(1 - \frac{1}{D}\right)\right] \times E \times (1 + 10\,\%)$$

où :

P est égal :

***a)* Dans le cas prévu au *a* du 3° du I de l'article D. 351-8, à 75 % de la valeur moyenne des plafonds annuels revalorisés selon les modalités prévues au 1° du présent**

article et afférents aux vingt-cinq années précédant celle au cours de laquelle l'assuré atteint l'âge *(Décr. n° 2010-1737 du 30 déc. 2010, art. 1er-3)* **« de soixante-deux ans » ;**

***b)* Dans le cas prévu au *b* du 3° du I de l'article D. 351-8, au produit de la moyenne annuelle des salaires et revenus d'activité mentionnés au premier alinéa dudit 3° par le rapport entre, d'une part, la valeur moyenne des plafonds annuels revalorisés selon les modalités prévues au 1° du présent article et afférents aux vingt-cinq années précédant celle au cours de laquelle l'assuré atteint l'âge** *(Décr. n° 2010-1737 du 30 déc. 2010, art. 1er-3, en vigueur le 1er janv. 2011)* **« de soixante-deux ans » et, d'autre part, le montant annuel du plafond en vigueur au 1er janvier de l'année au cours de laquelle** *(Décr. n° 2008-1383 du 19 déc. 2008)* **« l'assuré présente sa demande » ;**

***c)* Dans le cas visé au *c* du 3° du I de l'article D. 351-8, à la valeur moyenne des plafonds annuels revalorisés selon les modalités prévues au 1° du présent article et afférents aux vingt-cinq années précédant celle au cours de laquelle l'assuré atteint l'âge** *(Décr. n° 2010-1737 du 30 déc. 2010, art. 1er-3, en vigueur le 1er janv. 2011)* **« de soixante-deux ans » ;**

***C* est le coefficient de minoration fixé à 1,25 % ;**

***D* est la durée maximale d'assurance fixée à** *(Décr. n° 2015-332 du 24 mars 2015, art. 2-2°)* **« 172 » trimestres ;**

***E* est le terme actuariel défini comme correspondant à la rente viagère mensuelle à terme échu égale à une unité pour un intéressé d'âge *B* et un différé égal à *A* – *B*, déterminé selon la formule suivante :**

k = ***(Décr. n° 2010-1737 du 30 déc. 2010, art. 1er-3)*** **« 55 »**

$$E=\left[\sum_{k=0}^{k=55}\left(\frac{1}{(1+i)^{k}}\times\frac{L(A+k)}{L(A)}\right)-\frac{11}{24}-\frac{1}{12}\right]\times\left(\frac{1}{(1+i)^{A-B}}\times\frac{L(A)}{L(B)}\right)$$

où :

***i* est le taux d'actualisation fixé en application de l'article D. 351-8 ;**

***k* est un coefficient dont la valeur varie de 0 à** *(Décr. n° 2010-1737 du 30 déc. 2010, art. 1er-3, en vigueur le 1er janv. 2011)* **« 55 » ;**

***A* est l'âge de référence** *(Décr. n° 2010-1737 du 30 déc. 2010, art. 1er-3, en vigueur le 1er janv. 2011)* **« fixé à soixante-deux ans » ;**

(Décr. n° 2006-879 du 17 juill. 2006) **« *B* est l'âge atteint par l'assuré à la date à laquelle** *(Décr. n° 2008-1383 du 19 déc. 2008)* **« il présente sa demande » ; »**

***L* (*A* + *k*) est l'effectif à l'âge (*A* + *k*) de la génération à laquelle appartient l'assuré, indiqué par les tables mentionnées au 3° ci-dessus ;**

***L* (*A*) est l'effectif à l'âge de soixante ans** *[de soixante-deux ans]* **de la génération à laquelle appartient l'assuré indiqué par les tables mentionnées au 3° ci-dessus ;**

***L* (*B*) est l'effectif à l'âge *B* de la génération à laquelle appartient l'assuré indiqué par les tables mentionnées au 3° ci-dessus.** – *V. notes ss. art. D. 351-8.*

Art. D. 351-10 *(Décr. n° 2003-1376 du 31 déc. 2003, art. 1er)* **Le montant du versement est égal au produit du nombre de trimestres déterminés selon les modalités prévues à l'article D. 351-5, dans la limite de douze trimestres prévue à l'article D. 351-3, par la valeur du trimestre, déterminée selon les modalités prévues à l'article D. 351-8 et compte tenu de l'option choisie par l'intéressé prévue à l'article D. 351-7,** *(Décr. n° 2006-879 du 17 juill. 2006)* **« de l'âge qu'il a atteint à la date à laquelle** *(Décr. n° 2008-1383 du 19 déc. 2008)* **« il présente sa demande » et du taux d'actualisation applicable cette année à cet âge ».** – *V. notes ss. art. D. 351-8.*

Art. D. 351-11 *(Décr. n° 2003-1376 du 31 déc. 2003, art. 1er)* **Lorsque la demande porte sur plus d'un trimestre, l'assuré peut opter pour un échelonnement du versement en échéances mensuelles d'égal montant, compte non tenu de la majoration prévue à l'article D. 351-12, et sur une période :**

1° D'un an ou de trois ans lorsque la demande de versement porte sur au moins deux et au plus huit trimestres ;

2° D'un an, de trois ans ou de cinq ans lorsque la demande de versement porte sur plus de huit trimestres.

L'assuré indique dans la demande la période sur laquelle il s'engage à effectuer le versement dans la limite de la période visée au 1° ou au 2° du présent article.

Le versement ou, en cas d'échelonnement, le premier versement est effectué au plus tard le dernier jour du deuxième mois suivant l'envoi par la caisse de la décision de son admission au bénéfice du versement.

La date de paiement de chaque échéance mensuelle suivante est fixée au dernier jour de chaque mois suivant celui au cours duquel est survenu le premier paiement.

Pour bénéficier de l'échelonnement du paiement du versement, l'assuré autorise la caisse à effectuer, à la date de chaque échéance mensuelle et pour la période choisie dans la limite fixée au 1° ou au 2° du présent article, un prélèvement sur le compte bancaire *(Abrogé par Décr. n° 2006-1116 du 5 sept. 2006, art. 4)* « , **postal** » ou d'épargne. — *V. notes ss. art. D. 351-8.*

Art. D. 351-12 *(Décr. n° 2003-1376 du 31 déc. 2003, art. 1er)* En cas d'échelonnement sur une période de plus de douze mois, le montant de chaque échéance postérieure au dernier jour du onzième mois suivant celui au cours duquel le premier paiement est survenu est majoré par l'application du taux d'évolution prévisionnelle des prix à la consommation, hors tabac, prévu dans le rapport économique, social et financier annexé à la loi de finances pour chacune des années au cours desquelles ces paiements doivent être effectués. — *V. notes ss. art. D. 351-8.*

Art. D. 351-13 *(Décr. n° 2003-1376 du 31 déc. 2003, art. 1er)* La caisse mentionnée à l'article D. 351-4 indique à l'assuré s'il est admis ou non à effectuer un versement. A défaut d'indication dans le délai de deux mois suivant la réception de la demande, lorsqu'elle est recevable, la demande est réputée rejetée.

En cas d'admission, la caisse indique à l'assuré le nombre de trimestres dont il justifie au cours de chacune des années civiles où se situent les périodes dont il demande la prise en compte, le nombre de trimestres susceptibles de faire l'objet d'un versement au titre de ces périodes, compte tenu des limites fixées en application des articles D. 351-3, D. 351-5 et D. 351-6, *(Décr. n° 2015-14 du 8 janv. 2015, art. 1er-3°)* « le montant du versement correspondant à chaque trimestre en fonction de l'option prévue à l'article D. 351-7 et, le cas échéant, de l'abattement mentionné à l'article D. 351-14-1, le montant total du versement correspondant à l'ensemble de ces trimestres ainsi que le montant et, le cas échéant, la date de paiement de chaque échéance correspondant à l'échelonnement prévu à l'article D. 351-11 ou au IV de l'article D. 351-14-1 ».

La décision d'admission informe l'assuré de la majoration de ces versements en application des dispositions de l'article D. 351-12. L'assuré est informé de cette majoration au plus tard le 1er décembre de l'année précédant celle à laquelle elle doit être appliquée. Cette information est accompagnée de l'indication du montant de chaque échéance majorée pour l'année considérée. — *V. note ss. art. D. 351-8.*

Art. D. 351-14 *(Décr. n° 2003-1376 du 31 déc. 2003, art. 1er)* Il est mis fin au versement :

1° En cas de non-paiement ou de paiement partiel du versement non échelonné ;

2° En cas d'échelonnement, à défaut de réception de l'autorisation de prélèvement visée à l'article D. 351-11 ou lorsque le premier paiement n'est pas parvenu pour son montant intégral à la caisse à la date fixée par la décision d'admission au bénéfice du versement ou lorsque le paiement de deux échéances mensuelles, successives ou non, n'a pas été intégralement effectué ;

3° Lorsque l'assuré demande la liquidation de sa pension ;

4° En cas de décès de l'assuré.

Sauf dans le cas prévu au 4° du présent article, l'intéressé est informé par la caisse de l'interruption du versement.

Lors de l'interruption du versement, est pris en compte un nombre de trimestres égal au quotient entier du montant des sommes versées *(Décr. n° 2006-879 du 17 juill. 2006)* « par la valeur du trimestre atteinte à la date de l'interruption après application des dispositions de l'article D. 351-12 ». La fraction du montant versé excédant le produit du nombre de trimestres pris en compte *(Décr. n° 2006-879 du 17 juill. 2006)* « par cette valeur du trimestre » est remboursée à l'assuré dans le délai d'un mois suivant celui au cours duquel il a été informé de l'interruption du versement ou, en cas de décès, versé à l'actif successoral.

Il ne peut être présenté de nouvelle demande avant l'expiration d'un délai de douze mois suivant la date de la notification de l'interruption du versement.

Le versement ne peut être pris en compte avant la date à laquelle le paiement en a été intégralement effectué ou à laquelle il y a été mis fin. — *V. note ss. art. D. 351-8.*

Art. D. 351-14-1 *(Décr. n° 2015-14 du 8 janv. 2015, art. 1er-4°)* I. — En application du II de l'article L. 351-14-1, le montant du versement à effectuer par l'assuré au titre de chaque trimestre pour la prise en compte des périodes mentionnées au 1° du I du même article, déterminé conformément aux articles D. 351-8 et D. 351-9, est abattu d'un montant forfaitaire lorsque la demande porte sur une période de formation initiale et qu'elle est présentée au plus tard le 31 décembre de la dixième année civile suivant la fin des études auxquelles cette période se rattache.

II. — Le montant forfaitaire prévu au I est égal à :

1° 670 euros par trimestre, lorsque le versement est pris en compte selon les modalités prévues au 1° de l'article D. 351-7 ;

2° 1 000 euros par trimestre, lorsque le versement est pris en compte selon les modalités prévues au 2° de l'article D. 351-7.

III. — Le nombre de trimestres pouvant faire l'objet de l'abattement forfaitaire prévu au I est limité à quatre. Ce seuil est réduit, le cas échéant, du nombre de trimestres ayant fait l'objet d'un versement de cotisations par l'assuré en application de l'article L. 351-17.

IV. — Par dérogation aux seuils mentionnés aux trois premiers alinéas de l'article D. 351-11, l'assuré bénéficiant de l'abattement forfaitaire prévu au I du présent article peut opter pour un échelonnement du versement sur une période d'un, trois ou cinq ans, quel que soit le nombre de trimestres sur lequel porte la demande de versement.

Art. D. 351-14-2 *(Décr. n° 2015-14 du 8 janv. 2015, art. 1er-4°)* I. — En application du III de l'article L. 351-14-1 et par dérogation aux articles D. 351-8 à D. 351-10, le montant du versement à effectuer par l'assuré pour la prise en compte des années civiles mentionnées au 2° du I du même article, comprises entre le 1er janvier 1975 et le 31 décembre 1990 et au cours desquelles l'assuré a exercé une activité d'assistant maternel, est égal, pour chaque trimestre déterminé selon les modalités définies au II du présent article, au produit de la somme des taux de cotisations, à la charge de l'employeur et du salarié, prévues aux deuxième et quatrième alinéas de l'article L. 241-3 en vigueur au 1er janvier de l'année de la demande, d'une part, et de 75 % de la valeur trimestrielle du plafond prévu au même article, d'autre part.

Chaque assuré bénéficie des dispositions du présent article au titre de l'ensemble des trimestres déterminés selon les modalités définies au II, sans préjudice de la limite de douze trimestres prévue à l'article D. 351-3.

II. — Pour l'application du présent article, est considérée comme égale à un trimestre toute période, comprise entre le 1er janvier 1975 et le 31 décembre 1990, au cours de laquelle l'assuré a exercé une activité d'assistant maternel pendant quatre-vingt-dix jours consécutifs.

Lorsque la période de quatre-vingt-dix jours couvre deux années civiles successives, elle peut être considérée comme ayant été effectuée au cours de l'une ou l'autre de ces années, dans la limite prévue à l'article D. 351-6.

III. — Le versement de l'assuré effectué en application du présent article est uniquement pris en compte, par dérogation à l'article D. 351-7, selon les modalités prévues au 2° du même article.

IV. — La demande de versement effectuée en application du présent article comporte les éléments définis à l'article D. 351-4 à l'exception du choix de l'option prévue à l'article D. 351-7 et des mentions ou pièces justificatives relatives à l'appréciation des revenus de l'assuré ainsi que les mentions et pièces justificatives permettant de démontrer la réalité de l'exercice d'une activité d'assistant maternel.

Art. D. 351-14-3 *(Décr. n° 2015-14 du 8 janv. 2015, art. 1er-4°)* I. — En application du IV de l'article L. 351-14-1 et par dérogation aux articles D. 351-8 à D. 351-10, le montant du versement à effectuer par l'assuré pour la prise en compte des années civiles mentionnées au 2° du I du même article, au cours desquelles l'assuré était apprenti, est égal, pour chaque trimestre déterminé selon les modalités définies au II du présent article, au produit de la somme des taux de cotisations, à la charge de l'employeur et du salarié, prévues aux deuxième et quatrième alinéas de l'article L. 241-3 en vigueur au 1er janvier de l'année de la demande, d'une part, et de 75 % de la valeur trimestrielle du plafond prévu au même article, d'autre part.

Chaque assuré ne peut bénéficier, au titre d'une ou plusieurs demandes, de l'application des dispositions du présent article que pour quatre trimestres au plus, sans préjudice de l'application de la limite de douze trimestres prévue à l'article D. 351-3.

II. — Pour l'application du présent article, est considérée comme égale à un trimestre toute période d'apprentissage, au sens de l'article L. 6211-1 du code du travail, de quatre-vingt-dix jours consécutifs, accomplie dans le cadre d'un contrat conclu entre le 1er juillet 1972 et le 31 décembre 2013.

Lorsque la période de quatre-vingt-dix jours couvre deux années civiles successives, elle peut être considérée comme ayant été effectuée au cours de l'une ou l'autre de ces années, dans la limite prévue à l'article D. 351-6.

III. — Le versement de l'assuré effectué en application du présent article est uniquement pris en compte, par dérogation à l'article D. 351-7, selon les modalités prévues au 2° du même article.

IV. — La demande de versement effectuée en application du présent article comporte les éléments définis à l'article D. 351-4, à l'exception du choix de l'option prévue à l'article D. 351-7 et des mentions ou pièces justificatives relatives à l'appréciation des revenus de l'assuré, ainsi que les mentions et pièces justificatives permettant de démontrer la réalité de la situation d'apprentissage.

SECTION IX DISPOSITIONS DIVERSES

Néant.

SECTION X RETRAITE PROGRESSIVE

(Décr. n° 2006-670 du 7 juin 2006)

Art. D. 351-15 La pension complète mentionnée à l'article L. 351-16 est liquidée dans les conditions de droit commun. Toutefois, elle ne peut être inférieure au montant entier ayant servi de base au calcul de la fraction prévue au premier alinéa de ce même article, le cas échéant revalorisé dans les conditions prévues à l'article L. 161-23-1.

SECTION XI VALIDATION DES STAGES EN ENTREPRISE

(Décr. n° 2015-284 du 11 mars 2015, art. 1er)

Les dispositions du Décr. n° 2015-284 du 11 mars 2015 s'appliquent aux périodes de stage débutant postérieurement à sa publication, soit le 14 mars 2015 (Décr. préc., art. 2, JO 14 mars).

Art. D. 351-16 La faculté de versement de cotisations prévue à l'article L. 351-17 est ouverte au titre des périodes de stage mentionnées au deuxième alinéa de l'article L. 124-1 du code de l'éducation ayant donné lieu à la gratification prévue à l'article L. 124-6 du même code et effectuées par des étudiants ou élèves d'un établissement, école ou classe mentionnés à l'article L. 381-4 du présent code.

Ouvre droit à la validation d'un trimestre d'assurance, sous réserve du versement prévu au premier alinéa, toute période de stage dont la durée au sein d'une même entreprise, administration publique, assemblée parlementaire, assemblée consultative, association ou au sein de tout autre organisme d'accueil est égale à deux mois consécutifs ou, au cours d'une même année scolaire ou universitaire, à deux mois consécutifs ou non. Lorsque la période couvre deux années civiles successives, elle peut être considérée comme ayant été effectuée au cours de l'une ou l'autre de ces années.

La demande est formulée dans un délai de deux ans à compter de la date de la fin du stage au titre duquel elle est effectuée.

Art. D. 351-17 Pour exercer la faculté de versement de cotisations mentionnée à l'article D. 351-16, l'intéressé présente une demande comportant, à peine d'irrecevabilité, les mentions et les pièces justificatives permettant de l'identifier, de déterminer les périodes de stage au titre desquelles la demande est présentée et d'apprécier sa situation au regard des conditions posées à l'article D. 351-16, ainsi que, le cas échéant, la mention de l'échelonnement choisi en application de l'article D. 351-18.

L'intéressé présente, à l'appui de sa demande, la copie de la convention de stage prévue au deuxième alinéa de l'article L. 124-1 du code de l'éducation et la copie de l'attestation de stage mentionnée à l'article D. 124-9 du même code.

La demande est adressée à la caisse chargée de l'assurance vieillesse du régime général de sécurité sociale dans le ressort de laquelle se trouve la résidence de l'assuré ou, en cas de résidence à l'étranger, la caisse dans le ressort de laquelle la période de stage s'est déroulée.

Art. D. 351-18 Le montant du versement prévu à l'article L. 351-17 est fixé, pour chaque trimestre, à 12 % de la valeur mensuelle du plafond prévu à l'article L. 241-3 en vigueur au 1er janvier de l'année au cours de laquelle la demande est déposée.

Le versement est pris en compte au titre de l'atténuation du coefficient de minoration mentionné à l'article R. 351-27, sans que le versement ne soit pris en compte dans la durée d'assurance mentionnée au troisième alinéa de l'article L. 351-1.

Si le total du ou des trimestres correspondant à un versement relatif à une période de stage et de ceux validés par ailleurs par l'assuré au titre d'un ou plusieurs autres régimes de retraite légalement obligatoires excède quatre trimestres pour une année civile considérée, les versements correspondant aux trimestres surnuméraires sont, le cas échéant, interrompus et remboursés à l'assuré, à sa demande. La caisse informe de cette possibilité les assurés concernés au plus tard le 31 décembre de l'année civile suivante.

L'intéressé peut opter pour un échelonnement du versement en échéances mensuelles d'égal montant, sur une période d'un an ou de deux ans selon le choix exprimé, le cas échéant, dans sa demande.

Le versement*[,]* ou, en cas d'échelonnement, le premier versement, est effectué selon les modalités et conditions prévues aux cinquième, sixième et septième alinéas de l'article D. 351-11, sans qu'il soit fait application de la limite fixée aux 1° et 2° de cet article.

Art. D. 351-19 La caisse mentionnée à l'article D. 351-17 indique à l'assuré s'il est admis ou non à effectuer un versement. A défaut d'indication dans un délai de deux mois suivant la réception de la demande, la demande est réputée rejetée.

Lorsque la demande est accueillie, la caisse indique à l'intéressé le montant total du versement correspondant à la ou aux périodes de stages prises en compte ainsi que, le cas échéant, le montant et la date de paiement de chaque échéance correspondant à l'échelonnement prévu à l'article D. 351-18.

Art. D. 351-20 Il est mis fin à la prise en compte par l'assurance vieillesse des versements de cotisations effectués en application de l'article L. 351-17 dans les cas mentionnés aux 1°, 2° et 4° de l'article D. 351-14. La caisse le notifie alors à l'intéressé, sauf dans le cas prévu au même 4°.

Dans les cas mentionnés au premier alinéa, est pris en compte un nombre de trimestres égal au rapport, arrondi à l'entier inférieur, entre le montant des sommes versées et le montant prévu au premier alinéa de l'article D. 351-18. La fraction du montant versé qui excède le produit du nombre de trimestres correspondant et du montant prévu au premier alinéa de l'article D. 351-18 est remboursée à l'assuré dans un délai d'un mois suivant la notification mentionnée au premier alinéa ou, en cas de décès, versée à l'actif successoral.

Il ne peut être présenté de nouvelle demande avant l'expiration d'un délai de douze mois suivant la date de la notification mentionnée au premier alinéa du présent article, sans préjudice du délai mentionné au troisième alinéa de l'article D. 351-16.

Le versement de cotisations ne peut être pris en compte avant la date à laquelle le paiement en a été intégralement effectué ou à laquelle il y a été mis fin.

CHAPITRE II SERVICE DES PENSIONS DE RETRAITE

Néant.

CHAPITRE III OUVERTURE DU DROIT, LIQUIDATION ET CALCUL DES PENSIONS DE RÉVERSION

Art. D. 353-1 La pension de réversion prévue aux articles L. 353-1, L. 353-2 et L. 353-3 est égale à *(Décr. nº 94-1140 du 27 déc. 1994, art. 1er)* « 54 % » de la pension principale ou rente dont bénéficiait ou eût bénéficié l'assuré. – *Taux de 54 % applicable à compter du 1er janv. 1995.*

Elle ne peut être inférieure au montant minimum de base prévu au deuxième alinéa de l'article L. 353-1 susmentionné lorsqu'elle correspond à une durée d'assurance d'au moins quinze années (soit soixante trimestres) accomplies dans le régime général. Lorsque cette durée est inférieure à quinze années, le montant minimum de base est réduit à autant de soixantièmes que l'assuré justifiait de trimestres d'assurance. *(Décr. nº 2004-858 du 24 août 2004, art. 5)* « Ce montant minimum de base est revalorisé aux mêmes dates et dans les mêmes conditions que celles prévues pour les pensions de vieillesse de base par l'article L. 161-23-1.

« Lorsqu'un assuré a relevé de deux ou plusieurs des régimes d'assurance vieillesse visés aux articles L. 200-2 et L. 621-3, ainsi qu'à l'article L. 722-20 du code rural et de la pêche maritime, et que le total des périodes d'assurance qu'il a accomplies dans ces régimes représente plus de soixante trimestres, chacun d'eux retient, le cas échéant, le montant du minimum de base au prorata de la durée d'assurance accomplie en son sein sur le total des durées d'assurance accomplies dans ces régimes. »

Art. D. 353-1-1 *(Décr. nº 2004-858 du 24 août 2004, art. 6)* Le plafond annuel de ressources personnelles prévu au premier alinéa de l'article L. 353-1 est fixé à 2 080 fois le montant horaire du salaire minimum de croissance en vigueur au 1er janvier.

Le plafond annuel de ressources du ménage prévu au même alinéa du même article est fixé à 1,6 fois le plafond fixé à l'alinéa ci-dessus.

Art. D. 353-2 *(Décr. nº 88-680 du 6 mai 1988, art. 2)* Lorsque la pension de réversion est réduite *(Décr. nº 2004-858 du 24 août 2004, art. 7)* « en application du quatrième alinéa de l'article L. 353-1 », la majoration prévue à l'article L. 353-5 l'est dans les mêmes proportions.

Art. D. 353-3 *(Décr. nº 2008-1509 du 30 déc. 2008, art. 2-I)* La pension de réversion est attribuée sous réserve que le conjoint de l'assuré décédé ou disparu ait atteint l'âge de cinquante-cinq ans à la date d'effet de la pension. – *Par dérogation à l'art. D. 353-3, l'âge prévu au premier al. de l'art. L. 353-1 est fixé à cinquante et un ans lorsque l'assuré est décédé avant le 1er janv. 2009 ou a disparu avant le 1er janv. 2008 (Décr. nº 2008-1509 du 30 déc. 2008, art. 2-II).*

Art. D. 353-4 *(Décr. nº 2009-789 du 23 juin 2009)* Le plafond prévu à l'article L. 353-6 est fixé à 2 400 € par trimestre à compter du 1er janvier 2010. Ce montant est revalorisé aux dates et dans les conditions prévues pour les pensions de vieillesse par l'article L. 161-23-1.

La majoration prévue à l'article L. 353-6 est égale à 11,1 % de la pension de réversion.

CHAPITRE IV MODALITÉS DE LA DEMANDE DE PENSION DE RÉVERSION

Néant.

CHAPITRE V *[ABROGÉ]* DISPOSITIONS COMMUNES AVEC L'INVALIDITÉ

(Abrogé par Décr. nº 2004-858 du 24 août 2004, art. 8-I)

Art. D. 355-1 *Abrogé par Décr. nº 2004-858 du 24 août 2004, art. 8-I.*

CHAPITRE VI ASSURANCE VEUVAGE

(Décr. nº 2010-1778 du 31 déc. 2010)

Art. D. 356-1 Ouvrent droit à l'allocation de veuvage prévue à l'article L. 356-1 les assurés qui ont été affiliés trois mois au cours des douze mois précédant celui de leur décès.

Art. D. 356-2 Pour bénéficier de l'allocation de veuvage, le conjoint survivant doit au moment de sa demande remplir les conditions suivantes :

1º Résider en France, cette condition n'étant toutefois pas requise du conjoint survivant de l'assuré mentionné au cinquième alinéa de l'article L. 356-1 ;

2° Être âgé de moins de cinquante-cinq ans ;

3° Ne pas avoir disposé au cours des trois mois civils précédents de ressources personnelles, telles que définies en application du deuxième alinéa de l'article L. 356-1, supérieures au plafond fixé par trimestre à 3,75 fois le montant mensuel maximum de l'allocation ;

4° Ne pas être remarié, ne pas avoir conclu de pacte civil de solidarité et ne pas vivre en concubinage.

En outre, pour être recevable, la demande doit être déposée dans un délai n'excédant pas la période maximum de versement définie au premier alinéa de l'article D. 356-5.

Art. D. 356-3 Les ressources du conjoint survivant sont appréciées dans les conditions fixées aux articles R. 815-22 à R. 815-25, sous les réserves ci-après :

1° Il n'est pas tenu compte :

a) Des capitaux décès versés en application de l'article L. 361-1 ;

b) De l'allocation de logement instituée par l'article L. 831-1 ;

c) De la prestation de compensation du handicap prévue par l'article L. 245-1 du code de l'action sociale et des familles ;

d) De l'aide personnalisée au logement instituée par les articles L. 351-1 et suivants du code de la construction et de l'habitation ;

2° Les capitaux décès autres que ceux qui sont mentionnés au *a* du 1° ci-dessus sont censés procurer au conjoint survivant, pendant la période de trois ou cinq ans, selon le cas, à compter du décès, un revenu annuel calculé sur la base du taux d'intérêt servi aux titulaires du livret A, prévu à l'article L. 221-1 du code monétaire et financier, en vigueur au 1er janvier de chaque année ;

3° La rémunération tirée de l'exercice d'une activité professionnelle ou d'une formation rémunérée ayant commencé en cours de période de versement de l'allocation de veuvage peut être cumulée avec l'allocation pendant une durée de douze mois à compter du premier jour du mois suivant celui de la prise d'activité ou de formation ; tout mois civil ayant donné lieu à une rémunération issue d'une activité même occasionnelle ou d'une formation est pris en compte pour le calcul de cette durée ; les revenus font l'objet d'un abattement de 100 % au cours des trois premiers mois, puis d'un abattement de 50 % pendant les neuf mois suivants ;

Pour les bénéficiaires de l'allocation de veuvage admis au bénéfice des dispositions de l'article L. 5141-1 du code du travail au cours de la période de versement, il n'est pas tenu compte des revenus d'activité professionnelle faisant suite à une création ou une reprise d'entreprise pendant une période de six mois successifs à compter du premier jour du mois suivant la date de la création ou de la reprise d'entreprise.

Pendant les six mois suivants, les revenus procurés par la nouvelle activité sont forfaitairement évalués, par mois, à 38 % du montant mensuel maximum de l'allocation de veuvage et font l'objet d'un abattement de 50 %.

Les bénéficiaires des dispositions des deux alinéas précédents ne peuvent se voir appliquer les dispositions du 3° pour les revenus d'activité professionnelle faisant suite à la création ou à la reprise de ladite entreprise.

Art. D. 356-4 Lorsque le conjoint survivant peut prétendre au revenu de solidarité active majoré prévu à l'article L. 262-9 du code de l'action sociale et des familles ou à l'allocation aux adultes handicapés et à l'allocation de veuvage, ses droits au regard de l'assurance veuvage sont examinés en premier lieu.

Art. D. 356-5 L'allocation de veuvage est versée mensuellement et à terme échu pendant une période maximum de deux ans à compter du premier jour du mois au cours duquel s'est produit le décès.

Toutefois, lorsque, à la date du décès, le conjoint survivant avait atteint l'âge de cinquante ans, la période prévue à l'alinéa précédent est prolongée jusqu'à ce qu'il ait cinquante-cinq ans.

Art. D. 356-6 Lorsque la demande d'allocation est présentée dans le délai d'un an qui suit le décès du conjoint, le versement de l'allocation prend effet au premier jour du mois au cours duquel s'est produit le décès, sous réserve que le conjoint survivant ait rempli à la date du décès les conditions fixées par l'article D. 356-2.

Dans le cas contraire ou lorsque la demande d'allocation est présentée après l'expiration de la période d'un an suivant le décès du conjoint, le versement de l'allocation prend effet au premier jour du mois au cours duquel ladite demande a été déposée.

Art. D. 356-7 Le montant mensuel de l'allocation de veuvage est fixé à 570,21 € à compter du 1er janvier 2011.

Art. D. 356-8 Lorsque l'assuré décédé relevait du régime général de sécurité sociale, son conjoint survivant adresse sa demande d'allocation de veuvage à la caisse chargée de la liquidation des droits à prestations de vieillesse dans le ressort de laquelle se trouvait le dernier lieu de travail de l'assuré, dans les formes et avec les justifications déterminées par arrêté du ministre chargé de la sécurité sociale. Toutefois, est recevable la demande adressée à une caisse autre que celle du dernier lieu de travail. Dans ce cas, c'est la caisse saisie qui est chargée de l'étude et de la liquidation des droits.

Art. D. 356-9 *(Décr. nº 2017-736 du 3 mai 2017, art. 6-5º)* Sans préjudice des dispositions de l'article R. 115-7, les bénéficiaires de l'allocation veuvage sont tenus de faire connaître aux organismes ou services chargés de la liquidation tout changement relatif à leurs ressources.

Art. D. 356-10 Un contrôle portant sur le montant des ressources est effectué au moment de la demande. Des contrôles sont effectués ultérieurement au terme de chaque semestre de versement.

Art. D. 356-11 Lorsqu'au cours de la période de versement de l'allocation, le bénéficiaire cesse de remplir l'une des conditions requises, l'allocation cesse d'être due à compter :

1º Soit du premier jour du mois au cours duquel est constatée une modification de sa situation, si celle-ci intervient au regard du 1º de l'article D. 356-2 ;

2º Soit du premier jour du mois suivant celui au cours duquel est constatée la modification de sa situation au regard des cas mentionnés aux 2º, 3º et 4º de l'article D. 356-2.

Art. D. 356-12 Lorsque le versement de l'allocation a été interrompu, le conjoint survivant peut prétendre à son rétablissement à compter :

1º Soit du premier jour du mois au cours duquel il est constaté que la condition est à nouveau remplie, si l'interruption était intervenue au titre du 1º de l'article D. 356-2 ;

2º Soit du premier jour du mois suivant celui au cours duquel il est constaté que les conditions sont à nouveau remplies au regard des cas mentionnés aux 3º et 4º de l'article D. 356-2.

Le rétablissement de l'allocation s'effectue sans préjudice des dispositions fixées en application du troisième alinéa de l'article L. 356-1.

Art. D. 356-13 En cas de décès d'un titulaire de l'allocation de veuvage, celle-ci cesse d'être due à compter du premier jour du mois suivant son décès.

CHAPITRE VII RÉGIME APPLICABLE DANS LES DÉPARTEMENTS DU HAUT-RHIN, DU BAS-RHIN ET DE LA MOSELLE

SECTION PREMIÈRE PENSION DE VIEILLESSE

Art. D. 357-1 L'âge prévu au premier alinéa de l'article L. 357-2 est soixante-cinq ans.

Sous réserve des dispositions du cinquième alinéa de l'article L. 366 de l'ancien code de la sécurité sociale, la somme de base des pensions dues au titre du code local des assurances sociales est fixée à 24 F par an et les majorations à 22 % des cotisations versées jusqu'au 28 juin 1942 et à 1,33 % du salaire ayant servi de base au calcul des cotisations à partir du 29 juin 1942 ou à 23,8 % des cotisations acquittées d'après le système des classes de salaire à partir de cette même date.

La somme de base des pensions dues au titre de la loi du 20 décembre 1911 est fixée à 48 F par an et les majorations à 20 % des cotisations versées jusqu'au 30 juin

1942 et à 0,84 % du salaire ayant servi de base au calcul des cotisations à partir du 1er juillet 1942 ou à 15 % des cotisations acquittées d'après le système des classes de salaire à partir de cette même date.

Pour l'application des deuxième et troisième alinéas ci-dessus, les cotisations afférentes à des périodes antérieures au 1er janvier 1941, ainsi que celles versées en francs après le 31 décembre 1940 pour des périodes antérieures au 1er janvier 1945, sont prises en compte selon la classe à laquelle elles correspondent pour les valeurs indiquées aux barèmes ci-après :

Code local des assurances sociales

Classes	Montant à prendre en compte (par semaine)
	Francs (anciens)
I.	6
II.	10
III.	14
IV.	18
V.	22
VI.	26
VII.	30

Loi du 20 décembre 1911

Classes — Avant le 1er janvier 1941	Classes — Depuis le 1er janvier 1941	Montant à prendre en compte (par mois)
		Francs (anciens)
A/B	A	40
C/D	B	70
E/F	C	110
G/H	D	150
I/K	E	200
L/M	F	250
N	G	300

(Décr. nº 93-1024 du 27 août 1993, art. 4) **« Pour l'application des deuxième et troisième alinéas ci-dessus, le salaire servant de base au calcul de la pension est, pour les salaires perçus postérieurement au 31 janvier 1991, le salaire correspondant aux cotisations versées dans la limite du plafond mentionné à l'article L. 241-3. »**

Art. D. 357-2 **L'âge inférieur prévu au deuxième alinéa de l'article L. 357-2 est** *(Décr. nº 2010-1734 du 30 déc. 2010, art. 5-4º)* **« l'âge prévu par l'article L. 161-17-2 ».**

Les dispositions issues du Décr. nº 2010-1734 du 30 déc. 2010 sont applicables aux pensions prenant effet à compter du 1er juill. 2011 (Décr. préc., art. 11).

Art. D. 357-2-1 *(Décr. nº 88-680 du 6 mai 1988, art. 3)* **L'âge mentionné à l'article L. 357-10-1 est fixé à cinquante-cinq ans.**

Art. D. 357-3 **Les pensions de vieillesse attribuées avant** *(Décr. nº 2010-1734 du 30 déc. 2010, art. 5-6º)* **« l'âge prévu par le 1º de l'article L. 351-8 » ne sont pas recalculées lorsque leurs titulaires atteignent cet âge, sous réserve de l'application des**

dispositions de l'article L. 357-19, et ne sont pas susceptibles d'être converties en pension d'invalidité.

V. note ss. art. D. 357-2.

Art. D. 357-4 Sous réserve des dispositions du deuxième alinéa du présent article, la substitution de la pension de vieillesse à la pension d'invalidité peut être demandée par l'intéressé avant *(Décr. n° 2010-1734 du 30 déc. 2010, art. 5-6°)* « l'âge prévu par le 1° de l'article L. 351-8 », s'il justifie du minimum de versements exigé pour cette pension. Elle a lieu d'office à *(Décr. n° 2010-1734 du 30 déc. 2010, art. 5-6°)* « l'âge prévu par le 1° de l'article L. 351-8 » lorsque la condition de versement susmentionnée est remplie.

Les pensions d'invalidité dont les titulaires avaient déjà atteint ou dépassé *(Décr. n° 2010-1734 du 30 déc. 2010, art. 5-7°)* « l'âge prévu par l'article L. 161-17-2 » au moment où elles ont pris cours ne sont pas susceptibles d'être converties en pensions de vieillesse avant *(Décr. n° 2010-1734 du 30 déc. 2010, art. 5-6°)* « l'âge prévu par le 1° de l'article L. 351-8 ».

V. note ss. art. D. 357-2.

Art. D. 357-5 Les dispositions du deuxième alinéa de l'article L. 357-2 sont applicables dans les conditions ci-après indiquées aux assurés qui sont anciens combattants titulaires de la carte du combattant ou qui ont été détenus comme prisonniers de guerre.

Pour ces assurés, la réduction d'un dixième par année ou fraction d'année restant à courir jusqu'au soixante-cinquième anniversaire n'est pas appliquée à la pension de vieillesse définie au premier alinéa de l'article L. 357-2 lorsque cette pension est liquidée à partir de :

1° Soixante-quatre ans pour ceux dont la durée de captivité et des services militaires en temps de guerre a été de six à dix-sept mois ;

2° Soixante-trois ans pour ceux dont la durée de captivité et des services militaires en temps de guerre a été de dix-huit à vingt-neuf mois ;

3° Soixante-deux ans pour ceux dont la durée de captivité et des services militaires en temps de guerre a été de trente à quarante et un mois ;

4° Soixante et un ans pour ceux dont la durée de captivité et des services militaires en temps de guerre a été de quarante-deux à cinquante-trois mois ;

5° Soixante ans pour ceux dont la durée de captivité et des services militaires en temps de guerre a été d'au moins cinquante-quatre mois et pour les anciens prisonniers de guerre évadés justifiant d'une captivité d'au moins six mois ou rapatriés pour maladie.

Pour bénéficier de ces dispositions les intéressés devront justifier de la durée de leur captivité et de leurs services militaires en temps de guerre dans les forces françaises ou alliées ou dans l'armée allemande s'ils y ont été incorporés de force, au moyen de la production de leur livret militaire ou d'une attestation délivrée par l'autorité militaire compétente ou par le ministère, ou l'office national des anciens combattants.

Art. D. 357-6 Pour les assurés qui sont titulaires de la carte de déporté ou interné résistant ou politique, la réduction prévue au deuxième alinéa de l'article L. 357-2 n'est pas applicable à la pension définie au premier alinéa du même article lorsque cette pension est liquidée à un âge compris entre soixante et soixante-cinq ans.

Art. D. 357-7 Les dispositions de l'article D. 351-1 sont applicables pour la détermination des droits à pension de vieillesse de l'ex-régime local d'assurance des départements du Haut-Rhin, du Bas-Rhin et de la Moselle.

Art. D. 357-8 La réduction prévue au deuxième alinéa de l'article L. 357-2 n'est pas applicable à la pension de vieillesse définie au premier alinéa du même article, lorsque cette pension est liquidée à un âge compris *(Décr. n° 2010-1734 du 30 déc. 2010, art. 5-8°)* « entre l'âge prévu par l'article L. 161-17-2 et celui prévu par ce même article augmenté de cinq années », au profit des mères de famille salariées qui réunissent trente ans d'assurance dans l'ex-régime local des départements du Haut-Rhin, du Bas-Rhin et de la Moselle et dans le régime général ou dans ces régimes et celui des salariés agricoles, qui ont élevé au moins trois enfants dans les conditions prévues à l'article R. 342-2, et justifient avoir exercé, pendant au moins cinq ans au cours des quinze dernières années précédant leur demande de liquidation de pension, un travail manuel ouvrier au sens de l'article R. 351-23.

V. note ss. art. D. 357-2.

Art. D. 357-9 Lorsque l'assurée demande la liquidation de sa pension de vieillesse au titre de l'article D. 357-8 ci-dessus, il est fait application des dispositions de l'article R. 351-24.

Art. D. 357-10 Pour les assurés mentionnés au deuxième alinéa de l'article L. 357-2, la pension définie au premier alinéa du même article est affectée d'un coefficient de minoration qui est fonction soit du nombre de trimestres correspondant à la durée séparant l'âge auquel la pension prend effet du soixante-cinquième anniversaire de l'assuré, soit du nombre de trimestres supplémentaires qui serait nécessaire, à la date d'effet de la pension, pour atteindre *(Décr. n° 2008-1509 du 30 déc. 2008, art. 4)* « la durée d'assurance et de périodes reconnues équivalentes mentionnée au deuxième alinéa de l'article L. 351-1 » ; le nombre de trimestres correspondant est éventuellement arrondi au chiffre immédiatement supérieur. Le plus petit de ces deux nombres est pris en considération. Pour chaque trimestre ainsi retenu, le coefficient de minoration à appliquer à cette pension est de 2,5 %.

Art. D. 357-11 Les coefficients de minoration prévus au deuxième alinéa de l'article L. 357-2 ne sont pas applicables à la pension définie au premier alinéa du même article lorsque cette pension prend effet à un âge compris *(Décr. n° 2008-1509 du 30 déc. 2008, art. 4)* « entre l'âge prévu à l'article L. 351-1 et l'âge prévu à l'article L. 351-8 », au profit :

1° Des assurés qui justifient *(Décr. n° 2008-1509 du 30 déc. 2008, art. 4)* « d'une durée minimale d'assurance ou de périodes reconnues équivalentes au moins égale à la limite prévue au deuxième alinéa de l'article L. 351-1 » dans l'ex-régime local des départements du Haut-Rhin, du Bas-Rhin et de la Moselle et dans le régime général ou dans ces régimes et un ou plusieurs autres régimes de base obligatoires d'assurance vieillesse ;

2° Des assurés qui relèvent de l'une des catégories mentionnées du 3° au 5° de l'article L. 351-8.

Art. D. 357-11-1 *Abrogé par Décr. n° 2008-1509 du 30 déc. 2008, art. 4.*

Art. D. 357-12 Les dispositions des articles L. 351-4 et L. 351-5 sont applicables aux assurés ressortissant au code local des assurances sociales du 19 juillet 1911 et à la loi du 20 décembre 1911 dans les départements du Haut-Rhin, du Bas-Rhin et de la Moselle.

SECTION II PENSION D'INVALIDITÉ

Art. D. 357-13 La fraction mentionnée à l'article L. 357-5 est égale à trois quarts.

Art. D. 357-14 L'âge mentionné à l'article L. 357-6 est *(Décr. n° 2010-1734 du 30 déc. 2010, art. 5-4°)* « l'âge prévu par l'article L. 161-17-2 ».

V. note ss. art. D. 357-2.

Art. D. 357-15 Le taux minimum d'incapacité de travail exigé à l'article L. 357-8 est deux tiers.

SECTION III PENSION DE VEUVE OU DE VEUF

Art. D. 357-16 Les pensions de veuves ou de veufs prévues à l'article L. 357-9 sont égales à un pourcentage de la pension dont le *"de cujus"* bénéficiait ou eût bénéficié, fixé à *(Décr. n° 94-1140 du 27 déc. 1994, art. 2 et 3)* « 54 % lorsqu'elles sont dues au titre du code local des assurances sociales et à 43,2 % » lorsqu'elles sont dues au titre de la loi du 20 décembre 1911.

Art. D. 357-17 La pension de veuve ou de veuf prévue à l'article L. 357-9 ne peut être inférieure au montant minimum de base mentionné au premier alinéa de l'article

L. 357-10 lorsqu'elle correspond à une durée d'assurance d'au moins quinze années (soit 60 trimestres) accomplies dans l'ex-régime local des départements du Haut-Rhin, du Bas-Rhin et de la Moselle et dans le régime général.

Lorsque cette durée est inférieure à quinze années, le montant minimum de base est réduit à autant de soixantièmes que l'assuré justifiait de trimestres d'assurance.

Les dispositions de l'alinéa précédent ne s'appliquent pas à la pension de veuve ou de veuf attribuée sur justification d'invalidité avant l'âge de cinquante-cinq ans.

Art. D. 357-18 Pour l'octroi au conjoint survivant, en cas d'inaptitude, d'une pension de veuve ou de veuf prévue à l'article L. 357-10, il est fait application de l'article L. 351-7, ainsi que de l'article R. 351-21.

Art. D. 357-19 La majoration de la pension de veuve ou de veuf prévue au deuxième alinéa de l'article L. 357-10 s'élève à 10 %.

L'âge prévu au dernier alinéa de ce même article en cas d'inaptitude au travail est soixante ans.

Art. D. 357-20 La fraction prévue à l'article L. 357-11 est égale à la moitié de la pension d'invalidité qui a ou eût été accordée en vertu de l'article L. 357-8 au *"de cujus"*.

Art. D. 357-21 L'article L. 357-9 ne modifie pas les conditions d'ouverture du droit aux pensions de veuves ou de veufs dues au titre de la loi du 20 décembre 1911. Toutefois, ces pensions ne sont calculées sur la base d'une pension de vieillesse supérieure à la pension d'invalidité qu'au cas où le "de cujus" justifiait de la période de stage exigée pour la pension de vieillesse.

Art. D. 357-22 Le conjoint divorcé non remarié d'un assuré décédé sans s'être remarié ou sans laisser de conjoint survivant a droit à la pension de veuve ou de veuf prévue à l'article L. 357-9 lorsqu'il remplit les conditions fixées soit par le code local des assurances sociales, soit par la loi du 20 décembre 1911, pour l'attribution de cette pension.

Dans le cas où l'assuré est décédé après s'être remarié, la pension de veuve ou de veuf prévue à l'article L. 357-9 doit être partagée entre son conjoint survivant et son ou ses précédents conjoints divorcés non remariés, au prorata de la durée respective de chaque mariage. Cette durée, déterminée de date à date, est arrondie au nombre de mois inférieur.

Lorsque le conjoint survivant et le ou les précédents conjoints divorcés ne réunissent pas tous à la même date les conditions d'attribution de la pension de veuve ou de veuf susmentionnée, les parts de pension qui leur sont respectivement dues sont déterminées lors de la liquidation des droits du premier d'entre eux qui en fait la demande ; ces parts de pension sont ensuite liquidées au fur et à mesure que les intéressés justifient qu'ils réunissent les conditions susrappelées.

Si, après plusieurs divorces, l'assuré décède sans laisser de conjoint survivant, la pension de veuve ou de veuf doit être partagée dans les conditions susrappelées entre ses précédents conjoints divorcés non remariés.

Au décès du conjoint survivant ou d'un conjoint divorcé, sa part accroîtra la part de l'autre ou, s'il y a lieu, des autres, à compter du premier jour du mois suivant le décès.

Art. D. 357-23 Le conjoint divorcé non remarié est assimilé à une veuve ou à un veuf pour l'application de l'article L. 357-10.

Art. D. 357-24 Lorsqu'un conjoint survivant ou divorcé remarié n'est susceptible de bénéficier, du chef de son dernier conjoint, d'aucun droit à pension de veuve ou de *veuf au titre de* l'ex-régime local des départements du Haut-Rhin, du Bas-Rhin et de la Moselle ou à pension de réversion au titre d'un autre régime de base obligatoire d'assurance vieillesse, il recouvre son droit à la pension de veuve ou de veuf prévue à l'article L. 357-9 du chef d'un précédent conjoint dont l'a privé son remariage, à condition que ce droit ne soit pas ouvert ou susceptible d'être ouvert au profit d'un autre conjoint survivant ou divorcé.

SECTION IV DISPOSITIONS COMMUNES AUX PENSIONS DE VIEILLESSE, D'INVALIDITÉ, DE VEUVE ET DE VEUF

Art. D. 357-25 Les arrêtés mentionnés aux articles L. 357-16 et L. 357-17 sont pris par le ministre chargé de la sécurité sociale.

Les ministres mentionnés à l'article L. 357-21 sont le ministre chargé de la sécurité sociale, le ministre de l'intérieur et le ministre chargé du budget.

Art. D. 357-26 Le service des arrérages de pensions dues au titre du régime local a lieu mensuellement et d'avance. Un arrêté du ministre chargé de la sécurité sociale et du ministre chargé des postes et télécommunications fixe les conditions dans lesquelles est effectué le paiement de ces arrérages.

Art. D. 357-27 Les assurés soumis au régime local antérieurement au 1er juillet 1946 ont droit à partir de cette date aux avantages résultant pour eux du titre IV du présent livre et des chapitres Ier à V du présent titre.

Toutefois, les intéressés peuvent réclamer le bénéfice des dispositions du présent chapitre relatif au régime applicable dans les départements du Haut-Rhin, du Bas-Rhin et de la Moselle, s'ils estiment que ce régime leur est plus favorable. Dans ce cas, les règles de ce dernier régime sont applicables tant pour l'ouverture du droit que pour le calcul des prestations.

Quelle que soit l'option exercée par l'assuré, son conjoint survivant peut demander le bénéfice des dispositions relatives aux pensions de réversion du régime général de sécurité sociale s'il estime que ce régime lui est plus favorable que celui résultant des dispositions du présent chapitre.

L'assuré qui a opté pour le régime résultant des dispositions du présent chapitre peut obtenir la pension d'invalidité pour une affection antérieurement indemnisée au titre militaire.

Toutefois, cette pension n'est pas susceptible des revalorisations prévues pour les pensions d'invalidité du régime général et le cumul des deux pensions, militaire et d'invalidité, ne peut être admis que dans les limites fixées par les dispositions du deuxième alinéa de l'article L. 371-7.

Art. D. 357-28 Le service des pensions de vieillesse ou d'invalidité définies aux articles L. 357-2 et L. 357-5 et à l'article D. 357-10 dont l'entrée en jouissance intervient à partir du soixantième anniversaire de l'assuré, et entre le 1er avril 1983 et le 31 décembre 1990, est assuré à compter du premier jour du mois suivant celui au cours duquel l'assuré a rompu définitivement tout lien professionnel avec son employeur ou a cessé définitivement son activité non salariée.

L'assuré doit établir qu'il se trouve dans cette situation :

1° Dans le cas où il exerçait une activité salariée, par la production d'une attestation du dernier employeur, public ou privé, dont il relevait antérieurement à la date d'entrée en jouissance de la pension, mentionnant la date de cessation de toute activité de l'assuré auprès de cet employeur ;

2° Dans le cas où il exerçait une activité non salariée, par tout mode de preuve et notamment par la production, suivant la nature de l'activité :

a. d'un certificat de radiation du registre du commerce et des sociétés, du répertoire des métiers ou du registre des entreprises des départements du Haut-Rhin, du Bas-Rhin et de la Moselle, ou un certificat de cessation d'activité du chef d'entreprise délivré par la chambre de métiers et de l'artisanat de région ;

b. d'une attestation de radiation du tableau de l'ordre professionnel dont il relevait ;

c. d'une attestation de radiation des rôles de la taxe professionnelle ;

d. d'une attestation de cessation d'activité délivrée par la caisse de mutualité sociale agricole à laquelle il était affilié en qualité de personne non salariée des professions agricoles.

TITRE SIXIÈME ASSURANCE DÉCÈS

CHAPITRE PREMIER DISPOSITIONS GÉNÉRALES

Art. D. 361-1 *(Décr. n° 2014-1715 du 30 déc. 2014, art. 1er)* Le montant du capital décès est égal à 3 400 euros.

Il est revalorisé chaque année à la date et selon les conditions prévues à l'article L. 341-6. Le montant obtenu est arrondi à l'euro supérieur.

Les dispositions du Décr. n° 2014-1715 du 30 déc. 2014 s'appliquent aux capitaux versés au titre des décès intervenant à compter du 1er janv. 2015 (Décr. préc., art. 2).

CHAPITRE II DISPOSITIONS COMMUNES À L'ASSURANCE MALADIE, À L'ASSURANCE MATERNITÉ ET À L'ASSURANCE DÉCÈS

Néant.

TITRE SEPTIÈME DISPOSITIONS DIVERSES

CHAPITRE PREMIER DISPOSITIONS SPÉCIALES AUX BÉNÉFICIAIRES DE DIVERSES LÉGISLATIONS DE PRÉVOYANCE ET D'AIDE SOCIALE

Néant.

CHAPITRE II VOLONTARIAT POUR L'INSERTION. – SERVICE CIVIQUE

(Décr. n° 2010-485 du 12 mai 2010, art. 2-I-1°).

Art. D. 372-1 *Abrogé par Décr. n° 2010-485 du 12 mai 2010, art. 2-I-2°.*

Art. D. 372-2 (Abrogé par Décr. n° 2016-1932 du 28 déc. 2016, art. 4) ***Au titre des prestations en nature de l'assurance maladie et maternité versées au volontaire pour l'insertion mentionné à l'article L. 130-4 du code du service national, l'établissement public d'insertion de la défense mentionné à l'article L. 3414-1 du code de la défense est redevable d'une cotisation forfaitaire égale à*** (Décr. n° 2006-1749 du 23 déc. 2006) ***« 18,5 % du plafond mensuel défini à l'article L. 241-3 ». Cette cotisation est due pour chaque période de douze mois consécutifs quelle que soit la durée effective du volontariat pour l'insertion à l'intérieur de cette période.***

Les dispositions de l'art. 4 du Décr. n° 2016-1932 du 28 déc. 2016 s'appliquent aux cotisations et aux contributions de sécurité sociale dues au titre des périodes courant à compter du 1er janv. 2017 (Décr. préc., art. 5).

Art. D. 372-3 (Abrogé par Décr. n° 2016-1932 du 28 déc. 2016, art. 4) (Décr. n° 2010-485 du 12 mai 2010, art. 2-I-3°) ***« La cotisation forfaitaire mentionnée à l'article L. 120-26 du code du service national due au titre de la couverture des risques maladie, maternité, invalidité et décès est égale, pour chaque mois civil d'exécution du contrat de service civique, à 2,24 % de la valeur mensuelle du plafond définie en application de l'article L. 241-3. »***

(Décr. n° 2006-1749 du 23 déc. 2006) ***« Lorsque*** (Décr. n° 2010-485 du 12 mai 2010, art. 2-I-3°) ***« le contrat de service civique » est exécuté sur une partie d'un mois civil, la cotisation mentionnée à l'alinéa précédent est égale au produit du taux fixé à cet alinéa par le nombre de jours d'exécution du contrat sur le mois et par la valeur journalière du plafond défini à l'article L. 241-3. »***

V. note ss. art. D. 372-2.

Art. D. 372-4 *Abrogé par Décr. n° 2014-1514 du 16 déc. 2014, art. 2.*

CHAPITRE III APPRENTIS

(Décr. n° 2014-1514 du 16 déc. 2014, art. 1er)

Les dispositions du Décr. n° 2014-1514 du 16 déc. 2014 sont applicables pour toutes les périodes d'apprentissage accomplies à compter du 1er janv. 2014 (Décr. préc., art. 3).

Art. D. 373-1 (Abrogé par Décr. n° 2018-1357 du 28 déc. 2018, art. 2) ***I. — A l'exception des cotisations d'assurance vieillesse et veuvage de base, les cotisations dues au titre de l'emploi des apprentis sont calculées en appliquant les taux de droit commun des cotisations aux montants mentionnés à l'article D. 6222-26 du code du travail minorés de 11 % du salaire minimum de croissance.***

II. — Les cotisations d'assurance vieillesse et veuvage de base sont calculées en appliquant le taux de droit commun (Décr. n° 2018-821 du 27 sept. 2018, art. 1er) ***« aux revenus***

d'activité, tels qu'ils sont pris en compte pour la détermination de l'assiette des cotisations définie à l'article L. 242-1, dus » à l'apprenti.

Les dispositions du Décr. n° 2018-1357 du 28 déc. 2018 s'appliquent aux cotisations et contributions dues au titre des périodes courant à compter du 1er janv. 2019 (Décr. préc., art. 4).

Art. D. 373-2 (Abrogé par Décr. n° 2018-1357 du 28 déc. 2018, art. 2) ***Le taux forfaitaire mentionné au 2° de l'article L. 6243-3 du code du travail est fixé à 1 %.***

La base forfaitaire mentionnée au 3° de l'article L. 6243-3 du code du travail est calculée, pour l'ensemble des cotisations qui font l'objet d'exonérations, y compris les cotisations d'assurance vieillesse-veuvage, selon les modalités prévues au I de l'article D. 373-1.

Sur l'entrée en vigueur du Décr. n° 2018-1357 du 28 déc. 2018, V. note ss. art. D. 373-1.

Art. D. 373-3 Pour le calcul des droits à l'assurance vieillesse ouverts au titre de la période d'apprentissage, le nombre de trimestres correspondant à la durée du contrat est déterminé dans les conditions suivantes :

1° Il est retenu un mois au titre de chaque mois civil entier d'exécution du contrat ;

2° Le nombre de jours d'exécution du contrat au cours de mois civils incomplets est totalisé et il est retenu un mois lorsque ce total est au moins égal à trente jours ;

3° Le nombre de trimestres correspondant à la durée du contrat est égal à la valeur du tiers, arrondie au nombre entier inférieur, du nombre total de mois résultant de l'application des 1° et 2° ci-dessus.

Chaque trimestre civil entier d'exécution du contrat est affecté à l'année de son exécution.

Le trimestre pouvant résulter de la différence entre le nombre de trimestres déterminés en application des 1° à 3° et celui résultant de l'application de l'alinéa précédent est affecté à l'année civile au cours de laquelle le contrat a pris fin.

Art. D. 373-4 I. – Le montant du versement complémentaire de cotisations d'assurance vieillesse mentionné au dernier alinéa de l'article L. 6243-3 du code du travail est égal, au titre d'une année civile et pour chaque apprenti, au produit :

1° Du nombre de trimestres validés au titre du versement complémentaire, lequel est égal à la différence entre le nombre de trimestres couverts au cours de l'année par le contrat d'apprentissage tel que déterminé à l'article D. 373-3 et le nombre de trimestres correspondant, selon les dispositions mentionnées à l'article R. 351-9, *(Décr. n° 2018-821 du 27 sept. 2018, art. 1er)* « aux revenus d'activité, tels qu'ils sont pris en compte pour la détermination de l'assiette des cotisations définie à l'article L. 242-1, dus » à l'apprenti ;

2° De la somme des taux de cotisations pour les risques vieillesse et veuvage à la charge de l'employeur et du salarié fixées en application des dispositions de l'article L. 241-3 en vigueur au 1er janvier de la même année ;

3° Et d'une assiette correspondant à 50 % de la valeur trimestrielle du plafond arrêté en application du premier alinéa de l'article L. 241-3 au titre de la même année.

II. – Les trimestres validés au titre du versement complémentaire, dont le nombre est déterminé conformément au 1° du I du présent article, sont pris en compte par l'assurance vieillesse du régime général au titre de l'atténuation du coefficient de minoration mentionné à l'article R. 351-27 et pour la détermination de la durée d'assurance mentionnée au troisième alinéa de l'article L. 351-1.

III. – Les caisses nationales d'assurance vieillesse transmettent au fonds mentionné à l'article L. 135-1 le nombre de trimestres validés pour le calcul du montant total de versement mentionné au I du présent article, qui intervient au plus tard le 31 décembre de l'année civile au cours de laquelle les caisses ont procédé à la validation des trimestres concernés.

CHAPITRE IV EMPLOI DES ÉTRANGERS

Art. D. 374-1 L'étranger soumis aux dispositions de l'ordonnance modifiée du 2 novembre 1945 pour l'exercice d'une activité professionnelle salariée en France est présumé avoir subi le contrôle médical prévu par ladite ordonnance s'il est porteur soit d'un contrat d'introduction visé par les services du ministère chargé du travail, soit d'une carte de travail ou, à défaut, d'un titre provisoire de travail.

Art. D. 374-2 Les candidats à un emploi salarié de nationalité centrafricaine, congolaise et tchadienne sont placés hors du champ d'application de l'article L. 374-1.

Les candidats à un emploi salarié de nationalité gabonaise et togolaise apportent la preuve qu'ils ont subi un contrôle médical par la production du certificat visé par le consul de France ou, à défaut, par celle d'une attestation de visite médicale délivrée, en France, par les services de l'office national d'immigration.

Les candidats à un emploi salarié de nationalité algérienne sont présumés avoir subi le contrôle médical prévu par les accords internationaux s'ils sont en possession du titre de séjour délivré en application desdits accords.

Les candidats à un emploi salarié qui sont ressortissants de l'un des États mentionnés ci-après :

République unie du Cameroun ;
République de Côte d'Ivoire ;
République du Bénin ;
Burkina Faso ;
République du Mali ;
République islamique de Mauritanie ;
République du Niger ;
République du Sénégal,

sont présumés avoir subi un contrôle médical dès lors qu'ils sont en possession d'une autorisation de travail.

Art. D. 374-3 Les frais du contrôle médical effectué par l'office national d'immigration en ce qui concerne les travailleurs mentionnés au deuxième alinéa de l'article D. 374-2 sont à la charge de l'employeur. Un arrêté du ministre chargé de la sécurité sociale, du ministre chargé du travail, du ministre chargé du budget et du ministre chargé de l'agriculture en fixe le montant et les conditions de versement.

Art. D. 374-4 Les dispositions du deuxième alinéa de l'article D. 374-2 s'appliquent à chaque travailleur nouvellement embauché.

Art. D. 374-5 L'employeur justifie qu'il n'a ni engagé ni conservé à son service un étranger qui n'est pas muni de l'un des documents mentionnés aux articles D. 374-1 et D. 374-2 par la production du registre spécial des étrangers dûment rempli dans les conditions prévues par l'arrêté du 4 juin 1938 modifié.

Art. D. 374-6 Les caisses primaires d'assurance maladie doivent, à l'occasion des demandes de règlement des prestations maladie, maternité et décès, d'invalidité ou d'accidents du travail concernant des travailleurs étrangers, vérifier que les intéressés sont en possession, et suivant leur nationalité, de l'un des documents mentionnés aux articles D. 374-1 et D. 374-2.

La même obligation incombe aux caisses de mutualité sociale agricole à l'occasion des demandes de règlement des prestations maladie, maternité, décès ou invalidité concernant des travailleurs salariés relevant du régime agricole de l'assurance maladie.

Lorsque les prestations font l'objet d'un règlement direct, en application de l'article *(Décr. n° 2015-1882 du 30 déc. 2015, art. 2-12°, en vigueur le 1er janv. 2016)* « L. 160-10 » ou de la réglementation applicable aux travailleurs salariés relevant du régime agricole de l'assurance maladie, la vérification prévue aux deux alinéas précédents incombe à l'établissement ayant dispensé les soins.

A défaut de justification, les caisses primaires d'assurance maladie ou, le cas échéant, les caisses de mutualité sociale agricole sont néanmoins tenues, si les intéressés remplissent les conditions d'ouverture du droit, de verser les prestations dont le règlement est sollicité. Dans ce cas, elles doivent poursuivre, au besoin par les voies de droit, le remboursement des prestations versées soit directement à l'assuré, soit par l'intermédiaire d'un tiers payant, au titre du travailleur étranger ou de ses ayants droit.

Le total des prestations dont le remboursement est exigible ne peut excéder, pour un même travailleur étranger, un montant annuel égal au tiers de la somme des plafonds mensuels de sécurité sociale de l'année considérée, dans la limite de trois années à compter de la réalisation du risque.

Art. D. 374-7 Les caisses primaires d'assurance maladie fournissent, trimestriellement, au préfet de région la liste des entreprises qui ont fait l'objet d'une procédure de remboursement des prestations, ainsi que les noms des travailleurs étrangers qui ont motivé l'application de ladite procédure.

Les caisses de mutualité sociale agricole fournissent, trimestriellement, au préfet de région, la liste des entreprises qui ont fait l'objet d'une procédure de remboursement des prestations ainsi que les noms des travailleurs étrangers relevant du régime agricole de l'assurance maladie qui ont motivé l'application de ladite procédure.

CHAPITRE V **FAUTE INTENTIONNELLE DE L'ASSURÉ**

Néant.

CHAPITRE VI **RECOURS DES CAISSES CONTRE LES TIERS**

Art. D. 376-1 *(Décr. n° 2004-1076 du 12 oct. 2004)* I. — La personne atteinte de lésions imputables à un tiers doit en informer, par tous moyens, sa caisse de sécurité sociale dans les quinze jours suivant leur survenue. Elle doit notamment le signaler au professionnel de santé en lui fournissant les renseignements prévus au 4° de l'article R. 161-42.

II. — Le tiers responsable d'un accident ou de lésions causées à un assuré social doit en informer, par tous moyens, la Caisse d'assurance maladie dont relève ce dernier dans les quinze jours suivant leur survenue s'il n'en a pas informé son assureur.

III. — L'assureur du tiers responsable doit informer la Caisse d'assurance maladie dont relève la victime dans les trois mois suivant la date à laquelle il a connaissance de la survenue de l'accident ou des lésions.

Pour les accidents relevant de l'article L. 211-8 du code des assurances, l'assureur du tiers responsable doit informer la Caisse d'assurance maladie dont relève la victime dans les trois mois suivant la date de survenue de l'accident.

En cas de litige sur le respect de son obligation d'information, il lui appartient d'apporter la preuve que l'information a été délivrée à la caisse dans les délais prévus aux deux alinéas précédents.

IV. — *(Abrogé par Décr. n° 2012-1160 du 17 oct. 2012, art. 4)* ***« La majoration de l'indemnité forfaitaire prévue au cinquième alinéa de l'article L. 376-1 est appliquée lorsque l'assureur du tiers responsable n'a pas informé la caisse dans les délais prévus au III, sauf si l'assureur apporte la preuve qu'en dépit des diligences qu'il a effectuées pour obtenir l'information il n'a pas pu disposer des éléments lui permettant de délivrer cette information dans ces délais. »***

Dans les cas où la caisse n'a pas pu exercer son recours, l'indemnité forfaitaire *(Abrogé par Décr. n° 2012-1160 du 17 oct. 2012, art. 4)* ***« majorée »*** est calculée sur les sommes dont le recouvrement aurait été obtenu si l'assureur avait respecté son obligation d'information.

V. — L'établissement de santé dispensant des soins à une personne dont les lésions sont, selon ses déclarations, imputables à un tiers doit en informer la Caisse d'assurance maladie dont elle relève dans les trois mois suivant la date de la fin des soins.

CHAPITRE VII **PÉNALITÉS**

Néant.

TITRE HUITIÈME **DISPOSITIONS RELATIVES À DIVERSES CATÉGORIES DE PERSONNES RATTACHÉES AU RÉGIME GÉNÉRAL — DISPOSITIONS D'APPLICATION DU LIVRE III**

CHAPITRE PRÉLIMINAIRE **AUTRES COTISATIONS AFFECTÉES AU FINANCEMENT DU RISQUE MALADIE** *(Décr. n° 2016-979 du 19 juill. 2016, art. 1er-1°).*

Art. D. 380-1 *(Décr. n° 2016-979 du 19 juill. 2016, art. 1er-2°)* I. — Le montant de la cotisation mentionné à l'article L. 380-2 due par les assurés dont les revenus tirés d'activités professionnelles sont inférieurs à un seuil fixé à 10 % du plafond annuel de la sécurité sociale est déterminé selon les formules suivantes :

1° Si les revenus tirés d'activités professionnelles sont inférieurs à 5 % du plafond annuel de la sécurité sociale :

Montant de la cotisation = 8 % × (A – D)

Où :

A est l'assiette des revenus définie au quatrième alinéa de l'article L. 380-2 ;

D, qui correspond au plafond mentionné au quatrième alinéa du même article, est égal à 25 % du plafond annuel de la sécurité sociale ;

2° Si les revenus tirés d'activités professionnelles sont compris entre 5 % et 10 % du plafond annuel de la sécurité sociale :

Montant de la cotisation = 8 % × (A – D) × 2 × (1 – R/S)

Où :

R est le montant des revenus tirés d'activités professionnelles ;

S, qui correspond au seuil des revenus tirés d'activités professionnelles mentionné au deuxième alinéa de l'article L. 380-2, est égal à 10 % du plafond annuel de la sécurité sociale.

II. – Lorsque le redevable de cette cotisation ne remplit les conditions mentionnées à l'article L. 160-1 que pour une partie de l'année civile, le montant de la cotisation due est calculé au prorata de cette partie de l'année.

III. – Si, au titre d'une période donnée, l'assuré est redevable de la cotisation prévue à l'article L. 380-3-1, il ne peut être redevable de la cotisation prévue à l'article L. 380-2 pour la même période. Le montant de celle-ci est alors calculé dans les conditions prévues au II.

Art. D. 380-2 *(Décr. n° 2016-979 du 19 juill. 2016, art. 1er-3°)* I. – La cotisation due par les personnes mentionnées à l'article L. 380-3-1 au titre d'une année civile est calculée selon la formule définie au 1° du I de l'article D. 380-1, la valeur A correspondant alors à l'assiette des revenus définis au deuxième alinéa du IV de l'article L. 380-3-1 perçus au cours de la dernière année civile pour laquelle ces revenus sont connus.

II. – Cette cotisation est due à compter de la date à laquelle la personne remplit les conditions énoncées au premier alinéa de l'article L. 380-3-1 et cesse d'être due à compter du lendemain de la date à laquelle elles ne sont plus remplies. Lorsque la période entre ces deux dates est inférieure à une année, le montant de la cotisation est calculé au prorata de la durée de cette période.

III. – Les caisses primaires d'assurance maladie communiquent aux organismes chargés du recouvrement la liste des personnes redevables de la cotisation prévue à l'article L. 380-3-1.

Art. D. 380-3 (Abrogé par Décr. n° 2016-979 du 19 juill. 2016, art. 1er-5°) (Décr. n° 99-1013 du 2 déc. 1999, art. 1er) *Le taux* (Décr. n° 2014-517 du 22 mai 2014, art. 1er-3°) *« des cotisations mentionnées » à l'article L. 380-2* (Décr. n° 2014-517 du 22 mai 2014, art. 1er-3°) *« et au deuxième alinéa du IV de l'article L. 380-3-1 » est fixé à 8 %.*

Art. D. 380-4 (Abrogé par Décr. n° 2016-979 du 19 juill. 2016, art. 1er-5°) (Décr. n° 99-1013 du 2 déc. 1999, art. 1er) *Le plafond mentionné à l'article L. 380-2 est* (Abrogé par Décr. n° 2014-517 du 22 mai 2014, art. 1er-4°) *« égal à* (Décr. n° 2007-1399 du 28 sept. 2007) *« 8 644 € par an. Il est »* (Décr. n° 2014-517 du 22 mai 2014, art. 1er-4°) *« revalorisé pour chaque année civile », conformément à l'évolution en moyenne annuelle des prix à la consommation hors tabac* (Décr. n° 2014-517 du 22 mai 2014, art. 1er-4°) *« de l'année civile précédant la revalorisation », publiée par l'Institut national de la statistique et des études économiques. Un arrêté du ministre chargé de la sécurité sociale fixe ce montant qui est arrondi* (Abrogé par Décr. n° 2014-517 du 22 mai 2014, art. 1er-4°) *« au franc ou » à l'euro le plus proche.* (Abrogé par Décr. n° 2014-517 du 22 mai 2014, art. 1er-4°) *« Ce plafond est appliqué aux revenus mentionnés au deuxième alinéa de l'article D. 380-1. »*

Art. D. 380-5 *(Décr. n° 2016-979 du 19 juill. 2016, art. 1er-4°)* I. – Les éléments nécessaires à la détermination des revenus mentionnés aux articles D. 380-1 et D. 380-2 sont communiqués par l'administration fiscale aux organismes chargés du calcul et du recouvrement des cotisations mentionnées à l'article L. 380-2 et au deuxième alinéa du IV de l'article L. 380-3-1.

II. – Les revenus des époux ou partenaires de pacte civil de solidarité qui ne sont pas individualisés dans l'avis d'imposition en cas de déclaration commune sont pris en

compte à hauteur de la moitié du montant des revenus communs, sauf lorsque la personne redevable des cotisations apporte auprès de l'organisme de recouvrement tout élément probant permettant de déterminer la part exacte de ces revenus qui lui revient.

CHAPITRE PREMIER PERSONNES RATTACHÉES AU RÉGIME GÉNÉRAL POUR CERTAINS RISQUES OU CHARGES

SECTION PREMIÈRE BÉNÉFICIAIRES DU COMPLÉMENT FAMILIAL, DE LA PRESTATION D'ACCUEIL DU JEUNE ENFANT, DE L'ALLOCATION JOURNALIÈRE DE PRÉSENCE PARENTALE. — PERSONNES ASSUMANT LA CHARGE D'UN HANDICAPÉ *(Décr. n° 2003-1394 du 31 déc. 2003, art. 2-IV ; Décr. n° 2006-659 du 2 juin 2006).*

Sur l'entrée en vigueur du Décr. n° 2003-1394 du 31 déc. 2003, V. note avant art. D. 531-1.

Art. D. 381-1 **Sont affiliées obligatoirement à l'assurance vieillesse du régime général de sécurité sociale les personnes isolées bénéficiaires soit** *(Décr. n° 2003-1394 du 31 déc. 2003, art. 2-IV)* **« de l'allocation de base de la prestation d'accueil du jeune enfant », soit du complément familial, soit** *(Décr. n° 2014-1708 du 30 déc. 2014, art. 1er-2°)* **« de la prestation partagée d'éducation de l'enfant », qui ont à charge au moins un enfant de moins de trois ans ou au moins** *(Décr. n° 95-684 du 9 mai 1995, art. 1er)* **« deux » enfants et dont les ressources ne dépassent pas** *(Décr. n° 96-536 du 17 juin 1996, art. 1er)* **« le plafond de ressources qui est retenu pour l'attribution de l'allocation de rentrée scolaire ».**

(Décr. n° 2014-1702 du 30 déc. 2014, art. 15) **« Les dispositions du premier alinéa relatives à une condition de ressources ne sont pas applicables »** *(Décr. n° 2001-106 du 5 févr. 2001, art. 1er-I)* **« à la personne isolée, ayant au moins un enfant à charge, qui bénéficie de l'allocation** *(Décr. n° 2006-659 du 2 juin 2006)* **« journalière » de présence parentale. »**

Sur l'entrée en vigueur du Décr. n° 2003-1394 du 31 déc. 2003, V. note avant art. D. 531-1.

Les dispositions du Décr. n° 2014-1708 du 30 déc. 2014 s'appliquent aux enfants nés ou adoptés à partir du 1er janv. 2015. Pour les enfants nés ou adoptés avant le 1er janv. 2015, les dispositions du CSS demeurent applicables dans leur rédaction antérieure à la date d'entrée en vigueur du décret susvisé (Décr. préc., art. 2, JO 31 déc.).

Ancien art. D. 381-1 *Sont affiliées obligatoirement à l'assurance vieillesse du régime général de sécurité sociale les personnes isolées bénéficiaires soit* (Décr. n° 2003-1394 du 31 déc. 2003, art. 2-IV) *« de l'allocation de base de la prestation d'accueil du jeune enfant », soit du complément familial, soit* (Décr. n° 2003-1394 du 31 déc. 2003, art. 2-IV) *« du complément de libre choix d'activité de la prestation d'accueil du jeune enfant », qui ont à charge au moins un enfant de moins de trois ans ou au moins* (Décr. n° 95-684 du 9 mai 1995, art. 1er) *« deux » enfants et dont les ressources ne dépassent pas* (Décr. n° 96-536 du 17 juin 1996, art. 1er) *« le plafond de ressources qui est retenu pour l'attribution de l'allocation de rentrée scolaire ».*

(Décr. n° 2001-106 du 5 févr. 2001, art. 1er-I) *« Ces dispositions sont applicables à la personne isolée, ayant au moins un enfant à charge, qui bénéficie de l'allocation* (Décr. n° 2006-659 du 2 juin 2006) *« journalière » de présence parentale. »*

Sur l'entrée en vigueur du Décr. n° 2003-1394 du 31 déc. 2003, V. note avant art. D. 531-1.

Art. D. 381-2 **Est affilié obligatoirement à l'assurance vieillesse du régime général de sécurité sociale celui des conjoints ou concubins n'exerçant pas d'activité professionnelle qui remplit les conditions posées ci-après :**

1° Soit avoir à charge au moins un enfant de moins de trois ans et bénéficier *(Décr. n° 2003-1394 du 31 déc. 2003, art. 2-IV)* **« de l'allocation de base de la prestation d'accueil du jeune enfant », sous réserve que les ressources du ménage ne dépassent pas** *(Décr. n° 96-536 du 17 juin 1996, art. 1er)* **« le plafond de ressources qui est retenu pour l'attribution de l'allocation de rentrée scolaire » ;**

2° *(Décr. n° 95-684 du 9 mai 1995, art. 2)* **« Soit avoir à charge au moins trois enfants et bénéficier du complément familial », sous réserve que les ressources du ménage n'excèdent pas le plafond de ressources qui est retenu pour l'attribution du complément familial.**

Toutefois, ne peut bénéficier de cette affiliation que le conjoint ou concubin dont les revenus propres provenant de l'exercice d'une activité professionnelle pendant l'année civile de référence n'excèdent pas douze fois la base mensuelle de calcul des allocations familiales en vigueur *(Décr. nº 2008-605 du 26 juin 2008)* « au 1er janvier » de ladite année.

Ne peut également bénéficier de cette affiliation que le conjoint ou concubin qui ne participe pas, au sens de l'article *(Décr. nº 95-684 du 9 mai 1995, art. 2)* « 1122-1 » du code rural, à la mise en valeur d'une exploitation agricole.

Sur l'entrée en vigueur du Décr. nº 2003-1394 du 31 déc. 2003, V. note avant art. D. 531-1.

Art. D. 381-2-1 *(Décr. nº 95-684 du 9 mai 1995, art. 3)* Est affilié obligatoirement à l'assurance vieillesse du régime général de sécurité sociale le membre du couple ayant au moins deux enfants à charge qui bénéficie *(Décr. nº 2014-1708 du 30 déc. 2014, art. 1er-3º)* « de la prestation partagée d'éducation de l'enfant », sous réserve que les ressources du ménage n'excèdent pas le plafond de ressources défini *(Décr. nº 2003-1394 du 31 déc. 2003, art. 2-IV)* « aux premier et deuxième alinéas de l'article R. 522-2 » et que ses revenus professionnels nets de cotisations sociales issus de son activité à temps partiel pendant la période de perception *(Décr. nº 2014-1708 du 30 déc. 2014, art. 1er-3º)* « de la prestation partagée d'éducation de l'enfant » n'excèdent pas 63 % du plafond de la sécurité sociale en vigueur au 1er janvier de l'année considérée.

(Décr. nº 2014-1702 du 30 déc. 2014, art. 15) « Les dispositions du premier alinéa relatives à une condition de ressources ne sont pas applicables » *(Décr. nº 2001-106 du 5 févr. 2001, art. 1er-III)* « au membre du couple, ayant au moins un enfant à charge, qui bénéficie de l'allocation *(Décr. nº 2006-659 du 2 juin 2006)* « journalière » de présence parentale ».

Sur l'entrée en vigueur du Décr. nº 2003-1394 du 31 déc. 2003, V. note avant art. D. 531-1.

Les dispositions du Décr. nº 2014-1708 du 30 déc. 2014 s'appliquent aux enfants nés ou adoptés à partir du 1er janv. 2015. Pour les enfants nés ou adoptés avant le 1er janv. 2015, les dispositions du CSS demeurent applicables dans leur rédaction antérieure à la date d'entrée en vigueur du décret susvisé (Décr. préc., art. 2, JO 31 déc.).

Ancien art. D. 381-2-1 (Décr. nº 95-684 du 9 mai 1995, art. 3) *Est affilié obligatoirement à l'assurance vieillesse du régime général de sécurité sociale le membre du couple ayant au moins deux enfants à charge qui bénéficie* (Décr. nº 2003-1394 du 31 déc. 2003, art. 2-IV) *« du complément de libre choix d'activité de la prestation d'accueil du jeune enfant », sous réserve que les ressources du ménage n'excèdent pas le plafond de ressources défini* (Décr. nº 2003-1394 du 31 déc. 2003, art. 2-IV) *« aux premier et deuxième alinéas de l'article R. 522-2 » et que ses revenus professionnels nets de cotisations sociales issus de son activité à temps partiel pendant la période de perception* (Décr. nº 2003-1394 du 31 déc. 2003, art. 2-IV) *« du complément de libre choix d'activité de la prestation d'accueil du jeune enfant » n'excèdent pas 63 % du plafond de la sécurité sociale en vigueur au 1er janvier de l'année considérée.*

(Décr. nº 2001-106 du 5 févr. 2001, art. 1er-III) *« Ces dispositions sont applicables au membre du couple, ayant au moins un enfant à charge, qui bénéficie de l'allocation* (Décr. nº 2006-659 du 2 juin 2006) *« journalière » de présence parentale. »*

Sur l'entrée en vigueur du Décr. nº 2003-1394 du 31 déc. 2003, V. note avant art. D. 531-1.

Art. D. 381-2-2 *(Décr. nº 2007-573 du 18 avr. 2007)* L'affiliation du salarié bénéficiaire du congé de *(Décr. nº 2016-1554 du 18 nov. 2016, art. 2-1º, en vigueur le 1er janv. 2017)* « proche aidant » est faite à sa demande par l'organisme débiteur des prestations familiales et sous réserve de la présentation d'une attestation de son employeur indiquant les dates de la prise du congé.

L'affiliation du travailleur non salarié est faite à sa demande par l'organisme débiteur des prestations familiales et sous réserve de la production des justificatifs suivants :

1º Une déclaration sur l'honneur de son lien familial avec la personne aidée, tel qu'énoncé à l'article L. 381-1 *(Décr. nº 2016-1554 du 18 nov. 2016, art. 2-2º, en vigueur le 1er janv. 2017)* « ou de l'aide apportée à une personne âgée ou handicapée avec laquelle il réside ou entretient des liens étroits et stables, telle qu'énoncée au 9º de l'article L. 3241-16 du code du travail » ;

2° L'un des justificatifs mentionnés *(Décr. n° 2007-1081 du 10 juill. 2007, art. 5)* « aux 2°, 3° et 4° de l'article *(Décr. n° 2016-1554 du 18 nov. 2016, art. 2-3°, en vigueur le 1er janv. 2017)* « D. 3142-8 » du code du travail » ;

3° Le ou les justificatifs requis pour la catégorie professionnelle concernée :

a) Pour la personne exerçant une activité industrielle ou commerciale, un extrait du registre du commerce et des sociétés mentionnant la date de cessation temporaire d'activité et un extrait mentionnant la date de reprise d'activité ;

b) Pour la personne exerçant une activité artisanale, un extrait du registre du répertoire des métiers mentionnant la date de cessation temporaire d'activité et un extrait mentionnant la date de reprise d'activité ;

c) Pour la personne exerçant une activité non salariée agricole, une attestation établie par la caisse de mutualité sociale agricole dont elle relève ou, pour les départements d'outre-mer, par la caisse générale de sécurité sociale, mentionnant la date de cessation temporaire de l'activité agricole, suivie d'une attestation précisant la date de la reprise de l'activité agricole ;

d) Pour la personne physique exerçant une profession libérale et le dirigeant d'une société d'exercice libéral, une attestation de l'organisme de recouvrement des cotisations du régime général de sécurité sociale mentionnant la date de la cessation temporaire d'activité et la date de reprise d'activité.

L'affiliation des personnes mentionnées aux alinéas ci-dessus prend effet au premier jour de la prise du congé de *(Décr. n° 2016-1554 du 18 nov. 2016, art. 2-1°, en vigueur le 1er janv. 2017)* « proche aidant » et cesse à l'issue du dernier jour du congé.

Art. D. 381-3 Pour l'application des dispositions du deuxième alinéa de l'article L. 381-1 concernant les personnes ayant la charge d'un enfant handicapé ou assumant, au foyer familial, la charge d'un *(Décr. n° 2005-1760 du 29 déc. 2005)* « adulte handicapé », le taux d'incapacité permanente *(Décr. n° 2005-1760 du 29 déc. 2005)* « de la personne handicapée » est *(Décr. n° 2005-1760 du 29 déc. 2005)* « égal ou supérieur à 80 %.

« Le taux d'incapacité permanente est apprécié d'après le guide-barème pour l'évaluation des déficiences et incapacités des personnes handicapées figurant à l'annexe 2-4 du code de l'action sociale et des familles (partie réglementaire). » — *V. Annexe I, Décr. n° 93-1217 du 4 nov. 1993, art. 3.*

Les dispositions issues du Décr. n° 2005-1760 du 29 déc. 2005 entrent en vigueur le 1er janv. 2006 (Décr. n° 2005-1760 du 29 déc. 2005).

Art. D. 381-4 (Abrogé par Décr. n° 2011-1278 du 11 oct. 2011, art. 2) ***L'affiliation*** (Décr. n° 2005-1760 du 29 déc. 2005) ***« de la personne » ayant la charge d'un enfant handicapé est faite soit*** (Décr. n° 2005-1760 du 29 déc. 2005) ***« à sa demande », soit à la diligence de l'organisme ou du service chargé de la liquidation de l'***(Décr. n° 2005-1760 du 29 déc. 2005) ***« allocation d'éducation de l'enfant handicapé.***

« L'affiliation de la personne assumant au foyer familial la charge d'un adulte handicapé est faite à sa demande par l'organisme ou le service débiteur des prestations familiales après avis motivé de la commission des droits et de l'autonomie des personnes handicapées, mentionnée à l'article L. 146-9 du code de l'action sociale et des familles.

« Cette commission se prononce, après information de la personne handicapée vivant au domicile familial ou bénéficiant d'une prise en charge partielle dans un établissement ou un service médico-social, sur la nécessité pour elle de bénéficier de manière permanente à domicile de l'assistance ou de la présence de l'aidant familial ayant déposé la demande d'affiliation. »

Les dispositions de l'art. D. 381-4, al. 2, CSS n'autorisent pas la COTOREP à statuer d'office sur le caractère souhaitable du maintien au foyer du handicapé adulte, condition nécessaire selon l'art. L. 381-1 CSS à l'affiliation de la personne assurant sa charge. • Soc. 24 oct. 2002 : *RJS 2003, n° 101.*

Art. D. 381-5 *Abrogé par Décr. n° 2011-1278 du 11 oct. 2011, art. 2.*

Art. D. 381-6 L'immatriculation est effectuée en tant que de besoin par la caisse *(Décr. n° 2010-344 du 31 mars 2010, art. 332)* « d'assurance retraite et de la santé au travail » ou la caisse générale de sécurité sociale dans le ressort de laquelle est situé le domicile des intéressés. Lorsque le domicile se situe *(Décr. n° 2010-344 du 31 mars 2010, art. 332)* « en Île-de-France ou en Alsace-Moselle », sont respectivement compétentes : la Caisse nationale d'assurance vieillesse des travailleurs salariés ou la caisse régionale d'assurance vieillesse des travailleurs salariés de Strasbourg.

L'immatriculation des personnes ayant la charge d'un enfant handicapé prend effet à compter du premier jour du trimestre civil suivant le mois au cours duquel l'assujetti remplit les conditions d'affiliation définies ci-dessus.

L'immatriculation des personnes assumant, au foyer familial, la charge d'un *(Décr. n° 2005-1760 du 29 déc. 2005)* « adulte handicapé » prend effet à compter du premier jour du trimestre civil suivant le mois au cours duquel *(Décr. n° 2005-1760 du 29 déc. 2005)* « la commission des droits et de l'autonomie des personnes handicapées mentionnée à l'article L. 146-9 du code de l'action sociale et des familles » a décidé que les conditions d'affiliation ci-dessus définies sont remplies.

Les dispositions issues du Décr. n° 2005-1760 du 29 déc. 2005 sont entrées en vigueur le 1er janv. 2006 (Décr. préc.).

Art. D. 381-7 Les modalités de versement des cotisations d'assurance vieillesse, calculées conformément aux dispositions de l'article D. 381-5, ainsi que les documents à produire à l'appui de ce versement sont fixés par un arrêté du ministre chargé de la sécurité sociale, du ministre chargé du budget, du ministre chargé de l'agriculture et du ministre chargé des départements d'outre-mer.

SECTION II *[ABROGÉE]* BÉNÉFICIAIRES DE L'ALLOCATION DE PARENT ISOLÉ

(Abrogée par Décr. n° 2009-404 du 15 avr. 2009, art. 4)

Art. D. 381-8 *à* D. 381-12 *Abrogés par Décr. n° 2009-404 du 15 avr. 2009.*

SECTION III ÉTUDIANTS

Néant.

SECTION IV *[ABROGÉE]* MINISTRES DES CULTES ET MEMBRES DES CONGRÉGATIONS ET COLLECTIVITÉS RELIGIEUSES (ASSURANCE MALADIE ET ASSURANCE MATERNITÉ)

(Abrogée par Décr. n° 2006-1325 du 31 oct. 2006, art. 1er-VII)

SECTION V INVALIDES DE GUERRE

Néant.

SECTION VI SAPEURS-POMPIERS COMMUNAUX NON PROFESSIONNELS

Néant.

SECTION VII BÉNÉFICIAIRES DE L'ALLOCATION AUX VIEUX TRAVAILLEURS SALARIÉS ET DE L'ALLOCATION AUX MÈRES DE FAMILLE

Néant.

SECTION VIII BÉNÉFICIAIRES DE L'ALLOCATION AUX ADULTES HANDICAPÉS

Art. D. 381-22 Le taux d'incapacité permanente prévu à l'article 43-II *[abrogé]* de la loi n° 75-534 du 30 juin 1975 est égal à celui qui est fixé à l'article 1er du décret n° 75-1197 du 16 décembre 1975.

SECTION IX DÉTENUS

Art. D. 381-23 (Abrogé par Décr. n° 2018-1258 du 27 déc. 2018, art. 1er, à compter du 1er janv. 2019) (Décr. n° 94-1104 du 19 déc. 1994, art. 1er) ***L'assiette de la cotisation visée à l'article L. 381-30-2 est égale à un pourcentage du plafond annuel de la sécurité sociale visé à l'article L. 241-3. Un arrêté conjoint du ministre chargé de la sécurité sociale, du ministre chargé du budget et du ministre chargé de l'administration pénitentiaire fixe chaque année le montant de ce pourcentage.***

(Décr. nº 97-1252 du 29 déc. 1997, art. 10) *« Le taux de cette cotisation est fixé à 14,60 %. »*

SECTION X *[ABROGÉE]* ÉLUS LOCAUX

(Abrogée par Décr. nº 2013-362 du 26 avr. 2013, art. 1er-1º)

Art. D. 381-24 *Abrogé par Décr. nº 2013-362 du 26 avr. 2013, art. 1er-1º.*

CHAPITRE II PERSONNES RATTACHÉES AU RÉGIME GÉNÉRAL POUR L'ENSEMBLE DES RISQUES *(Décr. nº 2006-1325 du 31 oct. 2006, art. 1er-I).*

SECTION PREMIÈRE ARTISTES AUTEURS *(Décr. nº 2006-1325 du 31 oct. 2006, art. 1er-II).*

SOUS-SECTION 1 CHAMP D'APPLICATION

(Décr. nº 2006-1325 du 31 oct. 2006, art. 1er-III)

Néant.

SOUS-SECTION 2 ORGANISMES AGRÉÉS ET COMMISSIONS *(Décr. nº 2006-1325 du 31 oct. 2006).*

Néant.

SOUS-SECTION 3 AFFILIATION *(Décr. nº 2017-736 du 3 mai 2017, art. 6-6º).*

Néant.

SOUS-SECTION 4 COTISATIONS *(Décr. nº 2006-1325 du 31 oct. 2006, art. 1er-IV).*

Art. D. 382-1 *(Décr. nº 2018-417 du 30 mai 2018)* **Le défaut de production de la déclaration prévue au quatrième alinéa de l'article R. 382-20 dans les délais prescrits à cet article entraîne l'application d'une pénalité égale à trois fois le montant de celle mentionnée au premier alinéa du III de l'article R. 133-14.**

L'omission de données devant figurer dans la déclaration mentionnée au premier alinéa ou l'inexactitude des données déclarées, y compris du numéro prévu à l'avant-dernier alinéa de l'article L. 114-12-1, entraîne l'application de la même pénalité.

Toutefois, cette pénalité ne s'applique pas si les conditions mentionnées aux 1º et 2º de l'article R. 243-10 sont remplies.

La pénalité est recouvrée et contrôlée par l'organisme mentionné au premier alinéa de l'article L. 382-5, selon les règles, et sous les garanties et sanctions applicables en matière de recouvrement des cotisations assises sur les rémunérations.

SOUS-SECTION 5 PRESTATIONS *(Décr. nº 2006-1325 du 31 oct. 2006, art. 1er-IV).*

Néant.

SOUS-SECTION 6 RÉGIMES COMPLÉMENTAIRES *(Décr. nº 2006-1325 du 31 oct. 2006, art. 1er-IV).*

Art. D. 382-2 **Les régimes complémentaires d'assurance vieillesse auxquels sont affiliées les personnes mentionnées à l'article L. 382-1 en application de l'article L. 382-12 demeurent régis par les dispositions légales et réglementaires applicables aux régimes complémentaires mentionnés au premier alinéa de l'article L. 644-1.**

Leur gestion est assurée par la section professionnelle mentionnée au 9º de l'article 3 du décret du 19 juillet 1948 modifié. Toutefois, les attributions du conseil d'administration de ladite section professionnelle en matière de régimes complémentaires sont exercées par des conseils d'administration distincts.

SOUS-SECTION 7 DISPOSITIONS DIVERSES — DISPOSITIONS D'APPLICATION *(Décr. nº 2006-1325 du 31 oct. 2006, art. 1er-IV).*

Néant.

SOUS-SECTION 8 ÉLECTIONS *(Décr. nº 2006-1325 du 31 oct. 2006, art. 1er-IV).*

§ 2 LISTES ÉLECTORALES *(Décr. nº 2006-1325 du 31 oct. 2006, art. 1er-V).*

Art. D. 382-3 *(Décr. nº 2009-1597 du 18 déc. 2009, art. 8, en vigueur le 1er janv. 2010)* Soixante jours avant la date du scrutin, les états de recensement sont déposés auprès du service visé à l'article R. 155-1 ainsi qu'au siège de chaque caisse primaire d'assurance maladie en vue de leur consultation par toute personne intéressée. Ils sont également consultables au siège des organismes agréés. Les électeurs sont avisés par voie d'affichage du dépôt des états de recensement.

Art. D. 382-4 *(Décr. nº 2018-1185 du 19 déc. 2018, art. 4)* Le montant mentionné à l'article R. 382-25 est fixé à 900 fois le salaire minimum interprofessionnel de croissance.

Les dispositions du Décr. nº 2018-1185 du 19 déc. 2018 sont applicables aux cotisations et aux contributions dues au titre des périodes courant à compter du 1er janv. 2019.

Art. D. 382-5 *(Décr. nº 94-1148 du 27 déc. 1994)* Dans les dix jours qui suivent le dépôt des états de recensement mentionnés à l'article D. 382-3, tout électeur peut vérifier s'il est inscrit et, le cas échéant, demander son inscription. De même, tout électeur peut réclamer l'inscription d'un électeur non inscrit. Les demandes d'inscription et les réclamations sont déposées *(Décr. nº 2009-1597 du 18 déc. 2009, art. 8, en vigueur le 1er janv. 2010)* « auprès du service mentionné à l'article R. 155-1 », ou au siège de la caisse primaire d'assurance maladie. Il en est délivré récépissé.

Un arrêté du ministre chargé de la sécurité sociale fixe la liste des pièces permettant de justifier de la qualité d'électeur.

Art. D. 382-6 *(Décr. nº 94-1148 du 27 déc. 1994)* La commission administrative compétente instruit les demandes et réclamations. Au plus tard quarante-cinq jours avant la date du scrutin, *(Décr. nº 2009-1597 du 18 déc. 2009, art. 8, en vigueur le 1er janv. 2010)* « le responsable du service mentionné à l'article R. 155-1 », après avoir recueilli l'avis de chaque commission, arrête les listes électorales en procédant à l'inscription des électeurs dans chaque collège et porte à la connaissance des intéressés les décisions du refus d'inscription ou de radiation.

Art. D. 382-7 *(Décr. nº 94-1148 du 27 déc. 1994)* Au plus tard quarante-quatre jours avant le scrutin, les électeurs sont avisés par voie d'affichage du dépôt des listes électorales *(Décr. nº 2009-1597 du 18 déc. 2009, art. 8, en vigueur le 1er janv. 2010)* « au siège des organismes agréés », ainsi qu'au siège de chaque caisse primaire d'assurance maladie.

Art. D. 382-8 *(Décr. nº 94-1148 du 27 déc. 1994)* A l'expiration d'un délai de huit jours suivant l'affichage des résultats du scrutin, la liste électorale ne peut plus être consultée. Les listes rectifiées, s'il y a lieu, pour tenir compte des décisions judiciaires sont closes vingt jours avant le scrutin.

Les dispositions de l'article D. 214-17 sont applicables à la présente sous-section.

§ 3 DÉCLARATION DE CANDIDATURES *(Décr. nº 2006-1325 du 31 oct. 2006, art. 1er-V).*

Art. D. 382-9 *(Décr. nº 94-1148 du 27 déc. 1994)* Les dispositions des articles D. 214-18 et D. 214-19 sont applicables à la présente sous-section. L'arrêté prévu au premier alinéa de l'article D. 214-18 est pris par le ministre chargé de la sécurité sociale.

Art. D. 382-10 *(Décr. nº 94-1148 du 27 déc. 1994)* Les candidatures sont établies pour chaque conseil d'administration. Elles sont déposées *(Décr. nº 2009-1597 du 18 déc. 2009, art. 8, en vigueur le 1er janv. 2010)* « auprès du service mentionné à l'article R. 155-1 ». Il est délivré au mandataire de chaque liste un reçu de la déclaration collective et des déclarations individuelles.

(Décr. nº 2009-1597 du 18 déc. 2009, art. 8, en vigueur le 1er janv. 2010) « Le responsable du service mentionné à l'article R. 155-1 » publie les listes de candidatures. Ces listes sont affichées *(Décr. nº 2009-1597 du 18 déc. 2009, art. 8, en vigueur le 1er janv. 2010)* « au siège des organismes agréés » ainsi qu'au siège de chaque caisse primaire d'assurance maladie.

Les dispositions des deuxième, troisième et quatrième alinéas de l'article D. 214-23 sont applicables à la présente sous-section.

§ 4 PROPAGANDE *(Décr. nº 2006-1325 du 31 oct. 2006, art. 1er-V).*

Art. D. 382-11 *(Décr. nº 94-1148 du 27 déc. 1994)* Les dispositions de l'article D. 214-25 sont applicables à la présente sous-section.

Chaque liste de candidatures a droit à deux affiches d'un format de 297 × 420 mm pour la propagande et l'annonce des réunions électorales. Elle dispose d'un emplacement réservé à l'affichage *(Décr. nº 2009-1597 du 18 déc. 2009, art. 8, en vigueur le 1er janv. 2010)* « au siège des organismes agréés », ainsi qu'au siège de chaque caisse primaire d'assurance maladie. La demande d'attribution d'emplacement est formulée auprès de la commission de propagande pendant la campagne électorale et au plus tard cinq jours avant la date du scrutin. Les emplacements sont attribués dans l'ordre d'enregistrement des candidatures.

Art. D. 382-12 *(Décr. nº 94-1148 du 27 déc. 1994)* Le nombre de bulletins de vote que chaque liste peut faire imprimer ne doit pas excéder de plus de 10 % le nombre des électeurs dont cette liste sollicite les suffrages.

Les bulletins ont un format de 148 × 210 mm.

Les bulletins ne doivent pas comporter d'autres mentions que le nom de l'organisme agréé, le nom et le prénom de chaque candidat ainsi que le titre de la liste. Ces mentions doivent figurer sur un seul côté du bulletin.

Art. D. 382-13 *(Décr. nº 2009-1597 du 18 déc. 2009, art. 8, en vigueur le 1er janv. 2010)* La commission de propagande prévue à l'article R. 382-43 est présidée par le responsable du service mentionné à l'article R. 155-1 et comprend en outre quatre membres désignés respectivement par le ministre chargé de la sécurité sociale, le ministre chargé de la culture, le directeur de la circonscription régionale de La Poste et le responsable ci-dessus mentionné. Ce responsable désigne le secrétaire de la commission.

Art. D. 382-14 *(Décr. nº 94-1148 du 27 déc. 1994)* La commission reçoit *(Décr. nº 2009-1597 du 18 déc. 2009, art. 8, en vigueur le 1er janv. 2010)* « du service mentionné à l'article R. 155-1 » les enveloppes nécessaires à l'expédition des circulaires et des bulletins de vote. Elle fait préparer le libellé de ces enveloppes. Elle est chargée de déterminer les emplacements d'affichage.

Art. D. 382-15 *(Décr. nº 94-1148 du 27 déc. 1994)* Le président de la commission indique au mandataire de chaque liste les caractéristiques et le nombre maximum d'affiches, de circulaires et de bulletins qu'il est autorisé à faire imprimer ainsi que les tarifs maxima d'impression.

Le mandataire de chaque liste remet au président de la commission les exemplaires imprimés de la circulaire et du bulletin au plus tard vingt-cinq jours avant le scrutin.

La commission n'est pas tenue d'assurer l'envoi des imprimés remis postérieurement à ce délai.

Les circulaires et bulletins dont le format, le libellé ou l'impression ne répondent pas aux prescriptions réglementaires ne sont pas acceptés par la commission.

Art. D. 382-16 *(Décr. nº 94-1148 du 27 déc. 1994)* Il est remboursé à chaque liste ayant obtenu au moins 5 % des suffrages exprimés ou au moins un siège le coût du papier et les frais d'impression des circulaires, affiches et bulletins de vote prévus aux articles D. 382-11 et D. 382-12. Toutefois, seuls sont remboursés, sur présentation des pièces justificatives, les frais d'impression réellement exposés. La somme remboursée ne peut excéder celle résultant de l'application au nombre des imprimés admis à remboursement des tarifs fixés par arrêté du ministre chargé de la sécurité sociale. – *V. Arr. du 11 mars 2008 (JO 15 mars).*

Les tarifs d'impression ne peuvent s'appliquer qu'à des circulaires et bulletins de vote sur papier blanc satiné de 56 grammes au mètre carré, aux normes Afnor II/1, et excluant tous travaux de photogravure tels que clichés, similis ou traits.

SECTION II MINISTRES DES CULTES ET MEMBRES DES CONGRÉGATIONS ET COLLECTIVITÉS RELIGIEUSES

(Décr. n° 2006-1325 du 31 oct. 2006, art. 1er-VI)

SOUS-SECTION 1 DISPOSITIONS GÉNÉRALES

(Décr. n° 2006-1325 du 31 oct. 2006, art. 1er-VI-A)

§ 1er AGENTS DE DIRECTION

Art. D. 382-17 Le directeur de la Caisse d'assurance vieillesse *[invalidité et maladie]* des cultes est agréé par arrêté du ministre chargé de la sécurité sociale, sur proposition du conseil d'administration. – *[Anc. art. D. 721-1.]*

Art. D. 382-18 Sur proposition du directeur, le ministre chargé de la sécurité sociale prononce l'agrément des agents de direction autres que l'agent comptable. – *[Anc. art. D. 721-2.]*

§ 2 DISPOSITIONS COMPTABLES ET FINANCIÈRES

Art. D. 382-19 Sur proposition du conseil d'administration, l'agent comptable de la Caisse d'assurance vieillesse *[invalidité et maladie]* des cultes est agréé par arrêté conjoint du ministre chargé de la sécurité sociale et du ministre chargé du budget. – *[Anc. art. D. 721-4.]*

Art. D. 382-20 *(Décr. n° 2001-119 du 7 févr. 2001, art. 1er-4 et 3)* Sont applicables à la Caisse d'assurance vieillesse, invalidité et maladie des cultes les articles D. 253-1 à D. 253-35 et D. 253-42 à D. 254-6. – *[Anc. art. D. 721-5.]*

§ 3 DÉTACHEMENT TEMPORAIRE À L'ÉTRANGER

Art. D. 382-21 *(Décr. n° 2001-119 du 7 févr. 2001, art. 1er-6 et 3)* La durée maximale du détachement prévue à l'article *(Décr. n° 2006-1325 du 31 oct. 2006, art. 1er-VI-A)* « L. 382-16 » est de trois ans renouvelable une fois. – *[Anc. art. D. 721-4.]*

SOUS-SECTION 2 ASSURANCE MALADIE

(Décr. n° 2006-1325 du 31 oct. 2006, art. 1er-VI-B)

Art. D. 382-22 Les membres des congrégations et collectivités religieuses peuvent opter pour le régime particulier défini *(Décr. n° 2006-1325 du 31 oct. 2006, art. 1er-VI-B)* « au deuxième alinéa de l'article L. 382-21 » soit lors de leur affiliation au régime général par application de la présente section soit, postérieurement à cette affiliation, à compter du premier jour du semestre suivant l'expiration d'un délai de trois mois à partir du dépôt de leur demande. – *[Anc. art. D. 381-14.]*

Art. D. 382-23 L'option pour le régime particulier doit être formulée pour une durée de deux ans.

Pour continuer à bénéficier du régime au-delà de cette période, une nouvelle demande doit être formée auprès de la *(Décr. n° 2001-119 du 7 févr. 2001, art. 1er-2)* « caisse d'assurance vieillesse, invalidité et maladie des cultes » trois mois avant l'expiration de ladite période. – *[Anc. art. D. 381-15.]*

Art. D. 382-24 L'affiliation au régime particulier prend effet à la date d'effet de l'option telle qu'elle est fixée à l'article *(Décr. n° 2006-1325 du 31 oct. 2006, art. 1er-VI-B)* « D. 382-23 ».

Le droit aux prestations prévues par ledit régime est ouvert dès cette date.

Il est subordonné à la justification du paiement des cotisations personnelles exigibles à la date à laquelle les soins sont dispensés. – *[Anc. art. D. 381-16.]*

Art. D. 382-25 *(Décr. nº 2004-182 du 23 févr. 2004, art. 1er-II)* Les cotisations du régime particulier mentionné *(Décr. nº 2006-1325 du 31 oct. 2006, art. 1er-VI-B)* « au deuxième alinéa de l'article L. 382-21 » sont fixées à 61 % des cotisations de droit commun. – *[Anc. art. D. 381-17.] – V. Arr. du 23 déc. 1987 (JO 29 déc.), mod. par Arr. du 21 déc. 1988 (JO 27 déc.), Arr. du 22 déc. 1989 (JO 31 déc.), Arr. du 31 déc. 1990 (JO 19 janv. 1991), Arr. du 31 déc. 1991 (JO 24 janv. 1992), Arr. du 7 janv. 1993 (JO 14 janv.), Arr. du 29 déc. 1993 (JO 31 déc.), Arr. du 14 avr. 1995 (JO 5 mai), Arr. du 2 juill. 1996 (JO 13 juill.), Arr. du 15 avr. 1997 (JO 23 avr.), Arr. du 27 févr. 1998 (JO 11 mars), Arr. du 29 mars 1999 (JO 31 mars), Arr. du 9 mars 2000 (JO 22 mars) et Arr. du 6 juin 2001 (JO 27 juin).*

SOUS-SECTION 3 ASSURANCE INVALIDITÉ

(Décr. nº 2006-1325 du 31 oct. 2006, art. 1er-VI-C)

Art. D. 382-26 La pension d'invalidité est égale au produit du montant annuel du salaire minimum de croissance des dix années civiles d'assurance dont la prise en considération est la plus avantageuse pour l'assuré par le taux correspondant à la catégorie, telle que définie à l'article *(Décr. nº 2006-1325 du 31 oct. 2006, art. 1er-VI-C)* « R. 382-111 », dans laquelle l'assuré a été classé.

Le taux mentionné à l'alinéa précédent est égal à :

a) 30 % pour les invalides classés dans la 1re catégorie ;

b) 50 % pour les invalides classés dans la 2e catégorie ;

c) 50 % pour les invalides de la 3e catégorie qui bénéficient par ailleurs de la majoration pour aide d'une tierce personne mentionnée au quatrième alinéa de l'article *(Décr. nº 2006-1325 du 31 oct. 2006, art. 1er-VI-C)* « L. 382-24 ».

Lorsque l'assuré compte moins de dix années d'assurance, le calcul de la pension est effectué en retenant toutes les années d'assurance accomplies depuis l'immatriculation.

Le montant de la pension d'invalidité ne peut être inférieur au montant de l'allocation aux vieux travailleurs salariés. – *[Anc. art. D. 381-18.]*

Il est substitué au montant de l'allocation aux vieux travailleurs salariés un montant fixé par décret, revalorisé dans les conditions prévues à l'art. L. 816-2 CSS (Ord. nº 2004-605 du 24 juin 2004, art. 3).

Art. D. 382-27 Le montant de la majoration pour aide constante d'une tierce personne est celui prévu à l'article R. 341-6. – *[Anc. art. D. 381-19.]*

Art. D. 382-28 La pension d'invalidité peut être révisée en raison d'une modification de l'état d'invalidité de l'intéressé. Cette révision est annuelle pour les personnes classées en première et deuxième catégories. Cette périodicité est portée à trois ans pour les personnes classées en troisième catégorie. – *[Anc. art. D. 381-20.]*

Art. D. 382-29 La pension d'invalidité peut être suspendue ou supprimée s'il est reconnu que l'intéressé ne remplit plus l'une des conditions prévues à l'article *(Décr. nº 2006-1325 du 31 oct. 2006, art. 1er-VI-C)* « R. 382-110 ». – *[Anc. art. D. 381-21.]*

SOUS-SECTION 4 ASSURANCE VIEILLESSE

(Décr. nº 2006-1325 du 31 oct. 2006, art. 1er-VI-D)

Art. D. 382-30 *(Décr. nº 98-491 du 17 juin 1998)* La pension est liquidée sur demande formulée par l'assuré.

(Abrogé par Décr. nº 2006-1325 du 31 oct. 2006, art. 1er-VI-D) ***« L'entrée en jouissance de la pension est fixée au premier jour du mois civil qui suit cette demande sans pouvoir être antérieure au soixante-cinquième anniversaire de l'intéressé ou à la date à laquelle celui-ci remplit la condition d'âge mentionnée au deuxième ou au troisième alinéa de l'article D. 721-6. »***

L'entrée en jouissance de la pension allouée pour incapacité totale et définitive ne peut être fixée à une date antérieure au premier jour du mois civil suivant la date à partir de laquelle l'incapacité a été reconnue. – *[Anc. art. D. 721-13.]*

Art. D. 382-31 *(Décr. nº 2004-182 du 23 févr. 2004, art. 1er-IV)* Les périodes de perception de la pension d'invalidité définie à l'article *(Décr. nº 2006-1325 du 31 oct. 2006, art. 1er-VI-D)* « L. 382-24 » sont prises en compte comme périodes d'assurance pour l'ouverture et le calcul des droits à pension. — *[Anc. art. D. 721-14.]*

Art. D. 382-32 *(Décr. nº 91-700 du 18 juill. 1991, art. 1er)* L'âge limite prévu à l'article *(Décr. nº 2006-1325 du 31 oct. 2006, art. 1er-VI-D)* « L. 382-26 » est *(Décr. nº 2010-1734 du 30 déc. 2010, art. 5-9º)* « celui prévu par le 1º de l'article L. 351-8 ». — *[Anc. art. D. 721-19.]*

Les dispositions issues du Décr. nº 2010-1734 du 30 déc. 2010 sont applicables aux pensions prenant effet à compter du 1er juill. 2011 (Décr. préc., art. 11).

Art. D. 382-33 *(Décr. nº 2006-879 du 17 juill. 2006)* Pour l'exercice de la faculté de versement des cotisations prévue à l'article L. 382-29, sont applicables les dispositions des articles D. 351-3 *(Décr. nº 2015-14 du 8 janv. 2015, art. 1er-5º)* « à D. 351-14-1 » sous réserve des dispositions suivantes :

1º La référence au régime d'assurance vieillesse des ministres des cultes et des membres des congrégations et collectivités religieuses est substituée à la référence au régime général de la sécurité sociale ;

(Abrogé par Décr. nº 2008-1383 du 19 déc. 2008) ***« 2º Pour l'application de l'article D. 351-3, la référence à l'âge de soixante-cinq ans est substituée à la référence à l'âge de soixante ans ; »***

3º Au dernier alinéa de l'article D. 351-4, la référence à la Caisse d'assurance vieillesse, invalidité et maladie des cultes visée à l'article L. 382-15 est substituée à la référence à la caisse visée à cet alinéa ;

4º Pour l'application de l'article D. 351-8 :

a) Au 1º et au 2º du I, les mots : "au salaire défini au 3º du présent article" sont remplacés par les mots : "au salaire défini en application des dispositions du 5º de l'article D. 382-33" ;

b) *(Décr. nº 2010-1737 du 30 déc. 2010, art. 1er-4)* « Les dispositions du 3º du I et du dernier alinéa du II ne sont pas applicables ; »

c) *(Décr. nº 2010-1737 du 30 déc. 2010, art. 1er-4)* « Au *c* du II, le taux de 2,05 % est remplacé par le taux de 1,85 % et la mention de l'âge de soixante-deux ans est remplacée par celle de l'âge de soixante-six ans » ;

(Abrogé par Décr. nº 2010-1737 du 30 déc. 2010, art. 1er-4) (Décr. nº 2008-1383 du 19 déc. 2008) ***« d) Aux deux derniers alinéas du II, la mention de l'âge de soixante ans est remplacée par celle de l'âge de soixante-cinq ans. »***

5º Pour l'application de l'article D. 351-9 :

a) Au 1º, les mots : "du plafond de la sécurité sociale" sont remplacés par les mots : "d'un salaire forfaitaire égal à la valeur annuelle du salaire minimum de croissance" et les mots : "des plafonds" sont remplacés par les mots : "des salaires forfaitaires" ;

b) Les septième à dixième alinéas du 4º relatifs à la définition du paramètre *P* sont ainsi rédigés :

P est égal à la moyenne annuelle des salaires forfaitaires des vingt-cinq années précédant celle au cours de laquelle l'assuré atteint l'âge *(Décr. nº 2010-1737 du 30 déc. 2010, art. 1er-4)* « de soixante-deux ans » ou, s'il a atteint cet âge, celle au cours de laquelle *(Décr. nº 2008-1383 du 19 déc. 2008)* « il présente sa demande », revalorisés selon les modalités prévues au 1º du présent article et égaux :

a) Pour les années antérieures à 1998, au total annuel du produit de la valeur du salaire minimum de croissance par la durée légale du travail définie sur le mois en vigueur au premier jour de chaque mois ;

b) Pour les années 1998 à 2005, au montant annuel du salaire fixé en application des dispositions de l'article R. 351-29-2 ;

c) Pour chacune des années postérieures, à douze fois le produit de la valeur du salaire minimum de croissance par la durée légale du travail définie sur le mois en vigueur au 1er janvier de l'année au cours de laquelle *(Décr. nº 2008-1383 du 19 déc. 2008)* « l'assuré présente sa demande » ;

c) Le seizième alinéa du 4º relatif à la définition du paramètre *i* est ainsi complété : et des dispositions du *c* du 4º de l'article D. 382-33 ;

d) Le dix-septième alinéa du 4º relatif à la définition du paramètre *k* est remplacé par les sept alinéas suivants :

k est un coefficient dont la valeur varie en fonction de l'âge de l'assuré à la date à laquelle *(Décr. n° 2008-1383 du 19 déc. 2008)* « il présente sa demande » :

(Décr. n° 2010-1737 du 30 déc. 2010, art. 1er-4) « de 0 à 51 pour les assurés âgés de 66 ans ;

« de 0 à 52 pour les assurés âgés de 65 ans ;

« de 0 à 53 pour les assurés âgés de 64 ans ;

« de 0 à 54 pour les assurés âgés de 63 ans ;

« de 0 à 55 pour les assurés âgés de 62 ans ou moins ; »

e) Le dix-huitième alinéa du 4° relatif à la définition du paramètre *A* est remplacé par les sept alinéas suivants :

A est l'âge de référence, fixé en fonction de l'âge de l'assuré à la date à laquelle *(Décr. n° 2008-1383 du 19 déc. 2008)* « il présente sa demande » à :

(Décr. n° 2010-1737 du 30 déc. 2010, art. 1er-4) « 66 ans pour les assurés âgés de 66 ans ;

« 65 ans pour les assurés âgés de 65 ans ;

« 64 ans pour les assurés âgés de 64 ans ;

« 63 ans pour les assurés âgés de 63 ans ;

« 62 ans pour les assurés âgés de 62 ans ou moins ; »

(Décr. n° 2015-14 du 8 janv. 2015, art. 1er-5°) « 6° Pour l'application de l'article D. 351-14-1 :

« *a)* Au 1° du II, le montant : "670 euros" est remplacé par le montant : "465 euros" ;

« *b)* Au 2° du II, le montant : "1 000 euros" est remplacé par le montant : "690 euros". »

Les dispositions issues du Décr. n° 2008-1383 du 19 déc. 2008 sont applicables aux demandes de versements reçues postérieurement au 24 déc. 2008, date de publication dudit décret au JO (Décr. préc., art. 7).

Les dispositions du Décr. n° 2010-1737 du 30 déc. 2010 entrent en vigueur le 1er janv. 2011 (Décr. préc., art. 3-III).

SECTION III TITULAIRES DE MANDATS LOCAUX

(Décr. n° 2013-362 du 26 avr. 2013, art. 1er-2°)

Art. D. 382-34 Les indemnités de fonctions des élus des collectivités territoriales et des délégués de ces collectivités membres d'un établissement public de coopération intercommunale sont assujetties aux cotisations sociales, en application des dispositions de l'article L. 382-31, lorsque leur montant total dépasse la moitié du plafond mentionné à l'article L. 241-3.

Les dispositions du Décr. n° 2013-362 du 26 avr. 2013 s'appliquent aux indemnités de fonctions afférentes :

1° Aux mandats débutant à compter du 1er janv. 2013 ;

2° Aux mandats en cours au 1er janv. 2013, au titre de la période du mandat postérieure à cette date (Décr. préc., art. 2).

CHAPITRE III DISPOSITIONS D'APPLICATION

Néant.

LIVRE QUATRIÈME ACCIDENTS DU TRAVAIL ET MALADIES PROFESSIONNELLES (DISPOSITIONS PROPRES ET DISPOSITIONS COMMUNES AVEC D'AUTRES BRANCHES)

TITRE PREMIER GÉNÉRALITÉS — DISPOSITIONS PROPRES À CERTAINS BÉNÉFICIAIRES

CHAPITRE PREMIER DÉFINITIONS : ACCIDENTS DU TRAVAIL ET ACCIDENTS DE TRAJET

Néant.

CHAPITRE II CHAMP D'APPLICATION — DISPOSITIONS APPLICABLES AUX SALARIÉS LIÉS PAR UN CONTRAT DE TRAVAIL TEMPORAIRE ET À DIVERSES CATÉGORIES DE BÉNÉFICIAIRES

SECTION PREMIÈRE DISPOSITIONS GÉNÉRALES RELATIVES AU CHAMP D'APPLICATION

Néant.

SECTION II DISPOSITIONS APPLICABLES AUX SALARIÉS LIÉS PAR UN CONTRAT DE TRAVAIL TEMPORAIRE

Néant.

SECTION III DISPOSITIONS APPLICABLES À DIVERSES CATÉGORIES DE BÉNÉFICIAIRES

Art. D. 412-1 Les ministres mentionnés aux 4° et 5° de l'article L. 412-8 sont le ministre chargé de la sécurité sociale, le garde des sceaux, ministre de la justice, et le ministre chargé du budget.

SOUS-SECTION 1 DÉLÉGUÉS À LA SÉCURITÉ DES OUVRIERS MINEURS

Néant.

SOUS-SECTION 2 ÉLÈVES ET ÉTUDIANTS

Art. D. 412-2 Les dispositions de la présente sous-section s'appliquent aux élèves et étudiants inscrits dans les établissements ou classes mentionnés ci-après, lorsqu'ils suivent dans ces établissements ou classes une scolarité ou un enseignement qui ne relève ni de l'apprentissage au sens du titre Ier du livre Ier *[Livre II de la Partie VI nouv.]* du code du travail ni de la formation professionnelle continue au sens du livre IX *[Partie VI nouv.]* dudit code.

Art. D. 412-3 Le *a* du 2° de l'article L. 412-8 s'applique exclusivement aux élèves et étudiants des classes et établissements publics et privés de l'enseignement technique suivants, placés sous le contrôle du ministre chargé de l'éducation nationale :

1° Sections d'éducation spécialisée des collèges et écoles nationales de perfectionnement ;

2° Classes préprofessionnelles de niveau, classes préparatoires à l'apprentissage et autres classes des lycées d'enseignement professionnel ;

3° Lycées techniques : classes de seconde spécifique, de seconde spéciale, enseignements technologiques spécialisés de la classe de seconde ; classes de première et terminale préparant au brevet et au baccalauréat de technicien ; sections préparant au brevet de technicien supérieur ; autres classes technologiques postérieures au baccalauréat ; sections techniques des lycées polyvalents ;

4° Sections assurant des formations complémentaires d'initiative locale ;

5° Instituts universitaires de technologie ; écoles et instituts nationaux délivrant un diplôme d'ingénieur : écoles nationales d'ingénieurs, écoles nationales supérieures d'ingénieurs, instituts nationaux de sciences appliquées et instituts nationaux polytechniques, université technologique de Compiègne, Conservatoire national des arts et métiers et ses centres associés ;

6° Classes et établissements secondaires ou supérieurs assurant un enseignement sanctionné par les diplômes auxquels préparent les établissements ou classes mention*nés du 1° au 5° ci-dessus.*

Art. D. 412-4 Le *b* du 2° de l'article L. 412-8 s'applique aux élèves et étudiants des classes ou établissements ci-après :

1° Classes du premier cycle et du second cycle des établissements publics ou privés régulièrement déclarés de l'enseignement secondaire ;

2° Classes ou établissements publics ou privés régulièrement déclarés de l'enseignement supérieur ou de l'enseignement spécialisé placé sous le contrôle pédagogique de l'État ou des collectivités territoriales ;

3° Classes ou établissements publics ou privés d'enseignement professionnel pour handicapés : instituts médico-professionnels, Institut national des jeunes sourds, Institut national des jeunes aveugles ;

4° Classes ou établissements publics ou privés régulièrement déclarés, préparatoires à un diplôme d'activités physiques et sportives.

Art. D. 412-5 Est considéré comme atelier ou laboratoire, pour l'application du *b* du 2° de l'article L. 412-8, tout lieu dans lequel est dispensé un enseignement pratique qui expose les élèves et étudiants à des risques d'accident du fait de l'utilisation, de la manipulation ou du contact de matériels, matériaux ou substances nécessaires à l'enseignement.

La pratique de disciplines physiques ou sportives n'est assimilée à un travail en atelier ou en laboratoire que lorsqu'elle s'intègre dans un enseignement sanctionné par un diplôme spécifique à ces disciplines.

Sont également assimilés à des travaux en atelier ou en laboratoire les stages pratiques qui se déroulent sur les mêmes lieux que l'enseignement.

Art. D. 412-5-1 *(Décr. n° 2006-757 du 29 juin 2006)* Le *f* du 2° de l'article L. 412-8 s'applique aux élèves et étudiants des classes et établissements publics et privés non mentionnés aux articles D. 412-3 et D. 412-4 effectuant un stage faisant l'objet d'une convention tripartite.

Ces dispositions sont entrées en vigueur le 1er juill. 2006 (Décr. n° 2006-757 du 29 juin 2006, art. 3).

Art. D. 412-6 Les stages mentionnés aux *a* et *b* du 2° de l'article L. 412-8 sont ceux qui figurent au programme de l'enseignement et qui sont destinés à mettre en pratique, hors de l'établissement, l'enseignement dispensé par celui-ci, sous réserve qu'ils ne donnent pas lieu au versement *(Décr. n° 2018-821 du 27 sept. 2018, art. 1er)* « de revenus d'activité tels qu'ils sont pris en compte pour la détermination de l'assiette des cotisations définie à l'article L. 242-1 ».

(Décr. n° 2006-757 du 29 juin 2006) « Les stages mentionnés au *f* du 2° de l'article L. 412-8 sont ceux, non mentionnés aux *a* et *b*, qui font l'objet d'une convention tripartite, sous réserve qu'ils ne donnent pas lieu au versement *(Décr. n° 2018-821 du 27 sept. 2018, art. 1er)* « de revenus d'activité tels qu'ils sont pris en compte pour la détermination de l'assiette des cotisations définie à l'article L. 242-1 ».

Les dispositions issues du Décr. n° 2006-757 du 29 juin 2006 sont entrées en vigueur le 1er juill. 2006 (Décr. préc., art. 3).

SOUS-SECTION 3 STAGIAIRES DES CENTRES DE FORMATION PROFESSIONNELLE

Néant.

SOUS-SECTION 4 PERSONNES ACCOMPLISSANT UN STAGE DE RÉADAPTATION FONCTIONNELLE OU DE RÉÉDUCATION PROFESSIONNELLE

Néant.

SOUS-SECTION 5 PUPILLES DE LA PROTECTION JUDICIAIRE DE LA JEUNESSE

Art. D. 412-7 Sont considérées comme pupilles de la protection judiciaire de la jeunesse, au sens du 4° de l'article L. 412-8, les personnes confiées par décision de justice, en application de l'ordonnance n° 45-174 du 2 février 1945, des articles 375 et suivants du code civil, ou du décret n° 75-96 du 18 février 1975, à des services éducatifs publics ou privés relevant du ministère de la justice.

Les jeunes placés chez un employeur par les établissements ou institutions mentionnés à l'alinéa précédent, quelle que soit leur résidence, bénéficient de la législation sociale applicable aux travailleurs employés dans les mêmes conditions.

S'ils ne remplissent pas les conditions pour bénéficier de cette législation, les dispositions des articles suivants leur sont applicables.

Art. D. 412-8 Le travail commandé, au sens du 4° de l'article L. 412-8, s'entend de tout travail rémunéré ou non, quelle qu'en soit la nature, auquel le pupille est astreint par l'établissement ou la personne qui a autorité sur lui.

Art. D. 412-9 Les fonctionnaires et agents de contrôle des caisses *(Décr. n° 2010-344 du 31 mars 2010, art. 333)* « d'assurance retraite et de la santé au travail » ainsi que les ingénieurs-conseils et les contrôleurs de sécurité régulièrement accrédités sont obligatoirement assistés du directeur de l'établissement ou de son représentant pour procéder aux enquêtes prévues à l'article L. 422-3.

Le cas échéant, ces enquêtes doivent être effectuées en relation avec les services de prévention de la mutualité sociale agricole.

Les caisses *(Décr. n° 2010-344 du 31 mars 2010, art. 333)* « d'assurance retraite et de la santé au travail » ou les caisses de mutualité sociale agricole peuvent recommander aux établissements et institutions recevant des pupilles de la protection judiciaire de la jeunesse de prendre toutes mesures qu'elles jugent utiles concernant l'hygiène et la sécurité des pupilles dans leur travail.

Art. D. 412-10 Le directeur de l'établissement est tenu de fournir aux organismes susmentionnés tous renseignements qui lui sont demandés sur l'accident et les prestations qu'a pu recevoir la victime.

Art. D. 412-11 La charge des prestations et indemnités afférentes à la période d'incapacité temporaire postérieure à la date à partir de laquelle la victime perd la qualité de pupille de la protection judiciaire de la jeunesse incombe à la caisse primaire d'assurance maladie dans la circonscription de laquelle est situé l'établissement auquel la victime est ou était en dernier lieu confiée.

Il en est de même des prestations et indemnités prévues respectivement aux articles L. 432-5 à L. 432-10, lorsqu'elles sont attribuées postérieurement au départ du pupille.

Les prestations et indemnités mentionnées aux alinéas précédents sont servies à la victime, pour le compte de la caisse primaire d'assurance maladie qui en a la charge, par la caisse primaire dont relève la victime ou par la caisse primaire dans la circonscription de laquelle sont donnés les soins.

La charge des prestations et indemnités dues en cas d'incapacité permanente ou de décès incombe à la caisse primaire mentionnée au premier alinéa du présent article.

Art. D. 412-12 Le service des prestations et indemnités autres que celles résultant de l'application de l'article précédent incombe à l'établissement ou à l'institution auquel a été confié le pupille.

Art. D. 412-13 Une cotisation forfaitaire destinée à la couverture des charges prévues à l'article D. 412-11 est versée par l'établissement d'affectation pour tout pupille. Le montant de cette cotisation est fixé par arrêté du ministre chargé de la sécurité sociale, du garde des sceaux, ministre de la justice, du ministre chargé du budget et du ministre de l'agriculture.

Art. D. 412-14 Les formalités de déclaration prévues par les articles L. 441-2 et suivants sont effectuées à la caisse primaire d'assurance maladie par le directeur de l'établissement.

La déclaration à la caisse primaire peut être faite par la victime ou ses représentants jusqu'à l'expiration de la deuxième année qui suit l'accident.

Art. D. 412-15 Le médecin attaché à l'établissement ou, d'une manière plus générale, le praticien appelé à donner des soins à la victime établit en double exemplaire un certificat indiquant l'état de celle-ci et les conséquences de l'accident ou les suites éventuelles, en particulier la durée probable de l'incapacité de travail si les conséquences ne sont pas exactement connues. Il remet un de ces certificats au directeur de l'établissement qui en fait parvenir sans délai copie à la caisse primaire. Le second est délivré à la victime.

Lors de la guérison de la blessure sans incapacité permanente ou, s'il y a incapacité permanente, au moment de la consolidation, un certificat médical précisant les conséquences définitives, si celles-ci n'avaient pas été antérieurement constatées, est établi en double exemplaire par le médecin attaché à l'établissement ou par le praticien qui a donné des soins, suivant le cas.

Celui-ci remet l'un de ces certificats au directeur qui en adresse lui-même et sur-le-champ copie à la caisse primaire. Le second est délivré à la victime avec les pièces ayant servi à l'établir.

Art. D. 412-16 Lorsque la victime perd la qualité de pupille de la protection judiciaire de la jeunesse avant la guérison ou la consolidation de la blessure, une feuille d'accident conforme aux prescriptions de l'article L. 441-5 lui est délivrée par la caisse primaire d'assurance maladie de sa résidence où elle doit obligatoirement se présenter pour être prise en charge.

A la fin du traitement ou dès que la feuille d'accident est entièrement utilisée, la victime adresse celle-ci à la caisse primaire d'assurance maladie qui l'a prise en charge. La caisse primaire délivre à la victime, s'il y a lieu, une nouvelle feuille d'accident.

Le médecin de l'établissement communique au médecin-conseil de la caisse primaire d'assurance maladie, sur sa demande, tous renseignements utiles concernant les soins antérieurement donnés à la victime.

Art. D. 412-17 *à* D. 412-22 *Abrogés par Décr. n° 2006-112 du 2 févr. 2006.*

Art. D. 412-23 La caisse primaire peut, dès qu'elle a connaissance de l'accident, faire procéder à un examen de la victime par un médecin conseil.

S'il y a désaccord entre le médecin conseil et le médecin de l'établissement ou le médecin traitant sur l'état de la victime, et notamment sur une question d'ordre médical touchant le caractère professionnel de la lésion ou de la maladie, ou si la victime en fait la demande expresse, il est procédé à un nouvel examen par un expert, conformément aux dispositions applicables à l'expertise médicale dans les régimes spéciaux de sécurité sociale.

Lorsque la caisse primaire est en désaccord avec l'établissement sur le droit à réparation ou sur la date de consolidation de la blessure fixée comme il est dit à l'article D. 412-29, elle peut se substituer à la victime pour porter le différend devant la juridiction compétente.

Art. D. 412-24 Les conditions dans lesquelles le pupille de la protection judiciaire de la jeunesse victime d'un accident du travail au cours ou à l'occasion de l'exécution d'un travail commandé a droit aux prestations, remboursements de frais et indemnités prévus par le présent livre sont déterminées par les articles suivants.

Art. D. 412-25 Les articles L. 431-1 et L. 432-1 à L. 432-10 sont applicables à la victime qui a perdu la qualité de pupille de la protection judiciaire de la jeunesse au cours de la période d'incapacité temporaire, en ce qui concerne les soins reçus et les frais exposés après la fin de la mesure éducative.

Ces prestations sont supportées, conformément aux dispositions des articles D. 412-11 à D. 412-13, par les caisses primaires d'assurance maladie.

Art. D. 412-26 Les soins médicaux sont donnés au pupille par le personnel médical attaché à l'établissement ou désigné par le directeur, soit à la demande de la victime ou de son représentant légal, soit d'office.

Art. D. 412-27 Lorsque le pupille paraît devoir bénéficier des dispositions des articles L. 432-6 à L. 432-10, le directeur de l'établissement saisit la juridiction compétente en vue d'une modification de garde.

Art. D. 412-28 Lorsque la victime perd la qualité de pupille de la protection judiciaire de la jeunesse avant sa guérison ou la consolidation de sa blessure, elle a droit à l'indemnité journalière à compter du jour où la mesure éducative prend fin, sous réserve de l'obligation qui lui est faite de se présenter à la caisse primaire d'assurance maladie de sa résidence pour obtenir sa prise en charge, après contrôle de ladite caisse. Le jour où la mesure éducative prend fin est assimilé au jour de l'arrêt de travail consécutif à l'accident, pour le calcul de l'indemnité journalière.

Art. D. 412-29 Le directeur de l'établissement fixe la date de la guérison ou de la consolidation de la blessure d'après l'avis du médecin. En cas de désaccord, la date de guérison ou de consolidation est fixée d'après l'avis d'un expert conformément à la réglementation en vigueur en matière d'expertise médicale dans les régimes spéciaux de sécurité sociale.

Lorsque la victime a perdu la qualité de pupille de la protection judiciaire de la jeunesse, cette date est fixée par la caisse primaire d'assurance maladie dont relève l'intéressé, après avis du médecin traitant.

Art. D. 412-30 Le salaire servant de base au calcul des indemnités dues au pupille ou à ses ayants droit est le salaire minimum de la catégorie, de l'échelon ou de l'emploi qualifié dans laquelle ou lequel le pupille aurait normalement été classé à la fin de la mesure éducative.

Art. D. 412-31 Aucune avance sur rente ne peut être accordée au jeune dans les conditions prévues par l'article *(Décr. n° 2006-112 du 2 févr. 2006)* « R. 434-33 » tant qu'il demeure pupille de la protection judiciaire de la jeunesse.

Les ayants droit du pupille victime d'un accident mortel peuvent demander à la caisse primaire que leur soit attribuée immédiatement une allocation provisionnelle dans les conditions prévues par l'article *(Décr. n° 2006-112 du 2 févr. 2006)* « R. 434-18 ».

Art. D. 412-32 La caisse primaire d'assurance maladie sert directement au pupille, à compter du jour où il est rayé des contrôles de l'établissement, les arrérages de la rente à laquelle il a droit.

Pendant tout le temps où la victime demeure pupille de la protection judiciaire de la jeunesse, la caisse primaire verse le montant des arrérages à un compte de dépôt ouvert à la demande du directeur de l'établissement au nom de l'intéressé.

Art. D. 412-33 Pour l'application de l'article L. 443-1, le contrôle médical du mineur est exercé par le médecin de l'établissement et par les médecins conseils de la caisse primaire.

Ces praticiens se communiquent réciproquement les constatations qu'ils sont amenés à faire.

Le directeur de l'établissement donne immédiatement avis à la caisse primaire de toute atténuation ou aggravation de l'infirmité de la victime ou de son décès par suite des conséquences de l'accident.

Art. D. 412-34 Sous réserve des dispositions de la présente sous-section, le titre VI du présent livre est applicable aux pupilles atteints de maladies professionnelles. Pour les jeunes placés dans un établissement dispensant une *(Décr. n° 2011-191 du 17 févr. 2011, art. 4)* « formation professionnelle aux métiers de l'agriculture, de la forêt, de la nature et des territoires », les maladies professionnelles sont celles qui sont mentionnées aux tableaux annexés au décret n° 55-806 du 17 juin 1955. Les obligations de l'employeur incombent au directeur de l'établissement ou de l'institution.

Art. D. 412-35 Le directeur met à la disposition de la victime l'imprimé nécessaire à la déclaration.

Le certificat médical constatant la guérison ou la consolidation de l'état du malade ou indiquant les conséquences définitives est, comme le certificat initial prévu par l'article L. 461-5, établi en trois exemplaires qui reçoivent les mêmes destinations.

SOUS-SECTION 6 DÉTENUS

Art. D. 412-36 *(Décr. n° 95-8 du 3 janv. 1995, art. 1er)* Les détenus exécutant un travail sont ceux qui y ont été admis sur leur demande.

Art. D. 412-37 Tout travail d'un détenu mentionné à l'article D. 412-36, quelle qu'en soit la nature, lorsqu'il est rémunéré en espèces conformément aux règlements pénitentiaires, est un travail pénal.

Les dispositions de l'article L. 411-2 sont applicables aux accidents survenus au cours de déplacements accomplis par le détenu conformément aux règlements pénitentiaires, pour se rendre au lieu du travail.

Art. D. 412-38 La charge des prestations et indemnités afférentes à la période d'incapacité temporaire postérieure à la libération du détenu, lorsque celle-ci intervient soit avant la guérison ou la consolidation de la blessure, soit au cours d'une rechute, incombe à la caisse primaire d'assurance maladie dans la circonscription de laquelle est situé l'établissement pénitentiaire où la victime est ou était en dernier lieu détenue, quel que soit le lieu effectif du travail ayant occasionné l'accident.

Il en est de même des prestations et indemnités prévues respectivement aux articles L. 432-5 à L. 432-10, lorsqu'elles sont attribuées postérieurement à la libération du détenu.

Les prestations et indemnités mentionnées aux alinéas précédents sont servies à la victime, pour le compte de la caisse primaire qui en a la charge, par la caisse primaire d'assurance maladie dont relève la victime ou par la caisse primaire dans la circonscription de laquelle lui sont donnés les soins.

La charge des prestations et indemnités dues en cas d'incapacité permanente ou de décès incombe à la caisse primaire mentionnée au premier alinéa du présent article.

Art. D. 412-39 Le service des prestations et indemnités dues conformément aux dispositions de la présente sous-section, autres que celles résultant de l'application de l'article précédent, incombe à *(Décr. n° 95-8 du 3 janv. 1995, art. 2)* « la caisse primaire visée à l'article D. 412-38 ».

Art. D. 412-40 Lorsque le travail est exécuté par voie de régie directe, une cotisation destinée à la couverture des charges prévues *(Décr. n° 95-8 du 3 janv. 1995, art. 3)* « aux articles D. 412-38 et D. 412-39 » est versée par l'administration pénitentiaire.

(Abrogé par Décr. n° 2015-1014 du 18 août 2015, art. 1er, à compter du 1er janv. 2016) ***« Le taux de cette cotisation est fixé par arrêté du ministre chargé de la sécurité sociale, du garde des sceaux, ministre de la justice, et du ministre chargé du budget. »***

La cotisation est assise sur le volume total des salaires bruts des détenus occupés par l'établissement pénitentiaire *(Abrogé par Décr. n° 2008-1374 du 19 déc. 2008)* ***« calculé au dernier jour du trimestre civil.***

« Elle fait l'objet d'un versement unique par le chef de cet établissement, à *(Décr. n° 95-8 du 3 janv. 1995, art. 3)* ***« l'union pour le recouvrement des cotisations de sécurité sociale et d'allocations familiales » dans la circonscription de laquelle se trouve l'établissement, dans les quinze premiers jours de chaque trimestre pour le trimestre écoulé. »***

Art. D. 412-41 *(Décr. n° 95-8 du 3 janv. 1995, art. 4)* « Lorsque le travail est exécuté par voie de concession, le concessionnaire paie la cotisation à l'administration pénitentiaire » *(Abrogé par Décr. n° 2008-1374 du 19 déc. 2008)* ***« qui en verse le montant à l'union pour le recouvrement des cotisations de sécurité sociale et d'allocations familiales ».***

(Décr. n° 2008-1374 du 19 déc. 2008) « La cotisation est assise sur le montant total des rémunérations versées par le concessionnaire à l'administration pénitentiaire » *(Abrogé par Décr. n° 2015-1014 du 18 août 2015, art. 2, à compter du 1er janv. 2016)* ***« , réparti, le cas échéant, par catégorie de risques.***

« (Décr. n° 95-8 du 3 janv. 1995, art. 4) ***« Les taux de cotisation sont déterminés dans les conditions définies par l'arrêté mentionné à l'article D. 412-40. »***

Les dispositions issues du Décr. n° 2008-1374 du 19 déc. 2008 s'appliquent aux rémunérations dues au titre d'un travail pénal effectué à compter du 1er janv. 2009 (JO 21 déc.).

Art. D. 412-42 Les fonctionnaires et agents de contrôle des caisses *(Décr. n° 2010-344 du 31 mars 2010, art. 334)* « d'assurance retraite et de la santé au travail », ainsi que les ingénieurs conseils et les contrôleurs de sécurité régulièrement accrédités, sont obligatoirement assistés du chef de l'établissement pénitentiaire ou de son représentant pour procéder aux enquêtes prévues à l'article L. 422-3.

La caisse *(Décr. n° 2010-344 du 31 mars 2010, art. 334)* « d'assurance retraite et de la santé au travail » peut présenter au chef de l'établissement pénitentiaire toutes suggestions qu'elle juge utiles concernant l'hygiène et la sécurité. En aucun cas, elle ne peut prendre à l'encontre de l'établissement pénitentiaire les mesures mentionnées à l'article L. 422-4.

Art. D. 412-43 Les dispositions relatives à la prévention et figurant sous le titre II du présent livre sont applicables lorsque le travail est exécuté par voie de concession.

Toutefois, les enquêtes prévues par l'article L. 422-3 doivent faire l'objet d'une entente préalable avec le chef de l'établissement pénitentiaire intéressé et les résultats lui en être communiqués.

La caisse *(Abrogé par Décr. n° 2010-344 du 31 mars 2010, art. 334)* « ***régionale*** » doit consulter le chef de l'établissement pénitentiaire sur la question de savoir si les mesures de prévention nécessaires sont compatibles avec l'exécution de la peine avant de faire toutes recommandations utiles sur les dispositions à prendre.

Lorsque le travail est exécuté par voie de régie directe, les enquêtes prévues à l'article L. 422-3 sont effectuées par les ingénieurs conseils et les contrôleurs de sécurité des caisses *(Décr. n° 2010-344 du 31 mars 2010, art. 334)* « d'assurance retraite et de la santé au travail » accompagnés d'un inspecteur du travail, et assistés du chef de l'établissement pénitentiaire intéressé.

Art. D. 412-44 Les formalités de déclaration d'accident, prévues par l'article L. 441-2, sont effectuées par le chef de l'établissement pénitentiaire lorsque le travail est exécuté en régie.

(Décr. n° 95-8 du 3 janv. 1995, art. 5) « Le concessionnaire est tenu de déclarer l'accident du travail au chef de l'établissement pénitentiaire qui doit établir la déclaration dans les conditions prévues à l'article L. 441-2. »

La déclaration à la caisse primaire d'assurance maladie peut être faite par la victime ou ses représentants jusqu'à l'expiration de la deuxième année qui suit l'accident.

Lorsque l'accident entraîne ou paraît devoir entraîner la mort ou une incapacité permanente du travail, le chef de l'établissement pénitentiaire où la victime est détenue en informe sans délai la caisse primaire.

Art. D. 412-45 Le *(Décr. n° 95-8 du 3 janv. 1995, art. 6)* « praticien hospitalier » établit en double exemplaire un certificat indiquant l'état de la victime et les conséquences de l'accident ou les suites éventuelles, en particulier, la durée probable de l'incapacité de travail si les conséquences ne sont pas exactement connues. Il remet un de ces certificats au chef de l'établissement pénitentiaire qui en adresse sans délai copie à la caisse primaire d'assurance maladie. Le second est délivré à la victime.

Lors de la guérison de la blessure sans incapacité permanente ou, s'il y a incapacité permanente, au moment de la consolidation, un certificat médical précisant les conséquences définitives, si celles-ci n'avaient pas été antérieurement constatées, est établi en double exemplaire par le *(Décr. n° 95-8 du 3 janv. 1995, art. 6)* « praticien hospitalier ». Ce dernier remet l'un de ces certificats au chef de l'établissement pénitentiaire qui en adresse, lui-même et sur-le-champ, copie à la caisse primaire. Le second est délivré à la victime avec les pièces ayant servi à son établissement.

Art. D. 412-46 Lorsque la victime est libérée avant la guérison ou la consolidation de la blessure, une feuille d'accident conforme aux prescriptions de l'article L. 441-5 lui est délivrée par la caisse primaire d'assurance maladie de sa résidence à laquelle elle devra obligatoirement se présenter pour être prise en charge.

A la fin du traitement ou dès que la feuille d'accident est entièrement utilisée, la victime adresse celle-ci à la caisse primaire d'assurance maladie qui l'a prise en charge et qui délivre à la victime, s'il y a lieu, une nouvelle feuille d'accident.

Le *(Décr. n° 95-8 du 3 janv. 1995, art. 6)* « praticien hospitalier » communique au médecin conseil de la caisse primaire d'assurance maladie, sur sa demande, tous renseignements utiles concernant les soins antérieurement donnés à la victime.

L'administration pénitentiaire doit également fournir aux caisses d'assurance maladie intéressées tous renseignements qui lui sont demandés.

Art. D. 412-47 à D. 412-53 *Abrogés par Décr. n° 2006-112 du 2 févr. 2006.*

Art. D. 412-54 La caisse primaire d'assurance maladie peut, dès qu'elle a connaissance de l'accident, faire procéder à un examen de la victime par un médecin conseil.

S'il y a désaccord entre le médecin conseil et le *(Décr. n° 95-8 du 3 janv. 1995, art. 6)* « praticien hospitalier » sur l'état de la victime et notamment sur une question *d'ordre médical touchant* au caractère professionnel de la lésion ou de la maladie ou si la victime en fait la demande expresse, il est procédé à un nouvel examen par un expert conformément aux dispositions relatives à l'expertise médicale dans les régimes spéciaux de sécurité sociale.

Lorsque la caisse primaire d'assurance maladie est en désaccord avec l'administration pénitentiaire sur le droit à réparation ou sur la date de consolidation de la blessure fixée comme il est dit à l'article D. 412-63, elle peut se substituer à la victime pour porter le différend devant la juridiction compétente.

Art. D. 412-55 *Abrogé par Décr. n° 2003-615 du 3 juill. 2003, art. 1er.*

Art. D. 412-56 Le détenu mentionné au 5° de l'article L. 412-8 ne peut, pendant la durée de la détention, obtenir communication des pièces de procédure pénale que sous réserve d'observer les formalités prévues par les articles R. 155 et suivants du code de procédure pénale.

Art. D. 412-57 Les conditions dans lesquelles le détenu victime d'un accident du travail a droit aux prestations, remboursement de frais et indemnités prévus par le présent livre sont déterminées par les articles ci-après.

Art. D. 412-58 Les articles L. 431-1 et L. 432-1 à L. 432-10 sont applicables aux détenus libérés au cours de la période d'incapacité temporaire, en ce qui concerne les soins reçus et les frais exposés après la date de libération.

Ces prestations sont supportées, conformément aux dispositions des articles D. 412-36 à D. 412-43 par les caisses primaires d'assurance maladie.

Art. D. 412-59 Avant la libération, la victime ne peut faire choix de son médecin, de son pharmacien ou des auxiliaires médicaux dont l'intervention est prescrite par le médecin.

Les soins médicaux sont donnés par le *(Décr. n° 95-8 du 3 janv. 1995, art. 6)* « praticien hospitalier » ou selon ses prescriptions.

Art. D. 412-60 Le droit d'être admis dans un établissement public ou privé de rééducation professionnelle ou d'être placé chez un employeur pour y apprendre l'exercice d'une profession de son choix ne sera ouvert au détenu devenu inapte à exercer sa profession qu'à compter de sa libération.

Il en est de même lorsque le traitement spécial en vue de la réadaptation fonctionnelle auquel la victime peut prétendre comporte l'admission dans un établissement public ou dans un établissement autorisé conformément aux dispositions de l'article L. 432-7.

Les restrictions prévues aux premier et deuxième alinéas ne sont pas applicables au détenu qui est admis par le juge de l'application des peines à bénéficier d'un placement individuel à l'extérieur dans les conditions prévues par l'article D. 131 du code de procédure pénale.

Art. D. 412-61 Dans le cas où la victime a été admise par le juge de l'application des peines à bénéficier d'un placement individuel à l'extérieur dans les conditions prévues par l'article D. 131 du code de procédure pénale, l'indemnité journalière peut faire l'objet en tout ou en partie d'une délégation de paiement au profit du conjoint ou des ayants droit de la victime ; à défaut, elle est versée à l'établissement pénitentiaire qui en créditera intégralement le pécule disponible du détenu.

Art. D. 412-62 Lorsque la victime est libérée avant sa guérison ou la consolidation de sa blessure, elle a droit à l'indemnité journalière à compter du jour de sa libération conditionnelle ou définitive, sous réserve de l'obligation qui lui est faite de se présenter à la caisse primaire d'assurance maladie de sa résidence pour obtenir sa prise en charge, après avoir subi le contrôle de ladite caisse.

Le jour de la libération est assimilé au jour de l'arrêt de travail consécutif à l'accident, pour le calcul de l'indemnité journalière.

Le droit à l'indemnité journalière, prévu au premier alinéa du présent article, sera suspendu dans le cas où la victime serait écrouée à nouveau pour quelque cause que ce soit dans un établissement pénitentiaire, pendant la période d'incapacité temporaire, et ce sur avis donné à la caisse primaire d'assurance maladie par le chef de l'établissement pénitentiaire.

Art. D. 412-63 Le chef de l'établissement pénitentiaire fixe la date de la guérison ou de la consolidation de la blessure d'après l'avis du *(Décr. n° 95-8 du 3 janv. 1995, art. 6)* « praticien hospitalier » pendant la détention. En cas de désaccord, la date de guérison ou de consolidation est fixée d'après l'avis d'un expert, conformément aux dispositions relatives à l'expertise médicale dans les régimes spéciaux de la sécurité sociale.

Après la libération, cette date est fixée par la caisse primaire d'assurance maladie dont relève l'intéressé, après avis du médecin traitant.

Art. D. 412-64 Le salaire servant de base au calcul de la rente due au détenu atteint d'une incapacité permanente ou aux ayants droit du détenu victime d'un accident mortel s'entend de la rémunération effective totale attribuée à la victime à l'occasion du travail pénal ou dans son ou ses emplois antérieurs, pendant la période et dans les conditions prévues aux articles *(Décr. n° 2006-112 du 2 févr. 2006)* « R. 434-29, R. 434-30 » et R. 436-1.

Art. D. 412-65 Aucune avance sur rente ne peut être accordée au détenu dans les conditions prévues par l'article *(Décr. n° 2006-112 du 2 févr. 2006)* « R. 434-33 » pendant la durée de la détention.

Les ayants droit du détenu victime d'un accident mortel peuvent demander à la caisse primaire d'assurance maladie que leur soit attribuée immédiatement une allocation provisionnelle dans les conditions prévues par l'article *(Décr. n° 2006-112 du 2 févr. 2006)* « R. 434-18 ».

Art. D. 412-66 La caisse primaire d'assurance maladie sert directement au détenu, à compter de sa libération conditionnelle ou définitive, les arrérages de la rente à laquelle il a droit.

Pendant la durée de la détention, la caisse primaire d'assurance maladie verse à l'établissement pénitentiaire auquel appartient le détenu atteint d'une incapacité permanente le montant des arrérages de la rente. Les sommes suivent les modalités de répartition du produit du travail des détenus fixées par les règlements pénitentiaires.

Art. D. 412-67 Pour l'application de l'article L. 443-1, le contrôle médical pendant la durée de la détention est communément exercé par le médecin de l'administration pénitentiaire et par les médecins conseils de la caisse primaire d'assurance maladie.

Ces praticiens se communiquent réciproquement les constatations qu'ils sont amenés à faire.

Le chef de l'établissement pénitentiaire intéressé donne immédiatement avis à la caisse régionale de toute atténuation ou aggravation de l'infirmité de la victime ou de son décès par suite des conséquences de l'accident, dont il peut avoir connaissance au cours de la détention.

Art. D. 412-68 Les conditions dans lesquelles le titre III et le titre VI du présent livre sont applicables aux détenus sont déterminées par les articles suivants.

Art. D. 412-69 Lorsque le travail est exécuté par voie de régie, les obligations de l'employeur incombent au chef de l'établissement pénitentiaire intéressé.

Art. D. 412-70 Lorsque le travail est exécuté par voie de concession, l'employeur adresse la déclaration imposée par l'article L. 461-4 dans les formes prévues à l'article R. 461-4 :

1° A la caisse primaire d'assurance maladie ;

2° Au chef de l'établissement pénitentiaire intéressé ;

3° A l'inspecteur du travail ou au fonctionnaire qui en exerce les attributions en vertu d'une législation spéciale.

Toutefois, lorsque l'employeur a déjà fait cette déclaration en vertu des dispositions mentionnées au premier alinéa, il en informe seulement le chef de l'établissement pénitentiaire en précisant la date de sa déclaration.

Art. D. 412-71 L'administration pénitentiaire met à la disposition de la victime l'imprimé nécessaire à l'établissement de sa déclaration.

Le certificat médical constatant la guérison ou la consolidation de l'état du malade ou indiquant les conséquences définitives est, comme le certificat initial prévu par l'article L. 461-5, établi en trois exemplaires qui reçoivent les mêmes destinations.

SOUS-SECTION 7 PERSONNES CONDAMNÉES À EXÉCUTER UN TRAVAIL D'INTÉRÊT GÉNÉRAL OU EFFECTUANT UN TRAVAIL NON RÉMUNÉRÉ AU PROFIT DE LA COLLECTIVITÉ *(Décr. n° 2005-193 du 25 févr. 2005).*

Art. D. 412-72 *(Décr. n° 2005-193 du 25 févr. 2005)* Les personnes mentionnées au 5° de l'article L. 412-8 sont :

1° Les personnes condamnées à un travail d'intérêt général en application des articles 131-8, 131-17, deuxième alinéa, et 132-54 du code pénal ;

2° Les personnes effectuant un travail non rémunéré au profit de la collectivité dans le cadre d'une composition pénale en application des articles 41-2 (6°) et 41-3 du code de procédure pénale.

Art. D. 412-73 Sont garantis les accidents survenus quelle qu'en soit la cause par le fait ou à l'occasion du travail exécuté selon les modalités déterminées par le *(Décr. n° 2005-193 du 25 févr. 2005)* « magistrat » compétent.

Doivent également être considérés comme survenus à l'occasion du travail, les accidents dont pourraient être victimes les personnes mentionnées à l'article D. 412-72 pendant les trajets définis par l'article L. 411-2.

Art. D. 412-74 L'exécution des obligations de l'employeur relatives notamment à l'affiliation des personnes mentionnées à l'article D. 412-72, au versement des cotisations et à la déclaration de l'accident incombe au directeur interrégional des services pénitentiaires.

Sans préjudice des obligations qui lui incombent à l'égard de son employeur en exécution de l'article L. 441-1, la victime d'un accident du travail doit en informer ou en faire informer le service utilisateur.

Le service utilisateur doit déclarer dans les 24 heures au directeur interrégional des services pénitentiaires tout accident dont il a eu connaissance et dont a été victime un condamné mis à sa disposition.

Art. D. 412-75 Le salaire servant de base au calcul des rentes dues en cas de décès ou pour une incapacité permanente supérieure ou égale au seuil fixé à l'article L. 434-16 est égal au salaire minimum prévu à l'article précité. Le montant retenu est celui en vigueur soit à la date de l'arrêt de travail résultant de l'accident, de la rechute ou de l'aggravation, soit, en l'absence d'arrêt de travail, à la date de la constatation de l'incapacité permanente.

Art. D. 412-76 Le salaire servant de base au calcul des indemnités dues en cas d'incapacité temporaire est égal au salaire minimum de croissance tel qu'il est en vigueur à la date de l'accident ou de la rechute.

Art. D. 412-77 Une cotisation forfaitaire destinée à la couverture des charges prévues aux articles précédents de la présente sous-section est fixée par arrêté du ministre chargé de la sécurité sociale, du ministre chargé du budget et du garde des sceaux, ministre de la justice.

Le salaire servant de base au calcul de cette cotisation est égal au salaire annuel minimum mentionné à l'article L. 434-16. — *V. Arr. du 25 févr. 2005 (JO 27 févr.), mod. par Arr. du 12 déc. 2008 (JO 18 déc.).*

SOUS-SECTION 8 MEMBRES BÉNÉVOLES DES ORGANISMES SOCIAUX

Art. D. 412-78 Pour l'application du 6° de l'article L. 412-8 :

1° Ne peuvent être considérés comme organismes à objet social ceux dont l'objet est de réaliser des bénéfices ;

2° Sont regardées comme participant bénévolement au fonctionnement de l'organisme les personnes élues ou désignées pour exercer à titre bénévole les fonctions définies à l'article D. 412-79.

L'obligation au paiement des cotisations au titre des accidents du travail résulte de l'élection ou de la désignation aux fonctions de membre des centres communaux d'action sociale. • Civ. 2e, 5 avr. 2006 : *JCP E 2006. 2130, note Leborgne.*

Art. D. 412-79 I. ORGANISMES LIÉS AUX INSTITUTIONS DE PRÉVOYANCE, DE SÉCURITÉ SOCIALE OU DE MUTUALITÉ.

Les fonctions mentionnées à l'article D. 412-78 sont les suivantes :

A. — En ce qui concerne le régime général de sécurité sociale :

membres des conseils d'administration *(Décr. n° 2012-699 du 7 mai 2012, art. 1er-1°)* « ou conseil » des caisses nationales de l'assurance maladie, des allocations familiales, d'assurance vieillesse, de l'Agence centrale des organismes de sécurité sociale, de l'union des caisses nationales de sécurité sociale *(Décr. n° 2012-699 du 7 mai 2012, art. 1er-1°)* « , des organismes agréés mentionnés à l'article R. 382-6 du présent code, » des caisses primaires *(Décr. n° 2010-344 du 31 mars 2010, art. 335)* « d'assurance maladie, des caisses d'assurance retraite et de la santé au travail », des unions de recouvrement, des caisses générales pour les départements d'outre-mer, des caisses d'allocations familiales, des unions ou fédérations des caisses, des comités ou commissions fonctionnant auprès de ces conseils d'administration *(Décr. n° 2012-699 du 7 mai 2012, art. 1er-1°)* « ou conseil ».

B. — En ce qui concerne les organisations spéciales et régimes spéciaux de sécurité sociale :

1° Membres des commissions ou comités constitués en application du présent code et, conformément aux dispositions qui les régissent, auprès des administrations, services, offices et établissements publics de l'État (autres que les établissements publics à caractère industriel ou commercial) qui versent directement à leurs personnels les prestations d'accidents du travail ;

2° Membres des commissions ou comités constitués en application du présent code et, conformément aux dispositions qui les régissent, auprès des administrations départementales ou communales et des établissements publics départementaux et communaux (autres que les établissements publics à caractère industriel ou commercial) qui sont autorisés à assurer directement la réparation des accidents du travail et des maladies professionnelles dans les conditions prévues par le décret n° 56-511 du 24 mai 1956 ;

3° Membres des conseils d'administration, comités et commissions constitués au titre des législations de sécurité sociale et, conformément aux dispositions qui les régissent respectivement, auprès :

a. des organismes spéciaux à certaines branches d'activités, collectivités ou entreprises qui assument directement la charge totale ou partielle de la réparation des accidents du travail et des maladies professionnelles ;

b. de la Société nationale des chemins de fer français ;

c. des chemins de fer d'intérêt général secondaire et d'intérêt local et des tramways ;

d. de la Régie autonome des transports parisiens ;

e. des entreprises soumises au statut des industries électriques et gazières ;

f. de la Compagnie générale des eaux ;

g. de la Banque de France ;

h. du Théâtre national de l'Opéra de Paris et de la Comédie-Française ;

i. des régimes spéciaux mentionnés à l'article R. 711-24 ;

4° Membres des conseils d'administration de la caisse autonome nationale de la sécurité sociale dans les mines, des sociétés de secours minières et de leurs unions régionales, membres des comités ou commissions fonctionnant auprès de ces conseils d'administration ;

5° Membres des conseils d'administration, comités ou commissions constitués pour l'application du présent code ou pour la gestion d'un régime spécial mentionné par celui-ci et conformément aux dispositions qui les régissent, auprès de toutes autres collectivités ou organismes qui assument en tout ou partie des attributions dévolues aux caisses et aux services ci-dessus énumérés ;

6° Membres des commissions régionales et de la commission nationale prévues à l'article R. 162-23.

C. — En ce qui concerne les régimes d'assurance vieillesse des travailleurs non salariés *(Décr. n° 2012-699 du 7 mai 2012, art. 1er-2°)* « mentionnés à l'article L. 621-3 » : membres des conseils d'administration des caisses constituées pour l'application des régimes d'assurance vieillesse des travailleurs non salariés ; membres des comités ou commissions fonctionnant auprès de ces conseils d'administration.

D. — En ce qui concerne le régime d'assurance maladie et maternité :

membres des conseils d'administration de la Caisse nationale et des caisses *(Décr. n° 2012-699 du 7 mai 2012, art. 1er-3°)* « de base mentionnées à l'article L. 611-3 » ; membres des comités ou commissions fonctionnant auprès desdits conseils d'administration.

E. — En ce qui concerne les commissions médico-sociales paritaires nationales et départementales fonctionnant dans le cadre des conventions conclues avec les professions médicales et paramédicales *(Abrogé par Décr. n° 2012-699 du 7 mai 2012, art. 1er-4°)* « *(articles L. 162-5, L. 162-9 et L. 162-11)* » :

représentants des médecins, chirurgiens-dentistes, sages-femmes et auxiliaires médicaux, membres desdites commissions.

F. — En ce qui concerne l'institut de recherche et de sécurité pour la prévention des accidents du travail et des maladies professionnelles :

membres du conseil d'administration de cet institut *(Abrogé par Décr. n° 2012-699 du 7 mai 2012, art. 1er-5°)* « ***(association soumise au contrôle financier de l'État, créée en vue du développement de la prévention des accidents du travail et des maladies professionnelles, en application du livre IV du présent code)*** ».

G. — En ce qui concerne les institutions de prévoyance ou de sécurité sociale établies dans le cadre d'une ou plusieurs entreprises et ayant reçu l'autorisation du ministre du travail *(Abrogé par Décr. n° 2012-699 du 7 mai 2012, art. 1er-6°)* « ***(article L. 731-1*** *[L. 5424-6 s. et D. 5424-7]* ***; articles R. 731-1*** *[D. 5424-7]* ***et suivants)*** » :

membres des conseils d'administration, comités ou commissions chargés de ou participant à la gestion de ces institutions.

H. — En ce qui concerne l'organisation de la mutualité :

1° Membres des conseils d'administration des sociétés mutualistes, de leurs unions et fédérations, des comités et commissions constitués auprès de ces conseils d'administration ;

2° Membres des comités départementaux de coordination de la mutualité.

II. ORGANISMES LIÉS À LA PROTECTION SOCIALE ET À LA SANTÉ PUBLIQUE.

Les fonctions mentionnées à l'article D. 412-78 sont les suivantes :

A. — En ce qui concerne le régime national interprofessionnel d'allocations spéciales aux travailleurs sans emploi de l'industrie et du commerce (ordonnance n° 84-198 du 21 mars 1984, arrêté du 28 mars 1984) :

membres :

de la commission paritaire nationale instituée par l'article 2 de la convention du 24 février 1984 ;

des conseils d'administration, commissions ou comités fonctionnant au sein des organismes créés en vertu de l'article 4 de la convention précitée, pour gérer le régime national interprofessionnel d'allocations spéciales aux travailleurs sans emploi de l'industrie et du commerce, savoir : de l'Union nationale interprofessionnelle pour l'emploi dans l'industrie et le commerce (UNEDIC) *(Décr. n° 2012-699 du 7 mai 2012, art. 1er-7°)* « et de » *(Décr. n° 2014-524 du 22 mai 2014, art. 25-1°)* « Pôle emploi ».

(Abrogé par Décr. n° 2016-1539 du 15 nov. 2016, art. 6) « ***B. — En ce qui concerne l'organisation de la formation professionnelle des adultes (AFPA) (décret du 9 novembre 1946, modifié) :***

« ***membres de l'assemblée générale et du conseil d'administration de l'AFPA ;***

« ***membres exerçant un mandat à caractère permanent des commissions nationales paritaires professionnelles de la formation professionnelle des adultes.*** »

C. — En ce qui concerne l'organisation de la médecine du travail *(Décr. n° 2012-699 du 7 mai 2012, art. 1er-8°)* « prévue par les articles L. 4621-1, L. 4622-1, R. 4621-1, R. 4626-1, D. 4622-1 à D. 4622-3 du code du travail » :

membres des conseils d'administration, commissions ou comités des associations médicales interentreprises de médecine du travail.

D. — En ce qui concerne les institutions de protection de la santé publique et d'hygiène sociale *(Abrogé par Décr. n° 2012-699 du 7 mai 2012, art. 1er-9°)* « ***(livre VIII du code de la santé publique ; loi n° 60-732 du 28 juillet 1960*** *[CSP, art. L. 1415-1]****)*** » :

membres du conseil d'administration de l'institut national de la santé et de la recherche médicale ainsi que des conseils et comités institués pour le fonctionnement des institutions créées au sein dudit institut *(Abrogé par Décr. n° 2012-699 du 7 mai 2012, art. 1er-9°)* « ***(articles L. 785 et L. 790 du code de la santé publique*** *[non recodifiés]****)*** » ;

membres du conseil d'administration et du comité des études de l'école nationale de la santé publique *(Abrogé par Décr. n° 2012-699 du 7 mai 2012, art. 1er-9°)* « ***(loi n° 60-732 du 28 juillet 1960*** *[CSP, art. L. 1415-1]* ***; décret n° 62-442 du 13 avril 1962)*** » ;

(Décr. n° 96-135 du 14 févr. 1996, art. 1er) « membres des *(Décr. n° 2016-1537 du 16 nov. 2016, art. 23-III)* « comité *[comités]* de protection des personnes mentionnés à l'article L. 1123-1 ». » — *V. art. L. 1121-10, L. 1124-7 et L. 1123-11 CSP. — V.* **CSP.**

E. — En ce qui concerne les hôpitaux et hospices publics (décret n° 72-350 du 2 mai 1972) :

membres des commissions administratives des établissements ou groupes d'établissements d'hospitalisation publics.

F. — En ce qui concerne les établissements de lutte contre les fléaux sociaux (livre III du code de la santé publique) :

membres :

des conseils d'administration des centres de lutte contre le cancer (articles L. 6162-9 et L. 6162-10 du code de la santé publique) ;

des commissions administratives des hôpitaux psychiatriques autonomes (décret du 12 juin 1912 modifié, articles 1er à 9) ;

des commissions de surveillance des hôpitaux psychiatriques départementaux (ordonnance du 18 décembre 1839, articles 1er, 2, 4, 5) ;

des commissions de surveillance des établissements de cure publics et des sanatoriums publics de postcure (décret n° 48-864 du 24 mai 1948, articles 16 et 18 ; décret n° 48-865, articles 13 et 15 ; décret n° 48-866, article 1er ; décret n° 50-21 du 6 janvier 1950, article 22).

(Décr. n° 2004-526 du 10 juin 2004) « G. — En ce qui concerne les institutions sociales et médico-sociales :

« 1° Membres des conseils d'administration, commissions ou comités fonctionnant au sein des organismes gérant des établissements et services sociaux et médico-sociaux mentionnés à l'article L. 312-1 du code de l'action sociale et des familles ;

« 2° Membres actifs de ces organismes dûment mandatés pour assurer de manière régulière les missions à but social et médico-social définies à l'article L. 311-1 du code de l'action sociale et des familles ;

« 3° Membres du comité national de l'organisation sanitaire et sociale mentionnée à l'article L. 6121-7 du code de la santé publique, membres des comités régionaux de l'organisation sanitaire et sociale et membres des comités régionaux de l'organisation sociale et médico-sociale instituée par l'article L. 312-3 du code de l'action sociale et des familles ;

« 4° Personnes qualifiées mentionnées à l'article L. 311-5 du code de l'action sociale et des familles. »

Sont exclus du champ d'application du G les membres des conseils d'administration, commissions ou comités fonctionnant au sein des organismes mentionnés au 1° ci-dessus ainsi que les membres actifs de ces organismes définis au 2° lorsque le personnel desdits organismes relève des régimes de protection sociale agricole.

H. — En ce qui concerne les établissements nationaux de bienfaisance (décret du 18 décembre 1923 ; décret du 1er février 1924 ; décret n° 51-1300 du 7 novembre 1951 ; décret du 13 juin 1955) :

membres des commissions consultatives ou administratives créées auprès de chacun des établissements nationaux de bienfaisance mentionnés respectivement par les décrets précités.

I. — En ce qui concerne les institutions de protection sociale de l'enfance et institutions de l'aide sociale *(Décr. n° 2012-699 du 7 mai 2012, art. 1er-10°)* « prévues par le code de l'action sociale et des familles et par les articles R. 5213-1, R. 5213-2, R. 5213-7 et R. 5213-8 du code du travail » :

membres :

des commissions administratives instituées pour la gestion des bureaux d'aide sociale *(Décr. n° 2012-699 du 7 mai 2012, art. 1er-10°)* « prévus par les articles L. 123-6 et L. 123-9 du code de l'action sociale et des familles » ;

des commissions d'admission à l'aide sociale et des commissions départementales de recours *(Décr. n° 2012-699 du 7 mai 2012, art. 1er-10°)* « prévues par les articles L. 131-5, L. 134-6 et L. 134-9 du code de l'action sociale et des familles » ;

des conseils de famille des pupilles de l'État *(Décr. n° 2012-699 du 7 mai 2012, art. 1er-10°)* « prévus par l'article L. 223-4 du code de l'action sociale et des familles » ;

des conseils départementaux de protection de l'enfance prévus à l'article 5 du décret n° 59-100 du 7 janvier 1959.

J. — En ce qui concerne les institutions familiales *(Abrogé par Décr. n° 2012-699 du 7 mai 2012, art. 1er-11°) « (code de la famille et de l'aide sociale, titre Ier [CASF, art. L. 211-1 s.]) » :*

personnes désignées par l'union nationale et des unions départementales et locales des associations familiales pour assurer la tutelle aux prestations sociales ou gérer un service d'intérêt familial en application des dispositions *(Décr. n° 2012-699 du 7 mai 2012, art. 1er-11°)* « de l'article L. 211-3 du code de l'action sociale et des familles ».

K. — En ce qui concerne les associations d'action éducative, associations gérant des équipements, habilitées par les ministères chargés de la justice, de la santé et de la famille (ordonnance n° 45-174 du 2 février 1945 et décret n° 46-734 du 16 avril 1946) :

1° Membres des conseils d'administration, comités ou commissions fonctionnant au sein de ces organismes ;

2° Animateurs réguliers dûment mandatés de ces organismes.

L. — *(Décr. n° 92-754 du 28 juill. 1992, art. 1er)* « En ce qui concerne les associations intermédiaires *(Décr. n° 2012-699 du 7 mai 2012, art. 1er-12°)* « prévues par l'article L. 5132-7 du code du travail » :

« Membres bénévoles administrant les associations intermédiaires agréées par le préfet du département concerné. »

III. — INSTITUTIONS JUDICIAIRES.

Les fonctions mentionnées à l'article D. 412-78 sont les suivantes :

A. — En ce qui concerne l'organisation du contentieux général et du contentieux technique de la sécurité sociale :

(Décr. n° 2018-1312 du 28 déc. 2018, art. 2, en vigueur le 1er janv. 2019) « assesseurs des tribunaux de grande instance et de la cour d'appel spécialement désignés en application des articles L. 211-16 et L. 311-16 du code de l'organisation judiciaire ».

B. — En ce qui concerne les conseils de prud'hommes *(Abrogé par Décr. n° 2012-699 du 7 mai 2012, art. 1er-13°)* « ***(livre V, titre Ier, du code du travail** [livre IV de la partie I])* » :

membres des conseils de prud'hommes.

C. — En ce qui concerne les tribunaux de commerce *(Abrogé par Décr. n° 2012-699 du 7 mai 2012, art. 1er-14°)* « ***(décret n° 61-923 du 3 août 1961)*** » :

magistrats des tribunaux de commerce.

D. — En ce qui concerne les tribunaux paritaires des baux ruraux *(Abrogé par Décr. n° 2012-699 du 7 mai 2012, art. 1er-15°)* « ***(décret n° 58-1293 du 22 décembre 1958)*** » :

membres assesseurs des tribunaux paritaires des baux ruraux.

E. — En ce qui concerne les tribunaux pour enfants *(Abrogé par Décr. n° 2012-699 du 7 mai 2012, art. 1er-16°)* « ***(ordonnance n° 45-174 du 2 février 1945, articles R. 522-3 et suivants du code de l'organisation judiciaire** [devenus C. pr. civ., art. R. 251-6 s.])* » :

membres assesseurs des tribunaux pour enfants.

IV. — MINISTÈRES.

Les fonctions mentionnées à l'article D. 412-78 sont les suivantes :

A. — *(Décr. n° 92-754 du 28 juill. 1992, art. 1er)* « En ce qui concerne le ministère de la justice *(Abrogé par Décr. n° 2012-699 du 7 mai 2012, art. 1er-17°)* « ***(article D. 472 à D. 477 et article D. 579 du code de procédure pénale, ordonnance n° 45-174 du 2 février 1945, ordonnance n° 58-1300 du 23 décembre 1958, décret n° 78-381 du 20 mars 1978, modifié par le décret n° 81-583 du 18 mai 1981)*** » :

« 1° Visiteurs de prison agréés par le directeur régional de l'administration pénitentiaire après avis du préfet et du juge de l'application des peines ;

« 2° Membres bénévoles des comités de probation et d'assistance aux libérés agréés par le juge de l'application des peines ;

« 3° Délégués à la liberté surveillée désignés par le juge des enfants ;

« 4° Membres de conseils d'administration et bénévoles dûment mandatés d'associations agréées par le ministère de la justice et contribuant à la réinsertion sociale et professionnelle des personnes se trouvant placées sous main de justice ;

« 5° Conciliateurs. »

B. — *(Décr. n° 92-754 du 28 juill. 1992, art. 1er ; Décr. n° 2002-1403 du 2 déc. 2002, art. 1er)* « En ce qui concerne le ministère chargé du travail *(Abrogé par Décr. n° 2012-699 du 7 mai 2012, art. 1er-18°)* « ***(articles L. 323-11** [R. 5213-1, R. 5213-2 et R. 5213-7 s.], **L. 122-14** [L. 1232-2 s., L. 1233-11 à L. 1233-13, L. 1233-38 et D. 1232-5], **L. 511-4** [L. 1431-1 s.], **R. 323-82** [R. 5214-3] **et R. 323-83** [R. 5214-6 et R. 5214-13], **D. 122-1 à D. 122-5** [R. 1232-2 à D. 1232-7] **du code du travail)*** » :

1° Membres du conseil supérieur pour le reclassement professionnel et social des travailleurs handicapés prévu à *(Décr. n° 2012-699 du 7 mai 2012, art. 1er-18° et 19°)*

« l'article R. 5214-3 du code du travail et membres de la section permanente mentionnée à l'article R. 5214-13 du code du travail.

« 2° Membres de la commission des droits et de l'autonomie des personnes handicapées prévue par l'article L. 241-5 du code de l'action sociale et des familles ; »

3° *(Décr. n° 92-754 du 28 juill. 1992, art. 1er)* « Conseillers des salariés convoqués à un entretien préalable à licenciement inscrits sur une liste dressée par le préfet du département ; »

(Décr. n° 2002-1403 du 2 déc. 2002, art. 1er) « 4° Membres du Conseil supérieur de la prud'homie institué par l'article *(Décr. n° 2012-699 du 7 mai 2012, art. 1er-20°)* « L. 1431-1 » du code du travail. »

C. — En ce qui concerne le ministère chargé des affaires sociales et le ministère chargé de l'éducation *(Abrogé par Décr. n° 2012-699 du 7 mai 2012, art. 1er-21°)* « ***(loi n° 75-534 du 30 juin 1975 d'orientation en faveur des personnes handicapées, décret n° 75-1166 du 15 décembre 1975)*** » :

membres des commissions de l'éducation spéciale et des commissions de circonscription.

V. — DIVERS.

Les fonctions mentionnées à l'article D. 412-78 sont les suivantes :

(Décr. n° 2005-1163 du 12 sept. 2005) « A. — » En ce qui concerne les caisses d'épargne ordinaires *(Abrogé par Décr. n° 2012-699 du 7 mai 2012, art. 1er-22°)* « ***(code des caisses d'épargne ; décret n° 54-1080 du 6 novembre 1954 complété et modifié)*** » :

1° Membres des conseils d'administration des caisses d'épargne ordinaires ;

2° Membres de la commission supérieure des caisses d'épargne.

(Décr. n° 2012-699 du 7 mai 2012, art. 1er-23°) « B. — En ce qui concerne le Défenseur des droits : délégués du Défenseur des droits. »

Art. D. 412-80 Sans préjudice de l'application des dispositions des articles L. 413-13, L. 413-14 et de l'article 2 du décret n° 56-511 du 24 mai 1956, les obligations de l'employeur, notamment :

1° La déclaration en vue de l'immatriculation des personnes auxquelles s'applique la présente sous-section ;

2° L'affiliation de ces personnes à la caisse primaire d'assurance maladie dans la circonscription de laquelle l'organisme mentionné à l'article D. 412-79 a son siège ;

3° Le versement des cotisations ;

4° La déclaration des accidents,

incombent à la personne, au service ou à l'institution responsable du fonctionnement de l'organisme à objet social mentionné à l'article D. 412-79.

Art. D. 412-81 Le salaire servant de base au calcul des cotisations est égal au double du salaire annuel minimum prévu à l'article L. 434-16. Un arrêté du ministre chargé de la sécurité sociale peut fixer des cotisations forfaitaires.

Le salaire servant de base au calcul des indemnités et des rentes est égal au double dudit salaire minimum tel qu'il est en vigueur soit à la date de l'arrêt de travail résultant de l'accident, de la rechute ou de l'aggravation, soit, s'il n'y a pas eu d'arrêt de travail, à la date de constatation de l'incapacité permanente.

SOUS-SECTION 9 SALARIÉS DÉSIGNÉS POUR SIÉGER DANS CERTAINS ORGANISMES

Art. D. 412-82 Les salariés mentionnés au 7° de l'article L. 412-8 sont ceux qui sont désignés pour siéger dans les organismes dont la liste est fixée par l'arrêté interministériel prévu au cinquième alinéa de l'article *(Décr. n° 92-754 du 28 juill. 1992, art. 3)* « L. 992-8 *[L. 3142-3 s. nouv.]* » du code du travail, à l'exception de ceux qui bénéficient de la législation sur les accidents du travail en qualité de membres bénévoles des organismes sociaux énumérés à l'article D. 412-79.

Art. D. 412-83 Sont garantis les accidents survenus par le fait ou à l'occasion des missions effectuées par les personnes mentionnées à l'article D. 412-82. Doivent également être considérés comme survenus à l'occasion de leurs missions, les accidents dont pourraient être victimes ces personnes pendant le trajet d'aller et de retour entre leur lieu de travail et les organismes à l'activité desquels elles participent.

Art. D. 412-84 Les obligations de l'employeur, notamment l'affiliation des personnes mentionnées à l'article D. 412-82 à la caisse primaire d'assurance maladie dans la circonscription de laquelle l'organisme a son siège, le versement des cotisations et la déclaration des accidents, incombent à la personne, au service, à l'institution ou à l'administration responsable de la gestion de cet organisme.

Art. D. 412-85 Le salaire servant de base au calcul des cotisations est égal au double du salaire annuel minimum prévu à l'article L. 434-16. Un arrêté du ministre chargé de la sécurité sociale peut fixer des cotisations forfaitaires. — *V. Arr. du 5 juin 1980 (JO 13 juin).*

Le salaire servant de base au calcul des indemnités et des rentes est égal au double dudit salaire minimum, tel qu'il est en vigueur soit à la date de l'arrêt de travail résultant de l'accident, de la rechute ou de l'aggravation, soit, s'il n'y a pas eu d'arrêt de travail, à la date de constatation de l'incapacité permanente.

SOUS-SECTION 10 PERSONNES BÉNÉFICIAIRES D'UN REVENU MINIMUM D'INSERTION

Art. D. 412-86 *(Décr. nº 90-597 du 10 juill. 1990, art. 1er ; Décr. nº 2009-404 du 15 avr. 2009, art. 4)* Les actions d'insertion professionnelle organisées en faveur des bénéficiaires du revenu de solidarité active *(Abrogé par Décr. nº 2015-1710 du 21 déc. 2015, art. 4-III-1º, à compter du 1er janv. 2016)* ***« dont les ressources n'excèdent pas le montant forfaitaire prévu au 2º de l'article L. 262-2 ou à l'article L. 262-9 du code de l'action sociale et des familles »*** ainsi que des membres de leur foyer pour l'exécution de l'engagement prévu à l'article L. 262-36 du code de l'action sociale et des familles ouvrent droit pour les intéressés à la protection prévue à l'article L. 412-8 (10º) lorsque, pour leur participation à ces mêmes actions, ils ne bénéficient pas à un autre titre d'une protection contre les accidents du travail et les maladies professionnelles.

La personne morale organisatrice tient un registre mentionnant les assurés visés à l'alinéa précédent. Ce registre est mis à la disposition des agents des organismes de sécurité sociale.

Art. D. 412-87 *(Décr. nº 89-8 du 5 janv. 1989, art. 2)* Les actions et activités mentionnées à l'article D. 412-86 donnent lieu au versement d'une cotisation horaire forfaitaire, dont le montant est fixé par arrêté du ministre chargé de la sécurité sociale. — *V. Arr. du 31 mars 1994 (JO 8 avr.).*

Art. D. 412-88 *(Décr. nº 89-8 du 5 janv. 1989, art. 2)* Les obligations de l'employeur, notamment le paiement des cotisations, l'affiliation des bénéficiaires et la déclaration des accidents incombent aux personnes morales de droit public ou de droit privé mettant en œuvre les actions et activités mentionnées à l'article D. 412-86.

Art. D. 412-89 *(Décr. nº 89-8 du 5 janv. 1989, art. 2 ; Décr. nº 90-597 du 10 juill. 1990, art. 2)* Le salaire servant de base au calcul de la rente est égal au salaire annuel mentionné à l'article L. 434-16.

SOUS-SECTION 11 BÉNÉFICIAIRES D'ACTIONS D'AIDE À LA CRÉATION D'ENTREPRISES, D'ORIENTATION, D'ÉVALUATION OU D'ACCOMPAGNEMENT DANS LA RECHERCHE D'EMPLOI *(Décr. nº 2014-1757 du 31 déc. 2014, art. 1er).*

(Décr. nº 92-690 du 17 juill. 1992, art. 2)

Art. D. 412-90 *Abrogé par Décr. nº 2014-1757 du 31 déc. 2014, art. 6.*

Art. D. 412-91 Les accidents garantis sont ceux qui surviennent au cours de l'action prescrite ou dispensée *(Décr. nº 2014-1757 du 31 déc. 2014, art. 2)* « par Pôle emploi ou par les organismes mentionnés aux 2º, 3º et 5º de l'article L. 5135-2 du code du travail » ou sur le trajet d'aller et de retour entre le domicile *(Décr. nº 2014-1757 du 31 déc. 2014, art. 2)* « des personnes bénéficiaires d'actions d'aide à la création d'entreprises, d'orientation, d'évaluation ou d'accompagnement dans la recherche d'emploi » et le lieu de déroulement de l'action.

Art. D. 412-92 Le salaire servant de base au calcul de la rente *(Décr. nº 2014-1757 du 31 déc. 2014, art. 3-1º)* « des bénéficiaires des actions prescrites par les organismes mentionnés au 11° de l'article L. 412-8 » est égal au salaire annuel mentionné à l'article L. 434-16 en vigueur à la date de l'accident.

Le salaire servant de base au calcul des indemnités journalières des demandeurs d'emploi titulaires d'un des revenus de remplacement mentionnés à l'article *(Décr. n° 2014-1757 du 31 déc. 2014, art. 3-2°)* « L. 5421-2 » du code du travail est égal au salaire minimum de croissance correspondant à la durée légale du travail et applicable à la date de l'accident ou, s'il lui est supérieur, à leur revenu de remplacement. Toutefois, le montant de l'indemnité ainsi calculée ne peut, en aucun cas, dépasser le montant du revenu de remplacement.

Art. D. 412-93 Les actions mentionnées à l'article L. 412-8 (11°) donnent lieu au versement d'une cotisation horaire forfaitaire, dont le montant est fixé dans les conditions posées à l'article L. 241-5.

Le paiement de cette cotisation incombe *(Décr. n° 2014-1757 du 31 déc. 2014, art. 4-1°)* « à Pôle emploi ou aux organismes mentionnés aux 2°, 3° et 5° de l'article L. 5135-2 du code du travail qui la versent » à l'Union de recouvrement des cotisations de sécurité sociale et d'allocations familiales territorialement compétente.

Ce paiement est accompagné d'un bordereau daté et signé indiquant le nombre de *(Décr. n° 2014-1757 du 31 déc. 2014, art. 4-2°)* « bénéficiaires » ayant participé aux actions mentionnées à l'article L. 412-8 (11°), le nombre d'heures représentées par ces actions et le montant global des cotisations s'y rapportant.

Une copie de ce bordereau est adressée à la caisse *(Décr. n° 2010-344 du 31 mars 2010, art. 336)* « d'assurance retraite et de la santé au travail ». — *V. Arr. du 19 août 1992 (JO 29 août), mod. par Arr. du 31 déc. 2014 (JO 1er janv. 2015).*

Art. D. 412-94 *(Décr. n° 2014-1757 du 31 déc. 2014, art. 5)* La déclaration de l'accident à la caisse primaire d'affiliation des personnes bénéficiaires des actions mentionnées au 11° de l'article L. 412-8 incombe aux organismes qui ont prescrit ces actions. Si l'accident ne se produit pas dans les locaux de ces organismes, ceux-ci doivent en être informés dans les vingt-quatre heures par le responsable de l'action.

SOUS-SECTION 12 SALARIÉS BÉNÉFICIAIRES D'UN CONGÉ DE REPRÉSENTATION

(Décr. n° 92-754 du 28 juill. 1992, art. 2)

Art. D. 412-95 Sont garantis les accidents survenus par le fait ou à l'occasion des missions effectuées par les personnes mentionnées à l'article L. 412-8 (12°) dans le cadre du congé de représentation. Doivent également être considérés comme survenus à l'occasion de leurs missions les accidents dont pourraient être victimes ces personnes pendant le trajet d'aller et de retour entre leur lieu de travail et les instances aux travaux desquelles elles participent.

Art. D. 412-96 Les obligations de l'employeur concernant les salariés en congé de représentation mentionnés à l'article L. 412-8 (12°), notamment l'affiliation à la caisse primaire d'assurance maladie, le versement des cotisations et la déclaration des accidents incombent à l'association ou à la mutuelle dont est membre le salarié et qu'il est chargé de représenter. La caisse primaire d'assurance maladie compétente est celle dans la circonscription de laquelle ladite association ou mutuelle a son siège.

Art. D. 412-97 Le salaire servant de base au calcul des cotisations est égal au double du salaire annuel minimum prévu à l'article L. 434-16.

Le salaire servant de base au calcul des indemnités et des rentes est égal au double dudit salaire minimum tel qu'il est en vigueur soit à la date de l'arrêt de travail résultant de l'accident, de la rechute ou de l'aggravation, soit, s'il n'y a pas eu d'arrêt de travail, à la date de constatation de l'incapacité permanente.

SOUS-SECTION 13 VOLONTARIAT POUR L'INSERTION. — SERVICE CIVIQUE *(Décr. n° 2010-485 du 12 mai 2010, art. 2-I-5°)*.

Art. D. 412-98 *Abrogé par Décr. n° 2010-485 du 12 mai 2010, art. 2-I-5°.*

Art. D. 412-98-1 *(Décr. n° 2016-1932 du 28 déc. 2016, art. 3)* Pour les volontaires pour l'insertion mentionnés à l'article L. 130-4 du code du service national, l'établissement public d'insertion de la défense mentionné à l'article L. 3414-1 du code de la défense est redevable d'une cotisation dont le taux est égal au taux net moyen national constitué du taux brut moyen déterminé chaque année par la Caisse nationale de l'assurance maladie des travailleurs salariés affecté des majorations définies à l'article D. 242-6-9 de la sécurité sociale.

L'assiette servant de base au calcul des cotisations est égale à 6 % du plafond annuel mentionné à l'article L. 241-3.

Les dispositions de l'art. 3 du Décr. n° 2016-1932 du 28 déc. 2016 s'appliquent aux cotisations dues au titre des périodes courant à compter du 1er janv. 2016 (Décr. préc., art. 5).

Art. D. 412-98-2 (Abrogé par Décr. n° 2016-1932 du 28 déc. 2016, art. 4) (Décr. n° 2010-485 du 12 mai 2010, art. 2-I-5°) ***La cotisation forfaitaire mentionnée à l'article L. 120-26 du code du service national due au titre de la couverture des risques accidents du travail et maladies professionnelles est égale à 0,05 % du salaire minimum mentionné à l'article L. 434-16. Cette cotisation mensuelle est due pendant la durée du service civique.*** – Les dispositions de l'art. 4 du Décr. n° 2016-1932 du 28 déc. 2016 s'appliquent aux cotisations et aux contributions de sécurité sociale dues au titre des périodes courant à compter du 1er janv. 2017 (Décr. préc., art. 5).

SOUS-SECTION 14 PERSONNES BÉNÉFICIAIRES D'UN APPUI À LA CRÉATION OU À LA REPRISE D'UNE ACTIVITÉ ÉCONOMIQUE

(Décr. n° 2005-966 du 9 août 2005)

Art. D. 412-99 *(Décr. n° 2008-121 du 7 févr. 2008)* En l'absence de la rémunération définie à l'article R. 783-2 *[R. 5142-3 s. nouv.]* du code du travail, la cotisation d'accidents du travail et maladies professionnelles de la personne bénéficiant d'appui au projet d'entreprise pour la création ou la reprise d'une activité économique est calculée sur une assiette forfaitaire dont le montant est fixé par arrêté du ministre chargé de la sécurité sociale. – *V. Arr. du 18 févr. 2008 (JO 27 févr.).*

Art. D. 412-99-1 Les obligations de l'employeur, notamment le paiement des cotisations, l'affiliation des bénéficiaires et la déclaration des accidents, incombent à la personne morale responsable de l'appui.

Art. D. 412-99-2 Le salaire minimum servant de base au calcul de la rente est égal au salaire annuel mentionné à l'article L. 434-16.

SOUS-SECTION 15 PERSONNES TITULAIRES D'UNE CONVENTION DE TUTORAT

(Décr. n° 2007-480 du 29 mars 2007)

Art. D. 412-99-3 Le taux de la cotisation d'accidents du travail et de maladies professionnelles due pour les tuteurs mentionnés à l'article L. 412-8 est égal au taux net constitué du taux brut moyen déterminé chaque année par la Caisse nationale de l'assurance maladie des travailleurs salariés affecté des *(Décr. n° 2011-2033 du 29 déc. 2011, art. 4)* « majorations définies à l'article D. 242-6-9 ».

Art. D. 412-99-4 Les obligations de l'employeur, notamment le paiement des cotisations, l'affiliation des bénéficiaires et la déclaration des accidents incombent au repreneur de l'entreprise, signataire de la convention mentionnée à l'article L. 129-1 du code de commerce.

Art. D. 412-99-5 La rémunération servant de base au calcul de la cotisation et à celui de la rente est égale au salaire annuel mentionné à l'article L. 434-16.

SOUS-SECTION 16 TITULAIRES DE MANDATS LOCAUX

(Décr. n° 2013-362 du 26 avr. 2013, art. 1er-3°)

Art. D. 412-99-6 Pour les élus locaux mentionnés au 16° de l'article L. 412-8, les obligations de l'employeur, notamment le paiement des cotisations, l'affiliation des bénéficiaires et la déclaration des accidents, incombent aux collectivités territoriales et établissements publics de coopération intercommunale. Pour la détermination du taux de ces cotisations, les élus sont assimilés aux agents non titulaires de la collectivité territoriale ou de l'établissement public de coopération intercommunale.

Les indemnités d'incapacité temporaire ou permanente sont calculées sur le montant total des indemnités de fonctions assujetties aux cotisations d'accidents du travail et maladies professionnelles en application de l'article L. 382-31.

Les dispositions du Décr. n° 2013-362 du 26 avr. 2013 s'appliquent aux indemnités de fonctions afférentes :

1° Aux mandats débutant à compter du 1er janv. 2013 ;

2° Aux mandats en cours au 1er janv. 2013, au titre de la période du mandat postérieure à cette date (Décr. préc., art. 2).

SOUS-SECTION 17 ENTREPRENEURS SALARIÉS ET ENTREPRENEURS SALARIÉS ASSOCIÉS D'UNE COOPÉRATIVE D'ACTIVITÉ ET D'EMPLOI

(Décr. n° 2015-1363 du 27 oct. 2015, art. 2, en vigueur le 1er janv. 2016)

Art. D. 412-100 Pour les entrepreneurs salariés et les entrepreneurs salariés associés d'une coopérative d'activité et d'emploi mentionnés au 17° de l'article L. 412-8, les obligations de l'employeur, notamment l'affiliation des bénéficiaires, le paiement des cotisations, et la déclaration des accidents, incombent à la coopérative d'activité et d'emploi avec laquelle ils ont conclu le contrat mentionné au 2° de l'article L. 7331-2 du code du travail.

SOUS-SECTION 18 SPORTIFS DE HAUT NIVEAU

(Décr. n° 2016-608 du 13 mai 2016, art. 1er, en vigueur le 1er juill. 2016)

La cotisation due au titre des sportifs de haut niveau inscrits sur la liste en vigueur au 1er juill. 2016 est calculée au prorata de la période d'inscription courant à compter de cette date. Elle est due dans les quinze premiers jours qui suivent cette date, puis dans les quinze premiers jours de chaque trimestre suivant (Décr. n° 2016-608 du 13 mai 2016, art. 2).

Art. D. 412-101 Pour les sportifs de haut niveau mentionnés au 18° de l'article L. 412-8 du présent code, les obligations de l'employeur autres que celles relatives au paiement des cotisations d'accidents du travail et de maladies professionnelles incombent au directeur technique national de la discipline mentionné à l'article L. 131-12 du code du sport.

Art. D. 412-102 Le paiement des cotisations d'accidents du travail et de maladies professionnelles incombe à l'administration centrale du ministère chargé des sports, qui les verse à l'union de recouvrement des cotisations sociales et d'allocations familiales territorialement compétente.

La cotisation est due au titre de chaque sportif inscrit sur la liste mentionnée à l'article L. 221-2 du code du sport et pour la durée de cette inscription, lorsqu'il ne bénéficie pas des dispositions du présent livre.

La cotisation est versée trimestriellement. Elle est due dans les quinze premiers jours suivant l'inscription sur la liste mentionnée à l'article L. 221-2 du code du sport, puis dans les quinze premiers jours de chaque trimestre suivant.

Art. D. 412-103 Le salaire servant de base au calcul de la cotisation et à celui de la rente est égal au salaire annuel mentionné à l'article L. 434-16 du présent code.

Art. D. 412-104 Les taux des cotisations d'accidents du travail et de maladies professionnelles dues sont ceux fixés pour les sportifs professionnels et applicables au 1er janvier de l'année de publication de la liste mentionnée à l'article L. 221-2 du code du sport.

SOUS-SECTION 19 BÉNÉFICIAIRES DES MISES EN SITUATION EN MILIEU PROFESSIONNEL DANS LES ÉTABLISSEMENTS ET SERVICES DÉFINIS AU *a* DU 5° DU I DE L'ARTICLE L. 312-1 DU CODE DE L'ACTION SOCIALE ET DES FAMILLES

(Décr. n° 2016-1347 du 10 oct. 2016, art. 2)

Art. D. 412-105 Pour les bénéficiaires de mises en situation en milieu professionnel dans les établissements et services définis au *a* du 5° du I de l'article L. 312-1 du code de l'action sociale et des familles mentionnés au 19° de l'article L. 412-8, les obligations de l'employeur, notamment l'affiliation des bénéficiaires, le paiement des cotisations, et la déclaration des accidents[,] incombent à l'établissement ou service défini au *a* du 5° du I de l'article L. 312-1 du code de l'action sociale et des familles.

En cas d'accident, les établissements et services mentionnés au premier alinéa informent sans délai les organismes prescripteurs mentionnés à l'article R. 146-31-1, I, du code de l'action sociale et des familles.

Art. D. 412-106 Les accidents garantis sont ceux qui surviennent au cours des mises en situation en milieu professionnel mentionnées au 19° de l'article L. 412-8 ou sur le trajet d'aller et de retour entre le domicile des personnes bénéficiaires de ces actions et le lieu de déroulement de ces actions.

Art. D. 412-107 Les périodes de mise en situation en milieu professionnel prescrites au titre des articles R. 146-31-1 et suivants donnent lieu au versement de cotisations horaires calculées sur la base de 7 % du plafond horaire de sécurité sociale, en application de l'article L. 242-4-4 du code de sécurité sociale.

Ces cotisations sont versées à l'Union de recouvrement des cotisations de sécurité sociale et d'allocations familiales et aux caisses générales de sécurité sociale territorialement compétentes.

Ce paiement est accompagné d'un bordereau daté et signé indiquant le nombre de personnes bénéficiaires des actions mentionnées au 19° de l'article L. 412-8, le nombre d'heures représentées par ces actions et le montant global des cotisations s'y rapportant.

Art. D. 412-108 Le salaire servant de base au calcul de la rente est égal au salaire annuel mentionné à l'article L. 434-16 du code de la sécurité sociale.

Art. D. 412-109 Les taux des cotisations d'accidents du travail et de maladies professionnelles dues sont ceux fixés pour les travailleurs protégés des établissements ou services d'aide par le travail.

CHAPITRE III DISPOSITIONS APPLICABLES AUX PERSONNES INDEMNISÉES EN APPLICATION DE TEXTES ANTÉRIEURS — RÉGIMES DISTINCTS

SECTION PREMIÈRE DISPOSITIONS APPLICABLES AUX PERSONNES INDEMNISÉES EN APPLICATION DE TEXTES ANTÉRIEURS

Néant.

SECTION II RÉGIMES DISTINCTS

SOUS-SECTION 1 PENSIONS

Néant.

SOUS-SECTION 2 COLLECTIVITÉS, ÉTABLISSEMENTS ET ENTREPRISES ASSURANT DIRECTEMENT LA CHARGE DE LA RÉPARATION

§ 1er ENTREPRISES PRIVÉES

Art. D. 413-1 Le présent paragraphe fixe les conditions auxquelles est subordonné le maintien de l'autorisation d'assumer directement le service des prestations prévues aux articles L. 432-2 à L. 432-4 et L. 433-1 à L. 433-3, accordée par le ministre chargé de la sécurité sociale conformément aux dispositions de l'article L. 493 de l'ancien code de la sécurité sociale en vigueur avant la publication du décret n° 60-452 du 12 mai 1960, ainsi que les modalités suivant lesquelles est assuré et contrôlé le service desdites prestations.

Art. D. 413-2 L'employeur doit justifier de la caution solidaire d'un établissement bancaire compris sur une liste arrêtée conjointement par le ministre chargé de la sécurité sociale et le ministre chargé du budget en garantie du paiement des indemnités et de toutes sommes dues à l'occasion de la réparation des accidents du travail et des maladies professionnelles.

Un arrêté concerté du ministre chargé de la sécurité sociale et du ministre chargé du budget détermine les détails d'application du présent article.

Art. D. 413-3 En aucun cas, le comité d'entreprise ne peut confier la direction administrative ou la gestion financière des services mentionnés à l'article D. 413-1 à des personnes n'appartenant pas au personnel de l'entreprise.

Art. D. 413-4 L'employeur remet périodiquement au comité d'entreprise les sommes destinées à couvrir le montant des prestations et des dépenses de gestion. Ces sommes sont calculées en appliquant à l'ensemble des salaires payés au personnel un coefficient fixé par accord entre l'employeur et le comité d'entreprise, sous réserve de l'approbation de la caisse régionale ou, à défaut d'accord par ladite caisse, sans préjudice du recours prévu à l'article L. 242-5.

Les bénéfices réalisés sont versés à un Fonds de réserve. Lorsque l'avoir de celui-ci atteint le montant des redevances payées par l'employeur pendant les six derniers mois, ces bénéfices sont répartis par moitié entre l'entreprise et le comité d'entreprise. Les déficits sont supportés par le Fonds de réserve et, à défaut, par l'entreprise.

La part bénéficiaire du comité d'entreprise est affectée à l'amélioration des mesures de prévention et de sécurité.

Suivant la date habituelle d'arrêt des comptes de l'entreprise, un inventaire financier est dressé annuellement par le comité d'entreprise, soit au 30 juin, soit au 31 décembre, faisant apparaître les résultats de la gestion du risque professionnel et, éventuellement, le montant des sommes affectées au Fonds de réserve susmentionné. Une copie du compte de profits et pertes et du bilan, arrêtés à l'une des deux dates précitées, est adressée, dans un délai maximum de trois mois, *(Abrogé par Décr. n° 2009-1597 du 18 déc. 2009, art. 11, à compter du 1er janv. 2010)* ***« à la direction régionale des affaires sanitaires et sociales et »*** à la caisse primaire d'assurance maladie dans la circonscription de laquelle est situé l'établissement ou le groupe d'établissements ayant obtenu l'autorisation.

Art. D. 413-5 La caisse primaire dans la circonscription de laquelle est situé l'établissement ou le groupe d'établissements autorisés exerce le contrôle du service organisé par le comité d'entreprise, sans préjudice des dispositions des articles L. 243-11 et L. 243-13.

Art. D. 413-6 Dans les cas définis à l'article L. 442-1, l'enquête est effectuée à la diligence du comité d'entreprise, qui en informe immédiatement la caisse primaire d'assurance maladie. En cas de carence du comité d'entreprise, la caisse primaire peut prendre l'initiative de l'enquête.

La caisse primaire chargée du contrôle de la gestion du risque qui entend contester le caractère professionnel de l'accident doit, indépendamment des obligations qui lui incombent en vertu des articles R. 441-10 et suivants en informer, dans le délai de vingt jours prévu au premier alinéa dudit article, le comité d'entreprise qui est tenu de lui faire connaître son avis écrit dans un nouveau délai de quinzaine.

En dehors du cas prévu au précédent alinéa, le comité d'entreprise a la faculté d'adresser de sa propre initiative à la caisse primaire son avis sur le caractère professionnel ou non de l'accident, dans le délai de quinzaine à compter de la date à laquelle il a eu connaissance de l'accident, par quelque moyen que ce soit. Cet avis entraîne pour la caisse primaire l'obligation de prendre une décision explicite sur le caractère professionnel de l'accident.

Dans les cas prévus aux deux alinéas qui précèdent, la décision prise par la caisse primaire, compte tenu de l'avis du comité d'entreprise et conformément aux dispositions de l'article R. 441-6, est notifiée au comité d'entreprise ; elle est opposable à ce dernier.

Lorsque la caisse primaire est en désaccord avec le comité d'entreprise sur la date de consolidation de la blessure, elle peut se substituer à la victime pour porter le différend devant la juridiction compétente.

Art. D. 413-7 Le comité d'entreprise est tenu de fournir aux caisses d'assurance maladie intéressées tous renseignements qui lui sont demandés.

Art. D. 413-8 En cas de carence constatée ou de défaillance du comité d'entreprise, la caisse primaire assure le paiement des prestations aux victimes d'accidents du travail ou de maladies professionnelles, sauf son recours contre l'employeur et contre la caution pour obtenir le remboursement des sommes payées.

Art. D. 413-9 L'autorisation d'assumer directement le service des prestations qui avait été donnée sur le fondement de la réglementation applicable avant le 13 mai 1960 peut être retirée par le ministre chargé de la sécurité sociale sur avis motivé de la caisse primaire intéressée, notamment si les rapports de contrôle font apparaître que le risque n'est pas géré de façon satisfaisante ou que l'effort de prévention est insuffisant ou que les renseignements statistiques et comptables ne sont pas fournis de façon régulière aux caisses de sécurité sociale.

L'autorisation peut être également retirée si l'employeur cesse de justifier de la caution solidaire prévue à l'article D. 413-2.

L'employeur ou le comité d'entreprise peut à tout moment, par une déclaration adressée à la caisse primaire, qui la transmet au ministre chargé de la sécurité sociale, renoncer à l'application des modalités particulières prévues au présent paragraphe pour être soumis au régime général de sécurité sociale.

Le retrait de l'autorisation ou la renonciation prend effet à compter du premier jour du mois suivant la notification ministérielle faite à l'entreprise du retrait d'autorisation, ou la notification de la renonciation faite par l'employeur à la caisse intéressée. Le comité d'entreprise continue à assurer le service des prestations pour les accidents survenus antérieurement à la date d'effet du retrait d'autorisation ou de la renonciation.

Le ministre chargé de la sécurité sociale, en prononçant le retrait, peut décider la substitution de la caisse primaire d'assurance maladie intéressée au comité d'entreprise, sans préjudice du recours de ladite caisse contre l'employeur et contre la caution pour obtenir le remboursement des sommes payées.

Le ministre chargé de la sécurité sociale détermine, le cas échéant, la caisse primaire à laquelle est dévolu le Fonds de réserve mentionné à l'article D. 413-4.

§ 2 COLLECTIVITÉS, ÉTABLISSEMENTS ET ENTREPRISES ASSURANT UN SERVICE PUBLIC, ENTREPRISES PRIVÉES D'INTÉRÊT GÉNÉRAL ET EMPLOYEURS ASSUJETTIS À UNE ORGANISATION SPÉCIALE DE SÉCURITÉ SOCIALE

Art. D. 413-10 Les dispositions du premier paragraphe s'appliquent, sous réserve des dispositions particulières qui les régissent et des dispositions spéciales fixées par les arrêtés d'autorisation aux collectivités, établissements et entreprises qui ont obtenu l'autorisation d'assumer directement la charge totale ou partielle de la réparation des accidents du travail et des maladies professionnelles délivrée antérieurement au 13 mai 1960 conformément à la législation en vigueur à cette époque.

Lorsque la gestion de la collectivité, de l'établissement ou de l'entreprise porte sur l'intégralité du risque, les pouvoirs du conseil d'administration de la caisse primaire, en matière de fixation des rentes, sont exercés par une commission de quatre membres au moins composée pour moitié de représentants du personnel. Cette commission statue, après réception du dossier de l'enquête à laquelle il est procédé, dans les conditions et les formes déterminées par le présent livre sous réserve des voies de recours instituées par le titre IV du livre Ier. Les collectivités, établissements et entreprises mentionnés au présent alinéa doivent se conformer aux dispositions de l'article R. 441-6.

Dans le cas prévu à l'alinéa précédent, la caisse primaire dans la circonscription de laquelle est situé le siège social ou le principal établissement exerce, sauf disposition particulière contraire, le contrôle du service chargé de la gestion du risque d'incapacité permanente.

L'arrêté d'autorisation fixe les garanties exigées des collectivités, établissements et entreprises autorisés.

Art. D. 413-11 Les organismes et entreprises mentionnés au présent paragraphe qui ne seraient pas astreints à fournir aux caisses primaires et aux caisses régionales tous les renseignements nécessaires à la tenue des statistiques devront les fournir à la Caisse nationale de l'assurance maladie.

Art. D. 413-12 L'arrêté prévu au troisième alinéa de l'article L. 413-14 est pris par le ministre chargé de la sécurité sociale et le ministre chargé du budget.

SOUS-SECTION 3 ADMINISTRATIONS, SERVICES, OFFICES ET ÉTABLISSEMENTS PUBLICS DE L'ÉTAT AUTRES QUE LES ÉTABLISSEMENTS PUBLICS À CARACTÈRE INDUSTRIEL OU COMMERCIAL

Néant.

TITRE DEUXIÈME PRÉVENTION

CHAPITRE PREMIER ORGANISATION

Néant.

CHAPITRE II ATTRIBUTIONS DES ORGANISMES

SECTION PREMIÈRE ATTRIBUTIONS DE LA CAISSE NATIONALE DE L'ASSURANCE MALADIE DES TRAVAILLEURS SALARIÉS

Néant.

SECTION II ATTRIBUTION DES CAISSES RÉGIONALES D'ASSURANCE MALADIE

Art. D. 422-1 Les règlements préventifs arrêtés par les caisses d'assurance-accidents en exécution des dispositions de l'article 848 du code local des assurances sociales sont maintenus en vigueur sous les sanctions édictées par l'article 851 dudit code, et sous réserve de leur homologation avant le 1er janvier 1948, conformément aux dispositions de l'article L. 422-4.

TITRE TROISIÈME PRESTATIONS

CHAPITRE PREMIER DISPOSITIONS GÉNÉRALES

Néant.

CHAPITRE II PRESTATIONS EN NATURE

SECTION PREMIÈRE SOINS

Art. D. 432 *(Décr. nº 2006-777 du 30 juin 2006)* La durée d'interruption de travail ou de soins continus mentionnée à l'article L. 432-4-1 est fixée à six mois.

SECTION II APPAREILLAGE

Néant.

SECTION III RÉADAPTATION FONCTIONNELLE, RÉÉDUCATION PROFESSIONNELLE, RECLASSEMENT ET RECONVERSION PROFESSIONNELLE

(Décr. nº 2017-1815 du 29 déc. 2017, art. 1er-2º).

SOUS-SECTION 1 DISPOSITIONS GÉNÉRALES

Néant.

SOUS-SECTION 2 PRIME DE FIN DE RÉÉDUCATION ET PRÊTS D'HONNEUR

Art. D. 432-1 La prime de fin de rééducation et le prêt d'honneur prévus à l'article R. 432-10 sont attribués dans les conditions ci-après.

Art. D. 432-2 Pour prétendre au bénéfice de la prime de fin de rééducation, la victime doit :

1° N'avoir subi aucune des condamnations mentionnées au chapitre VIII du titre II du livre Ier du code de commerce, ou par les législations de sécurité sociale et en particulier par l'article L. 471-3 ;

2° Présenter toutes garanties de moralité nécessaires reconnues par la caisse primaire d'assurance maladie ;

3° Avoir subi intégralement, dans des conditions jugées satisfaisantes par le chef d'établissement responsable de la rééducation, le stage de rééducation professionnelle auquel elle a été admise en vertu des dispositions de l'article L. 432-9 ;

4° Si elle ne possède pas la nationalité française, résider en France depuis trois ans au moins au jour de l'accident.

Art. D. 432-3 Pour prétendre au bénéfice du prêt d'honneur, la victime doit, indépendamment des conditions particulières prévues à l'article D. 432-10 :

1° Être âgée de vingt et un ans au moins et de quarante-cinq ans au plus ;

2° Remplir les conditions prévues aux 1°, 2° et 3° de l'article D. 432-2 ;

3° Si elle possède la nationalité française, avoir satisfait aux obligations des lois sur le service national ;

4° Si elle ne possède pas la nationalité française, remplir la condition prévue au 4° de l'article D. 432-2.

Art. D. 432-4 La demande tendant à l'octroi de la prime de fin de rééducation doit être adressée par l'intéressé à la caisse primaire d'assurance maladie dont il relève au plus tard dans le mois qui suit la fin du stage de rééducation.

Il résulte des dispositions des art. R. 432-10, D. 432-4 et D. 432-5 CSS que l'attribution d'une prime de fin de rééducation n'est qu'une simple faculté pour la caisse qui peut la subordonner au résultat d'une enquête sociale. • Civ. 2e, 2 mars 2004 : *RJS 2004, n° 603.*

Art. D. 432-5 La caisse mentionnée à l'article D. 432-4 procède à toutes enquêtes et vérifications qu'elle juge utiles dans l'établissement de rééducation ou l'entreprise où la rééducation a eu lieu. La décision est prise par le conseil d'administration de la caisse qui ne peut réserver une suite favorable à la demande qu'après avis conforme du directeur de l'établissement ou du chef de l'entreprise.

Le conseil d'administration de la caisse primaire peut déléguer les pouvoirs dont il dispose en la matière à un comité composé de quatre membres dudit conseil dont deux choisis parmi les représentants des salariés et deux dont un employeur au moins, parmi les autres catégories.

Art. D. 432-6 Le montant de la prime de fin de rééducation est fixé dans chaque cas par le conseil d'administration de la caisse primaire ou le comité délégué à cet effet, dans la limite de trois fois au moins et de huit fois au plus le montant du plafond du salaire journalier servant de base au calcul de l'indemnité journalière, tel qu'il est fixé par l'article L. 433-2.

Art. D. 432-7 La prime de fin de rééducation est payée à l'intéressé dans le mois de la décision ; toutefois, le conseil d'administration, ou le comité, peut décider, s'il estime que l'intérêt de la victime le justifie, que les paiements seront échelonnés à raison d'un paiement chaque mois pendant une période de trois mois au plus.

Art. D. 432-8 Le prêt d'honneur est attribué dans la limite d'un maximum fixé à cent quatre-vingt fois le plafond de salaire mentionné à l'article D. 432-6.

La demande est formulée, et la décision prise, dans les conditions prévues ci-dessus pour la prime de fin de rééducation mais après avis d'une commission consultative constituée auprès du conseil d'administration de la caisse primaire et comprenant :

1° Deux représentants de ladite caisse ;

2° Un représentant de la caisse *(Décr. n° 2010-344 du 31 mars 2010, art. 337)* « d'assurance retraite et de la santé au travail » ;

(Abrogé par Décr. n° 2009-1597 du 18 déc. 2009, art. 11, à compter du 1er janv. 2010) « *3° Le directeur régional des affaires sanitaires et sociales ou son représentant ;* »

4° L'inspecteur du travail ou son représentant ;

(Abrogé par Décr. n° 2009-1597 du 18 déc. 2009, art. 11, à compter du 1er janv. 2010) *« 5° Le chef du service régional de l'inspection du travail, de l'emploi et de la politique sociale agricoles ou son représentant ; »*

6° Un représentant de la chambre de métiers et de l'artisanat de région.

Le délai d'un mois à compter de la fin du stage prévu pour formuler la demande est imparti à peine de déchéance. • Soc. 17 nov. 1971 : *Bull. civ. V, n° 668.*

Art. D. 432-9 Le prêt peut faire l'objet, à concurrence de la moitié de son montant, sur l'initiative de la caisse primaire ou à la demande de l'intéressé, d'une attribution de bons d'achat. Ces bons, dispensés de timbre, sont nominatifs. Ils portent la signature de l'intéressé et sont insaisissables et incessibles. Ils ne peuvent être donnés en gage ou être l'objet d'une transmission quelconque, le tout à peine de nullité et sans préjudice des sanctions prévues aux articles 406 et 408 du code pénal *[art. 314-1 s. nouv.]*.

Le montant du prêt peut, d'autre part, si la caisse le juge utile, être versé en plusieurs fractions, toute nouvelle tranche ne devant être allouée que si l'emprunteur justifie avoir employé celles dont il a déjà bénéficié au but pour lequel il les a reçues.

Art. D. 432-10 Le prêt d'honneur doit être obligatoirement affecté à l'aménagement ou à l'installation d'une entreprise artisanale ou industrielle, dans une des branches déterminées par arrêté du ministre chargé de la sécurité sociale, du ministre chargé du commerce et de l'industrie et du ministre chargé du budget, ou d'une exploitation agricole.

Pour bénéficier du prêt, l'emprunteur doit s'engager à exploiter personnellement, jusqu'au remboursement complet, l'exploitation artisanale, industrielle ou agricole en vue de laquelle ledit prêt est sollicité.

L'emprunteur consent à la caisse primaire un nantissement dans les formes prévues par la loi n° 51-59 du 18 janvier 1951 modifiée, sur le matériel, l'outillage, le cheptel, les biens acquis au moyen des sommes qui ont fait l'objet du prêt, dans la limite du montant de ce prêt. Ces biens ne peuvent en aucun cas être déplacés sans le consentement de l'organisme prêteur ; en cas d'infraction à cette disposition, le remboursement de la totalité du prêt devient exigible sans préavis, les biens déplacés restant grevés du privilège prévu par ladite loi et pouvant être saisis.

Art. D. 432-11 Le prêt d'honneur est consenti pour une durée maximum de vingt ans. Il porte intérêt à 2 % à partir du jour du versement des fonds. Les intérêts sont payables trimestriellement et à terme échu.

Le prêt est remboursable par annuités égales. Toutefois, pendant les quatre premières années, l'emprunteur aura la faculté de ne verser que l'intérêt du prêt. Il pourra toujours, lors de l'échéance de ses annuités, effectuer des remboursements anticipés.

Une remise d'un montant égal à dix fois le plafond de salaire mentionné à l'article D. 432-6 lui sera accordée lors de la naissance de chaque enfant postérieurement à l'année qui aura suivi la date d'octroi du prêt. La charge de ces remises sera supportée par la Caisse nationale de l'assurance maladie des travailleurs salariés.

Art. D. 432-12 Sauf le cas où un délai est accordé par la caisse primaire d'assurance maladie, le non-paiement des intérêts ou des annuités dans les quinze jours de la réception d'une mise en demeure adressée au bénéficiaire sous pli recommandé avec demande d'avis de réception, donne lieu à l'application de la procédure sommaire prévue pour le recouvrement des cotisations à l'article R. 133-2. En outre, à titre de pénalité, les annuités échues et non remboursées donnent lieu au paiement d'un intérêt de retard de 0,50 % par mois, courant de plein droit depuis le lendemain de l'échéance jusqu'au jour du remboursement.

Le remboursement immédiat de la totalité des sommes restant dues est exigible dans les cas suivants :

1° Condamnation à une peine criminelle ou correctionnelle ;

2° Utilisation du prêt pour des fins autres que celles en vue desquelles il a été consenti ;

3° Non-exploitation du fonds par l'emprunteur ;

4° Départ de l'intéressé à l'étranger.

Sauf accord contraire de la caisse, il en est de même en cas d'abandon de la profession pour l'exercice de laquelle le prêt avait été consenti à l'intéressé.

En cas de décès du bénéficiaire, la caisse primaire peut, si le conjoint ou l'un des enfants du *"de cujus"* continue à exploiter personnellement l'entreprise, maintenir le bénéfice du prêt.

Si l'exploitation directe de l'entreprise cesse, la caisse exerce son privilège sur les biens acquis à l'aide du prêt, sauf possibilité pour le conjoint ou les descendants de rembourser les sommes encore dues, dans un délai de cinq ans.

Art. D. 432-13 Les services d'inspection et de contrôle du ministère chargé de la sécurité sociale ainsi que les agents de contrôle de la caisse primaire d'assurance maladie, sont habilités à exercer une surveillance sur l'emploi du prêt d'honneur par le bénéficiaire.

Dans le cas où l'intéressé affecterait le prêt qui lui est consenti à l'aménagement d'une exploitation agricole, les *(Décr. nº 2009-1597 du 18 déc. 2009, art. 10, en vigueur le 1er janv. 2010)* « agents de la caisse de mutualité sociale agricole » sont également habilités à exercer cette surveillance.

(Abrogé par Décr. nº 2009-1597 du 18 déc. 2009, art. 10, à compter du 1er janv. 2010) ***« En cas de carence de la caisse primaire, le préfet de région peut prendre, pour le compte de celle-ci, toutes mesures conservatoires qui lui paraissent nécessaires. »***

Art. D. 432-14 Le montant des charges résultant de la présente sous-section est supporté par les caisses primaires d'assurance maladie dans les conditions qui sont fixées par arrêté du ministre chargé de la sécurité sociale et du ministre chargé du budget.

SOUS-SECTION 3 RECONVERSION PROFESSIONNELLE

(Décr. nº 2017-1815 du 29 déc. 2017, art. 1er-2º)

Art. D. 432-15 Le taux d'incapacité permanente mentionné à l'article L. 432-12 est fixé à 10 %. *Les dispositions du décr. nº 2017-1815 du 19 déc. 2017 sont applicables aux victimes dont les taux d'incapacité permanente sont notifiés à compter du 1er janv. 2019 (Décr. préc., art. 3).*

CHAPITRE III INDEMNISATION DE L'INCAPACITÉ TEMPORAIRE

Art. D. 433-1 Le placement individuel à l'extérieur mentionné à l'article L. 433-4 est le placement soumis aux dispositions de l'article D. 131 du code de procédure pénale.

Art. D. 433-2 *(Décr. nº 2010-244 du 9 mars 2010, art. 1er)* La victime dont l'accident du travail ou la maladie professionnelle a été reconnu et qui a été déclarée inapte conformément aux dispositions de l'article R. 4624-31 du code du travail a droit à l'indemnité mentionnée au cinquième alinéa de l'article L. 433-1 dénommée "indemnité temporaire d'inaptitude" dans les conditions prévues aux articles L. 442-5 et D. 433-3 et suivants.

Les dispositions du Décr. nº 2010-244 du 9 mars 2010 sont applicables aux victimes déclarées inaptes, conformément aux dispositions de l'art. R. 4624-31 C. trav., à compter du 1er juill. 2010 (Décr. préc., art. 3).

Art. D. 433-3 *(Décr. nº 2010-244 du 9 mars 2010, art. 1er)* Pour bénéficier de l'indemnité temporaire d'inaptitude, la victime adresse sans délai à la caisse primaire d'assurance maladie dont elle relève un formulaire de demande portant notamment mention, portée par le médecin du travail, d'un lien susceptible d'être établi entre l'inaptitude et l'accident du travail ou la maladie professionnelle, dans les conditions prévues à l'article D. 4624-47 du code du travail et comportant un cadre dans lequel elle atteste sur l'honneur de l'impossibilité de percevoir, pendant la période mentionnée à l'article D. 433-5, une quelconque rémunération liée au poste de travail pour lequel elle a été déclarée inapte. Un volet du formulaire de demande est adressé par la victime à l'employeur.

Un arrêté du ministre chargé de la sécurité sociale définit le modèle de formulaire.

V. note ss. art. D. 433-2.

Art. D. 433-4 *(Décr. n° 2010-244 du 9 mars 2010, art. 1er)* **Le montant journalier de l'indemnité mentionnée à l'article D. 433-2 servie à la victime est égal au montant de l'indemnité journalière versé pendant l'arrêt de travail lié à l'accident du travail ou à la maladie professionnelle précédant l'avis d'inaptitude.**

Lorsque la victime travaille pour le compte de plusieurs employeurs, l'indemnité est versée au titre du poste de travail pour lequel elle a été déclarée inapte.

V. note ss. art. D. 433-2.

Art. D. 433-5 *(Décr. n° 2010-244 du 9 mars 2010, art. 1er)* **L'indemnité mentionnée à l'article D. 433-2 est versée par la caisse, à compter du premier jour qui suit la date de l'avis d'inaptitude mentionné à l'article R. 4624-31 du code du travail jusqu'au jour de la date de licenciement ou de reclassement du bénéficiaire, pour la durée maximale prévue à l'article L. 1226-11 du code du travail, dans les conditions prévues à l'article R. 433-14.**

V. note ss. art. D. 433-2.

Art. D. 433-6 *(Décr. n° 2010-244 du 9 mars 2010, art. 1er)* **L'employeur, dans les huit jours qui suivent la date de sa décision de reclassement acceptée par la victime ou la date du licenciement de cette dernière, retourne le volet mentionné à l'article D. 433-3 à la caisse primaire d'assurance maladie après y avoir porté mention de la date de sa décision et confirmé l'exactitude des indications portées par le salarié.**

V. note ss. art. D. 433-2.

Art. D. 433-7 *(Décr. n° 2010-244 du 9 mars 2010, art. 1er)* **Lorsque le bénéficiaire de l'indemnité mentionnée à l'article D. 433-2 perçoit une rente liée à l'accident du travail ou à la maladie professionnelle qui a conduit à l'inaptitude, le montant mensuel de la rente servie s'impute sur celui de l'indemnité.**

V. note ss. art. D. 433-2.

Art. D. 433-8 *(Décr. n° 2010-244 du 9 mars 2010, art. 1er)* **La caisse met en œuvre les dispositions de l'article L. 133-4-1, notamment lorsque le versement de la rente intervient après le paiement de l'indemnité ou en cas d'annulation de l'avis d'inaptitude.**

V. note ss. art. D. 433-2.

CHAPITRE IV INDEMNISATION DE L'INCAPACITÉ PERMANENTE

SECTION PREMIÈRE VICTIMES

Art. D. 434-1 *(Décr. n° 2016-398 du 1er avr. 2016, art. 4-II)* **Au 1er avril 2016, le montant de l'indemnité en capital mentionnée à l'article L. 434-1 est fixé selon le barème suivant :**

TAUX D'INCAPACITÉ PERMANENTE (en pourcentage)	MONTANT DE L'INDEMNITÉ (en euros)
1	411,12
2	668,20
3	976,44
4	1 541,13
5	1 952,33
6	2 414,71
7	2 928,25
8	3 493,59
9	4 110,06

Une indemnité en capital est attribuée à la victime qu'il s'agisse d'un accident unique ou qu'il soit intervenu après d'autres accidents professionnels ayant donné lieu à fixation d'une incapacité dont le taux aboutirait à un taux global égal ou supérieur à 10 %. • Soc. 21 févr. 1991, n° 89-16.939 P.

Art. D. 434-2 *(Décr. n° 2013-278 du 2 avr. 2013, en vigueur le 1er mars 2013)* **I. — Les besoins d'assistance par une tierce personne de la victime qui remplit la condition d'incapacité minimale mentionnée au troisième alinéa de l'article L. 434-2 sont déterminés par le médecin-conseil à partir de la grille d'appréciation des dix actes ordinaires de la vie prévue au II.**

Le montant mensuel de la prestation complémentaire pour recours à tierce personne est fixé à 541,22 € lorsque la victime ne peut accomplir seule trois ou quatre des dix actes de cette grille, à 1 082,43 € lorsqu'elle ne peut accomplir seule cinq ou six de ces actes et à 1 623,65 € lorsqu'elle ne peut accomplir seule au moins sept de ces actes ou lorsque, en raison de troubles neuropsychiques, son état présente un danger pour elle-même ou pour autrui.

II. — Les actes ordinaires de la vie pris en compte pour la détermination du montant de la prestation complémentaire pour recours à tierce personne sont énumérés dans la grille suivante :

1. La victime peut-elle se lever seule et se coucher seule ?
2. La victime peut-elle s'asseoir seule et se lever seule d'un siège ?
3. La victime peut-elle se déplacer seule dans son logement, y compris en fauteuil roulant ?
4. La victime peut-elle s'installer seule dans son fauteuil roulant et en sortir seule ?
5. La victime peut-elle se relever seule en cas de chute ?
6. La victime pourrait-elle quitter seule son logement en cas de danger ?
7. La victime peut-elle se vêtir et se dévêtir totalement seule ?
8. La victime peut-elle manger et boire seule ?
9. La victime peut-elle aller uriner et aller à la selle sans aide ?
10. La victime peut-elle mettre seule son appareil orthopédique ? (le cas échéant).

Art. D. 434-3 *(Décr. n° 2013-278 du 2 avr. 2013, en vigueur le 1er mars 2013)* **Toute personne bénéficiaire de la majoration pour tierce personne prévue à l'article L. 434-2, dans sa rédaction antérieure au 1er mars 2013, peut demander le bénéfice de la prestation complémentaire pour recours à tierce personne.**

La demande est adressée à la caisse primaire d'assurance maladie chargée du paiement de la majoration pour tierce personne. La décision de la caisse est adressée à la personne concernée par tout moyen permettant d'en déterminer la date de réception.

Lorsque le montant de la prestation complémentaire pour recours à tierce personne dont pourrait bénéficier la personne est inférieur ou égal à celui de la majoration pour tierce personne dont elle bénéficie, la personne conserve le bénéfice de la majoration pour tierce personne, en l'absence de manifestation contraire de sa part dans un délai de trente jours à compter de la date de réception mentionnée à l'alinéa précédent. S'il est supérieur, la personne bénéficie de la prestation complémentaire pour recours à tierce personne, en l'absence de manifestation contraire de sa part dans le même délai.

La date d'ouverture du droit à la prestation complémentaire pour recours à tierce personne est le premier jour du mois du dépôt de la demande.

SECTION III **DISPOSITIONS COMMUNES**

Art. D. 434-4 *(Décr. n° 2016-132 du 9 févr. 2016, art. 1er)* **Il est institué, auprès du ministre chargé de la sécurité sociale, un comité d'actualisation des barèmes indicatifs d'invalidité mentionnés à l'article L. 434-2, intitulé : "comité d'actualisation des barèmes des accidents du travail et des maladies professionnelles".**

Art. D. 434-5 *(Décr. n° 2016-132 du 9 févr. 2016, art. 1er)* **Le comité mentionné à l'article D. 434-4 est chargé, compte tenu de l'évolution des connaissances médicales et des modalités d'exercice professionnel, de définir une méthodologie et de faire des propositions d'actualisation des barèmes mentionnés à l'article L. 434-2 auxquels les médecins-conseils des régimes de sécurité sociale des travailleurs salariés agricoles et**

non agricoles se réfèrent pour évaluer l'incapacité permanente des victimes d'accidents du travail ou de maladies professionnelles.

Le comité fixe son programme de travail ainsi que le calendrier prévisionnel des travaux d'actualisation des barèmes.

Art. D. 434-6 *(Décr. nº 2016-132 du 9 févr. 2016, art. 1er)* I. – Le président du comité mentionné à l'article D. 434-4 est un membre du corps médical spécialisé dans le domaine des pathologies professionnelles ou de la réparation des dommages corporels.

Le comité comprend, outre son président :

1° Quatre membres de droit :

a) Le directeur de la sécurité sociale ou son représentant ;

b) Le directeur des affaires financières, sociales et logistiques du ministère de l'agriculture ou son représentant ;

c) Le directeur des risques professionnels de la Caisse nationale de l'assurance maladie des travailleurs salariés ou son représentant ;

d) Le directeur chargé de la réglementation, des maladies et accidents du travail de la Caisse centrale de la mutualité sociale agricole ou son représentant ;

2° Cinq personnalités qualifiées :

a) Quatre membres du corps médical reconnus pour leurs travaux ou leurs services rendus dans le domaine des pathologies professionnelles ou des dommages corporels ;

b) Une personnalité qualifiée reconnue pour ses travaux dans le domaine de l'économie de la santé.

II. – Le secrétariat du comité est assuré par la direction de la sécurité sociale.

Art. D. 434-7 *(Décr. nº 2016-132 du 9 févr. 2016, art. 1er)* Pour l'exercice de sa mission, le comité mentionné à l'article D. 434-4 peut constituer des groupes techniques chargés de faire des propositions d'actualisation des barèmes mentionnés à l'article L. 434-2. Le comité fixe les modalités selon lesquelles ces groupes lui rendent compte de leurs travaux.

Ces groupes techniques sont composés exclusivement de membres du corps médical choisis parmi les sociétés savantes, de médecins-conseils des régimes de sécurité sociale des travailleurs salariés agricoles et non agricoles et de médecins-experts en dommages corporels.

Dans le cadre de leurs travaux ou lorsque l'ordre du jour le justifie, le comité mentionné à l'article D. 434-4 ainsi que les groupes techniques peuvent solliciter le concours d'experts d'autres disciplines.

Art. D. 434-8 *(Décr. nº 2016-132 du 9 févr. 2016, art. 1er)* Le comité mentionné à l'article D. 434-4 se réunit au moins quatre fois par an, sur convocation de son président qui fixe l'ordre du jour.

Le président peut également convoquer une réunion du comité sur proposition de la majorité de ses membres.

Art. D. 434-9 *(Décr. nº 2016-132 du 9 févr. 2016, art. 1er)* Le président du comité d'actualisation des barèmes des accidents du travail et des maladies professionnelles ainsi que les personnalités qualifiées mentionnées au 2° du I de l'article D. 434-6 sont nommés pour une durée de trois ans renouvelable par arrêté conjoint du ministre chargé de la sécurité sociale et du ministre chargé de l'agriculture.

Art. D. 434-10 *(Décr. nº 2016-132 du 9 févr. 2016, art. 1er)* Les membres du comité et des groupes techniques sont astreints au secret professionnel. Ils exercent leur mandat à titre gratuit. Leurs frais de déplacement et de séjour sont remboursés, sur leur demande, dans les conditions prévues par le décret nº 2006-781 du 3 juillet 2006 fixant les conditions et les modalités de règlement des frais occasionnés par les déplacements temporaires des personnels civils de l'État.

Art. D. 434-11 *(Décr. nº 2016-132 du 9 févr. 2016, art. 1er)* A échéances régulières, le président du comité mentionné à l'article D. 434-4 ou son représentant informe de l'avancée des travaux la commission mentionnée à l'article L. 221-5. Ladite commission peut proposer au président du comité ou à son représentant les mesures qu'elle estime utiles à l'actualisation des barèmes mentionnés à l'article L. 434-2.

CHAPITRE V FRAIS FUNÉRAIRES

Art. D. 435-1 L'arrêté interministériel mentionné à l'article L. 435-1 est pris par le ministre chargé de la sécurité sociale, le ministre chargé de l'économie et le ministre chargé du budget.

Art. D. 435-2 Les frais de transport mentionnés à l'article L. 435-2 sont établis conformément aux dispositions de l'article D. 79 du code des pensions militaires d'invalidité et des victimes de la guerre.

CHAPITRE VI DISPOSITIONS COMMUNES AUX PRESTATIONS EN ESPÈCES

Néant.

CHAPITRE VII FONDS COMMUN DES ACCIDENTS DU TRAVAIL SURVENUS DANS LA MÉTROPOLE

Néant.

TITRE QUATRIÈME PROCÉDURES, RÉVISION, RECHUTE, ACCIDENTS SURVENUS HORS DU TERRITOIRE MÉTROPOLITAIN

CHAPITRE PREMIER DÉCLARATIONS ET FORMALITÉS

SECTION PREMIÈRE DISPOSITIONS GÉNÉRALES

Art. D. 441-1 L'autorisation de tenue d'un registre de déclaration d'accidents du travail prévue à l'article L. 441-4 du présent code peut être accordée à l'employeur, sur sa demande, par la caisse *(Décr. n° 2010-344 du 31 mars 2010, art. 338)* « d'assurance retraite et de la santé au travail » du lieu d'implantation de l'établissement lorsque celui-ci répond aux conditions suivantes :

1° Présence permanente d'un médecin, ou d'un pharmacien, ou d'un infirmier diplômé d'État, ou d'une personne chargée d'une mission d'hygiène et de sécurité dans l'entreprise détentrice d'un diplôme national de secouriste complété par le diplôme de sauveteur secouriste du travail délivré par l'Institut national de recherche et de sécurité ou les caisses *(Décr. n° 2010-344 du 31 mars 2010, art. 338)* « d'assurance retraite et de la santé au travail » ;

2° Existence d'un poste de secours d'urgence ;

3° Respect par l'employeur des obligations mises à sa charge par l'article L. 236-1 *[L. 4523-11, L. 4523-12, L. 4523-14 s., L. 4524-1 et L. 4611-1 s. nouv.]* du code du travail.

La caisse *(Décr. n° 2010-344 du 31 mars 2010, art. 338)* « d'assurance retraite et de la santé au travail » avise la caisse primaire de l'autorisation qu'elle a accordée.

En cas de refus de l'autorisation, la caisse *(Décr. n° 2010-344 du 31 mars 2010, art. 338)* « d'assurance retraite et de la santé au travail » notifie sa décision motivée à l'employeur.

Art. D. 441-2 Le registre est délivré après enquête par la caisse *(Décr. n° 2010-344 du 31 mars 2010, art. 338)* « d'assurance retraite et de la santé au travail ». Toutefois, il demeure la propriété de ladite caisse.

L'employeur envoie le registre à la fin de chaque année civile, par lettre recommandée avec accusé de réception, à la caisse *(Décr. n° 2010-344 du 31 mars 2010, art. 338)* « d'assurance retraite et de la santé au travail ». Il peut en obtenir la communication.

Art. D. 441-3 L'employeur inscrit sur le registre, dans les quarante-huit heures non compris les dimanches et jours fériés, les accidents du travail de son personnel n'entraînant ni arrêt de travail, ni soins médicaux donnant lieu à une prise en charge par les organismes de sécurité sociale.

Il est indiqué sur le registre le nom de la victime, la date, le lieu et les circonstances de l'accident, la nature et le siège des lésions assortis du visa du donneur de soins ainsi que les autres éléments devant figurer sur la déclaration d'accident du travail.

La victime signe le registre en face des indications portées par l'employeur. Le médecin du travail peut consulter le registre.

Art. D. 441-4 La caisse régionale d'assurance maladie peut décider le retrait de l'autorisation de tenue d'un registre pour l'une des raisons suivantes :

1° Tenue incorrecte du registre ;

2° Disparition des conditions d'octroi ;

3° Refus de présentation du registre :

a. aux agents de contrôle des caisses primaires et régionales d'assurance maladie ;

b. aux agents de l'inspection du travail ;

c. à la victime d'un accident consigné au registre ;

d. au comité d'hygiène, de sécurité et des conditions de travail ou, à défaut de l'existence de ce dernier, aux délégués du personnel.

La caisse régionale notifie à l'employeur sa décision motivée de retrait de l'autorisation.

SECTION II DISPOSITIONS RELATIVES À LA PROCÉDURE DE RECONNAISSANCE DU CARACTÈRE PROFESSIONNEL DE L'ACCIDENT OU DE LA MALADIE PAR LES CAISSES

Néant.

CHAPITRE II EXPERTISES — CONTRÔLE — DISPOSITIONS DIVERSES

(Décr. n° 2006-112 du 2 févr. 2006).

SECTION PREMIÈRE EXPERTISES *(Décr. n° 2006-112 du 2 févr. 2006).*

Art. D. 442-1 *à* D. 442-4 *Abrogés par Décr. n° 2006-112 du 2 févr. 2006.*

SECTION II CONTRÔLE MÉDICAL ET CONTRÔLE ADMINISTRATIF

Néant.

SECTION III DISPOSITIONS DIVERSES

Néant.

CHAPITRE III RÉVISION — RECHUTE

Art. D. 443-1 La durée minimale prévue au quatrième alinéa de l'article L. 443-1, pendant laquelle la victime doit avoir été titulaire de la *(Décr. n° 2013-278 du 2 avr. 2013, en vigueur le 1er mars 2013)* « prestation complémentaire pour recours à tierce personne », est fixée à dix ans.

Cassation pour violation des art. L. 443-1, al. 4, D. 443-1 et L. 434-2 CSS, de l'ordonnance qui, pour rejeter la demande d'une personne tendant à l'attribution d'une rente de conjoint survivant, se borne à relever que le défunt, à la suite de l'accident du travail, était atteint d'une double cécité survenue il y a plus de 50 ans et que la durée même de cette incapacité exclut qu'elle soit à l'origine même du décès, alors que le conjoint survivant bénéficie de la présomption d'imputabilité prévue par l'art. L. 443-1, al. 4, CSS et qu'il incombe au demandeur de rapporter la preuve que le décès de l'intéressé n'est pas imputable à l'accident du travail. • Soc. 18 janv. 2001 : *D. 2001. IR 593* ; *TPS 2001, n° 142.*

CHAPITRE IV ACCIDENTS SURVENUS HORS DU TERRITOIRE MÉTROPOLITAIN ET DES DÉPARTEMENTS MENTIONNÉS À L'ARTICLE L. 751-1

Néant.

TITRE CINQUIÈME FAUTE DE L'ASSURÉ OU D'UN TIERS

Néant.

CHAPITRE PREMIER DISPOSITIONS GÉNÉRALES

Néant.

CHAPITRE II FAUTE INEXCUSABLE OU INTENTIONNELLE DE L'EMPLOYEUR

Art. D. 452-1 *(Décr. n° 2014-13 du 8 janv. 2014, art. 1er-I)* En cas de reconnaissance de la faute inexcusable de l'employeur, le capital représentatif des dépenses engagées par la caisse primaire d'assurance maladie au titre de la majoration mentionnée à l'article L. 452-2 est évalué dans les conditions prévues à l'article R. 454-1 et récupéré dans les mêmes conditions et en même temps que les sommes allouées au titre de la réparation des préjudices mentionnés à l'article L. 452-3. — *Les dispositions de l'art. D. 452-1 sont applicables aux majorations de rente et d'indemnités en capital ayant pris effet à compter du 1er avr. 2013 (Décr. n° 2014-13 du 8 janv. 2014, art. 1er-II).*

CHAPITRE III FAUTE INEXCUSABLE OU INTENTIONNELLE DE LA VICTIME

Néant.

CHAPITRE IV FAUTE D'UN TIERS

Art. D. 454-1 *(Décr. n° 2004-1076 du 12 oct. 2004)* I. — La déclaration prévue à l'article L. 441-1 du code de la sécurité sociale faite par la victime d'un accident de travail imputable à un tiers la dispense de le déclarer à sa caisse de sécurité sociale.

II. — Le tiers responsable de l'accident doit informer, par tous moyens, la Caisse d'assurance maladie dont relève la victime dans les quinze jours suivant sa survenue s'il n'en a pas informé son assureur.

III. — L'assureur du tiers responsable doit informer la Caisse d'assurance maladie dont relève la victime dans les trois mois suivant la date à laquelle il a connaissance de la survenue de l'accident.

Pour les accidents relevant de l'article L. 211-8 du code des assurances, l'assureur du tiers responsable doit informer la Caisse d'assurance maladie dont relève la victime dans les trois mois suivant la date de la survenue de l'accident.

En cas de litige sur le respect de son obligation d'information, il lui appartient d'apporter la preuve que l'information a été délivrée à la caisse dans les délais prévus aux deux alinéas précédents.

IV. — *(Abrogé par Décr. n° 2012-1160 du 17 oct. 2012, art. 4) « La majoration de l'indemnité forfaitaire prévue au cinquième alinéa de l'article L. 454-1 est appliquée lorsque l'assureur du tiers responsable n'a pas informé la caisse dans les délais prévus au II sauf si l'assureur apporte la preuve qu'en dépit des diligences qu'il a effectuées pour obtenir l'information il n'a pas pu disposer des éléments lui permettant de délivrer cette information dans ces délais. »*

Dans les cas où la caisse n'a pas pu exercer son recours, l'indemnité forfaitaire *(Abrogé par Décr. n° 2012-1160 du 17 oct. 2012, art. 4) « majorée »* est calculée sur les sommes dont le recouvrement aurait été obtenu si l'assureur avait respecté son obligation d'information.

V. — L'établissement de santé dispensant des soins à une victime dont les lésions sont, selon ses déclarations, imputables à un tiers doit en informer la Caisse d'assurance maladie dont elle relève dans les trois mois suivant la date de la fin des soins.

CHAPITRE V DISPOSITIONS DIVERSES

Néant.

TITRE SIXIÈME DISPOSITIONS CONCERNANT LES MALADIES PROFESSIONNELLES

Art. D. 461-1 La liste prévue au premier alinéa de l'article L. 461-6 établie par le ministre chargé du travail, le ministre chargé de la sécurité sociale et le ministre chargé de la santé figure en annexe au présent livre *[V. ss. art. D. 461-38]*.

Art. D. 461-1-1 *(Décr. n° 2016-756 du 7 juin 2016, art. 2-1°)* Pour l'application du dernier alinéa de l'article L. 461-2, la date de la première constatation médicale est la date à laquelle les premières manifestations de la maladie ont été constatées par un médecin avant même que le diagnostic ne soit établi. Elle est fixée par le médecin conseil.

Art. D. 461-2 Les décrets mentionnés à l'article L. 461-7 sont pris sur le rapport du ministre chargé de la sécurité sociale, du ministre chargé du travail, du ministre chargé du budget et du ministre chargé de la santé.

Art. D. 461-3 et D. 461-4 *Abrogés par Décr. n° 99-746 du 31 août 1999, art. 17.*

Art. D. 461-5 *(Décr. n° 96-446 du 22 mai 1996, art. 1er)* Les dispositions des articles *(Décr. n° 2016-756 du 7 juin 2016, art. 2-2°)* « D. 461-8 à D. 461-23 » sont applicables aux maladies professionnelles provoquées par l'inhalation de poussières renfermant de la silice libre (tableau n° 25), par l'inhalation de poussières d'amiante (tableaux nos 30 et 30 *bis*), par l'inhalation de poussières ou de fumées d'oxyde de fer (tableaux nos 44 et 44 *bis*) ainsi qu'aux broncho-pneumopathies chroniques obstructives provoquées par les travaux au fond dans les mines de charbon (tableau n° 91) et par certains travaux effectués dans les mines de fer (tableau n° 94).

Toute personne qui, du fait de son activité professionnelle, est susceptible d'avoir été exposée à l'inhalation de poussière d'amiante est informée par sa caisse primaire d'assurance maladie dans des conditions précisées par décret de son droit de bénéficier gratuitement de la surveillance médicale post-professionnelle incluant, le cas échéant, les examens médicaux complémentaires appropriés (L. n° 2005-1579 du 19 déc. 2005, art. 81).

Une cour d'appel qui constate que le médecin qualifié a conclu à l'existence d'une asbestose pleuro-pulmonaire et d'un carcinome du lobe supérieur gauche, ce qui imposait à la Caisse d'assurance maladie préalablement à toute décision, de mettre en œuvre l'examen du salarié par un collège de trois médecins prévus par l'art. D. 461-6 CSS, décide exactement que l'omission de cet examen rend inopposable à l'employeur la prise en charge, au titre du tableau 30 des maladies professionnelles, de l'affection déclarée par le salarié, peu important les conclusions de l'expertise pratiquée sur pièces dans les mêmes formes après le décès de la victime. • Soc. 9 déc. 1999, n° 97-21.527 P : *D. 2000. IR 17* ; *TPS 2000, n° 63.*

Art. D. 461-6 *Abrogé par Décr. n° 99-746 du 31 août 1999, art. 17.*

Art. D. 461-7 Conformément aux dispositions du deuxième alinéa de l'article L. 431-1 et des articles L. 432-1 et L. 461-1, la charge des prestations, indemnités et rentes incombe à la Caisse *(Décr. n° 2016-756 du 7 juin 2016, art. 2-3°)* « primaire » d'assurance maladie ou à l'organisation spéciale de sécurité sociale à laquelle la victime est affiliée à la date de la première constatation médicale définie à l'article *(Décr. n° 2016-756 du 7 juin 2016, art. 2-3°)* « D. 461-1-1 ». Dans le cas où, à cette date, la victime n'est plus affiliée à une caisse primaire ou à une organisation spéciale couvrant les risques mentionnés au présent livre, les prestations et indemnités sont à la charge de la caisse ou de l'organisation spéciale à laquelle la victime a été affiliée en dernier lieu, quel que soit l'emploi alors occupé par elle. – *[Anc. art. D. 461-24.]*

Art. D. 461-8 *(Décr. n° 99-746 du 31 août 1999, art. 2)* La déclaration de la maladie à la charge de l'intéressé en vertu de l'article L. 461-5 doit être faite à la caisse primaire d'assurance maladie ou à l'organisation spéciale de sécurité sociale, même si le certificat médical prévu audit article ne conclut qu'au changement d'emploi.

Le médecin-conseil du service du contrôle médical de la caisse primaire ou l'organisation spéciale de sécurité sociale détermine s'il y a lieu de solliciter l'avis d'un médecin spécialiste ou compétent en pneumologie ou en médecine du travail possédant des connaissances particulières dans le domaine des pneumoconioses. Le médecin-conseil lui adresse le dossier.

Art. D. 461-9 *(Décr. n° 88-572 du 4 mai 1988, art. 3)* Une enquête est effectuée parallèlement par les services administratifs de la caisse ou de l'organisation spéciale afin d'identifier le ou les risques auxquels le salarié a pu être exposé. Le service de prévention compétent y apporte sa collaboration dans les conditions indiquées à l'article R. 441-12.

Les résultats de cette enquête sont envoyés au médecin *(Décr. n° 99-746 du 31 août 1999, art. 3)* « conseil ».

Conformément aux dispositions du quatrième alinéa de l'article L. 461-5, la caisse primaire ou l'organisation spéciale transmet, accompagnée de son avis, *(Décr. n° 2016-756 du 7 juin 2016, art. 2-4°)* « une copie de la déclaration intégrant le certificat médical » à l'inspecteur du travail, ou au fonctionnaire qui en exerce les attributions, chargé de la surveillance de la ou des entreprises dans lesquelles le travailleur a pu être exposé aux risques. Ce fonctionnaire fait part, dans un délai d'un mois, de ses observations à la caisse ou à l'organisation spéciale, qui les transmet au médecin *(Décr. n° 99-746 du 31 août 1999, art. 3)* « conseil ».

L'envoi d'un questionnaire à l'employeur peut constituer une modalité d'enquête. • Civ. 2e, 5 avr. 2007, n° 06-11.687.

Art. D. 461-10 *Abrogé par Décr. n° 99-746 du 31 août 1999, art. 17.*

Art. D. 461-11 *(Décr. n° 88-572 du 4 mai 1988, art. 3 ; Décr. n° 99-746 du 31 août 1999, art. 4)* « Le médecin spécialiste ou compétent mentionné au second alinéa de l'article D. 461-8, s'il a été requis, procède à l'examen du malade soit à son cabinet, soit dans un centre d'études des pneumoconioses, public ou privé, autorisé dans les conditions prévues aux articles L. 162-21 et suivants, soit dans un établissement *(Décr. n° 2016-1645 du 1er déc. 2016, art. 4-III)* « de santé public ou privé habilité à assurer le service public hospitalier ». »

Ce même médecin peut, s'il l'estime utile, prescrire, en vue de cet examen, la mise en observation avec hospitalisation du malade pendant une durée maximale de trois jours dans l'un des établissements visés à l'alinéa précédent. A titre exceptionnel, ce délai peut être porté à cinq jours en cas d'examens complémentaires médicalement justifiés. Il est fait application des dispositions de l'article L. 432-4.

Dans le cas prévu à l'alinéa précédent, les prestations auxquelles peut prétendre l'intéressé sont à la charge de la caisse primaire d'assurance maladie ou de l'organisation spéciale de sécurité sociale gestionnaire du risque de l'incapacité temporaire des accidents du travail et des maladies professionnelles.

Des indemnités journalières peuvent également être attribuées à la victime après avis du médecin conseil pendant une durée maximale de trois jours, dans le cas où les conditions nécessaires à l'établissement du diagnostic de la maladie professionnelle entraînent un arrêt de travail sans hospitalisation.

Art. D. 461-12 *Abrogé par Décr. n° 99-746 du 31 août 1999, art. 17.*

Art. D. 461-13 *(Décr. n° 88-572 du 4 mai 1988, art. 3)* Le droit aux indemnités en capital et aux rentes prévues par le présent livre dans le cas d'incapacité permanente ou de mort n'est ouvert que si la durée totale de l'emploi, en une ou plusieurs périodes, dans une ou plusieurs exploitations, à des travaux susceptibles de provoquer l'une des maladies mentionnées à l'article D. 461-5 est au moins égale à cinq ans, *(Décr. n° 96-446 du 22 mai 1996, art. 4)* « lorsque le tableau ne fixe pas de durée d'exposition ».

Pour les durées inférieures d'exposition au risque, ou si le malade fait constater son affection au-delà du délai de prise en charge prévu *(Décr. n° 99-746 du 31 août 1999, art. 5)* « par les tableaux nos 25, 30, 44 et 44 *bis*, le droit aux indemnités en capital et aux rentes est également ouvert dans les conditions prévues par le présent livre après avis du médecin-conseil ». — *L'art. D. 461-13, dans sa rédaction issue de l'art. 5 du Décr. n° 99-746 du 31 août 1999, est abrogé à compter du : 1er janvier 2000 pour les tableaux nos 30, 44 et 44 bis ; 1er juillet 2000 pour le tableau n° 25 (Décr. préc., art. 17).*

Art. D. 461-14 *(Décr. n° 99-746 du 31 août 1999, art. 6)* L'ouverture du droit à l'indemnité spéciale mentionnée à l'article L. 461-8 est subordonnée :

1° Au dépôt de la déclaration prévue à l'article D. 461-8 ;

2° Au résultat de l'examen du malade par le médecin-conseil.

L'emploi doit être quitté dans le délai de six mois à compter de la date du certificat descriptif mentionné à l'article L. 461-5. Toutefois, le médecin-conseil peut fixer un délai plus court si l'état du travailleur le nécessite.

L'indemnité de changement d'emploi ne peut être attribuée qu'une seule fois.

Art. D. 461-15 *(Décr. n° 88-572 du 4 mai 1988, art. 2 et 4)* L'indemnité de changement d'emploi est égale à soixante jours de salaire par année d'exposition au risque de l'une des affections mentionnées à l'article D. 461-5, sans pouvoir dépasser trois cents jours de salaire. Toute fraction d'année compte pour une année entière. Le salaire servant de base au calcul de l'indemnité est le salaire moyen des ouvriers de la même catégorie de la dernière entreprise dans laquelle le travailleur a été exposé au risque de silicose, tel qu'il est fixé à l'expiration du délai prévu au deuxième alinéa de l'article D. 461-14.

L'indemnité de changement d'emploi est acquise au travailleur ou à ses ayants droit. Elle est versée, suivant le cas, par la caisse primaire d'assurance maladie ou par l'organisation spéciale de sécurité sociale dont relève le travailleur. Elle est payable par mensualités égales échelonnées sur une période double du nombre de jours de salaire pris en considération pour le calcul de ladite indemnité. Le premier versement a lieu obligatoirement au moment où le travailleur quitte son emploi.

Si l'intéressé occupe un emploi, l'indemnité ne pourra représenter que la différence entre le salaire moyen défini ci-dessus, revalorisé, au cas où, postérieurement au changement d'emploi, serait survenue une augmentation générale des salaires intéressant la catégorie à laquelle appartenait la victime, et le nouveau salaire de l'intéressé, jusqu'à concurrence du montant de l'indemnité fixé au premier alinéa du présent article.

L'indemnité de changement d'emploi ne se cumule pas avec l'indemnité journalière prévue à l'article L. 433-1.

(Décr. n° 99-746 du 31 août 1999, art. 7) « Dans le cas où cette dernière indemnité vient à être due, après attribution de l'indemnité de changement d'emploi et pour des journées comprises dans la période prévue au deuxième alinéa du présent article, le montant de l'indemnité journalière est réduit, pour chacune de ces journées, d'une somme égale au résultat de la division du montant de l'indemnité de changement d'emploi par le nombre de jours, ouvrables ou non, compris dans ladite période. »

Art. D. 461-16 *(Décr. n° 88-572 du 4 mai 1988, art. 3 ; Décr. n° 99-746 du 31 août 1999, art. 8)* En cas de décès de la victime avant la déclaration de maladie prévue à l'article L. 461-5, une autopsie est pratiquée dans les conditions définies à l'article L. 442-4.

Pour l'autopsie, il est fait appel de préférence à un médecin possédant une compétence particulière en matière de pneumoconioses.

Les poumons sont prélevés dans leur totalité et adressés à un institut de médecine du travail, à un service d'anatomie pathologique qualifié par ses travaux concernant les pneumoconioses ou à un centre d'étude des pneumoconioses, en vue d'un examen anatomopathologique et histologique.

Art. D. 461-17 Le travailleur bénéficiaire d'une indemnité de changement d'emploi peut, en cas d'aggravation de son état, demander l'attribution *(Décr. n° 88-572 du 4 mai 1988, art. 5-II ; Décr. n° 99-746 du 31 août 1999, art. 9)* « d'une indemnité en capital ou d'une rente ». Dans ce cas, le délai de deux ans mentionné à l'article R. 443-1 court de la date de la décision de la juridiction compétente reconnaissant le droit à l'indemnité ou, dans le cas où la fixation de cette indemnité n'a donné lieu à aucune contestation, de la date du premier versement.

Les arrérages de la rente *(Décr. n° 88-572 du 4 mai 1988, art. 5-II)* « ou indemnité en capital » ne se cumulent pas avec l'indemnité de changement d'emploi. Dans le cas où le point de départ de la rente est antérieur à l'expiration de la période prévue au deuxième alinéa de l'article D. 461-15, la fraction d'indemnité de changement d'emploi afférente au temps restant à courir jusqu'à cette expiration est imputée sur les arrérages de la rente *(Décr. n° 88-572 du 4 mai 1988, art. 5-II)* « ou indemnité en capital ». – *[Anc. art. D. 461-16.]*

Art. D. 461-18 *(Décr. n° 88-572 du 4 mai 1988, art. 3)* Dans tous les cas où une nouvelle fixation des réparations est demandée par la victime, celle-ci doit être examinée par le médecin conseil de la caisse primaire d'assurance maladie ou de l'organisation spéciale de sécurité sociale. Celui-ci peut demander, s'il le juge nécessaire, un examen par *(Décr. n° 99-746 du 31 août 1999, art. 10)* « le médecin spécialiste ou compétent mentionné au second alinéa de l'article D. 461-8 ».

Dans le cas où une nouvelle fixation des réparations est demandée par les ayants droit de la victime, conformément aux dispositions du troisième alinéa de l'article L. 443-1, l'autopsie n'est pas exigée si la victime avait été reconnue atteinte de son vivant d'une pneumoconiose visée par le présent livre et lorsque le dossier médical adressé à la caisse primaire d'assurance maladie ou à l'organisation spéciale de sécurité sociale permet au médecin-conseil de donner son avis sur la relation de cause à effet entre le décès et la maladie professionnelle.

Dans le cas où une nouvelle fixation des réparations est envisagée par la caisse primaire d'assurance maladie ou l'organisation spéciale de sécurité sociale, la victime est tenue de se soumettre à l'examen médical auquel il est procédé par application du premier alinéa du présent article. En cas de refus de la victime, la caisse ou l'organisation spéciale peut décider la suspension du service de la rente, conformément aux dispositions de l'article R. 443-6.

Art. D. 461-19 Le travailleur bénéficiaire d'une indemnité de changement d'emploi, *(Décr. n° 88-572 du 4 mai 1988, art. 2 et 5-III)* « d'une indemnité en capital » ou d'une rente allouée conformément aux articles D. 461-5 et suivants ne peut plus être occupé qu'à des travaux n'exposant pas au risque de l'une des affections mentionnées à l'article D. 461-5. – *[Anc. art. D. 461-18.]*

Art. D. 461-20 *(Décr. n° 88-572 du 4 mai 1988, art. 3)* En cas de contestation d'ordre médical sur l'état de la victime, autre que celle prévue à l'article D. 461-21, il est fait application des dispositions des articles L. 141-1 à L. 141-3. *(Décr. n° 99-746 du 31 août 1999, art. 11)* « L'expertise est effectuée par un médecin spécialiste ou compétent en pneumologie ou en médecine du travail possédant des connaissances particulières dans le domaine des pneumoconioses autre que celui qui a, le cas échéant, procédé à l'examen du malade. »

Si l'expertise demandée en application du présent article admet l'existence d'une des affections mentionnées à l'article D. 461-5, l'expert joindra à son rapport un certificat exprimant son avis sur l'existence éventuelle d'une incapacité permanente, la date de consolidation et la nécessité d'un changement d'emploi.

Art. D. 461-21 *(Décr. n° 99-746 du 31 août 1999, art. 12)* En cas de contestation portant sur le taux d'incapacité permanente de travail, le *(Décr. n° 2018-1312 du 28 déc. 2018, art. 2, en vigueur le 1er janv. 2019)* « tribunal de grande instance spécialement désigné en application de l'article L. 211-16 du code de l'organisation judiciaire » doit obligatoirement soumettre le dossier de la victime à un médecin spécialiste ou compétent en pneumologie ou en médecine du travail possédant des connaissances particulières dans le domaine des pneumoconioses, qui examine la victime.

Les décisions du *(Décr. n° 2018-1312 du 28 déc. 2018, art. 2, en vigueur le 1er janv. 2019)* « tribunal de grande instance spécialement désigné en application de l'article L. 211-16 du code de l'organisation judiciaire » portées en appel *(Abrogé par Décr. n° 2018-1312 du 28 déc. 2018, art. 2, à compter du 1er janv. 2019) « devant la Cour nationale de l'incapacité et de la tarification de l'assurance des accidents du travail »* sont obligatoirement soumises à l'examen d'un médecin spécialiste ou compétent en pneumologie ou en médecine du travail possédant des connaissances particulières dans le domaine des pneumoconioses, autre que celui qui a pratiqué les examens antérieurs. Le cas échéant, il joint à son rapport un certificat exprimant son avis sur la nécessité d'un changement d'emploi.

Art. D. 461-22 *(Décr. n° 88-572 du 4 mai 1988, art. 2 et 4 ; Décr. n° 99-746 du 31 août 1999, art. 13)* Les frais nécessités par l'intervention du médecin spécialiste ou compétent mentionné au second alinéa de l'article D. 461-8 et, le cas échéant, les frais de radiographie *(Décr. n° 95-16 du 4 janv. 1995, art. 5)* « [,] d'examens fonctionnels, respiratoires », *(Décr. n° 2011-2120 du 30 déc. 2011, art. 1er-2°)* « d'examens de biologie médicale », d'autopsie et d'expertise, dans les cas prévus aux articles D. 461-11, D. 461-16, D. 461-18, D. 461-20 et D. 461-21, sont supportés, selon le cas, soit par la caisse primaire d'assurance maladie, soit par l'organisation spéciale de sécurité sociale dont relève l'intéressé, conformément aux tarifs et dans les conditions fixées par un arrêté du ministre chargé de la sécurité sociale et du ministre chargé du budget.

La victime ou ses ayants droit sont tenus de verser à la caisse primaire d'assurance maladie ou à l'organisation spéciale de sécurité sociale le montant des honoraires et frais mentionnés à l'alinéa précédent, mis à leur charge lorsque la contestation élevée par eux est reconnue manifestement abusive, conformément aux dispositions du deuxième alinéa de l'article L. 442-8. – *[Anc. art. D. 461-21.]*

Art. D. 461-23 *(Décr. n° 88-572 du 4 mai 1988, art. 3)* La personne qui cesse d'être exposée à un risque professionnel susceptible d'entraîner une affection mentionnée *(Décr. n° 93-644 du 26 mars 1993, art. 1er ; Décr. n° 95-16 du 4 janv. 1995, art. 6 ; Décr. n° 96-446 du 22 mai 1996, art. 5)* « aux tableaux de maladies professionnelles nos 25, 44, 91 et 94 », bénéficie, sur sa demande, d'une surveillance médicale postprofessionnelle tous les cinq ans. Cet intervalle de cinq ans peut être réduit après avis favorable du médecin-conseil.

La caisse primaire d'assurance maladie ou l'organisation spéciale de sécurité sociale peut proposer aux travailleurs qui ont été exposés au risque précité de les soumettre à cette surveillance.

Le médecin conseil fixe les modalités de la surveillance postprofessionnelle des intéressés compte tenu de la nature des risques. Les dépenses correspondantes sont imputées sur le *(Décr. n° 2016-756 du 7 juin 2016, art. 2-5°)* « fonds national des accidents du travail ».

Art. D. 461-24 *L'art. D. 461-24 est devenu l'art. D. 461-7 (Décr. n° 2016-756 du 7 juin 2016, art. 2-3°).*

Art. D. 461-25 *(Décr. n° 93-644 du 26 mars 1993, art. 2)* La personne qui au cours de son activité salariée a été exposée à des agents cancérogènes *(Décr. n° 95-16 du 4 janv. 1995, art. 7)* « figurant dans les tableaux visés à l'article L. 461-2 du code de la sécurité sociale ou » *[V. Arr. du 28 févr. 1995 (JO 22 mars), mod. par Arr. du 6 déc. 2011 (JO 15 déc.) : modèle type d'attestation]* au sens *(Décr. n° 2016-756 du 7 juin 2016, art. 2-6°)* « de l'article R. 4412-60 du code du travail ou à des rayonnements ionisants dans les conditions prévues à l'article R. 4451-1 du même code » peut demander, si elle est inactive, demandeur d'emploi ou retraitée, à bénéficier d'une surveillance médicale postprofessionnelle prise en charge par la caisse primaire d'assurance maladie ou l'organisation spéciale de sécurité sociale. Les dépenses correspondantes sont imputées sur le *(Décr. n° 2011-2033 du 29 déc. 2011, art. 5)* « Fonds national des accidents du travail ».

Cette surveillance postprofessionnelle est accordée par l'organisme mentionné à l'alinéa précédent sur production par l'intéressé d'une attestation d'exposition remplie par l'employeur et le médecin du travail.

Le modèle type d'attestation d'exposition et les modalités d'examen sont fixés par arrêté.

Un suivi du dispositif est mis en place par l'organisme susmentionné.

Art. D. 461-26 *(Décr. n° 93-683 du 27 mars 1993, art. 1er)* Le comité régional de reconnaissance des maladies professionnelles mentionné à l'article L. 461-1 a pour ressort territorial l'échelon régional du contrôle médical de la Caisse nationale de l'assurance maladie des travailleurs salariés. En tant que de besoin le comité peut se réunir au chef-lieu de chacun des départements compris dans son ressort.

Art. D. 461-27 *(Décr. n° 93-683 du 27 mars 1993, art. 1er)* Le comité régional comprend :

1° Le médecin-conseil régional mentionné à l'article R. 315-3 du code de la sécurité sociale ou un médecin-conseil de l'échelon régional qu'il désigne pour le représenter ;

2° Le médecin inspecteur régional du travail mentionné à l'article *(Décr. n° 2016-756 du 7 juin 2016, art. 2-7°)* « L. 8123-1 » du code du travail ou le médecin inspecteur qu'il désigne pour le représenter ;

3° Un professeur *(Décr. n° 95-645 du 9 mai 1995, art. 1er)* « des universités – praticien hospitalier » ou un praticien hospitalier, particulièrement qualifié en matière de pathologie professionnelle, *(Décr. n° 2016-756 du 7 juin 2016, art. 2-7°)* « nommé pour quatre ans et inscrit sur une liste établie par arrêté du directeur général de l'agence régionale de santé. Pour les pathologies psychiques, le professeur des universités-praticien hospitalier ou le praticien hospitalier particulièrement qualifié en pathologie

professionnelle peut être remplacé par un professeur des universités-praticien hospitalier ou un praticien hospitalier spécialisé en psychiatrie. » *(Décr. n° 95-645 du 9 mai 1995, art. 1er)* **« Le praticien perçoit pour cette mission une rémunération dans des conditions fixées par arrêté des ministres chargés de la sécurité sociale et du budget. »** *(Décr. n° 2016-756 du 7 juin 2016, art. 2-7°)* **« Lorsqu'il est saisi dans le cadre du troisième alinéa de l'article L. 461-1, le comité régional peut régulièrement rendre son avis en présence de deux de ses membres. En cas de désaccord, le dossier est à nouveau soumis pour avis à l'ensemble des membres du comité.**

« Pour les pathologies psychiques, le médecin-conseil ou le comité fait appel, chaque fois qu'il l'estime utile, à l'avis d'un médecin spécialiste ou compétent en psychiatrie. »

Le secrétariat permanent du comité régional est assuré par l'échelon régional du contrôle médical de la Caisse nationale de l'assurance maladie des travailleurs salariés.

Les membres du comité régional sont astreints au secret professionnel.

Ils sont remboursés de leurs frais de déplacement.

1. Composition du comité. Le comité régional de reconnaissance des maladies professionnelles ne peut régulièrement émettre un avis que lorsqu'il est composé conformément aux dispositions de l'art. D. 461-27. • Civ. 2e, 9 févr. 2017, n° 15-21.986 P : *RDT 2017. 337, obs. Michalletz et Courtois d'Arcollières ; RDSS 2017. 383, obs. Tauran ; D. 2017. 1868 ; RJS 4/2017, n° 292.*

2. Conditions de forme de l'avis rendu. Aucune disposition légale ou réglementaire ne subordonne la régularité de l'avis émis par le comité régional de reconnaissance des maladies professionnelles à la signature des trois médecins le composant. • Civ. 2e, 19 janv. 2017, n° 15-16.900 P : *commenté dans les obs. citées note 1 ci-dessus et JCP S 2017, n° 1083, obs. Haas et Gonsard.*

Art. D. 461-28 *(Décr. n° 93-683 du 27 mars 1993, art. 1er)* **Le comité régional compétent est celui du lieu où demeure la victime. Si la victime ne demeure pas en France, le comité régional compétent est celui dans le ressort duquel l'organisme de sécurité sociale dont relève ou relevait la victime a son siège.**

Les juges du fond peuvent, à bon droit, débouter un salarié de sa demande de prise en charge au titre de la législation des maladies professionnelles des lésions pulmonaires dont il est atteint après avoir examiné les conclusions d'un collège d'experts faisant apparaître que l'intéressé ne présentait pas d'affection inscrite au tableau n° 30 des maladies professionnelles et alors qu'il ne leur appartenait pas de recueillir l'avis d'un comité régional de reconnaissance des maladies professionnelles dans la mesure où, l'intéressé n'ayant pas soumis de demande en ce sens à la caisse, aucun différend ne l'opposait à cet organisme sur la reconnaissance de l'origine professionnelle de sa maladie dans les conditions prévues aux al. 4 et 5 de l'art. L. 461-1 CSS. • Soc. 5 mars 1998 : *RJS 1998, n° 521.*

Art. D. 461-29 *(Décr. n° 93-683 du 27 mars 1993, art. 1er)* **Le dossier constitué par la caisse primaire doit comprendre :**

1° Une demande motivée de reconnaissance signée par la victime ou ses ayants droit *(Décr. n° 2016-756 du 7 juin 2016, art. 2-8°)* **« intégrant le certificat médical initial » rempli par un médecin choisi par la victime dont** *(Décr. n° 2016-756 du 7 juin 2016, art. 2-8°)* **« le modèle est fixé » par arrêté ;**

2° Un avis motivé du médecin du travail de la ou des entreprises où la victime a été employée portant notamment sur la maladie et la réalité de l'exposition de celle-ci à un risque professionnel présent dans cette ou ces entreprises ;

3° Un rapport circonstancié du ou des employeurs de la victime décrivant notamment chaque poste de travail détenu par celle-ci depuis son entrée dans l'entreprise et permettant d'apprécier les conditions d'exposition de la victime à un risque professionnel ;

4° Le cas échéant les conclusions des enquêtes conduites par les caisses compétentes, dans les conditions du présent livre ;

5° Le rapport établi par les services du contrôle médical de la caisse primaire d'assurance maladie *(Décr. n° 2016-756 du 7 juin 2016, art. 2-8°)* **« indiquant, le cas échéant, le taux d'incapacité » permanente de la victime.**

Les pièces demandées par la caisse aux deuxième et troisième paragraphes doivent être fournies dans un délai d'un mois.

(Décr. n° 97-950 du 15 oct. 1997) « La communication du dossier s'effectue dans les conditions définies à l'article R. 441-13 en ce qui concerne les pièces mentionnées aux 1°, 3° et 4° du présent article.

« L'avis motivé du médecin du travail et le rapport établi par les services du contrôle médical mentionnés aux 2° et 5° du présent article *(Décr. n° 2016-756 du 7 juin 2016, art. 2-8°)* « sont communicables de plein droit à la victime et ses ayants droit. Ils ne sont communicables à l'employeur que par l'intermédiaire d'un praticien désigné à cet effet par la victime ou, à défaut, par ses ayants droit. » Ce praticien prend connaissance du contenu de ces documents et ne peut en faire état, avec l'accord de la victime ou, à défaut, de ses ayants droit, que dans le respect des règles de déontologie.

« Seules les conclusions administratives auxquelles ces documents ont pu aboutir sont communicables de plein droit à *(Abrogé par Décr. n° 2016-756 du 7 juin 2016, art. 2-8°) « la victime, ses ayants droit et »* son employeur.

« La victime, ses ayants droit et son employeur peuvent déposer des observations qui sont annexées au dossier. »

1. Avis du médecin-conseil. L'art. D. 461-29 CSS disposant que la communication à l'employeur de certaines pièces médicales est subordonnée à l'intervention d'un médecin désigné par la victime ainsi qu'à l'assentiment de celle-ci ne concerne pas les conclusions des rapports et des expertises. L'avis du médecin-conseil sur le caractère professionnel de la maladie et les conclusions du médecin agréé sont donc des éléments faisant grief à l'employeur et qui doivent figurer dans le dossier mis à sa disposition. • Civ. 2e, 16 nov. 2004 : *RJS 2005. 218 et 222, n° 209.*

2. Avis du médecin du travail. L'avis du comité régional de reconnaissance des maladies professionnelles peut être valablement exprimé en l'absence de celui du médecin du travail mentionné à l'art. D. 461-29 CSS en cas d'impossibilité matérielle d'obtenir cet élément (maladie développée plus de 25 ans après avoir quitté la société). • Civ. 2e, 20 juin 2013 : *JCP S 2013, n° 1416, obs. Asquinazi-Bailleux.*

3. Information préalable des parties. Il résulte des art. L. 461-1 et D. 461-29 CSS qu'en cas de saisine d'un CRRMP, dont l'avis s'impose à la caisse, l'information du salarié, de ses ayants droit et de l'employeur sur la procédure d'instruction et sur les points susceptibles de leur faire grief s'effectue avant la transmission du dossier audit CRRMP. • Civ. 2e, 23 janv. 2014 : *RJS 4/2014, n° 354 ; JCP S 2014, n° 1258, obs. Michaletz.*

4. Obligations de la caisse. En cas de saisine par la caisse primaire d'assurance maladie d'un comité régional de reconnaissance des maladies professionnelles en application de l'art. L. 461-1, al. 5, CSS, lorsque l'employeur demande la communication du rapport établi par le service du contrôle médical visé au 5° de l'art. D. 461-29, il appartient à la caisse d'effectuer les démarches nécessaires en vue de la désignation d'un praticien par la victime ou ses ayants droit. • Civ. 2e, 20 sept. 2018, n° 17-22.512 : *RJS 12/2018, n° 771.* ♦ En cas de saisine d'un comité régional de reconnaissance des maladies professionnelles, dont l'avis s'impose à la caisse, l'information du salarié, de ses ayants droit et de l'employeur sur la procédure d'instruction et sur les points susceptibles de leur faire grief, s'effectue avant la transmission du dossier audit comité régional. • Civ. 2e, 20 sept. 2018, n° 17-14.247 P : *RJS 12/2018, n° 770.*

Art. D. 461-30 *(Décr. n° 93-683 du 27 mars 1993, art. 1er)* Lorsque la maladie n'a pas été reconnue d'origine professionnelle dans les conditions du deuxième alinéa de l'article L. 461-1 ou en cas de saisine directe par la victime au titre des troisième et quatrième alinéas du même article, la caisse primaire saisit le comité après avoir recueilli et instruit les éléments nécessaires du dossier mentionné à l'article D. 461-29 et, après avoir statué, le cas échéant, sur l'incapacité permanente de la victime.

Elle en avise la victime ou ses ayants droit ainsi que l'employeur.

L'ensemble du dossier est rapporté devant le comité par le médecin-conseil qui a examiné la victime ou qui a statué sur son taux d'incapacité permanente *(Décr. n° 95-645 du 9 mai 1995, art. 2)* « , ou par un médecin-conseil habilité à cet effet par le médecin-conseil régional ».

Le comité entend obligatoirement l'ingénieur-conseil chef du service de prévention de la caisse *(Décr. n° 2010-344 du 31 mars 2010, art. 339)* « d'assurance retraite et de la santé au travail » ou l'ingénieur-conseil qu'il désigne pour le représenter.

Le comité peut entendre la victime et l'employeur, s'il l'estime nécessaire.

L'avis *(Décr. n° 99-746 du 31 août 1999, art. 14)* **« motivé » du comité est rendu à la caisse primaire, qui notifie immédiatement à la victime ou à ses ayants droit la décision de reconnaissance ou de rejet de l'origine professionnelle de la maladie qui en résulte. Cette notification est envoyée à l'employeur. Lorsqu'elle fait grief, cette notification est effectuée par lettre recommandée avec demande d'avis de réception.**

1. Caractère substantiel de la formalité. La décision de la cour d'appel de déclarer la prise en charge d'une maladie professionnelle inopposable à l'employeur est légalement justifiée dès lors que, par une appréciation souveraine de la valeur et de la portée des éléments de fait et de preuve soumis à son examen, elle a considéré que la caisse n'avait pas avisé l'employeur de la saisine du comité régional des maladies professionnelles. L'information de l'employeur constitue en effet une formalité substantielle. • Civ. 2e, 5 avr. 2007 : *RJS 2007, n° 776.*

2. Notification. L'avis motivé du comité régional de reconnaissance des maladies professionnelles est rendu à la caisse primaire qui notifie immédiatement à la victime ou à ses ayants droit la décision de reconnaissance ou de rejet de l'origine professionnelle de la maladie qui en résulte. Cette notification est envoyée à l'employeur par lettre recommandée avec demande d'avis de réception lorsqu'elle lui fait grief. La caisse n'est, dès lors, pas tenue de notifier l'avis du comité avant de prendre sa décision de reconnaissance ou de rejet de l'origine professionnelle de la maladie mais seulement de notifier immédiatement cette décision. • Civ. 2e, 30 mai 2013 : *D. actu. 21 juin 2013, obs. Fraisse ; JCP S 2013, n° 1329, obs. Tauran.* ♦ Comp. : • Civ. 2e, 15 mars 2012 : *JCP S 2012, n° 1217, obs. Tauran ; RDSS. 2012. 586, obs. Tauran ; CSBP 2012, n° 241, p. 170, obs. Pansier.* ♦ La caisse a pour seule obligation de notifier immédiatement sa décision de reconnaissance ou de rejet de l'origine professionnelle de la maladie et n'est pas tenue d'inviter l'employeur à consulter le dossier avant de prendre sa décision. • Civ. 2e, 7 nov. 2013 : *RJS 2/2014, n° 166.*

Art. D. 461-31 *(Décr. n° 93-683 du 27 mars 1993, art. 1er)* **Le comité régional adresse chaque année** *(Décr. n° 2016-756 du 7 juin 2016, art. 2-9°)* **« aux ministres chargés de la sécurité sociale, du travail et de l'agriculture » un rapport d'activité dont le modèle est fixé par arrêté conjoint de ces** *(Décr. n° 2016-756 du 7 juin 2016, art. 2-9°)* **« trois ministres ». Ce rapport est communiqué au** *(Décr. n° 2016-756 du 7 juin 2016, art. 2-9° ; Décr. n° 2016-1834 du 22 déc. 2016, art. 2)* **« Conseil d'orientation des conditions de travail ».**

(Abrogé par Décr. n° 2009-1597 du 18 déc. 2009) (Décr. n° 95-645 du 9 mai 1995, art. 3) ***« Le comité adresse également chaque semestre au préfet de sa région les éléments statistiques retraçant son activité au cours de cette période. »***

Art. D. 461-32 *(Décr. n° 96-458 du 24 mai 1996, art. 1er)* **Lorsque la victime relève d'une collectivité, d'une administration, d'un établissement ou d'une entreprise compris dans le champ d'application des articles L. 413-13 et L. 413-14, les articles D. 461-26 à D. 461-30 sont applicables sous réserve des articles D. 461-33 à D. 461-37.**

Il en est de même des travailleurs salariés expatriés ayant souscrit l'assurance volontaire contre le risque d'accident du travail et de maladie professionnelle mentionnée à l'article L. 762-1.

Art. D. 461-33 *(Décr. n° 96-458 du 24 mai 1996, art. 1er)* **Le comité régional compétent prévu à l'article D. 461-28 est celui dans le ressort duquel se trouve l'organisme gestionnaire du risque d'accident du travail et maladie professionnelle. Toutefois, pour les agents statutaires des industries électriques et gazières, le comité régional compétent est celui dont relève la caisse primaire d'assurance maladie dont ils dépendent.**

Art. D. 461-34 *(Décr. n° 96-458 du 24 mai 1996, art. 1er)* **Le dossier mentionné à l'article D. 461-29 comprend l'ensemble des éléments énumérés audit article. Il est constitué par l'organisme gestionnaire du risque d'accident du travail et de maladie professionnelle. Toutefois, en ce qui concerne les industries électriques et gazières, le dossier est constitué par la caisse primaire qui recueille auprès de l'unité dont relève la victime les pièces mentionnées aux 2° et 3° de ce même article.**

Les enquêtes mentionnées au 4° de l'article D. 461-29 comprennent les enquêtes administratives effectuées par l'organisme ou l'administration gestionnaire et, le cas échéant, celles qui ont été menées par son comité d'hygiène, de sécurité et des conditions de travail.

Le rapport mentionné au 5° de l'article D. 461-29 est établi par le service du contrôle médical de l'organisme ou administration titulaire de l'autorisation de gestion du risque d'accident du travail et de maladie professionnelle.

Pour les agents non titulaires de l'État, ce rapport est établi par le médecin agréé compétent.

Art. D. 461-35 *(Décr. nº 96-458 du 24 mai 1996, art. 1er)* Le dossier, constitué conformément aux prescriptions de l'article D. 461-34, est transmis par l'organisme ou l'administration gestionnaire au comité régional compétent *(Décr. nº 99-746 du 31 août 1999, art. 15)* « qui dispose de quatre mois à compter de sa saisine pour rendre son avis motivé et de deux mois supplémentaires lorsqu'un examen ou une enquête complémentaire est nécessaire ».

Toutefois, le dossier des agents statutaires des industries électriques et gazières est transmis par la caisse primaire d'assurance maladie dont ils relèvent au comité régional compétent.

Art. D. 461-36 *(Décr. nº 96-458 du 24 mai 1996, art. 1er)* I. — Le dossier mentionné à l'article D. 461-34 est rapporté devant le comité régional soit par le médecin-chef du service du contrôle médical de l'organisme intéressé dont relève la victime ou par le médecin qu'il a désigné pour le représenter, soit par le médecin agréé de l'administration.

Pour les salariés expatriés, le médecin rapporteur est le médecin-conseil du service médical de la caisse primaire d'assurance maladie dans la circonscription de laquelle se trouve le siège de la Caisse des Français de l'étranger.

II. — Le comité entend obligatoirement soit l'ingénieur de sécurité en fonction dans l'organisme ou l'administration concerné, soit l'agent nommé en application de l'article 4 du décret nº 82-453 du 28 mai 1982 relatif à l'hygiène et à la sécurité du travail ainsi qu'à la prévention médicale dans la fonction publique, soit pour les établissements publics de santé le médecin exerçant dans le service de médecine du travail mentionné à l'article *(Décr. nº 2016-756 du 7 juin 2016, art. 2-10º)* « D. 4626-2 » du code du travail.

Dans le cas où l'organisme gestionnaire ne peut faire entendre l'agent qualifié en matière de prévention, il appartient à l'ingénieur-conseil mentionné au cinquième alinéa de l'article D. 461-30 de réunir les renseignements nécessaires et d'être entendu par le comité.

Pour les salariés expatriés, l'ingénieur-conseil se trouvant dans la circonscription du comité régional est entendu par ce comité.

Art. D. 461-37 *(Décr. nº 96-458 du 24 mai 1996, art. 1er)* L'avis mentionné au dernier alinéa de l'article D. 461-30 est rendu soit à l'organisme titulaire de l'autorisation de gestion du risque d'accident du travail et de maladie professionnelle, soit à l'administration gestionnaire, soit à la Caisse des Français de l'étranger.

Art. D. 461-38 *(Décr. nº 96-458 du 24 mai 1996, art. 1er)* Les dépenses de toute nature résultant de l'application des articles D. 461-32 à D. 461-37 sont à la charge de l'organisme ou de l'administration gestionnaire dont relève la victime. Les modalités d'imputation de ces dépenses, calculées au prorata du nombre de dossiers examinés, sont fixées par convention conclue entre, d'une part, l'organisme titulaire de l'autorisation de gestion du risque d'accident du travail et de maladie professionnelle ou l'administration gestionnaire et, d'autre part, la Caisse nationale de l'assurance maladie des travailleurs salariés.

ANNEXE À L'ARTICLE D. 461-1

LISTE DES MALADIES AYANT UN CARACTÈRE PROFESSIONNEL DONT LA DÉCLARATION EST OBLIGATOIRE POUR TOUT DOCTEUR EN MÉDECINE QUI PEUT EN AVOIR CONNAISSANCE

A. Maladies susceptibles d'avoir une origine professionnelle et d'être imputées aux agents chimiques suivants (1)

NUMÉRO d'ordre	AGENTS CHIMIQUES
4	Glucinium (béryllium) et ses composés.
5	Boranes.
6	Composés du carbone suivants (2) :
	Oxyde de carbone ;
	Oxychlorure de carbone ;
	Sulfure de carbone ;
	Acide cyanhydrique ;
	Cyanures métalliques ;
	Composés du cyanogène ;
	Esters isocyaniques.
7	Composés de l'azote suivants :
	Ammoniaque ;
	Oxydes d'azote ;
	Acide nitrique.
8	Ozone.
9	Fluor et ses composés.
15	Phosphore et ses composés, notamment les esters phosphoriques, pyrophosphoriques, thiophosphoriques, ainsi que les autres composés organiques du phosphore.
16	Composés du soufre suivants :
	Hydrogène sulfuré ;
	Anhydride sulfureux ;
	Acide sulfurique ;
	Mercaptans et thioéthers, thiophène, thiophénol et homologues, ainsi que les dérivés halogénés de ces substances ;
	Esters des acides du soufre.
17	Chlore et ses composés minéraux.
23	Oxydes de vanadium.
24	Chrome et ses composés.
25	Manganèse et ses composés.
28	Nickel et ses composés.
30	Oxyde de zinc.
33	Arsenic et ses composés.
35	Brome et ses composés minéraux.
48	Cadmium et ses composés.
53	Iode et ses composés minéraux.
80	Mercure et ses composés.
81	Thallium et ses composés.
82	Plomb et ses composés.
601	Hydrocarbures aliphatiques, saturés ou non, cycliques ou non : benzène, toluène, xylènes et autres homologues du benzène ; vinylbenzène, divinylbenzène, diphényle, tétraline ; naphtalènes et homologues.
602	Dérivés halogénés des hydrocarbures aliphatiques ou aromatiques.
603	Alcools, polyalcools et leurs esters nitriques :
	Ethers, tétrahydrofurane, dioxane, oxyde de diphényle et autres oxydes organiques, ainsi que leurs dérivés halogénés.
604	Phénols et homologues, naphtols et homologues, ainsi que leurs dérivés halogénés.
605	Aldéhydes, furfural.

NUMÉRO d'ordre	AGENTS CHIMIQUES
606	Cétones, benzoquinone.
607	Acides organiques, leurs anhydrides, leurs esters, ainsi que les dérivés halogénés de ces substances.
608	Nitriles.
609	Dérivés nitrés aliphatiques.
	Dérivés nitrés des hydrocarbures aromatiques et des phénols.
610	Dérivés halogénés des dérivés nitrés des hydrocarbures et des phénols.
611	Dérivés azoxiques et azoïques.
612	Amines aliphatiques et leurs dérivés halogénés.
	Amines et hydrazines aromatiques, ainsi que leurs dérivés halogénés, phénoliques, nitrosés, nitrés et sulfonés.
613	Pyridine et autres bases hétérocycliques.
	Alcaloïdes.
620	Substances hormonales.

(1) Les agents chimiques ont été classés dans l'ordre des numéros atomiques de l'élément le plus caractéristique.

(2) En raison de leur nombre considérable et de leur importance, les hydrocarbures et leurs dérivés ont fait l'objet d'une classification particulière prenant en considération leur fonction chimique (rubriques 601 et suivantes).

B. Maladies susceptibles d'avoir une origine professionnelle et d'être imputées aux agents physiques suivants

1 Rayonnements ionisants.
2 Énergie radiante.
3 Bruit.
4 Milieux où la pression est supérieure à la pression atmosphérique.
5 Vibrations mécaniques.

C. Maladies infectieuses ou parasitaires susceptibles d'avoir une origine professionnelle

1 Maladies provoquées par les helminthes, l'ankylostome duodénal, l'anguillule de l'intestin.

2 Infection charbonneuse, tétanos, leptospiroses, brucelloses.

3 Autres maladies infectieuses ou parasitaires transmises à l'homme par des animaux ou débris d'animaux.

4 Maladies infectieuses du personnel s'occupant de prévention, soins, assistance à domicile, recherches.

5 Maladies tropicales, notamment : paludisme, amibiase, trypanosomiase, dengue, fièvre à pappataci, fièvre de Malte, fièvre récurrente, fièvre jaune, peste, leishmaniose, pian, lèpre, typhus exanthématique et autres rickettsioses.

D. Maladies de la peau susceptibles d'avoir une origine professionnelle (autres que celles imputables à l'une des causes sus-énumérées)

1 Cancers cutanés et affections cutanées précancéreuses éventuellement imputables à certains produits tels que : brais, goudrons, bitumes, suies, huiles anthracéniques, huiles minérales et paraffines brutes.

2 Affections cutanées imputables aux alcalis caustiques, aux ciments, aux bois exotiques et autres produits irritants.

3 Affections cutanées imputables à toute autre cause en relation avec le milieu professionnel.

E. Affections des voies respiratoires susceptibles d'avoir une origine professionnelle

1 Pneumoconioses.
2 Affections broncho-pulmonaires imputables à des poussières ou fumées.
3 Asthme.

F. Autres affections susceptibles d'avoir une origine professionnelle

1 Maladies des bourses périarticulaires dues à des pressions, cellulites sous-cutanées.

2 Maladies consécutives au surmenage des gaines tendineuses, du tissu péritendineux, des insertions musculaires et tendineuses.
3 Lésions du ménisque.
4 Arrachements par surmenage des apophyses épineuses.
5 Paralysies des nerfs dues à la pression.
6 Crampes.
7 Nystagmus.
8 Scorbut.

TITRE SEPTIÈME SANCTIONS

Néant.

TITRE HUITIÈME DISPOSITIONS COMMUNES AVEC D'AUTRES BRANCHES — DISPOSITIONS DIVERSES ET D'APPLICATION

CHAPITRE PREMIER DISPOSITIONS COMMUNES AUX ASSURANCES SOCIALES ET AUX ACCIDENTS DU TRAVAIL

Néant.

CHAPITRE II DISPOSITIONS DIVERSES — DISPOSITIONS D'APPLICATION

Art. D. 482-1 Les modèles des documents nécessaires à l'application du présent livre sont fixés par des arrêtés du ministre chargé de la sécurité sociale.

LIVRE CINQUIÈME PRESTATIONS FAMILIALES ET PRESTATIONS ASSIMILÉES

TITRE PREMIER CHAMP D'APPLICATION — GÉNÉRALITÉS

CHAPITRE PREMIER *[ABROGÉ]* DISPOSITIONS RELATIVES À LA RÉGULARITÉ DU SÉJOUR

(Abrogé par Décr. n° 2006-234 du 27 févr. 2006)

CHAPITRE II CHAMP D'APPLICATION

(Décr. n° 2006-234 du 27 févr. 2006)

Art. D. 512-1 L'étranger qui demande à bénéficier de prestations familiales justifie la régularité de son séjour par la production d'un des titres de séjour ou documents suivants en cours de validité :

1° Carte de résident ;

2° Carte de séjour temporaire ;

(Décr. n° 2015-187 du 17 févr. 2015, art. 2) « 2° *bis* Carte de séjour "compétences et talents" ;

« 2° *ter* Visa de long séjour valant titre de séjour dans les conditions prévues au quatorzième alinéa de l'article R. 311-3 du code de l'entrée et du séjour des étrangers et du droit d'asile ;

« 2° *quater* Titre de séjour délivré en application des articles 3 et 9 de la convention signée le 4 décembre 2000 entre la République française, le Royaume d'Espagne et la Principauté d'Andorre relative à l'entrée, à la circulation, au séjour et à l'établissement de leurs ressortissants ; »

3° Certificat de résidence de ressortissant algérien ;

4° Récépissé de demande de renouvellement de l'un des titres ci-dessus ;

(Décr. n° 2016-253 du 2 mars 2016, art. 4-1°) « 5° Récépissé de demande de titre de séjour valant autorisation de séjour portant la mention "reconnu réfugié" dont la durée de validité est fixée à l'article R. 743-3 du code de l'entrée et du séjour des étrangers et du droit d'asile ; »

6° Récépissé de demande de titre de séjour d'une durée de six mois renouvelable portant la mention "étranger admis au séjour au titre de l'asile" ;

7° Autorisation provisoire de séjour d'une validité supérieure à trois mois ;

8° Passeport monégasque revêtu d'une mention du consul général de France à Monaco valant autorisation de séjour ;

9° Livret spécial, livret ou carnet de circulation ;

(Décr. n° 2016-253 du 2 mars 2016, art. 4-2°) « 10° Récépissé de demande de titre de séjour valant autorisation de séjour portant la mention "a obtenu le bénéfice de la protection subsidiaire" dont la durée de validité est fixée à l'article R. 743-4 du code de l'entrée et du séjour des étrangers et du droit d'asile. »

Art. D. 512-2 La régularité de l'entrée et du séjour des enfants étrangers que le bénéficiaire a à charge et au titre desquels il demande des prestations familiales est justifiée par la production de l'un des documents suivants :

1° Extrait d'acte de naissance en France ;

2° Certificat de contrôle médical de l'enfant, délivré par l'*(Décr. n° 2009-331 du 25 mars 2009)* « Office français de l'immigration et de l'intégration » à l'issue de la procédure d'introduction ou d'admission au séjour au titre du regroupement familial ;

3° Livret de famille délivré par l'Office français de protection des réfugiés et apatrides ou, à défaut, un acte de naissance établi, le cas échéant, par cet office, lorsque l'enfant est membre de famille d'un réfugié, d'un apatride ou d'un bénéficiaire de la protection subsidiaire. Lorsque l'enfant n'est pas l'enfant du réfugié, de l'apatride ou du bénéficiaire de la protection subsidiaire, cet acte de naissance est accompagné d'un jugement confiant la tutelle de cet enfant à l'étranger qui demande à bénéficier des prestations familiales ;

4° Visa délivré par l'autorité consulaire et comportant le nom de l'enfant d'un étranger titulaire de la carte de séjour mentionnée à l'article L. 313-8 ou au 5° de l'article L. 313-11 du code de l'entrée et du séjour des étrangers et du droit d'asile ;

5° Attestation délivrée par l'autorité préfectorale, précisant que l'enfant est entré en France au plus tard en même temps que l'un de ses parents admis au séjour sur le fondement du 7° de l'article L. 313-11 du code de l'entrée et du séjour des étrangers et du droit d'asile ou du 5° de l'article 6 de l'accord franco-algérien du 27 décembre 1968 modifié ;

6° Titre de séjour délivré à l'étranger âgé de seize à dix-huit ans dans les conditions fixées par l'article L. 311-3 du code de l'entrée et du séjour des étrangers et du droit d'asile.

Elle est également justifiée, pour les enfants majeurs ouvrant droit aux prestations familiales, par l'un des titres mentionnés à l'article D. 512-1.

Art. D. 512-3 *(Décr. n° 2008-1384 du 19 déc. 2008, en vigueur le 1er juill. 2009)* I. – Le montant de l'allocation différentielle prévue à l'article L. 512-5 est égal à la différence entre le montant de l'ensemble des prestations familiales qui auraient été dues en application de la législation française, parmi celles énumérées à l'article L. 511-1 à l'exception de l'allocation de logement *(Décr. n° 2015-187 du 17 févr. 2015, art. 1er)* « et de la prime à la naissance ou à l'adoption », et le montant de l'ensemble des prestations ou avantages familiaux versés en application d'un traité, d'une convention ou d'un accord international auquel la France est partie, de la législation ou de la réglementation d'un autre État, ou de la réglementation d'une organisation internationale.

II. – Ce dernier montant est obtenu à partir d'une attestation délivrée par l'organisme étranger ou l'organisation versant les prestations ou avantages familiaux.

III. – La comparaison entre le montant global des prestations familiales qui auraient été dues en application de la législation française et le montant global des prestations ou avantages familiaux étrangers versés au titre des enfants à charge au sens de la législation française est effectuée sur la base de montants mensuels.

Le droit à l'allocation différentielle débute le premier mois de droit simultané à un avantage ou une prestation étranger et à une prestation française. Ce même droit s'achève le dernier mois de droit à tout avantage ou prestation étranger ou aux prestations françaises.

La périodicité de versement de l'allocation différentielle est trimestrielle.

TITRE DEUXIÈME **PRESTATIONS GÉNÉRALES D'ENTRETIEN**

CHAPITRE PREMIER **ALLOCATIONS FAMILIALES**

Art. D. 521-1 *(Décr. n° 2015-611 du 3 juin 2015, art. 1er)* I. — Pour l'application de l'article L. 521-1, le montant des allocations familiales et de la majoration pour âge prévue à l'article L. 521-3 est défini selon le barème suivant :

1° Lorsque le ménage ou la personne a disposé d'un montant de ressources inférieur ou égal au plafond défini au I de l'article D. 521-3, les taux servant au calcul des allocations familiales sont fixés, en pourcentage de la base mensuelle prévue à l'article L. 551-1, à :

a) 32 % pour le deuxième enfant à charge ;

b) 41 % pour le troisième enfant à charge et chacun des suivants.

La majoration pour âge est fixée à 16 % de la base mensuelle de calcul des prestations familiales ;

2° Lorsque le ménage ou la personne a disposé d'un montant de ressources supérieur au plafond défini au I de l'article D. 521-3 et inférieur ou égal à celui défini au II du même article, les taux servant au calcul des allocations familiales sont fixés, en pourcentage de la base mensuelle prévue à l'article L. 551-1, à :

a) 16 % pour le deuxième enfant à charge ;

b) 20,5 % pour le troisième enfant à charge et chacun des suivants.

La majoration pour âge est fixée à 8 % de la base mensuelle de calcul des prestations familiales ;

3° Lorsque le ménage ou la personne a disposé d'un montant de ressources supérieur au plafond défini au II de l'article D. 521-3, les taux servant au calcul des allocations familiales sont fixés, en pourcentage de la base mensuelle prévue à l'article L. 551-1, à :

a) 8 % pour le deuxième enfant à charge ;

b) 10,25 % pour le troisième enfant à charge et chacun des suivants.

La majoration pour âge est fixée à 4 % de la base mensuelle de calcul des prestations familiales.

II. — En application du sixième alinéa de l'article L. 521-1, le montant mensuel des allocations familiales et, le cas échéant, de la majoration pour âge est majoré d'un complément dégressif, lorsque les ressources annuelles du ménage ou de la personne dépassent l'un des plafonds défini au I ou au II de l'article D. 521-3 d'une somme inférieure à douze fois le montant mensuel des allocations familiales augmenté, le cas échéant, de la ou des majorations pour âge.

Ce complément dégressif est égal, pour chaque mois, au douzième de la différence entre, d'une part, ce plafond de ressources majoré de la somme définie à l'alinéa précédent et, d'autre part, le montant des ressources.

Les dispositions du Décr. n° 2015-611 du 3 juin 2015 sont applicables aux prestations dues à compter du 1er juill. 2015 (Décr. préc., art. 5).

Art. D. 521-2 *(Décr. n° 2015-611 du 3 juin 2015, art. 2)* « I. — Le montant mensuel de l'allocation forfaitaire prévue au deuxième alinéa de l'article L. 521-1 est défini selon le barème suivant :

« 1° Lorsque le ménage ou la personne a disposé d'un montant de ressources inférieur ou égal au plafond défini au I de l'article D. 521-3, le montant mensuel de l'allocation forfaitaire est fixé à 20,234 % de la base mensuelle de calcul des allocations familiales par enfant ;

« 2° Lorsque le ménage ou la personne a disposé d'un montant de ressources supérieur au plafond défini au I de l'article D. 521-3 et inférieur ou égal à celui défini au II du même article, le montant mensuel de l'allocation forfaitaire est fixé à 10,117 % de la base mensuelle de calcul des allocations familiales par enfant ;

« 3° Lorsque le ménage ou la personne a disposé d'un montant de ressources supérieur au plafond défini au II de l'article D. 521-3, le montant mensuel de l'allocation forfaitaire est fixé à 5,059 % de la base mensuelle de calcul des allocations familiales par enfant.

« II. – En application du sixième alinéa de l'article L. 521-1, le montant mensuel de l'allocation forfaitaire est majoré d'un complément dégressif lorsque les ressources annuelles du ménage ou de la personne dépassent l'un des plafonds défini au I ou au II de l'article D. 521-3 d'une somme inférieure à douze fois le montant mensuel de l'allocation forfaitaire auquel l'enfant ouvre droit.

« Ce complément dégressif est égal, pour chaque mois, au douzième de la différence entre, d'une part, ce plafond de ressources majoré de la somme définie à l'alinéa précédent et, d'autre part, le montant des ressources.

« III. – » Le nombre minimum d'enfants à charge mentionné au deuxième alinéa de l'article L. 521-1 est fixé à trois.

V. note ss. art. D. 521-1.

Art. D. 521-3 *(Décr. n° 2015-611 du 3 juin 2015, art. 3)* I. – Le plafond prévu au 1° du I des articles D. 521-1 et D. 521-2 est fixé à 55 950 euros. Il est majoré de 5 595 euros par enfant à charge.

II. – Le plafond prévu au 2° du I des articles D. 521-1 et D. 521-2 est fixé à 78 300 euros. Il est majoré de 5 595 euros par enfant à charge.

III. – Les montants des plafonds et de leur majoration respective fixés au présent article sont revalorisés au 1er janvier de chaque année, conformément à l'évolution en moyenne annuelle des prix à la consommation hors tabac de l'année civile de référence, par arrêté des ministres chargés de la sécurité sociale, du budget et de l'agriculture.

V. note ss. art. D. 521-1.

Art. D. 521-4 *(Décr. n° 2015-611 du 3 juin 2015, art. 3)* Pour l'application des articles D. 521-1 et D. 521-2, les ressources du ménage ou de la personne sont appréciées dans les conditions prévues aux articles R. 532-3 à R. 532-8.

V. note ss. art. D. 521-1.

CHAPITRE II COMPLÉMENT FAMILIAL

Art. D. 522-1 *(Décr. n° 89-600 du 28 août 1989, art. 4)* Le montant du complément familial est fixé à 41,65 % de la base mensuelle de calcul des allocations familiales fixée en application de l'article L. 551-1.

Art. D. 522-2 *(Décr. n° 2014-419 du 23 avr. 2014, art. 3-I)* Le taux du complément familial majoré est égal à *(Décr. n° 2017-532 du 12 avr. 2017, art. 5-II)* « 62,48 % » de la base mensuelle de calcul des allocations familiales fixée en application de l'article L. 551-1. – *Les dispositions issues du Décr. n° 2017-532 du 12 avr. 2017 sont applicables à Saint-Pierre-et-Miquelon. Ces mêmes dispositions sont applicables pour les prestations dues au titre de la période allant du 1er avr. 2017 au 31 mars 2018. A compter du 1er avr. 2018, le taux « 58,33 % » mentionné à l'art. D. 522-2, dans sa rédaction issue du Décr. n° 2017-532 du 12 avr. 2017, est remplacé par le taux « 62,48 % » (Décr. préc., art. 3-1°, 4 et 5).*

CHAPITRE III ALLOCATION DE SOUTIEN FAMILIAL

Art. D. 523-1 Le droit à l'allocation de soutien familial est ouvert :

1° Pour l'enfant dont un seul des parents est décédé, à compter du premier jour du mois civil suivant celui au cours duquel a eu lieu le décès, ou à compter du premier jour du mois civil suivant celui de la naissance si celle-ci est postérieure au décès ;

2° Pour l'enfant orphelin de père et de mère ou dont la filiation n'est pas établie, à compter du premier jour du mois civil suivant celui au cours duquel il a été recueilli par la personne physique qui en assume la charge effective et permanente ;

3° Pour l'enfant dont la filiation n'est établie qu'à l'égard d'un de ses parents, à compter du premier jour du mois civil suivant celui au cours duquel la filiation a été établie ;

4° En cas de jugement accueillant une action en contestation de la filiation de l'enfant à l'égard de l'un des parents, à compter du premier jour du mois civil suivant celui au cours duquel a été intentée l'action ;

5° Pour l'enfant dont l'un au moins des parents se soustrait ou se trouve hors d'état de faire face *(Abrogé par Décr. n° 2018-656 du 24 juill. 2018, art. 1er-1°-a)* ***« à son obligation d'entretien ou »*** au versement de la pension alimentaire mise à sa charge par décision de justice *(Décr. n° 2016-1907 du 28 déc. 2016, art. 12-5°, en vigueur le 1er janv. 2017)* « *(Abrogé par Décr. n° 2017-532 du 12 avr. 2017, art. 3-2°)* ***« , par une convention de divorce par consentement mutuel prévue à l'article 229-1 du code civil ou par un acte reçu en la forme authentique par un notaire »*** *(Décr. n° 2016-842 du 24 juin 2016, art. 4-1°, en vigueur le 1er avr. 2016)* « ou par convention judiciairement homologuée » *(Décr. n° 2017-532 du 12 avr. 2017, art. 3-2°)* « ou d'une contribution à l'entretien et à l'éducation de l'enfant fixée par un des actes ou accords mentionnés au IV de l'article L. 523-1 », à compter du premier jour du mois civil suivant la date à laquelle le parent défaillant a cessé *(Abrogé par Décr. n° 2018-656 du 24 juill. 2018, art. 1er-1°-a)* ***« de faire face à cette obligation ou »*** d'effectuer ce versement ;

(Décr. n° 2018-656 du 24 juill. 2018, art. 1er-1°-b) « 6° Pour l'enfant dont l'un au moins des parents se trouve hors d'état de faire face à son obligation d'entretien, à compter du premier jour du mois civil suivant la date à laquelle le parent défaillant a cessé de faire face à cette obligation ; » — *Les dispositions du a et du b du 1° de l'art. 1er du Décr. n° 2018-656 du 24 juill. 2018 sont applicables aux prestations dues à compter du 1er oct. 2018 (Décr. préc., art. 5-I).*

7° *(Décr. n° 2016-842 du 24 juin 2016, art. 4-2°, en vigueur le 1er avr. 2016)* « Pour l'enfant mentionné au *(Décr. n° 2017-532 du 12 avr. 2017, art. 3-2°)* « 4° du I » de l'article L. 523-1, à compter du premier jour du mois civil suivant la date à laquelle le parent a commencé à effectuer le versement *[de]* la pension alimentaire fixée par décision de justice *(Décr. n° 2016-1907 du 28 déc. 2016, art. 12-5°, en vigueur le 1er janv. 2017)* « *(Abrogé par Décr. n° 2017-532 du 12 avr. 2017, art. 3-2°)* ***« , par une convention de divorce par consentement mutuel prévue à l'article 229-1 du code civil, par un acte reçu en la forme authentique par un notaire, »*** ou par convention judiciairement homologuée » *(Décr. n° 2017-532 du 12 avr. 2017, art. 3-2°)* « ou d'une contribution à l'entretien et à l'éducation de l'enfant fixée par un des actes ou accords mentionnés au IV de l'article L. 523-1 » *(Abrogé par Décr. n° 2018-656 du 24 juill. 2018, art. 1er-1°-c)* ***« ou par l'accord mentionné à l'article R. 523-3-2 ».*** » — *Le 6° devient le 7° et les dispositions du c du 1° de l'art. 1er du Décr. n° 2018-656 du 24 juill. 2018 sont applicables aux prestations dues à compter du 1er juill. 2018 (Décr. n° 2018-656 du 24 juill. 2018, art. 1er-1°-c).*

Les dispositions issues du Décr. n° 2017-532 du 12 avr. 2017 sont applicables à Saint-Pierre-et-Miquelon (Décr. préc., art. 4).

Art. D. 523-2 *(Décr. n° 2016-842 du 24 juin 2016, art. 5, en vigueur le 1er avr. 2016)* I. — Pour l'application du *(Décr. n° 2017-532 du 12 avr. 2017, art. 3-3°)* « 3° du I » de l'article L. 523-1, le parent débiteur d'une *(Décr. n° 2017-532 du 12 avr. 2017, art. 3-3°)* « obligation d'entretien, du versement d'une pension alimentaire ou d'une contribution à l'entretien et à l'éducation de l'enfant » est considéré comme étant hors d'état d'y faire face lorsque ce débiteur se trouve dans l'une ou l'autre des situations suivantes :

1° Débiteur sans adresse connue ;

2° Débiteur réputé insolvable lorsque :

a) Il est bénéficiaire du revenu de solidarité active mentionné à l'article L. 262-2 du code de l'action sociale et des familles *(Décr. n° 2018-656 du 24 juill. 2018, art. 1er-2°)* « ou » du revenu de solidarité mentionné à l'article L. 522-14 du code de l'action sociale et des familles, applicable à la Guadeloupe, la Guyane, la Martinique, La Réunion, Saint-Martin, Saint-Barthélemy et Saint-Pierre-et-Miquelon ;

b) Il dispose de ressources inférieures au montant forfaitaire du revenu de solidarité active mentionné à l'article L. 262-2 du code de l'action sociale et des familles fixé pour un foyer composé d'une seule personne ;

c) La totalité de ses revenus est insaisissable ;

d) Il est bénéficiaire de l'allocation aux adultes handicapés à taux plein ou versée en complément d'un avantage de vieillesse ou d'invalidité ;

e) Une décision de justice a suspendu le versement de la pension alimentaire déjà mise à sa charge ou n'a pas fixé le montant de l'obligation d'entretien pour des motifs reposant sur la faiblesse ou l'absence de ses ressources ou l'absence d'éléments concernant sa situation ;

f) Il est incarcéré y compris dans le cadre de placement à l'extérieur et à l'exclusion du régime de semi-liberté ;

g) Il est bénéficiaire de l'allocation de solidarité spécifique prévue à l'article L. 5423-1 du code du travail *(Abrogé par Décr. n° 2017-826 du 5 mai 2017, art. 3-II, à compter du 1er sept. 2017)* *« , ou de l'allocation temporaire d'attente prévue à l'article L. 5423-8 du même code »* ;

h) Il est parent mineur ;

i) Il est sans domicile fixe sans ressources ou est bénéficiaire de l'une des prestations sociales mentionnées au *a, b, d* et *g* ci-dessus ;

j) Il a confié son enfant à une personne ou un couple dans le cadre d'une décision judiciaire de recueil légal, autrement dénommée *"Kafala"* ;

k) Il est impossible d'établir sa solvabilité en raison de l'absence d'éléments identifiés lors du contrôle sur son domicile ou sur sa situation financière ;

3° Débiteur ayant fait l'objet d'une plainte déposée à la suite de menaces, de violences volontaires sur le parent ou l'enfant, de condamnations pour de telles violences ou en cas de violences mentionnées dans une décision de justice ;

4° Débiteur domicilié ou ayant sa résidence habituelle dans le pays d'origine du créancier qui a obtenu la qualité de réfugié sur le territoire.

(Décr. n° 2018-656 du 24 juill. 2018, art. 1er-2°) « II. — Le débiteur ne peut être considéré comme hors d'état de faire face à son obligation d'entretien, au paiement d'une pension alimentaire ou d'une contribution à l'entretien et à l'éducation de l'enfant, que si :

« 1° Le créancier en a fait la demande, lorsque le débiteur se trouve dans l'une des situations mentionnées au 3° et au 4° du I ;

« 2° Le montant des ressources de nature saisissable dont il dispose est inférieur au montant forfaitaire mentionné au *b* du 2° du I, lorsqu'il se trouve dans l'une des situations mentionnées au *a* et au *d* du 2° du I.

« Dans le cas mentionné au 2° du II, il est tenu compte des ressources ayant servi à déterminer le droit aux prestations mentionnées au *a* et au *d* du 2° du I, lorsque ces ressources ne sont pas connues au moment de la demande de l'allocation de soutien familial ou du réexamen du droit. »

III. — La situation du débiteur fait l'objet d'un contrôle par l'organisme débiteur des prestations familiales dans un délai de quatre mois après le dépôt par le parent créancier de sa demande d'allocation de soutien familial et par la suite au moins une fois par an.

Les dispositions du 2° de l'art. 1er du Décr. n° 2018-656 du 24 juill. 2018 sont applicables à compter du 1er oct. 2018 pour les demandes d'allocation de soutien familial déposées à compter de cette date et à compter du 1er janv. 2019 pour l'ensemble des prestations dues à compter de cette date (Décr. préc., art. 5-II).

V. note ss. art. D. 523-1.

Art. D. 523-3 *(Décr. n° 2018-656 du 24 juill. 2018, art. 1er-3°)* Lorsque le total des montants d'allocation de soutien familial dû au parent ou à la personne physique qui assume la charge effective et permanente de l'enfant est inférieur à 15 euros, celui-ci n'est pas versé. — *Les dispositions du 3° de l'art. 1er du Décr. n° 2018-656 du 24 juill. 2018 sont applicables aux prestations dues à compter du 1er juill. 2018 (Décr. préc., art. 5-III).*

CHAPITRE IV *[ABROGÉ]* ALLOCATION DE PARENT ISOLÉ

(Abrogé par Décr. n° 2009-404 du 15 avr. 2009, art. 4)

Art. D. 524-1 *Abrogé par Décr. n° 2009-404 du 15 avr. 2009, art. 4.*

TITRE TROISIÈME PRESTATION D'ACCUEIL DU JEUNE ENFANT

(*Décr. n° 2003-1394 du 31 déc. 2003, art. 1er*)

CHAPITRE PREMIER DISPOSITIONS GÉNÉRALES RELATIVES À LA PRESTATION D'ACCUEIL DU JEUNE ENFANT

Les dispositions du Décr. n° 2003-1394 du 31 déc. 2003 sont entrées en vigueur à compter du 1er janv. 2004, dans les conditions prévues au VIII de l'art. 60 de la L. n° 2003-1199 du 18 déc. 2003 pour les enfants nés ou adoptés à compter du 1er janv. 2004 ainsi que pour les enfants nés avant cette date alors que leur date de naissance présumée était postérieure au 31 déc. 2003.

Les personnes qui ont perçu moins de cinq mensualités d'allocation pour jeune enfant au titre de la grossesse pour des mois antérieurs au 1er janv. 2004 bénéficient de la prime à la naissance dans le courant du mois de janvier 2004. Les mensualités d'allocation pour jeune enfant perçues à ce titre antérieurement au 1er janv. 2004 sont déduites du montant de la prime à la naissance.

Les personnes bénéficiaires de l'allocation pour jeune enfant, de l'allocation d'adoption, de l'allocation parentale d'éducation, de l'allocation de garde d'enfant à domicile ou de l'aide à la famille pour l'emploi d'une assistante maternelle agréée en vertu de la réglementation applicable antérieurement au 1er janv. 2004 pour un enfant né avant cette date continuent à percevoir ces allocations jusqu'à leur terme.

Les personnes qui bénéficient au 1er janv. 2004 des prestations mentionnées à l'alinéa précédent pour un enfant né avant cette date, et qui ont à compter du 1er janv. 2004 un nouvel enfant à charge du fait d'une naissance ou d'une adoption, ouvrent droit à la prestation d'accueil du jeune enfant pour l'ensemble des enfants à charge qui remplissent les conditions de cette prestation. Le droit à la prestation d'accueil du jeune enfant est dans ce cas ouvert le mois qui suit la naissance de l'enfant. Toutefois, en cas de bénéfice de l'allocation de garde d'enfant à domicile ou de l'aide à la famille pour l'emploi d'une assistante maternelle agréée, le droit au complément de libre choix du mode de garde est ouvert à compter du premier jour du mois qui suit le trimestre civil où intervient la naissance de l'enfant. Pour les personnes ayant bénéficié de l'allocation parentale d'éducation avant le 1er janv. 2004, le complément de libre choix d'activité est versé sans examen des conditions d'activité professionnelle antérieures.

A compter du 1er janv. 2007, l'ensemble des ménages et personnes bénéficient de la prestation d'accueil du jeune enfant dès lors qu'ils répondent à ses conditions de droit (L. n° 2003-1199 du 18 déc. 2003, art. 60-VIII).

Art. D. 531-1 **L'âge limite de versement de la prestation d'accueil du jeune enfant mentionné au premier alinéa de l'article L. 531-1 est fixé à trois ans.**

Art. D. 531-2 (*Décr. n° 2005-1172 du 12 sept. 2005, art. 1er*) **« I. — Le taux de la prime à la naissance de la prestation d'accueil du jeune enfant, mentionnée à l'article L. 531-2, est égal à 229,75 % de la base mensuelle de calcul des allocations familiales fixée en application de l'article L. 551-1.**

« Le taux de la prime à l'adoption de la prestation d'accueil du jeune enfant, mentionnée à l'article L. 531-2, est égal à 459,5 % de la base mensuelle de calcul des allocations familiales fixée en application de l'article L. 551-1. »

II. — (*Décr. n° 2014-1714 du 30 déc. 2014, art. 1er*) **« La prime à la naissance est due et versée avant la fin du dernier jour du second mois civil suivant la naissance ou la justification de la fin de la grossesse. »** — *Les dispositions issues du Décr. n° 2014-1714 du 30 déc. 2014 s'appliquent aux grossesses déclarées à l'organisme débiteur de prestations familiales à compter du 1er janv. 2015 (Décr. préc., art. 2).*

Lorsque la prime est attribuée au titre d'un enfant adopté ou confié en vue d'adoption, elle est versée au plus tard le deuxième mois qui suit l'arrivée des enfants au foyer des adoptants.

Les dispositions du Décr. n° 2005-1172 du 12 sept. 2005 sont applicables à compter du 1er août 2005 pour chaque enfant adopté ou accueilli en vue d'adoption à compter de cette date, dans les conditions définies à l'art. L. 512-4 (Décr. préc., art. 2).

Art. D. 531-3 (*Décr. n° 2014-422 du 24 avr. 2014, art. 2-1°*) **« Le montant de l'allocation de base à taux plein » mentionné à l'article L. 531-3 est égal à** (*Décr. n° 2018-312 du 26 avr. 2018, art. 1er-1°*) **« 41,65 % » de la base mensuelle de calcul des allocations familiales fixée en application de l'article L. 551-1.**

(Décr. nº 2014-422 du 24 avr. 2014, art. 2-2º et 3º) **« Le montant de l'allocation de base à taux partiel est égal à »** *(Décr. nº 2018-312 du 26 avr. 2018, art. 1er-1º)* **« 20,825 % de la base mensuelle de calcul des allocations familiales fixée en application de l'article L. 551-1. »**

(Abrogé par Décr. nº 2014-1707 du 30 déc. 2014, art. 2-2º, à compter du 1er janv. 2015) (Décr. nº 2014-422 du 24 avril 2014, art. 2-2º et 3º) ***« Toutefois, le montant de l'allocation due au titre du mois de la naissance ou de l'arrivée de l'enfant au foyer, pour l'enfant adopté ou confié en vue d'adoption, est calculé au prorata du nombre de jours entre la date de la naissance ou de l'arrivée de l'enfant et le nombre total de jours de ce mois. »***

Les dispositions de l'art. 2 du Décr. nº 2014-422 du 24 avr. 2014 sont entrées en vigueur le 1er avr. 2014, pour les enfants nés ou adoptés à compter du 1er avr. 2014, et le 1er avr. 2017, pour l'ensemble des autres enfants, dans les conditions prévues au IV de l'art. 74 de la L. nº 2013-1203 du 23 déc. 2013 [V. 2e note ss. art. L. 531-2] (Décr. préc., art. 7-I).

Les dispositions issues du 1º de l'art. 1er du Décr. nº 2018-312 du 26 avr. 2018 entrent en vigueur à compter du 1er avr. 2018 pour les enfants nés ou adoptés à compter de cette date et à compter du 1er avr. 2021 pour l'ensemble des autres enfants, dans les conditions prévues à l'art. 37 [V. CSS, art. L. 531-2 et L. 531-3] de la LFSS du 30 déc. 2017 (Décr. préc., art. 4-I).

Art. D. 531-3-1 *(Décr. nº 2018-312 du 26 avr. 2018, art. 1er-2º)* **Le plafond de ressources relatif à la prime à la naissance ou à l'adoption et à l'allocation de base versée à taux partiel prévu à l'article R. 531-1 est égal à 119,47 % du plafond de ressources de l'allocation de base versée à taux plein.**

Par application des dispositions de l'art. D. 531-3-1 résultant du Décr. nº 2018-312 du 26 avr. 2018, le montant du plafond de ressources relatif à la prime à la naissance ou à l'adoption et à l'allocation de base versée à taux partiel est fixé à 25 076 euros pour la période du 1er avr. 2018 au 31 déc. 2018.

Le montant de la majoration prévue au dern. al. de l'art. L. 531-2 est fixé à 10 080 euros pour la même période (Décr. préc., art. 2).

Les dispositions issues du 2º de l'art. 1er et de l'art. 2 du Décr. nº 2018-312 du 26 avr. 2018 entrent en vigueur à compter du 1er avr. 2018 pour les enfants nés ou adoptés à compter de cette date et à compter du 1er avr. 2021 pour l'ensemble des autres enfants, dans les conditions prévues à l'art. 37 [V. art. L. 531-2 et L. 531-3] de la LFSS du 30 déc. 2017 (Décr. préc., art. 4-I).

Art. D. 531-4 *(Décr. nº 2006-732 du 22 juin 2006)* **« I. – 1º Le taux** *(Décr. nº 2014-1708 du 30 déc. 2014, art. 1er-4º)* **« de la prestation partagée d'éducation de l'enfant » à taux plein de la prestation d'accueil du jeune enfant** *(Décr. nº 2014-1708 du 30 déc. 2014, art. 1er-4º)* **« mentionnée » au premier alinéa du 1 du I de l'article L. 531-4 est égal à 96,62 % de la base mensuelle de calcul des allocations familiales fixée en application de l'article L. 551-1.**

« 2º Le taux *(Décr. nº 2014-1708 du 30 déc. 2014, art. 1er-4º)* **« de la prestation partagée d'éducation de l'enfant » à taux plein de la prestation d'accueil du jeune enfant** *(Décr. nº 2014-1708 du 30 déc. 2014, art. 1er-4º)* **« mentionnée » au deuxième alinéa du VI de l'article L. 531-4 est égal à 157,93 % de la base mensuelle de calcul des allocations familiales fixée en application de l'article L. 551-1. »**

II. – Les taux *(Décr. nº 2014-1708 du 30 déc. 2014, art. 1er-4º)* **« de la prestation partagée d'éducation de l'enfant » à taux partiel** *(Décr. nº 2014-1708 du 30 déc. 2014, art. 1er-4º)* **« mentionnée » à l'article L. 531-4 sont égaux :**

1º Lorsque l'activité à temps partiel exercée ou la formation professionnelle rémunérée suivie est au plus égale à 50 % de la durée légale du travail ou de la durée considérée comme équivalente, à 62,46 % de la base mensuelle de calcul des allocations familiales fixée en application de l'article L. 551-1 ;

2º Lorsque l'activité à temps partiel exercée ou la formation professionnelle rémunérée suivie est supérieure à 50 % et au plus égale à 80 % de la durée légale du travail ou de la durée considérée comme équivalente, à 36,03 % de la base mensuelle de calcul des allocations familiales fixée en application de l'article L. 551-1.

Lorsque les deux membres d'un couple perçoivent *(Décr. nº 2014-1708 du 30 déc. 2014, art. 1er-4º)* **« la prestation mentionnée » à l'alinéa précédent, le montant cumulé des deux** *(Décr. nº 2014-1708 du 30 déc. 2014, art. 1er-4º)* **« prestations » ne peut excéder le taux** *(Décr. nº 2006-732 du 22 juin 2006)* **« mentionné au 1º du I du présent article ».**

Les dispositions du Décr. n° 2014-1708 du 30 déc. 2014 s'appliquent aux enfants nés ou adoptés à partir du 1er janv. 2015. Pour les enfants nés ou adoptés avant le 1er janv. 2015, les dispositions du CSS demeurent applicables dans leur rédaction antérieure à la date d'entrée en vigueur du décret susvisé (Décr. préc., art. 2, JO 31 déc.).

Ancien art. D. 531-4 (Décr. n° 2006-732 du 22 juin 2006) *« I. — 1° Le taux du complément de libre choix d'activité à taux plein de la prestation d'accueil du jeune enfant mentionné au premier alinéa du 1 du I de l'article L. 531-4 est égal à 96,62 % de la base mensuelle de calcul des allocations familiales fixée en application de l'article L. 551-1.*

« 2° Le taux du complément de libre choix d'activité à taux plein de la prestation d'accueil du jeune enfant mentionné au deuxième alinéa du VI de l'article L. 531-4 est égal à 157,93 % de la base mensuelle de calcul des allocations familiales fixée en application de l'article L. 551-1. »

II. — Les taux du complément de libre choix d'activité à taux partiel mentionné à l'article L. 531-4 sont égaux :

1° Lorsque l'activité à temps partiel exercée ou la formation professionnelle rémunérée suivie est au plus égale à 50 % de la durée légale du travail ou de la durée considérée comme équivalente, à 62,46 % de la base mensuelle de calcul des allocations familiales fixée en application de l'article L. 551-1 ;

2° Lorsque l'activité à temps partiel exercée ou la formation professionnelle rémunérée suivie est supérieure à 50 % et au plus égale à 80 % de la durée légale du travail ou de la durée considérée comme équivalente, à 36,03 % de la base mensuelle de calcul des allocations familiales fixée en application de l'article L. 551-1.

Lorsque les deux membres d'un couple perçoivent le complément mentionné à l'alinéa précédent, le montant cumulé des deux compléments ne peut excéder le taux (Décr. n° 2006-732 du 22 juin 2006) *« mentionné au 1° du I du présent article ».*

Les dispositions issues du Décr. n° 2006-732 du 22 juin 2006 sont applicables à compter du 1er juill. 2006 pour les enfants nés ou adoptés à compter du 1er juill. 2006 ainsi que pour les enfants nés avant cette date alors que leur date de naissance présumée était postérieure au 30 juin 2006 (Décr. préc., art. 6).

Art. D. 531-5 Pour les élus locaux qui ont cessé leur activité professionnelle pour se consacrer à leur mandat, *(Décr. n° 2014-1708 du 30 déc. 2014, art. 1er-5°)* « la prestation partagée d'éducation de l'enfant » à taux plein de la prestation d'accueil du jeune enfant mentionnée au deuxième alinéa du I de l'article L. 531-4 est *(Décr. n° 2014-1708 du 30 déc. 2014, art. 1er-5°)* « versée » lorsque les indemnités de fonction perçues sont au plus égales à la fraction représentative des frais d'emploi telle que définie à l'article 204-0 *bis* du code général des impôts.

Pour les titulaires d'un mandat parlementaire qui ont cessé leur activité professionnelle pour se consacrer à leur mandat, le droit à *(Décr. n° 2014-1708 du 30 déc. 2014, art. 1er-5°)* « cette prestation » est ouvert lorsque les indemnités perçues sont au plus égales à la fraction représentative des frais d'emploi telle que définie au 1° de l'article 81 du code général des impôts.

V. note ss. art. D. 531-4.

Ancien art. D. 531-5 *Pour les élus locaux qui ont cessé leur activité professionnelle pour se consacrer à leur mandat, le complément de libre choix d'activité à taux plein de la prestation d'accueil du jeune enfant mentionné au deuxième alinéa du I de l'article L. 531-4 est versé lorsque les indemnités de fonction perçues sont au plus égales à la fraction représentative des frais d'emploi telle que définie à l'article 204-0 bis du code général des impôts.*

Pour les titulaires d'un mandat parlementaire qui ont cessé leur activité professionnelle pour se consacrer à leur mandat, le droit à ce complément est ouvert lorsque les indemnités perçues sont au plus égales à la fraction représentative des frais d'emploi telle que définie au 1° de l'article 81 du code général des impôts.

Art. D. 531-6 Pour les personnes mentionnées à l'article *(Décr. n° 2014-1708 du 30 déc. 2014, art. 1er-6°)* « L. 7221-1 » du code du travail, le droit *(Décr. n° 2014-1708 du 30 déc. 2014, art. 1er-6°)* « à la prestation partagée d'éducation de l'enfant » à taux partiel est ouvert, dans les conditions définies au II de l'article D. 531-4, sur la base d'une attestation de l'employeur précisant la quotité de travail exercée.

V. note ss. art. D. 531-4.

Ancien art. D. 531-6 *Pour les personnes mentionnées à l'article L. 772-1* [L. 7221-1 nouv.] *du code du travail, le droit au complément de libre choix d'activité à taux partiel est ouvert, dans les* *conditions définies au II de l'article D. 531-4, sur la base d'une attestation de l'employeur précisant la quotité de travail exercée.*

Art. D. 531-7 Pour les personnes qui exercent des vacations, le droit *(Décr. n° 2014-1708 du 30 déc. 2014, art. 1er-7°)* « à la prestation partagée d'éducation de l'enfant *[ancienne rédaction : au complément de libre choix d'activité]* » à taux partiel est ouvert, dans les conditions définies au II de l'article D. 531-4, sur la base d'une attestation de l'employeur précisant la quotité de travail exercée, calculée en prenant en compte la durée de travail à temps plein du salarié occupant un emploi similaire dans l'établissement.

V. note ss. art. D. 531-4.

Art. D. 531-8 Pour les catégories mentionnées à l'article L. 441-1 du code de l'action sociale et des familles, *(Décr. n° 2014-1708 du 30 déc. 2014, art. 1er-8°)* « la prestation partagée d'éducation de l'enfant mentionnée » au 1° du II de l'article D. 531-4 est *(Décr. n° 2014-1708 du 30 déc. 2014, art. 1er-8°)* « versée » lorsqu'elles accueillent une personne.

(Décr. n° 2014-1708 du 30 déc. 2014, art. 1er-8°) « La prestation partagée d'éducation de l'enfant mentionnée » au 2° du II de l'article D. 531-4 est *(Décr. n° 2014-1708 du 30 déc. 2014, art. 1er-8°)* « versée » lorsqu'elles accueillent deux personnes.

V. note ss. art. D. 531-4.

Ancien art. D. 531-8 *Pour les catégories mentionnées à l'article L. 441-1 du code de l'action sociale et des familles, le complément de libre choix d'activité mentionné au 1° du II de l'article D. 531-4 est versé lorsqu'elles accueillent une personne.*

Le complément de libre choix d'activité mentionné au 2° du II de l'article D. 531-4 est versé lorsqu'elles accueillent deux personnes.

Art. D. 531-9 I. — Le bénéfice *(Décr. n° 2014-1708 du 30 déc. 2014, art. 1er-9°)* « de la prestation partagée d'éducation de l'enfant » à taux partiel *(Décr. n° 2014-1708 du 30 déc. 2014, art. 1er-9°)* « mentionnée » au 1° du II de l'article D. 531-4 est ouvert :

1° Aux salariés mentionnés à l'article *(Décr. n° 2014-1708 du 30 déc. 2014, art. 1er-9°)* « L. 7311-3 » du code du travail lorsque le nombre d'heures de travail mensuel à temps partiel déclaré sur l'honneur par le demandeur est au plus égal à 50 % de la durée légale du travail et que cette activité à temps partiel ne lui procure pas une rémunération mensuelle nette excédant *(Décr. n° 2008-605 du 26 juin 2008)* « 106,25 % » du salaire minimum de croissance défini aux articles *(Décr. n° 2014-1708 du 30 déc. 2014, art. 1er-9°)* « L. 3231-1 à L. 3231-11 » du code du travail, multiplié par 169 ;

2° Aux personnes mentionnées aux 1°, 4° et 5° de l'article *(Décr. n° 2014-1708 du 30 déc. 2014, art. 1er-9°)* « L. 613-1 » et à l'article L. 722-1 du présent code ainsi qu'aux articles L. 722-4, L. 722-9, L. 722-22 et L. 722-28 du code rural et de la pêche maritime, lorsque le nombre d'heures de travail mensuel à temps partiel déclaré sur l'honneur par le demandeur est au plus égal à 50 % de la durée légale du travail et que cette activité à temps partiel ne lui procure pas un revenu professionnel tel que retenu pour le calcul de l'impôt sur le revenu divisé par douze supérieur au montant visé au 1°.

II. — Le bénéfice *(Décr. n° 2014-1708 du 30 déc. 2014, art. 1er-9°)* « de la prestation partagée d'éducation de l'enfant à taux partiel mentionnée » au 2° du II de l'article D. 531-4 est ouvert aux catégories mentionnées au I, lorsque le nombre d'heures de travail mensuel à temps partiel déclaré sur l'honneur par le demandeur est supérieur à 50 % et au plus égal à 80 % de la durée légale du travail et que cette activité à temps partiel ne lui procure pas une rémunération mensuelle nette ou un revenu professionnel divisé par douze supérieur à *(Décr. n° 2008-605 du 26 juin 2008)* « 170 % » du salaire minimum de croissance multiplié par 169. — *Le II de l'art. D. 531-9, dans sa rédaction issue du Décr. n° 2003-1394 du 31 déc. 2003 relatif à la prestation d'accueil du jeune enfant et modifiant le CSS, est entaché d'illégalité en tant qu'il prévoit un plafond de ressources procurées par l'activité exercée (CE 8 mars 2013, n° 360815 : JO 21 mars, p. 4863).*

III. — Pour les personnes mentionnées à l'article *(Décr. n° 2014-1708 du 30 déc. 2014, art. 1er-9°)* « L. 7311-3 » du code du travail, le revenu professionnel mentionné au 1° du I et au II du présent article est justifié :

a) A l'ouverture du droit, au titre des deux premiers mois de la période d'ouverture de droit ;

b) Au renouvellement du droit, au titre des trois mois précédant la période de renouvellement du droit.

Pour les travailleurs non salariés, le revenu professionnel mentionné au 2° du I et au II du présent article donne lieu à justification *a posteriori*, pour chaque période de droit, lorsque les revenus desdites périodes de droit sont connus. Lorsque les revenus effectivement perçus au cours d'une période de droit sont supérieurs à ceux visés au 2° du I ou au II du présent article, l'organisme débiteur de prestations familiales procède au recouvrement des sommes indûment versées *(Décr. n° 2014-422 du 24 avr. 2014, art. 3, en vigueur le 1er avr. 2014)* « sauf s'ils sont proportionnels à l'activité réduite déclarée. A cet effet, l'organisme débiteur de prestations familiales compare les revenus effectivement perçus au cours d'une période de droit au revenu tel que retenu pour le calcul de l'impôt sur le revenu de l'année civile précédant l'ouverture du droit ».

IV. – Pour les élus locaux qui cessent leur activité professionnelle pour se consacrer à leur mandat d'élu, *(Décr. n° 2014-1708 du 30 déc. 2014, art. 1er-9°)* « la prestation partagée d'éducation de l'enfant » à taux partiel est *(Décr. n° 2014-1708 du 30 déc. 2014, art. 1er-9°)* « attribuée » dans les conditions définies au 2° du I et *(Décr. n° 2014-1708 du 30 déc. 2014, art. 1er-9°)* « au II » du présent article en prenant en compte le montant des indemnités de fonction tel que retenu pour le calcul de l'impôt sur le revenu divisé par douze.

V. note ss. art. D. 531-4.

Ancien art. D. 531-9 *I. – Le bénéfice du complément de libre choix d'activité à taux partiel mentionné au 1° du II de l'article D. 531-4 est ouvert :*

1° Aux salariés mentionnés à l'article L. 751-1 [L. 7311-3 nouv.] *du code du travail lorsque le nombre d'heures de travail mensuel à temps partiel déclaré sur l'honneur par le demandeur est au plus égal à 50 % de la durée légale du travail et que cette activité à temps partiel ne lui procure pas une rémunération mensuelle nette excédant* (Décr. n° 2008-605 du 26 juin 2008) *« 106,25 % » du salaire minimum de croissance défini aux articles L. 141-1 à L. 141-9* [L. 3231-1 s. nouv.] *du code du travail, multiplié par 169 ;*

2° Aux personnes mentionnées aux 1°, 4° et 5° de l'article L. 615-1 et à l'article L. 722-1 du présent code ainsi qu'aux articles L. 722-4, L. 722-9, L. 722-22 et L. 722-28 du code rural et de la pêche maritime, lorsque le nombre d'heures de travail mensuel à temps partiel déclaré sur l'honneur par le demandeur est au plus égal à 50 % de la durée légale du travail et que cette activité à temps partiel ne lui procure pas un revenu professionnel tel que retenu pour le calcul de l'impôt sur le revenu divisé par douze supérieur au montant visé au 1°.

II. – Le bénéfice du complément de libre choix d'activité à taux partiel mentionné au 2° du II de l'article D. 531-4 est ouvert aux catégories mentionnées au I, lorsque le nombre d'heures de travail mensuel à temps partiel déclaré sur l'honneur par le demandeur est supérieur à 50 % et au plus égal à 80 % de la durée légale du travail et que cette activité à temps partiel ne lui procure pas une rémunération mensuelle nette ou un revenu professionnel divisé par douze supérieur à (Décr. n° 2008-605 du 26 juin 2008) *« 170 % » du salaire minimum de croissance multiplié par 169.* – Le II de l'art. D. 531-9, dans sa rédaction issue du Décr. n° 2003-1394 du 31 déc. 2003 relatif à la prestation d'accueil du jeune enfant et modifiant le CSS, est entaché d'illégalité en tant qu'il prévoit un plafond de ressources procurées par l'activité exercée (CE 8 mars 2013, n° 360815 : JO 21 mars, p. 4863).

III. – Pour les personnes mentionnées à l'article L. 751-1 [L. 7311-3 nouv.] *du code du travail, le revenu professionnel mentionné au 1° du I et au II du présent article est justifié :*

a) A l'ouverture du droit, au titre des deux premiers mois de la période d'ouverture de droit ;

b) Au renouvellement du droit, au titre des trois mois précédant la période de renouvellement du droit.

Pour les travailleurs non salariés, le revenu professionnel mentionné au 2° du I et au II du présent article donne lieu à justification a posteriori, pour chaque période de droit, lorsque les revenus desdites périodes de droit sont connus. Lorsque les revenus effectivement perçus au cours d'une période de droit sont supérieurs à ceux visés au 2° du I ou au II du présent article, l'organisme débiteur de prestations familiales procède au recouvrement des sommes indûment versées (Décr. n° 2014-422 du 24 avr. 2014, art. 3, en vigueur le 1er avr. 2014) *« sauf s'ils sont proportionnels à l'activité réduite déclarée. A cet effet, l'organisme débiteur de prestations familiales compare les revenus effectivement perçus au cours d'une période de droit au revenu tel que retenu pour le calcul de l'impôt sur le revenu de l'année civile précédant l'ouverture du droit ».*

IV. – Pour les élus locaux qui cessent leur activité professionnelle pour se consacrer à leur mandat d'élu, le complément de libre choix d'activité à taux partiel est attribué dans les conditions définies au 2° du I et du II du présent article en prenant en compte le montant des indemnités de fonction tel que retenu pour le calcul de l'impôt sur le revenu divisé par douze.

Juriprudence rendue sous l'empire des textes antérieurs au Décr. n° 2014-1708 du 30 déc. 2014.

Illégalité de l'art. D. 531-9-II. En subordonnant le bénéfice du complément de libre choix d'activité à taux partiel à une condition de montant maximal des ressources procurées par l'activité exercée, le pouvoir réglementaire ne s'est pas borné à adapter les modalités selon lesquelles ce complément est attribué à certaines catégories de travailleurs mais a fixé une condition nouvelle non prévue par la loi et qu'il ne lui appartenait pas d'instituer. Les dispositions du II de l'art. D. 531-9 CSS sont en conséquence entachées d'incompétence et doivent être déclarées illégales. • CE 13 mars 2013, n° 360815 : *JO 21 mars 2013, p. 4863.*

Art. D. 531-10 Pour les personnes mentionnées à l'article L. 421-1 du code de l'action sociale et des familles, le droit *(Décr. n° 2014-1708 du 30 déc. 2014, art. 1er-10°)* « à la prestation » est ouvert en prenant en compte le nombre d'enfants gardés autorisé tel que défini au deuxième alinéa de ce même article et, pour chaque enfant gardé, le nombre de jours de garde ou de demi-journées de garde effectué le premier mois de la période d'ouverture du droit ou du renouvellement du droit.

Le droit *(Décr. n° 2014-1708 du 30 déc. 2014, art. 1er-10°)* « à la prestation partagée d'éducation de l'enfant » à taux partiel *(Décr. n° 2014-1708 du 30 déc. 2014, art. 1er-10°)* « mentionnée » au 1° du II de l'article D. 531-4 est ouvert si l'addition des jours de garde de chaque enfant divisée par le nombre d'enfants gardés puis rapportée au nombre de jours ouvrés du mois considéré est au plus égale à 50 %.

Le droit *(Décr. n° 2014-1708 du 30 déc. 2014, art. 1er-10°)* « à la prestation partagée d'éducation de l'enfant » à taux partiel *(Décr. n° 2014-1708 du 30 déc. 2014, art. 1er-10°)* « mentionnée » au 2° du II de l'article D. 531-4 est ouvert si l'addition des jours de garde de chaque enfant divisée par le nombre d'enfants gardés puis rapportée au nombre de jours ouvrés du mois considéré est supérieure à 50 % et au plus égale à 80 %.

Pour le calcul du droit *(Décr. n° 2014-1708 du 30 déc. 2014, art. 1er-10°)* « à la prestation », un enfant est considéré comme gardé à temps plein s'il est gardé tous les jours ouvrés du premier mois de la période d'ouverture du droit.

Une demi-journée de garde est définie comme une durée de garde inférieure à quatre heures par jour et une journée de garde comme toute durée supérieure à celle-ci.

L'assistante maternelle fournit à l'organisme débiteur des prestations familiales une attestation du ou des employeurs précisant, pour chaque enfant gardé, le nombre de jours ou de demi-journées de garde pour le mois considéré.

V. note ss. art. D. 531-4.

Ancien art. D. 531-10 *Pour les personnes mentionnées à l'article L. 421-1 du code de l'action sociale et des familles, le droit au complément est ouvert en prenant en compte le nombre d'enfants gardés autorisé tel que défini au deuxième alinéa de ce même article et, pour chaque enfant gardé, le nombre de jours de garde ou de demi-journées de garde effectué le premier mois de la période d'ouverture du droit ou du renouvellement du droit.*

Le droit au complément de libre choix d'activité à taux partiel mentionné au 1° du II de l'article D. 531-4 est ouvert si l'addition des jours de garde de chaque enfant divisée par le nombre d'enfants gardés puis rapportée au nombre de jours ouvrés du mois considéré est au plus égale à 50 %.

Le droit au complément de libre choix d'activité à taux partiel mentionné au 2° du II de l'article D. 531-4 est ouvert si l'addition des jours de garde de chaque enfant divisée par le nombre d'enfants gardés puis rapportée au nombre de jours ouvrés du mois considéré est supérieure à 50 % et au plus égale à 80 %.

Pour le calcul du droit au complément, un enfant est considéré comme gardé à temps plein s'il est gardé tous les jours ouvrés du premier mois de la période d'ouverture du droit.

Une demi-journée de garde est définie comme une durée de garde inférieure à quatre heures par jour et une journée de garde comme toute durée supérieure à celle-ci.

L'assistante maternelle fournit à l'organisme débiteur des prestations familiales une attestation du ou des employeurs précisant, pour chaque enfant gardé, le nombre de jours ou de demi-journées de garde pour le mois considéré.

Art. D. 531-11 Pour les catégories de cadres mentionnées *(Décr. n° 2014-1708 du 30 déc. 2014, art. 1er-11° ; Décr. n° 2016-1553 du 18 nov. 2016, art. 7-II, en vigueur le 1er janv. 2017)* « à l'article **L. 3121-58** » du code du travail :

a) *(Décr. n° 2014-1708 du 30 déc. 2014, art. 1er-11°)* « La prestation partagée d'éducation de l'enfant à taux partiel mentionnée » au 1° du II de l'article D. 531-4 est *(Décr. n° 2014-1708 du 30 déc. 2014, art. 1er-11°)* « versée » lorsque le nombre de jours de travail fixé par le contrat de travail, rapporté au nombre de jours autorisé par l'accord collectif de branche ou d'entreprise ou à défaut au plafond de jours prévu *(Décr. n° 2014-1708 du 30 déc. 2014, art. 1er-11° ; Décr. n° 2016-1553 du 18 nov. 2016, art. 7-II, en vigueur le 1er janv. 2017)* « à l'article **L. 3121-58** » du code du travail, est au plus égal à 50 % ;

b) *(Décr. n° 2014-1708 du 30 déc. 2014, art. 1er-11°)* « La prestation partagée d'éducation de l'enfant à taux partiel mentionnée » au 2° du II de l'article D. 531-4 est *(Décr. n° 2014-1708 du 30 déc. 2014, art. 1er-11°)* « versée » lorsque le nombre de jours de travail fixé par le contrat de travail, rapporté au nombre de jours autorisé par l'accord collectif de branche ou d'entreprise ou à défaut au plafond de jours prévu *(Décr. n° 2014-1708 du 30 déc. 2014, art. 1er-11° ; Décr. n° 2016-1553 du 18 nov. 2016, art. 7-II, en vigueur le 1er janv. 2017)* « à l'article **L. 3121-58** » du code du travail, est supérieur à 50 % et au plus égal à 80 %.

V. note ss. art. D. 531-4.

Ancien art. D. 531-11 *Pour les catégories de cadres mentionnées au III de l'article* ***L. 212-15-3*** [L. 3121-43 nouv.] *du code du travail :*

a) Le complément de libre choix d'activité à taux partiel mentionné au 1° du II de l'article D. 531-4 est versé lorsque le nombre de jours de travail fixé par le contrat de travail, rapporté au nombre de jours autorisé par l'accord collectif de branche ou d'entreprise ou à défaut au plafond de jours prévu au III de l'article ***L. 212-15-3*** [L. 3121-43 nouv.] *du code du travail, est au plus égal à 50 % ;*

b) Le complément de libre choix d'activité à taux partiel mentionné au 2° du II de l'article D. 531-4 est versé lorsque le nombre de jours de travail fixé par le contrat de travail, rapporté au nombre de jours autorisé par l'accord collectif de branche ou d'entreprise ou à défaut au plafond de jours prévu au III de l'article ***L. 212-15-3*** [L. 3121-43 nouv.] *du code du travail, est supérieur à 50 % et au plus égal à 80 %.*

Art. D. 531-12 (Abrogé par Décr. n° 2014-422 du 24 avr. 2014, art. 4) *Lorsque la personne qui bénéficie du complément de libre choix d'activité de la prestation d'accueil du jeune enfant ne perçoit pas l'allocation de base de cette prestation,* (Décr. n° 2006-732 du 22 juin 2006) *« les taux mentionnés aux 1° et 2° du I et aux 1° et 2° du II de l'article D. 531-4 sont fixés respectivement à 142,57 %, 203,88 %, 108,41 % et 81,98 % » de la base mensuelle de calcul des allocations familiales fixée en application de l'article L. 551-1.*

Les dispositions de l'art. 4 du Décr. n° 2014-422 du 24 avr. 2014 entrent en vigueur le 1er avr. 2014 pour les enfants nés ou adoptés à compter de cette date (Décr. préc., art. 7-III).

Art. D. 531-13 *(Décr. n° 2014-1708 du 30 déc. 2014, art. 1er-12°)* Les durées de versement prévues au 3° du I de l'article L. 531-4 sont fixées à :

1° Six mois pour chacun des membres du couple lorsque le ménage assume la charge d'un seul enfant, dans la limite du premier anniversaire de l'enfant ;

2° Vingt-quatre mois pour chacun des membres du couple lorsque le ménage assume la charge d'au moins deux enfants, dans la limite du troisième anniversaire de l'enfant ;

La durée fixée au 2° est réduite du nombre de mois ayant donné lieu au versement d'une indemnité ou à un maintien de traitement dans les conditions prévues au premier alinéa du 3 du I de l'article L. 531-4.

Lorsque la charge de l'enfant est assumée par une personne seule, la prestation est versée jusqu'à ce que l'enfant atteigne l'âge limite fixé, selon son rang, au 1° ou au 2°.

V. note ss. art. D. 531-4.

Ancien art. D. 531-13 *Pour les personnes ayant un seul enfant à charge, le complément de libre choix d'activité est versé, en application du II de l'article L. 531-4, pendant une durée maximale de six mois.*

Juriprudence rendue sous l'empire des textes antérieurs au Décr. n° 2014-1708 du 30 déc. 2014.

Il résulte des art. D. 531-13, L. 531-4 et R. 531-4 CSS que le droit au complément de libre choix d'activité à temps partiel est ouvert au salarié ayant bénéficié d'un congé maternité suivi d'un congé maladie, le mois de l'arrêt du versement des indemnités journalières pour une durée maximale de six mois. Ces dispositions n'interdisent pas le différé d'une activité à temps partiel. • Civ. 2e, 14 févr. 2007 : *RJS 2007, n° 668 ; JCP S 2007. 1431, note Asquinazi-Bailleux.*

Art. D. 531-14 *(Décr. n° 2014-1708 du 30 déc. 2014, art. 1er-13°)* **La durée minimale de versement mentionnée au premier alinéa du IV de l'article L. 531-4 est fixée à douze mois.**

Lorsque le ménage ou la personne seule adopte ou accueille en vue d'adoption simultanément au moins trois enfants, la durée maximale de versement de la prestation partagée d'éducation de l'enfant est de trois ans à compter de l'arrivée des enfants au foyer des adoptants.

Lorsque l'adoption a pour effet de porter à deux, au moins, le nombre d'enfants à la charge du ménage, les règles suivantes s'appliquent également :

1° Les durées de versement prévues respectivement aux premier et deuxième alinéas sont réduites du nombre de mois ayant donné lieu au versement d'une indemnité ou à un maintien de traitement dans les conditions prévues au premier alinéa du 3 du I de l'article L. 531-4 ;

2° Si l'âge limite fixé à l'article D. 531-1 n'est pas atteint à l'issue de la durée minimale prévue au premier alinéa, le versement de la prestation peut être prolongé jusqu'à ce que l'enfant atteigne cet âge.

V. note ss. art. D. 531-4.

Ancien art. D. 531-14 *La durée de versement mentionnée au premier alinéa du IV de l'article L. 531-4 est fixée à douze mois.*

En cas de naissances multiples d'au moins trois enfants, le complément de libre choix d'activité est attribué jusqu'à leur sixième anniversaire.

Lorsque le ménage ou la personne seule adopte ou accueille en vue d'adoption simultanément au moins trois enfants, la durée maximale de perception du complément de libre choix d'activité est de trois ans à compter de l'arrivée des enfants au foyer des adoptants.

Art. D. 531-14-1 *(Décr. n° 2014-1708 du 30 déc. 2014, art. 1er-14°)* **En cas de naissances multiples d'au moins trois enfants, la durée de versement de la prestation partagée d'éducation de l'enfant est fixée à quarante-huit mois pour chacun des membres du couple, dans la limite du sixième anniversaire des enfants. Cette durée est réduite du nombre de mois ayant donné lieu au versement d'une indemnité ou à un maintien de traitement dans les conditions prévues au premier alinéa du 3 du I de l'article L. 531-4.**

Lorsque la charge des enfants est assumée par une personne seule, la prestation est versée jusqu'à ce que les enfants atteignent l'âge limite fixé au premier alinéa.

Art. D. 531-15 **I. – Lorsque** *(Décr. n° 2014-1708 du 30 déc. 2014, art. 1er-15°)* **« la prestation partagée d'éducation de l'enfant est attribuée » au titre d'un enfant à charge de rang supérieur à un, sont assimilées à une activité professionnelle :**

1° Les périodes de perception d'indemnités journalières de maladie, maternité, accident du travail, appréciées selon les modalités prévues aux 1°, 2° et 5° de l'article R. 351-12 ;

2° Les périodes de perception d'indemnités journalières de repos pour adoption pour une durée d'un trimestre par enfant ;

3° Les périodes de perception de l'allocation de remplacement pour maternité prévue aux articles *(Décr. n° 2014-1708 du 30 déc. 2014, art. 1er-15°)* **« L. 613-19-1 et L. 722-8-1 » du présent code et aux articles L. 732-10 à L. 732-14 du code rural et de la pêche maritime, pour une durée d'un trimestre par enfant ;**

4° Les périodes de chômage indemnisé appréciées selon les modalités prévues au 4° de l'article R. 351-12 du présent code ;

5° Les périodes de formation professionnelle rémunérée au sens du livre IX *[Partie VI nouv.]* **du code du travail, appréciées selon les modalités prévues au dernier alinéa de l'article R. 351-9 du présent code ;**

(Décr. n° 2014-1708 du 30 déc. 2014, art. 1er-15°) « 6° Les périodes de perception de la prestation partagée d'éducation de l'enfant ou du complément de libre choix d'activité. »

II. — Lorsque *(Décr. n° 2014-1708 du 30 déc. 2014, art. 1er-15°)* « cette prestation est attribuée » au titre d'un seul enfant à charge, sont assimilées à de l'activité professionnelle les indemnités et allocations mentionnées aux 1° à 3° du I du présent article.

V. note ss. art. D. 531-4.

Ancien art. D. 531-15 *I. — Lorsque le complément de libre choix d'activité est attribué au titre d'un enfant à charge de rang supérieur à un, sont assimilées à une activité professionnelle :*

1° Les périodes de perception d'indemnités journalières de maladie, maternité, accident du travail, appréciées selon les modalités prévues aux 1°, 2° et 5° de l'article R. 351-12 ;

2° Les périodes de perception d'indemnités journalières de repos pour adoption pour une durée d'un trimestre par enfant ;

3° Les périodes de perception de l'allocation de remplacement pour maternité prévue aux articles L. 615-19 et L. 722-8 du présent code et aux articles L. 732-10 à L. 732-14 du code rural et de la pêche maritime, pour une durée d'un trimestre par enfant ;

4° Les périodes de chômage indemnisé appréciées selon les modalités prévues au 4° de l'article R. 351-12 du présent code ;

5° Les périodes de formation professionnelle rémunérée au sens du livre IX [Partie VI nouv.] du code du travail, appréciées selon les modalités prévues au dernier alinéa de l'article R. 351-9 du présent code ;

6° Les périodes de perception du complément de libre choix d'activité de la prestation d'accueil du jeune enfant ou de l'allocation parentale d'éducation en vertu de la réglementation applicable antérieurement au 1er janvier 2004.

II. — Lorsque ce complément est attribué au titre d'un seul enfant à charge, sont assimilées à de l'activité professionnelle les indemnités et allocations mentionnées aux 1° à 3° du I du présent article.

Art. D. 531-16 *(Décr. n° 2006-732 du 22 juin 2006)* « En application du premier alinéa du VI de l'article L. 531-4 », le versement *(Décr. n° 2014-1708 du 30 déc. 2014, art. 1er-16°)* « de la prestation partagée d'éducation de l'enfant » à taux plein est prolongé de deux mois en cas de reprise d'une activité professionnelle du parent bénéficiaire lorsque l'enfant est âgé d'au moins dix-huit mois et de moins de trente mois. Ce dernier âge est porté à soixante mois lorsque *(Décr. n° 2014-1708 du 30 déc. 2014, art. 1er-16°)* « la prestation partagée d'éducation de l'enfant » à taux plein est *(Décr. n° 2014-1708 du 30 déc. 2014, art. 1er-16°)* « attribuée » en application du V de l'article L. 531-4.

Pour bénéficier de cette disposition, le parent doit assumer la charge d'au moins deux enfants.

V. note ss. art. D. 531-4.

Ancien art. D. 531-16 (Décr. n° 2006-732 du 22 juin 2006) *« En application du premier alinéa du VI de l'article L. 531-4 », le versement du complément de libre choix d'activité à taux plein est prolongé de deux mois en cas de reprise d'une activité professionnelle du parent bénéficiaire lorsque l'enfant est âgé d'au moins dix-huit mois et de moins de trente mois. Ce dernier âge est porté à soixante mois lorsque le complément de libre choix d'activité à taux plein est attribué en application du V de l'article L. 531-4.*

Pour bénéficier de cette disposition, le parent doit assumer la charge d'au moins deux enfants.

Art. D. 531-16-1 *(Décr. n° 2006-732 du 22 juin 2006) (Décr. n° 2014-1708 du 30 déc. 2014, art. 1er-17°)* « La durée de versement mentionnée au deuxième alinéa du VI de l'article L. 531-4 est fixée à huit mois pour chacun des membres du couple, dans la limite du premier anniversaire de l'enfant. Cette durée est réduite du nombre de mois ayant donné lieu au versement d'une indemnité ou à un maintien de traitement dans les conditions prévues au premier alinéa du 3 du I de l'article L. 531-4.

« Lorsque la charge des enfants est assumée par une personne seule, la prestation est versée jusqu'à ce que l'enfant atteigne l'âge limite fixé au premier alinéa. »

L'activité professionnelle antérieure minimale mentionnée au deuxième alinéa du VI de l'article L. 531-4 doit avoir été exercée pendant une période de référence égale aux cinq ans qui précèdent soit la naissance, l'adoption ou l'accueil de l'enfant au titre duquel le complément est demandé.

Pour bénéficier des dispositions *(Décr. n° 2014-1708 du 30 déc. 2014, art. 1er-17°)* « du deuxième au cinquième alinéa » du VI de l'article L. 531-4, le parent doit assumer la charge d'au moins trois enfants.

V. note ss. art. D. 531-4.

Ancien art. D. 531-16-1 (Décr. n° 2006-732 du 22 juin 2006) ***La durée maximale mentionnée au deuxième alinéa du VI de l'article L. 531-4 est fixée à douze mois.***

L'activité professionnelle antérieure minimale mentionnée au deuxième alinéa du VI de l'article L. 531-4 doit avoir été exercée pendant une période de référence égale aux cinq ans qui précèdent soit la naissance, l'adoption ou l'accueil de l'enfant au titre duquel le complément est demandé.

Pour bénéficier des dispositions des deuxième et troisième alinéas du VI de l'article L. 531-4, le parent doit assumer la charge d'au moins trois enfants.

Ces dispositions sont applicables à compter du 1er juill. 2006 pour les enfants nés ou adoptés à compter du 1er juill. 2006 ainsi que pour les enfants nés avant cette date alors que leur date de naissance présumée était postérieure au 30 juin 2006 (Décr. n° 2006-732 du 22 juin 2006, art. 6).

Art. D. 531-17 I. — Lorsque le ménage ou la personne emploie une assistante maternelle agréée, le montant maximal mensuel des cotisations et contributions sociales prises en charge en application du premier alinéa du II de l'article L. 531-5 est égal à 100 % des cotisations et contributions sociales mentionnées à cet article, à la condition que la rémunération servie à l'assistante maternelle, au titre de la garde de l'enfant, ne dépasse pas par jour et par enfant cinq fois la valeur horaire du salaire minimum de croissance telle qu'elle résulte de l'application des articles *(Décr. n° 2012-666 du 4 mai 2012, art. 1er)* « L. 3231-1 à L. 3231-12 et L. 3423-1 » du code du travail.

II. — Lorsque le ménage ou la personne emploie une personne mentionnée à l'article *(Décr. n° 2012-666 du 4 mai 2012, art. 1er)* « L. 7221-1 » du code du travail, le montant maximal mensuel des cotisations et contributions sociales prises en charge en application du deuxième alinéa du II de l'article L. 531-5 est égal à 50 % des cotisations patronales et salariales mentionnées à cet article, dans la limite d'un plafond. — *Le montant mensuel du plafond prévu à cet al. est fixé à 448 € pour la période du 1er janv. 2018 au 31 déc. 2018 (Arr. du 27 déc. 2017, art. 3-III, JO 29 déc.).*

III. — Le montant du plafond mentionné au II est revalorisé *(Décr. n° 2008-605 du 26 juin 2008)* « au 1er janvier » de chaque année conformément à l'évolution en moyenne annuelle des prix à la consommation hors tabac par arrêté du ministre chargé de la sécurité sociale.

Les dispositions du Décr. n° 2012-666 du 4 mai 2012 sont applicables aux gardes d'enfants effectuées à compter du 1er juin 2012 (Décr. préc., art. 9).

Art. D. 531-18 *(Décr. n° 2012-666 du 4 mai 2012, art. 2)* Pour l'application des dispositions du III de l'article L. 531-5, il convient de prendre en compte les règles suivantes :

1° La prise en charge partielle de la rémunération par l'organisme débiteur des prestations familiales est fixée au maximum à 85 % du salaire net servi et des indemnités mentionnées à l'article L. 423-4 du code de l'action sociale et des familles ;

2° L'aide prévue au 1° ne peut excéder un montant variable selon le barème suivant :

a) Lorsque le ménage a *(Décr. n° 2018-312 du 26 avr. 2018, art. 1er-3°)* « disposé d'un montant de ressources inférieur ou égal au plafond défini au 1° de l'article D. 531-18-1 », le montant versé ne peut excéder 114,04 % de la base mensuelle de calcul des allocations familiales ;

b) Lorsque le ménage a *(Décr. n° 2018-312 du 26 avr. 2018, art. 1er-3°)* « disposé d'un montant de ressources supérieur au plafond défini au 1° de l'article D. 531-18-1 et inférieur ou égal à celui défini au 2° du même article », le montant versé ne peut excéder 71,91 % de la base mensuelle de calcul des allocations familiales ;

c) Lorsque le ménage a *(Décr. n° 2018-312 du 26 avr. 2018, art. 1er-3°)* « disposé d'un montant de ressources supérieur au plafond défini au 2° de l'article D. 531-18-1 », le montant versé ne peut excéder 43,14 % de la base mensuelle de calcul des allocations familiales ;

3° Lorsque la charge de l'enfant ou des enfants est assumée par une personne seule, les plafonds de ressources mentionnés au 2° sont majorés de 40 % ;

(Décr. n° 2014-422 du 24 avr. 2014, art. 5) « 4° Pour l'application du 2°, les revenus du ménage ou de la personne seule sont appréciés dans les conditions prévues aux articles R. 532-1 à R. 532-8. »

V. note ss. art. D. 531-17.

Les dispositions issues des 3° et 4° de l'art. 1er du Décr. n° 2018-312 du 26 avr. 2018 sont applicables aux prestations dues à compter du 1er avr. 2018 (Décr. préc., art. 4-III).

Art. D. 531-18-1 *(Décr. n° 2018-312 du 26 avr. 2018, art. 1er-4°)* Pour l'application du barème mentionné au III de l'article L. 531-5 et à l'article L. 531-6, les plafonds mentionnés au 2° de l'article D. 531-18 et aux 1° et 2° du III de l'article D. 531-23 ainsi que leur majoration respective sont fixés comme suit et revalorisés au 1er janvier de chaque année, conformément à l'évolution en moyenne annuelle des prix à la consommation hors tabac de l'année civile de référence, par arrêté des ministres chargés de la sécurité sociale, du budget et de l'agriculture :

1° Le plafond prévu au *a* du 2° de l'article D. 531-18 et aux *a* du 1° et du 2° du III de l'article D. 531-23 est fixé à 17 633 euros. Il est majoré de 2 917 euros par enfant à charge ;

2° Le plafond prévu au *c* du 2° de l'article D. 531-18 et aux *c* du 1° et du 2° du III de l'article D. 531-23 est fixé à 39 184 euros. Il est majoré de 6 482 euros par enfant à charge.

Sur l'entrée en vigueur du Décr. n° 2018-312 du 26 avr. 2018, V. dernière note ss. art. D. 531-18.

Art. D. 531-19 I. – Pour l'application du cinquième alinéa du I de l'article L. 531-5, sont assimilées à une activité professionnelle les situations suivantes ;

1° Les périodes de perception d'indemnités journalières de maladie, maternité, paternité, repos pour adoption, accident du travail et de l'allocation de remplacement ;

2° Les périodes de chômage donnant lieu à versement d'indemnités mentionnées aux articles *(Décr. n° 2012-666 du 4 mai 2012, art. 3)* « L. 5122-1 et L. 5422-1 » du code du travail ;

3° Les périodes de formation professionnelle rémunérée au sens *(Décr. n° 2012-666 du 4 mai 2012, art. 3)* « de la sixième partie » du code du travail.

V. note ss. art. D. 531-17.

Art. D. 531-20 *(Décr. n° 2012-666 du 4 mai 2012, art. 4-1°)* « Pour l'application des dispositions prévues au IV de l'article L. 531-5, lorsque l'âge de l'enfant est supérieur à celui fixé à l'article D. 531-1 et inférieur à six, il convient de prendre en compte les règles suivantes : »

1° Le plafond de prise en charge des cotisations et contributions sociales, lorsque le ménage ou la personne emploie une personne visée à l'article *(Décr. n° 2012-666 du 4 mai 2012, art. 4-2°)* « L. 7221-1 » du code du travail, est égal à la moitié du plafond prévu au deuxième alinéa de l'article D. 531-17 ; – *Le montant mensuel du plafond prévu à cet al. est fixé à 224 € pour la période du 1er janv. 2018 au 31 déc. 2018 (Arr. du 27 déc. 2017, art. 3-III, JO 29 déc.).*

(Décr. n° 2012-666 du 4 mai 2012, art. 4-3°) « 2° Les montants maximaux fixés au 2° de l'article D. 531-18 pour le calcul de la prise en charge partielle de la rémunération sont divisés par deux. »

V. note ss. art. D. 531-17.

Art. D. 531-21 Lorsque la personne ou un membre du couple exerce une activité au plus égale à 50 % et bénéficie à ce titre *(Décr. n° 2014-1708 du 30 déc. 2014, art. 1er-18°)* « de la prestation partagée d'éducation de l'enfant *[ancienne rédaction : du complément du libre choix d'activité]* » à taux partiel :

1° Le plafond de prise en charge des cotisations et contributions sociales, lorsque le ménage ou la personne emploie une personne visée à l'article *(Décr. n° 2012-666 du 4 mai 2012, art. 5-1°)* « L. 7221-1 » du code du travail, est égal à la moitié du plafond prévu au deuxième alinéa de l'article D. 531-17 ;

(Décr. nº 2012-666 du 4 mai 2012, art. 5-2º) « 2º Les montants maximaux fixés au 2º de l'article D. 531-18 pour le calcul de la prise en charge partielle de la rémunération sont divisés par deux. »

V. notes ss. art. D. 531-4 et D. 531-17.

Art. D. 531-22 Lorsqu'au cours d'un même mois, un ou plusieurs enfants sont gardés par une assistante maternelle agréée et par une personne mentionnée à l'article *(Décr. nº 2012-666 du 4 mai 2012, art. 6-1º)* « L. 7221-1 » du code du travail, les cotisations et contributions sociales sont prises en charge au titre de chaque emploi dans les conditions prévues *(Décr. nº 2012-666 du 4 mai 2012, art. 6-1º)* « à l'article D. 531-17 et au 1º des articles D. 531-20 et D. 531-21 ».

Pour le calcul de la prise en charge partielle de la rémunération, il est fait masse des rémunérations versées. Le *(Décr. nº 2012-666 du 4 mai 2012, art. 6-2º)* « montant » maximal d'aide applicable est la somme des *(Décr. nº 2012-666 du 4 mai 2012, art. 6-2º)* « montants » maximaux applicables à chaque enfant en fonction de son âge *(Décr. nº 2012-666 du 4 mai 2012, art. 6-2º)* « selon les modalités prévues aux 2º des articles D. 531-18, D. 531-20 et D. 531-21 ».

V. note ss. art. D. 531-17.

Art. D. 531-23 I. – Pour l'application *(Décr. nº 2007-959 du 9 mai 2007, art. 1er)* « des quatre premiers alinéas de l'article L. 531-6 », le complément de libre choix du mode de garde est versé au ménage ou à la personne qui, pour assurer la garde d'un enfant, recourt à une association ou à une entreprise répondant aux conditions définies :

1º *(Décr. nº 2012-666 du 4 mai 2012, art. 7-1º)* « Aux articles L. 7231-1 et L. 7232-1 » du code du travail en cas de garde à domicile ;

2º A l'article L. 2324-1 du code de la santé publique en cas de garde par une assistante maternelle.

(Décr. nº 2007-959 du 9 mai 2007, art. 1er) « Pour l'application du dernier alinéa de l'article L. 531-6, le complément de libre choix du mode de garde est versé au ménage ou à la personne qui, pour assurer la garde d'un enfant, recourt à un établissement d'accueil de jeunes enfants autorisé à accueillir simultanément le nombre d'enfants mentionné *(Décr. nº 2012-666 du 4 mai 2012, art. 7-2º)* « au 4º de l'article R. 2324-17 » du code de la santé publique *(Décr. nº 2014-422 du 24 avr. 2014, art. 6-1º, en vigueur le 1er sept. 2014)* « , sous réserve que la tarification appliquée par l'établissement ne dépasse pas 10 euros par heure d'accueil ».

« Dans tous les cas, l'association, l'entreprise ou l'établissement » ne doit pas percevoir, pour le même service au titre de son fonctionnement, de prestation financée par le Fonds national d'action sanitaire et sociale de la Caisse nationale des allocations familiales en application de l'article R. 263-1. »

II. – *(Décr. nº 2012-666 du 4 mai 2012, art. 7-3º)* « La prise en charge partielle du coût de la garde par l'organisme débiteur des prestations familiales est fixée au maximum à » 85 % de la dépense engagée par la personne ou le ménage.

(Décr. nº 2012-666 du 4 mai 2012, art. 7-4º) « III. – 1º En cas de garde par une assistante maternelle, l'aide prévue au II ne peut excéder un montant variable selon le barème suivant :

« *a)* Lorsque le ménage a *(Décr. nº 2018-312 du 26 avr. 2018, art. 1er-3º)* « disposé d'un montant de ressources inférieur ou égal au plafond défini au 1º de l'article D. 531-18-1 », le montant versé ne peut excéder 172,57 % de la base mensuelle de calcul des allocations familiales ;

« *b)* Lorsque le ménage a *(Décr. nº 2018-312 du 26 avr. 2018, art. 1er-3º)* « disposé d'un montant de ressources supérieur au plafond défini au 1º de l'article D. 531-18-1 et inférieur ou égal à celui défini au 2º du même article », le montant versé ne peut excéder 143,81 % de la base mensuelle de calcul des allocations familiales ;

« *c)* Lorsque le ménage a *(Décr. nº 2018-312 du 26 avr. 2018, art. 1er-3º)* « disposé d'un montant de ressources supérieur au plafond défini au 2º de l'article D. 531-18-1 », le montant versé ne peut excéder 115,05 % de la base mensuelle de calcul des allocations familiales ;

« 2° En cas de garde à domicile ou par un établissement d'accueil de jeunes enfants, l'aide prévue au II ne peut excéder un montant variable selon le barème suivant :

« *a)* Lorsque le ménage a *(Décr. n° 2018-312 du 26 avr. 2018, art. 1er-3°)* « disposé d'un montant de ressources inférieur ou égal au plafond défini au 1° de l'article D. 531-18-1 », le montant versé ne peut excéder 208,53 % de la base mensuelle de calcul des allocations ;

« *b)* Lorsque le ménage a *(Décr. n° 2018-312 du 26 avr. 2018, art. 1er-3°)* « disposé d'un montant de ressources supérieur au plafond défini au 1° de l'article D. 531-18-1 et inférieur ou égal à celui défini au 2° du même article », le montant versé ne peut excéder 179,76 % de la base mensuelle de calcul des allocations familiales ;

« *c)* Lorsque le ménage a *(Décr. n° 2018-312 du 26 avr. 2018, art. 1er-3°)* « disposé d'un montant de ressources supérieur au plafond défini au 2° de l'article D. 531-18-1 », le montant versé ne peut excéder 151,00 % de la base mensuelle de calcul des allocations familiales ; — *Les dispositions issues du 3° de l'art. 1er du Décr. n° 2018-312 du 26 avr. 2018 sont applicables aux prestations dues à compter du 1er avr. 2018 (Décr. préc., art. 4-III).*

« 3° Lorsque la charge de l'enfant ou des enfants est assumée par une personne seule, les plafonds de ressources mentionnés au 1° et au 2° du III sont majorés de 40 % ;

« 4° Le complément est versé par enfant en cas de garde par une assistante maternelle ou par un établissement d'accueil de jeunes enfants et par famille en cas de garde au domicile des parents » ;

(Décr. n° 2014-422 du 24 avr. 2014, art. 6-3°) « 5° Pour l'application des 1° et 2°, les revenus du ménage ou de la personne seule sont appréciés dans les conditions prévues aux articles R. 532-1 à R. 532-8. »

IV. — Pour la garde d'un enfant répondant à la condition d'âge mentionnée au IV de l'article L. 531-5, les montants mentionnés au III sont divisés par deux.

V. — Le complément n'est pas dû si l'enfant n'est pas gardé au minimum seize heures dans le mois au titre duquel le complément est demandé.

VI. — *(Décr. n° 2007-959 du 9 mai 2007, art. 1er)* « Lorsqu'au cours d'un même mois un ou plusieurs enfants sont gardés selon plus d'un même mode de garde dans les conditions mentionnées au I et au *(Décr. n° 2012-666 du 4 mai 2012, art. 7-5°)* « V », il est fait masse, pour le calcul de l'aide, de l'ensemble des dépenses engagées pour ces modes de garde. » Le montant maximal de l'aide est la somme des *(Décr. n° 2012-666 du 4 mai 2012, art. 7-5°)* « montants » maximaux applicables à chaque enfant en fonction de son âge, mentionnés au 1° du III et au IV.

Lorsque le ménage ou la personne peut bénéficier, au cours d'un même mois, pour plusieurs enfants, de plusieurs compléments de libre choix du mode de garde en application de l'article L. 531-5 et de l'article L. 531-6, il est procédé de la façon suivante :

— il est d'abord calculé une aide par application de l'article D. 531-22, au titre des dépenses engagées dans les conditions mentionnées à l'article L. 531-5 ;

— il est ensuite calculé une aide par application des dispositions du VI ci-dessus au titre des dépenses engagées dans les conditions mentionnées à l'article L. 531-6.

Le cumul des deux aides ne peut excéder la somme des *(Décr. n° 2012-666 du 4 mai 2012, art. 7-6°)* « montants » maximaux applicables à chaque enfant en fonction de son âge prévu au 1° du III ou au IV. Si l'enfant ou les enfants sont gardés uniquement à domicile, le cumul des deux aides ne peut excéder le montant mentionné au 2° du III ou au IV.

VII. — Le complément est versé mensuellement par l'organisme débiteur des prestations familiales sur justification des dépenses acquittées au titre d'un mois civil dans un délai maximum d'un mois à compter de la réception de cette justification.

VIII. — Lorsque la personne ou un membre du couple exerce une activité au plus égale à 50 % et bénéficie à ce titre *(Décr. n° 2014-1708 du 30 déc. 2014, art. 1er-19°)* « de la prestation partagée d'éducation de l'enfant *[ancienne rédaction : du complément de libre choix d'activité]* » à taux partiel, le complément de libre choix du mode de garde versé en application de l'article L. 531-6 est attribué dans les conditions définies au IV.

V. notes ss. art. D. 531-4 et D. 531-17.

Art. D. 531-23-1 *(Décr. n° 2009-908 du 24 juill. 2009, art. 1er)* *(Décr. n° 2012-666 du 4 mai 2012, art. 8-3°)* « I. — Pour l'application du 1° du III de l'article L. 531-5 et du 1° de l'article L. 531-6, il est tenu compte des règles suivantes : »

(Décr. n° 2012-666 du 4 mai 2012, art. 8-1°) « A ». — Lorsque la personne ou les membres du ménage qui bénéficient du complément de libre choix du mode de garde travaillent et font garder leurs enfants selon des horaires spécifiques, *(Décr. n° 2012-666 du 4 mai 2012, art. 8-2°)* « les montants maximaux fixés aux 2° des articles D. 531-18, D. 531-20 et D. 531-21 et » au III de l'article D. 531-23 sont majorés de 10 % dans les conditions prévues au présent article.

Sont prises en compte comme horaires spécifiques de travail les périodes comprises entre 22 heures et 6 heures ainsi que celles intervenant un dimanche ou un jour férié mentionné à l'article L. 3133-1 du code du travail.

La majoration est due si le nombre d'heures de garde en horaires spécifiques est supérieur ou égal à 25 heures dans le mois au titre duquel elle est demandée.

(Décr. n° 2012-666 du 4 mai 2012, art. 8-1°) « B ». — Pour ouvrir droit à la majoration, le demandeur déclare le nombre d'heures de garde en horaires spécifiques :

1° Sur le formulaire mentionné à l'article L. 531-8 lorsque le complément du mode de garde est demandé au titre de l'article L. 531-5 ;

2° Sur l'attestation établie par l'association, l'entreprise habilitée ou l'établissement d'accueil de jeunes enfants pour la justification des dépenses de garde prévue au VII de l'article D. 531-23 lorsque le complément du mode de garde est demandé au titre de l'article L. 531-6.

(Décr. n° 2012-666 du 4 mai 2012, art. 8-1°) « C ». — Le nombre d'heures de garde en horaires spécifiques est contrôlé par l'organisme débiteur des prestations familiales une fois par an sur la base d'une attestation annuelle du ou des employeurs de la personne ou des membres du ménage précisant, pour chacun des douze derniers mois, le nombre d'heures total effectuées en horaires spécifiques.

Lorsque le contrôle fait apparaître que le seuil de 25 heures de travail en horaires spécifiques ne peut être justifié ou n'a pas été atteint au titre d'un mois civil, l'organisme débiteur des prestations familiales procède au recouvrement de la majoration indûment versée.

(Décr. n° 2012-666 du 4 mai 2012, art. 8-1°) « D ». — Le bénéfice de la majoration prévue au I est ouvert aux personnes mentionnées aux 1°, 4° et 5° de l'article L. 613-1 du présent code et à l'article L. 722-9 du code rural et de la pêche maritime sur la base d'une attestation sur l'honneur qui comporte les mêmes indications que celles prévues au premier alinéa du III du présent article.

(Décr. n° 2012-666 du 4 mai 2012, art. 8-4°) « II. — Pour l'application du 2° *(Décr. n° 2018-312 du 26 avr. 2018, art. 1er)* « et du 3° » du III de l'article L. 531-5 et du 2° *(Décr. n° 2018-312 du 26 avr. 2018, art. 1er)* « et du 3° » de l'article L. 531-6, les montants maximaux fixés aux 2° des articles D. 531-18, D. 531-20 et D. 531-21 et au III de l'article D. 531-23 sont majorés de 30 %. » — *Les dispositions issues du 5° de l'art. 1er du Décr. n° 2018-312 du 26 avr. 2018 sont applicables aux gardes réalisées à compter du 1er oct. 2018. Pour les gardes d'enfants réalisées avant le 1er oct. 2018, les dispositions du CSS demeurent applicables dans leur rédaction antérieure au décret susvisé (Décr. préc., art. 4-II).*

V. note ss. art. D. 531-17.

Art. D. 531-24 La demande du complément de libre choix du mode de garde est faite auprès de l'organisme débiteur des prestations familiales.

L'organisme de recouvrement mentionné à l'article L. 531-8 adresse au demandeur les formulaires de déclaration des éléments nécessaires à la liquidation du complément. — *V. Arr. du 31 déc. 2003 (JO 1er janv.), mod. par Arr. du 24 juill. 2009 (JO 26 juill.), Arr. du 15 sept. 2011 (JO 23 sept.).*

Pour ouvrir droit au complément, le demandeur adresse à l'organisme de recouvrement le formulaire de déclaration correspondant au coût de la garde pour le mois considéré.

Le formulaire de déclaration peut également être adressé par voie électronique dans les conditions prévues aux premier à troisième alinéas du I de l'article L. 133-5.

L'organisme mentionné au deuxième alinéa du présent article assure le calcul et le recouvrement des cotisations et contributions sociales. Il délivre une attestation d'emploi permettant au salarié de justifier de ses droits aux prestations de sécurité sociale, d'assurance chômage et de retraite complémentaire. Il délivre également une attestation annuelle permettant à l'employeur de justifier de son droit à la réduction d'impôt prévue par l'article 199 *sexdecies* du code général des impôts ou celle prévue par l'article 199 *quater* D de ce même code.

Pour la gestion des missions mentionnées au précédent alinéa, l'organisme de recouvrement adhère à une convention établie par l'Agence centrale des organismes de sécurité sociale.

Art. D. 531-25 Lorsque le prélèvement des cotisations n'est pas honoré, il est fait application des dispositions des articles R. 243-18, R. 243-19, R. 243-19-1, R. 243-20, R. 243-20-3 et R. 243-21.

Art. D. 531-26 Pour l'application de l'article L. 531-10, *(Décr. n° 2014-1708 du 30 déc. 2014, art. 1er-20°)* « la prestation partagée d'éducation de l'enfant *[ancienne rédaction : le complément de libre choix d'activité]* » ainsi que l'allocation de base continuent d'être *(Décr. n° 2014-1708 du 30 déc. 2014, art. 1er-20°)* « versées *[ancienne rédaction : versés]* » pendant une période de trois mois dans la limite des conditions d'âge et de durée de versement mentionnées aux articles L. 531-3 et L. 531-4.

V. note ss. art. D. 531-4.

CHAPITRE II **DISPOSITIONS RELATIVES AUX EXAMENS MÉDICAUX DE LA MÈRE ET DE L'ENFANT**

Art. D. 532-1 Une déclaration de grossesse doit être adressée par l'allocataire dans les quatorze premières semaines de la grossesse à l'organisme d'assurance maladie ainsi qu'à l'organisme débiteur de prestations familiales de rattachement de l'intéressé.

La déclaration de grossesse est attestée par le document médical prévu à cet effet constatant la passation du premier examen prénatal, dont le modèle type est fixé par arrêté du ministre chargé de la sécurité sociale.

Art. D. 532-2 Si les examens mentionnés à l'article L. 533-1 ne sont pas passés, en l'absence de motifs légitimes, l'organisme débiteur de prestations familiales suspend le versement de la prestation d'accueil du jeune enfant sur demande du médecin responsable du service départemental de protection maternelle et infantile. Cette suspension prend effet à compter du mois civil qui suit celui au cours duquel est transmise la demande du médecin.

TITRE QUATRIÈME **PRESTATIONS À AFFECTATION SPÉCIALE**

CHAPITRE PREMIER **ALLOCATION D'ÉDUCATION DE L'ENFANT HANDICAPÉ** *(Décr. n° 2005-1761 du 29 déc. 2005).*

Art. D. 541-1 Le taux servant au calcul de l'*(Décr. n° 2005-1761 du 29 déc. 2005)* « allocation d'éducation de l'enfant handicapé » proprement dite est fixé en pourcentage de la base mensuelle prévue à l'article L. 551-1 à 32 % pour chaque enfant à charge répondant aux conditions prévues à l'article R. 541-1.

Art. D. 541-2 *(Décr. n° 2002-421 du 29 mars 2002)* Le taux du complément de première catégorie de l'*(Décr. n° 2005-1761 du 29 déc. 2005)* « allocation d'éducation de l'enfant handicapé » est fixé à 24 % de la base mensuelle de calcul des allocations familiales.

Le taux du complément de deuxième catégorie de l'*(Décr. n° 2005-1761 du 29 déc. 2005)* « allocation d'éducation de l'enfant handicapé » est fixé à 65 % de la base mensuelle de calcul des allocations familiales.

Le taux du complément de troisième catégorie de l'*(Décr. n° 2005-1761 du 29 déc. 2005)* « allocation d'éducation de l'enfant handicapé » est fixé à 92 % de la base mensuelle de calcul des allocations familiales.

Le taux du complément de quatrième catégorie de l'*(Décr. n° 2005-1761 du 29 déc. 2005)* « allocation d'éducation de l'enfant handicapé » est fixé à 142,57 % de la base mensuelle de calcul des allocations familiales.

Le taux du complément de cinquième catégorie de l'*(Décr. n° 2005-1761 du 29 déc. 2005)* « allocation d'éducation de l'enfant handicapé » est fixé à 182,21 % de la base mensuelle de calcul des allocations familiales.

Le montant du complément de la sixième catégorie de l'*(Décr. n° 2005-1761 du 29 déc. 2005)* « allocation d'éducation de l'enfant handicapé » est égal au montant de la majoration pour tierce personne accordée aux invalides de la 3e catégorie définis à l'article L. 341-4.

Les dispositions issues du Décr. n° 2002-421 du 29 mars 2002 sont applicables à compter du 1er avr. 2002 (Décr. préc.).

Art. D. 541-3 *(Décr. n° 2005-1761 du 29 déc. 2005)* La majoration spécifique pour parent isolé d'enfant handicapé prévue à l'article L. 541-4 est attribuée à toute personne isolée *(Abrogé par Décr. n° 2009-404 du 15 avr. 2009, art. 4)* « *, au sens de l'article L. 524-2,* » et bénéficiant de l'allocation mentionnée à l'article L. 541-1 *(Décr. n° 2008-531 du 4 juin 2008)* « ou de cette allocation et de la prestation de compensation mentionnée à l'article L. 245-1 du code de l'action sociale et des familles », dès lors que la commission des droits et de l'autonomie a accordé un complément en raison de l'état de l'enfant la contraignant à renoncer, cesser ou exercer une activité professionnelle à temps partiel ou exigeant le recours à tierce personne rémunérée.

La majoration spécifique pour parent isolé d'enfant handicapé est due pour chacun des enfants handicapés remplissant ces conditions.

Les dispositions issues du Décr. n° 2005-1761 du 29 déc. 2005 entrent en vigueur le 1er janv. 2006 (Décr. préc.).

Art. D. 541-4 *(Décr. n° 2005-1761 du 29 déc. 2005)* Le montant de la majoration spécifique pour enfant handicapé est égal à :

a) 13 % de la base mensuelle de calcul des allocations familiales lorsqu'un complément de deuxième catégorie de l'allocation d'éducation de l'enfant handicapé a été attribué ;

b) 18 % de la base mensuelle de calcul des allocations familiales lorsqu'un complément de troisième catégorie de l'allocation d'éducation de l'enfant handicapé a été attribué ;

c) 57 % de la base mensuelle de calcul des allocations familiales lorsqu'un complément de quatrième catégorie de l'allocation d'éducation de l'enfant handicapé a été attribué ;

d) 73 % de la base mensuelle de calcul des allocations familiales lorsqu'un complément de cinquième catégorie de l'allocation d'éducation de l'enfant handicapé a été attribué ;

e) 107 % de la base mensuelle de calcul des allocations familiales lorsqu'un complément de sixième catégorie de l'allocation d'éducation de l'enfant handicapé a été attribué.

Ces dispositions sont entrées en vigueur le 1er janv. 2006 (Décr. n° 2005-1761 du 29 déc. 2005).

CHAPITRE II ALLOCATION DE LOGEMENT FAMILIALE — PRIMES DE DÉMÉNAGEMENT — PRÊTS À L'AMÉLIORATION DE L'HABITAT

SECTION PREMIÈRE DISPOSITIONS GÉNÉRALES — CHAMP D'APPLICATION

Art. D. 542-1 Pour l'application du 3° de l'article L. 542-1, l'un et l'autre des époux ne doivent pas avoir atteint l'âge de quarante ans lorsque le mariage a été célébré.

La durée pendant laquelle l'allocation est due est fixée à cinq ans.

(Décr. n° 92-1015 du 23 sept. 1992, art. 1er) « Le logement mis à la disposition d'un requérant par un des ascendants ou de ses descendants n'ouvre pas droit au bénéfice de l'allocation. » *(Décr. n° 2014-1117 du 2 oct. 2014, art. 2-1°)* « Les seuils mentionnés au dernier alinéa de l'article L. 542-2 sont fixés à 10 % pour les parts de propriété et à 10 % pour les parts d'usufruit, sans que l'ensemble de ces parts ne puisse égaler ou dépasser 10 % au total. » — *Le Décr. n° 2014-1117 du 2 oct. 2014 s'applique aux ouvertures et renouvellements de droit prenant effet à compter du 5 oct. 2014, date de son entrée en vigueur (Décr. préc., art. 4, JO 4 oct.).*

(Décr. nº 95-1158 du 2 nov. 1995, art. 1er) **« Pour l'application du premier alinéa de l'article L. 542-2 du code de la sécurité sociale, la notion de résidence principale doit être entendue au sens du logement effectivement occupé au moins huit mois par an soit par l'allocataire, soit par son conjoint ou concubin, soit par une des personnes à charge au sens de l'article D. 542-4 »** *(Décr. nº 2000-750 du 1er août 2000, art. 6)* **« sauf obligation professionnelle, raison de santé ou cas de force majeure ».** — *Application à compter des prestations dues au titre du mois de juillet 2000.*

Art. D. 542-2 *(Décr. nº 2015-191 du 18 févr. 2015, art. 10-1º)* **« Si un logement devient surpeuplé par suite de naissance ou de la prise en charge d'un enfant, d'un ascendant ou d'un collatéral de deuxième ou de troisième degré, les allocations sont maintenues pendant une durée de deux ans. »**

(Décr. nº 86-564 du 14 mars 1986, art. 4-I) **« Cette dérogation peut être prolongée** *(Décr. nº 2015-191 du 18 févr. 2015, art. 10-2º)* **« , sur décision de l'organisme payeur, » dans les conditions prévues au premier alinéa de l'article D. 542-15, par période de deux ans renouvelable, après enquête sociale et au vu d'une attestation motivée du préfet certifiant que l'allocataire ne peut être logé conformément aux conditions fixées au 2º de l'article D. 542-14. »**

(Décr. nº 2015-191 du 18 févr. 2015, art. 10-3º) **« En cas de refus de dérogation, le deuxième alinéa de l'article D. 542-15 est applicable. »**

L'art. D. 542-2, dans sa rédaction issue du Décr. nº 2015-191 du 18 févr. 2015, est applicable à Saint-Barthélemy et à Saint-Martin (Décr. préc., art. 21).

SECTION II CONDITIONS GÉNÉRALES D'ATTRIBUTION

Art. D. 542-3 *(Décr. nº 95-1158 du 2 nov. 1995, art. 2-I)* **« L'allocation de logement est due à la date et aux conditions définies à l'article L. 542-2 du code de la sécurité sociale. »**

Le droit s'éteint à compter du premier jour du mois civil au cours duquel les conditions d'ouverture du droit cessent d'être réunies, sauf si la clôture du droit résulte du décès de l'allocataire ou de son conjoint ou d'une personne à charge, auquel cas le droit prend fin le premier jour du mois civil suivant le décès.

Les changements intervenus dans la composition de la famille ou dans la situation de l'allocataire ou de son conjoint et qui sont de nature à modifier ses droits à l'allocation prennent effet et cessent de produire leur effet selon les règles ci-dessus définies respectivement pour l'ouverture et pour l'extinction des droits.

(Décr. nº 95-1158 du 2 nov. 1995, art. 2-II) **« Toutefois, en cas de déménagement et en cas de conclusion ou de résiliation de l'une des conventions mentionnées à l'article L. 351-2 du code de la construction et de l'habitation, le droit à l'allocation de logement, le cas échéant :**

« *a)* Est ouvert à compter du premier jour du mois civil au cours duquel les conditions d'ouverture du droit sont réunies ;

« *b)* S'éteint le dernier jour du mois civil au cours duquel les conditions d'ouverture du droit cessent d'être réunies. »

Le départ du logement est sans incidence sur le droit à l'allocation si l'allocataire reste soumis à l'obligation de paiement du loyer pour la période en cause. • Soc. 4 oct. 2001 : *RJS 2001, nº 1462.*

Art. D. 542-4 *(Décr. nº 2000-72 du 28 janv. 2000, art. 1er)* **« Outre les enfants âgés de moins de vingt et un ans et qui, vivant au foyer de l'allocataire, sont à sa charge au sens des articles L. 512-3 et L. 513-1 », sont également considérées comme à charge pour l'ouverture du droit à l'allocation de logement et le calcul de son montant les personnes vivant au foyer de l'allocataire ci-dessous désignées et dont** *(Décr. nº 88-569 du 4 mai 1988, art. 1er)* **« les ressources déterminées dans les conditions prévues à l'article D. 542-10 n'excèdent pas » le plafond individuel prévu** *(Décr. nº 2007-1081 du 10 juill. 2007)* **« à l'article L. 815-9 en vigueur au 31 décembre de l'année de référence, multiplié par 1,25 » :**

1º Ascendants de l'allocataire ou de son conjoint, *(Décr. nº 2010-1734 du 30 déc. 2010, art. 5-10º, en vigueur le 1er juill. 2016)* **« ayant au moins l'âge prévu par le 1º de**

l'article L. 351-8 ou, s'ils sont titulaires de l'allocation de solidarité aux personnes âgées, soixante-cinq ans » ;

2° Ascendants de l'allocataire ou de son conjoint *(Décr. n° 2010-1734 du 30 déc. 2010, art. 5-11°, en vigueur le 1er juill. 2016)* « ayant au moins l'âge prévu par l'article L. 161-17-2 » et inaptes au travail, ou anciens déportés ou internés, titulaires de la carte de déporté ou interné de la Résistance ou de la carte de déporté ou interné politique, ou bénéficiaires des articles L. 161-19, L. 351-8 ou L. 643-3, ou des dispositions de la loi n° 75-1279 du 30 décembre 1975.

L'inaptitude reconnue au titre d'un régime d'assurance vieillesse résultant de dispositions législatives ou réglementaires s'impose à l'organisme ou service liquidateur.

Lorsqu'il est fait état de l'inaptitude au travail de l'ascendant, sans qu'une prestation de vieillesse ait été allouée à ce titre, l'organisme liquidateur communique le dossier de l'intéressé à la caisse *(Décr. n° 2010-344 du 31 mars 2010, art. 340)* « d'assurance retraite et de la santé au travail » de la circonscription de sa résidence. Toutefois, la caisse de mutualité sociale agricole est compétente, lorsque la dernière activité de l'ascendant exercée à titre principal est une profession agricole. L'organisme considéré détermine si, au regard de l'article L. 351-7 et des textes pris pour son application, l'intéressé est inapte au travail et signifie sa décision avec son avis motivé à l'organisme ou service liquidateur ;

3° Ascendants et descendants, ou frères et sœurs, ou oncles et tantes, ou neveux et nièces de l'allocataire ou de son conjoint atteints d'une infirmité entraînant une incapacité permanente au moins égale à 80 % *(Décr. n° 2013-140 du 14 févr. 2013, art. 2-1°)* « ou pour lesquels la commission des droits et de l'autonomie des personnes handicapées mentionnée à l'article L. 241-5 du code de l'action sociale et des familles reconnaît, compte tenu de leur handicap, une restriction substantielle et durable pour l'accès à l'emploi ».

Le Décr. n° 2013-140 du 14 févr. 2013 est applicable aux prestations dues à compter du mois de févr. ainsi qu'aux cotisations et contributions dues sur les gains et rémunérations versés à compter du mois de févr. (Décr. préc., art. 8-I).

Art. D. 542-5 *(Décr. n° 2000-1269 du 26 déc. 2000, art. 1er ; Décr. n° 2002-1485 du 20 déc. 2002, art. 2)* I. — Pour les locataires autres que ceux mentionnés au II du présent article, le montant mensuel de l'allocation de logement est égal à la différence entre la dépense de logement éligible et une participation personnelle du ménage. *(Décr. n° 2017-1413 du 28 sept. 2017, art. 2-I)* « Le résultat ainsi obtenu est minoré d'un montant fixé forfaitairement par arrêté conjoint des ministres chargés du logement, du budget, de la sécurité sociale et de l'agriculture. Le montant de l'aide est diminué » *(Décr. n° 2016-923 du 5 juill. 2016, art. 2-1°)* « lorsque le loyer principal dépasse un premier plafond de loyer. Ce montant décroît proportionnellement au dépassement de ce premier plafond, de telle sorte qu'il soit nul lorsqu'il atteint un deuxième plafond de loyer. Le premier plafond de loyer correspond au plafond de loyer, prévu, selon les cas, aux deuxième et quatrième alinéas du présent article, multiplié par un coefficient, fonction de la zone géographique, fixé par arrêté conjoint des ministres en charge du logement, du budget, de la sécurité sociale et de l'agriculture dans les conditions fixées par l'article L. 542-5. Le second plafond de loyer correspond au plafond de loyer, prévu, selon les cas, aux deuxième et quatrième alinéas du présent article multiplié par un coefficient, fonction de la zone géographique, fixé par arrêté conjoint des ministres en charge du logement, du budget, de la sécurité sociale et de l'agriculture. » — *Les dispositions issues du Décr. n° 2016-923 du 5 juill. 2016 s'appliquent aux prestations dues à compter du 1er juill. 2016 (Décr. préc., art. 3).*

La dépense de logement éligible comprend le loyer principal retenu dans la limite d'un plafond, ainsi qu'un montant forfaitaire au titre des charges. Le plafond de loyer est fixé en fonction de la zone géographique et, sauf dans le cas où le logement occupé est une chambre, de la composition familiale.

La participation personnelle est la somme d'une participation minimale et du résultat de l'application d'un taux de participation aux ressources du bénéficiaire diminuées, dans la limite du montant desdites ressources, d'un montant fixé forfaitairement. *(Décr. n° 2014-1739 du 29 déc. 2014, art. 2)* « Ce forfait R_0, fixé par arrêté conjoint des ministres chargés du logement, du budget, de la sécurité sociale et de l'agriculture, est revalorisé au 1er janvier de chaque année, conformément à l'évolution en moyenne annuelle de l'indice des prix à la consommation des ménages hors tabac, constatée pour l'avant-dernière année précédant cette revalorisation. Il est arrondi à l'euro inférieur. » — *Les dispositions issues du Décr. nº 2014-1739 du 29 déc. 2014 sont applicables aux prestations dues à compter du mois de janv. 2015 (Décr. préc., art. 3).*

Dans le cas du calcul de l'allocation de logement des colocataires, le loyer principal retenu représente le quotient du loyer effectivement payé par le nombre de cotitulaires du bail ou de l'engagement de location, le résultat étant pris en compte dans la limite du plafond de loyer qui correspond à la situation familiale de chacun des colocataires ; le montant forfaitaire des charges est celui qui correspond à la situation familiale de chacune des personnes ou ménages concernés.

Les ressources du bénéficiaire sont appréciées conformément aux articles D. 542-8 à D. 542-12 et arrondies aux 100 € supérieurs.

Le taux de participation susvisé est obtenu par l'addition :

— d'un premier taux qui est fonction de la taille du ménage ;

— d'un second taux qui croît quand le loyer augmente dans la limite d'un plafond ; il est obtenu par l'application de taux croissants à des tranches successives de loyer ; ces tranches sont déterminées en proportion d'un loyer de référence fixé en fonction de la composition familiale ;

II. — *(Décr. nº 86-1091 du 8 oct. 1986 art. 1er ; Décr. nº 2000-1269 du 26 déc. 2000, art. 1er)* Pour les accédants à la propriété ainsi que pour les étudiants logés en résidence universitaire, le montant de l'allocation de logement est obtenu par l'application de la formule :

(Décr. nº 2017-1413 du 28 sept. 2017, art. 2-I) « AL = K (L + C – Lo) – Mfo »

Dans laquelle :

1) AL représente le montant de l'allocation de logement ;

2) *(Décr. nº 2004-464 du 28 mai 2004, art. 1er-I)* « K représente le coefficient de prise en charge déterminé, pour chaque intervalle de ressources de 100 €, par la formule :

$$K = 0{,}9 - \frac{R}{21\,420{,}91 \times N}$$

« dans laquelle :

« R représente la limite supérieure de l'intervalle dans lequel se situent les ressources appréciées conformément à l'article D. 542-10 ;

« N représente le nombre de parts déterminé dans les conditions prévues au 5° ;

« Le coefficient K est arrondi à deux décimales par défaut » ;

3) *(Décr. nº 86-1091 du 8 oct. 1986, art. 1er)* « L représente selon le cas :

« Soit le loyer principal effectivement payé défini à l'article D. 542-20 et éventuellement ramené au plafond mentionné à l'article D. 542-21 ;

« Soit la somme prise en compte, dont il est fait état aux articles D. 542-25 et D. 542-28, et éventuellement ramenée au plafond mentionné à l'article D. 542-27 ;

« 4) C représente une majoration forfaitaire au titre des charges » ;

(Décr. nº 2007-1081 du 10 juill. 2007) « 5) Lo représente le loyer minimum. Ce loyer minimum est la part du loyer L défini au 3° qui doit rester à la charge de l'allocataire compte tenu des ressources du foyer définies aux articles D. 542-8 à D. 542-11 et de la composition de la famille. Ce loyer minimum est déterminé pour chaque intervalle de ressources de 100 €. Il est obtenu par l'application, à la limite supérieure de l'intervalle dans lequel se situent les ressources du foyer, de pourcentages fixés comme suit :

« 0 % pour la tranche de ressources inférieure ou égale à 1 423,03 € ;

« 2,4 % pour la tranche de ressources comprise entre 1 423,03 € et 2 047,61 € ;

« 20,8 % pour la tranche de ressources comprise entre 2 047,61 € et 2 629,85 € ;

« 23,2 % pour la tranche de ressources comprise entre 2 629,85 € et 4 095,05 € ;

« 32,8 % pour la tranche de ressources supérieure à 4 095,05 €. »

(Décr. n° 88-1071 du 29 nov. 1988, art. 1er-II ; Décr. n° 92-1015 du 23 sept. 1992, art. 2-III) **« Les limites inférieures et supérieures de chacune de ces tranches sont affectées des coefficients (ou nombre de parts) ci-après :**

« 1,5 pour un ménage sans enfant ;

« 2,5 pour un ménage ou une personne avec un enfant ou personne à charge ;

« 3 pour un ménage ou une personne avec deux enfants ou personnes à charge ;

« 3,7 pour un ménage ou une personne avec trois enfants ou personnes à charge ;

« 4,3 pour un ménage ou une personne avec quatre enfants ou personnes à charge.

« Ce dernier coefficient est majoré de 0,5 par enfant ou par personne à charge supplémentaire.

« Le loyer minimum ainsi obtenu est majoré d'un montant égal à » *(Décr. n° 2004-464 du 28 mai 2004, art. 1er-III)* **« 76,32 € » ;**

(Décr. n° 2017-1413 du 28 sept. 2017, art. 2-I) **« 6°) Mfo représente un montant fixé forfaitairement par arrêté conjoint des ministres chargés du logement, du budget, de la sécurité sociale et de l'agriculture. »**

V. Arr. du 14 janv. 2013 relatif à la revalorisation de l'allocation logement (JO 16 janv.), mod. par Arr. du 27 oct. 2014 relatif à la revalorisation des paramètres de calcul de l'allocation de logement (JO 28 oct.), Arr. du 16 oct. 2015 (JO 21 oct.), et Arr. du 23 déc. 2013 revalorisant les montants minimaux de ressources pris en compte pour le droit aux allocations de logement des étudiants (JO 28 déc.).

Les dispositions du Décr. n° 2017-1413 du 28 sept. 2017 entrent en vigueur le 1er oct. 2017 et s'appliquent aux prestations dues à compter de cette date (Décr. préc., art. 4).

Par dérogation aux dispositions de l'art. D. 542-5, le forfait R_O prévu par ces mêmes articles n'est pas revalorisé au 1er janv. 2018 pour les prestations dues à compter de cette date (Décr. n° 2017-1859 du 29 déc. 2017).

Décret n° 2000-1269 du 26 décembre 2000, *relatif à l'allocation de logement et modifiant le code de la sécurité sociale (troisième partie : Décrets).* **Art. 16** Lorsque le montant de l'allocation de logement, due en application du I de l'article D. 542-5 du code de la sécurité sociale, calculé au titre du mois d'entrée en vigueur du présent décret est inférieur à l'aide due au titre du mois précédent, les bénéficiaires perçoivent une compensation égale à la différence entre ces deux montants.

Le montant de l'aide, compensation comprise, dû au titre du premier mois d'application du présent décret sert de montant de référence pour les révisions du montant de la compensation ; lors de la révision du droit en cours d'exercice de paiement ou au 1er juillet 2001 ou au 1er janvier 2002, si le montant de l'aide augmenté de la compensation versée le mois précédent est supérieur au montant de référence, la compensation est réduite à la différence entre le montant de référence et le montant de l'aide hors compensation si cette différence est positive ; si l'aide hors compensation est supérieure ou égale au montant de référence, la compensation est supprimée.

(Décr. n° 2002-1485 du 20 déc. 2002, art. 8) « La compensation ainsi calculée est limitée à 30 €. Elle cesse d'être due en cas de déménagement et au plus tard le 30 juin 2003. » — *Application à compter du mois de juillet 2002.*

Ces dispositions sont également applicables dans les départements mentionnés à l'article L. 751-1 du code de la sécurité sociale aux personnes qui bénéficient de l'allocation de logement en application de l'article D. 755-24 du même code ainsi qu'à celles qui perçoivent l'allocation de logement sociale visée à l'article D. 831-2 du même code lorsque ces allocations sont calculées selon les modalités définies au I de l'article D. 542-5 de ce code. — *Application à compter du 1er janv. 2001.*

Art. D. 542-5-1 *(Décr. n° 87-611 du 31 juill. 1987, art. 2 ; Décr. n° 2000-1269 du 26 déc. 2000, art. 3)* **Pour les personnes qui perçoivent l'allocation de logement visée au II de l'article D. 542-5, la dépense nette de logement obtenue en déduisant de la** ***somme du loyer principal*** **pris en compte (L) et du montant forfaitaire des charges (C) le montant mensuel de l'allocation de logement doit être au moins égale à un minimum forfaitaire fixé à** *(Décr. n° 2001-698 du 31 juill. 2001, art. 5)* **« 15 € ».**

Lorsque la dépense nette de logement est inférieure au minimum forfaitaire, il est appliqué au montant mensuel de l'allocation de logement un abattement égal à la différence constatée.

(Décr. n° 99-539 du 28 juin 1999, art. 3) « **Dans les cas mentionnés aux 1°, 3° et 4° de l'article D. 542-24, la mensualité nette obtenue en déduisant des charges mensuelles de prêts déclarés, majorées du montant forfaitaire des charges, le montant de l'allocation de logement due aux accédants, doit être au moins égale à un minimum déterminé par le produit d'un coefficient fixé par arrêté conjoint des ministres chargés de la sécurité sociale, du budget, de l'agriculture et du logement et du montant des ressources prises en compte pour le calcul de l'allocation de logement, déterminées en application des articles D. 542-10 et D. 542-11. Lorsque la mensualité nette est inférieure au minimum, il est appliqué au montant mensuel de l'allocation un abattement égal à la différence constatée.** » — *Application aux emprunts contractés à compter du premier jour du mois civil suivant la publication du décret du 28 juin 1999 (JO 29 juin).*

Art. D. 542-5-2 *(Décr. n° 2000-1269 du 26 déc. 2000, art. 2 ; Décr. n° 2001-698 du 31 juill. 2001, art. 6)* **Le montant de l'allocation de logement, définie au I de l'article D. 542-5,** *(Décr. n° 2016-923 du 5 juill. 2016, art. 2-2°)* « **avant la diminution éventuelle prévue au premier alinéa de l'article D. 542-5,** » **est calculé selon la formule :**

(Décr. n° 2017-1413 du 28 sept. 2017, art. 2-II) « $AL = L + C - P_p - Mfo$, »

dans laquelle AL représente le montant mensuel de l'allocation de logement ;

L représente, pour une période d'un mois, le loyer principal effectivement payé pris en compte dans la limite du plafond de loyer fixé par arrêté ;

C représente le montant forfaitaire des charges défini au deuxième alinéa de l'article D. 542-21. — *Les dispositions issues du Décr. n° 2016-923 du 5 juill. 2016 s'appliquent aux prestations dues à compter du 1er juill. 2016 (Décr. préc., art. 3).*

P_p représente la participation personnelle du ménage à la dépense de logement.

La participation personne P_p est calculée selon les dispositions ci-après.

La participation personnelle P_p est obtenue par la formule suivante :

$$P_p = P_o + T_p \times R_p.$$

P_o représente la participation minimale et est égale à *(Abrogé par Décr. n° 2014-1245 du 27 oct. 2014, art. 1er-I-1°)* *« la plus élevée des deux valeurs suivantes »* **: 8,5 % de la dépense éligible définie au I de l'article D. 542-5 du même code** *(Décr. n° 2014-1245 du 27 oct. 2014, art. 1er-I-1°)* « **, sans pouvoir toutefois être inférieure à une valeur fixée par arrêté des ministres chargés de la sécurité sociale, du budget et du logement** ». — *Les dispositions du Décr. n° 2014-1245 du 27 oct. 2014 sont applicables aux prestations dues à compter du 1er oct. 2014 (Décr. préc., art. 3).*

T_p représente le taux de participation personnelle ;

R_p est égal à la différence entre les ressources du bénéficiaire appréciées dans les conditions prévues au I de l'article D. 542-5 du même code et un montant forfaitaire, défini par arrêté conjoint des ministres chargés de la sécurité sociale, du logement, du budget et de l'agriculture ; R_p ne peut être inférieur à zéro.

Le taux de participation personnelle (T_p) du ménage, exprimé en pourcentage, est calculé selon la formule suivante :

$$T_p = T_F + T_L,$$

dans laquelle :

T_F représente un taux fonction de la taille du ménage. Il est fixé par arrêté conjoint des ministres chargés de la sécurité sociale, du logement, du budget et de l'agriculture.

T_L représente un taux complémentaire fixé par arrêté en fonction de la valeur du rapport R_L entre le loyer retenu dans la limite du plafond et un loyer de référence. R_L est exprimé en pourcentage arrondi à la deuxième décimale. Le loyer de référence est défini par arrêté conjoint des ministres chargés de la sécurité sociale, du logement, du budget et de l'agriculture.

Pour la détermination de T_L, les taux et tranches de loyers sont fixés par arrêté conjoint des ministres chargés de la sécurité sociale, du logement, du budget et de l'agriculture.

T_L exprimé en pourcentage est arrondi à la troisième décimale.

(Décr. n° 2017-1413 du 28 sept. 2017, art. 2-II) « **Mfo représente un montant fixé forfaitairement par arrêté conjoint des ministres chargés du logement, du budget, de la sécurité sociale et de l'agriculture.** » — *Les dispositions du Décr. n° 2017-1413 du 28 sept.*

2017 entrent en vigueur le 1er oct. 2017 et s'appliquent aux prestations dues à compter de cette date (Décr. préc., art. 4).

V. Arr. du 14 janv. 2013 relatif à la revalorisation de l'allocation logement (JO 16 janv.), mod. par Arr. du 20 déc. 2013 (JO 29 déc.) et Arr. du 27 oct. 2014 relatif à la revalorisation des paramètres de calcul de l'allocation de logement (JO 28 oct.), mod. par Arr. du 16 oct. 2015 (JO 21 oct.).

Art. D. 542-6 *(Décr. nº 2000-1269 du 26 déc. 2000, art. 4)* **Les bénéficiaires sans personne à charge** *(Décr. nº 2003-1394 du 31 déc. 2003, art. 2-V)* **« visées au 6º de l'article L. 542-1 » sont assimilés aux ménages sans enfant pour le calcul de leur allocation de logement.** — *Sur l'entrée en vigueur du Décr. nº 2003-1394 du 31 déc. 2003, V. note avant art. D. 531-1.*

Art. D. 542-7 *(Décr. nº 2001-698 du 31 juill. 2001, art. 7)* **« L'allocation de logement est versée mensuellement ».**

L'allocation de logement n'est pas versée lorsque son montant *(Décr. nº 2015-1908 du 30 déc. 2015, art. 3-1º, en vigueur le 1er janv. 2016)* **« , calculé selon la formule mentionnée à l'article D. 542-5, » est inférieur à** *(Décr. nº 2017-1413 du 28 sept. 2017, art. 3-I)* **« 10 euros » par mois.** — *Les dispositions du Décr. nº 2017-1413 du 28 sept. 2017 entrent en vigueur le 1er oct. 2017 et s'appliquent aux prestations dues à compter de cette date (Décr. préc., art. 4).*

(Décr. nº 2015-1908 du 30 déc. 2015, art. 3-1º, en vigueur le 1er janv. 2016) **« Le montant de l'allocation de logement, versé net des contributions sociales qui s'y appliquent, est arrondi à l'euro inférieur. »**

Le Décr. nº 2015-1908 du 30 déc. 2015 entre en vigueur le 1er janv. 2016 et s'applique aux prestations dues à compter de cette date (Décr. préc., art. 4).

Art. D. 542-8 *(Décr. nº 2000-98 du 3 févr. 2000, art. 1er)* **Les dispositions du présent chapitre relatives à la résidence principale ou qui comportent la prise en compte des ressources s'appliquent dans les mêmes conditions au conjoint, au partenaire lié par un pacte civil de solidarité et au concubin.**

Art. D. 542-9 *(Décr. nº 2000-1269 du 26 déc. 2000, art. 5)* **« Les ressources prises en compte pour l'application de l'article D. 542-5 sont, soit celles perçues pendant** *(Décr. nº 2008-605 du 26 juin 2008)* **« l'année civile de référence » prévue aux articles D. 542-20 à D. 542-28, par l'allocataire et son conjoint et par les personnes vivant habituellement au foyer, soit celles appréciées dans les conditions prévues à l'article »** *(Décr. nº 2013-49 du 14 janv. 2013)* **« R. 532-8 ».**

Sont considérées comme vivant habituellement au foyer les personnes y ayant résidé pendant plus de six mois au cours de *(Décr. nº 2008-1557 du 31 déc. 2008)* **« l'année civile précédant la période de paiement » et y résidant à la date d'ouverture du droit ou au début de la période de paiement.**

Les dispositions issues du Décr. nº 2008-1557 du 31 déc. 2008 sont applicables pour les prestations dues à compter du mois de janvier 2009 (Décr. préc., art. 5).

Les dispositions issues du Décr. nº 2013-49 du 14 janv. 2013 sont applicables aux prestations dues à compter du 1er janv. 2013 (Décr. préc., art. 4).

Art. D. 542-10 *(Décr. nº 2008-605 du 26 juin 2008)* **« Les ressources retenues sont celles perçues pendant l'année civile de référence. L'année civile de référence est l'avant-dernière année précédant la période de paiement. »**

(Décr. nº 89-997 du 22 déc. 1989, art. 1er ; Décr. nº 2000-750 du 1er août 2000, art. 7 ; Décr. nº 2002-385 du 20 mars 2002, art. 1er) **« Sous réserve des dispositions des articles** *(Décr. nº 2003-1394 du 31 déc. 2003, art. 2-VI)* **« R. 532-4 à R. 532-8 » et D. 542-11 » et des alinéas suivants du présent article, les ressources prises en considération s'entendent du total des revenus nets catégoriels retenus pour l'établissement de l'impôt sur le revenu d'après le barème** *(Décr. nº 90-500 du 21 juin 1990, art. 5)* **« des revenus taxés à un taux proportionnel ou soumis à un prélèvement libératoire de l'impôt sur le revenu, ainsi que les revenus perçus hors de France ou versés par une organisation internationale » et après :**

a) **La déduction au titre des créances alimentaires mentionnée au 2º du II de l'article 156 du code général des impôts** *(Décr. nº 2007-1081 du 10 juill. 2007)* **« et majorées dans les conditions prévues au 7 de l'article 158 du code général des impôts » ;**

b) *(Décr. n° 97-84 du 30 janv. 1997, art. 2)* « L'abattement mentionné à l'article 157 *bis* du code général des impôts pour les personnes nées avant le 1er janvier 1931 ou invalides quel que soit leur âge » ;

(Décr. n° 2004-711 du 15 juill. 2004, art. 2) « Sont également prises en considération : « *(Décr. n° 2007-1081 du 10 juill. 2007)* « 1° Après application de la déduction correspondant à celle mentionnée au deuxième alinéa du 3° de l'article 83 du code général des impôts, l'indemnité journalière mentionnée au 2° de l'article L. 431-1 du présent code ; »

« 2° *(Décr. n° 2008-605 du 26 juin 2008)* « Les rémunérations mentionnées à l'article 81 *quater* de ce même code ; »

(Abrogé par Décr. n° 2009-976 du 20 août 2009, art. 6) (Décr. n° 88-1113 du 12 déc. 1988, art. 1er) ***« Est toutefois exclue du décompte des ressources l'allocation mentionnée à*** *(Décr. n° 2002-1485 du 20 déc. 2002, art. 4)* ***« l'article L. 262-3 du code de l'action sociale et des familles » et servie soit à l'allocataire ou à son conjoint ou concubin, soit aux personnes définies à l'article D. 542-9. »*** *(Décr. n° 2005-1053 du 29 août 2005, art. 3-IV)* ***« Il en est de même pour la prime de retour à l'emploi. »***

Il est fait abstraction des déductions opérées en vertu de l'article 156 I du code général des impôts au titre des reports des déficits constatés au cours d'une année antérieure à celle qui est prise en considération.

Lorsque les ressources de l'année de référence de l'allocataire ou de son conjoint ne proviennent pas d'une activité salariée et que ces ressources ne sont pas connues au moment de la demande ou du réexamen des droits, il est tenu compte des dernières ressources connues et déterminées dans les conditions prévues aux alinéas précédents. Ces ressources sont revalorisées par application du taux d'évolution en moyenne annuelle de l'indice général des prix à la consommation des ménages pour l'année civile de référence figurant dans le rapport économique et financier annexé au projet de loi de finances.

(Décr. n° 92-1015 du 23 sept. 1992, art. 3) « Les ressources ci-dessus définies sont diminuées d'un abattement forfaitaire lorsque les deux conjoints ont exercé une activité professionnelle productrice de revenus au cours de l'année civile de référence et que chacun des deux revenus correspondants a été au moins égal à douze fois la base mensuelle de calcul des allocations familiales en vigueur au 1er juillet de ladite année.

« Cet abattement est fixé à 95 €.

« Un abattement est opéré sur les ressources de la personne seule qui assume la charge d'un ou plusieurs enfants ou d'une ou plusieurs personnes au sens de l'article L. 542-1 » *(Décr. n° 2000-1269 du 26 déc. 2000, art. 6)* « et qui perçoit l'allocation de logement visée au II de l'article D. 542-5 ».

(Décr. n° 98-813 du 11 sept. 1998, art. 2 ; Décr. n° 2002-1485 du 20 déc. 2002, art. 4 ; Décr. n° 2004-464 du 28 mai 2004, art. 2) « Cet abattement est fixé à :

« 901 € pour les personnes seules assumant la charge d'un ou de deux enfants ou personnes au sens de l'article L. 542-1 ;

« 1 350 € pour les personnes seules assumant la charge d'au moins trois enfants ou personnes au sens de l'article L. 542-1 ».

(Décr. n° 2008-1557 du 31 déc. 2008) « Lors de l'ouverture du droit ou en début de période de paiement, lorsque le demandeur poursuit des études ainsi que, le cas échéant, son conjoint, et que les ressources du ménage au titre de l'année civile de référence appréciées au sens des alinéas précédents sont inférieures à un montant minimal de ressources, les ressources du bénéficiaire ou du ménage sont réputées égales à ce montant. Un montant minimal de ressources inférieur à ce dernier est appliqué lorsque le demandeur est titulaire d'une bourse de l'enseignement supérieur qui n'est pas assujettie à l'impôt sur le revenu. Ces montants, fixés par arrêté conjoint des ministres chargés du logement, du budget, de la sécurité sociale et de l'agriculture, évoluent le 1er janvier de chaque année comme l'indice de référence des loyers défini à l'article 17 de la loi n° 89-462 du 6 juillet 1989. Ils sont arrondis à la centaine d'euros la plus proche. » *— Les dispositions issues du Décr. n° 2008-1557 du 31 déc. 2008 sont applicables pour les prestations dues à compter du mois de janvier 2009 (Décr. préc., art. 5). — V. Arr. du 29 déc. 2017 relatif au calcul des aides personnelles au logement et à l'évaluation forfaitaire des ressources (JO 31 déc.).*

(Décr. nº 92-1015 du 23 sept. 1992, art. 4 ; Décr. nº 2000-750 du 1er août 2000, art. 7) **« En cas d'accession à la propriété, lorsque le prêt est accordé postérieurement au 30 septembre 1992, si les ressources du bénéficiaire et de son conjoint, déterminées en application des alinéas précédents et des articles** *(Décr. nº 2003-1394 du 31 déc. 2003, art. 2-VI)* **« R. 532-8 » et D. 542-11 sont inférieures à un montant égal à** *(Décr. nº 2007-1081 du 10 juill. 2007, art. 2-VI)* **« 16,25 » fois la mensualité de charges de prêt déclarées par l'allocataire, les ressources du bénéficiaire et de son conjoint sont réputées égales à ce montant sauf lorsqu'il y a lieu d'appliquer les dispositions des articles »** *(Décr. nº 2003-1394 du 31 déc. 2003, art. 2-VI)* **« R. 532-4 à R. 532-7 ».** – *V. Arr. du 30 janv. 1997, art. 2 (JO 31 janv.).*

(Décr. nº 94-982 du 14 nov. 1994, art. 3) **« A compter du 1er octobre 1994, pour les contrats de prêts signés postérieurement au 30 septembre 1994, si les ressources du bénéficiaire et de son conjoint appréciées au sens des alinéas 1 à 9 du présent article et des articles** *(Décr. nº 2003-1394 du 31 déc. 2003, art. 2-VI)* **« R. 532-8 » et D. 542-11 sont inférieures à un montant** *(Décr. nº 2000-750 du 1er août 2000, art. 7-III)* **« égal à** *(Décr. nº 2007-1081 du 10 juill. 2007, art. 2-VI)* **« 16,25 » fois la mensualité de charges de prêt déclarées par l'allocataire lorsque l'allocation est accordée en application du 1°, 3° ou 4° de l'article D. 542-24 », celles-ci sont réputées égales à ce montant, sauf lorsque, postérieurement à la date de signature du contrat de prêt et pendant la période d'accession en cours, il y a lieu d'appliquer les dispositions des articles** *(Décr. nº 2003-1394 du 31 déc. 2003, art. 2-VI)* **« R. 532-4 à R. 532-7 ».**

(Décr. nº 2000-750 du 1er août 2000, art. 7-IV) **« Pour les contrats de prêts signés postérieurement au 30 septembre 1994, si les ressources du bénéficiaire et de son conjoint appréciées au sens des premier au neuvième alinéas du présent article et des articles** *(Décr. nº 2003-1394 du 31 déc. 2003, art. 2-VI)* **« R. 532-8 », D. 542-11 et D. 542-12 sont inférieures à un montant forfaitaire lorsque l'allocation est accordée en application du 2° de l'article D. 542-24, celles-ci sont réputées égales à ce montant sauf lorsque, postérieurement à la date de signature du contrat de prêt et pendant la période d'accession en cours, il y a lieu d'appliquer les dispositions des articles »** *(Décr. nº 2003-1394 du 31 déc. 2003, art. 2-VI)* **« R. 532-4 à R. 532-7 ».**

Le montant forfaitaire visé à l'alinéa précédent est fixé par arrêté conjoint des ministres chargés de la sécurité sociale, du budget, de l'agriculture et du logement. – *V. Arr. du 10 juill. 2007, art. 1er (JO 12 juill.).*

(Décr. nº 2000-750 du 1er août 2000, art. 7-VI) **« Les dispositions des** *(Décr. nº 2008-605 du 26 juin 2008)* **« dix-huitième, dix-neuvième et vingtième » alinéas ne s'appliquent pas lorsque postérieurement à la date de signature du prêt et pendant la période d'accession en cours le bénéficiaire ou son conjoint se trouve dans l'obligation de cesser son activité professionnelle et est admis au bénéfice d'une pension d'invalidité, d'une rente d'accident du travail, de l'allocation aux adultes handicapés ou de l'allocation compensatrice ».**

Les ressources prises en considération pour l'attribution de l'allocation de logement familiale sont celles qui sont perçues durant l'année civile précédant la période de paiement débutant le 1er juillet de chaque année. Il en résulte que la modification des ressources du couple au cours d'une année civile n'est prise en compte que pour l'appréciation des droits de l'allocataire pour la période commençant le 1er juillet de l'année suivante. • Soc. 21 oct. 1999, nº 98-10.929 P : *RJS 1999, nº 1522.* ♦ Dans le même sens : le bénéfice du complément familial versé par la caisse d'allocations familiales est apprécié, au regard de la condition de ressources, en fonction des ressources dont le ménage a effectivement disposé durant l'année précédant la date d'ouverture des droits. • Civ. 2e, 7 mai 2009, nº 07-13.040 P : *RDSS 2009. 573, note Tauran.*

Art. D. 542-10-1 *(Décr. nº 2001-1022 du 5 nov. 2001)* **Lorsque le bénéficiaire justifie qu'en raison d'obligations professionnelles lui-même ou son conjoint est contraint d'occuper de manière habituelle un logement distinct de celui de son ou de leur lieu de résidence principale et qu'il supporte des charges de loyer supplémentaires afférentes à ce logement, il est procédé à un abattement forfaitaire sur les ressources de la personne ou du ménage déterminées dans les conditions prévues aux articles D. 542-10, D. 542-11 et D. 542-12.**

L'abattement est appliqué à compter du premier jour du mois civil suivant celui au cours duquel le bénéficiaire doit supporter ces charges. Il est supprimé à compter du premier jour du mois civil au cours duquel le bénéficiaire cesse de les supporter.

Le montant de cet abattement est fixé par un arrêté conjoint des ministres chargés de la sécurité sociale, du budget, de l'agriculture et du logement. — *L'abattement forfaitaire est fixé à 2 589 € à compter du 1er juill. 2007 (Arr. 10 juill. 2007, JO 12 juill.).*

Art. D. 542-11 *(Décr. no 88-569 du 4 mai 1988, art. 5)* Sont exclus également du décompte des ressources les arrérages des rentes viagères constituées en faveur d'une personne handicapée et mentionnés à l'article 199 *septies* du code général des impôts.

Ne sont prises en compte que pour la fraction dépassant le plafond individuel prévu *(Décr. no 2007-1081 du 10 juill. 2007)* « à l'article L. 815-9 du présent code, multiplié par 1,25, » les ressources de chacune des personnes ci-dessous mentionnées, qui sont :

1° Ascendants de l'allocataire ou de son conjoint *(Décr. no 2010-1734 du 30 déc. 2010, art. 5-13°, en vigueur le 1er juill. 2016)* « ou dont l'âge est au moins égal à celui prévu par le 1° de l'article L. 351-8, ou d'un âge au moins égal à celui prévu par l'article L. 161-17-2 en cas d'inaptitude au travail ou âgés d'au moins soixante-cinq ans s'ils percevaient l'allocation de solidarité aux personnes âgées » ;

2° *(Décr. no 2013-140 du 14 févr. 2013, art. 2-2°)* « Titulaires de la » *(Décr. no 2016-1849 du 23 déc. 2016, art. 5-2°, en vigueur le 1er janv. 2017)* « carte mobilité inclusion comportant la mention "invalidité" prévue à l'article L. 241-3 du code de l'action sociale et des familles ou de la carte d'invalidité prévue à l'article L. 241-3 du même code dans sa rédaction antérieure au 1er janvier 2017 » et sont ascendants, descendants ou collatéraux au deuxième degré ou au troisième degré de l'allocataire ou de son conjoint ;

3° Enfants de l'allocataire ou de son conjoint. — *[Anc. art. D. 542-12.]*

V. note ss. art. D. 542-4.

Art. D. 542-12 *(Décr. no 2016-1385 du 12 oct. 2016, art. 2-2°)* Pour l'application des conditions relatives à la prise en compte du patrimoine prévues au 1° du I de l'article L. 542-2, il est fait application des modalités suivantes :

1° Le seuil de 30 000 euros est appliqué à la somme de la valeur du patrimoine mobilier financier et de la valeur estimée de l'ensemble du patrimoine immobilier, à l'exception de la résidence principale et des biens à usage professionnel ;

2° Lorsque la valeur du patrimoine est supérieure à 30 000 euros, seul le patrimoine n'ayant pas produit, au cours de l'année civile de référence, de revenus retenus pour l'établissement de l'impôt sur le revenu au titre des revenus nets catégoriels visés à l'article R. 351-5 du code de la construction et de l'habitation est pris en compte pour le calcul de l'allocation. Ce patrimoine est considéré comme procurant un revenu annuel égal à 50 % de sa valeur locative s'il s'agit d'immeubles bâtis, à 80 % de cette valeur s'il s'agit de terrains non bâtis et à 3 % du montant des capitaux.

La valeur estimée du patrimoine est déterminée sur la base de la dernière valeur connue soit à l'ouverture du droit soit à l'occasion du renouvellement du droit.

La dernière valeur connue s'entend comme :

a) Pour le patrimoine financier, la valeur figurant sur les derniers relevés bancaires reçus par l'allocataire ;

b) Pour le patrimoine immobilier, la valeur locative figurant sur le dernier avis d'imposition à la taxe d'habitation ou à la taxe foncière reçu par l'allocataire.

Art. D. 542-13 *Abrogé par Décr. no 97-84 du 30 janv. 1997, art. 6.*

Art. D. 542-14 Le logement au titre duquel le droit à l'allocation de logement est ouvert doit être occupé à titre de résidence principale et répondre aux conditions suivantes :

1° *(Décr. no 2003-694 du 29 juill. 2003, art. 1er, en vigueur le 1er août 2003)* « Remplir les caractéristiques de logement décent telles que définies par le décret n° 2002-120 du 30 janvier 2002 relatif aux caractéristiques du logement décent pris pour l'application des premier et deuxième alinéas de l'article 6 de la loi n° 89-462 du 6 juillet 1989 modifiée tendant à améliorer les rapports locatifs.

« Lorsque le logement ne répond pas aux caractéristiques mentionnées à l'alinéa précédent *(Décr. no 2013-140 du 14 févr. 2013, art. 2-3°)* « ou lorsque le propriétaire n'a pas produit l'attestation mentionnée au I de l'article D. 542-17 », l'allocation de logement peut être accordée, à titre dérogatoire, par l'organisme payeur :

(Abrogé par Décr. n° 2015-191 du 18 févr. 2015, art. 11-1°) « a) Aux personnes locataires, pour une durée de six mois, pour leur permettre de demander la mise en conformité du logement dans les conditions fixées à l'article 20-1 de la loi du 6 juillet 1989 susvisée ou d'engager une action en justice en application du c de l'article 6 de la même loi. L'organisme payeur doit en informer son conseil d'administration et le préfet. En cas de refus de dérogation, le préfet doit également être tenu informé ; »

« *a)* Aux personnes logées en hôtel meublé ou en pension de famille, pour une durée d'un an. L'organisme payeur doit en informer son conseil d'administration et le préfet.

« Le préfet désigne alors, dans le cadre du *(Décr. n° 2015-191 du 18 févr. 2015, art. 11-3°)* « plan local d'action pour le logement et l'hébergement » des personnes défavorisées mentionné aux articles 2 et suivants de la loi n° 90-449 du 31 mai 1990, un organisme privé ou public aux fins de proposer au propriétaire une solution adaptée d'amélioration du logement ou à l'allocataire une solution de relogement correspondant à ses besoins et à ses possibilités.

« Cette dérogation peut être prorogée pour six mois par le conseil d'administration de l'organisme payeur si les travaux de mise aux normes, bien que décidés, n'ont pas encore pu être achevés à l'issue de la première année ou si la solution de relogement bien qu'acceptée par l'allocataire n'a pas encore pris effet dans le même délai.

« En cas de refus de dérogation, le préfet doit également être tenu informé ;

« *b)* Aux personnes visées à l'article D. 542-24 *(Décr. n° 2015-191 du 18 févr. 2015, art. 11-4°)* « , pour une durée de dix-huit mois renouvelable une fois ». L'organisme payeur doit en informer son conseil d'administration et le préfet. » — *Le b devient le a et le c devient le b (Décr. n° 2015-191 du 18 févr. 2015, art. 11-2°).*

(Décr. n° 2015-191 du 18 févr. 2015, art. 11-5°) « Il en informe également le comité responsable du plan local d'action pour le logement et l'hébergement des personnes défavorisées mentionné ci-dessus afin que ce dernier examine avec l'allocataire une solution adaptée d'amélioration du logement ou une solution de relogement. »

2° *(Décr. n° 95-1158 du 2 nov. 1995, art. 3-III)* « Présenter une surface habitable globale au moins égale à seize mètres carrés pour un ménage sans enfant ou deux personnes, augmentée de neuf mètres carrés par personne en plus dans la limite de soixante-dix mètres carrés pour huit personnes et plus. »

V. note ss. art. D. 542-4.

Une caravane, posée sur cales et installée de manière permanente sur un terrain, peut être regardée comme une maison légère au sens de l'art. L. 421-1 C. urb. et ouvrir droit à l'allocation de logement. • Soc. 8 mars 1989 : *Bull. civ. V, n° 195 ; D. 1989. 400, note Magendie ; RJS 1989, n° 398.*

Art. D. 542-14-1 *(Décr. n° 2015-191 du 18 févr. 2015, art. 12)* Les cas prévus au 2° du III de l'article L. 542-2 sont les suivants :

1° Le bailleur du logement apporte la preuve auprès de l'organisme payeur qu'il a engagé les travaux de mise en conformité en vue d'un achèvement dans un délai de six mois. Le renouvellement de ce délai de six mois ne peut être accordé que si le propriétaire apporte la preuve que la réalisation des travaux nécessite un délai supérieur ou que le retard dans l'avancement des travaux ne lui est pas imputable ;

2° Le locataire du logement a engagé une action en justice toujours en cours fondée sur la méconnaissance par le bailleur de l'article 6 de la loi n° 89-462 du 6 juillet 1989 tendant à améliorer les rapports locatifs et portant modification de la loi n° 86-1290 du 23 décembre 1986 ;

3° L'allocation de logement hors charges constitue plus de la moitié du dernier loyer brut hors charges connu de l'organisme payeur. A l'issue du délai de six mois prévu au 2° du III de l'article L. 542-2, un deuxième renouvellement de six mois ne peut être accordé que si l'allocataire apporte la preuve qu'il n'était manifestement pas en mesure d'entreprendre les démarches prévues au 2° ou au 5° au cours du délai précédent ;

4° L'allocataire en situation d'impayé de loyers au sens de l'article D. 542-19 bénéficie du maintien de l'allocation de logement au titre de l'article L. 542-2-1 ;

5° Le locataire du logement apporte la preuve soit qu'il a accompli des actes positifs et récents en vue de trouver un nouveau logement ou a saisi la commission de médiation prévue à l'article L. 441-2-3 du code de la construction et de l'habitation, soit qu'il n'était manifestement pas en mesure de trouver un logement. A l'issue du délai de six mois prévu au 2° du III de l'article L. 542-2, un deuxième renouvellement de six mois ne peut être accordé que si l'allocataire apporte la preuve qu'il n'était manifestement pas en mesure de trouver un logement au cours du délai précédent.

L'art. D. 542-14-1, dans sa rédaction issue du Décr. n° 2015-191 du 18 févr. 2015, est applicable à Saint-Barthélemy et à Saint-Martin (Décr. préc., art. 21).

Art. D. 542-14-2 *(Décr. n° 2015-191 du 18 févr. 2015, art. 13)* Les organismes mentionnés au II de l'article L. 542-2 sont habilités, au vu de leur expertise professionnelle, par convention conclue avec l'organisme payeur. L'organisme payeur ne peut habiliter un organisme de droit privé que si celui-ci est en règle au regard de ses obligations fiscales et sociales et s'il n'a pas fait l'objet de condamnation pénale définitive en rapport avec son activité depuis au moins cinq ans. L'habilitation ne porte que sur les logements pour lesquels l'organisme payeur verse une allocation de logement.

L'art. D. 542-14-2, dans sa rédaction issue du Décr. n° 2015-191 du 18 févr. 2015, est applicable à Saint-Barthélemy et à Saint-Martin (Décr. préc., art. 21).

L'agrément déjà accordé, à la date de publication du Décr. n° 2015-191 du 18 févr. 2015, soit le 20 févr. 2015, par les organismes payeurs pour établir des constats de non-décence vaut habilitation au titre de l'art. D. 542-14-2 pour une durée de deux ans à compter de cette date (Décr. préc., art. 25-II, JO 20 févr.).

Art. D. 542-14-3 *(Décr. n° 2015-191 du 18 févr. 2015, art. 14)* Si l'allocataire fait simultanément l'objet de la procédure de conservation de l'allocation de logement prévue aux II à IV de l'article L. 542-2 et de la procédure prévue à l'article D. 542-2 ou à l'article D. 542-15 lorsque le logement est surpeuplé au regard de sa superficie, les dispositions suivantes sont applicables :

1° Si le logement n'est toujours pas décent à l'expiration de la procédure de conservation de l'allocation de logement, cette dernière est suspendue, même si la période de bénéfice dérogatoire de l'allocation de logement au titre de l'article D. 542-2 ou de l'article D. 542-15 n'est pas expirée ;

2° Si le logement est toujours surpeuplé au regard de sa superficie à l'expiration de la période de bénéfice dérogatoire de l'allocation de logement à ce titre, cette dernière est suspendue, même si la procédure de conservation de l'allocation de logement prévue aux II à IV de l'article L. 542-2 est toujours en cours.

Le bénéfice de l'allocation de logement au titre des articles D. 542-2 et D. 542-15 ne fait pas obstacle à sa conservation par l'organisme payeur telle que prévue aux II à IV de l'article L. 542-2 pour les sommes dues pendant la période de conservation.

Dans tous les cas, l'organisme payeur informe le bailleur de la suspension de l'allocation de logement.

Art. D. 542-14-4 *(Décr. n° 2016-748 du 6 juin 2016, art. 25, en vigueur le 1er sept. 2016)* Si l'allocataire fait l'objet de la procédure relative à l'indécence du logement prévue au II de l'article L. 542-2 ou de celle relative au surpeuplement du logement prévue aux articles D. 542-2 et D. 542-15, l'allocation de logement est maintenue dès lors que ce dernier fait également l'objet de la procédure relative aux impayés de dépense de logement prévue aux articles D. 542-22 à D. 542-26, D. 542-29 et D. 542-29-1 jusqu'à l'achèvement de cette dernière.

Le maintien de l'allocation de logement ne fait pas obstacle à sa conservation par l'organisme payeur prévue à l'article L. 542-2 pour les sommes dues pendant la période de conservation.

A l'achèvement de la procédure prévue aux articles D. 542-22 à D. 542-22-6, D. 542-29 et D. 542-29-1, si les conditions de peuplement et de décence ne sont toujours pas remplies et si les délais de la procédure prévue au II de l'article L. 542-2 ou de celle prévue aux articles D. 542-2 et D. 542-15 sont expirés, le versement de l'allocation de logement est suspendu.

Art. D. 542-15 *(Décr. n° 95-1158 du 2 nov. 1995, art. 4)* Lorsque la condition de superficie prévue au 2° de l'article D. 542-14 n'est pas remplie au moment de la demande, l'allocation de logement peut être accordée pour une durée de deux ans, à titre exceptionnel, par décision de la caisse d'allocations familiales ou de la caisse de mutualité sociale agricole concernée. Le conseil d'administration de l'organisme payeur et le préfet sont informés de la décision prise. En cas de refus de dérogation, le préfet doit également être tenu informé.

Le préfet désigne alors, dans le cadre du *(Décr. nº 2015-191 du 18 févr. 2015, art. 15)* « plan local d'action pour le logement et l'hébergement des personnes défavorisées », mentionné aux articles 2 et suivants de la loi nº 90-449 du 31 mai 1990 visant à la mise en œuvre du droit au logement, un organisme privé ou public aux fins de proposer à l'allocataire une solution de relogement correspondant à ses besoins et à ses possibilités.

Cette dérogation peut être prorogée par décision du conseil d'administration de l'organisme payeur, par période de deux ans renouvelable, après enquête sociale et au vu d'une attestation motivée du préfet certifiant que l'allocataire ne peut être logé conformément aux conditions fixées au 2º de l'article D. 542-14.

Art. D. 542-16 L'allocation de logement est attribuée sur la demande de l'intéressé introduite auprès de la caisse ou de l'organisme habilité à verser les prestations familiales. Le modèle type de la formule de demande est fixé par un arrêté concerté des ministres intéressés.

Al. 2 abrogé par Décr. nº 99-468 du 4 juin 1999, art. 1er.

(Décr. nº 2003-694 du 29 juill. 2003, art. 2, en vigueur le 1er août 2003) « En aucun cas, lorsqu'il est fait application de la dérogation aux caractéristiques *(Décr. nº 2015-191 du 18 févr. 2015, art. 16)* « prévues à » l'article D. 542-14, l'allocation de logement ne peut être versée entre les mains du bailleur ».

Art. D. 542-17 *(Décr. nº 2002-1565 du 23 déc. 2002, art. 2)* « I. — *(Décr. nº 2008-605 du 26 juin 2008)* « Le modèle de la demande d'allocation logement *(Décr. nº 2013-140 du 14 févr. 2013, art. 2-4º)* « ainsi que la liste des pièces justificatives, comprenant notamment une attestation de respect des conditions prévues au deuxième alinéa de l'article D. 542-14, sont déterminés » par arrêté du ministre chargé de la sécurité sociale et du ministre chargé du logement. » — *V. Arr. du 23 déc. 2002 (JO 29 déc.).*

II. — *(Décr. nº 2016-748 du 6 juin 2016, art. 26, en vigueur le 1er sept. 2016)* « En cas de non-présentation avant le 1er janvier d'un état des personnes vivant habituellement au foyer, y compris les enfants à charge qui viennent y habiter périodiquement ou qui sont momentanément absents pour des raisons tenant à leur état de santé ou à leur éducation ainsi que d'une déclaration sur l'honneur indiquant le total des ressources perçues au cours de l'année civile de référence par l'intéressé et par toutes les personnes vivant habituellement au foyer dans les conditions déterminées aux articles D. 542-9 à D. 542-11, le paiement des allocations de logement peut être suspendu.

III. — « A. — En cas de non-présentation des justificatifs relatifs au paiement du loyer ou des échéances de prêt avant le 1er décembre, l'organisme payeur notifie simultanément :

« 1º A l'allocataire, son intention de procéder au versement des mensualités d'allocation de logement entre les mains du bailleur ou du prêteur si celui-ci le demande ;

« 2º Au bailleur ou au prêteur, la possibilité qu'il aura de recevoir ce versement s'il en fait la demande.

« B. — A compter de ces notifications court un délai de deux mois. Durant ce délai, l'allocataire peut présenter les justificatifs prévus au A et l'allocation continue à lui être versée.

« A compter de l'expiration du délai et si les justificatifs mentionnés au A n'ont pas été fournis, l'organisme payeur suspend le versement de l'allocation de logement.

« Toutefois, lorsque ces justificatifs ne peuvent être produits du fait que l'allocataire n'a pas payé intégralement la dépense de logement à sa charge, l'allocation de logement est maintenue sous réserve que cette situation ait été signalée par le bailleur ou par l'allocataire dans le délai de deux mois et les dispositions des articles D. 542-22 à D. 542-22-6, D. 542-29 et D. 542-29-1 sont applicables dès que l'impayé est constitué dans les conditions prévues à l'article D. 542-19. »

Art. D. 542-18 Les changements dans les conditions de peuplement des locaux doivent être déclarés dans le délai d'un mois.

(Décr. n° 2016-748 du 6 juin 2016, art. 27, en vigueur le 1er sept. 2016) « Les déménagements et les résiliations de bail doivent être déclarés par le bailleur à l'organisme payeur dans le délai d'un mois à dater du jour du déménagement ou de la résiliation de son bail. Ce délai peut être prolongé d'un mois si le bailleur apporte la preuve qu'il n'était manifestement pas en mesure de signaler ce déménagement dans le premier délai d'un mois.

« Le délai prévu au cinquième alinéa du II de l'article L. 553-4 est fixé à un mois à compter de la date de remboursement du solde du prêt. »

Art. D. 542-19 *(Décr. n° 2016-748 du 6 juin 2016, art. 28, en vigueur le 1er sept. 2016)* I. — Dans le secteur locatif, lorsque l'allocation de logement est versée à l'allocataire, l'impayé de dépense de logement, à savoir le loyer et*[,]* le cas échéant*[,]* les charges locatives, est constitué quand le locataire est débiteur à l'égard du bailleur d'une somme au moins égale à deux fois le montant mensuel brut du loyer hors charges. Lorsque le versement de l'allocation de logement est effectué entre les mains du bailleur, l'impayé de dépense de logement est constitué quand le locataire est débiteur à l'égard du bailleur d'une somme au moins égale à deux fois le montant mensuel net du loyer hors charges.

Le montant mensuel brut du loyer hors charges correspond au loyer hors charges figurant dans le bail. Le montant mensuel net du loyer hors charges correspond à ce même loyer, déduction faite du montant de l'allocation de logement.

II. — Dans le secteur de l'accession à la propriété :

1° Lorsque l'allocation de logement est versée à l'allocataire, l'impayé est constitué :

a) En cas de périodicité mensuelle du prêt, lorsque l'emprunteur est débiteur à l'égard de l'établissement habilité d'une somme au moins égale à deux échéances de prêt brutes ;

b) En cas de périodicité autre que mensuelle du prêt, lorsque l'emprunteur est débiteur à l'égard de l'établissement habilité d'une somme au moins égale à un sixième du total annuel des échéances de prêt brutes ;

2° Lorsque l'allocation de logement est versée directement auprès de l'établissement habilité, l'impayé est constitué :

a) En cas de périodicité mensuelle du prêt, lorsque l'emprunteur est débiteur à l'égard de l'établissement habilité d'une somme au moins égale à deux échéances de prêt nettes ;

b) En cas de périodicité autre que mensuelle, lorsque l'emprunteur est débiteur à l'égard de l'établissement habilité d'une somme au moins égale à un sixième du total annuel des échéances de prêt nettes.

L'échéance de prêt brute correspond à celle figurant dans le prêt et l'échéance de prêt nette correspond à cette même échéance, déduction faite de l'allocation de logement.

III. — Les redevances prévues en cas de contrat de location-accession et en cas d'hébergement en logement-foyer mentionné à l'article L. 633-1 du code de la construction et de l'habitation sont assimilées respectivement à un loyer ou à une échéance.

V. Arr. du 5 août 2016 relatif au maintien des aides personnelles au logement en cas d'impayés de dépense de logement d'un montant égal ou inférieur à cent euros (JO 12 août).

L'action en responsabilité engagée à l'encontre d'une caisse d'allocations familiales relève de la compétence des juridictions de l'ordre judiciaire dès lors qu'elle met en cause la régularité de l'application d'une réglementation de sécurité sociale et spécialement, comme en l'espèce, les modalités de versement de l'allocation de logement au bailleur. • T. confl. 13 janv. 1997 : *Gaz. Pal. 19-20 déc. 1997, p. 719, note S. Petit ; RJS 1997, n° 594.*

SECTION III DISPOSITIONS RELATIVES AUX LOCATAIRES

Art. D. 542-20 *(Décr. n° 2001-698 du 31 juill. 2001, art. 9)* « L'allocation de logement est versée, pendant une période de douze mois débutant *(Décr. n° 2008-605 du 26 juin 2008)* « au 1er janvier » de chaque année. Elle est calculée sur la base du loyer effectivement payé pour » *(Décr. n° 2008-605 du 26 juin 2008)* « le mois de juillet de l'année précédente ».

En cas de changement dans la composition de la famille ou lorsque celle-ci s'installe dans un nouveau logement au cours de la période de paiement, il doit être procédé à une révision des bases de calcul de l'allocation de logement.

Lorsque le droit à l'allocation de logement n'est pas ouvert pour toute la durée de la période de douze mois précitée, l'allocation de logement est calculée et versée proportionnellement au nombre de mois pendant lesquels le droit est ouvert.

Art. D. 542-21 Pour l'application des articles D. 542-5 et D. 542-20, le loyer principal effectivement payé est pris en compte dans la limite d'un plafond mensuel auquel s'ajoute, au titre des charges, la majoration forfaitaire mensuelle prévue à l'article D. 542-5.

Les plafonds mensuels de loyers et la majoration forfaitaire représentative des charges varient en fonction de la taille de la famille. Les plafonds de loyers varient en outre en fonction du lieu d'implantation du logement compte tenu de zones géographiques définies par arrêté. – *Pour le classement des communes par zones géographiques : V. Arr. du 17 mars 1978 (JO 25 mars), mod. par Arr. du 10 sept. 1991 (JO 3 nov.), Arr. du 25 juin 1992 (JO 26 juill.), Arr. du 26 avr. 2002 (JO 3 mai), Arr. du 29 nov. 2004 (JO 30 nov.), Arr. du 28 nov. 2005 (JO 2 déc.).*

Les montants mensuels des plafonds de loyers et de la majoration forfaitaire représentative des charges sont fixés par arrêté du ministre chargé de la sécurité sociale, du ministre chargé du budget, du ministre chargé de l'agriculture et du ministre chargé du logement.

(Décr. n° 2005-1607 du 19 déc. 2005, art. 1er) « Pour les étudiants logés en résidence universitaire, l'allocation de logement est calculée selon les modalités définies à l'article D. 831-2-1. »

(Décr. n° 97-84 du 30 janv. 1997, art. 3) « Lorsque le logement occupé est une chambre, le loyer principal effectivement payé est pris en compte dans la limite d'un plafond mensuel auquel s'ajoute la majoration forfaitaire mensuelle au titre des charges, fixés par arrêté conjoint des ministres chargés de la sécurité sociale, du budget, du logement et de l'agriculture. »

V. Arr. du 14 janv. 2013 relatif à la revalorisation de l'allocation logement (JO 16 janv.), mod. par Arr. du 20 déc. 2013 (JO 29 déc.), et Arr. du 27 oct. 2014 relatif à la revalorisation des paramètres de calcul de l'allocation de logement (JO 28 oct.) mod. par Arr. du 16 oct. 2015 (JO 21 oct.).

Art. D. 542-22 *(Décr. n° 2016-748 du 6 juin 2016, art. 29, en vigueur le 1er sept. 2016)* I. – 1° Lorsque l'allocataire ne règle pas la part de dépense de logement restant à sa charge, sa situation est soumise à l'organisme payeur par le bailleur ou l'établissement habilité percevant l'allocation de logement pour son compte, dans un délai de deux mois après la constitution de l'impayé défini à l'article D. 542-19, sauf si la somme due a été réglée entre-temps en totalité. Le bailleur ou l'établissement habilité doit justifier qu'il poursuit par tous les moyens possibles le recouvrement de sa créance. L'organisme payeur se saisit de toute situation d'impayé telle que définie à l'article D. 542-19 dont il a connaissance et qui ne lui a pas été signalée ;

2° Pour les allocataires en situation d'impayé de dépense de logement, l'organisme payeur informe la commission de coordination des actions de prévention des expulsions locatives et met en œuvre la procédure suivante :

Pour se prononcer sur le maintien de l'aide, l'organisme payeur choisit en fonction de la situation de l'allocataire :

a) Soit de renvoyer le dossier au bailleur afin que ce dernier établisse, dans un délai de six mois au plus, un plan d'apurement de la dette. Sous réserve de la reprise du paiement de la dépense courante de logement, du respect du plan d'apurement et de son approbation par l'organisme payeur, ce dernier maintient le versement de l'allocation de logement. A défaut de réception du plan d'apurement dans le délai précité et après *mise* en demeure du bailleur, l'organisme payeur saisit un fonds de solidarité pour le logement mentionné à l'article 6 de la loi n° 90-449 du 31 mai 1990 qui dispose d'un délai de trois mois pour établir un dispositif d'apurement. L'organisme payeur tient la commission de coordination des actions de prévention des expulsions locatives informée de l'évolution de la situation de l'allocataire. En cas de mauvaise exécution du plan ou du dispositif d'apurement ou de non-reprise du paiement de la dépense courante de logement, l'organisme payeur suspend le versement de l'allocation de logement sans préjudice des dispositions du IV ;

b) Soit de saisir directement un fonds de solidarité pour le logement prévu à l'article 6 de la loi n° 90-449 du 31 mai 1990 ou tout autre organisme à vocation analogue, en lui demandant de faire connaître son dispositif d'apurement dans un délai de six mois. L'organisme payeur informe la commission de coordination des actions de prévention des expulsions locatives de l'évolution de la situation de l'allocataire. Le bailleur est informé de cette saisine par l'organisme payeur. Il peut faire part de ses propositions au fonds ou à l'organisme susmentionné. Après réception du dispositif d'apurement, l'organisme payeur décide de maintenir le versement de l'allocation de logement sous réserve de la reprise du paiement de la dépense courante de logement. En cas de mauvaise exécution du plan ou du dispositif d'apurement ou de non-reprise du paiement de la dépense courante de logement, l'organisme payeur suspend le versement de l'allocation de logement sans préjudice des dispositions du IV ;

c) Si le fonds de solidarité pour le logement mentionné à l'article 6 de la loi n° 90-449 du 31 mai 1990 ou un organisme à vocation analogue n'a pas fait connaître son dispositif dans les délais prévus au *a* ou au *b*, l'organisme payeur met en demeure l'allocataire de reprendre le paiement de la dépense courante de logement et d'apurer l'intégralité de sa dette en remboursant chaque mois au bailleur 1/36e de sa dette pendant trente-six mois à compter du mois suivant la mise en demeure. En cas de non-reprise du paiement de la dépense courante de logement, ou de mauvaise exécution du plan ou du dispositif d'apurement[,] l'organisme payeur suspend le versement de l'allocation de logement sans préjudice des dispositions du IV ;

d) La bonne exécution du plan ou du dispositif d'apurement est vérifiée au moins tous les six mois par l'organisme payeur ;

e) Pour les impayés d'un montant égal ou inférieur à cent euros, l'organisme payeur peut proposer au bailleur et à l'allocataire de recourir à une procédure de traitement de l'impayé selon des modalités fixées par arrêté des ministres chargés de la sécurité sociale, de l'agriculture et du logement. Cet arrêté précise les conditions requises pour la mise en œuvre de cette procédure ainsi que le cadre dans lequel l'organisme payeur élabore un plan d'apurement ;

Lorsque le plan d'apurement proposé par l'organisme payeur n'est pas approuvé par le bailleur et l'allocataire dans le délai imparti, ou en cas de non-respect du plan d'apurement, cette procédure de traitement de l'impayé prend fin. Il est alors fait application de la procédure de droit commun, les délais fixés au *a* et au *b* du 2° du I, ainsi que le délai de deux mois prévu au premier alinéa du I de l'article D. 542-22-1, étant divisés par deux ;

3° *a)* Si un fonds de solidarité pour le logement mentionné à l'article 6 de la loi n° 90-449 du 31 mai 1990 ou un organisme à vocation analogue a été saisi selon les modalités du même article, simultanément à l'organisme payeur, il en informe sans délai l'organisme payeur qui doit maintenir le versement de l'allocation de logement pour une durée de six mois à compter de cette saisine. A défaut de réception d'un dispositif d'apurement dans le délai précité, et après mise en demeure du fonds de solidarité pour le logement mentionné à l'article 6 de la loi n° 90-449 du 31 mai 1990 ou d'un organisme à vocation analogue, l'organisme payeur renvoie le dossier au bailleur afin de mettre en place un plan d'apurement dans un délai de trois mois à compter de la réception du dossier. Il en informe simultanément la commission de coordination des actions de prévention des expulsions locatives ;

b) A défaut de réception du plan d'apurement dans le délai de trois mois, l'organisme payeur met en demeure l'allocataire de reprendre immédiatement le paiement de la dépense courante de logement et d'apurer l'intégralité de sa dette en remboursant chaque mois au bailleur 1/36e de sa dette pendant trente-six mois ;

c) Pour chacune des situations mentionnées au *a* et au *b*, en cas de mauvaise exécution du plan ou du dispositif d'apurement ou de non-reprise du paiement de la dépense courante de logement, l'organisme payeur suspend le versement de l'allocation de logement, sans préjudice des dispositions du IV.

II. — Si le bailleur ne signale pas l'impayé à l'organisme payeur dans le délai et les conditions mentionnés au 1° du I ou n'apporte pas les justifications prévues au 1° du I, il pourra être fait application des dispositions de l'article L. 114-17.

III. — En cas de suspension du versement de l'allocation de logement, celle-ci peut donner lieu à récupération de l'indu.

IV. — Si l'allocataire s'acquitte du paiement de la dépense courante de logement, ou s'il se trouve dans une situation sociale difficile et qu'il s'acquitte du paiement de la moitié de la dépense courante de logement, déduction faite de l'allocation, l'organisme payeur peut décider du maintien du versement de l'allocation de logement, notamment pour tenir compte des recommandations de la commission de coordination des actions de prévention des expulsions locatives.

Cette possibilité est offerte pour les situations prévues par le présent article et par l'article D. 542-22-6.

V. — Pour l'application du II de l'article 24 de la loi n° 89-462 du 6 juillet 1989, la première information de la commission de coordination des actions de prévention des expulsions locatives vaut saisine.

Pour l'application de l'article 7-2 de la loi n° 90-449 du 31 mai 1990, la première information de la commission de coordination des actions de prévention des expulsions locatives vaut alerte.

VI. — Lorsque le juge décide d'un plan d'apurement, notamment dans le cas prévu au V de l'article 24 de la loi du 6 juillet 1989, l'aide est maintenue ou rétablie sous réserve du respect de ce plan d'apurement dans les conditions prévues aux IV et V de l'article D. 542-22-5.

Art. D. 542-22-1 *(Décr. n° 2016-748 du 6 juin 2016, art. 30, en vigueur le 1er sept. 2016)* **I. — Dans le cas où l'allocataire perçoit directement l'allocation de logement et s'il se trouve en situation d'impayé au sens de l'article D. 542-19, sauf dans le cas prévu à la première phrase du septième alinéa du II de l'article L. 553-4, l'organisme payeur demande au bailleur d'indiquer, dans un délai de deux mois, s'il veut obtenir le versement entre ses mains de cette allocation en lieu et place de l'allocataire. Le silence du bailleur à l'expiration de ce délai vaut refus.**

En cas d'accord du bailleur, il y joint les renseignements relatifs au compte sur lequel il demande que soient effectués les versements.

A réception de l'accord, l'organisme payeur en informe l'allocataire et lui notifie son intention de procéder au versement de l'allocation au bailleur, sauf si l'allocataire justifie par tous moyens avoir soldé sa dette de dépense de logement avant l'expiration d'un délai de deux mois à compter de cette notification.

Le versement de l'allocation est effectué entre les mains du bailleur à compter de l'expiration du délai de deux mois. Ce versement est maintenu dans les conditions prévues à l'article D. 542-22 et aux articles D. 542-22-5 et D. 542-22-6.

Le délai de deux mois de réponse du bailleur est inclus dans les délais prévus à l'article D. 542-22.

II. — En cas de refus du bailleur de percevoir directement l'allocation et dans le cas prévu à la première phrase du septième alinéa du II de l'article L. 553-4, le versement de l'allocation est maintenu dans les conditions prévues aux articles D. 542-22, D. 542-22-5 et D. 542-22-6. Toutefois, s'il est fait application de la procédure prévue au deuxième alinéa du *a* du 1° du I de l'article D. 542-22, le délai de six mois accordé au bailleur pour mettre en place un plan d'apurement est réduit à deux mois à compter de la date du refus par le bailleur.

Art. D. 542-22-2 (Abrogé par Décr. n° 2016-748 du 6 juin 2016, art. 31, à compter du 1er sept. 2016) (Décr. n° 86-564 du 14 mars 1986 ; Décr. n° 90-885 du 2 oct. 1990, art. 7) ***Au terme du plan d'apurement, le versement de l'allocation de logement à l'allocataire est repris si celui-ci est à jour vis-à-vis de son bailleur.***

Art. D. 542-22-3 (Abrogé par Décr. n° 2016-748 du 6 juin 2016, art. 31, à compter du 1er sept. 2016) (Décr. n° 95-1158 du 2 nov. 1995, art. 4) ***Il appartient à l'organisme payeur de décider du délai durant lequel l'allocation de logement peut être versée au bailleur ou au prêteur en application*** (Décr. n° 2013-140 du 14 févr. 2013, art. 2-6°) ***« de l'article D. 542-22 et du premier alinéa de l'article D. 542-29 ».***

V. note ss. art. D. 542-4.

Art. D. 542-22-4 (Abrogé par Décr. n° 2016-748 du 6 juin 2016, art. 31, à compter du 1er sept. 2016) (Décr. n° 90-885 du 2 oct. 1990, art. 9) ***Lorsque l'allocation de loge-***

ment est versée au bailleur en application (Décr. n° 2013-140 du 14 févr. 2013, art. 2-7°) *« du II de l'article L. 553-4 » et que l'allocataire ne règle pas la part de dépense de logement restant à sa charge, le bailleur doit, dans un délai de trois mois après la constitution de l'impayé au sens de l'article D. 542-19 (III), porter la situation de l'allocataire défaillant à la connaissance de l'organisme payeur.*

Si le bailleur ne saisit pas l'organisme payeur dans le délai susmentionné, il doit rembourser à celui-ci l'allocation de logement versée depuis la défaillance de l'allocataire jusqu'à la saisine éventuelle de l'organisme payeur.

Le versement de l'allocation de logement est maintenu, sur décision de l'organisme payeur, (Décr. n° 95-1158 du 2 nov. 1995, art. 5-II) *« pendant la durée fixée en application de l'article D. 542-22-3 ».*

Pendant cette période, et compte tenu de la situation du bénéficiaire, l'organisme payeur décide :

a) Soit de renvoyer le dossier au bailleur aux fins de mettre en place dans un délai maximum de six mois un plan d'apurement de la dette.

Sur présentation par le bailleur dudit plan signé par l'allocataire, l'organisme payeur maintient le service de l'allocation de logement, sous réserve de la reprise du paiement du loyer et de la bonne exécution du plan d'apurement.

A défaut de réception du plan d'apurement dans le délai fixé et après mise en demeure du bailleur, l'organisme payeur peut soit suspendre le droit à l'allocation de logement, soit saisir le dispositif d'aide mentionné au b ci-dessous, qui doit faire connaître sa décision dans un délai maximum de six mois. Il en est de même en cas de mauvaise exécution du plan d'apurement ou de constitution d'un nouvel impayé.

(Décr. n° 2005-1165 du 13 sept. 2005, art. 1er-II) *« Toutefois, en cas de retard dans la mise en place du plan d'apurement ou de difficultés dans l'exécution de celui-ci, et dès lors que le locataire s'acquitte du paiement du loyer, l'organisme payeur peut décider le maintien du versement de l'allocation de logement. »*

b) Soit de saisir directement un fonds local d'aide au logement, et notamment le fonds de solidarité pour le logement prévu à l'article 6 de la loi n° 90-449 du 31 mai 1990, ou tout autre dispositif ou organisme à vocation analogue en lui demandant de faire connaître sa décision à l'organisme payeur dans un délai maximum de douze mois.

Le bailleur, informé de cette saisine par l'organisme payeur, doit faire part de ses propositions au dispositif d'aide susmentionné.

Au vu de la décision de celui-ci, l'organisme payeur maintient le service de l'allocation de logement, sous réserve de la reprise du paiement du loyer et du respect des conditions fixées par le dispositif d'aide.

Si le fonds ou l'organisme mentionné au b ci-dessus n'a pas fait connaître sa décision dans le délai précité, et après mise en demeure, l'organisme payeur suspend le droit à l'allocation de logement. Il en est de même en cas de non-respect des conditions fixées par le dispositif ou de constitution d'un nouvel impayé.

c) L'exécution régulière du plan d'apurement est vérifiée tous les douze mois par l'organisme payeur.

L'art. D. 542-22-4 CSS, qui organise les relations entre l'organisme payeur et le bailleur bénéficiaire du versement direct de l'allocation de logement, ne prévoit de mise en demeure avant cessation du paiement de cette allocation que dans l'intérêt de celui-ci. Il en résulte que le bailleur est seul fondé à se prévaloir de l'omission de cette formalité. • Civ. 2e, 22 janv. 2015, n° 14-12.136 P : *JCP S 2015, n° 1062, obs. Tauran.*

Art. D. 542-22-5 *(Décr. n° 2013-1180 du 17 déc. 2013, art. 2-2°) (Décr. n° 2016-748 du 6 juin 2016, art. 32-1°, en vigueur le 1er sept. 2016)* **« I. — Lorsqu'une procédure de surendettement a été engagée devant la commission prévue à l'article L. 331-1 du code de la consommation, préalablement ou parallèlement à l'engagement des procédures prévues aux articles D. 542-22, D. 542-22-1 et D. 542-22-6 du présent code, le versement de l'allocation est maintenu pendant le délai prévu pour l'orientation du dossier de surendettement. »**

II. — Lorsque l'allocation est rétablie dans les conditions prévues à l'article L. 542-7-1, son versement est effectué entre les mains du bailleur, sauf dans les cas relevant du second alinéa de l'article D. 542-16 et sauf refus du bailleur.

III. – Dans le cas où, avant la décision déclarant la recevabilité prévue au premier alinéa de l'article L. 331-3-1 du code de la consommation *[art. abrogé, V.* **C. *consom.***, *art. L. 722-2 à L. 722-5, L. 722-10, L. 722-11, L. 722-13 à L. 722-16.]*, l'allocation de logement était versée à l'allocataire, le refus ou l'acceptation du bailleur *(Décr. n° 2016-748 du 6 juin 2016, art. 32-2°, en vigueur le 1er sept. 2016)* « de percevoir l'allocation entre ses mains » est transmis à l'organisme payeur mentionné à l'article L. 212-1 du présent code ou à l'article L. 723-2 du code rural et de la pêche maritime dans un délai de quinze jours à compter de la notification de la possibilité de refus qui est adressée par l'organisme payeur au bailleur par tout moyen lui donnant date certaine.

Lorsqu'une échéance de versement de l'allocation de logement intervient pendant ce délai, l'allocation de logement est rétablie par versement à l'allocataire jusqu'à la transmission à l'organisme payeur de l'acceptation du bailleur.

Si le bailleur fait connaître à cet organisme son acceptation du versement entre ses mains de l'allocation, il joint à cette déclaration les renseignements relatifs au compte de dépôt de l'établissement de crédit ou au compte de paiement de l'établissement de paiement ou de l'établissement de monnaie électronique auprès duquel il demande que soient effectués les versements.

A défaut de transmission de la déclaration d'acceptation et des renseignements précités dans le délai de quinze jours, le bailleur est réputé refuser le versement de l'allocation de logement entre ses mains. Toutefois, si le bailleur fait connaître à l'organisme payeur son acceptation et lui communique les renseignements requis après l'expiration du délai précité, le versement est effectué entre ses mains à compter du mois suivant celui de la réception par l'organisme payeur de ces pièces.

IV. – Dans le cas où, avant la décision déclarant la recevabilité prévue au premier alinéa de l'article L. 331-3-1 du code de la consommation *[art. abrogé, V.* **C. *consom.***, *art. L. 722-2 à L. 722-5, L. 722-10, L. 722-11, L. 722-13 à L. 722-16.]*, l'allocation de logement était versée entre les mains du bailleur, le refus du bailleur est transmis à l'organisme payeur dans un délai de quinze jours à compter de la notification de cette décision au bailleur par la commission de surendettement. Le bailleur est préalablement informé par l'organisme payeur, au stade du versement initial de l'allocation entre ses mains intervenant en application du II de l'article L. 553-4 ou du II de l'article D. 542-17 du présent code, des conditions dans lesquelles il peut ainsi exprimer son refus à la suite de la déclaration de recevabilité.

A défaut de transmission à l'organisme payeur d'une déclaration de refus du bailleur dans le délai mentionné à l'alinéa précédent, le bailleur est réputé accepter le maintien du versement de l'allocation entre ses mains.

V. – Le versement de l'allocation est maintenu entre les mains du bailleur, sauf refus de ce dernier, dans les conditions prévues aux III et IV ci-dessus, jusqu'à la transmission par le bailleur à l'organisme payeur des notifications des plans, mesures ou jugements mettant fin à la procédure qui lui sont adressées par la commission de surendettement ou par le juge.

L'organisme payeur informe simultanément l'allocataire de chacune des étapes de la procédure qu'il engage auprès du bailleur et de ses conséquences.

VI. – A réception des plans, mesures ou jugements mettant fin à la procédure, l'organisme payeur maintient le versement de l'allocation sous réserve de la reprise du paiement du loyer *(Décr. n° 2016-748 du 6 juin 2016, art. 32-3°, en vigueur le 1er sept. 2016)* « courant, ainsi que des charges locatives » et du respect des conditions prévues par la commission de surendettement, le plan conventionnel ou le juge. *(Décr. n° 2016-748 du 6 juin 2016, art. 32-3°, en vigueur le 1er sept. 2016)* « La bonne exécution du plan, de la mesure ou de la décision judiciaire est vérifiée tous les six mois par l'organisme payeur. Si la suspension de l'allocation a été mise en œuvre avant l'engagement de la procédure de surendettement, il décide, le cas échéant, des modalités de versement du rappel de l'allocation correspondant à la période de suspension. »

Art. D. 542-22-6 *(Décr. n° 2005-1165 du 13 sept. 2005, art. 2)* Pour le rétablissement du versement de l'allocation de logement, la signature du protocole d'accord, conclu en application de l'article L. 442-6-5 et du *(Décr. n° 2016-748 du 6 juin 2016, art. 33-1°, en vigueur le 1er sept. 2016)* « sixième » alinéa de l'article L. 442-8-2 du code de la construction et de l'habitation, est subordonnée à l'approbation préalable du plan d'apurement par l'organisme payeur.

L'organisme payeur fixe les modalités du versement du rappel de l'aide pendant la période comprise entre l'interruption du versement par l'organisme payeur et la signature du protocole.

Ces modalités doivent tenir compte de la situation financière du bénéficiaire et du plan de résorption de la dette établi avec le bailleur. A ce titre, l'organisme payeur décide du versement du rappel d'aide :

– soit en une seule fois si le montant du rappel ou de la dette *(Décr. nº 2016-748 du 6 juin 2016, art. 33-2º, en vigueur le 1er sept. 2016)* « est inférieur à quatre cent cinquante euros » ;

– soit par versements semestriels échelonnés sur la durée du plan d'apurement et sous réserve de sa bonne exécution. Dans ce cas, le premier versement est effectué trois mois après la reprise du paiement par l'occupant des échéances prévues par le protocole.

En cas de non-respect par l'occupant des engagements contenus dans le protocole, le bailleur est tenu d'en informer l'organisme payeur qui suspend le versement du rappel. *(Décr. nº 2016-748 du 6 juin 2016, art. 33-3º, en vigueur le 1er sept. 2016)* « L'organisme payeur décide en fonction de la situation de l'allocataire le maintien de l'allocation de logement pendant une durée qui ne peut excéder trois mois pour permettre la négociation d'un nouveau plan d'apurement entre le bailleur et l'occupant. Ce nouveau plan d'apurement fait l'objet d'un avenant au protocole, la durée totale de ce dernier ne pouvant être supérieure à cinq ans.

« Si l'organisme payeur ne reçoit pas le plan d'apurement dans le délai précité, ou s'il ne l'approuve pas, l'organisme payeur met en demeure l'allocataire de reprendre immédiatement le paiement de la dépense courante de logement, et de s'engager explicitement, sous deux mois, à apurer l'intégralité de sa dette en remboursant chaque mois au bailleur 1/36e de sa dette pendant trente-six mois.

« En cas de non-reprise du paiement de la dépense courante de logement, ou de refus de s'engager sur ce plan d'apurement ou de mauvaise exécution de ce dernier, l'organisme payeur suspend le versement de l'allocation de logement et les indus d'allocations correspondant aux dépenses de logement impayées donnent lieu à récupération. La bonne exécution du plan ou du dispositif d'apurement est vérifiée tous les six mois par l'organisme payeur.

« En cas de résiliation du bail, lorsque le juge a prononcé un commandement de quitter les lieux et fixé une indemnité d'occupation, et que l'occupant du logement s'acquitte de cette indemnité d'occupation, le versement de l'allocation est maintenu, dans les conditions du présent article, durant l'intégralité de la période où l'occupant s'acquitte de l'indemnité fixée et jusqu'à l'exécution du commandement de quitter les lieux. »

Art. D. 542-23 Dans les cas prévus à l'article L. 542-7, l'organisme payeur peut suspendre le versement des allocations de logement après avertissement motivé adressé au bénéficiaire par lettre recommandée avec demande d'avis de réception.

Si, dans un délai qui ne peut être inférieur à trois mois, l'allocataire n'a pas procédé à la remise en état de son logement ou a persisté dans son refus de se soumettre au contrôle prévu par la loi, le versement des allocations est interrompu.

SECTION IV **DISPOSITIONS RELATIVES AUX ACCÉDANTS À LA PROPRIÉTÉ**

Art. D. 542-24 L'allocation de logement est accordée au titre de la résidence principale :

1º Aux personnes propriétaires du logement pendant la période au cours de laquelle elles se libèrent de la dette contractée pour accéder à la propriété dudit logement et, le cas échéant, de celle contractée en même temps pour effectuer des travaux destinés à permettre l'ouverture du droit à l'allocation de logement ;

2º *(Décr. nº 2003-694 du 29 juill. 2003, art. 3-I, en vigueur le 1er août 2003)* « Aux personnes qui se libèrent d'une dette contractée en vue d'effectuer des travaux figurant sur la liste mentionnée à l'article R. 321-15 du code de la construction et de l'habitation ; »

3° Aux personnes qui ont souscrit un contrat de location-attribution ;

4° Aux personnes qui se libèrent d'une dette contractée en vue soit d'agrandir leur logement, soit d'aménager à usage de logement des locaux non destinés à l'habitation lorsque ces travaux répondent aux normes techniques imposées pour le bénéfice des *(Décr. n° 2003-694 du 29 juill. 2003, art. 3-II, en vigueur le 1er août 2003)* « prêts conventionnés mentionnés à l'article R. 331-63 du code de la construction et de l'habitation ».

Art. D. 542-25 Sont seuls pris en considération par les organismes payeurs pour le calcul de l'allocation de logement sous déduction des primes ou bonifications :

1° Les charges d'intérêts et d'amortissements et les charges accessoires au principal de la dette, afférentes aux emprunts contractés en vue de l'accession à la propriété d'un logement et qui ont fait, pour chacun d'entre eux, l'objet d'un certificat daté, notifié au demandeur par les organismes prêteurs précisant les modalités et la périodicité des paiements et présenté à l'appui de la demande d'allocation de logement *(Abrogé par Décr. n° 2002-1565 du 23 déc. 2002, art. 5)* « *. Le modèle de ce certificat est fixé par arrêté du ministre chargé de la sécurité sociale* » ;

2° *(Décr. n° 88-1071 du 29 nov. 1988, art. 6 ; Décr. n° 2000-750 du 1er août 2000, art. 4)* « Les charges d'intérêts et d'amortissements et les charges accessoires afférentes aux emprunts substitués à ceux qui sont mentionnés au 1° ci-dessus, dans la limite des sommes restant dues en capital sur le montant du premier prêt *[application à compter des prestations dues au titre du mois de juillet 2000]*. »

3° Les charges afférentes au paiement de tout ou partie du prix d'achat ou ayant pour objet de financer les dépenses jugées indispensables à la délivrance du certificat de conformité dans les conditions prévues au 1° ci-dessus ;

4° Le versement des primes de l'assurance-vie contractée par le bénéficiaire en garantie de l'exécution des engagements souscrits. — *V. Arr. du 1er août 2000 (JO 5 août).*

Art. D. 542-26 Ne sont notamment pas pris en considération par les organismes payeurs de l'allocation de logement :

1° Les remboursements effectués par le bénéficiaire en anticipation des obligations résultant des contrats de prêts qu'il a souscrits ;

2° Abrogé, par Décr. n° 2000-750 du 1er août 2000, art. 4-I, à compter des prestations dues au titre du mois de juill. 2000 ;

3° Les prêts constituant une obligation au porteur.

Toutefois, peuvent être pris en considération les prêts au logement consentis par les banques ou les établissements financiers et en représentation desquels des billets à ordre ont été créés en vue d'une mobilisation éventuelle de la créance, dès lors que, dans le contrat de prêt lui-même, le créancier et le débiteur sont expressément désignés et que les paiements sont effectifs.

Art. D. 542-27 *(Décr. n° 2000-1269 du 26 déc. 2000, art. 8-1° ; Décr. n° 2001-698 du 31 juill. 2001, art. 10)* « Les sommes prises en compte mensuellement pour le calcul de l'allocation de logement ne peuvent dépasser un plafond mensuel fixé par arrêté conjoint des ministres chargés de la sécurité sociale, du budget, de l'agriculture et du logement qui répond aux conditions définies au deuxième alinéa de l'article D. 542-21 et applicable pour la période au cours de laquelle le certificat prévu à l'article D. 542-25 a été établi. »

Le plafond ainsi retenu ne pourra, en aucun cas, être inférieur à celui applicable au moment de l'entrée dans les lieux sous la réserve qu'il s'agisse d'un local habité pour la première fois par le bénéficiaire.

Lesdites sommes sont augmentées, au titre des charges, d'une majoration forfaitaire mensuelle variable avec la taille de la famille et dont le montant est fixé par l'arrêté prévu à l'article D. 542-21.

(Décr. n° 2000-1269 du 26 déc. 2000, art. 8-2°) « Lorsque plusieurs personnes ou ménages constituant des foyers distincts occupent le même logement et qu'ils sont copropriétaires du logement et cotitulaires du prêt, pour le calcul de l'allocation de logement :

« — l'élément L représente le quotient de la somme prise en compte au titre des charges mentionnées à l'article D. 542-25 par le nombre de copropriétaires, cotitulaires du prêt ouvrant droit à l'allocation de logement, le résultat étant pris en compte dans la limite de la mensualité plafond mentionnée au premier alinéa du présent article qui correspond à la situation familiale de chacun des intéressés ;

« – il est fait application à chaque personne ou ménage concerné du coefficient N et de l'élément C prévu au II de l'article D. 542-5 correspondant à sa situation familiale. »

V. Arr. du 14 janv. 2013 relatif à la revalorisation de l'allocation logement (JO 16 janv.), mod. par Arr. du 27 oct. 2014 relatif à la revalorisation des paramètres de calcul de l'allocation de logement (JO 28 oct.) et Arr. du 16 oct. 2015 (JO 21 oct.).

Art. D. 542-28 L'allocation de logement est versée mensuellement pendant une période de douze mois débutant *(Décr. nº 2008-605 du 26 juin 2008)* « au 1er janvier » de chaque année. *(Décr. nº 2000-750 du 1er août 2000, art. 5-I)* « Elle est calculée sur la base de la mensualité acquittée au titre des charges mentionnées à l'article D. 542-25 ». — *Application à compter des prestations dues au titre de juillet 2000.*

Al. 2 abrogé par Décr. nº 89-831 du 10 nov. 1989, art. 2-II.

Le bénéficiaire doit, à la demande de l'organisme payeur, justifier des sommes susceptibles d'être prises en considération et qu'il a effectivement versées.

Lorsque le droit à l'allocation n'est pas ouvert pour toute la période de douze mois précitée, l'allocation de logement est calculée et versée proportionnellement au nombre de mois pendant lesquels le droit est ouvert.

En cas de changement dans la composition de la famille ou encore lorsque la famille s'installe dans un nouveau local au cours de la période de paiement, il doit être procédé, sur demande des intéressés, à une révision des bases de calcul de l'allocation.

Art. D. 542-29 *(Décr. nº 2016-748 du 6 juin 2016, art. 34, en vigueur le 1er sept. 2016)* Lorsque l'allocation de logement est versée au prêteur en application du II de l'article L. 553-4 et que l'allocataire ne règle pas la part de dépense de logement restant à sa charge, il est fait application des dispositions de l'article D. 542-22, à l'exception du V, et de l'article D. 542-22-1, l'établissement habilité étant substitué au bailleur, l'échéance de prêt au loyer, et le comité responsable du plan local d'action pour le logement et l'hébergement des personnes défavorisées à la commission de coordination des actions de prévention des expulsions locatives.

Art. D. 542-29-1 *(Décr. nº 2013-1180 du 17 déc. 2013, art. 2-3º)* Le I et le VI de l'article D. 542-22-5 sont applicables aux accédants à la propriété. L'échéance d'emprunt est assimilée au loyer.

SECTION V DISPOSITIONS RELATIVES À CERTAINES CATÉGORIES D'ALLOCATAIRES

Art. D. 542-30 *(Décr. nº 91-1159 du 8 nov. 1991, art. 4)* « En cas de logement en hôtel, pension de famille ou établissement similaire ou lorsque le bénéficiaire occupe un logement loué en meublé, le prix du loyer est remplacé par les deux tiers du prix effectivement payé dans la limite du loyer-plafond. »

Dans le cas d'un local à usage mixte d'habitation et professionnel, il n'est pas tenu compte des majorations de loyers résultant de l'affectation d'une partie des lieux à l'exercice d'une profession.

Lorsque le logement est compris dans les locaux relevant du statut du fermage, lorsque le logement est à usage mixte d'habitation et commercial ou lorsqu'il est loué à titre d'accessoire du contrat de travail, l'évaluation du loyer est faite en tant que de besoin par référence à celui de logements similaires dans la même commune ou dans des communes avoisinantes. Toutefois, le loyer pris en considération ne peut excéder celui qui résulterait des dispositions des articles 27 et 30 de la loi du 1er septembre 1948 si le logement a été construit antérieurement au 1er septembre 1948 et n'est pas situé dans une commune où, en application de l'article 3 *bis* de ladite loi, les prix des locations nouvelles sont libres.

Jusqu'à la date de transformation de leur contrat dans les conditions prévues par le code de la construction et de l'habitation, les allocations de logement servies aux associés locataires coopérateurs d'une société anonyme coopérative d'HLM de location coopérative sont calculées compte tenu du loyer effectivement payé et, le cas échéant, des annuités de remboursement des emprunts contractés pour participer au financement de la construction dans la limite d'un plafond fixé par l'arrêté prévu à l'article D. 542-21.

SECTION VI **PRIMES DE DÉMÉNAGEMENT**

Art. D. 542-31 *(Décr. n° 87-207 du 27 mars 1987, art. 4-I)* La prime de déménagement est attribuée aux personnes ou ménages ayant à charge au moins trois enfants nés ou à naître et qui s'installent dans un nouveau logement dans les conditions suivantes :

Sous réserve des dispositions des articles D. 542-32 et D. 542-33, le droit est ouvert si l'emménagement a lieu au cours d'une période comprise entre le premier jour du mois civil suivant le troisième mois de grossesse au titre d'un enfant de rang trois ou plus et le dernier jour du mois précédant celui au cours duquel le même enfant atteint son *(Décr. n° 88-671 du 6 mai 1988, art. 1er)* « deuxième » anniversaire.

Art. D. 542-32 *(Décr. n° 87-207 du 27 mars 1987, art. 4-III)* « La prime de déménagement n'est due que si le droit aux allocations de logement est ouvert au titre du nouveau local, dans un délai maximum de six mois, à compter de la date du déménagement. Elle est due dans ce cas même si, en application des dispositions de l'article D. 542-7, il n'est pas procédé au versement de ladite allocation ».

La demande doit être formée auprès de la caisse ou de l'organisme payeur six mois au plus tard après la date de déménagement. Le modèle type de la demande et les pièces justificatives à fournir sont déterminés par arrêté.

Le délai de six mois pour former une demande de prime de déménagement est impératif et imparti à peine de forclusion. • Soc. 18 janv. 1989 : *Bull. civ. V, n° 46 ; D. 1989. IR 38.* ♦ Les démarches accomplies par l'allocataire auprès de son ancienne caisse pour obtenir la mutation de son dossier sont sans incidence sur le cours de ce délai. • Soc. 11 juin 1992, ☎ n° 89-21.208 P.

Art. D. 542-33 Est interdit le cumul des primes de déménagement prévues par l'article D. 542-31 et de toutes allocations, quelle qu'en soit l'origine, destinées à couvrir les frais de déménagement. Toutefois, lorsque le montant de ces dernières est inférieur au montant des primes de déménagement ci-dessus mentionnées, la différence est versée par la caisse ou l'organisme payeur.

Art. D. 542-34 Le montant des primes de déménagement est fixé dans la double limite des dépenses justifiées réellement engagées par le bénéficiaire et d'un plafond s'exprimant en pourcentage de la base mensuelle de calcul des allocations familiales.

(Décr. n° 87-207 du 27 mars 1987, art. 4-II) « Ce pourcentage est égal à 240 % pour les familles de trois enfants nés ou à naître, avec majoration de 20 % par enfant né ou à naître au-delà du troisième. »

(Abrogé par Décr. n° 2001-698 du 31 juill. 2001, à compter du 1er janv. 2002) (Décr. n° 90-64 du 15 janv. 1990, art. 2) ***« Le montant de la prime de déménagement est arrondi au franc le plus proche. »***

SECTION VII **PRÊTS À L'AMÉLIORATION DE L'HABITAT**

Art. D. 542-35 Les prêts *(Décr. n° 2011-975 du 16 août 2011, art. 1er-1°, en vigueur le 1er sept. 2011)* « prévus au 1° de » l'article L. 542-9 sont accordés par les caisses, organismes, collectivités et administrations chargés du paiement des prestations familiales, en application de l'article L. 212-1 du présent code et de l'article 1090 du code rural. Ces prêts ne peuvent être attribués qu'aux allocataires ayant la qualité de propriétaires, de locataires ou occupants de bonne foi des locaux qu'ils habitent. Ils doivent être destinés à permettre l'exécution de travaux d'aménagement ou de réparations comportant une amélioration des conditions de logement.

(Décr. n° 2011-975 du 16 août 2011, art. 1er-2°, en vigueur le 1er sept. 2011) « Les prêts prévus au 2° de l'article L. 542-9 peuvent être accordés aux assistants maternels, qu'ils soient ou non allocataires, ayant la qualité de propriétaires, de locataires ou d'occupants de bonne foi des locaux qui constituent le lieu d'accueil de l'enfant. Ils doivent être destinés à permettre l'exécution de travaux visant à améliorer le lieu d'accueil, la santé ou la sécurité des enfants gardés par l'assistant maternel. Lorsque ce dernier exerce à son domicile, le prêt peut également viser à faciliter l'obtention, le renouvel-

lement ou l'extension de l'agrément mentionné à l'article D. 421-4 du code de l'action sociale et des familles. Les dépenses des travaux de mise aux normes mentionnés à l'article L. 123-1 du code de la construction et de l'habitation d'une maison d'assistant maternel ne sont pas éligibles aux prêts prévus au 2° de l'article L. 542-9. »

Art. D. 542-36 Les prêts peuvent atteindre 80 % des dépenses effectuées par l'entrepreneur, *(Décr. n° 2011-975 du 16 août 2011, art. 2-1°, en vigueur le 1er sept. 2011)* « ou l'assistant maternel, » dans la limite d'un maximum de *(Décr. n° 2001-698 du 31 juill. 2001, art. 12)* « 1 067,14 € ». *(Décr. n° 2011-975 du 16 août 2011, art. 2-2°, en vigueur le 1er sept. 2011)* « Les prêts prévus au 2° de l'article L. 542-9 peuvent atteindre 80 % des dépenses effectuées par l'assistant maternel, dans la limite d'un maximum de 10 000 euros. »

Art. D. 542-37 Les prêts sont remboursables par fractions égales, en trente-six mensualités au maximum, exigibles à compter du sixième mois qui en suit l'attribution.

Chaque mensualité est majorée d'un intérêt calculé à raison de 1 % de son montant. *(Décr. n° 2010-640 du 9 juin 2010, art. 3)* « Par dérogation aux alinéas ci-dessus, les prêts accordés aux assistants maternels sont remboursables par fractions égales, en cent vingt mensualités au maximum, exigibles à compter du sixième mois qui en suit l'attribution. Aucune majoration d'intérêt ne peut être réclamée sur ces mensualités. »

Art. D. 542-38 Lorsqu'une famille *(Décr. n° 2010-640 du 9 juin 2010, art. 4)* « ou un assistant maternel » bénéficiaire d'un prêt quitte volontairement son logement avant l'extinction de sa dette pour s'installer dans un local dont les conditions d'habitation et de peuplement sont inférieures, les sommes restant dues deviennent exigibles.

(Décr. n° 2010-640 du 9 juin 2010, art. 4) « Lorsqu'un assistant maternel renonce à exercer son activité, perd ou n'obtient pas son agrément avant l'extinction de sa dette, les sommes restant dues deviennent exigibles, sauf s'il poursuit son activité en vertu d'un autre agrément. »

Art. D. 542-39 Les sommes que les caisses, organismes, collectivités et administrations sont autorisés à affecter pour chaque période de douze mois commençant le 1er janvier au service des prêts destinés à l'amélioration de l'habitat *(Décr. n° 2011-975 du 16 août 2011, art. 3, en vigueur le 1er sept. 2011)* « et à l'amélioration du lieu d'accueil de l'enfant » ne devront pas excéder 0,50 % du montant total des prestations familiales ayant donné lieu à paiement au cours de la période de douze mois précédant *(Décr. n° 2008-605 du 26 juin 2008)* « le 30 décembre » de l'année antérieure et mentionnées à l'article L. 511-1 du présent code et à *(Décr. n° 2008-605 du 26 juin 2008)* « l'article L. 732-1 du code rural » et de la pêche maritime.

Le montant des remboursements de prêts majorés de l'intérêt de 1 %, perçus par les caisses, organismes, collectivités et administrations, ne peut, en aucun cas, entraîner un dépassement du pourcentage de 0,50 % mentionné à l'alinéa précédent.

Art. D. 542-40 Pour chaque régime de prestations familiales, un arrêté, pris conjointement par les ministres intéressés et le ministre chargé du budget, détermine les modalités d'application de la présente section. – *V. Arr. du 24 juill. 1974 (JO 20 août).*

CHAPITRE III ALLOCATION DE RENTRÉE SCOLAIRE

Art. D. 543-1 *(Décr. n° 2008-767 du 30 juill. 2008)* Le taux servant au calcul de l'allocation de rentrée scolaire, applicable au 1er août de l'année considérée, est fixé pour chaque enfant ainsi qu'il suit, en pourcentage de la base mensuelle de calcul des allocations familiales prévue à l'article L. 551-1 :

1° *(Décr. n° 2012-830 du 27 juin 2012)* « 89,72 % » lorsque l'enfant, au 31 décembre de l'année civile de la rentrée scolaire considérée, n'a pas encore atteint l'âge de onze ans ;

2° *(Décr. n° 2012-830 du 27 juin 2012)* « 94,67 % » lorsque l'enfant, au 31 décembre de l'année civile de la rentrée scolaire considérée, a atteint l'âge de onze ans mais n'a pas atteint l'âge de quinze ans ;

3° *(Décr. n° 2012-830 du 27 juin 2012)* « 97,95 % » lorsque l'enfant, au 31 décembre de l'année civile de la rentrée scolaire considérée, a déjà atteint l'âge de quinze ans.

Art. D. 543-2 *(Décr. nº 2002-1060 du 7 août 2002)* Lorsque le total des montants d'allocation de rentrée scolaire dû à la personne ou au ménage est inférieur à 15 €, celui-ci n'est pas versé.

CHAPITRE IV ALLOCATION JOURNALIÈRE DE PRÉSENCE PARENTALE

(Décr. nº 2006-659 du 2 juin 2006).

(Décr. nº 2006-659 du 2 juin 2006)

Art. D. 544-1 L'allocation journalière de présence parentale est versée dans la limite d'une durée maximale de trois ans pour un même enfant et par maladie, accident ou handicap et du nombre maximum d'allocations journalières mentionné à l'article L. 544-3.

Art. D. 544-2 Lorsque la durée prévisible de traitement de l'enfant, fixée par le médecin qui le suit, est supérieure à six mois, elle fait l'objet, à l'issue de cette période de six mois, d'un réexamen. Le médecin peut alors fixer une nouvelle durée prévisible, réexaminée dans les mêmes conditions. Le droit à la prestation est alors renouvelé dans la limite de la durée maximale mentionnée à l'article D. 544-1.

Art. D. 544-3 Au cours d'une période de trois ans à compter de la date d'ouverture du droit à l'allocation journalière de présence parentale, en cas de rechute de la pathologie au titre de laquelle le droit avait été ouvert et dès lors que les conditions visées aux articles L. 544-1 et L. 544-2 sont réunies, ce droit peut être ouvert à nouveau. Le décompte de la durée de la période de droit et du nombre maximum d'allocations journalières qui pourront être versées au cours de celle-ci s'effectue à partir de la date initiale d'ouverture du droit.

Art. D. 544-4 Le nombre d'allocations journalières versées pour un même enfant au titre d'un mois civil à l'un ou aux deux membres du couple ne peut être supérieur à 22.

Art. D. 544-5 En cas de nouvelle pathologie de l'enfant, un nouveau droit est ouvert dans les conditions prévues à l'article D. 544-1.

Art. D. 544-6 Le montant de l'allocation journalière de présence parentale est fixée à 10,63 % de la base mensuelle de calcul des allocations familiales.

Lorsque la charge de l'enfant au titre duquel le droit a été ouvert est assumée par une personne seule, le montant visé au premier alinéa est fixé à 12,63 % de la base mensuelle de calcul des allocations familiales.

Art. D. 544-7 Lorsque la maladie, le handicap ou l'accident de l'enfant occasionnent directement des dépenses mensuelles supérieures ou égales à un montant fixé à 27,19 % de la base mensuelle de calcul des allocations familiales, un complément forfaitaire mensuel pour frais du même montant est attribué.

Pour l'attribution du complément pour frais, le montant des ressources du ménage ou de la personne assumant la charge du ou des enfants, apprécié dans les conditions prévues à l'article R. 532-1, ne doit pas dépasser le plafond annuel fixé en application de l'article R. 522-2.

Art. D. 544-8 Le nombre d'allocations journalières de présence parentale versées mensuellement aux personnes mentionnées au deuxième alinéa de l'article L. 544-8 est égal à 22.

Toutefois, les travailleurs à la recherche d'un emploi qui exercent une activité occasionnelle rémunérée et qui bénéficient d'un congé de présence parentale dans les conditions prévues à l'article L. 122-28-9 *[L. 1225-62 s. et R. 1225-14 nouv.]* du code du travail perçoivent l'allocation journalière de présence parentale dans les conditions définies à l'article L. 544-1.

Art. D. 544-9 Chaque mois au plus, les bénéficiaires adressent à l'organisme débiteur des prestations familiales :

1º Pour les personnes bénéficiaires d'un congé de présence parentale dans les conditions prévues à l'article L. 122-28-9 *[L. 1225-62 s. et R. 1225-14 nouv.]* du code du travail, une attestation visée par l'employeur indiquant le nombre de jours de congés de présence parentale pris au cours de la période considérée ;

2° Pour les travailleurs en formation professionnelle rémunérée, une attestation du formateur indiquant que la formation professionnelle rémunérée a été interrompue ainsi qu'une déclaration sur l'honneur attestant que cette interruption est motivée par la nécessité de soins contraignants et d'une présence soutenue auprès de l'enfant malade ;

3° Pour les personnes à la recherche d'un emploi, une déclaration sur l'honneur de cessation de recherche active d'emploi et attestant que cette cessation de la recherche d'emploi est motivée par la nécessité de soins contraignants et d'une présence soutenue auprès de l'enfant malade ;

4° Pour les personnes visées aux 1°, 4° et 5° de l'article L. 615-1 du présent code, à l'article L. 722-9 du code rural et de la pêche maritime, ou aux articles L. 751-1 et L. 772-1 *[L. 7221-1, L. 7311-3 et L. 7313-1 s. nouv.]* du code du travail, une déclaration sur l'honneur indiquant le nombre de jours d'interruption d'activité au cours de la période considérée et attestant que l'interruption de l'activité est motivée par la nécessité de soins contraignants et d'une présence soutenue auprès de l'enfant malade ;

5° Pour les personnes bénéficiaires d'un congé de présence parentale dans les conditions prévues par les dispositions applicables aux agents publics, une attestation visée par l'employeur indiquant le nombre de jours de congé de présence parentale pris au cours de la période considérée.

Art. D. 544-10 Chaque mois au plus, l'allocataire adresse à l'organisme débiteur des prestations familiales une déclaration sur l'honneur précisant pour chaque mois considéré le montant des dépenses directement liées à la maladie, l'accident ou le handicap, engagées au titre du complément pour frais mentionné à l'article L. 544-7. L'allocataire doit être en mesure de produire, à la demande de l'organisme débiteur des prestations familiales, tous les éléments nécessaires à la justification de ces dépenses.

TITRE CINQUIÈME DISPOSITIONS COMMUNES

CHAPITRE PREMIER ÉTABLISSEMENT DU SALAIRE DE BASE

Art. D. 551-1 *Abrogé par Décr. n° 2001-1203 du 17 déc. 2001.*

CHAPITRE II SERVICE DES PRESTATIONS

Art. D. 552-1 à D. 552-5 *Abrogés par Décr. n° 2004-608 du 23 juin 2004, art. 1er.*

Art. D. 552-6 L'autorité compétente de l'État mentionnée au premier alinéa de l'article L. 552-4 est *(Décr. n° 2012-16 du 5 janv. 2012, art. 7-V)* « le directeur académique des services de l'éducation nationale agissant sur délégation du recteur, ou son délégué ».

L'arrêté mentionné au troisième alinéa de l'article L. 552-4 est pris par le ministre chargé de l'éducation nationale, le ministre chargé de l'agriculture, le ministre chargé du budget et le ministre chargé de la sécurité sociale.

L'arrêté mentionné à l'article L. 552-5 est pris par le ministre chargé de l'éducation nationale et le ministre chargé de la sécurité sociale.

CHAPITRE III DISPOSITIONS DIVERSES

Art. D. 553-1 *(Décr. n° 99-359 du 10 mai 1999, art. 1er)* Pour la mise en œuvre du *(Décr. n° 2011-99 du 24 janv. 2011, art. 1er-I)* « troisième » alinéa de l'article L. 553-2, les retenues mensuelles sont effectuées comme suit :

I. – Il est tenu compte :

a) *(Décr. n° 2011-99 du 24 janv. 2011, art. 1er-II)* « De l'ensemble des catégories de ressources de l'allocataire, de son conjoint ou concubin mentionnées à l'article R. 532-3 et prises en compte :

« – durant le trimestre de référence, dans le cas d'une prestation calculée trimestriellement et tant qu'un droit à une telle prestation est ouvert ;

« – durant l'année civile de référence retenue pour la période de paiement au cours de laquelle est effectué le recouvrement de l'indu, dans les autres cas. »

Ces revenus s'entendent avant tout abattement fiscal et déduction hormis la déduction des créances alimentaires mentionnées au *a* de l'article R. 532-3.

Il est fait application des dispositions *(Décr. n° 2004-463 du 28 mai 2004, art. 3-I)* « des articles R. 532-4 à R. 532-8 » à l'exception de la référence qui est faite dans ces articles à l'article R. 532-3 et sous réserve de l'application de l'alinéa précédent. *(Décr. n° 2011-99 du 24 janv. 2011, art. 1er-II)* « Pour les ressources trimestrielles, il est également fait application des dispositions *(Décr. n° 2017-123 du 1er févr. 2017, art. 2-2°, en vigueur le 1er janv. 2017)* « du cinquième alinéa de l'article R. 262-4 », de l'article R. 262-13 *(Abrogé par Décr. n° 2017-123 du 1er févr. 2017, art. 2-2°, à compter du 1er janv. 2017)* « *, du second alinéa de l'article D. 262-16* » et des articles R. 262-18, R. 262-19, R. 262-21 à R. 262-24 du code de l'action sociale et des familles *(Décr. n° 2011-2098 du 30 déc. 2011, art. 1er-1°)* « ainsi que des dispositions de l'article R. 821-4-1 du présent code ». »

Les revenus ainsi déterminés sont divisés *(Décr. n° 2011-99 du 24 janv. 2011, art. 1er-II)* « , selon le cas, par trois ou » par douze ;

b) Des prestations servies par les organismes débiteurs de prestations familiales, à l'exception de l'allocation de rentrée scolaire, des *(Décr. n° 2005-1761 du 29 déc. 2005)* « compléments et de la majoration de l'allocation d'éducation de l'enfant handicapé » liés aux périodes de retour au foyer, lorsqu'ils ne sont pas payés mensuellement, *(Décr. n° 2004-463 du 28 mai 2004, art. 3-II)* « de la prime à la naissance ou à l'adoption et du complément de libre choix du mode de garde de la prestation d'accueil du jeune enfant » ; sont également exclus les versements d'allocation aux adultes handicapés et de son complément ainsi que ceux *(Décr. n° 2009-404 du 15 avr. 2009, art. 4)* « du revenu de solidarité active, lorsqu'ils sont liés aux périodes congés ou de suspension de prise en charge mentionnées respectivement *(Décr. n° 2013-140 du 14 févr. 2013, art. 2-9°)* « à l'article R. 821-8 » et à l'article L. 262-19 du code de l'action sociale et des familles ».

Les prestations mentionnées au *b* ci-dessus sont constituées des prestations dues au titre de la première mensualité sur laquelle porte la récupération ;

c) Des charges de logement acquittées mensuellement au titre de la résidence principale et composées soit du montant du loyer principal, soit du montant de la mensualité de remboursement d'emprunt, attestées par la pièce justificative fournie.

Lorsque les informations relatives aux charges de logement ainsi définies ne sont pas en possession de l'organisme débiteur de prestations familiales, celles-ci sont réputées être égales à 25 % du montant des revenus et des prestations mentionnées aux *a* et *b* du I. Dans ce cas, l'organisme débiteur de prestations familiales en informe l'allocataire. Le recouvrement est poursuivi sur ces bases, à défaut de réception de la justification du montant des charges de logement telles que définies à l'alinéa précédent.

II. — Le revenu mensuel (R) pris en considération pour le calcul des retenues mensuelles à effectuer correspond au montant des revenus mentionnés au *a* du I, majoré des prestations mentionnées au *b*, diminué des charges de logement mentionnées au *c* du même I.

Ce revenu est pondéré selon la formule :

$$\frac{R}{N}$$

dans laquelle N représente la composition de la famille appréciée comme suit :

— personne seule : 1,5 part ;
— ménage : 2 parts ;
— par enfant à charge : 0,5 part.

III. — Le montant mensuel du prélèvement effectué sur les prestations à échoir est calculé sur le revenu mensuel pondéré résultant du II, dans les conditions suivantes *[V. Arr. du 27 déc. 2017, art. 5, ci-dessous]* :

25 % sur la tranche de revenus comprise entre 231 € et 345 € ;
35 % sur la tranche de revenus comprise entre 346 € et 516 € ;
45 % sur la tranche de revenus comprise entre 517 € et 690 € ;
60 % sur la tranche de revenus supérieure à 691 €.

Il est opéré une retenue forfaitaire de *(Décr. n° 2011-99 du 24 janv. 2011, art. 1er-III)* « 45 € » sur la tranche de revenus inférieure à 231 €. — *V. Arr. du 10 juill. 2007 (JO 12 juill.).*

Lorsque les informations relatives aux revenus de l'allocataire et de son conjoint ou concubin ne sont pas en possession de l'organisme débiteur de prestations familiales, le revenu mensuel pondéré est réputé être égal à *(Décr. n° 2011-99 du 24 janv. 2011, art. 1er-III ; Décr. n° 2011-2098 du 30 déc. 2011, art. 1er-1°)* **« 1 096 €. Lorsqu'un droit à une prestation calculée sur des ressources trimestrielles est ouvert et que les informations relatives à ces ressources ne sont pas en possession de l'organisme débiteur des prestations familiales, le revenu mensuel pondéré est calculé pendant quatre mois en fonction des dernières ressources trimestrielles connues, puis est réputé égal à 1 096 €. Dans ces deux cas », l'organisme débiteur de prestations familiales en informe l'allocataire. Le recouvrement est poursuivi sur ces bases à défaut de réception de la déclaration du montant de ces revenus.**

Les tranches de revenus sur lesquelles sont effectuées les retenues et la retenue forfaitaire ainsi que le revenu estimé mentionné à l'article précédent sont revalorisés *(Décr. n° 2008-605 du 26 juin 2008)* **« au 1er janvier » de chaque année conformément à l'évolution en moyenne annuelle des prix à la consommation hors tabac** *(Décr. n° 2009-1733 du 29 déc. 2009, art. 2)* **« de l'année civile de référence », par arrêté conjoint des ministres chargés de la sécurité sociale, du budget et de l'agriculture.** *(Abrogé par Décr. n° 2008-605 du 26 juin 2008)* ***« Les montants sont arrondis à l'euro le plus proche. »***

Les dispositions du Décr. n° 2011-99 du 24 janv. 2011 sont applicables aux indus notifiés à compter de son entrée en vigueur ainsi qu'aux indus en cours de recouvrement à cette date (Décr. préc., art. 6, JO 26 janv.).

Le Décr. n° 2013-140 du 14 févr. 2013 est applicable aux prestations dues à compter du mois de févr. ainsi qu'aux cotisations et contributions dues sur les gains et rémunérations versés à compter du mois de févr. (Décr. préc., art. 8-I).

Arrêté du 27 décembre 2017,

Relatif au montant des plafonds de certaines prestations familiales et aux tranches du barème applicable au recouvrement des indus et à la saisie des prestations (JO 29 déc.).

Art. 5 Pour l'application, à compter du 1er janvier 2018 au 31 décembre 2018, des dispositions du III de l'article D. 553-1 du code de la sécurité sociale :

a) Les tranches de revenus pour lesquelles sont effectuées les retenues sont fixées à :
— 25 % sur la tranche de revenus comprise entre 259 € et 386 € ;
— 35 % sur la tranche de revenus comprise entre 387 € et 578 € ;
— 45 % sur la tranche de revenus comprise entre 579 € et 772 € ;
— 60 % sur la tranche de revenus supérieure à 773 € ;

b) La retenue forfaitaire opérée sur la tranche de revenus inférieure à 259 € s'élève à 48 € ;

c) Le revenu mensuel pondéré est réputé être égal à 1 155 € lorsque les informations relatives aux revenus de l'allocataire, de son conjoint, de son partenaire d'un pacte civil de solidarité ou concubin ne sont pas en possession de l'organisme débiteur de prestations familiales.

Art. D. 553-2 *(Décr. n° 99-359 du 10 mai 1999, art. 1er)* **Lors du renouvellement** *(Décr. n° 2008-605 du 26 juin 2008)* **« au 1er janvier » des droits aux prestations, à chaque modification de situation familiale ou professionnelle ayant une incidence sur les ressources mentionnées au *a* du I de l'article D. 553-1 et à chaque modification des droits aux prestations ou de leur montant, il est procédé à un nouveau calcul de la mensualité de remboursement de l'indu dans les conditions** *(Décr. n° 2009-881 du 21 juill. 2009, art. 1er-I)* **« déterminées aux articles D. 553-1 et D. 553-4. » Lorsque le montant ainsi déterminé est supérieur ou inférieur d'au moins 20 % au précédent, le recouvrement de l'indu est poursuivi sur ces nouvelles bases.**

Art. D. 553-3 *(Décr. n° 99-359 du 10 mai 1999, art. 1er)* **Pour la mise en œuvre de la saisie des prestations prévue au deuxième alinéa de l'article L. 553-4, les prélèvements mensuels d'exécution de la saisie sont déterminés selon les dispositions des articles D. 553-1 et D. 553-2.**

Art. D. 553-4 *(Décr. n° 2009-881 du 21 juill. 2009, art. 1er-II)* Lorsque l'indu a été constitué au titre d'une prestation qui a cessé ou dont le montant est insuffisant pour permettre la déduction de la retenue mensuelle, celle-ci est déduite des autres prestations servies au débiteur en application des articles L. 511-1, L. 821-5-1, L. 835-1 du code de la sécurité sociale *(Décr. n° 2011-99 du 24 janv. 2011, art. 2)* « , L. 262-46 du code de l'action sociale et des familles » et L. 351-1 du code de la construction et de l'habitation. Dans ce cas, la retenue mensuelle, calculée conformément aux dispositions de l'article D. 553-1, peut être opérée prioritairement sur les prestations à échoir versées directement au débiteur.

(Décr. n° 2011-2098 du 30 déc. 2011, art. 1er-2°) « Lorsque l'indu a été constitué au titre d'une prestation versée en tiers payant et toujours à échoir, la retenue mensuelle peut être opérée prioritairement sur les éventuelles prestations à échoir versées directement à l'allocataire, en application des deuxièmes alinéas des articles L. 553-2 et L. 821-5-1 du code de la sécurité sociale, du quatrième alinéa de l'article L. 835-3 du même code, du cinquième alinéa des articles L. 262-46 du code de l'action sociale et des familles et de L. 351-11 du code de la construction et de l'habitation. »

En cas d'indus multiples, une seule retenue mensuelle est opérée sur les prestations à échoir. Cette retenue contribue au remboursement du montant de chaque indu, par ordre d'ancienneté, jusqu'à l'extinction de chacune des créances. En cas d'indus constatés à la même date, l'indu dont le montant est le plus faible est recouvré en priorité.

Les dispositions du Décr. n° 2009-881 du 21 juill. 2009 sont applicables aux indus notifiés à compter de son entrée en vigueur ainsi qu'aux indus en cours de recouvrement à cette date (Décr. préc., JO 22 juill.).

Les dispositions du Décr. n° 2011-99 du 24 janv. 2011 sont applicables aux indus notifiés à compter de son entrée en vigueur ainsi qu'aux indus en cours de recouvrement à cette date (Décr. préc., art. 6, JO 26 janv.).

Art. D. 553-5 *Abrogé par Décr. n° 92-755 du 31 juill. 1992, art. 305.*

CHAPITRE IV PÉNALITÉS

Néant.

TITRE SIXIÈME REVENU FAMILIAL

....

CHAPITRE III SUPPLÉMENT FORFAITAIRE DE REVENU FAMILIAL

Art. D. 563-1 *Abrogé par Décr. n° 90-776 du 3 sept. 1990, art. 4-2°.*

CHAPITRE IV DISPOSITIONS COMMUNES

Néant.

TITRE SEPTIÈME CONGÉ DE NAISSANCE OU D'ADOPTION

Néant.

TITRE HUITIÈME DISPOSITIONS RELATIVES AU RECOUVREMENT DES CRÉANCES ALIMENTAIRES — DISPOSITIONS DIVERSES — DISPOSITIONS D'APPLICATION

CHAPITRE PREMIER DISPOSITIONS RELATIVES AU RECOUVREMENT DES CRÉANCES ALIMENTAIRES

Néant.

CHAPITRE II DISPOSITIONS PARTICULIÈRES RELATIVES À CERTAINES CRÉANCES ALIMENTAIRES

(Décr. n° 2018-656 du 24 juill. 2018, art. 2, en vigueur le 1er juill. 2018)

Art. D. 582-1 Pour l'application du 2° de l'article L. 582-2, les enfants du parent débiteur qui sont à sa charge s'entendent de ceux dont il assume la charge et l'entretien de façon effective à la condition qu'ils se trouvent dans l'une ou l'autre des catégories suivantes :

1° Pour son enfant mineur :

a) enfant qui réside sous le toit de ce parent ou dont la résidence habituelle est fixée auprès de ce parent ;

b) enfant pour lequel il exerce un droit de visite et d'hébergement ou un droit de visite sans hébergement ;

2° Pour son enfant majeur :

a) enfant poursuivant ses études dans un établissement ou un organisme d'enseignement public ou privé ;

b) enfant âgé de moins de vingt-cinq ans, résidant sous son toit et remplissant les deux conditions suivantes :

i) enfant qui dispose de ressources inférieures au montant forfaitaire du revenu de solidarité active mentionné à l'article L. 262-2 du code de l'action sociale et des familles fixé pour un foyer composé d'une seule personne ;

ii) enfant qui est inscrit demandeur d'emploi auprès de l'institution publique mentionnée à l'article L. 5312-1 du code du travail ;

c) enfant au titre duquel la pension alimentaire mise à la charge du parent débiteur par un titre exécutoire est versée au parent créancier.

CHAPITRE III DISPOSITIONS DIVERSES

Art. D. 583-1 Tout imprimé de demande de prestations familiales fait mention de la possibilité pour les organismes débiteurs de prestations familiales d'effectuer les vérifications et contrôles prévus par l'article L. 583-3 sur l'exactitude des déclarations faites aux organismes débiteurs de prestations familiales par les allocataires pour l'attribution desdites prestations.

CHAPITRE IV DISPOSITIONS D'APPLICATION

Néant.

LIVRE SIXIÈME DISPOSITIONS APPLICABLES AUX TRAVAILLEURS INDÉPENDANTS *(Décr. n° 2017-1894 du 30 déc. 2017, art. 3-I).*

TITRE PREMIER DISPOSITIONS GÉNÉRALES *(Décr. n° 2017-1894 du 30 déc. 2017, art. 3-II).*

CHAPITRE PREMIER CHAMP D'APPLICATION *(Décr. n° 2017-1894 du 30 déc. 2017, art. 3-II).*

(Décr. n° 2007-709 du 4 mai 2007, art. 1er)

Art. D. 611-1 *(Décr. n° 2017-737 du 3 mai 2017, art. 3-I) (Décr. n° 2017-1894 du 30 déc. 2017, art. 3-II)* « I. – Les dispositions du présent livre s'appliquent aux personnes physiques suivantes : »

1° Les associés des sociétés en nom collectif, les associés de fait, les associés commandités des sociétés en commandite simple et en commandite par actions ;

2° Les gérants de sociétés à responsabilité limitée qui ne sont pas assimilés aux salariés pour l'application de la législation sur la sécurité sociale ;

3° *(Décr. n° 87-528 du 8 juill. 1987, art. 5)* « Les associés majoritaires non gérants d'une SARL exerçant une activité rémunérée au sein de l'entreprise et qui ne sont pas

assimilés aux salariés pour l'application de la législation sur la sécurité sociale. » – *[Ancien art. D. 613-3.]*

(Décr. n° 2017-1894 du 30 déc. 2017, art. 3-II) **« II. – Les dispositions du présent livre s'appliquent également aux personnes mentionnées au 7° de l'article L. 611-1 dont le revenu imposable de l'activité, tel que défini à l'article L. 131-6, est supérieur à 13 % de la valeur annuelle du plafond de la sécurité sociale prévu à l'article L. 241-3, en vigueur au 1er janvier de l'année au cours de laquelle le revenu d'activité excède ce montant. »**

Les dispositions du Décr. n° 2017-1894 du 30 déc. 2017 sont applicables aux cotisations et aux contributions de sécurité sociale dues au titre des périodes courant à compter du 1er janv. 2018 (Décr. préc., art. 8).

SECTION PREMIÈRE DISPOSITIONS GÉNÉRALES

Néant.

SECTION II CAISSE NATIONALE

SOUS-SECTION 1 LES MISSIONS

Néant.

SOUS-SECTION 2 LE CONSEIL D'ADMINISTRATION

Néant.

SOUS-SECTION 3 LE DIRECTEUR GÉNÉRAL

Néant.

SOUS-SECTION 4 L'AGENT COMPTABLE

Néant.

SOUS-SECTION 5 LA CONVENTION D'OBJECTIFS ET DE GESTION

Néant.

SECTION III CAISSES DE BASE

SOUS-SECTION 1 LES MISSIONS

Néant.

SOUS-SECTION 2 CIRCONSCRIPTIONS DES CAISSES DE BASE

Néant.

SOUS-SECTION 3 COMPOSITION ET RÔLE DU CONSEIL D'ADMINISTRATION

Néant.

SOUS-SECTION 4 FONCTIONNEMENT

Néant.

SOUS-SECTION 5 ÉLECTIONS

Néant.

SOUS-SECTION 6 DIRECTEUR, AGENT COMPTABLE ET AUTRES AGENTS DE DIRECTION

Art. D. 611-2 (Abrogé par Décr. n° 2018-174 du 9 mars 2018, art. 16-5°, à compter du 1er janv. 2018) ***En cas de vacance d'emploi, d'absence momentanée ou d'empêchement du directeur, ses fonctions sont exercées par le directeur adjoint.***

En cas d'absence ou d'empêchement du directeur et du directeur adjoint, ou à défaut de directeur adjoint, les fonctions de directeur sont exercées par un agent de l'organisme désigné préalablement à cet effet par le directeur.

En cas de vacance de poste, dans le cas où un directeur titulaire n'a pu être nommé, le conseil d'administration procède à la nomination d'un directeur intérimaire pendant six mois renouvelable.

Sur l'entrée en vigueur des dispositions issues du Décr. n° 2018-174 du 9 mars 2018, V. dispositions transitoires ss. le titre Ier du livre VI de la IIe partie.

SOUS-SECTION 7 DISPOSITIONS COMMUNES AUX CAISSES DE BASE

Néant.

SECTION IV CONTRÔLE

SOUS-SECTION 1 LES AGENTS DE CONTRÔLE

Néant.

SOUS-SECTION 2 LES PRATICIENS-CONSEILS ET LE PERSONNEL DU CONTRÔLE MÉDICAL

Néant.

SECTION V DISPOSITIONS COMMUNES À LA CAISSE NATIONALE ET AUX CAISSES DE BASE

Art. D. 611-3 (Abrogé par Décr. n° 2018-174 du 9 mars 2018, art. 16-5°, à compter du 1er janv. 2018) *En cas d'empêchement, un membre du conseil d'administration ne peut donner délégation à un autre membre lorsqu'il est procédé à une élection au sein du conseil.* – V. note ss. art. D. 611-2.

Art. D. 611-4 (Abrogé par Décr. n° 2018-174 du 9 mars 2018, art. 16-5°, à compter du 1er janv. 2018) *En cas d'empêchement du président du conseil d'administration, l'intérim est assuré par l'un des deux vice-présidents désigné au préalable par le président.* – V. note ss. art. D. 611-2.

SECTION VI ORGANISATION FINANCIÈRE ET COMPTABLE

Art. D. 611-5 Les opérations financières et comptables de la Caisse nationale et des caisses de base du régime social des indépendants concernent les recettes, les dépenses, la trésorerie et le patrimoine. Elles sont assurées, sous le contrôle du conseil d'administration, par un directeur et un agent comptable.

Art. D. 611-6 Les dispositions de la présente section sont applicables à la Caisse nationale et aux caisses de base du régime social des indépendants.

SOUS-SECTION 1 LE RÉGIME FINANCIER

Art. D. 611-7 (Abrogé par Décr. n° 2017-876 du 9 mai 2017, art. 1er-13°) *L'agent comptable doit procéder périodiquement au rapprochement de ses écritures et de celles des établissements bancaires teneurs de ces comptes. Les réajustements et rectifications sont effectués sous le contrôle du conseil d'administration.*

Art. D. 611-8 (Abrogé par Décr. n° 2017-876 du 9 mai 2017, art. 1er-13°) *L'agent comptable qui fait ouvrir un compte bancaire auprès d'un établissement non agréé commet une faute professionnelle passible de sanction disciplinaire.*

Art. D. 611-9 *(Décr. n° 2016-1068 du 3 août 2016, art. 1er-3°)* « Sous réserve des dispositions des articles L. 122-6, L. 122-7, L. 122-8, L. 122-9 et L. 611-9-1, » les opérations de trésorerie sont effectués *[effectuées]* par les agents comptables des caisses de base du régime social des indépendants soit spontanément, soit à la demande du directeur de l'organisme, de la Caisse nationale du régime social des indépendants ou des autorités de tutelle selon les modalités prévues par les textes relatifs à l'organisation financière et comptable de ce régime.

Art. D. 611-10 Selon les principes définis aux articles R. 611-76 et R. 611-77 et dans les conditions fixées ci-après, la Caisse nationale du régime social des indépendants :

(Abrogé par Décr. nº 2017-876 du 9 mai 2017, art. 1er-6º, à compter du 1er janv. 2018) (Décr. nº 2015-420 du 14 avr. 2015, art. 2-III-1º) « ***1º Organise les circuits d'encaissement des cotisations, contributions, majorations et pénalités recouvrées par les organismes conventionnés et les caisses de base et centralise quotidiennement les produits correspondants ;*** »

(Décr. nº 2015-420 du 14 avr. 2015, art. 2-III-1º) « 2º Gère les transferts du compte ouvert en application du premier alinéa de l'article D. 225-2 dans les conditions fixées par cet article ; »

3º Répartit les encaissements reçus entre le régime de base et les régimes complémentaires, vire le montant des encaissements relatif au régime de base des différentes branches sur le compte financier unique de la Caisse nationale du régime social des indépendants et ceux relatifs aux régimes complémentaires sur les comptes financiers concernés ;

4º Assure la trésorerie des caisses de base et des organismes conventionnés selon les modalités définies à l'article D. 611-9 ;

5º Procède au règlement des créances et des dettes vis-à-vis des autres régimes ;

6º Effectue, pour les régimes de base *(Décr. nº 2017-876 du 9 mai 2017, art. 1er-6º)* « et en lien le cas échéant avec l'organisme mentionné à l'article L. 225-1 », le placement des excédents résultant de la gestion centralisée de la trésorerie et *(Décr. nº 2017-876 du 9 mai 2017, art. 1er-6º)* « , pour chacun des régimes complémentaires, » le placement des excédents de trésorerie *(Décr. nº 2017-876 du 9 mai 2017, art. 1er-6º)* « les concernant » ;

7º Détermine le montant des recettes et des dépenses correspondant à chacune des branches et régimes mentionnés à l'article L. 611-2 ;

(Décr. nº 2015-420 du 14 avr. 2015, art. 2-III-2º) « 8º Détermine les besoins de financement prévisionnels des régimes de base et établit en lien avec l'Agence centrale des organismes de sécurité sociale les échéanciers mentionnés *(Décr. nº 2016-1212 du 9 sept. 2016, art. 7)* « aux articles D. 134-11 et D. 134-13 ». » — *Les dispositions issues du Décr. nº 2016-1212 du 9 sept. 2016 s'appliquent à compter de l'exercice 2016 (Décr. préc., art. 12).*

Art. D. 611-11 Afin de couvrir les dépenses des branches et des régimes mentionnés à l'article L. 611-2 ainsi que les dépenses de fonctionnement des caisses de base, la Caisse nationale alimente les comptes bancaires de ces dernières. L'alimentation des comptes financiers des caisses de base est effectuée dans la limite des plans de financement établis par chaque organisme payeur et approuvé par la Caisse nationale du régime social des indépendants.

Le plan de financement est déterminé par le calendrier des sommes dues par les organismes payeurs.

La forme, le contenu et la périodicité du plan de financement adressé par les caisses de base à la Caisse nationale du régime social des indépendants sont déterminés par cette dernière.

Art. D. 611-12 Pour l'exercice de sa mission, la Caisse nationale donne les instructions nécessaires aux caisses de base. Elle peut effectuer à cet effet des contrôles sur pièces et sur place.

Art. D. 611-13 Les placements de la Caisse nationale sont effectués dans le respect des règles prévues aux articles R. 623-3 et R. 623-10-4.

Art. D. 611-14 Les charges et produits financiers résultant de la gestion centralisée de la trésorerie des branches par la Caisse nationale du régime social des indépendants sont répartis entre lesdites branches. Cette répartition est effectuée au prorata des excédents ou besoins de trésorerie respectifs de celles-ci. A cette fin, la Caisse nationale détermine les soldes quotidiens de trésorerie de chacune des branches. Les soldes de trésorerie quotidiens créditeurs ou débiteurs des branches sont valorisés au taux moyen pondéré effectif résultant de la rémunération des dépôts et des placements pour le jour concerné.

SOUS-SECTION 2 LES RÈGLES COMPTABLES

Art. D. 611-15 L'organisation de la comptabilité de la Caisse nationale et des caisses de base doit permettre :

1° De suivre la réalisation des ressources, l'acquittement des dépenses, l'emploi des excédents, la couverture des déficits ;

2° De suivre les opérations d'exploitation, les opérations de trésorerie et les opérations en capital ;

3° De déterminer les résultats ainsi que la situation active et passive de la caisse ;

4° De suivre les éléments qui relèvent de la comptabilité matière ;

5° D'établir les statistiques financières dans les conditions prévues par la réglementation en vigueur ;

6° De dégager éventuellement les résultats analytiques d'exploitation ;

7° De faire apparaître distinctement au travers d'une comptabilité aménagée les opérations relatives à chacune des sections définies à l'article R. 611-70.

Art. D. 611-16 Sont applicables aux caisses du régime social des indépendants les articles D. 253-4 à D. 253-6 *(Abrogé par Décr. n° 2017-876 du 9 mai 2017, art. 1er-7°)* « *, D. 253-10* », le deuxième alinéa de l'article D. 253-15 à l'exception du membre de phrase commençant par "auprès" et se terminant par "D. 253-1", les articles D. 253-20, D. 253-21, D. 253-27, D. 253-34, D. 253-42 à D. 253-45 *(Décr. n° 2017-876 du 9 mai 2017, art. 1er-7°)* « , D. 253-53 », D. 253-54, D. 253-56, *(Décr. n° 2017-876 du 9 mai 2017, art. 1er-7°)* « , D. 253-67 » et D. 253-68.

Art. D. 611-17 *Abrogé par Décr. n° 2012-1527 du 28 déc. 2012, art. 5.*

Art. D. 611-18 Après avoir été installé, l'agent comptable doit, sous sa responsabilité, se faire suppléer, pour tout ou partie de ses attributions, par un ou plusieurs fondés de pouvoir, munis d'une procuration régulière. Ces procurations doivent être transmises pour information au directeur.

(Décr. n° 2017-876 du 9 mai 2017, art. 1er-8°) « Les dispositions des deuxième, troisième, quatrième et septième alinéas de l'article D. 253-13 sont applicables aux caisses du régime social des indépendants. »

Art. D. 611-19 Le directeur constate l'ensemble des droits et obligations de l'organisme et procède à l'établissement des ordres de recettes et de dépenses, sous réserve, d'une part, pour certaines opérations dont l'importance dépasse une limite fixée par le conseil d'administration, de l'apposition d'un contreseing du président ou d'un administrateur ayant reçu délégation à cet effet et, d'autre part, des délégations qu'il peut consentir.

(Abrogé par Décr. n° 2017-876 du 9 mai 2017, art. 1er-9°) « Le directeur est chargé du recouvrement des cotisations, en principal et accessoire. »

Le directeur est *(Décr. n° 2017-876 du 9 mai 2017, art. 1er-9°)* « chargé de la liquidation et du recouvrement » des créances autres que les cotisations. Sauf en matière de cotisation, l'agent comptable est chargé du recouvrement amiable des créances.

(Abrogé par Décr. n° 2017-876 du 9 mai 2017, art. 1er-9°) « Les ordres de recettes et de dépenses, individuels ou collectifs, établis et signés par le directeur sont transmis, accompagnés, s'il y a lieu, des pièces justificatives, à l'agent comptable qui les prend en charge, les date et les signe après vérification. Les contrôles pourront être sélectifs suivant la nature de la recette. Il est fait recette du montant intégral des produits sans compensation entre les recettes et les dépenses. Les ordres de recettes et de dépenses sont conservés par l'agent comptable, qui certifie en avoir effectué la vérification par l'apposition de son visa. »

Art. D. 611-20 (Abrogé par Décr. n° 2017-876 du 9 mai 2017, art. 1er-13°) *Les ordres de dépenses contiennent toutes les indications de nom et de qualité nécessaires pour permettre à l'agent comptable de s'assurer de l'identité du créancier et du caractère libératoire du règlement. Ils doivent porter référence aux pièces justificatives lorsque celles-ci ne sont pas jointes.*

Art. D. 611-21 (Abrogé par Décr. n° 2017-876 du 9 mai 2017, art. 1er-13°) *Les encaissements effectués en exécution des obligations constatées par un contrat, une convention ou* *un titre de propriété dont l'agent comptable assure la conservation donnent lieu annuellement à la délivrance par le directeur d'ordres de recettes de régularisation soit individuels, soit collectifs.*

Les encaissements de recettes non liquidées par la caisse font l'objet d'ordres de recettes collectifs journaliers.

Art. D. 611-22 *(Décr. n° 2007-709 du 4 mai 2007, art. 1er) (Décr. n° 2009-387 du 7 avr. 2009)* « Une instruction de la Caisse nationale fixe les modalités pratiques de mise en œuvre par les caisses de base des dispositions des articles D. 114-4-2 et D. 114-4-4.

« Cette instruction précise notamment les principes retenus pour l'application du plan comptable unique des organismes de sécurité sociale mentionné à l'article D. 114-4-1, notamment pour le calcul des provisions et des charges à payer. »

Les méthodes de contrôle, mises en œuvre par la Caisse nationale, des opérations de régularisations sont également décrites dans cette instruction.

Art. D. 611-23 (Abrogé par Décr. n° 2017-876 du 9 mai 2017, art. 1er-13°) *Pour les opérations donnant lieu à l'établissement de budgets, les ordres de dépenses énoncent l'exercice et le chapitre d'imputation et, lorsqu'ils constituent des documents séparés des pièces justificatives, la référence à celles-ci.*

Le montant des ordres de dépenses est exprimé soit en toutes lettres, soit en chiffres au moyen d'appareils donnant des garanties d'inscription au moins égales à celles de l'inscription en toutes lettres.

Les ordres de dépenses sont datés et signés par le directeur ou son délégué.

Art. D. 611-24 (Abrogé par Décr. n° 2017-876 du 9 mai 2017, art. 1er-13°) *Les documents individuels ou collectifs obtenus par duplication ou reproduction ne peuvent constituer des ordres de dépenses que s'ils sont revêtus de la signature du directeur ou de son délégué, et éventuellement du contreseing du président ou de l'administrateur habilité à cet effet.*

Art. D. 611-25 (Abrogé par Décr. n° 2017-876 du 9 mai 2017, art. 1er-13°) *En ce qui concerne les opérations relatives aux budgets de gestion et d'intervention, les imputations de dépenses reconnues erronées pendant le cours d'un exercice sont rectifiées dans les écritures de l'agent comptable au moyen de certificats de réimputation délivrés par le directeur. Les certificats de réimputation forment une série numérique continue.*

Art. D. 611-26 (Abrogé par Décr. n° 2017-876 du 9 mai 2017, art. 1er-13°) *L'agent comptable est chargé de la comptabilité générale. Il peut vérifier l'exactitude des comptes individuels dont la tenue incombe aux services techniques.*

L'agent comptable est également chargé de la comptabilité auxiliaire des comptes cotisants. L'agent comptable tient la comptabilité analytique d'exploitation lorsque celle-ci est prévue par la réglementation.

Il peut également être chargé de la comptabilité matières. Dans le cas où il ne serait pas chargé de la comptabilité matières, celle-ci est néanmoins tenue sous sa surveillance. Le matériel et le mobilier, hors fournitures consommables, font l'objet d'un inventaire dressé par le directeur et d'un état de l'actif détenu par le comptable.

L'inventaire et l'état de l'actif doivent être concordants. Ils sont périodiquement vérifiés pour constater les destructions par usure, obsolescence ou toute autre cause. Le directeur est responsable de la reconnaissance physique des immobilisations corporelles. Les destructions ou sorties de matériel doivent faire l'objet de pièces justificatives référençant l'immobilisation et le numéro d'inventaire remis par le directeur à l'agent comptable pour permettre la mise à jour de l'état de l'actif.

Art. D. 611-27 Les caisses du régime social des indépendants sont tenues, d'une part, de contracter une assurance contre les détournements ou vols d'espèces, soit dans les locaux de la caisse, soit en cours de transport, et, d'autre part, de prendre matériellement les mesures de sécurité qui s'imposent à l'occasion de la manipulation des espèces et de la garde des valeurs.

Art. D. 611-28 *Abrogé par Décr. n° 2009-387 du 7 avr. 2009.*

Art. D. 611-29 L'agent comptable est, en outre, soumis aux vérifications prévues par les lois et règlements en vigueur.

Il est tenu de présenter sa comptabilité à toute réquisition des agents de contrôle dûment habilités par la Caisse nationale intéressée.

S'il refuse, *(Abrogé par Décr. nº 2009-387 du 7 avr. 2009)* ***« soit à la commission de contrôle prévue à l'article D. 611-28, soit »*** à un vérificateur dûment habilité, de présenter sa comptabilité ou d'établir l'inventaire des fonds et valeurs, il est immédiatement suspendu de ses fonctions par le ministre chargé de la sécurité sociale ou le ministre chargé du budget, ou leur représentant territorial dans les conditions prévues, selon le cas, par l'article R. 123-52. La même mesure est prise contre lui s'il est constaté une irrégularité d'une nature telle que sa fidélité puisse être mise en doute.

Art. D. 611-30 (Abrogé par Décr. nº 2017-876 du 9 mai 2017, art. 1er-13°) ***Dans le cas de recettes techniques liquidées par la caisse, l'agent comptable peut procéder à des vérifications. Au 1er janvier de chaque année, il doit soumettre au directeur la liste des créances non recouvrées à cette date.***

Art. D. 611-31 (Abrogé par Décr. nº 2017-876 du 9 mai 2017, art. 1er-13°) ***Tous les encaissements en numéraire effectués par l'agent comptable donnent lieu à l'établissement d'une quittance extraite d'un carnet à souches. Lorsque la partie versante exige expressément la délivrance d'un reçu au titre des règlements faits par un mode de paiement autre que le numéraire, l'agent comptable intéressé établit une déclaration de recettes tirée d'un carnet à souches. Les chèques doivent être établis à l'ordre de l'organisme et remis à l'encaissement au plus tard le lendemain de leur délivrance.***

Art. D. 611-32 Les comptes bancaires sur lesquels les fonds de l'organisme peuvent être déposés sont ouverts auprès d'un établissement bancaire agréé, de la Banque de France ou de la Caisse des dépôts et consignations ou ses préposés.

(Abrogé par Décr. nº 2017-876 du 9 mai 2017, art. 1er-12°) ***« L'ouverture d'un compte est opérée sur décision de l'agent comptable, après avis du directeur. Avis de l'ouverture de ces comptes doit être donné au*** *(Décr. nº 2014-552 du 27 mai 2014, art. 15-1°)* ***« directeur départemental ou, le cas échéant, régional des finances publiques » intéressé. »***

Art. D. 611-33 (Abrogé par Décr. nº 2017-876 du 9 mai 2017, art. 1er-13°) ***L'exercice comptable s'étend du 1er janvier au 31 décembre.***

Art. D. 611-34 (Abrogé par Décr. nº 2017-876 du 9 mai 2017, art. 1er-13°) ***La comptabilité générale est tenue en partie double. Elle doit enregistrer au jour le jour les variations des éléments d'actif et de passif de l'organisme.***

Elle est centralisée une fois par mois, avec établissement de balances trimestrielles.

L'agent comptable national établit le compte combiné selon les dispositions définies par les textes pris en application des articles L. 114-6 et L. 114-8 et relatifs aux règles de combinaison des comptes des organismes de sécurité sociale.

Art. D. 611-35 (Abrogé par Décr. nº 2017-876 du 9 mai 2017, art. 1er-13°) (Décr. nº 2009-387 du 7 avr. 2009) ***Les comptes annuels sont établis par l'agent comptable et arrêtés par le directeur. Les comptes annuels sont ensuite présentés par le directeur et l'agent comptable au conseil d'administration qui, au vu du rapport de validation prévu à l'article D. 114-4-2, les approuve sauf vote contraire à la majorité des deux tiers des membres.***

SECTION VII **ORGANISMES CONVENTIONNÉS**

SOUS-SECTION 1 **REMISES DE GESTION**

Art. D. 611-36 La responsabilité financière de tout organisme conventionné est engagée dans les conditions précisées ci-dessous, soit en cas de défaut de reversement ou de reversement partiel du montant des cotisations encaissées à l'une ou plusieurs des échéances prévues par l'arrêté pris en application de l'article D. 612-18, soit en cas de versement de prestations indues ou de versement tardif des prestations.

Art. D. 611-37 Tout organisme conventionné doit ouvrir un compte de passage dans une banque agréée ou auprès de la Banque de France, pour chacune des caisses de base avec laquelle il a passé convention. Ce compte est destiné à recevoir les seules cotisations et majorations de retard versées par les affiliés en application du présent titre ainsi que les intérêts éventuellement produits de façon automatique et obligatoire par le compte prévu à l'article R. 611-95 à chacune des échéances fixées par l'arrêté pris en application de l'article D. 612-18 au profit du compte unique de disponibilités courantes ouvert par la Caisse nationale. Aucun autre prélèvement, aucune autre opération, autre que de régularisation, ne peuvent être effectués sur ce compte.

Art. D. 611-38 En application de l'article R. 611-95, tout organisme conventionné doit ouvrir un compte dans une banque agréée ou auprès de la Banque de France, pour chacune des caisses de base avec laquelle il a passé convention.

Ce compte est destiné à assurer le paiement des prestations dues aux affiliés en application du présent titre.

Il est alimenté à la diligence de l'agent comptable de la caisse de base.

Aucune autre opération, aucun autre prélèvement, autre que la de régularisation, ne peuvent être opérés sur ce compte.

Toutefois, l'organisme conventionné qui assure un service de prestations complémentaires à celles du régime obligatoire d'assurance maladie et maternité peuvent *[peut]* utiliser le compte prévu au présent article pour effectuer le règlement de ces prestations aux assurés. Dans ce cas, il doit effectuer un seul versement représentant le montant des prestations dues.

Préalablement à ce versement, il doit informer l'agent comptable de la caisse de base en utilisant l'état prévisionnel de dépenses prévu à l'article R. 611-95 et créditer le compte des sommes nécessaires, prélevées sur ses ressources propres.

L'organisme conventionné qui ne satisfait pas aux dispositions prévues à l'alinéa ci-dessus est redevable, à l'égard de la caisse de base avec laquelle il a passé convention, d'intérêts de retard égaux au taux d'escompte de la Banque de France augmenté de deux points.

Ces intérêts sont calculés, *pro rata temporis*, pour la période courant de la date du paiement des prestations versées au titre du régime complémentaire à la date à laquelle le compte prévu au présent article a été crédité des sommes correspondantes.

SOUS-SECTION 2 RESPONSABILITÉ FINANCIÈRE EN MATIÈRE D'ENCAISSEMENT

Art. D. 611-39 Tout organisme conventionné est redevable à l'égard de la caisse de base avec laquelle il a passé convention de la somme qui, aux échéances indiquées, n'aurait pas fait l'objet du virement prévu à l'article D. 611-37 majorée, à titre de sanction, d'intérêts de retard égaux aux taux d'escompte de la Banque de France augmenté de deux points.

Les intérêts de retard sont calculés, *pro rata temporis*, pour la période courant de la date de l'échéance à la date de règlement définitif.

Art. D. 611-40 L'organisme conventionné doit procéder, sur l'injonction de la Caisse nationale, au versement, dans un délai maximum de six mois, de la somme non réglée à l'échéance. La caisse de base conserve la faculté de dénoncer la convention qui la lie à l'organisme conventionné.

(Abrogé par Décr. n° 2017-656 du 27 avr. 2017, art. 2-10°) ***« La caisse de base impute le montant des intérêts de retard sur les remises de gestion revenant à l'organisme, en application de l'article R. 611-94.***

« Au cas où l'organisme conventionné a négligé de régler intégralement sa dette dans le délai de six mois prévu au premier alinéa, il encourt le retrait d'habilitation en application du huitième alinéa de l'article R. 611-86. »

Art. D. 611-41 L'organisme est tenu de se mettre à jour des sommes dues au plus tard à la date à laquelle la convention cesse d'être en vigueur.

SOUS-SECTION 3 RESPONSABILITÉ FINANCIÈRE EN MATIÈRE DE SERVICE DES PRESTATIONS

Art. D. 611-42 Tout organisme conventionné engage sa responsabilité financière quand il verse indûment des prestations en méconnaissance des obligations qui lui incombent, à savoir :

1° Lorsque les conditions d'ouverture des droits ne sont pas remplies ;

2° Lorsque l'organisme omet de consulter le service du contrôle médical de la caisse de base, toutes les fois que son avis est obligatoire ;

3° Lorsqu'il ne se conforme pas à l'obligation d'aviser la caisse de base qu'il prend la responsabilité de servir des prestations pour un ayant droit d'une personne ne figurant pas au fichier des prestataires ou pour un enfant ne remplissant pas les conditions d'ouverture du droit ;

4° Lorsqu'il accorde le remboursement des frais engagés par les assurés ou leurs ayants droit en l'absence de feuilles de soins conformes aux modèles fixés par arrêté interministériel ;

5° Lorsque les conditions d'ouverture des droits ou de versement des indemnités journalières maladie ne sont pas remplies.

Art. D. 611-43 Les organismes conventionnés sont autorisés à abandonner le recouvrement des indus de prestations versés à leurs assurés lorsqu'ils sont inférieurs au montant fixé au premier alinéa de l'article D. 133-2.

Les dispositions du deuxième alinéa de l'article D. 133-2 sont applicables aux créances de prestations détenues par les assurés sur les organismes qui en sont débiteurs.

Art. D. 611-44 Les prestations indûment versées par l'organisme conventionné sont exclues des charges de l'assurance maladie et maternité par décision de la caisse de base.

La caisse de base peut, en outre, décider d'imposer à l'organisme responsable, à titre de sanction, la charge d'une somme égale à 10 % du montant des prestations indues.

Art. D. 611-45 Le montant des prestations indues est imputé dans un délai maximum de six mois sur le remboursement à l'organisme des sommes correspondant aux prestations servies, conformément aux dispositions de l'article R. 611-95.

La caisse de base conserve la faculté de dénoncer la convention qui la lie à l'organisme conventionné.

La caisse de base impute le montant des majorations décidées à l'encontre de l'organisme sur les remises de gestion qui reviennent audit organisme.

Art. D. 611-46 (Abrogé par Décr. n° 2017-656 du 27 avr. 2017, art. 3) *Lorsque, pendant une période quelconque de six mois, le montant ou la fréquence des prestations indûment versées par un organisme conventionné dépasse les niveaux déterminés par une délibération du conseil d'administration de la Caisse nationale, ledit organisme encourt le retrait d'habilitation, en application des huitième, dixième et onzième alinéas de l'article R. 611-86.*

Art. D. 611-47 L'organisme est tenu de se mettre à jour des sommes dues au plus tard à la date à laquelle la convention cesse d'être en vigueur.

Art. D. 611-48 Lorsque, au cours d'une période quelconque de six mois, et dans la mesure où les fonds nécessaires ont été mis à sa disposition, des retards notables, portant sur un nombre élevés *[élevé]* d'assurés, sont constatés dans le service des prestations confié à un organisme conventionné, la caisse de base peut, dans les limites autorisées par la Caisse nationale, retenir, à titre de sanction, tout ou partie des remises de gestion revenant audit organisme.

La caisse de base peut, en outre, dénoncer la convention qui la lie à l'organisme conventionné.

Art. D. 611-49 (Abrogé par Décr. n° 2017-656 du 27 avr. 2017, art. 3) *Au cas où les retards dans le règlement des prestations portent sur plus du quart des prestations servies ou affectent plus du quart des assurés, l'organisme conventionné encourt le retrait d'habilitation, en application des huitième, dixième et onzième alinéas de l'article R. 611-86, sans préjudice de l'application des dispositions du premier alinéa de l'article D. 611-48.*

CHAPITRE II *[ABROGÉ]* FINANCEMENT DE LA BRANCHE ASSURANCE MALADIE ET MATERNITÉ

(Abrogé par Décr. n° 2017-1894 du 30 déc. 2017, art. 5-I)

SECTION PREMIÈRE *[ABROGÉE]* GÉNÉRALITÉS

(Abrogée par Décr. n° 2017-1894 du 30 déc. 2017, art. 5-I)

Néant.

SECTION II *[ABROGÉE]* ASSIETTE ET TAUX DES COTISATIONS — EXONÉRATIONS

(Abrogée par Décr. n° 2017-1894 du 30 déc. 2017, art. 5-I)

Art. D. 612-1 ***La présente section fixe les conditions dans lesquelles sont calculées les cotisations dues par les assurés obligatoires du régime d'assurance maladie et maternité institué par le présent titre.*** — Les dispositions du Décr. n° 2017-1894 du 30 déc. 2017 sont applicables aux cotisations et aux contributions de sécurité sociale dues au titre des périodes courant à compter du 1er janv. 2018 (Décr. préc., art. 8).

Art. D. 612-2 *Devient l'art. D. 621-4 (Décr. n° 2017-1894 du 30 déc. 2017, art. 5-I).*

Art. D. 612-2-1 *Abrogé par Décr. n° 2007-878 du 14 mai 2007, art. 3.*

Art. D. 612-3 *Devient l'art. D. 621-5 (Décr. n° 2017-1894 du 30 déc. 2017, art. 5-I).*

Art. D. 612-4 (Décr. n° 97-1252 du 29 déc. 1997, art. 3 ; Décr. n° 2000-1285 du 26 déc. 2000, art. 1er ; Décr. n° 2007-878 du 14 mai 2007, art. 3 ; Décr. n° 2012-443 du 3 avr. 2012, art. 2-III ; Décr. n° 2012-1551 du 28 déc. 2012, art. 2) ***Le taux de la cotisation annuelle de base due sur les revenus procurés par l'exercice d'une ou plusieurs activités non salariées non agricoles est fixé à 6,5 %*** (Décr. n° 2017-301 du 8 mars 2017, art. 3-I) ***« sous réserve des dispositions prévues à l'article D. 612-5 ».***

Pour les personnes mentionnées au deuxième alinéa de l'article L. 131-9, le taux de cette cotisation est fixé à 14,50 %.

Le taux de la cotisation annuelle de base due sur les allocations ou pensions mentionnées à l'article D. 612-3 servies aux personnes mentionnées au deuxième alinéa de l'article L. 131-9 est fixé à 7,10 %.

Les dispositions du Décr. n° 2017-1894 du 30 déc. 2017 sont applicables aux cotisations et aux contributions de sécurité sociale dues au titre des périodes courant à compter du 1er janv. 2018 (Décr. préc., art. 8).

Art. D. 612-5 (Décr. n° 2017-301 du 8 mars 2017, art. 3-II) ***En application de l'article L. 612-4, le taux des cotisations d'assurance maladie et maternité des travailleurs indépendants non agricoles est déterminé, lorsque le montant annuel de leur revenu d'activité est inférieur à 70 % de la valeur du plafond mentionné à l'article L. 241-3, selon la formule suivante :***

Taux = T – 3,50 % × (1 – R/0,7 PSS)

Où :

T est égal au taux de cotisation fixé au premier alinéa de l'article D. 612-4 ;

PSS est la valeur du plafond mentionné à l'article L. 241-3 ;

R est le revenu d'activité, tel que défini à l'article L. 131-6.

V. note ss. art. D. 612-4.

Art. D. 612-5-1 et D. 612-5-2 *Abrogés par Décr. n° 2012-443 du 3 avr. 2012, art. 9.*

Art. D. 612-6 *Devient l'art. D. 613-2 (Décr. n° 2017-1894 du 30 déc. 2017, art. 4-II).*

Art. D. 612-7 *Abrogé par Décr. n° 2014-1637 du 26 déc. 2014, art. 30.*

Art. D. 612-8 *Abrogé par Décr. n° 2012-443 du 3 avr. 2012, art. 9.*

Art. D. 612-9 *Devient l'art. D. 621-6 (Décr. n° 2017-1894 du 30 déc. 2017, art. 5-I).*

Art. D. 612-10 *Abrogé par Décr. n° 2012-443 du 3 avr. 2012, art. 9.*

Art. D. 612-11 (Abrogé par Décr. n° 2015-877 du 16 juill. 2015, art. 13-1°) ***Les dispositions de l'article D. 612-3,*** (Abrogé par Décr. n° 2012-443 du 3 avr. 2012, art. 2-VI) ***« du 2° » du dernier alinéa de l'article D. 612-4*** (Décr. n° 2012-443 du 3 avr. 2012, art. 2-IV) ***« et de l'article » D. 612-9 prennent effet sur les arrérages de retraite servis au titre des périodes postérieures au 30 juin 1985.***

SECTION III *[ABROGÉE]* RECOUVREMENT — CONTRÔLE

(Abrogée par Décr. n° 2017-1894 du 30 déc. 2017, art. 5-I)

Art. D. 612-12 ***Les dispositions des articles D. 612-13 à D. 612-20 sont applicables aux cotisations*** (Décr. n° 95-556 du 6 mai 1995, art. 2) ***« de base et supplémentaires » des***

personnes assujetties au régime institué par le présent titre qui versent directement ces cotisations à l'organisme conventionné.

Les dispositions du Décr. n° 2017-1894 du 30 déc. 2017 sont applicables aux cotisations et aux contributions de sécurité sociale dues au titre des périodes courant à compter du 1er janv. 2018 (Décr. préc., art. 8).

Art. D. 612-13 *Les cotisations de base sont dues à compter de la date* (Décr. n° 95-98 du 31 janv. 1995, art. 3 ; Décr. n° 2002-589 du 23 avr. 2002, art. 4 ; Décr. n° 2007-878 du 14 mai 2007, art. 3) *« à laquelle l'assuré a débuté son activité.*

« Les cotisations sont payables d'avance. Toutefois, pour les nouveaux cotisants, la première date d'exigibilité des cotisations et contributions est celle de l'échéance mensuelle ou trimestrielle qui suit la période de quatre-vingt-dix jours mentionnée à l'article R. 133-29. » — V. note ss. art. D. 612-12.

Art. D. 612-14 (Décr. n° 2007-878 du 14 mai 2007, art. 3) *Pour les membres des professions libérales au titre de la maladie et de la maternité, l'organisme conventionné est autorisé à ne pas procéder à l'appel des cotisations, majorations ou pénalités de retard dues au titre d'une échéance lorsqu'elles sont inférieures au montant fixé au premier alinéa de l'article D. 133-1.*

Les dispositions du deuxième alinéa de l'article D. 133-1 sont applicables aux créances des cotisants provenant de trop-perçus de cotisations, majorations et pénalités de retard. Ces sommes sont définitivement acquises à la Caisse nationale du régime social des indépendants. — V. note ss. art. D. 612-12.

Art. D. 612-15 (Décr. n° 2007-878 du 14 mai 2007, art. 3) *Les membres des professions libérales dont le compte cotisant au titre de la maladie et de la maternité présente un solde débiteur inférieur ou égal au montant fixé par le premier alinéa de l'article D. 612-14 peuvent ne pas faire l'objet d'une mise en demeure. Le droit aux prestations en espèces leur est ouvert au titre de l'échéance en cours.* — V. note ss. art. D. 612-12.

Art. D. 612-16 (Décr. n° 2007-878 du 14 mai 2007, art. 3) *« La caisse de base » détermine selon les règles fixées par l'article L. 612-4 et par le décret pris en application dudit article, le montant des cotisations dues par les assurés et fait connaître ce montant aux organismes conventionnés* (Décr. n° 2007-878 du 14 mai 2007, art. 3) *« pour les membres des professions libérales au titre de la maladie et de la maternité ». Elle utilise à cet effet* (Décr. n° 2007-878 du 14 mai 2007, art. 3) *« la déclaration de revenus prévue à l'article »* (Décr. n° 2016-192 du 25 févr. 2016, art. 1er-4°) *« R. 131-1 » et, le cas échéant, les documents de l'administration fiscale.* — V. note ss. art. D. 612-12.

Art. D. 612-17 (Décr. n° 2007-878 du 14 mai 2007, art. 3) *« Pour les membres des professions libérales au titre de la maladie et de la maternité, l'organisme » conventionné fait connaître à ses assurés le montant et l'échéance de la cotisation dont ils sont redevables ou les avise qu'ils sont exonérés du versement des cotisations.*

La Caisse nationale détermine, s'il y a lieu, le ou les documents justificatifs du paiement des cotisations qui doivent être remis par l'organisme conventionné aux assurés, dès que ceux-ci se sont acquittés des cotisations et, éventuellement, des majorations de retard dont ils sont redevables.

(Décr. n° 95-556 du 6 mai 1995, art. 3) *« A chaque échéance, lorsque le paiement effectué par l'assuré est inférieur au montant cumulé de la cotisation de base visée à l'article D. 612-2 et de la cotisation supplémentaire visée à l'article D. 612-9, l'organisme conventionné affecte en priorité le versement au régime obligatoire de base et le solde à la couverture des prestations supplémentaires. »* — V. note ss. art. D. 612-12.

Art. D. 612-18 *L'organisme conventionné* (Décr. n° 2007-878 du 14 mai 2007, art. 3) *« , pour les membres des professions libérales au titre de la maladie et de la maternité, » doit verser à la Caisse nationale le montant de la totalité des cotisations et des majorations de retard encaissées, ainsi que les intérêts éventuellement produits par les comptes prévus aux articles* (Décr. n° 2014-1637 du 26 déc. 2014, art. 8) *« D. 611-37 et D. 611-38 ». Ces versements sont échelonnés dans les conditions fixées par arrêté du ministre chargé de la sécurité sociale et du ministre chargé du budget.* — V. Arr. du 28 sept. 1993 (JO 30 sept.).

L'organisme conventionné (Décr. n° 2007-878 du 14 mai 2007, art. 3) *« , pour les membres des professions libérales au titre de la maladie et de la maternité, » est tenu d'informer*

(Décr. n° 2007-878 du 14 mai 2007, art. 3) *« la caisse de base » des versements qu'il effectue et de l'état d'ensemble du recouvrement des cotisations et majorations de retard selon des modalités fixées par l'arrêté prévu à l'alinéa précédent.* — V. note ss. art. D. 612-12.

Art. D. 612-19 *Toutes les rectifications qui doivent être apportées au montant des cotisations dues par* (Décr. n° 2007-878 du 14 mai 2007, art. 3) *« les membres des professions libérales » à une échéance déterminée, notamment en cas d'erreur dans le calcul desdites cotisations, sont effectuées par* (Décr. n° 2007-878 du 14 mai 2007, art. 3) *« les caisses de base ». Celles-ci informent la Caisse nationale et l'organisme intéressé de ces rectifications.* — V. note ss. art. D. 612-12.

Art. D. 612-20 (Décr. n° 2007-878 du 14 mai 2007, art. 3) *Pour les membres des professions libérales, les majorations mentionnées à l'article R. 243-18 sont applicables aux cotisations qui n'ont pas été acquittées aux échéances prévues aux articles* (Décr. n° 2017-876 du 9 mai 2017, art. 1er-10°) *« R. 133-2-1 et R. 133-2-2 ».*

L'organisme conventionné est tenu de percevoir ces majorations.

Les majorations sont liquidées par le directeur de la caisse de base dont relève l'assuré et sont recouvrées comme en matière de cotisations. Elles doivent être versées dans le mois suivant leur notification par mise en demeure dans les conditions prévues aux articles L. 244-2 et L. 244-3.

Les articles R. 243-19-1 et R. 243-20 sont applicables à toute demande de remise totale ou partielle de ces majorations. La demande est instruite selon les modalités définies à l'article R. 243-20. Toutefois, elle est communiquée pour avis, avant son examen, à l'organisme conventionné dont relève le requérant.

Les dispositions du présent article sont applicables (Décr. n° 2014-1637 du 26 déc. 2014, art. 9) *« à la majoration de retard prévue au quatrième alinéa de l'article L. 131-6-2 » ainsi qu'à la pénalité mentionnée au dernier alinéa de l'article R. 242-14.* — V. note ss. art. D. 612-12.

La juridiction du contentieux général de la sécurité sociale ne peut pas accorder de délai pour le paiement des cotisations et contributions sociales instituées par la loi, l'art. 1244-1 C. civ. n'étant pas applicable devant la juridiction du contentieux général de la sécurité sociale. • Civ. 2e, 16 juin 2016, n° 15-18.390 P : *D. actu. 28 juin 2016, obs. Cortot ; RJS 2016, n° 660 ; RDSS 2016. 784, note Dagorne-Labbe.*

Art. D. 612-21 (Abrogé par Décr. n° 2007-878 du 14 mai 2007, art. 3) *« La Caisse nationale d'assurance vieillesse des professions industrielles et commerciales, la Caisse nationale de l'assurance vieillesse artisanale. » La Caisse nationale d'assurance vieillesse des professions libérales et la Caisse nationale des barreaux français communiquent à* (Décr. n° 2007-878 du 14 mai 2007, art. 3) *« la Caisse nationale du régime social des indépendants », avant le premier jour du deuxième mois de chaque trimestre, l'assiette et le montant des cotisations précomptées sur les avantages de retraite versés par elles au cours du trimestre civil précédent, le nombre de personnes concernées, ainsi que le nombre d'exonérations.*

A la même date ce montant est viré par chacune des caisses nationales d'assurance vieillesse mentionnées à l'alinéa précédent au compte ouvert par (Décr. n° 2007-878 du 14 mai 2007, art. 3) *« la Caisse nationale du régime social des indépendants » auprès de l'établissement que celle-ci a choisi.* — V. note ss. art. D. 612-12.

Art. D. 612-22 *Le débiteur d'un avantage de retraite est tenu de faire parvenir au pensionné, au moins une fois par an, un bulletin de pension mentionnant notamment, pour la période considérée, les montants respectifs de la pension brute, de l'assiette du précompte, de la cotisation précomptée et de la pension nette.* — V. note ss. art. D. 612-12.

Art. D. 612-23 *Pour l'application des articles L. 243-4 à L. 243-11, le débiteur des avantages de retraite est assimilé à un employeur, l'avantage de retraite à un salaire et le bénéficiaire de cet avantage à un salarié.* — Les dispositions du Décr. n° 2017-1894 du 30 déc. 2017 sont applicables aux cotisations et aux contributions de sécurité sociale dues au titre des périodes courant à compter du 1er janv. 2018 (Décr. préc., art. 8).

Art. D. 612-23-1 à D. 612-23-3 *Abrogés par Décr. n° 95-1359 du 30 déc. 1995, art. 3 et 4, à compter du 1er janv. 1996.*

SECTION IV *[ABROGÉE]* CONTENTIEUX ET PÉNALITÉS

(Abrogée par Décr. n° 2017-1894 du 30 déc. 2017, art. 5-I)

Art. D. 612-24 ***Pour l'application du chapitre IV du titre IV du livre II, le débiteur des avantages de retraite est assimilé à un employeur, l'avantage de retraite à un salaire et le bénéficiaire de cet avantage à un salarié.*** — Les dispositions du Décr. n° 2017-1894 du 30 déc. 2017 sont applicables aux cotisations et aux contributions de sécurité sociale dues au titre des périodes courant à compter du 1er janv. 2018 (Décr. préc., art. 8).

SECTION V *[ABROGÉE]* DISPOSITIONS DIVERSES

(Abrogée par Décr. n° 2017-1894 du 30 déc. 2017, art. 5-I)

Art. D. 612-25 ***Un arrêté annuel du ministre chargé de la sécurité sociale et du ministre chargé du budget fixe le montant de la contribution que*** (Décr. n° 2007-878 du 14 mai 2007, art. 3) ***« la Caisse nationale du régime social des indépendants » verse aux organismes d'assurance vieillesse mentionnés à l'article D. 612-21 pour la couverture des frais de gestion occasionnés par les opérations de précompte de la cotisation d'assurance maladie sur les allocations et pensions de vieillesse qu'ils servent.***

Les dispositions du Décr. n° 2017-1894 du 30 déc. 2017 sont applicables aux cotisations et aux contributions de sécurité sociale dues au titre des périodes courant à compter du 1er janv. 2018 (Décr. préc., art. 8).

Art. D. 612-26 ***Les articles D. 612-21 à D. 612-25 s'appliquent aux avantages de retraite versés au titre des périodes postérieures au 30 juin 1985.*** — V. note ss. art. D. 612-25.

Art. D. 612-27 (Décr. n° 2007-878 du 14 mai 2007, art. 3) ***Les dispositions des articles D. 243-1 et D. 243-2 sont applicables aux cotisations et aux majorations et pénalités afférentes dues en application du présent titre.*** — V. note ss. art. D. 612-25.

CHAPITRE III DISPOSITIONS RELATIVES AU FINANCEMENT COMMUNES À L'ENSEMBLE DES INDÉPENDANTS *(Décr. n° 2017-1894 du 30 déc. 2017, art. 4-II).*

SECTION PREMIÈRE COTISATIONS D'ALLOCATIONS FAMILIALES *(Décr. n° 2017-1894 du 30 déc. 2017, art. 4-II).*

(Décr. n° 2014-1637 du 26 déc. 2014, art. 10)

SOUS-SECTION 1 CHAMP D'APPLICATION

Art. D. 613-1 *(Décr. n° 2017-1894 du 30 déc. 2017, art. 4-II)* **En application de l'article L. 613-1, le taux des cotisations d'allocations familiales des travailleurs indépendants est :**

1° Nul lorsque le montant annuel du revenu d'activité est inférieur ou égal à 110 % de la valeur du plafond de la sécurité sociale ;

2° Égal à un taux croissant, déterminé par application de la formule suivante, lorsque le montant annuel du revenu d'activité est compris entre le seuil mentionné au 1° du présent article et le seuil mentionné au 3° du présent article :

Taux = [(T1)/ (0,3 × PSS)] × (r-1,1 × PSS) où :

— T1 est égal au taux de cotisation fixé au 3° du présent article ;

— PSS est la valeur du plafond de la sécurité sociale ;

— r est le revenu d'activité, tel que défini à l'article L. 131-6.

3° Égal à 3,10 % lorsque le montant annuel du revenu est supérieur à 140 % de la valeur annuelle du plafond de la sécurité sociale ;

II. — La valeur du plafond de la sécurité sociale mentionnée au I est déterminée conformément à l'article D. 613-2.

Les dispositions du Décr. n° 2017-1894 du 30 déc. 2017 sont applicables aux cotisations et aux contributions de sécurité sociale dues au titre des périodes courant à compter du 1er janv. 2018 (Décr. préc., art. 8).

Art. D. 613-2 *(Décr. n° 2012-443 du 3 avr. 2012, art. 2-V)* La valeur du plafond de la sécurité sociale mentionné à la présente section est la valeur annuelle de ce plafond, tel que prévu à l'article L. 241-3, en vigueur au 1er janvier de l'année au titre de laquelle la cotisation annuelle est due.

En cas de période d'affiliation inférieure à une année, cette valeur est réduite au prorata de la durée d'affiliation. — *[Ancien art. D. 612-6.]*

SOUS-SECTION 2 SITUATIONS PARTICULIÈRES *(Décr. n° 2015-877 du 16 juill. 2015, art. 5)*.

Art. D. 613-3 *Devient l'art. D. 611-1 (Décr. n° 2017-1894 du 30 déc. 2017, art. 3-II).*

SECTION II DISPOSITIONS RELATIVES AUX SOINS — CONTRÔLE MÉDICAL

Néant.

SECTION III PRESTATIONS DE BASE

SOUS-SECTION 1 DISPOSITIONS GÉNÉRALES

Néant.

SOUS-SECTION 2 ASSURANCE MALADIE

Art. D. 615-1 à D. 615-4 *Abrogés par Décr. n° 2007-709 du 4 mai 2007, art. 2.*

SOUS-SECTION 3 ASSURANCE MATERNITÉ

Les articles D. 615-4-1 à D. 615-27 deviennent les art. D. 613-4-1 à D. 613-27 (Décr. n° 2007-709 du 4 mai 2007, art. 2).

Art. D. 613-4-1 *(Décr. n° 95-337 du 30 mars 1995) (Décr. n° 2015-101 du 2 févr. 2015, art. 1er-1°)* « Sous réserve des dispositions de l'article D. 613-29, le montant de l'allocation forfaitaire de repos maternel mentionnée au premier alinéa de l'article L. 613-19 est égal à la valeur mensuelle du plafond mentionné à l'article L. 241-3 en vigueur à la date prévue du premier versement. » — *Les dispositions du Décr. n° 2015-101 du 2 févr. 2015 s'appliquent aux allocations forfaitaires définies au présent al. dont le premier versement intervient à compter du 1er mai 2015 (Décr. préc., art. 2-I-2°).*

L'allocation est versée pour moitié à la fin du septième mois de la grossesse et pour moitié après l'accouchement. La totalité du montant de l'allocation est versée après l'accouchement lorsque celui-ci a lieu avant la fin du septième mois de la grossesse.

En cas d'adoption, l'allocation est versée à la date d'arrivée de l'enfant dans la famille.

Art. D. 613-4-2 *(Décr. n° 2015-101 du 2 févr. 2015, art. 1er-2°)* « I. — Sous réserve des dispositions de l'article D. 613-29, le montant de l'indemnité journalière forfaitaire mentionnée à l'article L. 613-19 et au premier alinéa de l'article L. 613-19-2 est égal à 1/730 de la valeur annuelle du plafond mentionné à l'article L. 241-3 en vigueur à la date prévue du premier versement.

« II. — L'indemnité journalière mentionnée au I est versée sous réserve de cesser toute activité : » — *Les dispositions du Décr. n° 2015-101 du 2 févr. 2015 s'appliquent aux indemnités journalières définies aux deux premiers al. de l'art. D. 613-4-2 versées au titre des cessations d'activité débutant à compter du 1er mai 2015 (Décr. préc., art. 2-I-3°).*

(Décr. n° 2008-1410 du 19 déc. 2008) « 1° A la mère, pendant une période d'au moins quarante-quatre jours consécutifs, dont quatorze jours doivent immédiatement précéder la date présumée de l'accouchement, comprise dans l'intervalle commençant quarante-quatre jours avant la date présumée de l'accouchement et se terminant trente jours après ; cette période d'indemnisation peut être prolongée, à la demande de l'assurée, par une ou deux périodes de quinze jours consécutifs ;

« Lorsque l'accouchement a lieu avant la date présumée, la période d'indemnisation de quarante-quatre jours minimum n'est pas réduite de ce fait. »

(Décr. n° 2006-1008 du 10 août 2006 ; Décr. n° 2008-1410 du 19 déc. 2008) « En cas d'accouchement plus de quarante-quatre jours avant la date initialement prévue et exi-

geant l'hospitalisation postnatale de l'enfant, la période d'indemnisation est augmentée du nombre de jours courant de la date effective de l'accouchement au début de la période de quarante-quatre jours précédant la date initialement prévue ; »

2° Au père, pendant onze jours consécutifs au plus, ou dix-huit jours consécutifs au plus en cas de naissances ou d'adoptions multiples, débutant dans la période de quatre mois suivant la naissance ou l'arrivée au foyer de l'enfant.

Art. D. 613-4-3 *(Décr. nº 95-337 du 30 mars 1995)* **Par dérogation à l'article** *(Décr. nº 2007-709 du 4 mai 2007, art. 2)* **« D. 613-4-2 », en cas d'état pathologique résultant de la grossesse ou de l'accouchement attesté par un certificat médical et** *(Décr. nº 97-405 du 21 avr. 1997, art. 1er)* **« en cas de naissances ou d'adoptions multiples », la durée du versement de l'indemnité prévue à l'article** *(Décr. nº 2007-709 du 4 mai 2007, art. 2)* **« D. 613-4-2 » peut être prolongée, à la demande de l'assurée, par une** *(Abrogé par Décr. nº 2008-1410 du 19 déc. 2008)* ***« nouvelle »*** **période de trente jours consécutifs.** — *Application du Décr. nº 97-405 du 21 avr. 1997 aux enfants arrivés au foyer à compter de la date de sa publication (JO 26 avr.).*

Les jours supplémentaires peuvent être pris à partir de la déclaration de grossesse en cas d'état pathologique. Ils peuvent se cumuler avec la période de cessation de travail prévue à l'article *(Décr. nº 2007-709 du 4 mai 2007, art. 2)* **« D. 613-4-2 » sans devoir nécessairement lui être reliés.**

Art. D. 613-4-4 *(Décr. nº 95-337 du 30 mars 1995)* **Dans le cas où l'enfant est resté hospitalisé pendant la période néonatale, l'assurée peut demander le report, à la date de la fin de l'hospitalisation de l'enfant, de tout ou partie de la période d'indemnisation à laquelle elle peut encore prétendre en application de l'article** *(Décr. nº 2007-709 du 4 mai 2007, art. 2)* **« D. 613-4-2 ».** *(Décr. nº 2006-1008 du 10 août 2006 ; Décr. nº 2007-709 du 4 mai 2007, art. 2 ; Décr. nº 2008-1410 du 19 déc. 2008)* **« Toutefois, pour l'assurée bénéficiaire de la période supplémentaire de congé prénatal prévue au quatrième alinéa de l'article D. 613-4-2, la possibilité de report du reliquat de congé ne lui est ouverte qu'après consommation de cette période. »**

La période d'indemnisation de *(Décr. nº 2008-1410 du 19 déc. 2008)* **« quarante-quatre » jours minimum à** *(Décr. nº 2008-1410 du 19 déc. 2008)* **« soixante-quatorze » jours maximum n'est pas réduite de ce fait.**

(Décr. nº 2001-1353 du 28 déc. 2001, art. 2) **« Dans le même cas, le père peut demander le report à la fin de l'hospitalisation de l'enfant du délai prévu à l'article »** *(Décr. nº 2007-709 du 4 mai 2007, art. 2)* **« D. 613-4-2 ».**

Art. D. 613-4-5 *(Décr. nº 2001-1353 du 28 déc. 2001, art. 3)* **Le caractère effectif de la cessation d'activité ouvrant droit à l'indemnité mentionnée à l'article** *(Décr. nº 2007-709 du 4 mai 2007, art. 2)* **« D. 613-4-2 » donne lieu à une déclaration sur l'honneur de l'assuré. Cette déclaration est accompagnée, pour la mère, d'un certificat médical attestant de la durée de l'arrêt de travail.**

Art. D. 613-5 *Abrogé par Décr. nº 2001-1353 du 28 déc. 2001, art. 4.*

Art. D. 613-6 *(Décr. nº 2001-1353 du 28 déc. 2001, art. 5)* **L'indemnité complémentaire prévue à l'article** *(Décr. nº 2007-709 du 4 mai 2007, art. 2)* **« L. 613-19-1 » et au deuxième alinéa de l'article** *(Décr. nº 2007-709 du 4 mai 2007, art. 2)* **« L. 613-19-2 » est versée aux conjointes ou conjoints collaborateurs qui cessent leur activité et se font effectivement remplacer par du personnel salarié dans les travaux professionnels ou ménagers qu'ils effectuent habituellement :**

1° Pour les mères, pendant sept jours au moins compris dans la période commençant six semaines avant la date présumée de l'accouchement et se terminant dix semaines après ; *(Décr. nº 2005-965 du 9 août 2005)* **« la durée maximale de versement est de vingt-huit jours, ou sur demande de l'intéressée de cinquante-six jours, consécutifs ou non ».**

(Décr. nº 2006-1008 du 10 août 2006) **« En cas d'accouchement plus de six semaines avant la date initialement prévue et exigeant l'hospitalisation postnatale de l'enfant, la période de versement de l'indemnité complémentaire est augmentée du nombre de jours courant de la date effective de l'accouchement au début de la période de six semaines précédant la date initialement prévue ; »**

2° Pour les mères adoptantes, pendant sept jours au moins à compter de la date d'arrivée de l'enfant au foyer ; *(Décr. n° 2005-965 du 9 août 2005)* « la durée maximale de versement est égale à la moitié des durées fixées au 1° » ;

3° Pour les pères, pendant onze jours consécutifs au plus débutant dans la période de quatre mois suivant la naissance ou l'arrivée de l'enfant au foyer.

Les dispositions relatives aux prestations issues du Décr. n° 2005-965 du 9 août 2005 sont applicables dès le 10 août 2005 lorsque l'interruption de la collaboration professionnelle est postérieure à cette date (Décr. préc.).

Art. D. 613-7 *(Décr. n° 2005-965 du 9 août 2005)* L'indemnité de remplacement visée à l'article *(Décr. n° 2007-709 du 4 mai 2007, art. 2)* « D. 613-6 » est égale au coût réel du remplacement du ou de la bénéficiaire dans la limite d'un plafond journalier égal à 1/56 d'un montant fixé à deux fois le montant du salaire minimum de croissance prévu aux articles L. 141-1 *[L. 3231-1 nouv.]* et suivants du code du travail.

Art. D. 613-8 *(Décr. n° 2002-1566 du 23 déc. 2002, art. 2)* En cas d'état pathologique résultant de la grossesse et attesté par un certificat médical, les durées maximales *(Décr. n° 2005-965 du 9 août 2005)* « fixées au 1° » de l'article *(Décr. n° 2007-709 du 4 mai 2007, art. 2)* « D. 613-6 » sont augmentées de moitié. » *(Décr. n° 93-1301 du 7 déc. 1993, art. 1er)* « Dans ce cas, les jours supplémentaires peuvent être pris à partir de la déclaration de grossesse. » Ils peuvent se cumuler avec la période de cessation de travail prévue à l'article *(Décr. n° 2007-709 du 4 mai 2007, art. 2)* « D. 613-6 » sans devoir nécessairement lui être reliés.

Art. D. 613-9 *(Décr. n° 2002-1566 du 23 déc. 2002, art. 3)* « En cas de naissances ou d'adoptions multiples, les durées maximales de remplacement fixées aux 1° et 2° de l'article *(Décr. n° 2007-709 du 4 mai 2007, art. 2)* « D. 613-6 » sont doublées. »

(Décr. n° 2001-1353 du 28 déc. 2001, art. 8) « Dans ce cas, les jours supplémentaires doivent être pris au cours d'une période commençant à partir de l'accouchement ou de l'arrivée de l'enfant au foyer et se terminant quinze semaines après celui-ci.

« En cas de naissances ou d'adoptions multiples, la durée de remplacement fixée au 3° de l'article *(Décr. n° 2007-709 du 4 mai 2007, art. 2)* « D. 613-6 » est portée à dix-huit jours au plus. »

En sus des pièces mentionnées, les pères doivent attester de la date présumée de la naissance établie au moment de la déclaration de grossesse par l'organisme de sécurité sociale dont relève la mère (Décr. n° 2001-1353 du 28 déc. 2001, art. 26).

Art. D. 613-10 Le bénéfice de chacune des allocation et indemnité prévues par les articles *(Décr. n° 2007-709 du 4 mai 2007, art. 2)* « D. 613-4-1 à D. 613-9 » est demandé à l'organisme conventionné au moyen d'imprimés dont le modèle est fixé par arrêté du ministre chargé de la sécurité sociale.

(Décr. n° 2001-1353 du 28 déc. 2001, art. 9) « Pour bénéficier de l'indemnité prévue à l'article *(Décr. n° 2007-709 du 4 mai 2007, art. 2)* « L. 613-19-2 », le chef d'entreprise ou le conjoint collaborateur doit » *(Décr. n° 2008-32 du 9 janv. 2008, art. 2)* « adresser à l'organisme de sécurité sociale dont il relève la ou les pièces justificatives dont la liste est fixée par arrêté du ministre chargé de la sécurité sociale. » – *V. Arr. du 3 mai 2013, ss. art. D. 331-4.*

En ce qui concerne l'indemnité de remplacement, le caractère effectif du remplacement et des dépenses auxquelles il a donné lieu est justifié par la présentation d'un double du bulletin de paie établi pour la personne ayant assuré le remplacement ou de l'état des frais délivré par l'entreprise de travail temporaire qui est intervenue.

Les dispositions du Décr. n° 2008-32 du 9 janv. 2008 s'appliquent aux accouchements survenant à compter du 9 janv. 2008 (Décr. préc., art. 3).

Art. D. 613-10-1 *(Décr. n° 2015-771 du 29 juin 2015, art. 1er-3°)* Le bénéfice des allocations et indemnités mentionnées à l'article L. 613-19-3 est demandé à l'organisme conventionné au moyen d'un imprimé, accompagné le cas échéant de pièces justificatives, dont le modèle est fixé par arrêté des ministres chargés de l'agriculture et de la sécurité sociale.

Pour l'application de l'article L. 613-19-3, la durée d'indemnisation du père, du conjoint de la mère ou de la personne liée à elle par un pacte civil de solidarité ou

vivant maritalement avec elle peut faire l'objet de prolongations dans les conditions et selon les modalités définies aux articles D. 613-4-2, D. 613-4-3, D. 613-6 et D. 613-9, si la mère n'en avait pas bénéficié, ainsi que du report prévu à l'article D. 613-4-4.

Art. D. 613-11 *(Décr. nº 2001-1353 du 28 déc. 2001, art. 10)* **Les conditions de collaboration professionnelle des conjointes ou conjoints des personnes mentionnées au 5º de l'article** *(Décr. nº 2007-709 du 4 mai 2007, art. 2)* **« L. 613-1 » et de membres des professions libérales sont réputées remplies sur la foi d'une déclaration sur l'honneur souscrite par ces personnes attestant que leur conjoint ou conjointe :**

1º Leur apporte effectivement et habituellement, sans être rémunéré pour cela, son concours pour l'exercice de leur propre activité professionnelle ;

2º Ne relève pas à titre personnel d'un régime obligatoire d'assurance maladie et maternité.

Art. D. 613-12 **L'auteur d'une fausse déclaration souscrite pour faire obtenir les allocation ou indemnité prévues par les articles** *(Décr. nº 2007-709 du 4 mai 2007, art. 2)* **« D. 613-4-1 à D. 613-9 »** *(Décr. nº 2015-771 du 29 juin 2015, art. 1er-4º)* **« et par l'article D. 613-10-1 » est passible de l'amende prévue à l'article L. 377-1.**

Art. D. 613-13 *(Décr. nº 2001-1353 du 28 déc. 2001, art. 12)* **Les montants maximaux prévus aux articles** *(Décr. nº 2007-709 du 4 mai 2007, art. 2)* **« D. 613-6 à D. 613-9 » à prendre en considération sont ceux en vigueur à la date de l'interruption d'activité de la mère ou du père donnant lieu à remplacement dans les conditions prévues aux articles** *(Décr. nº 2007-709 du 4 mai 2007, art. 2)* **« L. 613-19-1 et L. 613-19-2 ».**

Art. D. 613-13-1 *(Décr. nº 2017-612 du 24 avr. 2017, art. 1er)* **Pour l'application des dispositions de l'article L. 613-8, l'assuré cotisant ou en situation de maintien de droit en application des articles L. 161-8 ou L. 311-5 a droit aux prestations en espèces de l'assurance maternité s'il justifie de dix mois d'affiliation au titre d'une activité non salariée à la date présumée de l'accouchement ou de l'adoption et s'il justifie avoir acquitté la totalité des cotisations exigibles au cours de l'année civile précédente au titre de l'assurance maternité. Cette condition de paiement de la totalité des cotisations est considérée comme remplie si l'assuré a souscrit et respecte le plan d'apurement des cotisations restant dues prévu au II de l'article L. 634-2-1.**

Les dispositions de l'art. 1er du Décr. nº 2017-612 du 24 avr. 2017 sont applicables aux arrêts de travail définis aux art. D. 613-21 et D. 613-21-1 CSS prescrits à compter du 1er janv. 2018, aux allocations forfaitaires définies à l'art. D. 613-4-1 du même code dont le premier versement intervient à compter du 1er janv. 2018 et aux indemnités journalières définies à l'art. D. 613-4-2 du même code versées au titre des cessations d'activité débutant à compter du 1er janv. 2018 (Décr. préc., art. 6-II).

SECTION IV **PRESTATIONS SUPPLÉMENTAIRES**

SOUS-SECTION 1 **RÉGIME D'INDEMNITÉS JOURNALIÈRES DES ARTISANS, DES INDUSTRIELS ET COMMERCANTS** *(Décr. nº 2007-709 du 4 mai 2007, art. 2).*

(Décr. nº 95-556 du 6 mai 1995)

Art. D. 613-14 *(Décr. nº 2000-507 du 8 juin 2000, art. 2)* **Tout assuré cotisant ou en situation de maintien de droits en application des articles L. 161-8 ou L. 311-5, relevant à titre obligatoire** *(Décr. nº 2007-709 du 4 mai 2007, art. 2)* **« des groupes des professions artisanales, industrielles et commerciales mentionnés au 1º de l'article L. 613-1 », bénéficie du régime d'indemnités journalières institué par le présent titre.**

Art. D. 613-15 *(Décr. nº 95-556 du 6 mai 1995)* **Sont exclues du bénéfice des prestations en espèces prévues à l'article** *(Décr. nº 2007-709 du 4 mai 2007, art. 2)* **« D. 613-14 » :**

(Abrogé par Décr. nº 2015-1882 du 30 déc. 2015, art. 2-14º, à compter du 1er janv. 2016) ***« 1º Les personnes qui exercent simultanément plusieurs activités, dont l'une relève*** *(Décr. nº 2007-709 du 4 mai 2007, art. 2)* ***« des groupes professionnels artisanal, indus-***

triel et commercial », mais dont le droit aux prestations en nature est ouvert dans un autre régime obligatoire d'assurance maladie en application de l'article *(Décr. n° 2007-709 du 4 mai 2007, art. 2)* **« L. 613-4 » ; »**

2° Les personnes bénéficiaires d'une pension d'invalidité ou d'incapacité au métier dans le régime d'assurance invalidité des professions artisanales[,] *(Décr. n° 2007-709 du 4 mai 2007, art. 2)* **« industrielles et commerciales » prévues à l'article** *(Décr. n° 2007-709 du 4 mai 2007, art. 2)* **« L. 635-5 » ;**

(Abrogé par Décr. n° 2015-1882 du 30 déc. 2015, art. 2-14°, à compter du 1er janv. 2016) ***« 3° Les personnes mentionnées à l'article*** *(Décr. n° 2007-709 du 4 mai 2007, art. 2)* ***« L. 613-7 » lorsque le droit aux prestations en nature est ouvert dans un autre régime obligatoire d'assurance maladie ; »***

4° Les personnes retraitées, affiliées au régime d'assurance maladie et maternité des travailleurs non salariés des professions non agricoles.

Art. D. 613-16 *(Décr. n° 95-556 du 6 mai 1995)* **Pour avoir droit aux indemnités journalières, l'assuré doit :**

1° Être affilié au régime d'assurance maladie maternité des travailleurs *(Décr. n° 2014-775 du 4 juill. 2014, art. 1er-1°)* **« indépendants » non agricoles depuis au moins un an et rattaché** *(Décr. n° 2007-709 du 4 mai 2007, art. 2)* **« aux groupes professionnels artisanal, industriel et commercial » à la date du constat médical de l'incapacité de travail ;**

2° Être à jour de ses cotisations de base et supplémentaires à la date du *(Décr. n° 2014-775 du 4 juill. 2014, art. 1er-2°)* **« premier » constat médical de l'incapacité de travail. En cas de paiement tardif, l'assuré peut faire valoir son droit aux prestations dans les conditions prévues par l'article** *(Décr. n° 2007-709 du 4 mai 2007, art. 2)* **« L. 613-8 ».**

(Décr. n° 2002-794 du 3 mai 2002) **« Lorsque l'assuré est affilié depuis moins d'un an au régime d'assurance maladie maternité des travailleurs** *(Décr. n° 2014-775 du 4 juill. 2014, art. 1er-3°)* **« indépendants » non agricoles et relevait précédemment à titre personnel d'un ou de plusieurs régimes, la période d'affiliation au régime antérieur est prise en compte pour l'appréciation de la durée d'affiliation prévue au 1°, sous réserve qu'il n'y ait pas eu d'interruption entre les deux affiliations. »**

Les dispositions de l'art. 1er du Décr. n° 2014-775 du 4 juill. 2014 sont applicables aux indemnités dues à compter du 1er juill. 2014 (Décr. préc., art. 3).

1. Appréciation de la durée des cotisations. Ne peut bénéficier du régime des indemnités journalières des artisans l'assuré qui, dispensé, au titre de créateur d'entreprise, des cotisations d'assurances sociales et d'allocations familiales, ne remplit pas la condition relative à la durée de cotisation au régime des indemnités journalières à la date de la constatation médicale de son incapacité de travail, celle-ci étant intervenue moins d'un an après la fin de la dispense de cotisations. • Soc. 4 mars 1999 : *RJS 1999, n° 594 ; JCP E 1999. 798.*

2. Appréciation de la durée d'affiliation. Selon l'art. D. 613-16 CSS, lorsque l'assuré est affilié depuis moins d'un an au régime d'assurance maladie et maternité des travailleurs non salariés des professions non agricoles et relevait précédemment à titre personnel d'un ou de plusieurs régimes, la période d'affiliation au régime antérieur est prise en compte, sous réserve qu'il n'y ait pas eu d'interruption entre les deux affiliations. Pour l'appréciation de la durée d'affiliation d'un an requise pour l'attribution des indemnités journalières du régime des artisans et des industriels et commerçants, selon l'art. L. 311-5, toute personne percevant l'une des allocations ou l'un des revenus de remplacement qu'il énumère, conserve la qualité d'assuré social et bénéficie du maintien de ses droits aux prestations du régime obligatoire d'assurance maladie, maternité, invalidité et décès dont elle relevait antérieurement. Il résulte de ces dispositions que la période au cours de laquelle le bénéficiaire de l'une des allocations ou de l'un des revenus mentionnés à l'art. L. 311-5 conserve la qualité d'assuré revêt le caractère d'une période d'affiliation antérieure au sens et pour l'application des dispositions de l'art. D. 613-16. • Civ. 2e, 17 sept. 2015, n° 14-22.931 P : *RJS 2015, n° 814, JCP S 2015, n° 1390, note Asquinazi-Bailleux.*

Art. D. 613-17 *(Décr. n° 95-556 du 6 mai 1995)* **Les indemnités journalières sont attribuées à l'assuré qui se trouve dans l'incapacité physique, temporaire, constatée par le médecin traitant, de continuer ou de reprendre une activité professionnelle pour cause de maladie ou d'accident survenu, notamment, pendant l'exercice d'une activité professionnelle artisanale** *(Décr. n° 2007-709 du 4 mai 2007, art. 2)* **« ou industrielle et**

commerciale » ou à la suite de celle-ci. Le bénéfice desdites prestations est supprimé lorsque l'incapacité trouve sa cause dans une faute intentionnelle de l'assuré.

(Décr. n° 2013-399 du 15 mai 2013) « Le versement de l'indemnité journalière ne fait pas obstacle à ce que l'assuré réalise, avec l'accord de son médecin traitant, des actions d'accompagnement, d'évaluation, d'information, de conseil et de formation lorsqu'elles remplissent les conditions cumulatives suivantes :

« – elles ont vocation à favoriser la reprise d'une activité professionnelle ;

« – leur durée est déclarée compatible avec la durée prévisionnelle de l'arrêt de travail par le service médical ;

« – la caisse de base du régime social des indépendants y participe.

« Le maintien du bénéfice des indemnités journalières est, le cas échéant, subordonné à la production d'une attestation de formation. »

Art. D. 613-18 *(Décr. n° 95-556 du 6 mai 1995) (Décr. n° 2001-1353 du 28 déc. 2001, art. 15)* « Les indemnités journalières visées à l'article *(Décr. n° 2007-709 du 4 mai 2007, art. 2)* « D. 613-17 » ne peuvent être cumulées avec les indemnités journalières forfaitaires prévues au deuxième alinéa de l'article » *(Décr. n° 2007-709 du 4 mai 2007, art. 2)* « L. 613-19 » et au premier alinéa de l'article *(Décr. n° 2007-709 du 4 mai 2007, art. 2)* « L. 613-19-2 ».

Les arrêts de travail prescrits à l'occasion d'une cure thermale ne donnent pas lieu au versement des indemnités journalières.

Art. D. 613-19 *(Décr. n° 95-556 du 6 mai 1995)* Pour l'application du premier alinéa de l'article *(Décr. n° 2007-709 du 4 mai 2007, art. 2)* « D. 613-17 », les conditions d'ouverture du droit aux prestations sont appréciées au jour de la constatation médicale de l'incapacité de travail.

(Décr. n° 2017-612 du 24 avr. 2017, art. 2) « En cas d'arrêt de travail de plus de sept jours ou en cas d'hospitalisation, le point de départ de l'indemnité journalière définie à l'article D. 613-17 est le quatrième jour à compter de la constatation de l'incapacité de travail en cas d'accident ou de maladie. En cas d'arrêt de travail inférieur ou égal à sept jours, le point de départ de l'indemnité journalière définie à l'article D. 613-17 est le huitième jour à compter de la constatation médicale de l'incapacité de travail en cas d'accident ou de maladie. Toutefois, ces délais ne sont pas applicables aux personnes victimes d'un acte de terrorisme mentionnées à l'article L. 169-1, pour les incapacités de travail rendues nécessaires par l'acte de terrorisme. »

(Décr. n° 2002-794 du 3 mai 2002) « En cas de nouvel arrêt, après reprise du travail, dû à une affection donnant lieu à la procédure prévue à l'article L. 324-1 ou à un accident et n'ouvrant pas droit à indemnisation par *(Décr. n° 2007-709 du 4 mai 2007, art. 2)* « les régimes invalidité des professions artisanales, industrielles et commerciales » prévu à l'article L. 635-7, le délai de carence n'est appliqué qu'une seule fois, lors du premier arrêt dû à cette affection ou à cet accident. » – *Ces dispositions sont applicables aux arrêts de travail dont la constatation médicale intervient à compter du 1er oct. 2002 (Décr. n° 2002-794 du 3 mai 2002, art. 10).*

Elle est due pour chaque jour ouvrable ou non.

(Décr. n° 2000-507 du 8 juin 2000, art. 3-II) « Lorsque l'avis d'arrêt de travail est adressé au service médical au-delà du délai prévu à l'article *(Décr. n° 2007-709 du 4 mai 2007, art. 2)* « D. 613-23 », l'indemnité journalière est attribuée à l'expiration d'un délai de quatre jours à compter de sa réception par la caisse et au plus tôt à compter de l'expiration du délai de carence ». *(Décr. n° 2016-1 du 2 janv. 2016, art. 1er-4°)* « Toutefois, ces dispositions ne sont pas applicables aux personnes mentionnées à l'article L. 169-1, lorsque l'incapacité de travail résulte de l'acte de terrorisme mentionné à cet article. »

Les dispositions de l'art. 2 du Décr. n° 2017-612 du 24 avr. 2017 sont applicables aux arrêts de travail définis aux art. D. 613-21 et D. 613-21-1 CSS prescrits à compter du 1er janv. 2018, aux allocations forfaitaires définies à l'art. D. 613-4-1 du même code dont le premier versement intervient à compter du 1er janv. 2018 et aux indemnités journalières définies à l'art. D. 613-4-2 du même code versées au titre des cessations d'activité débutant à compter du 1er janv. 2018 (Décr. préc., art. 6-II).

Les dispositions du Décr. n° 2015-101 du 2 févr. 2015 qui modifient les règles de calcul des prestations en espèces servies au titre de l'assurance maladie du régime des travailleurs indépendants des professions non agricoles s'appliquent, aux termes de son art. 2, aux indemnités journalières versées à l'occasion d'arrêts de travail débutant à compter du lendemain de la publication du décret ; procédant d'une nouvelle prescription médicale, une prolongation de l'arrêt de travail constitue un arrêt de travail distinct soumis aux dispositions nouvelles dudit décret. • Civ. 2e, 4 avr. 2018, n° 17-14.961 P : *RJS 6/2018, n° 445 ; JCP S 2018. 1180, note Tauran.*

Art. D. 613-19-1 *(Décr. n° 2002-794 du 3 mai 2002)* **En cas d'affection de longue durée et en cas d'interruption de travail ou de soins continus supérieurs à six mois, la caisse doit faire procéder périodiquement à un examen spécial du bénéficiaire conjointement par le médecin traitant et le médecin-conseil conformément aux dispositions de l'article L. 324-1.** – *Ces dispositions sont applicables aux arrêts de travail dont la constatation médicale intervient à compter du 1er oct. 2002 (Décr. n° 2002-794 du 3 mai 2002, art. 10).*

Art. D. 613-20 *(Décr. n° 2002-794 du 3 mai 2002)* **L'assuré ne peut recevoir au titre d'une ou de plusieurs maladies, pour une période quelconque de trois ans, plus de 360 indemnités journalières.**

Pour les affections donnant lieu à la procédure prévue à l'article L. 324-1, l'indemnité journalière peut être servie pendant une période d'une durée maximale de trois ans calculée de date à date pour chaque affection. Dans le cas d'interruption suivie de reprise du travail, l'indemnité journalière peut être servie pendant une nouvelle période d'une durée maximale de trois ans calculée de date à date dès lors que cette reprise a été d'au moins un an. La date de reprise d'activité est attestée par une déclaration sur l'honneur signée par l'assuré. – *Ces dispositions sont applicables aux arrêts de travail dont la constatation médicale intervient à compter du 1er oct. 2002 (Décr. n° 2002-794 du 3 mai 2002, art. 10).*

Art. D. 613-21 *(Décr. n° 2015-101 du 2 févr. 2015, art. 1er-3°)* **Sous réserve des dispositions de l'article** *(Décr. n° 2017-612 du 24 avr. 2017, art. 3-1°)* **« D. 613-30 », le montant de l'indemnité journalière est égal à 1/730 du revenu d'activité annuel moyen des trois années civiles précédant la date de la constatation médicale de l'incapacité de travail. Le revenu d'activité pris en compte est celui sur la base duquel est calculée la cotisation mentionnée à l'article D. 612-9 dont est redevable l'assuré, dans la limite du plafond annuel mentionné à l'article L. 241-3 en vigueur à la date du constat médical.** – *Les dispositions du 1° de l'art. 3 du Décr. n° 2017-612 du 24 avr. 2017 sont applicables aux arrêts de travail prescrits à compter du 1er mai 2017 (Décr. préc., art. 6-I).*

(Décr. n° 2017-612 du 24 avr. 2017, art. 3-2°) **« En cas de prolongation de l'arrêt de travail initial pour la même affection ou le même accident, ou en cas de nouvel arrêt de travail pour une autre affection ou un autre accident sans reprise du travail depuis le précédent arrêt, l'indemnité journalière est calculée à partir du revenu d'activité annuel moyen des trois années civiles précédant la date de l'arrêt de travail initial. »** – *Les dispositions de l'art. 3-2° du Décr. n° 2017-612 du 24 avr. 2017 sont applicables aux arrêts de travail définis aux art. D. 613-21 et D. 613-21-1 CSS prescrits à compter du 1er janv. 2018, aux allocations forfaitaires définies à l'art. D. 613-4-1 du même code dont le premier versement intervient à compter du 1er janv. 2018 et aux indemnités journalières définies à l'art. D. 613-4-2 du même code versées au titre des cessations d'activité débutant à compter du 1er janv. 2018 (Décr. préc., art. 6-II).*

Art. D. 613-21-1 *(Décr. n° 2017-612 du 24 avr. 2017, art. 4)* **En cas de reprise du travail à temps partiel pour motif thérapeutique faisant immédiatement suite à un arrêt de travail indemnisé à temps complet, une indemnité journalière est attribuée à l'assuré pendant une durée limitée et dans les conditions prévues à la présente sous-section si la reprise du travail est reconnue comme étant de nature à favoriser l'amélioration de l'état de santé de l'assuré ou si l'assuré doit faire l'objet d'une rééducation ou d'une réadaptation professionnelle pour reprendre une activité compatible avec son état de santé.**

L'exigence d'un arrêt de travail indemnisé à temps complet précédant immédiatement la reprise à temps partiel n'est pas opposable aux assurés atteints d'une affection de longue durée donnant lieu à l'application de la procédure prévue à l'article

L. 324-1, dès lors que l'impossibilité de poursuivre l'activité à temps complet procède de cette affection.

Le montant de cette indemnité journalière est égal à la moitié du montant de l'indemnité journalière prévu à l'article D. 613-21 ou à l'article D. 613-28.

L'indemnité journalière pour reprise du travail à temps partiel pour motif thérapeutique peut être servie au titre d'une ou *[de]* plusieurs maladies ou accidents dans la limite de 90 jours, sans préjudice des durées prévues au premier alinéa de l'article D. 613-20. Lorsque l'assuré est atteint d'une affection donnant lieu à l'application de la procédure prévue à l'article L. 324-1, l'indemnité journalière pour reprise du travail à temps partiel pour motif thérapeutique peut être servie pendant 270 jours sur la période prévue au deuxième alinéa de l'article D. 613-20, majorée d'un an.

Les dispositions de l'art. 4 du Décr. n° 2017-612 du 24 avr. 2017 sont applicables aux arrêts de travail prescrits à compter du 1er mai 2017 (Décr. préc., art. 6-I).

Art. D. 613-22 *(Décr. n° 95-556 du 6 mai 1995)* Les dispositions de l'article L. 323-5 sont applicables à l'indemnité journalière prévue à l'article *(Décr. n° 2007-709 du 4 mai 2007, art. 2)* « D. 613-21 ».

Art. D. 613-23 *(Décr. n° 95-556 du 6 mai 1995)* En vue du versement des indemnités journalières, l'assuré doit adresser au service médical de *(Décr. n° 2007-709 du 4 mai 2007, art. 2)* « la caisse de base du régime social des indépendants » un avis d'arrêt de travail dont le modèle est fixé par arrêté du ministre chargé de la sécurité sociale et qui doit comporter notamment la signature du médecin traitant et, après sa prescription, la cause et la durée probable de l'incapacité de travail.

L'avis d'arrêt de travail doit, *(Décr. n° 2000-507 du 8 juin 2000, art. 3-II)* « sauf en cas d'hospitalisation », être adressé par l'assuré au service médical dans le délai de deux jours suivant la date de la constatation médicale de l'incapacité de travail.

Dans le cas où l'assuré reprend son travail avant la fin de la durée d'arrêt de travail prescrite par son médecin traitant, il doit adresser au service médical de *(Décr. n° 2007-709 du 4 mai 2007, art. 2)* « la caisse de base du régime social des indépendants » une déclaration sur l'honneur indiquant la date de reprise de son travail dans le délai de deux jours suivant la date de la reprise.

1. La preuve de l'envoi par l'assuré à la Caisse de la lettre d'avis d'interruption de travail, dans le délai prévu par l'art. D. 615-23, peut être rapportée par tous moyens, y compris par présomption. • Soc. 11 avr. 2002, n° 00-20.218 P : *RJS 2002, n° 734.*

2. Aucune sanction n'étant prévue, l'envoi tardif de l'arrêt de travail ne prive pas du droit aux indemnités journalières, mais reporte le point de départ du délai de carence à l'expiration duquel elles sont attribuées. • Soc. 17 juill. 1998 : *RJS 1998, n° 1292 ; JCP E 1998. 1720 ; JCP E 1999. 1192, obs. Vachet* • 19 juill. 2001 : *RJS 2001, n° 1349* (la caisse n'ayant eu connaissance de l'arrêt de travail qu'après l'expiration du congé maladie, elle n'a pas été en mesure d'exercer son contrôle pendant la période d'incapacité de travail de l'artisan). ♦ V. art. D. 613-19 CSS. ♦ Dans le même sens : • Soc. 4 mars 1999 : *D. 1999. IR 93 ; JCP E 1999. 798* • Soc. 29 mars 2001 : *D. 2001. IR 1280 ; RJS 2001, n° 797* • Soc. 11 juill. 2002 : *RJS 2002, n° 1298.* ♦ V. aussi : art. D. 613-39 CSS, à propos des industriels et commerçants.

Art. D. 613-24 *(Décr. n° 95-556 du 6 mai 1995)* Le service médical de *(Décr. n° 2007-709 du 4 mai 2007, art. 2)* « la caisse de base du régime social des indépendants » peut à tout moment :

1° Donner des avis d'ordre médical sur l'appréciation faite par le médecin traitant de l'état de santé et de la capacité au travail des bénéficiaires ;

2° Donner des avis d'ordre médical sur les liens de causalité entre l'interruption de travail, l'accident ou l'affectation comportant un traitement prolongé et une thérapeutique particulièrement coûteuse ouvrant droit à l'exonération du ticket modérateur ;

(Décr. n° 2002-794 du 3 mai 2002) « 3° Donner son avis sur l'incapacité de l'assuré lorsqu'en raison de la stabilisation dudit état celui-ci ne peut plus prétendre aux indemnités journalières de l'assurance maladie. »

Le service médical exerce cette mission dans les conditions définies aux articles *(Décr. n° 2007-709 du 4 mai 2007, art. 2)* « R. 613-55 à R. 613-64 ».

Art. D. 613-25 *(Décr. nº 95-556 du 6 mai 1995 ; Décr. nº 2007-709 du 4 mai 2007)* **La caisse de base du régime social des indépendants est fondée à refuser le bénéfice des indemnités journalières pour la période pendant laquelle le contrôle de la caisse de base du régime social des indépendants a été rendu impossible, sans préjudice des dispositions de l'article D. 613-24.**

Caractère de sanction. Il appartient aux juridictions du contentieux général de la sécurité sociale d'apprécier l'adéquation du montant de la sanction prononcée par tout organisme social à l'importance de l'infraction commise par l'assuré. • Civ. 2e, 19 févr. 2009, nº 07-20.374 P : *D. 2009. AJ 817 ; D. actu. 5 mars 2009, obs. Lavric ; RJS 2009, nº 473 ; JCP S 2009. 1278, note Tauran.* ♦ V. aussi • Civ. 2e, 28 nov. 2013 : *D. actu. 10 janv. 2014, obs. Fraisse ; RDSS 2014. 326, note Peltier* (le refus de versement des indemnités journalières motivé par l'envoi tardif de l'avis d'arrêt de travail constitue une sanction ; en conséquence, il appartient aux juridictions du contentieux général de la sécurité sociale, par application de l'art. 6, §1er, de la Conv. EDH, d'en apprécier l'adéquation à la gravité de l'infraction commise).

Art. D. 613-26 *(Décr. nº 95-556 du 6 mai 1995)* **Les dispositions de l'article L. 377-1 sont applicables au régime des prestations en espèces institué par le présent titre.**

Art. D. 613-27 *(Décr. nº 95-556 du 6 mai 1995 ; Décr. nº 2007-709 du 4 mai 2007, art. 2)* **« La caisse de base du régime social des indépendants » notifie à l'organisme conventionné les dates de début et de fin d'indemnisation ainsi que les bases de calcul de l'indemnité journalière. Les refus pour des motifs non liés au paiement des cotisations dues sont notifiés à l'assuré par la caisse.**

L'organisme conventionné établit mensuellement le décompte des indemnités journalières dues en utilisant un imprimé dont le modèle est fixé par la Caisse nationale, et procède au versement au moins mensuel et à terme échu des prestations en espèces selon les modalités fixées par ladite Caisse nationale.

Art. D. 613-28 *(Décr. nº 2014-20 du 9 janv. 2014, art. 1er-2º)* **Les conjoints collaborateurs mentionnés à l'article L. 121-4 du code de commerce des assurés mentionnés à l'article D. 613-14 bénéficient du régime d'indemnités journalières dans les conditions déterminées par la présente sous-section. Par dérogation aux dispositions de l'article D. 613-21, le montant de l'indemnité journalière des conjoints collaborateurs est égal à 1/730 du montant correspondant à l'assiette de la cotisation mentionnée au troisième alinéa de l'article D. 612-9.**

Ces indemnités journalières ne peuvent être cumulées avec l'indemnité complémentaire prévue au troisième alinéa de l'article L. 613-19-1.

Les dispositions issues du Décr. nº 2014-20 du 9 janv. 2014 s'appliquent aux périodes d'activité courant à compter de l'année 2014 (Décr. préc., art. 2).

SECTION V **ACTION SANITAIRE ET SOCIALE**

Néant.

SECTION VI **DISPOSITIONS DIVERSES**

(Décr. nº 2015-101 du 2 févr. 2015, art. 1er-4º)

Art. D. 613-29 **Lorsque le revenu d'activité annuel moyen pris en compte pour le calcul de la cotisation mentionnée à l'article D. 612-2 due au titre des trois années civiles d'activité précédant la date prévue du premier versement de l'allocation mentionnée à l'article D. 613-4-1 ou de l'indemnité journalière mentionnée à l'article D. 613-4-2 est inférieur à un montant équivalent à 10 % de la moyenne des valeurs annuelles du plafond mentionné à l'article L. 241-3 en vigueur au cours des trois années considérées, le montant de cette allocation ou de cette indemnité est égal à 10 % de celui mentionné respectivement aux articles D. 613-4-1 et D. 613-4-2.** – *Par dérogation aux dispositions du présent art. dans sa rédaction issue du Décr. nº 2015-101 du 2 févr. 2015, le montant de l'allocation et de l'indemnité journalière respectivement mentionnées aux art. D. 613-4-1 et D. 613-4-2 dont le premier versement aux assurés mentionnés à l'art. D. 613-29 intervient entre le 1er mai et le 31 déc. 2015 est réduit de moitié (Décr. préc., art. 2-II).*

Art. D. 613-30 Lorsque le revenu d'activité annuel moyen pris en compte pour le calcul de la cotisation mentionnée à l'article D. 612-9 due au titre des trois années civiles d'activité précédant la date prévue du premier versement de l'indemnité journalière mentionnée à l'article D. 613-21 est inférieur à un montant équivalent à 10 % de la moyenne des valeurs annuelles du plafond mentionné à l'article L. 241-3 en vigueur au cours des trois années considérées, le montant de cette indemnité est nul.

Art. D. 613-31 Pour les personnes affiliées *(Décr. n° 2017-612 du 24 avr. 2017, art. 5-1°)* « pendant moins de trois années civiles avant » la date de premier versement de l'allocation ou de l'indemnité ou la date de la constatation de l'incapacité de travail, le revenu d'activité pris en compte pour le calcul *(Décr. n° 2017-612 du 24 avr. 2017, art. 5-2°)* « des indemnités journalières mentionnées aux articles D. 613-21 et D. 613-21-1 », ainsi que pour l'application des articles D. 613-29 et D. 613-30, est :

1° *(Décr. n° 2017-612 du 24 avr. 2017, art. 5-2°)* « Lorsque le premier versement intervient au cours de la troisième année civile d'affiliation », le revenu annuel moyen sur la base duquel a été calculée *(Décr. n° 2017-612 du 24 avr. 2017, art. 5-2°)* « jusqu'à cette date » la cotisation mentionnée à l'article D. 612-2 ou à l'article D. 612-9 due au titre des deux premières années civiles d'activité ;

2° *(Décr. n° 2017-612 du 24 avr. 2017, art. 5-3°)* « Lorsque le premier versement intervient au cours de la deuxième année civile d'affiliation », le revenu annuel sur la base duquel a été calculée *(Décr. n° 2017-612 du 24 avr. 2017, art. 5-3°)* « jusqu'à cette date » la cotisation mentionnée à l'article D. 612-2 ou à l'article D. 612-9 due au titre de la première année civile d'activité ;

(Décr. n° 2017-612 du 24 avr. 2017, art. 5-4°) « 3° Lorsque le premier versement intervient au cours de la première année civile d'affiliation, l'assiette sur laquelle a été calculée jusqu'à cette date la cotisation mentionnée à l'article D. 612-2 ou à l'article D. 612-9. »

En cas de période d'affiliation incomplète au cours de la première ou de la deuxième année d'activité, le revenu de cette période est, pour la détermination du revenu annuel *(Décr. n° 2017-612 du 24 avr. 2017, art. 5-5°)* « mentionné aux 1° et 2° et de l'assiette de cotisation mentionnée au 3° », rapporté à l'année entière pour l'application des dispositions *(Décr. n° 2017-612 du 24 avr. 2017, art. 5-5°)* « de l'article D. 613-29 ».

Les dispositions de l'art. 2 du Décr. n° 2017-612 du 24 avr. 2017 sont applicables aux arrêts de travail définis aux art. D. 613-21 et D. 613-21-1 CSS prescrits à compter du 1er janv. 2018, aux allocations forfaitaires définies à l'art. D. 613-4-1 du même code dont le premier versement intervient à compter du 1er janv. 2018 et aux indemnités journalières définies à l'art. D. 613-4-2 du même code versées au titre des cessations d'activité débutant à compter du 1er janv. 2018 (Décr. préc., art. 6-II).

Art. D. 613-32 Les dispositions des articles D. 613-29 et D. 613-30 ne sont pas applicables aux personnes mentionnées *(Décr. n° 2015-1856 du 30 déc. 2015, art. 3-II)* « à l'article L. 262-2 du code de l'action sociale et des familles et à l'article L. 842-1 du présent code qui n'ont pas exercé l'option prévue à l'article L. 131-6-3 du même code ».

Pour ces mêmes personnes, le montant des indemnités journalières mentionnées à l'article D. 613-21 est calculé sur la base d'un revenu égal à l'assiette minimale mentionnée au troisième alinéa de l'article D. 612-9.

CHAPITRE VI CONTENTIEUX — DISPOSITIONS D'APPLICATION

SECTION PREMIÈRE CONTENTIEUX

Néant.

SECTION II DISPOSITIONS D'APPLICATION

Néant.

TITRE DEUXIÈME **ASSURANCE MALADIE, MATERNITÉ** *(Décr. nº 2017-1894 du 30 déc. 2017, art. 5-I).*

CHAPITRE PREMIER **COTISATIONS** *(Décr. nº 2017-1894 du 30 déc. 2017, art. 5-I).*

Art. D. 621-1 *(Décr. nº 2017-1894 du 30 déc. 2017, art. 5-I)* **I. — Le taux de la cotisation d'assurance maladie et maternité prévue à l'article L. 621-1 est fixé à 7,20 % sous réserve des dispositions prévues à l'article D. 621-3.**

Cette cotisation est assise sur l'ensemble des revenus d'activité, tels qu'ils sont définis à l'article L. 131-6.

La cotisation annuelle, y compris celle due au titre des première et deuxième années d'activité, ne peut être calculée sur une assiette inférieure à 40 % de la valeur annuelle du plafond de la sécurité sociale.

II. — Par dérogation au premier alinéa, le taux de la cotisation est fixé à 6,5 % lorsque le revenu d'activité est supérieur à cinq fois la valeur annuelle du plafond de la sécurité sociale déterminée conformément à l'article D. 613-2.

Les dispositions du Décr. nº 2017-1894 du 30 déc. 2017 sont applicables aux cotisations et aux contributions de sécurité sociale dues au titre des périodes courant à compter du 1er janv. 2018 (Décr. préc., art. 8).

Art. D. 621-2 *(Décr. nº 2017-1894 du 30 déc. 2017, art. 5-I)* **I. — En application des articles L. 621-1 et L. 621-3, le taux de la cotisation d'assurance maladie et maternité des travailleurs indépendants qui ne relèvent pas des articles L. 640-1 et L. 723-1 fait l'objet d'une exonération et d'une réduction supplémentaire lorsque le montant annuel de leur revenu d'activité est inférieur à 40 % de la valeur annuelle du plafond déterminée conformément à l'article D. 613-2.**

Le taux prévu à l'alinéa précédent est déterminé selon la formule suivante :

Taux = [(T1-T2)/ (1,1 × PSS)] × r + [(T2-T3)/ (0,4 × PSS) × r] + T3

où :

— T1 est égal au taux de cotisation fixé au I de l'article D. 621-1 ;

— T2 est égal à 2,2 % ;

— T3 est égal à 0,85 % ;

— PSS est la valeur annuelle du plafond de la sécurité sociale déterminée conformément à l'article D. 613-2 ;

— r est le revenu d'activité, tel que défini à l'article L. 131-6.

II. — En application de l'article L. 621-3, lorsque le montant annuel de leur revenu d'activité est compris entre 40 % et 110 % de la valeur annuelle du plafond de la sécurité sociale déterminée conformément à l'article D. 613-2, le taux de la cotisation d'assurance maladie et maternité des travailleurs indépendants qui ne relèvent pas des articles L. 640-1 et L. 723-1 est déterminé, selon la formule suivante :

Taux = [(T1-T2)/ (1,1 × PSS)] × r + T2

où :

— T1 est égal au taux de la cotisation fixé au I de l'article D. 621-1 ;

— T2 est égal à 2,2 % ;

— PSS est la valeur annuelle du plafond de la sécurité sociale déterminée conformément à l'article D. 613-2 ;

— r est le revenu d'activité, tel que défini à l'article L. 131-6.

V. note ss. art. D. 621-1.

Art. D. 621-3 *(Décr. nº 2017-1894 du 30 déc. 2017, art. 5-I)* **I. — Le taux de la cotisation prévue à l'article L. 621-2 est fixé à 6,50 % pour les travailleurs indépendants relevant des articles L. 640-1 et L. 723-1.**

Cette cotisation est assise sur l'ensemble des revenus d'activité, tels qu'ils sont définis à l'article L. 131-6.

II. — En application de l'article L. 621-3, lorsque le montant annuel de leur revenu d'activité est inférieur à 110 % de la valeur annuelle du plafond de la sécurité sociale déterminée conformément à l'article D. 613-2, le taux prévu au I est déterminé selon la formule suivante :

Taux = [(T1-T2)/ (1,1 × PSS)] × r + T2
où :
– T1 est égal au taux de cotisation fixé au I ;
– T2 est égal à 1,5 % ;
– PSS est la valeur annuelle du plafond de la sécurité sociale déterminée conformément à l'article D. 613-2 ;
– r est le revenu d'activité, tel que défini à l'article L. 131-6.

V. note ss. art. D. 621-1.

Art. D. 621-4 *(Décr. nº 2017-1894 du 30 déc. 2017, art. 5-I)* « Les cotisations prévues aux articles D. 621-1 et D. 621-2 cessent d'être dues : »

– pour les personnes qui entrent en jouissance d'une allocation ou pension de retraite, à compter de la date de la cessation définitive de toute activité non salariée non agricole ;

– pour les personnes entrant en jouissance d'une pension d'invalidité, à compter de la date d'attribution de cet avantage. – *[Décr. nº 89-143 du 3 mars 1989, art. 1er.] – [Anc. art. D. 612-2.]*

V. note ss. art. D. 621-1.

Art. D. 621-5 *(Décr. nº 2017-1894 du 30 déc. 2017, art. 5-I)* « I. – Pour les personnes mentionnées à l'article L. 131-9, le taux de cette cotisation est fixé à *(Décr. nº 2018-162 du 6 mars 2018, art. 1er-IV)* « 14,50 % ».

« Cette cotisation est assise sur l'ensemble des revenus d'activité, tels qu'ils sont définis à l'article L. 131-6.

« II. – » Sans préjudice des dispositions de l'article *(Décr. nº 2012-443 du 3 avr. 2012, art. 2-II-1º ; Décr. nº 2017-1894 du 30 déc. 2017, art. 5-I)* « D. 621-4, les personnes mentionnées à l'article L. 131-9 titulaires de revenus de remplacement sont redevables de la cotisation annuelle de base sur leurs allocations ou pensions de retraite de base. Cette cotisation » est précomptée sur lesdites allocations ou pensions versées *(Décr. nº 2007-878 du 14 mai 2007, art. 3 ; Décr. nº 2017-1894 du 30 déc. 2017, art. 5-I)* « par un ou des régimes d'assurance vieillesse prévus au présent livre » ou par la Caisse nationale des barreaux français, à l'exclusion des bonifications ou majorations pour enfants autres que les annuités supplémentaires et des pensions d'invalidité. *(Décr. nº 2017-1894 du 30 déc. 2017, art. 5-I ; Décr. nº 2018-162 du 6 mars 2018, art. 1er-IV)* « Le taux de la cotisation annuelle de base prévue au premier alinéa du II est fixé à 7,10 %. »

*(Abrogé par Décr. nº 2017-1894 du 30 déc. 2017, art. 5-I) (Décr. nº 89-143 du 3 mars 1989, art. 2 ; Décr. nº 2012-443 du 3 avr. 2012, art. 2-II-2º) « **Les opérations de précompte ont lieu par prélèvement, sur les arrérages en cours, des cotisations résultant de l'application auxdits arrérages du taux prévu à l'article D. 612-4** ». – [Ancien art. D. 612-3.]*

V. note ss. art. D. 621-1.

Les dispositions de l'art. 1er du Décr. nº 2018-162 du 6 mars 2018 s'appliquent aux cotisations de sécurité sociale dues au titre des périodes courant à compter du premier jour du mois de sa publication, soit le 1er mars 2018 (Décr. préc., art. 7).

Art. D. 621-6 *(Abrogé par Décr. nº 2017-1894 du 30 déc. 2017, art. 5-I) « **Les cotisations supplémentaires mentionnées à l'article L. 612-13 sont fixées dans les mêmes conditions que celles prévues par la présente section pour les cotisations de base.** (Décr. nº 2012-443 du 3 avr. 2012, art. 3-1º) « **Le deuxième alinéa de l'article D. 612-6 n'est pas applicable aux cotisations supplémentaires** ». »*

(Décr. nº 95-556 du 6 mai 1995 ; Décr. nº 2014-20 du 9 janv. 2014, art. 1er-1º) « Le taux de la cotisation annuelle dont sont redevables *(Abrogé par Décr. nº 2017-1894 du 30 déc. 2017, art. 5-I) « **les assurés cotisant ainsi que** »* les conjoints collaborateurs mentionnés à l'article D. 613-28 » *(Décr. nº 2017-1894 du 30 déc. 2017, art. 5-I)* « des assurés entrant dans le champ d'application de l'article L. 622-1 est fixé à 0,85 % ».

*(Abrogé par Décr. nº 2017-1894 du 30 déc. 2017, art. 5-I) (Décr. nº 2012-443 du 3 avr. 2012, art. 3-2º) « **La cotisation annuelle, y compris celle due au titre des première et deuxième années d'activité, ne peut être calculée sur une assiette inférieure à 40 % de la valeur du plafond de la sécurité sociale.** » (Décr. nº 2014-20 du 9 janv. 2014, art. 1er-1º)* « La cotisation *(Décr. nº 2017-1894 du 30 déc. 2017, art. 5-I)* « prévue au premier ali-

néa » est calculée sur une assiette égale à 40 % de la valeur *(Décr. n° 2017-1894 du 30 déc. 2017, art. 5-I)* **« annuelle » du plafond de la sécurité sociale. »** – *[Ancien art. D. 612-9.]*

(Décr. n° 2017-1894 du 30 déc. 2017, art. 5-I) **« Elle est admise en totalité dans les charges déductibles pour la détermination du bénéfice net professionnel soumis à l'impôt sur le revenu ou, lorsqu'elles n'entrent pas en compte pour l'évaluation des revenus professionnels, dans les charges déductibles pour la détermination du revenu net global servant de base audit impôt.**

« Le paiement de la cotisation prévue au premier alinéa s'effectue selon les mêmes modalités que la cotisation prévue à l'article D. 621-1. »

Les dispositions du Décr. n° 2014-20 du 9 janv. 2014 s'appliquent aux périodes d'activité courant à compter de l'année 2014 (Décr. préc., art. 2).

Les dispositions du Décr. n° 2017-1894 du 30 déc. 2017 sont applicables aux cotisations et aux contributions de sécurité sociale dues au titre des périodes courant à compter du 1er janv. 2018 (Décr. préc., art. 8).

CHAPITRE II CHAMP D'APPLICATION, AFFILIATION

(Décr. n° 2014-1637 du 26 déc. 2014, art. 11)

Art. D. 622-1 (Abrogé par Décr. n° 2017-1894 du 30 déc. 2017, art. 2-II) (Décr. n° 2015-877 du 16 juill. 2015, art. 6) ***I. – Pour l'application du premier alinéa de l'article L. 622-1, l'activité principale est déterminée dans les conditions prévues par les dispositions du II, du III et du IV de l'article D. 171-12 et de l'article D. 171-13. Pour l'application de ces dispositions, la référence au premier alinéa de l'article L. 171-3 est remplacée par la référence au premier alinéa de l'article L. 622-1.***

II. – Pour l'application du second alinéa de l'article L. 622-1, l'activité principale est réputée être :

1° Pour les personnes bénéficiant à la fois d'une pension, rente ou allocation de vieillesse acquise à titre personnel et d'un avantage de réversion, l'activité qui leur a ouvert droit à l'avantage acquis à titre personnel ;

2° Pour les personnes bénéficiant à la fois, à titre personnel, de plusieurs pensions, rentes ou allocations de vieillesse de même nature, l'activité correspondant à l'avantage pour lequel elles comptent le plus grand nombre de trimestres d'assurance ayant donné lieu au versement de cotisations à leur charge ou, en cas d'égalité ou lorsque l'un ou plusieurs des avantages sont de caractère non contributif, l'activité qu'elles ont exercée pendant le plus grand nombre d'années.

Les dispositions du Décr. n° 2017-1894 du 30 déc. 2017 sont applicables aux cotisations et aux contributions de sécurité sociale dues au titre des périodes courant à compter du 1er janv. 2018 (Décr. préc., art. 8).

Art. D. 622-2 (Abrogé par Décr. n° 2017-1894 du 30 déc. 2017, art. 2-II) (Décr. n° 2014-1637 du 26 déc. 2014, art. 11) ***Le montant mentionné au deuxième alinéa de l'article L. 622-4 est déterminé dans les conditions fixées à l'article D. 613-1.*** – V. note ss. art. D. 622-1.

CHAPITRE III DISPOSITIONS COMMUNES À L'ENSEMBLE DES RÉGIMES D'ASSURANCE VIEILLESSE

SECTION PREMIÈRE ORGANISATION FINANCIÈRE

Art. D. 623-1 L'autorité administrative désignée à l'article L. 623-2 est *(Décr. n° 2009-1597 du 18 déc. 2009, art. 9, en vigueur le 1er janv. 2010)* « le responsable du service mentionné à l'article R. 155-1 ».

Art. D. 623-2 Les dispositions de la présente section sont applicables aux caisses nationales, aux caisses, *(Décr. n° 93-1168 du 14 oct. 1993, art. 1er)* « unions de caisses » et sections de caisses des organisations autonomes *(Décr. n° 2007-709 du 4 mai 2007, art. 3)* « des professions libérales ».

Art. D. 623-3 *(Décr. n° 2007-709 du 4 mai 2007, art. 3)* Sont applicables aux organismes mentionnés à l'article D. 623-2 les articles D. 253-5, D. 253-9 à D. 253-11, l'article D. 253-12 à l'exception du membre de phrase commençant par "en présence" et se terminant par "l'organisme" qui est remplacé par le membre de phrase suivant : "en présence du conseil d'administration, du directeur de l'organisme et d'un représentant de la Caisse nationale", l'article D. 253-13, l'article D. 253-15 à l'exception du membre de phrase commençant par "auprès" et se terminant par "D. 253-1", l'article D. 253-16 à l'exception du membre de phrase commençant par "conformément" et se terminant par "R. 243-21" et à l'exception de la troisième phrase du premier alinéa, les articles D. 253-18, D. 253-20 à D. 253-28, D. 253-30, D. 253-42 à D. 253-48, l'article D. 253-49 à l'exception des deux premiers alinéas, les articles D. 253-50, D. 253-51, D. 253-53, D. 253-54, D. 253-56, D. 253-58, D. 253-59, D. 253-62, D. 253-63, D. 253-68 à D. 253-73 et D. 253-75 à D. 253-83.

Art. D. 623-4 *(Décr. nº 2007-709 du 4 mai 2007, art. 3)* Sont applicables aux organismes mentionnés à l'article D. 623-2 les articles D. 611-7, D. 611-11, D. 611-12, D. 611-17, D. 611-20, D. 611-22, D. 611-23, D. 611-27 à D. 611-31 et D. 611-35.

Art. D. 623-5 *(Décr. nº 2009-387 du 7 avr. 2009)* Les organismes appliquent les dispositions de l'article D. 114-4-4.

Art. D. 623-6 à D. 623-10 *Abrogés par Décr. nº 2007-709 du 4 mai 2007, art. 3.*

Art. D. 623-10-1 à D. 623-10-4 *Abrogés par Décr. nº 2009-387 du 7 avr. 2009.*

Art. D. 623-11 à D. 623-15 *Abrogés par Décr. nº 2007-709 du 4 mai 2007, art. 3.*

Art. D. 623-16 *Abrogé par Décr. nº 2009-387 du 7 avr. 2009.*

Art. D. 623-17 à D. 623-24 *Abrogés par Décr. nº 2007-709 du 4 mai 2007, art. 3.*

Art. D. 623-25 Les comptes annuels sont établis par l'agent comptable et visés par le directeur ; ils sont présentés au conseil d'administration, accompagnés du rapport mentionné à l'article D. 623-16.

Le directeur remet chaque année au conseil d'administration un rapport sur le fonctionnement administratif et financier de l'organisme.

Art. D. 623-26 La gestion des opérations administratives supporte toutes les dépenses suivantes dont la liste est limitative, à l'exclusion des dépenses de même nature qui incombent à d'autres gestions par application des dispositions réglementaires ou d'instructions spéciales.

1º Au titre du fonctionnement proprement dit :

a. les frais de personnel qui comprennent les traitements et salaires, les vacations et honoraires, les indemnités représentatives de frais, les indemnités diverses, les charges connexes aux traitements et salaires, les charges de sécurité sociale et autres charges sociales et, le cas échéant, les dépenses qui, après autorisation de l'autorité de tutelle, peuvent être engagées au titre des œuvres sociales en faveur du personnel ;

b. les impôts et taxes ;

c. les frais de travaux, fournitures et services extérieurs qui comprennent les frais concernant respectivement les loyers et charges locatives, l'entretien et les réparations, les travaux et façons exécutés à l'extérieur, y compris la rémunération de services faits pour le compte de la caisse par d'autres organismes, le petit outillage, les fournitures faites à la caisse, la documentation technique, les honoraires ne faisant pas partie des frais de personnel ni des frais de fonctionnement du conseil d'administration et des commissions, les primes d'assurances, les frais d'expertise pour achat de terrains ou d'immeubles administratifs et les frais d'établissement de plans ou de projets divers de construction ou d'aménagement d'immeubles administratifs, lorsque les projets d'acquisition, de construction ou d'aménagement ne sont pas suivis de réalisation ;

d. les frais de transports ;

e. les frais divers de gestion, les frais relatifs aux informations et publications, aux fournitures de bureaux, à la documentation générale, les frais de postes et télécommunications, les frais de paiement des prestations, les cotisations à divers groupements lorsque l'adhésion des caisses auxdits groupements est imposée ou autorisée ;

f. les frais de justice ou de contentieux, y compris ceux concernant le recouvrement des cotisations et des majorations de retard ;

g. les frais de fonctionnement de l'assemblée générale et du conseil d'administration et des commissions (y compris les indemnités, les frais de transports et de déplacements) ;
h. l'amortissement des immeubles administratifs, des frais d'établissement, des travaux d'aménagement, d'installation, d'agencement desdits immeubles ;
i. éventuellement, l'amortissement du mobilier et du matériel ;
j. les pertes exceptionnelles concernant la gestion des opérations administratives ;
k. l'apurement des déficits antérieurs ;
2° Au titre des opérations en capital et sous réserve de la réglementation propre à chacune des organisations :
a. les acquisitions d'immobilisations, de mobilier et de matériel d'exploitation amortissables par nature ;
b. les prêts et avances ;
c. les remboursements d'emprunts ;
d. les achats de valeurs.

Art. D. 623-27 *Abrogé par Décr. n° 2008-549 du 11 juin 2008.*

Art. D. 623-28 Les avances de fonds mises à la disposition des caisses secondaires ne peuvent dépasser le montant moyen des paiements d'une quinzaine. Elles ne peuvent être complétées ou renouvelées qu'au fur et à mesure des justifications fournies.

Art. D. 623-29 L'agent comptable peut, dans les conditions de l'article D. 613-33, faire ouvrir des comptes de disponibilités à ses délégués des caisses secondaires pour l'exécution, sous la signature des agents habilités à cet effet, de retraits de fonds, de paiements ou de virements.

SECTION II PRESTATIONS DE BASE

Art. D. 623-30 Pour l'application de l'article L. 161-19, sont assimilées aux périodes de mobilisation ou de captivité mentionnées par cet article, les périodes durant lesquelles les requérants ont été engagés volontaires en temps de guerre, combattants volontaires de la Résistance, déportés ou internés résistants ou politiques, réfractaires au service du travail obligatoire, patriotes résistant à l'occupation des départements du Bas-Rhin, du Haut-Rhin et de la Moselle incarcérés en camps spéciaux ou patriotes réfractaires à l'annexion de fait.

Seules les périodes accomplies postérieurement au 1er septembre 1939 peuvent, au titre de l'article L. 161-19, être assimilées à des périodes d'assurance pour l'ouverture du droit et la liquidation des avantages de vieillesse, sous réserve que les intéressés aient ensuite exercé, en premier lieu, une activité *(Décr. n° 2017-737 du 3 mai 2017, art. 3-I)* « indépendante non agricole à l'exception de celle d'avocat ».

Pour bénéficier des dispositions précitées, les intéressés doivent apporter la preuve qu'ils ont été mobilisés ou prisonniers de guerre ou qu'ils se sont trouvés dans l'une des situations énumérées ci-dessus, au moyen de la production des pièces prévues par arrêté interministériel ou éventuellement d'une attestation délivrée par le ministère chargé des anciens combattants ou l'office national des anciens combattants.

SECTION III ASSURANCE VEUVAGE

Néant.

SECTION IV CONTRÔLE — CONTENTIEUX ET PÉNALITÉS

Néant.

SECTION V CONTRÔLE DE L'ADMINISTRATION — DISPOSITIONS DIVERSES

Néant.

TITRE TROISIÈME **ASSURANCE INVALIDITÉ ET ASSURANCE VIEILLESSE** *(Décr. nº 2017-1894 du 30 déc. 2017, art. 6-I).*

CHAPITRE PREMIER *[ABROGÉ]* **L'ASSURANCE VIEILLESSE DES PROFESSIONS ARTISANALES**

(Abrogé par Décr. nº 2017-737 du 3 mai 2017, art. 3-I) (Décr. nº 2007-709 du 4 mai 2007, art. 4)

Art. D. 631-1 ***Les dispositions de l'article D. 632-1 s'appliquent à l'assurance vieillesse des professions artisanales.***

CHAPITRE II **ASSURANCE INVALIDITÉ ET DÉCÈS** *(Décr. nº 2017-1894 du 30 déc. 2017, art. 6-II).*

Art. D. 632-1 *(Décr. nº 2007-878 du 14 mai 2007, art. 4)* **« La cotisation annuelle au régime d'assurance invalidité-décès** *(Décr. nº 2017-1894 du 30 déc. 2017, art. 6-III)* **« prévue à l'article L. 632-1 » est assise sur les revenus** *(Abrogé par Décr. nº 2012-443 du 3 avr. 2012, art. 6-1º)* ***« de l'avant-dernière année, tels que »*** **définis par l'article L. 131-6** *(Décr. nº 2014-1637 du 26 déc. 2014, art. 17 ; Décr. nº 2017-1894 du 30 déc. 2017, art. 6-III)* **« , dans la limite du plafond de la sécurité sociale. La valeur de ce plafond est déterminée conformément à l'article D. 613-2 ». Sous réserve des dispositions des articles** *(Décr. nº 2017-1894 du 30 déc. 2017, art. 6-III)* **« D. 632-2 et D. 632-3 », elle est recouvrée dans les conditions prévues aux articles** *(Décr. nº 2017-876 du 9 mai 2017, art. 1er-10º)* **« R. 133-2-1 et R. 133-2-2 » et sous les garanties de la cotisation vieillesse de base, y compris les dispositions de l'article D. 633-9. »** *(Décr. nº 2012-443 du 3 avr. 2012, art. 6-2º)* **« La » cotisation annuelle ne peut être** *(Décr. nº 2012-443 du 3 avr. 2012, art. 6-3º)* **« calculée sur une assiette inférieure à** *(Décr. nº 2015-1856 du 30 déc. 2015, art. 1er-3º ; Décr. nº 2017-1894 du 30 déc. 2017, art. 6-III)* **« 11,5 % » de la valeur du plafond de la sécurité sociale déterminée conformément à l'article D. 613-2 ».** – *[Ancien art. D. 635-12.]*

Les dispositions issues du Décr. nº 2007-878 du 14 mai 2007 sont applicables à compter du 1er janv. 2008 (Décr. préc., art. 6).

Les dispositions issues du Décr. nº 2014-1637 du 26 déc. 2014 s'appliquent aux cotisations et aux contributions de sécurité sociale dues au titre des périodes courant à compter du 1er janv. 2015 (Décr. préc., art. 31-I).

Les dispositions issues du Décr. nº 2015-1856 du 30 déc. 2015 s'appliquent aux cotisations et aux contributions de sécurité sociale dues au titre de la période courant à compter du 1er janv. 2016 (Décr. préc., art. 10-I).

Les dispositions du Décr. nº 2017-1894 du 30 déc. 2017 sont applicables aux cotisations et aux contributions de sécurité sociale dues au titre des périodes courant à compter du 1er janv. 2018 (Décr. préc., art. 8).

Art. D. 632-2 *(Décr. nº 2017-1894 du 30 déc. 2017, art. 6-III)* **Le taux de la cotisation annuelle au régime d'assurance invalidité-décès prévue à l'article L. 632-1 est fixé à 1,3 %.** – *V. dernière note ss. art. D. 632-1.*

Art. D. 632-3 **Pour les aides familiaux, la cotisation annuelle est assise sur un revenu égal au tiers** *(Décr. nº 2017-1894 du 30 déc. 2017, art. 6-III)* **« de la valeur annuelle du plafond de la sécurité sociale déterminée conformément à l'article D. 613-2 » ou sur un revenu égal à celui du chef d'entreprise, si ce dernier est inférieur.** – *[Ancien art. D. 635-16.]*

V. dernière note ss. art. D. 632-1.

Art. D. 632-4 *(Décr. nº 2007-709 du 4 mai 2007, art. 4)* **Un prélèvement sur les cotisations du régime d'assurance invalidité-décès, dont le montant est décidé chaque année par le conseil d'administration de la Caisse nationale, alimente le fonds d'action sociale. Ce fonds est notamment destiné à prendre en charge ou à faire l'avance des cotisations des** *(Décr. nº 2014-1637 du 26 déc. 2014, art. 16)* **« assurés » qui seraient momentanément empêchés de les régler par suite de circonstances exceptionnelles,**

dans les conditions fixées par le règlement de la caisse. Sa part dans le total des cotisations ne peut excéder 2 %. – *[Ancien art. D. 635-14.]*

V. 2e et dernière notes ss. art. D. 632-1.

Art. D. 632-5 Les cotisations des conjoints collaborateurs des travailleurs *(Décr. nº 2017-1894 du 30 déc. 2017, art. 6-III)* « indépendants mentionnés à l'article L. 631-1 » sont définies et recouvrées dans les conditions prévues *(Décr. nº 2017-1894 du 30 déc. 2017, art. 6-III)* « aux articles D. 632-1 et D. 632-2 ». – *[Ancien art. D. 635-18.]*

V. dernière note ss. art. D. 632-1.

Art. D. 632-6 La cotisation d'assurance invalidité-décès du conjoint collaborateur est calculée sur le revenu retenu pour le calcul de sa cotisation d'assurance vieillesse de base. *(Abrogé par Décr. nº 2014-1637 du 26 déc. 2014, art. 18-1º) « Elle ne fait toutefois pas l'objet de la régularisation à laquelle cette dernière donne lieu le cas échéant. »* Son montant ne peut être inférieur à celui qui serait dû au titre d'un revenu égal à *(Décr. nº 2014-1637 du 26 déc. 2014, art. 18-1º ; Décr. nº 2017-1894 du 30 déc. 2017, art. 6-III)* « l'assiette minimale fixée à l'article D. 632-1 ».

Lorsque la cotisation d'assurance vieillesse de base du conjoint est calculée selon les modalités prévues au 4º ou au 5º de l'article D. 633-19-2, le revenu sur lequel la cotisation d'assurance invalidité-décès du conjoint est calculée est déduit du revenu retenu pour déterminer l'assiette de celle du chef d'entreprise. – *[Ancien art. D. 635-19.]*

V. dernière note ss. art. D. 632-1.

CHAPITRE III DISPOSITIONS COMMUNES EN MATIÈRE D'ORGANISATION ADMINISTRATIVE ET FINANCIÈRE

SECTION PREMIÈRE ORGANISATION ADMINISTRATIVE

Néant.

SECTION II ORGANISATION FINANCIÈRE — COTISATIONS

SOUS-SECTION 1 COTISATIONS DES TRAVAILLEURS NON SALARIÉS DES PROFESSIONS ARTISANALES

Art. D. 633-1 *(Décr. nº 2002-589 du 23 avr. 2002, art. 6 ; Décr. nº 2004-858 du 24 août 2004, art. 9)* La cotisation mentionnée à l'article L. 633-10 est due à compter de la date à laquelle a débuté l'activité professionnelle entraînant l'assujettissement au régime d'assurance vieillesse des professions artisanales ou à celui des professions industrielles et commerciales. Elle cesse d'être due à la date à laquelle cet assujettissement prend fin.

Art. D. 633-2 *(Décr. nº 95-98 du 31 janv. 1995, art. 4)* « Pour les assurés en activité, autres que les aides familiaux des entreprises artisanales, la cotisation *(Décr. nº 2012-443 du 3 avr. 2012, art. 4-I-1º)* « annuelle » est assise *(Décr. nº 2013-1290 du 27 déc. 2013, art. 1er-5º)* « pour partie sur le revenu d'activité, tel que défini à l'article L. 131-6, dans la limite du plafond mentionné au premier alinéa de l'article L. 241-3 et pour partie sur la totalité de ce revenu d'activité ». *(Décr. nº 2012-443 du 3 avr. 2012, art. 4-I)* « La valeur de ce plafond est déterminée conformément à l'article D. 612-6. – *Le Décr. nº 2013-1290 du 27 déc. 2013 s'applique aux cotisations de sécurité sociale dues au titre des périodes courant à compter du 1er janv. 2014 (Décr. préc., art. 9).*

« La cotisation annuelle ne peut être calculée sur une assiette inférieure à *(Décr. nº 2015-1856 du 30 déc. 2015, art. 1er-1º)* « 11,5 % » de la valeur du plafond déterminée conformément au premier alinéa du présent article et sans application du deuxième alinéa de l'article D. 612-6. Le présent alinéa s'applique aux travailleurs indépendants dont la durée d'affiliation est au moins égale à quatre-vingt-dix jours au cours de cette même année. »

Lorsque les assiettes minimales de cotisation mentionnées aux art. D. 633-2, D. 635-2 et D. 642-4 CSS deviennent inférieures à un montant égal, pour les assiettes minimales mentionnées à ces art.

D. 633-2 et D. 642-4, à 300 fois la valeur du salaire minimum de croissance en vigueur le 1er janv. de l'année au titre de laquelle les cotisations sont dues et, pour l'assiette minimale mentionnée à cet art. D. 635-2, à 200 fois cette valeur, le pourcentage de la valeur annuelle du plafond de la sécurité sociale servant à leur calcul est fixé à hauteur de la plus petite valeur, arrondie au demi-dixième immédiatement supérieur, à compter de laquelle ces assiettes sont au moins égales à ce montant (Décr. n° 2012-443 du 3 avr. 2012, art. 4-V, mod. par Décr. n° 2014-1637 du 26 déc. 2014, art. 29).

Les dispositions issues du Décr. n° 2015-1856 du 30 déc. 2015 s'appliquent aux cotisations et aux contributions de sécurité sociale dues au titre de la période courant à compter du 1er janv. 2016 (Décr. préc., art. 10-I).

Art. D. 633-3 *(Décr. n° 2015-1856 du 30 déc. 2015, art. 7-III)* **I. — Le taux des cotisations assises sur le revenu d'activité dans la limite du plafond est fixé à 17,15 %.**

II. — Le taux des cotisations assises sur la totalité du revenu d'activité est fixé à 0,60 %.

Les dispositions issues du Décr. n° 2015-1856 du 30 déc. 2015 s'appliquent aux cotisations et aux contributions de sécurité sociale dues au titre de la période courant à compter du 1er janv. 2016.

Pour l'année 2016, par dérogation aux dispositions de l'art. D. 633-3, dans sa rédaction résultant de l'art. 7 du Décr. susvisé, le taux de la cotisation mentionné au II de cet art. est fixé à 0,5 % (Décr. préc., art. 10).

Art. D. 633-4 *Abrogé par Décr. n° 2014-1637 du 26 déc. 2014, art. 30.*

Art. D. 633-5 *Abrogé par Décr. n° 2007-878 du 14 mai 2007, art. 4, à compter du 1er janv. 2008.*

Art. D. 633-6 *Abrogé par Décr. n° 2011-2038 du 29 déc. 2011, art. 3-I.*

Art. D. 633-7 à D. 633-8 *Abrogés par Décr. n° 2007-878 du 14 mai 2007, art. 4, à compter du 1er janv. 2008.*

Art. D. 633-9 Les assurés qui apportent la preuve qu'ils se sont trouvés dans l'impossibilité de poursuivre leur activité pour un motif indépendant de leur volonté et étranger à la nature même de la profession exercée, notamment pour raison de santé ou en cas d'appel ou de rappel sous les drapeaux ou de sinistre, sont dispensés du paiement d'un trimestre de la cotisation provisionnelle pour toute période de cessation d'exercice d'au moins quatre-vingt-dix jours consécutifs.

Art. D. 633-10 et D. 633-11 *Abrogés par Décr. n° 2007-878 du 14 mai 2007, art. 4, à compter du 1er janv. 2008.*

Art. D. 633-12 Pour les aides familiaux des entreprises artisanales, la cotisation annuelle est calculée sur la base d'un revenu égal au tiers du plafond mentionné à l'article L. 633-10 ou sur la base d'un revenu égal au revenu *(Décr. n° 2015-877 du 16 juill. 2015, art. 7)* **« d'activité » du chef d'entreprise,** *(Abrogé par Décr. n° 2012-443 du 3 avr. 2012, art. 4-II-1°)* ***« avant application, le cas échéant, de l'abattement prévu à l'article D. 633-19, »*** **si ce dernier revenu est inférieur au tiers du plafond susmentionné, sous réserve de l'application du deuxième alinéa de l'article D. 633-2.**

Cette cotisation est versée par le chef d'entreprise, en sus de sa cotisation personnelle, dans les mêmes conditions et délais que cette dernière. *(Abrogé par Décr. n° 2012-443 du 3 avr. 2012, art. 4-II-2°)* ***« Toutefois, elle est versée dans les mêmes conditions et délais, directement par l'aide familial en cause lorsqu'en application de l'article D. 633-19 le chef d'entreprise n'est redevable d'aucune cotisation. »***

Art. D. 633-13 à D. 633-15 *Abrogés par Décr. n° 2007-878 du 14 mai 2007, art. 4, à compter du 1er janv. 2008.*

Art. D. 633-16 Les assurés titulaires d'une pension, rente ou allocation mentionnées aux articles L. 634-2 à L. 634-5, L. 812-1 et L. 813-5 et qui exercent une activité professionnelle non salariée entraînant leur assujettissement au régime d'assurance vieillesse au titre duquel ils sont titulaires de l'avantage de vieillesse susmentionné peuvent demander que la cotisation dont ils sont redevables soit précomptée *(Décr. n° 2000-1202 du 6 déc. 2000, art. 1er-I)* **« mensuellement » sur les arrérages de la pension, rente ou allocation. Lorsque le montant de la cotisation est supérieur à celui de**

l'avantage de vieillesse, le solde doit, dans ce cas, être versé directement par l'assuré à la caisse dont il relève, au plus tard le dernier jour du premier mois du semestre civil suivant.

Art. D. 633-17 *(Décr. n° 2007-878 du 14 mai 2007, art. 4)* **Les dispositions des articles D. 243-1 et D. 243-2 sont applicables aux cotisations et aux majorations et pénalités afférentes dues en application du présent titre.** *– L'art. D. 633-19-1 devient l'art. D. 633-17 (Décr. n° 2014-1637 du 26 déc. 2014, art. 13). – V. 2e note ss. art. D. 633-2.*

Art. D. 633-18 *Abrogé par Décr. n° 2007-878 du 14 mai 2007, art. 4, à compter du 1er janv. 2008.*

Art. D. 633-19 *Abrogé par Décr. n° 2012-443 du 3 avr. 2012, art. 9.*

SOUS-SECTION 2 COTISATIONS DES CONJOINTS COLLABORATEURS DES TRAVAILLEURS NON SALARIÉS DES PROFESSIONS ARTISANALES, INDUSTRIELLES ET COMMERCIALES

(Décr. n° 2006-1580 du 11 déc. 2006, art. 3)

Art. D. 633-19-1 **Les cotisations du conjoint collaborateur du travailleur non salarié des professions artisanales, industrielles et commerciales sont définies et recouvrées dans les conditions prévues par la sous-section 1 de la présente section, sous réserve des dispositions de la présente sous-section.**

Art. D. 633-19-2 **Le conjoint collaborateur peut demander que sa cotisation soit calculée :**

1° Soit sur un revenu forfaitaire égal au tiers du plafond mentionné *(Décr. n° 2013-1290 du 27 déc. 2013, art. 1er-8°)* **« à » l'article L. 633-10 ;**

2° Soit sur 33,33 % du revenu *(Décr. n° 2012-443 du 3 avr. 2012, art. 4-III)* **« d'activité » mentionné au 1° de l'article L. 633-10 ;**

3° Soit sur 50 % du revenu *(Décr. n° 2012-443 du 3 avr. 2012, art. 4-III)* **« d'activité » mentionné au 1° de l'article L. 633-10 ;**

4° Soit sur une fraction fixée au tiers du revenu *(Décr. n° 2012-443 du 3 avr. 2012, art. 4-III)* **« d'activité » mentionné au 2° de l'article L. 633-10 ;**

5° Soit sur une fraction fixée à la moitié du revenu *(Décr. n° 2012-443 du 3 avr. 2012, art. 4-III)* **« d'activité » mentionné au 2° de l'article L. 633-10.**

Le Décr. n° 2013-1290 du 27 déc. 2013 s'applique aux cotisations de sécurité sociale dues au titre des périodes courant à compter du 1er janv. 2014 (Décr. préc., art. 9).

Art. D. 633-19-3 **Le choix du conjoint collaborateur pour l'une des options mentionnées aux 1° à 5° de l'article D. 633-19-2 doit être effectué par écrit au plus tard soixante jours avant la date limite de paiement de la première échéance de cotisations suivant le début de son activité. Cette demande est contresignée du chef d'entreprise si l'option retenue est celle prévue au 4° ou au 5° de l'article D. 633-19-2.**

L'option choisie en vertu de l'alinéa ci-dessus s'applique pour les cotisations dues au titre de l'année civile du début d'activité. En l'absence de demande contraire du conjoint collaborateur ou, s'il s'agit de l'option prévue au 4° ou au 5° de l'article D. 633-19-2, du conjoint collaborateur ou du chef d'entreprise, elle est reconduite pour une durée d'un an tacitement renouvelable dans les mêmes conditions.

La demande prévue à l'alinéa ci-dessus doit être effectuée par écrit. Elle doit être contresignée du chef d'entreprise si la nouvelle option retenue est celle prévue au 4° ou au 5° de l'article D. 633-19-2. Elle doit être reçue par la caisse compétente :

– au titre de la deuxième année civile d'activité du conjoint collaborateur, avant le 1er décembre de l'année du début d'activité si celui-ci est intervenu avant le 1er août, dans le délai prévu au premier alinéa dans le cas contraire ;

– pour les années postérieures à la deuxième année civile d'activité, avant le 1er décembre de l'année précédente.

Lorsque les conditions prévues aux alinéas ci-dessus ne sont pas remplies, les cotisations sont calculées sur le revenu forfaitaire mentionné au 1° de l'article D. 633-19-2 jusqu'à la date à laquelle la caisse est informée du choix du conjoint ou, si l'option retenue par celui-ci est celle prévue au 4° ou au 5° de l'article D. 633-19-2, jusqu'au 31 décembre de l'année au cours de laquelle il en informe la caisse.

Art. D. 633-19-4 Par exception aux dispositions de l'article D. 633-1, les cotisations afférentes à la première année civile d'activité du conjoint collaborateur qui choisit l'option prévue au 4° ou au 5° de l'article D. 633-19-2 sont dues à compter du 1er janvier de cette année ou à compter de la date de début d'activité du chef d'entreprise si celle-ci est postérieure au 1er janvier.

Toutefois, par exception aux dispositions du deuxième alinéa de l'article D. 633-19-3, sur demande du conjoint, l'option prévue au 4° ou au 5° de l'article D. 633-19-2 prend effet au 1er janvier de sa deuxième année civile d'activité. Le conjoint choisit alors, pour le calcul des cotisations afférentes à sa première année civile d'activité, l'une des options prévues aux 1° à 3° de l'article D. 633-19-2, dans les conditions prévues au premier alinéa de l'article D. 633-19-3. Les dispositions du dernier alinéa de l'article D. 633-19-3 sont applicables au choix prévu au présent alinéa.

Art. D. 633-19-5 Par exception aux dispositions de l'article D. 633-1, les cotisations afférentes à la dernière année civile d'activité du conjoint collaborateur qui a choisi l'option prévue au 4° ou au 5° de l'article D. 633-19-2 cessent d'être dues au 31 décembre de cette année ou à compter de la date de cessation d'activité du chef d'entreprise si celle-ci est antérieure au 31 décembre de cette année.

Toutefois, par exception aux dispositions du deuxième alinéa de l'article D. 633-19-3, le conjoint qui a choisi l'option prévue au 4° ou au 5° de l'article D. 633-19-2 peut demander que cette option cesse de produire effet au 31 décembre précédant sa cessation d'activité. Il choisit alors, pour le calcul des cotisations afférentes à sa dernière année civile d'activité, l'une des options prévues aux 1° à 3° de l'article D. 633-19-2, dans les 60 jours suivant sa cessation d'activité. Les dispositions du dernier alinéa de l'article D. 633-19-3 sont applicables au choix prévu au présent alinéa.

Art. D. 633-19-6 *(Décr. n° 2012-443 du 3 avr. 2012, art. 4-IV)* « Les » cotisations afférentes aux deux premières années civiles d'activité du conjoint collaborateur qui a choisi l'une des assiettes prévues aux 2° à 5° de l'article D. 633-19-2 sont calculées sur le revenu retenu pour le calcul des cotisations dues par le chef d'entreprise pour ces années, pris en compte à hauteur du pourcentage et selon les modalités correspondant à l'option effectuée.

Art. D. 633-19-7 Les dispositions *(Décr. n° 2014-1637 du 26 déc. 2014, art. 14-1° ; Décr. n° 2016-192 du 25 févr. 2016, art. 1er-4°)* « des articles R. 131-1 et R. 242-14 » ne sont pas applicables au conjoint collaborateur qui a choisi de cotiser sur le revenu forfaitaire mentionné au 1° de l'article D. 633-19-2.

Lorsque la cotisation provisoire du chef d'entreprise est calculée en application des dispositions *(Décr. n° 2014-1637 du 26 déc. 2014, art. 14-2°)* « de l'article R. 242-14 », celle due par le conjoint collaborateur est calculée sur le même revenu que celui pris en compte pour la cotisation du chef d'entreprise, retenu à hauteur de la fraction et selon les modalités correspondant à l'option effectuée en application des dispositions des 2° à 5° de l'article D. 633-19-2.

Les dispositions issues du Décr. n° 2014-1637 du 26 déc. 2014 s'appliquent aux cotisations et aux contributions de sécurité sociale dues au titre des périodes courant à compter du 1er janv. 2015 (Décr. préc., art. 31-I).

Art. D. 633-19-8 *(Décr. n° 2012-1034 du 7 sept. 2012, art. 2-1°)* Les modalités prévues à l'article R. 633-71 sont celles définies aux articles D. 351-8 et D. 351-9 sous réserve de l'alinéa suivant :

Pour l'application du 3° de l'article D. 351-8, lorsque le conjoint collaborateur présentant la demande a cotisé, au cours de l'une des trois dernières années précédant sa demande, en qualité de conjoint collaborateur, l'assiette de cotisations retenue pour le calcul des cotisations du régime d'assurance vieillesse de base est assimilée à un revenu pour la détermination du tarif applicable.

Art. D. 633-19-9 *(Décr. n° 2012-1034 du 7 sept. 2012, art. 2-1°)* Les modalités d'échelonnement du versement en échéances mensuelles définies à l'article R. 633-70 sont celles prévues aux articles D. 351-11 et D. 351-12.

Art. D. 633-19-10 *(Décr. n° 2012-1034 du 7 sept. 2012, art. 2-1°)* Les modalités d'interruption du versement sont celles définies à l'article D. 351-14.

SECTION III DISPOSITIONS D'APPLICATION

Art. D. 633-20 *Abrogé par Décr. n° 2012-443 du 3 avr. 2012, art. 9.*

CHAPITRE IV PRESTATIONS

SECTION PREMIÈRE GÉNÉRALITÉS

Art. D. 634-1 *(Décr. n° 89-876 du 29 nov. 1989, art. 1er)* Sont applicables *(Décr. n° 2017-737 du 3 mai 2017, art. 3-I)* « au régime social des indépendants », pour la période postérieure au 31 décembre 1972, les articles *(Décr. n° 93-1168 du 14 oct. 1993, art. 10)* « D. 254-4 et D. 254-6 » ainsi que les dispositions du livre III, titre V, chapitres Ier à V, à l'exception des articles R. 351-3, 1er alinéa, 3°, et dernier alinéa, *(Abrogé par Décr. n° 2004-156 du 16 févr. 2004, art. 3) « R. 351-7, »* R. 351-9, 1er au 5e alinéa, R. 351-11, R. 351-12, R. 351-19, R. 351-20, R. 351-22 (2°), R. 351-23, R. 351-24, *(Abrogé par Décr. n° 2011-772 du 28 juin 2011, art. 2) « R. 351-25, » (Abrogé par Décr. n° 2008-1509 du 30 déc. 2008, art. 4) « R. 351-28, »* R. 351-29, R. 351-36, 2e alinéa, R. 351-37-1 à R. 351-37-11, R. 351-39 à R. 351-44, R. 352-1, R. 355-2 *(Décr. n° 2004-858 du 24 août 2004, art. 10)* « et R. 355-4, deuxième et troisième alinéa*[s]*, » sous réserve des adaptations suivantes :

I. — Les références au régime général, au régime général de sécurité sociale et à la législation sur les assurances sociales sont remplacées par les références au régime *(Décr. n° 2017-737 du 3 mai 2017, art. 3-I)* « social des indépendants » ;

II. — Les références aux caisses du régime général de la sécurité sociale, aux caisses *(Décr. n° 2010-344 du 31 mars 2010, art. 341)* « d'assurance retraite et de la santé au travail » ou aux caisses chargées de la liquidation des prestations vieillesse des travailleurs salariés sont remplacées par les références *(Décr. n° 2007-709 du 4 mai 2007, art. 4)* « aux caisses de base du régime social des indépendants » ;

III. — Les références au salaire annuel de base, salaire de base, salaires annuels et salaires sont remplacées par les références au revenu annuel moyen défini à l'article R. 634-1 ;

IV. — Les références à l'allocation aux vieux travailleurs salariés sont remplacées par les références à l'allocation aux vieux travailleurs non salariés *[allocation de solidarité aux personnes âgées]* ;

V. — A l'article R. 351-9, *(Décr. n° 2017-737 du 3 mai 2017, art. 2-II, en vigueur le 1er juill. 2017)* « *[au]* sixième » alinéa, la référence à la date du 1er janvier 1972 est remplacée par la référence à la date du 1er janvier 1973.

(Décr. n° 2017-737 du 3 mai 2017, art. 2-II, en vigueur le 1er juill. 2017) « VI. — Les 2° à 6° du I de l'article D. 351-1-2 sont remplacés par les dispositions suivantes :

« "2° Les périodes comptées comme périodes d'assurance en application du 1° de l'article D. 634-2, dans la limite de quatre trimestres ;

« "3° Les périodes comptées comme périodes d'assurance en application du 4° de l'article D. 634-2, à l'exception des périodes validées dans les conditions prévues au *d* et au *i* du 4° de l'article R. 351-12, dans la limite de quatre trimestres ;

« "4° Les périodes comptées comme périodes d'assurance en application du 2° de l'article D. 634-2 ;

« "5° Les périodes comptées comme périodes d'assurance en application du 3° de l'article D. 634-2, dans la limite de deux trimestres."

« VII. — Les dispositions des articles D. 634-15 à D. 634-18 sont remplacées par les dispositions des articles R. 351-39 à R. 351-44 lorsque la pension relève des dispositions de l'article L. 173-1-2 et que le régime social des indépendants est compétent en application de l'article R. 173-4-4 pour liquider la pension de l'assuré qui exerce une activité à temps partiel au sens de l'article L. 3123-1 du code du travail.

« VIII. — Pour l'application des dispositions de l'article R. 351-1, les travailleurs indépendants mentionnés à l'article L. 611-1 doivent s'acquitter de l'ensemble de leurs cotisations et contributions mentionnées au I de l'article L. 133-1-1 échues et restant dues, au plus tard trois mois civils avant la date mentionnée au I de l'article R. 351-37. »

SECTION II OUVERTURE DES DROITS ET LIQUIDATION DES PENSIONS DE RETRAITE

Art. D. 634-2 *(Décr. n° 89-876 du 29 nov. 1989, art. 1er)* Pour l'ouverture du droit à pension, sont prises en considération, sous réserve que les cotisations éventuellement dues au titre de l'année civile au cours de laquelle elles se situent aient été acquittées, les périodes postérieures au 31 décembre 1972 énumérées ci-dessous :

(Décr. n° 2017-737 du 3 mai 2017, art. 2-II-2°) « 1° Le trimestre civil au cours duquel l'assuré a bénéficié, au titre de l'article D. 613-14, du soixantième jour d'indemnisation, un trimestre étant également décompté pour chaque nouvelle période d'indemnisation de soixante jours ;

« 2° Le trimestre civil au cours duquel l'assuré a bénéficié du quatre-vingt-dixième jour d'indemnisation au titre de l'article L. 613-19. Si la durée d'indemnisation a été inférieure à quatre-vingt-dix jours, le trimestre civil au cours duquel l'assuré a bénéficié du dernier jour d'indemnisation est décompté comme période d'assurance. Un trimestre est également décompté pour chaque nouvelle période d'indemnisation de quatre-vingt-dix jours ; » — *Les dispositions du 2° du II de l'art. 2 du Décr. n° 2017-737 du 3 mai 2017 s'appliquent aux périodes d'assurance postérieures au 31 déc. 2017 (Décr. préc., art. 5).*

3° Chaque trimestre civil au titre duquel sont versés des arrérages d'une pension d'invalidité servie au titre d'un régime visé à l'article L. 635-2 ou comportant une échéance de paiement des arrérages d'une telle pension servie au titre de l'assurance volontaire prévue à l'article L. 742-1 ;

4° Chaque trimestre civil comportant au moins cinquante jours de chômage involontaire constaté *(Décr. n° 2015-1240 du 7 oct. 2015, art. 2-II)* « ou de périodes de stage mentionnées au 8° de l'article L. 351-3 » après la cessation de l'activité *(Décr. n° 2017-737 du 3 mai 2017, art. 3-I)* « professionnelle relevant de l'assurance vieillesse du régime social des indépendants » dans les conditions prévues à *(Décr. n° 2015-1240 du 7 oct. 2015, art. 2-II)* « l'article R. 351-12, 4°, *b, c, d* et *i* ; » — *Les dispositions du II de l'art. 2 issues du Décr. n° 2015-1240 du 7 oct. 2015 entrent en vigueur à la date de publication de la nomination du président du fonds de solidarité vieillesse en application du septième al. de l'art. R. 135-2, et au plus tard le 1er janv. 2016 (Décr. préc., art. 3).*

5° Chaque trimestre civil comportant une échéance de paiement des arrérages d'une rente d'accident du travail correspondant à une incapacité permanente au moins égale à 66 % servie au titre de l'assurance volontaire prévue à l'article L. 743-1 ;

6° Les périodes mentionnées à l'article R. 351-12, 4°, *a*, et 6°, dans le cas où l'intéressé était précédemment affilié au régime *(Décr. n° 2017-737 du 3 mai 2017, art. 3-I)* « social des indépendants ».

L'application des dispositions précédentes ne peut avoir pour effet de porter à un chiffre supérieur à quatre le nombre de trimestres d'assurance valables au titre d'une même année civile.

Art. D. 634-2-1 *(Décr. n° 95-159 du 15 févr. 1995)* Lorsque le nombre de trimestres d'assurance validés à compter du 1er janvier 1973 au titre de l'exercice exclusif d'une activité professionnelle *(Décr. n° 2017-737 du 3 mai 2017, art. 3-I)* « relevant de l'assurance vieillesse du régime social des indépendants » est inférieur à quatre pour une année civile, l'assuré peut demander, en application de l'article L. 634-2-1, à procéder à un versement complémentaire de cotisations en vue de la validation de l'année entière.

L'assuré qui a exercé au cours d'une même année une ou plusieurs activités relevant *(Décr. n° 2017-737 du 3 mai 2017, art. 3-I)* « de l'assurance vieillesse du régime social des indépendants » peut procéder au rachat.

La demande de rachat n'est recevable que si l'intéressé est à jour de ses cotisations obligatoires d'assurance vieillesse et invalidité-décès.

Le conjoint survivant, lorsque la pension de réversion n'a pas encore été liquidée, peut procéder au rachat auquel aurait eu droit l'assuré dans le délai d'un an à compter de la date du décès.

Art. D. 634-2-2 *(Décr. n° 95-159 du 15 févr. 1995)* Le montant de la cotisation complémentaire de rachat pour la validation d'un trimestre est calculé sur la base d'une assiette égale à la moyenne des revenus cotisés correspondant à la période d'activité professionnelle jusqu'au 1er janvier de l'année de la demande de rachat. Pour le calcul de la moyenne, il est fait application aux revenus cotisés des coefficients de majoration servant au calcul des pensions en vigueur à la date de rachat.

Le taux de la cotisation est celui en vigueur à la date de la demande de rachat.

La cotisation de rachat est minorée ou majorée selon *(Décr. n° 2012-638 du 3 mai 2012)* « des coefficients tenant compte de l'âge de l'intéressé à la date de la demande de rachat, dans des conditions fixées par arrêté du ministre chargé de la sécurité sociale ». – *Arr. du 3 mai 2012 (JO 5 mai).*

Le montant reporté au compte de l'assuré est égal, pour chaque trimestre racheté, au résultat de la division du revenu ayant servi d'assiette à la cotisation de rachat par le produit des coefficients de majoration. Ces coefficients sont ceux applicables, à la date du rachat, aux revenus de l'année civile au titre de laquelle le rachat est effectué.

Art. D. 634-2-3 *(Décr. n° 95-159 du 15 févr. 1995)* La demande de rachat doit être effectuée dans les six ans qui suivent la date à laquelle les revenus professionnels sont définitivement connus, auprès du régime *(Décr. n° 2017-737 du 3 mai 2017, art. 3-I)* « social des indépendants ».

En cas de cessation d'activité, la demande de rachat doit être adressée au régime susmentionné dans le délai d'un an à compter de la date de cessation.

Lorsque l'assuré a changé de caisse d'affiliation *(Abrogé par Décr. n° 2017-737 du 3 mai 2017, art. 3-I) « à l'intérieur d'un même régime »*, la demande doit être présentée à la caisse dont il relève en dernier lieu.

Décret n° 95-159 du 15 février 1995, *modifiant le code de la sécurité sociale (troisième partie : Décrets simples) et portant application des articles L. 634-2-1 et L. 635-3 du code de la sécurité sociale.* **Art. 7** Par dérogation à l'article D. 634-2-3 du code de la sécurité sociale, et à titre transitoire, les artisans, industriels et commerçants dont la retraite de base n'a pas été liquidée peuvent procéder à des versements complémentaires correspondant à l'exercice de leur activité professionnelle pendant la période du 1er janvier 1973 au 31 décembre 1988.

La demande doit être présentée avant le 1er janvier 1999. Elle doit porter sur la totalité des trimestres non validés.

Le montant de la cotisation complémentaire de rachat correspondant à la validation d'un trimestre est calculé dans les conditions prévues à l'article D. 634-2-2. Le versement de rachat est effectué dans les conditions prévues à l'article D. 634-2-4. Il peut cependant être échelonné sur une période de quatre ans au plus, avec l'accord de la caisse compétente. Si, à l'expiration de ce délai, la totalité des cotisations dues n'a pas été versée, le rachat est annulé et les versements effectués sont remboursés à l'assuré.

Les cotisations dont le versement est échelonné sont majorées du taux fixé par l'arrêté ministériel prévu au dernier alinéa de l'article R. 742-39 du code de la sécurité sociale.

Art. D. 634-2-4 *(Décr. n° 95-159 du 15 févr. 1995)* Le versement complémentaire mentionné à l'article L. 634-2-1 doit être effectué dans un délai de trois mois à compter de la notification du décompte de rachat à l'assuré par la caisse.

Si le versement de rachat intervient après une première liquidation de la pension, la révision des droits prend effet à compter du premier jour du mois civil suivant ledit versement de la cotisation.

Lorsque la totalité des cotisations dues au titre du rachat n'a pas été versée, celui-ci est annulé et les versements effectués sont remboursés à l'assuré.

Art. D. 634-3 *(Décr. n° 89-876 du 29 nov. 1989, art. 1er)* Les dispositions de l'article D. 351-2 sont applicables *(Décr. n° 2017-737 du 3 mai 2017, art. 3-I)* « à l'assurance vieillesse du régime social des indépendants mentionnée » à l'article L. 634-2 pour le calcul des prestations afférentes aux périodes d'assurance postérieures au 31 décembre 1972.

Art. D. 634-3-1 *(Décr. n° 2003-1376 du 31 déc. 2003, art. 2-II)* Pour l'exercice de la faculté de versement de cotisations prévue à l'article L. 634-2-2, sont applicables les dispositions des articles D. 351-3 *(Décr. n° 2015-14 du 8 janv. 2015, art. 1er-6°)* « à D. 351-14-1 » sous réserve des dispositions suivantes :

1° La référence au régime *(Décr. n° 2017-737 du 3 mai 2017, art. 3-I)* « social des indépendants » est substituée à la référence au régime général de sécurité sociale ;

2° La référence à l'article L. 634-2-2 est substituée à la référence à l'article L. 351-14-1 ;

3° La référence *(Décr. n° 2015-14 du 8 janv. 2015, art. 1er-6°)* « au 1° du I » de l'article L. 634-2-2 est substituée à la référence au 1° de l'article L. 351-14-1 ;

4° Au dernier alinéa de l'article D. 351-4, la référence *(Décr. n° 2007-709 du 4 mai 2007, art. 4)* « à la caisse de base du régime social des indépendants » dont relève l'intéressé à la date de la demande ou dont il a relevé en dernier lieu est substituée à la référence à la caisse visée à cet alinéa ;

5° A l'article D. 351-8, la référence au I de l'article D. 634-4-1 est substituée à la référence à l'article R. 351-29.

Art. D. 634-4 (Abrogé par Décr. n° 2017-737 du 3 mai 2017, art. 2-III, à compter du 1er juill. 2017) (Décr. n° 89-876 du 29 nov. 1989, art. 1er) *Pour la détermination, en application de l'article L. 634-4, du revenu annuel moyen servant de base au calcul de la pension des assurés n'ayant pas accompli,* (Décr. n° 93-1024 du 27 août 1993, art. 5) *« sous réserve des dispositions de l'article D. 634-4-1, plus de vingt-cinq années » d'assurance postérieurement au 31 décembre 1972, sont pris en considération les revenus professionnels correspondant aux cotisations versées* (Décr. n° 2014-1702 du 30 déc. 2014, art. 18-II) *« , dans la limite du plafond mentionné au premier alinéa de l'article L. 241-3 en vigueur au cours de l'année considérée, » au titre de l'ensemble des trimestres d'assurance accomplis à partir du 1er janvier 1973 et jusqu'au dernier jour du trimestre civil précédant la date d'entrée en jouissance de la pension.*

Toutefois, il n'est pas tenu compte, à moins que cette neutralisation ne soit défavorable à l'assuré, des revenus professionnels correspondant à des années civiles qui comportent deux trimestres ou plus de périodes assimilées à des périodes d'assurance en application de l'article D. 634-2.

Art. D. 634-4-1 (Abrogé par Décr. n° 2017-737 du 3 mai 2017, art. 2-III, à compter du 1er juill. 2017) (Décr. n° 93-1024 du 27 août 1993, art. 6) *I. — La durée de vingt-cinq années fixée au premier alinéa de l'article D. 634-4 est applicable aux pensions prenant effet postérieurement au 31 décembre 2012 quelle que soit la date de naissance de l'assuré.*

II. — En ce qui concerne les pensions prenant effet avant le 1er janvier 2013, la durée mentionnée au premier alinéa de l'article D. 634-4 est de :

Dix années pour l'assuré né avant le 1er janvier 1934 ;

Onze années pour l'assuré né en 1934 ou 1935 ;

Douze années pour l'assuré né en 1936 ou 1937 ;

Treize années pour l'assuré né en 1938 ou 1939 ;

Quatorze années pour l'assuré né en 1940 ou 1941 ;

Quinze années pour l'assuré né en 1942 ou 1943 ;

Seize années pour l'assuré né en 1944 ;

Dix-sept années pour l'assuré né en 1945 ;

Dix-huit années pour l'assuré né en 1946 ;

Dix-neuf années pour l'assuré né en 1947 ;

Vingt années pour l'assuré né en 1948 ;

Vingt et une années pour l'assuré né en 1949 ;

Vingt-deux années pour l'assuré né en 1950 ;

Vingt-trois années pour l'assuré né en 1951 ;

Vingt-quatre années pour l'assuré né en 1952.

III. — Par dérogation aux dispositions du I ci-dessus, le nombre d'années mentionné au premier alinéa de l'article D. 634-4 demeure fixé à vingt-quatre années pour les assurés nés en décembre 1952 et dont la pension prend effet au 1er janvier 2013 en application de l'article R. 351-37.

Art. D. 634-5 *(Décr. n° 89-876 du 29 nov. 1989, art. 1er)* L'assuré *(Décr. n° 2010-1734 du 30 déc. 2010, art. 5-14°)* « dont l'âge est au moins égal à celui prévu par le 1° de l'article L. 351-8 ou soixante-cinq ans s'il remplit, les conditions du 1° *bis*, 1° *ter* du même article, ou les conditions prévues au III ou au IV de l'article 20 de la loi n° 2010-1330 du 9 novembre 2010 portant réforme des retraites », qui justifie, pour la période postérieure au 31 décembre 1972, de trimestres d'assurance dans le régime

(Décr. nº 2017-737 du 3 mai 2017, art. 3-I) « social des indépendants » bénéficie, en application de l'article L. 351-6, de la majoration de durée d'assurance prévue à l'article R. 351-7, sans que cette majoration puisse avoir pour effet de porter au-delà de *(Décr. nº 2008-1509 du 30 déc. 2008, art. 4)* « la durée d'assurance prévue au troisième alinéa de l'article L. 351-1 » la durée totale des périodes d'assurance antérieures au 1er janvier 1973 et postérieures au 31 décembre 1972.

La majoration est applicable aux trimestres d'assurance postérieurs au 31 décembre 1972.

Le nombre total des trimestres d'assurance obtenus en application des deux alinéas précédents est éventuellement arrondi au chiffre immédiatement supérieur sans pouvoir excéder *(Décr. nº 2008-1509 du 30 déc. 2008)* « la durée d'assurance prévue au troisième alinéa de l'article L. 351-1 ».

Les dispositions issues du Décr. nº 2010-1734 du 30 déc. 2010 sont applicables aux pensions prenant effet à compter du 1er juill. 2011 (Décr. préc., art. 11).

Art. D. 634-6 *(Décr. nº 89-876 du 29 nov. 1989, art. 1er ; Décr. nº 2008-1509 du 30 déc. 2008, art. 4)* Le montant minimum prévu à l'article L. 351-10 est attribué au titre des périodes d'assurance postérieures au 31 décembre 1972 dans les conditions fixées par l'article D. 351-2-1.

Toutefois, lorsque l'assuré justifie également de périodes d'assurance ou d'activité professionnelle non salariée antérieures au 1er janvier 1973, valables au titre du régime d'assurance vieillesse en vigueur au 31 décembre 1972, l'application dudit article L. 351-10 ne peut avoir pour effet de porter le total des pensions allouées au titre des périodes d'assurance antérieures et postérieures au 1er janvier 1973 à un montant supérieur au minimum de pension calculé au prorata de la durée totale d'assurance par rapport à la durée d'assurance prévue au troisième alinéa de l'article L. 351-1.

Art. D. 634-7 (Abrogé par Décr. nº 2017-737 du 3 mai 2017, art. 2-III, à compter du 1er juill. 2017) (Décr. nº 89-876 du 29 nov. 1989, art. 1er) *Pour l'application de l'article L. 742-10, le montant minimum prévu à l'article L. 351-10 est calculé pour chacun des époux séparément en tenant compte d'une part de la durée d'assurance durant la période ayant donné lieu au partage de l'assiette des cotisations et d'autre part de la durée d'assurance accomplie par chaque époux hors la période de partage ou attribuée, le cas échéant, en application de l'article L. 351-4.*

La durée d'assurance durant la période ayant donné lieu à partage est répartie entre les époux, selon l'option prévue à l'article D. 742-26, 3º, soit à concurrence des deux tiers pour le chef d'entreprise et du tiers pour le conjoint collaborateur, soit à concurrence de la moitié pour l'un et l'autre époux.

Art. D. 634-8 *(Décr. nº 89-876 du 29 nov. 1989, art. 1er)* Lorsqu'un assuré n'a accompli, postérieurement au 31 décembre 1972, aucune période d'assurance ayant donné lieu au versement de cotisations, mais qu'il justifie, postérieurement à cette date, de périodes assimilées en application de l'article D. 634-2, les prestations afférentes auxdites périodes sont calculées sur la base d'un revenu annuel égal, dans la limite du plafond visé à l'article L. 633-10 en vigueur au 1er janvier 1973, à autant de fois un pourcentage dudit plafond que la dernière cotisation annuelle portée à son compte antérieurement au 1er janvier 1973 comporte de points. Ce pourcentage est fixé à 3 % en ce qui concerne *(Décr. nº 2017-737 du 3 mai 2017, art. 3-I)* « les » professions artisanales et à 5 % en ce qui concerne *(Décr. nº 2017-737 du 3 mai 2017, art. 3-I)* « les » professions industrielles et commerciales. Le revenu ainsi déterminé est majoré en appliquant les coefficients fixés, pour la majoration des revenus, pour l'application de l'article L. 634-5.

Art. D. 634-9 *(Décr. nº 89-876 du 29 nov. 1989, art. 1er)* Pour l'application des dispositions de l'article R. 351-26, sont totalisés le montant annuel de la pension de vieillesse à laquelle l'assuré pourrait prétendre au titre des périodes d'assurance postérieures au 31 décembre 1972, le montant de l'avantage de vieillesse auquel il pourrait prétendre au titre des périodes d'assurance et d'activité non salariée antérieures au 1er janvier 1973 et, le cas échéant, le montant de l'avantage de conjoint dû au titre de ces dernières périodes.

Art. D. 634-10 *(Décr. nº 89-876 du 29 nov. 1989, art. 1er)* Les assurés titulaires d'une pension d'invalidité servie au titre d'un régime visé à l'article L. 635-2 ont droit, à partir du premier jour du mois suivant *(Décr. nº 2010-1734 du 30 déc. 2010, art. 5-15º)* « l'âge prévu par l'article L. 161-17-2 », à la pension de vieillesse allouée en cas d'inaptitude au travail, laquelle se substitue, dans les conditions fixées par ledit régime, à leur pension d'invalidité.

Lorsque le montant de la pension de vieillesse allouée au titre de l'inaptitude au travail en remplacement de la pension d'invalidité dont l'assuré était titulaire à *(Décr. nº 2010-1734 du 30 déc. 2010, art. 5-7º)* « l'âge prévu par l'article L. 161-17-2 » est inférieur au montant de cette deuxième pension, il est attribué, le cas échéant, à compter du 1er janvier 1979, une allocation différentielle dans les conditions définies par le règlement du régime d'assurance invalidité-décès dont relève l'intéressé.

Les dispositions issues du Décr. nº 2010-1734 du 30 déc. 2010 sont applicables aux pensions prenant effet à compter du 1er juill. 2011 (Décr. préc., art. 11).

SECTION III SERVICE DES PENSIONS DE VIEILLESSE

Art. D. 634-11 *Abrogé par Décr. nº 2009-1738 du 30 déc. 2009, art. 2.*

Art. D. 634-11-1 *(Décr. nº 2004-791 du 29 juill. 2004, art. 1er)* Pour l'application *(Décr. nº 2017-416 du 27 mars 2017, art. 1er-5º, en vigueur le 1er avr. 2017)* « du premier alinéa de l'article L. 161-22 », le service d'une pension de vieillesse est assuré à compter du premier jour du mois suivant celui au cours duquel l'assuré a cessé définitivement son activité professionnelle non salariée relevant du présent titre. L'assuré doit établir qu'il se trouve dans cette situation par tout mode de preuve, notamment par la production :

a) D'un certificat de radiation du registre du commerce et des sociétés, du répertoire des métiers ou du registre des entreprises des départements du Haut-Rhin, du Bas-Rhin et de la Moselle, ou d'un certificat de cessation d'activité du chef d'entreprise délivré par la chambre de métiers et de l'artisanat de région ;

b) D'une attestation de radiation des rôles de la *(Décr. nº 2017-737 du 3 mai 2017, art. 3-I)* « contribution économique territoriale » ;

c) D'une attestation de radiation du répertoire national des agents commerciaux. — *Les dispositions de l'art. 1er-5º du Décr. nº 2017-416 du 27 mars 2017 entrent en vigueur le 1er avr. 2017 et s'appliquent aux activités procurant des revenus soumis aux cotisations et contributions de sécurité sociale à compter du 1er janv. 2017 (Décr. préc., art. 3).*

(Décr. nº 2009-1738 du 30 déc. 2009, art. 2) « Par dérogation au premier alinéa, la pension peut être servie sans cessation préalable de l'activité dans l'une ou l'autre des situations suivantes :

« — lorsque l'assuré déclare vouloir exercer, postérieurement à l'entrée en jouissance de sa pension, une activité relevant *(Décr. nº 2017-737 du 3 mai 2017, art. 3-I)* « du régime » du présent titre et procurant des revenus inférieurs aux seuils prévus à l'article D. 634-11-2 ;

« — lorsque l'assuré remplit les conditions prévues aux *(Décr. nº 2014-1713 du 30 déc. 2014, art. 1er-II-1º)* « troisième, quatrième et cinquième » alinéas de l'article L. 634-6, sous réserve d'adresser à la caisse qui assure le service de la pension, dans le mois suivant la date d'entrée en jouissance de la pension, une déclaration qui précise la nature de l'activité reprise ainsi qu'une attestation sur l'honneur énumérant les différents régimes mentionnés au *(Décr. nº 2014-1713 du 30 déc. 2014, art. 1er-II-2º)* « troisième » alinéa de l'article précité dont il a relevé et certifiant qu'il est entré en jouissance de toutes ses pensions de vieillesse personnelles.

« En cas de reprise d'activité, le service de la pension est maintenu dès lors que l'assuré remplit les conditions prévues au sixième ou au septième alinéa du présent article. L'assuré produit les documents prévus au septième alinéa dans le mois suivant la reprise d'activité. »

La pension liquidée n'est pas susceptible d'être révisée pour tenir compte du versement de cotisations afférentes à des périodes d'activité relevant du *(Décr. nº 2014-1713 du 30 déc. 2014, art. 1er-II-1º)* « premier » alinéa de l'article L. 634-6. — *Les dispositions du Décr. nº 2004-791 du 29 juill. 2004 sont applicables aux pensions prenant effet postérieurement au 31 déc. 2003 (Décr. préc., art. 2).*

Les dispositions issues du Décr. n° 2009-1738 du 30 déc. 2009 s'appliquent aux périodes postérieures au 31 déc. 2009, au cours desquelles les assurés, titulaires d'une pension, poursuivent ou reprennent une activité (Décr. préc., art. 7).

Les dispositions issues du Décr. n° 2014-1713 du 30 déc. 2014 sont applicables aux assurés dont la première pension prend effet à compter du 1er janv. 2015 (Décr. préc., art. 1er-IV).

Art. D. 634-11-2 *(Décr. n° 2004-791 du 29 juill. 2004, art. 1er)* **Pour l'application du** *(Décr. n° 2014-1713 du 30 déc. 2014, art. 1er-II-1°)* **« premier » alinéa de l'article L. 634-6, les revenus professionnels annuels non salariés définis à l'article L. 131-6 procurés par l'exercice d'une activité par l'assuré postérieurement à l'entrée en jouissance de sa pension ne doivent pas excéder la moitié du plafond prévu** *(Décr. n° 2017-416 du 27 mars 2017, art. 1er-6°, en vigueur le 1er avr. 2017)* **« au deuxième alinéa de l'article L. 633-10 », rapportée à la durée de cet exercice lorsque cette durée est inférieure à un an.** *(Décr. n° 2009-1738 du 30 déc. 2009, art. 2)* **« Lorsque l'assuré poursuit son activité conformément au sixième alinéa de l'article D. 634-11-1, les revenus pris en compte sont également rapportés à la durée de cet exercice, lorsque celle-ci est inférieure à un an. »**

Toutefois dans les zones de revitalisation rurales et dans les *(Décr. n° 2017-737 du 3 mai 2017, art. 3-14°)* **« quartiers prioritaires de la politique de la ville mentionnés », respectivement, à l'article 1465 A et au I de l'article 1466 A du code général des impôts, cette limite est fixée au plafond prévu** *(Décr. n° 2017-416 du 27 mars 2017, art. 1er-6°, en vigueur le 1er avr. 2017)* **« au deuxième alinéa de l'article L. 633-10 ».**

(Décr. n° 2009-1738 du 30 déc. 2009, art. 2) **« Pour la détermination de la durée d'exercice mentionnée au premier alinéa, il n'est pas tenu compte des mois civils suivant celui au cours duquel l'assuré remplit les conditions prévues aux** *(Décr. n° 2014-1713 du 30 déc. 2014, art. 1er-II-1°)* **« troisième, quatrième et cinquième » alinéas de l'article L. 634-6. »** — *V. notes ss. art. D. 634-11-1.*

Les dispositions de l'art. 1er-6° du Décr. n° 2017-416 du 27 mars 2017 entrent en vigueur le 1er avr. 2017 et s'appliquent aux activités procurant des revenus soumis aux cotisations et contributions de sécurité sociale à compter du 1er janv. 2017 (Décr. préc., art. 3).

Il résulte de l'art. D. 634-11-2 CSS que seul le montant du demi-plafond est réduit à proportion de la durée de l'exercice professionnel si celle-ci est inférieure à un an. • Civ. 2e, 22 sept. 2011 : *RJS 2012, n° 82.*

Art. D. 634-11-3 *(Décr. n° 2004-791 du 29 juill. 2004, art. 1er)* **La caisse compétente mentionnée au** *(Décr. n° 2014-1713 du 30 déc. 2014, art. 1er-II-3°)* **« deuxième » alinéa de l'article L. 634-6 est la caisse qui assure le service de la pension.** — *V. notes ss. art. D. 634-11-1.*

Art. D. 634-11-4 *(Décr. n° 2004-791 du 29 juill. 2004, art. 1er ; Décr. n° 2007-709 du 4 mai 2007, art. 4 ; Décr. n° 2009-1738 du 30 déc. 2009, art. 2)* **Les caisses gérant** *(Décr. n° 2017-737 du 3 mai 2017, art. 3-I)* **« le régime » d'assurance vieillesse relevant du présent titre rappellent avant la liquidation de la pension, puis, chaque année, aux assurés l'obligation de déclaration en cas de reprise d'activité ainsi que les règles prévues par l'article L. 634-6.** — *V. notes ss. art. D. 634-11-1.*

Art. D. 634-11-5 *(Décr. n° 2017-416 du 27 mars 2017, art. 1er-7°, en vigueur le 1er avr. 2017)* **La réduction de pension prévue au deuxième alinéa de l'article L. 634-6 s'applique à compter du mois suivant celui au cours duquel la caisse a notifié à l'assuré le dépassement des seuils prévus à l'article D. 634-11-2 et le montant de cette réduction.**

Elle s'applique pendant le nombre de mois durant lesquels, au cours de l'année pour laquelle le dépassement est constaté, l'assuré a poursuivi ou repris une activité relevant de l'assurance vieillesse du régime social des indépendants dans les conditions prévues au premier alinéa de l'article L. 634-6.

Le montant mensuel net de la pension est réduit du montant moyen mensuel du dépassement. Toutefois, lorsque le dépassement a été constaté pour une période inférieure à douze mois, la réduction est effectuée sur la totalité de l'année civile et correspond, pour chacun des mois, à un douzième du montant constaté sur l'année civile du dépassement du seuil prévu au premier alinéa de l'article L. 634-6.

Lorsque le montant de la réduction est supérieur au montant de la pension, cette dernière n'est pas servie.

Les dispositions de l'art. 1er-7o du Décr. no 2017-416 du 27 mars 2017 entrent en vigueur le 1er avr. 2017 et s'appliquent aux activités procurant des revenus soumis aux cotisations et contributions de sécurité sociale à compter du 1er janv. 2017 (Décr. préc., art. 3).

Art. D. 634-11-6 *(Décr. no 2004-791 du 29 juill. 2004, art. 1er)* **A défaut de déclaration de la reprise d'activité, le service de la pension est suspendu, à titre conservatoire, jusqu'à ce que la déclaration soit effectuée par l'assuré.** — *V. notes ss. art. D. 634-11-1.*

Art. D. 634-12 *Abrogé par Décr. no 2009-1738 du 30 déc. 2009, art. 2.*

Art. D. 634-13 *(Décr. no 99-550 du 1er juill. 1999, art. 1er)* **Les pensions d'assurance vieillesse de base servies par le régime** *(Décr. no 2017-737 du 3 mai 2017, art. 3-I)* **« social des indépendants » ainsi que leurs majorations et accessoires sont payables mensuellement et à terme échu à une date fixée par arrêté du ministre chargé de la sécurité sociale.** — *Effet au 1er juill. 1999 pour le régime d'assurance vieillesse des professions artisanales et au 1er juill. 2000 pour le régime d'assurance vieillesse des professions industrielles et commerciales. — V. Arr. du 16 juill. 1999 (JO 24 juill. ; Rect. JO 7 août) : dates de paiement des avantages de vieillesse.*

Art. D. 634-13-1 *(Décr. no 93-647 du 26 mars 1993, art. 1er)* **L'assuré qui transmet son entreprise** *(Décr. no 2010-1734 du 30 déc. 2010, art. 5-8o)* **« entre l'âge prévu par l'article L. 161-17-2 et celui prévu par ce même article augmenté de cinq années » est autorisé, en application de l'article L. 634-6-1, à y poursuivre une activité rémunérée, tout en percevant ses prestations de vieillesse liquidées au titre d'un régime obligatoire, pendant une durée de six mois. Ce délai prend effet au premier jour du mois civil suivant celui au cours duquel est intervenue la transmission.**

L'assuré atteste la transmission par tous moyens. Celle-ci ne peut être antérieure, notamment, à la vente ou à la promesse de vente du fonds par acte authentique, à la mise en location-gérance, à la cession par le requérant de tout ou partie de ses droits ou parts sociales de telle sorte que les droits ou parts conservés soient inférieurs à ceux du repreneur.

Au cours de la période de six mois mentionnée au premier alinéa, le service de la pension est suspendu à compter du premier jour du mois civil suivant celui au cours duquel les conditions fixées au deuxième alinéa ne sont plus remplies.

A l'issue de la période de six mois, le service de la pension est effectué dans les conditions prévues *(Décr. no 2017-416 du 27 mars 2017, art. 1er-8o)* **« aux articles D. 634-11-1 et D. 634-11-5 ».** — *Les dispositions de l'art. 1er-8o du Décr. no 2017-416 du 27 mars 2017 entrent en vigueur le 1er avr. 2017 et s'appliquent aux activités procurant des revenus soumis aux cotisations et contributions de sécurité sociale à compter du 1er janv. 2017 (Décr. préc., art. 3).*

Les dispositions issues du Décr. no 2010-1734 du 30 déc. 2010 sont applicables aux pensions prenant effet à compter du 1er juill. 2011 (Décr. préc., art. 11).

Art. D. 634-13-2 *(Décr. no 2007-480 du 29 mars 2007)* **L'assuré qui cède une entreprise commerciale, artisanale ou de services au sens de l'article L. 129-1 du code de commerce s'engage avec son repreneur dans des actions de tutorat définies par convention respectant les conditions prévues par le décret no 2007-478 du 29 mars 2007 pris pour l'application de l'article L. 129-1 du code de commerce et relatif au tutorat en entreprise et bénéficie d'une rémunération à ce titre est autorisé à percevoir ses prestations de vieillesse.**

Toutefois, la durée maximale de cumul de la prestation vieillesse et de la rémunération de tutorat est fixée à douze mois ; les fractions de mois civil antérieures ou postérieures aux dates d'effet de début et de fin de la convention de tutorat n'étant pas prises en compte pour l'appréciation de la période de douze mois.

SECTION IV PENSIONS DE RÉVERSION

Art. D. 634-14 *(Décr. no 89-876 du 29 nov. 1989, art. 1er)* **Pour l'application des dispositions du deuxième alinéa de l'article L. 353-1 relatives au montant minimum de la pension de réversion, il est tenu compte, le cas échéant, du montant cumulé de la**

pension de réversion allouée au titre des périodes d'assurance postérieures au 31 décembre 1972 dont justifiait l'assuré décédé et de l'avantage de réversion alloué au titre des périodes d'assurance et d'activité non salariée de l'assuré antérieures au 1er janvier 1973.

Art. D. 634-14-1 (Abrogé par Décr. n° 2017-737 du 3 mai 2017, art. 2-III, à compter du 1er juill. 2017) (Décr. n° 93-1024 du 27 août 1993, art. 7) *Pour l'application des dispositions de l'article R. 634-5 aux pensions de réversion liquidées au 1er janvier 2013, premier jour du mois suivant celui au cours duquel l'assuré est décédé, le nombre d'années mentionné à l'article D. 634-4 du code de la sécurité sociale demeure fixé à vingt-quatre.*

SECTION V **RETRAITE PROGRESSIVE**

(Décr. n° 90-1245 du 31 déc. 1990, art. 1er)

Art. D. 634-15 L'assuré qui demande la liquidation de sa pension de vieillesse et le service d'une fraction de celle-ci en application de l'article L. 634-3-1 produit à l'appui de sa demande :

1. Une déclaration sur l'honneur attestant qu'il n'exerce qu'une activité professionnelle *(Décr. n° 2017-737 du 3 mai 2017, art. 3-I)* « relevant de l'assurance vieillesse du régime social des indépendants » à temps réduit. *(Décr. n° 2006-670 du 7 juin 2006)* « Cette déclaration est accompagnée, lorsque l'assuré exerçait d'autres activités salariées ou non salariées, des attestations ou certificats suivants :

« *a)* Une attestation du dernier employeur, public ou privé, dont il relevait antérieurement à la date d'entrée en jouissance de la pension, mentionnant la date de cessation de toute activité de l'assuré auprès de cet employeur ;

« *b)* Un certificat de radiation du registre du commerce et des sociétés, du répertoire des métiers ou du registre des entreprises des départements du Haut-Rhin, du Bas-Rhin et de la Moselle, ou un certificat de cessation d'activité du chef d'entreprise délivré par la chambre des métiers ;

« *c)* Une attestation de radiation du tableau de l'ordre professionnel dont il relevait ;

« *d)* Une attestation de radiation des rôles de la *(Décr. n° 2017-737 du 3 mai 2017, art. 3-I)* « contribution économique territoriale » ;

« *e)* Une attestation de radiation du répertoire national des agents commerciaux ;

« *f)* Une attestation de cessation d'activité délivrée par la caisse de mutualité sociale agricole à laquelle il était affilié en qualité de personne non salariée des professions agricoles. »

2. A partir de la deuxième année de retraite progressive et avant le 1er juillet de chaque année, une copie de sa déclaration fiscale des revenus de l'année précédente.

Art. D. 634-16 *(Décr. n° 2014-1513 du 16 déc. 2014, art. 2-I)* « La fraction de pension de vieillesse servie en application de l'article L. 634-3-1 est égale à la différence entre 100 % et la fraction de réduction des revenus tirés de l'activité *(Décr. n° 2017-737 du 3 mai 2017, art. 3-I)* « relevant de l'assurance vieillesse du régime social des indépendants », sans que la fraction de cette réduction ne puisse être inférieure à 40 % et supérieure à 80 %. »

Le pourcentage de réduction des revenus est calculé au 1er juillet de chaque année en fonction du rapport existant entre les revenus de l'année précédente tels qu'ils sont retenus pour l'assiette de l'impôt sur le revenu et la moyenne de ces mêmes revenus professionnels des cinq années précédant la demande de retraite progressive actualisés en fonction des coefficients de revalorisation visés à l'article *(Décr. n° 2018-162 du 6 mars 2018, art. 6-II)* « L. 161-25 ».

Art. D. 634-17 Le service de la fraction de pension prend effet au 1er janvier qui suit la demande.

Art. D. 634-18 *(Décr. n° 2000-1202 du 6 déc. 2000, art. 1er-II)* Pendant la première année et le premier semestre de l'année suivante, la fraction de pension de vieillesse est fixée à titre provisionnel au taux *(Décr. n° 2014-1513 du 16 déc. 2014, art. 2-II)* « de 50 % des revenus tirés de l'activité » *(Décr. n° 2017-737 du 3 mai 2017, art. 3-I)* « relevant du régime social des indépendants ».

A compter du 1er juillet de la deuxième année et chaque 1er juillet, il est éventuellement procédé à la révision de la fraction de pension en fonction du rapport défini au deuxième alinéa de l'article D. 634-16. La caisse procède alors selon les cas au remboursement à l'assuré des sommes restant dues, ou recouvre les sommes trop perçues par l'assuré. Les sommes trop perçues sont imputées le cas échéant sur les mois d'arrérages suivants pour un montant égal.

Si le revenu tiré de l'activité professionnelle n'est pas réduit d'au moins 20 % par rapport à la moyenne des revenus actualisés visés à l'article D. 634-16, deuxième alinéa, le service de la fraction de pension est supprimé à titre définitif. Les prestations trop perçues sont recouvrées par la caisse soit en un seul versement, soit dans les conditions précisées au précédent alinéa.

La suppression de la pension prend effet au premier jour du mois civil suivant celui au cours duquel est intervenue la cessation ou la modification de l'activité professionnelle.

Art. D. 634-19 Les dispositions de l'article R. 351-39, *(Décr. n° 2017-1645 du 30 nov. 2017, art. 4)* « du dernier alinéa » *(Décr. n° 2014-1513 du 16 déc. 2014, art. 2-III)* « de l'article R. 351-41*[,]* du premier alinéa de l'article R. 351-43 » *(Décr. n° 2006-670 du 7 juin 2006)* « , *[des articles]* R. 351-44 et D. 351-15 » sont applicables *(Décr. n° 2017-737 du 3 mai 2017, art. 3-I)* « au régime social des indépendants ».

CHAPITRE V RÉGIME COMPLÉMENTAIRE D'ASSURANCE VIEILLESSE. — RÉGIMES D'ASSURANCE INVALIDITÉ-DÉCÈS *(Décr. n° 2012-139 du 30 janv. 2012, art. 1er, en vigueur le 1er janv. 2013).*

SECTION PREMIÈRE RÉGIME COMPLÉMENTAIRE D'ASSURANCE VIEILLESSE *(Décr. n° 2012-139 du 30 janv. 2012, art. 1er, en vigueur le 1er janv. 2013).*

SOUS-SECTION 1 DISPOSITIONS COMMUNES

Art. D. 635-1 *(Décr. n° 2007-709 du 4 mai 2007, art. 4)* La Caisse nationale du régime social des indépendants assure la gestion *(Décr. n° 2012-139 du 30 janv. 2012, art. 2-1°, en vigueur le 1er janv. 2013)* « du régime complémentaire obligatoire » *(Décr. n° 2017-737 du 3 mai 2017, art. 3-I)* « d'assurance vieillesse mentionné » à l'article L. 635-1. *(Décr. n° 2012-139 du 30 janv. 2012, art. 2-2°, en vigueur le 1er janv. 2013)* « Ce régime attribue » des avantages révisables chaque année, selon les ressources *(Décr. n° 2012-139 du 30 janv. 2012, art. 2-3°, en vigueur le 1er janv. 2013)* « qui lui sont affectées ».

Art. D. 635-2 *(Décr. n° 2007-878 du 14 mai 2007, art. 4 ; Décr. n° 2008-1427 du 22 déc. 2008)* La cotisation annuelle au régime complémentaire obligatoire d'assurance vieillesse est calculée suivant les modalités prévues *(Décr. n° 2012-443 du 3 avr. 2012, art. 5-I-1°)* « aux premier, deuxième et troisième alinéas de l'article L. 131-6-2 ». *(Abrogé par Décr. n° 2012-139 du 30 janv. 2012, art. 3-1°)* « ***Sous réserve des dispositions des articles D. 635-7 et D. 635-10,*** » Elle est recouvrée dans les conditions prévues aux articles *(Décr. n° 2017-876 du 9 mai 2017, art. 1er-10°)* « R. 133-2-1 et R. 133-2-2 » et sous les garanties de la cotisation vieillesse de base *(Abrogé par Décr. n° 2012-139 du 30 janv. 2012, art. 3-1°)* « ***, y compris les dispositions de l'article D. 633-9*** ». *(Abrogé par Décr. n° 2015-1856 du 30 déc. 2015, art. 1er-2°) (Décr. n° 2012-443 du 3 avr. 2012, art. 5-I-2°)* « ***Pour les travailleurs indépendants dont la durée d'affiliation est au moins égale à quatre-vingt-dix jours au cours de l'année au titre de laquelle la cotisation est due, ladite cotisation ne peut être calculée sur une assiette inférieure à*** » *(Décr. n° 2014-1637 du 26 déc. 2014, art. 15)* « ***5,25 % de la valeur du plafond mentionné au premier alinéa de l'article L. 241-3. La valeur de ce plafond est déterminée conformément au premier alinéa de l'article D. 612-6.*** » *(Abrogé par Décr. n° 2007-878 du 14 mai 2007, art. 4)* « ***La cotisation annuelle ainsi déterminée est arrondie à l'euro le plus proche.*** » — *V. notes ss. art. D. 633-2.*

(Décr. n° 2012-139 du 30 janv. 2012, art. 3-2°) « Les dispositions de l'article D. 633-9 sont applicables au paiement de la cotisation provisionnelle du régime complémentaire obligatoire d'assurance vieillesse.

« Par dérogation à l'alinéa qui précède, l'assuré titulaire d'une pension d'invalidité dans les régimes institués par l'article L. 635-5 est exonéré du paiement de toute cotisation d'assurance vieillesse complémentaire. »

Les dispositions issues du Décr. n° 2007-878 du 14 mai 2007 sont applicables à compter du 1er janv. 2008 (Décr. préc., art. 6).

Les dispositions issues du Décr. n° 2008-1427 du 22 déc. 2008 s'appliquent aux cotisations dues au titre des revenus des années 2009 et suivantes (Décr. préc., art. 1er-II).

V. notes ss. art. D. 633-2.

Les dispositions issues du Décr. n° 2015-1856 du 30 déc. 2015 s'appliquent aux cotisations et aux contributions de sécurité sociale dues au titre de la période courant à compter du 1er janv. 2016 (Décr. préc., art. 10-I).

Art. D. 635-3 (Abrogé par Décr. n° 2014-1637 du 26 déc. 2014, art. 30) ***L'assuré qui n'a pas souscrit la déclaration de revenus prévue à l'article*** (Décr. n° 2007-878 du 14 mai 2007, art. 4) ***« R. 115-5 » est redevable d'une cotisation provisoire calculée et notifiée conformément aux dispositions de l'article R. 242-14 qui ne peut excéder le montant de la cotisation due sur le plafond applicable au régime en cause.***

(Abrogé par Décr. n° 2007-878 du 14 mai 2007, art. 4) ***« En cas de retard de paiement des cotisations dues au titre du régime, il est fait application des dispositions des articles D. 633-13 à D. 633-15.***

« En cas de versement d'une somme inférieure à celle représentée par le total des cotisations dues au titre de l'article L. 633-10 et des cotisations dues au titre de la présente sous-section, cette somme est imputée par priorité sur les premières cotisations et ensuite, s'il y a lieu, sur les secondes. »

V. 2e note ss. art. D. 633-2.

Art. D. 635-4 Les périodes d'activité professionnelle ayant fait l'objet d'un versement complémentaire de rachat dans le régime d'assurance vieillesse de base peuvent faire l'objet d'un rachat dans le régime d'assurance vieillesse complémentaire obligatoire. L'assiette et le taux de la cotisation sont déterminés dans les conditions prévues à l'article D. 634-2-2, et les versements s'effectuent dans les conditions prévues aux articles D. 634-2-3 et D. 634-2-4.

Art. D. 635-5 *(Décr. n° 2012-139 du 30 janv. 2012, art. 4, en vigueur le 1er janv. 2013)* **Le règlement mentionné à l'article L. 635-3 est approuvé par le ministre chargé de la sécurité sociale. Le ministre chargé du budget peut signifier par lettre au ministre chargé de la sécurité sociale son opposition à cette approbation dans le délai mentionné à l'article R. 226-4.**

Art. D. 635-6 *(Décr. n° 2007-709 du 4 mai 2007, art. 4)* **Un prélèvement sur les cotisations du régime complémentaire, dont le montant est décidé chaque année par le conseil d'administration de la Caisse nationale, alimente le fonds d'action sociale mentionné à l'article L. 635-3. Ce fonds est notamment destiné à prendre en charge ou à faire l'avance des cotisations des** *(Décr. n° 2014-1637 du 26 déc. 2014, art. 16)* **« assurés » qui seraient momentanément empêchés de les régler par suite de circonstances exceptionnelles, dans les conditions fixées par le règlement de la caisse. Sa part dans le total des cotisations ne peut excéder 2 %.**

V. 2e note ss. art. D. 633-2.

Art. D. 635-7 *(Décr. n° 2012-139 du 30 janv. 2012, art. 6, en vigueur le 1er janv. 2013)* **Le taux de la cotisation annuelle du régime complémentaire obligatoire d'assurance vieillesse** *(Abrogé par Décr. n° 2017-737 du 3 mai 2017, art. 3-I)* ***« des professions artisanales, industrielles et commerciales »*** **est fixé à :**

1° 7,0 % pour la part du revenu d'activité n'excédant pas le plafond prévu au quatrième alinéa du présent article ;

2° 8,0 % pour la part du revenu d'activité excédant le seuil fixé au 1°, dans la limite de quatre fois *(Décr. n° 2012-443 du 3 avr. 2012, art. 5-IV-1°)* **« la valeur du plafond de la sécurité sociale déterminée conformément à l'article D. 612-6 ».**

Au titre de l'exercice 2013, le montant du plafond mentionné au 1° est fixé au plafond annuel prévu à l'article L. 241-3 en vigueur au 1er janvier 2013. Pour les années suivantes, ce montant est indexé sur la dernière valeur du revenu de référence, dans la limite du coefficient annuel de revalorisation des pensions fixé dans les conditions prévues à l'article L. 161-23-1. *(Décr. n° 2012-443 du 3 avr. 2012, art. 5-IV-2°)* **« En cas**

de période d'affiliation inférieure à une année, la valeur du plafond mentionné au 1° est réduite au prorata de la durée d'affiliation. »

Pour les aides familiaux mentionnés au 2° de l'article R. 622-2, la cotisation annuelle est assise sur un revenu égal au tiers *(Décr. nº 2012-443 du 3 avr. 2012, art. 5-IV-3°)* **« de la valeur du plafond de la sécurité sociale déterminée conformément à l'article D. 612-6 » ou sur un revenu égal à celui du chef d'entreprise, si celui-ci est inférieur.**

Art. D. 635-8 *(Décr. nº 2012-139 du 30 janv. 2012, art. 7, en vigueur le 1er janv. 2013)* **La revalorisation de la valeur de service du point de retraite mentionnée au second alinéa de l'article L. 635-1 ne peut excéder le coefficient annuel de revalorisation des pensions fixé dans les conditions prévues à l'article L. 161-23-1.**

Art. D. 635-8-1 *Abrogé par Décr. nº 2012-139 du 30 janv. 2012, art. 5.*

Art. D. 635-9 *(Décr. nº 2012-139 du 30 janv. 2012, art. 8, en vigueur le 1er janv. 2013)* **Le conseil d'administration de la Caisse nationale du régime social des indépendants élabore tous les six ans un rapport actuariel sur la situation financière du régime à court, moyen et long terme. Ce rapport est adressé au ministre chargé de la sécurité sociale et au ministre chargé du budget.** — *Le premier bilan actuariel est réalisé en 2013 (Décr. nº 2012-139 du 30 janv. 2012, art. 12-II).*

Le conseil d'administration de la Caisse nationale du régime social des indépendants délibère tous les six ans sur les règles d'évolution des valeurs du revenu de référence et de service du point applicables pour les six années suivantes. Il propose également au ministre chargé de la sécurité sociale et au ministre chargé du budget la fixation du taux de cotisation applicable pour la période.

Ces règles sont déterminées de sorte que :

1° Le délai prévisionnel d'épuisement des réserves du régime ne puisse être inférieur à la valeur entière de l'espérance de vie résiduelle de la génération qui atteint l'âge prévu à l'article L. 351-1 du code de la sécurité sociale, au moment de l'élaboration desdites règles. Cette espérance de vie est déterminée sur la base des tables de mortalité homologuées par arrêté du ministre chargé de la sécurité sociale, établies par sexe et applicables au calcul des rentes viagères, en pondérant par les effectifs de chaque sexe.

2° Le rapport entre, d'une part, les cotisations prévisionnelles encaissées dans l'année immédiatement postérieure à l'élaboration des règles, établies sur la base de l'assiette des dernières cotisations encaissées et du taux de cotisation de l'année postérieure, et, d'autre part, la valeur actuelle probable des prestations futures actualisées qui découleront de ces cotisations soit supérieur à 1.

Les règles d'évolution des valeurs du revenu de référence et de service du point sont insérées dans le règlement du régime.

A l'issue d'une période de trois ans à compter de l'élaboration desdites règles, le conseil d'administration se réunit afin d'effectuer un bilan d'étape. Ce bilan d'étape peut conduire à modifier les règles d'évolution des valeurs du revenu de référence et de service du point pour les trois années à venir. Dans le cas où la revalorisation des pensions au titre des trois premiers exercices du bilan a été inférieure à celle qui aurait découlé d'une revalorisation dans les conditions prévues à l'article L. 161-23-1, ce bilan d'étape peut également conduire à une revalorisation exceptionnelle de la valeur de service, dans la limite du montant qui aurait ét é atteint en cas de revalorisation dans les conditions prévues à l'article L. 161-23-1 pour les trois exercices écoulés. Le revenu de référence est revalorisé dans les mêmes proportions.

Le règlement mentionné à l'article L. 635-3 précise les indicateurs de suivi et les hypothèses de calcul retenues pour l'élaboration des bilans.

SOUS-SECTION 2 DISPOSITIONS PROPRES AUX CONJOINTS D'ARTISANS ET COMMERÇANTS

(Décr. nº 2006-1580 du 11 déc. 2006, art. 4)

La sous-section 4 devient la sous-section 2 à compter du 1er janv. 2013 et l'art. D. 635-10 est abrogé à compter de cette même date (Décr. nº 2012-139 du 30 janv. 2012, art. 5).

Art. D. 635-10-1 **Les cotisations des conjoints collaborateurs des travailleurs non salariés des professions artisanales, industrielles et commerciales sont définies et recou-**

vrées dans les conditions prévues aux sous-sections précédentes de la présente section, sous réserve des dispositions de la présente sous-section.

Art. D. 635-10-2 *(Décr. n° 2012-139 du 30 janv. 2012, art. 9-1°, en vigueur le 1er janv. 2013)* « La cotisation d'assurance vieillesse complémentaire du conjoint collaborateur est calculée sur le revenu retenu pour le calcul de sa cotisation d'assurance vieillesse de base, dans les limites prévues à l'article D. 635-7 ».

Lorsque la cotisation d'assurance vieillesse de base est calculée conformément aux dispositions du 4° ou du 5° de l'article D. 633-19-2, le revenu sur lequel la cotisation d'assurance vieillesse complémentaire du conjoint collaborateur est calculée est déduit du revenu retenu pour déterminer l'assiette de celle du chef d'entreprise.

SECTION II RÉGIMES D'ASSURANCE INVALIDITÉ-DÉCÈS

(Décr. n° 2004-848 du 23 août 2004, art. 1er)

SOUS-SECTION 1 DISPOSITIONS COMMUNES

Art. D. 635-11 à D. 635-19 *Abrogés par Décr. n° 2017-1894 du 30 déc. 2017, art. 6-IV.*

Les art. D. 635-11 à D. 635-19 deviennent les art. D. 632-1 à D. 632-6.

CHAPITRE VI ACTION SOCIALE DES CAISSES

Art. D. 636-1 *Abrogé par Décr. n° 2007-709 du 4 mai 2007, art. 4.*

CHAPITRE VII PÉNALITÉS

Néant.

TITRE QUATRIÈME ASSURANCE VIEILLESSE ET INVALIDITÉ-DÉCÈS DES PROFESSIONS LIBÉRALES

CHAPITRE PREMIER ORGANISATION ADMINISTRATIVE

(Décr. n° 2004-461 du 27 mai 2004, art. 1er, en vigueur le 1er janv. 2004)

SECTION PREMIÈRE CAISSE NATIONALE

Art. D. 641-1 Un commissaire du Gouvernement, représentant le ministre chargé de la sécurité sociale, assiste aux séances du conseil d'administration de la Caisse nationale d'assurance vieillesse des professions libérales où il est entendu chaque fois qu'il le demande.

Art. D. 641-2 *(Décr. n° 2016-1391 du 17 oct. 2016, art. 1er-1°)* « I. — » Pour l'application du *(Décr. n° 2016-1391 du 17 oct. 2016, art. 1er-1°)* « troisième » alinéa de l'article L. 641-4, le conseil d'administration, lors de sa première réunion de chaque année civile, fixe le nombre de voix dont dispose chaque *(Décr. n° 2016-1391 du 17 oct. 2016, art. 1er-1°)* « président de section professionnelle » en fonction du nombre de personnes immatriculées dans chaque section professionnelle, au 30 juin de l'année précédente, à titre de cotisant, d'assujetti dispensé de cotisation ou d'allocataire titulaire de droits propres, à raison d'une voix *(Décr. n° 2013-338 du 23 avr. 2013)* « pour les sections professionnelles dont le nombre de personnes immatriculées est au plus égal à 20 000, de deux voix pour les sections professionnelles dont le nombre de personnes immatriculées est compris entre 20 001 et 50 000, de trois voix pour les sections professionnelles dont le nombre de personnes immatriculées est compris entre 50 001 et 90 000, de quatre voix pour les sections professionnelles dont le nombre de personnes immatriculées est compris entre 90 001 et 150 000, de cinq voix pour les sections professionnelles dont le nombre de personnes immatriculées est compris entre 150 001 et 230 000 et de six voix pour les sections professionnelles dont le nombre de personnes immatriculées est supérieur à 230 000. »

(Décr. n° 2016-1391 du 17 oct. 2016, art. 1er-2°) « II. — Les six sièges des représentants des organisations syndicales interprofessionnelles mentionnés à l'article L. 641-4 sont répartis comme suit :

« 1° Union nationale des professions libérales : 4 représentants ;

« 2° Chambre nationale des professions libérales : 2 représentants.

« Ces représentants doivent avoir la qualité d'électeur au sein des conseils d'administration des sections professionnelles, sans y occuper de fonction d'administrateur.

« En cas de démission, de décès ou si le représentant cesse de remplir les conditions pour être électeur à l'une des sections professionnelles, son organisation syndicale désigne un nouveau représentant.

« Chacun de ces représentants dispose d'une voix au conseil d'administration. » — *Les organisations syndicales interprofessionnelles mentionnées au II de l'art. D. 641-2 procèdent à la désignation de leurs représentants à l'occasion du premier conseil d'administration de la Caisse nationale d'assurance vieillesse des professions libérales suivant la publication du Décr. n° 2016-1391 du 17 oct. 2016 (Décr. préc., art. 2, JO 18 oct.).*

(Décr. n° 2016-1391 du 17 oct. 2016, art. 1er-3°) « III. — » *(Décr. n° 2013-338 du 23 avr. 2013)* « Les voix d'un administrateur ne peuvent être fractionnées à l'occasion des votes. »

Le conseil délibère valablement en présence de la majorité des membres qui le composent représentant la majorité des voix.

(Décr. n° 2013-338 du 23 avr. 2013) « En cas de modification des règles de calcul du nombre de voix postérieurement à la réunion du conseil d'administration mentionnée au premier alinéa, le nombre de voix dont dispose chaque administrateur en vertu des règles nouvelles est fixé pour l'année en cours par le conseil d'administration lors de sa plus prochaine réunion suivant l'entrée en vigueur de ces règles. »

Ancien art. D. 641-2 (Annulé par CE 11 juill. 2016, n° 388648) (Décr. n° 2015-21 du 12 janv. 2015, art. 1er-1°) *« I. — » Pour l'application du* (Annulé par CE 11 juill. 2016, n° 388648) (Décr. n° 2015-21 du 12 janv. 2015, art. 1er-1°) *« troisième » alinéa de l'article L. 641-4, le conseil d'administration, lors de sa première réunion de chaque année civile, fixe le nombre de voix dont dispose chaque* (Annulé par CE 11 juill. 2016, n° 388648) (Décr. n° 2015-21 du 12 janv. 2015, art. 1er-1°) *« président de section professionnelle » en fonction du nombre de personnes immatriculées dans chaque section professionnelle, au 30 juin de l'année précédente, à titre de cotisant, d'assujetti dispensé de cotisation ou d'allocataire titulaire de droits propres, à raison d'une voix* (Décr. n° 2013-338 du 23 avr. 2013) *« pour les sections professionnelles dont le nombre de personnes immatriculées est au plus égal à 20 000, de deux voix pour les sections professionnelles dont le nombre de personnes immatriculées est compris entre 20 001 et 50 000, de trois voix pour les sections professionnelles dont le nombre de personnes immatriculées est compris entre 50 001 et 90 000, de quatre voix pour les sections professionnelles dont le nombre de personnes immatriculées est compris entre 90 001 et 150 000, de cinq voix pour les sections professionnelles dont le nombre de personnes immatriculées est compris entre 150 001 et 230 000 et de six voix pour les sections professionnelles dont le nombre de personnes immatriculées est supérieur à 230 000. »* — V. notes ss. art.

(Annulé par CE 11 juill. 2016, n° 388648) (Décr. n° 2015-21 du 12 janv. 2015, art. 1er-2° et 3°) *« II. — Les six sièges des représentants des organisations syndicales interprofessionnelles des professions libérales sont répartis, par arrêté du ministre chargé de la sécurité sociale, en fonction des voix obtenues par chacune d'entre elles aux dernières élections mentionnées aux articles R. 611-28 et suivants. Il est affecté deux sièges à l'organisation ayant obtenu le plus grand nombre de voix, les autres sièges étant répartis suivant la règle de la plus forte moyenne.*

« L'arrêté mentionné à l'alinéa précédent est pris dans les deux mois qui suivent la publication des résultats des élections. — Par dérogation au deuxième al. du II de l'art. D. 641-2 issu du Décr. n° 2015-21 du 12 janv. 2015, l'arrêté mentionné au premier al. de cet art. est pris dans les deux mois suivant la parution du décret susvisé (Décr. préc., art. 2 ; annulé par CE 11 juill. 2016, n° 388648, V. notes ss. art.).

« A l'occasion du premier conseil d'administration suivant la publication de l'arrêté mentionné à l'alinéa précédent, chaque organisation disposant d'au moins un siège désigne son ou ses représentants. Ne peuvent être désignées que les personnes ayant la qualité d'électeur pour l'élection des membres du conseil d'administration d'une section professionnelle en application de l'article R. 641-9, à l'exception des administrateurs de ces conseils.

« En cas de démission, de décès ou si l'intéressé perd la qualité d'électeur mentionnée au précédent alinéa, l'organisation syndicale désigne un nouveau représentant pour la durée du mandat restant à courir.

« Chacun des représentants des organisations syndicales dispose d'une voix au conseil d'administration. — V. Arr. du 14 janv. 2015 portant répartition des représentants des organisations syndicales au sein du conseil d'administration de la Caisse nationale d'assurance vieillesse des professions libérales (CNAVPL) (JO 14 févr. ; annulé par CE 11 juill. 2016, n° 388648, V. notes ss. art.).

« III. — » (Décr. n° 2013-338 du 23 avr. 2013) *« Les voix d'un administrateur ne peuvent être fractionnées à l'occasion des votes. »* — V. notes ss. art.

Le conseil délibère valablement en présence de la majorité des membres qui le composent représentant la majorité des voix.

(Décr. n° 2013-338 du 23 avr. 2013) *« En cas de modification des règles de calcul du nombre de voix postérieurement à la réunion du conseil d'administration mentionnée au premier alinéa, le nombre de voix dont dispose chaque administrateur en vertu des règles nouvelles est fixé pour l'année en cours par le conseil d'administration lors de sa plus prochaine réunion suivant l'entrée en vigueur de ces règles. »*

Le Décr. n° 2015-21 du 12 janv. 2015 relatif à la composition du conseil d'administration de la Caisse nationale d'assurance vieillesse des professions libérales et l'Arr. du 14 janv. 2015 portant répartition des représentants des organisations syndicales au sein du conseil d'administration de la Caisse nationale d'assurance vieillesse des professions libérales sont annulés. Cette annulation prendra effet le 1er oct. 2016.

Sous réserve des actions contentieuses engagées à la date du 11 juill. 2016 contre les actes pris sur leur fondement, les effets produits par le Décr. du 12 janv. 2015 et l'Arr. du 14 janv. 2015 antérieurement à leur annulation sont regardés comme définitifs (CE 11 juill. 2016, n° 388648 et a.).

Art. D. 641-3 Les délibérations ayant pour objet la modification des statuts sont adoptées à la majorité des membres du conseil représentant au moins les deux tiers des voix. Les autres décisions sont prises à la majorité des voix.

En cas de partage égal des voix, celle du président est prépondérante.

Art. D. 641-4 Dans le mois qui suit son élection, chaque président de section professionnelle désigne son suppléant *(Décr. n° 2015-889 du 22 juill. 2015, art. 2)* « parmi les administrateurs de la section à laquelle il appartient » au conseil d'administration de la Caisse nationale d'assurance vieillesse des professions libérales. *(Décr. n° 2015-889 du 22 juill. 2015, art. 2)* « Celui-ci ne peut être choisi parmi les anciens présidents de la section professionnelle. »

Art. D. 641-5 Les statuts de la Caisse nationale d'assurance vieillesse des professions libérales sont approuvés par arrêté du ministre chargé de la sécurité sociale.

SECTION II SECTIONS PROFESSIONNELLES

Art. D. 641-6 L'arrêté prévu à l'article L. 641-5 est pris par le ministre chargé de la sécurité sociale, après avis de la Caisse nationale d'assurance vieillesse des professions libérales.

SECTION III DISPOSITIONS COMMUNES

Art. D. 641-7 Sont déclarés démissionnaires d'office par le conseil d'administration de la Caisse nationale ou des sections professionnelles les membres desdits conseils qui, sans motif valable, n'ont pas assisté à trois séances consécutives.

CHAPITRE II ORGANISATION FINANCIÈRE

(Décr. n° 2004-461 du 27 mai 2004, art. 1er, en vigueur le 1er janv. 2004)

SECTION PREMIÈRE COTISATIONS

SOUS-SECTION 1 COTISATIONS DES PROFESSIONNELS LIBÉRAUX *(Décr. n° 2007-582 du 19 avr. 2007, art. 1er).*

Art. D. 642-1 Les cotisations mentionnées à l'article L. 642-1 sont dues, sous réserve des dispositions *(Décr. n° 2012-443 du 3 avr. 2012, art. 7-I)* « de l'article L. 131-6-1 », à compter du premier jour du trimestre civil qui suit le début d'activité et jusqu'au dernier jour du trimestre civil au cours duquel la radiation intervient.

Les cotisations sont exigibles annuellement et d'avance.

Les frais de versement des cotisations sont à la charge de la partie payante.

Art. D. 642-2 *Abrogé par Décr. n° 2014-1637 du 26 déc. 2014, art. 30.*

Art. D. 642-3 Le taux de cotisation prévu au *(Décr. n° 2014-1413 du 27 nov. 2014, art. 1er-I, en vigueur le 1er janv. 2015)* « sixième » alinéa de l'article L. 642-1 *(Décr. n° 2012-847 du 2 juill. 2012, art. 5-2°)* « est égal » :

(Décr. n° 2014-1413 du 27 nov. 2014, art. 1er-I, en vigueur le 1er janv. 2015) « 1° A 8,23 % sur les revenus définis *(Décr. n° 2017-737 du 3 mai 2017, art. 3-I)* « aux articles L. 131-6 à L. 131-6-2 » pour la part de ces revenus n'excédant pas le plafond annuel prévu au premier alinéa de l'article L. 241-3 en vigueur au 1er janvier de l'année au titre de laquelle la cotisation est due ;

« 2° A 1,87 % sur les revenus définis *(Décr. n° 2017-737 du 3 mai 2017, art. 3-I)* « aux articles L. 131-6 à L. 131-6-2 » pour la part de ces revenus n'excédant pas cinq fois le plafond annuel prévu au premier alinéa de l'article L. 241-3 en vigueur au 1er janvier de l'année au titre de laquelle la cotisation est due. »

En cas de période d'affiliation inférieure à une année, les plafonds prévus aux 1° et 2° ci-dessus sont réduits au prorata des trimestres d'affiliation.

(Abrogé par Décr. n° 2015-877 du 16 juill. 2015, art. 9) « *(Décr. n° 2014-1637 du 26 déc. 2014, art. 19)* ***« Pour le calcul et le recouvrement de cette cotisation, les professionnels libéraux fournissent la déclaration de revenu d'activité mentionnée à l'article R. 115-5 à la section professionnelle dont ils relèvent sur demande de cette dernière. Un arrêté fixe la liste des sections professionnelles pouvant effectuer cette demande. »***

(Abrogé par Décr. n° 2015-769 du 29 juin 2015, art. 1er-1°) « *(Décr. n° 2014-1637 du 26 déc. 2014, art. 19)* ***« Pour les cotisants admis à cotiser à titre volontaire en application du 2° de l'article L. 742-6, les cotisations sont assises sur les revenus d'activité non salariés de la dernière année civile d'activité complète, tels qu'ils sont définis au sixième alinéa de l'article L. 642-1, actualisés en appliquant le taux d'évolution du plafond visé à l'article L. 241-3 entre le 1er janvier de l'année correspondant à sa dernière année d'activité et le 1er janvier de l'année en cours. »***

Art. D. 642-4 En application du *(Décr. n° 2014-1637 du 26 déc. 2014, art. 20-1°)* « sixième alinéa de l'article L. 642-1 », le montant de la cotisation annuelle ne peut être *(Décr. n° 2012-443 du 3 avr. 2012, art. 7-III-1°)* « calculée *[calculé]* sur une assiette inférieure à *(Décr. n° 2015-1856 du 30 déc. 2015, art. 1er-1°)* « 11,5 % » de la valeur annuelle du plafond de la sécurité sociale, tel que prévu à l'article L. 241-3, en vigueur au 1er janvier de l'année au titre de laquelle la cotisation annuelle est due. En cas de période d'affiliation inférieure à une année, cette valeur n'est pas réduite au prorata de la durée d'affiliation. Le présent alinéa s'applique aux assurés dont la durée d'affiliation est au moins égale à quatre-vingt-dix jours au cours de cette même année ».

(Abrogé par Décr. n° 2012-443 du 3 avr. 2012, art. 7-III-2°) ***« En cas d'affiliation inférieure à une année, le montant prévu à l'alinéa précédent est réduit au prorata des trimestres d'affiliation. »***

(Abrogé par Décr. n° 2014-1637 du 26 déc. 2014, art. 20-2°, à compter du 1er janv. 2016) ***« La cotisation minimale n'est applicable ni aux personnes dont l'activité libérale n'est pas l'activité professionnelle principale, ni aux personnes bénéficiaires d'un avantage de retraite ou d'une pension d'invalidité. »***

V. note ss. art. D. 633-2.

Les dispositions issues du Décr. n° 2014-1637 du 26 déc. 2014 s'appliquent aux cotisations et aux contributions de sécurité sociale dues au titre des périodes courant à compter du 1er janv. 2015.

Par dérogation à l'al. précédent, le 2° de l'art. 20 du Décr. susvisé s'applique aux cotisations et aux contributions de sécurité sociale dues au titre des périodes courant à compter du 1er janv. 2016 (Décr. préc., art. 31-I et II).

Les dispositions issues du Décr. n° 2015-1856 du 30 déc. 2015 s'appliquent aux cotisations et aux contributions de sécurité sociale dues au titre de la période courant à compter du 1er janv. 2016 (Décr. préc., art. 10-I).

Ancien art. D. 642-4 (Décr. n° 92-829 du 26 août 1992, art. 3) ***« Des réductions de la cotisation forfaitaire prévue à l'article L. 642-1 de 75, 50 ou 25 % peuvent être accordées sur demande de***

l'assuré en fonction des revenus professionnels non salariés de l'avant-dernière année retenus pour le calcul de la cotisation proportionnelle mentionnée à l'article D. 642-3.

« Le montant des revenus professionnels non salariés ouvrant droit à réduction est fixé par le décret prévu à l'article L. 642-1 sur proposition du conseil d'administration de la Caisse nationale d'assurance vieillesse des professions libérales. » — V. pour 2003, Décr. n° 2003-1214 du 17 déc. 2003, JO 20 déc.

La réduction de cotisation peut être refusée par la section professionnelle, en raison de l'importance du revenu professionnel brut de l'assuré.

Pour les experts-comptables et comptables agréés visés à l'article L. 642-4, il est également tenu compte du revenu net salarié provenant de l'activité d'expert-comptable ou de comptable agréé.

Les assurés exonérés au titre de l'article (Décr. n° 92-829 du 26 août 1992, art. 2) *« L. 642-3 » ne peuvent bénéficier de réductions de cotisations.*

Toute demande à l'effet d'obtenir une réduction de cotisation est adressée à la section professionnelle dont relève l'assujetti et instruite selon la procédure fixée par ses statuts.

La réduction de 75 % de la cotisation entraîne la validation d'un seul trimestre, la réduction de 50 %, la validation de deux trimestres et la réduction de 25 % la validation de trois trimestres, pour l'ouverture du droit et le calcul de l'allocation.

Les dispositions de l'art. D. 642-4 CSS en vigueur antérieurement au 1er janv. 2004 demeurent applicables aux périodes d'assurance ayant donné lieu à réduction de cotisation antérieurement à cette date (Décr. nº 2004-461 du 27 mai 2004, art. 13-IV).

Art. D. 642-4-1 *Abrogé par Décr. nº 2014-1637 du 26 déc. 2014, art. 30.*

Art. D. 642-5 *Abrogé par Décr. nº 2012-193 du 7 févr. 2012, art. 1er.*

SOUS-SECTION 2 COTISATIONS DES CONJOINTS COLLABORATEURS DES PROFESSIONNELS LIBÉRAUX

(Décr. nº 2007-582 du 19 avr. 2007, art. 2)

Art. D. 642-5-1 Les cotisations des conjoints collaborateurs des professionnels libéraux sont définies et recouvrées dans les conditions prévues au présent chapitre sous réserve des dispositions de la présente sous-section.

Art. D. 642-5-2 Le conjoint collaborateur peut demander que sa cotisation soit calculée :

1° Soit sur un revenu forfaitaire égal à la moitié de la limite supérieure de la première tranche de revenu mentionnée à l'article L. 642-1 ;

2° Soit sur 25 % ou sur 50 % du *(Décr. nº 2014-1637 du 26 déc. 2014, art. 21)* « revenu d'activité » pris en compte pour déterminer l'assiette de la cotisation du professionnel libéral mentionné au 1° de l'article L. 642-2-1 ;

3° Soit sur une fraction fixée à un quart ou à la moitié du *(Décr. nº 2014-1637 du 26 déc. 2014, art. 21)* « revenu d'activité » pris en compte pour déterminer l'assiette de la cotisation du professionnel libéral mentionné au 2° de l'article L. 642-2-1. Dans ce cas, les limites des deux tranches de revenu mentionnées à l'article L. 642-1 sont réduites dans cette proportion pour le conjoint et le professionnel libéral.

Le montant de cette cotisation ne peut être inférieur à celui prévu *(Décr. nº 2012-443 du 3 avr. 2012, art. 7-IV)* « à » l'article D. 642-4.

Les dispositions issues du Décr. nº 2014-1637 du 26 déc. 2014 s'appliquent aux cotisations et aux contributions de sécurité sociale dues au titre des périodes courant à compter du 1er janv. 2015 (Décr. préc., art. 31-I).

Art. D. 642-5-3 Le choix de l'assiette retenue pour le calcul des cotisations défini à l'article D. 642-5-2 est effectué par le conjoint collaborateur par écrit au plus tard soixante jours suivant l'envoi de l'avis de l'affiliation et avant tout versement des cotisations. Cette demande est contresignée du professionnel libéral si ce choix est celui prévu au 3° de l'article D. 642-5-2. Si aucun choix n'est effectué, les cotisations sont calculées sur le revenu forfaitaire mentionné au 1° de l'article D. 642-5-2.

Le choix de l'assiette retenue pour le calcul des cotisations en vertu de l'alinéa ci-dessus s'applique pour les cotisations dues au titre de l'année du début d'activité et des deux années civiles suivantes. Sauf demande contraire du conjoint collaborateur effectuée par écrit au plus tard avant le 1er décembre de la dernière de ces années ou, s'il s'agit du revenu prévu au 3° de l'article D. 642-5-2, du conjoint collaborateur et de l'assuré, il est reconduit pour une durée de trois ans renouvelable dans les mêmes conditions.

Art. D. 642-5-4 Par dérogation aux dispositions de l'article D. 642-1, les cotisations afférentes à la première année civile d'activité du conjoint collaborateur qui choisit le revenu mentionné au 3° de l'article D. 642-5-2 sont dues à compter du 1er janvier de cette année ou à compter de la date d'effet de l'affiliation du professionnel libéral si celle-ci est postérieure au 1er janvier.

Art. D. 642-5-5 Par dérogation aux dispositions de l'article D. 642-1, les cotisations afférentes à la dernière année civile d'activité du conjoint collaborateur qui choisit le revenu mentionné au 3° de l'article D. 642-5-2 cessent d'être dues à compter du 31 décembre de cette année ou à compter de la date d'effet de la radiation du professionnel libéral si celle-ci est antérieure au 31 décembre.

Art. D. 642-5-6 Lorsque la cotisation du professionnel libéral est calculée à titre provisionnel sur le revenu forfaitaire *(Décr. n° 2012-443 du 3 avr. 2012, art. 1er-III)* « mentionné au deuxième alinéa de l'article L. 131-6-2 », celle due par le conjoint collaborateur qui a choisi le calcul mentionné au 2° ou au 3° de l'article D. 642-5-2 est calculée selon les modalités définies aux 2° et 3° de l'article D. 642-5-2 sur la base du même revenu.

Art. D. 642-5-7 Les dispositions *(Décr. n° 2014-1637 du 26 déc. 2014, art. 22)* « de l'article R. 242-14 » ne sont pas applicables au conjoint collaborateur qui a choisi de cotiser sur le revenu forfaitaire mentionné au 1° de l'article D. 642-5-2.

Lorsque la cotisation provisionnelle du professionnel libéral est calculée en application des dispositions *(Décr. n° 2014-1637 du 26 déc. 2014, art. 22)* « de l'article R. 242-14 », celle due par le conjoint collaborateur est calculée selon les modalités définies au 2° ou au 3° de l'article D. 642-5-2.

V. note ss. art. D. 642-5-2.

Art. D. 642-5-8 Lorsque le professionnel libéral est exonéré du paiement de ses cotisations en application de l'article L. 642-3, le conjoint collaborateur reste redevable de sa cotisation.

SECTION II RECOUVREMENT

Art. D. 642-6 (Abrogé par Décr. n° 2017-1894 du 30 déc. 2017, art. 7) *Ne font pas l'objet de la régularisation prévue au troisième alinéa de l'article L. 642-2 les cotisations des assurés qui, l'année au cours de laquelle la régularisation aurait dû être opérée par une section professionnelle, soit n'exercent aucune activité relevant de ladite section, soit ont fait liquider leurs droits à pension de retraite de base.*

(Décr. n° 2011-62 du 14 janv. 2011) *« Les dispositions de l'alinéa précédent ne sont pas applicables aux cotisations des assurés assises sur un revenu estimé dans les conditions prévues au dernier alinéa de l'article L. 642-2. »*

Les dispositions du Décr. n° 2017-1894 du 30 déc. 2017 sont applicables aux cotisations et aux contributions de sécurité sociale dues au titre des périodes courant à compter du 1er janv. 2018 (Décr. préc., art. 8).

Art. D. 642-7 *Abrogé par Décr. n° 2012-443 du 3 avr. 2012, art. 9.*

CHAPITRE III AFFILIATION — PRESTATIONS DE BASE

SECTION PREMIÈRE AFFILIATION À LA SECTION PROFESSIONNELLE

Néant.

SECTION II OUVERTURE DES DROITS ET LIQUIDATION DES PRESTATIONS DE BASE *(Décr. n° 2004-461 du 27 mai 2004, art. 2-I).*

Les dispositions des art. D. 643-4 à D. 643-7 CSS, dans leur rédaction issue de l'art. 2 du Décr. n° 2004-461 du 27 mai 2004, sont applicables aux demandes de versement reçues entre le 1er janv. 2004 et le 31 déc. 2005.

Par dérogation aux dispositions de l'art. D. 643-4 CSS, ces dispositions ne sont pas applicables aux personnes âgées, en 2004, de moins de cinquante-quatre ans (Décr. n° 2004-461 préc., art. 13-III).

Art. D. 643-1 *(Décr. n° 2004-461 du 27 mai 2004)* **Le versement de la cotisation annuelle correspondant au plafond de revenu fixé au 1° de l'article D. 642-3 ouvre droit à l'attribution de** *(Décr. n° 2014-1413 du 27 nov. 2014, art. 1er-II, en vigueur le 1er janv. 2015)* **« 525 » points de retraite.**

Le versement de la cotisation annuelle correspondant au plafond de la tranche des revenus définie au 2° de l'article D. 642-3 ouvre droit à l'attribution de *(Décr. n° 2014-1413 du 27 nov. 2014, art. 1er-II, en vigueur le 1er janv. 2015)* **« 25 » points de retraite.**

Le nombre de points acquis est calculé au prorata des cotisations acquittées sur chacune des tranches de revenus définies à l'article D. 642-3, arrondi à la décimale la plus proche.

Le nombre de points attribué en application du dernier alinéa de l'article L. 642-1 est de 400.

Le nombre de points supplémentaires attribué en application du troisième alinéa de l'article L. 643-1 est égal à 100 *(Décr. n° 2012-138 du 30 janv. 2012, art. 3, en vigueur le 1er mars 2012)* **« sans que cette attribution puisse avoir pour effet de porter le nombre de points acquis dans le présent régime pour l'année considérée au-delà de 550. »**

L'obligation d'avoir recours à l'assistance d'une tierce personne pour effectuer les actes ordinaires de la vie, prévue au quatrième alinéa de l'article L. 643-1, est appréciée suivant le guide-barème annexé au décret n° 93-1216 du 4 novembre 1993 relatif au guide-barème applicable pour l'attribution de diverses prestations aux personnes handicapées et modifiant le code de la famille et de l'aide sociale, le code de la sécurité sociale et le décret n° 77-1549 du 31 décembre 1977.

Le nombre de points supplémentaires attribués à ce titre est égal à 200 par année civile au titre de laquelle l'obligation prévue à l'alinéa ci-dessus est remplie.

(Décr. n° 2005-1004 du 22 août 2005, art. 1er) **« La valeur de service du point est égale à 0,493 € pour les prestations servies au titre de l'année 2005. »**

(Décr. n° 2010-1678 du 29 déc. 2010) **« Le versement de cotisations effectué en application de l'article L. 643-2-1 n'ouvre pas droit à l'attribution de points de retraite supplémentaires. »**

Pour les années 2006, 2007 et 2008, la valeur de service du point mentionnée à l'avant dernier alinéa est revalorisée d'un coefficient qui ne peut être inférieur à celui prévu à l'art. L. 161-23-1 pour les pensions de vieillesse du régime général et des régimes alignés (Décr. n° 2005-1004 du 22 août 2005, art. 4).

Les dispositions du Décr. n° 2010-1678 du 29 déc. 2010 sont applicables aux demandes présentées à compter du 1er janv. 2011 et jusqu'au 1er janv. 2016 (Décr. préc., art. 4).

Art. D. 643-2 *(Décr. n° 2004-461 du 27 mai 2004, art. 2-II, en vigueur le 1er janv. 2004)* **Sont comptées comme périodes d'assurance dans le régime :**

1° Les périodes ayant donné lieu au versement effectif des cotisations ;

2° Les périodes ayant donné lieu aux exonérations de cotisations prononcées en application de l'article L. 642-3 ;

3° Les périodes de mobilisation et de captivité mentionnées à l'article L. 161-19, et les périodes de service national légal ;

(Décr. n° 2010-1678 du 29 déc. 2010) **« 4° Les périodes ayant donné lieu au versement prévu à l'article L. 643-2-1. »**

(Décr. n° 2012-138 du 30 janv. 2012, art. 4, en vigueur le 1er mars 2012) **« 5° Les périodes attribuées par le présent régime au titre de la majoration de durée d'assurance pour enfant mentionnée à l'article L. 643-1-1. »**

Les dispositions du Décr. n° 2010-1678 du 29 déc. 2010 sont applicables aux demandes présentées à compter du 1er janv. 2011 et jusqu'au 1er janv. 2016 (Décr. préc., art. 4).

Art. D. 643-3 *(Décr. n° 2004-461 du 27 mai 2004, art. 2-II, en vigueur le 1er janv. 2004) (Décr. n° 2014-349 du 19 mars 2014, art. 2-1°)* **« Pour la période comprise entre le 1er janvier 2004 et le 31 décembre 2013, » il y a lieu de retenir autant de trimestres que les revenus professionnels ayant servi d'assiette au calcul des cotisations représentent de fois le montant du salaire minimum de croissance en vigueur au**

1er janvier de l'année considérée calculé sur la base de 200 heures, avec un maximum de quatre trimestres par année civile d'affiliation.

(Décr. nº 2014-349 du 19 mars 2014, art. 2-2º) « Pour la période postérieure au 31 décembre 2013, il y a lieu de retenir autant de trimestres d'assurance que les revenus professionnels ayant servi d'assiette au calcul des cotisations représentent de fois le montant du salaire minimum de croissance en vigueur au 1er janvier de l'année considérée calculé sur la base de 150 heures, avec un maximum de quatre trimestres par année civile d'affiliation. »

L'application des dispositions des 2° et 3° de l'article D. 643-2 ne peut avoir pour effet de porter à un chiffre supérieur à quatre le nombre de trimestres d'assurance valable au titre d'une même année civile d'affiliation.

Art. D. 643-4 *(Décr. nº 2004-461 du 27 mai 2004, art. 2-II)* Pour l'exercice de la faculté de versement de cotisations prévue à l'article L. 643-2, sont applicables les dispositions des articles D. 351-3 à D. 351-6 et D. 351-10 *(Décr. nº 2015-14 du 8 janv. 2015, art. 1er-7º)* « à D. 351-14-1 » sous réserve des dispositions suivantes :

1° La référence au régime d'assurance vieillesse des professions libérales est substituée à la référence au régime général de sécurité sociale ;

2° La référence à l'article L. 643-2 est substituée à la référence à l'article L. 351-14-1 ;

3° La référence *(Décr. nº 2015-14 du 8 janv. 2015, art. 1er-7º)* « au 1° du I » de l'article L. 643-2 est substituée à la référence au 1° de l'article L. 351-14-1 ;

(Abrogé par Décr. nº 2008-1383 du 19 déc. 2008) « *4º A l'article D. 351-3, la référence à l'âge de soixante-cinq ans est substituée à la référence à l'âge de soixante ans ;* »

5° A l'avant-dernier alinéa de l'article D. 351-4, la référence à l'immatriculation de l'intéressé à la section professionnelle mentionnée à l'article R. 641-1 est substituée à la référence au report d'un salaire au compte de l'assuré ;

6° Au dernier alinéa de l'article D. 351-4, la référence à la section professionnelle mentionnée à l'article R. 641-1 dont relève l'intéressé à la date de la demande ou dont il a relevé en dernier lieu est substituée à la référence à la caisse mentionnée à cet alinéa ;

7° La référence à l'article D. 643-5 est substituée à la référence à l'article D. 351-7 ;

8° La référence à l'article D. 643-6 est substituée à la référence à l'article D. 351-8 ;

9° La référence à l'article D. 643-7 est substituée à la référence à l'article D. 351-9 ;

(Décr. nº 2015-14 du 8 janv. 2015, art. 1er-7º) « 10° Pour l'application de l'article D. 351-14-1 :

« *a)* Au 1° du II, le montant : "670 euros" est remplacé par le montant : "400 euros" ;

« *b)* Au 2° du II, le montant : "1 000 euros" est remplacé par le montant : "590 euros". »

Les dispositions issues du Décr. nº 2008-1383 du 19 déc. 2008 sont applicables aux demandes de versements reçues postérieurement au 24 déc. 2008, date de publication dudit décret au JO (Décr. préc., art. 7).

Art. D. 643-5 *(Décr. nº 2004-461 du 27 mai 2004, art. 2-II, en vigueur le 1er janv. 2004)* Le versement prévu à l'article L. 643-2 peut être pris en compte :

1° Soit au titre de l'atténuation du coefficient de minoration prévu à l'article R. 643-7, sans que le versement donne lieu à l'attribution de points de retraite ;

2° Soit au titre de l'atténuation du coefficient de minoration prévu à l'article R. 643-7 et avec attribution d'un nombre de points de retraite égal, pour chaque trimestre au titre duquel le versement est pris en compte, au quart du nombre de points déterminé selon les modalités prévues au troisième alinéa de l'article D. 643-1 et correspondant aux cotisations calculées sur un revenu égal au revenu pris en compte pour le calcul de la pension de référence en application des dispositions du 3° de l'article D. 643-6.

(Abrogé par Décr. nº 2009-1739 du 30 déc. 2009, art. 2) (Décr. nº 2006-879 du 17 juill. 2006) « *Le versement ne peut être pris en compte ni pour la détermination de la durée d'assurance ou de périodes reconnues équivalentes, ni pour celle de la durée d'assurance ayant donné lieu à cotisations à la charge de l'assuré, mentionnées ou auxquelles renvoie l'article*

D. 643-8, lorsqu'il se rapporte à une période postérieure à la fin de l'année au cours de laquelle est survenu le dix-septième anniversaire du demandeur. »

Le choix de l'assuré est exprimé dans la demande et est irrévocable.

Ces dispositions sont applicables aux demandes de versement reçues, ou aux versements interrompus postérieurement au 31 déc. 2005 (Décr. n° 2006-879 du 17 juill. 2006, art. 3).

Art. D. 643-6 *(Décr. n° 2004-461 du 27 mai 2004, art. 2-II, en vigueur le 1er janv. 2004)* En vue d'assurer la neutralité actuarielle du versement prévue à l'article L. 643-2, le montant du versement à effectuer au titre de chaque trimestre est égal, pour un âge donné, à la valeur, actualisée à l'année au cours de laquelle *(Décr. n° 2008-1383 du 19 déc. 2008)* « l'assuré présente sa demande » et majorée d'un coefficient forfaitaire représentatif des avantages de réversion, de la différence entre :

1° S'il est effectué au titre du 1° de l'article D. 643-5, d'une part, la somme actualisée d'une pension de référence liquidée trimestriellement, à terme échu, à l'âge de référence fixé à l'article D. 643-7 et calculée sur la base du produit de la valeur de service du point fixée au dernier alinéa de l'article D. 643-1, en vigueur au 1er janvier de l'année au cours de laquelle *(Décr. n° 2008-1383 du 19 déc. 2008)* « l'assuré présente sa demande », par le quart du nombre annuel moyen de points déterminé selon les modalités prévues *(Décr. n° 2006-879 du 17 juill. 2006)* « à ce même article », revalorisé par l'application du coefficient mentionné au 3° de l'article D. 643-7 et correspondant à quarante et une fois et demie le montant d'une cotisation sur un revenu annuel moyen correspondant au revenu mentionné au *a*, au *b* ou au *c* du 3° du présent article et, d'autre part, la somme actualisée de cette même pension minorée de 1,25 % ;

2° S'il est effectué au titre du 2° de l'article D. 643-5, d'une part, la somme actualisée d'une pension de référence liquidée trimestriellement, à terme échu, à l'âge de référence visé à l'article D. 643-7 et calculée sur la base du produit de la valeur de service du point fixée au dernier alinéa de l'article D. 643-1, en vigueur au 1er janvier de l'année au cours de laquelle *(Décr. n° 2008-1383 du 19 déc. 2008)* « l'assuré présente sa demande », par le quart du nombre annuel moyen de points déterminé selon les modalités prévues *(Décr. n° 2006-879 du 17 juill. 2006)* « à ce même article », revalorisé par l'application du coefficient mentionné au 3° de l'article D. 643-7 et correspondant à quarante et une fois trois quart le montant d'une cotisation sur un revenu annuel moyen correspondant au revenu mentionné au *a*, au *b* ou au *c* du 3° du présent article et, d'autre part, la somme actualisée de cette même pension correspondant à quarante et une fois et demie le montant de la même cotisation et minorée de 1,25 % ;

3° Pour l'application des 1° et 2° du présent article, la pension de référence est déterminée en fonction de la moyenne annuelle du total des revenus d'activité non salariée et des salaires perçus par l'assuré au cours des trois dernières années. Le revenu d'activité non salariée et le salaire pris en compte sont égaux :

a) Lorsque la moyenne annuelle desdits revenus et salaires n'excède pas la limite de 75 % fixée au *a* du 3° du I de l'article D. 351-8, à un revenu cotisé égal à 75 % du montant annuel du plafond annuel prévu à l'article L. 241-3 en vigueur au 1er janvier de l'année au cours de laquelle *(Décr. n° 2008-1383 du 19 déc. 2008)* « l'assuré présente sa demande » ;

b) Lorsque la moyenne annuelle desdits revenus et salaires est supérieure à la limite de 75 % et inférieure à la limite égale au plafond fixée au *b* du 3° du I de l'article D. 351-8, pour chaque tranche de revenus et salaires fixée par le barème prévu au 4° du présent article, à un revenu cotisé égal à la moyenne annuelle des revenus et salaires inférieurs de chaque tranche ;

c) Lorsque la moyenne annuelle desdits revenus et salaires est égale ou supérieure à la limite fixée au *c* du 3° du I de l'article D. 351-8, à un revenu cotisé égal au montant annuel du plafond prévu à l'article L. 241-3 en vigueur au 1er janvier de l'année au cours de laquelle *(Décr. n° 2008-1383 du 19 déc. 2008)* « l'assuré présente sa demande ».

Pour l'application du présent 3°, les modalités prévues au I de l'article D. 351-8 sont applicables ;

4° Les règles d'actualisation prévues au II de l'article D. 351-8 sont applicables à l'actualisation prévue au présent article, sous réserve :

a) De la prise en compte, pour les assurés *(Décr. n° 2010-1737 du 30 déc. 2010, art. 1er-5)* « âgés de plus de soixante-deux ans », d'un taux diminué de 0,05 point par année d'âge à partir du taux fixé au *c* dudit II ;

b) De la division du barème prévu au dernier alinéa dudit II en sept tranches de revenus et salaires ainsi déterminées :

— revenus et salaires inférieurs ou égaux à la limite de 75 % fixée au *a* du 3° du I de l'article D. 351-8 ;

— revenus et salaires supérieurs à la limite précitée de 75 % et inférieurs à une limite égale à 80 % du plafond visé audit 3° ;

— revenus et salaires égaux ou supérieurs à la limite précitée de 80 % et inférieurs à une limite égale à 85 % du plafond précité ;

— revenus et salaires égaux ou supérieurs à la limite précitée de 85 % et inférieurs à une limite égale à 90 % du plafond précité ;

— revenus et salaires égaux ou supérieurs à la limite précitée de 90 % et inférieurs à une limite égale à 95 % du plafond précité ;

— revenus et salaires égaux ou supérieurs à la limite précitée de 95 % et inférieurs à une limite égale au plafond précité ;

— revenus et salaires égaux ou supérieurs au plafond précité ;

(Abrogé par Décr. n° 2010-1737 du 30 déc. 2010, art. 1er-5) « ***c) De la substitution de la mention, au dernier alinéa dudit II, de l'âge de soixante-cinq ans à la mention de l'âge de*** *(Décr. n° 2006-879 du 17 juill. 2006)* « ***soixante ans*** ». »

Les dispositions issues du Décr. n° 2008-1383 du 19 déc. 2008 sont applicables aux demandes de versements reçues postérieurement au 24 déc. 2008, date de publication dudit décret au JO (Décr. préc., art. 7).

Les dispositions issues du Décr. n° 2010-1737 du 30 déc. 2010 sont entrées en vigueur le 1er janv. 2011 (Décr. préc., art. 3-III).

Art. D. 643-7 *(Décr. n° 2004-461 du 27 mai 2004, art. 2-II, en vigueur le 1er janv. 2004)* Pour l'application de l'article D. 643-6, la valeur d'un trimestre est déterminée sur la base des paramètres et en application des formules suivantes :

1° Le coefficient forfaitaire mentionné au premier alinéa de l'article D. 643-6 est égal au coefficient fixé en application du 2° de l'article D. 351-9 ;

2° Les coefficients viagers pris en compte dans la formule ci-après sont ceux déterminés en application du 3° de l'article D. 351-9 ;

3° La valeur d'un trimestre est déterminée, selon l'option prévue à l'article D. 643-5, par l'application de la formule suivante :

a) Au titre du 1° de l'article D. 643-5 :

$$NP \times V \times C \times (D - 1) \times E \times (1 + 10\,\%)\,;$$

b) Au titre du 2° de l'article D. 643-5 :

$$NP \times V \times [1 + C \times (D - 1)] \times E \times (1 + 10\,\%),$$

où :

NP est le nombre trimestriel moyen de points de retraite égal au quart du nombre de points de retraite, revalorisé pour les années postérieures à 2004 par l'application du taux de majoration fixé au 1° de l'article D. 351-9 et correspondant à un revenu annuel déterminé selon les modalités fixées en application du *a*, du *b* ou du *c* du 3° de l'article D. 643-6 ;

V est la valeur de service du point de retraite, en vigueur au 1er janvier de l'année au cours de laquelle *(Décr. n° 2008-1383 du 19 déc. 2008)* « l'assuré présente sa demande », fixée par le V de l'article D. 643-1 ;

C est le coefficient de minoration fixé à l'article R. 643-7 ;

D est la durée maximale d'assurance fixée au 4° de l'article D. 351-9 ;

E est le terme actuariel défini comme correspondant à la rente viagère trimestrielle à terme échu égale à une unité pour un intéressé d'âge *B* et un différé égal à *A* – *B*, déterminé selon la formule suivante :

k = *(Décr. nº 2010-1737 du 30 déc. 2010, art. 1er-6)* « 51 à 55 »

$$E = \left[\sum_{k=0}^{k=51 \text{ à } 55} \left(\frac{1}{(1+i)^k} \times \left(\frac{L(A+k)}{L(A)} \right) - \frac{3}{8} - \frac{1}{4} \right) \right] \times \left(\frac{1}{(1+I)^{A-B}} \times \frac{L(A)}{L(B)} \right)$$

où :

i est le taux d'actualisation fixé en application de l'article D. 351-8 et du *a* du 4° de l'article D. 643-6 ;

k est un coefficient dont la valeur varie en fonction de l'âge de l'assuré à la date à laquelle *(Décr. nº 2008-1383 du 19 déc. 2008)* « il présente sa demande » :

(Décr. nº 2010-1737 du 30 déc. 2010, art. 1er-6) « de 0 à 51 pour les assurés âgés de 66 ans ;

« de 0 à 52 pour les assurés âgés de 65 ans ;

« de 0 à 53 pour les assurés âgés de 64 ans ;

« de 0 à 54 pour les assurés âgés de 63 ans ;

« de 0 à 55 pour les assurés âgés de 62 ans ou moins ; »

A est l'âge de référence fixé, en fonction de l'âge de l'assuré à la date à laquelle *(Décr. nº 2008-1383 du 19 déc. 2008)* « il présente sa demande », à :

(Décr. nº 2010-1737 du 30 déc. 2010, art. 1er-6) « 66 ans pour les assurés âgés de 66 ans ;

« 65 ans pour les assurés âgés de 65 ans ;

« 64 ans pour les assurés âgés de 64 ans ;

« 63 ans pour les assurés âgés de 63 ans ;

« 62 ans pour les assurés âgés de 62 ans ou moins ; »

B est l'âge atteint par l'assuré à la date à laquelle *(Décr. nº 2008-1383 du 19 déc. 2008)* « il présente sa demande » ;

L (A + k) est l'effectif à l'âge *(A + k)* de la génération à laquelle appartient l'assuré, indiqué par les tables mentionnées au 3° de l'article D. 351-9 ;

L (A) est l'effectif à l'âge *A* de la génération à laquelle appartient l'assuré, indiqué par les tables mentionnées au 3° de l'article D. 351-9 ;

L (B) est l'effectif à l'âge *B* de la génération à laquelle appartient l'assuré, indiqué par les tables mentionnées au 3° de l'article D. 351-9.

Ces dispositions sont applicables aux demandes de versement reçues, ou aux versements interrompus postérieurement au 31 déc. 2005 (Décr. nº 2006-879 du 17 juill. 2006, art. 3).

Par dérogation aux dispositions du 32e al., pour les demandes acceptées en 2006 présentées par des personnes âgées de moins de 54 ans en 2004 et d'au moins 20 ans en 2004 :

1° L'âge pris en compte est celui atteint à la date d'acceptation de la demande, diminué de 2 ans ;

2° B est l'âge atteint par l'assuré à la date à laquelle il est informé de l'acceptation de sa demande diminué de 2 ans.

Les dispositions issues du Décr. nº 2008-1383 du 19 déc. 2008 sont applicables aux demandes de versements reçues postérieurement au 24 déc. 2008, date de publication dudit décret au JO (Décr. préc., art. 7).

Les dispositions du Décr. nº 2010-1737 du 30 déc. 2010 sont entrées en vigueur le 1er janv. 2011 (Décr. préc., art. 3-III).

Art. D. 643-8 *(Décr. nº 2004-461 du 27 mai 2004, art. 2-II, en vigueur le 1er janv. 2004)* La pension prévue au premier alinéa de l'article L. 643-1 peut être liquidée *(Décr. nº 2010-1734 du 30 déc. 2010, art. 2-III)* « avant l'âge prévu à l'article L. 161-17-2 » pour les assurés qui justifient, dans le régime d'assurance vieillesse de base des professions libérales et, le cas échéant, dans un ou plusieurs autres régimes obligatoires, de périodes d'assurance ou de périodes reconnues équivalentes d'une durée minimale au moins égale à celle fixée *(Décr. nº 2012-847 du 2 juill. 2012, art. 1er-5º)* « à l'article D. 351-1-1, » à l'âge et dans les conditions fixées audit article et selon les modalités fixées aux articles D. 351-1-2 et D. 351-1-3.

Les dispositions issues du Décr. n° 2010-1734 du 30 déc. 2010 sont applicables aux pensions prenant effet à compter du 1er juill. 2011 (Décr. préc., art. 11).

Les dispositions issues des art. 1er à 4 du Décr. n° 2012-847 du 2 juill. 2012 sont applicables aux pensions prenant effet à compter du 1er nov. 2012 (Décr. préc., art. 14).

Art. D. 643-9 *(Décr. n° 2004-461 du 27 mai 2004, art. 2-II, en vigueur le 1er janv. 2004)* **Pour l'application du dernier alinéa de l'article L. 643-1, les périodes d'exercice de l'activité libérale au sens des articles** *(Décr. n° 2017-737 du 3 mai 2017, art. 3-I)* **« L. 640-1 » et L. 622-7 antérieures au 1er janvier 1949 ou à la date à laquelle l'activité professionnelle exercée a été rattachée à l'organisation autonome d'assurance vieillesse des professions libérales sont comptées comme périodes d'exercice.**

Lorsque les périodes d'assurance définies à l'article D. 643-2 sont inférieures à quinze années et que le total de ces périodes et des périodes d'exercice définies à l'alinéa précédent atteint au moins quinze années, la pension de retraite qui est versée est portée au montant de l'allocation aux vieux travailleurs salariés prévue à l'article L. 811-1. – *Il est substitué au montant de l'allocation aux vieux travailleurs salariés un montant fixé par décret, revalorisé dans les conditions prévues à l'art. L. 816-2 CSS (Ord. n° 2004-605 du 24 juin 2004, art. 3).*

Art. D. 643-9-1 *(Décr. n° 2010-1678 du 29 déc. 2010)* **La faculté de versement de cotisations prévue à l'article L. 643-2-1 est ouverte, dans la limite de huit trimestres, aux personnes n'ayant pas atteint l'âge prévu au 1° de l'article L. 351-8 à la date à laquelle elles présentent la demande de versement et dont la pension de retraite dans le régime d'assurance vieillesse de base des professions libérales n'a pas été liquidée à cette date.**

Les dispositions du Décr. n° 2010-1678 du 29 déc. 2010 sont applicables aux demandes présentées à compter du 1er janv. 2011 et jusqu'au 1er janv. 2016 (Décr. préc., art. 4).

Art. D. 643-9-2 *(Décr. n° 2010-1678 du 29 déc. 2010)* **Pour exercer la faculté de versement de cotisations prévue à l'article L. 643-2-1, l'intéressé doit présenter une demande auprès de la section professionnelle mentionnée à l'article R. 641-1 dont il relevait pendant les périodes visées au I de l'article L. 643-2-1. Cette demande comporte les pièces justificatives permettant de l'identifier et de déterminer les périodes au titre desquelles elle est présentée.**

V. note ss. art. D. 643-9-1.

Art. D. 643-9-3 *(Décr. n° 2010-1678 du 29 déc. 2010)* **La demande de versement prévue à l'article D. 643-9-1 est prise en compte pour un nombre entier de trimestres dans la limite du nombre de trimestres civils entiers d'activité accomplis l'année de l'affiliation et l'année suivant celle-ci.**

Toutefois, lorsque l'activité professionnelle a été supérieure à 90 jours sans pour autant représenter un trimestre civil, elle est retenue pour un trimestre.

V. note ss. art. D. 643-9-1.

Art. D. 643-9-4 *(Décr. n° 2010-1678 du 29 déc. 2010)* **La prise en compte du versement effectué en application des dispositions de l'article L. 643-2-1 ne peut avoir pour effet de porter à plus de quatre le nombre de trimestres d'assurance au titre d'une même année civile pris en compte pour le calcul de la durée d'assurance fixée en application du deuxième alinéa de l'article L. 351-1.**

V. note ss. art. D. 643-9-1.

Art. D. 643-9-5 *(Décr. n° 2010-1678 du 29 déc. 2010)* **Pour l'application de l'article L. 643-2-1, la valeur d'un trimestre est égale au quart de la cotisation qui serait due au titre de l'année du rachat, en appliquant au meilleur revenu annuel ayant servi de base au calcul des cotisations au titre de l'année en cours et des deux années ayant précédé le rachat les taux de cotisation fixés au 1° et au 2° de l'article D. 642-3.**

La valeur d'un trimestre ne peut toutefois être inférieure au quart du produit de l'assiette de cotisation et du taux de cotisation fixés au 1° de l'article D. 642-3 en vigueur au 1er janvier de l'année au titre de laquelle la demande de versement prévu à l'article L. 643-2-1 est formulée.

Pour les assurés qui ne sont pas affiliés au régime de base des professions libérales l'année au titre de laquelle ils effectuent leur versement, ni aucune des deux années précédant le rachat, le coût du trimestre est égal à celui fixé en application des dispositions de l'alinéa précédent.

V. note ss. art. D. 643-9-1.

Art. D. 643-9-6 *(Décr. nº 2010-1678 du 29 déc. 2010)* Le montant du versement est égal au produit du nombre de trimestres déterminés selon les modalités prévues à l'article D. 643-9-3, dans la limite de huit trimestres prévue à l'article D. 643-9-1, par la valeur du trimestre, déterminée selon les modalités prévues à l'article D. 643-9-5.

V. note ss. art. D. 643-9-1.

Art. D. 643-9-7 *(Décr. nº 2010-1678 du 29 déc. 2010)* La section professionnelle mentionnée à l'article D. 643-9-1 indique à l'assuré s'il est admis ou non à effectuer un versement. A défaut d'indication dans le délai de deux mois suivant la réception de la demande, lorsqu'elle est recevable, la demande est réputée rejetée.

En cas d'admission, la section professionnelle mentionnée à l'alinéa précédent indique à l'assuré :

– le nombre de trimestres dont il justifie au cours de chacune des années civiles où se situent les périodes dont il demande la prise en compte ;

– le nombre de trimestres susceptibles de faire l'objet d'un versement au titre de ces périodes, compte tenu des limites fixées en application des articles D. 643-9-1, D. 643-9-3 et D. 643-9-4 ;

– le montant du versement correspondant à un trimestre ;

– le montant total du versement correspondant à ce nombre de trimestres.

V. note ss. art. D. 643-9-1.

Art. D. 643-9-8 *(Décr. nº 2010-1678 du 29 déc. 2010)* Le versement est effectué en une seule fois, au plus tard le dernier jour du deuxième mois suivant l'envoi par la section professionnelle de la décision de son admission au bénéfice du versement. A défaut de versement intégral dans ce délai, l'assuré est réputé avoir renoncé à son versement.

Il ne peut être présenté de nouvelle demande avant l'expiration d'un délai de douze mois suivant la date de la notification de l'interruption du versement.

V. note ss. art. D. 643-9-1.

Art. D. 643-10 *(Décr. nº 2011-62 du 14 janv. 2011)* « Le seuil de revenus nets issus de l'activité libérale, prévu au *(Décr. nº 2014-1713 du 30 déc. 2014, art. 1er-III-1º)* « premier » alinéa de l'article L. 643-6, est égal, annuellement, au plafond prévu à l'article L. 241-3, rapporté à la durée d'affiliation au titre de l'activité libérale exercée postérieurement à l'entrée en jouissance de la pension lorsque cette durée est inférieure à un an. Lorsque l'assuré poursuit son activité dans les conditions prévues aux premier et deuxième alinéas de l'article D. 643-10-1, les revenus pris en compte sont également rapportés à la durée d'affiliation au titre de l'activité libérale, lorsque celle-ci est inférieure à un an. »

(Décr. nº 2004-461 du 27 mai 2004) Les revenus tirés de la participation à la permanence des soins mentionnée à l'article *(Décr. nº 2008-1064 du 15 oct. 2008)* « L. 6314-1 » du code de la santé publique ne sont pas pris en compte pour l'application de l'alinéa précédent. *(Décr. nº 2005-1004 du 22 août 2005, art. 2)* « Ne sont pas non plus pris en compte les revenus tirés des activités à caractère artistique, littéraire ou scientifique, exercées accessoirement avant la liquidation de la pension de retraite, ainsi que les revenus tirés de la participation à des activités juridictionnelles ou assimilées, de consultations données occasionnellement, de la participation à des jurys de concours publics ou à des instances consultatives ou délibératives réunies en vertu d'un texte législatif ou réglementaire. »

(Abrogé par Décr. nº 2009-1738 du 30 déc. 2009, art. 3-I) ***« L'assiette des cotisations dues pour les périodes d'activité relevant du deuxième alinéa de l'article L. 643-6 ne peut excéder le plafond prévu au premier alinéa du présent article. »***

(Décr. nº 2011-62 du 14 janv. 2011) « **Pour la détermination de la durée d'affiliation mentionnée au premier alinéa, il n'est pas tenu compte des trimestres civils suivant celui au cours duquel l'assuré remplit les conditions prévues aux** *(Décr. nº 2014-1713 du 30 déc. 2014, art. 1er-III-2º)* « **troisième, quatrième et cinquième** » **alinéas de l'article L. 643-6.** »

Le versement de ces cotisations ne peut entraîner la révision de la pension de retraite lorsque celle-ci a déjà été liquidée. — *Les dispositions du quatrième et du cinquième al. de l'art. D. 643-10 sont applicables pour la première fois aux cotisations dues au titre de l'année 2009 (Décr. nº 2008-1064 du 15 oct. 2008, art. 3).*

Les dispositions issues du Décr. nº 2009-1738 du 30 déc. 2009 ne font pas obstacle à l'application de la régularisation des cotisations dues au titre d'une activité exercée en 2009 dans le cadre du deuxième al. de l'art. L. 643-6 et calculées à titre provisionnel sur la base des revenus estimés par l'intéressé, en application du quatrième al. de l'art. D. 643-10 en vigueur le 31 déc. 2009 (Décr. préc., art. 3-II).

Les dispositions du Décr. nº 2011-62 du 14 janv. 2011 s'appliquent aux périodes postérieures à la publication dudit décret, au cours desquelles les assurés, titulaires d'une pension, poursuivent ou reprennent une activité (Décr. préc., art. 3).

Les dispositions issues du Décr. nº 2014-1713 du 30 déc. 2014 sont applicables aux assurés dont la première pension prend effet à compter du 1er janv. 2015 (Décr. préc., art. 1er-IV).

Art. D. 643-10-1 *(Décr. nº 2011-62 du 14 janv. 2011)* **La pension peut être servie sans cessation préalable de l'activité :**

— lorsque l'assuré déclare vouloir exercer, postérieurement à l'entrée en jouissance de sa pension, une activité relevant du présent régime et procurant des revenus inférieurs au seuil prévu au premier alinéa de l'article D. 643-10 ;

— ou lorsqu'il remplit les conditions prévues aux *(Décr. nº 2014-1713 du 30 déc. 2014, art. 1er-III-2º)* « **troisième, quatrième et cinquième** » **alinéas de l'article L. 643-6, sous réserve d'adresser à la section professionnelle compétente, dans le mois suivant la date d'entrée en jouissance de la pension, une déclaration qui précise la nature de l'activité reprise ainsi qu'une attestation sur l'honneur énumérant les différents régimes mentionnés au** *(Décr. nº 2014-1713 du 30 déc. 2014, art. 1er-III-3º)* « **troisième** » **alinéa du même article dont il a relevé et certifiant qu'il est entré en jouissance de toutes ses pensions de vieillesse personnelles.**

En cas de reprise d'activité, le service de la pension est maintenu dès lors que l'assuré remplit les conditions prévues aux deuxième et troisième alinéas du présent article. L'assuré produit les documents prévus au troisième alinéa dans le mois suivant la reprise d'activité.

Le défaut de production, dans le délai prescrit, des documents prévus au troisième alinéa entraîne une pénalité d'un montant égal à celui fixé en application de l'article L. 133-3 pour l'abandon de la mise en recouvrement des créances à l'égard des cotisants. Si le retard excède un mois, une pénalité identique est automatiquement appliquée pour chaque mois ou fraction de mois de retard. Ces pénalités sont recouvrées dans les mêmes conditions et sous les mêmes garanties et sanctions que les majorations de retard afférentes aux cotisations dues au titre du deuxième chapitre du présent titre.

V. deux dernières notes ss. art. D. 643-10.

Art. D. 643-10-2 *(Décr. nº 2017-416 du 27 mars 2017, art. 1er-9º)* **La réduction de pension prévue au deuxième alinéa de l'article L. 643-6 s'applique à compter du mois suivant celui au cours duquel la caisse a notifié à l'assuré le dépassement des seuils prévus à l'article D. 643-10 et le montant de cette réduction.**

Elle s'applique pendant le nombre de mois durant lesquels, au cours de l'année pour laquelle le dépassement est constaté, l'assuré a poursuivi ou repris une activité libérale dans les conditions prévues au premier alinéa de l'article L. 643-6.

Le montant moyen mensuel du dépassement est déduit du montant mensuel net de la pension. Toutefois, lorsque le dépassement a été constaté pour une période inférieure à douze mois, la réduction est effectuée sur la totalité de l'année civile et correspond, pour chacun des mois, à un douzième du montant constaté sur l'année civile du dépassement du seuil prévu au premier alinéa de l'article L. 643-6.

Lorsque le montant de la réduction est supérieur au montant de la pension, cette dernière n'est pas servie.

Les dispositions de l'art. 1er-9° du Décr. n° 2017-416 du 27 mars 2017 entrent en vigueur le 1er avr. 2017 et s'appliquent aux activités procurant des revenus soumis aux cotisations et contributions de sécurité sociale à compter du 1er janv. 2017 (Décr. préc., art. 3).

Art. D. 643-11 *(Décr. n° 2007-582 du 19 avr. 2007, art. 3)* Le versement des cotisations annuelles des conjoints collaborateurs définies à l'article D. 642-5-2 ouvre droit à l'acquisition d'un nombre de points calculés dans les conditions prévues au troisième alinéa de l'article D. 643-1 et à la détermination des périodes d'assurance dans les conditions définies à l'article D. 643-3. Les prestations du conjoint collaborateur peuvent être liquidées sur sa demande dans les conditions prévues au I de l'article L. 643-3.

Art. D. 643-12 *(Décr. n° 2009-305 du 18 mars 2009)* Les conditions d'âge, d'incapacité, de durée d'assurance et les pièces justificatives requises pour l'application du III de l'article L. 643-3 sont celles fixées aux articles D. 351-1-5 et D. 351-1-6.

Art. D. 643-13 *(Décr. n° 2009-305 du 18 mars 2009)* La pension de retraite des assurés handicapés mentionnée au III de l'article L. 643-3 est majorée dans les conditions prévues aux premier et deuxième alinéas du II de l'article D. 351-1-5. La majoration s'ajoute, le cas échéant, au montant mentionné au deuxième alinéa de l'article D. 643-9.

Art. D. 643-14 *(Décr. n° 2012-1034 du 7 sept. 2012, art. 2-2°)* Les modalités prévues à l'article R. 643-11-5 sont celles définies aux articles D. 643-6 et D. 643-7 sous réserve de l'alinéa suivant :

Pour l'application du 3° de l'article D. 643-6, lorsque le conjoint collaborateur présentant la demande a cotisé, au cours de l'une des trois dernières années précédant sa demande, en qualité de conjoint collaborateur, l'assiette de cotisations retenue pour le calcul des cotisations du régime d'assurance vieillesse de base est assimilée à un revenu pour la détermination du tarif applicable.

Art. D. 643-15 *(Décr. n° 2012-1034 du 7 sept. 2012, art. 2-2°)* Les modalités d'échelonnement du versement en échéances mensuelles définies à l'article R. 643-11-4 sont celles prévues aux articles D. 351-11 et D. 351-12.

Art. D. 643-16 *(Décr. n° 2012-1034 du 7 sept. 2012, art. 2-2°)* Les modalités d'interruption du versement sont celles définies à l'article D. 351-14.

SECTION III *[ABROGÉE]* OUVERTURE DU DROIT ET LIQUIDATION DES ALLOCATIONS DE RÉVERSION

(Abrogée par Décr. n° 2004-461 du 27 mai 2004, art. 2-III, à compter du 1er janv. 2004)

Le Décr. n° 2004-461 du 27 mai 2004 a abrogé la section III et inséré les art. D. 643-1 à D. 643-10 dans la section II.

CHAPITRE IV RÉGIMES COMPLÉMENTAIRES VIEILLESSE — RÉGIMES INVALIDITÉ-DÉCÈS

Art. D. 644-1 Les dispositions de l'article L. 355-3 sont applicables au régime d'assurance vieillesse des travailleurs non salariés des professions libérales ainsi qu'aux régimes d'assurance vieillesse complémentaires et d'assurance invalidité institués conformément aux articles L. 644-1 et L. 644-2.

Art. D. 644-2 *(Décr. n° 2004-461 du 27 mai 2004, art. 3, en vigueur le 1er janv. 2004)* Pour la mise en œuvre du deuxième alinéa de l'article L. 644-3, les délibérations des sections professionnelles approuvant des modifications statutaires portant notamment sur l'assiette et le taux ou, le cas échéant, le montant des cotisations doivent être prises à l'unanimité. Ces modifications statutaires sont transmises à la Caisse nationale des professions libérales, en application de l'article D. 641-6, accompagnées des avis des organisations syndicales et professionnelles les plus représentatives des professions intéressées.

L'avis des organisations syndicales et professionnelles doit porter mention du fait que ces organisations ont pris connaissance de l'assiette et du taux de cotisations proposées et faire état de leurs observations éventuelles.

Les sections professionnelles peuvent procéder à la consultation par référendum prévue à l'article L. 644-1.

CHAPITRE V AVANTAGES COMPLÉMENTAIRES OUVERTS AUX PRATICIENS ET AUXILIAIRES MÉDICAUX CONVENTIONNÉS

SECTION PREMIÈRE DISPOSITIONS GÉNÉRALES

Art. D. 645-1 L'arrêté prévu au dernier alinéa de l'article L. 645-3 est pris par le ministre chargé de la sécurité sociale.

Art. D. 645-2 Le montant de la cotisation annuelle des bénéficiaires des régimes de prestations complémentaires de vieillesse institués par la présente section est fixé ainsi qu'il suit :

1° *(Décr. n° 99-237 du 26 mars 1999, art. 1er)* « pour les médecins, *(Décr. n° 2011-1644 du 25 nov. 2011, art. 7, en vigueur le 1er janv. 2012)* « par le décret n° 2011-1644 du 25 novembre 2011 relatif au régime des prestations complémentaires de vieillesse des médecins libéraux prévu à l'article L. 645-1 du code de la sécurité sociale ».

(Décr. n° 2010-1675 du 29 déc. 2010) « La cotisation due par les assurés reprenant ou poursuivant une activité relevant de l'article L. 643-6 est fixée, en application de la seconde phrase du premier alinéa de l'article L. 645-2, à compter de l'exercice 2011, à 3 %. L'application du présent alinéa ne peut conduire à appeler une cotisation supérieure à celle qui résulterait des dispositions de l'alinéa qui précède. »

(Abrogé par Décr. n° 2007-458 du 25 mars 2007) ***« 2° pour les chirurgiens-dentistes, à*** *(Décr. n° 99-237 du 26 mars 1999, art. 1er)* ***« cinquante fois » la valeur, au 1er janvier de l'année en cause, du tarif conventionnel de la lettre-clé C fixé dans les conditions prévues par l'article L. 162-9*** *[le décret n° 95-442 du 24 avr. 1995 qui avait modifié ce 2° a été annulé par CE 17 janv. 1997, n° 170569]* ***; »***

(Abrogé par Décr. n° 2011-2002 du 28 déc. 2011, art. 4) (Décr. n° 2008-232 du 6 mars 2008, art. 1er) ***« 3° pour les sages-femmes, à 229 €. »***

(Abrogé par Décr. n° 2008-1044 du 10 oct. 2008) ***« 4° pour les auxiliaires médicaux à quarante fois la valeur de l'index AMV. La valeur dudit index est égale au tarif, en vigueur au 1er janvier 1975, de la lettre-clé AMI prévue par l'annexe n° 1 de la convention nationale des infirmiers approuvée par arrêté interministériel. Pour les exercices 1976 et suivants, la valeur de l'index AMV variera comme la moyenne pondérée des lettres-clés utilisées par les auxiliaires médicaux conventionnés, dans les conditions fixées par arrêté du ministre chargé de la sécurité sociale. »***

Art. D. 645-3 et D. 645-4 *Abrogés par Décr. n° 2004-1319 du 1er déc. 2004.*

Art. D. 645-5 Les avantages prévus par les règlements mentionnés au deuxième alinéa de l'article L. 645-1 ne peuvent être garantis que dans la limite des ressources qui y sont affectées en exécution de la présente section.

Art. D. 645-6 Les opérations des sections professionnelles relatives aux avantages sociaux complémentaires de vieillesse doivent faire l'objet de comptes particuliers. Ces comptes prendront la suite des opérations faites au titre du décret n° 62-793 du 13 juillet 1962 modifié.

SECTION II *[ABROGÉE]* COMPENSATION

(Abrogée par Décr. n° 2009-1050 du 27 août 2009)

Art. D. 645-7 à D. 645-15 *Abrogés par Décr. n° 2009-1050 du 27 août 2009. — L'abrogation des art. D. 645-7 à D. 645-15, par le Décr. n° 2009-1050 du 27 août 2009, ne fait pas obstacle à la régularisation de la compensation prévue par l'art. D. 645-15 en vigueur au 31 déc. 2008, due au titre de l'exercice 2008 (Décr. préc., art. 2).*

CHAPITRE VI DISPOSITIONS D'APPLICATION

Art. D. 646-1 Les décrets prévus par le présent titre sont pris sur le rapport du ministre chargé de la sécurité sociale et du ministre chargé du budget.

TITRE CINQUIÈME DISPOSITIONS COMMUNES À L'ASSURANCE MALADIE-MATERNITÉ ET À L'ASSURANCE VIEILLESSE

CHAPITRE PREMIER CONTRIBUTIONS D'ÉQUILIBRE

SECTION PREMIÈRE CONTRIBUTION SOCIALE DE SOLIDARITÉ À LA CHARGE DES SOCIÉTÉS

Art. D. 651-1 (Abrogé par Décr. n° 2018-363 du 16 mai 2018, art. 1er, à compter du 1er janv. 2018) (Décr. n° 95-1358 du 30 déc. 1995, art. 1er) *Le taux de la contribution sociale de solidarité instituée par l'article L. 651-1 est fixé à 0,13 % du chiffre d'affaires défini à l'article L. 651-5.*

Art. D. 651-2 *(Décr. n° 99-755 du 1er sept. 1999, art. 1er)* Pour les entreprises de commerce international et intracommunautaire *(Décr. n° 2011-700 du 20 juin 2011, art. 1er-1°)* « mentionnées à l'article L. 651-3 » dont la marge est au plus égale à 4 % du chiffre d'affaires hors taxes, *(Décr. n° 2004-1103 du 15 oct. 2004)* « le montant *(Abrogé par Décr. n° 2018-363 du 16 mai 2018, art. 1er, à compter du 1er janv. 2018)* « *cumulé* » de la contribution sociale de solidarité *(Abrogé par Décr. n° 2018-363 du 16 mai 2018, art. 1er, à compter du 1er janv. 2018)* « *et de la contribution additionnelle instituée à l'article L. 241-13* » est plafonné à 3,08 % de cette marge brute ».

Pour l'application du premier alinéa, les entreprises de commerce international et intracommunautaire s'entendent de toutes celles qui réalisent plus de la moitié de leurs achats ou de leurs ventes hors taxes hors de France.

La marge brute mentionnée au premier alinéa s'obtient à partir des indications qui doivent figurer, pour chaque exercice, dans le compte de résultat prévu à l'article 8 du code de commerce, en faisant le total des postes ci-dessous :

1° Salaires, traitements et charges sociales ;

2° Impôts, taxes et versements assimilés, à l'exclusion des droits et taxes qui ne sont pas retenus dans l'assiette de la contribution sociale de solidarité en application de l'article L. 651-5 ;

3° Dotations d'exploitation sur immobilisation, sur actifs circulants et pour risques et charges ;

4° Dotations financières aux amortissements et provisions ;

5° Résultat courant avant impôts : en cas de déficit, celui-ci ne peut être déduit du total des postes énumérés ci-dessus.

Le poste Reprises sur amortissements et provisions, transfert de charges peut être déduit du résultat courant avant impôts à concurrence des charges retenues antérieurement dans le calcul de la contribution.

(Abrogé par Décr. n° 2011-700 du 20 juin 2011, art. 1er-1°) « *Les entreprises de commerce international et intracommunautaire mentionnées au deuxième alinéa qui demandent le bénéfice des dispositions du présent article doivent* *(Décr. n° 2004-197 du 2 mars 2004, art. 2)* « *renvoyer à l'organisme chargé du recouvrement de la contribution l'imprimé que ce dernier leur a fait parvenir* ». *Un exemplaire du compte de résultat fourni à l'administration fiscale doit être joint à cet imprimé.* »

Art. D. 651-3 *(Décr. n° 99-755 du 1er sept. 1999, art. 2)* Pour les entreprises de négoce en l'état des produits du sol et de l'élevage, engrais et produits connexes mentionnées à l'article L. 651-3 dont la marge brute est au plus égale à 4 % du chiffre d'affaires défini à l'article L. 651-5, *(Décr. n° 2004-1103 du 15 oct. 2004)* « le montant *(Abrogé par Décr. n° 2018-363 du 16 mai 2018, art. 1er, à compter du 1er janv. 2018)* « *cumulé* » de la contribution sociale de solidarité *(Abrogé par Décr. n° 2018-363 du 16 mai 2018, art. 1er, à compter du 1er janv. 2018)* « *et de la contribution additionnelle instituée à l'article L. 241-13* » est plafonné à 3,08 % de cette marge brute ».

Pour l'application du premier alinéa, les entreprises de négoce en l'état des produits du sol et de l'élevage, engrais et produits connexes sont celles qui réalisent plus de la moitié de leurs achats ou de leurs ventes avec les producteurs agricoles ou leurs coopératives *(Abrogé par Décr. n° 2011-700 du 20 juin 2011, art. 1er-2°)* ***« et qui ont pour activité le négoce en gros des produits suivants :*** *(Décr. n° 2000-631 du 7 juill. 2000, art. 3-I)* ***« céréales, graines oléagineuses, plants, semences, aliments pour le bétail, paille, fourrage, engrais, produits phytosanitaires, bétail, viande, fruits, légumes et tubercules, volailles et gibiers, produits laitiers, légumes secs, vins, miel, forêt, betteraves, laine, lin, olive, protéagineux, sel, tabac, plantes médicinales et aromatiques. »***

La marge brute mentionnée au premier alinéa s'obtient à partir des indications qui doivent figurer, pour chaque exercice, dans le compte de résultat prévu à l'article 8 du code de commerce, en faisant le total des postes ci-dessous :

1° 20 % des salaires, traitements et charges sociales ;

2° Impôts, taxes et versements assimilés, à l'exclusion des droits et taxes qui ne sont pas retenus dans l'assiette de la contribution sociale de solidarité en application de l'article L. 651-5 ;

3° Dotations d'exploitation sur immobilisation, sur actifs circulants et pour risques et charges ;

4° Dotations financières aux amortissements et provisions ;

5° Résultat courant avant impôts : en cas de déficit, celui-ci ne peut être déduit du total des postes énumérés ci-dessus.

Le poste Reprises sur amortissements et provisions, transfert de charges peut être déduit du résultat courant avant impôts à concurrence des charges retenues antérieurement dans le calcul de la contribution.

(Abrogé par Décr. n° 2011-700 du 20 juin 2011, art. 1er-2°) ***« Les dispositions du cinquième alinéa de l'article D. 651-2 sont applicables aux entreprises mentionnées au présent article. »***

Art. D. 651-3-1 *(Décr. n° 99-755 du 1er sept. 1999, art. 3)* Pour les entreprises de négoce en gros des combustibles *(Décr. n° 2003-1281 du 26 déc. 2003, art. 1er ; Décr. n° 2011-700 du 20 juin 2011, art. 1er-3°)* « et de commerce de détail de carburants mentionnées à l'article L. 651-3 » dont la marge est au plus égale à 4 % du chiffre d'affaires hors taxes, *(Décr. n° 2004-1103 du 15 oct. 2004)* « le montant *(Abrogé par Décr. n° 2018-363 du 16 mai 2018, art. 1er, à compter du 1er janv. 2018)* ***« cumulé »*** de la contribution sociale de solidarité *(Abrogé par Décr. n° 2018-363 du 16 mai 2018, art. 1er, à compter du 1er janv. 2018)* ***« et de la contribution additionnelle instituée à l'article L. 241-13 »*** est plafonné à 3,08 % de cette marge brute ».

La marge brute mentionnée au premier alinéa s'obtient à partir des indications qui doivent figurer, pour chaque exercice, dans le compte de résultat prévu à l'article 8 du code de commerce, en faisant le total des postes ci-dessous :

1° 20 % des salaires, traitements et charges sociales ;

2° Impôts, taxes et versements assimilés, à l'exclusion des droits et taxes qui ne sont pas retenus dans l'assiette de la contribution sociale de solidarité en application de l'article L. 651-5 ;

3° Dotations d'exploitation sur immobilisation, sur actifs circulants et pour risques et charges ;

4° Dotations financières aux amortissements et provisions ;

5° Résultat courant avant impôts : en cas de déficit, celui-ci ne peut être déduit du total des postes énumérés ci-dessus.

Le poste Reprises sur amortissements et provisions, transfert de charges peut être déduit du résultat courant avant impôts à concurrence des charges retenues antérieurement dans le calcul de la contribution.

(Abrogé par Décr. n° 2011-700 du 20 juin 2011, art. 1er-3°) ***« Les dispositions du cinquième alinéa de l'article D. 651-2 sont applicables aux entreprises mentionnées au présent article. »***

Art. D. 651-4 Le recouvrement de la contribution sociale de solidarité instituée par l'article L. 651-1 est assuré par *(Décr. n° 2018-363 du 16 mai 2018, art. 1er, en vigueur le 1er janv. 2018)* « la caisse nationale déléguée pour la sécurité sociale des travailleurs indépendants ». *(Décr. n° 2015-420 du 14 avr. 2015, art. 3)* « Elle effectue la répartition de cette recette entre ses affectataires conformément aux dispositions de l'article

L. 651-2-1 et selon les modalités de reversement communiquées par instruction de l'autorité de tutelle. »

Nouvel art. D. 651-4 ***Le recouvrement de la contribution sociale de solidarité instituée par l'article L. 651-1 est assuré par*** (Décr. n° 2018-363 du 16 mai 2018, art. 2) ***« un organisme mentionné à l'article L. 213-1 désigné par le directeur de l'Agence centrale des organismes de sécurité sociale. Il »*** (Décr. n° 2015-420 du 14 avr. 2015, art. 3) ***« effectue la répartition de cette recette entre ses affectataires conformément aux dispositions de l'article L. 651-2-1 et selon les modalités de reversement communiquées par instruction de l'autorité de tutelle. »***

Les dispositions de l'art. 2 du Décr. n° 2018-363 du 16 mai 2018 sont applicables à compter de la date de transfert anticipé fixée par le décret pris en application du dern. al. du 5° du XVI de l'art. 15 de la L. n° 2017-1836 du 30 déc. 2017 de financement de la sécurité sociale pour 2018 et au plus tard au 1er janv. 2020 (Décr. préc., art. 3).

Art. D. 651-5 *Abrogé par Décr. n° 2011-700 du 20 juin 2011, art. 1er-15°.*

Art. D. 651-6 *(Décr. n° 2011-700 du 20 juin 2011, art. 1er-4°)* **Les opérations de recouvrement et de reversement de la contribution sociale de solidarité** *(Abrogé par Décr. n° 2018-363 du 16 mai 2018, art. 1er, à compter du 1er janv. 2018)* ***« et de la contribution additionnelle à la contribution sociale de solidarité à la charge des sociétés »*** **sont décrites dans des comptes spéciaux ouverts à cet effet dans la comptabilité de** *(Décr. n° 2018-363 du 16 mai 2018, art. 1er, en vigueur le 1er janv. 2018)* **« l'organisme mentionné à l'article D. 651-4.**

« L'organisme mentionné » à l'alinéa précédent dispose d'un compte bancaire réservé à ces opérations.

(Décr. n° 2018-363 du 16 mai 2018, art. 1er, en vigueur le 1er janv. 2018) **« Il » peut en outre disposer d'un compte bancaire supplémentaire réservé à l'encaissement de** *(Décr. n° 2018-363 du 16 mai 2018, art. 1er, en vigueur le 1er janv. 2018)* **« cette contribution » et des majorations prévues aux articles L. 651-5-1 et L. 651-5-3 à L. 651-5-5.**

Cet art. est abrogé à compter de la date de transfert anticipé fixée par le décret pris en application du dern. al. du 5° du XVI de l'art. 15 de la L. n° 2017-1836 du 30 déc. 2017 de financement de la sécurité sociale pour 2018 et au plus tard au 1er janv. 2020 (Décr. n° 2018-363 du 16 mai 2018, art. 3).

Art. D. 651-7 *Abrogé par Décr. n° 2011-700 du 20 juin 2011, art. 1er-15°.*

Art. D. 651-8 (Abrogé par Décr. n° 2018-363 du 16 mai 2018, art. 1er, à compter du 1er janv. 2018) (Décr. n° 2004-197 du 2 mars 2004, art. 4) ***Les sociétés et entreprises mentionnées à l'article L. 651-1 doivent effectuer, au plus tard le 15*** (Décr. n° 2004-1361 du 10 déc. 2004) ***« mai », la déclaration prévue par l'article L. 651-5.***

Art. D. 651-9 (Abrogé par Décr. n° 2018-363 du 16 mai 2018, art. 1er, à compter du 1er janv. 2018) (Décr. n° 93-1306 du 9 déc. 1993, art. 4) ***La contribution est portable.*** (Décr. n° 2004-1361 du 10 déc. 2004 ; Décr. n° 2011-700 du 20 juin 2011, art. 1er-6°) ***« Elle fait l'objet d'un paiement exigible le 1er avril, qui doit être effectué le 15 mai au plus tard. »***

Art. D. 651-10 *Abrogé par Décr. n° 2004-197 du 2 mars 2004, art. 5.*

Art. D. 651-11 *Abrogé par Décr. n° 2011-700 du 20 juin 2011, art. 1er-15°.*

Art. D. 651-11-1 *(Décr. n° 99-755 du 1er sept. 1999, art. 7)* **Le** *(Décr. n° 2007-709 du 4 mai 2007, art. 4)* **« directeur »** *(Abrogé par Décr. n° 2018-363 du 16 mai 2018, art. 2)* ***« général »*** **de l'organisme chargé du recouvrement ou son délégataire peut accorder des sursis à poursuites pour le règlement de la contribution et des majorations** *(Abrogé par Décr. n° 2011-700 du 20 juin 2011, art. 1er-7°)* ***« de retard »*** **s'il estime que le débiteur produit des garanties suffisantes.**

Les dispositions de l'art. 2 du Décr. n° 2018-363 du 16 mai 2018 sont applicables à compter de la date de transfert anticipé fixée par le décret pris en application du dern. al. du 5° du XVI de l'art. 15 de la L. n° 2017-1836 du 30 déc. 2017 de financement de la sécurité sociale pour 2018 et au plus tard au 1er janv. 2020 (Décr. préc., art. 3).

Art. D. 651-12 *(Décr. n° 2011-700 du 20 juin 2011, art. 1er-8°)* **« Les majorations prévues aux articles L. 651-5-1 et L. 651-5-3 à L. 651-5-5 sont liquidées par le direc-**

teur *(Abrogé par Décr. n° 2018-363 du 16 mai 2018, art. 2) « général »* de l'organisme chargé du recouvrement. » — *Les dispositions de l'art. 2 du Décr. n° 2018-363 du 16 mai 2018 sont applicables à compter de la date de transfert anticipé fixée par le décret pris en application du dern. al. du 5° du XVI de l'art. 15 de la L. n° 2017-1836 du 30 déc. 2017 de financement de la sécurité sociale pour 2018 et au plus tard au 1er janv. 2020 (Décr. préc., art. 3).*

Elles doivent être versées dans le mois de leur notification par mise en demeure effectuée par le *(Décr. n° 2007-709 du 4 mai 2007, art. 4)* « directeur général » de l'organisme chargé du recouvrement dans les conditions prévues aux articles L. 244-2 et L. 244-3 et sont recouvrées comme la contribution sociale de solidarité.

(Décr. n° 2011-700 du 20 juin 2011, art. 1er-8°) « Les majorations prévues aux articles L. 651-5-1 et L. 651-5-4 à L. 651-5-5 peuvent être modulées par le directeur général de l'organisme chargé du recouvrement. »

Art. D. 651-12-1 *Abrogé par Décr. n° 2011-700 du 20 juin 2011, art. 1er-15°.*

Art. D. 651-13 En cas de rectification du chiffre d'affaires par l'administration fiscale susceptible de conduire à une modification du montant de la contribution sociale de solidarité, la société ou l'entreprise intéressée est tenue de porter cette rectification à la connaissance de l'organisme chargé du recouvrement et de procéder, s'il y a lieu, au versement du supplément de contribution dans le délai de trois mois à compter de la notification par l'administration fiscale du montant rectifié du chiffre d'affaires ou, en cas de contestation, à compter de la notification de la décision définitive.

Art. D. 651-14 En cas de fusion ou d'absorption de deux ou plusieurs sociétés ou entreprises, la société absorbante ou la nouvelle société résultant de la fusion est redevable, *(Décr. n° 2004-1361 du 10 déc. 2004)* « à la date » *(Décr. n° 2018-363 du 16 mai 2018, art. 1er, en vigueur le 1er janv. 2018)* « d'exigibilité fixée au premier alinéa de l'article L. 651-3 », de la contribution sociale de solidarité assise sur le chiffre d'affaires réalisé par toute société ou entreprise fusionnée ou absorbée durant l'année au cours de laquelle est intervenue cette opération.

Le changement de forme juridique d'une société ou entreprise *(Décr. n° 2011-700 du 20 juin 2011, art. 1er-9°)* « ou » toute autre modification *(Abrogé par Décr. n° 2011-700 du 20 juin 2011, art. 1er-9°) « de ses statuts »* de nature à entraîner une exonération de la contribution, restent sans effet sur son assujettissement à la contribution sociale de solidarité au titre du chiffre d'affaires réalisé jusqu'à la date de ce changement ou de cette modification.

Art. D. 651-15 Les sociétés et entreprises assujetties à la contribution sociale de solidarité sont soumises aux dispositions des articles *(Décr. n° 99-755 du 1er sept. 1999, art. 8 ; Décr. n° 2017-1409 du 25 sept. 2017, art. 1er-V)* « R. 155-4, R. 244-4 et R. 244-5 ». — *Les dispositions de l'art. 1er du Décr. n° 2017-1409 du 25 sept. 2017 sont applicables aux contrôles n'ayant pas fait l'objet d'un procès-verbal de travail dissimulé à la date de publication du décret susvisé (Décr. préc., art. 5, JO 27 sept.).*

Les dispositions de la section II du chapitre III du titre III du livre Ier concernant le recouvrement des cotisations de sécurité sociale par voie de contrainte sont applicables au recouvrement de la contribution sociale de solidarité.

Art. D. 651-16 *Al. 1er et 2 abrogés par Décr. n° 2011-700 du 20 juin 2011, art. 1er-11°.*

(Décr. n° 2000-631 du 7 juill. 2000, art. 3-II) « En cas de cessation définitive d'activité, de cession » totale ou de dissolution survenant entre le 1er janvier et la *(Décr. n° 2011-700 du 20 juin 2011, art. 1er-11° ; Décr. n° 2018-363 du 16 mai 2018, art. 1er, en vigueur le 1er janv. 2018)* « date d'exigibilité fixée au premier alinéa de l'article L. 651-3 », la contribution sociale de solidarité due au titre de l'année en cours, calculée sur la base du chiffre d'affaires réalisé l'année précédente, devient immédiatement exigible.

Art. D. 651-17 (Abrogé par Décr. n° 2015-420 du 14 avr. 2015, art. 5-II) (Décr. n° 2011-700 du 20 juin 2011, art. 1er-12°) ***Les montants affectés aux bénéficiaires de la contribution sociale de solidarité à la charge des sociétés mentionnés à l'article L. 651-2-1 et au régime mentionné à l'article R. 635-9 ainsi que les dates de versements correspondants sont fixés par un arrêté des ministres chargés de la sécurité sociale et du budget.***

Art. D. 651-18 (Abrogé par Décr. n° 2015-420 du 14 avr. 2015, art. 5-II) (Décr. n° 2011-700 du 20 juin 2011, art. 1er-13°) ***Les modalités de reversement de la contribution additionnelle à la contribution sociale de solidarité à la charge des sociétés sont précisées dans une convention conclue entre la Caisse nationale du régime social des indépendants et le fonds mentionné à l'article L. 135-1.***

Art. D. 651-19 *Abrogé par Décr. n° 2011-700 du 20 juin 2011, art. 1er-15°.*

Art. D. 651-20 Les contestations relatives à la contribution sociale de solidarité sont soumises aux dispositions *(Décr. n° 2011-700 du 20 juin 2011, art. 1er-14°)* « de la section IV du chapitre II et de la section III » du chapitre IV du titre IV du livre Ier.

SECTION II *[ABROGÉE]* CONTRIBUTION DE SOLIDARITÉ À LA CHARGE DES RETRAITÉS

(Abrogée par Décr. n° 2015-420 du 14 avr. 2015, art. 5-I)

Art. D. 651-21 ***L'arrêté prévu au deuxième alinéa de l'article L. 651-11 est pris par le ministre chargé de la sécurité sociale et le ministre chargé du budget.*** — L'art. L. 651-11 a été abrogé (suite à l'abrogation par L. n° 87-39 du 27 janv. 1987, art. 34, de la loi n° 84-575 du 9 juill. 1984, art. 13, codifié ss. les art. L. 651-10 et L. 651-11 CSS).

CHAPITRE II DISPOSITIONS DIVERSES

Art. D. 652-1 (Abrogé par Décr. n° 2015-1856 du 30 déc. 2015, art. 9-1°) ***Pour le contrôle de l'assiette des cotisations à percevoir au titre du régime d'assurance maladie et maternité et des régimes d'assurance vieillesse des travailleurs non salariés des professions non agricoles, ainsi que pour la détermination des droits à allocation ouverts au titre desdits régimes d'assurance vieillesse, les organismes institués par l'article L. 611-1, les 1°, 2° et 3° de l'article L. 621-3 et l'article L. 723-1 sont habilités à user de la procédure prévue par l'article L. 161 du livre des procédures fiscales.***

Les dispositions issues du Décr. n° 2015-1856 du 30 déc. 2015 s'appliquent aux cotisations et aux contributions de sécurité sociale dues au titre de la période courant à compter du 1er janv. 2016 (Décr. préc., art. 10-I).

LIVRE SEPTIÈME RÉGIMES DIVERS — DISPOSITIONS DIVERSES

TITRE PREMIER RÉGIMES SPÉCIAUX

CHAPITRE PREMIER DISPOSITIONS GÉNÉRALES

SECTION PREMIÈRE RESSOURCES DES ASSURANCES MALADIE ET MATERNITÉ GARANTISSANT LES PERSONNES ASSUJETTIES À L'UN DES RÉGIMES SPÉCIAUX MENTIONNÉS À L'ARTICLE L. 711-1

Art. D. 711-1 *(Décr. n° 2017-1891 du 30 déc. 2017, art. 1er-VII)* I. — Le taux de la cotisation due au titre de l'emploi des salariés bénéficiaires d'un régime spécial de sécurité sociale mentionné à l'article L. 711-1 et relevant du régime général pour tout ou partie des risques maladie, maternité, invalidité et décès, est fixé, selon les risques couverts, conformément au tableau suivant :

RÉGIME SPÉCIAL MENTIONNÉ AU *[À L'ARTICLE]* L. 711-1	TAUX
Assurés relevant du régime général pour la prise en charge des frais de santé et pour le versement, en cas de maladie ou de maternité, de prestations en espèces	
Personnels de la Comédie-Française	12,2 %
Personnels de l'Opéra de Paris	12,2 %

Salariés du Port autonome de Strasbourg	12,2 %
Fonctionnaires en position de détachement dans une entreprise relevant du régime général	12,2 %
Assurés relevant du régime général pour la prise en charge des frais de santé	
Fonctionnaires des administrations, services, offices, établissements publics de l'État, établissements industriels de l'État, de l'Imprimerie Nationale, et magistrats	fixé à l'article D. 712-38
Ouvriers de l'État	fixé à l'article 1er du décret n° 67-850 du 30 septembre 1967 portant fixation des taux des cotisations d'assurance maladie, invalidité et maternité des régimes de sécurité sociale des fonctionnaires, des ouvriers de l'État et des agents permanents des collectivités locales
Fonctionnaires des régions, des départements, des communes et de leurs établissements publics n'ayant pas le caractère industriel ou commercial, affiliés à la Caisse nationale de retraites des agents des collectivités locales Fonctionnaires hospitaliers affiliés à la Caisse nationale de retraites des agents des collectivités locales	fixé à l'article 2 du décret n° 67-850 du 30 septembre 1967 portant fixation des taux des cotisations d'assurance maladie, invalidité et maternité des régimes de sécurité sociale des fonctionnaires, des ouvriers de l'État et des agents permanents des collectivités locales
Agents de la Banque de France	fixé à l'article 2 du décret n° 2007-406 du 23 mars 2007 relatif aux assurances maladie et maternité du personnel titulaire de la Banque de France
Salariés des Industries électriques et gazières	fixé à l'article 9 du décret n° 91-613 du 28 juin 1991 fixant les taux des cotisations de divers régimes spéciaux de sécurité sociale
Assurés relevant du régime général pour le risque invalidité	
Anciens mineurs visés par l'article 11 de loi n° 73-1128 du 21 décembre 1973 de finances rectificative pour 1973	0,80 %

II. — Pour les assurés des anciens régimes spéciaux de la chambre de commerce et d'industrie de Paris et de ceux du port autonome de Bordeaux, relevant du régime général pour les risques maladie, maternité, invalidité et décès*[,]* les taux de cotisations sont ceux respectivement mentionnés à l'article 1er *[du]* décret n° 2012-1486 du 27 décembre 2012 relatif au taux de la cotisation d'assurance maladie, maternité, invalidité et décès due au titre des salariés qui relevaient antérieurement au 1er janvier 2013 du régime spécial d'assurance maladie de la chambre de commerce et d'industrie de Paris par la chambre de commerce et d'industrie de région Paris-Île-de-France et à l'article 15 du décret n° 91-613 du 28 juin 1991 fixant les taux des cotisations de divers régimes spéciaux de sécurité sociale.

Les dispositions de l'art. 1er-VII du Décr. n° 2017-1891 du 30 déc. 2017 s'appliquent aux cotisations et aux contributions de sécurité sociale dues au titre des périodes courant à compter du 1er janv. 2018 (Décr. préc., art. 8).

Art. D. 711-2 *(Décr. n° 91-613 du 28 juin 1991, art. 2 ; Décr. n° 97-1249 du 29 déc. 1997, art. 1er)* Sous réserve des dispositions du 2° de l'article D. 711-5, le taux de la cotisation mentionnée *(Décr. n° 2018-821 du 27 sept. 2018, art. 1er)* « au 3° » de l'article L. 131-2 est fixé à :

1° 0,95 % pour :

– les fonctionnaires de l'État et de ses établissements publics à caractère administratif ainsi que les ouvriers de l'État ;

– les fonctionnaires des régions, des départements, des communes ou de leurs établissements publics n'ayant pas le caractère industriel ou commercial ;

2° 2,20 % pour les personnes relevant du régime d'assurance des marins français ;

3° 1,70 % pour les personnes placées sous le régime général pour les assurances maladie, maternité, décès et invalidité (pensions et soins) ;

4° 1,45 % pour les personnes placées sous le régime général pour les assurances maladie, maternité, décès et invalidité (soins) ;

5° 0,80 % pour les personnes relevant de la caisse de retraite et de prévoyance des clercs et employés de notaires. – *Nouveaux taux applicables à compter du 1er janv. 1998.*

Pour les personnes mentionnées au premier alinéa de l'article R. 711-24, le taux de la cotisation mentionnée *(Décr. n° 2018-821 du 27 sept. 2018)* « au 3° » de l'article L. 131-2 est le taux de droit commun de la cotisation à la charge des salariés en vigueur au 30 juin 1987 dans le régime d'assurance maladie dont elles relèvent ou relevaient. *(Décr. n° 97-1249 du 29 déc. 1997, art. 1er-II)* « A compter du 1er janvier 1998, ce taux est diminué de 3,8 points. »

Art. D. 711-3 *(Décr. n° 97-1249 du 29 déc. 1997, art. 2) (Décr. n° 2002-1627 du 30 déc. 2002)* « Pour les personnes qui remplissent les conditions définies à l'article L. 136-1 et qui relèvent d'un régime spécial de sécurité sociale, » est fixé à 1 % le taux des cotisations mentionnées à l'article L. 711-2 assises sur :

1° Les avantages de retraite complémentaire servis aux pensionnés des régimes spéciaux par des institutions relevant du titre II du livre IX ;

2° Les avantages de retraite complémentaire servis par les organismes gestionnaires des régimes spéciaux aux assurés qui sont titulaires d'avantages de retraite de base attribués, par ces mêmes organismes, au titre de l'article D. 173-1. – *Effet à compter du 1er janv. 1998.*

V. Circ. ACOSS n° 2003-027 du 31 janv. 2003.

Art. D. 711-4 *(Décr. n° 97-1249 du 29 déc. 1997, art. 3)* Pour les personnes mentionnées *(Décr. n° 2017-1891 du 30 déc. 2017, art. 1er-V)* « à l'article L. 131-9 » qui relèvent d'un régime spécial de sécurité sociale au titre de l'exercice d'une activité professionnelle, le taux des cotisations d'assurance maladie, maternité, invalidité et décès à la charge de ces personnes et applicable aux revenus d'activités en cause est celui en vigueur au 31 décembre 1997 pour les assurés de ce régime. – *Effet à compter du 1er janv. 1998.*

Les dispositions de l'art. 1er-V du Décr. n° 2017-1891 du 30 déc. 2017 s'appliquent aux cotisations et aux contributions de sécurité sociale dues au titre des périodes courant à compter du 1er janv. 2018 (Décr. préc., art. 8).

Art. D. 711-5 *(Décr. n° 97-1249 du 29 déc. 1997, art. 4)* Pour les personnes mentionnées *(Décr. n° 2017-1891 du 30 déc. 2017, art. 1er-V)* « à l'article L. 131-9 » qui relèvent d'un régime spécial de sécurité sociale et perçoivent des revenus de remplacement, le taux de la cotisation afférente à la couverture des prestations en nature de l'assurance maladie et maternité à la charge de ces personnes est fixé :

1° A 2,80 % pour les avantages mentionnés *(Décr. n° 2018-821 du 27 sept. 2018, art. 1er)* « au 2° » de l'article L. 131-2 ;

2° Pour les avantages mentionnés *(Décr. n° 2018-821 du 27 sept. 2018, art. 1er)* « au 3° » de l'article L. 131-2 :

a) A *(Décr. n° 2018-162 du 6 mars 2018, art. 1er-V)* « 4,15 % » s'agissant des personnes mentionnées au 1° du premier alinéa de l'article D. 711-2 ;

b) A *(Décr. n° 2018-162 du 6 mars 2018, art. 1er-V)* « 5,40 % » s'agissant des personnes mentionnées au 2° du premier alinéa de l'article D. 711-2 ;

c) A *(Décr. n° 2018-162 du 6 mars 2018, art. 1er-V)* « 4,90 % » s'agissant des personnes mentionnées au 3° du premier alinéa de l'article D. 711-2 ;

d) A *(Décr. n° 2018-162 du 6 mars 2018, art. 1er-V)* « 4,65 % » s'agissant des personnes mentionnées au 4° du premier alinéa de l'article D. 711-2 ;

e) A *(Décr. n° 2018-162 du 6 mars 2018, art. 1er-V)* « 4,00 % » s'agissant des personnes mentionnées au 5° du premier alinéa de l'article D. 711-2 ;

f) S'agissant des personnes mentionnées au deuxième alinéa de l'article D. 711-2, au taux de droit commun, diminué *(Décr. n° 2004-1230 du 17 nov. 2004)* « de 0,6 point », de la cotisation à la charge des salariés en vigueur au 30 juin 1987 ;

3° A *(Décr. n° 2004-1230 du 17 nov. 2004)* « 3,2 % » pour les avantages de retraite servis par un régime spécial, soit en application de ses propres règles, soit au titre de l'article D. 173-1 ;

4° A *(Décr. n° 2018-162 du 6 mars 2018, art. 1er-V)* « 4,20 % » pour les avantages de retraite complémentaire mentionnés à l'article D. 711-3.

Les dispositions issues du Décr. n° 2004-1230 du 17 nov. 2004 s'appliquent aux avantages versés à compter du 1er janv. 2005 (Décr. préc., art. 1er, XI).

Les dispositions de l'art. 1er-V du Décr. n° 2017-1891 du 30 déc. 2017 s'appliquent aux cotisations et aux contributions de sécurité sociale dues au titre des périodes courant à compter du 1er janv. 2018 (Décr. préc., art. 8).

Les dispositions de l'art. 1er du Décr. n° 2018-162 du 6 mars 2018 s'appliquent aux cotisations de sécurité sociale dues au titre des périodes courant à compter du premier jour du mois de sa publication, soit le 1er mars 2018 (Décr. préc., art. 7).

SECTION II PRESTATIONS

Néant.

SECTION III DISPOSITIONS DIVERSES — DISPOSITIONS D'APPLICATION

Art. D. 711-6 *(Décr. n° 91-613 du 28 juin 1991, art. 1er)* Les dispositions du second alinéa de l'article 3 du décret n° 46-1428 du 12 juin 1946 sont applicables aux assurés des départements du Haut-Rhin, du Bas-Rhin et de la Moselle bénéficiaires d'un régime spécial de sécurité sociale mentionné aux articles R. 711-1 et R. 711-24 et placés sous le régime général pour la couverture des risques maladie, maternité, décès et invalidité. — *[Anc. art. D. 711-1.]*

Art. D. 711-7 *(Décr. n° 2012-1524 du 28 déc. 2012, art. 1er)* Les employeurs des salariés relevant des régimes spéciaux de sécurité sociale des marins, des mines et des clercs et employés de notaires bénéficient de la réduction de cotisations prévue à l'article L. 241-13 dans les conditions fixées aux articles D. 241-7 à *(Décr. n° 2014-1688 du 29 déc. 2014, art. 8)* « D. 241-11 » et D. 241-26 sous réserve des dispositions des articles D. 711-8 à D. 711-10.

Les dispositions issues du Décr. n° 2014-1688 du 29 déc. 2014 s'appliquent aux cotisations et contributions dues au titre des rémunérations versées à compter du 1er janv. 2015 (Décr. préc., art. 14).

Art. D. 711-8 *(Décr. n° 2012-1524 du 28 déc. 2012, art. 1er)* I. — Pour les salariés affiliés simultanément au régime spécial de sécurité sociale dans les mines et au régime général de sécurité sociale en application des dispositions des premier, deuxième et troisième alinéas de l'article 11 de la loi n° 73-1128 du 21 décembre 1973 de finances rectificative pour 1973 ou du deuxième alinéa de l'article 8 du décret n° 46-2769 du 27 novembre 1946 portant organisation de la sécurité sociale dans les mines, la réduction prévue à l'article L. 241-13 s'applique séparément aux cotisations *(Décr. n° 2014-1688 du 29 déc. 2014, art. 9-1°)* « et aux contributions » à la charge de l'employeur dues *(Décr. n° 2014-1688 du 29 déc. 2014, art. 9-1°)* « dans le champ de » chacun des régimes susmentionnés.

(Décr. n° 2014-1688 du 29 déc. 2014, art. 9-2°) « II. — A. — Pour les employeurs mentionnés au 1° de l'article L. 834-1, le montant de la réduction est calculé dans chaque régime sur la base du coefficient T précisé dans le tableau ci-dessous :

COTISATIONS ET CONTRIBUTIONS dues dans le champ du régime spécial	**COTISATION ET CONTRIBUTIONS dues dans le champ du régime général**
Cotisations d'assurance vieillesse et invalidité : 0,0935	Cotisations d'assurance maladie et maternité, cotisations d'allocations familiales, contribution de solidarité autonomie, accidents du travail et maladies professionnelles, cotisation invalidité et décès, contribution au Fonds national d'aide au logement, cotisations d'assurance chômage : 0,1083
Cotisations d'assurance maladie et maternité et contribution de solidarité autonomie : 0,0625	Cotisations d'assurance vieillesse et invalidité, cotisations d'allocations familiales, accidents du travail et maladies professionnelles, contribution au Fonds national d'aide au logement, cotisations d'assurance chômage : 0,1558
Cotisations d'assurance vieillesse et invalidité, cotisations d'assurance maladie et maternité et contribution de solidarité autonomie : 0,1560	Fonds national d'aide au logement, accidents du travail et maladies professionnelles, allocations familiales, cotisations d'assurance chômage : 0,0433

V. note ss. art.

« B. — Pour les employeurs mentionnés au 2° de l'article L. 834-1, le montant de la réduction est calculé dans chaque régime sur la base du coefficient T précisé dans le tableau ci-dessous : »

COTISATIONS ET CONTRIBUTIONS dues dans le champ du régime spécial	**COTISATIONS ET CONTRIBUTIONS dues dans le champ du régime général**
Cotisations d'assurance vieillesse et invalidité : 0,0935	Cotisations d'assurance maladie et maternité, cotisations d'allocations familiales, contribution de solidarité autonomie, accidents du travail et maladies professionnelles, cotisation invalidité et décès, contributions au Fonds national d'aide au logement, cotisations d'assurance chômage : 0,1123
Cotisations d'assurance maladie et maternité et contribution de solidarité autonomie : 0,0625	Cotisations d'assurance vieillesse et invalidité, cotisations d'allocations familiales, accidents du travail et maladies professionnelles, contributions au Fonds national d'aide au logement, cotisations d'assurance chômage : 0,1598
Cotisations d'assurance vieillesse et invalidité, cotisations d'assurance maladie et maternité et contribution de solidarité autonomie : 0,1560	Fonds national d'aide au logement, accidents du travail et maladies professionnelles, allocations familiales, cotisations d'assurance chômage : 0,0473

Tableaux issus du Décr. n° 2018-1356 du 28 déc. 2018, applicables pour les rémunérations dues pour les périodes courant du 1er janv. au 31 déc. 2019.

Pour les rémunérations dues pour les périodes courant du 1er oct. au 31 déc. 2019 :

Les valeurs mentionnées dans les tableaux au titre des cotisations et contributions dues dans le champ du régime général et du régime d'assurance chômage font l'objet d'une majoration égale à 0,0405 (Décr. préc., art. 5-III).

V. note ss. art. D. 711-7.

Nouvel art. D. 711-8 (Décr. n° 2012-1524 du 28 déc. 2012, art. 1er) ***I. — Pour les salariés affiliés simultanément au régime spécial de sécurité sociale dans les mines et au régime général de sécurité sociale en application des dispositions des premier, deuxième et troisième alinéas de l'article 11 de la loi n° 73-1128 du 21 décembre 1973 de finances rectificative pour 1973 ou du deuxième alinéa de l'article 8 du décret n° 46-2769 du 27 novembre 1946 portant organisation de la sécurité sociale dans les mines, la réduction prévue à l'article L. 241-13 s'applique séparément aux cotisations*** (Décr. n° 2014-1688 du 29 déc. 2014, art. 9-1°) ***« et aux contributions » à la charge de l'employeur dues*** (Décr. n° 2018-1356 du 28 déc. 2018, art. 5-II, en vigueur le 1er oct. 2019) ***« dans le champ du régime spécial d'une part et dans le champ du régime général et de l'assurance chômage d'autre part ».***

(Décr. n° 2014-1688 du 29 déc. 2014, art. 9-2°) ***« II. — A. — Pour les employeurs mentionnés au 1° de l'article L. 834-1, le montant de la réduction est calculé dans chaque régime sur la base du coefficient T précisé dans le tableau ci-dessous :***

COTISATIONS ET CONTRIBUTIONS dues dans le champ du régime spécial	COTISATION ET CONTRIBUTIONS dues dans le champ du régime général et du régime d'assurance chômage
Cotisations d'assurance vieillesse et invalidité : 0,0935	Cotisations d'assurance maladie et maternité, cotisations d'allocations familiales, contribution de solidarité autonomie, accidents du travail et maladies professionnelles, cotisation invalidité et décès, contribution au Fonds national d'aide au logement, cotisations d'assurance chômage : 0,1488
Cotisations d'assurance maladie et maternité et contribution de solidarité autonomie : 0,0625	Cotisations d'assurance vieillesse et invalidité, cotisations d'allocations familiales, accidents du travail et maladies professionnelles, contribution au Fonds national d'aide au logement, cotisations d'assurance chômage : 0,1963
Cotisations d'assurance vieillesse et invalidité, cotisations d'assurance maladie et maternité et contribution de solidarité autonomie : 0,1560	Fonds national d'aide au logement, accidents du travail et maladies professionnelles, allocations familiales, cotisations d'assurance chômage : 0,0838

V. note ss. art.

« B. — Pour les employeurs mentionnés au 2° de l'article L. 834-1, le montant de la réduction est calculé dans chaque régime sur la base du coefficient T précisé dans le tableau ci-dessous : »

COTISATIONS ET CONTRIBUTIONS dues dans le champ du régime spécial	COTISATIONS ET CONTRIBUTIONS dues dans le champ du régime général et du régime d'assurance chômage
Cotisations d'assurance vieillesse et invalidité : 0,0935	Cotisations d'assurance maladie et maternité, cotisations d'allocations familiales, contribution de solidarité autonomie, accidents du travail et maladies professionnelles, cotisation invalidité et décès, contributions au Fonds national d'aide au logement, cotisations d'assurance chômage : 0,1528

COTISATIONS ET CONTRIBUTIONS dues dans le champ du régime spécial	**COTISATIONS ET CONTRIBUTIONS dues dans le champ du régime général et du régime d'assurance chômage**
Cotisations d'assurance maladie et maternité et contribution de solidarité autonomie : 0,0625	Cotisations d'assurance vieillesse et invalidité, cotisations d'allocations familiales, accidents du travail et maladies professionnelles, contributions au Fonds national d'aide au logement, cotisations d'assurance chômage : 0,2003
Cotisations d'assurance vieillesse et invalidité, cotisations d'assurance maladie et maternité et contribution de solidarité autonomie : 0,1560	Fonds national d'aide au logement, accidents du travail et maladies professionnelles, allocations familiales, cotisations d'assurance chômage : 0,0878

Tableaux issus du Décr. nº 2018-1356 du 28 déc. 2018, art. 2.

Les dispositions de l'art. 2 du Décr. nº 2018-1356 du 28 déc. 2018 s'appliquent aux rémunérations dues au titre des périodes d'emploi courant à compter du 1er janv. 2020, sauf pour les salariés mentionnés au B du IX de l'art. 8 de la L. nº 2018-1203 du 22 déc. 2018 pour le financement de la sécurité sociale pour 2019 [V. dernière note ss. art. L. 241-13], pour lesquels elles s'appliquent pour les rémunérations dues au titre des périodes d'emploi courant à compter du 1er janv. 2019 (Décr. préc., art. 3).

V. note ss. art. D. 711-7.

Art. D. 711-9 *(Décr. nº 2012-1524 du 28 déc. 2012, art. 1er)* I. — Pour les salariés affiliés au régime spécial de sécurité sociale des clercs et employés de notaires, la réduction prévue à l'article L. 241-13 s'applique séparément aux cotisations *(Décr. nº 2014-1688 du 29 déc. 2014, art. 10-1º)* « et aux contributions » à la charge de l'employeur qui sont dues :

1º Au titre des assurances maladie, maternité, invalidité, décès, vieillesse et réversion *(Décr. nº 2014-1688 du 29 déc. 2014, art. 10-2º)* « et de la contribution de solidarité pour l'autonomie », à la caisse de retraite et de prévoyance des clercs et employés de notaires ;

2º Au titre des allocations familiales, *(Décr. nº 2014-1688 du 29 déc. 2014, art. 10-3º)* « de la contribution au Fonds national d'aide au logement et de la cotisation au titre des accidents du travail et des maladies professionnelles, » aux organismes de recouvrement du régime général.

(Décr. nº 2014-1688 du 29 déc. 2014, art. 10-4º) « II. — Pour déterminer le montant de la réduction prévue à l'article L. 241-13, le coefficient T figurant dans la formule de calcul prévue à l'article D. 241-7 est remplacé par les coefficients précisés dans le tableau ci-après selon les risques couverts : »

	Assurances maladie, maternité, invalidité, décès, vieillesse et réversion et CSA	**Allocations familiales, FNAL, cotisation au titre des AT-MP et cotisation d'assurance chômage**
Employeurs soumis au 1º de l'article L. 834-1	0,2378	0,0431
Employeurs soumis au 2º de l'article L. 834-1	0,2378	0,0471

Tableau issu du Décr. nº 2018-1356 du 28 déc. 2018, applicable pour les rémunérations dues pour les périodes courant du 1er janv. au 31 déc. 2019.

Pour les rémunérations dues pour les périodes courant du 1er oct. au 31 déc. 2019 :

Les valeurs mentionnées dans le tableau au titre de la cotisation d'allocations familiales, de la contribution au fonds national d'aide au logement (FNAL), de la cotisation au titre des accidents du travail et des maladies professionnelles et de la cotisation d'assurance chômage font l'objet d'une majoration égale à 0,0405 (Décr. préc., art. 5-III)

V. note ss. art. D. 711-7.

Nouvel art. D. 711-9 (Décr. n° 2012-1524 du 28 déc. 2012, art. 1er) *I. – Pour les salariés affiliés au régime spécial de sécurité sociale des clercs et employés de notaires, la réduction prévue à l'article L. 241-13 s'applique séparément aux cotisations* (Décr. n° 2014-1688 du 29 déc. 2014, art. 10-1°) *« et aux contributions » à la charge de l'employeur qui sont dues :*

1° Au titre des assurances maladie, maternité, invalidité, décès, vieillesse et réversion (Décr. n° 2014-1688 du 29 déc. 2014, art. 10-2°) *« et de la contribution de solidarité pour l'autonomie », à la caisse de retraite et de prévoyance des clercs et employés de notaires ;*

2° Au titre des allocations familiales, (Décr. n° 2014-1688 du 29 déc. 2014, art. 10-3°) *« de la contribution au Fonds national d'aide au logement* (Décr. n° 2018-1356 du 28 déc. 2018, art. 5-II, en vigueur le 1er oct. 2019) *« , de la cotisation d'assurance chômage » et de la cotisation au titre des accidents du travail et des maladies professionnelles, » aux organismes de recouvrement du régime général.*

(Décr. n° 2014-1688 du 29 déc. 2014, art. 10-4°) *« II. – Pour déterminer le montant de la réduction prévue à l'article L. 241-13, le coefficient T figurant dans la formule de calcul prévue à l'article D. 241-7 est remplacé par les coefficients précisés dans le tableau ci-après selon les risques couverts : »*

	Assurances maladie, maternité, invalidité, décès, vieillesse et réversion et CSA	**Allocations familiales, FNAL, cotisation au titre des AT-MP et cotisation d'assurance chômage**
Employeurs soumis au 1° de l'article L. 834-1	0,2380	0,0834
Employeurs soumis au 2° de l'article L. 834-1	0,2380	0,0874

Tableau issu du Décr. n° 2018-1356 du 28 déc. 2018, art. 2-III.

Les dispositions de l'art. 2 du Décr. n° 2018-1356 du 28 déc. 2018 s'appliquent aux rémunérations dues au titre des périodes d'emploi courant à compter du 1er janv. 2020, sauf pour les salariés mentionnés au B du IX de l'art. 8 de la L. n° 2018-1203 du 22 déc. 2018 pour le financement de la sécurité sociale pour 2019 [V. dernière note ss. art. L. 241-13], pour lesquels elles s'appliquent pour les rémunérations dues au titre des périodes d'emploi courant à compter du 1er janv. 2019 (Décr. préc., art. 3).

V. note ss. art. D. 711-7.

Art. D. 711-10 *(Décr. n° 2012-1524 du 28 déc. 2012, art. 1er)* **Pour les salariés relevant du régime spécial de sécurité sociale des marins, la réduction prévue à l'article L. 241-13 s'applique séparément pour les cotisations** *(Décr. n° 2014-1688 du 29 déc. 2014, art. 11-1°)* **« et les contributions » à la charge de l'employeur qui sont dues :**

1° Au titre des assurances maladie, maternité, invalidité, décès, vieillesse, accidents du travail et maladies professionnelles *(Décr. n° 2014-1688 du 29 déc. 2014, art. 11-2°)* **« et de la contribution de solidarité pour l'autonomie », à l'Établissement national des invalides de la marine ;**

2° Au titre des allocations familiales *(Décr. n° 2018-1356 du 28 déc. 2018, art. 5-II, en vigueur le 1er oct. 2019)* **« , la contribution à la charge de l'employeur due au titre de l'assurance chômage prévue à l'article L. 5422-9 du code du travail »** *(Décr. n° 2014-1688 du 29 déc. 2014, art. 11-3°)* **« et de la contribution au Fonds national d'aide au logement »,** *(Décr. n° 2017-1891 du 30 déc. 2017, art. 1er-X)* **« aux organismes de recouvrement du régime général ».** *– Les dispositions de l'art. 1er-X du Décr. n° 2017-1891 du 30 déc. 2017 s'appliquent aux cotisations et aux contributions de sécurité sociale dues au titre des périodes courant à compter du 1er janv. 2018 (Décr. préc., art. 8).*

Sous réserve des dispositions de l'avant-dernier alinéa, quelle que soit la durée du travail des salariés, le calcul du coefficient de la réduction est déterminé par application de la formule suivante :

Coefficient = T × (1,6 × 1 820 fois le montant du SMIC / salaire forfaitaire annuel défini à l'article L. 5553-5 du code des transports – 1) / 0,6

Pour la réduction des cotisations mentionnées au 1°, T est égal *(Abrogé par Décr. n° 2014-1688 du 29 déc. 2014, art. 11-4°)* « *, quel que soit l'effectif de l'entreprise,* » à la somme des taux des contributions patronales d'assurances sociales *(Décr. n° 2014-1688 du 29 déc. 2014, art. 11-4°)* « et de la contribution de solidarité pour l'autonomie ».

Pour la réduction des cotisations mentionnées au 2°, T est égal *(Décr. n° 2014-1688 du 29 déc. 2014, art. 11-5°)* « à la somme du taux de la contribution au Fonds national d'aide au logement *(Décr. n° 2018-1356 du 28 déc. 2018, art. 5-II, en vigueur le 1er oct. 2019)* « , la contribution à la charge de l'employeur due au titre de l'assurance chômage prévue à l'article L. 5422-9 du code du travail » et » de la contribution d'allocation familiale. — *Pour les rémunérations dues pour les périodes courant du 1er oct. au 31 déc. 2019, la somme mentionnée au septième al. de l'art. D. 711-10 inclut le taux de la cotisation due par les employeurs au titre de l'assurance chômage (Décr. n° 2018-1356 du 28 déc. 2018, art. 5-III).*

Pour le calcul du coefficient de la réduction applicable aux marins du commerce et de la plaisance, le ratio mentionné au cinquième alinéa entre 1 820 fois le montant du SMIC et le salaire forfaitaire annuel défini à l'article L. 5553-5 du code des transports est remplacé par le ratio entre le SMIC calculé pour un an et la rémunération annuelle brute, tel qu'il est déterminé à l'article D. 241-7.

Pour la réduction des cotisations *(Décr. n° 2014-1688 du 29 déc. 2014, art. 11-6°)* « et des contributions » mentionnées au 1° et au 2°, les taux sont pris en compte après application, le cas échéant, des réductions et exonérations prévues aux articles L. 5553-7, L. 5715-4, L. 5735-4, L. 5745-4 et L. 5755-4 du code des transports, à l'article 6 du décret-loi du 17 juin 1938 relatif à la réorganisation et à l'unification du régime d'assurance des marins et à l'article 1er de la loi n° 77-441 du 27 avril 1977 et du décret-loi du 17 juin 1938.

V. note ss. art. D. 711-7.

Art. D. 711-11 *(Décr. n° 2019-40 du 24 janv. 2019, art. 2)* Les salariés relevant de régimes spéciaux de sécurité sociale mentionnés aux articles R. 711-1 et R. 711-24 bénéficient de la réduction de cotisations prévue à l'article L. 241-17 dans les conditions fixées aux articles D. 241-21 et D. 241-22.

Les dispositions du Décr. n° 2019-40 du 24 janv. 2019 s'appliquent pour les rémunérations dues pour les périodes courant à compter du 1er janv. 2019. Ces mêmes dispositions sont applicables à Mayotte et à Saint-Pierre-et-Miquelon, dans la limite des taux de cotisations en vigueur dans ces territoires (Décr. préc., art. 4 et 5).

CHAPITRE II RÉGIME DES FONCTIONNAIRES DE L'ÉTAT ET DES MAGISTRATS

SECTION PREMIÈRE BÉNÉFICIAIRES

Art. D. 712-1 Les dispositions du présent chapitre sont applicables aux fonctionnaires en activité dès leur entrée en fonction en qualité de titulaire.

Art. D. 712-2 Dans les cas prévus *(Décr. n° 87-802 du 29 sept. 1987, art. 10)* « aux 1°, 8° et 11° » de l'article 14 du décret n° 85-986 du 16 septembre 1985, ainsi que dans le cas de détachement auprès d'une administration d'État bien que dans un emploi ne conduisant pas à pension du régime général des retraites, le fonctionnaire détaché reste soumis au régime spécial de sécurité sociale des fonctionnaires institué par le présent chapitre.

Dans les autres cas de détachement, le fonctionnaire est soumis, pour les risques autres que ceux couverts par le régime de retraite dont il relève, au régime d'assurance applicable à la profession qu'il exerce par l'effet de son détachement.

Fonctionnaire détaché sur un emploi de contractuel auprès de la Banque de France. En relevant que la Banque de France n'a pas le caractère d'un établissement public mais revêt une nature particulière et des caractéristiques propres et que le régime spécial du personnel de la Banque de France s'applique aux seuls agents titulaires actifs et retraités de la Banque de France, à l'exclusion notamment des agents auxquels sont confiés, en application de l'art. 114 du statut du personnel, des missions exceptionnelles et temporaires donnant lieu à un engagement contractuel limité à une durée maximale de cinq ans, la Cour d'appel a exactement déduit que l'indemnisation des arrêts de travail pour maladie reste soumis au régime général de sécurité sociale pendant la durée du détachement du fonctionnaire. • Civ. 2e, 18 sept. 2014, n° 13-23.346.

Art. D. 712-3 Le fonctionnaire en disponibilité bénéficie des dispositions du présent chapitre pendant toute la période où il perçoit un émolument ou une allocation en vertu soit du statut général des fonctionnaires, soit de l'article L. 712-3.

Art. D. 712-4 La veuve du fonctionnaire, titulaire d'une pension de réversion, bénéficie des mêmes prestations que le fonctionnaire retraité et dans les mêmes conditions.

Elle adresse, dans les trois mois du décès de son conjoint, une déclaration à la caisse primaire d'assurance maladie dans la circonscription de laquelle elle réside, par l'intermédiaire de la section locale ou du correspondant d'entreprise du *"de cujus"*.

Art. D. 712-5 Lorsque le fonctionnaire en retraite ou la veuve du fonctionnaire, titulaire d'une pension de réversion, exercent une activité professionnelle, ils sont assujettis au régime de sécurité sociale dont relève cette activité.

Art. D. 712-6 Les dispositions des articles L. 372-1 et L. 372-2 sont applicables aux fonctionnaires en position "sous les drapeaux".

Art. D. 712-7 *(Décr. n° 97-1249 du 29 déc. 1997, art. 5-I)* « Pour les fonctionnaires placés en position de congé spécial, l'État verse la cotisation fixée à l'article D. 712-38 ». — *Effet à compter du 1er janv. 1998.*

Lorsqu'ils n'exercent pas une activité relevant d'un régime obligatoire de sécurité sociale, ils reçoivent des prestations en nature des assurances maladie et maternité dans les conditions prévues par l'article D. 712-11.

S'ils viennent à décéder, leurs ayants cause ont droit au capital décès, dans les conditions prévues à la sous-section 3 de la section II du présent chapitre.

Art. D. 712-8 La présente section et les sections II à IV du présent chapitre sont applicables aux magistrats de l'ordre judiciaire.

SECTION II PRESTATIONS

Art. D. 712-9 Le décret prévu pour l'application de l'article L. 712-3 est pris sur le rapport du ministre chargé de la sécurité sociale et du ministre chargé du budget.

Art. D. 712-10 Les prestations prévues à l'article L. 712-3 sont, pour leur totalité, à la charge de l'État.

SOUS-SECTION 1 PRESTATIONS EN NATURE — INDEMNITÉS JOURNALIÈRES

Art. D. 712-11 En cas de maladie et maternité, les fonctionnaires bénéficient des prestations en nature des assurances sociales, dans les conditions et suivant les tarifs en vigueur dans les caisses d'assurance maladie auxquelles ils sont affiliés, sous réserve des dispositions prévues au présent chapitre.

Les fonctionnaires retraités pour invalidité avant l'âge de soixante ans, au titre du régime général des pensions civiles de l'État, et les fonctionnaires qui, reconnus en état d'invalidité temporaire, dans les conditions prévues à la sous-section 2 de la présente section, au moment de leur admission à la retraite, ont été mis d'office ou admis à faire valoir leurs droits à la retraite, en application des articles L. 3 et L. 4, 1er et 2e alinéas, du code des pensions civiles et militaires de retraite, ont droit aux prestations en nature de l'assurance invalidité selon les modalités fixées à l'alinéa précédent.

Lorsque les retraités mentionnés à l'alinéa précédent atteignent *(Décr. n° 2010-1734 du 30 déc. 2010, art. 5-7°)* « l'âge prévu par l'article L. 161-17-2 », ils ont le droit, sans limitation de durée, aux prestations en nature de l'assurance maladie pour l'affection ayant donné lieu à l'attribution de la pension d'invalidité ou de prestations d'invalidité temporaire. Les mêmes avantages sont accordés aux fonctionnaires retraités pour invalidité au titre du régime général des pensions civiles de l'État à *(Décr. n° 2010-1734 du 30 déc. 2010, art. 5-7°)* « l'âge prévu par l'article L. 161-17-2 » au moins.

Les dispositions issues du Décr. n° 2010-1734 du 30 déc. 2010 sont applicables aux pensions prenant effet à compter du 1er juill. 2011 (Décr. préc., art. 11).

Art. D. 712-12 En cas de maladie, le fonctionnaire qui ne peut bénéficier de l'un des régimes de congé de maladie, de congé de longue maladie ou de congé de longue durée, prévus par la loi n° 84-16 du 11 janvier 1984 portant dispositions statutaires relatives à la Fonction publique de l'État, mais qui remplit les conditions fixées par le livre III du présent code pour avoir droit à l'indemnité journalière mentionnée au 4° de l'article L. 321-1, a droit à une indemnité égale à la somme des éléments suivants :

1° La moitié ou les deux tiers, suivant le cas, du traitement et des indemnités accessoires, à l'exclusion de celles qui sont attachées à l'exercice des fonctions ou qui ont le caractère de remboursement de frais ;

2° La moitié ou les deux tiers, suivant les cas, soit de l'indemnité de résidence perçue au moment de l'arrêt de travail s'il est établi que l'intéressé, son conjoint ou les enfants à sa charge continuent à résider dans la localité où ledit intéressé exerce ses fonctions, soit, dans le cas contraire, de la plus avantageuse des indemnités de résidence afférentes aux localités où le fonctionnaire, son conjoint ou les enfants à sa charge résident depuis l'arrêt de travail, sans que cette somme puisse être supérieure à celle calculée dans le premier cas ;

3° La totalité des avantages familiaux.

Toutefois, les maxima prévus par la réglementation du régime général de sécurité sociale sont applicables dans les cas mentionnés au présent article.

SOUS-SECTION 2 PRESTATIONS D'INVALIDITÉ TEMPORAIRE

Art. D. 712-13 Les fonctionnaires peuvent, sur leur demande, être reconnus en état d'invalidité temporaire s'ils sont atteints d'une invalidité réduisant au moins des deux tiers leur capacité de travail, sans pouvoir reprendre immédiatement leurs fonctions ni être mis ou admis à la retraite.

Art. D. 712-14 La demande doit être adressée à la caisse primaire d'assurance maladie dans le délai d'un an suivant, soit la date de l'expiration des droits statutaires à traitement ou du service de l'indemnité mentionnée à l'article D. 712-12, soit la date de la consolidation de la blessure ou la date de la stabilisation de l'état de l'intéressé telle qu'elle résulte de la notification qui lui en est faite par la caisse primaire.

La caisse primaire transmet cette demande avec son avis à l'administration dont relève le fonctionnaire.

Art. D. 712-15 L'invalidité temporaire est appréciée par la commission de réforme, compte tenu du barème indicatif prévu au troisième alinéa de l'article L. 28 du code des pensions civiles et militaires, que l'état des intéressés leur interdise ou non d'exercer une activité rémunérée autre que leur emploi.

La commission de réforme se prononce :

1° En vue de l'attribution de l'allocation d'invalidité temporaire mentionnée à l'article D. 712-18, à compter de l'expiration des droits statutaires à un traitement ou du service de l'indemnité mentionnée à l'article D. 712-12 ;

2° En vue de l'attribution des prestations en nature de l'assurance invalidité mentionnées à l'article D. 712-17, qui sont dues à compter de la date, soit de la consolidation de la blessure, soit de la stabilisation de l'état de l'intéressé telle qu'elle résulte de l'avis de la caisse primaire, soit de l'entrée en jouissance de l'allocation d'invalidité temporaire.

Art. D. 712-16 Le bénéfice de l'assurance invalidité est accordé après avis de la commission de réforme par périodes d'une durée maximum de six mois, renouvelable selon la procédure initiale.

L'état d'invalidité temporaire est constaté par arrêté ministériel pris sur l'avis de la commission de réforme.

Cet arrêté précise dans tous les cas :

1° Le degré d'invalidité de l'intéressé ;

2° Le point de départ et la durée de l'état d'invalidité ;

3° La nature des prestations auxquelles l'intéressé ouvre droit ;

4° Le taux de l'allocation d'invalidité éventuellement applicable.

Notification de l'arrêté est faite à la caisse primaire d'assurance maladie à laquelle incombe le service des prestations en nature.

Art. D. 712-17 Le fonctionnaire en état d'invalidité temporaire a droit ou ouvre droit, dans les mêmes conditions que les pensionnés d'invalidité du régime général de sécurité sociale :

1° Sans limitation de durée, aux prestations en nature de l'assurance maladie ;

2° Aux prestations en nature de l'assurance maternité.

Art. D. 712-18 L'allocation d'invalidité temporaire est liquidée et payée par l'administration ou l'établissement auquel appartient le fonctionnaire.

En vue de la détermination du montant de l'allocation, la commission de réforme classe les intéressés dans un des trois groupes suivants :

1° Invalides capables d'exercer une activité rémunérée ;

2° Invalides absolument incapables d'exercer une profession quelconque ;

3° Invalides qui, étant absolument incapables d'exercer une profession, sont en outre dans l'obligation d'avoir recours à l'assistance d'une tierce personne pour effectuer les actes ordinaires de la vie.

Pour les invalides du premier groupe, l'allocation est égale à la somme des éléments suivants :

1° 30 % du dernier traitement d'activité, augmenté de 30 % des indemnités accessoires, à l'exclusion de celles qui sont attachées à l'exercice des fonctions ou qui ont le caractère de remboursement de frais ;

2° 30 % de l'indemnité de résidence, prise en considération suivant les modalités prévues par le 2° du premier alinéa de l'article D. 712-12 ;

3° La totalité des avantages familiaux.

Pour les invalides des second et troisième groupes, le taux de 30 % ci-dessus est remplacé par celui de 50 %. En outre, pour les invalides du troisième groupe, le montant des éléments énumérés aux 1° et 2° du troisième alinéa du présent article est majoré de 40 %, sans que la majoration puisse être inférieure au minimum prévu à l'article R. 341-6. Cette majoration n'est pas versée pendant la durée d'une hospitalisation.

Toutefois, les maxima prévus pour la détermination du montant des prestations en espèces du régime général des assurances sociales sont applicables dans les cas mentionnés au présent article.

L'allocation cesse d'être servie dès que le fonctionnaire est réintégré dans ses fonctions ou mis à la retraite et, en tout état de cause, à *(Décr. n° 2010-1734 du 30 déc. 2010, art. 5-7°)* « l'âge prévu par l'article L. 161-17-2 ».

Les dispositions issues du Décr. n° 2010-1734 du 30 déc. 2010 sont applicables aux pensions prenant effet à compter du 1er juill. 2011 (Décr. préc., art. 11).

SOUS-SECTION 3 CAPITAL DÉCÈS

Art. D. 712-19 Les ayants droit de tout fonctionnaire décédé avant *(Décr. n° 2010-1734 du 30 déc. 2010, art. 5-7°)* « l'âge prévu par l'article L. 161-17-2 » et se trouvant au moment du décès soit en activité, soit détaché dans les conditions du premier alinéa de l'article D. 712-2, soit dans la situation de disponibilité mentionnée à l'article D. 712-3, soit dans la position sous les drapeaux, ont droit au moment du décès et quels que soient l'origine, le moment ou le lieu de celui-ci, au paiement d'un capital décès.

(Décr. n° 2015-1399 du 3 nov. 2015, art. 1er-1°) « Ce capital est égal à quatre fois le montant mentionné à l'article D. 361-1 du code de la sécurité sociale en vigueur à la date du décès du fonctionnaire. » — *Les dispositions issues du Décr. n° 2015-1399 du 3 nov. 2015 sont applicables aux capitaux versés au titre des décès survenus à compter du lendemain de sa publication, soit le 6 nov. 2015 (Décr. préc., art. 2).*

— Les dispositions issues du Décr. n° 2010-1734 du 30 déc. 2010 sont applicables aux pensions prenant effet à compter du 1er juill. 2011 (Décr. préc., art. 11).

Art. D. 712-20 *(Décr. n° 2009-1425 du 20 nov. 2009, art. 1er)* Le capital décès tel qu'il est déterminé à l'article D. 712-19 est versé :

1° A raison d'un tiers au conjoint non séparé de corps ni divorcé du *de cujus* ou au partenaire d'un pacte civil de solidarité non dissous et conclu plus de deux ans avant le décès du *de cujus* ;

2° A raison de deux tiers :

a) Aux enfants légitimes, naturels reconnus ou adoptifs du *de cujus* nés et vivants au jour de son décès, âgés de moins de vingt et un ans ou infirmes, et non imposables du fait de leur patrimoine propre à l'impôt sur le revenu ;

b) Aux enfants recueillis au foyer du de cujus qui se trouvaient à la charge de ce dernier au sens des articles 196 et 196 A *bis* du code général des impôts au moment de son décès, à condition qu'ils soient âgés de moins de vingt et un ans ou infirmes.

La quote-part revenant aux enfants est répartie entre eux par parts égales.

En cas d'absence d'enfants pouvant prétendre à l'attribution du capital décès, celui-ci est versé en totalité au conjoint non divorcé ni séparé de corps ou au partenaire d'un pacte civil de solidarité non dissous et conclu plus de deux ans avant le décès du *de cujus*.

En cas d'absence de conjoint non divorcé ni séparé de corps ou de partenaire d'un pacte civil de solidarité non dissous, le capital décès est attribué en totalité aux enfants attributaires et réparti entre eux et par parts égales.

En cas d'absence de conjoint ou de partenaire d'un pacte civil de solidarité et d'absence d'enfants pouvant prétendre à l'attribution du capital décès, ce dernier est versé à celui ou à ceux des ascendants du *de cujus* qui étaient à sa charge, au moment du décès.

Les dispositions issues du Décr. n° 2009-1425 du 20 nov. 2009 s'appliquent à la détermination des droits au versement d'un capital décès à raison de tout décès postérieur à son entrée en vigueur.

Toutefois, le partenaire d'un pacte civil de solidarité non dissous et conclu plus de deux ans avant le décès du fonctionnaire a droit, si ce décès est survenu au cours des quatre années précédant la publication du Décr. n° 2009-1425 du 20 nov. 2009, au versement d'un montant équivalent à celui auquel lui donnerait droit l'application des règles prévues par le décret précité.

L'alinéa précédent est sans préjudice des droits acquis par les autres catégories d'ayants droit en vertu des textes applicables à la date du décès (Décr. préc., JO 22 nov.).

Art. D. 712-21 Chacun des enfants appelés à percevoir ou à se partager le capital décès, suivant les conditions mentionnées à l'article D. 712-20, reçoit, en outre, une majoration calculée à raison des trois centièmes du traitement annuel brut soumis à retenue pour pension afférent à l'indice net 450 (indice brut 585) ; le traitement à prendre en considération est, dans tous les cas, celui correspondant à l'indice précité, en vigueur au moment du décès du fonctionnaire.

Les enfants légitimes ou naturels reconnus, nés viables dans les trois cents jours du décès du *"de cujus"*, reçoivent exclusivement et dans tous les cas la majoration prévue à l'alinéa précédent.

Art. D. 712-22 Tout fonctionnaire *(Décr. n° 2010-1734 du 30 déc. 2010, art. 5-16°)* « ayant un âge supérieur ou égal à celui prévu par l'article L. 161-17-2 », et non encore admis à faire valoir ses droits à la retraite, ouvre droit au capital décès prévu à l'article L. 361-1 ; ce capital est versé aux ayants droit définis à l'article D. 712-20.

Les dispositions issues du Décr. n° 2010-1734 du 30 déc. 2010 sont applicables aux pensions prenant effet à compter du 1er juill. 2011 (Décr. préc., art. 11).

Art. D. 712-23 Le capital décès mentionné à la présente sous-section n'est pas soumis aux droits de mutation en cas de décès.

Art. D. 712-23-1 *(Décr. n° 2015-1399 du 3 nov. 2015, art. 1er-2°)* Par dérogation aux articles D. 712-19 et D. 712-22, lorsque le fonctionnaire est décédé à la suite d'un accident de service ou d'une maladie professionnelle, le capital décès, augmenté le cas échéant de la majoration pour enfant, est égal à douze fois le montant du dernier traitement indiciaire brut mensuel perçu par le fonctionnaire décédé. – *Les dispositions issues du Décr. n° 2015-1399 du 3 nov. 2015 sont applicables aux capitaux versés au titre des décès survenus à compter du lendemain de sa publication, soit le 6 nov. 2015 (Décr. préc., art. 2).*

Art. D. 712-24 *(Décr. n° 2015-1399 du 3 nov. 2015, art. 1er-3°)* Par dérogation aux articles D. 712-19 et D. 712-22, lorsque le fonctionnaire est décédé à la suite d'un attentat, d'une lutte dans l'exercice de ses fonctions ou d'un acte de dévouement dans un intérêt public ou pour sauver la vie d'une ou plusieurs personnes, le capital décès, augmenté le cas échéant de la majoration pour enfant, est égal à douze fois le montant du dernier traitement indiciaire brut mensuel perçu par le fonctionnaire décédé.

Il est versé trois années de suite dans les conditions ci-après : le premier versement au décès du fonctionnaire et les deux autres au jour anniversaire de cet événement.

Les dispositions issues du Décr. n° 2015-1399 du 3 nov. 2015 sont applicables aux capitaux versés au titre des décès survenus à compter du lendemain de sa publication, soit le 6 nov. 2015 (Décr. préc., art. 2).

SOUS-SECTION 4 CONTRÔLE MÉDICAL

Art. D. 712-25 Le contrôle médical prévu à l'article L. 315-1 est effectué par le médecin assermenté de l'administration mentionné aux articles 9 et 10 du décret n° 59-310 du 14 février 1959 en ce qui concerne le service des prestations en espèces prévues à la sous-section 2 de la présente section.

La décision prise en ce qui concerne l'état d'invalidité dans les conditions prévues à la même sous-section s'impose à la caisse primaire d'assurance maladie.

Art. D. 712-26 En ce qui concerne le service des prestations prévues à l'article D. 712-12 ainsi que des prestations en nature prévues à l'article D. 712-11 et à la sous-section 2 de la présente section, le contrôle médical est exercé dans les conditions du droit commun, sous réserve des dispositions du deuxième alinéa de l'article D. 712-25.

La décision de la caisse primaire accordant ou maintenant le bénéfice des prestations en espèces de l'assurance maladie est immédiatement notifiée à l'administration dont relève le fonctionnaire, à laquelle elle s'impose.

La notification précise, le cas échéant, le point de départ du délai de trois ans d'indemnisation prévu au 1° de l'article L. 323-1 et à l'article R. 323-1.

Art. D. 712-27 Les frais occasionnés par le contrôle prévu à la sous-section 2 de la présente section et à l'article D. 712-25 sont à la charge de l'État.

Les frais occasionnés par le contrôle prévu à l'article D. 712-26 sont à la charge de l'organisation générale de la sécurité sociale.

SOUS-SECTION 5 DISPOSITIONS DIVERSES

Art. D. 712-28 Les commissions administratives paritaires instituées en application de l'article 14 de la loi n° 84-16 du 11 janvier 1984 portant dispositions statutaires relatives à la Fonction publique de l'État et du décret n° 82-451 du 28 mai 1982 modifié par le décret n° 84-955 du 25 octobre 1984 exercent les attributions des commissions prévues à l'article L. 712-5.

En ce qui concerne les magistrats de l'ordre judiciaire, il est institué à l'administration centrale du ministère de la justice une commission composée pour moitié des représentants des magistrats désignés par les organisations professionnelles les plus représentatives et pour moitié des représentants de l'administration désignés par celle-ci.

Le nombre des membres de cette commission et les modalités de son fonctionnement sont déterminés par un arrêté du garde des sceaux, ministre de la justice.

Cette commission exerce les attributions de la commission prévue à l'article L. 712-5 ainsi que celles de la commission prévue à l'article R. 142-1.

Les difficultés nées de l'application des dispositions de l'article L. 712-3 sont soumises pour avis aux commissions prévues au présent article avant toute décision du ministre intéressé.

SECTION III ORGANISATION ADMINISTRATIVE

Art. D. 712-29 Les prestations autres que les prestations en nature prévues à l'article D. 712-11 sont liquidées et payées par les administrations ou établissements auxquels appartiennent les intéressés.

Art. D. 712-30 La ou les caisses primaires d'assurance maladie d'un même département doivent confier le service des prestations en nature des assurances maladie, maternité et invalidité à la ou aux sections locales constituées dans les conditions prévues aux articles D. 712-31 à D. 712-33.

1. Il résulte des dispositions des art. L. 712-6 et L. 712-8 et des art. D. 712-30 à D. 712-35 CSS qui s'appliquent à la liquidation et au service des prestations en nature dont bénéficient les fonctionnaires et agents publics que, si une mutuelle de fonctionnaires qui compte au moins cent adhérents est habilitée de plein droit à exercer le rôle de correspondant de la caisse primaire d'assurance maladie, ce n'est qu'à défaut qu'ait pu être constituée une section locale mutualiste pour les fonctionnaires et agents intéressés. Par suite, une mutuelle qui ne compte pas suffisamment d'adhérents pour être elle-même érigée en section locale ne saurait être habilitée en qualité de correspondant dès lors qu'une autre mutuelle exerce, en application des dispositions susrappelées, le rôle de section locale pour l'ensemble des fonctionnaires et agents intéressés dans le département. • TA Versailles, 13 avr. 1995 : *RJS 1995, n° 813.*

2. Il résulte des dispositions des art. D. 712-30, D. 712-31 et D. 712-35 CSS que l'habilitation d'une mutuelle de fonctionnaires en qualité de correspondant pour la gestion du régime spécial des fonctionnaires ne peut être légalement maintenue lorsqu'une section locale mutualiste est instituée. • CE 17 mars 1997 : *RJS 1997, n° 734.*

3. Les juridictions de l'ordre administratif sont compétentes pour se prononcer sur le recours aux fins d'annulation de la décision par laquelle une caisse primaire d'assurance maladie met fin à l'agrément d'une mutuelle en qualité de correspondant. • CE 17 mars 1997 : *préc. note 2.*

4. La caisse primaire d'assurance maladie étant tenue de mettre fin à l'agrément de la mutuelle en qualité de correspondant, le moyen tiré de l'incompétence du directeur de la caisse à prendre une telle décision est inopérant. • CE 17 mars 1997 : *préc. note 2.*

Art. D. 712-31 Les sections locales sont créées à l'initiative des mutuelles ou sections de mutuelles constituées entre fonctionnaires ou des unions ou sections d'unions de telles mutuelles.

Chaque section locale peut grouper des fonctionnaires bénéficiaires du présent chapitre, ainsi que des agents et ouvriers de l'État, à condition que tous ses adhérents appartiennent, soit à un même établissement ou groupe d'établissements situés dans le même département, soit à une même administration ou à un même service ou à un même groupe d'administrations ou de services dont la circonscription est comprise dans un même département.

Une section locale ne peut être créée que si elle groupe au minimum 1 000 adhérents.

Art. D. 712-32 Toute mutuelle ou section de mutuelle constituée entre fonctionnaires, ainsi que toute union ou section d'union de telles mutuelles peut créer une section locale dans les conditions prévues à l'article D. 712-31.

Dans les départements où une section locale ne pourrait être constituée par une mutuelle ou section de mutuelle d'une même administration, les mutuelles ou sections de mutuelles constituées dans des administrations différentes peuvent se grouper pour former une section locale.

Art. D. 712-33 Le contrôle de la gestion de chaque section locale est confié à un comité d'au moins six membres élus à la proportionnelle par l'ensemble de ses adhérents.

Art. D. 712-34 Les sections locales liquident et règlent les prestations pour le compte des caisses primaires au moyen d'avances renouvelables qui leur sont accordées par lesdites caisses.

Art. D. 712-35 Lorsqu'il n'est pas possible de créer une section locale, les mutuelles ou sections de mutuelles constituées entre fonctionnaires, ainsi que les unions ou sections d'unions de telles mutuelles, sont habilitées de plein droit à exercer le rôle de correspondantes de la caisse primaire d'assurance maladie lorsqu'elles groupent au minimum 100 adhérents.

Les organismes ne groupant pas ce nombre minimum d'adhérents doivent constituer une union qui exercera le rôle de correspondant.

Art. D. 712-36 Les caisses primaires d'assurance maladie tiennent une comptabilité distincte pour les opérations relatives aux fonctionnaires relevant du présent chapitre.

SECTION IV **COTISATIONS**

Art. D. 712-37 Le décret prévu pour l'application de l'article L. 712-9 est pris sur le rapport du ministre chargé de la sécurité sociale et du ministre chargé du budget.

Art. D. 712-38 *(Décr. nº 97-1249 du 29 déc. 1997, art. 5-II)* « Sous réserve des dispositions de l'article D. 712-40, le taux de la cotisation à la charge de l'État, au titre des prestations en nature de l'assurance maladie, maternité et invalidité versées à ses fonctionnaires en activité et assise sur les traitements soumis à retenue pour pension, est fixé à 9,70 % ». — *Effet à compter du 1er janv. 1998.*

(Décr. nº 95-38 du 6 janv. 1995, art. 2) « L'assiette de la cotisation due à la Caisse nationale des allocations familiales pour les fonctionnaires régis par la loi nº 83-634 du 13 juillet 1983 et la loi nº 84-16 du 11 janvier 1984 susvisées est la même que celle fixée à l'alinéa précédent. »

La prime spéciale de sujétion versée aux aides-soignants de la fonction publique hospitalière entre, dans la limite de son montant soumis à retenue pour pension, dans l'assiette de la cotisation due, au titre des prestations en nature des assurances maladie, maternité et invalidité du régime général, par les établissements qui les emploient. • Civ. 2e, 26 mai 2016, nº 15-16.439 P : *JCP S 2016, nº 1268, note Tauran.*

Art. D. 712-39 *(Décr. nº 97-1249 du 29 déc. 1997, art. 5-III)* Les cotisations dues par les fonctionnaires de l'État retraités ou leurs ayants cause, en application *(Décr. nº 2017-1891 du 30 déc. 2017, art. 1er-XI)* « de l'article L. 131-9 », dont le taux est fixé au 3° de l'article D. 711-5, sont assises sur les avantages de retraite versés aux intéressés dans la limite du plafond prévu au premier alinéa de l'article L. 241-3. — *Effet à compter du 1er janv. 1998.*

Les dispositions de l'art. 1er-XI du Décr. nº 2017-1891 du 30 déc. 2017 s'appliquent aux cotisations et aux contributions de sécurité sociale dues au titre des périodes courant à compter du 1er janv. 2018 (Décr. préc., art. 8).

Art. D. 712-40 *(Décr. nº 2001-1026 du 2 nov. 2001, art. 2)* En application *(Abrogé par Décr. nº 2017-1891 du 30 déc. 2017, art. 1er-XII) « du deuxième alinéa »* de l'article *(Décr. nº 2009-1637 du 23 déc. 2009, art. 1er)* « L. 131-9 », le taux de la cotisation afférente à la couverture des prestations en nature de l'assurance maladie, maternité et invalidité à la charge des fonctionnaires de l'État mentionnés à l'article D. 712-50 est fixé à *(Décr. nº 2018-162 du 6 mars 2018, art. 1er-VI)* « 1,00 % ». Cette cotisation est précomptée sur les traitements des intéressés qui sont payés pour le net. Le taux de la cotisation à la charge de l'État pour ces fonctionnaires est fixé à 2,95 %. — *Effet à compter du 1er janv.*

Les dispositions de l'art. 1er-XII du Décr. nº 2017-1891 du 30 déc. 2017 s'appliquent aux cotisations et aux contributions de sécurité sociale dues au titre des périodes courant à compter du 1er janv. 2018 (Décr. préc., art. 8).

Les dispositions de l'art. 1er du Décr. nº 2018-162 du 6 mars 2018 s'appliquent aux cotisations de sécurité sociale dues au titre des périodes courant à compter du premier jour du mois de sa publication, soit le 1er mars 2018 (Décr. préc., art. 7).

Art. D. 712-41 *(Décr. nº 96-1165 du 26 déc. 1996, art. 1er ; Décr. nº 97-1249 du 29 déc. 1997, art. 1er-V)* Les cotisations prévues au premier alinéa de l'article D. 712-38 et à l'article D. 712-40 sont versées *(Décr. nº 2007-1943 du 26 déc. 2007)* « aux échéances prévues par l'article R. 243-6, aux organismes de recouvrement du régime général de sécurité sociale désignés en application des dispositions de l'article R. 243-8.

« Ces versements sont soumis aux dispositions des articles R. 243-13, R. 243-16, R. 243-18, R. 243-19, R. 243-19-1, R. 243-20 et R. 243-21. » — *Ces dispositions s'appliquent aux cotisations et contributions dues au titre des rémunérations versées à compter du 1er janv. 2008.*

Art. D. 712-42 *Abrogé par Décr. nº 97-1249 du 29 déc. 1997, art. 16.*

Art. D. 712-43 Le taux des cotisations prévues aux articles D. 712-38 et D. 712-39 est modifié par décret contresigné par le ministre chargé de la fonction publique, le ministre chargé du budget et le ministre chargé de la sécurité sociale, en cas d'insuffisance ou d'excès des ressources résultant desdites cotisations.

SECTION V DISPOSITIONS APPLICABLES AUX STAGIAIRES

Art. D. 712-44 Les sections I à IV du présent chapitre et de la présente section, exception faite des articles D. 712-19 à D. 712-24 sont applicables aux stagiaires mentionnés à l'article 1er du décret n° 48-1843 du 6 décembre 1948, à l'exclusion de ceux qui se trouvent en congé sans traitement, soit en vertu des dispositions statutaires auxquelles ils sont soumis, soit en vertu du règlement intérieur de l'école à laquelle ils appartiennent, sans avoir droit par ailleurs aux prestations prévues à l'article L. 712-3.

Art. D. 712-45 Le stagiaire qui remplit les conditions fixées par le chapitre Ier du titre IV du livre III pour prétendre au bénéfice d'une pension d'invalidité a droit à une pension liquidée conformément aux prescriptions dudit chapitre, sous réserve des dispositions des alinéas ci-après.

Le salaire servant de base au calcul de la pension est le dernier traitement annuel d'activité.

Lorsque l'intéressé ayant, en vertu des dispositions statutaires ou du règlement intérieur de l'école, épuisé ses droits soit à un congé de maladie ou de longue durée, soit, le cas échéant, à un congé sans traitement, est licencié ou considéré comme démissionnaire et a droit à une pension, celle-ci est accordée à compter de l'expiration du dernier congé de maladie ou de longue durée ou du congé sans traitement.

La liquidation de la pension est effectuée soit sur demande de l'intéressé, soit d'office par l'administration ou l'école dont il relève. Toutefois, cette liquidation ne peut être demandée par l'administration ou l'école tant que l'intéressé n'a pas épuisé ses droits à congé de longue durée.

La pension d'invalidité est suspendue au cas où le bénéficiaire reprend ses fonctions.

Art. D. 712-46 Le bénéfice du capital de l'assurance décès prévu par les articles L. 361-1, L. 361-3 et L. 361-4 est accordé aux ayants droit du stagiaire. Ce capital est à la charge de l'administration ou de l'école dont relevait le *"de cujus"*.

Art. D. 712-47 Les stagiaires licenciés dans les conditions prévues à l'article 12 du décret n° 49-1239 du 13 septembre 1949 modifié, titulaires d'une rente en application du troisième alinéa dudit article et qui ne peuvent justifier des conditions requises par les articles L. 313-1 et L. 341-2, ont droit et ouvrent droit, sans participation aux frais, aux prestations en nature des assurances maladie et maternité, à condition toutefois que la rente corresponde à une incapacité de travail au moins égale à 66 2/3 %.

Les bénéficiaires de rentes de survivants, en application du quatrième alinéa de l'article 12 du décret n° 49-1239 du 13 septembre 1949 modifié, qui n'effectuent aucun travail salarié et n'exercent aucune activité rémunératrice ont droit et ouvrent droit aux prestations en nature de l'assurance maladie, dans la mesure où ils ne bénéficient pas déjà de ces prestations en vertu d'autres dispositions.

Les prestations prévues au présent article sont à la charge de la caisse primaire d'assurance maladie dont relèvent les intéressés.

SECTION VI DISPOSITIONS APPLICABLES AUX FONCTIONNAIRES DÉTACHÉS SUR CERTAINS EMPLOIS

Art. D. 712-48 Par dérogation à l'article D. 712-2, le fonctionnaire détaché sur un emploi permanent d'un département, d'une commune ou d'un de leurs établissements publics n'ayant pas le caractère industriel ou commercial reste soumis au régime spécial de sécurité sociale des fonctionnaires, institué par le présent chapitre.

Art. D. 712-49 Les cotisations dues pour les personnels mentionnés à l'article D. 712-48 sont à la charge de l'organisme auprès duquel ils sont détachés et sont calculées et versées dans les mêmes conditions que pour les personnels titulaires de cet organisme.

Les prestations en espèces sont à la charge de l'organisme de détachement.

SECTION VII **DISPOSITIONS APPLICABLES AUX FONCTIONNAIRES EXERÇANT DANS LES COLLECTIVITÉS D'OUTRE-MER RÉGIES PAR L'ARTICLE 74 DE LA CONSTITUTION ET LA NOUVELLE-CALÉDONIE** *(Décr. nº 2009-1637 du 23 déc. 2009, art. 2).*

Art. D. 712-50 Les dispositions des sections I à IV du présent chapitre sont applicables, sous réserve des dispositions ci-après, aux personnels civils qui exercent leurs fonctions dans un territoire relevant du ministère chargé *(Décr. nº 2009-1637 du 23 déc. 2009, art. 3)* « de l'outre-mer » et qui appartiennent aux catégories ci-après :

1° Fonctionnaires civils appartenant aux cadres régis par décret et relevant du ministère chargé *(Décr. nº 2009-1637 du 23 déc. 2009, art. 3)* « de l'outre-mer » ;

2° Fonctionnaires civils de l'État soumis au statut général et appartenant aux cadres relevant des autres ministères ;

3° Fonctionnaires civils de l'État soumis au statut général et magistrats détachés dans un emploi des cadres de l'une ou de l'autre catégorie ci-dessus.

Art. D. 712-51 Les cotisations prévues aux articles D. 712-38 et D. 712-40 sont versées, dans les conditions fixées par un arrêté du ministre chargé de la sécurité sociale, du ministre chargé des territoires d'outre-mer et du ministre chargé du budget, à *(Décr. nº 2009-1637 du 23 déc. 2009, art. 4)* « l'organisme de recouvrement désigné par le directeur de l'Agence centrale des organismes de sécurité sociale ».

Elles sont calculées sur les émoluments soumis à retenues pour pensions, que percevraient les intéressés s'ils étaient en service en France, dans la limite du plafond fixé par la législation de la sécurité sociale.

Art. D. 712-52 Les fonctionnaires mentionnés à l'article D. 712-50 ne bénéficient des dispositions des articles D. 712-11 et D. 712-12 que pendant les périodes au cours desquelles ils résident temporairement sur le territoire métropolitain *(Décr. nº 2003-250 du 18 mars 2003)* « et dans un département d'outre-mer ».

Toutefois les membres de leur famille bénéficient des dispositions de l'article D. 712-11 lorsqu'ils résident ou séjournent sur le territoire métropolitain *(Décr. nº 2003-250 du 18 mars 2003)* « et dans un département d'outre-mer ».

Art. D. 712-53 Le dernier traitement annuel d'activité dont il sera tenu compte pour l'application de la sous-section 3 de la section II du présent chapitre est celui que le fonctionnaire aurait perçu s'il avait été en service en France.

Art. D. 712-54 La caisse primaire d'assurance maladie de Paris confie le service des prestations en nature des assurances maladie, maternité et invalidité aux sections constituées par les mutuelles de fonctionnaires auprès de chacune des administrations centrales dont relèvent les fonctionnaires mentionnés à l'article D. 712-50.

Art. D. 712-54-1 *(Décr. nº 95-468 du 27 avr. 1995, art. 1er)* Pour les fonctionnaires de l'État et les magistrats qui exercent leurs fonctions en Polynésie française en position d'activité ou de détachement, au sens de la loi nº 84-16 du 11 janvier 1984 soit auprès d'une collectivité publique de ce territoire ou d'un de ses établissements publics n'ayant pas le caractère industriel ou commercial, soit auprès d'une administration de l'État ou d'un établissement public de l'État n'ayant pas le caractère industriel ou commercial, les cotisations dues au régime général de sécurité sociale, pour la couverture des prestations en nature de l'assurance maladie-maternité, sont calculées, par dérogation aux dispositions de l'article D. 712-40 et du deuxième alinéa de l'article D. 712-51, *(Décr. nº 97-1249 du 29 déc. 1997, art. 5-VI)* « sur la base des traitements soumis à retenue pour pension et d'un taux fixé à *(Décr. nº 2018-162 du 6 mars 2018, art. 1er-VII)* « 14,45 % », soit 9,70 % à la charge de l'État et *(Décr. nº 2018-162 du 6 mars 2018, art. 1er-VII)* « 4,75 % » à la charge de l'assuré en application » *(Décr. nº 2017-1891 du 30 déc. 2017, art. 1er-XI)* « de l'article L. 131-9 ».

Les fonctionnaires de l'État et les magistrats mentionnés à l'alinéa précédent et leurs ayants droit qui résident avec eux bénéficient des prestations en nature de l'assurance maladie-maternité prévues à l'article R. 761-8 et servies dans les conditions définies à l'article D. 712-54, sous réserve des dispositions de l'article 19 du décret nº 94-1146 du 26 décembre 1994. Il en est de même pour les fonctionnaires de l'État et les magistrats qui, résidant en Polynésie française, sont placés en position de disponibilité d'office en application de l'article 43 du décret n° 85-986 du 16 septembre 1985 et pour leurs ayants droit qui résident avec eux.

(Décr. n° 95-715 du 9 mai 1995, art. 1er) « Par dérogation aux dispositions du premier alinéa de l'article D. 712-52, les fonctionnaires de l'État et les magistrats visés aux trois alinéas précédents bénéficient des dispositions de l'article D. 712-12. » — *V. Décr. n° 95-715 du 9 mai 1995, art. 2 à 6 (JO 12 mai), mod. par Décr. n° 97-1249 du 29 déc. 1997, art. 8 (JO 30 déc.).*

Les dispositions de l'art. 1er-XI du Décr. n° 2017-1891 du 30 déc. 2017 s'appliquent aux cotisations et aux contributions de sécurité sociale dues au titre des périodes courant à compter du 1er janv. 2018 (Décr. préc., art. 8).

Les dispositions de l'art. 1er du Décr. n° 2018-162 du 6 mars 2018 s'appliquent aux cotisations de sécurité sociale dues au titre des périodes courant à compter du premier jour du mois de sa publication, soit le 1er mars 2018 (Décr. préc., art. 7).

Art. D. 712-54-2 *(Décr. n° 2003-250 du 18 mars 2003)* Les fonctionnaires de l'État et les magistrats qui exercent leurs fonctions en Nouvelle-Calédonie, mentionnés au premier alinéa de l'article L. 712-11-1, ainsi que leurs ayants droit, bénéficient, lorsqu'ils séjournent en Nouvelle-Calédonie, des prestations en nature des assurances maladie, maternité et invalidité prévues à l'article R. 761-8 et servies dans les conditions définies à l'article D. 712-54, sous réserve des dispositions du paragraphe 3 de l'article 19 de l'accord de coordination annexé au décret n° 2002-1371 du 19 novembre 2002 susvisé.

Les cotisations à la charge de l'État dues au régime général de sécurité sociale pour la couverture des prestations en nature des assurances maladie, maternité et invalidité sont calculées dans les conditions fixées à l'article D. 712-38.

SECTION VIII DISPOSITIONS DIVERSES — DISPOSITIONS D'APPLICATION

Art. D. 712-55 L'arrêté prévu à l'article L. 712-12 est pris par le ministre chargé de la fonction publique, le ministre chargé de la sécurité sociale et le ministre chargé du budget.

Art. D. 712-56 *(Décr. n° 95-468 du 27 avr. 1995, art. 2)* Les fonctionnaires de l'État et les magistrats titulaires d'une pension au titre du code des pensions civiles et militaires de retraite et les titulaires d'un avantage de réversion au titre de ce code qui résident en Polynésie française sont affiliés à la caisse primaire d'assurance maladie de Paris.

Ils bénéficient, ainsi que leurs ayants droit qui résident avec eux, lorsqu'ils n'exercent aucune activité professionnelle, des prestations en nature de l'assurance maladie-maternité prévues à l'article R. 761-8 et servies dans les conditions définies à l'article D. 712-54 sous réserve des dispositions de l'article 21 du décret n° 94-1146 du 26 décembre 1994.

Les personnes mentionnées au premier alinéa bénéficient, lorsqu'elles résident temporairement en métropole ou dans un département d'outre-mer, des prestations en nature de l'assurance maladie-maternité prévues à l'article D. 712-11 et servies dans les conditions définies à l'article D. 712-54, sous réserve des dispositions de l'article 21 du décret n° 94-1146 du 26 décembre 1994. Il en est de même pour les ayants droit des personnes mentionnées à la phrase précédente et au premier alinéa lorsqu'ils résident ou séjournent en métropole ou dans un département d'outre-mer.

Les dispositions ci-dessus prennent effet au 1er janv. 1995. Cessent d'être applicables à compter de cette même date toutes les dispositions antérieures, et notamment celles des art. 117 à 119 du décret du 2 mars 1910, en ce qu'elles peuvent être contraires à l'application du présent décret (Décr. 27 avr. 1995, art. 3).

CHAPITRE III RÉGIME DES MILITAIRES

SECTION PREMIÈRE DISPOSITIONS GÉNÉRALES

Art. D. 713-1 *(Décr. n° 2018-1196 du 20 déc. 2018, art. 1er)* Sont affiliés au régime de sécurité sociale des militaires en application de l'article L. 713-1 :

1° Au titre du 1° de cet article, les militaires de carrière et les militaires servant en vertu d'un contrat se trouvant dans l'une des positions statutaires mentionnées à l'article L. 4138-1 du code de la défense ;

2° Au titre du 2° de cet article, les titulaires d'une pension militaire concédée en application du code des pensions civiles et militaires de retraite ;

3° Les conjoints survivants et les orphelins des militaires cités au*[x]* 1° et 2° du présent article, lorsqu'ils sont titulaires d'une pension de réversion allouée du chef de ces assurés sociaux en application du code des pensions civiles et militaires de retraite.

Art. D. 713-1-1 *(Décr. nº 2018-1196 du 20 déc. 2018, art. 1er)* Pour l'application du a du 3° de l'article L. 713-1, peuvent demander à être affiliés au régime de sécurité sociale prévu au présent chapitre, lorsqu'ils n'exercent pas d'activité professionnelle :

1° Les membres majeurs de la famille des assurés sociaux mentionnés au 1° de l'article L. 161-1 ;

2° Les enfants majeurs des assurés sociaux dans les conditions prévues par l'article D. 160-14.

Les personnes visées aux 1° et 2° ne peuvent prétendre au régime mentionné au présent chapitre dès lors qu'elles relèvent des situations prévues aux 1° à 3° de l'article L. 160-3 et à l'article L. 311-5.

Art. D. 713-1-2 *(Décr. nº 2018-1196 du 20 déc. 2018, art. 1er)* La demande d'affiliation présentée au titre de l'article D. 713-1-1 est effectuée auprès de la caisse mentionnée à l'article L. 713-19, par tous moyens permettant de rapporter la preuve de sa date de réception.

La caisse mentionnée à l'alinéa précédent en informe le régime auquel est affilié le demandeur au moment de sa demande de rattachement.

Art. D. 713-2 Les militaires en *(Décr. nº 2018-1196 du 20 déc. 2018, art. 1er)* « position d'activité au sens de l'article L. 4138-2 du code de la défense » sont immatriculés par les soins de l'administration dont ils relèvent dès qu'ils remplissent les conditions exigées *(Décr. nº 2018-1196 du 20 déc. 2018, art. 1er)* « au 1° de » l'article D. 713-1 pour pouvoir bénéficier de la sécurité sociale.

SECTION II **DISPOSITIONS RELATIVES AUX SOINS ET AUX PRESTATIONS**

SOUS-SECTION 1 **PRESTATIONS EN NATURE**

Art. D. 713-3 Les prestations servies à l'occasion de soins donnés ou ordonnés par des praticiens civils ou dans les établissements civils sont attribuées par la caisse militaire de sécurité sociale selon les modalités du régime général de sécurité sociale.

Art. D. 713-4 Dans le cas où les soins sont donnés par les services de santé militaires, les dispositions suivantes sont applicables :

1° Les actes professionnels accomplis par un praticien militaire ou un auxiliaire médical militaire ne donnent lieu à aucun remboursement par la caisse militaire de sécurité sociale ;

2° Les fournitures pharmaceutiques, les appareils, les *(Décr. nº 2011-2120 du 30 déc. 2011, art. 1er-3°)* « examens de biologie médicale » délivrés ou exécutés par les pharmacies, centres et *(Décr. nº 2011-2120 du 30 déc. 2011, art. 1er-3°)* « laboratoires de biologie médicale » civils ou militaires donnent lieu à remboursement par la caisse militaire de sécurité sociale selon les modalités du régime général ;

3° Sous réserve des avantages accordés par décret, les services rendus dans les établissements des services de santé militaires (hospitalisation, examens et traitements externes) donnent lieu à remboursement par la caisse militaire de sécurité sociale dans les conditions du régime général. Les prix de journée de base exclusifs de tout supplément correspondant à des conditions particulières d'hospitalisation sont fixés par les services de santé militaires.

Le tarif de responsabilité est égal au prix de base ainsi fixé.

La caisse passe des conventions avec la direction des services de santé des armées, conformément aux dispositions du régime général.

Art. D. 713-5 Conformément à l'article L. 713-12 du présent code, l'autorité militaire est seule habilitée à prendre toutes décisions pouvant entraîner des conséquences statutaires ou disciplinaires, spécialement en matière d'exécution du service, d'absences, de congés ou d'hospitalisation, même si le militaire a eu recours aux soins d'un praticien civil.

Art. D. 713-6 Le contrôle médical est exercé à la diligence de la direction des services de santé des armées selon des modalités qui sont fixées par un arrêté du ministre de la défense *(Décr. n° 2009-1191 du 6 oct. 2009, art. 1er)* « et du ministre chargé de la sécurité sociale ».

Le contrôle porte sur l'appréciation faite par le médecin traitant de l'état de santé de l'assuré et sur la constatation des abus en matière de soins. Il est exercé, soit à la demande de la caisse à laquelle le médecin conseil est tenu de déférer sans délai, soit à l'initiative du médecin conseil à la disposition duquel la caisse doit tenir tous les éléments nécessaires.

Le médecin conseil ne peut s'immiscer dans les rapports du malade et du médecin traitant. Toutes les fois qu'il le juge utile dans l'intérêt du malade ou du contrôle, il doit entrer en rapport avec le médecin traitant, toutes les précautions étant prises pour que le secret professionnel soit respecté.

En cas de désaccord entre médecin traitant et médecin conseil, il est procédé à un nouvel examen par un expert désigné dans les conditions prévues par le chapitre Ier du titre IV du livre Ier.

Art. D. 713-7 En matière d'affections imputables au service, les frais qui sont à la charge de l'État en vertu des dispositions statutaires ne donnent pas lieu à remboursement par la *(Décr. n° 2009-1667 du 28 déc. 2009)* « Caisse nationale militaire de sécurité sociale ». *(Décr. n° 2004-332 du 20 avr. 2004, art. 1er)* « Cette caisse peut se voir confier par convention au nom et pour le compte de l'État la gestion de l'octroi des prestations. » Toutefois, en attendant les décisions concernant l'imputabilité, la caisse fournit les provisions nécessaires et est subrogée aux droits de l'intéressé à remboursement au titre du statut dans la limite des avances consenties.

(Décr. n° 2009-1667 du 28 déc. 2009) « La Caisse nationale militaire de sécurité sociale peut également se voir confier par convention, au nom et pour le compte de l'État, la gestion des prestations de soins médicaux gratuits prévues par le code des pensions militaires d'invalidité et des victimes de la guerre. »

Art. D. 713-7-1 *(Décr. n° 95-268 du 9 mars 1995, art. 2)* Les militaires mentionnés au premier alinéa de l'article D. 713-17 ne bénéficient des dispositions des articles D. 713-3 et D. 713-4 que pendant les périodes au cours desquelles ils résident temporairement sur le territoire métropolitain.

(Décr. n° 2018-1196 du 20 déc. 2018, art. 1er) « Les membres de leur famille mentionnés au 3° de l'article L. 713-1 » bénéficient des dispositions des articles D. 713-3 et D. 713-4 lorsqu'ils résident ou séjournent sur le territoire métropolitain.

Les militaires en service ou en mission en Polynésie française, et *(Décr. n° 2018-1196 du 20 déc. 2018, art. 1er)* « les membres de leur famille mentionnés au 3° de l'article L. 713-1 » qui résident avec eux, bénéficient *(Décr. n° 2018-1196 du 20 déc. 2018, art. 1er)* « de la prise en charge des frais de santé en cas de maladie ou de maternité prévue à l'article R. 761-13 et opérée » dans les conditions définies aux articles D. 713-3 et D. 713-4, sous réserve des dispositions de l'article 18 du décret n° 94-1146 du 26 décembre 1994 portant coordination entre les régimes métropolitains et polynésiens de sécurité sociale.

(Décr. n° 2003-797 du 21 août 2003, art. 1er) « Les militaires qui exercent leurs fonctions en Nouvelle-Calédonie, mentionnés au premier alinéa de l'article L. 712-11-1, ainsi que *(Décr. n° 2018-1196 du 20 déc. 2018, art. 1er)* « les membres de leur famille mentionnés au 3° de l'article L. 713-1 », bénéficient, lorsqu'ils séjournent en Nouvelle-Calédonie, *(Décr. n° 2018-1196 du 20 déc. 2018, art. 1er)* « de la prise en charge des frais de santé en cas de maladie ou de maternité prévue à l'article R. 761-13 et opérée » dans les conditions définies aux articles D. 713-3 et D. 713-4, sous réserve des dispositions du paragraphe 3 de l'article 19 de l'accord de coordination annexé au décret n° 2002-1371 du 19 novembre 2002 portant coordination des régimes métropolitains et calédoniens de sécurité sociale. » — *Disposition applicable le 1er sept. 2003 (Décr. préc., art. 2).*

Art. D. 713-7-2 *(Décr. n° 95-268 du 9 mars 1995, art. 4)* **Les militaires titulaires d'une pension au titre du code des pensions civiles et militaires de retraite et les titulaires d'une pension de réversion au titre de ce code du chef de ces personnes bénéficient, lorsqu'ils résident en Polynésie française et n'exercent pas d'activité professionnelle, des prestations en nature de l'assurance maladie et maternité prévues à l'article R. 761-13 et servies dans les conditions définies aux articles D. 713-3 et D. 713-4, sous réserve des dispositions de l'article 21 du décret n° 94-1146 du 26 décembre 1994 portant coordination entre les régimes métropolitains et polynésiens de sécurité sociale.**

(Décr. n° 2018-1196 du 20 déc. 2018, art. 1er) **« Les membres de leur famille mentionnés au 3° de l'article L. 713-1 » qui résident avec eux bénéficient également des prestations en nature de l'assurance maladie et maternité visées à l'alinéa précédent.**

SOUS-SECTION 2 CAPITAL DÉCÈS

Art. D. 713-8 **Sous réserve des dispositions de l'article D. 713-9, les ayants droit de tout militaire à solde mensuelle bénéficient au moment du décès, et quels que soient l'origine, le moment ou le lieu de celui-ci, d'un capital décès sous réserve que le militaire se trouve au moment du décès dans une des positions** *(Décr. n° 2018-1196 du 20 déc. 2018, art. 1er)* **« statutaires mentionnées à l'article L. 4138-1 du code de la défense ».**

Le capital est calculé dans les mêmes conditions que celles fixées par la sous-section 3 de la section II du chapitre II du présent titre.

Il résulte de l'application combinée des art. D. 713-1 et D. 713-8 CSS que ne bénéficient du capital décès que les ayants droit de tout militaire à solde mensuelle ? ce qui exclut les pensionnés, seuls étant concernés les militaires en activité de service ou dans une position avec solde autre que l'activité et non rayés des cadres. • Soc. 9 oct. 1997 : *CSB 1997. B. 184* (cassation de l'arrêt qui avait fait droit à la demande de versement d'un capital décès présentée par la veuve d'un gendarme décédé alors qu'il était à la retraite).

Art. D. 713-9 **Les militaires à solde mensuelle** *(Décr. n° 2010-1734 du 30 déc. 2010, art. 5-16°)* **« ayant un âge supérieur ou égal à celui prévu par l'article L. 161-17-2 » et non encore admis à faire valoir leurs droits à la retraite ouvrent droit au capital décès prévu par l'article L. 361-1 du présent code.**

Les dispositions issues du Décr. n° 2010-1734 du 30 déc. 2010 sont applicables aux pensions prenant effet à compter du 1er juill. 2011 (Décr. préc., art. 11).

Art. D. 713-10 **Les militaires à solde spéciale progressive et les militaires à solde forfaitaire ouvrent droit, en cas de décès, au capital décès du régime général de sécurité sociale.**

(Abrogé par Décr. n° 2015-1399 du 3 nov. 2015, art. 1er-4°) ***« En ce qui concerne les militaires à solde spéciale progressive, le traitement de base pris en considération dans ce cas est celui prévu par l'article L. 23 du code des pensions civiles et militaires de retraite, c'est-à-dire : pour les caporaux et quartiers-maîtres de 2e classe, les 85 % ; pour les soldats et matelots, les 80 % de la solde de base d'un sergent ou d'un second maître de même qualification et comptant le même nombre d'années de service.***

« En aucun cas ce capital décès ne peut être inférieur à trois fois le montant mensuel de la solde de base d'un sergent ou d'un second maître de 2e classe au premier échelon de l'échelle de solde n° 2.

« En ce qui concerne les militaires à solde forfaitaire, le capital décès est égal à trois fois la rémunération mensuelle servant de base au calcul des cotisations de sécurité sociale. » — *Les dispositions issues du Décr. n° 2015-1399 du 3 nov. 2015 sont applicables aux capitaux versés au titre des décès survenus à compter du lendemain de sa publication, soit le 6 nov. 2015 (Décr. préc., art. 2).*

Art. D. 713-11 **Le paiement du capital décès est à la charge de l'État. Les dépenses y afférentes sont liquidées et payées par les administrations auxquelles appartiennent les intéressés.**

Art. D. 713-12 **Le capital décès, majorations comprises, est versé aux ayants droit mentionnés à l'article D. 712-20.**

Art. D. 713-13 Le capital décès mentionné à la présente sous-section n'est pas soumis aux droits de mutation en cas de décès.

Art. D. 713-14 *(Décr. nº 2015-1399 du 3 nov. 2015, art. 1er-5º)* Le calcul du capital décès des militaires résidant hors du territoire métropolitain s'effectue dans les mêmes conditions que celles fixées par la sous-section 3 de la section II du chapitre II du présent titre. — *Les dispositions issues du Décr. nº 2015-1399 du 3 nov. 2015 sont applicables aux capitaux versés au titre des décès survenus à compter du lendemain de sa publication, soit le 6 nov. 2015 (Décr. préc., art. 2).*

SECTION III COTISATIONS

Art. D. 713-15 *(Décr. nº 2001-1026 du 2 nov. 2001, art. 3)* « Sous réserve des dispositions de l'article D. 713-17, le taux de la cotisation à la charge de l'État, au titre des prestations en nature de l'assurance maladie et maternité versées aux personnels relevant de la Caisse nationale militaire de sécurité sociale, est fixé à 9,70 %. Cette cotisation est assise sur la solde soumise à retenue pour pension et sur la solde spéciale. » — *Effet à compter du 1er janv. 2002.*

L'assiette de la cotisation due à la Caisse nationale des allocations familiales pour les intéressés est identique à celle fixée à l'alinéa précédent.

Art. D. 713-16 *(Décr. nº 97-1249 du 29 déc. 1997, art. 6-II)* Les cotisations dues par les militaires retraités ou leurs ayants cause, en application *(Décr. nº 2017-1891 du 30 déc. 2017, art. 1er-XI)* « de l'article L. 131-9 », dont le taux est fixé au 3º de l'article D. 711-5, sont assises sur les avantages de retraite versés aux intéressés dans la limite du plafond prévu au premier alinéa de l'article L. 241-3.

Les dispositions de l'art. 1er-XI du Décr. nº 2017-1891 du 30 déc. 2017 s'appliquent aux cotisations et aux contributions de sécurité sociale dues au titre des périodes courant à compter du 1er janv. 2018 (Décr. préc., art. 8).

Art. D. 713-17 *(Décr. nº 2001-1026 du 2 nov. 2001, art. 2 et 3, en vigueur le 1er janv. 2002)* « En application *(Décr. nº 2017-1891 du 30 déc. 2017, art. 1er-XI)* « de l'article L. 131-9 », le taux de la cotisation afférente à la couverture des prestations en nature de l'assurance maladie et maternité à la charge des militaires en service ou en mission dans les territoires d'outre-mer est fixé à *(Décr. nº 2018-162 du 6 mars 2018, art. 1er-VIII)* « 1,00 % ». Cette cotisation est précomptée sur les soldes des intéressés qui sont payées pour le net. Le taux de la cotisation à la charge de l'État pour ces militaires est fixé à 2,95 %. »

Ces taux sont appliqués à la solde soumise à retenue pour pension et à la solde spéciale que percevraient les intéressés s'ils étaient en service en métropole.

Pour la couverture des prestations en nature, le taux de la cotisation due au titre des militaires en service ou en mission en Polynésie française, lorsqu'ils sont rémunérés sur le budget général de l'État ou sur le budget d'un établissement public de l'État ne présentant pas un caractère industriel et commercial, est fixé à *(Décr. nº 2018-162 du 6 mars 2018, art. 1er-VIII)* « 14,45 % », soit 9,70 % à la charge de l'État et *(Décr. nº 2018-162 du 6 mars 2018, art. 1er-VIII)* « 4,75 % » à la charge de l'assuré en application *(Décr. nº 2017-1891 du 30 déc. 2017, art. 1er-XI)* « de l'article L. 131-9 ».

Les dispositions de l'art. 1er-XI du Décr. nº 2017-1891 du 30 déc. 2017 s'appliquent aux cotisations et aux contributions de sécurité sociale dues au titre des périodes courant à compter du 1er janv. 2018 (Décr. préc., art. 8).

Les dispositions de l'art. 1er du Décr. nº 2018-162 du 6 mars 2018 s'appliquent aux cotisations de sécurité sociale dues au titre des périodes courant à compter du premier jour du mois de sa publication, soit le 1er mars 2018 (Décr. préc., art. 7).

Art. D. 713-18 *(Décr. nº 2001-1026 du 2 nov. 2001)* Les cotisations prévues à l'article D. 711-4, au premier alinéa de l'article D. 713-15 et à l'article D. 713-17 sont versées le 5 de chaque mois, au titre du mois précédent, à la Caisse nationale militaire de sécurité sociale par les organismes payeurs des soldes des intéressés.

SECTION IV CAISSE NATIONALE MILITAIRE DE SÉCURITÉ SOCIALE

Art. D. 713-20 Les dépenses résultant du contrôle médical sont à la charge de la caisse et donnent lieu, de ce fait, à annulation de dépenses ou fonds de concours au titre des chapitres budgétaires intéressés, selon les modalités à préciser par l'arrêté mentionné à l'article L. 713-16.

Art. D. 713-21 La Caisse nationale militaire de sécurité sociale est soumise au contrôle prévu par le décret nº 55-733 du 26 mai 1955 portant codification, en application de la loi nº 55-360 du 3 avril 1955, et aménagement des textes relatifs au contrôle économique et financier de l'État.

Art. D. 713-21-1 *(Décr. nº 98-255 du 31 mars 1998, art. 1er)* En contrepartie des frais qu'elle engage pour obtenir le remboursement, en application des articles 29 à 31 de la loi nº 85-677 du 5 juillet 1985 tendant à l'amélioration de la situation des victimes d'accidents de la circulation et à l'accélération des procédures d'indemnisation, des prestations qu'elle a versées à une personne relevant du présent régime qui a été victime d'un accident imputable en tout ou partie à un tiers, la Caisse nationale militaire de sécurité sociale perçoit une indemnité forfaitaire à la charge du tiers responsable dont le montant est déterminé, sur la base de ces prestations, dans les conditions définies au cinquième alinéa de l'article L. 376-1.

Cette indemnité est établie et recouvrée dans les conditions définies aux articles *(Décr. nº 2012-1247 du 7 nov. 2012, art. 42-20º, en vigueur le 1er janv. 2013)* « 192 et 193 du décret nº 2012-1246 du 7 novembre 2012 relatif à la gestion budgétaire et comptable publique ».

S'agissant des frais engagés pour les agents de l'État (Ord. nº 59-76 du 7 janv. 1959), ceux de la SNCF, de la RATP, le personnel des industries électriques et gazières, de la Banque de France, les clercs et employés de notaires, les agents de la CCIP, le personnel titulaire du Port autonome de Bordeaux, les agents de la Caisse autonome nationale de sécurité sociale dans les mines, V. Décr. nº 98-255 du 31 mars 1998, art. 2 à 12 (JO 5 avr.), mod. par Décr. nº 2012-1482 du 27 déc. 2012 (JO 29 déc.).

SECTION V DISPOSITIONS COMMUNES AVEC LE RÉGIME DES FONCTIONNAIRES

Art. D. 713-22 *(Décr. nº 97-1249 du 29 déc. 1997, art. 6-IV)* Les cotisations dues, en application *(Décr. nº 2017-1891 du 30 déc. 2017, art. 1er-XI)* « de l'article L. 131-9 », par les fonctionnaires et militaires de carrière retraités ou leurs ayants cause titulaires d'une pension de réversion et calculées conformément aux articles D. 711-5 (3º), D. 712-39 et D. 713-16 sont précomptées sur les arrérages des pensions servies aux intéressés, qui sont payés pour le net. – *Effet à compter du 1er janv. 1998.*

Les dispositions de l'art. 1er-XI du Décr. nº 2017-1891 du 30 déc. 2017 s'appliquent aux cotisations et aux contributions de sécurité sociale dues au titre des périodes courant à compter du 1er janv. 2018 (Décr. préc., art. 8).

Art. D. 713-23 *(Décr. nº 96-1165 du 26 déc. 1996, art. 2)* « Le produit de la cotisation mentionnée à l'article D. 713-22 est ordonnancé par le ministre chargé du budget : »

(Décr. nº 2001-1026 du 2 nov. 2001, art. 1er) « *a)* Le 5 de chaque mois, au titre du mois précédent, à la Caisse nationale militaire de sécurité sociale ; »

(Décr. nº 96-1165 du 26 déc. 1996, art. 2) « *b)* Le 5 de chaque mois, au titre du mois précédent, au profit de la Caisse nationale de l'assurance maladie des travailleurs salariés, par l'intermédiaire de l'Agence centrale des organismes de sécurité sociale ».

Al. abrogé par Décr. nº 96-1165 du 26 déc. 1996, art. 3.

Les sommes versées dans les conditions prévues à l'alinéa précédent au titre d'une année déterminée peuvent faire l'objet d'une révision, lors de la publication du compte général de l'administration des finances concernant ladite année, d'après les paiements d'arrérages réellement constatés en dépense.

SECTION VI DISPOSITIONS D'APPLICATION

(Décr. n° 2005-783 du 12 juill. 2005, art. 1er)

Art. D. 713-24 Les bénéficiaires des soins du service de santé des armées sont soumis aux dispositions des articles L. 162-5 et L. 162-5-3 sous réserve des dispositions du présent article.

Lorsque les militaires consultent un médecin sur prescription d'un médecin du service de santé des armées, les dispositions relatives à la majoration de la participation, prévues au cinquième alinéa de l'article L. 162-5-3, et aux dépassements d'honoraires, prévues au 18° de l'article L. 162-5, ne leur sont pas applicables.

Art. D. 713-25 Conformément à l'article L. 162-5, les bénéficiaires des soins du service de santé des armées peuvent désigner comme médecin traitant un médecin du service de santé des armées.

CHAPITRE IV RÉGIMES SPÉCIAUX RELEVANT DES PREMIER ET DEUXIÈME ALINÉAS DE L'ARTICLE L. 711-1

CHAPITRE V DISPOSITIONS DIVERSES

Art. D. 715-1 *(Décr. n° 92-1066 du 30 sept. 1992, art. 1er)*

Les dépenses du *(Décr. n° 2015-420 du 14 avr. 2015, art. 4-I-2°)* « régime » spécial *(Décr. n° 2015-420 du 14 avr. 2015, art. 4-I-2°)* « institué par la loi du 22 juillet 1922 relative aux retraites des agents des chemins de fer secondaires d'intérêt général, des chemins de fer d'intérêt local et des tramways » sont constituées par :

1° Les prestations servies en application des articles 12 à 17, 18 et 25 *bis* de la loi du 22 juillet 1922 susvisée ;

2° Les prestations servies en application des articles D. 173-1 à D. 173-11 et correspondant à des périodes d'affiliation au régime spécial de retraites institué par la loi du 22 juillet 1922 susvisée ;

3° Les majorations servies en application de l'article L. 814-2 aux titulaires des prestations visées aux 1° et 2° ci-dessus ;

4° Les allocations servies en application des articles L. 815-2 et L. 815-3 aux titulaires des prestations visées aux 1° et 2° ci-dessus ;

5° La contribution due en application du deuxième alinéa de l'article L. 814-5 au titre du régime spécial de retraites institué par la loi du 22 juillet 1922 susvisée ;

6° La contribution au Fonds national d'action sanitaire et sociale visé à l'article R. 251-14 (3°) correspondant aux prestations d'action sanitaire et sociale servies, dans les mêmes conditions que pour les retraités du régime général, aux titulaires des prestations mentionnées aux 1° et 2° ci-dessus.

(Abrogé par Décr. n° 2015-420 du 14 avr. 2015, art. 4-I-3°) ***« 7° La contribution au Fonds national de gestion administrative visé à l'article R. 251-14 (4°) correspondant aux coûts des services administratifs de la Caisse nationale assurant la gestion des prestations et allocations visées aux 1°, 2°, 3°, 4° et 6° ci-dessus. »***

Art. D. 715-2 (Abrogé par Décr. n° 2015-420 du 14 avr. 2015, art. 5-II) (Décr. n° 92-1066 du 30 sept. 1992, art. 1er) ***Le montant de la contribution à la charge de l'assurance vieillesse du régime général de sécurité sociale prévue au 2° du troisième alinéa de l'article L. 715-1 correspond, pour un exercice, à une fraction des cotisations qui lui sont affectées, au titre de cet exercice, en application de l'article L. 241-3, pour les personnels visés au premier alinéa de l'article 4 du décret n° 54-953 du 14 septembre 1954 modifié.***

Cette fraction est égale au nombre d'années d'assurance postérieures au 30 juin 1930 correspondant aux avantages de droit direct et pensions de réversion servis au titre du régime spécial de retraites institué par la loi du 22 juillet 1922 ou en application des articles D. 173-1 à D. 173-11, rapporté au total de ce nombre et du nombre d'années d'assurance correspondant aux avantages de droit direct et pensions de réversion servis au titre de l'assurance vieillesse du régime général pour les personnels mentionnés à l'alinéa précédent.

Pour l'application de l'alinéa précédent, les années d'assurance rémunérées par une pension de réversion sont comptées en fonction du taux de cette pension, par rapport à l'avantage de droit direct, en vigueur dans chacun des deux régimes.

Le montant de la contribution à la charge de l'assurance vieillesse du régime général est imputé annuellement en recette de la gestion du fonds spécial visé à l'article D. 715-1.

Art. D. 715-3 *(Décr. n° 92-1066 du 30 sept. 1992, art. 1er)* Le montant de la contribution de la Caisse autonome de retraites complémentaires et de prévoyance du transport (CARCEPT) prévue *(Décr. n° 2015-420 du 14 avr. 2015, art. 4-II-1°)* « au deuxième alinéa » de l'article L. 715-1 est déterminé, au titre d'un exercice, dans les conditions fixées aux articles 11 *bis* (deuxième alinéa) et 14 du décret n° 55-1297 du 3 octobre 1955 modifié.

Des acomptes trimestriels, à valoir sur le montant de cette contribution, sont versés *(Décr. n° 2015-420 du 14 avr. 2015, art. 4-II-2°)* « à l'Agence centrale des organismes de sécurité sociale » au plus tard le dernier jour du deuxième mois suivant chaque trimestre civil.

Le montant de ces acomptes trimestriels est déterminé sur la base, d'une part, des cotisations définies aux articles 11 *bis* (deuxième alinéa) et 14 du décret n° 55-1297 du 3 octobre 1955 encaissées au titre du trimestre précédent et, d'autre part, de l'évolution prévisionnelle du total des années de service visées au premier alinéa de cet article 14 déterminée par la Caisse autonome de retraites complémentaires et de prévoyance du transport et la Caisse nationale d'assurance vieillesse des travailleurs salariés, chacune pour ce qui la concerne.

Lorsque le total des acomptes versés au titre d'un exercice diffère du montant de la contribution due par la CARCEPT pour cet exercice en application du premier alinéa, il est procédé à un ajustement au cours du premier semestre de l'exercice suivant.

Art. D. 715-4 (Abrogé par Décr. n° 2015-420 du 14 avr. 2015, art. 5-II) (Décr. n° 92-1066 du 30 sept. 1992, art. 1er) *La contribution de l'État prévue au 5° du troisième alinéa de l'article L. 715-1 est due, au titre d'un exercice, si le total des recettes mentionnées du 1° au 4° et du 6° au 9° du troisième alinéa de l'article D. 715-1 et constatées pour cet exercice est inférieur au total des dépenses visées au quatrième alinéa de l'article D. 715-1 qui ont été constatées pour ledit exercice. Le montant de cette contribution est alors égal à la différence entre ces deux sommes.*

Lorsque le montant de la contribution de l'État versée au titre d'un exercice diffère de celui résultant de l'application de l'alinéa précédent, il est procédé à un ajustement au cours de l'exercice suivant.

La contribution de l'État est versée par quart, au plus tard le dernier jour du premier mois de chaque trimestre civil.

Art. D. 715-5 (Abrogé par Décr. n° 2015-420 du 14 avr. 2015, art. 5-II) (Décr. n° 92-1066 du 30 sept. 1992, art. 1er) *Les cotisations visées au 1° du troisième alinéa de l'article L. 715-1 sont versées dans les vingt premiers jours du trimestre civil suivant celui auquel elles se rapportent.*

En matière de recouvrement, sûretés, prescription, contrôle et contentieux relatifs auxdites cotisations, il est fait application des dispositions des chapitres III et IV du titre IV du livre II.

Art. D. 715-6 (Abrogé par Décr. n° 2015-420 du 14 avr. 2015, art. 5-II) (Décr. n° 92-1066 du 30 sept. 1992, art. 1er) *Les recettes énumérées au 1° et du 3° au 9° du troisième alinéa de l'article D. 715-1 sont versées à l'Agence centrale des organismes de sécurité sociale. Pour le recouvrement des cotisations visées au 1° du troisième alinéa de l'article D. 715-1, l'Agence centrale des organismes de sécurité sociale est assistée, en tant que de besoin, par les unions de recouvrement des cotisations de sécurité sociale et d'allocations familiales.*

Art. D. 715-7 (Abrogé par Décr. n° 2015-420 du 14 avr. 2015, art. 5-II) (Décr. n° 92-1066 du 30 sept. 1992, art. 1er) *Les cotisations dues, en application des articles L. 242-13 (deuxième alinéa) et L. 711-2 (2°), par les titulaires des prestations visées aux 1° et 2° du quatrième alinéa de l'article D. 715-1 sont recouvrées dans les conditions définies à l'article L. 243-2.*

Art. D. 715-8 (Abrogé par Décr. n° 2015-420 du 14 avr. 2015, art. 5-II) (Décr. n° 92-1066 du 30 sept. 1992, art. 1er) *La Caisse nationale d'assurance vieillesse des travailleurs salariés établit pour chaque exercice un état prévisionnel des recettes et des dépenses du fonds* *spécial visé à l'article D. 715-1. Cet état est communiqué aux ministres chargés de la sécurité sociale, du budget et des transports et à l'Agence centrale des organismes de sécurité sociale.*

Art. D. 715-9 *(Décr. n° 92-1066 du 30 sept. 1992, art. 1er)* La comptabilité de la Caisse nationale d'assurance vieillesse des travailleurs salariés doit permettre de suivre distinctement les opérations afférentes à la gestion du *(Décr. n° 2015-420 du 14 avr. 2015, art. 4-III)* « régime » spécial visé à l'article *(Décr. n° 2015-420 du 14 avr. 2015, art. 4-III)* « L. 715-1 ».

Art. D. 715-10 (Abrogé par Décr. n° 2015-420 du 14 avr. 2015, art. 5-II) (Décr. n° 92-1066 du 30 sept. 1992, art. 1er) *Les opérations de trésorerie afférentes à la gestion du fonds spécial visé à l'article D. 715-1 sont assurées par l'Agence centrale des organismes de sécurité sociale, dans le cadre de la gestion commune de la trésorerie du régime général.*

Art. D. 715-11 *(Décr. n° 92-1066 du 30 sept. 1992, art. 1er)* La Caisse nationale d'assurance vieillesse des travailleurs salariés communique à la Caisse autonome de retraites complémentaires et de prévoyance du transport les informations nécessaires à cette dernière pour le calcul de la contribution à sa charge.

(Abrogé par Décr. n° 2015-420 du 14 avr. 2015, art. 4-IV) « La Caisse autonome de retraites complémentaires et de prévoyance du transport communique à la Caisse nationale d'assurance vieillesse des travailleurs salariés les informations nécessaires à cette dernière pour le calcul de la contribution à la charge de l'assurance vieillesse du régime général de sécurité sociale. »

TITRE DEUXIÈME RÉGIMES DIVERS DE NON-SALARIÉS ET ASSIMILÉS

CHAPITRE PREMIER *[ABROGÉ]* RÉGIME DES MINISTRES DES CULTES ET DES MEMBRES DES CONGRÉGATIONS ET COLLECTIVITÉS RELIGIEUSES

(Abrogé par Décr. n° 2006-1325 du 31 oct. 2006, art. 1er-VII)

V. art. D. 382-17 s.

CHAPITRE II RÉGIME DES PRATICIENS ET AUXILIAIRES MÉDICAUX CONVENTIONNÉS (MALADIE, MATERNITÉ, DÉCÈS)

SECTION PREMIÈRE CHAMP D'APPLICATION — AFFILIATION

Art. D. 722-1 Les personnes mentionnées aux articles L. 722-1, L. 722-2 et L. 722-3 sont *(Décr. n° 2014-1637 du 26 déc. 2014, art. 23-1°)* « affiliées » à la caisse primaire d'assurance maladie dans la circonscription de laquelle est située leur résidence.

L'*(Décr. n° 2014-1637 du 26 déc. 2014, art. 23-2°)* « affiliation » est effectuée, soit à la demande des intéressés, soit d'office par la caisse primaire d'assurance maladie.

La caisse primaire d'assurance maladie notifie l'*(Décr. n° 2014-1637 du 26 déc. 2014, art. 23-2°)* « affiliation » des personnes mentionnées aux articles L. 722-2 et L. 722-3 à la section professionnelle de l'organisation autonome d'assurance vieillesse des professions libérales dont elles relèvent.

Les dispositions issues du Décr. n° 2014-1637 du 26 déc. 2014 s'appliquent aux cotisations et aux contributions de sécurité sociale dues au titre des périodes courant à compter du 1er janv. 2015 (Décr. préc., art. 31-I).

Art. D. 722-2 *(Décr. n° 2014-1637 du 26 déc. 2014, art. 24)* La date d'effet de l'affiliation ou de la radiation est le jour du début ou de la fin de l'activité professionnelle. — *V. note ss. art. D. 722-1.*

SECTION II FINANCEMENT — COTISATIONS

Art. D. 722-3 *(Décr. n° 2012-443 du 3 avr. 2012, art. 8-II)* I. — Le taux de la cotisation prévue à l'article L. 722-4 est fixé :

1° *(Décr. n° 2015-1852 du 29 déc. 2015, art. 1er-VI-1°)* **« Au niveau du taux mentionné au premier alinéa de l'article »** *(Décr. n° 2017-1894 du 30 déc. 2017, art. 5-I)* **« D. 621-3 » pour les assurés mentionnés à l'article L. 722-1 ;**

2° A *(Décr. n° 2018-162 du 6 mars 2018, art. 1er-IX)* **« 3,20 % » pour les assurés mentionnés aux articles L. 722-2 et L. 722-3** *(Décr. n° 2017-1894 du 30 déc. 2017, art. 1er-XIII)* **« et visés à l'article L. 131-9 ».**

(Abrogé par Décr. n° 2015-1852 du 29 déc. 2015, art. 1er-VI-2°) ***« II. — Le taux de la cotisation additionnelle instituée par l'article L. 612-3 est fixé à 0,01 %. Cette cotisation est assise et recouvrée dans les mêmes conditions et en même temps que la cotisation prévue à l'article L. 722-4. »***

Les dispositions du Décr. n° 2015-1852 du 29 déc. 2015 s'appliquent aux cotisations et aux contributions de sécurité sociale dues au titre des périodes courant à compter du 1er janv. 2016.

Les dispositions du Décr. n° 2017-1894 du 30 déc. 2017 s'appliquent aux cotisations de sécurité sociale dues au titre des périodes courant à compter du 1er janv. 2018 (Décr. préc., art. 8).

Les dispositions de l'art. 1er du Décr. n° 2018-162 du 6 mars 2018 s'appliquent aux cotisations de sécurité sociale dues au titre des périodes courant à compter du premier jour du mois de sa publication, soit le 1er mars 2018 (Décr. préc., art. 7).

Art. D. 722-4 *(Décr. n° 2014-2 du 3 janv. 2014, art. 2-I)* **« La cotisation annuelle due par les assurés mentionnés à l'article L. 722-1 est versée à l'Union de recouvrement des cotisations de sécurité sociale et d'allocations familiales. »** — *Les dispositions du Décr. n° 2014-2 du 3 janv. 2014 s'appliquent aux cotisations dues au titre des périodes courant à compter du 1er janv. 2014 (Décr. préc., art. 3).*

La cotisation due par les assurés mentionnés aux articles L. 722-2 et L. 722-3 est précomptée sur les arrérages de l'allocation de vieillesse dont ils sont titulaires dans les conditions fixées par arrêté du ministre chargé de la sécurité sociale. — *V. Arr. du 12 août 1971 (JO 15 sept.).*

Ce même arrêté fixe les conditions dans lesquelles la cotisation ainsi précomptée sera versée à la Caisse nationale de l'assurance maladie des travailleurs salariés.

Art. D. 722-5 (Abrogé par Décr. n° 2014-1637 du 26 déc. 2014, art. 30) (Décr. n° 2014-2 du 3 janv. 2014, art. 2-II) ***Les praticiens et auxiliaires médicaux mentionnés à l'article L. 722-1 sont, pour la fixation de la cotisation, tenus de fournir chaque année à l'union de recouvrement, au plus tard à une date fixée par arrêté du ministre chargé de la sécurité sociale, une déclaration de leurs revenus mentionnés à l'article L. 722-4.*** — V. note ss. art. D. 722-1.

Art. D. 722-6 (Abrogé par Décr. n° 2014-2 du 3 janv. 2014, art. 2-IV) ***La cotisation due la première année d'activité est calculée sur la base d'un revenu fixé forfaitairement à la moitié du plafond prévu par l'article L. 241-3 en ce qui concerne les médecins et chirurgiens-dentistes, et au tiers de ce plafond en ce qui concerne les sages-femmes et les auxiliaires médicaux.***

Les bases forfaitaires prévues à l'alinéa précédent sont, la seconde année d'activité, portées respectivement aux deux tiers du plafond en ce qui concerne les médecins et chirurgiens-dentistes et à la moitié de ce plafond en ce qui concerne les sages-femmes et les auxiliaires médicaux.

La cotisation due la troisième année d'activité est calculée, lorsque l'année civile de référence est incomplète, sur une assiette constituée du revenu réel déclaré et, pour chaque mois entier d'inactivité au cours de la période de référence, du plafond mensuel correspondant de l'année d'appel de la cotisation, en ce qui concerne les médecins et chirurgiens-dentistes. En ce qui concerne les sages-femmes et les auxiliaires médicaux, ce plafond n'est pris en compte qu'à concurrence des deux tiers.

Pour l'application des premier et deuxième alinéas du présent article, le plafond à retenir est égal à la somme des plafonds mensuels applicables aux salariés, au cours de l'année civile comprenant le début de la période mentionnée au premier alinéa de l'article D. 722-4.

V. note ss. art. D. 722-1.

Art. D. 722-7 (Abrogé par Décr. n° 2014-2 du 3 janv. 2014, art. 2-IV) ***La cotisation d'assurance maladie cesse d'être due à compter du premier jour du trimestre civil qui suit la date à laquelle l'assuré fait connaître à l'organisme de recouvrement qu'il a cessé son acti-***

vité. Cette disposition ne s'applique pas en cas de sanction comportant interdiction de donner des soins aux assurés sociaux.

En cas de reprise ultérieure d'activité, la cotisation est due à compter du premier jour du trimestre civil au cours duquel se situe cette reprise d'activité. Si celle-ci intervient dans le délai d'un an suivant la cessation d'activité, la cotisation afférente à la période d'interruption reste intégralement due ; elle est calculée sur l'assiette définie au second alinéa de l'article D. 722-5.

Lorsque la reprise d'activité intervient plus d'un an après la cessation d'activité et dans l'année civile suivante, les cotisations dues pour chacune des périodes d'un an débutant le 1er mai des deux premières années civiles qui suivent celle de la reprise d'activité sont calculées comme il est dit au troisième alinéa de l'article D. 722-6.

La reprise d'activité qui intervient postérieurement au 31 décembre de l'année civile qui suit celle de la cessation d'activité est assimilée à un début d'activité pour le calcul de la cotisation.

V. note ss. art. D. 722-1.

Ne peut prétendre se voir appliquer la cotisation forfaitaire due la première année d'activité le médecin qui, au titre de chacune de ses activités successives de médecin généraliste conventionné du secteur 1 et de médecin acupuncteur du secteur 2, n'a pas cessé de relever du régime des praticiens conventionnés. • Soc. 22 juin 1995, n° 92-21.319 P : *RJS 1995, n° 957.*

Art. D. 722-8 (Abrogé par Décr. n° 2014-2 du 3 janv. 2014, art. 2-IV) *Par dérogation aux dispositions des deuxième, troisième et quatrième alinéas de l'article D. 722-7, la reprise d'activité est, quelle qu'en soit la date, assimilée à un début d'activité pour le calcul des cotisations lorsque la cessation d'activité est intervenue pour raison de santé, ou par suite d'appel ou de rappel sous les drapeaux et qu'il est justifié de la cession du cabinet au cours de la période d'inactivité.*

(Décr. n° 94-523 du 21 juin 1994) *« La dérogation prévue au premier alinéa est applicable aux assurés mentionnés au 4° du premier alinéa de l'article L. 722-1 quand la cessation d'activité est intervenue au cours de leur période d'internat. »*

V. note ss. art. D. 722-1.

Art. D. 722-9 (Abrogé par Décr. n° 2014-2 du 3 janv. 2014, art. 2-IV) (Décr. n° 2002-589 du 23 avr. 2002, art. 18) *L'assuré qui n'a pas souscrit la déclaration de revenus prévue à l'article D. 722-5 est redevable d'une cotisation provisoire calculée et notifiée conformément aux dispositions de l'article R. 242-14.*

La cotisation effectivement due par l'assuré qui a souscrit avec retard la déclaration mentionnée au premier alinéa est assortie d'une pénalité calculée et recouvrée dans les conditions prévues à l'article R. 242-14. Cette pénalité peut être remise, totalement ou partiellement, dans les conditions prévues aux articles R. 243-19-1, R. 243-20 et R. 243-20-1. Elle peut également donner lieu à sursis à poursuites accordés par le directeur de l'organisme chargé du recouvrement, sous réserve qu'ils soient assortis de garanties du débiteur.

V. note ss. art. D. 722-1.

Art. D. 722-10 Les praticiens et auxiliaires médicaux qui relèvent, au titre d'une activité salariée ou assimilée, du régime général de sécurité sociale ou d'un régime spécial prévu à l'article L. 711-1 sont redevables de la cotisation prévue à la présente section.

Art. D. 722-11 (Abrogé par Décr. n° 2017-876 du 9 mai 2017, art. 1er-13°) (Décr. n° 2014-1637 du 26 déc. 2014, art. 25) *La cotisation due par les assurés en activité est payable chaque année, par versements mensuels ou trimestriels, dans les conditions fixées aux articles R. 133-26, R. 133-27 et R. 133-29.*

Le cas échéant, il est fait application :

1° En cas de non-paiement de la cotisation aux échéances fixées aux articles R. 133-26 et R. 133-27, des majorations prévues l'article R. 243-18, qui peuvent faire l'objet d'une remise totale ou partielle sous les conditions et limites prévues aux articles R. 243-19-1, R. 243-20, R. 243-20-1 et de sursis à poursuites dans les conditions prévues à l'article R. 243-21 ;

2° En cas de non-paiement de la cotisation, ainsi qu'éventuellement des majorations de retard, des procédures de recouvrement forcé prévues aux articles R. 244-4, R. 244-5 et

R. 244-7, mises en œuvre par l'organisme en charge du recouvrement ou la caisse primaire d'assurance maladie compétente.

Art. D. 722-12 (Abrogé par Décr. n° 2014-1637 du 26 déc. 2014, art. 30) *En cas de non-paiement des cotisations, ainsi qu'éventuellement des majorations de retard, l'union de recouvrement ou la caisse primaire d'assurance maladie peut utiliser les procédures de recouvrement forcé prévues aux articles R. 133-1 à R. 133-3, R. 244-4, R. 244-5 et R. 244-7.* — V. note ss. art. D. 722-1.

Art. D. 722-13 (Abrogé par Décr. n° 2014-2 du 3 janv. 2014, art. 2-IV) *L'assuré qui cesse d'appartenir au régime d'assurance maladie, maternité, décès prévu au présent chapitre, pour relever du régime des travailleurs non salariés non agricoles institué par le titre Ier du livre VI ou réciproquement a droit, le cas échéant, au remboursement du prorata de la cotisation personnelle qu'il a acquittée d'avance au titre de ces régimes pour la période restant à courir à compter du premier jour du mois au cours duquel il cesse d'être pris en charge par le régime dont il cesse de relever.*

La cotisation additionnelle instituée par l'article L. 612-3 est remboursée dans la même proportion que la cotisation prévue à l'alinéa précédent et dans les conditions déterminées par l'arrêté interministériel prévu audit article.

Les dispositions qui précèdent s'appliquent également aux praticiens et auxiliaires médicaux lorsqu'ils cessent d'appartenir au régime d'assurance maladie, maternité, décès, prévu au présent chapitre pour relever d'un autre régime obligatoire d'assurance maladie.

SECTION III **PRESTATIONS**

Art. D. 722-14 (*Décr. n° 2006-644 du 1er juin 2006*) Le droit aux prestations est ouvert à la date de l'affiliation comportant obligation de cotiser, sous réserve de l'application du dernier alinéa de l'article L. 722-6.

En ce qui concerne les prestations de l'assurance maternité, la charge en incombe, sous réserve des conditions d'ouverture des droits, au régime d'affiliation à la date de la première constatation médicale de la grossesse.

Pour l'ouverture du droit aux prestations en nature de l'assurance maternité de l'assuré qui cesse d'appartenir au régime d'assurance maladie, maternité, décès prévu au présent chapitre, et qui, sans interruption, relève soit du régime prévu au titre III du livre III du présent code, soit du régime prévu au chapitre II du titre II du livre VII du code rural et de la pêche maritime, chaque journée d'affiliation au régime des praticiens et auxiliaires médicaux conventionnés est considérée comme équivalant à six heures de travail salarié.

Ces dispositions sont applicables aux accouchements ou arrivées de l'enfant au foyer intervenant à compter du 2 juin 2006.

A titre transitoire, les professionnelles de santé relevant du régime des praticiens et auxiliaires médicaux conventionnés dont l'accouchement ou l'arrivée de l'enfant au foyer est antérieur au 2 juin 2006, mais percevant à cette date l'indemnité d'interruption d'activité, peuvent prétendre au bénéfice, en fonction du rang de l'enfant, du nombre de naissances ou d'adoptions, des durées de congé postnatal prévues aux art. D. 722-15-2 s. (Décr. n° 2006-644 du 1er juin 2006).

Art. D. 722-15 (*Décr. n° 2006-644 du 1er juin 2006 ; Décr. n° 2007-709 du 4 mai 2007, art. 6*) Les modalités d'application (*Décr. n° 2014-900 du 18 août 2014, art. 1er-1°*) « des articles L. 722-8, L. 722-8-1 et L. 722-8-3 » sont celles prévues aux articles D. 613-4-1, D. 613-4-2 à l'exception du 1°, D. 613-4-4 à l'exception des premier et deuxième alinéas et aux articles D. 613-6 à D. 613-13. — *Les dispositions du Décr. n° 2014-900 du 18 août 2014 s'appliquent aux indemnités journalières versées à l'occasion des arrêts de travail prescrits à compter du 21 août 2014 (Décr. préc., art. 2, JO 20 août).*

Pour l'application de ces dispositions aux praticiens et auxiliaires médicaux conventionnés et à leurs conjoints collaborateurs, la référence à la caisse primaire d'assurance maladie est substituée à la référence à l'organisme conventionné et la référence au praticien ou auxiliaire médical est substituée à la référence au chef d'entreprise.

V. note ss. art. D. 722-14.

Art. D. 722-15-1 (*Décr. n° 2005-965 du 9 août 2005*) L'allocation forfaitaire de repos maternel prévue au premier alinéa de l'article L. 722-8-1 est égale à deux fois le montant du salaire minimum de croissance prévu aux articles L. 141-1 *[L. 3231-1 nouv.]* et suivants du code du travail.

Art. D. 722-15-2 *(Décr. nº 2006-644 du 1er juin 2006)* L'indemnité journalière forfaitaire prévue au deuxième alinéa de l'article L. 722-8 est versée pendant une période qui débute six semaines avant la date présumée de l'accouchement et se termine dix semaines après celui-ci, sous réserve de cesser toute activité rémunérée durant la période d'indemnisation et pendant au moins huit semaines, dont deux semaines avant l'accouchement.

En cas de naissances multiples, cette période commence douze semaines avant la date présumée de l'accouchement, vingt-quatre semaines en cas de naissance de plus de deux enfants et se termine vingt-deux semaines après la date de l'accouchement. En cas de naissance de deux enfants, la période d'indemnisation antérieure à la date présumée de l'accouchement peut être augmentée d'une durée maximale de quatre semaines ; la période d'indemnisation de vingt-deux semaines postérieure à l'accouchement est alors réduite d'autant.

Lorsque l'assurée elle-même ou le ménage assume déjà la charge d'au moins deux enfants dans les conditions prévues aux premier et troisième alinéas de l'article L. 521-2, ou lorsque l'assurée a déjà mis au monde au moins deux enfants nés viables, la période d'indemnisation prévue au premier alinéa est portée à huit semaines avant la date présumée de l'accouchement et dix-huit semaines après celui-ci. La période d'indemnisation antérieure à la date présumée de l'accouchement peut être augmentée d'une durée maximale de deux semaines ; la période d'indemnisation postérieure à l'accouchement est alors réduite d'autant.

Les périodes de congé prénatal prévues aux alinéas précédents qui n'ont pas été prises ne peuvent pas être reportées sur le congé postnatal.

V. note ss. art. D. 722-14.

Art. D. 722-15-3 *(Décr. nº 2006-644 du 1er juin 2006)* Quand l'accouchement a lieu avant la date présumée, les périodes d'indemnisation prévues à l'article D. 722-15-2 ne sont pas réduites de ce fait.

(Décr. nº 2006-1312 du 25 oct. 2006, art. 1er) « En cas d'accouchement plus de six semaines avant la date présumée exigeant l'hospitalisation postnatale de l'enfant, la période d'indemnisation prénatale est augmentée du nombre de jours courant de la date réelle de l'accouchement au début du congé de la mère. »

V. note ss. art. D. 722-14.

Art. D. 722-15-4 *(Décr. nº 2006-644 du 1er juin 2006)* Par dérogation aux durées fixées à l'article D. 722-15-2, l'indemnité journalière forfaitaire peut également être attribuée, sur prescription médicale, au cours de la période prénatale, en cas d'état pathologique résultant de la grossesse, pendant une durée supplémentaire n'excédant pas deux semaines. La cessation d'activité à laquelle correspond cette indemnité peut être prescrit *[prescrite]* à partir de la déclaration de grossesse.

Dans le cas où l'enfant est resté hospitalisé jusqu'à l'expiration de la sixième semaine suivant l'accouchement, l'assurée peut demander le report, à la date de la fin de l'hospitalisation de l'enfant, de tout ou partie de la période d'indemnisation à laquelle elle peut encore prétendre en application de l'article D. 722-15-2. *(Décr. nº 2006-1312 du 25 oct. 2006, art. 2)* « Toutefois, pour l'assurée bénéficiaire de la période supplémentaire de congé prénatal prévue au second alinéa de l'article D. 722-15-3, la possibilité de report du reliquat de congé ne lui est ouverte qu'après consommation de cette période. »

V. note ss. art. D. 722-14.

Art. D. 722-15-5 *(Décr. nº 2006-644 du 1er juin 2006)* Le caractère effectif de la cessation de toute activité rémunérée ouvrant droit *(Décr. nº 2014-900 du 18 août 2014, art. 1er-2º)* « aux indemnités mentionnées aux articles D. 722-15-2 et D. 722-18 » donne lieu à une déclaration sur l'honneur de l'assurée, accompagnée d'un certificat médical attestant de la durée de l'arrêt de travail. — *Les dispositions du Décr. nº 2014-900 du 18 août 2014 s'appliquent aux indemnités journalières versées à l'occasion des arrêts de travail prescrits à compter du 21 août 2014 (Décr. préc., art. 2, JO 20 août).*

V. note ss. art. D. 722-14.

Art. D. 722-15-6 *(Décr. nº 2015-771 du 29 juin 2015, art. 1er-5º)* Pour bénéficier de l'indemnisation mentionnée à l'article L. 722-8-4, le père, le conjoint de la mère ou la personne liée à elle par un pacte civil de solidarité ou vivant maritalement avec elle doit adresser sa demande à l'organisme de sécurité sociale dont il relève, au moyen d'un imprimé, accompagné le cas échéant de pièces justificatives, dont le modèle est fixé par arrêté des ministres chargés de l'agriculture et de la sécurité sociale.

Ils peuvent, à leur demande, bénéficier d'une prolongation de leur durée d'indemnisation dans les conditions et selon les modalités définies aux articles D. 613-4-2, D. 613-4-3, D. 613-6 et D. 613-9, si la mère n'en avait pas bénéficié, ainsi que du report prévu à l'article D. 722-15-4.

Art. D. 722-16 Le capital décès versé dans les conditions prévues aux articles L. 361-1 et L. 361-4 est égal au quart du revenu ayant servi au calcul de la cotisation, sans toutefois pouvoir être inférieur à 1 % du montant du plafond prévu par l'article L. 241-3 applicable au jour du décès, ni supérieur au quart dudit plafond.

Art. D. 722-17 *(Décr. nº 2005-965 du 9 août 2005)* En application du dernier alinéa de l'article L. 722-6, les prestations ne sont servies que sur justification de l'acquittement des cotisations soit à la date des soins dont le remboursement est demandé, soit à la date de la première constatation médicale de la grossesse, soit à la date *(Décr. nº 2006-644 du 1er juin 2006)* « de l'interruption d'activité ou de collaboration » ouvrant droit à indemnisation dans les conditions prévues *(Décr. nº 2006-644 du 1er juin 2006)* « aux articles L. 722-8 à L. 722-8-3 », soit à la date du décès.

Art. D. 722-18 *(Décr. nº 2014-900 du 18 août 2014, art. 1er-3º)* Pour l'application de l'article L. 722-8-2 :

1º Le point de départ de l'indemnité journalière est le quatrième jour de l'incapacité de travail ;

2º La durée maximale de la période pendant laquelle l'indemnité journalière peut être servie est fixée à quatre-vingt-sept jours consécutifs ;

3º Le montant de l'indemnité journalière est égal au plafond fixé à la première phrase de l'article R. 323-9.

Les dispositions du Décr. nº 2014-900 du 18 août 2014 s'appliquent aux indemnités journalières versées à l'occasion des arrêts de travail prescrits à compter du 21 août 2014 (Décr. préc., art. 2, JO 20 août).

CHAPITRE III RÉGIME DES AVOCATS (ASSURANCE VIEILLESSE ET INVALIDITÉ-DÉCÈS)

SECTION PREMIÈRE ORGANISATION ADMINISTRATIVE ET FINANCIÈRE

SOUS-SECTION 1 ORGANISATION ADMINISTRATIVE

Art. D. 723-1 *(Décr. nº 92-923 du 2 sept. 1992, art. 2)* Pour l'application du troisième alinéa de l'article L. 723-6-1, la Caisse nationale des barreaux français assume les compétences dévolue1s aux organismes chargés du recouvrement des cotisations au régime général.

SOUS-SECTION 2 RESSOURCES

Art. D. 723-1-1 *(Décr. nº 2012-847 du 2 juill. 2012, art. 5-3º)* Le taux de la cotisation proportionnelle prévue au deuxième alinéa de l'article L. 723-5 est fixé, dans la limite de sept fois la première tranche de revenus du régime de retraite complémentaire mentionné à l'article L. 723-14, *(Décr. nº 2015-1856 du 30 déc. 2015, art. 7-IV-1º)* « à 3,10 %. »

(Abrogé par Décr. nº 2015-1856 du 30 déc. 2015, art. 7-IV-2º) (Décr. nº 2014-1531 du 17 déc. 2014, art. 4-5º) ***« a) 2,80 % pour l'année 2015 ;***

« b) 3,00 % pour l'année 2016 ;

« c) 3,10 % à compter de l'année 2017. » *— [Ancien art. D. 723-2-0.]*

Les dispositions issues du Décr. nº 2015-1856 du 30 déc. 2015 s'appliquent aux cotisations et aux contributions de sécurité sociale dues au titre de la période courant à compter du 1er janv. 2016.

Pour l'année 2016, par dérogation aux dispositions de l'art. D. 723-2-0, dans sa rédaction résultant de l'art. 7 du Décr. susvisé, le taux de la cotisation mentionné à cet art. est fixé à 3 % (Décr. préc., art. 10).

Art. D. 723-2 *(Décr. nº 92-923 du 2 sept. 1992, art. 2)* **Pour l'application des articles L. 723-5 et L. 723-6-1 aux avocats visés à l'article L. 311-3 (19°), une quote-part fixée à 40 % du montant de la cotisation est à la charge du salarié.**

SECTION III PRESTATIONS

(Décr. nº 2004-1457 du 23 déc. 2004)

Les dispositions du Décr. nº 2004-1457 du 23 déc. 2004 entrent en vigueur le 1er janv. 2004 (Décr. préc., art. 3, I).

Les dispositions des art. D. 723-4 à D. 723-7 sont applicables aux demandes de versement reçues entre le 1er janv. 2004 et le 31 déc. 2005.

Par dérogation aux dispositions de l'art. D. 723-4, ces dispositions ne sont pas applicables aux personnes âgées, en 2004, de moins de 54 ans (Décr. préc., I).

Art. D. 723-3 **La pension prévue à l'article L. 723-10 peut être liquidée** *(Décr. nº 2010-1734 du 30 déc. 2010, art. 2-III)* **« avant l'âge prévu à l'article L. 161-17-2 » pour les assurés qui justifient, dans le régime d'assurance vieillesse de base des avocats et, le cas échéant, dans un ou plusieurs autres régimes obligatoires, de périodes d'assurance ou de périodes reconnues équivalentes d'une durée minimale au moins égale à celle fixée** *(Décr. nº 2012-847 du 2 juill. 2012, art. 1er-5°)* **« à l'article D. 351-1-1, » à l'âge et dans les conditions fixées audit article et selon les modalités fixées aux articles D. 351-1-2 et D. 351-1-3.**

Les dispositions issues du Décr. nº 2010-1734 du 30 déc. 2010 sont applicables aux pensions prenant effet à compter du 1er juill. 2011 (Décr. préc., art. 11).

Les dispositions issues des art. 1er à 4 du Décr. nº 2012-847 du 2 juill. 2012 sont applicables aux pensions prenant effet à compter du 1er nov. 2012 (Décr. préc., art. 14).

Art. D. 723-4 **Pour l'exercice de la faculté de versement de cotisations prévue à l'article L. 723-10-3, sont applicables les dispositions des articles D. 351-3 à D. 351-6 et D. 351-10** *(Décr. nº 2015-14 du 8 janv. 2015, art. 1er-8°)* **« à D. 351-14-1 » sous réserve des dispositions suivantes :**

1° La référence au régime d'assurance vieillesse des avocats est substituée à la référence au régime général de sécurité sociale ;

2° La référence à l'article L. 723-10-3 est substituée à la référence à l'article L. 351-14-1 ;

3° La référence *(Décr. nº 2015-14 du 8 janv. 2015, art. 1er-8°)* **« au 1° du I » de l'article L. 723-10-3 est substituée à la référence au 1° du I de l'article L. 351-14-1 ;**

(Abrogé par Décr. nº 2008-1383 du 19 déc. 2008) ***« 4° A l'article D. 351-3, la référence à l'âge de soixante-cinq ans est substituée à la référence à l'âge de soixante ans ; »***

5° Au dernier alinéa de l'article D. 351-4, la référence à la Caisse nationale des barreaux français est substituée à la référence à la caisse visée à cet alinéa ;

6° La référence à l'article D. 723-5 est substituée à la référence à l'article D. 351-7 ;

7° La référence à l'article D. 723-6 est substituée à la référence à l'article D. 351-8 ;

8° La référence à l'article D. 723-7 est substituée à la référence à l'article D. 351-9 ;

(Décr. nº 2015-14 du 8 janv. 2015, art. 1er-8°) **« 9° Pour l'application de l'article D. 351-14-1 :**

« *a)* Au 1° du II, le montant : "670 €" est remplacé par le montant : "695 €" ;

« *b)* Au 2° du II, le montant : "1 000 €" est remplacé par le montant : "1 030 €". »

Les dispositions issues du Décr. nº 2008-1383 du 19 déc. 2008 sont applicables aux demandes de versement reçues postérieurement au 24 déc. 2008, date de publication dudit décret au JO (Décr. préc., art. 7).

V., pour le barème du versement de l'année 2013, Arr. du 21 oct. 2012 (JO 28 déc.).

Art. D. 723-5 **Le versement prévu à l'article L. 723-10-3 peut être pris en compte :**

1° Soit en vue de l'atténuation du coefficient de minoration prévu à l'article R. 723-38 et sans que le versement soit pris en compte dans la durée d'assurance prévue au 1° de l'article R. 723-37 ;

2° Soit en vue de l'atténuation du coefficient de minoration prévu à l'article R. 723-38 et avec prise en compte du versement dans la durée d'assurance prévue au 1° de l'article R. 723-37.

(Abrogé par Décr. n° 2009-1739 du 30 déc. 2009, art. 2) (Décr. n° 2006-879 du 17 juill. 2006) « ***Le versement ne peut être pris en compte ni pour la détermination de la durée d'assurance ou de périodes reconnues équivalentes, ni pour celle de la durée d'assurance ayant donné lieu à cotisations à la charge de l'assuré, mentionnées ou auxquelles renvoie l'article D. 723-3, lorsqu'il se rapporte à une période postérieure à la fin de l'année au cours de laquelle est survenu le dix-septième anniversaire du demandeur.*** »

Le choix de l'assuré est exprimé dans la demande et est irrévocable.

Art. D. 723-6 En vue d'assurer la neutralité actuarielle du versement prévu à l'article L. 723-10-3, le montant du versement à effectuer au titre de chaque trimestre est égal, pour un âge donné, à la valeur, actualisée à l'année au cours de laquelle *(Décr. n° 2008-1383 du 19 déc. 2008)* « l'assuré présente sa demande » et majorée d'un coefficient forfaitaire représentatif des avantages de réversion, de la différence entre :

1° S'il est effectué au titre du 1° de l'article D. 723-5, d'une part, la somme actualisée d'une pension de référence liquidée trimestriellement, à terme échu, à l'âge de référence fixé au 3° de l'article D. 723-7 et égale au produit du montant annuel de la pension de retraite de base fixé en application de l'article R. 723-43, revalorisée par l'application du coefficient mentionné au 3° de l'article D. 723-6, par un rapport égal à *(Décr. n° 2015-332 du 24 mars 2015, art. 1er-I)* « 171/172 » et minorée de 1,25 % ;

2° S'il est effectué au titre du 2° de l'article D. 723-5, d'une part, la somme actualisée d'une pension de référence liquidée trimestriellement, à terme échu, à l'âge de référence fixé au 3° de l'article D. 723-7 et égale au montant annuel de la pension de retraite de base fixé en application de l'article R. 723-43, revalorisée par l'application du coefficient mentionné au 3° de l'article D. 723-6 et, d'autre part, la somme actualisée de cette même pension multipliée par un rapport égal à *(Décr. n° 2015-332 du 24 mars 2015, art. 1er-I)* « 171/172 » et minorée de 1,25 %.

3° Les modalités prévues au II de l'article D. 351-8 sont applicables à l'actualisation prévue au présent article, sous réserve :

a) De la prise en compte, pour les assurés âgés *(Décr. n° 2010-1737 du 30 déc. 2010, art. 1er-7, en vigueur le 1er janv. 2011)* « de plus de soixante-deux ans », d'un taux diminué de 0,05 point par année d'âge à partir du taux fixé au *c* dudit II ;

(Abrogé par Décr. n° 2010-1737 du 30 déc. 2010, art. 1er-7, à compter du 1er janv. 2011) « ***b) De la substitution de la mention, au dernier alinéa dudit II, de l'âge de soixante-cinq ans à la mention de l'âge de*** *(Décr. n° 2006-879 du 17 juill. 2006)* « ***soixante ans*** ». »

Les dispositions issues du Décr. n° 2008-1383 du 19 déc. 2008 sont applicables aux demandes de versement reçues postérieurement au 24 déc. 2008, date de publication dudit décret au JO (Décr. préc., art. 7).

Art. D. 723-7 Pour l'application de l'article D. 723-6, la valeur d'un trimestre est déterminée sur la base des paramètres et en application des formules suivantes :

1° Le coefficient forfaitaire visé au premier alinéa de l'article D. 723-6 est égal au coefficient fixé en application du 2° de l'article D. 351-9 ;

2° Les coefficients viagers pris en compte dans la formule ci-après sont ceux déterminés en application du 3° de l'article D. 351-9 ;

3° La valeur d'un trimestre est déterminée, selon l'option prévue à l'article D. 723-5 précité, par l'application de la formule suivante :

a) Au titre du 1° de l'article D. 723-5 :

$$P \times \left(1 - \frac{1}{D}\right) \times C \times E \times (1 + 10\,\%)$$

b) Au titre du 2° de l'article D. 723-5 :

$$P \times \left[1 - \left(1 - \frac{1}{D}\right) \times (1 - C)\right] \times E \times (1 + 10\,\%)$$

où :

P est le montant de la pension de retraite de base fixée en application de l'article R. 723-43 du code de la sécurité sociale et revalorisée, pour les années postérieures à 2004, par application du taux de majoration fixé au 1° de l'article D. 351-9 ;

C est le coefficient de minoration fixé au *c* du 4° de l'article D. 351-9 ;

D est la durée maximale d'assurance fixée au *c* du 4° de l'article D. 351-9 ;

E est le terme actuariel défini comme correspondant à la rente viagère trimestrielle à terme échu égale à une unité pour un intéressé d'âge *B* et un différé égal à *A* – *B*, déterminé selon la formule suivante :

$$E = \left[\sum_{k=0}^{k=51 \text{ à } 55} \left(\frac{1}{(l+i)^k} \times \frac{L(A+k)}{L(A)} \right) - \frac{3}{8} - \frac{1}{4} \right] \times \left(\frac{1}{(l+i)^{A-B}} \times \frac{L(A)}{L(B)} \right)$$

i est le taux d'actualisation fixé en application du II de l'article D. 351-8 et du *a* du 3° de l'article D. 723-6 ;

k est un coefficient dont la valeur varie en fonction de l'âge de l'assuré à la date à laquelle *(Décr. n° 2008-1383 du 19 déc. 2008)* « il présente sa demande » :

(Décr. n° 2010-1737 du 30 déc. 2010, art. 1er-8) « de 0 à 51 pour les assurés âgés de 66 ans ;

« de 0 à 52 pour les assurés âgés de 65 ans ;

« de 0 à 53 pour les assurés âgés de 64 ans ;

« de 0 à 54 pour les assurés âgés de 63 ans ;

« de 0 à 55 pour les assurés âgés de 62 ans ou moins ; »

A est l'âge de référence fixé, en fonction de l'âge de l'assuré à la date à laquelle *(Décr. n° 2008-1383 du 19 déc. 2008)* « il présente sa demande », à :

(Décr. n° 2010-1737 du 30 déc. 2010, art. 1er-8) « 66 ans pour les assurés âgés de 66 ans ;

« 65 ans pour les assurés âgés de 65 ans ;

« 64 ans pour les assurés âgés de 64 ans ;

« 63 ans pour les assurés âgés de 63 ans ;

« 62 ans pour les assurés âgés de 62 ans ou moins ; »

B est l'âge atteint par l'assuré à la date à laquelle *(Décr. n° 2008-1383 du 19 déc. 2008)* « il présente sa demande » ;

L (*A* + *k*) est l'effectif à l'âge (*A* + *k*) de la génération à laquelle appartient l'assuré, indiqué par les tables mentionnées au 3° de l'article D. 351-9 ;

L (*A*) est l'effectif à l'âge *A* de la génération à laquelle appartient l'assuré, indiqué par les tables mentionnées au 3° de l'article D. 351-9 ;

L (*B*) est l'effectif à l'âge *B* de la génération à laquelle appartient l'assuré, indiqué par les tables mentionnées au 3° de l'article D. 351-9.

Les dispositions issues du Décr. n° 2008-1383 du 19 déc. 2008 sont applicables aux demandes de versement reçues postérieurement au 24 déc. 2008, date de publication dudit décret au JO (Décr. préc., art. 7).

Les dispositions du Décr. n° 2010-1737 du 30 déc. 2010 sont entrées en vigueur le 1er janv. 2011 (Décr. préc., art. 3-III).

Art. D. 723-8 *(Décr. n° 2009-305 du 18 mars 2009)* Les conditions d'âge, d'incapacité, de durée d'assurance et les pièces justificatives requises pour l'application du III de l'article L. 723-10-1 sont celles fixées aux articles D. 351-1-5 et D. 351-1-6.

Art. D. 723-9 *(Décr. n° 2009-305 du 18 mars 2009)* La pension de retraite des assurés handicapés mentionnée au III de l'article L. 723-10-1 est majorée dans les conditions prévues aux premier et deuxième alinéas de l'article D. 351-1-5. La majoration s'ajoute, le cas échéant, aux montants visés aux 2° et 3° de l'*(Décr. n° 2012-138 du 30 janv. 2012, art. 5, en vigueur le 1er mars 2012)* « article R. 723-37 ».

Art. D. 723-10 *(Décr. n° 2012-1034 du 7 sept. 2012, art. 2-3°)* Les modalités prévues à l'article R. 723-67-4 sont celles définies aux articles D. 723-6 et D. 723-7.

Art. D. 723-11 *(Décr. n° 2012-1034 du 7 sept. 2012, art. 2-3°)* Les modalités d'échelonnement du versement en échéances mensuelles définies à l'article R. 723-67-3 sont celles prévues aux articles D. 351-11 et D. 351-12.

Art. D. 723-12 *(Décr. n° 2012-1034 du 7 sept. 2012, art. 2-3°)* Les modalités d'interruption du versement sont celles définies à l'article D. 351-14.

SECTION IV RÉGIME COMPLÉMENTAIRE D'ASSURANCE VIEILLESSE ET SURVIVANTS

Néant.

SECTION V ADHÉSION VOLONTAIRE DES CONJOINTS COLLABORATEURS D'AVOCATS NON SALARIÉS

Néant.

SECTION VI DISPOSITIONS DIVERSES – DISPOSITIONS D'APPLICATION

Néant.

TITRE TROISIÈME DISPOSITIONS COMMUNES AUX RÉGIMES COMPLÉMENTAIRES DE SALARIÉS

Les articles D. 731-1 à D. 732-3 constituent des dispositions réglementaires d'application des articles L. 731-1 à L. 731-22, lesquels ont été abrogés par la L. nº 94-678 du 8 août 1994.

Les nouvelles dispositions relatives à la protection sociale complémentaire des salariés figurent désormais au livre IX de la partie L (art. L. 911-1), R (art. R. 931-1-1) et A (art. A. 931-1-1).

CHAPITRE PREMIER CONSTITUTION ET FONCTIONNEMENT DES RÉGIMES COMPLÉMENTAIRES DE SALARIÉS

Art. D. 731-1 *(Décr. nº 88-658 du 6 mai 1988)* Les règlements des institutions de prévoyance mentionnées à l'article R. 731-2 (5°), autorisées à réaliser des opérations relatives aux plans d'épargne en vue de la retraite, doivent comporter des clauses relatives à l'exercice de la faculté de renonciation des participants, à leur valeur de réduction et de rachat et à la participation aux résultats des participants telles que définies aux articles D. 731-2 à D. 731-6 et dans les arrêtés pris pour leur application.

Art. D. 731-2 *(Décr. nº 88-658 du 6 mai 1988)* Toute personne physique qui a signé une proposition ou un contrat visant à lui offrir un avantage individuel de prévoyance a la faculté d'y renoncer, par lettre recommandée avec demande d'avis de réception, pendant un délai de trente jours courant à compter du premier versement ou paiement.

La proposition comprend à cet effet un modèle de lettre type destiné à faciliter l'exercice de cette faculté de renonciation. L'institution de prévoyance mentionnée à l'article R. 731-2 (5°) doit en outre remettre, contre récépissé, une note d'information comportant des indications précises et claires sur les dispositions essentielles du contrat ainsi que sur les conditions d'exercice de la faculté de renonciation. Le défaut de remise des documents énumérés au présent alinéa entraîne de plein droit la prorogation du délai prévu à l'alinéa ci-dessus pendant trente jours à compter de la date de la remise effective de ces documents.

La renonciation entraîne la restitution par l'institution de l'intégralité des sommes versées par le contractant, dans un délai maximal de trente jours courant à compter de la réception de la lettre recommandée. Les intérêts de retard au taux légal courent de plein droit à l'expiration de ce délai.

Art. D. 731-3 *(Décr. nº 88-658 du 6 mai 1988)* Toute personne physique qui a signé un contrat visant à lui offrir un avantage individuel de prévoyance ayant un caractère d'épargne peut demander à l'interrompre et, le cas échéant, à recouvrer les sommes versées dès lors que celles-ci l'ont été pendant au moins deux années.

Une pénalité peut être rattachée à la valeur de réduction et à la valeur de rachat ; elle ne peut excéder un taux fixé par arrêté du ministre chargé de la sécurité sociale.

Dès la signature du contrat, l'institution de prévoyance mentionnée à l'article R. 731-2 (5°) informe le contractant de ces dispositions et lui communique au moins une fois par an le montant de la valeur de réduction et de la valeur de rachat du contrat ; celles-ci sont déterminées en fonction des provisions mathématiques constituées.

Sauf dans le cas de circonstances exceptionnelles constaté par décret, la valeur de réduction ou la valeur de rachat du contrat est versée au contractant dans un délai de deux mois courant à partir de sa demande. Les intérêts de retard au taux légal courent de plein droit à compter de l'expiration de ce délai.

Art. D. 731-4 *(Décr. n° 88-658 du 6 mai 1988)* Les contrats relatifs au plan d'épargne en vue de la retraite donnent obligatoirement lieu à engagement de l'institution.

Art. D. 731-5 *(Décr. n° 88-658 du 6 mai 1988)* Les contrats réalisés au titre du plan d'épargne en vue de la retraite prévoient une participation des participants aux produits techniques et financiers.

Un arrêté du ministre chargé de la sécurité sociale détermine les conditions d'application du présent article, et notamment le montant minimal de cette participation et le délai dans lequel elle est attribuée au bénéficiaire.

Art. D. 731-6 *(Décr. n° 88-658 du 6 mai 1988)* Les contrats relatifs au plan d'épargne en vue de la retraite ne peuvent comporter d'engagement excédant le taux technique figurant dans leur règlement et défini sur la base des éléments visés à l'article R. 731-34.

CHAPITRE II PRESTATIONS

Art. D. 732-1 *(Décr. n° 2002-1552 du 23 déc. 2002)* Il est alloué aux membres de la commission instituée par l'article L. 951-1 une indemnité forfaitaire, par séance effectivement tenue, dans la limite de vingt-six séances par membre et par an. Une indemnité mensuelle est, en outre, allouée au président de la commission.

Art. D. 732-2 *(Décr. n° 92-664 du 13 juill. 1992)* Le président de la commission peut faire appel à des rapporteurs extérieurs qui perçoivent pour les dossiers qu'ils rapportent une rémunération égale au produit d'un nombre de vacations horaires par le taux unitaire de ces vacations.

Le nombre de vacations alloué *[allouées]* par dossier est fixé par le président de la commission.

Le taux unitaire des vacations est fixé à 1/1 000 du traitement brut annuel afférent à l'indice brut 494 soumis à retenue pour pension.

Ces vacations sont exclusives de toute autre rémunération pour travaux effectués pour le compte du ministre chargé de la sécurité sociale.

Art. D. 732-3 *(Décr. n° 92-664 du 13 juill. 1992)* Le montant des indemnités allouées au président et aux membres de la commission et le nombre maximum annuel de vacations susceptibles d'être allouées à un même rapporteur, en application des articles précédents, sont fixés par arrêté conjoint des ministres chargés de la sécurité sociale, du budget et de la fonction publique.

TITRE QUATRIÈME ASSURANCE VOLONTAIRE

CHAPITRE PREMIER

Art. D. 741-1 à D. 741-15 *Abrogés par Décr. n° 99-1013 du 2 déc. 1999, art. 3 et 4, à compter du 1er janv. 2000.*

CHAPITRE II ASSURANCE VOLONTAIRE VIEILLESSE ET ASSURANCE VOLONTAIRE INVALIDITÉ

SECTION PREMIÈRE DISPOSITIONS CONCERNANT LE RÉGIME DES SALARIÉS

SOUS-SECTION 4 PERSONNES CHARGÉES DE FAMILLE *(Décr. n° 88-495 du 2 mai 1988, art. 1er).*

§ 1er DISPOSITIONS COMMUNES À LA PERSONNE CHARGÉE DE FAMILLE RÉSIDANT EN FRANCE ET HORS DE FRANCE

Art. D. 742-1 *(Décr. n° 88-495 du 2 mai 1988, art. 2)* La situation de famille mentionnée au 2° du troisième alinéa de l'article L. 742-1 est celle de la personne qui se consacre à l'éducation d'au moins un enfant à la charge de son foyer et âgé de moins de vingt ans à la date de la demande d'adhésion à l'assurance volontaire vieillesse.

(Décr. n° 2010-1738 du 30 déc. 2010, art. 1er-1°) « La durée minimale prévue au 2° de l'article L. 742-1 est de cinq années. »

Le Décr. n° 2010-1738 du 30 déc. 2010 est applicable aux demandes d'adhésion et de rachat déposées à compter du 1er janv. 2011 (Décr. préc., art. 3).

Art. D. 742-2 *(Décr. n° 88-495 du 2 mai 1988, art. 2-II)* « La personne chargée de famille » qui exerce une activité professionnelle, salariée ou non salariée, cesse d'être affiliée à l'assurance volontaire.

Toutefois, l'assurée volontaire qui cesse de remplir *(Décr. n° 88-495 du 2 mai 1988, art. 2-II)* « la condition de situation de famille fixée » à l'article D. 742-1 peut rester affiliée à l'assurance volontaire.

Art. D. 742-3 La cotisation due par les personnes mentionnées *(Décr. n° 88-495 du 2 mai 1988, art. 2-III)* « au 2° du troisième alinéa de l'article L. 742-1 » est calculée en retenant :

1° Le taux cumulé de la cotisation patronale et *(Décr. n° 2018-821 du 27 sept. 2018, art. 1er)* « salariale » en vigueur dans le régime général de sécurité sociale pour la couverture des risques vieillesse et veuvage ;

2° *(Décr. n° 2002-784 du 3 mai 2002)* « Une assiette forfaitaire égale, pour chaque trimestre d'une année, au produit du montant du salaire horaire minimum de croissance par cinq cent sept. Le salaire horaire minimum de croissance mentionné ci-dessus est celui en vigueur au 1er janvier de l'année civile considérée. »

Art. D. 742-4 L'adhésion à l'assurance volontaire prend effet au premier jour du trimestre civil suivant le dépôt de la demande.

§ 2 DISPOSITIONS CONCERNANT LA PERSONNE CHARGÉE DE FAMILLE RÉSIDANT EN FRANCE

Art. D. 742-5 Les dispositions des articles R. 742-1 à R. 742-7 sont applicables, aux conditions fixées *(Décr. n° 88-495 du 2 mai 1988, art. 2-IV)* « à la présente sous-section, aux personnes chargées de famille » mentionnées par le 2° du troisième alinéa de l'article L. 742-1 et résidant en France.

§ 3 DISPOSITIONS CONCERNANT LA PERSONNE CHARGÉE DE FAMILLE RÉSIDANT HORS DE FRANCE

Art. D. 742-6 *(Décr. n° 88-495 du 2 mai 1988, art. 2-V)* « En application du 2° du troisième alinéa de l'article L. 742-1, la personne chargée de famille résidant hors du territoire français qui ne relève pas à titre personnel du régime d'assurance volontaire français, qui n'exerce aucune activité professionnelle et dont la situation de famille est celle mentionnée à l'article D. 742-1 peut s'assurer volontairement pour le risque vieillesse. »

Pour s'assurer volontairement, l'intéressée adresse à la caisse des Français de l'étranger une demande d'adhésion accompagnée des pièces justificatives suivantes :

1° Pour justifier de son identité et de sa nationalité, une photocopie certifiée conforme par les autorités consulaires de la carte nationale d'identité ou une photocopie certifiée conforme du certificat de nationalité ;

2° Pour justifier de l'absence d'activité professionnelle, notamment une photocopie de la déclaration de revenus du ménage ;

3° Pour justifier de l'âge de l'enfant, une fiche d'état civil et tout document attestant que l'enfant vit au foyer de l'intéressée.

Art. D. 742-7 Les cotisations sont payables d'avance à la caisse des Français de l'étranger dans les quinze premiers jours de chaque trimestre civil. Elles sont exigibles à compter du premier jour du trimestre civil qui suit la demande d'affiliation à l'assurance volontaire. Le règlement des cotisations donne lieu à l'envoi ou à la remise par la caisse des Français de l'étranger d'une quittance valant attestation de paiement.

Les cotisations peuvent être réglées d'avance, pour l'année civile entière, à la demande des redevables.

Art. D. 742-8 L'immatriculation est faite à la diligence de la caisse des Français de l'étranger qui reçoit et instruit la demande et porte à la connaissance des intéressés le montant des cotisations trimestrielles à payer.

Art. D. 742-9 Les personnes mentionnées *(Décr. n° 88-495 du 2 mai 1988, art. 2-VI)* « au 2° du troisième alinéa de l'article L. 742-1 » peuvent désigner un mandataire résidant dans la métropole et chargé, par elles, d'accomplir les formalités de demandes d'immatriculation et de versement des cotisations.

Art. D. 742-10 L'assurée qui s'abstient de verser la cotisation trimestrielle à l'échéance prescrite au premier alinéa de l'article D. 742-7 est radiée de l'assurance volontaire. Toutefois, la radiation ne peut être effectuée qu'après envoi, par la caisse des Français de l'étranger, d'un avertissement par lettre recommandée, invitant l'intéressée à régulariser sa situation dans le délai d'un mois à compter de la réception de l'avertissement préalable.

Art. D. 742-11 L'assurée volontaire a la faculté de demander la résiliation de son assurance par simple lettre adressée à la caisse des Français de l'étranger. La radiation prend effet à compter du premier jour du mois qui suit la demande et comporte, le cas échéant, remboursement partiel des cotisations acquittées au titre du trimestre ou de l'année civile considérée.

Art. D. 742-12 En cas de radiation ou de résiliation, les périodes au cours desquelles les cotisations ont été acquittées entrent en ligne de compte pour l'ouverture du droit à pension de vieillesse et pour le calcul de ladite pension.

§ 4 DISPOSITIONS RELATIVES À L'ASSURANCE VOLONTAIRE INVALIDITÉ PARENTALE

Art. D. 742-12-1 *(Décr. n° 88-495 du 2 mai 1988, art. 3)* En application du quatrième alinéa de l'article L. 742-1, la situation de famille requise pour s'assurer volontairement pour le risque invalidité est la même que celle définie à l'article D. 742-1.

Art. D. 742-12-2 *(Décr. n° 88-495 du 2 mai 1988, art. 3)* Pour recevoir une pension d'invalidité, l'assuré doit justifier d'une durée minimum d'assurance de douze mois consécutifs à la date de la constatation de l'invalidité.

Art. D. 742-12-3 *(Décr. n° 88-495 du 2 mai 1988, art. 3)* Pour bénéficier de l'assurance volontaire invalidité parentale, la personne chargée de famille, non couverte à ce titre lors de la demande, ne doit pas à cette date être atteinte d'une affection congénitale ou acquise invalidante.

L'acceptation de la demande d'adhésion à l'assurance volontaire invalidité parentale est à cette fin subordonnée à la réponse à un questionnaire sur l'honneur par l'intéressée et à un questionnaire établi par un médecin sur l'état de santé de l'intéressée et les diverses affections dont elle a été atteinte.

La caisse notifie sa décision après avis du service du contrôle médical qui dispose d'un délai de trois mois à compter de la réception de ladite demande pour faire procéder, s'il le juge utile, à un examen médical. Les honoraires et les frais se rapportant à cet examen médical sont à la charge de la caisse.

Art. D. 742-12-4 *(Décr. n° 88-495 du 2 mai 1988, art. 3)* Pour l'application de l'article L. 341-1, la capacité de travail est appréciée par rapport à l'activité de la personne au foyer chargée de famille et la capacité de gain, s'agissant d'un assuré n'ayant jamais exercé d'activité professionnelle, est appréciée par rapport à une rémunération égale, par mois, au salaire minimum interprofessionnel de croissance défini aux articles L. 141-1 à L. 141-9 *[L. 3231-1 s., R. 3231-1 et R. 3231-7 nouv.]* du code du travail multiplié par 169.

SOUS-SECTION 5 PERSONNES AYANT BÉNÉFICIÉ DE L'INDEMNITÉ DE SOINS AUX TUBERCULEUX

Néant.

SOUS-SECTION 6 PERSONNES DE NATIONALITÉ FRANÇAISE EXERÇANT OU AYANT EXERCÉ UNE ACTIVITÉ PROFESSIONNELLE SALARIÉE OU ASSIMILÉE HORS DU TERRITOIRE FRANÇAIS

Néant.

SECTION II DISPOSITIONS CONCERNANT LES RÉGIMES DES NON-SALARIÉS NON AGRICOLES

SOUS-SECTION 1 DISPOSITIONS COMMUNES AUX TROIS RÉGIMES

Art. D. 742-13 La validation des périodes d'activité professionnelle antérieures à la mise en vigueur du régime d'assurance vieillesse dont relève l'activité exercée par l'intéressé est effectuée dans les conditions prévues par la réglementation applicable en métropole à ce régime.

(Décr. n° 2010-1738 du 30 déc. 2010, art. 1er-2°) « Toutefois, cette validation est subordonnée au versement d'un montant de cotisations égal à celui des cotisations prévues au premier alinéa de l'article L. 634-2-2 pour une activité professionnelle énumérée aux articles L. 622-3 et L. 622-4 ou au premier alinéa de l'article L. 643-2 pour une activité professionnelle énumérée à l'article L. 622-5.

« Pour les assurés âgés de soixante-sept ans ou plus à la date de présentation de leur demande de rachat, le montant des cotisations est égal au montant des cotisations prévues par l'alinéa précédent pour les assurés âgés de soixante-deux ans, diminué de 2,5 % par année révolue au-delà de cet âge. »

Le Décr. n° 2010-1738 du 30 déc. 2010 est applicable aux demandes d'adhésion et de rachat déposées à compter du 1er janv. 2011 (Décr. préc., art. 3).

Art. D. 742-14 *(Décr. n° 2010-1738 du 30 déc. 2010, art. 1er-3°)* Les demandes d'adhésion à l'assurance volontaire prévues par l'article L. 742-6 doivent être présentées dans un délai de dix ans à compter du premier jour de l'exercice de l'activité à l'étranger.

Les personnes mentionnées à l'article L. 742-7 doivent présenter leur demande dans un délai de dix ans à compter du dernier jour de l'exercice de leur activité à l'étranger, ou de celle de leur conjoint décédé.

Le Décr. n° 2010-1738 du 30 déc. 2010 est applicable aux demandes d'adhésion et de rachat déposées à compter du 1er janv. 2011 (Décr. préc., art. 3).

Art. D. 742-15 *(Décr. n° 2010-1738 du 30 déc. 2010, art. 1er-4°)* La durée minimale prévue au 1° de l'article L. 742-6 et aux deux premiers alinéas de l'article L. 742-7 est de cinq années.

Le montant des cotisations dues au titre du rachat prévu à l'article L. 742-7 est égal à celui des cotisations prévues au premier alinéa de l'article L. 634-2-2 pour une activité professionnelle énumérée aux articles L. 622-3 et L. 622-4 ou au premier alinéa de l'article L. 643-2 pour une activité professionnelle énumérée à l'article L. 622-5.

Pour les assurés âgés de soixante-sept ans ou plus à la date de présentation de leur demande de rachat, le montant des cotisations est égal au montant des cotisations prévues par l'alinéa précédent pour les assurés âgés de soixante-deux ans, diminué de 2,5 % par année révolue au-delà de cet âge.

Le versement des cotisations dues peut être échelonné dans les mêmes conditions que le versement des cotisations prévues à l'article L. 634-2-2 ou à l'article L. 643-2. Il peut être mis fin au versement dans les mêmes conditions que pour le versement des cotisations prévues à l'article L. 634-2-2 ou à l'article L. 643-2.

La mise en paiement des pensions ou rentes liquidées en faveur des intéressés est ajournée jusqu'au moment où le versement des cotisations dont il s'agit est terminé.

Le Décr. n° 2010-1738 du 30 déc. 2010 est applicable aux demandes d'adhésion et de rachat déposées à compter du 1er janv. 2011 (Décr. préc., art. 3).

Art. D. 742-16 (Abrogé par Décr. n° 2015-769 du 29 juin 2015, art. 1er-2°) *Les demandes d'adhésion à l'assurance volontaire et les demandes de validation sont adressées à la caisse désignée dans chaque organisation* (Abrogé par Décr. n° 2007-709 du 4 mai 2007, art. 6) *« autonome » par arrêté du ministre chargé de la sécurité sociale.* — V. Arr. du 14 sept. 1966 (JO 25 sept.).

Art. D. 742-17 *Abrogé par Décr. n° 2010-1738 du 30 déc. 2010, art. 1er-5°.*

Art. D. 742-17-1 *(Décr. n° 89-919 du 21 déc. 1989, art. 4)* Les assurés *(Décr. n° 2010-1734 du 30 déc. 2010, art. 5-12°)* « ayant au moins l'âge prévu par l'article L. 161-17-2 » à la date de dépôt de leur demande de rachat peuvent obtenir la liquidation de leurs droits à l'assurance vieillesse à compter, au plus tôt, du premier jour du mois suivant la date de ce dépôt, sous réserve que leur demande d'affiliation à l'assurance volontaire ait été présentée dans le délai fixé à l'article D. 742-14 et que leur demande de pension ait été formée dans les six mois suivant la notification par la caisse compétente de leur admission au rachat de cotisations d'assurance volontaire vieillesse.

Les prestations de vieillesse sont révisées avec effet au premier jour du mois civil suivant la date de la demande de rachat, compte tenu des périodes validées au titre du rachat, dans la limite du maximum de trimestres susceptibles d'être pris en compte à la date d'entrée en jouissance initiale de ces prestations de vieillesse.

La demande de rachat ne peut concerner des périodes d'activité postérieures à la date d'entrée en jouissance d'une prestation de vieillesse.

Les dispositions issues du Décr. n° 2010-1734 du 30 déc. 2010 sont applicables aux pensions prenant effet à compter du 1er juill. 2011 (Décr. préc., art. 11).

SOUS-SECTION 2 DISPOSITIONS COMMUNES AU RÉGIME DES PROFESSIONS ARTISANALES ET À CELUI DES PROFESSIONS INDUSTRIELLES ET COMMERCIALES

Art. D. 742-18 Les personnes remplissant les conditions définies au 2° de l'article L. 742-6 et ayant exercé en dernier lieu une activité professionnelle non salariée artisanale, industrielle ou commerciale, ne peuvent demander le bénéfice de l'assurance volontaire gérée par les régimes mentionnés aux articles L. 622-3 et L. 622-4 que si elles ne bénéficient pas d'un avantage de vieillesse acquis au titre de l'un de ces régimes.

Art. D. 742-19 L'adhésion volontaire implique l'adhésion aux régimes complémentaires obligatoires applicables, en vertu des articles L. 635-1 *(Décr. n° 2006-1580 du 11 déc. 2006, art. 6)* « et L. 635-5 », aux ressortissants de la profession exercée par l'intéressé ou qu'il a exercée en dernier lieu.

Art. D. 742-20 Les demandes d'adhésion à l'assurance volontaire doivent être présentées :

1° Dans le délai prévu à l'article D. 742-14 en ce qui concerne les personnes mentionnées au 1° de l'article L. 742-6 ;

2° Dans le délai de six mois qui suit la date d'effet de la radiation de l'intéressé à titre de cotisant obligatoire, en ce qui concerne les personnes *(Décr. n° 2015-769 du 29 juin 2015, art. 1er-3°)* « mentionnées aux 2°, 3° et 5° » de l'article L. 742-6, ou à la date à laquelle l'intéressé a commencé à participer à l'exercice de l'activité professionnelle non salariée du chef d'entreprise en ce qui concerne les personnes mentionnées au 4° de l'article L. 742-6.

Toutefois, les demandes d'adhésion présentées par les conjoints de chefs d'entreprise mentionnés *(Décr. n° 2006-1580 du 11 déc. 2006, art. 7)* « au 4° » de l'article L. 742-6 ne sont soumises à aucun délai.

(Abrogé par Décr. n° 2006-1580 du 11 déc. 2006, art. 7) *« Pour les conjoints collaborateurs mentionnés au 5° de l'article L. 742-6, une nouvelle demande d'affiliation intervenant après une radiation ne peut être présentée avant l'expiration d'un délai de trois ans suivant la date d'effet de cette radiation, sauf si cette dernière a été prononcée en raison de ce que l'intéressé avait cessé de remplir les conditions mentionnées au 5° de l'article L. 742-6. »*

Art. D. 742-20-1 *Abrogé par Décr. n° 2006-1580 du 11 déc. 2006, art. 10.*

Art. D. 742-21 La caisse compétente pour recevoir les demandes d'adhésion est :

(Décr. n° 2015-769 du 29 juin 2015, art. 1er-4°) « 1° La caisse de base du régime social des indépendants mentionnée à l'article R. 611-61, en ce qui concerne les personnes mentionnées au 1° de l'article L. 742-6 ; »

2° La caisse à laquelle elles ont été affiliées en dernier lieu à titre de cotisant obligatoire en ce qui concerne les personnes *(Décr. n° 2015-769 du 29 juin 2015, art. 1er-4°)* « mentionnées aux 2°, 3° et 5° » de l'article L. 742-6 ;

3° La caisse à laquelle est affilié le chef d'entreprise en ce qui concerne les personnes mentionnées *(Décr. n° 2006-1580 du 11 déc. 2006, art. 8)* « au 4° » de l'article L. 742-6.

Art. D. 742-22 L'affiliation à l'assurance volontaire prend effet à compter du premier jour du trimestre civil qui suit la demande. Toutefois, les personnes mentionnées au 1° de l'article L. 742-6 peuvent demander que leur affiliation à l'assurance volontaire prenne effet au premier jour du trimestre civil suivant la date à laquelle elles ont commencé à exercer une activité professionnelle non salariée à l'étranger, les personnes *(Décr. n° 2015-769 du 29 juin 2015, art. 1er-5°)* « mentionnées aux 2°, 3° et 5° » de l'article L. 742-6 que leur affiliation prenne effet à la date de leur radiation à titre de cotisant obligatoire et les personnes mentionnées au 4° de l'article L. 742-6 que leur affiliation prenne effet au premier jour du trimestre civil suivant la date à laquelle elles ont commencé à participer à l'exercice de l'activité professionnelle non salariée du chef d'entreprise.

Pour les conjoints mentionnés *(Décr. n° 2006-1580 du 11 déc. 2006, art. 8)* « au 4° » de l'article L. 742-6 l'affiliation prend effet au premier jour de l'année civile qui suit celle de leur demande. Toutefois, les intéressés peuvent demander que cette date d'effet soit fixée au premier jour de l'année civile au cours de laquelle leur demande a été présentée.

En cas de début d'activité du chef d'entreprise, le conjoint peut également demander que son affiliation prenne effet en même temps que celle de ce dernier, s'il remplit à cette date les conditions requises *(Décr. n° 2006-1580 du 11 déc. 2006, art. 8)* « au 4° » de l'article L. 742-6.

Art. D. 742-23 L'assuré volontaire a la faculté de demander la résiliation de son assurance par simple lettre adressée à la caisse dont il relève. La radiation prend effet à compter du premier jour du trimestre civil qui suit la demande.

La radiation est prononcée d'office par la caisse lorsque l'assuré volontaire cesse de remplir les conditions mentionnées à l'article L. 742-6 avec effet du premier jour du trimestre civil qui suit la date à laquelle lesdites conditions ont cessé d'être remplies.

(Abrogé par Décr. n° 2006-1580 du 11 déc. 2006, art. 10) « Toutefois, pour le conjoint collaborateur mentionné au 5° de l'article L. 742-6 et ayant opté pour le partage des revenus prévu au 3° de l'article D. 742-26, la radiation prend effet au premier jour de l'année civile en cours soit à sa demande, soit lorsque les conditions mentionnées au 5° de l'article L. 742-6 ont cessé d'être remplies, sauf en cas de cessation d'activité de l'entreprise ou d'entrée en jouissance de la pension. Les cotisations éventuellement versées par l'intéressé au cours de l'année en cause lui sont remboursées. »

Art. D. 742-24 Les assurés volontaires mentionnés aux 1°, 2° et 3° de l'article L. 742-6 sont, en vue du calcul du montant de leur cotisation, répartis en trois catégories, chacune de ces catégories correspondant à un pourcentage du plafond annuel mentionné à l'article L. 633-10. Ce pourcentage est déterminé par un arrêté du ministre chargé de la sécurité sociale et du ministre chargé du budget. *— V. Arr. du 29 déc. 1973 (JO 30 déc.).*

Les intéressés sont classés dans la catégorie correspondant à leur dernier revenu professionnel non salarié ou, à défaut d'un tel revenu, dans la catégorie la plus élevée.

La caisse peut toutefois décider, soit d'office, après enquête sur les revenus de toute nature des intéressés, leur affectation à une catégorie supérieure, soit sur la demande des intéressés, au vu des justifications fournies et, s'il y a lieu, après enquête, leur affectation à une catégorie inférieure ou supérieure.

Le montant de la cotisation est déterminé en appliquant au revenu de la catégorie le taux de la cotisation en vigueur dans l'assurance obligatoire.

Art. D. 742-25 Pour les assurés volontaires mentionnés au 4° de l'article L. 742-6, la cotisation est calculée dans les conditions prévues à l'article D. 633-12.

Art. D. 742-25-1 *Abrogé par Décr. n° 2010-1738 du 30 déc. 2010, art. 1er-7°.*

Art. D. 742-25-2 *Abrogé par Décr. n° 2006-1580 du 11 déc. 2006, art. 10.*

Art. D. 742-26 *(Décr. n° 2015-769 du 29 juin 2015, art. 1er-6°)* Pour les assurés volontaires mentionnés au 5° de l'article L. 742-6, l'assiette de cotisation à laquelle est appliqué le taux de la cotisation d'assurance vieillesse obligatoire en vigueur est déterminée selon les critères suivants :

1° Les assurés dont les revenus sont égaux ou supérieurs au plafond annuel de sécurité sociale mentionné à l'article L. 241-3 cotisent sur une assiette correspondant à 100 % de ce plafond ;

2° Les assurés dont les revenus sont inférieurs au montant du plafond annuel de sécurité sociale et supérieurs à la moitié de ce plafond cotisent sur une assiette correspondant à 75 % de ce plafond ;

3° Les assurés dont les revenus sont inférieurs ou égaux à la moitié du plafond annuel de sécurité sociale et supérieurs au tiers de ce plafond cotisent sur une assiette correspondant à 50 % de ce plafond ;

4° Les assurés dont les revenus sont égaux ou inférieurs au tiers du plafond annuel de sécurité sociale cotisent sur une assiette correspondant au tiers de ce plafond.

Les revenus pris en compte pour la détermination de l'assiette de cotisation d'assurance vieillesse sont ceux ayant servi de base au calcul des cotisations de l'assurance vieillesse obligatoire dues au titre de l'année civile d'activité précédant celle au cours de laquelle l'assuré cesse de remplir les conditions de l'affiliation obligatoire. Lorsque cette année civile ne correspond pas à une année entière d'activité, les revenus pris en compte sont ceux de l'année au cours de laquelle l'assuré cesse de remplir les conditions d'affiliation obligatoire, rétablis le cas échéant sur la base d'une année entière.

Art. D. 742-27 *Abrogé par Décr. n° 2006-1580 du 11 déc. 2006, art. 10.*

Art. D. 742-28 Le montant de la cotisation annuelle *(Abrogé par Décr. n° 2006-1580 du 11 déc. 2006, art. 9) « , tant du conjoint collaborateur que du chef d'entreprise, »* ne peut être inférieur à celui de la cotisation qui serait due au titre d'un revenu égal à 200 fois le montant horaire du salaire minimum de croissance en vigueur le 1er janvier de l'année considérée.

(Abrogé par Décr. n° 2006-1580 du 11 déc. 2006, art. 9) « Dans le cas prévu à l'article D. 633-4 et lorsque l'une des options prévues au 2° ou au 3° de l'article D. 742-26 a été choisie, la caisse procède, tant en ce qui concerne le conjoint que le chef d'entreprise, à l'appel de cotisations assises sur le plafond mentionné à l'article L. 633-10.

« Les dispositions de l'article D. 633-8 sont applicables aux cotisations calculées dans les conditions fixées aux 1°, 2° et 3° de l'article D. 742-26. »

Art. D. 742-29 à D. 742-30-2 *Abrogés par Décr. n° 2006-1580 du 11 déc. 2006, art. 10.*

Art. D. 742-31 Sous réserve, le cas échéant, des dispositions des articles D. 742-22, D. 742-23 et D. 742-33 la cotisation est annuelle.

Elle est répartie en deux fractions semestrielles exigibles respectivement le 1er janvier et le 1er juillet et qui doivent être versées directement par l'assuré au siège de la caisse dont il relève, le 15 février et le 31 juillet au plus tard.

Le cas échéant, il peut être fait application des dispositions du deuxième alinéa de l'article D. 633-7.

Art. D. 742-32 *Abrogé par Décr. n° 2010-1738 du 30 déc. 2010, art. 1er-8°.*

Art. D. 742-33 L'assuré volontaire qui s'abstient de verser la cotisation semestrielle à l'échéance prescrite à l'article D. 742-31 est radié de l'assurance volontaire. Toutefois, la radiation ne peut être effectuée qu'après envoi, par la caisse, d'un avertissement par lettre recommandée invitant l'intéressé à régulariser sa situation dans les quinze jours à compter de la réception de l'avertissement préalable.

Art. D. 742-34 L'assurance volontaire donne droit, dans les mêmes conditions que l'assurance obligatoire, aux prestations de l'assurance vieillesse et, s'il y a lieu, de l'assurance invalidité-décès, sous réserve des dispositions de l'article L. 742-10.

Les pensions de vieillesse sont calculées par référence au revenu annuel correspondant aux cotisations de l'assurance volontaire effectivement versées.

Les périodes d'assurance obligatoire et d'assurance volontaire se cumulent pour l'ouverture du droit aux prestations et pour le calcul de celles-ci.

SOUS-SECTION 3 ADHÉSION VOLONTAIRE DE CERTAINS ARTISANS AU RÉGIME D'ASSURANCE VIEILLESSE COMPLÉMENTAIRE DES ENTREPRENEURS DU BÂTIMENT

Art. D. 742-35 *Abrogé par Décr. n° 2004-848 du 23 août 2004, art. 4.*

SOUS-SECTION 4 DISPOSITIONS CONCERNANT LES RÉGIMES DES PROFESSIONS LIBÉRALES ET DES AVOCATS

(Décr. n° 2015-769 du 29 juin 2015, art. 1er-7°)

Art. D. 742-36 L'adhésion volontaire inclut l'adhésion aux régimes complémentaires obligatoires applicables, en vertu des articles L. 644-1 et L. 723-14, aux personnes exerçant ou ayant exercé en dernier lieu une profession énumérée à l'article L. 622-5 ou L. 723-1 et à leur conjoint collaborateur.

Art. D. 742-37 Les demandes d'adhésion à l'assurance volontaire doivent être présentées :

1° Dans le délai prévu à l'article D. 742-14, en ce qui concerne les personnes mentionnées au 1° de l'article L. 742-6 ;

2° Dans le délai de six mois qui suit la date d'effet de la radiation de l'intéressé à titre de cotisant obligatoire, en ce qui concerne les personnes mentionnées aux 2° et 5° de l'article L. 742-6.

Art. D. 742-38 La caisse compétente pour recevoir les demandes d'adhésion est :

1° La section professionnelle désignée à l'article R. 641-1 dont relève l'activité exercée, en ce qui concerne les personnes mentionnées au 1° de l'article L. 742-6 et exerçant une profession énumérée à l'article L. 622-5 ;

2° La caisse désignée à l'article L. 723-1, en ce qui concerne les personnes mentionnées au 1° de l'article L. 742-6 et exerçant une profession mentionnée à l'article L. 723-1 ;

3° La caisse à laquelle elles ont été affiliées en dernier lieu à titre de cotisant obligatoire, en ce qui concerne les personnes mentionnées aux 2° et 5° de l'article L. 742-6.

Art. D. 742-39 L'affiliation à l'assurance volontaire prend effet à compter du premier jour du trimestre civil qui suit la demande, sous réserve des deux alinéas suivants.

Les personnes mentionnées au 1° de l'article L. 742-6 peuvent demander que leur affiliation à l'assurance volontaire prenne effet au premier jour du trimestre civil suivant la date à laquelle elles ont commencé à exercer une activité professionnelle non salariée à l'étranger, sans que le nombre d'années prises en compte puisse excéder cinq années pour les personnes exerçant une profession mentionnée à l'article L. 622-5.

Les personnes mentionnées aux 2° et 5° de l'article L. 742-6 peuvent demander que leur affiliation prenne effet à la date de leur radiation à titre de cotisant obligatoire.

Art. D. 742-40 L'assuré volontaire a la faculté de demander la résiliation de son assurance par simple lettre adressée à la caisse dont il relève. La radiation prend effet à compter du premier jour du trimestre civil qui suit la demande.

La radiation est prononcée d'office par la caisse lorsque l'assuré volontaire cesse de remplir les conditions mentionnées à l'article L. 742-6 avec effet du premier jour du trimestre civil qui suit la date à laquelle lesdites conditions ont cessé d'être remplies.

Art. D. 742-41 Pour les personnes admises à cotiser à titre volontaire mentionnées au 1° de l'article L. 742-6, les cotisations dues au titre des deux premières années sont assises, à titre provisionnel, sur les revenus d'activité non-salariés *[non salariés]* de la dernière année civile d'activité entière, tels qu'ils sont définis à l'article L. 131-6. Les cotisations des années suivantes sont assises sur les revenus d'activité non-salariés *[non salariés]* tels qu'ils sont communiqués à la caisse par les assurés.

Par dérogation à l'alinéa précédent, pour les personnes admises à cotiser à titre volontaire mentionnées au 1° de l'article L. 742-6 et débutant *[dans]* l'activité ouvrant droit à cette admission, les cotisations dues au titre des deux premières années sont calculées dans les conditions prévues à l'article D. 131-1.

Pour les personnes admises à cotiser à titre volontaire mentionnées au 2° de l'article L. 742-6, les cotisations dues au titre de la première année sont assises sur les revenus d'activité non-salariés de la dernière année civile d'activité entière, tels qu'ils sont définis à l'article L. 131-6. Pour le calcul des cotisations dues au titre des années suivantes, ces revenus sont revalorisés en appliquant le taux d'évolution du plafond défini à l'article L. 241-3 constaté entre le 1er janvier de l'année correspondant à sa dernière année d'activité et le 1er janvier de l'année en cours.

Pour les personnes admises à cotiser à titre volontaire mentionnées au 5° de l'article L. 742-6, les cotisations sont assises sur les revenus mentionnés à l'article D. 642-5-2 ayant servi de base au calcul des cotisations dues au titre de la dernière année civile d'activité entière ou, à défaut, de la dernière année civile d'activité, revalorisés dans les conditions prévues à l'alinéa précédent.

Art. D. 742-42 Le montant de la cotisation annuelle ne peut être calculé sur une assiette inférieure à celle mentionnée à l'article D. 642-4 pour les cotisants relevant du régime mentionné à l'article L. 641-2.

Art. D. 742-43 Sous réserve, le cas échéant, des dispositions des articles D. 742-39, D. 742-40 et D. 742-44, la cotisation est annuelle.

Art. D. 742-44 L'assuré volontaire qui s'abstient de verser la cotisation à l'échéance est radié de l'assurance volontaire. Toutefois, la radiation ne peut être effectuée qu'après envoi, par la caisse, d'un avertissement par lettre recommandée invitant l'intéressé à régulariser sa situation dans les quinze jours à compter de la réception de l'avertissement préalable.

Art. D. 742-45 L'assurance volontaire donne droit, dans les mêmes conditions que l'assurance obligatoire, aux prestations de l'assurance vieillesse de base et de complémentaire et, s'il y a lieu, de l'assurance invalidité-décès.

Les périodes d'assurance obligatoire et d'assurance volontaire se cumulent pour l'ouverture du droit aux prestations et pour le calcul de celles-ci.

CHAPITRE III ASSURANCE VOLONTAIRE EN MATIÈRE D'ACCIDENTS DU TRAVAIL

Néant.

TITRE CINQUIÈME DÉPARTEMENTS D'OUTRE-MER

CHAPITRE PREMIER GÉNÉRALITÉS

Art. D. 751-1 *1er al. abrogé par Décr. n° 2001-574 du 2 juill. 2001.*

Il est créé à la Réunion une direction départementale de la sécurité sociale dont les attributions sont les mêmes que celles dévolues à la direction régionale mentionnée à l'alinéa précédent.

Les fonctionnaires des services mentionnés aux alinéas précédents sont nommés conjointement par le ministre chargé de la sécurité sociale et le ministre chargé de l'agriculture.

CHAPITRE II ORGANISATION ADMINISTRATIVE ET FINANCIÈRE — CONTENTIEUX

SECTION PREMIÈRE DISPOSITIONS COMMUNES AUX CAISSES GÉNÉRALES DE SÉCURITÉ SOCIALE ET AUX CAISSES D'ALLOCATIONS FAMILIALES

Art. D. 752-1 Les dispositions de l'article *(Décr. n° 2018-174 du 9 mars 2018, art. 16-4°, en vigueur le 1er janv. 2018)* « R. 231-4 » sont applicables aux caisses générales de sécurité sociale et aux caisses d'allocations familiales des départements mentionnés à l'article L. 751-1.

Art. D. 752-2 Les représentants des exploitants agricoles dans les conseils d'administration des caisses générales de sécurité sociale et des caisses d'allocations familiales des départements mentionnés à l'article L. 751-1 sont désignés par la fédération nationale des syndicats d'exploitants agricoles.

SECTION PREMIÈRE *BIS* CAISSE DE PRÉVOYANCE SOCIALE DE SAINT-BARTHÉLEMY

(Décr. n° 2017-992 du 10 mai 2017, art. 1er)

Pour ce qui concerne l'application de la législation en matière de sécurité sociale à Saint-Barthélemy :

1° Les missions afférentes au service des prestations relatives aux missions mentionnées aux art. L. 752-4 et L. 752-7 sont exercées par la caisse de la mutualité sociale agricole mentionnée au troisième al. de l'art. L. 752-1 à compter du lendemain de la publication du Décr. n° 2017-992 du 10 mai 2017 ;

2° Les missions afférentes au 6° de l'art. L. 752-4 CSS sont exercées par la caisse de la mutualité sociale agricole mentionnée au troisième al. de l'art. L. 752-1 à compter du 1er juill. 2017 ;

3° Les missions afférentes au service des prestations relatives aux missions mentionnées aux art. L. 611-1 et L. 611-2 CSS sont exercées par la caisse de la mutualité sociale agricole mentionnée au troisième al. de l'art. L. 752-1 du même code à compter du 1er juill. 2018 ;

4° Les missions afférentes au recouvrement des cotisations se rapportant aux missions mentionnées aux art. L. 611-1, L. 611-2 et L. 752-8 CSS sont exercées par la caisse de la mutualité sociale agricole mentionnée au troisième al. de l'art. L. 752-1 du même code à compter du 1er janv. 2019 ;

5° Les droits et obligations afférents à ces missions sont transférés aux mêmes dates à la caisse de la mutualité sociale agricole mentionnée au troisième al. de l'art. L. 752-1 CSS, sauf dispositions contraires prévues conventionnellement ;

6° Les modalités relatives à ces transferts sont définies par des conventions conclues avant le 30 juin 2017 entre chaque caisse intéressée, la caisse centrale de la mutualité sociale agricole et la caisse de la mutualité sociale agricole mentionnée au troisième al. de l'art. L. 752-1 CSS. Les conventions relatives aux missions mentionnées au 4° du présent art. sont toutefois conclues avant le 31 oct. 2018 (Décr. n° 2017-992 du 10 mai 2017, art. 2).

Art. D. 752-2-1 La caisse de *[la]* mutualité sociale agricole mentionnée au troisième alinéa de l'article L. 752-1 assure les missions mentionnées aux articles L. 611-1, L. 611-2, L. 752-4, L. 752-7 et L. 752-8 pour les ressortissants de Saint-Barthélemy.

Sous réserve de la conclusion de la convention prévue à l'article D. 752-2-3, elle dispose, pour l'exercice de ses missions à Saint-Barthélemy, d'une caisse de proximité dénommée "caisse de prévoyance sociale de Saint-Barthélemy ", qui n'est dotée ni de la personnalité morale ni d'un budget autonome.

Art. D. 752-2-2 La caisse de prévoyance sociale assure notamment l'affiliation des personnes relevant des missions mentionnées au premier alinéa de l'article D. 752-2-1, leur accueil téléphonique et physique ainsi que la relation de proximité préalable au traitement de leurs dossiers par la caisse de *[la]* mutualité sociale agricole mentionnée au troisième alinéa de l'article L. 752-1.

Art. D. 752-2-3 Une convention conclue entre la caisse de *[la]* mutualité sociale agricole mentionnée au troisième alinéa de l'article L. 752-1 et le conseil territorial de Saint-Barthélemy fixe, pour une durée de cinq ans reconductible, les modalités de financement et les conditions d'organisation de la caisse de prévoyance sociale.

Cette convention précise les conditions dans lesquelles des locaux sont mis à disposition par la collectivité pour les besoins de l'activité de la caisse de prévoyance sociale, la nature des investissements éventuellement réalisés par la collectivité ainsi que les modalités de calcul de la dotation annuelle versée, le cas échéant, par le conseil territorial et permettant de couvrir les frais de fonctionnement de la caisse de prévoyance sociale. Elle prévoit notamment :

1° Les modalités de recrutement par le conseil territorial et de prise en charge par celui-ci des rémunérations et frais des personnels travaillant pour le compte de la caisse de prévoyance sociale à Saint-Barthélemy ;

2° Les conditions de remboursement au conseil territorial, par la caisse de *[la]* mutualité sociale agricole compétente, de ces rémunérations et frais de personnel.

Elle fixe les principes d'organisation de la caisse de prévoyance sociale, les indicateurs de qualité et de suivi de son activité, le nombre et la qualification des salariés qui y sont affectés ainsi que les conditions dans lesquelles des agents appelés à travailler temporairement à Saint-Barthélemy peuvent effectuer leurs missions. Elle détermine le nombre hebdomadaire d'heures d'ouverture au public.

Elle prévoit les conditions dans lesquelles elle peut être révisée.

Le conseil de suivi mentionné aux articles D. 752-2-4 à D. 752-2-6 et le directeur général de la caisse centrale de *[la]* mutualité sociale agricole est rendu destinataire *[sont rendus destinataires]* de cette convention, ainsi que ses éventuels avenants, dès leur signature par les deux parties.

Art. D. 752-2-4 Le conseil de suivi de l'activité de la caisse mentionné au quatrième alinéa de l'article L. 752-1 est composé de cinq membres comprenant :

1° Le président du conseil territorial de Saint-Barthélemy ou son représentant, président du conseil de suivi ;

2° Deux membres du conseil économique, social et culturel de Saint-Barthélemy, désignés par son président, qui désigne également deux suppléants appelés à siéger au conseil de suivi en l'absence des titulaires et à remplacer ceux dont le siège deviendrait vacant ;

3° Le directeur de la caisse de *[la]* mutualité sociale agricole mentionnée au troisième alinéa de l'article L. 752-1 ou son représentant ;

4° Le préfet de la Guadeloupe ou son représentant.

Art. D. 752-2-5 Le conseil de suivi se réunit, le cas échéant par un moyen de télécommunication, deux fois par an, sur convocation de son président.

Ce dernier fixe l'ordre du jour de la réunion, en concertation avec le directeur de la caisse de *[la]* mutualité sociale agricole mentionnée au troisième alinéa de l'article L. 752-1.

En accord avec ce dernier, le président du conseil peut convoquer une réunion exceptionnelle en cas de nécessité, notamment lorsqu'un avis du conseil est requis en application du deuxième alinéa de l'article D. 752-2-6.

Le conseil de suivi ne peut valablement statuer que si trois de ses membres au moins sont présents ou représentés.

Art. D. 752-2-6 Le conseil de suivi examine les résultats de l'activité de la caisse de prévoyance sociale de Saint-Barthélemy.

Il est consulté par la caisse de *[la]* mutualité sociale agricole mentionnée au troisième alinéa de l'article L. 752-1 si un changement significatif dans le fonctionnement ou l'organisation de la caisse de prévoyance sociale est envisagé. Dans un délai d'un mois, il rend un avis motivé sur les modifications envisagées, à la majorité des voix des membres présents ou représentés.

Il peut formuler des recommandations en ce qui concerne la qualité du service rendu par la caisse de prévoyance sociale, ses moyens financiers et son fonctionnement. Ces recommandations sont transmises au directeur général de la caisse centrale de la mutualité sociale agricole et au directeur de la caisse mentionnée au troisième alinéa de l'article L. 752-1. Le conseil de suivi est tenu informé des suites données aux avis rendus et aux recommandations qu'il a formulées.

Une fois par an, le directeur de la caisse de *[la]* mutualité sociale agricole mentionnée au troisième alinéa de l'article L. 752-1 présente au conseil de suivi un rapport sur l'activité de la caisse de prévoyance sociale, l'utilisation des moyens alloués à son fonctionnement et les indicateurs mentionnés au quatrième alinéa de l'article D. 752-2-3.

SECTION II **DISPOSITIONS RELATIVES AUX CAISSES GÉNÉRALES DE SÉCURITÉ SOCIALE**

Art. D. 752-3 Dans les départements mentionnés à l'article L. 751-1, les attributions dévolues par les dispositions du chapitre Ier du titre IV du présent livre aux caisses primaires d'assurance maladie et aux unions de recouvrement sont exercées par les caisses générales.

SECTION III **DISPOSITIONS RELATIVES AUX CAISSES D'ALLOCATIONS FAMILIALES**

Art. D. 752-4 Les sommes versées au titre de l'*(Décr. n° 2005-1761 du 29 déc. 2005)* « allocation d'éducation de l'enfant handicapé » *(Abrogé par Décr. n° 2010-1783 du*

31 déc. 2010, art. 5-I, à compter du 1er janv. 2011) « et de l'allocation de parent isolé » dans les départements mentionnés à l'article L. 751-1 n'entrent pas en compte pour la détermination des ressources du fonds d'action sanitaire et sociale spécialisé des caisses d'allocations familiales desdits départements.

Art. D. 752-5 *Abrogé par Décr. n° 2004-254 du 19 mars 2004, art. 1er-I. — Cette disposition s'applique à Saint-Pierre-et-Miquelon (Décr. n° 2004-254 du 19 mars 2004, art. 6).*

Art. D. 752-6 *(Décr. n° 2001-277 du 2 avr. 2001 ; Décr. n° 2004-254 du 19 mars 2004, art. 1er-II)* « Pour l'application du 1° du I de l'article L. 752-3-1 », lorsque l'effectif employé, calculé sur la moyenne des six derniers mois, passe en dessous de onze salariés, suite à une réduction d'effectif ou à une restructuration de l'entreprise, celle-ci adresse au directeur de l'organisme chargé du recouvrement une demande tendant à bénéficier de l'exonération visée au I de l'article L. 752-3-1.

Le directeur dudit organisme saisit, dans les quinze jours suivant l'envoi ou le dépôt de la demande, le représentant de l'État dans le département pour avis. Cet avis est rendu, dans un délai de deux mois suivant la demande, en fonction de la justification de l'évolution des effectifs au regard de l'activité de l'entreprise au cours de l'année considérée, le cas échéant en tenant compte de la constitution d'une unité économique et sociale.

Dans le cas où la demande est acceptée, l'exonération est appliquée à compter du premier jour du mois suivant celui au cours duquel la demande a été déposée, sous réserve de régularisation, pour l'année civile concernée, lorsque l'effectif est déterminé selon les modalités prévues à l'article R. 752-20.

SECTION IV CONTENTIEUX

Néant.

SECTION V DISPOSITIONS RELATIVES AUX EXONÉRATIONS DE COTISATIONS PRÉVUES À L'ARTICLE L. 752-3-2

(Décr. n° 2009-1777 du 30 déc. 2009, art. 4)

Art. D. 752-7 Les communes qui satisfont aux critères définis au 4° du IV de l'article L. 752-3-2 du code de la sécurité sociale sont les suivantes :

1° En Guadeloupe : les communes de Baillif, Bouillante, Deshaies, Gourbeyre, Pointe-Noire, Trois-Rivières, Vieux-Fort et Vieux-Habitants ;

2° En Martinique : les communes de L'Ajoupa-Bouillon, Basse-Pointe, Bellefontaine, Case-Pilote, Fonds-Saint-Denis, Grand'Rivière, Le Carbet, Le Lorrain, Le Marigot, Le Morne-Rouge, Le Morne-Vert, le Prêcheur, Macouba et Saint-Pierre.

Art. D. 752-8 *(Décr. n° 2016-566 du 9 mai 2016, art. 1er)* I. — L'exonération prévue à l'article L. 752-3-2 est applicable aux cotisations de sécurité sociale qui sont dues au titre des rémunérations des salariés employés dans des établissements situés en Guadeloupe, en Guyane, en Martinique, à La Réunion, à Saint-Barthélemy et à Saint-Martin, à l'exception des cotisations dues au titre des accidents du travail et des maladies professionnelles, conformément aux articles L. 241-5 et L. 752-3-2. Les effectifs sont appréciés dans les conditions prévues au V de l'article L. 752-3-2.

II. — Pour les employeurs occupant un effectif de moins de onze salariés, l'exonération mentionnée au III de l'article L. 752-3-2 est déterminée de la façon suivante :

1° Pour les employeurs mentionnés au A du III de l'article L. 752-3-2, lorsque le salaire horaire brut est égal ou supérieur au SMIC majoré de 60 %, le montant mensuel de l'exonération est égal au produit de la rémunération mensuelle brute versée au salarié par un coefficient déterminé par l'application de la formule suivante :

Coefficient = T/0,7 × (2,3 × SMIC × 1,4 × nombre d'heures rémunérées/rémunération mensuelle brute – 1,4) ;

2° Pour les employeurs mentionnés au B du III de l'article L. 752-3-2, lorsque le salaire horaire brut est égal ou supérieur au SMIC majoré de 100 %, le montant mensuel de l'exonération est égal au produit de la rémunération mensuelle brute versée au salarié par un coefficient déterminé par l'application de la formule suivante :

Coefficient = T × (3 × SMIC × 1,4 × nombre d'heures rémunérées/rémunération mensuelle brute – 1,4) ;

III. – Pour les employeurs occupant au moins onze salariés et satisfaisant aux critères d'éligibilité fixés aux 2°, 3° ou 4° du II de l'article L. 752-3-2, le montant mensuel de l'exonération mentionnée au III du même article est égal au produit de la rémunération mensuelle brute versée au salarié par un coefficient déterminé par l'application de la formule déterminée selon les modalités suivantes :

1° Pour les employeurs mentionnés au A du III de l'article L. 752-3-2 :

Coefficient = T/0,7 × (2 × SMIC × 1,3 × nombre d'heures rémunérées/rémunération mensuelle brute – 1,3) ;

2° Pour les employeurs mentionnés au B du III de l'article L. 752-3-2 :

Coefficient = T/1,6 × (3 × SMIC × 1,4 × nombre d'heures rémunérées/rémunération mensuelle brute – 1,4) ;

IV. – L'exonération prévue au IV de l'article L. 752-3-2 est déterminée de la façon suivante :

1° Pour les employeurs mentionnés au A du III de l'article L. 752-3-2, lorsque le salaire horaire brut est égal ou supérieur au SMIC majoré de 150 %, le montant mensuel de l'exonération est égal au produit de la rémunération mensuelle brute versée au salarié par un coefficient déterminé par l'application de la formule suivante :

Coefficient = T × (3,5 × SMIC × 1,7 × nombre d'heures rémunérées/rémunération mensuelle brute – 1,7) ;

2° Pour les employeurs mentionnés au B du III de l'article L. 752-3-2, lorsque le salaire horaire brut est égal ou supérieur au SMIC majoré de 150 %, le montant mensuel de l'exonération est égal au produit de la rémunération mensuelle brute versée au salarié par un coefficient déterminé par l'application de la formule suivante :

Coefficient = T/2 × (4,5 × SMIC × 1,7 × nombre d'heures rémunérées/rémunération mensuelle brute – 1,7).

V. – Pour le calcul des formules définies aux II, III et IV :

1° La valeur notée "T" correspond à la somme des taux des cotisations de sécurité sociale à la charge de l'employeur applicables au niveau du salaire minimum de croissance, à l'exclusion du taux des cotisations dues au titre des accidents du travail et des maladies professionnelles ;

2° Le coefficient obtenu par application de la formule est arrondi à quatre décimales, au dix-millième le plus proche. S'il est supérieur à la valeur *T*, il est pris en compte pour une valeur égale à *T* ;

3° Le SMIC est le taux horaire du salaire minimum de croissance pris en compte pour sa valeur du premier jour de la période d'emploi rémunérée ;

4° La rémunération mensuelle brute est constituée des *(Décr. n° 2018-821 du 27 sept. 2018, art. 1er)* « revenus d'activité tels qu'ils sont pris en compte pour la détermination de l'assiette des cotisations définie » à l'article L. 242-1 du code de la sécurité sociale pour le mois considéré ;

5° Pour les salariés dont la rémunération ne peut être déterminée au cours du mois en fonction d'un nombre d'heures de travail rémunérées ou pour lesquels le contrat de travail est suspendu, il est fait application des dispositions de l'article D. 241-27. – *[Anc. art. R. 752-19-1.]*

Les dispositions du Décr. n° 2016-566 du 9 mai 2016 sont applicables aux cotisations dues pour les périodes courant à compter du 1er janv. 2016 (Décr. préc., art. 3).

CHAPITRE III ASSURANCES SOCIALES

SECTION PREMIÈRE ASSURANCES MALADIE, MATERNITÉ, INVALIDITÉ, DÉCÈS

Néant.

SECTION II ASSURANCE VIEILLESSE

SOUS-SECTION 1 DISPOSITIONS GÉNÉRALES

Art. D. 753-1 L'article D. 357-18 est applicable dans les départements mentionnés à l'article L. 751-1.

SOUS-SECTION 2 PERSONNES QUI ONT LA CHARGE D'UN ENFANT HANDICAPÉ OU D'UN HANDICAPÉ ADULTE

Art. D. 753-2 *Abrogé par Décr. n° 2011-1278 du 11 oct. 2011, art. 2.*

SOUS-SECTION 3 DÉTENUS

Néant.

SECTION III DISPOSITIONS DIVERSES

SOUS-SECTION 1 INVALIDES DE GUERRE

Néant.

SOUS-SECTION 2 FONCTIONNAIRES DE L'ÉTAT

Art. D. 753-3 Les décrets mentionnés à l'article L. 753-9 sont pris sur le rapport du ministre chargé de la sécurité sociale, du ministre chargé du budget, du ministre chargé de la fonction publique et du ministre de l'intérieur.

CHAPITRE IV ACCIDENTS DU TRAVAIL

Néant.

CHAPITRE V PRESTATIONS FAMILIALES ET PRESTATIONS ASSIMILÉES

SECTION PREMIÈRE GÉNÉRALITÉS

Art. D. 755-0-1 *Abrogé par Décr. n° 2001-1203 du 17 déc. 2001 (JO 19 déc., rect. JO 23 févr. 2002).*

Art. D. 755-1 L'arrêté mentionné à l'article L. 755-2 est pris par le ministre chargé de la sécurité sociale, le ministre chargé du budget, le ministre chargé de l'agriculture et le ministre chargé des départements d'outre-mer.

Art. D. 755-2 Les dispositions de l'article R. 553-1 *(Décr. n° 99-359 du 10 mai 1999, art. 3 ; Décr. n° 2009-881 du 21 juill. 2009, art. 1er-III)* « et des articles D. 553-1, D. 553-2, D. 553-3 et D. 553-4 » sont applicables aux départements mentionnés à l'article L. 751-1.

Art. D. 755-3 *Abrogé par Décr. n° 89-565 du 11 août 1989.*

Art. D. 755-4 Sont autorisés à servir directement les prestations familiales *(Décr. n° 2003-1394 du 31 déc. 2003, art. 2-VIII)* « à l'exception de la prestation d'accueil du jeune enfant » à leurs personnels de droit public en activité les collectivités locales et leurs établissements publics ne présentant pas un caractère industriel ou commercial mentionnés par le premier alinéa de l'article L. 755-10. – *Sur l'entrée en vigueur du Décr. n° 2003-1394 du 31 déc. 2003, V. note avant art. D. 531-1.*

Art. D. 755-4-1 *Abrogé par Décr. n° 2013-140 du 14 févr. 2013, art. 2-10°.*

SECTION II ALLOCATIONS FAMILIALES

Art. D. 755-5 *(Décr. n° 92-1433 du 30 déc. 1992, art. 2, en vigueur le 1er juill. 1993)* « I. – Les taux servant au calcul des allocations familiales et de la majoration prévue à l'article L. 755-11 sont identiques à ceux mentionnés à l'article D. 521-1. »

II. – En application de l'article L. 755-11, 2e alinéa, le taux servant au calcul des allocations familiales servies pour un seul enfant à charge est fixé à 5,88 % de la base mensuelle prévue à l'article L. 755-3.

La majoration des allocations familiales pour un seul enfant à charge est fixée à 3,69 % de la base mensuelle prévue à l'article L. 755-3 à partir de *(Décr. n° 98-1214 du 29 déc. 1998, art. 1er et 2)* « onze ans » et à 5,67 % à partir de *(Décr. n° 98-1214 du 29 déc. 1998, art. 1er et 2)* « seize ans ».

Art. D. 755-5-1 *(Décr. nº 2003-573 du 27 juin 2003)* **Les dispositions** *(Décr. nº 2015-611 du 3 juin 2015, art. 4)* **« des articles D. 521-2 à D. 521-4 » sont applicables dans les départements mentionnés à l'article L. 751-1.** — *Les dispositions du Décr. nº 2015-611 du 3 juin 2015 sont applicables aux prestations dues à compter du 1er juill. 2015 (Décr. préc., art. 5).*

SECTION III COMPLÉMENT FAMILIAL

Art. D. 755-6 *(Décr. nº 91-761 du 5 août 1991, art. 2-II)* **Le montant du complément familial est fixé à** *(Décr. nº 2017-551 du 14 avr. 2017, art. 4)* **« 29,74 % » de la base mensuelle prévue à l'article L. 755-3.**

Pour les prestations dues au titre de la période allant du 1er avr. 2018 au 31 mars 2019, le taux de « 23,79 % » est remplacé par le taux de « 29,74 % ».

Pour les prestations dues au titre de la période allant du 1er avr. 2019 au 31 mars 2020, le taux de « 29,74 % » est remplacé par le taux de « 35,70 % ».

Pour les prestations dues à compter du 1er avr. 2020, le taux de « 35,70 % » est remplacé par le taux de « 41,65 % » (Décr. nº 2017-551 du 14 avr. 2017, art. 4-II).

Art. D. 755-6-1 *(Décr. nº 2014-419 du 23 avr. 2014, art. 3-II)* **Le taux du complément familial majoré est égal à** *(Décr. nº 2017-551 du 14 avr. 2017, art. 4-II)* **« 43,03 % » de la base mensuelle de calcul des allocations familiales fixée en application de l'article L. 551-1.**

Les dispositions du Décr. nº 2017-534 du 12 avr. 2017 sont applicables aux prestations dues à compter du 1er avr. 2017 (Décr. préc., art. 2).

Pour les prestations dues au titre de la période allant du 1er avr. 2018 au 31 mars 2019, le taux de « 33,31 % » est remplacé par le taux de « 43,03 % ».

Pour les prestations dues au titre de la période allant du 1er avr. 2019 au 31 mars 2020, le taux de « 43,03 % » est remplacé par le taux de « 52,76 % ».

Pour les prestations dues à compter du 1er avr. 2020, le taux de « 52,76 % » est remplacé par le taux de « 62,48 % » (Décr. nº 2017-551 du 14 avr. 2017, art. 4-II).

SECTION IV ALLOCATION DE SOUTIEN FAMILIAL

Art. D. 755-7 Les articles R. 523-1 à R. 523-6, *(Décr. nº 2018-656 du 24 juill. 2018, art. 3, en vigueur le 1er juill. 2018)* **« R. 523-8, » R. 581-1 à** *(Décr. nº 2018-656 du 24 juill. 2018, art. 3, en vigueur le 1er juill. 2018)* **« R. 581-10 » et** *(Décr. nº 2018-656 du 24 juill. 2018, art. 3, en vigueur le 1er juill. 2018)* **«** *[D. 523-1]* **à D. 523-3 » sont applicables dans les départements mentionnés à l'article L. 751-1.**

Art. D. 755-8 *(Décr. nº 95-1202 du 6 nov. 1995, art. 1er)* **Les taux servant au calcul de l'allocation de soutien familial sont identiques à ceux qui sont applicables en métropole.**

SECTION V *[ABROGÉE]* ALLOCATION DE PARENT ISOLÉ

(Abrogée par Décr. nº 2010-1783 du 31 déc. 2010, art. 5-II, à compter du 1er janv. 2011)

Art. D. 755-9 et D. 755-10 *Abrogés par Décr. nº 2010-1783 du 31 déc. 2010, art. 5-II, à compter du 1er janv. 2011.*

SECTION VI *[ABROGÉE]* ALLOCATION POUR JEUNE ENFANT

(Abrogée par Décr. nº 2003-1394 du 31 déc. 2003, art. 2-I)

Sur l'entrée en vigueur du Décr. nº 2003-1394 du 31 déc. 2003, V. note avant art. D. 531-1.

Art. D. 755-10-1 et D. 755-10-2 *Abrogés par Décr. nº 2003-1394 du 31 déc. 2003, art. 2-I.*

SECTION VII ALLOCATION D'ÉDUCATION SPÉCIALE

Art. D. 755-11 *(Décr. nº 2005-1761 du 29 déc. 2005)* **Le montant de l'allocation d'éducation de l'enfant handicapé, de ses compléments et de sa majoration éventuels est identique à celui qui est applicable en métropole.**

Ces dispositions sont entrées en vigueur le 1er janv. 2006 (Décr. nº 2005-1761 du 29 déc. 2005).

SECTION VIII ALLOCATION DE LOGEMENT FAMILIALE

Art. D. 755-12 *(Décr. nº 2016-748 du 6 juin 2016, art. 38-I, en vigueur le 1er sept. 2016)* **« Dans les collectivités mentionnées »** *(Décr. nº 2000-72 du 28 janv. 2000, art. 2)* **« à l'article L. 751-1, l'allocation de logement est attribuée aux personnes ou ménages qui remplissent les conditions prévues aux articles L. 542-1 et L. 755-21, qui occupent à titre de résidence principale un local à usage d'habitation et qui entrent dans l'une des catégories suivantes** *[dispositions applicables à compter du 1er janv. 2000 pour les enfants atteignant l'âge de vingt ans à compter de cette date]* **» :**

1° Locataires, sous-locataires et occupants à titre onéreux ;

2° Personnes accédant à la propriété de leur logement pendant la période au cours de laquelle les intéressés se libèrent de la dette contractée à cet effet et, le cas échéant, de la dette contractée pour effectuer des travaux destinés à permettre l'ouverture du droit à l'allocation de logement :

***a)* soit qu'elles se libèrent d'une dette contractée en vue d'effectuer des travaux susceptibles d'ouvrir droit au bénéfice de la législation sur les HLM ou au bénéfice des primes à la construction ;**

***b)* soit qu'elles aient souscrit un contrat de location-vente ou un bail à construction qui leur confère un droit de propriété sur les constructions existantes ou édifiées.**

(Décr. nº 2000-72 du 28 janv. 2000, art. 2-III) **« Pour l'application du deuxième alinéa de l'article L. 755-21, l'âge limite est fixé à vingt-deux ans. »**

(Décr. nº 95-1158 du 2 nov. 1995, art. 6) **« La notion de résidence principale mentionnée au présent article doit être entendue au sens du logement effectivement occupé au moins huit mois par an, soit par l'allocataire, soit par son conjoint,** *(Décr. nº 2000-98 du 3 févr. 2000, art. 2)* **« partenaire lié par un pacte civil de solidarité » ou concubin, soit par une des personnes à charge au sens de l'article D. 755-17 »,** *(Décr. nº 2000-750 du 1er août 2000, art. 6-II)* **« sauf obligation professionnelle, raison de santé ou cas de force majeure** *[applicable à compter des prestations dues au titre du mois de juillet 2000]*. **»**

(Décr. nº 92-1015 du 23 sept. 1992, art. 1er) **« Le logement mis à la disposition d'un requérant par un des ascendants ou de ses descendants n'ouvre pas droit au bénéfice de l'allocation. »** *(Décr. nº 2014-1117 du 2 oct. 2014, art. 2-1°)* **« Les seuils mentionnés au dernier alinéa de l'article L. 542-2 sont fixés à 10 % pour les parts de propriété et à 10 % pour les parts d'usufruit, sans que l'ensemble de ces parts ne puisse égaler ou dépasser 10 % au total. »** – *Les dispositions du 1º de l'art. 2 du Décr. nº 2014-1117 du 2 oct. 2014 sont applicables à Saint-Barthélemy et à Saint-Martin. Ces dispositions s'appliquent aux ouvertures et renouvellements de droit prenant effet à compter du 5 oct. 2014, date de son entrée en vigueur (Décr. préc., art. 3 et 4, JO 4 oct.).*

Art. D. 755-13 *(Décr. nº 95-1158 du 2 nov. 1995, art. 7)* **« L'allocation de logement est due à la date et aux conditions définies à l'article L. 542-2. »**

Le droit s'éteint à compter du premier jour du mois civil au cours duquel les conditions d'ouverture du droit cessent d'être réunies, sauf si la clôture du droit résulte du décès de l'allocataire ou de son conjoint ou d'une personne à charge, auquel cas le droit prend fin le premier jour du mois civil suivant le décès.

Les changements intervenus dans la composition de la famille ou dans la situation de l'allocataire ou de son conjoint et qui sont de nature à modifier ses droits à l'allocation prennent effet et cessent de produire leur effet selon les règles ci-dessus définies respectivement pour l'ouverture et pour l'extinction des droits.

Les dispositions du présent article ne peuvent avoir pour effet d'interrompre le service de l'allocation de logement en cas de déménagement si le droit à la prestation est ouvert au titre du nouveau logement.

Art. D. 755-14 Les mensualités de remboursement versées dans les cas prévus au 2° de l'article D. 755-12 sont assimilées aux loyers selon les modalités fixées à l'article D. 755-27.

Art. D. 755-15 *(Décr. n° 2000-1269 du 26 déc. 2000, art. 10, en vigueur le 1er janv. 2001)* « Les ressources prises en compte pour l'attribution de l'allocation de logement sont celles définies à l'article D. 542-9 ».

Sont exclus du décompte des ressources, les arrérages des rentes viagères constituées en faveur d'une personne handicapée et mentionnés à l'article 199 *septies* du code général des impôts.

Ne sont prises en compte que pour la fraction dépassant le plafond individuel prévu à l'article *(Décr. n° 2013-140 du 14 févr. 2013, art. 2-11°)* « L. 815-9 » du présent code les ressources de chacune des personnes qui sont :

1° Soit ascendants de l'allocataire ou de son conjoint *(Décr. n° 2010-1734 du 30 déc. 2010, art. 5-17°, en vigueur le 1er juill. 2016)* « dont l'âge est au moins égal à celui prévu par le 1° de l'article L. 351-8, ou d'un âge au moins égal à celui prévu par l'article L. 161-17-2 en cas d'inaptitude au travail ou âgés d'au moins soixante-cinq ans s'ils percevaient l'allocation de solidarité aux personnes âgées » ;

2° Soit *(Décr. n° 2013-140 du 14 févr. 2013, art. 2-12°)* « titulaires de la » *(Décr. n° 2016-1849 du 23 déc. 2016, art. 5-3°, en vigueur le 1er janv. 2017)* « carte mobilité inclusion comportant la mention "invalidité" prévue à l'article L. 241-3 du code de l'action sociale et des familles ou de la carte d'invalidité prévue à l'article L. 241-3 du même code dans sa rédaction antérieure au 1er janvier 2017 » et sont ascendants*[,]* descendants ou collatéraux au deuxième ou au troisième degré de l'allocataire ou de son conjoint ;

3° Soit enfants de l'allocataire ou de son conjoint.

L'exercice prévu au présent article est une période de douze mois consécutifs commençant le *(Décr. n° 2008-605 du 26 juin 2008)* « 1er janvier » de chaque année.

V. note ss. art. D. 755-4-1.

Art. D. 755-16 *(Décr. n° 92-1015 du 23 sept. 1992, art. 8 ; Décr. n° 2000-750 du 1er août 2000, art. 9)* « Les ressources mentionnées à l'article D. 755-15 sont déterminées » *(Décr. n° 2002-385 du 20 mars 2002)* « dans les conditions prévues aux articles D. 542-10 et D. 542-10-1. »

(Décr. n° 93-73 du 14 janv. 1993, art. 1er ; Décr. n° 95-1158 du 2 nov. 1995, art. 8 ; Décr. n° 97-85 du 30 janv. 1997, art. 2) « Toutefois, les dispositions *(Décr. n° 2013-140 du 14 févr. 2013, art. 2-13°)* « des dix-septième et dix-huitième alinéas » de l'article D. 542-10 ne sont pas applicables aux opérations de logements évolutifs sociaux ou de logements très sociaux, en accession à la propriété aidée par l'État. »

V. note ss. art. D. 755-4-1.

Art. D. 755-16-1 *(Décr. n° 2016-1385 du 12 oct. 2016, art. 2-3°)* Pour l'application des conditions relatives à la prise en compte du patrimoine prévues au 1° du I de l'article L. 542-2, il est fait application des modalités suivantes :

1° Le seuil de 30 000 euros est appliqué à la somme de la valeur du patrimoine mobilier financier et de la valeur estimée de l'ensemble du patrimoine immobilier, à l'exception de la résidence principale et des biens à usage professionnel ;

2° Lorsque la valeur du patrimoine est supérieure à 30 000 euros, seul le patrimoine n'ayant pas produit, au cours de l'année civile de référence, de revenus retenus pour l'établissement de l'impôt sur le revenu au titre des revenus nets catégoriels visés à l'article R. 351-5 du code de la construction et de l'habitation est pris en compte pour le calcul de l'allocation. Ce patrimoine est considéré comme procurant un revenu annuel égal à 50 % de sa valeur locative s'il s'agit d'immeubles bâtis, à 80 % de cette valeur s'il s'agit de terrains non bâtis et à 3 % du montant des capitaux.

La valeur estimée du patrimoine est déterminée sur la base de la dernière valeur connue soit à l'ouverture du droit soit à l'occasion du renouvellement du droit.

La dernière valeur connue s'entend comme :

a) Pour le patrimoine financier, la valeur figurant sur les derniers relevés bancaires reçus par l'allocataire ;

b) Pour le patrimoine immobilier, la valeur locative figurant sur le dernier avis d'imposition à la taxe d'habitation ou à la taxe foncière reçu par l'allocataire.

Art. D. 755-17 Sont considérées comme personnes à charge pour l'application de l'article L. 755-21 *(Décr. n° 88-569 du 4 mai 1988, art. 10)* « sous réserve que leurs ressources déterminées dans les conditions prévues à l'article D. 755-16 soient inférieures » au plafond individuel prévu à l'article *(Décr. n° 2013-140 du 14 févr. 2013, art. 2-11°)* « L. 815-9 » en vigueur au 31 décembre de l'année de référence, *(Décr. n° 95-997 du 25 août 1995, art. 2)* « et dans les limites prévues au deuxième alinéa de l'article D. 755-24, les personnes à charge entrant dans le champ d'application des articles D. 542-4 et D. 755-12 ».

V. note ss. art. D. 755-4-1.

Art. D. 755-18 L'inaptitude au travail reconnue au titre d'un régime d'assurance vieillesse résultant de dispositions législatives ou réglementaires s'impose à l'organisme liquidateur de l'allocation de logement.

Lorsqu'il est fait état de l'inaptitude au travail d'un ascendant à charge *(Décr. n° 2010-1734 du 30 déc. 2010, art. 5-18°, en vigueur le 1er juill. 2016)* « dont l'âge est au moins égal à celui prévu par le 1° de l'article L. 351-8 » sans qu'une prestation de vieillesse ait été allouée à ce titre, l'organisme liquidateur procède à la constitution du dossier de l'intéressé et à sa transmission au service du contrôle médical fonctionnant auprès de la caisse générale de sécurité sociale du département de résidence du demandeur. L'inaptitude est appréciée par référence aux dispositions de l'article L. 351-7. Le service du contrôle médical fait connaître son avis à l'organisme liquidateur : celui-ci notifie sa décision motivée à la personne intéressée en précisant les voies de recours mises à sa disposition conformément aux articles L. 143-1 et suivants.

Les ascendants, descendants, frères et sœurs, oncles et tantes ou neveux et nièces de l'allocataire ou de son conjoint ne peuvent être considérés comme étant à sa charge pour l'application du 5° de l'article L. 542-1, que s'ils justifient qu'ils sont atteints d'une incapacité permanente au moins égale à 80 % ou *(Décr. n° 2013-140 du 14 févr. 2013, art. 2-14°)* « si la commission des droits et de l'autonomie des personnes handicapées mentionnée à l'article L. 241-5 du code de l'action sociale et des familles leur reconnaît, compte tenu de leur handicap, une restriction substantielle et durable pour l'accès à l'emploi ».

V. note ss. art. D. 755-4-1.

Art. D. 755-19 Sous réserve des dispositions de l'article D. 755-37, pour ouvrir droit à l'allocation, le logement doit répondre aux conditions suivantes :

1° *(Décr. n° 2003-694 du 29 juill. 2003, art. 4 et 6, en vigueur le 1er août 2003)* « Remplir les caractéristiques de logement décent telles que définies par le décret n° 2002-120 du 30 janvier 2002 relatif aux caractéristiques du logement décent pris pour l'application des premier et deuxième alinéas de l'article 6 de la loi n° 89-462 du 6 juillet 1989 modifiée tendant à améliorer les rapports locatifs. »

2° *(Décr. n° 95-1158 du 2 nov. 1995, art. 9)* « Présenter une surface habitable globale au moins égale à seize mètres carrés pour un ménage sans enfant ou deux personnes, augmentée de neuf mètres carrés par personne en plus dans la limite de soixante-dix mètres carrés pour huit personnes et plus. »

Art. D. 755-20 *Abrogé par Décr. n° 86-564 du 14 mars 1986, art. 7.*

Art. D. 755-21 L'allocation de logement est attribuée sur demande de l'intéressé introduite auprès de l'organisme débiteur des prestations familiales. *(Abrogé par Décr. n° 2013-140 du 14 févr. 2013, art. 2-15°)* ***« Le modèle type de la formule de demande est fixé par un arrêté concerté des ministres intéressés. »***

V. note ss. art. D. 755-4-1.

Art. D. 755-22 *(Décr. n° 2002-1565 du 23 déc. 2002, art. 3)* Le modèle de la demande d'allocation de logement et de son renouvellement, *(Décr. n° 2013-140 du 14 févr. 2013, art. 2-16°)* « ainsi que la liste des pièces justificatives, comprenant notamment une attestation de respect des conditions prévues au deuxième alinéa de l'article D. 755-19, sont déterminés » par arrêté du ministre chargé de la sécurité sociale et du ministre chargé du logement. — *V. Arr. du 23 déc. 2002 (JO 29 déc.), mod. par Arr. du 30 juill. 2008 (JO 7 août), Arr. du 14 févr. 2013 (JO 16 févr.).*

V. note ss. art. D. 755-4-1.

Art. D. 755-23 *(Décr. nº 2002-1565 du 23 déc. 2002, art. 4)* **En cas de non-présentation avant le** *(Décr. nº 2008-605 du 26 juin 2008)* **« 1er janvier » d'un état des personnes vivant habituellement au foyer, y compris les enfants à charge qui viennent y habiter périodiquement ou qui sont momentanément absents pour des raisons tenant à leur état de santé ou à leur éducation ainsi que d'une déclaration sur l'honneur indiquant le total des ressources perçues au cours de** *(Décr. nº 2008-605 du 26 juin 2008)* **« l'année civile de référence » par l'intéressé et par toutes les personnes vivant habituellement au foyer dans les conditions prévues au premier alinéa de l'article D. 755-15 et telles que définies à l'article D. 755-16, le paiement des allocations de logement peut être suspendu.**

Les changements dans les conditions de peuplement des locaux doivent être déclarés dans un délai d'un mois.

Art. D. 755-24 *(Décr. nº 89-831 du 10 nov. 1989, art. 5 ; Décr. nº 2000-1269 du 26 déc. 2000, art. 11)* **Sous réserve des dispositions de l'article D. 755-28 et du présent article, le montant de l'allocation de logement est obtenu par application des dispositions des articles D. 542-5 et D. 542-5-2.**

Les limites inférieures et supérieures de chacune des tranches de ressources prévues au 5° du II de l'article D. 542-5 sont affectées des coefficients (ou nombre de parts) ci-après :

1,5 pour un ménage sans enfant ;

(Décr. nº 92-1015 du 23 sept. 1992, art. 9) **« 2,5 pour un ménage ou une personne avec un enfant ou une personne à charge » ;**

3 pour un ménage ou une personne avec deux enfants ou personnes à charge ;

3,7 pour un ménage ou une personne avec trois enfants ou personnes à charge ;

4,3 pour un ménage ou une personne avec quatre enfants ou personnes à charge ;

4,8 pour un ménage ou une personne avec cinq enfants ou personnes à charge ;

5,3 pour un ménage ou une personne avec six enfants ou personnes à charge et plus.

Art. D. 755-24-1 *(Décr. nº 87-611 du 31 juill. 1987, art. 2 ; Décr. nº 2000-1269 du 26 déc. 2000, art. 3)* **« Pour les personnes qui perçoivent l'allocation de logement visée au II de l'article D. 542-5, la dépense nette de logement obtenue en déduisant de la somme du loyer principal pris en compte (L) et du montant forfaitaire des charges (C) le montant mensuel de l'allocation de logement doit être au moins égale à un minimum forfaitaire fixé à »** *(Décr. nº 2001-698 du 31 juill. 2001, art. 5)* **« 15 € ».**

Lorsque la dépense nette de logement est inférieure au minimum forfaitaire, il est appliqué au montant mensuel de l'allocation de logement un abattement égal à la différence constatée.

(Décr. nº 99-539 du 28 juin 1999, art. 4) **« Dans les cas mentionnés au 2° du deuxième alinéa de l'article D. 755-12, à l'exception du *a*, la mensualité nette obtenue en déduisant des charges mensuelles de prêts déclarés, majorées du montant forfaitaire des charges, le montant de l'allocation de logement due aux accédants, doit être au moins égale à un minimum déterminé par le produit d'un coefficient fixé par arrêté conjoint des ministres chargés de la sécurité sociale, du budget, de l'agriculture et du logement et du montant des ressources prises en compte pour le calcul de l'allocation de logement, déterminées en application des articles D. 542-10 et D. 542-11. Lorsque la mensualité nette est inférieure au minimum, il est appliqué au montant mensuel de l'allocation un abattement égal à la différence constatée. »**

(Décr. nº 2000-706 du 25 juill. 2000, art. 1er) **« Toutefois, les dispositions du troisième alinéa ne sont pas applicables aux ménages ayant bénéficié d'une aide de l'État pour l'acquisition d'un logement évolutif social, ni aux ménages qui acquièrent un logement très social ayant fait l'objet d'une aide de l'État à la construction de logements à vocation très sociale. »** — *Application aux emprunts contractés à compter du 1er juill. 1999. — Coefficient fixé à 0,0234 (Arr. du 28 juin 1999, JO 29 juill., art. 5-II, mod. par Arr. du 10 juill. 2007 (JO 12 juill.).*

Art. D. 755-25 *(Décr. nº 2001-698 du 31 juill. 2001, art. 7)* « L'allocation de logement est versée mensuellement. »

Lorsque le montant de l'allocation de logement *(Décr. nº 2015-1908 du 30 déc. 2015, art. 3-2º)* « , calculé selon les modalités prévues à l'article D. 755-24, » est inférieur à *(Décr. nº 2017-1413 du 28 sept. 2017, art. 3-III)* « 10 euros » par mois, il n'est pas procédé à son versement. — *Les dispositions du Décr. nº 2017-1413 du 28 sept. 2017 entrent en vigueur le 1er oct. 2017 et s'appliquent aux prestations dues à compter de cette date (Décr. préc., art. 4).*

(Décr. nº 2015-1908 du 30 déc. 2015, art. 3-2º) « Le montant de l'allocation de logement, versé net des contributions sociales qui s'y appliquent, est arrondi à l'euro inférieur. »

Le Décr. nº 2015-1908 du 30 déc. 2015 est entré en vigueur le 1er janv. 2016 et s'applique aux prestations dues à compter de cette date (Décr. préc., art. 4).

Art. D. 755-26 *(Décr. nº 2008-605 du 26 juin 2008)* « L'allocation de logement est versée pour une période de douze mois débutant au 1er janvier de chaque année. Elle est calculée sur la base, en cas de location, du loyer principal effectivement payé pour le mois de juillet de l'année précédente, ou, en cas d'accession à la propriété, sur la base de la mensualité acquittée au titre des charges mentionnées à l'article D. 755-27. »

Lorsque le droit à l'allocation de logement n'est pas ouvert pour toute la durée de la période de douze mois précitée, l'allocation de logement est calculée et servie proportionnellement au nombre de mois pendant lesquels le droit est ouvert.

L'allocation de logement fait l'objet d'une liquidation unique pour chaque exercice. Elle ne peut être révisée au cours de l'exercice que dans les cas suivants :

1º Lorsque la composition de la famille est modifiée ;

2º Lorsque l'allocataire s'installe dans un nouveau logement, dans ce cas, l'allocation est révisée soit sur la base du loyer principal effectivement payé pour le premier mois de location du nouveau local, soit sur la base des paiements incombant à l'allocataire en vue de l'accession à la propriété pour la partie de la période restant à courir.

Art. D. 755-27 Sont seuls pris en considération par l'organisme liquidateur pour le calcul de l'allocation de logement due aux personnes mentionnées au 2º de l'article D. 755-12, sous déduction des primes et bonifications :

1º Les charges d'intérêts et d'amortissement et les charges accessoires au principal de la dette, afférentes aux emprunts ayant fait, pour chacun d'entre eux, l'objet d'un certificat daté, notifié par les organismes prêteurs précisant les modalités et la périodicité des paiements et présenté par le requérant à l'appui de sa demande d'allocation de logement. *(Abrogé par Décr. nº 2002-1565 du 23 déc. 2002, art. 5) « Le modèle de ce certificat est fixé par arrêté du ministre chargé de la sécurité sociale »* ;

2º *(Décr. nº 88-1071 du 29 nov. 1988, art. 6 ; Décr. nº 2000-750 du 1er août 2000, art. 4-II)* « Les charges d'intérêts et d'amortissements et les charges accessoires afférentes aux emprunts substitués à ceux qui sont mentionnés au 1º ci-dessus, dans la limite des sommes restant dues en capital sur le montant du premier prêt » ;

3º Les charges afférentes au paiement à terme de tout ou partie du prix d'achat ou ayant pour objet de financer les dépenses jugées indispensables à la délivrance du certificat de conformité ou à la mise en état d'habitabilité certifiée par le maire ;

4º Le versement des primes de l'assurance vie contractée par le bénéficiaire en garantie de l'exécution des engagements souscrits ;

5º Les loyers payés en vertu d'un contrat de location-vente ou d'un bail à construction.

Ne sont notamment pas pris en considération par les organismes payeurs de l'allocation de logement :

1º Les remboursements effectués par le bénéficiaire en anticipation des obligations résultant des contrats de prêts qu'il a souscrits ;

2º *Abrogé par Décr. nº 2000-750 du 1er août 2000, art. 4-II ;*

3º Les prêts constituant une obligation au porteur.

Toutefois, peuvent être pris en considération les prêts au logement consentis par les banques ou les établissements financiers et en représentation desquels des billets à ordre ont été créés en vue d'une mobilisation éventuelle de la créance dès lors que, dans le contrat de prêt lui-même, le créancier et le débiteur sont expressément désignés et que les paiements sont effectifs.

Art. D. 755-28 Pour l'application des articles D. 755-24 à D. 755-26, le loyer principal effectivement payé est pris en considération dans la limite d'un plafond mensuel auquel s'ajoute une majoration forfaitaire au titre des charges. Les montants mensuels des plafonds de loyers et de la majoration forfaitaire représentative des charges varient en fonction de la taille de la famille. Ils sont fixés par un arrêté conjoint du ministre chargé de la sécurité sociale, du ministre chargé du budget, du ministre chargé de l'agriculture, du ministre chargé du logement et du ministre chargé des départements et des territoires d'outre-mer, pris après avis du conseil d'administration de la Caisse nationale des allocations familiales. *(Décr. n° 2016-923 du 5 juill. 2016, art. 2-3°)* « Le montant de l'allocation de logement est diminué lorsque le loyer principal dépasse un premier plafond de loyer. Ce montant décroît proportionnellement au dépassement de ce premier plafond, de telle sorte qu'il soit nul lorsqu'il atteint un deuxième plafond de loyer. Le premier plafond de loyer correspond au plafond de loyer, prévu au deuxième alinéa du présent article multiplié par un coefficient fixé par arrêté conjoint des ministres en charge du logement, du budget, de la sécurité sociale et de l'agriculture dans les conditions fixées par l'article L. 542-5. Le second plafond de loyer correspond au plafond de loyer prévu au deuxième alinéa du présent article, multiplié par un coefficient, fixé par arrêté conjoint des ministres en charge du logement, du budget, de la sécurité sociale et de l'agriculture. » – *Les dispositions issues du Décr. n° 2016-923 du 5 juill. 2016 s'appliquent aux prestations dues à compter du 1er juill. 2016 (Décr. préc., art. 3).*

(Décr. n° 2000-1269 du 26 déc. 2000, art. 12-3°) « L'arrêté mentionné à l'alinéa précédent fixe par ailleurs le montant forfaitaire servant au calcul du Rp et les modalités de calcul de la participation personnelle prévus au I de l'article D. 542-5 ».

Cet arrêté fixe également, compte tenu de la date à laquelle ont été contractés les emprunts faisant l'objet du certificat de prêt prévu à l'article D. 755-27, le plafond mensuel dans la limite duquel sont prises en considération les sommes définies audit article D. 755-27 auquel s'ajoute pour le calcul de l'allocation de logement due aux personnes mentionnées au 2° de l'article D. 755-12, la majoration forfaitaire représentative des charges prévue à l'alinéa précédent. Ce plafond ne pourra, en aucun cas, être inférieur à celui qui était en vigueur lors de l'entrée dans les lieux sous réserve qu'il s'agisse d'un local habité pour la première fois par le bénéficiaire.

L'arrêté interministériel prévu au présent article fixe en outre le plafond de la prime de déménagement.

(Décr. n° 2005-1607 du 19 déc. 2005, art. 1er) « Pour les étudiants logés en résidence universitaire, l'allocation de logement est calculée selon les modalités définies à l'article D. 831-2-1 ».

Ce montant est augmenté de la majoration forfaitaire représentative des charges.

(Décr. n° 2000-1269 du 26 déc. 2000, art. 12) « Lorsque plusieurs personnes ou ménages constituant des foyers distincts occupent le même logement et qu'ils sont cotitulaires du bail ou de l'engagement de location, le montant mensuel de la majoration forfaitaire représentative des charges est fixé par l'arrêté mentionné au premier alinéa. »

Al. 8, 9 et 10 abrogés par Décr. n° 2000-1269 du 26 déc. 2000, art. 12-2°, à compter du 1er janv. 2001.

(Décr. n° 94-982 du 14 nov. 1994, art. 6-II) « Lorsque plusieurs personnes ou ménages constituant des foyers distincts occupent le même logement et qu'ils sont copropriétaires du logement et cotitulaires du prêt, il est fait application à chaque personne ou ménage concerné :

« – du coefficient N correspondant à la situation familiale du ménage ou de la personne tel que défini à l'article D. 755-24 ;

« – de l'élément C prévu au présent article dans des conditions fixées par l'arrêté mentionné ci-dessus. »

(Décr. n° 97-84 du 30 janv. 1997, art. 5) « Lorsque le logement occupé est une chambre, le loyer principal effectivement payé est pris en compte dans la limite d'un plafond mensuel auquel s'ajoute la majoration forfaitaire mensuelle au titre des charges,

fixés par arrêté conjoint des ministres chargés de la sécurité sociale, du budget, du logement et de l'agriculture. »

V. Arr. du 14 janv. 2013 relatif à la revalorisation de l'allocation logement (JO 16 janv.), mod. par Arr. du 20 déc. 2013 (JO 29 déc.) et Arr. du 27 oct. 2014 relatif à la revalorisation des paramètres de calcul de l'allocation de logement (JO 28 oct.) mod. par Arr. du 16 oct. 2015 (JO 21 oct.).

Art. D. 755-29 *(Décr. nº 91-1159 du 8 nov. 1991, art. 8)* **« En cas de logement en hôtel, pension de famille ou établissement similaire ou lorsque le bénéficiaire occupe un logement loué en meublé, le prix du loyer est remplacé par les deux tiers du prix effectivement payé dans la limite du loyer-plafond. »**

Dans le cas d'un local à usage mixte d'habitation et professionnel, il n'est pas tenu compte des majorations de loyers résultant de l'affectation d'une partie des lieux à l'exercice d'une profession.

Lorsque le logement est compris dans les locaux relevant du statut du fermage ou du colonat partiaire, lorsque le logement est à usage mixte d'habitation et commercial ou, lorsqu'il est loué à titre d'accessoire du contrat de travail, l'évaluation du loyer est faite en tant que de besoin par référence à celui de logements similaires dans la même commune ou dans les communes avoisinantes.

Art. D. 755-30 Le paiement de l'allocation de logement est effectué mensuellement à terme échu. Dans les cas prévus au 2° de l'article D. 755-12, le bénéficiaire doit, à la demande de l'organisme payeur, justifier des sommes prises en considération et qu'il a effectivement versées.

(Décr. nº 90-885 du 2 oct. 1990, art. 12) « Lorsque l'allocation de logement est versée *(Décr. nº 99-468 du 4 juin 1999, art. 5 ; Décr. nº 2013-140 du 14 févr. 2013, art. 2-17º)* « en application du II de l'article L. 553-4 » entre les mains du bailleur ou de l'établissement de prêt, la personne qui la reçoit la déduit du montant du loyer et des dépenses accessoires de logement ou de celui des charges de remboursement et informe l'allocataire de cette déduction.

« En aucun cas, toutefois, lorsqu'il est fait application *(Décr. nº 2015-191 du 18 févr. 2015, art. 18)* « des dérogations prévues aux articles D. 542-2 et » D. 755-37, l'allocation de logement ne peut être versée entre les mains du bailleur ou du prêteur. » — *L'art. D. 755-30, dans sa rédaction issue du Décr. nº 2015-191 du 18 févr. 2015, est applicable à Saint-Barthélemy et à Saint-Martin (Décr. préc., art. 21).*

(Abrogé par Décr. nº 2016-748 du 6 juin 2016, art. 36, à compter du 1er sept. 2016) ***« En cas de non-paiement du loyer ou des mensualités d'amortissement et d'intérêts des dettes contractées en vue d'accéder à la propriété pendant une durée au moins égale à celle prévue à l'article D. 755-31, l'allocation de logement cesse d'être servie au bénéficiaire et peut seulement être versée au bailleur ou au prêteur dans les conditions prévues à l'article D. 755-31. Les mensualités d'allocation de logement indûment perçues sont recouvrées par l'organisme liquidateur dans les conditions prévues à l'article L. 553-2. »***

En cas de suspension du paiement du loyer ou des arrérages des dettes contractées en vue d'accéder à la propriété consécutive à une contestation relative à l'étendue des obligations du débiteur et donnant lieu à instance judiciaire, le versement de l'allocation est suspendu par l'organisme payeur jusqu'à ce que la décision de justice rendue soit devenue définitive *(Décr. nº 2013-1180 du 17 déc. 2013, art. 2-4º)* «, sauf lorsqu'une procédure de surendettement a été engagée devant la commission prévue à l'article L. 331-1 du code de la consommation. ». — *Les dispositions du 4º de l'art. 2 du Décr. nº 2013-1180 du 17 déc. 2013 sont applicables à Saint-Barthélemy et à Saint-Martin (Décr. préc., art. 4).*

V. note ss. art. D. 755-4-1.

Art. D. 755-31 *(Décr. nº 2016-748 du 6 juin 2016, art. 37, en vigueur le 1er sept. 2016)* Les articles D. 542-14-4, D. 542-19, D. 542-22, D. 542-22-1, D. 542-22-5, D. 542-22-6, D. 542-29 et D. 542-29-1 sont applicables dans les collectivités mentionnées à l'article L. 751-1.

Art. D. 755-32 Dans les cas prévus à l'article L. 542-7, l'organisme payeur peut suspendre le versement de l'allocation de logement après avertissement adressé au bénéficiaire par lettre recommandée avec demande d'avis de réception.

Si, dans un délai qui ne peut être inférieur à trois mois, l'allocataire n'a pas procédé à la remise en état de son logement ou a persisté dans son refus de se soumettre au contrôle prévu par la loi, le versement de l'allocation est interrompu.

Art. D. 755-33 *(Décr. nº 95-1203 du 6 nov. 1995, art. 1er)* La prime de déménagement est attribuée dans les conditions prévues aux articles D. 542-32 à D. 542-34 aux personnes remplissant les conditions fixées à l'article D. 542-31.

Art. D. 755-34 et D. 755-35 *Abrogés par Décr. nº 87-207 du 27 mars 1987, art. 6-II.*

Art. D. 755-36 *Abrogé par Décr. nº 95-1203 du 6 nov. 1995, art. 2.*

Art. D. 755-37 *(Décr. nº 2015-191 du 18 févr. 2015, art. 19)* I. — Lorsque le logement ne répond pas aux caractéristiques mentionnées au 1° de l'article D. 755-19 ou lorsque le propriétaire n'a pas produit l'attestation mentionnée à l'article D. 755-22, l'allocation de logement peut être accordée à titre dérogatoire, par l'organisme payeur :

a) Aux personnes mentionnées au *a* du 1° de l'article D. 542-14, dans les conditions prévues par ce *a* ;

b) Aux personnes mentionnées au 2° de l'article D. 755-12, dans les conditions prévues au *b* du 1° de l'article D. 542-14.

II. — Lorsque la condition de superficie prévue au 2° de l'article D. 755-19 n'est pas remplie au moment de la demande, les dispositions de l'article D. 542-15 sont applicables.

III. — Lorsque le demandeur occupe un logement ne répondant ni aux conditions fixées au 1° de l'article D. 755-19 ni aux conditions fixées au 2° du même article, les dispositions de l'article D. 542-14-3 sont applicables.

L'art. D. 755-37, dans sa rédaction issue du Décr. nº 2015-191 du 18 févr. 2015, est applicable à Saint-Barthélemy et à Saint-Martin (Décr. préc., art. 21).

Art. D. 755-38 Pour l'application des dispositions de la présente section qui comportent la prise en compte des ressources, la personne qui vit maritalement est assimilée au conjoint.

Art. D. 755-38-1 *(Décr. nº 2015-191 du 18 févr. 2015, art. 20)* Les articles D. 542-2, D. 542-14-1 et D. 542-14-2 sont applicables dans *(Décr. nº 2016-748 du 6 juin 2016, art. 38-II, en vigueur le 1er sept. 2016)* « les collectivités » mentionnés *[mentionnées]* à l'article L. 751-1.

SECTION IX ALLOCATION DE RENTRÉE SCOLAIRE

Néant.

SECTION X *[ABROGÉE]* ALLOCATION D'ADOPTION

(Abrogée par Décr. nº 2003-1394 du 31 déc. 2003, art. 2-I)

Art. D. 755-39 *Abrogé par Décr. nº 2003-1394 du 31 déc. 2003, art. 2-I.*

SECTION XI *[ABROGÉE]* ALLOCATION PARENTALE D'ÉDUCATION

(Abrogée par Décr. nº 2003-1394 du 31 déc. 2003, art. 2-I)

Art. D. 755-40 et D. 755-41 *Abrogés par Décr. nº 2003-1394 du 31 déc. 2003, art. 2-I.*

SECTION XII DISPOSITIONS CONCERNANT CERTAINES CATÉGORIES

Art. D. 755-42 L'arrêté prévu au deuxième alinéa de l'article L. 755-30 est pris par le ministre chargé de la sécurité sociale, le ministre chargé du budget, le ministre chargé des départements d'outre-mer et le ministre chargé de la marine marchande.

Art. D. 755-43 et D. 755-44 *Abrogés par Décr. nº 89-565 du 11 août 1989, art. 1er.*

Art. D. 755-45 *(Décr. nº 2017-942 du 10 mai 2017, art. 8)* En vue de l'affiliation des intéressés, les directions de la mer fournissent à la caisse d'allocations familiales, dès leur affiliation au régime de sécurité sociale des marins, la liste des marins déclarés, la

catégorie prise en considération pour la détermination des contributions aux caisses de l'Établissement national des invalides de la marine et correspondant à la fonction exercée, ainsi que les noms des propriétaires et des armateurs des navires sur lesquels ils sont embarqués. Les directions de la mer signalent, en outre, pour le recouvrement, à l'Union de recouvrement pour la sécurité sociale et les allocations familiales Poitou-Charentes, les déclarations enregistrées pour ces marins. — *Les missions, mentionnées à l'art. D. 755-45, seront exercées par les services de l'État chargés de la mer jusqu'à la modification de la compétence en matière de recouvrement des contributions mentionnées par ces dispositions, qui interviendra à une date fixée par décret, après la mise en œuvre de la déclaration sociale nominative prévue par l'Ord. n° 2015-682 du 18 juin 2015. Le présent art., issu du Décr. n° 2017-942 du 10 mai 2017, entre en vigueur à une date fixée par l'arrêté mentionné au dernier al. de l'art. R. 5232-4 C. transp. et au plus tard le 1er janv. 2018 (Décr. n° 2017-942 du 10 mai 2017, art. 17 et 18).*

Art. D. 755-46 *Abrogé par Décr. n° 89-565 du 11 août 1989, art. 1er.*

SECTION XIII **DISPOSITIONS DIVERSES**

Néant.

CHAPITRE VI **RÉGIME DES TRAVAILLEURS NON SALARIÉS NON AGRICOLES**

SECTION PREMIÈRE **ASSURANCE MALADIE**

Néant.

SECTION II **ASSURANCE VIEILLESSE**

SOUS-SECTION 2 **DISPOSITIONS APPLICABLES AUX PROFESSIONS ARTISANALES, INDUSTRIELLES ET COMMERCIALES**

Art. D. 756-1 **Les articles D. 633-1 à D. 633-18***[,] (Décr. n° 2014-1637 du 26 déc. 2014, art. 26 ; Décr. n° 2016-192 du 25 févr. 2016, art. 1er-4°)* **« R. 131-1 et R. 242-14 » sont applicables, sous réserve des dispositions ci-après, aux personnes exerçant dans les** *(Décr. n° 2017-972 du 9 mai 2017, art. 1er-I)* **« collectivités mentionnées » à l'article L. 751-1 une activité professionnelle** *(Abrogé par Décr. n° 2017-972 du 9 mai 2017, art. 1er-I)* ***« non salariée, artisanale, industrielle ou commerciale »*****, relevant des régimes d'assurance vieillesse mentionnés au titre III du livre VI.**

(Abrogé par Décr. n° 2017-972 du 9 mai 2017, art. 1er-I) (Décr. n° 2017-876 du 9 mai 2017, art. 1er-11°) ***« III. — Les dispositions de l'article R. 131-3 sont applicables pour le bénéfice des exonérations de cotisations prévues aux articles L. 756-2 et L. 756-4. »*** — *[Anc. art. D. 756-4.]*

Art. D. 756-2 **Les prestations prévues à l'article L. 634-2 sont calculées compte tenu du revenu** *(Décr. n° 2014-1637 du 26 déc. 2014, art. 27)* **« d'activité » effectivement pris en considération pour le calcul de la cotisation des personnes mentionnées à l'article** *(Décr. n° 2017-972 du 9 mai 2017, art. 1er-I)* **« D. 756-1 ».** — *[Anc. art. D. 756-8.]*

Art. D. 756-3 **Pour l'ouverture du droit à** *(Ord. n° 2004-605 du 24 juin 2004, art. 3)* **« l'allocation de solidarité aux personnes âgées », il est tenu compte :**

1° Des périodes d'activité professionnelle non salariées antérieures au 1er avril 1968 et des périodes assimilées ;

2° Des périodes d'activité professionnelle non salariées postérieures au 31 mars 1968, sous réserve qu'elles aient fait l'objet du versement des cotisations prévues par la présente section et que, à partir du 1er janvier 1973, elles aient procuré un revenu professionnel annuel au moins égal à celui mentionné à l'article D. 812-4, ainsi que des périodes assimilées ; ledit revenu professionnel tient compte, le cas échéant, de l'abattement prévu aux articles 3 et 11 du décret n° 75-1098 du 25 novembre 1975. — *[Anc. art. D. 756-9.]*

SECTION III COTISATIONS ET CONTRIBUTIONS DES TRAVAILLEURS INDÉPENDANTS

(Décr. n° 2017-972 du 9 mai 2017, art. 1er-II)

Les dispositions du Décr. n° 2017-972 du 9 mai 2017 sont applicables aux cotisations et aux contributions de sécurité sociale dues au titre des périodes courant à compter du 1er janv. 2017. Toutefois, le deuxième al. de l'art. L. 756-5 CSS, dans sa rédaction antérieure à la L. n° 2016-1827 du 23 déc. 2016 de financement de la sécurité sociale pour 2017 susvisée, continue de s'appliquer aux cotisations et contributions de sécurité sociale dues par les travailleurs indépendants ayant commencé leur activité à une date antérieure au 1er janv. 2017 (Décr. n° 2017-972 du 9 mai 2017, art. 2).

Art. D. 756-4 I. — Lorsque leurs revenus d'activité sont inférieurs à 150 % de la valeur du plafond mentionné à l'article L. 241-3, les travailleurs indépendants non agricoles exerçant dans les collectivités mentionnées à l'article L. 751-1 et à Saint-Pierre-et-Miquelon bénéficient, en application des dispositions des articles L. 756-2 et L. 756-4, d'une exonération de cotisations à hauteur de :

1° 100 % des cotisations exonérées mentionnées à l'article L. 756-2, dans la limite des montants dus pour un revenu d'activité égal à 110 % de la valeur du plafond mentionné à l'article L. 241-3, pour la période des vingt-quatre premiers mois mentionnée *[à]* l'article L. 756-2 ;

2° 75 % des cotisations exonérées mentionnées à l'article L. 756-4, dans la limite des montants dus pour un revenu d'activité égal à la valeur du plafond mentionné à l'article L. 241-3, pendant la période qui court entre la fin de la période mentionnée au 1° et la fin de la troisième année civile d'activité ;

3° 50 % des cotisations exonérées mentionnées à l'article L. 756-4, dans la limite des montants dus pour un revenu d'activité égal à la valeur du plafond mentionné à l'article L. 241-3, pendant la période qui court à compter de la quatrième année civile d'activité.

II. — Lorsque leurs revenus d'activité sont compris entre 150 % et 250 % de la valeur du plafond mentionné à l'article L. 241-3, les travailleurs indépendants non agricoles exerçant dans les collectivités mentionnées à l'article L. 751-1 et à Saint-Pierre-et-Miquelon bénéficient, en application des dispositions des articles L. 756-2 et L. 756-4, d'une exonération calculée selon la formule suivante :

Montant de l'exonération = E / PSS × (2,5 PSS − R)

Où :

E est le montant total de l'exonération calculé selon les dispositions du I pour un revenu d'activité égal à 150 % de la valeur du plafond mentionné à l'article L. 241-3 ;

PSS est la valeur du plafond mentionné à l'article L. 241-3 ;

R est le revenu d'activité du travailleur indépendant non agricole, tel que défini à l'article L. 131-6.

III. — Les dispositions de l'article R. 131-3 sont applicables pour le bénéfice des exonérations de cotisations prévues aux articles L. 756-2 et L. 756-4.

Art. *[D.]* 756-5 I. — Pour les travailleurs indépendants non agricoles exerçant dans les collectivités mentionnées à l'article L. 751-1, le taux mentionné au premier alinéa de l'article L. 133-6-8 correspond, après arrondi au dixième de pour cent supérieur, à une fraction des taux prévus par l'article D. 131-6-1 fixée à :

a) 1/6 pour les travailleurs indépendants mentionnés au 2° de l'article L. 611-1 et 1/3 dans les autres cas, jusqu'à la fin du septième trimestre civil qui suit celui au cours duquel intervient la date d'effet de l'affiliation ;

b) 1/2 pour la période qui court entre la fin de la période mentionnée au *a* et la fin de la troisième année civile d'activité ;

c) 2/3 à compter de la quatrième année civile d'activité.

II. — L'exonération prévue au I est calculée sur le chiffre d'affaires ou les recettes dans la limite du seuil fixé par les articles 50-0 et 102 *ter* du code général des impôts. Ce seuil est apprécié sur l'année civile et ajusté, le cas échéant, selon les règles fixées par ces articles.

Art. D. 756-6 L'exonération des cotisations d'assurance maladie mentionnées aux articles L. 612-4 et L. 612-13 prévue au I de l'article L. 756-5 s'applique aux travailleurs indépendants exerçant dans les collectivités mentionnées à l'article L. 751-1 et à Saint-Pierre-et-Miquelon dont le revenu d'activité est inférieur à 13 % de la valeur du plafond mentionné à l'article L. 241-3.

L'exonération des cotisations d'assurance vieillesse mentionnées aux articles L. 633-10 et L. 635-1 prévue au II de l'article L. 756-5 s'applique aux travailleurs indépendants exerçant dans les collectivités mentionnées à l'article L. 751-1 et à Saint-Pierre-et-Miquelon dont le revenu d'activité à prendre en considération pour la détermination de la cotisation est égal ou inférieur à 390 euros.

Art. *[D.]* 756-7 La valeur du plafond de la sécurité sociale mentionné à la présente section est la valeur annuelle de ce plafond, tel que prévu à l'article L. 241-3, en vigueur au 1er janvier de l'année au titre de laquelle les cotisations sont dues.

En cas de période d'affiliation inférieure à une année, cette valeur est réduite au prorata de la durée d'affiliation.

CHAPITRE VII ALLOCATIONS AUX PERSONNES ÂGÉES — ALLOCATIONS AUX ADULTES HANDICAPÉS *(Décr. n° 2003-1394 du 31 déc. 2003, art. 2-VII).*

Sur l'entrée en vigueur du Décr. n° 2003-1394 du 31 déc. 2003, V. note avant art. D. 531-1.

SECTION PREMIÈRE ALLOCATIONS AUX PERSONNES ÂGÉES

SOUS-SECTION 1 ALLOCATION AUX VIEUX TRAVAILLEURS SALARIÉS

Art. D. 757-1 Sont applicables dans les départements mentionnés à l'article L. 751-1 : le deuxième alinéa de l'article D. 811-5, les articles D. 811-10, sauf le 1°, D. 811-11, D. 811-15, les troisième et quatrième alinéas de l'article D. 811-21, les articles D. 811-22, D. 811-23, D. 811-27 *(Décr. n° 86-131 du 28 janv. 1986, art. 4)* « et D. 811-28 ».

Art. D. 757-2 Pour l'ouverture du droit à l'allocation aux vieux travailleurs salariés prévue par les articles L. 811-1 à L. 811-20 est considérée comme normale une rémunération suffisante pour permettre à l'intéressé de vivre du produit de son travail ; en aucun cas il n'est tenu compte des périodes de travail ayant procuré une rémunération annuelle inférieure, en francs métropolitains, à :

250 F pour les années antérieures à 1920, avec possibilité pour le préfet de région, après avis de la caisse générale de sécurité sociale de décider qu'il sera tenu compte des périodes de travail antérieures à 1920 ayant procuré une rémunération annuelle inférieure à 250 F lorsque lesdites périodes correspondaient à une activité normale ;

500 F pour les années 1920 à 1934 inclus ;

1 500 F pour les années 1935 à 1944 inclus ;

3 600 F pour les années 1945 à 1946.

A compter du 1er janvier 1947, les rémunérations minima à prendre en considération sont les suivantes :

Pour les départements de la Martinique, de la Guadeloupe et de la Guyane :

3 600 F pour l'ensemble de l'année 1947 ;

7 200 F pour l'ensemble de l'année 1948.

Pour le département de la Réunion :

2 120 F CFA pour l'ensemble de l'année 1947 ;

3 600 F CFA pour l'ensemble de l'année 1948.

Pour la période du 1er janvier 1949 au 31 décembre 1971, il n'est pas tenu compte des rémunérations inférieures au montant de l'allocation aux vieux travailleurs salariés en vigueur au 1er janvier de l'année considérée ; jusqu'au 31 décembre 1962, ce montant est celui des villes de plus de 5 000 habitants.

Pour la période postérieure au 31 décembre 1971, il n'est pas tenu compte des rémunérations inférieures au montant du salaire minimum de croissance en vigueur au 1er janvier de l'année considérée, calculé sur la base de 800 heures.

Toutefois, sont considérées comme ayant procuré une rémunération normale les périodes d'emploi accomplies par le personnel féminin occupé par des particuliers dans les services domestiques, dans le département de la Réunion du 1er janvier 1950 au 31 décembre 1951 et du 1er janvier 1954 au 31 décembre 1957, dans les départements de la Martinique, de la Guadeloupe et de la Guyane du 1er janvier 1954 au 30 septembre 1954, lorsqu'elles ont fait l'objet du versement des cotisations de sécurité sociale sur la base des salaires forfaitaires fixés par décision du préfet de région.

La dernière activité professionnelle non salariée ne peut faire obstacle à l'attribution de l'allocation aux vieux travailleurs salariés lorsque le travailleur n'est pas bénéficiaire d'un avantage de vieillesse servi au titre d'un autre régime.

Art. D. 757-3 Pour l'application de l'article L. 811-8, en ce qui concerne les assurés ayant, au cours de tout ou partie d'une année déterminée, exercé leur activité dans l'un des départements mentionnés à l'article L. 751-1, le montant du salaire minimum de croissance à retenir est celui qui est en vigueur dans ledit département au 1er janvier de l'année considérée.

Art. D. 757-4 Les cotisations arriérées d'assurances sociales ne sont valables pour la détermination du droit à l'allocation aux vieux travailleurs salariés que si elles ont été acquittées dans le délai de cinq ans suivant leur exigibilité et avant le soixantième anniversaire de l'intéressé.

Art. D. 757-5 Pour bénéficier de l'allocation, le requérant doit souscrire une demande conforme au modèle arrêté par le ministre chargé de la sécurité sociale.

Des exemplaires de la demande sont mis à la disposition des intéressés par les caisses générales de sécurité sociale, la direction régionale de la sécurité sociale des Antilles et de la Guyane et la direction départementale de la sécurité sociale de la Réunion.

Le requérant ayant cotisé aux assurances sociales adresse sa demande à l'organisme auquel il a été affilié en dernier lieu.

Le requérant qui n'a pas cotisé aux assurances sociales adresse sa demande à la caisse générale de sécurité sociale de sa résidence.

Pour obtenir le secours viager prévu aux articles L. 811-11 et L. 811-12, le conjoint de l'allocataire ou du travailleur décédé ou disparu doit adresser sa demande et les pièces prévues par arrêté du ministre chargé de la sécurité sociale à l'organisme qui a servi les arrérages de l'allocation du *"de cujus"* ou à celui de la circonscription de sa résidence si le travailleur décédé ou disparu ne bénéficiait pas de cette allocation.

Art. D. 757-6 La caisse générale de sécurité sociale remet ou envoie à l'intéressé ou au conjoint de l'allocataire ou du travailleur décédé ou disparu un récépissé de la demande. Elle procède, s'il y a lieu, à toutes enquêtes ou recherches nécessaires et demande tous éclaircissements qu'elle juge utiles.

Elle détermine, au vu des déclarations souscrites par le requérant, le montant de l'allocation ou du secours viager et, le cas échéant, des majorations auquel il a droit.

Art. D. 757-7 L'âge prévu pour l'attribution des allocations forfaitaires mentionnées au chapitre Ier du titre Ier du livre VIII aux travailleurs salariés résidant dans les départements mentionnés à l'article L. 751-1 est fixé à la date de leur soixantième anniversaire.

Art. D. 757-8 L'entrée en jouissance de l'allocation est fixée au premier jour du mois suivant la date de réception de la demande sans qu'elle puisse être antérieure au premier jour du mois suivant le soixantième anniversaire du requérant.

Art. D. 757-9 La majoration pour conjoint à charge est attribuée lorsque le conjoint du titulaire de l'allocation aux vieux travailleurs salariés a atteint l'âge de soixante ans.

Art. D. 757-10 Lorsque le montant total annuel des ressources excède les chiffres limite fixés par décret, l'allocation est liquidée pour ordre, le service des arrérages demeurant suspendu tant qu'aucune modification n'intervient dans le montant des ressources déclarées.

Les dispositions du présent article sont applicables lorsque les ressources de la veuve sont supérieures au chiffre limite prévu pour une personne seule.

Art. D. 757-11 *(Décr. n° 86-131 du 28 janv. 1986, art. 3)* Dans le régime général de la sécurité sociale *(Décr. n° 2000-1202 du 6 déc. 2000, art. 1er-III)* « et » *(Décr. n° 2017-737 du 3 mai 2017, art. 3-I)* « *[dans]* le régime social des indépendants » les arrérages des allocations et des avantages accessoires sont payés mensuellement et à terme échu dans les conditions fixées par un arrêté du ministre chargé de la sécurité sociale.

Dans les autres régimes de sécurité sociale, les arrérages des allocations et des avantages accessoires sont payés trimestriellement et à terme échu dans les conditions fixées par arrêté du ministre chargé de la sécurité sociale.

Art. D. 757-12 Le paiement de l'allocation et du secours viager est opéré par la caisse générale de sécurité sociale qui a effectué la liquidation de l'un ou l'autre de ces avantages.

Art. D. 757-13 Le premier paiement comportant les arrérages dus depuis la date fixée pour l'entrée en jouissance de l'allocation est effectué à l'échéance normale immédiatement postérieure à la décision de la caisse générale de sécurité sociale.

Si avant son admission au bénéfice de l'allocation, l'allocataire avait ouvert droit à la majoration pour conjoint à charge, les arrérages servis à ce titre pour une période postérieure à la date d'entrée en jouissance de l'allocation sont imputés sur le premier paiement.

SOUS-SECTION 2 ALLOCATIONS AUX VIEUX TRAVAILLEURS NON SALARIÉS

Art. D. 757-14 Pour l'application de l'article D. 812-4, en ce qui concerne les assurés ayant, au cours de tout ou partie d'une année déterminée, exercé leur activité dans l'un des départements mentionnés à l'article L. 751-1, le montant du salaire minimum de croissance à retenir est celui qui est en vigueur dans ledit département au 1er janvier de l'année considérée.

SOUS-SECTION 3 ALLOCATION SUPPLÉMENTAIRE DU FONDS NATIONAL DE SOLIDARITÉ

Néant.

SECTION II ALLOCATION AUX ADULTES HANDICAPÉS

Néant.

SECTION III *[ABROGÉE]* AIDE À LA FAMILLE POUR L'EMPLOI D'UNE ASSISTANTE MATERNELLE AGRÉÉE

(Abrogée par Décr. n° 2003-1394 du 31 déc. 2003, art. 2-I)

Art. D. 757-15 *Abrogé par Décr. n° 2003-1394 du 31 déc. 2003, art. 2-I.*

SECTION IV *[ABROGÉE]* ALLOCATION DE GARDE D'ENFANT À DOMICILE

(Abrogée par Décr. n° 2003-1394 du 31 déc. 2003, art. 2-I)

Art. D. 757-16 *Abrogé par Décr. n° 2003-1394 du 31 déc. 2003, art. 2-I.*

CHAPITRE VIII DISPOSITIONS DIVERSES

Art. D. 758-1 Dans les départements mentionnés à l'article L. 751-1, la cotisation d'assurance personnelle est prise en charge par le régime des prestations familiales dont relève l'assuré lorsque celui-ci a droit à l'une au moins des prestations familiales servies dans ces départements en vertu du code de la sécurité sociale et des textes pris pour son application et a disposé, durant l'année de référence, d'un revenu net de frais passible de l'impôt sur le revenu n'excédant pas le plafond fixé aux premier et deuxième alinéas de l'article L. 755-16.

Art. D. 758-2 L'article R. 381-36 est applicable aux ministres des cultes et membres des congrégations et collectivités religieuses ainsi qu'aux titulaires de la pension de vieillesse ou de la pension d'invalidité instituée par l'article L. 721-1, qui résident dans les départements mentionnés à l'article L. 751-1.

Art. D. 758-3 Les dispositions des articles R. 721-1 à R. 721-5, R. 721-13 à R. 721-39, R. 721-50 à R. 721-56, R. 721-58, R. 721-59 et D. 721-6 à D. 721-19 s'appliquent aux ministres des cultes et membres des congrégations et collectivités religieuses résidant dans les départements mentionnés à l'article L. 751-1 et qui ne relèvent pas, à titre obligatoire, d'un autre régime de sécurité sociale.

Art. D. 758-4 *Abrogé par Décr. n° 90-1244 du 31 déc. 1990, art. 5, à compter du 1er janv. 1991.*

TITRE SIXIÈME FRANÇAIS RÉSIDANT À L'ÉTRANGER — TRAVAILLEURS MIGRANTS

CHAPITRE PREMIER TRAVAILLEURS SALARIÉS DÉTACHÉS À L'ÉTRANGER

SECTION PREMIÈRE DISPOSITIONS GÉNÉRALES

Art. D. 761-1 *Abrogé par Décr. n° 87-802 du 29 sept. 1987, art. 13.*

SECTION II PERSONNELS FRANÇAIS NON TITULAIRES EN SERVICE DANS LES ADMINISTRATIONS, SERVICES ET ÉTABLISSEMENTS DE L'ÉTAT À L'ÉTRANGER

Art. D. 761-2 L'arrêté prévu à l'article L. 761-3 et celui mentionné à l'article L. 761-4 sont pris conjointement par le ministre chargé des relations extérieures, le ministre chargé de la sécurité sociale, le ministre chargé de la coopération et le ministre chargé du budget.

Art. D. 761-3 Les personnels mentionnés à l'article L. 761-3 sont ou demeurent affiliés à la caisse primaire d'assurance maladie de Paris.

Art. D. 761-4 Les personnels mentionnés à l'article L. 761-4 demeurent affiliés à la caisse primaire d'assurance maladie dont ils relèvent avant leur départ en mission à l'étranger.

Art. D. 761-5 Les dispositions des articles L. 761-3 et L. 761-4 ne portent pas atteinte aux dispositions des conventions internationales conclues par la France en matière de sécurité sociale.

Art. D. 761-6 Les personnels mentionnés aux articles L. 761-3 et L. 761-4 bénéficient des prestations en nature des assurances maladie maternité et invalidité pendant toute la durée de leurs fonctions à l'étranger, dans les conditions et selon les tarifs de remboursement prévus en faveur des ressortissants du régime général détachés à l'étranger.

Leurs ayants droit peuvent également prétendre aux prestations en nature des assurances maladie et maternité alors même qu'ils résident ou séjournent sur le territoire du ou des États où les personnels mentionnés aux articles L. 761-3 et L. 761-4 exercent leurs fonctions. Dans ce cas, les prestations en cause leur sont servies dans les mêmes conditions et selon les mêmes tarifs de remboursement que pour ces personnels.

Les prestations en espèces des assurances maladie et maternité et le capital décès servis aux agents mentionnés aux articles L. 761-3 et L. 761-4 ou à leurs ayants droit en application des dispositions du livre III viennent, sauf disposition expresse contraire, en déduction, le cas échéant, des avantages qui, en cas de maladie, de maternité et de décès, sont dus aux intéressés par les ministères, services ou organismes concernés, en application soit du contrat d'engagement, soit de dispositions législatives ou réglementaires.

Art. D. 761-7 Le service des prestations en nature des assurances maladie, maternité et invalidité est confié aux sections constituées par les mutuelles auprès des administrations dont relèvent les personnels mentionnés aux articles L. 761-3 et L. 761-4 et qui ont déjà compétence à cet effet à l'égard des personnels de l'État non titulaires desdites administrations exerçant leurs fonctions sur le territoire métropolitain et dans les départements mentionnés à l'article L. 751-1.

Art. D. 761-8 Le taux des cotisations des assurances maladie, maternité, invalidité, décès et de l'assurance vieillesse sont identiques à ceux qui sont applicables pour les personnels de l'État non titulaires exerçant leurs fonctions sur le territoire métropolitain.

Ces cotisations sont calculées, pour les personnels en service à l'étranger, sur une assiette correspondant à la rémunération afférente à l'indice de traitement qui est affecté à chacun des agents en vertu soit de son contrat d'engagement, soit d'une décision de l'autorité l'ayant recruté, augmentée de l'indemnité de résidence allouée, pour le même indice, à un fonctionnaire en service à Paris.

Elles sont, s'agissant des personnels en mission, calculées sur la base de la rémunération effective des intéressés, compte non tenu des frais de mission qui leur sont alloués.

Art. D. 761-9 Les personnels non titulaires de nationalité française bénéficiant, au 1er juillet 1980, des dispositions des décrets des 16 septembre 1947, 4 mars 1963 et 24 mars 1964 sont soumis aux dispositions de la présente section même lorsqu'ils n'ont pas été recrutés dans les conditions fixées à l'article L. 761-3.

SECTION III **TRAVAILLEURS ASSUJETTIS À UN RÉGIME SPÉCIAL DE SÉCURITÉ SOCIALE**

SOUS-SECTION 1 **FONCTIONNAIRES DE L'ÉTAT ET MAGISTRATS DE L'ORDRE JUDICIAIRE**

Néant.

SOUS-SECTION 2 **MILITAIRES AFFILIÉS AU RÉGIME MILITAIRE DE SÉCURITÉ SOCIALE**

Néant.

SECTION IV **PERSONNEL CIVIL DE COOPÉRATION CULTURELLE, SCIENTIFIQUE ET TECHNIQUE AUPRÈS D'ÉTATS ÉTRANGERS**

Art. D. 761-10 Les agents relevant d'un régime spécial de sécurité sociale pour la couverture des risques maladie, invalidité, vieillesse et décès, ainsi que les charges de la maternité conservent au cours de leur mission de coopération, le bénéfice de leur régime.

Les prestations en nature des assurances maladie, maternité et invalidité leur sont accordées pendant toute la durée de l'exercice de leurs fonctions à l'étranger dans les conditions et selon les tarifs de remboursement prévus en faveur des ressortissants du régime général de sécurité sociale détachés à l'étranger.

Leurs ayants droit peuvent également prétendre aux prestations en nature des assurances maladie et maternité alors même qu'ils résident ou séjournent sur le territoire du ou des États où les agents exercent leur mission de coopération. Dans ce cas, les prestations leur sont servies dans les mêmes conditions et selon les mêmes tarifs de remboursement que pour les agents eux-mêmes.

Art. D. 761-11 Les cotisations dues pour les personnels mentionnés à l'article D. 761-10 sont assises sur la rémunération définie à l'article D. 761-16 dans les limites et selon les taux en vigueur dans chacun des régimes concernés.

Art. D. 761-12 Les agents qui ne relèvent pas d'un régime de sécurité sociale lors de leur départ en mission de coopération sont affiliés au régime général de sécurité sociale. A ce titre, ils bénéficient des dispositions du livre III du présent code.

Les prestations en nature des assurances maladie, maternité et invalidité leur sont accordées pendant toute la durée de l'exercice de leurs fonctions à l'étranger dans les conditions et selon les tarifs de remboursement prévus en faveur des ressortissants du régime général de sécurité sociale détachés à l'étranger.

Leurs ayants droit peuvent également prétendre aux prestations en nature des assurances maladie et maternité alors même qu'ils résident ou séjournent sur le territoire du ou des États où les agents exercent leur mission de coopération. Dans ce cas, les prestations leur sont servies dans les mêmes conditions et selon les mêmes tarifs de remboursement que pour les agents eux-mêmes.

Art. D. 761-13 Les cotisations dues pour les personnels mentionnés à l'article D. 761-12 sont assises sur la rémunération définie à l'article D. 761-16 dans les limites et selon les taux en vigueur dans le régime général de sécurité sociale.

Art. D. 761-14 Les agents mentionnés à l'article D. 761-12 ci-dessus sont immatriculés, en tant que de besoin, à la diligence du ministre responsable de la coopération, à la caisse primaire d'assurance maladie de Paris.

Art. D. 761-15 La caisse primaire d'assurance maladie de Paris peut confier tout ou partie du paiement des prestations lui incombant à d'autres organismes de sécurité sociale.

Art. D. 761-16 Les cotisations sont calculées sur une assiette correspondant à la rémunération afférente à l'indice de traitement qui est affecté à chacun des agents en vertu, soit de son contrat d'engagement, soit d'une décision du ministre responsable de la coopération, augmentée de l'indemnité de résidence allouée, pour le même indice, à un fonctionnaire en service à Paris.

Toutefois, en ce qui concerne les agents mentionnés à l'article D. 761-10, les cotisations sont calculées sur une assiette identique à celle prise en compte, dans chacun des régimes concernés, pour un agent de même grade en service à Paris.

Art. D. 761-17 La rémunération déterminée à l'article D. 761-16 sert de base au calcul des indemnités journalières, pensions, rentes et allocations, dans les conditions prévues par le régime de sécurité sociale dont relève l'assuré, notamment pour la réparation des accidents du travail et des maladies professionnelles.

Art. D. 761-18 Les cotisations dues en application de la présente section sont imputées sur les crédits ouverts au budget de l'État.

Elles sont versées, selon le cas, soit au régime spécial dont relève l'intéressé, soit à l'union pour le recouvrement des cotisations de la région parisienne.

Il appartient au ministre responsable de la coopération d'assurer le recouvrement des cotisations personnelles incombant aux intéressés et, dans la mesure où les conventions internationales le prévoient, de la cotisation patronale incombant à l'État ou à l'organisme étranger.

Les conditions d'application du présent article sont précisées, en tant que de besoin, par arrêté du ministre chargé des relations extérieures, du ministre chargé de la coopération, du ministre chargé du budget et du ministre chargé de la sécurité sociale.

CHAPITRE II **TRAVAILLEURS SALARIÉS EXPATRIÉS** *(Décr. n° 2002-544 du 19 avr. 2002, art. 1er).*

SECTION PREMIÈRE **GÉNÉRALITÉS**

Néant.

SECTION II **ASSURANCE MALADIE, MATERNITÉ, INVALIDITÉ**

Néant.

SOUS-SECTION 1 **ADHÉSION** *(Décr. n° 2017-736 du 3 mai 2017, art. 6-6°).*

Néant.

SOUS-SECTION 2 **COTISATIONS**

Art. D. 762-1 *(Décr. n° 89-639 du 5 sept. 1989, art. 1er)* En application de l'article L. 762-3, les bénéficiaires de l'assurance volontaire maladie-maternité-invalidité dont les rémunérations sont inférieures aux deux tiers du plafond de la sécurité sociale mentionné à l'article L. 241-3 sont redevables d'une cotisation assise sur la moitié de ce plafond ; ceux dont les rémunérations sont supérieures ou égales aux deux tiers du

plafond de la sécurité sociale et inférieures à ce plafond sont redevables d'une cotisation assise sur les deux tiers du plafond ; ceux dont les rémunérations sont égales ou supérieures au plafond de la sécurité sociale sont redevables d'une cotisation assise sur ce plafond. — *Pour l'application du premier alinéa du présent article, les rémunérations s'entendent de l'ensemble des rémunérations professionnelles, y compris les primes et indemnités versées aux assurés au cours de l'année civile précédant celle au titre de laquelle la cotisation est due.*

Lorsqu'ils demandent à cotiser sur la base de la moitié du plafond de la sécurité sociale ou des deux tiers de ce plafond, les intéressés fournissent à la caisse tous documents permettant de justifier de leurs ressources, tels qu'une copie certifiée conforme par les autorités consulaires de leurs douze derniers bulletins mensuels de salaire ou une attestation de l'employeur mentionnant le montant de la rémunération annuelle définie ci-dessus ou, à défaut, la déclaration de leurs revenus.

La caisse peut à tout moment demander aux assurés volontaires la justification de leurs revenus.

(Décr. nº 90-181 du 22 févr. 1990, art. 1er) **« Dès lors qu'un employeur s'engage à s'acquitter des cotisations au titre de l'assurance volontaire de ses salariés, sa participation ne peut être inférieure pour chaque assurance volontaire à la moitié du montant de la cotisation due au titre de cette assurance. »**

Art. D. 762-1-1 *(Décr. nº 98-576 du 6 juill. 1998)* **Pour l'application du quatrième alinéa de l'article L. 762-1, peuvent être considérés comme collaborateurs assimilés à des travailleurs salariés de nationalité française les collaborateurs qui sont des salariés réguliers et permanents de l'entreprise et qui ne sont pas appelés à exercer leur activité professionnelle dans le pays dont ils sont ressortissants.**

Le nombre de ces collaborateurs assimilés ne peut excéder, pour chaque entreprise mandataire, un dixième de l'effectif des salariés de cette entreprise affilié à la Caisse des Français de l'étranger.

La disposition mentionnée à l'alinéa précédent ne s'applique pas aux collaborateurs assimilés ressortissants d'un État membre de la Communauté européenne ou d'un État partie à l'accord sur l'Espace économique européen s'ils étaient affiliés à un régime français de sécurité sociale avant leur adhésion à la Caisse des Français de l'étranger. — *Entrée en vigueur à compter du 1er sept. 1998.*

Art. D. 762-2 *(Décr. nº 2008-143 du 14 févr. 2008, art. 1er)* **Le taux de la cotisation d'assurance volontaire maladie-maternité-invalidité prévue à l'article L. 762-3 est fixé à** *(Décr. nº 2013-564 du 26 juin 2013, art. 1er)* **« 6,30 % ».** — *Les dispositions du Décr. nº 2013-564 du 26 juin 2013 s'appliquent aux cotisations dues à compter du 1er juill. 2013 (Décr. préc., art. 7).*

Ce taux subit un abattement de 0,70 point pour les entreprises mandataires de leurs salariés souscrivant *(Décr. nº 2017-1864 du 29 déc. 2017, art. 1er)* **« moins de 100 » contrats. L'abattement est de 1,45 point pour les entreprises mandataires de leurs salariés souscrivant entre 100 et 399 contrats. L'abattement est de 1,70 point pour les entreprises mandataires de leurs salariés souscrivant plus de 399 contrats.** — *Les dispositions du Décr. nº 2017-1864 du 29 déc. 2017 s'appliquent aux cotisations dues à compter du 1er janv. 2018 (Décr. préc., art. 3).*

SOUS-SECTION 3 BÉNÉFICIAIRES ET OUVERTURE DES DROITS *(Décr. nº 2004-173 du 19 févr. 2004, art. 2-VII).*

SOUS-SECTION 4 PRESTATIONS D'ASSURANCE MALADIE ET MATERNITÉ *(Décr. nº 2004-173 du 19 févr. 2004, art. 2-VII).*

Art. D. 762-2-1 **Les travailleurs salariés ou assimilés affiliés aux régimes d'assurances maladie, maternité, invalidité mentionnés au 1° de l'article L. 762-1, ou leurs employeurs agissant pour leur compte peuvent prétendre à :**

1° Des indemnités journalières de maladie si l'assuré se trouve dans l'incapacité physique, constatée par le médecin traitant, de continuer ou de reprendre le travail ;

2° Des indemnités journalières d'assurance maternité ;

3° L'attribution d'un capital décès au profit des ayants droit.

Art. D. 762-2-2 **Les prestations mentionnées à l'article D. 762-2-1 sont couvertes intégralement par des cotisations assises sur l'assiette qui a servi de base de calcul aux cotisations d'assurances volontaires maladie, maternité, invalidité.**

Art. D. 762-2-3 Les indemnités journalières prévues au 1° de l'article D. 762-2-1 sont égales à 60 % du gain journalier défini à l'article D. 762-2-4.

Art. D. 762-2-4 Le gain journalier est égal à 1/360 de l'assiette ayant servi de base au calcul des cotisations de l'assuré.

Art. D. 762-2-5 L'indemnité journalière de maladie prévue au 1° de l'article D. 762-2-1 est accordée pour les affections de courte durée à partir du trente et unième jour à compter du point de départ de l'incapacité de travail. Elle peut être servie pendant une durée maximum de cent vingt jours, sur une période de douze mois de date à date.

Pour les affections de longue durée, l'indemnité journalière peut être servie pendant deux ans de date à date, pour toute incapacité ayant débuté au-delà du douzième mois d'affiliation à l'option indemnité journalière.

Quand l'incapacité de travail a débuté avant le douzième mois d'affiliation à l'option indemnité journalière et que l'intéressé a adhéré à ladite option dans le délai fixé à l'article R. 766-3, l'indemnité journalière peut être servie si l'intéressé relevait d'un régime obligatoire français de sécurité sociale douze mois avant la date de début de l'affection invalidante et s'il remplit, par totalisation des périodes à ce régime et à celui de la Caisse des Français de l'étranger, la condition de douze mois de durée d'affiliation.

Art. D. 762-2-6 L'indemnité journalière de maternité prévue au 2° de l'article D. 762-2-1 est servie pendant une période qui débute six semaines avant la date présumée de l'accouchement et se termine dix semaines après celui-ci, à condition de cesser toute activité salariée durant la période d'indemnisation.

Quand l'accouchement a lieu avant la date présumée, la période d'indemnisation de seize semaines n'est pas réduite de ce fait.

Pour avoir droit aux indemnités journalières, l'assurée doit justifier d'une durée d'assurance de dix mois à la date présumée de l'accouchement.

Art. D. 762-2-7 Le capital décès prévu au 3° de l'article D. 762-2-1 est égal à quatre-vingt-dix fois le gain journalier, déterminé conformément à l'article D. 762-2-4.

Le versement du capital décès est effectué par priorité aux personnes qui étaient, au jour du décès, à la charge effective, totale et permanente de l'assuré. Si aucune priorité n'est invoquée dans un délai de trois mois suivant le décès de l'assuré, le capital est attribué au conjoint survivant non séparé de droit ou de fait, au partenaire auquel le défunt était lié par un pacte civil de solidarité ou, à défaut, aux descendants et, dans le cas où le défunt ne laisse ni conjoint survivant, ni partenaire d'un pacte civil de solidarité, ni descendants, aux ascendants.

Art. D. 762-2-8 Les demandes d'adhésion aux assurances volontaires supplémentaires mentionnées à l'article D. 762-2-1 doivent être formulées au plus tard avant l'expiration du délai d'un an à compter de la date d'affiliation au régime d'assurance maladie, maternité, invalidité.

L'adhésion prend effet au premier jour du mois qui suit la réception par la caisse de la demande.

(Décr. n° 2004-173 du 19 févr. 2004, art. 2-I) « Les articles R. 762-7 et R. 762-20 à R. 762-22 sont applicables aux assurances volontaires supplémentaires mentionnées à l'article D. 762-2-1. »

Art. D. 762-2-9 Les taux de cotisation aux assurances volontaires supplémentaires mentionnées à l'article D. 762-2-1 sont fixés par arrêté.

SECTION III **ASSURANCE ACCIDENTS DU TRAVAIL ET MALADIES PROFESSIONNELLES**

Art. D. 762-3 *(Décr. n° 2008-143 du 14 févr. 2008)* Le taux de la cotisation d'assurance volontaire accidents du travail et maladies professionnelles prévue à l'article L. 762-3 est fixé à *(Décr. n° 2013-564 du 26 juin 2013, art. 2)* « 1,15 % ». — *Les dispositions du Décr. n° 2013-564 du 26 juin 2013 s'appliquent aux cotisations dues à compter du 1er juill. 2013 (Décr. préc., art. 7).*

(Décr. n° 2017-1864 du 29 déc. 2017, art. 2) « Ce taux subit un abattement de 0,15 point pour les entreprises mandataires de leurs salariés souscrivant moins de 100 contrats, à la fois, aux assurances volontaires maladie-maternité-invalidité et accidents du travail-maladies professionnelles. » Ce taux subit un abattement de 0,25 point pour les entreprises mandataires de leurs salariés souscrivant entre 100 et 399 contrats, à la fois, aux assurances volontaires maladie-maternité-invalidité et accidents du travail-maladies professionnelles. L'abattement est de 0,35 point pour les entreprises mandataires de leurs salariés souscrivant plus de 399 contrats, à la fois, aux assurances volontaires maladie-maternité-invalidité et accidents du travail-maladies professionnelles. — *Les dispositions du Décr. n° 2017-1864 du 29 déc. 2017 s'appliquent aux cotisations dues à compter du 1er janv. 2018 (Décr. préc., art. 3).*

Décret n° 94-393 du 18 mai 1994,

Relatif à l'exonération temporaire de cotisations aux assurances volontaires des salariés expatriés pour les emplois nouvellement créés à l'étranger.

Art. 3 La condition de la justification du paiement des cotisations à laquelle est subordonnée l'ouverture des droits à l'assurance maladie-maternité-invalidité est réputée remplie pendant la durée de la période d'exonération prévue à l'article 1er ci-dessus *[art. D. 762-2]*.

Art. 4 Le présent décret prend effet au premier jour du mois civil suivant sa publication *[JO 20 mai]*. Ses dispositions sont applicables aux travailleurs expatriés dont le contrat de travail et l'adhésion aux assurances volontaires mentionnées à l'article L. 762-3 ont pris effet à partir de cette date et jusqu'au *(Décr. n° 98-868 du 28 sept. 1998, art. 1er)* « 31 décembre 2000 ».

Art. D. 762-4 *(Décr. n° 95-365 du 5 avr. 1995)* La Caisse des Français de l'étranger peut accorder des ristournes sur le taux des cotisations d'assurance volontaire accidents du travail et maladies professionnelles dues par les salariés d'entreprises mandataires *(Décr. n° 98-577 du 6 juill. 1998, en vigueur le 1er août 1998)* « d'au moins dix adhérents » pour ce risque durant trois années civiles consécutives.

L'effectif d'adhérents mentionné à l'alinéa précédent est égal à la moyenne annuelle du nombre de salariés cotisants au premier jour de chaque trimestre civil.

Art. D. 762-5 *(Décr. n° 2006-162 du 13 févr. 2006)* Les ristournes éventuelles sont accordées sous la forme d'une baisse du taux de cotisation annuel en fonction des accidents du travail survenus et des maladies professionnelles constatées au cours des trois années civiles précédentes. Elles ne peuvent dépasser 25 % du taux fixé au premier alinéa de l'article D. 762-3.

Art. D. 762-6 *(Décr. n° 95-365 du 5 avr. 1995)* Le taux de la ristourne visée à l'article D. 762-5 est obtenu par application de la formule :

Taux de la ristourne :

$$\frac{\text{taux légal n}}{4} - \frac{\text{taux brut n} - 3 + \text{taux brut n} - 2 + \text{taux brut n} - 1}{12}$$

de l'année n,

dans laquelle :

1. n est l'année d'attribution de la ristourne ;
2. Le taux légal est celui fixé à l'article D. 762-3 ;
3. Le taux brut est déterminé, pour chaque entreprise mandataire, par la formule suivante :

$$\text{Taux brut} = \frac{\text{coût du risque} \times 100}{\text{salaires retenus pour l'assiette des cotisations}}$$

Sont intégrés dans le coût du risque pour chacune des années considérées les dépenses de soins et d'indemnités journalières, les capitaux représentatifs des rentes attribuées aux victimes, les capitaux correspondant aux accidents mortels ainsi que les indemnités en capital, évalués conformément aux règles du régime général.

Art. D. 762-7 *(Décr. nº 95-365 du 5 avr. 1995)* Un arrêté conjoint du ministre chargé des affaires sociales et du ministre chargé du budget peut suspendre l'application des dispositions prévues aux articles D. 762-4 à D. 762-6 si l'équilibre financier de l'assurance accidents du travail maladies professionnelles l'exige.

Art. D. 762-8 *(Décr. nº 2002-544 du 19 avr. 2002)* Les travailleurs salariés ou assimilés affiliés au régime des accidents du travail et maladies professionnelles mentionné au 2° de l'article L. 762-1, ou leurs employeurs agissant pour leur compte, peuvent prétendre à la prise en charge des frais engagés à la suite d'un accident survenu à l'occasion d'un trajet effectué pour raisons professionnelles soit entre le lieu habituel de résidence en France et le lieu de domicile à l'étranger, soit entre le lieu de domicile à l'étranger et le lieu habituel de résidence en France.

Art. D. 762-9 *(Décr. nº 2002-544 du 19 avr. 2002)* Les prestations mentionnées à l'article D. 762-8 sont couvertes intégralement par des cotisations assises sur l'assiette qui a servi de base pour le calcul de la cotisation des assurances volontaires accidents du travail et maladies professionnelles.

Art. D. 762-10 *(Décr. nº 2002-544 du 19 avr. 2002)* Les demandes d'adhésion à l'assurance supplémentaire mentionnée à l'article D. 762-8 doivent être formulées au plus tard dans le délai d'un an à compter de la date d'affiliation au régime des accidents du travail et maladies professionnelles.

L'adhésion prend effet au premier jour du mois qui suit la réception par la caisse de la demande.

(Décr. nº 2004-173 du 19 févr. 2004, art. 2-II) « Les articles R. 762-7 et R. 762-20 à R. 762-22 sont applicables à l'assurance volontaire supplémentaire mentionnée à l'article D. 762-8. »

Art. D. 762-11 *(Décr. nº 2004-173 du 19 févr. 2004, art. 2-III)* Le taux de cotisation à l'assurance volontaire mentionnée à l'article D. 762-8 est fixé par arrêté des ministres chargés de la sécurité sociale et du budget.

SECTION IV DISPOSITIONS COMMUNES AUX TRAVAILLEURS SALARIÉS À L'ÉTRANGER

Néant.

CHAPITRE III TRAVAILLEURS NON SALARIÉS EXPATRIÉS

Art. D. 763-1 *(Décr. nº 89-639 du 5 sept. 1989, art. 2)* En application de l'article L. 763-4, les bénéficiaires de l'assurance volontaire maladie-maternité dont les revenus sont inférieurs aux deux tiers du plafond de la sécurité sociale mentionné à l'article L. 241-3 sont redevables d'une cotisation assise sur la moitié de ce plafond ; ceux dont les revenus sont supérieurs ou égaux aux deux tiers du plafond de la sécurité sociale mais inférieurs à ce plafond sont redevables d'une cotisation assise sur les deux tiers du plafond ; ceux dont les revenus sont égaux ou supérieurs au plafond de la sécurité sociale sont redevables d'une cotisation assise sur ce plafond. – *V. note ss. art. D. 762-1.*

Art. D. 763-2 *(Décr. nº 2006-162 du 13 févr. 2006)* Le taux de la cotisation d'assurance volontaire maladie-maternité prévu à l'article L. 763-4 est fixé à *(Décr. nº 2013-564 du 26 juin 2013, art. 3)* « 8,20 % ». – *Les dispositions du Décr. nº 2013-564 du 26 juin 2013 s'appliquent aux cotisations dues à compter du 1er juill. 2013 (Décr. préc., art. 7).*

Art. D. 763-3 L'adhésion volontaire implique l'adhésion aux régimes complémentaires d'assurance vieillesse et aux régimes d'assurance invalidité-décès éventuellement institués à titre obligatoire en application des articles L. 635-1, L. 635-2, L. 635-6, L. 635-8, L. 644-1 et L. 644-2 et permet l'adhésion aux régimes complémentaires d'assurance vieillesse éventuellement institués à titre facultatif en application des articles L. 635-1 et L. 635-6.

CHAPITRE IV **PENSIONNÉS DES RÉGIMES FRANÇAIS DE RETRAITE RÉSIDANT À L'ÉTRANGER**

Art. D. 764-1 *(Décr. n° 96-580 du 28 juin 1996, art. 1er)* **Le taux de la cotisation due au régime d'assurance volontaire maladie-maternité en application de l'article L. 764-4 est fixé à** *(Décr. n° 2013-564 du 26 juin 2013, art. 4)* **« 4,20 % ».** – *Les dispositions du Décr. n° 2013-564 du 26 juin 2013 s'appliquent aux cotisations dues à compter du 1er juill. 2013 (Décr. préc., art. 7).*

Art. D. 764-2 *(Décr. n° 97-342 du 11 avr. 1997, art. 1er)* **Le montant annuel minimum prévu à l'article L. 764-5 est fixé à** *(Décr. n° 2013-564 du 26 juin 2013, art. 5)* **« 4,70 % » du demi-plafond de la sécurité sociale mentionné à l'article L. 241-3.** – *Les dispositions du Décr. n° 2013-564 du 26 juin 2013 s'appliquent aux cotisations dues à compter du 1er juill. 2013 (Décr. préc., art. 7).*

Le montant minimal de la cotisation forfaitaire applicable aux pensionnés adhérant à la Caisse des Français de l'étranger visés au V de l'art. 19 de la L. 17 janv. 2002 susvisée est fixé à 1 % pour l'année 2002, puis progressivement augmenté de 0,5 % par an au titre de chacun des exercices suivants. Les dispositions de l'art. D. 764-2 CSS s'appliquent ensuite pour les années postérieures.

CHAPITRE V **CATÉGORIES DIVERSES D'ASSURÉS VOLONTAIRES**

Art. D. 765-1 *(Décr. n° 89-639 du 5 sept. 1989, art. 3)* **En application des articles L. 765-7 et L. 765-8 du code de la sécurité sociale, les bénéficiaires de l'assurance volontaire maladie-maternité dont les revenus sont inférieurs aux deux tiers du plafond de la sécurité sociale mentionné à l'article L. 241-3 sont redevables d'une cotisation assise sur la moitié de ce plafond ; ceux dont les revenus sont supérieurs ou égaux aux deux tiers du plafond de la sécurité sociale et inférieurs à ce plafond sont redevables d'une cotisation assise sur les deux tiers du plafond ; ceux dont les revenus sont égaux ou supérieurs au plafond de la sécurité sociale sont redevables d'une cotisation assise sur ce plafond.** – *Les revenus s'entendent de l'ensemble des ressources perçues au cours de l'année civile précédant celle au titre de laquelle la cotisation est due.*

Lorsqu'ils demandent à cotiser sur la base de la moitié du plafond de la sécurité sociale, ou des deux tiers de ce plafond, les intéressés fournissent à la caisse tout document permettant de justifier de leurs ressources, tel que la déclaration de revenus.

La caisse peut à tout moment demander aux assurés volontaires la justification de leurs revenus.

Art. D. 765-2 *(Décr. n° 2006-162 du 13 févr. 2006)* **Le taux de la cotisation due au régime d'assurance volontaire maladie-maternité en application des articles L. 765-1, L. 765-2 et L. 765-3 est fixé à** *(Décr. n° 2013-564 du 26 juin 2013, art. 6)* **« 8,2 % ».** – *Les dispositions du Décr. n° 2013-564 du 26 juin 2013 s'appliquent aux cotisations dues à compter du 1er juill. 2013 (Décr. préc., art. 7).*

Art. D. 765-2-1 *(Décr. n° 90-743 du 9 août 1990, art. 1er)* **Le montant annuel de la cotisation due au régime d'assurance volontaire maladie-maternité en application de l'article L. 765-2-1 est fixé à 3 % du demi-plafond de la sécurité sociale mentionné à l'article L. 241-3.**

Art. D. 765-2-2 *(Décr. n° 2002-544 du 19 avr. 2002)* **Pour l'application du second alinéa des articles L. 763-4, L. 765-7 et L. 765-8, le terme "ressources" s'entend de l'ensemble des ressources, de quelque nature qu'elles soient.**

Pour l'application du second alinéa des articles L. 765-7 et L. 765-8, la majoration applicable au membre du couple *(Décr. n° 2004-173 du 19 févr. 2004, art. 2-IV)* **« ayant » vocation à être couvert par l'assurance volontaire est fixée à 5 % par membre de famille déclaré comme ayant droit, dans la limite de 25 %.**

Art. D. 765-2-3 *(Décr. n° 2002-544 du 19 avr. 2002)* **Les personnes de nationalité française visées aux articles L. 765-1 à L. 765-3 qui n'exercent aucune activité professionnelle et adhèrent à l'assurance volontaire maladie-maternité sont affiliées à la**

Caisse des Français de l'étranger. Elles adressent à cette caisse une demande d'adhésion conforme à un modèle fixé par arrêté du ministre chargé de la sécurité sociale, accompagnée des pièces justificatives suivantes :

– pour justifier de leur identité et de leur nationalité, soit une photocopie de la carte nationale d'identité ou de la carte d'immatriculation consulaire, soit, à défaut, une attestation de nationalité délivrée par les autorités consulaires ;

– pour justifier que les intéressés n'exercent aucune activité professionnelle et résident à l'étranger, une photocopie de la dernière déclaration de revenus ou tout autre document attestant qu'ils n'exercent pas d'activité professionnelle.

Ces documents sont complétés par les pièces suivantes :

– pour justifier de la qualité de titulaire d'un revenu de remplacement ou d'une allocation de cessation anticipée d'activité visés à l'article L. 765-1, une attestation délivrée par l'organisme débiteur de ces avantages ;

– pour justifier de la qualité d'étudiant, qui doit être âgé de moins de vingt-huit ans lors de sa demande d'adhésion à l'assurance volontaire, une attestation d'inscription dans un établissement scolaire ou universitaire ;

– pour justifier de la qualité de titulaire d'une rente accident du travail ou d'une pension d'invalidité allouées au titre d'un régime français obligatoire, une photocopie de la notification de la liquidation d'une telle rente ou pension ;

– pour justifier de la qualité de conjoint survivant, divorcé ou séparé d'assuré volontaire, visés au premier alinéa de l'article L. 765-2, une photocopie de l'imprimé d'adhésion à l'assurance volontaire de l'assuré et une photocopie du livret de famille.

La caisse peut, à tout moment, demander aux assurés volontaires la production de leur déclaration de revenus afin de contrôler l'absence d'exercice d'une activité professionnelle.

Art. D. 765-2-4 *(Décr. nº 2002-544 du 19 avr. 2002)* Pour les titulaires d'un avantage de cessation anticipée d'activité, la Caisse des Français de l'étranger, dès réception de la demande d'adhésion et des pièces justificatives, en informe les organismes débiteurs de l'avantage dont le demandeur est titulaire.

Art. D. 765-2-5 *(Décr. nº 2002-544 du 19 avr. 2002)* L'immatriculation est opérée à la diligence de la caisse.

L'adhésion prend effet au premier jour du mois qui suit la réception par la caisse de la demande. Toutefois, l'adhésion ne peut prendre effet à une date antérieure au transfert de résidence de l'assuré volontaire à l'étranger.

Les bénéficiaires de l'assurance volontaire maladie-maternité sont tenus d'informer la Caisse des Français de l'étranger de toute modification de leur situation, et notamment de tout changement de pays de résidence.

Art. D. 765-2-6 *(Décr. nº 2002-544 du 19 avr. 2002)* Les titulaires d'un avantage de cessation anticipée d'activité visés à l'article L. 765-1 sont redevables d'une cotisation assise sur les revenus de remplacement ou les allocations perçus par les intéressés et précomptée par les organismes débiteurs de ces avantages. La cotisation est due à compter de la date d'effet de l'adhésion.

La cotisation est prélevée, à chaque échéance, par l'organisme débiteur sur le montant brut des avantages perçus. Les cotisations obligatoires visées au second alinéa de l'article L. 765-6 viennent en déduction de la cotisation due au régime des expatriés. Cet organisme est tenu de faire parvenir à l'assuré, au moins une fois par an, un document mentionnant, pour la période considérée, les montants respectifs de l'assiette, du précompte, de la cotisation précomptée et de l'avantage net.

L'organisme débiteur verse le montant de la cotisation due au titre de l'assurance volontaire à la Caisse des Français de l'étranger. Chaque versement est obligatoirement accompagné d'un document établi et signé par le débiteur de l'avantage de cessation anticipée d'activité indiquant le montant des cotisations versées pour chaque assuré au titre du régime des expatriés, qui inclut le montant de la cotisation obligatoire précomptée sur les avantages perçus et due au régime des expatriés. Ce document indique également le montant des avantages sur lesquels la cotisation est assise.

Si, pour un motif autre que la radiation de l'assuré, les cotisations n'ont pas été versées, le débiteur de l'avantage de préretraite reste tenu d'adresser à la Caisse des Français de l'étranger, au plus tard à la date limite d'exigibilité des cotisations, le document prévu à l'alinéa précédent.

Par ailleurs, *(Décr. nº 2014-628 du 17 juin 2014, art. 3, en vigueur le 1er oct. 2014)* « les articles L. 133-5-5, L. 243-7 à L. 243-12-4 » et les dispositions du chapitre IV du titre IV du livre II sont applicables aux organismes débiteurs d'avantages de cessation anticipée d'activité qui ne se seraient pas conformés aux prescriptions du présent article.

Il est fait application des pénalités et majorations de retard prévues aux articles R. 243-38 et R. 711-3.

Art. D. 765-2-7 *(Décr. nº 2002-544 du 19 avr. 2002)* La cotisation est due à compter de la date d'effet de l'adhésion et fait l'objet de paiements trimestriels.

La cotisation trimestrielle est exigible le premier jour du trimestre civil auquel elle se rapporte et payable dans le mois qui suit, en euros, à la Caisse des Français de l'étranger.

Art. D. 765-2-8 *(Décr. nº 2002-544 du 19 avr. 2002)* Pour les soins donnés à l'étranger, les prestations en nature de l'assurance maladie et de l'assurance maternité sont servies dans les conditions fixées aux articles R. 762-37 à R. 762-39.

La participation de l'assuré aux tarifs servant de base au calcul des prestations de l'assurance maladie est fixée par les articles R. 762-13 et R. 762-14.

Les dispositions de l'article R. 762-19 sont applicables en cas de contestation d'ordre médical.

Art. D. 765-2-9 *(Décr. nº 2002-544 du 19 avr. 2002)* Les assurés volontaires visés au présent chapitre conservent leur droit aux prestations de l'assurance volontaire pendant une durée de trois mois à compter du premier jour de résidence en France, sous réserve que les intéressés aient tenu informée la Caisse des Français de l'étranger de leur retour définitif en France.

Art. D. 765-2-10 *(Décr. nº 2002-544 du 19 avr. 2002)* La Caisse des Français de l'étranger procède, après en avoir informé les intéressés et, le cas échéant, les organismes débiteurs des avantages de cessation anticipée d'activité, à la radiation des assurés qui cessent de remplir les conditions exigées pour bénéficier de l'assurance volontaire maladie et maternité.

Art. D. 765-2-11 *(Décr. nº 2002-544 du 19 avr. 2002)* Les assurés ont la faculté de demander à tout moment leur radiation. Celle-ci prend effet à compter du premier jour du trimestre civil qui suit la demande. La Caisse des Français de l'étranger en informe sans délai les assurés ou, le cas échéant, les débiteurs de l'avantage de cessation anticipée d'activité.

Art. D. 765-2-12 *(Décr. nº 2002-544 du 19 avr. 2002)* La personne qui a été radiée du régime d'assurance volontaire maladie-maternité alors qu'elle continuait à remplir les conditions exigées pour bénéficier dudit régime et qui, sans avoir changé de pays de résidence, présente une nouvelle demande d'adhésion, est redevable des cotisations qui auraient été dues ou précomptées, si elle n'avait pas été radiée, dans la limite des deux années précédant la demande.

CHAPITRE VI **DISPOSITIONS COMMUNES AUX EXPATRIÉS VISÉS AUX CHAPITRES II À V** *(Décr. nº 2002-544 du 19 avr. 2002, art. 7).*

SECTION PREMIÈRE **DISPOSITIONS COMMUNES RELATIVES À L'ADHÉSION, AUX PRESTATIONS ET AUX COTISATIONS À L'ASSURANCE VOLONTAIRE MALADIE-MATERNITÉ-INVALIDITÉ OU MALADIE-MATERNITÉ PRÉVUE AUX CHAPITRES II À V**

(Décr. nº 2002-544 du 19 avr. 2002)

Art. D. 766-1 Le délai mentionné à l'article L. 766-2-2 est fixé à six mois.

SECTION II DISPOSITIONS D'APPLICATION

(Décr. n° 2002-544 du 19 avr. 2002)

Art. D. 766-2 Sont admises à demander le bénéfice des dispositions de l'article L. 766-2-3 les personnes de nationalité française immatriculées ou en instance d'immatriculation auprès du consulat dans la circonscription duquel elles résident et qui disposent de ressources de toute nature inférieures à la moitié du plafond annuel de la sécurité sociale.

Art. D. 766-3 La demande mentionnée à l'article D. 766-2 ainsi que, s'il y a lieu, la demande d'adhésion à l'une des assurances volontaires maladie prévues aux chapitres II, III et V, sont déposées auprès des services consulaires. Ces services enregistrent la demande mentionnée à l'article D. 766-2, après avoir constaté qu'elle est accompagnée des éléments nécessaires à l'appréciation des ressources des intéressés.

Une commission locale réunie par les autorités diplomatiques ou consulaires examine la conformité des ressources à la limite définie à l'article D. 766-2. A cette fin, elle peut se faire communiquer par le demandeur toute pièce qu'elle estime utile. Elle émet un avis sur la demande, dans le respect de critères généraux définis par des instructions du ministre chargé des affaires étrangères.

(Décr. n° 2014-671 du 24 juin 2014, art. 2) « Les conseils consulaires institués par l'article 3 de la loi n° 2013-659 du 22 juillet 2013 relative à la représentation des Français établis hors de France exercent les attributions des commissions locales, dans les conditions prévues par le décret n° 2014-144 du 18 février 2014 relatif aux conseils consulaires, à l'Assemblée des Français de l'étranger et à leurs membres. » — *Les dispositions issues du Décr. n° 2014-671 du 24 juin 2014 entrent en vigueur à la date prévue au premier al. de l'art. 42 du Décr. n° 2014-144 du 18 févr. 2014, qui lui-même renvoie à la date mentionnée au premier al. du I de l'art. 60 de la L. n° 2013-659 du 22 juill. 2013. Selon ces dernières dispositions, les dispositions issues du Décr. n° 2014-671 du 24 juin 2014 entrent donc en vigueur à compter du mois de mai 2014 (Décr. préc., art. 6).*

Art. D. 766-4 Le chef de la mission diplomatique ou du poste admet ou non le demandeur au bénéfice des dispositions de l'article L. 766-2-3, sur la base de l'avis émis par la commission locale mentionnée à l'article D. 766-3.

Il transmet cette décision ainsi que, s'il y a lieu, la demande d'adhésion, à la Caisse des Français de l'étranger. Il notifie sa décision au demandeur et, en cas de refus, les voies et délais de recours.

Art. D. 766-5 Conformément à la décision du chef de la mission diplomatique ou du poste consulaire et après que la Caisse des Français de l'étranger a vérifié que les conditions générales d'adhésion à l'assurance volontaire sont remplies, cette caisse confirme son adhésion au demandeur par les voies appropriées.

L'adhésion et le bénéfice du dispositif prennent alors effet le premier jour du mois qui suit la réception par la caisse de la décision prise par le chef de la mission diplomatique ou du poste consulaire. Lorsque le demandeur est déjà affilié à la caisse, la date du bénéfice du dispositif est le premier jour du mois qui suit la réception par la caisse de cette même décision.

Art. D. 766-6 La caisse informe le ministre des affaires étrangères et la commission locale mentionnée à l'article D. 766-3 du résultat des adhésions intervenues en application des dispositions de l'article D. 766-5 et de tout événement ultérieur relatif à celles-ci.

Les personnes admises au bénéfice des dispositions de l'article L. 766-2-3 sont tenues de répondre à la demande de justification de ressources formulée une fois par an par la commission locale mentionnée à l'article D. 766-3 afin de vérifier la conformité de leurs ressources aux dispositions de l'article D. 766-2.

Les bénéficiaires du dispositif sont tenus d'informer les services consulaires de toute modification de leur situation personnelle ou patrimoniale.

Au vu de la réponse du bénéficiaire, s'il est constaté qu'il ne remplit plus les conditions prévues par l'article D. 766-2 ou en l'absence de réponse dans le délai de deux mois, le chef de la mission diplomatique ou du poste consulaire constate la fin de la prise en charge partielle de la cotisation prévue à L. 766-2-3.

Il notifie sa décision à la Caisse des Français de l'étranger ainsi qu'au bénéficiaire en mentionnant les voies et délais de recours. Cette décision prend effet le dernier jour du trimestre en cours.

Art. D. 766-7 Pour l'application de l'article L. 766-2-4, le montant de la ristourne de cotisations est fixé à 20 % pour les personnes dont l'âge est inférieur à trente ans et à 10 % pour les personnes dont l'âge est compris entre trente et trente-cinq ans.

Art. D. 766-7-1 *(Décr. nº 2004-173 du 19 févr. 2004, art. 1er)* Pour l'application du 1º de l'article L. 766-4-1 et du premier alinéa de l'article L. 766-9, une convention signée entre le ministre des affaires étrangères et la Caisse des Français de l'étranger fixe notamment :

a) Les éléments chiffrés nécessaires à l'application du *a* du 1º de l'article L. 766-1 relatifs aux adhérents individuels admis au bénéfice des dispositions de l'article L. 766-2-3 ;

b) Les modalités de transmission de ces éléments ;

c) Les modalités de versement du concours mentionné au premier alinéa de l'article L. 766-9 ;

d) Les modalités de mise en œuvre du *b* du 1º de l'article L. 766-4-1 ;

e) Les frais de gestion mentionnés au *c* du 1º de l'article L. 766-4-1.

Art. D. 766-7-2 *(Décr. nº 2004-173 du 19 févr. 2004, art. 1er)* Pour l'application des *b* et *c* du 1º de l'article L. 766-4-1, est considérée comme nouvel adhérent toute personne ayant obtenu le bénéfice de la prise en charge partielle de la cotisation prévue par l'article L. 766-2-3 et qui n'est pas déjà adhérente à l'assurance maladie-maternité gérée par la Caisse des Français de l'étranger à la date d'effet de cette prise en charge. Elle conserve cette qualité pour toute la durée de son droit à la prise en charge.

SECTION III CAISSE DES FRANÇAIS DE L'ÉTRANGER

§ 1er COMPOSITION DU CONSEIL D'ADMINISTRATION DE LA CAISSE

Néant.

§ 2 ÉLECTION DES REPRÉSENTANTS DES ASSURÉS AU CONSEIL D'ADMINISTRATION DE LA CAISSE

Art. D. 766-8 Pour être admis à voter, l'électeur doit être inscrit sur la liste électorale établie en vue des élections au conseil d'administration de la caisse des Français de l'étranger.

Art. D. 766-9 Quatre semaines avant la date du scrutin, le secrétariat général du conseil supérieur des Français de l'étranger rend publique la date de l'élection, par affichage au secrétariat général.

Cette date est également affichée à la caisse des Français de l'étranger.

Art. D. 766-10 La liste électorale est établie en suivant l'ordre alphabétique par le ministre chargé des relations extérieures et est affichée au secrétariat général quinze jours avant la date de l'élection. La liste électorale est également affichée à la caisse des Français de l'étranger.

Une copie de cette liste sert de feuille d'émargement.

Dans les cinq jours de cet affichage, tout électeur peut adresser une réclamation au ministre chargé des relations extérieures pour demander l'inscription ou la radiation d'un électeur omis ou indûment inscrit.

Le ministre chargé des relations extérieures se prononce dans les cinq jours. La liste éventuellement rectifiée est également affichée au secrétariat général et à la caisse des Français de l'étranger.

Art. D. 766-11 En cas d'élection partielle ou d'annulation totale des élections, la liste électorale est affichée dix jours au moins avant la date de l'élection.

Art. D. 766-12 Pour l'application de l'article L. 766-5, les listes de candidats doivent comporter trente noms et respecter la répartition entre les diverses catégories d'assurés volontaires.

Art. D. 766-13 Les listes de candidats comportant l'intitulé de la liste ainsi que les nom et prénoms des candidats sont déposées au secrétariat du conseil supérieur des Français de l'étranger, contre récépissé, quinze jours avant la date du scrutin.

Le dépôt de chaque liste est fait par un mandataire de liste ayant la qualité d'électeur au conseil d'administration.

Chaque liste fait l'objet d'une déclaration collective qui précise le titre de la liste et l'ordre de présentation des candidats.

Au dépôt de la liste sont jointes les déclarations individuelles de chacun des candidats de la liste. Chaque déclaration individuelle est signée par le candidat et comporte la procuration donnée au mandataire. Elle énumère les nom, prénoms, date et lieu de naissance, domicile et profession des intéressés, ainsi que leur numéro d'immatriculation aux assurances volontaires.

Art. D. 766-14 Aucun remplacement ou retrait de candidature ne peut être opéré après le dépôt de la liste.

Toutefois, un candidat décédé peut être remplacé jusqu'à l'expiration du délai de dépôt des candidatures.

Art. D. 766-15 La régularité des listes de candidats peut être contestée par tout électeur dans un délai de trois jours à partir de leur publication devant le tribunal d'instance *(Abrogé par Décr. nº 2017-1643 du 30 nov. 2017, art. 2-1º, à compter du 14 mai 2018)* « ***du premier arrondissement*** » de Paris.

Le tribunal saisi par requête d'un électeur statue sans formalité dans les trois jours.

La décision est notifiée au requérant par lettre recommandée avec demande d'accusé de réception et portée à la connaissance du secrétariat général du conseil supérieur des Français de l'étranger. Elle est rendue en dernier ressort et n'est pas susceptible d'opposition.

Art. D. 766-16 Chaque liste de candidatures a droit à une circulaire sur un feuillet de format 210 × 297 mm.

Chaque liste a droit à une affiche de propagande d'un format de 594 × 841 mm, apposée à côté du lieu de vote.

Art. D. 766-17 Les listes de candidats sont affichées dix jours avant le jour de l'élection au secrétariat général du conseil supérieur des Français de l'étranger et à la caisse des Français de l'étranger.

En cas de contestation, prévue à l'article *(Décr. nº 2002-544 du 19 avr. 2002)* « D. 766-15 », la liste arrêtée après décision du tribunal est affichée quarante-huit heures avant le scrutin.

Art. D. 766-18 Le nombre des bulletins de vote que chaque liste de candidats peut faire imprimer ne doit pas excéder de plus de vingt pour cent le double du nombre des électeurs au conseil d'administration de la caisse des Français de l'étranger.

Les bulletins ont un format de 148 × 210 mm.

Les bulletins ne doivent pas comporter d'autres mentions que le nom de la caisse des Français de l'étranger : le titre de la liste ainsi que le nom et le prénom de chaque candidat.

Ces mentions doivent figurer sur un seul côté du bulletin.

Art. D. 766-19 Il est interdit de distribuer ou de faire distribuer le jour du scrutin des bulletins, circulaires et autres documents.

Art. D. 766-20 La caisse des Français de l'étranger ou la caisse primaire d'assurance maladie de Seine-et-Marne en tant que gestionnaire du régime des expatriés pendant la période transitoire mentionnée à l'article 21 de la loi nº 84-604 du 13 juillet 1984 rembourse, sur présentation des pièces justificatives, les frais réellement exposés par les listes pour l'impression des circulaires et bulletins. Le remboursement est effectué dans la limite des tarifs fixés par arrêté du ministre chargé de la sécurité sociale. Le remboursement des documents électoraux mentionnés aux articles précédents est opéré au profit des listes ayant obtenu au moins cinq pour cent des suffrages.

Art. D. 766-21 Toute propagande à l'étranger est interdite, à l'exception de l'envoi ou de la remise aux électeurs, sous pli fermé, des circulaires et bulletins de vote des candidats, effectués par le secrétariat général du conseil supérieur des Français de l'étranger.

Art. D. 766-22 Le texte des circulaires des candidats ne doit pas être de nature à porter atteinte aux relations extérieures de la France ni présenter un caractère diffamatoire.

Art. D. 766-23 Les électeurs doivent, le jour du scrutin, justifier de leur identité. La carte de membre du conseil supérieur des Français de l'étranger tient lieu de carte électorale.

§ 3 ÉLECTION DES REPRÉSENTANTS DU CONSEIL SUPÉRIEUR DES FRANÇAIS DE L'ÉTRANGER

Néant.

§ 4 ORGANISATION ADMINISTRATIVE DE LA CAISSE

Art. D. 766-24 *Abrogé par Décr. n° 2004-173 du 19 févr. 2004, art. 2-V.*

§ 5 ORGANISATION FINANCIÈRE ET COMPTABLE

Art. D. 766-25 *(Décr. n° 93-1003 du 10 août 1993, art. 1er)* Sont applicables à la Caisse des Français de l'étranger les dispositions des articles D. 253-2, D. 253-3, D. 253-5 à D. 253-14, D. 253-17 à D. 253-28, D. 253-31 à D. 253-34, D. 253-42, D. 253-43, D. 253-45, D. 253-47, D. 253-48, D. 253-50, D. 253-51, D. 253-53, D. 253-54, D. 253-56, D. 253-59 à D. 253-64, D. 253-66 à D. 253-83.

Art. D. 766-26 *(Décr. n° 93-1003 du 10 août 1993, art. 1er)* Sont applicables les dispositions des articles :

1° D. 253-4, sous réserve des dispositions du dernier alinéa de l'article R. 122-3 et de celles de l'article R. 766-50 ;

2° D. 253-15, à l'exception du membre de phrase commençant par "auprès" et se terminant par "D. 253-1" ;

3° D. 253-16, sous réserve du remplacement du membre de phrase : "des articles L. 243-1 et R. 243-1 à R. 243-21" par : "des articles L. 766-4, R. 762-20 et R. 764-11" ;

4° D. 253-30, à l'exception de la fin de la phrase du troisième alinéa commençant par "qui ne peuvent" et de la deuxième phrase du quatrième alinéa ;

5° D. 253-35, sous réserve du remplacement du membre de phrase : "les agents comptables des organismes de sécurité sociale" par "l'agent comptable de la caisse des Français de l'étranger", et de la suppression du membre de phrase : "des représentants qualifiés de l'Agence centrale des organismes de sécurité sociale" et du membre de phrase commençant par : "selon les modalités" ;

6° D. 253-44, à l'exception de la phrase commençant par : "six mois après le délai de prescription pour les prestations familiales" et se terminant par : "pour le compte de tiers" et de la suppression des mots : "vieillesse et" de la phrase commençant par : "cinq après le décès du titulaire" ;

7° D. 253-46, à l'exception de la fin de la phrase de l'alinéa 3 commençant par : "éventuellement" ;

8° D. 253-49, à l'exception des premier et deuxième alinéas ;

9° D. 253-52, à l'exception du 1° qui est remplacé par "1° la codification des différentes sections prévues par l'article R. 766-57" ;

10° D. 253-55, à l'exception du dernier alinéa ;

11° D. 253-57, à l'exception du dernier alinéa ;

12° D. 253-58, à l'exception des mots : "le 1er avril" qui sont remplacés par : "le 30 juin" ;

13° D. 253-65, à l'exception des mots : "à l'improviste" » ;

14° D. 254-4, à l'exception du membre de phrase commençant par : "des pensions de vieillesse" et se terminant par : "travailleurs salariés" ; de la fin de la phrase du premier alinéa commençant par : "un extrait" qui est remplacée par : "une notification d'attribution de ses droits" et à l'exception du numéro 3 du troisième alinéa ; à l'alinéa 2, les mots : "l'extrait d'inscription" sont remplacés par : "la notification d'attribution" ;

15° D. 254-5, à l'exception du membre de phrase : « des pensions de vieillesse et des allocations aux vieux travailleurs salariés » ;

16° D. 254-6, à l'exception du membre de phrase du deuxième alinéa commençant par : "ainsi que" et se terminant par : "accessoires".

§ 6 DISPOSITIONS DIVERSES

Art. D. 766-27 *(Décr. nº 93-1003 du 10 août 1993, art. 2)* En application de l'article L. 153-7, les dispositions de l'article L. 281-2 sont étendues à la caisse des Français de l'étranger.

Le pouvoir de substitution prévu audit article est exercé par le ministre chargé de la sécurité sociale. – *[Anc. art. D. 766-18.]*

SECTION IV **DISPOSITIONS DIVERSES ET D'APPLICATION** *(Décr. nº 2002-544 du 19 avr. 2002, art. 8).*

Art. D. 766-28 *(Décr. nº 93-1003 du 10 août 1993, art. 2)* Les assurés volontaires adhérant à l'assurance volontaire maladie-maternité peuvent bénéficier des prestations en nature de cette assurance pendant leurs séjours temporaires sur le territoire français supérieurs à trois mois et inférieurs à six mois, s'ils n'ont pas droit, à titre quelconque, à ces prestations sur le territoire français.

Dans cette hypothèse, les intéressés avisent la caisse des Français de l'étranger lors de leur adhésion à l'assurance volontaire, ou avant le 1er janvier 1986, de leur intention de souscrire à ce complément d'assurance.

Les assurés volontaires qui ont des droits à un autre titre que l'assurance volontaire sur le territoire français perçoivent les prestations de l'assurance maladie et maternité du régime français dont ils dépendent, servies par l'organisme français compétent.

Toutefois, la caisse des Français de l'étranger peut servir ces prestations, sous réserve d'un remboursement, par les organismes français de sécurité sociale compétents pour l'affiliation des intéressés, des frais qu'elle a engagés. Les modalités de remboursement sont fixées par des conventions passées entre la caisse des Français de l'étranger et les organismes de sécurité sociale compétents. – *[Anc. art. D. 766-19.]*

Art. D. 766-29 *(Décr. nº 93-1003 du 10 août 1993, art. 2)* Le taux de la cotisation supplémentaire due par les assurés mentionnés au premier alinéa de *(Décr. nº 2004-173 du 19 févr. 2004, art. 2-VI)* « l'article D. 766-28 » est fixé à 2 %. La cotisation est assise, selon les catégories, sur le salaire forfaitaire ou sur le montant des pensions de vieillesse allouées au titre d'un régime français de sécurité sociale, qui servent de base au calcul des cotisations d'assurance maladie-maternité des intéressés. – *[Anc. art. D. 766-20.]*

Art. D. 766-30 *(Décr. nº 93-1003 du 10 août 1993, art. 2)* Les soins donnés en France aux assurés volontaires et à leurs ayants droit qui ne bénéficient pas d'un droit propre en France sont pris en charge par la caisse des Français de l'étranger dans les conditions fixées au livre III du présent code. – *[Anc. art. D. 766-21.]*

CHAPITRE VII **TRAVAILLEURS MIGRANTS**

SECTION PREMIÈRE **CENTRE DES LIAISONS EUROPÉENNES ET INTERNATIONALES DE SÉCURITÉ SOCIALE**

Néant.

SECTION II **FONDS D'ACTION ET DE SOUTIEN POUR L'INTÉGRATION ET LA LUTTE CONTRE LES DISCRIMINATIONS** *(Décr. nº 2002-302 du 28 févr. 2002).*

(Décr. nº 90-142 du 14 févr. 1990)

Les articles D. 767-1 à D. 767-27 sont abrogés depuis le 19 oct. 2006, date d'installation du conseil d'administration de l'Agence nationale pour la cohésion sociale et l'égalité des chances. – V. CASF, art. R. 121-13 (Décr. nº 2006-945 du 28 juill. 2006, art. 3).

SOUS-SECTION 1 *[ABROGÉE]* MISSION DU FONDS

Art. D. 767-1 à D. 767-3 *Abrogés par Décr. n° 2006-945 du 28 juill. 2006, art. 3.*

SOUS-SECTION 2 *[ABROGÉE]* DU CONSEIL D'ADMINISTRATION

Art. D. 767-4 à D. 767-12 *Abrogés par Décr. n° 2006-945 du 28 juill. 2006, art. 3.*

SOUS-SECTION 3 *[ABROGÉE]* DU DIRECTEUR GÉNÉRAL ET DU FONCTIONNEMENT DU FONDS D'ACTION ET DE SOUTIEN POUR L'INTÉGRATION ET LA LUTTE CONTRE LES DISCRIMINATIONS *(Décr. n° 2002-302 du 28 févr. 2002).*

Art. D. 767-13 à D. 767-14 *Abrogés par Décr. n° 2006-945 du 28 juill. 2006, art. 3.*

SOUS-SECTION 4 *[ABROGÉE]* DES COMMISSIONS RÉGIONALES POUR L'INTÉGRATION ET LA LUTTE CONTRE LES DISCRIMINATIONS ET DES DIRECTEURS RÉGIONAUX DU FONDS D'ACTION ET DE SOUTIEN POUR L'INTÉGRATION ET LA LUTTE CONTRE LES DISCRIMINATIONS *(Décr. n° 2002-302 du 28 févr. 2002).*

Art. D. 767-15 à D. 767-23 *Abrogés par Décr. n° 2006-945 du 28 juill. 2006, art. 3.*

SOUS-SECTION 5 *[ABROGÉE]* DISPOSITIONS FINANCIÈRES

Art. D. 767-24 à D. 767-27 *Abrogés par Décr. n° 2006-945 du 28 juill. 2006, art. 3.*

LIVRE HUITIÈME ALLOCATIONS AUX PERSONNES ÂGÉES — ALLOCATION AUX ADULTES HANDICAPÉS — ALLOCATION DE LOGEMENT SOCIALE — AIDES À L'EMPLOI POUR LA GARDE DES JEUNES ENFANTS — PROTECTION COMPLÉMENTAIRE EN MATIÈRE DE SANTÉ

TITRE PREMIER ALLOCATIONS AUX PERSONNES ÂGÉES

V. notes ss. le chapitre V du titre premier du livre huitième de la partie législative du CSS.

CHAPITRE PREMIER *[ABROGÉ]* ALLOCATION AUX VIEUX TRAVAILLEURS SALARIÉS

(Abrogé par Décr. n° 2007-57 du 12 janv. 2007, art. 4)

SECTION PREMIÈRE *[ABROGÉE]* OUVERTURE DES DROITS ET LIQUIDATION DE L'ALLOCATION

SOUS-SECTION 1 *[ABROGÉE]* DÉTERMINATION DU DROIT À L'ALLOCATION AUX VIEUX TRAVAILLEURS SALARIÉS, AU SECOURS VIAGER ET AUX AVANTAGES COMPLÉMENTAIRES

V. note ss. le titre Ier.

Art. D. 811-1 à D. 811-17 *Abrogés par Décr. n° 2007-57 du 12 janv. 2007, art. 4.*

SOUS-SECTION 2 *[ABROGÉE]* LIQUIDATION DE L'ALLOCATION AUX VIEUX TRAVAILLEURS SALARIÉS

Art. D. 811-18 à D. 811-25 *Abrogés par Décr. n° 2007-57 du 12 janv. 2007, art. 4.*

SECTION II *[ABROGÉE]* SERVICE DE L'ALLOCATION

Art. D. 811-26 à D. 811-29 *Abrogés par Décr. n° 2007-57 du 12 janv. 2007, art. 4.*

SECTION III *[ABROGÉE]* **DISPOSITIONS DIVERSES — DISPOSITIONS D'APPLICATION**

Art. D. 811-30 *et* D. 811-31 *Abrogés par Décr. n° 2007-57 du 12 janv. 2007, art. 4.*

CHAPITRE II *[ABROGÉ]* **ALLOCATION AUX VIEUX TRAVAILLEURS NON SALARIÉS**

(Abrogé par Décr. n° 2007-57 du 12 janv. 2007, art. 4)

Art. D. 812-1 *à* D. 812-8 *Abrogés par Décr. n° 2007-57 du 12 janv. 2007, art. 4.*

CHAPITRE III *[ABROGÉ]* **ALLOCATION AUX MÈRES DE FAMILLE**

(Abrogé par Décr. n° 2007-57 du 12 janv. 2007, art. 4)

SECTION PREMIÈRE *[ABROGÉE]* **OUVERTURE DES DROITS ET LIQUIDATION DE L'ALLOCATION**

SOUS-SECTION 1 *[ABROGÉE]* **CONJOINTES DE TRAVAILLEURS SALARIÉS**

Art. D. 813-1 *à* D. 813-8 *Abrogés par Décr. n° 2007-57 du 12 janv. 2007, art. 4.*

SOUS-SECTION 2 *[ABROGÉE]* **CONJOINTES DE TRAVAILLEURS NON SALARIÉS**

Art. D. 813-9 *à* D. 813-11 *Abrogés par Décr. n° 2007-57 du 12 janv. 2007, art. 4.*

SECTION II *[ABROGÉE]* **SERVICE DE L'ALLOCATION**

Art. D. 813-12 *à* D. 813-17 *Abrogés par Décr. n° 2007-57 du 12 janv. 2007, art. 4.*

CHAPITRE IV *[ABROGÉ]* **ALLOCATION SPÉCIALE**

(Abrogé par Décr. n° 2007-57 du 12 janv. 2007, art. 4)

SECTION PREMIÈRE *[ABROGÉE]* **OUVERTURE DU DROIT ET LIQUIDATION DE L'ALLOCATION SPÉCIALE**

Art. D. 814-1 *à* D. 814-9 *Abrogés par Décr. n° 2007-57 du 12 janv. 2007, art. 4.*

SECTION II *[ABROGÉE]* **SERVICE DE L'ALLOCATION**

Art. D. 814-10 *et* D. 814-11 *Abrogés par Décr. n° 2007-57 du 12 janv. 2007, art. 4.*

SECTION III *[ABROGÉE]* **VOIES DE RECOURS**

Art. D. 814-12 *Abrogé par Décr. n° 2007-57 du 12 janv. 2007, art. 4.*

SECTION IV *[ABROGÉE]* **MODE DE GESTION, ORGANISATION ET ALIMENTATION DU SERVICE DE L'ALLOCATION SPÉCIALE VIEILLESSE**

Art. D. 814-13 *à* D. 814-28 *Abrogés par Décr. n° 2007-57 du 12 janv. 2007, art. 4.*

SECTION V *[ABROGÉE]* **DISPOSITIONS DIVERSES — DISPOSITIONS D'APPLICATION**

Art. D. 814-29 *à* D. 814-31 *Abrogés par Décr. n° 2007-57 du 12 janv. 2007, art. 4.*

CHAPITRE V ALLOCATION DE SOLIDARITÉ AUX PERSONNES ÂGÉES

(Décr. n° 2007-57 du 12 janv. 2007)

SECTION PREMIÈRE OUVERTURE DU DROIT ET LIQUIDATION DE L'ALLOCATION DE SOLIDARITÉ AUX PERSONNES ÂGÉES

Art. D. 815-1 Le montant maximum servi au titre de l'allocation de solidarité aux personnes âgées est fixé :

(Décr. n° 2014-1215 du 20 oct. 2014, art. 1er-I) « *a)* Pour les personnes seules, ou lorsque seul un des conjoints, concubins ou partenaires liés par un pacte civil de solidarité en bénéficie, » *(Décr. n° 2018-227 du 30 mars 2018, art. 1er)* « à 9 998,40 euros par an à compter du 1er avril 2018, à 10 418,40 euros par an à compter du 1er janvier 2019 et à 10 838,40 euros par an à compter du 1er janvier 2020 » ;

b) Lorsque les deux conjoints, concubins ou partenaires liés par un pacte civil de solidarité en bénéficient, *(Décr. n° 2018-227 du 30 mars 2018, art. 1er)* « à 15 522,54 euros par an à compter du 1er avril 2018, à 16 174,59 euros par an à compter du 1er janvier 2019 et à 16 826,64 euros par an à compter du 1er janvier 2020 ». Dans ce cas, le montant est servi par moitié à chacun des deux allocataires concernés.

Les dispositions du *b* sont également applicables pour le calcul de l'allocation de solidarité aux personnes âgées servie au demandeur lorsque son conjoint, concubin ou partenaire lié par un pacte civil de solidarité bénéficie de l'allocation supplémentaire d'invalidité visée à l'article L. 815-24.

Les dispositions du Décr. n° 2018-227 du 30 mars 2018 s'appliquent aux prestations dues à compter du mois d'avr. 2018 (Décr. préc., art. 2).

Art. D. 815-2 *(Décr. n° 2009-473 du 28 avr. 2009)* Le plafond annuel prévu à l'article L. 815-9 *(Abrogé par Décr. n° 2014-1215 du 20 oct. 2014, art. 1er-II) « est fixé, »* pour une personne seule, *(Décr. n° 2014-1215 du 20 oct. 2014, art. 1er-II)* « est égal » au montant maximum prévu au *a* de l'article D. 815-1 pour la période correspondante. Le plafond applicable lorsque le ou les allocataires sont mariés, concubins ou partenaires liés par un pacte civil de solidarité est égal au montant maximum prévu au *b* de l'article D. 815-1.

Les dispositions du Décr. n° 2014-1215 du 20 oct. 2014 s'appliquent aux préstations dues à compter du mois d'oct. 2014 (Décr. préc., art. 2).

SECTION II RECOUVREMENT SUR LES SUCCESSIONS

Art. D. 815-3 *(Décr. n° 2009-473 du 28 avr. 2009)* « Le montant prévu au premier alinéa de l'article L. 815-13 dans la limite duquel les sommes servies au titre de l'allocation de solidarité aux personnes âgées sont récupérables est égal, au titre des allocations versées pendant la période du 1er avril au 31 mars de l'année suivante :

« *a)* Pour une personne seule, à la différence entre le montant maximum prévu au *a* de l'article D. 815-1 et le montant prévu au II de l'article 3 de l'ordonnance n° 2004-605 du 24 juin 2004 simplifiant le minimum vieillesse, applicables pendant la période ;

« *b)* Lorsque les deux conjoints, concubins ou partenaires liés par un pacte civil de solidarité en bénéficient, à la différence entre le montant maximum prévu au *b* de l'article D. 815-1 et deux fois le montant prévu au II de l'article 3 de la même ordonnance, applicables pendant la période. »

Lorsque l'allocation n'a pas été servie pendant l'année complète, ces montants sont diminués au prorata de la durée effective de service de l'allocation.

Art. D. 815-4 Le montant d'actif net à partir duquel il est procédé au recouvrement sur la succession de l'allocataire des arrérages servis à ce dernier au titre de l'allocation de solidarité aux personnes âgées est fixé à 39 000 euros.

Art. D. 815-5 Pour l'application de l'article L. 815-13, le capital d'exploitation agricole est constitué des éléments suivants : terres, cheptel mort ou vif, bâtiments d'exploitation, éléments végétaux constituant le support permanent de la production, tels que arbres fruitiers et vigne, ainsi que les éléments inclus dans le fonds agricole créé, le cas échéant, par l'exploitant en application de l'article L. 311-3 du code rural et de la pêche maritime.

(Décr. n° 2011-1972 du 26 déc. 2011) « Pour l'application du même article L. 815-13, sont considérés comme des bâtiments indissociables du capital d'exploitation défini à l'alinéa précédent :

« 1° Les bâtiments d'habitation occupés à titre de résidence principale par le bénéficiaire de l'allocation et les membres de sa famille vivant à son foyer qui comprennent un mur mitoyen à un bâtiment d'exploitation agricole inclus dans ce capital agricole ;

« 2° Les autres bâtiments d'habitation affectés à l'usage exclusif de l'exploitation et qui sont soit implantés sur des terres incluses dans ce capital, soit situés à une distance ne pouvant excéder cinquante mètres des bâtiments agricoles ou des terres qui constituent ce capital, soit nécessaires à l'activité de l'exploitation. »

Art. D. 815-6 Le recouvrement s'exerce sur la partie de l'actif net successoral, visé au deuxième alinéa de l'article L. 815-13, défini par les règles du droit commun, qui excède le montant prévu à l'article D. 815-4.

Il ne peut avoir pour conséquence d'abaisser l'actif net de la succession au-dessous du montant visé à l'article D. 815-4.

Toutefois, pour la détermination de l'actif net ouvrant droit au recouvrement, les organismes ou services mentionnés à l'article L. 815-7 ont la faculté de faire réintégrer à l'actif toutes les libéralités consenties par l'allocataire quelle qu'en soit la forme ainsi que les primes versées par celui-ci au titre d'un contrat d'assurance vie dès lors que :

– ces libéralités et ces contrats d'assurance vie respectivement consentis ou conclus postérieurement à la demande d'allocation sont manifestement incompatibles avec les ressources ou biens déclarés par l'allocataire pour obtenir ou continuer à percevoir l'allocation de solidarité ;

– et que ces libéralités et ces primes, en minorant l'actif net successoral, ont eu pour effet de faire obstacle en tout ou partie à l'exercice par les organismes et services précités de leur action en recouvrement sur succession de l'allocation de solidarité.

Ces dispositions particulières au recouvrement sur successions de l'allocataire, qui n'ont pas d'incidence sur la validité des libéralités et contrats consentis ou conclus par l'allocataire, ont seulement pour effet de les rendre inopposables aux organismes et services mentionnés à l'article L. 815-7 précité dans le cas visé au troisième alinéa du présent article.

Art. D. 815-7 Le recouvrement des arrérages servis au titre de l'allocation de solidarité aux personnes âgées sur la part de succession attribuée au conjoint survivant et, le cas échéant, au concubin ou partenaire lié par un pacte civil de solidarité survivant peut être différé jusqu'au décès de ce dernier. Il en est de même en ce qui concerne les héritiers qui étaient à la charge de l'allocataire à la date de son décès et qui, à cette date, *(Décr. n° 2010-1734 du 30 déc. 2010, art. 5-19°, en vigueur le 1er juill. 2016)* « étaient soit d'un âge au moins égal à celui prévu par l'article L. 161-17-2 augmenté de cinq années, ou d'un âge au moins égal à celui prévu par l'article L. 161-17-2 en cas d'inaptitude au travail ou âgés d'au moins soixante-cinq ans s'ils percevaient l'allocation de solidarité aux personnes âgées », soit en dessous de cet âge, atteints d'une invalidité réduisant d'au moins des deux tiers leur capacité de travail ou de gain.

Pour l'application de l'alinéa précédent, est considérée comme ayant été à la charge de l'allocataire toute personne qui vivait habituellement à son foyer et dont les ressources, appréciées dans les conditions fixées aux articles L. 815-9, R. 815-18, R. 815-22 à R. 815-29, R. 815-38 et R. 815-42, n'excédaient pas, à la date du décès de l'allocataire, le montant limite de ressources applicable à cette date, pour une personne seule, en application de l'article D. 815-2.

SECTION III CONTENTIEUX ET PÉNALITÉS

Néant.

SECTION IV DISPOSITIONS ADMINISTRATIVES

Néant.

SECTION V MODE DE GESTION, ORGANISATION ET FINANCEMENT DU SERVICE DE L'ALLOCATION DE SOLIDARITÉ AUX PERSONNES ÂGÉES

Art. D. 815-8 Le service de l'allocation de solidarité aux personnes âgées institué par l'article L. 815-7 est doté de la personnalité civile et de l'autonomie financière.

Il est représenté en justice et dans tous les actes de la vie civile par le directeur général de la Caisse des dépôts et consignations.

Art. D. 815-9 La commission instituée par l'article L. 815-7 prend le nom de commission consultative du service de l'allocation de solidarité aux personnes âgées.

Elle est composée comme suit :

– un représentant du ministre chargé du budget ;

– un représentant du ministre chargé de la sécurité sociale ;

– un représentant du ministre chargé de l'agriculture et de la pêche ;

– un représentant de la Caisse des dépôts et consignations ou du service de l'allocation de solidarité aux personnes âgées ;

– le *(Décr. n° 2015-1240 du 7 oct. 2015, art. 2-III)* « président » du Fonds de solidarité vieillesse ou son représentant. – *Les dispositions du III de l'art. 2 issues du Décr. n° 2015-1240 du 7 oct. 2015 entrent en vigueur à la date de publication de la nomination du président du fonds de solidarité vieillesse en application du septième al. de l'art. R. 135-2, et au plus tard le 1er janv. 2016 (Décr. préc., art. 3).*

Les modalités de fonctionnement de ladite commission sont fixées par un règlement intérieur.

Art. D. 815-10 Le secrétariat de la commission est assuré par un fonctionnaire de la Caisse des dépôts et consignations désigné par le directeur général de cet organisme.

Elle est obligatoirement consultée :

1° Sur le montant des ressources affectées à l'action sociale, lequel ne peut excéder un taux de 0,5 % des dépenses d'arrérages des allocations spéciales et des allocations de solidarité aux personnes âgées payées par le service ;

2° Sur les demandes de remises de dettes présentées au titre des articles R. 815-48 et D. 815-18 dont le montant est supérieur à la moitié du montant annuel de l'allocation de solidarité aux personnes âgées servie à une personne seule ;

3° Sur la convention de gestion mentionnée à l'article D. 815-16 ;

4° Sur toute modification qu'il pourrait être envisagé d'apporter au présent chapitre, ayant un impact sur le service de l'allocation de solidarité aux personnes âgées.

La commission peut être saisie pour avis par le ministre chargé de la sécurité sociale, le ministre chargé du budget, le ministre chargé de l'agriculture ou par le directeur général de la Caisse des dépôts et consignations.

Elle est tenue informée de l'organisation, de la gestion et du financement du service de l'allocation de solidarité aux personnes âgées. Ces informations font l'objet d'un rapport annuel.

Art. D. 815-11 L'autorité compétente de l'État mentionnée à l'article L. 815-8 est le ministre chargé de la sécurité sociale et le ministre chargé du budget.

Le délai mentionné à ce même article est un délai de vingt jours.

Art. D. 815-12 La commission prévue à l'article D. 815-9 peut donner délégation au service de l'allocation de solidarité aux personnes âgées pour statuer sur la suite à donner aux demandes de secours urgents mentionnées à l'article L. 815-8.

Il lui est rendu compte des décisions prises en vertu de ces délibérations.

Art. D. 815-13 La Caisse des dépôts et consignations ouvre, dans ses écritures, un compte particulier où elle enregistre les opérations de recettes et de dépenses du service de l'allocation de solidarité aux personnes âgées. Ce compte porte intérêt au taux servi par le Trésor à la Caisse des dépôts et consignations.

Les disponibilités du service de l'allocation de solidarité aux personnes âgées peuvent être employées en valeur de l'État ou garanties par l'État.

Art. D. 815-14 Les recettes du service de l'allocation de solidarité aux personnes âgées sont les suivantes :

1° Les remboursements et subventions du fonds institué par l'article L. 135-1 ;

2° L'intérêt des sommes déposées en compte courant ;

3° Le produit des placements effectués pour l'emploi de ses disponibilités ;

4° Le montant des sommes qu'il aurait éventuellement payées pour le compte d'un autre organisme et que cet autre organisme lui rembourserait ;

5° Les recettes diverses et accidentelles ;

6° Les dons et legs.

Art. D. 815-15 Les dépenses du service de l'allocation de solidarité aux personnes âgées sont les suivantes :

1° Le montant des arrérages des allocations payées par lui en application de l'article 2 de l'ordonnance n° 2004-605 du 24 juin 2004 simplifiant le minimum vieillesse ;

2° Le montant des allocations de solidarité aux personnes âgées payées par lui ;

3° Les frais de fonctionnement du service ;

4° Le montant des dépenses d'action sociale effectuées en faveur des bénéficiaires des allocations visées au 1° et au 2° ;

5° Les dépenses diverses et accidentelles.

Art. D. 815-16 Une convention, conclue avec le ministre chargé de la sécurité sociale et le ministre chargé du budget, fixe les conditions dans lesquelles la Caisse des dépôts et consignations assure la gestion du service de l'allocation de solidarité aux personnes âgées prévue à l'article L. 815-7. Cette convention est transmise pour avis à la commission consultative.

Art. D. 815-17 Le service de l'allocation de solidarité aux personnes âgées rembourse annuellement à la Caisse nationale d'assurance vieillesse des travailleurs salariés les dépenses exposées pour l'application de l'article R. 815-31, selon les tarifs des honoraires, rémunérations et frais accessoires dus aux médecins par les assurés sociaux et fixés par les conventions prévues à l'article L. 162-5.

Art. D. 815-18 Les organismes de vieillesse prenant en charge des allocataires du service de l'allocation de solidarité aux personnes âgées sont tenus de rembourser les sommes payées pour leur compte par ledit service. Ces remboursements sont effectués directement sur les arrérages disponibles au titre de la part contributive des avantages de vieillesse dus par les organismes aux allocataires.

A défaut, il peut être fait remise totale ou partielle de la dette, le cas échéant, dans les conditions prévues au 2° de l'article D. 815-10.

CHAPITRE V *BIS* ALLOCATION SUPPLÉMENTAIRE D'INVALIDITÉ

(Décr. n° 2007-57 du 12 janv. 2007)

Art. D. 815-19 Le montant maximum servi au titre de l'allocation supplémentaire d'invalidité est fixé :

a) Pour les personnes seules ou lorsque seul un des conjoints en bénéficie, à *(Décr. n° 2008-1509 du 30 déc. 2008)* « 4 475,49 euros par an à compter du 1er janvier 2009 »;

b) Lorsque les deux conjoints en bénéficient, à *(Décr. n° 2008-1509 du 30 déc. 2008)* « 7 385,22 euros par an à compter du 1er janvier 2009 ». Dans ce cas, le montant est servi par moitié à chacun des deux allocataires concernés.

Les dispositions du *b* sont également applicables pour le calcul de l'allocation supplémentaire d'invalidité lorsque le conjoint du demandeur bénéficie de l'allocation de solidarité aux personnes âgées visée à l'article L. 815-1.

Art. D. 815-19-1 *(Décr. n° 2008-1509 du 30 déc. 2008)* Les plafonds annuels prévus à l'article L. 815-24-1 sont fixés, à compter du 1er janvier 2009, à 7 781,27 euros pour une personne seule et à 13 629,44 euros lorsque le ou les allocataires sont mariés, concubins ou partenaires liés par un pacte civil de solidarité.

Art. D. 815-20 Les dispositions des articles *(Abrogé par Décr. n° 2008-1509 du 30 déc. 2008) « D. 815-2, »* D. 815-4 à D. 815-7 sont applicables à l'allocation supplémentaire d'invalidité mentionnée au présent chapitre, sous réserve des adaptations suivantes :

– Les références à l'allocation de solidarité aux personnes âgées sont remplacées par les références à l'allocation supplémentaire d'invalidité ;

— Les références à l'article L. 815-13 sont remplacées par les références à l'article L. 815-28.

CHAPITRE VI **DISPOSITIONS DIVERSES**

Art. D. 816-1 *Abrogé par Décr. n° 2007-57 du 12 janv. 2007, sous réserve des dispositions de l'art. 2 de l'Ord. n° 2004-605 du 24 juin 2004, V. cet art. Annexe I.*

Art. D. 816-2 *Abrogé par Décr. n° 2001-1203 du 17 déc. 2001.*

Art. D. 816-3 *Abrogé par Décr. n° 2007-57 du 12 janv. 2007.*

TITRE DEUXIÈME **ALLOCATION AUX ADULTES HANDICAPÉS**

Pour l'application des art. D. 821-1 à D. 821-5 et D. 821-7 à D. 821-9 à Saint-Pierre-et-Miquelon, V. Décr. n° 2005-725 du 29 juin 2005, art. 8, JO 30 juin.

Art. D. 821-1 Pour l'application de l'article L. 821-1, le taux d'incapacité permanente exigé pour l'attribution de l'allocation aux adultes handicapés est d'au moins 80 %.

(Décr. n° 94-379 du 16 mai 1994) « Pour l'application de l'article L. 821-2 ce taux est de 50 % » *(Abrogé par Décr. n° 2010-1403 du 12 nov. 2010, art. 1er-3°) (Décr. n° 2005-725 du 29 juin 2005, art. 1er)* ***« et la durée pendant laquelle le demandeur de l'allocation aux adultes handicapés n'a pas occupé d'emploi est fixée à un an à la date du dépôt de la demande ».***

(Décr. n° 93-1217 du 4 nov. 1993, art. 2) « Le pourcentage d'incapacité est apprécié d'après le » *(Décr. n° 2010-1403 du 12 nov. 2010, art. 1er-3°)* « guide-barème pour l'évaluation des déficiences et incapacités des personnes handicapées figurant à l'annexe 2-4 du code de l'action sociale et des familles ». — *V. Annexe I, Décr. n° 93-1217, art. 3 et 4.*

Les dispositions issues du Décr. n° 2010-1403 du 12 nov. 2010 sont applicables aux allocations servies au titre des périodes postérieures au 31 décembre 2010 (Décr. préc., art. 2-I).

Art. D. 821-1-2 *(Décr. n° 2011-974 du 16 août 2011, art. 2)* Pour l'application des dispositions du 2° de l'article L. 821-2, la restriction substantielle et durable pour l'accès à l'emploi subie par une personne handicapée qui demande à bénéficier de l'allocation aux adultes handicapés est appréciée ainsi qu'il suit :

1° La restriction est substantielle lorsque le demandeur rencontre, du fait de son handicap même, des difficultés importantes d'accès à l'emploi. A cet effet, sont à prendre en considération :

a) Les déficiences à l'origine du handicap ;

b) Les limitations d'activités résultant directement de ces mêmes déficiences ;

c) Les contraintes liées aux traitements et prises en charge thérapeutiques induits par le handicap ;

d) Les troubles qui peuvent aggraver ces déficiences et ces limitations d'activités.

Pour apprécier si les difficultés importantes d'accès à l'emploi sont liées au handicap, elles sont comparées à la situation d'une personne sans handicap qui présente par ailleurs les mêmes caractéristiques en matière d'accès à l'emploi.

2° La restriction pour l'accès à l'emploi est dépourvue d'un caractère substantiel lorsqu'elle peut être surmontée par le demandeur au regard :

a) Soit des réponses apportées aux besoins de compensation mentionnés à l'article L. 114-1-1 du code de l'action sociale et des familles qui permettent de faciliter l'accès à l'emploi sans constituer des charges disproportionnées pour la personne handicapée ;

b) Soit des réponses susceptibles d'être apportées aux besoins d'aménagement du poste de travail de la personne handicapée par tout employeur au titre des obligations d'emploi des handicapés sans constituer pour lui des charges disproportionnées ;

c) Soit des potentialités d'adaptation dans le cadre d'une situation de travail.

3° La restriction est durable dès lors qu'elle est d'une durée prévisible d'au moins un an à compter du dépôt de la demande d'allocation aux adultes handicapés, même si la situation médicale du demandeur n'est pas stabilisée. La restriction substantielle et durable pour l'accès à l'emploi est reconnue pour une durée *(Décr. n° 2015-387 du 3 avr. 2015, art. 2)* « de un à cinq ans ».

4° Pour l'application du présent article, l'emploi auquel la personne handicapée pourrait accéder s'entend d'une activité professionnelle lui conférant les avantages reconnus aux travailleurs par la législation du travail et de la sécurité sociale.

5° Sont compatibles avec la reconnaissance d'une restriction substantielle et durable pour l'accès à l'emploi :

a) L'activité à caractère professionnel exercée en milieu protégé par un demandeur admis au bénéfice de la rémunération garantie mentionnée à l'article L. 243-4 du code de l'action sociale et des familles ;

b) L'activité professionnelle en milieu ordinaire de travail pour une durée de travail inférieure à un mi-temps, dès lors que cette limitation du temps de travail résulte exclusivement des effets du handicap du demandeur ;

c) Le suivi d'une formation professionnelle spécifique ou de droit commun, y compris rémunérée, résultant ou non d'une décision d'orientation prise par la commission des droits et de l'autonomie des personnes handicapées mentionnée à l'article L. 241-5 du code de l'action sociale et des familles.

Art. D. 821-2 *(Décr. n° 2010-1403 du 12 nov. 2010, art. 1er-4°)* La personne qui satisfait aux autres conditions d'attribution peut prétendre à l'allocation aux adultes handicapés si l'ensemble des autres ressources perçues par elle durant l'année civile de référence n'atteint pas douze fois le montant de l'allocation aux adultes handicapés fixé selon les modalités prévues à l'article L. 821-3-1 ou, pour la personne dont les ressources sont appréciées conformément à l'article R. 821-4-1, si l'ensemble des autres ressources perçues par elle durant le trimestre de référence n'atteint pas trois fois ce même montant.

Lorsque le demandeur est marié ou lié par un pacte civil de solidarité, et non séparé, ou qu'il vit en concubinage, le plafond mentionné au premier alinéa est *(Décr. n° 2018-948 du 31 oct. 2018)* « majoré de 89 % ». Lorsqu'il a des enfants à charge au sens des articles L. 512-3, L. 512-4 et L. 521-2, le plafond est majoré d'une somme égale à la moitié de ce plafond pour chacun des enfants.

Le bénéficiaire de l'allocation aux adultes handicapés a droit, mensuellement, à une allocation égale au douzième de la différence entre le montant du plafond applicable et les ressources annuelles mentionnées au premier alinéa, ou, pour le bénéficiaire dont les ressources sont appréciées conformément à l'article R. 821-4-1, au tiers de la différence entre le montant du plafond applicable et les ressources trimestrielles mentionnées au même alinéa, sans que cette allocation puisse excéder le montant mensuel de l'allocation aux adultes handicapés fixé selon les modalités prévues à l'article L. 821-3-1.

Les dispositions issues du Décr. n° 2010-1403 du 12 nov. 2010 sont applicables aux allocations servies au titre des périodes postérieures au 31 déc. 2010 (Décr. préc., art. 2-I). Celles issues du Décr. n° 2018-948 du 31 oct. 2018 sont applicables à compter des allocations dues au titre du mois de novembre 2018 (Décr. préc., art. 3).

1. Conformément à l'art. L. 821-1 CSS, le droit à l'allocation du bénéficiaire titulaire par ailleurs d'un de ces avantages doit être examiné à chaque modification de celui-ci ou du montant de l'allocation. • Soc. 10 mars 1994, n° 91-19.691 P.

2. La condition de ressources (al. 3) ne peut être examinée en cours de période de paiement ; celle-ci ne peut être prise en compte que lors de l'examen annuel du droit à l'allocation au 1er juillet de l'année suivante. • Soc. 11 juill. 1996, n° 94-20.721 P.

Art. D. 821-3 *(Décr. n° 2008-988 du 18 sept. 2008)* Le montant mensuel du complément d'allocation aux adultes handicapés mentionné à l'article L. 821-1-1 dans sa rédaction antérieure à la promulgation de la loi n° 2005-102 du 11 février 2005 pour l'égalité des droits et des chances, la participation et la citoyenneté des personnes handicapées est fixé à 100,50 €.

Le montant mensuel de la garantie de ressources des personnes handicapées mentionnée à l'article L. 821-1-1 est égal à la somme du montant mensuel de l'allocation aux adultes handicapés et de celui du complément de ressources mentionné au même article. Le montant mensuel du complément de ressources est fixé à 179,31 €.

Le montant mensuel de la majoration pour la vie autonome mentionnée à l'article L. 821-1-2 est fixé à 104,77 €.

Art. D. 821-4 *(Décr. nº 2005-725 du 29 juin 2005, art. 4)* **Pour l'application de l'article L. 821-1-1, le pourcentage mentionné au troisième alinéa de cet article est égal à 5 % et la durée mentionnée au quatrième alinéa du même article est égale à un an à la date du dépôt de la demande.**

Les dispositions de l'art. D. 821-4 issues du Décr. nº 2005-725 du 29 juin 2005 sont entrées en vigueur le 1er juill. 2005 (Décr. préc., art. 10).

Art. D. 821-5 *(Décr. nº 2006-1752 du 23 déc. 2006)* **Pour l'application du dernier alinéa de l'article L. 821-1, le cumul de l'allocation aux adultes handicapés et de la rémunération garantie mentionnée à l'article L. 243-4 du code de l'action sociale et des familles ne peut excéder 100 % du salaire minimum brut de croissance calculé pour 151,67 heures. Lorsque le total de l'allocation aux adultes handicapés et de la rémunération garantie excède ce montant, l'allocation est réduite en conséquence.**

Lorsque l'allocataire est marié et non séparé ou est lié par un pacte civil de solidarité ou vit en concubinage, ce pourcentage est majoré de 30 %. Lorsqu'il a un enfant ou un ascendant à sa charge au sens de l'article L. 313-3, ce pourcentage est majoré de 15 %.

Ces dispositions sont applicables aux droits ouverts à l'allocation aux adultes handicapés antérieurement au 1er janv. 2007 (Décr. nº 2006-1752 du 23 déc. 2006, art. 4).

Art. D. 821-6 *(Décr. nº 90-534 du 29 juin 1990, art. 3 ; Décr. nº 2001-1203 du 17 déc. 2001 ; Décr. nº 2005-725 du 29 juin 2005, art. 5)* **La limite du montant annuel prévue au** *(Décr. nº 2010-1403 du 12 nov. 2010, art. 1er-5º)* **« cinquième » alinéa de l'article R. 821-4 est fixée à 1 830 € à compter du 1er juillet 1990.**

Les dispositions issues du Décr. nº 2010-1403 du 12 nov. 2010 sont applicables aux allocations servies au titre des périodes postérieures au 31 déc. 2010 (Décr. préc., art. 2-I).

Art. D. 821-7 *(Décr. nº 94-994 du 10 nov. 1994, art. 3)* **Les organismes chargés du versement de l'allocation sont autorisés à abandonner la mise en recouvrement des indus lorsque leur montant est inférieur à** *(Décr. nº 2011-99 du 24 janv. 2011, art. 3)* **« une somme égale à 0,68 % du plafond mentionné à l'article L. 241-3 du code de la sécurité sociale, arrondie à l'euro supérieur ».** – *Les dispositions du Décr. nº 2011-99 du 24 janv. 2011 sont applicables aux indus notifiés à compter de son entrée en vigueur (Décr. préc., art. 6, JO 26 janv.).*

Art. D. 821-8 *(Décr. nº 2006-234 du 27 févr. 2006)* **Les titres ou documents prévus à l'article L. 821-1 sont ceux mentionnés aux 1º, 2º, 3º, 4º, 5º, 6º et 11º de l'article D. 115-1. Est également pris en compte le récépissé de demande de titre de séjour valant autorisation de séjour d'une durée de validité de trois mois renouvelable délivré dans le cadre de l'octroi de la protection subsidiaire, accompagné de la décision de l'Office français de protection des réfugiés et apatrides ou de la Cour nationale du droit d'asile accordant cette protection.**

Art. D. 821-9 *(Décr. nº 2010-1403 du 12 nov. 2010, art. 1er-6º)* **Pour l'application du deuxième alinéa de l'article L. 821-3, les revenus d'activité professionnelle perçus par le bénéficiaire ne sont pris en compte pour l'application de la condition de ressources que dans les limites mentionnées ci-dessous :**

1º Lorsque le bénéficiaire n'a pas perçu de revenus d'activité au cours du mois civil précédent et débute ou reprend une activité, les revenus mentionnés au premier alinéa ne sont pas pris en compte pendant une durée maximale de six mois à partir du mois du début ou de la reprise d'activité. La durée cumulée du bénéfice de cette disposition ne peut excéder six mois par période de douze mois glissants. Cette disposition n'est pas applicable lorsque le début ou la reprise d'activité est antérieure à la date d'ouverture du droit à l'allocation aux adultes handicapés ;

2º Sous réserve de l'application du 1º, les revenus mentionnés au premier alinéa sont affectés d'un abattement égal à :

***a)* 80 % pour la tranche de revenus inférieure ou égale, en moyenne mensuelle, à 30 % de la valeur mensuelle du salaire minimum de croissance calculé pour 151,67 heures en vigueur le dernier jour de la période de référence ;**

b) 40 % pour la tranche de revenus supérieure, en moyenne mensuelle, à 30 % de la valeur mensuelle du salaire minimum de croissance calculé pour 151,67 heures en vigueur le dernier jour de la période de référence.

Les dispositions issues du Décr. nº 2010-1403 du 12 nov. 2010 sont applicables aux allocations servies au titre des périodes postérieures au 31 déc. 2010 (Décr. préc., art. 2-I).

Art. D. 821-10 *(Décr. nº 2006-703 du 16 juin 2006, art. 8)* Lorsqu'un titulaire de l'allocation aux adultes handicapés est admis au bénéfice de la rémunération garantie mentionnée à l'article L. 243-4 du code de l'action sociale et des familles, le droit à l'allocation est examiné dans les conditions suivantes :

a) Au moment de l'admission dans un établissement ou un service d'aide par le travail, l'organisme débiteur de l'allocation suspend les paiements et réexamine le droit à l'allocation, avec effet au premier jour du mois civil d'attribution de l'aide au poste. Les revenus d'activité à caractère professionnel qui avaient été pris en compte pour l'attribution de l'allocation aux adultes handicapés sont neutralisés et remplacés par une somme égale à douze fois le montant de l'aide au poste due pour le premier mois complet d'attribution de cette aide.

b) Pour les périodes de paiement suivantes et tant que l'intéressé n'est pas présent pendant une année civile de référence complète au sein de l'établissement ou service d'aide par le travail, les revenus d'activité à caractère professionnel qui avaient été pris en compte pour l'attribution de l'allocation aux adultes handicapés sont neutralisés et remplacés par une somme égale à douze fois le montant de l'aide au poste due au titre du mois précédant l'ouverture de la période de paiement considérée.

c) Pour les périodes de paiement suivantes et lorsque l'intéressé a été présent pendant une année civile de référence complète au sein de l'établissement ou service d'aide par le travail, il est tenu compte pour l'attribution de l'allocation de la rémunération garantie perçue par l'intéressé pendant l'année civile de référence.

Les revenus mentionnés aux *a*, *b* et *c* sont affectés pour le calcul de l'allocation d'un abattement de :

– *(Décr. nº 2006-1752 du 23 déc. 2006)* « 3,5 % » lorsque la part de la rémunération garantie financée par l'établissement ou le service est supérieure à 5 % et inférieure à 10 % du salaire minimum de croissance ;

– *(Décr. nº 2006-1752 du 23 déc. 2006)* « 4 % » lorsque la part de la rémunération garantie financée par l'établissement ou le service est supérieure ou égale à 10 % et inférieure à 15 % du salaire minimum de croissance ;

– *(Décr. nº 2006-1752 du 23 déc. 2006)* « 4,5 % » lorsque la part de la rémunération garantie financée par l'établissement ou le service est supérieure ou égale à 15 % et inférieure à 20 % du salaire minimum de croissance ;

– *(Décr. nº 2006-1752 du 23 déc. 2006)* « 5 % lorsque la part de la rémunération garantie financée par l'établissement ou le service est supérieure ou égale à 20 % et inférieure ou égale à 50 % du salaire minimum de croissance. »

Ils font ensuite l'objet des déductions et abattements *(Décr. nº 2010-1403 du 12 nov. 2010, art. 1er-7º)* « prévus par les *a* et *b* de l'article R. 532-3 ». Les trop-perçus au titre de l'allocation aux adultes handicapés ou des allocations auxquelles elle est censée se substituer s'imputent sur les versements ultérieurement effectués au titre de ces allocations après réexamen des droits, ou font l'objet d'un reversement par l'allocataire.

(Décr. nº 2010-1403 du 12 nov. 2010, art. 1er-7º) « Pour l'application du présent article aux allocataires dont les ressources sont appréciées conformément à l'article R. 821-4-1, le mot : "douze" est remplacé par le mot : "trois", les mots : "une année civile" par les mots : "un trimestre", les mots : "l'année civile" par les mots : "le trimestre" et le mot : "complète" par le mot : "complet". »

Cet art. est applicable aux droits ouverts à l'allocation aux adultes handicapés antérieurement au 1er janv. 2007 (Décr. nº 2006-703 du 16 juin 2006, art. 10-I).

Les dispositions issues du Décr. nº 2006-1752 du 23 déc. 2006 sont également applicables aux droits ouverts à l'allocation aux adultes handicapés antérieurement au 1er janv. 2007 (Décr. préc., art. 4).

Les dispositions de cet art. pourront être modifiées par décret simple (Décr. nº 2006-703 du 16 juin 2006, art. 11).

Les dispositions issues du Décr. n° 2010-1403 du 12 nov. 2010 sont applicables aux allocations servies au titre des périodes postérieures au 31 déc. 2010 (Décr. préc., art. 2-I).

Art. D. 821-11 *(Décr. n° 2009-881 du 21 juill. 2009, art. 1er-IV)* **Les dispositions des articles D. 553-1, D. 553-2 et D. 553-4 sont applicables au recouvrement des indus prévu à l'article L. 821-5-1.** — *Les dispositions du Décr. n° 2009-881 du 21 juill. 2009 sont applicables aux indus notifiés à compter de son entrée en vigueur ainsi qu'aux indus en cours de recouvrement à cette date (Décr. préc., JO 22 juill.).*

TITRE TROISIÈME ALLOCATION DE LOGEMENT SOCIALE

CHAPITRE PREMIER CONDITIONS GÉNÉRALES D'ATTRIBUTION

SECTION PREMIÈRE DISPOSITIONS COMMUNES

Art. D. 831-1 *(Décr. n° 2008-605 du 26 juin 2008)* **L'allocation de logement est versée pendant une période de douze mois débutant au 1er janvier de chaque année. Elle est calculée sur la base, en cas de location, du loyer principal effectivement payé pour le mois de juillet de l'année précédente, ou, en cas d'accession à la propriété, sur la base de la mensualité acquittée au titre des charges mentionnées à l'article R. 831-23.**

Art. D. 831-2 *(Décr. n° 87-611 du 31 juill. 1987, art. 5)* **« L'allocation de logement prévue aux articles L. 831-1 et suivants est calculée dans les conditions prévues aux articles D. 542-5 à D. 542-7** *(Décr. n° 2002-1485 du 20 déc. 2002, art. 6)* **« [,] D. 542-13 et au premier alinéa de l'article D. 542-30 » ; dans les départements mentionnés à l'article L. 751-1, elle est calculée dans les conditions prévues aux articles D. 755-24 à D. 755-25. »** *(Décr. n° 97-831 du 10 sept. 1997, art. 5-I ; Décr. n° 2000-1269 du 26 déc. 2000, art. 13-1°)* **« Pour l'application du 5° du II de l'article D. 542-5, les coefficients (ou nombre de parts) dont doivent être affectées les limites inférieures et supérieures de chacune des tranches de revenus prévues auxdits articles sont fixés en métropole et dans les départements mentionnés à l'article L. 751-1 à :**

« 1,2 pour une personne seule ;

« 1,5 pour un ménage. »

(Décr. n° 2016-923 du 5 juill. 2016, art. 2-4°) **« Pour l'application du premier alinéa de l'article D. 542-5 et du premier alinéa de l'article D. 755-28, la référence : "l'article L. 542-5" est remplacée par la référence : "l'article L. 831-4". »** — *Les dispositions issues du Décr. n° 2016-923 du 5 juill. 2016 s'appliquent aux prestations dues à compter du 1er juill. 2016 (Décr. préc., art. 3).*

(Décr. n° 2002-1485 du 20 déc. 2002, art. 6) **« Le minimum au-dessous duquel l'allocation n'est pas versée est fixé à** *(Décr. n° 2017-1413 du 28 sept. 2017, art. 3-II)* **« 10 euros ».** — *Les dispositions du Décr. n° 2017-1413 du 28 sept. 2017 entrent en vigueur le 1er oct. 2017 et s'appliquent aux prestations dues à compter de cette date (Décr. préc., art. 4).*

« Les caisses d'allocations familiales et les caisses de mutualité sociale agricole sont autorisées à abandonner la mise en recouvrement des indus d'allocation lorsque leur montant est inférieur à » *(Décr. n° 2011-99 du 24 janv. 2011, art. 3)* **« une somme égale à 0,68 % du plafond mentionné à l'article L. 241-3 du code de la sécurité sociale, arrondie à l'euro supérieur ».** — *Les dispositions du Décr. n° 2011-99 du 24 janv. 2011 sont applicables aux indus notifiés à compter de son entrée en vigueur (Décr. préc., art. 6, JO 26 janv.).*

Art. D. 831-2-1 *(Décr. n° 2005-1607 du 19 déc. 2005) (Abrogé par Décr. n° 2014-1245 du 27 oct. 2014, art. 1er-I-2°) « A l'exception du cas mentionné au II, »* **L'allocation de logement pour les personnes résidant dans un ensemble doté de services collectifs est calculée selon les modalités définies au II de l'article D. 542-5.**

Le montant de l'allocation de logement doit être au plus égal au montant de la redevance supportée par le résident.

(Décr. n° 2014-1245 du 27 oct. 2014, art. 1er-I-2°) **« Un arrêté des ministres chargés de la sécurité sociale, du budget et du logement définit les équivalences de loyer prises en compte pour :**

« *a)* Les étudiants logés en résidence universitaire ;

« *b)* Les résidents des résidences universitaires gérées par le centre régional des œuvres universitaires et scolaires prévu à l'article 14 du décret n° 87-155 du 5 mars 1987 modifié *[devenu art. R. 822-14 C. éduc.]* relatif aux missions et à l'organisation des œuvres universitaires lorsque la chambre a fait l'objet d'une réhabilitation ;

« *c)* Les personnes dont l'âge est au moins égal à celui prévu par l'article L. 161-17-2, augmenté de cinq années sauf en cas d'inaptitude au travail, les personnes titulaires de l'allocation de solidarité aux personnes âgées dont l'âge est au moins égal à soixante-cinq ans, ainsi que les personnes infirmes ;

« *d)* Les autres personnes résidant dans un ensemble doté de services collectifs.

« Toutefois, pour les étudiants logés dans un studio d'une résidence universitaire gérée par le centre régional des œuvres universitaires et scolaires, l'allocation de logement est calculée selon les modalités définies au I de l'article D. 542-5 et au premier alinéa de l'article D. 542-30. » — *V. Arr. du 27 oct. 2014 relatif à la revalorisation des paramètres de calcul de l'allocation de logement (JO 28 oct.) mod. par Arr. du 16 oct. 2015 (JO 21 oct.).*

Les deux derniers alinéas de l'article D. 831-2 du même code sont applicables aux dispositions du présent article.

Les dispositions du Décr. n° 2014-1245 du 27 oct. 2014 sont applicables aux prestations dues à compter du 1er oct. 2014 (Décr. préc., art. 3).

Art. D. 831-3 *Abrogé par Décr. n° 2000-1269 du 26 déc. 2000, art. 15, à compter du 1er janv. 2001.*

Art. D. 831-4 L'arrêté interministériel prévu à l'article L. 831-4 est pris par le ministre chargé du budget, le ministre chargé du logement, le ministre chargé de l'agriculture et le ministre chargé de la sécurité sociale.

Art. D. 831-5 *(Décr. n° 2009-881 du 21 juill. 2009, art. 1er-V)* Les dispositions des articles D. 553-1, D. 553-2 et D. 553-4 sont applicables au recouvrement des indus prévu à l'article L. 835-3. — *Les dispositions du Décr. n° 2009-881 du 21 juill. 2009 sont applicables aux indus notifiés à compter de son entrée en vigueur ainsi qu'aux indus en cours de recouvrement à cette date (Décr. préc., JO 22 juill.).*

Art. D. 831-6 *(Décr. n° 2015-191 du 18 févr. 2015, art. 8)* Les cas prévus au 2° du III de l'article L. 831-3 sont les suivants :

1° Le bailleur du logement apporte la preuve auprès de l'organisme payeur qu'il a engagé les travaux de mise en conformité en vue d'un achèvement dans un délai de six mois ; le renouvellement de ce délai de six mois ne peut être accordé que si le propriétaire apporte la preuve que la réalisation des travaux nécessite un délai supérieur ou que le retard dans l'avancement des travaux ne lui est pas imputable ;

2° Le locataire du logement a engagé une action en justice toujours en cours fondée sur la méconnaissance par le bailleur de l'article 6 de la loi n° 89-462 du 6 juillet 1989 tendant à améliorer les rapports locatifs et portant modification de la loi n° 86-1290 du 23 décembre 1986 ;

3° L'allocation de logement hors forfait charges constitue plus de la moitié du dernier loyer brut hors charges connu de l'organisme payeur. A l'issue du délai de six mois prévu au 2° du III de l'article L. 831-3, un deuxième renouvellement de six mois ne peut être accordé que si l'allocataire apporte la preuve qu'il n'était manifestement pas en mesure d'entreprendre les démarches prévues au 2° ou au 5° au cours du délai précédent ;

4° L'allocataire en situation d'impayé de loyers au sens de l'article R. 831-21 bénéficie du maintien de l'allocation de logement au titre de l'article L. 831-2-1 ;

5° Le locataire du logement apporte la preuve soit qu'il a accompli des actes positifs et récents en vue de trouver un nouveau logement ou a saisi la commission de médiation prévue à l'article L. 441-2-3 du code de la construction et de l'habitation, soit qu'il n'était manifestement pas en mesure de trouver un logement. A l'issue du délai de six mois prévu au 2° du III de l'article L. 831-3, un deuxième renouvellement de six mois ne peut être accordé que si l'allocataire apporte la preuve qu'il n'était manifestement pas en mesure de trouver un logement au cours du délai précédent.

SECTION II DISPOSITIONS SPÉCIALES AUX LOCATAIRES

Néant.

SECTION III DISPOSITIONS SPÉCIALES AUX ACCÉDANTS À LA PROPRIÉTÉ

Néant.

CHAPITRE II CONDITIONS PARTICULIÈRES AUX PERSONNES ÂGÉES ET AUX PERSONNES ATTEINTES D'UNE INFIRMITÉ

Art. D. 832-1 Lorsque à la suite, soit d'un échange consenti pour libérer un logement *(Décr. nº 2013-140 du 14 févr. 2013, art. 2-20º)* « dont la superficie excède celle prévue à l'article R. 831-13-1 », soit d'une expropriation pour cause d'utilité publique ou d'une opération d'aménagement ou de rénovation urbaine ou de résorption d'habitat insalubre en application de la loi du 10 juillet 1970, soit de la démolition d'un immeuble ayant fait l'objet d'une déclaration d'insalubrité, d'une interdiction d'habiter ou d'un arrêté de péril, soit d'une opération de restauration immobilière, les personnes mentionnées *(Décr. nº 2013-140 du 14 févr. 2013, art. 2-20º)* « au *(Décr. nº 2014-1245 du 27 oct. 2014, art. 1er-I-3º)* « sixième » alinéa de l'article D. 831-2-1 » qui, au titre de leur ancien logement, bénéficiaient de l'allocation de logement ou qui remplissaient les conditions pour pouvoir en bénéficier, ont été amenées, de leur propre fait ou à l'initiative des pouvoirs publics, à occuper un logement locatif ancien ou neuf soumis à une réglementation des loyers et qu'elles acquittent de ce fait un loyer plus élevé que celui qu'elles payaient précédemment, l'allocation est calculée de façon à couvrir la différence entre le loyer principal acquitté dans l'ancien logement, déduction faite éventuellement de l'allocation qui leur était octroyée et le nouveau loyer principal qui leur est réclamé, dans la limite du plafond fixé en application de l'article L. 831-4.

Les dispositions du Décr. nº 2014-1245 du 27 oct. 2014 sont applicables aux prestations dues à compter du 1er oct. 2014 (Décr. préc., art. 3).

CHAPITRE III CONDITIONS PARTICULIÈRES AUX JEUNES TRAVAILLEURS

Néant.

CHAPITRE IV FONDS NATIONAL D'AIDE AU LOGEMENT — DISPOSITIONS FINANCIÈRES

Néant.

CHAPITRE V DISPOSITIONS DIVERSES

(Décr. nº 2014-1117 du 2 oct. 2014, art. 2-2º)

Art. D. 835-1 Les seuils mentionnés à l'article D. 542-1 sont applicables à l'allocation de logement sociale. – *Le Décr. nº 2014-1117 du 2 oct. 2014 s'applique aux ouvertures et renouvellements de droit prenant effet à compter du 5 oct. 2014, date de son entrée en vigueur (Décr. préc., art. 4, JO 4 oct.).*

TITRE QUATRIÈME PRIME D'ACTIVITÉ

(Décr. nº 2015-1710 du 21 déc. 2015, art. 2, en vigueur le 1er janv. 2016)

CHAPITRE PREMIER DISPOSITIONS GÉNÉRALES

Néant.

CHAPITRE II CONDITIONS D'OUVERTURE DU DROIT

Néant.

CHAPITRE III DÉTERMINATION DE LA PRIME D'ACTIVITÉ

Art. D. 843-1 Le montant forfaitaire mentionné au 1° de l'article L. 842-3 applicable à un foyer composé d'une seule personne est majoré de 50 % lorsque le foyer comporte deux personnes. Ce montant est ensuite majoré de 30 % pour chaque personne supplémentaire présente au foyer et à la charge de l'intéressé. Toutefois, lorsque le foyer comporte plus de deux enfants ou personnes de moins de vingt-cinq ans à charge, à l'exception du conjoint, du partenaire lié par un pacte civil de solidarité ou du concubin de l'intéressé, la majoration à laquelle ouvre droit chacun de ces enfants ou personnes est portée à 40 % à partir de la troisième personne.

Pour les personnes isolées au sens de l'article L. 842-7, le montant majoré est égal à 128,412 % du montant forfaitaire mentionné au 1° de l'article L. 842-3 applicable à un foyer composé d'une seule personne. S'y ajoute, pour chaque enfant à charge, un supplément égal à 42,804 % du montant forfaitaire applicable à un foyer composé d'une seule personne, mentionné au 1° de l'article L. 842-3. Le même supplément s'applique lorsque le foyer comporte d'autres personnes à charge que des enfants.

Art. D. 843-2 Pour chaque travailleur au sein du foyer, la bonification mentionnée à l'article L. 842-3 est nulle lorsque ses revenus professionnels mensuels sont inférieurs ou égaux à 59 fois le montant du salaire minimum interprofessionnel de croissance mentionné à l'article L. 3231-2 du code du travail. Au-delà, elle croît linéairement avec leur augmentation jusqu'à ce que ces revenus atteignent *(Décr. n° 2018-1197 du 21 déc. 2018, art. 1er)* « 120 fois » le montant du salaire minimum interprofessionnel de croissance. Elle atteint alors un montant maximum qui reste constant avec l'augmentation des revenus professionnels.

Le montant maximal de la bonification s'élève à *(Décr. n° 2018-1197 du 21 déc. 2018, art. 1er)* « 29,101 % » du montant forfaitaire mentionné au 1° de l'article L. 842-3 applicable à un foyer composé d'une seule personne.

Les dispositions du décr. n° 2018-1197 du 21 déc. 2018 sont applicables aux revenus professionnels mensuels perçus à compter d'oct. 2018. Cette revalorisation sera prise en compte dans les versements mensuels à compter de févr. 2019.

Art. D. 843-3 La fraction des revenus professionnels mentionnée au 1° de l'article L. 842-3 est égale à *(Décr. n° 2018-836 du 3 oct. 2018, art. 2)* « 61 % ».

Art. D. 843-4 *(Décr. n° 2018-68 du 6 févr. 2018, art. 1er)* Le montant mentionné à l'article L. 842-8 est égal à vingt-neuf fois le salaire minimum de croissance mentionné à l'article L. 3231-2 du code du travail. – *Les dispositions du Décr. n° 2018-68 du 6 févr. 2018 entrent en vigueur au titre des allocations dues à compter du 1er janv. 2018 (Décr. préc., art. 2).*

CHAPITRE IV RESSOURCES PRISES EN COMPTE POUR LA PRIME D'ACTIVITÉ

Néant.

CHAPITRE V DISPOSITIONS PROPRES AUX NON-SALARIÉS

Art. D. 845-1 (Abrogé par Décr. n° 2017-123 du 1er févr. 2017, art. 2-1°, à compter du 1er janv. 2017) ***Les personnes relevant du régime mentionné à l'article L. 722-1 du code rural et de la pêche maritime peuvent prétendre à la prime d'activité lorsqu'ils mettent en valeur une exploitation pour laquelle le dernier bénéfice agricole connu n'excède pas 1 700 fois le montant du salaire minimum de croissance en vigueur au 1er janvier de l'année de référence.***

Le montant défini à l'alinéa précédent est majoré de 50 % lorsque le foyer se compose de deux personnes et de 30 % pour chaque personne supplémentaire à condition que ces personnes soient :

1° Le conjoint, le partenaire lié par un pacte civil de solidarité ou le concubin de l'intéressé ;

2° Un aide familial, au sens de l'article L. 722-10 du code rural et de la pêche maritime, âgé de moins de dix-huit ans et non chargé de famille ;

3° Un associé d'exploitation défini par les articles L. 321-6 à L. 321-12 du code rural et de la pêche maritime âgé de moins de dix-huit ans et non chargé de famille ;

4° Une personne de dix-sept à vingt-cinq ans remplissant les conditions fixées au 3° de l'article R. 842-3 du présent code.

Toutefois, lorsque le foyer se compose de plus de deux personnes parmi celles mentionnées aux 2°, 3° et 4° ci-dessus, le montant défini au premier alinéa est majoré de 40 % à partir de la troisième personne.

Art. D. 845-2 (Abrogé par Décr. n° 2017-123 du 1er févr. 2017, art. 2-1°, à compter du 1er janv. 2017) *Les personnes relevant du régime mentionné à l'article L. 611-1 peuvent prétendre à la prime d'activité lorsque le dernier chiffre d'affaires annuel connu n'excède pas :*

1° La limite mentionnée au a du 1° du I de l'article 293 B du code général des impôts, s'il s'agit d'entreprises relevant de la première catégorie définie au dernier alinéa du 1 de l'article 50-0 du même code ;

2° La limite mentionnée au a du 2° du I de l'article 293 B précité, s'il s'agit d'entreprises relevant de la deuxième catégorie définie au dernier alinéa du 1 de l'article 50-0 précité ou de revenus mentionnés à l'article 102 ter du code précité.

CHAPITRE VI ATTRIBUTION, SERVICE ET FINANCEMENT DE LA PRESTATION

Art. D. 846-1 Conformément à l'article L. 843-4, il est procédé au réexamen périodique du montant de la prime d'activité au lendemain d'une période de trois mois civils ainsi que lorsqu'un droit au revenu de solidarité active mentionné à l'article L. 262-1 du code de l'action sociale et des familles est ouvert. Le bénéficiaire de la prime d'activité doit déclarer les ressources de son foyer afin de permettre ce réexamen.

Art. D. 846-2 Le montant en dessous duquel la prime d'activité n'est pas versée est fixé à 15 euros.

Art. D. 846-3 Le délai mentionné à l'article L. 843-5, au terme duquel le directeur de l'organisme chargé du service de la prime d'activité procède à la radiation de la liste des bénéficiaires de la prime d'activité, est fixé à vingt-quatre mois.

CHAPITRE VII CONTRÔLE, RECOURS, RÉCUPÉRATION ET LUTTE CONTRE LA FRAUDE

Art. D. 847-1 Les dispositions des articles D. 553-1, D. 553-2 et D. 553-4 sont applicables au recouvrement des indus de prime d'activité.

Art. D. 847-2 Les organismes chargés du versement de la prime d'activité sont autorisés à abandonner la mise en recouvrement des indus lorsque leur montant est inférieur à une somme égale à 0,68 % du plafond mentionné à l'article L. 241-3, arrondie à l'euro supérieur.

CHAPITRE VIII SUIVI STATISTIQUE, ÉVALUATION ET OBSERVATION

Art. D. 848-1 Avant la fin de chaque trimestre, la Caisse nationale des allocations familiales et la Caisse centrale de mutualité sociale agricole transmettent aux services statistiques des ministères chargés de l'action sociale et de l'emploi des données agrégées aux niveaux départemental et national portant sur le trimestre précédent, relatives :

1° Aux effectifs et aux caractéristiques des bénéficiaires de la prime d'activité et de leurs ayants droit à la fin du trimestre ainsi qu'aux montants de revenus initiaux et de prestations servies ;

2° Aux effectifs des bénéficiaires de la prime d'activité et de leurs ayants droit à la fin de chaque mois du trimestre ;

3° Aux effectifs et caractéristiques des bénéficiaires de la prime d'activité et de leurs ayants droit ayant changé de statut au regard de l'emploi au cours du trimestre ;

4° Aux caractéristiques des bénéficiaires de la prime d'activité et de leurs ayants droit entrés, suspendus et sortis à la fin de chaque mois du trimestre ainsi qu'aux motifs de sortie ;

5° Aux dépenses afférentes à l'allocation de la prime d'activité.

Par dérogation au premier alinéa, les données portant sur le dernier trimestre de chaque année peuvent être transmise jusqu'au mois d'avril de l'année suivante.

Art. D. 848-2 Avant la fin du mois d'avril de chaque année, la Caisse nationale des allocations familiales et la Caisse centrale de mutualité sociale agricole transmettent aux services statistiques des ministères chargés de l'action sociale et de l'emploi des données agrégées aux niveaux départemental et national portant sur l'année précédente, relatives :

1° Aux caractéristiques des bénéficiaires de la prime d'activité et de leurs ayants droit au 31 décembre de l'année précédente ;

2° Aux caractéristiques des bénéficiaires entrés dans le dispositif de la prime d'activité et de leurs ayants droit au cours de l'année précédente et toujours présents au 31 décembre de ladite année ;

3° Aux dépenses afférentes à l'allocation de la prime d'activité ;

4° Au suivi de l'instruction administrative des demandes de la prime d'activité des bénéficiaires ;

5° A la mise en œuvre du service de l'allocation.

Art. D. 848-3 Les informations mentionnées à l'article L. 846-3 sont transmises aux services statistiques des ministères chargés de l'action sociale et de l'emploi.

Art. D. 848-4 Les services statistiques des ministères chargés de l'action sociale et de l'emploi ainsi que la Caisse nationale des allocations familiales, la Caisse centrale de la mutualité sociale agricole et Pôle emploi assurent la publication régulière des résultats de l'exploitation des données recueillies en application de la présente sous-section.

Art. D. 848-5 Les listes des informations statistiques à transmettre en application du présent chapitre sont fixées par des arrêtés conjoints des ministres chargés de l'action sociale et de l'emploi.

TITRE SIXIÈME PROTECTION COMPLÉMENTAIRE EN MATIÈRE DE SANTÉ ET AIDE AU PAIEMENT D'UNE ASSURANCE COMPLÉMENTAIRE DE SANTÉ *(Décr. n° 2015-770 du 29 juin 2015, art. 1er-1°).*

(Décr. n° 99-1006 du 1er déc. 1999)

CHAPITRE PREMIER DISPOSITIONS RELATIVES À LA PROTECTION COMPLÉMENTAIRE EN MATIÈRE DE SANTÉ *(Décr. n° 2015-770 du 29 juin 2015, art. 1er-2°).*

Art. D. 861-1 *(Décr. n° 2017-447 du 30 mars 2017, art. 1er, en vigueur le 1er avr. 2017)* « Le plafond annuel prévu à l'article L. 861-1 est fixé à 8 723 euros pour une personne seule. » — *V. Arr. du 18 mars 2016 (JO 24 mars).*

(Décr. n° 2007-1084 du 10 juill. 2007) Ce plafond est majoré de 11,3 % pour les personnes résidant dans les départements mentionnés à l'article L. 751-1.

Art. D. 861-2 *(Décr. n° 2015-770 du 29 juin 2015, art. 1er-3°)* Pour bénéficier du tiers payant prévu à l'article L. 861-3, le bénéficiaire des soins doit présenter au professionnel ou à l'établissement de santé sa carte d'assurance maladie mentionnée à l'article L. 161-31. En cas d'impossibilité de lecture de la carte ou d'absence de mise à jour de cette dernière, le bénéficiaire peut présenter l'attestation de droit délivrée par l'organisme lui servant les prestations de base de l'assurance maladie. Un arrêté du ministre chargé de la sécurité sociale détermine le contenu de cette attestation.

Le paiement au professionnel ou à l'établissement de santé des actes ou prestations effectués dans le cadre des dispositions mentionnées à l'article L. 861-3 est garanti, sous réserve des conditions générales de prise en charge des actes ou prestations considérés et à la condition que la carte d'assurance maladie du bénéficiaire des soins ne soit pas inscrite sur la liste d'opposition mentionnée à l'article R. 161-33-7 au jour de la délivrance de ces actes ou prestations ou, dans les cas prévus à l'alinéa précédent, sur présentation conjointe de l'attestation de droit en cours de validité et de la carte d'assurance maladie.

Art. D. 861-3 *(Décr. n° 2015-770 du 29 juin 2015, art. 1er-3°)* Lorsque les organismes servant au bénéficiaire des soins les prestations du régime de base de l'assurance maladie et les prestations complémentaires sont différents, le tiers payant s'effectue selon les modalités définies aux articles D. 861-4 à D. 861-7.

Par exception, les professionnels et les établissements de santé peuvent signer des conventions avec les organismes d'assurance maladie obligatoire ou complémentaire définissant les modalités du tiers payant autres que celles mentionnées à l'alinéa précédent. Lorsque les organismes servant les prestations d'un régime de base de l'assurance maladie ne sont pas signataires de ces conventions, ils sont informés de leur contenu par les parties signataires.

Art. D. 861-4 *(Décr. n° 2015-770 du 29 juin 2015, art. 1er-3°)* Pour les actes et prestations dispensés par les professionnels de santé et pour ceux qui n'entrent pas dans le champ de la dotation annuelle de financement des établissements de santé mentionnés à l'article L. 174-1, la dispense d'avance de frais faisant intervenir un interlocuteur unique prévue à l'article L. 861-3 s'effectue selon la procédure suivante :

1° Le professionnel ou l'établissement de santé transmet à l'organisme servant les prestations de base de l'assurance maladie, dans les conditions fixées aux articles R. 161-47 et R. 161-48, les documents mentionnés à l'article R. 161-40 permettant la constatation des soins et conditionnant l'ouverture du droit au remboursement ;

2° L'organisme servant les prestations du régime de base de l'assurance maladie liquide la part des dépenses prises en charge respectivement par le régime de base et par l'organisme d'assurance maladie complémentaire. Il effectue le paiement au professionnel ou à l'établissement de santé de la totalité des sommes prises en charge. Il lui adresse un relevé des prestations commun à l'organisme servant les prestations du régime de base et à l'organisme d'assurance maladie complémentaire ;

3° Les échanges d'informations entre les organismes servant les prestations du régime de base de l'assurance maladie et les organismes d'assurance maladie complémentaire s'effectuent par voie électronique et sont conformes aux spécifications techniques définies par le cahier des charges de la norme ouverte d'échange entre la maladie et les intervenants extérieurs, établi par les caisses nationales d'assurance maladie après concertation avec les organismes d'assurance maladie complémentaire ;

Les sommes dues à l'organisme servant les prestations du régime de base par l'organisme d'assurance maladie complémentaire sont payées dans un délai de cinq jours à compter de la date de la facturation par l'assurance maladie obligatoire.

Le paiement par l'organisme d'assurance maladie complémentaire s'accompagne de l'envoi d'une pièce justificative électronique de paiement.

Le service rendu par l'organisme d'assurance maladie est facturé à l'organisme d'assurance maladie complémentaire dans des conditions fixées par arrêté.

Par dérogation à l'art. D. 861-4 dans sa rédaction résultant du Décr. n° 2015-770 du 29 juin 2015 et pour les actes et prestations qui n'entrent pas dans le champ de la dotation annuelle de financement des établissements de santé mentionnés à l'art. L. 174-1, le tiers payant s'applique à compter des dates fixées par le dernier al. du I de l'art. 33 de la L. n° 2003-1199 du 18 déc. 2003 de financement de la sécurité sociale pour 2004 [V. ANNEXE I]. Avant ces dates, les dispositions de l'art. D. 861-5 sont applicables.

Lorsqu'il est fait application du tiers payant prévu à l'art. L. 863-7-1, les dispositions de la deuxième phrase du 2° de l'art. D. 861-4 s'appliquent, entre le 1er juill. 2015 et le 31 déc. 2015, à hauteur des niveaux minimaux de prise en charge des dépenses fixés par le décret mentionné à l'art. L. 863-6, dans sa rédaction résultant du I de l'art. 56 de la L. n° 2013-1203 du 23 déc. 2013 de financement de la sécurité sociale pour 2014 (Décr. n° 2015-770 du 29 juin 2015, art. 3).

Art. D. 861-5 *(Décr. n° 2015-770 du 29 juin 2015, art. 1er-3°)* Pour les prestations autres que celles mentionnées à l'article D. 861-4 délivrées par les établissements de santé mentionnés au L. 174-1, la dispense d'avance de frais pratiquée sur la part prise en charge par l'organisme d'assurance maladie complémentaire s'effectue selon l'une ou l'autre des deux modalités ci-dessous :

1° L'établissement de santé adresse une demande de paiement sur support électronique à sa caisse pivot qui la transmet sans délai à l'organisme servant au bénéficiaire des soins les prestations du régime de base de l'assurance maladie. Lorsque l'envoi dématérialisé est impossible, l'établissement adresse directement la demande de paiement sur support papier à l'organisme servant au bénéficiaire des soins les prestations du régime de base de l'assurance maladie. Cet organisme effectue le paiement du montant correspondant à l'établissement de santé pour le compte de l'organisme d'assurance maladie complémentaire et envoie à l'établissement de santé un relevé des prestations servies par l'organisme d'assurance maladie complémentaire. Les relations entre l'organisme servant au bénéficiaire des soins les prestations du régime de base et celui servant les prestations complémentaires sont définies conformément au 3° de l'article D. 861-4 ;

2° L'établissement adresse sa demande de paiement directement à l'organisme d'assurance maladie complémentaire. Celui-ci assure, sous sa responsabilité, la liquidation de la prestation, le paiement à l'établissement du montant correspondant et l'envoi d'un relevé des prestations prises en charge.

Art. D. 861-6 *(Décr. n° 2015-770 du 29 juin 2015, art. 1er-3°)* Sauf en cas de rejet dûment motivé et porté à la connaissance des intéressés par les organismes servant les prestations d'un régime de base, les paiements aux professionnels ou aux établissements de santé mentionnés à l'article D. 861-4 et au 1° de l'article D. 861-5 sont effectués dans un délai de :

1° Sept jours à compter de la date de l'accusé de réception mentionné au sixième alinéa du I de l'article R. 161-47, en cas d'utilisation d'une feuille de soins électronique ;

2° Vingt et un jours à compter de la date d'envoi par le professionnel ou l'établissement de santé, en cas d'utilisation d'une feuille de soins sur support papier. Ce délai est prorogé de quinze jours lorsque la feuille de soins sur support papier a été adressée à un organisme d'assurance maladie différent de celui servant au bénéficiaire des soins les prestations du régime de base de l'assurance maladie.

Art. D. 861-7 *(Décr. n° 2015-770 du 29 juin 2015, art. 1er-3°)* Un arrêté fixe le contenu des relevés de prestations adressés aux professionnels et aux établissements de santé ainsi que les modalités d'échange d'informations entre les organismes servant les prestations d'un régime de base de l'assurance maladie et les organismes d'assurance maladie complémentaire.

Art. D. 861-8 *(Décr. n° 2015-770 du 29 juin 2015, art. 1er-3°)* Pour bénéficier du tiers payant prévu au neuvième alinéa de l'article L. 861-3, le bénéficiaire doit présenter au professionnel ou à l'établissement de santé sa carte d'assurance maladie mentionnée à l'article L. 161-31 et l'attestation de tiers payant délivrée par son organisme servant les prestations de base de l'assurance maladie.

CHAPITRE II DISPOSITIONS FINANCIÈRES RELATIVES AU FONDS DE FINANCEMENT DE LA PROTECTION COMPLÉMENTAIRE DE LA COUVERTURE UNIVERSELLE DU RISQUE MALADIE *(Décr. n° 2015-770 du 29 juin 2015, art. 1er-2°)*.

SECTION PREMIÈRE DISPOSITIONS GÉNÉRALES *(Décr. n° 2015-770 du 29 juin 2015, art. 1er-2°)*.

Art. D. 862-1 *(Décr. n° 2017-1869 du 30 déc. 2017, art. 1er)* Le forfait annuel défini au deuxième alinéa du *a* de l'article L. 862-2 est revalorisé chaque année au 1er janvier, en fonction de l'évolution annuelle constatée lors du dernier exercice clos du coût moyen par bénéficiaire des prises en charge mentionnées à l'article L. 861-3 supporté par chacune des branches des régimes mentionnés au 1° de l'article L. 200-2 et aux 2° des articles L. 722-8 et L. 722-27 du code rural et de la pêche maritime, pondérées par les effectifs respectifs de bénéficiaires de ces prises en charge de chacun de ces régimes. Le montant du forfait est arrondi à l'euro inférieur.

Le montant du forfait est arrêté annuellement par les ministres chargés de la santé et de la sécurité sociale.

La première revalorisation faite en application de l'art. D. 862-1 dans sa rédaction résultant du Décr. n° 2017-1869 du 30 déc. 2017 est appliquée au montant du forfait annuel fixé pour 2017, soit 415 euros.

Par dérogation aux dispositions dudit décret, cette revalorisation inclut également l'évolution du coût moyen par bénéficiaire des prises en charge mentionnées à l'art. L. 861-3 constatée lors du dernier exercice clos pour la branche mentionnée au 1° de l'art. L. 611-2 dans sa version en vigueur au 1er janv. 2017 pondérée des effectifs de bénéficiaires de ces prises en charge qui relèvent de cette branche (Décr. préc., art. 3).

SECTION II DISPOSITIONS RELATIVES AUX ORGANISMES D'ASSURANCE MALADIE COMPLÉMENTAIRE (*Décr. n° 2015-770 du 29 juin 2015, art. 1er-2°*).

Art. D. 862-2 Pour le remboursement annuel, en application du *a* de l'article L. 862-2, aux organismes mentionnés au deuxième alinéa du I de l'article L. 862-4, il est procédé à quatre acomptes trimestriels et à une régularisation au cours de l'année suivante.

Le montant de chaque acompte trimestriel est égal au produit du nombre de personnes bénéficiant de la prise en charge des dépenses mentionnées à l'article L. 861-3, arrêté au dernier jour du deuxième mois du trimestre civil considéré, par le quart des neuf dixièmes du montant du forfait annuel défini à l'article D. 862-1.

A l'issue de l'année civile considérée, il est procédé à une régularisation à hauteur de la différence entre, d'une part, le produit de la moyenne du nombre des personnes ayant bénéficié de la prise en charge des dépenses mentionnées à l'article L. 861-3 au dernier jour du deuxième mois de chaque trimestre et du montant du forfait annuel défini à l'article D. 862-1 pour l'année considérée et, d'autre part, la somme des quatre acomptes trimestriels déjà affectés.

Toutefois, cette régularisation ne peut conduire à ce que le montant total du remboursement excède le montant des dépenses mentionnées à l'article L. 861-3 effectivement prises en charge par l'organisme au cours de l'année civile considérée et constatées au 30 juin de l'année suivante. Lorsque la somme des acomptes déjà effectués excède ce dernier montant, il est procédé à une régularisation à due concurrence au profit du fonds.

La régularisation prend la forme d'un versement, selon le cas, du fonds ou de l'organisme, avant le 30 septembre de l'année suivante.

Art. D. 862-3 Le remboursement annuel, en application du *b* de l'article L. 862-2, aux organismes mentionnés au deuxième alinéa du I de l'article L. 862-4 s'effectue en quatre versements trimestriels.

Pour chaque trimestre, le montant du remboursement est égal au quart du montant du crédit d'impôt calculé en application de l'article L. 863-1 afférent aux contrats en vigueur au dernier jour du deuxième mois du trimestre civil concerné.

Art. D. 862-4 Les acomptes trimestriels définis à l'article D. 862-2 et les versements trimestriels définis à l'article D. 862-3 sont effectués sous la forme d'imputations sur les versements trimestriels dus par ces organismes au titre de la taxe définie à l'article L. 862-4.

Toutefois, lorsque, pour un trimestre donné, la somme de l'acompte défini à l'article D. 862-2 et du versement défini à l'article D. 862-3 excède le montant de la taxe collectée en application des I et II de l'article L. 862-4, le fonds procède au versement de la différence au plus tard le dernier jour du premier mois du trimestre considéré.

SECTION III DISPOSITIONS RELATIVES AUX ORGANISMES DE SÉCURITÉ SOCIALE (*Décr. n° 2015-770 du 29 juin 2015, art. 1er-2°*).

Art. D. 862-5 Pour le remboursement annuel, en application du *a* de l'article L. 862-2, aux organismes de sécurité sociale, il est procédé :

– à quatre acomptes trimestriels lorsque l'organisme gère plus de cinquante mille personnes bénéficiant du dispositif ;

– à un seul acompte lorsque l'organisme gère moins de cinquante mille personnes ;

– à une régularisation au cours de l'année suivante.

Les acomptes trimestriels sont calculés selon les modalités fixées au deuxième alinéa de l'article D. 862-2. Ils sont versés les 15 février, 15 mai, 16 août et 15 novembre ou, lorsqu'une de ces dates n'est pas un jour ouvré, le premier jour ouvré suivant.

L'acompte unique est versé le 30 juin de l'année ou, lorsque cette date n'est pas un jour ouvré, le premier jour ouvré suivant.

Avant le 30 septembre de l'année suivante, il est procédé à une régularisation selon les modalités définies aux troisième à cinquième alinéas de l'article D. 862-2.

V. note ss. art. D. 862-2.

Art. D. 862-6 (Abrogé par Décr. n° 2017-1869 du 30 déc. 2017, art. 2) *Par dérogation au quatrième alinéa de l'article D. 862-5, la régularisation du remboursement annuel à la Caisse nationale de l'assurance maladie des travailleurs salariés est déterminée dans les conditions suivantes.*

Lorsque, pour une année civile donnée, le montant des dépenses mentionnées à l'article L. 861-3 effectivement prises en charge par cette caisse excède le produit du nombre de personnes ayant bénéficié de cette prise en charge et du montant du forfait annuel défini à l'article D. 862-1, le fonds mentionné à l'article L. 862-1 verse à la caisse un montant complémentaire égal à cette différence. Toutefois, ce versement ne peut avoir pour effet de rendre négatif le report à nouveau du fonds. Dans cette hypothèse, le versement est réduit à due concurrence.

Un arrêté des ministres chargés du budget et de la sécurité sociale, pris après communication par la caisse du montant définitif de ces dépenses, constate chaque année le montant de cette régularisation.

Art. D. 862-7 Les modalités de reversement par le fonds aux organismes de sécurité sociale ainsi que les pièces ou états justificatifs à produire sont précisés par des conventions signées entre le fonds et les organismes de sécurité sociale.

CHAPITRE III AIDE AU PAIEMENT D'UNE ASSURANCE COMPLÉMENTAIRE DE SANTÉ

(Décr. n° 2015-770 du 29 juin 2015, art. 1er-2° et 6°)

Art. D. 863-1 Dans le cadre de la mise en œuvre du tiers payant, l'organisme d'assurance maladie complémentaire transmet à l'assurance maladie obligatoire, dans un délai de quarante-huit heures, chaque nouvelle adhésion, souscription, renouvellement ou résiliation d'un contrat sélectionné par un bénéficiaire de la déduction prévue à l'article L. 863-2. A cette fin, il mentionne les dates de début et de fin du contrat ainsi que le type de contrat souscrit par le bénéficiaire tel que prévu au deuxième alinéa du II de l'article R. 863-11.

Art. D. 863-2 Pour bénéficier du tiers payant prévu à l'article L. 863-7-1, le bénéficiaire des soins présente au professionnel sa carte d'assurance maladie mentionnée à l'article L. 161-31. En cas d'impossibilité de lecture de la carte ou d'absence de mise à jour de cette dernière, le bénéficiaire peut présenter l'attestation de tiers payant intégral délivrée par l'organisme lui servant les prestations de base de l'assurance maladie.

Le paiement au professionnel des actes ou prestations effectués dans le cadre des dispositions mentionnées à l'article L. 863-7-1 est garanti, sous réserve des conditions générales de prise en charge des actes ou prestations considérés et à la condition que la carte d'assurance maladie du bénéficiaire des soins ne soit pas inscrite sur la liste d'opposition mentionnée à l'article R. 161-33-7 au jour de la délivrance de ces actes ou prestations ou, dans les cas prévus à l'alinéa précédent, sur présentation conjointe de l'attestation de tiers payant en cours de validité et de la carte d'assurance maladie.

Lorsque le professionnel de santé souhaite bénéficier d'un interlocuteur unique, il met en œuvre le tiers payant selon les modalités définies aux articles D. 861-4, D. 861-6 et D. 861-7.

LIVRE NEUVIÈME DISPOSITIONS RELATIVES À LA PROTECTION SOCIALE COMPLÉMENTAIRE DES SALARIÉS ET AUX INSTITUTIONS À CARACTÈRE PARITAIRE

(Décr. n° 2003-1034 du 29 oct. 2003)

Le Décr. n° 2003-1034 du 29 oct. 2003 est entré en vigueur le 1er janv. 2004.

TITRE PREMIER DISPOSITIONS GÉNÉRALES RELATIVES À LA PROTECTION SOCIALE COMPLÉMENTAIRE DES SALARIÉS

CHAPITRE PREMIER DÉTERMINATION DES GARANTIES COMPLÉMENTAIRES DES SALARIÉS

(Décr. n° 2014-1025 du 8 sept. 2014)

Art. D. 911-0 *(Décr. n° 2019-92 du 12 févr. 2019)* I. — La commission prévue à l'article L. 911-3, dénommée commission des accords de retraite et de prévoyance, comprend :

1° Un représentant du ministre chargé de la sécurité sociale, président ;

2° Un représentant du ministre chargé du travail ;

3° Des représentants en nombre égal des organisations syndicales d'employeurs et de travailleurs représentatives au niveau national, à raison de trois titulaires et de trois suppléants pour chacune des organisations syndicales de travailleurs précitées.

Les membres titulaires et suppléants de la commission représentant les employeurs et les travailleurs sont nommés par arrêté du ministre chargé de la sécurité sociale, sur proposition des organisations syndicales nationales représentatives des employeurs et des travailleurs.

II. — Les membres de la commission peuvent disposer chacun d'un pouvoir, signé par un membre titulaire appartenant à la même organisation, en cas d'empêchement simultané de celui-ci et de son suppléant, et transmis au président avant le début de la séance.

III. — Le secrétariat de la commission est assuré par la direction de la sécurité sociale.

Art. D. 911-1 Les garanties mentionnées au II de l'article L. 911-7 comprennent :

1° Sous réserve des dispositions des 3° et 4° du présent article, la prise en charge de l'intégralité de la participation des assurés prévue à l'article *(Décr. n° 2015-1882 du 30 déc. 2015, art. 2-8°)* « R. 160-5 »*[,]* à l'exception de celle due au titre des prestations de santé mentionnées aux 6°, 7°, 10° et 14° de ce dernier article et à l'exclusion de la majoration de la participation prévue à l'avant-dernier alinéa de l'article L. 162-5-3 et des participations forfaitaires et des franchises mentionnées aux II et III de l'article *(Décr. n° 2015-1882 du 30 déc. 2015, art. 2-4°)* « L. 160-13 » ;

2° La prise en charge, sans limitation de durée, du forfait journalier prévu à l'article L. 174-4 ;

3° La prise en charge à hauteur d'au moins 125 % des tarifs servant de base au calcul des prestations d'assurance maladie des frais de soins dentaires prothétiques et de soins d'orthopédie dentofaciale ;

4° Un forfait de prise en charge des dispositifs médicaux d'optique médicale à usage individuel soumis au remboursement, dans la limite des frais exposés par l'assuré. Ce forfait est fixé au minimum à :

a) 100 euros par équipement à verres simple foyer dont la sphère est comprise entre − 6,00 et + 6,00 dioptries ou dont le cylindre est inférieur ou égal à + 4,00 dioptries ;

b) 150 euros par équipement comportant un verre mentionné au *a* et un verre mentionné au *c* ;

c) 200 euros par équipement à verres simple foyer dont la sphère est supérieure à − 6,00 ou + 6,00 dioptries ou dont le cylindre est supérieur à + 4,00 dioptries et à verres multifocaux ou progressifs.

S'agissant des lunettes, le forfait mentionné au 4° du présent article couvre les frais d'acquisition engagés, par période de prise en charge de deux ans, pour un équipement composé de deux verres et d'une monture. Cette période est réduite à un an pour les mineurs ou en cas de renouvellement de l'équipement justifié par une évolution de la vue.

Nouvel art. D. 911-1 (Décr. n° 2019-65 du 31 janv. 2019) *En sus des prises en charge mentionnées à l'article R. 871-2, la couverture minimale mentionnée au II du L. 911-7 comprend :*

1° Un forfait de prise en charge des dépenses d'acquisition des dispositifs d'optique médicale composés de verres ou d'une monture appartenant à une classe prévue à l'article L. 165-1 autre que celle à prise en charge renforcée définie en application du deuxième alinéa du même article. Par dérogation aux dispositions du 3° de l'article R. 871-2, les montants minimums prévus aux a à f dudit 3° sont fixés à :

— 100 euros par équipement mentionné au a ;

— 150 euros par équipement mentionné au b et au d ;

— 200 euros par équipement mentionné au c, au e et au f.

2° La prise en charge à hauteur d'au moins 125 % des tarifs servant de base au calcul des prestations d'assurance maladie des frais de soins dentaires prothétiques et de soins d'orthopédie dento-faciale pour les actes autres que ceux mentionnés au 5° de l'article R. 871-2.

Les dispositions du Décr. n° 2019-65 du 31 janv. 2019 s'appliquent aux contrats souscrits ou renouvelés à compter du 1er janv. 2020 dans les conditions prévues à l'art. 5 [V. cet art. ss. art. R. 871-2] du Décr. n° 2019-21 du 11 janv. 2019 (Décr. n° 2019-65 du 31 janv. 2019, art. 2).

BIBL. ▶ GINON, La déconnexion juridique des paniers de soins. Étude des liens entre assurance maladie obligatoire et assurance maladie complémentaire, *RDSS 2014. 831*. – HENNION et DEL SOL, Chronique de protection sociale complémentaire, *Dr. soc. 2015. 271*.

Art. D. 911-1-1 *(Décr. n° 2016-609 du 13 mai 2016, art. 1er, en vigueur le 1er juill. 2016)* La couverture collective à adhésion obligatoire mentionnée au III de l'article L. 911-7 prévoit les adaptations suivantes pour les salariés relevant des régimes locaux d'assurance maladie complémentaire des départements du Haut-Rhin, du Bas-Rhin et de la Moselle, définis aux articles L. 325-1 du présent code et L. 761-3 du code rural et de la pêche maritime :

1° Les prestations sont déterminées après déduction de celles déjà garanties par les régimes définis au premier alinéa ;

2° Les cotisations à la charge de l'employeur et du salarié sont réduites dans une proportion représentative du différentiel de prestations résultant du 1°. L'employeur assure au minimum la moitié du financement de ce différentiel.

Art. D. 911-2 *(Décr. n° 2015-1883 du 30 déc. 2015, art. 1er, en vigueur le 1er janv. 2016)* Sans préjudice des dispositions du deuxième alinéa du III de l'article L. 911-7, peuvent se dispenser, à leur initiative, de l'obligation d'adhésion à la couverture en matière de remboursement complémentaire de frais occasionnés par une maladie, une maternité ou un accident mise en place dans leur entreprise :

1° Les salariés bénéficiaires d'une couverture complémentaire en application de l'article L. 861-3 ou d'une aide à l'acquisition d'une complémentaire santé en application de l'article L. 863-1. La dispense ne peut jouer que jusqu'à la date à laquelle les salariés cessent de bénéficier de cette couverture ou de cette aide ;

2° Les salariés couverts par une assurance individuelle de frais de santé au moment de la mise en place des garanties ou de l'embauche si elle est postérieure. La dispense ne peut jouer que jusqu'à échéance du contrat individuel ;

3° Les salariés qui bénéficient, pour les mêmes risques, y compris en tant qu'ayants droit, de prestations servies au titre d'un autre emploi en tant que bénéficiaire de l'un ou l'autre des dispositifs suivants :

a) Dispositif de garanties remplissant les conditions mentionnées *(Décr. n° 2018-821 du 27 sept. 2018, art. 1er)* « au 4° du II » de l'article L. 242-1 ;

b) Dispositif de garanties prévu par le décret n° 2007-1373 du 19 septembre 2007 relatif à la participation de l'État et de ses établissements publics au financement de la protection sociale complémentaire de leurs personnels ou par le décret n° 2011-1474 du 8 novembre 2011 relatif à la participation des collectivités territoriales et de leurs établissements publics au financement de la protection sociale complémentaire de leurs agents ;

c) Contrats d'assurance de groupe issus de la loi n° 94-126 du 11 février 1994 relative à l'initiative et à l'entreprise individuelle ;

d) Régime local d'assurance maladie du Haut-Rhin, du Bas-Rhin et de la Moselle, en application des articles D. 325-6 et D. 325-7 du code de la sécurité sociale ;

e) Régime complémentaire d'assurance maladie des industries électriques et gazières en application du décret n° 46-1541 du 22 juin 1946.

Dans tous les cas, l'employeur doit être en mesure de produire la demande de dispense des salariés concernés.

Art. D. 911-3 Lorsque les garanties collectives mentionnées à l'article L. 911-1 prévoient, au profit des ayants droit du salarié, la couverture à titre obligatoire des risques portant atteinte à l'intégrité physique de la personne ou liés à la maternité, une faculté de dispense d'adhésion est ouverte, au choix du salarié, au titre de cette couverture, sous réserve que les ayants droit soient déjà couverts par ailleurs dans les conditions définies au *f* du 2° de l'article R. 242-1-6.

Art. D. 911-4 *(Décr. n° 2015-1883 du 30 déc. 2015, art. 2, en vigueur le 1er janv. 2016)* L'acte mentionné à l'article L. 911-1 instituant une couverture collective à adhésion obligatoire en matière de remboursement complémentaire de frais occasionnés par une maladie, une maternité ou un accident peut prévoir la faculté pour les salariés relevant de certaines catégories d'être dispensés de l'adhésion au dispositif, sous réserve que ces catégories correspondent à tout ou partie de celles définies à l'article R. 242-1-6, sous les conditions définies à ce même article.

Art. D. 911-5 *(Décr. n° 2015-1883 du 30 déc. 2015, art. 2, en vigueur le 1er janv. 2016)* Les demandes de dispense mentionnées au III de l'article L. 911-7 doivent être formulées au moment de l'embauche ou, si elles sont postérieures, à la date de mise en place des garanties ou la date à laquelle prennent effet les couvertures mentionnées aux 1° et 3° de l'article D. 911-2.

Art. D. 911-6 *(Décr. n° 2015-1883 du 30 déc. 2015, art. 2, en vigueur le 1er janv. 2016)* La durée de la couverture collective à adhésion obligatoire en matière de remboursement complémentaire des frais occasionnés par une maladie, une maternité ou un accident mentionnée au deuxième alinéa du III de l'article L. 911-7 est fixée à trois mois.

Art. D. 911-7 *(Décr. n° 2015-1883 du 30 déc. 2015, art. 2, en vigueur le 1er janv. 2016)* Les salariés mentionnés au III de l'article L. 911-7-1 sont ceux dont la durée du contrat de travail ou du contrat de mission est inférieure ou égale à trois mois ou ceux dont la durée effective du travail prévue par ce contrat est inférieure ou égale à 15 heures par semaine.

Art. D. 911-8 *(Décr. n° 2015-1883 du 30 déc. 2015, art. 2, en vigueur le 1er janv. 2016)* I. – Le montant du versement mentionné à l'article L. 911-7-1 est calculé mensuellement sur la base du montant de référence défini au II du présent article auquel est appliqué le coefficient défini au III du présent article.

II. – Le montant de référence mentionné au I du présent article correspond à la contribution mensuelle de l'employeur au financement de la couverture mentionnée au III de l'article L. 911-7 pour la catégorie à laquelle appartient le salarié et pour la période concernée. Elle tient compte, le cas échéant, de la rémunération du salarié.

Lorsque tout ou partie de la contribution est forfaitaire et indépendante de la durée effective de travail, il lui est appliqué un coefficient égal au rapport, dans la limite de 1, entre la durée effective de travail telle qu'elle résulte sur le mois considéré des dispositions prévues par le contrat de travail du salarié et la durée mensualisée correspondant à la durée légale du travail. Ce coefficient n'est pas applicable, le cas échéant, à la composante de la contribution proportionnelle à la rémunération.

Le calcul du versement s'effectue, pour les salariés mis à disposition dans le cadre de l'article L. 5132-9 du code du travail, sur le fondement du nombre d'heures faisant l'objet de cette mise à disposition.

En l'absence de montant applicable au financement de la couverture collective et obligatoire, le montant de référence est fixé à 15 euros ou, pour les personnes relevant à titre obligatoire du régime mentionné à l'article L. 325-1, à 5 euros. Il est appliqué à l'un ou l'autre de ces deux montants un coefficient égal au rapport, dans la limite de 1, entre la durée effective de travail telle qu'elle résulte sur le mois considéré des dispositions prévues par le contrat de travail du salarié et la durée mensualisée correspondant à la durée légale du travail. Ces montants sont revalorisés chaque année, au 1er janvier, par arrêté du ministre chargé de la sécurité sociale, suivant l'objectif national des dépenses d'assurance maladie fixé par la loi de financement de la sécurité sociale pour l'année antérieure, et arrondis à la deuxième décimale la plus proche.

L'application du présent II ne peut conduire à retenir un montant de référence inférieur à celui calculé à l'alinéa précédent.

III. – Le coefficient mentionné au I du présent article est égal à 105 % pour les salariés bénéficiant d'un contrat à durée indéterminée et à 125 % pour les salariés bénéficiant d'un contrat à durée déterminée ou d'un contrat de mission.

CHAPITRE II CLAUSES OBLIGATOIRES

(Décr. n° 2015-13 du 8 janv. 2015)

SECTION PREMIÈRE PROCÉDURE DE MISE EN CONCURRENCE PRÉALABLE

(Décr. n° 2015-752 du 24 juin 2015, art. 1er).

A compter de l'exercice 2016, il est créé une section première intitulée : « Procédure de mise en concurrence préalable » et comprenant les art. D. 912-1 à D. 912-13 (Décr. n° 2015-752 du 24 juin 2015, art. 2).

Art. D. 912-1 Lorsque les accords professionnels ou interprofessionnels définis à l'article L. 911-1 recommandent un ou plusieurs organismes mentionnés à l'article 1er de la loi n° 89-1009 du 31 décembre 1989 pour la couverture des risques définis à l'article L. 911-2, il est procédé à une mise en concurrence préalable des organismes candidats. Cette procédure s'applique également à chaque réexamen de la clause de recommandation.

La commission paritaire prévue au premier alinéa de l'article L. 2261-19 du code du travail est chargée de la procédure de mise en concurrence. A ce titre, elle veille au respect des principes de transparence de la procédure, d'impartialité et d'égalité de traitement entre les organismes candidats, ainsi que, à chaque réexamen de la clause de recommandation, entre le ou les organismes déjà recommandés et les autres organismes candidats.

A l'exception du choix final du ou des candidats retenus, qui relève de sa seule compétence, la commission paritaire peut déléguer à une commission paritaire spéciale, composée d'au moins quatre membres désignés en son sein, la mise en œuvre de la procédure. Dans ce cas, la commission paritaire spéciale rend compte de l'ensemble de ses travaux à la commission paritaire.

La commission paritaire et, le cas échéant, la commission paritaire spéciale peuvent se faire assister par un ou plusieurs experts désignés à raison de leur expérience professionnelle.

Les membres de la commission paritaire et, le cas échéant, les membres de la commission paritaire spéciale ainsi que les experts mentionnés à l'alinéa précédent sont soumis à une obligation de confidentialité.

Art. D. 912-2 Toutes les réunions organisées pour la procédure de mise en concurrence font l'objet d'un compte rendu soumis à l'approbation des membres de la commission paritaire ou, le cas échéant, de la commission paritaire spéciale.

Art. D. 912-3 Un avis d'appel à la concurrence est inséré dans une publication à diffusion nationale habilitée à recevoir des annonces légales et dans une publication spécialisée dans le secteur des assurances.

Art. D. 912-4 L'avis d'appel à la concurrence comporte les éléments suivants :

1° Les conditions de recevabilité des candidatures, notamment leur délai de dépôt, qui ne peut être inférieur à cinquante-deux jours à compter de la date de publication de l'avis, ainsi que leurs modalités d'envoi ;

2° Les conditions d'éligibilité des candidatures, notamment en ce qui concerne les agréments nécessaires pour pratiquer les opérations d'assurance définies par l'accord.

Ces conditions peuvent également porter sur la solvabilité et l'expérience préalable des candidats en matière de protection sociale complémentaire collective ;

3° Les critères d'évaluation des offres, ainsi que leur pondération ou leur hiérarchisation ;

4° Le nombre maximal d'organismes susceptibles d'être recommandés.

L'avis peut prévoir la communication de l'ensemble des éléments nécessaires à la vérification des conditions d'éligibilité et à l'évaluation des offres.

Art. D. 912-5 A sa demande, chacun des candidats peut se faire communiquer le cahier des charges, ainsi qu'un document retraçant les caractéristiques quantitatives et qualitatives de la population des assurés à couvrir.

Le cahier des charges comporte les éléments suivants :

1° Les garanties souhaitées et, le cas échéant, les services attendus ;

2° La durée maximale de la clause de recommandation ;

3° L'assiette et la structure des cotisations ;

4° Les conditions de révision des cotisations ;

5° Les objectifs de sécurité et de qualité recherchés ;

6° Les modalités d'organisation et de financement des éléments de solidarité ;

7° Les obligations qui incombent à l'organisme ou aux organismes recommandés, notamment en ce qui concerne l'information en direction des entreprises et des salariés relevant de la branche, ainsi que les modalités de suivi du régime pendant la durée de la clause de recommandation et préalablement à son réexamen.

Art. D. 912-6 La sélection des candidats s'effectue selon les phases successives définies ci-après :

1° Seuls sont ouverts les plis des candidats reçus au plus tard à la date et à l'heure limites fixées dans l'avis d'appel à la concurrence. Tout dossier reçu hors délai ou incomplet est irrecevable ;

2° Les candidatures recevables en application du 1° du présent article sont examinées au regard des conditions d'éligibilité définies dans l'avis d'appel à la concurrence ;

3° Les candidatures éligibles en application du 2° du présent article sont analysées au regard du cahier des charges et classées en fonction des critères d'évaluation. Le ou les candidats évalués le plus favorablement sont retenus.

Art. D. 912-7 Les organismes dont la candidature a été écartée au terme de l'une des trois phases définies à l'article D. 912-6 sont informés par lettre recommandée avec accusé de réception, dans un délai de vingt et un jours à compter de la décision de la commission paritaire ou, le cas échéant, de la commission paritaire spéciale. Ce courrier mentionne les motifs du rejet de leur candidature.

Les candidats non retenus peuvent demander, par lettre recommandée avec accusé de réception, des compléments d'information sur les motifs du rejet de leur candidature. La commission paritaire ou la commission paritaire spéciale répond à ces demandes dans un délai de deux mois à compter de leur réception.

Art. D. 912-8 La composition de la commission paritaire et, le cas échéant, de la commission paritaire spéciale peut être communiquée à tous les candidats qui en font la demande.

Art. D. 912-9 Lorsque la liste des candidatures éligibles en application du 2° de l'article D. 912-6 a été arrêtée, chacun des membres de la commission paritaire et, le cas échéant, de la commission paritaire spéciale est tenu de déclarer, dans un délai de huit jours, l'existence éventuelle d'une situation de conflit d'intérêts. Cette déclaration s'impose également, pour toute situation de conflit d'intérêts postérieure à l'établissement de la liste, dans un délai de huit jours à compter de la date à laquelle cette situation est née.

Est considéré comme une situation de conflit d'intérêts le cas où l'un des membres de la commission paritaire ou, le cas échéant, de la commission paritaire spéciale exerce une activité salariée ou bien exerce ou a exercé, au cours des cinq dernières années, des fonctions délibérantes ou dirigeantes, au sein des organismes candidats ou du groupe auquel appartiennent ces organismes.

Art. D. 912-10 Les membres de la commission paritaire ou, le cas échéant, de la commission paritaire spéciale qui déclarent une situation de conflit d'intérêts ne peuvent prendre part à aucune réunion ni délibération en lien avec la phase de sélection des offres définie au 3° de l'article D. 912-6. Le ou les membres concernés peuvent toutefois être remplacés à l'initiative de l'organisation syndicale de salariés ou de l'organisation professionnelle d'employeurs dont ils relèvent.

Art. D. 912-11 Le ou les experts mentionnés au quatrième alinéa de l'article D. 912-1 sont tenus de déclarer, préalablement à leur désignation, toute situation de conflit d'intérêts dans laquelle ils pourraient être placés, soit vis-à-vis des personnes physiques membres de ces commissions, soit, selon les modalités prévues au deuxième alinéa de l'article D. 912-9, vis-à-vis de l'un ou l'autre des organismes candidats.

Art. D. 912-12 Les organismes candidats sont tenus de joindre au dossier de candidature la liste des relations commerciales et des conventions financières, conclues ou poursuivies au cours de l'année civile précédant la publication de l'avis d'appel à la concurrence, avec les organisations syndicales de salariés et les organisations professionnelles d'employeurs de la branche professionnelle concernée.

Art. D. 912-13 Lorsque les organisations syndicales de salariés et les organisations professionnelles d'employeurs demandent l'extension d'une convention ou d'un accord collectif comportant une clause de recommandation en application de l'article L. 911-3, ils joignent à leur demande les pièces afférentes à la procédure de mise en concurrence dont la liste est fixée par arrêté du ministre chargé de la sécurité sociale, du ministre chargé du budget et du ministre chargé du travail. — *V. Arr. du 19 août 2015 (JO 5 sept.).*

SECTION II CONTENU DU RAPPORT ANNUEL

(Décr. n° 2015-752 du 24 juin 2015, art. 1er)

Les dispositions du Décr. n° 2015-752 du 24 juin 2015 s'appliquent à compter de l'exercice 2016 (Décr. préc., art. 2).

Art. D. 912-14 Le rapport annuel mentionné à l'article L. 912-1 retrace, dans un document spécifique à chaque régime instauré en application de l'article L. 912-1, les informations relatives :

1° A la mise en œuvre du régime, dans les conditions mentionnées au I de l'article D. 912-15 ;

2° Au contenu des éléments de solidarité, dans les conditions mentionnées au II de l'article D. 912-15 ;

3° A l'équilibre du régime, dans les conditions mentionnées au III de l'article D. 912-15.

Le rapport est adressé au ministre chargé de la sécurité sociale deux mois, au plus, après l'approbation des comptes et, au plus tard, le 31 août suivant la clôture de l'exercice considéré.

Le rapport mentionne le numéro d'identifiant de la convention collective à laquelle se rattache le régime, ainsi que les références de l'acte juridique recommandant un ou plusieurs organismes. Le rapport peut être communiqué sur demande à la commission paritaire de la branche prévue au premier alinéa de l'article L. 2261-19 du code du travail. Les personnes à qui est transmis ce rapport sont soumises à une obligation de confidentialité concernant les informations et données communiquées dans le rapport.

Tout élément pouvant permettre d'apprécier les informations mentionnées aux 1°, 2° et 3° peut être joint au rapport.

Lorsque plusieurs organismes sont recommandés dans le cadre d'une offre commune, le rapport annuel mentionné au premier alinéa doit être élaboré et remis conjointement.

Art. D. 912-15 I. — Le rapport analyse les caractéristiques des entreprises ayant rejoint l'organisme recommandé ou les organismes recommandés, notamment au regard du nombre de salariés, de l'âge des assurés, de la part d'hommes et de femmes parmi les assurés, ainsi que de leur classification et de l'implantation géographique des établissements. Le rapport indique les moyens mis en œuvre afin d'augmenter le cas échéant le taux de recours à l'organisme recommandé ou aux organismes recommandés.

Les données chiffrées établies conformément au modèle des états E1-0 et E-1-1 annexés au présent article, ainsi que, le cas échéant, le tableau des garanties en matière de remboursement des frais de santé et de prévoyance sont également joints au rapport.

II. – Le rapport recense les prestations à caractère non directement contributif mentionnées à l'article L. 912-1 mises en œuvre. Il précise la part de prime ou de cotisation affectée à leur financement ainsi que leur coût effectif.

Lorsque l'accord a mis en œuvre les dispositions mentionnées au 1° de l'article R. 912-2, le rapport précise les modalités de prise en charge de la prime ou de la cotisation et les catégories de bénéficiaires. Les données chiffrées conformément au modèle de l'état E2-1 annexé au présent article sont également jointes au rapport annuel.

Lorsque l'accord a mis en œuvre les dispositions du 2° de l'article R. 912-2, le rapport décrit les actions de prévention, leurs modalités de mise en œuvre, ainsi que les publics ciblés. Les données chiffrées conformément au modèle de l'état statistique E2-2 annexé au présent article sont également jointes au rapport annuel.

Lorsque l'accord a mis en œuvre les dispositions du 3° de l'article R. 912-2, le rapport détaille les types d'aides octroyées ainsi que leurs conditions d'attribution. Les données chiffrées conformément au modèle de l'état E2-3 annexé au présent article sont jointes au rapport annuel.

Lorsque la convention ou l'accord collectif prévoit le financement d'autres prestations à caractère non directement contributif participant du degré élevé de solidarité mentionné à l'article L. 912-1, le rapport décrit ces prestations, leurs objectifs, ainsi que les personnes qui en ont bénéficié. Les données chiffrées conformément au modèle de l'état E2-4 annexé au présent article sont également jointes au rapport annuel.

III. – Le rapport présente les éléments relatifs à l'équilibre technique du régime, le ratio des cotisations au regard des prestations et la part des cotisations affectée aux frais de gestion ainsi qu'aux frais d'acquisition.

Le rapport compare l'équilibre du régime par rapport à l'exercice précédent.

Les données chiffrées établies conformément au modèle de l'état E3 annexé au présent article sont également jointes au rapport annuel, ainsi que les comptes comptables et le cas échéant les comptes de survenance du régime.

IV. – Lorsque des données ne peuvent être communiquées, les motifs précis de cette non-communication doivent être explicités.

V. annexes à l'art. D. 912-15 reproduites sur Dalloz.fr et sur les applications mobiles Dalloz.

TITRE DEUXIÈME **DISPOSITIONS RELATIVES AUX RETRAITES COMPLÉMENTAIRES OBLIGATOIRES, AUX INSTITUTIONS DE RETRAITE COMPLÉMENTAIRE ET À LEURS FÉDÉRATIONS**

Néant.

TITRE TROISIÈME **INSTITUTIONS DE PRÉVOYANCE ET OPÉRATIONS DE CES INSTITUTIONS**

CHAPITRE PREMIER **INSTITUTIONS DE PRÉVOYANCE**

SECTION XI **COMPTES ET ÉTATS STATISTIQUES**

Art. D. 931-34 à D. 931-36 *Abrogés par Décr. nº 2015-1857 du 30 déc. 2015, art. 2, à compter du 1er janv. 2016.*

Art. D. 931-37 *(Décr. nº 2011-467 du 27 avr. 2011, art. 3)* I. – Les données relatives à la protection sociale complémentaire, mentionnées *(Décr. nº 2014-1316 du 3 nov. 2014, art. 13)* « au cinquième alinéa de l'article L. 612-24 » du code monétaire et financier, sont regroupées dans les états suivants :

E 1 Personnes assurées, couvertes et bénéficiaires par type de garanties ;
E 2 Primes et prestations par type de garanties ;
E 3 Frais de soins et indemnités journalières payés au cours de l'exercice ;
E 4 Résultat technique en frais de soins ;

(Décr. n° 2012-454 du 4 avr. 2012, art. 1er-III) « **E 5 Compléments frais de gestion des garanties "frais de soins", gestion déléguée d'un régime obligatoire santé, CMU, ACS et taxe sur les conventions d'assurance des contrats santé.** »

(Décr. n° 2015-1857 du 30 déc. 2015, art. 3-1°, en vigueur le 1er janv. 2016) « **Ces états sont établis annuellement. Leur contenu est fixé en annexe du présent article.** » – *V. annexe à l'art. D. 931-37*.

II. – Les modalités de transmission des états mentionnés au I à l'Autorité de contrôle prudentiel et de résolution sont définies par *(Décr. n° 2015-1857 du 30 déc. 2015, art. 3-4°, en vigueur le 1er janv. 2016)* « **cette Autorité.** »

III. – Les données collectées ne peuvent être communiquées que dans les conditions fixées par l'article 7 *bis* de la loi n° 51-711 du 7 juin 1951 sur l'obligation, la coordination et le secret en matière de statistiques.

Les dispositions du Décr. n° 2012-454 du 4 avr. 2012 sont applicables à compter de la remise, au 30 avr. 2012, des états statistiques relatifs à l'exercice 2011 (Décr. préc., art. 3).

V. annexes à l'art. D. 931-37 reproduites sur Dalloz.fr et sur les applications mobiles Dalloz.

TITRE CINQUIÈME CONTRÔLE DES INSTITUTIONS

(Décr. n° 2005-83 du 2 févr. 2005)

Art. D. 951-1 (Abrogé par Décr. n° 2015-1857 du 30 déc. 2015, art. 2, à compter du 1er janv. 2016) ***Les organismes soumis au contrôle de l'Autorité de contrôle prudentiel et de résolution en vertu de l'article L. 510-1 du code de la mutualité et du premier alinéa de l'article L. 951-1 du présent code communiquent aux organismes chargés du recouvrement des cotisations du régime général de sécurité sociale désignés par ce même article, en même temps qu'ils versent la contribution instituée à l'article L. 310-12-4 du code des assurances au titre des cotisations recouvrées au cours de l'année civile précédente, les éléments nécessaires à la détermination de l'assiette servant de base de calcul de la contribution.***

L'arrêté prévu à l'article L. 951-1 du présent code est pris par le ministre chargé de la sécurité sociale.

Art. D. 951-2 (Abrogé par Décr. n° 2015-1857 du 30 déc. 2015, art. 2, à compter du 1er janv. 2016) ***Le produit de la contribution instituée à l'article L. 310-12-4 du code des assurances due par les organismes mentionnés à l'article D. 951-1 est centralisé par l'Agence centrale des organismes de sécurité sociale et versé par cette dernière à l'Autorité de contrôle prudentiel et de résolution dans les conditions fixées par convention entre l'agence et l'Autorité.***

ANNEXE : *AU LIVRE IX du code de la sécurité sociale*

DISPOSITIONS RELATIVES À LA PROTECTION SOCIALE COMPLÉMENTAIRE DES SALARIÉS ET INSTITUTIONS À CARACTÈRE PARITAIRE

(Arr. du 20 mai 1996)

TITRE TROISIÈME INSTITUTIONS DE PRÉVOYANCE ET OPÉRATIONS DE CES INSTITUTIONS

CHAPITRE PREMIER INSTITUTIONS DE PRÉVOYANCE

SECTION PREMIÈRE DISPOSITIONS GÉNÉRALES

SOUS-SECTION 1 DISPOSITIONS PRÉLIMINAIRES

Art. A. 931-1-1 *(Arr. du 20 mai 1996)* **Le règlement, le contrat ou la convention qu'une institution de prévoyance propose, dans le cadre des opérations mentionnées au second alinéa de l'article R. 931-1-1, à ses membres adhérents au profit de leurs salariés ou à ses membres participants détermine les droits et obligations de ceux-ci. Ces mêmes documents précisent les modalités selon lesquelles les membres participants de l'institution peuvent bénéficier des participations aux excédents ou aux bénéfices que l'institution, la mutuelle ou la société d'assurance pour le compte de laquelle l'institution agit attribue à celle-ci dans les conditions fixées par les lois et règlements applicables.**

Art. A. 931-1-2 *(Arr. du 20 mai 1996)* **Pour la mise en œuvre des opérations mentionnées au second alinéa de l'article R. 931-1-1, les institutions de prévoyance mentionnent en caractères très apparents dans les différents documents contractuels, d'information ou publicitaires relatifs à ces opérations la nature juridique, la dénomination sociale et l'adresse de l'institution, de la mutuelle ou de la société d'assurance qui délivre la garantie.**

Art. A. 931-1-3 *(Arr. du 20 mai 1996)* **Les dispositions des articles A. 931-1-1 et A. 931-1-2 ne s'appliquent aux unions d'institutions de prévoyance que pour les opérations que celles-ci réalisent dans le cadre des dispositions du second alinéa de l'article R. 931-1-1.**

SOUS-SECTION 2 CONSTITUTION

Art. A. 931-1-4 *(Arr. du 20 mai 1996)* **Le nombre des membres participants des institutions qui se constituent dans le cadre du *a* de l'article R. 931-1-3 ne peut être inférieur à 5 000.**

Le nombre des membres participants des institutions qui se constituent dans le cadre du *b* de l'article précité ne peut être inférieur à 2 000. Lorsque le nombre des membres participants est, pendant trois exercices consécutifs, inférieur à ce seuil, les opérations de l'institution sont transférées dans un délai de six mois à une institution de prévoyance conformément aux dispositions de l'article L. 931-16.

Le nombre des membres participants des institutions qui se constituent dans le cadre du *c* de l'article précité ne peut être inférieur à 5 000 et celui des membres adhérents à cinq entreprises. Les sociétés contrôlées dans les conditions définies au chapitre III du titre III du livre II du code de commerce ne sont pas considérées comme des entreprises au sens du présent alinéa.

Art. A. 931-1-5 *(Arr. du 20 mai 1996)* **Les unions d'institutions de prévoyance mentionnées à l'article L. 931-2 ne sont valablement constituées que si elles groupent un nombre d'institutions de prévoyance membres au moins égal à quatre et un nombre total de participants au moins égal à 50 000. Lorsque le nombre des membres parti-**

cipants est, pendant trois exercices consécutifs, inférieur à ce seuil ou lorsque le nombre des institutions membres tombe en dessous de quatre, les opérations de l'union sont transférées dans un délai de six mois soit aux institutions qui en sont membres, soit à une institution de prévoyance, une union d'institutions ou une société d'assurance conformément aux dispositions de l'article L. 931-16.

Art. A. 931-1-6 *(Arr. du 20 mai 1996)* Les projets de statuts des institutions de prévoyance et de leurs unions mentionnés à l'article R. 931-1-5 doivent notamment indiquer :

a) L'objet, le siège, la dénomination de l'institution ou de l'union et préciser la ou les branches ou sous-branches d'activité pour lesquelles elle est agréée et, le cas échéant, la ou les professions ou le secteur géographique où elle réalise ses opérations ;

b) Le montant du fonds d'établissement constitué dans les conditions fixées aux articles R. 931-1-6 et R. 931-1-7.

Art. A. 931-1-7 *(Arr. du 4 avr. 2000)* Les statuts peuvent prévoir que le fonds d'établissement peut être constitué et alimenté, en totalité ou en partie, par le versement d'un droit d'adhésion ou d'un droit annuel de participation à son alimentation par chacun des membres adhérents ou participants ou par certaines catégories d'entre eux. Dans ce cas, les statuts déterminent les montants maximums et les modes de calcul du droit d'adhésion et du droit de participation.

Les institutions de prévoyance qui constituent ou adhèrent à une union d'institutions de prévoyance peuvent être tenues, selon les modalités fixées par les statuts de l'union, de contribuer à la constitution de son fonds d'établissement et, le cas échéant, à l'alimentation de son fonds de développement.

SOUS-SECTION 3 UNIONS D'INSTITUTIONS DE PRÉVOYANCE

Art. A. 931-1-8 *(Arr. du 4 avr. 2000)* Les statuts de l'union déterminent les conditions dans lesquelles celle-ci contrôle l'application et le respect, par chaque institution membre, de la ou des conventions qu'elle a conclues avec l'union et, plus généralement, de ses obligations vis-à-vis de l'union.

SOUS-SECTION 4 LES SOCIÉTÉS DE GROUPE ASSURANTIEL DE PROTECTION SOCIALE

(Arr. du 24 juill. 2015, art. 1er)

Art. A. 931-1-9 Les statuts des sociétés de groupe assurantiel de protection sociale comportent notamment les mentions suivantes :

a) L'objet, le siège, la dénomination de la société de groupe assurantiel de protection sociale ;

b) Le montant du fonds d'établissement mentionné à l'article R. 931-1-16, dont les modalités d'alimentation peuvent être déterminées statutairement.

Art. A. 931-1-10 Les articles A. 931-3-3, A. 931-3-4, A. 931-3-6, A. 931-3-7, A. 931-3-8 et A. 931-3-9 s'appliquent aux sociétés de groupe assurantiel de protection sociale.

Pour l'application de ces dispositions, il faut entendre : "société de groupe assurantiel de protection sociale" là où est mentionnée : "l'institution de prévoyance" ou "l'union d'institutions de prévoyance" et *[,]* pour l'application du A. 931-3-9, il faut entendre : "l'assemblée générale mentionnée au *b* de l'article R. 931-1-16" là où est mentionné-*[mentionnée]* : "l'assemblée générale ordinaire telle que définie à l'article A. 931-3-10".

Art. A. 931-1-11 Le procès-verbal de la séance du conseil d'administration de la société de groupe assurantiel de protection sociale indique le nom des administrateurs présents, représentés, excusés ou absents. Il fait état de la présence ou de l'absence des personnes convoquées à la réunion du conseil d'administration en vertu d'une disposition légale ou réglementaire et de la présence de toute autre personne ayant assisté à tout ou partie de la réunion. Il fait également état de la survenance éventuelle d'un incident technique relatif à un moyen de visioconférence ou de télécommunication lorsqu'il a perturbé le déroulement de la séance.

Le procès-verbal est revêtu de la signature du président. En cas d'empêchement du président de séance, il est signé par deux administrateurs au moins, dont le vice-président si le conseil d'administration en a élu un.

SECTION II AGRÉMENT ADMINISTRATIF

Art. A. 931-2-1 et A. 931-2-2 *Abrogés par Arr. du 30 déc. 2015, art. 1er-I-1°, à compter du 1er janv. 2016.*

Art. A. 931-2-3 à A. 931-2-7 *Abrogés par Arr. du 22 déc. 2005, art. 2-II.*

SECTION III FONCTIONNEMENT

(Arr. du 4 avr. 2000)

SOUS-SECTION 2 GOUVERNANCE

A compter du 1er janv. 2016, la ss.-sect. 1 devient la ss.-sect. 2 intitulée « Gouvernance » (Arr. du 30 déc. 2015, art. 1er-I-2°).

§ 1er COMPOSITION DU CONSEIL D'ADMINISTRATION

Art. A. 931-3-1 Les fonctions d'administrateur prennent fin, selon le cas, à l'issue de la réunion de la commission paritaire ou de l'assemblée générale ordinaires, telles que définies à l'article A. 931-3-10, ayant statué sur les comptes de l'exercice écoulé et tenue dans l'année au cours de laquelle expire le mandat dudit administrateur.

§ 2 ATTRIBUTIONS ET FONCTIONNEMENT DU CONSEIL D'ADMINISTRATION

Art. A. 931-3-2 Les statuts de l'institution de prévoyance ou de l'union d'institutions de prévoyance déterminent les règles relatives à la convocation et aux délibérations du conseil d'administration.

Ils prévoient également que, lorsque le conseil d'administration ne s'est pas réuni depuis plus de quatre mois, des administrateurs constituant le tiers du conseil d'administration peuvent convoquer le conseil, en indiquant l'ordre du jour de la séance.

Art. A. 931-3-3 Il est tenu un registre de présence qui est signé par les administrateurs participant à la séance du conseil d'administration.

Art. A. 931-3-4 Les délibérations du conseil d'administration sont constatées par des procès-verbaux établis sur un registre spécial tenu au siège social et coté et paraphé soit par un juge du tribunal de grande instance, soit par un juge du tribunal d'instance, soit par le maire de la commune du siège social ou un adjoint au maire, dans la forme ordinaire et sans frais.

Toutefois, les procès-verbaux peuvent être également établis sur des feuilles mobiles numérotées sans discontinuité, paraphées dans les conditions prévues à l'alinéa précédent et revêtues du sceau de l'autorité qui les a paraphées. Dès qu'une feuille a été remplie, même partiellement, elle doit être jointe à celles précédemment utilisées. Toute addition, suppression ou interversion de feuilles est interdite.

Art. A. 931-3-5 Le procès-verbal de la séance indique le nom des administrateurs présents, représentés, excusés ou absents. Il fait état de la présence ou de l'absence des personnes convoquées à la réunion du conseil d'administration en vertu d'une disposition légale ou réglementaire et de la présence de toute autre personne ayant assisté à tout ou partie de la réunion.

Le procès-verbal est revêtu de la signature du président et du vice-président du conseil d'administration. En cas d'empêchement du président, le vice-président présidant le conseil d'administration, le procès-verbal est revêtu de la signature de ce dernier et de celle d'un administrateur appartenant à l'autre collège.

Art. A. 931-3-6 Les copies ou extraits de procès-verbaux des délibérations sont valablement certifiés par le président du conseil d'administration ou le vice-président ou, en cas d'empêchement, par tout administrateur.

Au cours de la liquidation de l'institution de prévoyance ou de l'union d'institutions de prévoyance, ces copies ou extraits sont valablement certifiés par un seul liquidateur.

Art. A. 931-3-7 Il est suffisamment justifié du nombre des administrateurs en exercice ainsi que de leur présence ou de leur représentation à une séance du conseil d'administration, par la production d'une copie ou d'un extrait du procès-verbal.

§ 4 CONVENTIONS RÉGLEMENTÉES

A compter du 1er janv. 2016, le § 3 devient le § 4 intitulé « Conventions réglementées » (Arr. du 30 déc. 2015, art. 1er-I-2°).

Art. A. 931-3-8 Lorsque l'exécution de conventions conclues et autorisées en application de l'article R. 931-3-24 au cours d'exercices antérieurs a été poursuivie au cours du dernier exercice, les commissaires aux comptes sont informés de cette situation dans le délai d'un mois à compter de la clôture de l'exercice.

Art. A. 931-3-9 Le rapport spécial des commissaires aux comptes prévu au troisième alinéa de l'article R. 931-3-27 contient :

– l'énumération des conventions soumises à l'approbation, selon les cas, de la commission paritaire ou de l'assemblée générale ordinaires telles que définies à l'article A. 931-3-10 ;

– le nom des dirigeants intéressés ;

– la nature et l'objet desdites conventions ;

– les modalités essentielles de ces conventions afin de permettre aux membres de la commission paritaire ou de l'assemblée générale ordinaires d'apprécier l'intérêt qui s'attachait à la conclusion des conventions analysées ;

– l'importance des fournitures livrées ou des prestations de service fournies ainsi que le montant des sommes versées ou reçues au cours de l'exercice, en exécution des conventions visées à l'article A. 931-3-8.

§ 5 DISPOSITIONS GÉNÉRALES ET ATTRIBUTIONS DE LA COMMISSION PARITAIRE, DE L'EMPLOYEUR ET DE L'ASSEMBLÉE GÉNÉRALE *(Arr. du 30 déc. 2015, art. 1er-I-2°, en vigueur le 1er janv. 2016).*

A compter du 1er janv. 2016, le § 1er devient le § 5 intitulé « Dispositions générales et attributions de la commission paritaire, de l'employeur et de l'assemblée générale » comprenant les art. A. 931-3-10 à A. 931-3-17 (Arr. du 30 déc. 2015, art. 1er-I-2°, en vigueur le 1er janv. 2016).

Art. A. 931-3-10 Sont qualifiées, au sens du présent chapitre, de commission paritaire ou d'assemblée générale ordinaires, la commission paritaire ou l'assemblée générale qui se réunissent pour exercer les attributions définies à l'article R. 931-3-31 et se prononcent conformément aux dispositions du dernier alinéa du même article pour la commission paritaire et du deuxième alinéa de l'article R. 931-3-41 pour l'assemblée générale.

Sont qualifiées, au sens du présent chapitre, de commission paritaire ou d'assemblée générale extraordinaires, la commission paritaire ou l'assemblée générale qui se réunissent pour exercer les attributions définies à l'article R. 931-3-30 et se prononcent conformément aux dispositions du second alinéa du même article pour la commission paritaire et du premier alinéa de l'article R. 931-3-41 pour l'assemblée générale.

Art. A. 931-3-11 Le rapport de gestion du conseil d'administration, mentionné au quatrième alinéa de l'article R. 931-3-31, doit exposer de manière claire et précise la situation de l'institution ou de l'union et son activité au cours de l'exercice écoulé, les résultats de cette activité, les conditions dans lesquelles l'institution ou l'union garantit les engagements qu'elle prend vis-à-vis des membres participants, bénéficiaires et ayants droit, les progrès réalisés, les difficultés rencontrées et l'évolution prévisible de l'institution ou de l'union et ses perspectives d'avenir.

Au rapport visé à l'alinéa précédent est joint un tableau faisant apparaître les résultats de l'institution ou de l'union au cours de chacun des cinq derniers exercices, ou de chacun des exercices clos depuis la constitution de l'institution, ou de l'union ou l'absorption par celle-ci d'une autre institution ou union, s'ils sont inférieurs à cinq.

Art. A. 931-3-12 Les statuts des institutions de prévoyance relevant du *a* ou du *b* de l'article R. 931-1-3 prévoient les modalités de désignation du secrétaire qui assure la convocation des membres de la commission paritaire et la rédaction du procès-verbal de ses réunions.

Ils prévoient également que le procès-verbal des délibérations de la commission paritaire indique la date et le lieu de la réunion et comporte la liste des membres présents ainsi que les documents et rapports présentés, le compte rendu ou un résumé des débats, le texte des résolutions mises aux voix et le résultat des votes. Le procès-verbal de la commission paritaire est signé par au moins un membre d'une organisation syndicale d'employeurs et un membre d'une organisation syndicale de salariés. Les dispositions du dernier alinéa de l'article A. 931-3-29 et de l'article A. 931-3-31 sont également applicables.

Art. A. 931-3-13 Pour la réunion de la commission paritaire ou de l'assemblée générale ordinaires, l'institution de prévoyance ou l'union d'institutions de prévoyance adresse à chacun des membres de celles-ci ou met à leur disposition, dans les conditions prévues aux articles A. 931-3-15 et A. 931-3-16, les renseignements suivants contenus dans un ou plusieurs documents :

1° L'ordre du jour ;

2° Le texte et l'exposé des motifs des projets de délibérations ou de résolutions présentés ;

3° Le rapport de gestion du conseil d'administration dont le contenu est fixé à l'article A. 931-3-11 ;

4° Lorsque l'ordre du jour comporte l'approbation des comptes annuels : les comptes annuels, un tableau des affectations de résultat ainsi que le tableau mentionné au second alinéa de l'article A. 931-3-11 ;

5° Les rapports des commissaires aux comptes : rapport annuel et, le cas échéant, rapports spéciaux prévus aux articles R. 931-3-27 et R. 931-3-59 ;

6° *(Arr. du 30 déc. 2015, art. 1er-I-2°, en vigueur le 1er janv. 2016)* « Les nom, prénom usuel des administrateurs, du directeur général et/ou des directeurs généraux délégués de l'institution ou de l'union » ainsi que, le cas échéant, l'indication des personnes morales dans lesquelles ces personnes exercent des fonctions de gestion, de direction, d'administration ou de surveillance et qui soit appartiennent au même groupement que l'institution ou l'union, soit ont passé convention avec l'institution ou l'union ;

7° Lorsque l'ordre du jour comporte la désignation ou l'élection d'administrateurs ou le renouvellement de leur mandat, les nom, prénom usuel et âge des candidats ainsi que leurs fonctions professionnelles au cours des cinq dernières années au sein d'institutions régies par le livre IX du code de la sécurité sociale, de mutuelles régies par le code de la mutualité et d'entreprises d'assurances régies par le code des assurances ou dans le cadre d'activités régies par le livre V de ce dernier code ;

8° Pour la réunion de l'assemblée générale, une formule de procuration à un autre membre du même collège et une formule de vote par correspondance ;

9° Une formule de demande d'envoi des documents visés au présent article.

Par dérogation aux dispositions du premier alinéa, lorsque l'assemblée générale est constituée de l'ensemble des membres adhérents et des membres participants, l'institution de prévoyance peut mettre les renseignements et documents à leur disposition dans les conditions prévues aux articles A. 931-3-15 et A. 931-3-16. Elle adresse individuellement aux membres adhérents et participants la liste de ces documents ainsi qu'une formule de demande d'envoi des documents mentionnés au présent article.

Art. A. 931-3-14 Pour la réunion de la commission paritaire ou de l'assemblée générale extraordinaires et lorsque l'employeur consulte les intéressés, l'institution de prévoyance ou l'union d'institutions de prévoyance adresse à chacun des membres de la commission paritaire, de l'assemblée générale ou des intéressés ou met à leur disposition, dans les conditions prévues aux articles A. 931-3-15 et A. 931-3-16, les renseignements mentionnés aux 1°, 2°, 6°, 8° et 9° de l'article A. 931-3-13, le ou les rapports spéciaux des commissaires aux comptes mentionnés au 5° de l'article A. 931-3-13 ainsi que le rapport du conseil d'administration relatif à ces réunions ou à cette consultation, l'exposé sommaire de la situation de l'institution ou de l'union au cours de l'exercice écoulé et le tableau mentionné au second alinéa de l'article A. 931-3-11.

Art. A. 931-3-15 A compter, selon les cas, de la convocation de la commission paritaire ou de l'assemblée générale et jusqu'au cinquième jour inclusivement avant la réunion, tout membre de celles-ci peut demander à l'institution ou à l'union de lui envoyer à l'adresse qu'il indique les documents et renseignements mentionnés soit à l'article A. 931-3-13 soit à l'article A. 931-3-14. L'institution ou l'union est tenue de procéder à cet envoi avant la réunion et à ses frais. Les dispositions du présent article relatives aux documents et renseignements mentionnés à l'article A. 931-3-14 s'appliquent dans les mêmes conditions aux intéressés à compter de la date à laquelle l'employeur les informe de son intention de les consulter.

Art. A. 931-3-16 A compter, selon les cas, de la convocation de la commission paritaire ou de l'assemblée générale ordinaires ou extraordinaires ou de l'information adressée par l'employeur aux intéressés de son intention de les consulter et au moins pendant le délai de quinze jours qui précède la date de la réunion ou de la consultation, tout membre de la commission paritaire ou de l'assemblée générale ou tout intéressé a le droit de prendre, au siège social ou au lieu de la direction administrative, connaissance des documents et renseignements mentionnés soit à l'article A. 931-3-13, soit à l'article A. 931-3-14 ainsi que, dans tous les cas, des documents suivants :

1° L'inventaire, les comptes annuels ainsi que les rapports du conseil d'administration et des commissaires aux comptes qui seront soumis à la commission paritaire, à l'assemblée générale ou aux intéressés ;

2° La liste des membres de la commission paritaire, de l'assemblée générale ou des intéressés arrêtée le seizième jour qui précède la réunion ou la consultation ;

3° Le montant global, certifié exact par les commissaires aux comptes, des rémunérations versées aux personnes les mieux rémunérées, le nombre de ces personnes étant de dix ou de cinq selon que l'effectif du personnel excède ou non deux cents salariés ;

4° Le montant global, certifié par les commissaires aux comptes, des sommes ouvrant droit aux déductions fiscales visées à l'article 238 *bis* AA du code général des impôts ainsi que la liste des actions nominatives de parrainage et de mécénat.

Il ne peut être pris connaissance, aux mêmes lieux, du rapport du commissaire aux comptes que pendant le délai de quinze jours mentionné au précédent alinéa.

Sauf en ce qui concerne l'inventaire, le droit de prendre connaissance emporte celui de prendre copie.

Art. A. 931-3-17 Tout membre adhérent ou participant d'une institution de prévoyance ou d'une union d'institutions de prévoyance a le droit d'obtenir, à toute époque, communication des renseignements et documents énumérés aux articles A. 931-3-13, A. 931-3-14, A. 931-3-16 et A. 931-4-5 concernant les trois derniers exercices, ainsi que des procès-verbaux et feuilles de présence des commissions paritaires, des assemblées générales et de la consultation des intéressés par l'employeur tenues ou organisées au cours de ces trois derniers exercices.

§ 6 COMPOSITION ET FONCTIONNEMENT DES ASSEMBLÉES GÉNÉRALES

A compter du 1er janv. 2016, le § 2 devient le § 6 intitulé « Composition et fonctionnement des assemblées générales » et comprenant les art. A. 931-3-18 à A. 931-3-31 (Arr. du 30 déc. 2015, art. 1er-I-2°).

Art. A. 931-3-18 Sous réserve des dispositions des articles A. 931-3-19 à A. 931-3-22, les statuts de l'institution de prévoyance ou de l'union d'institutions de prévoyance fixent les règles de convocation de l'assemblée générale.

Art. A. 931-3-19 La convocation des membres de l'assemblée générale se fait par *(Arr. du 29 mars 2018, art. 1er-1°, en vigueur le 1er avr. 2018)* « support papier ou tout autre support durable adressé » à chacun de ses membres. En ce qui concerne les membres participants salariés affiliés à l'institution ou à l'union sur la base d'une opération collective telle que définie aux articles L. 932-1 et L. 932-14, les statuts peuvent prévoir que *(Arr. du 29 mars 2018, art. 1er-2°, en vigueur le 1er avr. 2018)* « les convocations sont communiquées » aux intéressés, au nom de l'institution de prévoyance ou de l'union d'institutions de prévoyance, par leur employeur.

Art. A. 931-3-20 La *(Abrogé par Arr. du 29 mars 2018, art. 2, à compter du 1er avr. 2018) « lettre de »* convocation de l'assemblée générale indique la dénomination sociale de l'institution de prévoyance ou de l'union d'institutions de prévoyance, éventuellement suivie de son sigle, l'adresse du siège social, les jour, heure et lieu de sa tenue ainsi que sa nature ordinaire ou extraordinaire et son ordre du jour.

Sous réserve des questions diverses qui ne doivent présenter qu'une minime importance, les questions inscrites à l'ordre du jour sont libellées de telle sorte que leur contenu et leur portée apparaissent clairement, sans qu'il y ait lieu de se reporter à d'autres documents.

La *(Abrogé par Arr. du 29 mars 2018, art. 2, à compter du 1er avr. 2018) « lettre de »* convocation de l'assemblée générale indique les conditions dans lesquelles les membres de celle-ci peuvent voter par correspondance et les lieux et les conditions dans lesquelles ils peuvent obtenir les formulaires nécessaires et les documents qui y sont annexés.

Art. A. 931-3-21 Le délai entre la date de l'envoi des *(Arr. du 29 mars 2018, art. 3, en vigueur le 1er avr. 2018)* « convocations » à l'assemblée générale et la date de tenue de celle-ci est d'au moins quinze jours sur première convocation et de six jours sur deuxième convocation. En cas d'ajournement par décision de justice, le juge peut fixer un délai différent.

Art. A. 931-3-22 Lorsqu'une assemblée n'a pu délibérer régulièrement, faute de quorum requis, la deuxième assemblée est convoquée dans les formes prévues à l'article A. 931-3-19 et la *(Abrogé par Arr. du 29 mars 2018, art. 4, à compter du 1er avr. 2018) « lettre de »* convocation rappelle la date de la première.

Art. A. 931-3-23 Les statuts prévoient que les demandes d'inscription à l'ordre du jour d'une assemblée générale de projets de résolution doivent être adressées par lettre recommandée *(Arr. du 29 mars 2018, art. 5, en vigueur le 1er avr. 2018)* « ou par envoi recommandé électronique, avec demande d'avis de réception, » au président du conseil d'administration de l'institution de prévoyance ou de l'union d'institutions de prévoyance cinq jours au moins avant la date de réunion de l'assemblée générale. Le président du conseil d'administration ne peut refuser l'inscription d'un projet de résolution à l'ordre du jour que lorsque celui-ci n'entre pas dans l'objet social de l'institution ou de l'union.

Art. A. 931-3-24 Le président du conseil d'administration de l'institution de prévoyance ou de l'union d'institutions de prévoyance ou, en cas d'empêchement, le vice-président, accuse réception, par lettre recommandée *(Arr. du 29 mars 2018, art. 6, en vigueur le 1er avr. 2018)* « ou par envoi recommandé électronique », des projets de résolution dans le délai de cinq jours à compter de cette réception. Ces projets de résolution sont inscrits à l'ordre du jour et soumis au vote de l'assemblée.

Art. A. 931-3-25 Les statuts prévoient qu'à compter de la convocation de l'assemblée générale, un formulaire de vote par correspondance et ses annexes sont remis ou adressés, aux frais de l'institution ou de l'union, à tout membre de l'assemblée qui en fait la demande. L'institution ou l'union doit faire droit à toute demande déposée ou reçue au siège social au plus tard six jours avant la date de la réunion.

Le formulaire de vote par correspondance doit permettre un vote sur chacune des résolutions, dans l'ordre de leur présentation. Il doit offrir à chaque membre de l'assemblée générale la possibilité d'exprimer sur chaque résolution un vote favorable ou défavorable à son adoption ou sa volonté de s'abstenir de voter. Il doit également informer chaque membre que toute abstention exprimée dans le formulaire ou résultant de l'absence d'indication de vote sera assimilée à un vote défavorable à l'adoption de la résolution. Sont annexés au formulaire le texte des résolutions proposées accompagné d'un exposé des motifs et une demande d'envoi des documents et renseignements énumérés, selon les cas, aux articles A. 931-3-13 et A. 931-3-14. Les statuts des institutions de prévoyance et de leurs unions déterminent le contenu du formulaire de vote par correspondance.

Le formulaire de vote adressé à l'institution ou à l'union vaut pour les assemblées successives convoquées avec le même ordre du jour. Il comporte l'indication de la date avant laquelle, conformément aux statuts, il doit être reçu par l'institution ou l'union pour qu'il en soit tenu compte. La date après laquelle il ne sera plus tenu compte des formulaires de vote reçus par l'institution ou l'union ne peut être antérieure de plus de trois jours à la date de réunion de l'assemblée, sauf délai plus court prévu par les statuts.

Art. A. 931-3-26 Les statuts prévoient que tout membre d'une assemblée générale qui se fait représenter à celle-ci doit signer la procuration qu'il donne et indiquer ses nom, prénom usuel et domicile. Le mandat est donné pour une seule assemblée. Il peut cependant être donné pour deux assemblées, l'une ordinaire, l'autre extraordinaire tenues le même jour ou dans un délai d'un mois. Le mandat donné pour une assemblée vaut pour les assemblées successives convoquées avec le même ordre du jour. A toute formule de vote par procuration, adressée aux membres de l'assemblée par l'institution ou l'union, doivent être joints le texte des résolutions proposées accompagné d'un exposé des motifs et une demande d'envoi des documents et renseignements énumérés, selon les cas, aux articles A. 931-3-13 et A. 931-3-14.

Art. A. 931-3-27 Les statuts des institutions de prévoyance et de leurs unions déterminent la composition du bureau de l'assemblée, l'organisation des scrutins ainsi que les modalités selon lesquelles sont constatés les présences, les procurations et les votes par correspondance.

Art. A. 931-3-28 L'assemblée générale est présidée par le président du conseil d'administration ou, à défaut, le vice-président ou, en leur absence, par la personne prévue par les statuts. A défaut l'assemblée élit elle-même son président.

En cas de convocation par les commissaires aux comptes ou par les liquidateurs, l'assemblée est présidée par celui ou l'un de ceux qui l'ont convoquée.

Art. A. 931-3-29 Le procès-verbal des délibérations de l'assemblée générale indique la date et le lieu de réunion, les documents et rapports présentés ainsi qu'un résumé des débats. Ce procès-verbal comporte, en outre, le mode de convocation, l'ordre du jour, la composition du bureau de l'assemblée, le nombre de membres, par collège, présents ou représentés et le quorum atteint ainsi que le texte des délibérations qui ont été mises aux voix et le résultat des votes.

Le procès-verbal de l'assemblée générale est signé par les membres de son bureau.

Les procès-verbaux sont établis sur un registre spécial tenu au siège social dans les conditions prévues à l'article A. 931-3-4.

Art. A. 931-3-30 Si, à défaut du quorum requis, une assemblée ne peut délibérer régulièrement, il en est dressé procès-verbal par le bureau de ladite assemblée.

Art. A. 931-3-31 Les copies ou extraits des procès-verbaux des assemblées générales sont valablement certifiés soit par le président ou le vice-président du conseil d'administration, soit par deux administrateurs choisis dans l'un et l'autre des collèges.

En cas de liquidation de l'institution ou de l'union d'institutions de prévoyance, ils sont valablement certifiés par un seul liquidateur.

SOUS-SECTION 3 **RÉGIME PRUDENTIEL ET FINANCIER** *(Arr. du 30 déc. 2015, art. 1er-I-2°, en vigueur le 1er janv. 2016).*

A compter du 1er janv. 2016, la ss.-sect. 4 devient la ss.-sect. 3 intitulée « Régime prudentiel et financier » et comprenant les art. A. 931-3-32 à A. 931-3-37 (Arr. du 30 déc. 2015, art. 1er-I-2°).

Art. A. 931-3-32 Si plusieurs commissaires aux comptes sont en fonction, ils peuvent procéder séparément à leurs investigations, vérifications et contrôles, mais ils établissent un rapport commun.

En cas de désaccord entre les commissaires, le rapport indique les différentes opinions exprimées.

Art. A. 931-3-33 Les commissaires aux comptes doivent établir et déposer au siège social le rapport spécial prévu au troisième alinéa de l'article R. 931-3-27 un mois au moins avant la réunion de la commission paritaire ou de l'assemblée générale ordinaires.

Art. A. 931-3-34 Les statuts prévoient que les commissaires aux comptes sont convoqués, selon les cas, à toute commission paritaire ou assemblée générale au plus tard lors de la convocation des membres de celles-ci. Ils sont convoqués, s'il y a lieu, à une réunion du conseil d'administration en même temps que les administrateurs eux-mêmes. La convocation des commissaires aux comptes est faite par lettre recommandée avec demande d'avis de réception.

Art. A. 931-3-35 Dans le rapport qu'ils présentent à la commission paritaire ou à l'assemblée générale ordinaires, les commissaires aux comptes :

1. Déclarent :

a) Soit certifier que les comptes de l'exercice sont réguliers et sincères et qu'ils donnent une image fidèle du résultat des opérations de l'exercice écoulé ainsi que de la situation financière et du patrimoine de l'institution de prévoyance ou de l'union d'institutions de prévoyance en formulant, s'il y a lieu, toutes observations utiles ;

b) Soit assortir la certification de réserves ;

c) Soit refuser la certification des comptes.

Dans ces deux derniers cas, les commissaires aux comptes précisent les motifs de leurs réserves ou de leur refus ;

2. Font état de leurs observations sur la sincérité et la concordance avec les comptes annuels des informations données dans le rapport de gestion de l'exercice.

Art. A. 931-3-36 Les statuts prévoient que le commissaire aux comptes ne peut convoquer les membres de la commission paritaire qu'après avoir vainement requis leur convocation du secrétaire de celle-ci par lettre recommandée avec demande d'avis de réception. Il ne peut convoquer l'assemblée générale qu'après avoir vainement requis sa convocation du président du conseil d'administration ou, en cas d'empêchement de ce dernier, du vice-président par lettre recommandée avec demande d'avis de réception.

Lorsqu'il procède à cette convocation, le commissaire aux comptes fixe l'ordre du jour et peut, pour des motifs déterminants, choisir un lieu de réunion autre que celui éventuellement prévu par les statuts, mais situé dans le même département ou la même région. Il expose les motifs de la convocation, dans un rapport lu à la commission paritaire ou à l'assemblée.

En cas de pluralité de commissaires aux comptes, ils agissent d'accord entre eux. S'ils sont en désaccord sur l'opportunité de convoquer la commission paritaire ou l'assemblée, l'un d'eux peut demander au président du tribunal de grande instance, statuant en référé, l'autorisation de procéder à cette convocation, les autres commissaires et, selon les cas, le secrétaire de la commission paritaire ou le président et le vice-président du conseil d'administration dûment appelés. L'ordonnance du président, qui fixe l'ordre du jour, n'est susceptible d'aucune voie de recours.

Dans tous les cas, les frais entraînés par la réunion de la commission paritaire ou de l'assemblée sont à la charge de l'institution de prévoyance ou de l'union d'institutions de prévoyance.

Art. A. 931-3-37 L'information prévue à l'article R. 931-3-59 porte sur tout fait que le commissaire aux comptes relève lors de l'examen des documents qui lui sont communiqués ou sur tout fait dont il a connaissance à l'occasion de l'exercice de sa mission.

Le président et le vice-président du conseil d'administration répondent par lettre recommandée avec demande d'avis de réception dans les quinze jours qui suivent la réception de l'information mentionnée ci-dessus.

L'invitation du commissaire aux comptes à faire délibérer le conseil d'administration est formulée par lettre recommandée avec demande d'avis de réception dans les huit jours qui suivent la réponse du président et du vice-président ou la constatation de l'absence de réponse dans les délais prévus à l'alinéa précédent. Dans ce cas, le président et le vice-président convoquent, dans les huit jours qui suivent la réception de la lettre du commissaire aux comptes, le conseil d'administration sur les faits relevés, en vue de le faire délibérer dans les quinze jours qui suivent la réception de cette lettre.

Un extrait du procès-verbal des délibérations du conseil d'administration est adressé au commissaire aux comptes et au comité d'entreprise dans les huit jours qui suivent cette réunion. Le commissaire aux comptes informe, sans délai, le président de la juridiction compétente du déroulement de cette procédure par lettre remise en mains propres contre récépissé au président ou à son délégataire, ou par lettre recommandée avec demande d'avis de réception.

Le rapport rédigé par le commissaire aux comptes en application du troisième alinéa de l'article R. 931-3-59 est transmis au président et au vice-président du conseil d'administration dans les quinze jours qui suivent la réception de la délibération du conseil d'administration par lettre recommandée avec demande d'avis de réception. Le rapport du commissaire aux comptes est communiqué par le président et le vice-président du conseil d'administration au comité d'entreprise dans les quinze jours qui suivent la réception de ce rapport.

Lorsqu'en application du dernier alinéa de l'article R. 931-3-59 le commissaire aux comptes informe de ses démarches le président de la juridiction compétente, cette information doit être faite sans délai par lettre recommandée avec demande d'avis de réception. Elle comporte la copie de tous les documents utiles à l'information du président du tribunal ainsi que l'exposé des raisons qui l'ont conduit à constater l'insuffisance des décisions prises.

SECTION IV TRANSFERT DE PORTEFEUILLE — FUSION ET SCISSION

(Arr. du 4 avr. 2000)

SOUS-SECTION 1 TRANSFERT DE PORTEFEUILLE

Néant.

SOUS-SECTION 2 FUSION ET SCISSION

Art. A. 931-4-1 Le projet de fusion ou de scission prévu à l'article R. 931-4-5 contient les informations suivantes :

1° La dénomination et le siège social de toutes les institutions ou unions participantes ;

2° Les motifs, buts et conditions de la fusion ou de la scission ;

3° La désignation et l'évaluation de l'actif et du passif dont la transmission aux institutions ou unions absorbantes ou nouvelles est prévue ;

4° Les conséquences de la fusion ou de la scission sur la solvabilité des institutions ou unions participantes ;

5° Les dates auxquelles ont été arrêtés les comptes des institutions ou unions participantes utilisés pour établir les conditions de l'opération ;

6° La date à partir de laquelle les opérations de l'institution ou de l'union absorbée ou scindée seront, du point de vue comptable, considérées comme accomplies par la ou les institutions ou unions bénéficiaires des apports.

Art. A. 931-4-2 Au moins un mois avant la date de la première commission paritaire ou assemblée générale appelée à statuer sur l'opération ou de la première consultation des intéressés par l'employeur, le projet de fusion ou de scission prévu à l'article R. 931-4-5 fait l'objet d'un avis inséré dans un journal d'annonces légales du département du siège social, par chacune des institutions ou unions participantes à l'opération.

Cet avis contient les indications suivantes pour chacune des institutions et unions participant à l'opération :

1° La dénomination sociale suivie, le cas échéant, de son sigle et l'adresse du siège de chacune des institutions ou unions participant à l'opération ainsi que l'indication de la ou des branches d'activité pour lesquelles elles sont agréées ;

2° La dénomination sociale suivie, le cas échéant, de son sigle et l'adresse du siège des institutions ou unions nouvelles qui résulteront de l'opération ainsi que l'indication de la ou des branches d'activité pour lesquelles elles sont agréées ou pour lesquelles elles solliciteront l'agrément ;

3° L'évaluation de l'actif et du passif dont la transmission aux institutions ou unions absorbantes ou nouvelles est prévue ;

4° La date du projet de fusion ou de scission ainsi que les date et lieu des dépôts prescrits par l'article R. 931-4-5.

Art. A. 931-4-3 Le rapport du conseil d'administration prévu à l'article R. 931-4-6 explique et justifie le projet de manière détaillée, du point de vue juridique et technique, notamment en ce qui concerne les conséquences de la fusion ou de la scission sur la solvabilité des institutions ou unions absorbantes ou nouvelles et leurs perspectives de développement.

Art. A. 931-4-4 Les statuts prévoient qu'un ou plusieurs commissaires à la fusion ou à la scission désignés par le président du tribunal de grande instance sur requête conjointe des institutions ou unions concernées établissent sous leur responsabilité un rapport écrit sur les modalités de fusion ou de scission. Ils peuvent obtenir auprès de chaque institution ou union concernée communication de tous documents utiles et procéder à toutes vérifications nécessaires. Ils sont soumis à l'égard des institutions ou unions participantes aux incompatibilités prévues à l'article L. 225-224 du code de commerce. Les commissaires à la fusion ou à la scission sont obligatoirement choisis parmi les commissaires aux comptes inscrits sur la liste prévue à par l'article L. 225-219 du code de commerce *[devenu C. com., art. L. 822-1]*. Ils apprécient sous leur responsabilité la valeur de l'actif et du passif dont la transmission est prévue.

Le ou les rapports des commissaires à la fusion ou à la scission sont transmis et présentés par ces derniers aux membres des conseils d'administration des institutions ou unions concernées ainsi que, selon les cas, des membres de la commission paritaire, de l'employeur et des intéressés et des membres de l'assemblée générale.

Art. A. 931-4-5 Les statuts prévoient que toute institution de prévoyance ou union d'institutions de prévoyance participant à l'opération de fusion ou de scission doit mettre à la disposition de ses membres adhérents ou participants *(Abrogé par Arr. du 29 mars 2018, art. 7, à compter du 1er avr. 2018)* « *, au siège social,* » un mois au moins avant la date de l'assemblée générale, de la réunion de la commission paritaire ou de la consultation des intéressés par l'employeur relative à l'opération projetée les documents suivants :

1° Le projet de fusion ou de scission ;

2° Les rapports mentionnés à l'article R. 931-4-6 ainsi que le rapport des commissaires à la fusion ou à la scission ;

3° Les comptes annuels approuvés conformément aux dispositions *(Arr. du 30 déc. 2015, art. 1er-I-3°, en vigueur le 1er janv. 2016)* « de l'article R. 931-11-1 » ainsi que les rapports de gestion des trois derniers exercices des institutions ou unions participant à l'opération ;

4° Un état comptable établi selon les mêmes méthodes et suivant la même présentation que le dernier bilan annuel, arrêté à une date qui, si les derniers comptes annuels se rapportent à un exercice dont la fin est antérieure de plus de six mois à la date du projet de fusion ou de scission, doit être antérieure de moins de trois mois à la date de ce projet.

Pour l'application du 3° du premier alinéa du présent article, si l'opération doit être décidée avant que les comptes annuels du dernier exercice clos aient été approuvés, ou moins d'un mois après leur approbation, doivent être mis à la disposition des membres adhérents et participants les comptes arrêtés et certifiés relatifs à cet exercice et les comptes annuels approuvés des deux exercices précédents ainsi que les rapports de gestion. Dans le cas où le conseil d'administration ne les a pas arrêtés, l'état comptable visé au 4° du premier alinéa du présent article et les comptes annuels des deux exercices précédents ainsi que les rapports de gestion doivent être mis à la disposition des membres adhérents et participants.

Tout membre adhérent ou participant peut consulter ou obtenir sur simple demande copie totale ou partielle des documents susvisés.

SECTION V **REDRESSEMENT, MESURE DE SAUVEGARDE ET D'ASSAINISSEMENT, DISSOLUTION ET LIQUIDATION**

(Arr. du 30 déc. 2015, art. 1er-I-4°, en vigueur le 1er janv. 2016)

Art. A. 931-5 La note visée à l'article R. 931-5-5 porte sur les délais à observer, les sanctions prévues quant à ces délais, l'organe ou l'autorité habilité à recevoir la production des créances ou les observations relatives aux créances et toute autre mesure.

La note indique également si les créanciers dont la créance est privilégiée ou garantie par une sûreté réelle doivent produire leur créance.

Dans le cas des créances d'assurance, la note indique en outre les effets généraux de la procédure de liquidation sur les contrats ou les bulletins d'adhésion à un règlement, en particulier la date à laquelle les contrats ou les bulletins d'adhésion à un règlement cessent de produire leurs effets ainsi que les droits et obligations du membre participant concernant le contrat ou le bulletin d'adhésion à un règlement.

SECTION X *[ABROGÉE]* RÉGIME FINANCIER

(Abrogée par Arr. du 30 déc. 2015, art. 1er-I-5o, à compter du 1er janv. 2016).

SOUS-SECTION 2 *[ABROGÉE]* MARGE DE SOLVABILITÉ DES INSTITUTIONS DE PRÉVOYANCE NON-VIE

Art. A. 931-10-1 *Abrogé par Arr. du 30 déc. 2015, art. 1er-I-5o, à compter du 1er janv. 2016.*

SOUS-SECTION 3 *[ABROGÉE]* MARGE DE SOLVABILITÉ DES INSTITUTIONS DE PRÉVOYANCE VIE

Art. A. 931-10-2 *et* A. 931-10-3 *Abrogés par Arr. du 30 déc. 2015, art. 1er-I-5o, à compter du 1er janv. 2016.*

SOUS-SECTION 6 *[ABROGÉE]* PROVISIONS TECHNIQUES DES OPÉRATIONS NON-VIE

Art. A. 931-10-4 *à* A. 931-10-9 *Abrogés par Arr. du 30 déc. 2015, art. 1er-I-5o, à compter du 1er janv. 2016.*

SOUS-SECTION 7 *[ABROGÉE]* PROVISIONS TECHNIQUES DES OPÉRATIONS VIE

Art. A. 931-10-10 *à* A. 931-10-18-2 *Abrogés par Arr. du 30 déc. 2015, art. 1er-I-5o, à compter du 1er janv. 2016.*

SOUS-SECTION 8 *[ABROGÉE]* RÉGLEMENTATION DES PLACEMENTS ET AUTRES ÉLÉMENTS D'ACTIFS

Art. A. 931-10-19 *à* A. 931-10-24 *Abrogés par Arr. du 30 déc. 2015, art. 1er-I-5o, à compter du 1er janv. 2016.*

SECTION XI COMPTES ET ÉTATS STATISTIQUES

Art. A. 931-11-1 *à* A. 931-11-9 *Abrogés par Arr. du 30 déc. 2015, art. 1er-I-6o, à compter du 1er janv. 2016.*

Art. A. 931-11-10 *(Arr. du 30 déc. 2015, art. 1er-I-7o, en vigueur le 1er janv. 2016)* **Les opérations effectuées par les institutions de prévoyance et les unions d'institutions de prévoyance sont réparties entre les catégories d'opérations suivantes :**

1. Opérations de capitalisation à cotisation unique (ou versements libres) ;

2. Opérations de capitalisation à cotisation périodique ;

3. Opérations individuelles d'assurance temporaire décès (y compris opérations collectives à adhésion facultative) ;

4. Autres opérations individuelles d'assurance vie à cotisation unique (ou versements libres) (y compris opérations collectives à adhésion facultative) ;

5. Autres opérations individuelles d'assurance vie à cotisation périodique (y compris opérations collectives à adhésion facultative) ;

6 Opérations collectives en cas de décès ;

7. Opérations collectives en cas de vie ;

8. Opérations d'assurance vie ou de capitalisation en unités de compte à cotisation unique (ou versements libres) ;

9. Opérations d'assurance vie ou de capitalisation en unités de compte à cotisation périodique ;

10. Opérations collectives relevant de l'article L. 932-24 mais ne relevant pas de l'article L. 932-40 et de l'article L. 144-2 du code des assurances ;

11. Opérations collectives relevant de l'article L. 144-2 du code des assurances mais ne relevant pas de l'article L. 932-40 ;

12. Opérations collectives relevant de l'article L. 932-40 ;

19. Acceptations en réassurance (Vie) ;

20. Dommages corporels (opérations individuelles, y compris garanties accessoires aux opérations d'assurance vie) ;

21. Dommages corporels (opérations collectives, y compris garanties accessoires aux opérations d'assurance vie) ;

31. Chômage ;

39. Acceptations en réassurance (Non-vie).

Les garanties nuptialité-natalité sont à inclure, selon le cas, dans les catégories 4 à 9.

Les institutions et les unions qui pratiquent plusieurs catégories d'opérations doivent, dans leur comptabilité, ventiler par exercice et par catégorie les éléments suivants de leurs opérations brutes de cessions et de leurs opérations cédées : cotisations, prestations, commissions, provisions techniques. Ces mêmes éléments doivent être ventilés, dans la comptabilité, pour chaque catégorie :

– par état de situation du risque ou de l'engagement ;

– entre les opérations du siège social et les opérations de chacune des succursales établies à l'étranger.

Toutefois, les entreprises soumises au contrôle de l'État en vertu du 1° du III de l'article L. 310-1-1 peuvent ne pas procéder, pour les acceptations en réassurance, à la ventilation des primes, sinistres, commissions et provisions techniques par état de situation du risque ou de l'engagement.

Les opérations réalisées sur l'ensemble du territoire de la République française ainsi que sur le territoire monégasque sont considérées comme opérations en France.

Les affaires directes à l'étranger, ainsi que les affaires acceptées, des catégories 20 à 31 du présent article sont assimilées à des opérations pluriannuelles à prime unique ou non révisable lorsque les usages de marché conduisent à rattacher les sinistres par exercice de souscription.

Art. A. 931-11-11 *à* A. 931-11-21 *Abrogés par Arr. du 30 déc. 2015, art. 1er-I-6°, à compter du 1er janv. 2016.*

Art. A. 931-11-22 *Abrogé par Arr. du 27 avr. 2011.*

CHAPITRE II OPÉRATIONS DES INSTITUTIONS DE PRÉVOYANCE

SECTION III DISPOSITIONS PARTICULIÈRES RELATIVES AUX OPÉRATIONS DÉPENDANT DE LA DURÉE DE LA VIE HUMAINE ET AUX OPÉRATIONS DE CAPITALISATION

Art. A. 932-3-1 *(Arr. du 25 févr. 1997)* Les tarifs des institutions de prévoyance et de leurs unions pratiquant les opérations relevant du *a* de l'article L. 931-1 sont établis d'après un taux au plus égal à 75 % du taux moyen des emprunts de l'État français calculé sur une base semestrielle sans pouvoir dépasser, au-delà de huit ans, le plus bas des deux taux suivants : 3,5 % ou 60 % du taux moyen indiqué ci-dessus. Pour les opérations à cotisations périodiques ou à capital variable, quelle que soit leur durée, ce taux ne peut excéder le plus bas des deux taux suivants : 3,5 % ou 60 % du taux moyen indiqué ci-dessus.

En ce qui concerne les opérations libellées en devises étrangères, le taux d'intérêt technique ne peut être supérieur à 75 % du taux moyen des emprunts d'État à long terme du pays de la devise concernée calculé sur base semestrielle ou, à défaut, de la référence de taux à long terme pertinente pour la devise concernée et équivalente à la référence retenue pour *(Arr. du 21 déc. 2006)* « l'euro ».

Pour les opérations au-delà de huit ans, le taux du tarif ne peut en outre être supérieur au plafond établi par les réglementations en vigueur dans le pays de chaque devise concernée, pour les garanties de même durée, sans pouvoir excéder 60 % du moyen visé à l'alinéa précédent. Il en est de même pour les opérations à cotisations périodiques.

Al. abrogé par Arr. du 21 déc. 2006.

Le taux moyen des emprunts d'État à retenir est le plus élevé des deux taux suivants : taux à l'émission ou taux de rendement sur le marché secondaire.

Les règles définies au présent article s'appliquent en fonction des taux en vigueur au moment de l'adhésion et ne sont pas applicables aux opérations relevant de l'article

L. 932-24. Dans le cas de versements non programmés aux termes du contrat ou du bulletin d'adhésion, ces règles s'apprécient au moment de chaque versement.

Art. A. 932-3-2 *(Arr. du 23 janv. 1998)* Pour l'application de l'article A. 932-3-1, le taux moyen des emprunts d'État sur base semestrielle est déterminé en effectuant la moyenne arithmétique sur les six derniers mois des taux observés sur les marchés primaire et secondaire. Le résultat de la multiplication par 60 % ou 75 % de cette moyenne est dénommé "taux de référence mensuel".

Le taux d'intérêt technique maximal applicable aux tarifs est fixé sur une échelle de taux d'origine 0 et de pas de 0,25 point. Il évolue selon la position du taux de référence mensuel par rapport au dernier taux technique maximal en vigueur :

– tant que le taux de référence mensuel n'a pas diminué d'au moins 0,1 point ou augmenté d'au moins 0,35 point par rapport au dernier taux technique maximal en vigueur, ce dernier demeure inchangé ;

– si le taux de référence mensuel sort des limites précédemment définies, le nouveau taux technique maximal devient le taux immédiatement inférieur au taux de référence mensuel sur l'échelle de pas de 0,25 point.

Lorsqu'un nouveau taux d'intérêt technique maximal est applicable, les institutions et les unions disposent de trois mois pour opérer cette modification.

Au 1er janv. 1998, le taux d'intérêt technique maximal défini par référence à 60 % du taux moyen des emprunts de l'État français est fixé à 3,25 % ; le taux d'intérêt technique maximal défini par référence à 75 % du taux moyen des emprunts de l'État français est fixé à 4 % (Arr. du 23 janv. 1998).

Art. A. 932-3-3 *(Arr. du 25 févr. 1997 ; Arr. du 23 janv. 1998)* Les institutions de prévoyance et leurs unions pratiquant les opérations relevant du *a* de l'article L. 931-1 peuvent, dans les conditions fixées à l'article *(Arr. du 27 mars 1998)* « A. 932-3-3 », garantir dans leurs règlements ou leurs contrats un montant total d'intérêts techniques et de participations aux excédents qui, rapporté aux provisions mathématiques, ne sera pas inférieur à un taux minimum garanti.

Art. A. 932-3-4 *(Arr. du 25 févr. 1997 ; Arr. du 23 janv. 1998)* 1° Le taux minimum visé à l'article A. 932-3-3 peut être fixé annuellement pour l'année suivante. Il ne peut alors excéder 85 % de la moyenne des taux de rendement des actifs de l'institution ou de l'union calculés pour les deux derniers exercices ;

2° Ce taux minimum garanti peut également varier annuellement en fonction d'une référence fournie par un marché réglementé et en fonctionnement régulier de valeurs mobilières ou de titres admis en représentation des engagements réglementés des institutions ou unions. Pour les opérations libellées en francs français *[en euros]* la référence peut également être fournie par le taux des premiers livrets de caisse d'épargne français. La garantie de ce minimum n'est donnée que pour une période maximale de huit ans. Les opérations assorties d'une telle garantie de taux ne peuvent être proposées que si la moyenne des taux de rendement des actifs de l'institution ou de l'union calculés pour les deux derniers exercices est au moins égale aux quatre tiers du taux maximum que celle-ci propose de garantir la première année ;

3° Les dispositions des alinéas précédents ne peuvent être appliquées séparément ou conjointement ;

4° Le taux de rendement des actifs *(Arr. du 27 mars 1998)* « est calculé conformément au *(Arr. du 30 déc. 2015, art. 1er-II-1°, en vigueur le 1er janv. 2016)* « II de l'article A. 932-3-14 ». Il ne tient pas compte du rendement des actifs afférents aux opérations à capital variable et aux opérations relevant de l'article L. 932-24.

Art. A. 932-3-5 *(Arr. du 25 févr. 1997 ; Arr. du 23 janv. 1998)* Pour les opérations collectives à adhésion facultative comportant des valeurs de rachat et pour les opérations individuelles, la notice d'information mentionnée à l'article L. 932-15 contient les informations prévues par le modèle ci-dessous :

Dénomination sociale de l'institution ou de l'union contractante présentée dans les conditions fixées par l'article R. 931-1-2 ;

Nom de l'État membre où est établi le siège social de l'institution ou de l'union ou, le cas échéant, de la succursale avec laquelle le bulletin d'adhésion est signé ou le contrat souscrit ;

Adresse du siège social de l'institution ou de l'union ou, le cas échéant, de la succursale avec laquelle le bulletin d'adhésion est signé ou le contrat souscrit.

1° Dénomination du règlement ou du contrat ;

2° Caractéristiques du règlement ou du contrat :

a) Définition des garanties ;

b) Durée de l'affiliation au règlement ou du contrat ;

c) Modalités et durée du versement des cotisations ;

d) Délais et modalités de renonciation au bulletin d'affiliation au règlement ou au contrat, sort de la garantie décès en cas de renonciation ;

e) Nullités, déchéances, exclusions de garantie et délais de prescription ;

f) Formalités en cas de sinistre ;

g) Précisions complémentaires à certaines catégories d'opérations :

– opérations en cas de vie ou de capitalisation : frais et indemnités de rachat prélevés par l'institution ou l'union ;

– opérations comportant des valeurs de rachat : frais prélevés en cas de rachat ;

– opérations à capital variable : énumération des valeurs de références et nature des actifs entrant dans leur composition ;

– opérations collectives facultatives : formalités de la dénonciation du participant et, le cas échéant, de transfert ;

h) Information sur les cotisations relatives aux garanties principales et complémentaires lorsque de telles informations s'avèrent appropriées ;

i) Précision quant à la loi applicable au règlement ou au contrat lorsque celle-ci n'est pas la loi française et indications générales relatives au régime fiscal ;

3° Rendement minimum garanti et participation :

a) Taux d'intérêt garanti et durée de cette garantie ;

b) Indication des garanties de fidélités, des valeurs de réduction et des valeurs de rachat ; dans le cas où celles-ci ne peuvent être établies exactement au moment de l'affiliation ou de la souscription, indication du mécanisme ou de calcul ainsi que des valeurs minimales ;

c) Modalités de calcul et d'attribution de la participation aux excédents ;

4° Modalités d'examen des plaintes des participants et des bénéficiaires pouvant être formulées à l'égard des bulletins d'affiliation, des règlements ou des contrats, existence, le cas échéant, d'une instance chargée en particulier de cet examen.

Art. A. 932-3-6 *(Arr. du 28 mai 1997 ; Arr. du 23 janv. 1998)* Lorsque le participant ou le bénéficiaire choisit le règlement en espèces, la somme versée selon les dispositions figurant au bulletin d'adhésion, au règlement ou au contrat est égale à la contre-valeur en devises des unités de compte, sur la base de la valeur de rachat ou de réalisation de ces titres à la date prévue à cet effet par le bulletin d'adhésion, le règlement ou le contrat. Cette date ne peut être postérieure de plus de trente jours à la date de demande du capital ou de la rente garantis à l'institution de prévoyance ou l'union d'institutions de prévoyance.

Art. A. 932-3-7 *(Arr. du 28 mai 1997 ; Arr. du 23 janv. 1998)* La valeur de l'action ou de la part visée à l'article R. 932-3-2 est obtenue en divisant l'actif net de la société immobilière ou foncière par le nombre d'actions ou de parts. L'actif net est celui qui ressort du dernier bilan après affectation du résultat et réévaluation des immeubles, selon les modalités définies à l'article *(Arr. du 30 déc. 2015, art. 1er-II-2°, en vigueur le 1er janv. 2016)* « R. 343-11 du code des assurances ».

Toutefois, pour l'évaluation entre deux bilans comptables du capital ou de la rente garantis, il peut être indiqué dans le bulletin d'adhésion, le règlement ou le contrat que la valeur de l'unité de compte est déterminée, selon une périodicité définie dans ces mêmes bulletins, règlements ou contrats, en fonction de l'évolution depuis la clôture du dernier exercice de l'actif net ainsi que de la réévaluation des immeubles. Dans ce cas, la valeur de l'actif net fait l'objet d'une attestation du commissaire aux comptes de la société immobilière ou foncière ou du commissaire aux comptes de l'institution ou de l'union.

La réévaluation est faite par immeuble, soit par une expertise effectuée par un expert accepté par l'Autorité de contrôle *(Arr. du 30 déc. 2015, art. 1er-II-2°, en vigueur le 1er janv. 2016)* « prudentiel et de résolution », soit par actualisation de la dernière estimation, certifiée par un expert accepté par l'Autorité de contrôle prudentiel et de résolution précitée, par application d'une règle basée sur des indices représentatifs du marché immobilier et figurant dans le bulletin d'adhésion, le règlement ou le contrat.

Art. A. 932-3-8 *(Arr. du 28 mai 1997 ; Arr. du 23 janv. 1998)* Lorsque l'unité de compte servant de référence à la valorisation du capital ou de la rente garantis par le bulletin d'adhésion, le règlement ou le contrat est une part de société civile de placement immobilier soumise au contrôle de *(L. n° 2003-706 du 1er août 2003, art. 46-V)* « l'Autorité des marchés financiers », la valeur de cette société visée à l'article R. 932-3-2 est la valeur de réalisation de cette société au sens de l'article 11 de la loi n° 70-1300 du 31 décembre 1970 modifiée fixant le régime applicable aux sociétés civiles autorisées à faire publiquement appel à l'épargne.

Art. A. 932-3-9 *(Arr. du 28 mai 1997 ; Arr. du 23 janv. 1998)* Pendant la durée du bulletin d'adhésion ou du contrat, l'institution ou l'union peut effectuer pour les bulletins, les règlements ou les contrats l'ayant prévu la substitution d'une unité de compte visée au 2° de l'article R. 932-3-1 au profit d'unités de compte de nature comparable si l'unité de compte initiale ne remplit plus les conditions définies au 2° de l'article R. 131-3 du code des assurances ou si l'institution ou l'union qui en fait la demande y est autorisée par l'Autorité de contrôle *(Arr. du 30 déc. 2015, art. 1er-II-3°, en vigueur le 1er janv. 2016)* « prudentiel et de résolution ».

La substitution d'une unité de compte au profit d'unités de compte de nature comparable est autorisée par l'Autorité de contrôle prudentiel et de résolution au vu du rapport d'un expert mandaté par l'institution ou l'union. L'expert certifie la comparabilité des sociétés, au regard des critères de destination, tels que habitation, bureaux, centres commerciaux, et de localisation des actifs de celle-ci. Toutefois, l'Autorité peut également requérir une expertise selon les modalités fixées à l'article *(Arr. du 30 déc. 2015, art. 1er-II-3°, en vigueur le 1er janv. 2016)* « A. 343-2-1 du code des assurances ».

Art. A. 932-3-10 *(Arr. du 15 mai 2006)* L'encadré mentionné à l'article L. 932-15 est placé en tête de contrat ou de bulletin. Sa taille ne dépasse pas une page et il contient, de façon limitative et dans l'ordre précisé, les mentions suivantes :

1° Il est indiqué s'il s'agit d'une opération individuelle ou d'une opération collective à adhésion facultative. Pour les contrats collectifs à adhésion facultative visés au troisième alinéa de l'article L. 932-15, cette indication est complétée par la mention suivante : "les droits et obligations du participant peuvent être modifiés par des avenants au contrat, conclus entre [dénomination de l'institution de prévoyance] et [dénomination du membre adhérent]. Le participant est préalablement informé de ces modifications."

2° Les garanties offertes, y compris les garanties complémentaires non optionnelles, sont indiquées, avec la référence aux clauses les définissant ; il est précisé en particulier si le contrat prévoit le paiement d'un capital ou d'une rente.

a) Pour les contrats dont les droits sont exprimés en euros ou en devises, il est indiqué si le contrat comporte une garantie en capital au moins égale aux sommes versées, nettes de frais.

b) Pour les contrats dont les droits sont exprimés en unités de compte, il est indiqué en caractères très apparents que les montants investis sur les supports en unités de compte ne sont pas garantis mais sont sujets à des fluctuations à la hausse ou à la baisse dépendant en particulier de l'évolution des marchés financiers.

c) Pour les contrats dont une part des droits sont exprimés en unités de compte, l'information sur les garanties offertes, effectuée conformément aux dispositions des présents *a* et *b*, distingue clairement les droits exprimés en unités de compte et ceux qui ne le sont pas.

3° Sont indiqués l'existence ou non d'une participation aux excédents contractuelle ainsi que, le cas échéant, les pourcentages de celle-ci ; est également indiquée, le cas échéant, la référence à la clause de participation aux excédents.

4° Il est indiqué que le contrat comporte une faculté de rachat ou de transfert. Cette indication est complétée par la mention : "les sommes sont versées par l'institution de prévoyance dans un délai de ... [délai de versement]" ; sont également indiquées les références à la clause relative aux modalités de rachat et de transfert et au tableau mentionné à l'article L. 132-5-2 du code des assurances.

5° Sont indiqués dans une même rubrique les frais et indemnités de toute nature mentionnés à l'article R. 132-3 du code des assurances ainsi que, le cas échéant, l'existence de frais pouvant être supportés par l'unité de compte. Il est renvoyé à une clause du contrat ou au prospectus simplifié pour le détail de ces derniers frais, et l'encadré le précise. Pour les frais et indemnités mentionnés à l'article R. 132-3 du code des assurances, la rubrique distingue :

– "frais à l'entrée et sur versements" : montant ou pourcentage maximum des frais prélevés lors de la souscription et des frais prélevés lors du versement des cotisations ;

– "frais en cours de vie du contrat" : montant ou pourcentage maximum, sur base annuelle, des frais prélevés postérieurement à la souscription et non liés au versement des garanties ou des cotisations ;

– "frais de sortie" : montant ou pourcentage maximum des frais sur quittances d'arrérages, indemnités de rachat ou de transfert ;

– "autres frais" : montant ou pourcentage maximum des frais et indemnités non mentionnés aux trois alinéas précédents.

6° Est insérée la mention suivante : "La durée du contrat recommandée dépend notamment de la situation patrimoniale du membre participant, de son attitude vis-à-vis du risque, du régime fiscal en vigueur et des caractéristiques du contrat choisi. Le membre adhérent [ou le membre participant] est invité à demander conseil auprès de son institution de prévoyance ou union."

7° Sont indiquées les modalités de désignation des bénéficiaires, comme il est dit au 1° de l'article A. 132-9 du code des assurances. Est également indiquée la référence à la clause contenant les informations mentionnées au même article.

8° La mention suivante est insérée immédiatement après l'encadré : "Cet encadré a pour objet d'attirer l'attention du membre adhérent [ou du membre participant] sur certaines dispositions essentielles de la notice. Il est important que le membre adhérent [ou le membre participant] lise intégralement la notice et pose toute les questions qu'il estime nécessaires avant *[de]* signer le contrat [ou le bulletin d'adhésion]."

Ces dispositions sont entrées en vigueur le 1er juin 2006 (Arr. du 15 mai 2006, art. 3).

Art. A. 932-3-11 *(Arr. du 30 déc. 2015, art. 1er-II-4°, en vigueur le 1er janv. 2016)* Les tarifs pratiqués par les institutions de prévoyance et leurs unions effectuant les opérations mentionnées au *a* de l'article L. 931-1 comprennent la rémunération de celles-ci et sont établis d'après les éléments suivants :

1° Un taux d'intérêt technique fixé dans les conditions prévues à l'article A. 932-3-1 ;

2° Une des tables suivantes :

a) Tables homologuées par arrêté du ministre chargé de la sécurité sociale, établies par sexe, sur la base de populations de membres participants et bénéficiaires pour les contrats de rente viagère et sur la base de données publiées par l'Institut national de la statistique et des études économiques pour les autres contrats ;

b) tables établies ou non par sexe par l'institution ou l'union et certifiées par un actuaire indépendant de celle-ci, agréé à cet effet par l'une des associations d'actuaires reconnues par l'Autorité de contrôle prudentiel et de résolution.

Les tables mentionnées au *b* sont établies d'après des données d'expérience de l'institution ou de l'union, ou des données d'expérience démographiquement équivalentes.

Lorsque les tarifs sont établis d'après des tables mentionnées au *a*, et dès lors qu'est retenue une table unique pour tous les membres participants, celle-ci correspond à la table par sexe appropriée conduisant au tarif le plus prudent.

Pour les contrats en cas de vie autres que les contrats de rente viagère, les tables mentionnées au *a* sont utilisées en corrigeant l'âge du membre participant conformément aux décalages d'âge ci-annexés.

Ces décalages d'âge sont appliqués de telle sorte que chaque taux de mortalité annuel à un âge donné soit égal au taux de mortalité annuel à l'âge ayant subi le décalage dans la table par sexe appropriée.

Pour les rentes viagères, en ce compris celles revêtant un caractère temporaire, et à l'exception des contrats relevant de la section 9 du II du titre III du livre IX, les tarifs et les provisions techniques déterminés en utilisant les tables mentionnées au *b* ne peuvent être inférieurs à ceux qui résulteraient de l'utilisation des tables par sexe appropriées mentionnées au *a*.

Pour l'élaboration des tarifs des opérations collectives en cas de décès résiliables annuellement, l'institution ou l'union peut utiliser les tables mentionnées au *a* avec une méthode forfaitaire dès lors que celle-ci est justifiable. — *V. annexe à l'art. A. 932-3-11 reproduite sur Dalloz.fr et sur les applications mobiles Dalloz* .

Art. A. 932-3-12 *(Arr. du 30 déc. 2015, art. 1er-II-4°, en vigueur le 1er janv. 2016)* I. — Le montant minimal de la participation aux excédents techniques et financiers des institutions et des unions pratiquant des opérations mentionnées au *a* de l'article L. 931-1 est déterminé globalement pour les opérations individuelles et collectives de toute nature souscrites sur le territoire de la République française, à l'exception des opérations collectives en cas de décès et des opérations à capital variable.

II. — Le montant minimal de la participation aux excédents à attribuer au titre d'un exercice est déterminé globalement à partir d'un compte de participation aux résultats. Ce compte comporte, pour les opérations mentionnées au I, les éléments de dépenses et de recettes concernant les catégories 1, 2, 3, 4, 5, 7 et 10 de l'article A. 931-11-10 et figurant, dans un règlement relatif au cadre comptable des entreprises d'assurance défini par l'Autorité des Normes Comptables dans la ventilation de l'ensemble des produits et charges des opérations par catégorie (modèle A, Catégories 1 à 19), aux sous-totaux A.-Solde de souscription et B.-Charges d'acquisition et de gestion nettes. Il comporte également en dépenses la participation de l'institution ou de l'union aux excédents de la gestion technique, qui est constituée par 10 % du solde créditeur des éléments précédents.

Il est ajouté en recette du compte de participation aux résultats une part des produits financiers. Cette part est égale à 85 % du solde du compte financier défini au I de l'article A. 932-3-14. Le compte de participation aux résultats comporte en outre les sommes correspondant au "solde de réassurance cédée", calculées conformément aux dispositions de l'article A. 932-3-13 et, s'il y a lieu, le solde débiteur du compte de participation aux résultats de l'exercice précédent.

III. — Le montant minimal annuel de la participation aux résultats est le solde créditeur du compte de participation aux résultats défini au II.

Le montant minimal annuel de la participation aux excédents est égal au montant défini à l'alinéa précédent diminué du montant des intérêts crédités aux provisions mathématiques.

Art. A. 932-3-13 *(Arr. du 30 déc. 2015, art. 1er-II-4°, en vigueur le 1er janv. 2016)* Pour le calcul de la rubrique "Solde de réassurance cédée" prévue dans le compte de participation aux résultats au II de l'article A. 932-3-12, seule est prise en compte la réassurance de risque, c'est-à-dire celle dans laquelle l'engagement des cessionnaires porte exclusivement sur tout ou partie de la différence entre le montant des capitaux en cas de décès ou d'invalidité et celui des provisions mathématiques des opérations correspondantes.

Dans les traités limités à la réassurance de risque, le solde de réassurance cédée est égal à la différence entre le montant des sinistres à la charge des cessionnaires et celui des cotisations cédées. Il est inscrit, selon le cas, au débit ou au crédit du compte de participation aux résultats.

Dans les autres traités, le solde de réassurance cédée est établi en isolant la réassurance de risque à l'intérieur des engagements des cessionnaires. Les modalités de calcul du solde sont précisées par circulaire, par référence aux conditions normales du marché de la réassurance du risque.

Art. A. 932-3-14 *(Arr. du 30 déc. 2015, art. 1er-II-4°, en vigueur le 1er janv. 2016)* I. — Le compte financier mentionné au II de l'article A. 932-3-12 comprend, en recettes, la part du produit net des placements, calculée suivant les règles fixées au II du présent article et, en dépenses, sur autorisation de l'Autorité de contrôle prudentiel et de résolution et après justifications, la part des résultats que l'institution ou l'union a dû affecter aux fonds propres pour satisfaire, dans le cas des entreprises mentionnées au L. 931-6-1, au montant minimal réglementaire de la marge de solvabilité ou, dans le cas des entreprises mentionnées au L. 931-6, au capital de solvabilité requis.

II. — La part du produit financier à inscrire en recettes du compte financier est égale à la somme des deux éléments suivants :

1. Le produit du montant moyen au cours de l'exercice des provisions techniques brutes de cessions en réassurance des opérations mentionnées au I de l'article A. 932-

3-12, autres que celles transférées au titre de l'article L. 931-16, par le taux de rendement des placements ;

2. Le montant total des produits financiers afférents à des actifs transférés avec un portefeuille d'opérations et affectés à une section comptable distincte en vertu de l'article R. 931-4-1 autres que ceux relevant d'opérations mentionnées à l'article L. 932-40. Le taux de rendement prévu au 1 du présent paragraphe est égal au rapport :

Du produit net des placements considérés, figurant dans un règlement relatif au cadre comptable des entreprises d'assurance défini par l'Autorité des Normes Comptables, au compte technique des opérations vie, au compte technique de l'assurance vie, à la rubrique II. 2 "Produits des placements" diminuée de la rubrique II. 9 "Charges des placements" déduction faite des produits des placements mentionnés aux *a*, *b* et *c* du I de l'article R. 931-11-9 ;

Au montant moyen, au cours de l'exercice, des placements mentionnés, autres que ceux mentionnés aux *a*, *b* et *c* du I de l'article R. 931-11-9.

Art. A. 932-3-15 *(Arr. du 30 déc. 2015, art. 1er-II-4°, en vigueur le 1er janv. 2016)* I. — Le montant des participations aux excédents peut être affecté directement aux provisions mathématiques ou porté, partiellement ou totalement, à la provision pour participation aux excédents prévue au 2° de l'article R. 343-3 du code des assurances. Les sommes portées à cette dernière provision sont affectées à la provision mathématique ou versées aux participants au cours des huit exercices suivant celui au titre duquel elles ont été portées à la provision pour participation aux excédents.

II. — Lorsqu'une catégorie d'opérations est assortie d'une clause de participation aux excédents, la participation affectée individuellement à chaque bulletin d'adhésion ou contrat réduit ou suspendu ne peut être inférieure à celle qui serait affectée à un bulletin d'adhésion*[,]* à un règlement ou à un contrat en cours de paiement de cotisations de la même catégorie ayant la même provision mathématique.

Pour les contrats mentionnés au 1° de l'article L. 932-40, qu'ils aient ou non été souscrits dans le cadre de l'agrément mentionné au même article, la participation affectée individuellement à chaque adhérent ayant quitté l'entreprise d'affiliation ne peut être inférieure à celle qui serait affectée à un adhérent dont l'adhésion demeure obligatoire et ayant la même provision mathématique.

SECTION IV DISPOSITIONS PARTICULIÈRES RELATIVES À CERTAINES OPÉRATIONS DE RETRAITE À CARACTÈRE COLLECTIF

Art. A. 932-4-1 *(Arr. du 25 févr. 1997)* I. — Les tarifs utilisés pour pratiquer les opérations collectives relevant de l'article L. 932-24 comprennent la rémunération de l'institution de prévoyance ou de l'union qui les met en œuvre.

Le règlement indique les frais prélevés par l'institution ou l'union.

II. — Les provisions techniques spéciales mentionnées à l'article R. 932-4-4 sont représentées par un actif unique.

III. — L'équivalence actuarielle prévue à l'article R. 932-4-14 est établie dans les conditions suivantes :

Les valeurs limites du quotient de la valeur de service par la valeur d'acquisition sont multipliées par un coefficient correcteur égal :

— lorsque le règlement prévoit un âge d'entrée en jouissance inférieur à soixante-cinq ans, au quotient du capital constitutif de la rente viagère différée reposant sur une tête dont l'âge est l'âge d'entrée en jouissance prévu par le règlement, le différé étant égal à la différence entre soixante-cinq ans et cet âge, par le capital constitutif d'une rente viagère immédiate reposant sur une tête d'âge égal à l'âge d'entrée en jouissance prévu par le règlement ;

— lorsque le règlement prévoit un âge d'entrée en jouissance supérieur à soixante-cinq ans, au quotient du capital constitutif de la rente viagère immédiate reposant sur une tête d'âge de soixante-cinq ans, par le capital constitutif d'une rente viagère différée reposant sur une tête d'âge de soixante-cinq ans, le différé étant égal à la différence entre l'âge d'entrée en jouissance prévu par le règlement et soixante-cinq ans ;

— lorsque le règlement prévoit la réversion, au quotient du capital constitutif de la rente individuelle différée de vingt ans reposant sur une tête d'âge de quarante-cinq ans, par le capital constitutif de cette rente, augmenté de la partie réversible calculée dans les conditions prévues par le règlement, les conjoints étant supposés âgés tous deux de quarante-cinq ans.

Si le règlement prévoit à la fois une réversion et un âge d'entrée en jouissance différent de soixante-cinq ans, le coefficient correcteur est égal au produit du coefficient correspondant à l'anticipation ou à l'ajournement et du coefficient correspondant à la réversion, calculés comme il est dit ci-dessus.

Les calculs sont effectués selon les modalités prévues au paragraphe IV ci-après.

(Arr. du 20 déc. 2005) « IV. – Les calculs de la provision mathématique théorique, mentionnée à l'article R. 932-4-15, des équivalences actuarielles prévues à l'article R. 932-4-14 et la répartition des droits prévue à l'article R. 932-4-20 sont effectués en utilisant *(Arr. du 21 déc. 2006)* « les tables de mortalité appropriées mentionnées à » l'article A. 931-10-10 *(Arr. du 21 déc. 2006)* « applicables aux contrats de rente viagère souscrits à compter du 1er janvier 2007, » et à l'aide d'un taux au plus égal au plus élevé des deux taux suivants :

« *a)* Un taux obtenu par composition de taux d'intérêt égaux pour les huit premières années à 75 % du taux moyen au cours des *(Arr. du 12 févr. 2014, art. 1er-1o)* « trois derniers exercices » des emprunts de l'État dans la devise duquel sont libellés les engagements relatifs au règlement, et à 60 % de ce même taux, dans la limite de 3,5 %, pour les exercices suivants ;

« *b)* Un taux de 1,5 %, si ce taux est inférieur à la valeur moyenne, au cours des deux derniers exercices, du taux de rendement réel des actifs représentant la provision technique mentionnée à l'article R. 932-4-4, ou, dans le cas contraire, la valeur moyenne ainsi déterminée. »

Les institutions et les unions peuvent répartir sur une période allant jusqu'à l'exercice 2015 inclus les effets sur le calcul de la provision mathématique théorique du changement de taux d'intérêt utilisé pour ce calcul.

(Abrogé par Arr. du 12 févr. 2014, art. 1er-2o) (Arr. du 21 déc. 2006) « Les institutions ou unions peuvent répartir sur une période de quinze ans au plus les effets sur le niveau de la provision mathématique théorique résultant de l'utilisation des tables mentionnées au premier alinéa du IV. »

Les dispositions de l'Arr. du 12 févr. 2014 sont applicables à compter de l'exercice 2013 (Arr. préc., art. 2).

Art. A. 932-4-2 *(Arr. du 25 févr. 1997)* I. – L'unité de rente correspondant à un rachat a la même valeur d'acquisition que l'unité de rente acquise normalement dans l'année du rachat.

II. – Chaque année, les institutions et les unions pratiquant les opérations collectives relevant de l'article L. 932-24 communiquent à l'Autorité de contrôle prudentiel et de résolution, pour chacun des règlements qu'elles mettent en œuvre, la valeur de service et la valeur d'acquisition de l'unité de rente pour l'exercice à venir.

Elles communiquent également :

– le montant de la provision mathématique théorique calculée au 31 décembre de l'exercice clos ;

– le montant de la provision technique spéciale à cette même date ;

– le montant de la fraction des excédents affectés à ladite provision ;

– le montant des arrérages calculés d'après la nouvelle valeur de service et susceptibles d'être servis pendant l'exercice en cours.

La communication de ces renseignements intervient au plus tard le 1er juin de chaque année et, en tout état de cause, avant la fixation de la nouvelle valeur de service de l'unité de rente.

SECTION V OPÉRATIONS DE RETRAITE PROFESSIONNELLE SUPPLÉMENTAIRE

(Arr. du 27 juin 2006, art. 3)

Art. A. 932-5 I. – Le seuil mentionné au troisième alinéa de l'article L. 932-41 est de 5 000 participants.

II. – Le seuil mentionné au dernier alinéa de l'article R. 932-5-6 s'élève, pour chaque catégorie, à 100 participants.

Art. A. 932-6 I. – En application de l'article L. 932-45, sont remis sur demande aux adhérents d'un contrat mentionné à l'article L. 932-40, dans un délai qui ne peut excéder trois mois :

(Arr. du 30 déc. 2015, art. 1er-III-1°, en vigueur le 1er janv. 2016) « – le rapport de gestion et les comptes annuels relatifs à la ou aux comptabilités auxiliaires d'affectation mentionnées à l'article L. 932-43 ; »

– les modalités d'exercice du transfert ;

– le montant dû en cas d'exercice de la faculté de rachat lorsque survient l'un des événements visés au deuxième alinéa de l'article L. 132-23 du code des assurances, apprécié à la date de la demande ;

– le niveau que les prestations de retraite doivent atteindre, le cas échéant.

II. – Les participants reçoivent chaque année des informations succinctes sur la situation de l'institution de prévoyance ou de l'union.

III. – *(Arr. du 30 déc. 2015, art. 1er-III-1°, en vigueur le 1er janv. 2016)* « Lorsque le salarié fait liquider ses droits à la retraite, ou que d'autres prestations deviennent exigibles, l'institution de prévoyance ou l'union lui adresse, ou au bénéficiaire le cas échéant, dans un délai de deux mois à compter de la date de la demande, une information adéquate sur les prestations qui lui sont dues et sur les options de paiement correspondantes ».

Art. A. 932-7 *(Arr. du 30 déc. 2015, art. 1er-III-2°, en vigueur le 1er janv. 2016)* Pour les contrats mentionnés à l'article L. 932-40, lorsque les garanties sont exprimées en unités de compte, les institutions de prévoyance et les unions, sur demande du souscripteur, adhérent ou bénéficiaire, communiquent dans un délai qui ne peut excéder un mois l'éventail des options éventuelles de placement et le portefeuille de placements existant, avec une description des risques et des coûts relatifs à ces placements.

CHAPITRE III INSTITUTION DE PRÉVOYANCE APPARTENANT À UN GROUPE

(Arr. du 3 nov. 2005, JO 13 nov.)

SECTION PREMIÈRE *[ABROGÉE]* SURVEILLANCE COMPLÉMENTAIRE DES INSTITUTIONS DE PRÉVOYANCE FAISANT PARTIE D'UN GROUPE

(Abrogée par Arr. du 30 déc. 2015, art. 1er-IV, à compter du 1er janv. 2016)

Art. A. 933-1 et A. 933-2 *Abrogés par Arr. du 30 déc. 2015, art. 1er-IV, à compter du 1er janv. 2016.*

SECTION II DISPOSITIONS RELATIVES À LA SURVEILLANCE COMPLÉMENTAIRE DES ENTITÉS RÉGLEMENTÉES APPARTENANT À UN CONGLOMÉRAT FINANCIER

(Arr. du 3 nov. 2005, JO 15 nov.)

Art. A. 933-3 à A. 933-12 *Abrogés par Arr. du 3 nov. 2014, art. 19.*

TITRE QUATRIÈME INSTITUTIONS DE GESTION DE RETRAITE SUPPLÉMENTAIRE

(Arr. du 25 juill. 2008)

Art. A. 941-1-1 à A. 941-1-3 *Abrogés par Arr. du 30 déc. 2015, art. 1er-V, à compter du 1er janv. 2016.*

TITRE CINQUIÈME CONTRÔLE DES INSTITUTIONS

Art. A. 951-1 *Abrogé par Arr. du 30 déc. 2015, art. 1er-VI-1°, à compter du 1er janv. 2016.*

CHAPITRE III *[ABROGÉ]* ATTRIBUTIONS PARTICULIÈRES DE L'AUTORITÉ DE CONTRÔLE

(Abrogé par Arr. du 30 déc. 2015, art. 1er-VI-2°, à compter du 1er janv. 2016)

Art. A. 951-3-1 à A. 951-3-2 *Abrogés par Arr. du 30 déc. 2015, art. 1er-VI-2°, à compter du 1er janv. 2016.*

CHAPITRE IV LUTTE CONTRE LE BLANCHIMENT DE CAPITAUX ET LE FINANCEMENT DU TERRORISME

(Arr. du 30 déc. 2015, art. 1er-VI-3°, en vigueur le 1er janv. 2016)

Art. A. 951-3-3 I. – Les modalités de vérification de l'identité d'un adhérent ou d'un membre participant, telles que prévues aux alinéas 1 et 2 de l'article R. 561-5 du code monétaire et financier, sont considérées comme satisfaites dès lors que le paiement de leur première cotisation s'effectue par le débit d'un compte ouvert à leur nom auprès d'un établissement de crédit lui-même tenu à l'obligation d'identification.

II. – En application du 3° de l'article R. 561-16 du code monétaire et financier, ne sont pas soumises aux obligations mentionnées aux articles L. 561-5 et L. 561-6 les opérations de la branche 16 définies à l'article R. 931-2-1 lorsque le montant de la cotisation annuelle par contrat ne dépasse pas 10 000 €.

(Abrogé par Arr. du 21 déc. 2018, art. 4-III) « III. – En application de l'article R. 561-38 du code monétaire et financier, les institutions de prévoyance et unions mentionnées au 3° de l'article L. 561-2 du code monétaire et financier sont soumises aux dispositions du I de l'article A. 310-9 du code des assurances. »

ANNEXE I

TEXTES DIVERS (DANS L'ORDRE CHRONOLOGIQUE)

Arrêté du 19 juin 1947,

Fixant le règlement intérieur modèle provisoire des caisses primaires « d'assurance maladie » pour le service des prestations (JO 7 juill. ; Rect. 13 août, 11 oct. et 13 nov.).

Art. 1er Le règlement intérieur modèle provisoire des caisses primaires d'assurance maladie pour le service des prestations des assurances maladie, maternité et décès, prévu à l'article 115 du décret portant règlement d'administration publique du 29 décembre 1945, est fixé conformément au règlement annexé au présent arrêté.

Art. 2 Toutes les dispositions dudit règlement intérieur modèle sont obligatoires, sauf celles qui sont prévues aux articles 27, 62 et 71.

V. le texte de cet arrêté dans notre édition 1985, p. 514. — Mod., à compter de cette édition, par Arr. du 24 juill. 1985 (JO 1er août ; D. et ALD 1985. 458), Arr. du 26 déc. 1986 (JO 28 déc. ; D. et ALD 1987. 39), Arr. du 30 déc. 1986 (JO 22 janv. 1987 ; D. et ALD 1987. 105), Arr. du 30 avr. 1987 (JO 5 mai ; D. et ALD 1987. 207), Arr. du 21 déc. 1988 (JO 25 déc.), Arr. du 22 déc. 1989 (JO 31 déc.), Arr. du 22 déc. 1989 (JO 3 janv. 1990), Arr. du 18 juill. 1990 (JO 2 août), Arr. du 18 déc. 1990 (JO 23 déc.), Arr. du 2 mars 1992 (JO 10 mars), Arr. du 23 févr. 1993 (JO 2 mars), Arr. du 22 mars 1994 (JO 31 mars), Arr. du 26 oct. 1995 (JO 15 nov.).

Les art. 71-4, 71-4-1 et 71-5 sont reproduits ss. l'art. L. 160-14 (anc. art. L. 322-3) CSS.

Arrêté du 8 juin 1951,

Fixant le règlement intérieur modèle des caisses primaires en matière d'accidents du travail et de maladies professionnelles (JO 3 juill. ; Rect. JO 11 juill.). — Mod. par Arr. du 1er août 1951 (JO 4 août), Arr. du 28 oct. 1953 (JO 3 nov.), Arr. du 31 janv. 1966 (BLD 1966. 105 ; JO 13 févr.).

Décret n° 67-804 du 20 septembre 1967,

Portant fixation des taux des cotisations d'assurances sociales dues au titre de l'emploi des salariés placés sous le régime général pour une partie des risques (JO 24 sept.).

Art. 1er *(Décr. n° 2014-1531 du 17 déc. 2014, art. 12-I)* **Le taux de la cotisation des assurances sociales due au titre de l'emploi des salariés bénéficiaires d'un régime spécial de sécurité sociale mentionné à l'article L. 711-1 du code de la sécurité sociale et placés sous le régime général pour la couverture des risques maladie, maternité, invalidité et décès est celui prévu à l'article D. 242-3 du même code.** — *Les dispositions issues du Décr. n° 2014-1531 du 17 déc. 2014 s'appliquent aux modalités de calcul des cotisations de sécurité sociale dues au titre des rémunérations versées à compter du 1er janv. 2015 (Décr. préc., art. 13-I).*

Art. 1er *bis* *(Décr. n° 2012-847 du 2 juill. 2012, art. 6-2°)* **Le taux de la cotisation des assurances sociales due au titre de l'emploi des salariés bénéficiaires d'un régime spécial de sécurité sociale mentionné à l'article L. 711 du code de la sécurité sociale et placés sous le régime général pour la couverture des risques vieillesse ou veuvage est fixé, pour le risque vieillesse, au taux prévu à l'article D. 242-4 du code de la sécurité sociale, déduction faite du taux à la charge du salarié sur la totalité des rémunérations prévu à cet article, et, pour le risque veuvage, audit taux à la charge du salarié sur la totalité des rémunérations.**

Loi n° 73-5 du 2 janvier 1973,

Relative au paiement direct de la pension alimentaire (JO 3 janv. ; D. et BLD 1973. 63). — Mod. par L. n° 75-617 du 11 juill. 1975, L. n° 75-618 du 11 juill. 1975 et L. n° 84-1171 du 22 déc. 1984 ; abrogée par Ord. n° 2011-1895 du 19 déc. 2011, art. 4 (JO 20 déc.). — Décr.

d'application n° 73-216 du 1er mars 1973 ; abrogé par Décr. n° 2012-783 du 30 mai 2012, art. 9-4° (JO 31 mai). — V. **C. civ.**

Décret n° 73-937 du 2 octobre 1973,

Portant application de l'article L. 634-3 du code de la sécurité sociale et relatif aux prestations des régimes d'assurance vieillesse des professions artisanales, industrielles et commerciales afférentes aux périodes d'assurance ou d'activité non salariées antérieures au 1er janvier 1973 (JO 4 oct. ; D. et BLD 1973. 396). — V. Décr. n° 89-876 du 29 nov. 1989, art. 2-XV (JO 5 déc.).

Art. 1er *(Décr. n° 76-214 du 27 févr. 1976 ; Décr. n° 89-876 du 29 nov. 1989, art. 2)* I. — Pour l'ouverture du droit aux prestations mentionnées à l'article L. 634-3 du code de la sécurité sociale et non visées à l'article 2, les périodes d'assurance ou d'activité professionnelle non salariée et périodes assimilées antérieures au 1er janvier 1973 et les périodes d'assurance et périodes assimilées postérieures au 31 décembre 1972 sont totalisées. Est également prise *[sont également prises]* en considération, sous réserve, le cas échéant, de l'application de l'article R. 173-15 du code de la sécurité sociale, *(Décr. n° 2012-1129 du 4 oct. 2012, art. 1er-1°)* « les majorations de durée d'assurance prévues aux articles L. 351-4 et L. 351-4-1 du même code ».

II. — Pour l'application de l'article 22-I du décret n° 66-248 du 31 mars 1966, il est retenu, au titre des cotisations versées postérieurement au 31 décembre 1972, autant de points de retraite que le revenu professionnel ayant donné lieu au versement d'une cotisation annuelle comprend de fois le vingtième du plafond visé à l'article L. 633-10 du code de la sécurité sociale.

III. — Les conditions de durée d'activité et de durée de cotisations prévues au chapitre II du titre III du décret n° 64-994 du 17 septembre 1964 sont appréciées compte tenu des dispositions du I du présent article, au dernier jour du trimestre civil précédant soit la date d'entrée en jouissance de l'avantage de vieillesse en cause, fixée conformément aux dispositions de l'article 4 du présent décret, soit à la date du décès de l'assuré.

IV. — Pour l'application des articles 24-I et 32-II du décret du 17 septembre 1964 susvisé, il est retenu, au titre des cotisations versées postérieurement au 31 décembre 1972, autant de points de retraite, dans la limite de seize points par année de cotisation, que le revenu professionnel ayant donné lieu au versement d'une cotisation annuelle comprend de fois 3 % du montant du plafond visé à l'article L. 633-10 du code de la sécurité sociale.

V. — Pour l'ouverture du droit aux pensions minimales prévues aux articles 34 et 35 du décret du 17 septembre 1964 susvisé, il est fait application des dispositions du I du présent article. Lesdites pensions sont réduites au prorata des périodes d'assurance ou d'activité professionnelle et périodes assimilées antérieures au 1er janvier 1973.

VI. — *(Décr. n° 89-876 du 29 nov. 1989, art. 2-XIV)* « Pour l'application de l'article L. 161-21 du code de la sécurité sociale, les périodes de versement de l'indemnité de soins aux tuberculeux sont validées dans les conditions suivantes :

« — les périodes antérieures au 1er janvier 1949 donnent lieu à l'attribution des points de retraite correspondant au versement de la cotisation en classe I dans les conditions fixées à l'article 4 du décret du 17 septembre 1964 susvisé pour les professions artisanales et à l'article 3 du décret du 31 mars 1966 susvisé pour les professions industrielles et commerciales ;

« — pour les périodes comprises entre le 1er janvier 1949 et le 1er janvier 1973, il est attribué forfaitairement, pour les professions artisanales, 4 points de retraite par trimestres retenus et, pour les professions industrielles et commerciales, 2,5 points par trimestre ». — *Effet au 1er janv. 1990.*

Art. 2 *(Décr. n° 76-214 du 27 févr. 1976 ; Décr. n° 89-876 du 29 nov. 1989, art. 2-IV)* Pour l'ouverture du droit aux prestations mentionnées à l'article L. 634-3 du code de la sécurité sociale, sont supprimées :

a) En ce qui concerne l'attribution des avantages visés à l'article 22 (1° et 2°) du décret du 17 septembre 1964 susvisé, la condition d'un nombre minimum d'années d'exercice d'une activité artisanale ou assimilée et la condition d'un nombre minimum d'années de cotisations à titre obligatoire, prévues aux articles 22, 23 et 25 dudit décret. Pour la détermination de l'avantage de reconstitution de carrière d'un assuré n'ayant pas cotisé un an au moins au régime des professions artisanales, les trimestres d'activité artisanale ou assimilée antérieurs à 1949 qui ont procuré aux intéressés des moyens normaux d'existence ouvrent droit à un avantage égal à deux points de retraite par trimestre.

b) En ce qui concerne l'attribution de l'allocation visée à l'article 17 (I et II) du décret du 31 mars 1966 susvisé, la condition d'un nombre minimum d'années d'exercice d'une activité professionnelle prévue audit article.

Art. 3 *(Décr. n° 84-560 du 28 juin 1984)* Les prestations visées à l'article L. 634-3 du code de la sécurité sociale peuvent être liquidées à compter de l'âge *(Décr. n° 2010-1734 du 30 déc. 2010, art. 8-II-1°)* « prévu par l'article L. 161-17-2 du code de la sécurité sociale ».

I. — Pour les assurés qui justifient dans les régimes d'assurance vieillesse de base obligatoires de périodes d'assurance ou de périodes reconnues équivalentes d'une durée au moins égale à *(Décr. n° 2010-1734 du 30 déc. 2010, art. 8-II-2°)* « la limite prévue par le deuxième alinéa de l'article L. 351-1 du code de la sécurité sociale », il n'est appliqué aucun abattement sur le montant de la pension.

II. — Pour les assurés ne pouvant bénéficier des dispositions ci-dessus, il est appliqué un coefficient de minoration qui est fonction soit du nombre de trimestres manquant à la date d'effet de leur pension par rapport à *(Décr. n° 2010-1734 du 30 déc. 2010, art. 8-II-3°)* « la limite prévue au I, soit de leur soixante-cinquième anniversaire s'ils remplissent les conditions prévues aux 1° *bis* ou 1° *ter* de l'article L. 351-8 ou au III ou IV de l'article 20 de la loi n° 2010-1330 du 9 novembre 2010 portant réforme des retraites ou, dans le cas contraire, de l'âge prévu au 1° de l'article L. 351-8 » ; le nombre de trimestres correspondant est éventuellement arrondi au chiffre immédiatement supérieur.

Le plus petit de ces deux nombres est pris en considération. Pour chaque trimestre ainsi retenu le coefficient de minoration à appliquer au montant de la pension est fixé à 2,50 % *(Décr. n° 2004-156 du 16 févr. 2004, art. 4)* « pour les pensions ayant pris effet avant le 1er janvier 2004.

« En ce qui concerne les pensions prenant effet postérieurement au 31 décembre 2003, le coefficient de minoration à appliquer au montant de la pension est fixé à :

« 2,5 % pour l'assuré né avant le 1er janvier 1944 ;

« 2,375 % pour l'assuré né en 1944 ;

« 2,25 % pour l'assuré né en 1945 ;

« 2,125 % pour l'assuré né en 1946 ;

« 2 % pour l'assuré né en 1947 ;

« 1,875 % pour l'assuré né en 1948 ;

« 1,75 % pour l'assuré né en 1949 ;

« 1,625 % pour l'assuré né en 1950 ;

« 1,5 % pour l'assuré né en 1951 ;

« 1,375 % pour l'assuré né en 1952 ;

« 1,25 % pour l'assuré né après 1952. »

III. — Les périodes reconnues équivalentes mentionnées au I ci-dessus sont définies dans les conditions fixées à l'article R. 351-4 du code de la sécurité sociale. — *Effet à compter du 1er juill. 1984.*

(Décr. n° 2012-1129 du 4 oct. 2012, art. 1er-2°) « IV. — Pour les assurés nés en 1953 et 1954, la durée d'assurance nécessaire pour bénéficier d'une pension de retraite à taux plein est celle prévue à l'article 9 du décret n° 2010-1734 du 30 décembre 2010 relatif à l'âge d'ouverture du droit à pension de retraite et portant application des articles 17, 20 (III) et 21 (III) de la loi n° 2010-1330 du 9 novembre 2010 portant réforme des retraites.

« Pour les assurés nés à compter du 1er janvier 1955, la durée d'assurance nécessaire pour bénéficier d'une pension de retraite à taux plein est celle fixée par le décret mentionné au premier alinéa du IV de l'article 5 de la loi n° 2003-775 du 21 août 2003 portant réforme des retraites. »

Les dispositions du Décr. n° 2010-1734 du 30 déc. 2010 sont applicables aux pensions prenant effet à compter du 1er juill. 2011 (Décr. préc., art. 11).

Art. 3 *bis* *(Décr. n° 2012-847 du 2 juill. 2012, art. 2-II)* Les dispositions des articles D. 351-1-1 à D. 351-1-3 du code de la sécurité sociale sont applicables, dans les conditions prévues au VI de l'article D. 634-1 du même code, aux prestations de vieillesse mentionnées à l'article L. 634-3 du même code.

Les dispositions issues des art. 1er à 4 du Décr. n° 2012-847 du 2 juill. 2012 sont applicables aux pensions prenant effet à compter du 1er nov. 2012 (Décr. préc., art. 14).

Art. 3 *ter* *(Décr. n° 2003-1376 du 31 déc. 2003, art. 2-II)* La faculté de versement prévue à l'article L. 634-2-2 du code de la sécurité sociale peut être exercée dans le régime d'assurance vieillesse des professions artisanales ou dans celui des professions industrielles et commerciales, pour être pris en compte, au titre des droits acquis antérieurement au 1er janvier 1973, par les personnes qui y ont été affiliées et qui n'ont pas été affiliées à ce régime depuis cette date et si ce régime est celui où la demande peut être présentée, compte tenu, le cas échéant, des dispositions de l'article D. 173-21-0-1 *[devenu art. D. 173-21-1]* du code de la sécurité sociale.

Pour l'exercice de cette faculté, les dispositions de l'article D. 634-3-1 du code de la sécurité sociale sont applicables sous réserve des dispositions suivantes :

1° L'option pour le versement mentionnée à l'article D. 351-7 est effectuée :

***a)* Soit au titre de l'atténuation du coefficient de minoration prévu au II de l'article 3 du présent décret, sans que le versement donne lieu à l'attribution de points de retraite ;**

***b)* Soit au titre de l'atténuation du coefficient de minoration prévu au II de l'article 3 du présent décret et avec attribution d'un nombre de points de retraite égal, pour chaque trimestre au titre duquel le versement est pris en compte, au nombre annuel moyen de points correspondant à une carrière cotisée de** *(Décr. n° 2015-332 du 24 mars 2015, art. 1er-II)* **« quarante-trois ans » à hauteur du nombre de points le plus élevé prévu par les classes de cotisations, obligatoires s'agissant du régime des artisans, en vigueur au 1er janvier 1972 dans le régime où est présentée la demande et revalorisé pour les années postérieures à l'année au cours de laquelle l'assuré** *(Décr. n° 2012-1129 du 4 oct. 2012, art. 1er-3°)* **« présente sa demande » du taux fixé par le 1° de l'article D. 351-9 du code de la sécurité sociale ;**

2° Lorsque le versement est effectué au titre du *a* du 1° du présent article, le montant à verser au titre de chaque trimestre est égal, pour un âge donné, à la valeur, actualisée à la date du versement et majorée d'un coefficient forfaitaire représentatif des avantages de réversion, de la différence entre, d'une part, le produit de la valeur du point au 1er janvier de l'année à laquelle l'assuré *(Décr. n° 2012-1129 du 4 oct. 2012, art. 1er-3°)* **« présente sa demande » par le nombre de points fixé au *b* du 1° du présent article et par un nombre de trimestres fixé à** *(Décr. n° 2015-332 du 24 mars 2015, art. 1er-II)* **« 171 » et, d'autre part, la valeur de ce même produit minorée de 1,25 % ;**

3° Lorsque le versement est effectué au titre du *b* du 1° du présent *(Décr. n° 2006-879 du 17 juill. 2006)* **« article », le montant à verser au titre de chaque trimestre est égal, pour un âge donné, à la valeur, actualisée à la date du versement et majorée d'un coefficient représentatif des avantages de réversion, de la différence entre, d'une part, le produit de la valeur du point au 1er janvier de l'année à laquelle l'assuré** *(Décr. n° 2012-1129 du 4 oct. 2012, art. 1er-3°)* **« présente sa demande » par le nombre de points fixé au *b* du 1° du présent article et par un nombre de trimestres fixé à** *(Décr. n° 2015-332 du 24 mars 2015, art. 1er-II)* **« 172 » et, d'autre part, la valeur de ce même produit pour un nombre de trimestres fixé à** *(Décr. n° 2015-332 du 24 mars 2015, art. 1er-II)* **« 171 » et minorée de 1,25 % ;**

(Décr. n° 2006-879 du 17 juill. 2006) **« 4° A l'article D. 351-7 du code de la sécurité sociale, la référence à l'article 3 *bis* du présent décret est substituée à la référence à l'article D. 351-1-1 et la référence à l'article 3 *quater* du présent décret est substituée à la référence à l'article D. 351-1-5. »**

Ces dispositions sont applicables aux demandes de versement reçues, ou aux versements interrompus postérieurement au 31 déc. 2005 (Décr. n° 2006-879 du 17 juill. 2006, art. 3).

ANNEXE I

Annexe à l'article 3 *ter* du décret n° 73-937 du 2 octobre 1973

(Décr. n° 2003-1376 du 31 déc. 2003)

Pour l'application de l'article 3 *ter* du présent décret, la valeur d'un trimestre est déterminée sur la base des paramètres et en application des formules suivantes :

1° Le coefficient forfaitaire mentionné au 2° et au 3° de l'article 3 *ter* précité est égal au coefficient fixé en application du 2° de l'article D. 351-9 du code de la sécurité sociale ;

2° Les coefficients viagers pris en compte dans la formule ci-après sont ceux déterminés en application du 3° de l'article D. 351-9 susmentionné ;

3° La valeur d'un trimestre est déterminée, selon l'option prévue à l'article 3 *ter* susmentionné, par l'application de la formule suivante :

a) Au titre du *a* du 1° dudit article 3 *ter* :

$$NP \times V \times C \times (D - 1) \times E \times (1 + 10\ \%)$$

b) Au titre du *b* du 1° dudit article 3 *ter* précité :

$$NP \times V \times [1 + C \times (D - 1)] \times E \times (1 + 10\ \%)$$

où :

NP est le nombre trimestriel de points de retraite de la classe de cotisations, obligatoire s'agissant du régime des artisans, en vigueur au 1er janvier 1972 et égal à 9 points dans chacun des régimes et revalorisée chaque année, à partir de l'année suivant celle au cours de laquelle l'assuré *(Décr. n° 2012-1129 du 4 oct. 2012, art. 1er-3°)* « présente sa demande », par application du taux fixé au 1° de l'article D. 351-9 susmentionné ;

V est la valeur de service du point en vigueur au 1er janvier de l'année au cours de laquelle l'assuré *(Décr. n° 2012-1129 du 4 oct. 2012, art. 1er-3°)* « présente sa demande » ;
C est le coefficient de minoration fixé à l'article D. 351-9 ;
D est la durée maximale d'assurance fixée à l'article D. 351-9 ;
E est le terme actuariel défini à l'annexe à l'article D. 351-9 du code de la sécurité sociale.

Art. 3 *quater* *(Décr. n° 2004-232 du 17 mars 2004, art. 3)* **I. — Les prestations mentionnées à l'article** *(Décr. n° 2012-1129 du 4 oct. 2012, art. 1er-4°)* **« L. 634-3-3 » du code de la sécurité sociale peuvent être liquidées :**

1. A cinquante-cinq ans pour les assurés handicapés qui ont accompli dans le régime général et, le cas échéant, dans un ou plusieurs autres régimes obligatoires, alors qu'ils étaient atteints d'une incapacité permanente au moins égale à celle prévue à l'article D. 351-1-6 du code de la sécurité sociale *(Décr. n° 2012-1129 du 4 oct. 2012, art. 1er-4°)* **« ou avaient été reconnus travailleurs handicapés au sens de l'article L. 5213-2 du code du travail »** *(Décr. n° 2014-1702 du 30 déc. 2014, art. 2)* **« avant le 1er janvier 2016 et en prenant en compte, dans ce dernier cas, les périodes d'assurance antérieures à cette date, » une durée d'assurance ou de périodes reconnues équivalentes au moins égale à la limite fixée en vertu du deuxième alinéa de l'article L. 351-1 du même code diminuée de 40 trimestres et une durée d'assurance ayant donné lieu à cotisations à leur charge au moins égale à cette même limite diminuée de 60 trimestres ;**

2. A cinquante-six ans pour ceux qui ont accompli, dans les conditions prévues au 1°, une durée d'assurance ou de périodes reconnues équivalentes au moins égale à la limite fixée en vertu du deuxième alinéa de l'article L. 351-1 du code de la sécurité sociale diminuée de 50 trimestres et une durée d'assurance ayant donné lieu à cotisations à leur charge au moins égale à cette même limite diminuée de 70 trimestres ;

3. A cinquante-sept ans pour ceux qui ont accompli, dans les conditions prévues au 1°, une durée d'assurance ou de périodes reconnues équivalentes au moins égale à la limite fixée en vertu du deuxième alinéa de l'article L. 351-1 du code de la sécurité sociale diminuée de 60 trimestres et une durée d'assurance ayant donné lieu à cotisations à leur charge au moins égale à cette même limite diminuée de 80 trimestres ;

4. A cinquante-huit ans pour ceux qui ont accompli, dans les conditions prévues au 1°, une durée d'assurance ou de périodes reconnues équivalentes au moins égale à la limite fixée en vertu du deuxième alinéa de l'article L. 351-1 du code de la sécurité sociale diminuée de 70 trimestres et une durée d'assurance ayant donné lieu à cotisations à leur charge au moins égale à cette même limite diminuée de 90 trimestres ;

5. A cinquante-neuf ans pour ceux qui ont accompli, dans les conditions prévues au 1°, une durée d'assurance ou de périodes reconnues équivalentes au moins égale à la limite fixée en vertu du deuxième alinéa de l'article L. 351-1 du code de la sécurité sociale diminuée de 80 trimestres et une durée d'assurance ayant donné lieu à cotisations à leur charge au moins égale à cette même limite diminuée de 100 trimestres.

(Décr. n° 2005-1774 du 30 déc. 2005) **« L'assuré qui demande le bénéfice des dispositions ci-dessus produit, à l'appui de sa demande, les pièces prévues à l'article D. 351-1-6 du code de la sécurité sociale.** — *Ces dispositions sont applicables aux pensions prenant effet postérieurement au 30 juin 2004 (Décr. n° 2004-232 du 17 mars 2004, art. 5).*

« II. — Pour l'application de la majoration de pension prévue à l'article L. 351-1-3 du code de la sécurité sociale, la pension est augmentée à proportion d'un tiers, au titre des points acquis au cours des périodes d'affiliation pendant lesquelles l'assuré justifiait du taux d'incapacité permanente prévu au même article *(Décr. n° 2012-1129 du 4 oct. 2012, art. 1er-4°)* **« ou bénéficiait de la qualité de travailleur handicapé au sens de l'article L. 5213-2 du code du travail »** *(Décr. n° 2014-1702 du 30 déc. 2014, art. 2)* **« avant le 1er janvier 2016 et en prenant en compte, dans ce dernier cas, les périodes d'assurance antérieures à cette date ».** — *Ces dispositions sont applicables aux pensions prenant effet postérieurement au 31 déc. 2005 (Décr. n° 2005-1774 du 30 déc. 2005, art. 4).*

Les dispositions de l'art. 2 du Décr. n° 2014-1702 du 30 déc. 2014 peuvent être modifiées par décret (Décr. préc., art. 19).

Art. 3 *quinquies* *(Décr. n° 2012-1129 du 4 oct. 2012, art. 1er-5°)* **Les versements mentionnés au premier alinéa des articles L. 351-14-1, L. 634-2-2, L. 643-2 et L. 723-10-3 du code de la sécurité sociale, à l'article L. 732-27-1 du code rural et de la pêche maritime et au cinquième alinéa de l'article L. 9 *bis* du code des pensions civiles et militaires de retraite, ainsi que ceux prévus par des dispositions réglementaires ayant le même objet, ne sont pas pris en compte pour le bénéfice des dispositions des articles 3 *bis* et 3 *quater*.**

Le présent article est applicable aux demandes de versement déposées à compter de la date de publication du décret nº 2012-1129 du 4 octobre 2012 relatif au régime d'assurance vieillesse des professions artisanales et commerciales applicable aux périodes d'assurance ou d'activité non salariées antérieures au 1er janvier 1973 et prises en compte pour le calcul de pensions d'assurance vieillesse prenant effet à compter du premier jour du mois civil suivant cette publication.

Art. 4 *(Décr. nº 76-214 du 27 févr. 1976)* « L'assuré indique la date à compter de laquelle il désire entrer en jouissance des prestations visées à l'article L. 634-3 du code de la sécurité sociale, cette date étant nécessairement le premier jour d'un mois et ne pouvant être antérieure ni au dépôt de la demande, ni à la date à partir de laquelle l'intéressé remplit la condition d'âge exigée pour l'ouverture du droit. Si l'assuré ne fixe pas l'entrée en jouissance desdites prestations, celles-ci prennent effet au premier jour du mois suivant la réception de la demande par la caisse dont il relève. »

L'entrée en jouissance des prestations allouées pour inaptitude au travail ne peut être fixée à une date antérieure au premier jour du mois suivant la date à partir de laquelle l'inaptitude a été reconnue.

Lorsque l'assuré remplit simultanément les conditions requises pour prétendre à une pension ou rente en application des articles D. 634-1 à D. 634-14 du code de la sécurité sociale et à une pension ou allocation visée à l'article L. 634-3 du code de la sécurité sociale, les deux prestations sont liquidées avec la même date d'entrée en jouissance.

Art. 4 *bis* *(Décr. nº 2012-1129 du 4 oct. 2012, art. 1er-6º)* Les dispositions des articles L. 634-6 et L. 634-6-1 du code de la sécurité sociale sont applicables aux prestations mentionnées à l'article L. 634-3 du même code.

(Abrogé par Décr. nº 2017-416 du 27 mars 2017, art. 2) « Lorsque l'assuré perçoit également une pension au titre de périodes d'assurance accomplies postérieurement au 31 décembre 1972 dans les régimes d'assurance vieillesse des professions artisanales, industrielles et commerciales, le dénominateur du rapport prévu à l'article D. 634-11-5 de ce même code est égal au total de cette pension et des prestations prévues à l'alinéa précédent, retenues dans les conditions prévues par ce même article. » — Les dispositions de l'art. 2 du Décr. nº 2017-416 du 27 mars 2017 entrent en vigueur le 1er avr. 2017 et s'appliquent aux activités procurant des revenus soumis aux cotisations et contributions de sécurité sociale à compter du 1er janv. 2017 (Décr. préc., art. 3).

Art. 5 *(Décr. nº 2003-1280 du 26 déc. 2003, art. 2)* Lorsqu'une femme assurée ayant élevé un ou plusieurs enfants dans les conditions prévues aux deuxième et troisième alinéas de l'article D. 351-1-7 du code de la sécurité sociale ne peut bénéficier de la majoration de durée d'assurance prévue à l'article L. 351-4 du fait qu'elle ne justifie d'aucune période d'assurance ou période assimilée postérieure au 31 décembre 1972, il lui est attribué, sous réserve des dispositions de l'article R. 173-15 du code de la sécurité sociale, une bonification des points de retraite acquis par elle au titre de la réglementation antérieure au 1er janvier 1973. Cette bonification est égale, pour chaque année d'éducation, à la moyenne trimestrielle des points de cotisations versés par l'intéressée dans le régime dont elle relève, sans que le nombre d'années pris en compte puisse dépasser huit par enfant. — *Ces dispositions sont applicables aux pensions de vieillesse prenant effet à compter du 1er janv. 2004 (Décr. nº 2003-1280 du 26 déc. 2003, art. 3).*

Art. 6 *(Décr. nº 76-214 du 27 févr. 1976)* La majoration prévue à l'article 46-II du décret du 17 septembre 1964 en cas d'ajournement du service des avantages de vieillesse visés audit article est attribuée sans demande préalable de la part de l'assuré.

Art. 7 *(Décr. nº 76-214 du 27 févr. 1976)* En cas de décès du conjoint à charge d'un assuré titulaire d'un avantage de vieillesse visé à l'article L. 634-3 du code de la sécurité sociale l'avantage de conjoint servi en application de l'article 31 du décret du 17 septembre 1964 susvisé ou de l'article 21 du décret du 31 mars 1966 susvisé est payé à l'assuré jusqu'à la fin du *(Décr. nº 2000-1202 du 6 déc. 2000, art. 2-I, en vigueur le 1er janv. 2001)* « mois » d'arrérages au cours duquel est survenu le décès du conjoint, lorsque ce dernier ouvrait droit à la majoration pour conjoint à charge prévue à l'article L. 351-13 du code de la sécurité sociale au titre des périodes d'assurance postérieures au 31 décembre 1972 dont justifiait l'assuré.

Art. 8 *(Décr. nº 76-214 du 27 févr. 1976)* Les dispositions de l'article R. 351-26 du code de la sécurité sociale sont applicables aux prestations de vieillesse visées à l'article L. 634-3 du code de la sécurité sociale, compte tenu, le cas échéant, des dispositions de l'article D. 634-9 du code de la sécurité sociale.

Art. 9 *(Décr. n° 80-417 du 5 juin 1980)* I. — Les pensions et allocations visées à l'article 31 du décret du 17 septembre 1964 susvisé et à l'article 21 du décret du 31 mars 1966 susvisé sont accordées aux conjoints survivants des assurés décédés ou disparus et aux conjoints divorcés *(Abrogé par Décr. n° 2004-858 du 24 août 2004, art. 11-I) « non remariés »* des assurés décédés, au titre des périodes d'assurance ou d'activité professionnelle non salariée accomplies par l'assuré antérieurement au 1er janvier 1973, lorsque sont remplies les conditions fixées aux articles L. 353-1, L. 353-2 ou L. 353-3 du code de la sécurité sociale *(Décr. n° 2004-858 du 24 août 2004, art. 11-II ; Décr. n° 2008-1509 du 30 déc. 2008, art. 2-VII)* « et compte tenu des dispositions des articles R. 173-17, R. 353-1-1, R. 353-3 à R. 353-8, D. 353-1, D. 353-1-1 et D. 353-3 du code de la sécurité sociale. »

(Décr. n° 84-127 du 21 févr. 1984) « Les pensions de réversion visées à l'alinéa précédent prenant effet à compter du 1er décembre 1982 sont égales à 52 % des points de retraite dont bénéficiait ou eût bénéficié l'assuré décédé ».

(Décr. n° 95-15 du 3 janv. 1995, art. 1er) « Les pensions de réversion visées au premier alinéa du présent article prenant effet à compter du 1er janvier 1995 sont égales à 54 % du montant des points de retraite dont bénéficiait ou eût bénéficié l'assuré décédé. »

II. — Les dispositions du présent article ne font pas obstacle, lorsque le bénéficiaire y a intérêt, à l'application de la réglementation en vigueur au 31 décembre 1972, compte tenu des dispositions de l'article 1er nouveau dudit décret, sous réserve de l'application des dispositions de l'article L. 353-3 du code de la sécurité sociale, relatives aux droits des conjoints divorcés *(Abrogé par Décr. n° 2004-858 du 24 août 2004, art. 11-I) « non remariés »* et au partage de la pension de réversion entre le conjoint survivant et le ou les précédents conjoints divorcés *(Abrogé par Décr. n° 2004-858 du 24 août 2004, art. 11-I) « non remariés ».*

Toutefois, la majoration prévue à l'article 18 du décret du 17 septembre 1964 susvisé demeure intégralement acquise au conjoint survivant au profit duquel a été effectué le versement de la cotisation spéciale unique prévue audit article. Cette majoration est égale à 25 % de la pension en points de l'assuré.

III. — Le montant de l'avantage auquel un conjoint survivant peut prétendre en application des dispositions de l'article 33 du décret du 17 septembre 1964 susvisé est, le cas échéant, diminué des droits à pension de réversion normale auxquels tout autre conjoint divorcé non remarié de l'assuré peut prétendre en application de l'article L. 353-3 du code de la sécurité sociale.

(Décr. n° 2012-1129 du 4 oct. 2012, art. 1er-7°) « IV. — Les pensions et allocations mentionnées au présent article sont majorées dans les conditions prévues à l'article L. 353-6 du code de la sécurité sociale. »

Art. 10 *(Décr. n° 76-214 du 27 févr. 1976)* Les dispositions de l'article 7-II du décret du 31 mars 1966 susvisé cessent d'être applicables lorsque le décès de l'allocataire est survenu postérieurement au 31 décembre 1975. Le paiement aux ayants droit des allocataires décédés après cette date des arrérages afférents à la période antérieure à la date du décès est effectué dans les conditions prévues à l'article *(Décr. n° 2000-1202 du 6 déc. 2000, art. 2-II)* « D. 254-6 » du code de la sécurité sociale.

Art. 11 *(Décr. n° 82-429 du 21 mai 1982)* Lorsqu'il est procédé, en application de l'article 18, 3e alinéa, de la loi n° 81-736 du 4 août 1981 portant amnistie, à la régularisation des cotisations dues pour une période d'activité professionnelle antérieure au 1er janvier 1973, ces cotisations sont calculées compte tenu de la valeur du point de cotisation en vigueur au 1er avril 1972, le montant ainsi obtenu étant majoré par application des coefficients de revalorisation dont ont été affectées les valeurs des points de retraite entre le 1er avril 1972 et le 5 août 1981.

Si le versement des cotisations calculées dans les conditions prévues ci-dessus intervient après une première liquidation de la pension, la révision des droits prend effet au 1er septembre 1981 ou à compter de la date d'effet de la première liquidation si cette date est postérieure.

Art. 12 *(Décr. n° 84-560 du 28 juin 1984)* Les majorations pour ajournement prévues à l'article 46-II du décret *[n° 64-994]* du 17 septembre 1964 et à l'article 16 du décret *[n° 66-248]* du 31 mars 1966 cessent d'être applicables aux avantages de vieillesse visés à l'article L. 634-3 prenant effet postérieurement au 30 juin 1984.

Toutefois, les assurés qui ont acquis au 30 juin 1984 des majorations pour ajournement dans le cadre de la réglementation en vigueur jusqu'à cette date en conservent le bénéfice.

Art. 13 Les dispositions du présent décret prennent effet au 1er janvier 1973, à l'exception de celles de l'article 4 qui sont applicables à partir du 1er avril 1973.

Arrêté du 9 août 1974,

Relatif aux cotisations d'allocations familiales des employeurs et travailleurs indépendants (JO 28 août ; D. et BLD 1974. 298).

(Abrogé par Arr. du 12 déc. 2014, art. 1er)

L'Arr. du 12 déc. 2014 s'applique aux cotisations et aux contributions de sécurité sociale dues au titre des périodes courant à compter du 1er janv. 2015 (Arr. préc. art. 2).

Art. 1er (Arr. du 19 juill. 1996, art. 1er) *Pour la détermination du montant de la cotisation d'allocations familiales et de la contribution sociale généralisée dues sur les revenus non salariés non agricoles, les employeurs et travailleurs indépendants* (Arr. du 29 janv. 1999, art. 1er) *« qui ne sont pas tenus de souscrire la déclaration commune des revenus prévue à l'article R. 115-5 du code de la sécurité sociale sont tenus de déclarer avant le 1er mai » de chaque année à l'organisme chargé du recouvrement dont ils relèvent :*

Le montant du revenu professionnel non salarié non agricole de l'année civile précédente tel que défini par l'article L. 242-11 du code de la sécurité sociale ;

Le montant des cotisations personnelles de sécurité sociale qui doivent être ajoutées à ce revenu en application du deuxième alinéa de l'article L. 136-3 de ce même code.

Cette déclaration doit être établie, en double exemplaire, sur un formulaire conforme à un modèle fixé par arrêté ministériel.

(Arr. du 29 janv. 1999, art. 1er) *« Les organismes chargés du recouvrement des cotisations de sécurité sociale du régime général peuvent, pour une date qui ne peut être postérieure au 15 octobre, demander les informations visées à l'alinéa ci-dessus aux employeurs et travailleurs indépendants tenus de souscrire la déclaration commune des revenus prévue à l'article R. 115-5 du code de la sécurité sociale lorsqu'ils n'ont pu obtenir ces informations par le canal de cette déclaration. »*

Art. 2 *Al. 1er* abrogé par Arr. du 24 avr. 1989, art. 2.

Lorsqu'un employeur ou un travailleur indépendant exerce des activités non salariées non agricoles distinctes, les déficits d'une activité peuvent être déduits des bénéfices réalisés dans une autre activité, au cours d'un même exercice.

V. notes ss. art. L. 242-11 et R. 241-2.

Art. 3 *La déclaration prévue à l'article 1er du présent arrêté doit être adressée à l'organisme de recouvrement dont relève l'employeur ou le travailleur indépendant à la date de la déclaration, même si, depuis le 1er janvier de l'année considérée, il y a eu modification de l'activité professionnelle ou changement de lieu de ladite activité.*

En cas d'interruption temporaire de l'activité professionnelle, cette déclaration doit être faite par l'employeur ou le travailleur indépendant, dans le délai de huit jours à compter de la date de la reprise d'activité, à l'organisme dont il relève du chef de cette activité.

Art. 4 *L'organisme de recouvrement peut demander à l'employeur ou au travailleur indépendant de lui fournir, à l'appui de la déclaration de revenus professionnels, toutes pièces justificatives, et notamment copie de la déclaration faite à l'inspecteur des impôts et du rôle émis par le percepteur en vue du recouvrement de l'impôt sur le revenu.*

Art. 5 *Abrogé par Arr. du 30 mars 1983.*

Art. 6 (Arr. du 30 mars 1983) *« Lorsque les conjoints exercent une activité professionnelle non salariée dans la même entreprise industrielle, commerciale ou artisanale, non constituée en société, seul le conjoint au nom duquel l'entreprise est immatriculée est assujetti au paiement de la cotisation d'allocations familiales.*

« Cette cotisation est établie sur la base du revenu professionnel retenu pour le calcul de l'impôt sur le revenu dont l'intéressé et son conjoint sont redevables au titre de l'activité professionnelle exercée conjointement par les deux époux. »

Lorsque les conjoints exercent des activités professionnelles non salariées distinctes, chacun d'eux est redevable d'une cotisation d'allocations familiales. Dans ce cas, la cotisation due par la conjointe est établie sur la base des revenus professionnels procurés par son activité propre, tels qu'ils figurent sur la déclaration souscrite par son conjoint pour le calcul de l'impôt sur le revenu.

Toutefois, lorsque les époux exerçant des activités professionnelles distinctes sont imposés forfaitairement sans qu'il soit opéré de discrimination entre les revenus provenant de l'activité de chacun d'eux, la cotisation est établie, pour chaque conjoint, sur la base de la moitié du bénéfice forfaitaire ou du bénéfice résultant de l'évaluation administrative.

Art. 7 à 10 *Abrogés par Arr. du 30 mars 1983.*

Art. 11 *Le montant annuel du revenu professionnel à prendre en considération pour la dispense du versement des cotisations d'allocations familiales des employeurs et travailleurs indépendants, prévue* (Arr. du 19 juill. 1996, art. 2-I) *« aux articles L. 242-11 et R. 242-15 du code de la sécurité sociale », est fixé, à compter du 1er janvier de chaque année, par référence au chiffre servant de base au calcul des prestations familiales en vigueur au 1er octobre de l'année précédente.*

Art. 12 *Les associés et les gérants de sociétés visés* (Arr. du 19 juill. 1996, art. 2-II) *« au deuxième alinéa de l'article R. 241-2 du code de la sécurité sociale » sont considérés comme employeurs lorsque la société occupe habituellement du personnel salarié ou comme travailleurs indépendants dans le cas contraire.*

Pour l'application du (Arr. du 19 juill. 1996, art. 2-III) *« quatrième alinéa de l'article R. 241-2 du code de la sécurité sociale », sont également considérées comme ayant la qualité de travailleur indépendant les personnes qui n'ont pas occupé du personnel salarié au total plus de 75 jours ou 500 heures pendant l'année civile au titre de laquelle les cotisations ont été éventuellement acquittées.*

Art. 13 *Les dispositions du présent arrêté abrogent toutes dispositions contraires et notamment celles :* [...].

Art. 14 *Les dispositions du présent arrêté sont applicables aux cotisations venant à échéance à compter du 1er avril 1974.*

Ordonnance n° 77-1102 du 26 septembre 1977,

Relative à la protection sociale et portant dispositions diverses relatives à la collectivité territoriale de Saint-Pierre-et-Miquelon (JO 30 sept.). — Mod. par L. n° 84-1208 du 29 déc. 1984 (JO 30 déc.), L. n° 86-33 du 9 janv. 1986 (JO 11 janv.), L. n° 86-1383 du 31 déc. 1986 (JO 3 janv. 1987), L. n° 88-1264 du 30 déc. 1998 (JO 4 janv. 1989), L. n° 90-86 du 23 janv. 1990 (JO 25 janv.), L. n° 93-1 du 4 janv. 1993 (JO 5 janv.), L. n° 96-609 du 5 juill. 1996 (JO 9 juill.), Ord. n° 98-731 du 20 août 1998 (JO 22 août), L. n° 99-641 du 27 juill. 1999 (JO 28 juill.), L. n° 2000-37 du 19 janv. 2000 (JO 20 janv.), Ord. n° 2000-548 du 15 juin 2000 (JO 22 juin), L. n° 2000-1207 du 13 déc. 2000, art. 64 et 71 (JO 14 déc.), Ord. n° 2000-1249 du 21 déc. 2000 (JO 23 déc.), L. n° 2001-1246 du 21 déc. 2001, art. 55-XXI (JO 26 déc.), L. n° 2002-303 du 4 mars 2002 (JO 5 mars), L. n° 2003-47 du 17 janv. 2003 (JO 18 janv.), L. n° 2003-660 du 21 juill. 2003, art. 7 (JO 22 juill.), Ord. n° 2007-235 du 22 févr. 2007, art. 1er (JO 23 févr.), L. n° 2009-1646 du 24 déc. 2009, art. 93 (JO 27 déc.), Ord. n° 2010-1307 du 28 oct. 2010, art. 12 (JO 3 nov.), L. n° 2011-525 du 17 mai 2011, art. 140 (JO 18 mai), Ord. n° 2013-1150 du 11 déc. 2013, art. 1er (JO 14 déc.), L. n° 2014-873 du 4 août 2014 (JO 5 août), Ord. n° 2015-682 du 18 juin 2015 (JO 19 juin), Ord. n° 2015-896 du 23 juill. 2015 (JO 24 juill.), L. n° 2015-994 du 17 août 2015, art. 59-XIII (JO 18 août), L. n° 2015-1702 du 21 déc. 2015, art. 46, 59-XII-F, 63-IV et 89-VI (JO 22 déc.), L. n° 2016-1827 du 23 déc. 2016, art. 60-V et 62-II (JO 24 déc.), L. n° 2017-1836 du 30 déc. 2017, art. 36-II (JO 31 déc.), Ord. n° 2018-470 du 12 juin 2018 (JO 13 juin), L. n° 2018-1203 du 22 déc. 2018, art. 54-II, 62-IV, 69-II, 70-II et 77-V (JO 23 déc.). — Les art. 21 à 24, 27 (partie) et 28 ont été codifiés dans le code de la santé publique (par Ord. n° 2000-548 du 15 juin 2000, annexe au JO 22 juin).

TEXTES. — *V. L. n° 87-563 du 17 juill. 1987 (JO 22 juill.) : réforme du régime d'assurance vieillesse, mod. par L. n° 88-1264 du 30 déc. 1988, art. 18 (JO 4 janv. 1989), L. n° 91-73 du 18 janv. 1991, art. 34 (JO 20 janv.), L. n° 91-1406 du 31 déc. 1991, art. 23 (JO 4 janv. 1992), L. n° 93-121 du 27 janv. 1993, art. 9 (JO 30 janv.), L. n° 93-1313 du 20 déc. 1993 (JO 21 déc.), Ord. n° 98-731 du 20 août 1998 (JO 22 août), L. n° 98-1194 du 23 déc. 1998 (JO 27 déc.), L. n° 99-1140 du 29 déc. 1999 (JO 30 déc.), L. n° 2000-1207 du 13 déc. 2000 (JO 14 déc.), L. n° 2000-1257 du 23 déc. 2000 (JO 24 déc.), L. n° 2002-303 du 4 mars 2002 (JO 5 mars), Ord. n° 2007-235 du 22 févr. 2007 (JO 23 févr.), L. n° 2008-1330 du 17 déc. 2008 (JO 18 déc.), L. n° 2009-1646 du 24 déc. 2009 (JO 27 déc.), Ord. n° 2015-896 du 23 juill. 2015 (JO 24 juill.) ; L. n° 2016-297 du 14 mars 2016 (JO 15 mars) et L. n° 2017-256 du 28 févr. 2017, art. 32-I (JO 1er mars).*

V. Décr. n° 89-110 du 20 févr. 1989 (JO 22 févr.), mod. par Décr. n° 2004-1013 du 21 sept. 2004 (JO 28 sept.), Décr. n° 2007-971 du 15 mai 2007 (JO 16 mai), Décr. n° 2010-480 du 11 mai 2010 (JO 13 mai) : application de la loi du 17 juill. 1987 et Décr. n° 96-72 du 29 janv. 1986 (JO 31 janv.), mod. par Décr. n° 2012-138 du 30 janv. 2012 (JO 31 janv.). — V. aussi Arr. du 12 sept. 1983 (JO 9 oct.), mod. par Arr. du 21 déc. 1984 (JO 30 déc.), Arr. du 11 juill. 1989 (JO 5 août), Arr. du 29 janv. 1996 (JO 31 janv.), Arr. du 24 sept. 1996 (JO 17 oct.) et Arr. du 31 août 2006 (JO 13 sept.) : taux des cotisations au régime d'assurance vieillesse.

V. Décr. n° 91-306 du 25 mars 1991 (JO 26 mars), mod. par Décr. n° 2004-792 du 29 juill. 2004 (JO 3 août) : assurance maladie, maternité et décès.

V. Décr. n° 91-307 du 25 mars 1991 (JO 26 mars) : extension de l'assurance personnelle.

V. Décr. n° 98-994 du 30 oct. 1998 (JO 6 nov.) : détermination de l'assiette des cotisations des travailleurs indépendants, recouvrement des cotisations au régime de sécurité sociale.

Arrêté du 13 juillet 1978,

Fixant les modalités de liquidation et d'imputation des cotisations d'assurance vieillesse des mères et des femmes ayant au foyer un handicapé (JONC 11 août). — Mod. par Arr. du 19 juill. 1982 (JONC 10 août) et Décr. n° 2004-1428 du 23 déc. 2004, art. 14 (JO 29 déc.).

Loi n° 79-587 du 11 juillet 1979,

Relative à la motivation des actes administratifs et à l'amélioration des relations entre l'administration et le public (JO 12 juill.). — Pour l'application de cette loi aux collectivités territoriales, V. Circ. 2 juin 1992 (JO 22 juill.).

(Abrogée par Ord. n° 2015-1341 du 23 oct. 2015, art. 6, à compter du 1er janv. 2016)

Art. 1er *Les personnes physiques ou morales ont le droit d'être informées sans délai des motifs des décisions administratives individuelles défavorables qui les concernent.*

A cet effet, doivent être motivées les décisions qui :

— restreignent l'exercice des libertés publiques ou, de manière générale, constituent une mesure de police ;

— infligent une sanction ;

— subordonnent l'octroi d'une autorisation à des conditions restrictives ou imposent des sujétions ;

— retirent ou abrogent une décision créatrice de droits ;

— opposent une prescription, une forclusion ou une déchéance ;

— refusent un avantage dont l'attribution constitue un droit pour les personnes qui remplissent les conditions légales pour l'obtenir ;

— (L. n° 86-76 du 17 janv. 1986, art. 26) « *refusent une autorisation, sauf lorsque la communication des motifs pourrait être de nature à porter atteinte à l'un des secrets ou intérêts protégés par les dispositions des deuxième à cinquième alinéas de l'article 6 de la loi n° 78-753 du 17 juillet 1978 portant diverses mesures d'amélioration des relations entre l'administration et le public*[;] »

(L. n° 2011-525 du 17 mai 2011, art. 14-I) « *— rejettent un recours administratif dont la présentation est obligatoire préalablement à tout recours contentieux en application d'une disposition législative ou réglementaire.* »

V. désormais **CRPA**, *art. L. 211-2.*

....

Art. 7 *Des décrets en Conseil d'État précisent, en tant que de besoin, les catégories de décisions qui doivent être motivées en application de la présente loi.*

V. désormais **CRPA**, *art. L. 211-4.*

V. jurisprudence ss. CSS, art. L. 115-3.

Loi n° 85-1480 du 31 décembre 1985,

Autorisant l'approbation du code européen de sécurité sociale, fait à Strasbourg le 16 avril 1964 (JO 1er janv. 1986).

Art. unique Est autorisée l'approbation du code européen de sécurité sociale (ensemble une annexe et deux addenda), fait à Strasbourg le 16 avril 1964 et dont le texte est annexé à la présente loi. — *Ce code a été publié dans nos précédentes éditions (Annexe IV).*

Décret n° 86-1073 du 30 septembre 1986,

Relatif à l'intervention des organismes débiteurs des prestations familiales pour le recouvrement des créances alimentaires impayées (JO 2 oct. ; D. et ALD 1986. 503).

TITRE PREMIER Procédure d'admission

Art. 1er Le directeur de l'organisme débiteur des prestations familiales établit et certifie, en trois exemplaires, l'état des sommes à recouvrer. Cet état mentionne le jugement qui a fixé la pension alimentaire.

Pour la mise en œuvre de la loi n° 75-618 du 11 juillet 1975, la demande est réputée faite à la date d'établissement de l'état. Celui-ci précise, d'une part, le montant des termes échus et non versés par le débiteur au titre de la période de six mois ayant précédé la date de la demande de recouvrement public et, d'autre part, le montant des termes échus ou à échoir à compter de cette même date.

Pour la mise en œuvre de la loi n° 80-1055 du 23 décembre 1980 portant loi de finances rectificative pour 1980, l'état précise le montant des termes échus et non versés par le débiteur dans la limite de deux ans à compter de la demande d'aide faite à l'organisme débiteur des prestations familiales en vertu de l'article L. 581-6 du code de la sécurité sociale ou des périodes de versement de l'allocation de soutien familial versée à titre d'avance.

L'état des sommes à recouvrer fait apparaître, en outre, le montant des frais de recouvrement perçus au profit du Trésor.

Art. 2 L'état des sommes à recouvrer est accompagné d'une copie du jugement fixant la pension alimentaire et, si nécessaire, des documents justifiant du caractère exécutoire de celui-ci conformément aux articles 504 et 505 du code de procédure civile.

Il mentionne également l'identité et l'adresse du créancier de la pension alimentaire, ainsi que tous renseignements relatifs au débiteur et concernant son identité, son adresse ou sa dernière adresse connue, sa profession, les nom et adresse de son employeur, la nature et l'importance de son patrimoine, la situation de ses biens et la source de ses revenus.

Il précise également les diligences entreprises pour obtenir le paiement de la pension et les motifs de leur échec. Pour l'application de la loi du 23 décembre 1980, ces mentions sont facultatives.

Art. 3 Le directeur de l'organisme débiteur des prestations familiales adresse sans délai l'état des sommes à recouvrer au représentant de l'État dans son département.

Celui-ci rend exécutoire cet état, dans un délai de cinq jours ouvrables, et le transmet au *(Décr. n° 2014-551 du 27 mai 2014, art. 42-1°)* « directeur départemental ou, le cas échéant, régional des finances publiques ». Il avise de sa décision le directeur de l'organisme débiteur des prestations familiales.

Art. 4 Dès réception de l'avis adressé par le représentant de l'État, le directeur de l'organisme notifie la décision au débiteur de la pension alimentaire par lettre recommandée avec demande d'avis de réception, confirmée ce même jour par lettre simple. Cette notification précise les sommes sur lesquelles porte le recouvrement public et fait connaître au débiteur qu'il ne peut plus s'en libérer qu'entre les mains d'un *(Décr. n° 2014-551 du 27 mai 2014, art. 42-2°)* « comptable de la direction générale », suivant les modalités de paiement qui lui seront précisées ultérieurement par ce dernier. Elle indique également au débiteur que la procédure de recouvrement public peut être contestée par lettre simple adressée au procureur de la République du lieu où est établi l'organisme.

Le directeur de l'organisme débiteur des prestations familiales informe également sans délai, par lettre simple, le créancier de la suite réservée à la demande de recouvrement public et lui indique, le cas échéant, que le refus d'admission peut être contesté par lettre simple adressée au procureur de la République du lieu où est établi l'organisme.

Pour l'application de l'article 4 de la loi du 11 juillet 1975, la décision du président du tribunal est notifiée au représentant de l'État dans le département qui établit, le cas échéant, un nouvel état exécutoire.

TITRE II Recouvrement par les comptables de la direction générale des finances publiques *(Décr. n° 2014-551 du 27 mai 2014, art. 42-3°)*.

Art. 5 Le *(Décr. n° 2014-551 du 27 mai 2014, art. 42-4°)* « directeur départemental ou, le cas échéant, régional des finances publiques » assignataire de l'état exécutoire le confie pour recouvrement au *(Décr. n° 2014-551 du 27 mai 2014, art. 42-4°)* « comptable de la direction générale des finances publiques » du lieu où demeure le débiteur.

Après déduction des frais de poursuites éventuellement engagés et des frais de recouvrement revenant au Trésor, ces derniers étant réduits à due concurrence en cas de recouvrement partiel, les sommes encaissées sont versées à l'organisme débiteur des prestations familiales.

Art. 6 Le représentant de l'État, qui a rendu exécutoire l'état, émet un titre de réduction, après s'être assuré s'il y a lieu auprès du *(Décr. n° 2014-551 du 27 mai 2014, art. 42-4°)* « directeur départemental ou, le cas échéant, régional des finances publiques » que les conditions sont réunies, s'il y a renonciation du créancier à la procédure de recouvrement public, décès du débiteur, impossibilité de recouvrer la créance constatée par le *(Décr. n° 2014-551 du 27 mai 2014, art. 42-4°)* « comptable de la direction générale des finances publiques » ou acquittement par le débiteur des arriérés de la créance prise en charge par le *(Décr. n° 2014-551 du 27 mai 2014, art. 42-4°)* « comptable de la direction générale des finances publiques » ainsi que des termes courants durant douze mois consécutifs.

Le représentant de l'État en avise le directeur de l'organisme débiteur des prestations familiales.

La renonciation du créancier de la pension alimentaire à la procédure de recouvrement public n'emporte pas renonciation de l'organisme débiteur des prestations familiales pour le montant d'allocation de soutien familial versé à titre d'avance. Dans ce cas, la procédure est poursuivie du seul chef de l'organisme débiteur des prestations familiales et le titre de réduction n'est émis que pour la créance à laquelle il a été renoncé.

Le directeur de l'organisme notifie sans délai, par lettre simple au créancier et au débiteur, qu'il est mis fin au recouvrement public pour tout ou partie de la dette.

TITRE III Dispositions diverses

Art. 7 Les dispositions des articles 5 et 7, 10, 13, 14, 21 et 22 du décret n° 75-1339 du 31 décembre 1975 sont applicables à la mise en œuvre par l'organisme débiteur des prestations familiales de la loi du 11 juillet 1975 précitée.

V. notes ss. art. L. 581-1 s.

Décret n° 87-528 du 8 juillet 1987,

Portant rattachement de certaines professions aux organisations autonomes d'assurance vieillesse des travailleurs non salariés des professions artisanales, industrielles et commerciales (JO 14 juill.).

Art. 1er Sont obligatoirement affiliées, en application de l'article L. 622-7 du code de la sécurité sociale, à l'organisation autonome d'assurance vieillesse des travailleurs non salariés des professions industrielles et commerciales les personnes non salariées exerçant la profession de :

– concessionnaire ou exploitant de toilettes ou vestiaires ;

– courtier en billets de loterie nationale et en bulletins de loto non titulaire d'un contrat de travail ;

– porteur manutentionnaire non salarié (porteur aux halles ; porteur de gare et commissionnaire bagagiste ; commissionnaire auprès des salles de vente ; exploitant d'entreprise de transports de fonds).

Sont également affiliées à cette même organisation les personnes exerçant une profession mettant en pratique les sciences occultes ou parapsychologiques, assujetties à la taxe professionnelle.

Art. 2, 3 et 4 *Mod. Décr. n° 50-1026 du 18 août 1950, Décr. n° 50-1388 du 31 oct. 1950 et Décr. n° 55-543 du 14 mai 1955, cités ss. art. L. 622-7 CSS.*

Art. 5 *V. CSS, art. D. 632-1*

Art. 6 Sont obligatoirement affiliées, en application de l'article L. 622-7 du code de la sécurité sociale, à l'organisation autonome d'assurance vieillesse des professions artisanales les personnes non salariées exerçant la profession de :

– chauffeur de maître à la carte propriétaire de son véhicule ;

– thanatopracteur.

Loi n° 88-16 du 5 janvier 1988,

Relative à la sécurité sociale (JO 6 janv. ; D. et ALD 1988. 98).

Art. 1er I. – Il est créé au sein de la Caisse nationale de l'assurance maladie des travailleurs salariés un Fonds national de prévention. Ce fonds est destiné à financer toute action de prévention, d'éducation et d'information sanitaires propre à améliorer l'état de santé général de la population ; il peut apporter son concours à la mise en œuvre d'actions expérimentales dans le domaine de la prévention, de l'éducation et de l'information sanitaire, conduites par des associations ou organismes privés ou non.

Décret n° 88-673 du 6 mai 1988,

Relatif au rachat de cotisations d'assurance vieillesse par les membres de la famille d'un infirme ou invalide qui remplissent ou ont rempli bénévolement auprès de ce dernier le rôle de tierce personne (JO 8 mai).

Art. 1er Les personnes qui justifient avoir rempli après le 30 juin 1930 les fonctions et obligations de la tierce personne dans les conditions fixées à l'article R. 742-9 du code de la sécurité sociale peuvent acquérir, pour la ou les périodes durant lesquelles elles ont rempli ces fonctions, des droits à l'assurance volontaire pour la couverture du risque vieillesse moyennant le versement des cotisations afférentes à ces périodes.

Art. 2 *(Décr. n° 2010-1776 du 31 déc. 2010, art. 3-1°)* « Les demandes de rachat sont adressées aux organismes mentionnés à l'article R. 351-37-2 du code de la sécurité sociale dans un délai de dix ans après que le demandeur cesse de remplir les fonctions mentionnées à l'article 1er. » — *Les dispositions issues du Décr. n° 2010-1776 du 31 déc. 2010 sont applicables aux demandes d'adhésion et de rachat déposées à compter du 1er janv. 2011 (Décr. préc., art. 6).*

Les demandes de rachat comportent obligatoirement une déclaration signée du demandeur et attestant, sur l'honneur, que celui-ci assume ou a assumé effectivement auprès de son conjoint ou d'un membre de sa famille infirme ou invalide, sans recevoir de rémunération, les fonctions et obligations de la tierce personne.

Le demandeur doit fournir les justifications prévues à l'article R. 742-12 du code de la sécurité sociale.

Art. 3 La caisse chargée de la gestion du risque vieillesse apprécie, sur avis du service du contrôle médical, si l'infirme ou l'invalide est dans l'obligation d'avoir recours, pour accomplir les actes ordinaires de la vie, à l'assistance constante d'une tierce personne.

Les contestations sont réglées dans les conditions prévues par l'article L. 143-1 du code de la sécurité sociale.

Art. 4 *(Décr. n° 92-461 du 19 mai 1992, art. 7-II)* « La demande de rachat doit porter sur la totalité des périodes mentionnées à l'article 1er du présent décret. »

Toutefois, la demande de rachat peut être limitée à une partie de ces périodes lorsque l'application de la règle fixée à l'alinéa précédent aurait pour effet, compte tenu des périodes d'assurance retenues par ailleurs, de porter au-delà de quatre-vingts trimestres la durée d'assurance susceptible d'être prise en compte à la date de cette demande. Dans ce cas, le rachat ne peut être demandé que dans l'ordre chronologique de la ou des périodes.

Art. 5 *(Décr. n° 2010-1776 du 31 déc. 2010, art. 3-2°)* Le montant des cotisations dues au titre du rachat est calculé en appliquant à l'assiette forfaitaire afférente à la troisième catégorie d'assurés volontaires définie en application de l'article R. 742-4 :

1° Les coefficients de revalorisation en vigueur à la date du versement, applicables aux salaires et aux cotisations servant de base au calcul des pensions ou rentes en vertu de l'article L. 351-11 ;

2° Les taux de cotisations pour le risque vieillesse incombant au salarié et à l'employeur, applicables lors de la période d'activité en cause ou, pour les périodes d'activité antérieures au 1er octobre 1967, le taux de 9 % ;

3° Une actualisation au taux de 2,5 % par année civile révolue séparant la date du versement de la fin de la période d'activité en cause.

Les dispositions issues du Décr. n° 2010-1776 du 31 déc. 2010 sont applicables aux demandes d'adhésion et de rachat déposées à compter du 1er janv. 2011 (Décr. préc., art. 6).

Art. 6 A la demande de l'assuré et sous réserve de l'accord de la caisse compétente, le versement des cotisations dues peut être échelonné sur une période de quatre ans au plus à compter de la notification de l'admission au rachat. *(Décr. n° 92-461 du 19 mai 1992, art. 7-III)* « Si, à l'expiration de cette période, la totalité des cotisations n'a pas été versée, le rachat est annulé et les versements effectués sont remboursés à l'intéressé. »

(Abrogé par Décr. n° 2010-1776 du 31 déc. 2010, art. 3-3°) ***« A compter du 1er janvier 1992, les cotisations versées suivant les dispositions du premier alinéa du présent article sont majorées d'un taux fixé par arrêté du ministre chargé de la sécurité sociale compte tenu du loyer de***

l'argent. » — *Les dispositions issues du Décr. n° 2010-1776 du 31 déc. 2010 sont applicables aux demandes d'adhésion et de rachat déposées à compter du 1er janv. 2011 (Décr. préc., art. 6).*

Art. 7 La demande de rachat ne peut concerner des périodes postérieures à la date d'entrée en jouissance d'une prestation de vieillesse.

Art. 8 La mise en paiement des pensions correspondant au rachat est ajournée jusqu'au moment où le versement des cotisations de rachat est terminé.

Art. 9 Les pensions sont liquidées suivant les règles en vigueur pour l'assurance vieillesse du régime général de sécurité sociale.

Art. 10 *(Décr. n° 2010-1776 du 31 déc. 2010, art. 3-4°)* Les assurés peuvent obtenir la liquidation de leurs droits à l'assurance vieillesse à compter, au plus tôt, du premier jour du mois suivant la date de dépôt de leur demande de rachat, sous réserve que leur demande de prestation de vieillesse ait été formulée dans les six mois suivant la date à laquelle leur aura été notifiée la décision faisant droit à leur demande de rachat.

Les dispositions issues du Décr. n° 2010-1776 du 31 déc. 2010 sont applicables aux demandes d'adhésion et de rachat déposées à compter du 1er janv. 2011 (Décr. préc., art. 6).

Art. 11 En cas de rachat effectué par une personne déjà titulaire d'une prestation de vieillesse, celle-ci est révisée avec effet au premier jour du mois civil suivant la *(Décr. n° 92-461 du 19 mai 1992, art. 7-IV)* « date de la » demande de rachat, compte tenu des périodes validées au titre du rachat, dans la limite du nombre maximum de trimestres susceptibles d'être pris en compte à la date d'entrée en jouissance initiale de cette prestation.

Décret n° 88-854 du 28 juillet 1988,

Fixant les sanctions applicables aux infractions aux arrêtés prévus par l'article L. 162-38 du code de la sécurité sociale (JO 3 août ; D. et ALD 1988. 401).

Art. 1er Les infractions aux dispositions des arrêtés pris en application de l'article L. 162-38 du code de la sécurité sociale sont punies des peines d'amende prévues pour les contraventions de cinquième classe.

En cas de récidive, les peines d'amende prévues pour la récidive des contraventions de la cinquième classe sont applicables.

Loi n° 89-18 du 13 janvier 1989,

Portant diverses mesures d'ordre social (JO 14 janv. ; D. et ALD 1989. 86).

....

TITRE III Dispositions relatives à la protection sociale

L'exonération pour l'embauche d'un premier salarié (L. n° 89-18 du 13 janv. 1989, art. 6 s.) avait été remplacée par la L. fin. séc. soc. pour 2002 par une majoration spécifique de l'allègement des charges sociales lié au passage aux 35 heures, accordée au titre de la première embauche et des embauches suivantes (L. n° 2000-37 du 19 janv. 2000, dite loi Aubry II, art. 20 anc.). La L. n° 2003-47 du 17 janv. 2003, dite loi Fillon, art. 10, a supprimé cette majoration avec le système d'allègement de charges sociales résultant de la loi Aubry II à compter du 1er juill. 2003.

Art. 6 L'embauche, dans les conditions ci-après, d'un premier salarié ouvre droit à l'exonération des cotisations qui sont à la charge de l'employeur au titre des assurances sociales, des accidents du travail et des allocations familiales pour l'emploi de ce salarié *(L. n° 98-1194 du 23 déc. 1998, art. 6)* « , afférentes à une fraction de la rémunération égale au salaire minimum de croissance, par heure rémunérée dans la limite de la durée légale ou conventionnelle du travail ». — *Application aux embauches réalisées à compter du 1er janv. 1999.*

Bénéficient de cette exonération les personnes non salariées inscrites auprès des organismes chargés du recouvrement des cotisations d'allocations familiales ou assujetties au régime de protection sociale des professions agricoles et qui ont exercé leur activité sans le concours de personnel salarié, sinon avec au plus un salarié en contrat d'apprentissage ou de qualification *(L. n° 94-679 du 8 août 1994, art. 69-II ; L. n° 95-116 du 4 févr. 1995, art. 84-II)* « ou en contrat d'adaptation ou d'orientation », durant les douze mois précédant l'embauche, *(L. n° 90-1260 du 31 déc. 1990, art. 10)* « ainsi que, dans les mêmes conditions, les gérants de société à responsabilité limitée qui ne possèdent pas plus de la moitié du capi-

tal social et ne bénéficient pas de cette exonération à un autre titre ». *(L. n° 91-1405 du 31 déc. 1991, art. 47-I ; L. n° 92-1446 du 31 déc. 1992, art. 22 et 24 ; L. n° 93-1313 du 20 déc. 1993, art. 4-I)* **« Bénéficient également de cette exonération les mutuelles régies par le code de la mutualité, les coopératives d'utilisation de matériel agricole régies par le titre II du livre V (nouveau) du code rural, les groupements d'employeurs visés à l'article L. 127-1 du code du travail** *[devenu C. trav., art. L. 1253-2 s.]* **dont les adhérents sont exclusivement agriculteurs ou artisans** *(L. n° 95-95 du 1er févr. 1995, art. 58)*, **« ainsi que ceux composés d'exploitants agricoles, de coopératives d'utilisation de matériel agricole, de groupements agricoles d'exploitation en commun et d'exploitations agricoles à responsabilité limitée » et les associations régies par la loi du 1er juillet 1901 relative au contrat d'association ou les dispositions de la loi du 19 avril 1908 applicables dans les départements du Bas-Rhin, du Haut-Rhin et de la Moselle** *[déclarées antérieurement au 1er août 1992 abrogées par L. n° 96-559 du 24 juin 1996, art. 9]* **et agréées à cette fin par l'autorité administrative compétente ».**

(L. n° 91-1405 du 31 déc. 1991, art. 47) **« Cet agrément est donné aux associations :**

« 1° Qui exercent une activité sociale, éducative, culturelle, sportive ou philanthropique, non concurrente d'une entreprise commerciale ;

« 2° Qui sont administrées à titre bénévole par les personnes n'ayant elles-mêmes ou par personnes interposées aucun intérêt direct dans les résultats de l'association ;

« 3° Qui utilisent l'intégralité d'éventuels excédents de recettes aux actions entrant dans l'objet de l'association » ;

(L. n° 96-559 du 24 juin 1996, art. 9-I) **« 4° Qui sont administrées par des personnes dont aucune n'a administré une autre association ayant employé un ou plusieurs salariés, au sens du deuxième alinéa de l'article 6-1 de la présente loi, dans les douze mois précédant la date de l'embauche ».** — *Application aux demandes d'agrément déposées à compter du 1er mai 1996.*

(L. n° 91-1405 du 31 déc. 1991, art. 47) **« Bénéficient également de cette exonération les associations agréées pour les services aux personnes, dans les conditions prévues à l'article L. 129-1 du code du travail** *[devenu C. trav., art. L. 7231-1 et L. 7232-2]*.

« Les associations et les mutuelles doivent avoir exercé leur activité sans le concours de personnel salarié, sinon des salariés en contrat *(L. n° 2005-32 du 18 janv. 2005, art. 55-IV)* **« d'accompagnement dans l'emploi, contrat d'avenir ou au plus un salarié en contrat d'apprentissage ou de professionnalisation » durant les douze mois précédant l'embauche. Les coopératives d'utilisation de matériel agricole et les groupements d'employeurs doivent avoir exercé leur activité sans le concours de personnel salarié, sinon au plus un salarié en contrat d'apprentissage ou de qualification** *(L. n° 94-679 du 8 août 1994, art. 69-II ; L. n° 95-116 du 4 févr. 1995, art. 84-II)* **« ou en contrat d'adaptation ou d'orientation » durant les douze mois précédant l'embauche. »**

1. Aux termes de l'art. 6 de la loi du 13 janv. 1989 (dans sa rédaction antérieure à la loi du 20 déc. 1993), le bénéfice des cotisations n'est pas accordé en cas de reprise d'activité existante sans « création nette » d'emploi ; à cet égard, l'employeur qui a repris une entreprise de quatre salariés et embauche un nouveau salarié ne contribue à la création nette d'aucun emploi et ne remplit pas les conditions requises pour bénéficier de l'exonération des cotisations sociales pour l'emploi de ce dernier salarié. • Soc. 24 févr. 1994, n° 92-10.016 P. ♦ Dans le même sens • Soc. 11 juill. 1999 : *RJS 1999, n° 1285.*

2. La condition de l'absence de personnel salarié antérieurement à l'embauche ne s'apprécie que dans le cadre de l'activité au titre de laquelle l'exonération est demandée. • Soc. 29 juin 1995, n° 92-21.417 P • 20 févr. 1997, n° 95-11.767 P. ♦ La qualité d'employeur que peut avoir un travailleur indépendant au titre d'une activité ne fait donc pas obstacle à ce qu'au titre d'une autre activité, exercée également, mais de manière distincte, en qualité de travailleur non salarié, l'intéressé bénéficie de l'exonération des cotisations patronales prévues par la loi s'il embauche un premier salarié. • Soc. 29 juin 1995 : *préc.* ♦ Satisfait également à la condition d'absence de personnel antérieur, l'employeur qui a d'abord exercé comme associé et gérant d'une société dont il a cédé l'ensemble des parts qu'il détenait, société qui a continué son activité indépendamment de lui, et qui a ensuite créé une entreprise individuelle autonome, distincte juridiquement et économiquement de la précédente. • Soc. 20 févr. 1997 : *préc.* • 26 nov. 1998 : *Dr. soc. 1999. 204, obs. J. Savatier* • 19 juill. 2000 : *RJS 2000, n° 1284.* ♦ La condition d'absence de personnel salarié antérieurement à l'embauche ne s'apprécie que dans le cadre de l'activité au titre de laquelle l'exonération est demandée et n'est pas remplie lorsque la nouvelle activité ne peut s'analyser en une activité indépendante juridiquement et classiquement de la précédente, créative d'un nouvel emploi. • Civ. 2e, 25 oct. 2006 : *RJS 2007, n° 103.*

3. Tout salarié employé à titre professionnel par un travailleur indépendant, quelle que soit la nature de sa tâche, apporte à celui-ci son concours dans l'exercice de son activité et l'emploi de ce salarié fait obstacle à ce qu'une embauche ultérieure dans le délai de douze mois ouvre droit à exonération des cotisations patronales. • Soc. 20 nov. 1997 : *RJS 1998, n° 95* • 28 mai 1998 : *RJS 1998, n° 1058.*

4. Ne remplit pas les conditions légales de l'exonération de cotisations au titre de l'emploi d'un premier salarié le travailleur indépendant qui a déjà eu à son service un salarié au cours de la même activité professionnelle, peu important que celle-ci ait été exercée successivement sous la forme d'une société civile de moyens puis à titre personnel. • Soc. 12 juill. 1995, n° 93-12.131 P • 5 nov. 1999, n° 97-21.152 P : *RJS 1999, n° 1508.* ♦ Deux sociétés ne constituant pas des entreprises autonomes, économiquement distinctes l'une de l'autre, dans la mesure où elles ont le même gérant minoritaire et exercent des activités identiques ou complémentaires, la seconde nouvellement créée ne peut bénéficier de l'exonération dès lors que la première emploie du personnel salarié. • Soc. 4 mars 1999 : *RJS 1999, n° 574.* ♦ Comp. • Soc. 13 déc. 2001 : *RJS 2002, n° 327* (relevant au contraire l'activité distincte de sociétés). ♦ N'ouvre pas droit à exonération la création d'un établissement secondaire qui ne résulte pas de la création d'un second fonds de commerce mais d'une modification du premier dont l'activité a été en partie reprise. • Soc. 18 oct. 2001 : *RJS 2002, n° 328.*

5. Le délai dans lequel l'employeur doit déclarer l'embauche du premier salarié à la DDTE (aujourd'hui l'URSSAF) est un délai de forclusion ; ne satisfait pas à cette exigence l'employeur qui a déclaré l'embauche dans ce délai auprès du centre de formalités des entreprises par erreur. • Soc. 19 nov. 1998 : *RJS 1999, n° 106.*

6. Une société de droit étranger assimilable, en raison de ses statuts, à une SARL, bénéficie de l'exonération à condition que son gérant ne possède pas plus de la moitié du capital social comme le prévoit l'art. 6, al. 2, de la loi du 13 janv. 1989. • Soc. 20 déc. 2000 : *RJS 2001, n° 493.* ♦ V. aussi • Civ. 2e, 11 juill. 2005 : *RJS 2005, n° 1138* (refusant l'assimilation à une SARL d'une société de droit anglais).

7. Répétition de l'indu. Le paiement des cotisations indues est sujet à répétition dans la limite de la prescription, peu important qu'il ait été effectué sans réserve. • Soc. 13 déc. 2001 : *RJS 2002, n° 327.*

Art. 6-1 *(L. n° 93-1313 du 20 déc. 1993, art. 4-I)* **« Le bénéfice de l'exonération est accordé en cas de reprise d'une entreprise employant ou ayant employé au plus quarante-neuf salariés dans les douze mois précédant l'embauche par le repreneur lorsque cette reprise intervient dans le cadre de la procédure de redressement prévue par le code de commerce, si elle a pour effet de maintenir l'emploi pendant la période d'exonération. »**

(L. n° 89-18 du 13 janv. 1989, art. 6) **Sont considérées comme salariés pour l'application des présentes dispositions les personnes mentionnées aux articles L. 311-2 et L. 311-3, à l'exception** *(L. n° 90-1260 du 31 déc. 1990, art. 10)* **« du 10° et du 11° », du code de la sécurité sociale, à l'article 3 de la loi du 13 décembre 1926 portant code du travail maritime et à l'article 1144 du code rural, à l'exclusion du conjoint ou du concubin de l'employeur** *(L. n° 90-1260 du 31 déc. 1990, art. 10)* **« ou du gérant de la société à responsabilité limitée », des personnes fiscalement à sa charge, des aides familiaux et associés d'exploitation mentionnés au 2° du paragraphe I de l'article 1106-1 du code rural ainsi que des employés de maison.**

Le contrat de travail doit être à durée indéterminée *(L. n° 93-1313 du 20 déc. 1993, art. 4-I-2°)* **« ou être conclu en application du 2° de l'article L. 122-1-1 du code du travail** *[devenu C. trav., art. L. 1242-2]* **pour une durée d'au moins douze mois ».**

L'exonération porte sur une période de vingt-quatre mois à compter de la date d'effet du contrat de travail. En cas d'embauches successives liées à la démission ou au décès d'un ou plusieurs salariés ou à tout autre événement indépendant de la volonté de l'employeur et déterminé par décret, la période de vingt-quatre mois tient uniquement compte des durées d'effet respectives des contrats de travail ainsi conclus, dans la limite toutefois d'un délai total de trente-six mois à compter de la date d'effet du premier contrat de travail. – *V. Décr. n° 89-392 du 14 juin 1989 et Circ. 3 févr. 1989 (JO 17 mars).*

(L. n° 93-1313 du 20 déc. 1993, art. 4-I-3°) **« Lorsque le contrat de travail est conclu pour une durée déterminée, l'exonération porte sur une période égale à la durée initiale du contrat dans la limite de dix-huit mois à compter de sa date d'effet. En cas d'embauches successives dans les conditions définies au quatrième alinéa, la période d'exonération tient uniquement compte des durées d'effet respectives des contrats de travail ainsi conclus dans la limite d'une fois et demie la durée de l'exonération attachée à la conclusion du premier contrat. »**

1. La vérification que le salarié embauché n'est pas fiscalement à la charge de l'employeur s'effectue au vu de l'avis d'imposition pour l'année de l'embauche. • Soc. 11 janv. 1996, n° 93-18.335 P.

2. Pour une application de l'al. 1er. • Civ. 2e, 13 mai 2003 : *RJS 2003. 621, n° 931.*

Art. 6-2 *(L. n° 93-1313 du 20 déc. 1993, art. 4-I-4°)* **« Les dispositions des articles 6, 6-1 et celles du présent article sont applicables aux embauches réalisées jusqu'au »** *(L. n° 98-1194 du 23 déc. 1998, art. 6-II)* **« 31 décembre 2001 ».**

(L. n° 89-18 du 13 janv. 1989, art. 6) **Le bénéfice de ces dispositions ne peut être cumulé avec les aides directes de l'État à la création d'emploi dont la liste est fixée par décret** *[V. Décr. n° 89-392 du 14 juin 1989, art. 1er]. (L. n° 98-1194 du 23 déc. 1998, art. 6-II)* **« Il ne peut être cumulé avec le bénéfice d'une autre exonération totale ou partielle de cotisations patronales ou l'application de taux spécifiques, d'assiettes ou de montants forfaitaires de cotisations. »** — *Ces dispositions s'appliquent aux embauches réalisées à compter du 1er janv. 1999.*

Les employeurs qui remplissent les conditions fixées ci-dessus en font la déclaration par écrit à *(L. n° 95-116 du 4 févr. 1995, art. 62)* **« l'organisme de recouvrement des cotisations de sécurité sociale au plus tard à la date d'exigibilité des cotisations de sécurité sociale afférentes au premier versement de la rémunération » ou, pour les embauches intervenues avant la date de publication de la présente loi, avant le 1er février 1989** *[Dispositions de la loi n° 95-116, art. 62 applicables, aux embauches intervenues à compter du 1er avr. 1995].*

1. Le délai imparti à l'employeur pour faire la déclaration de l'embauche du premier salarié est prescrit à peine de forclusion sans que le défaut de fourniture par l'administration de formulaires de déclaration puisse constituer un obstacle à celle-ci. • Soc. 24 févr. 1994, n° 92-10.066 P • 17 avr. 1996, n° 94-17.445 P. ♦ *Adde :* • Soc. 21 oct. 1999 : *RJS 1999, n° 1508.*

2. En relevant que les documents fournis par l'URSSAF ne mentionnaient pas que le délai imparti par la loi pour effectuer la déclaration d'embauche d'un premier salarié était prescrit à peine de forclusion, le juge a caractérisé le manquement de l'URSSAF au devoir qu'ont les organismes de sécurité sociale de prendre toutes mesures utiles afin d'assurer l'information générale des assurés sociaux. • Soc. 31 mai 2001 : *RJS 2001, n° 1060.*

3. L'art. 6-2, dern. al., ne précisant pas la forme que doit prendre la déclaration, constitue la demande d'exonération exigée par la loi la lettre par laquelle une société a, d'une part, déclaré que l'embauche d'un salarié dont elle a précisé la date de début d'activité est une première embauche et, d'autre part, sollicité le bénéfice des aides prévues par la réglementation. • Soc. 15 nov. 2001 : *RJS 2002, n° 86.*

4. La déclaration, qui est prescrite dans le délai imparti à peine de forclusion, doit également être remplie en cas d'embauches successives liées à la démission ou au décès d'un ou plusieurs salariés ou à tout autre événement indépendant de la volonté de l'employeur pour que celui-ci puisse utiliser les mois d'exonération restant à courir. • Civ. 2e, 3 avr. 2003 : *RJS 2003. 524, n° 795 (2e esp.).* ♦ V. aussi la jurisprudence citée ss. art. 2 du Décr. n° 89-392 du 14 juin 1989.

5. L'URSSAF n'est pas tenue de vérifier, à la réception de la déclaration unique d'embauche, que l'employeur remplit les conditions lui permettant de bénéficier de l'exonération. • Civ. 2e, 16 sept. 2003 : *RJS 2003. 997, n° 1433.*

Ce dispositif d'exonération est arrivé à expiration le 31 déc. 2001 et est relayé par une majoration de l'allégement de charges sociales lié au passage aux 35 heures, V. art. 20, L. n° 2000-37 du 19 janv. 2000.

Art. 6-3 et 6-4 *Abrogés par L. n° 96-987 du 14 nov. 1996, art. 16-I. — Les contrats en cours au 15 nov. 1996 demeurent régis, jusqu'à leur terme, par les dispositions antérieurement applicables (V.* **CSS**, *éd. 1996, p. 1383 s.).*

L'exonération de cotisations sociales qui était accordée pour l'embauche d'un deuxième ou troisième salarié à l'employeur ayant exercé son activité au cours des douze derniers mois avec au plus un ou deux salariés, bénéficie à celui qui a employé trois salariés dont seulement deux simultanément durant cette période de référence. • Soc. 11 mai 2000 : *RJS 2000, n° 705.*

Art. 6-5 *Abrogé par L. n° 96-987 du 14 nov. 1996, art. 16-II, à compter du 1er janv. 1997.*

Art. 7 *[...]*

IV. — Par dérogation aux articles L. 241-6 et *(L. n° 2017-1836 du 30 déc. 2017, art. 8-III)* **« L. 613-1 » du code de la sécurité sociale, les cotisations d'allocations familiales dues par les employeurs et travailleurs indépendants non salariés non agricoles sont assises pour partie sur l'intégralité de leur revenu professionnel et pour partie dans la limite d'un plafond. Le plafond et les taux applicables sont fixés par décret.** — *Le IV cesse d'être applicable aux revenus perçus à compter du 1er janv. 1998 (L. n° 97-1164 du 19 déc. 1997, art. 7).*

V. — Le décret fixant les taux et les plafonds de cotisations prend effet le 1er janvier 1989.

[...]

Décret n° 89-392 du 14 juin 1989,

Relatif à l'exonération des cotisations sociales pour l'embauche d'un premier salarié (JO 17 juin ; D. et ALD 1989. 194).

Art. 1er L'exonération des cotisations à la charge de l'employeur au titre des assurances sociales, des accidents du travail et des allocations familiales lors de l'embauche d'un premier salarié n'est pas cumulable pour un même emploi avec la majoration de l'aide à la création d'entreprise prévue à l'article R. 351-48 du code du travail *[devenu C. trav., art. R. 5141-4 s.]* **en cas d'embauche d'un salarié par un bénéficiaire de cette aide.**

Art. 2 En cas d'embauches successives dues à la rupture du contrat de travail à l'initiative du salarié pendant la période d'essai, à la démission, au décès ou à la suspension du contrat de travail d'un ou plusieurs salariés en raison de la maladie, du départ au service national ou en application des articles L. 122-26 *[L. 1225-17 s.]*, **L. 122-28-1** *[L. 1225-66]*, **L. 122-32-1,** *[L. 1226-7]*, **L. 931-1,** *[L. 6322-1 s.]* **et L. 931-2** *[L. 6322-4 s.]* **du code du travail, le droit à exonération court pendant une durée de trente-six mois à compter de la première embauche, la durée totale de l'exonération ne pouvant excéder vingt-quatre mois.**

Lorsque le contrat de travail à durée indéterminée signé avec un premier salarié a été rompu par démission et que le contrat de travail signé avec son successeur était à durée déterminée, les rémunérations de ce dernier ne peuvent pas bénéficier de l'exonération des cotisations, les dispositions de l'art. 2 du décr. n° 89-392 du 14 juin 1989 n'étant susceptibles de profiter qu'aux rémunérations soit d'un salarié bénéficiaire d'un contrat à durée indéterminée embauché pour remplacer un premier salarié démissionnaire ou décédé, soit d'un salarié bénéficiaire d'un contrat à durée déterminée embauché, conformément à l'art. L. 122-1-1 C. trav., pour remplacer un premier salarié dont le contrat a été suspendu. • Soc. 11 mars 2003 : *RJS 2003. 524, n° 795 (1re esp.).*

Loi n° 89-1009 du 31 décembre 1989,

Renforçant les garanties offertes aux personnes assurées contre certains risques (JO 2 janv. 1990).

V. Décr. d'application : Décr. n° 90-768 et n° 90-769 du 30 août 1990 (JO 1er sept.).

BIBL. GÉN. ▶ Barthélemy et Laigre, La loi prévoyance, *JCP E 1990. II. 15725.* – Berdot, L'assurance de groupe après les réformes législatives du 31 déc. 1991, *RGAT 1990. 775.* – Bigot, Traité de droit des assurances, *t. 3., LGDJ 2002.* – Bugada, Devoir d'information de l'employeur souscripteur d'un contrat d'assurance de groupe, *Dr. soc. 1999. 709*. – Cezaro, Protection sociale d'entreprise et assurance, *Dr. soc. 2006. 165*. – Del Sol, Entreprise mutualiste d'assurance et prévoyance, *JCP E 2002. I. 413 et 492.* – Ferreira, Hallopeau et Rault-Dubois, Vingt années d'application de la loi Évin, *SSL 2010, n° 1443, p. 5.* – Geslot, TPE employant travailleurs handicapés cherche assureur pour gérer ses couvertures prévoyance, *Sem soc. Lamy 12/2014, n° 1656.* – Groutel, Les assureurs et le titre Ier de la loi n° 89-1009 du 31 déc. 1989 sur la « prévoyance complémentaire », *RCA 1990. Chron. 4.* – Hallopeau, Épargne, retraite, prévoyance d'entreprise, *2e éd., L'Argus de l'assurance, 2011.* – Laigre, La loi prévoyance, *Dr. soc. 1990. 370* ; La retraite collective d'entreprise après la loi du 8 août 1994, *Dr. soc. 1995. 411*. – Landel, L'assurance de groupe à la lumière de la jurisprudence récente, *RGAT 1993. 9.* – Lenoir, Protection complémentaire : les dangers du développement concurrentiel, *Dr. soc. 1995. 753*. – Morvan, Les transferts d'entreprise et les régimes de protection sociale, *Dr. soc. 2005. 772* ; Protection sociale d'entreprise : droits acquis ou éventuels dans la tourmente de la restructuration, *Dr. soc. 2006. 279*. – Pauffin de Saint Morel, L'assurance de groupe, *D. 1997. Chron. 67*. – Prétot, *ALD 1991. 155.* – Roulet, Pour une réforme de l'article 4 de la loi Évin, *Dr. soc. 2012. 1060*. – Saint-Jours, La protection sociale d'entreprise, *Dr. soc. 1992. 141*. – Sargos, Droit au maintien des prestations et des garanties dans l'assurance de prévoyance collective, *JCP 2001. I. 363.*

TITRE PREMIER Dispositions communes aux opérations mises en œuvre par les entreprises régies par le code des assurances, par les institutions de prévoyance relevant du titre III du livre IX du code de la sécurité sociale et de la section IV du chapitre II du titre II du livre VII du code rural et par les mutuelles relevant du code de la mutualité

Art. 1er Les dispositions du présent titre s'appliquent aux opérations ayant pour objet la prévention et la couverture du risque décès, des risques portant atteinte à l'intégrité physique de la personne ou liés à la maternité ou des risques d'incapacité de travail ou d'invalidité ou du risque chômage.

Seuls sont habilités à mettre en œuvre les opérations de couverture visées au premier alinéa les organismes suivants :

a) Entreprises régies par le code des assurances ;

b) *(L. nº 94-678 du 8 août 1994, art. 14-III)* « Institutions de prévoyance relevant du titre III du livre IX du code de la sécurité sociale » ;

c) Institutions de prévoyance relevant de la section IV du chapitre II du titre II du livre VII du code rural et de la pêche maritime ;

d) Mutuelles relevant du code de la mutualité ;

(Ord. nº 2018-470 du 12 juin 2018, art. 5) « *e)* Organismes visés aux articles L. 644-1 et L. 652-1 du code de la sécurité sociale pour les opérations mises en place dans le cadre des dispositions de l'article L. 144-1 du code des assurances. »

BIBL. ▶ REY, La couverture complémentaire et la vocation des caisses d'assurance maladie, *Dr. soc. 1997. 60*.

1. Dispositifs exclus du champ d'application de la loi Évin. La souscription par un établissement de crédit d'un contrat d'assurance de groupe dont l'objet exclusif est de garantir à l'adhérent à ce contrat, en cas de survenance de l'un quelconque de ces risques, le remboursement du prêt qui lui a été consenti ne figure pas au nombre des opérations de prévoyance complémentaire couvrant les risques énumérés par l'art. 1er, al. 1er, de la L. nº 89-1009 du 31 déc. 1989. • Civ. 2e, 21 déc. 2006, nº 06-13.525 P • Civ. 1re, 13 janv. 2004, nº 02-14.202 P. ♦ Un contrat souscrit par une collectivité territoriale, ayant pour objet de garantir au seul bénéfice de la commune le versement ou le remboursement de charges lui incombant statutairement, est exclu du champ d'application de la L. nº 89-1009 du 31 déc. 1989. • Civ. 2e, 28 juin 2012 : *RCA 1er nov. 2012, p. 36, obs. Groutel.*

2. Institutions de prévoyance bénéficiaires d'une clause de désignation. Les « institutions de prévoyance » mentionnées à l'art. 1er de la L. nº 89-1009 du 31 déc. 1989 sont des personnes morales de droit privé ayant un but non lucratif, administrées paritairement par les membres adhérents et qui font l'objet d'un agrément du ministre chargé de la sécurité sociale dans les conditions de l'art. L. 931-4. Elles peuvent, en application de l'art. L. 912-1 CSS, être désignées comme organisme gestionnaire unique d'un régime de prévoyance obligatoire pour tous les salariés de la branche par un accord professionnel ou interprofessionnel comportant une clause d'adhésion obligatoire pour les entreprises relevant de leur champ d'application. • CE 7 juill. 2000, nº 198564 B. • 19 mai 2008, nº 298907.

3. Opposabilité de la modification des règlements intérieurs des caisses. Les dispositions de la L. nº 89-1009 du 31 déc. 1989 ne font pas obstacle à l'entrée en vigueur de la modification du règlement intérieur d'une caisse de retraite complémentaire modifiant les conditions de bénéfice d'une pension de retraite, qui intervient de plein droit du seul fait de l'intervention de l'arrêté ministériel d'approbation. • Soc. 11 avr. 2002, nº 01-00.707 P.

Art. 2 Lorsque des salariés sont garantis collectivement, soit sur la base d'une convention ou d'un accord collectif, soit à la suite de la ratification par la majorité des intéressés d'un projet d'accord proposé par le chef d'entreprise, soit par décision unilatérale de l'employeur, contre le risque décès, les risques portant atteinte à l'intégrité physique de la personne ou liés à la maternité ou les risques d'incapacité de travail ou d'invalidité, l'organisme qui délivre sa garantie prend en charge les suites des états pathologiques survenus antérieurement à la souscription du contrat ou de la convention ou à l'adhésion à ceux-ci, sous réserve des sanctions prévues en cas de fausse déclaration.

Aucune pathologie ou affection qui ouvre droit au service des prestations en nature de l'assurance maladie du régime général de sécurité sociale ne peut être exclue du champ d'application des contrats ou conventions visés au premier alinéa dans leurs dispositions relatives au remboursement ou à l'indemnisation des frais occasionnés par une maladie, une maternité ou un accident.

(L. n° 2013-504 du 14 juin 2013, art. 1er-III-1°) « Le présent article est également applicable au titre des anciens salariés garantis en application de l'article L. 911-8 du code de la sécurité sociale. »

1. Faute résultant de l'exclusion d'un salarié de la prise en charge. Le principe de non-sélection individuelle des risques résultant de l'art. 2 de la L. n° 89-1009 du 31 déc. 1989 prohibe l'exclusion de la garantie décès d'un des salariés en arrêt de travail pour longue maladie dès lors que celle-ci ne concernait pas la totalité du groupe de salariés. Commet en conséquence une faute l'organisme assureur qui exclut ainsi individuellement un salarié membre d'un groupe assuré. • Civ. 1re, 13 févr. 2001, n° 98-12.478 P : *Dr. ouvrier 2001. 360, note de Senga.* ♦ Si l'assureur reste libre d'accepter ou de refuser le groupe dont l'assurance lui est proposée, comme il demeure libre de fixer la tarification et le niveau des garanties, il ne peut en revanche opérer une sélection médicale en refusant d'assurer une ou plusieurs personnes du groupe ou de prendre en charge des risques dont la réalisation trouverait son origine dans l'état de santé antérieur de l'assuré. • TGI Paris, 1er juin 1995 : *RGAT 1995. 634, note Bigot.*

2. Caractère d'ordre public des dispositions. Les dispositions d'ordre public de l'art. 2 de la L. du 31 déc. 1989 interdisent à l'assureur d'opérer une sélection médicale en refusant d'assurer une personne du groupe ou de prendre en charge des risques dont la réalisation trouve son origine dans l'état de santé antérieur de l'assuré. L'organisme qui délivre sa garantie est en conséquence tenu de prendre en charge les suites des états pathologiques survenus antérieurement à la souscription du contrat sans pouvoir exclure la prise en charge de pathologies ou affections ouvrant droit au service des prestations en nature de l'assurance maladie. • Civ. 1re, 7 juill. 1998 : *RDSS 1998. 843, obs. Verkindt.* ♦ Les juges du fond apprécient souverainement si, au moment de la conclusion du contrat, le risque décès est avéré ou s'il est encore aléatoire. • Même arrêt.

Art. 3 Pour les opérations collectives autres que celles mentionnées à l'article 2 de la présente loi et pour les opérations individuelles, l'organisme qui a accepté une souscription ou une adhésion doit, sous réserve des sanctions prévues en cas de fausse déclaration, prendre en charge les suites d'états pathologiques survenus antérieurement à l'adhésion de l'intéressé ou à la souscription du contrat ou de la convention.

Toutefois, il peut refuser de prendre en charge les suites d'une maladie contractée antérieurement à l'adhésion de l'intéressé ou à la souscription du contrat ou de la convention à condition :

a) Que la ou les maladies antérieures dont les suites ne sont pas prises en charge soient clairement mentionnées dans le contrat individuel ou dans le certificat d'adhésion au contrat collectif ;

b) Que l'organisme apporte la preuve que la maladie était antérieure à la souscription du contrat ou à l'adhésion de l'intéressé au contrat collectif.

Dans les cas prévus à l'alinéa précédent, l'administration de la preuve s'effectue dans le respect des dispositions des articles 226-13 et 226-14 du code pénal relatives au secret professionnel.

Application aux assurances garantissant le remboursement d'un emprunt. En application de son art. 1er, la L. du 31 déc. 1989 est applicable aux opérations ayant pour objet la prévention et la couverture du risque décès, des risques portant atteinte à l'intégrité physique de la personne ou liés à la maternité ou des risques d'incapacité de travail ou d'invalidité ou du risque chômage. L'art. 3, disposant que l'organisme d'assurance qui a accepté une souscription ou une adhésion à une assurance de groupe ayant pour objet la garantie de remboursement d'un emprunt, l'organisme doit en conséquence prendre en charge les suites d'états pathologiques survenus antérieurement à l'adhésion de l'intéressé ou à la souscription du contrat. Il ne peut la refuser qu'à condition, d'une part, que les maladies antérieures dont les suites ne sont pas prises en charge soient clairement mentionnées dans le contrat individuel ou dans le certificat d'adhésion au contrat collectif et d'autre part, qu'il apporte la preuve que la maladie était antérieure à la souscription ou à l'adhésion. • Civ. 1re, 23 sept. 2003, n° 00-20.991.

Art. 4 Lorsque des salariés sont garantis collectivement, dans les conditions prévues à l'article 2 de la présente loi, en vue d'obtenir le remboursement ou l'indemnisation des frais occasionnés par une maladie, une maternité ou un accident, le contrat ou la convention doit prévoir, sans condition de période probatoire ni d'examen ou de questionnaire médicaux, les modalités et les conditions tarifaires des nouveaux contrats ou conventions par lesquels l'organisme maintient cette couverture :

1° Au profit des anciens salariés bénéficiaires d'une rente d'incapacité ou d'invalidité, d'une pension de retraite ou, s'ils sont privés d'emploi, d'un revenu de remplacement, sans condition de durée, sous réserve que les intéressés en fassent la demande dans les six mois

qui suivent la rupture de leur contrat de travail *(L. n° 2013-504 du 14 juin 2013, art. 1er-III-2°)* **« ou, le cas échéant, dans les six mois suivant l'expiration de la période durant laquelle ils bénéficient à titre temporaire du maintien de ces garanties. L'organisme adresse la proposition de maintien de la couverture à ces anciens salariés au plus tard dans le délai de deux mois à compter de la date de la cessation du contrat de travail ou de la fin de la période du maintien des garanties à titre temporaire » ;** *— La dernière phrase du 1° est entrée en vigueur le 1er janv. 2014 (L. n° 2013-504 du 14 juin 2013, art. 1er-XI).*

2° Au profit des personnes garanties du chef de l'assuré décédé, pendant une durée minimale de douze mois à compter du décès, sous réserve que les intéressés en fassent la demande dans les six mois suivant le décès. *(L. n° 2013-504 du 14 juin 2013, art. 1er-III-3°, en vigueur le 1er janv. 2014)* **« L'employeur en informe l'organisme, qui adresse la proposition de maintien de la couverture à ces personnes dans le délai de deux mois à compter du décès. »**

Le nouveau contrat ou la nouvelle convention doit prévoir que la garantie prend effet, au plus tard, au lendemain de la demande.

Les tarifs applicables aux personnes visées par le présent article peuvent être supérieurs aux tarifs globaux applicables aux salariés actifs dans des conditions fixées par décret.

V. Décr. n° 2017-372 du 21 mars 2017 relatif à l'application de l'art. 4 de la L. n° 89-1009 du 31 déc. 1989 renforçant les garanties offertes aux personnes assurées contre certains risques (JO 23 mars).

BIBL. ▶ Lautrette et Piau, Le maintien des obligations d'assurance en prévoyance collective (articles 4, 6, 7 et 7-1 de la loi Évin), *Dr. soc. 2007. 853*. – Peano, La résiliation de l'assurance de groupe après le sinistre, *RCA 1993. Chron. 12.* – Roulet, Pour une réforme de l'article 4 de la loi Évin, *Dr. soc. 2012. 1060*. – Serizay, La portabilité des droits de protection sociale, *SSL 2008, n° 1366, p. 7.* – Thiesset, La portabilité de la prévoyance : un droit difficile à porter ?, *Gaz. Pal. 12 mai 2009, n° 132, p. 9.*

1. Maintien de la couverture à l'identique. Il ne peut être dérogé par voie de convention aux dispositions d'ordre public de la L. n° 89-1009 du 31 déc. 1989 qui prévoient le maintien à l'ancien salarié privé d'emploi de la couverture résultant de l'assurance de groupe souscrite par l'employeur pour la garantie des frais de santé. L'organisme ne saurait en conséquence respecter ses obligations en se contentant de maintenir au salarié la couverture sur la base du régime le plus proche de celui prévu par le contrat collectif et obligatoire. • Civ. 2e, 7 févr. 2008, n° 06-15.006 P : *D. 2008. 2703, obs. Bugada ; RJS 5/2008, n° 601 ; RGDA 2009. 549, obs. Kullman.* ♦ V. également l'arrêt de renvoi rendu dans cette affaire. • Lyon, 13 janv. 2009 : *RJS 3/09, n° 282 ; JCP E 2009. 1430, obs. Delumeau.*

2. Bénéficiaires. L'art. 4 de la L. n° 89-1009 du 31 déc. 1989 prévoit le maintien de la couverture de l'organisme de prévoyance non seulement au profit des anciens salariés bénéficiaires d'une rente d'incapacité ou d'invalidité, mais aussi des anciens salariés privés d'emploi bénéficiant d'un revenu de remplacement. • Soc. 16 avr. 2008, n° 06-44.361.

3. Devoir d'information de l'employeur sur les conditions du maintien de la garantie. Le souscripteur d'un contrat d'assurance de groupe a le devoir de faire connaître de façon précise à l'adhérent à ce contrat les droits et obligations qui sont les siens. Débiteur envers celui-ci d'un devoir d'information et de conseil, il est responsable des conséquences qui s'attachent à une information incomplète ayant induit l'assuré en erreur sur la nature, l'étendue ou le point de départ de ses droits. • Soc. 16 avr. 2008 : *préc. note 2.*

4. Portabilité des garanties organisées par l'art. 14 de l'ANI du 11 janv. 2008. L'art. 14 de l'accord national interprofessionnel du 11 janv. 2008 modifié par l'avenant n° 3 du 18 mai 2009, étendu par arrêté ministériel du 7 oct. 2009, n'a pas été rendu obligatoire, en l'absence d'arrêté d'élargissement, aux autres secteurs professionnels. Son champ d'application professionnel reste donc circonscrit à celui couvert par le Medef, la CGPME et l'UPA (secteurs de l'industrie, du commerce et des services), à l'exclusion du secteur agricole et de celui des professions libérales. • Versailles, 17e ch., 18 nov. 2011 : *RJS 2012, n° 656.* ♦ Les dispositions de l'art. 14 de l'accord national interprofessionnel modifié, entrées en vigueur le 1er juill. 2009 pour les entreprises adhérentes d'un des syndicats signataires, ne pouvaient s'appliquer à un licenciement notifié antérieurement à l'entrée en vigueur du dispositif. • Soc. 23 mai 2012 : *RJS 2012, n° 739.*

Art. 5 **Lorsque des salariés sont garantis collectivement, dans les conditions prévues par l'article 2 de la présente loi, contre le risque décès, les risques portant atteinte à l'intégrité physique de la personne ou liés à la maternité ou les risques d'incapacité de travail ou d'invalidité, le contrat ou la convention doit prévoir le délai de préavis applicable à sa résiliation ou à son non-renouvellement ainsi que les modalités et les conditions tarifaires selon**

lesquelles l'organisme peut maintenir la couverture, sans condition de période probatoire ni d'examen ou de questionnaire médicaux, au profit des salariés concernés, sous réserve qu'ils en fassent la demande avant la fin du délai de préavis.

(L. nº 2013-504 du 14 juin 2013, art. 1er-III-1º) « Le présent article est également applicable au titre des anciens salariés garantis en application de l'article L. 911-8 du code de la sécurité sociale. »

Art. 6 Pour les opérations collectives autres que celles mentionnées à l'article 2 de la présente loi et pour les opérations individuelles et sous réserve du paiement des primes ou cotisations et des sanctions prévues en cas de fausse déclaration, *(Ord. nº 2001-350 du 19 avr. 2001, art. 8)* « à compter de » l'adhésion de l'intéressé ou la souscription du contrat ou de la convention, l'organisme ne peut refuser de maintenir aux intéressés le remboursement ou l'indemnisation des frais occasionnés par une maladie, une maternité ou un accident. Les personnes visées sont celles qui sont affiliées au contrat collectif ou d'assurance de groupe ou mentionnées au contrat individuel ou à la convention tant que celles-ci le souhaitent, sans réduction des garanties souscrites, aux conditions tarifaires de la catégorie dont elles relèvent, avec maintien, le cas échéant, de la cotisation ou de la prime pour risque aggravé.

L'organisme ne peut ultérieurement augmenter le tarif d'un assuré ou d'un adhérent en se fondant sur l'évolution de l'état de santé de celui-ci.

Si l'organisme veut majorer les tarifs d'un type de garantie ou de contrat, la hausse doit être uniforme pour l'ensemble des assurés ou adhérents souscrivant ce type de garantie ou de contrat.

(Ord. nº 2001-350 du 19 avr. 2001, art. 8) « Après l'expiration d'un délai de deux ans suivant l'adhésion de l'intéressé ou la souscription du contrat ou de la convention, les mêmes dispositions sont applicables aux garanties contre les risques d'incapacité de travail ou d'invalidité, le risque chômage et, à titre accessoire à une autre garantie, contre le risque décès tant que l'assuré n'a pas atteint l'âge minimum requis pour faire valoir ses droits à une pension de vieillesse et sous réserve des sanctions pour fausse déclaration. ».

Les dispositions du présent article ne sont applicables ni aux contrats ou conventions qui couvrent exclusivement le risque décès, ni à la garantie ou au contrat souscrit en application du troisième alinéa de l'article 4 de la présente loi.

Caractère uniforme de la hausse des tarifs de garantie. Si l'organisme habilité à mettre en œuvre les opérations de couverture visées au premier alinéa de l'article 1er de la loi veut majorer les tarifs de garantie ou de contrat, la hausse doit être uniforme pour l'ensemble des assurés ou adhérents souscrivant ce type de garantie ou de contrat. Les juges du fond ne sauraient déduire ce caractère uniforme de la seule correspondance adressée par l'organisme à l'assuré. • Civ. 2e, 10 juin 2004, nº 03-13.503 P : *D. 2004. IR 1860*.

Art. 6-1 *(L. nº 99-641 du 27 juill. 1999, art. 23)* A l'expiration de son droit aux prestations définies à l'article L. 861-3 du code de la sécurité sociale, toute personne ayant bénéficié de la prise en charge prévue au *b* de l'article L. 861-4 de ce code reçoit de l'organisme auprès duquel elle bénéficiait de cette prise en charge la proposition de prolonger son adhésion ou son contrat pour une période d'un an pour un tarif n'excédant pas un montant fixé par arrêté. *– V. Arr. du 27 avr. 2001 (JO 6 mai).*

(L. nº 2005-1579 du 19 déc. 2005, art. 54-III) « Les prestations prises en charge dans ce cadre sont identiques à celles définies à l'article L. 861-3 du code de la sécurité sociale, à l'exception de celles qui ne sont pas conformes aux règles définies à l'article L. 871-1 du même code.

« Cette disposition est applicable aux contrats et adhésions souscrits à partir du 1er janvier 2006. Les contrats et adhésions de prolongation en cours à cette date bénéficient jusqu'à leur terme en 2006 de l'exonération de taxe sur les conventions d'assurance mentionnée au premier alinéa de l'article L. 871-1 du code de la sécurité sociale. »

Les contrats, les bulletins d'adhésion ou les règlements comportant exclusivement des garanties prenant en charge les dépenses occasionnées lors d'une hospitalisation ou prenant exclusivement en charge des spécialités ou dispositifs inscrits sur les listes prévues aux art. L. 162-17 et L. 165-1 CSS doivent se mettre en conformité avec les dispositions prévues à l'art. L. 871-1 du même code au plus tard le 1er janv. 2008. Jusqu'à cette date, ces contrats, bulletins d'adhésion ou règlements bénéficient des exonérations fiscales et sociales mentionnées au 1er al. de l'art. L. 871-1 CSS (L. nº 2005-1579 du 19 déc. 2005, art. 54-IV).

Art. 6-2 *(L. nº 99-641 du 27 juill. 1999, art. 23)* Lorsqu'une personne obtient le bénéfice de la protection complémentaire définie à l'article L. 861-3 du code de la sécurité sociale alors qu'elle est déjà garantie par un organisme assureur contre les risques liés à une maladie, une

maternité ou un accident dans les conditions prévues aux articles 2 et 3 de la présente loi, elle obtient à sa demande :

1° Soit la résiliation totale de la garantie initialement souscrite si l'organisme assureur n'est pas inscrit sur la liste prévue à l'article L. 861-7 du code de la sécurité sociale ;

2° Soit la modification de la garantie initialement souscrite en une garantie établie en application des articles L. 861-1 et L. 861-3 du code de la sécurité sociale ; si la garantie initialement souscrite s'appliquait également à des risques différents de la garantie prévue par l'article L. 861-3, l'organisme assureur doit proposer au bénéficiaire de la protection complémentaire, pour la partie de son contrat initial qui excède cette protection, un contrat correspondant à des conditions tarifaires de droit commun.

Les cotisations ou primes afférentes aux contrats ou partie de contrat initiaux sont remboursées par les organismes qui les ont perçues au prorata de la durée du contrat restant à courir.

Les dispositions du présent article ne s'appliquent pas aux garanties souscrites dans le cadre d'un accord collectif obligatoire d'entreprise.

Absence d'atteinte à la liberté contractuelle. La possibilité pour les bénéficiaires de la couverture maladie universelle antérieurement affiliés à un organisme de protection sociale complémentaire d'obtenir de plein droit la résiliation de la garantie souscrite auprès de cet organisme résulte de dispositions législatives. Par suite, le moyen tiré de ce que le décret attaqué aurait violé le principe de la liberté contractuelle est inopérant. Le gouvernement n'est en outre pas tenu de prendre des dispositions permettant d'indemniser le préjudice subi par les courtiers en assurance du fait de ces dispositions. • CE 8 nov. 2000, n° 218212 : *RJS 2001, n° 361.*

Art. 6-3 *(L. n° 2001-1246 du 21 déc. 2001, art. 38)* **Lorsque les personnes mentionnées au** *(L. n° 2005-1579 du 19 déc. 2005, art. 54-VII)* **« neuvième** *[Nouvelle rédaction issue de la L. n° 2018-1203 du 22 déc. 2018, art. 52-II, en vigueur le 1er nov. 2019 : « huitième »]* **» alinéa de l'article L. 861-3 du code de la sécurité sociale acquièrent une protection complémentaire souscrite à titre individuel en matière de frais de soins de santé, aucune période probatoire ne peut leur être opposée. Elles bénéficient en outre de la procédure de dispense d'avance de frais, pour une durée d'un an à compter de l'expiration de leur droit aux prestations définies aux** *(L. n° 2005-1579 du 19 déc. 2005, art. 54-VII)* **« six » premiers alinéas de l'article L. 861-3 précité, dans les conditions prévues par décret, pour la part de ces mêmes dépenses prise en charge par les organismes visés au *b* de l'article L. 861-4 du code de la sécurité sociale.**

Art. 7 Lorsque des assurés ou des adhérents sont garantis collectivement contre les risques portant atteinte à l'intégrité physique de la personne ou liés à la maternité, le risque décès ou les risques d'incapacité ou d'invalidité, la résiliation ou le non-renouvellement du contrat ou de la convention est sans effet sur le versement des prestations immédiates ou différées, acquises ou nées durant son exécution. Le versement des prestations de toute nature se poursuit à un niveau au moins égal à celui de la dernière prestation due ou payée avant la résiliation ou le non-renouvellement, sans préjudice des révisions prévues dans le contrat ou la convention. De telles révisions ne peuvent être prévues à raison de la seule résiliation ou du seul non-renouvellement.

L'engagement doit être couvert à tout moment, pour tous les contrats ou conventions souscrits, par des provisions représentées par des actifs équivalents.

BIBL. ► SERIZAY, La gestion financière de la prévoyance d'entreprise, *Gaz. Pal. 2007, n° 185-86, p. 3.* – SARGOS, Droit au maintien des prestations et des garanties dans l'assurance de prévoyance collective, *JCP 2001. I. 363.* – LAUTRETTE et PIAU, Le maintien des obligations d'assurance en prévoyance collective (articles 4, 6, 7 et 7-1 de la loi Évin), *Dr. soc. 2007. 853.*

1. Naissance du droit à indemnisation. Les dispositions de l'art. 7 de la L. du 31 déc. 1989 n'interdisent pas aux parties de définir les conditions d'acquisition de la garantie. Dès lors, si le bénéfice des prestations du contrat est subordonné à la double condition que le salarié subisse un arrêt de travail de plus de trois mois et qu'il continue d'être affilié et de cotiser pendant ce délai, son droit à prestation n'est pas né avant l'expiration de ce délai. L'organisme n'est donc pas tenu au maintien de cette garantie à la suite de la résiliation du contrat au cours de ce délai de franchise. • Civ. 2e, 22 janv. 2009, n° 07-21.093 P : *RJS 5/2009, n° 470 ; JCP E 2009. 1391, obs. Piau.* ♦ Seules les prestations nées ou acquises au jour de la résiliation du contrat doivent se poursuivre après la résiliation. Tel n'est pas le cas d'une prestation d'invalidité permanente qui ne pouvait être due qu'à la date de la consolidation de l'invalidité. • Civ. 2e, 21 oct. 2004, n° 03-15.695. ♦ Il résulte de l'art. 7 de la L. du 31 déc. 1989 que lorsque des assurés ou des adhérents sont garantis collectivement contre les risques portant atteinte à l'intégrité physique de la personne ou liés à la maternité, le risque décès ou les risques d'incapacité ou d'invalidité, la résiliation ou le non-renouvellement du contrat ou de la convention de prévoyance est sans effet sur le versement des prestations immédiates ou différées, acquises ou nées durant son exécution. La rente invalidité est en conséquence due lorsque l'invalidité est la conséquence d'une maladie survenue pendant la période de validité du contrat. • Civ. 2e, 14 janv. 2010 : *Gaz. Pal. 9 juin 2010, p. 44, obs. Thiesset ; RJS 4/2010, n° 384.* ♦ Le droit aux prestations d'invalidité au profit des salariés dont la maladie à l'origine de l'invalidité survient au cours de l'exécution du contrat résilié ne saurait toutefois être acquis lorsque ce contrat ne permet la prise en charge du risque maladie. • Civ. 2e, 10 févr. 2011 : *RJS 5/2011, n° 468.* ♦ Lorsque les conditions de la garantie auxquelles le bénéfice des prestations du contrat est subordonné ne sont pas acquises à la date de résiliation du contrat d'assurance groupe, le droit à prestation n'est pas né, de sorte que l'organisme assureur n'est redevable d'aucune somme à son égard. • Civ. 2e, 27 mars 2014 : *Dr. soc. 2014. 581, obs. Roulet.* ♦ La garantie décès ne constitue pas une prestation différée, de sorte qu'il est indifférent que le décès soit la conséquence d'une maladie non professionnelle apparue pendant la période de garantie. • Civ. 2e, 4 févr. 2016, n° 14-27.249 P : *D. actu. 16 févr. 2016, obs. de Ravel d'Esclapon ; RJS 4/2016, n° 299.*

2. Condition du versement des indemnités. Le droit aux prestations de l'assureur est acquis dès que l'assuré est atteint d'une incapacité de travail consécutive à la maladie ou un accident, leur seul service étant différé jusqu'au moment où le statut des agents d'une collectivité locale ne permet plus le maintien complet du traitement. • Civ. 1re, 29 avr. 2003, n° 01-01.978 P.

3. Inopposabilité des clauses restreignant les droits lorsque le risque est déjà réalisé. Les prestations liées à la réalisation d'un sinistre survenu pendant la période de validité d'une police d'assurance de groupe ne peuvent être remises en cause par la résiliation ultérieure de celle-ci. Doit en conséquence être réputée non écrite la clause d'une police d'assurance conduisant à priver les salariés du droit à revalorisation alors que le risque était déjà réalisé. • Civ. 2e, 8 mars 2006, n° 04-16.854 P : *RJS 5/2006, n° 773.*

4. Indemnités journalières pour incapacité de travail. Lorsque des salariés sont garantis collectivement contre les risques portant atteinte à l'intégrité physique de la personne ou liés à la *maternité, le risque* décès ou les risques d'incapacité ou d'invalidité, la résiliation ou le non-renouvellement du contrat ou de la convention de prévoyance est sans effet sur le versement des prestations immédiates ou différées, acquises ou nées durant son exécution. Des indemnités journalières dues au titre de la garantie « incapacité de travail » d'un contrat de prévoyance constituent une telle prestation différée en exécution du contrat initialement souscrit et doivent en conséquence continuer à être versées en cas de changement du contrat de prévoyance. • Soc. 16 janv. 2007, n° 05-43.434 P : *RJS 3/2007, n° 789.*

5. Capital décès. Le capital décès ne peut constituer une prestation différée au sens de l'art. 7 de la L. du 31 déc. 1989. Seule la date de la mort de l'assuré et non la cause du décès est déterminante du droit au versement de ce capital. L'organisme assureur n'est donc pas tenu de verser un capital décès lorsque le décès est intervenu postérieurement à la résiliation du contrat d'assurance, peu important que le décès constitue l'aboutissement d'une maladie en cours au moment de la résiliation. • Civ 1re, 29 avr. 2003, n° 01-01.978 P.

6. Versement par anticipation du capital décès. Le versement par anticipation d'un capital décès en cas d'invalidité absolue ou définitive, lorsque l'assuré est classé par la sécurité sociale en invalidité de 2e ou 3e catégorie prévu par un contrat d'assurance de groupe constitue une prestation différée au sens de l'art. 7 de la L. du 31 déc. 1989. Il doit en conséquence être versé au salarié classé en invalidité à la suite d'une maladie connue avant la résiliation du contrat d'assurance. • Civ. 2e, 17 avr. 2008, n° 06-45.137 P.

7. Prestation spécifique de retraite pour invalidité. La prestation de retraite pour incapacité prévue par le contrat peut être considérée comme acquise au jour de la résiliation du contrat d'assurance même en cas de départ à la retraite ultérieurement à cette résiliation dès lors que la retraite pour invalidité est la conséquence de la maladie dont la salariée était déjà atteinte au jour de cette résiliation. • Civ. 2e, 16 oct. 2008, n° 07-13.946.

8. Mise en invalidité consécutive à un accident du travail. Le droit aux prestations d'invalidité est acquis malgré la résiliation du contrat d'assurance antérieure au classement en invalidité du salarié, le droit à prestation étant acquis dès lors que le salarié avait été atteint d'une invalidité consécutive à un accident du travail survenu avant la résiliation du contrat. • Civ. 2e, 23 oct. 2008, n° 07-19.382. ♦ V. dans le même sens • Civ. 2e, 13 janv. 2011, n° 09-16.275.

9. Inapplication de l'art. 7 au paiement des cotisations. L'art. 7 de la L. n° 89-1009 du 31 déc. 1989 ne concerne pas le paiement ou la dispense de paiement de cotisations d'assurance. Le salarié ne saurait en conséquence se prévaloir de ce texte pour se prévaloir d'une dispense de cotisation supprimé à l'occasion de la reprise du contrat par un nouvel organisme assureur. • Civ. 1re, 29 juin 1999, n° 97-15.183 P.

10. *Provisions destinées à garantir les engagements souscrits en cas de résiliation.* Aux termes de l'art. 7 de la L. n° 89-1009 du 31 déc. 1989, en cas de résiliation ou de non-renouvellement d'un contrat de prévoyance complémentaire, pour garantir le service de la rente au niveau atteint lors de la cessation du contrat, les assureurs sont tenus de constituer des provisions correspondant aux engagements. • Civ. 1re, 25 mars 2003, n° 99-13.546 P.

11. *Élargissement de la règle au maintien des prestations acquises ou nées durant la relation de travail en cas de rupture du contrat de travail.* V. note 4 ss art. L. 911-2.

Art. 7-1 *(L. n° 2001-624 du 17 juill. 2001, art. 34)* **Lorsque des assurés ou des adhérents sont garantis collectivement dans les conditions prévues à l'article 2, dans le cadre d'un ou plusieurs contrats, conventions ou bulletins d'adhésion à un règlement comportant la couverture des risques décès, incapacité de travail et invalidité, la couverture du risque décès doit inclure une clause de maintien de la garantie décès en cas d'incapacité de travail ou d'invalidité. La résiliation ou le non-renouvellement du ou des contrats, conventions ou bulletins d'adhésion à un règlement sont sans effet sur les prestations à naître au titre du maintien de garantie en cas de survenance du décès avant le terme de la période d'incapacité de travail ou d'invalidité telle que définie dans le contrat, la convention ou le bulletin d'adhésion couvrant le risque décès.**

Cet engagement doit être couvert à tout moment par des provisions représentées par des actifs équivalents. — *V. art. 30.*

BIBL. ▶ Lautrette et Piau, Le maintien des obligations d'assurance en prévoyance collective (articles 4, 6, 7 et 7-1 de la loi Évin), *Dr. soc. 2007. 853*. – Sargos, *JCP 2001. I. 363* (droit au maintien des prestations et des garanties dans l'assurance de prévoyance collective). – Serizay, La gestion financière de la prévoyance d'entreprise, *Gaz. Pal. 2007, n° 185-86, p. 3.*

1. *Naissance du droit à prestation.* En matière de risque décès, seule la mort de l'assuré est déterminante du droit au versement des prestations. La prise en charge, à la suite du changement d'organisme assureur, de salariés malades ou invalides, implique, en application de l'art. 7-1 de la L. du 31 déc. 1989, la couverture du risque décès pour ces salariés. • Civ. 2e, 22 janv. 2009, n° 07-21.093 P.

2. *Absence d'effet de la résiliation du contrat.* L'art. 7-1 de la L. n° 89-1009 du 31 déc. 1989, impose, lorsque des assurés ou adhérents sont garantis collectivement dans les conditions prévues à l'art. 2, dans le cadre d'un ou de plusieurs contrats, conventions ou bulletins d'adhésion à un règlement comportant la couverture des risques décès, incapacité de travail et invalidité, que la couverture du risque décès inclut une clause de maintien de la garantie décès en cas d'incapacité de travail ou d'invalidité. La résiliation ou le non-renouvellement du ou des contrats, conventions ou bulletin d'adhésion à un règlement sont sans effet sur les prestations à naître au titre du maintien de garantie en cas de survenance du décès avant le terme de la période d'incapacité de travail ou d'invalidité telle que définie dans le contrat, la convention ou le bulletin d'adhésion couvrant le risque décès. Le capital décès constitue en conséquence une prestation à naître au titre du maintien de garantie relevant de ce même contrat. • Civ. 2e, 25 juin 2009, n° 08-15.349 P.

3. *Caractère d'ordre public.* Doit être réputée non écrite la clause n'autorisant la revalorisation qu'au profit d'entreprises en liquidation judiciaire. • Civ. 2e, 8 mars 2006, n° 04-16.854 P : *RJS 1/2006, n° 773.*

4. *Application dans le temps.* Les dispositions de l'art. 7-1 de la L. n° 89-1009 du 31 déc. 1989, mod. par la L. n° 164-2001 du 17 juill. 2001 ne sont entrées en vigueur qu'à compter du 1er janvier 2002, y compris pour les contrats, conventions ou bulletins d'adhésions à des règlements souscrits antérieurement et toujours en vigueur à cette date. Les dispositions transitoires prévues à l'art. 30-III de la L. du 31 déc. 1989 mod. par la L. du 17 juill. 2001 et qui concernent l'obligation pour l'assureur de maintenir les garanties en cas de résiliation ou de non-renouvellement d'un contrat, d'une convention ou d'un bulletin d'adhésion ne comportant pas d'engagement de maintien de la couverture décès au 31 déc. 2001, ne dérogent pas aux dispositions de l'art. 30-I et ne concernent donc que les contrats en cours à la date d'entrée en vigueur de l'art. 7-1, soit à compter du 1er janvier 2002. • Civ. 2e, 10 févr. 2011 : *D. 2009. 1895*.

Art. 8 **Pour les opérations collectives autres que celles mentionnées à l'article 2 de la présente loi, le souscripteur est, pour l'exécution du contrat ou de la convention, réputé agir à l'égard de l'assuré ou de l'adhérent pour le compte de l'organisme qui délivre sa garantie.**

Art. 9 **Les remboursements ou les indemnisations des frais occasionnés par une maladie, une maternité ou un accident ne peuvent excéder le montant des frais restant à la charge de l'assuré ou de l'adhérent après les remboursements de toute nature auxquels il a droit** *(L.*

n° 99-641 du 27 juill. 1999, art. 23) « et avant la prise en charge instaurée par l'article L. 861-3 du code de la sécurité sociale ».

Un décret détermine les modalités d'application du présent article en cas de pluralité d'organismes garantissant l'assuré ou l'adhérent.

Art. 9-1 *(L. n° 2004-810 du 13 août 2004, art. 57-VII)* Par dérogation à l'article 6, lorsque la participation de l'assuré prévue au I de l'article *(L. n° 2015-1702 du 21 déc. 2015, art. 59-XII-J, en vigueur le 1er janv. 2016)* « L. 160-13 » du code de la sécurité sociale pour une spécialité inscrite sur les listes mentionnées aux premier et deuxième alinéas de l'article L. 162-17 du même code est augmentée, l'organisme peut décider, lors du renouvellement du contrat, que la part supplémentaire laissée à la charge de l'assuré n'est pas remboursée.

Art. 10 *(L. n° 2010-1330 du 9 nov. 2010, art. 26-II)* Les articles 2, 4, 7, 9 et 31 sont des dispositions d'ordre public et s'appliquent quelle que soit la loi régissant le contrat. – *Les dispositions issues de la L. n° 2010-1330 sont applicables aux pensions prenant effet à compter du 1er juill. 2010 (L. préc., art. 118-II).*

Art. 11 Aucun salarié employé dans une entreprise avant la mise en place, à la suite d'une décision unilatérale de l'employeur, d'un système de garanties collectives contre le risque décès, les risques portant atteinte à l'intégrité physique de la personne ou liés à la maternité ou les risques d'incapacité de travail ou d'invalidité ne peut être contraint à cotiser contre son gré à ce système.

BIBL. ▶ Dupeyroux, L'art. 11 de la loi Évin et la théorie générale des accords collectifs de prévoyance, *Dr. soc. 1996. 163*.

1. La généralité des termes de l'art. 11 de la L. du 31 déc. 1989 ne permet pas d'exclure du champ d'application de la loi les salariés dont l'ancienneté n'était pas contestée, et dont les contrats de travail ont été repris par la société qui a absorbé leur entreprise dès lors qu'antérieurement à la reprise de leur entreprise, les salariés avaient la liberté d'adhérer ou non à une mutuelle de leur choix. l'employeur peut en conséquence être tenu de rembourser les cotisations retenues sur les salaires des salariés qui ont refusé d'adhérer à un tel régime. • Soc. 4 janv. 1996, n° 92-41.885 P : *Dr. soc. 1996. 163, obs. Dupeyroux*. ♦ Les salariés dont le contrat de travail avait été transféré ne peuvent se voir imposer de cotiser au régime de prévoyance mis en place dans l'entreprise à la suite du changement intervenu dans la personne de l'employeur, dès lors que ce système de garanties collectives ne résultait que d'un engagement unilatéral de l'employeur. • Soc. 6 déc. 1994, n° 93-42.473.

2. Inapplication aux salariés embauchés postérieurement. Seuls les salariés employés dans l'entreprise avant la mise en place, à la suite d'une décision unilatérale de l'employeur, d'un système de garanties collectives, ne peuvent être contraints à cotiser contre leur gré à ce système. Il appartient en conséquence aux juges de rechercher si le salarié n'a pas été embauché postérieurement à la mise en place du régime de prévoyance en question. • Soc. 25 mars 1997, n° 95-42.989. ♦ Lorsqu'un régime de prévoyance collective obligatoire a été mis en place par décision unilatérale de l'employeur, les salariés engagés postérieurement ne peuvent y renoncer. • Soc. 19 oct. 2005, n° 03-47.219 P : *RJS 2/2006, n° 85.*

Art. 12 Le souscripteur d'une convention ou d'un contrat conclu avec un organisme appartenant à l'une des catégories mentionnées à l'article 1er de la présente loi, en vue d'apporter à un groupe de personnes une couverture contre le risque décès, les risques portant atteinte à l'intégrité physique de la personne ou liés à la maternité ou des risques d'incapacité de travail ou d'invalidité, est tenu de remettre à l'adhérent une notice d'information détaillée qui définit notamment les garanties prévues par la convention ou le contrat et leurs modalités d'application.

Le souscripteur est également tenu d'informer préalablement par écrit les adhérents de toute réduction des garanties visées à l'alinéa précédent.

BIBL. ▶ Bugada, Devoir d'information de l'employeur souscripteur d'un contrat d'assurance groupe, *Dr. soc. 1999. 709*. – Hennion et Del Sol, Chronique de protection sociale complémentaire, *Dr. soc 2015. 271.*

I. CHAMP D'APPLICATION DE L'OBLIGATION D'INFORMATION

1. Garanties concernées. L'art. 12 de la L. du 31 déc. 1989 ne distingue pas selon la nature obligatoire ou facultative des garanties qu'elle prévoit. l'employeur qui a souscrit une convention ou un contrat en vue d'apporter des garanties collectives a l'obligation de remettre à l'adhérent une notice d'information détaillée définissant les garanties prévues et leurs conditions d'application et ne saurait se fonder sur les art. 6 et 6-1 de cette loi pour se soustraire à une telle obligation. Le salarié doit en conséquence être indemnisé du préjudice découlant de l'absence de remise de ce document. • Soc. 4 avr. 2006, n° 04-43.454.

2. Révision des polices d'assurance. Le souscripteur d'un contrat d'assurance de groupe a le devoir de faire connaître de façon très précise à l'adhérent les droits et obligations qui sont les siens par suite de ce contrat et de ses avenants. Débiteur envers celui-ci d'un devoir d'information et de conseil, il est responsable des conséquences qui s'attachent à une information incomplète ayant conduit l'assuré à l'ignorance de l'étendue de ses droits à un moment utile. l'employeur qui a procédé à la révision défavorable des garanties souscrites sans en avertir le salarié doit en conséquence être condamné à réparer le préjudice né de la perte d'une chance de souscrire un contrat d'assurance complémentaire pour pallier cette perte. • Soc. 17 mars 2010 : *RJS 6/2010, n° 560.*

3. Débiteur de l'obligation. L'art. 12 de la L. n° 89-1009 du 31 déc. 1989 fait peser sur le seul souscripteur d'une convention ou d'un contrat conclu avec un organisme appartenant à l'une des catégories mentionnées à l'art. 1er de cette loi l'obligation de remettre à l'adhérent une notice d'information détaillée qui définit notamment les garanties prévues par la convention ou le contrat et leurs modalités d'application. L'organisme assureur ne saurait en conséquence être tenu pour responsable de la violation de cette obligation d'information. • Soc. 20 mars 2007, n° 05-13.130. ♦ La responsabilité de l'employeur ne peut être mise en cause lorsque celui-ci a satisfait à son obligation d'information et que la modification des modalités de calcul des prestations de prévoyance est imputable au seul organisme assureur. • Soc. 7 avr. 2009, n° 07-42.988.

II. ÉTENDUE DE L'OBLIGATION D'INFORMATION

4. Obligation d'information de l'assureur. Aux termes de l'art. L. 112-2, al. 2, C. assur., l'assureur doit remettre à l'assuré, avant la conclusion du contrat, un exemplaire du projet de contrat et de ses pièces annexes ou une notice d'information sur le contrat qui décrit précisément les garanties assorties des exclusions ainsi que les obligations de l'assuré. Cette obligation d'information précontractuelle est respectée lorsque l'adhérent indique par une mention précédant sa signature avoir pris connaissance des statuts de l'assureur qui lui ont été remis. Compte tenu de la qualité de l'adhérent, parfaitement à même d'analyser le contrat souscrit et de vérifier sa conformité éventuelle avec la convention collective à laquelle il était soumis, l'assureur n'a pas à son égard l'obligation particulière d'attirer son attention sur les garanties exclues, ni de vérifier plus avant l'adéquation des garanties souscrites aux exigences et besoins du souscripteur. • Civ. 2e, 13 sept. 2012 : *RDSS 2012. 1150, obs. Kessler.*

5. Appréciation du caractère complet de l'information. Sur le pouvoir souverain d'appréciation du caractère complet de l'information par les juges du fond, V. • Civ. 2e, 28 janv. 2014, n° 12-20.662 *Dr. soc. 2015. 271, chron. Hennion et Del Sol.*

III. SANCTION DE LA MÉCONNAISSANCE DE L'OBLIGATION D'INFORMATION

6. Inopposabilité des modifications des garanties en cas de non-respect de l'obligation d'information. La remise de la notice définissant les nouvelles garanties est une condition déterminante de l'opposabilité des modifications apportées au contrat initial. • Civ. 2e, 16 juin 2011, n° 10-22.780. ♦ Faute de l'information de l'adhérent dans les conditions requises par l'art. 12 de la L. du 31 déc. 1989, la publication de la décision ministérielle approuvant la modification du règlement intérieur de l'institution de prévoyance ne suffit pas à rendre les modifications dudit règlement opposables aux adhérents. • Civ. 1re, 1er févr. 2000, n° 96-16.459 P.

7. Impossibilité pour le salarié de refuser l'adhésion. L'inobservation par l'employeur des règles relatives à l'information des salariés, lors de leur embauche, prévues par l'art. 12 de la loi précitée en ce qui concerne notamment les garanties, ne leur ouvre pas le droit de refuser leur adhésion à un régime de prévoyance obligatoire, ni de demander leur radiation. • Soc. 19 oct. 2005, n° 03-47.219 P : *RJS 1/2006, n° 85.* ♦ L'inobservation par l'employeur des règles relatives à l'information des salariés, en ce qui concerne notamment les garanties, n'ouvre pas le droit aux salariés de demander l'inopposabilité du contrat souscrit par leur employeur et auquel ils sont tenus d'adhérer. • Soc. 20 mars 2007 : *JCP E 2007. 2530, n° 14, obs. Kessler.*

8. Réparation de la perte d'une chance. En n'informant pas le salarié de la modification apportée à ses droits résultant du nouvel accord de prévoyance, l'employeur ne respecte pas son obligation d'information prévue par l'art. 12 de la L. n° 89-1009 du 31 déc. 1989. Les juridictions sont donc fondées à ordonner en ce cas la réparation du préjudice résultant de la perte de chance par le salarié d'obtenir, par une souscription individuelle à un contrat de prévoyance, une garantie comparable à celle prévue par le contrat de groupe. Le montant de cette réparation ne peut cependant être équivalent au montant de la garantie invalidité prévue par ce dernier, la réparation d'une perte de chance devant être mesurée à la chance perdue et ne pouvant être égale à l'avantage qu'aurait procuré cette chance si elle s'était réalisée. • Soc. 18 mai 2011 : *D. 2011. 1955, note Robineau ; Dr. ouvrier 2011. 597, note Ginon ; RJS 7/2011, n° 641.*

9. *Sanction de la communication d'informations erronées.* L'employeur peut être tenu d'indemniser un salarié pour le préjudice résultant pour lui de l'absence d'une garantie dont il croyait légitimement pouvoir bénéficier lorsqu'il a communiqué au salarié des informations erronées sur l'étendue de ses droits. • Soc. 13 mai 2009 : *RJS 08/2009, n° 747.*

IV. EFFETS DE LA NOTIFICATION

10. En application de l'art. L. 141-4 C. assur., sous réserve d'un abus de droit, l'assureur et le souscripteur peuvent convenir de toute modification du contrat de groupe, à charge pour le souscripteur d'en informer par écrit les adhérents trois mois au minimum avant la date prévue de son entrée en vigueur. Les modifications au contrat de groupe convenues entre le souscripteur et l'assureur portées à la connaissance des adhérents au moins trois mois avant son entrée en vigueur sont dès lors opposables aux bénéficiaires. • Civ. 2e, 3 mars 2016, n° 15-13.027 P : *D. actu. 15 mars 2016, obs. de Ravel d'Esclapon ; RCA 6/2016. Comm. 210, obs. Courtieu.*

Art. 30 *(L. n° 2001-624 du 17 juill. 2001, art. 34)* I. — Les dispositions de l'article 7-1 s'appliquent à compter du 1er janvier 2002, y compris aux contrats, conventions ou bulletins d'adhésion à des règlements souscrits antérieurement et toujours en vigueur à cette date.

II. — Par dérogation au second alinéa de l'article 7-1, pour les contrats, conventions ou bulletins d'adhésion souscrits avant le 1er janvier 2002 et en cours à cette date, les organismes mentionnés à l'article 1er peuvent répartir sur une période transitoire de dix ans au plus la charge que représente le provisionnement prévu au second alinéa de l'article 7-1 au titre des incapacités et invalidités en cours au 31 décembre 2001. Cette charge est répartie au moins linéairement sur chacun des exercices de la période transitoire selon des modalités déterminées par avenant au contrat, à la convention ou au bulletin d'adhésion, conclu au plus tard au 30 septembre 2002.

III. — En cas de résiliation ou de non-renouvellement d'un contrat, d'une convention ou d'un bulletin d'adhésion ne comportant pas d'engagement de maintien de la couverture décès au 31 décembre 2001, l'organisme assureur poursuit le maintien de cette couverture décès ; dans ce cas, une indemnité de résiliation, égale à la différence entre le montant des provisions techniques à constituer et le montant des provisions techniques effectivement constituées, au titre des incapacités et invalidités en cours au 31 décembre 2001, est due par le souscripteur.

Toutefois, cette indemnité n'est pas exigible si l'organisme assureur ne poursuit pas le maintien de cette couverture décès alors qu'un nouveau contrat, une nouvelle convention ou un nouveau bulletin d'adhésion est souscrit en remplacement du précédent et prévoit la reprise intégrale, par le nouvel organisme assureur, des engagements relatifs au maintien de la garantie décès du contrat, de la convention ou du bulletin d'adhésion initial ; dans ce cas, la contre-valeur des provisions effectivement constituées au titre du maintien de la garantie décès est transférée au nouvel organisme assureur.

Un décret précise en tant que de besoin les modalités d'application du présent article.

IV. — Les mêmes organismes peuvent financer les dépenses engagées par l'Agence nationale pour l'emploi au titre des actions d'évaluation des compétences professionnelles et des actions d'accompagnement en vue du reclassement qu'elle effectue au profit des bénéficiaires de l'allocation mentionnée à l'article L. 351-3 du code du travail *[devenu C. trav., art. L. 5422-1]*. Les modalités de ce financement sont fixées par voie de convention conclue entre l'Agence nationale pour l'emploi, ces organismes et, le cas échéant, l'État.

Les juridictions ne sauraient condamner le souscripteur au paiement de l'indemnité de résiliation prévue par l'art. 30 de la L. du 31 déc. 2009 sans vérifier si aucun des salariés n'était, à la date de mise en œuvre de la L. du 17 juill. 2001, soit au 1er janv. 2002, en arrêt de travail pour raison de maladie ou encore titulaire d'une rente d'invalidité. • Civ. 2e, 2 oct. 2008, n° 07-14.634 (inédit).

Art. 31 *(L. n° 2010-1330 du 9 nov. 2010, art. 26-I)* I. — Les organismes mentionnés à l'article 1er peuvent répartir les effets de l'article 18 de la loi n° 2010-1330 du 9 novembre 2010 portant réforme des retraites sur le niveau des provisions prévues en application de l'article 7 de la présente loi au titre des contrats, conventions ou bulletins d'adhésion conclus au plus tard à la date de promulgation de la loi n° 2010-1330 du 9 novembre 2010 précitée, sur une période de six ans au plus à compter des comptes établis au titre de l'exercice 2010.

A la clôture des comptes de l'exercice 2010, le niveau des provisions ne peut être inférieur à celui qui résulterait d'un provisionnement intégral des engagements jusqu'à l'âge mentionné à l'article L. 351-1 du code de la sécurité sociale dans sa version en vigueur au 1er janvier 2010, ainsi que, pour les assurés de la génération 1951, d'un provisionnement intégral des engagements correspondants jusqu'à l'âge prévu au même article pour cette génération.

A compter de la clôture des comptes de l'exercice 2011, le niveau des provisions doit être constitué au moins linéairement.

En cas de résiliation ou de non-renouvellement d'un contrat, d'une convention ou d'un bulletin d'adhésion pendant la période transitoire mentionnée au premier alinéa, l'organisme assureur poursuit le versement des prestations immédiates ou différées, acquises ou nées au jour de la résiliation ou du non-renouvellement ; dans ce cas, une indemnité de résiliation, égale à la différence entre le montant des provisions techniques permettant de couvrir intégralement les engagements en application de l'article 7 et le montant des provisions techniques effectivement constituées en application des trois premiers alinéas du présent I, au titre des incapacités et invalidités en cours à la date de cessation du contrat, de la convention ou du bulletin d'adhésion, est due par le souscripteur.

Toutefois, cette indemnité n'est pas exigible si l'organisme assureur ne poursuit pas le maintien de cette couverture alors qu'un nouveau contrat, une nouvelle convention ou un nouveau bulletin d'adhésion est souscrit en remplacement du précédent et prévoit la reprise intégrale, par le nouvel organisme assureur, des engagements relatifs au maintien de la garantie incapacité de travail-invalidité du contrat, de la convention ou du bulletin d'adhésion initial ; dans ce cas, la contre-valeur des provisions effectivement constituées au titre du maintien de cette garantie est transférée au nouvel organisme assureur.

II. — Les organismes mentionnés à l'article 1er peuvent répartir les effets de l'article 18 de la loi n° 2010-1330 du 9 novembre 2010 précitée sur le niveau des provisions prévues en application de l'article 7-1 de la présente loi, au titre des contrats, conventions ou bulletins d'adhésion conclus au plus tard à la date de promulgation de la loi n° 2010-1330 du 9 novembre 2010 précitée sur une période de six ans au plus à compter des comptes établis au titre de l'exercice 2010.

A la clôture des comptes de l'exercice 2010, le niveau des provisions ne peut être inférieur à celui qui résulterait d'un provisionnement intégral des engagements jusqu'à l'âge prévu à l'article L. 351-1 du code de la sécurité sociale dans sa version en vigueur au 1er janvier 2010, ainsi que, pour les assurés de la génération 1951, d'un provisionnement intégral des engagements correspondants jusqu'à l'âge prévu au même article pour cette génération.

A compter de la clôture des comptes de l'exercice 2011, le niveau des provisions doit être constitué au moins linéairement.

En cas de résiliation ou de non-renouvellement d'un contrat, d'une convention ou d'un bulletin d'adhésion pendant la période transitoire, l'organisme assureur maintient la couverture décès ; dans ce cas, une indemnité de résiliation, égale à la différence entre le montant des provisions techniques permettant de couvrir intégralement les engagements en application de l'article 7-1 à constituer et le montant de provisions techniques effectivement constituées en application des trois premiers alinéas du présent II, au titre des incapacités et invalidités en cours à la date de cessation du contrat, de la convention ou du bulletin d'adhésion, est due par le souscripteur.

Toutefois, cette indemnité n'est pas exigible si l'organisme assureur ne poursuit pas le maintien de cette couverture alors qu'un nouveau contrat, une nouvelle convention ou un nouveau bulletin d'adhésion est souscrit en remplacement du précédent et prévoit la reprise intégrale, par le nouvel organisme assureur, des engagements relatifs au maintien de la garantie décès du contrat, de la convention ou du bulletin d'adhésion initial ; dans ce cas, la contre-valeur des provisions effectivement constituées au titre du maintien de cette garantie est transférée au nouvel organisme assureur.

III. — Un arrêté précise en tant que de besoin les modalités d'application du présent article.

Les dispositions issues de la L. n° 2010-1330 sont applicables aux pensions prenant effet à compter du 1er juill. 2010 (L. préc., art. 118-II).

Pour l'application de l'al. 3 du I et de l'al. 3 du II de l'art. 31 de la L. n° 89-1009 du 31 déc. 1989, les entreprises d'assurance, les institutions de prévoyance et les mutuelles et unions dotent a minima un cinquième du total des provisions à constituer par exercice comptable, entre les années 2011 et 2015 (Arr. du 24 déc. 2010, art. 2, JO 30 déc.).

Loi n° 90-1259 du 31 décembre 1990,

Portant réforme de certaines professions judiciaires et juridiques (JO 5 janv. 1991).

....

Art. 42 Un décret détermine les conditions dans lesquelles, à compter de la date d'entrée en vigueur de la loi, les obligations de la caisse interprofessionnelle de prévoyance et d'assurance vieillesse, en ce qui concerne les régimes d'assurance vieillesse de base et complémentaire et le régime complémentaire d'assurance invalidité-décès dont bénéficiaient les conseils juridiques en retraite, en activité ou ayant exercé cette activité ainsi que leurs ayants droit sont transférées aux régimes que gère la Caisse nationale des barreaux français.

Ce décret fixe les conditions dans lesquelles les conseils juridiques en exercice lors de la date d'entrée en vigueur de la loi peuvent, à titre transitoire, bénéficier d'une réduction de la contribution visée à l'article L. 723-3, deuxième alinéa, du code de la sécurité sociale ; il fixe les conditions dans lesquelles ces mêmes personnes, dès lors qu'elles ont un âge déterminé à la date d'entrée en vigueur de la loi, peuvent obtenir le service de la pension par la Caisse nationale des barreaux français sans cessation de la nouvelle profession.

Ce décret précise la part des réserves que la caisse interprofessionnelle de prévoyance et d'assurance vieillesse devra verser à la Caisse nationale des barreaux français pour répondre aux obligations mises à sa charge. Il définit également la contribution que verse la Caisse nationale des barreaux français à la caisse interprofessionnelle de prévoyance et d'assurance vieillesse au titre des régimes d'assurance vieillesse de base et complémentaire au cas où les transferts fixés aux premier et deuxième alinéas conduiraient à une augmentation des cotisations de cette dernière caisse supérieure à un seuil déterminé.

Ce décret fixe les modalités selon lesquelles les administrateurs élus représentant les conseils juridiques à la caisse interprofessionnelle de prévoyance et d'assurance vieillesse siègent au conseil d'administration et à l'assemblée générale de la Caisse nationale des barreaux français jusqu'à leur renouvellement ainsi que la représentation spécifique dont bénéficient les anciens conseils juridiques au sein de ces instances entre le premier et le deuxième renouvellement de celles-ci. – *V. Décr. n° 92-81 du 21 janv. 1992 (JO 23 janv.) et Décr. n° 98-463 du 16 juin 1998 (JO 17 juin).*

Art. 43 Le présent titre n'est pas applicable à la collectivité territoriale de Saint-Pierre-et-Miquelon.

....

Loi n° 91-1389 du 31 décembre 1991,

Relative à la protection sociale des sapeurs-pompiers volontaires en cas d'accident survenu ou de maladie contractée en service (JO 3 janv. 1992).

BIBL. ▶ J. VIRET, Le volontariat chez les sapeurs-pompiers : *AJDA 1997. 178* .

Art. 1er Le sapeur-pompier volontaire victime d'un accident survenu ou atteint d'une maladie contractée en service ou à l'occasion du service a droit, dans les conditions prévues par la présente loi :

1° Sa vie durant, à la gratuité des frais médicaux, chirurgicaux, pharmaceutiques et accessoires ainsi que des frais de transport, d'hospitalisation et d'appareillage et, d'une façon générale, des frais de traitement, de réadaptation fonctionnelle et de rééducation professionnelle directement entraînés par cet accident ou cette maladie ;

2° A une indemnité journalière compensant la perte de revenus qu'il subit pendant la période d'incapacité temporaire de travail ;

3° A une allocation ou une rente en cas d'invalidité permanente ;

(L. n° 2004-811 du 13 août 2004, art. 78) « 4° Au bénéfice des emplois réservés en application de l'article L. 393 du code des pensions militaires d'invalidité et des victimes de la guerre. »

En outre, il ouvre droit pour ses ayants cause aux prestations prévues par la présente loi.

(L. n° 2017-86 du 27 janv. 2017, art. 17-III) « La présente loi est applicable au volontaire réalisant le service civique des sapeurs-pompiers mentionné au 3° du II de l'article L. 120-1 du code du service national. »

SECTION I *Prestations en nature, indemnisation de l'incapacité temporaire de travail et frais funéraires*

Art. 2 Le service départemental d'incendie et de secours du département dans lequel le sapeur-pompier exerce habituellement ses fonctions verse directement aux praticiens, pharmaciens, auxiliaires médicaux, fournisseurs ainsi qu'aux établissements le montant des prestations fixées au deuxième alinéa (1°) de l'article 1er, calculé selon les tarifs applicables en matière d'assurance maladie.

Le service départemental prend en charge le ticket modérateur visé à l'article *(L. n° 2015-1702 du 21 déc. 2015, art. 59-XII-J, en vigueur le 1er janv. 2016)* « L. 160-13 » *(L. n° 93-121 du 27 janv. 1993, art. 18)* « et à l'article L. 615-15 » du code de la sécurité sociale et le forfait journalier mentionné à l'article 174-4 du même code.

L'intéressé a le libre choix de son praticien, de son pharmacien et des auxiliaires médicaux dont l'intervention est prescrite par le médecin.

Les prestataires mentionnés au premier alinéa du présent article ne peuvent demander le versement d'aucuns honoraires ou autres frais au sapeur-pompier qui présente une feuille d'accident dont le modèle est fixé par arrêté ; toutefois, en cas de dépassement autorisé des tarifs, le prestataire peut demander au sapeur-pompier de lui verser le montant de ce dépassement.

Art. 3 Les frais d'hospitalisation, de traitement, de réadaptation fonctionnelle, de rééducation professionnelle et de transport de la victime dans un établissement privé ne peuvent être couverts que si cet établissement a été autorisé à délivrer des soins aux assurés sociaux conformément aux dispositions de l'article L. 162-21 du code de la sécurité sociale.

Les tarifs des honoraires et frais accessoires dus aux praticiens pour soins donnés dans les établissements mentionnés à l'alinéa précédent et les tarifs d'hospitalisation sont fixés dans les conditions prévues pour l'assurance maladie.

Art. 4 En cas de décès, à la suite d'un accident survenu ou d'une maladie contractée en service ou à l'occasion du service, les frais funéraires sont pris en charge par le service départemental d'incendie et de secours dans les conditions fixées pour les accidents du travail dans le régime général de sécurité sociale.

Art. 5 Le montant de l'indemnité journalière destinée à compenser la perte de revenu subie pendant la période d'incapacité temporaire de travail est déterminé par référence aux derniers revenus professionnels de l'intéressé, dans les conditions fixées par décret en Conseil d'État.

L'indemnité journalière ne peut en aucun cas être inférieure à un montant minimum fixé par décret.

Elle n'est cessible et saisissable que dans les limites fixées pour les traitements des fonctionnaires territoriaux.

Art. 6 L'indemnité journalière est versée directement à l'intéressé par le service départemental d'incendie et de secours du département dans lequel le sapeur-pompier volontaire exerce habituellement ses fonctions. Les frais funéraires sont payés par le même service pour le compte des ayants cause du sapeur-pompier volontaire décédé.

Art. 7 Lorsque l'accident s'est produit ou que la maladie a été contractée à l'occasion d'une opération de secours ou de lutte contre l'incendie en dehors du département dans lequel le sapeur-pompier volontaire exerce habituellement ses fonctions, la charge des prestations prévues aux articles 2 à 6 incombe :

1° Au service départemental d'incendie et de secours du département dans lequel a eu lieu l'opération ;

2° A l'État si l'opération a été effectuée sur le territoire d'un État étranger, à la demande du Gouvernement dans les conditions prévues au *(L. n° 2004-811 du 13 août 2004, art. 102-V)* « dernier alinéa de l'article 27 de la loi n° 2004-811 du 13 août 2004 de modernisation de la sécurité civile *[V. désormais* ***CSI****, art. L. 742-11]* ».

Art. 8 Le service départemental d'incendie et de secours qui a versé les prestations prévues aux articles 2 à 6 est subrogé de plein droit au sapeur-pompier ou à ses ayants cause dans les droits de ceux-ci aux indemnités journalières et au remboursement des honoraires et frais de soins qui leur sont dus par l'organisme d'assurance maladie auquel le sapeur-pompier est affilié.

Il est également subrogé dans les droits du sapeur-pompier victime d'un accident provoqué par un tiers jusqu'à concurrence des sommes qu'il supporte du fait de cet accident.

Il se fait rembourser par l'État ou le service départemental d'incendie et de secours mentionné au deuxième alinéa (1°) de l'article 7 pour la part de ces prestations, non prise en charge par ailleurs, qui leur incombe.

Art. 8-1 *(L. n° 2011-851 du 20 juill. 2011, art. 12)* Lorsqu'un service de l'État investi à titre permanent des missions de sécurité civile, mentionné au premier alinéa de l'article 2 de la loi n° 2004-811 du 13 août 2004 *[V. désormais* ***CSI****, art. L. 721-2]* de modernisation de la sécurité civile, engage un sapeur-pompier volontaire, il exerce les compétences conférées par la présente section au service départemental d'incendie et de secours.

Art. 9 L'État participe pour moitié au règlement des dépenses liées au versement des prestations en nature de soins, non prises en charge par ailleurs.

SECTION II *Indemnisation de l'invalidité permanente et autres prestations*

Art. 10 Le sapeur-pompier volontaire qui, dans les conditions prévues à l'article 1er de la présente loi, est atteint d'une invalidité dont le taux est au moins de 10 % et au plus de 50 % perçoit une allocation d'invalidité calculée et allouée dans les conditions applicables aux fonctionnaires affiliés à la Caisse nationale de retraites des agents des collectivités locales.

Art. 11 Lorsque le taux d'invalidité est supérieur à 50 %, l'intéressé perçoit une rente d'invalidité. Un décret détermine, compte tenu de la durée des services des intéressés, le traitement à retenir par référence aux échelles de traitement applicables aux sapeurs-pompiers professionnels.

La majoration pour assistance d'une tierce personne est accordée au titulaire d'une rente d'invalidité au taux et suivant les modalités fixés pour les fonctionnaires affiliés à la Caisse nationale de retraites des agents des collectivités locales.

Art. 11-1 *(L. n° 96-370 du 3 mai 1996, art. 19)* Lorsque le sapeur-pompier volontaire est atteint d'une invalidité l'obligeant à cesser définitivement l'activité professionnelle qu'il exerçait avant son accident ou sa maladie, l'allocation ou la rente à laquelle il peut prétendre au titre de l'article 10 ou de l'article 11 est calculée, s'il y a intérêt, sur la base des revenus qu'il tenait de cette dernière activité professionnelle.

Le calcul de l'allocation ou de la rente tenant compte du taux d'invalidité subi par le sapeur-pompier volontaire est dans ce cas déterminé, par dérogation aux dispositions des articles 10 et 11, par référence à ces revenus.

L'allocation ou la rente d'invalidité ainsi attribuée au sapeur-pompier volontaire est indexée dans les conditions fixées par décret en Conseil d'État.

Art. 12 *(L. n° 96-370 du 3 mai 1996, art. 19-II)* « Les avantages prévus aux articles 10, 11 et 11-1 » donnent lieu à l'attribution d'un titre provisoire d'allocation ou de rente.

Au terme d'une période de trois ans à compter de la date de cette attribution, il est procédé à un nouvel examen du taux d'invalidité indemnisable et à la concession du titre définitif.

Art. 13 Les ayants cause *(L. n° 2011-851 du 20 juill. 2011, art. 14)* « , tels que définis au premier alinéa de l'article L. 434-8 du code de la sécurité sociale, » du sapeur-pompier volontaire peuvent prétendre à une rente de réversion et, le cas échéant, à une pension d'orphelin, assises sur la rente d'invalidité dont bénéficiait l'intéressé, ou dont celui-ci aurait pu bénéficier au jour de son décès.

Ces prestations sont calculées et allouées dans les conditions fixées par la réglementation applicable aux fonctionnaires affiliés à la Caisse nationale de retraites des agents des collectivités locales.

Art. 13-1 *(L. n° 96-370 du 3 mai 1996, art. 20)* Le total des rentes de réversion et pensions d'orphelin attribuées aux ayants cause *(L. n° 2011-851 du 20 juill. 2011, art. 14)* « , tels que définis au premier alinéa de l'article L. 434-8 du code de la sécurité sociale *[,]* et, le cas échéant, aux enfants » du sapeur-pompier volontaire cité à titre posthume à l'ordre de la Nation est porté au montant de la rente d'invalidité dont le sapeur-pompier volontaire aurait pu bénéficier.

Art. 14 Les ayants cause *(L. n° 2011-851 du 20 juill. 2011, art. 14)* « , tels que définis au premier alinéa de l'article L. 434-8 du code de la sécurité sociale *[,]* et, le cas échéant, les enfants » du sapeur-pompier volontaire dont le décès a été reconnu imputable au service bénéficient, en outre, d'une indemnité calculée et attribuée suivant la règle fixée pour l'octroi d'un capital décès aux ayants cause des sapeurs-pompiers professionnels.

Cette indemnité est calculée par référence au traitement annuel retenu pour le calcul de la rente d'invalidité prévue à l'article 11.

Art. 15 Lorsque le décès du sapeur-pompier volontaire ouvre droit à un capital décès au titre d'un régime de sécurité sociale, l'organisme chargé du paiement des prestations définies à l'article 14 est subrogé dans les droits des ayants cause du sapeur-pompier au versement de ce capital-décès.

Art. 16 Les allocations, rentes, pensions et indemnités allouées en application des articles 10 à 14 sont à la charge de l'État.

Elles ne sont cessibles et saisissables que dans les limites fixées pour les rentes d'invalidité des fonctionnaires affiliés à la Caisse nationale de retraites des agents des collectivités locales.

Les dispositions sur le cumul ne leur sont pas applicables.

Art. 17 Les dispositions des articles L. 381-19 à L. 381-24 du code de la sécurité sociale sont étendues aux sapeurs-pompiers volontaires et à leurs ayants cause dans les conditions définies à l'article L. 381-25 du même code.

SECTION III *Dispositions diverses*

Art. 18 *V. CSS, art. L. 381-25.*

Art. 19 *(L. n° 2004-811 du 13 août 2004, art. 78)* « Les sapeurs-pompiers volontaires qui sont fonctionnaires, titulaires ou stagiaires, ou militaires bénéficient, en cas d'accident survenu ou de maladie contractée dans leur service de sapeur-pompier, du régime d'indemnisation fixé par les dispositions statutaires qui les régissent. »

Les intéressés peuvent toutefois demander, dans un délai déterminé à compter de la date de l'accident ou de la première constatation médicale de la maladie, le bénéfice du régime d'indemnisation institué par la présente loi s'ils y ont intérêt.

(L. n° 2011-851 du 20 juill. 2011, art. 13) « En cas de retard ou de défaillance dans la mise en œuvre du régime d'indemnisation incombant à l'autorité d'emploi compétente en application du premier alinéa, le service départemental d'incendie et de secours procède au règlement immédiat des prestations afférentes au régime d'indemnisation institué par la présente loi et se fait rembourser ces prestations. »

Art. 20 Aucun avantage supplémentaire ne peut être accordé par les collectivités locales et leurs établissements publics pour l'indemnisation des risques couverts par la présente loi.

La présente loi s'applique à tous les sapeurs-pompiers volontaires, quel que soit le service dont ils dépendent.

Art. 21 ....

Art. 22 ....

Art. 23 Un décret en Conseil d'État fixe les modalités d'application de la présente loi.

Décret n° 92-620 du 7 juillet 1992,

Relatif à la protection sociale des sapeurs-pompiers volontaires en cas d'accident survenu ou de maladie contractée en service et modifiant le code de la sécurité sociale (deuxième partie : Décrets en Conseil d'État) (JO 8 juill., p. 9102).

SECTION I *Dispositions communes aux différentes prestations*

Art. 1er Sous réserve des dispositions de l'article 4 ci-après, la commission départementale de réforme des agents des collectivités locales instituée par l'*(Décr. n° 2013-220 du 13 mars 2013, art. 1er-1°)* « article 31 du décret n° 2003-1306 du 26 décembre 2003 » se prononce suivant la procédure applicable devant ladite commission, en vue de l'attribution des prestations et indemnisations prévues par la loi n° 91-1389 du 31 décembre 1991, sur le rapport du directeur départemental des services d'incendie et de secours et après que le chef du centre de secours dont dépend le sapeur-pompier concerné a été invité à fournir ses observations écrites.

La commission apprécie la réalité des infirmités, leur imputabilité au service, les conséquences ainsi que le taux d'invalidité qu'elles entraînent, dans les conditions fixées au troisième alinéa de l'article L. 28 du code des pensions civiles et militaires de retraite.

Le pouvoir de décision appartient au président *(Décr. n° 2013-220 du 13 mars 2013, art. 1er-1°)* « du conseil d'administration » du service départemental d'incendie et de secours pour les prestations prévues à la section I de la loi du 31 décembre 1991 susvisée et au directeur général de la Caisse des dépôts et consignations pour les prestations prévues à la section II de la même loi.

Art. 2 Lorsqu'elle se prononce sur l'attribution des prestations prévues par la loi du 31 décembre 1991 susvisée, la commission de réforme siège dans une composition particulière fixée par arrêté conjoint du ministre chargé de la sécurité civile, du ministre chargé du budget et du ministre chargé de la sécurité sociale.

Elle comprend dans ce cas le médecin-chef départemental des services d'incendie et de secours et le directeur départemental des services d'incendie et de secours, ainsi qu'un officier chef de centre de secours et un sapeur-pompier volontaire de même grade que celui dont le cas est examiné.

(Décr. nº 2017-1610 du 27 nov. 2017, art. 4-2º) « Lorsque le cas examiné est celui d'un volontaire en service civique des sapeurs-pompiers, le sapeur-pompier volontaire cité à l'alinéa précédent a le grade de sapeur. »

SECTION II *Prestations en nature, indemnisation de l'incapacité temporaire de travail et frais funéraires*

Art. 3 La gestion du régime d'indemnisation institué par la section I de la loi du 31 décembre 1991 susvisée est assurée par le service départemental d'incendie et de secours du département dans lequel le sapeur-pompier volontaire exerce habituellement ses fonctions.

Toutefois, le président *(Décr. nº 2013-220 du 13 mars 2013, art. 1er-2º)* « du conseil d'administration » du service départemental d'incendie et de secours peut, après avis *(Décr. nº 2013-220 du 13 mars 2013, art. 1er-2º)* « dudit conseil d'administration », déléguer par convention la gestion de ce régime d'indemnisation à un organisme régi par le code des assurances ou par le code de la mutualité.

Art. 4 Pour l'attribution des prestations prévues aux 1º et 2º du premier alinéa de l'article 1er de la loi du 31 décembre 1991 susvisée, la consultation de la commission départementale de réforme n'est pas obligatoire lorsque l'incapacité de travail qui résulte de l'accident ou de la maladie ne dépasse pas quinze jours et que l'imputabilité au service est reconnue par le président *(Décr. nº 2013-220 du 13 mars 2013, art. 1er-3º)* « du conseil d'administration » du service départemental d'incendie et de secours.

Art. 5 La durée de l'incapacité de travail est précisée par un certificat médical attestant que le sapeur-pompier volontaire est dans l'incapacité physique de continuer ou de reprendre son travail.

Lorsque l'incapacité de travail se prolonge au-delà du terme prévu par le précédent certificat médical, un nouveau certificat médical est produit à l'appui de chaque nouvelle demande.

Les justificatifs médicaux sont envoyés aux organismes concernés par le sapeur-pompier volontaire, dans les conditions habituelles.

Art. 6 Pour assurer au sapeur-pompier volontaire le bénéfice de la prise en charge des prestations prévues aux articles 2 et 3 de la loi du 31 décembre 1991 susvisée, le service départemental d'incendie et de secours lui délivre une feuille d'accident du modèle fixé conjointement par le ministre chargé de la sécurité sociale et le ministre chargé de la sécurité civile.

Art. 7 L'indemnité journalière prévue au premier alinéa de l'article 5 de la loi du 31 décembre 1991 susvisée est égale à :

– un quatre-vingt-dixième des revenus salariés imposables perçus, au titre des trois mois précédant l'arrêt de travail, par l'intéressé si celui-ci exerce une activité salariée ;

– un trois-cent-soixante-cinquième des revenus professionnels non salariés déclarés, au cours de l'année précédant celle de l'arrêt de travail, par l'intéressé, si celui-ci exerce une activité non salariée.

Art. 8 *(Décr. nº 2013-220 du 13 mars 2013, art. 1er-4º)* « Le fonctionnaire, titulaire ou stagiaire, ou le militaire » qui est victime d'un accident survenu ou atteint d'une maladie contractée en service ou à l'occasion du service de sapeur-pompier volontaire, ou ses ayants cause, peut demander, dans le délai d'un an à compter de l'accident ou de la première constatation médicale de la maladie, que ses droits soient calculés dans les conditions prévues par les articles 2 à 5 de la même loi.

Le service départemental d'incendie et de secours ou le cas échéant l'organisme délégué à cet effet verse à l'intéressé, ou à ses ayants cause, la différence entre les prestations auxquelles il aurait droit, en application des articles 2 à 5 de la loi du 31 décembre 1991 susvisée, et celles qui sont versées par le régime dont l'intéressé dépend en sa qualité de fonctionnaire *(Décr. nº 2013-220 du 13 mars 2013, art. 1er-4º)* « ou de militaire ».

Art. 9 Lorsque le sapeur-pompier volontaire ou ses ayants cause *(Décr. nº 2013-220 du 13 mars 2013, art. 1er-5º)* « , tels que définis au premier alinéa de l'article L. 434-8 du code de la sécurité sociale, » obtiennent une rente ou une pension en application des articles 11 à 13 de la loi du 31 décembre 1991 susvisée, le service départemental d'incendie et de secours ou le cas échéant l'organisme délégué à cet effet peut, s'il y a lieu, se faire rembourser, à concurrence des arrérages échus de la rente ou de la pension, les indemnités versées pour incapacité temporaire de travail.

SECTION III *Indemnisation de l'invalidité permanente et autres prestations*

Art. 10 La gestion du régime d'indemnisation des sapeurs-pompiers volontaires institué par la section II de la loi du 31 décembre 1991 susvisée est assurée par la Caisse des dépôts et consignations, qui liquide et alloue les prestations après avis de la commission de réforme.

Art. 11 Les rentes d'invalidité prévue à la section II de la loi du 31 décembre 1991 susvisée sont attribuées du jour de la consolidation des blessures ou de la maladie de l'intéressé.

Art. 12 Sous réserve des dispositions de l'article 12 de la loi du 31 décembre 1991 susvisée, les allocations, rentes, pensions et indemnités sont définitivement acquises et ne peuvent être révisées ou supprimées, à l'initiative de la Caisse des dépôts et consignations ou sur demande des intéressés, que dans les conditions suivantes :

1° A tout moment, en cas d'erreur matérielle ;

2° Dans un délai d'un an à compter de la notification de la décision de concession initiale, en cas d'erreur de droit ;

3° En cas d'aggravation du taux d'invalidité, et jusqu'à l'âge de *(Décr. n° 2013-220 du 13 mars 2013, art. 1er-6°)* « soixante-cinq » ans, selon la procédure prévue pour les fonctionnaires affiliés à la Caisse nationale de retraites des agents des collectivités locales.

La restitution des sommes payées indûment est exigible lorsque l'intéressé était de mauvaise foi. Cette restitution est, en tant que de besoin, poursuivie à la diligence de la Caisse des dépôts et consignations.

Lorsque l'allocation, la rente, la pension ou l'indemnité fait l'objet d'une révision en application des alinéas précédents, les rappels d'arrérage ou, le cas échéant, la restitution des sommes payées indûment si l'intéressé était de mauvaise foi, sont réglés dans les conditions prévues à l'article L. 53 du code des pensions civiles et militaires de retraite.

Art. 13 *(Décr. n° 99-697 du 3 août 1999, art. 1er)* La cessation définitive d'activité prévue à l'article 11-1 de la loi du 31 décembre 1991 susvisée est constituée :

1. Pour les salariés, par la rupture de leur contrat de travail en raison de leur incapacité, à la suite de l'accident survenu ou de la maladie contractée en service de sapeur-pompier volontaire, à continuer à tenir l'emploi qu'ils occupaient avant cet accident ou cette maladie ;

2. Pour les fonctionnaires, par la radiation des cadres pour invalidité en raison de leur incapacité, à la suite de l'accident survenu ou de la maladie contractée en service de sapeur-pompier volontaire.

En ce qui concerne les non-salariés, la cessation définitive de leur activité à raison de leur incapacité à la suite de l'accident survenu ou de la maladie contractée en service de sapeur-pompier volontaire peut être établie par tout moyen, et notamment par la radiation de leur inscription au répertoire national prévu à l'article R. 123-231 du code de commerce.

Art. 13-1 *(Décr. n° 99-697 du 3 août 1999, art. 2)* La Caisse des dépôts et consignations calcule l'allocation d'invalidité ou la rente d'invalidité, attribuée au sapeur-pompier volontaire qui a été obligé de cesser définitivement l'activité professionnelle qu'il exerçait avant l'accident survenu ou la maladie contractée en service, sur la plus favorable des bases définies, d'une part, par les articles 10 et 11 de la loi du 31 décembre 1991 susvisée et, d'autre part, par l'article 11-1 de cette même loi.

Les rentes de réversion et les pensions d'orphelin attribuées aux ayants cause du sapeur-pompier volontaire cité à titre posthume à l'ordre de la Nation sont liquidées sur la plus favorable des bases définies par les articles 11 et 11-1 de la loi du 31 décembre 1991 susvisée.

Art. 13-2 *(Décr. n° 99-697 du 3 août 1999, art. 2)* Un arrêté conjoint du ministre de l'intérieur et du ministre chargé du budget fixe la liste des pièces qui doivent être fournies à la Caisse des dépôts et consignations pour apprécier la cessation d'activité ainsi que le montant des revenus à prendre en compte au titre de la dernière activité professionnelle.

Art. 13-3 *(Décr. n° 99-697 du 3 août 1999, art. 2)* L'évolution des revenus mentionnés à l'article 11-1 de la loi du 31 décembre 1991 susvisée est indexée sur l'évolution du traitement annuel brut afférent à l'indice 100 prévu par le décret n° 48-1108 du 10 juillet 1948 modifié portant classement hiérarchique des grades et emplois des personnels civils et militaires de l'État relevant du régime général de retraite, à compter du premier jour du mois de l'arrêt de travail consécutif à l'accident survenu ou à la maladie contractée en service et jusqu'à la liquidation de l'allocation d'invalidité, de la rente d'invalidité, de la rente de réversion ou de la pension d'orphelin.

L'évolution des allocations d'invalidité, des rentes d'invalidité, des rentes de réversion et des pensions d'orphelin liquidées sur la base de ces revenus est indexée sur l'évolution du traitement telle que mentionnée à l'alinéa précédent.

Art. 14 Lorsque le sapeur-pompier volontaire a obtenu pour la même invalidité un avantage de caractère viager, l'allocation ou la rente d'invalidité qui lui est servie en application *(Décr. nº 99-697 du 3 août 1999, art. 3)* « des articles 10, 11 et 11-1 » de la loi du 31 décembre 1991 susvisée est diminuée du montant de cet avantage.

Lorsque la prestation attribuée est un capital, l'allocation ou la rente d'invalidité est diminuée du montant de la rente viagère qu'aurait produit ce capital s'il avait été placé à capital aliéné à la Caisse nationale de prévoyance. Le montant des retenues ainsi opérées ne peut toutefois pas être supérieur au montant du capital. Le calcul de la rente viagère est fait à la date d'entrée en jouissance de l'allocation ou de la rente d'invalidité ou, si le versement du capital est postérieur à cette date, à la date de ce versement.

Art. 15 Les ayants cause du sapeur-pompier volontaire cité à titre posthume à l'ordre de la Nation bénéficient des dispositions du premier alinéa de l'article D. 712-24 du code de la sécurité sociale, pour le versement du capital décès prévu à l'article 14 de la loi du 31 décembre 1991.

Art. 16 Le fonctionnaire titulaire ou stagiaire qui est victime d'un accident survenu ou atteint d'une maladie contractée en service ou à l'occasion du service de sapeur-pompier volontaire, ou ses ayants cause, peuvent demander que leurs droits soient calculés dans les conditions prévues par la section II de la même loi.

L'intéressé ou ses ayants cause doivent présenter leur demande dans le délai courant à compter de la date de l'accident ou de la première constatation médicale de la maladie jusqu'à un an après la date de la consolidation des blessures.

La Caisse des dépôts et consignations verse à l'intéressé ou à ses ayants cause la différence entre les prestations auxquelles ils auraient droit en application des articles 10 à 17 de la loi du 31 décembre 1991 susvisée et celles qui sont versées par le régime dont l'intéressé dépend en sa qualité de fonctionnaire.

Art. 17 Au début de chaque année, un crédit prélevé sur le budget du ministère de l'intérieur est ordonnancé au profit de la Caisse des dépôts et consignations pour le paiement des allocations, rentes, pensions et indemnités à servir pendant l'année en application des articles 10 à 17 de la loi du 31 décembre 1991 susvisée et pour celui des frais exposés par la Caisse des dépôts et consignations.

La Caisse des dépôts et consignations constate ces opérations à un compte spécial ouvert dans ses écritures.

La situation de ce compte spécial est arrêtée au 31 décembre de chaque année et fait l'objet d'un rapport adressé au ministre chargé de la sécurité civile, au ministre chargé du budget, au ministre chargé de la sécurité sociale et au ministre de l'agriculture.

Art. 18 *Abrogé par Décr. nº 2017-736 du 3 mai 2017, art. 5.*

SECTION IV *Dispositions diverses*

Art. 18-1 *(Décr. nº 2017-1610 du 27 nov. 2017, art. 4-1º)* Les dispositions du présent décret sont applicables aux volontaires réalisant le service civique des sapeurs-pompiers mentionné au 3º du II de l'article L. 120-1 du code du service national.

Art. 19 Les articles R. 354-36 à R. 354-74 du code des communes sont abrogés.

Décret nº 92-621 du 7 juillet 1992,

Portant diverses dispositions relatives à la protection sociale des sapeurs-pompiers volontaires en cas d'accident survenu ou de maladie contractée en service (JO 8 juill., p. 9104).

SECTION I *Indemnisation de l'incapacité temporaire de travail*

Art. 1er Le montant minimum de l'indemnité journalière, prévu au deuxième alinéa de l'article 5 de la loi nº 91-1389 du 31 décembre 1991, est fixé à huit *(Décr. nº 2013-221 du*

13 mars 2013, art. 1er-1°) « fois l'indemnité horaire versée », en cas d'intervention, aux sapeurs-pompiers volontaires du même grade que l'intéressé.

(Décr. n° 2017-1610 du 27 nov. 2017, art. 5-2°) « Pour les volontaires en service civique des sapeurs-pompiers, le grade à retenir est celui de sapeur. »

SECTION II *Indemnisation de l'invalidité permanente et autres prestations*

Art. 2 *(Décr. n° 2013-221 du 13 mars 2013, art. 1er-2°)* Le traitement annuel qui, conformément à l'article 11 de la loi du 31 décembre 1991, sert de base au calcul de la rente d'invalidité est celui afférent à la moyenne arithmétique des indices majorés qui correspondent à chacun des échelons de l'échelle de traitement applicable à un sapeur-pompier professionnel de même grade que l'intéressé. L'indice moyen ainsi établi est, le cas échéant, arrondi au point immédiatement supérieur.

(Décr. n° 2017-100 du 27 janv. 2017, art. 1er) « Toutefois, l'indice ainsi défini ne peut être inférieur à celui de la situation antérieure de l'intéressé. »

(Décr. n° 2017-1610 du 27 nov. 2017, art. 5-2°) « Pour les volontaires en service civique des sapeurs-pompiers, le grade à retenir est celui de sapeur. »

Art. 2-1 *(Décr. n° 99-698 du 3 août 1999, art. 1er)* Les revenus qui, conformément à l'article 11-1 de la loi du 31 décembre 1991, servent de base au calcul de l'allocation d'invalidité ou de la rente d'invalidité sont déterminés comme suit :

1° Lorsque la dernière activité exercée avant son accident ou sa maladie par le sapeur-pompier volontaire était une activité salariée, ces revenus correspondent au salaire annuel de la victime visé à l'article L. 434-15 du code de la sécurité sociale et déterminé dans les conditions prévues aux articles R. 434-30, R. 434-31 et R. 436-1 et suivants du code précité ou aux articles R. 751-47, R. 751-57, R. 751-58 et R. 751-59 du code rural et de la pêche maritime, selon que la victime était affiliée au régime général de la sécurité sociale ou au régime de la mutualité sociale agricole ;

2° Lorsque la dernière activité exercée avant son accident ou sa maladie par le sapeur-pompier volontaire était une activité non salariée, ces revenus correspondent au montant des revenus professionnels non salariés qu'il a perçus au cours de l'exercice fiscal précédant celui de l'arrêt de travail consécutif à cet accident ou cette maladie, tels qu'ils résultent de l'avis d'imposition sur le revenu ;

3° Lorsque la dernière activité exercée avant son accident ou sa maladie par le sapeur-pompier volontaire était une activité exercée en qualité de fonctionnaire, ces revenus correspondent au montant de la rémunération perçue au cours des douze mois précédant celui de l'arrêt de travail consécutif à cet accident ou à cette maladie.

Art. 3 *(Décr. n° 2013-221 du 13 mars 2013, art. 1er-3°)* Le traitement annuel servant de base de calcul aux rentes de réversion et pensions d'orphelin attribuables aux ayants cause du sapeur-pompier volontaire cité à titre posthume à l'ordre de la Nation est celui afférent à la moyenne arithmétique des indices majorés qui correspondent à chacun des échelons de l'échelle de traitement applicable à un sapeur-pompier professionnel du grade immédiatement supérieur à celui de l'intéressé ; toutefois, lorsque l'indice moyen du grade supérieur est égal ou inférieur à l'indice moyen du grade détenu par l'intéressé, le traitement de référence est celui afférent à l'indice du grade supérieur qui est immédiatement supérieur à l'indice moyen du grade détenu.

Pour la détermination du grade supérieur à retenir, les sapeurs, caporaux, sergents et adjudants bénéficient respectivement du traitement afférent aux grades de caporal, sergent, adjudant et major ; les majors et lieutenants bénéficient respectivement du traitement afférent aux grades de lieutenant et de capitaine ; les capitaines, commandants et lieutenants-colonels bénéficient respectivement du traitement afférent aux grades de commandant, lieutenant-colonel et colonel ; les colonels bénéficient du traitement afférent à l'échelon du grade de colonel immédiatement supérieur à celui déterminé dans les conditions fixées à l'alinéa précédent.

(Décr. n° 2017-1610 du 27 nov. 2017, art. 5-2°) « Pour les volontaires en service civique des sapeurs-pompiers, le grade à retenir est celui de sapeur. »

Art. 3-1 *(Décr. n° 99-698 du 3 août 1999, art. 2)* Les revenus servant de base au calcul des rentes de réversion et pensions d'orphelin, attribuées aux ayants cause du sapeur-pompier volontaire cité à titre posthume à l'ordre de la Nation dont les revenus professionnels étaient supérieurs au traitement annuel mentionné à l'article 2, sont déterminés dans les conditions prévues à l'article 2-1.

Art. 4 *(Décr. nº 2017-1610 du 27 nov. 2017, art. 5-1º)* Les dispositions du présent décret sont applicables aux volontaires réalisant le service civique des sapeurs-pompiers mentionné au 3º du II de l'article L. 120-1 du code du service national.

Art. 5 (Abrogé par Décr. nº 2013-221 du 13 mars 2013, art. 1er-4º) *Pour permettre d'apprécier la durée des services effectués par l'intéressé, le dossier de demande de prestations comprend la copie certifiée conforme de l'état récapitulatif des services militaires, de l'arrêté de recrutement, des engagements souscrits par l'intéressé, des arrêtés de mise en congé et du dernier arrêté de promotion. Ce dossier est complété par un état établi par le maire ou le président de l'établissement public récapitulant la nature et les périodes des congés.*

Décret nº 93-1217 du 4 novembre 1993,

Modifiant le code de la sécurité sociale (troisième partie : Décrets) et relatif à l'assurance vieillesse des personnes assumant la charge d'un handicapé et à l'allocation aux adultes handicapés (JO 6 nov.).

Art. 1er *et* 2 *V. CSS, art. D. 381-3 et D. 821-1.*

Art. 3 Les dispositions suivantes sont applicables aux personnes handicapées qui, à la date d'entrée en vigueur du présent décret, ouvrent des droits à des tiers au titre de l'article L. 381-1 du code de la sécurité sociale ou bénéficient de l'allocation prévue à l'article L. 821-1 du même code, à la suite de la reconnaissance d'un taux d'incapacité apprécié suivant le barème d'invalidité prévu à l'article 9-1 du code des pensions militaires d'invalidité et des victimes de la guerre :

1º Le taux d'incapacité ainsi déterminé antérieurement à l'entrée en vigueur du présent décret ne peut être réduit du seul fait de l'application du guide-barème annexé au décret nº 93-1216 du 4 novembre 1993 susvisé, jusqu'à la fin de la période pour laquelle ledit taux a été reconnu ;

2º A l'issue de cette période et lors des renouvellements ultérieurs :

a) Si une amélioration de l'état de la personne handicapée est constatée, le taux d'incapacité sera apprécié suivant le guide-barème annexé au décret nº 93-1216 du 4 novembre 1993 susvisé ;

b) Si l'état de la personne handicapée n'a pas évolué ou s'il s'est dégradé, le taux d'incapacité reconnu antérieurement sera reconduit si ce taux s'avère plus favorable pour le bénéficiaire que celui prévu par le guide-barème annexé au décret nº 93-1216 du 4 novembre 1993 susvisé.

Art. 4 Les dispositions du présent décret entrent en vigueur à compter du 1er décembre 1993.

Loi nº 94-637 du 25 juillet 1994,

Relative à la sécurité sociale (JO 27 juill.).

....

Art. 31 Les salariés et anciens salariés de la Caisse autonome nationale de la sécurité sociale dans les mines ou des organismes auxquels elle a succédé, ainsi que leurs ayants droit, qui, pour les prestations en nature des assurances maladie et maternité, relevaient antérieurement du régime spécial de sécurité sociale de cette caisse sont affiliés ou pris en charge, pour ces prestations, par le régime général de la sécurité sociale dans les conditions fixées pour les fonctionnaires civils de l'État. Il est mis fin à ce régime spécial en tant qu'il concerne ces prestations.

....

Art. 38 Des conventions conclues entre certains départements, des organismes de sécurité sociale et, éventuellement, d'autres collectivités territoriales définissent, dans le cadre d'un cahier des charges établi, au plan national, par le ministre chargé des affaires sociales, les conditions de la mise en œuvre de dispositifs expérimentaux d'aide aux personnes âgées dépendantes.

Un comité national présidé par le ministre chargé des affaires sociales et comprenant des représentants des deux assemblées du Parlement, des collectivités territoriales, des organismes de sécurité sociale et du Comité national des retraités et des personnes âgées est chargé d'évaluer ces expérimentations. — *Entrée en vigueur des art. 31 et 38 : le 1er janv. 1995. — V. L. nº 2001-647 du 20 juill. 2001, art. 16 : maintien des prestations et allocation personnalisée d'autonomie (choix).*

Loi nº 94-638 du 25 juillet 1994,

Tendant à favoriser l'emploi, l'insertion et les activités économiques dans les départements d'outre-mer, à Saint-Pierre-et-Miquelon et à Mayotte (JO 27 juill.).

....

Art. 4 I. – Dans les départements d'outre-mer et dans la collectivité territoriale de Saint-Pierre-et-Miquelon, les entreprises immatriculées au registre du commerce et des sociétés ou inscrites au répertoire des métiers exerçant leur activité dans le secteur de l'industrie ainsi que les entreprises de l'hôtellerie et de la restauration, de la presse, de la production audiovisuelle, de l'agriculture et de la pêche, y compris l'aquaculture, à l'exclusion des entreprises publiques et des établissements publics visés au deuxième alinéa de l'article L. 131-2 du code du travail *[devenu C. trav., art. L. 2211-1]*, bénéficient, après en avoir adressé la demande à la caisse de sécurité sociale compétente, de l'exonération des cotisations qui sont à leur charge à raison de l'emploi de leurs salariés au titre des assurances sociales, des allocations familiales et des accidents du travail, qui entrera en vigueur le 1er octobre 1994.

Les salaires et rémunérations ouvrent droit à l'exonération dans la limite du salaire minimum de croissance.

Pour les marins pêcheurs inscrits au rôle d'équipage, l'exonération des contributions patronales est accordée dans la limite du salaire forfaitaire, tel que défini à l'article L. 42 du code des pensions de retraite des marins, d'une catégorie déterminée par décret.

Le coût pour les organismes sociaux de cette exonération est pris en charge par l'État.

Un décret en Conseil d'État détermine les modalités d'application du présent paragraphe. *– V. Décr. nº 95-215 du 27 févr. 1995 (JO 1er mars) et Décr. nº 95-428 du 20 avr. 1996 (JO 22 avr.).*

II. – *(L. nº 99-1172 du 30 déc. 1999, art. 136)* « Les dispositions du I sont applicables jusqu'au 31 décembre 2000. »

Décret nº 94-962 du 2 novembre 1994,

Relatif à la responsabilité personnelle et pécuniaire des régisseurs de dépenses et de recettes des organismes de sécurité sociale (JO 9 nov.).

Art. 1er Les régisseurs chargés pour le compte des agents comptables des organismes de sécurité sociale d'opérations d'encaissement de recettes, de paiement, de dépenses ou des opérations d'encaissement et de paiement sont personnellement et pécuniairement responsables de la garde et de la conservation des fonds et valeurs qu'ils recueillent ou qui leur sont avancés par les agents comptables des organismes de sécurité sociale, du maniement des fonds, de la conservation des pièces justificatives ainsi que de la tenue de la comptabilité des opérations.

La responsabilité pécuniaire des régisseurs s'étend à toutes les opérations de la régie, depuis la date de leur installation jusqu'à la date de cessation de fonctions.

Les régisseurs peuvent nommer un régisseur suppléant.

Art. 2 Les régisseurs et leurs suppléants sont soumis à l'obligation de constituer un cautionnement dont le montant est fixé par un arrêté du ministre chargé du budget et du ministre chargé de la sécurité sociale.

Toutefois, les régisseurs et leurs suppléants sont dispensés de la constitution d'un cautionnement lorsque le montant mensuel des avances consenties ou des recettes encaissées n'excède pas un seuil fixé par arrêté du ministre chargé du budget et du ministre chargé de la sécurité sociale.

Art. 3 Sans préjudice de tout recours ou action de droit commun, le régisseur suppléant peut être déclaré responsable des opérations effectuées par lui pour le compte du régisseur, dans la limite du montant de son cautionnement.

Si le régisseur suppléant est reconnu coupable de détournement ou de malversation, sa responsabilité s'étend au montant des sommes détournées, éventuellement majorées des intérêts moratoires, ainsi que des dommages-intérêts.

Art. 4 Les régisseurs de recettes sont personnellement et pécuniairement responsables de l'encaissement des recettes dont ils ont la charge.

Ils sont également responsables des contrôles qu'ils sont tenus d'exercer en matière de recettes dans les mêmes conditions que celles qui sont prévues pour les agents comptables des organismes de sécurité sociale.

Art. 5 Les régisseurs de dépenses sont personnellement et pécuniairement responsables du paiement des dépenses dont ils sont chargés.

Ils sont également responsables, dans les mêmes conditions que les agents comptables des organismes de sécurité sociale, des contrôles qu'ils sont tenus d'exercer en matière de dépenses. Toutefois, le contrôle des régisseurs de dépenses ne porte pas sur la disponibilité de crédits.

Art. 6 La responsabilité d'un régisseur se trouve engagée dès lors qu'un déficit en denier ou en valeur a été constaté, qu'une dépense a été irrégulièrement payée, qu'une recette n'a pas été encaissée ou que, lors d'un contrôle de comptabilité, une rupture de l'équilibre comptable a été constatée.

Art. 7 La responsabilité du régisseur peut être mise en jeu :

1° Par le directeur de l'organisme de sécurité sociale auprès duquel le régisseur est placé, après avis de l'agent comptable ;

2° Par les administrations de tutelle dont dépendent les fonctionnaires habilités à effectuer les contrôles de l'organisme de sécurité sociale auprès duquel le régisseur est placé.

Art. 8 Le régisseur dont la responsabilité pécuniaire est mise en jeu ou engagée a l'obligation de verser immédiatement de ses deniers personnels une somme égale soit au montant de l'encaissement non effectué, soit de la dépense payée à tort, soit une somme égale au montant du déficit constaté dès lors que sa comptabilité n'est pas équilibrée, soit une somme égale au montant présumé de la fraude.

Art. 9 Dans tous les cas où la responsabilité du régisseur a été mise en cause, un ordre de recette est établi par le directeur de l'organisme de sécurité sociale, après avis de l'agent comptable, à l'encontre du régisseur et comptabilisé dans les écritures de l'organisme auprès duquel est placé le régisseur.

Sauf en cas de fraude ou de détournement du régisseur, ce dernier peut demander, dans un délai de quinze jours, au *(Décr. nº 95-976 du 25 août 1995, art. 3)* « directeur de l'organisme » ou à l'autorité de tutelle le sursis de versement de la somme fixée à l'alinéa précédent.

La durée du sursis est limitée à un an. Elle peut être prolongée si le régisseur a demandé une décharge de responsabilité ou une remise gracieuse. Le sursis expire à la date de notification de la décision statuant sur ces demandes.

Art. 10 La demande en décharge de responsabilité, revêtue de l'avis de l'agent comptable de l'organisme, est adressée au directeur de l'organisme si ce dernier a prononcé la mise en cause de la responsabilité du régisseur ou à l'autorité de tutelle dans tous les autres cas.

Le directeur de l'organisme ou l'autorité de tutelle statue dans un délai maximum de six mois et peut décider d'accorder ou de refuser la décharge totale ou partielle de responsabilité en cas de force majeure.

Art. 11 Lorsque la décharge de responsabilité n'est pas accordée, le régisseur peut présenter au directeur de l'organisme ou à l'autorité qui a mis en cause le régisseur une demande de remise gracieuse, revêtue de l'avis de l'agent comptable de l'organisme, si sa bonne foi est établie et si sa situation patrimoniale ne lui permet pas d'acquitter sa dette sans subir une notable diminution de son niveau de vie.

La somme définitivement mise à la charge du régisseur lui est notifiée par décision du directeur de l'organisme ou de l'autorité de tutelle susvisée.

Art. 12 Le régisseur qui a couvert de ses deniers le montant du déficit est en droit de poursuivre à titre personnel le recouvrement de la somme correspondante.

Les sommes allouées en décharge de responsabilité ou en remise gracieuse sont supportées par le budget de l'organisme de sécurité sociale.

Dans le cas de caution solidaire fournie par une association de cautionnement mutuel, le ministre chargé de la sécurité sociale notifie, sur demande du directeur de l'organisme ou de l'autorité de tutelle concernée, à l'association le débet constaté à la charge de ses adhérents et dont le versement incombe à celle-ci.

Dans le cas où il ne peut être procédé au recouvrement de la somme mise à la charge du régisseur, la somme en cause est admise en non-valeur par l'organisme de sécurité sociale.

Dans le cas où des recouvrements sont opérés alors que le débet a été couvert, les sommes correspondantes servent à rembourser :

– par priorité l'organisme, dans la limite des sommes laissées à sa charge ;

– pour le surplus, le régisseur qui s'est acquitté d'une partie du débet.

Décret n° 94-974 du 10 novembre 1994,

Pris pour l'application des dispositions du I de l'article 5 de la loi quinquennale n° 93-1313 du 20 décembre 1993 relative au travail, à l'emploi et à la formation professionnelle concernant le chèque-service (JO 11 nov.).

Art. 1er Le chèque-service est distribué par les établissements de crédit, les organismes ou services mentionnés à l'article 8 de la loi n° 84-26 du 24 janvier 1984 et ayant passé une convention avec l'État.

Il se compose d'un chèque tiré sur l'un de ces établissements, organismes ou services et soumis aux règles fixées par le décret-loi du 30 octobre 1935 et d'un volet social.

Il est délivré, sans préjudice de l'application des dispositions relatives à la délivrance des chèques, aux personnes physiques employeurs qui acceptent d'acquitter les cotisations sociales par prélèvement sur leur compte. – *V. Arr. du 13 sept. 1996 (JO 18 sept.).*

Art. 2 Le volet social contient les mentions suivantes :

1. Mentions relatives à l'employeur :

– nom, prénom et adresse ;
– références bancaires ou postales ;

2. Mentions relatives au salarié :

– nom, nom d'époux et prénom ;
– numéro d'inscription au répertoire des personnes physiques ou date et lieu de naissance du salarié ;
– adresse ;

3. Mentions relatives à l'emploi et aux cotisations :

– nombre d'heures de travail effectuées ;
– période d'emploi ;
– salaire horaire et total nets versés ;
– option retenue pour le calcul des cotisations sociales ;

4. Date et signature de l'employeur.

Art. 3 Le volet social est adressé par l'employeur au plus tard dans les quinze jours qui suivent la remise du chèque au salarié à un organisme de recouvrement de sécurité sociale désigné par arrêté. Cet organisme assure le calcul et l'encaissement des cotisations sociales d'origine légale ou conventionnelle ainsi que le traitement du volet social du chèque-service. Il délivre également une attestation d'emploi aux fins de permettre au salarié de justifier de ses droits aux prestations de sécurité sociale, d'assurance chômage et de retraite complémentaire.

Art. 4 Jusqu'au *(Décr. n° 95-1354 du 29 déc. 1995)* « 31 mars 1996 » :

1. Le chèque-service ne peut être utilisé que pour rémunérer les prestations de travail dont la durée hebdomadaire est au plus de huit heures ou qui sont exécutées dans le cadre d'un contrat à durée déterminée dont la durée n'excède pas un mois et qui entrent dans le champ de la réduction d'impôt prévue à l'article 199 *sexdecies* du code général des impôts.

2. Le volet social du chèque-service doit être adressé par l'employeur à l'organisme qui assure les missions mentionnées à l'article 3 pour l'ensemble du territoire. Cet organisme délivre également une attestation permettant à l'employeur de justifier de son droit à la réduction d'impôt mentionnée au 1 ci-dessus.

3. Les dispositions du présent décret sont applicables sur l'ensemble du territoire métropolitain.

Art. 5 Un décret ultérieur précisera le rôle des associations mentionnées aux articles L. 128 et L. 129-1 du code du travail.

Art. 6 Les dispositions du présent décret sont applicables sur l'ensemble du territoire métropolitain à compter du 1er décembre 1994.

Décret n° 94-1146 du 26 décembre 1994,

Portant coordination des régimes métropolitains et polynésiens de sécurité sociale (JO 29 déc.).

Décret n° 95-38 du 6 janvier 1995,

Modifiant certaines dispositions du code de la sécurité sociale (JO 13 janv.).

Art. 1er à 3 *V. CSS, art. D. 712-38 et D. 713-15.*

Art. 4 L'assiette de la cotisation due à la Caisse nationale des allocations familiales pour les fonctionnaires relevant du régime de sécurité sociale fixé par le décret n° 60-58 du 11 janvier 1960 modifié relatif au régime de sécurité sociale des agents permanents des départements, des communes et de leurs établissements publics n'ayant pas le caractère industriel et commercial est identique à celle fixée pour les fonctionnaires de l'État.

Décret n° 95-161 du 15 février 1995,

Relatif aux droits de plaidoirie et à la contribution équivalente (JO 17 févr.) .

(Abrogé par Décr. n° 2014-1704 du 30 déc. 2014, art. 4)

Arrêté du 6 mars 1995,

Fixant la liste des assurés sociaux qui doivent être affiliés à une Caisse d'assurance maladie ou à une caisse d'allocations familiales autre que la caisse du lieu de résidence (JO 11 mars).

Art. 1er Sont affiliés à la caisse primaire d'assurance maladie dans la circonscription de laquelle se trouve le lieu de leur travail les bénéficiaires des législations de sécurité sociale appartenant aux catégories ci-après désignées :

Pour les risques assurés par le régime général, les agents relevant des régimes spéciaux de sécurité sociale visés à l'article L. 711-1 du code de la sécurité sociale ;

Lorsqu'ils résident à l'étranger, les assurés dont le lieu de travail est situé en France.

Art. 2 Le personnel salarié ou assimilé, sans domicile ni résidence fixe, employé par les marchands forains, les cirques ambulants et les organisations de tournées théâtrales est affilié :

– si les déplacements s'effectuent à partir d'un point fixe, à la caisse primaire d'assurance maladie dont dépend ce point ;

– si les déplacements s'effectuent habituellement dans une région, à la caisse primaire d'assurance maladie dont dépend le centre de cette région ;

– si les déplacements ont lieu à travers l'ensemble du territoire, à la caisse primaire d'assurance maladie de Paris.

Art. 3 Le deuxième alinéa de l'article 6 de l'arrêté du 25 octobre 1978 susvisé est abrogé et remplacé par les dispositions suivantes :

"Pour les personnes sans domicile ni résidence fixe exerçant des activités ambulantes, le service des prestations familiales est assuré :

"– si leurs déplacements sont effectués à partir d'un point fixe, par la caisse d'allocations familiales dont dépend ce point ;

"– si leurs déplacements sont effectués habituellement dans une région, par la caisse d'allocations familiales dont dépend le centre de cette région ;

"– si leurs déplacements sont effectués à travers l'ensemble du territoire, par la caisse d'allocations familiales de Paris."

Art. 4 Les personnes âgées qui séjournent dans un des établissements visés à l'article 1er du décret n° 95-267 du 6 mars 1995 sont affiliées dès le premier jour du septième mois d'hébergement à la caisse primaire d'assurance maladie dans la circonscription de laquelle se situe l'établissement d'hébergement fréquenté.

Art. 5 Les personnes âgées qui séjournent dans un des établissements visés à l'article 2 du décret n° 95-267 du 6 mars 1995 sont affiliées dès le premier jour du septième mois d'hébergement à la caisse mutuelle régionale dans la circonscription de laquelle se situe l'établissement fréquenté.

Art. 6 *(Arr. du 28 sept. 2001)* Les travailleurs salariés de la navigation fluviale appartenant au personnel navigant sont affiliés à la caisse primaire d'assurance maladie de Rouen. Le service des prestations familiales est assuré par la caisse d'allocations familiales des Yvelines pour les travailleurs salariés et les travailleurs indépendants de la navigation fluviale appartenant au personnel navigant.

Art. 7 *(Arr. du 10 août 2017)* Tout assuré, rattaché au régime général en application de l'article L. 381-30 du code de la sécurité sociale, relève du pôle interrégional du Centre national de gestion de la protection sociale des personnes écrouées (CNPE) dont dépend l'établissement pénitentiaire dans lequel il est placé sous écrou.

Les dispositions de l'Arr. du 10 août 2017 entrent en vigueur :

a) Le lendemain du jour de la publication au JORF du présent arrêté pour les assurés placés sous écrou dans les établissements pénitentiaires situés dans la région Hauts-de-France et d'Occitanie ;

b) A compter du 1er oct. 2017 pour les assurés placés sous écrou dans les établissements pénitentiaires situés les régions de France métropolitaine autres que celles mentionnées au a ;

c) A compter du 1er janv. 2018 pour les assurés placés sous écrou dans les établissements pénitentiaires situés en Guadeloupe, en Guyane, en Martinique, à La Réunion, à Saint-Barthélemy et à Saint-Martin (Arr. préc., art. 2, JO 19 août).

Art. 8 *(Arr. du 10 août 2017)* **Les établissements pénitentiaires situés dans les régions des Hauts-de-France, de l'Île-de-France et du Grand Est dépendent du pôle interrégional nord du CNPE.**

L'ensemble des établissements pénitentiaires situés dans les autres régions dépend du pôle interrégional sud du CNPE.

Sur l'entrée en vigueur des dispositions issues de l'Arr. du 10 août 2017, V. note ss. art. 7.

Art. 9 Les dispositions des articles 1er à 3 de l'arrêté du 21 janvier 1981 fixant la liste des assurés sociaux qui doivent être affiliés à une caisse primaire d'assurance maladie ou à une caisse d'allocations familiales autre que la caisse du lieu de résidence et l'arrêté du 12 juillet 1991 modifiant l'arrêté du 21 janvier 1981 sont abrogés. – *Cet art. a été renuméroté par l'Arr. du 10 août 2017 (JO 19 août).*

Arrêté du 16 octobre 1995,

Pris pour l'application de l'article D. 242-6-5 du code de la sécurité sociale relatif à la tarification des risques d'accidents du travail et de maladies professionnelles (JO 17 oct.). – Mod. par Arr. du 29 déc. 2011 (JO 30 déc.), Arr. du 22 déc. 2016 (JO 28 déc.).

Art. 1er I. – Les indemnités en capital visées au 1° de l'article *(Arr. du 22 déc. 2016, art. 1er-I)* **« D. 242-6-5 » du code de la sécurité sociale sont affectées d'un coefficient égal à 1,1.**

II. – Les capitaux visés au 2° de l'article *(Arr. du 22 déc. 2016, art. 1er-I)* **« D. 242-6-5 » du code de la sécurité sociale, qui comprennent les frais d'appareillage, sont évalués forfaitairement à** *(Arr. du 22 déc. 2016, art. 1er-II)* **« trente-six » fois le montant annuel des rentes calculé à la date de notification.**

III. – Les capitaux visés au 3° de l'article *(Arr. du 22 déc. 2016, art. 1er-I)* **« D. 242-6-5 », réserve faite, éventuellement, des prestations et indemnités d'incapacité temporaire, sont évalués forfaitairement à** *(Arr. du 22 déc. 2016, art. 1er-III)* **« trente et une » fois le montant du salaire annuel minimum défini à l'article L. 434-16 du code de la sécurité sociale, en vigueur à la date de reconnaissance du caractère professionnel du décès.**

Art. 2 Sont inscrites au compte spécial, conformément aux dispositions de l'article *(Arr. du 29 déc. 2011, art. 4)* **« D. 242-6-5 », les dépenses afférentes à des maladies professionnelles constatées ou contractées dans les conditions suivantes :**

1° La maladie professionnelle a fait l'objet d'une première constatation médicale entre le 1er janvier 1947 et la date d'entrée en vigueur du nouveau tableau de maladies professionnelles la concernant ;

2° La maladie professionnelle a fait l'objet d'une première constatation médicale postérieurement à la date d'entrée en vigueur du tableau la concernant, mais la victime n'a été exposée au risque de cette maladie professionnelle qu'antérieurement à la date d'entrée en vigueur dudit tableau, ou la maladie professionnelle reconnue en application des troisième et quatrième alinéas de l'article L. 461-1 du code de la sécurité sociale a été constatée postérieurement au 29 mars 1993, mais la victime n'a été exposée au risque de cette maladie professionnelle qu'antérieurement au 30 mars 1993 ;

3° La maladie professionnelle a été constatée dans un établissement dont l'activité n'expose pas au risque mais ladite maladie a été contractée dans une autre entreprise ou dans un établissement relevant d'une autre entreprise qui a disparu ou qui ne relevait pas du régime général de la sécurité sociale ;

4° La victime de la maladie professionnelle a été exposée au risque successivement dans plusieurs établissements d'entreprises différentes sans qu'il soit possible de déterminer celle dans laquelle l'exposition au risque a provoqué la maladie ;

5° La maladie professionnelle reconnue en application des troisième et quatrième alinéas de l'article L. 461-1 du code de la sécurité sociale a été constatée entre le 1er juillet 1973 et le 29 mars 1993.

Art. 2-4°. Les dispositions de l'art. 4 *bis* de l'Arr. du 1er oct. 1976, dans sa rédaction issue de l'Arr. du 12 juin 1984 (Arr. du 16 oct. 1995, art. 2-4°), selon lequel les dépenses engagées par la Caisse d'assurance maladie à la suite de la prise en charge de maladies professionnelles ne sont pas comprises dans la valeur du risque propre d'un établissement lorsque la victime a été exposée au risque de plusieurs établissements d'entreprises différentes sans qu'il soit possible de déterminer celle dans laquelle l'exposition a provoqué la maladie, ne peuvent recevoir application que pour les maladies professionnelles constatées ou contractées après la date d'entrée en vigueur de ce texte. • Soc. 7 mars 1991, n° 89-10.997 P.

Art. 3 Sont abrogés :

– l'arrêté du 1er octobre 1976 modifié relatif à la tarification des risques d'accidents du travail et de maladies professionnelles ;

– l'arrêté du 2 décembre 1976 modifié fixant les règles particulières de tarification des risques d'accidents du travail et de maladies professionnelles dans les industries du bâtiment et des travaux publics ;

– l'arrêté du 10 décembre 1976 relatif à la tarification du risque professionnel des dockers maritimes ;

– l'arrêté du 16 décembre 1985 modifié relatif à la tarification des risques d'accidents du travail et de maladies professionnelles applicable dans les départements du Bas-Rhin, du Haut-Rhin et de la Moselle ;

– l'arrêté du 16 décembre 1985 modifié relatif aux cotisations d'accidents du travail dues pour les élèves et étudiants des établissements d'enseignement relevant de l'article L. 412-8 2° (*a* et *b*) du code de la sécurité sociale.

Art. 4 Le présent arrêté, qui prend effet à compter du 1er janvier 1996, sera publié au *Journal officiel* de la République française.

Arrêté du 17 octobre 1995,

Relatif à la tarification des risques d'accidents du travail et de maladies professionnelles (JO 18 oct.), mod. en dernier lieu par Arr. du 26 déc. 2018 (JO 28 déc.).

Art. 1er Pour l'application des dispositions de l'article D. 242-6-1 du code de la sécurité sociale, le classement des établissements est effectué selon la nomenclature des risques figurant en annexe *[V. JO 18 oct., p. 15154 s. ; JO 5 sept. 1996, p. 13204, mod.]* et dans les conditions suivantes :

I. – En ce qui concerne les activités relevant des secteurs autres que celui du bâtiment et des travaux publics :

1° Le classement d'un établissement est effectué en fonction de l'activité exercée dans ledit établissement.

En cas de pluralité d'activités au sein d'un même établissement, le classement est effectué en fonction de son activité principale, qui est celle exercée par le plus grand nombre de salariés.

Si les activités existant dans l'établissement sont exercées par un nombre égal de salariés, le classement est effectué en fonction de l'activité qui engendre le risque le plus important. Toutefois, sont considérés comme constituant des établissements distincts les chantiers ou ateliers dont l'activité relève du comité technique national des industries du bâtiment et des travaux publics ; la tarification de ces établissements est déterminée d'après les règles fixées pour les établissements rattachés audit comité ;

2° L'ensemble des dockers maritimes intermittents ou occasionnels soumis au régime de la vignette ou des ouvriers poissonniers soumis au régime de la vignette occupés dans chaque port par un même employeur est considéré comme constituant un établissement distinct du reste de l'entreprise, auquel sont applicables les règles de tarification prévues par les articles *(Arr. du 29 déc. 2011, art. 3)* « D. 242-6-11, D. 242-6-12 ou D. 242-6-13 » en fonction de l'effectif de salariés de l'établissement ainsi constitué.

La limite prévue à l'article *(Arr. du 29 déc. 2011, art. 3)* « D. 242-6-20 » pour les taux de cotisations dus pour les dockers maritimes susvisés est fixée à 35 %.

II. – En ce qui concerne les activités relevant du secteur des industries du bâtiment et des travaux publics, sont considérés comme des établissements distincts au sein d'une même entreprise :

1° L'ensemble des chantiers de bâtiment ou de travaux publics dont l'activité relève d'un même numéro de risque ;

2° L'ensemble des ateliers, des dépôts, des magasins ou des services dont l'activité rattachée au comité technique national des industries du bâtiment et des travaux publics relève d'un même numéro de risque ;

3° *(Arr. du 15 févr. 2017, art. 1er-I)* « L'ensemble des salariés occupant des fonctions » qui répondent aux conditions énumérées au III ci-dessous.

La tarification des chantiers, ateliers, dépôts, magasins ou services dont l'activité est rattachée à des comités techniques nationaux autres que celui des industries du bâtiment et des travaux publics est déterminée d'après les dispositions fixées pour les établissements rattachés auxdits comités.

III. – *(Arr. du 15 févr. 2017, art. 1er-II)* « Les salariés des entreprises mentionnées aux 1° et 3° des articles D. 242-6-2 et D. 242-30 constituent, sur demande de l'entreprise, un établissement distinct soumis à une tarification propre lorsqu'ils occupent à titre principal des fonctions support de nature administrative dans des locaux non exposés aux autres risques relevant de la même entreprise.

« Ces dispositions ne s'appliquent pas aux établissements dont le taux est fixé en application de l'article D. 242-6-14.

« Le taux applicable est calculé, le cas échéant, en application des dispositions prévues à l'article D. 242-6-17. »

Les dispositions de l'art. 1er de l'Arr. du 15 févr. 2017 s'appliquent aux demandes formées postérieurement à l'entrée en vigueur de l'arrêté précité.

Les dispositions du III de l'art. 1er de l'Arr. du 17 oct. 1995 dans leur rédaction antérieure à l'entrée en vigueur de l'arrêté susvisé restent applicables aux demandes formées avant cette date jusqu'au 31 déc. 2019 [V. éd. antérieure] (Arr. du 15 févr. 2017, art. 4).

Les sièges sociaux et bureaux des entreprises constituent des établissements distincts qui doivent faire l'objet d'une tarification particulière si les risques d'accidents du travail auxquels est exposé leur personnel ne sont pas aggravés par d'autres risques relevant de la même entreprise tels que ceux engendrés par les chantiers, magasins, atelier, dépôt, qu'ils soient ou non distincts géographiquement, et si le personnel employé est sédentaire. • Civ. 2e, 28 mai 2015, n° 14-18.536 P : *D. actu. 22 juin 2015, obs. Fraisse ; RJS 8/9 2015, n° 593 ; BICC 15 nov. 2015, n° 1107.*

Art. 2 Le nombre de salariés d'un établissement est égal à la moyenne des nombres de salariés présents au dernier jour de chaque trimestre civil de la dernière année connue, sauf en ce qui concerne les activités visées aux 1° et 2° ci-dessous :

1° Pour les établissements de travail temporaire, l'effectif de ces établissements formé par le personnel visé par *(Arr. du 28 mars 2011)* « l'article L. 1251-16 du code du travail » est égal à la moyenne des nombres de salariés présents au dernier jour de chaque mois de la dernière année connue ; toutefois, le personnel des entreprises de travail temporaire non visé par *(Arr. du 28 mars 2011)* « l'article L. 1251-16 du code du travail » constitue un établissement distinct qui fait l'objet d'une tarification différenciée ; l'effectif de cet établissement est déterminé suivant les dispositions du premier alinéa du présent article ;

2° Le nombre de salariés d'un établissement mentionné au I (2°) de l'article 1er ci-dessus est déterminé, pour chaque période triennale, en divisant par 180 le nombre total de journées de travail fournies, au cours de chaque année civile de la période de référence, par l'ensemble des dockers maritimes intermittents ou occasionnels soumis au régime de la vignette ou des ouvriers poissonniers soumis au régime de la vignette de cet établissement.

Art. 3 Les groupes de risques visés à l'article *(Arr. du 29 déc. 2011, art. 3)* « D. 242-6-4 » du code de la sécurité sociale sont constitués d'activités professionnelles relevant d'un même comité technique national, en tenant compte des catégories de risques et des résultats statistiques. Ils doivent comprendre au moins 1 000 salariés.

Chaque groupement de risques est constitué pour une période minimum de trois ans. – *Par dérogation à l'art. 3, les groupes de risques constitués au sein d'un comité technique national dont les activités sont réparties dans les comités visés à l'art. 1er de l'arrêté du 22 déc. 2000 (cité ss. art. R. 421-7 CSS).*

Art. 4 Le taux de la cotisation due au titre des accidents du travail et des maladies professionnelles pour les vendeurs à domicile autres que ceux visés à l'article L. 311-3 (20°) du code de la sécurité sociale est celui de l'établissement qui les emploie.

Art. 5 *(Arr. du 18 juill. 1997)* En application de l'article *(Arr. du 29 déc. 2011, art. 3)* « D. 242-6-22 » et de l'article *(Arr. du 29 déc. 2011, art. 3)* « D. 242-40 », toute décision émanant d'*(Arr. du 29 déc. 2011, art. 3)* « une Caisse d'assurance retraite et de la santé au travail ou une caisse mentionnée à l'article L. 215-3 du code de la sécurité sociale » et relative à la tarification des risques d'accidents du travail et des maladies professionnelles est notifiée à l'employeur par lettre simple, sauf dans les cas suivants, qui donnent lieu à l'envoi d'une notification par *(Arr. du 15 févr. 2017, art. 2)* « tout moyen permettant de lui conférer une date certaine » :

1° Taux calculés mixtes ou réels ;

2° Imposition de cotisations supplémentaires ou complémentaires ;

3° Attribution de ristournes ;

4° Décision de la caisse sur recours gracieux.

Art. 6 *(Arr. du 26 déc. 2018, art. 3)* Les activités professionnelles visées au I de l'article D. 242-6-14 du code de la sécurité sociale et les catégories de travailleurs visées au dernier alinéa de l'article D. 242-6-22 du même code sont celles mentionnées à l'annexe prévue à l'article 1er pour lesquelles le taux net est suivi des lettres TC.

Art. 7 *(Arr. du 28 mars 2011)* L'entreprise qui relève d'une tarification individuelle ou mixte et qui souhaite bénéficier, en application de l'article D. 242-6-1 du code de la sécurité sociale dans sa rédaction issue du décret n° 2010-753 du 5 juillet 2010, d'un taux unique pour l'ensemble de ses établissements appartenant à la même catégorie de risque doit adresser sa demande à la caisse mentionnée à l'article L. 215-1 du code de la sécurité sociale dans la circonscription de laquelle se trouve son siège social ou, à défaut, son principal établissement sis en France, hors des départements du Haut-Rhin, du Bas-Rhin et de la Moselle, par *(Arr. du 15 févr. 2017, art. 3)* « tout moyen permettant de lui conférer une date certaine », avant le quatrième trimestre de l'année civile en cours pour une application au 1er janvier de l'année civile suivante.

Art. 8 L'arrêté du 16 mai 1951 relatif à la notification du taux de la cotisation pour les accidents du travail et l'arrêté du 28 décembre 1984 fixant les tarifs des cotisations d'accidents du travail des activités professionnelles relevant du régime général de la sécurité sociale sont abrogés. — *L'art. 7 devient l'art. 8 (Arr. du 28 mars 2011, JO 5 avr.).*

V. la nomenclature des risques annexée à l'arrêté du 15 mai 2001 (JO 8 avr., p. 5468) et Arr. du 10 oct. 2002 (JO 31 oct., p. 18077).

Arrêté du 26 octobre 1995,

Relatif aux prestations supplémentaires et aux aides financières attribuées par les caisses primaires d'assurance maladie et modifiant certaines dispositions du règlement intérieur modèle des caisses primaires d'assurance maladie pour le service des prestations (JO 15 nov.).

Art. 1er Le conseil d'administration de la caisse primaire ou la commission habilitée par le conseil d'administration peut, dans la limite du crédit inscrit au chapitre correspondant de son budget d'action sanitaire et sociale, attribuer, par décisions individuelles, des prestations supplémentaires en faveur de ses assurés ou de ses ayants droit.

Il sera tenu compte, dans l'appréciation de chaque cas, de la situation sociale des intéressés.

Les litiges relatifs à l'attribution des prestations supplémentaires relèvent du contentieux général de la sécurité sociale. • Civ. 2e, 19 mars 1956 : *Bull. civ. II, n° 199* • T. confl. 10 mars 1997 : *Dr. soc. 1997. 631, concl. Sainte-Rose ; RJS 1997, n° 873 ; TPS 1997. Comm. 190, obs. Prétot.* ♦ Le juge du contentieux général ne saurait substituer son appréciation à celle de l'organisme pour l'attribution des prestations supplémentaires, avantages et secours. • Civ. 2e, 17 juin 1966, n° 62-12.928 P • Soc. 9 juill. 1968, n° 66-12.673 P. ♦ ... À moins que leur attribution ne procède de règles objectives fixées par le règlement intérieur de l'organisme. • Civ. 2e, 19 mars 1956 : *préc.*

Art. 2 Ne peuvent être octroyées que les prestations supplémentaires figurant dans la liste suivante :

1. Prise en charge de la participation de l'assuré dans tous les cas où l'insuffisance de ses ressources, compte tenu de ses charges familiales et des dépenses occasionnées par la maladie, le justifiera.

2. Participation aux frais de transport, non pris en charge au titre des prestations légales, engagés par les assurés sociaux ou leurs ayants droit qui doivent subir un traitement sans hospitalisation ou un examen médical non visés par le décret n° 88-678 du 6 mai 1988, sous réserve de la justification médicale du traitement ou de l'examen.

Participation dans les mêmes cas aux frais de transport de la personne accompagnant le malade, lorsque celui-ci ne peut se déplacer sans l'assistance d'un tiers, en raison de son jeune âge ou de son état de santé.

3. Remboursement, à l'occasion des prélèvements, de tout ou partie des frais engagés par les assurés sociaux ou leurs ayants droit donneurs de substance organique d'origine humaine

et octroi d'une indemnité journalière en cas d'arrêt de travail, lorsque ces frais et cette indemnité ne sont pas pris en charge au titre de l'assurance maladie.

4. Participation dans les conditions de l'assurance maladie aux frais d'hospitalisation de la mère qui allaite un enfant hospitalisé ou de l'enfant allaité accompagnant sa mère hospitalisée dans un établissement habilité à recevoir les enfants et les mères.

Participation aux frais de déplacement de la mère portant le lait maternel à l'enfant hospitalisé.

5. Attribution aux assurés sociaux contraints de suspendre leur travail pour soigner un enfant mineur vivant habituellement au domicile d'indemnités égales, au maximum, aux indemnités journalières qu'ils recevraient en cas de maladie, pendant une durée ne pouvant excéder un mois.

6. Attribution aux assurées sociales dont le métier comporte des travaux incompatibles avec leur état des indemnités journalières de maternité, dès qu'il y aura pour elles impossibilité constatée d'exercer leur profession et, au plus tôt, à partir de la 21e semaine précédant la date présumée de l'accouchement.

7. Participation aux frais de l'aide familiale apportée en cas de maladie par les organisations agréées aux femmes ayant au foyer au moins un enfant de moins de quatorze ans. (Le versement de cette prestation supplémentaire est dans tous les cas assuré par la caisse d'allocations familiales.)

8. En cas d'absence de bénéficiaires de l'allocation décès, octroi d'une indemnité pour frais funéraires aux personnes qui les ont en fait assumés lorsque les assurés décédés ne leur ont pas laissé une succession atteignant au moins le montant des frais funéraires de la plus basse catégorie.

Cette indemnité ne pourra être supérieure au plafond fixé par l'arrêté ministériel pris en application de l'article L. 435-1 du code de la sécurité sociale.

9. Attribution d'une indemnité qui ne pourra dépasser (pension d'invalidité et indemnités journalières comprises) le salaire mensuel de la catégorie professionnelle du futur métier des intéressés aux assurés titulaires d'une pension d'invalidité ou bénéficiaires de l'assurance maladie qui sont admis à effectuer un stage dans les centres de réadaptation et de rééducation professionnelles agréés ou qui bénéficient d'un contrat de rééducation chez l'employeur.

10. Attribution d'une indemnité exceptionnelle aux assurés sociaux et ayants droit devant effectuer une cure thermale dans une station pour maladies nerveuses lorsque la cure doit dépasser, si le service médical l'estime justifié, la durée de vingt et un jours.

11. Prise en charge du ticket modérateur relatif aux frais médicaux, paramédicaux, pharmaceutiques, d'hospitalisation et autres dispensés aux enfants de moins d'un an dans les départements où le taux moyen de mortalité infantile a été, pendant l'année précédente, supérieur de 10 % au taux moyen national non rectifié.

Le conseil d'administration peut déléguer au directeur de la caisse primaire ses pouvoirs d'attribution de la prestation supplémentaire, sous son contrôle ou sous celui de la commission habilitée par lui et dans des limites fixées par le règlement intérieur.

12. Attribution, en cas d'accident mortel survenu à l'assuré, d'une allocation à ses ayants droit sans que le total des allocations attribuées, le cas échéant, puisse dépasser le cinquième du montant maximal du capital décès.

13. Participation aux dépenses non remboursables au titre des prestations légales et liées au traitement des maladies chroniques en cas de maintien à domicile dans le cadre des alternatives à l'hospitalisation des personnes malades.

Art. 2-1 Outre les prestations supplémentaires choisies dans la liste figurant à l'article 2 ci-dessus, les caisses primaires d'assurance maladie accordent à l'assuré social, en cas de traitement de l'insuffisance rénale chronique par dialyse à domicile entraînant une interruption partielle de travail, une indemnité compensatrice égale à la perte effective de salaire, dans la limite de la fraction du plafond de l'indemnité journalière maladie, défini à l'article R. 323-9 du code de la sécurité sociale, correspondant au nombre d'heures effectivement perdues.

L'assuré devra établir une justification de perte de salaire en présentant notamment une attestation de l'employeur.

Art. 3 Les caisses primaires d'assurance maladie accordent à leurs assurés et à leurs ayants droit remplissant les conditions de ressources indiquées plus loin une participation forfaitaire aux frais de cure thermale exposés par eux sous la forme des prestations supplémentaires suivantes :

a) Participation aux frais de séjour dans la station ;

b) Remboursement des frais de déplacement du bénéficiaire de la cure et, éventuellement, de la personne accompagnant le malade lorsque celui-ci ne peut se déplacer sans l'assistance d'un tiers en raison de son jeune âge ou de son état de santé.

Les prestations supplémentaires susvisées sont accordées aux assurés sociaux et à leurs ayants droit bénéficiaires d'une prise en charge pour une cure thermale après accord préalable de la caisse lorsque le total des ressources de toute nature de l'assuré, de son conjoint ou de la personne vivant maritalement avec lui, de ses enfants à charge, de ses ascendants et des autres ayants droit à sa charge au sens des articles L. 161-14 et L. 313-3 du code de la sécurité sociale vivant au foyer de manière habituelle et se trouvant au moins en partie à la charge de l'assuré est inférieur à 96 192 F pour l'année civile précédant la cure, ce chiffre étant majoré de 50 % pour le conjoint ou la personne vivant maritalement avec l'assuré pour chacun des enfants ou personnes à charge ci-dessus mentionnées, des ascendants et des autres ayants droit à sa charge au sens des articles L. 161-14 et L. 313-3 du code de la sécurité sociale.

La participation de la caisse aux frais de séjour est calculée sur le montant forfaitaire fixé par arrêté du ministre chargé de la sécurité sociale.

La participation de la caisse aux frais de transport est calculée sur la base du prix d'un billet de chemin de fer aller et retour en 2e classe du domicile de l'assuré à la station thermale, sans pouvoir toutefois dépasser le montant des dépenses réellement engagées.

Art. 4 Dans certains cas d'espèce, et notamment lorsque les conditions d'ouverture du droit aux prestations légales ou supplémentaires ne sont pas remplies, une aide financière individuelle peut être exceptionnellement accordée, après enquête sociale, à l'assuré ou à ses ayants droit par le conseil d'administration ou par une commission habilitée par lui à cet effet. L'octroi de cette aide doit être lié aux dépenses causées par une maladie, une maternité, un accident du travail et à leurs conséquences directes dans le foyer intéressé. L'attribution de l'aide ne peut être renouvelée sans nouvelle décision prise après examen de la situation individuelle.

Toutefois, pour l'aide d'un montant inférieur à 2 000 F, une déclaration sur l'honneur signée par l'assuré peut être substituée à l'enquête sociale prévue à l'alinéa précédent.

Art. 5 Les articles 71 à 71-3 du règlement intérieur modèle des caisses primaires d'assurance maladie, annexé à l'arrêté du 19 juin 1947 susvisé, sont modifiés en conséquence.

Art. 6 Sont abrogés l'arrêté du 22 juillet 1954 modifié relatif aux secours et les arrêtés du 21 janvier 1956 modifiés relatifs aux prestations supplémentaires et aux articles 71 à 71-3 du règlement intérieur des caisses primaires, à l'exception de l'arrêté du 23 février 1993 fixant le plafond de la participation des caisses primaires d'assurance maladie aux frais de séjour des assurés sociaux et de leurs ayants droit dans les stations de cure thermale.

Ordonnance n° 96-50 du 24 janvier 1996,

Relative au remboursement de la dette sociale (JO 25 janv.).

BIBL. ▶ Prétot, L'apurement de la dette et le rétablissement de l'équilibre financier de la sécurité sociale, *D. 1996. Chron. 77* .

1. Sur la légalité de l'Ord. du 24 janv. 1996. • CE 4 nov. 1996 : *RJS 1997, n° 197.*

2. Les dispositions de l'art. 31 de la loi de financement pour 1998 ont eu pour effet de ratifier les dispositions de l'Ord. du 24 janv. 1996 à l'exception des art. 9 et 12. • Cons. const. 18 déc. 1997, n° 97-393 DC : *Rec. Cons. const., p. 320 ; AJDA 1998. 118, chron. J.-É. Schoettl ; Dr. soc. 1998. 164, note Prétot ; RJS 1998, n° 92.* ♦ Cette ratification est conforme à la Constitution, dès lors que les dispositions de l'ordonnance ne méconnaissent aucune règle, ni principe de valeur constitutionnelle. • Cons. const. 18 déc. 1997, n° 97-393 DC : *préc.*

CHAPITRE PREMIER *De la Caisse d'amortissement de la dette sociale*

Art. 1er Il est créé, à compter du 1er janvier 1996 *(L. n° 2004-810 du 13 août 2004, art. 76-II)* « et jusqu'à l'extinction des missions mentionnées à l'article 4 »*[,]* un établissement public national à caractère administratif, placé sous la tutelle du ministre chargé de l'économie et des finances et du ministre chargé de la sécurité sociale, appelé Caisse d'amortissement de la dette sociale.

Jugé sous l'empire de la Loi organique du 22 juill. 1996.

La Caisse d'amortissement de la dette sociale ne revêt pas le caractère d'un organisme institué pour concourir au financement de la sécurité sociale ; dès lors, le régime de la CRDS ne peut figurer dans une loi de financement de la sécurité sociale. • Cons. const. 19 déc. 2000, n° 2000-437 DC : *Rec. Cons. const., p. 190 ; D. 2001. Somm. 1766, obs. Ribes ; Dr. soc. 2001. 270, note Prétot ; LPA 22 déc. 2000, n° 255, p. 5, chron. Schoettl et 2001, n° 86-87, p. 4, note Castagnède ; RD publ. 2001. 267, note Spitz ; RFDC 2001. 129, obs. Philip, et 134, obs. Ribes ; RFFP, 2001, n° 74, p. 257, chron. Prétot ; RJS 2001, n° 232 ; RTD civ. 2001. 229, obs. Molfessis ; TPS 2001, chron. 4, étude Pellet.*

Art. 2 *(L. n° 2010-1594 du 20 déc. 2010, art. 9-I-1°)* **La Caisse d'amortissement de la dette sociale a pour mission d'apurer la dette mentionnée à l'article 4 et d'effectuer les versements prévus par ce même article.**

Art. 3 *(L. org. n° 2010-1380 du 13 nov. 2010, art. 3)* **« I. — La caisse est administrée par un conseil d'administration composé de** *(Ord. n° 2018-470 du 12 juin 2018, art. 9)* **« treize » membres, comprenant :**

« — une personnalité choisie en raison de sa compétence, nommée par décret, président ;

« — le président et le vice-président du conseil d'administration de l'Agence centrale des organismes de sécurité sociale ou leur suppléant, désigné au sein dudit conseil ;

« — les présidents du conseil de la Caisse nationale de l'assurance maladie *(Abrogé par Ord. n° 2018-470 du 12 juin 2018, art. 9)* ***« des travailleurs salariés »*, du conseil d'administration de la Caisse nationale d'assurance vieillesse** *(Abrogé par Ord. n° 2018-470 du 12 juin 2018, art. 9)* ***« des travailleurs salariés »* et du conseil d'administration de la Caisse nationale des allocations familiales ou les vice-présidents de ces conseils, désignés pour les suppléer ;**

(Abrogé par Ord. n° 2018-470 du 12 juin 2018, art. 9) ***« — le président du conseil d'administration de la Caisse nationale du régime social des indépendants ou son suppléant, désigné parmi les vice-présidents dudit conseil ; »***

« — le président du conseil d'administration de la Caisse centrale de la mutualité sociale agricole ou le premier vice-président de ce conseil, appelé à le suppléer ;

« — deux représentants du ministre chargé de l'économie et des finances ou leur suppléant, nommés par arrêté du ministre chargé de l'économie et des finances ;

« — deux représentants du ministre chargé de la sécurité sociale ou leur suppléant, nommés par arrêté du ministre chargé de la sécurité sociale ;

« — un représentant du ministre chargé du budget ou son suppléant, nommés par arrêté du ministre chargé du budget ;

« — un représentant du conseil de surveillance du Fonds de réserve pour les retraites ou son suppléant, choisis par le président dudit conseil parmi les représentants des assurés sociaux ou des employeurs et travailleurs indépendants. » — *Les dispositions issues de l'art. 3 de la L. org. n° 2010-1380 du 13 nov. 2010 sont applicables à compter de la loi de financement de la sécurité sociale pour 2011 (L. préc., art. 5).*

II. — Le conseil d'administration de la caisse est assisté par un comité de surveillance qui comprend notamment *(L. n° 2018-699 du 3 août 2018, art. 74)* **« deux députés, deux sénateurs » et des représentants des conseils d'administration des organismes nationaux du régime général de la sécurité sociale** *(Abrogé par Ord. n° 2018-470 du 12 juin 2018, art. 9)* ***« et de la Caisse nationale d'assurance maladie et maternité des travailleurs non salariés des professions non agricoles »*, ainsi que le secrétaire général permanent de la commission des comptes de la sécurité sociale.**

Art. 4 **I. — La dette d'un montant de 137 milliards de francs de l'Agence centrale des organismes de sécurité sociale à l'égard de la Caisse des dépôts et consignations constatée au 31 décembre 1995, correspondant au financement des déficits accumulés au 31 décembre 1995 par le régime général de sécurité sociale et à celui de son déficit prévisionnel de l'exercice 1996, est transférée à la Caisse d'amortissement de la dette sociale à compter du 1er janvier 1996.**

(L. n° 97-1164 du 19 déc. 1997, art. 31) **« II. — La dette de l'Agence centrale des organismes de sécurité sociale à l'égard de la Caisse des dépôts et consignations correspondant, d'une part, au financement des déficits accumulés par le régime général de sécurité sociale constatés au 31 décembre 1997 dans la limite de 75 milliards de francs et, d'autre part, à celui de son déficit prévisionnel de l'exercice 1998 dans la limite de 12 milliards de francs, est transférée à la Caisse d'amortissement de la dette sociale à compter du 1er janvier 1998. »**

(L. n° 2004-810 du 13 août 2004, art. 76-II) **« II *bis*. — La couverture des déficits cumulés de la branche mentionnée au 1° de l'article L. 200-2 du code de la sécurité sociale arrêtés**

au 31 décembre 2003 et celui du déficit prévisionnel au titre de l'exercice 2004 est assurée par des transferts de la Caisse d'amortissement de la dette sociale à l'Agence centrale des organismes de sécurité sociale à hauteur de 10 milliards d'euros le 1er septembre 2004 et dans la limite de 25 milliards d'euros au plus tard le 31 décembre 2004. La couverture des déficits prévisionnels de la même branche au titre des exercices 2005 et 2006 prévus par les lois de financement de la sécurité sociale de ces mêmes années est assurée par des transferts de la Caisse d'amortissement de la dette sociale à l'Agence centrale des organismes de sécurité sociale, dans la limite de 15 milliards d'euros. Les montants et les dates des versements correspondants sont fixés par décret, après avis du secrétaire général de la commission instituée à l'article L. 114-1 du même code. »

(L. nº 2008-1330 du 17 déc. 2008, art. 10-I) « II *ter*. – La couverture des déficits cumulés au 31 décembre 2008 des branches mentionnées aux 1º et 3º de l'article L. 200-2 du code de la sécurité sociale et du fonds mentionné à l'article L. 135-1 du même code est assurée par des transferts de la Caisse d'amortissement de la dette sociale à l'Agence centrale des organismes de sécurité sociale effectués au cours de l'année 2009, dans la limite de 27 milliards d'euros. Ces déficits cumulés sont établis compte tenu des reprises de dette mentionnées aux I, II et II *bis* du présent article ainsi que des transferts résultant de l'application de l'article L. 251-6-1 du code de la sécurité sociale.

« Dans le cas où le montant total des déficits cumulés mentionnés à l'alinéa précédent excède 27 milliards d'euros, les transferts sont affectés par priorité à la couverture des déficits les plus anciens et, pour le dernier exercice, dans l'ordre des branches et organismes fixé à l'alinéa précédent.

« Les montants et les dates des versements correspondants ainsi que, le cas échéant, de la régularisation au vu des montants définitifs des déficits de l'exercice 2008 sont fixés par décret. » – *V. Décr. nº 2008-1375 du 19 déc. 2008 (JO 21 déc.).*

(L. nº 2010-1594 du 20 déc. 2010, art. 9-I-2º) « II *quater*. – La couverture des déficits des exercices 2009 et 2010 des branches mentionnées aux 1º, 3º et 4º de l'article L. 200-2 du code de la sécurité sociale et du fonds mentionné à l'article L. 135-1 du même code, ainsi que des déficits prévisionnels pour l'exercice 2011 des branches mentionnées aux 1º et 4º du même article L. 200-2, est assurée, au plus tard le 31 décembre 2011, par des transferts de la Caisse d'amortissement de la dette sociale à l'Agence centrale des organismes de sécurité sociale dans la limite de 68 milliards d'euros.

« Dans le cas où le montant des déficits cumulés mentionnés à l'alinéa précédent excède 68 milliards d'euros, les transferts sont affectés par priorité à la couverture des déficits les plus anciens et, pour le dernier exercice, dans l'ordre des branches fixé au même alinéa.

« Les montants et les dates des versements correspondants ainsi que, le cas échéant, de la régularisation au vu des montants définitifs des déficits de l'exercice 2010 sont fixés par décret. – *V. Décr. nº 2011-20 du 5 janv. 2011 (JO 7 janv.).*

« II *quinquies*. – La couverture des déficits des exercices 2011 à *(L. nº 2013-1203 du 23 déc. 2013, art. 16-1º ; L. nº 2015-1702 du 21 déc. 2015, art. 26-1º)* « 2015 des branches mentionnées aux 1º, 3º et 4º » de l'article L. 200-2 du code de la sécurité sociale et du fonds mentionné à l'article L. 135-1 du même code *(L. nº 2013-1203 du 23 déc. 2013, art. 16-1º)* « , déduction faite de la part des déficits de l'exercice 2011 couverte en application du II *quater* du présent article » est assurée par des transferts de la Caisse d'amortissement de la dette sociale à l'Agence centrale des organismes de sécurité sociale dans la limite de 62 milliards d'euros sur la période *(Abrogé par L. nº 2015-1702 du 21 déc. 2015, art. 26-1º)* *« et dans la limite de 10 milliards par an »*. » *(L. nº 2013-1203 du 23 déc. 2013, art. 16-1º)* « Les versements, dont les dates et montants sont fixés par décret *(L. nº 2015-1702 du 21 déc. 2015, art. 26-1º)* « , peuvent faire l'objet d'acomptes provisionnels. »

« Dans le cas où le montant des déficits mentionnés au premier alinéa du présent II *quinquies* excède *(L. nº 2015-1702 du 21 déc. 2015, art. 26-2º)* « le plafond qui y est cité », les transferts sont affectés, par priorité, à la couverture des déficits de la branche mentionnée au 3º de l'article L. 200-2 dudit code, puis de ceux du fonds mentionné à l'article L. 135-1 du même code, puis des déficits les plus anciens de la branche mentionnée au 1º de l'article L. 200-2 dudit code et, enfin, des déficits de la branche mentionnée au 4º du même article. »

(L. nº 2011-1906 du 21 déc. 2011, art. 27-I) « II *sexies*. – La couverture des déficits des exercices 2009 et 2010 de la branche mentionnée au 3º de l'article L. 722-8 du code rural et de la pêche maritime est assurée, au plus tard le 31 décembre 2011, par un transfert de 2 466 641 896,19 € de la Caisse d'amortissement de la dette sociale à la Caisse centrale de la mutualité sociale agricole. »

(L. nº 2018-1203 du 22 déc. 2018, art. 27-1º) « II *septies*. – La couverture des déficits des exercices 2014 à 2018 de la branche mentionnée au 1º de l'article L. 200-2 du code de la

sécurité sociale, du fonds mentionné à l'article L. 135-1 du même code et de la branche mentionnée au 4° de l'article L. 200-2 dudit code, déduction faite de la part des déficits des exercices 2014 et 2015 couverte en application du II *quinquies* du présent article, est assurée par des transferts de la Caisse d'amortissement de la dette sociale à l'Agence centrale des organismes de sécurité sociale, dans la limite de 15 milliards d'euros.

« Dans le cas où le montant des déficits cumulés mentionnés au premier alinéa du présent II *septies* excède 15 milliards d'euros, les transferts sont affectés par priorité à la couverture des déficits les plus anciens et, pour le dernier exercice, dans l'ordre fixé au même premier alinéa.

« Les montants et les dates des versements correspondants ainsi que, le cas échéant, de la régularisation au vu des montants définitifs des déficits de l'exercice 2018 sont fixés par décret. »

III. – Dans la limite totale de 3 milliards de francs, la Caisse d'amortissement de la dette sociale verse au cours de l'année 1996 au profit de la Caisse nationale d'assurance maladie et maternité des travailleurs non salariés des professions non agricoles visée à l'article L. 611-1 du code de la sécurité sociale :

– dans la limite d'un milliard de francs un apport, destiné à apurer en tout ou partie le report à nouveau négatif au 31 décembre 1995 ;

– pour le reliquat, une recette exceptionnelle concourant au financement du déficit prévisionnel de l'exercice 1996 compte non tenu de la recette visée au 3° de l'article L. 612-1 du code de la sécurité sociale ;

(L. n° 2001-1275 du 28 déc. 2001, art. 38) « IV. – La caisse verse chaque année au budget général de l'État, de l'année 1996 à l'année 2000, une somme de 12,5 milliards de francs et, en 2001, une somme de 12,15 milliards de francs. Elle verse une somme de 3 milliards d'euros chaque année, de 2002 à 2005. »

(L. n° 2002-1487 du 20 déc. 2002, art. 14-I) « V. – La caisse verse le 1er avril 2003 la somme de 1 096 969 089,92 € à l'Agence centrale des organismes de sécurité sociale au profit de la Caisse nationale de l'assurance maladie des travailleurs salariés, de la Caisse nationale des allocations familiales et de la Caisse nationale d'assurance vieillesse des travailleurs salariés.

« Elle verse à la même date, au titre de la créance relative aux exonérations de cotisations énumérées au 1° de l'article L. 131-9 du code de la sécurité sociale constatée dans les comptes de chacun des régimes au titre de l'exercice 2000, la somme de 171 465 344,88 € à la Caisse centrale de la mutualité sociale agricole, la somme de 10 484 547,75 € à la Caisse de retraite et de prévoyance des clercs et employés de notaires, la somme de 2 118 360,20 € à la Caisse autonome nationale de la sécurité sociale dans les mines et la somme de 1 801 493,21 € à l'Établissement national des invalides de la marine. »

(L. n° 2003-1199 du 18 déc. 2003, art. 2-I) « VI. – La caisse verse le 1er avril 2004 la somme de 1 097 307 635,44 € à l'Agence centrale des organismes de sécurité sociale au profit de la Caisse nationale de l'assurance maladie des travailleurs salariés, de la Caisse nationale des allocations familiales et de la Caisse nationale d'assurance vieillesse des travailleurs salariés. » – *Est comptabilisée à l'Agence centrale des organismes de sécurité sociale sur l'exercice 2004, au titre des exonérations de cotisations énumérées au 1° de l'art. L. 131-9 du code de la sécurité sociale dans sa rédaction en vigueur au 31 déc. 2003, la somme de 1 097 307 635,44 € venant en déduction des montants inscrits en provisions au 31 déc. 2001. L'Agence centrale répartit ce montant entre la Caisse nationale de l'assurance maladie des travailleurs salariés, la Caisse nationale des allocations familiales et la Caisse nationale d'assurance vieillesse des travailleurs salariés, au prorata des créances sur exonérations de cotisations comptabilisées dans les comptes de chacune des branches (L. n° 2003-1199 du 18 déc. 2003, art. 2-II).*

(L. n° 2010-1594 du 20 déc. 2010, art. 9-I-2°) « VII. – Sont considérées comme définitives les opérations de produits et de charges dans les comptes clos des branches du régime général et du fonds mentionné à l'article L. 135-1 du code de la sécurité sociale au titre des exercices ayant fait l'objet d'une ou plusieurs mesures de transfert mentionnées au présent article, sous réserve qu'il s'agisse d'opérations réciproques entre ces organismes et qu'aucune disposition législative ne prévoie qu'il s'agit d'acomptes. »

Les versements effectués par la Caisse d'amortissement de la dette sociale au profit du budget de l'État en application des dispositions de l'art. 4 de l'Ord. du 24 janv. 1996 revêtent le caractère non d'opérations de trésorerie, mais de recettes budgétaires. • Cons. const. 27 déc. 2001, n° 2001-456 DC : *Rec. Cons. const. 180 ; D. 2002. 331, note Zarka ; ibid. 2002. Somm. 1954, obs. Ribes ; Dr. fisc. 2002. 358, note Philip ; LPA 2002, n° 9, note Schoettl ; ibid., n° 192, note Raymond ; RFDC 2002. 191, note Philip ; RFFP 2002, n° 80, chron. Prétot* • 13 juill. 2006, n° 2006-538 DC : *JO 20 juill., p. 10894 ; AJDA 2006. 1470, brève S. Brondel ; LPA 2006, n° 159, note Schoettl.*

Art. 4 *bis* *(L. org. nº 2005-881 du 2 août 2005)* Sous réserve des dispositions législatives en vigueur à la date de la publication de la loi organique nº 2005-881 du 2 août 2005 relative aux lois de financement de la sécurité sociale, tout nouveau transfert de dette à la Caisse d'amortissement de la dette sociale est accompagné d'une augmentation *(L. org. nº 2010-1380 du 13 nov. 2010, art. 1er)* « du produit d'impositions de toute nature ou de la réalisation d'actifs affecté à » la caisse permettant de ne pas accroître la durée d'amortissement de la dette sociale. *(L. org. nº 2010-1380 du 13 nov. 2010, art. 1er)* « L'assiette des impositions de toute nature affectées à la Caisse d'amortissement de la dette sociale porte sur l'ensemble des revenus perçus par les contribuables personnes physiques.

« Par dérogation au premier alinéa, la loi de financement de la sécurité sociale pour 2011 peut prévoir des transferts de dette conduisant à un accroissement de la durée d'amortissement de la dette sociale dans la limite de quatre années. L'annexe à ce projet de loi, mentionnée au 8° du III de l'article L.O. 111-4 du code de la sécurité sociale, justifie le respect de cette condition. A titre dérogatoire, les transferts de dette prévus par la loi de financement de la sécurité sociale pour 2011 peuvent en outre être accompagnés de l'augmentation de recettes assises sur les revenus du patrimoine et les produits de placement.

« La loi de financement de la sécurité sociale assure chaque année le respect de la règle fixée aux deux premiers alinéas. »

Pour l'application *(L. org. nº 2010-1380 du 13 nov. 2010, art. 1er)* « du présent article », la durée d'amortissement est appréciée au vu des éléments présentés par la caisse dans ses estimations publiques.

(L. org. nº 2010-1380 du 13 nov. 2010, art. 1er) « Si, au cours de deux exercices consécutifs, les conditions économiques permettent d'enregistrer un accroissement des impositions de toute nature affectées à la Caisse d'amortissement de la dette sociale supérieur à 10 % des prévisions initiales, la loi de financement de la sécurité sociale pour l'exercice suivant contribue à ramener la fin de la durée de cet organisme à l'horizon prévu avant la loi de financement de la sécurité sociale pour 2011. »

Les dispositions issues de l'art. 1er de la L. org. nº 2010-1380 du 13 nov. 2010 sont applicables à compter de la loi de financement de la sécurité sociale pour 2011 (L. préc., art. 5).

Ces dispositions trouvent leur fondement dans les dispositions de l'art. 34, 20e al., de la Constitution ; elles pouvaient, dès lors, figurer dans une loi organique et ne sont pas contraires à la Constitution. • Cons. const. 29 juill. 2005 : *JO 3 août, p. 12661 ; RFDA 2005. 1030, note Schoettl* .

Art. 5 I. – Pour remplir les obligations résultant de ses missions, la Caisse d'amortissement de la dette sociale est habilitée à contracter des emprunts. Elle peut notamment à cet effet, dès sa création, *(Ord. nº 2009-80 du 22 janv. 2009, art. 26)* « procéder à une offre au public de titres financiers » et émettre tout titre négociable représentatif d'un droit de créance.

Le conseil d'administration décide du programme des emprunts mentionnés à l'alinéa précédent. Il peut déléguer à son président tout pouvoir pour procéder à ces opérations. – *V. Décr. nº 96-581 du 27 juin 1996 (JO 29 juin).*

Les emprunts de la Caisse d'amortissement de la dette sociale sont soumis à l'approbation du ministre chargé de l'économie et des finances.

(L. nº 2005-1719 du 30 déc. 2005, art. 73) « II. – A compter du 1er janvier 2006, par dérogation au I, le ministre chargé de l'économie et des finances est autorisé à procéder, pour le compte de la Caisse d'amortissement de la dette sociale, dans des conditions fixées par décret, à des emprunts à long, moyen et court termes libellés en euros ou en autres devises, à des conversions facultatives, à des opérations de prises en pension sur titres d'État, à des opérations de dépôts de liquidités sur le marché interbancaire de la zone euro, à des rachats, à des échanges d'emprunts, à des échanges de devises ou de taux d'intérêt, à l'achat ou à la vente d'options, de contrats à terme ou d'autres instruments financiers à terme, conformément aux obligations et à la mission de l'établissement. »

Art. 6 *(L. nº 2010-1594 du 20 déc. 2010, art. 9-I-3°)* Les ressources de la Caisse d'amortissement de la dette sociale sont constituées par :

1° Le produit des contributions instituées par le chapitre II. Ce produit est versé à la caisse, dans des conditions fixées par décret, par l'Agence centrale des organismes de sécurité sociale, s'agissant du produit correspondant à la contribution mentionnée à l'article 14, et par l'État, s'agissant du produit correspondant aux contributions mentionnées aux articles 15 à 18 ;

2° Une fraction du produit des contributions sociales mentionnées aux articles L. 136-1, L. 136-6, L. 136-7 et L. 136-7-1 du code de la sécurité sociale. Cette fraction est fixée *(L.*

n° 2018-1203 du 22 déc. 2018, art. 27-2°) « au *c* du 3° et au *b* du 3° *bis* de l'article L. 131-8 » du même code ;

(Abrogé par L. n° 2015-1702 du 21 déc. 2015, art. 24-IV-2°) ***« 3° Une fraction du produit des prélèvements mentionnés aux articles L. 245-14 et L. 245-15 du même code, fixée à l'article L. 245-16 dudit code ; »***

4° Les versements du Fonds de réserve pour les retraites dans les conditions fixées au *(L. n° 2014-40 du 20 janv. 2014, art. 4-VII)* « dernier alinéa du I et au II » de l'article L. 135-6 du même code.

Les dispositions issues de l'art. 24-IV de la L. n° 2015-1702 du 21 déc. 2015 s'appliquent aux produits des impositions assises sur les opérations dont le fait générateur intervient à compter du 1er janv. 2016, à l'exception des dispositions relatives aux impositions sur les revenus du patrimoine, qui s'appliquent aux produits recouvrés par la voie des rôles émis à compter du 1er janv. 2016 (L. préc., art. 24-X-A).

Art. 7 *(L. n° 2010-1594 du 20 déc. 2010, art. 9-I-4°)* « L'annexe aux comptes de la Caisse d'amortissement de la dette sociale présente chaque année les dettes amorties en application de l'article 4 dans l'ordre chronologique des déficits à amortir. »

Si les prévisions de recettes et de dépenses annuelles de la caisse sur la durée restant à courir de la période pour laquelle elle a été créée font apparaître qu'elle ne serait pas en mesure de faire face à l'ensemble de ses engagements, le Gouvernement soumet au Parlement les mesures nécessaires pour assurer le paiement du principal et des intérêts aux dates prévues.

Art. 8 *(L. n° 2001-1276 du 28 déc. 2001, art. 91)* Les frais d'assiette et de recouvrement des contributions pour le remboursement de la dette sociale sont à la charge de la caisse. Le montant du prélèvement correspondant est fixé par arrêté du ministre chargé de l'économie et des finances et du ministre chargé de la sécurité sociale.

Art. 9 Le patrimoine privé à usage locatif des caisses nationales du régime général de sécurité sociale et de l'Agence centrale des organismes de sécurité sociale, à l'exclusion des locaux affectés à un usage administratif, sera vendu à l'initiative de ses propriétaires. Les produits de la vente sont affectés à la Caisse d'amortissement de la dette sociale instituée à l'article 1er. Ce patrimoine fera l'objet, avant le 31 juillet 1996, d'un inventaire et d'une évaluation qui seront communiqués à la Caisse d'amortissement de la dette sociale.

La partie du patrimoine qui ne sera pas vendue à la date du 31 décembre 1999 sera transférée à la Caisse d'amortissement de la dette sociale ainsi que les droits et obligations qui y sont attachés.

La dévolution du patrimoine visée à l'alinéa précédent à la Caisse d'amortissement de la dette sociale fait l'objet d'un arrêté du ministre chargé de la sécurité sociale.

Les transferts des biens, droits et obligations des caisses nationales du régime général de sécurité sociale et de l'Agence centrale des organismes de sécurité sociale effectués en application du présent article au profit de la Caisse d'amortissement de la dette sociale ne donnent lieu à aucune indemnité ou perception d'impôts, droits ou taxes.

Pour la gestion ou la vente du patrimoine visé ci-dessus, la Caisse d'amortissement de la dette sociale peut faire appel, dans des conditions fixées par décret, à tous services ou organismes habilités à cet effet. La cession intégrale de ce patrimoine devra intervenir au plus tard au 31 décembre 2008.

Art. 10 I. — Les sommes correspondant au remboursement par la Caisse d'amortissement de la dette sociale du prêt consenti à l'Agence centrale des organismes de sécurité sociale par la Caisse des dépôts et consignations et mentionné au I de l'article 4, sont réparties, à compter du 1er janvier 1996, entre les fonds nationaux gérés par la Caisse nationale de l'assurance maladie des travailleurs salariés, la Caisse nationale des allocations familiales et la Caisse nationale d'assurance vieillesse des travailleurs salariés dotés d'un compte de report à nouveau négatif aux bilans arrêtés au 31 décembre 1995, et ce, au prorata des montants de ces comptes. Le montant des transferts correspondant à cette répartition est fixé par un arrêté conjoint du ministre chargé de la sécurité sociale et du ministre chargé de l'économie et des finances après avis des caisses nationales du régime général et de l'Agence centrale des organismes de sécurité sociale. — *V. Arr. du 26 déc. 1996 (JO 29 déc.).*

II. — *(L. n° 97-1164 du 19 déc. 1997, art. 31)* « Les sommes correspondant au remboursement par la Caisse d'amortissement de la dette sociale du prêt consenti à l'Agence centrale des organismes de sécurité sociale par la Caisse des dépôts et consignations et mentionné au II de l'article 4 sont réparties, à compter du 1er janvier 1998, *(L. n° 98-1194 du 23 déc. 1998, art. 45)* « au prorata du solde du compte courant négatif de chaque branche

mentionnée à l'article L. 200-2 du code de la sécurité sociale, ouvert auprès de l'Agence centrale des organismes de sécurité sociale figurant à son bilan arrêté au 31 décembre 1997 » *[V. Arr. du 28 déc. 1998, JO 30 déc.]*. **Le montant des transferts correspondant à cette répartition est fixé dans les conditions prévues au I. »**

III. — Les sommes transférées en vertu du II de l'article 4 ci-dessus par la Caisse d'amortissement de la dette sociale au profit de la Caisse nationale d'assurance maladie et maternité des travailleurs non salariés des professions non agricoles font l'objet d'une comptabilisation dans des conditions fixées par un arrêté conjoint du ministre chargé de la sécurité sociale et du ministre chargé de l'économie et des finances après avis de ladite Caisse nationale.

Art. 11 *Abrogé par L. n° 97-1164 du 19 déc. 1997, art. 31.*

Art. 12 *V. CSS, art. L. 135-1 et L. 135-2.*

Art. 13 Un décret en Conseil d'État fixe les modalités d'application du présent chapitre. — *V. Décr. n° 96-353 du 24 avr. 1996 (JO 26 avr.), mod. en dernier lieu par Décr. n° 2015-1764 du 24 déc. 2015 (JO 27 déc.) : organisation de la caisse ; gestion administrative et comptable ; Décr. n° 96-581 du 26 juin 1996 (JO 29 juin) : dispersion des risques applicables aux titres émis. — Arr. du 29 oct. 1996 (JO 23 nov.) et Arr. du 22 mai 1998 (JO 9 juin) : modalités d'exercice du contrôle financier.*

CHAPITRE II *Des contributions pour le remboursement de la dette sociale*

....

1. Les contributions instituées par les art. 14 à 18 ont le caractère d'impositions de toute nature au sens de l'art. 34 de la Constitution. • CE 4 nov. 1996 : *RJS 1997, n° 197 ; TPS 1997. Comm. 26, obs. Prétot* • 7 janv. 2004 : *RJS 2004, n° 451 ; TPS 2004. Comm. 124, obs. Prétot.*

2. La contribution perçue sur les revenus d'activité et de remplacement revêt, pour l'application du règlement communautaire n° 1408/71 du 14 juin 1971, le caractère d'une cotisation de sécurité sociale et ne peut, dès lors, être exigée du travailleur communautaire qui, résidant en France, exerce son activité dans un autre État membre et relève du système de sécurité sociale de celui-ci. • CJCE, 15 févr. 2000, n^{os} C-34/98 et C-169/98 [deux arrêts] : *Rec. CJCE 973 et 1052 ; Dr. soc. 2001. 529, note Prétot ; RJS 2001, n° 347 ; TPS 2000. Comm. 183, obs. P. Coursier* • Soc. 15 juin 2000 : *TPS 2000. Comm. 286, obs. Prétot.*

Art. 14 *(Ord. n° 2018-474 du 12 juin 2018, art. 3)* **« I. — Il est institué une contribution assise sur les revenus d'activité et de remplacement mentionnés à la section I du chapitre IV du titre III du livre I du code de la sécurité sociale perçus par les personnes physiques désignées à ce même article. Cette contribution est soumise aux conditions prévues aux articles L. 136-1-1 à L. 136-4 du même code.**

« Elle est due jusqu'à l'extinction des missions prévues à l'article 2 de la présente ordonnance. » — *Les dispositions de l'Ord. n° 2018-474 du 12 juin 2018 s'appliquent aux cotisations et contributions dues pour les périodes courant à compter du 1er sept. 2018 (Ord. préc., art. 16).*

II. — Lorsqu'ils n'entrent pas dans le champ d'application du I, sont également soumis à la contribution dans les mêmes conditions et selon les mêmes modalités :

1° à 6° Abrogés par L. n° 2000-1352 du 30 déc. 2000, art. 89-I.

7° L'aide personnalisée au logement visée par les articles L. 351-1 à L. 351-14 du code de la construction et de l'habitation ainsi que l'allocation de logement social prévue par l'article L. 831-1 du code de la sécurité sociale ;

8° Les prestations visées à l'article L. 511-1 et au chapitre V du titre V du livre VII du code de la sécurité sociale, à l'exception *(Abrogé par L. n° 2008-1249 du 1er déc. 2008, art. 11-II, à compter du 1er juin 2009)* ***« de l'allocation de parent isolé et »*** **de l'allocation d'éducation** *(L. n° 2008-1249 du 1er déc. 2008, art. 11-II, en vigueur le 1er juin 2009)* **« de l'enfant handicapé ;**

(L. n° 2015-994 du 17 août 2015, art. 59-XII, en vigueur le 1er janv. 2016) **« 9° La prime d'activité mentionnée à l'article L. 841-1 du code de la sécurité sociale. »**

III. — La contribution due sur les prestations visées aux *(L. n° 2008-1249 du 1er déc. 2008, art. 11-II, en vigueur le 1er juin 2009)* **« 7°, 8° et 9° » du II est précomptée par l'organisme débiteur dans les conditions prévues** *(L. n° 2014-1554 du 22 déc. 2014, art. 7-V)* **« à l'article L. 131-1 du code de la sécurité sociale. »** — *Les dispositions de l'art. 7-V de la L. n° 2014-1554 du 22 déc. 2014 s'appliquent aux revenus de remplacement dont le fait générateur intervient à compter du 1er janv. 2015 (L. préc., art. 7-VI).*

La contribution prévue au I est recouvrée et contrôlée dans les conditions et sous les garanties et sanctions visées à l'article L. 136-5 du code de la sécurité sociale.

IV. — Les prestations visées *(L. n° 2003-1199 du 18 déc. 2003, art. 60-V-8)* « au 8° » du II, à l'exception de l'allocation logement mentionnée aux articles L. 542-1 et L. 755-21 du code de la sécurité sociale, ne sont assujetties à la contribution qu'à compter du 1er janvier 1997.

Les dispositions issues de la L. n° 2011-1906 du 21 déc. 2011 s'appliquent aux revenus perçus à compter du 1er janv. 2011 (L. préc., art. 18-III).

Art. 15 I. — Il est institué une contribution perçue à compter de 1996 et assise sur les revenus du patrimoine *(L. n° 2018-1203 du 22 déc. 2018, art. 26-V)* « désignés aux I et I *bis* » de l'article L. 136-6 du code de la sécurité sociale perçus par les personnes *(L. n° 2018-1203 du 22 déc. 2018, art. 26-V)* « redevables de la contribution prévue au même article L. 136-6 ». *(Abrogé par L. n° 2018-1203 du 22 déc. 2018, art. 26-V)(L. n° 2012-958 du 16 août 2012, art. 29-II-1°)* ***« Sont également soumis à cette contribution les revenus désignés au I bis de l'article L. 136-6 du code de la sécurité sociale. »*** *— Sur l'entrée en vigueur des dispositions issues de la L. n° 2018-1203 du 22 déc. 2018, V. L. préc., art. 26-XIV ss. art. L. 131-8.*

(L. n° 2009-1646 du 24 déc. 2009, art. 17-II) « Cette contribution est établie chaque année sur les revenus de l'année précédente, à l'exception de ceux ayant supporté la contribution prévue à l'article 16. »

Elle est établie, recouvrée et contrôlée dans les conditions et selon les modalités prévues au III de l'article L. 136-6 du code de la sécurité sociale, à l'exception du troisième alinéa.

(Abrogé par L. n° 2009-1646 du 24 déc. 2009, art. 17-II) ***« Pour la détermination de l'assiette de la contribution, il n'est pas fait application des abattements mentionnés*** *(L. n° 97-1269 du 30 déc. 1997, art. 21-VII)* ***« au I de l'article 125-0A »*** *(L. n° 2003-1311 du 30 déc. 2003, art. 93-I-C)* ***« , aux 2° et 5° du 3 ainsi qu'au 4 bis de l'article 158 » du code général des impôts. »*** *— La disposition de l'art. 93-I-C de la L. n° 2003-1311 est applicable aux revenus distribués ou répartis perçus à compter du 1er janv. 2005 (L. préc., art. 93-I, D).*

II. — La contribution est mise en recouvrement et exigible en même temps, le cas échéant, que la contribution sociale instituée par l'article L. 136-6 du code de la sécurité sociale. Il n'est pas procédé au recouvrement lorsque le montant total par article de rôle est inférieur à *(L. n° 2001-1276 du 28 déc. 2001, art. 64-I)* « 61 € ». *— Dispositions du I et du II reprises ss. art. 1600-0G* **CGI**.

III. — Sont également assujettis à la contribution dans les conditions et selon les modalités prévues aux I et II ci-dessus :

(Abrogé par L. n° 2011-1906 du 21 déc. 2011, art. 18-II-3°) ***« 1° Les revenus d'activité et de remplacement de source étrangère perçus à compter du 1er février 1996 et soumis en France à l'impôt sur le revenu. Pour l'application de ces dispositions, le 3° de l'article 83 et le a du 5 de l'article 158 du code général des impôts ne sont pas applicables. La déclaration prévue à l'article 170 du code général des impôts mentionne distinctement les revenus concernés ; »***

(L. n° 2009-1646 du 24 déc. 2009, art. 17-II) « 2° Les sommes soumises à l'impôt sur le revenu en application des articles 168, *(L. n° 2010-1658 du 29 déc. 2010, art. 63)* « 1649 A, 1649 *quater* A, 1649 *quater*-0 B *bis* et 1649 *quater*-0 B *ter* » du code général des impôts et L. 69 du livre des procédures fiscales ;

« 2° *bis* Les sommes soumises à l'impôt sur le revenu en application du 1° de l'article L. 66 du livre des procédures fiscales et qui ne sont pas assujetties à la contribution en vertu d'une autre disposition ; »

3° Tous autres revenus perçus au titre des années définies au I, dont l'imposition est attribuée à la France par une convention internationale relative aux doubles impositions et qui n'ont pas supporté la contribution prévue à l'article 14. *— Dispositions du III reprises ss. art. 1600-0H* **CGI**.

(Abrogé par L. n° 2009-1646 du 24 déc. 2009, art. 17-II) ***« 4° Les plus-values exonérées d'impôt sur le revenu en application du 7 du III de l'article 150-0 A du code général des impôts au titre des années visées au I. »***

La L. n° 2004-810 du 13 août 2004, art. 76-II, a supprimé les références à la date du 31 janv. 2014 dans les art. 15, 16, 17 et 18 de l'Ord. n° 96-50 du 24 janv. 1996.

Les dispositions issues de la L. n° 2011-1906 du 21 déc. 2011 s'appliquent aux revenus perçus à compter du 1er janv. 2011 (L. préc., art. 18-III).

Art. 16 I. — Il est institué, à compter du 1er février 1996, une contribution prélevée sur les produits de placement désignés *(L. n° 2012-958 du 16 août 2012, art. 29-II-2°)* « aux I et I *bis* » de l'article L. 136-7 du code de la sécurité sociale[,] à l'exception de ceux ayant déjà supporté la contribution au titre des 3° et 4° du II *(L. n° 2009-1646 du 24 déc. 2009, art. 18-*

II) « de l'article L. 136-7 du code de la sécurité sociale » *(L. n° 2018-1203 du 22 déc. 2018, art. 26-V)* « et de ceux perçus par les personnes mentionnées au I *ter* du même article L. 136-7 ». Cette contribution est assise, recouvrée et contrôlée selon les modalités *(L. n° 2004-1485 du 30 déc. 2004, art. 50-III)* « prévues aux V et VI » du même article. *– Dispositions du I reprises ss. art. 1600-0I* **CGI**. *– V. 1ère note ss. art. 15. – Sur l'entrée en vigueur des dispositions issues de la L. n° 2018-1203 du 22 déc. 2018, V. L. préc., art. 26-XIV ss. art. L. 131-8.*

(L. n° 2009-1646 du 24 déc. 2009, art. 18-II) « II. – Sont également soumis à la contribution mentionnée au I les produits de placement mentionnés au II de l'article L. 136-7 du code de la sécurité sociale pour la partie acquise à compter du 1er février 1996 et, le cas échéant, constatée à compter de la même date en ce qui concerne les placements visés *(L. n° 2013-1203 du 23 déc. 2013, art. 8-III-1°)* « au *a* du 3° et aux 4° à 9° du même II, *(L. n° 2014-1655 du 29 déc. 2014, art. 105-II)* « à compter du 1er janvier 1997 pour les placements mentionnés au *c* du 3° dudit II et, pour les faits générateurs intervenant à compter du 1er janvier 2014, pour les placements mentionnés au *b* du 3° du même II. » *– V. dispositions transitoires des L. n° 2013-1203 du 23 déc. 2013 et L. n° 2014-1655 du 29 déc. 2014 ss. l'art.*

« Cette contribution est assise, recouvrée et contrôlée selon les modalités prévues *(L. n° 2010-1657 du 29 déc. 2010, art. 22-II ; L. n° 2010-1658 du 29 déc. 2010, art. 26-V)* « aux III, III *bis* et V » de l'article L. 136-7 du même code. »

(L. n° 2013-1203 du 23 déc. 2013, art. 8-III-2°) « III. – Les III à VI du même article L. 136-7 sont applicables à la contribution mentionnée au I du présent article. » *– V. dispositions transitoires de la L. n° 2013-1203 du 23 déc. 2013 ss. l'art.*

IV. *– Abrogé par L. n° 2004-810 du 13 août 2004, art. 76-II.*

Les dispositions du 2° du II de l'art. 29 de la L. n° 2012-958 du 16 août 2012 s'appliquent aux plus-values réalisées au titre des cessions intervenues à compter de la date de publication de cette loi (L. préc., art. 29-III-B).

Dispositions transitoires de la L. n° 2013-1203 du 23 déc. 2013, art. 8-V, mod. par L. n° 2014-1655 du 29 déc. 2014, art. 105-III :

Les dispositions du III de l'art. 16 de la présente Ord., issues de la L. n° 2013-1203 du 23 déc. 2013, en tant qu'elles rendent le IV de l'art. L. 136-7 applicable à la contribution mentionnée au I de l'art. 16 de cette même Ord., sont entrées en vigueur le 1er janv. 2014.

Sous réserve de l'al. précédent, les dispositions du II de l'art. 16 de la présente Ord., issues de la L. n° 2013-1203 du 23 déc. 2013, s'appliquent aux faits générateurs intervenant à compter du 26 sept. 2013, nonobstant les art. 5 et 9 de la loi de financement de la sécurité sociale pour 1998 (n° 97-1164 du 19 déc. 1997), l'art. 19 de la L. n° 2004-626 du 30 juin 2004 relative à la solidarité pour l'autonomie des personnes âgées et des personnes handicapées, l'art. 72 de la L. n° 2004-810 du 13 août 2004 relative à l'assurance maladie, l'art. 28 de la L. n° 2008-1249 du 1er déc. 2008 généralisant le revenu de solidarité active et réformant les politiques d'insertion, l'art. 6 de la L. n° 2010-1657 du 9 déc. 2010 de finances pour 2011, l'art. 10 de la L. n° 2011-1117 du 19 sept. 2011 de finances rectificative pour 2011, l'art. 2 de la L. n° 2012-354 du 14 mars 2012 de finances rectificative pour 2012 et l'art. 3 de la L. n° 2012-1404 du 17 déc. 2012 de financement de la sécurité sociale pour 2013.

Pour l'application de l'al. précédent, pour les faits générateurs intervenus entre le 26 sept. 2013 et le 30 avr. 2014 inclus, les établissements payeurs procèdent à titre provisoire à la liquidation, au précompte et à la déclaration des contributions et prélèvements sociaux dus, selon les règles et sous les conditions applicables avant l'entrée en vigueur des dispositions issues de la L. n° 2013-1203 du 23 déc. 2013.

La différence entre le montant total dû en application des dispositions issues de la L. n° 2013-1203 du 23 déc. 2013 et le montant liquidé et précompté à titre provisoire dans les conditions prévues à l'al. précédent donne lieu à une régularisation en 2015. Cette régularisation est opérée selon les règles prévues au III de l'art. L. 136-6 et sur le même art. de rôle que l'impôt sur le revenu dû au titre de 2014.

Pour l'application des deux précédents al., les établissements payeurs informent, avant le 31 mai 2014, les personnes physiques assujetties, par écrit ou par voie dématérialisée, du caractère provisoire de la liquidation des contributions et prélèvements sociaux et des modalités de régularisation définies au précédent al. Ils indiquent sur la déclaration prévue à l'art. 242 ter du CGI déposée en 2015, pour les faits générateurs intervenus, d'une part, entre le 26 sept. 2013 et le 31 déc. 2013 inclus et, d'autre part, entre le 1er janv. 2014 et le 30 avr. 2014 inclus, l'assiette déterminée selon les modalités prévues au c du 3° du II de l'art. L. 136-7, le montant des contributions et prélèvements déjà précomptés en application du a du même 3° et le montant des contributions et prélèvements déjà précomptés, ou le cas échéant restitués, à titre provisoire.

Dispositions transitoires de la L. n° 2014-1655 du 29 déc. 2014, art. 105-V :

Les dispositions issues de la L. n° 2014-1655 du 29 déc. 2014 s'appliquent aux prélèvements sociaux dus à raison des faits générateurs intervenant à compter du 1er janv. 2014.

Art. 17 I. — Il est institué, à compter du 1er février 1996, une contribution à laquelle sont assujetties les ventes de métaux précieux, bijoux, objets d'art, de collection et d'antiquité soumises à la taxe prévue par *(L. n° 2009-1646 du 24 déc. 2009, art. 17-III)* « l'article 150 VI » du code général des impôts et réalisées par les personnes désignées au I de l'article 14. — *V. 1ère note ss. art. 15.*

II. — Cette contribution est assise, recouvrée et contrôlée dans les conditions et selon les modalités prévues aux articles *(L. n° 2009-1646 du 24 déc. 2009, art. 17-III)* « 150 VI à 150 VK et 150 VM » du code général des impôts. — *Dispositions reprises ss. art. 1600-0K* **CGI**.

Art. 18 I. — Sans préjudice des prélèvements existants, il est institué une contribution sur une fraction des sommes misées, en France métropolitaine et dans les départements d'outre-mer, sur les jeux exploités par La Française des jeux pour les tirages *(Abrogé par L. n° 2010-476 du 12 mai 2010, art. 50-1°)* « *, les événements sportifs* » et les émissions postérieurs au 1er février 1996. Cette fraction est égale à *(L. n° 2010-476 du 12 mai 2010, art. 50-1°)* « 25,5 % » des sommes misées.

Cette contribution est recouvrée et contrôlée selon les mêmes règles et sous les mêmes sûretés, privilèges et sanctions que le prélèvement prévu au I de l'article 48 de la loi de finances pour 1994 (n° 93-1352 du 30 décembre 1993).

(Abrogé par L. n° 2010-476 du 12 mai 2010, art. 50-2°) ***« II. — Sans préjudice des prélèvements existants, il est institué une contribution sur une fraction des sommes engagées en France au pari mutuel sur et hors les hippodromes entre le 1er février 1996. Cette fraction est égale à 70 % des sommes engagées.***

« Cette contribution est recouvrée et contrôlée selon les mêmes règles et sous les mêmes sûretés, privilèges et sanctions que le prélèvement institué par la loi du 2 juin 1891 modifiée ayant pour objet de réglementer l'autorisation et le fonctionnement des courses de chevaux. »

III. — Sans préjudice des prélèvements existants, il est institué une contribution sur *(L. n° 2005-1719 du 30 déc. 2005)* « la totalité » du produit brut des jeux réalisé à compter du 1er février 1996, dans les casinos régis par la loi du 15 juin 1907 relative aux casinos.

Cette contribution est recouvrée et contrôlée selon les mêmes règles et sous les mêmes sûretés, privilèges et sanctions que le prélèvement prévu à l'article 50 de la loi de finances pour 1991 (n° 90-1168 du 29 décembre 1990). — *V. 1ère note ss. art. 15.*

Art. 19 *(L. n° 2010-476 du 12 mai 2010, art. 50-3°)* Le taux des contributions instituées par les articles 14 à 17 est fixé à 0,5 %. Le taux des contributions instituées aux I et III de l'article 18 est fixé à 3 %.

Art. 20 Un décret fixe les modalités d'application du présent chapitre, notamment en ce qui concerne les obligations déclaratives des contribuables.

Loi n° 96-126 du 21 février 1996,

Portant création d'un fonds paritaire d'intervention en faveur de l'emploi (JO 22 févr.).

Art. 1er Pour financer les mesures de soutien à l'emploi prévues à l'article 2 de la présente loi, les parties signataires de l'accord prévu à l'article L. 351-8 du code du travail peuvent affecter à un fonds paritaire d'intervention en faveur de l'emploi une partie des contributions visées à l'article L. 351-3-1 du même code, dans la limite d'un plafond fixé par décret.

Ce fonds est géré par les institutions mentionnées à l'article L. 351-21 du code du travail.

Les mesures d'application des dispositions du présent article font l'objet d'accords conclus entre les parties signataires précitées. Ces accords ne peuvent entrer en vigueur qu'après avoir été agréées par arrêté du ministre chargé de l'emploi. L'agrément ne peut être accordé que si les dispositions de ces accords sont compatibles avec la politique de l'emploi et non contraires aux dispositions législatives et réglementaires en vigueur.

Cet agrément est accordé après avis du *(L. n° 2008-126 du 13 févr. 2008, art. 14-III)* « Conseil national de l'emploi ». Il a pour effet de rendre ces accords applicables à tous les employeurs et salariés visés à l'article L. 351-4 du même code et à tous les employeurs et salariés mentionnés aux 3° et 4° de l'article L. 351-12 et placés sous le régime de l'article L. 351-4.

Les accords prévus ci-dessus et présentés à l'agrément du ministre chargé de l'emploi sont soumis aux conditions de publicité prévues à l'article L. 133-14 du code du travail *[devenu C.*

trav., art. D. 2261-3, D. 2261-4]. – V. Arr. du 18 mars 1996 (JO 10 avr.) : accord du 6 sept. 1995, et Arr. du 23 févr. 1997 (JO 15 mars) : accord du 19 déc. 1996.

Art. 2 I. – Dans les conditions déterminées par un accord agréé en application de l'article 1er, le fonds prévu au même article assure le financement d'allocations au bénéfice des salariés ayant présenté une demande de cessation d'activité acceptée par leur employeur et qui remplissent des conditions tenant notamment à la durée de périodes d'assurance, ou reconnues équivalentes, dans les régimes de base obligatoires d'assurance vieillesse, sans avoir l'âge requis pour l'ouverture du droit à une pension de vieillesse à taux plein.

L'acceptation par l'employeur de la demande du salarié entraîne la rupture du contrat de travail du fait du commun accord des parties et l'obligation, pour cet employeur, de procéder à une ou plusieurs embauches compensatrices de demandeurs d'emploi, dans les conditions, notamment de délai, prévues par le présent article et par l'accord agréé. La rupture du contrat de travail prend effet à la date de cessation d'activité mentionnée dans la lettre d'acceptation de l'employeur, sous réserve de la prise en charge de l'intéressé par le fonds paritaire d'intervention.

Cette rupture du contrat de travail ouvre droit, au bénéfice du salarié, au versement par l'employeur d'une indemnité de cessation d'activité d'un montant égal à celui de l'indemnité de départ à la retraite prévue au premier alinéa de l'article L. 122-14-13 du code du travail *[devenu C. trav., art. L. 1237-9]* et calculée sur la base de l'ancienneté acquise au moment de la rupture du contrat de travail, sans préjudice de l'application de dispositions plus favorables prévues en matière d'indemnité de départ à la retraite par une convention ou un accord collectif de travail ou par le contrat de travail. L'indemnité de cessation d'activité obéit au même régime fiscal et social que l'indemnité de licenciement » *(L. n° 96-314 du 12 avr. 1996, art. 19-I)* « Toutefois, pour l'application du 3° de l'article 998 du code général des impôts *[modifié]*, l'indemnité de cessation d'activité est assimilée à une indemnité de fin de carrière. »

(L. n° 98-1266 du 30 déc. 1998, art. 121) « Les salariés titulaires de la carte du combattant au titre des opérations effectuées en Afrique du Nord entre le 1er janvier 1952 et le 2 juillet 1962 qui, ayant présenté postérieurement au 1er janvier 1999 *(L. n° 99-1172 du 30 déc. 1999, art. 122)* « et avant le 1er janvier 2000 » une demande de cessation d'activité non acceptée par leur employeur, ont démissionné pour ce motif de leur emploi et qui remplissent les conditions définies par le présent article, peuvent bénéficier des allocations prévues à l'alinéa précédent jusqu'au 31 décembre 2001, dans les conditions définies par un avenant à l'accord mentionné à l'article 5 de la présente loi. La rupture du contrat de travail entraîne pour l'employeur l'obligation d'embauche définie au deuxième alinéa du présent I. L'État verse à ce titre une subvention au fonds paritaire d'intervention en faveur de l'emploi. »

La rupture du contrat de travail, dans les conditions prévues par le présent article, des salariés visés aux articles L. 122-14-16, L. 236-11 *[L. 2411-13]*, L. 412-18, L. 425-1, L. 436-1 et L. 514-2 du code du travail est soumise à l'autorisation de l'inspecteur du travail qui vérifie que les conditions légales sont remplies et s'assure du consentement du salarié.

Les allocations prévues au premier alinéa du présent article sont soumises aux dispositions du premier alinéa de l'article L. 352-3 du code du travail.

II. – Lorsque le salarié qui cesse son activité est titulaire d'un contrat de travail à durée indéterminée, la ou les embauches consécutives doivent faire l'objet d'un contrat à durée indéterminée et permettre le maintien d'un volume d'heures de travail au moins égal à celui que ce salarié aurait accompli si son contrat s'était poursuivi jusqu'à ce qu'il atteigne l'âge requis pour l'ouverture du droit à une pension de vieillesse à taux plein.

Lorsque le salarié qui cesse son activité est titulaire d'un contrat à durée déterminée, la ou les embauches consécutives doivent permettre le maintien d'un volume d'heures de travail au moins égal à celui que ce salarié aurait accompli si son contrat s'était poursuivi jusqu'à son terme, sans que la durée de chacun des contrats conclus pour ces nouvelles embauches puisse être inférieure à six mois.

En cas d'inobservation des obligations relatives aux embauches consécutives à la cessation d'activité d'un salarié, l'employeur est tenu de rembourser au fonds mentionné à l'article 1er de la présente loi le montant total des sommes versées par celui-ci au salarié ayant cessé son activité, au prorata du nombre d'heures non accomplies, majoré de 50 %.

III. – L'employeur communique au comité d'entreprise ou, à défaut, aux délégués du personnel, un bilan des demandes de cessation d'activité, des cessations effectives et des embauches réalisées à l'occasion de la réunion prévue à l'article L. 432-4-1 du code du travail *[devenu C. trav., art. L. 2323-51]*.

Art. 3 Il est prélevé, sur les allocations prévues à l'article 2 de la présente loi, une cotisation d'assurance maladie, maternité, invalidité et décès, dans les conditions prévues par le deuxième alinéa de l'article L. 131-2 du code de la sécurité sociale.

Art. 4 Les bénéficiaires des allocations prévues à l'article 2 de la présente loi ont droit, pour eux-mêmes et leur ayants droit, aux prestations en nature des assurances maladie et maternité du régime général de sécurité sociale dans les conditions prévues par le troisième alinéa de l'article L. 311-5 du code de la sécurité sociale.

Art. 5 Les dispositions de la présente loi, à l'exception du dernier alinéa du II de l'article 2, sont rendues applicables aux ruptures de contrat de travail intervenues, en vertu des stipulations de l'accord du 6 septembre 1995 relatif au développement de l'emploi en contrepartie de la cessation d'activité de salariés totalisant 160 trimestres et plus de cotisations aux régimes de base d'assurance vieillesse, entre le 1er octobre 1995 et la date d'entrée en vigueur de l'agrément accordé à cet accord, en application du même article.

Loi n° 96-314 du 12 avril 1996,

Portant diverses dispositions d'ordre économique et financier (JO 13 avr.).

Art. 99 A titre expérimental, l'État peut, à compter de la publication de la présente loi, conclure avec les branches professionnelles du textile, de l'habillement, du cuir et de la chaussure des conventions-cadres relatives au maintien ou au développement de l'emploi tenant compte des résultats de la négociation sur l'aménagement et la réduction du temps de travail engagée après l'accord national interprofessionnel sur l'emploi du 31 octobre 1995.

A compter du premier jour du mois suivant la conclusion des conventions susmentionnées et jusqu'au 31 décembre 1997, les dispositions de l'article 113 de la loi de finances pour 1996 (n° 95-1346 du 30 décembre 1995) sont applicables aux entreprises appartenant aux branches susvisées dans les conditions suivantes :

– la réduction mentionnée au III de cet article est applicable pour les gains et rémunérations versés au cours d'un mois civil inférieurs ou égaux à 169 fois le salaire minimum de croissance majoré de 50 % ;

– le montant de la réduction, qui ne peut excéder 1 892 F par mois, est déterminé par un coefficient fixé par décret.

Pour les entreprises employant cinquante salariés ou plus disposant d'un comité d'entreprise ou dans lesquelles un constat de carence aura été établi conformément à l'article L. 433-13 du code du travail *[devenu C. trav., art. L. 2324-8]*, ces dispositions s'appliquent sous réserve de la conclusion d'une convention spécifique entre l'entreprise et l'État portant notamment sur le maintien ou la création d'emplois et l'aménagement et la réduction du temps de travail, à compter du premier jour du mois suivant la conclusion de cette convention.

Le non-respect par l'entreprise des engagements pris dans la convention spécifique entraîne l'interruption pour l'entreprise des conditions particulières d'application du III de l'article 113 de la loi de finances pour 1996 (n° 95-1346 du 30 décembre 1995) prévues par le présent article et peut conduire au reversement des aides correspondantes perçues au titre de ces dispositions. Les modalités d'application du présent alinéa sont fixées par décret. – *V. Décr. n° 96-572 du 27 juin 1996 (JO 28 juin ; Rect. JO 20 juill.), mod. par Décr. n° 98-228 du 1er avr. 1998 (JO 2 avr.).*

(L. n° 97-1269 du 30 déc. 1997, art. 117) « Toutefois, les entreprises visées au deuxième alinéa du présent article pourront continuer à bénéficier en 1998 de ces dispositions dans la limite d'un plafond de 650 000 F s'appliquant, pour chaque entreprise et sur une période de trois ans s'achevant le 31 décembre 1998 au plus tard, au cumul de l'avantage qu'elles procurent et des autres aides publiques reçues pendant la même période. Les entreprises qui souhaiteront bénéficier de cette prolongation devront déclarer les aides perçues au titre de ces dispositifs, dans des conditions qui seront fixées par décret. »

Ordonnance n° 96-346 du 24 avril 1996,

Portant réforme de l'hospitalisation publique et privée (JO 25 avr.).

Art. 21 *Modification des art. L. 162-22-1 et L. 162-22-2 CSS, depuis modifiés à nouveau par L. n° 99-1140 du 29 déc. 1999, art. 33.*

En modifiant et complétant certaines dispositions issues de l'Ord. n° 96-346 du 24 avr. 1996, les dispositions de la L. n° 97-1164 du 19 déc. 1997 ont eu par là même pour effet de ratifier lesdites dispositions non modifiées de l'ordonnance. • CE 17 déc. 1999 : *RJS 2000, n° 204* (dispositions des art. L. 162-22-1 et L. 162-22-2 dans leur rédaction antérieure).

....

Art. 24 I. – Les établissements de santé privés à but lucratif ainsi que les maisons d'enfants à caractère sanitaire privées à but lucratif mentionnées à l'article L. 2321-1 du code de la santé publique relevant du régime du prix de journée prévu aux articles L. 162-23 et L. 162-25 du code de la sécurité sociale ou à l'article L. 203 *[non repris par la codification]* du code de la santé publique, y compris les établissements de soins relevant de l'article L. 162-22 du code de la sécurité sociale soumis à titre dérogatoire, à la date de publication de la présente ordonnance, à ce régime financier, sont régis par les articles L. 6114-3 du code de la santé publique et L. 162-22-1 et L. 162-22-2 du code de la sécurité sociale à compter du 1er janvier 1997.

II. – Les tarifs mentionnés au *(L. n° 99-1140 du 29 déc. 1999, art. 33-XI)* « I de l'article L. 162-22-3 » du code de la sécurité sociale comprennent l'ensemble des frais pris en charge par l'assurance maladie à l'occasion de l'hospitalisation des patients, y compris la rémunération du personnel médical.

Art. 25 Les établissements de santé privés à but non lucratif ainsi que les maisons d'enfants à caractère sanitaire privées à but non lucratif mentionnées à l'article L. 2321-1 du code de la santé publique relevant du régime du prix de journée prévu aux articles L. 162-23, L. 162-23-1 et L. 162-25 du code de la sécurité sociale ou à l'article L. 203 *[non repris]* du code de la santé publique sont régis soit par le régime de financement fixé par les articles L. 6114-3 du code de la santé publique, L. 162-22-1 et L. 162-22-2 du code de la sécurité sociale à compter du 1er janvier 1997, soit par le régime de financement fixé par l'article L. 174-1 du code de la sécurité sociale à compter du 1er janvier 1998.

Lesdits établissements optent, avant le 1er septembre 1996, pour l'un ou l'autre de ces régimes dans des conditions fixées par voie réglementaire.

Les établissements ayant opté pour le régime du conventionnement sont régis par les dispositions de l'article 24 de la présente ordonnance. Ceux ayant opté pour la dotation globale de financement sont régis, à titre transitoire, par l'article 26.

Art. 26 I. – Jusqu'au 31 décembre 1997, le tarif d'hospitalisation et le tarif de responsabilité applicables aux établissements de santé privés à but non lucratif visés à l'article 25 de la présente ordonnance ayant opté pour le régime de financement fixé par l'article L. 174-1 du code de la sécurité sociale sont fixés dans les conditions suivantes :

1° Le prix de journée tient lieu de tarif d'hospitalisation ;

2° Le tarif de responsabilité est fixé comme au 1° ci-dessus.

II. – Pour la première année de mise en œuvre de la dotation globale visée par l'article L. 174-1 du code de la sécurité sociale dans les établissements de santé privés à but non lucratif mentionnés à l'article 25 de la présente ordonnance ayant opté pour ce mode de financement, la part des dépenses prises en charge par les organismes d'assurance maladie est établie par référence aux produits de la facturation des frais de séjour de l'année 1996, actualisés notamment en fonction du taux d'évolution des dépenses hospitalières de l'exercice 1997, selon des modalités fixées par voie réglementaire.

Loi n° 96-452 du 28 mai 1996,

Portant diverses mesures d'ordre sanitaire, social et statutaire (JO 29 mai).

....

Art. 9 Les ressources du Fonds d'orientation de la transfusion sanguine peuvent être complétées par une dotation exceptionnelle versée dans les conditions prévues à l'article L. 174-2 du code de la sécurité sociale afin de contribuer, par des subventions non renouvelables, à la mise en place des établissements de transfusion sanguine créés en application de la loi n° 93-5 du 4 janvier 1993 relative à la sécurité en matière de transfusion sanguine et de médicament.

Un décret en Conseil d'État détermine les modalités de fixation de cette dotation par l'autorité compétente de l'État.

....

Art. 33 Sont validés, sous réserve des décisions de justice passées en force de chose jugée, les appels de cotisation du régime des prestations supplémentaires de vieillesse des médecins conventionnés effectués au titre de l'année 1993, en tant que leur légalité serait contestée par le moyen tiré de l'illégalité du I de l'article Ier du décret n° 94-564 du 6 juillet 1994.

……………………………………………………………………………………………

Art. 42 I. – L'inspection générale des affaires sociales assure une mission de contrôle et d'évaluation de la mise en œuvre des politiques publiques de la sécurité sociale et de la prévoyance sociale, de la protection sanitaire et sociale, du travail, de l'emploi et de la formation professionnelle. Le chef de l'inspection générale des affaires sociales présente chaque année un rapport au Président de la République, au Parlement et au Gouvernement.

Les services, établissements ou institutions *(L. n° 2009-879 du 21 juill. 2009, art. 65-I)* « et les professionnels » qui participent à l'application des législations de la sécurité sociale et de la prévoyance sociale, de la protection sanitaire et sociale, du travail, de l'emploi ou de la formation professionnelle ou qui concourent à assurer la protection sanitaire et sociale de la population sont soumis, *(L. n° 2009-879 du 21 juill. 2009, art. 65-I)* « quel que soit leur statut » juridique, aux vérifications de l'inspection générale des affaires sociales, lorsqu'ils bénéficient ou ont bénéficié, sous quelque forme que ce soit, de concours de l'État, d'une collectivité territoriale, d'un établissement public, d'un organisme de sécurité sociale ou de prévoyance sociale, ainsi que de concours financiers provenant de la Communauté *[l'Union]* européenne, ou lorsqu'ils sont financés par des cotisations obligatoires.

Quand les services, établissements ou institutions mentionnés à l'alinéa précédent attribuent des concours, sous quelque forme que ce soit, à d'autres organismes, ces derniers peuvent également faire l'objet des vérifications de l'inspection générale des affaires sociales.

Les vérifications de l'inspection générale des affaires sociales portent sur le respect de ces législations et sur l'utilisation de ces concours ou cotisations, dont la destination doit demeurer conforme au but pour lequel ils ont été consentis.

II. – Dans les domaines de la sécurité sociale et de la prévoyance sociale, de la protection sanitaire et sociale, du travail, de l'emploi et de la formation professionnelle, l'inspection générale des affaires sociales exerce également, dans des conditions fixées par décret en Conseil d'État, un contrôle du compte d'emploi des ressources collectées auprès du public dans le cadre de campagnes menées à l'échelon national par les organismes visés à l'article 3 de la loi n° 91-772 du 7 août 1991 relative au congé de représentation en faveur des associations et des mutuelles et au contrôle des comptes des organismes faisant appel à la générosité publique, afin de vérifier la conformité des dépenses engagées par ces organismes aux objectifs poursuivis par l'appel à la générosité publique. – *V. Décr. n° 96-864 du 23 sept. 1996 (JO 25 sept.).*

Ce contrôle peut comporter des vérifications auprès d'autres organismes qui reçoivent des organismes mentionnés au premier alinéa du présent paragraphe, sous quelque forme que ce soit, des ressources collectées dans le cadre de ces campagnes.

Les rapports établis par l'inspection générale des affaires sociales en application du présent paragraphe sont adressés aux organismes concernés qui disposent d'un délai de deux mois pour faire valoir leurs observations. Les rapports définitifs, auxquels sont jointes, le cas échéant, les réponses des organismes concernés, sont ensuite adressés aux présidents de ces organismes qui sont tenus de les communiquer au conseil d'administration et à l'assemblée générale lors de la première réunion qui suit. Un décret en Conseil d'État fixe les modalités de la publicité de ces rapports.

III. – Pour l'exercice de leurs missions, les membres de l'inspection générale des affaires sociales ont libre accès à toutes les administrations de l'État et des collectivités publiques, ainsi qu'à tous les services, établissements, institutions ou organismes mentionnés au I et au II *(L. n° 2009-879 du 21 juill. 2009, art. 65-I)* « et aux cabinets d'exercice libéral des professionnels mentionnés au deuxième alinéa du I ».

Les administrations de l'État, les collectivités publiques, les services, établissements, institutions *(L. n° 2009-879 du 21 juill. 2009, art. 65-I)* « , organismes ou professionnels » mentionnés à l'alinéa précédent sont tenus de prêter leur concours aux membres de l'inspection générale, de leur fournir toutes justifications et tous renseignements utiles et de leur communiquer tous documents nécessaires à l'accomplissement de leurs missions.

(L. n° 2002-303 du 4 mars 2002, art. 8) « Les membres de l'Inspection générale des affaires sociales titulaires d'un diplôme, certificat ou autre titre permettant l'exercice en France de la profession de médecin n'ont accès aux données de santé à caractère personnel que si elles sont strictement nécessaires à l'exercice de leur mission lors de leur visite sur les lieux, dans le respect du secret médical. »

Pour les opérations faisant appel à l'informatique, le droit de communication implique l'accès aux logiciels et aux données, ainsi que la faculté d'en demander la transcription par tout traitement approprié dans des documents directement utilisables pour les besoins du contrôle.

Pour les besoins du contrôle de l'emploi des concours mentionnés au I et des ressources collectées auprès du public mentionnées au II, les commissaires aux comptes des organismes contrôlés sont déliés du secret professionnel à l'égard des membres de l'inspection générale des affaires sociales.

V. Bibl. ss. art. R. 113-1.

....

Art. 58 Les créances détenues par les organismes chargés de la gestion des régimes obligatoires institués en application du titre IV du livre VI du code de la sécurité sociale et de l'article 4 de la loi n° 88-16 du 5 janvier 1988 relative à la sécurité sociale, à l'égard des affiliés résidant dans les départements mentionnés à l'article L. 751-1 du code de la sécurité sociale, au titre des cotisations dues pour les périodes antérieures au 1er janvier 1991, sont annulées ainsi que les majorations de retard y afférentes.

Le non-règlement de ces cotisations ne fait pas obstacle au service des prestations de ces régimes dès lors que les intéressés se sont acquittés des cotisations postérieures au 1er janvier 1991. Les périodes durant lesquelles les cotisations n'ont pas été versées ne sont pas prises en compte pour le calcul des prestations servies par ces régimes, même si les intéressés auraient pu avoir droit à exonération de cotisations.

Pour les années 1991 à 1995, les organismes gestionnaires des régimes mentionnés au premier alinéa peuvent accorder des remises, au taux maximal de 60 %, sur les majorations de retard et un étalement des versements afférents auxdites périodes sur une durée qui ne peut excéder cinq ans.

Art. 59 Sont validés :

1° Tous les actes pris en application de la convention nationale des infirmiers conclue le 5 janvier 1994 et de son avenant du 24 février 1995 ;

2° Tous les actes pris en application de la convention nationale des masseurs-kinésithérapeutes conclue le 3 février 1994, jusqu'au 25 mars 1996 ;

3° L'arrêté du 10 avril 1996 portant approbation de la convention nationale des infirmiers conclue le 5 mars 1996.

....

Décret n° 96-466 du 30 mai 1996,

Pris pour l'application de l'article 6 de l'ordonnance n° 96-51 du 24 janvier 1996 relative aux mesures urgentes tendant au rétablissement de l'équilibre financier de la sécurité sociale (JO 31 mai).

Art. 1er La cotisation d'assurance maladie due par les personnes visée à l'article 6 de l'ordonnance n° 96-51 du 24 janvier 1996 est recouvrée par les organismes habilités à encaisser les cotisations dues au régime d'assurance maladie et maternité des travailleurs non salariés des professions non agricoles en application du troisième alinéa de l'article L. 611-3 du code de la sécurité sociale.

Cette cotisation est acquittée dans les conditions suivantes :

– une première fraction est versée au plus tard le 1er juin 1996 ; elle est égale, dans la limite de la cotisation totale due, à la fraction de cotisation qui était payable par les intéressés le 1er avril 1996 en application de l'article D. 612-2 du code de la sécurité sociale ; les sommes déjà versées à ce titre viennent en déduction de ladite première fraction ;

– le solde est divisé en deux fractions égales, payables au plus tard le 1er octobre 1996 et le 31 décembre 1996.

Les règles applicables en matière de recouvrement forcé, de contrôle, de contentieux et de pénalités sont celles prévues aux sections III et IV du chapitre II du titre Ier du livre VI du code de la sécurité sociale.

Art. 2 Un arrêté du ministre chargé de la sécurité sociale détermine le montant correspondant à la différence entre les cotisations recouvrées et les prestations servies en application de l'article 6 susvisé, compte tenu des frais induits par leur gestion, et précise les modalités de son versement par la Caisse nationale d'assurance maladie et maternité des travailleurs non salariés des professions non agricoles à la Caisse nationale de l'assurance maladie des travailleurs salariés.

Art. 3 Les prestations accordées aux médecins en application de l'article 6 susvisé sont servies par les organismes visés à l'article 1er du présent décret.

Le droit aux prestations d'assurance maladie et maternité est ouvert dans les conditions prévues à l'article L. 615-8 du code de la sécurité sociale.

Loi n° 96-604 du 5 juillet 1996,

Relative à l'adoption (JO 6 juill.).

....

TITRE III Dispositions modifiant le code de la sécurité sociale

Art. 45 La présente loi garantit la parité des droits sociaux attachés à la naissance et à l'adoption. Elle adapte les conditions d'âge posées pour l'ouverture des droits à prestations aux circonstances particulières de l'adoption.

Art. 46 à 52 *V. CSS, art. L. 331-7, L. 521-2, L. 532-1, L. 613-19, L. 613-19-1, L. 722-8, L. 722-8-1, L. 722-8-2.*

Décret n° 96-688 du 2 août 1996,

Relatif au taux des contributions exceptionnelles prévues par l'article 12 de l'ordonnance n° 96-51 du 24 janvier 1996 modifiée relative aux mesures urgentes tendant au rétablissement de l'équilibre financier de la sécurité sociale (JO 3 août).

Loi n° 96-987 du 14 novembre 1996,

Relative à la mise en œuvre du pacte de relance pour la ville (JO 15 nov.).

CHAPITRE II *Dispositions relatives aux exonérations de cotisations sociales*

Art. 12 I. — Les gains et rémunérations, au sens de l'article L. 242-1 du code de la sécurité sociale ou de l'article 1031 du code rural, versés au cours d'un mois civil *(L. n° 2003-710 du 1er août 2003, art. 31)* « aux salariés employés par un établissement implanté dans une des zones franches urbaines-territoires entrepreneurs mentionnées au B du 3 de l'article 42 de la loi n° 95-115 du 4 février 1995 précitée, lequel doit disposer d'éléments d'exploitation ou de stocks nécessaires à l'activité de ces salariés, » sont, dans les conditions fixées aux II, III et IV, exonérés des cotisations à la charge de l'employeur au titre des assurances sociales, des allocations familiales *(Abrogé par L. n° 2007-1786 du 19 déc. 2007, art. 22-V)* «, *des accidents du travail* » ainsi que du versement de transport et *(L. n° 2014-1655 du 29 déc. 2014, art. 29-IV)* « de la contribution » au Fonds national d'aide au logement, dans la limite du produit du nombre d'heures rémunérées par le montant du salaire minimum de croissance majoré de 50 % *(L. n° 2005-1719 du 30 déc. 2005, art. 162)* « jusqu'au 31 décembre 2005 inclus et, pour les gains et rémunérations versés à compter du 1er janvier 2006, dans la limite du produit du nombre d'heures rémunérées par le montant du salaire minimum de croissance majoré de 40 % ». *(L. n° 2008-1425 du 27 déc. 2008, art. 190)* « A partir du 1er janvier 2009, le montant de l'exonération décroît de manière linéaire lorsque la rémunération horaire est supérieure au salaire minimum de croissance majoré de 40 % et devient nul lorsque la rémunération horaire est égale à 2,4 fois le salaire minimum de croissance du 1er janvier 2009 au 31 décembre 2009 inclus, à 2,2 fois le salaire minimum de croissance du 1er janvier 2010 au 31 décembre 2010 inclus et à deux fois le salaire minimum de croissance à partir du 1er janvier 2011. » — *V. Annexe I, Décr. n° 2004-565 du 17 juin 2004.*

(L. n° 2003-710 du 1er août 2003, art. 31) « L'exonération est ouverte au titre de l'emploi de salariés dont l'activité réelle, régulière et indispensable à l'exécution du contrat de travail s'exerce en tout ou partie dans une zone franche urbaine-territoire entrepreneur. »

II. — *(L. n° 2003-1312 du 30 déc. 2003, art. 66-III)* « Dans les zones franches urbaines-territoires entrepreneurs figurant sur la liste indiquée au I de l'annexe à la présente loi, l'exonération prévue au I » est applicable aux gains et rémunérations versés par les entreprises exerçant les activités visées au deuxième alinéa du I de l'article 44 *octies* du code général des impôts, dont un établissement au moins est situé dans la zone franche urbaine-territoire entrepreneur à la date de sa délimitation et qui emploient, à cette date, un effectif total de cinquante salariés au plus, déterminé selon les modalités prévues à l'article L. 421-2 du code du travail *[devenu C. trav., art. L. 2313-8]*, sous réserve de remplir l'une des conditions suivantes :

1° Soit leur activité relève des secteurs dont la liste, définie selon la nomenclature des activités françaises, est annexée à la présente loi ;

2° Soit, si leur activité relève d'autres secteurs que ceux mentionnés au 1°, la part du chiffre d'affaires afférent aux livraisons intracommunautaires et à l'exportation réalisé au cours de la période du 1er janvier 1994, ou de la date de début d'activité si celle-ci est postérieure, au 31 décembre 1996 n'excède pas 15 % du chiffre d'affaires total hors taxes réalisé pendant la même période.

Les conditions visées aux deux précédents alinéas ne sont pas opposables aux établissements situés dans les zones franches urbaines-territoires entrepreneurs des communes des départements d'outre-mer. *(L. n° 2006-396 du 31 mars 2006, art. 31)* « Ces dispositions cessent d'être applicables le 31 décembre 2007. »

(L. n° 2003-1312 du 30 déc. 2003, art. 66-III) « II *bis*. – Dans les zones franches urbaines-territoires entrepreneurs figurant sur la liste indiquée au I *bis* *(L. n° 2006-396 du 31 mars 2006, art. 31)* « ainsi que, à compter du 1er janvier 2008, dans les zones franches urbaines-territoires entrepreneurs figurant sur la liste indiquée au I » de l'annexe à la présente loi, l'exonération prévue au I est applicable aux gains et rémunérations versés par les entreprises exerçant les activités visées au deuxième alinéa du I de l'article 44 *octies* du code général des impôts, dont un établissement au moins est implanté dans la zone franche urbaine-territoire entrepreneur le 1er janvier 2004, ainsi que par les entreprises qui s'y implantent, s'y créent ou y créent un établissement avant le *(L. n° 2008-1425 du 27 déc. 2008, art. 190 ; L. n° 2011-1977 du 28 déc. 2011, art. 157-II-1°)* « 31 décembre 2014 », qui emploient au plus cinquante salariés le 1er janvier 2004 ou à la date d'implantation ou de création si elle est postérieure et dont, soit le chiffre d'affaires annuel hors taxes n'excède pas 7 millions d'euros, soit le total de bilan n'excède pas 5 millions d'euros, ces deux plafonds étant portés à 10 millions d'euros à compter du 1er janvier 2005. L'effectif total est déterminé au niveau de l'entreprise, tous établissements confondus, selon les modalités prévues à l'article L. 421-2 du code du travail *[devenu C. trav., art. L. 2312-8]*, les salariés employés à temps partiel étant pris en compte au prorata de la durée du travail prévue à leur contrat. »

(L. n° 2005-32 du 18 janv. 2005, art. 136-1°) « Pour les entreprises dont un établissement au moins est implanté dans l'une des zones franches urbaines-territoires entrepreneurs *(L. n° 2006-396 du 31 mars 2006, art. 31)* « figurant sur la liste indiquée au I *bis* de l'annexe à la présente loi » au 1er janvier 2004, les exonérations » s'appliquent dans les limites prévues par le règlement (CE) n° 69/2001 de la Commission du 12 janvier 2001 concernant l'application des articles 87 et 88 du traité CE aux aides *de minimis*.

« L'exonération prévue au I n'est pas applicable aux entreprises :

« 1° Dont 25 % ou plus du capital ou des droits de vote sont contrôlés, directement ou indirectement, par une ou plusieurs entreprises employant 250 salariés ou plus et dont le chiffre d'affaires annuel hors taxes excède 50 millions d'euros ou dont le total du bilan annuel excède 43 millions d'euros ;

« 2° Dont l'activité principale, définie selon la nomenclature d'activités française de l'Institut national de la statistique et des études économiques, relève des secteurs de la construction automobile, de la construction navale, de la fabrication de fibres textiles artificielles ou synthétiques, de la sidérurgie ou des transports routiers de marchandises. »

(L. n° 2006-396 du 31 mars 2006, art. 31) « II *ter*. – Dans les zones franches urbaines-territoires entrepreneurs mentionnées au deuxième alinéa du B du 3 de l'article 42 de la loi n° 95-115 du 4 février 1995 d'orientation pour l'aménagement et le développement du territoire, l'exonération prévue au I est applicable aux gains et rémunérations versés par les entreprises exerçant les activités mentionnées au deuxième alinéa du I de l'article 44 *octies* du code général des impôts dont un établissement au moins est implanté dans la zone franche urbaine-territoire entrepreneur le 1er août 2006, ainsi que par les entreprises qui s'y implantent, s'y créent ou y créent un établissement avant le 31 décembre *(L. n° 2011-1977 du 28 déc. 2011, art. 157-II-1°)* « 2014 », qui emploient au plus cinquante salariés le 1er août 2006 ou à la date d'implantation ou de création si elle est postérieure et dont soit le chiffre d'affaires annuel hors taxes, soit le total de bilan, n'excède pas 10 millions d'euros. L'effectif total est déterminé au niveau de l'entreprise, tous établissements confondus, selon les modalités prévues à l'article L. 421-2 du code du travail *[devenu C. trav., art. L. 2312-8]*, les salariés employés à temps partiel étant pris en compte au prorata de la durée du travail prévue à leur contrat.

« Pour les entreprises dont un établissement au moins est implanté dans l'une des zones franches urbaines-territoires entrepreneurs mentionnées à l'alinéa précédent au 1er août

2006, les exonérations s'appliquent dans les limites prévues par le règlement (CE) *(L. n° 2011-1977 du 28 déc. 2011, art. 157-II-2°)* « n° 1998/2006 de la Commission, du 15 décembre 2006 », concernant l'application des articles 87 et 88 du traité CE aux aides *de minimis*.

« Les dispositions des troisième, quatrième et cinquième alinéas du II *bis* sont applicables aux entreprises mentionnées au présent II *ter*. »

III. — L'exonération prévue au I est également applicable :

— aux gains et rémunérations des salariés embauchés par les entreprises visées au premier alinéa du II qui ne remplissent pas les conditions fixées par les deuxième et troisième alinéas du II, si ces embauches ont pour effet d'accroître l'effectif employé dans la zone franche urbaine-territoire entrepreneur à la date de sa délimitation ;

— aux gains et rémunérations des salariés des entreprises exerçant les activités visées au deuxième alinéa du I de l'article 44 *octies* du code général des impôts qui s'implantent ou sont créées dans une zone franche urbaine-territoire entrepreneur *(L. n° 2003-1312 du 30 déc. 2003, art. 66-III)* « figurant sur la liste indiquée au I de l'annexe à la présente loi » ou y créent un établissement postérieurement à la date de sa délimitation, si leur effectif total, déterminé selon les modalités prévues à l'article L. 421-2 du code du travail *[devenu C. trav., art. L. 2312-8]*, n'excède pas cinquante salariés à la date de l'implantation ou de la création.

L'exonération prévue au I n'est pas applicable aux gains et rémunérations afférents aux emplois transférés par une entreprise dans une zone franche urbaine-territoire entrepreneur postérieurement à la date de sa délimitation et pour lesquels l'employeur a bénéficié, au titre d'une ou plusieurs des cinq années précédant celle du transfert, soit de l'exonération prévue à l'article L. 322-13 du code du travail, soit du versement de la prime d'aménagement du territoire.

(Abrogé par L. n° 2003-710 du 1er août 2003, art. 31) (L. n° 2000-1208 du 13 déc. 2000, art. 87-II) « Sans préjudice de l'application de l'alinéa précédent et du III bis, lorsque le salarié a été employé dans la même entreprise dans les douze mois précédant son emploi dans une zone franche urbaine-territoire entrepreneur, le taux de l'exonération mentionnée au I est fixé à 50 % du montant des cotisations, versements et contributions précités. Cette disposition est applicable à compter du 1er janvier 2001. »

(L. n° 2000-1208 du 13 déc. 2000, art. 87-II) « III *bis*. — Lorsqu'une entreprise ayant bénéficié de l'exonération prévue au I s'implante dans une autre zone franche urbaine-territoire entrepreneur, le droit à l'exonération cesse d'être applicable aux gains et rémunérations versés aux salariés dont l'emploi est transféré dans la nouvelle zone franche urbaine-territoire entrepreneur à compter de la date d'effet du transfert. L'exonération est applicable aux gains et rémunérations des salariés embauchés dans la nouvelle zone franche urbaine-territoire entrepreneur qui ont pour effet d'accroître l'effectif de l'entreprise au-delà de l'effectif employé dans la ou les précédentes zones franches urbaines-territoires entrepreneurs à la date de l'implantation dans la nouvelle zone franche urbaine-territoire entrepreneur ».

IV. — L'exonération prévue au I est applicable aux gains et rémunérations versés aux salariés au titre desquels l'employeur est soumis à l'obligation édictée par l'article L. 351-4 du code du travail et dont le contrat de travail est à durée indéterminée ou a été conclu pour une durée déterminée d'au moins douze mois, dans une limite de cinquante salariés appréciée au premier jour de chaque mois, les salariés employés à temps partiel étant pris en compte au prorata de la durée du travail prévue à leur contrat.

(Abrogé par L. n° 2002-1576 du 30 déc. 2002, art. 79-I-1°) (L. n° 2000-1208 du 13 déc. 2000, art. 87-II) *« L'exonération n'est pas applicable aux embauches effectuées dans les douze mois suivant la date à laquelle l'employeur a procédé à un licenciement, sauf pour inaptitude médicalement constatée ou faute grave. »*

V. — *(L. n° 2000-1208 du 13 déc. 2000, art. 86-II)* « L'exonération prévue au I est applicable pendant une période de cinq ans à compter du 1er janvier 1997 pour les salariés visés au IV ou, dans les cas visés aux III et III *bis*, à compter de la date de l'implantation ou de la création si elle intervient au cours de cette période. Toutefois, en cas d'embauche, au cours de cette période, de salariés qui n'étaient pas déjà employés au 1er janvier 1997 dans les conditions fixées au IV, l'exonération est applicable, pour ces salariés, pendant une période de cinq ans à compter de la date d'effet du contrat de travail ».

(L. n° 2001-1275 du 28 déc. 2001, art. 145-I et II) « Dans les cas visés aux III et III *bis*, l'exonération prévue au I est applicable aux embauches réalisées à compter du 1er janvier 2002 par les établissements implantés dans une zone franche urbaine-territoire entrepreneur avant cette date, dès lors que l'embauche intervient dans les cinq années suivant la date de cette implantation ou cette création.

« V *bis*. – A l'issue des cinq années de l'exonération prévue au I, le bénéfice de l'exonération est maintenu de manière dégressive pendant les trois années suivantes au taux de 60 % du montant des cotisations, contributions et versements précités la première année, de 40 % la deuxième année et de 20 % la troisième année.

« Pour les entreprises de moins de cinq salariés, le bénéfice de l'exonération est maintenu de manière dégressive au taux de 60 % du montant des cotisations, contributions et versements précités lors des cinq années qui suivent le terme de cette exonération, de 40 % les sixième et septième années et de 20 % les huitième et neuvième années. »

(L. n° 2002-1576 du 30 déc. 2002, art. 79-I-1°) « V *ter*. – Par dérogation aux dispositions du V, l'exonération prévue au I est applicable aux gains et rémunérations versés par les entreprises mentionnées au troisième alinéa du III qui s'implantent ou sont créées dans une zone franche urbaine-territoire entrepreneur ou qui y créent un établissement à compter du 1er janvier 2003 et jusqu'au *(L. n° 2006-396 du 31 mars 2006, art. 31 ; L. n° 2011-1977 du 28 déc. 2011, art. 157-II-1°)* « 31 décembre 2014 ». L'exonération est applicable pendant une période de cinq ans à compter de la date de l'implantation ou de la création pour les salariés mentionnés au IV présents à cette date. En cas d'embauche de salariés dans les conditions fixées au IV, l'exonération est applicable, pour ces salariés, pendant une période de cinq ans à compter de la date d'effet du contrat de travail dès lors que l'embauche intervient dans les cinq années suivant la date de l'implantation et de la création. Sans préjudice de l'application des deux derniers alinéas du III et du III *bis*, l'exonération prévue au I est également applicable aux gains et rémunérations des salariés mentionnés au IV dont l'emploi est transféré en zone franche urbaine-territoire entrepreneur jusqu'au 31 décembre *(L. n° 2011-1977 du 28 déc. 2011, art. 157-II-1°)* « 2014 ».

« Pour les implantations ou créations intervenues entre le 1er janvier et le 31 décembre 2002, l'exonération prévue au I est applicable pendant cinq ans à compter du 1er janvier 2003 pour les salariés mentionnés au IV présents à cette date, sans préjudice de l'application des dispositions du III *bis*, celles prévues au dernier alinéa du III étant applicables aux emplois transférés à compter du 1er janvier 2003. »

(L. n° 2003-710 du 1er août 2003, art. 31) « V *quater*. – *(L. n° 2003-1312 du 30 déc. 2003, art. 66-III)* « L'exonération est applicable aux gains et rémunérations versés par les entreprises mentionnées au II *bis* » qui exercent, s'implantent, ou sont créées ou créent un établissement dans l'une des zones franches urbaines-territoires entrepreneurs définies au B du 3 de l'article 42 de la loi n° 95-115 du 4 février 1995 précitée et figurant sur la liste arrêtée au I *bis* de l'annexe à la présente loi entre le 1er janvier 2004 et le *(L. n° 2006-396 du 31 mars 2006, art. 31 ; L. n° 2011-1977 du 28 déc. 2011, art. 157-II-1°)* « 31 décembre 2014 » inclus.

« L'exonération est applicable pour les salariés mentionnés au IV pendant une période de cinq ans à compter du 1er janvier 2004 ou de la création ou implantation de l'entreprise si elle est postérieure.

« En cas d'embauche de salariés dans les conditions fixées au IV, l'exonération est applicable, pour ces salariés, pendant une période de cinq ans à compter de la date d'effet du contrat de travail dès lors que l'embauche intervient dans les cinq années suivant le 1er janvier 2004 ou la date de création ou d'implantation de l'entreprise, si elle est postérieure.

« Sous réserve de l'application du quatrième alinéa du III et des dispositions du III *bis*, l'exonération prévue au I est également applicable aux gains et rémunérations des salariés mentionnés au IV dont l'emploi est transféré en zone franche urbaine-territoire entrepreneur jusqu'au » *(L. n° 2006-396 du 31 mars 2006, art. 31 ; L. n° 2011-1977 du 28 déc. 2011, art. 157-II-1°)* « 31 décembre 2014 ».

(L. n° 2006-396 du 31 mars 2006, art. 31) « V *quinquies*. – L'exonération prévue au I est applicable aux gains et rémunérations versés par les entreprises mentionnées au II *ter* *(Abrogé par L. n° 2008-1425 du 27 déc. 2008, art. 190) « et aux deuxième et troisième alinéas du III »* qui exercent, s'implantent, sont créées ou créent entre le 1er août 2006 et le 31 décembre *(L. n° 2011-1977 du 28 déc. 2011, art. 157-II-1°)* « 2014 » inclus un établissement dans l'une des zones franches urbaines-territoires entrepreneurs mentionnées au deuxième alinéa du B du 3 de l'article 42 de la loi n° 95-115 du 4 février 1995 précitée.

« L'exonération est applicable pour les salariés mentionnés au IV pendant une période de cinq ans à compter du 1er août 2006 ou de la date de création ou d'implantation de l'entreprise dans la zone franche urbaine-territoire entrepreneur si elle est postérieure à cette date.

« En cas d'embauche de salariés dans les conditions fixées au IV, l'exonération est applicable, pour ces salariés, pendant une période de cinq ans à compter de la date d'effet du contrat de travail dès lors que l'embauche intervient dans les cinq années suivant le 1er août 2006 ou la date de création ou d'implantation de l'entreprise, si elle est postérieure.

« Sous réserve de l'application du quatrième alinéa du III et des dispositions du III *bis*, l'exonération prévue au I est également applicable aux gains et rémunérations des salariés mentionnés au IV dont l'emploi est transféré en zone franche urbaine-territoire entrepreneur jusqu'au 31 décembre » *(L. n° 2011-1977 du 28 déc. 2011, art. 157-II-1°)* « 2014 ».

VI. – Le droit à l'exonération prévue au I est subordonné à la condition que l'employeur soit à jour de ses obligations à l'égard de l'organisme de recouvrement des cotisations de sécurité sociale et d'allocations familiales ou ait souscrit un engagement d'apurement progressif de ses dettes.

Le bénéfice de l'exonération ne peut être cumulé, pour l'emploi d'un même salarié, avec celui d'une aide de l'État à l'emploi ou d'une autre exonération totale ou partielle de cotisations patronales de sécurité sociale ou l'application de taux spécifiques, d'assiettes ou montants forfaitaires de cotisations *(L. n° 2007-1223 du 21 août 2007, art. 1-VIII)* « , à l'exception de la déduction forfaitaire prévue à l'article L. 241-18 du code de la sécurité sociale ».

(L. n° 2000-1208 du 13 déc. 2000, art. 87-II) « Pour bénéficier de l'exonération prévue au I, l'employeur doit adresser à l'autorité administrative désignée par décret et à l'organisme de recouvrement des cotisations une déclaration des mouvements de main-d'œuvre intervenus au cours de l'année précédente, ainsi que de chaque embauche. A défaut de réception de la déclaration dans les délais fixés par décret, le droit à l'exonération n'est pas applicable au titre des gains et rémunérations versés pendant la période comprise, selon les cas, entre le 1er janvier de l'année ou la date de l'embauche, et l'envoi de la déclaration ; cette période étant imputée sur la période de cinq ans mentionnée au V. »

(L. n° 2015-1702 du 21 déc. 2015, art. 17-III) « VII. – L'article L. 2242-5-1 du code du travail est applicable à cette exonération. »

Les dispositions du VI issues de la L. n° 2007-1223 du 21 août 2007 sont applicables aux rémunérations perçues à raison des heures supplémentaires effectuées à compter du 1er oct. 2007 (L. préc., art. 1er-XIII).

Art. 12-1 *(L. n° 2006-396 du 31 mars 2006, art. 32)* « A compter du 1er janvier 2004, l'exonération prévue au I de l'article 12 de la présente loi est également applicable, dans les zones de redynamisation urbaine définies au A du 3 de l'article 42 de la loi n° 95-115 du 4 février 1995 d'orientation pour l'aménagement et le développement du territoire, par les associations implantées au 1er janvier 2004 dans une telle zone ou par celles qui s'y créent ou s'y implantent avant le 1er janvier 2009.

« A compter du 1er janvier 2004, l'exonération prévue au I de l'article 12 de la présente loi est également applicable, dans les zones franches urbaines-territoires entrepreneurs définies au B du 3 de l'article 42 de la loi n° 95-115 du 4 février 1995 précitée figurant sur les listes indiquées au I et au I *bis* de l'annexe à la présente loi, par les associations implantées au 1er janvier 2004 dans une telle zone ou par celles qui s'y créent ou s'y implantent avant le 1er janvier » *(L. n° 2011-1977 du 28 déc. 2011, art. 157-II-3°)* « 2015 ».

« A compter du 1er août 2006, l'exonération prévue au I de l'article 12 de la présente loi est également applicable, dans les zones franches urbaines-territoires entrepreneurs définies au deuxième alinéa du B du 3 de l'article 42 de la loi n° 95-115 du 4 février 1995 précitée, par les associations implantées au 1er août 2006 dans une telle zone ou par celles qui s'y créent ou s'y implantent avant le 1er janvier *(L. n° 2011-1977 du 28 déc. 2011, art. 157-II-3°)* « 2015. »

(L. n° 2003-1312 du 30 déc. 2003) « L'exonération est applicable, dans les conditions fixées au *[aux]* I, IV *(L. n° 2008-1258 du 3 déc. 2008, art. 26-III)* « , VI et VII » de l'article 12, aux salariés présents dans l'établissement » de l'association implanté dans la zone de redynamisation urbaine ou la zone franche urbaine-territoire entrepreneur au 1er janvier 2004 *(L. n° 2006-396 du 31 mars 2006, art. 32)* « ou au 1er août 2006 pour les associations mentionnées au troisième alinéa », ou à la date de création ou d'implantation de l'association si elle est postérieure, ainsi qu'aux embauches ultérieures de tels salariés réalisées par l'association dans les cinq ans de sa création ou de son implantation dans la zone de redynamisation urbaine ou la zone franche urbaine-territoire entrepreneur.

(L. n° 2003-710 du 1er août 2003, art. 34) L'exonération est ouverte au titre de l'emploi de salariés résidant dans la zone de redynamisation urbaine ou la zone franche urbaine-territoire entrepreneur, dont l'activité réelle, régulière et indispensable à l'exécution du contrat de travail s'exerce principalement dans ces zones. *(L. n° 2005-32 du 18 janv. 2005, art. 137)* « L'exonération est, à compter du 1er janvier 2005, également ouverte au titre de l'emploi de salariés résidant dans une zone urbaine sensible définie au 3 de l'article 42 de la loi n° 95-115 du 4 février 1995 précitée et située dans la même unité urbaine que la zone

de redynamisation urbaine ou la zone franche urbaine-territoire entrepreneur où est implantée l'association. »

L'exonération est applicable au titre de l'emploi des seuls salariés visés par l'alinéa précédent, dans une limite de quinze salariés appréciée au premier jour de chaque mois, les salariés employés à temps partiel étant pris en compte au prorata de la durée de travail prévue à leur contrat. — *V. Annexe I, Décr. nº 2004-565 du 17 juin 2004.*

(L. nº 2003-1312 du 30 déc. 2003) « L'exonération est applicable pendant une période de cinq ans à taux plein, pour les salariés présents au 1er janvier 2004 *(L. nº 2006-396 du 31 mars 2006, art. 32)* « ou au 1er août 2006 dans le cas visé au troisième alinéa » ou lors de la création ou de l'implantation, à compter de ces dates, et, pour les salariés embauchés postérieurement, à compter de la date d'effet du contrat de travail. A l'issue de cette période, le bénéfice de l'exonération est maintenu dans les conditions et pour les durées fixées au V *bis* de l'article 12.

« L'exonération n'est pas applicable aux associations présentes au 1er janvier 2004 *(L. nº 2006-396 du 31 mars 2006, art. 32)* « ou au 1er août 2006 pour les associations mentionnées au troisième alinéa » qui emploient ou ont employé des salariés au titre desquels elles bénéficient ou ont bénéficié de l'exonération prévue par l'article 12.

« Les associations qui remplissent simultanément les conditions fixées par le présent article ainsi que celles fixées par l'article 12 doivent opter pour l'application à tous leurs salariés de l'un ou l'autre de ces deux dispositifs. Cette option, définitive et irrévocable, doit être exercée dans les trois mois qui suivent la date à compter de laquelle l'une ou l'autre de ces exonérations est appliquée pour la première fois.

« Lorsqu'une association ayant précédemment bénéficié de l'exonération prévue au présent article s'implante dans une autre zone de redynamisation urbaine ou dans une autre zone franche urbaine-territoire entrepreneur que celle au titre de laquelle elle a bénéficié de l'exonération, le droit à l'exonération cesse d'être applicable aux gains et rémunérations versés aux salariés dont l'emploi est transféré dans cette autre zone. L'exonération n'est applicable qu'aux gains et rémunérations des salariés embauchés dans cette autre zone dont l'embauche a pour effet d'accroître l'effectif de l'association au-delà de l'effectif total employé dans la précédente zone de redynamisation urbaine ou zone franche urbaine-territoire entrepreneur avant la date d'implantation dans la nouvelle zone. »

La perte de recettes pour les organismes de sécurité sociale est compensée, à due concurrence, par une augmentation des droits prévus aux art. 575 et 575 A CGI (L. nº 2003-710 du 1er août 2003, art. 34-II).

1. Ne bénéficie pas de l'exonération des charges patronales prévue à l'art. 12-I un artisan menuisier qui emploie un salarié ne travaillant pas dans le local de l'entreprise situé dans la zone franche urbaine. • Soc. 5 avr. 2001 : *RJS 2001, nº 916* (les éléments d'exploitation de l'entreprise se réduisaient à une boîte aux lettres dans la zone franche).

2. L'exonération est applicable bien que les salariés accomplissent leur travail en partie sur des chantiers situés en dehors de la zone franche urbaine (ZFU), dès lors qu'ils viennent régulièrement à l'intérieur de celle-ci rendre compte de l'accomplissement de leur mission et prendre toutes instructions au siège de l'entreprise et que la présence d'un local affecté à la direction et au fonctionnement technique caractérise sa « réalité économique » en ce lieu. • Soc. 16 mai 2002, nº 01-20.200 P : *RJS 2002, nº 1021.* ♦ Bénéficie de l'exonération l'entreprise située en zone franche urbaine qui dispose sur le territoire de celle-ci d'un local à usage de bureau administratif, nécessaire à l'activité de tous ses salariés, travaillant ou non sur les chantiers situés dans cette zone. • Soc. 27 févr. 2003 : *RJS 2003, nº 662.* ♦ Les juges du fond doivent apprécier les conditions dans lesquelles les salariés exercent leur travail et notamment si son exécution leur impose de se rendre régulièrement au siège social ou dans tout autre établissement de l'entreprise situé dans la zone franche urbaine. • Civ. 2e, 24 juin 2003 : *RJS 2003. 833, nº 1217.*

3. Dès lors que l'activité des salariés d'une société s'exerçait exclusivement sur des chantiers hors du périmètre de la zone franche urbaine, les juges du fond ont pu décider que, même si le siège de la société et son atelier étaient situés dans ladite zone, ceux-ci ne comportaient pas les éléments d'exploitation nécessaires à l'activité de ses salariés. • Civ. 2e, 12 mai 2003 : *RJS 2003. 622, nº 932 (2e esp.)* • 21 sept. 2004 : *RJS 2004, nº 1321.*

4. Engage sa responsabilité civile l'URSSAF qui a manqué à son obligation générale de prudence en admettant une entreprise au bénéfice d'un avantage déterminant pour son existence et sa viabilité, puis en révisant de façon intempestive sa position, même dans un sens conforme à la loi. • Civ. 2e, 15 févr. 2005 : *RJS 2005, nº 567* (exonération en ZFU accordée avant la mise en œuvre d'un recouvrement).

5. Les cotisations de congés payés n'entrent pas dans le champ de l'exonération. • Soc. 22 févr. 2006 : *RJS 2006, nº 628.*

6. Selon l'ancien art. 87-II de la loi n° 2000-1208 du 13 déc. 2000 modifiant l'art. 12-III de la loi du 14 nov. 1996 (puis abrogé par la loi n° 2003-710 du 1er août 2003, art. 31), une minoration de 50 % de l'exonération s'appliquait à tous les salariés de l'entreprise objet du transfert en zone franche urbaine ayant été employés dans les douze mois précédant le transfert, quelle que soit leur ancienneté dans l'entreprise. • Civ. 2e, 2 mai 2007 : *RJS 7/07, n° 887.*

Art. 13 *(L. n° 2003-710 du 1er août 2003, art. 32)* **« I. — » Lorsque l'employeur a déjà procédé, depuis la délimitation de la zone franche urbaine-territoire entrepreneur, à l'embauche de deux salariés ouvrant droit à l'exonération prévue à l'article 12, le maintien du bénéfice de l'exonération est subordonné, lors de toute nouvelle embauche, à la condition qu'à la date d'effet de cette embauche :**

— le nombre de salariés embauchés depuis la délimitation de la zone franche urbaine-territoire entrepreneur, employés dans les conditions fixées au IV de l'article 12 *(L. n° 2000-1208 du 13 déc. 2000, art. 87-III)* **« dont l'horaire prévu au contrat est au moins égal à une durée minimale fixée par décret » et résidant dans cette zone, soit égal à au moins un cinquième du total des salariés embauchés dans les mêmes conditions, au cours de la même période ;**

— ou le nombre de salariés remplissant les conditions fixées au IV de l'article 12 *(L. n° 2000-1208 du 13 déc. 2000, art. 87-III)* **« dont l'horaire prévu au contrat est au moins égal à une durée minimale fixée par décret » et résidant dans la zone franche urbaine-territoire entrepreneur soit égal à un cinquième du total des salariés employés dans les mêmes conditions.**

Les dispositions du présent article s'appliquent pendant une période de cinq ans à compter soit de la délimitation de la zone franche urbaine-territoire entrepreneur pour les entreprises visées au II et au deuxième alinéa du III de l'article 12, soit de l'implantation ou de la création pour les entreprises visées au troisième alinéa.

En cas de non-respect de la proportion mentionnée aux deuxième et troisième alinéas, constaté à l'expiration d'un délai d'un mois à compter de la date d'effet de l'embauche, l'exonération n'est pas applicable aux gains et rémunérations versés jusqu'à la date d'effet des embauches nécessaires au respect de cette proportion.

Le maire peut fournir à l'employeur, à sa demande, des éléments d'information relatifs à la qualité de résident dans la zone nécessaires à la détermination de la proportion mentionnée aux deuxième et troisième alinéas.

(L. n° 2002-1576 du 30 déc. 2002, art. 79-I-2°) **« II. — A compter du 1er janvier 2003, pour les entreprises créées ou implantées** *(L. n° 2003-710 du 1er août 2003, art. 32)* **« à compter du 1er janvier 2002 dans les zones franches urbaines-territoires entrepreneurs figurant sur la liste indiquée au I de l'annexe à la présente loi et à compter du 1er janvier 2004 pour celles existant à cette date ou créées ou implantées à compter de la même date dans les zones franches urbaines-territoires entrepreneurs figurant sur la liste indiquée au I *bis* de cette même annexe »** *(L. n° 2006-396 du 31 mars 2006, art. 33)* **« ainsi que, à compter du 1er août 2006, pour celles existant à cette date ou créées ou implantées à compter de cette date dans les zones franches urbaines-territoires entrepreneurs mentionnées au deuxième alinéa du B du 3 de l'article 42 de la loi n° 95-115 du 4 février 1995 d'orientation pour l'aménagement et le développement du territoire, » lorsque l'employeur a déjà procédé à l'embauche de deux salariés ouvrant droit à l'exonération prévue à l'article 12, le maintien du bénéfice de l'exonération prévue au I de l'article 12 est subordonné, lors de toute nouvelle embauche, à la condition qu'à la date d'effet de cette embauche :**

« — le nombre de salariés remplissant les conditions fixées au IV de l'article 12 *(L. n° 2003-710 du 1er août 2003, art. 32)* **« dont l'horaire prévu au contrat de travail est au moins égal à une durée minimale fixée par décret » et résidant** *(L. n° 2006-396 du 31 mars 2006, art. 33)* **« dans l'une des zones franches urbaines-territoires entrepreneurs »** *(L. n° 2005-32 du 18 janv. 2005, art. 138)* **« ou » dans** *(L. n° 2014-173 du 21 févr. 2014, art. 26-IX-1°)* **« l'un des quartiers prioritaires de la politique de la ville » de l'unité urbaine dans laquelle est située la zone franche urbaine-territoire entrepreneur** *(L. n° 2006-396 du 31 mars 2006, art. 33)* **« d'implantation de l'entreprise » soit égal au moins au tiers du total des salariés employés dans les mêmes conditions ;**

« — ou que le nombre de salariés embauchés à compter de la création ou de l'implantation, employés dans les conditions fixées au IV de l'article 12 *(L. n° 2003-710 du 1er août 2003, art. 32)* **« dont l'horaire prévu au contrat de travail est au moins égal à une durée minimale fixée par décret » et résidant** *(L. n° 2006-396 du 31 mars 2006, art. 33)* **« dans l'une des zones franches urbaines-territoires entrepreneurs »** *(L. n° 2005-32 du 18 janv. 2005, art. 138)* **« ou » dans** *(L. n° 2014-173 du 21 févr. 2014, art. 26-IX-1°)* **« l'un des quar-**

tiers prioritaires de la politique de la ville » de l'unité urbaine considérée, soit égal au tiers du total des salariés embauchés dans les mêmes conditions, au cours de la même période.

« Les dispositions du présent II s'appliquent pendant une période de cinq ans à compter de la création ou de l'implantation de l'entreprise dans une zone franche urbaine-territoire entrepreneur.

« En cas de non-respect de la proportion mentionnée aux deuxième et troisième alinéas, constaté à l'expiration d'un délai de trois mois à compter de la date d'effet de l'embauche, l'exonération n'est pas applicable aux gains et rémunérations versés jusqu'à la date d'effet des embauches nécessaires au respect de cette proportion.

« Le maire peut fournir à l'employeur, à sa demande, des éléments d'information relatifs à la qualité de résident dans la zone nécessaires à la détermination de la proportion mentionnée aux deuxième et troisième alinéas. » — *V. Annexe I, Décr. nº 2004-565 du 17 juin 2004.*

(L. nº 2006-396 du 31 mars 2006, art. 33) « Afin de faciliter l'accès des demandeurs d'emplois *[emploi]* des *(L. nº 2014-173 du 21 févr. 2014, art. 26-IX-1º)* « quartiers prioritaires de la politique de la ville » aux recrutements des entreprises des zones franches urbaines-territoires entrepreneurs définies au B du 3 de l'article 42 de la loi nº 95-115 du 4 février 1995 précitée, le service public de l'emploi, tel qu'il est défini à l'article L. 311-1 du code du travail, s'associe à la région et aux autres collectivités territoriales concernées pour mettre en œuvre des parcours de formation adaptés. »

(L. nº 2011-1977 du 28 déc. 2011, art. 157-II-4º) « III. — Pour les entreprises créées ou implantées dans une zone franche urbaine-territoire entrepreneur à compter du 1er janvier 2012, le bénéfice de l'exonération mentionnée au I de l'article 12 est subordonné, lors de toute nouvelle embauche, à la condition qu'à la date d'effet de cette embauche :

« 1º Le nombre de salariés remplissant les conditions fixées au IV du même article 12, dont l'horaire prévu au contrat de travail est au moins égal à une durée minimale fixée par décret, et résidant dans l'une des zones franches urbaines-territoires entrepreneurs ou dans *(L. nº 2014-173 du 21 févr. 2014, art. 26-IX-2º)* « l'un des quartiers prioritaires de la politique de la ville » de l'unité urbaine dans laquelle est située la zone franche urbaine-territoire entrepreneur soit égal au moins à la moitié du total des salariés employés dans les mêmes conditions ;

« 2º Ou le nombre de salariés, embauchés à compter de la création ou de l'implantation de l'entreprise et remplissant les conditions décrites au 1º du présent III, soit égal à la moitié du total des salariés embauchés dans les mêmes conditions, au cours de la même période.

« Ces dispositions s'appliquent pendant une période de cinq ans à compter de la création ou de l'implantation de l'entreprise dans une zone franche urbaine-territoire entrepreneur.

« En cas de non-respect de la proportion mentionnée aux 1º et 2º, constaté à l'expiration d'un délai de trois mois à compter de la date d'effet de l'embauche, l'exonération n'est pas applicable aux gains et rémunérations versés jusqu'à la date d'effet des embauches nécessaires au respect de cette proportion.

« Le maire peut fournir à l'employeur, à sa demande, des éléments d'information relatifs à la qualité de résident dans la zone nécessaires à la détermination de la proportion mentionnée aux mêmes 1º et 2º. »

Une entreprise ayant engagé deux salariés depuis son installation en zone franche urbaine, la personne embauchée ensuite est un troisième salarié même si les deux premiers contrats de travail ont été rompus en période d'essai. • Civ. 2e, 3 mai 2006 : *RJS 2006, nº 886.*

Art. 14 I. — Les personnes exerçant une activité non salariée non agricole mentionnée aux *a* et *b* du 1º de l'article *(L. nº 2006-396 du 31 mars 2006, art. 35)* « L. 613-1 » du code de la sécurité sociale et qui sont installées dans une zone franche urbaine-territoire entrepreneur définie au B du 3 de l'article 42 de la loi nº 95-115 du 4 février 1995 précitée sont exonérées, dans la limite d'un plafond de revenu fixé par décret, et sans préjudice de leurs droits aux prestations, du versement de leurs cotisations sociales au titre de l'assurance maladie et maternité pendant une durée d'au plus cinq ans à compter *(L. nº 2000-1208 du 13 déc. 2000, art. 86-III et IV)* « du 1er janvier 1997 ou à compter du début de la première année d'activité non salariée dans la zone franche urbaine-territoire entrepreneur s'il intervient au cours de cette durée de cinq ans. » — *V. Annexe I, Décr. nº 2004-565 du 17 juin 2004.*

En cas de poursuite de tout ou partie de l'activité dans une autre zone franche urbaine-territoire entrepreneur, l'exonération cesse d'être applicable à la partie de l'activité transférée dans cette zone franche urbaine-territoire entrepreneur.

(L. nº 2001-1275 du 28 déc. 2001, art. 146-III) « A l'issue de cette période, le bénéfice de l'exonération est maintenu de manière dégressive pendant les trois années suivantes, au taux de 60 % la première année, de 40 % la deuxième année et de 20 % la troisième année. »

(L. n° 2002-1576 du 30 déc. 2002, art. 79-I-3°) « Pour les entreprises de moins de cinq salariés, le bénéfice de l'exonération est maintenu de manière dégressive au taux de 60 % du montant des cotisations, contributions et versements précités lors des cinq années qui suivent le terme de cette exonération, de 40 % les sixième et septième années et de 20 % les huitième et neuvième années. »

II. — Le droit à l'exonération prévue au I est subordonné à la condition que les intéressés soient à jour de leurs obligations à l'égard des organismes de recouvrement des cotisations d'assurance maladie ou aient souscrit un engagement d'apurement progressif de leurs dettes.

(L. n° 2002-1576 du 30 déc. 2002, art. 79-I-3°) « III. — Les personnes exerçant, dans une zone franche urbaine-territoire entrepreneur définie au B du 3 de l'article 42 de la loi n° 95-115 du 4 février 1995 précitée *(L. n° 2003-710 du 1er août 2003, art. 33)* « et figurant sur la liste indiquée au I de l'annexe à la présente loi », une activité non salariée non agricole mentionnée aux *a* et *b* du 1° de l'article *(L. n° 2006-396 du 31 mars 2006, art. 35)* « L. 613-1 » du code de la sécurité sociale sont exonérées, *(L. n° 2005-32 du 18 janv. 2005, art. 136-2°)* « dans les conditions fixées par le I » et par le II du présent article, sans préjudice de leurs droits aux prestations, du versement de leurs cotisations sociales au titre de l'assurance maladie et maternité pendant une durée d'au plus cinq ans à compter du 1er janvier 2003 ou à compter de la première année d'activité non salariée dans la zone franche urbaine-territoire entrepreneur s'il intervient au plus tard le *(L. n° 2006-396 du 31 mars 2006, art. 34 ; L. n° 2011-1977 du 28 déc. 2011, art. 157-II-1°)* « 31 décembre 2014 ».

« Les dispositions de l'alinéa précédent ne sont pas applicables aux personnes, à l'exception des entreprises de moins de cinq salariés, qui bénéficient ou ont bénéficié de l'exonération prévue au I ou, sauf si elles se sont installées au cours de l'année 2002 dans une zone franche urbaine-territoire entrepreneur, de celle prévue par l'article 146 de la loi de finances pour 2002 (n° 2001-1275 du 28 décembre 2001). »

(Abrogé par L. n° 2005-32 du 18 janv. 2005, art. 136-2°) ***« Pour les entreprises de moins de cinq salariés, le bénéfice de l'exonération est maintenu de manière dégressive au taux de 60 % du montant des cotisations, contributions et versements précités lors des cinq années suivant le terme de cette exonération, de 40 % les sixième et septième années et de 20 % les huitième et neuvième années. »***

(L. n° 2003-710 du 1er août 2003, art. 33) « IV. — Les personnes exerçant, dans une zone franche urbaine-territoire entrepreneur définie au B du 3 de l'article 42 de la loi n° 95-115 du 4 février 1995 précitée et figurant sur la liste indiquée au I *bis* de l'annexe à la présente loi, une activité non salariée non agricole mentionnée aux *a* et *b* du 1° de l'article *(L. n° 2006-396 du 31 mars 2006, art. 35)* « L. 613-1 » du code de la sécurité sociale sont exonérées, dans les conditions fixées par le I et le II du présent article et sans préjudice de leurs droits aux prestations, du versement de leurs cotisations sociales au titre de l'assurance maladie et maternité pendant une durée d'au plus cinq ans à compter du 1er janvier 2004 ou à compter du début de la première année d'activité non salariée dans la zone si celui-ci intervient au plus tard le *(L. n° 2006-396 du 31 mars 2006, art. 34 ; L. n° 2011-1977 du 28 déc. 2011, art. 157-II-1°)* « 31 décembre 2014 ».

(Abrogé par L. n° 2005-32 du 18 janv. 2005, art. 136-2°) ***« Les dispositions de la dernière phrase du premier alinéa et du dernier alinéa du I sont applicables au présent IV. »***

(L. n° 2006-396 du 31 mars 2006, art. 34) « V. — Les personnes exerçant, dans une zone franche urbaine-territoire entrepreneur telle qu'elle est mentionnée au deuxième alinéa du B du 3 de l'article 42 de la loi n° 95-115 du 4 février 1995 précitée, une activité non salariée non agricole mentionnée aux *a* et *b* du 1° de l'article L. 613-1 du code de la sécurité sociale sont exonérées, dans les conditions fixées par les I et II du présent article et sans préjudice de leurs droits aux prestations, du versement de leurs cotisations sociales au titre de l'assurance maladie et maternité pendant une durée d'au plus cinq ans à compter du 1er août 2006 ou à compter du début de la première année d'activité non salariée dans la zone si celui-ci intervient au plus tard le 31 décembre » *(L. n° 2011-1977 du 28 déc. 2011, art. 157-II-1°)* « 2014 ».

....

Art. 16 I. — Les articles 6-3 et 6-4 de la loi n° 89-18 du 13 janvier 1989 portant diverses mesures d'ordre social sont abrogés.

Les contrats en cours à la date de promulgation de la présente loi demeurent régis, jusqu'à leur terme, par les dispositions antérieurement applicables.

II. — L'article 6-5 de la même loi est abrogé à compter du 1er janvier 1997.

Loi n° 96-1143 du 26 décembre 1996,

Relative à la zone franche de Corse (JO 28 déc.).

Art. 1er à 3 *Mod. CGI, art. 44 decies, 223 nonies et 1466 B.*

Art. 4 I. – La réduction prévue à l'article L. 241-13 du code de la sécurité sociale, dans sa rédaction résultant de l'article 113 de la loi de finances pour 1996 (n° 95-1346 du 30 décembre 1995), est applicable aux gains et rémunérations versés aux salariés employés dans les établissements des entreprises situées en Corse, dans les limites fixées aux II à VII et dans les conditions suivantes :

– la réduction est applicable aux gains et rémunérations versés au cours d'un mois civil inférieurs ou égaux à 169 fois le salaire minimum de croissance majoré de 100 % ;

– le montant de la réduction ne peut excéder *(L. n° 2002-73 du 17 janv. 2002, art. 91)* « 230 € » par mois civil et est déterminé par un coefficient fixé par décret ;

– la réduction n'est pas cumulable, pour les gains et rémunérations versés au cours d'un mois civil, avec la réduction prévue à l'article 99 de la loi n° 96-314 du 12 avril 1996 portant diverses dispositions d'ordre économique et financier ;

– les dispositions des troisième et quatrième alinéas de l'article L. 241-13 du code de la sécurité sociale ne sont pas applicables.

En dehors des limites fixées aux II à VII, la réduction prévue à l'article L. 241-13 du code de la sécurité sociale est applicable dans les conditions de droit commun.

II. – Le bénéfice de la réduction est réservé aux établissements exerçant une activité industrielle, commerciale ou artisanale au sens de l'article 34 du code général des impôts ou agricole au sens de l'article 63 du même code ainsi qu'à ceux exerçant une activité professionnelle non commerciale au sens du 1 de l'article 92 du code général des impôts et dont l'effectif des salariés en Corse apprécié sur une base annuelle dans des conditions fixées par décret est égal ou supérieur à trois, dans les conditions fixées aux III, IV et V du présent article, à l'exception des établissements exerçant une activité :

– de transport aérien ou maritime, à l'exception de ceux placés dans la situation prévue au III ou au V du présent article ;

– de transport routier, pour ceux de leurs salariés qui n'effectuent pas la totalité de leur temps de travail à l'intérieur de la zone courte des départements de Corse, à l'exception des établissements placés dans l'une des situations prévues au III ou au V du présent article ;

– de gestion ou de location d'immeubles, à l'exception de ceux dont les prestations portent exclusivement sur des biens situés en Corse ;

– bancaire, financière, d'assurances, de transport ou de distribution d'énergie, de jeux de hasard et d'argent ;

– dans l'un des secteurs suivants : industrie charbonnière, sidérurgie, fibres synthétiques, construction et réparation de navires d'au moins 100 tonnes de jauge brute, construction automobile ;

– agricole ou agroalimentaire, à l'exception de ceux placés dans l'une des situations prévues au III, au 2° du IV ou au V du présent article.

III. – Les dispositions du I sont applicables aux gains et rémunérations versés pendant cinq ans, d'une part, à tout salarié embauché entre le 1er janvier 1997 et le 31 décembre 2001 sous contrat de travail à durée indéterminée ou à durée déterminée d'au moins six mois et, d'autre part, à tout salarié dont l'emploi est transféré dans l'île au cours de cette même période.

Les dispositions de l'alinéa précédent sont applicables aux établissements qui peuvent bénéficier des aides à l'investissement au titre des règlements (CEE) du Conseil n° 866/90, du 29 mars 1990, concernant l'amélioration des conditions de transformation et de commercialisation des produits agricoles ou n° 2328/91, du 15 juillet 1991, concernant l'amélioration de l'efficacité des structures de l'agriculture ainsi que, sur agrément, à ceux dont les méthodes de production sont conformes aux objectifs visés par l'article premier du règlement (CEE) du Conseil n° 2078/92, du 30 juin 1992, concernant les méthodes de production agricole compatibles avec les exigences de la protection de l'environnement ainsi que de l'entretien de l'espace naturel.

L'employeur ne doit avoir procédé à aucun licenciement pour motif économique dans un établissement situé en Corse au cours des six mois précédant l'embauche.

Pour les entreprises ayant au moins un établissement en Corse au 1er janvier 1997, les embauches considérées doivent avoir pour effet de porter l'effectif employé dans le ou les établissements de l'entreprise situés en Corse à un niveau supérieur à un effectif de référence égal à l'effectif mensuel employé au cours de l'année 1996 dans ce ou ces établissements, déterminé selon les modalités prévues à l'article L. 421-2 du code du travail *[devenu C. trav., art. L. 2312-8]*. L'accroissement de l'effectif résultant de l'embauche est apprécié chaque mois et est égal à la différence entre le nombre de salariés rémunérés au cours du mois et l'effectif de référence.

IV. – Les dispositions du I sont également applicables aux gains et rémunérations versés pendant cinq ans, à compter du 1er janvier 1997 par les entreprises ayant à cette date au moins un établissement en Corse, ou à compter de la date de leur implantation si elle est postérieure et intervient au plus tard le 31 décembre 2001, à un nombre de salariés limité, pour l'ensemble des établissements de l'entreprise situés en Corse, à :

1° Cinquante, lorsque l'activité des établissements relève des secteurs suivants, définis selon la nomenclature d'activités française :

Construction ;

Commerce, réparations d'automobiles et d'articles domestiques ;

Transports terrestres pour ceux de leurs salariés qui effectuent la totalité de leur temps de travail à l'intérieur de la zone courte des départements de Corse ;

Location sans opérateur ;

Services de santé et d'action sociale ;

Services collectifs, sociaux et personnels.

2° Trente, lorsque l'activité relève d'autres secteurs que ceux visés au 1° ci-dessus, à l'exception, sur agrément, des établissements dont les méthodes de production sont conformes aux objectifs fixés par l'article 1er du règlement (CEE) du Conseil n° 2078/92 du 30 juin 1992 concernant des méthodes de production agricole compatibles avec les exigences de la protection de l'environnement ainsi que l'entretien de l'espace naturel, qui ne sont soumis à aucun nombre limite de salariés.

Les limites de cinquante et trente salariés sont appréciées sur une base annuelle dans des conditions fixées par décret.

(L. n° 2002-92 du 22 janv. 2002, art. 49) « IV *bis*. – Pour les entreprises implantées en Corse avant le 1er janvier 1999, et à l'issue de la période de cinq ans mentionnée aux III et IV, le bénéfice de la majoration prévue au I est maintenu de manière dégressive pendant les trois années suivantes :

« – durant l'année 2002, la majoration de 100 % mentionnée au I est ramenée à 85 % et le plafond de 1 500 F est ramené à 1 450 F ;

« – durant l'année 2003, la majoration de 100 % mentionnée au I est ramenée à 70 % et le plafond de 1 500 F est ramené à 1 390 F ;

« – durant l'année 2004, la majoration de 100 % mentionnée au I est ramenée à 50 % et le plafond de 1 500 F est ramené à 1 340 F.

« Les coefficients correspondants sont fixés par décret. » – *V. Circ. ACOSS n° 2003-030 du 5 févr. 2003.*

V. – Les dispositions du I sont également applicables aux gains et rémunérations versés pendant une durée de trente-six mois à compter de leur agrément par les entreprises agréées au titre du VI de l'article 44 *decies* du code général des impôts.

VI. – Le bénéfice des dispositions du présent article est subordonné à la condition que l'employeur soit à jour de ses obligations au 1er janvier 1997 ou à la date de l'implantation du premier établissement si elle est postérieure, à l'égard de l'organisme de recouvrement des cotisations de sécurité sociale ou ait souscrit avec cet organisme un engagement d'apurement progressif de ses dettes.

VII. – Un décret en Conseil d'État fixe, en tant que de besoin, les conditions d'application du présent article aux gains et rémunérations versés aux salariés relevant d'autres régimes de sécurité sociale que le régime général.

Ces dispositions demeurent applicables, pour les entreprises qui en remplissent les conditions et pour la durée prévue par cet article, aux cotisations dues au titre des gains et rémunérations versés à compter du 1er juillet 2003.

Ces entreprises peuvent cependant renoncer à appliquer ces dispositions et opter, en lieu et place, pour celles prévues par l'article 10 de la présente loi ou par l'article L. 241-13 du code de la sécurité sociale dans sa rédaction issue de la présente loi. Cette option concerne tous les salariés ouvrant droit à la réduction de cotisations prévue par cet article et est définitive (L. n° 2003-47 du 17 janv. 2003, art. 11-VII).

Art. 4 *bis* *Abrogé par L. n° 2003-47 du 17 janv. 2003, art. 11-VII.*

Loi n° 96-1160 du 27 décembre 1996,

De financement de la sécurité sociale pour 1997.

Sur la conformité à la Constitution de la loi du 27 déc. 1996. • Cons. const. 19 déc. 1996, n° 384 DC : *Rec. Cons. const., p. 141 ; RD publ. 1997. 289, note F. Luchaire ; RFFP 1997, n° 59, p. 205, chron. Prétot ; RJS 1997, n° 89.*

Art. 29 *(L. n° 98-1194 du 23 déc. 1998, art. 12-I)* **I. – Les boissons constituées par un mélange préalable de boissons ayant un titre alcoométrique n'excédant pas 1,2 % vol. et de boissons alcooliques passibles d'un droit mentionné aux articles 402 *bis*, 403, 438, 520 A (*a* du I) du code général des impôts, lorsqu'elles sont conditionnées pour la vente au détail en récipients de moins de 60 centilitres, font l'objet d'une taxe perçue au profit de la Caisse nationale de l'assurance maladie des travailleurs salariés dès lors que le mélange ainsi obtenu titre plus de 1,2 % vol.**

Les boissons alcooliques passibles d'un des droits mentionnés à l'alinéa ci-dessus, lorsqu'elles sont additionnées exclusivement d'eau, ne sont pas soumises à la taxe.

II. – Le tarif de la taxe mentionnée au I est fixé à 36,4 F par décilitre d'alcool pur.

III. – La taxe est due lors de la mise à la consommation en France des boissons résultant d'un mélange mentionnées au I. Elle est acquittée, selon le cas, par les fabricants, les marchands en gros, les importateurs, les personnes qui réalisent l'acquisition intracommunautaire de ces boissons ou par les personnes visées au *b* du II de l'article 302 D du code général des impôts.

IV. – Cette taxe est recouvrée et contrôlée sous les mêmes règles, conditions, garanties et sanctions qu'en matière de contributions indirectes.

V. – Le produit de cette taxe est versé à l'Agence centrale des organismes de sécurité sociale. – *Ces dispositions sont entrées en vigueur le 1er janv. 1999.*

....

Décret n° 97-127 du 12 février 1997,

Pris pour l'application de l'article L. 322-13 du code du travail [devenu art. L. 131-4-2 du code de la sécurité sociale] relatif à l'exonération de cotisations patronales de sécurité sociale en faveur de l'emploi dans les zones de revitalisation rurale et les zones de redynamisation urbaine (JO 13 févr.).

Art. 1er Peuvent bénéficier de l'exonération prévue à l'article *(Décr. n° 2008-1478 du 30 déc. 2008)* « L. 131-4-2 du code de la sécurité sociale » les entreprises ayant au moins un établissement dans une zone de revitalisation rurale ou une zone de redynamisation urbaine *(Décr. n° 2008-1478 du 30 déc. 2008)* « mentionnée au I dudit article » ainsi que les groupements d'employeurs dont chacun des membres a au moins un établissement situé dans ces zones.

L'exonération est applicable aux gains et rémunérations versés aux salariés employés exclusivement dans un établissement de l'entreprise ou d'un membre du groupement situé dans lesdites zones et embauchés dans les conditions prévues au III de l'article *(Décr. n° 2008-1478 du 30 déc. 2008)* « L. 131-4-2 du code de la sécurité sociale ».

En cas de poursuite du contrat de travail, au cours des douze mois suivant l'embauche, dans un établissement de l'entreprise ou d'un membre du groupement d'employeurs situé hors d'une zone mentionnée à l'alinéa précédent, le droit à exonération cesse définitivement d'être applicable aux rémunérations versées au salarié concerné à compter du premier jour du mois civil suivant celui au cours duquel le salarié a cessé d'être employé dans un établissement situé dans ladite zone.

Ayant énoncé à bon droit que l'art. 1er du Décr. n° 97-127 du 12 févr. 1997, pris pour application de l'art. L. 322-13 C. trav. relatif à l'exonération des cotisations patronales de sécurité sociale en faveur de l'emploi dans les zones de revitalisation rurale, n'excluait pas de l'exonération les rémunérations versées aux salariés d'un établissement situé dans une telle zone, travaillant à domicile, une cour d'appel décide exactement que l'embauche de tels salariés ouvre droit aux exonérations de cotisations. • Soc. 15 mars 2001 : *D. 2001. IR 1146 ; RJS 2001, n° 649.*

Art. 2 En cas de suspension du contrat de travail, le terme de douze mois fixé pour la durée de l'exonération par le III de l'article *(Décr. n° 2008-1478 du 30 déc. 2008)* « L. 131-4-2 du code de la sécurité sociale » n'est pas reporté.

Art. 3 *(Décr. n° 2008-1478 du 30 déc. 2008)* En cas de licenciement au sens de l'article L. 1233-3 du code du travail, l'exonération n'est pas applicable au titre des embauches effectuées au cours des douze mois, de date à date, qui suivent la date de la notification du licenciement.

Art. 4 *(Décr. n° 2008-1478 du 30 déc. 2008)* Ouvrent droit à l'exonération prévue à l'article L. 131-4-2 du code de la sécurité sociale, les embauches de salariés mentionnés à l'article 1er du présent décret dans les conditions prévues au III dudit article, ayant pour effet de porter l'effectif de l'entreprise, au cours des douze mois civils qui suivent la date d'effet de l'embauche, à un niveau au moins égal à la somme de l'effectif de référence et de l'effectif correspondant à l'embauche.

L'effectif de référence est l'effectif moyen le plus élevé déterminé parmi les deux périodes consécutives de douze mois civils qui précèdent la date d'effet de l'embauche ouvrant droit à exonération.

Lorsque la période entre la date d'effet de l'embauche et la date de création de l'entreprise est inférieure à deux ans, il convient de retenir comme effectif de référence l'effectif moyen depuis la création de l'entreprise.

L'effectif de référence et l'effectif correspondant à l'embauche sont déclarés dans le formulaire envoyé par l'employeur à la direction départementale de l'emploi, du travail et de la formation professionnelle dans les trente jours à compter de la date d'effet du contrat de travail.

Si, au terme d'un mois civil de la période de douze mois civils prévue au premier alinéa du présent article, l'effectif de l'entreprise est inférieur à l'effectif à maintenir, tel que défini au même alinéa, l'exonération ne s'applique pas au titre du mois considéré. L'exonération s'applique de nouveau, pour la durée restante de la période de douze mois précitée, au titre des mois civils pour lesquels la condition d'effectif est de nouveau remplie.

En cas de rupture, pour un motif indépendant de la volonté de l'employeur, du contrat de travail d'un salarié dont l'embauche ouvre droit à l'exonération, ce droit est ouvert, pour la période restant à courir à compter de la date d'effet de la rupture, au titre de la première embauche effectuée postérieurement à la date de la rupture et dans les conditions prévues au III de l'article L. 131-4-2 du code de la sécurité sociale.

(Décr. n° 2017-858 du 9 mai 2017, art. 2, en vigueur le 1er janv. 2018) « La limite de cinquante salariés mentionnée au II de l'article L. 131-4-2 du code de la sécurité sociale et les effectifs mentionnés au présent article sont déterminés conformément aux dispositions de l'article R. 130-1 du code de la sécurité sociale. »

Ancien art. 4 (Décr. n° 2008-1478 du 30 déc. 2008) *Ouvrent droit à l'exonération prévue à l'article L. 131-4-2 du code de la sécurité sociale, les embauches de salariés mentionnés à l'article 1er du présent décret dans les conditions prévues au III dudit article, ayant pour effet de porter l'effectif de l'entreprise, au cours des douze mois civils qui suivent la date d'effet de l'embauche, à un niveau au moins égal à la somme de l'effectif de référence et de l'effectif correspondant à l'embauche.*

L'effectif de référence est l'effectif moyen le plus élevé déterminé parmi les deux périodes consécutives de douze mois civils qui précèdent la date d'effet de l'embauche ouvrant droit à exonération.

Lorsque la période entre la date d'effet de l'embauche et la date de création de l'entreprise est inférieure à deux ans, il convient de retenir comme effectif de référence l'effectif moyen depuis la création de l'entreprise.

L'effectif de référence et l'effectif correspondant à l'embauche sont déclarés dans le formulaire envoyé par l'employeur à la direction départementale de l'emploi, du travail et de la formation professionnelle dans les trente jours à compter de la date d'effet du contrat de travail.

Si, au terme d'un mois civil de la période de douze mois civils prévue au premier alinéa du présent article, l'effectif de l'entreprise est inférieur à l'effectif à maintenir, tel que défini au même alinéa, l'exonération ne s'applique pas au titre du mois considéré. L'exonération s'applique de nouveau, pour la durée restante de la période de douze mois précitée, au titre des mois civils pour lesquels la condition d'effectif est de nouveau remplie.

En cas de rupture, pour un motif indépendant de la volonté de l'employeur, du contrat de travail d'un salarié dont l'embauche ouvre droit à l'exonération, ce droit est ouvert, pour la période restant à courir à compter de la date d'effet de la rupture, au titre de la première embauche effectuée postérieurement à la date de la rupture et dans les conditions prévues au III de l'article L. 131-4-2 du code de la sécurité sociale.

La limite de cinquante salariés mentionnée au II de l'article L. 131-4-2 du code de la sécurité sociale et les effectifs mentionnés au présent article sont appréciés selon les modalités fixées aux articles L. 1111-2, L. 1111-3 et L. 1251-54 du code du travail. Par exception, les salariés mentionnés au 2° de l'article L. 1111-2 du code du travail sont pris en compte dans l'effectif de l'entreprise à due proportion de leur temps de présence au cours du mois. — Ces dispositions sont applicables aux embauches effectuées à compter du 1er janv. 2009.

Art. 5 *(Décr. n° 2008-1478 du 30 déc. 2008)* **« Dans le cas des salariés dont le contrat de travail a pris effet au plus tard le 1er janvier 2008, » pour l'application de la limite du salaire minimum de croissance majoré de 50 % prévue au I de l'article** *(Décr. n° 2008-1478 du 30 déc. 2008)* **« L. 131-4-2 du code de la sécurité sociale », sont pris en compte le montant du SMIC en vigueur à la date du versement de la rémunération et le nombre d'heures de travail rémunérées.**

(Décr. n° 2008-1478 du 30 déc. 2008) **« Pour les salariés dont la rémunération ne peut être déterminée au cours du mois en fonction d'un nombre d'heures de travail rémunérées, le nombre d'heures de travail pris en compte est déterminé selon les modalités prévues à l'article D. 241-27 du code de la sécurité sociale.**

« En cas de suspension du contrat de travail avec maintien total ou partiel de la rémunération mensuelle brute du salarié, le nombre d'heures rémunérées pris en compte au titre de ces périodes de suspension est égal au produit de la durée de travail que le salarié aurait effectuée s'il avait continué à travailler par le pourcentage de la rémunération demeurée à la charge de l'employeur et soumise à cotisations. »

Art. 6 *(Décr. n° 2008-1478 du 30 déc. 2008)* **Pour les salariés dont le contrat de travail prend effet postérieurement au 1er janvier 2008, le montant de l'exonération mentionnée au I de l'article L. 131-4-2 du code de la sécurité sociale est égal au produit de la rémunération mensuelle brute versée au salarié par un coefficient déterminé par application de la formule suivante :**

$$\text{coefficient} = \left(\frac{0{,}281}{0{,}9}\right) \times \left(2{,}4 \times \frac{\text{SMIC} \times 1{,}5 \times \text{nombre d'heures rémunérées}}{\text{rémunération mensuelle brute}} - 1{,}5\right)$$

Le résultat obtenu par application de cette formule est arrondi à trois décimales, au millième le plus proche. S'il est supérieur à 0,281, il est pris en compte pour une valeur égale à *(Décr. n° 2014-1688 du 29 déc. 2014, art. 12-1°)* **« T ».**

(Abrogé par Décr. n° 2014-1688 du 29 déc. 2014, art. 12-2°) « Pour ce calcul : »

(Décr. n° 2014-1688 du 29 déc. 2014, art. 12-3°) **« 1° T est la somme des taux de cotisations à la charge de l'employeur dues au niveau du salaire minimum de croissance au titre des assurances sociales et des allocations familiales. »**

2° Le SMIC est le taux horaire du salaire minimum de croissance pris en compte pour sa valeur la plus élevée en vigueur au cours de la période d'emploi rémunérée.

3° La rémunération mensuelle brute est constituée des gains et rémunérations tels que définis à l'article L. 242-1 du code de la sécurité sociale et à l'article L. 741-10 du code rural et de la pêche maritime versés au salarié au cours du mois civil.

4° Pour les salariés dont la rémunération ne peut être déterminée au cours du mois en fonction d'un nombre d'heures de travail rémunérées, il est fait application des dispositions de l'article D. 241-27 du code de la sécurité sociale.

5° En cas de suspension du contrat de travail avec maintien total ou partiel de la rémunération mensuelle brute du salarié, le nombre d'heures rémunérées pris en compte au titre de ces périodes de suspension est égal au produit de la durée de travail que le salarié aurait effectuée s'il avait continué à travailler par le pourcentage de la rémunération demeurée à la charge de l'employeur et soumise à cotisations.

(Décr. n° 2014-1688 du 29 déc. 2014, art. 12-5°) **« 6° Le résultat obtenu par application de cette formule est arrondi à trois décimales, au millième le plus proche. S'il est supérieur à T, il est pris en compte pour une valeur égale à T. »**

L'exonération ainsi déterminée du I s'applique dans la limite des cotisations d'assurances sociales et d'allocations familiales à la charge de l'employeur au titre de la rémunération versée au salarié au cours du mois civil. — *Les références « 1 », « 2 », « 3 » et « 4 » sont remplacées respectivement par les références « 2° », « 3° », « 4° » et « 5° » (Décr. n° 2014-1688 du 29 déc. 2014, art. 12-4°).*

Les dispositions issues du Décr. n° 2014-1688 du 29 déc. 2014 s'appliquent aux cotisations et contributions dues au titre des rémunérations versées à compter du 1er janv. 2015 (Décr. préc., art. 14).

Arrêté du 13 mars 1997,

Pris pour l'application de l'article L. 162-17-1 du code de la sécurité sociale et relatif au suffixe de la dénomination de fantaisie des spécialités génériques (JO 14 mars).

Art. 1er Le suffixe spécifique mentionné à l'article L. 162-17-1 du code de la sécurité sociale est le suffixe "Gé".

Art. 2 *(Arr. du 12 sept. 1997)* Dans l'étiquetage et la notice définis à l'article R. 5000 du code de la santé publique, ainsi que dans toute publicité au sens de l'article L. 5122-1 du même code, ce suffixe doit se situer à la même hauteur que le nom de fantaisie et être de même police, taille et couleur que celles utilisées pour le nom de fantaisie.

Le dosage, la forme et, le cas échéant, les mentions "nourrissons", "enfants" ou "adultes" doivent figurer sous le nom de fantaisie.

Décret n° 97-315 du 7 avril 1997,

Relatif à l'allégement de charges sociales dans la zone franche de Corse (JO 9 avr.).

Art. 1er La réduction prévue à l'article 4 de la loi n° 96-1143 du 26 décembre 1996 susvisée est calculée, au titre des gains et rémunérations versés au cours de chaque mois civil au salarié, dans les conditions suivantes :

a) Pour les gains et rémunérations inférieurs à 169 fois le salaire minimum de croissance, le montant de la réduction est égal au produit de ces gains et rémunérations par un coefficient égal à 0,234 ;

b) Pour les gains et rémunérations égaux ou supérieurs à 169 fois le salaire minimum de croissance et inférieurs ou égaux à un plafond égal à 169 fois le salaire minimum de croissance majoré de 100 %, le montant de la réduction est égal au produit de la différence entre ce plafond et ces gains et rémunérations par un coefficient égal à 0,234.

Pour l'application du présent article, le salaire minimum de croissance est celui applicable aux gains et rémunérations versés.

Art. 1er *bis* *(Décr. n° 2002-1570 du 24 déc. 2002, art. 1er)* Pour les entreprises mentionnées au IV *bis* de l'article 4 de la loi du 26 décembre 1996 susvisée *[V. cet art.]*, la réduction prévue au I de cet article est calculée conformément aux dispositions prévues à l'article 1er du présent décret et selon les modalités particulières suivantes :

a) Le coefficient de 0,234 prévu au *a* de l'article 1er est remplacé par un coefficient égal à 0,196 en 2002, à 0,188 en 2003 et à 0,182 en 2004 ;

b) La majoration de 100 % prévue au *b* de ce même article est remplacée par une majoration de 85 % pour l'année 2002, 70 % pour l'année 2003 et 50 % pour l'année 2004 ;

c) Le coefficient de 0,234 prévu au *b* de ce même article est remplacé par un coefficient égal à 0,231 durant l'année 2002, 0,269 durant l'année 2003 et 0,362 durant l'année 2004.

Art. 2 Ne peuvent bénéficier de la réduction prévue au I de l'article 4 de la loi du 26 décembre 1996 susvisée en application du II dudit article :

a) Pour une année civile, les entreprises exerçant une activité professionnelle non commerciale lorsque l'effectif mensuel moyen employé au cours de l'année précédente, ou de la première année civile d'activité si l'entreprise est créée à partir du 1er janvier 1997, et déterminé selon les modalités prévues à l'article L. 421-2 du code du travail *[devenu C. trav., art. L. 2312-8]* est inférieur à trois ;

b) Les entreprises de transport routier au titre des gains et rémunérations versés au cours d'un mois civil aux salariés dont tout ou partie du temps passé au service de l'employeur au cours du mois l'a été hors de la zone courte de Corse ;

c) Les entreprises de gestion et de location d'immeubles au titre des gains et rémunérations versés aux salariés au cours de chaque mois civil au cours duquel est née une créance afférente à au moins une prestation portant sur un ou plusieurs biens situés hors de Corse.

Art. 3 Pour l'application du premier alinéa du III de l'article 4 de la loi du 26 décembre 1996 susvisée, est considéré comme transféré en Corse l'emploi du salarié dont le contrat de travail est en cours d'exécution à la date à laquelle son exécution est poursuivie dans un établissement de l'entreprise situé en Corse et n'a jamais été exécuté dans un établissement de l'entreprise situé en Corse avant cette date.

Art. 4 En cas de licenciement pour motif économique, le droit à la réduction prévue au I de l'article 4 de la loi du 26 décembre 1996 susvisée n'est pas applicable aux embauches prenant effet avant la fin du cinquième mois suivant celui au cours duquel a été notifié le licenciement.

Art. 5 Le nombre de salariés auxquels l'employeur peut appliquer la réduction prévue au I de l'article 4 de la loi du 26 décembre 1996 susvisée au titre de l'accroissement de l'effectif mentionné au quatrième alinéa du III dudit article est égal, chaque mois, à la différence entre le nombre de salariés employés sous contrat de travail à durée indéterminée ou à durée déterminée d'au moins six mois et l'effectif de référence mentionné audit quatrième alinéa, dans la limite du nombre de salariés visés au premier alinéa dudit III.

Art. 6 Les limites de cinquante et de trente salariés prévues au IV de l'article 4 de la loi du 26 décembre 1996 susvisée sont déterminées pour chaque année civile pendant cinq ans à compter de l'année 1997.

Au cours d'une année donnée, l'employeur peut appliquer la réduction prévue au I dudit article 4, à raison d'une fois par salarié et par mois et à partir du 1er janvier de l'année, dans la limite de 600 fois pour les entreprises ou établissements dont l'activité est visée au 1° dudit IV et dans la limite de 360 fois pour ceux dont l'activité est visée au 2°.

Pour l'application du présent article, la déclaration prévue à l'article D. 241-11 du code de la sécurité sociale est complétée par l'indication chaque mois du cumul depuis le 1er janvier du nombre de salariés auxquels la réduction a été appliquée dans l'ensemble des établissements de l'entreprise située en Corse.

Art. 7 Pour l'application du V de l'article 4 de la loi du 26 décembre 1996 susvisée, l'employeur adresse à l'organisme de recouvrement des cotisations de sécurité sociale une copie certifiée conforme de l'agrément qui lui a été délivré au titre de l'article 44 *decies* du code général des impôts.

L'agrément mentionné au deuxième alinéa du III et au 2° du IV dudit article 4 est délivré par le directeur départemental de l'agriculture et de la forêt selon les modalités prévues par les règlements (CEE) du 30 juin 1992 et (CE) du 24 avril 1996 susvisés. L'employeur en adresse une copie certifiée conforme à la caisse de mutualité sociale agricole.

Art. 8 Pour l'application de la condition d'être à jour des obligations à l'égard de l'organisme de recouvrement des cotisations de sécurité sociale et d'allocations familiales mentionnée au VI de l'article 4 de la loi du 26 décembre 1996 susvisée, sont pris en compte les cotisations de sécurité sociale et contributions à la charge de l'employeur et du salarié, les cotisations et contributions au Fonds national d'aide au logement ainsi que le versement de transport dus au titre des gains et rémunérations versés aux salariés de l'entreprise et échues au 1er janvier 1997 ou à la date de l'implantation de l'entreprise en Corse si elle est postérieure à cette date.

En cas de contestation de la dette par l'employeur, la condition mentionnée à l'alinéa précédent n'est réputée remplie qu'à compter du paiement intégral de cette dette ou après décision de sursis à poursuite pris en application de l'article R. 243-21 du code de la sécurité sociale ou, pour les salariés agricoles, en application de l'article R. 741-31 du code rural et de la pêche maritime.

L'employeur ne peut appliquer la réduction prévue au I de l'article 4 précité avant la date à laquelle il est à jour de ses obligations ou a souscrit un engagement d'apurement progressif de ses dettes.

Art. 9 L'engagement d'apurement progressif des dettes mentionné au VI de l'article 4 de la loi du 26 décembre 1996 susvisée est attesté par l'accord écrit de l'organisme chargé du recouvrement.

Cet accord ne peut être conclu qu'après paiement intégral de la part des cotisations et contributions à la charge du salarié.

Il porte exclusivement sur les dettes de cotisations et contributions à la charge de l'employeur échues à la date de sa conclusion. Il prend effet à la date de sa conclusion et fixe les échéances de paiement que l'employeur s'engage à respecter ainsi que les conditions de sa dénonciation en cas de non-respect de ces échéances.

Le droit à l'exonération cesse d'être applicable aux gains et rémunérations versés à compter du premier jour du mois suivant la date de la dénonciation du plan et jusqu'au premier jour du mois suivant la date à laquelle les sommes dues auront été réglées.

En cas de procédure de sauvegarde ou de redressement judiciaire, la condition d'être à jour est réputée remplie à compter de la date du jugement arrêtant le plan de sauvegarde ou de redressement judiciaire. L'adoption de ce plan vaut engagement de plan d'apurement progressif au sens du VI de l'article 4 précité.

La condition est également réputée remplie à compter de la date d'effet du plan d'apurement conclu dans le cadre de l'agrément délivré au titre du V du même article.

Art. 10 La réduction prévue au I de l'article 4 de la loi du 26 décembre 1996 susvisée est applicable aux gains et rémunérations versés aux salariés employés en Corse par les entreprises ayant au moins un établissement en Corse au 1er janvier 1997 à compter de cette date et jusqu'au 31 décembre 2001.

Toutefois, en cas de rattachement des rémunérations à la période d'emploi dans les conditions prévues au 1° de l'article R. 243-6 susvisé, la réduction est applicable aux rémunérations versées à compter du 16 janvier 1997 et jusqu'au 15 janvier 2002.

Pour les employeurs relevant du régime agricole, en cas de rattachement des rémunérations à la période d'emploi dans les conditions prévues à l'article 1er du décret n° 76-1282 du 29 décembre 1976, la réduction est applicable aux gains et rémunérations versés à compter du 11 janvier 1997 et jusqu'au 10 janvier 2002.

Loi n° 98-461 du 13 juin 1998,

D'orientation et d'incitation relative à la réduction du temps de travail (JO 14 juin).

Art. 3 Les entreprises ou établissements qui réduisent la durée du travail avant le 1er janvier 2000 ou pour les entreprises de vingt salariés ou moins avant le 1er janvier 2002 en application d'un accord collectif et qui procèdent en contrepartie à des embauches ou préservent des emplois peuvent bénéficier d'une aide dans les conditions définies ci-après.

I. — Peuvent bénéficier de cette aide les entreprises, y compris celles dont l'effectif est inférieur ou égal à vingt salariés, relevant des catégories mentionnées à l'article L. 212-1 *bis* du code du travail, ainsi que les sociétés ou organismes de droit privé, les sociétés d'économie mixte et établissements publics industriels et commerciaux locaux de transport public urbain de voyageurs *(L. n° 2000-37 du 19 janv. 2000)* « , les groupements d'employeurs prévus à l'article L. 127-1 du code du travail *[devenu C. trav., art. L. 1253-2]* » et les entreprises d'armement maritime. Toutefois, ne peuvent bénéficier de cette aide, eu égard au caractère de monopole de certaines de leurs activités ou à l'importance des concours de l'État dans leurs produits d'exploitation, certains organismes publics dépendant de l'État, dont la liste est fixée par décret. Pour ces organismes, les modalités d'accompagnement de la réduction du temps de travail seront déterminées dans le cadre des procédures régissant leurs relations avec l'État. — *Pour cette liste, Décr. n° 98-493 du 22 juin 1998 (JO 23 juin).*

La réduction du temps de travail doit être d'au moins 10 % de la durée initiale et porter le nouvel horaire collectif au plus au niveau de la durée légale fixée par l'article *(L. n° 2000-1257 du 23 déc. 2000, art. 14-IV)* « L. 212-1 du code du travail ou de la durée considérée comme équivalente en application du dernier alinéa de l'article L. 212-4 du même code ou de dispositions réglementaires ou conventionnelles antérieures à l'entrée en vigueur de la loi n° 2000-37 du 19 janvier 2000 relative à la réduction négociée du temps de travail ». L'ampleur de la réduction est appréciée à partir d'un mode constant de décompte des éléments de l'horaire collectif. *(L. n° 2000-37 du 19 janv. 2000)* « Dans les entreprises dont l'effectif est inférieur ou égal à vingt salariés, la réduction peut être organisée en trois étapes au maximum, sous réserve de porter l'horaire de travail au maximum de la durée légale fixée par l'article L. 212-1 du code du travail *[devenu C. trav., art. L. 3121-10 et L. 3121-34]* au plus tard le 1er janvier 2002. »

II. — La réduction du temps de travail doit être organisée par un accord d'entreprise ou d'établissement. Elle peut être également organisée en application d'une convention collective ou d'un accord de branche étendus ou agréés en application de l'article 16 de la loi n° 75-535 du 30 juin 1975 relative aux institutions sociales et médico-sociales, soit, dans les entreprises de cinquante salariés ou plus, sous réserve d'un accord complémentaire d'entreprise, soit, dans les entreprises de moins de cinquante salariés, selon des modalités de mise en œuvre prévues par la convention ou l'accord de branche. Elle peut aussi être organisée par un accord conclu dans les conditions prévues par les deux premiers alinéas de l'article L. 132-30 du code du travail.

Outre les dispositions prévues au IV et au V du présent article, l'accord collectif détermine les échéances de la réduction du temps de travail applicables dans la ou les entreprises intéressées en référence à la durée initiale du travail, *(L. n° 2000-37 du 19 janv. 2000)* « le cas échéant, les dates et l'ampleur des étapes de la réduction du temps de travail, » ainsi que les modalités d'organisation du temps de travail et de décompte de ce temps applicables aux salariés de l'entreprise, y compris celles relatives aux personnels d'encadrement lorsque ces modalités sont spécifiques, et les modalités et délais selon lesquels les salariés doivent être prévenus en cas de modification de l'horaire. Il détermine aussi, sans préjudice de l'application des dispositions du livre IV du code du travail organisant la consultation des représentants du personnel, les dispositions relatives au suivi de sa mise en œuvre au sein de l'entreprise et, le cas échéant, de la branche. Ce suivi peut être assuré par une instance paritaire spécifiquement créée à cet effet. L'accord prévoit les conséquences susceptibles d'être tirées de la réduction du temps de travail sur les contrats de travail à temps partiel ainsi que sur la situation des salariés travaillant de façon permanente en équipes successives et selon un cycle continu, mentionnés à l'article 26 de l'ordonnance n° 82-41 du 16 janvier 1982 relative à la durée du travail et aux congés payés. Il peut également prévoir les conditions particulières selon lesquelles la réduction s'applique aux personnels d'encadrement ainsi que des modalités spécifiques de décompte de leur temps de travail tenant compte des exigences propres à leur activité.

Cet accord est déposé à la direction départementale du travail, de l'emploi et de la formation professionnelle ou au service départemental de l'inspection du travail, de l'emploi et de la protection sociale agricoles en ce qui concerne les professions agricoles, remis aux représentants du personnel et affiché dans l'entreprise.

Une organisation syndicale ou son représentant dans l'entreprise peut saisir l'autorité administrative en cas de difficultés d'application d'un accord d'entreprise signé dans le cadre du présent dispositif.

III. – Dans les entreprises ou établissements dépourvus de délégué syndical ou de délégué du personnel désigné comme délégué syndical, à défaut d'un accord de branche mettant en œuvre les dispositions de l'article 6 de la loi n° 96-985 du 12 novembre 1996 relative à l'information et à la consultation des salariés dans les entreprises et les groupes d'entreprises de dimension communautaire, ainsi qu'au développement de la négociation collective, un accord collectif peut être conclu par un ou plusieurs salariés expressément mandatés par une ou plusieurs organisations syndicales reconnues représentatives sur le plan national ou départemental pour ce qui concerne les départements d'outre-mer.

Ne peuvent être mandatés les salariés qui, en raison des pouvoirs qu'ils détiennent, peuvent être assimilés au chef d'entreprise, ainsi que les salariés apparentés au chef d'entreprise mentionnés au premier alinéa des articles L. 423-8 *[L. 2323-83]* et L. 433-5 *[L. 2324-15]* du code du travail.

Le mandat ainsi assigné doit préciser les modalités selon lesquelles le salarié a été désigné et fixer précisément les termes de la négociation et les obligations d'information pesant sur le mandataire, notamment les conditions selon lesquelles le projet d'accord est soumis au syndicat mandant au terme de la négociation, ainsi que les conditions dans lesquelles le mandant peut, à tout moment, mettre fin au mandat. Le salarié mandaté peut être accompagné lors des séances de négociation par un salarié de l'entreprise choisi par lui. L'accord prévoit les modalités selon lesquelles les salariés de l'entreprise et l'organisation syndicale mandante sont informés des conditions de sa mise en œuvre et de son application. Cet accord est communiqué au comité départemental de la formation professionnelle, de la promotion sociale et de l'emploi.

Le temps passé par les salariés mandatés à la négociation de l'accord ainsi qu'aux réunions nécessaires pour son suivi est payé comme temps de travail.

Les salariés mandatés au titre du présent article bénéficient de la protection prévue par les dispositions de l'article L. 412-18 du code du travail *[devenu C. trav., art. L. 2411-3 et L. 2412-2]* dès que l'employeur aura eu connaissance de l'imminence de leur désignation. La procédure d'autorisation est applicable au licenciement des anciens salariés mandatés pendant *(L. n° 2000-37 du 19 janv. 2000)* « douze » mois après la signature de l'accord ou, à défaut, la fin du mandat ou la fin de la négociation.

IV. – Dans le cas où l'entreprise s'engage à procéder à des embauches en conséquence de la réduction du temps de travail, l'accord détermine leur nombre par catégories professionnelles ainsi que le calendrier prévisionnel des embauches.

L'entreprise doit s'engager à ce que ces embauches correspondent à 6 % au moins de l'effectif concerné par la réduction du temps de travail. Si l'entreprise réduit de 15 % la durée du travail et s'engage à procéder à des embauches correspondant à 9 % au moins de l'effectif concerné par la réduction du temps de travail, elle bénéficie d'une aide majorée. Ces embauches peuvent, le cas échéant, être réalisées dans le cadre d'un groupement constitué en application des dispositions prévues à l'article L. 127-1 du code du travail *[devenu C. trav., art. L. 1253-2]* dont l'entreprise est membre. *(L. n° 2000-37 du 19 janv. 2000)* « Toutefois, lorsque le mode de calcul ainsi défini ne permet pas la conclusion d'un contrat de travail dont la durée serait au moins égale à celle fixée par la première phrase du second alinéa du IV de l'article L. 241-13-1 du code de la sécurité sociale, les dispositions qui précèdent ne sont pas applicables. »

La majoration bénéficie également aux entreprises qui, après avoir bénéficié de l'aide octroyée pour une réduction du temps de travail de 10 %, réduisent une nouvelle fois le temps de travail avant le 1er janvier 2003, pour porter l'ampleur totale de la réduction à au moins 15 % de l'horaire initial. Elles devront alors avoir procédé à des embauches correspondant à au moins 9 % de l'effectif concerné par la première étape de réduction du temps de travail.

L'entreprise doit s'engager à maintenir l'effectif augmenté des nouvelles embauches de l'entreprise ou du ou des établissements concernés par cette réduction, pour une durée fixée par l'accord et qui ne peut être inférieure à deux ans à compter de la dernière des embauches effectuées en application du premier alinéa du présent paragraphe. Ces embauches devront être réalisées dans les entreprises ou les établissements où s'applique la réduction du temps de travail dans un délai d'un an à compter de la réduction effective du temps de travail *(L. n° 2000-37 du 19 janv. 2000)* « ou, pour les entreprises réduisant le temps de travail par étapes en application du I ci-dessus, de la date d'entrée en vigueur de la première étape de la réduction du temps de travail ».

Le chef d'entreprise doit fournir au comité d'entreprise ou, à défaut, aux délégués du personnel, les informations sur les embauches réalisées en application du présent paragraphe.

(L. n° 2000-37 du 19 janv. 2000) « Pour les entreprises de plus de vingt salariés, » l'aide est attribuée par convention entre l'entreprise et l'État pour une durée de cinq ans à compter de la date d'entrée en vigueur de la réduction du temps de travail prévue par l'accord, après vérification de la conformité de l'accord collectif aux dispositions légales. *(L. n° 2000-37 du 19 janv. 2000)* « Pour les entreprises réduisant le temps de travail par étapes en application du I ci-dessus, l'aide est attribuée à compter de l'entrée en vigueur de la première étape prévue par l'accord. Pour les entreprises de vingt salariés et moins, l'aide est attribuée sur la base d'une déclaration de l'employeur à l'autorité administrative, précisant notamment la durée du travail applicable dans l'entreprise et le nombre d'emplois créés. »

V. – Dans le cas où la réduction du temps de travail permet d'éviter des licenciements prévus dans le cadre d'une procédure collective de licenciement pour motif économique, l'accord d'entreprise ou d'établissement détermine le nombre d'emplois que la réduction du temps de travail permet de préserver. Ce dernier doit être équivalent à 6 % au moins de l'effectif auquel s'applique la réduction du temps de travail. Si l'entreprise réduit de 15 % la durée du travail, et s'engage à préserver un volume d'emplois équivalent à 9 % au moins de l'effectif auquel s'applique la réduction du temps de travail, elle bénéficie d'une aide majorée.

L'accord d'entreprise ou d'établissement précise également la période pendant laquelle l'employeur s'engage à maintenir l'effectif de l'entreprise ou du ou des établissements concernés par cette réduction. Sa durée est au minimum de deux ans.

L'aide est attribuée par convention entre l'entreprise et l'État après vérification de la conformité de l'accord d'entreprise aux dispositions légales et compte tenu de l'équilibre économique du projet et des mesures de prévention et d'accompagnement des licenciements.

L'aide est attribuée pour une durée initiale de trois ans à compter de la date d'entrée en vigueur de la réduction du temps de travail prévue par l'accord *(L. n° 2000-37 du 19 janv. 2000)* « ou, pour les entreprises réduisant le temps de travail par étapes en application du I ci-dessus, de la date d'entrée en vigueur de la première étape prévue par l'accord ». Elle peut être prolongée pour deux ans par avenant à la convention conclue entre l'État et l'entreprise, au vu de l'état de l'emploi dans l'entreprise et de la situation économique de celle-ci.

VI. – L'aide est attribuée pour chacun des salariés auxquels s'applique la réduction du temps de travail, ainsi que pour ceux embauchés dans le cadre du dispositif prévu au IV du présent article. *(L. n° 2003-47 du 17 janv. 2003, art. 13)* « Elle vient en déduction du montant des cotisations à la charge de l'employeur au titre des assurances sociales, des accidents du travail et maladies professionnelles et des allocations familiales dues pour l'emploi de chacun de ces salariés au titre des gains et rémunérations versés au cours du mois considéré. Elle est limitée au montant des cotisations dues pour chaque salarié concerné. »

Le montant de l'aide peut être majoré si l'entreprise prend des engagements en termes d'emploi supérieurs au minimum obligatoire, en particulier s'il s'agit d'une petite entreprise, ou si l'entreprise procède à la totalité des embauches prévues en application du IV du présent article dans le cadre de contrats de travail à durée indéterminée. Il peut être aussi majoré si l'entreprise prend des engagements spécifiques en faveur de l'emploi de jeunes, de personnes reconnues handicapées en application de l'article L. 323-10 du code du travail *[devenu C. trav., art. L. 5213-1]* ou de publics rencontrant des difficultés particulières d'accès à l'emploi, en particulier les chômeurs de longue durée.

Des majorations spécifiques peuvent être accordées, dans des conditions fixées par décret, aux entreprises dont l'effectif est constitué d'une proportion importante d'ouvriers au sens des conventions collectives et de salariés dont les rémunérations sont proches du salaire minimum de croissance.

(L. n° 2000-37 du 19 janv. 2000, art. 23) « Pour les entreprises réduisant le temps de travail par étapes en application du I ci-dessus, le montant de l'aide est calculé au prorata de la réduction du temps de travail effectivement réalisée par rapport à celle prévue par l'accord. »

Le bénéfice de l'aide ne peut être cumulé avec celui d'une exonération totale ou partielle de cotisations patronales de sécurité sociale, ou avec l'application de taux spécifiques, d'assiettes ou de montants forfaitaires de cotisations, à l'exception de la réduction prévue à l'article L. 241-13 et à l'article L. 711-13 du code de la sécurité sociale ainsi que des aides prévues aux articles *(L. n° 2005-32 du 18 janv. 2005, art. 55-VII)* « L. 322-4-8 » et L. 832-2 du code du travail.

Un décret en Conseil d'État détermine les modalités de contrôle de l'exécution de la convention avec l'État et les conditions de dénonciation et de suspension de la convention, assorties le cas échéant d'un remboursement de l'aide, dans le cas où l'entreprise n'a pas mis en œuvre ses engagements en matière d'emploi et de réduction du temps de travail. — *V. Décr. n° 2000-147 du 23 févr. 2000 (JO 24 févr.).*

Un décret détermine les autres conditions d'application du présent article, notamment les montants de l'aide, ainsi que les dispositions relatives aux majorations. — *V. Décr. n° 98-494 du 22 juin 1998 (JO 23 juin).*

VII. — Les branches ou les entreprises, notamment les plus petites d'entre elles, qui engagent une démarche de réduction du temps de travail et de réorganisation pourront bénéficier d'un dispositif d'appui et d'accompagnement auquel les régions pourront, le cas échéant, participer. Celui-ci permettra la prise en charge par l'État d'une partie des frais liés aux études préalables à la réduction du temps de travail. — *V. Décr. n° 98-946 du 22 oct. 1998 (JO 24 oct. ; Rect., JO 31 oct.) pris pour l'application de ce § VII.*

VIII. — Les organisations syndicales reconnues représentatives au plan national pourront bénéficier d'une aide de l'État destinée à soutenir les actions de formation des salariés qu'elles mandatent pour la négociation des accords visés au II du présent article.

IX. — Les articles 4, 5 et 6 de la loi n° 96-502 du 11 juin 1996 tendant à favoriser l'emploi par l'aménagement et la réduction conventionnels du temps de travail sont abrogés. Les articles 39 et 39-1 de la loi n° 93-1313 du 20 décembre 1993 quinquennale relative au travail, à l'emploi et à la formation professionnelle sont abrogés. Toutefois, ces derniers, ainsi que les dispositions de l'article L. 241-13 du code de la sécurité sociale applicables avant l'entrée en vigueur de la présente loi, demeurent applicables aux conventions conclues avant la date de publication de celle-ci.

X. — *V. art. L. 241-13 CSS.*

Pour l'application de l'art. 3 ci-dessus aux entreprises de vingt salariés ou moins et aux entreprises nouvelles, V. Décr. n° 2000-84 du 31 janv. 2000, Annexe I.

Il résulte des paragraphes IV et VI de l'art. 3 de la L. n° 98-61 du 13 juin 1998 que l'aide instaurée par ce texte, pour chacun des salariés auxquels s'applique la réduction du temps de travail, est attribuée par convention entre l'entreprise et l'État, après vérification par l'autorité représentant l'État de la conformité de l'accord collectif aux dispositions légales ; ne peut prétendre aux aides et allègements litigieux l'employeur qui n'a pas soumis au contrôle du directeur départemental du travail la situation créée par l'intégration de la société dans une unité économique et sociale. • Civ. 2e, 3 mai 2006 : *RJS 2006, n° 888 (1re esp.).*

Loi n° 98-546 du 2 juillet 1998,

Portant diverses dispositions d'ordre économique et financier (JO 3 juill.).

Art. 6 *Abrogé par Ord. n° 2003-1059 du 6 nov. 2003, art. 3, à compter du 1er janv. 2004.*

…………………………………………………………………………

Art. 13 (Abrogé par L. n° 2014-1554 du 22 déc. 2014, art. 8-III) ***Les indemnités versées aux élus des chambres d'agriculture, des chambres de métiers et des caisses de sécurité sociale, au titre de leur mandat, ne sont pas prises en compte pour l'attribution des prestations sociales de toute nature, notamment celles relevant du code de la sécurité sociale ou du code l'action sociale et des familles, et ne sont pas assujetties aux cotisations de sécurité sociale.*** — Les dispositions issues de la L. n° 2014-1554 du 22 déc. 2014 s'appliquent aux sommes versées à compter du 1er janv. 2015 (L. préc., art. 8-IV).

…………………………………………………………………………

Art. 107 Sous réserve des décisions juridictionnelles passées en force de chose jugée, sont validés les prélèvements et versements effectués ainsi que les droits constitués pour la période du 1er juillet 1991 au 30 juin 1999 au titre des régimes de prévoyance complémentaire et de retraite supplémentaire des personnels de l'institution mentionnée à l'article L. 311-7 du code du travail en tant que la légalité de ces prélèvements, versements et prestations serait contestée aux motifs que les dispositions de l'article L. 731-1 du code de la sécurité sociale n'étaient pas applicables à cet établissement public ou que son directeur n'était pas compétent pour instituer de tels régimes.

Les droits constitués au 30 juin 1999 au titre du régime de prévoyance complémentaire sont validés selon les conditions initialement prévues par ce régime.

Les droits constitués des agents retraités ou prenant leur retraite avant le 1er juillet 1999 au titre du régime de retraite supplémentaire sont validés selon les conditions initialement prévues par ce régime.

Les droits constitués des agents présents dans les effectifs au 30 juin 1999 au titre du régime de retraite supplémentaire sont validés, selon les conditions initialement prévues par ce régime, sur la base de l'ancienneté acquise à l'institution mentionnée à l'article L. 311-7 du code du travail à cette date et du traitement défini par l'indice nouveau majoré détenu au 30 juin 1999. Les autres éléments concourant à la détermination de la retraite supplémentaire sont tous évalués sur la base d'une situation arrêtée au 30 juin 1999.

Le montant de la retraite supplémentaire ainsi calculé est évalué en points d'indice et valorisé en fonction de la valeur du point d'indice à la date de liquidation des droits.

Ordonnance n° 98-731 du 20 août 1998,

Portant adaptation aux départements d'outre-mer, à la Nouvelle-Calédonie et à la collectivité territoriale de Saint-Pierre-et-Miquelon de diverses dispositions relatives aux affaires sanitaires et sociales (JO 22 août).

Art. 2 *V. CSS, art. L. 753-4.*

....

Art. 5 L'État pourra conclure avec la Nouvelle-Calédonie un accord portant coordination de leurs différents régimes de protection sociale pour l'ensemble des risques et des personnes assurées.

Art. 6 I. – A compter du 1er janvier 1999, les ressortissants du régime d'assurance vieillesse de base de Saint-Pierre-et-Miquelon exerçant une activité professionnelle relevant des organisations autonomes mentionnées aux 1°, 2° et 4° de l'article L. 621-3 du code de la sécurité sociale sont obligatoirement affiliés au régime de retraite complémentaire visé à l'article L. 635-5 dudit code.

II. – A compter du 1er janvier 1999, les ressortissants du régime d'assurance vieillesse de base de Saint-Pierre-et-Miquelon exerçant une activité professionnelle relevant de l'organisation autonome mentionnée au 3° de l'article L. 621-3 du code de la sécurité sociale sont obligatoirement affiliés au régime de retraite complémentaire institué pour leur profession en application du premier alinéa de l'article L. 644-1 dudit code.

A compter de la même date, les ressortissants du régime d'assurance vieillesse de base de Saint-Pierre-et-Miquelon exerçant la profession d'avocat sont obligatoirement affiliés au régime de retraite complémentaire mentionné au premier alinéa de l'article L. 723-14 du code de la sécurité sociale.

III. – A titre transitoire, les ressortissants du régime de base de Saint-Pierre-et-Miquelon exerçant, à la date d'entrée en vigueur de la présente ordonnance, une activité relevant de l'organisation autonome mentionnée au 3° de l'article L. 621-3 du code de la sécurité sociale ou la profession d'avocat peuvent être affiliés, sur leur demande, au régime mentionné à l'article L. 635-5 dudit code.

Ce choix doit être fait dans un délai de quatre-vingt-dix jours suivant la date d'entrée en vigueur de la présente ordonnance. A défaut, les ressortissants mentionnés au premier alinéa sont obligatoirement affiliés, à compter du 1er janvier 1999, à l'un des régimes mentionnés au II et bénéficient du remboursement des cotisations versées au régime d'allocation complémentaire spéciale avant le 31 décembre 1998. Le montant du remboursement de chaque cotisation annuelle versée est majoré de la variation de l'indice moyen des prix à la consommation de l'ensemble des ménages publié par l'Institut national de la statistique et des études économiques entre l'année du versement et l'année du remboursement.

IV. – Le troisième alinéa de l'article 36 de la loi n° 87-563 du 17 juillet 1987 est abrogé à compter du 1er janvier 1999.

V. – Une convention conclue entre la caisse de prévoyance sociale et la Caisse nationale de l'organisation autonome d'assurance vieillesse des professions artisanales précise les conditions dans lesquelles les droits acquis au 31 décembre 1998 dans le régime de l'allocation complémentaire spéciale sont convertis en droits du régime mentionné à l'article L. 635-5 du code de la sécurité sociale et le montant du transfert des réserves du régime de l'allocation complémentaire spéciale à la Caisse nationale de l'organisation autonome d'assurance vieillesse des professions artisanales nécessaire pour assurer cette reprise de droits.

Cette opération garantit le maintien du versement d'une somme au moins égale à l'allocation complémentaire spéciale pour les allocataires et leurs ayants droit du régime d'allocation complémentaire spéciale au 31 décembre 1998.

La date et les modalités de dissolution du régime de l'allocation complémentaire spéciale ainsi que la destination des réserves disponibles sont fixées par arrêté des ministres chargés de la sécurité sociale et du budget.

(L. n° 2003-517 du 18 juin 2003, art. 3) « VI. – Les dispositions de l'article L. 382-12 du code de la sécurité sociale sont applicables aux personnes affiliées au régime d'assurance vieillesse de base de Saint-Pierre-et-Miquelon qui exercent une activité d'artiste auteur lorsque cette activité, si elle était exercée en métropole ou dans un département d'outre-mer, emporterait leur affiliation au régime général en application de l'article L. 382-1 dudit code. »

Arrêté du 19 octobre 1998,

Pris pour l'application des articles R. 139-1 et R. 139-2 du code de la sécurité sociale (JO 28 oct.).

Art. 1er Pour l'application du C du II de l'article R. 139-1 du code de la sécurité sociale, la perte de cotisations est déterminée selon les modalités suivantes :

I. – Cas particulier des rémunérations versées aux personnels relevant du régime spécial de la Banque de France :

La formule applicable est la suivante :

$$Pr = (Cot/Taux) \times \Delta$$

dans laquelle :

1° Pr représente, pour les cotisations d'assurance maladie à la charge des assurés au 31 décembre 1996 portant sur les rémunérations, la perte de cotisations du régime ;

2° Cot représente le montant des cotisations d'assurance vieillesse à la charge des assurés, effectivement encaissées au cours de l'exercice, multiplié par 13/12 ;

3° Taux représente le taux applicable aux cotisations d'assurance vieillesse à la charge des assurés, encaissées au cours de l'exercice ;

4° Δ représente la somme des réductions de taux appliquées aux cotisations d'assurance maladie à la charge des assurés, à compter du 1er janvier 1997, en application de la substitution de contribution mentionnée à l'article L. 139-2 du code de la sécurité sociale.

II. – Autres cas visés au C du II de l'article R. 139-1 du code de la sécurité sociale :

a) Détermination du montant servant de base au calcul de la perte de cotisations :

Le montant servant de base au calcul de la perte de cotisations est déterminé selon la formule suivante :

$$Pri = (Cot\ i/Taux\ i) \times \Delta\ i$$

dans laquelle :

1° Pri représente, pour un régime donné et pour une catégorie de cotisations i à la charge des assurés au 31 décembre 1996, la perte de cotisations ;

2° Cot i représente le montant des cotisations d'assurance maladie à la charge des assurés, effectivement encaissées au cours de l'exercice 1997 pour une catégorie i de cotisations donnée ;

3° Taux i représente le taux applicable à la catégorie i de cotisations encaissées, au cours de l'exercice 1997. Dans le cas où plusieurs taux ont été appliqués à la même catégorie de cotisations au cours de l'exercice, il est fait utilisation d'un taux pondéré ;

4° Δ i représente la somme des réductions de taux de cotisation applicables à la catégorie i de cotisations, à compter du 1er janvier 1997, en application de la substitution de contribution mentionnée à l'article L. 139-2 du code de la sécurité sociale.

b) Calcul de la perte de cotisations :

Pour l'évaluation de la perte de cotisations afférente à chaque exercice, le montant déterminé en application du *a* du présent article est revalorisé chaque année comme suit :

Pour les pensions de retraite : compte tenu de l'évolution de la masse des pensions de retraite de base contributives (droits directs et dérivés) figurant pour chacun des régimes dans le rapport de la commission des comptes de la sécurité sociale pour l'exercice concerné. Toutefois, s'agissant des pensions de retraite servies par des régimes autres que le régime général à des pensionnés relevant du régime général pour l'assurance maladie, le taux d'évolution applicable est celui de la masse des pensions de retraite servies par le régime général ;

Pour les allocations de chômage : compte tenu de la dernière évolution connue de la masse des allocations uniques dégressives à la charge de l'UNEDIC.

Art. 2 L'Agence centrale des organismes de sécurité sociale procède à la répartition visée au premier article de l'article R. 139-2 du code de la sécurité sociale au plus tard le dernier jour ouvré du deuxième mois qui suit celui de la centralisation. Toutefois, l'Agence centrale des organismes de sécurité sociale effectue un versement provisionnel égal au montant des encaissements prévus au cours du mois, au plus tard le dernier jour ouvré du mois.

L'Agence centrale des organismes de sécurité sociale communique en début d'année, à chacun des régimes concernés, le montant prévisionnel des versements mensuels de l'année. Le cas échéant, les régimes sont informés par l'agence d'une modification du montant des versements prévus, au plus tard le quinzième jour du mois concerné.

Art. 3 Les dispositions du présent arrêté s'appliquent à compter de la répartition relative à l'exercice 1998.

Décret nº 98-951 du 26 octobre 1998,

Relatif au fonds d'accompagnement social pour la modernisation des établissements de santé institué par l'article 25 de la loi nº 97-116 du 19 décembre 1997 de financement de la sécurité sociale pour 1998 (JO 27 oct.).

Art. 1er I. — La charge de la contribution prévue au III de l'article 25 de la loi du 19 décembre 1997 susvisée est répartie chaque année entre les régimes obligatoires d'assurance maladie au prorata de leurs participations aux charges des dotations globales hospitalières de l'avant-dernière année précédente, déterminées dans les conditions définies à l'article R. 174-1-4 du code de la sécurité sociale. Le décret prévu au III de l'article 25 précité précise le montant dû par chaque régime.

La contribution est versée à la Caisse des dépôts et consignations. La Caisse nationale de l'assurance maladie des travailleurs salariés, la Caisse centrale de la mutualité sociale agricole et la Caisse nationale d'assurance maladie et maternité des travailleurs non salariés des professions non agricoles versent leurs parts de contribution à raison d'un quart avant le dernier jour de chaque trimestre. Les organismes nationaux des autres régimes débiteurs versent leurs parts de contribution avant le 30 juin.

II. — *Abrogé par Décr. nº 2017-500 du 6 avr. 2017, art. 2.*

Art. 2 La décision d'agrément prévue au II de l'article 25 de la loi du 19 décembre 1997 susvisée précise, pour chaque établissement, par service et par catégorie professionnelle, le nombre d'agents au titre desquels des aides peuvent être prises en charge par le fonds d'accompagnement social pour la modernisation des établissements de santé.

La Caisse des dépôts et consignations rembourse trimestriellement, sur leur demande, aux établissements concernés le montant des dépenses ouvrant droit aux aides du fonds. Toutefois, dans les cas prévus par décret, les aides sont versées directement par la caisse aux personnels bénéficiaires.

Les aides susceptibles d'être financées à la fois par le fonds pour l'emploi hospitalier dans les conditions prévues à l'article 60 de l'ordonnance nº 96-346 du 24 avril 1996 et par le fonds d'accompagnement social pour la modernisation des établissements de santé sont imputées sur ce dernier.

Art. 3 Les frais exposés par la Caisse des dépôts et consignations au titre de la gestion du fonds sont mis à la charge de celui-ci dans des conditions fixées par un arrêté conjoint du ministre chargé de la santé et du ministre chargé de la sécurité sociale.

Art. 4 Il est institué une commission de surveillance du fonds d'accompagnement social pour la modernisation des établissements de santé.

La commission est chargée du contrôle et du suivi de la gestion du fonds.

Elle formule toutes propositions relatives aux ressources, aux dépenses et à la gestion du fonds.

Art. 5 La commission de surveillance du fonds d'accompagnement social pour la modernisation des établissements de santé est composée comme suit :

— une personne qualifiée, président de la commission, désignée par arrêté du ministre chargé de la santé ;

– le directeur des hôpitaux ou son représentant ;
– le directeur de la sécurité sociale ou son représentant ;
– le directeur du budget ou son représentant ;
– le président du conseil d'administration de la Caisse nationale de l'assurance maladie des travailleurs salariés ou son représentant ;
– le président du conseil central d'administration de la mutualité sociale agricole ou son représentant ;
– le président du conseil d'administration de la Caisse nationale d'assurance maladie et maternité des travailleurs non salariés des professions non agricoles ou son représentant.

Le directeur général de la Caisse des dépôts et consignations, ou son représentant, assiste aux séances de la commission.

Art. 6 La commission de surveillance du fonds d'accompagnement social pour la modernisation des établissements de santé se réunit, sur convocation de son président, au moins une fois par semestre. La convocation est de droit lorsqu'elle est demandée par le ministre chargé de la santé.

Art. 7 Un rapport annuel sur l'utilisation du fonds est établi par la Caisse des dépôts et consignations et examiné par la commission de surveillance. Ce rapport et l'avis de la commission sont transmis, au plus tard le 30 juin de l'année suivant l'exercice considéré, au ministre chargé de la santé.

Le rapport est également communiqué au Conseil supérieur de la fonction publique hospitalière et au Conseil supérieur des hôpitaux.

Art. 8 I. – Par dérogation aux dispositions du I de l'article 1er du présent décret, la contribution à la charge des régimes obligatoires d'assurance maladie au titre de l'année 1998 est versée par l'ensemble des organismes débiteurs au plus tard le 31 décembre 1998.

II. – A compter du 1er janvier 2003, la Caisse des dépôts et consignations verse, le cas échéant et dans la limite du solde disponible du fonds, les aides correspondant aux opérations de modernisation ou de regroupement agréées avant cette date.

Décret n° 98-1002 du 2 novembre 1998,

Pris pour l'application de la réduction de cotisations sociales prévue à l'article L. 241-13 du code de la sécurité sociale en ce qui concerne certaines catégories de salariés et certains régimes spéciaux de sécurité sociale et modifiant le code de la sécurité sociale (deuxième partie : Décrets en Conseil d'État) (JO 7 nov.).

....

CHAPITRE V *Dispositions applicables aux salariés relevant du régime de sécurité sociale des marins*

Art. 7 Pour les salariés relevant du régime spécial de sécurité sociale des marins mentionné au 4° de l'article R. 711-1 du code de la sécurité sociale, la réduction prévue à l'article L. 241-13 du même code est applicable dans les conditions fixées aux articles 8 à 15 ci-après.

Art. 8 La réduction est applicable aux contributions à la charge de l'employeur dues à l'Établissement national des invalides de la marine ainsi qu'à la Caisse nationale d'allocations familiales de la pêche maritime mentionnée à l'article L. 212-3 du code de la sécurité sociale, ou à la Caisse nationale d'allocations familiales des marins du commerce mentionnée à l'article L. 212-4 du code de la sécurité sociale. Le montant de la réduction ne peut excéder celui desdites contributions et cotisations dues pour l'emploi du marin après application, le cas échéant, des mesures d'exonération totale ou partielle mentionnées à l'article 15 du présent décret.

Art. 9 Pour le calcul de la réduction, sont considérés comme rémunération :

a) Pour les contributions à la charge de l'employeur dues à l'Établissement national des invalides de la marine et pour les cotisations dues à la Caisse nationale d'allocations familiales de la pêche maritime, le salaire forfaitaire d'assiette des contributions de l'employeur au régime spécial de sécurité sociale des marins défini aux articles L. 42 et L. 50 du code des pensions de retraite des marins français du commerce, de la pêche et de la plaisance ;

b) Pour les cotisations dues à la Caisse nationale d'allocations familiales des marins du commerce, les gains et rémunérations versés au salarié au sens de l'article L. 242-1 du code de la sécurité sociale.

Art. 10 Le plafond mentionné au premier alinéa de l'article L. 241-13 précité est déterminé par jour de service validé et est égal à un trentième de 169 fois le montant du salaire minimum de croissance majoré de 30 p. cent.

Art. 11 S'agissant des contributions à la charge de l'employeur dues à l'Établissement national des invalides de la marine, la réduction est applicable aux contributions dues au titre de chaque jour de service accompli par le marin et est égale :

a) Lorsque le salaire forfaitaire d'assiette de ces contributions est inférieur à un trentième de 169 fois le salaire minimum de croissance, au produit de ce salaire par un coefficient égal à 0,128 ;

b) Lorsque le salaire forfaitaire d'assiette de ces contributions est égal ou supérieur à un trentième de 169 fois le salaire minimum de croissance et inférieur au plafond mentionné à l'article 10 ci-dessus, à la différence entre ce plafond et ce salaire, multipliée par un coefficient égal à 0,427 ;

c) Le montant de la réduction ne peut excéder le produit d'un trentième de 169 fois le salaire minimum de croissance multiplié par un coefficient égal à 0,128.

Art. 12 S'agissant des cotisations à la charge de l'employeur dues à la Caisse nationale d'allocations familiales de la pêche maritime, la réduction est applicable aux contributions dues au titre de chaque jour de service accompli par le marin et est égale :

a) Lorsque le salaire forfaitaire d'assiette de ces cotisations est inférieur à un trentième de 169 fois le salaire minimum de croissance, au produit de ce salaire par un coefficient égal à 0,054 ;

b) Lorsque le salaire forfaitaire d'assiette de ces cotisations est égal ou supérieur à un trentième de 169 fois le salaire minimum de croissance et inférieur au plafond mentionné à l'article 10 ci-dessus, à la différence entre ce plafond et ce salaire, multipliée par un coefficient égal à 0,18 ;

c) Le montant de la réduction ne peut excéder le produit d'un trentième de 169 fois le salaire minimum de croissance multiplié par un coefficient égal à 0,054.

Art. 13 S'agissant des cotisations à la charge de l'employeur dues à la Caisse nationale d'allocations familiales des marins du commerce, la réduction est applicable aux cotisations dues au titre des gains et rémunérations versés au cours du mois civil, au titre de chaque jour de service accompli par le marin, et est égale :

a) Lorsque ces gains et rémunérations sont inférieurs à un trentième de 169 fois le salaire minimum de croissance, au produit de ces gains et rémunérations par un coefficient égal à 0,054 ;

b) Lorsque ces gains et rémunérations sont égaux ou supérieurs à un trentième de 169 fois le salaire minimum de croissance et inférieurs au plafond mentionné à l'article 5-3 ci-dessus, à la différence entre ce plafond et ces gains et rémunérations, multipliée par un coefficient égal à 0,18 ;

c) Le montant de la réduction ne peut excéder le produit d'un trentième de 169 fois le salaire minimum de croissance multiplié par un coefficient égal à 0,054.

Art. 14 Pour les marins titulaires d'un contrat d'engagement maritime à temps partiel, le montant de la réduction déterminé selon les modalités fixées par les articles 8 à 13 du présent décret est minoré dans la même proportion que celle appliquée au salaire forfaitaire d'assiette des cotisations et contributions, ou, pour les cotisations dues à la Caisse nationale d'allocations familiales des marins du commerce, en fonction du rapport entre la durée du travail servant de base à la rémunération de l'intéressé et la durée du travail légale ou conventionnelle.

Art. 15 Le bénéfice de la réduction prévue aux articles 7 à 14 du présent décret ne peut être cumulé pour un même emploi avec une autre mesure d'exonération totale ou partielle des cotisations à la charge de l'employeur, à l'exception de celles mentionnées au septième alinéa de l'article L. 241-13 du code de la sécurité sociale et de celles prévues à l'article L. 43 du code des pensions de retraite des marins français du commerce, de la pêche et de la plaisance, à l'article 6 du décret-loi du 17 juin 1938 et à l'article 1er de la loi n° 77-441 du 27 avril 1977.

Art. 16 Les articles 5 et 6 du décret n° 95-942 du 25 août 1995 sont abrogés.

CHAPITRE VI *Entrée en vigueur*

Art. 17 Les dispositions du présent décret sont applicables aux gains et rémunérations versés à compter du 1er janvier 1998 ou, pour les marins salariés, aux cotisations dues au titre des services accomplis depuis cette date.

Toutefois, elles sont applicables aux gains et rémunérations versés à compter du 16 janvier 1998 en cas de rattachement à la période d'emploi dans les conditions prévues au 1° de l'article R. 243-6 du code de la sécurité sociale ou, pour les employeurs relevant du régime agricole, à compter du 11 janvier 1998 en cas de rattachement à la période d'emploi dans les conditions prévues à l'article 1er du décret du 29 décembre 1976 susvisé.

Loi n° 98-1194 du 23 décembre 1998,

De financement de la sécurité sociale pour 1999 (JO 27 déc.).

BIBL. ▸ Prétot, La loi de financement de la sécurité sociale pour 1999, *JCP 1999. I. 117.*

Sur la conformité à la Constitution de la loi du 23 déc. 1998. • Cons. const. 18 déc. 1998, n° 98-404 DC : *Rec. Cons. const., p. 312 ; AJDA 1999. 22, chron. J.-É. Schoettl ; RFDA 1999. 89, note B. Mathieu ; RFDC 1999. 123, obs. F. Mélin-Soucramanien ; RFFP 1999, n° 65, p. 191, chron. Prétot.*

Art. 4 Le montant des sommes correspondant à la prise en compte, par le régime d'assurance vieillesse des travailleurs salariés, des périodes pendant lesquelles les assurés des départements d'outre-mer ont, en 1994, 1995 et 1996, bénéficié des allocations mentionnées aux articles L. 322-3, L. 351-3, L. 351-9 et L. 351-10 du code du travail, des allocations spéciales mentionnées au 2° de l'article L. 322-4 du même code et de l'allocation de préparation à la retraite mentionnée à l'article 125 de la loi de finances pour 1992 (n° 91-1322 du 30 décembre 1991), ainsi que des périodes de chômage non indemnisé visées au 3° de l'article L. 351-3 du code de la sécurité sociale, dont la prise en charge incombe au Fonds de solidarité vieillesse en application du premier alinéa de l'article L. 135-1 du code de la sécurité sociale, est arrêté à 2,9 milliards de francs.

....

Art. 41 *(L. n° 99-1140 du 29 déc. 1999, art. 36)* I. – Une allocation de cessation anticipée d'activité est versée aux salariés et anciens salariés des établissements de fabrication de matériaux contenant de l'amiante, "des établissements de flocage et de calorifugeage à l'amiante ou de construction et de réparation navales", sous réserve qu'ils cessent toute activité professionnelle, lorsqu'ils remplissent les conditions suivantes :

1° Travailler ou avoir travaillé dans un des établissements mentionnés ci-dessus et figurant sur une liste établie par arrêté des ministres chargés du travail, de la sécurité sociale et du budget, pendant la période où y étaient fabriqués ou traités l'amiante ou des matériaux contenant de l'amiante ; *(L. n° 2006-1640 du 21 déc. 2006, art. 119-I)* « L'exercice des activités de fabrication de matériaux contenant de l'amiante, de flocage et de calorifugeage à l'amiante de l'établissement doit présenter un caractère significatif » ;

(L. n° 2010-1330 du 9 nov. 2010, art. 87) « 2° Avoir atteint l'âge de soixante ans diminué du tiers de la durée du travail effectué dans les établissements visés au 1°, sans que cet âge puisse être inférieur à cinquante ans ; »

3° *(L. n° 99-1140 du 29 déc. 1999, art. 36-I-3°)* « S'agissant des salariés de la construction et de la réparation navales, avoir exercé un métier figurant sur une liste fixée par arrêté conjoint des ministres chargés du travail, de la sécurité sociale et du budget.

« Le bénéfice de l'allocation de cessation anticipée d'activité est ouvert aux ouvriers dockers professionnels *(L. n° 2001-1246 du 21 déc. 2001, art. 44)* « et personnels portuaires assurant la manutention »*[,]* sous réserve qu'ils cessent toute activité professionnelle, lorsqu'ils remplissent les conditions suivantes :

« 1° Travailler ou avoir travaillé, au cours d'une période déterminée, dans un port au cours d'une période pendant laquelle *(L. n° 2001-1246 du 21 déc. 2001, art. 45)* « était manipulé*[e]* de l'amiante » ; la liste de ces ports et, pour chaque port, de la période considérée est fixée par arrêté conjoint des ministres chargés du travail, de la sécurité sociale, des transports et du budget ; »

(L. n° 2010-1330 du 9 nov. 2010, art. 87) « 2° Avoir atteint l'âge de soixante ans diminué du tiers de la durée du travail effectué dans les ponts visés au 1°, sans que cet âge puisse être inférieur à cinquante ans ; »

(L. n° 2002-1487 du 20 déc. 2002, art. 54) « Ont également droit, dès l'âge de cinquante ans, à l'allocation de cessation anticipée d'activité les personnes reconnues atteintes, au titre du régime général ou du régime d'assurance contre les accidents du travail et les maladies professionnelles des salariés agricoles, d'une maladie professionnelle provoquée par l'amiante et figurant sur une liste établie par arrêtés des ministres chargés du travail, de la sécurité sociale et de l'agriculture. »

(L. n° 2001-1246 du 21 déc. 2001, art. 46) « Le bénéfice de l'allocation de cessation anticipée d'activité ne peut se cumuler ni avec l'un des revenus ou l'une des allocations mentionnés à l'article L. 131-2 du code de la sécurité sociale, ni avec un avantage personnel de vieillesse, ni avec un avantage d'invalidité, ni avec une allocation de préretraite ou de cessation anticipée d'activité, sous réserve des dispositions de l'alinéa suivant.

« Une allocation différentielle peut être versée en complément d'une pension d'invalidité ou d'un avantage de réversion ou d'un avantage personnel de vieillesse servi par un régime spécial visé au chapitre Ier du titre Ier du livre VII du code de la sécurité sociale, dans la limite de l'allocation calculée dans les conditions prévues au présent article. »

(L. n° 2011-1906 du 21 déc. 2011, art. 100-I-1°, en vigueur le 1er juill. 2012) « I *bis*. — Pour la détermination de l'âge d'accès à l'allocation, s'ajoute à la durée du travail mentionnée aux troisième et septième alinéas du I du présent article celle effectuée dans les établissements ou les navires ouvrant droit à l'accès aux dispositifs de cessation anticipée d'activité des travailleurs de l'amiante relevant d'un régime spécial mentionné à l'article L. 711-1 du code de la sécurité sociale, dans les conditions prévues par ces dispositifs. »

II. — *(L. n° 99-1140 du 29 déc. 1999, art. 36-I-5°)* « Le montant de l'allocation est calculé en fonction de la moyenne actualisée des salaires mensuels bruts des douze derniers mois d'activité salariée du bénéficiaire pour lesquels ne sont pas prises en compte, dans des conditions prévues par décret, certaines périodes d'activité donnant lieu à rémunération réduite. » Il est revalorisé comme les avantages alloués en application du deuxième alinéa de l'article L. 322-4 du code du travail *[devenu C. trav., art. L. 5123-2]*.

L'allocation est attribuée et servie par les caisses régionales d'assurance maladie. *(L. n° 2002-1487 du 20 déc. 2002, art. 54)* « Pour les personnes reconnues atteintes, au titre du régime d'assurance contre les accidents du travail et les maladies professionnelles des salariés agricoles, d'une maladie professionnelle, l'allocation est attribuée et servie par les caisses de mutualité sociale agricole. »

(L. n° 2010-1330 du 9 nov. 2010, art. 87) « L'allocation cesse d'être versée lorsque le bénéficiaire remplit les conditions de durée d'assurance requises pour bénéficier d'une pension de vieillesse au taux plein, à condition qu'il soit âgé d'au moins soixante ans. Par dérogation aux dispositions de l'article L. 161-17-2 du code de la sécurité sociale, elle est alors remplacée par la ou les pensions de vieillesse auxquelles l'intéressé peut prétendre. Pour l'appréciation du taux plein, les conditions de durée d'assurance sont réputées remplies au plus tard à l'âge de soixante-cinq ans. »

(L. n° 2012-1404 du 17 déc. 2012, art. 87-I-1°) « Les deuxième et troisième phrases du troisième alinéa sont applicables aux bénéficiaires et anciens bénéficiaires d'une allocation ayant un objet analogue à celle prévue au présent article et servie à raison de l'exercice d'une activité professionnelle emportant affiliation à un régime mentionné à l'article L. 711-1 du code de la sécurité sociale, ainsi qu'aux bénéficiaires de pensions de vieillesse servies par l'un de ces régimes. »

(L. n° 2001-1246 du 21 déc. 2001, art. 47) « III. — Il est créé un Fonds de cessation anticipée d'activité des travailleurs de l'amiante, chargé de financer l'allocation visée au I. *(L. n° 2010-1594 du 20 déc. 2010, art. 98)* « Il finance également par un versement aux régimes obligatoires de retraite de base concernés les dépenses supplémentaires engendrées par les départs en retraite prévus au *(L. n° 2012-1404 du 17 déc. 2012, art. 87-I-2°)* « troisième » alinéa du II du présent article avant l'âge fixé par l'article L. 161-17-2 du code de la sécurité sociale et par ceux à l'âge de soixante-cinq ans au lieu de l'âge fixé au 1° de l'article L. 351-8 du même code. » Ses ressources sont constituées *(Abrogé par L. n° 2016-1827 du 23 déc. 2016, art. 34-V)* ***« d'une fraction égale à** (L. n° 2003-1199 du 18 déc. 2003, art. 5-II)* ***« 0,31 % » du produit du droit de consommation prévu à l'article 575 du code général des impôts, »*** *(L. n° 2002-1487 du 20 déc. 2002, art. 54)* « d'une contribution de la branche accidents du travail et maladies professionnelles du régime général de la sécurité sociale dont le montant est fixé chaque année par la loi de financement de la sécurité sociale et d'une contribution de la branche accidents du travail et maladies professionnelles du régime des salariés agricoles dont le montant est fixé chaque année par arrêtés des ministres chargés de la sécurité sociale, du budget et de l'agriculture. »

« Un conseil de surveillance, composé de représentants de l'État, de représentants de la commission des accidents du travail et des maladies professionnelles mentionnée à l'article L. 221-4 du code de la sécurité sociale *(L. n° 2002-1487 du 20 déc. 2002, art. 54)* « , des représentants du conseil central d'administration de la mutualité sociale agricole mentionné à l'article L. 723-32 du code rural » et de la pêche maritime et de personnalités qualifiées, veille au respect des dispositions du présent article. Il examine les comptes du fonds et transmet au Parlement et au Gouvernement *(L. n° 2002-1487 du 20 déc. 2002, art. 53)* « , avant le 15 juillet, » un rapport annuel retraçant l'activité du fonds et formulant toutes observations relatives à son fonctionnement. »

IV. — L'allocation de cessation anticipée d'activité est assujettie aux mêmes cotisations et contributions sociales que les revenus et allocations mentionnés au deuxième alinéa de l'article L. 131-2 du code de la sécurité sociale.

Les personnes percevant cette allocation et leurs ayants droit bénéficient des prestations en nature des assurances maladie et maternité *(L. n° 2002-1487 du 20 déc. 2002, art. 54)* « du régime dont elles relevaient avant la cessation d'activité ».

Le fonds des travailleurs de l'amiante assure, pendant la durée du versement de l'allocation de cessation anticipée d'activité, le financement des cotisations à l'assurance volontaire mentionnée à l'article L. 742-1 du code de la sécurité sociale ainsi que le versement de l'ensemble des cotisations aux régimes de retraite complémentaire mentionnés à l'article L. 921-1 du même code.

V. — Le salarié qui est admis au bénéfice de l'allocation de cessation anticipée d'activité présente sa démission à son employeur. Le contrat de travail cesse de s'exécuter dans les conditions prévues à l'article L. 122-6 du code du travail *[devenu C. trav., art. L. 1234-1]*. Cette rupture du contrat de travail à l'initiative du salarié ouvre droit, au bénéfice du salarié, au versement par l'employeur d'une indemnité de cessation d'activité d'un montant égal à celui de l'indemnité de départ en retraite prévue par le premier alinéa de l'article L. 122-14-13 du code du travail *[devenu C. trav., art. L. 1237-6 s.]* et calculée sur la base de l'ancienneté acquise au moment de la rupture du contrat de travail, sans préjudice de l'application de dispositions plus favorables prévues en matière d'indemnité de départ à la retraite par une convention ou un accord collectif de travail ou par le contrat de travail. *(L. n° 2000-1257 du 23 déc. 2000, art. 5-I)* « Cette indemnité de cessation d'activité est exclue de l'assiette des cotisations de sécurité sociale. » *— V. note ci-dessous.*

(L. n° 2001-1246 du 21 déc. 2001, art. 5-I) « L'indemnité de cessation anticipée d'activité versée en application d'une convention collective de branche, d'un accord professionnel ou interprofessionnel, d'un accord d'entreprise, du contrat de travail ou d'une disposition unilatérale de l'employeur est exclue de l'assiette des cotisations sociales dans les mêmes conditions que l'indemnité légale mentionnée à l'alinéa précédent. » *— Ces dispositions sont applicables aux indemnités payées depuis la date d'entrée en vigueur de l'art. 41 de la loi de financement de la sécurité sociale pour 1999 (L. n° 2001-1246 du 21 déc. 2001, art. 5-II).*

(L. n° 2004-1370 du 20 déc. 2004, art. 48) « V *bis*. — L'inscription des établissements ou des ports visés au I sur la liste donnant droit aux salariés à bénéficier d'une cessation anticipée d'activité et de l'allocation correspondante ou la modification d'une telle inscription ne peut intervenir qu'après information de l'employeur concerné. La décision d'inscription d'un établissement ou de modification doit être notifiée à l'employeur. Elle fait l'objet d'un affichage sur le lieu de travail concerné. »

VI. — Les différends auxquels peut donner lieu l'application du présent article et qui ne relèvent pas d'un autre contentieux sont réglés suivant les dispositions régissant le contentieux général de la sécurité sociale.

(L. n° 2006-1640 du 21 déc. 2006, art. 119-II) « VII. — 1. Un décret en Conseil d'État définit :

« — les activités de fabrication de matériaux contenant de l'amiante, de flocage et de calorifugeage à l'amiante mentionnées au I ;

« — les conditions de fixation des périodes de référence mentionnées au 1° du I ;

« — ainsi que les critères permettant d'établir le caractère significatif de l'exercice des activités précitées mentionné au 1° du I.

« 2. Un décret fixe :

« — les conditions d'octroi *(L. n° 2011-1906 du 21 déc. 2011, art. 100-I-2°, en vigueur le 1er juill. 2012)* « , les modalités de calcul et les modalités de coordination » de l'allocation de cessation anticipée d'activité des travailleurs de l'amiante ;

« — ainsi que les règles de fonctionnement du Fonds de cessation anticipée d'activité des travailleurs de l'amiante et du conseil de surveillance de ce fonds mentionnés au présent article. »

I. L'indemnité de cessation d'activité prévue au V de l'art. 41 de la loi de financement de la sécurité sociale pour 1999 (L. n° 98-1194 du 23 déc. 1998) est exonérée d'impôt sur le revenu et exclue de l'assiette des cotisations de sécurité sociale, de la contribution sociale généralisée et de la contribution pour le remboursement de la dette sociale.

II. Les dispositions du I sont applicables aux indemnités de cessation d'activité perçues depuis la date d'entrée en vigueur de l'art. 41 de la loi de financement de la sécurité sociale pour 1999 préc. (L. n° 2000-656 du 13 juill. 2000, art. 3).

Le montant de la contribution de la branche accidents du travail et maladies professionnelles du régime général de la sécurité sociale au financement du Fonds de cessation anticipée d'activité des travailleurs de l'amiante est fixé à 532 millions d'euros au titre de l'année 2019 (L. n° 2018-1203 du 22 déc. 2018, art. 83-II).

Sur les exceptions à l'application du droit des usagers de saisir l'administration par voie électronique concernant les démarches effectuées auprès des organismes de sécurité sociale, V. CRPA, App., v° Saisine par voie électronique — Exceptions. — ***CRPA.***

1. Absence d'atteinte au droit de la concurrence. Gérant une prestation de sécurité sociale reposant sur un mécanisme de solidarité nationale, le FCAATA mentionné à l'art. 41 de la L. n° 98-1194 du 23 déc. 1998 modifié n'exerce pas une activité économique, de sorte que la fraction du produit de la majoration M3 qui compose le taux des cotisations d'accidents du travail de l'employeur n'entre pas dans le champ d'application de l'art. 107 du traité sur le fonctionnement de l'Union européenne. • Civ. 2e, 18 déc. 2014, n° 13-26.522 P : *RJS 3/2015, n° 212 ; JCP S 2015, n° 1072, obs. Jeansen.*

2. Salaire de référence (modalités de fixation). Viole l'art. 41-II de la L. n° 98-1194 du 23 déc. 1998 une cour d'appel qui retient que les salaires perçus par un salarié durant la période où il était affilié à la caisse des Français de l'étranger ne devaient pas être pris en compte dans le calcul de son allocation de cessation anticipée d'activité des travailleurs de l'amiante, alors que, selon ce texte, cette allocation est calculée en fonction de la moyenne actualisée des salaires mensuels bruts des douze derniers mois d'activité salariée du bénéficiaire. • Civ. 2e, 13 janv. 2011 : *JCP S 2011, n° 1098, obs. Tauran.*

3. Cotisations de retraite complémentaire. Il résulte des art. 41, IV, de la L. n° 98-1194 du 23 déc. 1998, et des art. 5 et 6 du Décr. n° 99-247 du 29 mars 1999 que les cotisations afférentes à la retraite complémentaire doivent, pendant la durée du service de cette allocation, être versées par le Fonds des travailleurs de l'amiante. • Civ 2e, 14 juin 2018, n° 17-20.474 P : *RJS 11/2018, n° 701 ; JCP S 2018. 1254, obs. Asquinazi-Bailleux.*

4. Prescription. L'action en répétition d'un indu versé au titre de l'allocation de cessation anticipée d'activité des travailleurs de l'amiante, instituée par le second, est soumise à la prescription de droit commun, et non à la prescription biennale de l'art. L. 332-1 CSS, appliqué à l'action de l'organisme social en répétition de prestations indûment servies au titre de l'assurance maladie. • Civ. 2e, 16 juin 2016, n° 15-20.933 P : *JCPS 2016, n° 1270.*

Décret n° 99-247 du 29 mars 1999,

Relatif à l'allocation de cessation anticipée d'activité prévue à l'article 41 de la loi n° 98-1194 de financement de la sécurité sociale pour 1999 (JO 31 mars).

CHAPITRE PREMIER *L'allocation de cessation anticipée d'activité*

Art. 1er *(Décr. n° 2010-1734 du 30 déc. 2010, art. 10)* « La durée de travail mentionnée aux troisième et septième alinéas de l'article 41 de la loi susvisée est ainsi déterminée : »

(Décr. n° 2000-638 du 7 juill. 2000, art. 1er) « *a)* Durée du travail effectuée dans les établissements dont la liste est déterminée par l'arrêt prévu au 1° du premier alinéa du I de l'article 41 de la loi du 23 décembre 1998 susvisée pour les périodes fixées par cet arrêté ;

« *b)* Durée de l'exercice d'un métier déterminé par l'arrêté prévu au 3° du premier alinéa du I de l'article 41 de la loi du 23 décembre 1998 susvisée dans les établissements dont la liste est déterminée par l'arrêté prévu au 1° du premier alinéa du I du même article pour les périodes fixées par cet arrêté ;

« *c)* Durée du travail effectué par les dockers dans les ports, pour les périodes de manipulation de sacs d'amiante, dont la liste est fixée par l'arrêté prévu au 1° du deuxième alinéa du I de l'article 41 de la loi du 23 décembre 1998 susvisée.

(Décr. n° 2012-1149 du 12 oct. 2012) « La durée du travail mentionnée aux *a*, *b* et *c* est complétée, le cas échéant, par la durée du travail effectuée dans les établissements ou navires ouvrant droit à l'accès aux dispositifs de cessation anticipée d'activité des travailleurs de l'amiante relevant d'un régime spécial mentionné à l'article L. 711-1 du code de la sécurité sociale, dans les conditions prévues par ces dispositifs. » *— Dispositions en vigueur à compter du 1er juill. 2012 (Décr. n° 2012-1149 du 12 oct. 2012, art. 2).*

« Cette durée est arrondie au nombre de jours le plus proche. »

Le droit à l'allocation est ouvert au premier jour du mois civil suivant la date à laquelle les conditions fixées au I de l'article 41 de la loi susvisée sont remplies. Toutefois, ce droit ne peut être antérieur au premier jour du mois civil suivant le dépôt de la demande.

Ouverture des droits à allocation (point de départ). Il n'y a pas lieu de déduire, pour la détermination de la durée du travail, les périodes indemnisées au titre de l'assurance maladie ou des accidents du travail et maladies professionnelles. • Civ. 2e, 17 mars 2011 : *JCP S 2011, no 1357, obs. Asquinazi-Bailleux ; JCP E 2011, no 1404, obs. Tauran ; RJS 6/2011, no 545.* ♦ Le droit de l'allocation de cessation anticipée d'activité des travailleurs de l'amiante est ouvert au premier jour du mois civil suivant la date à laquelle les conditions fixées au I de l'art. 41 de la L. no 98-1194 du 23 déc. 1998 sont remplies, sans que ce droit puisse être antérieur au premier jour du mois civil suivant le dépôt de la demande d'allocation. • Même arrêt.

Art. 2 Le salaire de référence servant de base à la détermination de l'allocation est fixé d'après les rémunérations visées à l'article L. 242-1 du code de la sécurité sociale perçues par l'intéressé au cours de ses douze derniers mois d'activité salariée *(Décr. no 2009-1735 du 30 sept. 2009, art. 1er, en vigueur le 1er janv. 2010)* « sous réserve qu'elles présentent un caractère régulier et habituel ». Ces rémunérations, revalorisées, le cas échéant, selon les règles définies à l'article L. 161-23-1 du code de la sécurité sociale, sont prises en compte dans la limite du double du plafond prévu à l'article L. 241-3 du même code en vigueur à la date de l'ouverture du droit à l'allocation. Le salaire de référence est égal à la moyenne mensuelle des rémunérations ainsi déterminées.

Le montant mensuel de l'allocation est égal à 65 % du salaire de référence défini à l'alinéa précédent dans la limite du plafond prévu à l'article L. 241-3 du code de la sécurité sociale auxquels s'ajoutent 50 % du salaire de référence pour la part de ce salaire comprise entre une et deux fois ce même plafond.

Le montant minimal de l'allocation ne peut être inférieur au montant minimal de l'allocation d'assurance *(Décr. no 2009-1735 du 30 sept. 2009, art. 1er, en vigueur le 1er janv. 2010)* « prévue à l'article L. 5422-1 du code du travail majoré de 20 % ». Toutefois, le montant de l'allocation ainsi garantie ne peut excéder 85 % du salaire de référence.

Art. 2-1 *(Décr. no 2000-638 du 7 juill. 2000, art. 2)* En cas d'activité salariée discontinue, les périodes travaillées sont prises en compte jusqu'à totaliser 365 jours de paie.

Art. 2-2 *(Décr. no 2000-638 du 7 juill. 2000, art. 2)* Pour l'application du premier alinéa du II de l'article 41 de la loi du 23 décembre 1998 susvisée, le calcul du salaire de référence ne tient pas compte des périodes d'activité ci-dessous énumérées :

1o Périodes consécutives à des plans sociaux durant lesquelles le salaire a fait l'objet d'une mesure de reclassement interne destinée à éviter des licenciements, y compris lorsqu'une convention entre l'entreprise et l'État a été conclue pour une compensation partielle de la perte de salaire subie par le salarié ;

2o Périodes durant lesquelles les entreprises ont conclu avec les représentants du personnel des accords d'entreprise ayant soit diminué la rémunération, soit abaissé la durée du travail et la rémunération sans qu'une mesure particulière nécessitant un conventionnement avec l'État soit mise en œuvre ; toutefois, seule une période de douze mois peut être prise en compte pour rechercher le salaire de référence ;

3o Périodes d'activité pendant lesquelles des allocations de chômage partiel ont été versées ;

4o Périodes d'arrêt de travail donnant lieu à versement d'indemnités journalières, lorsque le salaire net n'a pas été intégralement maintenu par l'employeur ou par l'intermédiaire d'un organisme de prévoyance ;

5o Périodes de perception conjointe d'une pension d'invalidité et d'un salaire ;

6o Périodes d'activité à mi-temps thérapeutique ;

7o Périodes de travail à temps partiel effectuées dans le cadre d'un contrat à durée déterminée ;

8o Périodes donnant lieu à indemnité de congé payé d'un montant inférieur au salaire habituel *(Abrogé par CE du 20 nov. 2009, no 324-880) « ou lorsque l'indemnité est versée par une caisse professionnelle ». — Le 8o de l'art. 2-2 du Décr. no 99-247 du 29 mars 1999 est entaché d'illégalité, en tant qu'il comporte les mots "ou lorsque l'indemnité est versée par une caisse professionnelle" (CE du 20 nov. 2009, no 324880).*

Art. 2-3 *(Décr. no 2000-638 du 7 juill. 2000, art. 2)* Lorsque le salarié a connu une période de chômage à la suite de la fermeture ou de la reconversion de l'un des établissements figurant sur l'une des listes d'établissements mentionnées au 1o du premier alinéa du I de l'article 41 de la loi du 23 décembre 1998 susvisée et qu'il a repris ensuite une activité salariée, il est tenu compte du salaire perçu dans cette nouvelle activité, si celui-ci est plus favorable à l'allocataire.

Art. 3 Pour bénéficier de l'allocation de cessation anticipée d'activité, l'intéressé doit souscrire une demande conforme à un modèle fixé par arrêté du ministre chargé de la sécurité sociale. La demande, accompagnée des pièces justificatives, est adressée à la caisse régionale d'assurance maladie dans la circonscription de laquelle se trouve la résidence habituelle de l'intéressé ou, en cas de résidence à l'étranger, son dernier lieu de travail. La caisse en accuse réception sous huitaine.

(Décr. nº 2003-608 du 2 juill. 2003, art. 2) « Pour l'application des dispositions des articles 3 et 5 du présent décret aux salariés agricoles dans les départements métropolitains, les caisses de mutualité sociale agricole exercent les attributions dévolues aux caisses régionales d'assurance maladie. Dans les départements d'outre-mer, les caisses générales de sécurité sociale exercent les attributions dévolues aux caisses régionales d'assurance maladie ou aux caisses de mutualité sociale agricole par le présent décret. »

La caisse notifie sa décision dans un délai de deux mois à compter de la date de réception de la demande. En cas de rejet, la notification est effectuée par lettre recommandée avec accusé de réception et doit comporter l'indication des voies de recours. En l'absence de décision de la caisse à l'expiration du délai qui lui est imparti, la demande est considérée comme rejetée et les voies de recours sont ouvertes à l'intéressé.

*Sur les exceptions à l'application du droit des usagers de saisir l'administration par voie électronique concernant les démarches effectuées auprès des organismes de sécurité sociale, V. CRPA, App., vº Saisine par voie électronique — Exceptions. — **CRPA**.*

Art. 4 L'allocation est versée mensuellement et à terme échu.

Le versement de l'allocation n'est pas interrompu par le départ du bénéficiaire hors du territoire français et l'installation par ce dernier de sa résidence dans un État étranger.

En cas de décès du bénéficiaire de l'allocation, celle-ci cesse d'être due au premier jour du mois civil qui suit le décès.

Art. 5 La caisse régionale d'assurance maladie précompte et verse les cotisations et contributions sociales dues sur les revenus et allocations mentionnés au deuxième alinéa de l'article L. 131-2 du code de la sécurité sociale.

Elle calcule les cotisations dues au titre de l'assurance volontaire mentionnée à l'article L. 742-1 du code de la sécurité sociale.

Elle calcule également les cotisations ou contributions dues aux régimes de retraite complémentaire et à l'association pour la gestion de la structure financière sur la base des taux ou contributions minimales obligatoires et d'une assiette mensuelle égale à la moyenne des rémunérations des douze derniers mois d'activité salariée, revalorisée dans les conditions fixées par l'article L. 161-23-1 du code de la sécurité sociale.

CHAPITRE II *Le fonds de cessation anticipée d'activité des travailleurs de l'amiante*

Art. 6 La Caisse des dépôts et consignations assure la gestion du fonds de cessation anticipée d'activité des travailleurs de l'amiante créé par l'article 41 de la loi du 23 décembre 1998 susvisée.

Le montant des ressources attribuées au fonds conformément au III de l'article 41 précité est versé à la Caisse des dépôts et consignations qui ouvre dans ses écritures un compte particulier où elle enregistre les opérations de dépenses et de recettes.

Les dépenses du fonds sont constituées par :

1º Le versement de l'allocation de cessation anticipée d'activité ;

2º Les cotisations d'assurance volontaire mentionnées à l'article L. 742-1 du code de la sécurité sociale ;

3º Les cotisations et contributions au titre de la couverture retraite complémentaire ;

4º Les frais exposés par les organismes chargés de la gestion de l'allocation ;

5º Les frais de fonctionnement du fonds.

Les cotisations visées aux 2º et 3º sont versées par le fonds dans les conditions prévues par la convention mentionnée à l'article 8.

Art. 7 Les frais de gestion visés aux 4º et 5º de l'article 6 sont supportés par le fonds dans les conditions déterminées par les conventions visées à l'article 8.

Art. 8 Une convention entre le ministère chargé de la sécurité sociale, la Caisse nationale de l'assurance maladie des travailleurs salariés, la Caisse des dépôts et consignations, l'Agence centrale des organismes de sécurité sociale et les régimes de retraite complémentaire fixe les règles régissant leurs relations concernant l'application du présent décret.

Une convention entre le ministère chargé de la sécurité sociale, la Caisse nationale de l'assurance maladie des travailleurs salariés et la Caisse des dépôts et consignations fixe les règles relatives à la gestion du fonds de cessation anticipée d'activité des travailleurs de l'amiante.

CHAPITRE III *Le conseil de surveillance du fonds de cessation anticipée d'activité des travailleurs de l'amiante*

Art. 9 Le conseil de surveillance visé au deuxième alinéa du III de l'article 41 de la loi du 31 décembre 1998 susvisé est chargé du suivi et du contrôle des activités du fonds et de son fonctionnement.

A ce titre, il examine, au plus tard le 30 juin de l'année suivant celle de l'exercice concerné, les comptes et le rapport annuel d'activité du fonds établi par la Caisse des dépôts et consignations. Le contenu de ce rapport est fixé dans la convention visée au deuxième alinéa de l'article 8 du présent décret.

Il formule toutes observations relatives au fonctionnement du fonds et les porte à la connaissance du ministre chargé de la sécurité sociale.

Art. 10 Le conseil de surveillance du fonds est composé comme suit :

1° Trois personnalités qualifiées dont le président ;

2° *(Décr. n° 2003-608 du 2 juill. 2003, art. 1er)* « Quatre représentants de l'État : »

– un représentant du ministre chargé de la sécurité sociale ;

– un représentant du ministre chargé du budget ;

– un représentant du ministre chargé du travail ;

(Décr. n° 2003-608 du 2 juill. 2003, art. 1er) « – un représentant du ministre chargé de l'agriculture ; »

3° Huit représentants des organisations siégeant à la commission des accidents du travail et des maladies professionnelles dont le président de celle-ci :

– un représentant du Mouvement des entreprises de France (MEDEF) ;

– un représentant de la Confédération générale des petites et moyennes entreprises (CGPME) ;

– un représentant de l'Union professionnelle et artisanale (UPA) ;

– un représentant de la Confédération générale du travail (CGT) ;

– un représentant de la Confédération générale du travail Force ouvrière (CGT-FO) ;

– un représentant de la Confédération française démocratique du travail (CFDT) ;

– un représentant de la Confédération française des travailleurs chrétiens (CFTC) ;

– un représentant de la Confédération française de l'encadrement Confédération générale des cadres (CFE-CGC) ;

(Décr. n° 2003-608 du 2 juill. 2003, art. 1er) « 4° Deux membres titulaires et deux suppléants désignés par arrêté conjoint du ministre chargé de la sécurité sociale et du ministre chargé de l'agriculture sur proposition du conseil central d'administration de la Mutualité sociale agricole. »

Le président et les membres du conseil sont désignés pour quatre ans par arrêté du ministre chargé de la sécurité sociale. A l'exception du président de la commission des accidents du travail et des maladies professionnelles, les membres visés au 3° et leurs suppléants sont désignés sur proposition de leur organisation.

Les suppléants ne siègent que lorsque le titulaire n'assiste pas à la séance.

Lorsqu'un membre ou un suppléant du conseil démissionne ou perd la qualité au titre de laquelle il a été désigné, il est remplacé pour la durée du mandat restant à courir.

Le directeur général de la Caisse des dépôts et consignations et le directeur de la Caisse nationale de l'assurance maladie des travailleurs salariés, ou leur représentant, assistent aux séances du conseil de surveillance.

Art. 11 Le conseil de surveillance se réunit, sur convocation de son président, au moins une fois par semestre. La convocation du conseil est de droit lorsqu'elle est demandée par le ministre chargé de la sécurité sociale.

Art. 12 Le délai visé au troisième alinéa de l'article 3 est porté à trois mois pour les demandes déposées jusqu'au 31 décembre 1999.

Loi n° 99-532 du 25 juin 1999,

Relative à l'épargne et à la sécurité financière (JO 29 juin).

Art. 26 La Caisse nationale des caisses d'épargne et de prévoyance gère dans ses livres un fonds de mutualisation qui reçoit tous les six mois, à compter du 1er juin 2000 et jusqu'au

1er décembre 2002 inclus, le versement par chaque caisse d'épargne et de prévoyance d'un montant représentatif du produit de la souscription des parts sociales des sociétés locales d'épargne et des certificats coopératifs d'investissement, égal au huitième de son capital initial. Le fonds de mutualisation reçoit le 1er décembre 2003 un versement par chaque caisse d'épargne et de prévoyance d'un montant égal à la différence entre, d'une part, le produit de la souscription des parts sociales des sociétés locales d'épargne et des certificats coopératifs d'investissement, et, d'autre part, les sommes déjà versées au fonds de mutualisation. La somme des versements des caisses d'épargne et de prévoyance au fonds de mutualisation ne peut, compte tenu des versements effectués entre le 1er juin 2000 et le 1er décembre 2002, être inférieure à 15,9 milliards de francs. La Caisse nationale des caisses d'épargne et de prévoyance est responsable du bon versement de ces sommes. Ces versements sont sans effet sur la détermination du résultat fiscal et comptable des caisses d'épargne et de prévoyance. Le fonds de mutualisation est exonéré d'impôt sur les sociétés.

Le fonds de mutualisation reverse avant le 31 décembre de chaque année, de 2000 à 2003 inclus, le produit des versements reçus dans l'année des caisses d'épargne et de prévoyance. Ce produit est affecté au *(L. n° 2001-624 du 17 juill. 2001, art. 6-IV)* « Fonds de réserve pour les retraites mentionné à l'article L. 135-6 du code de la sécurité sociale ». – *Entrée en vigueur au 1er janv. 2002.*

....

Art. 69 Dans un délai de neuf mois à compter de la publication de la présente loi, le Gouvernement présentera au Parlement un rapport relatif aux mesures rendant obligatoire l'adhésion des institutions de prévoyance régies par le titre III du livre IX du code de la sécurité sociale et des mutuelles régies par le code de la mutualité à des systèmes de garanties similaires à celui prévu à l'article 68. – *V. **C. assur.**, art. L. 423-1 à L. 423-8.*

Loi n° 99-641 du 27 juillet 1999,

Portant création d'une couverture maladie universelle (JO 28 juill.).

V. CSS, art. L. 160-1 s.

Décret n° 99-940 du 12 novembre 1999,

Relatif au fonds d'aide à la qualité des soins de ville (JO 14 nov.).

SECTION I *Dispositions générales*

Art. 1er Le fonds d'aide à la qualité des soins de ville, créé au sein de la Caisse nationale de l'assurance maladie des travailleurs salariés par l'article 25 de la loi n° 98-1194 du 23 décembre 1998, participe à l'amélioration de la qualité et de la coordination des soins dispensés en ville et contribue au financement d'actions concourant notamment à l'amélioration des pratiques professionnelles et à leur évaluation, à la mise en place et au développement de formes coordonnées de prise en charge et notamment des réseaux de soins liant des professionnels de santé exerçant en ville à des établissements de santé.

Le fonds peut financer notamment les dépenses d'équipement des professionnels de santé ou de regroupements de ces professionnels ainsi que les dépenses d'étude et de recherche menées pour leur compte.

Les aides financières du fonds sont attribuées à un professionnel de santé exerçant en ville à titre libéral ou à un regroupement de ces professionnels. Elles ne sont pas consenties sous forme de prêt.

L'attribution de l'aide est subordonnée à l'engagement du ou des professionnels signataires de la convention prévue à l'article 8 d'établir une évaluation de l'action financée. Cette évaluation est transmise au comité de gestion compétent un an après la date d'attribution de l'aide. Elle est renouvelée chaque année si l'aide porte sur une période supérieure à un an.

Art. 2 La gestion du fonds d'aide à la qualité des soins de ville est exercée par un comité national de gestion placé au sein de la Caisse nationale de l'assurance maladie des travailleurs salariés et par des comités régionaux de gestion placés au sein des unions visées à l'article L. 183-1 du code de la sécurité sociale.

Les objectifs fixés au comité national de gestion font l'objet d'un avenant à la convention d'objectifs et de gestion signée entre l'État et la Caisse nationale de l'assurance maladie des travailleurs salariés mentionnée à l'article L. 227-1 du code de la sécurité sociale.

Art. 3 Un arrêté conjoint des ministres chargés de la santé et de la sécurité sociale fixe la part des ressources du fonds respectivement consacrée au financement des actions nationales et interrégionales, d'une part, des actions régionales, d'autre part, cette seconde part ne pouvant excéder 80 % des ressources du fonds.

Le montant des ressources affectées à chaque région est fixé par le comité national de gestion en fonction notamment de la répartition de la population par région suivant les derniers chiffres établis par l'Institut national de la statistique et des études économiques.

SECTION II *Actions à caractère national*

Art. 4 I. — Le comité national de gestion du fonds est présidé par le président du conseil d'administration de la Caisse nationale de l'assurance maladie des travailleurs salariés, suppléé le cas échéant par un administrateur de la caisse qu'il désigne à cet effet.

Il comprend, outre son président :

a) Sept représentants de la Caisse nationale de l'assurance maladie des travailleurs salariés ;

b) Trois représentants de la Caisse nationale d'assurance maladie et maternité des travailleurs non salariés ;

c) Trois représentants de la Caisse centrale de la mutualité sociale agricole ;

d) Quinze professionnels de santé exerçant à titre libéral : quatre médecins généralistes, quatre médecins spécialistes, un chirurgien-dentiste, une sage-femme, un pharmacien, un directeur de laboratoire d'analyses de biologie médicale, trois représentants des auxiliaires médicaux, choisis parmi les membres des organisations nationales syndicales reconnues les plus représentatives ;

e) Le président de la Fédération hospitalière de France ou son représentant ; un représentant des établissements de santé privés, désigné conjointement par la Fédération intersyndicale des établissements d'hospitalisation privée et par l'Union hospitalière privée ; le président de la Fédération des établissements d'hospitalisation et d'assistance privée ou son représentant ;

f) Le directeur général de l'Agence nationale d'accréditation et d'évaluation en santé ou son représentant ;

g) Le président du conseil d'orientation des filières et réseaux ou son représentant ;

h) Trois personnalités qualifiées choisies en raison de leurs compétences dans le domaine de la santé ou de la protection sociale.

Les membres du comité national de gestion, autres que les membres de droit, sont nommés par arrêté des ministres chargés de la santé et de la sécurité sociale pour une durée de trois ans.

Le comité comprend, pour les membres visés aux *a, b, c* et *d* ci-dessus, un nombre égal de membres suppléants nommés dans les mêmes conditions. Les suppléants n'assistent aux séances du comité qu'en l'absence du titulaire.

II. — Les ministres chargés de la santé et de la sécurité sociale sont représentés conjointement aux séances par un commissaire du Gouvernement.

III. — Le directeur, l'agent comptable, le médecin-conseil national de la Caisse nationale de l'assurance maladie des travailleurs salariés et le contrôleur budgétaire, ou leurs représentants, assistent aux séances du comité national de gestion.

IV. — Le comité national de gestion se réunit au moins deux fois par an, sur convocation de son président. Le comité ne peut valablement délibérer que si la moitié au moins de ses membres assiste à la séance. Il détermine les conditions d'attribution des aides, conformément à l'article 25 de la loi du 23 décembre 1998 susvisée.

Il est informé par le directeur de la Caisse nationale de l'assurance maladie des travailleurs salariés de l'exécution des aides attribuées.

Les avis ou propositions du comité national de gestion sont adoptés à la majorité simple. En cas de partage égal des voix, la voix du président du comité est prépondérante.

V. — Un bureau du fonds d'aide à la qualité des soins de ville est constitué au sein du comité national de gestion. Le bureau est présidé par le président du comité national ; il est constitué, en outre, de deux représentants des caisses de l'assurance maladie, dont un du régime général, de deux représentants des professionnels et établissements de santé ainsi que d'une personnalité qualifiée. Le bureau attribue les aides sur la base des orientations arrêtées par le comité national de gestion. Il se réunit sur convocation du président. Le commissaire du Gouvernement, le directeur et l'agent comptable de la Caisse nationale de l'assurance maladie des travailleurs salariés, ou leurs représentants, assistent avec voix consultative aux séances du bureau.

Les décisions du bureau sont prises à la majorité simple. En cas de partage égal des voix, la voix du président est prépondérante.

Le bureau est consulté obligatoirement pour avis par tout comité régional de gestion saisi d'une demande d'aide supérieure à 5 millions de francs. Son avis est rendu dans le délai d'un mois. A défaut, l'avis est réputé favorable.

VI. — Les délibérations du comité national de gestion et celles du bureau sont transmises aux ministres chargés de la santé et de la sécurité sociale et au ministre chargé du budget, qui peuvent demander une seconde délibération. Elles sont exécutoires en l'absence d'opposition des ministres dans un délai de vingt jours.

Art. 5 Les frais de fonctionnement du comité national de gestion et du bureau sont pris en charge par la Caisse nationale de l'assurance maladie des travailleurs salariés, qui assure le secrétariat du comité.

Art. 6 Le comité national de gestion établit chaque année, et modifie le cas échéant par décision modificative, un budget prévisionnel en équilibre des recettes et des dépenses du fonds comportant l'ensemble des crédits nationaux et régionaux.

Art. 7 Le comité national de gestion établit le dossier type de demande d'aide ainsi qu'un modèle type de convention à passer avec les bénéficiaires des aides. Cette convention précise les pièces justificatives à produire pour obtenir le versement de l'aide ainsi que les pièces nécessaires au suivi de la consommation des crédits ; ces dernières sont transmises au comité national de gestion du fonds par le bénéficiaire de l'aide à l'issue de chaque exercice budgétaire. La convention type prévoit également les conditions dans lesquelles le remboursement de l'aide consentie peut intervenir en cas de non-respect des engagements pris par le ou les professionnels signataires. L'aide consentie peut être fractionnée et donner lieu à des versements d'acomptes.

Art. 8 Les opérations d'engagement, de liquidation et d'ordonnancement sont effectuées par le directeur de la Caisse nationale de l'assurance maladie des travailleurs salariés.

Art. 9 Les opérations de dépenses et de recettes du fonds d'aide à la qualité des soins de ville sont soumises au contrôle budgétaire de l'État dans les conditions prévues à l'article R. 282-1 du code de la sécurité sociale.

Art. 10 Le directeur de la Caisse nationale de l'assurance maladie des travailleurs salariés rend compte au comité national de gestion, chaque semestre, de l'état de consommation des crédits affectés au fonds d'aide à la qualité des soins de ville.

Art. 11 Un compte de résultats du fonds retraçant les dépenses et les recettes relatives aux actions à caractère national et régional est établi à l'issue de chaque exercice comptable. Les résultats bénéficiaires de l'exercice sont affectés au fonds. Cette situation comptable est retracée dans une ligne spécifique du bilan annuel de la Caisse nationale de l'assurance maladie des travailleurs salariés.

SECTION III *Actions à caractère régional*

Art. 12 I. — Il est créé dans chaque région au sein de l'union régionale des caisses d'assurance maladie un comité régional de gestion du fonds d'aide à la qualité des soins de ville.

Ce comité est présidé par le président de l'union régionale des caisses d'assurance maladie, suppléé le cas échéant par un administrateur de l'union qu'il désigne à cet effet. Il comprend, outre son président :

a) Sept membres désignés au sein du conseil d'administration de l'union régionale des caisses d'assurance maladie, dont au moins un représentant du régime des travailleurs non salariés des professions non agricoles et un représentant du régime des professions agricoles ;

b) Quatre médecins-conseils, dont deux désignés par l'échelon régional du service du contrôle médical du régime général et les deux autres respectivement par la caisse mutuelle régionale et les organismes de mutualité sociale agricole de la région concernée ;

c) Onze professionnels de santé exerçant à titre libéral ;

— quatre membres de l'union de médecins exerçant à titre libéral mentionnée à l'article 5 de la loi n° 93-8 du 4 janvier 1993, dont deux membres désignés par la section généraliste et deux membres désignés par la section spécialiste de l'union située dans la région concernée ;

— un chirurgien-dentiste, une sage-femme, un pharmacien, un biologiste et trois auxiliaires médicaux ;

d) Un représentant de la Fédération hospitalière de France ; un représentant de la Fédération des établissements d'hospitalisation et d'assistance privée ; un représentant des établissements de santé privés désigné conjointement par la Fédération intersyndicale des établissements d'hospitalisation privée et par l'Union hospitalière privée ;

e) Trois personnalités qualifiées choisies en raison de leurs compétences dans le domaine de la santé ou de la protection sociale.

Le comité régional comprend, pour les membres visés au *c* ci-dessus, un nombre égal de membres suppléants nommés dans les mêmes conditions. Les suppléants ne peuvent assister aux séances du comité qu'en l'absence du titulaire.

Les membres du comité régional sont nommés, par arrêté du préfet de région, pour une durée de trois ans.

II. — Le préfet est représenté par un commissaire du Gouvernement, qui assiste aux séances du comité régional de gestion.

III. — Le directeur, l'agent comptable de l'union régionale des caisses d'assurance maladie et le directeur de l'agence régionale d'hospitalisation ou leurs représentants assistent aux séances du comité régional de gestion.

IV. — Le comité régional se réunit au moins deux fois par an, sur convocation de son président. Il donne son avis sur les conditions d'attribution des aides. Il est informé par le directeur de l'union régionale des caisses d'assurance maladie du suivi de l'exécution des aides attribuées.

Le comité ne peut valablement délibérer que si la moitié au moins de ses membres assiste à la séance. Les avis ou propositions du comité de gestion sont adoptés à la majorité simple. En cas de partage égal des voix, la voix du président du comité est prépondérante.

V. — Un bureau est constitué au sein du comité régional de gestion. Le bureau est présidé par le président du comité ; il est constitué, en outre, de deux membres désignés au sein du conseil d'administration de l'union régionale des caisses d'assurance maladie, dont un membre du régime général, deux représentants des professionnels et établissements de santé ainsi qu'une personnalité qualifiée. Le bureau attribue les aides sur la base des orientations arrêtées par le comité. Il se réunit sur convocation du président. Le commissaire du Gouvernement, le directeur et l'agent comptable de l'union régionale des caisses d'assurance maladie, ou leurs représentants, assistent avec voix consultative aux séances du bureau.

Les décisions du bureau sont prises à la majorité simple. En cas de partage égal des voix, la voix du président est prépondérante.

VI. — Les délibérations du comité régional de gestion et du bureau sont soumises au contrôle du préfet de région dans les conditions prévues à l'article R. 151-1 du code de la sécurité sociale. Le préfet peut demander une seconde délibération.

Art. 13 Les frais de fonctionnement du comité régional de gestion et du bureau sont pris en charge par l'union régionale des caisses d'assurance maladie, qui assure le secrétariat du comité.

Art. 14 Le comité régional de gestion du fonds d'aide à la qualité des soins de ville établit chaque année, et modifie le cas échéant par décision modificative, un budget prévisionnel en équilibre des recettes et des dépenses du fonds.

Le président du comité régional de gestion signe la convention prévue à l'article 7 du présent décret.

Art. 15 Dans le cadre des prévisions budgétaires mentionnées à l'article 14 ci-dessus, le bureau régional attribue les aides suivant les modalités prévues à l'article 7 du présent décret.

Art. 16 Les opérations d'engagement, de liquidation et d'ordonnancement des sommes relatives à l'attribution des aides au financement des actions arrêtées par le comité, ou le bureau, sont effectuées par le directeur de l'union régionale des caisses d'assurance maladie. Le paiement est effectué par l'agent comptable de l'union régionale des caisses d'assurance maladie au vu des états liquidatifs transmis par l'ordonnateur.

Art. 17 Le directeur de l'union régionale des caisses d'assurance maladie rend compte au comité régional de gestion, chaque semestre, de l'état de consommation des crédits affectés au fonds. Il établit un rapport annuel sur le fonctionnement du fonds pour le 28 février de l'année suivante au plus tard, qu'il transmet au directeur de la Caisse nationale de l'assurance maladie des travailleurs salariés.

Art. 18 Un compte de résultat du fonds est établi à l'issue de chaque exercice comptable.

Les crédits non consommés au niveau régional sont reversés au Fonds national à la clôture de chaque exercice.

SECTION IV *Dispositions diverses*

Art. 19 Le directeur de la Caisse nationale de l'assurance maladie des travailleurs salariés établit chaque année un rapport retraçant l'activité du fonds tant au niveau national que régional. Le rapport est transmis aux ministres chargés de la santé et de la sécurité sociale au plus tard le 30 avril de l'année suivante.

Art. 20 Le compte de résultat retraçant les actions à caractère national et régional est approuvé par le comité national de gestion.

Art. 21 La participation des régimes au financement du fonds est versée par ces derniers à la Caisse nationale de l'assurance maladie des travailleurs salariés au plus tard dans le mois qui suit la publication de l'arrêté visé à l'article L. 722-4 du code de la sécurité sociale.

Des conventions signées entre les régimes d'assurance maladie fixent les modalités de mise en œuvre de l'alinéa ci-dessus.

Arrêté du 9 décembre 1999,

Relatif au taux de compétence en matière de remise des pénalités et majorations de retard (JO 31 déc.).

Art. 1er Le taux maximum de compétence propre aux directeurs des organismes de sécurité sociale pour statuer sur les demandes formulées par les employeurs en vue de la remise des pénalités dues pour non-fourniture des documents déclaratifs, et majorations de retard dues pour non-versement, aux échéances prescrites, des cotisations et contributions de sécurité sociale afférentes aux rémunérations ou gains pour les travailleurs salariés ou assimilés, et aux revenus de remplacement, est fixé conformément au tableau suivant, sur la base de la catégorie dans laquelle sont classés les organismes *(Arr. du 20 févr. 2015, art. 1er)* « en application de l'article L. 2241-7 du code du travail et du protocole d'accord relatif à la classification des emplois et au dispositif de rémunération des personnels de direction signé entre l'Union des caisses nationales de sécurité sociale et les organisations syndicales nationales représentatives en date du 22 juillet 2005 » :

CLASSEMENT DES ORGANISMES chargés du recouvrement	TAUX DE COMPÉTENCE
Catégorie A	50 % du plafond annuel de sécurité sociale de l'année en cours.
Catégories B et C	15% du plafond annuel de sécurité sociale de l'année en cours.
Catégorie D	10 % du plafond annuel de sécurité sociale de l'année en cours.

Art. 2 Le taux maximum de compétence propre aux directeurs des organismes de sécurité sociale pour statuer sur les demandes de remise de majorations de retard dues pour non-versement, aux échéances prescrites, des cotisations et contributions de sécurité sociale est fixé *(Arr. du 20 févr. 2015, art. 2)* « à 5 % du plafond annuel de la sécurité sociale de l'année en cours », lorsque les demandes sont formulées :

a) Par les praticiens et auxiliaires médicaux conventionnés, pour les cotisations et contributions personnelles ;

b) Par les *(Abrogé par Arr. du 20 févr. 2015, art. 2) « employeurs et »* travailleurs indépendants, pour les cotisations et contributions personnelles ;

c) Par les personnes mentionnées aux articles L. 382-1 et L. 382-3 du code de la sécurité sociale, pour les cotisations et contributions dues au régime de sécurité sociale des artistes-auteurs d'œuvres littéraires et dramatiques, musicales et chorégraphiques, audiovisuelles et cinématographiques, graphiques et plastiques ;

d) Par les personnes affiliées au régime général du fait de leur résidence en France, pour les cotisations et contributions personnelles.

Art. 2-1 (Abrogé par Arr. du 20 févr. 2015, art. 3) (Arr. du 27 mai 2008) *Par dérogation à l'article 2 du présent arrêté, le taux maximum de compétence propre aux directeurs des organismes de sécurité sociale mentionnés aux articles L. 213-1, L. 752-4 et L. 611-8 du code de la sécurité sociale pour statuer sur les demandes de remise de majorations de retard dues pour non-versement, aux échéances prescrites, des cotisations et contributions de sécurité sociale est fixé à 5 % du plafond annuel de sécurité sociale lorsque les demandes sont formulées :*

a) Pour les cotisations et contributions personnelles par les travailleurs indépendants relevant de l'article L. 133-6 du code de la sécurité sociale ;

b) Pour les cotisations d'assurance maladie et d'allocations familiales et les contributions personnelles par les travailleurs indépendants relevant de l'article L. 642-1 et du premier alinéa de l'article L. 723-1 du code de la sécurité sociale.

Art. 3 Les seuils prévus aux articles *(Arr. du 20 févr. 2015, art. 4)* « 1er et 2 » du présent arrêté s'entendent, lors de l'examen de la demande de remise, du montant des pénalités et majorations légalement dues figurant sur chaque mise en demeure adressée au redevable.

Art. 4 L'arrêté du 10 décembre 1998 relatif au taux de compétence en matière de remise de majorations de retard est abrogé.

Art. 5 Les dispositions du présent arrêté prennent effet au premier jour du mois suivant celui de sa publication.

Loi n° 99-1140 du 29 décembre 1999,

De financement de la sécurité sociale pour 2000 (JO 30 déc.).

Art. 6 I. — Le code général des impôts est ainsi modifié :

1° Il est inséré un article 235 *ter* ZC ainsi rédigé :

Art. 235 ter ZC *(L. n° 2007-1824 du 25 déc. 2007, art. 35-I-3° et II)* **I.** Les redevables de l'impôt sur les sociétés sont assujettis à une contribution sociale égale à une fraction de cet impôt calculé sur leurs résultats imposables aux taux mentionnés aux I et IV de l'article 219 et diminué d'un abattement qui ne peut excéder 763 000 € par période de douze mois. Lorsqu'un exercice ou une période d'imposition est inférieur ou supérieur à douze mois, l'abattement est ajusté à due proportion.

La fraction mentionnée au premier alinéa est égale à 3,3 % pour les exercices clos à compter du 1er janvier 2000.

Sont exonérés les redevables ayant réalisé un chiffre d'affaires de moins de 7 630 000 €. Le chiffre d'affaires à prendre en compte s'entend du chiffre d'affaires réalisé par le redevable au cours de l'exercice ou période d'imposition, ramené à douze mois le cas échéant, et, pour la société mère d'un groupe mentionné à l'article 223 A *(L. n° 2014-891 du 8 août 2014, art. 20-I-3°)* « ou à l'article 223 A *bis* », de la somme des chiffres d'affaires de chacune des sociétés membres de ce groupe. Le capital des sociétés, entièrement libéré, doit être détenu de manière continue, pour 75 % au moins, par des personnes physiques ou par une société répondant aux mêmes conditions dont le capital est détenu, pour 75 % au moins, par des personnes physiques. Pour la détermination de ce pourcentage, les participations des sociétés de capital-risque, des fonds communs de placement à risques, *(Ord. n° 2013-676 du 25 juill. 2013, art. 42-42°)* « des fonds professionnels spécialisés relevant de l'article L. 214-37 du code monétaire et financier dans sa rédaction antérieure à l'ordonnance n° 2013-676 du 25 juillet 2013 modifiant le cadre juridique de la gestion d'actifs, des fonds professionnels de capital investissement, » *(L. n° 2015-990 du 6 août 2015, art. 145-IV-8°)* « des sociétés de libre partenariat, » des sociétés de développement régional et des sociétés financières d'innovation ne sont pas prises en compte à la condition qu'il n'existe pas de lien de dépendance au sens du 12 de l'article 39 entre la société en cause et ces dernières sociétés ou ces fonds.

II. Pour les entreprises placées sous le régime prévu à l'article 223 A *(L. n° 2014-891 du 8 août 2014, art. 20-I-3°)* « ou à l'article 223 A *bis* », la contribution est due par la société mère. Elle est assise sur l'impôt sur les sociétés afférent au résultat d'ensemble et à la plus-value nette d'ensemble définis aux articles 223 B *(L. n° 2012-1509 du 29 déc. 2012, art. 23-V)* « , 223 B *bis* » et 223 D.

III. *Dispositions périmées (Décr. n° 2013-463 du 3 juin 2013).*

III *bis*. Les sociétés ayant opté pour le régime prévu au II de l'article 208 C ainsi que les sociétés de placement à prépondérance immobilière à capital variable mentionnées au 3° *nonies* de l'article 208 ne sont pas assujetties à la présente contribution sur les plus-values imposées en application du IV de l'article 219.

IV. Les crédits d'impôt de toute nature ainsi que la créance visée à l'article 220 *quinquies* *(Abrogé par L. n° 2010-1657 du 29 déc. 2010, art. 20, à compter du 1er janv. 2014) « et l'imposition forfaitaire annuelle mentionnée à l'article 223 septies »* ne sont pas imputables sur la contribution.

V. Elle est établie et contrôlée comme l'impôt sur les sociétés et sous les mêmes garanties et sanctions.

VI. Les modalités d'application du présent article sont fixées par décret.

2° Il est inséré un article 1668 D ainsi rédigé :

Art. 1668 D **I.** La contribution sociale mentionnée à l'article 235 *ter* ZC est recouvrée comme l'impôt sur les sociétés et sous les mêmes garanties et sanctions.

(L. n° 2002-1576 du 30 déc. 2002, art. 21-I ; Ord. n° 2010-420 du 27 avr. 2010, art. 56) « Elle est payée spontanément au comptable public compétent, au plus tard à la date prévue au 2 de l'article 1668 pour le versement du solde de liquidation de l'impôt sur les sociétés. »

Elle donne lieu au préalable à quatre versements anticipés aux dates prévues pour le paiement des acomptes d'impôt sur les sociétés de l'exercice ou de la période d'imposition. Le montant des versements anticipés est fixé à 3,3 % du montant de l'impôt sur les sociétés calculé sur les résultats imposables aux taux mentionnés au I de l'article 219 de l'exercice ou de la période d'imposition qui précède et diminué d'un montant qui ne peut excéder celui de l'abattement défini au premier alinéa du I de l'article 235 *ter* ZC.

Lorsque le montant des versements anticipés déjà payés au titre d'un exercice ou d'une période d'imposition en application du deuxième alinéa est égal ou supérieur à la contribution dont l'entreprise prévoit qu'elle sera finalement redevable au titre de ce même exercice ou de cette même période, l'entreprise peut se dispenser du paiement de nouveaux versements.

II. Les modalités d'application du présent article sont fixées par décret. — *V. Ann. III, art. 366 L à 366 M.*

3° Au premier alinéa de l'article 213, après les mots : "la contribution temporaire mentionnée à l'article 235 *ter* ZB", sont insérés les mots : ", la contribution sociale mentionnée à l'article 235 *ter* ZC".

II. — Les sanctions fiscales mentionnées au I de l'article 1668 D du code général des impôts ne peuvent être prononcées avant l'expiration d'un délai de trente jours à compter de la notification du document par lequel l'administration a fait connaître au contrevenant la sanction qu'elle se propose d'appliquer, les motifs de celle-ci et la possibilité dont dispose l'intéressé de présenter dans ce délai ses observations.

....

Art. 20 Pour les périodes d'activité antérieures au 1er janvier 1973 accomplies dans les régimes d'assurance vieillesse de base des travailleurs non salariés des professions artisanales, industrielles et commerciales, les intéressés peuvent effectuer un versement de cotisations arriérées, dès lors qu'il sont à jour, à la date dudit versement, du paiement des cotisations échues depuis le 1er janvier 1973 dans les régimes obligatoires d'assurance vieillesse et invalidité-décès de ces professions.

Le montant au 1er avril 1972 des cotisations faisant l'objet de cette régularisation de cotisations est revalorisé par application des coefficients dont ont été affectées les valeurs des points de retraite entre cette date et la date à laquelle est effectué le versement.

La demande de régularisation doit porter sur l'intégralité des cotisations dues ; elle doit être présentée dans l'année suivant l'entrée en vigueur du décret en Conseil d'État qui fixera les conditions d'application du présent article.

....

Art. 27 *Abrogé par L. n° 2009-526 du 12 mai 2009, art. 80.*

....

Art. 30 I. — Les entreprises assurant l'exploitation d'une ou plusieurs spécialités pharmaceutiques au sens de l'article L. 5124-1 du code de la santé publique sont redevables d'une contribution exceptionnelle au profit de la Caisse nationale de l'assurance maladie des travailleurs salariés.

Ne sont pas redevables les entreprises dont le chiffre d'affaires hors taxes réalisé en France du 1er janvier au 31 décembre 1999 au titre des spécialités inscrites sur les listes mentionnées aux articles L. 162-17 du code de la sécurité sociale et L. 618 du code de la santé publique est inférieur à 100 millions de francs, sauf lorsqu'elles sont filiales à 50 % au moins d'une entreprise ou d'un groupe dont le chiffre d'affaires consolidé réalisé en France au titre des mêmes spécialités dépasse cette limite.

II. — La contribution est assise sur le chiffre d'affaires hors taxes réalisé en France du 1er janvier au 31 décembre 1999 au titre des spécialités inscrites sur les listes mentionnées aux articles L. 162-17 du code de la sécurité sociale et L. 5123-2 du code de la santé publique.

III. — Le taux de la contribution est fixé par décret à un niveau compris entre 1,2 % et 1,3 %. — *Taux fixé à 1,20 % par Décr. n° 2000-787 du 24 août 2000 (JO 25 août).*

IV. — Les entreprises mentionnées au I sont tenues de déclarer à l'Agence centrale des organismes de sécurité sociale les éléments nécessaires au calcul de la contribution avant le 15 mai 2000.

La contribution est versée au plus tard le 1er septembre 2000.

V. — La contribution est recouvrée et contrôlée par l'Agence centrale des organismes de sécurité sociale sous les garanties et sanctions applicables pour le recouvrement de la contribution prévue à l'article L. 245-1 du code de la sécurité sociale.

....

Loi n° 99-1173 du 30 décembre 1999,

De finances rectificative pour 1999.

Art. 47 (Abrogé par L. n° 2018-1317 du 28 déc. 2018, art. 223-IV) *I. — Une* (L. n° 2002-1576 du 30 déc. 2002, art. 67-I) *« allocation de reconnaissance indexée sur le taux d'évolution en moyenne annuelle des prix à la consommation de tous les ménages (hors tabac) » non réversible,* (L. n° 2002-1576 du 30 déc. 2002, art. 67-I) *« sous condition d'âge », est instituée, à compter du 1er janvier 1999, en faveur des personnes désignées par le premier alinéa de l'article 2 de la loi n° 94-488 du 11 juin 1994 relative aux rapatriés anciens membres des formations supplétives et assimilés ou victimes de la captivité en Algérie.*

Les conditions d'attribution et le montant de cette rente sont définis par décret.

I bis. — (L. n° 2000-1353 du 31 déc. 2000, art. 61 ; L. n° 2002-1576 du 30 déc. 2002, art. 67-I) *« Une allocation de reconnaissance indexée sur le taux d'évolution en moyenne annuelle des prix à la consommation de tous les ménages (hors tabac) est versée, sous condition d'âge », aux conjoints ou ex-conjoints survivants non remariés des personnes désignées au premier alinéa de l'article 2 de la loi n° 94-488 du 11 juin 1994 précitée* (Abrogé par Cons. const. 4 févr. 2011, n° 2010-93 QPC) *« et remplissant les conditions de nationalité telles que définies à l'article 9 de la loi n° 87-549 du 16 juillet 1987 relative au règlement de l'indemnisation des rapatriés ». Cette disposition entre en vigueur à compter du 1er janvier 2001. Les conditions d'attribution et le montant de cette rente sont définis par décret ».*

II. — [...]

Décret n° 2000-35 du 17 janvier 2000,

Portant rattachement de certaines activités au régime général (JO 19 janv.).

(Abrogé par Décr. n° 2015-1869 du 30 déc. 2015, art. 3)

Les dispositions du Décr. n° 2015-1869 du 30 déc. 2015 entrent en vigueur pour les cotisations dues au titre des périodes courant à compter du 1er janv. 2016 (Décr. préc., art. 4).

Art. 1er *Pour l'application du 21° des dispositions de l'article L. 311-3 du code de la sécurité sociale, les activités mentionnées audit 21° sont celles effectuées par les personnes suivantes :*

1° Les personnes mentionnées au 3° et au 6° de l'article R. 92 du code de procédure pénale ;

2° Les experts désignés par le juge en application de l'article 264 du code de procédure civile ;

(Abrogé par Décr. n° 2008-267 du 18 mars 2008, art. 1er) *« 3° Les gérants de tutelle mentionnés à l'article 499 du code civil, désignés en qualité d'administrateurs spéciaux ;*

« 4° Les curateurs nommés par le juge des tutelles en application du deuxième alinéa in fine de l'article 509-1 du code civil ;

« 5° Les tuteurs et curateurs d'État, désignés par le juge des tutelles dans les conditions définies aux articles 7 et 8 du décret n° 74-930 du 6 novembre 1974 ; »

6° Les enquêteurs sociaux mentionnés à l'article 287-2 du code civil ;

7° Les médiateurs civils désignés dans les conditions définies aux articles 131-1 et suivants du nouveau code de procédure civile ;

8° Les administrateurs ad hoc nommés par le juge des tutelles en application du deuxième alinéa de l'article 389-3 du code civil et ceux désignés par le procureur de la République ou le juge d'instruction en application de l'article 706-50 du code de procédure pénale ;

9° Les médecins experts, les rapporteurs et les médecins qualifiés mentionnés aux articles R. 143-4, R. 143-27 et R. 143-28 du code de la sécurité sociale ;

10° Les médecins experts de la commission centrale ou des commissions départementales d'aide sociale désignés par le préfet, en application de l'article 130 du code de la famille et de l'aide sociale [CASF, art. L. 134-7]*, et les médecins consultés par les commissions départementales d'aide sociale en application des dispositions du deuxième alinéa* (Décr. n° 2008-267 du 18 mars 2008, art. 2) *« de l'article L. 232-20 du même code » ;*

11° Les médecins membres des commissions départementales du permis de conduire mentionnées à l'article R. 127 du code de la route ;

12° Les médecins mentionnés à l'article 20 de la loi n° 99-223 du 23 mars 1999, et les vétérinaires mentionnés à l'article 8 de la loi n° 89-432 du 28 juin 1989 ;

13° Les commissaires enquêteurs mentionnés notamment à l'article 2 de la loi n° 83-630 du 12 juillet 1983 et à l'article R. 11-5 du code de l'expropriation pour cause d'utilité publique, quel que soit le maître d'ouvrage ;

(Décr. n° 2008-267 du 18 mars 2008, art. 3) *« 14° Les hydrogéologues agréés en matière d'hygiène publique mentionnés à l'article R. 1321-14 du code de la santé publique, au titre des avis qui leur sont demandés en application du 5° de l'article R. 1321-6, du 5° de l'article*

R. 1322-5, des articles R. 1322-12, R. 1322-13, R. 1322-17, R. 1322-24 et R. 1322-25 du même code et de l'article R. 2213-32 du code général des collectivités territoriales et au titre des avis qui leur sont demandés en application des articles L. 1331-1 à [L.] 1331-6 du code de la santé publique, dans le cadre de l'assainissement collectif avec rejet dans le sol ;

« 15° Les membres des commissions et des comités de lecture du Centre national de la cinématographie mentionné à l'article 1er du code de l'industrie cinématographique ;

« 16° Les médecins coordonnateurs mentionnés à l'article L. 3711-1 du code de la santé publique et intervenant dans le cadre d'une injonction de soins mentionnée aux articles 131-36-4 et 132-45-1 du code pénal et aux articles 723-30 et 731-1 du code de procédure pénale. »

L'État, les collectivités territoriales, les établissements publics administratifs en dépendant et les organismes de droit privé chargés de la gestion d'un service public administratif qui font appel aux personnes mentionnées ci-dessus versent les cotisations de sécurité sociale, la contribution sociale généralisée et la contribution pour le remboursement de la dette sociale aux organismes de recouvrement mentionnés aux articles L. 213-1 et L. 752-4 du code de la sécurité sociale, sous réserve des dispositions de l'article 3 ci-dessous.

Art. 2 *Le montant des rémunérations auxquelles donnent lieu les activités mentionnées à l'article 1er ci-dessus peut être défini notamment par le biais d'un forfait, d'une vacation ou être fonction d'une cotation.*

(Décr. n° 2008-267 du 18 mars 2008, art. 4) *« Les cotisations de sécurité sociale dues au titre des assurances sociales, des accidents du travail et des allocations familiales, pour les catégories de personnes mentionnées à l'article 1er, sont calculées sur les rémunérations versées mensuellement ou pour chaque acte ou mission ou, le cas échéant, par patient suivi annuellement. »*

Art. 3 *Les personnes qui exercent une activité non salariée non agricole relevant de l'article L. 621-3 du code de la sécurité sociale peuvent demander le rattachement des rémunérations perçues au titre des activités mentionnées à l'article 1er ci-dessus aux revenus tirés de cette activité non salariée* (Abrogé par Décr. n° 2008-267 du 18 mars 2008, art. 5) *« , quand cette dernière activité est exercée à titre principal dans les conditions prévues par les articles R. 615-2 à 615-6 du même code ».*

La production par les personnes mentionnées ci-dessus de l'attestation, par le régime d'assurance maladie-maternité des travailleurs non salariés des professions non agricoles, du service des prestations de ce régime auxdites personnes, vaut demande écrite auprès des personnes morales citées au dernier alinéa de l'article 1er ci-dessus. Cette demande prend effet à la date de la présentation de l'attestation susvisée auxdites personnes morales. Elle vaut jusqu'au 30 juin suivant. Sauf dénonciation par l'assuré avant cette dernière date, elle est tacitement reconduite. La dénonciation prend effet au 30 juin suivant sa réception.

Les personnes morales concernées informent de cette demande les organismes de sécurité sociale des personnes mentionnées ci-dessus et leur indiquent les montants bruts des sommes versées à ce titre une fois par an, et au plus tard le 31 janvier de l'année suivant celle de leur versement.

Ces montants doivent figurer dans la déclaration unique de revenus mentionnée à l'article R. 115-5 du code de la sécurité sociale.

Les personnes qui ont fait la demande visée ci-dessus sont affiliées et cotisent sur l'ensemble des revenus et rémunérations perçus au titre de l'(Décr. n° 2008-267 du 18 mars 2008) *« activité non salariée non agricole » et de l'activité mentionnée à l'article 1er ci-dessus au régime de sécurité sociale de leur* (Décr. n° 2008-267 du 18 mars 2008) *« activité non salariée non agricole ».*

Art. 4 *Les dispositions du présent décret entrent en vigueur le premier jour du septième mois civil suivant la date de sa publication (JO 19 janv.).*

Décret n° 2000-83 du 31 janvier 2000,

Relatif au champ de l'allégement de cotisations sociales prévu par l'art. L. 241-13-1 CSS (JO 1er févr.).

Art. 1er Ne peuvent bénéficier de l'allégement prévu à l'article L. 241-13-1 du code de la sécurité sociale, eu égard au caractère de monopole de leurs activités principales ou au caractère prépondérant des concours de l'État dans leurs produits d'exploitation, les organismes suivants :

Aéroports de Paris ;

Agence de l'environnement et de la maîtrise de l'énergie ;

Agence française de développement ;

Agence nationale de valorisation de la recherche ;

Agence nationale pour la gestion des déchets radioactifs ;

Centre national de la danse ;
Charbonnages de France ;
Cité de la musique ;
Comédie-Française ;
Commissariat à l'énergie atomique ;
École nationale supérieure de création industrielle ;
École nationale supérieure des métiers de l'image et du son ;
Électricité de France ;
Établissement public du parc et de la grande halle de La Villette ;
Établissement public et sociétés bénéficiant du produit de la redevance pour droit d'usage au titre de l'article 53 de la loi n° 86-1067 du 30 septembre 1986 relative à la liberté de communication ;
Établissements publics à caractère industriel et commercial d'intervention en matière agricole ;
Gaz de France ;
Houillères des bassins du Centre et du Midi ;
Houillères du bassin de Lorraine ;
Institut français de recherche pour l'exploitation de la mer ;
La Française des Jeux ;
La Poste ;
Opéra national de Paris ;
Réseau ferré de France ;
Société des mines de potasse d'Alsace ;
Société nationale d'électricité et de thermique ;
Théâtres nationaux de l'Odéon, de Chaillot, de la Colline et de Strasbourg.

Décret n° 2000-84 du 31 janvier 2000,

Relatif à l'incitation financière à la réduction du temps de travail prévue par l'article 3 de la loi n° 98-461 du 13 juin 1998 d'orientation et d'incitation relative à la réduction du temps de travail, modifié par la loi n° 2000-37 du 19 janvier 2000 relative à la réduction négociée du temps de travail et applicable aux entreprises de vingt salariés ou moins et aux entreprises nouvelles (JO 1er févr.).

CHAPITRE PREMIER *Dispositions applicables aux entreprises de vingt salariés ou moins bénéficiant de l'aide prévue à l'article 3 de la loi n° 98-461 du 13 juin 1998*

Art. 1er Les entreprises de vingt salariés ou moins qui obtiennent le bénéfice de l'aide prévue à l'article 3 de la loi du 13 juin 1998 susvisée sont soumises aux dispositions suivantes.

Art. 2 I. – Dans le cas où l'entreprise s'engage à procéder à des embauches en contrepartie de la réduction du temps de travail, l'aide est attribuée sur la base d'une déclaration de l'employeur comportant les informations prévues à l'article 14 du présent décret.

II. – La convention de réduction du temps de travail prévue au V de l'article 3 de la loi du 13 juin 1998 susvisée permettant d'éviter des licenciements prévus dans le cadre d'une procédure de licenciement pour motif économique peut être conclue avec le ministre chargé de l'emploi pour les demandes présentées par les entreprises appartenant à un groupe d'importance nationale ou concernant plusieurs départements, ou avec le préfet, ou, par délégation, le directeur départemental du travail, de l'emploi et de la formation professionnelle.

Art. 3 La réduction de l'horaire collectif de travail doit concerner l'ensemble de l'entreprise ou de l'établissement sauf pour des motifs particuliers liés à des problèmes d'organisation du travail spécifiques à une partie de cet établissement ou de cette entreprise.

Art. 4 I. – Dans le cas où l'entreprise ou l'établissement s'engage, en application du IV de la loi du 13 juin 1998 susvisée, à procéder à des embauches, celles-ci doivent correspondre à un volume d'heures égal au produit de l'effectif moyen annuel concerné par la réduction du temps de travail par le pourcentage d'embauche mentionné dans la déclaration et par la nouvelle durée collective.

L'effectif pris en compte est apprécié en moyenne sur les douze mois qui précèdent la signature de l'accord d'entreprise ou d'établissement ou, à défaut, dans le cas de l'application d'une convention ou d'un accord de branche étendus ou agréés, de la date de la déclaration. L'effectif est calculé selon les règles fixées à l'article L. 421-2 du code du travail *[devenu C. trav., art. L. 2312-8]*, au prorata de l'horaire de travail antérieur à la réduction.

Toutefois, lorsque le recours au travail temporaire ou aux contrats de travail à durée déterminée a, pour des raisons exceptionnelles, été très important au cours des douze mois qui précèdent la signature de l'accord d'entreprise ou d'établissement, ou de la déclaration lorsqu'il est fait application d'une convention ou d'un accord de branche étendus ou agréés, il peut être substitué à l'effectif moyen annuel des travailleurs temporaires et des salariés sous contrat à durée déterminée l'effectif moyen annuel des trois dernières années de ces catégories.

II. — Les embauches correspondant à l'engagement minimal pris par l'entreprise s'appliquent aux établissements concernés par l'accord de réduction du temps de travail. Lorsqu'elles sont à temps plein, ces embauches s'effectuent sur la base d'horaires collectifs réduits.

III. — L'effectif que l'entreprise doit s'engager à maintenir est l'effectif moyen annuel de l'ensemble de l'entreprise ou du ou des établissements calculé selon les règles fixées au I du présent article, augmenté des embauches auxquelles l'employeur s'est engagé pour bénéficier de l'aide.

IV. — Pour l'application de la dernière phrase du deuxième alinéa du IV de l'article 3 de la loi du 13 juin 1998 susvisée, le mode de calcul utilisé est celui prévu au I ci-dessus. Lorsque ce mode de calcul ne permet pas la conclusion d'un contrat de travail dont la durée serait au moins égale à celle fixée par la première phrase du second alinéa du IV de l'article L. 241-13-1 du code de la sécurité sociale, l'effectif que l'entreprise doit s'engager à maintenir est l'effectif moyen annuel de l'ensemble de l'entreprise ou du ou des établissements calculé selon les règles fixées au deuxième alinéa du I au présent article.

Art. 5 Dans le cas où la réduction du temps de travail est opérée en application du V de l'article 3 de la loi du 13 juin 1998 susvisée et permet d'éviter des licenciements pour motif économique, l'employeur doit maintenir l'effectif total de l'entreprise ou du ou des établissements au moment de la mise en œuvre de la procédure de licenciement économique après prise en compte, le cas échéant, des suppressions d'emplois prévues par cette procédure que la réduction du temps de travail n'a pu permettre d'éviter. La durée minimale de maintien des effectifs de deux ans s'apprécie à compter de la date d'entrée en vigueur de la convention conclue entre l'État et l'entreprise.

Art. 6 I. — Le montant de l'aide prévue au VI de l'article 3 de la loi du 13 juin 1998 susvisée, ainsi que celui de chacune des majorations, est forfaitaire et fixé, par salarié, pour chaque année d'attribution de l'aide.

La majoration prévue au troisième alinéa du VI du même article est attribuée au plus pendant trois ans.

Un barème annexé au présent décret fixe les montants de l'aide et de chacune des majorations. Les montants de l'aide et de la majoration prévue au troisième alinéa du VI de l'article 3 de la loi du 13 juin 1998 susvisée varient conformément à ce barème.

Le barème de l'aide dont bénéficie l'entreprise est celui applicable :

— à la date de signature de l'accord d'entreprise ayant ouvert le bénéfice de l'aide ;

— à la date d'envoi de la déclaration prévue à l'article 14 du présent décret dans le cas où il est fait application d'une convention ou d'un accord de branche étendus ou agréés.

Toutefois si la demande de convention ou la déclaration est déposée en application d'une convention collective ou d'un accord de branche étendus ou agréés conclu antérieurement au 1er juillet 1999, le barème applicable est celui en vigueur à la date de conclusion dudit accord, sous réserve que la demande de convention soit déposée avant l'expiration d'un délai de trois mois à compter de la publication au *Journal officiel* de l'arrêté d'extension ou d'agrément.

En tout état de cause, si la réduction du temps de travail n'est pas effective dans les trois mois suivant la signature de la convention entre l'État et l'entreprise ou de la date d'envoi de la déclaration, la date prise en compte pour déterminer le barème de l'aide est alors la date d'entrée en vigueur de la réduction du temps de travail, sauf circonstances exceptionnelles appréciées par l'autorité administrative. Il en est de même lorsque la première des étapes de la réduction du temps de travail organisée selon les modalités prévues au IV de l'article 3 de la loi du 13 juin 1998 susvisée n'est pas effective dans le même délai.

II. — Lorsque, en application du troisième alinéa du IV de l'article 3 de la loi du 13 juin 1998 susvisée, l'entreprise opère une nouvelle réduction du temps de travail, celle-ci doit être organisée par un avenant à l'accord d'entreprise. Celui-ci précise notamment l'ampleur de la nouvelle réduction du temps de travail ainsi que le nombre d'embauches auxquelles l'employeur s'engage à procéder et la durée pendant laquelle l'employeur s'engage à maintenir l'emploi.

La majoration du montant de l'aide prévue au troisième alinéa du IV de l'article 3 de la loi du 13 juin 1998 susvisée est accordée soit sur la base de la déclaration de l'employeur prévue à l'article 14 du présent décret, soit par avenant à la convention liant l'État et l'entreprise.

Le délai dont dispose l'employeur pour réaliser les embauches est d'un an au maximum à compter de l'entrée en vigueur de la nouvelle réduction du temps de travail. A compter de la dernière embauche, l'employeur doit maintenir l'effectif moyen annuel de l'entreprise ou de l'établissement mentionné soit dans la déclaration, soit dans la convention, augmenté de la totalité des embauches auxquelles il s'est engagé pour bénéficier de l'aide et de la majoration.

La majoration du montant de l'aide prend effet à la date d'entrée en vigueur de la nouvelle réduction du temps de travail.

III. – La majoration spécifique prévue au troisième alinéa du VI de l'article 3 de la loi du 13 juin 1998 susvisée est ouverte aux entreprises dont l'effectif est constitué d'au moins 60 % d'ouvriers au sens des conventions collectives et d'au moins 70 % de salariés dont les gains et rémunérations mensuels sont inférieurs ou égaux à 169 fois le salaire minimum de croissance majoré de 50 %.

Pour l'application de l'alinéa précédent, sont pris en compte les gains et rémunérations tels que définis à l'article L. 242-1 du code de la sécurité sociale.

IV. – La prolongation de la durée de l'aide prévue au V de l'article 3 de la loi du 13 juin 1998 susvisée est accordée notamment au vu des conditions d'exécution des mesures de prévention et d'accompagnement des licenciements qui ont permis le bénéfice de la convention initiale.

Art. 7 I. – L'entreprise détermine mensuellement le montant de l'aide donnant lieu à déduction, augmenté le cas échéant des majorations, auquel elle a droit pour chaque salarié. Ce montant est égal à un douzième du montant annuel de l'aide applicable arrondi au franc immédiatement supérieur.

Pour les salariés à temps partiel ouvrant droit au bénéfice de l'aide, le montant de l'aide ainsi déterminé est réduit au prorata du nombre d'heures inscrit au contrat de travail des intéressés rapporté à l'horaire collectif conventionnel.

II. – *(Décr. no 2003-487 du 11 juin 2003, art. 5)* « Le montant mensuel de l'aide et des majorations est déduit du montant des cotisations patronales d'assurances sociales, d'accident du travail et de maladies professionnelles et d'allocations familiales dues au titre de chacun des salariés visés au premier alinéa du VI de l'article 3 de la loi du 13 juin 1998 susvisée dont le contrat de travail est en cours d'exécution ou suspendu au dernier jour du mois. Toutefois, les salariés dont le contrat de travail est suspendu depuis plus de six mois n'ouvrent pas droit à l'aide. Ce montant est plafonné au montant des cotisations précitées. »

III. – *(Abrogé par Décr. no 2003-487 du 11 juin 2003, art. 5) « Le montant mensuel de l'aide et des majorations est déduit du montant total des cotisations patronales d'assurances sociales, d'accident du travail et d'allocations familiales dues au titre des gains et rémunérations versés à l'ensemble des salariés de l'entreprise ou de l'établissement concerné au cours du mois. l'employeur ou, le cas échéant, la caisse de mutualité sociale agricole l'impute sur le premier versement de cotisations sociales, mensuel ou trimestriel, qui suit la fin du mois. »*

L'aide et les majorations sont déduites après application, le cas échéant, des autres mesures d'exonération totale ou partielle de cotisations sociales, des taux spécifiques, assiettes ou montants forfaitaires auxquels l'emploi des salariés ouvre droit.

IV. – Les entreprises relevant du régime des congés payés prévu aux articles L. 223-16 et L. 223-17 du code du travail *[devenus C. trav., art. L. 3141-30 et L. 3141-31]* peuvent calculer, pour les salariés sous contrat à durée indéterminée, le montant de la déduction prévue au II du présent article sur la base du dixième du montant annuel de l'aide qui leur est applicable.

Dans ce cas, elles ne peuvent opérer la déduction prévue au III du présent article qu'à dix reprises par année d'exécution de la convention ou de la déclaration au maximum.

Les dispositions du Décr. no 2003-487 du 11 juin 2003 s'appliquent aux gains et rémunérations versés à compter du 1er juill. 2003 (Décr. préc., art. 6).

Art. 8 Pour ouvrir droit au bénéfice de l'aide, les accords conclus en application de l'article L. 212-9 du code du travail *[devenu C. trav., art. L. 3122-19 s.]* doivent fixer le nombre maximum de jours de repos qui peuvent être affectés au compte épargne-temps prévu à l'article L. 227-1 du code du travail *[devenu C. trav., art. L. 3151-1 s.]*, dans la limite de la moitié du nombre des jours de réduction du temps de travail, et organisent les conditions de mise en œuvre du compte épargne-temps permettant de garantir l'utilisation de ces congés à la demande des salariés.

Les repos mentionnés à l'alinéa précédent doivent être utilisés conformément au deuxième alinéa de l'article L. 227-1 du code du travail *[devenu C. trav., art. L. 3151-1 s.]*.

Art. 9 L'autorité administrative peut refuser le bénéfice de l'aide dans un délai de trente jours suivant la réception de la déclaration lorsque l'entreprise ne remplit pas les conditions requises pour concourir aux marchés de l'État posées par les articles 52 à 56 du code des marchés publics.

CHAPITRE II *Dispositions applicables aux entreprises créées postérieurement à la date d'entrée en vigueur de la loi du 19 janvier 2000 susvisée et bénéficiant de l'aide prévue à l'article 3 de la loi du 13 juin 1998 susvisée*

Art. 10 Les entreprises créées postérieurement au 31 janvier 2000 peuvent bénéficier de l'aide prévue à l'article 3 de la loi du 13 juin 1998 susvisée dans les conditions définies ci-après.

Art. 11 I. — Pour l'application des dispositions de l'article 20 de la loi du 19 janvier 2000 susvisée, est considérée comme entreprise nouvelle toute entreprise dont l'immatriculation au registre du commerce et des sociétés, au répertoire des métiers, au registre des agents commerciaux ou auprès des unions pour le recouvrement des cotisations de sécurité sociale et des allocations familiales ou, dans le cas des associations, dont le dépôt des statuts auprès de la préfecture a lieu postérieurement au 31 janvier 2000.

II. — Nonobstant les dispositions du I ci-dessus, ne sont pas considérées comme entreprises nouvelles :

a) Les entreprises dont tout ou partie des salariés ont été repris en application des dispositions de l'article L. 122-12 du code du travail *[devenu C. trav., art. L. 1224-1]* ou de stipulations conventionnelles équivalentes ;

b) Les entreprises visées au III de l'article 44 *sexies* du code général des impôts.

Art. 12 Les entreprises visées à l'article 10 bénéficient de l'aide prévue à l'article 3 de la loi du 13 juin 1998 susvisée pour l'ensemble de leurs salariés occupés selon une durée de travail n'excédant pas 35 heures hebdomadaires ou 1 600 heures annuelles et fixée soit par une convention ou un accord collectif conclu dans les conditions prévues au II de l'article 19 de la loi du 19 janvier 2000 susvisée, soit par le document prévu au VIII de l'article 19 précité ou, à défaut, mentionnée dans le contrat de travail, dès lors qu'elles versent à ces salariés une rémunération mensuelle au moins égale à celle définie au I de l'article 20 de la loi précitée.

Art. 13 Les dispositions des articles 6 à 9 ci-dessus sont applicables aux entreprises soumises aux dispositions du présent chapitre.

CHAPITRE III *Dispositions communes*

Art. 14 La déclaration prévue au IV de l'article 3 de la loi du 13 juin 1998 susvisée et à l'article 20 de la loi du 19 janvier 2000 susvisée est datée et signée par l'employeur. Elle doit comporter les indications suivantes :

1° Le nom ou la raison sociale, l'adresse, l'activité principale exercée au sens de la nomenclature des activités françaises de l'entreprise et, le cas échéant, de l'établissement, le numéro unique d'identification (SIRET) prévu par le décret du 16 mai 1997 susvisé ;

2° Lorsque l'entreprise a réduit son temps de travail, la durée collective de travail antérieure à cette réduction ;

3° La durée collective de travail fixée dans les limites prévues à l'article 3 de la loi du 13 juin 1998 susvisée ou à l'article 20 de la loi du 19 janvier 2000 susvisée et, en cas de réduction du temps de travail par étapes en application du I de l'article 3 de la loi du 13 juin 1998 susvisée, la date et la durée du travail correspondant à chacune de ces étapes ;

4° L'effectif employé dans l'entreprise déterminé selon les modalités prévues à l'article 4 du présent décret ;

5° L'effectif concerné par la réduction du temps de travail déterminé selon les modalités prévues à l'article 4 du présent décret ;

6° Le nombre d'embauches auxquelles l'employeur s'engage à procéder en application de l'article 4 du présent décret ;

7° La date de conclusion de l'accord d'entreprise ou d'établissement ou de l'accord conclu en application des dispositions de l'article L. 132-30 du code du travail ;

8° L'intitulé, la date de conclusion et la date d'extension ou d'agrément de la convention ou de l'accord de branche étendu ou agréé ;

9° Pour les entreprises créées postérieurement au 31 janvier 2000 :

a) La date de création de l'entreprise ;

b) La date à laquelle est entrée en vigueur la durée collective du travail fixée dans les limites définies au I de l'article 20 de la loi du 19 janvier susvisée ;

c) La date de la première embauche ;

d) L'engagement de verser aux salariés une rémunération au moins égale à celle définie au I de l'article 20 précité.

Par ailleurs, l'entreprise doit préciser dans la déclaration qu'elle remplit les conditions requises pour concourir aux marchés de l'État posées par les articles 52 à 56 du code des marchés publics.

Art. 15 L'autorité administrative à laquelle est transmise la déclaration prévue au IV de l'article 3 de la loi du 13 juin 1998 susvisée et au quatrième alinéa du I de l'article 20 de la loi du 19 janvier 2000 susvisée est le préfet de département ou par délégation le directeur départemental du travail, de l'emploi et de la formation professionnelle. l'employeur doit également adresser copie de cette déclaration à l'organisme chargé du recouvrement des cotisations de sécurité sociale.

Art. 16 Le bénéfice de l'aide est ouvert à compter du premier jour du mois qui suit la date à laquelle est entrée en vigueur la durée du travail fixée dans les limites définies au I de l'article 20 de la loi du 19 janvier 2000 susvisée ou, si elle lui est postérieure, la date de réception par l'autorité administrative de la déclaration de l'employeur ou la date de signature de la convention.

Décret n° 2000-89 du 2 février 2000,

Relatif à l'application de l'allégement de cotisation prévu à l'article L. 241-13-1 du code de la sécurité sociale dans certains régimes spéciaux de sécurité sociale (JO 3 févr.).

Décret modifié par Décr. n° 2001-919 du 5 oct. 2001 et modifiant les montants utilisés pour le calcul des allégements de cotisations.

Art. 1er En application de l'article L. 711-13-1 du code de la sécurité sociale, les employeurs mentionnés au I et au II de l'article L. 241-13-1 du même code bénéficient de l'allégement prévu à cet article dans les conditions prévues par le présent décret pour leurs personnels relevant du régime spécial de sécurité sociale dans les mines, de celui des clercs et employés de notaires et de celui des marins. Les dispositions du III de l'article 21 de la loi n° 2000-37 du 19 janvier 2000 sont applicables aux salariés de ces employeurs ouvrant droit au bénéfice de cet allégement.

I. *Dispositions communes*

Art. 2 Le montant de l'allégement applicable aux cotisations à la charge de l'employeur au titre des assurances sociales, des accidents du travail et des maladies professionnelles et des allocations familiales est déterminé selon la formule suivante par mois civil et pour chaque salarié rémunéré au cours du mois pour un nombre d'heures au moins égal à la durée collective du travail dans l'entreprise ou l'établissement :

$$\text{montant de l'allégement} = (42\,102\text{ F} \times \frac{6\,981{,}46\text{ F}}{\text{rémunération mensuelle brute du salarié}} - 20\,290\text{ F})/12$$

Lorsque le rapport entre 6 981,46 F et la rémunération mensuelle est supérieur à un, il est pris en compte pour une valeur égale à un.

Art. 3 Lorsque le montant de l'allégement calculé selon les modalités définies à l'article 2 est inférieur à un douzième de 4 058 F, le montant de l'allégement est fixé à un douzième de 4 058 F.

Art. 4 Pour les salariés employés dans une zone de revitalisation rurale mentionnée à l'article L. 322-13 du code du travail, le montant de l'allégement déterminé selon les modalités prévues aux articles 2 et 3 est majoré d'un montant fixé à un douzième de 1 420 F.

Art. 5 Pour les entreprises ou les établissements dans lesquels la durée collective du travail est au plus égale soit à 32 heures hebdomadaires, soit à 1 460 heures dans l'année, l'allégement déterminé selon les modalités prévues aux articles 2 et 3 est majoré d'un montant fixé à un douzième de 3 551 F.

Art. 6 La minoration prévue au deuxième alinéa du VI de l'article L. 241-13-1 du code de la sécurité sociale applicable aux entreprises bénéficiant soit de l'aide prévue à l'article 3 de la loi n° 98-461 du 13 juin 1998, soit de l'allégement prévu à l'article 39 ou à l'article 39-1 de la loi n° 93-1313 du 20 décembre 1993, est fixée, pour les salariés concernés par cette aide ou cet allégement, à un douzième de 4 058 F. Cette minoration est applicable à l'allégement calculé selon les modalités fixées aux articles 2 à 5 du présent décret.

Toutefois, la minoration est fixée à un douzième de 7 609 F lorsque les salariés ouvrent droit à la majoration prévue à l'article 5 du présent décret ainsi que, au titre d'une réduction de la durée collective du travail d'au moins 15 %, à la majoration de l'aide prévue à l'article 3 de la loi du 13 juin 1998 susvisée ou au taux majoré de l'allégement prévu à l'article 39 ou à l'article 39-1 de la loi du 20 décembre 1993 susvisée.

Art. 7 Lorsque la durée collective du travail dans l'entreprise ou l'établissement est inférieure à 32 heures hebdomadaires, l'allégement déterminé suivant les modalités prévues aux articles 2 à 6 du présent décret est réduit selon le rapport entre cette durée collective et la durée de 32 heures.

Art. 8 I. – Lorsque le nombre d'heures rémunérées au cours du mois civil est inférieur à la durée collective du travail de l'entreprise ou de l'établissement calculée sur ce mois :

1. La rémunération prise en compte pour le calcul effectué à l'article 2 est celle que le salarié aurait perçue pour une durée du travail égale à cette durée collective ;

2. Le montant de l'allégement ainsi déterminé et corrigé, s'il y a lieu, par application des dispositions des articles 3 à 7 ci-dessus est réduit selon le rapport entre le nombre d'heures rémunérées et cette durée collective du travail.

II. – Pour l'application du I ci-dessus :

1. Lorsque la rémunération est mensualisée en application des dispositions de la loi du 19 janvier 1978 susvisée, la durée collective définie sur le mois est égale à cinquante-deux douzièmes de la durée hebdomadaire ;

2. En cas de suspension du contrat de travail, le nombre d'heures rémunérées pris en compte au titre des périodes de suspension est égal au produit de la durée du travail que le salarié était tenu d'effectuer par le pourcentage de la rémunération demeuré à la charge de l'employeur ;

3. En cas de modulation de la durée hebdomadaire du travail en application des dispositions de l'article L. 212-8 du code du travail *[devenu C. trav., art. L. 3122-9 s.]* ou du V de l'article 8 de la loi du 19 janvier 2000 susvisée ou en cas de réduction de cette durée selon les modalités prévues à l'article L. 212-9 du même code, la durée collective définie sur le mois est égale à cinquante-deux douzièmes de la durée moyenne hebdomadaire ; toutefois, lorsque la rémunération versée au salarié est calculée compte tenu de l'horaire réel pratiqué dans l'entreprise ou l'établissement, cet horaire est pris en compte.

Art. 9 L'allégement prévu à l'article 1er du présent décret est applicable aux cotisations dues au titre des gains et rémunérations versés à compter du premier jour du mois suivant celui au cours duquel sont remplies l'ensemble des conditions suivantes :

1. L'entrée en vigueur de la durée collective du travail fixée dans les limites définies au I de l'article 19 de la loi du 19 janvier 2000 susvisée ;

2. Le dépôt de l'accord collectif auquel est subordonné le bénéfice de l'allégement conformément aux dispositions de l'article R. 132-1 du code du travail *[devenu C. trav., art. D. 2231-2]* ;

3. La réception par l'organisme de recouvrement des cotisations de la déclaration comportant les mentions prévues à l'article 10 du présent décret, le cachet de la poste faisant foi.

La déclaration mentionnée au 3 du présent article peut être adressée à l'organisme de recouvrement selon les modalités prévues au troisième alinéa de l'article R. 243-13 du code de la sécurité sociale.

Art. 10 La déclaration prévue au XI de l'article 19 de la loi du 19 janvier 2000 susvisée est adressée à chacun des organismes de recouvrement des cotisations. Elle est datée et signée par l'employeur et doit comporter les indications suivantes :

1. Le nom ou la raison sociale, l'adresse, l'activité principale exercée au sens de la Nomenclature des activités française de l'entreprise et, le cas échéant, de l'établissement, le numéro unique d'identification (SIRET) de l'établissement prévu par le décret du 16 mai 1997 susvisé ;

2. La durée collective du travail fixée dans les limites prévues au I de l'article 19 de la loi du 19 janvier 2000 susvisée et sa date d'entrée en vigueur ;

3. L'effectif employé dans l'entreprise déterminé selon les modalités prévues au XII de l'article 19 de la loi du 19 janvier 2000 susvisée ;

4. Dans les cas visés au 2 du III ou au VIII de l'article 19 de la loi du 19 janvier 2000 susvisée, le nombre d'emplois créés ou préservés ;

5. Les informations relatives à l'ouverture du droit à l'allégement, à savoir, selon les cas :

a) La durée collective du travail applicable dans l'entreprise ou l'établissement avant la réduction du temps de travail ;

b) La date de la conclusion de l'accord d'entreprise ou d'établissement ou de l'accord conclu en application des dispositions de l'article L. 132-30 du code du travail ou la date du document prévu au VIII de l'article 19 de la loi du 19 janvier 2000 susvisée ;

c) L'indication de la direction départementale du travail, de l'emploi et de la formation professionnelle auprès de laquelle le dépôt de l'accord a été effectué ainsi que la date de ce dépôt ;

d) L'intitulé, la date de conclusion et la date d'extension ou d'agrément de la convention ou de l'accord de branche étendu ou agréé ;

e) La date de l'approbation par les salariés prévue aux V, VI, VII ou au VIII de l'article 19 de la loi du 19 janvier 2000 susvisée ;

f) La date de la validation de l'accord par la commission paritaire prévue au VI ou au VIII de l'article 19 de la loi du 19 janvier 2000 susvisée ;

g) Le nombre des salariés travaillant en équipes successives selon un cycle continu dans le cas prévu au X de l'article 19 de la loi du 19 janvier 2000 susvisée ;

h) La date de la création de l'entreprise dans le cas d'entreprise nouvelle au sens du décret pris pour l'application de l'article 20 de la loi du 19 janvier 2000 susvisée et l'engagement relatif à la rémunération des salariés prévue au premier alinéa du même article ;

i) L'indication du bénéfice de l'aide prévue à l'article 3 de la loi du 13 juin 1998 susvisée ou de l'allégement prévu à l'article 39 ou à l'article 39-1 de la loi du 20 décembre 1993 susvisée.

Art. 11 L'employeur doit tenir à la disposition de l'inspecteur du recouvrement mentionné à l'article R. 243-59 du code de la sécurité sociale un document justificatif du montant de l'allégement appliqué indiquant, par établissement et par mois civil, la durée du travail applicable, le nombre de salariés concernés, le montant total de l'allégement et, le cas échéant, de la majoration ou de la minoration appliquée ainsi que, pour chacun des salariés, son identité, la mention du régime spécial de sécurité sociale dont il relève, le montant de la rémunération versée et, le cas échéant, le nombre d'heures pris en compte pour l'application de l'article 8 du présent décret et le montant de l'allégement appliqué.

Il tient également à disposition de cet inspecteur les documents justifiant que sont satisfaites les conditions fixées par les articles 19 et 20 de la loi du 19 janvier 2000 susvisée pour bénéficier de l'allégement.

II. *Dispositions particulières applicables aux salariés relevant du régime spécial de sécurité sociale dans les mines*

Art. 12 Pour les salariés affiliés au régime spécial de sécurité sociale dans les mines, l'allégement prévu à l'article 1er est applicable aux cotisations à la charge de l'employeur assises sur les gains et rémunérations versés aux salariés et dues à la Caisse autonome nationale de sécurité sociale dans les mines, ainsi qu'à celles dues aux autres régimes de sécurité sociale pour les salariés bénéficiant du maintien à ce régime spécial en vertu des décrets nº 46-2769 du 27 novembre 1946 et nº 75-8 du 6 janvier 1975.

L'employeur déduit le montant de l'allégement des cotisations à sa charge versées à la Caisse autonome nationale de sécurité sociale dans les mines ou à l'organisme de recouvrement des cotisations des autres régimes de sécurité sociale concernés.

III. *Dispositions particulières applicables aux salariés relevant du régime spécial de sécurité sociale des clercs et employés de notaires*

Art. 13 Pour les salariés affiliés au régime spécial de sécurité sociale des clercs et employés de notaires, l'allégement prévu à l'article 1er est applicable aux cotisations à la charge de l'employeur, assises sur les gains et rémunérations versés aux salariés et dues :

1. Au titre des assurances maladie, maternité, invalidité, vieillesse, décès et réversion, à la caisse de retraite et de prévoyance des clercs et employés de notaires ;

2. Au titre des allocations familiales et des accidents du travail et maladies professionnelles, aux organismes de recouvrement des cotisations de sécurité sociale et d'allocations familiales du régime général de la sécurité sociale.

Art. 14 L'allégement des cotisations mentionné à l'article 13 est calculé selon les modalités prévues aux articles 2 à 8 du présent décret sous réserve des adaptations ci-après :

1. Pour l'allégement des cotisations mentionnées au 1 de l'article 13 :
– les montants de 42 102 F et 20 290 F fixés à l'article 2 sont remplacés respectivement par les montants de 32 953 F et 15 881 F ;
– le montant de 4 058 F fixé à l'article 3 est remplacé par le montant de 3 176 F ;
– le montant de 1 420 F fixé à l'article 4 est remplacé par le montant de 1 112 F ;
– le montant de 3 551 F fixé à l'article 5 est remplacé par le montant de 2 779 F ;
– les montants de 4 058 F et 7 609 F fixés à l'article 6 sont remplacés respectivement par les montants de 3 176 F et 5 955 F ;

2. Pour l'allégement des cotisations mentionnées au 2 de l'article 13 :
– les montants de 42 102 F et 20 290 F fixés à l'article 2 sont remplacés respectivement par les montants de 9 149 F et 4 409 F ;
– le montant de 4 058 F fixé à l'article 3 est remplacé par le montant de 882 F ;
– le montant de 1 420 F fixé à l'article 4 est remplacé par le montant de 308 F ;
– le montant de 3 551 F fixé à l'article 5 est remplacé par le montant de 772 F ;
– les montants de 4 058 F et 7 609 F fixés à l'article 6 sont remplacés respectivement par les montants de 882 F et 1 654 F.

IV. *Dispositions particulières applicables aux salariés relevant du régime spécial de sécurité sociale des marins*

Art. 15 Pour les salariés relevant du régime spécial de sécurité sociale des marins mentionné au 4° de l'article R. 711-1 du code de la sécurité sociale, l'allégement prévu à l'article 1er du présent décret est applicable dans les conditions ci-après aux contributions et cotisations à la charge de l'employeur et dues :

1. D'une part, à l'Établissement national des invalides de la marine ;
2. D'autre part, soit à la Caisse nationale d'allocations familiales de la pêche maritime mentionnée à l'article L. 212-3 du code de la sécurité sociale, soit à la Caisse nationale d'allocations familiales des marins du commerce mentionnée à l'article L. 212-4 du même code.

Art. 16 Sont considérés comme rémunérations :

1. Pour les contributions et cotisations à la charge de l'employeur dues à l'Établissement national des invalides de la marine et à la Caisse nationale d'allocations familiales de la pêche maritime, le salaire forfaitaire d'assiette des contributions de l'employeur au régime spécial de sécurité sociale des marins défini à l'article L. 42 du code des pensions de retraite des marins français du commerce, de la pêche et de la plaisance ;
2. Pour les cotisations dues à la Caisse nationale d'allocations familiales des marins du commerce, les gains et rémunérations au sens de l'article L. 242-1 du code de la sécurité sociale.

Art. 17 Pour déterminer l'allégement des contributions et cotisations mentionnées au 1 de l'article 15 du présent décret :

1. Les montants de 42 102 F et 20 290 F fixés à l'article 2 sont remplacés respectivement par les montants de 33 369 F et 16 082 F ;
2. Le montant de 4 058 F fixé à l'article 3 est remplacé par le montant de 3 216 F ;
3. Le montant de 1 420 F fixé à l'article 4 est remplacé par le montant de 1 126 F ;
4. Le montant de 3 551 F fixé à l'article 5 est remplacé par le montant de 2 814 F ;
5. Les montants de 4 058 F et 7 609 F fixés à l'article 6 sont remplacés respectivement par les montants de 3 216 F et 6 031 F.

Art. 18 Pour déterminer l'allégement des cotisations mentionnées au 2 de l'article 15 du présent décret :

1. Les montants de 42 102 F et 20 290 F fixés à l'article 2 sont remplacés respectivement par les montants de 8 733 F et 4 208 F ;
2. Le montant de 4 058 F fixé à l'article 3 est remplacé par le montant de 842 F ;
3. Le montant de 1 420 F fixé à l'article 4 est remplacé par le montant de 294 F ;
4. Le montant de 3 551 F fixé à l'article 5 est remplacé par le montant de 737 F ;
5. Les montants de 4 058 F et 7 609 F fixés à l'article 6 sont remplacés respectivement par les montants de 842 F et 1 578 F.

Art. 19 L'application de l'article 8 du présent décret au calcul de l'allégement des contributions et cotisations mentionnées au 1 de l'article 16 est effectuée suivant les modalités ci-après :

1. La rémunération mensuelle prise en compte pour l'application de l'article 2 est le salaire forfaitaire d'assiette des contributions et cotisations pour une période de 30 jours à temps plein ;

2. Pour les marins titulaires d'un contrat de travail à temps partiel, l'allégement ainsi déterminé et après application, s'il y a lieu, des dispositions des articles 3 à 7 est réduit dans la même proportion que celle appliquée au salaire forfaitaire ;

3. Lorsque le nombre de jours de service accomplis par le marin au cours du mois auprès de l'employeur et validés est inférieur à 30 jours, l'allégement déterminé conformément au 1 du présent article et après application, s'il y a lieu, du 2 du présent article et des articles 3 à 7 est réduit selon le rapport entre le nombre de ces jours de service et le nombre de 30 jours.

Art. 20 Le bénéfice de l'allégement prévu à l'article 1er du présent décret ne peut être cumulé pour un même salarié avec une autre mesure d'exonération totale ou partielle des cotisations à la charge de l'employeur, à l'exception des allégements mentionnés au *a* du premier alinéa du VI de l'article L. 241-13-1 du code de la sécurité sociale et de ceux prévus à l'article L. 43 du code des pensions de retraite des marins français du commerce, de la pêche et de la plaisance, à l'article 6 du décret-loi du 17 juin 1938 susvisé et à l'article 1er de la loi du 27 avril 1977 susvisée.

V. *Dispositions transitoires*

Art. 21 Pour l'application de l'article 9 du présent décret, les entreprises ayant satisfait aux dispositions des 1 et 2 dudit article à la date du 1er mars 2000 sont réputées avoir effectué la déclaration prévue au 3 à la date du dépôt de la convention ou de l'accord sous réserve de transmettre à l'organisme de recouvrement les indications prévues à l'article 10 avant le 1er avril 2000.

Décret n° 2000-110 du 4 février 2000,

Portant publication de la Charte sociale européenne (révisée) (ensemble une annexe) faite à Strasbourg le 3 mai 1996 (JO 12 févr.).

BIBL. ▶ Akandji-Kombé, L'application de la Charte sociale européenne : la mise en œuvre de la procédure de réclamations collectives, *Dr. soc. 2000. 888*. – Grévisse, Le renouveau de la Charte sociale européenne, *Dr. soc. 2000. 888*.

Art. 1er La Charte sociale européenne (révisée) (ensemble une annexe), faite à Strasbourg le 3 mai 1996, sera publiée au *Journal officiel* de la République française. – *Elle est entrée en vigueur le 1er juill. 1999.*

....

ANNEXE

PARTIE I

Les Parties reconnaissent comme objectif d'une politique qu'elles poursuivront par tous les moyens utiles, sur les plans national et international, la réalisation de conditions propres à assurer l'exercice effectif des droits et principes suivants :

1° Toute personne doit avoir la possibilité de gagner sa vie par un travail librement entrepris ;

2° Tous les travailleurs ont droit à des conditions de travail équitables ;

3° Tous les travailleurs ont droit à la sécurité et à l'hygiène dans le travail ;

4° Tous les travailleurs ont droit à une rémunération équitable leur assurant, ainsi qu'à leurs familles, un niveau de vie satisfaisant ;

5° Tous les travailleurs et employeurs ont le droit de s'associer librement au sein d'organisations nationales ou internationales pour la protection de leurs intérêts économiques et sociaux ;

6° Tous les *travailleurs* et *employeurs* ont le droit de négocier collectivement ;

7° Les enfants et les adolescents ont droit à une protection spéciale contre les dangers physiques et moraux auxquels ils sont exposés ;

8° Les travailleuses, en cas de maternité, ont droit à une protection spéciale ;

9° Toute personne a droit à des moyens appropriés d'orientation professionnelle, en vue de l'aider à choisir une profession conformément à ses aptitudes personnelles et à ses intérêts ;

10° Toute personne a droit à des moyens appropriés de formation professionnelle ;

11° Toute personne a le droit de bénéficier de toutes les mesures lui permettant de jouir du meilleur état de santé qu'elle puisse atteindre ;

12° Tous les travailleurs et leurs ayants droit ont droit à la sécurité sociale ;

13° Toute personne démunie de ressources suffisantes a droit à l'assistance sociale et médicale ;

14° Toute personne a le droit de bénéficier de services sociaux qualifiés ;

15° Toute personne handicapée a droit à l'autonomie, à l'intégration sociale et à la participation à la vie de la communauté ;

16° La famille, en tant que cellule fondamentale de la société, a droit à une protection sociale, juridique et économique appropriée pour assurer son plein développement ;

17° Les enfants et les adolescents ont droit à une protection sociale, juridique et économique appropriée ;

18° Les ressortissants de l'une des Parties ont le droit d'exercer sur le territoire d'une autre Partie toute activité lucrative, sur un pied d'égalité avec les nationaux de cette dernière, sous réserve des restrictions fondées sur des raisons sérieuses de caractère économique ou sociale ;

19° Les travailleurs migrants ressortissants de l'une des Parties et leurs familles ont droit à la protection et à l'assistance sur le territoire de toute autre Partie ;

20° Tous les travailleurs ont droit à l'égalité de chances et de traitement en matière d'emploi et de profession, sans discrimination fondée sur le sexe ;

21° Les travailleurs ont droit à l'information et à la consultation au sein de l'entreprise ;

22° Les travailleurs ont le droit de prendre part à la détermination et à l'amélioration des conditions de travail et du milieu du travail dans l'entreprise ;

23° Toute personne âgée a droit à une protection sociale ;

24° Tous les travailleurs ont droit à une protection en cas de licenciement ;

25° Tous les travailleurs ont droit à la protection de leurs créances en cas d'insolvabilité de leur employeur ;

26° Tous les travailleurs ont droit à la dignité dans le travail ;

27° Toutes les personnes ayant des responsabilités familiales et occupant ou souhaitant occuper un emploi sont en droit de le faire sans être soumises à des discriminations et autant que possible sans qu'il y ait conflit entre leur emploi et leurs responsabilités familiales ;

28° Les représentants des travailleurs dans l'entreprise ont droit à la protection contre les actes susceptibles de leur porter préjudice et doivent avoir les facilités appropriées pour remplir leurs fonctions ;

29° Tous les travailleurs ont le droit d'être informés et consultés dans les procédures de licenciements collectifs ;

30° Toute personne a droit à la protection contre la pauvreté et l'exclusion sociale ;

31° Toute personne a droit au logement.

PARTIE II

Les Parties s'engagent à se considérer comme liées, ainsi que prévu à la partie III, par les obligations résultant des articles et des paragraphes ci-après :

....

12 *Droit à la sécurité sociale.* — En vue d'assurer l'exercice effectif du droit à la sécurité sociale, les Parties s'engagent :

1° A établir ou à maintenir un régime de sécurité sociale ;

2° A maintenir le régime de sécurité sociale à un niveau satisfaisant, au moins égal à celui nécessaire pour la ratification du code européen de sécurité sociale ;

3° A s'efforcer de porter progressivement le régime de sécurité sociale à un niveau plus haut ;

4° A prendre des mesures, par la conclusion d'accords bilatéraux ou multilatéraux appropriés ou par d'autres moyens, et sous réserve des conditions arrêtées dans ces accords, pour assurer :

a) L'égalité de traitement entre les nationaux de chacune des Parties et les ressortissants des autres Parties en ce qui concerne les droits à la sécurité sociale, y compris la conservation des avantages accordés par les législations de sécurité sociale, quels que puissent être les déplacements que les personnes protégées pourraient effectuer entre les territoires des Parties ;

b) L'octroi, le maintien et le rétablissement des droits à la sécurité sociale par des moyens tels que la totalisation des périodes d'assurance ou d'emploi accomplies conformément à la législation de chacune des Parties.

13 *Droit à l'assistance sociale et médicale.* — En vue d'assurer l'exercice effectif du droit à l'assistance sociale et médicale, les Parties s'engagent :

1° A veiller à ce que toute personne qui ne dispose pas de ressources suffisantes et qui n'est pas en mesure de se procurer celles-ci par ses propres moyens ou de les recevoir d'une autre source, notamment par des prestations résultant d'un régime de sécurité sociale, puisse obtenir une assistance appropriée et, en cas de maladie, les soins nécessités par son état ;

2° A veiller à ce que les personnes bénéficiant d'une telle assistance ne souffrent pas, pour cette raison, d'une diminution de leurs droits politiques ou sociaux ;

3° A prévoir que chacun puisse obtenir, par des services compétents de caractère public ou privé, tous conseils et toute aide personnelle nécessaires pour prévenir, abolir ou alléger l'état de besoin d'ordre personnel et d'ordre familial ;

4° A appliquer les dispositions visées aux paragraphes 1, 2 et 3 du présent article, sur un pied d'égalité avec leurs nationaux, aux ressortissants des autres Parties se trouvant légalement sur leur territoire, conformément aux obligations qu'elles assument en vertu de la Convention européenne d'assistance sociale et médicale, signée à Paris le 11 décembre 1953.

....

16 *Droit de la famille à une protection sociale, juridique et économique.* — En vue de réaliser les conditions de vie indispensables au plein épanouissement de la famille, cellule fondamentale de la société, les Parties s'engagent à promouvoir la protection économique, juridique et sociale de la vie de famille, notamment par le moyen de prestations sociales et familiales, de dispositions fiscales, d'encouragement à la construction de logements adaptés aux besoins des familles, d'aide aux jeunes foyers, ou de toutes autres mesures appropriées.

....

Décret n° 2000-150 du 23 février 2000,

Relatif aux conditions de suspension et de suppression du bénéfice de l'allégement de cotisations sociales prévu par l'article L. 241-13-1 du code de la sécurité sociale (JO 26 févr.).

Art. 1er I. – En application du deuxième alinéa du XV de l'article 19 de la loi n° 2000-37 du 19 janvier 2000, le bénéfice de l'allégement de cotisations sociales prévu par l'article L. 241-13-1 du code de la sécurité sociale est suspendu lorsque le volume des heures supplémentaires effectuées de manière régulière montre que l'organisation du travail de l'entreprise ou de l'établissement est établie sur la base d'une durée collective de travail manifestement supérieure aux limites fixées au I de l'article 19 de la loi du 19 janvier 2000 susvisée.

Le bénéfice de l'allégement est par ailleurs suspendu pour tout salarié ayant effectué un nombre d'heures supplémentaires dépassant le contingent mentionné au premier alinéa de l'article L. 212-5-1 du code du travail *[devenu C. trav., art. L. 3121-26 s.]*.

Toutefois, l'organisme de recouvrement des cotisations sociales peut décider de ne pas suspendre l'allégement lorsque l'entreprise, ayant déposé ses offres à l'institution mentionnée à l'article L. 5312-1 du code du travail, justifie de difficultés particulières de recrutement, de nature notamment à retarder la mise en place d'une nouvelle organisation du travail.

II. – La suspension du bénéfice de la majoration prévue au cinquième alinéa du III de l'article L. 241-13-1 du code de la sécurité sociale doit être prononcée lorsque le volume des heures effectuées de manière régulière au-delà de 32 heures hebdomadaires ou 1 460 heures annuelles montre que l'organisation du travail de l'entreprise ou de l'établissement est établie sur la base d'une durée collective de travail manifestement supérieure aux limites fixées par l'alinéa précité.

III. – Le bénéfice de l'allégement est également suspendu lorsque l'engagement en termes d'embauche prévu par l'accord n'est pas réalisé dans un délai d'un an à compter de la réduction effective du temps de travail ou dans le délai fixé par la convention ou l'accord, sauf circonstances exceptionnelles.

Art. 2 I. – La décision de suspension de l'allégement entraîne la perte de celui-ci, selon le cas, au titre du salarié, du service ou de l'établissement concernés par le manquement relevé.

Lorsqu'elle est notifiée sur le fondement du non-respect de l'engagement en termes d'embauche, elle s'applique à l'ensemble de l'entreprise ou de l'établissement concerné.

Dans tous les cas, la suspension de l'allégement prend effet à compter du premier jour du mois suivant celui au cours duquel cette décision est prise.

II. – Lorsque l'autorité administrative estime que l'employeur satisfait ses engagements, le droit à l'allégement lui est à nouveau ouvert.

Art. 3 I. – Le bénéfice de l'allégement est supprimé en l'absence de mise en œuvre, imputable à l'employeur, des clauses de la convention ou de l'accord collectif relatives à la durée collective du travail à laquelle est subordonné le bénéfice de l'allégement.

II. – Le bénéfice de l'allégement est supprimé en cas de fausse déclaration ou d'omission de l'employeur tendant à obtenir le bénéfice dudit allégement.

III. – En application du second alinéa du XVI de l'article 19 de la loi du 19 janvier 2000 susvisée, le bénéfice de l'allégement est supprimé lorsque la convention ou l'accord collectif n'a pas été conclu, approuvé ou validé conformément aux dispositions des II, V, VI et VII dudit article. Il en va de même lorsque le document prévu au VIII de cet article n'a pas été approuvé par les salariés.

IV. – Le bénéfice de l'allégement est également supprimé, à l'issue du délai de douze mois prévu au troisième alinéa de l'article L. 132-8 du code du travail *[devenu C. trav., art. L. 2261-10]*, lorsque l'accord dénoncé, dans les conditions prévues au troisième alinéa du même article, n'a pas été remplacé dans ce délai et que l'autorité administrative a constaté que la durée collective a dépassé les limites fixées au I de l'article 19 de la loi du 19 janvier 2000 susvisée.

Lorsque l'autorité administrative constate, à l'issue du délai mentionné à l'alinéa précédent et en l'absence d'un nouvel accord, que la durée collective de travail ne dépasse pas les limites fixées au I de l'article 19 de la loi du 19 janvier 2000 susvisée, le droit à l'allégement est maintenu.

L'autorité administrative établit le rapport prévu au deuxième alinéa du XVI de l'article 19 de la loi du 19 janvier 2000 susvisée. Elle le transmet à l'employeur et à l'organisme de recouvrement des cotisations de sécurité sociale qui, même dans le cas où il décide le maintien de l'allégement, notifie sa décision à l'employeur.

Art. 4 La suppression de l'allégement entraîne la perte de celui-ci à compter du premier jour du mois suivant celui au cours duquel cette décision est notifiée à l'employeur.

Toutefois, lorsque la suppression résulte du IV de l'article 3 ci-dessus, le droit à allégement est maintenu ou rouvert si, à l'issue du délai prévu au troisième alinéa de l'article L. 132-8 du code du travail *[devenu C. trav., art. L. 2261-10]*, un nouvel accord est conclu dans les conditions prévues à l'article 19 de la loi du 19 janvier 2000 susvisée.

Art. 5 La suppression du bénéfice de l'allégement intervenue en application des I et II de l'article 3 ci-dessus comporte pour l'entreprise l'obligation de reverser une somme correspondant au montant de l'allégement dont elle a indûment bénéficié.

Art. 6 L'employeur reverse l'allégement indu à l'organisme de recouvrement des cotisations sociales, selon les règles, garanties et sanctions applicables au recouvrement des cotisations de sécurité sociale. Toutefois, lorsque le reversement est décidé dans le cas prévu au I de l'article 3 ci-dessus, il n'est appliqué de majorations de retard ni au titre de la période antérieure à la notification de la décision de suppression de l'allégement ni avant un délai de trente jours suivant sa notification.

En tout état de cause, les majorations de retard ne sont pas applicables aux entreprises de travail temporaire, pour leurs salariés mis à disposition, au titre de la période antérieure à la date à laquelle l'information prévue au dernier alinéa de l'article D. 241-23 du code de la sécurité sociale a été communiquée par l'entreprise utilisatrice.

Art. 7 I. – Le rapport ou l'avis prévu au XVI de l'article 19 de la loi du 19 janvier 2000 susvisée est transmis à l'employeur par l'organisme chargé du recouvrement des cotisations de sécurité sociale, sauf dans le cas décrit au premier alinéa de ce XVI, où la transmission est assurée par l'autorité administrative.

L'organisme de recouvrement notifie à l'employeur la décision de suspension ou de suppression de l'allégement, assortie, le cas échéant, de la décision de reversement de l'allégement indu.

L'employeur est tenu d'informer les organisations syndicales ou les représentants du personnel signataires de l'accord de la décision de suspension ou de suppression du bénéfice de l'allégement.

II. – La décision de suspension ou de suppression du bénéfice de l'allégement ne peut être prise sans que l'employeur ait été informé par écrit des motifs de la décision envisagée et avant l'expiration d'un délai de trente jours suivant la notification de cette information.

III. – Pour bénéficier de l'allégement à la suite d'une décision de suspension ou de suppression, l'employeur doit porter à la connaissance de l'autorité administrative les éléments justifiant qu'il satisfait aux conditions auxquelles est subordonné le bénéfice de l'allégement. Au vu de ces éléments, l'autorité administrative estime si ces conditions sont satisfaites et communique le rapport prévu au XVI de l'article 19 de la loi du 19 janvier 2000 susvisée à l'organisme de recouvrement des cotisations sociales. Celui-ci notifie à l'employeur sa décision quant au bénéfice du droit à l'allégement. Si aucune décision n'a été notifiée à l'issue d'un délai de deux mois à compter de la date à laquelle l'autorité administrative a été saisie, l'employeur est réputé satisfaire aux conditions auxquelles le bénéfice de l'allégement est subordonné. L'allégement prend effet au premier jour du mois au cours duquel soit la décision de l'organisme de recouvrement est intervenue, soit l'employeur est réputé satisfaire auxdites conditions.

IV. — L'autorité administrative mentionnée au XVI de l'article 19 de la loi du 19 janvier 2000 susvisée et aux I et III du présent article est le directeur départemental du travail, de l'emploi et de la formation professionnelle.

Toutefois, lorsque le bénéfice de l'allégement est ouvert en application du IX de l'article 19 de la loi du 19 janvier 2000 susvisée et qu'une convention a été conclue en application de l'article 3 de la loi n° 98-461 du 13 juin 1998 ou des articles 39 et 39-1 de la loi du 20 décembre 1993 susvisée, l'autorité administrative est celle ayant signé ladite convention.

Art. 8 L'employeur doit tenir à la disposition de l'autorité administrative les documents relatifs à l'ouverture du droit au bénéfice de l'allégement ainsi que les documents prévus aux articles L. 611-9, L. 620-2 et D. 212-21 du code du travail ou, le cas échéant, ceux prévus par le décret n° 95-1073 du 28 septembre 1995.

....

Loi n° 2000-321 du 12 avril 2000,

Relative aux droits des citoyens dans leurs relations avec les administrations (JO 13 avr.).

BIBL. ▶ D. FERRARI, Les droits des citoyens dans leurs relations avec les administrations (commentaire général de la loi n° 2000-321 du 12 avr. 2000), *ADJA 2000, p. 471*. – MAILLARD DESGRÉES DU LOÛ, Droit des relations de l'administration avec ses usagers : *PUF 2000*. – PRÉTOT, L'amélioration des relations entre l'administration et ses usagers (loi n° 2000-321 du 12 avr. 2000), *Bull. soc. F. Lefebvre 2000. 382.*

Art. 1er Sont considérés comme autorités administratives au sens de la présente loi les administrations de l'État, les collectivités territoriales, les établissements publics à caractère administratif, les organismes de sécurité sociale et les autres organismes chargés de la gestion d'un service public administratif.

Dispositions relatives à la transparence administrative

(Abrogé par Ord. n° 2015-1341 du 23 oct. 2015, art. 6)

Art. 4 ***Dans ses relations avec l'une des autorités administratives mentionnées à l'article 1er, toute personne a le droit de connaître le prénom, le nom, la qualité et l'adresse administratives de l'agent chargé d'instruire sa demande ou de traiter l'affaire qui la concerne ; ces éléments figurent sur les correspondances qui lui sont adressées. Si des motifs intéressant la sécurité publique ou la sécurité des personnes le justifient, l'anonymat de l'agent est respecté.*** — V. désormais **CRPA**, art. L. 111-2.

Toute décision prise par l'une des autorités administratives mentionnées à l'article 1er comporte, outre la signature de son auteur, la mention, en caractères lisibles, du prénom, du nom et de la qualité de celui-ci. — V. désormais **CRPA**, art. L. 212-1.

1. L'absence de mention, sur une mise en demeure adressée par une URSSAF, des nom, prénoms et qualité du signataire, n'est pas de nature à justifier l'annulation de la mise en demeure par les juridictions du contentieux général de la sécurité sociale. • Cass., avis, 22 mars 2004 : *Jurisdata n° 022951 ; RJS 2004. 449, rapport Mme Guihal-Fossier ; TPS 2004/06. Chron. 12, note Prétot* • Civ. 2e, 5 juill. 2005 : *JCP 2005. 1181, obs. Prétot ; RJD 2005, n° 1032 (3e esp.).*

2. Dès lors que la signature, illisible, ni aucune autre mention figurant sur la décision ne permettent d'en identifier l'auteur en méconnaissance des exigences de l'art. 4, al. 2, de la loi du 12 avr. 2000, la décision de l'administration est entachée d'illégalité. • CE 15 nov. 2006, *Mme Devois*, n° 280424.

Art. 4-1 (L. n° 2014-1545 du 20 déc. 2014, art. 34) ***Par dérogation au second alinéa de l'article 4, sont dispensés de la signature de leur auteur, dès lors qu'ils comportent ses prénom, nom et qualité ainsi que la mention du service auquel celui-ci appartient, les actes et décisions suivants émanant des autorités administratives mentionnées à l'article 1er :***

1° Les décisions administratives qui sont notifiées aux usagers par l'intermédiaire d'un téléservice conforme aux articles 4 et 9 à 12 de l'ordonnance n° 2005-1516 du 8 décembre 2005 relative aux échanges électroniques entre les usagers et les autorités administratives et entre les autorités administratives ainsi que les actes préparatoires à ces décisions ;

2° Quelles que soient les modalités selon lesquelles ils sont portés à la connaissance des intéressés, les avis à tiers détenteur, les oppositions à tiers détenteur, les oppositions administratives ainsi que les saisies à tiers détenteur, adressés tant au tiers saisi qu'au redevable, les lettres de relance relatives à l'assiette ou au recouvrement, les mises en demeure de souscrire une déclaration ou d'effectuer un paiement, les décisions d'admission totale d'une réclamation et les demandes de documents et de renseignements pouvant être obtenus par la mise en œuvre du droit de communication prévu au chapitre II du titre II de la première partie du livre des procédures fiscales.

V. désormais **CRPA**, *art. L. 212-2.*

....

Dispositions relatives à la transparence financière

Art. 10 Les budgets et les comptes des autorités administratives mentionnées à l'article 1er et dotées de la personnalité morale sont communicables à toute personne qui en fait la demande, dans les conditions prévues par la loi n° 78-753 du 17 juillet 1978.

La communication de ces documents peut être obtenue tant auprès de l'autorité administrative concernée que de celles qui les détiennent.

(Ord. n° 2015-904 du 23 juill. 2015, art. 7) « Les demandes de subvention présentées par les associations auprès d'une autorité administrative ou d'un organisme chargé de la gestion d'un service public industriel et commercial mentionné au premier alinéa de l'article 9-1 sont établies selon un formulaire unique dont les caractéristiques sont précisées par décret. »

L'autorité administrative *(L. n° 2014-856 du 31 juill. 2014, art. 59-2°)* « ou l'organisme chargé de la gestion d'un service public industriel et commercial mentionné au premier alinéa de l'article 9-1 » qui attribue une subvention doit, lorsque cette subvention dépasse un seuil défini par décret, conclure une convention avec l'organisme de droit privé qui en bénéficie, définissant l'objet, le montant *(L. n° 2014-856 du 31 juill. 2014, art. 59-2°)* « , les modalités de versement » et les conditions d'utilisation de la subvention attribuée. *(L. n° 2003-590 du 2 juill. 2003, art. 94)* « Cette disposition ne s'applique pas aux organismes qui bénéficient de subventions pour l'amélioration, la construction, l'acquisition et l'amélioration des logements locatifs sociaux prévues au livre III du code de la construction et de l'habitation. »

(L. n° 2014-626 du 18 juin 2014, art. 37) « L'autorité administrative *(L. n° 2014-856 du 31 juill. 2014, art. 59-2°)* « ou l'organisme chargé de la gestion d'un service public industriel et commercial mentionné au premier alinéa de l'article 9-1 » qui attribue une subvention dépassant le seuil mentionné au *(L. n° 2016-1321 du 7 oct. 2016, art. 18-I)* « quatrième » alinéa du présent article à une société commerciale peut prévoir, dans les conditions d'utilisation, une clause relative au versement de dividendes, au sens de l'article L. 232-12 du code de commerce, ou au versement de rémunérations ou avantages de toute nature accordés aux mandataires sociaux pendant toute la durée de la convention et jusqu'à trois ans après la fin de la convention. *(L. n° 2014-856 du 31 juill. 2014, art. 59-2°)* « L'autorité ou l'organisme mentionné à la première phrase du présent alinéa » peut émettre un titre exécutoire pour obtenir le remboursement de tout ou partie de la subvention si le montant des versements, mentionnés à la première phrase du présent alinéa, effectués par cette société dépasse le montant maximal fixé par la convention. Le montant du remboursement ne peut excéder le montant total de ces versements, effectués depuis le début de la convention. »

Lorsque la subvention est affectée à une dépense déterminée, l'organisme de droit privé bénéficiaire doit produire un compte rendu financier qui atteste de la conformité des dépenses effectuées à l'objet de la subvention. Le compte rendu financier est déposé auprès de l'autorité administrative *(L. n° 2014-856 du 31 juill. 2014, art. 59-2°)* « ou de l'organisme chargé de la gestion d'un service public industriel et commercial mentionné au premier alinéa de l'article 9-1 » qui a versé la subvention dans les six mois suivant la fin de l'exercice pour lequel elle a été attribuée.

Le budget et les comptes de tout organisme de droit privé ayant reçu une subvention, la convention prévue au présent article et le compte rendu financier de la subvention doivent être communiqués à toute personne qui en fait la demande par l'autorité administrative *(L. n° 2014-856 du 31 juill. 2014, art. 59-2°)* « ou de l'organisme chargé de la gestion d'un service public industriel et commercial mentionné au premier alinéa de l'article 9-1 » ayant attribué la subvention ou *(L. n° 2014-856 du 31 juill. 2014, art. 59-2°)* « par les autorités administratives qui détiennent ces documents », dans les conditions prévues par la loi n° 78-753 du 17 juillet 1978 précitée.

Les organismes de droit privé ayant reçu annuellement de l'ensemble des autorités administratives *(L. n° 2014-856 du 31 juill. 2014, art. 59-2°)* « ou des organismes chargés de la gestion d'un service public industriel et commercial » une subvention supérieure à un montant fixé par décret doivent déposer à la préfecture du département où se trouve leur siège social leur budget, leurs comptes, les conventions prévues au présent article et, le cas échéant, les comptes rendus financiers des subventions reçues pour y être consultés.

(Ord. n° 2005-856 du 28 juill. 2005, art. 6) « La formalité de dépôt en préfecture, prévue à l'alinéa précédent, n'est pas exigée des organismes ayant le statut d'association ou de fondation. Les fondations sont soumises aux obligations de publicité prévues pour les associations au premier alinéa de l'article L. 612-4 du code de commerce. »

(L. n° 2016-1321 du 7 oct. 2016, art. 18-I) « L'autorité administrative ou l'organisme chargé de la gestion d'un service public industriel et commercial mentionné au premier alinéa de l'article 9-1 de la présente loi qui attribue une subvention dépassant le seuil mentionné au quatrième alinéa du présent article rend accessible, sous forme électronique, dans un standard ouvert aisément réutilisable et exploitable par un système de traitement automatisé, les données essentielles de la convention de subvention, dans des conditions fixées par voie réglementaire. »

Les dispositions de la L. n° 2016-1321 du 7 oct. 2016 sont applicables en Nouvelle-Calédonie, en Polynésie française et dans les îles Wallis-et-Futuna (L. préc., art. 110-I, II et III).

Dispositions relatives aux relations des citoyens avec les administrations

(Abrogé par Ord. n° 2015-1341 du 23 oct. 2015, art. 6)

Dispositions relatives à l'amélioration des procédures administratives

Art. 16 *Toute personne tenue de respecter une date limite ou un délai pour présenter une demande, déposer une déclaration, exécuter un paiement ou produire un document auprès d'une autorité administrative peut satisfaire à cette obligation au plus tard à la date prescrite au moyen d'un envoi* (L. n° 2012-387 du 22 mars 2012, art. 65) *« de correspondance, le cachet apposé par les prestataires de services postaux autorisés au titre de l'article L. 3 du code des postes et des communications électroniques » faisant foi,* (Ord. n° 2005-1516 du 8 déc. 2005, art. 5-II) *« ou d'un envoi par voie électronique, auquel cas fait foi la date figurant sur l'accusé de réception ou, le cas échéant, sur l'accusé d'enregistrement adressé à l'usager par la même voie conformément aux dispositions du I de l'article 5 de l'ordonnance n° 2005-1516 du 8 décembre 2005 relative aux échanges électroniques entre les usagers et les autorités administratives et entre les autorités administratives. »* (L. n° 2001-1168 du 11 déc. 2001, art. 5) *« Ces dispositions ne sont applicables ni aux procédures régies par le code des marchés publics, ni à celles relevant des articles L. 1411-1 et suivants du code général des collectivités territoriales, ni à celles pour lesquelles la présence personnelle du demandeur est exigée en application d'une disposition particulière. »* — V. désormais **CRPA**, art. L. 112-1 (voie postale) et L. 112-13 (voie électronique).

Les modalités d'application du présent article sont fixées par décret en Conseil d'État.

V. L. n° 2000-230 du 13 mars 2000 portant adaptation du droit de la preuve aux technologies de l'information et relative à la signature électronique (JO 14 mars).

BIBL. ▶ Caprioli, La loi française sur la preuve et la signature électronique dans la perspective européenne, *JCP 2000. I. 224.* – Gautier et Linant de Bellefonds, De l'écrit électronique et des signatures qui s'y attachent, *JCP 2000. I. 236.*

Dispositions relatives au régime des décisions prises par les autorités administratives

Art. 18 *Sont considérées comme des demandes au sens du présent chapitre les demandes et les réclamations, y compris les recours gracieux ou hiérarchiques, adressées aux autorités administratives.* — V. désormais **CRPA**, art. L. 110-1.

A l'exception de celles de l'article 21, les dispositions des articles 19 à 24 ne s'appliquent pas aux relations entre les autorités administratives et leur agents. — V. désormais **CRPA**, art. L. 112-2, L. 114-1, L. 121-2, L. 231-4, L. 232-1, L. 411-6, L. 412-6.

Art. 19 *Toute demande adressée à une autorité administrative fait l'objet d'un accusé de réception délivré dans des conditions définies par décret en Conseil d'État. Ce décret détermine les cas dans lesquels il n'est pas accusé réception des demandes en raison de la brièveté du délai imparti à l'autorité pour répondre, ou lorsque la demande n'appelle pas d'autre réponse que le service d'une prestation ou la délivrance d'un document prévus par les lois et les règlements.*

L'autorité administrative n'est pas tenue d'accuser réception des demandes abusives, notamment par leur nombre, leur caractère répétitif ou systématique.

Les délais de recours ne sont pas opposables à l'auteur d'une demande lorsque l'accusé de réception ne lui a pas été transmis ou ne comporte pas les indications prévues par le décret mentionné au premier alinéa.

Le défaut de délivrance d'un accusé de réception n'emporte pas l'inopposabilité des délais de recours à l'encontre de l'auteur de la demande lorsqu'une décision expresse lui a été régulièrement notifiée avant l'expiration du délai au terme duquel est susceptible de naître une décision implicite.

Les dispositions du présent article ne sont pas applicables aux demandes dont l'accusé de réception est régi par des dispositions spéciales.

Pour les al. 1er, 2 et 5 du présent art., V. désormais ***CRPA****, art. L. 112-3.*

Pour les al. 3 et 4 du présent art., V. désormais ***CRPA****, art. L. 112-6.*

Art. 19-1 (L. n° 2011-525 du 17 mai 2011, art. 6) *Lorsqu'une demande adressée à une autorité administrative est affectée par un vice de forme ou de procédure faisant obstacle à son examen et que ce vice est susceptible d'être couvert dans les délais légaux, l'autorité invite l'auteur de la demande à la régulariser en lui indiquant le délai imparti pour cette régularisation, les formalités ou les procédures à respecter ainsi que les dispositions légales et réglementaires qui les prévoient. Les délais de recours ne sont pas opposables à l'auteur de la demande lorsque la réponse de l'administration ne comporte pas les indications mentionnées à la phrase précédente.*

Un décret en Conseil d'État fixe les conditions d'application du présent article.

V. désormais ***CRPA****, art. L. 114-6.*

Art. 19-2 (L. n° 2011-525 du 17 mai 2011, art. 14) *Lorsque le recours contentieux à l'encontre d'une décision administrative est subordonné à l'exercice préalable d'un recours administratif, cette décision est notifiée avec l'indication de cette obligation ainsi que des voies et délais selon lesquels ce recours peut être exercé. Il est également précisé que l'autorité administrative statuera sur le fondement de la situation de fait et de droit à la date de sa décision, sauf mention contraire dans une loi ou un règlement.*

Les modalités d'application du présent article sont fixées par décret en Conseil d'État.

V. désormais ***CRPA****, art. L. 412-3.*

Art. 20 *Lorsqu'une demande est adressée à une autorité administrative incompétente, cette dernière la transmet à l'autorité administrative compétente et en avise l'intéressé.* — V. désormais **CRPA**, art. L. 114-2.

Le délai au terme duquel est susceptible d'intervenir une décision implicite de rejet court à compter de la date de réception de la demande par l'autorité initialement saisie.

Le délai au terme duquel est susceptible d'intervenir une décision implicite d'acceptation ne court qu'à compter de la date de réception de la demande par l'autorité compétente. (L. n° 2013-1005 du 12 nov. 2013, art. 1er-I) *« Si cette autorité informe l'auteur de la demande qu'il n'a pas fourni l'ensemble des informations ou pièces exigées par les textes législatifs et réglementaires en vigueur, le délai ne court qu'à compter de la réception de ces informations ou pièces. »* — Pour les al. 2 et 3 du présent art., V. désormais **CRPA**, art. L. 114-3.

Dans tous les cas, l'accusé de réception est délivré par l'autorité compétente. — V. désormais **CRPA**, art. L. 114-4.

Art. 20-1 (L. n° 2011-525 du 17 mai 2011, art. 14) *Lorsque le recours contentieux à l'encontre d'une décision administrative est subordonné à l'exercice préalable d'un recours administratif, la présentation d'un recours gracieux ou hiérarchique ne conserve pas le délai imparti pour exercer le recours administratif préalable obligatoire non plus que le délai de recours contentieux.* — V. désormais **CRPA**, art. L. 412-4.

L'autorité administrative qui a pris la décision initiale peut la retirer d'office si elle est illégale tant que l'autorité chargée de statuer sur le recours administratif préalable obligatoire ne s'est pas prononcée. — V. désormais **CRPA**, art. L. 412-6.

Art. 21 (L. n° 2013-1005 du 12 nov. 2013, art. 1er-I) *I — Le silence gardé pendant deux mois par l'autorité administrative sur une demande vaut décision d'acceptation.* — V. désormais **CRPA**, art. L. 231-1.

La liste des procédures pour lesquelles le silence gardé sur une demande vaut décision d'acceptation est publiée sur un site internet relevant du Premier ministre. Elle mentionne l'autorité à laquelle doit être adressée la demande, ainsi que le délai au terme duquel l'acceptation est acquise. — V. désormais **CRPA**, art. D. 231-2.

Le premier alinéa n'est pas applicable et, par dérogation, le silence gardé par l'administration pendant deux mois vaut décision de rejet :

1° Lorsque la demande ne tend pas à l'adoption d'une décision présentant le caractère d'une décision individuelle ;

2° Lorsque la demande ne s'inscrit pas dans une procédure prévue par un texte législatif ou réglementaire ou présente le caractère d'une réclamation ou d'un recours administratif ;

3° Si la demande présente un caractère financier sauf, en matière de sécurité sociale, dans les cas prévus par décret ;

4° Dans les cas, précisés par décret en Conseil d'État, où une acceptation implicite ne serait pas compatible avec le respect des engagements internationaux et européens de la France, la protection de la sécurité nationale, la protection des libertés et des principes à valeur constitutionnelle et la sauvegarde de l'ordre public ;

5° Dans les relations entre les autorités administratives et leurs agents. — Pour les al. 3 à 8 du présent art., V. désormais **CRPA**, art. L. 231-4.

II. — Des décrets en Conseil d'État et en conseil des ministres peuvent, pour certaines décisions, écarter l'application du premier alinéa du I eu égard à l'objet de la décision ou pour des motifs de bonne administration. Des décrets en Conseil d'État peuvent fixer un délai différent de celui que prévoient les premier et troisième alinéas du I, lorsque l'urgence ou la complexité de la procédure le justifie. — Pour la première phrase de cet al., V. désormais **CRPA**, art. L. 231-5 et, pour la deuxième phrase, V. désormais **CRPA**, art. L. 231-6.

Art. 22 (L. n° 2013-1005 du 12 nov. 2013, art. 1er-I) *Dans le cas où la décision demandée peut être acquise implicitement et doit faire l'objet d'une mesure de publicité à l'égard des tiers lorsqu'elle est expresse, la demande est publiée par les soins de l'administration, le cas échéant par voie électronique, avec l'indication de la date à laquelle elle sera réputée acceptée si aucune décision expresse n'est intervenue.* — V. désormais **CRPA**, art. L. 232-2.

La décision implicite d'acceptation fait l'objet, à la demande de l'intéressé, d'une attestation délivrée par l'autorité administrative.

Les conditions d'application du présent article sont précisées par décret en Conseil d'État. — V. désormais **CRPA**, art. L. 232-3.

Art. 22-1 (L. n° 2006-1376 du 14 nov. 2006, art. 7-II) *Par dérogation aux articles 21 et 22 et sous réserve d'exceptions prévues par décret en Conseil d'État, lorsque, en cas de doute sur l'authenticité ou l'exactitude d'un acte de l'état civil étranger, l'autorité administrative saisie d'une demande d'établissement ou de délivrance d'un acte ou de titre procède ou fait procéder, en application de l'article 47 du code civil, aux vérifications utiles auprès de l'autorité étrangère compétente, le silence gardé pendant huit mois vaut décision de rejet.*

Dans le délai prévu (L. n° 2013-1005 du 12 nov. 2013, art. 1er-I) *« à l'article 21 », l'autorité administrative informe par tous moyens l'intéressé de l'engagement de ces vérifications.*

En cas de litige, le juge forme sa conviction au vu des éléments fournis tant par l'autorité administrative que par l'intéressé.

Art. 23 *Une décision implicite d'acceptation peut être retirée, pour illégalité, par l'autorité administrative :*

1° Pendant le délai de recours contentieux, lorsque des mesures d'information des tiers ont été mises en œuvre ;

2° Pendant le délai de deux mois à compter de la date à laquelle est intervenue la décision, lorsqu'aucune mesure d'information des tiers n'a été mise en œuvre ;

3° Pendant la durée de l'instance au cas où un recours contentieux a été formé.

Art. 24 *Exception faite des cas où il est statué sur une demande, les décisions individuelles qui doivent être motivées en application des articles 1er et 2 de la loi n° 79-587 du 11 juillet 1979 relative à la motivation des actes administratifs et à l'amélioration des relations entre l'administration et le public n'interviennent qu'après que la personne intéressée a été mise à même de présenter des observations écrites et, le cas échéant, sur sa demande, des observations orales. Cette personne peut se faire assister par un conseil ou représenter par un mandataire de son choix. L'autorité administrative n'est pas tenue de satisfaire les demandes d'audition abusives, notamment par leur nombre, leur caractère répétitif ou systématique.*

Les dispositions de l'alinéa précédent ne sont pas applicables :

1° En cas d'urgence ou de circonstances exceptionnelles ;

2° Lorsque leur mise en œuvre serait de nature à compromettre l'ordre public ou la conduite des relations internationales ;

3° Aux décisions pour lesquelles des dispositions législatives ont instauré une procédure contradictoire particulière.

Les modalités d'application du présent article sont fixées en tant que de besoin par décret en Conseil d'État.

Pour la première phrase du premier al. du présent art. relative au principe du contradictoire, V. désormais **CRPA**, *art. L. 121-1. Pour cette même phrase sur les modalités du contradictoire, et les deuxième et troisième phrases du premier al. du présent art., V. désormais* **CRPA**, *art. L. 122-1.*

Pour les al. 2 à 5 du présent art., V. désormais **CRPA**, *art. L. 121-2.*

Art. 25 *Les décisions des organismes de sécurité sociale et de mutualité sociale agricole de salariés ou de non-salariés ordonnant le reversement des prestations sociales indûment perçues sont motivées. Elles indiquent les voies et délais de recours ouverts à l'assuré, ainsi que les conditions et les délais dans lesquels l'assuré peut présenter ses observations écrites ou orales. Dans ce dernier cas, l'assuré peut se faire assister par un conseil ou représenter par un mandataire de son choix.* — V. désormais **CRPA**, art. L. 211-8.

Art. 25-1 A *(L. n° 2014-366 du 24 mars 2014, art. 90)* **Lorsqu'une demande d'un citoyen auprès de l'administration relève des prérogatives des maires au titre des articles L. 123-3 et L. 123-4, L. 129-1 à L. 129-6 et L. 511-1 à L. 511-6 du code de la construction et de l'habitation, ou des prérogatives du représentant de l'État dans le département définies aux articles L. 1331-22 à L. 1331-30 du code de la santé publique, le déplacement d'un agent assermenté pour établir un constat doit intervenir dans un délai de trois mois à compter de la demande.**

(L. n° 2018-1021 du 23 nov. 2018, art. 195) **« Dans un délai de trois mois, l'agent qui a effectué la visite transmet son constat à l'autorité compétente ainsi qu'aux intéressés. »** — *Cet art. n'a pas été repris par le* **CRPA**.

Art. 25-1 *(Ord. n° 2015-904 du 23 juill. 2015, art. 3-1°)* **« Sans préjudice des conditions spécifiques requises pour la délivrance de chaque agrément, tout agrément, délivré par l'État ou ses établissements publics, d'une association régie par la loi du 1er juillet 1901 relative au contrat d'association ou par le code civil local applicable dans les départements du Bas-Rhin, du Haut-Rhin et de la Moselle, suppose de satisfaire aux trois conditions suivantes : »**

1° Répondre à un objet d'intérêt général ;

2° Présenter un mode de fonctionnement démocratique ;

3° Respecter des règles de nature à garantir la transparence financière.

(Ord. n° 2015-904 du 23 juill. 2015, art. 3-2°) **« Les associations reconnues d'utilité publique sont réputées satisfaire à ces conditions. »**

Toute association qui s'est vu délivrer un agrément est réputée remplir ces trois critères pendant une durée de cinq ans dans le cadre de toute procédure d'agrément prévue par la législation. Les conditions d'application du présent article sont définies par décret en Conseil d'État.

Cet art. n'a pas été repris par le **CRPA**.

Loi n° 2000-628 du 7 juillet 2000,

Relative à la prolongation du mandat et à la date de renouvellement des conseils d'administration des services d'incendie et de secours ainsi qu'au reclassement et à la cessation anticipée d'activité des sapeurs-pompiers professionnels (JO 8 juill.).

....

Art. 3 *(L. n° 2004-811 du 13 août 2004, art. 72)* **Le sapeur-pompier professionnel âgé d'au moins cinquante ans peut demander qu'une commission médicale constituée à cet effet constate qu'il rencontre des difficultés incompatibles avec l'exercice des fonctions opérationnelles relevant des missions confiées aux services d'incendie et de secours. Lorsque c'est le cas, il bénéficie d'un projet de fin de carrière qui peut consister dans l'affectation à des fonctions non opérationnelles au sein du service d'incendie et de secours, en un reclassement dans un autre corps, cadre d'emplois ou emploi de la fonction publique ou en un congé pour raison opérationnelle, dans les conditions prévues aux articles suivants.**

En cas de contestation de l'appréciation faite par la commission médicale, le sapeur-pompier ou l'autorité d'emploi peut solliciter un nouvel examen auprès de la commission de réforme.

La décision accordant à un sapeur-pompier professionnel le bénéfice d'une affectation non opérationnelle, d'un reclassement ou d'un congé pour raison opérationnelle ne peut être prise qu'après acceptation écrite de l'intéressé.

Le sapeur-pompier admis au bénéfice de l'affectation non opérationnelle, du reclassement ou d'un congé pour raison opérationnelle ne peut exercer aucune activité en qualité de

sapeur-pompier volontaire. Dans le cas où il a souscrit antérieurement un engagement en cette qualité, celui-ci prend fin à la date de son reclassement ou de la décision l'admettant au bénéfice d'un congé pour raison opérationnelle.

Le directeur des services départementaux d'incendie et de secours peut établir, après avis du comité *(L. n° 2010-751 du 5 juill. 2010, art. 35-III)* « d'hygiène, de sécurité et des conditions de travail », une liste d'emplois non opérationnels susceptibles d'être proposés par priorité aux sapeurs-pompiers professionnels bénéficiant d'un projet de fin de carrière. Il rend compte chaque année au conseil d'administration du service d'incendie et de secours des affectations opérées sur des emplois figurant dans cette liste.

....

Décret n° 2000-794 du 24 août 2000,

Relatif au fonds pour la modernisation des cliniques privées institué par l'article 33 de la loi n° 99-1140 du 29 déc. 1999 de financement de la sécurité sociale pour 2000 (JO 26 août).

Art. 1er Sont éligibles à un financement par le fonds pour la modernisation des cliniques privées institué par le VIII de l'article 33 de la loi n° 99-1140 du 29 décembre 1999, dans les conditions prévues à ce paragraphe :

1° Les opérations d'investissements correspondant à des immobilisations corporelles, notamment celles soumises à autorisation en application de l'article L. 6122-1 du code de la santé publique.

Le montant de la subvention versée par la Caisse des dépôts et consignations ne peut dépasser 50 % du montant de l'opération.

Lorsqu'une opération est réalisée en tranches fonctionnelles sur plusieurs années, chacune de ces tranches est éligible au financement par le fonds, dans la limite fixée à l'alinéa précédent.

2° A titre exceptionnel, les opérations autres que d'investissements, visant le développement des systèmes d'information de santé.

Art. 2 L'agence régionale de l'hospitalisation attribue chaque année les subventions du fonds après avis du comité régional des contrats d'établissements privés institué par l'article R. 162-40 du code de la sécurité sociale.

Art. 3 L'avenant prévu au E du VIII de l'article 33 de la loi du 29 décembre 1999 susvisée mentionne la nature, le montant et le calendrier d'exécution de l'opération objet de la subvention, ainsi que le taux et le montant de celle-ci.

Art. 4 A la demande de l'agence régionale de l'hospitalisation, la Caisse des dépôts et consignations verse à l'établissement concerné la somme correspondant au montant de la subvention du fonds.

L'agence régionale de l'hospitalisation joint à l'appui de sa demande :

– l'avenant mentionné à l'article 3 du présent décret ;

– les pièces justificatives attestant du paiement par l'établissement des sommes correspondant à l'opération ou à la tranche fonctionnelle éligible au financement par le fonds.

Art. 5 Les frais exposés par la Caisse des dépôts et consignations au titre de la gestion du fonds sont mis à la charge de celui-ci et les produits financiers lui sont acquis dans des conditions fixées par un arrêté des ministres chargés de la santé et de la sécurité sociale. – *V. Arr. du 26 mars 2001 (JO 19 avr.).*

Art. 6 I. – La répartition entre les régimes obligatoires d'assurance maladie de la participation destinée au financement du fonds est fixée par arrêté des ministres chargés de la santé, de la sécurité sociale et du budget, après avis de la commission prévue à l'article R. 174-1-4 du code de la sécurité sociale.

Elle est effectuée au prorata des dépenses d'assurance maladie supportées par chacun de ces régimes pour les établissements mentionnés à l'article L. 6114-3 du code de la santé publique au titre de l'exercice précédent, constatées au niveau national dans les conditions prévues au premier alinéa de l'article R. 162-42-1 du code de la sécurité sociale.

II. – A titre transitoire et jusqu'à la mise en œuvre des dispositions prévues au premier alinéa de l'article R. 162-42-1 du code de la sécurité sociale, le constat mentionné au I s'effectue à partir des données fournies par le système national d'information interrégimes relatif aux établissements de santé privés, complétées par les données déclaratives transmises, au plus tard le 15 avril, aux ministres chargés de la santé et de la sécurité sociale, par les régimes dont les dépenses ne sont pas retracées par ce système d'information. A défaut de transmission dans le délai précité, la part des dépenses du régime concerné est évaluée à partir des informations mentionnées aux articles L. 6113-7, L. 6113-8 et L. 6113-9 du code de la santé publique.

III. – Pour l'année 2000, les données déclaratives mentionnées au II sont transmises au plus tard le 30 septembre 2000.

IV. – La participation des régimes obligatoires d'assurance maladie au financement du fonds est versée par ces derniers à la Caisse des dépôts et consignations au plus tard dans le mois qui suit la publication de l'arrêté mentionné au I.

Art. 7 Un rapport annuel retraçant l'activité du fonds est établi par la Caisse des dépôts et consignations. Il est transmis, au plus tard le 30 juin de l'année suivant l'exercice considéré, aux ministres chargés de la santé et de la sécurité sociale ainsi qu'à la Caisse nationale de l'assurance maladie des travailleurs salariés, à la Caisse centrale de mutualité sociale agricole et à la Caisse nationale d'assurance maladie et maternité des travailleurs non salariés.

Art. 8 A compter du 1er janvier 2005, la Caisse des dépôts et consignations verse, le cas échéant et dans la limite du solde disponible du fonds, les subventions attribuées avant cette date. Les crédits non utilisés sont reversés à chacun des régimes participant au financement du fonds, au prorata de leur contribution au titre de l'année 2004.

Décret n° 2000-795 du 24 août 2000,

Relatif à la majoration de l'allégement de cotisation prévu à l'article L. 241-13-1 du code de la sécurité sociale dans la zone franche de la Corse (JO 26 août).

Art. 1er Les entreprises visées à l'article 4 de la loi n° 96-1143 du 26 décembre 1996 bénéficient en application de l'article 4 *bis* de cette loi d'une majoration de l'allégement prévu à l'article L. 241-13-1 du code de la sécurité sociale fixée à un douzième de 3 000 F. Cette majoration est appliquée à l'allégement déterminé selon les modalités prévues aux articles D. 241-13 à D. 241-17 du code de la sécurité sociale. Les dispositions des articles D. 241-18 à D. 241-25 sont applicables à l'allégement ainsi majoré.

Art. 2 Les dispositions de l'article 3 du décret n° 2000-73 du 28 janvier 2000 sont applicables à la majoration de l'allégement fixée à l'article 1er du présent décret.

Décret n° 2000-1159 du 30 novembre 2000,

Pris pour l'application des dispositions du code du service national relatives aux volontaires civils (JO 1er déc.).

....

TITRE II **Dispositions applicables au volontariat civil effectué dans les départements d'outre-mer, les territoires d'outre-mer, en Nouvelle-Calédonie et dans les collectivités territoriales de Saint-Pierre-et-Miquelon et de Mayotte**

Art. 32 *Abrogé par Décr. n° 2010-1771 du 30 déc. 2010, art. 6.*

Art. 33 Les dispositions de l'article 23 du présent décret sont applicables dans la collectivité territoriale de Saint-Pierre-et-Miquelon avec les adaptations suivantes :

I. – Pour l'application de l'article R. 372-2 du code de la sécurité sociale :

a) Les fonctions dévolues à la caisse primaire d'assurance maladie et à la caisse générale de sécurité sociale sont exercées par la caisse de prévoyance sociale de Saint-Pierre-et-Miquelon ;

b) Au premier alinéa du II, les mots : "d'un seul versement" sont remplacés par les mots : "d'un versement mensuel ou trimestriel" ;

c) Les deuxième et troisième alinéas du même II sont remplacés par les dispositions suivantes : "Le versement des cotisations mentionnées à l'alinéa précédent est effectué dans les conditions prévues par l'article 8-1 de l'ordonnance n° 77-1102 du 26 septembre 1977 portant extension et adaptation au département de Saint-Pierre-et-Miquelon de diverses dispositions relatives aux affaires sociales."

(Abrogé par Décr. n° 2010-1771 du 30 déc. 2010, art. 6) « II. – Pour l'application de l'article R. 412-19 du code de la sécurité sociale, les modalités de versement des cotisations d'accidents du travail sont celles prévues par le II de l'article R. 372-2 du même code tel que modifié par le I du présent article. Le salaire servant de base au calcul de ces cotisations est celui prévu aux articles 12 à 12-3 de l'ordonnance du 26 septembre 1977 susmentionnée.

« III. — Lorsqu'en application de l'article L. 122-15 du code du service national, le premier régime d'assurance vieillesse de base auquel le volontaire civil est affilié à titre obligatoire postérieurement à son volontariat civil est celui prévu par la loi n° 87-563 du 17 juillet 1987 portant réforme du régime d'assurance vieillesse applicable à Saint-Pierre-et-Miquelon, il est fait application de l'article R. 161-17 *du code de la sécurité sociale. »*

Art. 34 et 35 *Abrogés par Décr. n° 2010-1771 du 30 déc. 2010, art. 6.*

Art. 36 Pour l'application de l'article L. 122-15 du code du service national, lorsque le premier régime d'assurance vieillesse de base auquel le volontaire civil est affilié à titre obligatoire postérieurement à son volontariat est celui applicable à Mayotte ou dans les îles Wallis-et-Futuna, les périodes accomplies au titre du volontariat civil sont assimilées à des périodes d'assurances. Il est décompté autant de trimestres qu'au cours de l'année civile correspond de fois quatre-vingt-dix jours. Le nombre de trimestres valables est, éventuellement, arrondi au chiffre immédiatement supérieur.

Art. 37 *Abrogé par Décr. n° 2010-1771 du 30 déc. 2010, art. 6.*

Décret n° 2000-1160 du 30 novembre 2000,

Fixant les conditions et les domaines dans lesquels l'État contribue à la protection sociale des volontaires civils affectés auprès d'associations (JO 1er déc.).

Art. 1er Les associations dont l'activité se situe sur le territoire de la République et qui sont agréées par le ministre compétent peuvent, sauf dispositions conventionnelles contraires, demander à ce dernier le remboursement des cotisations forfaitaires dues au titre de la protection sociale des volontaires affectés auprès d'elles. Toute demande de remboursement est accompagnée d'un justificatif de paiement desdites cotisations auprès des organismes de sécurité sociale compétents.

Art. 2 Pour le domaine de la coopération internationale, le ministre des affaires étrangères décide chaque année du nombre de prises en charge de la protection sociale qu'il assure pour les volontaires affectés auprès d'associations agréées par lui et dont l'activité se situe à l'extérieur du territoire de la République. La prise en charge de la protection sociale de ces volontaires se fait dans les mêmes conditions que celle des volontaires affectés dans les services de l'État. Le nombre de prises en charge est notifié, à chaque association concernée et au début de chaque année civile, par le ministre des affaires étrangères.

Art. 3 Le présent décret est applicable dans les territoires d'outre-mer, en Nouvelle-Calédonie et à Mayotte.

Décret n° 2000-1226 du 11 décembre 2000,

Relatif à la régularisation des cotisations aux régimes d'assurance vieillesse des professions artisanales, industrielles et commerciales afférentes aux périodes d'activité antérieures au 1er janvier 1973 (JO 16 déc.).

Art. 1er Pour l'application de l'article 20 de la loi n° 99-1140 du 29 décembre 1999 susvisée, les cotisations dues pour les périodes d'activité antérieures au 1er janvier 1973 sont acquittées conformément aux règles applicables aux cotisations desdites périodes.

Art. 2 Les cotisations de régularisation sont versées par l'assuré ou le conjoint survivant sur une période maximale de quatre ans, au terme de la période prévue pour déposer une demande de régularisation, selon un échéancier fixé par l'organisme chargé du recouvrement des cotisations d'assurance vieillesse.

Si, à l'expiration du délai maximal mentionné à l'alinéa précédent, la totalité des cotisations dues n'a pas été versée, la régularisation est annulée et les versements effectués sont remboursés à l'assuré.

Art. 3 La mise en paiement des prestations de vieillesse résultant de la régularisation ne peut être antérieure à la date à laquelle le versement aura été effectué en totalité. La révision des droits induite, le cas échéant, par cette régularisation dans les autres régimes obligatoires d'assurance vieillesse concernés prend effet à la même date.

Lorsque la date d'entrée en jouissance de la pension est antérieure à la date d'entrée en vigueur du présent décret, la révision des droits prend effet à la date d'entrée en vigueur du présent décret.

Art. 4 Le présent décret entre en vigueur le premier jour du mois qui suit la date de sa publication au *Journal officiel* de la République française. – *Entrée en vigueur le 1er janv. 2001.*

Loi n° 2000-1207 du 13 décembre 2000,

D'orientation pour l'outre-mer (JO 14 déc.).

Art. 5 I. – Les entreprises installées et exerçant leur activité au 1er janvier 2000 dans les départements d'outre-mer peuvent demander, dans un délai de douze mois à compter de la publication de la présente loi, aux caisses de sécurité sociale compétentes de leur département, le sursis à poursuites pour le règlement de leurs créances, antérieures au 1er janvier 2000, relatives aux cotisations patronales de sécurité sociale, ainsi qu'aux pénalités et majorations de retard correspondantes.

Les dispositions prévues au précédent alinéa sont applicables aux créances, même déclarées et constatées après cette date, qu'elles aient fait l'objet ou non de notifications ou mises en demeure, telles que prévues par le code de la sécurité sociale et le code rural.

Cette demande entraîne de plein droit une suspension de six mois des poursuites afférentes auxdites créances ainsi que la suspension du calcul des pénalités et majorations de retard durant cette période.

II. – Durant ce délai de six mois, un plan d'apurement est signé entre l'entreprise et les caisses compétentes. Sa durée est au maximum de sept ans. Il peut comporter l'annulation des pénalités et majorations de retard. De plus, un abandon partiel des créances constatées au 31 décembre 1999, dans la limite de 50 %, peut être prononcé afin de tenir compte de la situation de l'entreprise, garantir sa pérennité et le paiement ultérieur des cotisations. Les modalités d'instruction des dossiers et les conditions dans lesquelles intervient la décision sont fixées par voie réglementaire.

Cet abandon partiel est subordonné au paiement effectif de la part salariale des cotisations ou, à défaut, à la signature d'un échéancier de paiement d'une durée maximale de deux ans.

III. – Le plan d'apurement peut être suspendu pour une durée de trois à six mois, et prorogé d'autant, si l'entreprise peut se prévaloir d'un préjudice matériel dû à un aléa climatique, suite à la publication d'un arrêté portant constatation de l'état de catastrophe naturelle sur le territoire d'un département d'outre-mer ou sur une portion de ce dit territoire dans lequel elle est implantée.

IV. – Toute condamnation pénale de l'entreprise ou du chef d'entreprise pour fraude fiscale, en application de l'article 1741 du code général des impôts, ou pour travail dissimulé, marchandage, prêt illicite de main-d'œuvre, en application des articles L. 152-3, L. 152-3-1, L. 362-3, L. 362-4 et L. 362-6 du code du travail, ou, après mise en demeure, le non-respect de l'échéancier du plan ou le non-paiement des cotisations dues postérieurement à la signature de ce plan entraîne la caducité du plan d'apurement.

V. – En cas de condamnation pénale pour travail dissimulé, marchandage, prêt illicite de main-d'œuvre ou pour fraude au cours des cinq années précédant la publication de la présente loi, le bénéfice des dispositions du présent article est exclu.

VI. – L'entreprise concernée peut demander chaque année un certificat de respect du plan d'apurement et des échéances courantes à la caisse de sécurité sociale compétente. Ce certificat atteste que l'entreprise est à jour de ses dettes sociales, au sens du code des marchés publics.

VII. – Les dispositions du présent article s'appliquent aux entrepreneurs et travailleurs indépendants, y compris dans les secteurs de l'agriculture et de la pêche, pour les contributions et les cotisations obligatoires de sécurité sociale.

Par dérogation à l'alinéa ci-dessus, les cotisations d'assurance vieillesse dues au titre des exercices antérieurs à 1996 à raison de l'exercice de l'une des professions visées aux articles L. 622-3, L. 622-4 et L. 622-5 du code de la sécurité sociale et à la caisse mentionnée à l'article L. 723-1 du même code peuvent, à raison de leur ancienneté, être annulées, sous réserve du respect d'un plan d'apurement visé au II. Les périodes au titre desquelles cet abandon intervient ne sont pas prises en compte pour le calcul des prestations servies par ces régimes.

De même, en cas d'abandon partiel de créances en matière d'assurance vieillesse, dans les conditions prévues au II, les droits sont minorés dans une proportion identique.

Les modalités d'application du présent article sont déterminées, en tant que de besoin, par décret en Conseil d'État.

....

Art. 15 I. – Afin de favoriser l'embauche de jeunes dans les départements d'outre-mer par la cessation d'activité de salariés âgés, l'État, le conseil régional ou le conseil départemental, ainsi que les organisations syndicales d'employeurs et de salariés représentatives dans le département peuvent passer une convention-cadre aux fins de la mise en place d'un dispositif dénommé congé-solidarité.

La convention-cadre fixe les engagements respectifs de l'État, du conseil régional et du conseil départemental.

La convention-cadre doit être conclue au plus tard le 31 décembre 2001. Elle désigne, avec son accord, l'organisme gestionnaire de l'allocation de congé-solidarité.

II. – Les conditions de mise en œuvre du congé-solidarité dans l'entreprise sont définies par une convention conclue entre l'employeur et l'État. Peuvent conclure une convention les entreprises et professions mentionnées à l'article L. 131-2 du code du travail *[devenu C. trav., art. L. 2211-1]* ainsi que les entreprises des professions agricoles et de la pêche.

Cette convention prévoit les engagements de l'entreprise et de l'État. – *V. Annexe I, Décr. n° 2001-500 du 11 juin 2001.*

III. – La convention-cadre fixe les modalités d'ouverture du droit à l'allocation de congé-solidarité dans les limites et conditions suivantes :

1° Peuvent bénéficier de l'allocation de congé-solidarité les salariés employés dans l'entreprise depuis au moins cinq années à la date de leur adhésion à la convention d'application du congé-solidarité et ayant atteint à cette date l'âge de cinquante-cinq ans s'ils justifient d'une durée d'une activité salariée d'au moins dix ans ;

2° L'adhésion du salarié à la convention de congé-solidarité doit intervenir dans le délai d'un an suivant la date de sa conclusion et au plus tard le 31 décembre 2006 ;

3° Pour bénéficier de l'allocation de congé-solidarité, le salarié prend l'initiative de la rupture de son contrat de travail et adhère à la convention de congé-solidarité. Toutefois, le maintien de tout ou partie des avantages dus aux salariés peut être prévu par accord d'entreprise ou, en l'absence d'un tel accord, par un accord entre le salarié et l'employeur. Le salarié s'engage à n'exercer aucune activité professionnelle ;

4° Le montant de l'allocation de congé-solidarité est fonction de la durée de la carrière du salarié, sans pouvoir excéder une proportion de sa rémunération antérieure fixée par la convention-cadre ni être inférieur à un montant minimum fixé par décret dans la limite de 85 % du salaire antérieur ;

5° L'allocation de congé-solidarité est versée jusqu'à la date à laquelle le salarié remplit les conditions pour bénéficier d'une pension de retraite à taux plein au titre de l'assurance vieillesse du régime de sécurité sociale dont il relève ou au plus tard à l'âge de soixante-cinq ans ;

6° L'allocation de congé-solidarité cesse définitivement d'être versée en cas d'exercice par le salarié d'une activité professionnelle postérieurement à son adhésion à la convention.

IV. – La convention-cadre fixe également les contreparties de la mise en œuvre du congé-solidarité dans les limites suivantes :

(L. n° 2003-660 du 21 juill. 2003, art. 17) « 1° Pour chaque salarié adhérant à la convention d'application du congé solidarité, l'employeur est tenu d'embaucher, sous contrat à durée indéterminée conclu dans le délai fixé par ladite convention, qui ne peut excéder trois mois, un jeune travailleur à temps complet ou des jeunes dont les durées de travail cumulées équivalent à un temps complet et âgés de seize ans à vingt-neuf ans révolus. Cette condition d'âge n'est pas opposable aux jeunes mentionnés à l'article L. 322-4-19 du code du travail *[désormais C. trav., art. L. 5134-1]* arrivant au terme de leur contrat de travail ;

« 2° L'effectif atteint à la date de signature de la convention et déterminé selon les modalités prévues à l'article L. 421-2 du même code *[devenu C. trav., art. L. 2312-8]* ne doit pas être réduit pendant la durée fixée par la convention qui ne peut être inférieure à deux ans. »

V. – Le financement de l'allocation de congé-solidarité et des cotisations de retraite complémentaire afférentes aux périodes de versement de l'allocation est assuré conjointement par l'État, l'entreprise, le conseil régional ou le conseil départemental.

La participation de l'État ne peut excéder ni 60 % du montant total des allocations versées et des cotisations de retraite dues au titre des conventions conclues chaque année ni, pour chaque allocataire, une proportion de l'allocation, fixée par décret, fonction de la durée de la carrière du bénéficiaire dans la limite de 65 % de sa rémunération antérieure.

La participation de l'État est subordonnée à l'engagement solidaire des autres signataires de la convention-cadre d'assurer le financement du montant mentionné à l'alinéa précédent non pris en charge par l'État.

La participation des employeurs au financement de l'allocation de congé-solidarité n'est soumise à aucune charge sociale, fiscale ou parafiscale.

La participation des collectivités locales constitue une dépense obligatoire.

VI. – Les services de l'État compétents en matière d'emploi assurent la gestion des conventions d'application de congé-solidarité.

VII. – Les bénéficiaires de l'allocation de congé-solidarité bénéficient, pour eux-mêmes et leurs ayants droit, de prestations en nature en cas de maladie et de maternité du régime dont ils relevaient à la date de leur adhésion à la convention d'application.

Les périodes de versement de l'allocation de congé-solidarité sont assimilées à des périodes d'assurance pour l'ouverture du droit à la pension de retraite du régime de sécurité sociale dont relevait le bénéficiaire.

VIII. – Le non-respect par l'employeur des engagements souscrits dans la convention de congé-solidarité entraîne une majoration de sa contribution financière fixée par celle-ci. Aucune nouvelle adhésion à la convention d'application ne peut alors être acceptée.

(L. n° 2003-660 du 21 juill. 2003, art. 17) « Lorsque la gestion du dispositif est confiée à l'un des organismes gestionnaires mentionnés à l'article L. 351-21 du code du travail, les procédures prévues à l'article L. 351-6 du même code sont applicables à la contribution financière de l'employeur. »

Tout employeur ayant conclu une convention de congé-solidarité est tenu de s'assurer en vue de garantir la poursuite du versement de sa contribution en cas de redressement ou de liquidation judiciaires. Cette assurance est souscrite *(L. n° 2003-660 du 21 juill. 2003, art. 17)* « auprès de l'organisme désigné par les organisations professionnelles d'employeurs les plus représentatives dans la collectivité considérée ».

(L. n° 2006-1666 du 21 déc. 2006, art. 120) « IX. – Par dérogation aux dispositions du 2° du III du présent article, le salarié peut adhérer à une convention de congé de solidarité jusqu'au 31 décembre 2007 dans les conditions suivantes :

« 1° Le salarié doit justifier d'une activité salariée d'au moins quinze ans et bénéficier, au plus tard à l'âge de soixante ans, d'une pension de retraite au titre de l'assurance vieillesse du régime de sécurité sociale dont il relève ;

« 2° Le montant de l'allocation de congé de solidarité ne peut pas être supérieur à 85 % du salaire antérieur de la personne bénéficiaire ;

« 3° La participation par l'État ne peut excéder 50 % du montant de l'allocation de congé de solidarité et des cotisations de retraite complémentaire afférentes aux périodes de versement de l'allocation ;

« 4° Peuvent conclure une convention les seules entreprises du secteur du bâtiment et des travaux publics et des secteurs mentionnés aux II et III de l'article L. 752-3-1 du code de la sécurité sociale ;

« 5° L'effectif atteint à la date de la signature de la convention mentionnée au 2° du IV du présent article est déterminé selon les dispositions des articles L. 620-10 et L. 620-11 du code du travail *[devenu C. trav., art. L. 1251-54]* et ne doit pas être réduit, hors décès ou démission de salariés, pendant la durée de la convention qui ne peut être inférieure à deux ans.

« L'entrée en vigueur de ce dispositif est subordonnée à la signature d'un avenant à la convention-cadre mentionnée au I du présent article.

« Les demandes de convention de congé de solidarité formées par les employeurs auprès des services gestionnaires du dispositif avant le 31 décembre 2006 et restées sans réponse à cette date peuvent être déposées à nouveau auprès de ces services après la date de la signature de l'avenant pour pouvoir être prises en compte selon les règles prévues au présent IX.

« Les conventions en vigueur avant le 1er janvier 2007 ne peuvent recueillir l'adhésion de nouveaux salariés au-delà du 31 décembre 2006 qu'après la date de la signature de l'avenant et dans les conditions prévues par le présent IX et par ledit avenant.

« Les salariés bénéficiant du congé de solidarité avant le 31 décembre 2006 continuent à en bénéficier dans les conditions prévues aux I à VIII. »

....

Loi n° 2000-1257 du 23 décembre 2000,

De financement de la sécurité sociale pour 2001 (JO 24 déc.).

Sur la conformité de la loi à la Constitution, V. notes ss. art. 53.

Art. 23 Il est créé, à compter du 1er janvier 2001, au sein du Fonds national d'action sanitaire et sociale de la Caisse nationale des allocations familiales, un fonds d'investissement pour le développement des structures d'accueil de la petite enfance.

Ce fonds a pour objet d'apporter aux collectivités locales et aux associations gestionnaires des aides à la création d'équipements ou services d'accueil de la petite enfance, notamment pour la création de crèches innovantes et de structures multiaccueil.

La recette de ce fonds est constituée par l'excédent de l'exercice 1999 de la branche famille, affecté à un compte de réserve spécifique à hauteur de 1,5 milliard de francs.

Pour chaque exercice, les dépenses correspondantes sont inscrites et individualisées en dépenses exceptionnelles au sein du Fonds national d'action sanitaire et sociale de la Caisse nationale des allocations familiales.

Ces dépenses sont équilibrées en fin d'exercice par une affectation des réserves à due concurrence.

Ce fonds prend fin à la consommation complète des crédits inscrits au compte de réserve spécifique.

....

Art. 40 I. — Il est créé un fonds pour la modernisation des établissements de santé *(L. n° 2002-1487 du 20 déc. 2002, art. 26-IV)* « publics et privés ». Ce fonds est géré par la Caisse des dépôts et consignations. — *Ces dispositions sont applicables à Mayotte et à Saint-Pierre-et-Miquelon (L. n° 2004-1370 du 20 déc. 2004, art. 25-II).*

II. — *Abrogé par L. n° 2011-1906 du 21 déc. 2011, art. 65-III-1°).*

(L. n° 2006-1640 du 21 déc. 2006, art. 93-I ; L. n° 2009-879 du 21 juill. 2009, art. 22-II-3°) « III. — Ce fonds finance des dépenses d'investissement *(Abrogé par L. n° 2011-1906 du 21 déc. 2011, art. 65-III-1°)* « *et de fonctionnement* » des établissements de santé et des groupements de coopération sanitaire au moyen de subventions ou d'avances remboursables, dans le cadre d'opérations de modernisation et de restructuration de ces établissements et groupements, de réorganisation de l'offre de soins ou de création de *(L. n° 2016-41 du 26 janv. 2016, art. 107-III)* « groupements hospitaliers de territoire. »

(L. n° 2007-1786 du 19 déc. 2007, art. 60-I) « Il peut également financer des dépenses d'investissement d'établissements hospitaliers de coopération transfrontalière destinés à accueillir des patients résidant en France, ayant fait l'objet d'un accord avec le Gouvernement de la République française et dont les missions sont celles d'un établissement de santé tel que défini par le code de la santé publique. Ces établissements doivent répondre à des besoins de santé fixés par le schéma régional d'organisation sanitaire de la région frontalière. »

III *bis*. — *Abrogé par L. n° 2011-1906 du 21 déc. 2011, art. 65-III-1°.*

(L. n° 2011-1906 du 21 déc. 2011, art. 80) « III *ter*. — Le fonds peut prendre en charge le financement des missions d'expertise exercées par l'Agence technique de l'information sur l'hospitalisation. » — *V. Arr. du 23 déc. 2016 relatif au financement des missions prévues au III ter de l'art. 40 modifié de la L. n° 2000-1257 du 23 déc. 2000 de financement de la sécurité sociale pour 2001 (JO 29 déc.).*

III *quater*. — *Abrogé par L. n° 2011-1906 du 21 déc. 2011, art. 65-III-1°.*

(L. n° 2012-1404 du 17 déc. 2012, art. 73-VII) « III *quinquies*. — Le fonds peut financer les missions d'ampleur nationale pilotées ou conduites au bénéfice des établissements de santé déléguées par le ministre chargé de la santé au groupement d'intérêt public chargé du développement des systèmes d'information de santé partagés, mentionné à l'article L. 1111-24 du code de la santé publique. » — *V. Arr. du 16 juill. 2018 relatif au financement des missions prévues au III quinquies de l'art. 40 de la L. n° 2000-1257 du 23 déc. 2000 modifiée de financement de la sécurité sociale pour 2001 (JO 2 août).*

IV. — *Abrogé par L. n° 2011-1906 du 21 déc. 2011, art. 65-IV-1°.*

(L. n° 2009-1646 du 24 déc. 2009, art. 61) « Les sommes dues au titre des actions du fonds sont prescrites à son profit dès lors qu'elles n'ont pas fait l'objet soit d'un agrément ou d'une décision attributive de subvention, dans un délai d'un an à compter de la notification ou de la publication de l'acte de délégation des crédits du fonds, soit d'une demande de paiement justifiée dans un délai de trois ans à partir du premier jour de l'année suivant celle au cours de laquelle les droits ont été acquis. *(L. n° 2010-1594 du 20 déc. 2010, art. 88-I-3°)* « L'année de la constatation de la prescription, la totalité des sommes ainsi prescrites vient en diminution de la dotation de l'assurance maladie au fonds pour l'année en cours. Le montant de la dotation ainsi minoré est pris en compte en partie rectificative de la loi de financement de la sécurité sociale pour l'année suivante. »

« L'alinéa précédent est applicable aux sommes déléguées antérieurement à la date de son entrée en vigueur. »

Al. abrogé par L. n° 2007-1786 du 19 déc. 2007, art. 60-I.

V. — Les ressources du fonds sont constituées par une participation des régimes obligatoires d'assurance maladie dont le montant est fixé chaque année par la loi de financement de la sécurité sociale et, pour 2001, à *(L. n° 2001-1246 du 21 déc. 2001, art. 26-I)* « 600 millions de francs » *(L. n° 2006-1640 du 21 déc. 2006, art. 93-I)* « , ainsi que par le reversement des avances remboursables mentionnées au III ». *(L. n° 2012-1404 du 17 déc. 2012, art. 73-VIII-G)* « Le versement et la répartition entre les différents régimes sont réalisés dans des conditions fixées par décret. »

(L. n° 2006-1640 du 21 déc. 2006, art. 93-I) « Les sommes apportées par les organismes de sécurité sociale et mentionnées à l'article L. 6161-3-2 du code de la santé publique sont versées au fonds. »

Le solde disponible du Fonds d'accompagnement social pour la modernisation des établissements de santé est versé au Fonds pour la modernisation des établissements de santé, à la date de sa création. Le montant de ce solde est constaté par arrêté interministériel.

V *bis*. — *Abrogé par L. n° 2011-1906 du 21 déc. 2011, art. 65-III-1°.*

VI. — Les modalités d'application du présent article sont déterminées par décret.

VII. — L'article 25 de la loi de financement de la sécurité sociale pour 1998 (n° 97-1164 du 19 décembre 1997) est abrogé à compter de la publication du décret mentionné au VI.

(L. n° 2002-1487 du 20 déc. 2002, art. 26-VII) « VIII. — Un rapport annuel retraçant l'activité du fonds est établi par la Caisse des dépôts et consignations et adressé aux ministres chargés de la santé et de la sécurité sociale. Ce rapport dresse notamment un bilan des dotations allouées en fonction du statut et de la taille des établissements bénéficiaires. »

(L. n° 2010-1594 du 20 déc. 2010, art. 87-II) « Le rapport annuel mentionné au premier alinéa ainsi que l'avis de la commission de surveillance du fonds sont transmis par le Gouvernement au Parlement avant le 1er octobre de chaque année. »

(L. n° 2003-1199 du 18 déc. 2003, art. 48-I) « IX. — Les dispositions du présent article sont applicables à Mayotte et *[à]* Saint-Pierre-et-Miquelon. »

Le montant de la participation des régimes obligatoires d'assurance maladie au financement du fonds pour la modernisation des établissements de santé publics et privés mentionnée à l'art. 40 de la L. n° 2000-1257 du 23 déc. 2000 de financement de la sécurité sociale pour 2001 est fixé à 647 millions d'euros pour l'année 2019 (L. n° 2018-1203 du 22 déc. 2018, art. 79-I).

……………………………………………………………………………………

Branche accidents du travail

Art. 53 I. — Peuvent obtenir la réparation intégrale de leurs préjudices :

1° Les personnes qui ont obtenu la reconnaissance d'une maladie professionnelle occasionnée par l'amiante au titre de la législation française de sécurité sociale ou d'un régime assimilé ou de la législation applicable aux pensions civiles et militaires d'invalidité ;

2° Les personnes qui ont subi un préjudice résultant directement d'une exposition à l'amiante sur le territoire de la République française ;

3° Les ayants droit des personnes visées aux 1° et 2°.

II. — Il est créé, sous le nom de « Fonds d'indemnisation des victimes de l'amiante », un établissement public national à caractère administratif, doté de la personnalité juridique et de l'autonomie financière, placé sous la tutelle des ministres chargés de la sécurité sociale et du budget.

Cet établissement a pour mission de réparer les préjudices définis au I du présent article.

Il est administré par un conseil d'administration composé de représentants de l'État, des organisations siégeant à la commission des accidents du travail et des maladies professionnelles de la Caisse nationale de l'assurance maladie des travailleurs salariés, des associations nationales d'aide aux victimes de l'amiante et de personnalités qualifiées. Il est présidé par un magistrat.

(L. n° 2001-1246 du 21 déc. 2001, art. 43-II) « Il emploie des agents régis par les titres II, III ou IV du statut général des fonctionnaires en position d'activité, de détachement ou de mise à disposition. Il emploie également des agents contractuels de droit public avec lesquels il peut conclure des contrats à durée déterminée ou indéterminée. Il peut également faire appel à des agents contractuels de droit privé pour occuper des fonctions exigeant une qualification particulière dans le domaine de l'indemnisation des préjudices ou des maladies professionnelles. Les agents contractuels employés par le Fonds d'indemnisation des victimes de l'amiante sont tenus au secret et à la discrétion professionnels dans les mêmes conditions que celles qui sont définies à l'article 26 de la loi n° 83-634 du 13 juillet 1983 portant droits et obligations des fonctionnaires. »

III. — Le demandeur justifie de l'exposition à l'amiante et de l'atteinte à l'état de santé de la victime.

Le demandeur informe le fonds des autres procédures relatives à l'indemnisation des préjudices définis au I éventuellement en cours. Si une action en justice est intentée, il informe le juge de la saisine du fonds.

Si la maladie est susceptible d'avoir une origine professionnelle et en l'absence de déclaration préalable par la victime, le fonds transmet sans délai le dossier à l'organisme concerné au titre de la législation française de sécurité sociale ou d'un régime assimilé ou de la législation applicable aux pensions civiles et militaires d'invalidité. Cette transmission vaut déclaration de maladie professionnelle. Elle suspend le délai prévu au IV du présent article jusqu'à ce que l'organisme concerné communique au fonds les décisions prises. En tout état de cause, l'organisme saisi dispose pour prendre sa décision d'un délai de trois mois, renouvelable une fois si une enquête complémentaire est nécessaire. Faute de décision prise par l'organisme concerné dans ce délai, le fonds statue dans un délai de trois mois.

Le fonds examine si les conditions de l'indemnisation sont réunies : il recherche les circonstances de l'exposition à l'amiante et ses conséquences sur l'état de santé de la victime ; il procède ou fait procéder à toute investigation et expertise utiles sans que puisse lui être opposé le secret professionnel ou industriel. Vaut *[Valent]* justification de l'exposition à l'amiante la reconnaissance d'une maladie professionnelle occasionnée par l'amiante au titre de la législation française de sécurité sociale ou d'un régime assimilé ou de la législation applicable aux pensions civiles et militaires d'invalidité, ainsi que le fait d'être atteint d'une maladie provoquée par l'amiante et figurant sur une liste établie par arrêté des ministres chargés du travail et de la sécurité sociale.

(L. n° 2016-41 du 26 janv. 2016, art. 199-I-1°) « Vaut également justification du lien entre l'exposition à l'amiante et le décès la décision de prise en charge de ce décès au titre d'une maladie professionnelle occasionnée par l'amiante en application de la législation française de sécurité sociale ou d'un régime assimilé ou de la législation applicable aux pensions civiles et militaires d'invalidité. » *— Les dispositions issues de la L. n° 2016-41 du 26 janv. 2016 s'appliquent aux demandes d'indemnisation postérieures à l'entrée en vigueur de la loi susvisée (L. préc., art. 199-II).*

Dans les cas valant justification de l'exposition à l'amiante visés *(L. n° 2016-41 du 26 janv. 2016, art. 199-I-2°)* « aux quatrième et cinquième alinéas du présent III », le fonds peut verser une provision si la demande lui en a été faite, il est statué dans le délai d'un mois à compter de la demande de provision. *— V. note à al. précédent.*

Le fonds peut requérir de tout service de l'État, collectivité publique, organisme assurant la gestion des prestations sociales, *[et]* organisme assureur susceptibles de réparer tout ou partie du préjudice, la communication des renseignements relatifs à l'exécution de leurs obligations éventuelles.

Les renseignements ainsi recueillis ne peuvent être utilisés à d'autres fins que l'instruction de la demande faite au fonds d'indemnisation et leur divulgation est interdite. Les personnes qui ont à connaître des documents et informations fournis au fonds sont tenues au secret professionnel.

Le demandeur peut obtenir la communication de son dossier, sous réserve du respect du secret médical.

(L. n° 2010-1594 du 20 déc. 2010, art. 92-I-1°) « III *bis*. — Les droits à l'indemnisation des préjudices mentionnés au I se prescrivent par dix ans à compter de la date du premier certificat médical établissant le lien entre la maladie et l'exposition à l'amiante. Toutefois, le délai de prescription ne court :

« 1° Pour l'indemnisation des préjudices résultant de l'aggravation d'une maladie dont un certificat médical a déjà établi le lien avec l'exposition à l'amiante, que de la date du premier certificat médical constatant cette aggravation ;

« 2° Pour l'indemnisation des ayants droit d'une personne décédée, quand son décès est lié à l'exposition à l'amiante, que de la date du premier certificat médical établissant le lien entre le décès et cette exposition. »

IV. — Dans les six mois à compter de la réception d'une demande d'indemnisation, le fonds présente au demandeur une offre d'indemnisation. Il indique l'évaluation retenue pour chaque chef de préjudice, ainsi que le montant des indemnités qui lui reviennent compte tenu des prestations énumérées à l'article 29 de la loi n° 85-677 du 5 juillet 1985 tendant à l'amélioration de la situation des victimes d'accidents de la circulation et à l'accélération des procédures d'indemnisation, et des indemnités de toute nature reçues ou à recevoir d'autres débiteurs du chef du même préjudice. Le fonds présente une offre d'indemnisation nonobstant l'absence de consolidation.

Une offre est présentée dans les mêmes conditions en cas d'aggravation de l'état de santé de la victime *(Abrogé par L. n° 2010-1594 du 20 déc. 2010, art. 92-I-2°)* ***« ou si une indemnisation complémentaire est susceptible d'être accordée dans le cadre d'une procédure pour faute inexcusable de l'employeur »***.

L'acceptation de l'offre ou la décision juridictionnelle définitive rendue dans l'action en justice prévue au V vaut désistement des actions juridictionnelles en indemnisation en cours et rend irrecevable tout*[e]* autre action juridictionnelle future en réparation du même préjudice. Il en va de même des décisions juridictionnelles devenues définitives allouant une indemnisation intégrale pour les conséquences de l'exposition à l'amiante.

V. — Le demandeur ne dispose du droit d'action en justice contre le Fonds d'indemnisation que si sa demande d'indemnisation a été rejetée, si aucune offre ne lui a été présentée dans le délai mentionné au premier alinéa du IV ou s'il n'a pas accepté l'offre qui lui a été faite.

Cette action est intentée devant la cour d'appel dans le ressort de laquelle se trouve le domicile du demandeur.

(L. n° 2002-303 du 4 mars 2002, art. 21) « Celui-ci a la possibilité de se faire assister ou représenter par son conjoint, un ascendant ou un descendant en ligne directe, un avocat ou un délégué des associations de mutilés et invalides du travail les plus représentatives. »

VI. — Le fonds est subrogé, à due concurrence des sommes versées, dans les droits que possède le demandeur contre la personne responsable du dommage ainsi que contre les personnes ou organismes tenus à un titre quelconque d'en assurer la réparation totale ou partielle dans la limite du montant des prestations à la charge desdites personnes.

Le fonds intervient devant les juridictions civiles, y compris celles du contentieux de la sécurité sociale, notamment dans les actions en faute inexcusable, et devant les juridictions de jugement en matière répressive, même pour la première fois en cause d'appel, en cas de constitution de partie civile du demandeur contre le ou les responsables des préjudices ; il intervient à titre principal et peut user de toutes les voies de recours ouvertes par la loi.

Si le fait générateur du dommage a donné lieu à des poursuites pénales, le juge civil n'est pas tenu de surseoir à statuer jusqu'à décision définitive de la juridiction répressive.

(L. n° 2010-1594 du 20 déc. 2010, art. 92-I-3°) « La reconnaissance de la faute inexcusable de l'employeur, à l'occasion de l'action à laquelle le fonds est partie, ouvre droit à la majoration des indemnités versées à la victime ou à ses ayants droit en application de la législation de sécurité sociale. L'indemnisation à la charge du fonds est alors révisée en conséquence. »

VII. — Le fonds est financé par une contribution de l'État, dans les conditions fixées par la loi de finances, et par une contribution de la branche accidents du travail et maladies professionnelles du régime général de la sécurité sociale dont le montant est fixé chaque année par la loi de financement de la sécurité sociale, sur la base d'un rapport d'activité du fonds établi par son conseil d'administration et transmis au Parlement et au Gouvernement.

VIII. — Le début du deuxième alinéa (1°) de l'article 706-3 du code de procédure pénale est ainsi rédigé :

"1° Ces atteintes n'entrent pas dans le champ d'application de l'article 53 de la loi de financement de la sécurité sociale pour 2001 (n° 2000-1257 du 23 décembre 2000) ni de l'article L. 126-1... *(le reste sans changement)*."

Les dispositions de l'alinéa précédent ne remettent pas en cause la compétence juridictionnelle pour connaître, en appel ou en cassation, des décisions rendues avant la date de publication du décret mentionné au X du présent article par les commissions instituées par l'article 706-4 du code de procédure pénale.

IX. — Les demandes d'indemnisation des préjudices causés par l'exposition à l'amiante en cours d'instruction devant les commissions instituées par l'article 706-4 du code de procédure pénale à la date de publication du décret mentionné au X sont transmises au fonds d'indemnisation des victimes de l'amiante. Les provisions allouées en application du dernier alinéa de l'article 706-6 du code de procédure pénale sont remboursées par le fonds d'indemnisation des victimes de l'amiante au fonds de garantie des victimes des actes de terrorisme et d'autres infractions.

X. — Les modalités d'application du présent article sont fixées par décret en Conseil d'État.

Le délai fixé au IV est porté à neuf mois pendant l'année qui suit la publication du décret mentionné à l'alinéa précédent.

(Ord. n° 2009-537 du 14 mai 2009, art. 18) « XI. — Le fonds peut gérer, pour le compte de la Nouvelle-Calédonie, un dispositif d'indemnisation des victimes de l'amiante défini par cette collectivité dans le cadre de ses compétences, dans des conditions fixées par une convention conclue entre le fonds et la Nouvelle-Calédonie. »

Le montant de la contribution de la branche accidents du travail et maladies professionnelles du régime général de la sécurité sociale au financement du Fonds d'indemnisation des victimes de l'amiante est fixé à 260 millions d'euros au titre de l'année 2019 (L. n° 2018-1203 du 22 déc. 2018, art. 83-I).

Sur les exceptions à l'application du droit des usagers de saisir l'administration par voie électronique concernant les démarches effectuées auprès des organismes de sécurité sociale, V. CRPA, App., v° Saisine par voie électronique — Exceptions. — ***CRPA***.

BIBL. ▶ Guettier, L'État face aux contaminations liées à l'amiante, *ADJA 2001. 529*. – Hardy, La création d'un fonds d'indemnisation des victimes de l'amiante, *JCP E 2001. 605*.

1. Conformité aux règles constitutionnelles. • Cons. const. 19 déc. 2000, n° 2000-437 DC : *Rec. Cons. const. 190 ; D. 2001. 1766, obs. Ribes ; Dr. soc. 2001. 270, note Prétot ; LPA 22 déc. 2000, n° 255, p. 5, chron. Schoettl ; ibid. 2001, n° 86-87, p. 4, note Castagnède ; RD publ. 2001. 267, note Spitz ; RFDC 2001. 129, obs. Philip ; ibid. 134, obs. Ribes ; RFFP 2001, n° 74, p. 257, chron. Prétot ; RJS 2001, n° 232 ; RTD civ. 2001. 226, obs. Molfessis ; TPS 2001, chron. n° 4, note Pellet.* ♦ Faute de toute incidence sur l'équilibre financier de la sécurité sociale, l'aménagement des conditions dans lesquelles le demandeur peut se faire assister en justice lorsqu'il agit à l'encontre des fonds d'indemnisation ne peut figurer dans une loi de financement de la sécurité sociale. • Cons. const. 18 déc. 2001, n° 2001-453 DC : *JO 26 déc., p. 26582 ; Dr. soc. 2002. 191, note Prétot ; LPA 31 déc. 2001, n° 260, p. 4, chron. Schoettl ; RJS 2002, n° 212.* ♦ Les dispositions de l'art. 53-VI, de la L. n° 2000-1257 du 23 déc. 2000 ont pour seul objet de subroger, à due concurrence des sommes versées, le FIVA dans les droits que possède la personne indemnisée contre la personne responsable du dommage ainsi que contre les personnes ou organismes tenus à un titre quelconque d'en assurer la réparation, et d'agir ou d'intervenir à cette fin devant les juridictions civiles et répressives, et sont ainsi sans effet sur les conditions dans lesquelles la responsabilité de l'auteur du dommage ou l'obligation à réparer des autres personnes ou organismes peut être engagée. Les dispositions en cause ne portent donc pas atteinte au principe de sécurité juridique et n'ont pas lieu d'être déférées au Conseil constitutionnel. • Civ. 2e, 1er oct. 2015, QPC, n° 15-40.030 P.

2. Respect du droit au recours. En prévoyant que l'acceptation de l'offre d'indemnisation vaut désistement des actions engagées aux fins d'indemnisation et rend irrecevables les actions ultérieures aux mêmes fins, les dispositions de la loi ne méconnaissent pas le droit à un recours juridictionnel effectif dès lors que, tendant à la simplification des procédures et à la prévention de la double réparation d'un même préjudice, elles prévoient la réparation intégrale du préjudice subi, ouvrent aux intéressés un ensemble de voies de recours à l'encontre tant des décisions des fonds d'indemnisation que des juridictions saisies de leurs actions, et réservent la faculté de saisir le juge répressif. • Cons. const. 19 déc. 2000, n° 2000-437 DC : *préc. note 1.* ♦ V. égal. • CE 26 févr. 2003, n° 241385 : *Envir. 2003. Comm. 72, obs. Benoît ; RJS 2003. 629, n° 943.*

3. Contentieux. La décision de reconnaissance d'une maladie professionnelle occasionnée par l'amiante au titre de la législation française de sécurité sociale ou d'un régime assimilé ou de la législation applicable aux pensions civiles et militaires, s'impose, avec tous ses effets, au fonds d'indemnisation des victimes de l'amiante (FIVA). • Civ. 2e, 25 oct. 2007, n° 06-21.392 P : *JCP S 2008, n° 1417, note Asquinazi-Bailleux.* ♦ Conf. par • Civ. 2e, 8 janv. 2009 : *JCP S 2009, n° 1181, note Vachet.* ♦ Comp • Civ. 2e, 7 mai 2009 : *JCP S 2009, n° 1428, note Asquinazi-Bailleux.*

4. Évaluation du préjudice futur. C'est dans l'exercice de son pouvoir souverain d'appréciation qu'une cour d'appel, après avoir évalué la perte de ressources résultant pour la veuve d'une victime, décédée des suites d'une maladie occasionnée par l'amiante, a fixé, à la date de sa décision, le préjudice économique futur de celle-ci, mis à la charge du FIVA, qui n'était ni hypothétique ni éventuel. • Civ. 2e, 10 févr. 2011 : *JCP S 2011, n° 1278, note Asquinazi-Bailleux ; RCA 2011. 178, obs. Groutel.*

5. Assiette. Les arrérages échus de la rente versée par le FIVA, en réparation du poste de préjudice fonctionnel permanent subi par une victime atteinte d'une maladie occasionnée par l'amiante, constituent l'assiette sur laquelle doivent être imputés les arrérages échus de la rente versée par un organisme social en réparation de ce même poste de préjudice, peu important que le service de cette dernière rente ait commencé postérieurement à celle versée par le Fonds. • Civ. 2e, 10 févr. 2011 : *JCP S 2011, n° 203, note Tauran ; JCP 2011, n° 1710, obs. Colonna et Renaux-Personnic.* ♦ Sur le mode de calcul des réparations en cas d'indemnisation au titre de l'art. 29 de la L. n° 85-677 du 5 juill. 1985 : • Civ. 2e, 13 sept. 2018, n° 17-18.885 P : *JCP S 2018. 1342, obs. Asquinazi-Bailleux.*

6. Conséquence de l'attribution de l'allocation spécifique de cessation anticipée d'activité sur la demande de réparation à l'égard du FIVA. Le salarié admis au bénéfice de l'allocation de cessation anticipée d'activité des travailleurs de l'amiante, prévue par l'art. 41 de la L. n° 98-1194 du 23 déc. 1998, accordée indépendamment de son état de santé, et qui présente sa démission à son employeur n'est pas fondé à obtenir réparation auprès du FIVA, d'une perte de revenus résultant de la mise en œuvre du dispositif légal. • Civ. 2e, 3 févr. 2011 : *D. 2011. 524 ; ibid. 2150, chron. Sommer, Leroy-Gissinger, Adida-Canac et Bouvier* • 3 févr. 2011 : *JCP 2011, n° 558, note Colonna et Renaux-Personnic ; JCP S 2011, n° 1175, note Tauran ; Gaz. Pal. 4 mars 2011, n° 63-64, p. 55, obs. Coursier.*

7. Contestation de l'offre d'indemnisation. L'existence d'un lien direct et certain entre la présence, chez une victime non prise en charge au titre d'une maladie professionnelle occasionnée par l'amiante, de plaques pleurales et son exposition à l'amiante ne permet pas de présumer l'existence d'un lien de causalité entre cette exposition et le cancer broncho-pulmonaire dont cette victime souffre par ailleurs. Il appartient en conséquence à la victime ou à ses ayants droit de démontrer que la maladie était en relation directe et certaine avec l'exposition de la victime à l'amiante. • Civ. 2e, 14 déc. 2017, n° 16-25.666 P.

8. Rapports entre l'action devant les TASS et l'indemnisation par le FIVA. Le salarié atteint d'une maladie professionnelle ou ses ayants droit en cas de décès, qui ont accepté l'offre d'indemnisation des victimes de l'amiante, sont recevables, mais dans le seul but de faire reconnaître l'existence d'une faute inexcusable de l'employeur, à se maintenir dans l'action en recherche de faute inexcusable qu'ils ont préalablement engagée et qui est reprise par le FIVA. • Civ. 2e, 22 sept. 2011 : *JCP S 2012, n° 1010, obs. Asquinazi-Bailleux.* ♦ L'art. 53-IV de la loi du 23 déc. 2000 ne fait pas obstacle à l'exercice d'une action devant le TASS ayant pour seul objet la reconnaissance du caractère inexcusable de la faute commise par l'employeur. Le FIVA, saisi antérieurement d'une demande de prise en charge, ne saurait en conséquence refuser de signifier une offre de réparation du préjudice personnel de la victime au motif que celle-ci aurait dû en saisir la juridiction de la sécurité sociale. • Civ. 2e, 6 oct. 2011 : *JCP S 2012, n° 1264, obs. Asquinazi-Bailleux ; ibid. 2011. 1514, obs. Plichon.* ♦ Il résulte de l'art. 53-IV, dernier al., de la L. n° 2000-1257 du 23 déc. 2000 que les décisions juridictionnelles devenues irrévocables allouant une indemnisation intégrale pour les conséquences de l'exposition à l'amiante emportent les mêmes effets que le désistement de la demande d'indemnisation présentée au Fonds ou de l'action en justice prévue au V du même art. et rendent irrecevable toute autre demande présentée au Fonds en réparation du même préjudice. La victime ne saurait en conséquence demander au FIVA la prise en charge du préjudice moral lorsque cette demande a été portée devant le TASS dont la décision est devenue irrévocable. • Civ. 2e, 7 févr. 2013 : *D. actu. 26 févr. 2013, obs. Marrocchella ; RDSS 2013. 356, obs. Tauran ; JCP S 2013, n° 1174, obs. Ledoux et Bouvet* (le FIVA ne saurait cependant rejeter une telle demande lorsque le TASS n'a pas statué sur le fond de la demande).

9. Prescription décennale. Il résulte de l'art. 53 de la L. n° 2000-1257 du 23 déc. 2000, modifié par l'art. 92 de la L. n° 2010-1594 du 20 déc. 2010, que la demande d'indemnisation d'une victime d'une maladie liée à une exposition à l'amiante adressée au FIVA se prescrit par dix ans à compter de la date du premier certificat médical établissant le lien entre la maladie et l'exposition à l'amiante, l'aggravation ou le décès ; il est tenu compte, dans la computation, du délai déjà écoulé depuis l'établissement du premier certificat médical, ce dernier étant réputé avoir été établi le 1er janv. 2004 lorsqu'il l'a été à une date antérieure. La cour d'appel ayant relevé que la maladie avait été diagnostiquée le 16 mai 2002, il en résulte que le point de départ du délai de prescription de dix ans applicable est le 1er janv. 2004. • Civ. 2e, 16 juin 2011 : *D. 2011. 1798, obs. Adida-Canac ; JCP 2011, n° 991, note Colonna et Renaux-Personnic.*

10. Compétence juridictionnelle. Les litiges relatifs aux décisions prises par le FIVA en application des art. 53-V de la L. n° 2000-1257 du 23 déc. 2000, ensemble l'art. 24 du Décr. n° 2001-963 du 23 oct. 2001, relèvent de la seule compétence des tribunaux de l'ordre judiciaire. • Civ. 2e, 21 mai 2015, n° 14-18.892 P : *D. actu. 12 juin 2015, obs. Cayol ; RJS 8-9/2015, n° 596.* ♦ Les créances et dettes qui trouvent leur origine dans l'accord transactionnel conclu entre le FIVA et le demandeur qui a accepté l'offre d'indemnisation que celui-ci lui a faite doivent être regardées, quel que soit le responsable du dommage, comme des créances et dettes de nature privée. La juridiction judiciaire est donc compétente pour connaître des litiges mentionnés par l'art. 53 de la loi du 23 déc. 2000 ainsi que pour ceux relatifs au paiement des indemnités convenues et à la répétition d'indemnités indûment versées. • T. confl. 18 mai 2015, n° 4001 : *RJS 8-9 2015, n° 596.* ♦ L'action en responsabilité engagée contre le FIVA, pour ne pas avoir saisi une juridiction en reconnaissance de la faute inexcusable de l'employeur, en application de l'art. 53-VI, al. 2 et 4, de la L. n° 2000-1257 du 23 déc. 2000, se rattachant à sa fonction d'indemnisation des victimes de l'amiante, relève de la seule compétence des juridictions de l'ordre judiciaire. • Civ. 2e, 3 mars 2016 : *D. actu. 15 mars 2016, obs. Kilgus ; RCA 6/2016. Comm. 197, obs. Groutel ; JCP S 2016, n° 1146, obs. Asquinazi-Bailleux.*

Loi n° 2000-1352 du 30 décembre 2000,

De finances pour 2001 (JO 31 déc.).

Art. 29 I. — *Abrogé par L. n° 2001-1276 du 28 déc. 2001, art. 7.*

(L. n° 2001-1276 du 28 déc. 2001, art. 7) « II. *[I.]* — **Le produit de la taxe prévue à l'article 991 du code général des impôts perçu en 2001 est réparti dans les conditions suivantes :**

« 1° Une fraction de 75,3 % est affectée au budget de l'État ;

« 2° Une fraction de 24,7 % est affectée au fonds visé à l'article L. 131-8 du code de la sécurité sociale. »

III. *[II.]* — **A compter du 1er janvier 2001, le produit de la taxe sur les véhicules des sociétés prévue à l'article 1010 du code général des impôts est affecté au Fonds de financement** de la réforme des cotisations patronales de sécurité sociale institué par l'article L. 131-8 du code de la sécurité sociale.

IV. *[III.]* — Dans les conditions fixées par la loi de financement de la sécurité sociale pour 2001 précitée, le produit du droit de consommation sur les tabacs manufacturés prévu à l'article 575 du code général des impôts est affecté aux régimes obligatoires de base de sécurité sociale et aux organismes créés pour concourir à leur financement. L'article 49 de la loi de finances pour 1997 (n° 96-1181 du 30 décembre 1996) ainsi que l'article 55 de la loi de finances pour 2000 (n° 99-1172 du 30 décembre 1999) sont abrogés.

Décret n° 2001-500 du 11 juin 2001,

Portant application de l'article 15 de la loi n° 2000-1207 du 13 décembre 2000 relatif au congé-solidarité (JO 12 juin).

Art. 1er La convention-cadre prévue à l'article 15 de la loi du 13 décembre 2000 susvisée définit les modalités de la mise en place du dispositif de congé-solidarité, ainsi que les engagements respectifs de l'État, du conseil départemental ou du conseil régional ; au moins une de ces deux collectivités doit être signataire.

Elle précise la participation financière de l'État et la répartition du solde des dépenses entre les conseils départemental ou régional, d'une part, l'entreprise, d'autre part, ainsi que les modalités de versement de ces participations.

La convention-cadre a une durée au moins égale à celle nécessaire pour clore le dispositif de congé-solidarité. Elle est approuvée par les conseils départemental ou régional.

Art. 2 Le montant minimum de l'allocation de congé-solidarité prévu au 4° du III de l'article 15 est égal à 90 % du montant minimum de l'allocation spéciale prévue au 2° de l'article L. 322-4 du code du travail *[devenu C. trav., art. L. 5123-2]*. Toutefois, le montant de l'allocation ne peut excéder 85 % du salaire antérieur.

Art. 3 Les dépenses du dispositif de congé-solidarité sont constituées du financement de l'allocation de congé-solidarité, des cotisations de retraite complémentaire ainsi que des frais de gestion de l'organisme gestionnaire du dispositif.

Art. 4 La participation financière de l'État prévue au V de l'article 15 de la loi du 13 décembre 2000 susvisée est fixée par la convention, dans la double limite maximale suivante :

1° 60 % du total des dépenses prévues à l'article 3 ;

2° Pour chaque bénéficiaire, 60 % de l'allocation de congé-solidarité, majorée des cotisations de retraite complémentaire et frais de gestion correspondants ; cette allocation est prise en compte dans la limite du barème suivant :

a) Pour la part du salaire de référence n'excédant pas le plafond de la sécurité sociale prévu à l'article L. 241-3 du code de la sécurité sociale :

65 % du salaire de référence lorsque le bénéficiaire peut justifier d'au moins trente ans d'activité salariée ;

60 % du salaire de référence pour des périodes d'activité salariée d'au moins vingt ans et de moins de trente ans ;

55 % du salaire de référence pour des périodes d'activité salariée d'au moins dix ans et de moins de vingt ans ;

b) Pour la part du salaire de référence excédant le plafond prévu au *a* ci-dessus :

50 % de la part du salaire de référence comprise entre une et deux fois ce même plafond ;

c) Toutefois, ce barème ne s'applique pas lorsque l'allocation est égale au minimum fixé à l'article 2 ci-dessus.

Si la convention-cadre prévoit des modalités plus favorables que ce barème, les charges supplémentaires ne sont pas financées par l'État.

Le salaire de référence est déterminé d'après les gains et rémunérations des douze derniers mois civils précédant l'adhésion du salarié à la convention d'application du congé-solidarité.

Art. 5 La participation financière de l'entreprise est versée selon des modalités définies dans la convention-cadre sur une durée au plus égale à deux ans.

(Décr. n° 2004-254 du 19 mars 2004, art. 5) « Cette durée peut être portée à cinq ans au plus dès que l'entreprise aura satisfait à la souscription d'assurance prévue à l'article 15-VIII (*b*) de la loi du 13 décembre 2000 susvisée *[n° 2000-1207]*. » — *Cette disposition s'applique à Saint-Pierre-et-Miquelon (Décr. n° 2004-254 du 19 mars 2004, art. 6).*

Art. 6 Le montant de l'allocation de congé-solidarité est revalorisé une fois par an selon les modalités prévues par l'article L. 161-23-1 du code de la sécurité sociale.

Loi n° 2001-624 du 17 juillet 2001,

Portant diverses dispositions d'ordre social, éducatif et culturel [DDOSEC] (JO 18 juill.).

TITRE PREMIER **Indemnisation du chômage et mesures d'aide au retour à l'emploi**

Art. 1er à 5 *V. C. trav. et CSS, art. L. 135-2.*

TITRE II **Fonds de réserve pour les retraites**

Art. 6 *V. CSS, art. L. 135-1, L. 135-6 à L. 135-15, L. 137-5, L. 251-6-1, L. 651-2-1 ; L. n° 99-532 du 25 juin 1999, art. 26.*

TITRE III **Ratification du code de la mutualité**

Art. 7 *V. C. mut., art. L. 111-3. –* ***C. assur.***

....

TITRE VI **Dispositions diverses**

Art. 27 *V. CSS, art. L. 411-2-1°.*

Art. 33 *V. CSS, art. L. 212-1.*

Art. 34 *V. L. n° 89-1009 du 31 déc. 1989, art. 7-1 et 30.*

Loi n° 2001-647 du 20 juillet 2001,

Relative à la prise en charge de la perte d'autonomie des personnes âgées et à l'allocation personnalisée d'autonomie [APA] (JO 21 juill.).

BIBL. ▶ Borgetto, *J.-Cl. Protection soc., fasc. 870.* – Kessler, L'allocation personnalisée d'autonomie, *TPS 2002. Chron. 2.* – La dépendance (divers auteurs), *Regards CNESS, n° 23, janv. 2003, p. 1-112.*

TITRE PREMIER **Dispositions modifiant le code de l'action sociale et des familles et relatives à l'allocation personnalisée d'autonomie**

Art. 1er *V.* ***CASF****, art. L. 232-1 à L. 232-20.*

TITRE II **Dispositions diverses**

Art. 2 à 7 *V.* ***CASF****, divers art. mod.*

Art. 8 à 12 *V. CSS, art. L. 135-1, L. 135-3, L. 136-8, L. 162-24-1, L. 174-7, L. 174-8, L. 174-9, L. 241-10 ;* ***CGCT****, art. L. 3321-1 et L. 3321-2 ;* ***CGI****, art. 199 sexdecies.*

Art. 13 et 14 *V.* ***CGCT****, art. L. 3321-1 et L. 3321-2.*

Art. 15 (Abrogé par L. n° 2015-1776 du 28 déc. 2015, art. 41-III) ***Le Gouvernement présentera au Parlement, au plus tard le 30 juin 2003, un rapport d'évaluation quantitative et qualitative de l'application de la présente loi, en s'appuyant notamment sur les rapports du conseil d'administration et du conseil de surveillance du fonds institué par l'article L. 232-21 du code de l'action sociale et des familles et sur celui du comité scientifique institué par l'article 17 de la présente loi.*** (L. n° 2003-289 du 31 mars 2003, art. 6) ***« Ce rapport s'attachera notamment à éclairer les divers moyens permettant d'assurer une meilleure adéquation de l'aide distribuée aux besoins des personnes affectées par une perte d'autonomie. »***

Art. 16 **Les personnes bénéficiant, avant l'entrée en vigueur de la présente loi, de prestations attribuées en vertu des conventions mentionnées à l'article 38 de la loi n° 94-637 du 25 juillet 1994 relative à la sécurité sociale, peuvent choisir, dans des conditions fixées par décret, entre le maintien de ces prestations qui sont prises en charge dans les conditions fixées par lesdites conventions, ou l'allocation personnalisée d'autonomie.**

Art. 17 (Abrogé par L. n° 2015-1776 du 28 déc. 2015, art. 41-III) ***Il est créé un comité scientifique dont la mission est d'adapter des outils d'évaluation de l'autonomie. Ce comité, dont la composition est déterminée par décret, présentera au Parlement ses conclusions avant le 31 janvier 2003.***

Art. 18 *V. CSS, art. L. 241-10.*

Art. 19 I. – Les personnes bénéficiant, avant l'entrée en vigueur de la présente loi, de la prestation spécifique dépendance peuvent solliciter l'attribution de l'allocation personnalisée d'autonomie, dans les conditions mentionnées à l'article L. 232-14 du code de l'action sociale et des familles. Elles continuent à percevoir la prestation spécifique dépendance jusqu'à la notification par le président du conseil départemental de la décision relative à l'allocation personnalisée d'autonomie.

II. – Il est procédé, au plus le 1er janvier 2004, dans les conditions mentionnées à l'article L. 232-14 du code de l'action sociale et des familles, au réexamen des droits au regard de la présente loi des bénéficiaires de la prestation spécifique dépendance qui n'auraient pas sollicité l'attribution de l'allocation personnalisée d'autonomie.

III. – Les personnes admises au bénéfice de l'allocation personnalisée d'autonomie qui étaient, avant l'entrée en vigueur de la présente loi, titulaires de la prestation spécifique dépendance, de l'allocation compensatrice pour tierce personne, des prestations servies au titre des dépenses d'aide ménagère à domicile des caisses de retraite ou des dispositions mentionnées à l'article 16 de la présente loi ne peuvent voir leurs droits réduits ou supprimés. Sous réserve, s'agissant des bénéficiaires de l'allocation personnalisée d'autonomie à domicile, des dispositions des articles L. 232-5 et L. 232-7 du code de l'action sociale et des familles, elles bénéficient, s'il y a lieu, d'une allocation différentielle qui leur garantit un montant de prestation équivalent à celui antérieurement perçu, ainsi que du maintien des avantages fiscaux et sociaux auxquels elles pouvaient prétendre.

Art. 19-1 (Abrogé par L. n° 2015-1776 du 28 déc. 2015, art. 41-III) (L. n° 2003-289 du 31 mars 2003, art. 7) *Pour 2002, le Fonds de modernisation de l'aide à domicile mentionné à l'article L. 232-21 du code de l'action sociale et des familles verse aux départements, sur ses ressources, des subventions destinées à contribuer à la compensation par ces collectivités, au titre de leur action sociale facultative, des charges éventuelles occasionnées en 2002, du fait de la modification de la structure des tarifs issue de l'application des articles L. 312-8 et L. 315-1 du même code, aux résidents bénéficiaires de l'allocation personnalisée d'autonomie accueillis à titre payant dans des établissements habilités à l'aide sociale, qui percevaient jusqu'alors la prestation spécifique dépendance, l'allocation compensatrice tierce personne ou la majoration tierce personne.*

Le montant de cette contribution non renouvelable est arrêté à la somme de 36 millions d'euros.

Il est réparti entre les départements au prorata du nombre de bénéficiaires de la prestation spécifique dépendance en établissement recensés, pour chaque département, dans les groupes 1 et 2 de la grille mentionnée à l'article L. 232-2 dudit code à la date du 30 juin 2001.

Art. 19-2 (Abrogé par L. n° 2015-1776 du 28 déc. 2015, art. 41-III) (L. n° 2004-626 du 30 juin 2004, art. 17) *Pour 2004, le Fonds de modernisation de l'aide à domicile mentionné à l'article L. 232-21 du code de l'action sociale et des familles verse à la Caisse nationale d'assurance vieillesse des travailleurs salariés, au bénéfice du Fonds national d'action sanitaire et sociale en faveur des personnes âgées, une contribution destinée au financement, à parts égales avec ladite Caisse nationale, de pièces rafraîchies dans les établissements d'hébergement pour personnes âgées, maisons de retraite habilitées à l'aide sociale et logements-foyers.*

Le montant maximum de cette contribution, non renouvelable, est arrêté à la somme de 20 millions d'euros.

Art. 20 Sauf disposition contraire, les modalités d'application de la présente loi sont fixées par décret en Conseil d'État.

Art. 21 I. – Les dispositions de la présente loi entrent en vigueur le 1er janvier 2002.

II. – Les articles L. 132-8, L. 132-9, L. 232-1 à L. 232-25 du code de l'action sociale et des familles, dans leur rédaction applicable avant l'entrée en vigueur de la présente loi, demeurent applicables aux personnes auxquelles le bénéfice de la prestation spécifique dépendance a été reconnu avant sa date d'entrée en vigueur.

Décret n° 2001-963 du 23 octobre 2001,

Relatif au fonds d'indemnisation des victimes de l'amiante.

Sur la légalité de ce décret, V. • CE 26 févr. *2003. 629, n° 943.*
2003 : *Envir. 2003, comm. 72, obs. Benoit ; RJS*

CHAPITRE PREMIER *Dispositions relatives à l'organisation et au fonctionnement du fonds d'indemnisation des victimes de l'amiante*

Art. 1er Le conseil d'administration du fonds d'indemnisation des victimes de l'amiante comprend, outre le président :

1° Cinq membres représentant l'État :

– le directeur de la sécurité sociale ou son représentant ;
– le directeur du budget ou son représentant ;
– le directeur du Trésor ou son représentant ;
– le directeur général de la santé ou son représentant ;
– le directeur général du travail ou son représentant ;

2° Huit représentants des organisations siégeant à la commission des accidents du travail et des maladies professionnelles prévue à l'article L. 221-4 du code de la sécurité sociale, dont le président de celle-ci, proposés, à l'exception de ce dernier, par lesdites organisations :

– un représentant du Mouvement des entreprises de France (MEDEF) ;
– un représentant de la Confédération générale des petites et moyennes entreprises (CGPME) ;
– un représentant de l'Union professionnelle et artisanale (UPA) ;
– un représentant de la Confédération générale du travail (CGT) ;
– un représentant de la Confédération générale du travail-Force ouvrière (CGT-FO) ;
– un représentant de la Confédération française démocratique du travail (CFDT) ;
– un représentant de la Confédération française des travailleurs chrétiens (CFTC) ;
– un représentant de la Confédération française de l'encadrement-Confédération générale des cadres (CFE-CGC) ;

3° Quatre membres proposés par les organisations nationales d'aide aux victimes de l'amiante ;

4° Quatre personnalités qualifiées dans les domaines de compétence du fonds :

– deux personnalités qualifiées possédant des connaissances particulières en matière d'amiante ;
– le directeur de la Caisse nationale de l'assurance maladie des travailleurs salariés ou son représentant ;
– un membre de l'inspection générale des affaires sociales.

…………………………………………………………………………………………

Art. 6 Le conseil d'administration a pour rôle :

1° De définir la politique d'indemnisation du fonds en fixant les orientations relatives aux procédures, aux conditions de reconnaissance de l'exposition à l'amiante, d'indemnisation et de versement des provisions aux victimes et aux conditions d'action en justice du fonds ;

2° D'adopter le règlement intérieur du fonds ;

3° D'adopter le budget, d'approuver le compte financier du fonds et de délibérer sur les emprunts et les encours maximaux de crédit de trésorerie ;

4° D'approuver le rapport annuel prévu au VII de l'article 53 de la loi du 23 décembre 2000 susvisée qui doit être adressé au Parlement et au Gouvernement avant le 1er juillet ;

5° D'arrêter les offres d'indemnisation proposées aux demandeurs et le montant des provisions à leur verser ;

6° De nommer les membres de la commission mentionnée à l'article 7 ;

7° D'autoriser le directeur à signer la convention de gestion prévue à l'article 9 et d'en contrôler l'application ;

8° D'approuver le formulaire visé à l'article 15 ;

9° D'accepter les dons et legs.

Il peut, en outre, à leur demande ou de sa propre initiative, donner aux ministres chargés de la tutelle du fonds des avis sur toute question relative à l'indemnisation des victimes de l'amiante.

Le conseil d'administration peut donner délégation au directeur pour prendre, dans le cadre des orientations et dans les limites qu'il définit, les décisions mentionnées au 5° ci-dessus. Lorsqu'un dossier individuel est susceptible d'avoir un retentissement particulier ou un impact financier important sur le fonds, le directeur en saisit le conseil d'administration.

A défaut d'approbation expresse déjà notifiée, les délibérations du conseil d'administration sont exécutoires à l'expiration d'un délai de vingt jours à compter de la réception par le ministre chargé de la sécurité sociale et le ministre chargé du budget des délibérations et des documents correspondants, à moins que l'un de ces ministres n'y fasse opposition dans ce délai. Lorsque l'une de ces autorités demande par écrit des informations ou des documents complémentaires, le délai est suspendu jusqu'à la production de ces informations ou documents.

(Décr. n° 2012-1247 du 7 nov. 2012, art. 171-1°, en vigueur le 1er janv. 2013) « Toutefois, les délibérations portant sur le budget et le compte financier sont exécutoires dans les conditions prévues par le titre III du décret n° 2012-1246 du 7 novembre 2012 relatif à la gestion budgétaire et comptable publique. »

....

CHAPITRE II *Dispositions relatives à la procédure d'indemnisation des victimes de l'amiante et aux décisions du fonds*

Art. 15 I. — La demande d'indemnisation est présentée au fonds au moyen d'un formulaire conforme au modèle approuvé par le conseil d'administration ; elle est accompagnée des pièces justificatives qui y sont précisées, notamment d'un certificat médical attestant la maladie et de tous documents de nature à établir la réalité de l'exposition à l'amiante.

Toutefois, lorsque la maladie en conséquence de laquelle est présentée la demande d'indemnisation figure sur la liste établie en application de la deuxième phrase du quatrième alinéa du III de l'article 53 de la loi du 23 décembre 2000 susvisée, le demandeur est dispensé de produire les documents établissant l'exposition à l'amiante et présente seulement un certificat médical attestant cette maladie *(Abrogé par Décr. n° 2011-1250 du 7 oct. 2011, art. 3)* *« établi par un médecin spécialiste ou compétent en pneumologie ou en oncologie »*.

II. — Le demandeur précise si le préjudice est susceptible ou non d'avoir une origine professionnelle et, dans l'affirmative, produit, en sus des pièces justificatives prévues au I ci-dessus, un certificat médical attestant le lien possible entre l'affection et l'activité professionnelle.

III. — Par dérogation aux dispositions ci-dessus, lorsque l'origine professionnelle de la maladie a été reconnue, le demandeur joint seulement au formulaire la décision de la caisse primaire d'assurance maladie ou de l'organisation spéciale de sécurité sociale.

IV. — Le fonds accuse réception du dossier.

Au cas où il manque des pièces, le fonds invite, dans un délai de quinze jours, le demandeur à compléter son dossier. Dans ce cas, le délai prévu au premier alinéa du IV de l'article 53 de la loi du 23 décembre 2000 susvisée court à compter de la réception par le fonds des pièces demandées.

Sur les exceptions à l'application du droit des usagers de saisir l'administration par voie électronique concernant les démarches effectuées auprès des organismes de sécurité sociale, V. CRPA, App., v° Saisine par voie électronique — Exceptions. — **CRPA**.

Art. 16 Lorsque, au vu des pièces justificatives, il apparaît que la maladie est susceptible d'avoir une origine professionnelle, le fonds saisit la caisse ou l'organisation spéciale de sécurité sociale compétente. Il lui transmet le dossier par envoi recommandé avec demande d'avis de réception ; le dossier doit comprendre notamment un certificat médical attestant le lien possible entre la maladie et l'exposition à l'amiante au titre d'une activité professionnelle.

Si, en raison de la complexité du dossier, une enquête complémentaire est nécessaire, la caisse ou l'organisation spéciale de sécurité sociale en avise le demandeur et le fonds.

Elle notifie sa décision au demandeur et informe le fonds de cette décision par lettre recommandée avec demande d'avis de réception. En cas de reconnaissance d'une maladie professionnelle, elle avise le fonds de l'évaluation de l'indemnisation accordée et des modalités de celle-ci, ainsi que, le cas échéant, de toute nouvelle fixation du montant des réparations.

Art. 17 Lorsque le lien entre la maladie et l'exposition à l'amiante n'est pas présumé établi en application de la deuxième phrase du quatrième alinéa du III de l'article 53 de la loi du 23 décembre 2000 susvisée, le dossier est transmis à la commission d'examen des circonstances de l'exposition à l'amiante.

Le demandeur est avisé de la date à laquelle la commission se réunira pour examiner les circonstances de l'exposition à l'amiante qu'il a subie.

La commission peut décider de procéder à l'audition du demandeur et celui-ci peut se faire assister ou représenter par une personne de son choix.

....

Art. 22 L'offre d'indemnisation est notifiée par le directeur du fonds au demandeur par lettre recommandée avec demande d'avis de réception ; elle est accompagnée, le cas échéant, de la copie des décomptes produits par les personnes ou organismes débiteurs des prestations ou indemnités mentionnées au premier alinéa du IV de l'article 53 de la loi du 23 décembre 2000 susvisée.

Si les conditions d'indemnisation ne sont pas réunies, le fonds en fait part au demandeur par lettre recommandée avec demande d'avis de réception, en lui en indiquant les motifs, et en joignant l'avis de la commission d'examen des circonstances de l'exposition à l'amiante lorsqu'il a été recueilli.

La notification indique les délais et voies de recours contre les décisions du fonds.

Art. 23 Le demandeur fait connaître au fonds d'indemnisation des victimes de l'amiante par lettre recommandée avec demande d'avis de réception s'il accepte ou non l'offre d'indemnisation qui lui est faite.

Lorsque le demandeur accepte l'offre, le fonds dispose d'un délai de deux mois pour verser la somme correspondante.

....

CHAPITRE III *Dispositions relatives aux actions intentées contre le fonds d'indemnisation devant les cours d'appel*

....

Art. 25 Le délai pour agir devant la cour d'appel est de deux mois. Ce délai court à partir de la notification, par lettre recommandée avec demande d'avis de réception, de l'offre d'indemnisation ou du constat établi par le fonds que les conditions d'indemnisation ne sont pas réunies.

Si, à l'expiration du délai prévu au IV de l'article 53 de la loi du 23 décembre 2000 susvisée, le demandeur n'a pas reçu notification de la décision du fonds, sa demande doit être considérée comme rejetée et le délai imparti pour saisir la cour d'appel court du jour où intervient cette décision implicite de rejet.

....

Loi n° 2002-73 du 17 janvier 2002,

De modernisation sociale (JO 18 janv.).

....

CHAPITRE II *Protection sociale*

....

Art. 41 Le total de la pension de retraite et de la pension militaire d'invalidité attribuables au conjoint et aux orphelins du militaire de la brigade de sapeurs-pompiers de Paris, du bataillon de marins-pompiers de Marseille et du commandement des formations militaires de sécurité civile, décédé au cours d'une opération de secours ou des suites de blessures reçues au cours d'une opération de secours et promu ou nommé à titre posthume au grade supérieur ou au corps supérieur, est porté au montant de la solde correspondant à l'indice retenu pour le calcul de la pension de retraite.

Ces dispositions sont applicables aux pensions des ayants cause du militaire mentionné au présent article décédé à compter de la date d'entrée en vigueur de la présente loi.

....

Art. 46 *(Abrogé par L. n° 2005-882 du 2 août 2005, art. 12-III) « I. — Le conjoint d'un professionnel libéral peut apporter une collaboration à l'entreprise, à condition :*

« — de ne pas percevoir de rémunération à ce titre ;

« — de ne pas exercer, par ailleurs, une activité excédant un mi-temps ;

« — d'en avoir fait préalablement la déclaration personnelle et volontaire auprès de l'Union de recouvrement des cotisations de sécurité sociale et d'allocations familiales.

« Il est alors réputé conjoint collaborateur d'un professionnel libéral. »

II. — Le conjoint collaborateur d'un professionnel libéral peut recevoir du chef d'entreprise des mandats exprès et limitativement définis pour des actes relatifs à la gestion et au fonctionnement courants de l'entreprise. Il est alors soumis à l'obligation du secret professionnel, sous peine de voir mise en jeu sa responsabilité civile en cas de manquement. Le chef d'entreprise peut mettre fin au mandat exprès par déclaration faite, à peine de nullité, devant notaire, son conjoint présent ou dûment appelé.

....

Art. 49 I. – Le fonds visé à l'article L. 135-1 du code de la sécurité sociale verse chaque année aux organismes visés à l'article L. 921-4 du même code les sommes dues en application d'une convention conclue entre l'État et ces organismes qui sont nécessaires à la couverture :

a) Des cotisations dues à compter du 1er janvier 1999 au titre des périodes de perception des allocations spéciales du Fonds national pour l'emploi visées au 2° de l'article L. 322-4 du code du travail, des allocations de préretraite progressive visées au 3° du même article, des allocations de solidarité spécifique visées à l'article L. 351-10 du même code ;

b) Du remboursement des sommes dues antérieurement au 1er janvier 1999 pour la validation des périodes de perception des allocations visées au *a.*

(L. n° 2003-6 du 3 janv. 2003, art. 6) « *c)* Des cotisations dues à compter du 8 avril 2002 au titre des périodes de perception de l'allocation équivalent retraite mentionnée à l'article L. 351-10-1 du code du travail *[devenu C. trav., art. L. 5423-18].* »

II. – Les montants dus annuellement en application de la convention mentionnée au I et les dates de versement sont fixées par arrêté conjoint du ministre chargé de la sécurité sociale et du ministre chargé du budget.

III. – Les modalités d'application du présent article sont fixées, le cas échéant, par décret en Conseil d'État.

Ordonnance n° 2002-411 du 27 mars 2002,

Relative à la protection sanitaire et sociale à Mayotte (JO 28 mars), mod. par L. n° 2008-1330 du 17 déc. 2008 (JO 18 déc.), L. n° 2009-1646 du 24 déc. 2009 (JO 27 déc.), Ord. n° 2010-1307 du 28 oct. 2010 (JO 3 nov.), Ord. n° 2011-1923 du 22 déc. 2011 (JO 23 déc.), L. n° 2012-1404 du 17 déc. 2012 (JO 18 déc.), Ord. n° 2013-80 du 25 janv. 2013 (JO 26 janv.), L. n° 2014-40 du 20 janv. 2014 (JO 21 janv.), L. n° 2014-366 du 24 mars 2014 (JO 26 mars), L. n° 2014-892 du 8 août 2014 (JO 9 août), Ord. n° 2015-897 du 23 juill. 2015 (JO 24 juill.), L. n° 2016-1917 du 29 déc. 2016 (JO 30 déc.), L. n° 2017-1836 du 30 déc. 2017 (JO 31 déc.), Ord. n° 2018-470 du 12 juin 2018 (JO 13 juin), et en dernier lieu par L. n° 2018-1317 du 28 déc. 2018 (JO 30 déc.).

Arrêté du 10 décembre 2002,

Relatif à l'évaluation des avantages en nature en vue du calcul des cotisations de sécurité sociale (JO 27 déc.).

V. Dir. n° 13-03 du 26 févr. 2003, et Circ. ACOSS n° 2003-014 du 9 janv. 2003 et n° 2003-103 du 9 juill. 2003.

V. Circ. DSS/SDr. fisc.SS n° 2003/06 du 6 janv. 2003 résumant le contenu de la réforme de l'arrêté du 10 déc. 2002 et de l'arrêté du 20 déc. 2002.

V. Circ. DSS/SDr. fisc.SS n° 2003/07 du 7 janv. 2003 relative à la mise en œuvre de l'arrêté du 10 déc. 2002 et de l'arrêté du 20 déc. 2002.

V. Circ. DSS/SDr. fisc.SS/5B n° 2005-389 du 19 août 2005 relative à la mise en œuvre de la réforme et de la réglementation des avantages en nature et des frais professionnels.

Sur la validation de l'arrêté du 10 déc. 2002 par le Conseil d'État, V. CE 29 déc. 2004 : RJS 2005, n° 432 ; TPS 2005. Comm. 93 (1re esp.), obs. Prétot.

Art. 1er Sous réserve des dispositions de l'article 5 ci-dessous, et sauf en cas de déplacement professionnel, pour les travailleurs salariés et assimilés auxquels l'employeur fournit la nourriture, la valeur de cet avantage est évaluée forfaitairement par journée à 8 € ou, pour un seul repas, à la moitié de cette somme.

(Arr. du 28 avr. 2003) « Pour le personnel des entreprises compris dans le champ d'application de la convention collective nationale des hôtels, cafés, restaurants, de la convention collective nationale de restauration de collectivités, de la convention collective nationale de la restauration rapide, de la convention collective nationale des chaînes de cafétérias et assimilés et de la convention collective nationale des casinos, que les conditions particulières de travail, les accords collectifs ou les usages imposent à l'employeur de nourrir gratuitement, en totalité ou en partie, dans l'établissement, la valeur de cet avantage est fixée par les dispositions de l'article D. 141-6 du code du travail. »

Nourriture (notion). Après avoir rappelé, d'une part, qu'en application des textes en vigueur la fourniture de repas à la cantine n'est constitutive d'aucun avantage en nature si la participation du salarié au prix du repas est au moins égale à la moitié d'un montant fixé chaque année par arrêté ministériel, d'autre part, que l'art. 1er de l'Arr. du 10 déc. 2002 ne fait état que de la notion de « nourriture », l'arrêt énonce que cette notion doit être raisonnablement appréhendée au sens de la prise d'un repas intégrant les principes de base d'une alimentation à la fois solide et liquide ; que l'hydratation prise en compte doit être nécessairement comprise comme étant la seule consommation d'« eau du robinet » gratuite par définition dans les cantines et restaurants. Par suite, la cour d'appel a exactement décidé que tous les suppléments acquittés en plus du « repas en cantine » ne pouvaient entrer dans le montant de la participation du salarié au prix du repas de sorte que le redressement devait être validé de ce chef. • Civ. 2e, 12 mars 2015, n° 14-10.744 P : *D. actu. 10 avr. 2015, obs. Siro ; Dr. soc. 2015. 629, chron. Salomon ; RJS 2015, n° 435 ; JCP S 2015, n° 1207, comm. Vachet ; ibid., n° 1375, comm. Jeansen ; JCP E 2015, n° 1333, comm. Brissy.*

Art. 2 Sous réserve des dispositions de l'article 5 ci-dessous, pour les travailleurs salariés et assimilés auxquels l'employeur fournit le logement, l'estimation de l'avantage en nature est évaluée forfaitairement. Elle peut également être calculée, sur option de l'employeur, d'après la valeur locative servant à l'établissement de la taxe d'habitation dans les conditions prévues aux articles 1496 et 1516 du code général des impôts et d'après la valeur réelle pour les avantages accessoires.

Lorsque par exception la valeur locative servant à l'établissement de la taxe d'habitation n'est pas évaluée, l'estimation de l'avantage en nature doit être calculée d'après la valeur locative réelle du logement et d'après la valeur réelle des avantages accessoires.

Lorsque ni la valeur locative servant à l'établissement de la taxe d'habitation ni la valeur locative réelle du logement ne peuvent être évaluées, l'estimation de l'avantage en nature doit être calculée forfaitairement.

L'évaluation forfaitaire, qui intègre la prise en compte des avantages accessoires, s'effectue dans les conditions suivantes pour le mois sur la base du plafond prévu à l'article L. 241-3 du code de la sécurité sociale :

— rémunérations inférieures à 0,5 fois le plafond mensuel de la sécurité sociale : à compter du 1er janvier 2003 : 35 € lorsque le logement comporte une pièce principale et 18 € par pièce dans les autres cas ; à compter du 1er janvier 2004 : respectivement 41 et 22 € ; à compter du 1er janvier 2005 : respectivement 47 et 26 € ; à compter du 1er janvier 2006 : respectivement 53 et 29 € ; à compter du 1er janvier 2007 : respectivement 60 et 32 € ;

— rémunérations égales ou supérieures à 0,5 fois le plafond mensuel de la sécurité sociale et inférieures à 0,6 fois ce plafond : à compter du 1er janvier 2003 : 40 € lorsque le logement comporte une pièce principale et 21 € par pièce dans les autres cas ; à compter du 1er janvier 2004 : respectivement 47 et 27 € ; à compter du 1er janvier 2005 : respectivement 54 et 33 € ; à compter du 1er janvier 2006 : respectivement 61 et 39 € ; à compter du 1er janvier 2007 : respectivement 70 et 45 € ;

— rémunérations égales ou supérieures à 0,6 fois le plafond mensuel de la sécurité sociale et inférieures à 0,7 fois ce plafond : à compter du 1er janvier 2003 : 43 € lorsque le logement comporte une pièce principale et 23 € par pièce dans les autres cas ; à compter du 1er janvier 2004 : respectivement 51 et 32 € ; à compter du 1er janvier 2005 : respectivement 60 et 41 € ; à compter du 1er janvier 2006 : respectivement 70 et 50 € ; à compter du 1er janvier 2007 : respectivement 80 et 60 € ;

— rémunérations égales ou supérieures à 0,7 fois le plafond mensuel de la sécurité sociale et inférieures à 0,9 fois ce plafond : à compter du 1er janvier 2003 : 47 € lorsque le logement comporte une pièce principale et 25 € par pièce dans les autres cas ; à compter du 1er janvier 2004 : respectivement 58 et 38 € ; à compter du 1er janvier 2005 : respectivement 69 et 50 € ; à compter du 1er janvier 2006 : respectivement 80 et 62 € ; à compter du 1er janvier 2007 : respectivement 90 et 75 € ;

— rémunérations égales ou supérieures à 0,9 fois le plafond mensuel de la sécurité sociale et inférieures à 1,1 fois ce plafond : à compter du 1er janvier 2003 : 84 € lorsque le logement comporte une pièce principale et 83 € par pièce dans les autres cas ; à compter du 1er janvier 2004 : respectivement 90 et 86 € ; à compter du 1er janvier 2005 : respectivement 97 et 89 € ; à compter du 1er janvier 2006 : respectivement 103 et 92 € ; à compter du 1er janvier 2007 : respectivement 110 et 95 € ;

— rémunérations égales ou supérieures à 1,1 fois le plafond mensuel de la sécurité sociale et inférieures à 1,3 fois ce plafond : à compter du 1er janvier 2003 : 93 € lorsque le logement comporte une pièce principale et 86 € par pièce dans les autres cas ; à compter du 1er janvier 2004 : respectivement 102 et 93 € ; à compter du 1er janvier 2005 : respectivement 111 et 100 € ; à compter du 1er janvier 2006 : respectivement 120 et 107 € ; à compter du 1er janvier 2007 : respectivement 130 et 115 € ;

– rémunérations égales ou supérieures à 1,3 fois le plafond mensuel de la sécurité sociale et inférieures à 1,5 fois ce plafond : à compter du 1er janvier 2003 : 94 €, lorsque le logement comporte une pièce principale et 93 € par pièce dans les autres cas ; à compter du 1er janvier 2004 : respectivement 110 et 109 € ; à compter du 1er janvier 2005 : respectivement 122 et 117 € ; à compter du 1er janvier 2006 : respectivement 136 et 126 € ; à compter du 1er janvier 2007 : respectivement 150 et 140 € ;

– rémunérations égales ou supérieures à 1,5 fois le plafond mensuel de la sécurité sociale : à compter du 1er janvier 2003 : 102 € lorsque le logement comporte une pièce principale et 100 € par pièce dans les autres cas ; à compter du 1er janvier 2004 : respectivement 119 et 115 € ; à compter du 1er janvier 2005 : respectivement 136 et 130 € ; à compter du 1er janvier 2006 : respectivement 153 et 144 € ; à compter du 1er janvier 2007 : respectivement 170 et 160 €.

L'évaluation par semaine est égale au quart du montant mensuel arrondi à la dizaine de centimes d'euro le plus proche. L'évaluation par semaine ou par mois fixée au-dessus s'entend des semaines ou des mois complets quel que soit le nombre des jours ouvrables y contenus.

Jurisprudence relative aux anciens art. 2 et art. 3 de l'arrêté du 9 janv. 1975

1. L'évaluation, par l'Arr. du 9 janv. 1975, de l'avantage en nature résultant de la fourniture gratuite par une association d'un logement à des pasteurs, lorsque leur rémunération ne dépasse pas le plafond de la sécurité sociale, constitue un montant forfaitaire qui ne peut être remplacé par une évaluation réelle, sauf convention collective ou accord entre employeurs et salariés. • Soc. 11 oct. 1990, n° 87-19.043 P : *RJS 1990, n° 918.*

2. L'évaluation de l'avantage en nature résultant de la fourniture gratuite par une société de distribution d'un logement aux couples de gérants de ses succursales, déterminée suivant les modalités prévues à l'Arr. du 9 janv. 1975, doit s'ajouter, pour le calcul des cotisations de sécurité sociale, à la rémunération de chacun d'eux, sauf à ce que la valeur locative réelle du logement ne soit pas dépassée pour l'ensemble du couple ; chaque cogérant, en effet, est personnellement assujetti au régime général de la sécurité sociale et a un droit propre aux prestations de ce régime, ce qui justifie une taxation au titre de chaque époux. • Soc. 1er avr. 1987 : *D. 1988. Somm. 30, obs. Prétot* • 21 mars 1991, n° 88-16.008 P • 6 févr. 1992 : *RJS 1992, n° 345* (sur renvoi : • Paris, 25 sept. 1992 : *RJS 1992, n° 1291*).

3. L'employeur qui indemnise entièrement ses salariés de leurs frais de repas les fait bénéficier d'un avantage en nature devant être évalué conformément à l'Arr. du 9 janv. 1975. • Soc. 19 sept. 1991 : *D. 1991. IR 268.*

4. Le tribunal des affaires de sécurité sociale n'est pas lié par le barème fiscal pour le calcul de la taxe foncière et de la taxe d'habitation retenu par l'organisme de recouvrement, auquel l'Arr. du 9 janv. 1975 ne se réfère pas, et doit se prononcer sur la valeur locative réelle du logement et, à défaut, appliquer les montants forfaitaires visés à l'art. 2, dès lors que la rémunération dépasse le plafond. • Soc. 31 oct. 1991, n° 89-10.747 P.

Art. 3 Sous réserve des dispositions de l'article 5 ci-dessous, lorsque l'employeur met à la disposition permanente du travailleur salarié ou assimilé un véhicule, l'avantage en nature constitué par l'utilisation privée du véhicule est évalué, sur option de l'employeur, sur la base des dépenses réellement engagées ou sur la base d'un forfait annuel estimé en pourcentage du coût d'achat du véhicule ou du coût global annuel comprenant la location, l'entretien et l'assurance du véhicule en location ou en location avec option d'achat, toutes taxes comprises.

Les dépenses réellement engagées sont évaluées comme suit :

– en cas de véhicule acheté, elles comprennent l'amortissement de l'achat du véhicule sur cinq ans, l'assurance et les frais d'entretien et, le cas échéant, les frais de carburant. Si le véhicule a plus de cinq ans, l'amortissement de l'achat du véhicule est de 10 % ;

– en cas de location ou de location avec option d'achat, elles comprennent le coût global annuel de la location, l'entretien et l'assurance du véhicule et, le cas échéant, les frais de carburant.

Les dépenses sur la base d'un forfait sont évaluées comme suit :

– en cas de véhicule acheté, l'évaluation est effectuée sur la base de 9 % du coût d'achat et lorsque le véhicule a plus de cinq ans sur la base de 6 % du coût d'achat. Lorsque l'*employeur paie le carburant* du véhicule, l'avantage est évalué suivant ces derniers pourcentages auxquels s'ajoute l'évaluation des dépenses du carburant à partir des frais réellement engagés ou suivant un forfait global de 12 % du coût d'achat du véhicule et de 9 % lorsque le véhicule a plus de cinq ans ;

– en cas de véhicule loué ou en location avec option d'achat, l'évaluation est effectuée sur la base de 30 % du coût global annuel comprenant la location, l'entretien et l'assurance du

véhicule. Lorsque l'employeur paie le carburant du véhicule, l'avantage est évalué suivant ce dernier pourcentage auquel s'ajoute l'évaluation des dépenses de carburant à partir des frais réellement engagés ou suivant un forfait global de 40 % du coût global annuel comprenant la location, l'entretien, l'assurance du véhicule et le carburant.

Art. 4 **Sous réserve des dispositions de l'article 5 ci-dessous, lorsque, dans le cadre de l'activité professionnelle du travailleur salarié ou assimilé, l'employeur met à la disposition permanente de ce dernier des outils issus des nouvelles technologies de l'information et de la communication, dont l'usage est en partie privé, l'avantage en nature constitué par son utilisation privée est évalué, sur option de l'employeur, sur la base des dépenses réellement engagées ou sur la base d'un forfait annuel estimé à 10 % de son coût d'achat ou, le cas échéant, de l'abonnement, toutes taxes comprises.**

Art. 5 **Les montants des forfaits prévus aux articles 1er, 2, 3 et 4 ci-dessus constituent des évaluations minimales, à défaut de stipulations supérieures arrêtées par convention ou accord collectif, et peuvent être remplacés par des montants supérieurs d'un commun accord entre les travailleurs et leurs employeurs.**

S'agissant des personnes relevant des 11°, 12° et 23° de l'article L. 311-3 du code de la sécurité sociale, les avantages nourriture et logement sont déterminés d'après la valeur réelle.

Jurisprudence relative à l'ancien art. 4 de l'arrêté du 9 janv. 1975

1. L'art. 4 exclut le remplacement des montants forfaitaires mentionnés par des taux inférieurs. • Soc. 31 oct. 2001, n° 89-10.747 P.

2. En l'absence de dispositions conventionnelles régissant les rapports entre employeurs et salariés prévoyant des évaluations supérieures à celles qui résultent de l'art. 4, celui-ci demeure applicable pour évaluer l'avantage en nature constitué par la fourniture du logement. • Soc. 22 juill. 1993, n° 91-10.733 P : *D. 1993. IR 196.*

Art. 6 **Le montant des avantages en nature autres que ceux mentionnés aux articles 1er, 2, 3, 4 et 5 est déterminé dans tous les cas d'après la valeur réelle arrondie à la dizaine de centimes d'euro la plus proche.**

Jurisprudence relative à l'ancien art. 5 de l'arrêté du 9 janv. 1975

1. Seuls les avantages en nature de logement et de nourriture fournis gratuitement par l'employeur à ses salariés et inclus dans la rémunération de ces derniers peuvent faire l'objet d'une évaluation forfaitaire. • Soc. 5 mai 1995, n° 92-18.435 P. ♦ Le montant des voyages offerts gratuitement par la société à certains de ses salariés et à leurs conjoints doit être retenu pour sa valeur réelle, ce qui exclut toute évaluation forfaitaire, même partielle. • Soc. 5 mai 1995 : *préc.* ♦ Dans le même sens : • Soc. 24 sept. 1992 : *RJS 1992, n° 1292* (l'avantage résultant de la mise à disposition d'un véhicule de l'entreprise est évalué d'après sa valeur réelle).

2. Le barème fiscal fixant un prix de revient au kilomètre ne peut servir de référence pour évaluer l'avantage en nature résultant, pour le directeur d'un établissement d'une société automobile, de la mise à disposition gratuite d'un véhicule de l'entreprise, dès lors que ce barème ne tient pas compte de certains éléments tels que l'avantage tarifaire consenti à tous les membres du personnel faisant l'acquisition d'un véhicule neuf de la marque de l'entreprise et de certains frais inhérents aux modalités particulières d'utilisation d'une voiture acquise dans ces conditions. • Soc. 27 oct. 1994 : *RJS 1994, n° 1427.*

3. Il appartient à une société, lorsque l'URSSAF décide de réintégrer dans l'assiette des cotisations sociales l'avantage en nature constitué par la mise à disposition de représentants d'un véhicule, avantage que cet organisme évalue sur la base du barème fiscal, de démontrer que les frais réellement exposés par elle pour mettre les véhicules à la disposition de ses représentants avaient un coût kilométrique inférieur au barème fiscal. • Soc. 4 déc. 1997 : *RJS 1998, n° 514.*

4. Est dépourvu de valeur nominative, non créateur de droit, le document n° 81-9 du 13 nov. 1981 émanant du ministère de l'industrie, récapitulant des circulaires et des notes. • Civ. 2e, 5 juill. 2005 : *RJS 2005, n° 1029.*

Art. 7 **Les montants mentionnés en euros sont revalorisés au 1er janvier de chaque année conformément au taux prévisionnel d'évolution en moyenne annuelle des prix à la consommation de tous les ménages hors les prix du tabac, qui est prévu pour l'année civile considérée, dans le rapport sur la situation et les perspectives économiques, sociales et financières de la nation annexé au projet de loi de finances et arrondis à la dizaine de centimes d'euro la plus proche. Le barème des montants est établi et diffusé par l'Agence centrale des organismes de sécurité sociale.**

Les montants prévus à l'article 2 seront revalorisés selon ces dispositions à compter du 1er janvier 2008.

Les forfaits déterminés aux articles 3 et 4 sont arrondis à la dizaine de centimes d'euro la plus proche.

……………………………………………………………………………………………………

Art. 9 **Le présent arrêté est applicable aux cotisations dues au titre des rémunérations et gains versés à compter du 1er janvier 2003 et afférents aux périodes d'emploi accomplies à compter de cette date.**

Arrêté du 20 décembre 2002,

Relatif aux frais professionnels déductibles pour le calcul des cotisations de sécurité sociale (JO 27 déc.).

V. Dir. n° 13-03 du 26 févr. 2003 et Circ. ACOSS n° 2003-014 du 9 janv. 2003, n° 2003-103 du 9 juill. 2003.

V. Circ. DSS/SDr. fisc.SS n° 2003/06 du 6 janv. 2003 résumant le contenu de la réforme de l'arrêté du 10 déc. 2002 et de l'arrêté du 20 déc. 2002.

V. Circ. DSS/SDr. fisc.SS n° 2003/07 du 7 janv. 2003 relative à la mise en œuvre de l'arrêté du 10 déc. 2002 et de l'arrêté du 20 déc. 2002. Cette circulaire a été en partie annulée par décision du Conseil d'État du 29 déc. 2004 pour excès de pouvoir (CE 29 déc. 2004, n° 254832 : D. 2005. 1901, obs. Prétot ; RJS 2005. 305, n° 433 ; TPS 2005. Comm. n° 93 (2e esp.), obs. Prétot). Dans l'attente d'un nouvel arrêté restaurant au plan juridique les dispositions annulées, L'ACOSS précise les conséquences de ces annulations dans une lettre-circulaire du 3 mai 2005 (Lettre-circ. ACOSS n° 2005-077 du 3 mai 2005).

V. Lettre-circ. ACOSS n° 2004-159 du 25 nov. 2004.

V. Circ. DSS/SDr. fisc.SS/5B n° 2005-389 du 19 août 2005 relative à la mise en œuvre de la réforme et de la réglementation des avantages en nature et des frais professionnels.

Sur la légalité de l'arrêté du 20 déc. 2002. Le Conseil d'État a validé l'arrêté du 20 déc. 2002 (à l'exception de son art. 9) et la circulaire du 7 janv. 2003 (à l'exception de certaines dispositions des paragraphes 3.3.3, 3.3.4, 3.3.5, 3.3.6, 4.1, 4.2 et 4.3), V. CE 29 déc. 2004 : RJS 2005, nos 433 et 434.

Art. 1er **Les frais professionnels s'entendent des charges de caractère spécial inhérentes à la fonction ou à l'emploi du travailleur salarié ou assimilé que celui-ci supporte au titre de l'accomplissement de ses missions.**

Les sommes à déduire de l'assiette des cotisations de sécurité sociale au titre des frais professionnels, tels que prévus à l'article L. 242-1 du code de la sécurité sociale, sont celles qui sont versées aux travailleurs salariés ou assimilés, à l'exception des allocations forfaitaires prévues au 2° de l'article 2 ci-dessous perçues par les personnes visées aux 11°, 12° et 23° de l'article L. 311-3 dudit code pour l'exercice de leur fonction de dirigeant.

Jurisprudence relative à l'ancien arrêté du 26 mai 1975, art. 1er

1. En vertu du principe selon lequel les frais professionnels engagés par le salarié doivent être supportés par l'employeur, les frais qu'un salarié justifie avoir exposés pour les besoins de son activité professionnelle et dans l'intérêt de l'employeur doivent lui être remboursés sans qu'ils puissent être imputés sur la rémunération qui lui est due, à moins qu'il n'ait été contractuellement prévu qu'il en conserverait la charge moyennant le versement d'une somme fixée à l'avance de manière forfaitaire et à la condition que la rémunération proprement dite du travail reste au moins égale au SMIC. • Soc. 25 févr. 1998, ☎ n° 95-44.096 P • 9 janv. 2001, ☎ n° 98-44.833 P.

2. Généralités. L'art. 1er de l'Arr. du 26 mai 1975 est seul applicable pour déterminer en matière de sécurité sociale les frais professionnels déductibles, quels que soient le montant de l'indemnité litigieuse prévu par une convention collective et les termes d'une correspondance échangée avec les services fiscaux. • Soc. 21 nov. 1991, ☎ n° 89-17.491 P.

3. Le fait que des allocations soient instituées par un accord collectif ne dispense pas l'employeur d'apporter la preuve que les bénéficiaires remplissent les conditions de fait nécessaires à leur attribution et qu'elles ont été effectivement utilisées conformément à leur objet. • Soc. 18 juill. 1997 : ☎ *RJS 1997, n° 1133* • 19 juill. 2000 : ☎ *RJS 2001, n° 90.* ♦ Il en va de même lorsque le montant des remboursements est fixé par des textes réglementaires. • Soc. 31 oct. 2000 : ☎ *RJS 2001, n° 130* (SNCF).

4. Lorsque les sommes versées aux salariés pour les couvrir de leurs frais professionnels revêtent la forme d'allocations forfaitaires, ce qui est le cas dès lors que le remboursement est effectué selon un barème interne à l'entreprise et non pas en fonction de dépenses réelles, la déduction de ces indemnités de l'assiette des cotisations est subordonnée à leur utilisation effective conformément à leur objet. • Soc. 19 déc. 1991 : *RJS 1992, n° 193 ; D. 1992. IR 55.* ♦ Rappr. • Soc. 25 janv. 2001 : *D. 2001. IR 910* (pour une allocation forfaitaire de déménagement).

5. Les allocations forfaitaires perçues par un mandataire social relevant du régime des salariés sont qualifiées de rémunérations au regard de l'assiette des cotisations de sécurité sociale, à moins que le dirigeant cumule son mandat avec un contrat de travail et que les sommes versées couvrent des frais exclusivement engagés dans l'exercice des fonctions distinctes relevant du contrat de travail, V. • Soc. 18 juin 1998 : *RJS 1998, n° 1088* • 13 févr. 2003 : *RJS 2003, n° 541.*

6. L'art. 1er de l'Arr. du 26 mai 1975 n'est pas entaché d'illégalité. • CE 22 juill. 1992 : *RJS 1992, n° 1154.*

7. Frais de repas. L'employeur ne peut déduire, au titre des frais professionnels, que les frais supplémentaires de nourriture entraînés par le déplacement, la prise en charge intégrale des frais de repas représentant en conséquence pour le salarié un avantage en nature. • Soc. 18 janv. 1990, n° 87-10.019 P • 19 sept. 1991, n° 88-20.483 P.

8. Constituent des frais professionnels au sens de l'art. 1er les dépenses supplémentaires engagées afin de s'alimenter à l'heure habituelle du déjeuner, par des salariés qui se trouvent en déplacement pour leur travail, ou sur un chantier hors des locaux de l'entreprise lorsque leurs conditions de travail leur interdisent de regagner leur résidence. • Soc. 5 févr. 1998 : *RJS 1998, n° 364* (des animatrices commerciales employées hors des locaux de l'entreprise et soumises à des changements fréquents d'affectation sont en déplacement) • 5 nov. 1998 : *RJS 1999, n° 105* (indemnités de panier versées à des salariés travaillant sur les chantiers de clients où la spécificité de la tâche leur imposait un temps de pause réduit, une présence continue sur le site et les contraignait à prendre leurs repas sur place, sans pouvoir accéder au restaurant de l'entreprise d'accueil).

9. Ne sont pas des frais professionnels au sens de l'art. 1er de l'Arr. du 26 mai 1975 des dépenses supplémentaires engagées afin de s'alimenter à l'heure habituelle du déjeuner par des salariés qui ne se trouvent pas en déplacement pour leur travail ou sur un chantier hors des locaux de l'entreprise ; l'indemnisation des frais de repas accordée à des salariés sédentaires travaillant dans des conditions normales au sein d'un établissement de l'entreprise constitue un avantage en nature. • Soc. 4 mars 1993, n° 90-20.968 P.

10. Constituent des frais professionnels déductibles tels que définis par l'art. 1er et non des dépenses liées à des convenances personnelles des sommes versées en remboursement de leurs frais réels de restauration et d'hébergement à des salariés embauchés à l'essai dont le lieu de résidence est éloigné de l'entreprise. • Soc. 2 févr. 1995, n° 92-10.203 P.

11. Ne sont pas soumises à cotisations les allocations forfaitaires mensuelles qu'une société verse à ses agents commerciaux pour compenser les dépenses qu'ils exposent en payant les consommations que prennent leurs clients à l'occasion des affaires traitées, dès lors que l'employeur démontre la réalité des frais que les intéressés sont amenés à engager du fait de la nature particulière et des usages de leur profession et l'adéquation des primes à ces frais, d'importance modique. • Soc. 6 févr. 1992 : *RJS 1992, n° 348.*

12. Indemnités kilométriques (déplacements professionnels au moyen d'un véhicule personnel). Sont exclues de l'assiette des cotisations les indemnités forfaitaires kilométriques qui ont été utilisées en totalité conformément à leur objet, ce que les juges du fond peuvent estimer au vu de fiches mensuelles de dépenses dont ils soulignent le caractère précis permettant de vérifier l'emploi desdites indemnités. • Soc. 11 juill. 1991, n° 89-17.703 P. ♦ Pour un cas où cette preuve n'est pas rapportée : • Soc. 21 nov. 1991, n° 89-17.491 P.

13. Les indemnités kilométriques sont présumées utilisées conformément à leur objet lorsqu'elles sont inférieures au montant fixé par le barème fiscal. • Soc. 4 févr. 1970 : *Bull. civ. V, n° 88.*

14. Pour leur fraction qui excède la déduction admise par le barème de l'administration fiscale, les indemnités forfaitaires destinées à couvrir les salariés des frais professionnels afférents à l'usage d'un véhicule personnel ne peuvent être exclues de l'assiette des cotisations qu'à la condition d'établir leur utilisation effective conformément à leur objet. • Soc. 27 juin 1991, n° 89-10.147 P. ♦ Cette preuve ne peut résulter de la seule référence à un barème théorique différent de celui de l'administration fiscale. • Soc. 27 juin 1991 : *préc.* ♦... Ni de la simple comparaison du montant des indemnités avec un coût moyen publié dans la presse spécialisée. • Soc. 7 févr. 1991 : *RJS 1991, n° 382.*

15. Nul ne pouvant se créer lui-même les éléments constitutifs de la preuve qui lui incombe, la seule production par l'employeur du barème d'indemnisation pratiqué dans l'entreprise, sans justifier qu'il ne prend en compte dans des proportions et limites appropriées que des postes de dépenses correspondant à l'usage professionnel d'un véhicule personnel, ne suffit pas à établir qu'au-delà du montant retenu par le barème de l'administration fiscale, l'indemnité forfaitaire kilométrique a été effectivement utilisée à la couverture des frais liés à cet usage. • Soc. 19 mars 1992 : *RJS 1992, n° 667* • 4 mars 1993, n° 89-18.375 P • 24 nov. 1994, n° 92-15.560 P • 20 juill. 1995, n° 93-10.860 P • 14 mai 1997 : *RJS 1997, n° 739.* ♦ ... Peu important que le barème produit soit prévu par une convention collective ayant reçu l'agrément de l'autorité de tutelle. • Soc. 14 oct. 1993 : *RJS 1993, n° 1135.*

16. Si les indemnités kilométriques sont présumées utilisées conformément à leur objet lorsqu'elles sont inférieures au montant fixé par le barème fiscal, il n'en est pas de même en ce qui concerne les allocations forfaitaires pour lesquelles l'employeur doit établir que les sommes versées sont destinées à couvrir des charges de caractère spécial inhérentes à la fonction ou à l'emploi, et qu'elles sont utilisées conformément à leur objet. • Soc. 11 janv. 1996, n° 93-18.295 P.

17. Il y a lieu de distinguer entre les frais inhérents à la propriété et à la jouissance d'un véhicule personnel et les frais liés à l'usage professionnel de celui-ci, seuls déductibles. • Soc. 4 mars 1993, n° 89-18.470 P.

18. Des indemnités compensatrices d'assurance, versées aux salariés utilisant leur véhicule personnel pour les besoins du service et destinées à compenser le supplément de prime résultant d'une assurance couvrant l'intégralité des dommages matériels du véhicule et s'étendant à la responsabilité civile de l'employeur, correspondent à un engagement de débours exigé par les conditions d'exercice de la profession et d'utilisation des véhicules ; dès lors, le montant de ces indemnités, qui n'excède pas la dépense imposée aux salariés et dont l'utilisation effective est établie, est exclu de l'assiette des cotisations. • Soc. 14 oct. 1993 : *RJS 1993, n° 1135.* ♦ V. aussi : • Soc. 21 nov. 1991 : *RJS 1992, n° 73.*

19. Indemnités de petit déplacement. V. notes ss. art. 4, quant à la distinction entre frais professionnels et charges de l'entreprise.

20. Des indemnités dites de déplacement, de séparation ou de dépaysement doivent représenter le remboursement de dépenses réellement effectuées pour avoir une nature de frais professionnels. • Civ. 2e, 16 oct. 1963 : *Bull. civ. II, n° 634* • 31 oct. 2000 : *RJS 2001, n° 96* (réintégration de primes de dépaysement, de loyer et de détente versées en sus d'allocations forfaitaires de grand déplacement au sens de l'art. 3).

21. Si les indemnités de repas, de transport et de trajet instituées par accord collectif au profit des travailleurs du bâtiment et des travaux publics en petit déplacement sont susceptibles, lorsqu'elles sont globalisées sur les bulletins de paie, d'être exonérées à concurrence d'un montant fixé par l'ACOSS, l'employeur n'est pas dispensé pour autant, en cas de contestation, d'apporter la preuve que les bénéficiaires de l'indemnité globale remplissent les conditions de fait nécessaires à son attribution, c'est-à-dire qu'ils exposent effectivement, en raison de leur déplacement, des frais de transport et de repas. • Soc. 18 avr. 1991, n° 88-17.922 P. ♦ La prise en charge du transport par l'employeur, si elle se trouve établie, justifie dès lors une réintégration partielle de l'indemnité litigieuse, quand bien même son montant n'atteindrait pas la limite d'exonération fixée par l'ACOSS, dans l'assiette des cotisations. • Soc. 18 avr. 1991 : *préc.*

22. Frais de transport du domicile vers le lieu de travail. Des remboursements de frais de transport ne sont exclus de l'assiette des cotisations que si les sommes versées correspondent aux frais de transport réellement engagés par le salarié, si elles ont pour objet de lui permettre de s'acquitter de sa tâche et si la situation de son domicile par rapport au lieu de travail ne résulte pas d'une convenance personnelle. • Soc. 5 juin 1973 : *Bull. civ. V, n° 364.* ♦ Les déplacements du domicile au lieu de travail ne constituent pas des charges de caractère spécial inhérentes à la fonction ou à l'emploi, mais des dépenses personnelles. • Civ. 2e, 3 avr. 2003 : *RJS 2003. 833, n° 1215* (réintégration d'indemnités de transport versées au PDG d'une société pour la part excédant le montant fixé par le barème fiscal).

23. Ne sont pas comprises dans l'assiette des cotisations sociales les indemnités versées à des salariés obligés d'avoir une double résidence, de supporter des frais de transport au lieu de travail et d'hôtel, dépenses effectivement engagées et inhérentes à la fonction ou à l'emploi, individualisées et variables avec l'éloignement du domicile d'origine, dont le montant n'était pas supérieur aux frais exposés. • Soc. 4 nov. 1976 : *Bull. civ. V, n° 558.*

24. Indemnités liées à une mutation. Étant allouées à des salariés mutés dans le cadre d'un plan social, dont la situation est différente de celle des travailleurs en déplacement de longue durée, des indemnités de double résidence, de premiers frais et de transfert sont régies par l'art. 1er, et non par l'art. 3, de l'Arr. du 26 mai 1975. • Soc. 12 janv. 1995, n° 92-13.637 P.

25. Les dépenses, justifiées par des factures, qui sont liées à la nécessité, pour les bénéficiaires, d'avoir un autre logement au lieu où leur employeur les a mutés, et de remettre en état ce nouveau logement, ont une nature professionnelle. • Soc. 18 mai 1995 : *RJS 1995, n° 817* • 9 nov. 1995 : *RJS 1995, n° 1280* • 29 mai 1997 : *RJS 1997, n° 1019.*

26. Constituent des frais professionnels, au sens des art. L. 242-1 CSS et 1er de l'Arr. du 26 mai 1975, les dépenses réelles nécessaires à l'installation, dans son nouveau logement, du salarié muté à l'initiative de l'employeur. • Soc. 30 oct. 1997 : *RJS 1997, n° 1430.*

27. L'indemnité d'installation servie à des salariés mutés dans le cadre d'un plan social qui couvre non les premiers frais d'installation liés à la mutation, mais les dépenses d'aménagement de la nouvelle habitation et qui varie selon la catégorie professionnelle du salarié bénéficiaire et selon le nombre d'occupants du logement, ne constitue pas une charge spéciale inhérente à la fonction ou à l'emploi, et ne peut être exclue de l'assiette des cotisations. • Soc. 5 mai 1995, n° 92-19.024 P.

28. Est soumise à cotisations une allocation spéciale de réinstallation attribuée de manière systématique au salarié qui accepte sa mutation et s'engage à rester un an dans sa nouvelle fonction sans qu'il lui soit demandé de justification de ses frais de réinstallation ou de déménagement. • Soc. 18 oct. 1978 : *Bull. civ. V, n° 677.* ♦ L'employeur doit prouver l'utilisation effectuée par le salarié de l'allocation forfaitaire de déménagement. • Soc. 25 janv. 2001 : *D. 2001. IR 910.*

29. Indemnités d'expatriation. Un salarié envoyé en détachement de longue durée hors de son pays d'origine peut avoir à exposer, du fait de cette mutation, en raison de sa situation familiale, un surcroît de dépenses qui, même s'il n'est pas engagé dans son seul intérêt mais aussi dans celui des membres de sa famille, correspond à des charges de caractère spécial inhérentes à l'emploi au sens de l'art. 1er de l'Arr. du 26 mai 1975, quand bien même la prise en charge de ces dépenses par l'employeur aurait bénéficié à la fois au salarié lui-même et aux membres de sa famille soumis à des contraintes provoquées par l'expatriation. • Soc. 11 juill. 1991, n° 89-10.825 P. ♦ En revanche, le salarié précédemment en poste à l'étranger et muté en France dont les enfants poursuivent leur scolarité à l'étranger ne supporte plus aucun surcroît de frais de scolarité du fait de son expatriation et donc de supplément de charges à caractère spécial inhérentes à l'emploi. • Bordeaux, 31 mars 1992 : *RJS 1992, n° 1297.*

30. Doivent être soumises à cotisations sociales les sommes qualifiées de « majorations familiales » attribuées par l'employeur à des salariés qui continuent à percevoir à l'étranger les allocations familiales dont ils bénéficiaient en France, sommes qui ne présentent pas le caractère de frais professionnels. • Soc. 1er oct. 1992, n° 90-12.381 P. ♦ Des sommes qualifiées d'allocations familiales pré- et post-natales versées à des salariés ne bénéficiant plus, en raison de leur détachement, des prestations familiales auxquelles ils pouvaient prétendre en France, n'entrent pas dans les cas d'exonération de cotisations prévus par la loi. • Soc. 24 juin 1993 : *RJS 1993, n° 909 (3e esp.).*

31. Doivent être réintégrées dans l'assiette des cotisations sociales les indemnités forfaitaires allouées en réalité en contrepartie de sujétions diverses liées aux conditions particulières d'existence des salariés détachés à l'étranger et qui ne présentent pas le caractère de frais professionnels. • Soc. 1er oct. 1992, n° 90-12.381 P. ♦ Le remboursement de dépenses résultant de sujétions diverses liées aux conditions de vie à l'étranger ou en mer constitue un complément de rémunération. • Soc. 24 juin 1993 : *RJS 1993, n° 909 (1re esp.).* ♦ N'ont pas la nature de dommages-intérêts les indemnités forfaitaires versées en relation avec la clause de mobilité insérée dans le contrat de travail (à raison du changement de résidence et des charges de loyers supplémentaires). • Civ. 2e, 25 mai 2004, n° 02-31.083 P.

32. L'indemnité de dépaysement, d'un montant proportionnel au salaire des bénéficiaires, versée par une société à ses salariés envoyés en mission à l'étranger, qui ne correspond pas aux frais d'hôtel et de repas, remboursés séparément, et couvre essentiellement des dépenses liées au climat, aux conditions de vie ou à l'éloignement, n'est pas constitutive de frais professionnels au sens de l'art. 1er de l'Arr. du 26 mai 1975. • Soc. 26 sept. 1991 : *RJS 1991, n° 1231.* ♦ V. aussi : • Soc. 21 déc. 1989 : *RJS 1990, n° 155* • Versailles, 5 févr. 1991 : *RJS 1991, n° 1364.*

33. Une indemnité de logement égale au montant intégral du loyer qui est versée de manière permanente à des salariés faisant l'objet d'un détachement de longue durée à l'étranger ne compense pas réellement des frais professionnels. • Soc. 16 avr. 1992 : *RJS 1992, n° 783.* ♦ Seules constituent des frais professionnels les dépenses réelles de réinstallation immédiatement nécessaires et découlant directement de la mutation intervenue à l'initiative de l'employeur, indispensables pour rendre habitable le nouveau logement du salarié. • Soc. 7 mai 1998 : *RJS 1998, n° 906* (à propos d'indemnités de rideaux et de réinstallation).

34. Le supplément d'impôt payé par les salariés en détachement à l'étranger ne correspond pas à des frais exposés par ceux-ci pour l'accomplissement de leur travail et ne constitue pas une charge de caractère spécial inhérente à la fonction ou à l'emploi. • Soc. 4 juin 1992, n° 90-18.051 P : *D. 1992. IR 212.* ♦ L'impôt sur le revenu payé par les salariés détachés à l'étranger constituant une dépense de caractère personnel non liée à la fonction ou à l'emploi, l'avantage résultant de sa prise en charge partielle par l'employeur doit être considéré comme une rémunération au sens de l'art. L. 242-1 CSS. • Soc. 16 juin 1994 : *RJS 1994, n° 1214.*

35. Après avoir analysé les conditions dans lesquelles des titres de transport ont été délivrés à l'ensemble du personnel d'une entreprise, une cour d'appel peut décider que les frais de voyage exposés à l'occasion de leur congé annuel par des salariés métropolitains détachés en Guyane ne constituent pas des charges de caractère spécial inhérentes à la fonction ou à l'emploi et que les sommes versées à ce titre représentent un avantage en nature soumis à cotisations. • Soc. 6 juin 1996 : *RJS 1996, n° 1092.*

36. Sur les indemnités dites de grand déplacement à l'étranger, V. notes ss. art. 5.

37. Indemnités pour fractionnement des congés payés. Les dépenses supplémentaires de déplacement occasionnées par un fractionnement des congés payés décidé en vue d'assurer la bonne marche de l'entreprise et non pour des raisons de convenance personnelle propres au salarié constituent une charge de caractère spécial inhérente à l'emploi. • Soc. 5 janv. 1990, n° 87-10.373 P.

38. Il incombe à l'employeur de prouver, par tous moyens, que des allocations forfaitaires pour fractionnement de congés payés ont été effectivement utilisées conformément à leur objet. • Soc. 7 mars 1991, n° 88-15.954 P • 26 avr. 1990, n° 87-13.665 P. ♦ Les juges du fond estiment souverainement si des attestations sur l'honneur sont probantes ou non. • Soc. 7 mars 1991 : *préc.*

39. Primes de salissure ou de blanchissage. Les dépenses de nettoyage ou autres susceptibles d'être exposées par des salariés en raison de l'exécution de travaux salissants sont de nature à constituer une charge de caractère spécial inhérente à l'emploi. • Soc. 17 mai 1990, n° 87-16.543 P • 11 avr. 1991 : *RJS 1991, n° 745.*

40. Des primes de blanchissage, qui ne sont servies qu'aux employés affectés à une cafétéria, lesquels disposent d'un ensemble vestimentaire correspondant à un véritable uniforme dont le port et l'entretien en état de propreté sont imposés par la nature de leur activité et ses modalités d'organisation standardisées, couvrent des dépenses supplémentaires constitutives d'une charge de caractère spécial inhérente à l'emploi. • Soc. 21 mars 1996 : *RJS 1996, n° 716.* ♦ Est exonérée la prime forfaitaire et journalière de douche versée aux seuls salariés effectuant des travaux salissants. • Soc. 19 juill. 2000 : *RJS 2001, n° 90.*

41. Il incombe à l'employeur de prouver l'utilisation effective des primes dites de salissure conformément à leur objet. • Soc. 14 déc. 1983 : *Bull. civ. V, n° 621* • 5 déc. 1984 : *Bull. civ. V, n° 471* • 9 nov. 1988 : *Bull. civ. V, n° 579* • 11 avr. 1991, n° 88-17.610 P. ♦ Cette preuve ne se déduit pas du seul fait que l'entreprise soit spécialisée dans les travaux salissants et que les salariés soient exposés à un surcroît de dépenses vestimentaires. • Soc. 19 juill. 2000 : *RJS 2001, n° 90.*

42. Tel est le cas lorsqu'il est constaté que, malgré une cotte de travail, les vêtements personnels des salariés sont atteints par des projections d'ordures ménagères et imprégnés d'odeurs nauséabondes et que ces vêtements doivent être fréquemment lavés et remplacés. • Soc. 17 avr. 1996, n° 94-15.831 P.

43. Prise en charge de cotisations professionnelles. Constituent des charges de caractère spécial inhérentes à la fonction ou à l'emploi des travailleurs salariés les cotisations à l'ordre des experts-comptables et à la compagnie des commissaires aux comptes dues par les experts-comptables employés en qualité de collaborateurs salariés par une société anonyme d'expertise comptable, dès lors que l'appartenance des intéressés à l'ordre et à la compagnie est liée à leur activité salariée, ce que l'employeur a la faculté d'établir. • Soc. 8 nov. 1990, n° 88-11.492 P : *JCP 1991. II. 21705, note Taquet.* ♦ V. aussi note 147 ss. art. L. 242-1.

44. Doit être réintégrée dans l'assiette des cotisations la fraction de l'indemnité versée par une société à son agent comptable qui excède les frais d'assurance et de cautionnement engagés par ce dernier, seuls admis en déduction comme représentatifs de frais professionnels. • Soc. 23 févr. 1995 : *RJS 1995, n° 423.*

45. Même si une société considère qu'elle retire un avantage indirect de la prise en charge de l'adhésion de ses salariés à une association, la démarche de ceux-ci est néanmoins volontaire, ce qui exclut que les dépenses engagées puissent avoir le caractère de frais professionnels. • Soc. 13 janv. 1994 : *RJS 1994, n° 307.* ♦ Dans le même sens : • Soc. 24 mars 1994 : *RJS 1994, n° 598.*

46. « Pantoufle ». L'indemnisation qu'un agent de l'administration fiscale est tenu de verser à l'État, en vertu de l'art. 13 du Décr. n° 57-986 du 30 août 1957, lorsqu'il rompt son engagement de rester à son service pendant au moins huit ans, résulte d'une obligation strictement personnelle qui n'est pas liée au nouvel emploi occupé mais à la résiliation de ses fonctions par l'intéressé ; les sommes versées par le nouvel employeur en sus du salaire pour lui permettre de rembourser au Trésor les sommes dues constituent donc, pour le salarié, un complément de rémunération et non le remboursement de frais professionnels, en sorte qu'elles rentrent dans l'assiette des cotisations. • Soc. 4 déc. 1997 : *RJS 1998, n° 208.*

Jurisprudence relative à l'Arr. du 20 déc. 2002

47. Frais professionnels. Définition. Est cassé l'arrêt rendu par une cour d'appel qui a annulé un redressement de l'URSSAF portant sur le montant d'un avantage afférent à la fourniture à titre gratuit aux salariés d'un décodeur et d'un abonnement à une chaîne de télévision, sans rechercher, comme il le lui était demandé, en quoi l'avantage litigieux correspondait, pour les différentes catégories de personnel de la société, à des charges de caractère spécial inhérentes à la fonction ou à l'emploi et constituait des frais professionnels. • Civ. 2e, 8 oct. 2009 : *RJS 2009. 843, n° 972.*

Art. 2 L'indemnisation des frais professionnels s'effectue :

1° Soit sous la forme du remboursement des dépenses réellement engagées par le travailleur salarié ou assimilé ; l'employeur est tenu de produire les justificatifs y afférents. Ces remboursements peuvent notamment porter sur les frais prévus aux articles 6, 7 et 8 (3°, 4° et 5°) ;

2° Soit sur la base d'allocations forfaitaires ; l'employeur est autorisé à déduire leurs montants dans les limites fixées par le présent arrêté, sous réserve de l'utilisation effective de ces allocations forfaitaires conformément à leur objet. Cette condition est réputée remplie lorsque les allocations sont inférieures ou égales aux montants fixés par le présent arrêté aux articles 3, 4, 5, 8 et 9.

Art. 3 Les indemnités liées à des circonstances de fait qui entraînent des dépenses supplémentaires de nourriture sont réputées utilisées conformément à leur objet pour la fraction qui n'excède pas les montants suivants :

1° Indemnité de repas :

Lorsque le travailleur salarié ou assimilé est en déplacement professionnel et empêché de regagner sa résidence ou lieu habituel de travail, l'indemnité destinée à compenser les dépenses supplémentaires de repas est réputée utilisée conformément à son objet pour la fraction qui n'excède pas 15 € par repas ;

2° Indemnité de restauration sur le lieu de travail :

Lorsque le travailleur salarié ou assimilé est contraint de prendre une restauration sur son lieu effectif de travail, en raison de conditions particulières d'organisation ou d'horaires de travail, telles que travail en équipe, travail posté, travail continu, travail en horaire décalé ou travail de nuit, l'indemnité destinée à compenser les dépenses supplémentaires de restauration est réputée utilisée conformément à son objet pour la fraction qui n'excède pas 5 € ;

3° Indemnité de repas ou de restauration hors des locaux de l'entreprise :

Lorsque le travailleur salarié ou assimilé est en déplacement hors des locaux de l'entreprise ou sur un chantier, et lorsque les conditions de travail lui interdisent de regagner sa résidence ou son lieu habituel de travail pour le repas et qu'il n'est pas démontré que les circonstances ou les usages de la profession l'obligent à prendre ce repas au restaurant, l'indemnité destinée à compenser les dépenses supplémentaires de repas est réputée utilisée conformément à son objet pour la fraction qui n'excède pas 7,5 €.

Lorsque le travailleur salarié ou assimilé est placé simultanément au cours d'une même période de travail dans des conditions particulières de travail énoncées aux 1°, 2° et 3°, une seule indemnité peut ouvrir droit à déduction.

Jurisprudence relative à l'ancien arrêté du 26 mai 1975, art. 2.

1. Pour des applications de l'art. 2-1° : • Soc. 3 mai 1990, n° 87-14.770 P (exonération d'une prime de casse-croûte allouée aux salariés d'une entreprise de collecte d'ordures ménagères) • 24 mai 1995, n° 92-20.962 P (exonération d'une prime de panier allouée à des manutentionnaires travaillant selon un horaire décalé et dont l'activité nécessite un effort physique important justifiant la prise d'une collation en cours de matinée même si ces salariés ont la possibilité de déjeuner à une heure normale).

2. Pour une application de l'art. 2-2° : • Soc. 2 juill. 1992, n° 90-15.571 P (les juges ayant constaté que les salariés, même quand ils étaient occupés sur des chantiers à proximité immédiate des locaux de l'entreprise, ne disposaient pas du temps nécessaire pour regagner à l'heure du déjeuner leur résidence ou le siège de l'entreprise et étaient contraints de prendre leur repas au restaurant).

3. Doivent être incluses dans l'assiette des cotisations les indemnités de panier versées à des salariés qui ne sont pas tenus de prendre leurs repas dans des conditions particulières. • Soc. 19 oct. 1983, n° 82-13.826 P. ♦ ... Ou dont les conditions réelles de travail ne leur interdisent pas de regagner leur résidence ou leur lieu habituel de repas. • Soc. 19 juill. 2000 : *RJS 2001, n° 90* (personnel non posté).

4. Les sommes destinées à indemniser les salariés des frais professionnels engagés pour leur alimentation ne sont réputées utilisées conformément à leur objet, à concurrence du montant fixé à l'art. 2, que si elles sont liées à des circonstances de fait qui entraînent des dépenses supplémentaires de nourriture, circonstance qu'il appartient à l'employeur d'établir. • Soc. 21 févr. 1991, n° 88-17.090 P. ♦ Au contraire, une prime de panier constitue un complément de rémunération lorsqu'il s'avère que l'employeur sert une collation à l'ouvrier qui en bénéficie. • Soc. 21 févr. 1991 : *préc.*

5. L'exclusion de l'assiette des cotisations d'une allocation forfaitaire compensant des frais professionnels liés à l'alimentation n'est subordonnée à la condition de prouver son utilisation effective que dans la mesure où elle excède les montants définis à l'art. 2. • Soc. 20 oct. 1994, n° 92-10.035 P.

6. La présomption d'utilisation conforme posée par l'art. 2-2°, au profit des salariés non cadres, n'admet pas de preuve contraire et s'applique quels que soient l'établissement choisi par les salariés pour se restaurer et le montant de la dépense effectivement exposée. • Soc. 27 sept. 1990, ☎ n° 87-19.541 P • 21 mars 1991, ☎ n° 88-20.418 P • 20 oct. 1994 : ☎ *préc. note 5.*

Art. 4 Lorsque le travailleur salarié ou assimilé est contraint d'utiliser son véhicule personnel à des fins professionnelles, l'indemnité forfaitaire kilométrique est réputée utilisée conformément à son objet dans les limites fixées par les barèmes kilométriques annuellement publiés par l'administration fiscale.

V. notes 12 s. ss. art. 1er.

Art. 5 Indemnités forfaitaires de grand déplacement :

1° En métropole :

Lorsque le travailleur salarié ou assimilé est en déplacement professionnel et empêché de regagner chaque jour sa résidence habituelle, les indemnités de missions destinées à compenser les dépenses supplémentaires de repas sont réputées utilisées conformément à leur objet pour la fraction qui n'excède pas le montant prévu au 1° de l'article 3 du présent arrêté.

S'agissant des indemnités de mission destinées à compenser les dépenses supplémentaires de logement et du petit déjeuner, elles sont réputées utilisées conformément à leur objet pour la fraction qui n'excède pas par jour 54 € pour le travailleur salarié ou assimilé en déplacement à Paris et dans les départements des Hauts-de-Seine, de Seine-Saint-Denis, du Val-de-Marne et par jour 40 € pour les travailleurs salariés ou assimilés en déplacement dans les autres départements de la France métropolitaine ;

(Arr. du 25 juill. 2005) « Le travailleur salarié ou assimilé est présumé empêché de regagner sa résidence lorsque la distance séparant le lieu de résidence du lieu de déplacement est au moins égale à 50 kilomètres (trajet aller) et que les transports en commun ne permettent pas de parcourir cette distance dans un temps inférieur à 1 h 30 (trajet aller). Toutefois, lorsque le travailleur salarié ou assimilé est empêché de regagner son domicile en fin de journée pour des circonstances de fait, il est considéré comme étant dans la situation de grand déplacement. »

2° Dans les départements d'outre-mer, les collectivités de Mayotte et de Saint-Pierre-et-Miquelon :

Lorsque le travailleur salarié ou assimilé est en déplacement professionnel dans les départements d'outre-mer, les collectivités de Mayotte et Saint-Pierre-et-Miquelon, les indemnités destinées à compenser les dépenses supplémentaires de repas et de logement sont réputées utilisées conformément à leur objet pour la fraction qui n'excède pas le montant des indemnités de mission allouées aux personnels civils et militaires de l'État envoyés en mission temporaire dans les départements d'outre-mer.

Toutefois le taux applicable en Guyane s'applique également en Martinique et en Guadeloupe ;

3° Dans les territoires français situés outre-mer, autres que ceux mentionnés au 2° :

Lorsque le travailleur salarié ou assimilé est en déplacement professionnel dans les autres territoires français situés outre-mer autres que ceux mentionnés au 2°, les indemnités destinées à compenser les dépenses supplémentaires de repas et de logement sont réputées utilisées conformément à leur objet pour la fraction qui n'excède pas le montant des indemnités de mission allouées aux personnels civils et militaires de l'État envoyés en mission temporaire dans les territoires d'outre-mer ;

4° A l'étranger :

Lorsque le travailleur salarié ou assimilé est en déplacement professionnel, les indemnités destinées à compenser les dépenses supplémentaires de repas et de logement sont réputées utilisées conformément à leur objet pour la fraction qui n'excède pas le montant des indemnités de mission du groupe I allouées aux personnels civils et militaires de l'État envoyés en mission temporaire à l'étranger.

Pour l'application des 1° à 4° du présent article :

Lorsque les conditions de travail conduisent le travailleur salarié ou assimilé à une prolongation de la durée de son affectation au-delà de trois mois sur un même lieu de travail de *façon continue ou discontinue*, l'employeur est autorisé à déduire de l'assiette des cotisations sociales le montant des indemnités forfaitaires de grand déplacement prévues aux alinéas précédents auquel s'applique un abattement de 15 %.

Lorsque les conditions de travail conduisent le travailleur salarié ou assimilé à une prolongation de la durée de son affectation au-delà de vingt-quatre mois sur un même lieu de travail de façon continue ou discontinue et dans la limite de quatre ans, l'employeur est

autorisé à déduire de l'assiette des cotisations sociales le montant des indemnités forfaitaires de grand déplacement prévu aux alinéas précédents auquel s'applique un abattement de 30 %.

Les montants résultant des abattements de 15 % et 30 % sont arrondis à la dizaine de centimes d'euro la plus proche.

Jurisprudence relative à l'ancien Arr. du 26 mai 1975, art. 3.

1. Notion de grand déplacement. Une indemnité de grand déplacement n'est exonérée de cotisations sociales, selon l'art. 3, qu'à la condition que le salarié qui la perçoit se trouve empêché de regagner chaque jour le lieu de sa résidence ; lorsque les salariés de l'entreprise regagnent leur domicile le vendredi soir, la partie de l'indemnité destinée à compenser les frais de découcher du vendredi doit être soumise à cotisation. • Soc. 7 mars 1991, n° 88-15.954 P.

2. Étant allouées à des salariés mutés dans le cadre d'un plan social, dont la situation est différente de celle des travailleurs en déplacement de longue durée, des indemnités de double résidence, de premiers frais et de transfert sont régies par l'art. 1er, et non l'art. 3. • Soc. 12 janv. 1995, n° 92-13.637 P.

3. Des salariés embauchés à l'essai, dont le lieu de résidence est éloigné de l'entreprise, qui perçoivent des sommes en remboursement de leurs frais réels de restauration et d'hébergement n'étant pas en déplacement, ils n'ont pas à se voir appliquer l'art. 3, mais l'art. 1er. • Soc. 2 févr. 1995, n° 92-10.203 P.

4. Manque de base légale l'arrêt qui exclut des indemnités de dépaysement de l'assiette des cotisations, alors que l'URSSAF faisait valoir que les dépenses supplémentaires des ouvriers en déplacement se trouvaient déjà compensées par la prise en charge totale des frais de nourriture et d'hébergement, ce dont il résultait pour eux un avantage en nature, et que les primes allouées forfaitairement, dont il n'avait pas été apporté la preuve de leur utilisation effective conformément à leur objet, constituaient un supplément de salaire dans le but d'inciter les ouvriers à accepter de longs déplacements. • Soc. 4 mars 1970 : *Bull. civ. V, n° 165.*

5. Plafond de l'exonération. L'indemnité dite de grand déplacement allouée pour couvrir les dépenses supplémentaires de nourriture et de logement au salarié ne pouvant regagner chaque jour le lieu de sa résidence est réputée, à concurrence du montant fixé par arrêté ministériel, utilisée conformément à son objet, ce qui exclut d'apporter la preuve contraire et dispense l'employeur de justifier de l'engagement par le salarié de frais supplémentaires. • Soc. 13 mai 1993, n° 90-20.817 P.

6. C'est exclusivement dans le cas où l'indemnisation des dépenses supplémentaires de nourriture et de logement consécutives au grand déplacement est effectuée en totalité sous la forme d'une allocation forfaitaire que celle-ci est réputée utilisée conformément à son objet dans la limite fixée par voie réglementaire. • Soc. 10 mars 1994, n° 91-20.824 P. ♦ Si l'employeur procède à la fois à un paiement direct desdites dépenses et au versement d'une indemnité forfaitaire complémentaire au salarié, il lui incombe de prouver l'utilisation de cette indemnité conformément à son objet. • Soc. 10 mars 1994 : *préc.* • 29 juin 1995, n° 93-11.699 P.

7. Quel que soit le montant de l'indemnité prévue par la convention collective et la décision de l'administration fiscale, les indemnités forfaitaires de grand déplacement doivent être soumises à cotisations pour leur fraction excédant les limites fixées par l'art. 3, à défaut de preuve faite par l'employeur que cette fraction a été utilisée conformément à leur objet. • Soc. 13 janv. 1994, n° 91-18.324 P.

8. Au-delà des montants fixés par l'art. 3, l'exonération de l'employeur est subordonnée à la preuve de l'utilisation effective des indemnités forfaitaires conformément à leur objet, même lorsque l'attribution de l'indemnité forfaitaire résulte d'un texte réglementaire, tel le Décr. du 28 mai 1990 applicable au remboursement forfaitaire des frais professionnels exposés par les agents de l'Institut national de la recherche agronomique. • Soc. 13 mars 1997, n° 95-17.343 P. ♦ Dans le même sens, • Soc. 27 juin 2002, n° 00-12.696 P : *RJS 2002, n° 1303* (réintégration d'indemnités forfaitaires attribuées au-delà des limites fixées par un texte réglementaire au personnel de l'Acofa, soit un établissement public auquel est applicable l'Arr. du 26 mai 1975).

9. L'employeur doit rapporter la preuve, qui ne peut résulter de la simple comparaison du montant de l'indemnité avec les tarifs hôteliers pratiqués localement, que la fraction des indemnités de grand déplacement versées à ses salariés excédant les limites prévues par l'art. 3 est utilisée conformément à son objet. • Soc. 5 mai 1995, n° 92-19.024 P. ♦ V. aussi • Civ. 2e, 12 févr. 2015, n° 14-10.635 P : *RJS 2015, n° 363 ; JCP S 2015, n° 1228, comm. Lasmari et Michalletz* (en application de l'article 5, 4°, de l'Arr. du 20 déc. 2002 relatif aux frais professionnels déductibles pour le calcul des cotisations de sécurité sociale, pour bénéficier d'une telle déduction sur les indemnités forfaitaires versées à ses salariés en mission temporaire à l'étranger, l'employeur doit justifier que ces indemnités sont destinées à compenser des dépenses supplémentaires de repas et de logement, la présomption d'utilisation conforme dans les limites fixées réglementairement ne pouvant jouer qu'une fois cette preuve apportée).

10. La décision de l'administration fiscale autorisant le cumul de déductions sur le fondement de l'art. 4 de l'arrêté ne s'impose à l'URSSAF que dans les limites des dispositions particulières de la sécurité sociale. • Soc. 13 juill. 1994, n° 92-13.008 P. ♦ En conséquence, l'indemnité de déplacement n'est déductible de l'assiette des cotisations en sus de l'abattement forfaitaire pour frais professionnels qu'à la condition soit qu'elle n'excède pas les montants forfaitaires prévus à l'art. 3 de l'arrêté, soit, si elle leur est supérieure, qu'elle a été utilisée conformément à son objet pour cette fraction excédentaire. • Soc. 13 juill. 1994 : *préc.*

11. Le montant forfaitaire résultant de l'art. 3 ne peut faire l'objet d'aucune dérogation. • Soc. 17 juin 1987 : *Bull. civ. V, n° 392.* ♦ Spécialement, il ne peut être admis de majoration en fonction du taux de change au profit de salariés travaillant à l'étranger, la déduction d'une fraction excédentaire supposant une utilisation des indemnités conforme à leur objet. • Soc. 17 juin 1987 : *préc.*

12. Lorsque des salariés travaillant à l'étranger sont logés aux frais de l'employeur et couverts par lui de leurs dépenses d'alimentation, ce dernier n'apporte pas la preuve qu'ont été engagés par les bénéficiaires d'autres frais professionnels qui ont pu justifier la déduction d'indemnités de grand déplacement ou d'expatriation de longue durée, quel que puisse être leur régime en droit fiscal, de telles sommes constituant en réalité des compléments de rémunération. • Soc. 24 juin 1993, n° 91-13.527 P : *RJS 1993, n° 909.*

Art. 6 **Les frais engagés par le travailleur salarié ou assimilé en situation de télétravail, régie par le contrat de travail ou par convention ou accord collectif, sont considérés comme des charges de caractère spécial inhérentes à la fonction ou à l'emploi, sous réserve que les remboursements effectués par l'employeur soient justifiés par la réalité des dépenses professionnelles supportées par le travailleur salarié ou assimilé.**

(Arr. du 25 juill. 2005) **« Trois catégories de frais de ce type peuvent être identifiées :**

« 1° Les frais fixes et variables liés à la mise à disposition d'un local privé pour un usage professionnel ;

« 2° Les frais liés à l'adaptation d'un local spécifique ;

« 3° Les frais de matériel informatique, de connexion et de fournitures diverses. »

Art. 7 **Les frais engagés par le travailleur salarié ou assimilé à des fins professionnelles, pour l'utilisation des outils issus des nouvelles technologies de l'information et de la communication qu'il possède, sont considérés comme des charges de caractère spécial inhérentes à la fonction ou à l'emploi conformément au contrat de travail. Les remboursements effectués par l'employeur doivent être justifiés par la réalité des dépenses professionnelles supportées par le travailleur salarié ou assimilé.**

(Arr. du 25 juill. 2005) **« Lorsque l'employeur ne peut pas justifier la réalité des dépenses professionnelles supportée par le travailleur salarié ou assimilé, la part des frais professionnels est déterminée d'après la déclaration faite par le salarié évaluant le nombre d'heures à usage strictement professionnel, dans la limite de 50 % de l'usage total. »**

Indemnisation forfaitaire (non). Il résulte des art. 2 et 7 de l'Arr. interministériel du 20 déc. 2002 modifié par l'Arr. du 25 oct. 2005 que l'indemnisation des frais engagés par le travailleur salarié ou assimilé à des fins professionnelles pour l'utilisation des outils issus des nouvelles technologies de l'information et de la communication s'effectue uniquement sous la forme du remboursement des dépenses réellement exposées ou, lorsque l'employeur ne peut en justifier, d'après la déclaration faite par les salariés évaluant le nombre d'heures d'utilisation à usage strictement professionnel de ces outils, dans la limite de 50 % de l'usage total. Cette indemnisation ne peut être évaluée forfaitairement. Doit être cassé l'arrêt qui retient notamment que la multiplicité des missions réalisées par les enquêteurs, eux-mêmes recrutés en grand nombre et au moyen de contrats de travail de très courte durée, a pu inciter l'employeur à rechercher un mode forfaitaire d'indemnisation des frais professionnels qui, pour chaque mission effectuée, représentent des sommes minimes engagées par les salariés rendant difficile la production systématique de justificatifs et énonce que la recherche d'une moyenne des dépenses habituellement exposées pour l'impression des documents et la transmission des résultats de l'enquête par internet depuis un ordinateur jusqu'aux services de l'entreprise n'apparaît pas devoir faire l'objet d'un rejet systématique pour la prise en charge des remboursements déductibles des cotisations de sécurité sociale, dès lors que l'employeur justifie de l'obligation pour ses salariés d'engager des dépenses particulières pour l'exécution même du travail fixé par le contrat d'embauche et justifie également, à partir de plusieurs factures obtenues de la part d'enquêteurs, de la réalité de frais inhérents à l'exercice du travail d'enquêteur. • Civ. 2e, 28 mai 2014 : *RJS 2014, n° 653.*

Art. 8 **Les frais engagés par le travailleur salarié ou assimilé dans le cadre d'une mobilité professionnelle sont considérés comme des charges de caractère spécial inhérentes à l'emploi.**

(Arr. du 25 juill. 2005) « La mobilité professionnelle suppose un changement de lieu de résidence lié à un changement de poste de travail du salarié dans un autre lieu de travail. Le travailleur salarié ou assimilé est présumé placé dans cette situation lorsque la distance séparant l'ancien logement du lieu du nouvel emploi est au moins de 50 kilomètres et entraîne un temps de trajet aller ou retour au moins égal à 1 h 30. Toutefois, lorsque le critère de distance kilométrique n'est pas rempli, le critère du trajet aller doit, en tout état de cause et quel que soit le mode de transport, être égal au moins à 1 h 30. »

L'employeur est autorisé à déduire de l'assiette des cotisations sociales les indemnités suivantes :

1° Les indemnités destinées à compenser les dépenses d'hébergement provisoire et les frais supplémentaires de nourriture, dans l'attente d'un logement définitif : elles sont réputées utilisées conformément à l'objet pour la partie qui n'excède pas 60 € par jour pour une durée ne pouvant dépasser 9 mois ;

2° Les indemnités destinées à compenser les dépenses inhérentes à l'installation dans le nouveau logement : elles sont réputées utilisées conformément à l'objet pour la partie n'excédant pas 1 200 €, majorés de 100 € par enfant à charge dans la limite de 1 500 € ;

3° Les indemnités destinées à compenser les frais de déménagement exposés par le travailleur salarié ou assimilé, sous réserve que l'employeur justifie la réalité des dépenses engagées par le travailleur salarié ou assimilé ;

4° Les indemnités destinées à compenser les frais exposés par les travailleurs salariés ou assimilés envoyés en mission temporaire ou mutés en France par les entreprises étrangères et qui ne bénéficient pas du régime de détachement en vertu du règlement CEE/1408/71 ou d'une convention bilatérale de sécurité sociale à laquelle la France est partie et par les travailleurs salariés ou assimilés des entreprises françaises détachés à l'étranger qui continuent de relever du régime général, sous réserve que l'employeur justifie la réalité des dépenses engagées par le travailleur salarié ou assimilé ;

5° Les indemnités destinées à compenser les frais exposés par les travailleurs salariés ou assimilés envoyés en mission temporaire ou mutés de la métropole vers les territoires français situés outre-mer et inversement ou de l'un de ces territoires vers un autre, sous réserve que l'employeur justifie la réalité des dépenses engagées par le travailleur salarié ou assimilé.

1. Incidence de la condition du temps de trajet (1 h 30). Des indemnités de mobilité versées à des salariés dont les temps de trajet entre l'ancien logement et le lieu du nouvel emploi sont inférieurs à 1 h 30 sont assujetties à cotisations de sécurité sociale, peu important que le temps de trajet soit calculé en fonction d'un transport en voiture. • Civ. 2e, 17 sept. 2015, n° 14-20.896 P : *RJS 12/2015, n° 806.*

2. Frais de notaire. Aux termes de l'art. 8, 2°, de l'Arr. interministériel du 20 déc. 2002 relatif aux frais professionnels déductibles pour le calcul des cotisations de sécurité sociale, ne peuvent pas être exclus par principe les frais de notaire exposés par le salarié pour l'acquisition d'un nouveau logement dans le cadre d'une mobilité professionnelle. Doit être cassé l'arrêt qui exclut par principe la déduction à titre de frais professionnels des frais de notaire exposés par le salarié pour l'acquisition d'un nouveau logement dans le cadre d'une mobilité professionnelle. • Civ. 2e, 11 févr. 2016, n° 15-13.724 P : *RJS 2016, n° 289 ; JCP S 2016, n° 1122, note Bouilloux ; JCP E 2016, n° 1214, note Vachet.*

Art. 9 *(Arr. du 25 juill. 2005)* Les professions, prévues à l'article 5 de l'annexe IV du code général des impôts dans sa rédaction en vigueur au 31 décembre 2000, qui comportent des frais dont le montant est notoirement supérieur à celui résultant du dispositif prévu aux articles précédents peuvent bénéficier d'une déduction forfaitaire spécifique. Cette déduction est, dans la limite de 7 600 euros par année civile, calculée selon les taux prévus à l'article 5 de l'annexe IV du code précité.

L'employeur peut opter pour la déduction forfaitaire spécifique lorsqu'une convention ou un accord collectif du travail l'a explicitement prévu ou lorsque le comité d'entreprise ou les délégués du personnel ont donné leur accord.

A défaut, il appartient à chaque salarié d'accepter ou non cette option. Celle-ci peut alors figurer soit dans le contrat de travail ou un avenant au contrat de travail, soit faire l'objet d'une procédure mise en œuvre par l'employeur consistant à informer chaque salarié individuellement par lettre recommandée avec accusé de réception de ce dispositif et de ses conséquences sur la validation de ses droits, accompagné d'un coupon-réponse d'accord ou de refus à retourner par le salarié. Lorsque le travailleur salarié ou assimilé ne répond pas à cette consultation, son silence vaut accord définitif.

L'assiette des cotisations est alors constituée par le montant global des rémunérations, indemnités, primes, gratifications ou autres acquises aux intéressés, y compris, le cas échéant, les indemnités versées au travailleur salarié ou assimilé à titre de remboursement des frais professionnels, à l'exception de celles versées, d'une part, à certaines professions bénéficiant d'une déduction forfaitaire spécifique dont le montant est notoirement inférieur à la réalité des frais professionnels exposés par le travailleur salarié ou assimilé et, d'autre part, de celles versées au titre d'avantages venant en contrepartie de contraintes professionnelles particulièrement lourdes. La liste limitative de ces exceptions est jointe en annexe du présent arrêté.

L'application de ces dispositions s'entend sans préjudice des dispositions du sixième alinéa de l'article R. 242-1 du code de la sécurité sociale.

Jurisprudence relative à l'ancien arrêté du 26 mai 1975, art. 4.

1. Décision de l'administration fiscale. BIBL. Fouquet, *RJS 1993, p. 699.* ♦ Si l'art. 4 permet à l'employeur de déduire de l'assiette des cotisations sociales un abattement équivalant à la déduction fiscale supplémentaire que pratique le salarié, c'est à la condition que celui-ci bénéficie effectivement en matière d'impôt sur le revenu, par application de l'art. 83 CGI et de l'art. 5 de l'annexe IV du même code, d'une déduction supplémentaire pour frais professionnels ; à cet égard, il appartient à l'employeur d'établir l'existence d'une décision expresse, prise en connaissance de cause, de l'administration fiscale qui reconnaît à ses salariés, en fonction de leur situation concrète, le droit de pratiquer un abattement supplémentaire pour frais professionnels. • Soc. 5 nov. 1986 : *Bull. civ. V, n° 508* • 17 juin 1987 : *Bull. civ. V, n° 393* • 12 juill. 1990, n° 87-15.685 P • 13 janv. 1994, n° 91-18.324 P • 28 avr. 1994, n° 91-18.522 P • 27 févr. 1997, n° 95-10.784 P.

2. Constitue une décision expresse de l'administration fiscale justifiant un abattement supplémentaire pour frais professionnels sur l'assiette des cotisations sociales l'attestation de cette administration affirmant que la déduction fiscale opérée sur les avis d'imposition adressés au salarié bénéficiaire n'avait pas été remise en cause par ses services. • Soc. 28 nov. 1991, n° 89-18.834 P. ♦ V. aussi : • Soc. 3 oct. 1991, n° 89-13.606 P (qualifiant de décision expresse une lettre du directeur des services fiscaux de la région indiquant de manière précise les conditions requises pour que les salariés puissent bénéficier de l'abattement supplémentaire, le juge ayant constaté que ces conditions se trouvaient réunies).

3. Une réponse ministérielle ne constitue pas une décision prise en connaissance de cause reconnaissant explicitement aux salariés le droit à une déduction supplémentaire en matière d'impôt sur le revenu. • Soc. 5 juill. 1990 : *RJS 1990, n° 727.*

4. Si l'art. L. 311-3-15° CSS soumet à la fois au régime général de la sécurité sociale les artistes du spectacle et les mannequins, cette disposition n'a pour effet que de rendre applicable aux uns et aux autres, sans entraîner leur assimilation, le régime des frais professionnels résultant de l'Arr. du 26 mai 1975 ; dès lors, quelles que soient les tolérances administratives, une société ne peut pratiquer d'abattement forfaitaire pour frais sur la rémunération de ses mannequins qu'à la condition de justifier que ceux-ci avaient été expressément autorisés par les services fiscaux à opérer la même déduction en matière d'impôt sur le revenu au titre de la période en litige. • Soc. 14 janv. 1993, n° 90-13.924 P : *D. 1993. IR 46.*

5. L'employeur qui, en vue de contester le redressement de cotisations sociales qui lui a été notifié par l'URSSAF, demande au directeur des services fiscaux de lui confirmer qu'une déduction supplémentaire est applicable aux salariés de son entreprise peut former un recours pour excès de pouvoir contre le refus de ce dernier qui constitue une décision lui faisant grief dès lors qu'elle détermine l'issue du différend opposant la société à l'URSSAF. • CE 5 nov. 1993 : *RJS 1993, n° 1230 et p. 699, concl. Fouquet.*

6. Frais professionnels et charges de l'entreprise. L'abattement supplémentaire ne se cumule pas avec la déduction des indemnités versées pour le remboursement des frais professionnels. • Soc. 28 oct. 1987 : *Bull. civ. V, n° 601* • 22 mars 1990, n° 87-16.054 P. ♦ L'employeur qui applique un abattement supplémentaire pour frais professionnels doit verser des cotisations sur un avantage en nature. V. jurisprudence citée ss. art. L. 242-1, « Avantages en nature ».

7. S'agissant non d'avances faites par des ouvriers pour le compte de leur employeur mais de dépenses inhérentes à l'exercice de leur profession, l'abattement supplémentaire prévu par la loi fiscale et la déduction des indemnités versées en remboursement de dépenses inhérentes à l'emploi ne peuvent se cumuler. • Soc. 20 juill. 1982 : *Bull. civ. V, n° 485.*

8. Les dépenses habituelles de déplacement exposées par les salariés pour se rendre à leur travail constituent non une charge de l'entreprise mais une charge inhérente à l'emploi, déjà couverte par l'abattement forfaitaire ; les indemnités kilométriques allouées pour couvrir des frais usuels et inhérents à l'emploi et non des dépenses exceptionnelles engagées pour le compte de l'entreprise doivent être incluses dans la base des cotisations sur laquelle se calcule l'abattement. • Soc. 9 nov. 1988 : *Bull. civ. V, n° 578* • 22 mars 1990, n° 87-16.054 P.

9. Les déplacements à l'occasion desquels des indemnités sont versées ayant pour objet, outre le transport du salarié à son lieu de travail, l'accomplissement de missions courantes n'excédant pas les servitudes habituelles de la profession, ces indemnités compensent des frais professionnels usuels, et non pas des frais avancés pour le compte de l'entreprise. • Soc. 13 févr. 1992, n° 89-20.725 P.

10. Les dépenses de logement et de déplacement exposées par les salariés, qui correspondent à l'exercice normal de la profession, ne sont pas des frais engagés pour le compte de l'entreprise mais couvrent des charges de caractère spécial inhérentes à la fonction ou à l'emploi et constituent des frais professionnels réintégrables dans l'assiette des cotisations dès lors que l'employeur applique l'abattement forfaitaire. • Soc. 11 juin 1992, n° 90-18.661 P.

11. Les dépenses exposées personnellement par des chefs d'équipe pour se rendre sur les chantiers, peu important le caractère utilitaire du véhicule qu'ils utilisent et le fait que d'autres salariés y prennent place, ne sont pas engagées pour le compte de l'entreprise, même si les charges de gestion incombent à l'employeur, mais constituent des frais professionnels. • Soc. 23 mars 1995 : *RJS 1995, n° 564.* ♦ En conséquence, la déduction des indemnités kilométriques allouées en compensation de ces frais ne peut, en l'absence d'autorisation constatée, en matière d'impôt sur le revenu, des services fiscaux, se cumuler avec l'abattement forfaitaire supplémentaire pour frais professionnels pratiqué par la société et ces indemnités sont donc soumises à cotisations. • Soc. 23 mars 1995 : *préc.*

12. Si l'employeur use de la faculté de déduire de la base des cotisations une somme égale à la déduction supplémentaire pour frais professionnels admise en matière fiscale, l'assiette des cotisations doit notamment comprendre, selon l'art. 4, les indemnités versées à titre de remboursement de frais professionnels. • Soc. 17 janv. 1991 : *RJS 1991, n° 385.* ♦ L'indemnisation sous la forme d'un remboursement aux salariés en déplacement de leurs dépenses réelles en ce qui concerne les frais de repas entre dans les prévisions de ce texte, sans avoir à rechercher si la prise en charge de ces frais constitue un avantage en nature. • Soc. 17 janv. 1991 : *préc.* ♦ Au contraire, si l'employeur effectue un paiement direct au restaurateur, le salarié bénéficie d'un avantage en nature qu'il convient de ne retenir que pour la valeur forfaitaire fixée par l'Arr. du 9 janv. 1975. • Soc. 7 nov. 1979 : *Bull. civ. V, n° 818.*

13. Par contre, une entreprise ayant pour activité la vente à des artisans de matériel et d'outillage et la présentation à une clientèle dispersée de ce matériel en vue d'une démonstration sur site, les véhicules mis à la disposition des commerciaux constituent un véritable outil de travail répondant aux seules nécessités d'exploitation et de fonctionnement de l'entreprise et conçu dans le seul intérêt de celle-ci. • Soc. 14 nov. 2002 : *RJS 2003, n° 400.*

....

Art. 11 **L'arrêté du 26 mai 1975 modifié relatif aux frais professionnels déductibles pour le calcul des cotisations de sécurité sociale est abrogé.**

Arrêté du 14 août 2003,

Fixant le nombre de formations de jugement des tribunaux du contentieux de l'incapacité (JO 27 août), mod. par Arr. du 28 déc. 2005 (JO 21 janv. 2006) et Arr. du 12 nov. 2009 (JO 21 nov.).

Le nombre de formations des tribunaux du contentieux de l'incapacité est fixé comme suit :

COUR D'APPEL de rattachement	SIÈGE	NOMBRE de formations
Bastia	Ajaccio	7
Amiens	Amiens	6 dont 1 formation agricole
Besançon	Besançon	7 dont 1 formation agricole
Bordeaux	Bordeaux	10 dont 1 formation agricole
Caen	Caen	5 dont 2 formations agricoles
Reims	Châlons-en-Champagne .	10 dont 1 formation agricole
Riom	Clermont-Ferrand	6 dont 1 formation agricole

COUR D'APPEL de rattachement	SIÈGE	NOMBRE de formations
Dijon	Dijon	11 dont 1 formation agricole
Douai	Lille	14 dont 1 formation agricole
Limoges	Limoges	5 dont 1 formation agricole
Lyon	Lyon	16 dont 2 formations agricoles
Aix-en-Provence	Marseille	29 dont 5 formations agricoles
Montpellier	Montpellier	17 dont 5 formations agricoles
Nancy	Nancy	9 dont 1 formation agricole
Rennes	Nantes	10 dont 3 formations agricoles
Orléans	Orléans	12 dont 1 formation agricole
Paris	Paris	17 dont 1 formation agricole
Poitiers	Poitiers	9 dont 1 formation agricole
Rennes	Rennes	12 dont 3 formations agricoles
Rouen	Rouen	6 dont 1 formation agricole
Colmar	Strasbourg	10 dont 1 formation agricole
Toulouse	Toulouse	10 dont 1 formation agricole
Fort-de-France	Cayenne	1
Fort-de-France	Fort-de-France	2
Basse-Terre	Pointe-à-Pitre	2
Saint-Denis de la Réunion	Saint-Denis de la Réunion	2

Loi n° 2003-775 du 21 août 2003,

Portant réforme des retraites (JO 22 août).

BIBL. ▶ La réforme des retraites (12 articles) : *Dr. soc. 2003. 909*. – La mise en œuvre de la loi portant réforme des retraites (5 articles) : *RDSS 2004. 505*.

Sur la conformité de la loi à la Constitution, V. • Cons. const. 14 août 2003, n° 2003-483 DC : *Rec. Cons. const., p. 430 ; Dr. soc. 2003. 917, note Prétot ; LPA 2003, n° 184, p. 3, obs. Schoettl ; RJS 2003. 902, n° 1310.*

TITRE PREMIER Dispositions générales

Art. 1er La Nation réaffirme solennellement le choix de la retraite par répartition au cœur du pacte social qui unit les générations.

Art. 2 Tout retraité a droit à une pension en rapport avec les revenus qu'il a tirés de son activité.

Art. 3 Les assurés doivent pouvoir bénéficier d'un traitement équitable au regard de la retraite, quels que soient leurs activités professionnelles passées et le ou les régimes dont ils relèvent.

Art. 4 La Nation se fixe pour objectif d'assurer en 2008 à un salarié ayant travaillé à temps complet et disposant de la durée d'assurance nécessaire pour bénéficier du taux plein un montant total de pension lors de la liquidation au moins égal à 85 % du salaire minimum de croissance net lorsqu'il a cotisé pendant cette durée sur la base du salaire minimum de croissance.

Art. 5 I. – La durée d'assurance nécessaire pour bénéficier d'une pension de retraite au taux plein et la durée des services et bonifications nécessaire pour obtenir le pourcentage maximum d'une pension civile ou militaire de retraite applicables, respectivement, aux personnes mentionnées aux V et VI évoluent de manière à maintenir constant, jusqu'en *(L. n° 2014-40 du 20 janv. 2014, art. 2-II)* « 2017 », le rapport constaté, à la date de publication de la présente loi, entre ces durées et la durée moyenne de retraite.

Pour le calcul du rapport entre la durée d'assurance ou de services et bonifications et la durée moyenne de retraite des années 2003 à 2007, la durée d'assurance nécessaire pour bénéficier d'une pension de retraite au taux plein et la durée des services et bonifications nécessaire pour obtenir le pourcentage maximum d'une pension civile ou militaire de retraite sont fixées à cent soixante trimestres.

La durée moyenne de retraite s'entend, pour une année civile donnée, de l'espérance de vie à l'âge de soixante ans telle qu'estimée cinq ans auparavant, dont est retranché l'écart existant entre la durée d'assurance ou la durée des services et bonifications mentionnée à l'alinéa précédent pour l'année considérée et celle de cent soixante trimestres résultant des dispositions de la présente loi pour l'année 2008.

(Abrogé par L. n° 2009-526 du 12 mai 2009, art. 80) « II. – Avant le 1er janvier 2008, le Gouvernement, sur la base notamment des travaux du Conseil d'orientation des retraites, élabore un rapport faisant apparaître :

« 1° L'évolution du taux d'activité des personnes de plus de cinquante ans ;

« 2° L'évolution de la situation financière des régimes de retraite ;

« 3° L'évolution de la situation de l'emploi ;

« 4° Un examen d'ensemble des paramètres de financement des régimes de retraite.

« Ce rapport est rendu public et transmis au Parlement. »

III. – A compter de 2009, la durée d'assurance nécessaire pour bénéficier d'une pension de retraite au taux plein et la durée des services et bonifications nécessaire pour obtenir le pourcentage maximum d'une pension civile ou militaire de retraite sont majorées d'un trimestre par année pour atteindre quarante et une annuités en 2012 sauf si, au regard des évolutions présentées par le rapport mentionné au II et de la règle fixée au I, un décret pris après avis, rendus publics, de la Commission de garantie des retraites et du Conseil d'orientation des retraites ajuste le calendrier de mise en œuvre de cette majoration.

(L. n° 2010-1330 du 9 nov. 2010, art. 17) « IV. – Pour les assurés nés à compter du 1er janvier 1955, la durée d'assurance ou de services et bonifications permettant d'assurer le respect de la règle énoncée au I est fixée par décret, pris après avis technique du Conseil d'orientation des retraites portant sur l'évolution du rapport entre la durée d'assurance ou la durée de services et bonifications et la durée moyenne de retraite, et publié avant le 31 décembre de l'année au cours de laquelle ces assurés atteignent l'âge mentionné au dernier alinéa du même I, minoré de quatre années.

« Pour les assurés nés en 1953 ou en 1954, la durée d'assurance ou de services et bonifications permettant d'assurer le respect de la règle énoncée au I est fixée par un décret publié avant le 31 décembre 2010. » — *La durée d'assurance nécessaire pour bénéficier d'une pension de retraite à taux plein et la durée des services et bonifications nécessaire pour obtenir le pourcentage maximum d'une pension civile ou militaire de retraite mentionnées au second alinéa du IV de l'art. 5 de la L. n° 2003-775 du 21 août 2003 sont fixées à 165 trimestres pour les assurés nés en 1953 et 1954 (Décr. n° 2010-1734 du 30 déc. 2010, art. 9).*

V. – La durée d'assurance requise des assurés relevant du régime général de l'assurance vieillesse, de l'assurance vieillesse des travailleurs salariés des professions agricoles ou de l'assurance vieillesse des *(L. n° 2016-1827 du 23 déc. 2016, art. 50-IX, en vigueur le 1er janv. 2017)* « travailleurs indépendants », pour l'obtention d'une pension au taux plein, est celle qui est en vigueur, en application du présent article, lorsqu'ils atteignent l'âge *(L. n° 2010-1330 du 9 nov. 2010, art. 17)* « mentionné au troisième alinéa du I du présent article ».

(L. n° 2006-1640 du 21 déc. 2006, art. 109) « L'assuré qui remplit la condition d'âge prévue à l'alinéa précédent continue de bénéficier des règles qui lui étaient applicables à la date à laquelle il remplit cette condition, pour la détermination de la durée d'assurance maximale et du nombre d'années de salaire ou de revenu servant de base au calcul de la pension dans chacun des régimes mentionnés à l'alinéa précédent. »

VI. – La durée des services et bonifications exigée des fonctionnaires de l'État et des militaires pour obtenir le pourcentage maximum d'une pension civile ou militaire de retraite est celle qui est en vigueur lorsqu'ils atteignent l'âge *(L. n° 2010-1330 du 9 nov. 2010, art. 17)* « mentionné au troisième alinéa du I.

« Par dérogation au premier alinéa du présent VI, la durée des services et bonifications exigée des fonctionnaires de l'État et des militaires qui remplissent les conditions de liquidation d'une pension avant l'âge mentionné au troisième alinéa du I est celle exigée des fonctionnaires atteignant l'âge mentionné au même troisième alinéa l'année à compter de laquelle la liquidation peut intervenir.

« Le présent VI s'applique également aux fonctionnaires affiliés à la Caisse nationale de retraites des agents des collectivités locales et aux ouvriers des établissements industriels de l'État. »

VII *et* VIII. – *Modifications de textes.*

IX. – *Abrogé par L. n° 2010-1330 du 9 nov. 2010, art. 17.*

....

Art. 12 I. – Dans un délai de trois ans après la publication de la présente loi, les organisations professionnelles et syndicales représentatives au niveau national sont invitées à engager une négociation interprofessionnelle sur la définition et la prise en compte de la pénibilité.

II *et* III. – *Modifications de textes, V. art. L. 132-12 [L. 2241-1 s.] C. trav.* – **C. *trav.***

....

Art. 20 Les partenaires sociaux chargés de la gestion des régimes complémentaires de retraite engagent une négociation afin d'adapter le dispositif des retraites complémentaires de manière à servir une pension à taux plein aux assurés qui réunissent les conditions de durée d'assurance ou de périodes équivalentes dans les régimes de base et demandent la liquidation de leur pension de retraite avant l'âge de soixante ans.

....

TITRE V Dispositions relatives à l'épargne retraite et aux institutions de gestion de retraite supplémentaire

Art. 107 En complément des régimes de retraite obligatoires par répartition, toute personne a accès, à titre privé ou dans le cadre de son activité professionnelle, à un ou plusieurs produits d'épargne réservés à la retraite, dans des conditions de sécurité financière et d'égalité devant l'impôt. – *V. Décr. n° 2004-342 du 21 avr. 2004 (JO 22 avr.) et Arr. du 22 avr. 2004 (JO 23 avr.), Annexe I.*

Art. 108 *Abrogé par L. n° 2006-1770 du 30 déc. 2006.*

....

Art. 114 Pour compléter les systèmes d'information visés au II de l'article 27 de la loi de financement de la sécurité sociale pour 2001 (n° 2000-1257 du 23 décembre 2000) et à l'article 1er de la loi n° 84-575 du 9 juillet 1984 portant diverses dispositions d'ordre social, les organismes habilités à gérer le *(Décr. n° 2004-346 du 21 avr. 2004, art. 1er)* « plan d'épargne retraite populaire » et le *(L. n° 2003-1311 du 30 déc. 2003, art. 82)* « plan d'épargne pour la retraite collectif » définis au présent titre, ainsi que ceux qui réalisent *(Ord. n° 2017-484 du 6 avr. 2017, art. 17-IV)* « des opérations de retraite professionnelle supplémentaire ou des opérations régies par » l'article L. 932-24 du code de la sécurité sociale, l'article L. 222-1 du code de la mutualité ou l'article L. 441-1 du code des assurances et les entreprises qui gèrent en interne des opérations de retraite transmettent à l'autorité compétente de l'État des données individuelles anonymes et des données agrégées relatives à ces activités.

Les données visées à l'alinéa précédent portent sur les caractéristiques des contrats individuels ou collectifs, les droits en cours de constitution, les prestations versées, les caractéristiques démographiques, sociales et professionnelles des souscripteurs, adhérents et bénéficiaires, ainsi que leurs ayants droit.

Les conditions d'application du présent article sont fixées par décret en Conseil d'État pris après avis de la Commission nationale de l'informatique et des libertés. – *V. Décr. n° 2005-1390 du 8 nov. 2005 (JO 9 nov.) et Arr. du 9 mai 2011 (JO 28 mai).*

V. Arr. du 5 déc. 2016 fixant la présentation des données agrégées transmises par les organismes gérant certaines opérations de retraite en application de l'art. 114 de la loi n° 2003-775 du 21 avril 2003 portant réforme des retraites et du dernier al. de l'art. L. 137-11-1 CSS (JO 13 déc.).

....

Loi n° 2003-1199 du 18 décembre 2003,

De financement de la sécurité sociale pour 2004.

BIBL. ▶ R. Pellet, Principales dispositions de la loi n° 2003-1199 du 18 décembre 2003 de financement de la sécurité sociale pour 2004, *TPS 2004, chron. 3.*

Sur la conformité de la loi à la Constitution, V. • Cons. const. 11 déc. 2003, n° 2003-486 DC : *Rec. Cons. const., p. 467 ; LPA 24 déc. 2003, n° 256, p. 10, obs. Schoettl ; RFFP 2004, n° 85, p. 127, chron. Prétot ; RJS 2004. 248, n° 358.*

Art. 12 *[...]*

VII. — Les entreprises redevables en 2003 de la taxe prévue à l'article L. 5121-17 du code de la santé publique sont assujetties à une contribution exceptionnelle au profit de la Caisse nationale de l'assurance maladie des travailleurs salariés, assise sur leur chiffre d'affaires hors taxes réalisé en France métropolitaine et dans les départements d'outre-mer du 1er janvier 2004 au 31 décembre 2004 au titre des médicaments bénéficiant d'une autorisation de mise sur le marché et inscrits sur la liste mentionnée au premier alinéa de l'article L. 162-17 du code de la sécurité sociale ou sur la liste mentionnée à l'article L. 5123-2 du code de la santé publique, à l'exception des spécialités génériques définies à l'article L. 5121-1 du même code, hormis celles qui sont remboursées sur la base d'un tarif *(L. n° 2004-810 du 13 août 2004, art. 43-I)* « décidé » en application de l'article L. 162-16 du code de la sécurité sociale. Le chiffre d'affaires concerné ne prend pas en compte les remises accordées par les entreprises.

Le taux de la contribution est fixé à 0,525 %. Le 3° de l'article L. 225-1-1 et les articles L. 138-20 à L. 138-23 du code de la sécurité sociale sont applicables à cette contribution exceptionnelle, qui est exclue des charges déductibles pour l'assiette de l'impôt sur le revenu ou de l'impôt sur les sociétés.

La contribution fait l'objet d'un premier versement à titre d'acompte au plus tard le 15 avril 2004, dans des conditions définies par arrêté du ministre chargé de la sécurité sociale. Le solde de la contribution est versé au plus tard le 15 avril 2005. Les modalités de déclaration de la contribution exceptionnelle sont définies par arrêté du ministre chargé de la sécurité sociale.

Le défaut de déclaration, la déclaration manifestement erronée ou l'absence de paiement de la contribution entraînent une taxation provisionnelle s'élevant à 1 % du chiffre d'affaires hors taxes réalisé en France métropolitaine ou dans les départements d'outre-mer par le redevable au cours de l'exercice 2003. Cette taxation provisionnelle peut faire l'objet d'un recours amiable auprès de l'Agence centrale des organismes de sécurité sociale. A défaut de contestation dans les deux mois de sa notification, ce montant provisionnel a un caractère définitif et la taxation provisionnelle devient une taxation forfaitaire.

Le non-respect des règles déclaratives et de paiement entraîne une majoration de 10 % du montant de la contribution. Cette majoration peut faire l'objet d'un recours amiable auprès de l'Agence centrale des organismes de sécurité sociale. Un même redevable ne peut faire l'objet à la fois de la majoration et de la taxation forfaitaire.

....

Art. 33 Les dispositions des articles 22 à 32 sont applicables à compter du 1er janvier 2005, à l'exception des dispositions de l'article L. 162-22-1 du code de la sécurité sociale dans leur rédaction issue de l'article 23 et des dispositions de l'article L. 162-22-6 du même code dans leur rédaction issue de l'article 25 qui s'appliquent à compter du 1er *(L. n° 2004-1370 du 20 déc. 2004, art. 17-IV-1°)* « mars 2005 » dans les établissements de santé privés mentionnés aux *d* et *e* de l'article L. 162-22-6 dans sa rédaction issue de la présente loi, sous réserve des dispositions suivantes :

(Abrogé par L. n° 2017-1836 du 30 déc. 2017, art. 65-II, à compter du 1er mars 2019) « I. — *(L. n° 2007-1786 du 19 déc. 2007, art. 62-I ; L. n° 2008-1330 du 17 déc. 2008, art. 54-I ; L. n° 2012-1404 du 17 déc. 2012, art. 63-1°)* « *Par dérogation aux dispositions de l'article L. 174-2-1 du code de la sécurité sociale, les prestations d'hospitalisation, les actes et consultations externes ainsi que les spécialités pharmaceutiques et produits et prestations mentionnés* *(L. n° 2016-1827 du 23 déc. 2016, art. 95-II)* « *aux articles L. 162-22-7 et L. 162-22-7-3* » *du même code ne sont pas facturés à la caisse désignée à l'article L. 174-2 du même code.* » *Les établissements*

mentionnés aux a, b et c de l'article L. 162-22-6 du même code dans sa rédaction issue de la présente loi transmettent à échéances régulières à l'agence régionale de (Ord. n° 2010-177 du 23 févr. 2010, art. 24) *« santé », pour les activités mentionnées au même article, leurs données d'activité y compris celles relatives aux consultations externes. Ils lui transmettent simultanément la consommation des spécialités pharmaceutiques et des produits et prestations mentionnés ci-dessus.*

« Les établissements transmettent une copie de ces informations à la caisse mentionnée à l'article L. 174-2 du code de la sécurité sociale.

« L'agence régionale de (Ord. n° 2010-177 du 23 févr. 2010, art. 24) *« santé » procède, pour chaque établissement, à la valorisation, pour la part prise en charge par les régimes obligatoires d'assurance maladie, de l'activité par application des tarifs des prestations fixés en application de l'article L. 162-22-10 du code de la sécurité sociale dans les conditions prévues au A du V du présent article et de la consommation des spécialités pharmaceutiques et des produits et prestations mentionnés au premier alinéa du présent I.* (L. n° 2004-1370 du 20 déc. 2004, art. 17-IV-2°) *« Par dérogation au dernier alinéa du I de l'article L. 162-22-10 précité, les tarifs de prestations fixés en application de cet article prennent effet, en 2005, à compter du 1er janvier. » L'agence régionale arrête le montant ainsi calculé et le notifie à l'établissement et à la caisse mentionnée à l'article L. 174-2 du même code.*

« L'écart entre la valorisation de l'activité prévisionnelle retenue pour clore l'exercice 2004 et la valorisation de l'activité réellement constatée peut être imputé à due concurrence sur le montant calculé en application de l'alinéa précédent.

« L'agence régionale de (Ord. n° 2010-177 du 23 févr. 2010, art. 24) *« santé » procède à un contrôle des données transmises. Sans préjudice des dispositions de l'article L. 162-22-18 du même code, lorsqu'elle constate des anomalies, après que l'établissement a été mis en mesure de faire connaître ses observations, elle déduit les sommes indûment versées du montant* (L. n° 2006-1640 du 21 déc. 2006, art. 69-XI) *« des périodes suivantes ».*

« (L. n° 2012-1404 du 17 déc. 2012, art. 63-1°) *« La dérogation prévue au présent I prend fin au plus tard au 1er mars 2016* (L. n° 2013-1203 du 23 déc. 2013, art. 45-IV-1°) *« pour les actes et consultations externes et au plus tard le 1er mars 2018 pour les autres prestations hospitalières facturables à l'assurance maladie obligatoire, » selon des modalités calendaires, précisées par décret, qui peuvent être différentes en fonction de la catégorie des établissements et selon qu'il s'agit, d'une part, d'actes et de consultations externes ou, d'autre part, de prestations d'hospitalisation et de spécialités pharmaceutiques, produits et prestations mentionnés à l'article L. 162-22-7 du même code ». »* — *Par dérogation aux dispositions du I, les établissements de santé volontaires mentionnés aux a, b ou c de l'art. L. 162-22-6 peuvent participer à une expérimentation de facturation avec l'assurance maladie. — Cette expérimentation a pour objet les conditions de mise en œuvre de l'art. L. 174-2-1 et, notamment, l'ensemble du processus de facturation et de paiement des factures entre les établissements de santé mentionnés aux a, b et c de l'art. L. 162-22-6, les caisses d'assurance maladie et le réseau du Trésor public en ce qui concerne les établissements publics de santé, ainsi que le système d'avance de trésorerie le mieux adapté à ce mode de facturation. Le processus est évalué en termes de fiabilité, de qualité, de délais et d'exhaustivité de la facturation et des paiements. — La liste des établissements volontaires et leur caisse mentionnée à l'art. L. 174-2 est arrêtée par les ministres chargés de la santé et de la sécurité sociale. — Les conditions de mise en œuvre de cette expérimentation sont définies par décret* (L. n° 2008-1330 du 17 déc. 2008, art. 54-II).

(L. n° 2008-1330 du 17 déc. 2008, art. 53-X ; L. n° 2009-879 du 21 juill. 2009, art. 24 ; L. n° 2012-1404 du 17 déc. 2012, art. 63-2°) « II. — Jusqu'au 31 décembre *(L. n° 2015-1702 du 21 déc. 2015, art. 77-I-1°)* « 2019 », dans les établissements de santé mentionnés aux *a*, *b* et *c* de l'article L. 162-22-6 du code de la sécurité sociale dans sa rédaction issue de la présente loi, par exception aux 1° à 3° du I de l'article L. 162-22-10 du même code, les tarifs nationaux des prestations des séjours ne servent pas de base au calcul de la participation du patient. Les conditions et modalités de la participation du patient aux tarifs des prestations mentionnées à l'article L. 162-22-6 du même code sont fixées par voie réglementaire. » *(L. n° 2015-1702 du 21 déc. 2015, art. 77-I-2°et 3°)* « L'augmentation de la base de calcul de cette participation ne peut excéder une limite maximale fixée par décret. Les tarifs servant de base au calcul de la participation de l'assuré » *(L. n° 2011-900 du 29 juill. 2011, art. 50-IV, en vigueur le 1er déc. 2011)* « servent également à l'exercice des recours contre tiers, à la facturation des soins de patients relevant d'un système de sécurité sociale coordonné avec le régime français pour les risques maladie, maternité, accidents du travail et maladies professionnelles, *(L. n° 2014-1554 du 22 déc. 2014, art. 32-V, en vigueur le 1er janv. 2016)* « à l'exception de ceux affiliés au régime d'assurance maladie, maternité, invalidité et décès de Mayotte *(L. n° 2015-1702 du 21 déc. 2015, art. 77-I-3°, en vigueur au plus tard le 1er janv. 2017)* « ou de ceux relevant d'un des régimes de la protection sociale généralisée de la Polynésie française », ainsi qu'à la facturation des soins et de l'hébergement des patients non couverts par un régime d'assurance maladie*[,]* *(L. n° 2011-1906 du 21 déc. 2011,*

art. 75-IV) « sous réserve des dispositions de l'article L. 174-20 du code de la sécurité sociale, et » à l'exception des patients bénéficiant de l'aide médicale de l'État *(L. n° 2014-1554 du 22 déc. 2014, art. 69-III-1°)* « ou de la prise en charge des soins urgents » en application *(L. n° 2014-1554 du 22 déc. 2014, art. 69-III-2°)* « des articles L. 251-1 et L. 254-1 » du code de l'action sociale et des familles. » – *V. note ss. art.*

(L. n° 2017-1836 du 30 déc. 2017, art. 56-II, en vigueur le 1er janv. 2018) « Lorsqu'un patient relevant d'un système de sécurité sociale coordonné avec le régime français bénéficie d'un ou de plusieurs spécialités pharmaceutiques, produits et prestations mentionnés à l'article L. 162-22-7 du code de la sécurité sociale, la facturation de ses soins est majorée du coût de ces spécialités, produits et prestations. »

III. – Pour la détermination en 2005 des éléments mentionnés aux 1° et 2° du I de l'article L. 162-22-10 du code de la sécurité sociale dans sa rédaction issue de la présente loi, il est tenu compte de l'état provisoire des charges afférentes aux activités de médecine, chirurgie, obstétrique et odontologie mentionnées au *a* du 1° de l'article L. 6111-2 du code de la santé publique, y compris celles relatives aux activités d'alternative à la dialyse en centre et d'hospitalisation à domicile, au titre des soins dispensés l'année précédente dans les établissements de santé mentionnés à l'article L. 162-22-6 du code de la sécurité sociale dans sa rédaction issue de la présente loi ainsi que des charges afférentes à la dispensation des médicaments et à la fourniture des produits et prestations facturés en sus des prestations d'hospitalisation mentionnées au 1° de l'article L. 162-22-1 du même code dans sa rédaction antérieure à l'entrée en vigueur de la présente loi.

IV. – *(L. n° 2005-1579 du 19 déc. 2005, art. 43-I)* « Pour les années 2005 à 2012, l'État fixe, outre les éléments mentionnés aux 1° à 3° du I de l'article L. 162-22-10 du code de la sécurité sociale, le taux moyen régional de convergence des coefficients de transition des établissements de santé mentionnés au *d* de l'article L. 162-22-6 du même code. La convergence doit être achevée au plus tard en 2012.

« L'État fixe les règles générales de modulation du taux moyen régional de convergence entre les établissements de la région. Le taux moyen de convergence des coefficients de transition des établissements pour lesquels ce coefficient est inférieur à un peut excéder le taux moyen régional de convergence, à la condition que la masse financière supplémentaire résultant de ce dépassement soit prélevée sur les établissements pour lesquels le coefficient de transition est supérieur à un. Ce prélèvement résulte de l'application d'un taux de convergence pour ces derniers établissements supérieur au taux moyen régional.

« Un décret en Conseil d'État fixe les dispositions d'application du présent IV. »

Les tarifs des prestations mentionnées au 1° de l'article L. 162-22-6 du même code applicables à chacun des établissements de santé mentionnés au *d* du même article sont fixés dans le cadre d'un avenant tarifaire à leur contrat pluriannuel d'objectifs et de moyens en appliquant le coefficient de transition et, le cas échéant, le coefficient de haute technicité propres à l'établissement aux tarifs nationaux des prestations affectés, le cas échéant, d'un coefficient géographique. Le coefficient de transition de chaque établissement doit atteindre la valeur 1 au plus tard en 2012. *(L. n° 2006-1640 du 21 déc. 2006, art. 69-III)* « Le coefficient de haute technicité est réduit dans les conditions définies par arrêté des ministres chargés de la santé et de la sécurité sociale. » *(L. n° 2008-1330 du 17 déc. 2008, art. 53-VIII)* « En contrepartie de cette réduction, les établissements de santé concernés perçoivent un forfait annuel qui diminue progressivement dans les conditions fixées par l'arrêté susmentionné. »

V. – *(L. n° 2007-1786 du 19 déc. 2007, art. 62-I)* « Pour les années 2008 à 2012, dans les établissements de santé mentionnés aux *a*, *b* et *c* de l'article L. 162-22-6 du code de la sécurité sociale, la présente loi s'applique sous réserve des dispositions suivantes :

« A. – Les consultations et actes mentionnés au premier alinéa de l'article L. 162-26 du code de la sécurité sociale et les prestations d'hospitalisation mentionnées au 1° de l'article L. 162-22-6 du même code sont pris en charge par les régimes obligatoires d'assurance maladie sur la base des tarifs respectivement mentionnés aux articles L. 162-26 et L. 162-22-10 du même code affectés d'un coefficient de transition, ainsi que, le cas échéant, du coefficient géographique mentionné au 3° de l'article L. 162-22-10 précité, déduction faite, le cas échéant, de la participation de l'assuré. Par dérogation au présent alinéa, les tarifs des prestations afférentes aux activités d'hospitalisation à domicile et de prélèvement d'organes ou de tissus ne sont pas affectés par le coefficient de transition précité.

« B. – Le coefficient de transition mentionné au A est calculé pour chaque établissement de manière à prendre en compte l'impact sur ses recettes d'assurance maladie des modalités de financement définies au même A par rapport à celles préexistantes. Le coefficient ainsi calculé prend effet à compter du 1er janvier 2008 et s'applique jusqu'au 29 février de la même année.

« A compter du 1er mars 2008, la valeur du coefficient converge vers la valeur 1, dans le respect des modalités fixées au C.

« C. – Chaque année, l'État fixe, outre les éléments mentionnés aux 1° à 3° du I de l'article L. 162-22-10 du code de la sécurité sociale, le taux moyen régional de convergence des coefficients de transition des établissements de santé.

« L'État fixe les règles générales de modulation du taux moyen régional de convergence entre les établissements de la région. Le taux moyen de convergence des coefficients de transition des établissements pour lesquels ce coefficient est inférieur à 1 peut excéder le taux moyen régional de convergence dans les conditions prévues au deuxième alinéa du IV du présent article.

« La valeur du coefficient de transition de chaque établissement est fixée par le *(Ord. n° 2010-177 du 23 févr. 2010, art. 24)* « directeur général de l'agence régionale de santé » et prend effet à la date d'entrée en vigueur des tarifs de prestation mentionnés à l'article L. 162-22-10 du code de la sécurité sociale. Le coefficient doit atteindre la valeur 1 au plus tard en 2012.

« D. – La répartition entre les différents régimes obligatoires d'assurance maladie des sommes versées en 2007 aux établissements mentionnés aux *a*, *b* et *c* de l'article L. 162-22-6 du code de la sécurité sociale au titre de la dotation annuelle complémentaire mentionnée au présent article dans sa rédaction antérieure à la loi de financement de la sécurité sociale pour 2008 est effectuée dans les conditions prévues par voie réglementaire. De même, de 2007 à 2012, par dérogation à l'article L. 162-22-15 du code de la sécurité sociale, les sommes versées au titre de l'activité mentionnée à l'article L. 162-22-6 du même code, des forfaits annuels mentionnés à l'article L. 162-22-8 du même code et des dotations annuelles de financement des missions d'intérêt général et d'aide à la contractualisation mentionnées à l'article L. 162-22-14 du même code sont réparties selon les mêmes modalités.

« E. – La caisse mentionnée à l'article L. 174-2 du code de la sécurité sociale verse des avances de trésorerie aux établissements de santé pour leurs activités *(Ord. n° 2010-177 du 23 févr. 2010, art. 3-IV)* « mentionnées au 1° de l'article L. 162-22 du même code », dans des conditions fixées par arrêté des ministres chargés de la santé et de la sécurité sociale.

« F. – L'état des prévisions de recettes et de dépenses mentionné à l'article L. 6145-1 du code de la santé publique tient compte de l'application du coefficient de transition mentionné au B applicable à la période considérée.

« G. – Les conditions de montée en charge de la tarification à l'activité pour le service de santé des armées sont fixées par le décret prévu au X de l'article 69 de la loi n° 2006-1640 du 21 décembre 2006 de financement de la sécurité sociale pour 2007.

« H. – Les modalités d'application du présent V à l'exception du E sont fixées par décret en Conseil d'État. »

(L. n° 2009-1646 du 24 déc. 2009, art. 48-I) « VI. – Le I, à l'exclusion du quatrième alinéa, le II, le V, à l'exception du G, *(Abrogé par L. n° 2012-1404 du 17 déc. 2012, art. 59-I) « et le VII »* du présent article sont applicables aux établissements de santé de Guyane mentionnés aux *a* et *b* de l'article L. 162-22-6 du code de la sécurité sociale, selon des modalités et un calendrier fixés par décret, et sous les réserves suivantes :

« 1° Au deuxième alinéa du B du V, l'année : "2008" est remplacée par l'année : "2010" ;

« 2° A la fin du dernier alinéa du C du V, les mots : "en 2012" sont remplacés par les mots : "à une date fixée par décret" et à la seconde phrase du D du même V, l'année : "2012" est remplacée par les mots : "une date fixée par décret".

« Ces dispositions entrent en vigueur au 1er janvier 2010. »

(L. n° 2013-1203 du 23 déc. 2013, art. 45-IV-2°) « VII. – Jusqu'à la fin de la dérogation prévue au I, l'article L. 175-2 du code de la sécurité sociale s'applique également aux dépenses liées aux prestations d'hospitalisation. » – *Le 2° du IV de l'art. 45 de la L. n° 2013-1203 du 23 déc. 2013 entre en vigueur à compter du 1er janv. 2014 et s'applique, le cas échéant, à la régularisation comptable de l'exercice 2013 faite en 2014 (L. préc., art. 45-V).*

(L. n° 2009-1646 du 24 déc. 2009, art. 48-I ; L. n° 2011-1906 du 21 déc. 2011, art. 63 ; L. n° 2012-1404 du 17 déc. 2012, art. 63-3°) « VIII. – Par dérogation à l'article L. 162-22-6 du code de la sécurité sociale, jusqu'à une date fixée par décret et au plus tard jusqu'au 1er mars 2015, la part des frais d'hospitalisation, des actes et consultations externes mentionnés à l'article L. 162-26 du même code, prise en charge par les régimes obligatoires d'assurance maladie au titre des soins dispensés dans le cadre des activités de médecine exercées par les hôpitaux locaux au sens de l'article L. 6141-2 du code de la santé publique, dans sa version antérieure à la loi n° 2009-879 du 21 juillet 2009 précitée, est incluse dans la dotation annuelle de financement mentionnée à l'article L. 174-1 du code de la sécurité sociale et comprise dans l'objectif défini à l'article L. 174-1-1 du même code.

« IX. – Le I, à l'exclusion du quatrième alinéa, le II et le V, à l'exception du G, du présent article sont applicables aux activités de médecine exercées par les hôpitaux locaux au sens de l'article L. 6141-2 du code de la santé publique, dans sa rédaction antérieure à la loi n° 2009-879 du 21 juillet 2009 précitée, selon des modalités et un calendrier fixés par décret, et sous les réserves suivantes :

« 1° Le B du V s'applique à compter d'une date fixée par décret ;

« 2° A la fin du dernier alinéa du C du V, les mots : "en 2012" sont remplacés par les mots : "à une date fixée par décret" et à la seconde phrase du D du même V, l'année : "2012" est remplacée par les mots : "une date fixée par décret". »

Les dispositions de l'art. 69-III de la L. n° 2014-1554 du 22 déc. 2014 s'appliquent aux prestations réalisées à compter du 1er janv. 2015. Pour les prestations réalisées antérieurement à cette date, le délai dans lequel les demandes en paiement doivent être présentées sous peine de forclusion continue de courir jusqu'au terme prévu en application de l'art. 2224 C. civ., sans pouvoir excéder le 31 déc. 2016 (L. préc., art. 69-IV). Pour les activités de médecine, chirurgie, obstétrique et odontologie, les tarifs de prestations servant de base au calcul de la participation des patients mentionnés au II de l'art. 33 de la L. du 18 déc. 2003 sont établis pour au moins chacune des catégories suivantes :

1° L'hospitalisation complète en régime commun en distinguant :

a) Services spécialisés ou non ;

b) Services de spécialités coûteuses ;

c) Services de spécialités très coûteuses ;

2° L'hospitalisation à temps partiel ;

3° La chirurgie ambulatoire ;

4° L'hospitalisation à domicile ;

5° Les interventions de la structure mobile d'urgence et de réanimation.

Les tarifs de prestations mentionnés aux 1°, 2°, 3°, 4° susvisés sont obtenus, pour chaque catégorie tarifaire, en divisant le coût de revient prévisionnel par le nombre de journées d'hospitalisation prévues, après déduction des produits ne résultant pas de la facturation de ces tarifs de prestations. Les tarifs de prestations mentionnés au 5° de l'article 4 sont obtenus en divisant le coût de revient prévisionnel par le nombre de demi-heures prévues pour les interventions terrestres et par le nombre de minutes prévues pour les interventions aériennes. Le coût de revient prévisionnel mentionné aux premier et deuxième alinéas, calculé sur la base de la comptabilité analytique, est égal à la totalité des charges relatives aux sections tarifaires concernées comprenant :

1° Les charges directes ;

2° Les charges des consommations d'actes, de biens et de services médicaux sur la base de leur prix d'achat ou, à défaut, de leur coût de revient ;

3° Les autres charges du compte de résultat prévisionnel principal qui ne sont pas couvertes par des ressources propres.

Le directeur général de l'agence régionale de santé arrête les tarifs de prestations susvisés.

Ces dispositions sont applicables aux centres hospitaliers qui étaient qualifiés d'hôpitaux locaux, au sens de l'art. L. 6141-2 dans sa rédaction antérieure à la loi du 21 juill. 2009, à la date d'entrée en vigueur de cette loi (Décr. n° 2009-213 du 23 févr. 2009, art. 4 et 5, mod. par Décr. n° 2010-425 du 29 avr. 2010, art. 12).

Art. 34 I. – En 2004, les dispositions relatives au financement des établissements de santé mentionnés à l'article L. 174-1 du code de la sécurité sociale s'appliquent dans leur rédaction antérieure à l'entrée en vigueur de la présente loi sous réserve des dispositions suivantes :

A. – Par dérogation aux dispositions du troisième alinéa de l'article L. 174-1-1 du code de la sécurité sociale dans leur rédaction antérieure à la présente loi, le montant des dotations régionales est fixé en tenant compte :

a) Pour les activités de médecine, chirurgie, obstétrique et odontologie, de l'activité constatée sur la base des informations produites en application de l'article L. 6113-7 du code de la santé publique et valorisée aux tarifs de référence nationaux par activité et en tenant compte de l'évolution prévisionnelle de l'activité ;

b) Pour les activités de psychiatrie, de soins de suite ou de réadaptation ainsi que pour celles des établissements mentionnés aux articles L. 174-5 et L. 174-15 du code de la sécurité sociale et celles fixées en application des articles L. 6141-2, L. 6141-5 et *(Ord. n° 2004-688 du 12 juill. 2004, art. 2)* « L. 6416-1 » du code de la santé publique, des informations produites en application des articles L. 6113-7 et L. 6113-8 du même code et des orientations des schémas d'organisation sanitaire et des priorités nationales ou locales en matière de politique sanitaire.

B. – Par dérogation aux dispositions de l'article L. 6145-1 du code de la santé publique dans leur rédaction antérieure à la présente loi, le directeur de l'agence régionale de l'hospitalisation arrête, dans le respect du montant de la dotation régionale limitative définie au A, pour chaque établissement de santé, le montant des dépenses autorisées pour l'exercice 2004 en tenant compte :

a) Pour les activités de médecine, chirurgie, obstétrique et odontologie, de l'activité de l'établissement valorisée aux tarifs de référence nationaux par activité et de l'évolution prévisionnelle de l'activité et, le cas échéant, des orientations des schémas d'organisation sanitaire, des priorités nationales ou locales en matière de politique sanitaire et du contrat pluriannuel d'objectifs et de moyens ;

b) Pour les activités de psychiatrie, de soins de suite ou de réadaptation ainsi que pour celles des établissements mentionnés à l'article L. 174-5 du code de la sécurité sociale et celles fixées en application de l'article L. 6141-2 du code de la santé publique, de l'évolution prévisionnelle de l'activité, des orientations du schéma régional d'organisation sanitaire et des priorités de la politique de santé, du projet d'établissement et du contrat pluriannuel d'objectifs et de moyens.

Le directeur de l'agence régionale de l'hospitalisation arrête, au plus tard le 15 février, les autorisations de dépenses de l'établissement et les prévisions de recettes du budget de l'année et, en conséquence, le montant de la dotation globale annuelle et les tarifs des prestations mentionnés respectivement aux articles L. 174-1 et L. 174-3 du code de la sécurité sociale.

Ces dispositions sont applicables à l'Assistance publique-hôpitaux de Paris. Les compétences de l'agence régionale de l'hospitalisation sont, en ce qui concerne l'Assistance publique-hôpitaux de Paris, exercées dans les conditions mentionnées au deuxième alinéa de l'article L. 6147-1 du code de la santé publique.

C. – Les établissements mentionnés aux *a*, *b* et *c* de l'article L. 162-22-6 du code de la sécurité sociale dans sa rédaction issue de la présente loi transmettent à échéances régulières, pour les activités mentionnées au même article, leurs données d'activités, y compris celles relatives aux consultations externes. Ils transmettent également, selon la même périodicité, la consommation de certaines spécialités pharmaceutiques et de certains produits et prestations figurant sur une liste arrêtée par l'État.

Au vu de l'évolution de l'activité de l'établissement valorisée aux tarifs de référence nationaux par activité, l'État révise, le cas échéant, le montant des dépenses autorisées et fixe le montant de la dotation globale et des tarifs de prestations dans le respect de la dotation régionale limitative prévue au A.

Loi n° 2003-1311 du 30 décembre 2003,

De finances pour 2004 (JO 31 déc.).

Art. 131 I. – *(Ord. n° 2018-474 du 12 juin 2018, art. 12)* « Les revenus d'activité tels qu'ils sont pris en compte pour la détermination de l'assiette des cotisations définie à l'article L. 242-1 du code de la sécurité sociale ainsi que celle définie à l'article L. 741-10 du code rural et de la pêche maritime, » versés au cours d'un mois civil aux personnes mentionnées au II appartenant aux jeunes entreprises innovantes réalisant des projets de recherche et de développement définies à l'article 44 *sexies*-0 A du code général des impôts, sont exonérés des cotisations à la charge de l'employeur au titre des assurances sociales *(L. n° 2007-1786 du 19 déc. 2007, art. 22-VI)* « et des allocations familiales » *(L. n° 2010-1657 du 29 déc. 2010, art. 175-1°)* « dans la double limite, d'une part, des cotisations dues pour la part de rémunération inférieure à 4,5 fois le salaire minimum de croissance, d'autre part, d'un montant, par année civile et par établissement employeur, égal à *(L. n° 2011-1978 du 28 déc. 2011, art. 37-II-1°)* « cinq » fois le plafond annuel défini à l'article L. 241-3 du code de la sécurité sociale, et dans les conditions prévues au V du présent article. Les conditions dans lesquelles ce montant est déterminé pour les établissements créés ou supprimés en cours d'année sont précisées par décret ». – *Les dispositions de l'Ord. n° 2018-474 du 12 juin 2018 s'appliquent aux cotisations et contributions dues pour les périodes courant à compter du 1er sept. 2018 (Ord. préc., art. 16).*

II. – Les cotisations exonérées sont celles qui sont dues au titre, d'une part, des salariés énumérés au III et au titre desquels l'employeur est soumis à l'obligation édictée par l'article *(L. n° 2013-1278 du 29 déc. 2013, art. 131-II-2°, en vigueur le 1er janv. 2014)* « L. 5422-13 » du code du travail et, d'autre part, des mandataires sociaux qui participent, à titre principal, au projet de recherche et de développement de l'entreprise *(L. n° 2013-1278 du 29 déc. 2013, art. 131-II-2°, en vigueur le 1er janv. 2014)* « ou à la réalisation d'opérations de conception de prototypes ou installations pilotes de nouveaux produits tels que définis au 6° du *k* du II de l'article 244 *quater* B du code général des impôts ».

III. — Les salariés mentionnés au II sont les chercheurs, les techniciens, les gestionnaires de projets de recherche et de développement, les juristes chargés de la protection industrielle et des accords de technologie liés au projet *(L. n° 2013-1278 du 29 déc. 2013, art. 131-II-2°, en vigueur le 1er janv. 2014)* « , les personnels chargés des tests préconcurrentiels et tous les autres personnels affectés directement à la réalisation d'opérations de conception de prototypes ou installations pilotes de nouveaux produits tels que définis au 6° du *k* du II de l'article 244 *quater* B du code général des impôts ».

IV. — L'avis exprès ou tacite délivré par l'administration fiscale, saisie par une entreprise dans les conditions prévues au 4° de l'article L. 80 B du livre des procédures fiscales, est opposable à l'organisme chargé du recouvrement des cotisations de sécurité sociale compétent.

(L. n° 2007-1822 du 24 déc. 2007) « V. — L'exonération prévue au I est applicable » *(L. n° 2013-1278 du 29 déc. 2013, art. 131-II-2°, en vigueur le 1er janv. 2014)* « jusqu'au dernier jour de la septième » *(L. n° 2010-1657 du 29 déc. 2010, art. 175-2°)* « année suivant celle de la création de l'établissement. » *(Abrogé par L. n° 2013-1278 du 29 déc. 2013, art. 131-II-2°, à compter du 1er janv. 2014) (L. n° 2011-1978 du 28 déc. 2011, art. 37-II-2°)* *« L'exonération est ensuite applicable à un taux de 80 % jusqu'au dernier jour de la quatrième année suivant celle de la création de l'établissement, à un taux de 70 % jusqu'au dernier jour de la cinquième année suivant celle de la création de l'établissement, à un taux de 60 % jusqu'au dernier jour de la sixième année suivant celle de la création de l'établissement et à un taux de 50 % jusqu'au dernier jour de la septième année suivant celle de la création de l'établissement. Ces taux ne s'appliquent pas sur la base des plafonds mentionnés au I, mais sur les exonérations des cotisations à la charge de l'employeur au titre des assurances sociales et des allocations familiales versées par l'établissement. »* Toutefois, si au cours d'une année l'entreprise ne satisfait plus à l'une des conditions requises pour bénéficier du dispositif relatif aux jeunes entreprises innovantes réalisant des projets de recherche et de développement et fixées par l'article 44 *sexies*-0 A du code général des impôts, elle perd le bénéfice de l'exonération prévue au I pour l'année considérée et pour les années suivantes tant qu'elle ne satisfait pas à l'ensemble de ces conditions.

(L. n° 2007-1822 du 24 déc. 2007) « Pour bénéficier à nouveau du dispositif, elle doit obtenir l'avis exprès ou tacite prévu au IV du présent article. »

VI. — Le bénéfice des dispositions du présent article ne peut être cumulé, pour l'emploi d'un même salarié, ni avec une aide d'État à l'emploi, ni avec une autre exonération totale ou partielle de cotisations patronales, ni avec l'application de taux spécifiques, d'assiettes ou de montants forfaitaires de cotisations *(L. n° 2007-1223 du 21 août 2007, art. 1er-VIII-1)* « , à l'exception de la déduction forfaitaire prévue à l'article L. 241-18 du code de la sécurité sociale ».

VII. — Le droit à l'exonération est subordonné à la condition que l'entreprise ait rempli ses obligations de déclaration et de paiement à l'égard de l'organisme de recouvrement des cotisations de sécurité sociale et d'allocations familiales.

VIII. — Un décret détermine les modalités d'application du présent article. — *V. Décr. n° 2004-581 du 21 juin 2004, Annexe I.*

(L. n° 2005-1719 du 30 déc. 2005, art. 139) « IX. — Les services chargés du recouvrement des cotisations sociales exonérées et compensées par le budget de l'État au titre du présent article sont tenus d'adresser au ministère responsable du programme sur lequel les crédits destinés à la compensation sont inscrits, chaque année avant le 30 juin de l'année suivant l'exercice concerné, les informations suivantes concernant l'entreprise : raison sociale, adresse du siège social, montant des cotisations exonérées, nombre de salariés concernés. »

V. Lettre-circ. ACOSS n° 2004-123.

Les dispositions issues de la L. n° 2011-1978 du 28 déc. 2011 sont applicables aux cotisations dues au titre des rémunérations versées à compter du 1er janv. 2012 (L. préc., art. 37-IV).

Décret n° 2003-1316 du 30 décembre 2003,

Fixant le taux réduit de la contribution sur les avantages de préretraite d'entreprise instituée par l'article L. 137-10 du code de la sécurité sociale (JO 31 déc.).

Art. 1er Le taux réduit institué au IV de l'article 17 de la loi n° 2003-775 du 21 août 2003 portant réforme des retraites est égal :

— sur les avantages versés à compter de l'entrée en vigueur de l'article 17 de la loi n° 2003-775 du 21 août 2003 portant réforme des retraites jusqu'au 31 décembre 2004, à la moitié du taux fixé au II de l'article L. 137-10 du code de la sécurité sociale en vigueur au 1er janvier 2004. Le taux ainsi obtenu, exprimé en pourcentage, est arrondi à une décimale, au dixième supérieur ;

– sur les avantages versés du 1er janvier 2005 au 31 décembre 2005, au taux réduit applicable en 2004 augmenté de deux points et demi ;

– sur les avantages versés du 1er janvier 2006 au 31 décembre 2006, au taux réduit applicable en 2005 augmenté de deux points et demi ;

– sur les avantages versés du 1er janvier 2007 au 31 décembre 2007, au taux réduit applicable en 2006 augmenté de deux points et demi ;

– sur les avantages versés du 1er janvier 2008 au 31 mai 2008, au taux réduit applicable en 2007 augmenté de deux points et demi.

Décret n° 2004-342 du 21 avril 2004,

Relatif au plan d'épargne retraite populaire (JO 22 avr.).

Le Décr. n° 2004-342 du 21 avr. 2004 est abrogé par le Décr. n° 2011-1635 du 23 nov. 2011, art. 3.

V. les art. R. 144-1 à R. 144-31 ***C. assur.***

Arrêté du 22 avril 2004,

Relatif au plan d'épargne retraite populaire.

L'Arr. du 22 avr. 2004 est abrogé par l'Arr. du 23 nov. 2011, art. 3.

V. les art. A.144-1 à A. 144-4 ***C. assur.***

Décret n° 2004-565 du 17 juin 2004,

Portant application des articles 12 à 14 de la loi n° 96-987 du 14 novembre 1996 modifiée relative à la mise en œuvre du pacte de relance pour la ville et de l'article 146 modifié de la loi de finances pour 2002 (n° 2001-1275 du 28 décembre 2001) afférents aux exonérations sociales en faveur des zones franches urbaines et des zones de redynamisation urbaine et abrogeant les décrets n° 97-125 et n° 97-126 du 12 février 1997 (JO 19 juin).

CHAPITRE PREMIER *Dispositions portant application des articles 12 et 13 modifiés de la loi du 14 novembre 1996 : exonération de cotisations patronales de sécurité sociale, du versement de transport et des cotisations au Fonds national d'aide au logement pour les entreprises implantées dans les zones franches urbaines*

Art. 1er I. – L'exonération prévue au I de l'article 12 de la loi du 14 novembre 1996 susvisée est applicable aux cotisations dues au titre des salariés employés dans un établissement implanté dans l'une des zones franches urbaines dont la liste figure, soit au I de l'annexe à la loi du 14 novembre 1996 susvisée délimitées par les décrets n° 96-1154 et 96-1155 du 26 décembre 1996 susvisés, soit au I *bis* de cette même annexe, délimitées par le décret du 12 mars 2004 susvisé.

Pour bénéficier de l'exonération au titre des salariés mentionnés au II du présent article, l'établissement doit présenter une réalité économique caractérisée par une implantation réelle et par la présence des éléments d'exploitation ou de stocks nécessaires à la réalisation, en son sein, d'une activité économique effective.

II. – En application du dernier alinéa du I de l'article 12 de la loi du 14 novembre 1996 susvisée ouvrent droit à l'exonération :

1° Le salarié dont l'activité est exercée exclusivement dans l'établissement implanté dans une zone franche urbaine ;

2° Le salarié dont l'activité s'exerce en partie dans l'établissement :

a) Lorsque l'exécution de son contrat de travail rend indispensable l'utilisation régulière des éléments d'exploitation ou de stocks présents dans l'établissement ;

b) Ou, à défaut, lorsque son activité dans cet établissement est réelle, régulière et indispensable à l'exécution de son contrat de travail ;

3° Le salarié dont l'activité s'exerce en dehors de cet établissement lorsque son activité dans une zone franche urbaine est réelle, régulière et indispensable à l'exécution de son contrat de travail.

La preuve de la régularité de l'activité mentionnée aux 2° et 3° incombe à l'employeur. Cette condition est réputée remplie dès lors que le salarié est présent dans l'établissement ou dans une zone franche urbaine au moins une fois par mois et que cette présence est indispensable à l'exécution de son contrat de travail.

III. — En cas de poursuite du contrat de travail dans un établissement situé hors d'une zone franche urbaine au cours de la durée d'application de l'exonération mentionnée aux V, V *bis*, V *ter* et V *quater* de l'article 12 de la loi du 14 novembre 1996 susvisée, le droit à l'exonération cesse définitivement d'être applicable aux gains et rémunérations versés à compter du premier jour du mois suivant celui au cours duquel le salarié a cessé d'être employé dans un établissement implanté dans ladite zone.

En cas de suspension du contrat de travail, la durée d'application de l'exonération prévue par les V, V *bis*, V *ter* et V *quater* précités n'est pas prolongée.

IV. — S'il survient une modification dans la situation juridique de l'employeur au sens de l'article L. 122-12 du code du travail, le nouvel employeur reprend le ou les droits à l'exonération prévue au I de l'article 12 de la loi du 14 novembre 1996 susvisée dont a ou aurait pu bénéficier le précédent employeur, dans les conditions et pour la durée d'application de l'exonération restant à courir au titre dudit article 12.

Art. 2 *(Décr. nº 2009-273 du 10 mars 2009)* Le montant mensuel de l'exonération mentionnée au I de l'article 12 de la loi du 14 novembre 1996 susvisée pour les rémunérations versées à compter du 1er janvier 2009 est égal au produit de la rémunération mensuelle brute versée au salarié par un coefficient déterminé par l'application de celle des formules suivantes qui correspond à la situation du salarié :

I. — Lorsque le salaire horaire brut est inférieur ou égal à 1,4 SMIC, la formule suivante est appliquée au titre des rémunérations versées à partir du 1er janvier 2009 :

Coefficient = T_

II. — Lorsque le salaire horaire brut est supérieur à 1,4 SMIC, les formules suivantes sont appliquées :

1° Au titre des rémunérations versées du 1er janvier 2009 au 31 décembre 2009 :

$$\text{Coefficient} = T \times \left(\frac{2{,}4 \times \text{SMIC} \times 1{,}4 \times \text{nombre d'heures rémunérées}}{\text{rémunération mensuelle brute}} - 1{,}4 \right)$$

2° Au titre des rémunérations versées du 1er janvier 2010 au 31 décembre 2010 :

$$\text{Coefficient} = \frac{T}{0{,}8} \times \left(\frac{2{,}2 \times \text{SMIC} \times 1{,}4 \times \text{nombre d'heures rémunérées}}{\text{rémunération mensuelle brute}} - 1{,}4 \right)$$

3° Au titre des rémunérations versées à partir du 1er janvier 2011 :

$$\text{Coefficient} = \frac{T}{0{,}6} \times \left(\frac{2 \times \text{SMIC} \times 1{,}4 \times \text{nombre d'heures rémunérées}}{\text{rémunération mensuelle brute}} - 1{,}4 \right)$$

Pour le calcul des formules du I et du II :

1. T est égal au taux de cotisations patronales d'assurances sociales et d'allocations familiales majoré des taux de la cotisation et de la contribution au Fonds national d'aide au logement et du versement transport lorsque l'employeur en est redevable. Les taux retenus sont ceux applicables au premier jour de la période d'emploi rémunérée.

2. Le résultat obtenu par application de la formule est arrondi à trois décimales, au millième le plus proche. S'il est supérieur à T, il est pris en compte pour une valeur égale à T.

3. Le SMIC est le taux horaire du salaire minimum de croissance pris en compte pour sa valeur du premier jour de la période d'emploi rémunérée.

4. La rémunération mensuelle brute est constituée des gains et rémunérations tels que définis à l'article L. 242-1 du code de la sécurité sociale et à l'article L. 741-10 du code rural et de la pêche maritime versés au salarié au cours du mois civil.

5. Pour les salariés dont la rémunération ne peut être déterminée au cours du mois en fonction d'un nombre d'heures de travail rémunérées, il est fait application des dispositions prévues à l'article D. 241-27 du code de la sécurité sociale.

6. En cas de suspension du contrat de travail avec maintien total ou partiel de la rémunération mensuelle brute du salarié, le nombre d'heures rémunérées pris en compte au titre de ces périodes de suspension est égal au produit de la durée de travail que le salarié aurait

effectuée s'il avait continué à travailler par le pourcentage de la rémunération demeurée à la charge de l'employeur et soumise à cotisations.

Art. 3 Pour les entreprises qui s'implantent, se créent ou créent un établissement dans l'une des zones franches urbaines figurant sur la liste indiquée au I de l'annexe à la loi du 14 novembre 1996 susvisée, la limite d'effectif de cinquante salariés mentionnée au premier alinéa du II et au troisième alinéa du III de l'article 12 de la loi du 14 novembre 1996 susvisée est appréciée en fonction de la moyenne de l'effectif employé dans l'entreprise, tous établissements confondus, déterminé selon les modalités fixées par l'article L. 421-2 du code du travail *[devenu C. trav., art. L. 2312-8]* au cours des douze mois civils précédant la date de l'implantation ou de la création dans ladite zone.

Art. 4 I. – Pour les entreprises implantées dans l'une des zones franches urbaines figurant sur la liste indiquée au I *bis* de l'annexe à la loi du 14 novembre 1996 susvisée, le chiffre d'affaires annuel hors taxes ou le total du bilan annuel visé au premier alinéa du II *bis* de l'article 12 de ladite loi est celui de l'entreprise, tous établissements confondus. La limite de cinquante salariés visée au même alinéa est appréciée en fonction de la moyenne de l'effectif employé dans l'entreprise, tous établissements confondus, déterminé selon les modalités fixées par l'article L. 421-2 du code du travail *[devenu C. trav., art. L. 2312-8]* et arrondi à l'unité la plus proche :

a) Pour les entreprises implantées avant le 1er janvier 2004, au cours de l'année 2003 ;

b) Pour les entreprises qui s'implantent, se créent ou créent un établissement à compter du 1er janvier 2004, au cours des douze mois civils précédant la date d'implantation ou de création dans la zone franche urbaine.

II. – Pour l'application du 1° du même II *bis*, est pris en compte le chiffre d'affaires annuel total hors taxes ou le total du bilan annuel de la ou des entreprises visées audit 1° qui exercent un contrôle sur l'entreprise implantée en zone franche urbaine.

Le plafond de 250 salariés, déterminé selon les modalités fixées par l'article L. 421-2 du code du travail *[devenu C. trav., art. L. 2312-8]*, est apprécié en fonction de l'effectif moyen :

a) Pour les entreprises implantées avant le 1er janvier 2004, au cours de l'année 2003 ;

b) Pour les entreprises qui s'implantent, se créent ou créent un établissement à compter du 1er janvier 2004, au cours des douze mois civils précédant la date d'implantation ou de création dans la zone franche urbaine ;

c) Puis, au cours de chaque année civile.

III. – Pour l'application du 2°, est prise en compte l'activité de chaque établissement implanté dans la zone franche urbaine, indépendamment de l'activité des autres établissements.

Art. 5 La limite de 50 salariés fixée au IV de l'article 12 de la loi du 14 novembre 1996 susvisée est appréciée en fonction de l'effectif des salariés employés dans les conditions fixées au IV dudit article dont le contrat de travail est en cours d'exécution ou est suspendu.

Pour le calcul de cette limite, les salariés employés dans le cadre d'un contrat de travail à temps partiel sont décomptés au prorata du nombre d'heures de travail prévu à leur contrat, heures complémentaires comprises, sur la durée du travail applicable dans l'établissement définie sur la même période que le contrat.

Art. 6 Le plafond de cinq salariés mentionné au V *bis* de l'article 12 de la loi du 14 novembre 1996 susvisée est apprécié en fonction de la moyenne de l'effectif employé dans l'entreprise, tous établissements confondus, au cours des douze mois civils précédant celui au cours duquel l'entreprise applique pour la première fois l'exonération à taux dégressif prévue au même V *bis* aux gains et rémunérations versés à l'un ou *[à]* plusieurs de ses salariés. Cet effectif est déterminé selon les modalités fixées par l'article L. 421-2 du code du travail *[devenu C. trav., art. L. 2312-8]*.

Art. 7 Pour l'application de la condition d'être à jour des obligations à l'égard de l'organisme de recouvrement des cotisations de sécurité sociale et d'allocations familiales mentionnée au premier alinéa du VI de l'article 12 de la loi du 14 novembre 1996 susvisée, sont pris en compte les cotisations de sécurité sociale et contributions à la charge de l'employeur et du salarié, les cotisations au Fonds national d'aide au logement ainsi que le versement de transport :

a) Dus au titre des salariés de l'entreprise et échues à la date d'effet de la délimitation de la zone franche urbaine ou, si elle est postérieure, de l'implantation de l'entreprise dans la zone franche urbaine ;

b) Dus au titre des salariés employés dans l'entreprise ou l'établissement implanté dans la zone franche urbaine à chacune des dates d'exigibilité suivantes.

Pour l'application de l'alinéa précédent, ne sont pas prises en compte les dettes de cotisations de sécurité sociale, les dettes envers le Fonds national d'aide au logement et les dettes de versement de transport à la charge de l'employeur exigibles au cours des trois mois civils précédant la date à laquelle la condition doit être remplie.

En cas de contestation de la dette par l'employeur, la condition mentionnée au premier alinéa du VI de l'article 12 précité n'est réputée remplie qu'à compter du paiement intégral de cette dette ou après décision de sursis à poursuite ou délais de paiement accordés selon les modalités prévues soit à l'article R. 243-21 du code de la sécurité sociale susvisé, soit, pour les salariés agricoles, à l'article 21 du décret du 29 décembre 1976 *[art. R. 741-3-1 C. rur.]* susvisé.

Le droit à l'exonération cesse d'être applicable aux gains et rémunérations versés à compter du premier jour du mois suivant la date à laquelle la condition d'être à jour n'est pas remplie, sous réserve des dispositions de l'article 8 du présent décret, et jusqu'à la date du premier jour du mois suivant celui au cours duquel cette condition est à nouveau remplie.

Art. 8 L'engagement d'apurement progressif des dettes mentionné au premier alinéa du VI dudit article susvisé est attesté par l'accord écrit de l'organisme chargé du recouvrement.

Cet accord ne peut être conclu qu'après paiement intégral de la part des cotisations et contributions à la charge du salarié.

Il porte exclusivement sur les dettes de cotisations et contributions à la charge de l'employeur exigibles à la date de sa conclusion. Il prend effet à la date de sa conclusion et fixe les échéances de paiement que l'employeur s'engage à respecter ainsi que les conditions de sa dénonciation en cas de non-respect de ces échéances.

Le droit à l'exonération cesse d'être applicable aux gains et rémunérations versés à compter du premier jour du mois suivant la date de la dénonciation du plan et jusqu'au premier jour du mois suivant la date à laquelle les sommes dues auront été réglées.

En cas de procédure de sauvegarde ou de redressement judiciaire, la condition d'être à jour prévue au premier alinéa du VI de l'article 12 de la loi du 14 novembre 1996 susvisée est réputée remplie à compter de la date du jugement arrêtant les plans de sauvegarde ou de redressement judiciaire. L'adoption de ce plan vaut engagement de plan d'apurement progressif au sens du premier alinéa dudit article.

Art. 9 I. – Pour bénéficier de l'exonération prévue au I de l'article 12 de la loi du 14 novembre 1996 susvisée, l'employeur adresse, pour chaque établissement implanté en zone franche urbaine, la déclaration annuelle des mouvements de main-d'œuvre au titre de l'année précédente visée au VI dudit article :

1° Pour les salariés relevant du régime général, à la direction départementale du travail, de l'emploi et de la formation professionnelle dans le ressort territorial duquel est situé l'établissement et à l'organisme chargé du recouvrement des cotisations de sécurité sociale et d'allocations familiales dont relève cet établissement pour le paiement des cotisations ;

2° Pour les salariés relevant du régime agricole, à la direction départementale du travail, de l'emploi et de la formation professionnelle et au service départemental de l'inspection du travail, de l'emploi et de la protection sociale agricole dans le ressort territorial duquel est situé l'établissement ainsi qu'à la caisse de mutualité sociale agricole du lieu de travail des salariés employés par cet établissement.

Cette déclaration est envoyée au plus tard au 31 janvier de chaque année au titre des mouvements de main-d'œuvre intervenus au cours de l'année précédente.

Cette déclaration, datée et signée par l'employeur, comporte notamment les mentions suivantes :

a) Le nom et l'adresse de l'employeur ;

b) Le code APE et le numéro SIRET de l'établissement ;

c) L'effectif employé dans l'établissement au 1er janvier et au 31 décembre de l'année précédente ainsi que le nombre de salariés employés aux mêmes dates, d'une part sous contrat de travail à durée indéterminée, d'autre part sous contrat de travail à durée déterminée d'au moins douze mois ;

d) Le nombre de salariés auxquels l'exonération a été appliquée au cours de l'année précédente ;

e) Le nombre de salariés qui résident soit dans la zone franche urbaine d'implantation de l'établissement, soit dans l'une des zones urbaines sensibles figurant dans la liste fixée par le décret du 26 décembre 1996 susvisé et appartenant à la même unité urbaine que la zone franche urbaine, selon que l'entreprise applique respectivement les dispositions du I ou du II de l'article 13 de la loi du 14 novembre 1996 susvisée.

Le modèle de cette déclaration est fixé par un arrêté du ministre chargé de la sécurité sociale.

II. — Pour bénéficier de l'exonération prévue au I dudit article au titre d'une nouvelle embauche, l'employeur adresse, lors de cette embauche, la déclaration visée au VI dudit article 12 :

a) Si le salarié embauché relève du régime général, à la direction départementale du travail, de l'emploi et de la formation professionnelle dans le ressort territorial duquel est situé l'établissement devant l'employer et à l'organisme chargé du recouvrement des cotisations de sécurité sociale et d'allocations familiales dont il relève pour le paiement des cotisations ;

b) Si le salarié embauché relève du régime agricole, à la direction départementale du travail, de l'emploi et de la formation professionnelle et au service départemental de l'inspection du travail, de l'emploi et de la protection sociale agricole dans le ressort territorial duquel est situé l'entreprise ou l'établissement devant l'employer et à la caisse de mutualité sociale du lieu de travail de ce salarié.

Cette déclaration doit être envoyée dans un délai maximum de trente jours à compter de la date d'effet du contrat de travail du salarié concerné.

Cette déclaration, datée et signée par l'employeur, comporte notamment les mentions suivantes :

a) Le nom et l'adresse de l'employeur ;

b) Le code APE et le numéro SIRET de l'établissement ;

c) Le nom, l'adresse, la date de naissance du salarié et son numéro de sécurité sociale ainsi que l'indication, le cas échéant, de sa qualité de résident, soit de la zone franche urbaine d'implantation de l'établissement, soit d'une des zones urbaines sensibles figurant dans la liste fixée par le décret du 26 décembre 1996 susvisé et appartenant à la même unité urbaine que la zone franche urbaine, selon que l'entreprise applique respectivement les dispositions du I ou du II de l'article 13 de la loi du 14 novembre 1996 susvisée ;

d) La date d'effet du contrat de travail ;

e) La nature et la durée du contrat de travail ;

f) La durée de travail prévue au contrat.

Le modèle de cette déclaration est fixé par un arrêté du ministre chargé de la sécurité sociale.

III. — Lorsque l'employeur ne transmet pas les déclarations prévues au I et au II du présent article dans les délais qu'ils fixent, le droit à l'exonération n'est pas applicable au titre des cotisations afférentes aux gains et rémunérations versés, soit aux salariés ouvrant droit à l'exonération pour la déclaration visée audit I, soit au salarié embauché pour la déclaration visée audit II, pour la période comprise entre :

1° D'une part :

a) Pour la déclaration visée au I du présent article, le 1er janvier pour les mouvements de main-d'œuvre intervenus au cours de l'année précédente ;

b) Pour la déclaration visée au II du présent article, la date d'effet de l'embauche ;

2° Et, d'autre part, jusqu'au jour de l'envoi ou du dépôt (le cachet de la poste faisant foi), des déclarations visées au I et au II du présent article à la direction départementale du travail, de l'emploi et de la formation professionnelle et à l'organisme chargé du recouvrement compétent ou, pour les salariés du régime agricole, au service départemental de l'inspection du travail, de l'emploi et de la protection sociale agricole compétent.

Art. 10 Pour l'application de l'article 13 de la loi du 14 novembre 1996 susvisée :

1° Le nombre de salariés est décompté :

a) Depuis la date d'implantation ou de création de l'entreprise dans l'une des zones franches urbaines figurant sur la liste indiquée au I de l'annexe à la loi du 14 novembre 1996 susvisée ;

b) Depuis le 1er janvier 2004 pour l'entreprise établie à cette date dans l'une des zones franches urbaines figurant sur la liste indiquée au I *bis* de la même annexe ou depuis la date de son implantation ou de sa création dans l'une de ces zones si elle est postérieure.

2° Est pris en compte le nombre de salariés employés ou embauchés dans les conditions fixées au IV de l'article 12 de la loi du 14 novembre 1996 susvisée dans le ou les établissements de l'entreprise situés dans une même zone franche urbaine et dont l'horaire de travail prévu au contrat est au moins égal à une durée minimale de seize heures par semaine, heures complémentaires non comprises, ou, lorsque le contrat de travail est établi sur une base mensuelle ou annuelle, à une durée du travail au moins égale à respectivement soixante-neuf heures par mois ou à l'application sur l'année de la durée de seize heures par semaine, heures complémentaires non comprises.

3° Est considéré comme résident de la zone franche urbaine d'implantation de l'établissement ou d'une des zones urbaines sensibles figurant dans la liste fixée par le décret du 26 décembre 1996 susvisé et appartenant à la même unité urbaine que la zone franche urbaine le salarié y résidant depuis une durée d'au moins trois mois consécutifs, soit le 1er janvier 2004 s'il est employé à cette date dans un établissement implanté dans l'une des zones franches urbaines figurant sur la liste indiquée au I *bis* de l'annexe de la loi du 14 novembre 1996 susvisée, soit à la date d'implantation ou de création de l'entreprise dans l'une des zones franches urbaines figurant sur les listes indiquées aux I et I *bis* de cette même annexe, lorsque le salarié est employé dans l'entreprise à cette date, ou, dans le cas contraire, à la date d'effet de son embauche ou transfert dans cet établissement. Cette qualité de résident est acquise définitivement.

4° La proportion d'un cinquième mentionnée au deuxième et au troisième alinéa du I ou d'un tiers mentionnée aux deuxième et troisième alinéas du II de l'article 13 de la loi du 14 novembre 1996 susvisée est arrondie à l'entier supérieur.

Art. 11 I. – Lorsque la proportion d'un cinquième mentionnée au I de l'article 13 de la loi du 14 novembre 1996 susvisée n'est pas respectée, et à défaut d'embauche dans les conditions fixées au IV de l'article 12 de ladite loi d'un salarié résidant dans la zone franche urbaine dans le délai de trente jours, le droit à l'exonération cesse d'être applicable aux gains et rémunérations versés à l'ensemble des salariés concernés à compter du premier jour du mois suivant l'expiration du délai de trente jours. Il est à nouveau applicable aux gains et rémunérations versés à compter du premier jour du mois suivant la date d'effet de l'embauche portant ladite proportion à au moins un cinquième.

II. – Lorsque la proportion d'un tiers mentionnée au II de l'article 13 de la loi du 14 novembre 1996 susvisée n'est pas respectée, et à défaut d'embauche, dans les conditions fixées au IV de l'article 12 de ladite loi, d'un salarié résidant dans l'une des zones urbaines sensibles de l'unité urbaine dans laquelle est située la zone franche urbaine dans le délai de trois mois, le droit à l'exonération cesse d'être applicable aux gains et rémunérations versés à l'ensemble des salariés concernés à compter du premier jour du mois suivant l'expiration du délai de trois mois. Il est à nouveau applicable aux gains et rémunérations versés à compter du premier jour du mois suivant la date d'effet de l'embauche portant ladite proportion à au moins un tiers.

Art. 12 Pour l'application du dernier alinéa des I et II de l'article 13 de la loi du 14 novembre 1996 susvisée, l'employeur peut demander par écrit au maire de la commune dans laquelle est située la résidence du salarié employé ou devant être embauché d'attester que l'adresse de son domicile est comprise dans le périmètre, selon le cas, de la zone franche urbaine d'implantation de l'entreprise ou d'une zone urbaine sensible localisée sur le territoire de cette commune et appartenant à la même unité urbaine que la zone franche urbaine.

Cette demande, datée et signée par l'employeur, comporte, à l'exclusion de tous autres éléments :

a) Le nom ou la raison sociale, l'adresse et le numéro SIRET de l'établissement où est employé ou doit être employé le salarié concerné ;

b) La référence à l'application de l'article 13 de la loi n° 96-987 du 14 novembre 1996 ;

c) L'adresse pour laquelle l'employeur souhaite obtenir l'attestation.

Art. 13 Pour les entreprises implantées le 1er janvier 2004 dans l'une des zones franches urbaines figurant sur la liste indiquée au I *bis* de l'annexe à la loi du 14 novembre 1996 susvisée, la période de cinq ans mentionnée au V *quater* de l'article 12 de ladite loi est décomptée à partir du 1er janvier 2004.

Toutefois, en cas de rattachement des rémunérations à la période d'emploi dans les conditions prévues au 1° de l'article R. 243-6 du code de la sécurité sociale ou, pour le régime agricole, à l'article 1er du décret du 29 décembre 1976 *[art. R. 741-2 C. rur.]* susvisé, cette période de cinq ans est décomptée à partir du 16 janvier 2004 ou, pour les employeurs relevant du régime agricole, à compter du 11 janvier 2004.

CHAPITRE II *Dispositions portant application de l'article 12-1 de la loi du 14 novembre 1996 : exonération de cotisations patronales de sécurité sociale, du versement de transport et des cotisations au Fonds national d'aide au logement pour les associations implantées dans une zone de redynamisation urbaine ou dans une zone franche urbaine*

Art. 14 I. – L'exonération prévue à l'article 12-1 de la loi du 14 novembre 1996 susvisée est applicable aux cotisations dues au titre de l'emploi des salariés dans un établissement d'une association implanté soit dans l'une des zones de redynamisation urbaines dont la liste est fixée par les décrets n° 96-1157 et n° 96-1158 du 26 décembre 1996 susvisés, soit dans l'une des zones franches urbaines dont la liste figure, soit au I de l'annexe à la loi du

14 novembre précitée, délimitées par les décrets n° 96-1154 et n° 96-1155 du 26 décembre 1996 susvisés, soit au I *bis* de cette même annexe, délimitées par le décret du 12 mars 2004 susvisé.

II. – En cas de poursuite du contrat de travail du salarié, au cours de la durée d'application de l'exonération mentionnée au cinquième alinéa de l'article 12-1 de la loi du 14 novembre 1996 susvisée, dans un autre établissement de l'association situé hors de la zone de redynamisation urbaine ou de la zone franche urbaine, le droit à l'exonération cesse définitivement d'être applicable aux gains et rémunérations versés à compter du premier jour du mois suivant celui au cours duquel le salarié a cessé d'être employé dans un établissement situé dans ladite zone.

En cas de suspension du contrat de travail, la durée d'application de l'exonération prévue au cinquième alinéa de l'article 12-1 précité n'est pas prolongée.

Art. 15 I. – L'exonération est applicable dans les conditions mentionnées au IV de l'article 1er et aux articles 2, 6, 8 et 13 du présent décret.

II. – Pour l'appréciation de la condition d'être à jour des obligations à l'égard de l'organisme de recouvrement des cotisations de sécurité sociale et d'allocations familiales, il est tenu compte des cotisations et contributions mentionnées au premier alinéa de l'article 7 du présent décret :

a) Dues au titre des salariés de l'association et échues au 1er janvier 2004 si l'association est présente dans une zone de redynamisation urbaine ou dans une zone franche urbaine à cette date ou, si elle est postérieure, à la date de son implantation ou de sa création ;

b) Dues au titre des salariés employés dans le ou les établissements de l'association implantés dans la zone de redynamisation urbaine ou la zone franche urbaine à chacune des dates d'exigibilité suivantes.

III. – Les dispositions du I et du II de l'article 9 du présent décret sont applicables sous réserve d'indiquer au titre du *f* desdits I et II le nombre de salariés résidant dans la zone de redynamisation urbaine ou dans la zone franche urbaine d'implantation de l'établissement.

Art. 16 I. – Est considéré comme résident, au sens du troisième alinéa de l'article 12-1 de la loi du 14 novembre 1996 susvisé, le salarié qui réside dans la zone de redynamisation urbaine ou dans la zone franche urbaine d'implantation de l'établissement depuis une durée d'au moins trois mois consécutifs :

a) Au 1er janvier 2004 si son contrat est en cours d'exécution dans l'établissement implanté dans la zone de redynamisation urbaine ou la zone franche urbaine à cette date ;

b) A la date de l'implantation ou de la création de l'établissement dans la zone de redynamisation urbaine ou la zone franche urbaine postérieurement au 1er janvier 2004, si son contrat est en cours d'exécution auprès de cet établissement à cette date ;

c) A la date d'effet de son embauche s'il est recruté postérieurement.

II. – En vue d'apprécier la qualité de résident visée au I du présent article, l'employeur peut demander par écrit au maire de la commune dans laquelle est située la résidence du salarié employé ou devant être employé d'attester que l'adresse de son domicile est comprise dans le périmètre, selon le cas, de la zone de redynamisation urbaine ou de la zone franche urbaine dans laquelle est implanté l'établissement de l'association. Cette demande comporte les éléments visés à l'article 12 du présent décret, sous réserve de la substitution au *b* de la référence à l'article 13 par la référence à l'article 12-1 de la loi n° 96-987 du 14 novembre 1996.

Art. 17 Pour l'application du quatrième alinéa de l'article 12-1 de la loi du 14 novembre 1996 susvisée, le salarié est réputé exercer son activité principalement dans une zone de redynamisation urbaine ou dans une zone franche urbaine lorsqu'il y réalise plus de la moitié de l'horaire prévu par son contrat de travail, heures complémentaires non comprises. La preuve de cette condition est à la charge de l'employeur.

Art. 18 La limite de quinze salariés fixée au quatrième alinéa de l'article 12-1 de la loi du 14 novembre 1996 susvisée est appréciée conformément aux dispositions de l'article 5 du *présent décret.*

Art. 19 L'option prévue au septième alinéa de l'article 12-1 de la loi du 14 novembre 1996 susvisée est effectuée par écrit, pour chaque établissement concerné, à l'organisme de recouvrement des cotisations de sécurité sociale et d'allocations familiales dans le délai de trois mois fixé au même article.

CHAPITRE III *Dispositions portant application des articles 14 de la loi n° 96-987 du 14 novembre 1996 et 146 de la loi de finances pour 2002 (n° 2001-1275 du 28 décembre 2001)*

Art. 20 Le plafond de revenu prévu par l'article 14 de la loi du 14 novembre 1996 susvisée est égal à 3 042 fois le montant horaire du salaire minimum de croissance en vigueur au 1er janvier de l'année au titre de laquelle les cotisations sont dues. Le cas échéant, ce plafond annuel est proratisé en fonction du nombre de mois d'affiliation de l'intéressé.

Lorsque l'intéressé n'exerce pas l'ensemble de son activité artisanale ou commerciale exclusivement dans une zone franche urbaine dont la liste figure soit au I de l'annexe à la loi du 14 novembre 1996 précitée, délimitée par les décrets n° 96-1154 et n° 96-1155 du 26 décembre 1996 susvisés, soit au I *bis* de cette même annexe, délimitée par le décret n° 2004-219 du 12 mars 2004 susvisé, ou dans une zone de redynamisation urbaine, la fraction du revenu donnant lieu à exonération, dans la limite du plafond prévu au premier alinéa, est déterminée en appliquant au revenu artisanal ou commercial le rapport défini au deuxième alinéa du II de l'article 44 *octies* du code général des impôts, compte tenu, le cas échéant, des activités libérales ou agricoles ; lorsque ce rapport ne peut être défini, il est fait application, en l'attente, de celui de l'année précédente ou, le cas échéant, du rapport prévisionnel déterminé par l'assuré.

Art. 21 La condition posée par le II de l'article 14 de la loi du 14 novembre 1996 susvisée est appréciée :

1° Si l'intéressé est installé au 1er janvier 2004 dans la zone franche urbaine ou, dans le cas prévu par l'article 146 modifié susvisé de la loi de finances pour 2002, dans la zone de redynamisation urbaine, à cette date pour les cotisations afférentes à l'année 2004, puis, pour les cotisations afférentes aux années suivantes, au 1er janvier de chacune de ces années ;

2° Si l'intéressé s'installe postérieurement au 1er janvier 2004 dans la zone franche urbaine ou, dans le cas prévu par l'article 146 de la loi de finances pour 2002 susvisé, dans une zone de redynamisation urbaine, à la date de son installation pour les cotisations afférentes à l'année correspondante, puis, pour les cotisations afférentes aux années suivantes, au 1er janvier de chacune de ces années.

Lorsque l'intéressé ne satisfait pas à la condition posée au premier alinéa, le droit à l'exonération n'est pas applicable aux cotisations dues au titre de l'année civile en cours. Toutefois, il peut prétendre à l'exonération pour les cotisations afférentes à l'année 2004 ou à l'année durant laquelle il a débuté l'exercice de sa première activité artisanale ou commerciale dans la zone franche urbaine ou, dans le cas visé par l'article 146 de la loi de finances pour 2002 susvisé, dans une zone de redynamisation urbaine, s'il satisfait à cette condition au plus tard dans les quatre-vingt-dix jours suivant la date de publication du présent décret ou, le cas échéant, de son installation dans la zone considérée.

Art. 22 Le plafond de cinq salariés mentionné au dernier alinéa des I et II de l'article 14 de la loi du 14 novembre 1996 susvisé est apprécié en fonction de la moyenne de l'effectif employé dans l'entreprise, tous établissements confondus, au cours des quatre trimestres civils précédant celui au cours duquel l'exonération prévue au I de l'article 14 de la loi du 14 novembre 1996 susvisée est appliquée pour la première fois à taux dégressif. Cet effectif est déterminé selon les modalités fixées par l'article L. 421-2 du code du travail *[devenu C. trav., art. L. 2312-8]*.

Décret n° 2004-581 du 21 juin 2004,

Pris en application de l'article 131 de la loi de finances pour 2004 (n° 2003-1311 du 30 décembre 2003) instituant une exonération des cotisations patronales de sécurité sociale en faveur de la jeune entreprise innovante (JO 22 juin). — Mod. par Décr. n° 2014-1179 du 13 oct. 2014 (JO 15 oct.).

Art. 1er I. — Les mandataires sociaux mentionnés au II de l'article 131 de la loi de finances pour 2004 susvisée sont :

1° Les gérants minoritaires de société à responsabilité limitée et de société d'exercice libéral à responsabilité limitée mentionnés au 11° de l'article L. 311-3 du code de la sécurité sociale et les gérants minoritaires de société à responsabilité limitée mentionnés au 8° de l'article L. 722-20 du code rural et de la pêche maritime ;

2° Les présidents-directeurs et directeurs généraux de société anonyme mentionnés au 12° de l'article L. 311-3 du code de la sécurité sociale et au 8° de l'article L. 722-20 du code rural et de la pêche maritime ;

3° Les présidents et dirigeants de société par actions simplifiées mentionnés au 23° de l'article L. 311-3 du code de la sécurité sociale et au 9° de l'article L. 722-20 du code rural et de la pêche maritime.

Le mandataire social est réputé participer à titre principal au projet de recherche et de développement de l'entreprise s'il exerce, en son sein, une activité de recherche ou une activité de gestion de ce projet.

II. — Pour l'application du III de l'article 131 de la loi de finances pour 2004 susvisée :

1° Les chercheurs, cadres dans l'entreprise, sont les scientifiques ou les ingénieurs travaillant à la conception ou à la création de connaissances, de produits, de procédés, de méthodes ou de systèmes nouveaux. Sont assimilés aux ingénieurs les salariés qui, sans posséder un diplôme d'ingénieur, ont acquis cette qualification au sein de leur entreprise ;

2° Les techniciens sont les personnels travaillant en étroite collaboration avec les chercheurs mentionnés au 1° pour assurer le soutien technique indispensable aux travaux de recherche et de développement et qui, notamment, préparent les substances, les matériaux et les appareils pour la réalisation d'essais et d'expériences, prêtent leur concours aux chercheurs pendant le déroulement des essais et des expériences ou les effectuent sous le contrôle de ceux-ci, ont la charge de l'entretien et du fonctionnement des appareils et des équipements nécessaires à la recherche et au développement ;

3° Les gestionnaires de projet de recherche et de développement, cadres dans l'entreprise, ont en charge l'organisation, la coordination et la planification du projet dans ses aspects administratif, financier et technologique ;

4° Les juristes chargés de la protection industrielle et des accords de technologie liés au projet, cadres dans l'entreprise, ont la charge de l'élaboration, du dépôt, de la gestion et de la défense des titres de propriété industrielle, des accords juridiques de toute nature liés au projet, et notamment aux transferts de technologies ;

5° Les personnels chargés des tests préconcurrentiels conçoivent, réalisent ou font réaliser des tests techniques nécessaires au développement ou à la mise au point du produit ou du procédé.

Mandataire social. Il résulte de l'art. 1er, I, du Décr. n° 2004-581 du 21 juin 2004 que le mandataire social qui remplit les conditions susmentionnées est présumé exercer son activité dans des conditions ouvrant droit au bénéfice de l'exonération, sauf à l'organisme de recouvrement à rapporter la preuve contraire. • Civ. 2e, 15 févr. 2018, n° 16-22.056 P : *RJS 4/2018, n° 281 ; JCP S 2018, n° 1117, note Auméran.*

Art. 2 A titre provisionnel, l'application de l'exonération est limitée chaque mois civil de l'exercice en cours à moins de 250 des salariés mentionnés à l'article 1er. Sont pris en compte les salariés dont le contrat de travail est en cours d'exécution ou suspendu au premier jour du mois civil. Les salariés employés dans le cadre d'un contrat de travail à temps partiel sont décomptés au prorata du nombre d'heures de travail prévu dans leur contrat de travail, heures complémentaires comprises, sur la durée du travail à temps plein applicable dans l'établissement et appréciée sur la même période.

Une régularisation est effectuée au plus tard dans les trois mois qui suivent la clôture de l'exercice en fonction de l'effectif moyen de l'exercice écoulé calculé conformément aux dispositions de l'article 5 du présent décret.

Art. 2-1 *(Décr. n° 2014-1179 du 13 oct. 2014, art. 1er-2°)* Pour les établissements créés ou supprimés en cours d'année, le montant limite des cotisations exonérées par établissement et par année civile prévu au I de l'article 131 de la loi de finances pour 2004 susvisée est multiplié par un coefficient, égal au nombre de mois de l'année en cause au cours desquels au moins une rémunération a été versée à un salarié ou à un mandataire social mentionné à l'article 1er du présent décret divisé par douze.

Art. 2-2 *(Décr. n° 2014-1179 du 13 oct. 2014, art. 1er-2°)* La limite de 4,5 fois le salaire minimum de croissance fixée au I de l'article 131 de la loi de finances pour 2004 susvisée est appréciée en multipliant cette valeur par le nombre d'heures rémunérées au cours du mois.

En cas de suspension du contrat de travail avec maintien partiel de la rémunération par l'employeur, le nombre d'heures rémunérées au cours du mois est égal au produit, d'une part, de la durée de travail que le salarié aurait effectué s'il avait continué de travailler et, d'autre part, d'un coefficient égal au rapport entre la rémunération soumise à cotisations demeurant à la charge de l'employeur et la rémunération soumise à cotisations qui aurait été versée si le contrat de travail avait continué à être exécuté.

Pour les salariés dont la rémunération ne peut être déterminée au cours du mois en fonction d'un nombre d'heures de travail rémunérées, il est fait application des dispositions prévues à l'article D. 241-27 du code de la sécurité sociale.

Pour les mandataires sociaux mentionnés au I de l'article 1er du présent décret, le nombre d'heures rémunérées au sens de l'article L. 241-15 du code de la sécurité sociale s'apprécie, s'agissant des rémunérations versées au titre d'un mandat social, dans les conditions fixées au 3 du I de l'article D. 241-27 précité.

En cas de cumul entre un mandat social et un contrat de travail salarié, l'exonération est calculée sur la base de chacune des rémunérations perçues, sans que le nombre total d'heures rémunérées prises en compte ne puisse excéder la durée légale du travail calculée sur le mois ou, si elle est supérieure, la durée figurant au contrat de travail.

Art. 3 L'entreprise ayant appliqué l'exonération prévue par l'article 131 de la loi de finances pour 2004 susvisé dès le début d'un exercice reverse les cotisations indûment exonérées si, à la clôture de l'exercice, elle n'est pas une jeune entreprise innovante au sens de l'article 44 *sexies*-0 A du code général des impôts.

Par dérogation à l'alinéa précédent, si l'entreprise a obtenu, au cours de l'exercice considéré, un avis favorable de la direction des services fiscaux du département dont relève l'entreprise dans le cadre de la procédure prévue au 4° de l'article L. 80 B du livre des procédures fiscales, et que sa bonne foi n'a pas été remise en cause, le droit à l'exonération cesse définitivement d'être applicable à compter du premier jour du mois civil de l'exercice suivant.

Art. 4 I. — En application des articles L. 99 et L. 152 du livre des procédures fiscales, la direction des services fiscaux du département dont relève l'entreprise lui ayant demandé, dans le cadre de la procédure prévue au 4° de l'article L. 80 B précité, si elle constitue une jeune entreprise innovante au sens de l'article 44 *sexies*-0 A du code général des impôts, informe l'organisme de recouvrement des cotisations de sécurité sociale et d'allocations familiales dont relève l'entreprise des suites données à cette demande.

L'entreprise informe l'organisme de recouvrement des cotisations de sécurité sociale et d'allocations familiales dont elle relève de toute modification de la situation de fait décrite dans la demande visée au premier alinéa remettant en cause la qualité de jeune entreprise innovante au sens de l'article 44 *sexies*-0 A précité.

II. — En cas de contrôle effectué en application de l'article L. 243-7 du code de la sécurité sociale ou, pour le régime agricole, de l'article L. 724-7 du code rural et de la pêche maritime, l'organisme chargé du recouvrement des cotisations de sécurité sociale et d'allocations familiales peut demander à la direction des services fiscaux du département dont relève l'entreprise, qui répond dans un délai de six mois suivant la saisine, si elle constitue une jeune entreprise au sens de l'article 44 *sexies*-0 A du code général des impôts au titre d'un ou de plusieurs exercices donnés.

Art. 5 Pour l'appréciation du seuil de 250 salariés mentionné par l'article 44 *sexies*-0 A du code général des impôts, l'effectif pris en compte est celui des salariés employés dans la jeune entreprise innovante, tous établissements confondus, au cours de chaque exercice. Il est apprécié en fonction de l'effectif moyen, déterminé selon les modalités fixées par l'article *(Décr. n° 2014-1179 du 13 oct. 2014, art. 1er-3°)* « L. 2312-8 » du code du travail.

Art. 6 *(Décr. n° 2014-1179 du 13 oct. 2014, art. 1er-4°)* Le bénéfice du droit à l'exonération est subordonné à la condition pour l'entreprise d'être à jour de ses obligations déclaratives et de paiement à l'égard de l'organisme de recouvrement des cotisations de sécurité sociale et d'allocations familiales mentionnée au VII de l'article 131 de la loi de finances pour 2004 susvisée.

Pour l'appréciation de cette condition, sont prises en compte les cotisations et contributions de sécurité sociale à la charge de l'employeur et du salarié dues pour les gains et rémunérations versés aux salariés au titre des assurances sociales et familiales, de la contribution sociale généralisée et de la contribution pour le remboursement de la dette sociale, des contributions au Fonds national d'aide au logement et au versement de transport ainsi que les pénalités et majorations de retard.

Cette condition est appréciée à la date à laquelle l'entreprise applique pour la première fois l'exonération prévue à l'article 131 précité et vérifiée à chacune des dates d'exigibilité du versement de ces cotisations et contributions.

En cas de contestation de la dette par l'employeur, la condition d'être à jour des obligations de déclaration et de paiement n'est réputée remplie qu'à compter du paiement intégral de cette dette ou à compter de la décision accordant un sursis à poursuite selon les modalités prévues à l'article R. 243-21 du code de la sécurité sociale ou un délai de paiement selon les modalités prévues à l'article R. 726-1 du code rural et de la pêche maritime.

Sous réserve de la conclusion et du respect d'un plan d'apurement des cotisations et contributions, le droit à l'exonération cesse d'être applicable aux cotisations dues au titre des gains et rémunérations versés aux salariés et mandataires sociaux mentionnés à l'article 1er du présent décret à compter du premier jour du mois suivant la date d'exigibilité à laquelle la condition prévue au premier alinéa du présent article n'est pas remplie. Lorsque l'entreprise est à nouveau à jour du paiement de ses cotisations et contributions sociales, l'exonération peut être appliquée aux gains et rémunérations versés à compter du premier jour du mois suivant. Dans ce cas, l'entreprise bénéficie des exonérations liées aux gains et rémunérations versés pendant la période au cours de laquelle elle ne remplissait pas la condition prévue au premier alinéa.

L'entreprise qui a souscrit et respecte un plan d'apurement des cotisations dues est considérée comme à jour de ses paiements.

Art. 7 L'exonération prévue à l'article 131 de la loi de finances pour 2004 est applicable aux gains et rémunérations versés aux mandataires sociaux et salariés mentionnés à l'article 1er à compter du 1er janvier 2004 par les jeunes entreprises innovantes existant à cette date.

Toutefois, en cas de rattachement des rémunérations à la période d'emploi dans les conditions prévues au 1° de l'article R. 243-6 du code de la sécurité sociale, l'exonération est applicable aux gains et rémunérations versés à compter du 16 janvier 2004.

Pour les employeurs relevant du régime agricole, en cas de rattachement des rémunérations à la période d'emploi dans les conditions prévues à l'article 1er du décret n° 76-1282 du 29 décembre 1976 *[art. R. 741-2 C. rur.]* susvisé, l'exonération est applicable aux gains et rémunérations versés à compter du 11 janvier 2004.

Ordonnance n° 2004-605 du 24 juin 2004,

Simplifiant le minimum vieillesse.

Art. 2 Les personnes qui, à la date d'entrée en vigueur de la présente ordonnance, sont titulaires de l'allocation aux vieux travailleurs salariés, de l'allocation aux vieux travailleurs non salariés, du secours viager, de l'allocation aux mères de famille, de l'allocation spéciale vieillesse et de sa majoration prévue à l'article L. 814-2 du code de la sécurité sociale, de l'allocation viagère dont peuvent bénéficier les rapatriés en vertu de l'article 14 de la loi de finances du 2 juillet 1963 susvisée, de l'allocation de vieillesse agricole ou de l'allocation supplémentaire mentionnée à l'article L. 815-2, dans sa rédaction antérieure à l'entrée en vigueur de la présente ordonnance, continuent à percevoir ces prestations selon les règles applicables avant cette entrée en vigueur *(L. n° 2010-1594 du 20 déc. 2010, art. 125)* « , sous réserve de l'application des articles L. 815-11, L. 815-12 et R. 111-2 du code de la sécurité sociale ».

Les montants de l'allocation de solidarité aux personnes âgées mentionnée à l'art. L. 815-1 et des prestations prévues à l'art. 2 de l'Ord. n° 2004-605 du 24 juin 2004 simplifiant le minimum vieillesse, ainsi que les plafonds de ressources prévus pour le service de ces allocations et prestations, sont revalorisés dans les conditions prévues à l'art. L. 816-2 (L. n° 2014-40 du 20 janv. 2014, art. 5-IV).

Loi n° 2004-810 du 13 août 2004,

Relative à l'assurance maladie.

Art. 9 I. – Dans les cas où une limitation de la participation des assurés serait mise en place conformément aux dispositions de la présente loi, l'instance de gestion du régime local d'assurance maladie des départements du Haut-Rhin, du Bas-Rhin et de la Moselle peut exonérer totalement ou partiellement l'assuré de sa participation financière.

II. – Dans les cas prévus aux articles 7 et 8 relatifs à la prise en charge d'actes médicaux pour lesquels la participation des assurés est majorée, l'instance de gestion du régime local d'assurance maladie des départements du Haut-Rhin, du Bas-Rhin et de la Moselle ne pourra pas prendre en charge cette majoration.

....

Art. 32 (Abrogé par L. n° 2009-879 du 21 juill. 2009, art. 78-II) ***La télémédecine permet, entre autres, d'effectuer des actes médicaux dans le strict respect des règles de déontologie mais à dis-***

tance, sous le contrôle et la responsabilité d'un médecin en contact avec le patient par des moyens de communication appropriés à la réalisation de l'acte médical.

Art. 33 (Abrogé par L. n° 2009-879 du 21 juill. 2009, art. 78-II) ***Les schémas régionaux d'organisation sanitaire intègrent la télémédecine. Chaque schéma définit les modes opérationnels pour répondre aux exigences de la santé publique et de l'accès aux soins.***

Art. 34 **Une ordonnance comportant des prescriptions de soins ou de médicaments peut être formulée par courriel dès lors que son auteur peut être dûment identifié, qu'elle a été établie, transmise et conservée dans des conditions propres à garantir son intégrité et sa confidentialité, et à condition qu'un examen clinique du patient ait été réalisé préalablement, sauf à titre exceptionnel en cas d'urgence.**

Loi n° 2004-1370 du 20 décembre 2004,

De financement de la sécurité sociale pour 2005 (JO 21 déc.).

Art. 57 *Abrogé par L. n° 2010-1330 du 9 nov. 2010, art. 43-III et 118-III, à compter du 1er juill. 2011.*

....

Art. 66 **Les besoins de trésorerie des régimes obligatoires de base comptant plus de vingt mille cotisants actifs ou retraités titulaires de droits propres et des organismes ayant pour mission de concourir à leur financement peuvent être couverts par des ressources non permanentes dans les limites suivantes :**

Régime général	13 000
Régime des exploitants agricoles	6 200
Caisse nationale de retraites des agents des collectivités locales	500
Caisse autonome nationale de sécurité sociale dans les mines	200
Caisse nationale des industries électriques et gazières	500

Les autres régimes obligatoires de base comptant plus de vingt mille cotisants actifs ou retraités titulaires de droits propres, lorsqu'ils disposent d'une trésorerie autonome, ne sont pas autorisés à recourir à des ressources non permanentes.

Ordonnance n° 2005-299 du 31 mars 2005,

Relative à la création à titre provisoire d'institutions communes aux régimes de sécurité sociale des travailleurs indépendants.

Art. 1er **Une instance nationale élue est substituée, jusqu'à l'installation du conseil d'administration de la Caisse nationale du régime social des travailleurs indépendants, aux conseils d'administration de la Caisse nationale d'assurance maladie et maternité des travailleurs non salariés des professions non agricoles, de la Caisse nationale de l'organisation autonome d'assurance vieillesse des travailleurs non salariés des professions artisanales et de la Caisse nationale de l'organisation autonome d'assurance vieillesse des travailleurs non salariés des professions industrielles et commerciales.**

Elle règle par ses délibérations les affaires générales des trois caisses nationales.

Elle prépare la mise en place du régime social des travailleurs indépendants et l'exercice de ses missions d'interlocuteur social unique pour le recouvrement des cotisations et contributions sociales dont sont redevables à titre personnel les travailleurs non salariés des professions non agricoles.

A cette fin elle propose notamment à l'autorité compétente de l'État le schéma d'implantation territoriale des futures caisses de base du nouveau régime et négocie les garanties sociales dont les agents seront appelés à bénéficier en matière de reclassement.

Le mandat des administrateurs des caisses nationales prend fin à la date d'installation de l'instance nationale.

Sur la composition de l'instance nationale provisoire, V. Décr. n° 2005-362 du 20 avr. 2005 (JO 21 avr.).

....

Art. 6 Pendant la période transitoire, l'instance nationale engage les négociations en vue de la conclusion d'accords :

a) Se substituant aux conventions collectives en vigueur au sein des trois régimes avant leur regroupement ;

b) Définissant les garanties individuelles, notamment de classification et d'emploi, dont bénéficieront les agents, dans le cadre d'un reclassement négocié, au sein des organismes du régime social des travailleurs indépendants ;

c) Déterminant, après consultation de l'union des caisses nationales de sécurité sociale, les garanties individuelles, notamment de classification et d'emploi dont bénéficieront à titre contractuel les agents, dans le cadre d'un reclassement négocié, au sein des organismes du régime général.

Arrêté du 28 juillet 2005,

Fixant le montant de la majoration prévue à l'art. L. 162-26 du code de la sécurité sociale.

Art. 1er Les patients qui, sans prescription préalable de leur médecin traitant, consultent un médecin spécialiste conformément aux dispositions de l'article L. 162-26 du code de la sécurité sociale supportent, pour chaque acte clinique ou technique effectué, une majoration non remboursable par l'assurance maladie d'un montant égal au dépassement maximal d'honoraires autorisé pour cet acte en application du 18° de l'article L. 162-5 du même code par l'arrêté du 3 février 2005 portant approbation de la convention nationale des médecins généralistes et des médecins spécialistes.

Cette majoration est arrondie à l'euro supérieur. Elle est versée à l'établissement.

Art. 2 Le montant de la majoration mentionnée à l'article 1er est nul dans les situations mentionnées ci-dessous :

1° Lorsque le patient est éloigné de son lieu de résidence habituelle ou lorsqu'il recourt à un médecin parce qu'il est confronté à une situation non prévue plus de huit heures auparavant pour une affection ou la suspicion d'une affection mettant en jeu sa vie ou l'intégrité de son organisme et nécessitant la mobilisation rapide du médecin ;

2° Lorsque, à la suite d'une prescription du médecin traitant, des soins itératifs sont pratiqués par le médecin consulté, sous réserve que ces soins aient fait l'objet d'un plan de soins. Ce plan de soins, convenu entre les deux médecins en accord avec le patient, fixe la nature et la périodicité de ces soins ;

3° En cas d'intervention successive de plusieurs médecins pour une même pathologie, sous réserve que cette séquence de soins soit réalisée en concertation avec le médecin traitant ;

4° Pour les actes et consultations prévus dans le cadre du protocole de soins mentionné à l'article L. 324-1 du code de la sécurité sociale ;

5° Pour les actes et consultations assurés, en cas d'indisponibilité du médecin traitant, par le médecin qui assure son remplacement ;

6° Pour les actes et consultations relatives à la vaccination contre la fièvre jaune ;

7° Pour les actes et consultations assurés par un médecin exerçant dans une consultation hospitalière de tabacologie, d'alcoologie ou de lutte contre les toxicomanies ;

8° Lorsque le patient consulte des médecins relevant des spécialités suivantes : gynécologie médicale, gynécologie-obstétrique, ophtalmologie, psychiatrie et neuropsychiatrie ;

9° Lorsqu'un militaire consulte sur prescription d'un médecin du service de santé des armées.

Loi n° 2005-1579 du 19 décembre 2005,

De financement de la sécurité sociale pour 2006.

BIBL. ► R. Pellet, La loi de financement de la sécurité sociale pour 2006, principales dispositions intéressant les entreprises et les assurés sociaux, *JCP S 2006. 1173.*

Art. 17 Les entreprises ou établissements couverts par une convention de branche ou un accord professionnel de branche sur les salaires conclu entre le 1er janvier 2005 et le 15 juin 2006 en application de l'article L. 132-12 du code du travail et applicable en 2006, ou ayant eux-mêmes conclu, en application de l'article L. 132-27 du même code, un accord salarial entre le 1er janvier 2005 et le 15 juin 2006, applicable en 2006, peuvent verser à l'ensemble de leurs salariés un bonus exceptionnel d'un montant maximum de 1 000 € par salarié.

Le montant de ce bonus exceptionnel peut être modulé selon les salariés ; cette modulation ne peut s'effectuer qu'en fonction du salaire, de la qualification, du niveau de classification, de l'ancienneté ou de la durée de présence dans l'entreprise du salarié. Ce bonus ne peut se substituer à des augmentations de rémunération et à des primes conventionnelles prévues par l'accord salarial ou par le contrat de travail. Il ne peut non plus se substituer à aucun des éléments de rémunération au sens de l'article L. 242-1 du code de la sécurité sociale versés par l'employeur ou qui deviennent obligatoires en vertu de règles légales ou contractuelles.

Dès lors qu'il est exceptionnel et qu'il ne se substituera à aucun élément de rémunération, ce bonus est exonéré de toutes cotisations et contributions d'origine légale ou conventionnelle, à l'exception des contributions définies aux articles L. 136-2 du code de la sécurité sociale et 14 de l'ordonnance n° 96-50 du 24 janvier 1996 relative au remboursement de la dette sociale, sans qu'il soit fait application de l'article L. 131-7 du code de la sécurité sociale.

Dans le cas où un salarié qui a adhéré à un plan d'épargne d'entreprise prévu au chapitre III du titre IV du livre IV du code du travail affecte à la réalisation de ce plan tout ou partie des sommes qui lui sont versées au titre du bonus exceptionnel, ces sommes sont exonérées d'impôt sur le revenu, dans les conditions prévues par l'article L. 441-6 du même code.

Dans les entreprises et établissements non couverts par une convention de branche ou un accord professionnel de branche conclu dans les conditions prévues au premier alinéa et n'entrant pas dans le champ du I de l'article L. 132-26 du code du travail ou dans celui de l'article L. 132-27 du même code, l'accord salarial mentionné au premier alinéa peut être, à titre exceptionnel, conclu selon les modalités fixées par l'article L. 441-1 du même code.

L'accord conclu en application de l'article L. 132-27 du code du travail visé au premier alinéa du présent article peut également prévoir le versement du bonus exceptionnel, en déterminer un montant et en définir les modalités d'attribution dans les conditions fixées par le présent article.

Le montant et les modalités de versement du bonus exceptionnel sont fixés dans l'entreprise par décision de l'employeur prise avant le 30 juin 2006. Le versement des sommes ainsi déterminées doit intervenir le 31 juillet 2006 au plus tard.

L'employeur notifie avant le 31 décembre 2006 à l'organisme de recouvrement des cotisations de sécurité sociale dont relève l'entreprise le montant des sommes versées aux salariés en application du présent article en précisant le montant par salarié.

Le bénéfice des exonérations définies au premier alinéa est subordonné à cette notification avant le 31 décembre 2006, ainsi qu'au respect des conditions et délais de versement mentionnés ci-dessus.

……………………………………………………………………………………

Art. 65 La dispense d'avance de frais totale ou partielle consentie à l'assuré est subordonnée, à compter du 1er juillet 2007, à la vérification préalable par les pharmaciens d'officine lors de leur facturation :

1° De la non-inscription de la carte de l'assuré sur la liste d'opposition mentionnée à l'article L. 161-31 du code de la sécurité sociale ;

2° Du respect de l'ensemble des conditions auxquelles est soumise la prise en charge des prestations délivrées, notamment des exigences prévues aux articles L. 162-17, L. 165-1 et L. 324-1 du même code.

Les modalités d'application du présent article sont déterminées par arrêté du ministre chargé de la santé.

……………………………………………………………………………………

Art. 72 *(L. n° 2018-699 du 3 août 2018, art. 41)* « I. — » Le Haut Conseil pour l'avenir de l'assurance maladie, créé auprès des ministres chargés de la santé et de l'assurance maladie, a pour missions :

1° D'évaluer le système d'assurance maladie et ses évolutions ;

2° De décrire la situation financière et les perspectives des régimes d'assurance maladie et d'apprécier les conditions requises pour assurer leur pérennité à terme ;

3° De veiller à la cohésion du système d'assurance maladie au regard de l'égal accès à des soins de haute qualité et d'un financement juste et équitable ;

4° De formuler, le cas échéant, des recommandations ou propositions de réforme de nature à répondre aux objectifs de cohésion sociale et de pérennité financière des régimes d'assurance maladie.

Le haut conseil remet chaque année aux ministres chargés de la santé et de l'assurance maladie un rapport analysant la situation de l'assurance maladie et proposant les adaptations nécessaires pour assurer ses objectifs de cohésion sociale et son équilibre financier. Ce rapport est communiqué au Parlement et rendu public.

Le haut conseil peut être saisi de toute question par le Premier ministre ou les ministres chargés de la santé et de l'assurance maladie.

(L. nº 2018-699 du 3 août 2018, art. 41) « Il comprend parmi ses membres trois députés et trois sénateurs.

« II. – La composition, l'organisation et le fonctionnement du haut conseil sont précisés par décret. » — *V. Décr. nº 2006-1370 du 10 nov. 2006 (JO 11 nov.), mod. en dernier lieu par Décr. nº 2013-333 du 22 avr. 2013 (JO 23 avr.).*

Ordonnance n° 2006-344 du 23 mars 2006,

Relative aux retraites professionnelles supplémentaires.

Art. 8 I. – Le plan d'épargne pour la retraite collectif mentionné à l'article L. 443-1-2 du code du travail peut être une institution de retraite professionnelle collective. Il est alors administré par une personne morale de droit privé, autre qu'une association, une entreprise d'investissement, un établissement de crédit, une entreprise relevant du code des assurances, une institution de prévoyance régie par le titre III du livre IX du code de la sécurité sociale ou le livre VII du code rural, une institution de gestion de retraite supplémentaire relevant du titre IV du livre IX du code de la sécurité sociale, une institution de retraite supplémentaire mentionnée à l'article L. 941-1 du code de la sécurité sociale ou un organisme mutualiste relevant du code de la mutualité. *(L. nº 2008-1258 du 3 déc. 2008, art. 23)* « Cette personne morale a pour objet exclusif d'administrer une ou plusieurs institutions de retraite professionnelle. » Elle doit proposer les services mentionnés au quatrième alinéa.

La personne morale administrant une institution de retraite professionnelle collective est juridiquement distincte de toute entreprise ou groupement d'entreprises ayant signé une convention ou un accord mettant en place l'institution.

La personne morale administrant une institution de retraite professionnelle collective ne peut commencer ses opérations qu'après avoir obtenu l'agrément au titre du 5° de l'article L. 542-1 du code monétaire et financier.

Elle tient les comptes d'instruments financiers ouverts au nom de chaque bénéficiaire. Elle peut confier l'exécution de ce service à une personne qui l'exerce à titre principal, et qui est agréée en France ou dans un autre État membre ou dans un autre État partie à l'accord sur l'Espace économique européen.

Elle peut également tenir les comptes d'instruments financiers relatifs aux plans mentionnés aux articles L. 443-1 et L. 443-1-1 du code du travail et aux accords mentionnés aux articles L. 442-5 du code du travail, lorsqu'ils sont ouverts au nom des bénéficiaires d'entreprises ayant signé un plan d'épargne pour la retraite collectif dont elle assure l'administration.

Dans les six mois qui suivent la clôture de l'exercice précédent, elle arrête l'inventaire de l'ensemble des droits et des actifs détenus dans le cadre de l'institution de retraite professionnelle collective, dont la régularité et la sincérité est attestée par son ou ses commissaires aux comptes. Dans les six mois qui suivent la clôture de l'exercice précédent, elle remet cet inventaire à sa demande à l'entreprise d'affiliation, ainsi que les comptes annuels et les rapports de gestion des organismes de placement collectifs souscrits dans le cadre de l'institution. L'entreprise d'affiliation tient ces documents à la disposition des bénéficiaires.

II. – Lorsque sont délivrées au bénéficiaire les sommes ou valeurs inscrites sur son compte, la personne morale administrant l'institution de retraite professionnelle collective l'informe, dans des conditions définies par arrêté conjoint des ministres chargé du travail et de l'économie, du montant des sommes ou valeurs inscrites sur son compte et de leurs modalités de délivrance. Elle remet chaque année aux bénéficiaires le relevé de leur situation individuelle.

Pour chaque institution, et conformément aux dispositions contenues dans l'accord qui la met en place, la personne morale administrant l'institution établit et révise au moins tous les trois ans un rapport précisant la politique de placement de l'institution et les risques techniques et financiers y afférents. Ce rapport doit être mis à jour dans un délai de trois mois après tout changement majeur de la politique de placement, en particulier suite à une modification de l'accord collectif. Il est remis, sur demande, aux bénéficiaires. De plus, la personne morale administrant l'institution informe par écrit les bénéficiaires des modifications qui sont apportées à l'institution, dans un délai maximum de trois mois. Un arrêté conjoint du ministre chargé du travail et de l'économie précise en tant que de besoin les autres informations qui, sur demande ou périodiquement, doivent être remises aux bénéficiaires.

Sans préjudice des droits de titulaires de créances nées de la gestion des sommes versées par les bénéficiaires d'une institution de retraite professionnelle collective, seuls ces derniers peuvent se prévaloir d'un droit sur les biens et droits dans lesquels ces sommes sont investies, nonobstant les dispositions du livre VI du code de commerce ou des articles 2331 et 2375 du code civil.

Les personnes morales administrant les institutions de retraite professionnelle collectives ne peuvent assurer la gestion financière des institutions de retraite professionnelle collective proposées aux bénéficiaires : celle-ci obéit aux dispositions du chapitre III du titre IV du livre IV du code du travail, et notamment à son article L. 443-3.

III. — Toute personne morale administrant des institutions de retraite professionnelle collective projetant de fournir des services d'institutions de retraite professionnelle sur le territoire d'un autre État membre de la Communauté *[Union]* européenne ou dans un autre État partie à l'accord sur l'Espace économique européen doit le notifier à l'Autorité de contrôle prudentiel et de résolution. Celle-ci, après avis du ministre chargé du travail, et à moins qu'il n'ait des raisons de penser que les structures administratives ou la situation financière de l'organisme, ou encore l'honorabilité et la compétence ou l'expérience professionnelle des dirigeants de l'organisme, ne sont pas compatibles avec les opérations proposées dans l'autre État, communique à l'autorité compétente de l'autre État les documents permettant l'exercice de l'activité envisagée.

Lorsqu'elle est informée par l'autorité compétente de l'État dans lequel la personne morale propose des services d'institution de retraite professionnelle, que cette personne morale a enfreint une disposition du droit social ou du droit du travail de cet État, l'Autorité des marchés financiers peut ouvrir une procédure de sanction à l'encontre de l'organisme selon les modalités prévues à l'article L. 621-15. Les sanctions applicables sont celles mentionnées à l'article L. 621-15 (III, *a*).

La gestion financière des sommes versées par les bénéficiaires, lorsque la personne morale fournit des services d'institutions de retraite professionnelle sur le territoire d'un autre État membre ou dans un autre État partie à l'accord sur l'Espace économique européen, doit être assurée par une institution de retraite professionnelle agréée dans un État membre ou dans un État partie à l'accord sur l'Espace économique européen, par un organisme d'assurance agréé dans un État membre ou dans un État partie à l'accord sur l'Espace économique européen ou par une ou plusieurs entreprises d'investissement qui exercent à titre principal le service mentionné au 4° de l'article L. 321-1 du code monétaire et financier.

Lorsque la personne morale fournit des services d'institutions de retraite professionnelle sur le territoire d'un autre État membre ou dans un autre État partie à l'accord sur l'Espace économique européen, elle ne peut souscrire l'engagement de couvrir des risques liés au décès, à l'invalidité ou à la durée de la vie humaine. Lorsque l'institution propose une liquidation des droits en rentes viagères, l'engagement correspondant est assuré par une institution de retraite professionnelle ou par un organisme d'assurance agréé dans un État membre ou dans un État partie à l'accord sur l'Espace économique européen.

IV. — L'accord mettant en place l'institution mentionne la raison sociale et l'adresse de la personne morale d'administration de l'institution retenue, qui est en outre lié à l'entreprise d'affiliation par un contrat conclu par écrit définissant la mission de la personne morale et précisant la qualité des parties, leurs droits et obligations, et notamment l'étendue des pouvoirs d'administration de la personne morale, son droit de déléguer ses pouvoirs ainsi que sa rémunération éventuelle. Un contrat de gestion financière est également conclu entre l'entreprise d'affiliation et les organismes chargés de la gestion financière mentionnés au troisième alinéa du III du présent article.

V. — Sans préjudice des règles applicables pour l'exercice de l'activité au titre du 5° de l'article L. 542-1 du code monétaire et financier, un décret en Conseil d'État détermine les conditions d'application du présent article, et notamment les règles de fonctionnement de la personne morale d'administration des institutions de retraite professionnelle collectives, les règles financières qui leur sont applicables, les règles de placement applicables aux actifs de l'institution, ainsi que les informations qui doivent être fournies sur demande au ministre chargé du travail.

Un arrêté conjoint des ministres en charge de l'économie et du travail précise les modalités et le contenu de la notification mentionnée au premier alinéa du III du présent article.

Loi n° 2007-1786 du 19 décembre 2007,

De financement de la sécurité sociale pour 2008.

Art. 44 I. – Des expérimentations peuvent être menées, à compter du 1er janvier 2008 et pour une période n'excédant pas *(L. n° 2013-1203 du 23 déc. 2013, art. 33-I)* « sept » ans, portant sur de nouveaux modes de rémunération des professionnels de santé ou de financement des centres de santé prévus à l'article L. 6323-1 du code de la santé publique et des maisons de santé mentionnées à l'article L. 6323-3 du même code, complétant le paiement à l'acte ou s'y substituant, sur le fondement d'une évaluation quantitative et qualitative de leur activité réalisée à partir des informations transmises par l'organisme local d'assurance maladie dont ils dépendent.

En tant que de besoin, l'expérimentation peut déroger aux dispositions suivantes du code de la sécurité sociale :

1° Articles L. 162-5, L. 162-5-9, L. 162-9, L. 162-11, L. 162-12-2, L. 162-12-9, L. 162-14, L. 162-14-1 et L. 162-32-1 en tant qu'ils concernent les tarifs, honoraires, rémunérations et frais accessoires dus aux professionnels de santé par les assurés sociaux et par l'assurance maladie ;

2° 1°, 2°, 6° et 9° de l'article L. 321-1 en tant qu'ils concernent les frais couverts par l'assurance maladie ;

3° Article L. 162-2 en tant qu'il concerne le paiement direct des honoraires par le malade ;

4° Articles L. 322-2 et L. 322-3 relatifs à la participation de l'assuré aux tarifs servant de base au calcul des prestations.

Les expérimentations sont conduites par les *(Ord. n° 2010-177 du 23 févr. 2010, art. 25)* « agences » régionales de santé. *(Ord. n° 2010-177 du 23 févr. 2010, art. 25)* « Elles concluent à cet effet des conventions avec les professionnels de santé, les centres de santé et les maisons de santé volontaires. » Les modalités de mise en œuvre de ces expérimentations sont définies par décret, après avis de l'Union nationale des caisses d'assurance maladie, des organisations syndicales représentatives des professionnels concernés et de l'Union nationale des organismes d'assurance maladie complémentaire.

Les dépenses mises à la charge de l'ensemble des régimes obligatoires de base d'assurance maladie qui résultent de ces expérimentations sont prises en compte dans l'objectif national de dépenses d'assurance maladie mentionné au 3° du D du I de l'article L.O. 111-3 du code de la sécurité sociale.

Les mutuelles régies par le code de la mutualité, les institutions de prévoyance régies par le livre IX du code de la sécurité sociale ou par le livre VII du code rural et de la pêche maritime et les entreprises régies par le code des assurances sont associées à ces expérimentations si elles le souhaitent.

Une évaluation annuelle de ces expérimentations, portant notamment sur le nombre de professionnels de santé, de centres de santé et de maisons de santé qui y prennent part et sur les dépenses afférentes aux soins qu'ils ont effectués ainsi que sur la qualité de ces soins, est réalisée par les *(Ord. n° 2010-177 du 23 févr. 2010, art. 25)* « agences » régionales de santé en liaison avec les organismes locaux d'assurance maladie. Cette évaluation est transmise au Parlement.

(L. n° 2011-1906 du 21 déc. 2011, art. 49-2°) « Les conventions conclues entre l'assurance maladie et les professionnels de santé ainsi que l'accord national visé à l'article L. 162-32-1 du code de la sécurité sociale peuvent prévoir, à compter du 1er janvier 2014, la rémunération de l'exercice pluriprofessionnel sur la base des résultats de l'évaluation des expérimentations. »

II. – A titre expérimental, à compter du 1er janvier 2008 et pour une période n'excédant pas *(L. n° 2012-1404 du 17 déc. 2012, art. 43-I)* « huit » ans, les *(Ord. n° 2010-177 du 23 févr. 2010, art. 25)* « agences » régionales de santé volontaires *(Abrogé par Ord. n° 2010-177 du 23 févr. 2010, art. 25)* *« prévues à l'article L. 162-47 du code de la sécurité sociale »* fixent, par dérogation à l'article L. 162-5 *(Ord. n° 2010-177 du 23 févr. 2010, art. 25)* « du code de la sécurité sociale », le montant et les modalités des rémunérations des médecins assurant la permanence des soins. Elles financent également des actions et des structures concourant à l'amélioration de la permanence des soins, en particulier les maisons médicales de garde, les centres de santé, ainsi que, le cas échéant, des établissements de santé.

(L. n° 2008-1330 du 17 déc. 2008, art. 36-V) « Un arrêté du ministre chargé de la santé et du ministre chargé de la sécurité sociale précise les limites dans lesquelles les *(Ord. n° 2010-177 du 23 févr. 2010, art. 25)* « agences » régionales de santé fixent les montants des rémunérations des médecins assurant la permanence des soins, ainsi que le montant maximal de dépenses au titre de ces rémunérations pour chaque mission régionale volontaire. »

Les *(Ord. nº 2010-177 du 23 févr. 2010, art. 25)* « agences » régionales de santé réalisent annuellement l'évaluation des expérimentations qu'elles ont conduites et la transmettent *(L. nº 2008-1330 du 17 déc. 2008, art. 36-V)* « aux ministres chargés de la santé et de la sécurité sociale » ainsi qu'au Parlement.

Les modalités de mise en œuvre de ces expérimentations sont déterminées par décret, après avis du Conseil national de l'ordre des médecins et des organisations syndicales représentatives des médecins.

....

Art. 64 (Abrogé par L. nº 2013-1203 du 23 déc. 2013, art. 39-II) (L. nº 2009-1646 du 24 déc. 2009, art. 45-II) *De nouvelles modalités d'organisation et de régulation des transports peuvent être expérimentées, à compter du 1er janvier 2010 et pour une période n'excédant pas cinq ans, sous la responsabilité des établissements de santé qui en font le choix.*

Cette expérimentation a pour objectif de développer des modes de transports plus efficients en facilitant la mise en place de transports partagés, notamment en recourant à des véhicules sanitaires légers ou des transports de patients à mobilité réduite.

Les établissements de santé et les transporteurs sanitaires signent une convention créant des centres de régulation chargés de proposer au patient le mode de transport le plus adapté à son état de santé. Les entreprises de transports membres du centre de régulation doivent respecter la prescription médicalisée de transports.

Par dérogation au premier alinéa de l'article L. 322-5-1 du code de la sécurité sociale, la dispense d'avance des frais pour l'assuré est supprimée s'il refuse la proposition de transport qui lui est faite.

Dans un délai de six mois suivant la publication de la loi nº 2009-1646 du 24 décembre 2009 de financement de la sécurité sociale pour 2010, les agences régionales de santé fixent la liste des établissements de santé entrant dans le champ de cette expérimentation.

Un arrêté des ministres chargés de la santé et de la sécurité sociale fixe le cahier des charges de mise en œuvre et d'évaluation de cette expérimentation.

Ces expérimentations font l'objet d'une évaluation annuelle et, à leur terme, d'un rapport du Gouvernement transmis au Parlement.

V. art. 39-III de la L. nº 2013-1203 du 23 déc. 2013, annexe I.

SECTION VII *Dispositions relatives au contrôle et à la lutte contre la fraude*

Art. 103 Afin de renforcer la coordination des actions du service du contrôle médical avec les prérogatives de l'employeur telles qu'elles découlent de la loi nº 78-49 du 19 janvier 1978 relative à la mensualisation et à la procédure conventionnelle, les caisses de sécurité sociale qui, en 2006, ont servi un nombre d'indemnités journalières par assuré supérieur à la moyenne nationale et qui figurent sur une liste fixée par le directeur général de l'Union nationale des caisses d'assurance maladie expérimentent, par dérogation au II de l'article L. 315-1 du code de la sécurité sociale, une procédure fixée comme suit :

1º Lorsque le service du contrôle médical reçoit l'avis mentionné au troisième alinéa du II du même article L. 315-1, celui-ci, au vu de l'avis :

a) Soit procède à un nouvel examen de la situation de l'assuré ;

b) Soit, sans qu'il soit besoin d'un contrôle supplémentaire, demande à la caisse de suspendre le versement des indemnités journalières. La caisse en informe l'assuré et son employeur. Dans un délai fixé par décret à compter de la réception de cette information, l'assuré peut demander à la caisse de saisir le service du contrôle médical qui se prononce dans un délai fixé par décret. — *L'assuré dispose de 10 jours pour demander à sa Caisse d'assurance maladie de saisir le service du contrôle médical et ce dernier dispose de 4 jours pour se prononcer (Décr. nº 2008-552 du 11 juin 2008, art. 1er).*

Lorsque le service du contrôle médical, saisi ou non par l'assuré, estime que l'arrêt de travail est médicalement justifié, la caisse maintient ou rétablit le service des prestations. La décision de maintien ou de rétablissement des indemnités journalières est communiquée, par l'organisme de prise en charge, à l'assuré ainsi qu'à l'employeur ;

2º Lorsque la prescription d'un arrêt de travail est consécutive à une décision de suspension des indemnités journalières, l'organisme de prise en charge suspend le service de ces indemnités et saisit le service du contrôle médical, qui rend son avis dans un délai fixé par décret. — *Le délai dont dispose le service du contrôle médical pour rendre son avis est de 4 jours (Décr. nº 2008-552 du 11 juin 2008, art. 2).*

L'expérimentation prend fin le 31 décembre 2009. Le ministre chargé de la sécurité sociale transmet au Parlement, avant le 30 juin 2009, un rapport d'évaluation assorti des observations des caisses de sécurité sociale ayant participé à l'expérimentation. – *V. Décr. nº 2008-552 du 11 juin 2008, art. 3, JO 13 juin.*

....

Art. 110 I. – La fraude aux allocations mentionnées aux articles L. 542-1 et L. 831-1 du code de la sécurité sociale et à l'article L. 351-1 du code de la construction et de l'habitation, notamment la fausse déclaration délibérée ayant abouti au versement de prestations indues, lorsqu'elle est constatée pour un montant supérieur à deux fois le plafond mensuel de la sécurité sociale, est sanctionnée par la suppression du service de ces allocations selon la procédure définie à l'article L. 114-17 du code de la sécurité sociale. La durée de la sanction est fixée en fonction de la gravité des faits, dans la limite d'une année à compter de la décision administrative de suppression. Le directeur de l'organisme de sécurité sociale concerné prend notamment en compte le montant de la fraude, sa durée, la récidive éventuelle et la composition du foyer.

Cette suppression ne peut être prononcée lorsque la personne concernée a pour les mêmes faits déjà été définitivement condamnée par le juge pénal ou a bénéficié d'une décision définitive de non-lieu ou de relaxe déclarant que la réalité de l'infraction n'est pas établie ou que cette infraction ne lui est pas imputable. Si une telle décision de non-lieu ou de relaxe intervient postérieurement au prononcé de la suppression du service des allocations, celles-ci font l'objet d'un versement rétroactif au bénéficiaire. Si, à la suite du prononcé d'une suppression des allocations, une amende pénale est infligée pour les mêmes faits, le montant des allocations supprimées s'impute sur celle-ci.

Le présent I s'applique jusqu'au 31 décembre *(L. nº 2009-1646 du 24 déc. 2009, art. 89)* « 2010 ». Le ministre chargé de la sécurité sociale transmet au Parlement, avant le 30 *(L. nº 2009-1646 du 24 déc. 2009, art. 89)* « septembre 2010 », un rapport d'évaluation de cette mesure, assorti des observations des organismes ayant participé à l'expérimentation.

Loi nº 2008-1330 du 17 décembre 2008,

De financement de la sécurité sociale pour 2009.

Art. 52 Le Gouvernement évalue l'efficacité des dépenses engagées en matière de contraception et étudie les moyens d'améliorer le remboursement des contraceptifs dans l'objectif de mieux adapter les modes de contraception utilisés aux besoins de chacun. Ses conclusions font l'objet d'un rapport déposé devant le Parlement avant le 31 décembre 2009.

....

Art. 69 Une dotation des régimes obligatoires d'assurance maladie, dont le montant est fixé chaque année par arrêté des ministres chargés du budget, de la santé et de la sécurité sociale, versée et répartie dans *(L. nº 2012-1404 du 17 déc. 2012, art. 73-VIII-F)* « des conditions fixées par décret », peut contribuer au financement de l'un des organismes agréés par l'État visés au dernier alinéa de l'article 116-1 de la loi nº 86-33 du 9 janvier 1986 portant dispositions statutaires relatives à la fonction publique hospitalière, au titre de la convention en cours à la date de publication de la présente loi souscrite au profit de ses adhérents en application de l'article L. 141-1 du code des assurances.

....

Art. 75 Avant le 1er février 2010, le Conseil d'orientation des retraites remet aux commissions compétentes de l'Assemblée nationale et du Sénat un rapport sur les modalités techniques de remplacement du calcul actuel des pensions personnelles par les régimes de base d'assurance vieillesse légalement obligatoires, soit par un régime par points, soit par un régime de comptes notionnels de retraite fonctionnant l'un comme l'autre par répartition. Afin de réaliser les travaux d'expertise nécessaires, il fait appel, en tant que de besoin, aux administrations de l'État, aux organismes de sécurité sociale ainsi qu'aux organismes privés gérant un régime de base de sécurité sociale légalement obligatoire. Ce rapport est rendu public après sa transmission aux commissions compétentes du Parlement.

Loi nº 2008-1443 du 30 décembre 2008,

De finances rectificative pour 2008.

Art. 34-VI *[...]*

1. *(Ord. nº 2018-474 du 12 juin 2018, art. 15)* « Les revenus d'activité tels qu'ils sont pris en compte pour la détermination de l'assiette des cotisations définie à l'article L. 242-1 du code de la sécurité sociale et de celle définie à l'article L. 741-10 du code rural et de la

pêche maritime », versés au cours d'un mois civil aux salariés employés par un établissement d'une entreprise exerçant les activités visées au deuxième alinéa du I de l'article 44 *octies* du code général des impôts qui s'implante ou qui se crée pour exercer une nouvelle activité dans le périmètre d'une zone de restructuration de la défense définie au 1° du 3 *ter* de l'article 42 de la loi n° 95-115 du 4 février 1995 d'orientation pour l'aménagement et le développement du territoire ou dans les emprises foncières libérées par la réorganisation d'unités militaires ou d'établissements du ministère de la défense situées dans les communes définies au seul 2° du même 3 *ter*, sont exonérés des cotisations à la charge de l'employeur au titre des assurances sociales et des allocations familiales.

L'exonération est applicable au titre des implantations et créations réalisées pendant une période de *(L. n° 2016-1917 du 29 déc. 2016, art. 76-I)* « six » ans débutant à la date de publication de l'arrêté prévu au dernier alinéa du même 3 *ter* ou, si cette seconde date est postérieure, au 1er janvier de l'année précédant celle au titre de laquelle le territoire ou la commune est reconnu comme zone de restructuration de la défense par cet arrêté. — *Les dispositions issues de la L. n° 2016-1917 du 29 déc. 2016 s'appliquent dans les zones de restructuration de la défense mentionnées au 3 ter de l'art. 42 de la L. n° 95-115 du 4 févr. 1995 d'orientation pour l'aménagement et le développement du territoire et reconnues à compter du 1er janv. 2015 et à compter de l'imposition des revenus perçus au titre de l'année 2017 (L. préc., art. 76-II et III).*

L'exonération est applicable pendant cinq ans à compter de l'implantation ou de la création.

Le montant de l'exonération est égal au montant des cotisations à la charge de l'employeur au titre des assurances sociales et des allocations familiales lorsque la rémunération horaire est inférieure à un seuil égal au salaire minimum de croissance majoré de 40 %. A partir de ce seuil, le montant de l'exonération décroît de manière linéaire et devient nul lorsque la rémunération horaire est égale au salaire minimum de croissance majoré de 140 %. Il fait l'objet d'une réduction égale au tiers la quatrième année et aux deux tiers la cinquième année.

2. L'exonération prévue au premier alinéa du 1 est ouverte au titre de l'emploi de salariés dont l'activité réelle, régulière et indispensable à l'exécution du contrat de travail s'exerce en tout ou partie dans une zone de restructuration de la défense.

3. L'exonération prévue au premier alinéa du 1 n'est pas applicable aux entreprises créées dans le cadre d'une concentration, d'une restructuration, d'une extension d'activités préexistantes ou d'une reprise de telles activités au sens du III de l'article 44 *sexies* du code général des impôts, sauf lorsque ces activités préexistantes dans la zone sont le fait d'entreprises qui ont mis en œuvre un plan de sauvegarde de l'emploi dans les conditions prévues par l'article L. 1233-61 du code du travail ou font l'objet d'une procédure collective visée aux articles L. 631-1 ou L. 640-1 du code de commerce, ou d'entreprises qui bénéficient de l'exonération prévue au premier alinéa du 1 du présent article. Dans ce dernier cas, l'exonération est ouverte pour la durée restant à courir.

4. L'exonération prévue au premier alinéa du 1 n'est pas applicable aux *(Ord. n° 2018-474 du 12 juin 2018, art. 15)* « revenus d'activité » afférents aux emplois transférés par une entreprise dans une zone de restructuration de la défense pour lesquels l'employeur a bénéficié, au titre d'une ou de plusieurs des cinq années précédant celle du transfert, soit de l'exonération prévue à l'article L. 131-4-2 du code de la sécurité sociale, soit de l'exonération prévue aux articles 12 et 13 de la loi n° 96-987 du 14 novembre 1996 relative à la mise en œuvre du pacte de relance pour la ville, soit du versement d'une prime d'aménagement du territoire.

L'exonération visée au premier alinéa du 1 du présent VI dans une emprise foncière libérée par la réorganisation d'unités militaires ou d'établissements du ministère de la défense située dans une commune définie au seul 2° du 3 *ter* de l'article 42 de la loi n° 95-115 du 4 février 1995 précitée n'est pas applicable aux *(Ord. n° 2018-474 du 12 juin 2018, art. 15)* « revenus d'activité » afférents aux emplois transférés dans cette emprise depuis des établissements situés dans le reste du territoire de la commune ou celui des communes limitrophes.

5. Le bénéfice de l'exonération prévue au premier alinéa du 1 ne peut être cumulé, pour l'emploi d'un même salarié, avec celui d'une aide de l'État à l'emploi ou d'une exonération totale ou partielle de cotisations patronales de sécurité sociale ou l'application d'assiettes, montants ou taux de cotisations spécifiques, à l'exception de la déduction forfaitaire prévue à l'article L. 241-18 du code de la sécurité sociale.

Le bénéfice de l'exonération prévue au premier alinéa du 1 du présent VI est subordonné au fait, pour l'employeur, d'être à jour de ses obligations déclaratives ou de paiement à l'égard de l'organisme de recouvrement.

(L. n° 2015-1702 du 21 déc. 2015, art. 17) « L'article L. 2242-5-1 du code du travail est applicable à cette exonération. »

6. Le bénéfice de l'exonération prévue au premier alinéa du 1 est subordonné au respect du règlement (CE) n° 1998/2006 de la Commission du 15 décembre 2006 concernant l'application des articles 87 et 88 du traité aux aides *de minimis*. Toutefois, sur option des entreprises qui procèdent aux opérations mentionnées au premier alinéa du 1 du présent VI dans les zones d'aide à finalité régionale, le bénéfice de l'exonération prévue au même alinéa est subordonné au respect de l'article 13 du règlement (CE) n° 800/2008 de la Commission du 6 août 2008 déclarant certaines catégories d'aides compatibles avec le marché commun en application des articles 87 et 88 du traité (Règlement général d'exemption par catégorie).

L'option mentionnée à l'alinéa précédent est irrévocable pour la durée de l'exonération prévue au premier alinéa du 1 du présent VI. Elle doit être exercée dans les six mois qui suivent les implantations ou créations mentionnées au même 1.

VII. – Lorsque l'entreprise exerce l'option pour l'application de l'article 13 du règlement (CE) n° 800/2008 de la Commission du 6 août 2008 précité au titre de l'un des dispositifs prévus aux articles 44 *terdecies* et 1383 I, au I *quinquies* B de l'article 1466 A du code général des impôts ou au VII du présent article, cette option vaut pour l'ensemble des dispositifs précités.

Lorsque aucune option pour l'application de l'article 13 du règlement (CE) n° 800/2008 de la Commission du 6 août 2008 précité n'a été formulée dans les délais requis au titre d'un des dispositifs d'exonération mentionnés à l'alinéa précédent, l'exercice ultérieur d'options portant sur un de ces dispositifs n'est pas recevable.

Les dispositions de l'Ord. n° 2018-474 du 12 juin 2018 s'appliquent aux cotisations et contributions dues pour les périodes courant à compter du 1er sept. 2018 (Ord. préc., art. 16).

Loi n° 2009-1646 du 24 décembre 2009,

De financement de la sécurité sociale pour 2010.

Art. 91 Afin d'harmoniser les règles et modalités de contrôle des assurés se trouvant dans l'incapacité physique médicalement constatée de continuer ou de reprendre le travail, le contrôle des arrêts de travail dus à une maladie d'origine non professionnelle des personnes mentionnées à l'article 2 de la loi n° 84-16 du 11 janvier 1984 portant dispositions statutaires relatives à la fonction publique de l'État est confié, à titre expérimental et par dérogation à l'article 35 de la même loi, aux caisses primaires d'assurance maladie et aux services du contrôle médical placés près d'elles. Cette expérimentation s'applique aux arrêts prescrits pour une durée inférieure à six mois consécutifs et n'ouvrant pas droit au régime des congés de longue maladie ou de longue durée

I. – L'expérimentation porte à la fois sur le contrôle médical des arrêts de travail, tel que prévu aux I, II, IV *bis* et V de l'article L. 315-1 du code de la sécurité sociale, et le contrôle des heures de sortie autorisées, tel que prévu au 3° de l'article L. 323-6 du même code.

Toute personne mentionnée à l'article 2 de la loi n° 84-16 du 11 janvier 1984 précitée est tenue de se soumettre aux contrôles organisés, dans le cadre de l'expérimentation, par le service du contrôle médical et la caisse primaire. La caisse informe l'administration lorsque la personne qui doit faire l'objet du ou des contrôles ne respecte pas cette obligation.

Lorsque le service du contrôle médical estime que la prescription d'un arrêt de travail n'est pas ou n'est plus médicalement justifiée, il en informe l'administration. L'avis rendu par le service du contrôle médical s'impose à l'administration.

Lorsque les agents de la caisse primaire d'assurance maladie constatent l'absence du domicile en dehors des heures de sortie autorisées et le caractère volontaire de l'inobservation de cette obligation, la caisse en informe l'administration.

La liste des administrations, des caisses primaires d'assurance maladie et des services du contrôle médical participant à l'expérimentation est fixée par une convention conclue entre le ministre chargé de la sécurité sociale, le ministre chargé de la fonction publique et le directeur général de la Caisse nationale de l'assurance maladie des travailleurs salariés. Elle est publiée par décision du directeur général de la Caisse nationale de l'assurance maladie des travailleurs salariés. Cette convention définit également les engagements réciproques des signataires et prévoit les indicateurs de suivi de l'expérimentation. Elle doit être signée dans un délai de trois mois à compter de la publication de la présente loi.

II. – En cas de non-respect de l'obligation de se soumettre aux contrôles organisés par le service du contrôle médical et la caisse primaire, l'administration peut interrompre le versement de la rémunération.

En cas de non-respect des heures de sortie autorisées, non justifié par des soins ou des examens médicaux, l'administration peut retenir une partie de la rémunération, dans la limite de 50 %.

En cas d'absence de justification médicale de l'arrêt de travail, l'administration enjoint le *[au]* fonctionnaire à *[de]* reprendre ses fonctions sous peine d'interruption du versement de sa rémunération. Le fonctionnaire doit reprendre ses fonctions sans délai, dès notification de la décision administrative, sauf à saisir le comité médical de l'avis du service du contrôle médical.

III. – Le comité médical compétent peut être saisi par le fonctionnaire de l'avis rendu par le service du contrôle médical *(L. n° 2011-1906 du 21 déc. 2011, art. 76-1°)* « dans le délai d'un mois à compter de la date de la décision contestée.

« Le fonctionnaire doit présenter une demande écrite, précisant l'objet de la contestation et indiquant le nom et l'adresse de son médecin. Cette demande est adressée par lettre avec demande d'avis de réception ou déposée contre récépissé auprès du comité médical.

« Le comité médical informe le service du contrôle médical compétent de la demande du fonctionnaire.

« Dès qu'il est informé de la demande, le service du contrôle médical établit un dossier comportant obligatoirement :

« 1° L'avis du médecin nommément désigné ;

« 2° L'avis du médecin-conseil accompagné de tous les éléments et pièces justificatives d'ordre médical ayant motivé cet avis ;

« 3° Les motifs invoqués par le fonctionnaire à l'appui de la demande ;

« 4° L'énoncé de la question posée au comité médical.

« Le service du contrôle médical adresse au comité médical ce dossier dans les quinze jours qui suivent la réception de la demande, par lettre avec demande d'avis de réception.

« Le comité médical établit ses conclusions motivées et les adresse au fonctionnaire, à l'administration et au service du contrôle médical de la caisse. »

Les décisions prises par l'administration en application du II peuvent être contestées par les voies de recours gracieux ou hiérarchique et de recours contentieux devant la juridiction administrative compétente.

IV. – L'expérimentation prévue au présent article prend effet à compter de la signature de la convention prévue au dernier alinéa du I *(L. n° 2013-1278 du 29 déc. 2013, art. 126-II)* « et s'achève au 31 décembre » *(L. n° 2015-1785 du 29 déc. 2015, art. 147)* « 2018 ». Le Gouvernement transmet au Parlement un rapport d'évaluation, au plus tard six mois avant la fin de l'expérimentation.

V. – L'expérimentation prévue au présent article s'applique également aux personnes mentionnées à l'article 2 de la loi n° 84-53 du 26 janvier 1984 portant dispositions statutaires relatives à la fonction publique territoriale, par dérogation à l'article 58 de la même loi, dès lors qu'elles relèvent d'une collectivité territoriale volontaire pour y participer et répondant aux critères du nombre de fonctionnaires minimal fixé par la convention-cadre nationale, prévue à l'alinéa suivant.

La liste des caisses primaires d'assurance maladie et des services du contrôle médical participant à l'expérimentation est fixée par une convention conclue entre le ministre chargé de la sécurité sociale, le ministre chargé des collectivités territoriales et le directeur général de la Caisse nationale de l'assurance maladie des travailleurs salariés. Elle est publiée par décision du directeur général de la Caisse nationale de l'assurance maladie des travailleurs salariés. Cette convention détermine également le nombre minimal de fonctionnaires devant être employés par les collectivités territoriales volontaires pour participer à l'expérimentation. Elle définit enfin les engagements réciproques des signataires et prévoit les indicateurs de suivi de l'expérimentation. Elle doit être signée dans un délai de six mois à compter de la publication de la présente loi.

Des conventions locales, signées entre les caisses et collectivités territoriales expérimentatrices, déterminent les modalités pratiques de mise en œuvre de l'expérimentation dans le respect de la convention-cadre précitée. Elles doivent être signées dans un délai de trois mois après signature de la convention mentionnée à l'alinéa précédent.

L'expérimentation s'applique dans les mêmes conditions aux personnes mentionnées à l'article 2 de la loi n° 86-33 du 9 janvier 1986 portant dispositions statutaires relatives à la fonction publique hospitalière, par dérogation à l'article 42 de la même loi, dès lors qu'elles relèvent d'un établissement public de santé volontaire pour y participer et répondant aux critères du nombre de fonctionnaires minimal fixé par la convention-cadre nationale, prévue à l'alinéa suivant.

La liste des caisses primaires d'assurance maladie et des services du contrôle médical participant à l'expérimentation est fixée par une convention conclue entre le ministre chargé de la sécurité sociale, le ministre chargé de la santé et le directeur général de la Caisse nationale de l'assurance maladie des travailleurs salariés. Elle est publiée par décision du directeur général de la Caisse nationale de l'assurance maladie des travailleurs salariés. Cette convention détermine également le nombre minimal de fonctionnaires devant être employés par les établissements publics de santé volontaires pour participer à l'expérimentation. Elle définit enfin les engagements réciproques des signataires et prévoit les indicateurs de suivi de l'expérimentation. Elle doit être signée dans un délai de six mois à compter de la publication de la présente loi.

Des conventions locales, signées entre les caisses et établissements publics de santé expérimentateurs, déterminent les modalités pratiques de mise en œuvre de l'expérimentation dans le respect de la convention-cadre précitée. Elles doivent être signées dans un délai de trois mois après signature de la convention mentionnée à l'alinéa précédent.

(L. n° 2011-1906 du 21 déc. 2011, art. 76-3°) « VI. – Les collectivités territoriales qui ont signé des conventions en application du V entre la fin du délai de signature prévu au présent article et le 31 décembre 2011 sont autorisées à participer à l'expérimentation à compter du 1er janvier 2012. »

Ordonnance n° 2010-76 du 21 janvier 2010,

Portant fusion des autorités d'agrément et de contrôle de la banque et de l'assurance.

Art. 22 I. – Les membres de l'Autorité de contrôle des assurances et des mutuelles, du Comité des entreprises d'assurance, du comité des établissements de crédit et des entreprises d'investissement et de la Commission bancaire sont maintenus dans leurs fonctions jusqu'à la première réunion du collège de l'Autorité de contrôle prudentiel et de résolution.

Jusqu'à cette date :

1° L'Autorité de contrôle des assurances et des mutuelles, le Comité des entreprises d'assurance, le comité des établissements de crédit et des entreprises d'investissement et la Commission bancaire exercent les compétences qui leur sont dévolues par les dispositions législatives et réglementaires en vigueur à la date de la publication de la présente ordonnance ;

2° Le ministre chargé de l'économie continue à exercer les compétences qui lui sont dévolues par les dispositions législatives et réglementaires en vigueur à la date de la publication de la présente ordonnance ;

3° Les ministres chargés de la sécurité sociale et de la mutualité continuent à exercer les compétences qui leur sont dévolues par les dispositions législatives et réglementaires en vigueur à la date de la publication de la présente ordonnance.

II. – Pour la première composition de l'Autorité de contrôle prudentiel et de résolution, les membres des autorités mentionnées au I qui sont en fonction à la date de la publication de la présente ordonnance peuvent être nommés membres de l'Autorité de contrôle prudentiel et de résolution à condition de ne pas avoir été membre titulaire de l'une des autorités mentionnées au I pendant plus de six ans.

III. – A compter de la première réunion de son collège, l'Autorité de contrôle prudentiel et de résolution succède dans leurs droits et obligations respectifs à l'Autorité de contrôle des assurances et des mutuelles, au Comité des entreprises d'assurance, au comité des établissements de crédit et des entreprises d'investissement et à la Commission bancaire.

1° La création de l'Autorité de contrôle prudentiel et de résolution n'interrompt ni ne suspend les délais des procédures engagées devant l'Autorité de contrôle des assurances et des mutuelles, le Comité des entreprises d'assurance, le comité des établissements de crédit et des entreprises d'investissement et la Commission bancaire ;

2° La validité des actes de constatation et de procédure accomplis antérieurement à la première réunion du collège de l'Autorité s'apprécie au regard des dispositions législatives et réglementaires en vigueur à la date à laquelle ils ont été pris ou accomplis ;

3° Les procédures de sanction devant l'Autorité de contrôle des assurances et des mutuelles ou devant la Commission bancaire en cours à la date de la première réunion du collège de l'Autorité sont poursuivies de plein droit devant la commission des sanctions dans les conditions prévues à l'article L. 612-38 du code monétaire et financier. La notification des griefs est réputée avoir été transmise par le collège de l'Autorité de contrôle prudentiel et de résolution ;

4° Les mesures de police administrative prises par la Commission bancaire et l'Autorité de contrôle des assurances et mutuelles avant la date de la première réunion du collège de l'Autorité de contrôle prudentiel et de résolution sont maintenues de plein droit. Elles peuvent être renouvelées ou levées par l'Autorité de contrôle prudentiel et de résolution dans les conditions prévues à l'article L. 612-34 pour les personnes visées par ces mesures et qui sont soumises à son contrôle.

Les mesures d'administration provisoire visant des personnes non soumises au contrôle de l'Autorité de contrôle prudentiel et de résolution et qui ont été décidées par l'Autorité de contrôle des assurances et des mutuelles, en application de l'article L. 510-9 du code de la mutualité, avant la publication de la présente ordonnance, se poursuivent de plein droit jusqu'à ce que l'Autorité de contrôle prudentiel et de résolution, qui garde le contrôle et la gestion des mandats y afférent, décide d'y mettre fin et au plus tard au 31 décembre 2010.

5° L'ensemble des biens, droits et obligations de l'Autorité de contrôle des assurances et des mutuelles autres que ceux mentionnés ci-dessus sont transférés de plein droit et en pleine propriété à la Banque de France pour le compte de l'Autorité de contrôle prudentiel et de résolution :

a) Lorsque l'Autorité de contrôle prudentiel et de résolution succède à l'Autorité de contrôle des assurances et des mutuelles, l'agent comptable en fonction établit le compte financier de cette dernière. Les comptes de l'Autorité de contrôle des assurances et des mutuelles sont arrêtés et approuvés par le ministre chargé du budget. L'ensemble des biens immobiliers et mobiliers de l'Autorité de contrôle des assurances et des mutuelles à cette date, y compris le produit de la contribution perçue en vertu de l'article L. 310-12-4 du code des assurances, sont transférés de plein droit et en pleine propriété à la Banque de France pour le compte de l'Autorité de contrôle prudentiel et de résolution à leur valeur nette comptable constatée à cette date. Les comptes de capitaux propres de l'Autorité de contrôle des assurances et des mutuelles sont enregistrés par la Banque de France dans un compte "contributions reportées de l'Autorité de contrôle prudentiel" et de résolution inscrit au passif de la Banque de France. Il n'est pas tenu compte de ces apports pour l'application du II de l'article 38 *quinquies* A du code général des impôts et de l'article 816 du même code ;

b) La Banque de France est substituée à l'Autorité de contrôle des assurances et des mutuelles pour l'exécution des contrats de travail conclus par cette dernière. Les agents contractuels de droit public employés par l'Autorité de contrôle des assurances et des mutuelles conservent cette qualité et demeurent régis par les textes applicables à cette catégorie de personnel. Leurs contrats peuvent être modifiés par avenants convenus entre l'intéressé et le secrétaire général de l'Autorité de contrôle prudentiel et de résolution ou transformés en contrat à durée indéterminée dans les mêmes conditions.

Les fonctionnaires placés en position de détachement auprès de l'Autorité de contrôle des assurances et des mutuelles sont détachés auprès de l'Autorité de contrôle prudentiel et de résolution sans autre modification de leurs conditions de détachement.

Dans un délai de dix-huit mois à compter de l'installation de l'Autorité de contrôle prudentiel et de résolution, la Banque de France propose à tous les agents issus de l'Autorité de contrôle des assurances et des mutuelles, à l'exception des agents sous contrat de travail à durée déterminée et des membres du corps de contrôle des assurances, une intégration dans le cadre des statuts des personnels de la Banque de France dans les conditions fixées par un arrêté du conseil général de la Banque. En cas de refus, ils conservent leurs contrats ou leurs statuts sans changement ;

c) Les accords d'entreprise de la Banque de France en vigueur à la date de la première réunion du collège de l'Autorité sont applicables à l'ensemble des personnels de l'Autorité, à l'exception des membres du corps de contrôle des assurances jusqu'à la publication du décret mentionné au III de l'article L. 612-19 du code monétaire et financier sous réserve de dispositions plus favorables antérieures, et, pour les agents publics, de leur compatibilité avec la réglementation, notamment de nature statutaire, qui leur est applicable. Les accords d'entreprise entrés en vigueur ultérieurement à la date de la première réunion du collège de l'Autorité sont applicables aux agents contractuels de droit public employés par la Banque de France ;

6° Jusqu'à la publication des décrets prévus à l'article L. 612-20 du code monétaire et financier, la Banque de France perçoit pour le compte de l'Autorité de contrôle prudentiel et de résolution les contributions qui seraient dues à l'Autorité de contrôle des assurances et des mutuelles au titre des dispositions législatives et réglementaires en vigueur à la date de publication de la présente ordonnance.

Les sommes versées au cours de l'année 2010 au titre de la contribution pour frais de contrôle prévue à l'article L. 310-12-4 du code des assurances et à l'article 6 de la loi de finances pour 2010 du 30 décembre 2009 sont déduites de celles recouvrées ultérieurement au titre de cette même année par la Banque de France pour le compte de l'Autorité de contrôle prudentiel et de résolution.

L'article 6 de la loi de finances pour 2010 du 30 décembre 2009 et l'article L. 310-12-4 du code des assurances sont abrogés à compter du 1er janvier 2011.

Art. 23 I. – Jusqu'au 31 décembre 2010, les mutuelles et unions agréées ou auxquelles un autre organisme s'est substitué au sens de l'article L. 211-5 du code de la mutualité à la date d'entrée en vigueur de la présente ordonnance sont réputées inscrites sur la liste mentionnée à l'article L. 612-21 du code monétaire et financier dans sa rédaction issue de la présente ordonnance. Ces personnes doivent demander leur inscription auprès de l'Autorité de contrôle prudentiel et de résolution au plus tard le 30 novembre 2010 en vue de la publication par l'Autorité de la liste complète. Le 2° du I de l'article 11 entre en vigueur au 1er janvier 2011.

II. — Les personnes mentionnées au A du I de l'article L. 612-2 du code monétaire et financier dans sa rédaction résultant de la présente ordonnance disposent d'un délai de trois mois après la première réunion du collège de l'Autorité pour déclarer auprès de l'Autorité les intermédiaires en opérations de banque et en services de paiement auxquels elles ont donné un mandat. Les intermédiaires qui ne seraient pas inscrits sur cette liste disposent d'un délai de six mois à compter de la publication de la liste pour se faire connaître de l'Autorité et demander leur inscription en précisant les mandats qu'ils détiennent. L'Autorité dispose d'un délai de trois mois pour statuer sur cette demande. *(Abrogé par L. n° 2010-1249 du 22 oct. 2010, art. 92) « Au terme de ce délai, les personnes non inscrites sont passibles des sanctions prévues à l'article L. 571-15 du code monétaire et financier. »*

Par exception aux dispositions de l'article L. 612-20 du code monétaire et financier dans sa rédaction résultant de la présente ordonnance, la Banque de France dispose d'un délai d'un mois à compter de la publication de la liste ou de la décision ultérieure d'inscription pour envoyer les avis demandant le versement de la contribution aux intermédiaires en opérations de banque et en services de paiement, qui disposeront d'un délai d'un mois et demi à compter de la réception de cet avis pour s'acquitter de leur obligation.

Les deux alinéas qui précèdent sont applicables en Polynésie française, en Nouvelle-Calédonie et dans les îles Wallis-et-Futuna.

III. — Entrent dans le champ de compétence de l'Autorité de contrôle prudentiel et de résolution, jusqu'à l'achèvement des évolutions statutaires mentionnées à l'article 116 de la loi du 21 août 2003 portant réforme des retraites, les institutions de retraite supplémentaire régies par le titre IV du livre IX du code de la sécurité sociale, dans sa version antérieure à l'entrée en vigueur de cette loi.

IV. — Jusqu'à la date de la première réunion de l'Autorité des normes comptables, et au plus tard le 31 mars 2010, le président du Conseil national de la comptabilité siège en lieu et place du président de l'Autorité des normes comptables au collège de l'Autorité de contrôle prudentiel et de résolution.

Loi n° 2010-1330 du 9 novembre 2010,

Portant réforme des retraites.

Pilotage des régimes de retraite

Art. 3 Avant le 31 mars 2018, le Conseil d'orientation des retraites remet au Gouvernement et au Parlement un rapport faisant le point sur la situation financière des régimes de retraite, l'évolution du taux d'activité des personnes de plus de cinquante-cinq ans, l'évolution de la situation de l'emploi, l'évolution des écarts de pension entre hommes et femmes, l'évolution de la situation de l'emploi des handicapés et un examen d'ensemble des paramètres de financement des régimes.

(Abrogé par L. n° 2014-40 du 20 janv. 2014, art. 4-IV-1°) « Sur la base de ce rapport, le Gouvernement consulte le Comité de pilotage des régimes de retraite sur un projet de réforme des régimes destiné à maintenir leur équilibre financier au-delà de 2020. »

....

Art. 16 I. — A compter du premier semestre 2013, le Comité de pilotage des régimes de retraite organise une réflexion nationale sur les objectifs et les caractéristiques d'une réforme systémique de la prise en charge collective du risque vieillesse.

Parmi les thèmes de cette réflexion, figurent :

1° Les conditions d'une plus grande équité entre les régimes de retraite légalement obligatoires ;

2° Les conditions de mise en place d'un régime universel par points ou en comptes notionnels, dans le respect du principe de répartition au cœur du pacte social qui unit les générations ;

3° Les moyens de faciliter le libre choix par les assurés du moment et des conditions de leur cessation d'activité.

(Abrogé par L. n° 2014-40 du 20 janv. 2014, art. 4-IV-2°) « II. — En s'appuyant sur un rapport préparé par le Conseil d'orientation des retraites, le Comité de pilotage des régimes de retraite

remet au Parlement et au Gouvernement les conclusions de cette réflexion dans le respect des principes de pérennité financière, de lisibilité, de transparence, d'équité intergénérationnelle et de solidarité intragénérationnelle. »

....

Âge d'ouverture du droit (dispositions applicables à l'ensemble des régimes)

Art. 24 I. – Les cotisations versées avant le 13 juillet 2010 en application des articles L. 351-14-1, L. 634-2-2, L. 643-2 et L. 723-10-3 du code de la sécurité sociale, de l'article L. 732-27-1 du code rural et de la pêche maritime et de l'article L. 9 *bis* du code des pensions civiles et militaires de retraite, ainsi que celles versées en application des dispositions réglementaires ayant le même objet applicables aux fonctionnaires affiliés à la Caisse nationale de retraites des agents des collectivités locales et aux ouvriers régis par le régime des pensions des ouvriers des établissements industriels de l'État, par l'assuré né à compter du 1er juillet 1951 lui sont remboursées sur sa demande à la condition qu'il n'ait fait valoir aucun des droits aux pensions personnelles de retraite auxquels il peut prétendre au titre des régimes légaux ou rendus légalement obligatoires, de base et complémentaires. Les demandes de remboursement doivent être présentées dans un délai de trois ans suivant la date d'entrée en vigueur de la présente loi. Les assurés concernés, qu'ils résident en France ou hors de France, sont informés de cette possibilité.

Le montant des cotisations à rembourser est calculé en revalorisant les cotisations versées par l'assuré par application chaque année du coefficient annuel de revalorisation mentionné à l'article L. 161-23-1 du code de la sécurité sociale.

II. – Le I du présent article est applicable aux salariés agricoles mentionnés au premier alinéa de l'article L. 742-3 du code rural et de la pêche maritime et aux personnes mentionnées à l'article L. 382-29 du code de la sécurité sociale.

....

Pénibilité du parcours professionnel

Art. 80 Le Gouvernement dépose au Parlement avant le 1er janvier 2012 un rapport visant à étudier un barème d'attribution des pensions d'invalidité cohérent avec le barème d'attribution de l'allocation aux adultes handicapés et à mieux encadrer la définition de l'inaptitude ; ce rapport propose des indications pertinentes de pratique pour les échelons locaux du service médical de l'assurance maladie en vue d'une réduction de l'hétérogénéité des décisions.

....

Art. 82 Le Gouvernement présente au Parlement, avant le 30 juin 2011, un rapport sur les modalités selon lesquelles le dispositif prévu à l'article L. 351-1-4 du code de la sécurité sociale peut être adapté pour s'appliquer aux travailleurs non salariés non agricoles.

....

Art. 88 (Abrogé par L. n° 2014-40 du 20 janv. 2014, art. 16-I) *Un comité scientifique constitué avant le 31 mars 2011 a pour mission d'évaluer les conséquences de l'exposition aux facteurs de pénibilité sur l'espérance de vie avec et sans incapacité des travailleurs. La composition de ce comité est fixée par décret.*

....

Arrêté du 9 décembre 2010,

Relatif à l'attribution de ristournes sur la cotisation ou d'avances ou de subventions ou à l'imposition de cotisations supplémentaires en matière d'accidents du travail ou de maladies professionnelles (JO 15 déc.).

Art. 1er Le présent arrêté a pour objet de fixer les règles selon lesquelles les caisses mentionnées aux articles L. 215-1 et L. 215-3 du code de la sécurité sociale peuvent accorder des ristournes sur les cotisations dues au titre des accidents du travail ou imposer des cotisations supplémentaires.

Il détermine également les limites fixées au versement des avances et des subventions prévues à l'article L. 422-5 du même code et les conditions dans lesquelles celles-ci peuvent être accordées.

I. Ristournes

Art. 2 La caisse mentionnée aux articles L. 215-1 et L. 215-3 du code de la sécurité sociale peut accorder les ristournes prévues à l'article 1er aux établissements qui ont accompli un effort de prévention soutenu et pris dans ce sens des mesures susceptibles de diminuer la fréquence ou la gravité des accidents du travail et des maladies professionnelles, sous réserve :

– qu'ils cotisent à la date d'effet de la décision d'attribution d'une ristourne sur la base de taux de cotisation fixés en application des articles D. 242-6-11 et D. 242-6-13 ou D. 242-35 et D. 242-37 du code de la sécurité sociale ;

– qu'ils soient à jour de leurs cotisations et qu'ils les aient acquittées régulièrement au cours des douze derniers mois précédant la date de prise d'effet de la décision d'attribution d'une ristourne.

Art. 3 Les ristournes sont accordées soit à l'initiative de la caisse mentionnée aux articles L. 215-1 et L. 215-3 du code de la sécurité sociale, soit à la demande de l'employeur sur un rapport motivé du service prévention de la caisse, après avis de l'instance représentative du personnel chargée de l'hygiène, de la sécurité et des conditions de travail, et, après avis favorable du comité technique régional compétent ou de la commission paritaire permanente constituée en application de l'article 7 *bis* de l'arrêté du 9 avril 1968 et après information du directeur régional des entreprises, de la consommation, de la concurrence, du travail et de l'emploi.

Art. 4 Le rapport visé à l'article ci-dessus doit comporter toutes justifications utiles, et notamment une description détaillée des mesures prises ainsi qu'une proposition de taux de réduction et éventuellement de sa durée d'application. La caisse mentionnée aux articles L. 215-1 et L. 215-3 du code de la sécurité sociale notifie sa décision à l'employeur par lettre recommandée avec demande d'avis de réception.

Art. 5 Les ristournes sont accordées à compter du premier jour du mois civil qui suit la décision de la caisse mentionnée aux articles L. 215-1 et L. 215-3 du code de la sécurité sociale sous forme d'une réduction du taux de cotisation dont le montant ne pourra excéder 25 % pour les établissements cotisant au taux collectif.

Pour les établissements auxquels a été notifié un taux déterminé dans les conditions fixées aux articles D. 242-6-11 et D. 242-6-13 ou D. 242-35 et D. 242-37 du code de la sécurité sociale, la réduction ne sera appliquée qu'à la fraction du taux collectif qui entre dans le calcul de leur taux.

Cette fraction est celle qui figure aux tableaux des articles D. 242-6-13 ou D. 242-37 du code de la sécurité sociale.

Pour les entreprises bénéficiant d'un taux unique pour l'ensemble de leurs établissements appartenant à la même catégorie de risque en vertu de l'article D. 242-6-1 du code de la sécurité sociale, cette réduction ne sera accordée que sur la fraction de taux collectif entrant dans le calcul du taux de l'établissement remplissant les conditions énumérées à l'article 2 ci-dessus.

La durée des ristournes ne pourra excéder un an sans nouvel examen du comité technique régional compétent ou de la commission paritaire permanente visée à l'article 4 ci-dessus.

Art. 6 Le bénéfice de la ristourne peut, à tout moment, être supprimé ou suspendu par la caisse mentionnée aux articles L. 215-1 et L. 215-3 du code de la sécurité sociale, après avis conforme du comité technique régional intéressé ou de la commission paritaire permanente visée à l'article 3 ci-dessus.

Art. 7 Le total des minorations de cotisation attribué annuellement sous forme de ristournes par l'ensemble des caisses mentionnées aux articles L. 215-1 et L. 215-3 du code de la sécurité sociale aux établissements de leur circonscription ne peut excéder 0,40 % du montant des cotisations versées au titre des accidents du travail par l'ensemble de ces établissements au cours de la dernière année connue.

II. Cotisations supplémentaires

Art. 8 La caisse visée aux articles L. 215-1 et L. 215-3 du code de la sécurité sociale peut imposer, après avis favorable du comité technique régional compétent ou de la commission paritaire permanente visée à l'article 3 ci-dessus, une cotisation supplémentaire pour tenir compte des risques exceptionnels présentés par l'exploitation, révélés notamment par une infraction constatée en application de l'article L. 8113-7 du code du travail ou résultant d'une inobservation des mesures de prévention prescrites en application des articles L. 422-4 et L. 422-1, premier alinéa, du code de la sécurité sociale, et dont l'exécution relève ou non de la procédure d'injonction.

Cette cotisation supplémentaire est due à partir de la date à laquelle ont été constatés les risques exceptionnels ci-dessus mentionnés.

Pour les entreprises bénéficiant d'un taux unique pour l'ensemble de leurs établissements appartenant à la même catégorie de risque en vertu de l'article D. 242-6-1 du code de la sécurité sociale, cette cotisation supplémentaire est due par le seul établissement où les risques exceptionnels ont été constatés.

Cette cotisation supplémentaire est au moins égale à 25 % de la cotisation normale. Toutefois, en application de l'article L. 242-7 du code de la sécurité sociale, le montant minimal de cette cotisation ne peut être inférieur au montant résultant de l'application d'une majoration de 25 % de la cotisation normale calculée sur une période de trois mois, sans pouvoir être inférieur au montant forfaitaire de 1 000 €.

Si l'employeur n'a pas pris l'une des mesures dont la non-exécution a motivé la cotisation supplémentaire dans un délai fixé par le comité technique régional qui ne peut être supérieur à six mois suivant la date de décision de l'imposition de la cotisation supplémentaire, son montant sera automatiquement porté à 50 % de la cotisation normale. Ce délai ne pourra être supérieur à deux mois lorsque la cotisation supplémentaire s'applique à des chantiers temporaires.

Dans l'hypothèse où un employeur persisterait à refuser de prendre une des mesures dont la non-exécution a motivé la cotisation supplémentaire initiale dans un délai de six mois à dater de l'expiration du premier délai fixé par le comité technique régional, le montant de la cotisation supplémentaire sera automatiquement porté à 200 % de la cotisation normale. Ce délai est réduit à deux mois lorsque la cotisation supplémentaire s'applique à des chantiers temporaires.

La caisse mentionnée aux articles L. 215-1 et L. 215-3 notifie les décisions de cotisations supplémentaires par lettre recommandée avec demande d'avis de réception.

La notification indique à l'employeur que le montant de la cotisation supplémentaire sera automatiquement porté à 50 % puis à 200 % de la cotisation normale en cas de non-réalisation des mesures prescrites à l'expiration des délais ci-dessus mentionnés. Il est cependant fait mention que la cotisation supplémentaire cesse d'être due à compter de la date d'exécution des mesures prescrites, sous réserve du respect des dispositions de l'article 16 ci-dessous.

L'employeur peut adresser un courrier motivé à la caisse par lettre recommandée avec demande d'accusé de réception, au plus tard huit jours avant l'expiration de l'un des délais fixés par le comité technique régional conduisant à une majoration de 50 % ou à une majoration de 200 % de la cotisation normale, afin de demander à bénéficier des modalités d'aménagement définies à l'article 15 du présent arrêté.

Art. 9 En cas de récidive au sein du même établissement, après constatation par un agent de contrôle de la caisse mentionnée aux articles L. 215-1 et L. 215-3 du code de la sécurité sociale de l'absence ou de l'insuffisance d'une mesure de prévention de même nature que celle qui a motivé l'imposition d'une première cotisation supplémentaire, dans un délai maximal de trois ans à compter de la date d'imposition de la cotisation supplémentaire, le montant de la cotisation supplémentaire sera porté au minimum à 50 % de la cotisation normale, sans injonction préalable, par la caisse mentionnée aux articles L. 215-1 et L. 215-3 du code de la sécurité sociale après avis favorable du comité technique régional compétent ou de la commission paritaire permanente visée à l'article 3 ci-dessus à la date de la nouvelle constatation du risque.

Dans l'hypothèse où un employeur persisterait à refuser de prendre une des mesures dont l'absence ou l'insuffisance a motivé cette nouvelle cotisation supplémentaire dans un délai de six mois à dater de la nouvelle constatation du risque, le montant de la cotisation supplémentaire sera automatiquement porté à 200 % de la cotisation normale. Ce délai est réduit à deux mois lorsque la cotisation supplémentaire s'applique à des chantiers temporaires.

La caisse mentionnée aux articles L. 215-1 et L. 215-3 notifie les décisions de cotisations supplémentaires par lettre recommandée avec demande d'avis de réception.

La notification indique également à l'employeur que le montant de la cotisation supplémentaire sera automatiquement porté à 200 % de la cotisation normale en cas de non-réalisation des mesures prescrites à l'expiration du délai ci-dessus mentionné. Il est cependant fait mention que la cotisation supplémentaire cesse d'être due à compter de la date d'exécution des mesures prescrites, sous réserve du respect de l'alinéa 2 de l'article 16 ci-dessous.

L'employeur peut adresser un courrier motivé à la caisse par lettre recommandée avec demande d'accusé de réception, au plus tard huit jours avant l'expiration du délai conduisant à une majoration de 200 % de la cotisation normale, afin de demander à bénéficier des modalités définies à l'article 15 du présent arrêté.

Art. 10 En cas de répétition de la situation particulièrement grave de risque exceptionnel dans un délai de six mois à compter du premier constat de cette situation de risque ayant conduit à une injonction, la caisse mentionnée aux articles L. 215-1 et L. 215-3 du code de la sécurité sociale peut, après avis favorable du comité technique régional compétent ou de la commission paritaire permanente visée à l'article 3 ci-dessus, imposer à l'employeur une cotisation supplémentaire sans injonction préalable.

La liste des situations particulièrement graves de risque exceptionnel visée à l'article L. 422-4 du code de la sécurité sociale est la suivante :

— risque de chute de hauteur ;

— risque d'ensevelissement ;

— risque d'incendie et d'explosion ;

— risque lié à l'amiante et aux agents cancérogènes, mutagènes et toxiques pour la reproduction (CMR) ;

— risque lié aux travaux en espace *[espaces]* confinés ;

— risque lié à la conduite de véhicules et d'engins sans formations et autorisations adaptées ;

— risque lié aux manutentions lourdes ou répétitives ;

— risque lié à l'accès aux pièces nues sous tension électrique ;

— risque lié à l'accès aux organes en mouvement d'un équipement de travail.

La cotisation supplémentaire qui en résulte est due à compter de la nouvelle constatation du risque et est calculée dans les conditions visées à l'article 8 ci-dessus.

Art. 11 Les mesures de prévention visées à l'article L. 422-4 du code de la sécurité sociale et, dans les conditions fixées par arrêtés ministériels, à l'article L. 422-1 du code de la sécurité sociale relèvent de la procédure d'injonction.

L'injonction est adressée par lettre recommandée avec demande d'avis de réception, après enquête sur place effectuée par un ingénieur-conseil ou un contrôleur de sécurité.

Elle doit indiquer avec précision le risque exceptionnel concerné, les mesures à prendre par l'employeur, les possibilités techniques de réalisation, fixer le délai d'exécution et mentionner qu'à l'expiration de ce délai l'employeur est passible d'une cotisation supplémentaire en application des dispositions de l'article 8 ci-dessus. Lorsqu'il s'agit d'une situation particulièrement grave de risque exceptionnel visée à l'article 10 ci-dessus, l'injonction doit faire mention qu'en cas de répétition de la même situation de risque l'employeur est passible d'une cotisation supplémentaire, sans nouvelle injonction préalable, en application de l'article 10 ci-dessus.

L'injonction doit également faire mention de la faculté pour l'employeur d'introduire un recours devant le directeur régional des entreprises, de la consommation, de la concurrence, du travail et de l'emploi dans les conditions fixées par l'article 14 du présent arrêté.

Après exécution complète des mesures prescrites, l'employeur est tenu d'en aviser, par lettre recommandée, la caisse mentionnée aux articles L. 215-1 et L. 215-3 du code de la sécurité sociale qui peut faire procéder à la vérification.

Art. 12 En ce qui concerne les mesures de prévention visées à l'article L. 422-1 du code de la sécurité sociale et dont l'exécution ne relève pas de la procédure d'injonction définie à l'article 11 ci-dessus, la caisse mentionnée aux articles L. 215-1 et L. 215-3 du code de la sécurité sociale informe l'employeur, par lettre recommandée avec demande d'avis de réception, qu'à la suite de l'enquête effectuée sur place par un ingénieur-conseil ou un contrôleur de sécurité ou des documents transmis par l'inspection du travail, il est passible d'une cotisation supplémentaire en application des dispositions de l'article 8 ci-dessus.

Les motifs justifiant l'imposition de cette cotisation sont donnés à l'employeur.

Art. 13 Lorsqu'il existe une instance représentative du personnel chargée de l'hygiène, de la sécurité et des conditions de travail, l'employeur doit l'informer soit de l'injonction qui lui a été faite, soit de la lettre qui lui a été adressée, en application des articles 11 ou 12 susvisés, dès réception de ces documents et la consulter sur les modalités d'exécution à prendre.

L'employeur doit adresser à l'inspection du travail et à la caisse mentionnée aux articles L. 215-1 et L. 215-3 du code de la sécurité sociale le compte rendu de la délibération ou l'avis émis par l'instance représentative du personnel dans les quinze jours suivant la date de cette délibération ou de cet avis.

Art. 14 Dans le cas où l'employeur désire user du droit de recours devant le directeur régional des entreprises, de la consommation, de la concurrence, du travail et de l'emploi qui lui est donné par les dispositions du premier alinéa de l'article L. 422-4 du code de la sécurité sociale, il doit en saisir le directeur régional des entreprises, de la consommation, de la concurrence, du travail et de l'emploi par lettre recommandée, au plus tard dans les huit jours suivant la réception soit de l'injonction, soit de la lettre prévue respectivement par les articles 11 et 12 ci-dessus.

La caisse mentionnée aux articles L. 215-1 et L. 215-3 du code de la sécurité sociale est avisée, dans la même forme, de ce recours qui est suspensif. Pour les chantiers d'une durée inférieure à trois mois, le délai précité est réduit à quatre jours ouvrables.

Le directeur régional des entreprises, de la consommation, de la concurrence, du travail et de l'emploi notifie sa décision simultanément au requérant et à la caisse mentionnée aux articles L. 215-1 et L. 215-3 du code de la sécurité sociale dans le délai de quinze jours.

Le délai d'exécution des mesures prescrites par l'injonction ne recommence à courir qu'à partir de la date de la décision du directeur régional des entreprises, de la consommation, de la concurrence, du travail et de l'emploi.

La procédure visant à l'imposition de la cotisation supplémentaire prévue à l'article 10 ci-dessus ne doit être engagée qu'à partir de la date de la décision du directeur régional des entreprises, de la consommation, de la concurrence, du travail et de l'emploi.

Le défaut de décision du directeur régional des entreprises, de la consommation, de la concurrence, du travail et de l'emploi dans le délai prescrit équivaut au rejet du recours.

Art. 15 L'imposition de cotisations supplémentaires peut, à tout moment, sous réserve du montant minimal fixé à l'article 8 ci-dessus et visé à l'article L. 242-7 du code de la sécurité sociale, être réduite, supprimée ou suspendue par la caisse mentionnée aux articles L. 215-1 et L. 215-3 du code de la sécurité sociale après avis conforme du comité technique régional compétent ou de la commission paritaire prévue à l'article 3 ci-dessus.

Art. 16 En tout état de cause, elle cesse d'avoir effet à partir de la date d'exécution des mesures de prévention relevant ou non de la procédure d'injonction et du paiement du montant minimal.

L'employeur est tenu d'aviser de cette exécution, par lettre recommandée, la caisse mentionnée aux articles L. 215-1 et L. 215-3 du code de la sécurité sociale qui peut faire procéder à la vérification.

Art. 17 Le versement des cotisations supplémentaires est soumis aux mêmes règles et assorti des mêmes sanctions en cas de retard que celui des cotisations normales dues au titre des accidents du travail et des maladies professionnelles.

Art. 18 Lorsqu'une cotisation supplémentaire est imposée à un établissement mobile, la caisse mentionnée aux articles L. 215-1 et L. 215-3 du code de la sécurité sociale qui a pris la décision initiale informe la caisse mentionnée aux articles L. 215-1 et L. 215-3 du code de la sécurité sociale dans la circonscription de laquelle s'installe ledit établissement ; ce dernier organisme est habilité à demander, le cas échéant, l'exécution de l'injonction qui a motivé l'imposition de la cotisation supplémentaire.

Lorsqu'une cotisation supplémentaire doit être imposée à une entreprise pour un chantier temporaire, il appartient à la caisse mentionnée aux articles L. 215-1 et L. 215-3 du code de la sécurité sociale, dans la circonscription de laquelle ladite entreprise acquitte ses cotisations, de déterminer et de notifier, après avis du comité technique régional compétent ou de la commission paritaire permanente visée à l'article 3 ci-dessus, le montant de la cotisation supplémentaire.

Ladite caisse informe de sa décision la caisse mentionnée aux articles L. 215-1 et L. 215-3 du code de la sécurité sociale dans la circonscription de laquelle est situé le chantier temporaire.

III. Avances

Art. 19 Les conventions d'objectifs prévues pour la mise en œuvre de l'article L. 422-5 du code de la sécurité sociale sont définies en leurs principes par la Caisse nationale de l'assurance maladie des travailleurs salariés après avis du comité technique national compétent.

La Caisse nationale est saisie des propositions de conventions émanant des membres des comités techniques nationaux, des organisations professionnelles et syndicales, des membres des comités techniques régionaux, de ses propres services, des caisses mentionnées aux articles L. 215-1 et L. 215-3.

Les conventions d'objectifs fixant un programme d'actions de prévention spécifique à une branche d'activité, préalablement approuvé par la Caisse nationale de l'assurance maladie des travailleurs salariés, sont conclues :

– soit par la Caisse nationale de l'assurance maladie, après avis du comité technique national compétent et information du ministre chargé du travail ;

– soit par la caisse mentionnée aux articles L. 215-1 et L. 215-3, après avis du comité technique régional compétent et information du directeur régional des entreprises, de la consommation, de la concurrence, du travail et de l'emploi.

Lesdites conventions ne peuvent viser la prévention des accidents définis à l'article L. 411-2 du code de la sécurité sociale.

Art. 20 Une convention d'objectifs peut, dans la limite de quatre ans, fixer un programme pluriannuel d'actions de prévention et le versement des avances par fractions annuelles.

Chaque année, la Caisse nationale de l'assurance maladie notifie à chacune des caisses mentionnées aux articles L. 215-1 et L. 215-3 du code de la sécurité sociale le montant de l'autorisation de programme dont elle peut disposer pour la signature des contrats de prévention et celui des crédits de paiement qui lui sont nécessaires pour effectuer le versement des avances ou fractions d'avances consécutifs aux contrats passés. L'autorisation de programme est proportionnelle à l'effectif des entreprises et des établissements dépendant d'entreprises de moins de 200 salariés de la circonscription, sous réserve d'un coefficient correcteur prenant en compte l'importance du risque dans les activités des circonscriptions.

La Caisse nationale de l'assurance maladie affecte les dotations d'autorisation de programme compte tenu des états prévisionnels établis par les caisses et des dossiers suivis. Elle peut, au cours du même exercice, transférer le reliquat de l'autorisation de programme non susceptible d'être utilisée par une caisse à une autre caisse. La Caisse nationale établit avant l'affectation des dotations de l'exercice suivant un rapport sur les transferts d'autorisation*[s]* de programme intervenus.

Les autorisations de programme non utilisées après application des dispositions de l'alinéa 3 du présent article sont annulées. Le montant annuel des crédits de paiement attribués aux caisses est inscrit en dépenses et en recette*[s]* au Fonds national de prévention. Les crédits non consommés font l'objet de report*[s]* sauf lorsqu'ils correspondent à un contrat de prévention qui a été dénoncé.

Les remboursements en capital et intérêt obtenus par la caisse mentionnée aux articles L. 215-1 et L. 215-3 du code de la sécurité sociale lorsque l'avance ne demeure pas en totalité acquise à l'entreprise donnent lieu pour moitié à inscription d'une autorisation de programme complémentaire propre à la caisse.

Chaque caisse susvisée tient une comptabilité pluriannuelle des autorisations de programmes et des crédits de paiement y afférents, selon leur utilisation. Elle en rend compte trimestriellement à la Caisse nationale de l'assurance maladie, qui en effectue la récapitulation et rend compte annuellement à la commission des accidents du travail et des maladies professionnelles.

Art. 21 Le contrat de prévention des accidents de travail intervenant entre la caisse mentionnée aux articles L. 215-1 et L. 215-3 du code de la sécurité sociale territorialement compétente et l'entreprise souscrivant à la convention d'objectifs fixant un programme d'actions de prévention spécifique à la branche d'activités dont elle relève précise le programme d'actions à mettre en œuvre, son financement et son contrôle ainsi que les conditions dans lesquelles l'avance pourra demeurer, en totalité ou en partie, acquise à l'entreprise contractante. Il est conclu après avis de l'instance représentative du personnel chargée de l'hygiène, de la sécurité et des conditions de travail et après information du directeur régional du travail et de l'emploi.

Pour bénéficier du versement d'une avance, l'entreprise doit être à jour de ses cotisations au titre de ceux des établissements qui sont implantés dans la circonscription de la caisse régionale d'assurance maladie, les avoir versées régulièrement au cours des douze derniers mois et se conformer à ses obligations sociales. Elle ne doit pas employer un effectif de salariés supérieur à 199.

IV. Subventions

Art. 22 Les programmes de prévention prévus pour la mise en œuvre de l'article L. 422-5 du code de la sécurité sociale permettant l'octroi d'aides financières simplifiées sont définis :

– soit par la Caisse nationale d'assurance maladie des travailleurs salariés après avis du comité technique national compétent ;

– soit par la caisse mentionnée aux articles L. 215-1 et L. 215-3 du code de la sécurité sociale, après avis du comité technique régional compétent, et information à la Caisse nationale d'assurance maladie des travailleurs salariés.

Chaque programme précise les risques professionnels concernés, les mesures de prévention pouvant donner lieu à financement, les entreprises ciblées, notamment en termes d'activité et d'effectifs compris entre 1 et 49 salariés, les montants financiers susceptibles d'être alloués dans la limite de 25 000 € et le budget total accordé à ce programme ainsi que les objectifs poursuivis retracés dans les indicateurs.

Ces programmes précisent également la durée pendant laquelle ils pourront donner lieu à subvention, dans la limite maximale de quatre ans.

Chaque année, les programmes de prévention font l'objet d'une évaluation régionale par les comités techniques régionaux qui est adressée à la Caisse nationale d'assurance maladie des travailleurs salariés. La Caisse nationale d'assurance maladie des travailleurs salariés en effectue un bilan qui est présenté devant le comité technique national compétent et la commission des accidents du travail et des maladies professionnelles.

Le directeur régional des entreprises, de la consommation, de la concurrence, du travail et de l'emploi est informé de la mise en place des programmes de prévention par les caisses mentionnées aux articles L. 215-1 et L. 215-3 du code de la sécurité sociale.

Art. 23 Chaque année, la Caisse nationale d'assurance maladie des travailleurs salariés notifie à chacune des caisses mentionnées aux articles L. 215-1 et L. 215-3 du code de la sécurité sociale le montant dont elle peut disposer pour ces subventions.

Chaque caisse mentionnée aux articles L. 215-1 et L. 215-3 du code de la sécurité sociale tient une comptabilité pluriannuelle des subventions qu'elle octroie au titre de cet arrêté.

Elle en rend compte semestriellement à la Caisse nationale d'assurance maladie des travailleurs salariés, qui en effectue la récapitulation et rend compte annuellement à la commission des accidents du travail et des maladies professionnelles.

La Caisse nationale d'assurance maladie des travailleurs salariés affecte les enveloppes de subvention, compte tenu des états prévisionnels établis par les caisses et des dossiers suivis. Elle peut, au cours du même exercice, transférer le reliquat des enveloppes de subvention non susceptibles d'être utilisées par une caisse à d'autres caisses.

Art. 24 Une subvention peut être accordée par la caisse mentionnée aux articles L. 215-1 et L. 215-3 du code de la sécurité sociale à l'entreprise qui prend des mesures de prévention figurant dans l'un des programmes de prévention définis à l'article 22 ci-dessus, si les conditions suivantes sont réunies :

– information des instances représentatives du personnel compétentes en matière de santé au travail sur les mesures de prévention préalablement à leur mise en œuvre ;
– transmission des pièces justifiant la mise en œuvre des mesures de prévention ;
– absence de contrat de prévention en cours ou au cours des deux années précédentes ;
– transmission du document unique d'évaluation des risques mis à jour ;
– cotisations de l'entreprise à jour au titre de ceux de ses établissements qui sont implantés dans la circonscription de la caisse mentionnée aux articles L. 215-1 et L. 215-3 du code de la sécurité sociale ;
– transmission de l'attestation d'adhésion de l'entreprise à un service de santé au travail.

V. **Dispositions communes**

Art. 25 La part minimale du produit des cotisations supplémentaires imposées au cours de la dernière année connue qui doit être affectée à l'attribution de ristournes, d'avances et d'aides financières simplifiées, en application du troisième alinéa de l'article L. 242-7 du code de la sécurité sociale est fixée à 50 %.

Le total des autorisations de programme et de subvention accordées annuellement à l'ensemble des caisses est limité à 0,60 % du montant des cotisations calculé d'après les résultats de la dernière année connue. La somme correspondante est inscrite en annexe au budget du Fonds national de prévention.

Art. 26 En vue de l'application des articles 5, 8, 9, 10, 11 et 12 ci-dessus, sont regardés comme constituant un seul établissement les chantiers d'une même entreprise de bâtiment et de travaux publics implantés dans la circonscription d'une même caisse mentionnée aux articles L. 215-1 et L. 215-3 du code de la sécurité sociale.

Lorsqu'il s'agit d'un engin mobile et de nature à pouvoir être identifié, l'exécution d'injonctions peut être vérifiée en quelque lieu qu'il se trouve après expiration du délai prévu par l'injonction. Le respect des mesures de sécurité ne relevant pas de la procédure d'injonction peut également être vérifié dans les mêmes conditions.

Loi n° 2012-1404 du 17 décembre 2012,

De financement de la sécurité sociale pour 2013 (JO 18 déc.).

Art. 44 I. – De nouveaux modes d'organisation et de financement des transports de patients définis au 2° de l'article L. 321-1 du code de la sécurité sociale peuvent être expérimentés dans un ou plusieurs territoires à compter du 1er janvier 2013 et pour une période n'excédant pas trois ans.

A cette fin, il peut être dérogé, pour la durée des expérimentations, aux articles L. 162-1-13, L. 162-14-1 à L. 162-14-3, L. 162-15, L. 162-33, L. 211-1, L. 321-1, L. 322-5 à L. 322-5-4, L. 611-8 et L. 752-4 du code de la sécurité sociale et à l'article L. 723-2 du code rural et de la pêche maritime.

II. – Ces expérimentations sont menées par les agences régionales de santé et donnent lieu à une procédure d'appel d'offres dans le respect des dispositions applicables aux marchés publics. Ces appels d'offres peuvent être organisés à un niveau infra-départemental afin de tenir compte de l'offre de transports existante sur le territoire relevant de l'agence régionale de santé.

Des expérimentations relevant du I peuvent également être menées par un organisme local d'assurance maladie, un établissement de santé ou un groupement d'établissements de santé après avoir été agréées par l'agence régionale de santé. Elles donnent lieu à une procédure d'appel d'offres. Cette procédure est régie par les dispositions applicables aux marchés publics lorsque l'expérimentation est menée par un établissement public de santé ou un groupement d'établissements publics de santé. Elle est régie par des dispositions définies par décret en Conseil d'État, dans le respect des garanties prévues pour les marchés de l'État, lorsque l'expérimentation est menée par un autre organisme.

III. – Lorsqu'une expérimentation est menée par une agence régionale de santé ou un organisme local d'assurance maladie, les prescriptions de transport établies par un professionnel de santé exerçant dans les territoires définis pour l'expérimentation soit dans un cabinet ou une structure de médecine de ville, soit dans un établissement de santé ou dans un groupement d'établissements de santé ne sont, par dérogation à l'article L. 322-5, au premier alinéa de l'article L. 322-5-1 et au 5° de l'article L. 322-5-2 du code de la sécurité sociale, prises en charge par les régimes obligatoires d'assurance maladie dans les conditions de droit commun que si le transport est exécuté par une entreprise retenue à l'issue de la procédure d'appel d'offres.

Lorsqu'une expérimentation est menée par un établissement de santé ou un groupement d'établissements de santé, les prescriptions de transport à destination ou en provenance de cet établissement ou de ce groupement d'établissements et les prescriptions de transport faites par un professionnel de santé exerçant dans cet établissement de santé ou ce groupement d'établissements de santé ne sont, par dérogation à l'article L. 322-5, au premier alinéa de l'article L. 322-5-1 et au 5° de l'article L. 322-5-2 du code de la sécurité sociale, prises en charge par les régimes obligatoires d'assurance maladie dans les conditions de droit commun que si le transport est exécuté par une entreprise retenue à l'issue de la procédure d'appel d'offres.

IV. – Le Gouvernement transmet au Parlement un rapport d'évaluation avant la fin de l'expérimentation. Ce rapport propose, le cas échéant, les évolutions législatives découlant de cette évaluation.

V. – Un décret en Conseil d'État définit les modalités d'application du présent article, notamment :

1° Les modalités de sélection et de désignation des territoires et des structures retenus pour l'expérimentation ;

2° Les modalités d'organisation et de financement des expérimentations ;

3° La procédure d'agrément mentionnée au II ;

4° Les conditions de prise en charge des prescriptions de transport, dans une expérimentation, lorsque le transport n'est pas exécuté par une entreprise retenue à l'issue de la procédure d'appel d'offres.

……………………………………………………………………………………

Art. 48 I. – Des expérimentations peuvent être menées, à compter du 1er janvier 2013 et pour une durée n'excédant pas *(L. n° 2016-1827 du 23 déc. 2016, art. 93-II)* « six » ans, dans le cadre de projets pilotes mettant en œuvre de nouveaux modes d'organisation des soins destinés à optimiser le parcours de santé des personnes âgées en risque de perte d'autonomie.

Le contenu des projets pilotes est défini par un cahier des charges national arrêté par les ministres chargés de la santé et de la sécurité sociale. Le périmètre territorial de mise en œuvre de chaque projet pilote est défini par arrêté des ministres chargés de la santé et de la sécurité sociale.

Les expérimentations sont mises en œuvre par le biais de conventions signées entre les agences régionales de santé, les organismes locaux d'assurance maladie, les professionnels de santé, les établissements de santé, les établissements sociaux et médico-sociaux, les collectivités territoriales volontaires ainsi que, le cas échéant, des organismes complémentaires d'assurance maladie.

II. — Pour la mise en œuvre des projets pilotes définis au I, dans le cadre des conventions conclues à cette fin, il peut être dérogé aux règles de facturation et de tarification mentionnées aux articles L. 162-5, L. 162-9, L. 162-11, L. 162-12-2, L. 162-12-9, L. 162-14, L. 162-14-1 et L. 162-32-1 du code de la sécurité sociale en tant qu'ils concernent les tarifs, honoraires, rémunérations et frais accessoires dus aux professionnels de santé par les assurés sociaux et par l'assurance maladie, aux 1°, 2°, 6° et 9° de l'article L. 321-1 du même code en tant qu'ils concernent les frais couverts par l'assurance maladie, à l'article L. 162-2 du même code en tant qu'il concerne le paiement direct des honoraires par le malade, aux articles *(L. n° 2016-1827 du 23 déc. 2016, art. 93-II)* « L. 160-13 et L. 160-14 » du même code relatifs à la participation de l'assuré aux tarifs servant de base au calcul des prestations et aux articles L. 314-2 et L. 314-9 du code de l'action sociale et des familles en tant qu'ils concernent les modes de tarification des établissements et services mentionnés au I de l'article L. 313-12 du même code. Dans ce cadre, les établissements relevant du même I peuvent facturer à l'assurance maladie la totalité des frais d'accueil de personnes en sortie d'hospitalisation correspondant à l'ensemble des charges d'hébergement, de dépendance et de soins, une fois déduit le montant du forfait journalier mentionné à l'article L. 174-4 du code de la sécurité sociale et pour une durée limitée à trente jours consécutifs.

Les conventions peuvent également prévoir, dans des conditions définies par voie réglementaire, des dérogations aux dispositions applicables, en matière tarifaire et d'organisation, aux services mentionnés au 6° du I de l'article L. 312-1 du code de l'action sociale et des familles assumant les missions de services polyvalents d'aide et de soins à domicile.

III. — Sans préjudice de financements complémentaires prévus, le cas échéant, dans les conventions mentionnées au I du présent article, les dépenses nouvelles liées aux projets pilotes, notamment celles relatives à l'application des II et IV, sont imputées sur le fonds mentionné à l'article L. 1435-8 du code de la santé publique. Elles s'imputent sur la dotation mentionnée au 1° de l'article L. 1435-9 du même code et font l'objet d'une identification spécifique au sein de l'arrêté prévu au même article L. 1435-9. Par dérogation audit article L. 1435-9, les crédits affectés aux projets pilotes par cet arrêté ne peuvent être affectés au financement d'autres activités.

IV. — Dans le cadre des projets pilotes, le suivi sanitaire, médico-social et social des personnes âgées en risque de perte d'autonomie peut comporter, sous réserve du consentement exprès et éclairé de chaque personne, la transmission, par les personnels soignants et les professionnels chargés de leur accompagnement social, d'informations strictement nécessaires à leur prise en charge et relatives à leur état de santé, à leur situation sociale ou à leur autonomie. La liste des professionnels et organismes à qui ces informations sont transmises est approuvée par la personne lors de l'expression du consentement. La personne, dûment informée, peut refuser à tout moment que soient communiquées des informations la concernant à un ou plusieurs professionnels ou organismes. Lorsque la personne concernée est hors d'état d'exprimer son accord, le consentement de son représentant légal ou de la personne de confiance mentionnée à l'article L. 1111-6 du code de la santé publique doit être obtenu. A défaut, les informations en cause ne peuvent pas être échangées. Un décret en Conseil d'État précise la nature des informations qui peuvent être transmises, les conditions de cette transmission ainsi que les professionnels et organismes susceptibles d'en être destinataires.

V. — En vue d'une généralisation, une évaluation annuelle des projets pilotes, portant notamment sur le nombre de professionnels de santé qui y prennent part, la consommation de soins des personnes âgées, le maintien de leur autonomie ainsi que leur taux d'hospitalisation et, le cas échéant, de réhospitalisation, est réalisée en liaison avec la Haute Autorité de santé et les participants aux projets pilotes. Cette évaluation peut, sous réserve d'anonymat, comporter un suivi clinique individualisé et croiser des données relatives à la prise en charge sanitaire, sociale et médico-sociale des personnes âgées. Elle est transmise au Parlement avant le 1er octobre.

VI. — Par dérogation à l'article L. 1435-6 du code de la santé publique, les médecins désignés par le directeur général de l'agence régionale de santé et les personnels placés sous leur responsabilité ont accès aux données individuelles non nominatives contenues dans le système d'information prévu à l'article L. 161-28-1 du code de la sécurité sociale lorsque ces données sont nécessaires à la préparation, à la mise en œuvre et à l'évaluation par les agences régionales de santé des expérimentations prévues au présent article, dans le respect des conditions prévues au chapitre X de la loi n° 78-17 du 6 janvier 1978 relative à l'informatique, aux fichiers et aux libertés.

Les expérimentations conduites dans le cadre de l'art. 48 de la L. n° 2012-1404 du 17 déc. 2012 de financement de la sécurité sociale pour 2013 (...) peuvent être poursuivies, après autorisation par arrêté des ministres chargés de la sécurité sociale et de la santé, lorsqu'elles entrent dans l'objet défini au I de l'art. L. 162-31-1 CSS, dans sa rédaction résultant de la L. n° 2017-1836 du 30 déc. 2017, et sous réserve que soit prévue une évaluation conforme aux dispositions réglementaires prévues au dernier al. du III du même art. L. 162-31-1. L'arrêté fixe la nouvelle date de fin de chaque expérimentation, qui ne peut ni porter la durée totale de celle-ci à plus de six ans à compter de la date de début de mise en œuvre effective de l'expérimentation initiale, ni être postérieure au 31 déc. 2022. Le financement de ces expérimentations est assuré dans les conditions prévues audit art. L. 162-31-1. Les expérimentations dont la poursuite n'a pas été autorisée par arrêté des ministres chargés de la sécurité sociale et de la santé avant le 31 déc. 2018 prennent fin au plus tard le 31 déc. 2019.

L'art. 48 de la L. n° 2012-1404 du 17 déc. 2012 de financement de la sécurité sociale pour 2013 sera abrogé le 1er janv. 2020 (L. n° 2017-1836 du 30 déc. 2017, art. 51-V et VI).

....

Art. 82 I. — Les cotisations versées du 13 juillet 2010 au 31 décembre 2011 par l'assuré né entre le 1er janvier 1952 et le 31 décembre 1955 inclus, en application des articles L. 351-14-1, L. 634-2-2, L. 643-2 et L. 723-10-3 du code de la sécurité sociale, de l'article L. 732-27-1 du code rural et de la pêche maritime et de l'article L. 9 *bis* du code des pensions civiles et militaires de retraite, ainsi que celles versées en application des dispositions réglementaires ayant le même objet applicables aux fonctionnaires affiliés à la Caisse nationale de retraites des agents des collectivités locales et aux ouvriers régis par le régime des pensions des ouvriers des établissements industriels de l'État, lui sont remboursées sur sa demande à la condition qu'il n'ait fait valoir aucun des droits aux pensions personnelles de retraite auxquels il peut prétendre au titre des régimes légaux ou rendus légalement obligatoires, de base et complémentaires. Les demandes de remboursement doivent être présentées dans un délai d'un an à compter de la promulgation de la présente loi. Les assurés concernés, qu'ils résident en France ou hors de France, sont informés de cette possibilité.

Le montant des cotisations à rembourser est calculé en revalorisant les cotisations versées par l'assuré par application chaque année du coefficient annuel de revalorisation mentionné à l'article L. 161-23-1 du code de la sécurité sociale.

II. — 1. Le I du présent article est applicable aux salariés agricoles mentionnés au premier alinéa de l'article L. 742-3 du code rural et de la pêche maritime et aux personnes mentionnées à l'article L. 382-29 du code de la sécurité sociale.

2. Le I du présent article est applicable dans les mêmes conditions aux rachats mentionnés aux articles L. 351-14, L. 742-2 et L. 742-7 du code de la sécurité sociale et à l'article L. 732-52 du code rural et de la pêche maritime.

Décret n° 2013-266 du 28 mars 2013,

Relatif à la déclaration sociale nominative (JO 30 mars).

Art. 2 *(Décr. n° 2014-1371 du 17 nov. 2014, art. 2-I)* « L'accès au dispositif mentionné à l'article L. 133-5-3 du code de la sécurité sociale est effectué par l'intermédiaire d'un *(Décr. n° 2016-1567 du 21 nov. 2016, art. 2-I)* « téléservice » figurant parmi ceux énumérés dans une liste fixée par arrêté conjoint du ministre chargé de la sécurité sociale et du ministre chargé de l'agriculture. Lors de leur inscription sur l'un de ces *(Décr. n° 2016-1567 du 21 nov. 2016, art. 2-I)* « téléservices », une charte relative à la déclaration sociale nominative est communiquée aux employeurs qui ont recours à la déclaration sociale nominative.

« Cette charte rappelle les conditions et modalités techniques selon lesquelles la déclaration sociale nominative doit être effectuée, indique les précautions que les employeurs sont invités à prendre dans le cadre de l'utilisation de ce dispositif et comporte les engagements d'accompagnement des URSSAF, des caisses générales de sécurité sociale ou des caisses de mutualité sociale agricole dont les employeurs relèvent. »

(Décr. nº 2016-1567 du 21 nov. 2016, art. 2-I) « Elle peut prévoir que la notification des taux des cotisations des accidents du travail et des maladies professionnelles définis en application de l'article L. 242-5 du code de la sécurité sociale et des articles L. 751-15 et L. 751-16 du code rural et de la pêche maritime ainsi que l'information des employeurs sur leur évolution sont effectuées par les téléservices prévus au premier alinéa du présent article. »

Elle est conforme à un modèle approuvé par arrêté conjoint du ministre chargé de la sécurité sociale *(Décr. nº 2016-1567 du 21 nov. 2016, art. 2-I)* « , du ministre chargé de l'agriculture et du ministre chargé du travail ».

Sur l'entrée en vigueur du Décr. nº 2016-1567 du 21 nov. 2016, V. note ss. art. R. 133-14.

CHAPITRE II *Création du traitement de données à caractère personnel relatif à la déclaration sociale nominative*

Art. 3 I. — Est autorisée la création, par le ministère chargé de la sécurité sociale, d'un traitement de données à caractère personnel dénommé "déclaration sociale nominative" mis en œuvre par les URSSAF ou les caisses générales de sécurité sociale, la Caisse nationale d'assurance vieillesse des travailleurs salariés, les caisses de mutualité sociale agricole et le groupement d'intérêt public "modernisation des déclarations sociales", organisme désigné pour recevoir les déclarations sociales des entreprises.

Ce traitement qui, en utilisant les données issues de la gestion de la paie des salariés, se substitue aux déclarations et formalités sociales existantes a pour finalités de :

1° Simplifier les démarches pour les entreprises dans le domaine social *(Décr. nº 2016-1567 du 21 nov. 2016, art. 2-II)* « et fiscal » ;

2° Faciliter les démarches des salariés relatives à leur protection sociale *(Décr. nº 2016-1567 du 21 nov. 2016, art. 2-II)* « et leur placement en cas de situation de recherche d'emploi » ;

3° Assurer la concordance des informations entre les montants déclarés pour l'ouverture ou le rétablissement des droits et le calcul des prestations, d'une part, *[et]* les montants soumis à cotisations sociales, d'autre part ;

(Décr. nº 2014-1371 du 17 nov. 2014, art. 2-II-A) « 4° Permettre de détecter les erreurs déclaratives afin d'éviter les indus, de prévenir les fraudes aux prestations et aux cotisations sociales et de mettre à jour et, le cas échéant, rectifier les droits des salariés ; »

5° Produire des statistiques anonymes à des fins de suivi de l'évolution de l'emploi *(Décr. nº 2014-1371 du 17 nov. 2014, art. 2-II-A)* « et des salaires ;

« 6° Permettre le recouvrement des cotisations et contributions sociales dont l'employeur est redevable et la prise en compte des exonérations dont il bénéficie ;

« 7° Calculer les effectifs de l'employeur pour la détermination du montant et le recouvrement des cotisations et contributions sociales" ;

(Décr. nº 2016-1567 du 21 nov. 2016, art. 2-II) « 8° Calculer les effectifs de l'employeur pour la répartition du produit du versement transport et de la cotisation sur la valeur ajoutée des entreprises ;

« 9° Permettre aux services de l'État de contrôler l'application du droit du travail, notamment en matière de lutte contre le travail illégal, et de mesurer l'audience et la représentativité syndicale et patronale dans les entreprises. »

(Décr. nº 2017-866 du 9 mai 2017, art. 4, en vigueur le 1er janv. 2018) « II. — Les données à caractère personnel collectées par les organismes mentionnés au II de l'article R. 133-13 du code de la sécurité sociale au moyen de la déclaration sociale nominative et de la déclaration des événements mentionnés au I du même article sont celles énumérées au V de l'article R. 133-14 du même code. » — *Les dispositions issues du Décr. nº 2017-866 du 9 mai 2017 s'appliquent aux revenus perçus ou réalisés à compter du 1er janv. 2018 (Décr. préc., art. 6-I).*

Art. 4 I. — L'employeur adresse les déclarations mentionnées au I de l'article R. 133-13 du code de la sécurité sociale aux organismes mentionnés au II de cet article.

(Décr. nº 2014-1371 du 17 nov. 2014, art. 2-III-A) « Ces organismes traitent et conservent les données nécessaires à l'encaissement des cotisations et contributions sociales qu'ils sont chargés de recouvrer, selon les règles qui leur sont applicables, ainsi que les données mentionnées au IV dans les conditions prévues à cet alinéa. Ils transmettent les autres données de ces déclarations à la Caisse nationale d'assurance vieillesse des travailleurs salariés et ne les conservent que pendant un délai de trois mois au plus afin de pallier un éventuel dysfonctionnement de l'exploitation des données transmises. »

II. — La Caisse nationale d'assurance vieillesse des travailleurs salariés est habilitée à réaliser, à partir des données issues des déclarations sociales nominatives et des événements déclarés effectués pour le même salarié et le même employeur, les traitements nécessaires pour permettre la substitution des déclarations mentionnées au IV de l'article R. 133-14 du même code. *(Décr. n° 2016-1567 du 21 nov. 2016, art. 2-III)* « Cette caisse traite et conserve les données nécessaires à l'exercice de ses missions, selon les règles qui leur sont applicables. »

(Décr. n° 2014-1371 du 17 nov. 2014, art. 2-III-B) « III. – Les données issues de ces traitements sont transmises, dans la limite des informations qui sont *(Décr. n° 2016-1567 du 21 nov. 2016, art. 2-III)* « strictement » nécessaires à l'accomplissement de leurs missions, aux administrations et organismes suivants :

« 1° Les URSSAF ;

« 2° Les caisses d'allocations familiales ;

« 3° Les caisses primaires d'assurance maladie et les caisses d'assurance retraite et de la santé au travail, si les salariés relèvent du régime général de sécurité sociale ;

« 4° Pôle emploi ;

« 5° Le ministère chargé du travail *(Décr. n° 2016-1567 du 21 nov. 2016, art. 2-III)* « , le ministère chargé de la santé et le ministère chargé des affaires sociales » ;

« 6° Les organismes chargés de la gestion d'un régime de retraite complémentaire obligatoire *(Abrogé par Décr. n° 2016-1567 du 21 nov. 2016, art. 2-III) « en application du chapitre Ier du titre II du livre IX du code de la sécurité sociale »* ;

« 7° Les organismes *(Décr. n° 2016-1567 du 21 nov. 2016, art. 2-III)* « , institutions et entreprises » chargés de la gestion *(Décr. n° 2016-1567 du 21 nov. 2016, art. 2-III)* « de garanties de protection sociale complémentaire instituées en application de l'article L. 911-1 du code de la sécurité sociale ;

« 8° Les organismes chargés de la gestion d'un régime spécial mentionné à l'article L. 711-1 du code de la sécurité sociale ;

« 9° Les caisses de congés payés des professions du spectacle prévues à l'article L. 3141-30 du code du travail ; »

« 10° L'Institut national de la statistique et des études économiques (INSEE) ; – *Les a, b, c, d, e, f, g et h deviennent respectivement les 1°, 2°, 3°, 4°, 5°, 6°, 7° et 10° (Décr. n° 2016-1567 du 21 nov. 2016, art. 2-III).*

(Décr. n° 2016-1567 du 21 nov. 2016, art. 2-III) « 11° La direction générale des finances publiques (DGFiP) ;

« 12° L'Agence de services et de paiement ;

« 13° La Caisse des dépôts et consignations. »

(Décr. n° 2014-1371 du 17 nov. 2014, art. 2-III-B) « Toutefois, les organismes mentionnés au *(Décr. n° 2016-1567 du 21 nov. 2016, art. 2-III)* « 1° » peuvent conserver et les organismes et administrations mentionnés aux *(Décr. n° 2016-1567 du 21 nov. 2016, art. 2-III)* « 2° à 13° » peuvent recevoir directement des organismes mentionnés au II de l'article R. 133-13 les données qui les concernent, sous réserve que cela n'ait pas pour effet d'accroître le nombre de données collectées auprès des employeurs.

« IV. – Les données des déclarations mentionnées au I de l'article R. 133-13 du même code qui sont relatives aux salariés relevant de la protection sociale agricole sont conservées et traitées par les caisses de mutualité sociale agricole pour l'accomplissement de leurs propres missions et pour celles effectuées pour le compte des organismes mentionnés aux *(Décr. n° 2016-1567 du 21 nov. 2016, art. 2-III)* « 6° et 7° » avec lesquels elles sont liées par une convention de gestion.

« V. – Les données transmises aux organismes dans les conditions prévues aux I à III du présent article, dans la mesure strictement nécessaire à l'accomplissement de leurs missions, sont définies dans un tableau fixé par arrêté du ministre chargé de la sécurité sociale ou, lorsque ces données proviennent de déclarations des employeurs dont le personnel relève du régime de la protection sociale agricole, par arrêté conjoint du ministre chargé de la sécurité sociale et du ministre chargé de l'agriculture, pris après avis de la Commission nationale de l'informatique et des libertés.

« VI. – Ont seuls accès à ces données les agents individuellement désignés et dûment habilités dans le cadre des missions qui leur sont confiées par celui des organismes mentionnés aux I à III du présent article dont ils relèvent. »

(Décr. n° 2016-1567 du 21 nov. 2016, art. 2-III) « Ces données ne peuvent être utilisées que pour l'exercice des missions mentionnées à l'article 3 du présent décret et sans porter atteinte à l'exercice de ces mêmes missions par d'autres opérateurs lorsque celles-ci ne relèvent pas exclusivement des administrations et organismes mentionnés au III du présent article. »

(Décr. n° 2014-1371 du 17 nov. 2014, art. 2-III-B) « VII. – Dans les départements d'outre-mer, les données sont transmises aux caisses générales de sécurité sociale en lieu et place des organismes mentionnés aux *a* et *c* *[1° et 3°]* du III. »

Sur l'entrée en vigueur du Décr. n° 2016-1567 du 21 nov. 2016, V. note ss. art. R. 133-14.

Art. 5 Les traitements mentionnés à l'article 4 sont décrits dans un cahier des charges établi entre la Caisse nationale d'assurance vieillesse des travailleurs salariés, l'Agence centrale des organismes de sécurité sociale ou la Caisse centrale de la mutualité sociale agricole, d'une part, et les administrations et organismes destinataires, d'autre part. Les organismes mentionnés au II de l'article R. 133-13 du code de la sécurité sociale et la Caisse nationale d'assurance vieillesse des travailleurs salariés sont garants de la conformité des données transmises aux administrations et organismes destinataires pour les déclarations prévues au IV de l'article R. 133-14 du même code aux données qu'ils ont reçues et aux traitements prévus par le cahier des charges.

Art. 6 I. – La Caisse nationale d'assurance vieillesse des travailleurs salariés conserve les données recueillies au moyen des déclarations sociales nominatives pendant au plus cinq ans.

II. – La conservation et la transmission des données des déclarations mentionnées au I de l'article R. 133-13 du code de la sécurité sociale sont effectuées dans des conditions qui permettent d'en assurer la sécurité.

III. – Les droits d'accès et de rectification des données, prévus aux articles 39 et 40 de la loi du 6 juin 1978 susvisée, sont exercés auprès de la Caisse nationale d'assurance vieillesse des travailleurs salariés, de la caisse de mutualité sociale agricole dont relève l'employeur ou auprès des organismes ou administrations mentionnés aux *(Décr. n° 2014-1371 du 17 nov. 2014, art. 2-IV ; Décr. n° 2016-1567 du 21 nov. 2016, art. 2-IV)* « 1° à 13° » du III de l'article 4. – *Sur l'entrée en vigueur du Décr. n° 2016-1567 du 21 nov. 2016, V. note ss. art. R. 133-14.*

IV. – Les employeurs qui *(Décr. n° 2014-1371 du 17 nov. 2014, art. 2-IV)* « ont recours au » dispositif mentionné à l'article L. 133-5-3 du même code informent leurs salariés sur les données accessibles dans le cadre de la déclaration sociale nominative.

Cette information précise les conditions d'exercice du droit d'accès et du droit de rectification des données mentionnées au III.

Art. 7 *(Décr. n° 2014-1371 du 17 nov. 2014, art. 2-V)* Des conventions sont conclues entre les organismes et administrations mentionnés au III de l'article 4, le groupement d'intérêt public "modernisation des déclarations sociales" et la Caisse nationale d'assurance vieillesse des travailleurs salariés. Elles fixent les modalités selon lesquelles sont effectuées les transmissions des données issues de la déclaration sociale nominative aux organismes et administrations concernées *[concernés]*, ainsi que leur participation au financement des travaux de conception de ce dispositif lorsqu'ils ne sont pas membres du groupement précité. Le financement du service de transfert des données sociales est précisé par convention conclue entre la Caisse nationale d'assurance vieillesse des travailleurs salariés et les organismes et administrations concernées *[concernés]*.

(Décr. n° 2016-1567 du 21 nov. 2016, art. 2-V) « Le Centre national de transfert des données sociales, institué au sein de la Caisse nationale d'assurance vieillesse, organise le transfert des données aux administrations et organismes mentionnés au III de l'article 4 du présent décret. Il veille, conjointement avec le groupement d'intérêt public "Modernisation des déclarations sociales" ainsi qu'avec les organismes mentionnés au II de l'article R. 133-13 du code de la sécurité sociale, à la qualité des informations transmises aux destinataires à partir des données reçues et traitées. » – *Sur l'entrée en vigueur du Décr. n° 2016-1567 du 21 nov. 2016, V. note ss. art. R. 133-14.*

Art. 7-1 *(Décr. n° 2016-1567 du 21 nov. 2016, art. 2-VI)* Le groupement d'intérêt public "Modernisation des déclarations sociales" élabore une charte de partenariat pour la conception, par les éditeurs de logiciels de paie, de logiciels respectant le cahier des charges de la déclaration sociale nominative.

La charte est conforme à un modèle approuvé par arrêté conjoint du ministre chargé de la sécurité sociale, du ministre chargé de l'agriculture et du ministre chargé du travail.

La liste des éditeurs de logiciels de paie ayant souscrit les engagements de la charte de partenariat est publiée sur les mêmes téléservices que ceux prévus à l'article 2.

Sur l'entrée en vigueur du Décr. n° 2016-1567 du 21 nov. 2016, V. note ss. art. R. 133-14.

Arrêté du 5 novembre 2013,

Fixant le modèle de convention de gestion régionale entre les caisses de base du régime social des indépendants et les organismes mentionnés aux articles L. 213-1 et L. 752-4 du code de la sécurité sociale (JO 15 nov.).

Art. 1er Pour l'exercice de la mission de l'interlocuteur social unique défini à l'article L. 133-6, sont conclues, entre les caisses de base du régime social des indépendants et les organismes mentionnés aux articles L. 213-4 et L. 752-4, des conventions régionales de gestion dont le modèle figure en annexe du présent arrêté.

Art. 2 Le directeur de la sécurité sociale est chargé de l'exécution du présent arrêté, qui sera publié au *Journal officiel* de la République française.

ANNEXE

CONVENTION TYPE DE GESTION RÉGIONALE RELATIVE AUX MODALITÉS DE FONCTIONNEMENT DE L'INTERLOCUTEUR SOCIAL UNIQUE

La présente convention est conclue entre,

D'une part, la caisse régionale du régime social des indépendants de ....

Et, d'autre part, l'URSSAF [ou la CGSS] de ....

Vu l'ordonnance n° 2005-1529 du 8 décembre 2005 instituant un interlocuteur social unique pour les indépendants, codifiée aux articles L. 133-6 et suivants du code de la sécurité sociale ;

Vu le décret n° 2007-703 du 3 mai 2007 relatif à l'interlocuteur social unique ;

Vu le décret n° 2013-597 du 8 juillet 2013 modifiant les modalités de fonctionnement de l'interlocuteur social unique et d'organisation du régime social des indépendants ;

Vu la convention nationale ISU en date du 31 juillet 2013 ;

Les parties conviennent de ce qui suit :

Préambule

Les objectifs de l'interlocuteur social unique

Depuis le 1er janvier 2008, les artisans et commerçants disposent d'un interlocuteur social unique (ISU) pour le recouvrement des cotisations et contributions sociales dont ils sont redevables à titre personnel.

Les objectifs recherchés à travers la mise en place de l'ISU sont la simplification des formalités du travailleur indépendant et des gains d'efficience des opérations conduites par les organismes gestionnaires du fait :

— de l'existence d'une seule créance couvrant l'ensemble des contributions et cotisations personnelles ;

— de l'unicité du circuit de calcul, d'émission, de paiement et de recouvrement amiable et forcé des cotisations ;

— de la possibilité pour les intéressés d'avoir un seul interlocuteur pour l'ensemble de leurs cotisations et contributions sociales personnelles.

Durant les premières années, le dispositif de l'ISU a connu de graves difficultés de mise en place. A la date de la présente convention, ces dysfonctionnements ont été globalement circonscrits.

La priorité est désormais de concrétiser les objectifs de simplification et d'efficience de gestion par l'organisation d'une meilleure cohérence des processus et des échanges d'informations entre le régime social des indépendants (RSI) et la branche recouvrement du régime général.

Cela exige de la caisse régionale du RSI et de l'URSSAF (ou de la CGSS) :

— de traiter de bout en bout en commun des processus de gestion dédiés et adaptés au public des artisans et commerçants ;

— d'atteindre en commun des objectifs quantifiés nationaux ou régionaux de qualité de service, de performance du recouvrement ou de maîtrise des risques dont il sera rendu compte aux représentants élus des assurés siégeant dans les conseils d'administration des caisses du RSI.

Une commission de surveillance régionale de l'ISU, composée de présidents, directeurs et des agents comptables des deux organismes, pourra être instituée en vue de suivre l'application de la *convention.* Elle se réunira au moins une fois par an.

Art. 1er *Objet de la convention.* La présente convention a pour objet d'organiser, sous la responsabilité du directeur de la caisse régionale du RSI, le fonctionnement de l'ISU dans la circonscription de la caisse régionale pour atteindre les objectifs rappelés ci-dessus.

A cet effet, la convention détermine tout d'abord les modalités du pilotage régional de l'ISU, les fonctions faisant l'objet d'une gestion commune et leur organisation, ainsi que les outils techniques mobilisés et les personnels affectés à ces fonctions. Elle définit également les modalités d'articulation de ces fonctions avec celles qui restent réalisées de manière exclusive par l'un ou l'autre organisme de base en fixant notamment des engagements de service. Elle précise, enfin, les modalités selon lesquelles la réalisation d'opérations matérielles peut être confiée aux agents de l'un ou l'autre organisme par celui dont relève juridiquement les activités à la réalisation desquelles concourent ces opérations matérielles.

Art. 2 *Gouvernance régionale de l'ISU.* Le directeur de la caisse régionale RSI et le directeur de l'URSSAF (ou de la CGSS) sont responsables vis-à-vis du directeur général du RSI et du directeur de l'ACOSS du bon fonctionnement de l'ISU dans la circonscription de la caisse régionale du RSI.

Dans ce cadre, les deux directeurs reçoivent chaque année, au plus tard avant la fin du premier trimestre, une lettre de mission commune relative à l'ISU, dont la mise en œuvre est évaluée conjointement par le directeur général du RSI et le directeur de l'Agence centrale des organismes de sécurité sociale (ACOSS).

Cette lettre de mission fixe les objectifs nationaux ou régionaux attendus en matière de qualité de service, de performance du recouvrement et de maîtrise des risques. En réponse, le directeur de la caisse régionale RSI et le directeur de l'URSSAF (ou de la CGSS) élaborent conjointement chaque année une lettre d'engagements permettant de préciser les mesures prises, l'organisation mise en place et les moyens affectés pour atteindre les objectifs fixés par la lettre de mission.

Un comité de direction régional de l'ISU composé du directeur de la caisse régionale du RSI, du directeur de l'URSSAF (ou de la CGSS), des deux agents comptables (ou de leurs délégataires) et des deux agents de direction mentionnés à l'article 3 est réuni au moins une fois par trimestre.

Il arrête :

— le plan d'actions régional annuel de gestion de l'ISU qui intègre les orientations et les objectifs fixés nationalement ;

— les modalités de mise en œuvre des actions conjointes nationales ou régionales dont il suit l'avancement et qu'il évalue ;

— les engagements de service auxquels doivent souscrire les services placés hors de l'organisation commune régionale décrite à l'article 3 ;

— l'évolution des ressources pérennes ou temporaires nécessaires à la réalisation de ces actions, au sein de l'organisation commune ou dans les services qui restent en dehors.

Les directeurs de chaque organisme rendent compte à leurs conseils d'administration des travaux menés dans le cadre de l'ISU au regard notamment du plan d'actions arrêté par le comité de direction mentionné ci-dessus.

Pour les cas spécifiques d'une région comprenant soit une caisse régionale RSI pour plusieurs URSSAF, soit une URSSAF régionale pour plusieurs caisses RSI, un unique comité de direction régional ISU réunissant l'ensemble des directeurs et agents de direction de caisse RSI et d'URSSAF ainsi que les agents comptables (ou leurs délégataires) est institué.

Un comité opérationnel régional de l'ISU est institué.

Il a pour mission :

— d'organiser et de piloter les activités relevant de l'organisation commune ;

— d'assurer le suivi, de manière partagée et transparente, du respect des engagements de service ;

— de mettre en œuvre les actions nationales et régionales ;

— d'élaborer et de mettre à jour des tableaux de bord des activités liées à l'ISU ;

— de définir des actions correctrices lorsque les indicateurs s'écartent des objectifs quantifiés, fixés par les instances nationales de pilotage.

Ce comité, composé de deux agents de direction et des deux cadres désignés à l'article 3 et, en tant que de besoin, des agents comptables, se réunit chaque semaine.

Art. 3 *Organisation commune régionale.* Chacun des deux directeurs désigne dans son équipe de direction un agent de direction. Les deux agents de direction ainsi désignés consacrent à eux deux l'équivalent d'au moins un temps plein au pilotage conjoint des actions nécessaires au bon fonctionnement de l'ISU dans la région.

Ils participent aux instances nationales de pilotage de l'ISU. Ils sont assistés de deux cadres, l'un de la caisse régionale du RSI et l'autre de l'URSSAF (ou de la CGSS), qui sont responsables chacun à plein temps et conjointement de l'encadrement opérationnel de l'organisation commune dédiée à l'ISU décrite ci-après.

L'organisation commune se compose :

— d'agents, issus en nombre égal de chaque organisme, formant une cellule mixte chargée du pilotage quotidien global des activités de production relatives à l'ISU et de la prise en charge des dossiers complexes. La cellule mixte est installée sur un même plateau physique localisé soit à la caisse régionale du RSI, soit à l'URSSAF (ou à la CGSS) ;

— des agents, hors de la cellule mixte, dédiés sur leur site habituel de travail à la réalisation des activités relevant de l'organisation commune décrites à l'article 4. Ceux de ces agents relevant de l'URSSAF (ou de la CGSS) se consacrent à plein temps au public des artisans et commerçants ou, à défaut, à celui des travailleurs indépendants.

Est annexée à la présente convention et régulièrement mise à jour la liste des agents affectés à plein temps à l'organisation commune.

Pour la réalisation d'opérations matérielles pouvant être confiée à l'ensemble des agents de l'organisation commune, le comité de direction régional de l'ISU décide des formations et des contrôles nécessaires à la bonne exécution de ces tâches préalablement listées.

Les formalités et actes de gestion du personnel relèvent de la hiérarchie de l'organisme dont sont issus les agents de la cellule mixte ou les agents hors cellule mixte.

Art. 4 *Activités et processus relevant de l'organisation commune.* Les activités et les processus suivants relèvent de l'organisation commune dans une logique de partage équilibré de la charge de travail.

Accueil physique

Un accueil commun et unique doit être recherché. Lorsque les conditions le permettent, il est localisé au sein du site local de la caisse RSI.

Une annexe à la présente convention fixe la liste des accueils dans la région.

Gestion administrative du compte : gestion des données administratives hors CFE

Les activités de gestion des données administratives, en particulier la gestion des rejets des flux automatiques d'affiliation, de modification et de radiation (RI46) et la gestion des rejets des flux droits acquis, relèvent de l'organisation commune régionale ISU, à l'exception de l'affiliation du bénéficiaire (envoi du NIR certifié par le RSI à l'URSSAF) et de la gestion des liasses CFE d'affiliation, assurée par le centre national d'immatriculation commune (CNIC), qui relèvent de la responsabilité du RSI.

Gestion du compte cotisant en dehors de la gestion administrative

Les activités concernées sont les suivantes :

— gestion des déclarations sociales des indépendants ;
— collecte, saisie et modification des revenus ;
— gestions des exonérations (vérification et saisie) ;
— gestion des crédits et des remboursements (la vérification et le décaissement ne sont pas compris dans le périmètre de l'organisation commune ; elles relèvent de l'agent comptable de l'URSSAF, mais font l'objet d'engagements de service) ;
— délivrance des attestations (marchés publics et de vigilance) ;
— traitement des listes d'anomalies.

Recouvrement amiable

Cette fonction recouvre les activités suivantes :

— suivi des listes de débiteurs ;
— relances téléphoniques ;
— examen des demandes de délai ;
— examen des demandes de remise de majoration ne relevant pas de la compétence d'une CRA ;
— fiabilisation des créances, des derniers avis avant poursuite et des contraintes ;
— prévention et gestion de la prescription.

La gestion des admissions en non-valeur fait aussi l'objet d'une gestion commune.

Contrôle des cotisants

Le plan de contrôle est construit de façon concertée entre l'URSSAF (ou la CGSS) et la caisse du RSI. A ce titre, la définition du plan de contrôle est une activité qui relève de l'organisation commune.

La réalisation du plan de contrôle relève de l'URSSAF.

Gestion des réclamations

La réception et le traitement des réclamations relèvent de l'organisation commune.

Les autres activités nécessaires au fonctionnement de l'ISU ne sont pas réalisées au sein de l'organisation commune. Elles font l'objet des engagements de service prévus par l'article 5.

Art. 5 *Engagements de service.* Pour assurer un traitement de bout en bout des actions relevant de l'ISU et l'atteinte des standards nationaux ou régionaux de qualité de service, de performance du recouvrement ou de maîtrise des risques, des engagements de service et des indicateurs de pilotage associés sont fixés par le comité de direction régional de l'ISU, auxquels souscrivent les services qui ne relèvent pas de l'organisation commune.

Ces engagements de service sont suivis par le comité opérationnel régional de l'ISU.

Art. 6 *Accès réciproques aux systèmes d'information.* Chaque organisme met à disposition de l'autre son système d'information ainsi que les habilitations nécessaires à la mise en œuvre de la présente convention.

Art. 7 *Modalités de saisine des caisses nationales.* Les organismes régionaux peuvent saisir les caisses nationales des difficultés qu'elles sont susceptibles de rencontrer dans l'application des conventions régionales. La saisine est effectuée conjointement par les directeurs régionaux concernés après information du comité de direction régional mentionné à l'article 2.

Art. 8 *Durée de la convention.*

La présente convention est conclue jusqu'au 31 décembre 2017 et prend effet à compter de sa signature.

Les annexes à la convention peuvent être modifiées par les parties signataires.

Fait à.., le ....

Le directeur de la caisse RSI,

Signature :

Fait à.., le ....

Le directeur de l'URSSAF (ou de la CGSS),

Signature :

Sont jointes à la convention :

— l'annexe fixant les objectifs quantifiés mentionnés en préambule ;

— l'annexe mentionnée à l'article 3 relative à la liste des agents affectés à l'organisation commune ;

— l'annexe fixant la liste des accueils dans la circonscription de la caisse du RSI mentionnée à l'article 4.

Loi n° 2013-1203 du 23 décembre 2013,

De financement de la sécurité sociale pour 2014 (JO 24 déc.).

Art. 39-III — A. — De nouvelles modalités d'organisation et de régulation des transports peuvent être expérimentées, à compter du 1er janvier 2014 et pour une période n'excédant pas trois ans, par des établissements de santé volontaires, pour les transports de patients au départ ou à destination de ces établissements autres que les transports d'urgence régulés par les services d'aide médicale urgente.

Cette expérimentation a pour objectifs de développer des modes de transport plus efficients en proposant au patient le mode de transport le moins onéreux compatible avec son état de santé, de contribuer à l'amélioration de l'organisation des soins ou examens délivrés dans un même établissement de santé et d'optimiser l'utilisation des véhicules de transport des patients.

B. — L'expérimentation est mise en place dans un établissement de santé par la conclusion d'une convention entre l'établissement de santé expérimentateur, les organismes locaux d'assurance maladie et l'agence régionale de santé. Elle porte sur l'ensemble des transports des patients de l'établissement réalisés par des entreprises de transports sanitaires agréées et par des entreprises de taxis conventionnées.

L'agence régionale de santé fixe la liste des établissements de santé participant à chaque expérimentation. Elle peut enjoindre aux établissements qui donnent lieu au constat mentionné au deuxième alinéa de l'article L. 322-5-5 du même code *[CSS]* de mettre en œuvre l'expérimentation définie au présent article.

Le directeur général de l'agence régionale de santé peut attribuer un financement à l'établissement de santé pour le lancement de l'expérimentation. En cas de constatation d'une réduction des dépenses de transport au cours de l'expérimentation, le directeur général de l'agence régionale de santé peut allouer une dotation d'intéressement à l'établissement de santé. Les sommes attribuées pour le lancement des expérimentations et les dotations d'intéressement sont financées par le fonds d'intervention régional mentionné à l'article L. 1435-8 du code de la santé publique.

C. — La convention d'expérimentation détermine :

1° Les modalités d'organisation des transports assurés au départ ou à destination de l'établissement de santé expérimentateur, autres que les transports régulés par les services d'aide médicale urgente ;

2° Les obligations des établissements de santé ainsi que les pénalités versées en cas de manquement à ces obligations ;

3° Les conditions d'attribution d'un financement de lancement et de dotations d'intéressement des établissements de santé par l'agence régionale de santé ;

4° Les conditions d'interruption de l'expérimentation avant son échéance triennale et de retour aux modalités de financement de droit commun ;

5° Les conditions dans lesquelles l'expérimentation prend fin à son échéance triennale et celles permettant le retour aux modalités de financement de droit commun.

D. — Chaque expérimentation menée par un établissement de santé fait l'objet d'une évaluation annuelle conduite par l'agence régionale de santé. L'expérimentation prévue au présent article fait l'objet d'un rapport d'évaluation du Gouvernement, qui est transmis au Parlement au plus tard le 30 septembre 2016.

E. — Un décret en Conseil d'État définit les modalités d'application du présent III, notamment les conditions de mise en œuvre de l'expérimentation et les modalités de financement et d'intéressement prévues par la convention mentionnée au B.

....

Art. 43 I. — A. — Des expérimentations peuvent être menées, à compter du 1er juillet 2014 et *(L. n° 2017-1836 du 30 déc. 2017, art. 51-IV)* « jusqu'au 31 décembre 2018 », dans le cadre de projets pilotes destinés à améliorer le parcours de soins et la prise en charge des personnes atteintes d'insuffisance rénale chronique et relevant de l'article L. 324-1 du code de la sécurité sociale.

Pour la mise en œuvre de ces expérimentations, il peut être dérogé aux règles de financement des établissements de santé prévues aux articles L. 162-22-10, L. 162-22-13 et L. 174-1 du même code, aux règles de facturation et de tarification mentionnées aux articles L. 162-5, L. 162-9, L. 162-11, L. 162-12-2, L. 162-12-9, L. 162-14, L. 162-14-1, L. 162-16-1 et L. 162-32-1 dudit code en tant qu'ils concernent les tarifs, honoraires, rémunérations et frais accessoires dus aux professionnels de santé par les assurés sociaux et par l'assurance maladie, aux 1°, 2°, 6° et 9° de l'article L. 321-1 du même code en tant qu'ils concernent les frais couverts par l'assurance maladie, à l'article L. 162-2 dudit code en tant qu'il concerne le paiement direct des honoraires par le malade, aux articles L. 322-2 et L. 322-3 du même code relatifs à la participation de l'assuré aux tarifs servant de base au calcul des prestations et aux articles L. 314-2 et L. 314-9 du code de l'action sociale et des familles en tant qu'ils concernent les modes de tarification des établissements et services mentionnés au I de l'article L. 313-12 du même code.

Pour l'expérimentation de parcours de soins adaptés à la dialyse à domicile, il peut, en outre, être dérogé au principe de dispensation au public par les pharmaciens des médicaments, produits et objets pharmaceutiques, mentionné au 4° de l'article L. 4211-1 du code de la santé publique, afin de permettre l'intervention des prestataires de service et distributeurs de matériels mentionnés à l'article L. 5232-3 du même code pour dispenser à domicile des dialysats, sous la responsabilité d'un pharmacien inscrit à l'ordre des pharmaciens en section *[sections]* A et D.

B. — Un décret en Conseil d'État précise les modalités de mise en œuvre des expérimentations, notamment les conditions d'accès des patients au dispositif prévu par l'expérimentation, les modalités du suivi sanitaire et, le cas échéant, médico-social et social des patients, les modalités de financement susceptibles d'être mises en œuvre, la nature des informations qui peuvent être transmises entre les différents acteurs de l'expérimentation et les conditions de leur transmission.

Le contenu de chaque projet pilote est défini par un cahier des charges arrêté par les ministres chargés de la santé et de la sécurité sociale, sur proposition d'une ou plusieurs agences régionales de santé. Le cahier des charges détermine les catégories d'établissements de santé et médico-sociaux, de prestataires mentionnés à l'article L. 5232-3 du code de *[la]* santé publique et de professionnels de santé participant au projet pilote. La mise en œuvre est prévue par une convention conclue, pour la durée de l'expérimentation, entre l'agence régionale de santé, les établissements de santé et médico-sociaux, les organismes locaux d'assurance maladie et les professionnels concernés.

C. — En vue d'une généralisation, un rapport d'évaluation des projets pilotes est réalisé au terme de l'expérimentation par les ministres chargés de la santé et de la sécurité sociale. Il est transmis au Parlement avant le 30 septembre 2016.

II. — A. — Une expérimentation peut être menée, à compter du 1er mars 2014 et *(L. n° 2017-1836 du 30 déc. 2017, art. 51-IV)* « jusqu'au 31 décembre 2018 », afin d'améliorer le parcours de soins et la prise en charge des personnes atteintes d'affections cancéreuses traitées par radiothérapie externe et relevant de l'article L. 324-1 du code de la sécurité sociale. La liste des affections concernées est fixée par arrêté des ministres chargés de la santé et de la sécurité sociale.

Participent à l'expérimentation les titulaires d'une autorisation d'exercer l'activité de traitement du cancer par radiothérapie pour les affections concernées, au titre des articles L. 6122-1 et L. 6122-3 du code de la santé publique.

Pour la mise en œuvre de cette expérimentation, il peut être dérogé aux règles de financement des établissements de santé prévues aux articles L. 162-22-10 et L. 162-22-13 du code de la sécurité sociale, au paiement direct des honoraires par le malade prévu à l'article L. 162-2 du même code, ainsi qu'aux règles relatives aux relations conventionnelles entre les médecins et les organismes d'assurance maladie fixées aux articles L. 162-5 à L. 162-5-17 dudit code.

B. — Un décret en Conseil d'État précise les modalités de mise en œuvre de l'expérimentation, notamment les conditions d'accès des patients au dispositif prévu par l'expérimentation, les modalités du suivi sanitaire des patients, les modalités de financement susceptibles d'être mises en œuvre, la nature des informations qui peuvent être transmises entre les différents acteurs de l'expérimentation et les conditions de leur transmission.

C. — En vue d'une généralisation, un rapport d'évaluation est réalisé au terme de l'expérimentation par les ministres chargés de la santé et de la sécurité sociale. Il est transmis au Parlement avant le 30 septembre 2016.

Les expérimentations conduites dans le cadre de (...) l'art. 43 de la L. n° 2013-1203 du 23 déc. 2013 de financement de la sécurité sociale pour 2014 (...) peuvent être poursuivies, après autorisation par arrêté des ministres chargés de la sécurité sociale et de la santé, lorsqu'elles entrent dans l'objet défini au I de l'art. L. 162-31-1 CSS, dans sa rédaction résultant de la L. n° 2017-1836 du 30 déc. 2017, et sous réserve que soit prévue une évaluation conforme aux dispositions réglementaires prévues au dernier al. du III du même art. L. 162-31-1. L'arrêté fixe la nouvelle date de fin de chaque expérimentation, qui ne peut ni porter la durée totale de celle-ci à plus de six ans à compter de la date de début de mise en œuvre effective de l'expérimentation initiale, ni être postérieure au 31 déc. 2022. Le financement de ces expérimentations est assuré dans les conditions prévues audit art. L. 162-31-1. Les expérimentations dont la poursuite n'a pas été autorisée par arrêté des ministres chargés de la sécurité sociale et de la santé avant le 31 déc. 2018 prennent fin au plus tard le 31 déc. 2019.

L'art. 43 de la L. n° 2013-1203 du 23 déc. 2013 de financement de la sécurité sociale pour 2014 est abrogé le 1er janv. 2020 (L. n° 2017-1836 du 30 déc. 2017, art. 51-V et VI).

....

Art. 46 I. — A titre expérimental à compter du 1er avril 2014 et pour une période de trois ans, la délivrance dans des officines de pharmacie des médicaments à usage humain appartenant à la classe des antibiotiques se fait à l'unité, lorsque leur forme pharmaceutique le permet.

II. — Un décret détermine, pour ces médicaments, les conditions de désignation des officines des régions retenues pour participer à cette expérimentation. Il définit en outre, pour les médicaments concernés, les modalités de délivrance, d'engagement de la responsabilité des différents acteurs de la filière pharmaceutique dans le cadre de cette expérimentation, de conditionnement, d'étiquetage, d'information de l'assuré et de traçabilité, après la consultation des professionnels concernés. Il détermine, en fonction du prix de vente au public mentionné à l'article L. 162-16-4 du code de la sécurité sociale, les règles de fixation du prix à l'unité de vente au public, de prise en charge par l'assurance maladie et de facturation et prévoit les modalités de financement susceptibles d'être mises en œuvre.

III. — L'expérimentation fait l'objet d'une évaluation selon des modalités fixées par le décret prévu au II du présent article.

IV. — Le Gouvernement présente au Parlement, au plus tard le 31 juillet 2017, un rapport dressant le bilan de l'expérimentation prévue au présent article, notamment au regard de son impact sur les dépenses, l'organisation de la filière pharmaceutique et le bon usage des médicaments concernés.

Décret n° 2014-769 du 4 juillet 2014,

Relatif au recouvrement de la participation des organismes de protection sociale complémentaire à la prise en charge des modes de rémunération des médecins mentionnés au 13° de l'art. L. 162-5 CSS (JO 6 juill.).

Art. 1er La participation prévue à l'article 4 de la loi du 23 décembre 2013 susvisée est liquidée par les organismes mentionnés au I de l'article L. 862-4 du code de la sécurité sociale puis déclarée par ces derniers à l'organisme désigné pour le recouvrement de la taxe mentionnée à l'article L. 862-4 du même code, au plus tard le 31 janvier de l'année suivant celle au titre de laquelle elle est due et au moyen de la déclaration prévue au I de l'article R. 862-11 du même code au titre du quatrième trimestre de l'année civile de cette même année. Elle est versée concomitamment à la taxe mentionnée à l'article L. 862-4 du code de la sécurité sociale due au titre de ce même trimestre.

Art. 2 En cas d'apport d'activité, de cession d'activité ou de transmission universelle de patrimoine mentionnée à l'article 1844-5 du code civil intervenant au cours de l'année au titre de laquelle la participation mentionnée à l'article 1er du présent décret est due, cette dernière est versée par le redevable auquel l'activité est apportée, cédée ou transmise au titre de ses effectifs tels que définis par le troisième alinéa de l'article 4 de la loi du 23 décembre 2013 susvisée et de ceux de l'apporteur, du cédant ou du transmetteur universel de patrimoine.

Art. 3 La déclaration mentionnée à l'article 1er du présent décret fait apparaître le nombre d'assurés et d'ayants droit remplissant les conditions définies au troisième alinéa du A du I de l'article 4 de la loi du 23 décembre 2013 de financement de la sécurité sociale pour 2014 susvisée.

Art. 4 Afin de permettre le calcul du montant du forfait annuel prévu au quatrième alinéa du A du I de l'article 4 de la loi du 23 décembre 2013 susvisée, les redevables mentionnent sur la déclaration prévue au II de l'article R. 862-11 du code de la sécurité sociale, pour chacune des années 2014 et 2015, le nombre d'assurés et d'ayants droit remplissant les conditions définies au troisième alinéa du A du I de l'article 4 de la loi de financement de la sécurité sociale pour 2014.

L'Agence centrale des organismes de sécurité sociale communique ces données au ministère chargé de la sécurité sociale au plus tard le 30 septembre de l'année au titre de laquelle la participation est due.

Art. 5 Les participations prévues à l'article 4 de la loi du 23 décembre 2013 susvisée et dues au titre de l'année 2013 sont liquidées par les organismes mentionnés au I de l'article L. 862-4 du code de la sécurité sociale puis déclarées par ces derniers à l'organisme désigné pour le recouvrement de la taxe mentionnée à l'article L. 862-4 du même code au plus tard le 31 juillet 2014. Elles sont versées au plus tard à la même date.

Art. 6 Le ministre des finances et des comptes publics, la ministre des affaires sociales et de la santé et le secrétaire d'État au budget sont chargés, chacun en ce qui le concerne, de l'exécution du présent décret, qui sera publié au *Journal officiel* de la République française.

Loi n° 2014-873 du 4 août 2014,

Pour l'égalité réelle entre les femmes et les hommes (JO 5 août).

Art. 14 I. – Afin de faciliter le retour à l'emploi des parents qui cessent leur activité professionnelle pour s'occuper d'un enfant, l'État peut autoriser l'expérimentation du versement aux parents de deux enfants du montant majoré de la prestation partagée d'éducation de l'enfant prévu au deuxième alinéa du VI de l'article L. 531-4 du code de la sécurité sociale.

Cette expérimentation s'applique aux parents de deux enfants résidant ou ayant élu domicile dans les départements ou territoires dont la liste est fixée par arrêté conjoint des ministres chargés des droits des femmes et de la sécurité sociale.

II. – L'expérimentation mentionnée au I est conduite pour une durée de vingt-quatre mois à compter de la publication de l'arrêté mentionné au second alinéa du même I, qui intervient au plus tard le 1er janvier 2015. Elle donne lieu, au plus tard six mois avant son terme, à la transmission au Parlement d'un rapport d'évaluation, notamment sur les effets sur l'emploi de cette expérimentation.

…………………………………………………………………………………………

Art. 27 I. – Afin d'améliorer la situation des personnes qui élèvent seules leurs enfants à la suite d'une séparation ou d'un divorce, un mécanisme de renforcement des garanties contre les impayés de pensions alimentaires est expérimenté.

Cette expérimentation s'applique aux bénéficiaires de l'allocation de soutien familial mentionnée au 3° de l'article L. 523-1 du code de la sécurité sociale et aux bénéficiaires de l'aide au recouvrement mentionnée à l'article L. 581-1 du même code, résidant ou ayant élu domicile dans les départements dont la liste est fixée par arrêté conjoint des ministres chargés des droits des femmes et de la sécurité sociale, ainsi qu'aux débiteurs de créances alimentaires à l'égard desdits bénéficiaires, quel que soit leur lieu de résidence.

II. — Pour l'expérimentation mentionnée au I, le directeur de l'organisme débiteur des prestations familiales peut, en vue de faciliter la fixation de l'obligation d'entretien par l'autorité judiciaire, transmettre au parent bénéficiaire de l'allocation de soutien familial les renseignements dont il dispose concernant l'adresse et la solvabilité du débiteur. — *V. Décr. n° 2014-1226 du 21 oct. 2014, art. 1er (JO 23 oct.).*

III. — Pour l'expérimentation mentionnée au I, il est dérogé au 3° de l'article L. 523-1 et aux articles L. 581-2 et L. 581-3 du code de la sécurité sociale afin d'ouvrir le droit à l'allocation différentielle de soutien familial au parent dont la créance alimentaire pour enfants est inférieure au montant de l'allocation de soutien familial même lorsque le débiteur s'acquitte intégralement du paiement de ladite créance. Dans ce cas, l'allocation différentielle versée n'est pas recouvrée et reste acquise à l'allocataire. — *V. Décr. n° 2014-1226 du 21 oct. 2014, art. 2 (JO 23 oct.).*

IV. — Pour l'expérimentation mentionnée au I, les conditions dans lesquelles le parent est considéré comme hors d'état de faire face à son obligation d'entretien ou au versement d'une pension alimentaire mise à sa charge par décision de justice, tel que mentionné au 3° de l'article L. 523-1 du code de la sécurité sociale, sont définies par décret. — *V. Décr. n° 2014-1227 du 21 oct. 2014, art. 1er (JO 23 oct.).*

V. — Pour l'expérimentation mentionnée au I et afin d'améliorer le recouvrement des pensions alimentaires impayées :

1° La procédure de paiement direct, lorsqu'elle est mise en œuvre par l'organisme débiteur des prestations familiales, est applicable, par dérogation à l'article L. 213-4 du code des procédures civiles d'exécution, aux termes échus de la pension alimentaire pour les vingt-quatre derniers mois avant la notification de la demande de paiement direct. Le règlement de ces sommes est fait par fractions égales sur une période de vingt-quatre mois ;

2° Il est dérogé à l'article L. 3252-5 du code du travail afin d'autoriser l'organisme débiteur des prestations familiales à procéder, dans les conditions définies par ce même article, au prélèvement direct du terme mensuel courant et des vingt-quatre derniers mois impayés de la pension alimentaire.

VI. — Pour l'expérimentation mentionnée au I, est regardée comme se soustrayant ou se trouvant hors d'état de faire face à l'obligation d'entretien ou au versement de la pension alimentaire mise à sa charge par décision de justice la personne en défaut de paiement depuis au moins un mois.

VII. — Pour l'expérimentation mentionnée au I, il est dérogé à l'article L. 523-2 du code de la sécurité sociale afin de maintenir, pendant une durée fixée par décret, le droit à l'allocation de soutien familial pour le père ou la mère titulaire du droit à l'allocation qui s'est marié, a conclu un pacte civil de solidarité ou vit en concubinage. — *V. Décr. n° 2014-1227 du 21 oct. 2014, art. 2 (JO 23 oct.).*

VIII. — L'expérimentation mentionnée au I est conduite pour une durée de dix-huit mois à compter de la publication de l'arrêté mentionné au second alinéa du même I, qui intervient au plus tard le 1er octobre 2014. L'expérimentation donne lieu à la transmission au Parlement d'un rapport d'évaluation au plus tard neuf mois avant son terme. Sont annexés à ce rapport une évolution comparée du taux de recouvrement de l'ensemble des caisses d'allocations familiales selon qu'elles participent ou non à l'expérimentation mentionnée audit I et un diagnostic des disparités relevées entre elles.

Dans les départements mentionnés au même I, afin de disposer des éléments utiles à l'évaluation de l'expérimentation et de mesurer ses impacts sur le recouvrement des pensions alimentaires, les organismes débiteurs des prestations familiales, en lien avec les services du ministère de la justice, établissent un suivi statistique informatisé des pensions alimentaires, des créanciers et des débiteurs ainsi que des motifs retenus pour qualifier les débiteurs comme étant hors d'état de faire face à leur obligation d'entretien ou au paiement de la pension alimentaire mentionnés au 3° de l'article L. 523-1 du code de la sécurité sociale.

IX. — L'allocation différentielle versée lorsque le débiteur d'une créance alimentaire s'acquitte du paiement de ladite créance est à la charge de la branche Famille de la sécurité sociale et est servie selon les mêmes règles que l'allocation de soutien familial mentionnée à l'article L. 523-1 du code de la sécurité sociale en matière d'attribution des prestations, d'organisme débiteur, de financement de la prestation, de prescription, d'indus, d'incessibilité et d'insaisissabilité, de fraude et de sanctions ainsi que de contentieux.

X. — Un décret en Conseil d'État détermine les modalités d'application du présent article.

……

Art. 31 I. — Afin d'aider les familles modestes à recourir à l'offre d'accueil par les assistants maternels, le versement en tiers payant, directement à l'assistant maternel agréé, du complément de libre choix du mode de garde normalement versé au parent employeur est expérimenté.

En cohérence avec les objectifs du plan pluriannuel de lutte contre la pauvreté et pour l'inclusion sociale et, le cas échéant, en articulation avec les actions menées par les collectivités territoriales ou leurs groupements auprès des personnes engagées dans un parcours d'insertion sociale ou professionnelle, cette expérimentation doit permettre aux familles qui en ont le plus besoin un accès facilité à tous les modes de garde.

II. – Pour cette expérimentation, il est dérogé aux articles L. 531-1 et L. 531-5 du code de la sécurité sociale afin de permettre le versement à l'assistant maternel agréé de la prise en charge prévue au *b* du I du même article L. 531-5.

III. – Peuvent prendre part à l'expérimentation, sous réserve de leur accord, d'une part, le ménage ou la personne dont les ressources sont inférieures à un plafond, fixé par décret, qui varie selon le nombre d'enfants à charge et, d'autre part, l'assistant maternel mentionné à l'article L. 421-1 du code de l'action sociale et des familles que le parent emploie.

Une convention signée entre l'organisme débiteur des prestations familiales, l'assistant maternel et le parent employeur rappelle aux parties leurs engagements respectifs.

Pour l'application des dispositions législatives et réglementaires fiscales et sociales, la prise en charge mentionnée au II du présent article, versée directement à l'assistant maternel, est considérée comme une rémunération versée par le parent employeur à l'assistant maternel. Le *a* du I de l'article L. 531-5 et l'article L. 531-8 du code de la sécurité sociale sont applicables au parent employeur. Il déduit le montant de la prise en charge mentionnée au II du présent article de la rémunération qu'il verse à l'assistant maternel. – *V. Décr. n° 2014-1700 du 29 déc. 2014 relatif à l'expérimentation du versement en tiers payant du complément de libre choix du mode de garde (JO 31 déc.).*

IV. – La participation à l'expérimentation des personnes mentionnées au III du présent article prend fin en cas de cessation de recours à l'assistant maternel, de notification du souhait de ne plus prendre part à l'expérimentation ou de non-respect des engagements figurant dans la convention prévue au deuxième alinéa du même III. Lorsque les ressources du ménage ou de la personne dépassent, au cours de l'expérimentation, le plafond mentionné au premier alinéa dudit III, il n'est pas mis fin au versement du complément de libre choix du mode de garde dans les conditions prévues au présent article.

V. – L'expérimentation est conduite par les organismes débiteurs des prestations familiales qui figurent sur une liste fixée par arrêté du ministre chargé de la famille, pour une durée de dix-huit mois à compter de la publication de l'arrêté. Elle prend fin, au plus tard, le 1er juillet 2016.

Le Gouvernement transmet au Parlement un rapport d'évaluation avant la fin de l'expérimentation, assorti des observations des organismes débiteurs des prestations familiales ayant participé à l'expérimentation.

....

Art. 75 II. – Lors du premier renouvellement des conseils et conseils d'administration mentionnés aux articles L. 221-3, L. 222-5, L. 223-3 et L. 225-3 du code de la sécurité sociale et de la commission mentionnée à l'article L. 221-5 du même code suivant la promulgation de la présente loi, chaque organisation ou institution appelée à désigner plus d'un conseiller ou administrateur titulaire procède à ces désignations de telle sorte que l'écart entre le nombre des hommes désignés et celui des femmes désignées ne soit pas supérieur à un. L'autorité compétente de l'État s'assure de la désignation d'un minimum de 40 % de personnes de chaque sexe au sein du conseil ou conseil d'administration.

Les nominations intervenues en violation du premier alinéa du présent II sont nulles. Cette nullité n'entraîne pas celle des délibérations auxquelles a pris part l'administrateur irrégulièrement nommé.

III. – Le 1° du I et le II du présent article entrent en vigueur à compter du premier renouvellement des conseils et conseils d'administration des caisses nationales et de l'Agence centrale mentionnés aux articles L. 221-3, L. 222-5, L. 223-3 et L. 225-3 du code de la sécurité sociale et de la commission mentionnée à l'article L. 221-5 du même code suivant la promulgation de la présente loi.

Le 2° du I entre en vigueur à compter du deuxième renouvellement des conseils et conseils d'administration des caisses nationales et de l'Agence centrale ainsi que de la commission mentionnés aux mêmes articles suivant la promulgation de la présente loi.

Décret n° 2014-1082 du 24 septembre 2014,

Fixant les seuils de l'obligation anticipée d'effectuer la déclaration sociale nominative (JO 26 sept.).

Art. 1er Les employeurs mentionnés à l'article L. 133-5-3 du code de la sécurité sociale effectuent à titre obligatoire la déclaration prévue au même article lorsqu'ils sont redevables, auprès des organismes définis au II de l'article R. 133-13 du même code, de cotisations et contributions sociales au titre de l'année civile 2013 :

1° Soit d'un montant égal ou supérieur à 2 millions d'euros ;

2° Soit d'un montant égal ou supérieur à 1 million d'euros, lorsqu'ils ont recours à un tiers déclarant et que la somme totale des cotisations et contributions sociales déclarées par ce tiers au titre de l'année civile 2013 pour le compte de l'ensemble de ses clients est égale ou supérieure à 10 millions d'euros.

Art. 2 Les seuils de cotisations et contributions sociales définis aux 1° et 2° de l'article 1er du présent décret sont appréciés en tenant compte de l'ensemble des prélèvements recouvrés par l'organisme assurant le recouvrement des cotisations et contributions sociales. Pour les organismes mentionnés à l'article L. 723-2 du code rural et de la pêche maritime, il est tenu compte des mêmes cotisations et contributions sociales que celles recouvrées par les organismes mentionnés aux articles L. 213-1 et L. 752-1 du code de la sécurité sociale.

Les majorations et pénalités appliquées, le cas échéant, ne sont pas prises en compte pour l'appréciation de ces seuils.

Art. 3 Lorsque les déclarations ont été effectuées selon un autre moyen que la déclaration sociale nominative en méconnaissance de l'obligation prévue à l'article 1er du présent décret, il est appliqué la pénalité prévue au III de l'article R. 133-14 du code de la sécurité sociale.

Toutefois, cette pénalité ne peut être supérieure, par entreprise et par mois, à 10 000 euros si l'entreprise emploie au moins deux mille salariés et à 750 euros si elle emploie un nombre inférieur de salariés.

Art. 4 Le présent décret s'applique aux paies effectuées à compter du 1er avril 2015.

Loi n° 2014-1554 du 22 décembre 2014,

De financement de la sécurité sociale pour 2015 (JO 24 déc.).

....

Art. 79 Par dérogation aux conditions prévues à l'article L. 351-14-1 du code de la sécurité sociale, les enfants des anciens harkis, moghaznis et personnels des diverses formations supplétives et assimilés de statut civil de droit local qui ont servi en Algérie et qui sont venus établir leur domicile en France voient les périodes qu'ils ont passées dans des camps militaires de transit et d'hébergement entre le 18 mars 1962 et le 31 décembre 1975 prises en compte par le régime général d'assurance vieillesse, sous réserve :

1° Qu'ils aient été âgés de 16 à 21 ans pendant les périodes mentionnées au premier alinéa du présent article ;

2° Du versement des cotisations prévues au premier alinéa du I du même article L. 351-14-1, diminué du montant d'une réduction forfaitaire prise en charge par l'État dans des conditions et limites fixées par décret.

Le nombre de trimestres d'assurance attribués en application du présent article est limité à quatre, sans que le total des trimestres acquis à ce titre et, le cas échéant, en application dudit article L. 351-14-1 n'excède le plafond fixé au premier alinéa du I du même article.

Sur les exceptions à l'application du droit des usagers de saisir l'administration par voie électronique concernant les démarches effectuées auprès des organismes de sécurité sociale, V. CRPA, App., v° Saisine par voie électronique — Exceptions. — **CRPA.**

Loi n° 2016-41 du 26 janvier 2016,

De modernisation de notre système de santé (JO 27 févr.).

....

CHAPITRE II *Garantir l'accès aux soins*

Art. 83 I. — Le déploiement du mécanisme du tiers payant, permettant de pratiquer la dispense d'avance de frais pour les bénéficiaires de l'assurance maladie, s'effectue, sous les conditions et garanties fixées au présent article, selon les modalités suivantes :

(Abrogé par L. n° 2017-1836 du 30 déc. 2017, art. 63-II) « 1° A compter du 1er juillet 2016, les professionnels de santé exerçant en ville peuvent appliquer le tiers payant aux bénéficiaires de l'assurance maladie atteints d'une affection de longue durée mentionnée aux 3° et 4° de l'article L. 160-14 du code de la sécurité sociale, pour les soins en relation avec l'affection concernée, ainsi qu'aux bénéficiaires de l'assurance maternité, sur la part des dépenses prise en charge par l'assu-

rance maladie obligatoire. L'ensemble des organismes d'assurance maladie est tenu de mettre en œuvre le tiers payant effectué par ces professionnels ;

« 2° A compter du 31 décembre 2016, les professionnels de santé exerçant en ville appliquent le tiers payant aux bénéficiaires de l'assurance maladie atteints d'une affection de longue durée mentionnée aux 3° et 4° du même article L. 160-14, pour les soins en relation avec l'affection concernée, ainsi qu'aux bénéficiaires de l'assurance maternité, sur la part des dépenses prise en charge par l'assurance maladie obligatoire ; »

3° Les caisses nationales d'assurance maladie, les mutuelles, les institutions de prévoyance et les sociétés d'assurance transmettent conjointement au ministre chargé de la sécurité sociale un rapport présentant les solutions techniques permettant la mise en place au profit de l'ensemble des bénéficiaires de l'assurance maladie du mécanisme du tiers payant simultanément sur les parts couvertes par les régimes obligatoires d'assurance maladie et sur celles couvertes par les organismes d'assurance maladie complémentaire. Il inclut nécessairement le déploiement d'une solution technique commune permettant d'adresser aux professionnels de santé ayant fait ce choix un flux unique de paiement. Ce rapport est établi notamment au vu des attentes exprimées par les professionnels de santé. Il détermine et évalue la faisabilité opérationnelle et financière des solutions techniques permettant d'assurer aux professionnels de santé la simplicité de l'utilisation, la lisibilité des droits et la garantie du paiement. Il mentionne les calendriers et les modalités de test des solutions envisagées au cours de l'année 2016, en vue de parvenir à ouvrir à tous le bénéfice effectif du tiers payant à compter du 1er janvier 2017. Le rapport est remis au plus tard dans un délai d'un mois à compter de la promulgation de la présente loi ;

4° A compter du 1er janvier 2017, les professionnels de santé exerçant en ville peuvent appliquer le tiers payant aux bénéficiaires de l'assurance maladie sur la part des dépenses prise en charge par l'assurance maladie obligatoire *[Dispositions déclarées non conformes à la Constitution par la décision du Conseil constitutionnel n° 2015-727 DC du 21 janvier 2016.]* L'ensemble des organismes d'assurance maladie *[Dispositions déclarées non conformes à la Constitution par la décision du Conseil constitutionnel n° 2015-727 DC du 21 janvier 2016.]* sont tenus de mettre en œuvre le tiers payant effectué par ces professionnels ;

(Abrogé par L. n° 2017-1836 du 30 déc. 2017, art. 63-II) « 5° A compter du 30 novembre 2017, les professionnels de santé exerçant en ville appliquent le tiers payant à l'ensemble des bénéficiaires de l'assurance maladie sur les dépenses mentionnées au 4°. »

II. – Le déploiement du tiers payant fait l'objet de rapports sur les conditions de son application, qui sont transmis au ministre chargé de la sécurité sociale :

1° Au 30 novembre 2016, un rapport par la Caisse nationale de l'assurance maladie des travailleurs salariés, en lien avec les organismes nationaux des autres régimes d'assurance maladie, pour son application aux bénéficiaires mentionnés au 1° du I ;

2° Avant le 30 septembre 2017, un rapport par les caisses nationales d'assurance maladie, les mutuelles, les institutions de prévoyance et les sociétés d'assurance pour le déploiement mentionné au 4° du même I ;

(L. n° 2017-1836 du 30 déc. 2017, art. 63-II) « 3° Avant le 31 mars 2018, aux fins de rendre le tiers payant généralisable, le Gouvernement remet au Parlement un rapport sur le calendrier de mise en œuvre opérationnelle du tiers payant intégral et les prérequis techniques à cette mise en œuvre tant sur la part des dépenses prise en charge par l'assurance maladie obligatoire que sur celle prise en charge par les organismes complémentaires. Ce rapport est réalisé sur la base d'une concertation menée avec les caisses nationales d'assurance maladie, les organismes d'assurance maladie complémentaire, les organisations syndicales représentatives des professionnels de santé libéraux conventionnés, l'Union nationale des associations agréées d'usagers du système de santé et des représentants des éditeurs de logiciels de professionnels de santé. Cette concertation doit permettre de fixer le calendrier selon lequel le tiers payant intégral pourra être généralisable à tous les assurés dans des conditions techniques fiabilisées. Elle doit également identifier les publics prioritaires pour lesquels un accès effectif au tiers payant devrait être garanti, au-delà des patients déjà couverts obligatoirement. »

Décret n° 2017-1022 du 10 mai 2017,

Revalorisant l'allocation temporaire d'attente, l'allocation de solidarité spécifique et l'allocation équivalent retraite (JO 11 mai).

Art. 1er Le montant journalier de l'allocation temporaire d'attente est fixé à 11,49 euros à compter du 1er avril 2017.

Art. 2 Le montant journalier de l'allocation de solidarité spécifique est fixé à 16,32 euros à compter du 1er avril 2017.

Art. 3 Le montant journalier de l'allocation équivalent retraite est fixé à 35,24 euros à compter du 1er avril 2017.

Décret n° 2018-446 du 5 juin 2018,

Revalorisant l'allocation temporaire d'attente, l'allocation de solidarité spécifique et l'allocation équivalent retraite (JO 6 juin).

Art. 1er Le montant journalier de l'allocation temporaire d'attente est fixé à 11,60 euros à compter du 1er avril 2018.

Art. 2 Le montant journalier de l'allocation de solidarité spécifique est fixé à 16,48 euros à compter du 1er avril 2018.

Art. 3 Le montant journalier de l'allocation équivalent retraite est fixé à 35,60 euros à compter du 1er avril 2018.

Arrêté du 11 décembre 2018,

Portant fixation du plafond de la sécurité sociale pour 2019 (JO 15 déc.).

Art. 1er Les valeurs mensuelle et journalière du plafond de la sécurité sociale mentionnées à l'article D. 242-17 du code de la sécurité sociale sont les suivantes :

– valeur mensuelle : 3 377 euros ;

– valeur journalière : 186 euros.

Le présent article s'applique aux cotisations et aux contributions de sécurité sociale dues au titre des périodes courant à compter du 1er janvier 2019.

ANNEXE II

TABLEAUX DES MALADIES PROFESSIONNELLES (PRÉVUS À L'ART. R. 461-3)

En italique, sont signalés certains agents chimiques, produits ou travaux qui ne figurent plus dans les tableaux après la codification.

Acide chromique n°s 10, 10 *bis*, 10 *ter*
Affections oculaires n° 71 *bis*
Affections respiratoires (allergies) n° 66
Alcool furfurylique n° 74
Aldéhyde formique n°s 43, 43 *bis*
Amiante n°s 30, 30 *bis*
Amibes n° 55
Amines aliphatiques n°s 49, 49 *bis*
Amines aromatiques n°s 15, 15 *bis*, 15 *ter*
Aminoglycosides n° 31
Ankylostomose n° 28
Antimoine n° 73
Arsenic n°s 20, 20 bis, 20 *ter*, 21
Articulations (affections périarticulaires) n° 57
Bacilles tuberculeux n° 40
Benzène n°s 4, 4 *bis*
Beryllium n° 33
Bois n° 47
Brucelloses n° 24
Bruits n° 42
Butadiène-1.3 n° 99
Cadmium n°s 61, 61 *bis*
Caoutchouc n° 95
Carbone (oxyde de) n° 64
Carbures benzéniques n° 13
Carbures métalliques frittés n°s 70 *bis*, 70 *ter*
Céphalosporines n° 41
Charbon n°s 18, 91, 93
Charges lourdes n° 98
Chlorpromazine n° 38
Chlorure de potassium (lésions nasales) n° 67
Chlorure de sodium n° 78
Chlorure de vinyle n°s 52, 52 *bis*
Chocs et vibrations n° 69
Ciments n° 8
Cobalt n°s 70, 70 *bis*, 70 *ter*
Eczéma (allergies) n° 65
Enzymes n° 63
Éther n° 81
Fer (mineur) n° 94
Fluides de refroidissement n° 36
Fluor n° 32
Furfural n° 74
Glycérol n° 72
Glycols n° 72
Halothane n° 89
Hantavirus (groupe) n° 96
Hépatites virales n° 45
Hexane n° 59
Hôpitaux (maladies infectieuses) n° 76
Houille (goudrons, brais, huiles) n°s 16, 16 *bis*
Huiles minérales n° 36
Hydrocarbures aliphatiques n° 12
Hydrocarbures aromatiques n° 9
Isocyanates organiques n° 62
Kératoconjonctivites virales n° 80
Latex n° 95
Manganèse n° 39
Marteaux pneumatiques (et engins similaires) n° 35
Ménisque (lésions) n° 79
Mercure n° 2
Méthyle n°s 26, 27, 82
Mycobactéries atypiques n° 40
Mycoses cutanées n° 46
Nickel n°s 37, 37 *bis*, 37 *ter*
N-méthyl N'nitro N-nitrosoguanidine n° 85
Nystagmus n° 23
Œil (lésions, charbon) n° 93
Onyxis n° 77
Ornithose-psittacose n° 87
Oxyde de carbone n° 64
Oxyde de fer n° 44
Pasteurelloses n° 86
Pénicillines n° 41

TABLEAU N° 1

Affections dues au plomb et à ses composés

Date de création : 27 oct. 1919 — *Dernière mise à jour : 11 oct. 2008*

[Décr. n° 2008-1043 du 9 oct. 2008]

Désignation des maladies	Délai de prise en charge	Liste indicative des principaux travaux susceptibles de provoquer ces maladies
A. Anémie (hémoglobine sanguine inférieure à 13 g/100 ml chez l'homme et 12 g/100 ml chez la femme) avec une ferritinémie normale ou élevée et une plombémie supérieure ou égale à 800 µg/L, confirmée par une deuxième plombémie de même niveau ou par une concentration érythrocytaire de protoporphyrine zinc égale ou supérieure à 40 µg/g d'hémoglobine.	3 mois	Extraction, traitement, préparation, emploi, manipulation du plomb, de ses minerais, de ses alliages, de ses combinaisons et de tout produit en renfermant.
B. Syndrome douloureux abdominal apyrétique avec constipation, avec plombémie égale ou supérieure à 500 µg/L et confirmée par une deuxième plombémie de même niveau ou une concentration érythrocytaire de protoporphyrine zinc égale ou supérieure à 20 µg/g d'hémoglobine.	30 jours	Récupération du vieux plomb. Grattage, brûlage, découpage au chalumeau de matières recouvertes de peintures plombifères.

Désignation des maladies	Délai de prise en charge	Liste indicative des principaux travaux susceptibles de provoquer ces maladies
C. 1. Néphropathie tubulaire, caractérisée par au moins 2 marqueurs biologiques urinaires concordants témoignant d'une atteinte tubulaire proximale (protéinurie de faible poids moléculaire : retinol binding protein (RBP), alpha-1-microglobulinurie, béta-2-microglobulinurie...), et associée à une plombémie égale ou supérieure à 400 µg/L, confirmée par une deuxième plombémie de même niveau ou une concentration érythrocytaire de protoporphyrine zinc égale ou supérieure à 20 µg/g d'hémoglobine.	1 an	
C. 2. Néphropathie glomérulaire et tubulo-interstitielle confirmée par une albuminurie supérieure à 200 mg/l et associée à deux plombémies antérieures égales ou supérieures à 600 µg/l *après exclusion des affections acquises susceptibles d'entraîner une macro albuminurie (complications d'un diabète).*	10 ans (sous réserve d'une durée minimale d'exposition de 10 ans)	
D. 1. Encéphalopathie aiguë associant au moins deux des signes suivants : - hallucinations ; - déficit moteur ou sensitif d'origine centrale ; - amaurose ; - coma ; - convulsions, avec une plombémie égale ou supérieure à 2 000 µg/L.	30 jours	
D. 2. Encéphalopathie chronique caractérisée par des altérations des fonctions cognitives constituées par au moins trois des cinq anomalies suivantes : - ralentissement psychomoteur ; - altération de la dextérité ; - déficit de la mémoire épisodique ; - troubles des fonctions exécutives ; - diminution de l'attention et ne s'aggravant pas après cessation de l'exposition au risque.	1 an	

Désignation des maladies	Délai de prise en charge	Liste indicative des principaux travaux susceptibles de provoquer ces maladies
Le diagnostic d'encéphalopathie toxique sera établi, *après exclusion des troubles cognitifs liés à la maladie alcoolique,* par des tests psychométriques et sera confirmé par la répétition de ces tests au moins 6 mois plus tard et après au moins 6 mois sans exposition au risque. Cette encéphalopathie s'accompagne d'au moins deux plombémies égales ou supérieures à 400 µg/L au cours des années antérieures.		
D. 3. Neuropathie périphérique confirmée par un ralentissement de la conduction nerveuse à l'examen électrophysiologique et ne s'aggravant pas après arrêt de l'exposition au risque. L'absence d'aggravation est établie par un deuxième examen électrophysiologique pratiqué au moins 6 mois après le premier et après au moins 6 mois sans exposition au risque. La neuropathie périphérique s'accompagne d'une plombémie égale ou supérieure à 700 µg/L confirmée par une deuxième plombémie du même niveau ou une concentration érythrocytaire de protoporphyrine zinc égale ou supérieure à 30 µg/g d'hémoglobine.	1 an	
E. Syndrome biologique, caractérisé par une plombémie égale ou supérieure à 500 µg/L associée à une concentration érythrocytaire de protoporphyrine zinc égale ou supérieure à 20 µg/g d'hémoglobine. Ce syndrome doit être confirmé par la répétition des deux examens dans un délai maximal de 2 mois. Les dosages de la plombémie doivent être pratiqués par un organisme habilité conformément à l'article R. 4724-15 du code du travail.	30 jours	

Le tableau n° 1 du Décr. n° 2008-1043 du 9 oct. 2008 annexé au livre IV du CSS est annulé en tant qu'il comporte, pour la néphropathie glomérulaire et tubulo-interstitielle référencée en C2, les mots après exclusion des affections acquises susceptibles d'entraîner une macro albuminurie (complications d'un diabète), et pour l'encéphalopathie chronique référencée en D2, les mots après exclusion des troubles cognitifs liés à la maladie alcoolique (CE du 10 mars 2010, n° 322824).

TABLEAU N° 2

Maladies professionnelles causées par le mercure et ses composés

Date de création : 27 octobre 1919 *Dernière mise à jour : 13 févr. 2003*

[Décr. n° 2003-110 du 11 févr. 2003]

Désignation des maladies	Délai de prise en charge	Liste indicative des principaux travaux susceptibles de provoquer ces maladies
Encéphalopathie aiguë.	10 jours.	Extraction, traitement, préparation, emploi, manipulation du mercure, de ses amalgames, de ses combinaisons et de tout produit en renfermant, notamment :
Tremblement intentionnel.	1 an.	Distillation du mercure et récupération du mercure par distillation de résidus industriels ;
Ataxie cérébelleuse.	1 an.	Fabrication et réparation de thermomètres, baromètres, manomètres, pompes ou trompes à mercure.
Stomatite.	30 jours.	Emploi du mercure ou de ses composés dans la construction électrique, notamment :
Coliques et diarrhées.	15 jours.	Emploi des pompes ou trompes à mercure dans la fabrication des lampes à incandescence, lampes radiophoniques, ampoules radiographiques ;
Néphrite azotémique.	1 an.	Fabrication et réparation de redresseurs de courant ou de lampes à vapeurs de mercure ;
Lésions eczématiformes récidivant en cas de nouvelle exposition au risque ou confirmées par un test épicutané.	15 jours.	Emploi du mercure comme conducteur dans l'appareillage électrique ;
		Préparation du zinc amalgamé pour les piles électriques ;
		Fabrication et réparation d'accumulateurs électriques au mercure.
		Emploi du mercure et de ses composés dans l'industrie chimique, notamment :
		Emploi du mercure ou de ses composés comme agents catalytiques ;
		Électrolyse avec cathode de mercure au chlorure de sodium ou autres sels.
		Fabrication des composés du mercure.
		Préparation, conditionnement et application de spécialités pharmaceutiques ou phyto-pharmaceutiques contenant du mercure ou des composés du mercure.

Désignation des maladies	Délai de prise en charge	Liste indicative des principaux travaux susceptibles de provoquer ces maladies
		Travail des peaux au moyen de sel de mercure, notamment : Sécrétage des peaux par le nitrate acide de mercure, feutrage des poils sécrétés, naturalisation d'animaux au moyen de sels de mercure.
		Dorure, argenture, étamage, bronzage, damasquinage à l'aide de mercure ou de sels de mercure. Fabrication et emploi d'amorces au fulminate de mercure. Autres applications et traitements par le mercure *[et ses sels]*.

Tableau n° 3

Intoxication professionnelle par le tétrachloréthane

Date de création : 4 janv. 1931

Dernière mise à jour : 21 oct. 1951

[Décr. n° 51-1215 du 3 oct. 1951]

Désignation des maladies	Délai de prise en charge	Liste indicative des principaux travaux susceptibles de provoquer ces maladies
Névrite ou polynévrite.	30 jours.	Préparation, emploi, manipulation du tétrachloréthane ou des produits en renfermant, notamment : Utilisation comme matière première dans l'industrie chimique, en particulier pour la fabrication du trichloréthylène ; Emploi comme dissolvant, en particulier de l'acétate de cellulose.
Ictère par hépatite, initialement apyrétique.	30 jours.	
Hépatonéphrite initialement apyrétique, ictérigène ou non.	30 jours.	
Dermites chroniques ou récidivantes.	7 jours.	
Accidents nerveux aigus en dehors des cas considérés comme accidents du travail.	3 jours.	

TABLEAU N° 4

Hémopathies provoquées par le benzène et tous les produits en renfermant

Date de création : 4 janv. 1931 *Dernière mise à jour : 16 janv. 2009*

[Décr. n° 2009-56 du 15 janv. 2009]

Désignation des maladies	Délai de prise en charge	Liste indicative des travaux susceptibles de provoquer ces maladies
Hypoplasies et aplasies médullaires isolées ou associées (anémie ; leuconeutropénie ; thrombopénie) acquises primitives non réversibles.	3 ans (sous réserve d'une durée d'exposition de 6 mois)	Opérations de production, transport et utilisation du benzène et autres produits renfermant du benzène, notamment : – production, extraction, rectification du benzène et des produits en renfermant ; – emploi du benzène et des produits en renfermant pour la production de leurs dérivés, notamment en organosynthèse ; – préparation des carburants renfermant du benzène, transvasement, manipulation de ces carburants, travaux en citerne ; – emplois divers du benzène comme dissolvant des résines naturelles ou synthétiques ; – production et emploi de vernis, peintures, émaux, mastics, encre, colles, produits d'entretien renfermant du benzène ; – fabrication de simili-cuir ; – production, manipulation et emploi des dissolutions de caoutchouc naturel ou synthétique, ou des solvants d'avivage contenant du benzène ; – autres emplois du benzène ou des produits en renfermant comme agent d'extraction, d'élution, d'imprégnation, d'agglomération ou de nettoyage et comme décapant, dissolvant ou diluant ; – opérations de séchage de tous les produits, articles, préparations, substances où le benzène (ou les produits en renfermant) est intervenu comme agent d'extraction, d'élution, de séparation, d'imprégnation, d'agglomération, de nettoyage, de concentration, et comme décapant, dissolvant ou diluant ; – emploi du benzène comme déshydratant des alcools et autres substances liquides ou solides ; – emploi du benzène comme dénaturant ou réactif de laboratoire ; – poste de nettoyage, curage, pompage des boues de fosses de relevage dans le traitement des eaux usées de raffinerie.
Syndromes myélodysplasiques acquis et non médicamenteux.	3 ans	
Leucémies aiguës myéloblastique et lymphoblastique à l'exclusion des leucémies aiguës avec des antécédents d'hémopathies.	20 ans (sous réserve d'une durée d'exposition de 6 mois)	
Syndromes myéloprolifératifs.	20 ans (sous réserve d'une durée d'exposition de 6 mois)	

Nota. Pour le détail des syndromes myélodysplasiques et myéloprolifératifs, il convient de se référer à la classification en vigueur des tumeurs des tissus hématopoïétiques et lymphoïdes de l'Organisation mondiale de la santé (OMS).

TABLEAU N° 4 *bis*

Affections gastro-intestinales provoquées par le benzène, le toluène, les xylènes et tous les produits en renfermant

Date de création : 28 juill. 1987

[Décr. n° 87-582 du 22 juill. 1987]

Désignation des maladies	Délai de prise en charge	Liste indicative des principaux travaux susceptibles de provoquer ces maladies
Troubles gastro-intestinaux apyrétiques accompagnés de vomissements à répétition.	7 jours.	Opérations de production, transport et utilisation du benzène, du toluène, des xylènes et autres produits en renfermant, notamment : – production, extraction, rectification du benzène, du toluène et des xylènes et des produits en renfermant ; – emploi du benzène, du toluène et des xylènes pour la production de leurs dérivés, notamment en organosynthèse. Préparation des carburants renfermant du benzène, du toluène et des xylènes, transvasement, manipulation de ces carburants, travaux en citerne ; – emplois divers du benzène, du toluène et des xylènes comme dissolvants des résines naturelles ou synthétiques ; – production et emploi de vernis, peintures, émaux, mastics, encres, colles, produits d'entretien renfermant du benzène, du toluène et des xylènes ; – fabrication de simili-cuir ; – production, manipulation et emploi des dissolutions de caoutchouc naturel ou synthétique ou des solvants d'avivage contenant du benzène, du toluène, des xylènes ; – autres emplois du benzène, du toluène, des xylènes ou des produits en renfermant comme agents d'extraction, d'élution, d'imprégnation, d'agglomération ou de nettoyage et comme décapants, dissolvants ou diluants ; – opérations de séchage de tous les produits, articles, préparations, substances où le benzène, le toluène, les xylènes (ou les produits en renfermant) interviennent comme agents d'extraction, d'élution, de séparation, d'imprégnation, d'agglomération, de nettoyage, de concentration et comme décapants, dissolvants ou diluants ;

Désignation des maladies	Délai de prise en charge	Liste indicative des principaux travaux susceptibles de provoquer ces maladies
		– emploi du benzène comme déshydratant des alcools et autres substances liquides ou solides ; – emploi du benzène comme dénaturant ou réactif de laboratoire.

Tableau n° 5

Affections professionnelles liées au contact avec le phosphore et le sesquisulfure de phosphore

Date de création : 4 janv. 1931 *Dernière mise à jour : 13 févr. 2003*

[Décr. n° 2003-110 du 11 févr. 2003]

Désignation des maladies	Délai de prise en charge	Liste indicative des principaux travaux susceptibles de provoquer ces maladies
A. – Ostéomalacie ou nécrose du maxillaire inférieur.	1 an.	Préparation, emploi, manipulation du phosphore et du sesquisulfure de phosphore ; fabrication de certains dérivés du phosphore, notamment des phosphures.
B. – Dermite aiguë irritative, ou eczématiforme récidivant en cas de nouvelle exposition au risque.	15 jours.	
C. – Dermite chronique irritative, ou eczématiforme récidivant au contact du sesquisulfure de phosphore.	90 jours.	

Tableau n° 6

Affections provoquées par les rayonnements ionisants

Date de création : 4 janv. 1931 — *Dernière mise à jour : 26 juin 1984*

[Décr. n° 84-492 du 22 juin 1984]

Désignation des maladies	Délai de prise en charge	Liste indicative des principaux travaux susceptibles de provoquer ces maladies
Anémie, leucopénie, thrombopénie ou syndrome hémorragique consécutifs à une irradiation aiguë.	30 jours.	Tous travaux exposant à l'action des rayons X ou des substances radioactives naturelles ou artificielles, ou à toute autre source d'émission corpusculaire, notamment :
Anémie, leucopénie, thrombopénie ou syndrome hémorragique consécutifs à une irradiation chronique.	1 an.	Extraction et traitement des minerais radioactifs ; Préparation des substances radioactives ; Préparation de produits chimiques et pharmaceutiques radioactifs ;
Blépharite ou conjonctivite.	7 jours.	Préparation et application de produits luminescents radifères ;
Kératite.	1 an.	Recherches ou mesures sur les substances radioactives et les rayons X dans les laboratoires ;
Cataracte.	10 ans.	Fabrication d'appareils pour radiothérapie et d'appareils à rayons X ;
Radiodermites aiguës.	60 jours.	Travaux exposant les travailleurs au rayonnement dans les hôpitaux, les sanatoriums, les cliniques, les dispensaires, les cabinets médicaux, les cabinets dentaires et radiologiques, dans les maisons de santé et les centres anticancéreux ;
Radiodermites chroniques.	10 ans.	Travaux dans toutes les industries ou commerces utilisant les rayons X, les substances radioactives, les substances ou dispositifs émettant les rayonnements indiqués ci-dessus.
Radio-épithélite aiguë des muqueuses.	60 jours.	
Radiolésions chroniques des muqueuses.	5 ans.	
Radionécrose osseuse.	30 ans.	
Leucémies.	30 ans.	
Cancer broncho-pulmonaire primitif par inhalation.	30 ans.	
Sarcome osseux.	50 ans.	

Tableau n° 7

Tétanos professionnel

Date de création : 18 juill. 1936 *Dernière mise à jour : 1er janv. 1947*

Désignation de la maladie	Délai de prise en charge	Liste limitative des travaux susceptibles de provoquer cette maladie
Tétanos en dehors des cas consécutifs à un accident du travail.	30 jours.	Travaux effectués dans les égouts.

Tableau n° 8

Affections causées par les ciments (alumino-silicates de calcium)

Date de création : 18 juill. 1936 *Dernière mise à jour : 13 févr. 2003*

[Décr. n° 2003-110 du 11 févr. 2003]

Désignation des maladies	Délai de prise en charge	Liste indicative des principaux travaux susceptibles de provoquer ces maladies
Ulcérations, pyodermites. Dermites eczématiformes récidivant en cas de nouvelle exposition au risque ou confirmées par un test épicutané. Blépharite. Conjonctivite.	30 jours. 15 jours. 30 jours. 30 jours.	Fabrication, concassage, broyage, ensachage et transport à dos d'homme des ciments. Fabrication, à l'aide de ciments, de matériaux agglomérés et d'objets moulés. Emploi des ciments dans les chantiers du bâtiment et des travaux publics.

Tableau n° 9

Affections provoquées par les dérivés halogénés des hydrocarbures aromatiques

Date de création : 18 juill. 1936 — *Dernière mise à jour : 26 juin 1984*

[Décr. n° 84-492 du 22 juin 1984]

Désignation des maladies	Délai de prise en charge	Liste indicative des principaux travaux susceptibles de provoquer ces maladies
Acné.	30 jours.	Préparation, emploi, manipulation des chloronaphtalènes et des produits en renfermant, notamment : Fabrication des chloronaphtalènes ; Fabrication de vernis, enduits, produits d'entretien, pâtes à polir, etc., à base de chloronaphtalènes ; Emploi des chloronaphtalènes comme isolants électriques, en particulier dans la fabrication des condensateurs ; Préparation et emploi de lubrifiants de remplacement contenant des chloronaphtalènes. Préparation, emploi, manipulation des polychlorophényles, notamment : Emploi des polychlorophényles comme isolants électriques dans la fabrication et l'entretien des transformateurs et des condensateurs ; Emploi des polychlorophényles dans les systèmes caloporteurs et les systèmes hydrauliques. Préparation, emploi, manipulation des polybromobiphényles comme ignifugeants. Préparation, emploi, manipulation du chlorobenzène et du bromobenzène ou des produits en renfermant, notamment : Emploi du chlorobenzène comme agent de dégraissage, comme solvant de pesticides ou comme intermédiaire de synthèse ; Emploi du bromobenzène comme agent de synthèse. Préparation, emploi, manipulation de l'hexachlorobenzène, notamment : Emploi de l'hexachlorobenzène comme fongicide ; Manipulation de l'hexachlorobenzène résiduel dans la synthèse des solvants chlorés.
Accidents nerveux aigus causés par le monochlorobenzène et le monobromobenzène.	7 jours.	
Porphyrie cutanée tardive, causée par l'hexachlorobenzène, caractérisée par des lésions bulleuses favorisées par l'exposition au soleil et s'accompagnant d'élévation des uroporphyrines dans les urines.	60 jours.	

TABLEAU N° 10

Ulcérations et dermites provoquées par l'acide chromique, les chromates et bichromates alcalins, le chromate de zinc et le sulfate de chrome

Date de création : 18 juill. 1936 *Dernière mise à jour : 28 nov. 2003*

[Décr. n° 2003-1128 du 21 nov. 2003]

Désignation des maladies	Délai de prise en charge	Liste indicative des principaux travaux
Ulcérations nasales.	30 jours.	Préparation, emploi, manipulation de l'acide chromique, des chromates et bichromates alcalins, du chromate de zinc et du sulfate de chrome, notamment :
Ulcérations cutanées chroniques ou récidivantes.	30 jours.	Fabrication de l'acide chromique, des chromates et bichromates alcalins ; Fabrication de pigments (jaune de chrome, etc.) au moyen de chromates ou bichromates alcalins ;
Lésions eczématiformes récidivant en cas de nouvelle exposition au risque ou confirmées par un test épicutané.	15 jours.	Emploi de bichromates alcalins dans le vernissage d'ébénisterie ; Emploi des chromates ou bichromates alcalins comme mordants en teinture ; Tannage au chrome ; Préparation, par procédés photomécaniques, de clichés pour impression ; Chromage électrolytique des métaux.

TABLEAU N° 10 *bis*

Affections respiratoires provoquées par l'acide chromique, les chromates et bichromates alcalins

Date de création : 28 janv. 1982 *Dernière mise à jour : 13 févr. 2003*

[Décr. n° 82-99 du 22 janv. 1982] [Décr. n° 2003-110 du 11 févr. 2003]

Désignation des maladies	Délai de prise en charge	Liste limitative des travaux susceptibles de provoquer ces maladies
Rhinite récidivant en cas de nouvelle exposition au risque ou confirmée par test.	7 jours.	Chromage électrolytique des métaux.
Asthme objectivé par explorations fonctionnelles respiratoires récidivant en cas de nouvelle exposition au risque ou confirmé par test.	7 jours.	Fabrication, manipulation, emploi de chromates et bichromates alcalins.

Tableau n° 10 *ter*

Affections cancéreuses causées par l'acide chromique et les chromates et bichromates alcalins ou alcalinoterreux ainsi que par le chromate de zinc

Date de création : 26 juin 1984 [Décr. n° 84-492 du 22 juin 1984]

Dernière mise à jour : 13 févr. 2003 [Décr. n° 2003-110 du 11 févr. 2003]

Désignation de la maladie	Délai de prise en charge	Liste limitative des travaux susceptibles de provoquer ces maladies
- A - Cancer broncho pulmonaire primitif.	- A - 30 ans (sous réserve d'une durée d'exposition de 5 ans)	- A - Fabrication, manipulation et conditionnement de l'acide chromique, des chromates et bichromates alcalins ; Fabrication de chromate de zinc ; Travaux de mise au bain dans les unités de chromage électrolytique dur.
- B - Cancer des cavités nasales.	- B - 30 ans (sous réserve d'une durée d'exposition de 10 ans)	- B - Fabrication, manipulation et conditionnement de l'acide chromique, des chromates et bichromates alcalins ; Fabrication de chromate de zinc.

Tableau n° 11

Intoxication professionnelle par le tétrachlorure de carbone

Date de création : 14 déc. 1938

Dernière mise à jour : 13 févr. 2003 [Décr. n° 2003-110 du 11 févr. 2003]

Désignation des maladies	Délai de prise en charge	Liste indicative des principaux travaux susceptibles de provoquer ces maladies
Néphrite aiguë ou subaiguë avec albuminurie, cylindrurie et azotémie progressive.	30 jours.	Préparation, emploi, manipulation du tétrachlorure de carbone ou des produits en renfermant, notamment : Emploi du tétrachlorure de carbone comme dissolvant, en particulier pour l'extraction des matières grasses et pour la teinture-dégraissage ; Remplissage et utilisation des extincteurs au tétrachlorure de carbone.
Hépatonéphrite initialement apyrétique, ictérigène ou non.	30 jours.	
Ictère par hépatite, initialement apyrétique.	30 jours.	
Dermite irritative.	7 jours.	
Accidents nerveux aigus en dehors des cas considérés comme accidents du travail.	3 jours.	

Tableau n° 12

Affections professionnelles provoquées par les hydrocarbures aliphatiques halogénés énumérés ci-après : Dichlorométhane ; trichlorométhane ; tribromométhane ; triiodométhane ; tétrabromométhane ; chloroéthane ; 1,1-dichloroéthane ; 1,2-dichloroéthane ; 1,2-dibromoéthane ; 1,1,1-trichloroéthane ; 1,1,2-trichloroéthane ; 1,1,2,2-tétrabromoéthane ; pentachloroéthane ; 1-bromopropane ; 2-bromopropane ; 1,2-dichloropropane ; trichloroéthylène ; tétrachloroéthylène ; dichloro-acétylène ; trichlorofluorométhane ; 1,1,2,2-tétrachloro – 1,2-difluoroéthane ; 1,1,1,2-tétrachloro – 2,2-difluoroéthane ; 1,1,2-trichloro – 1,2,2-trifluoroéthane ; 1,1,1-trichloro – 2,2,2-trifluoroéthane ; 1,1-dichloro – 2,2,2-trifluoroéthane ; 1,2-dichloro – 1,1-difluoroéthane ; 1,1-dichloro – 1-fluoroéthane.

Date de création : 14 déc. 1938 *Dernière mise à jour : 12 juill. 2007*

[Décr. n° 2007-1083 du 10 juill. 2007]

Désignation des maladies	Délai de prise en charge	Liste indicative des principaux travaux susceptibles de provoquer ces maladies
A. – Troubles cardiaques aigus à type d'hyperexcitabilité ventriculaire ou supraventriculaire et disparaissant après l'arrêt de l'exposition au produit.	7 jours.	Préparation, emploi, manipulation des agents nocifs limitativement énumérés ci-après ; trichlorométhane, chloroéthane, 1,1-dichloroéthane, 1,1,1-trichloroéthane, trichloroéthylène, tétrachloroéthylène, trichlorofluorométhane, 1,1,2,2-tétrachloro – 1,2-difluoroéthane, 1,1,1,2-tétrachloro – 2,2-difluoroéthane, 1,1,2-trichloro – 1,2,2-trifluoroéthane, 1,1,1-trichloro – 2,2,2-trifluoroéthane, 1,1-dichloro – 2,2,2-trifluoroéthane,1,2-dichloro – 1,1-difluoroéthane,1,1-dichloro – 1-fluoroéthane.
B. – Hépatites aiguës cytolytiques à l'exclusion des hépatites virales A, B et C ainsi que des hépatites alcooliques.	30 jours.	Préparation, emploi, manipulation des agents nocifs limitativement énumérés ci-après ; trichlorométhane, tribromométhane, triiodométhane, tétrabromométhane, 1,2-dichloroéthane, 1,2-dibromoéthane,1,1,2-trichloroéthane, 1,1,2,2-tétrabromoéthane, pentachloroéthane, 1,2-dichloroproprane, 1,1-dichloro – 2,2,2-trifluoroéthane.
C. – Néphropathies tubulaires régressant après l'arrêt de l'exposition.	30 jours.	Préparation, emploi, manipulation des agents nocifs limitativement énumérés ci-après : trichlorométhane, tétrabromométhane, 1,2-dichloroéthane, 1,2-dibromoéthane, pentachloroéthane, 1,2-dichloropropane.
D. – Polyneuropathies (après exclusion de la polyneuropathie alcoolique) ou neuropathies trigéminales, confirmées par des examens électrophysiologiques.	30 jours.	Préparation, emploi, manipulation des agents nocifs limitativement énumérés ci-après : 1-bromopropane, 2-bromopropane, dichloroacétylène (notamment en tant que contaminant du trichloroéthylène).

Désignation des maladies	Délai de prise en charge	Liste indicative des principaux travaux susceptibles de provoquer ces maladies
E. – Neuropathies optiques rétrobulbaires bilatérales confirmées par des examens complémentaires, après exclusion de la neuropathie alcoolique.	30 jours.	Préparation, emploi, manipulation des agents nocifs limitativement énumérés ci-après : dichloroacétylène, notamment en tant que contaminant du trichloroéthylène.
F. – Anémies hémolytiques de survenue brutale.	7 jours.	Préparation, emploi, manipulation des agents nocifs limitativement énumérés ci-après : 1,2-dichloropropane.
G. – Aplasies ou hypoplasies médullaires entraînant : – anémies ; – leucopénies ; – neutropénies.	30 jours.	Préparation, emploi, manipulation des agents nocifs limitativement énumérés ci-après : 2-bromopropane.
H. – Manifestations d'intoxication oxycarbonée résultant du métabolisme du dichlorométhane, avec une oxycarbonémie supérieure à 15 ml/litre de sang, ou une carboxyhémoglobine supérieure à 10 %.	3 jours.	Préparation, emploi, manipulation des agents nocifs limitativement énumérés ci-après : dichlorométhane.

TABLEAU N° 13

Intoxications professionnelles par les dérivés nitrés et chloronitrés des carbures benzéniques

Date de création : 14 déc. 1938 *Dernière mise à jour : 13 févr. 2003*

[Décr. n° 2003-110 du 11 févr. 2003]

Désignation des maladies	Délai de prise en charge	Liste indicative des principaux travaux susceptibles de provoquer ces maladies
Manifestations consécutives à l'intoxication subaiguë ou chronique (cyanose, anémie, subictère).	1 an.	Préparation, emploi, manipulation des dérivés nitrés et chloronitrés des hydrocarbures benzéniques, notamment : Fabrication des dérivés nitrés et chloronitrés du benzène et de ses homologues ;
Accidents aigus (coma) en dehors des cas considérés comme accidents du travail.	30 jours.	Fabrication des dérivés aminés (aniline et homologues) et de certaines matières colorantes ; Préparation et manipulation d'explosifs.
Dermites chroniques irritatives ou eczématiformes causées par les dérivés chloronitrés récidivant en cas de nouvelles expositions au risque.	15 jours.	Sont exclues les opérations effectuées à l'intérieur d'appareils rigoureusement clos en marche normale.

TABLEAU N° 14

Affections provoquées par les dérivés nitrés du phénol (dinitrophénols, dinitro-orthocrésols, dinoseb), par le pentachlorophénol, les pentachlorophénates et par les dérivés halogénés de l'hydroxybenzonitrile (bromoxyril, ioxynil)

Date de création : 14 déc. 1938 *Dernière mise à jour : 28 juill. 1987*

[Décr. n° 87-582 du 22 juill. 1987]

Désignation des maladies	Délai de prise en charge	Liste indicative des principaux travaux susceptibles de provoquer ces maladies
A. – Intoxication suraiguë avec hyperthermie, œdème pulmonaire, éventuellement atteinte hépatique, rénale et myocardique.	3 jours.	Préparation, emploi, manipulation des dérivés nitrés du phénol (dinitrophénols, dinitro-orthocrésol, dinoseb, leurs homologues et leurs sels) notamment : Fabrication des produits précités. Fabrication de matières colorantes au moyen des produits précités ; Préparation et manipulation d'explosifs renfermant l'un ou l'autre des produits précités ; Travaux de désherbage utilisant les produits précités ; Travaux antiparasitaires entraînant la manipulation de ces produits précités.
B. – Intoxication aiguë ou subaiguë avec asthénie, amaigrissement rapide, hypersudation suivie d'hyperthermie avec gêne respiratoire.	7 jours.	
C. – Manifestations digestives (douleurs abdominales, vomissements, diarrhées) associées à la présence du toxique ou de ses métabolites dans le sang ou les urines.	7 jours.	Préparation, emploi, manipulation des dérivés halogénés de l'hydroxybenzonitrile notamment : Fabrication des produits précités ; Fabrication et conditionnement des pesticides en contenant.
D. – Irritation des voies aériennes supérieures et conjonctivites.	7 jours.	Préparation, manipulation, emploi du pentachlorophénol, des pentachlorophénates ainsi que des produits en renfermant notamment au cours des travaux ci-après : Trempage du bois ; Empilage du bois fraîchement trempé ; Pulvérisation du produit ; Préparation des peintures en contenant ; Lutte contre les xylophages ; Traitement des charpentes en place par des préparations associant du pentachlorophénol, ses homologues ou ses sels, à du lindane.
E. – Dermites irritatives.	7 jours.	
F. – Syndrome biologique caractérisé par : Neutropénie franche (moins de 1 000 polynucléaires neutrophiles par mm^3) liée à des préparations associant du pentachlorophénol, ses homologues ou ses sels, à du lindane.	90 jours.	

TABLEAU N° 15

Affections provoquées par les amines aromatiques, leurs sels et leurs dérivés notamment hydroxylés, halogénés, nitrés, nitrosés et sulfonés

Date de création : 14 déc. 1938 *Dernière mise à jour : 10 nov. 1995*

[Décr. n° 95-1196 du 6 nov. 1995]

Désignation des maladies	Délai de prise en charge	Liste indicative des principaux travaux susceptibles de provoquer ces maladies
Troubles neurologiques à type de somnolence, narcose, coma.	3 jours.	Préparation, emploi, manipulation des amines aromatiques, de leurs sels, de leurs dérivés notamment hydroxylés, halogénés, nitrosés, nitrés et sulfonés.
Cyanose, subictère.	10 jours.	
Hémoglobinurie lorsque ces maladies comportent une hémolyse et une méthémoglobinémie (en dehors des cas considérés comme accidents du travail).	10 jours.	
Dermites irritatives.	7 jours.	

TABLEAU N° 15 *bis*

Affections de mécanisme allergique provoquées par les amines aromatiques, leurs sels, leurs dérivés notamment hydroxylés, halogénés, nitrés, nitrosés, sulfonés et les produits qui en contiennent à l'état libre

Date de création : 6 nov. 1995 *Dernière mise à jour : 13 févr. 2003*

[Décr. n° 95-1196 du 6 nov. 1995] [Décr. 2003-110 du 11 févr. 2003]

Désignation des maladies	Délai de prise en charge	Liste indicative des principaux travaux susceptibles de provoquer ces maladies
Dermite irritative.	7 jours.	Utilisation des amines aromatiques, de leurs sels, de leurs dérivés et des produits qui en contiennent à l'état libre, tels que matières colorantes, produits pharmaceutiques, agents de conservation (caoutchouc, élastomères, plastomères), catalyseurs de polymérisation, graisses et huiles minérales.
Lésions eczématiformes récidivant en cas de nouvelle exposition au risque ou confirmées par un test épicutané.	15 jours.	
Rhinite récidivant en cas de nouvelle exposition au risque ou confirmé par test.	7 jours.	
Asthme objectivé par explorations fonctionnelles respiratoires récidivant en cas de nouvelle exposition au risque ou confirmé par test.	7 jours.	

Tableau n° 15 *ter*

Lésions prolifératives de la vessie provoquées par les amines aromatiques suivantes et leurs sels : 4-aminobiphényle et sels (xénylamine) ; 4,4'-diaminobiphényle et sels (benzidine) ; 2-naphtylamine et sels ; 4,4'-méthylène *bis* (2-chloroaniline) et sels (MBOCA) ; 3,3'-diméthoxybenzidine et sels (o-dianisidine) ; 3,3'-diméthylbenzidine et sels (o-tolidine) ; 2-méthylaniline et sels (o-toluidine) ; 4-chloro-2-méthylaniline et sels (p-chloro-o-toluidine) ; auramine (qualité technique) ; colorants suivants dérivés de la benzidine : CI direct black 38, CI direct blue 6, CI direct brown 95.

Date de création : 6 nov. 1995 — *Dernière mise à jour : 3 août 2012*

[Décr. n° 2012-936 du 1er août 2012]

Désignation des maladies	Délai de prise en charge	Liste indicative des travaux susceptibles de provoquer ces maladies
Tumeur primitive de l'épithélium urinaire (vessie, voies excrétrices supérieures) confirmée par examen histopathologique ou cytopathologique.	Trente ans (sous réserve d'une durée d'exposition de cinq ans).	Travaux exposant aux amines aromatiques visées, notamment : – travaux de synthèse de colorants dans l'industrie chimique ; – travaux de préparation et de mise en œuvre des colorants dans la fabrication d'encres et de peintures ; – travaux de préparation et de mise en œuvre des colorants dans l'industrie textile, l'imprimerie, l'industrie du cuir et l'industrie papetière ; – travaux de fabrication d'élastomères techniques en polyuréthanes ou en résines époxy utilisant la *[le]* 4,4'-méthylène *bis* (2-chloroaniline) et ses sels (MBOCA), notamment comme durcisseur ; – travaux de pesage, de mélangeage et de vulcanisation dans l'industrie du caoutchouc, particulièrement avant 1955.

Tableau n° 16

Affections cutanées ou affections des muqueuses provoquées par les goudrons de houille, les huiles de houille (comprenant les fractions de distillation dites « Phénoliques », « Naphtaléniques », « Acénaphténiques », « Anthracéniques » et « Chryséniques »), les brais de houille et les suies de combustion du charbon

Date de création : 14 déc. 1938 — *Dernière mise à jour : 7 mai 1988*

[Décr. n° 88-575 du 6 mai 1988]

Désignation des maladies	Délai de prise en charge	Liste indicative des principaux travaux susceptibles de provoquer ces maladies
Dermites eczématiformes récidivant après nouvelle exposition au risque Dermites photo-toxiques Conjonctivites photo-toxiques	7 jours	Préparation, emploi et manipulation des goudrons, huiles et brais de houille et des produits en contenant, notamment dans : – Les cokeries ; – Les installations de distillations de goudrons de houille ; – La fabrication d'agglomérés de houille ; – La fabrication et l'utilisation de pâtes et revêtements carbonés notamment lors de la fabrication de l'aluminium selon le procédé à anode continue ; – La fabrication d'électrodes de carbone et de graphite ; – La fabrication de carbure et de siliciure de calcium ; – La sidérurgie, lors de l'utilisation des masses de bouchage ; – Les fonderies, lors des travaux de moulage et de noyautage, de coulée et de décochage ; – Les travaux de ramonage et d'entretien de chaudières et de cheminées ; – Les travaux routiers ; – Le bâtiment, lors des travaux d'étanchéité, de revêtement de toitures ou terrasses et d'application de peintures au brai ou au goudron ; – L'imprégnation de briques réfractaires.

Tableau n° 16 *bis*

Affections cancéreuses provoquées par les goudrons de houille, les huiles de houille, les brais de houille et les suies de combustion du charbon

Date de création : 8 mai 1988 *Dernière mise à jour : 16 janv. 2009*

[Décr. n° 2009-56 du 15 janv. 2009]

Désignation des maladies	Délai de prise en charge	Liste limitative des travaux susceptibles de provoquer ces maladies
- A - Epithélioma primitif de la peau.	20 ans (sous réserve d'une durée d'exposition de 10 ans)	- A - 1. Travaux comportant la manipulation et l'emploi de goudrons de houille, huiles et brais de houille, exposant habituellement au contact cutané avec les produits précités. 2. Travaux de ramonage et d'entretien de chaudières et foyers à charbon et de leurs cheminées ou conduits d'évacuation, exposant habituellement au contact cutané avec les suies de combustion du charbon.
- B - Cancer bronchopulmonaire primitif.	30 ans (sous réserve d'une durée d'exposition de 10 ans)	- B - 1. Travaux en cokerie de personnels directement affectés à la marche ou à l'entretien des fours ou à la récupération et au traitement des goudrons, exposant habituellement à l'inhalation des émissions des produits précités. 2. Travaux ayant exposé habituellement à l'inhalation des émissions des produits précités dans les unités de production de gaz de ville. 3. Travaux de fabrication de l'aluminium dans les ateliers d'électrolyse selon le procédé à anode continue (procédé Söderberg), exposant habituellement à l'inhalation des émissions des produits précités. 4. Travaux de pose de joints à base de brai de houille (pâte chaude) pour la confection ou la réfection de cathodes (brasquage), exposant habituellement à l'inhalation des émissions des produits précités. 5. Travaux de mélangeage, de malaxage et de mise en forme lors de la fabrication d'électrodes destinées à la métallurgie, exposant habituellement à l'inhalation des émissions des produits précités. 6. Travaux de chargement de pâte en boulets à base de brai ou de soudage de viroles dans le procédé à anode continue en électrométallurgie de ferroalliages, exposant habituellement à l'inhalation des émissions des produits précités.

Désignation des maladies	Délai de prise en charge	Liste limitative des travaux susceptibles de provoquer ces maladies
		7. Travaux de fabrication par pressage des agglomérés de houille (boulets ou briquettes), exposant habituellement à l'inhalation des émissions des produits précités. 8. Travaux de coulée et de décochage en fonderie de fonte ou d'acier utilisant des sables au noir incorporant des brais, exposant habituellement à l'inhalation des émissions des produits précités. 9. Travaux de pose de masse à boucher au goudron, et nettoyage et réfection des rigoles de coulée des hauts-fourneaux, exposant habituellement à l'inhalation des émissions des produits précités. 10. Travaux de ramonage et d'entretien de chaudières et foyers à charbon et de leurs cheminées ou conduits d'évacuation, exposant habituellement à l'inhalation des suies de combustion du charbon.
- C - Tumeur primitive de l'épithélium urinaire (vessie, voies excrétrices supérieures) confirmée par examen histopathologique ou cytopathologique.	30 ans (sous réserve d'une durée d'exposition de 10 ans)	- C - 1. Travaux en cokerie de personnels directement affectés à la marche ou à l'entretien des fours exposant habituellement aux produits précités. 2. Travaux de fabrication de l'aluminium dans les ateliers d'électrolyse selon le procédé à anode continue (procédé Söderberg), impliquant l'emploi et la manipulation habituels des produits précités. 3. Travaux de ramonage et d'entretien de chaudières et foyers à charbon et de leurs cheminées ou conduits d'évacuation ou à la récupération et au traitement des goudrons, exposant habituellement aux suies de combustion du charbon. 4. Travaux au poste de vannier avant 1985 comportant l'exposition habituelle à des bitumes goudrons lors de l'application de revêtements routiers.

TABLEAU N° 17

Dermatoses causées par l'action du sesquisulfure de phosphore

[Abrogé par Décr. n° 85-630 du 19 juin 1985]

TABLEAU N° 18

Charbon

Date de création : 14 déc. 1938 *Dernière mise à jour : 3 mai 1988*

[Décr. n° 88-575 du 6 mai 1988]

Désignation des maladies	Délai de prise en charge	Liste limitative des travaux susceptibles de provoquer ces maladies
Pustule maligne. Œdème malin. Charbon gastro-intestinal. Charbon pulmonaire. (En dehors des cas considérés comme accidents du travail.)	30 jours. 30 jours. 30 jours. 30 jours.	Travaux susceptibles de mettre les ouvriers en contact avec des animaux atteints d'infection charbonneuse ou avec des cadavres de ces animaux. Chargement, déchargement ou transport de marchandises susceptibles d'avoir été souillées par des animaux ou des débris d'animaux.

TABLEAU N° 19

Spirochétoses (à l'exception des tréponématoses)

Date de création : 18 juill. 1936 *Dernière mise à jour : 9 oct. 2009*

[Décr. n° 2009-1194 du 7 oct. 2009]

Désignation des maladies	Délai de prise en charge	Liste limitative des travaux susceptibles de provoquer ces maladies
- A -		- A -
Toute manifestation clinique de leptospirose provoquée par *Leptospira interrogans*. La maladie doit être confirmée par identification du germe ou à l'aide d'un sérodiagnostic d'agglutination, à un taux considéré comme significatif	21 jours	Travaux suivants exposant à des animaux susceptibles d'être porteurs de germe et effectués notamment au contact d'eau ou dans des lieux humides, susceptibles d'être souillés par les déjections de ces animaux : *a)* Travaux effectués dans les mines, carrières (travaux au fond), les tranchées, les tunnels, les galeries, les souterrains ; travaux du génie ; *b)* Travaux effectués dans les égouts, les caves, les chais ; *c)* Travaux d'entretien des cours d'eau, canaux, marais, étangs et lacs, bassins de réserve et de lagunage ; *d)* Travaux d'entretien et de surveillance des parcs aquatiques et stations d'épuration ;

Désignation des maladies	Délai de prise en charge	Liste limitative des travaux susceptibles de provoquer ces maladies
		e) Travaux de drainage, de curage des fossés, de pose de canalisation d'eau ou d'égout, d'entretien et vidange des fosses et citernes de récupération de déchets organiques ; *f)* Travaux effectués dans les laiteries, les fromageries, les poissonneries, les cuisines, les fabriques de conserves alimentaires, les brasseries, les fabriques d'aliments du bétail ; *g)* Travaux effectués dans les abattoirs, les chantiers d'équarrissage, travaux de récupération et exploitation du cinquième quartier des animaux de boucherie ; *h)* Travaux exécutés sur les bateaux, les péniches, les installations portuaires ; travaux de mariniers et dockers ; *i)* Travaux de dératisation et de destruction des rongeurs inféodés au milieu aquatique ; *j)* Travaux de soins aux animaux vertébrés ; *k)* Travaux dans les laboratoires de bactériologie ou de parasitologie ; *l)* Travaux piscicoles de production et d'élevage ; *m)* Travaux d'encadrement d'activité en milieu aquatique naturel (exception faite du domaine maritime) : activités nautiques, halieutiques, subaquatiques ; *n)* Travaux d'assistance, de secours et de sauvetage en milieu aquatique naturel (exception faite du domaine maritime) ; *o)* Travaux de culture de la banane, travaux de coupe de cannes à sucre
- B -		**- B -**
Les manifestations cliniques suivantes de borréliose de Lyme : 1 Manifestation primaire : Erythème migrant de Lipschutz, avec ou sans signes généraux	30 jours	Travaux suivants exposant à la bactérie infestant des hôtes vecteurs (tiques du genre ixodes) ou des hôtes réservoirs (vertébrés sauvages ou domestiques) et effectués sur toute zone présentant un couvert végétal tel que forêt, bois, bocage, steppe ou lande :

Désignation des maladies	Délai de prise en charge	Liste limitative des travaux susceptibles de provoquer ces maladies
2 Manifestations secondaires *Troubles neurologiques* : – Méningite lymphocytaire, parfois isolée ou associée à : – douleurs radiculaires ; – troubles de la sensibilité ; – atteinte des nerfs périphériques et crâniens (syndrome de Garin-Bujadoux-Bannwarth) *Troubles cardiaques* : – Troubles de la conduction ; – Péricardite *Troubles articulaires* : – Oligoarthrite régressive	6 mois	Expertise agricole et foncière, arpentage et levé de plan ; Pose et entretien des lignes électriques, téléphoniques, des réseaux de gaz, d'eau d'assainissement ; Construction et entretien des voies de circulation Travaux de soins aux animaux vertébrés Travaux mettant au contact de l'agent pathogène ou de son vecteur dans les laboratoires de bactériologie et de parasitologie
3 Manifestations tertiaires – Encéphalo-myélite progressive ; – Dermatite chronique atrophiante ; – Arthrite chronique destructive Pour les manifestations secondaires et tertiaires, le diagnostic doit être confirmé par une sérologie, à un taux considéré comme significatif pour un des sous-groupes génomiques de *Borrelia burgdorferi*	10 ans	

Tableau n° 20

Affections professionnelles provoquées par l'arsenic et ses composés minéraux

Date de création : 20 déc. 1942 *Dernière mise à jour : 23 juin 1985*

[Décr. n° 85-630 du 19 juin 1985]

Désignation des maladies	Délai de prise en charge	Liste indicative des principaux travaux susceptibles de provoquer ces maladies
A. – *Intoxication aiguë :* Insuffisance circulatoire, troubles du rythme, arrêt circulatoire ; Vomissement, diarrhée, syndrome de cytolyse hépatique ; Encéphalopathie ; Troubles de l'hémostase ; Dyspnée aiguë.	7 jours.	Tous travaux exposant à la manipulation ou à l'inhalation d'arsenic ou de ses composés minéraux, notamment : Traitement pyro-métallurgique de minerais arsenicaux ; Traitement pyro-métallurgique de métaux non ferreux arsenicaux ; Fabrication ou emploi de pesticides arsenicaux ;

Désignation des maladies	Délai de prise en charge	Liste indicative des principaux travaux susceptibles de provoquer ces maladies
B. – *Effets caustiques :* Dermite de contact orthœrgique, plaies arsenicales ; Stomatite, rhinite, ulcération ou perforation de la cloison nasale ; Conjonctivite, kératite, blépharite.	7 jours.	Emploi de composés minéraux arsenicaux dans le travail du cuir, en verrerie, en électronique.
C. – *Intoxication subaiguë :* Polynévrites ; Mélanodermie ; Dyskératoses palmo-plantaires.	90 jours.	
D. – *Affections cancéreuses :* Dyskératose lenticulaire en disque (maladie de Bowen) ; Epithelioma cutané primitif ; Angiosarcome du foie.	40 ans.	

TABLEAU N° 20 *bis*

Cancer bronchique primitif provoqué par l'inhalation de poussières ou de vapeurs arsenicales

Date de création : 23 juin 1985 [Décr. n° 85-630 du 19 juin 1985]

Dernière mise à jour : 28 juill. 1987 [Décr. n° 87-582 du 22 juill. 1987]

Désignation de la maladie	Délai de prise en charge	Liste limitative des travaux susceptibles de provoquer cette maladie
Cancer bronchique primitif.	40 ans.	Travaux de pyro-métallurgie exposant à l'inhalation de poussières ou de vapeurs arsenicales. Travaux de fabrication et de conditionnement de l'anhydride arsénieux. Fabrication de pesticides arsenicaux à partir de composés inorganiques pulvérulents de l'arsenic.

TABLEAU N° 20 *ter*

Cancer bronchique primitif provoqué par l'inhalation de poussières ou de vapeurs renfermant des arseno-pyrites aurifères

Date de création : 30 avril 1997
[Décr. n° 97-454 du 30 avr. 1997]

Désignation de la maladie	Délai de prise en charge	Liste limitative des travaux susceptibles de provoquer cette maladie
Cancer bronchique primitif.	40 ans (sous réserve d'une durée d'exposition de 10 ans).	Travaux d'extraction au fond dans les mines de minerais renfermant des arseno-pyrites aurifères. Travaux de concassage et de broyage effectués à sec de minerais renfermant des arseno-pyrites aurifères.

TABLEAU N° 21

Intoxication professionnelle par l'hydrogène arsénié

Date de création : 20 déc. 1942 — *Dernière mise à jour : 15 sept. 1955*
[Décr. n° 55-1212 du 13 sept. 1955]

Désignation des maladies	Délai de prise en charge	Liste indicative des principaux travaux susceptibles de provoquer ces maladies
Hémoglobinurie.	15 jours.	Travaux exposant aux émanations d'hydrogène arsénié, notamment : Traitement des minerais arsenicaux ; Préparation et emploi des arséniures métalliques ; Décapage des métaux ; détartrage des chaudières ; Gonflement des ballons avec de l'hydrogène impur.
Ictère avec hémolyse.	15 jours.	
Néphrite azotémique.	30 jours.	
Accidents aigus (coma) en dehors des cas considérés comme accidents du travail.	3 jours.	

TABLEAU N° 22

Sulfocarbonisme professionnel

Date de création : 18 juill. 1945 *Dernière mise à jour : 15 sept. 1955*

[Décr. n° 55-1212 du 13 sept. 1955]

Désignation des maladies	Délai de prise en charge	Liste limitative *[indicative]* des *[principaux]* travaux susceptibles de provoquer ces maladies
Syndrome aigu neuro-digestif se manifestant par vomissements, gastralgies violentes, diarrhée avec délire et céphalée intense. Troubles psychiques aigus avec confusion mentale, délire onirique. Troubles psychiques chroniques avec états dépressifs et impulsions morbides. Polynévrites et névrites, quel qu'en soit le degré, avec troubles des réactions électriques (notamment chronaximétriques). Névrite optique.	Accidents aigus : 30 jours. Intoxications subaiguës ou chroniques : 1 an.	Préparation, manipulation, emploi du sulfure de carbone et des produits en renfermant, notamment : Fabrication du sulfure de carbone et de ses dérivés ; Préparation de la viscose et toutes fabrications utilisant la régénération de la cellulose par décomposition de la viscose, telles que fabrication de textiles artificiels et de pellicules cellulosiques ; Extraction du soufre, vulcanisation à froid du caoutchouc au moyen de dissolution de soufre ou de chlorure de soufre dans le sulfure de carbone ; Préparation et emploi des dissolutions du caoutchouc dans le sulfure de carbone ; Emploi du sulfure de carbone dissolvant de la gutta-percha, des résines, des cires, des matières grasses, des huiles essentielles et autres substances.

TABLEAU N° 23

Nystagmus professionnel

Date de création : 18 juill. 1945

Désignation de la maladie	Délai de prise en charge	Liste limitative des travaux susceptibles de provoquer cette maladie
Nystagmus.	1 an.	Travaux exécutés dans les mines.

Tableau n° 24

Brucelloses professionnelles

Date de création : 18 juill. 1945 — *Dernière mise à jour : 28 janv. 1982*

[Décr. n° 82-99 du 22 janv. 1982]

Désignation des maladies	Délai de prise en charge	Liste limitative des travaux susceptibles de provoquer ces maladies
Brucellose aiguë avec septicémie : Tableau de fièvre ondulante sudoro-algique. Tableau pseudo-grippal. Tableau pseudo-typhoïdique.	2 mois.	Travaux exposant au contact avec des caprins, ovins, bovins, porcins, avec leurs produits ou leurs déjections. Travaux exécutés dans les laboratoires servant au diagnostic de la brucellose, à la préparation des antigènes brucelliens ou des vaccins anti-brucelliens, ainsi que dans les laboratoires vétérinaires.
Brucellose subaiguë avec focalisation : Monoarthrite aiguë fébrile, polyarthrite. Bronchite, pneumopathie. Réaction neuro-méningée. Formes hépato-spléniques subaiguës.	2 mois.	
Brucellose chronique : Arthrite séreuse ou suppurée, ostéo-arthrite, ostéite, spondylodiscite, sacrocoxite. Orchite, épididymite, prostatite, salpingite. Bronchite, pneumopathie, pleurésie sérofibrineuse ou purulente. Hépatite. Anémie, purpura, hémorragie, adénopathie. Néphrite. Endocardite, phlébite. Réaction méningée, méningite, arachnoïdite, méningo-encéphalite, myélite, névrite radiculaire. Manifestations cutanées d'allergie. Manifestations psychopathologiques : Asthénie profonde associée ou non à un syndrome dépressif.	1 an.	

L'origine brucellienne des manifestations aiguës ou subaiguës est démontrée par l'isolement du germe, ou par les résultats combinés de deux réactions sérologiques utilisées par l'Organisation mondiale de la santé (OMS) quel que soit leur taux.

Les manifestations chroniques de la brucellose doivent être associées à une intradermo-réaction positive à un allergène brucellien avec ou sans réaction sérologique positive.

Tableau n° 25

Affections consécutives à l'inhalation de poussières minérales renfermant de la silice cristalline (quartz, cristobalite, tridymite), des silicates cristallins (kaolin, talc), du graphite ou de la houille

Date de création : 3 août 1945 *Dernière mise à jour : 30 mars 2003*

[Décr. n° 2003-286 du 28 mars 2003]

Désignation des maladies	Délai de prise en charge	Liste indicative des principaux travaux susceptibles de provoquer ces maladies
– A –	– A –	– A –
Affections dues à l'inhalation de poussières de silice cristalline : quartz, cristobalite, tridymite.		Travaux exposant à l'inhalation des poussières renfermant de la silice cristalline, notamment :
A1. – Silicose aiguë : pneumoconiose caractérisée par des lésions alvéolo-interstitielles bilatérales mises en évidence par des examens radiographiques ou tomodensitométriques ou par des constatations anatomo-pathologiques (lipoprotéinose) lorsqu'elles existent ; ces signes ou ces constatations s'accompagnent de troubles fonctionnels respiratoires d'évolution rapide.	A1. – 6 mois (sous réserve d'une durée minimale d'exposition de 6 mois)	Travaux dans les chantiers et installations de forage, d'abattage, d'extraction et de transport de minerais ou de roches renfermant de la silice cristalline ; Travaux en chantiers de creusement de galeries et fonçage de puits ou de bures dans les mines ; Concassage, broyage, tamisage et manipulation effectués à sec, de minerais ou de roches renfermant de la silice cristalline ;
A2. – Silicose chronique : pneumoconiose caractérisée par des lésions interstitielles micronodulaires ou nodulaires bilatérales révélées par des examens radiographiques ou tomodensitométriques ou par des constatations anatomopathologiques lorsqu'elles existent ; ces signes ou ces constatations s'accompagnent ou non de troubles fonctionnels respiratoires.	A2. – 35 ans (sous réserve d'une durée minimale d'exposition de 5 ans)	Taille et polissage de roches renfermant de la silice cristalline ; Fabrication et manutention de produits abrasifs, de poudres à nettoyer ou autres produits renfermant de la silice cristalline ; Travaux de ponçage et sciage à sec de matériaux renfermant de la silice cristalline ; Extraction, refente, taillage, lissage et polissage de l'ardoise; Utilisation de poudre d'ardoise (schiste en poudre) comme charge en caoutchouterie ou dans la préparation de mastic ou aggloméré ;

Désignation des maladies	Délai de prise en charge	Liste indicative des principaux travaux susceptibles de provoquer ces maladies
Complications : - cardiaque : - insuffisance ventriculaire droite caractérisée. - pleuro-pulmonaires : - tuberculose et autre mycobactériose *(Mycobacterium xenopi, M. avium intracellulare, M. kansasii)* surajoutée et caractérisée ; - nécrose cavitaire aseptique d'une masse pseudo-tumorale ; - aspergillose intracavitaire confirmée par la sérologie ; - non spécifiques : - pneumothorax spontané ; - surinfection ou suppuration bactérienne bronchopulmonaire, subaiguë ou chronique. Manifestations pathologiques associées à des signes radiologiques ou des lésions de nature silicotique : - cancer bronchopulmonaire primitif ; - lésions pleuro-pneumoconiotiques à type thumatoïde (syndrome de Caplan-Collinet).		Fabrication de carborundum, de verre, de porcelaine, de faïence et autres produits céramiques et de produits réfractaires ; Travaux de fonderie exposant aux poussières de sables renfermant de la silice cristalline : décochage, ébarbage et dessablage ; Travaux de meulage, polissage, aiguisage effectués à sec, au moyen de meules renfermant de la silice cristalline ; Travaux de décapage ou de polissage au jet de sable contenant de la silice cristalline ; Travaux de construction, d'entretien et de démolition exposant à l'inhalation de poussières renfermant de la silice cristalline ; Travaux de calcination de terres à diatomées et utilisations des produits de cette calcination ; Travaux de confection de prothèses dentaires.
A3. — Sclérodermie systémique progressive.	A3. — 15 ans (sous réserve d'une durée minimale d'exposition de 10 ans)	
— B —	— B —	— B —
Affections dues à l'inhalation de poussières minérales renfermant des silicates cristallins (kaolin, talc) ou du graphite :	35 ans (sous réserve d'une durée minimale d'exposition de 10 ans)	Travaux exposant à l'inhalation de poussières minérales renfermant des silicates cristallins (kaolin, talc) ou du graphite, notamment :

Désignation des maladies	Délai de prise en charge	Liste indicative des principaux travaux susceptibles de provoquer ces maladies
Pneumoconioses caractérisées par des lésions interstitielles bilatérales révélées par des examens radiographiques ou tomodensitométriques ou par des constatations anatomo-pathologiques lorsqu'elles existent, que ces signes radiologiques ou ces constatations s'accompagnent ou non de troubles fonctionnels respiratoires :		
B1. – Kaolinose		B1. – Travaux d'extraction, de broyage et utilisation industrielle du kaolin : faïence, poterie.
B2. – Talcose.		B2. – Travaux d'extraction, de broyage, de conditionnement du talc ; Utilisation du talc comme lubrifiant ou comme charge dans l'apprêt du papier, dans la préparation de poudres cosmétiques, dans les mélanges de caoutchouterie et dans certaines peintures.
B3. – Graphitose.		B3. – Manipulation, broyage, conditionnement, usinage, utilisation du graphite, notamment comme réfractaire ; Fabrication d'électrodes.
– C –	– C –	– C –
Affections dues à l'inhalation de poussières de houille :		Travaux exposant à l'inhalation de poussières de houille, notamment : travaux au fond dans les mines de houille.
C1. – Pneumoconiose caractérisée par des lésions interstitielles bilatérales révélées par des examens radiographiques ou tomodensitométriques ou par des constatations anatomo-pathologiques lorsqu'elles existent, que ces signes radiologiques ou ces constatations s'accompagnent ou non de troubles fonctionnels respiratoires.	C1. – 35 ans (sous réserve d'une durée minimale d'exposition de 10 ans)	

Désignation des maladies	Délai de prise en charge	Liste indicative des principaux travaux susceptibles de provoquer ces maladies
Complications : - cardiaque : - insuffisance ventriculaire droite caractérisée ; - pleuro-pulmonaires : - tuberculose et autre mycobactériose *(Mycobacterium xenopi, M. avium intracellulare, M. kansasii)* surajoutée et caractérisée ; - nécrose cavitaire aseptique d'une masse pseudo-tumorale ; - aspergillose intracavitaire confirmée par la sérologie ; - non spécifiques : - surinfection ou suppuration bactérienne bronchopulmonaire, subaiguë ou chronique ; - pneumothorax spontané. Manifestation pathologique associée : - lésions pleuro-pneumoconiotiques à type rhumatoïde (syndrome de Caplan-Collinet).		
C2. – Fibrose interstitielle pulmonaire diffuse non régressive, d'apparence primitive. Cette affection doit être confirmée par un examen radiographique ou par tomodensitométrie en coupes millimétriques ou par des constatations anatomopathologiques lorsqu'elles existent. Complications de cette affection : - insuffisance respiratoire chronique caractérisée ; - insuffisance ventriculaire droite caractérisée ; - tuberculose et autre mycobactériose *(Mycobacterium xenopi, M. avium intracellulare, M. kansasii)* surajoutée et caractérisée ; - pneumathorax spontané.	C2. – 35 ans (sous réserve d'une durée minimale d'exposition de 10 ans)	

TABLEAU N° 25 *bis*

Affections non pneumoconiotiques dues à l'inhalation de poussières minérales renfermant de la silice libre

[Tableau abrogé par Décr. n° 2000-214 du 7 mars 2000, art. 2.]

TABLEAU N° 26

Intoxication professionnelle par le bromure de méthyle

Date de création : 19 mars 1948 *Dernière mise à jour : 15 sept. 1955*

[Décr. n° 55-1212 du 13 sept. 1955]

Désignation des maladies	Délai de prise en charge	Liste indicative des principaux travaux susceptibles de provoquer ces maladies
Troubles encéphalomédullaires : Tremblements intentionnels. Myoclonies. Crises épileptiformes. Ataxies. Aphasie et dysarthrie. Accès confusionnels. Anxiété pantophobique. Dépression mélancolique.	7 jours.	Préparation, manipulation, emploi du bromure de méthyle ou des produits en renfermant, notamment : Préparation du bromure de méthyle ; Préparation de produits chimiques pharmaceutiques au moyen du bromure de méthyle ; Remplissage et utilisation des extincteurs au bromure de méthyle ; Emploi du bromure de méthyle comme agent de désinsectisation et de dératisation.
Troubles oculaires : Amaurose ou amblyopie. Diplopie.	7 jours.	
Troubles auriculaires : Hyperacousie. Vertiges et troubles labyrinthiques.	7 jours.	
Accidents aigus (en dehors des cas considérés comme accidents du travail) : Crises épileptiques. Coma.	7 jours.	

TABLEAU N° 27

Intoxication professionnelle par le chlorure de méthyle

Date de création : 19 mars 1948 *Dernière mise à jour : 15 sept. 1955*

[Décr. n° 55-1212 du 13 sept. 1955]

Désignation des maladies	Délai de prise en charge	Liste indicative des principaux travaux susceptibles de provoquer ces maladies
Vertiges.	7 jours.	Préparation, emploi et manipulation du chlorure de méthyle, notamment : Réparation des appareils frigorifiques.
Amnésie.	7 jours.	
Amblyopie.	7 jours.	
Ataxie.	7 jours.	
Accidents aigus (coma, délire) en dehors des cas considérés comme accidents du travail.	3 jours.	

TABLEAU N° 28

Ankylostomose professionnelle

Anémie engendrée par l'ankylostomose duodénale

Date de création : 11 févr. 1949

Désignation de la maladie	Délai de prise en charge	Liste limitative des travaux susceptibles de provoquer cette maladie
Anémie, confirmée par la présence de plus de 200 œufs d'ankylostome par centimètre cube de selles, un nombre de globules rouges égal ou inférieur à 3 500 000 par millimètre cube et un taux d'hémoglobine inférieur à 70 %.	3 mois.	Travaux souterrains effectués à des températures égales ou supérieures à 20 °C.

TABLEAU N° 29

Lésions provoquées par des travaux effectués dans des milieux où la pression est supérieure à la pression atmosphérique

Date de création : 11 févr. 1949 *Dernière mise à jour : 19 juin 1977*

[Décr. n° 77-624 du 2 juin 1977]

Désignation des maladies	Délai de prise en charge	Liste limitative des travaux susceptibles de provoquer ces maladies
Ostéonécrose avec ou sans atteinte articulaire intéressant l'épaule, la hanche et le genou, confirmée par l'aspect radiologique des lésions.	20 ans.	Travaux effectués par les tubistes. Travaux effectués par les scaphandriers. Travaux effectués par les plongeurs munis ou non d'appareils respiratoires individuels. Interventions en milieu hyperbare.
Syndrome vertigineux confirmé par épreuve labyrinthique.	3 mois.	
Otite moyenne subaiguë ou chronique.	3 mois.	
Hypoacousie par lésion cochléaire irréversible, s'accompagnant ou non de troubles labyrinthiques et ne s'aggravant pas après arrêt d'exposition au risque. Le diagnostic sera confirmé par une audiométrie tonale et vocale effectuée de six mois à un an après la première constatation.	1 an.	

TABLEAU N° 30

Affections professionnelles consécutives à l'inhalation des poussières d'amiante

Date de création : 3 août 1945 *Dernière mise à jour : 21 avr. 2000*

[Décr. n° 2000-343 du 14 avr. 2000]

Désignation des maladies	Délai de prise en charge	Liste indicative des principaux travaux susceptibles de provoquer ces maladies (cette liste est commune à l'ensemble des affections désignées aux §§ A, B, C, D et E)
A. – Asbestose : fibrose pulmonaire diagnostiquée sur des signes radiologiques spécifiques, qu'il y ait ou non des modifications des explorations fonctionnelles respiratoires. Complications : insuffisance respiratoire aiguë, insuffisance ventriculaire droite.	35 ans (sous réserve d'une durée d'exposition de 2 ans).	Travaux exposant à l'inhalation de poussières d'amiante, notamment : – extraction, manipulation et traitement de minerais et roches amiantifères ; Manipulation et utilisation de l'amiante brut dans les opérations de fabrication suivantes : – amiante-ciment ; amiante-plastique ; amiante-textile ; amiante-caoutchouc ; carton, papier et feutre d'amiante enduit ; feuilles et joints en amiante ; garnitures de friction contenant de l'amiante ; produits moulés ou en matériaux à base d'amiante et isolants. Travaux de cardage, filage, tissage d'amiante et confection de produits contenant de l'amiante. Application, destruction et élimination de produits à base d'amiante : – amiante projeté ; calorifugeage au moyen de produits contenant de l'amiante ; démolition d'appareils et de matériaux contenant de l'amiante, déflocage.
B. – Lésions pleurales bénignes avec ou sans modifications des explorations fonctionnelles respiratoires : – plaques calcifiées ou non péricardiques ou pleurales, unilatérales ou bilatérales, lorsqu'elles sont confirmées par un examen tomodensitométrique ;	40 ans.	
– pleurésie exsudative ;	35 ans (sous réserve d'une durée d'exposition de 5 ans).	
– épaississement de la plèvre viscérale, soit diffus soit localisé lorsqu'il est associé à des bandes parenchymateuses ou à une atélectasie par enroulement. Ces anomalies constatées *[en l'absence d'antécédents de pleurésie de topographie concordante de cause non asbestosique]* (*) devront être confirmées par un examen tomodensitométrique.	35 ans (sous réserve d'une durée d'exposition de 5 ans).	

Désignation des maladies	Délai de prise en charge	Liste indicative des principaux travaux susceptibles de provoquer ces maladies (cette liste est commune à l'ensemble des affections désignées aux §§ A, B, C, D et E)
C. – Dégénérescence maligne bronchopulmonaire compliquant les lésions parenchymateuses et pleurales bénignes ci-dessus mentionnées.	35 ans (sous réserve d'une durée d'exposition de 5 ans).	Travaux de pose et de dépose de calorifugeage contenant de l'amiante.
D. – Mésothéliome malin primitif de la plèvre, du péritoine, du péricarde.	40 ans.	Travaux d'équipement, d'entretien ou de maintenance effectués sur des matériels ou dans des locaux et annexes revêtus ou contenant des matériaux à base d'amiante.
E. – Autres tumeurs pleurales primitives.	40 ans (sous réserve d'une durée d'exposition de 5 ans).	Conduite de four. Travaux nécessitant le port habituel de vêtements contenant de l'amiante.

(*) *Dispositions en italique annulées par CE, nos 222313 et 222505 (JO 7 juill. 2001, p. 10844).*

Le décret relatif à l'indemnité et à l'allocation de cessation anticipée d'activité des travailleurs de l'amiante est ouvert à tous les salariés souffrant d'une affection visée au tableau no 30 des maladies professionnelles quelle qu'elle soit. Sont concernées désormais les personnes atteintes de lésions pleurales bénignes (Arr. du 3 déc. 2001, JO 7 déc.).

Tableau n° 30 *bis*

Cancer broncho-pulmonaire provoqué par l'inhalation de poussières d'amiante

Date de création : 22 mai 1996 — *Dernière mise à jour : 21 avr. 2000*

[Décr. n° 96-445 du 22 mai 1996] — [Décr. n° 2000-343 du 14 avr. 2000]

Désignation de la maladie	Délai de prise en charge	Liste limitative des travaux susceptibles de provoquer cette maladie
Cancer broncho-pulmonaire primitif	40 ans (sous réserve d'une durée d'exposition de 10 ans).	Travaux directement associés à la production des matériaux contenant de l'amiante. Travaux nécessitant l'utilisation d'amiante en vrac. Travaux d'isolation utilisant des matériaux contenant de l'amiante. Travaux de retrait d'amiante. Travaux de pose et de dépose de matériaux isolants à base d'amiante. Travaux de construction et de réparation navale. Travaux d'usinage, de découpe et de ponçage de matériaux contenant de l'amiante. Fabrication de matériels de friction contenant de l'amiante. Travaux d'entretien ou de maintenance effectués sur des équipements contenant des matériaux à base d'amiante.

TABLEAU N° 31

Maladies professionnelles engendrées par les aminoglycosides, notamment par la streptomycine, la néomycine et leurs sels

Date de création : 2 sept. 1950 *Dernière mise à jour : 13 févr. 2003*

[Décr. n° 2003-110 du 11 févr. 2003]

Désignation de la maladie	Délai de prise en charge	Liste indicative des principaux travaux susceptibles de provoquer cette maladie
Lésions eczématiformes récidivant en cas de nouvelle exposition au risque ou confirmées par un test épicutané.	15 jours.	Travaux comportant la manipulation ou l'emploi d'aminoglycosides, notamment la streptomycine, la néomycine et leurs sels.

TABLEAU N° 32

Affections professionnelles provoquées par le fluor, l'acide fluorhydrique et ses sels minéraux

Date de création : 21 oct. 1951 *Dernière mise à jour : 6 févr. 1983*

[Décr. n° 83-71 du 2 févr. 1983]

Désignation des maladies	Délai de prise en charge	Liste indicative des principaux travaux susceptibles de provoquer ces maladies
A. – *Manifestations locales aiguës :* Dermites. Brûlures chimiques. Conjonctivites. Manifestations irritatives des voies aériennes supérieures. Bronchopneumopathies aiguës, œdème aigu du poumon.	5 jours.	Tous travaux mettant en contact avec le fluor, l'acide fluorhydrique et ses sels minéraux, notamment : Fabrication et manipulation des fluorures inorganiques ; Électrométallurgie de l'aluminium ; Fabrication des fluorocarbones ; Fabrication des superphosphates.
B. – *Manifestations chroniques :* Syndrome ostéo-ligamentaire douloureux ou non, comportant nécessairement une ostéocondensation diffuse et associé à des calcifications des ligaments sacrosciatiques ou des membranes interosseuses, radiocubitale ou obturatrice.	10 ans sous réserve d'une durée d'exposition de 8 ans.	

TABLEAU N° 33

Maladies professionnelles dues au béryllium et à ses composés

Date de création : 21 oct. 1951 — *Dernière mise à jour : 13 févr. 2003*

[Décr. n° 2003-110 du 11 févr. 2003]

Désignation des maladies	Délai de prise en charge	Liste indicative des principaux travaux susceptibles de provoquer ces maladies
A. – *Manifestations locales.*	15 jours.	Travaux exposant au béryllium et à ses composés, notamment :
Dermite aiguë ou eczématiforme récidivant en cas de nouvelle exposition au risque.		Broyage et traitement du minerai de béryllium (béryl) ;
Conjonctivite aiguë ou récidivante.	5 jours.	Fabrication et usinage du béryllium, de ses alliages et de ses combinaisons ;
B. – *Manifestations générales.*		Fabrication et utilisation de poudres à base de sels de béryllium destinées au revêtement intérieur des tubes à fluorescence.
Bronchopneumopathie aiguë ou subaiguë diffuse avec apparition retardée de signes radiologiques le plus souvent discrets.	30 jours.	
Fibrose pulmonaire diffuse avec signes radiologiques, troubles fonctionnels et signes généraux (amaigrissement, fatigue), confirmée par des épreuves fonctionnelles respiratoires, y compris les complications cardiaques (insuffisance ventriculaire droite) et les complications pleuropulmonaires secondaires (pneumothorax spontané).	25 ans.	

Tableau n° 34

Affections provoquées par les phosphates, pyrophosphates et thiophosphates d'alcoyle, d'aryle ou d'alcoylaryle et autres organophosphorés anticholinestérasiques, ainsi que par les phosphoramides et carbamates hétérocycliques anticholinestérasiques

Date de création : 21 oct. 1951 *Dernière mise à jour : 17 sept. 1989*

[Décr. n° 89-667 du 13 sept. 1989]

Désignation des maladies	Délai de prise en charge	Liste indicative des principaux travaux susceptibles de provoquer ces maladies
A. – Troubles digestifs : crampes abdominales, hypersalivation, nausées ou vomissements, diarrhée.	3 jours.	Toute préparation ou manipulation des phosphates, pyrophosphates et thiophosphates d'alcoyle, d'aryle ou d'alcoylaryle et autres organophosphorés anticholinestérasiques, ainsi que des phosphoramides et carbamates hétérocycliques anticholinestérasiques.
B. – Troubles respiratoires : dyspnée asthmatiforme, œdème broncho-alvéolaire.	3 jours.	
C. – Troubles nerveux : céphalées, vertiges, confusion mentale accompagnée de myosis.	3 jours.	
D. – Troubles généraux et vasculaires : asthénie, bradycardie et hypotension, amblyopie.	3 jours.	
Le diagnostic sera confirmé dans tous les cas (A, B, C, D) par un abaissement significatif du taux de la cholinestérase sérique et de l'acétylcholinestérase des globules rouges, à l'exception des affections professionnelles provoquées par les carbamates.		
E. – Syndrome biologique caractérisé par un abaissement significatif de l'acétylcholinestérase des globules rouges.	3 jours.	

Tableau n° 35

Affections ostéo-articulaires professionnelles provoquées par l'emploi des marteaux pneumatiques et engins similaires

[*Abrogé par Décr. n° 80-556 du 11 juill. 1980*]

Tableau n° 36

Affections provoquées par les huiles et graisses d'origine minérale ou de synthèse

Date de création : 9 janv. 1958 *Dernière mise à jour : 13 févr. 2003*

[Décr. n° 2003-110 du 11 févr. 2003]

Désignation des maladies	Délai de prise en charge	Liste limitative des travaux susceptibles de provoquer ces maladies
– A –		– A –
Papulo-pustules multiples et leurs complications furonculeuses (les lésions sont habituellement localisées à la face dorsale des mains et des bras et à la partie antérieure des cuisses et sont parfois étendues aux régions en contact direct avec les parties des vêtements de travail imprégnées d'huile ou de fluide).	7 jours.	Manipulation et emploi de ces huiles et graisses d'origine minérale ou de synthèse lors des travaux suivants : – tournage, décolletage, fraisage, perçage, alésage, taraudage, filetage, sciage, rectification et, d'une façon générale, tous travaux d'usinage mécanique des métaux comportant l'emploi de ces produits ; – tréfilage, forgeage, laminage, trempe à l'huile dans l'industrie métallurgique ; – travaux d'entretien, de réparation et de mise au point mécanique comportant l'emploi d'huiles de moteurs, d'huiles utilisées comme composants de fluides hydrauliques, de fluides hydrauliques et autres lubrifiants ; – travaux du bâtiment et des travaux publics comportant l'emploi des huiles de décoffrage du béton ; – travaux comportant la pulvérisation d'huile minérale ; – travaux comportant l'emploi d'huiles d'extension dans l'industrie du caoutchouc, d'huiles d'ensimage de fibres textiles ou de fibres minérales, d'huiles de démoulage et d'encres grasses dans l'imprimerie.
Dermite irritative.	7 jours.	
Lésions eczématiformes récidivant en cas de nouvelle exposition au risque ou confirmées par un test épicutané. manipulé.	15 jours.	
– B –		– B –
Granulome cutané avec réaction gigantofolliculaire.	1 mois.	Travaux comportant la pulvérisation d'huiles minérales.

Désignation des maladies	Délai de prise en charge	Liste limitative des travaux susceptibles de provoquer ces maladies
– C –		– C –
Insuffisance respiratoire liée à un granulome pulmonaire confirmé médicalement ou à une pneumopathie dont la relation avec l'huile minérale ou la paraffine est confirmée par la présence au sein des macrophages alvéolaires de vacuoles intracytoplasmiques prenant les colorations usuelles des lipides.	6 mois.	Travaux de paraffinage et travaux exposant à l'inhalation de brouillards d'huile minérale.

Tableau n° 36 *bis*

Affections cancéreuses provoquées par les dérivés suivants du pétrole : huiles minérales peu ou non raffinées et huiles minérales régénérées utilisées dans les opérations d'usinage et de traitement des métaux, extraits aromatiques, résidus de craquage, huiles moteur usagées ainsi que suies de combustion des produits pétroliers

Date de création : 17 sept. 1989 [Décr. n° 89-667 du 13 sept. 1989]

Dernière mise à jour : 16 janv. 2009 [Décr. n° 2009-56 du 15 janv. 2009]

Désignation des maladies	Délai de prise en charge	Liste limitative des travaux susceptibles de provoquer ces maladies
Épithélioma primitif de la peau.	30 ans (sous réserve d'une durée d'exposition minimale de 10 ans)	1. Travaux d'usinage par enlèvement ou déformation de matière ou travaux de traitement des métaux et alliages exposant habituellement au contact cutané avec des huiles minérales peu ou non raffinées, ou régénérées. 2. Travaux exposant habituellement au contact cutané avec des extraits aromatiques pétroliers utilisés notamment comme huiles d'extension, d'ensimage, de démoulage, ou comme fluxant des bitumes. 3. Travaux exposant habituellement au contact cutané avec des résidus de craquage utilisés notamment comme liants ou fluidifiants et avec des huiles moteur usagées. 4. Travaux de ramonage et de nettoyage de chaudières et de cheminées exposant habituellement au contact cutané avec des suies de combustion de produits pétroliers.

TABLEAU N° 37

Affections cutanées professionnelles causées par les oxydes et les sels de nickel

Date de création : 9 janv. 1958

Dernière mise à jour : 13 févr. 2003

[Décr. n° 2003-110 du 11 févr. 2003]

Désignation des maladies	Délai de prise en charge	Liste indicative des principaux travaux susceptibles de provoquer ces maladies
Dermites eczématiformes récidivant en cas de nouvelle exposition au risque ou confirmées par un test épicutané.	15 jours.	Nickelage électrolytique des métaux.

TABLEAU N° 37 *bis*

Affections respiratoires causées par les oxydes et les sels de nickel

Date de création : 28 janv. 1982

[Décr. n° 82-99 du 22 janv. 1982]

Dernière mise à jour : 13 févr. 2003

[Décr. n° 2003-110 du 11 févr. 2003]

Désignation des maladies	Délai de prise en charge	Liste limitative des travaux susceptibles de provoquer ces maladies
Rhinite récidivant en cas de nouvelle exposition au risque ou confirmée par test.	7 jours.	Nickelage électrolytique des métaux.
Asthme objectivé par explorations fonctionnelles respiratoires récidivant en cas de nouvelle exposition au risque ou confirmé par test.	7 jours.	

TABLEAU N° 37 *ter*

Cancers provoqués par les opérations de grillage des mattes de nickel

Date de création : 28 juill. 1987

[Décr. n° 87-582 du 22 juill. 1987]

Désignation des maladies	Délai de prise en charge	Liste limitative des travaux susceptibles de provoquer ces maladies
Cancer primitif de l'ethmoïde et des sinus de la face. Cancer bronchique primitif.	40 ans.	Opérations de grillage de mattes de nickel.

TABLEAU N° 38

Maladies professionnelles engendrées par la chlorpromazine

Date de création : 9 janv. 1958

Dernière mise à jour : 13 févr. 2003

[Décr. n° 2003-110 du 11 févr. 2003]

Désignation des maladies	Délai de prise en charge	Liste indicative des principaux travaux susceptibles de provoquer ces maladies
Lésions eczématiformes récidivant en cas de nouvelle exposition ou confirmées par un test épicutané.	15 jours.	Travaux comportant la manipulation ou l'emploi de la chlorpromazine, notamment : Travaux de conditionnement de la chlorpromazine ; Application des traitements à la chlorpromazine.
Conjonctivite aiguë bilatérale.	7 jours.	

Tableau n° 39

Maladies professionnelles engendrées par le bioxyde de manganèse

Date de création : 9 janv. 1958

[Décr. n° 57-1430 du 26 déc. 1957]

Désignation de la maladie	Délai de prise en charge	Liste indicative des principaux travaux susceptibles de provoquer cette maladie
Syndrome neurologique du type parkinsonien.	1 an.	Extraction, concassage, broyage, tamisage, ensachage et mélange à l'état sec du bioxyde de manganèse, notamment dans la fabrication des piles électriques. Emploi du bioxyde de manganèse pour le vieillissement des tuiles. Emploi du bioxyde de manganèse pour la fabrication du verre. Broyage et ensachage des scories Thomas renfermant du bioxyde de manganèse.

Tableau n° 40

Maladies dues aux bacilles tuberculeux et à certaines mycobactéries atypiques : *Mycobacterium avium/intracellulare, Mycobacterium kansasii, Mycobacterium xenopi, Mycobacterium marinum, Mycobacterium fortuitum*

Date de création : 9 janv. 1958

Dernière mise à jour : 8 juin 2014

[Décr. n° 2014-605 du 6 juin 2014]

Désignation des maladies	Délai de prise en charge	Liste limitative des travaux susceptibles de provoquer ces maladies
– A –		– A –
Affections dues à *Mycobacterium bovis :*		Travaux exposant au contact d'animaux susceptibles d'être porteurs de bacilles bovins ou exécutés dans des installations où ont séjourné de tels animaux. Travaux exécutés dans les abattoirs, les boucheries, les charcuteries, les triperies ou boyauderies, les entreprises d'équarrissage. Manipulation ou traitement du sang, des glandes, des os, des cornes, des cuirs verts. Soins vétérinaires. Travaux de laboratoire de biologie.
Tuberculose cutanée ou sous-cutanée	6 mois.	
Tuberculose ganglionnaire	6 mois.	
Synovite, ostéo-arthrite	1 an.	
Autres localisations	6 mois.	
A défaut de preuves bactériologiques, le diagnostic devra s'appuyer sur des examens anatomo-pathologiques ou d'imagerie, ou à défaut, par traitement d'épreuve spécifique.		

Désignation des maladies	Délai de prise en charge	Liste limitative des travaux susceptibles de provoquer ces maladies
– B –		– B –
Affections dues à *Mycobacterium tuberculosis, Mycobacterium bovis, Mycobacterium africanum* .... – infection tuberculeuse latente ; – tuberculose pulmonaire ou pleurale. – tuberculose extra-thoracique. L'infection tuberculeuse latente sera attestée par l'évolution des tests tuberculiniques (IDR et/ou IGRA). L'étiologie des autres pathologies devra s'appuyer, à défaut de preuves bactériologiques, sur des examens anatomo-pathologiques ou d'imagerie, ou à défaut, par traitement d'épreuve spécifique.	6 mois.	Travaux de laboratoire de bactériologie. Travaux effectués par le personnel de soins et assimilé, de laboratoire, d'entretien, de service ou des services sociaux, mettant le personnel au contact de produits contaminés ou de malades dont les examens bactériologiques ont été positifs.
– C –		– C –
Infections dues à *Mycobacterium avium intracellulare, Mycobacterium kansasii, Mycobacterium xenopi* .... Pneumopathies chroniques dont l'étiologie doit être confirmée par des examens bactériologiques.	6 mois.	Travaux de laboratoire de bactériologie. Travaux effectués par le personnel de soins et assimilé, de laboratoire, d'entretien, de service ou des services sociaux, mettant le personnel au contact de produits contaminés ou de malades dont les examens bactériologiques ont été positifs.
– D –		– D –
Affections cutanées dues à *Mycobacterium marinum* et *fortuitum* .... Infection cutanée granulomateuse ulcéreuse prolongée dont l'étiologie doit être confirmée par des examens bactériologiques.	30 jours.	Travaux en milieu aquatique mettant en contact avec des eaux contaminées. Travaux d'entretien des piscines et aquarium.

TABLEAU N° 41

Maladies engendrées par les bétalactamines (notamment pénicillines et leurs sels) et les céphalosporines

Date de création : 11 oct. 1960

Dernière mise à jour : 13 févr. 2003

[Décr. n° 2003-110 du 11 févr. 2003]

Désignation des maladies	Délai de prise en charge	Liste indicative des principaux travaux susceptibles de provoquer ces maladies
Lésions eczématiformes récidivant en cas de nouvelle exposition au risque ou confirmées par test épicutané.	15 jours.	Travaux comportant la préparation ou l'emploi des bétalactamines (notamment pénicillines et leurs sels) ou des céphalosporines, notamment : Travaux de conditionnement ; Application des traitements.
Rhinite récidivant en cas de nouvelle exposition au risque confirmée par test.	7 jours.	
Asthme objectivé par explorations fonctionnelles respiratoires récidivant en cas de nouvelle exposition au risque ou confirmé par test.	7 jours.	

TABLEAU N° 42

Atteinte auditive provoquée par les bruits lésionnels

Date de création : 20 avr. 1963 *Dernière mise à jour : 25 sept. 2003*

[Décr. n° 2003-924 du 25 sept. 2003]

Désignation des maladies	Délai de prise en charge	Liste limitative des travaux susceptibles de provoquer ces maladies
Hypoacousie de perception par lésion cochléaire irréversible, accompagnée ou non d'acouphènes. Cette hypoacousie est caractérisée par un déficit audiométrique bilatéral, le plus souvent symétrique et affectant préférentiellement les fréquences élevées. Le diagnostic de cette hypoacousie est établi : – par une audiométrie tonale liminaire et une audiométrie vocale qui doivent être concordantes ; – en cas de non-concordance : par une impédancemétrie et recherche du réflexe stapédien ou, à défaut, par l'étude du suivi audiométrique professionnel. Ces examens doivent être réalisés en cabine insonorisée, avec un audiomètre calibré. Cette audiométrie diagnostique est réalisée après une cessation d'exposition au bruit lésionnel d'au moins 3 jours et doit faire apparaître sur la meilleure oreille un déficit d'au moins 35 dB. Ce défit est la moyenne des déficits mesurés sur les fréquences 500, 1 000, 2 000 et 4 000 Hertz. Aucune aggravation de cette surdité professionnelle ne peut être prise en compte, sauf en cas de nouvelle exposition au bruit lésionnel.	1 an (sous réserve d'une durée d'exposition d'un an, réduite à 30 jours en ce qui concerne la mise au point des propulseurs, réacteurs et moteurs thermiques).	Exposition aux bruits lésionnels provoqués par : 1. Les travaux sur métaux par percussion, abrasion ou projection, tels que : – le décolletage, l'emboutissage, l'estampage, le broyage, le fraisage, le martelage, le burinage, le rivetage, le laminage, l'étirage, le tréfilage, le découpage, le sciage, le cisaillage, le tronçonnage ; – l'ébarbage, le grenaillage manuel, le sablage manuel, le meulage, le polissage, le gougeage et le découpage par procédé arc-air, la métallisation ; 2. Le câblage, le toronnage, le bobinage de fils d'acier. 3. L'utilisation de marteaux et perforateurs pneumatiques . 4. La manutention mécanisée de récipients métalliques. 5. Les travaux de verrerie à proximité des fours, machines de fabrication, broyeurs et concasseurs ; l'embouteillage. 6. Le tissage sur métiers ou machines à tisser, les travaux sur peigneuses, machines à filer incluant le passage sur bancs à broches, retordeuses, moulineuses, bobineuses de fibres textiles. 7. La mise au point, les essais et l'utilisation des propulseurs, réacteurs, moteurs thermiques, groupes électrogènes, groupes hydrauliques, installations de compression ou de détente fonctionnant à des pressions différentes de la pression atmosphérique, ainsi que des moteurs électriques de puissance comprise entre 11 kW et 55 kW s'ils fonctionnent à plus de 2 360 tours par minute, de ceux dont la puissance est comprise entre 11 kW et 220 kW s'ils fonctionnent à plus de 1 320 tours par minute et de ceux dont la puissance dépasse 220 kW.

Désignation des maladies	Délai de prise en charge	Liste limitative des travaux susceptibles de provoquer ces maladies
		8. L'emploi ou la destruction de munitions ou d'explosifs. 9. L'utilisation de pistolets de scellement. 10. Le broyage, le concassage, le criblage, le sablage manuel, le sciage, l'usinage de pierres et de produits minéraux. 11. Les procédés industriels de séchage de matières organiques par ventilation. 12. L'abattage, le tronçonnage, l'ébranchage mécanique des arbres. 13. L'emploi des machines à bois en atelier : scies circulaires de tous types, scies à ruban, dégauchisseuses, raboteuses, toupies, machines à fraiser, tenonneuses, mortaiseuses, moulurières, plaqueuses de chants intégrant des fonctions d'usinage, défonceuses, ponceuses, clouteuses. 14. L'utilisation d'engins de chantier : bouteurs, décapeurs, chargeuses, moutons, pelles mécaniques, chariots de manutention tous terrains. 15. Le broyage, l'injection, l'usinage des matières plastiques et du caoutchouc. 16. Le travail sur les rotatives dans l'industrie graphique. 17. La fabrication et le conditionnement mécanisé du papier et du carton. 18. L'emploi du matériel vibrant pour l'élaboration de produits en béton et de produits réfractaires. 19. Les travaux de mesurage des niveaux sonores et d'essais ou de réparation des dispositifs d'émission sonore. 20. Les travaux de moulage sur machines à secousses et décochage sur grilles vibrantes. 21. La fusion en four industriel par arcs électriques. 22. Les travaux sur ou à proximité des aéronefs dont les moteurs sont en fonctionnement dans l'enceinte d'aérodromes et d'aéroports.

Désignation des maladies	Délai de prise en charge	Liste limitative des travaux susceptibles de provoquer ces maladies
		23. L'exposition à la composante audible dans les travaux de découpe, de soudage et d'usinage par ultrasons des matières plastiques. 24. Les travaux suivants dans l'industrie agroalimentaire : – l'abattage et l'éviscération des volailles, des porcs et des bovins ; – le plumage de volailles ; – l'emboîtage de conserves alimentaires ; – le malaxage, la coupe, le sciage, le broyage, la compression des produits alimentaires. 25. Moulage par presse à injection de pièces en alliages métalliques.

Tableau n° 43

Affections provoquées par l'aldéhyde formique et ses polymères

Date de création : 20 avr. 1963

Dernière mise à jour : 16 janv. 2009

[Décr. n° 2009-56 du 15 janv. 2009]

Désignation des maladies	Délai de prise en charge	Liste indicative des principaux travaux susceptibles de provoquer ces maladies
Dermatites irritatives.	7 jours.	Préparation, emploi et manipulation de l'aldéhyde formique, de ses solutions (formol) et de ses polymères, notamment : – fabrication de substances chimiques à partir de l'aldéhyde formique ; – fabrication de matières plastiques à base de formol ; – travaux de collage exécutés avec des matières plastiques renfermant un excès de formol ; – opérations de désinfection ; – apprêtage des peaux ou des tissus.
Lésions eczématiformes récidivant en cas de nouvelle exposition au risque ou confirmées par un test épicutané.	15 jours.	
Rhinite récidivant en cas de nouvelle exposition au risque ou confirmée par test.	7 jours.	
Asthme objectivé par explorations fonctionnelles respiratoires récidivant en cas de nouvelle exposition au risque ou confirmé par test.	7 jours.	

TABLEAU N° 43 *bis*

Affections cancéreuses provoquées par l'aldéhyde formique

Date de création : 15 janv. 2009 *Dernière mise à jour : 16 janv. 2009*

[Décr. n° 2009-56 du 15 janv. 2009]

Désignation des maladies	Délai de prise en charge	Liste limitative des travaux susceptibles de provoquer ces maladies
Carcinome du nasopharynx.	40 ans (sous réserve d'une exposition de 5 ans)	Préparation de l'aldéhyde formique et de ses solutions (formol) à l'exception des travaux effectués en système clos. Utilisation de l'aldéhyde formique dans les laboratoires d'histologie, d'anatomo-cyto-pathologie et en thanatopraxie à l'exception des travaux effectués en système clos. Traitements des peaux mettant en œuvre de l'aldéhyde formique à l'exception des travaux effectués en système clos. Fabrication de résines urée formol, mélamine formol, mélamine urée formol, phénol formol à l'exception des travaux effectués en système clos. Travaux de fabrication des panneaux de bois constitués de fibres, particules ou lamelles mettant en œuvre des résines à base d'aldéhyde formique : préparation du mélange collant, collage et pressage, refroidissement des panneaux. Imprégnation de papiers par des résines urée formol et mélamine formol. Vernissage de parquets mettant en œuvre des résines urée formol. Utilisation de résines urée formol pour la consolidation de terrain (mines et travaux publics). Travaux d'apprêt et finition de voiles de tulle mettant en œuvre de l'aldéhyde formique. Travaux d'extinction d'incendies.

Tableau n° 44

Affections consécutives à l'inhalation de poussières minérales ou de fumées, contenant des particules de fer ou d'oxydes de fer

Date de création : 18 févr. 1967 *Dernière mise à jour : 24 mars 2005*

[Décr. n° 2005-262 du 22 mars 2005]

Désignation des maladies	Délai de prise en charge	Liste indicative des principaux travaux susceptibles de provoquer ces maladies
Sidérose : pneumopathie interstitielle chronique par surcharge de particules de fer ou d'oxydes de fer, révélée par des opacités punctiformes diffuses sur des documents radiographiques ou tomodensitométriques ou par des constatations anatomopathologiques lorsqu'elles existent, ces signes ou constatations s'accompagnant ou non de troubles fonctionnels respiratoires. Manifestation pathologique associée : emphysème.	35 ans (sous réserve d'une durée d'exposition de 10 ans).	Travaux exposant à l'inhalation de poussières minérales ou de fumées, contenant des particules de fer ou d'oxydes de fer, notamment : – extraction, broyage, concassage et traitement des minerais de fer et de l'ocre ; – polissage avec des abrasifs à base d'oxydes de fer ; – soudure à l'arc des aciers doux.

Tableau n° 44 *bis*

Affections consécutives au travail au fond dans les mines de fer

Date de création : 24 déc. 1992 *Dernière mise à jour : 24 mars 2005*

[Décr. n° 92-1348 du 23 déc. 1992] [Décr. n° 2005-262 du 22 mars 2005]

Désignation des maladies	Délai de prise en charge	Liste limitative des travaux susceptibles de provoquer cette maladie
Cancer broncho-pulmonaire primitif.	40 ans (sous réserve d'une durée d'exposition de 10 ans).	Travaux effectués au fond dans les mines de fer.
Emphysème objectivé par des signes tomodensitométriques et des altérations fonctionnelles de type obstructif ou, lorsqu'elles existent, par des constatations anatomopathologiques.	15 ans (sous réserve d'une durée d'exposition de 10 ans).	

TABLEAU N° 45

Infections d'origine professionnelle par les virus des hépatites A, B, C, D et E

Date de création : 18 févr. 1967 — *Dernière mise à jour : 29 juill. 1999*

[Décr. n° 99-645 du 26 juill. 1999]

Désignation des maladies	Délai de prise en charge	Liste limitative des travaux susceptibles de provoquer ces maladies
– A –		– A –
Hépatites virales transmises par voie orale *a)* Hépatites à virus A : Hépatite fulminante .... Hépatite aiguë ou subaiguë ... Formes à rechutes .... Ces pathologies et leur étiologie doivent être confirmées par des examens biochimiques et par une sérologie traduisant une infection en cours par le virus A. *b)* Hépatite à virus E : Hépatite fulminante .... Hépatite aiguë ou subaiguë ... Ces pathologies et leur étiologie doivent être confirmées par des examens biochimiques et par la détection du virus E traduisant une infection en cours.	 40 jours. 60 jours. 60 jours. 40 jours. 60 jours.	Travaux comportant des actes de soins, d'hygiène, d'entretien, d'analyse de biologie médicale, susceptibles d'exposer aux produits biologiques d'origine humaine et aux produits contaminés par eux. Travaux comportant des actes de soins et d'hygiène corporels, de soutien, dans des crèches, garderies, institutions sociales et médico-sociales recevant des enfants et des adultes handicapés. Travaux exposant au contact d'eaux usées lors de l'installation, l'exploitation et l'entretien des réseaux d'assainissement, de stations d'épuration. Travaux exposant au contact d'eaux usées dans les établissements de bains, de douches, dans les piscines, dans les établissements thermaux. Travaux exposant au contact d'eaux usées dans les cuisines de restauration collective.
– B –		– B –
Hépatites virales transmises par le sang, ses dérivés et tout autre liquide biologique ou tissu humains *a)* Hépatites à virus B (en dehors des cas qui auraient été pris en charge au titre d'un accident du travail) : Hépatite fulminante	 40 jours.	Travaux exposant aux produits biologiques d'origine humaine et aux objets contaminés par eux, effectués dans les : Établissements généraux ou spécialisés de soins, d'hospitalisation, d'hébergement, de cure, de prévention, d'hygiène. Laboratoires d'analyses de biologie médicale, d'anatomie et de cytologie pathologiques.

Désignation des maladies	Délai de prise en charge	Liste limitative des travaux susceptibles de provoquer ces maladies
Hépatite aiguë avec ou sans manifestations ictériques	180 jours.	Établissements de transfusions sanguines.
Manifestations extrahépatiques dues à l'infection aiguë par le virus B : urticaire, érythème noueux, acrodermatite papuleuse, syndrome de Raynaud, vascularites, polyarthrite, néphropathie glomérulaire, anémie hémolytique	180 jours	Services de prélèvements d'organes, de greffons. Services médicaux d'urgence et d'aide médicale urgente. Services de secours et de sécurité : pompiers, secouristes, sauveteurs, ambulanciers, policiers, personnel pénitentiaire. Services de ramassage, traitement, récupération de déchets médicaux, d'ordures ménagères.
Hépatite chronique active ou non	2 ans.	Services de soins funéraires et morgues.
Ces pathologies et leur étiologie doivent être confirmées par des examens biochimiques et par la présence de marqueurs du virus B témoignant d'une affection en cours.		
Manifestations extra-hépatiques dues à l'infection chronique par le virus B : vascularite dont périartérite noueuse, néphropathie glomérulaire membrano-proliférative	10 ans.	
Cirrhose	20 ans.	
Carcinome hépato-cellulaire ..	30 ans.	
L'étiologie de ces pathologies : manifestations extra-hépatiques, cirrhose et carcinome hépato-cellulaire, doit être confirmée par la présence de marqueurs du virus témoignant d'une infection chronique à virus B ou un examen du tissu hépatique montrant les traces de ce virus.		
b) Co-infection d'une hépatite B par le virus D :		
Hépatite fulminante	40 jours.	
Hépatite aiguë	180 jours.	
Hépatite chronique active	2 ans.	
L'étiologie doit être confirmée par la présence de marqueurs traduisant une infection en cours par le virus D :		
c) Hépatites à virus C (en dehors des cas qui auraient été pris en charge au titre d'un accident du travail) :		

Désignation des maladies	Délai de prise en charge	Liste limitative des travaux susceptibles de provoquer ces maladies
Hépatite aiguë avec ou sans manifestations cliniques	180 jours.	
Hépatite chronique active ou non	20 ans.	
Ces pathologies et leur étiologie doivent être confirmées par des examens biochimiques et par la présence de marqueurs du virus témoignant d'une infection en cours.		
Manifestations extra-hépatiques dues à l'infection chronique par le virus C	20 ans.	
1. Associées à une cryoglobulinémie mixte essentielle : purpura, vascularites, neuropathies périphériques, syndrome sec, polyarthrite, néphropathie membrano-proliférative.		
2. Hors de la présence d'une cryo-globulinémie : porphyrie cutanée tardive, lichen plan, urticaire.		
Cirrhose	20 ans.	
Carcinome, hépato-cellulaire .	30 ans.	
L'étiologie de ces pathologies : manifestations extra-hépatiques, cirrhose, carcinome hépato-cellulaire, doit être confirmée par une sérologie traduisant une hépatite chronique à virus C ou un examen du tissu hépatique montrant les traces de ce virus.		

Tableau n° 46

Mycoses cutanées

Date de création : 18 févr. 1967 *Dernière mise à jour : 7 mai 1988*

[Décr. n° 88-575 du 6 mai 1988]

Désignation des maladies	Délai de prise en charge	Liste limitative des travaux susceptibles de provoquer ces maladies
La nature mycosique de l'atteinte doit être confirmée par examen direct et culture.		*Maladies désignées en A, B, C :* Travaux en contact des mammifères, exécutés dans les abattoirs, les chantiers d'équarrissage, les ménageries, les élevages, les animaleries, les garderies d'animaux, les laboratoires où sont utilisés des animaux d'expérience ; travaux de soins et de toilettage. Travaux exécutés dans les brasseries et les laiteries relevant du régime général des salariés du commerce et de l'industrie.
A. – *Mycoses de la peau glabre.* Lésions érythémato-vésiculeuses et squameuses, circinées, appelées encore herpès circiné.	30 jours.	
B. – *Mycoses du cuir chevelu.* Plaques squameuses du cuir chevelu supportant un mélange de cheveux sains et de cheveux cassés courts, accompagnées quelquefois d'une folliculite suppurée (Kérion).	30 jours.	
C. – *Mycoses des orteils.* Lésions érythémato-vésiculeuses et squameuses avec fissuration des plis interdigitaux, ou aspect blanc nacré, épaissi de l'épiderme digital ou interdigital accompagné ou non de décollement, de fissures épidermiques. Ces lésions peuvent atteindre un ou plusieurs orteils, s'accompagner éventuellement d'onyxis (généralement du gros orteil).	30 jours.	*Maladies désignées en C :* Travaux exécutés dans les bains et piscines : surveillance de baignade, application de soins dans les stations thermales, les établissements de rééducation. Activités sportives exercées à titre professionnel. Travaux en mines souterraines, chantiers du bâtiment, chantiers de travaux publics.

TABLEAU N° 47

Affections professionnelles provoquées par les poussières de bois

Date de création : 18 févr. 1967 — *Dernière mise à jour : 25 févr. 2004*

[Décr. n° 2004-184 du 25 févr. 2004]

Désignation des maladies	Délai de prise en charge	Liste limitative des travaux susceptibles de provoquer ces maladies
– A –		– A –
Lésions eczématiformes récidivant en cas de nouvelle exposition au risque ou confirmées par un test épicutané.	15 jours.	Manipulation, traitement et usinage des bois et tous travaux exposant aux poussières de bois.
Conjonctivite récidivant en cas de nouvelle exposition au risque ou confirmée par test.	7 jours	
Rhinite récidivant en cas de nouvelle exposition au risque ou confirmée par test.	7 jours.	
Asthme objectivé par explorations fonctionnelles respiratoires récidivant en cas de nouvelle exposition au risque ou confirmé par test.	7 jours.	
Syndrome respiratoire avec dyspnée, toux, expectoration, récidivant après nouvelle exposition au risque, dont l'étiologie professionnelle est confirmée par la présence dans le sérum d'anticorps précipitants permettant d'identifier l'agent pathogène correspondant au produit responsable.	30 jours.	
Fibrose pulmonaire avec signes radiologiques et troubles respiratoires confirmés par l'exploration fonctionnelle lorsqu'il y a des signes immunologiques significatifs.	1 an.	
– B –		– B –
Cancer primitif : carcinome des fosses nasales, de l'ethmoïde et des autres sinus de la face.	40 ans. Sous réserve d'une durée d'exposition de 5 ans.	Travaux exposant à l'inhalation des poussières de bois, notamment : Travaux d'usinage des bois tels que sciage, fraisage, rabotage, perçage et ponçage ; Travaux effectués dans les locaux où sont usinés les bois.

TABLEAU N° 48

Troubles angioneurotiques professionnels provoqués par les vibrations d'outils manuels

[*Abrogé par Décr. nº 80-556 du 15 juill. 1980*]

TABLEAU N° 49

Affections cutanées provoquées par les amines aliphatiques et alicycliques ou les éthanolamines

Date de création : 9 nov. 1972

Dernière mise à jour : 13 févr. 2003

[Décr. nº 2003-110 du 11 févr. 2003]

Désignation des maladies	Délai de prise en charge	Liste indicative des principaux travaux susceptibles de provoquer ces maladies
Dermites eczématiformes confirmées par des tests épicutanés ou par la récidive à une nouvelle exposition.	15 jours.	Préparation, emploi et manipulation des amines aliphatiques, alicycliques ou des éthanolamines ou de produits en contenant à l'état libre.

TABLEAU N° 49 *bis*

Affections respiratoires provoquées par les amines aliphatiques, les éthanolamines ou l'isophoronediamine

Date de création : 13 févr. 2003

[Décr. nº 2003-110 du 11 févr. 2003]

Désignation des maladies	Délais de prise en charge	Liste limitative des travaux susceptibles de provoquer ces maladies
Rhinite récidivant en cas de nouvelle exposition au risque ou confirmée par test.	7 jours	Préparation, emploi et manipulation des amines aliphatiques, des éthanolamines ou de produits en contenant à l'état libre ou de l'isophoronediamine.
Asthme objectivé par explorations fonctionnelles respiratoires récidivant en cas de nouvelle exposition au risque ou confirmé par test.	7 jours	

TABLEAU N° 50

Affections provoquées par la phénylhydrazine

Date de création : 9 nov. 1972 *Dernière mise à jour : 13 févr. 2003*

[Décr. n° 2003-110 du 11 févr. 2003]

Désignation des maladies	Délai de prise en charge	Liste indicative des principaux travaux susceptibles de provoquer ces maladies
Lésions eczématiformes récidivant en cas de nouvelle exposition au risque ou confirmées par un test épicutané.	15 jours.	Préparation, emploi, manipulation de la phénylhydrazine.
Anémie de type hémolytique.	30 jours.	
Rhinite récidivant en cas de nouvelle exposition au risque ou confirmée par test.	7 jours.	
Asthme objectivé par explorations fonctionnelles respiratoires récidivant en cas de nouvelle exposition au risque ou confirmé par test.	7 jours.	

TABLEAU N° 51

Maladies professionnelles provoquées par les résines époxydiques et leurs constituants

Date de création : 9 nov. 1972 *Dernière mise à jour : 4 août 2006*

[Décr. n° 72-1010 du 2 nov. 1972] [Décr. n° 2006-985 du 1er août 2006]

Désignation des maladies	Délai de prise en charge	Liste limitative des travaux susceptibles de provoquer ces maladies
Lésions eczématiformes récidivant en cas de nouvelle exposition au risque ou confirmées par un test épicutané.	15 jours.	Préparation des résines époxydiques. Emploi des résines époxydiques : Fabrication des stratifiés ; Fabrication et utilisation de colles, vernis, peintures à base de résines époxydiques.

(*) Certains constituants des résines époxydiques, utilisés comme durcisseurs ou adjuvants, peuvent induire des maladies respiratoires allergiques professionnelles indemnisables. Il s'agit en particulier :

– des amines aromatiques : rhinite et asthme (tableau 15 *bis*) ;

– des amines aliphatiques : rhinite et asthme (tableau 49 *bis*) ;

– des anhydrides d'acides volatils : rhinite et asthme (tableau 66), pneumopathie d'hypersensibilité (tableau 66 *bis*) ;

– de l'azodicarbonamide : rhinite et asthme (tableau 66).

TABLEAU N° 52

Affections provoquées par le chlorure de vinyle monomère

(Décr. n° 91-877 du 3 sept. 1991, art. 4)

Délai d'exposition : six mois

Date de création : 9 nov. 1972 *Dernière mise à jour : 7 sept. 1991*

[Décr. n° 91-877 du 3 sept. 1991]

Désignation des maladies	Délai de prise en charge	Liste indicative des principaux travaux susceptibles de provoquer ces maladies
Troubles angioneurotiques des doigts et des orteils.	5 ans.	Travaux exposant à l'action du chlorure de vinyle monomère, notamment les travaux exécutés dans les ateliers de polymérisation.
Ostéolyse des phalanges unguéales des mains confirmée radiologiquement.	3 ans.	
Angiosarcome.	30 ans.	
Syndrome d'hypertension portale spécifique : – soit avec varices œsophagiennes, splénomégalie et thrombocytopénie ; – soit avec fibrose ou dysplasie des cellules endothéliales.		

Tableau n° 52 *bis*

Carcinome hépatocellulaire provoqué par l'exposition au chlorure de vinyle monomère

Date de création : 5 mai 2017 *Dernière mise à jour : 7 mai 2017*

[Décr. n° 2017-812 du 5 mai 2017]

DÉSIGNATION DES MALADIES	DÉLAI de prise en charge	LISTE LIMITATIVE DES TRAVAUX susceptibles de provoquer ces maladies
Carcinome hépatocellulaire histologiquement confirmé et associé à au moins deux des lésions suivantes du foie non tumoral : Fibrose porte et pénicillée péri porte ou nodule(s) fibro-hyalin(s) capsulaire(s) ; Congestion sinusoïdale ; Hyperplasie ou dysplasie endothéliale ; Nodule(s) d'hyperplasie hépatocytaire ; Foyer(s) de dysplasie hépatocytaire.	30 ans (sous réserve d'une durée d'exposition d'au moins 6 mois)	Travaux dans les ateliers de polymérisation y compris les travaux de maintenance. Travaux de chargement et de déchargement de chlorure de vinyle monomère. Travaux de production de chlorure de vinyle monomère y compris les travaux de maintenance. Conditionnement et utilisation de bombes aérosols utilisant le chlorure de vinyle comme gaz propulseur.

Tableau n° 53

Affections dues aux rickettsies

Date de création : 9 nov. 1972 *Dernière mise à jour : 8 mai 1988*

[Décr. n° 72-1010 du 2 nov. 1972] [Décr. n° 88-575 du 6 mai 1988]

Désignation des maladies	Délai de prise en charge	Liste limitative des travaux susceptibles de provoquer ces maladies
A. – Rickettsioses : Manifestations cliniques aiguës.	21 jours.	A. – Travaux effectués dans les laboratoires spécialisés en matière de rickettsies ou de production de vaccins. Travaux effectués en forêt de manière habituelle.

Désignation des maladies	Délai de prise en charge	Liste limitative des travaux susceptibles de provoquer ces maladies
B. – Fièvre Q : Manifestations cliniques aiguës.	21 jours.	B. – Travaux exposant au contact avec des bovins, caprins, ovins, leurs viscères ou leurs déjections.
Manifestations chroniques : – endocardite ; – hépatite granulomateuse.	10 ans.	Travaux exécutés dans les laboratoires effectuant le diagnostic de fièvre Q ou des recherches biologiques vétérinaires.
Pour tous les cas désignés en A et B, le diagnostic doit être confirmé par un examen de laboratoire spécifique.		

TABLEAU N° 54

Poliomyélites

Date de création : 9 nov. 1972

[Décr. n° 72-1010 du 2 nov. 1972]

Désignation des maladies	Délai de prise en charge	Liste limitative des travaux susceptibles de provoquer ces maladies
Toutes manifestations de la poliomyélite antérieure aiguë.	30 jours.	Travaux exposant au contact de malades atteints de poliomyélite antérieure aiguë. Tous travaux tels que manutention, entretien, lavage, stérilisation mettant le personnel en contact avec le matériel ou le linge utilisés dans les services où sont effectués les travaux ci-dessus.

Tableau n° 55

Affections professionnelles dues aux amibes

Date de création : 9 nov. 1972 *Dernière mise à jour : 26 juin 1984*

[Décr. n° 84-492 du 22 juin 1984]

Désignation des maladies	Délai de prise en charge	Liste limitative des travaux susceptibles de provoquer ces maladies
Manifestations aiguës de l'amibiase, notamment hépatite amibienne, confirmées par la présence d'amibes du type Entamœba histolytica ou de kystes amibiens dans les selles ou par les résultats positifs d'une méthode immunologique reconnue par l'OMS.	3 mois.	Travaux effectués, même à titre occasionnel, dans les laboratoires de bactériologie ou de parasitologie. Travaux comportant le transport avec manipulation de produits pathologiques. Travaux mettant en contact avec les prélèvements de produits pathologiques et travaux impliqués par l'élimination des selles contaminantes, accomplis en milieu d'hospitalisation.

Tableau n° 56

Rage professionnelle

Date de création : 9 nov. 1972

[Décr. n° 72-1010 du 2 nov. 1972]

Désignation des maladies	Délai de prise en charge	Liste limitative des travaux susceptibles de provoquer ces maladies
Toutes manifestations de la rage. Affections imputables à la séro ou vaccinothérapie antirabique.	6 mois. 2 mois.	Travaux susceptibles de mettre en contact avec des animaux atteints ou suspects de rage ou avec leurs dépouilles. Travaux de laboratoire de diagnostic de la rage.

TABLEAU N° **57**

Affections périarticulaires provoquées par certains gestes et postures de travail

Date de création : 9 nov. 1972 *Dernière mise à jour : 7 mai 2017*

[Décr. n° 2017-812 du 5 mai 2017]

Désignation des maladies	Délai de prise en charge	Liste limitative des travaux susceptibles de provoquer ces maladies
- A - *Épaule*		
Tendinopathie aiguë non rompue non calcifiante avec ou sans enthésopathie de la coiffe des rotateurs.	30 jours	Travaux comportant des mouvements ou le maintien de l'épaule sans soutien en abduction (**) avec un angle supérieur ou égal à 60° pendant au moins 3 h 30 par jour en cumulé.
Tendinopathie chronique non rompue non calcifiante avec ou sans enthésopathie de la coiffe des rotateurs objectivée par IRM (*).	6 mois (sous réserve d'une durée d'exposition de 6 mois)	Travaux comportant des mouvements ou le maintien de l'épaule sans soutien en abduction (**) : – avec un angle supérieur ou égal à 60° pendant au moins deux heures par jour en cumulé ou – avec un angle supérieur ou égal à 90° pendant au moins une heure par jour en cumulé.
Rupture partielle ou transfixiante de la coiffe des rotateurs objectivée par IRM (*).	1 an (sous réserve d'une durée d'exposition d'un an)	Travaux comportant des mouvements ou le maintien de l'épaule sans soutien en abduction (**) : – avec un angle supérieur ou égal à 60° pendant au moins deux heures par jour en cumulé ou – avec un angle supérieur ou égal à 90° pendant au moins une heure par jour en cumulé.
(*) Ou un arthroscanner en cas de contre-indication à l'IRM. (**) Les mouvements en abduction correspondent aux mouvements entraînant un décollement des bras par rapport au corps.		
- B - *Coude*		
Tendinopathie d'insertion des muscles épicondyliens associée ou non à un syndrome du tunnel radial.	14 jours	Travaux comportant habituellement des mouvements répétés de préhension ou d'extension de la main sur l'avant-bras ou des mouvements de pronosupination.
Tendinopathie d'insertion des muscles épitrochléens	14 jours	Travaux comportant habituellement des mouvements répétés d'adduction ou de flexion et pronation de la main et du poignet ou des mouvements de pronosupination.

Désignation des maladies	Délai de prise en charge	Liste limitative des travaux susceptibles de provoquer ces maladies
Hygroma : épanchement des bourses séreuses ou atteintes inflammatoires des tissus sous-cutanés des zones d'appui du coude. – forme aiguë ; – forme chronique.	7 jours 90 jours	Travaux comportant habituellement un appui prolongé sur la face postérieure du coude.
Syndrome canalaire du nerf ulnaire dans la gouttière épithrochléo-olécranienne confirmé par électroneuromyographie (EMG)	90 jours (sous réserve d'une durée d'exposition de 90 jours)	Travaux comportant habituellement des mouvements répétitifs et/ou des postures maintenues en flexion forcée. Travaux comportant habituellement un appui prolongé sur la face postérieure du coude.
- C - *Poignet – Main et doigt*		
Tendinite.	7 jours	Travaux comportant de façon habituelle des mouvements répétés ou prolongés des tendons fléchisseurs ou extenseurs de la main et des doigts.
Ténosynovite.	7 jours	
Syndrome du canal carpien.	30 jours	Travaux comportant de façon habituelle, soit des mouvements répétés ou prolongés d'extension du poignet ou de préhension de la main, soit un appui carpien, soit une pression prolongée ou répétée sur le talon de la main.
Syndrome de la loge de Guyon.	30 jours	
- D - *Genou*		
Compression du nerf sciatique poplité externe (SPE) (nerf fibulaire commun) au col du péroné (fibula) objectivée par ENMG.	90 jours	Travaux comportant de manière habituelle une position prolongée en flexion forcée du genou, assis sur les talons ou accroupi.
Hygroma aigu du genou.	7 jours	Travaux comportant de manière habituelle un appui prolongé sur le genou.
Hygroma chronique du genou.	90 jours	
Tendinopathie sous quadricipitale objectivée par échographie Tendinopathie quadricipitale objectivée par échographie.	14 jours	Travaux comportant de manière habituelle des efforts en charge avec contractions répétées du quadriceps lors de la montée ou descente d'escalier, d'escabeau ou d'échelle.
Tendinopathie de la patte d'oie objectivée par échographie.	14 jours	Travaux comportant de manière habituelle des mouvements répétés et rapides du genou en flexion contre résistance.
Syndrome de la bandelette ilio-tibiale objectivée par échographie.	14 jours	Travaux comportant de manière habituelle des mouvements rapides du genou en flexion et extension lors des déplacements du corps.

Désignation des maladies	Délai de prise en charge	Liste limitative des travaux susceptibles de provoquer ces maladies
– E. – *Cheville et pied*		
Tendinopathie d'Achille objectivée par échographie (*). (*) IRM le cas échéant.	14 jours	Travaux comportant de manière habituelle des efforts pratiqués en station prolongée sur la pointe des pieds.

Tableau n° 58

Affections professionnelles provoquées par le travail à haute température

Date de création : 9 nov. 1972

[Décr. n° 72-1010 du 2 nov. 1972]

Désignation des maladies	Délai de prise en charge	Liste limitative des travaux susceptibles de provoquer ces maladies
Crampes musculaires avec sueurs profuses, oligurie et chlorure urinaire égal ou inférieur à 5 g/litre.	3 jours.	Tous travaux effectués dans les mines de potasse exposant à une température résultante égale ou supérieure à 28° (1). (1) *La température résultante doit être calculée selon la formule utilisée dans les mines françaises.*

Tableau n° 59

Intoxications professionnelles par l'hexane

Date de création : 2 mars 1973

[Décr. n° 73-215 du 23 févr. 1973]

Désignation des maladies	Délai de prise en charge	Liste indicative des principaux travaux susceptibles de provoquer ces maladies
Polynévrites, avec troubles des réactions électriques.	30 jours.	Travaux de collage, notamment sur cuir ou matière plastique, avec des produits contenant de l'hexane.

Tableau n° 60

Intoxication professionnelle par le pentachlorophénol ou le pentachlorophénate de sodium

[*Abrogé par Décr. n° 85-630 du 19 juin 1985*]

TABLEAU N° 61

Maladies professionnelles provoquées par le cadmium et ses composés

Date de création : 2 mars 1973

[Décr. n° 73-215 du 23 févr. 1973]

Désignation des maladies	Délai de prise en charge	Liste indicative des principaux travaux susceptibles de provoquer ces maladies
Broncho-pneumopathie aiguë.	5 jours.	Extraction, préparation, emploi du cadmium, de ses alliages et de ses composés, notamment : Préparation du cadmium par « voie sèche » ou électrométallurgie du zinc ; Découpage au chalumeau ou soudure de pièces cadmiées ; Soudure avec alliage de cadmium ; Fabrication d'accumulateurs au nickel-cadmium ; Fabrication de pigments cadmifères, pour peintures, émaux, matières plastiques.
Troubles gastro-intestinaux aigus, avec nausées, vomissements ou diarrhées.	3 jours.	
Néphropathie avec protéinurie.	2 ans.	
Ostéomalacie avec ou sans fractures spontanées, accompagnée ou non de manifestations douloureuses, radiologiquement confirmée.	12 ans.	

TABLEAU N° 61 *bis*

Cancer broncho-pulmonaire provoqué par l'inhalation de poussières ou fumées renfermant du cadmium

Date de création : 13 déc. 2007

[Décr. n° 2007-1754 du 13 déc. 2007]

DÉSIGNATION des maladies	DÉLAI de prise en charge	LISTE LIMITATIVE des principaux travaux susceptibles de provoquer ces maladies
Cancer broncho-pulmonaire primitif.	40 ans (sous réserve d'une durée d'exposition de 10 ans *et d'un temps écoulé depuis le début de l'exposition de 20 ans).**	Fabrication d'accumulateurs et de piles électriques au nickelcadmium. Récupération de matières métalliques recyclables contenant du cadmium.

*** CE 1er juill. 2009, n° 313243 art. 1er** : Le Décr. n° 2007-1754 du 13 déc. 2007 est annulé en tant qu'il comporte, dans la partie du tableau relative au délai de prise en charge, les mots : « et d'un temps écoulé depuis le début de l'exposition de vingt ans » (...).

TABLEAU N° 62

Affections professionnelles provoquées par les isocyanates organiques

Date de création : 2 mars 1973 *Dernière mise à jour : 4 août 2006*

[Décr. n° 2006-986 du 1er août 2006]

Désignation des maladies	Délai de prise en charge	Liste indicative des principaux travaux susceptibles de provoquer ces maladies
Blépharo-conjonctivite récidivante.	3 jours.	Travaux exposant à l'inhalation ou à la manipulation d'isocyanates organiques, notamment :
Rhinite récidivant en cas de nouvelle exposition au risque ou confirmée par test.	7 jours.	Fabrication et application de vernis et laques de polyuréthanes, fabrication de fibres synthétiques ;
Syndrome bronchique récidivant.	7 jours.	Préparation des mousses polyuréthanes et application de ces mousses à l'état liquide ;
Asthme objectivé par explorations fonctionnelles respiratoires récidivant en cas de nouvelle exposition au risque ou confirmé par test.	7 jours.	Fabrication et utilisation des colles à base de polyuréthanes ; Fabrication et manipulation de peintures contenant des isocyanates organiques.
Lésions eczématiformes récidivant en cas de nouvelle exposition au risque ou confirmées par un test épicutané.	15 jours.	
Pneumopathie interstitielle aiguë ou subaiguë d'hypersensibilité objectivée par : - des signes respiratoires (toux, dyspnée) et/ou des signes généraux ; - des signes radiographiques et/ou tomodensitométriques compatibles, lorsqu'ils existent ; - une diminution de la DLCO ou une hypoxie d'effort ; - des signes immunologiques significatifs : présence d'anticorps précipitants dans le sérum contre l'agent pathogène présumé responsable ou, à défaut, lymphocytose au lavage broncho-alvéolaire.	30 jours.	

Désignation des maladies	Délai de prise en charge	Liste indicative des principaux travaux susceptibles de provoquer ces maladies
Pneumopathie d'hypersensibilité chronique avec altération des explorations fonctionnelles respiratoires (trouble ventilatoire restrictif ou obstructif), signes radiologiques compatibles et signes immunologiques significatifs : présence d'anticorps précipitants dans le sérum contre l'agent pathogène présumé responsable ou, à défaut, lymphocytose au lavage broncho-alvéolaire.	3 ans	

TABLEAU N° 63

Affections provoquées par les enzymes

Date de création : 2 mars 1973 *Dernière mise à jour : 13 févr. 2003*

[Décr. n° 2003-110 du 11 févr. 2003]

Désignation des maladies	Délai de prise en charge	Liste indicative des principaux travaux susceptibles de provoquer ces maladies
Lésions eczématiformes récidivant en cas de nouvelle exposition au risque ou confirmées par un test épicutané.	15 jours.	Préparation, manipulation, emploi des enzymes et des produits en renfermant, notamment :
Ulcérations cutanées.	7 jours.	Extraction et purification des enzymes d'origine animale (trypsine), végétale (broméline, papaïne, ficine), bactérienne et fongique (préparés à partir des *bacillus subtillis, aspergillus, orysae*) ;
Conjonctivite aiguë bilatérale récidivant en cas de nouvelle exposition ou confirmée par un test.	7 jours.	Fabrication et conditionnement de détergents renfermant des enzymes.
Rhinite récidivant en cas de nouvelle exposition au risque ou confirmée par test.	7 jours.	
Asthme objectivé par explorations fonctionnelles respiratoires récidivant en cas de nouvelle exposition au risque ou confirmé par test.	7 jours.	

Tableau n° 64

Intoxication professionnelle par l'oxyde de carbone

Date de création : 3 mai 1974
[Décr. n° 74-354 du 26 avr. 1974]

Désignation des maladies	Délai de prise en charge	Liste indicative des principaux travaux susceptibles de provoquer ces maladies
Syndrome associant céphalées, asthénie, vertiges, nausées, confirmé par la présence dans le sang d'un taux d'oxyde de carbone supérieur à 1,5 millilitre pour 100 millilitres de sang.	30 jours.	Travaux exposant aux émanations d'oxyde de carbone provenant d'origines diverses, notamment de foyers industriels, de gazogènes, d'appareils de chauffage ou de moteurs à allumage commandé. Sont exclus les travaux effectués dans des locaux comportant des installations de ventilation telles que la teneur en oxyde de carbone vérifiée à hauteur des voies respiratoires est, de façon habituelle, inférieure à 50 cm^3 par mètre cube, lorsque ces installations sont maintenues en état de bon fonctionnement et contrôlées au moins une fois par an par un organisme agréé dans les conditions prévues par l'article D. 241-21-2° du code du travail.

Tableau n° 65

Lésions eczématiformes de mécanisme allergique

Date de création : 19 juin 1977 — *Dernière mise à jour : 13 févr. 2003*

[Décr. n° 2003-110 du 11 févr. 2003]

Désignation des maladies	Délai de prise en charge	Liste indicative des principaux travaux susceptibles de provoquer ces maladies
Lésions eczématiformes récidivant en cas de nouvelle exposition au risque ou confirmées par un test épicutané positif au produit manipulé.	15 jours.	Préparation, emploi, manipulation des agents nocifs limitativement énumérés ci-après : A. — Agents chimiques : Acide chloroplatinique ; Chloroplatinates alcalins ; Cobalt et ses dérivés ; Persulfates alcalins ; Thioglycolate d'ammonium ; Épichlorhydrine ; Hypochlorites alcalins ; Ammoniums quaternaires et leurs sels, notamment dans les agents détergents cationiques ; Dodécyl-aminoéthyl glycine ; Insecticides organochlorés ; Phénothiazines ; Pipérazine ; Mercapto-benzothiazole ; Sulfure de tétraméthyl-thiurame ; Acide mercapto-propionique et ses dérivés ; N-isopropyl N'-phénylparaphénylène diamine et ses dérivés ; Hydroquinone et ses dérivés ; Dithiocarbamates ; Sels de diazonium, notamment chlorure de diéthylaminobenzène diazonium ; Benzisothiazoline-3-one ; Dérivés de la thiourée ; Acrylates et méthacrylates ; Résines dérivées du para-tert-butylphénol et du para-tert-butylcatéchol ; Dicyclohexylcarbodilmide ; Glutaraldéhyde.

Désignation des maladies	Délai de prise en charge	Liste indicative des principaux travaux susceptibles de provoquer ces maladies
		B. – Produits végétaux ou d'origine végétale : Produits d'extraction du pin, notamment essence de térébenthine, colophane et ses dérivés ; Baume du Pérou ; Urushiol (laque de Chine) ; Plantes contenant des lactones sesquiterpéniques (notamment artichaut, arnica, chrysanthème, camomille, laurier noble, saussurea, frullania, bois de tulipier, armoise, dahlia) ; Primevère ; Tulipe ; Alliacées (notamment ail et oignon) ; Farines de céréales.

Tableau n° 66

Rhinite et asthmes professionnels

Date de création : 19 juin 1977 *Dernière mise à jour : 13 févr. 2003*

[Décr. n° 2003-110 du 11 févr. 2003]

Désignation des maladies	Délai de prise en charge	Liste limitative des travaux susceptibles de provoquer ces maladies
Rhinite récidivant en cas de nouvelle exposition au risque ou confirmée par test.	7 jours.	1. Travail en présence de toute protéine en aérosol. 2. Élevage et manipulation d'animaux (y compris la préparation et le conditionnement d'arthropodes et de leurs larves).
Asthme objectivé par explorations fonctionnelles respiratoires récidivant en cas de nouvelle exposition au risque ou confirmée par test.	7 jours.	
Insuffisance respiratoire chronique obstructive secondaire à la maladie asthmatique.	1 an.	3. Utilisation et conditionnement de carmin et poudres d'insectes. 4. Préparation et manipulation des fourrures et feutres naturels. 5. Préparation, emploi, manipulation de produits contenant de la séricine.

Désignation des maladies	Délai de prise en charge	Liste limitative des travaux susceptibles de provoquer ces maladies
		6. Emploi de plumes et duvets. 7. Travaux exposant aux résidus d'extraction des huiles, notamment de ricin et d'ambrette. 8. Broyage des grains de céréales alimentaires, ensachage et utilisations de farines. 9. Préparation et manipulation des substances d'origine végétale suivantes : ipéca, quinine, henné, pollens et spores, notamment de lycopode. 10. Ouverture des balles, cardage, peignage, filature et tissage de textiles d'origine végétale (notamment coton, sisal, kapok, chanvre, lin). 11. Travaux comportant l'emploi de gommes végétales pulvérisées (arabique, adragante, psyllium, karaya notamment). 12. Préparation et manipulation du tabac. 13. Manipulation du café vert et du soja. 14. Exposition à des poussières végétales, notamment asparagées, légumineuses, papilionacés, ombellifères, labiées, solanacées, pyrèthres. 15. Manipulation de gypsophile (*gypsophila paniculata*). 16. Manipulation ou emploi des macrolides, notamment (spiramycine et oléandomycine), de médicaments et de leurs précurseurs, notamment : glycols, salbutamol, pipérazine, cimetidine, hydralazine, hydralazine de l'acide nicotinique (isoniazide), chlorure d'acide de la phényl glycine, tétracyclines, alpha-methyl-dopa. 17. Travaux exposant aux sulfites, aux bisulfites ou aux persulfates alcalins. 18. Préparation, emploi, manipulation de chloroplatinates pentoxyde de vanadium, notamment dans la fabrication des catalyseurs. 19. Travaux exposant à l'inhalation d'anhydrides d'acides volatils, notamment anhydrides maléique, phtalique, trimellitique, tétrachlorophtalique, hexahydrophtalique, himique.

Désignation des maladies	Délai de prise en charge	Liste limitative des travaux susceptibles de provoquer ces maladies
		20. Fabrication, manipulation et utilisation de fungicides, notamment les phtalimide et tétrachlorophtalonitrile. 21. Travaux exposant à la colophane chauffée, notamment de la soudure en électronique. 22. Travaux exposant à des émanations de produits de pyrolyse du chlorure de polyvinyle, (notamment dans sa soudure thermique), fréons, polyéthylène, polypropylène. 23. Travaux exposant à l'azodicarbonamide, notamment dans l'industrie des plastiques et du caoutchouc et au styrène, isophoronediamine, aziridine polyfonctionnelle, triglycidyl isocyanurate. 24. Préparation et mise en œuvre de colorants, notamment à hétérocycles halogénés, acryloylamines ou vinylsulfones, pipéridinyl triazine, ninhydrine. 25. Préparation et utilisation de colles au cyanoacrylate. 26. Travaux exposant à des émanations de glutaraldéhyde. 27. Travaux exposant à des émanations d'oxyde d'éthylène, notamment lors de la stérilisation. 28. Travaux de désinfection et de stérilisation exposant à des émanations de : chlorhexidine, hexachlorophène, benzisothiazoline-3-one et ses dérivés, organomercuriels, ammoniums quaternaires et leurs dérivés, notamment le benzalkonium et le chlorure de lauryl dimethylbenzylammonium. 29. Fabrication et utilisation de détergents, notamment l'isononanoyl oxybenzène sulfonate de sodium. 30. Fabrication et conditionnement du chloramine T. 31. Fabrication et utilisation de tétrazène.

Désignation des maladies	Délai de prise en charge	Liste limitative des travaux susceptibles de provoquer ces maladies
		32. Synthèse des polypeptides exposant notamment au dicyclohexyl carbodiimide, 4méthyl-morpholine, dichlorobenzène sulfonate. 33. Travaux de reprographie exposant notamment aux sels de diazonium ou à l'hydroquinone. 34. Travaux exposant aux dérivés aminés des produits chlorés tels que la chloramine dans les piscines.

Tableau n° 66 *bis*

Pneumopathies d'hypersensibilité

Date de création : 13 févr. 2003 [Décr. n° 2003-110 du 11 févr. 2003]

Dernière mise à jour : 28 nov. 2003 [Décr. n° 2003-1128 du 21 nov. 2003]

Désignation des maladies	Délai de prise en charge	Liste limitative des travaux susceptibles de provoquer ces maladies
Bronchoalvéolite aiguë ou subaiguë avec syndrome respiratoire (dyspnée, toux, expectoration) et/ou signes généraux (fièvre, amaigrissement) confirmés par l'exploration fonctionnelle respiratoire et la présence d'anticorps précipitants dans le sérum contre l'agent pathogène responsable ou à défaut résultats de lavage broncho-alvéolaire (lymphocytose).	30 jours	Travaux de manipulation ou de fabrication exposant à des spores de moisissures ou à des actinomycètes contaminant les particules végétales ou animales suivantes : bagasse de la canne à sucre, malt, paprika, liège, charcuterie, fromages (affinage), pâte à papier et poussières de bois. Travaux exposant à l'inhalation de particules microbiennes ou mycéliennes dans les laboratoires de microbiologie et les locaux à caractère industriel, de bureaux ou d'habitation dont l'atmosphère est climatisée ou humidifiée par dispositif central.
Fibrose pulmonaire avec signes radiologiques et troubles respiratoires confirmés par l'exploration fonctionnelle respiratoire et la présence d'anticorps précipitants dans le sérum contre l'agent pathogène responsable ou à défaut résultats de lavage broncho-alvéolaire (lymphocytose) et sa complication : insuffisance ventriculaire droite.	15 ans	Travaux en milieux contaminés par des micro-organismes aéroportés (bactéries, moisissures, algues) : saunas, piscines, égouts, filières de traitement des déchets (compostage et fabrication de compost), ateliers pollués par des aérosols d'huile de coupe contaminée. Travaux exposant à l'inhalation d'aérosols d'enzymes lors de la fabrication, la manipulation et l'utilisation de détergents et de lessives.

Désignation des maladies	Délai de prise en charge	Liste limitative des travaux susceptibles de provoquer ces maladies
		Travaux suivants exposant à des poussières végétales : – les opérations de préparation dans les filatures du coton : ouverture des balles, cardage, peignage ; – le broyage des grains de céréales, l'ensachage et l'utilisation des farines ; – la préparation et la manipulation du café vert, du thé, du soja, du tabac, du houblon, de l'orge ; – la préparation et la manipulation de champignons comestibles ; – la fabrication et l'utilisation de la pâte à papier ; – la manipulation et l'utilisation des algues et alginates. Travaux suivants exposant à l'inhalation d'aérosols de protéines animales : – la manipulation et utilisation de poussières d'origine aviaire ; – l'élevage et la manipulation d'animaux, y compris les mammifères de laboratoire, les arthropodes et les produits marins ou d'origine marine ; – la manipulation de fourrures ; – la préparation du carmin cochenille. Travaux exposant à l'inhalation des polluants chimiques suivants lors de leur fabrication et mise en œuvre : – anhydrides d'acides volatils suivants : anhydrides phtaliques, triméllitiques, tétrachlorophtaliques, hexahydrophtaliques himiques.

Tableau n° 67

Lésions de la cloison nasale provoquées par les poussières de chlorure de potassium dans les mines de potasse et leurs dépendances

Date de création : 3 avr. 1980

[Décr. n° 80-235 du 24 mars 1980]

Désignation des maladies	Délai de prise en charge	Liste indicative des principaux travaux susceptibles de provoquer ces maladies
Lésions nasales (ulcérations, perforations).	30 jours.	Travaux exposant à l'inhalation de poussières de chlorure de potassium, notamment : Extraction, manipulation, transport et traitement de minerai de chlorure de potassium ; Traitement, conditionnement, stockage et transport du chlorure de potassium.

Tableau n° 68

Tularémie

Date de création : 3 avr. 1980

[Décr. n° 80-235 du 24 mars 1980]

Dernière mise à jour : 8 mai 1988

[Décr. n° 88-575 du 6 mai 1988]

Désignation des maladies	Délai de prise en charge	Liste limitative des travaux susceptibles de provoquer ces maladies
Syndrome pouvant revêtir soit l'aspect, en tout ou partie, d'une des grandes formes cliniques (brachiale, oculaire, pharyngée, pulmonaire ou typhoïde), soit un aspect atypique. Dans tous les cas, le diagnostic sera authentifié par un examen sérologique spécifique.	15 jours.	Travaux de gardes-chasse et gardes-forestiers exposant notamment au contact des léporidés sauvages. Travaux d'élevage, abattage, transport, manipulation, vente de léporidés, de petits rongeurs et d'animaux à fourrure. Transport et manipulation de peaux. Travaux de laboratoire exposant au contact des léporidés et des petits rongeurs.

TABLEAU N° 69

Affections provoquées par les vibrations et chocs transmis par certaines machines-outils, outils et objets et par les chocs itératifs du talon de la main sur des éléments fixes

Date de création : 19 juill. 1980 *Dernière mise à jour : 10 nov. 1995*

[Décr. n° 95-1196 du 6 nov. 1995]

Désignation des maladies	Délai de prise en charge	Liste limitative des travaux susceptibles de provoquer ces maladies
— A —		
Affections ostéo-articulaires confirmées par des examens radiologiques :		
– arthrose du coude comportant des signes radiologiques d'ostéophytoses ;	5 ans.	Travaux exposant habituellement aux vibrations transmises par :
– ostéonécrose du semi-lunaire (maladie de Kienböck) ;	1 an.	*a)* Les machines-outils tenues à la main, notamment : – les machines percutantes, telles que les marteaux-piqueurs, les burineurs, les bouchardeuses et les fouloirs ;
– ostéonécrose du scaphoïde carpien (maladie de Kölher).	1 an.	– les machines rotopercutantes, telles que les marteaux perforateurs, les perceuses à percussion et les clés à choc ;
Troubles angioneurotiques de la main, prédominant à l'index et au médius, pouvant s'accompagner de crampes de la main et de troubles prolongés de la sensibilité et confirmés par des épreuves fonctionnelles objectivant le phénomène de Raynaud.	1 an.	– les machines rotatives, telles que les polisseuses, les meuleuses, les scies à chaîne, les tronçonneuses et les débroussailleuses ; – les machines alternatives, telles que les ponceuses et les scies sauteuses ;
		b) Les outils tenus à la main associés à certaines machines précitées, notamment dans des travaux de burinage ;
		c) Les objets tenus à la main en cours de façonnage, notamment dans les travaux de meulage et de polissage et les travaux sur machine à rétreindre.
— B —		
Affections ostéo-articulaires confirmées par des examens radiologiques :		Travaux exposant habituellement aux chocs provoqués par l'utilisation manuelle d'outils percutants :
– arthrose du coude comportant des signes radiologiques d'ostéophytose ;	5 ans.	– travaux de martelage, tels que travaux de forge, tôlerie, chaudronnerie et travail du cuir ; – travaux de terrassement et de démolition ;

Désignation des maladies	Délai de prise en charge	Liste limitative des travaux susceptibles de provoquer ces maladies
– ostéonécrose du semi-lunaire (maladie de Kienböck) ;	1 an.	– utilisation de pistolets de scellements ; – utilisation de clouteuses et de riveteuses.
– ostéonécrose du scaphoïde carpien (maladie de Kölher).	1 an.	
– C –		
Atteinte vasculaire cubito-palmaire en règle unilatérale (syndrome du marteau hypothénar) entraînant un phénomène de Raynaud ou des manifestations ischémiques des doigts confirmée par l'artériographie objectivant un anévrisme ou une thrombose de l'artère cubitale ou de l'arcade palmaire superficielle.	1 an (sous réserve d'une durée d'exposition de 5 ans).	Travaux exposant habituellement à l'utilisation du talon de la main en percussion directe itérative sur un plan fixe ou aux chocs transmis à l'éminence hypothénar par un outil percuté ou percutant.

TABLEAU N° 70

Affections professionnelles provoquées par le cobalt et ses composés

Date de création : 19 juill. 1980 — *Dernière mise à jour : 9 mars 2000*

[Décr. n° 80-556 du 15 juill. 1980] — [Décr. n° 2000-214 du 7 mars 2000]

Désignation des maladies	Délai de prise en charge	Liste indicative des travaux susceptibles de provoquer ces maladies
Lésions eczématiformes récidivant après nouvelle exposition au risque ou confirmées par un test épicutané positif spécifique.	15 jours.	Préparation, emploi et manipulation du cobalt et de ses composés.
Rhinite récidivant en cas de nouvelle exposition au risque ou confirmée par test spécifique.	7 jours.	
Asthme ou dyspnée asthmatiforme objectivé(e) par exploration fonctionnelle respiratoire récidivant en cas de nouvelle exposition au risque ou confirmé(e) par test spécifique.	7 jours.	

Désignation des maladies	Délai de prise en charge	Liste indicative des travaux susceptibles de provoquer ces maladies
Insuffisance respiratoire chronique obstructive secondaire à la maladie asthmatique.	1 an.	

Tableau n° 70 *bis*

Affections respiratoires dues aux poussières de carbures métalliques frittés ou fondus contenant du cobalt

Date de création : 9 mars 2000

[Décr. n° 2000-214 du 7 mars 2000]

Désignation des maladies	Délais de prise en charge	Liste limitative des travaux susceptibles de provoquer ces maladies
Syndrome respiratoire irritatif à type de toux et de dyspnée récidivant après nouvelle exposition au risque.	15 jours.	Fabrication et transformation des carbures métalliques frittés.
Broncho-alvéolite aiguë ou subaiguë avec signes généraux.	30 jours.	Affûtage d'outils ou pièces en carbures métalliques frittés.
Fibrose pulmonaire diffuse, avec signes radiologiques et troubles fonctionnels, confirmée par l'exploration fonctionnelle respiratoire, et ses complications : – infection pulmonaire ; – insuffisance ventriculaire droite.	20 ans.	Fabrication et transformations des super-alliages à base cobalt. Rechargement et affûtage d'outils et pièces en super-alliages à base cobalt. Technique de soudage et de métallisation utilisant des super-alliages à base cobalt.

Tableau n° 70 *ter*

Affections cancéreuses broncho-pulmonaires primitives causées par l'inhalation de poussières de cobalt associées au carbure de tungstène avant frittage

Date de création : 9 mars 2000

[Décr. n° 2000-214 du 7 mars 2000]

Désignation des maladies	Délais de prise en charge	Liste limitative des travaux susceptibles de provoquer ces maladies
Cancer broncho-pulmonaire primitif.	35 ans (sous réserve d'une exposition de 5 ans minimum).	Travaux exposant à l'inhalation associée de poussières de cobalt et de carbure de tungstène dans la fabrication des carbures métalliques à un stade avant le frittage (mélange de poudres, compression, rectification et usinage du préfritté).

Tableau n° 71

Affections oculaires dues au rayonnement thermique

Date de création : 17 sept. 1982

[Décr. n° 82-783 du 15 sept. 1982]

Désignation de la maladie	Délai de prise en charge	Liste limitative des travaux susceptibles de provoquer cette maladie
Cataracte.	15 ans.	Travaux exposant habituellement au rayonnement thermique de verre ou de métal portés à incandescence.

TABLEAU N° 71 *bis*

Affections oculaires dues au rayonnement thermique associé aux poussières

Date de création : 7 sept. 1991

[Décr. n° 91-877 du 3 sept. 1991]

Désignation de la maladie	Délai de prise en charge	Liste limitative des travaux susceptibles de provoquer cette maladie
Ptérygion.	15 ans.	Travaux suivants exposant au rayonnement thermique associé aux poussières dans les ateliers de verrerie travaillant le verre à la main : *a)* Surveillance de la marche des fours à verre ; *b)* Cueillette, soufflage, façonnage à chaud du verre.

TABLEAU N° 72

Maladies résultant de l'exposition aux dérivés nitrés des glycols et du glycérol

Date de création : 6 févr. 1983

[Décr. n° 83-71 du 22 févr. 1983]

Désignation des maladies	Délai de prise en charge	Liste indicative des principaux travaux susceptibles de provoquer ces maladies
Douleurs précordiales à type d'angine de poitrine, ischémie myocardique aiguë, infarctus du myocarde survenant au cours d'une période de quatre jours suivant un arrêt de l'exposition à l'agent toxique.	4 jours.	Fabrication et conditionnement de la nitroglycérine et du nitroglycol dans l'industrie des explosifs.

TABLEAU N° 73

Maladies professionnelles causées par l'antimoine et ses dérivés

Date de création : 6 févr. 1983 — *Dernière mise à jour : 13 févr. 2003*

[Décr. n° 83-7-1 du 22 févr. 1983] — [Décr. n° 2003-110 du 11 févr. 2003]

Désignation des maladies	Délai de prise en charge	Liste indicative des principaux travaux susceptibles de provoquer ces maladies
Stibiose : pneumopathie caractérisée par des signes radiographiques spécifiques accompagnés ou non de troubles tels que toux, expectoration, dyspnée.	5 ans.	Travaux exposant à l'inhalation de poussières, fumées ou vapeurs d'antimoine, notamment : Travaux de forage, d'abattage, d'extraction de minerais renfermant de l'antimoine ; Concassage, broyage, tamisage, manipulation de minerais renfermant de l'antimoine ; Travaux de purification, grillage, réduction thermique et oxydation de minerais ou de substances renfermant de l'antimoine ; Brassage et ensachage d'oxyde d'antimoine.
Lésions eczématiformes récidivant en cas de nouvelle exposition au risque.	15 jours.	

TABLEAU N° 74

Affections professionnelles provoquées par le furfural et l'alcool furfurylique

Date de création : 26 juin 1984 — *Dernière mise à jour : 13 févr. 2003*

[Décr. n° 84-492 du 22 juin 1984] — [Décr. n° 2003-110 du 11 févr. 2003]

Désignation des maladies	Délai de prise en charge	Liste indicative des principaux travaux susceptibles de provoquer ces maladies
Rhinite récidivant en cas de nouvelle exposition au risque ou confirmée par test.	7 jours.	Travaux exposant aux émanations de furfural et d'alcool furfurylique utilisés comme : Solvants, réactifs ; Agents de synthèse des pesticides, de médicaments ou de matières plastiques, en particulier pour la préparation et l'utilisation de moules en fonderie ; Accélérateurs de vulcanisation du caoutchouc.
Asthme objectivé par explorations fonctionnelles respiratoires récidivant en cas de nouvelle exposition au risque ou confirmée par test.	7 jours.	
Conjonctivite récidivant après nouvelle exposition.	7 jours.	
Dermite eczématiforme récidivant en cas de nouvelle exposition au risque ou confirmée par un test épicutané.	15 jours.	

TABLEAU N° 75

Affections professionnelles résultant de l'exposition au sélénium et à ses dérivés minéraux

Date de création : 26 juin 1984
[Décr. n° 84-492 du 22 juin 1984]

Désignation des maladies	Délai de prise en charge	Liste indicative des principaux travaux susceptibles de provoquer ces maladies
Affections des voies aériennes.	5 jours.	Emploi des sels de sélénium dans l'industrie métallurgique et l'électronique.
Œdème pulmonaire.	5 jours.	Utilisation de pigments contenant du sélénium.
Brûlures et irritations cutanées.	5 jours.	Fabrication et emploi d'additifs alimentaires contenant du sélénium.
Brûlures oculaires et conjonctivite.	5 jours.	Travaux de laboratoire faisant intervenir le sélénium comme réactif chimique. Fabrication de produits contenant des dérivés du sélénium dans les industries de cosmétologie, de phytopharmacie, de photographie et de photocopie.

TABLEAU N° 76

Maladies liées à des agents infectieux ou parasitaires contractées en milieu d'hospitalisation et d'hospitalisation à domicile, ou en établissement d'hébergement pour personnes âgées dépendantes

Date de création : 24 déc. 1992
[Décr. n° 92-1348 du 23 déc. 1992]

Dernière mise à jour : 4 nov. 2015
[Décr. n° 2015-1419 du 4 nov. 2015]

Désignation des maladies	**Délai de prise en charge**	**Liste limitative des travaux susceptibles de provoquer ces maladies**
A. – *Infections dues aux staphylocoques* *Manifestations cliniques de staphylococcie :* Septicémie ; Atteinte viscérale ; Panaris, avec mise en évidence du germe et typage du staphylocoque.	10 jours.	Tous travaux accomplis par le personnel de soins et assimilé, de laboratoire, de service, d'entretien ou de services sociaux mettant au contact d'un réservoir de staphylocoques.

Désignation des maladies	Délai de prise en charge	Liste limitative des travaux susceptibles de provoquer ces maladies
B. – *Infections dues aux Pseudomonas aeruginosa* Septicémie ; Localisations viscérales, cutanéo-muqueuses et oculaires, avec mise en évidence du germe et typage du Pseudomonas aeruginosa.	15 jours.	Tous travaux effectués par le personnel de soins et assimilé, de laboratoire, de service, d'entretien ou de services sociaux mettant au contact d'un réservoir de *Pseudomonas aeruginosa.*
C. – *Infections dues aux entérobactéries* Septicémies confirmées par hémoculture.	15 jours.	Tous travaux effectués par le personnel de soins et assimilé, de laboratoire, de service, d'entretien ou de services sociaux mettant au contact d'un réservoir d'entérobactéries.
D. – *Infections dues aux pneumocoques* *Manifestations cliniques de pneumococcie :* Pneumonie ; Broncho-pneumonie ; Septicémie ; Méningite purulente, confirmées par isolement bactériologique du germe ou par les résultats positifs d'une recherche des antigènes solubles.	10 jours.	Tous travaux effectués par le personnel de soins et assimilé, de laboratoire, de service, d'entretien ou de services sociaux mettant au contact d'un réservoir de pneumocoques.
E. – *Infections dues aux streptocoques bêta-hémolytiques* *Manifestations cliniques de streptococcie :* Otite compliquée ; Erysipèle ; Broncho-pneumonie ; Endocardite ; Glomérulonéphrite aiguë, confirmées par mise en évidence de streptocoques bêta-hémolytiques du groupe A.	 15 jours. 15 jours. 15 jours. 60 jours. 30 jours.	Tous travaux effectués par le personnel de soins et assimilé, de laboratoire, de service, d'entretien ou de services sociaux mettant au contact d'un réservoir de streptocoques bêta-hémolytiques.
F. – *Infections dues aux méningocoques* Méningite ; Conjonctivite, confirmées par la mise en évidence de *Neisseria meningitidis.*	10 jours.	Tous travaux effectués par le personnel de soins et assimilé, de laboratoire, de service, d'entretien ou de services sociaux mettant au contact d'un réservoir de méningocoques.
G. – *Fièvres typhoïde et paratyphoïde A et B* confirmées par une hémoculture mettant en évidence la salmonelle en cause et par le sérodiagnostic de Widal.	21 jours.	Tous travaux effectués par le personnel de soins et assimilé, de laboratoire, de service, d'entretien ou de services sociaux mettant au contact d'un réservoir de salmonelles.

Désignation des maladies	Délai de prise en charge	Liste limitative des travaux susceptibles de provoquer ces maladies
H. – *Dysenterie bacillaire* confirmée par la mise en évidence de shigelles dans la coproculture et par la séroconversion.	15 jours.	Tous travaux effectués par le personnel de soins et assimilé, de laboratoire, d'entretien, de service ou de services sociaux mettant au contact d'un réservoir de shigelles.
I. – *Choléra* confirmé bactériologiquement par la coproculture.	7 jours.	Tous travaux effectués par le personnel de soins et assimilé, de laboratoire, d'entretien, de service ou de services sociaux mettant au contact d'un réservoir de vibrions cholériques.
J. – *Fièvres hémorragiques (Lassa, Ebola, Marburg, Congo-Crimée)* confirmées par la mise en évidence du virus et/ou la présence d'anticorps spécifiques à taux significatif.	21 jours.	Tous travaux effectués par le personnel de soins et assimilé, les autres personnels du service d'hospitalisation et le personnel de laboratoire de virologie mettant au contact des virus.
K. – *Infections dues aux gonocoques* *Manifestations cliniques :* Gonococcie cutanée ; Complications articulaires, confirmées par isolement bactériologique du germe.	10 jours.	Tous travaux effectués par le personnel de soins et assimilé, de laboratoire, d'entretien, de service ou de services sociaux mettant au contact de malades infectés.
L. – *Syphilis* Tréponématose primaire cutanée confirmée par la mise en évidence du tréponème et par la sérologie.	10 semaines.	Tous travaux effectués par le personnel de soins et assimilé, de laboratoire, d'entretien, de service ou de services sociaux mettant au contact de malades infectés.
M. – *Infections à Herpes virus varicellae* Varicelle et ses complications : - complications de la phase aiguë : septicémie, encéphalite, neuropathie périphérique, purpura thrombopénique, pneumopathie spécifique, varicelle grave généralisée ; - complications dues à l'infection chronique par le virus : zona et ses manifestations cutanée, auriculaire, ophtalmique, méningée, neurologique périphérique, algies post-zostériennes chez une personne ayant été atteinte antérieurement d'une varicelle.	21 jours.	Tous travaux effectués par le personnel de soins et assimilé, personnel de service, d'entretien ou de services sociaux, mettant en contact avec des malades présentant une varicelle ou un zona.

Désignation des maladies	Délai de prise en charge	Liste limitative des travaux susceptibles de provoquer ces maladies
N. – *Gale* Parasitose à *Sarcoptes scabei* avec prurit et éventuellement surinfection des atteintes cutanées dues au parasite. En dehors d'un contexte épidémique, l'affection devra être confirmée par l'identification des sarcoptes.	7 jours.	Tous travaux effectués par le personnel de soins et assimilé, de laboratoire, d'entretien, de service ou de services sociaux mettant en contact direct avec des porteurs de cette scabiose.

Tableau n° *77*

Périonyxis et onyxis *(d'origine professionnelle)*

Date de création : 19 nov. 1983 — *Dernière mise à jour : 17 sept. 1989*

[Décr. n° 83-996 du 8 nov. 1983] — [Décr. n° 89-667 du 13 sept. 1989]

Désignation des maladies	Délai de prise en charge	Liste limitative des travaux susceptibles de provoquer ces maladies
Atteinte des doigts : Inflammation périunguéale, douloureuse d'origine infectieuse accompagnée ou non de modifications de l'ongle telles que fissurations, striations, dentelures du bord libre, coloration brunâtre, onycholyse.	7 jours.	Manipulation et emploi des fruits sucrés et de leurs résidus. Préparation, manipulation et emploi des jus de fruits sucrés, notamment lors des travaux de plonge en restauration. Travaux dans les abattoirs au contact des animaux et de leurs viscères.
Atteinte des orteils : Onyxis localisé habituellement au seul gros orteil, caractérisé par des déformations de l'ongle telles que destruction totale ou partielle, épaississement, striations, fissurations accompagnées d'hyperkératose sous ou péri-unguéale.	30 jours.	Travaux en mines souterraines, chantiers du bâtiment, chantiers de travaux publics. Travaux dans les abattoirs au contact des animaux et de leurs viscères.

TABLEAU N° 78

Affections provoquées par le chlorure de sodium dans les mines de sel et leurs dépendances

Date de création : 19 nov. 1983

[Décr. n° 83-996 du 8 nov. 1983]

Désignation des maladies	Délai de prise en charge	Liste indicative des principaux travaux susceptibles de provoquer ces maladies
Lésions nasales : Ulcérations ; Perforations.	30 jours.	Travaux exécutés au contact du sel pulvérulent.
Ulcérations cutanées.	30 jours.	Travaux effectués au contact du sel pulvérulent ou au contact des saumures.

TABLEAU N° 79

Lésions chroniques du ménisque à caractère dégénératif

Date de création : 23 juin 1985 *Dernière mise à jour : 7 mai 2017*

[Décr. n° 2017-812 du 5 mai 2017]

Désignation des maladies	**Délai de prise en charge**	**Liste limitative des travaux susceptibles de provoquer ces maladies**
Lésions chroniques à caractère dégénératif du ménisque isolées ou associées à des lésions du cartilage articulaire, confirmées par IRM (*) ou au cours d'une intervention chirurgicale. (*) L'arthroscanner le cas échéant.	2 ans	Travaux comportant des efforts ou des ports de charges exécutés habituellement en position agenouillée ou accroupie.

TABLEAU N° 80

Kératoconjonctivites virales

Date de création : 23 juin 1985

[Décr. n° 85-630 du 19 juin 1985]

Désignation des maladies	Délai de prise en charge	Liste limitative des travaux susceptibles de provoquer ces maladies
A. – Kératite nummulaire sous-épithéliale.	21 jours.	Tous travaux effectués par le personnel de soins et assimilé, de laboratoire, de service et d'entretien, mettant au contact direct ou indirect de malades porteurs de ces affections.
B. – Kératite superficielle ulcéreuse avec conjonctivite associée.	21 jours.	
C. – Conjonctivite hémorragique.	21 jours.	
D. – Conjonctivite œdémateuse avec chémosis.	21 jours.	
E. – Conjonctivite folliculaire avec ou sans participation cornéenne.	21 jours.	

TABLEAU N° 81

Affections malignes provoquées par le bis (chlorométhyle) éther

Date de création : 28 juill. 1987

[Décr. n° 87-582 du 22 juill. 1987]

Désignation de la maladie	Délai de prise en charge	Liste limitative des travaux susceptibles de provoquer cette maladie
Cancer bronchique primitif.	40 ans.	Travaux de fabrication du chlorométhyl-méthyl-éther.

TABLEAU N° 82

Affections provoquées par le méthacrylate de méthyle

Date de création : 28 juill. 1987 *Dernière mise à jour : 13 févr. 2003*

[Décr. n° 87-582 du 22 juill. 1987] [Décr. n° 2003-110 du 11 févr. 2003]

Désignation des maladies	Délai de prise en charge	Liste indicative des principaux travaux susceptibles de provoquer ces maladies
Rhinite récidivant en cas de nouvelle exposition au risque ou confirmé par test.	7 jours.	Travaux comportant la manipulation ou l'emploi de méthacrylate de méthyle notamment : – la fabrication de résines acryliques ; – la fabrication des matériaux acryliques ; – la fabrication et l'emploi d'encres, de colles, de peintures à base de méthacrylate de méthyle ; – la fabrication de prothèses, en particulier en chirurgie orthopédique, dentaire et oculaire ; – en histologie osseuse.
Asthme objectivé par explorations fonctionnelles respiratoires récidivant en cas de nouvelle exposition au risque ou confirmé par test.	7 jours.	
Conjonctivite récidivant après nouvelle exposition.	7 jours.	
Lésions eczématiformes récidivant en cas de nouvelle exposition au risque ou confirmées par un test épicutané.	15 jours.	
Manifestations respiratoires chroniques avec altérations des épreuves fonctionnelles respiratoires, survenant après l'une des affections énumérées ci-dessus.	1 an.	

Tableau n° 83

Lésions provoquées par les travaux effectués dans un milieu où la pression est inférieure à la pression atmosphérique et soumise à variations

Date de création : 28 juill. 1987

[Décr. n° 87-582 du 22 juill. 1987]

Désignation des maladies	Délai de prise en charge	Liste limitative des travaux susceptibles de provoquer ces maladies
Otites moyennes subaiguës. Otites moyennes chroniques. Lésions de l'oreille interne. Le diagnostic dans tous les cas doit être confirmé par des examens cliniques et audiométriques spécifiques.	6 mois. 1 an. 1 an.	Travaux effectués en service aérien.

Tableau n° 84

Affections engendrées par les solvants organiques liquides à usage professionnel : hydrocarbures liquides aliphatiques, alicycliques, hétérocycliques et aromatiques, et leurs mélanges (white spirit, essences spéciales) ; dérivés nitrés des hydrocarbures aliphatiques ; acétonitrile ; alcools, aldéhydes, cétone, esters, éthers dont le tétrahydrofurane, glycols et leurs éthers ; diméthylformamide, diméthylsulfoxyde

Date de création : 28 juill. 1987 — *Dernière mise à jour : 28 mars 2007*

[Décr. n° 87-582 du 22 juill. 1987] — [Décr. n° 2007-457 du 25 mars 2007]

Désignation des maladies	Délai de prise en charge	Liste limitative des travaux susceptibles de provoquer ces maladies
– A –		– A –
Syndrome ébrieux ou narcotique pouvant aller jusqu'au coma.	7 jours.	Préparation, emploi, manipulation des solvants.
Dermites conjonctivites irritatives.	7 jours.	
Lésions eczématiformes récidivant en cas de nouvelle exposition au risque ou confirmées par un test épicutané.	15 jours.	

Désignation des maladies	Délai de prise en charge	Liste limitative des travaux susceptibles de provoquer ces maladies
– B – Encéphalopathies caractérisées par des altérations des fonctions cognitives, constituées par au moins trois des six anomalies suivantes : - ralentissement psychomoteur ; - troubles de la dextérité, de la mémoire, de l'organisation visuospatiale, des fonctions exécutives, de l'attention, et ne s'aggravant pas après cessation de l'exposition au risque. Le diagnostic d'encéphalopathie toxique sera établi, après exclusion des troubles cognitifs liés à la maladie alcoolique, par des tests psychométriques et confirmé par la répétition de ces tests au moins six mois plus tard et après au moins six mois sans exposition au risque.	1 an (sous réserve d'une durée d'exposition d'au moins 10 ans).	– B – Traitement des résines naturelles et synthétiques. Emploi de vernis, peintures, émaux, mastic, colles, laques. Production de caoutchouc naturel et synthétique. Utilisation de solvants comme agents d'extraction, d'imprégnation, d'agglomération, de nettoyage, comme décapants dissolvants ou diluants. Utilisation de solvants en tant que réactifs de laboratoire, dans les synthèses organiques, en pharmacie, dans les cosmétiques.

Tableau n° 85

Affection engendrée par l'un ou l'autre de ces produits : N-méthyl N'nitro N-nitrosoguanidine ; N-éthyl N'nitro N-nitrosoguanidine ; N-méthyl N-nitrosourée ; N-éthyl N-nitrosourée

Durée d'exposition : six mois

Date de création : 28 juill. 1987

[Décr. n° 87-582 du 22 juill. 1987]

Désignation de la maladie	Délai de prise en charge	Liste indicative des travaux susceptibles de provoquer cette maladie
Glioblastome.	30 ans.	Fabrication et conditionnement de ces substances. Utilisation dans les laboratoires de génie génétique, de biologie cellulaire, de recherche en mutagénèse ou cancérologie.

TABLEAU N° 86

Pasteurelloses

Date de création : 7 mai 1988

[Décr. n° 88-575 du 6 mai 1988]

Désignation des maladies	Délai de prise en charge	Liste limitative des travaux susceptibles de provoquer ces maladies
Manifestations cliniques aiguës de pasteurellose par inoculation (en dehors des cas considérés comme accidents du travail).	8 jours.	Travaux de soins, d'abattage, d'équarrissage ou de laboratoire exposant à l'inoculation de germes à partir d'animaux.
Manifestations loco-régionales tardives.	6 mois.	
Toutes ces manifestations doivent être confirmées par un examen de laboratoire spécifique ou une intradermo-réaction.		

TABLEAU N° 87

Ornithose-psittacose

Date de création : 7 mai 1988

[Décr. n° 88-575 du 6 mai 1988]

Désignation des maladies	Délai de prise en charge	Liste indicative des principaux travaux susceptibles de provoquer ces maladies
Pneumopathie aiguë.	21 jours.	Travaux exposant au contact avec des oiseaux, des volailles ou leurs déjections : – travaux d'élevage et de vente des oiseaux ; – travaux de soins aux oiseaux dans les parcs zoologiques et ornithologiques ; – travaux d'élevage, vente, abattage, conservation des volailles.
Formes typhoïdes avec troubles digestifs et états stuporeux.	21 jours.	
Formes neuroméningées.	21 jours.	
Dans tous les cas, la maladie doit être confirmée par l'isolement du germe ou par un examen sérologique spécifique de *Chlamydia-psittaci.*		Travaux de laboratoire comportant la manipulation des volailles et oiseaux, de leurs produits ou de leurs déjections.

TABLEAU N° 88

Rouget du porc
(Érysipéloïde de Baker-Rosenbach)

Date de création : 7 mai 1988

[Décr. n° 88-575 du 6 mai 1988]

Désignation des maladies	Délai de prise en charge	Liste limitative des travaux susceptibles de provoquer ces maladies
Forme cutanée simple : placard érysipéloïde (en dehors des cas considérés comme accidents du travail).	7 jours.	Travaux exécutés dans les boucheries, charcuteries, triperies, boyauderies, abattoirs, ateliers d'équarrissage, volailleries, pêcheries, poissonneries, cuisines.
Forme cutanée associée à une monoarthrite ou à une polyarthrite loco-régionale.	30 jours.	Travaux exécutés dans les élevages d'ovins, de porcins, de volailles ou de gibiers.
Formes cutanées chroniques, à rechute.	6 mois.	Travaux de conditionnement, transport, entreposage, salaison, mise en conserve, réfrigération, congélation, surgélation de produits alimentaires d'origine animale.
Formes septicémiques : complications endocarditiques, intestinales.	6 mois.	Fabrication de gélatine, de colles à base d'os. Manipulation et traitement de suints, de cuirs verts. Travaux exécutés dans les parcs zoologiques. Travaux exécutés dans les laboratoires vétérinaires. Travaux de gardes-chasse.

TABLEAU N° 89

Affection provoquée par l'halothane

Date de création : 17 sept. 1989

[Décr. n° 89-667 du 13 sept. 1989]

Désignation de la maladie	Délai de prise en charge	Liste indicative des principaux travaux susceptibles de provoquer cette maladie
Hépatite ayant récidivé après nouvelle exposition et confirmée par des tests biochimiques, après exclusion d'une autre étiologie.	15 jours.	Activités exposant à l'halothane, notamment en salles d'opération et d'accouchement.

TABLEAU N° 90

Affections respiratoires consécutives à l'inhalation de poussières textiles végétales

Date de création : 17 sept. 1989

[Décr. n° 89-667 du 13 sept. 1989]

Désignation des maladies	Délai de prise en charge	Liste limitative des travaux susceptibles de provoquer ces maladies
– A – Syndrome respiratoire obstructif aigu caractérisé par une oppression thoracique survenant habituellement après une interruption d'exposition au risque d'au moins 36 heures et se manifestant quelques heures après la reprise de l'exposition au risque (byssinose et affections apparentées). Le caractère obstructif de ce syndrome doit être confirmé par des explorations fonctionnelles respiratoires pratiquées au moment de la reprise de l'exposition au risque et six à huit heures après.	7 jours (sous réserve d'une durée d'exposition de 5 ans).	Travaux exposant à l'inhalation de poussières de coton, lin, chanvre, sisal, dans les ateliers de : – teillage ; – ouvraison ; – battage ; – cardage ; – étirage ; – peignage ; – bambrochage ; – filage ; – bobinage ; – retordage ; – ourdissage.

Désignation des maladies	Délai de prise en charge	Liste limitative des travaux susceptibles de provoquer ces maladies
– B –		
Bronchopneumopathie chronique obstructive consécutive à des épisodes respiratoires obstructifs aigus caractérisés cliniquement comme ci-dessus et répétitifs. Cette bronchopneumopathie doit être confirmée par des explorations fonctionnelles respiratoires avec un volume expiratoire maximal par seconde (VEMS) abaissé d'au moins 40 % par rapport à la valeur moyenne théorique.	5 ans (sous réserve d'une durée d'exposition de 10 ans).	Travaux identiques à ceux visés en A sous réserve qu'ils ne soient pas réalisés dans des ateliers où s'effectue uniquement le filage à bout libre (procédé dit « *open end* »).

Tableau n° 91

Broncho-pneumopathie chronique obstructive du mineur de charbon

Date de création : 23 déc. 1992 *Dernière mise à jour : 3 nov. 2005*

[Décr. n° 92-1348 du 23 déc. 1992] [Décr. n° 2005-1353 du 31 oct. 2005, art. 1er]

Désignation de la maladie	Délai de prise en charge	Liste limitative des travaux susceptibles de provoquer cette maladie
Broncho-pneumopathie chronique obstructive entraînant un déficit respiratoire chronique. Elle est caractérisée par l'association de signes cliniques tels que dyspnée, toux, hypersécrétion bronchique et d'un syndrome ventilatoire de type obstructif avec un volume expiratoire maximum seconde (VEMS) abaissé au jour de la déclaration d'au moins 30 % par rapport à la valeur moyenne théorique. Cet abaissement doit être constaté en dehors de tout épisode aigu.	10 ans (sous réserve d'une durée d'exposition de 10 ans).	Travaux au fond dans les mines de charbon.

Tableau n° 92

Infections professionnelles à « *Streptococcus suis* »

Date de création : 12 janv. 1995

[Décr. n° 95-52 du 12 janv. 1995]

Désignation des maladies	Délai de prise en charge	Liste limitative des travaux susceptibles de provoquer ces maladies
Méningite purulente avec bactériémie, accompagnée le plus souvent d'une atteinte cochléo-vestibulaire : surdité de perception unie ou bilatérale, avec acouphènes et troubles de l'équilibre (vertiges et ataxie).	25 jours.	Travaux exposant au contact de porcs, de leur viande, carcasses, os, abats ou sang, dans les élevages de porcs, les abattoirs, les entreprises d'équarrissage, les boucheries, charcuteries, triperies, boyauderies, cuisines, entreprises de transport de porcs ou viande de porc.
Atteinte cochléo-vestibulaire aiguë et ses complications cochléaires (troubles de l'audition irréversibles).	25 jours.	Travaux d'inspection de viande de porc, travaux vétérinaires, travaux de laboratoire au contact de porc.
Septicémie isolée, tableau de coagulopathie intravasculaire disséminée.	25 jours.	Travaux de l'industrie alimentaire avec fabrication d'aliments à base de viande de porc.
Arthrites inflammatoires ou septiques.	25 jours.	
Endophtalmie, uvéite.	25 jours.	
Myocardite.	25 jours.	
Pneumonie, paralysie faciale.	25 jours.	
Endocardite.	60 jours.	
Dans tous les cas, il est nécessaire de mettre en évidence le *Streptococcus suis* et de procéder à son typage.		

Tableau n° 93

Lésions chroniques du segment antérieur de l'œil provoquées par l'exposition à des particules en circulation dans les puits de mine de charbon

Date de création : 18 janv. 1995

[Décr. n° 95-52 du 12 janv. 1995]

Désignation de la maladie	Délai de prise en charge	Liste limitative des travaux susceptibles de provoquer cette maladie
Conjonctivite chronique ou blépharoconjonctivite chronique.	90 jours (sous réserve d'une durée d'exposition de 2 ans).	Travaux dans les puits de retour d'air des mines de charbon.

Tableau n° 94

Broncho-pneumopathie chronique obstructive du mineur de fer

Date de création : 25 mai 1996 *Dernière mise à jour : 3 nov. 2005*

[Décr. n° 96-445 du 22 mai 1996] [Décr. n° 2005-1354 du 31 oct. 2005, art. 1er]

Désignation de la maladie	Délai de prise en charge	Liste limitative des travaux susceptibles de provoquer cette maladie
Broncho-pneumopathie chronique obstructive entraînant un déficit respiratoire chronique. Elle est caractérisée par l'association de signes cliniques tels que dyspnée, toux, hypersécrétion bronchique et d'un syndrome ventilatoire de type obstructif avec un volume expiratoire maximum seconde (VEMS) abaissé au jour de la déclaration d'au moins 30 % par rapport à la valeur moyenne théorique. Cet abaissement doit être constaté en dehors de tout épisode aigu.	10 ans (sous réserve d'une durée d'exposition de 10 ans).	Travaux au fond dans les mines de fer et travaux de concassage exposant à l'inhalation de poussières ou de fumées d'oxyde de fer, notamment extraction, broyage et traitement des minerais de fer.

TABLEAU N° 95

Affections professionnelles de mécanisme allergique provoquées par les protéines du latex (ou caoutchouc naturel)

Date de création : 8 mai 1997

[Décr. n° 97-454 du 30 avr. 1997]

Désignation de la maladie	Délai de prise en charge	Liste indicative des principaux travaux susceptibles de provoquer ces maladies
Urticaire de contact ayant récidivé après nouvelle exposition au risque et confirmée par un test.	7 jours	Préparation, emploi et manipulation du latex naturel et des produits en renfermant, notamment : – production et traitement du latex naturel ; – fabrication et utilisation d'objets en latex naturel.
Rhinite, asthme, conjonctivite aiguë bilatérale, ayant récidivé après nouvelle exposition au risque et confirmés par un test.	7 jours	
Réactions allergiques systémiques telles que : urticaire géante, œdème de Quincke, choc anaphylactique, survenus à l'occasion d'une exposition au latex.	3 jours	
Lésions eczématiformes ayant récidivé après nouvelle exposition au risque ou confirmées par un test épicutané positif.	15 jours	

TABLEAU N° 96

Fièvres hémorragiques avec syndrome rénal dues aux agents infectieux du groupe hantavirus

Date de création : 15 févr. 1999

[Décr. n° 99-95 du 15 févr. 1999]

Désignation des maladies	Délai de prise en charge	Liste limitative des travaux susceptibles de provoquer ces maladies
Infections aiguës par hantavirus, se traduisant par une insuffisance rénale aiguë ou un syndrome algique pseudo-grippal ou des manifestations hémorragiques, dont l'étiologie aura été confirmée soit par la mise en évidence du virus, soit par la présence d'anticorps spécifiques à un taux considéré comme significatif dans le sérum prélevé au cours de la maladie.	60 jours.	Tous travaux effectués par le personnel de soins et assimilé, et le personnel de laboratoire, susceptibles de mettre en contact avec le virus. Tous travaux exposant au contact de rongeurs susceptibles de porter ces germes, ou au contact de leurs déjections, ou effectués dans des locaux susceptibles d'être souillés par les déjections de ces animaux.

Tableau n° 97

Affections chroniques du rachis lombaire provoquées par des vibrations de basses et moyennes fréquences transmises au corps entier

Date de création : 15 févr. 1999

[Décr. n° 99-95 du 15 févr. 1999]

Désignation des maladies	Délai de prise en charge	Liste limitative des travaux susceptibles de provoquer ces maladies
Sciatique par hernie discale L4-L5 ou L5-S1 avec atteinte radicualire de topographie concordante. Radiculalgie crurale par hernie discale L2-L3 ou L3-L4 ou L4-L5, avec atteinte radiculaire de topographie concordante.	6 mois (sous réserve d'une durée d'exposition de 5 ans)	Travaux exposant habituellement aux vibrations de basses et de moyennes fréquences transmises au corps entier : – par l'utilisation ou la conduite des engins et véhicules tout terrain : chargeuse, pelleteuse, chargeuse-pelleteuse, niveleuse, rouleau vibrant, camion tombereau, décapeuse, chariot élévateur, chargeuse sur pneus ou chenilleuse, bouteur, tracteur agricole ou forestier ; – par l'utilisation ou la conduite des engins et matériels industriels : chariot automoteur à conducteur porté, portique, pont roulant, grue de chantier, crible, concasseur, broyeur; – par la conduite de tracteur routier et de camion monobloc.

TABLEAU N° 98

Affections chroniques du rachis lombaire provoquées par la manutention manuelle de charges lourdes

Date de création : 15 févr. 1999

[Décr. n° 99-95 du 15 févr. 1999]

Désignation des maladies	Délai de prise en charge	Liste limitative des travaux susceptibles de provoquer ces maladies
Sciatique par hernie discale L4-L5 ou L5-S1 avec atteinte radiculaire de topographie concordante. Radiculalgie crurale par hernie discale L2-L3 ou L3-L4 ou L4-L5, avec atteinte radiculaire de topographie concordante.	6 mois (sous réserve d'une durée d'exposition de 5 ans).	Travaux de manutention manuelle habituelle de charges lourdes effectués : – dans le fret routier, maritime, ferroviaire, aérien ; – dans le bâtiment, le gros oeuvre, les travaux publics ; – dans les mines et carrières ; – dans le ramassage d'ordures ménagères et de déchets industriels ; – dans le déménagement, les garde-meubles ; – dans les abattoirs et les entreprises d'équarissage ; – dans le chargement et le déchargement en cours de fabrication, dans la livraison, y compris pour le compte d'autrui, le stockage et la répartition des produits industriels et alimentaires, agricoles et forestiers ; – dans le cadre des soins médicaux et paramédicaux incluant la manutention de personnes ; – dans le cadre du brancardage et du transport des malades ; – dans les travaux funéraires.

Tableau n° 99

Hémopathies provoquées par le 1.3 butadiène et tous les produits en renfermant

Date de création : 5 mai 2017

[Décr. n° 2017-812 du 5 mai 2017]

DÉSIGNATION DES MALADIES	DÉLAI de prise en charge	LISTE LIMITATIVE DES TRAVAUX susceptibles de provoquer ces maladies
Leucémie myéloïde chronique.	20 ans	Opérations de production, transport, logistique et utilisation du 1.3 butadiène et autres produits renfermant du 1.3 butadiène, notamment : – production et transformation d'élastomères de type styrène butadiène pour l'industrie des caoutchoucs synthétiques, de polyamide butadiène-adiponitrile (synthèse du nylon) ; – raffinage de certaines coupes pétrolières ; – production, conditionnement, transport de gaz de pétrole liquéfié (GPL), propane, butanes techniques ; – entretien et maintenance des équipements fonctionnant au GPL ou butane.

ANNEXE III

DROIT EUROPÉEN ET COMMUNAUTAIRE

A Droit européen

Code européen de sécurité sociale

Fait à Strasbourg, dans le cadre du Conseil de l'Europe, le 16 avr. 1964. — Publié par Décr. n° 87-248 du 3 avr. 1987 (JO 9 avr.). — V. texte au ***code de la sécurité sociale Dalloz, éd. 1996 ou antérieure.***

B Droit communautaire

Coordination des systèmes de sécurité sociale

— Règlement (CE) n° 883/2004 du Parlement européen et du Conseil du 29 avr. 2004 portant sur la coordination des systèmes de sécurité sociale (*JOUE* 30 avr. 2004 ; Rect. *JOUE* 7 juin 2004).

— Règlement (CE) n° 987/2009 du Parlement européen et du Conseil du 16 sept. 2009 fixe les modalités d'application du règlement de base (CE) n° 883/2004 du 29 avr. 2004 portant sur la coordination des systèmes de sécurité sociale (*JOUE* 30 oct. 2009).

Ces règlements remplacent, à compter du 1er mai 2010, le règlement de base (CEE) n° 1408/71 du 14 juin 1971 (*JOCE* 5 juill. 1971) et son règlement d'application (CEE) n° 574/72 du 21 mars 1972 (*JOCE* 27 mars 1972) dans les relations entre les États membres de l'Union européenne.

— V. Circ. n° DSS/DACI/2010/278 du 12 juill. 2010 relative à l'entrée en application des nouveaux règlements (CE) nos 883/2004 et 987/2009 de coordination des systèmes de sécurité sociale : dispositions transitoires et autres documents et éléments disponibles pour la mise en œuvre des nouveaux règlements ;

— Circ. n° DSS/DACI/2010/363 du 4 oct. 2010 relative à l'entrée en application des nouveaux règlements (CE) nos 883/2004 et 987/2009 de coordination des systèmes de sécurité sociale : dispositions maladie et maternité ;

— Circ. n° DSS/DACI/2010/461 du 27 déc. 2010 relative à l'entrée en application des nouveaux règlements (CE) nos 883/2004 et 987/2009 de coordination des systèmes de sécurité sociale : champs d'application, grands principes et dispositions générales.

— V. également le site du Centre des liaisons Européennes et Internationales de Sécurité Sociale (CLEISS) : www. cleiss. fr.

Ces règlements ont été modifiés par :
— Règlement (CE) n° 988/2009 du Parlement européen et du Conseil du 16 sept. 2009 modifiant le règlement (CE) n° 883/2004 du 29 avr. 2004 et déterminant le contenu de ses annexes (*JOUE* 30 oct. 2009).
— Règlement (UE) n° 1244/2010 de la Commission du 9 déc. 2010 modifiant le règlement (CE) n° 883/2004 et le règlement (CE) n° 987/2009 (*JOUE* 22 déc. 2010).
— Règlement (UE) n° 465/2012 du Parlement européen et du Conseil du 22 mai 2012 modifiant le règlement (CE) n° 883/2004 portant sur la coordination des systèmes de sécurité sociale et le règlement (CE) n° 987/2009 fixant les modalités d'application du règlement (CE) n° 883/2004 (*JOUE* 8 juin 2012).

— Règlement (UE) n° 1224/2012 de la Commission du 18 déc. 2012 modifiant le règlement (CE) n° 883/2004 du Parlement européen et du Conseil portant sur la coordination des systèmes de sécurité sociale et le règlement (CE) n° 987/2009 du Parlement européen et du Conseil fixant les modalités d'application du règlement (CE) n° 883/2004 (*JOUE* 19 déc. 2012).

– Règlement (UE) n° 517/2013 du Conseil du 13 mai 2013 (*JOUE* 10 juin 2013) portant adaptation du règlement (CE) n° 883/2004 à la suite de l'acte d'adhésion de la Croatie à l'UE du 9 déc. 2011 (*JOUE* 24 avr. 2012).

– Règlement (UE) n° 1372/2013 de la Commission du 19 déc. 2013 modifiant le règlement (CE) n° 883/2004 du Parlement européen et du Conseil portant sur la coordination des systèmes de sécurité sociale et le règlement (CE) n° 987/2009 du Parlement européen et du Conseil fixant les modalités d'application du règlement (CE) n° 883/2004 (*JOUE* 20 déc. 2013).

– Règlement (UE) n° 1368/2014 de la Commission du 17 déc. 2014 modifiant le règlement (CE) n° 987/2009 du Parlement européen et du Conseil fixant les modalités d'application du règlement (CE) n° 883/2004 portant sur la coordination des systèmes de sécurité sociale et le règlement (UE) n° 1372/2013 de la Commission modifiant le règlement (CE) n° 883/2004 du Parlement européen et du Conseil portant sur la coordination des systèmes de sécurité sociale et le règlement (CE) n° 987/2009 du Parlement européen et du Conseil fixant les modalités d'application du règlement (CE) n° 883/2004 (*JOUE* 20 déc. 2014).

– Règlement (UE) 2017/492 de la Commission du 21 mars 2017 modifiant le règlement (CE) n° 883/2004 du Parlement européen et du Conseil portant sur la coordination des systèmes de sécurité sociale et le règlement (CE) n° 987/2009 du Parlement européen et du Conseil fixant les modalités d'application du règlement (CE) n° 883/2004 - Texte présentant de l'intérêt pour l'EEE et pour la Suisse - *(JOUE 22 mars 2017)*.

Ces règlements sont également applicables :

1. aux ressortissants de pays tiers.

– V. règlement (UE) n° 1231/2010 du Parlement européen et du Conseil du 24 nov. 2010 visant à étendre le règlement (CE) n° 883/2004 et le règlement (CE) n° 987/2009 aux ressortissants de pays tiers qui ne sont pas déjà couverts par ces règlements uniquement en raison de leur nationalité. Il est entré en vigueur le 1er janv. 2011 (*JOUE* 29 déc. 2010) et remplace le règlement (CE) n° 859/2003 du Conseil du 14 mai 2003 (*JOUE* 20 mai 2003) dans les relations des États membres de l'UE avec les ressortissants de pays tiers. *– V. Circ. n° 2011-20 du 16 mai 2011 : mise en œuvre du règlement (UE) n° 1231/2010 du Parlement européen et du conseil du 24 nov. 2010 visant à étendre le règlement (CE) n° 883/2004 et le règlement (CE) n° 987/2009 aux ressortissants de pays tiers qui ne sont pas déjà couverts par ces règlements uniquement en raison de leur nationalité.*

Le Danemark et le Royaume-Uni ne sont pas signataires de ce règlement. Pour le Royaume-Uni, les règlements (CEE) n° 1408/71 et n° 574/72 demeurent applicables car le règlement (CE) n° 859/2003 du Conseil du 14 mai 2003 n'est pas abrogé en ce qui concerne ce pays.

2. aux États de l'AELE.

S'agissant de la Suisse, les règlements (CE) n° 883/2004 et (CE) n° 987/2009 sont applicables dans les relations entre les États membres de l'UE et la Confédération suisse depuis le 1er avril 2012 (cela fait suite à l'entrée en vigueur de la Décis. n° 1/2012 du 31 mars 2012 du comité mixte institué par l'accord entre la CE et ses états membres, d'une part, et la Confédération suisse, d'autre part, sur la libre circulation des personnes remplaçant l'annexe II dudit accord sur la coordination des systèmes de sécurité sociale [*JOUE* 13 avr. 2012]. — V. également la Décis. n° 1/2014 du 28 nov. 2014 du Comité mixte institué par l'accord entre la CE et ses États membres, d'une part, et la Confédération suisse, d'autre part, sur la libre circulation des personnes modifiant l'annexe II préc. [*JOUE* 23 déc. 2014].

Dans les relations entre la Suisse et les autres États de l'AELE (Islande, Liechtenstein et Norvège), les règlements (CE) n° 883/2004 et (CE) sont désormais applicables depuis le 1er janv. 2016, date de l'entrée en vigueur de la Décis. n° 5/2015 du Conseil de l'AELE du 12 nov. 2015. - Ces derniers règlements sont également applicables dans les relations entre la Suisse et la Croatie (V. Protocole du 4 mars 2016 et Décis. (UE) 2017/192 du Conseil du 8 nov. 2016, *JOUE* 04 févr. 2017).

V. Circ. Unédic n° 2012-17 du 4 juill. 2012.

En ce qui concerne l'Islande, le Liechtenstein et la Norvège, les règlements (CE) n° 883/2004 et (CE) n° 987/2009 sont désormais applicables depuis le 1er juin 2012 (avec l'entrée en vigueur des Décis. n° 76/2011 du 1er juill. 2011 [*JOUE* 6 oct. 2011] et n° 133/2011 du 2 déc. 2011 [*JOUE* 15 mars 2012] du Comité mixte de l'EEE modifiant l'annexe VI de l'Accord EEE).

Libre circulation des travailleurs

– Règlement (UE) n° 492/2011 du Parlement européen et du Conseil du 5 avr. 2011 relatif à la libre circulation des travailleurs à l'intérieur de l'Union (*JOUE L 141*, 27 mai 2011). Ce règlement abroge et remplace le règlement (CEE) n° 1612/68 du 15 oct. 1968 relatif à la libre circulation des travailleurs à l'intérieur de la Communauté (*JOCE L 257*, 19 oct. 1968).
Ce règlement a été modifié par le Règlement (UE) 2016/589 du parlement européen et du conseil du 13 avr. 2016 relatif à un réseau européen des services de l'emploi (EURES), à l'accès des travailleurs aux services de mobilité et à la poursuite de l'intégration des marchés du travail (*JOUE L 107/1*, 22 avr. 2016).

– V. également Directive 2014/54/UE du Parlement européen et du Conseil du 16 avr. 2014 relative à des mesures facilitant l'exercice des droits conférés aux travailleurs dans le contexte de la libre circulation des travailleurs (*JOUE L 128/8*, 30 avr. 2014).

ANNEXE IV

ACCORDS INTERNATIONAUX DE SÉCURITÉ SOCIALE AUXQUELS LA FRANCE EST PARTIE

I Conventions du Conseil de l'Europe

Les Accords intérimaires européens ont été signés par l'Allemagne, la Belgique, Chypre, le Danemark (à l'exception des protocoles additionnels), le Luxembourg, la Grèce, l'Irlande, l'Islande, l'Italie, la Norvège, les Pays-Bas, le Portugal, le Royaume-Uni, la Suède, la Turquie et l'Espagne. — Abréviations : AA = Arrangement administratif ; AAC = Arrangement administratif complémentaire ; AAP = Arrangement administratif particulier ; AG = Arrangement général.

	Date d'entrée en vigueur	Date d'enregistrement de la ratification par la France
– Convention d'assistance sociale et médicale + Protocole additionnel (ratifié par la Belgique, le Danemark, l'Allemagne, la Grèce, l'Islande, l'Irlande, l'Italie, le Luxembourg, Malte, les Pays-Bas, la Norvège, le Portugal, l'Espagne, la Suède, la Turquie, le Royaume-Uni)	1er janv. 1957	27 oct. 1957
– Accords intérimaires européens (2 accords + protocoles additionnels relatifs aux réfugiés) du 11 déc. 1953 *(JO 26 févr. et 26 mars 1958)*.	1er janv. 1958 (1er janv. 1962 pour ce qui concerne la levée de la réserve initiale faite au sujet du régime de sécurité sociale des étudiants)	18 déc. 1957
– Accord européen sur le placement au pair du 24 nov. 1969 *(JO 26 sept. 1971)*.	30 mai 1971	5 févr. 1971
– Convention européenne sur le statut juridique du travailleur migrant (fait à Strasbourg le 24 nov. 1977).	1er janv. 1984	22 nov. 1983
– Code européen de sécurité sociale du 16 avr. 1964 (*supra, Ann. IV*).	17 févr. 1987	31 déc. 1985

	Date d'entrée en vigueur	Date d'enregistrement de la ratification par la France
– Charte sociale européenne signée à Turin le 18 oct. 1961.	8 avr. 1973	9 mars 1973
– Charte sociale européenne (révisée) signée à Strasbourg le 3 mai 1966.	1er juill. 1999	7 mai 1999
– Protocole additionnel à la Charte sociale européenne signée à Strasbourg le 9 nov. 1995.	1er juill. 1999	7 mai 1999
– Accord relatif à la protection sociale des membres du personnel employés par le Conseil de l'Europe sur le territoire français *(JO 3 janv. 2003)*	2 janv. 2003	2 janv. 2003

II Autres conventions multilatérales

	Date d'entrée en vigueur	Date d'enregistrement de la ratification par la France
1. *Bateliers rhénans.*		
– Accord révisé du 30 nov. 1979 : Décr. n° 90-131 du 6 févr. 1990 *(JO 11 févr. 1990).*	1er déc. 1987	
– Arrangement administratif du 26 nov. 1987 *(JO 11 févr. 1990).*	1er déc. 1987	
– Accord relatif à la détermination de la législation applicable aux bateliers rhénans, conclu sur la base de l'article 16, § 1 du règlement (CE) n° 883/2004	1er mai 2010	
2. *Transports internationaux.*		
NOTA. – Cette convention a été signée par la Pologne, les Pays-Bas, le Luxembourg, la Turquie, la Belgique.		
Convention européenne concernant la sécurité sociale des travailleurs des transports internationaux du 9 juill. 1956 *(JO 1er juill. 1960).*	1er juin 1959	10 avr. 1959
A.A. du 10 janv. 1959.		
3. *Convention de Vienne sur les relations diplomatiques du 18 avr. 1961 (JO 17 avr. 1971).*	30 janv. 1971	31 déc. 1970
4. *Convention de Vienne sur les relations consulaires du 24 avr. 1963 (art. 48) (JO 18 avr. 1971).*	30 janv. 1971	31 déc. 1970

III Accords bilatéraux

Pays	Date de la signature de l'accord	Date d'entrée en vigueur
	I. – *Accords franco-algériens.* Protocole n° 3 relatif aux périodes d'assurance vieillesse accomplies par des ressortissants français en Algérie avant le 1er juill. 1962.	1er mai 1965
	Accord du 16 déc. 1964 relatif aux régimes complémentaires de retraite et 2change de lettres annexe de la même date.	1er janv. 1969
	Protocole du 6 mai 1972 relatif aux modalités de transfert des cotisations dues à des organismes de sécurité sociale et de prévoyance sociale par des débiteurs résidant ou ayant résidé en Algérie.	6 mai 1972 (date d'effet)
	Avenant du 1er oct. 1980 au Protocole du 6 mai 1972.	1er oct. 1980
	Avenant n° 2 du 22 déc. 1985 : Décr. n° 87-119 du 17 févr. 1987 *(JO 22 févr.)*.	22 déc. 1985
	Avenant n° 3 du 16 avr. 1992 : Décr. n° 93-1161 du 7 oct. 1993 *(JO 15 oct.)*.	16 avr. 1992
ALGÉRIE	Échange de lettres relatif au régime de retraite des clercs et employés de notaire du 22 déc. 1985.	1er mars 1990
	Échange de lettres relatif aux régimes de retraite des fonctionnaires et agents de la banque d'Algérie du 22 déc. 1985.	1er mars 1990
	Échange de lettres du 22 déc. 1985 relatif au régime de retraite des agents des chemins de fer secondaires d'intérêt local et des tramways.	1er mars 1990
	Convention générale du 1er oct. 1980 : Décr. n° 82-166 du 10 févr. 1982 *(JO 17 févr.)* dont les modalités d'application ont été précisées par :	1er févr. 1982
	- l'AAG du 28 oct. 1981.	1er févr. 1982
	- l'AAC du 9 nov. 1988 modifiant et complétant l'art. 102 de l'AAG du 28 oct. 1981.	9 nov. 1988
	- l'AAC n° 1 fixant les modèles de formulaires servant à l'application de la Convention, signé le 16 déc. 1981.	1er févr. 1982
	- l'AA pris en application de l'art. 6, § 6, de la Convention (« gens de mer ») signé le 28 oct. 1981.	1er févr. 1982

Pays	Date de la signature de l'accord	Date d'entrée en vigueur
	- Protocole général (assurances sociales des étudiants ; régime d'assurance des élèves des écoles nationales de la marine marchande et des écoles d'apprentissage maritime, AVTS).	1er févr. 1982
	- Protocole annexe « soins de santé » (date d'effet au 1er janv. 1981) dont les modalités d'application ont été précisées par :	1er févr. 1982
	- un AA du 28 oct. 1981,	
	- AA n° 7 du 12 mars 1999	12 mars 1999
	- l'AAC n° 1 susvisé. – l'AAC n° 4 (modification de formulaires) du 25 janv. 1990.	25 janv. 1990
	- l'AAC n° 5 du 22 oct. 1993 (remboursement des prestations en nature servies aux détachés et à leurs ayants droit).	22 oct. 1993
	- l'AAC n° 6 du 9 déc. 1994 (frais d'expertise, enquêtes et examens médicaux).	9 déc. 1994
	- AAE n° 7 du 12 mars 1999.	12 mars 1999
	- AAC n° 8 du 13 sept. 2000.	1er oct. 2000
	- AAC n° 9 du 25 avr. 2002	1er juin 2002
	II. – Autres accords. Règlement CEE n° 2210/78 du Conseil du 26 sept. 1978 portant conclusion de l'Accord de coopération entre la CEE et la République algérienne démocratique et populaire *(JOCE L 263 du 27 sept. 1978)*.	1er nov. 1978
ANDORRE	Convention de sécurité sociale entre la République française et la Principauté d'Andorre du 12 déc. 2000 : Décr. n° 2003-489 du 4 juin 2003 *(JO 12 juin)*.	1er juin 2003
	AAG du 23 janv. 2001 relatif aux modalités dapplication de la Convention de sécurité sociale entre la République française et la Principauté dAndorre du 12 déc. 2000.	1er juin 2003
ARGENTINE	Convention de sécurité sociale entre le gouvernement de la République française et le gouvernement de la République argentine, signée à Buenos Aires le 22 septembre 2008 (L. n° 2011-690 du 20 juin 2011 autorisant l'approbation de la convention, *JO 21 juin* ; Décr. n° 2012-1177 du 22 oct. 2012 portant publication, *JO 25 oct.*).	1er nov. 2012

Pays	Date de la signature de l'accord	Date d'entrée en vigueur
BELGIQUE	Accord du 30 oct. 1977 relatif au recouvrement des cotisations de sécurité sociale par les institutions d'un État membre sur le territoire d'un autre État membre.	1er mai 1978
	- Protocole franco-belge relatif aux allocations pré et postnatales de la législation française et aux allocations de naissance du régime belge des prestations familiales du 3 oct. 1977.	1er juill. 1976 pour les familles résidant en France 1er mars 1975 pour celles résidant en Belgique
	- Protocole du 26 avr. 1994 relatif aux allocations de naissance *(L. nº 94-425 du 28 mai 1994, JO 31 mai)*. – Échange de lettres des 21 nov. 1994 et 8 févr. 1995 concernant les modalités d'apurement des créances réciproques au titre des art. 93, 94, 95 et 96 du règlement d'application (non paru au *JO*).	8 févr. 1995
	- Protocole franco-belge relatif aux allocations de naissance signé à Bruxelles le 26 avr. 1993.	1er nov. 1996
	- Décret nº 2015-1633 du 10 déc. 2015 portant publication de l'accord entre le Gouvernement de la République française et le Gouvernement du Royaume de Belgique pour le développement de la coopération et de l'entraide administrative en matière de sécurité sociale, signé à Paris le 17 novembre 2008 (*JO* 12 déc.).	1er déc. 2015
BÉNIN	- *Convention générale du 6 nov. 1979 :* Décr. nº 81-832 du 4 sept. 1981 *(JO 9 sept.)*.	1er sept. 1981
	- Protocole nº 1 du 6 nov. 1979 relatif au maintien de certains avantages de l'assurance maladie à des assurés sociaux béninois ou français qui se rendent au Bénin.	1er sept. 1981
	- Protocole nº 2 du 6 nov. 1979 relatif au régime d'assurances sociales des étudiants.	1er sept. 1981
	- Protocole nº 3 du 6 nov. 1979 relatif à l'octroi aux ressortissants béninois de l'AVTS de la législation française.	1er sept. 1981
	- Protocole nº 4 du 6 nov. 1979 relatif à l'octroi de prestations de vieillesse non contributives de la législation française aux ressortissants béninois résidant en France.	1er sept. 1981
	- Protocole nº 5 du 6 nov. 1979 relatif à l'allocation supplémentaire du FNS.	1er sept. 1981
	- AAG relatif aux modalités d'application de la Convention du 11 mars 1983 modifié par un AA du 22 nov. 1985.	22 nov. 1985
	- AAC nº 1 pris en application du Protocole nº 1 le 11 mars 1983.a	1er sept. 1981
	- AAC nº 2 fixant les modèles de formulaires du 22 nov. 1985.	1er janv. 1986

Pays	Date de la signature de l'accord	Date d'entrée en vigueur
BOSNIE-HERZÉGOVINE	- *Convention générale franco-yougoslave du 5 janv. 1950 :* Décr. n° 51-457 du 19 avr. 1951 *(JO 24 avr.). V. Ex-Yougoslavie.*	1er avr. 1951
	Échange de lettres entre le Gouvernement de la République française et le Conseil des ministres de Bosnie-Herzégovine relatif à la succession en matière de traités bilatéraux conclus entre la France et la République socialiste fédérative de Yougoslavie : Décr. n° 2004-96 du 26 janv. 2004 *(JO 31 janv.).*	4 déc. 2003
BRÉSIL	- Accord entre la République française et la République fédérative du Brésil en matière de sécurité sociale (ensemble un accord d'application, signé à Paris le 22 avr. 2013), signé à Brasilia le 15 déc. 2011 : Décr. n° 2014-1013 du 8 sept. 2014 *(JO 10 sept.).*	1er sept. 2014
CAMEROUN	- *Convention du 5 nov. 1990 :* Décr. n° 92-223 du 10 mars 1992 *(JO 12 mars 1992).*	1er mars 1992
	- Protocole n° 1 (étudiants) du 5 nov. 1990 (Décr. n° 92-223 du 10 mars 1992, *JO 12 mars*). – AAG du 5 nov. 1990.	1er mars 1992
CANADA	- Accord d'Ottawa du 9 févr. 1979 : Décr. n° 81-353 du 8 avr. 1981 *(JO 16 avr.).*	1er mars 1981
	- Protocole du 9 févr. 1979 relatif à la sécurité sociale (AVTS, AVNS, allocation spéciale, FNS, assurances sociales des étudiants).	1er mars 1981
	- AA du 21 oct. 1980 relatif aux modalités d'application de l'Accord (annexe lettre min. n° 8185 du 21 janv. 1982).	1er mars 1981
	- AAC du 4 nov. 1980 fixant les modèles de formulaires (annexe lettre min. préc.).	1er mars 1981
	- Approbation de l'accord entre le Gouvernement de la République française et le Gouvernement du Canada sur la sécurité sociale signé à Ottawa le 14 mars 2013 (L. n° 2015-1707 du 21 déc. 2015, *JO 22 déc.*).	
CAP-VERT	- *Convention du 15 janv. 1980 :* Décr. n° 83-509 du 10 juin 1983 *(JO 20-21 juin).*	1er avr. 1983
	- AAG du 18 déc. 1986. – AAC n° 1 fixant les modèles de formulaires du 6 mars 1987. – AAC n° 2 modifiant l'AAC du 6 mars 1987.	
CHILI	Convention du 25 juin 1999 : L. n° 2001-340 du 19 avr. 2001 (*JO 20 avr.*) : ratification.	1er sept. 2001
CHYPRE	Circ. n° 2355 du 13 juin 1973 pour les étudiants (AIE).	3 avr. 1973
COLOMBIE	Protocole du 23 déc. 1965 relatif à l'application du régime français de sécurité sociale aux étudiants colombiens admis dans les établissements français d'enseignement.	1er janv. 1966
COMORES	Lettre-circulaire ministérielle n° 8489 du 22 déc. 1981 (étudiants), application du *statu quo ante.*	

Pays	Date de la signature de l'accord	Date d'entrée en vigueur
CONGO	- *Convention du 11 févr. 1987 :* Décr. n° 88-757 du 9 juin 1988 *(JO 15 juin)*.	
	- Protocole n° 1 du 11 févr. 1987 : maintien de certains avantages de l'assurance maladie à des assurés sociaux français ou congolais se rendant au Congo *(JO 15 juin 1988)*.	
	- Protocole n° 2 du 11 févr. 1987 : régime d'assurances sociales des étudiants *(JO 15 juin 1988)*.	
	- Protocole n° 3 du 11 févr. 1987 : octroi aux ressortissants de la République populaire du Congo résidant en France des prestations de vieillesse non contributives de la législation française *(JO 15 juin 1988)*.	
	- AAG du 11 mars 1988 pour l'application de la Convention du 11 févr. 1987.	
	- AAC n° 1 du 11 mars 1988 fixant les modalités d'application du Protocole du 11 févr. 1987.	1er juin 1988 (pour l'ensemble des textes)
CORÉE	- *Convention du 6 déc. 2004* : Décr. n° 2007-1021 du 14 juin 2007 *(JO 17 juin)*.	
CÔTE D'IVOIRE	- *Convention du 16 janv. 1985 :* Décr. n° 87-123 du 19 févr. 1987 *(JO 25 févr.)*.	1er janv. 1987
	- Protocole n° 1 relatif au maintien de certains avantages de l'assurance maladie à des assurés sociaux français ou ivoiriens se rendant en Côte d'Ivoire (même date que la Convention).	1er janv. 1987
	- Protocole n° 2 relatif au régime d'assurances sociales des étudiants.	1er janv. 1987
	- Avenant n° 1 : Décr. n° 90-252 du 14 mars 1990 *(JO 22 mars)*.	30 janv. 1990
	- AAG relatif aux modalités d'application de la Convention du 16 sept. 1985. – AAC n° 1 du 25 oct. 1985 fixant les modalités d'application du Protocole n° 1 relatif au maintien de certains avantages sociaux français aux Ivoiriens se rendant en Côte d'Ivoire.	1er janv. 1987
	- AAC n° 2 fixant les modèles de formulaires. – AA concernant les marins.	
	- AAC n° 3 du 13 déc. 1988 modifiant l'AAG.	30 janv. 1990
	- AA n° 4 du 23 juill. 1998.	23 juill. 1998 (application provisoire)
	- AA n° 5 du 23 juill. 1998.	23 juill. 1998 (application provisoire)

Pays	Date de la signature de l'accord	Date d'entrée en vigueur
CROATIE	- *Convention générale franco-yougoslave du 5 janv. 1950* : Décr. n° 51-457 du 19 avr. 1951 *(JO 24 avr.). V. Ex-Yougoslavie.*	1er avr. 1951
	Échange de lettres entre la France et la Croatie relatif à la succession en matière de traités conclus entre la France et la République socialiste fédérative de Yougoslavie : Décr. n° 97-711 du 7 août 1997 *(JO 13 août).*	12 oct. 1995
	- AAC du 7 mai 1999 (formulaire).	1er janv. 1999
DJIBOUTI	Lettre ministérielle (BCI) n° 8739 du 26 janv. 1982 : étudiants.	Année universitaire 1981-1982
ÉGYPTE	Protocole du 13 avr. 1990 relatif au régime de protection sociale des étudiants : Décr. n° 92-1021 du 21 sept. 1992 *(JO 25 sept.).*	1er août 1992
ÉTATS-UNIS D'AMÉRIQUE	Échange de lettres diplomatiques des 10 et 24 mai 1968 (Décr. n° 68-580 du 26 juin 1968) au sujet du paiement des rentes et pensions de vieillesse et d'invalidité (instruction des demandes, paiement des avantages, égalité totale de traitement).	1er juin 1968
	Étudiants Coursiers officiels – circulaire ministérielle n° 9255 du 13 oct. 1958.	1er nov. 1958
	Accord de sécurité sociale du 2 mars 1987 : Décr. n° 88-610 du 5 mai 1988 *(JO 8 mai).*	1er juill. 1988
	AA du 21 oct. 1987 relatif à l'application de l'accord de sécurité sociale (fasc. *BO séc. soc.* n° 88/19 *bis).*	1er juill. 1988
	- Disposition du 20 nov. 1987 pour l'application de l'accord de sécurité sociale du 2 mars 1987 et de l'AA du 21 oct. 1987 entre la France et les USA.	1er juill. 1988
GABON	*Convention du 2 oct. 1980* : Décr. n° 83-633 du 6 juill. 1983 *(JO 13 juill. ; Rect. 6 août).*	1er févr. 1983
	AA concernant les marins français du 2 avr. 1981.	1er févr. 1983
	AAG du 2 avr. 1981.	1er févr. 1983
	AA modificatif n° 1 du 20 oct. 2000 modifiant l'AAG du 2 avr. 1981 (paiement direct des prestations vieillesse).	20 oct. 2000
	AAC n° 1 du 15 juin 1984 fixant les modèles de formulaires.	1er juill. 1984
	Protocole (octroi aux Gabonais de l'AVTS). Protocole du 2 avr. 1981 relatif au régime de sécurité sociale des étudiants : Décr. n° 89-155 du 6 mars 1989 *(JO 10 mars).*	
	Avenant n° 1 du 7 juill. 2000 *(L. n° 2003-2 du 2 janv. 2003).*	2 janv. 2003

Pays	Date de la signature de l'accord	Date d'entrée en vigueur
HONGRIE	Accord européen établissant une association entre les Communautés européennes et leurs États membres, d'une part, et la République de Hongrie, d'autre part, signé à Bruxelles le 16 déc. 1991 (L. n° 93-1181 du 22 oct. 1993 autorisant la ratification, *JO 23 oct.*) (*JOCE n° L 347 du 31 déc. 1993*).	1er févr. 1994
INDE	Accord de sécurité sociale entre le Gouvernement de la République française et le Gouvernement de la République de l'Inde signé à Paris le 30 sept. 2008 (L. n° 2011-298 du 22 mars 2011 autorisant la ratification, *JO 23 mars* ; Décr. n° 2011-599 du 27 mai 2011 portant publication, *JO 29 mai*).	1er juill. 2011
IRAK	Protocole du 7 avr. 1972 relatif au régime de protection sociale des étudiants.	1er mars 1973
IRAN	Protocole du 7 avr. 1971 relatif au régime d'assurances sociales des étudiants iraniens en France.	1er juill. 1972
ISRAËL	- *Convention du 17 déc. 1965* : Décr. n° 66-784 du 14 oct. 1966 (*JO 23 oct.*).	1er oct. 1966
	- Protocole du 17 déc. 1965 relatif au régime d'assurances sociales des étudiants.	1er oct. 1966
	- AA du 25 mai 1967 relatif aux modalités d'application de la Convention.	1er oct. 1966
JAPON	- Accord de sécurité sociale du 25 févr. 2005 : L. n° 2007-307 du 5 mars 2007.	7 mars 2007
JERSEY	- *Convention franco-britannique du 10 juill. 1956* : Décr. n° 58-601 du 7 juill. 1958 (*JO 17 juill.*).	1er mai 1958
	- AA du 8 sept. 1958 relatif aux modalités d'application de la Convention.	1er mai 1958
	- Protocole du 23 déc. 1959 concernant l'allocation supplémentaire du FNS.	1er janv. 1960
	- Échange de lettres du 29 mai 1979 concernant l'application de la Convention franco-britannique : Décr. n° 80-676 du 27 août 1980 (*JO 3 sept.*).	14 mai 1980
	- AAC du 12 mai 1980 en ce qui concerne l'échange de lettres précité.	14 mai 1980
JÉTHOU, GUERNESEY, AURIGNY, HERM	- *Convention franco-britannique du 10 juill. 1956.*	1er mai 1958
	- Protocole du 10 juill. 1956 relatif aux soins de santé.	1er mai 1958

Pays	Date de la signature de l'accord	Date d'entrée en vigueur
	- Protocole du 10 juill. 1956 relatif aux allocations de vieillesse aux salariés et aux non-salariés.	1er juill. 1952
	- AA du 8 sept. 1958 relatif aux modalités d'application de la Convention.	1er mai 1958
	- Protocole du 23 déc. 1959 concernant l'allocation supplémentaire du FNS.	1er janv. 1960
	- Échange de lettres du 19 nov. 1965 concernant l'application de la Convention franco-britannique aux îles de Guernesey, d'Aurigny, d'Herm et de Jethou *(JO 17 déc.)*.	1er déc. 1965
	- Échange de lettres du 19 nov. 1965 relatif à l'attribution d'allocations familiales à certains travailleurs agricoles se rendant d'un pays dans l'autre.	1er déc. 1965
JORDANIE	Protocole du 19 sept. 1978 concernant la protection sociale des étudiants jordaniens en France.	Depuis l'année universitaire 1978-1979
LAOS	Étudiants : circulaires ministérielles nos 67 SS du 13 juin 1962 et 140 SS du 3 déc. 1962.	
LIBAN	Protocole relatif au régime d'assurances sociales des étudiants français au Liban et des étudiants libanais en France, du 13 sept. 1974 *(JO 27 mars 1975)*.	1er janv. 1975
	- Convention sur la sécurité sociale du 7 novembre 2005. - Protocole additionnel et son annexe sur la sécurité sociale du 7 novembre 2005.	23 mai 2008 1er sept. 2008
LUXEMBOURG	Accord du 24 févr. 1962 conclu en application de l'art. 51 du règlement n° 3 du Conseil et concernant le recouvrement de cotisations.	1er mai 1963
	Échange de lettres franco-luxembourgeoises des 17 juill. et 20 sept. 1995 concernant les modalités d'apurement des créances réciproques au titre des art. 93, 95 et 96 du règlement (CEE) 574/72 (non publié au *JO*).	1er juill. 1995
	Accord sous forme d'échange de lettres entre le Gouvernement de la République française et le Gouvernement du Grand-Duché de Luxembourg pour le développement de la coopération et de l'entraide administrative en matière de sécurité sociale (ensemble une annexe), signés à Paris le 11 avr. 2011 et à Luxembourg le 17 juin 2011 (L. n° 2014-776 du 8 juill. 2014 autorisant l'approbation, *JO 9 juill.* ; Décr. n° 2014-1362 du 13 nov. 2014 portant publication, *JO 16 nov.*).	1er nov. 2014

Pays	Date de la signature de l'accord	Date d'entrée en vigueur
MACÉDOINE	- *Convention générale franco-yougoslave du 5 janv. 1950 :* Décr. n° 51-457 du 19 avr. 1951 *(JO 24 avr.). V. Ex-Yougoslavie.*	1er avr. 1951
	Échange de lettres entre la France et la Macédoine relatif à la succession en matière de traités conclus entre la France et la République socialiste fédérative de Yougoslavie : Décr. n° 96-726 du 8 août 1996 *(JO 20 août).*	11 déc. 1995
MADAGASCAR	- *Convention du 8 mai 1967 :* Décr. n° 68-715 du 24 juill. 1968 *(JO 7 août).*	1er mars 1968
	- Protocole du 8 mai 1967 relatif au régime d'assurances sociales des étudiants.	1er mars 1968
	- Protocole du 8 mai 1967 relatif à l'octroi aux nationaux malgaches de l'AVTS de la législation française.	1er mars 1968
	- Protocole du 8 mai 1967 relatif à l'octroi des prestations de vieillesse non contributives de la législation française aux nationaux malgaches résidant en France.	1er mars 1968
	- Protocole du 8 mai 1967 relatif à l'octroi aux nationaux malgaches de l'allocation supplémentaire du FNS.	1er mars 1968
	- Protocole du 8 mai 1967 relatif au maintien de certains avantages de l'assurance maladie à des assurés sociaux français ou malgaches qui se rendent à Madagascar.	1er mars 1968
	- AA du 28 oct. 1967 relatif aux modalités d'application de la Convention.	1er mars 1968
	- AAC du 28 oct. 1967 fixant les modalités d'application du Protocole relatif au maintien de certains avantages de l'assurance maladie à des assurés sociaux malgaches ou français qui se rendent à Madagascar.	1er mars 1968
	- Accord complémentaire du 8 nov. 1969 relatif au régime des marins.	1er déc. 1970
	- AA n° 1 du 8 nov. 1969 relatif aux modalités d'application de l'Accord franco-malgache concernant les marins.	1er déc. 1970
	- AA n° 2 pris en application de l'art. 3, § 2, de l'Accord complémentaire franco-malgache concernant les marins.	1er déc. 1970

Pays	Date de la signature de l'accord	Date d'entrée en vigueur
MALI	- *Convention générale du 12 juin 1979 :* Décr. n° 83-577 du 16 juin 1983 *(JO 4 et 5 juill.).*	1er juin 1983
	- AA du 10 févr. 1978.	1er juin 1983
	- AAC n° 1 du 30 nov. 1978 (formulaires).	1er juin 1983
	- AAC n° 2 du 21 mars 1986.	1er juin 1983
	- AAC n° 3 du 26 mai 2000 modifiant l'AAG du 18 févr. 1978 (détachement exceptionnel, formulaire de détachement).	26 mai 2000
	- Protocole n° 1 du 12 juin 1979 relatif au régime d'assurances sociales des étudiants.	1er juin 1983
	- Protocole n° 2 du 12 juin 1979 relatif à l'octroi aux ressortissants maliens des prestations de vieillesse non contributives de la législation française.	1er juin 1983
MAROC	Convention de sécurité sociale entre le Gouvernement de la République française et le Gouvernement du Royaume du Maroc (ensemble un protocole annexe), signée à Marrakech le 22 oct. 2007 (L. n° 2011-9 du 3 janv. 2011 autorisant l'approbation, *JO 4 janv.* ; Décr. n° 2011-567 du 24 mai 2011 portant publication, *JO 26 mai*).	1er juin 2011
	- *Autres accords :* – Règlement (CEE) n° 2211/78 du Conseil du 26 sept. 1978 portant conclusion de l'Accord de coopération entre la CEE et le Royaume du Maroc *(JOCE n° L 264 du 27 sept.).*	1er nov. 1978
	Accord euroméditerranéen établissant une association entre les Communautés européennes et leurs États membres, d'une part, et le Royaume du Maroc, d'autre part *(JOCE L 70 du 18 mars 2000).*	1er mars 2000
	Accord de coopération entre le Gouvernement de la République française et le Gouvernement du Royaume du Maroc relatif à la couverture médicale et à la protection sociale du 2 juillet 2010	1er mars 2013
MAURICE (Île)	Lettre ministérielle du 24 avr. 1969 (étudiants).	

Pays	Date de la signature de l'accord	Date d'entrée en vigueur
MAURITANIE	- *Convention du 22 juill. 1965 :* Décr. n° 67-111 du 3 févr. 1967 *(JO 12 févr.)*.	1er févr. 1967
	- Avenant du 30 juin 1977.	1er août 1981
	- Protocole du 22 juill. 1965 relatif au maintien de certains avantages de l'assurance maladie à des assurés français ou mauritaniens qui se rendent en Mauritanie.	1er févr. 1967
	- Protocole du 22 juill. 1965 relatif au régime d'assurances sociales des étudiants.	1er févr. 1967
	- Protocole du 22 juill. 1965 relatif à l'octroi de l'AVTS.	1er févr. 1967
	- AA du 10 juill. 1967 relatif aux modalités d'application de la Convention.	1er févr. 1967
	- AAC du 10 juill. 1967 fixant les modalités d'application du Protocole relatif au maintien de certains avantages de l'assurance maladie à des assurés sociaux français ou mauritaniens qui se rendent en Mauritanie.	1er févr. 1967
	- Échange de lettres du 15 févr. 1973 relatifs à l'accord de coopération culturelle concernant le régime de sécurité sociale applicable aux étudiants mauritaniens en France.	15 févr. 1973
	- AAC n° 2 du 26 nov. 1974.	1er janv. 1975
MAYOTTE	Décr. n° 2005-1050 du 26 août 2005 : coordination entre les régimes de sécurité sociale des départements métropolitains ou d'outre-mer et les régimes de sécurité sociale en vigueur à Mayotte *(JO 28 août)*.	Août 2005
MONACO	- *Convention du 28 févr. 1952 :* Décr. n° 54-682 du 18 juin 1954 *(JO 27 juin)*.	1er avr. 1954
	- Avenant du 5 juill. 1961.	1er déc. 1961
	- Avenant du 19 déc. 1963.	1er juill. 1964
	- Avenant du 3 déc. 1965.	1er mars 1966
	- Avenant du 17 déc. 1979.	1er juin 1982
	- Avenant n° 5 du 20 juill. 1998 (Décr. n° 2000-377 du 26 avr. 2000, *JO 30 avr.* : entrée en vigueur le 1er mai 2000 ; application provisoire le 1er oct. 1998).	1er oct. 1998
	- AA du 5 nov. 1954 modifié par :	1er avr. 1954
	- AA du 24 mars 1961. – AA du 14 avr. 1965.	1er oct. 1965
	- AA du 1er mars 1983.	1er juin 1982

Pays	Date de la signature de l'accord	Date d'entrée en vigueur
	- Échange de lettres du 26 juin 1975 sur le rattachement des médecins monégasques aux régimes de retraite des médecins français. – AA du 20 juin 1978 concernant les modalités d'application de l'échange de lettres susvisé. – Échange de lettres des 13 et 17 août 1981 relatif à l'indemnisation du chômage pour les étrangers travaillant à Monaco et résidant sur le territoire français hors des communes limitrophes de la Principauté.	17 août 1981
	- Protocole du 24 oct. 1989 établissant les relations entre le régime français des travailleurs non salariés des professions non agricoles représenté par la CNAM et le CHPG de Monaco [caduc à compter du 1er oct. 1998].	1er nov. 1989
	- AA n° 4 du 20 juill. 1998. – AA particulier concernant les modalités de remboursement des frais exposés dans les établissements de soins français et monégasques. – AA particulier du 20 juill. concernant l'activité occasionnelle des professions de santé sur le territoire de l'autre partie contractante. – Accord complémentaire concernant le centre d'hémodialyse de Monaco du 15 déc. 1998.	1er oct. 1998
	- Avenant n° 1 du 9 déc. 1999, à l'accord complémentaire (dialyse). – AA particulier du 7 avr. 2000 portant diverses mesures relatives à l'application de la convention franco-monégasque.	1er juill. 2000
	- AA du 7 avr. 2000 modifiant AAP du 20 juill. 1998 concernant les modalités de remboursement.	7 avr. 2000
	- Avenant n° 6 signé le 18 mars 2014 : Décr. n° 2016-1486 du 3 nov. 2016 portant publication de cet avenant *(JO 5 nov.)*.	1er nov. 2016
	- *Convention générale franco-yougoslave du 5 janv. 1950 :* Décr. n° 51-457 du 19 avr. 1951 *(JO 24 avr.). V. Ex-Yougoslavie.*	1er avr. 1951
MONTÉNÉGRO	*Accord du 26 mars 2003 entre le Gouvernement de la République française et le Conseil des ministres de Serbie et Monténégro* relatif à la succession en matière de traités bilatéraux conclus entre la France et la République socialiste fédérative de Yougoslavie (ensemble une annexe) : Décr. n° 2003-457 du 16 mai 2003 *(JO 23 mai)*.	26 mars 2003

Pays	Date de la signature de l'accord	Date d'entrée en vigueur
NIGER	- *Convention générale du 28 mars 1973 :* Décr. n° 75-84 du 6 févr. 1975 (*JO 12 févr.*).	1er nov. 1974
	- Protocole du 28 mars 1973 relatif au régime d'assurances sociales des étudiants.	1er nov. 1974
	- Protocole du 28 mars 1973 relatif au maintien de certains avantages de l'assurance maladie à des assurés sociaux français ou nigériens qui se rendent au Niger.	1er nov. 1974
	- Protocole du 28 mars 1973 relatif à l'octroi de l'AVTS.	1er nov. 1974
	- Avenant n° 1 à la Convention du 26 janv. 1977.	1er mai 1980
	- AA du 22 mars 1976 relatif aux modalités d'application de la Convention.	1er nov. 1974
	- AAC n° 1 fixant les modalités d'application du Protocole soins de santé.	1er nov. 1974
	- AA du 6 juin 2000 concernant le remboursement de frais de séjour (BOES n° 2000-29).	6 juin 2000
NOUVELLE-CALÉDONIE	Décr. n° 66-846 du 14 nov. 1966 (*JO 18 nov. 1968*).	1er janv. 1966
	Décr. n° 82-189 du 24 févr. 1982 modifiant le décret n° 66-846 (*JO 27 févr.*).	1er janv. 1982
	Décr. n° 2002-1371 du 19 nov. 2002 (*JO 22 nov.*) portant coordination des régimes métropolitains et calédoniens de sécurité sociale.	1er déc. 2002
PHILIPPINES	Convention du 7 févr. 1990 : Décr. n° 94-987 du 8 nov. 1994 (*JO 16 nov.*).	1er nov. 1994
POLOGNE	I. – *Accords franco-polonais. – Convention générale du 9 juin 1948 :* Décr. n° 49-274 du 28 févr. 1949 (*JO 2 mars*).	1er mars 1949
	- Accord complémentaire du 9 juin 1948 (modalités de transfert).	1er mars 1949
	- Protocole général du 9 juin 1948 relatif à la Convention et à l'Accord complémentaire concernant le régime de sécurité sociale applicable aux travailleurs salariés ou assimilés.	1er mars 1949
	- Protocole spécial du 9 juin 1948 (majorations des rentes accidents du travail, AVTS).	1er avr. 1947 et 1er juin 1948
	- Arrangement du 9 juin 1948 relatif à l'adaptation du montant des pensions, allocations et rentes au niveau de vie du pays de résidence des bénéficiaires.	1er avr. 1947
	- Accord complémentaire du 9 juin 1948 concernant le régime de sécurité sociale applicable aux travailleurs des mines et établissements assimilés.	1er mars 1949

Pays	Date de la signature de l'accord	Date d'entrée en vigueur
	- Arrangement du 9 juin 1948 relatif à la détermination du droit à réparation en matière de silicose professionnelle.	1er juin 1948
	- Protocole du 17 août 1948 relatif à la situation des travailleurs salariés ou assimilés qui ont été occupés en France, en Pologne et en Belgique.	1er mars 1949
	- AA du 15 févr. 1951 (accidents du travail et maladies professionnelles).	1er mars 1949
	- AA du 30 sept. 1958 concernant l'attribution de prestations de chauffage et de logement.	1er janv. 1958
	- AA du 10 juill. 2000 (portant sur diverses mesures d'application de la Convention générale du 9 juin 1948).	10 juill. 2000
	- Protocole du 6 mars 1959 relatif à l'allocation supplémentaire du FNS.	1er janv. 1959
	- Avenant à la Convention du 6 mars 1959.	1er déc. 1959
	- Protocole du 25 mai 1961 relatif à la situation des travailleurs ayant accompli des périodes d'assurance au titre des régimes d'assurances sociales allemand, français et polonais.	1er oct. 1961
	- Protocole du 28 avr. 1966 relatif à l'AVTS ou à l'allocation spéciale de la législation française et à la rente de la législation polonaise de sécurité sociale.	1er oct. 1966
	- Avenant du 5 nov. 1968 à la Convention.	1er août 1969
	- Échange de lettres des 24 août et 22 sept. 1993 (paiement direct des pensions)	1er juill. 1993
	- Liquidation des pensions : négociations franco-polonaises des 28 et 29 juin 1993 (Circ. DSS/D CI n° 93-68 du 23 juill. 1993).	1er juill. 1993.
	II. – *Autres accords :* Accord européen établissant une association entre les Communautés européennes et leurs États membres, d'une part, et la République de Pologne, d'autre part (L. n° 93-1180 du 22 oct. 1993 autorisant la ratification, *JO 23 oct. ; JOCE n° L 348 du 31 déc.*).	1er févr. 1994
POLYNÉSIE	Décr. n° 94-1146 du 26 déc. 1994 (*JO 29 déc.*) portant coordination des régimes métropolitains et polynésiens de sécurité sociale.	1er janv. 1995

Pays	Date de la signature de l'accord	Date d'entrée en vigueur
QUÉBEC	- Entente du 17 déc. 2003 : Décr. n° 2007-215 du 19 févr. 2007 *(JO 21 févr.)*. - L. n° 2016-1977 du 30 déc. 2016 autorisant l'approbation de l'avenant portant première modification à l'entente en matière de sécurité sociale du 17 déc. 2003 entre le Gouvernement de la République française et le Gouvernement du Québec et de l'avenant portant seconde modification au protocole d'entente du 19 déc. 1998 entre le Gouvernement de la République française et le Gouvernement du Québec relatif à la protection sociale des élèves et étudiants et des participants à la coopération *(JO 31 déc.)*.	1er nov. 1981
	- Protocole du 19 déc. 1998 relatif à la protection sociale des élèves et des étudiants et des participants à la coopération (Décr. n° 2002-1075 du 5 août 2002).	1er juill. 2002
	- Avenant n° 2 du 19 déc. 1998 : Décr. n° 2002-1076 du 5 août 2002. - L. n° 2016-1977 du 30 déc. 2016 autorisant l'approbation de l'avenant portant première modification à l'entente en matière de sécurité sociale du 17 déc. 2003 entre le Gouvernement de la République française et le Gouvernement du Québec et de l'avenant portant seconde modification au protocole d'entente du 19 déc. 1998 entre le Gouvernement de la République française et le Gouvernement du Québec relatif à la protection sociale des élèves et étudiants et des participants à la coopération *(JO 31 déc.)*.	1er juill. 2002
	- AA du 21 déc. 1998 relatif aux modalités d'application du protocole d'entente relatif à la protection sociale des élèves et étudiants et des participants à la coopération du 19 déc. 1998.	applicat. anticipée 1er juill. 2000 maladie maternité 1er janv. 2001 (AT-MP)
	- AA du 31 mai 2000 relatif aux formulaires d'application du protocole d'entente relatif à la protection sociale des élèves et étudiants et des participants à la coopération.	applicat. anticipée 1er juill. 2000 maladie maternité 1er janv. 2001 (AT-MP)
	- AA complémentaire du 31 mai 2000 fixant les modèles de formulaires d'application du protocole d'entente (formulaire 401-Q-108).	1er janv. 2001
	- Avenant n° 4 : Décr. n° 2007-215 du 19 févr. 2007 *(JO 21 févr.)*.	1er déc. 2006

Pays	Date de la signature de l'accord	Date d'entrée en vigueur
RÉPUBLIQUE SLOVAQUE	- Accord sous forme d'échange de lettres entre le gouvernement de la République française et le gouvernement de la République slovaque relatif à la succession en matière de traités entre la France et la Tchécoslovaquie signé à Bratislava le 24 juin 1996 et à Paris le 7 août 1996 (Décr. n° 98-845 du 16 sept. 1998).	7 août 1996
	Autres accords : Accord européen établissant une association entre les Communautés européennes et leurs États membres, d'une part, et la République slovaque, d'autre part, fait à Bruxelles le 4 oct. 1993	1er févr. 1995
RÉPUBLIQUE TCHÈQUE	- Accord sous forme d'échange de lettres entre le gouvernement de la République française et le gouvernement de la République tchèque relatif à la succession en matière de traités entre la France et la Tchécoslovaquie signés à Prague le 16 mai 1995 et à Paris le 19 juin 1995 (Décr. n° 98-846 du 16 sept. 1998).	19 juin 1995
	- Accord européen établissant une association entre les Communautés européennes et leurs États membres, d'une part, et la République tchèque, d'autre part, fait à Bruxelles le 4 oct. 1993.	1er févr. 1995.
	- Accord entre le Gouvernement de la République française et le Gouvernement de la République tchèque sur l'échange de données et la coopération en matière de cotisations et de lutte contre la fraude aux prestations de sécurité sociale, signé à Chantilly le 11 juill. 2008 (L. n° 2011-4 du 3 janv. 2011 autorisant l'approbation, *JO 4 janv.* ; Décr. n° 2011-438 du 20 avr. 2011 portant publication, *JO 22 avr.).*	1er avr. 2011
ROUMANIE	- *Convention du 16 déc. 1976 :* Décr. n° 78-299 du 24 févr. 1978 *(JO 15 mars).*	1er févr. 1978
	Autres accords : Accord européen établissant une association entre les Communautés européennes et leurs États membres, d'une part, et la Roumanie, d'autre part, fait à Bruxelles le 1er févr. 1993.	1er févr. 1995
SAINT-MARIN	- *Convention générale du 12 juill. 1949 :* Décr. n° 51-102 du 26 janv. 1951 *(JO 31 janv. ; Rect. 2 mars).*	1er janv. 1951
	- AA n° 1 remplacé par l'Arrangement administratif du 16 déc. 1959 lui-même modifié par l'AA du 11 mai 1964. – Échange de lettres franco-italien du 17 juill. 1963. – Échange de lettres du 21 mai 1965 destiné à permettre aux travailleurs san-marianais en France de bénéficier des avantages accordés aux ressortissants italiens en matière d'allocations familiales.	1er sept. 1964
	- Protocole du 29 nov. 1951 relatif à l'AVTS.	1er janv. 1951

Pays	Date de la signature de l'accord	Date d'entrée en vigueur
	- Protocole du 6 mai 1959 relatif à l'allocation supplémentaire du FNS.	1er juin 1959
	- AVNS : Convention générale.	
SAINT-PIERRE-ET-MIQUELON	Décr. n° 2011-512 du 10 mai 2011 portant coordination entre les régimes de sécurité sociale en vigueur dans les départements métropolitains ou d'Outre-mer ou de Saint-Barthélemy et Saint-Martin et les régimes de sécurité sociale en vigueur à Saint-Pierre-et-Miquelon (*JO 12 mai*).	1er juin 2011
SÉNÉGAL	- *Convention du 29 mars 1974* : Décr. n° 76-1072 du 17 nov. 1976 (*JO 29 et 30 nov.*).	1er sept. 1976
	- AAG du 29 mars 1974.	1er sept. 1976
	- AAC n° 1 du 29 mars 1974 fixant les modalités d'application du Protocole n° 1 relatif au maintien de certains avantages de l'assurance maladie à des assurés sociaux français ou sénégalais qui se rendent au Sénégal.	1er sept. 1976
	- AAC n° 2 du 29 mars 1974 (formulaires).	1er sept. 1976
	- AAC n° 3 du 31 oct. 1986.	31 oct. 1986
	- Protocole n° 1 du 29 mars 1974 relatif au maintien de certains avantages de l'assurance maladie à des assurés sociaux français ou sénégalais qui se rendent au Sénégal.	1er sept. 1976
	- Protocole n° 2 du 29 mars 1974 relatif au régime d'assurances sociales des étudiants.	1er sept. 1976
	- Protocole n° 3 du 29 mars 1974 relatif à l'octroi aux ressortissants sénégalais de l'AVTS.	1er sept. 1976
	- Protocole n° 4 du 29 mars 1974 relatif à l'octroi de prestations de vieillesse non contributives aux ressortissants sénégalais résidant en France.	1er sept. 1976
	- Protocole n° 5 du 29 mars 1974 relatif à l'allocation supplémentaire du FNS.	1er sept. 1976
	- Accord complémentaire du 29 mars 1974 relatif au régime de sécurité sociale des marins.	1er sept. 1976
	- Arrangements administratifs des 29 mars et 11 juin 1974 pris en application de l'article 3, § 3, de l'Accord complémentaire précité.	1er sept. 1976
	- AAC fixant les modèles de formulaires prévus pour l'application des Arrangements administratifs du 29 mars 1974 et du 11 juin 1974 pris en application de l'article 3, § 3, de l'accord complémentaire relatif au régime de sécurité sociale des marins.	1er sept. 1976
	- AAC n° 4 (art. 2, 9 et 11) du 10 mai 1989.	1er juin 1994 ; 10 mai 1989 pour les art. 2, 9 et 11
	- Avenant n° 1 : Décr. n° 94-513 du 20 juin 1994 (*JO 25 juin*).	1er juin 1994

Pays	Date de la signature de l'accord	Date d'entrée en vigueur
	- AAC n° 3 du 31 oct. 1986.	31 oct. 1986
	- AA n° 5 du 10 mai 1989 modifiant l'AAC n° 2.	1er juin 1994
	- AA n° 6 du 23 juill. 1999.	23 juill. 1999
SERBIE	- *Convention générale franco-yougoslave du 5 janv. 1950* : Décr. n° 51-457 du 19 avr. 1951 *(JO 24 avr.). V. Ex-Yougoslavie.*	1er avr. 1951
	Accord du 26 mars 2003 entre le Gouvernement de la République française et le Conseil des ministres de Serbie et Monténégro relatif à la succession en matière de traités bilatéraux conclus entre la France et la République socialiste fédérative de Yougoslavie (ensemble une annexe) : Décr. n° 2003-457 du 16 mai 2003 *(JO 23 mai)*	26 mars 2003
SLOVÉNIE	Échange de lettres entre la France et la Slovénie relatif à la succession en matière de traités conclus entre la France et la République socialiste fédérative de Yougoslavie : Décr. n° 96-229 du 15 mars 1996 *(JO 22 mars).*	25 mai 1994
	Autres accords : Accord européen établissant une association entre les Communautés européennes et leurs États membres, d'une part, et la République de Slovénie, d'autre part, signé le 10 juin 1996 (Décr. n° 99-191 du 10 mars 1999).	1er févr. 2000
SUISSE	- *Convention franco-genevoise* réglant la situation au regard des législations d'allocations familiales des travailleurs frontaliers signée le 16 avril 1959 : Décr. n° 61-145 du 8 févr. 1961 *(JO 12 févr.).*	1er févr. 1961
	- Échange de lettres du 27 mai 1964 concernant certaines difficultés d'application de la convention franco-genevoise *(JO 26 juin).* – Convention relative à la situation au regard des législations d'allocations familiales de certains exploitants suisses de terres françaises signée le 24 sept. 1958 (Décr. n° 62-1211 du 15 oct. 1962).	6 sept. 1962
	- *Convention générale du 3 juill. 1975* : Décr. n° 76-1098 du 24 nov. 1976 *(JO 3 déc.).*	1er nov. 1976
	- AA du 3 déc. 1976.	1er nov. 1976
	- Protocole final du 3 juill. 1975.	1er nov. 1976
	- Protocole spécial du 3 juill. 1975 relatif aux prestations non contributives des assurances invalidité, vieillesse et survivants.	1er nov. 1976
	- Convention d'assurance chômage du 14 déc. 1978 : Décr. n° 80-186 du 18 févr. 1980 *(JO 7 mars).*	1er janv. 1980
SYRIE	- Lettre ministérielle du 17 mai 1973 concernant les étudiants.	1er oct. 1972

Pays	Date de la signature de l'accord	Date d'entrée en vigueur
EX-TCHÉCOSLOVAQUIE (République slovaque et République tchèque)	V. République slovaque et République tchèque.	
TOGO	- *Convention du 7 déc. 1971 :* Décr. n° 74-205 du 26 févr. 1974 *(JO 7 mars).*	1er juill. 1973
	- Protocole n° 1 du 7 déc. 1971 relatif au maintien de certains avantages de l'assurance maladie à des assurés sociaux togolais ou français qui se rendent au Togo.	1er juill. 1973
	- Protocole n° 2 du 7 déc. 1971 relatif au régime d'assurances sociales des étudiants.	1er juill. 1973
	- Protocole n° 3 du 7 déc. 1971 relatif à l'AVTS.	1er juill. 1973
	- Protocole n° 4 du 7 déc. 1971 relatif à l'octroi de prestations de vieillesse non contributives de la législation française aux ressortissants togolais résidant en France.	1er juill. 1973
	- Protocole n° 5 du 7 déc. 1971 relatif à l'allocation supplémentaire du FNS.	1er juill. 1973
	- AAG du 9 avr. 1973.	1er juill. 1973
	- AAC n° 1 du 9 avr. 1973 fixant les modalités d'application du Protocole n° 1.	1er juill. 1973
	- AAC n° 2 du 4 juin 1973 concernant les marins.	1er juill. 1973
	- AAC n° 3 (fixant les modèles de formulaires).	1er juill. 1973
	- AAC n° 4 du 21 mars 1980. – Avenant à la convention du 29 août 1980.	1er avr. 1982
TUNISIE	- Convention du 26 juin 2003 : Décr. n° 2007-626 du 26 avr. 2007 *(JO 29 avr.).*	1er avr. 2007
	- Avenant n° 1 du 4 déc. 2003 à la convention du 26 juin 2003.	1er avr. 2007
	Autres accords : – Accord euro-méditerranéen établissant une association entre la Communauté européenne et ses États membres, d'une part, et la République tunisienne, d'autre part, signé à Bruxelles le 17 juill. 1995 (JOCE L 97 du 30 mars 1998).	1er mars 1998
TURQUIE	- *Convention générale du 20 janv. 1972 :* Décr. n° 73-1075 du 27 nov. 1973 *(JO 5 déc.).*	1er août 1973
	- Protocole annexe du 20 janv. 1972.	1er sept. 1973
	- AAG du 16 mai 1973.	1er sept. 1973
	- AAC n° 1 du 16 mai 1973 (fixant les modèles de formulaires).	1er sept. 1973
	- AAC n° 2 du 22 sept. 1978.	1er janv. 1979
	- AAC n° 3 du 10 juin 1983.	10 juin 1983
	- AAC n° 4 du 28 sept. 1984.	1er janv. 1985
	- Avenant du 3 févr. 1984.	1er juill. 1985

Pays	Date de la signature de l'accord	Date d'entrée en vigueur
	- Échange de lettres des 11 mars et 11 avr. 1975 modifiant l'art. 37 de la Convention.	27 oct. 1978
	- Avenant n° 2 du 17 avr. 1990 (Décr. n° 92-1023 du 21 sept. 1992, *JO 25 sept.*).	1er sept. 1992
	- AAC n° 5 du 26 mai 1989.	26 mai 1989
	- AAC n° 6 du 5 nov. 1992 (application de l'avenant n° 2).	1er sept. 1992
	- AAC n° 7 du 18 nov. 1994 (âge limite de versement des ICF).	1er janv. 1995
	- AAC n° 8 modifiant l'AAG du 16 mai 1973 (nouveau formulaire).	1er sept. 1999
	Autres accords : Accord d'association CEE-Turquie conclu par règlement n° 2760/72 du 19 déc. 1972.	1er mai 1973
URUGUAY	Décr. n° 2014-763 du 3 juill. 2014 portant publication de l'accord de sécurité sociale entre le Gouvernement de la République française et le Gouvernement de la République orientale de l'Uruguay, signé à Montevideo le 6 déc. 2010 *(JO 5 juill.)*.	1er juillet 2014
VENEZUELA	- Protocole relatif au régime d'assurances sociales des étudiants vénézuéliens en France (ensemble 2 annexes) du 29 sept. 1978.	29 sept. 1978
VIÊT-NAM	Échange de lettres du 20 sept. 1974 relatif aux étudiants.	20 sept. 1974
EX-YOUGOSLAVIE *[Les accords conclus entre la France et la République socialiste fédérative de Yougoslavie restent applicables, dans l'attente d'un nouveau texte, aux Républiques qui, à la suite d'un échange de lettres, se sont déclarées comme État successeur de l'ancienne République pour l'application des accords de sécurité sociale.]*	- *Convention générale franco-yougoslave du 5 janv. 1950 :* Décr. n° 51-457 du 19 avr. 1951 *(JO 24 avr.)* modifiée par :	1er avr. 1951
	- l'Avenant du 8 févr. 1966.	1er févr. 1967
	- l'Avenant du 13 févr. 1969.	1er févr. 1967
	- l'Avenant du 31 janv. 1973.	1er juill. 1974
	- l'Avenant du 30 oct. 1974.	1er juin 1976
	- l'Échange de lettres des 20 juin et 11 oct. 1976.	31 oct. 1978
	- Protocole du 5 janv. 1950 (AVTS).	1er avr. 1951
	- AA n° 1 du 9 déc. 1952 – payement des prestations – modifié par :	1er avr. 1951
	- l'AA du 23 janv. 1967.	1er févr. 1967
	- l'AA du 13 mars 1968.	1er févr. 1967
	- Échange de lettres du 8 févr. 1966 (allocations familiales).	1er févr. 1967
	- Protocole du 8 févr. 1966 relatif aux soins de santé garantis aux étudiants.	1er févr. 1967

Pays	Date de la signature de l'accord	Date d'entrée en vigueur
	- AA du 23 janv. 1967 concernant les modalités d'application de la convention modifié par :	1er févr. 1967
	- l'AAC du 13 mars 1968.	1er févr. 1967
	- l'AA du 29 avr. 1971.	1er févr. 1967
	- l'AA du 5 nov. 1976.	1er juin 1976
	- l'AAC du 27 janv. 1978.	1er juin 1976
	- l'AAC du 28 mai 1981.	28 mai 1981
	- AAC du 19 nov. 1982 modifiant l'Arrangement administratif du 23 janv. 1967 et fixant un nouveau modèle de formulaire pour l'application des Arrangements administratifs des 23 janv. 1967, 13 mars 1968 et 5 nov. 1976.	19 nov. 1982
	- AAC du 22 mai 1985.	22 mai 1987
	- AA du 23 janv. 1967 (allocations familiales).	1er févr. 1967
	- AA du 13 mars 1968 (mines) modifié et complété par l'Arrangement administratif complémentaire du 5 nov. 1976.	1er févr. 1969
	- Accord du 6 mars 1970 concernant les travailleurs salariés saisonniers yougoslaves occupés en France et français occupés en Yougoslavie.	1er sept. 1970
	- Échange de lettres des 20 juin et 11 oct. 1976 modifiant l'art. 26 de la Convention et permettant d'appliquer aux salariés agricoles les mêmes dispositions qu'à ceux du commerce et de l'industrie en matière d'accidents du travail et de maladies professionnelles.	31 oct. 1978
	Autres accords : Règlement CEE n° 314/83 du Conseil du 24 janv. 1983 concernant la conclusion de l'Accord de coopération signé le 2 avr. 1980 entre la CEE et la République socialiste fédérative de Yougoslavie *(JOCE L 41 du 14 févr.) [dénoncé par décision du Conseil du 25 nov. 1991 (JOCE L 325 du 27 nov. 1991)].*	
	IV. – *Accords avec les territoires d'outre-mer.*	

TABLE CHRONOLOGIQUE

NOTA. Avant la table chronologique proprement dite, on trouvera ci-dessous une liste des codes reproduits en extraits dans le code de la sécurité sociale.

Code européen de sécurité sociale

– V. Annexe III, **p. 2987** (renvoi).

Code général des impôts

– Art. 235 *ter* ZC, 1668 D *(contribution sociale sur l'impôt sur les sociétés)*, ss. L. n° 99-1140 du 29 déc. 1999, art. 6, Annexe I, **p. 2764.**

Code de la santé publique

– Art. R. 5123-1 à R. 5123-3 *(prescription et délivrance de médicaments)*, ss. CSS, art. R. 162-20-4 à R. 162-20-6.

Code du travail

– Art. R. 7122-29 *(modernisation et simplification du recouvrement des cotisations)*, ss. CSS, art. R. 133-32.

1947	19 juin	Arrêté. Règlement intérieur provisoire des caisses primaires de sécurité sociale pour le service des prestations : – Art. 1er, 2, Annexe I, **p. 2665.** – Art. 71-4, 71-4-1, 71-5. – V. ss. CSS, art. L. 322-3.
1951	8 juin	Arrêté. Règlement intérieur modèle des caisses primaires en matière d'accidents du travail et de maladies professionnelles. – V. Annexe I, **p. 2665** *(renvoi)*.
1957	26 déc.	Décret. Révisant et complétant les tableaux des maladies professionnelles annexés au décret du 31 déc. 1946. – V. Annexe II, tableaux nos 29, 36 à 39, **p. 2918.**
1967	20 sept.	Décret n° 67-804. Fixation des taux des cotisations d'assurances sociales dues au titre de l'emploi des salariés placés sous le régime général pour une partie des risques. – V. Annexe I, **p. 2665.**
1973	2 janv.	Loi n° 73-5. Paiement direct de la pension alimentaire. – V. Annexe I, **p. 2665** *(renvoi)*.
1973	2 oct.	Décret n° 73-937. Portant application de l'art. L. 634-3 CSS et relatif aux prestations des régimes d'assurance vieillesse des professions artisanales, industrielles et commerciales afférentes aux périodes d'assurance ou d'activité non salariées antérieures au 1er janv. 1973. – V. Annexe I, **p. 2666.**
1974	9 août	Arrêté. Cotisations d'allocations familiales des employeurs et travailleurs indépendants. – V. Annexe I, **p. 2672.**
1976	27 févr.	Décret n° 76-214. Modifiant et complétant le décret n° 73-937 du 2 oct. 1973 portant adaptation aux régimes d'assurance vieillesse des travailleurs non salariés des professions artisanales, industrielles et commerciales. – V. Décr. n° 73-937 du 2 oct. 1973, art. 1er, 2, 4, 6, 7, 8, 10, ss. Annexe I, **p. 2666.**
1977	26 sept.	Ordonnance n° 77-1102. Saint-Pierre-et-Miquelon. – V. Annexe I, **p. 2673** *(renvoi)*.
1978	13 juill.	Arrêté. Modalités de liquidation et d'imputation des cotisations d'assurance vieillesse des mères et des femmes ayant au foyer un handicapé. – V. Annexe I, **p. 2674** *(renvoi)*.
1979	11 juill.	Loi n° 79-587. Motivation des actes administratifs et amélioration des relations entre l'administration et le public. – Art. 1er, 7. – V. Annexe I, **p. 2674.**
1985	17 déc.	Décret n° 85-1353. Code de la sécurité sociale (partie Législative et partie Décrets en Conseil d'État), **p. 3** *(renvoi)*.
1985	30 déc.	Loi n° 85-1409. Congé de formation économique, sociale et syndicale. – Art. 12. – V. CSS, art. L. 412-8.
1985	31 déc.	Loi n° 85-1480. Autorisant l'approbation du code européen de sécurité sociale, fait à Strasbourg le 16 avr. 1964. – V. Annexe I, **p. 2674** *(renvoi)*.
1986	6 janv.	Loi n° 86-17. Transferts de compétences en matière d'aide sociale et de santé. – V. CSS, art. L. 521-2, R. 753-12.

1986	17 janv.	Loi n° 86-76. Dispositions d'ordre social : – V. CSS, art. L. 765-7, L. 765-8. – V. L. n° 79-587 du 11 juill. 1979, art. 1er, **p. 2674.**
1986	28 janv.	Décret n° 86-130. Mensualisation de prestations de vieillesse, d'invalidité et d'accidents du travail. – V. CSS, art. R. 341-6, R. 341-15, R. 351-30, R. 351-33, R. 352-2, R. 353-7, R. 355-1, R. 355-2, R. 434-34.
1986	28 janv.	Décret n° 86-131. Mensualisation de prestations de vieillesse, d'invalidité et d'accidents du travail. – V. CSS, art. D. 341-1, D. 757-1, D. 757-11.
1986	12 févr.	Décret n° 86-204. Bénéficiaires des prestations familiales dans les départements d'outre-mer. – V. CSS, art. R. 755-0-2.
1986	18 févr.	Décret n° 86-244. Remises de créances et abandon de sûretés par les organismes de prévoyance et de sécurité sociale dans la procédure de redressement judiciaire. – V. CSS, art. R. 243-20-2.
1986	18 févr.	Décret n° 86-267. Assurance vieillesse des travailleurs non salariés des professions artisanales. – V. CSS, art. D. 635-3, D. 635-4, D. 635-9.
1986	4 mars	Décret n° 86-300. Assurance volontaire vieillesse des conjoints collaborateurs d'artisans, d'industriels et de commerçants. – V. CSS, art. D. 742-30-1, D. 742-30-2.
1986	10 mars	Décret n° 86-381. Modifications au livre IV du code de la sécurité sociale. – V. CSS, art. R. 412-5 à R. 412-10, R. 433-8, R. 433-13, R. 434-1-1 à R. 434-1-3, R. 434-20, R. 434-37, R. 436-3, R. 436-4-1, R. 436-6, R. 481-1 à R. 481-9.
1986	12 mars	Décret n° 86-383. Portant application de la législation des accidents du travail aux assurés bénéficiaires des allocations de conversion et modifiant les art. R. 434-16 et R. 434-30 CSS. – V. CSS, art. R. 412-5-1, R. 434-30.
1986	14 mars	Décret n° 86-557. Artistes auteurs. – V. CSS, art. R. 382-31-2, R. 382-33, R. 382-34.
1986	14 mars	Décret n° 86-560. Assurance veuvage. – V. CSS, art. D. 356-1.
1986	14 mars	Décret n° 86-563. Allocation de logement prévue au titre III du livre VIII CSS. – V. CSS, art. R. 831-21-2, R. 831-25.
1986	14 mars	Décret n° 86-564. Allocation de logement familiale. – V. CSS, art. D. 542-2, D. 542-22 à D. 542-22-3, D. 542-29, D. 755-20, D. 755-22, D. 755-31.
1986	14 mars	Décret n° 86-647. Portant diverses modifications aux livres Ier, II et VII du code de la sécurité sociale. – V. CSS, art. D. 181-1, D. 242-20.
1986	15 mars	Décret n° 86-512. Circonscriptions des caisses régionales d'assurance maladie. – V. CSS, art. D. 215-1.
1986	18 mars	Décret n° 86-658. Modifiant diverses dispositions de procédure administrative et contentieuse du code de la sécurité sociale. – V. CSS,

		art. R. 141-1, R. 142-8, R. 142-11, R. 142-20 à R. 142-22, R. 143-21, R. 143-24, R. 143-25, R. 144-6, R. 434-7, R. 434-13, R. 434-19, R. 434-33, R. 434-35, R. 434-34, R. 443-4.
1986	19 mars	Décret n° 86-648. Tutelle. – V. CSS, art. R. 151-1.
1986	6 juin	Décret n° 86-762. Modifiant le code de la sécurité sociale et portant suppression du comité d'action sanitaire et sociale. – V. CSS, art. R. 261-2.
1986	16 juill.	Décret n° 86-838. Portant diverses modifications au code de la sécurité sociale. – V. CSS, art. L. 134-1, L. 161-8, L. 161-22-1, L. 162-21, L. 162-22, L. 162-24-1, L. 174-7, L. 174-8, L. 174-11, L. 174-12, L. 242-8, L. 242-9, L. 321-1, L. 322-5, L. 381-8, L. 381-9, L. 381-29, L. 382-3, L. 382-8, L. 382-14, L. 412-8, L. 432-1, L. 521-2, L. 613-1, L. 613-14, L. 622-8, L. 755-3, L. 755-21, L. 765-7, L. 765-8, L. 831-2, L. 831-4-1, L. 834-1, R. 172-16 à R. 172-21, R. 753-4 à R. 753-7, R. 753-8, R. 753-10, R. 753-12, R. 753-19, R. 834-13-1 [et abrogation de divers textes codifiés].
1986	16 juill.	Décret n° 86-839. Portant diverses modifications au code de la sécurité sociale. – V. CSS, art. L. 122-1, L. 153-9, L. 162-22, L. 162-24-1, L. 162-26, L. 351-10, L. 441-1, L. 612-11, L. 752-6, R. 153-3, R. 153-6, R. 172-16 à R. 172-21, R. 233-1, R. 242-4, R. 242-5, R. 281-5, R. 281-7, R. 312-10, R. 313-12, R. 323-4, R. 441-1, R. 611-32, R. 752-3.
1986	30 sept.	Décret n° 86-1073. Intervention des organismes débiteurs des prestations familiales pour le recouvrement des créances alimentaires impayées, **p. 2674.**
1986	8 oct.	Décret n° 86-1091. Allocation de logement familiale, allocation de logement sociale et allocation de logement prévue au titre III du livre VIII CSS. – V. CSS, art. D. 542-5, D. 831-2-1.
1986	27 oct.	Décret n° 86-1157. Modifiant l'art. D. 645-2 CSS: praticiens et auxiliaires médicaux conventionnés. – V. art. mod.
1986	8 déc.	Décret n° 86-1259. Recouvrement par voie de contrainte des cotisations de sécurité sociale et de mutualité sociale agricole. – V. CSS, art. R. 133-3 à R. 133-6, R. 612-11.
1986	8 déc.	Décret n° 86-1260. Modification de l'art. R. 766-47 CSS et composition du conseil d'administration de la Caisse des Français de l'étranger. – V. art. mod.
1986	29 déc.	Loi n° 86-1307. Famille. – V. CSS, art. L. 512-2, L. 522-3, L. 542-8, L. 571-1 à L. 571-3, L. 582-1 à L. 582-2, L. 755-3, L. 755-19, L. 755-26, L. 831-6.
1986	30 déc.	Loi n° 86-1320. Procédures de licenciement. – Art. 17. – V. CSS, art. L. 311-5, L. 351-3, L. 412-8.
1986	31 déc.	Décret n° 86-1373. Modifiant les art. D. 615-1 et D. 615-3 CSS. – V. art. mod.

1986	31 déc.	Décret n° 86-1375. Mode de calcul des indemnités journalières de l'assurance maladie et de l'assurance maternité dans le régime général et le régime des salariés agricoles. – V. CSS, art. R. 323-4, R. 753-2, R. 753-15.
1986	31 déc.	Décret n° 86-1376. Participation des assurés sociaux aux tarifs servant de base au calcul des prestations en nature de l'assurance maladie en cas d'arrêt de travail de plus de trois mois. – V. CSS, art. R. 322-8.
1986	31 déc.	Décret n° 86-1377. Prise en charge par l'assurance maladie des médicaments principalement destinés au traitement des troubles ou affections sans caractère habituel de gravité. – V. CSS, art. R. 322-9-1.
1986	31 déc.	Décret n° 86-1378. Participation des assurés atteints d'une affection inscrite sur la liste prévue au 3° de l'art. L. 322-3 CSS aux tarifs servant de base au calcul des prestations en nature de l'assurance maladie. – V. CSS, art. R. 322-5.
1986	31 déc.	Décret n° 86-1379. Portant modification des art. R. 322-6 et R. 322-7 CSS. – V. art. mod.
1986	31 déc.	Décret n° 86-1380. Liste des affections comportant un traitement prolongé et une thérapeutique particulièrement coûteuse mentionnée au 3° de l'art. L. 322-3 CSS. – V. CSS, art. D. 322-1.
1986	31 déc.	Loi n° 86-1383. Développement des départements d'outre-mer, de Saint-Pierre-et-Miquelon et de Mayotte. – V. CSS, art. L. 755-2-1, L. 755-12, L. 755-13, L. 755-17, L. 755-20, L. 755-21, L. 755-29, L. 755-31.
1987	27 janv.	Loi n° 87-39. Portant diverses mesures d'ordre social. – V. CSS, art. L. 161-22, L. 174-4, L. 182-1, L. 234-1, L. 241-10, L. 241-11, L. 242-7, L. 353-4, L. 356-2, L. 371-13, L. 412-9, L. 422-5, L. 452-2, L. 452-4, L. 452-5, L. 623-4, L. 634-2.
1987	27 mars	Décret n° 87-206. Application de certaines dispositions de la loi n° 86-1307 du 29 déc. 1986 relative à la famille. – V. CSS, art. R. 522-4 à R. 522-5, R. 553-1, R. 571-1, R. 582-1 à R. 582-5, R. 755-0-1, R. 755-0-2, R. 755-4, R. 755-11 à R. 755-14, R. 755-14-1, R. 755-14-2, R. 831-10, R. 831-14, R. 831-18 à R. 831-19, R. 833-8, R. 834-18.
1987	27 mars	Décret n° 87-207. Portant application de la loi n° 86-1307 du 29 déc. 1986 relative à la famille. – V. CSS, art. D. 542-11, D. 542-31, D. 542-32, D. 542-34, D. 582-1 à D. 582-5, D. 755-15.
1987	27 mars	Décret n° 87-211. Portant application des dispositions de l'art. L. 241-10 CSS. – V. CSS, art. D. 241-5.
1987	3 avr.	Décret n° 87-248. Portant publication du code européen de sécurité sociale (ensemble une annexe et deux addenda), fait à Strasbourg le 16 avr. 1964. – V. Annexe III, **p. 2987** *(renvoi)*.
1987	27 avr.	Décret n° 87-289. Pris en application de l'art. L. 512-2 CSS. – V. CSS, art. D. 755-4-1.

1987	30 avr.	Décret n° 87-303. Associations intermédiaires. – V. CSS, art. D. 241-6.
1987	23 juin	Décret n° 87-441. Commission des comptes de la sécurité sociale. – V. CSS, art. D. 114-1 à D. 114-3.
1987	24 juin	Décret n° 87-443. Modifiant le chapitre II du titre Ier du livre VI CSS (3e partie: Décrets). – V. CSS, art. D. 612-5, D. 612-10.
1987	8 juill.	Décret n° 87-528. Portant rattachement de certaines professions aux organisations autonomes d'assurance vieillesse des travailleurs non salariés des professions artisanales, industrielles et commerciales : – V. CSS, art. D. 632-1. – Art. 1er, 6, **p. 2676.**
1987	22 juill.	Décret n° 87-582. Révisant et complétant les tableaux des maladies professionnelles annexés au livre IV CSS relatif aux accidents du travail et aux maladies professionnelles. – V. Annexe II, tableaux, **p. 2881**: tableaux nos 4, 4 *bis*, 12, 14, 20 *bis*, 34, 37 *ter*, 44, 52, 81 à 85, **p. 2888.**
1987	30 juill.	Loi n° 87-588. Portant diverses dispositions d'ordre social. – V. art. CSS, L. 131-2, L. 134-5, L. 162-9, L. 162-38, L. 241-10, L. 245-2, L. 311-5, L. 322-5, L. 611-12, L. 613-1, L. 622-9, L. 644-1, L. 644-3.
1987	31 juill.	Décret n° 87-611. Revalorisation des allocations de logement. – V. CSS, art. D. 542-5-1, D. 755-24-1, D. 831-2.
1987	14 août	Décret n° 87-671. Assurance vieillesse et assurance veuvage. – V. CSS, art. R. 351-11, R. 351-12, R. 351-13.
1987	27 août	Décret n° 87-720. Régime d'assurance vieillesse des avocats. – V. CSS, art. R. 723-2, R. 723-3, R. 723-32, R. 723-44 mod.
1987	29 sept.	Décret n° 87-801. Portant diverses modifications du code de la sécurité sociale. – V. CSS, art. R. 143-24, R. 172-1, R. 172-4, R. 242-2, R. 243-10, R. 243-16, R. 244-3, R. 244-4, R. 244-5, R. 351-15, R. 351-17, R. 612-13.
1987	29 sept.	Décret n° 87-802. Portant diverses modifications au code de la sécurité sociale. – V. CSS, art. D. 134-9, D. 134-9-1 à D. 134-9-5, D. 171-3, D. 172-2, D. 231-24, D. 281-1, D. 712-2, D. 761-1, D. 762-1.
1988	5 janv.	Loi n° 88-16. Sécurité sociale : – Art. 1er, **p. 2676.** – V. CSS, art. L. 173-2-1, L. 221-1, L. 251-1, L. 262-1, L. 342-6, L. 351-15, L. 351-16, L. 353-5, L. 357-4, L. 357-10-1, L. 553-4, L. 611-15, L. 622-5, L. 634-2, L. 634-3-1, L. 742-1, L. 756-1.
1988	28 févr.	Décret n° 88-192. Conditions d'attribution des prestations familiales dans les départements d'outre-mer. – V. CSS, art. R. 755-15.
1988	20 avr.	Décret n° 88-421. Procédures d'expertise médicale prévues par les art. L. 141-1 et L. 324-1 CSS. – V. CSS, art. R. 141-1, R. 141-2, R. 324-1.

1988	27 avr.	Décret n° 88-484. Contentieux du contrôle technique de la sécurité sociale. – V. CSS, art. R. 145-1 à R. 145-13, R. 145-16, R. 145-17, R. 145-18, R. 145-21 à R. 145-24, R. 145-27 à R. 145-29, R. 752-18-1.
1988	2 mai	Décret n° 88-493. Retraite progressive. – V. CSS, art. R. 351-40 à R. 351-44.
1988	2 mai	Décret n° 88-494. Assurance volontaire invalidité parentale. – V. CSS, art. R. 742-21-1 à R. 742-21-6.
1988	2 mai	Décret n° 88-495. Assurance volontaire invalidité parentale. – V. CSS, art. D. 742-1, D. 742-2, D. 742-3, D. 742-5, D. 742-6, D. 742-9, D. 742-12-1 à D. 742-12-4.
1988	4 mai	Décret n° 88-568. Conditions de ressources pour l'appréciation du droit aux prestations servies par les organismes débiteurs de prestations familiales. – V. CSS, art. R. 821-12, R. 831-4.
1988	4 mai	Décret n° 88-569. Conditions de ressources pour l'appréciation du droit à l'allocation de logement prévue aux art. L. 542-1 et L. 755-21 CSS. – V. CSS, art. D. 542-4, D. 542-8, D. 542-11, D. 542-12, D. 755-15, D. 755-17.
1988	4 mai	Décret n° 88-570. Modifiant l'art. R. 611-38 CSS. – V. art. mod.
1988	4 mai	Décret n° 88-572. Maladies professionnelles. – V. CSS, art. D. 461-9 à D. 461-15, D. 461-17, D. 461-19, D. 461-20, D. 461-22, D. 461-23.
1988	6 mai	Décret n° 88-658. Conditions d'application des art. L. 731-11 et L. 731-13 du chapitre Ier du titre III du livre VII du code de la sécurité sociale. – V. CSS, art. D. 731-1 à D. 731-6.
1988	6 mai	Décret n° 88-664. Organisation financière du régime des avocats (assurance vieillesse et invalidité-décès). – V. CSS, art. R. 723-22, R. 723-23.
1988	6 mai	Décret n° 88-671. Conditions d'attribution de la prime de déménagement. – V. CSS, art. D. 542-31.
1988	6 mai	Décret n° 88-673. Rachat de cotisations d'assurance vieillesse par les membres de la famille d'un infirme ou invalide qui remplissent ou ont rempli bénévolement auprès de ce dernier le rôle de tierce personne, **p. 2677.**
1988	6 mai	Décret n° 88-677. Maintien des droits à l'assurance maladie maternité. – V. CSS, art. R. 161-5-1, R. 161-6, R. 172-22.
1988	6 mai	Décret n° 88-678. Remboursement des frais de transport exposés par les assurés sociaux. – V. CSS, art. R. 141-7, R. 322-10 à R. 322-10-6, R. 322-11 à R. 322-11-3.
1988	6 mai	Décret n° 88-679. Majoration pour charge d'enfant des pensions de réversion, à l'assurance vieillesse et à l'assurance veuvage. – V. CSS, art. R. 351-11, R. 353-9 à R. 353-11.
1988	6 mai	Décret n° 88-680. Majoration pour charge d'enfant des pensions de réversion et à l'assurance veuvage. – V. CSS, art. D. 173-21-1, D. 353-2, D. 356-1, D. 357-2-1, D. 634-6.

1988	6 mai	Décret n° 88-681. Organisation administrative des caisses mutuelles régionales d'assurance maladie et maternité des travailleurs non salariés des professions non agricoles. – V. CSS, art. R. 611-28, R. 611-60, R. 611-62, R. 611-66, R. 611-69, R. 611-77.
1988	9 mai	Décret n° 88-711. Rachat de cotisations d'assurance vieillesse du régime général. – V. CSS, art. R. 351-37-1 à R. 351-37-11, R. 381-110 à R. 381-120, R. 742-17 à R. 742-21, R. 742-24, R. 742-25, R. 742-27, R. 742-28, R. 742-32, R. 742-33, R. 742-37 à R. 742-39, R. 753-25.
1988	9 mai	Décret n° 88-713. Caisse des Français de l'étranger. – V. CSS, art. R. 122-3, R. 122-4, R. 122-5, R. 123-6, R. 123-48, R. 766-48.
1988	28 juill.	Décret n° 88-854. Sanctions applicables aux infractions aux arrêtés prévus par l'art. L. 162-38 CSS, **p. 2678.**
1988	7 sept.	Décret n° 88-916. Modifiant le décret n° 86-1377 du 31 déc. 1986 relatif à la prise en charge par l'assurance maladie des médicaments principalement destinés au traitement des troubles ou affections sans caractère habituel de gravité. – V. CSS, art. R. 322-9-1.
1988	7 sept.	Arrêté modifiant l'arrêté du 30 déc. 1986. Prise en charge du ticket modérateur pour le traitement d'une affection grave ne figurant pas sur la liste mentionnée au 3° de l'art. L. 322-3 CSS. – V. Arr. du 19 juin 1947, art. 71-4, 71-4-1, 71-5, ss. CSS, art. L. 322-3.
1988	29 sept.	Décret n° 88-934. Organisation administrative des caisses mutuelles régionales d'assurance maladie et maternité des travailleurs non salariés des professions non agricoles. – V. CSS, art. R. 611-40, R. 611-52, R. 611-89.
1988	10 nov.	Décret n° 88-1036. Régime d'assurance vieillesse et invalidité des ministres des cultes et des membres des congrégations et collectivités religieuses. – V. CSS, art. R. 382-70, R. 382-77, R. 382-89, R. 382-96, R. 382-120, R. 382-103, R. 382-130.
1988	22 nov.	Décret n° 88-1057. Modifiant l'art. R. 764-9 CSS. – V. art. mod.
1988	29 nov.	Décret n° 88-1071. Revalorisation des allocations de logement. – V. CSS, art. D. 542-5-1, D. 542-7, D. 542-25, D. 755-24-1, D. 755-25, D. 755-27, D. 831-2, D. 831-2-1.
1988	1er déc.	Loi n° 88-1088. Revenu minimum d'insertion. – V. CSS, art. L. 241-5, L. 412-8.
1988	12 déc.	Décret n° 88-1111. Revenu minimum d'insertion. – V. CSS, art. R. 831-6, R. 831-23.
1988	12 déc.	Décret n° 88-1113. Conditions d'attribution de l'allocation de logement familiale. – V. CSS, art. D. 542-10.
1988	23 déc.	Loi n° 88-1149. De finances pour 1989. – Art. 86-II. – V. CSS, art. L. 834-1.
1989	5 janv.	Décret n° 89-8. Protection contre les accidents du travail des personnes bénéficiaires du revenu minimum d'insertion. – V. CSS, art. D. 412-87 à D. 412-89.

1989	6 janv.	Décret n° 89-9. Régime d'assurance vieillesse des avocats. – V. CSS, art. R. 723-35, R. 723-56.
1989	13 janv.	Loi n° 89-18. Portant diverses mesures d'ordre social : – Art. 6, 6-1, 6-2, 7 (IV), **p. 2678.** – V. CSS, art. L. 133-3, L. 153-9, L. 242-11, L. 256-1, L. 633-1, L. 762-3, L. 763-4, L. 765-7, L. 765-8.
1989	1er mars	Décret n° 89-139. Admission en non-valeur des cotisations des régimes d'assurance vieillesse des travailleurs non salariés des professions artisanales, industrielles et commerciales. – V. CSS, art. R. 633-64.
1989	3 mars	Décret n° 89-143. Modalités de calcul des cotisations d'assurance maladie des travailleurs non salariés des professions non agricoles. – V. CSS, art. D. 612-2, D. 612-3.
1989	14 mars	Décret n° 89-176. Règles de suspension des pensions d'invalidité. – V. CSS, art. R. 341-15.
1989	18 mai	Décret n° 89-321. Action de prévention, d'éducation et d'information sanitaires de l'assurance maladie du régime général de sécurité sociale. – V. CSS, art. R. 251-1, R. 251-3, R. 251-7-1 à R. 251-7-3, R. 251-13, R. 252-5, R. 252-6, R. 252-12, R. 261-2, R. 262-1, R. 262-2-1, R. 281-8-1.
1989	14 juin	Décret n° 89-392. Exonération des cotisations sociales pour l'embauche d'un premier salarié, **p. 2682.**
1989	19 juin	Décret n° 89-400. Taux des cotisations d'assurance volontaire dues par les Français affiliés à la Caisse des Français de l'étranger. – V. CSS, art. D. 762-2, D. 763-2, D. 765-2.
1989	10 juill.	Loi n° 89-474. Formation continue des personnels hospitaliers. – V. CSS, art. L. 244-2, L. 244-4, L. 244-7, L. 452-2, L. 742-6.
1989	12 juill.	Décret n° 89-496. Modifiant le code de la sécurité sociale. – V. CSS, art. R. 163-1.
1989	11 août	Décret n° 89-564. Conditions d'attribution des prestations familiales dans les départements d'outre-mer. – V. CSS, art. L. 755-16, L. 755-17, L. 755-20, L. 755-23, R. 755-0-1, R. 755-0-3, R. 755-5, R. 755-12, R. 755-13.
1989	11 août	Décret n° 89-565. Conditions d'attribution de certaines prestations familiales dans les départements d'outre-mer. – V. CSS, art. D. 755-3, D. 755-7, D. 755-39, D. 755-43 à D. 755-44, D. 755-46.
1989	5 sept.	Décret n° 89-639. Conditions de répartition des assurés volontaires affiliés à la Caisse des Français de l'étranger en trois catégories en fonction de leurs revenus. – V. CSS, art. D. 762-1, D. 763-1, D. 765-1.
1989	13 sept.	Décret n° 89-667. Révisant et complétant les tableaux de maladies professionnelles. – V. Annexe II, tableaux nos 1, 10 *bis*, 34, 37 *bis*, 41, 43, 63, 65, 77, 89 et 90, **p. 2881.**
1989	10 nov.	Décret n° 89-831. Revalorisation des allocations de logement. – V. CSS, art. D. 542-7, D. 542-28, D. 551-1, D. 755-24, D. 755-25.

1989	29 nov.	Décret n° 89-876. Modifiant le code de la sécurité sociale et le décret n° 73-937 du 2 oct. 1973 : – V. CSS, art. D. 634-1 à D. 634-6, D. 634-7 à D. 634-14. – V. Décr. n° 73-937 du 2 oct. 1973, divers art. mod., **p. 2666.**
1989	19 déc.	Loi n° 89-905. Favorisant le retour à l'emploi et la lutte contre l'exclusion professionnelle. – V. CSS, art. L. 241-11.
1989	21 déc.	Décret n° 89-919. Adhésion à l'assurance volontaire vieillesse des travailleurs non salariés non agricoles. – V. CSS, art. D. 742-14, D. 742-15, D. 742-17, D. 742-17-1, D. 742-25-1.
1989	22 déc.	Décret n° 89-921. Modifiant les art. R. 821-4 et R. 821-11 CSS: conditions de versement de l'allocation aux adultes handicapés. – V. CSS, art. R. 821-4, R. 821-11.
1989	22 déc.	Décret n° 89-997. Conditions de ressources pour l'appréciation du droit à l'allocation de logement prévue aux art. L. 542-1 et L. 755-21 CSS. – V. CSS, art. D. 542-10.
1989	22 déc.	Décret n° 89-999. Conditions de ressources pour l'appréciation du droit aux prestations servies par les organismes débiteurs de prestations familiales. – V. CSS, art. R. 831-6.
1989	31 déc.	Loi n° 89-1008. Développement des entreprises commerciales et artisanales et amélioration de leur environnement économique, juridique et social. – V. CSS, art. L. 636-1, L. 742-6.
1989	31 déc.	Loi n° 89-1009. Renforçant les garanties offertes aux personnes assurées contre certains risques. – Art. 1er à 12, **p. 2683.**
1990	25 janv.	Loi n° 90-86. Portant diverses dispositions relatives à la sécurité sociale et à la santé. – V. CSS, art. L. 141-2, L. 162-5 à L. 162-8-1, L. 174-8, L. 182-1, L. 182-2, L. 221-1, L. 241-5, L. 241-10, L. 242-8, L. 242-12, L. 251-1, L. 311-5-1, L. 341-6, L. 351-11, L. 353-5, L. 371-12 à L. 371-13, L. 431-2, L. 433-2, L. 762-1, L. 765-2, L. 765-2-1, L. 765-3, L. 831-1.
1990	30 janv.	Décret n° 90-109. Coordination en matière d'assurance vieillesse entre le régime agricole et les régimes spéciaux de sécurité sociale. – V. CSS, art. R. 173-3.
1990	30 janv.	Décret n° 90-110. Coordination en matière d'assurance vieillesse entre le régime général et les régimes spéciaux. – V. CSS, art. D. 173-19.
1990	22 févr.	Décret n° 90-181. Modifiant le décret n° 89-639 du 5 sept. 1989. – V. CSS, art. D. 762-1.
1990	16 mai	Décret n° 90-418. Associations intermédiaires. – V. CSS, art. D. 241-6.
1990	18 juin	Décret n° 90-497. Application des dispositions de l'art. R. 241-10 CSS. – V. CSS, art. D. 241-5.
1990	21 juin	Décret n° 90-500. Conditions d'attribution de l'allocation de logement familiale prévue à l'art. L. 542-1 CSS. – V. CSS, art. D. 542-10, D. 755-37.

1990	22 juin	Décret n° 90-504. Pris pour l'application de la loi n° 89-475 du 10 juill. 1989. – V. CSS, art. R. 831-13-1.
1990	28 juin	Décret n° 90-526. Âge limite de versement des prestations familiales mentionné au 2° de l'art. L. 512-3 et allocation de rentrée scolaire. – V. CSS, art. R. 512-2, R. 543-1 à R. 543-6, R. 755-14, R. 755-14-1, R. 755-14-2.
1990	29 juin	Décret n° 90-534. Conditions d'appréciation des ressources des travailleurs handicapés pour le versement de l'allocation aux adultes handicapés. – V. CSS, art. D. 821-2, D. 821-5, D. 821-6.
1990	29 juin	Décret n° 90-535. Conditions d'attribution de l'allocation de logement sociale aux personnes hébergées dans les unités et centres de long séjour. – V. CSS, art. R. 832-2.
1990	6 juill.	Loi n° 90-590. Prestations familiales et aides à l'emploi pour la garde des jeunes enfants. – V. CSS, art. L. 543-1, L. 561-1 à L. 564-4, L. 755-2.
1990	10 juill.	Décret n° 90-597. Protection contre les accidents du travail des personnes bénéficiaires de l'allocation de revenu minimum d'insertion. – V. CSS, art. D. 412-86, D. 412-89.
1990	12 juill.	Loi n° 90-613. Favorisant la stabilité de l'emploi par l'adaptation du régime des contrats précaires. – Art. 40. – V. CSS, art. L. 241-5-1.
1990	9 août	Décret n° 90-743. Montant de la cotisation d'assurance volontaire maladie maternité due par les étudiants affiliés à la Caisse des Français de l'étranger. – V. CSS, art. D. 765-2-1.
1990	3 sept.	Décret n° 90-787. Services et organismes chargés de la liquidation et du service des prestations familiales. – V. CSS, art. D. 212-3, D. 212-4, D. 212-5.
1990	2 oct.	Décret n° 90-885. Allocation de logement prévue à l'art. L. 542-1 du code de la sécurité sociale. – V. CSS, art. D. 542-14, D. 542-16, D. 542-17, D. 542-19, D. 542-22, D. 542-22-1 à D. 542-22-4, D. 542-29, D. 755-23, D. 755-30, D. 755-31, D. 755-37.
1990	2 oct.	Décret n° 90-886. Allocation de logement prévue aux art. L. 831-1 s. du code de la sécurité sociale. – V. CSS, art. R. 831-10, R. 831-11, R. 831-13, R. 831-21, R. 831-21-1 à R. 831-21-4, R. 831-25.
1990	2 oct.	Décret n° 90-908. Mensualisation du paiement de l'allocation spéciale de vieillesse. – V. CSS, art. D. 815-3.
1990	2 oct.	Décret n° 90-920. Caisse d'allocations familiales en région parisienne. – V. CSS, art. R. 212-3 à R. 212-6.
1990	14 nov.	Décret n° 90-1009. Contrôle et recouvrement des cotisations. – V. CSS, art. R. 241-4, R. 242-15, R. 243-6, R. 243-6-1, R. 243-7, R. 243-9, R. 243-10, R. 243-13 à R. 243-19, R. 243-19-1, R. 243-20, R. 243-20-3, R. 243-20-4, R. 243-21, R. 243-31, R. 243-39, R. 243-59, R. 351-11, R. 612-9 à R. 612-11, R. 382-96.

1990	21 nov.	Décret n° 90-1034. Modifiant les art. R. 163-2, R. 163-3 et R. 163-5 CSS et relatif aux spécialités remboursables. – V. CSS, art. R. 163-2, R. 163-3 et R. 163-5.
1990	26 nov.	Décret n° 90-1061. Modifiant certaines dispositions du code de la sécurité sociale. – V. CSS, art. R. 351-12, R. 351-34, R. 353-1, R. 353-9, R. 354-1, R. 623-1, R. 742-8, R. 815-33.
1990	31 déc.	Décret n° 90-1245. Retraite progressive des professions artisanales, industrielles et commerciales. – V. CSS, art. D. 634-15 à D. 634-19.
1990	31 déc.	Loi n° 90-1259. Réforme de certaines professions judiciaires et juridiques. – Art. 42, 43 et 44, **p. 2694.**
1990	31 déc.	Loi n° 90-1260. Actualisation des dispositions relatives à l'exercice des professions commerciales et artisanales. – V. CSS, art. L. 613-20.
1991	3 janv.	Loi n° 91-1. Tendant au développement de l'emploi par la formation dans les entreprises, l'aide à l'insertion sociale et professionnelle et l'aménagement du temps de travail, pour l'application du troisième plan pour l'emploi : – V. CSS, art. L. 311-3, L. 412-8, L. 413-11-1 à L. 413-11-4. – Art. 22-IV. – V. ss. CSS, art. L. 311-3.
1991	18 janv.	Loi n° 91-73. Dispositions relatives à la santé publique et aux assurances sociales. – V. CSS, art. L. 162-32, L. 212-3, L. 224-5, L. 241-3, L. 245-1, L. 711-12.
1991	12 févr.	Décret n° 91-163. Modifiant les art. D. 231-5 et D. 231-11 CSS. – V. art. mod.
1991	15 févr.	Décret n° 91-172. Modifiant les art. R. 224-8 et R. 224-9 CSS. – V. art. mod.
1991	25 févr.	Décret n° 91-233. Modifiant les art. D. 612-5 et D. 615-4 CSS. – V. art. mod.
1991	15 mars	Décret n° 91-278. Modifiant l'art. D. 231-4 CSS. – V. art. mod.
1991	4 avr.	Décret n° 91-345. Modifiant les art. R. 612-2 et R. 612-11 CSS. – V. art. mod.
1991	12 avr.	Décret n° 91-356. Allocation de logement prévue aux art. L. 831-1 s. du code de la sécurité sociale. – V. CSS, art. R. 831-6, R. 831-21, R. 832-2, R. 833-3, R. 833-4, R. 833-6, R. 833-7-1, R. 833-8.
1991	12 avr.	Décret n° 91-357. Allocation de logement prévue à l'art. L. 542-1 du code de la sécurité sociale. – V. CSS, art. D. 542-19.
1991	22 avr.	Décret n° 91-382. Portant modification des art. R. 213-3 et R. 225-1 CSS. – V. art. mod.
1991	*14 mai*	*Décret* n° 91-489. Suppression du régime spécial de sécurité sociale de la Compagnie générale des eaux. – V. CSS, art. R. 711-1.
1991	28 juin	Décret n° 91-613. Taux des cotisations de divers régimes spéciaux de sécurité sociale. – V. CSS, art. D. 242-21, D. 242-25.

1991	8 juill.	Décret n° 91-634. Assurance veuvage. – V. CSS, art. D. 173-24, D. 173-25, D. 356-1.
1991	9 juill.	Loi n° 91-650. Portant réforme des procédures civiles d'exécution. – Art. 92. – V. CSS, art. L. 361-5.
1991	15 juill.	Décret n° 91-654. Modifiant le décret n° 56-284 du 9 mars 1956. – V. CSS, art. D. 162-3, D. 162-22 à D. 162-36.
1991	15 juill.	Décret n° 91-655. Conditions de prise en charge des soins délivrés dans les centres de santé. – V. CSS, art. D. 162-22.
1991	15 juill.	Décret n° 91-656. Montant de la subvention versée par les caisses primaires d'assurance maladie aux centres de santé. – V. CSS, art. D. 162-22.
1991	18 juill.	Décret n° 91-700. Majoration pour tierce personne dans les régimes d'assurance vieillesse et invalidité des ministres des cultes et membres des congrégations et collectivités religieuses. – V. CSS, art. D. 382-32.
1991	26 juill.	Loi n° 91-716. Portant diverses dispositions d'ordre économique et financier. – V. CSS, art. L. 834-1.
1991	31 juill.	Loi n° 91-738. Portant diverses mesures d'ordre social. – V. CSS, art. L. 115-4, L. 162-13-1, L. 162-13-2, L. 162-14, L. 162-21-1, L. 162-29-1, L. 381-31, L. 433-4, L. 612-12, L. 637-2, L. 752-7, L. 752-8, L. 755-2-1, L. 755-3.
1991	31 juill.	Décret n° 91-747. Modifiant le décret n° 87-303 du 30 avr. 1987 (art. 9). – V. CSS, art. D. 241-6.
1991	31 juill.	Loi n° 91-748. Portant réforme hospitalière. – V. CSS, art. L. 115-4, L. 162-29-1.
1991	5 août	Décret n° 91-760. Modifiant certaines dispositions du code de la sécurité sociale (partie R) et du décret n° 76-1282 du 29 déc. 1976. – V. CSS, art. R. 243-6-1.
1991	5 août	Décret n° 91-761. Prestations familiales et prime relative à la protection de la maternité dans les DOM. – V. CSS, art. D. 755-5, D. 755-6, D. 755-10, D. 755-11.
1991	7 août	Loi n° 91-772. Congé de représentation en faveur des associations et des mutuelles et contrôle des comptes des organismes faisant appel à la générosité publique. – V. CSS, art. L. 412-8.
1991	23 août	Décret n° 91-813. Prestations familiales et services dans les DOM. – V. CSS, art. R. 755-6.
1991	3 sept.	Décret n° 91-877. Révisant et complétant les tableaux des maladies professionnelles. – V. Annexe II, divers tableaux mod., **p. 2881.**
1991	4 sept.	Décret n° 91-887. Contentieux du contrôle technique de la sécurité sociale et adaptation de certaines de ces dispositions aux DOM. – V. CSS, art. R. 752-18, R. 752-18-2, R. 752-18-7.
1991	5 sept.	Décret n° 91-897. Application de l'art. 17 de la loi n° 89-1008 du 31 déc. 1989. – V. CSS, art. R. 145-8.

1991	19 sept.	Décret n° 91-974. Modifiant l'art. R. 633-23 CSS. – V. art. mod.
1991	23 sept.	Décret n° 91-967. Complément d'allocation d'éducation spéciale. – V. CSS, art. R. 541-4.
1991	8 nov.	Décret n° 91-1159. Revalorisation des allocations de logement. – V. CSS, art. D. 542-4, D. 542-21, D. 542-30, D. 755-28, D. 755-29.
1991	17 déc.	Décret n° 91-1280. Conditions d'exonération des cotisations d'assurance maladie, maternité, invalidité, décès assises sur les avantages de retraite servis au titre d'une activité professionnelle relevant du régime général de la sécurité sociale ou du régime des assurances sociales agricoles. – V. CSS, art. D. 242-9, D. 242-11.
1991	19 déc.	Décret n° 91-1266. Application de la loi n° 91-647 du 10 juill. 1991 relative à l'aide juridique. – Art. 171-I. – V. CSS, art. R. 144-2, R. 144-7.
1991	31 déc.	Loi n° 91-1389. Protection sociale des sapeurs-pompiers volontaires en cas d'accident survenu ou de maladie contractée en service. – Art. 18. – V. CSS, art. L. 381-25.
1991	31 déc.	Loi n° 91-1405. Formation professionnelle et emploi. – V. CSS, art. L. 241-11, L. 412-8.
1991	31 déc.	Loi n° 91-1406. Portant diverses dispositions d'ordre social. – V. CSS, art. L. 133-4, L. 162-22-2, L. 162-22-3, L. 162-22-5, L. 181-1, L. 311-3, L. 412-2, L. 634-6-1, L. 642-1, L. 715-1 (et note), L. 762-2, L. 766-5, L. 831-3, L. 851-1 à L. 851-4.
1992	10 janv.	Décret n° 92-24. Modifiant l'art. D. 134-3 CSS relatif au calcul de la compensation. – V. art. mod.
1992	3 févr.	Décret n° 92-123. Assurance maladie et maternité des travailleurs non salariés des professions non agricoles. – V. CSS, art. R. 611-50, R. 611-89, R. 612-14, R. 613-23, R. 613-28.
1992	20 mars	Décret n° 92-283. Application de l'art. L. 133-3 CSS. – V. CSS, art. D. 133-1, D. 133-2,D. 612-14, D. 612-15.
1992	1er avr.	Décret n° 92-349. Action sanitaire et sociale de l'assurance maladie du régime général de sécurité sociale. – V. CSS, art. R. 251-7.
1992	1er avr.	Décret n° 92-350. Application des dispositions de l'art. L. 241-10 CSS. – V. CSS, art. D. 241-5.
1992	19 mai	Décret n° 92-460. Procédures de l'expertise médicale. – V. CSS, art. R. 142-22, R. 142-24, R. 142-24-1, R. 142-30, R. 144-6.
1992	19 mai	Décret n° 92-461. Demandes de rachat de cotisations d'assurance vieillesse et d'assurance volontaire vieillesse : – V. CSS, art. R. 351-37-2, R. 351-37-6, R. 381-115, R. 742-1, R. 742-5, R. 742-22, R. 742-24, R. 742-34, R. 742-39. – V. Décr. n° 88-673 du 6 mai 1988, art. 2, 4, 6, 11, **p. 2677.**
1992	25 mai	Décret n° 92-471. Service de l'allocation de garde d'enfant à domicile. – V. CSS, art. R. 842-2.

1992	25 juin	Décret n° 92-558. Répartition du coût des accidents du travail et des maladies professionnelles entre les entreprises de travail temporaire et les entreprises utilisatrices. – V. CSS, art. R. 142-7, R. 142-12, R. 242-6-1, R. 242-6-2, R. 242-6-3.
1992	7 juill.	Décret n° 92-621. Protection sociale des sapeurs-pompiers volontaires en cas d'accident survenu ou de maladie contractée en service, **p. 2700.**
1992	13 juill.	Décret n° 92-662. Règles d'attribution et de service de diverses prestations familiales et de l'allocation de logement sociale. – V. CSS, art. R. 831-10.
1992	13 juill.	Décret n° 92-663. Commission des comptes de la sécurité sociale. – V. CSS, art. D. 114-4.
1992	13 juill.	Décret n° 92-664. Commission instituée par l'art. L. 732-10 du code de la sécurité sociale. – V. CSS, art. D. 732-2 à D. 732-3.
1992	17 juill.	Décret n° 92-690. Protection accidents du travail des demandeurs d'emploi qui participent à des actions dispensées ou prescrites par l'Agence nationale pour l'emploi. – V. CSS, art. D. 412-90 à D. 412-94.
1992	23 juill.	Décret n° 92-720. Participation de l'assuré aux tarifs de responsabilité de l'assurance maladie pour les actes de biologie relatifs au dépistage du virus de l'immunodéficience humaine et modifiant l'art. D. 615-1 CSS. – V. art. mod.
1992	28 juill.	Décret n° 92-754. Extension de la protection accident du travail à diverses catégories de bénévoles. – V. CSS, art. D. 412-79, D. 412-82, D. 412-95 à D. 412-97.
1992	29 juill.	Loi n° 92-722. Adaptation de la loi n° 88-1088 du 1er déc. 1988 relative au revenu minimum d'insertion et lutte contre la pauvreté et l'exclusion sociale et professionnelle. – V. CSS, art. L. 161-2, L. 161-3, L. 182-1, L. 182-3, L. 182-4, L. 313-1, L. 341-2.
1992	6 août	Décret n° 92-782. Assurance accidents du travail et maladies professionnelles des travailleurs salariés expatriés. – V. CSS, art. D. 762-3.
1992	6 août	Décret n° 92-784. Centres de planification ou d'éducation familiale. – V. CSS, art. R. 162-55 à R. 162-58.
1992	27 août	Décret n° 92-887. Régime d'assurance vieillesse des avocats. – V. CSS, art. R. 723-16, R. 723-21.
1992	2 sept.	Décret n° 92-923. Régime d'assurance vieillesse des avocats. – V. CSS, art. D. 723-1, D. 723-2.
1992	23 sept.	Décret n° 92-1015. Revalorisation des allocations de logement. – V. CSS, art. D. 542-1, D. 542-5, D. 542-10, D. 542-21, D. 542-28, D. 755-12, D. 755-16, D. 755-24, D. 755-28.
1992	30 sept.	Décret n° 92-1066. Gestion du régime spécial de retraite institué par la loi du 22 juill. 1922. – V. CSS, art. D. 715-1 à D. 715-11.

1992	2 oct.	Décret n° 92-1078. Cotisations de certains régimes spéciaux de sécurité sociale. – V. CSS, art. R. 711-5, R. 711-8, R. 711-9, R. 711-10 à R. 711-13, R. 711-15.
1992	26 oct.	Décret n° 92-1168. Règles de recrutement des praticiens-conseils chargés du contrôle médical du régime général de sécurité sociale et du régime d'assurance maladie et maternité des travailleurs non salariés des professions non agricoles. – V. CSS, art. R. 315-5.
1992	11 déc.	Décret n° 92-1296. Aménagement des modalités de calcul de la compensation spécifique entre régimes spéciaux d'assurance vieillesse. – V. CSS, art. D. 134-9-4.
1992	23 déc.	Décret n° 92-1348. Révisant et complétant les tableaux des maladies professionnelles annexés au livre IV CSS. – V. Annexe II, tableaux n°s 25, 25 *bis*, 44, 44 *bis*, 65, 66, 76, 91, mod., **p. 2915.**
1992	30 déc.	Décret n° 92-1433. Allocations familiales dans les départements d'outre-mer. – V. CSS, art. D. 755-5.
1993	4 janv.	Loi n° 93-8. Relations entre les professions de santé et l'assurance maladie. – V. CSS, art. L. 161-29, L. 161-30, L. 162-5, L. 162-12-1 à L. 162-12-4, L. 162-32, L. 162-34, L. 645-2.
1993	14 janv.	Décret n° 93-73. Conditions d'attribution de l'allocation de logement dans les départements d'outre-mer. – V. CSS, art. D. 755-16.
1993	18 janv.	Décret n° 93-74. Modification du barème indicatif d'invalidité en matière d'accidents du travail. – V. CSS, art. R. 434-35 *(renvoi)*.
1993	27 janv.	Loi n° 93-121. Portant diverses mesures d'ordre social : – V. CSS, art. L. 115-5, L. 161-14, L. 161-15, L. 241-10, L. 242-1, L. 281-3, L. 311-3, L. 331-7, L. 382-1, L. 382-2, L. 382-3, L. 382-4, L. 382-9, L. 412-2, L. 412-10, L. 455-1-1, L. 455-3, L. 461-1, L. 461-2, L. 613-8, L. 743-2, L. 815-12. – V. L. n° 91-1389 du 31 déc. 1991, art. 2, 3, **p. 2694.**
1993	8 févr.	Décret n° 93-197. Salaire servant de base au calcul des cotisations et des prestations de l'assurance accidents du travail et maladies professionnelles des salariés expatriés. – V. CSS, art. R. 762-24.
1993	12 févr.	Décret n° 93-206. Pénalités prévues par l'art. L. 652-4 CSS. – V. CSS, art. R. 652-1.
1993	12 mars	Décret n° 93-336. Aide aux associations logeant à titre temporaire des personnes défavorisées instituée par l'art. L. 851-1 CSS. – V. CSS, art. R. 834-15, R. 851-1 à R. 852-3.
1993	12 mars	Arrêté. Fonds national d'aide au logement. – V. ss. CSS, art. R. 852-1.
1993	26 mars	Décret n° 93-644. Surveillance post-professionnelle. – V. CSS, art. D. 461-23, D. 461-25.
1993	26 mars	Décret n° 93-647. Application de l'art. L. 634-6-1 CSS. – V. CSS, art. D. 634-13-1.
1993	27 mars	Décret n° 93-672. Montant de l'allocation aux adultes handicapés en cas d'hospitalisation. – V. CSS, art. R. 821-8.

1993	27 mars	Décret n° 93-673. Prestations en espèces maternité accordées aux infirmiers conventionnés et aux cotisations mises à leur charge. – V. CSS, art. D. 722-15-2, D. 722-15-4, D. 722-15-5.
1993	27 mars	Décret n° 93-676. Modification de la liste des affections comportant un traitement prolongé et une thérapeutique particulièrement coûteuse, mentionnée au 3° de l'art. L. 322-3 CSS. – V. CSS, art. D. 322-1.
1993	27 mars	Décret n° 93-677. Comité national paritaire de l'information médicale. – V. CSS, art. D. 161-6 à D. 161-13.
1993	27 mars	Décret n° 93-678. Droit aux prestations en nature des assurances maladie et maternité. – V. CSS, art. R. 161-8-1.
1993	27 mars	Décret n° 93-679. Mode de calcul des indemnités journalières versées par l'assurance accidents du travail. – V. CSS, art. R. 433-2, R. 433-4, R. 433-5, R. 433-8, R. 436-1, R. 436-2, R. 436-4.
1993	27 mars	Décret n° 93-681. Participation de l'assuré aux tarifs de responsabilité de l'assurance maladie pour les actes de biologie relatifs au dépistage du virus de l'hépatite C. – V. CSS, art. R. 322-1.
1993	27 mars	Décret n° 93-682 du 27 mars 1993 modifiant les art. D. 615-1 et D. 615-3 CSS. – V. art. mod.
1993	27 mars	Décret n° 93-683. Création des comités régionaux de reconnaissance des maladies professionnelles. – V. CSS, art. D. 461-26 à D. 461-31.
1993	27 mars	Décret n° 93-687. Conditions d'ouverture du droit des assurés sociaux aux prestations des assurances maladie, maternité, invalidité et décès. – V. CSS, art. R. 313-1, R. 313-2, R. 313-3, R. 313-4, R. 313-6, R. 313-7, R. 313-8, R. 313-9.
1993	27 mars	Décret n° 93-691. Conditions d'attribution de diverses prestations familiales et de l'allocation de logement. – V. CSS, art. R. 755-11-1.
1993	27 mars	Décret n° 93-692. Procédures de reconnaissance des maladies professionnelles. – V. CSS, art. R. 142-24-2, R. 142-34, R. 461-8, R. 461-9.
1993	27 mars	Décret n° 93-694 du 27 mars 1993 modifiant l'art. D. 742-26 CSS. – V. CSS, art. D. 742-26 (2°), D. 742-30-1 et D. 742-30-2.
1993	29 mars	Décret n° 93-761. Prise en compte de prestations et de ressources d'origine étrangère ou versées par une organisation internationale pour l'attribution de l'allocation aux adultes handicapés et de certains avantages d'invalidité, de vieillesse ou de veuvage. – V. CSS, art. R. 161-12, R. 816-2, R. 821-4.
1993	29 mars	Décret n° 93-763. Régime des prestations supplémentaires de vieillesse des médecins conventionnés. – V. CSS, art. D. 645-2.
1993	3 juin	Décret n° 93-835. Conditions d'attribution de l'allocation de logement sociale. – V. CSS, art. R. 831-2, R. 831-5, R. 831-8, R. 831-13-1, R. 832-1, R. 833-1 à R. 833-2, R. 833-5, R. 833-7.

1993	16 juill.	Décret n° 93-938. Assurance accidents du travail et maladies professionnelles. – V. CSS, art. R. 412-7, R. 433-3.
1993	22 juill.	Loi n° 93-936. Pensions de retraite et sauvegarde de la protection sociale. – V. CSS, art. L. 135-1 à L. 135-6, L. 136-1 à L. 136-9, L. 357-4-1, L. 134-6, L. 241-3, L. 241-6, L. 341-6, L. 351-11, L. 357-6, L. 382-25, L. 633-9.
1993	27 juill.	Décret n° 93-953. Développement de l'emploi et de l'apprentissage. – V. CSS, art. L. 755-2.
1993	29 juill.	Décret n° 93-964. Montant minimum de l'allocation aux adultes handicapés en cas d'hospitalisation. – V. CSS, art. R. 821-9.
1993	29 juill.	Décret n° 93-965. Participation des assurés sociaux aux tarifs servant de base au calcul des prestations en nature de l'assurance maladie. – V. CSS, art. R. 322-1.
1993	10 août	Décret n° 93-1002. Fonctionnement des organismes de sécurité sociale. – V. CSS, art. R. 121-1, R. 122-4.
1993	10 août	Décret n° 93-1003. Organisation financière et comptable de la Caisse des Français à l'étranger. – V. CSS, art. D. 766-18 à D. 766-23.
1993	10 août	Décret n° 93-1004. Gestion financière des organismes de sécurité sociale du régime général. – V. CSS, art. D. 253-1 à D. 253-83, D. 254-1 à D. 256-16.
1993	24 août	Loi n° 93-1027. Maîtrise de l'immigration et conditions d'entrée, d'accueil et de séjour des étrangers en France. – Art. 36. – V. CSS, art. L. 115-6, L. 115-7, L. 161-16-1, L. 161-18-1, L. 161-25-1, L. 161-25-2, L. 356-1, L. 381-30, L. 381-31, L. 471-1, L. 831-1.
1993	27 août	Décret n° 93-1022. Calcul des pensions de retraite modifiant le code de la sécurité sociale [...]. – V. CSS, art. R. 341-4, R. 341-11, R. 351-27, R. 351-29, R. 351-29-1, R. 351-39, R. 351-45, R. 353-3-1, R. 634-1, R. 634-1-1, R. 634-5, R. 753-2, R. 753-24, R. 753-24-1.
1993	27 août	Décret n° 93-1023. Modalités de revalorisation des avantages d'invalidité et de vieillesse. – V. CSS, art. R. 341-7-1, R. 351-29-2, R. 481-10, R. 481-11.
1993	27 août	Décret n° 93-1024. Pensions de retraite : – V. CSS, art. D. 357-10, D. 357-11, D. 357-11-1. – V. Décr. n° 73-937 du 2 oct. 1973, art. 3, **p. 2667.**
1993	2 sept.	Décret n° 93-1048. Sécurité sociale dans les mines. – V. CSS, art. R. 121-2, R. 122-5, R. 123-4, R. 123-7, R. 123-48, R. 134-5.
1993	14 oct.	Décret n° 93-1166. Organisation financière et comptable du régime général de sécurité sociale et du régime d'assurance maladie et maternité des travailleurs non salariés des professions non agricoles. – V. CSS, art. D. 613-5, D. 613-8, D. 613-16.
1993	14 oct.	Décret n° 93-1168. Organisation financière et comptable des organisations autonomes d'assurance vieillesse. – V. CSS, art. D. 623-2 à D. 623-4, D. 634-1.

1993	4 nov.	Décret n° 93-1216. Guide-barème applicable pour l'attribution de diverses prestations aux personnes handicapées et modifiant le code de la famille et de l'aide sociale. – V. CSS, art. R. 541-1.
1993	4 nov.	Décret n° 93-1217. Assurance vieillesse des personnes assumant la charge d'un handicapé et allocation aux adultes handicapés : – V. CSS, art. D. 381-3, D. 821-1. – Art. 3 et 4, Annexe I, **p. 2702.**
1993	9 déc.	Décret n° 93-1306. Répartition du produit de la contribution sociale de solidarité instituée par l'art. L. 651-1 CSS. – V. CSS, art. D. 651-9.
1993	20 déc.	Loi n° 93-1313. Travail, emploi et formation professionnelle : – V. CSS, art. L. 131-2, L. 161-22, L. 241-6-1, L. 634-6. – V. L. n° 89-18 du 13 janv. 1989, art. 6, 6-1 à 6-4, **p. 2678.**
1993	30 déc.	Loi n° 93-1352. De finances pour 1994. – Art. 94 et 95. – V. CSS, art. L. 821-1, L. 821-2.
1993	30 déc.	Décret n° 93-1354. Application des dispositions des titres Ier et III de la loi n° 93-936 du 22 juill. 1993. – V. CSS, art. R. 135-1 à R. 135-18, R. 815-1, R. 815-8, R. 815-20, R. 815-39, R. 815-43, R. 815-52, R. 815-56 à R. 815-67, R. 815-70, R. 815-73, R. 815-74, R. 815-75.
1993	31 déc.	Loi n° 93-1418. Modifiant les dispositions du code du travail applicables aux opérations de bâtiment et de génie civil en vue d'assurer la sécurité et de protéger la santé des travailleurs et portant transposition de la directive du Conseil des Communautés européennes n° 92-57 en date du 24 juin 1992. – Art. 5. – V. CSS, art. L. 613-20.
1994	18 janv.	Loi n° 94-43. Santé publique et protection sociale. – V. CSS, art. L. 135-1, L. 136-2, L. 143-2, L. 143-3, L. 143-4, L. 144-1, L. 161-12, L. 161-15-1, L. 162-5, L. 162-5-1, L. 162-13-1, L. 174-4, L. 241-6-1, L. 241-11, L. 241-12, L. 242-13, L. 381-8, L. 381-30, L. 381-30-1 à L. 380-30-6, L. 382-2 à L. 382-4, L. 382-14, L. 451-1, L. 611-3, L. 611-4, L. 612-2, L. 613-8, L. 821-7.
1994	21 janv.	Décret n° 94-79. Maintien de droits à l'assurance maladie et maternité. – V. CSS, art. R. 161-5-1.
1994	7 févr.	Décret n° 94-121. Transmission par voie informatique des déclarations et des versements de cotisations prévus par les art. R. 243-13 et R. 243-17 CSS. – V. art. mod.
1994	11 févr.	Loi n° 94-126. Initiative et entreprise individuelle : – V. CSS, art. L. 131-6, L. 136-3, L. 242-11, L. 311-3, L. 311-11, L. 612-4, L. 612-5, L. 633-10, L. 633-11, L. 634-2-1, L. 742-6. – Art. 42. – V. L. n° 89-1009 du 31 déc. 1989, art. 1er *(e)*, **p. 2683.**
1994	21 mars	Décret n° 94-224. Aide aux chômeurs créateurs d'entreprise. – V. CSS, art. D. 161-1, D. 161-3.
1994	18 avr.	Décret n° 94-300. Centre national d'études supérieures de sécurité sociale. – V. CSS, art. R. 123-12, R. 123-13, R. 123-28, R. 123-30, R. 123-40, R. 123-47-1.

1994	16 mai	Décret n° 94-379. Allocation aux adultes handicapés et son complément. – V. CSS, art. D. 821-1, D. 821-3.
1994	18 mai	Décret n° 94-391. Comité national paritaire de l'information médicale. – V. CSS, art. D. 161-6 à D. 161-8.
1994	18 mai	Décret n° 94-393. Exonération temporaire de cotisations aux assurances volontaires des salariés expatriés pour les emplois nouvellement créés à l'étranger. – Art. 3, 4. – V. ss. CSS, art. D. 762-3.
1994	10 juin	Loi n° 94-475. Prévention et traitement des difficultés des entreprises. – V. CSS, art. L. 243-5.
1994	21 juin	Décret n° 94-523. Cotisation d'assurance maladie due par les assurés mentionnés au 4° du premier alinéa de l'art. L. 722-1 CSS. – V. CSS, art. D. 722-8.
1994	6 juill.	Décret n° 94-564. Modification de diverses dispositions du code de la sécurité sociale. – V. CSS, art. D. 645-2 à D. 645-4.
1994	19 juill.	Décret n° 94-634. Complément d'allocation aux adultes handicapés et conditions d'attribution de cette allocation. – V. CSS, art. R. 821-5-1 à R. 821-5-3, R. 821-6, R. 821-7, R. 821-7-1.
1994	21 juill.	Loi n° 94-624. Habitat. – V. CSS, art. L. 553-4.
1994	22 juill.	Décret n° 94-625. Contrats d'amélioration de la gestion des organismes conventionnés du régime d'assurance maladie et maternité des travailleurs non salariés des professions non agricoles. – V. CSS, art. R. 613-23, R. 613-40.
1994	25 juill.	Loi n° 94-629. Famille. – V. CSS, art. L. 241-6, L. 322-3, L. 331-3, L. 331-4, L. 331-6, L. 331-7, L. 381-1, L. 553-2, L. 613-19, L. 613-19-1, L. 752-8-1, L. 755-23, L. 835-3.
1994	25 juill.	Loi n° 94-637. Sécurité sociale : – V. CSS, art. L. 114-1, L. 124-4, L. 131-7, L. 133-3, L. 136-9, L. 153-1 à L. 153-6, L. 153-8 à L. 153-10, L. 161-1-1, L. 162-12-8 à L. 162-12-11, L. 162-32, L. 162-33, L. 200-2, L. 200-3, L. 213-1, L. 216-6, L. 221-1, L. 221-5, L. 222-1, L. 222-3, L. 223-1, L. 224-1, L. 224-3, L. 224-4, L. 224-7 à L. 224-13, L. 225-1, L. 225-1-1, L. 225-5, L. 226-1 à L. 226-4, L. 242-5, L. 243-7, L. 243-8, L. 243-10 à L. 243-12, L. 251-1, L. 251-5, L. 255-1, L. 281-2, L. 281-7, L. 381-6, L. 612-10, L. 614-1, L. 613-4, L. 613-8, L. 623-1, L. 633-1, L. 644-1, L. 645-2, L. 752-4, L. 752-6, L. 752-9, L. 762-3. – Art. 31 et 38, **p. 2702.**
1994	25 juill.	Loi n° 94-638. Emploi, insertion dans les DOM, à Saint-Pierre-et-Miquelon et à Mayotte. – Art. 4 et 5, **p. 2703.**
1994	25 juill.	Loi n° 94-640. Amélioration de la participation des salariés dans l'entreprise. – V. CSS, art. L. 136-2.
1994	8 août	Loi n° 94-678. Protection sociale complémentaire des salariés et portant transposition des directives n°s 92-49 et 92-96 des 18 juin et 10 nov. 1992 du Conseil des communautés européennes. – V. CSS,

		art. L. 134-1, L. 431-3, L. 911-1 à L. 911-5, L. 912-1 à L. 912-4, L. 913-1, L. 913-2, L. 914-1, L. 921-1 à L. 921-4, L. 922-1 à L. 922-14, L. 931-1, L. 931-5, L. 931-8-1 à L. 931-33, L. 932-1 à L. 932-38, L. 951-1 à L. 951-14.
1994	16 août	Décret n° 94-695. Aménagement des modalités de calcul de la compensation spécifique entre les régimes spéciaux d'assurance vieillesse. – V. CSS, art. D. 134-9-4.
1994	18 août	Décret n° 94-709. Suppléants des membres des conseils d'administration de la Caisse nationale et des caisses mutuelles régionales du régime d'assurance maladie et maternité des travailleurs non salariés des professions non agricoles. – V. CSS, art. R. 611-10, R. 611-17, R. 611-37, R. 611-41, R. 611-87.
1994	26 août	Décret n° 94-738. Application de l'art. L. 742-6 CSS. – V. CSS, art. D. 742-20-1.
1994	21 sept.	Décret n° 94-820. Titres ou documents attestant de la régularité du séjour et du travail des étrangers en France pour être affiliés à un régime de sécurité sociale et pour bénéficier des prestations de sécurité sociale. – V. CSS, art. D. 115-1, D. 115-2, D. 161-2-1-1, D. 161-2-4, D. 161-14, D. 161-15, D. 356-5.
1994	21 sept.	Décret n° 94-821. Modalités d'application du code de la sécurité sociale aux ressortissants des États membres de la Communauté européenne ou des États parties à l'accord sur l'Espace économique européen et les membres de leur famille quelle que soit leur nationalité. – V. CSS, art. D. 161-2-1-2, D. 161-2-5, D. 161-16, D. 161-17, D. 356-6.
1994	26 sept.	Décret n° 94-842. Liste des affections comportant un traitement prolongé et une thérapeutique particulièrement coûteuse mentionnée au 3° de l'art. L. 322-3 CSS. – V. CSS, art. D. 322-1.
1994	13 oct.	Décret n° 94-901. Aménagement des modalités de calcul de la compensation généralisée entre les régimes d'assurance vieillesse. – V. CSS, art. D. 134-3.
1994	20 oct.	Décret n° 94-927. Assurances volontaires en matière d'accidents du travail et de maladies professionnelles. – V. CSS, art. R. 743-1 à R. 743-10.
1994	27 oct.	Décret n° 94-929. Soins dispensés aux détenus par les établissements de santé assurant le service public hospitalier, protection sociale des détenus et situation des personnels infirmiers des services déconcentrés de l'administration pénitentiaire. – V. CSS, art. R. 161-4, R. 174-9, R. 174-10, R. 381-97 à R. 381-99, R. 381-97-1 à R. 381-97-4, R. 381-101, R. 381-102.
1994	2 nov.	Décret n° 94-961. Modification de l'âge limite pour être affilié au régime étudiant de sécurité sociale. – V. CSS, art. R. 381-5.
1994	2 nov.	Décret n° 94-962. Responsabilité personnelle et pécuniaire des régisseurs de dépenses et de recettes des organismes de sécurité sociale, **p. 2703.**

1994	10 nov.	Décret n° 94-974. Application des dispositions du 1 de l'art. 5 de la loi n° 93-1313 du 20 déc. 1993, **p. 2705.**
1994	10 nov.	Décret n° 94-994. Modalités de gestion de l'allocation de logement et de l'allocation aux adultes handicapés. – V. CSS, art. D. 212-3, D. 212-4, D. 821-7.
1994	14 nov.	Décret n° 94-982. Revalorisation des allocations de logement. – V. CSS, art. D. 542-10, D. 542-21, D. 542-27, D. 755-28.
1994	2 déc.	Décret n° 94-1031. Spécialités remboursables. – V. CSS, art. R. 114-9, R. 163-2, R. 163-7.
1994	19 déc.	Décret n° 94-1104. Cotisation afférente aux prestations en nature de l'assurance maladie et maternité due par l'État au titre des détenus affiliés au régime général de sécurité sociale. – V. CSS, art. D. 381-23.
1994	26 déc.	Décret n° 94-1146. Coordination des régimes métropolitains et polynésiens de sécurité sociale. – V. Annexe I, **p. 2705** *(renvoi)*.
1994	27 déc.	Décret n° 94-1140. Avantages de réversion. – V. CSS, art. D. 342-1, D. 353-1, D. 357-16.
1994	27 déc.	Décret n° 94-1147. Assurances sociales des artistes auteurs. – V. CSS, art. R. 382-1, R. 382-2, R. 382-5, R. 382-6, R. 382-8 à R. 382-11, R. 382-14, R. 382-16 à R. 382-20, R. 382-23 à R. 382-28, R. 382-37 à R. 382-55.
1994	27 déc.	Décret n° 94-1148. Élections aux conseils d'administration des organismes agréés pour la gestion des assurances sociales des artistes auteurs. – V. CSS, art. D. 382-3 à D. 382-16.
1994	27 déc.	Décret n° 94-1149. Modulation du taux des cotisations d'assurance maladie dues à la Caisse des Français de l'étranger en cas d'adhésions groupées. – V. CSS, art. D. 762-2.
1994	29 déc.	Loi n° 94-1162. De finances pour 1995. – Art. 93. – V. CSS, art. L. 542-2, L. 831-4-1.
1994	30 déc.	Décret n° 94-1230. Indemnités journalières de l'assurance maladie en cas de cure thermale. – V. CSS, art. D. 323-1.
1995	3 janv.	Loi n° 95-5. Pension de vieillesse des anciens combattants en Afrique du Nord. – V. CSS, art. L. 135-2, L. 351-7-1, L. 357-4.
1995	3 janv.	Décret n° 95-8. Application de la législation professionnelle aux détenus exécutant un travail. – V. CSS, art. D. 412-36, D. 412-39, D. 412-40, D. 412-41, D. 412-44 à D. 412-46, D. 412-54, D. 412-59, D. 412-63.
1995	3 janv.	Décret n° 95-15. Modifiant le décret n° 73-937 du 2 oct. 1973 modifié portant application de l'art. L. 634-3 CSS et relatif aux avantages de réversion. – V. Décr. mod., art. 9, **p. 2671.**
1995	4 janv.	Décret n° 95-16. Maladies professionnelles. – V. CSS, art. D. 461-22, D. 461-23, D. 461-25.

1995	6 janv.	Décret n° 95-38. Modifiant certaines dispositions du code de la sécurité sociale : – V. CSS, art. D. 212-4, D. 712-38, D. 713-15. – Art. 4, **p. 2706.**
1995	11 janv.	Décret n° 95-39. Commission des accidents du travail et maladies professionnelles. – V. CSS, art. R. 221-1, R. 221-2, R. 224-3, R. 224-7, R. 251-6, R. 421-2, R. 421-3, R. 421-6, R. 421-7.
1995	12 janv.	Décret n° 95-52. Complétant les tableaux de maladies professionnelles annexés au livre IV du code de la sécurité sociale. – V. Annexe II, tableaux n°s 42, 92 et 93, **p. 2933.**
1995	16 janv.	Décret n° 95-67. Régime d'assurance vieillesse et invalidité des ministres des cultes etmembress des congrégations et collectivités religieuses. – V. CSS, art. R. 382-89, R. 382-90.
1995	2 févr.	Décret n° 95-117. Mode de calcul et de recouvrement des cotisations d'allocations familiales dues à titre personnel par les employeurs et les travailleurs indépendants. – V. CSS, art. R. 243-16, R. 243-26.
1995	4 févr.	Loi n° 95-115. D'orientation pour l'aménagement et le développement du territoire. – V. CSS, art. L. 241-6-1, L. 241-6-2, L. 241-6-3.
1995	4 févr.	Loi n° 95-116. Portant diverses dispositions d'ordre social. – V. CSS, art. L. 130-1, L. 131-6, L. 135-2, L. 136-3, L. 136-6, L. 145-1 à L. 145-7, L. 161-1, L. 161-1-1, L. 161-14-1, L. 161-15-2, L. 242-1, L. 243-14, L. 311-5, L. 321-1, L. 322-1, L. 331-1, L. 332-1, L. 381-6, L. 381-8, L. 381-9, L. 382-1, L. 382-7, L. 512-1, L. 611-3, L. 611-6, L. 613-14, L. 613-19, L. 637-1, L. 652-7, L. 712-6, L. 757-6, L. 842-4, L. 912-3, L. 914-2, L. 931-8-1, L. 932-13.
1995	7 févr.	Décret n° 95-122. Allocation de garde d'enfant à domicile. – V. CSS, art. R. 757-5, R. 842-1 à R. 842-5.
1995	15 févr.	Décret n° 95-158. Modifiant le code de la sécurité sociale et portant application de l'art. L. 131-6 CSS. – V. CSS, art. D. 633-6.
1995	15 févr.	Décret n° 95-159. Modifiant le code de la sécurité sociale et portant application des art. L. 634-2-1 et L. 635-3 CSS : – V. CSS, art. D. 634-2-1 à D. 634-2-4. – Art. 7. – V. ss. CSS, art. D. 634-2-3.
1995	15 févr.	Décret n° 95-161. Droits de plaidoirie et contribution équivalente, .
1995	15 févr.	Décret n° 95-163. Admission en non-valeur des cotisations de sécurité sociale. – V. CSS, art. D. 243-2.
1995	15 févr.	Décret n° 95-164. Admission en non-valeur des créances autres que les cotisations de sécurité sociale. – V. CSS, art. D. 133-2-1.
1995	16 févr.	Décret n° 95-180. Allocation d'adoption. – V. CSS, art. D. 755-39.
1995	16 févr.	Décret n° 95-181. Protection en matière d'accidents du travail et des maladies professionnelles de certains travailleurs à domicile. – V. CSS, art. R. 412-12 à R. 412-18.

1995	24 févr.	Décret n° 95-196. Gestion de la trésorerie des branches du régime général de sécurité sociale. – V. CSS, art. R. 255-1 à R. 255-8, R. 256-3, R. 256-5, R. 256-6.
1995	27 févr.	Décret n° 95-206. Modalités de consultation des organismes nationaux du régime général de sécurité sociale. – V. CSS, art. R. 200-1 à R. 200-6, R. 224-1, R. 225-3.
1995	2 mars	Décret n° 95-238. Modifiant l'art. R. 242-1 et abrogeant l'art. R. 583-1 CSS. – V. art. mod.
1995	2 mars	Décret n° 95-247. Admission en non-valeur des cotisations et recouvrement des indus de prestations dans le régime d'assurance maladie et maternité des travailleurs non salariés des professions non agricoles. – V. CSS, art. R. 612-2, R. 612-9 à R. 612-11.
1995	6 mars	Décret n° 95-267. Affiliation des assurés sociaux séjournant dans les établissements d'hébergement de personnes âgées. – V. CSS, art. R. 312-1, R. 613-11.
1995	6 mars	Arrêté. Fixant la liste des assurés sociaux qui doivent être affiliés à une caisse d'assurance maladie ou à une caisse d'allocations familiales autre que la caisse du lieu de résidence, **p. 2706.**
1995	9 mars	Décret n° 95-268. Situation des militaires exerçant leurs fonctions dans un territoire d'outre-mer ainsi que des militaires retraités qui y résident. – V. CSS, art. D. 713-7-1, D. 713-7-2, D. 713-14, D. 713-17.
1995	17 mars	Arrêté. Cotisations artistes auteurs. – V. CSS, art. R. 382-27.
1995	30 mars	Décret n° 95-337. Prestations en espèces d'assurance maternité dans les régimes des travailleurs non salariés des professions non agricoles et des praticiens et auxiliaires médicaux conventionnés. – V. CSS, art. D. 612-4, D. 613-4-1, D. 613-4-3, D. 613-4-4, D. 722-3.
1995	31 mars	Décret n° 95-348. Abrogation de l'art. R. 322-2 CSS.
1995	31 mars	Décret n° 95-349. Régime local d'assurance maladie des départements du Haut-Rhin, du Bas-Rhin et de la Moselle. – V. CSS, art. D. 181-1, D. 242-20, D. 242-21, D. 242-28, D. 325-1, D. 325-2 à D. 325-4, D. 325-5 à D. 325-15.
1995	31 mars	Décret n° 95-361. Participation de l'assuré aux tarifs servant de base au calcul des prestations en nature de l'assurance maladie. – V. CSS, art. R. 322-9.
1995	5 avr.	Décret n° 95-365. Attribution de ristournes en matière de cotisations d'assurance volontaire accidents du travail et maladies professionnelles de la Caisse des Français de l'étranger. – V. CSS, art. D. 762-4, D. 762-5, D. 762-6, D. 762-7.
1995	13 avr.	Décret n° 95-402. Centre de sécurité sociale des travailleurs migrants. – V. CSS, art. R. 767-5 à R. 767-12.
1995	20 avr.	Décret n° 95-423. Dispositions applicables à l'issue d'un congé parental d'éducation. – V. CSS, art. D. 161-2, D. 162-2-1.

1995	24 avr.	Décret n° 95-442. Prestations supplémentaires de vieillesse des chirurgiens-dentistes conventionnés. – V. CSS, art. D. 645-2.
1995	27 avr.	Décret n° 95-468. Situation des fonctionnaires de l'État et des magistrats en Polynésie française au regard de l'assurance maladie-maternité (prestations en nature). – V. CSS, art. D. 712-54-1, D. 712-56.
1995	27 avr.	Décret n° 95-509. Composition du conseil d'administration de la Caisse nationale militaire de sécurité sociale. – V. CSS, art. R. 713-3.
1995	6 mai	Décret n° 95-556. Création d'un régime d'indemnités journalières pour les travailleurs non salariés des professions non agricoles exerçant une activité artisanale. – V. CSS, art. D. 612-9, D. 612-12, D. 612-17, D. 613-14 à D. 613-19, D. 613-21 à D. 613-27.
1995	6 mai	Décret n° 95-564. Codage des actes et des prestations remboursables par l'assurance maladie ainsi que des pathologies diagnostiquées. – V. CSS, art. R. 161-29 à R. 161-34.
1995	6 mai	Décret n° 95-571. Centres de préorientation et centres d'éducation ou de rééducation professionnelle. – V. CSS, art. R. 481-4.
1995	9 mai	Décret n° 95-643. Pension de vieillesse des anciens combattants en Afrique du Nord. – V. CSS, art. R. 351-45.
1995	9 mai	Décret n° 95-644. Pension de vieillesse des anciens combattants en Afrique du Nord. – V. CSS, art. D. 357-11-1.
1995	9 mai	Décret n° 95-645. Fonctionnement des comités régionaux de reconnaissance des maladies professionnelles. – V. CSS, art. D. 461-27, D. 461-30, D. 461-31.
1995	9 mai	Décret n° 95-649. Assurances sociales des artistes auteurs. – V. CSS, art. R. 115-1, R. 382-4, R. 382-30-1, R. 382-30-2, R. 382-33, R. 382-37.
1995	9 mai	Décret n° 95-683. Exonération de cotisations de sécurité sociale des bénéficiaires de l'aide de l'État mentionnés au 2° de l'art. L. 351-24 C. trav. – V. CSS, art. D. 161-1-1.
1995	9 mai	Décret n° 95-684. Assurance vieillesse du parent au foyer. – V. CSS, art. D. 381-1, D. 381-2, D. 381-2-1, D. 381-5.
1995	9 mai	Décret n° 95-685. Assurance vieillesse du parent au foyer. – V. CSS, art. R. 381-3, R. 381-3-1.
1995	9 mai	Décret n° 95-715. Situation des fonctionnaires et ouvriers de l'État, des magistrats et des fonctionnaires territoriaux et hospitaliers en Polynésie française au regard de l'assurance maladie-maternité. – V. CSS, art. D. 712-54-1.
1995	9 mai	Décret n° 95-716. Versement d'acomptes provisionnels de la contribution sociale de solidarité instituée par l'art. L. 651-1. – V. CSS, art. D. 651-17, D. 651-18.
1995	23 juin	Décret n° 95-813. Organisation administrative du régime d'assurance maladie et maternité des travailleurs non salariés des professions non agricoles. – V. CSS, art. R. 611-9, R. 611-10, R. 611-14, R. 611-26, R. 611-27, R. 611-44.

1995	4 août	Loi n° 95-882. Mesures d'urgence pour l'emploi et la sécurité sociale. – V. CSS, art. L. 241-6-3.
1995	25 août	Décret n° 95-976. Cotisation d'allocations familiales due par certains médecins, avantages complémentaires ouverts aux praticiens et auxiliaires médicaux conventionnés. – V. CSS, art. D. 242-15-2.
1995	25 août	Décret n° 95-997. Allocation de logement familiale dans les départements d'outre-mer. – V. CSS, art. D. 755-17.
1995	25 août	Arrêté. Admission en non-valeur de créances. – V. CSS, art. D. 243-2.
1995	21 sept.	Décret n° 95-1056. Certaines dépenses à titre permanent du fonds de solidarité vieillesse. – V. CSS, art. R. 135-16, R. 135-16-1.
1995	22 sept.	Décret n° 95-1058. Modalités de validation des périodes de perception de l'allocation de préparation à la retraite servie aux anciens combattants d'Afrique du Nord. – V. CSS, art. R. 161-16, R. 173-19.
1995	16 oct.	Décret n° 95-1109. Règles de tarification des risques d'accidents du travail et de maladies professionnelles. – V. CSS, art. D. 242-6, D. 242-6-1 à D. 242-6-14, D. 242-6-16 à D. 242-6-18, D. 242-29 à D. 242-36.
1995	16 oct.	Décret n° 95-1127. Contrôle médical des assurés relevant de la caisse mutuelle d'assurance maladie des cultes. – V. CSS, art. R. 382-105.
1995	16 oct.	Arrêté. Pris pour l'application de l'art. D. 242-6-3 CSS relatif à la tarification des risques d'accidents du travail et de maladies professionnelles, **p. 2707.**
1995	17 oct.	Arrêté. Tarification des risques d'accidents du travail et de maladies professionnelles, **p. 2708.**
1995	26 oct.	Arrêté. Prestations supplémentaires, **p. 2710.**
1995	2 nov.	Décret n° 95-1157. Conditions d'attribution de diverses prestations familiales et de l'allocation de logement sociale. – V. CSS, art. R. 831-1, R. 831-3, R. 831-13, R. 831-13-1, R. 831-21-3, R. 831-21-4, R. 831-25, R. 834-1 à R. 834-6.
1995	2 nov.	Décret n° 95-1158. Allocation de logement familiale. – V. CSS, art. D. 542-1, D. 542-3, D. 542-14, D. 542-15, D. 542-22-3, D. 542-22-4, D. 542-29, D. 755-12, D. 755-13, D. 755-16, D. 755-19, D. 755-37.
1995	6 nov.	Décret n° 95-1196. Modifiant et complétant les tableaux de maladies professionnelles annexés au livre IV du code de la sécurité sociale. – V. Annexe II, tableaux n°s 15, 15 *bis*, 15 *ter*, 16 *bis*, 25 et 69, **p. 2899.**
1995	6 nov.	Décret n° 95-1202. Allocation de soutien familial dans les départements d'outre-mer. – V. CSS, art. D. 755-8.
1995	6 nov.	Décret n° 95-1203. Prime de déménagement versée dans les départements d'outre-mer. – V. CSS, art. D. 755-33, D. 755-36.
1995	29 déc.	Décret n° 95-1353. Recouvrement des cotisations. – V. CSS, art. R. 133-8, R. 241-2, R. 243-18, R. 243-20, R. 243-20-1, R. 243-28, R. 243-30, R. 243-32, R. 243-33, R. 243-37, R. 243-39, R. 243-43.

1995	29 déc.	Décret n° 95-1354. Modifiant l'art. 4 du décret n° 94-974 du 10 nov. 1994. – V. Décr. mod., **p. 2705.**
1995	30 déc.	Loi n° 95-1346. De finances pour 1996. – V. CSS, art. L. 135-2, L. 241-6-1, L. 241-6-2, L. 241-6-4.
1995	30 déc.	Décret n° 95-1358. Taux de la contribution sociale de solidarité à la charge des sociétés. – V. CSS, art. D. 651-1.
1995	30 déc.	Décret n° 95-1359. Cotisations et majorations de retard des régimes d'assurance maladie et maternité et d'assurance vieillesse des travailleurs non salariés des professions artisanales, industrielles et commerciales. – V. CSS, art. D. 612-20, D. 612-23-1 à D. 612-23-3.
1995	30 déc.	Décret n° 95-1361. Calcul des indemnités journalières de l'assurance maternité. – V. CSS, art. R. 331-5.
1995	30 déc.	Arrêté. Gain journalier. – V. CSS, art. R. 331-5.
1996	22 janv.	Décret n° 96-58. Participation de l'assuré aux tarifs servant de base au calcul des prestations en nature de l'assurance maladie et maternité des travailleurs non salariés des professions non agricoles. – V. CSS, art. D. 613-1.
1996	24 janv.	Ordonnance n° 96-50. Remboursement de la dette sociale, **p. 2712.** – V. CSS, art. L. 135-1, L. 135-2.
1996	24 janv.	Ordonnance n° 96-51. Mesures urgentes tendant au rétablissement de l'équilibre financier de la sécurité sociale : – V. CSS, art. L. 135-3, L. 137-1, L. 137-2, L. 137-3, L. 137-4, L. 176-1, L. 212-1, L. 376-1, L. 454-1, L. 522-2, L. 543-2. – Art. 9 (II et III). – V. ss. CSS, art. L. 376-1.
1996	29 janv.	Loi n° 96-63. En faveur du développement des emplois de services aux particuliers. – V. CSS, art. L. 842-2.
1996	31 janv.	Décret n° 96-91. Modalités du contrôle de l'application de la législation de la sécurité sociale par les employeurs, les travailleurs indépendants non salariés non agricoles, les exploitants agricoles et les avocats. – V. CSS, art. R. 133-9, R. 114-17, R. 243-59, R. 243-60, R. 244-1, R. 623-14, R. 623-15, R. 652-14.
1996	1er févr.	Décret n° 96-96. Tarification des risques d'accidents du travail et de maladies professionnelles. – V. CSS, art. D. 242-6-14-1 (anc.), D. 242-34.
1996	14 févr.	Décret n° 96-134. Conditions de rémunération de l'agent assermenté et de l'expert technique mentionnés aux art. L. 442-1 et L. 442-3 CSS. – V. CSS, art. R. 442-4.
1996	14 févr.	Décret n° 96-135. Liste des membres bénévoles des organismes à objet social visés à l'art. D. 412-79 CSS. – V. CSS, art. D. 412-79.
1996	21 févr.	Loi n° 96-126. Fonds paritaire d'intervention en faveur de l'emploi, **p. 2721.**
1996	22 févr.	Loi constitutionnelle n° 96-138. Lois de financement de la sécurité sociale. – Art. 1er à 3. – V. ss. CSS, art. L.O. 111-3.

1996	2 avr.	Décret n° 96-294. Agrément administratif des institutions de prévoyance. – V. CSS, art. R. 931-1-1 à R. 931-1-9, R. 931-2-1 à R. 931-2-9, R. 931-8-1, R. 931-8-2, R. 931-9-1.
1996	9 avr.	Décret n° 96-315. Déclaration commune des revenus des travailleurs non salariés des professions non agricoles. – V. CSS, art. R. 115-5.
1996	9 avr.	Décret n° 96-316. Déclaration des revenus servant de base au calcul des cotisations d'assurance vieillesse des travailleurs non salariés des professions artisanales, industrielles et commerciales. – V. CSS, art. D. 633-3.
1996	12 avr.	Loi n° 96-314. Diverses dispositions d'ordre économique et financier : – Art. 76. – V. CSS, art. L. 138-8, L. 138-9. – Art. 99, **p. 2723.**
1996	24 avr.	Ordonnance n° 96-344. Portant mesures relatives à l'organisation de la sécurité sociale. – V. CSS, art. L. 122-1, L. 151-1, L. 183-1, L. 183-2, L. 183-4, L. 184-1, L. 200-3, L. 212-2, L. 213-2, L. 214-1 à L. 214-15, L. 215-2, L. 215-3, L. 215-7, L. 215-8, L. 216-2 à L. 216-5, L. 217-3 à L. 217-8, L. 222-5, L. 223-3, L. 224-2, L. 224-6, L. 224-10, L. 225-1-1, L. 225-3, L. 226-1, L. 227-1 à L. 227-3, L. 228-1, L. 231-2 à L. 231-4, L. 231-5-1 à L. 231-7, L. 231-8-1, L. 611-12, L. 611-13, L. 637-1, L. 752-1, L. 752-4, L. 752-6, L. 752-9, L. 752-14, L. 766-6.
1996	24 avr.	Ordonnance n° 96-345. Maîtrise médicalisée des dépenses de soins : – V. CSS, art. L. 141-2 à L. 145-3, L. 145-9, L. 161-15-1, L. 161-31 à L. 161-35, L. 162-1-1 à L. 162-1-6, L. 162-1-8, L. 162-2-1 à L. 162-3, L. 162-5, L. 162-5-2 à L. 162-5-10, L. 162-9, L. 162-10, L. 162-12-2, L. 162-12-3, L. 162-12-9, L. 162-12-11, L. 162-12-15, L. 162-12-16, L. 162-12-17, L. 162-15, L. 162-17-1, L. 162-17-2, L. 162-22-1, L. 162-22-6, L. 162-31-1, L. 162-32, L. 162-34, L. 162-36, L. 315-1, L. 315-2, L. 321-2, L. 645-2.
1996	24 avr.	Ordonnance n° 96-346. Réforme de l'hospitalisation publique et privée : – V. CSS, art. L. 115-1, L. 162-30-1. – Art. 24, 25, 26, 61, **p. 2724.**
1996	30 avr.	Décret n° 96-377. Enfants majeurs ayants droit d'assurés sociaux. – V. CSS, art. R. 161-8-13, R. 161-8-14.
1996	20 mai	Arrêté. Agrément administratif des institutions de prévoyance. – V. CSS, art. A. 931-1-1 à A. 931-1-6, A. 931-2-1 à A. 931-2-6.
1996	22 mai	Décret n° 96-445. Modifiant et complétant les tableaux des maladies professionnelles annexés au livre IV CSS. – V. Annexe II, tableaux n°s 13, 30, 30 *bis* et 94, **p. 2898.**
1996	22 mai	Décret n° 96-446. Maladies professionnelles. – V. CSS, art. D. 461-5, D. 461-13, D. 461-23.
1996	23 mai	Décret n° 96-457. Régime local d'assurance maladie des départements du Haut-Rhin, du Bas-Rhin et de la Moselle. – V. CSS, art. D. 325-10, D. 325-16 à D. 325-19.

1996	24 mai	Décret n° 96-458. Reconnaissance des maladies professionnelles des personnels dont l'employeur est autorisé à gérer le risque d'accident du travail et de maladie professionnelle et de certains travailleurs salariés expatriés devant les comités régionaux de reconnaissance des maladies professionnelles. – V. CSS, art. D. 461-32 à D. 461-38.
1996	28 mai	Loi n° 96-452. Portant diverses mesures d'ordre sanitaire, social et statutaire : – V. CSS, art. L. 162-16-1, L. 162-17-3, L. 162-17-4, L. 162-18, L. 162-19, L. 162-39 à L. 162-42, L. 764-5, L. 921-1, L. 931-2, L. 931-15, L. 932-6, L. 932-13-1, L. 932-19, L. 932-22, L. 932-23. – Art. 9, 33, 42, 58 et 59, **p. 2724.**
1996	30 mai	Décret n° 96-466. Application de l'art. 6 de l'ordonnance n° 96-51 du 24 janv. 1996, **p. 2726.**
1996	14 juin	Décret n° 96-532. Fonds de solidarité vieillesse. – V. CSS, art. R. 135-4, R. 135-9, R. 135-15, R. 135-16, R. 135-18.
1996	14 juin	Décret n° 96-551. Bonification des pensions de certains présidents et administrateurs des caisses d'assurance maladie-maternité et d'assurance vieillesse des travailleurs non salariés non agricoles : – V. CSS, art. R. 652-15, R. 652-16. – Art. 2. – V. ss. CSS, art. R. 652-16.
1996	17 juin	Décret n° 96-536. Modifiant le code de la sécurité sociale. – V. CSS, art. D. 381-1, D. 381-2.
1996	20 juin	Décret n° 96-553. Diverses prestations familiales. – V. CSS, art. R. 381-2, R. 543-5.
1996	24 juin	Décret n° 96-559. Mesures en faveur des associations. – V. L. n° 89-18 du 13 janv. 1989, art. 6, **p. 2678.**
1996	28 juin	Décret n° 96-580. Taux de la cotisation d'assurance volontaire maladie-maternité due par les pensionnés des régimes français de retraite résidant à l'étranger affiliés à la Caisse des Français de l'étranger. – V. CSS, art. D. 764-1.
1996	2 juill.	Décret n° 96-592. Conseils d'administration des organismes du régime général de sécurité sociale. – V. CSS, art. D. 214-1 à D. 214-60, D. 223-1, D. 231-1 à D. 231-4, D. 231-24, D. 752-2-1.
1996	5 juill.	Loi n° 96-603. Développement et promotion du commerce et de l'artisanat. – V. CSS, art. L. 613-19-1.
1996	5 juill.	Loi n° 96-604. Adoption : – V. CSS, art. L. 331-7, L. 521-2, L. 613-19, L. 615-13-1, L. 755-23. – Art. 45, **p. 2727.**
1996	5 juill.	Loi n° 96-609. Dispositions diverses relatives à l'outre-mer. – V. CSS, art. L. 752-8-1, L. 755-16.
1996	19 juill.	Arrêté. Allocations familiales et contribution sociale généralisée. – V. Arr. du 9 août 1974, art. 1er, 11 et 12, **p. 2672.**

1996	22 juill.	Loi organique n° 96-646. Lois de financement de la sécurité sociale. – V. CSS, art. L.O. 111-3 à L.O. 111-7, L. 114-1, L. 200-3.
1996	2 août	Décret n° 96-688. Taux des contributions exceptionnelles prévues par l'art. 12 de l'ordonnance n° 96-51 du 24 janv. 1996. – V. Annexe I, **p. 2727** *(renvoi)*.
1996	9 août	Arrêté. Tarification des risques d'accidents du travail et de maladies professionnelles. – V. Arr. du 17 oct. 1995, mod., ss. Annexe I, **p. 2708.**
1996	9 sept.	Décret n° 96-800. Opérations des institutions de prévoyance et à leur contrôle. – V. CSS, art. R. 931-9-1, R. 932-1-1 à R. 932-1-6, R. 932-2-1, R. 932-2-2, R. 932-3-1 à R. 932-3-3, R. 932-4-1 à R. 932-4-21, R. 951-3-1, R. 951-4-1, R. 951-5-1.
1996	10 sept.	Décret n° 96-785. Expertise technique spécifique prévue à l'art. L. 141-2-1 CSS. – V. CSS, art. R. 142-22, R. 142-24-3, R. 142-30.
1996	10 sept.	Décret n° 96-786. Contrôle médical. – V. CSS, art. R. 142-7, R. 142-25, R. 162-1-1, R. 315-1, R. 315-1-1 à R. 315-1-3.
1996	10 sept.	Décret n° 96-792. Modalités de consultation des organismes nationaux du régime général de sécurité sociale. – V. CSS, art. R. 200-1, R. 200-3, R. 200-4.
1996	12 sept.	Décret n° 96-793. Autorisation d'utilisation du numéro d'inscription au Répertoire national d'identification des personnes physiques et institution d'un répertoire national interrégimes des bénéficiaires de l'assurance maladie : – V. CSS, art. R. 115-1 à R. 115-3, R. 161-34 à R. 161-38. – Art. 3 (I). – V. ss. CSS, art. R. 161-38.
1996	17 sept.	Décret n° 96-817. Fonds d'action sociale pour les travailleurs immigrés et leurs familles. – V. CSS, art. D. 762-5, D. 762-7, D. 762-8.
1996	20 sept.	Décret n° 96-834. Commission des comptes de la sécurité sociale. – V. CSS, art. D. 114-1 à D. 114-3.
1996	2 oct.	Décret n° 96-865. Comité des carrières des agents de direction des organismes régionaux et locaux du régime général de la sécurité sociale et diverses dispositions concernant l'organisation administrative de ce régime. – V. CSS, art. R. 224-3, R. 224-8, R. 225-3.
1996	18 oct.	Décret n° 96-925. Carnet de santé institué par l'art. L. 162-1-1 CSS. – V. CSS, art. R. 161-8-2 à R. 161-8-7, R. 162-1-1 à R. 162-1-7.
1996	4 nov.	Décret n° 96-963. Prestations familiales dans les départements d'outre-mer. – V. CSS, art. R. 755-1, R. 755-16.
1996	14 nov.	Loi n° 96-987. Mise en œuvre du pacte de relance pour la ville : – V. CSS, art. L. 131-6, L. 136-3. – Art. 12 à 16, **p. 2727.**
1996	6 déc.	Décret n° 96-1053. Instances et procédures du contentieux du contrôle technique. – V. CSS, art. R. 145-4, R. 145-5, R. 145-6, R. 145-7, R. 145-9, R. 145-13, R. 145-15 à R. 145-24, R. 145-27 à R. 145-29.

1996	19 déc.	Décret n° 96-1116. Reversement exigible des médecins conventionnés en cas de non-respect de l'objectif prévisionnel d'évolution des dépenses médicales. – V. CSS, art. D. 162-1-1 à D. 162-1-7, D. 162-2-1, D. 162-2-2.
1996	20 déc.	Ordonnance. n° 96-1122. Collectivité de Mayotte. – V. ss. CSS, art. L. 111-2, **p. 5** *(renvoi)*.
1996	26 déc.	Loi n° 96-1143. Zone franche de Corse. – Art. 1er à 4 et 5, **p. 2736.**
1996	26 déc.	Décret n° 96-1165. Versement des cotisations d'assurance maladie de l'État. – V. CSS, art. D. 712-41, D. 713-23, D. 713-24.
1996	26 déc.	Décret n° 96-1167. Taux de cotisations d'assurance maladie de certains assurés. – V. CSS, art. D. 242-3, D. 612-4.
1996	26 déc.	Décret n° 96-1246. Revalorisation de la base mensuelle de calcul des allocations familiales à compter du 1er janv. 1997. – V. CSS, art. L. 551-1.
1996	27 déc.	Loi n° 96-1160. De financement de la sécurité sociale pour 1997 : – V. CSS, art. L. 134-1, L. 135-3, L. 136-1, L. 136-2, L. 136-5 à L. 136-7, L. 138-1, L. 139-1, L. 139-2, L. 176-1, L. 241-1, L. 241-2, L. 241-6, L. 242-1, L. 322-5, L. 322-5-1 à L. 322-5-5, L. 524-1, L. 612-1, L. 711-2, L. 713-3, L. 713-7, L. 713-13, L. 713-15, L. 713-21. – Art. 29, **p. 2738.**
1996	27 déc.	Décret n° 96-1169. Plafond de la sécurité sociale. – V. CSS, art. D. 242-16 à D. 242-18.
1996	27 déc.	Arrêté. Tarification des risques d'accidents du travail et de maladies professionnelles. – V. Arr. du 17 oct. 1995, mod., **p. 2708.**
1996	30 déc.	Loi n° 96-1181. De finances pour 1997. – V. CSS, art. L. 136-1, L. 161-1, L. 161-1-1.
1996	30 déc.	Loi n° 96-1182. De finances rectificative pour 1996. – V. CSS, art. L. 136-6, L. 241-6-2.
1997	30 janv.	Décret n° 97-83. Ressources prises en considération pour l'attribution de certaines prestations familiales et de l'allocation de logement sociale. – V. CSS, art. R. 755-2, R. 831-5.
1997	30 janv.	Décret n° 97-84. Modalités d'attribution de l'allocation de logement familiale. – V. CSS, art. D. 542-5, D. 542-10, D. 542-13, D. 542-21, D. 755-16, D. 755-28.
1997	30 janv.	Décret n° 97-85. Ressources prises en considération pour l'attribution de l'allocation de logement familiale. – V. CSS, art. D. 755-16.
1997	12 févr.	Décret n° 97-127. Exonération de cotisations patronales en faveur de l'emploi dans les zones de revitalisation rurale et les zones de redynamisation urbaine, **p. 2738.**
1997	24 févr.	Décret n° 97-166. Régime complémentaire obligatoire d'assurance vieillesse des travailleurs non salariés des professions artisanales. – V. CSS, art. D. 635-4, D. 635-6, D. 635-8.

1997	25 févr.	Arrêté. Opérations des institutions de prévoyance. – V. CSS, art. A. 932-3-1 à A. 932-4-2, A. 951-3-1 à A. 951-3-3.
1997	26 févr.	Décret n° 97-189. Mode de calcul des rentes d'accidents du travail. – V. CSS, art. R. 434-30.
1997	5 mars	Arrêté. Tarification des risques d'accidents du travail et de maladies professionnelles. – V. Arr. du 17 oct. 1995, **p. 2708.**
1997	13 mars	Décret n° 97-221. Spécialités génériques. – V. CSS, art. R. 163-2, R. 163-4.
1997	13 mars	Arrêté. Spécialités génériques, **p. 2741.**
1997	18 mars	Décret n° 97-266. Gestion comptable des organismes de sécurité sociale du régime général. – V. CSS, art. D. 133-2.
1997	18 mars	Décret n° 97-268. Gestion comptable des organismes d'assurance maladie et maternité des travailleurs non salariés des professions non agricoles. – V. CSS, art. D. 613-9 à D. 613-9-5, D. 613-10 à D. 613-10-4.
1997	26 mars	Décret n° 97-297. Régime local d'assurance maladie des départements du Haut-Rhin, du Bas-Rhin et de la Moselle. – V. CSS, art. D. 325-20.
1997	7 avr.	Décret n° 97-315. Allègement de charges sociales dans la zone franche de Corse, **p. 2741.**
1997	11 avr.	Décret n° 97-341. Pensionnés affiliés à la Caisse des Français de l'étranger. – V. CSS, art. R. 764-3, R. 764-3-1, R. 764-6, R. 764-8, R. 764-14, R. 764-15, R. 764-18, R. 764-19.
1997	11 avr.	Décret n° 97-342. Affiliés à la Caisse des Français de l'étranger. – V. CSS, art. D. 764-2.
1997	16 avr.	Décret n° 97-359. Allocation de parent isolé. – V. CSS, art. D. 755-10.
1997	21 avr.	Décret n° 97-405. Prestations en espèces d'assurance maternité. – V. CSS, art. D. 613-4-3.
1997	30 avr.	Décret n° 97-454. Tableaux des maladies professionnelles. – V. Annexe II, tableaux n°s 20 *ter*, 25, 66, 95, **p. 2881.**
1997	7 mai	Décret n° 97-465. Agence centrale des organismes de sécurité sociale. – V. CSS, art. R. 139-1, R. 139-2.
1997	28 mai	Arrêté. Opérations des institutions de prévoyance. – V. CSS, art. A. 932-3-5 à A. 932-3-8.
1997	31 mai	Décret n° 97-621. Abrogation de diverses dispositions du code de la sécurité sociale. – V. CSS, art. D. 245-2 à D. 245-12.
1997	31 mai	Décret n° 97-630. Unions régionales des caisses d'assurance maladie. – V. CSS, art. R. 111-1, R. 184-1, R. 217-8, R. 315-3.
1997	31 mai	Décret n° 97-635. Recouvrement de recettes par l'Agence centrale des organismes de sécurité sociale. – V. CSS, art. R. 137-3 à R. 137-12, R. 142-27 à R. 142-29, R. 245-1 à R. 245-14.

1997	18 juill.	Arrêté. Tarification des risques d'accidents du travail et de maladies professionnelles. – V. Arr. du 17 oct. 1995, **p. 2708.**
1997	1er sept.	Décret n° 97-812. Commission des comptes de la sécurité sociale. – V. CSS, art. D. 114-1.
1997	10 sept.	Décret n° 97-831. Revalorisation des allocations de logement. – V. CSS, art. D. 542-5, D. 542-10, D. 542-21, D. 755-28, D. 831-2.
1997	12 sept.	Décret n° 97-839. Non-salariés (professions industrielles, commerciales et artisanales). – V. CSS, art. R. 633-20, R. 633-49, R. 633-50.
1997	15 oct.	Décret n° 97-950. Comités régionaux de reconnaissance des maladies professionnelles. – V. CSS, art. D. 461-29.
1997	27 oct.	Décret n° 97-1001. Demande unique de retraite. – V. CSS, art. R. 173-4-1, R. 351-34, R. 354-1, R. 634-6.
1997	19 déc.	Loi n° 97-1164. De financement de la sécurité sociale pour 1998 : – V. CSS, art. L. 131-9, L. 134-3, L. 134-4, L. 134-5-1, L. 136-2, L. 136-7 à L. 136-8, L. 137-1 à L. 137-4, L. 139-2, L. 162-18, L. 162-22-1, L. 162-22-2, L. 221-1, L. 241-2, L. 242-5, L. 245-1, L. 245-14 à L. 245-16, L. 323-4, L. 521-1, L. 755-10, L. 755-11, L. 842-2. – V. Ord. n° 96-50 du 24 janv. 1996, art. 1er, 2, 10, 11, 14, 15, 16, 17, 18, **p. 2712.** – Art. 5-VII. – V. ss. CSS, art. L. 136-8.
1997	26 déc.	Décret n° 97-1218. Assurance vieillesse complémentaire des entrepreneurs du bâtiment. – V. CSS, art. R. 635-9.
1997	29 déc.	Décret n° 97-1249. Cotisations d'assurance maladie dans les régimes spéciaux : – V. CSS, art. D. 711-1 à D. 711-5, D. 712-7, D. 712-39 à D. 712-42, D. 712-54-1, D. 713-15 à D. 713-19, D. 713-22. – V. Décr. n° 67-804 du 20 sept. 1967, art. 1er, **p. 2665.**
1997	29 déc.	Décret n° 97-1252. Taux de cotisations d'assurance maladie et d'allocations familiales. – V. CSS, art. D. 242-3, D. 242-8, D. 242-12, D. 381-23, D. 612-4.
1997	29 déc.	Décret n° 97-1275. Comité économique du médicament. – V. CSS, art. D. 162-2-1 à D. 162-2-5.
1997	30 déc.	Loi n° 97-1269. De finances pour 1998. – V. CSS, art. L. 136-6, L. 241-6, L. 241-6-1 à L. 241-6-4, L. 241-14, L. 612-5.
1997	30 déc.	Décret n° 97-1321. Documents pour assurance maladie. – V. CSS, art. R. 161-30, R. 161-39 à R. 161-42, R. 161-45, R. 161-47 à R. 161-51, R. 321-1 à R. 321-3, R. 613-36 à R. 613-38.
1998	19 janv.	Décret n° 98-39. Professions industrielles et commerciales (caisse vieillesse). – V. CSS, art. R. 631-9 à R. 631-14, R. 631-29 à R. 631-31, R. 632-21 à R. 632-22, R. 632-23.
1998	23 janv.	Arrêté. Opérations des institutions de prévoyance. – V. CSS, art. A. 932-3-2 à A. 932-3-9.

1998	26 févr.	Décret n° 98-108. Allocations familiales. – V. CSS, art. R. 521-1 à R. 521-4, R. 755-0-3, R. 755-0-4, R. 842-1.
1998	13 mars	Décret n° 98-167. Calcul des indemnités journalières. – V. CSS, art. R. 323-5, R. 323-9.
1998	16 mars	Décret n° 98-178. Versement annuel pour actions non prises en charge. – V. CSS, art. D. 176-1 à D. 176-4, D. 242-6-4.
1998	27 mars	Décret n° 98-219. Comptes des institutions de prévoyance. – V. CSS, art. R. 931-11-1 à R. 931-11-9, R. 931-9-1.
1998	27 mars	Arrêté. Opérations des institutions de prévoyance et contrôle. – V. CSS, art. A. 932-3-2, A. 932-3-3.
1998	31 mars	Décret n° 98-255. Régimes spéciaux. – V. CSS, art. D. 713-21-1.
1998	9 avr.	Décret n° 98-271. Carte de professionnel de santé. – V. CSS, art. R. 161-52 à R. 161-58.
1998	9 avr.	Décret n° 98-275. Carte d'assurance maladie. – V. CSS, art. R. 161-33-1 à R. 161-33-9, R. 161-42, R. 161-47.
1998	14 avr.	Loi n° 98-278. Départements du Bas-Rhin, du Haut-Rhin et de la Moselle – V. CSS, art. L. 181-1, L. 242-7-1, L. 242-13, L. 325-1, L. 325-2.
1998	11 mai	Loi n° 98-349. Entrée et séjour des étrangers en France et droit d'asile. – V. CSS, art. L. 131-9, L. 161-25-3, L. 311-7, L. 311-8, L. 816-1.
1998	13 juin	Loi n° 98-461. Réduction du temps de travail : – V. CSS, art. L. 241-3-1. – Art. 3, **p. 2743.**
1998	17 juin	Décret n° 98-490. Assurance vieillesse et assurance invalidité des ministres des cultes et membres des congrégations et collectivités religieuses. – V. CSS, art. R. 382-87, R. 382-89 à R. 382-91, R. 382-95, R. 382-120.
1998	17 juin	Décret n° 98-491. Assurance vieillesse et assurance invalidité des ministres des cultes et membres des congrégations et collectivités religieuses. – V. CSS, art. D. 382-30.
1998	2 juill.	Loi n° 98-546. Diverses dispositions d'ordre économique et financier (DDOEF) : – V. CSS, art. L. 130-1, L. 242-1, L. 243-5, L. 243-12, L. 244-3, L. 312-1. – Art. 6, 13 et 107, **p. 2746.**
1998	6 juill.	Décret n° 98-576. Conditions d'adhésion des collaborateurs assimilés des entreprises de droit français aux assurances volontaires gérées par la Caisse des Français de l'étranger. – V. CSS, art. D. 762-1-1.
1998	6 juill.	Décret n° 98-577. Attribution de ristournes portant sur le montant de cotisations d'assurance volontaire accidents du travail et maladies professionnelles versées à la Caisse des Français de l'étranger. – V. CSS, art. D. 762-4.

1998	15 juill.	Décret n° 98-613. Taux de cotisation d'assurance maladie et maternité sur les rémunérations versées aux détenus. – V. CSS, art. R. 381-99.
1998	29 juill.	Loi n° 98-657. Orientation de lutte contre les exclusions. – V. CSS, art. L. 161-1, L. 161-1-1, L. 227-1, L. 241-6, L. 241-11, L. 241-12, L. 262-1, L. 322-7, L. 355-2, L. 356-1,L. 542-2, L. 553-4, L. 831-4-1, L. 835-2, L. 851-1.
1998	19 août	Décret n° 98-727. Régime d'assurance vieillesse des avocats. – V. CSS, art. R. 723-2, R. 723-3, R. 723-9, R. 723-12, R. 723-27, R. 723-42, R. 723-56, R. 723-59R. 723-63, R. 723-64.
1998	20 août	Ordonnance n° 98-731. Adaptation aux départements d'outre-mer, à la Nouvelle-Calédonie et à la collectivité territoriale de Saint-Pierre-et-Miquelon de diverses dispositions relatives aux affaires sanitaires et sociales : – V. CSS, art. L. 753-4. – Art. 5 et 6, **p. 2747.**
1998	11 sept.	Décret n° 98-813. Revalorisation des allocations de logement. – V. CSS, art. D. 542-5, D. 542-10, D. 542-21, D. 755-28, D. 831-2.
1998	11 sept.	Décret n° 98-868. Exonération temporaire de cotisations aux assurances volontaires des salariés expatriés pour les emplois nouvellement créés à l'étranger. – Art. 1er. – V. Décr. n° 94-393 du 18 mai 1994, art. 4, ss. CSS, art. D. 762-3.
1998	16 oct.	Arrêté. Fixant en application de l'art. D. 176-4 CSS le taux de la participation à la branche maladie, maternité, invalidité, décès due par les collectivités, établissements et entreprises mentionnés à l'art. L. 413-13 du même code. – Art. 1er. – V. ss. CSS, art. D. 176-4.
1998	19 oct.	Arrêté. Application des art. R. 139-1 et R. 139-2 CSS, **p. 2748.**
1998	2 nov.	Décret n° 98-1002. Application de la réduction de cotisations sociales prévue à l'art. L. 241-13 CSS en ce qui concerne certaines catégories de salariés et certains régimes spéciaux de sécurité sociale – Art. 7 à 17, **p. 2750.**
1998	12 nov.	Décret n° 98-1025. Application des art. L. 325-1 et L. 325-2 CSS (régime local d'assurance maladie des départements du Haut-Rhin, du Bas-Rhin et de la Moselle). – V. CSS, art. R. 325-1 à R. 325-3, R. 351-34, R. 354-1.
1998	12 nov.	Décret n° 98-1026. Application de l'art. L. 325-2 CSS (régime local d'assurance maladie des départements du Haut-Rhin, du Bas-Rhin et de la Moselle). – V. CSS, art. D. 325-4.
1998	22 déc.	Décret n° 98-1172. Titres ou documents attestant de la régularité du séjour et du travail des étrangers en France pour être affiliés à un régime de sécurité sociale et pour bénéficier des prestations de sécurité sociale. – V. CSS, art. D. 115-1, D. 161-2-1-1, D. 161-2-4, D. 161-15, D. 816-3, D. 821-8.
1998	23 déc.	Loi n° 98-1194. De financement de la sécurité sociale pour 1999 : – V. CSS, art. L. 131-6, L. 131-9, L. 135-1 à L. 135-4, L. 135-6, L. 136-6, L. 138-9, L. 138-10 à L. 138-13, L. 138-15, L. 138-16,

		L. 138-18, L. 138-19, L. 161-22, L. 162-1-9, L. 162-5, L. 162-16, L. 162-16-1, L. 162-17-3, L. 162-17-4, L. 174-7, L. 177-1, L. 225-1, L. 241-10, L. 242-1, L. 243-14, L. 255-1, L. 311-3, L. 321-1, L. 322-3, L. 341-6, L. 351-11, L. 351-12, L. 356-1, L. 356-2, L. 361-1, L. 434-17, L. 461-1 à L. 461-3, L. 461-5, L. 521-1, L. 543-1, L. 543-2, L. 634-6, L. 755-11. – Art. 4, **p. 2752.** – Art. 6. – V. L. n° 89-18 du 13 janv. 1989, art. 6, 6-2, **p. 2678.** – Art. 12. – V. L. n° 96-1160 du 27 déc. 1996, art. 29, **p. 2738.** – Art. 40. – V. ss. CSS, art. L. 431-2. – Art. 41, **p. 2752.** – Art. 45. – V. Ord. n° 96-50 du 24 janv. 1996, art. 10, **p. 2717.**
1998	28 déc.	Décret n° 98-1200. Revalorisation de la base de calcul des allocations familiales. – V. CSS, art. L. 551-1.
1998	29 déc.	Décret n° 98-1213. Modifiant le code de la sécurité sociale (deuxième partie: Décrets en Conseil d'État) et relatif à l'âge limite de versement des prestations familiales mentionné au 2° de l'art. L. 512-3 ainsi qu'à la majoration des allocations familiales mentionnée à l'art. L. 521-3. – V. CSS, art. R. 512-2.
1998	29 déc.	Décret n° 98-1214. Majoration des allocations familiales mentionnée à l'art. L. 521-3. – V. CSS, art. L. 521-3.
1998	29 déc.	Décret n° 98-1215. Modification de l'art. D. 635-36 CSS.
1998	29 déc.	Décret n° 98-1222. Agents de direction et agents comptables des organismes de sécurité sociale. – V. CSS, art. R. 122-2, R. 123-47-2, R. 224-6, R. 225-6.
1998	30 déc.	Loi n° 98-1266. De finances pour 1999. – V. CSS, art. L. 241-6, L. 821-1, L. 821-2.
1998	30 déc.	Décret n° 98-1309. Centre national d'études supérieures de sécurité sociale. – V. CSS, art. R. 123-9, R. 123-12, R. 123-15, R. 123-16, R. 123-18, R. 123-18-1, R. 123-20 à R. 123-24, R. 123-28, R. 123-31, R. 123-33 à R. 123-36, R. 123-39 à R. 123-41, R. 123-43, R. 123-47.
1999	15 janv.	Décret n° 99-27. Victimes d'accidents du travail et de maladies professionnelles et ayants droit. – V. CSS, art. R. 412-4, R. 434-35, R. 441-10.
1999	19 janv.	Décret n° 99-39. Allocations familiales. – V. CSS, art. R. 521-1 à R. 521-4, R. 755-0-3, R. 755-0-4.
1999	29 janv.	Arrêté. Cotisations d'allocations familiales. – V. Arr. du 9 août 1974, art. 1er, **p. 2672.**
1999	15 févr.	Décret n° 99-95. Modifiant et complétant les tableaux des maladies professionnelles. – V. Annexe II, tableaux nos 76, 96, 97, 98, **p. 2970.**
1999	4 mars	Décret n° 99-142. Agence française de sécurité sanitaire des produits de santé. – Art. 2. – V. CSS, art. R. 163-11.
1999	8 mars	Décret n° 99-162. Service universel des télécommunications. – V. CSS, art. R. 251-28.

1999	26 mars	Décret n° 99-237. Régimes des prestations supplémentaires de vieillesse des médecins et des chirurgiens-dentistes conventionnés. – V. CSS, art. D. 645-2.
1999	29 mars	Décret n° 99-246. Assurance maladie et maternité des ministres des cultes et membres des congrégations et collectivités religieuses. – V. CSS, art. R. 382-84, R. 382-93, R. 382-94.
1999	29 mars	Décret n° 99-247. Allocation de cessation anticipée d'activité, **p. 2755.**
1999	13 avr.	Décret n° 99-286. Modifiant l'art. D. 356-1 CSS. – V. art. mod.
1999	22 avr.	Décret n° 99-322. Modalités de répartition entre les régimes d'assurance maladie des remises dues par les entreprises exploitant une ou plusieurs spécialités pharmaceutiques remboursables aux assurés sociaux. – V. CSS, art. D. 162-25.
1999	26 avr.	Décret n° 99-316. Modalités de tarification et de financement des établissements hébergeant des personnes âgées dépendantes. – V. CSS, art. R. 174-9 à R. 174-16.
1999	27 avr.	Décret n° 99-323. Procédures de reconnaissance du caractère professionnel des accidents du travail et maladies professionnelles, mensualisation de certaines rentes et barème indicatif d'invalidité de ces maladies. – V. CSS, art. R. 434-35, R. 434-34, R. 441-10, R. 441-11, R. 441-14, R. 441-15.
1999	10 mai	Décret n° 99-359. Recouvrement des indus de prestations (application des art. L. 553-2 et L. 835-3 CSS). – V. CSS, art. D. 553-1 à D. 553-3, D. 755-2, D. 831-5.
1999	28 mai	Décret n° 99-434. Simplification et amélioration des relations avec les cotisants. – V. CSS, art. R. 243-7, R. 243-15, R. 243-20, R. 243-59, R. 312-3.
1999	2 juin	Décret n° 99-449. Contrôles sur les organismes de sécurité sociale; contentieux général et technique de la sécurité sociale. – V. CSS, art. R. 123-48, R. 123-50, R. 123-50-1, R. 142-19, R. 143-22, R. 143-24, R. 144-6, R. 151-1, R. 152-1 à R. 152-3, R. 153-2, R. 262-7, R. 281-4, R. 281-5, R. 281-8, R. 421-11, R. 611-30.
1999	4 juin	Décret n° 99-467. Aide aux organismes logeant à titre temporaire des personnes défavorisées ainsi qu'à certaines conditions d'attribution de l'allocation de logement sociale. – V. CSS, art. R. 831-10, R. 831-21, R. 831-21-3, R. 831-21-4, R. 831-25, R. 851-1, R. 851-2, R. 851-4, R. 851-6.
1999	4 juin	Décret n° 99-468. Conditions d'attribution de l'allocation de logement familiale. – V. CSS, art. D. 542-16, D. 542-19, D. 542-22-3, D. 542-22-4, D. 542-29, D. 755-30.
1999	9 juin	Loi n° 99-477. Visant à garantir le droit à l'accès aux soins palliatifs. – V. CSS, art. L. 162-1-10.
1999	9 juin	Décret n° 99-485. Aide à domicile. – V. CSS, art. D. 241-5, D. 241-5-1 à D. 241-5-6.

1999	11 juin	Décret n° 99-486. Spécialités génériques et droit de substitution du pharmacien. – V. CSS, art. R. 315-1.
1999	11 juin	Décret n° 99-492. Application de l'art. L. 243-14 CSS. – V. CSS, art. R. 243-19, R. 243-19-1, R. 243-20, R. 243-20-1.
1999	25 juin	Loi n° 99-532. Épargne et sécurité financière : – V. CSS, art. L. 931-33, L. 931-34. – Art. 26 et 69, **p. 2758.**
1999	28 juin	Décret n° 99-535. Conditions d'attribution de certaines prestations familiales. – V. CSS, art. R. 543-1, R. 543-5.
1999	28 juin	Décret n° 99-537. Relatif à certaines conditions d'attribution de l'allocation de logement sociale aux étudiants. – V. CSS, art. R. 831-6.
1999	28 juin	Décret n° 99-538. Conditions d'attribution de l'allocation de logement familiale aux étudiants. – V. CSS, art. D. 542-10.
1999	28 juin	Décret n° 99-539. Revalorisation des allocations de logement. – V. CSS, art. D. 542-5, D. 542-5-1, D. 542-21, D. 755-24-1, D. 755-28, D. 831-2.
1999	1er juill.	Décret n° 99-550. Portant mensualisation des avantages de vieillesse mentionnés au chapitre IV du titre III du livre VI et au chapitre I du titre I du livre VIII CSS. – V. CSS, art. D. 634-13.
1999	2 juill.	Décret n° 99-554. Inscription des médicaments sur les listes prévues aux art. L. 162-17 CSS et L. 618 CSP et fixation de leurs prix. – V. CSS, art. R. 162-20 à R. 162-20-3, R. 163-8 à R. 163-14.
1999	9 juill.	Loi n° 99-574. Orientation agricole. – V. CSS, art. L. 152-1, L. 171-3.
1999	12 juill.	Loi n° 99-586. Renforcement et simplification de la coopération intercommunale. – V. CSS, art. L. 381-32.
1999	26 juill.	Décret n° 99-645. Tableaux des maladies professionnelles. – V. Annexe II, tableaux nos 19, 40 et 45, **p. 2906.**
1999	27 juill.	Loi n° 99-641. Portant création d'une couverture maladie universelle : – V. CSS, art. L. 111-1, L. 122-1, L. 123-1, L. 123-3, L. 136-5, L. 153-1, L. 161-2, L. 161-2-1, L. 161-8, L. 161-14-1, L. 161-15 à L. 161-15-2, L. 161-34, L. 161-36, L. 162-5, L. 162-5-2, L. 162-9, L. 162-16-1 à L. 162-16-4, L. 162-33, L. 165-1, L. 182-1 à L. 182-5, L. 241-1, L. 241-2, L. 242-11, L. 243-4, L. 245-16, L. 371-8 à L. 371-11, L. 380-1, L. 380-4, L. 381-2, L. 381-4, L. 381-7, L. 381-9, L. 382-15, L. 382-22, L. 382-9, L. 382-16, L. 382-17, L. 611-12, L. 612-1, L. 613-8, L. 613-20, L. 741-1 à L. 741-13, L. 861-1 à L. 861-10, L. 862-1 à L. 862-8, L. 863-1. – Art. 23. – V. L. n° 89-1009 du 31 déc. 1989, art. 6-1, 6-2, 9, **p. 2686.** – Art. 1er, 6, 28, 29, 34, 40, 72. – V. Annexe I, **p. 2759.**
1999	3 août	Décret n° 99-683. Fonctionnement des institutions de prévoyance. – V. CSS, art. R. 931-1-4, R. 931-1-10 à R. 931-1-14, R. 931-3-1 à R. 931-3-64, R. 931-4-1 à R. 931-4-6 (et note), R. 931-8-1, R. 931-8-2, R. 931-9-1, R. 932-1-7, R. 932-2-1, R. 932-3-1.

1999	3 août	Décret n° 99-695. Abrogeant l'art. R. 553-2 CSS. – V. CSS, art. R. 553-2, R. 843-1.
1999	3 août	Décret n° 99-696. Pris en application de l'art. 31 de la loi n° 78-17 du 6 janv. 1978 relative à l'informatique, aux fichiers et aux libertés et relatif aux traitements automatisés d'informations nominatives mis en œuvre par les caisses mutuelles d'assurance maladie et d'assurance vieillesse des cultes. – V. CSS, art. R. 382-84.
1999	3 août	Décret n° 99-697. Modifiant le décret n° 92-620 du 7 juill. 1992 relatif à la protection sociale des sapeurs-pompiers volontaires en cas d'accident survenu ou de maladie contractée en service. – Art. 13 à 13-3, 14. – V. Annexe I, **p. 2699.**
1999	3 août	Décret n° 99-698. Modifiant le décret n° 92-621 du 7 juill. 1992 portant diverses dispositions relatives à la protection sociale des sapeurs-pompiers volontaires en cas d'accident survenu ou de maladie contractée en service. – Art. 2-1, 3-1. – V. Annexe I, **p. 2701.**
1999	31 août	Décret n° 99-746. Dispositions spéciales concernant les pneumoconioses en tant que maladies professionnelles. – V. CSS, art. D. 461-3 à D. 461-18, D. 461-20 à D. 461-22, D. 461-30, D. 461-35.
1999	1er sept.	Décret n° 99-755. Modalités de recouvrement de la contribution sociale de solidarité à la charge des sociétés. – V. CSS, art. D. 651-2, D. 651-3, D. 651-3-1, D. 651-11, D. 651-11-1, D. 651-15, D. 651-16.
1999	7 oct.	Décret n° 99-866. Composition et fonctionnement du Conseil pour la transparence des statistiques de l'assurance maladie. – V. CSS, art. D. 161-13-1 à D. 161-13-5.
1999	22 oct.	Décret n° 99-898. Comité de surveillance et fonds de réserve du fonds de solidarité vieillesse. – V. CSS, art. R. 135-4, R. 135-6, R. 135-7, R. 135-14, R. 135-18 à R. 135-21.
1999	27 oct.	Décret n° 99-915. Médicaments remboursables. – V. CSS, art. R. 163-2 à R. 163-21, R. 322-1.
1999	12 nov.	Décret n° 99-940. Fonds d'aide à la qualité des soins de ville, **p. 2759.**
1999	15 nov.	Loi n° 99-944. Pacte civil de solidarité. – V. CSS, art. L. 161-14, L. 356-3, L. 361-4, L. 523-2.
1999	25 nov.	Décret n° 99-1003. Modifiant l'art. R. 762-8 CSS. – V. art. mod.
1999	1er déc.	Décret n° 99-1004. Protection complémentaire en matière de santé. – V. CSS, art. R. 861-1 à R. 861-15.
1999	1er déc.	Décret n° 99-1005. Condition de résidence applicable à la couverture maladie universelle. – V. CSS, art. R. 380-1.
1999	1er déc.	Décret n° 99-1006. Détermination du plafond des ressources prises en compte pour l'attribution de la protection complémentaire en matière de santé. – V. CSS, art. D. 861-1.
1999	2 déc.	Décret n° 99-1012. Modalités de recouvrement de la cotisation mentionnée à l'art. L. 380-2 CSS. – V. CSS, art. R. 380-3 à R. 380-9, R. 741-1 à R. 741-41.

1999	2 déc.	Décret n° 99-1013. Pris pour l'application de l'art. L. 380-2 CSS. – V. CSS, art. D. 380-1 à D. 380-5, D. 741-1 à D. 741-15.
1999	6 déc.	Décret n° 99-1035. Liste des affections comportant un traitement prolongé et une thérapeutique particulièrement coûteuse. – V. CSS, art. D. 322-1.
1999	9 déc.	Décret n° 99-1028. Fonds de financement de la protection complémentaire de la couverture universelle du risque maladie. – V. CSS, art. R. 862-1 à R. 862-13.
1999	9 déc.	Arrêté. Taux de compétence en matière de remise des pénalités et majorations de retard, **p. 2763.**
1999	13 déc.	Décret n° 99-1042. Pris pour l'application du III de l'art. 6 de la loi n° 99-641 du 27 juill. 1999. – V. CSS, art. D. 161-2-1.
1999	15 déc.	Décret n° 99-1049. Portant diverses mesures d'application de la loi n° 99-641 du 27 juill. 1999 : – V. CSS, art. R. 161-3 à R. 161-5, R. 161-8-8 à R. 161-8-12, R. 161-8-14, R. 161-8-15, R. 380-2, R. 381-80, R. 382-1, R. 613-28, R. 613-32, R. 613-42, R. 613-43, R. 722-4, R. 753-20, R. 861-16 à R. 861-21. – Art. 4. – V. ss. CSS, art. L. 380-1.
1999	15 déc.	Décret n° 99-1054. Pris pour l'application de l'art. L. 862-8 CSS. – V. CSS, art. R. 862-14 à R. 862-20.
1999	20 déc.	Décret n° 99-1066. Portant aménagement des modalités de calcul de la compensation spécifique entre les régimes spéciaux d'assurance vieillesse. – V. CSS, art. D. 134-9-4.
1999	21 déc.	Décret n° 99-1079. Modalités d'application de la dispense d'avance de frais de soins. – V. CSS, art. D. 861-2 à D. 861-6.
1999	28 déc.	Loi n° 99-1123. Ratification des ordonnances n°s 98-522 du 24 juin 1998, 98-731 du 20 août 1998, 98-773 du 2 sept. 1998 prises en application de la loi n° 98-145 du 6 mars 1998 portant habilitation du Gouvernement à prendre, par ordonnances, les mesures législatives nécessaires à l'actualisation et à l'adaptation du droit applicable outre-mer. – V. CSS, art. L. 753-4.
1999	28 déc.	Décret n° 99-1128. Assurance maladie, vieillesse et invalidité des cultes. – V. CSS, art. R. 122-5, R. 123-4, R. 123-6, R. 123-48, R. 153-3, R. 382-58, R. 382-60, R. 382-70, R. 382-73, R. 382-76, R. 382-77, R. 382-79 à R. 382-86, R. 382-94, R. 382-105, R. 382-130.
1999	28 déc.	Décret n° 99-1129. Pris en application de l'art. 40 de la loi n° 98-1194 du 23 déc. 1998 de financement de la sécurité sociale pour 1999 et modifiant les art. D. 242-6 et D. 242-6-5 CSS relatifs à la tarification des accidents du travail et des maladies professionnelles. – V. CSS, art. D. 242-6, D. 242-6-5.
1999	29 déc.	Loi n° 99-1140. De financement de la sécurité sociale pour 2000 : – V. CSS, art. L. 131-6, L. 135-3, L. 135-6, L. 136-2, L. 138-10, L. 139-1, L. 139-2, L. 161-22, L. 162-1-8, L. 162-4-1, L. 162-5-2,

		L. 162-5-13, L. 162-9, L. 162-12-2 à L. 162-12-7, L. 162-12-9 à L. 162-12-14, L. 162-12-17, L. 162-12-18, L. 162-14 à L. 162-14-4, L. 162-15, L. 162-15-1, L. 162-16-4, L. 162-17-3, L. 162-17-4, L. 162-32 à L. 162-32-3, L. 165-1, L. 165-5, L. 165-6, L. 174-16 à L. 174-18, L. 227-1, L. 241-1, L. 241-2, L. 242-1, L. 245-16, L. 251-6-1, L. 314-1, L. 315-2-1, L. 321-1, L. 322-5-4, L. 322-5-5, L. 351-11, L. 432-11, L. 434-2, L. 512-3, L. 551-1, L. 612-1, L. 612-4, L. 613-13, L. 634-6, L. 645-2, L. 711-2, L. 755-21. – Art. 6, 20, 27, 30, 33-VIII. – V. Annexe I, **p. 2764.** – Art. 19. – V. ss. CSS, art. L. 644-1. – Art. 33-XI. – V. Ord. n° 96-346 du 24 avr. 1996, art. 24, **p. 2724.** – Art. 35. – V. L. n° 98-1194 du 23 déc. 1998, art. 40, ss. CSS, art. L. 431-2, L. 461-5. – Art. 36. – V. L. n° 98-1194 du 23 déc. 1998, art. 41, **p. 2752.**
1999	30 déc.	Loi n° 99-1172. De finances pour 2000 : – V. CSS, art. L. 136-7. – Art. 94-IV. – V. Ord. n° 96-50 du 24 janv. 1996, art. 16, **p. 2719.** – Art. 136. – V. L. n° 94-638 du 25 juill. 1994, art. 4, **p. 2703.**
1999	30 déc.	Loi n° 99-1173. De finances rectificative pour 1999 : – V. CSS, art. L. 136-6, L. 136-7, L. 245-8, L. 542-2, L. 831-1. – Art. 12-IV. – V. Ord. n° 96-50 du 24 janv. 1996, art. 16, **p. 2719.** – Art. 47, **p. 2766.**
1999	30 déc.	Décret n° 99-1177. Prise en charge par l'assurance maladie des dépenses des consultations de dépistage anonyme et gratuit. – V. CSS, art. D. 174-15 à D. 174-18.
2000	6 janv.	Décret n° 2000-7. Fixant le contenu de l'objectif quantifié national des établissements de santé privés mentionnés à l'art. L. 710-16-2 du code de la santé publique, pris en application de l'art. L. 162-22-2 CSS. – V. CSS, art. D. 162-17.
2000	11 janv.	Décret n° 2000-19. Pris pour l'application de l'art. L. 652-3 CSS. – V. CSS, art. R. 244-7, R. 652-2 à R. 652-13.
2000	17 janv.	Décret n° 2000-35. Portant rattachement de certaines activités au régime général, **p. 2766.**
2000	19 janv.	Loi n° 2000-37. Réduction négociée du temps de travail.
2000	28 janv.	Décret n° 2000-71. Âge limite de versement des prestations familiales mentionné à l'art. L. 512-3 CSS. – V. CSS, art. R. 512-2, R. 512-3, R. 522-1.
2000	28 janv.	Décret n° 2000-72. Modifiant le code de la sécurité sociale. – V. CSS, art. D. 542-4, D. 755-12.
2000	31 janv.	Décret n° 2000-83. Champ de l'allègement de cotisations sociales prévu par l'art. L. 241-13-1 CSS, **p. 2767.**
2000	31 janv.	Décret n° 2000-84. Incitation financière à la réduction du temps de travail prévue par l'art. 3 de la loi n° 98-461 du 13 juin 1998 modifié [...], **p. 2768.**

2000	2 févr.	Décret n° 2000-89. Application de l'allègement de cotisation prévu à l'art. L. 241-13-1 CSS, **p. 2772.**
2000	3 févr.	Décret n° 2000-97. Application de la loi n° 99-944 du 15 nov. 1999 relative au pacte civil de solidarité en matière de prestations sociales de sécurité sociale. – V. CSS, art. R. 161-8-1, R. 361-3, R. 553-2, R. 755-1, R. 821-5-1, R. 831-20.
2000	3 févr.	Décret n° 2000-98. Étendant aux partenaires d'un pacte civil de solidarité les dispositions applicables aux concubins en matière d'allocation de logement familiale et d'allocation aux adultes handicapés. – V. CSS, art. D. 542-8, D. 755-12, D. 821-2, D. 821-5.
2000	23 févr.	Décret n° 2000-150. Condition de suspension et de suppression du bénéfice de l'allègement de cotisations sociales prévu par l'art. L. 241-13-1 CSS, **p. 2778.**
2000	23 févr.	Décret n° 2000-157. Application de l'art. L. 161-25-3 CSS. – V. CSS, art. D. 161-5-1.
2000	7 mars	Décret n° 2000-214. Révisant et complétant les tableaux des maladies professionnelles. – V. Annexe II, tableaux n°s 25, 25 *bis*, 70, 70 *bis* et 70 *ter*, **p. 2915.**
2000	15 mars	Loi n° 2000-242. Volontaires civils institués par l'art. L. 111-2 du code du service national et à diverses mesures relatives à la réforme du service national. – Art. 19. – V. CSS, art. L. 135-2, L. 412-8.
2000	4 avr.	Arrêté. Fonctionnement des institutions de prévoyance. – V. CSS, art. A. 931-1-7, A. 931-1-8, A. 931-3-1 à A. 931-4-5.
2000	7 avr.	Décret n° 2000-319. Statut de conjoint collaborateur d'exploitation ou d'entreprise agricole. – V. CSS, art. R. 351-4.
2000	12 avr.	Loi n° 2000-321. Relations des citoyens avec les administrations, **p. 2780.**
2000	14 avr.	Décret n° 2000-343. Tableaux des maladies professionnelles. – V. Annexe II, tableaux n°s 30, 30 *bis*, 44 et 44 *bis*, **p. 2920.**
2000	10 mai	Décret n° 2000-406. Application de l'art. L. 322-3 C. trav. – V. CSS, art. D. 243-3.
2000	2 juin	Décret n° 2000-495. Conditions de participation de l'assuré au titre des frais d'examen de dépistage organisé. – V. CSS, art. R. 322-1.
2000	8 juin	Décret n° 2000-507. Modification du régime d'indemnités journalières des artisans et création d'un régime d'indemnités journalières pour les industriels et commerçants. – V. CSS, art. D. 612-9, D. 613-14, D. 613-19, D. 613-23.
2000	30 juin	Décret n° 2000-602. Conseils d'administration des caisses mutuelles régionales du régime d'assurance maladie et maternité des travailleurs non salariés des professions non agricoles. – V. CSS, art. R. 611-28, R. 611-37 à R. 611-42, R. 611-50, R. 611-52, R. 611-53, R. 611-62 à R. 611-64, R. 611-67, R. 611-68, R. 611-84, R. 611-87 à R. 611-92, R. 756-2.

2000	6 juill.	Loi n° 2000-614. Accueil et habitat des gens du voyage. – V. CSS, art. L. 851-1, L. 851-2, L. 851-3.
2000	6 juill.	Décret n° 2000-618. Contrôle médical du régime général de la sécurité sociale. – V. CSS, art. R. 315-5.
2000	7 juill.	Loi n° 2000-628. Reclassement et cessation anticipée d'activité des sapeurs-pompiers professionnels. – Art. 3 (extraits), **p. 2785.**
2000	7 juill.	Décret n° 2000-631. Contribution sociale de solidarité à la charge des sociétés. – V. CSS, art. D. 651-3, D. 651-12, D. 651-12-1, D. 651-15, D. 651-16.
2000	7 juill.	Décret n° 2000-638. Allocation de cessation anticipée d'activité. – V. Décr. n° 99-247 du 29 mars 1998, art. 1er, 2-1 à 2-3, **p. 2755.**
2000	7 juill.	Décret n° 2000-649. Modalités d'application du code de la sécurité sociale aux ressortissants des États membres de la Communauté européenne ou des États parties à l'accord sur l'Espace économique européen et les membres de leur famille quelle que soit leur nationalité. – V. CSS, art. D. 115-3, D. 115-4, D. 161-2-1-2, D. 161-2-5, D. 161-16, D. 161-17, D. 356-6.
2000	13 juill.	Loi n° 2000-656. De finances rectificative pour 2000 : – V. CSS, art. L. 136-2, L. 136-8, L. 380-2, L. 542-5-1, L. 755-21, L. 831-4, L. 831-5. – V. L. n° 98-1194 du 23 déc. 1998, art. 41-V (note), **p. 2754.**
2000	25 juill.	Décret n° 2000-706. Allocation de logement dans les DOM. – V. CSS, art. D. 755-24-1.
2000	1er août	Décret n° 2000-749. Conditions d'attribution de certaines prestations familiales et de l'allocation de logement sociale. – V. CSS, art. R. 831-1, R. 831-8, R. 831-23, R. 831-24.
2000	1er août	Décret n° 2000-750. Revalorisation des allocations de logement. – V. CSS, art. D. 542-1, D. 542-5, D. 542-10, D. 542-21, D. 542-25, D. 542-26, D. 542-27, D. 542-28, D. 755-12, D. 755-16, D. 755-26, D. 755-27, D. 755-28, D. 831-1.
2000	23 août	Décret n° 2000-783. Organisation, fonctionnement et contrôle des organismes de mutualité sociale agricole. – V. CSS, art. R. 111-1, R. 152-2, R. 152-4, R. 152-5, R. 153-4, R. 153-5, R. 153-7.
2000	24 août	Décret n° 2000-794. Fonds pour la modernisation des cliniques privées, **p. 2786.**
2000	24 août	Décret n° 2000-795. Majoration de l'allègement de cotisation prévu à l'art. L. 241-13-1 CSS, **p. 2787.**
2000	25 août	Décret n° 2000-803. Statut et fonctionnement de l'organisme gestionnaire conventionnel. – V. CSS, art. D. 162-1-1 à D. 162-1-5, D. 162-1-6, D. 162-1-7.
2000	25 août	Décret n° 2000-834. Modification de la section II du chapitre II du titre Ier et de la section II du chapitre III du titre III du CSS. – V. CSS, art. D. 612-6, D. 633-6.

2000	28 août	Décret n° 2000-814. Application de l'art. 1002-3 C. rur. – V. CSS, art. R. 152-4.
2000	30 août	Décret n° 2000-840. Rente viagère instituée par l'art. 47 de la loi n° 99-1173 du 30 déc. 1999 (de finances rectificative pour 1999). – V. CSS, art. R. 815-25.
2000	30 août	Décret n° 2000-841. Calcul des cotisations d'allocations familiales dues à titre personnel par les employeurs et travailleurs indépendants. – V. CSS, art. R. 242-16.
2000	30 août	Décret n° 2000-842. Centres de planification ou d'éducation familiale. – V. CSS, art. R. 162-57, R. 162-58.
2000	19 sept.	Ordonnance n° 2000-916. Adaptation de la valeur en euros de certains montants exprimés dans les textes législatifs. – V. CSS, art. L. 136-6, L. 136-7-1, L. 243-5, L. 243-14, L. 245-2, L. 376-1, L. 454-1, L. 862-4 (III).
2000	9 oct.	Décret n° 2000-987. Calcul de la compensation généralisée. – V. CSS, art. D. 134-2, D. 134-3.
2000	12 oct.	Décret n° 2000-996. Caisse d'amortissement de la dette sociale. – V. Décr. n° 96-353 du 24 avr. 1996 (renvoi).
2000	16 oct.	Décret n° 2000-1002. Opérations immobilières des organismes de mutualité sociale agricole. – V. CSS, art. R. 152-5, R. 152-6.
2000	16 oct.	Décret n° 2000-1005. Application de l'art. L. 315-2-1 CSS. – V. CSS, art. R. 315-2-1.
2000	30 nov.	Décret n° 2000-1159. Volontariats civils : – V. CSS, art. R. 135-15-1, R. 161-7, R. 372-2, R. 412-19. – Art. 32 à 37, **p. 2787.**
2000	30 nov.	Décret n° 2000-1160. Conditions et domaines dans lesquels l'État contribue à la protection sociale des volontaires civils affectés auprès d'associations, **p. 2788.**
2000	1er déc.	Décret n° 2000-1192. Comités techniques nationaux siégeant auprès de la commission des accidents du travail et des maladies professionnelles. – V. CSS, art. R. 421-2, R. 421-3, R. 421-7 à R. 421-10.
2000	6 déc.	Décret n° 2000-1202. Portant diverses mesures relatives à la mensualisation des avantages de vieillesse des régimes d'assurance vieillesse des travailleurs non salariés des professions artisanales, industrielles et commerciales : – V. CSS, art. D. 633-16, D. 634-18, D. 757-11. – V. Décr. n° 73-937 du 2 oct. 1973, art. 7 et 10, **p. 2670.**
2000	11 déc.	Décret n° 2000-1226. Régularisation des cotisations aux régimes d'assurance vieillesse des professions artisanales, industrielles et commerciales afférentes aux périodes d'activité antérieures au 1er janvier 1973, **p. 2788.**
2000	13 déc.	Loi n° 2000-1207. D'orientation pour l'outre-mer : – V. CSS, art. L. 161-22, art. L. 752-3-1, L. 754-5, L. 755-10-1, L. 756-4, L. 756-5.

		– Art. 5 et 15. – V. Annexe I, **p. 2789.**
2000	13 déc.	Loi n° 2000-1208. Solidarité et renouvellement urbains (dite loi SRU). – V. CSS, art. L. 542-2, L. 542-6, L. 553-4, L. 831-3, L. 831-4-1, L. 831-7, L. 835-2.
2000	13 déc.	Décret n° 2000-1219. Centres de santé. – V. CSS, art. D. 162-22, D. 162-23, D. 162-24, D. 162-25 [CSS, art. D. 162-22 à D. 162-36, anciens, abrogés; art. D. 162-37 devenu art. D. 162-22 modifié et art. D. 162-38 devenu art. D. 162-25].
2000	19 déc.	Décret n° 2000-1242. Prise en compte de certaines périodes pour l'ouverture du droit à pension de retraite. – V. CSS, art. R. 351-12.
2000	21 déc.	Ordonnance n° 2000-1249. Partie législative du code de l'action sociale et des familles. – V. Ord. n° 77-1102 du 26 sept. 1977 *(renvoi)*, **p. 2673.**
2000	23 déc.	Loi n° 2000-1257. De financement de la sécurité sociale pour 2001 : – V. CSS, art. L. 133-1, L. 135-2, L. 135-5, L. 135-6, L. 135-8, L. 136-2, L. 136-4, L. 136-5, L. 136-6, L. 136-7, L. 138-1, L. 138-10, L. 161-9-1, L. 161-17-1, L. 161-22, L. 162-15-3, L. 162-17-1, L. 162-22, L. 162-31-1, L. 165-5, L. 165-5-1, L. 165-6, L. 174-15, L. 213-1, L. 223-1, L. 225-6, L. 241-2, L. 243-14, L. 245-6-1, L. 245-16, L. 251-1, L. 251-8, L. 256-2, L. 351-11, L. 356-1, L. 381-1, L. 511-1, L. 544-1 à L. 544-7, L. 552-1, L. 613-12, L. 613-14, L. 713-20, L. 755-33. – Art. 23, 40 et 53, **p. 2791.** – V. L. n° 98-461 du 13 juin 1998, art. 3 (I), **p. 2743.**
2000	26 déc.	Décret n° 2000-1269. Allocation de logement. – V. CSS, art. D. 542-5, D. 542-5-1, D. 542-5-2, D. 542-6, D. 542-9, D. 542-10, D. 542-21, D. 542-27, D. 755-14, D. 755-15, D. 755-24, D. 755-24-1, D. 755-28, D. 831-2, D. 831-3.
2000	26 déc.	Décret n° 2000-1285. Modification de la section II du chapitre II du titre Ier du livre VI du CSS. – V. CSS, art. D. 612-4.
2000	26 déc.	Décret n° 2000-1289. Volontariat civil. – V. CSS, art. D. 372-1, D. 412-98.
2000	26 déc.	Décret n° 2000-1319. Prise en charge par les régimes d'assurance maladie des frais d'hospitalisation afférents aux soins dispensés dans les établissements de santé privés mentionnés à l'art. L. 6114-3 du code de la santé publique. – V. CSS, art. D. 174-17 à D. 174-22.
2000	26 déc.	Décret n° 2000-1351. Conditions d'attribution de l'allocation supplémentaire aux fonctionnaires relevant du code des pensions civiles et militaires ou affiliés à la Caisse nationale de retraite des agents des collectivités locales et aux bénéficiaires du régime des pensions des ouvriers des établissements industriels de l'État. – V. CSS, art. R. 815-4, R. 815-15.
2000	30 déc.	Loi n° 2000-1352. De finances pour 2001 : – V. CSS, art. L. 136-7 (II, 8°), L. 241-6-2, L. 622-1. – V. Ord. n° 96-50 du 24 janv. 1996, art. 4 (III) et 14, **p. 2713.**

		– Art. 29, **p. 2797.**
2001	4 janv.	Loi n° 2001-8. Revalorisation de la base mensuelle de calcul des prestations familiales à compter du 1er janv. 2001. – V. CSS, art. L. 551-1.
2001	9 janv.	Décret n° 2001-24. Détermination du plafond des ressources prises en compte pour l'attribution de la protection complémentaire en matière de santé. – V. CSS, art. D. 861-1.
2001	5 févr.	Décret n° 2001-105. Allocation de présence parentale. – V. CSS, art. R. 381-3, R. 381-3-1, R. 544-1 à R. 544-3.
2001	5 févr.	Décret n° 2001-106. Allocation de présence parentale. – V. CSS, art. D. 381-1, D. 381-2-1, D. 544-1, D. 544-3, D. 544-5 à D. 544-7.
2001	16 févr.	Décret n° 2001-154. Recettes directement recouvrées par l'ACOSS. – V. CSS, art. R. 138-10 à R. 138-18.
2001	19 févr.	Loi n° 2001-152. Épargne salariale. – V. CSS, art. L. 135-6 (8° et 9°), L. 136-7, L. 137-5.
2001	22 févr.	Ordonnance n° 2001-173. Transposition de la directive 92/85/CEE du Conseil du 19 oct. 1992 concernant la mise en œuvre de mesures visant à promouvoir l'amélioration de la sécurité et de la santé des travailleuses enceintes, accouchées ou allaitantes au travail. – V. CSS, art. L. 333-1, L. 333-2, L. 333-3.
2001	22 févr.	Ordonnance n° 2001-178. Transposition de la directive 96/97/CE du Conseil du 20 déc. 1996 modifiant la directive 86/378/CEE relative à la mise en œuvre du principe d'égalité de traitement entre hommes et femmes dans les régimes professionnels de sécurité sociale. – V. CSS, art. L. 913-1.
2001	26 mars	Décret n° 2001-256. Prise en charge des produits et prestations mentionnés à l'art. L. 165-1 du code de la sécurité sociale et modifiant ledit code ainsi que le code des pensions militaires d'invalidité et des victimes de la guerre. – V. CSS, art. R. 165-1 à R. 165-30, R. 314-1 à R. 314-3.
2001	26 mars	Décret n° 2001-257. Composition et fonctionnement du comité économique des produits de santé. – V. CSS, art. D. 162-2-1 à D. 162-2-6.
2001	27 mars	Décret n° 2001-264. Modification de l'art. R. 381-105 CSS.
2001	29 mars	Décret n° 2001-267. Application de l'allègement de cotisations prévu à l'art. L. 241-13-1 du code de la sécurité sociale aux personnels navigants de l'aviation civile. – V. CSS, art. D. 241-13, D. 241-20 à D. 241-22.
2001	2 avr.	Décret n° 2001-276. Application des art. 2 et 5 de la loi n° 2000-1207 du 13 déc. 2000, d'orientation pour l'outre-mer. – V. CSS, art. R. 752-19 à R. 752-22, R. 752-24.
2001	2 avr.	Décret n° 2001-277. Application de l'art. 2 de la loi précitée n° 2000-1207 du 13 déc. 2000. – V. CSS, art. D. 752-6.

2001	2 avr.	Décret n° 2001-279. Montant de l'allocation de parent isolé dans les DOM. – V. CSS, art. R. 755-12-1, R. 755-12-2.
2001	2 avr.	Décret n° 2001-280. Montant de l'allocation de parent isolé dans les DOM. – V. CSS, art. D. 755-10.
2001	19 avr.	Ordonnance n° 2001-350. Code de la mutualité (transposition des directives 92/49 et 92/96/CEE du Conseil des 18 juin et 10 nov. 1992) : – V. CSS, art. L. 162-28, L. 931-2, L. 931-4, L. 931-5, L. 931-9, L. 931-14, L. 931-16, L. 931-18, L. 931-22, L. 931-24, L. 931-35 à L. 931-42, L. 951-11, L. 951-15, L. 951-16 . – Art. 8. – V. L. n° 89-1009 du 31 déc. 1989, art. 6, **p. 2686.**
2001	26 avr.	Décret n° 2001-372. Pris pour l'application de l'art. L. 171-3 CSS. – V. CSS, art. R. 171-3 à R. 171-6, R. 613-6.
2001	30 avr.	Décret n° 2001-384. Adaptation de la valeur en euros de certains montants exprimés en francs. – V. CSS, art. R. 255-3, R. 711-6, R. 931-1-6.
2001	2 mai	Ordonnance n° 2001-377. CSG et CRDS. – V. CSS, art. L. 136-1.
2001	4 mai	Décret n° 2001-393. Tarification des accidents du travail et des maladies professionnelles. – V. CSS, art. D. 242-6-3.
2001	29 mai	Décret n° 2001-455. Mode de financement des dépenses de l'Institution nationale des invalides à la charge de l'assurance maladie. – V. CSS, art. R. 174-23 à R. 174-29.
2001	7 juin	Décret n° 2001-508. Élections des représentants du personnel dans les conseils d'administration des organismes du régime général de sécurité sociale. – V. CSS, art. D. 231-5, D. 231-6, D. 231-7, D. 231-12, D. 231-15.
2001	11 juin	Décret n° 2001-500. Congé-solidarité (orientation pour l'outre-mer), **p. 2798.**
2001	11 juin	Décret n° 2001-496. Application de l'art. 15-VII de la loi n° 2000-1207 du 13 déc. 2000 d'orientation pour l'outre-mer. – V. CSS, art. R. 135-13, R. 135-16-2, R. 351-12.
2001	13 juin	Décret n° 2001-509. Réduction forfaitaire des cotisations dans les hôtels, cafés, restaurants. – V. CSS, art. D. 241-12.
2001	20 juin	Décret n° 2001-532. Régime des décisions implicites. – V. CSS, art. R. 130-1, R. 162-18, R. 162-46, R. 162-52, R. 165-23, R. 165-30, R. 171-1-1, R. 231-3, R. 323-3, R. 351-22, R. 351-31, R. 354-1, R. 382-87, R. 382-120, R. 541-6, R. 635-1, R. 643-8, R. 644-1, R. 711-19-1 à R. 711-19-3, R. 723-35, R. 723-44, R. 723-55, R. 810-1, R. 821-5.
2001	29 juin	Décret n° 2001-567. Recouvrement des cotisations. – V. CSS, art. R. 243-18, R. 243-20, R. 243-32.
2001	29 juin	Décret n° 2001-568. Aide aux collectivités et organismes gérant des aires d'accueil des gens du voyage. – V. CSS, art. R. 851-1 à R. 851-7, R. 852-1, R. 852-2, R. 852-3.

2001	2 juill.	Décret n° 2001-574. Direction de la santé et du développement social en Guadeloupe, Guyane et Martinique. – V. CSS, art. D. 751-1.
2001	3 juill.	Décret n° 2001-576. Centres d'hébergement et de réinsertion sociale.
2001	4 juill.	Loi n° 2001-588. Interruption volontaire de grossesse et contraception. – Art. 20. – V. CSS, art. L. 132-1.
2001	17 juill.	Loi n° 2001-624. Portant diverses dispositions d'ordre social, éducatif et culturel, **p. 2799.** – V. CSS, art. L. 135-1, L. 135-2, L. 135-6 à L. 135-15, L. 137-5, L. 212-1, L. 251-6-1, L. 411-2. – V. L. n° 89-1009 du 31 déc. 1989, art. 7-1 et 30, **p. 2689.**
2001	18 juill.	Décret n° 2001-644. Régime de protection sociale des artistes-auteurs. – V. CSS, art. R. 382-1, R. 382-2, R. 382-4, R. 382-17, R. 382-24, R. 382-30-1, R. 382-30-2, R. 382-31, R. 382-33, R. 382-34 à R. 382-36.
2001	20 juill.	Loi n° 2001-647. Prise en charge de la perte d'autonomie des personnes âgées et à l'allocation personnalisée d'autonomie : – V. CSS, art. L. 135-1, L. 135-3, L. 174-7, L. 174-9, L. 174-13, L. 241-10. – Art. 15 à 21, **p. 2799.**
2001	20 juill.	Décret n° 2001-656. Financement par forfait global de l'activité de soins, d'accueil et de traitement des urgences des établissements mentionnés à l'art. L. 6114-3 du code de la santé publique. – V. CSS, art. R. 174-22-1 à R. 174-22-4.
2001	31 juill.	Décret n° 2001-698. Revalorisation de l'allocation de logement. – V. CSS, art. D. 542-5-1, D. 542-7, D. 542-20, D. 542-27, D. 542-34, D. 542-36, D. 755-24, D. 755-24-1, D. 755-25.
2001	31 juill.	Décret n° 2001-719. Allocation de rentrée scolaire. – V. CSS, art. D. 543-1.
2001	27 août	Décret n° 2001-768. Procédure applicable aux spécialités génériques et modifiant le code de la santé publique et le code de la sécurité sociale. – V. CSS, art. R. 163-2.
2001	29 août	Ordonnance n° 2001-767. Surveillance complémentaire des entreprises d'assurance faisant partie d'un groupe d'assurance. – V. CSS, art. L. 931-15, L. 931-31-1, L. 931-34, L. 951-1.
2001	13 sept.	Décret n° 2001-833. Suppression de la participation de l'assuré au titre des frais de soins consécutifs aux sévices sexuels subis par des mineurs. – V. CSS, art. R. 322-9.
2001	14 sept.	Décret n° 2001-841. Modifiant l'art. R. 173-5 CSS. – V. CSS, art. R. 173-5.
2001	19 sept.	Décret n° 2001-589. Organisation comptable des régimes et organismes de sécurité sociale. – V. CSS, art. D. 114-4-1 à D. 114-4-3.
2001	28 sept.	Décret n° 2001-888. Organisation du régime général de la sécurité sociale concernant la profession de la batellerie. – V. CSS, art. R. 211-10, R. 212-3, R. 213-4 .

2001	28 sept.	Décret n° 2001-889. Composition des conseils d'administration des organismes du régime général de la sécurité sociale. – V. CSS, art. D. 231-3.
2001	11 oct.	Décret n° 2001-940. Régime local d'assurance maladie des départements du Haut-Rhin, du Bas-Rhin et de la Moselle. – V. CSS, art. D. 325-3.
2001	23 oct.	Décret n° 2001-963. Fonds d'indemnisation des victimes de l'amiante, **p. 2800.**
2001	25 oct.	Décret n° 2001-968. Fonds de financement de la réforme des cotisations patronales de sécurité sociale. – V. CSS, art. R. 131-8 à R. 131-18.
2001	25 oct.	Décret n° 2001-978. Application du dernier alinéa de l'art. L. 213-1. – V. CSS, art. D. 213-1-1, D. 213-1-2.
2001	2 nov.	Décret n° 2001-1026. Modalités de versement des cotisations d'assurance maladie à la Caisse nationale militaire de sécurité sociale. – V. CSS, art. D. 712-40, D. 713-15, D. 713-17, D. 713-18, D. 713-23.
2001	5 nov.	Décret n° 2001-1020. Conditions d'attribution de l'allocation aux adultes handicapés et de certaines prestations familiales. – V. CSS,R. 821-4.
2001	5 nov.	Décret n° 2001-1021. Allocation de logement social. – V. CSS, art. R. 831-6-1.
2001	5 nov.	Décret n° 2001-1022. Allocation de logement familial. – V. CSS, art. D. 542-10-1.
2001	23 nov.	Décret n° 2001-1124. Modifiant l'art. D. 134-3. – V. CSS, art. D. 134-3.
2001	30 nov.	Arrêté. Application du plan comptable unique des organismes de sécurité sociale. – V. CSS, art. L.O. 111-3.
2001	4 déc.	Décret n° 2001-1149. Modification du décret n° 69-505 du 24 mai 1969 fixant le statut des praticiens-conseils chargés du service du contrôle médical du régime général de la sécurité sociale. – V. CSS, art. L. 224-7.
2001	10 déc.	Décret n° 2001-1170. Application de l'art. 10 de la loi n° 2001-1207 du 13 déc. 2000 d'orientation pour l'outre-mer. – V. CSS, art. R. 754-8, R. 754-9.
2001	17 déc.	Décret n° 2001-1203. Adaptation de la valeur en euros de certains montants en francs. – V. CSS, art. D. 133-1, D. 133-2, D. 242-13, D. 242-19, D. 551-1, D. 633-19, D. 635-6,D. 651-9, D. 755-0-1, D. 756-7, D. 815-1, D. 816-2, D. 821-3, D. 821-4, D. 821-6, D. 821-7.
2001	19 déc.	Décret n° 2001-1214. Fonds de réserve pour les retraites institué par l'art. 6 de la loi n° 2001-624 du 17 juill. 2001. – V. CSS, art. R. 135-4, R. 135-5, R. 135-7, R. 135-18 à R. 135-29.

2001	21 déc.	Loi n° 2001-1246. De financement de la sécurité sociale pour 2002 : – V. CSS, art. L. 111-1, L. 133-5 à L. 133-6, L. 135-3, L. 135-7, L. 136-2, L. 136-7, L. 137-6 à L. 137-9, L. 161-19, L. 162-1-12, L. 162-16, L. 162-17, L. 162-31-1, L. 162-32-1, L. 162-43 à L. 162-46, L. 174-5 à L. 174-6, L. 176-1 à L. 176-2, L. 200-2 à L. 200-2-1, L. 216-3, L. 223-1, L. 224-5 à L. 224-6, L. 227-1, L. 241-1, L. 241-10, L. 242-3, L. 245-1, L. 245-2, L. 245-6-1, L. 245-16, L. 311-1, L. 311-3, L. 315-2, L. 321-1, L. 322-3, L. 330-1, L. 331-7 à L. 331-8, L. 361-3, L. 382-17, L. 382-22 à L. 382-23, L. 382-26, L. 431-2, L. 434-1, L. 434-2, L. 434-8, L. 543-2, L. 544-6, L. 544-8, L. 612-1, L. 613-14, L. 613-19-2, L. 711-8 à L. 711-9, L. 712-3, L. 713-14, L. 861-3. – V. L. n° 89-1009 du 31 déc. 1989, art. 6-3, **p. 2687.** – V. Ord. n° 96-50 du 24 janv. 1996, art. 4 et 8, **p. 2713.** – V. L. n° 2000-1257 du 23 déc. 2000, art. 40, 53, **p. 2792.**
2001	21 déc.	Décret n° 2001-1250. Mode de financement des dépenses au service de santé des armées à la charge de l'assurance maladie. – V. CSS, art. R. 174-30 à R. 174-34.
2001	24 déc.	Arrêté. Tarification des risques d'accidents du travail et de maladies professionnelles. – V. Arr. du 17 oct. 1995, art. 6, **p. 2710.**
2001	28 déc.	Loi n° 2001-1275. De finances pour 2002 : – V. CSS, art. L. 135-2, L. 136-4, L. 136-7, L. 245-8. – V. Ord. n° 96-50 du 24 janv. 1996, art. 4, 15, 16, **p. 2713.**
2001	28 déc.	Décret n° 2001-1342. Congé de paternité dans le régime général. – V. CSS, art. R. 313-1, R. 313-8, R. 382-31-1.
2001	28 déc.	Décret n° 2001-1352. Congé de paternité des assurés relevant du régime général. – V. CSS, art. D. 331-3, D. 331-4.
2001	28 déc.	Décret n° 2001-1353. Congés de maternité et de paternité dans les régimes des travailleurs des professions non salariées non agricoles et des praticiens et auxiliaires médicaux conventionnés. – V. CSS, art. D. 613-4-2, D. 613-4-4, D. 613-4-5, D. 613-5 à D. 613-7, D. 613-9 à D. 613-13-1, D. 613-18, D. 722-15 à D. 722-15-3, D. 722-17.
2002	2 janv.	Loi n° 2002-2. Rénovant l'action sociale et médico-sociale. – Art. 76. – V. CSS, art. L. 162-24-1, L. 162-31-1.
2002	17 janv.	Loi n° 2002-73. De modernisation sociale : – V. CSS, art. L. 135-2 à L. 135-3, L. 136-2, L. 143-2 à L. 143-3, L. 143-5 à L. 143-9, L. 145-7, L. 165-5, L. 212-3, L. 212-4, L. 242-1, L. 242-13, L. 243-4, L. 245-4, L. 311-3, L. 325-1, L. 325-3, L. 333-1, L. 351-3, L. 381-1, L. 412-8, L. 652-8, L. 761-7 à L. 761-8, L. 762-5, L. 762-7, L. 763-2, L. 763-4, L. 764-2, L. 765-4, L. 765-7, L. 765-8, L. 766-1 à L. 766-1-4, L. 766-2-1 à L. 766-2-4, L. 766-3 à L. 766-4-1, L. 766-8-1, L. 766-9, L. 766-13, L. 862-1, L. 913-3, L. 914-2 à L. 914-4, L. 932-24-1. – Art. 41, 46 et 49, **p. 2803.** – Art. 91. – V. L. n° 96-1143 du 26 déc. 1996, art. 4, **p. 2736.**

2002	22 janv.	Loi n° 2002-92. Corse. – Art. 49. – V. L. n° 96-1143 du 26 déc. 1996, art. 4, **p. 2736.**
2002	15 févr.	Décret n° 2002-205. Plafond des ressources prises en compte pour l'attribution de la protection complémentaire en matière de santé. – V. CSS, art. D. 861-1.
2002	27 févr.	Loi n° 2002-276. Démocratie de proximité. – V. CSS, art. L. 136-2.
2002	4 mars	Loi n° 2002-303. Droits des malades et qualité du système de santé. – V. CSS, art. L. 145-1 à L. 145-6, L. 145-7-1 à L. 145-9-2, L. 154-1 à L. 154-2, L. 162-5, L. 174-19, L. 221-1, L. 243-9, L. 315-1, L. 321-1, L. 322-3, L. 712-1, L. 712-11 à L. 712-11-3, L. 932-39.
2002	4 mars	Loi n° 2002-305. Autorité parentale. – V. CSS, art. L. 161-15-3.
2002	6 mars	Loi n° 2002-322. Rénovation des rapports conventionnels entre les professions de santé libérales et les organismes de l'assurance maladie. – V. CSS, art. L. 162-1-11, L. 162-12-17 à L. 162-12-20, L. 162-14, L. 162-14-1, L. 162-15, L. 322-5-1, L. 322-5-4.
2002	6 mars	Décret n° 2002-338. Réforme de l'union des caisses nationales de sécurité sociale. – V. CSS, art. D. 224-1 à D. 224-11.
2002	19 mars	Décret n° 2002-373. Allocation de présence parentale. – V. CSS, art. D. 544-2, D. 544-4.
2002	20 mars	Décret n° 2002-384. Prestations versées sous condition de ressources. – V. CSS, R. 831-8.
2002	20 mars	Décret n° 2002-385. Allocation de logement familiale. – V. CSS, art. D. 542-10, D. 542-12, D. 755-16.
2002	22 mars	Décret n° 2002-394. Composition du conseil de surveillance du fonds de réserve pour les retraites. – V. CSS, art. R. 135-19.
2002	27 mars	Ordonnance n° 2002-411. Protection sanitaire et sociale à Mayotte. – V. CSS, art. L. 135-2, L. 821-5.
2002	28 mars	Décret n° 2002-419. Composition du conseil d'administration de la caisse maritime d'allocations familiales. – V. CSS, art. D. 212-6, D. 212-7.
2002	28 mars	Décret n° 2002-420. Barème des indemnités en capital dues pour les incapacités permanentes inférieures à 10 % consécutives à un accident du travail. – V. CSS, art. D. 434-1.
2002	29 mars	Décret n° 2002-421. Création de six catégories de complément d'allocation d'éducation spéciale. – V. CSS, art. D. 541-2.
2002	29 mars	Décret n° 2002-422. Création de six catégories de complément d'allocation d'éducation spéciale. – V. CSS, art. D. 541-2, R. 541-4, R. 541-8.
2002	4 avr.	Décret n° 2002-460. Protection générale des personnes contre les dangers des rayonnements ionisants. – V. CSS, art. R. 162-53.

2002	18 avr.	Décret n° 2002-542. Indemnisation des victimes en cas d'accidents du travail successifs. – V. CSS, art. R. 434-2-1, R. 434-4, R. 443-7, R. 452-2.
2002	18 avr.	Décret n° 2002-543. Procédures de reconnaissance des maladies professionnelles. – V. CSS, art. R. 461-8.
2002	19 avr.	Décret n° 2002-544. Travailleurs français expatriés et pensionnés français résidant à l'étranger. – V. CSS, art. D. 762-2 à D. 762-2-9, D. 762-8 à D. 762-10, D. 764-2, D. 765-2-2 à D. 765-2-12, D. 766-1 à D. 766-28, D. 766-30.
2002	19 avr.	Décret n° 2002-545. Travailleurs français expatriés et pensionnés français résidant à l'étranger. – V. CSS, art. R. 762-4 à R. 762-6, R. 762-8, R. 762-10, R. 762-36, R. 762-37, R. 763-1, R. 763-2, R. 764-2, R. 764-4, R. 764-5, R. 765-1, R. 766-2 à R. 766-63.
2002	19 avr.	Décret n° 2002-546. Travailleurs français détachés à l'étranger. – V. CSS, art. R. 761-16 à R. 761-20.
2002	22 avr.	Décret n° 2002-556. Recouvrement des cotisations. – V. CSS, art. D. 133-1, D. 133-2.
2002	22 avr.	Décret n° 2002-594. Liste des affections comportant un traitement prolongé et une thérapeutique particulièrement coûteuse. – V. CSS, art. D. 322-1.
2002	23 avr.	Décret n° 2002-588. Cotisations sur les revenus d'activité des travailleurs non salariés des professions agricoles et conditions de détermination de leur activité principale. – V. CSS, art. R. 115-5, R. 242-14, R. 242-16, R. 243-20, R. 243-25, R. 612-20, R. 612-21, R. 631-37.
2002	23 avr.	Décret n° 2002-589. Cotisations d'assurance maladie et maternité des travailleurs non salariés des professions non agricoles et des praticiens des auxiliaires médicaux et cotisations d'assurance vieillesse des travailleurs non salariés des professions artisanales, industrielles et commerciales. – V. CSS, art. D. 612-2, D. 612-2-1, D. 612-6, D. 612-13, D. 612-20, D. 633-1, D. 633-4 à D. 633-8, D. 635-4, D. 722-9, D. 722-11.
2002	29 avr.	Décret n° 2002-641. Comité économique des produits de santé. – V. CSS, art. D. 162-2-7.
2002	29 avr.	Décret n° 2002-657. Modalités de recouvrement de la contribution assise sur les contrats d'assurance en matière de circulation de véhicules terrestres à moteur. – V. CSS, art. R. 137-1 à R. 137-15.
2002	29 avr.	Arrêté. Montant des plafonds de certaines prestations familiales et aux tranches du barème applicable au recouvrement des indus et à la saisie des prestations. – Art. 4. – V. ss. CSS, art. D. 553-1.
2002	3 mai	Décret n° 2002-784. Modifiant l'art. D. 742-3 du code de la sécurité sociale. – V. CSS, art. D. 742-3.
2002	3 mai	Décret n° 2002-793. Conditions d'exercice des professionnels de santé délivrant des soins palliatifs à domicile pris pour l'application de l'art. L. 162-1-10 du code de la sécurité sociale. – V. CSS, art. R. 162-1-10 à R. 162-1-13.

2002	3 mai	Décret n° 2002-794. Modification du régime d'indemnités journalières maladie des artisans et du régime d'indemnités journalières maladie des industriels et commerçants. – V. CSS, art. D. 613-16, D. 613-19 à D. 615-20, D. 613-24.
2002	3 mai	Décret n° 2002-799. Prise en charge anonyme et gratuite des interruptions volontaires de grossesse pratiquées sur des mineures sans consentement parental. – V. CSS, art. D. 132-1 à D. 132-5.
2002	7 août	Décret n° 2002-1059. Allocation de rentrée scolaire différentielle. – V. CSS, art. R. 543-6-1.
2002	7 août	Décret n° 2002-1060. Allocation de rentrée scolaire. – V. CSS, art. D. 133-2, D. 543-2.
2002	30 août	Décret n° 2002-1117. Conditions de nomination du directeur de la Caisse centrale de la mutualité sociale et agricole. – V. CSS, art. R. 123-47-3.
2002	3 oct.	Décret n° 2002-1227. Appartements de coordination thérapeutique. – V. CSS, art. R. 174-4 à R. 174-6.
2002	11 oct.	Décret n° 2002-1253. Modifiant les art. R. 381-3 et R. 742-14 du code de la sécurité sociale. – V. art. mod.
2002	23 oct.	Décret n° 2002-1282. Portant application des art. L. 122-25-1-1 et L. 122-25-1-2 du code du travail créant une garantie de rémunération pour les salariées enceintes ou ayant accouché en cas de suspension de leur contrat de travail. – V. CSS, art. R. 313-3, R. 313-8.
2002	25 oct.	Décret n° 2002-1298. Financement des réseaux et application des art. L. 162-43 à L. 162-46 du code de la sécurité sociale. – V. CSS, art. R. 162-59 à R. 162-68.
2002	25 oct.	Décret n° 2002-1299. Pris pour l'application des art. L. 242-13 et L. 325-1 du code de la sécurité sociale. – V. CSS, art. D. 242-21-1, D. 242-21-2, D. 242-22, D. 242-26, D. 325-1-1 à D. 325-1-4.
2002	25 oct.	Décret n° 2002-1300. Modalités de remboursement des sommes versées au titre du congé de paternité aux assurés relevant des régimes spéciaux de la Société nationale des chemins de fer français, de la Régie autonome des transports parisiens, des industries électriques et gazières et de la Banque de France. – V. CSS, art. D. 223-2.
2002	25 oct.	Décret n° 2002-1301. Modalités de remboursement des rémunérations servies à l'occasion du congé de paternité aux fonctionnaires. – V. CSS, art. D. 223-1.
2002	25 oct.	Décret n° 2002-1314. Organisation financière des régimes d'assurance vieillesse des travailleurs non salariés des professions non agricoles et de certains régimes spéciaux. – V. CSS, art. R. 623-2 à R. 623-10-4, R. 723-22.
2002	4 nov.	Décret n° 2002-1324. Application du congé de paternité aux demandeurs d'emploi et aux stagiaires de la formation professionnelle. – V. CSS, art. R. 373-1, R. 373-2.

2002	21 nov.	Décret n° 2002-1373. Modalités de remboursement des indemnités ou allocations versées au titre du congé de paternité aux assurés sociaux relevant du régime général, du régime des salariés agricoles, du régime des exploitants agricoles, du régime des travailleurs non salariés des professions non agricoles et des régimes des employés et clercs de notaire, de la chambre de commerce et d'industrie de Paris, des marins et des entreprises minières et assimilées. – V. CSS, art. R. 223-1.
2002	22 nov.	Décret n° 2002-1374. Modifiant l'art. D. 242-17 du code de la sécurité sociale et fixation du plafond de la sécurité sociale pour 2003. – V. CSS, art. D. 242-17.
2002	2 déc.	Décret n° 2002-1403. Complétant et modifiant la liste des membres bénévoles des organismes à objet social énumérés à l'art. D. 412-79 du code de la sécurité sociale. – V. CSS, art. D. 412-79.
2002	10 déc.	Arrêté. Évaluation des avantages en nature en vue du calcul des cotisations de sécurité sociale, **p. 2804.**
2002	13 déc.	Arrêté. Modifiant l'arrêté du 17 oct. 1995. – V. Arr. du 17 oct. 1995, **p. 2708.**
2002	20 déc.	Décret n° 2002-1485. Revalorisation de l'allocation de logement : – V. CSS, art. D. 542-10, D. 831-2. – V. Décr. n° 2000-1269 du 26 déc. 2000, art. 16, **p. 2446.**
2002	20 déc.	Arrêté. Frais professionnels déductibles pour le calcul des cotisations de sécurité sociale, **p. 2808.**
2002	20 déc.	Loi n° 2002-1487. De financement de la sécurité sociale pour 2003 : – V. CSS, art. L. 132-1, L. 137-8, L. 138-3, L. 138-10, L. 138-11, L. 138-14, L. 138-20 à L. 138-23, L. 144-2, L. 161-1, L. 161-1-1, L. 161-22, L. 162-5, L. 162-12-16, L. 162-15, L. 162-15-2, L. 162-15-3, L. 162-16, L. 162-17-4, L. 162-17-6, L. 162-17-7, L. 162-45, L. 165-1, L. 174-9-1, L. 176-2, L. 223-1, L. 227-1 à L. 227-3, L. 228-1, L. 245-2, L. 245-6, L. 315-3, L. 322-5-1, L. 322-5-2, L. 380-3, L. 380-3-1, L. 521-1, L. 613-13, L. 643-2. – Art. 10. – V. L. n° 98-1194 du 23 déc. 1998, art. 41, **p. 2752.** – Art. 14. – V. Ord. n° 96-50 du 24 janv. 1996, art. 2 et 4, **p. 2713.** – Art. 23, 26, 62. – V. L. n° 2000-1257 du 23 déc. 2000, art. 40, **p. 2792.** – Art. 48. – V. L. n° 98-1194 du 23 déc. 1998, art. 41, **p. 2752.** – Art. 53. – V. L. n° 98-1194 du 23 déc. 1998, art. 41-III, **p. 2752.**
2002	23 déc.	Décret n° 2002-1552. Indemnités des membres de la commission instituée par l'art. L. 951-1 du code de la sécurité sociale. – V. CSS, art. D. 732-1.
2002	23 déc.	Décret n° 2002-1564. Simplification de démarches administratives. – V. CSS, art. R. 532-6, R. 831-11, R. 831-23.
2002	23 déc.	Décret n° 2002-1565. Simplification de pièces justificatives de certaines prestations. – V. CSS, art. D. 542-17, D. 542-25, D. 755-22, D. 755-23, D. 755-27 .

2002	23 déc.	Décret n° 2002-1566. Indemnité maternité de remplacement du régime des professions non salariées non agricoles et du régime des praticiens et auxiliaires médicaux conventionnés. – V. CSS, art. D. 613-8, D. 613-9, D. 722-15-2, D. 722-15-4, D. 722-15-5.
2002	23 déc.	Arrêté. Simplification de pièces justificatives de certaines prestations. – V. CSS, art. R. 831-11, D. 542-17, D. 755-22.
2002	24 déc.	Décret n° 2002-1555. Indemnisation des victimes d'accidents du travail et de maladies professionnelles et de leurs ayants droit. – V. CSS, art. R. 434-3, R. 434-11, R. 434-16.
2002	24 déc.	Décret n° 2002-1568. Centre des liaisons européennes et internationales de sécurité sociale. – V. CSS, art. R. 767-1 à R. 767-10, R. 767-12.
2002	24 déc.	Décret n° 2002-1570. Allègement de charges sociales dans la zone franche de Corse et majoration de l'allègement de cotisations prévu à l'art. L. 241-13-1. – V. Décr. n° 97-315 du 7 avr. 1997, art. 1er *bis*, **p. 2741.**
2002	24 déc.	Arrêté. Pris pour l'application des art. R. 615-3 à R. 615-5. – V. CSS, art. R. 613-3, R. 613-4.
2002	30 déc.	Loi n° 2002-1575. De finances pour 2003. – V. CSS, art. L. 136-4, L. 633-9, L. 861-1, L. 861-5, L. 861-6, L. 861-8, L. 861-9.
2002	30 déc.	Loi n° 2002-1576. De finances rectificative pour 2002 : – V. CSS, art. L. 136-2, L. 380-5. – V. L. n° 96-987 du 14 nov. 1996, art. 12, 13, 14, **p. 2727.**
2002	30 déc.	Décret n° 2002-1627. Modifiant les art. D. 242-8 et D. 711-3 du code de la sécurité sociale. – V. CSS, art. D. 242-8, D. 711-3.
2002	31 déc.	Décret n° 2002-1616. Modifiant l'art. D. 242-6-15 du code de la sécurité sociale relatif à la tarification des risques d'accidents du travail et de maladies professionnelles. – V. CSS, art. D. 242-6-20.
2003	17 janv.	Loi n° 2003-47. Salaires, temps de travail et développement de l'emploi : – V. CSS, art. L. 131-9, L. 241-13-1, L. 711-13, L. 711-13-1. – V. L. n° 96-1143 du 26 déc. 1996, art. 4 et 4 *bis*, **p. 2736.** – V. L. n° 98-461 du 13 juin 1998, art. 3, **p. 2743.**
2003	11 févr.	Décret n° 2003-110. Révisant et complétant les tableaux des maladies professionnelles annexés au livre IV du code de la sécurité sociale. – V. Annexe II, tableaux nos 2, 5, 8, 10 *bis*, 10 *ter*, 11, 12, 13, 15 *bis*, 31, 33, 36, 37, 37 *bis*, 38, 41, 43, 47, 49, 49 *bis*, 50, 51, 62, 63, 65, 66, 66 *bis*, 73, 74, 82 et 84, **p. 2886.**
2003	27 févr.	Ordonnance n° 2003-166. Prise pour l'application outre-mer de la loi n° 2002-303 du 4 mars 2002 relative aux droits des malades et à la qualité du système de santé. – V. CSS, art. L. 146-1 à L. 146-9.
2003	13 mars	Décret n° 2003-244. Contrôle de la Cour des comptes. – V. CSS, art. R. 154-1.

2003	13 mars	Décret n° 2003-245. Contrôle des organismes de sécurité sociale. – V. CSS, art. D. 154-1.
2003	18 mars	Décret n° 2003-250. Situation des fonctionnaires de l'État et des magistrats exerçant leurs fonctions dans un territoire relevant du ministère chargé de l'outre-mer. – V. CSS, art. D. 712-52, D. 712-54-1, D. 712-54-2.
2003	19 mars	Décret n° 2003-251. Financement des centres spécialisés de soins aux toxicomanes. – V. CSS, art. R. 174-7, R. 174-8.
2003	19 mars	Décret n° 2003-252. Portant suppression des cas de contrôle conjoint de l'application de la législation de la sécurité sociale. – V. CSS, art. R. 243-60, R. 652-14 .
2003	27 mars	Décret n° 2003-303. Utilisation du numéro d'inscription au répertoire national d'identification des personnes physiques pour les déclarations sociales incombant aux entreprises. – V. CSS, art. R. 115-1 à R. 115-3.
2003	28 mars	Décret n° 2003-286. Révisant et complétant les tableaux des maladies professionnelles annexés au livre IV du code de la sécurité sociale. – V. Annexe II, tableau n° 25, **p. 2915.**
2003	31 mars	Loi n° 2003-289. Portant modification de la loi n° 2001-647 du 20 juill. 2001 relative à la prise en charge de la perte d'autonomie des personnes âgées et à l'allocation personnalisée d'autonomie. – V. L. n° 2001-647 du 20 juill. 2001, art. 15 et 19, **p. 2799.**
2003	4 avr.	Décret n° 2003-316. Modifiant l'art. D. 381-24 du code de la sécurité sociale. – V. CSS, art. D. 381-24.
2003	23 avr.	Décret n° 2003-398. Tarifs des prestations d'hospitalisation des établissements de santé privés mentionnés à l'art. L. 6114-3 du code de la santé publique et modifiant les art. R. 162-41 à R. 162-42-1 et R. 174-22-3 du code de la sécurité sociale. – V. CSS, art. R. 174-22-3.
2003	23 avr.	Décret n° 2003-399. Documents ouvrant droit aux prestations de l'assurance maladie. – V. CSS, art. R. 161-42, R. 161-43, R. 161-45 à R. 161-48, R. 174-18, R. 174-19.
2003	28 avr.	Arrêté. Modifiant l'art. 1er de l'arrêté du 10 déc. 2002 relatif à l'évaluation des avantages en nature en vue du calcul des cotisations de sécurité sociale. – V. Annexe I, **p. 2804.**
2003	4 juin	Décret n° 2003-489. Portant publication de la convention de sécurité sociale entre la République française et la Principauté d'Andorre. – V. Annexe IV, Accords internationaux, **p. 2991.**
2003	11 juin	Décret n° 2003-487. Portant application du titre III de la loi n° 2003-47 du 17 janv. 2003 relative aux salaires, au temps de travail et au développement de l'emploi. – V. CSS, art. D. 241-7 à D. 241-13, D. 241-15 à D. 241-25.
2003	18 juin	Loi n° 2003-517. Rémunération au titre du prêt en bibliothèque et renforçant la protection sociale des auteurs : – V. CSS, art. L. 382-11 à L. 382-13. – V. Ord. n° 98-731 du 20 août 1998, art. 6, **p. 2747.**

2003	27 juin	Décret n° 2003-573. Allocation forfaitaire prévue au deuxième alinéa de l'art. L. 521-1 du code de la sécurité sociale. – V. CSS, art. D. 521-2, D. 755-5-1.
2003	2 juill.	Loi n° 2003-590. Urbanisme et habitat. – V. CSS, art. L. 553-4, L. 835-2.
2003	2 juill.	Décret n° 2003-608. Portant modification du décret n° 99-247 du 29 mars 1999 relatif à l'allocation de cessation anticipée d'activité prévue à l'art. 41 de la loi de financement de la sécurité sociale pour 1999. – V. Décr. n° 99-247 du 29 mars 1999, art. 3 et 10, Annexe I, **p. 2756.**
2003	2 juill.	Décret n° 2003-611. Relatif à certaines prestations versées sous condition de ressources. – V. CSS, art. R. 831-6.
2003	2 juill.	Décret n° 2003-612. Allocation de logement familiale. – V. CSS, art. D. 542-10.
2003	3 juill.	Décret n° 2003-614. Contentieux de la sécurité sociale. – V. CSS, art. R. 141-1, R. 142-8, R. 142-13, R. 142-14, R. 142-23, R. 143-1 à R. 143-21, R. 143-24 à R. 143-42, R. 144-5, R. 144-6, R. 144-12 à R. 144-17, R. 144-9, R. 322-10-1, R. 322-10-2, R. 711-22, R. 752-12, R. 752-14, R. 752-15.
2003	3 juill.	Décret n° 2003-615. Abrogeant diverses dispositions relatives au contentieux de la sécurité sociale. – V. CSS, art. D. 412-55.
2003	21 juill.	Loi n° 2003-660. De programme pour l'outre-mer. – V. CSS, art. L. 752-3-1.
2003	22 juill.	Décret n° 2003-686. Échantillon interrégimes de cotisants et échantillon interrégimes de retraités. – V. CSS, art. R. 161-59 à R. 161-69.
2003	29 juill.	Décret n° 2003-693. Allocation de logement sociale. – V. CSS, art. R. 831-10, R. 831-13, R. 831-22, R. 832-1.
2003	29 juill.	Décret n° 2003-694. Allocation de logement familiale. – V. CSS, art. D. 542-14, D. 542-16, D. 542-24, D. 755-19, D. 755-37.
2003	1er août	Loi n° 2003-706. De sécurité financière. – V. CSS, art. L. 931-6 à L. 931-8, L. 931-16, L. 931-18, L. 932-23, L. 951-1 à L. 951-6-1, D. 325-2, A. 932-3-8.
2003	1er août	Loi n° 2003-710. Orientation et programmation pour la ville et la rénovation urbaine. – V. L. n° 96-987 du 14 nov. 1996, art. 12, 12-1, 13, 14, **p. 2727.**
2003	1er août	Ordonnance n° 2003-720. Libre choix de l'allocataire des prestations familiales dans les départements d'outre-mer. – V. CSS, art. L. 755-4, L. 755-10.
2003	1er août	Loi n° 2003-721. Pour l'initiative économique : – V. CSS, art. L. 131-6, L. 136-3, L. 136-7, L. 161-1 à L. 161-1-2, L. 243-1-1, L. 311-3, L. 412-8, L. 612-4. – V. Ord. n° 96-50 du 24 janv. 1996, art. 16, **p. 2719.**

2003	14 août	Arrêté. Fixant le nombre de formations de jugement des tribunaux du contentieux de l'incapacité. – V. Annexe I, **p. 2819.**
2003	21 août	Décret n° 2003-797. Situation des militaires exerçant leurs fonctions en Nouvelle-Calédonie au regard de l'assurance maladie et maternité. – V. CSS, art. D. 713-7-1.
2003	21 août	Loi n° 2003-775. Sur les retraites : – V. CSS, art. L. 114-2 à L. 114-4, L. 131-2, L. 134-1, L. 135-2, L. 135-3, L. 135-7, L. 135-10, L. 136-2, L. 136-3, L. 136-4, L. 137-5, L. 137-10, L. 137-11, L. 152-1, L. 153-1, L. 161-17, L. 161-17-1, L. 161-22, L. 161-23-1, L. 173-1, L. 173-2, L. 222-1, L. 222-2, L. 241-3, L. 241-3-1, L. 241-4, L. 242-1, L. 251-6, L. 342-5, L. 342-6, L. 351-1, L. 351-1-1 à L. 351-1-3, L. 351-2 à L. 351-4, L. 351-4-1, L. 351-5, L. 351-6, L. 351-8, L. 351-10 à L. 351-12, L. 351-14-1, L. 351-15, L. 351-16, L. 353-1, L. 353-3, L. 353-5, L. 381-1, L. 382-29, L. 613-1, L. 622-5, L. 623-1, L. 623-3, L. 634-2-2, L. 634-3-2, L. 634-3-3, L. 634-6, L. 635-1 à L. 635-6, L. 641-1 à L. 641-6, L. 642-1 à L. 642-5, L. 643-1 à L. 643-8, L. 644-1 à L. 644-3, L. 742-1, L. 763-1, L. 816-1, L. 921-1, L. 931-3-1, L. 932-14, L. 941-1 à L. 941-4. – Art. 1er à 5, 12, 20, 107, 108, 114. – V. Annexe I, **p. 2820.** – Art. 84. – V. ss. CSS, art. L. 635-4. – Art. 116-II à 116-VII. – V. ss. CSS, art. L. 941-4.
2003	26 août	Décret n° 2003-801. Modifiant les conditions d'exonération de la cotisation étudiante d'assurance maladie pour les étudiants boursiers. – V. CSS, art. R. 381-16, R. 381-17, R. 381-21.
2003	26 août	Décret n° 2003-804. Détermination du plafond des ressources prises en compte pour l'attribution de la protection complémentaire en matière de santé. – V. CSS, art. D. 861-1.
2003	26 août	Décret n° 2003-805. Détermination du plafond des ressources prises en compte pour l'attribution de la protection complémentaire en matière de santé dans les départements d'outre-mer. – V. CSS, art. D. 861-1.
2003	27 août	Décret n° 2003-816. Prestations familiales dans les départements d'outre-mer. – V. CSS, art. R. 755-0-3.
2003	29 août	Décret n° 2003-846. Procédures amiables et contentieuses de l'assurance des non-salariés agricoles contre les accidents du travail et les maladies professionnelles. – V. CSS, art. R. 142-41 à R. 142-52.
2003	4 sept.	Ordonnance n° 2003-850. Portant simplification de l'organisation et du fonctionnement du système de santé (art. 4). – V. CSS, art. L. 174-11, L. 174-12.
2003	25 sept.	Décret n° 2003-924. Révisant le tableau n° 42 des maladies professionnelles. – V. Annexe II, tableau n° 42, **p. 2933.**
2003	26 sept.	Décret n° 2003-922. Commission de la transparence. – V. CSS, art. R. 163-15 à R. 163-17.
2003	22 oct.	Décret n° 2003-1010. Gestion budgétaire, comptable et financière, et modalités de financement et de tarification des établissements et services sociaux et médico-sociaux mentionnés au I de l'art. L. 312-1 du

		code de l'action sociale et des familles, et des établissements mentionnés au 2° de l'art. L. 6111-2 du code de la santé publique. – Art. 119. – V. CSS, art. R. 174-16-1 à R. 174-16-5.
2003	28 oct.	Décret n° 2003-1025. Régime complémentaire obligatoire d'assurance vieillesse des travailleurs non salariés des professions artisanales. – V. CSS, art. D. 635-6, D. 635-8.
2003	29 oct.	Décret n° 2003-1035. Portant aménagement des modalités de calcul de la compensation généralisée du risque vieillesse. – V. CSS, art. D. 134-2 à D. 134-4.
2003	29 oct.	Décret n° 2003-1037. Portant aménagement des modalités de calcul de la compensation spécifique entre les régimes spéciaux d'assurance vieillesse. – V. CSS, art. D. 134-9-4.
2003	30 oct.	Décret n° 2003-1036. Abaissement de l'âge de la retraite pour les assurés ayant commencé à travailler jeune et ayant eu une longue carrière : – V. CSS, art. D. 351-1-1 à D. 351-1-3. – V. Décr. n° 73-937 du 2 oct. 1973, art. 3 *bis*, Annexe I, **p. 2667.**
2003	6 nov.	Ordonnance n° 2003-1059. Mesures de simplification pour les emplois du spectacle : – V. CSS, art. L. 142-3. – V. L. n° 98-546 du 2 juill. 1998, art. 6, Annexe I, **p. 2746.**
2003	21 nov.	Décret n° 2003-1128. Révisant et complétant le tableau des maladies professionnelles. – V. Annexe II, tableaux n°s 10 et 66 *bis*, **p. 2881.**
2003	18 déc.	Loi n° 2003-1199. De financement de la sécurité sociale pour 2004 : – Art. 12, 33 et 34. – V. Annexe I, **p. 2823.** – Art. 11. – V. ss. CSS, art. L. 941-1. – V. CSS, art. L. 115-2, L. 131-6, L. 131-8 à L. 131-11, L. 133-3, L. 135-1, L. 136-2 à L. 136-4, L. 136-6, L. 137-1, L. 137-6, L. 137-7, L. 138-1, L. 138-2, L. 138-4 à L. 138-7, L. 138-10, L. 138-15, L. 138-17, L. 139-2, L. 161-9, L. 161-29, L. 162-1-7, L. 162-4, L. 162-5-14, L. 162-8, L. 162-12-17 à L. 162-12-20, L. 162-13-3, L. 162-14-1, L. 162-16-5, L. 162-16-6, L. 162-17-4, L. 162-20 à L. 162-21-1, L. 162-22-1 à L. 162-22-18, L. 162-43, L. 165-7, L. 174-1 à L. 174-3, L. 174-12, L. 174-14, L. 174-15 à L. 174-17, L. 183-1-1, L. 225-1-1, L. 227-1, L. 241-2, L. 241-6, L. 241-10, L. 243-1-2, L. 243-3, L. 243-5, L. 243-6, L. 243-6-1, L. 243-7, L. 243-9, L. 244-2, L. 244-3, L. 245-2 à L. 245-4, L. 245-5-1 à L. 245-5-6, L. 245-13 à L. 245-13-6, L. 245-14, L. 315-1, L. 315-2, L. 322-3, L. 324-1, L. 331-4, L. 331-6, L. 331-7, L. 333-3, L. 376-1, L. 381-1, L. 381-30-5, L. 454-1, L. 511-1, L. 512-4, L. 522-1, L. 531-1 à L. 533-1, L. 542-1, L. 544-8, L. 552-1, L. 645-2, L. 755-2-1, L. 755-3, L. 755-10-1, L. 755-16, L. 755-19, L. 755-23, L. 755-24, L. 755-32, L. 757-4 à L. 757-7, L. 841-1 à L. 841-4, L. 842-1 à L. 842-4, L. 843-1 à L. 843-3. – V. Ord. n° 96-50 du 24 janv. 1996, art. 2, 4, 14, **p. 2713.** – V. Ord. n° 96-51 du 24 janv. 1996, art. 9, ss. CSS, art. L. 376-1. – V. L. n° 98-1194 du 23 déc. 1998, art. 41, Annexe I, **p. 2752.** – V. L. n° 2000-1257 du 23 déc. 2000, art. 40, Annexe I, **p. 2792.** – V. L. n° 2003-775 du 21 août 2003, art. 96, ss. CSS, art. L. 641-1.

2003	18 déc.	Décret n° 2003-1202. Gestion financière du fonds de réserve pour les retraites. – V. CSS, art. R. 135-19, R. 135-27, R. 135-29.
2003	18 déc.	Décret n° 2003-1207. Participation de l'assuré aux frais de soins. – V. CSS, art. R. 322-8.
2003	18 déc.	Décret n° 2003-1208. Prise en charge des spécialités homéopathiques. – V. CSS, art. R. 322-1.
2003	18 déc.	Décret n° 2003-1209. Modulation du forfait journalier prévu à l'art. L. 174-4 CSS. – V. CSS, art. R. 174-5-1.
2003	18 déc.	Ordonnance n° 2003-1213. Mesures de simplification des formalités concernant les entreprises, les travailleurs indépendants, les associations et les particuliers employeurs : – Art. 3. – V. CSS, art. L. 131-4-1. – V. CSS, art. L. 131-6, L. 131-6-1, L. 133-5 à L. 135-5-4, L. 133-7, L. 136-3, L. 241-6-2.
2003	18 déc.	Décret n° 2003-1215. Prise en charge des accidents du travail survenus au cours de stages effectués hors du territoire métropolitain et des départements d'outre-mer. – V. CSS, art. R. 444-7.
2003	19 déc.	Décret n° 2003-1218. Application des art. 16 et 22 de la loi n° 2003-721 du 1er août 2003 pour l'initiative économique et relatifs à certaines cotisations de sécurité sociale des travailleurs non salariés des professions non agricoles. – V. CSS, art. D. 161-1-2, D. 612-5-2.
2003	22 déc.	Décret n° 2003-1243. Régime des prestations supplémentaires de vieillesse des médecins. – V. CSS, art. D. 645-2.
2003	26 déc.	Décret n° 2003-1279. Montant minimum de pension de vieillesse. – V. CSS, art. D. 351-2-1.
2003	26 déc.	Décret n° 2003-1280. Majoration de la durée d'assurance prévue à l'art. L. 351-4 du code de la sécurité sociale : – V. CSS, art. D. 351-1-7. – V. Décr. n° 73-937 du 2 oct. 1973, art. 5, Annexe I, **p. 2670.**
2003	26 déc.	Décret n° 2003-1281. Assiette de la contribution sociale de solidarité des sociétés des commerçants de détail de carburants. – V. CSS, art. D. 651-3-1.
2003	30 déc.	Loi n° 2003-1311. De finances pour 2003 : – Art. 131. – V. Annexe I, **p. 2828.** – V. CSS, art. L. 136-6, L. 136-7, L. 862-2, L. 862-4. – V. Ord. n° 96-50 du 24 janv. 1996, art. 15, 16, Annexe I, **p. 2719.**
2003	30 déc.	Loi n° 2003-1312. De finances rectificative pour 2003 : – V. CSS, art. L. 752-3-1. – V. L. n° 96-987 du 14 nov. 1996, art. 12, Annexe I, **p. 2727.**
2003	30 déc.	Décret n° 2003-1316. Taux réduit de la contribution sur les avantages de préretraite d'entreprise. – Art. 1er. – V. Annexe I, **p. 2829.**
2003	31 déc.	Décret n° 2003-1372. Recouvrement différé des cotisations et contributions sociales des créateurs d'entreprises. – V. CSS, art. R. 131-1, R. 243-1-1.

2003	31 déc.	Décret n° 2003-1376. Versement pour la retraite au titre de certaines périodes d'études supérieures et d'activité : – V. CSS, art. D. 173-21-0-1, D. 351-3 à D. 351-14, D. 634-3-1. – V. Décr. n° 73-937 du 2 oct. 1973, art. 3 *ter*, Annexe I, **p. 2667.**
2003	31 déc.	Décret n° 2003-1393. Prestation d'accueil du jeune enfant. – V. CSS, art. R. 381-2 à R. 381-3-1, R. 522-2, R. 522-3, R. 522-6, R. 531-1 à R. 531-6, R. 532-1 à R. 532-4, R. 532-7, R. 532-8, R. 543-6, R. 755-2, R. 755-4 à R. 755-11, R. 831-5, R. 831-6, R. 831-12, R. 831-14.
2003	31 déc.	Décret n° 2003-1394. Prestation d'accueil du jeune enfant. – V. CSS, art. D. 212-3, D. 212-4, D. 381-1 à D. 381-2-1, D. 531-1 à D. 532-2, D. 542-10, D. 755-4, D. 755-10-1, D. 755-10-2, D. 755-39 à D. 755-41, D. 757-15, D. 757-16.
2004	2 janv.	Loi n° 2004-1. Accueil et la protection de l'enfance. – V. CSS, art. L. 552-3.
2004	13 févr.	Décret n° 2004-144. Pensions d'assurance vieillesse servies par le régime général et les régimes d'assurance vieillesse des salariés agricoles et des professions artisanales, industrielles et commerciales. – V. CSS, art. R. 173-4-2, R. 173-4-3, R. 351-6, R. 351-7, R. 351-12, R. 351-14, R. 351-25, R. 351-27, R. 351-29, R. 351-29-1, R. 351-37, R. 634-1, R. 634-1-1.
2004	16 févr.	Décret n° 2004-156. Surcote et décote applicables à la pension de retraite dans les régimes d'assurance vieillesse des salariés, des salariés agricoles, des artisans, des commerçants et des exploitants agricoles, majoration de durée d'assurance au-delà de soixante-cinq ans dans les régimes des artisans et des commerçants : – V. CSS, art. D. 351-1-4, D. 634-1. – V. Décr. n° 73-937 du 2 oct. 1973, art. 3, 3 *bis*, 3 *ter*, 3 *quater*, Annexe I, **p. 2667.**
2004	19 févr.	Décret n° 2004-173. Action sanitaire et sociale de la Caisse des Français à l'étranger. – V. CSS, art. D. 762-2-8, D. 762-3, D. 762-10, D. 762-11, D. 765-2-2, D. 766-7-1, D. 766-7-2, D. 766-24, D. 766-29.
2004	23 févr.	Décret n° 2004-181. Assurance maladie invalidité des ministres des cultes et des membres des congrégations et collectivités religieuses. – V. CSS, art. R. 382-57, R. 382-88 à R. 382-90, R. 382-106 à R. 382-109.
2004	23 févr.	Décret n° 2004-182. Assurance invalidité des ministres des cultes et des membres des congrégations et collectivités religieuses. – V. CSS, art. D. 382-22 à D. 382-29, D. 382-31.
2004	25 févr.	Décret n° 2004-184. Portant révision des tableaux des maladies professionnelles. – V. Annexe II, tableau n° 47, **p. 2881.**
2004	2 mars	Décret n° 2004-197. Contribution sociale de solidarité des sociétés. – V. CSS, art. D. 651-2, D. 651-6, D. 651-8, D. 651-10, D. 651-11, D. 651-15, D. 651-16.

2004	9 mars	Loi n° 2004-204. Adaptation de la justice aux évolutions de la criminalité. – V. CSS, art. L. 412-8.
2004	17 mars	Décret n° 2004-232. Abaissement de l'âge de la retraite pour les assurés sociaux handicapés : – V. CSS, art. D. 351-1-5, D. 351-1-6. – V. Décr. n° 73-937 du 2 oct. 1973, art. 3 *quater*, Annexe I, **p. 2669.**
2004	19 mars	Décret n° 2004-253. Application de la loi n° 2003-660 du 21 juill. 2003 de programme pour l'outre-mer : – V. CSS, art. R. 752-19 à R. 752-21, R. 752-23. – V. Décr. n° 2001-276 du 2 avr. 2001, art. 2, ss. CSS, art. R. 752-22.
2004	19 mars	Décret n° 2004-254. Application des dispositions du titre Ier de la loi de programme pour l'outre-mer (n° 2003-650 du 21 juill. 2003) relatives à l'emploi : – V. CSS, art. D. 752-5, D. 752-6. – V. Décr. n° 2001-500 du 11 juin 2001, art. 5, Annexe I, **p. 2798.**
2004	15 avr.	Ordonnance n° 2004-329. Allègement des formalités applicables à certaines prestations sociales. – V. CSS, art. L. 161-9-1, L. 161-9-2, L. 161-35-1, L. 165-3-1, L. 165-3-2, L. 322-3, L. 331-2, L. 332-3, L. 431-2, L. 432-9, L. 433-1, L. 434-3, L. 442-1 à L. 442-3, L. 613-4.
2004	20 avr.	Décret n° 2004-332. Modifiant l'art. D. 713-7 du code de la sécurité sociale. – V. CSS, art. D. 713-7.
2004	21 avr.	Décret n° 2004-342. Plan d'épargne retraite populaire. – V. Annexe I, **p. 2830.**
2004	21 avr.	Décret n° 2004-346. Dénomination du plan d'épargne et du groupement d'épargne créés par l'art. 108 de la loi n° 2003-775 du 21 août 2003 portant réforme des retraites : – V. CSS, art. L. 931-3-1, L. 932-14. – V. L. n° 2003-775 du 21 août 2003, art. 108, 114, Annexe I, **p. 2822.**
2004	22 avr.	Arrêté. Plan d'épargne retraite populaire. – V. Annexe I, **p. 2830.**
2004	6 mai	Décret n° 2004-402. Modifiant les modalités de calcul des cotisations d'assurance maladie et maternité des travailleurs indépendants et des cotisations d'assurance vieillesse des professions artisanales, industrielles ou commerciales. – V. CSS, art. D. 612-2, D. 612-20, D. 633-5, D. 633-6.
2004	27 mai	Décret n° 2004-460. Assurance vieillesse des travailleurs non salariés des professions non agricoles. – V. CSS, art. R. 641-1 à R. 642-15, R. 643-6 à R. 643-15, R. 644-2.
2004	27 mai	Décret n° 2004-461. Assurance vieillesse des professions libérales. – V. CSS, art. D. 641-1 à D. 641-7, D. 642-1 à D. 642-7, D. 643-1 à D. 643-10, D. 644-2.
2004	28 mai	Décret n° 2004-453. Composition et à l'organisation du Conseil d'orientation des retraites. – V. CSS, art. D. 114-4-0-1 à D. 114-4-0-4.

2004	28 mai	Décret n° 2004-463. Allocation de logement sociale et de logement familiale. – V. CSS, art. D. 542-5-2, D. 542-7, D. 553-1, D. 755-25, D. 831-2.
2004	28 mai	Décret n° 2004-464. Revalorisation de l'allocation de logement. – V. CSS, art. D. 542-5, D. 542-10, D. 542-21, D. 755-28, D. 831-2-1.
2004	28 mai	Décret n° 2004-487. Règles prudentielles applicables aux institutions de prévoyance et unions pratiquant des opérations d'assurance et de capitalisation et à la provision pour risque d'exigibilité. – V. CSS, art. R. 931-5-1.
2004	1er juin	Décret n° 2004-477. Pris pour l'application de l'art. L. 165-3-1 du code de la sécurité sociale. – V. CSS, art. R. 165-31 à R. 165-31-3.
2004	7 juin	Ordonnance n° 2004-504. Portant transposition de la directive 2001/17/CE du Parlement européen et du Conseil du 19 mars 2001 concernant l'assainissement et la liquidation des entreprises d'assurance. – Art. 3. – V. CSS, art. L. 931-18-1.
2004	15 juin	Décret n° 2004-546. Catégories de médicaments à prescription restreinte et vente de médicaments au public par certains établissements de santé et modifiant le code de la santé publique et le code de la sécurité sociale : – Art. 4. – V. CSS, art. R. 322-1. – Art. 5. – V. CSS, art. R. 163-19.
2004	16 juin	Décret n° 2004-557. Modalités de rattachement des ayants droit aux assurés : – Art. 1er. – V. CSS, art. R. 161-8. – Art. 2. – V. CSS, art. R. 313-11.
2004	17 juin	Décret n° 2004-565. Portant application des art. 12 à 14 de la loi n° 96-987 du 14 nov. 1996 modifiée relative à la mise en œuvre du pacte de relance pour la ville et de l'art. 146 modifié de la loi de finances pour 2002 (n° 2001-1275 du 28 déc. 2001) afférents aux exonérations sociales en faveur des zones franches urbaines et des zones de redynamisation urbaine et abrogeant les décrets nos 97-125 et 97-126 du 12 févr. 1997. – Art. 1er à 22, **p. 2830.**
2004	21 juin	Décret n° 2004-581. Pris en application de l'art. 131 de la loi de finances pour 2004 (n° 2003-1311 du 30 déc. 2003) instituant une exonération totale des cotisations patronales de sécurité sociale en faveur de la jeune entreprise innovante, **p. 2837.**
2004	23 juin	Décret n° 2004-608. Abrogeant les dispositions du code de la sécurité sociale (3e partie: Décrets) relatives au service des prestations familiales en cas de manquements à l'obligation scolaire. – V. CSS, art. D. 552-1 à D. 552-5.
2004	24 juin	Ordonnance n° 2004-602. Simplification du droit dans les domaines du travail, de l'emploi et de la formation professionnelle. – Art. 11-II. – V. CSS, art. L. 241-10.
2004	24 juin	Ordonnance n° 2004-605. Simplifiant le minimum vieillesse : – Art. 1er-I. – V. CSS, art. L. 815-1 à L. 815-30. – Art. 1er-II. – V. CSS, art. L. 135-2.

		– Art. 3-I. – V. CSS, art. L. 757-2. – Art. 3-III. – V. CSS, art. L. 711-10, L. 752-5, R. 351-1, D. 254-4, D. 254-5.
2004	28 juin	Arrêté. Modifiant l'art. A. 932-4-1. – V. cet art.
2004	30 juin	Loi n° 2004-626. Solidarité pour l'autonomie des personnes âgées et des personnes handicapées : – Art. 15-II. – V. CSS, art. L. 135-1. – Art. 15-IV. – V. CSS, art. L. 136-8.
2004	1er juill.	Ordonnance n° 2004-637. Simplification de la composition et du fonctionnement des commissions administratives et réduction de leur nombre. – Art. 10. – V. CSS, art. L. 712-12.
2004	12 juill.	Ordonnance n° 2004-688. Adaptation du droit de la santé publique et de la sécurité sociale à Mayotte. – Art. 2. – V. CSS, art. L. 174-1-1.
2004	15 juill.	Décret n° 2004-693. Organisation et au fonctionnement de la Commission de contrôle des assurances, des mutuelles et des institutions de prévoyance. – Art. 2. – V. CSS, art. R. 951-3-1.
2004	15 juill.	Décret n° 2004-710. Conditions d'attribution de certaines prestations familiales et de l'allocation de logement sociale. – V. CSS, art. R. 532-3, R. 532-4, R. 532-7, R. 831-6.
2004	15 juill.	Décret n° 2004-711. Allocation de logement familiale. – V. CSS, art. D. 542-10.
2004	16 juill.	Décret n° 2004-714. Montants de l'allocation de garde d'enfant à domicile pour la période du 1er juill. 2004 au 30 juin 2005. – V. CSS, anc. art. L. 842-2.
2004	16 juill.	Arrêté. Montant des plafonds de certaines prestations familiales et tranches du barème applicable au recouvrement des indus et à la saisie des prestations. – Art. 4. – V. ss. CSS, art. D. 553-1.
2004	19 juill.	Décret n° 2004-726. Diverses contributions dues par les entreprises pharmaceutiques ainsi que par les entreprises mentionnées à l'art. L. 245-5-1 : – Art. 1er. – V. CSS, art. R. 138-1. – Art. 2. – V. CSS, art. R. 138-10. – Art. 3. – V. CSS, art. R. 245-1, R. 245-2. – Art. 4. – V. CSS, art. R. 245-15, R. 245-16.
2004	29 juill.	Décret n° 2004-791. Cumul d'un emploi et d'une pension de retraite pour les travailleurs non salariés des professions artisanales, industrielles et commerciales. – V. CSS, art. D. 634-11-1 à D. 634-11-6.
2004	6 août	Loi n° 2004-801. Protection des personnes physiques à l'égard des traitements de données à caractère personnel et modifiant la loi n° 78-17 du 6 janv. 1978 relative à l'informatique, aux fichiers et aux libertés : – Art. 17-VIII. – V. CSS, art. L. 115-2. – Art. 18-V. – V. CSS, art. L. 115-7.

2004	9 août	Loi n° 2004-803. Service public de l'électricité et du gaz et aux entreprises électriques et gazières. – Art. 20. – V. CSS, art. L. 222-6, L. 225-1-2, L. 921-1, L. 922-1.
2004	9 août	Loi n° 2004-806. Politique de santé publique : – Art. 7-III. – V. CSS, art. L. 221-1. – Art. 10-II. – V. CSS, art. L. 321-1. – Art. 14. – V. CSS, art. L. 162-12-19. – Art. 24-I. – V. CSS, art. L. 161-29. – Art. 109. – V. CSS, art. L. 145-5-1 à L. 145-5-5, L. 145-7-1 à L. 145-7-3, L. 145-9-1, L. 145-9-2. – Art. 128-I. – V. CSS, art. L. 162-17.
2004	12 août	Décision du Conseil constitutionnel n° 2004-504 DC. Loi relative à l'assurance maladie.
2004	13 août	Loi n° 2004-810. Assurance maladie : – V. CSS, art. L. 111-2-1, L. 111-11, L. 114-1, L. 114-4-1, L. 121-2, L. 122-1, L. 123-1, L. 123-2-1, L. 123-3, L. 123-4, L. 133-3, L. 133-4-1, L. 131-7, L. 136-2, L. 136-6, L. 136-7-1, L. 136-8, L. 142-5, L. 143-2-1, L. 143-7, L. 146-7, L. 151-1, L. 153-4, L. 153-5, L. 153-8, L. 161-28-2 à L. 161-28-4, L. 161-31, L. 161-36-1 A, L. 161-36-5, L. 161-37 à L. 161-46, L. 162-1, L. 162-1-1 à L. 162-1-6, L. 162-1-7, L. 162-1-13, L. 162-1-14, L. 162-1-15, L. 162-3, L. 162-4-2 à L. 162-4-4, L. 162-5, L. 162-5-2, L. 162-5-3, L. 162-5-9, L. 162-5-10, L. 162-5-13, L. 162-5-14, L. 162-9, L. 162-11, L. 162-12-2, L. 162-12-3, L. 162-12-9, L. 162-12-10, L. 162-12-15 à L. 162-12-20, L. 162-21, L. 162-21-2, L. 162-22-18, L. 162-26, L. 162-32-1, L. 162-38, L. 162-47, L. 165-2 à L. 165-3-1, L. 165-4, L. 165-6, L. 183-1 à L. 183-3, L. 200-3, L. 211-2 à L. 211-2-2, L. 216-2, L. 217-2, L. 217-3, L. 217-3-1, L. 217-6, L. 221-1 à L. 221-5, L. 224-1, L. 224-5-2, L. 224-7, L. 224-9, L. 224-10, L. 224-12, L. 226-1, L. 227-2, L. 227-3, L. 228-1, L. 231-1 à L. 231-12, L. 241-2, L. 242-1, L. 245-5-1 A, L. 245-2, L. 245-6, L. 245-13, L. 251-2 à L. 251-4, L. 252-1, L. 262-1, L. 272-1, L. 281-2, L. 281-5, L. 281-6, L. 311-3, L. 314-1, L. 315-1, L. 315-2, L. 315-2-1, L. 321-2, L. 322-2 à L. 322-5-2, L. 323-4-1, L. 323-6, L. 324-1, L. 325-1, L. 332-3, L. 422-4, L. 432-1, L. 645-2, L. 645-5, L. 766-8-1 A, L. 862-1, L. 862-3, L. 862-4, L. 862-7, L. 863-1 à L. 864-1, L. 871-1. – V. L. n° 89-1009 du 31 déc. 1989, art. 9-I, Annexe I, **p. 2690.** – V. Ord. n° 96-50 du 24 janv. 1996, art. 1er, 2, 4, 7, 14 à 18, Annexe I, **p. 2712.** – V. L. n° 2003-1199 du 18 déc. 2003, art. 12, Annexe I, **p. 2823.** – Art. 9, 32 à 34. – V. Annexe I, **p. 2840.**
2004	13 août	Loi n° 2004-811. De modernisation de la sécurité civile : – Art. 81. – V. CSS, art. L. 313-6. – Art. 72. – V. L. n° 2000-628 du 7 juill. 2000, art. 3, Annexe I, **p. 2785.** – Art. 78 et 102-V. – V. L. n° 91-1389 du 31 déc. 1991, art. 1er, 7, 9, Annexe I, **p. 2694.**

2004	18 août	Décret n° 2004-821. Portant application à certains régimes spéciaux de sécurité sociale du titre III de la loi n° 2003-47 du 17 janv. 2003 relative aux salaires, au temps de travail et au développement de l'emploi. – V. CSS, art. R. 241-5 à R. 241-13.
2004	20 août	Décret n° 2004-836. Portant modification de la procédure civile. – Art. 29, 59. – V. CSS, art. R. 142-28.
2004	23 août	Décret n° 2004-848. Assurance vieillesse et assurance invalidité-décès des professions artisanales, industrielles et commerciales. – V. CSS, art. D. 635-1 à D. 635-17, D. 742-35.
2004	24 août	Décret n° 2004-857. Droits à l'assurance vieillesse des conjoints survivants. – V. CSS, art. R. 173-17, R. 215-2, R. 215-4, R. 222-1, R. 222-2, R. 243-6, R. 251-14, R. 251-17, R. 251-22, R. 252-21, R. 256-7, R. 341-7-1, R. 351-29-2, R. 353-1, R. 353-1-1, R. 353-3 à R. 353-5, R. 353-7, R. 356-1 à R. 356-12, R. 382-27, R. 742-5.
2004	24 août	Décret n° 2004-858. Droits à l'assurance vieillesse des conjoints survivants : – V. CSS, art. D. 171-1, D. 173-4, D. 173-18, D. 173-24, D. 173-25, D. 242-4, D. 242-5, D. 251-1, D. 251-6, D. 342-2, D. 342-3, D. 353-1, D. 353-1-1, D. 353-2, D. 633-1, D. 634-1. – Art. 11. – V. Décr. n° 73-937 du 2 oct. 1973, art. 9, Annexe I, **p. 2671.**
2004	26 août	Décret n° 2004-890. Portant diverses dispositions relatives au recouvrement des cotisations et contributions des employeurs, aux régimes des travailleurs indépendants, aux relations financières entre le régime général de sécurité sociale des salariés et le régime des salariés agricoles. – V. CSS, art. R. 134-1, R. 242-2, R. 242-3, R. 242-7, R. 242-11, R. 243-4, R. 243-8-1, R. 243-20, R. 243-26, R. 243-50, R. 243-53, R. 255-7-1, R. 612-5, R. 613-23, R. 651-5-1.
2004	9 sept.	Décret n° 2004-965. Fonctionnement et contrôle des institutions de retraite complémentaire et de leurs fédérations. – V. CSS, art. R. 922-1 à R. 922-61.
2004	13 sept.	Décret n° 2004-971. Modifiant l'art. R. 351-4.
2004	21 sept.	Décret n° 2004-996. Modifiant l'art. D. 861-1.
2004	4 oct.	Décret n° 2004-1048. Abrogation des dispositions relatives à la composition et au fonctionnement du Conseil pour la transparence des statistiques de l'assurance-maladie. – V. CSS, art. D. 161-13-1 à D. 161-13-5.
2004	4 oct.	Décret n° 2004-1049. Liste des affections comportant un traitement prolongé et coûteux. – V. CSS, art. D. 322-1.
2004	4 oct.	Décret n° 2004-1050. Conditions de limitation ou de suppression de la participation de l'assuré aux frais de soins en cas d'affection de longue durée. – V. CSS, art. D. 324-1.
2004	12 oct.	Décret n° 2004-1075. Organisation des branches assurance maladie et accidents du travail et maladies professionnelles et composition des

		conseils de la Caisse nationale de l'assurance maladie des travailleurs salariés et des caisses primaires d'assurance maladie. – V. CSS, art. R. 111-1, R. 122-3, R. 123-1, R. 123-8, R. 123-14, R. 123-20, R. 123-28, R. 123-38, R. 123-51, R. 182-2 à R. 182-2-7, R. 200-2, R. 211-1 à R. 211-1-3, R. 217-1, R. 217-2, R. 221-1 à R. 221-15, R. 224-6, R. 224-7, R. 226-2, R. 231-1, R. 315-2.
2004	12 oct.	Décret n° 2004-1076. Informations à transmettre aux caisses de sécurité sociale en cas d'accident impliquant un tiers. – V. CSS, art. D. 376-1, D. 454-1.
2004	12 oct.	Décret n° 2004-1077. Comité d'alerte sur l'évolution des dépenses de l'assurance maladie. – V. CSS, art. D. 114-4-0-5 à D. 114-4-0-8, D. 114-2, D. 114-4.
2004	15 oct.	Décret n° 2004-1103. Adaptation des dispositions réglementaires applicables à la contribution sociale de solidarité à la charge des sociétés. – V. CSS, art. D. 651-2, D. 651-3, D. 651-3-1, D. 651-6.
2004	19 oct.	Décret n° 2004-1130. Cumul de revenus professionnels et d'une pension de vieillesse servie par le régime général de sécurité sociale, le régime des salariés agricoles, certains régimes spéciaux et les régimes de travailleurs non salariés des professions artisanales, industrielles et commerciales. – V. CSS, art. R. 161-11, R. 161-19, R. 352-1, R. 634-3, R. 634-4.
2004	19 oct.	Décret n° 2004-1131. Cumul de revenus professionnels et d'une pension de vieillesse servie par le régime général de sécurité sociale, le régime des salariés agricoles et certains régimes spéciaux. – V. CSS, art. D. 161-2-5 à D. 161-2-22.
2004	26 oct.	Décret n° 2004-1139. Haute Autorité de santé modifiant le code de la sécurité sociale. – V. CSS, art. R. 162-52-1, R. 161-70 à R. 161-102.
2004	17 nov.	Décret n° 2004-1225. Composition et fonctionnement du comité économique des produits de santé. – V. CSS, art. D. 162-2-1 à D. 162-2-6.
2004	17 nov.	Décret n° 2004-1230. Taux des cotisations d'assurance maladie, maternité, invalidité et décès de certains assurés. – V. CSS, art. D. 242-8, D. 242-12, D. 612-4, D. 711-5.
2004	26 nov.	Décret n° 2004-1282. Application des dispositions de la loi n° 2004-810 du 13 août 2004 relative à l'assurance maladie relatives aux conseils des caisses d'assurance maladie. – V. CSS, art. D. 231-3, D. 231-4, D. 231-5, D. 231-22, D. 231-24.
2004	26 nov.	Décret n° 2004-1305. Application de l'art. L. 161-45 relatif aux contributions versées à la Haute Autorité de santé au titre de la procédure prévue par les art. L. 6113-3 et L. 6113-4 CSP. – V. CSS, art. D. 161-16, D. 161-17.
2004	29 nov.	Décret n° 2004-1306. Contribution sur le chiffre d'affaires des entreprises exploitant une ou plusieurs spécialités pharmaceutiques prises en charge par l'assurance maladie. – V. CSS, art. R. 245-6, R. 245-7, R. 245-17, R. 245-18.

2004	1er déc.	Décret n° 2004-1318. Conclusion et reconduction des conventions et accords mentionnés à l'art. L. 162-15. – V. CSS, art. R. 162-54-1 à R. 162-54-7.
2004	1er déc.	Décret n° 2004-1319. Participation des caisses d'assurance maladie au financement des cotisations sociales des professionnels de santé libéraux. – V. CSS, art. D. 242-15, D. 242-15-2, D. 645-3, D. 722-2, D. 722-3.
2004	3 déc.	Décret n° 2004-1328. Contrôle des prescriptions d'arrêts de travail et de transports. – V. CSS, art. R. 162-1-9, R. 315-2-1, R. 321-2.
2004	10 déc.	Décret n° 2004-1361. Date d'exigibilité de la contribution sociale de solidarité des sociétés instituées par l'art. L. 651-1. – V. CSS, art. D. 651-8, D. 651-9, D. 651-14, D. 651-16.
2004	16 déc.	Décret n° 2004-1367. Prescription et délivrance de médicaments. – V. CSS, art. R. 162-20-4 à R. 162-20-6.
2004	16 déc.	Décret n° 2004-1368. Conditions d'établissement de la liste des actes et prestations remboursables prévue à l'art. L. 162-1-7. – V. CSS, art. R. 162-18, R. 162-52.
2004	20 déc.	Loi n° 2004-1370. De financement de la sécurité sociale pour 2005 : – Art. 57 et 66. – V. Annexe I, **p. 2841.** – V. CSS, art. L. 114-6, L. 114-7, L. 115-8, L. 131-8, L. 131-9, L. 133-4, L. 133-4-1, L. 135-6, L. 135-10, L. 135-12, L. 138-7, L. 138-17, L. 138-19, L. 138-20, L. 138-21, L. 141-1, L. 161-31, L. 161-39, L. 161-45, L. 162-5-15, L. 162-15-2, L. 162-16-3-1, L. 162-22-2, L. 162-22-9, L. 162-22-13, L. 162-26, L. 162-32-1, L. 174-1-1, L. 174-2, L. 174-18, L. 176-1, L. 212-3, L. 223-1, L. 227-1, L. 228-1, L. 241-2, L. 242-5, L. 245-3, L. 245-5-5, L. 256-5, L. 322-3, L. 331-3, L. 711-7, L. 712-10-1, L. 752-4, L. 753-4. – Art. 17-IV et V et 63-IV. – V. L. n° 2003-1199 du 18 déc. 2003, art. 33 et 34, Annexe I, **p. 2823.** – Art. 25. – V. L. n° 2000-1257 du 23 déc. 2000, art. 40, Annexe I, **p. 2792.** – Art. 33 et 48. – V. L. n° 98-1194 du 23 déc. 1998, art. 41, **p. 2752.**
2004	22 déc.	Décret n° 2004-1384. Application du titre III de la loi n° 2004-626 du 30 juin 2004 relative à la solidarité pour l'autonomie des personnes âgées et des personnes handicapées. – V. CSS, art. L. 135-1.
2004	23 déc.	Décret n° 2004-1397. Carte professionnelle de santé. – V. CSS, art. R. 161-53, R. 161-54.
2004	23 déc.	Décret n° 2004-1398. Médicaments remboursables par l'assurance maladie. – V. CSS, art. R. 163-2 à R. 163-21.
2004	23 déc.	Décret n° 2004-1419. Prise en charge des produits et prestations mentionnés à l'art. L. 165-1. – V. CSS, art. R. 165-1 à R. 165-8, R. 165-10 à R. 165-15, R. 165-18 à R. 165-22.
2004	23 déc.	Décret n° 2004-1420. Modifiant certaines règles de procédure civile relatives à l'appel et au pourvoi en cassation. – V. CSS, art. R. 167-7.

2004	23 déc.	Décret n° 2004-1446. Composition de l'Union nationale des professionnels de santé. – V. CSS, art. R. 182-3 à R. 182-3-3.
2004	23 déc.	Décret n° 2004-1447. Droits à l'assurance vieillesse des conjoints survivants. – V. CSS, art. R. 353-1, R. 353-1-1.
2004	23 déc.	Décret n° 2004-1448. Indemnisation des prolongations des arrêts de travail. – V. CSS, art. R. 162-1-9-1.
2004	23 déc.	Décret n° 2004-1449. Régime des avocats (assurance vieillesse et invalidité-décès). – V. CSS, art. R. 152-1, R. 723-1 à R. 723-59.
2004	23 déc.	Décret n° 2004-1450. Crédit d'impôt au titre des contrats d'assurance complémentaire de santé individuels. – V. CSS, art. R. 862-11 à R. 862-13, R. 862-19, R. 863-1 à R. 863-6.
2004	23 déc.	Décret n° 2004-1452. Régime des prestations supplémentaires de vieillesse des médecins conventionnés. – V. CSS, art. D. 645-2.
2004	23 déc.	Décret n° 2004-1453. Application de la participation forfaitaire prévue au II de l'art. L. 322-2 CSS. – V. CSS, art. L. 322-2, D. 322-2 à D. 322-4.
2004	23 déc.	Décret n° 2004-1454. Application de l'art. 27-IV de la loi n° 2004-810 du 13 août 2004 relative à la réforme de l'assurance maladie. – V. CSS, art. D. 323-2.
2004	23 déc.	Décret n° 2004-1455. Fixation de la période d'assurance maternité. – V. CSS, art. D. 331.
2004	23 déc.	Décret n° 2004-1456. Consultation du médecin du travail par le médecin-conseil au cours d'un arrêt de travail de plus de trois mois. – V. CSS, art. D. 323-3.
2004	23 déc.	Décret n° 2004-1457. Assurance vieillesse des avocats. – V. CSS, art. D. 723-3 à D. 723-7.
2004	23 déc.	Décret n° 2004-1458. Revalorisation de la base mensuelle de calcul des allocations familiales à compter du 1er janvier 2005. – V. CSS, art. L. 551-1.
2004	30 déc.	Loi n° 2004-1484. De finances pour 2005. – V. CSS, art. L. 245-7, L. 862-3, L. 862-4, L. 862-6.
2004	30 déc.	Loi n° 2004-1485. De finances rectificative pour 2004. – V. CSS, art. L. 136-7, L. 245-15, L. 871-1.
2004	30 déc.	Décret n° 2004-1490. Participation de l'assuré prévue à l'art. L. 322-2. – V. CSS, art. R. 322-1 à R. 322-5, R. 322-9 à R. 322-9-1.
2004	30 déc.	Décret n° 2004-1538. Particuliers accueillant à titre onéreux des personnes âgées ou handicapées. – V. CSS, art. R. 832-2.
2004	30 déc.	Décret n° 2004-1539. Objectifs de dépenses des établissements de santé et fixation de leurs ressources financées par l'assurance maladie. – V. CSS, art. R. 174-5, R. 174-5-1, R. 322-10, R. 322-10-6, R. 322-10-7, R. 322-11, R. 613-51.

2005	14 janv.	Décret n° 2005-30. Budget des établissements de santé. – V. CSS, art. R. 174-4, R. 174-23 à R. 174-34.
2005	18 janv.	Loi n° 2005-32. Programmation pour la cohésion sociale : – V. CSS, art. L. 131-2, L. 135-2, L. 161-1-1, L. 311-5, L. 351-3, L. 412-8, L. 767-1, L. 767-2. – Art. 55-IV. – V. L. n° 89-18 du 13 janv. 1989, art. 6, **p. 2678.** – Art. 55-VII. – V. L. n° 98-461 du 13 juin 1998, art. 3, **p. 2743.** – Art. 136 à 138. – V. L. n° 96-987 du 14 nov. 1996, art. 12 à 14, **p. 2727.**
2005	28 janv.	Décret n° 2005-66. Application de l'art. L. 162-22-1 et des art. L. 162-22-6 et L. 162-22-17. – V. CSS, art. R. 161-40, R. 161-42.
2005	28 janv.	Loi n° 2005-67. Tendant à conforter la confiance et la protection du consommateur. – V. CSS, art. L. 932-21-1, L. 932-23.
2005	2 févr.	Décret n° 2005-83. Application de l'art. L. 951-1. – V. CSS, art. D. 951-1, D. 951-2.
2005	2 févr.	Arrêté. Application de l'art. L. 951-1. – V. CSS, art. A. 951-1.
2005	4 févr.	Décret n° 2005-88. Modification du décret n° 2003-487 du 11 juin 2003 portant application du titre III de la loi n° 2003-47 du 17 janv. 2003 relative aux salaires, au temps de travail et au développement de l'emploi. – V. CSS, art. D. 241-7 à D. 241-12.
2005	11 févr.	Loi n° 2005-102. Égalité des droits et des chances, participation et citoyenneté des personnes handicapées. – V. CSS, art. L. 111-1, L. 135-1, L. 162-17-3, L. 174-5, L. 241-10, L. 321-1, L. 333-3, L. 351-1-3, L. 351-4-1, L. 381-1, L. 511-1, L. 541-1 à L. 541-4, L. 542-1, L. 544-8, L. 553-4, L. 634-3-3, L. 755-20, L. 821-1, L. 821-1-1, L. 821-2 à L. 821-7-1, L. 821-9.
2005	24 févr.	Loi n° 2005-157. Développement des territoires ruraux. – V. CSS, art. L. 136-4, L. 171-3, L. 177-2, L. 622-4.
2005	25 févr.	Décret n° 2005-193. Personnes condamnées à exécuter un travail d'intérêt général ou effectuant un travail non rémunéré dans le cadre d'une composition pénale. – V. CSS, art. D. 412-72, D. 412-73.
2005	7 mars	Décret n° 2005-216. Haute Autorité de santé. – V. CSS, art. R. 161-81, R. 162-52, R. 162-52-1.
2005	14 mars	Décret n° 2005-246. Contenu de l'objectif quantifié national mentionné à l'art. L. 162-22-2 et de l'objectif des dépenses d'assurance maladie commun aux activités de médecine, chirurgie, obstétrique et odontologie. – V. CSS, art. D. 162-3, D. 162-4.
2005	22 mars	Décret n° 2005-262. Révisant et complétant les tableaux des maladies professionnelles annexés au livre IV du code de la sécurité sociale. – V. Annexe II, tableaux n° 44 et 44 *bis*, **p. 2935.**
2005	22 mars	Décret n° 2005-263. Application de l'art. L. 162-22-8. – V. CSS, art. D. 162-5.

2005	30 mars	Décret n° 2005-292. Participation de l'assuré aux frais de soins. – V. CSS, art. R. 322-8.
2005	31 mars	Décret n° 2005-327. Fonds paritaire de garantie des institutions de prévoyance. – V. CSS, art. R. 931-12-1 à R. 931-12-16.
2005	31 mars	Ordonnance n° 2005-299. Création à titre provisoire d'institutions communes aux régimes de sécurité sociale des travailleurs indépendants. – V. CSS, art. L. 611-6, L. 611-13, L. 633-2 à L. 633-5.
2005	8 avr.	Décret n° 2005-335. Transfert du recouvrement et du contrôle des contributions pharmaceutiques. – V. CSS, art. R. 138-1 à R. 138-18, R. 138-20 à R. 138-24, R. 245-3, R. 245-5 à R. 245-14, R. 245-16 à R. 245-18.
2005	8 avr.	Décret n° 2005-336. Listes des missions d'intérêt général et des activités de soins dispensés à certaines populations spécifiques donnant lieu à un financement au titre de la dotation mentionnée à l'art. L. 162-22-13. – V. CSS, art. D. 162-6 à D. 162-8.
2005	19 avr.	Décret n° 2005-386. Prise en charge des soins reçus hors de France. – V. CSS, art. R. 332-2 à R. 332-6.
2005	20 avr.	Décret n° 2005-362. Application de l'ordonnance n° 2005-299 du 31 mars 2005 relative à la création à titre provisoire d'institutions communes aux régimes de sécurité sociale des travailleurs indépendants. – V. CSS, art. R. 611-4, R. 611-6, R. 611-8 à R. 611-10, R. 611-12 à R. 611-20, R. 611-24 à R. 611-27, R. 611-32 à R. 611-43, R. 631-6 à R. 631-28, R. 633-6-1 à R. 633-7.
2005	9 mai	Décret n° 2005-435. Conditions dans lesquelles les contributions des employeurs destinées au financement des prestations complémentaires de retraite et de prévoyance sont exclues de l'assiette des cotisations de sécurité sociale. – V. CSS, art. D. 242-1.
2005	13 mai	Décret n° 2005-460. Compétences de juridictions civiles, à la procédure civile et à l'organisation judiciaire. – V. CSS, art. R. 142-25.
2005	17 mai	Décret n° 2005-486. Application de l'art. L. 162-17-7. – V. CSS, art. R. 163-22 à R. 163-25.
2005	19 mai	Décret n° 2005-505. Contrat d'appui au projet d'entreprise pour la création ou la reprise d'une activité économique. – V. CSS, art. R. 312-5.
2005	22 mai	Loi n° 2005-516. Régulation des activités postales. – V. CSS, art. L. 241-13.
2005	27 mai	Décret n° 2005-590. Union nationale des organismes d'assurance maladie complémentaire. – V. CSS, art. R. 182-2-8 à R. 182-2-12.
2005	27 mai	Décret n° 2005-592. Aide à la création d'entreprise. – V. CSS, art. D. 161-1-1-1.
2005	6 juin	Ordonnance n° 2005-648. Commercialisation à distance de services financiers auprès des consommateurs. – V. CSS, art. L. 932-15-1.

2005	6 juin	Ordonnance n° 2005-651. Garantie des droits des cotisants dans leurs relations avec les organismes de recouvrement des cotisations sociales. – V. CSS, art. L. 243-6-2, L. 243-6-3, L. 612-11, L. 623-1.
2005	8 juin	Ordonnance n° 2005-655. Logement et construction. – V. CSS, art. L. 542-1, L. 542-2, L. 553-4, L. 831-4-1, L. 834-1, L. 835-2, L. 851-3, L. 851-3-1.
2005	8 juin	Ordonnance n° 2005-656. Règles de fonctionnement des juridictions de l'incapacité. – V. CSS, art. L. 142-5, L. 142-6, L. 142-7, L. 143-2, L. 143-2-1, L. 143-2-3, L. 144-1 à L. 144-3.
2005	27 juin	Loi n° 2005-706. Assistants maternels et assistants familiaux. – V. CSS, art. L. 531-4, L. 531-8, L. 821-4.
2005	29 juin	Décret n° 2005-724. Allocation aux adultes handicapés. – V. CSS, art. R. 821-1 à R. 821-15.
2005	29 juin	Décret n° 2005-725. Allocation aux adultes handicapés. – V. CSS, art. D. 821-2 à D. 821-4, D. 821-6, D. 821-9.
2005	4 juill.	Loi n° 2005-744. Réforme de l'adoption. – V. CSS, art. L. 331-7, L. 512-4, L. 531-2.
2005	12 juill.	Décret n° 2005-783. Application de l'art. 11 de la loi n° 2005-270 du 24 mars 2005 portant statut général des militaires. – V. CSS, art. D. 713-24, D. 713-25.
2005	18 juill.	Ordonnance n° 2005-804. Diverses mesures de simplification en matière de sécurité sociale. Ratifiée par L. n° 2009-526 du 12 mai 2009, art. 138. – V. CSS, art. L. 114-5, L. 138-8, L. 162-4-3, L. 162-5-14, L. 162-12-18, L. 216-1, L. 241-3, L. 243-11, L. 432-4, L. 461-2, L. 461-3, L. 461-5, L. 611-2, L. 642-2, L. 862-5.
2005	26 juill.	Loi n° 2005-841. Développement des services à la personne et portant diverses mesures en faveur de la cohésion sociale. – V. CSS, art. L. 133-7, L. 241-10.
2005	26 juill.	Loi n° 2005-842. Confiance et modernisation de l'économie. – V. CSS, art. L. 242-1.
2005	26 juill.	Loi n° 2005-843. Diverses mesures de transposition du droit communautaire à la fonction publique. – V. CSS, art. L. 711-9.
2005	26 juill.	Loi n° 2005-845. Sauvegarde des entreprises. – V. CSS, art. L. 243-5.
2005	28 juill.	Arrêté. Montant de la majoration prévue à l'art. L. 162-26. – V. Annexe I, **p. 2842.**
2005	1er août	Arrêté. Montant des plafonds de certaines prestations familiales et tranches du barème applicable au recouvrement des indus et à la saisie des prestations. – V. CSS, art. D. 553-1.
2005	2 août	Loi organique n° 2005-881. De financement de la sécurité sociale. – V. CSS, art. L. 111-11, L.O. 111-3 à L.O. 111-10-2, L. 114-5, L. 114-6, L. 131-8.

2005	2 août	Loi n° 2005-882. Petites et moyennes entreprises. – V. CSS, art. L. 131-6, L. 136-3, L. 412-8, L. 622-1, L. 633-10, L. 633-11, L. 634-2, L. 634-6-1, L. 642-2-1, L. 642-2-2, L. 643-5, L. 644-1, L. 644-2, L. 742-6, L. 742-9, L. 742-11.
2005	2 août	Ordonnance n° 2005-883. Mise en place au sein des institutions de la défense d'un dispositif d'accompagnement à l'insertion sociale et professionnelle des jeunes en difficulté. – V. CSS, art. L. 412-8.
2005	2 août	Ordonnance n° 2005-892. Aménagement des règles de décompte des effectifs des entreprises. – V. CSS, art. L. 834-1.
2005	2 août	Ordonnance n° 2005-895. Relevant certains seuils de prélèvements obligatoires et tendant à favoriser l'exercice d'une activité salariée dans des secteurs professionnels connaissant des difficultés de recrutement. – V. CSS, art. L. 834-1.
2005	2 août	Ordonnance n° 2005-903. Création d'un chèque-emploi pour les très petites entreprises. – V. CSS, art. L. 133-5-5.
2005	9 août	Décret n° 2005-965. Prestations maternité des conjointes collaboratrices du régime des professions non salariées non agricoles et du régime des praticiens et auxiliaires médicaux conventionnés. – V. CSS, art. D. 613-4-1, D. 613-6 à D. 613-8, D. 722-15 à D. 722-15-9, D. 722-17.
2005	9 août	Décret n° 2005-966. Protection contre les accidents du travail et les maladies professionnelles des personnes bénéficiaires du contrat d'appui prévu aux art. L. 127-1 à L. 127-7 C. com. – V. CSS, art. D. 412-99 à D. 412-9-2.
2005	10 août	Décret n° 2005-983. Titre emploi-entreprise occasionnel et modifiant le code de la sécurité sociale. – V. CSS, art. R. 133-10 à R. 133-19.
2005	10 août	Décret n° 2005-984. Titre emploi-entreprise occasionnel. – V. CSS, art. D. 133-5.
2005	22 août	Décret n° 2005-1004. Régime d'assurance vieillesse de base des professions libérales. – V. CSS, art. D. 643-1, D. 643-10.
2005	23 août	Décret n° 2005-1016. Application de l'art. L. 162-1-14 du code de la sécurité sociale. – V. CSS, art. R. 147-1 à R. 147-8, R. 613-70.
2005	26 août	Décret n° 2005-1041. « Chèque-emploi pour les très petites entreprises ». – V. CSS, art. D. 133-6 à D. 133-13.
2005	29 août	Décret n° 2005-1052. Volontaires pour l'insertion. – V. CSS, art. R. 372-3, R. 412-20.
2005	29 août	Décret n° 2005-1053. Exclusion de la prime de retour à l'emploi du montant des ressources prises en compte pour le calcul des prestations familiales, des allocations de logement et de certains minima sociaux. – V. CSS, art. R. 532-3, D. 542-10.
2005	30 août	Décret n° 2005-1058. Volontariat pour l'insertion. – V. CSS, art. D. 372-2, D. 412-99.

2005	8 sept.	Ordonnance n° 2005-1127. Diverses mesures de simplification dans le domaine agricole. – V. CSS, art. L. 136-4, L. 381-27, L. 381-28, L. 821-7.
2005	8 sept.	Décret n° 2005-1146. Utilisation des instruments financiers à terme et comptabilisation des obligations indexées sur l'inflation par les institutions de prévoyance. – V. CSS, art. R. 932-3-1.
2005	12 sept.	Décret n° 2005-1163. Complétant et modifiant la liste des membres bénévoles des organismes à objet social visés à l'art. D. 412-79. – V. cet art.
2005	12 sept.	Décret n° 2005-1172. Majoration de la prime à l'adoption de la prestation d'accueil du jeune enfant. – V. CSS, art. D. 531-2.
2005	13 sept.	Décret n° 2005-1164. Allocation de logement à caractère social. – V. CSS, art. R. 831-21-1, R. 831-21-4 à R. 831-21-6.
2005	13 sept.	Décret n° 2005-1165. Allocation de logement familiale. – V. CSS, art. D. 542-22-1, D. 542-22-4 à D. 542-22-6.
2005	13 sept.	Décret n° 2005-1169. Action sociale du régime de sécurité sociale des artistes-auteurs. – V. CSS, art. R. 382-30-1.
2005	26 sept.	Décret n° 2005-1234. Groupements régionaux ou territoriaux de santé publique. – V. CSS, art. R. 262-1-1, R. 613-7.
2005	29 sept.	Décret n° 2005-1224. Contentieux de la sécurité sociale. – V. CSS, art. R. 142-8 à R. 142-11, R. 142-16, R. 142-19, R. 143-4, R. 143-4-1, R. 143-5, R. 143-5-2, R. 143-9, R. 143-9-1, R. 143-10, R. 143-18, R. 143-26, R. 143-34, R. 144-1 à R. 144-20.
2005	29 sept.	Décret n° 2005-1226. Contenu des dispositifs d'assurance maladie complémentaire bénéficiant d'une aide. – V. CSS, art. R. 871-1, R. 871-2.
2005	7 oct.	Décret n° 2005-1264. Rescrit social et modifiant le code de la sécurité sociale. – V. CSS, art. L. 243-6-2, R. 243-43-2.
2005	28 oct.	Décret n° 2005-1343. Révision du plafond des ressources prises en compte pour l'attribution de la protection complémentaire en matière de santé. – V. CSS, art. D. 861-1.
2005	31 oct.	Décret n° 2005-1351. Assiette des cotisations d'assurance vieillesse des salariés employés à temps partiel. – V. CSS, art. R. 241-0-1 à R. 241-0-6, R. 351-29.
2005	31 oct.	Décret n° 2005-1352. Assiette des cotisations d'assurance vieillesse des salariés non rémunérés selon un nombre d'heures de travail. – V. CSS, art. D. 241-1-1.
2005	31 oct.	Décret n° 2005-1353. Révision du tableau n° 91 des maladies professionnelles annexé au livre IV. – V. Annexe II, tableau n° 91, **p. 2980.**
2005	31 oct.	Décret n° 2005-1354. Révision du tableau n° 94 des maladies professionnelles annexé au livre IV. – V. Annexe II, tableau n° 94, **p. 2982.**

2005	3 nov.	Décret n° 2005-1368. Majoration de la participation de l'assuré prévue à l'art. L. 162-5-3. – V. CSS, art. R. 322-1-1.
2005	3 nov.	Décret n° 2005-1369. Conditions dans lesquelles la majoration prévue à l'art. L. 162-5-3 n'est pas appliquée. – V. CSS, art. D. 162-1-6, D. 162-1-7.
2005	3 nov.	Arrêté. Surveillance complémentaire des institutions de prévoyance ou unions appartenant à un conglomérat financier. – V. CSS, art. A. 933-3 à A. 933-12.
2005	7 nov.	Arrêté. Modification de l'arrêté du 17 oct. 1995 relatif à la tarification des risques d'accidents du travail et de maladies professionnelles. – V. Arr. mod., **p. 2708.**
2005	25 nov.	Décret n° 2005-1540. Commercialisation à distance des services financiers auprès des consommateurs. – V. CSS, art. R. 932-2-2, R. 932-2-4.
2005	30 nov.	Décret n° 2005-1474. État des prévisions de recettes et de dépenses des établissements de santé. – V. CSS, art. R. 174-19.
2005	7 déc.	Ordonnance n° 2005-1512. Mesures de simplification en matière fiscale et harmonisation et aménagement du régime des pénalités. Ratifiée par L. n° 2009-526 du 12 mai 2009, art. 138. – V. CSS, art. L. 136-6.
2005	8 déc.	Ordonnance n° 2005-1528. Création du régime social des indépendants. – V. CSS, art. L. 123-1, L. 123-2-1, L. 141-3, L. 143-1, L. 151-1, L. 153-1, L. 161-28-1, L. 162-1-8, L. 162-19, L. 165-4, L. 173-4, L. 182-2-2, L. 183-3, L. 243-5, L. 376-1, L. 611-1 à L. 611-20, L. 612-5 à L. 612-7, L. 612-10, L. 612-13, L. 613-1 à L. 613-23, L. 614-1 à L. 614-3, L. 621-3, L. 622-1, L. 622-8, L. 623-4 à L. 623-7, L. 633-1, L. 633-6 à L. 633-8, L. 633-11 à L. 633-14, L. 635-1 à L. 635-5, L. 636-1, L. 652-2.
2005	8 déc.	Ordonnance n° 2005-1529. Instituant un interlocuteur social unique pour les indépendants. – V. CSS, art. L. 133-6 à L. 133-6-7, L. 136-5, L. 213-1, L. 225-1-1, L. 242-11, L. 611-4, L. 611-20 à L. 611-22.
2005	15 déc.	Loi n° 2005-1564. Diverses dispositions d'adaptation au droit communautaire dans le domaine de l'assurance. – V. CSS, art. L. 931-25, L. 932-15, L. 932-40 à L. 932-42.
2005	19 déc.	Loi n° 2005-1579. De financement de la sécurité sociale pour 2006 : – Art. 17, 65, 72. – V. Annexe I, **p. 2842.** – V. CSS, art. L. 111-11, L. 114-8 à L. 114-17, L. 115-2, L. 122-2 à L. 122-5, L. 133-4, L. 133-4-2, L. 135-2, L. 136-7, L. 137-7, L. 138-10, L. 138-20, L. 161-1-4, L. 161-2-1, L. 161-9-1, L. 161-9-2, L. 161-13-1, L. 162-1-7-1, L. 162-1-10, L. 162-1-12, L. 162-1-14, L. 162-2-2, L. 162-5, L. 162-5-3, L. 162-5-4, L. 162-5-13, L. 162-12-18, L. 162-14-1, L. 162-16-7, L. 162-17, L. 162-22-7, L. 162-22-2, L. 162-26, L. 165-6, L. 162-36, L. 162-43, L. 174-4, L. 174-5, L. 174-9-1, L. 182-2, L. 182-3, L. 182-2-4, L. 182-3, L. 182-4, L. 216-6, L. 221-1-1, L. 222-6, L. 222-7, L. 223-1, L. 241-2, L. 241-15,

		L. 242-1, L. 242-1-1, L. 243-11, L. 243-12-1 à L. 243-12-3, L. 243-13, L. 243-13-1, L. 245-5-1, L. 245-5-2, L. 245-6, L. 256-5, L. 311-3, L. 311-5, L. 315-1, L. 322-2, L. 322-3, L. 323-4, L. 324-1, L. 331-3, L. 333-3, L. 357-4, L. 357-12, L. 376-1, L. 361-2, L. 380-2, L. 381-1, L. 381-30-1, L. 382-15, L. 382-16 à L. 382-23, L. 454-1, L. 471-3, L. 481-2, L. 511-1, L. 512-2, L. 531-4, L. 532-2, L. 544-1 à L. 544-9, L. 552-1, L. 554-1, L. 623-1, L. 645-1 à L. 645-6, L. 755-33, L. 815-30, L. 816-1, L. 821-5, L. 861-3, L. 861-10, L. 862-3, L. 862-4, L. 863-1, L. 921-1. – V. L. n° 89-1009 du 31 déc. 1989, art. 6-1 et 6-3, Annexe I, **p. 2686.** – V. L. n° 2003-1199 du 18 déc. 2003, art. 33, Annexe I, **p. 2823.**
2005	19 déc.	Décret n° 2005-1588. Prestation de compensation à domicile pour les personnes handicapées. – V. CSS, art. R. 541-1 à R. 541-10, R. 821-4.
2005	19 déc.	Décret n° 2005-1589. Commission des droits et de l'autonomie des personnes handicapées. – V. CSS, art. R. 143-7, R. 143-15, R. 144-9, R. 742-12.
2005	19 déc.	Décret n° 2005-1607. Revalorisation de l'allocation de logement et règles de calcul de l'allocation de logement versée aux étudiants logés en résidences universitaires gérées par le CROUS. – V. CSS, art. D. 831-2-1.
2005	22 déc.	Arrêté. Formalités à accomplir pour l'exercice de l'activité d'assurance en libre prestation de services ou en liberté d'établissement dans un État partie à l'accord sur l'Espace économique européen autre que la France. – V. CSS, art. A. 931-2-3 à A. 931-2-7, A. 951-3-1, A. 951-3-2.
2005	23 déc.	Arrêté. Revalorisation des pensions de vieillesse et application des art. L. 161-23-1 et L. 351-11. – V. CSS, art. L. 161-23-1.
2005	26 déc.	Décret n° 2005-1657. Taux de la cotisation d'assurance vieillesse du régime général et du régime des salariés des professions agricoles. – V. CSS, art. D. 242-4.
2005	26 déc.	Décr. n° 2005-1684. Contrôle médical des accidents du travail et des maladies professionnelles des non-salariés agricoles dans les DOM. – V. CSS, art. R. 143-21.
2005	28 déc.	Décret n° 2005-1678. Procédure civile, certaines procédures d'exécution et procédure de changement de nom. – V. CSS, art. R. 142-28, R. 143-2, R. 143-7, R. 766-35.
2005	28 déc.	Décret n° 2005-1712. Provision technique spéciale des opérations régies par l'art. L. 932-24. – V. CSS, art. art. R. 932-4-4.
2005	29 déc.	Décret n° 2005-1760. Assurance vieillesse du parent au foyer pour les personnes assumant la charge d'une personne handicapée. – V. CSS, art. D. 381-4, D. 381-6.
2005	29 déc.	Décret n° 2005-1761. Majoration spécifique pour parent isolé d'enfant handicapé. – V. CSS, art. D. 541-1, D. 541-3, D. 541-4, D. 553-1, D. 752-4, D. 755-11.

2005	30 déc.	Loi n° 2005-1719. De finances pour 2006 : – V. CSS, art. L. 131-8, L. 135-7, L. 136-3, L. 136-6, L. 136-7, L. 225-1-1, L. 553-4, L. 715-2, L. 835-2, L. 861-2, L. 951-1. – V. Ord. n° 96-50 du 24 janv. 1996, art. 5, Annexe I, **p. 2716.** – V. L. n° 2003-1311 du 30 déc. 2003, art. 131, **p. 2828.**
2005	30 déc.	Loi n° 2005-1720. De finances rectificative pour 2006. – V. CSS, art. L. 136-4, L. 136-6, L. 136-7.
2005	30 déc.	Décret n° 2005-1762. Fonds de réserve pour les retraites. – V. CSS, art. R. 135-27 à R. 135-29.
2005	30 déc.	Décret n° 2005-1770. Revalorisation du minimum de pension vieillesse. – V. CSS, art. D. 351-2-1.
2005	30 déc.	Décret n° 2005-1771. Application de l'art. L. 114-6 relatif à la validation des comptes par l'agent comptable de la caisse nationale. – V. CSS, art. D. 114-4-1, D. 114-4-2.
2005	30 déc.	Décret n° 2005-1774. Détermination de la majoration de pension applicable aux assurés sociaux handicapés bénéficiant de l'abaissement de l'âge de la retraite : – V. CSS, art. D. 351-1-5. – V. Décr. n° 73-937 du 2 oct. 1973, art. 3 *quater*, **p. 2669.**
2005	30 déc.	Décret n° 2005-1775. Régime des prestations supplémentaires de vieillesse des médecins conventionnés. – V. CSS, art. D. 645-2.
2005	30 déc.	Décret n° 2005-1777. Fonds national d'aide au logement et aide aux collectivités et aux organismes logeant à titre temporaire des personnes défavorisées. – V. CSS, art. R. 831-6, R. 834-1 à R. 834-7, R. 834-13, R. 834-15 à R. 834-17, R. 852-1, R. 852-2.
2006	2 janv.	Décret n° 2006-1. Application de l'art. L. 162-5-4. – V. CSS, art. D. 162-1-8.
2006	27 janv.	Décret n° 2006-83. Application de l'ordonnance n° 2005-1528 du 8 déc. 2005 relative à la création du régime social des indépendants. – V. CSS, art. R. 111-1, R. 112-1, R. 115-5, R. 121-2, R. 122-2, R. 123-4, R. 123-11, R. 123-47-2, R. 135-6, R. 142-2, R. 161-29, R. 162-1-8, R. 162-2, R. 162-3, R. 162-5, R. 162-6, R. 162-10, R. 162-12, R. 162-47, R. 162-48, R. 162-50, R. 162-56, R. 163-15, R. 165-18, R. 166-5, R. 173-4-3, R. 611-1 à R. 611-68, R. 612-2, R. 612-3, R. 612-5, R. 612-9 à R. 612-13, R. 612-15, R. 612-18 à R. 612-22, R. 613-1 à R. 613-70, R. 614-1, R. 614-2, R. 622-2, R. 631-1 à 631-42, R. 632-2 à R. 632-30, R. 633-1 à R. 633-58, R. 633-66, R. 635-8, R. 635-9, R. 756-1, R. 756-2, R. 815-59.
2006	2 févr.	Décret n° 2006-111. Indemnités de stagiaires de rééducation professionnelle accidentés du travail, allègement de certaines procédures relatives aux accidents du travail et aux maladies professionnelles. – V. CSS, art. R. 412-5-1, R. 412-6, R. 432-9-1, R. 433-1 à R. 433-7, R. 434-5 à R. 434-30, R. 434-32, R. 434-34 à R. 434-38, R. 436-1, R. 436-2, R. 436-6, R. 441-4, R. 441-11, R. 442-2 à R. 442-6, R. 461-7.

2006	2 févr.	Décret n° 2006-112. Allégeant certaines procédures relatives aux accidents du travail. – V. CSS, art. D. 412-14, D. 412-17 à D. 412-22, D. 412-31, D. 412-47 à D. 412-53.
2006	9 févr.	Décret n° 2006-143. Modalités d'accès des médecins aux données relatives aux prestations servies aux bénéficiaires de l'assurance maladie. – V. CSS, art. R. 162-1-10 à R. 162-1-15.
2006	13 févr.	Décret n° 2006-161. Fixant le calendrier de la baisse progressive du taux d'application de la compensation spécifique conformément à l'art. 9 de la loi n° 2003-775 du 21 août 2003 portant réforme des retraites. – V. CSS, art. D. 134-9-4.
2006	27 févr.	Décret n° 2006-234. Pris pour l'application de l'art. L. 512-2. – V. CSS, art. D. 512-1, D. 512-2, D. 115-1, D. 161-15, D. 821-8.
2006	16 mars	Décret n° 2006-307. Pris pour l'application de l'art. L. 162-22-18. – V. CSS, art. R. 166-1.
2006	22 mars	Décret n° 2006-342. Portant diverses dispositions en faveur de la cohésion sociale. – V. CSS, art. R. 821-4.
2006	23 mars	Loi n° 2006-339. Pour le retour à l'emploi et sur les droits et les devoirs des bénéficiaires de minima sociaux. – V. CSS, art. L. 114-17, L. 136-2, L. 511-1, L. 551-1, L. 552-1, L. 552-6, L. 755-18.
2006	23 mars	Loi n° 2006-340. Égalité salariale entre les hommes et les femmes. – V. CSS, art. L. 331-3, L. 331-5, L. 613-19, L. 613-19-1.
2006	23 mars	Ordonnance n° 2006-344. Retraites professionnelles supplémentaires. – V. CSS, art. L. 242-1, L. 912-1, L. 912-3, L. 914-2, L. 914-3, L. 932-40 à L. 932-48, L. 961-1 à L. 961-5.
2006	30 mars	Décret n° 2006-375. Pris en application de l'ordonnance n° 2006-1528 du 8 déc. 2005 relatif à la création du régime social des indépendants. – V. CSS, art. R. 165-18, R. 611-2, R. 611-11, R. 611-15, R. 611-69 à R. 611-95, R. 612-5, R. 612-18, R. 613-5, R. 613-11, R. 613-23, R. 613-45, R. 613-46, R. 613-53, R. 613-66, R. 613-69, R. 613-70, R. 614-1, R. 631-28 à R. 631-40, R. 632-1, R. 632-27, R. 633-65, R. 635-10, R. 635-11.
2006	31 mars	Loi n° 2006-396. Pour l'égalité des chances. – V. CSS, art. L. 242-4-1, L. 412-8, L. 521-2, L. 552-3.
2006	6 avr.	Décret n° 2006-415. Remboursement des dispositifs médicaux prescrits par les masseurs-kinésithérapeutes. – V. CSS, art. R. 165-1.
2006	18 avr.	Loi n° 2006-450. Pour la recherche. – V. CSS, art. L. 311-3.
2006	21 avr.	Ordonnance n° 2006-460. Partie législative du code général de la propriété des personnes publiques. Ratifiée par L. n° 2009-526 du 12 mai 2009, art. 138. – V. CSS, art. L. 161-45.
2006	12 mai	Décret n° 2006-546. Experts médicaux judiciaires exerçant en application des art. L. 141-1 et L. 141-2-1. – V. CSS, art. R. 141-1, R. 141-2, R. 142-24-3.

2006	15 mai	Arrêté. Encadré inséré en tête de contrats d'assurance sur la vie. – V. CSS, art. A. 932-3-10.
2006	23 mai	Loi n° 2006-586. Volontariat associatif et engagement éducatif – V. CSS, art. L. 135-2, L. 136-2, L. 311-3.
2006	31 mai	Décret n° 2006-642. Financement et tarification de certains établissements et services sociaux et médico-sociaux. – V. CSS, art. R. 174-5-1, R. 174-5-2, R. 174-7.
2006	1er juin	Décret n° 2006-644. Prestations maternité des professionnelles de santé relevant du régime des praticiens et auxiliaires médicaux conventionnés. – V. CSS, art. D. 722-14, D. 722-15, D. 722-15-2 à D. 722-15-5, D. 722-17.
2006	2 juin	Décret n° 2006-658. Allocation journalière de présence parentale et congé de présence parentale. – V. CSS, art. R. 313-8, R. 381-3, R. 381-3-1, R. 544-1.
2006	2 juin	Décret n° 2006-659. Allocation journalière de présence parentale et congé de présence parentale. – V. CSS, art. D. 381-1, D. 381-2-1, D. 544-1 à D. 544-10.
2006	7 juin	Décret n° 2006-668. Retraite progressive. – V. CSS, art. R. 351-39, R. 351-40.
2006	7 juin	Décret n° 2006-670. Retraite progressive. – V. CSS, art. D. 351-15, D. 634-15, D. 634-19.
2006	16 juin	Décret n° 2006-703. Établissements ou services d'aide par le travail et prestation de compensation. – V. CSS, art. R. 821-6, R. 821-10.
2006	19 juin	Décret n° 2006-707. Modifiant l'art. R. 322-8 du code de la sécurité sociale. – V. cet art.
2006	19 juin	Décret n° 2006-708. Modalités et calendrier de mise en œuvre du droit des assurés à l'information sur leur retraite et modifiant le code de la sécurité sociale. – V. CSS, art. L. 161-17, R. 161-10 à R. 161-20.
2006	19 juin	Décret n° 2006-709. Droit à l'information des assurés sur leur retraite. – V. CSS, art. D. 161-2-1-2 à D. 161-2-1-8.
2006	22 juin	Décret n° 2006-732. Complément de libre choix d'activité de la prestation d'accueil du jeune enfant. – V. CSS, art. D. 531-4, D. 531-12, D. 531-16, D. 531-16-1.
2006	27 juin	Décret n° 2006-740. Retraites professionnelles supplémentaires. – V. CSS, art. R. 932-5-1 à R. 932-6-9, R. 951-3-1.
2006	27 juin	Arrêté. Retraites professionnelles supplémentaires. – V. CSS, art. A. 932-5, A. 932-6.
2006	28 juin	Décret n° 2006-756. Pris pour l'application du troisième alinéa de l'art. L. 171-3 du code de la sécurité sociale. – V. CSS, art. R. 171-3-1.
2006	30 juin	Décret n° 2006-774. Pris pour l'application de l'art. L. 133-4-2 du code de la sécurité sociale. – V. CSS, art. R. 133-8, R. 133-8-1.

2006	30 juin	Décret n° 2006-775. Service des prestations familiales dues aux agents de l'État, de La Poste et de France Telecom par les caisses d'allocations familiales. – V. CSS, art. D. 212-3, D. 212-4.
2006	30 juin	Décret n° 2006-776. Pris pour l'application de l'art. L. 133-4-2 du code de la sécurité sociale. – V. CSS, art. D. 133-3.
2006	30 juin	Décret n° 2006-777. Portant application de l'art. L. 432-4-1 du code de la sécurité sociale. – V. CSS, art. D. 432-1.
2006	13 juill.	Loi n° 2006-872. Portant engagement national pour le logement : – V. CSS, art. L. 553-4, L. 834-1, L. 834-2, L. 851-1. – V. L. n° 2003-775, art. 108, Annexe I, **p. 2822.**
2006	13 juill.	Décret n° 2006-876. Détermination du plafond des ressources prises en compte pour l'attribution de la protection complémentaire en matière de santé. – V. CSS, art. D. 861-1.
2006	17 juill.	Décret n° 2006-879. Versement pour la retraite au titre de certaines périodes d'études supérieures et d'activité : – V. CSS, art. D. 351-7 à D. 351-10, D. 351-14, D. 382-33, D. 643-4, D. 643-5, D. 723-7. – V. Décr. n° 73-937 du 2 oct. 1973, art. 3 *ter*, **p. 2667.**
2006	17 juill.	Décret n° 2006-885. Montants de l'allocation de garde d'enfant à domicile pour la période du 1er juill. 2006 au 30 juin 2007. – V. CSS, ancien art. L. 842-2.
2006	21 juill.	Décret n° 2006-909. Accréditation de la qualité de la pratique professionnelle des médecins et des équipes médicales exerçant en établissements de santé. – V. CSS, art. D. 185-1 à D. 185-3.
2006	28 juill.	Décret n° 2006-945. Agence nationale pour la cohésion sociale et l'égalité des chances. – V. CSS, art. D. 767-1 à D. 767-27.
2006	1er août	Décret n° 2006-985. Révisant et complétant les tableaux de maladies professionnelles. – V. Annexe II, tableau n° 51, **p. 2943.**
2006	1er août	Décret n° 2006-985. Révisant et complétant les tableaux de maladies professionnelles. – V. Annexe II, tableau n° 62, **p. 2952.**
2006	10 août	Décret n° 2006-1008. Portant application de l'art. 15-I de la loi n° 2006-340 du 23 mars 2006 relative à l'égalité salariale entre les hommes et les femmes. – V. CSS, art. D. 613-4-2, D. 613-4-4, D. 613-6.
2006	1er sept.	Décret n° 2006-1104. Contrat de responsabilité parentale. – V. CSS, art. R. 552-2, R. 552-3.
2006	5 sept.	Décret n° 2006-1115. Pris pour l'application de l'art. 16 de la loi n° 2005-516 du 20 mai 2005 relative à la régulation des activités postales. – V. CSS, art. R. 256-9, R. 434-34, R. 613-41.
2006	5 sept.	Décret n° 2006-1116. Pris pour l'application de l'art. 16 de la loi n° 2005-516 du 20 mai 2005 relative à la régulation des activités postales. – V. CSS, art. D. 133-8,D. 351-11, D. 612-2-1, D. 651-6.

2006	29 sept.	Décret n° 2006-1197. Prime de retour à l'emploi et primes forfaitaires dues à des bénéficiaires de minima sociaux. – V. CSS, art. R. 755-12-1, R. 821-4.
2006	29 sept.	Décret n° 2006-1198. Portant diverses dispositions relatives à la prime forfaitaire due au titre de l'allocation de revenu minimum d'insertion et de l'allocation de parent. – V. CSS, art. D. 755-9.
2006	23 oct.	Décret n° 2006-1296. Créant un Comité national de lutte contre la fraude en matière de protection sociale. – V. CSS, art. D. 114-6.
2006	25 oct.	Décret n° 2006-1312. Prestations maternité des professionnelles de santé relevant du régime des praticiens et auxiliaires médicaux conventionnés. – V. CSS, art. D. 722-15-3, D. 722-15-4.
2006	31 oct.	Décret n° 2006-1324. Caisse d'assurance vieillesse, maladie et invalidité des cultes et modifiant le code de la sécurité sociale (deuxième partie: Décrets en Conseil d'État). – V. CSS, art. R. 382-56 à R. 382-131.
2006	31 oct.	Décret n° 2006-1325. Caisse d'assurance vieillesse, maladie et invalidité des cultes et modifiant le code de la sécurité sociale (troisième partie: Décrets). – V. CSS, art. L. 351-1-1, L. 351-1-3, L. 382-27, D. 382-27 à D. 382-32 .
2006	20 nov.	Décret n° 2006-1416. Fixant la durée de maintien des droits aux prestations en espèces pour les chômeurs reprenant une activité. – V. CSS, art. R. 311-1.
2006	22 nov.	Décret n° 2006-1430. Conditions de rétablissement des droits aux prestations en espèces à l'issue d'une période d'incarcération. – V. CSS, art. R. 161-4-1.
2006	29 nov.	Décret n° 2006-1498. Déterminant les règles selon lesquelles certaines catégories de préparations magistrales et officinales peuvent être exclues du remboursement. – V. CSS, art. R. 163-1, R. 163-1-1, R. 322-1, R. 322-1-2.
2006	11 déc.	Décr. n° 2006-1578. Provisions et placements. – V. CSS, art. R. 931-12-16.
2006	15 déc.	Décret n° 2006-1580. Cotisations d'assurance vieillesse, de retraite complémentaire et d'invalidité-décès des conjoints collaborateurs d'artisans et de commerçants. – V. CSS, art. D. 633-19 à D. 633-19-7, D. 635-10-1, D. 635-10-2, D. 742-19 à D. 742-22, D. 742-28.
2006	13 déc.	Décret n° 2006-1591. Procédure de recouvrement des indus et des pénalités. – V. CSS, art. R. 133-5, R. 133-9, R. 133-9-1, R. 142-1, R. 142-7, R. 147-3, R. 147-6, R. 244-2, R. 612-9 à R. 612-11.
2006	15 déc.	Décret n° 2006-1611. Surcote applicable à la pension de retraite dans les régimes d'assurance vieillesse des salariés, des salariés agricoles, des travailleurs non salariés des professions artisanales, industrielles, commerciales et agricoles. – V. CSS, art. D. 351-1-4.

2006	15 déc.	Décret n° 2006-1612. Fixant le seuil au-delà duquel les organismes de sécurité sociale et les organismes admis à encaisser des cotisations ou à servir des prestations au titre des régimes obligatoires de base portent plainte en se constituant partie civile. – V. CSS, art. D. 114-5.
2006	18 déc.	Décret n° 2006-1627. Protection contre les accidents du travail et les maladies professionnelles des stagiaires mentionnés aux a, b et f du 2° de l'art. L. 412-8. – V. CSS, art. R. 412-4, R. 444-7.
2006	21 déc.	Loi n° 2006-1640. De financement de la sécurité sociale pour 2007 : – V. CSS, art. L. 114-12, L. 114-12-1, L. 114-18, L. 122-2, L. 123-1, L. 131-6, L. 131-8, L. 133-4, L. 135-2, L. 135-7, L. 135-10, L. 136-2 à L. 136-4, L. 136-6, L. 136-7, L. 137-11, L. 139-1, L. 154-1, L. 154-2, L. 161-1, L. 161-1-1, L. 161-1-4, L. 161-8, L. 161-15-4, L. 161-22, L. 161-37, L. 161-40, L. 161-45, L. 162-1-7, L. 162-1-7-2, L. 162-1-11, L. 162-1-13 à L. 162-1-15, L. 162-4, L. 162-5-4, L. 162-5-14, L. 162-13-1, L. 162-14-1, L. 162-15, L. 162-16, L. 162-16-1, L. 162-16-5, L. 162-16-5-1, L. 162-16-6, L. 162-16-7, L. 162-17-2-1, L. 162-17-4, L. 162-21-2, L. 162-21-3, L. 162-22-2, L. 162-22-3, L. 162-22-9, L. 162-22-10, L. 162-22-18, L. 162-33, L. 162-39 à L. 162-45, L. 165-8, L. 165-9, L. 174-1-1, L. 174-4, L. 174-9-1, L. 174-15 à L. 174-15-3, L. 176-1, L. 182-2, L. 182-2-3, L. 182-2-3, L. 182-2-4, L. 182-3, L. 213-1, L. 216-2-1, L. 216-2-2, L. 216-4 à L. 216-6, L. 221-1-1, L. 221-3-1, L. 223-3, L. 224-5-3, L. 227-1, L. 231-1, L. 231-13, L. 241-10, L. 242-1, L. 242-4-1, L. 243-5, L. 243-7, L. 243-14, L. 245-6, L. 322-3, L. 323-6, L. 331-4, L. 331-7, L. 351-14-1, L. 376-1, L. 378-1, L. 380-2 à L. 380-3-1, L. 381-1, L. 455-2, L. 512-1, L. 521-2, L. 521-3, L. 531-6, L. 532-1, L. 553-5, L. 613-20, L. 634-2, L. 637-1, L. 652-7, L. 711-1, L. 861-1, L. 861-2-1, L. 861-3, L. 863-1, L. 871-1, L. 932-13. – V. L. n° 98-1194 du 23 déc. 1998, art. 41, **p. 2752.** – V. L. n° 2000-1257 du 23 déc. 2000, art. 40, **p. 2792.** – V. L. n° 2003-775 du 21 août 2003, art. 5, **p. 2821.** – V. L. n° 2003-1199 du 18 déc. 2003, art. 33, **p. 2823.**
2006	21 déc.	Décret n° 2006-1659. Commission de compensation entre régimes de sécurité sociale. – V. CSS, art. D. 114-4-0-4-1, D. 134-6, D. 134-9-5.
2006	21 déc.	Loi n° 2006-1666. De finances pour 2007. – V. CSS, art. L. 131-8, L. 136-7, L. 821-1-1, L. 821-1-2, L. 821-2, L. 834-1, L. 862-3.
2006	21 déc.	Loi n° 2006-1668. Portant création d'un ordre national des infirmiers. – V. CSS, art. L. 145-5-1 à L. 145-5-5, L. 145-7-1 à L. 145-7-3, L. 145-9-1 à L. 145-9-2.
2006	21 déc.	Arrêté. Tables de mortalité applicables aux institutions de prévoyance. – V. CSS, art. A. 932-3-1, A. 932-4-1, A. 932-4-1.
2006	23 déc.	Décret n° 2006-1743. Protection sociale du volontaire associatif. – V. CSS, art. R. 372-4, R. 412-21.
2006	23 déc.	Décret n° 2006-1744. Contrôle et lutte contre la fraude. – V. CSS, art. R. 114-10 à R. 114-18, R. 142-7.
2006	23 déc.	Décret n° 2006-1746. Prise en charge des frais de transport exposés par les assurés sociaux. – V. CSS, art. R. 322-10 à R. 322-10-7.

2006	23 déc.	Décret n° 2006-1747. Prise en charge des produits et prestations mentionnés à l'art. L. 165-1. – V. CSS, art. R. 165-5, R. 165-6.
2006	23 déc.	Décret n° 2006-1749. Protection sociale du volontaire associatif. – V. CSS, art. D. 372-1 à D. 372-3, D. 412-98-1, D. 412-98-2.
2006	23 déc.	Décret n° 2006-1752. Contrat de soutien et d'aide par le travail et ressources des travailleurs des établissements ou services d'aides par le travail. – V. CSS, art. D. 821-5, D. 821-10.
2006	23 déc.	Décret n° 2006-1817. Valorisation de l'allocation de logement. – V. CSS, art. D. 542-5-2, D. 542-7, D. 755-25, D. 831-2.
2006	30 déc.	Loi n° 2006-1770. Pour le développement de la participation et de l'actionnariat salarié et portant diverses dispositions d'ordre économique et social. – V. CSS, art. L. 131-4-1, L. 136-2, L. 136-6, L. 242-1, L. 931-25, L. 932-23, L. 932-43, L. 932-49 à L. 932-51.
2006	30 déc.	Loi n° 2006-1771. De finances rectificatives pour 2006. – V. CSS, art. L. 136-6.
2007	10 janv.	Décret n° 2007-46. Portant dispositions budgétaires et financières relatives aux établissements de santé. – V. CSS, art. R. 162-51, R. 174-22-1 à R. 174-22-3, R. 174-23, R. 174-25, R. 174-28, R. 174-30, R. 174-31, R. 174-34.
2007	11 janv.	Décret n° 2007-50. Cotisations aux régimes d'indemnités journalières pour maladie et aux régimes d'assurance invalidité-décès des artisans et des industriels et commerçants. – V. CSS, art. D. 612-9.
2007	11 janv.	Décret n° 2007-56. Simplifiant le minimum vieillesse. – V. CSS, art. R. 115-1, R. 135-9, R. 135-10, R. 322-3, R. 351-31, R. 351-32, R. 353-1, R. 353-1-1, R. 341-7-1, R. 351-29-2, R. 815-1 à R. 815-58-1, R. 815-60, R. 815-61, R. 815-63, R. 815-64, R. 815-66 à R. 815-68, R. 815-70, R. 815-74, R. 815-76 à R. 815-78, R. 816-2.
2007	12 janv.	Décret n° 2007-57. Simplifiant le minimum vieillesse. – V. CSS, art. D. 165-1, D. 242-9, D. 612-10, D. 815-1 à D. 815-20, D. 816-1, D. 816-3, D. 821-3.
2007	27 janv.	Décret n° 2007-102. Modifiant les dispositions relatives au comité des carrières, aux praticiens-conseils chargés du service du contrôle médical du régime général de sécurité sociale et du régime social des indépendants. – V. CSS, art. R. 114-9, R. 121-2, R. 122-3, R. 122-4, R. 123-47-6 à R. 123-47-10, R. 217-10, R. 315-2, R. 315-4 à R. 315-8, R. 611-54, R. 611-55, R. 611-60, R. 611-63, R. 611-63-1, R. 611-64, R. 611-66, R. 611-67, R. 753-3.
2007	29 janv.	Décret n° 2007-124. Allocation de base de la prestation d'accueil du jeune enfant. – V. CSS, art. D. 531-3.
2007	29 janv.	Décret n° 2007-125. Modification de la prise en compte du logement pour le calcul de l'allocation parent isolé. – V. CSS, art. D. 524-1.
2007	1er févr.	Décret n° 2007-146. Pris pour l'application de l'art. L. 315-1. – V. CSS, art. D. 315-1 à D. 315-3.

2007	2 févr.	Loi n° 2007-148. De modernisation de la fonction publique. – V. CSS, art. L. 123-2-2.
2007	14 févr.	Décret n° 2007-199. Carte d'assurance maladie. – V. CSS, art. R. 161-3 à R. 161-5, R. 161-33-1 à R. 161-33-8, R. 161-33-10, R. 161-35, R. 161-37, R. 161-47, R. 161-53, R. 313-2.
2007	22 févr.	Décret n° 2007-242. Décisions en matière de remise de cotisations et contributions sociales, majorations et pénalités ainsi qu'aux garanties concernant le recouvrement. – V. CSS, art. R. 243-20-1 à R. 243-20-5.
2007	26 févr.	Loi n° 2007-248. Portant diverses dispositions d'adaptation au droit communautaire dans le domaine du médicament. – V. CSS, art. L. 161-37, L. 161-38, L. 162-17-4, L. 245-6.
2007	28 févr.	Décret. Comité national de lutte contre la fraude en matière de protection sociale. – V. CSS, art. D. 114-6.
2007	5 mars	Loi n° 2007-290. Instituant le droit au logement opposable et portant diverses mesures en faveur de la cohésion sociale. – V. CSS, art. L. 131-6 à L. 131-6-2, L. 136-3, L. 143-1, L. 161-2-1, L. 241-10, L. 311-7, L. 380-3, L. 381-4, L. 542-5, L. 611-20.
2007	5 mars	Loi n° 2007-293. Réformant la protection de l'enfance. – V. CSS, art. L. 331-4-1, L. 552-6, L. 755-4.
2007	5 mars	Loi n° 2007-294. Préparation du système de santé à des menaces sanitaires de grande ampleur. – V. CSS, art. L. 162-1-16.
2007	5 mars	Loi n° 2007-308. Portant réforme de la protection juridique des majeurs. – V. CSS, art. L. 142-7, L. 142-8, L. 143-2-1 à L. 143-2-3, L. 144-2, L. 144-3, L. 434-12, L. 552-6, L. 613-1, L. 622-5, L. 755-4, L. 821-5.
2007	12 mars	Ordonnance n° 2007-329. Code du travail (partie législative). – V. CSS, art. L. 131-4-1, L. 133-5-3, L. 133-5-5, L. 133-8 à L. 133-9-6.
2007	14 mars	Décret n° 2007-350. Modulation du taux de prise en charge du ticket modérateur pour les assurés relevant du régime local d'assurance maladie des départements du Bas-Rhin, du Haut-Rhin et de la Moselle. – V. CSS, art. D. 325-7.
2007	22 mars	Décret n° 2007-395. Conseil d'administration de l'École nationale supérieure de sécurité sociale. – V. CSS, art. R. 123-11, R. 123-12, R. 123-14, R. 123-30.
2007	25 mars	Décret n° 2007-454. Conventions et liens unissant les membres de certaines professions de santé aux entreprises. – V. CSS, art. R. 161-85.
2007	29 mars	Décret n° 2007-480. Protection contre les accidents du travail et les maladies professionnelles et cumul d'une rémunération et d'une pension de vieillesse pour les personnes effectuant une prestation de tutorat en application de l'art. L. 129-1 du code de commerce. – V. CSS, art. D. 412-99-3 à D. 412-99-5, D. 634-13-2.

2007	11 avr.	Décret n° 2007-546. Droits des cotisants et recouvrement des cotisations et contributions sociales. – V. CSS, art. R. 242-5, R. 243-18, R. 243-19-1, R. 243-20, R. 243-32, R. 243-43-1, R. 243-3, R. 243-4, R. 243-59 à R. 243-59-3, R. 244-1, R. 312-5, R. 372-2, R. 381-15.
2007	13 avr.	Décret n° 2007-550. Modalités de calcul et de partage des allocations familiales en cas de résidence alternée des enfants au domicile de chacun des parents. – V. CSS, art. R. 513-1, R. 521-2 à R. 521-4.
2007	13 avr.	Décret n° 2007-551. Prise en charge des dispositifs médicaux prescrits par les infirmiers ou adaptés par les opticiens-lunetiers. – V. CSS, art. R. 165-1.
2007	18 avr.	Décret n° 2007-573. Congé de soutien familial. – V. CSS, art. D. 381-2-2.
2007	19 avr.	Décret n° 2007-582. Cotisations d' assurance vieillesse des conjoints collaborateurs des professionnels libéraux. – V. CSS, art. D. 642-1 à D. 642-5-8, D. 643-11, D. 742-36 à D. 742-44.
2007	25 avr.	Décret n° 2007-614. Durée maximale d'assurance et revenu annuel moyen pris en compte pour le calcul de la pension de retraite des salariés et des travailleurs non salariés des professions artisanales, industrielles et commerciales. – V. CSS, art. R. 351-6, R. 351-29-1, R. 353-3, R. 634-1-1, R. 634-5, R. 753-24-1.
2007	26 avr.	Décret n° 2007-619. Pris en application de l'art. L. 114-5. – V. CSS, art. D. 114-5, D. 253-19 à D. 253-19-4.
2007	30 avr.	Décret n° 2007-647. Composition et organisation de la conférence prévue à l'art. L. 161-23-1. – V. CSS, art. D. 161-2-23 à D. 161-2-25.
2007	30 avr.	Décret n° 2007-659. Union nationale des organismes d'assurance maladie complémentaire. – V. CSS, art. R. 182-2-8 à R. 182-2-12.
2007	3 mai	Décret n° 2007-703. Mise en place d'un interlocuteur social unique pour les indépendants, réformant les modalités de recouvrement de leurs cotisations et contributions sociales. – V. CSS, art. R. 115-5, R. 131-1, R. 133-3, R. 133-20 à R. 133-30, R. 225-5, R. 241-2, R. 242-13, R. 242-14, R. 242-16, R. 243-22 à R. 243-24, R. 243-26, R. 611-2, R. 612-2, R. 612-5, R. 612-9, R. 612-11 à R. 612-13, R. 612-15, R. 612-18, R. 612-20, R. 623-16, R. 631-2, R. 633-64, R. 642-1.
2007	4 mai	Décret n° 2007-708. Recouvrement des cotisations et contributions sociales des entreprises employant plus de 2 000 salariés. – V. CSS, art. D. 243, D. 243-3.
2007	7 mai	Décret n° 2007-730. Caisse de prévoyance et de retraite du personnel de la SNCF. – V. CSS, art. D. 134-11, D. 134-12.
2007	9 mai	Décret n° 2007-959. Prestation d'accueil du jeune enfant. – V. CSS, art. D. 531-23.
2007	11 mai	Décret n° 2007-829. Modification du chapitre IV *bis* du titre Ier. – V. CSS, art. D. 114-4-4.

2007	14 mai	Décret n° 2007-874. Portant diverses dispositions relatives aux établissements ou services d'aide par le travail et à l'exercice d'une activité à caractère professionnel en milieu ordinaire de travail par les travailleurs handicapés admis dans ces établissements ou services et modifiant le CSS et le CASF. – V. CSS, art. R. 821-4.
2007	14 mai	Décret n° 2007-878. Mise en place d'un interlocuteur social unique pour les indépendants, réformant les modalités de recouvrement de leurs cotisations et contributions sociales. – V. CSS, art. D. 133-1, D. 133-3, D. 133-4, D. 133-14 à D. 133-16, D. 612-2 à D. 612-5-2, D. 612-13 à D. 612-21, D. 612-25, D. 612-27, D. 633-3 à D. 633-8, D. 633-10, D. 633-11, D. 633-13 à D. 633-15, D. 633-17 à D. 633-19, D. 635-2, D. 635-3, D. 651-12.
2007	15 mai	Décret n° 2007-966. Modalités de calcul et de recouvrement des cotisations et contributions de sécurité sociale des travailleurs indépendants relevant du régime de l'art. 50-0 du code général des impôts. – V. CSS, art. D. 133-17, D. 133-17-1.
2007	15 mai	Décret n° 2007-968. Fixant le mode de calcul de la réduction générale des cotisations de sécurité sociale pour les employeurs de un à dix-neuf salariés. – V. CSS, art. D. 241-7.
2007	15 mai	Décret n° 2007-969. Obligations de déclaration et de versement des cotisations et contributions de sécurité sociale au titre des sommes versées aux arbitres et juges sportifs. – V. CSS, art. D. 241-15 à D. 241-20.
2007	15 mai	Décret n° 2007-970. Composition et modalités de fonctionnement de l'Observatoire économique de l'hospitalisation publique et privée. – V. CSS, art. D. 162-17.
2007	15 mai	Décret n° 2007-972. Suspension du remboursement des prestations d'assurance maladie en cas de fraude ou de fausse déclaration du montant des ressources. – V. CSS, art. D. 161-2-1.
2007	15 mai	Décret n° 2007-973. Fonds d'intervention pour la qualité et la coordination des soins. – V. CSS, art. D. 221-1 à D. 221-27.
2007	28 juin	Décret n° 2007-1055. Portant réforme de la compensation bilatérale entre le régime général et le régime de la SNCF. – V. CSS, art. D. 134-11, D. 134-12.
2007	10 juill.	Décret n° 2007-1084. Plafond des ressources prises en compte pour l'attribution de la protection complémentaire en matière de santé. – V. CSS, art. D. 861-1.
2007	20 juill.	Décret n° 2007-1124. Domiciliation des personnes sans domicile stable. – V. CSS, art. D. 161-2-1-1-1.
2007	10 août	Décret n° 2007-1219. Fonctionnement de la Commission de garantie des retraites. – V. CSS, art. D. 114-4-0-9 à D. 114-4-0-12.
2007	21 août	Loi n° 2007-1223. En faveur du travail, de l'emploi et de la formation. – V. CSS, art. L. 131-4-2, L. 136-6, L. 241-6-4, L. 241-10, L. 241-13, L. 241-14, L. 241-17, L. 241-18, L. 752-3-1.

2007	27 août	Décret n° 2007-1273. Pris pour l'application de la loi n° 2007-294 du 5 mars 2007 relatif à la préparation du système de santé à des menaces de grande ampleur. – V. CSS, art. R. 441-17, R. 162-52-2.
2007	12 sept.	Décret n° 2007-1348. Heures de sorties autorisées en cas d'arrêt de travail. – V. CSS, art. R. 321-11-1.
2007	19 sept.	Décret n° 2007-1370. Régime d'assurance vieillesse des conjoints collaborateurs d'avocats non salariés. – V. CSS, art. R. 723-63 à R. 723-68.
2007	24 sept.	Décret n° 2007-1380. Portant application de l'art. 1er de la loi n° 2007-1223 du 21 août 2007 en faveur du travail, de l'emploi et du pouvoir d'achat. – V. CSS, art. D. 241-4 à D. 241-27.
2007	28 sept.	Décret n° 2007-1399. Fixant le plafond de ressources au-delà duquel les personnes affiliées au régime général de la sécurité sociale au titre de la couverture maladie universelle sont redevables d'une cotisation. – V. CSS, art. D. 380-4.
2007	16 oct.	Décret n° 2007-1493. Portant modification de l'art. R. 332-6. – V. cet art.
2007	18 oct.	Décret n° 2007-1500. Responsabilité personnelle et pécuniaire des agents comptables des organismes de sécurité sociale. – V. CSS, art. D. 122-1 à D. 122-20, D. 253-9, D. 253-11, D. 253-18, D. 253-22 à D. 253-26, D. 253-28, D. 253-33, D. 253-46 à D. 253-49, D. 253-69 à D. 253-83.
2007	18 oct.	Décret n° 2007-1501. Prise en charge par l'État du coût de l'accident du travail ou de la maladie professionnelle imputables au service dans la réserve sanitaire. – V. CSS, art. D. 241-2-2, D. 241-23.
2007	23 nov.	Décret n° 2007-1659. Modifiant la composition du conseil d'administration du régime local d'assurance maladie du Haut-Rhin, du Bas-Rhin et de la Moselle. – V. CSS, art. D. 325-3.
2007	12 déc.	Décret n° 2007-1747. Exercice des recours contre les tiers responsables de lésions occasionnées à un assuré social. – V. CSS, art. R. 376-2, R. 376-3, R. 454-2, R. 454-3.
2007	13 déc.	Décret n° 2007-1752. Pris en application de l'ordonnance n° 2005-1529 du 8 déc. 2005 instituant un interlocuteur social unique pour les indépendants et relatif aux relations entre le régime social des indépendants et les organismes conventionnés. – V. CSS, art. R. 611-26, R. 611-71, R. 611-79 à R. 611-95, R. 613-23, R. 613-24.
2007	13 déc.	Décret n° 2007-1754. Révisant et complétant les tableaux des maladies professionnelles. – V. Annexe II, tableau n° 61 *bis*, **p. 2951.**
2007	19 déc.	Loi n° 2007-1786. De financement de la sécurité sociale pour 2008 : – V. CSS, art. L. 137-13, L. 137-14, L. 162-16-5-1, L. 162-17-2-1, L. 162-17-4, L. 162-17-7, L. 162-18, L. 245-1 à L. 245-4, L. 245-6-1. – Art. 44, 103, 110. – V. Annexe I, **p. 2846.**

2007	20 déc.	Loi n° 2007-1787. Simplification du droit : – V. CSS, art. L. 114-4-1, L. 114-6-1, L. 114-8, L. 114-9, L. 114-12-1, L. 114-15, L. 114-19 à L. 114-21, L. 124-4, L. 131-4-2, L. 131-4-3, L. 133-4, L. 135-3, L. 136-2, L. 136-4, L. 136-5, L. 136-8, L. 137-10, L. 137-12, L. 138-10, L. 141-1, L. 144-3, L. 153-1, L. 153-3, L. 161-1-2, L. 161-27, L. 161-37, L. 161-38, L. 161-35, L. 162-1-7, L. 162-1-14, L. 162-1-15, L. 162-1-17, L. 162-5, L. 162-5-1-1, L. 162-9, L. 162-12-2, L. 162-12-9, L. 162-14-1-1, L. 162-15, L. 162-22-13, L. 162-22-15, L. 162-47, L. 165-9, L. 172-1 A, L. 183-1-1, L. 221-1-1, L. 224-5 à L. 224-5-2, L. 224-5-5, L. 224-5-6, L. 224-10, L. 224-12, L. 224-14, L. 227-1, L. 241-3, L. 241-5, L. 241-10, L. 241-12, L. 241-16, L. 242-1, L. 242-1-2, L. 243-7-2, L. 311-2, L. 314-1, L. 315-1 à L. 315-2-1, L. 321-1, L. 322-2, L. 322-3, L. 322-4, L. 322-5, L. 325-1, L. 333-3, L. 351-4-1, L. 351-14-1, L. 432-1, L. 433-1, L. 434-2, L. 442-5, L. 512-2, L. 512-5, L. 533-1, L. 543-1, L. 544-9, L. 583-3, L. 613-19, L. 711-7, L. 752-3-1, L. 821-5, L. 831-1, L. 831-7, L. 861-3, L. 863-6, L. 871-1. – V. L. n° 2000-1257 du 23 déc. 2000, art. 40, Annexe I, **p. 2792.**
2007	21 déc.	Décret n° 2007-1810. Fonds des actions conventionnelles et modifiant le décret n° 2007-973 du 15 mai 2007 relatif au fonds d'intervention pour la qualité et la coordination des soins. – V. CSS, art. D. 221-2.
2007	21 déc.	Décret n° 2007-1811. Recouvrement de contributions et cotisations. – V. CSS, art. R. 137-1 à R. 137-13, R. 133-26, R. 133-27.
2007	24 déc.	Loi n° 2007-1822. De finances pour 2008. – V. CSS, art. L. 131-8, L. 241-2, L. 241-17, L. 241-18,L. 821-1, L. 861-2.
2007	26 déc.	Décret n° 2007-1897. Pris pour la mise en œuvre des dispositions de l'art. 116 de la loi n° 2003-775 du 21 août 2003 portant réforme des retraites et relatif à la transformation des institutions de retraite complémentaire. – V. CSS, art. R. 932-7-1 à R. 932-7-8, R. 941-1 à R. 941-6.
2007	26 déc.	Décret n° 2007-1899. Revalorisant le minimum de pension vieillesse. – V. CSS, art. D. 351-2-1.
2007	26 déc.	Décret n° 2007-1900. Régime complémentaire obligatoire d'assurance vieillesse des artisans. – V. CSS, art. D. 635-7, D. 635-8, D. 635-8-1.
2007	26 déc.	Décret n° 2007-1901. Régime des prestations supplémentaires de vieillesse des médecins conventionnés. – V. CSS, art. D. 645-2.
2007	26 déc.	Décret n° 2007-1902. Révisant le montant de la garantie de ressources pour les personnes handicapées. – V. CSS, art. L. 821-1-1.
2007	26 déc.	Décret n° 2007-1903. Transfert par les institutions de gestion de retraite supplémentaire de leurs provisions ou de leurs réserves. – Art. 116. – V. L. n° 2003-775 du 21 août 2003, ss. CSS, art. L. 941-4.
2007	26 déc.	Décret n° 2007-1906. Revalorisation de l'allocation logement. – V. CSS, art. D. 542-5-2, D. 831-2-1.
2007	26 déc.	Décret n° 2007-1937. Application de la franchise prévue au III de l'art. L. 322-2. – V. CSS, art. D. 322-3, D. 322-5 à D. 322-9.

2007	26 déc.	Décret n° 2007-1943. Modalités de versement des cotisations et contributions de sécurité sociale dues par l'État. – V. CSS, art. D. 712-41.
2007	26 déc.	Arrêté. Revalorisation de l'allocation de logement. – V. CSS, art. D. 542-5-2, D. 542-21, D. 755-28.
2007	27 déc.	Arrêté. Organismes logeant à titre temporaire des personnes défavorisées. – V. CSS, art. R. 851-5.
2008	3 janv.	Loi n° 2008-3. Pour le développement de la concurrence au service des consommateurs. – V. CSS, art. L. 138-9, L. 162-16.
2008	9 janv.	Décret n° 2008-32. Conditions d'indemnisation du congé de paternité. – V. CSS, art. D. 331-4, D. 613-10.
2008	17 janv.	Décret n° 2008-65. Mission de certification des comptes des organismes de sécurité sociale par les commissaires aux comptes. – V. CSS, art. D. 114-4-5.
2008	24 janv.	Décret n° 2008-76. Pris pour l'application de l'art. 1er de la loi n° 2007-1223 du 21 août 2007 en faveur du travail, de l'emploi et du pouvoir d'achat aux salariés relevant d'un régime spécial de sécurité sociale ou dont la durée du travail relève d'un régime particulier. – V. CSS, art. D. 711-7 à D. 711-9.
2008	28 janv.	Décret n° 2008-88. Modalités d'évaluation des biens et des éléments de train de vie pour le bénéfice de certaines prestations sociales sous condition de ressources. – V. CSS, art. R. 861-1 à R. 861-25.
2008	5 févr.	Décret n° 2008-108. Pris pour l'application de l'art. L. 5125-23-1 du code de la santé publique. – V. CSS, art. D. 412-99.
2008	7 févr.	Décret n° 2008-121. Protection contre les accidents du travail et les maladies professionnelles. – V. CSS, art. D. 412-99.
2008	8 févr.	Loi n° 2008-111. Pour le pouvoir d'achat. – V. CSS, art. L. 553-4, L. 835-2.
2008	13 févr.	Loi n° 2008-126. Réforme de l'organisation du service public de l'emploi. – V. CSS, art. L. 114-12, L. 114-12-1, L. 142-1, L. 142-2, L. 213-1, L. 243-7.
2008	14 févr.	Décret n° 2008-143. Fixant le taux de la cotisation d'assurance volontaire maladie-maternité-invalidité et de la cotisation d'assurance volontaire accidents du travail et maladies professionnelles dues par les travailleurs salariés expatriés affiliés à la Caisse des Français de l'étranger. – V. CSS, art. D. 762-2, D. 762-3.
2008	25 févr.	Loi n° 2008-174. Rétention de sûreté à la déclaration d'irresponsabilité pénale pour cause de trouble mental. – V. CSS, art. L. 381-31-1.
2008	3 mars	Décret n° 2008-211. Pris pour l'application de l'art. L. 162-17-2-1. – V. CSS, art. R. 163-26 à R. 163-30.
2008	6 mars	Décret n° 2008-232. Régime des prestations supplémentaires de vieillesse des sages-femmes conventionnées. – V. CSS, art. D. 645-2.

2008	7 mars	Décret n° 2008-244. Code du travail (partie réglementaire). – V. CSS, art. R. 133-10 à R. 133-17, R. 133-31 à R. 133-42, D. 133-5, D. 133-6, D. 133-7,D. 133-10, D. 133-13 à D. 133-13-12 et D. 133-17 à D. 133-23.
2008	9 avr.	Décret n° 2008-331. Prestation d'accueil du jeune enfant. – V. CSS, art. D. 531-18, D. 531-20.
2008	15 avr.	Loi n° 2008-337. Ratifiant l'ordonnance n° 2007-613 du 26 avr. 2007 portant diverses dispositions d'adaptation au droit communautaire dans le domaine du médicament. – V. CSS, art. L. 162-17-4, L. 165-5.
2008	18 avr.	Décret n° 2008-371. Coordination de la lutte contre les fraudes et créant une délégation nationale à la lutte contre la fraude. – V. CSS, art. D. 114-6.
2008	28 avr.	Décret n° 2008-409. Majoration unique des allocations familiales à quatorze ans. – V. CSS, art. R. 521-1.
2008	28 avr.	Décret n° 2008-410. Fixant le taux de la majoration unique des allocations familiales à quatorze ans. – V. CSS, art. D. 521-1.
2008	28 avr.	Décret n° 2008-413. Modifiant les dispositions du code de la sécurité sociale issues du décret n° 2008-244 du 7 mars 2008 relatif au code du travail (partie réglementaire). – V. CSS, art. D. 133-18 à D. 133-24.
2008	22 mai	Décret n° 2008-484. Procédure devant la Cour de cassation. – V. CSS, art. D. 231-10, D. 231-21, R. 142-17, R. 142-21-1, R. 142-22, R. 142-28, R. 142-39, R. 143-6, R. 143-7, R. 143-24, R. 143-31, R. 144-4, R. 144-10, R. 382-53, R. 382-54, R. 581-7, R. 766-35, R. 766-38.
2008	27 mai	Loi n° 2008-496. Portant diverses dispositions d'adaptation au droit communautaire dans le domaine de la lutte contre les discriminations. – V. CSS, art. L. 931-3-2.
2008	27 mai	Arrêté. Modifiant l'arrêté du 9 déc. 1999 relatif au taux de compétence en matière de remise, des pénalités et majorations de retard. – V. Arr. du 9 déc. 1999, Annexe I, **p. 2763.**
2008	2 juin	Décret n° 2008-522. Portant refonte de la partie réglementaire du code de l'organisation judiciaire. – V. CSS, art. R. 144-5.
2008	2 juin	Décret n° 2008-523. Composition du conseil de la caisse commune de sécurité sociale prévu à l'art. L. 216-5 du code de la sécurité sociale. – V. CSS, art. R. 216-3.
2008	4 juin	Décret n° 2008-530. Exercice du droit d'option entre le complément de l'allocation d'éducation de l'enfant handicapé et la prestation de compensation. – V. CSS, art. R. 541-7, R. 541-10.
2008	4 juin	Décret n° 2008-531. Exercice du droit d'option entre le complément de l'allocation d'éducation de l'enfant handicapé et la prestation de compensation. – V. CSS, art. D. 541-3.

2008	11 juin	Décret n° 2008-549. Modalités de contrôle des organismes de sécurité sociale par la Cour des comptes. – V. CSS, art. D. 114-4-2, D. 122-21, D. 122-22, D. 253-43, D. 253-58 à D. 253-63, D. 623-27.
2008	11 juin	Décret n° 2008-553. Redressement d'assiette appliqué en cas de travail dissimulé pour le calcul des cotisations de sécurité sociale. – V. CSS, art. R. 133-8, R. 242-2-1, R. 313-3-1, R. 351-1, R. 433-4-1.
2008	13 juin	Ordonnance n° 2008-556. Transposant la directive 2005/68/CE du Parlement européen et du Conseil du 16 nov. 2005 relative à la réassurance et réformant le cadre juridique des fonds communs de créances. – V. CSS, art. L. 931-1-1, L. 931-4, L. 931-4-1, L. 931-5, L. 931-6, L. 931-16-1, L. 932-35-1, L. 932-36, L. 951-2.
2008	17 juin	Loi n° 2008-561. Portant réforme de la prescription en matière civile. – V. CSS, art. L. 135-7.
2008	19 juin	Décret n° 2008-586. Abrogeant le décret n° 69-505 du 24 mai 1969 fixant le statut des praticiens-conseils chargés du service du contrôle médical du régime général de la sécurité sociale. – V. CSS, art. L. 224-7.
2008	23 juin	Décret n° 2008-593. Fixant le délai prévu à l'art. L. 162-12-21 du code de la sécurité sociale. – V. CSS, art. D. 162-1-9.
2008	25 juin	Loi n° 2008-596. Portant modernisation du marché du travail. – V. CSS, art. L. 242-1.
2008	26 juin	Décret n° 2008-604. Ressources prises en compte par les organismes débiteurs des prestations familiales. – V. CSS, art. R. 522-2, R. 522-3, R. 522-6, R. 531-1, R. 532-1 à R. 532-3, R. 532-8, R. 543-5, R. 543-6-1, R. 755-3, R. 821-4, R. 831-4 à R. 831-6, R. 831-11, R. 831-14.
2008	26 juin	Décret n° 2008-605. Ressources prises en compte par les organismes débiteurs des prestations familiales. – V. CSS, art. D. 381-2, D. 531-9, D. 531-17, D. 542-9, D. 542-10, D. 542-17, D. 542-20, D. 542-28, D. 542-39, D. 553-1, D. 553-2, D. 755-15, D. 755-23, D. 755-26, D. 821-2, D. 831-1.
2008	27 juin	Décret n° 2008-628. Relevant le plafond des ressources prises en compte pour l'attribution de la protection complémentaire en matière de santé. – V. CSS, art. D. 861-1.
2008	30 juin	Décret n° 2008-642. Précisant les modalités de regroupement des actes, produits et prestations pour la mise en œuvre du 5° de l'art. L. 162-1-15 du code de la sécurité sociale. – V. CSS, art. D. 162-1-10.
2008	3 juill.	Loi n° 2008-650. Lutte contre le trafic de produits dopants. – V. CSS, art. L. 311-3.
2008	24 juill.	Décret n° 2008-731. Procédure d'admission en non-valeur des créances d'organismes de sécurité sociale. – V. CSS, art. R. 122-4.
2008	24 juill.	Décret n° 2008-732. Versement fractionné de la cotisation d'assurance maladie des étudiants. – V. CSS, art. R. 381-15, R. 381-16, R. 381-17, R. 381-18, R. 381-21.

2008	28 juill.	Décret n° 2008-746. Contribution sur les dépenses de promotion des médicaments et des dispositifs médicaux. – V. CSS, art. R. 245-5 à R. 245-7, R. 245-16-1, R. 245-16-2.
2008	30 juill.	Décret n° 2008-765. Régime des prestations familiales. – V. CSS, art. R. 543-5, R. 553-1.
2008	30 juill.	Décret n° 2008-766. Modulation de l'allocation de rentrée scolaire. – V. CSS, art. R. 543-2, R. 543-6-1.
2008	30 juill.	Décret n° 2008-767. Modulation de l'allocation de rentrée scolaire. – V. CSS, art. D. 543-1.
2008	4 août	Loi n° 2008-776. De modernisation de l'économie. – V. CSS, art. L. 111-2-2, L. 131-6, L. 131-6-2,L. 133-4-3, L. 133-5, L. 133-5-1 à L. 133-5-3, L. 133-5-5, L. 133-6-2, L. 133-6-7, L. 136-6, L. 136-7, L. 213-1, L. 225-1-1, L. 241-18, L. 243-6-3, L. 311-3, L. 412-8, L. 611-8, L. 644-1, L. 834-1.
2008	20 août	Loi n° 2008-789. Portant rénovation de la démocratie sociale et réforme du temps de travail. – V. CSS, art. L. 242-4-3.
2008	20 août	Décret n° 2008-796. Recouvrement des cotisations et contributions sociales des entreprises employant plus de deux mille salariés. – V. CSS, art. D. 243.
2008	20 août	Décret n° 2008-801. Admission en non-valeur des créances autres que les cotisations de sécurité sociale, impôts et taxes affectés. – V. CSS, art. D. 133-2-1.
2008	20 août	Décret n° 2008-802. Admission en non-valeur des cotisations de sécurité sociale, impôts et taxes affectés. – V. CSS, art. D. 243-2.
2008	21 août	Décret n° 2008-820. Régime spécial de retraite et de prévoyance des clercs et employés de notaires. – V. CSS, art. R. 173-15.
2008	25 août	Décret n° 2008-845. Régularisations d'arriérés de cotisations. – V. CSS, art. R. 351-11.
2008	29 août	Décret n° 2008-878. Prise en charge par l'assurance maladie de certains vaccins inscrits sur la liste des spécialités pharmaceutiques remboursables aux assurés sociaux. – V. CSS, art. R. 163-2.
2008	18 sept.	Décret n° 2008-988. Revalorisation de l'allocation aux adultes handicapés et de ses compléments. – V. CSS, art. D. 821-3.
2008	18 sept.	Décret n° 2008-992. Fixant la durée maximale de suspension du délai d'instruction des demandes en cas de non-production de pièces justificatives pour l'attribution des prestations de sécurité sociale. – V. CSS, art. D. 161-1-3.
2008	29 sept.	Décret n° 2008-1010. Organisation du service public de l'emploi. – V. CSS, art. R. 133-33, R. 133-41, D. 412-90, D. 412-93, R. 531-6.
2008	9 oct.	Décret n° 2008-1043. Révisant et complétant les tableaux des maladies professionnelles annexés au livre IV du code de la sécurité sociale. – V. Annexe II, tableau n° 1, **p. 2881.**

2008	10 oct.	Décret n° 2008-1044. Régime des prestations complémentaires de vieillesse prévu à l'art. L. 645-1 du code de la sécurité sociale des auxiliaires médicaux mentionnés à l'art. L. 722-1 du code de la sécurité sociale. – V. CSS, art. D. 645-2.
2008	15 oct.	Décret n° 2008-1064. Fixant pour les professionnels exerçant une activité libérale les règles de calcul des cotisations d'assurance vieillesse du régime de base appelées à titre provisionnel en début d'activité et en cas d'activité prévue à l'art. L. 643-6 du code de la sécurité sociale. – V. CSS, art. D. 642-4-1, D. 643-10.
2008	22 oct.	Décret n° 2008-1084. Portant extension des conditions d'ouverture du droit aux prestations maladie, maternité-invalidité et décès prévues à l'art. R. 313-7 du code de la sécurité sociale aux assurés occupant un emploi de service à la personne et rémunérés par chèque emploi-service universel. – V. CSS, art. R. 313-7.
2008	28 oct.	Loi n° 2008-1091. Cour des comptes et chambres régionales des comptes. – V. CSS, art. L. 114-8.
2008	31 oct.	Décret n° 2008-1122. Pris pour l'application de l'art. L. 165-9 du code de la sécurité sociale. – V. CSS, art. D. 165-1 à D. 165-3.
2008	7 nov.	Décret n° 2008-1154. Réassurance. – V. CSS, art. R. 931-1-2, R. 931-2-5-1, R. 931-2-5-2, R. 931-4, R. 931-5-1, R. 931-9-1, R. 951-3-1, R. 951-4-1.
2008	1er déc.	Décret n° 2008-1247. Répartition de ressources entre les régimes obligatoires d'assurance maladie. – V. CSS, art. R. 139-1 à R. 139-5.
2008	1er déc.	Loi n° 2008-1249. Généralisant le revenu de solidarité active et réformant les politiques d'insertion. – V. CSS, art. L. 114-17, L. 115-2, L. 241-6, L. 241-12, L. 381-2, L. 412-8, L. 434-12, L. 511-1, L. 524-1 à L. 524-7, L. 531-5, L. 551-1, L. 552-1, L. 552-6, L. 553-3, L. 816-1, L. 861-2, L. 861-5.
2008	3 déc.	Loi n° 2008-1258. En faveur des revenus du travail. – V. CSS, art. L. 131-4-2, L. 136-2 à L. 136-4, L. 752-3-1.
2008	8 déc.	Ordonnance n° 2008-1278. Transposant la directive 2006/43/CE du 17 mai 2006 et relative aux commissaires aux comptes. – V. CSS, art. L. 931-14, L. 931-14-1.
2008	15 déc.	Décret n° 2008-1326. Dossier pharmaceutique. – V. CSS, art. R. 161-58-1 à R. 161-58-11.
2008	17 déc.	Loi n° 2008-1330. De financement de la sécurité sociale pour 2009 : – V. CSS, art. L. 111-11, L. 114-4-1, L. 114-22, L. 131-4-1, L. 131-6, L. 131-6-1, L. 131-8, L. 131-9, L. 133-4-2, L. 133-4-3, L. 133-6-8, L. 134-11-1, L. 135-3, L. 136-2, L. 136-6, L. 136-7, L. 136-8, L. 137-15 à L. 137-17, L. 138-10, L. 138-24 à L. 138-28, L. 153-1, L. 153-3, L. 161-1-4 à L. 161-1-6, L. 161-19-1, L. 161-22, L. 161-23-1, L. 161-25-3, L. 162-1-7, L. 162-1-14, L. 162-1-17, L. 162-5-17, L. 162-14-3, L. 162-15, L. 162-21-3, L. 162-22-2, L. 162-22-7, L. 162-22-7-2, L. 162-22-8, L. 162-22-9, L. 162-22-10, L. 162-27,

		L. 165-1-1, L. 173-1-1, L. 173-2, L. 173-7, L. 174-1-1, L. 174-6, L. 182-2, L. 182-3, L. 183-1-3, L. 223-1, L. 225-1-3, L. 227-1, L. 241-2, L. 241-3, L. 242-1, L. 242-13, L. 245-5-1, L. 245-5-5, L. 245-6, L. 245-7, L. 245-9, L. 245-16, L. 255-1, L. 315-2, L. 341-15, L. 342-6, L. 351-2, L. 351-10, L. 351-10-1, L. 351-14-1, L. 352-1, L. 353-1, L. 353-6, L. 357-10-2, L. 380-3-1, L. 382-27, L. 382-29, L. 412-8, L. 431-1, L. 432-3, L. 432-5, L. 433-1, L. 531-6, L. 553-2, L. 583-4, L. 634-2, L. 634-6, L. 642-2, L. 643-1, L. 643-2-1, L. 643-3, L. 643-4, L. 643-6, L. 643-7, L. 645-6, L. 756-5, L. 815-11, L. 815-24, L. 815-24-1, L. 821-5-1, L. 835-3, L. 862-2 à L. 862-4, L. 862-7, L. 941-1. – Art. 52, 69, 75. – V. Annexe I, **p. 2848.** – Art. 26. – V. ss. CSS, art. L. 131-7. – V. L. n° 2003-1199 du 18 déc. 2003, art. 11, ss. CSS, art. L. 941-1. – V. L. n° 98-1194 du 23 déc. 1998, art. 40, ss. CSS, art. L. 431-2. – V. L. n° 2007-1786 du 19 déc. 2007, art. 44, Annexe I, **p. 2846.** – V. L. n° 2004-1370 du 20 déc. 2004, Annexe I, **p. 2841.** – V. L. n° 2003-1199 du 18 déc. 2003, art. 33, Annexe I, **p. 2823.** – V. L. n° 2000-1257 du 23 déc. 2000, art. 40, Annexe I, **p. 2792.** – V. Ord. n° 96-50 du 24 janv. 1996, art. 2, 4, 6, 14, **p. 2713.**
2008	18 déc.	Décret n° 2008-1348. Régime de déclaration et règlement simplifiés des cotisations et contributions sociales et de l'impôt sur le revenu des travailleurs indépendants relevant des professions artisanales, industrielles et commerciales. – V. CSS, art. R. 133-30-1 à R. 133-30-10.
2008	18 déc.	Décret n° 2008-1349. Taux applicables à chaque catégorie d'activité des artisans et commerçants relevant du régime de l'art. L. 133-6-8 du code de la sécurité sociale. – V. CSS, art. D. 131-6-1, D. 131-7, D. 131-8, D. 133-17, D. 133-17-1.
2008	18 déc.	Décret n° 2008-1360. Régularisation des cotisations des régimes complémentaires obligatoires d'assurance vieillesse des travailleurs non salariés des professions artisanales, industrielles et commerciales. – V. CSS, art. R. 133-26, R. 133-27, R. 133-29.
2008	18 déc.	Décret n° 2008-1364. Majoration de la participation de l'assuré prévue à l'art. L. 162-5-3 du code de la sécurité sociale. – V. CSS, art. R. 322-1-1.
2008	18 déc.	Décret n° 2008-1367. Modalités de versement des cotisations et contributions dues par l'État au régime général de sécurité sociale pour la paie avec ordonnancement préalable. – V. CSS, art. D. 243-0-1.
2008	19 déc.	Décret n° 2008-1373. Modalités de versement des cotisations et contributions dues par l'État au régime général de sécurité sociale pour les détenus effectuant un travail pénal. – V. CSS, art. R. 243-44-1, R. 381-98, R. 381-99, R. 381-104, R. 381-108, R. 381-109, R. 753-20, R. 753-25.
2008	19 déc.	Décret n° 2008-1374. Modalités de versement de la cotisation accidents du travail due par l'État pour les détenus effectuant un travail pénal. – V. CSS, art. D. 412-40, D. 412-41.

2008	19 déc.	Décret n° 2008-1383. Versement pour la retraite au titre de certaines périodes d'études supérieures et d'activité. – V. CSS, art. D. 173-21-0-1, D. 351-3, D. 351-8, D. 351-9, D. 351-10, D. 382-33, D. 643-4, D. 643-6, D. 643-7, D. 723-4, D. 723-6, D. 723-7.
2008	19 déc.	Décret n° 2008-1384. Modalités de calcul et de versement de l'allocation différentielle prévue à l'art. L. 512-5 du code de la sécurité sociale. – V. CSS, art. D. 512-3.
2008	19 déc.	Décret n° 2008-1388. Caisse nationale militaire de sécurité sociale. – V. CSS, art. R. 713-3, R. 713-5, R. 713-10.
2008	19 déc.	Décret n° 2008-1407. Responsabilité personnelle et pécuniaire des agents comptables des organismes de sécurité sociale. – V. CSS, art. D. 122-23.
2008	19 déc.	Décret n° 2008-1410. Allongement du congé de maternité des assurées relevant à titre personnel du régime social des indépendants. – V. CSS, art. D. 613-4-2 à D. 613-4-4.
2008	19 déc.	Décret n° 2008-1421. Fusion de deux sections professionnelles de l'Organisation autonome d'assurance vieillesse des professions libérales. – V. CSS, art. R. 641-1.
2008	22 déc.	Décret n° 2008-1427. Modifiant certaines dispositions relatives au régime complémentaire obligatoire d'assurance vieillesse des travailleurs non salariés des professions artisanales, industrielles et commerciales. – V. CSS, art. D. 635-2, .
2008	22 déc.	Décret n° 2008-1439. Régime des prestations supplémentaires de vieillesse des médecins conventionnés. – V. CSS, art. D. 645-2.
2008	22 déc.	Décret n° 2008-1440. Conditions de suppression de la participation de l'assuré aux frais de soins. – V. CSS, art. R. 322-5, R. 322-6, R. 322-7, R. 324-1, R. 324-2.
2008	22 déc.	Décret n° 2008-1497. Certains régimes spéciaux de sécurité sociale et à la caisse d'assurance vieillesse, invalidité et maladie des cultes. – V. CSS, art. R. 382-76, R. 713-5, R. 713-10, R. 713-16.
2008	27 déc.	Loi n° 2008-1425. De finances pour 2009. – V. CSS, art. L. 136-6, L. 136-7, L. 162-16-5, L. 162-17, L. 241-2, L. 523-1, L. 542-5, L. 552-1, L. 711-1-1, L. 752-3-1, L. 752-3-2, L. 821-2, L. 821-3-1, L. 821-7-3, L. 831-4.
2008	30 déc.	Loi n° 2008-1443. De finances rectificative pour 2008 : – V. CSS, art. L. 136-6, L. 139-2, L. 243-5. – Art. 34-VI. – V. Annexe I, **p. 2848.**
2008	30 déc.	Décret n° 2008-1478. Modifiant le décret n° 97-127 du 12 févr. 1997 pris pour l'application de l'art. L. 322-13 du code du travail relatif à l'exonération de cotisations patronales de sécurité sociale en faveur de l'emploi dans les zones de revitalisation rurale et les zones de redynamisation urbaine. – V. Décr. n° 97-127 du 12 févr. 1997, Annexe I, **p. 2738.**

2008	30 déc.	Décret n° 2008-1486. Placement des mineurs et mesure judiciaire d'aide à la gestion du budget familial. – V. CSS, art. R. 167-2, R. 167-8-1.
2008	30 déc.	Décret n° 2008-1495. Portant dissolution de l'établissement de gestion du fonds de financement des prestations sociales des non-salariés agricoles et transfert de ses droits et obligations dudit fonds à la Caisse centrale de la mutualité sociale agricole. – V. CSS, art. D. 134-7.
2008	30 déc.	Décret n° 2008-1500. Réglementation financière et budgétaire des établissements et services sociaux et médico-sociaux. – V. CSS, art. R. 167-23 à R. 167-27.
2008	30 déc.	Décret n° 2008-1502. Allocation de logement sociale et Fonds national d'aide au logement. – V. CSS, art. R. 831-6, R. 834-13, R. 834-13-1.
2008	30 déc.	Décret n° 2008-1504. Prestation de serment mentionnée aux art. L. 471-2 et L. 474-1, à l'autorisation et au règlement de fonctionnement des services mentionnés au 14° du I de l'art. L. 312-1 et à l'autorisation des services mentionnés au 15° du I de l'art. L. 312-1 du code de l'action sociale et des familles. – V. CSS, art. R. 167-10 à R. 167-22, R. 167-28 à R. 167-30.
2008	30 déc.	Décret n° 2008-1506. Mesure d'accompagnement social personnalisé et mesure d'accompagnement judiciaire. – V. CSS, art. R. 167-1, R. 167-3 à R. 167-9.
2008	30 déc.	Décret n° 2008-1509. Portant diverses dispositions relatives à l'assurance vieillesse : – V. CSS, art. D. 351-1-4, D. 351-2-1, D. 351-2-2, D. 353-3, D. 357-10, D. 357-11, D. 357-11-1, D. 634-1, D. 634-5, D. 634-6, D. 815-19, D. 815-19-1, D. 815-20. – V. Décr. n° 73-937 du 2 oct. 1973, art. 9, Annexe I, **p. 2671.**
2008	30 déc.	Décret n° 2008-1513. Service des prestations familiales dues aux agents de l'État en poste à l'étranger. – V. CSS, art. D. 212-3.
2008	30 déc.	Décret n° 2008-1527. Pénalités financières prévues à l'art. L. 162-1-14 du code de la sécurité sociale. – V. CSS, art. R. 147-1, R. 147-5 à R. 147-7, R. 861-27 à R. 861-29.
2008	30 déc.	Décret n° 2008-1528. Financement des dépenses de soins dispensés aux assurés sociaux par le service de santé des armées. – V. CSS, art. R. 174-30 à R. 174-41.
2008	30 déc.	Décret n° 2008-1537. Élargissement du champ du rescrit social. – V. CSS, art. R. 133-30-11, R. 243-43-2.
2008	30 déc.	Décret n° 2008-1544. Fixation de seuils d'inscription obligatoire du privilège de sécurité sociale. – V. CSS, art. D. 243-3.
2008	31 déc.	Décret n° 2008-1555. Portant dispositions relatives à l'assurance vieillesse. – V. CSS, art. R. 351-27, R. 351-28, R. 353-1, R. 353-7, R. 753-2, R. 815-78.

2008	31 déc.	Décret n° 2008-1557. Revalorisation de l'allocation de logement. – V. CSS, art. D. 542-5-2, D. 542-9, D. 542-10, D. 831-2-1.
2009	8 janv.	Ordonnance n° 2009-15. Instruments financiers. – V. CSS, art. L. 135-10.
2009	9 janv.	Décret n° 2009-34. Pris pour l'application de l'art. 123 de la loi n° 2008-776 du 4 août 2008 de modernisation de l'économie. – V. CSS, art. D. 111-1.
2009	15 janv.	Décret n° 2009-56. Révisant et complétant les tableaux de maladies professionnelles annexés au livre IV du code de la sécurité sociale. – V. Annexe II, tableaux n°s 4, 16 *bis*, 36 *bis*, 43 et 43 *bis*, **p. 2886.**
2009	16 janv.	Loi n° 2009-61. Ratifiant l'ordonnance n° 2005-759 du 4 juill. 2005 portant réforme de la filiation et modifiant ou abrogeant diverses dispositions relatives à la filiation. – V. CSS, art. L. 313-3, L. 434-10.
2009	22 janv.	Ordonnance n° 2009-79. Créant l'Autorité des normes comptables. – V. CSS, art. L. 931-33, L. 931-34, R. 922-48, R. 922-54, D. 114-4-2, D. 114-4-3.
2009	30 janv.	Ordonnance n° 2009-106. Portant sur la commercialisation des produits d'assurance sur la vie et sur des opérations de prévoyance collective et d'assurance. – V. CSS, art. L. 932-23-1, L. 932-24-2, L. 932-43.
2009	2 févr.	Décret n° 2009-120. Taux applicable aux professionnels libéraux affiliés à la section professionnelle mentionnée au 11° de l'art. R. 641-1 du code de la sécurité sociale relevant du régime de l'art. L. 133-6-8 du même code. – V. CSS, art. D. 131-6-2.
2009	23 févr.	Décret n° 2009-213. Objectifs des dépenses d'assurance maladie et portant diverses dispositions financières relatives aux établissements de santé. – V. CSS, art. R. 322-1.
2009	24 févr.	Décret n° 2009-217. Remboursement des frais engagés à l'occasion du prélèvement d'éléments ou de la collecte de produits du corps humain à des fins thérapeutiques. – V. CSS, art. R. 322-9.
2009	13 mars	Décret n° 2009-294. Modifiant les art. D. 162-6 à D. 162-8 du code de la sécurité sociale. – V. CSS, art. D. 162-6, D. 162-7.
2009	16 mars	Décret n° 2009-292. Revalorisation des pensions de vieillesse. – V. CSS, art. D. 161-2-26.
2009	18 mars	Décret n° 2009-305. Fixant les modalités d'application de l'art. 82 de la loi n° 2008-1330 du 17 déc. 2008 de financement de la sécurité sociale pour 2009. – V. CSS, art. D. 643-12, D. 643-13, D. 723-8, D. 723-9.
2009	25 mars	Décret n° 2009-331. Substituant la dénomination « Office français de l'immigration et de l'intégration » à la dénomination « Agence nationale de l'accueil des étrangers et des migrations ». – V. CSS, art. L. 374-1, D. 512-2.
2009	27 mars	Décret n° 2009-342. Création du titre emploi-service entreprise (TESE). – V. CSS, art. D. 133-5 à D. 133-8, D. 133-13-8.

2009	27 mars	Décret n° 2009-343. « Titre emploi-service entreprise » et abrogeant les dispositions relatives au titre emploi-entreprise. – V. CSS, art. R. 133-10 à R. 133-16.
2009	31 mars	Décret n° 2009-353. Revalorisation de l'allocation aux adultes handicapés. – V. CSS, art. D. 821-2.
2009	2 avr.	Décret n° 2009-379. Régime de déclaration et de règlement simplifiés des cotisations et contributions sociales et de l'impôt sur le revenu des professionnels libéraux relevant de l'art. L. 133-6-8 du code de la sécurité sociale et de l'art. 151-0 du code général des impôts. – V. CSS, art. R. 133-30-1, R. 133-30-2, R. 133-30-4, R. 133-30-9, R. 133-30-10.
2009	7 avr.	Décret n° 2009-386. Portant réforme des règles d'établissement et d'arrêté des comptes des régimes et organismes de sécurité sociale. – V. CSS, art. R. 114-6-1, R. 121-1, R. 122-3, R. 122-4, R. 135-4, R. 135-7, R. 135-8, R. 211-1-1, R. 211-1-2, R. 211-1-3, R. 221-1, R. 221-10, R. 221-14, R. 221-15, R. 256-1, R. 611-9, R. 611-16, R. 611-17, R. 611-26, R. 611-59, R. 641-6, R. 723-30.
2009	7 avr.	Décret n° 2009-387. Portant réforme des règles d'établissement et d'arrêté des comptes des régimes et organismes de sécurité sociale (dispositions relevant d'un décret). – V. CSS, art. D. 114-4-3, D. 224-4, D. 253-57, D. 253-64 à D. 253-66, D. 253-67, D. 611-16, D. 611-22, D. 611-28, D. 611-29, D. 611-35, D. 623-5, D. 623-10-1 à D. 623-10-4, D. 623-16.
2009	15 avr.	Loi organique n° 2009-403. Application des art. 34-1, 39 et 44 de la Constitution. – V. CSS, art. L.O. 111-4.
2009	15 avr.	Décret n° 2009-404. Revenu de solidarité active. – V. CSS, art. R. 114-10, R. 114-11, R. 114-13, R. 114-15, R. 142-7, R. 380-1, R. 531-6, R. 821-4, R. 861-5, R. 861-7, D. 161-1-1-1, D. 412-86, D. 541-3, D. 553-1.
2009	16 avr.	Décret n° 2009-423. Détermination du capital social et des sommes versées en compte courant d'associés des sociétés d'exercice libéral pour l'application de l'art. L. 131-6 du code de la sécurité sociale. – V. CSS, art. R. 131-2.
2009	20 avr.	Loi n° 2009-431. De finances rectificative pour 2009. – V. CSS, art. L. 133-6-8, L. 161-1-3.
2009	28 avr.	Décret n° 2009-473. Revalorisation du minimum vieillesse. – V. CSS, art. D. 815-1 à D. 815-3.
2009	29 avr.	Décret n° 2009-484. Fixant les conditions d'application de l'exonération de cotisations de sécurité sociale prévue à l'art. L. 161-1-1 du code de la sécurité sociale aux travailleurs indépendants relevant de l'art. L. 133-6-8 du même code. – V. CSS, art. D. 131-6-3, D. 161-1-1-1, D. 161-1-1-2.
2009	5 mai	Décret n° 2009-514. Application de l'art. 36 de la loi n° 2008-1330 du 17 déc. 2008 de financement de la sécurité sociale pour 2009. – V. CSS, art. D. 162-26 à D. 162-28.

2009	7 mai	Décret n° 2009-520. Conditions de nomination des agents de direction et des agents comptables de certains organismes de sécurité sociale. – V. CSS, art. R. 123-28, R. 123-33, R. 123-37-1, R. 123-45, R. 123-45-1, R. 123-45-2, R. 123-46, R. 123-47, R. 123-47-1 à R. 123-47-3.
2009	7 mai	Décret n° 2009-523. Mise en œuvre du dispositif de coordination prévu à l'art. L. 172-1 A du code de la sécurité sociale. – V. CSS, art. R. 172-1, R. 172-12-1 à R. 172-12-3.
2009	12 mai	Loi n° 2009-526. Simplification et clarification du droit et allègement des procédures. – V. CSS, art. L. 133-5-2, L. 162-1-8, L. 225-1-1, L. 227-1, L. 243-6-1, L. 243-6-3, L. 243-6-4, L. 243-7-2, L. 243-7-3, L. 243-12-2, L. 244-12, L. 311-3, L. 382-12, L. 554-2, L. 861-10, L. 863-3, L. 951-11.
2009	14 mai	Ordonnance n° 2009-537. Extension et adaptation à Mayotte, dans les îles Wallis-et-Futuna, en Polynésie française, dans les Terres australes et antarctiques françaises et en Nouvelle-Calédonie de diverses dispositions de nature législative. – V. L. n° 2000-1257 du 23 déc. 2000, art. 53, Annexe I, **p. 2793.**
2009	15 mai	Décret n° 2009-549. Pris pour l'application de l'art. 62 de la loi n° 2008-1330 du 17 déc. 2008 de financement de la sécurité sociale pour 2009. – V. CSS, art. D. 133-4-1.
2009	20 mai	Décret n° 2009-564. Décompte des effectifs prévu à l'art. L. 138-28 du code de la sécurité sociale pour les accords et plans d'action en faveur de l'emploi des salariés âgés. – V. CSS, art. D. 138-25.
2009	27 mai	Loi n° 2009-594. Pour le développement économique des outre-mer. – V. CSS, art. L. 131-6, L. 136-4, L. 752-3-2.
2009	12 juin	Loi n° 2009-669. Favorisant la diffusion et la protection de la création sur internet. – V. CSS, art. L. 382-14-1.
2009	18 juin	Décret n° 2009-716. Traitements automatisés de données à caractère personnel accompagnant la mise en œuvre du revenu de solidarité active et portant diverses dispositions de coordination. – V. CSS, art. D. 612-5, R. 861-7.
2009	23 juin	Décret n° 2009-775. Modalités de décompte des effectifs pour l'application des art. L. 2531-2 du code général des collectivités territoriales, L. 834-1 du code de la sécurité sociale, L. 6243-2 et L. 6331-1 du code du travail. – V. CSS, art. R. 834-1-1.
2009	23 juin	Décret n° 2009-776. Modalités de décompte des effectifs pour l'application de l'art. L. 2333-64 du code général des collectivités territoriales et modifiant l'art. D. 241-26 du code de la sécurité sociale. – V. CSS, art. D. 241-26.
2009	23 juin	Décret n° 2009-788. Conditions d'attribution de la majoration de la pension de réversion et à certaines conditions d'attribution du minimum contributif et de l'allocation de solidarité aux personnes âgées. – V. CSS, art. R. 173-17-1, R. 351-25, R. 353-12, R. 353-13, R. 353-14, R. 815-2-1.

2009	23 juin	Décret n° 2009-789. Conditions d'attribution de la majoration de la pension de réversion et à certaines conditions d'attribution de la majoration de la pension de retraite de base des personnes non salariées des professions agricoles. – V. CSS, art. D. 353-4.
2009	23 juin	Décret n° 2009-793. Organisation de la tutelle des régimes de protection sociale agricole. – V. CSS, art. R. 152-4, R. 152-5, R. 153-4.
2009	21 juill.	Loi n° 2009-879. Réforme de l'hôpital et relative aux patients, à la santé et aux territoires. – V. CSS, art. L. 123-2-3, L. 143-10, L. 161-35, L. 161-36-1 à L. 161-36-4-3, L. 161-39, L. 162-1-14-1, L. 162-1-18, L. 162-1-19, L. 162-5, L. 162-5-3, L. 162-9, L. 162-12-2, L. 162-12-9, L. 162-14, L. 162-14-1-2, L. 162-15, L. 162-16, L. 162-16-1, L. 162-17-4, L. 162-20, L. 162-22-10, L. 162-22-13, L. 162-26-1, L. 162-31-1, L. 162-32-1, L. 162-33, L. 162-47, L. 165-1, L. 165-1-1, L. 182-2-1-1, L. 182-2-3, L. 182-2-4, L. 200-3, L. 211-2, L. 215-1, L. 215-2, L. 215-4-1, L. 217-3, L. 221-3, L. 224-12, L. 231-2, L. 231-7, L. 325-2, L. 863-1.
2009	21 juill.	Décret n° 2009-881. Recouvrement des indus de prestations familiales, d'allocations aux adultes handicapés et d'aides personnelles au logement. – V. CSS, art. D. 553-2, D. 553-4, D. 755-2, D. 821-11, D. 831-5.
2009	21 juill.	Décret n° 2009-882. Trésorerie des organismes de sécurité sociale et des organismes en relation avec l'Agence centrale des organismes de sécurité sociale. – V. CSS, art. R. 135-14, R. 255-1 à R. 255-6.
2009	24 juill.	Décret n° 2009-908. Prestation d'accueil du jeune enfant. – V. CSS, art. D. 531-23-1.
2009	29 juill.	Décret n° 2009-938. Procédure d'instruction des déclarations d'accidents du travail et maladies professionnelles. – V. CSS, art. R. 434-32, R. 441-10, R. 441-11, R. 441-14, R. 461-9.
2009	29 juill.	Décret n° 2009-956. Prise en charge par l'assurance maladie de certains produits de santé prescrits par les pédicures-podologues. – V. CSS, art. R. 163-2, R. 165-1.
2009	20 août	Décret n° 2009-976. Ressources prises en compte pour le calcul du droit aux prestations familiales et aux allocations de logement. – V. CSS, art. R. 532-3, R. 532-7, R. 532-8, R. 831-6, D. 542-5, D. 542-10.
2009	20 août	Décret n° 2009-982. Pénalités financières prévues à l'art. L. 162-1-14 du code de la sécurité sociale et diverses mesures intéressant la lutte contre la fraude. – V. CSS, art. R. 114-18, R. 147-1 à R. 147-13, R. 315-1-1, R. 613-50, R. 861-27, R. 861-28, R. 861-29, R. 863-7.
2009	20 août	Décret n° 2009-988. Habilitant les directeurs des organismes de sécurité sociale à recouvrer les prestations indues par voie de contrainte. – V. CSS, art. R. 133-3, R. 133-5, R. 133-9-1, R. 133-9-2.
2009	27 août	Décret n° 2009-1050. Abrogation des dispositions du code de la sécurité sociale (partie réglementaire: Décrets simples) relatives à la compensation entre les régimes des prestations complémentaires vieillesse. – V. CSS, art. D. 645-7 à D. 645-15.

2009	2 sept.	Décret n° 2009-1088. Commissions mentionnées aux art. R. 5212-7 du code de la santé publique et L. 165-1 du code de la sécurité sociale. – V. CSS, art. R. 165-1 à R. 165-25.
2009	5 oct.	Décret n° 2009-1185. Agrément des personnes mentionnées à l'article L. 114-11 du code de la sécurité sociale. – V. CSS, art. R. 114-19 à R. 114-24, R. 133-9.
2009	6 oct.	Décret n° 2009-1191. Tutelle sur les organismes de sécurité sociale. – V. CSS, art. D. 713-6.
2009	7 oct.	Décret n° 2009-1194. Révisant et complétant les tableaux de maladies professionnelles annexés au livre IV du code de la sécurité sociale. – V. Annexe II, tableau n° 19, **p. 2906.**
2009	16 oct.	Décret n° 2009-1251. Relevant le plafond des ressources prises en compte pour l'attribution de la protection complémentaire en matière de santé. – V. CSS, art. D. 861-1.
2009	26 oct.	Décret n° 2009-1294. Composition des conseils des caisses primaires d'assurance maladie et de la Caisse nationale de l'assurance maladie des travailleurs salariés. – V. CSS, art. R. 211-1, R. 221-2, R. 231-0.
2009	10 nov.	Arrêté. Modalités d'exécution des obligations de vigilance simplifiées relatives à la lutte contre le blanchiment de capitaux et le financement du terrorisme et modifiant le code des assurances, le code de la mutualité et le code de la sécurité sociale. – V. CSS, art. A. 951-3-3.
2009	11 nov.	Décret n° 2009-1387. Tutelle sur les organismes de sécurité sociale (décret en Conseil d'État). – V. CSS, art. R. 112-1, R. 382-15, R. 611-2, R. 723-9, R. 723-13, R. 723-14, R. 723-30, R. 723-34, R. 723-35, R. 723-62, R. 723-69.
2009	11 nov.	Décret n° 2009-1391. Pris en application de l'art. L. 134-11-1 CSS et relatif aux relations financières entre la branche maladie du régime des non-salariés agricoles et le régime général. – V. CSS, art. D. 134-47, D. 134-48.
2009	20 nov.	Décret n° 2009-1425. Modifiant l'article D. 712-20 du code de la sécurité sociale relatif aux modalités d'attribution du capital décès aux ayants droit des fonctionnaires, des magistrats et des militaires. – V. CSS, art. D. 712-20.
2009	20 nov.	Décret n° 2009-1431. Fonds de réserve pour les retraites et modifiant le code de la sécurité sociale. – V. CSS, art. R. 135-22, R. 135-24, R. 135-27, R. 135-29.
2009	10 déc.	Décret n° 2009-1540. Organisation et missions des directions régionales de la jeunesse, des sports et de la cohésion sociale. – V. CSS, art. R. 142-15, R. 143-36.
2009	14 déc.	Décret n° 2009-1553. Création du traitement informatisé relatif aux échanges inter-régimes de retraite. – V. CSS, art. R. 161-69-1 à R. 161-69-6.
2009	16 déc.	Décret n° 2009-1577. Répertoire national commun de la protection sociale. – V. CSS, art. R. 114-19 *[R. 114-25]* à R. 114-28 *[R. 114-34]*.

2009	18 déc.	Décret n° 2009-1595. Prise en compte des périodes d'affiliation effectuées dans une institution européenne ou une organisation internationale à laquelle la France est partie. – V. CSS, art. R. 161-16-1.
2009	18 déc.	Décret n° 2009-1596. Contrôle des organismes de sécurité sociale. – V. CSS, art. R. 114-18-1, R. 123-3, R. 123-49, R. 123-52, R. 133-1, R. 133-2, R. 133-22, R. 142-15, R. 142-22, R. 142-27, R. 142-28, R. 142-29, R. 143-21, R. 143-36, R. 144-8, R. 151-1, R. 151-2, R. 151-4, R. 151-5, R. 152-1, R. 152-2, R. 152-3, R. 152-4, R. 152-5, R. 152-7, R. 153-1, R. 153-5, R. 153-6, R. 155-1, R. 155-2, R. 155-3, R. 211-1-1, R. 211-1-2, R. 215-4, R. 217-11, R. 221-13, R. 222-2, R. 226-2, R. 242-4, R. 242-5, R. 242-6, R. 243-34, R. 243-40, R. 243-55, R. 244-1, R. 252-10, R. 252-28, R. 252-35, R. 253-1, R. 262-3, R. 262-6, R. 264-2, R. 264-3, R. 273-1, R. 281-1, R. 281-4, R. 281-7, R. 281-8-1, R. 312-10, R. 381-29, R. 382-10, R. 382-13, R. 382-14, R. 382-41, R. 382-43, R. 382-46, R. 382-47, R. 382-50, R. 382-51, R. 382-55, R. 553-3-7, R. 611-27, R. 611-28, R. 611-32, R. 611-33, R. 611-35, R. 611-36, R. 611-37, R. 611-40, R. 611-48, R. 611-49, R. 611-57, R. 611-68, R. 623-17, R. 623-19, R. 623-20, R. 641-5, R. 641-23, R. 754-2, R. 815-51, R. 815-55, R. 861-15-7, R. 861-19.
2009	18 déc.	Décret n° 2009-1597. Contrôle des organismes de sécurité sociale et portant modification du code de la sécurité sociale (troisième partie: Décrets). – V. CSS, art. D. 122-6, D. 122-13, D. 122-19, D. 122-22, D. 144-1, D. 231-6, D. 242-6, D. 243-1, D. 253-5, D. 253-10, D. 253-12, D. 253-55, D. 281-1, D. 281-2, D. 325-4, D. 325-5, D. 325-13, D. 382-3, D. 382-4, D. 382-5, D. 382-6, D. 382-7, D. 382-10, D. 382-11, D. 382-13, D. 382-14, D. 413-4, D. 432-8, D. 432-13, D. 461-31, D. 611-17, D. 623-1.
2009	18 déc.	Décret n° 2009-1598. Modalités déclaratives liées au titre emploi-service entreprise (TESE) et au rescrit social. – V. CSS, art. D. 133-6-1, D. 243-0-2.
2009	23 déc.	Décret n° 2009-1637. Modalités de versement des cotisations et contributions dues par l'État au régime général de sécurité sociale pour les fonctionnaires exerçant dans les collectivités d'outre-mer régies par l'article 74 de la Constitution et en Nouvelle-Calédonie. – V. CSS, art. D. 712-40, D. 712-50, D. 712-51.
2009	23 déc.	Décret n° 2009-1638. Report de la suppression de la déclaration commune des revenus des travailleurs indépendants. – V. CSS, art. L. 133-6-2.
2009	24 déc.	Loi n° 2009-1646. De financement de la sécurité sociale pour 2010. – V. CSS, art. L. 114-15, L. 114-17, L. 131-7, L. 133-4-5, L. 133-4-6, L. 133-6-8-1, L. 133-6-8-2, L. 135-2, L. 136-6, L. 136-7, L. 137-11, L. 137-15, L. 137-16, L. 137-18, L. 137-19, L. 161-45, L. 162-1-14, L. 162-1-14-2, L. 162-1-15, L. 162-1-18, L. 162-3, L. 162-5, L. 162-12-21, L. 162-22-10, L. 162-37, L. 165-4, L. 173-2-0-1, L. 173-2-0-2, L. 174-1-1, L. 174-2-2, L. 182-2-4, L. 241-10, L. 242-1-1, L. 242-7, L. 243-3-1, L. 245-5-1, L. 245-5-2, L. 245-5-3, L. 315-1, L. 322-3, L. 322-5-2, L. 323-7, L. 341-14-1, L. 341-16,

		L. 342-1, L. 351-4, L. 351-5, L. 351-14, L. 381-1, L. 422-4, L. 422-5, L. 471-1, L. 541-4, L. 542-9, L. 553-1, L. 553-2, L. 553-4, L. 583-3, L. 613-20, L. 643-1, L. 643-1-1, L. 644-2, L. 645-2, L. 742-1, L. 742-2, L. 742-3, L. 742-6, L. 742-7, L. 815-29, L. 821-5, L. 821-5-1, L. 831-7, L. 835-3.
2009	28 déc.	Décret n° 2009-1667. Caisse nationale militaire de sécurité sociale et modifiant l'article D. 713-7 du code de la sécurité sociale. – V. CSS, art. D. 713-7.
2009	29 déc.	Décret n° 2009-1733. Revalorisation de la base mensuelle de calcul des prestations familiales à compter du 1er janvier 2010. – V. CSS, art. L. 551-1, D. 553-1.
2009	29 déc.	Décret n° 2009-1743. Application de l'article 159 de la loi n° 2008-1425 du 27 décembre 2008 de finances pour 2009 et de l'article 25 de la loi n° 2009-594 du 27 mai 2009 pour le développement économique des outre-mer. – V. CSS, art. R. 752-19, R. 752-19-1, R. 752-20, R. 752-20-1, R. 752-21, R. 752-22.
2009	29 déc.	Décret n° 2009-1758. Abrogation partielle de l'article D. 322-3 du code de la sécurité sociale. – V. CSS, art. D. 322-3.
2009	30 déc.	Loi n° 2009-1673. De finances pour 2010. – V. CSS, art. L. 311-3, L. 622-4, L. 863-1.
2009	30 déc.	Loi n° 2009-1674. De finances rectificative pour 2009. – V. CSS, art. L. 136-6, L. 136-7, L. 245-8.
2009	30 déc.	Décret n° 2009-1738. Cumul emploi retraite dans les régimes des salariés, des artisans, des commerçants et des professions libérales. – V. CSS, art. D. 161-2-8, D. 161-2-9, D. 161-2-13, D. 161-2-14, D. 161-2-15, D. 161-2-16, D. 161-2-16-1, D. 634-11, D. 634-11-1, D. 634-11-2, D. 634-11-4, D. 634-11-5, D. 634-12, D. 643-10.
2009	30 déc.	Décret n° 2009-1739. Retraite progressive des artisans, des commerçants et des chefs d'exploitation ou d'entreprise agricole et dispositions relatives à l'assurance vieillesse. – V. CSS, art. D. 351-7, D. 643-5, D. 723-5.
2009	30 déc.	Décret n° 2009-1740. Revalorisation de l'allocation de logement. – V. CSS, art. D. 542-5-2, D. 831-2-1.
2009	30 déc.	Décret n° 2009-1741. Régime des prestations supplémentaires de vieillesse des médecins conventionnés. – V. CSS, art. D. 645-2.
2009	30 déc.	Décret n° 2009-1750. Fixation des modalités de calcul de la compensation entre régimes spéciaux définie à l'article L. 134-1 du code de la sécurité sociale conformément à l'article 9 de la loi n° 2003-775 du 21 août 2003 portant réforme des retraites. – V. CSS, art. D. 134-9-1 à D. 134-9-5.
2009	30 déc.	Décret n° 2009-1777. Dispositif de zones franches d'activités dans les départements d'outre-mer de Guadeloupe et de Martinique et fixant la liste des communes mentionnée au 2° du III des articles 44

		quaterdecies, 1388 *quinquies* et 1466 F du code général des impôts et à l'article L. 752-3-2 du code de la sécurité sociale. – V. CSS, art. D. 752-7.
2010	5 janv.	Décret n° 2010-6. Participation de l'assuré prévue à l'article L. 322-2 du code de la sécurité sociale. – V. CSS, art. R. 163-18, R. 322-1, R. 322-9-1, R. 871-2.
2010	7 janv.	Décret n° 2010-14. Cumul emploi retraite dans le régime des avocats et dans certains régimes spéciaux. – V. CSS, art. R. 352-2, R. 723-36, R. 723-37, R. 723-45, R. 723-45-1, R. 723-45-2.
2010	7 janv.	Ordonnance n° 2010-18. Création d'une agence nationale chargée de la sécurité sanitaire de l'alimentation, de l'environnement et du travail. – V. CSS, art. L. 161-37.
2010	13 janv.	Ordonnance n° 2010-49. Ratifiée par L. n° 2013-442 du 30 mai 2013. Biologie médicale. – V. CSS, art. L. 145-5-6, L. 161-37, L. 162-13 à L. 162-14, L. 162-37.
2010	21 janv.	Ordonnance n° 2010-76. Fusion des autorités d'agrément et de contrôle de la banque et de l'assurance. Ratifiée par L. n° 2010-1249 du 22 oct. 2010. – V. CSS, art. L. 862-7, L. 931-6, L. 931-9, L. 931-16, L. 931-16-1, L. 931-18 à L. 931-19-1, L. 931-37, L. 931-40, L. 931-41, L. 932-15, L. 932-43, L. 932-46, L. 932-48, L. 951-1, L. 951-2 à L. 951-13-1et L. 951-15.
2010	21 janv.	Décret n° 2010-82. Tutelle sur la Caisse nationale des industries électriques et gazières, la Caisse d'assurance vieillesse, invalidité et maladie des cultes et la Caisse nationale militaire de sécurité sociale. – V. CSS, art. L. 382-17, L. 713-21, R. 382-74, R. 382-75, R. 382-76, R. 382-77, R. 713-3, R. 713-5, R. 713-6, R. 713-8, R. 713-9, R. 713-15, R. 713-16, R. 713-18.
2010	28 janv.	Ordonnance n° 2010-104. Diverses mesures de protection sociale agricole. – V. CSS, art. L. 143-1, L. 143-2, L. 152-1, L. 161-18, L. 161-20.
2010	2 févr.	Décret n° 2010-113. Attribution des pensions du régime invalidité décès des avocats (deuxième partie: Décrets en Conseil d'État). – V. CSS, art. R. 723-54, R. 723-56.
2010	8 févr.	Décret n° 2010-125. Modification de l'annexe figurant à l'article D. 322-1 du code de la sécurité sociale relative aux critères médicaux utilisés pour la définition de l'affection de longue durée « affections psychiatriques de longue durée ». – V. CSS, art. D. 322-1.
2010	17 févr.	Décret n° 2010-153. Fixation des taux des cotisations d'assurance volontaire maladie-maternité dues par les travailleurs non salariés, les pensionnés et divers autres inactifs affiliés à la Caisse des Français à l'étranger. – V. CSS, art. D. 763-2, D. 764-1, D. 764-2.
2010	23 févr.	Ordonnance n° 2010-177. Coordination avec la loi n° 2009-879 du 21 juillet 2009 portant réforme de l'hôpital et relative aux patients, à la santé et aux territoires (ratifiée par L. n° 2011-940 du 10 août 2011, art. 64-4°) : – V. CSS, art. L. 143-1, L. 151-1, L. 161-36-5, L. 161-37, L. 161-40, L. 162-1-10, L. 162-1-11, L. 162-1-15, L. 162-1-17, L. 162-2-2,

		L. 162-5, L. 162-5-4, L. 162-5-13, L. 162-5-14, L. 162-9, L. 162-12-2, L. 162-12-9, L. 162-12-15, L. 162-12-17 à L. 162-12-20, L. 162-14, L. 162-14-1, L. 162-22 à L. 162-22-2, L. 162-22-4 à L. 162-22-7, L. 162-22-7-2, L. 162-22-8, L. 162-22-9, L. 162-22-13, L. 162-22-16, L. 162-22-17, L. 162-22-18, L. 162-24-1, L. 162-30-1, L. 162-32-1, L. 162-45, L. 174-1, L. 174-1-1, L. 174-5, L. 174-6, L. 174-12, L. 174-15, L. 182-2-4, L. 183-1-3, L. 215-2, L. 215-3, L. 215-4-1, L. 215-6, L. 216-1, L. 221-1, L. 221-1-2, L. 221-3-1, L. 222-1, L. 222-1-1, L. 222-3, L. 227-3, L. 231-6-1, L. 231-7, L. 242-5, L. 242-7, L. 243-11, L. 262-1, L. 281-3 à L. 281-5, L. 381-30-5, L. 421-1, L. 421-2 à L. 422-3, L. 452-2, L. 452-4, L. 452-5, L. 455-2, L. 455-3, L. 542-6, L. 752-2, L. 752-4, L. 752-11. – V. L. n° 2000-1257 du 23 déc. 2000, art. 40, Annexe I, **p. 2792.** – V. L. n° 2003-1199 du 18 déc. 2003, art. 33, Annexe I, **p. 2823.** – V. L. n° 2007-1786 du 19 déc. 2007, art. 44, Annexe I, **p. 2846.**
2010	1er mars	Décret n° 2010-211. Documents ouvrant droit aux prestations de l'assurance maladie. – V. CSS, art. R. 161-40, R. 161-42, R. 161-44, R. 161-45.
2010	2 mars	Loi n° 2010-209. Création d'une allocation journalière d'accompagnement d'une personne en fin de vie. – V. CSS, art. L. 168-1 à L. 168-7, L. 161-9-3.
2010	3 mars	Décret n° 2010-217. Pris pour l'application de l'ordonnance n° 2010-76 du 21 janvier 2010 portant fusion des autorités d'agrément et de contrôle de la banque et de l'assurance. – V. CSS, art. R. 931-2-1, R. 931-2-5-1, R. 931-4, R. 931-4-2 à R. 931-4-4, R. 931-5-1 à R. 931-5-1-9, R. 931-5-2 à R. 931-5-5, R. 941-4, R. 951-3-1 à R. 951-3-3, R. 951-4-1.
2010	9 mars	Loi n° 2010-237. De finances rectificative pour 2010. – V. CSS, art. L. 131-8.
2010	9 mars	Décret n° 2010-244. Indemnisation du salarié déclaré inapte suite à un accident du travail ou à une maladie professionnelle. – V. CSS, art. D. 433-2 à D. 433-8.
2010	10 mars	Loi n° 2010-241. Service civique. – V. CSS, art. L. 136-2, L. 161-17, L. 311-3, L. 412-8.
2010	10 mars	Décret n° 2010-247. Déclaration des produits et prestations mentionnés à l'article L. 165-1 du code de la sécurité sociale. – V. CSS, art. R. 165-17, R. 165-32, R. 165-33.
2010	22 mars	Décret n° 2010-324. Régime complémentaire obligatoire d'assurance vieillesse des artisans. – V. CSS, art. D. 635-8.
2010	24 mars	Décret n° 2010-332. Prise en charge de certains appareillages médicaux et contentieux des soins médicaux gratuits délivrés aux titulaires de pensions militaires d'invalidité. – V. CSS, art. R. 165-18, R. 165-27, R. 165-28 à R. 165-30, R. 322-10, R. 322-10-2, R. 371-6, R. 371-7, R. 413-12, R. 432-5, R. 613-30.

2010	25 mars	Ordonnance n° 2010-331. Extension et adaptation aux collectivités régies par l'article 74 de la Constitution, à la Nouvelle-Calédonie, aux Terres australes et antarctiques françaises ainsi qu'à La Réunion et à la Guadeloupe de dispositions de la loi n° 2009-879 du 21 juillet 2009 portant réforme de l'hôpital et relative aux patients, à la santé et aux territoires. – V. CSS, art. L. 758-4.
2010	31 mars	Décret n° 2010-344. Conséquences, au niveau réglementaire, de l'intervention de la loi n° n° 2009-879 du 21 juillet 2009 portant réforme de l'hôpital et relative aux patients, à la santé et aux territoires. – V. CSS, art. R. 111-1, R. 114-17, R. 122-3, R. 122-4, R. 123-45-2, R. 123-47-6, R. 123-47-10, R. 141-1, R. 141-2, R. 141-4, R. 141-7, R. 143-21, R. 147-2, R. 147-3, R. 153-2, R. 153-9, R. 161-72, R. 162-48, R. 162-50, R. 162-54-7, R. 162-60, R. 162-65, R. 162-66, R. 165-18, R. 166-5, R. 167-6, R. 167-7, R. 167-31, R. 174-22, R. 174-30, R. 174-32 à R. 174-35, R. 182-2-5, R. 211-1-2, R. 215-1 à R. 215-4, R. 216-1, R. 217-9, R. 221-13, R. 222-1, R. 226-1, R. 232-1, R. 241-1, R. 242-6-1, R. 243-1, R. 251-7, R. 251-7-2, R. 251-13, R. 251-23, R. 252-4, R. 252-12, R. 252-13, R. 252-16 à R. 252-21, R. 253-2, R. 256-10, R. 261-1, R. 262-1, R. 262-1-1, R. 262-2-1, R. 262-3 à R. 262-5, R. 262-7, R. 262-8, R. 262-11, R. 263-2, R. 264-3, R. 265-1, R. 315-1, R. 315-3, R. 315-9 à R. 315-11, R. 322-5, R. 324-1, R. 324-2, R. 351-24, R. 355-3 à R. 355-5, R. 381-2, R. 412-2, R. 421-4, R. 421-11, R. 421-12, R. 422-1, R. 422-4, R. 422-6 à R. 422-9, R. 434-32, R. 434-33, R. 461-4, R. 481-4, R. 611-65, R. 862-17, D. 174-2, D. 174-17, D. 176-4, D. 215-1, D. 217-1, D. 224-5, D. 231-5, D. 231-6, D. 253-1, D. 325-1-1, D. 325-1-3, D. 325-4, D. 381-6, D. 412-9, D. 412-42, D. 412-43, D. 412-79, D. 412-93, D. 432-8, D. 441-1, D. 441-2, D. 461-27, D. 461-30, D. 542-4, D. 634-1.
2010	26 avr.	Décret n° 2010-406. Contrats de concession de travaux publics et diverses dispositions en matière de commande publique. – V. CSS, art. R. 161-101.
2010	27 avr.	Ordonnance n° 2010-420. Adaptation de dispositions résultant de la fusion de la direction générale des impôts et de la direction générale de la comptabilité publique. – V. CSS, art. L. 115-1, L. 213-3, L. 581-7, L. 581-10.
2010	28 avr.	Décret n° 2010-424. Procédure suivie devant les juridictions du contentieux technique de la sécurité sociale. – V. CSS, art. R. 143-32, R. 143-33.
2010	29 avr.	Décret n° 2010-425. Organisation financière et investissement immobilier des établissements de santé : – V. CSS, art. R. 174-34. – V. Décr. n° 2008-1528 du 30 déc. 2008, art. 2, ss. CSS, art. R. 174-41.
2010	12 mai	Loi n° 2010-476. Ouverture à la concurrence et à la régulation du secteur des jeux d'argent et de hasard en ligne : – V. CSS, art. L. 136-7-1, L. 136-8, L. 137-20 à L. 137-26, L. 139-1, L. 241-2.

		– V. Ord. n° 96-50 du 24 janv. 1996, art. 18, 19, Annexe I, **p. 2721.**
2010	12 mai	Décret n° 2010-485. Service civique. – V. CSS, art. D. 372-1, D. 372-3, D. 372-4, D. 412-98, D. 412-98-2.
2010	28 mai	Décret n° 2010-572. Conditions de reconnaissance de la représentativité des organisations syndicales habilitées à participer aux négociations conventionnelles. – V. CSS, art. R. 162-54-1 à R. 162-54-9.
2010	7 juin	Décret n° 2010-621. Autorisation de la création d'un traitement automatisé de données à caractère personnel par la CNAMTS relatif aux résidents et aux données d'activité et de consommation médicales des établissements d'hébergement pour personnes âgées dépendantes. – V. CSS, art. R. 147-10, R. 174-15, D. 174-2, D. 174-3, D. 174-5.
2010	9 juin	Décret n° 2010-640. Prêt à l'amélioration de l'habitat. – V. CSS, art. D. 542-35 à D. 542-38.
2010	15 juin	Loi n° 2010-658. L'entrepreneur individuel à responsabilité limitée. – V. CSS, art. L. 131-6-3, L. 133-4-7.
2010	18 juin	Décret n° 2010-674. Affiliation au régime local d'assurance maladie complémentaire obligatoire des départements du Haut-Rhin, du Bas-Rhin et de la Moselle et à la procédure de liquidation des pensions de vieillesse ou de réversion des assurés de ce régime. – V. CSS, art. R. 325-1 à R. 325-4, R. 351-34, R. 354-1.
2010	24 juin	Ordonnance n° 2010-686. Extension et adaptation dans les départements d'outre-mer, à Saint-Barthélemy, Saint-Martin et Saint-Pierre-et-Miquelon de la loi n° 2008-1249 du 1er décembre 2008 généralisant le revenu de solidarité active et réformant les politiques d'insertion – V. CSS, art. L. 755-18.
2010	24 juin	Décret n° 2010-696. Pris en application de l'article L. 133-6-8-2 du code de la sécurité sociale. – V. CSS, art. D. 131-6-4.
2010	30 juin	Décret n° 2010-734. Fonctionnement de la Caisse nationale des barreaux français et régime d'assurance vieillesse des avocats. – V. CSS, art. R. 723-2, R. 723-37, R. 723-39, R. 723-44.
2010	1er juill.	Loi n° 2010-737. Réforme du crédit à la consommation. – V. CSS, art. L. 931-18.
2010	5 juill.	Décret n° 2010-753. Fixation des règles de tarification des risques d'accidents du travail et de maladies professionnelles. – V. CSS, art. D. 242-6-1 à D. 242-6-23, D. 242-29 à D. 242-41.
2010	13 juill.	Décret n° 2010-808. Secrétariat général de la Cour nationale de l'incapacité et de la tarification de l'assurance des accidents du travail. – V. CSS, art. R. 143-37.
2010	23 juill.	Loi n° 2010-853. Réseaux consulaires, commerce, artisanat et services. – V. CSS, art. L. 241-10.
2010	27 juill.	Loi n° 2010-873. Action extérieure de l'État. – V. CSS, art. L. 761-6.

2010	27 juill.	Loi n° 2010-874. Modernisation de l'agriculture et de la pêche. – V. CSS, art. L. 136-7.
2010	24 août	Décret n° 2010-933. Devoir de conseil et opérations de prévoyance collective et d'assurance. – V. CSS, art. R. 932-3-4.
2010	24 août	Décret n° 2010-957. Contrôle des arrêts de travail. – V. CSS, art. D. 315-4, D. 323-4.
2010	30 août	Décret n° 2010-1027. Fonctionnement du fonds d'intervention pour la qualité et la coordination des soins et financement des réseaux. – Art. 1er et 2. – V. CSS, art. R. 162-59, R. 162-61 à R. 162-65, R. 162-67, R. 162-68.
2010	30 août	Décret n° 2010-1032. Protection sociale de la personne volontaire effectuant un service civique et modifiant les dispositions relatives à l'appréciation des ressources pour la détermination du droit au bénéfice de la protection complémentaire en matière de santé et de l'aide au paiement d'une assurance complémentaire santé. – V. CSS, art. R. 372-2, R. 372-4, R. 412-19, R. 412-21, R. 861-10.
2010	6 sept.	Décret n° 2010-1059. Modalités de nomination et de cessation de fonction des directeurs et des agents comptables des organismes de sécurité sociale relevant des branches famille et retraite et du recouvrement du régime général. – V. CSS, art. R. 212-3, R. 213-4, R. 215-5, R. 217-8, R. 217-9, R. 217-11.
2010	20 sept.	Décret n° 2010-1105. Relèvement du plafond des ressources prises en compte pour l'attribution de la protection complémentaire en matière de santé. – V. CSS, art. D. 861-1.
2010	28 sept.	Loi n° 2010-1127. Lutte contre l'absentéisme scolaire. – Art. 3. – V. CSS, art. L. 552-3-1.
2010	1er oct.	Décret n° 2010-1165. Conciliation et procédure orale en matière civile, commerciale et sociale. – Art. 12 à 14. – V. CSS, art. R. 142-10, R. 142-20 à R. 142-21, R. 142-27-1, R. 143-9-1 à R. 143-13, R. 143-20-1, R. 143-25, R. 143-26, R. 143-27, R. 143-28-1 à R. 143-29-1.
2010	19 oct.	Décret n° 2010-1227. Pénalités financières prévues à l'article L. 114-17 du CSS. – V. CSS, art. R. 114-10, R. 114-11, R. 114-13, R. 114-14, R. 114-16.
2010	22 oct.	Loi n° 2010-1249. Régulation bancaire et financière. – V. CSS, art. L. 931-5, L. 931-18, L. 931-37, L. 931-41, L. 951-11.
2010	29 oct.	Décret n° 2010-1304. Procédures de traitement des situations de surendettement des particuliers. – V. CSS, art. D. 161-2-1.
2010	29 oct.	Décret n° 2010-1305. Mode de calcul des indemnités journalières dues au titre de la maladie, de la maternité et des accidents du travail et maladies professionnelles. – V. CSS, art. R. 323-4, R. 323-5, R. 323-9, R. 433-4.
2010	29 oct.	Décret n° 2010-1306. Mode de calcul des indemnités journalières dues au titre de la maladie, de la maternité et des accidents du travail et maladies professionnelles. – V. CSS, art. D. 613-4-2, D. 613-21.

2010	9 nov.	Loi n° 2010-1330. Réforme des retraites : – V. CSS, art. L. 114-2, L. 114-12-1, L. 133-6-8-3, L. 135-2, L. 135-3, L. 136-2, L. 137-15, L. 152-1, L. 161-1-6, L. 161-1-7, L. 161-17, L. 161-17-2, L. 161-23-1, L. 173-2-0-1 A, L. 173-8, L. 173-9, L. 222-1, L. 222-2, L. 241-3, L. 241-3-2, L. 241-5, L. 242-1-3, L. 242-5, L. 341-14-1, L. 351-1, L. 351-1-2, L. 351-1-3, L. 351-1-4, L. 351-8, L. 351-13, L. 351-15, L. 356-1 à L. 356-5, L. 381-1, L. 382-12, L. 635-1 à L. 635-3, L. 642-2, L. 643-1-1, L. 643-2-1, L. 643-3, L. 766-4, L. 815-13. – V. L. n° 89-1009 du 31 déc. 1989, art. 10 et 31, Annexe I, **p. 2690.** – V. L. n° 98-1194 du 23 déc. 1998, art. 41, Annexe I, **p. 2752.** – V. L. n° 2003-775 du 21 août 2003, art. 5, Annexe I, **p. 2821.** – V. L. n° 2004-1370 du 20 déc. 2004, art. 57, Annexe I, **p. 2841.**
2010	12 nov.	Décret n° 2010-1403. Modification des modalités d'évaluation des ressources prises en compte pour le calcul des droits à l'allocation aux adultes handicapés. – V. CSS, art. R. 821-4 à R. 821-4-5, R. 821-7-1, D. 821-2, D. 821-6, D. 821-9, D. 821-10.
2010	13 nov.	Loi organique n° 2010-1380. Gestion de la dette sociale : – V. CSS, art. L.O. 111-3, L.O. 111-4, L.O. 111-6, L.O. 111-7. – V. Ord. n° 96-50 du 24 janv. 1996, art. 3, 4 *bis*, Annexe I, **p. 2713.**
2010	9 déc.	Arrêté. Attribution de ristournes sur la cotisation ou d'avances ou de subventions ou à l'imposition de cotisations supplémentaires en matière d'accidents du travail ou de maladies professionnelles. – V. Annexe I, **p. 2855.**
2010	20 déc.	Loi n° 2010-1594. De financement de la sécurité sociale pour 2011 : – V. CSS, art. L. 111-11, L. 114-1, L. 114-4-1, L. 114-19, L. 131-7, L. 131-8, L. 133-6-2, L. 133-6-8-1, L. 134-1, L. 134-4, L. 134-5, L. 134-5-1, L. 135-2, L. 135-3, L. 135-3-1, L. 135-6, L. 135-7, L. 135-8, L. 135-11, L. 135-12, L. 136-2, L. 136-4 à L. 136-6, L. 136-8, L. 137-1, L. 137-5, L. 137-11, L. 137-11-1, L. 137-13, L. 137-14, L. 137-16, L. 138-9, L. 138-10, L. 161-1-4, L. 161-38, L. 162-1-7, L. 162-1-14 à L. 162-1-14-2, L. 162-1-15, L. 162-1-17, L. 162-5, L. 162-14-1, L. 162-22, L. 162-22-2, L. 162-22-18, L. 162-30-2, L. 162-32-1, L. 165-3, L. 165-7, L. 165-10, L. 172-1, L. 173-2, L. 174-1-1, L. 216-2-1, L. 221-1-1, L. 241-2, L. 241-6, L. 241-10, L. 241-13, L. 242-1, L. 242-1-4, L. 243-1-2, L. 243-3-1, L. 243-5, L. 243-6, L. 243-7, L. 243-14, L. 243-15, L. 245-2, L. 245-13, L. 245-16, L. 311-3, L. 323-3-1, L. 323-6, L. 341-10, L. 422-6, L. 433-1, L. 471-1, L. 542-2, L. 542-9, L. 612-1, L. 634-2, L. 831-4-1, L. 863-1. – V. Ord. n° 96-50 du 24 janv. 1996, art. 2, 4, 6, 7, Annexe I, **p. 2713.** – V. L. n° 98-1194 du 23 déc. 1998, art. 41, Annexe I, **p. 2752.** – V. L. n° 2000-1257 du 23 déc. 2000, art. 40 et 53, Annexe I, **p. 2792.** – V. L. n° 2003-1199 du 18 déc. 2003, art. 33, Annexe I, **p. 2823.** – V. Ord. n° 2004-605 du 24 juin 2004, art. 2, Annexe I, **p. 2840.**
2010	22 déc.	Loi n° 2010-1609. Exécution des décisions de justice, aux conditions d'exercice de certaines professions réglementées et aux experts judiciaires. – V. CSS, art. L. 581-8.

2010	23 déc.	Décret n° 2010-1623. Composition des commissions régionales des accidents du travail et des maladies professionnelles. – V. CSS, art. R. 215-1-1, R. 215-1-2.
2010	23 déc.	Décret n° 2010-1626. Modification de l'article D. 242-6-4 CSS. – V. CSS, art. D. 242-6-4.
2010	29 déc.	Loi n° 2010-1657. De finances pour 2011 : – V. CSS, art. L. 133-7, L. 136-6, L. 136-7, L. 137-11-1, L. 241-2, L. 241-10, L. 241-13, L. 241-14, L. 245-16, L. 766-9, L. 834-1, L. 862-2 à L. 862-8, L. 863-1. – V. Ord. n° 96-50 du 24 janv. 1996, art. 16, Annexe I, **p. 2719.** – V. L. n° 2003-1311 du 30 déc. 2003, art. 131, Annexe I, **p. 2828.**
2010	29 déc.	Loi n° 2010-1658. De finances rectificative pour 2010 : – V. CSS, art. L. 136-6, L. 136-7. – V. Ord. n° 96-50 du 24 janv. 1996, art. 16, Annexe I, **p. 2719.**
2010	29 déc.	Décret n° 2010-1675. Régime des prestations supplémentaires de vieillesse des médecins conventionnés. – V. CSS, art. D. 645-2.
2010	29 déc.	Décret n° 2010-1678. Rachat, par les professionnels libéraux, de trimestres exonérés de cotisations au début de leur exercice professionnel. – V. CSS, art. D. 643-1, D. 643-2, D. 643-9-1 à D. 643-9-8.
2010	30 déc.	Décret n° 2010-1734. Âge d'ouverture du droit à pension de retraite et portant application des articles 17, 20 (III) et 21 (III) de la loi n° 2010-1330 du 9 nov. 2010 portant réforme des retraites : – V. CSS, art. D. 161-2-1-9, D. 161-5-1, D. 172-16 à D. 172-18, D. 241-5, D. 342-3, D. 351-1-1, D. 351-1-3 à D. 351-1-6, D. 357-2 à D. 357-4, D. 357-8, D. 357-14, D. 382-32, D. 542-4, D. 542-11, D. 634-5, D. 634-10, D. 634-13-1, D. 643-8, D. 712-11, D. 712-18, D. 712-19, D. 712-22, D. 713-9, D. 723-3, D. 742-17-1, D. 755-15, D. 755-18, D. 815-7, D. 831-2-1. – V. Décr. n° 73-937 du 2 oct. 1973, art. 3 *bis*, Annexe I, **p. 2667.** – V. Décr. n° 99-247 du 29 mars 1999, art. 1er, Annexe I, **p. 2755.**
2010	30 déc.	Décret n° 2010-1737. Versement pour la retraite au titre de certaines périodes d'études supérieures et d'activité. – V. CSS, art. D. 351-3, D. 351-8, D. 351-9, D. 382-33, D. 643-6, D. 643-7, D. 723-6, D. 723-7.
2010	30 déc.	Décret n° 2010-1738. Assurance volontaire vieillesse et rachat de cotisations. – V. CSS, art. D. 742-1, D. 742-13 à D. 742-15, D. 742-17, D. 742-17-1, D. 742-25-1, D. 742-32.
2010	30 déc.	Décret n° 2010-1765. Revalorisation de l'allocation de logement. – V. CSS, art. D. 542-5-2, D. 831-2-1.
2010	30 déc.	Décret n° 2010-1771. Application de la loi n° 2010-241 du 10 mars 2010 relative au service civique dans les départements et collectivités d'outre-mer, en Nouvelle-Calédonie et dans les Terres australes et antarctiques. – Art. 6. – V. Décr. n° 2000-1159 du 30 nov. 2000, art. 32 à 35 et 37, Annexe I, **p. 2787.**

2010	31 déc.	Décret n° 2010-1776. Assurance volontaire vieillesse et invalidité et rachat de cotisations : – V. CSS, art. R. 351-29, R. 351-37-2, R. 351-37-3 à R. 351-37-6, R. 351-37-9, R. 351-37-11, R. 381-111 à R. 381-115, R. 381-118, R. 634-1, R. 742-2, R. 742-6, R. 742-10, R. 742-14, R. 742-24, R. 742-25, R. 742-27, R. 742-30, R. 742-32 à R. 742-34, R. 742-37, R. 742-39. – V. Décr. n° 88-673 du 6 mai 1988, art. 2, 5, 6, 10, Annexe I, **p. 2677.**
2010	31 déc.	Décret n° 2010-1778. Rétablissement de l'assurance veuvage pour les conjoints de salariés et de salariés agricoles. – V. CSS, art. D. 173-24, D. 173-25, D. 356-1 à D. 356-13.
2010	31 déc.	Décret n° 2010-1779. Modalités de calcul de la réduction générale de cotisations patronales de sécurité sociale et pris pour l'application de l'article L. 241-13 CSS. – V. CSS, art. D. 241-7 à D. 241-10, D. 241-13.
2010	31 déc.	Décret n° 2010-1783. Extension et adaptation du revenu de solidarité active dans les départements d'outre-mer, à Saint-Barthélemy, Saint-Martin et Saint-Pierre-et-Miquelon. – Art. 5 et 6. – V. CSS, art. R. 755-12-1, R. 755-12-2, R. 861-5, D. 752-4, D. 755-9, D. 755-10.
2011	10 janv.	Décret n° 2011-37. Attribution d'une mission de recouvrement à une union faisant fonction d'interlocuteur unique. – V. CSS, art. D. 213-1-3.
2011	10 janv.	Décret n° 2011-41. Comité des abus de droit et procédure de répression des abus de droit en matière de prélèvements de sécurité sociale. – V. CSS, art. R. 133-30-12, R. 142-6, R. 243-19, R. 243-50, R. 243-60-1 à R. 243-60-3.
2011	11 janv.	Décret n° 2011-50. Service de l'allocation journalière d'accompagnement d'une personne en fin de vie et congé de solidarité familiale. – V. CSS, art. D. 161-2-1-1-1-1, D. 168-1 à D. 168-10.
2011	14 janv.	Décret n° 2011-56. Participation de l'assuré prévue à l'article L. 322-2 du code de la sécurité sociale. – V. CSS, art. R. 163-13, R. 322-1, R. 322-9-4.
2011	14 janv.	Décret n° 2011-62. Modification du régime d'assurance vieillesse de base des professions libérales. – V. CSS, art. D. 642-6, D. 643-10 à D. 643-10-2.
2011	19 janv.	Décret n° 2011-74. Suppression de la participation de l'assuré pour les actes médicaux et examens biologiques nécessaires au suivi de l'affection au titre de laquelle l'assuré s'était vu reconnaître le bénéfice des dispositions du 3° de l'article L. 322-3 du code de la sécurité sociale. – V. CSS, art. R. 161-71, R. 322-7-1, R. 322-7-2.
2011	19 janv.	Décret n° 2011-75. Suppression de la participation de l'assuré pour les actes médicaux et examens biologiques nécessaires au suivi de l'affection au titre de laquelle l'assuré s'était vu reconnaître le bénéfice des dispositions du 3° de l'article L. 322-3 du code de la sécurité sociale. – V. CSS, art. D. 322-1-1.

2011	19 janv.	Décret n° 2011-77. Actualisation de la liste et des critères médicaux utilisés pour la définition des affections ouvrant droit à la suppression de la participation de l'assuré. – V. CSS, art. D. 322-1.
2011	21 janv.	Décret n° 2011-89. Modalités de calcul de la part des allocations familiales suspendues ou supprimées en cas d'absentéisme scolaire. – V. CSS, art. R. 513-3, R. 552-4.
2011	24 janv.	Décret n° 2011-99. Recouvrement des indus de prestations à caractère social ou familial et d'aides personnelles au logement. – V. CSS, art. D. 553-1, D. 553-4, D. 821-7, D. 831-2.
2011	25 janv.	Loi n° 2011-94. Réforme de la représentation devant les cours d'appel. – V. CSS, art. L. 144-3, L. 622-5.
2011	8 févr.	Décret n° 2011-159. Fixation de l'ordre d'affectation des sommes versées par les bénéficiaires du régime de l'auto-entrepreneur entre les cotisations de sécurité sociale. – V. CSS, art. D. 131-6-5.
2011	17 févr.	Décret n° 2011-191. Enseignement et formation professionnelle aux métiers de l'agriculture, de la forêt, de la nature et des territoires. – V. CSS, art. D. 412-34.
2011	21 févr.	Décret n° 2011-201. Participation de l'assuré prévue au 1° de l'article L. 322-3 du code de la sécurité sociale. – V. CSS, art. R. 322-8.
2011	24 févr.	Décret n° 2011-211. Contrôle de la Caisse nationale d'assurance vieillesse des professions libérales et de la Caisse nationale des barreaux français. – V. CSS, art. R. 152-1, R. 152-7, R. 641-23.
2011	10 mars	Décret n° 2011-258. Modification des conditions de prise en charge des frais de transport pour les malades reconnus atteints d'une affection de longue durée. – V. CSS, art. R. 322-10.
2011	14 mars	Loi n° 2011-267. Orientation et programmation pour la performance de la sécurité intérieure. – V. CSS, art. L. 114-16-1 à L. 114-16-3.
2011	14 mars	Décret n° 2011-270. Application de l'article L. 173-2 du code de la sécurité sociale et conditions d'attribution du minimum contributif. – V. CSS, art. R. 173-5 à R. 173-8.
2011	15 mars	Décret n° 2011-272. Diverses dispositions en matière d'aide juridictionnelle et d'aide à l'intervention de l'avocat. – V. Décr. n° 95-161 du 15 févr. 1995, art. 3 et 4, 🏛, Annexe I.
2011	21 mars	Décret n° 2011-305. Régulation des dépenses de transports résultant de prescriptions médicales effectuées dans les établissements de santé et remboursées sur l'enveloppe des soins de ville. – V. CSS, art. R. 322-10 à R. 322-11-5.
2011	29 mars	Ordonnance n° 2011-337. Organisation judiciaire dans le Département de Mayotte. – V. CSS, art. L. 142-8, L. 143-2-4.
2011	30 mars	Décret n° 2011-352. Application des articles L. 351-1-4 du code de la sécurité sociale et L. 732-18-3 du code rural et de la pêche maritime. – V. CSS, art. R. 173-3-1, R. 351-24-1, R. 351-37.

2011	30 mars	Décret n° 2011-353. Dispositions d'application des articles 79, 81, 83 et 84 de la loi n° 2010-1330 du 9 novembre 2010 portant réforme des retraites. – V. CSS, art. D. 241-2, D. 242-6-3, D. 242-6-9, D. 351-1-8 à D. 351-1-12.
2011	4 avr.	Décret n° 2011-370. Financement par le fonds de solidarité vieillesse des validations gratuites de trimestres au titre des périodes d'arrêt maladie, maternité, accident du travail et maladie professionnelle et invalidité ainsi que de la prise en compte des indemnités maternité dans le salaire annuel de référence pour le calcul des pensions. – V. CSS, art. R. 135-13, R. 135-16-3 à R. 135-16-8, R. 135-17, R. 382-34, R. 436-4.
2011	15 avr.	Décret n° 2011-408. Prise en compte des indemnités journalières d'assurance maternité pour la détermination du salaire annuel de base. – V. CSS, art. R. 351-29.
2011	19 avr.	Décret n° 2011-432. Fixation du seuil de déclenchement de l'alerte en cas de risque sérieux de dépassement de l'objectif national des dépenses d'assurance maladie. – V. CSS, art. D. 114-4-0-7.
2011	27 avr.	Décret n° 2011-467. États statistiques des entreprises d'assurances, des mutuelles et des institutions de prévoyance en matière de protection sociale complémentaire. – V. CSS, art. D. 931-37.
2011	17 mai	Loi n° 2011-525. Simplification et amélioration de la qualité du droit. – V. CSS, art. L. 111-12, L. 142-5, L. 143-2, L. 161-17, L. 161-36-5, L. 243-5, L. 244-1, L. 244-2, L. 311-3, L. 324-1, L. 471-4, L. 553-4, L. 581-8, L. 931-9, L. 932-51.
2011	19 mai	Décret n° 2011-551. Procédures de fixation d'un objectif de réduction des prescriptions ou de mise sous accord préalable des médecins. – V. CSS, art. R. 147-8, R. 147-8-1, R. 148-1 à R. 148-9.
2011	27 mai	Décret n° 2011-594. Composition et organisation du comité de pilotage des régimes de retraite. – V. CSS, art. D. 114-4-0-14 à D. 114-4-0-16, D. 161-2-23 à D. 161-2-25.
2011	27 mai	Décret n° 2011-601. Majorations de durée d'assurance pour enfants des assurés sociaux du régime général, du régime agricole et des régimes de retraite des artisans, commerçants, professions libérales, avocats et ministres des cultes et membres des congrégations et collectivités religieuses. – V. CSS, art. R. 161-69-1, R. 173-15 à R. 173-16, R. 723-40, R. 723-41.
2011	27 mai	Décret n° 2011-602. Modalités de comptabilisation des opérations financières de l'Agence centrale des organismes de sécurité sociale et de répartition du solde de celles-ci. – V. CSS, art. R. 255-7.
2011	31 mai	Décret n° 2011-615. Suspension du service de la pension d'invalidité en cas de reprise d'une activité professionnelle non salariée. – V. CSS, art. R. 341-4, R. 341-5, R. 341-14 à R. 341-17, R. 342-5, D. 341-1.
2011	31 mai	Décret n° 2011-620. Âge d'attribution d'une pension de retraite à taux plein. – V. CSS, art. R. 161-2, R. 215-1, R. 215-4, R. 222-1, R. 222-2,

		R. 251-14, R. 251-15, R. 251-16, R. 251-18, R. 251-19, R. 251-22, R. 252-21, R. 322-4, R. 323-2, R. 341-22, R. 341-23, R. 351-2, R. 351-7, R. 351-12, R. 351-24-2, R. 351-24-3, R. 351-27, R. 351-31 à R. 351-33, R. 353-1-1, R. 353-3, R. 353-6, R. 353-9, R. 353-13, R. 355-1, R. 643-7, R. 723-38, R. 723-56, R. 753-2, R. 742-2, R. 742-5, R. 757-2, R. 815-1, R. 815-33, R. 831-7.
2011	10 juin	Décret n° 2011-657. Motivation des avis des conseils et conseils d'administration des caisses nationales et de l'Agence centrale du régime général sur les projets de loi. – V. CSS, art. R. 200-2-1, R. 611-9.
2011	16 juin	Loi n° 2011-672. Immigration, intégration et nationalité. – V. CSS, art. L. 114-16-3, L. 133-9-3, L. 243-15, L. 752-3-2.
2011	20 juin	Décret n° 2011-698. Régime d'assurance invalidité-décès des avocats non salariés et des conjoints collaborateurs. – V. CSS, art. R. 723-18 à R. 723-20, R. 723-22, R. 723-23, R. 723-32, R. 723-48, R. 723-49, R. 723-52, R. 723-54, R. 723-56.
2011	20 juin	Décret n° 2011-700. Diverses dispositions relatives à la contribution sociale de solidarité des sociétés. – V. CSS, art. D. 651-2 à D. 651-3-1, D. 651-5 à D. 651-9, D. 651-11 à D. 651-12-1, D. 651-14 à D. 651-20.
2011	24 juin	Décret n° 2011-726. Suppression de l'hypertension artérielle sévère de la liste des affections ouvrant droit à la suppression de la participation de l'assuré mentionnée au 3° de l'article L. 322-3 du code de la sécurité sociale. – V. CSS, art. D. 322-1.
2011	28 juin	Décret n° 2011-772. Application de l'article L. 173-2 du code de la sécurité sociale et conditions d'attribution du minimum contributif. – V. CSS, art. D. 173-21-0-0-1, D. 173-21-0-0-2, D. 634-1.
2011	7 juill.	Loi n° 2011-814. Bioéthique. – V. CSS, art. L. 161-31.
2011	7 juill.	Décret n° 2011-824. Accords conclus en faveur de la prévention de la pénibilité. – V. CSS, art. D. 138-26 à D. 138-28.
2011	8 juill.	Décret n° 2011-827. Modification du mode de nomination des membres de l'Union nationale des professionnels de santé. – V. CSS, art. R. 162-54, R. 182-3 à R. 182-3-3.
2011	20 juill.	Loi n° 2011-850. Libéralisation des ventes volontaires de meubles aux enchères publiques. – V. CSS, art. L. 622-5.
2011	20 juill.	Loi n° 2011-851. Engagement des sapeurs-pompiers volontaires et son cadre juridique. – V. L. n° 91-1389 du 31 déc. 1991, art. 8, 13 à 14, 19, Annexe I, **p. 2694.**
2011	28 juill.	Loi n° 2011-893. Développement de l'alternance et sécurisation des parcours professionnels. – V. CSS, art. L. 131-2, L. 135-2, L. 142-2, L. 213-1, L. 311-5, L. 351-3, L. 412-8.
2011	28 juill.	Loi n° 2011-901. Amélioration du fonctionnement des maisons départementales des personnes handicapées et diverses dispositions relatives à la politique du handicap. – V. CSS, art. L. 143-1 à l. 143-3, L. 143-9-1, L. 143-10, L. 143-11.

2011	29 juill.	Loi n° 2011-900. De finances rectificatives pour 2011 : – V. CSS, art. L. 136-6, L. 162-22-11, L. 162-22-11-1. – V. L. n° 2003-1199 du 18 déc. 2003, art. 33, Annexe I, **p. 2823.**
2011	1er août	Décret n° 2011-934. Comptabilisation des périodes de chômage involontaire non indemnisé comme périodes d'assurance pour l'ouverture du droit à pension d'assurance vieillesse. – V. CSS, art. R. 351-12, R. 351-13.
2011	10 août	Loi n° 2011-940. Modification de certaines dispositions de la loi n° 2009-879 du 21 juillet 2009 portant réforme de l'hôpital et relative aux patients, à la santé et aux territoires. – V. CSS, art. L. 161-35, L. 162-5, L. 162-9, L. 162-12-2, L. 162-12-9, L. 162-14, L. 162-14-1, L. 162-16-1, L. 162-32-1, L. 182-2-4, L. 221-1-2.
2011	10 août	Décret n° 2011-950. Fonds de réserve pour les retraites. – V. CSS, art. R. 135-29.
2011	10 août	Décret n° 2011-955. Procédure contradictoire prévue à l'article L. 162-1-17 du code de la sécurité sociale. – V. CSS, art. D. 162-1-17.
2011	16 août	Décret n° 2011-974. Attribution de l'allocation aux adultes handicapés aux personnes handicapées subissant une restriction substantielle et durable pour l'accès à l'emploi et à certaines modalités d'attribution de cette allocation. – V. CSS, art. R. 821-5, D. 821-1-2.
2011	16 août	Décret n° 2011-975. Prêts destinés à l'amélioration du lieu d'accueil de l'enfant. – V. CSS, art. D. 542-35, D. 542-36, D. 542-39.
2011	26 août	Décret n° 2011-1028. Relèvement du plafond des ressources prises en compte pour l'attribution de la protection complémentaire en matière de santé. – V. CSS, art. D. 861-1.
2011	30 août	Décret n° 2011-1034. Régime spécial de sécurité sociale dans les mines. – V. CSS, art. R. 123-45.
2011	8 sept.	Décret n° 2011-1079. Création de conseils départementaux au sein des unions de recouvrement des cotisations de sécurité sociale et d'allocations familiales dont la circonscription est régionale. – V. CSS, art. D. 213-1, D. 213-7.
2011	19 sept.	Loi n° 2011-1117. De finances rectificative pour 2011. – V. CSS, art. L. 241-2, L. 241-6, L. 245-16.
2011	27 sept.	Décret n° 2011-1203. Modification de la procédure des pénalités financières prévue à l'article L. 162-1-14 du code de la sécurité sociale. – V. CSS, art. R. 147-2.
2011	29 sept.	Décret n° 2011-1209. Modification des dispositions relatives au contrôle de la tarification à l'activité des établissements de santé. – V. CSS, art. R. 133-9-3.
2011	29 sept.	Décret n° 2011-1220. Recouvrement des contributions et cotisations sociales dues par les employeurs qui ne sont pas établis en France. – V. CSS, art. D. 133-23, D. 133-25 à D. 133-27.

2011	7 oct.	Décret n° 2011-1250. Modification du décret n° 2001-963 du 23 octobre 2001 modifié relatif au fonds d'indemnisation des victimes de l'amiante. – V. Décr. n° 2001-963 du 23 oct. 2001, art. 15, Annexe I, **p. 2800.**
2011	11 oct.	Décret n° 2011-1278. Appréciation de l'activité professionnelle pour le bénéfice de certaines prestations familiales et assurance vieillesse du parent au foyer. – V. CSS, art. R. 381-1, R. 381-2-1 à R. 381-3-1, R. 522-2, R. 531-1, D. 381-4, D. 381-5, D. 753-2.
2011	17 oct.	Décret n° 2011-1315. Révision et complément des tableaux des maladies professionnelles annexés au livre IV du code de la sécurité sociale. – V. Annexe II, tableau n° 57, **p. 2904.**
2011	25 oct.	Décret n° 2011-1387. Obligations déclaratives de la personne tierce à l'employeur mentionnée à l'article L. 242-1-4 du code de la sécurité sociale. – V. CSS, art. D. 242-2-2.
2011	27 oct.	Décret n° 2011-1386. Participation des mutuelles, institutions de prévoyance et entreprises régies par le code des assurances à la protection complémentaire en matière de santé. – V. CSS, art. R. 861-19, R. 861-20, R. 862-11.
2011	8 nov.	Décret n° 2011-1481. Modalités de détermination de l'assiette des cotisations sociales des entrepreneurs individuels à responsabilité limitée et application des articles L. 131-6-3 du code de la sécurité sociale et L. 731-14-1 du code rural et de la pêche maritime. – V. CSS, art. R. 131-3.
2011	21 nov.	Décret n° 2011-1601. Contenu et modalités de délivrance de l'attestation prévue aux articles L. 8222-1 et L. 8222-4 du code du travail et L. 243-15 du code de la sécurité sociale. – V. CSS, art. D. 243-15.
2011	23 nov.	Décret n° 2011-1634. Droits de plaidoirie des avocats. – V. Décr. n° 95-161 du 15 févr. 1995, art. 1er et 4, Annexe I.
2011	1er déc.	Décret n° 2011-1714. Modalités de prise en charge de certains appareillages médicaux. – V. CSS, art. R. 165-27.
2011	7 déc.	Décret n° 2011-1840. Engagement d'une procédure civile aux fins de fixation de l'obligation d'entretien des enfants pour le bénéfice de l'allocation de soutien familial. – V. CSS, art. R. 523-3, R. 523-3-1.
2011	19 déc.	Ordonnance n° 2011-1895. Partie législative du code des procédures civiles d'exécution. – V. CSS, art. L. 323-5.
2011	21 déc.	Loi n° 2011-1906. De financement de la sécurité sociale pour 2012 : – V. CSS, art. L. 114-11, L. 114-12-1 à L. 114-12-3, L. 114-17, L. 114-19, L. 114-23, L. 114-24, L. 131-6-1 à L. 131-6-3, L. 131-8, L. 131-9, L. 133-4, L. 133-4-2, L. 133-5-4, L. 133-6-2, L. 133-6-7-1, L. 133-6-8, L. 133-8-3, L. 134-1, L. 134-3, L. 134-5, L. 134-5-1, L. 136-2 à L. 136-6, L. 137-1 à L. 137-3, L. 137-5, L. 137-10, L. 137-11, L. 137-12, L. 137-13, L. 137-15 à L. 137-17, L. 139-3 à L. 139-5, L. 161-1-4, L. 161-5, L. 161-17-2, L. 161-37, L. 161-41, L. 161-45, L. 162-1-14 à L. 162-1-14-2, L. 162-1-17, L. 162-14-1, L. 162-16-1, L. 162-16-4, L. 162-16-5, L. 162-16-6, L. 162-17,

		L. 162-17-4, L. 162-17-5, L. 162-21-3, L. 162-22-7-2, L. 162-22-10, L. 162-22-11, L. 162-22-13, L. 162-22-19, L. 162-25, L. 162-45, L. 165-2, L. 165-3, L. 165-11, L. 174-3, L. 174-20, L. 200-3, L. 221-1-1, L. 224-5, L. 225-1-4, L. 227-1, L. 228-1, L. 241-2, L. 241-6, L. 241-10, L. 241-13, L. 241-17, L. 242-1, L. 242-1-2, L. 242-1-4, L. 242-11, L. 242-12-1, L. 243-3-2, L. 243-7, L. 243-7-4, L. 245-2, L. 311-9, L. 322-2, L. 322-3, L. 322-8, L. 323-3, L. 341-14-1, L. 351-1-2, L. 351-3, L. 353-1, L. 355-3, L. 376-1, L. 376-4, L. 382-29-1, L. 413-5, L. 433-1, L. 434-3, L. 434-8, L. 434-9, L. 434-13, L. 452-2, L. 454-1, L. 454-2, L. 531-5 à L. 531-7, L. 551-1, L. 581-2, L. 612-4, L. 612-5, L. 612-9, L. 613-1, L. 633-10, L. 634-2, L. 634-3-3, L. 635-1, L. 635-5, L. 642-1, L. 642-2, L. 642-2-1, L. 642-4, L. 643-3, L. 645-2, L. 755-21-1, L. 756-4, L. 756-5, L. 815-11, L. 816-1, L. 863-1, L. 863-7, L. 871-1. – V. Ord. n° 96-50 du 24 janv. 1996, art. 4, 14, 15, **p. 2712.** – V. L. n° 98-1194 du 23 déc. 1998, art. 41, Annexe I, **p. 2752.** – V. L. n° 2000-1257 du 23 déc. 2000, art. 40, Annexe I, **p. 2791.** – V. L. n° 2003-1199 du 18 déc. 2003, art. 33, Annexe I, **p. 2823.** – V. L. n° 2007-1786 du 19 déc. 2007, art. 44, Annexe I, **p. 2846.** – V. L. n° 2009-1646 du 24 déc. 2009, art. 91, Annexe I, **p. 2850.**
2011	26 déc.	Décret n° 2011-1957. Modalités d'attribution des indemnités journalières dues au titre de l'assurance maladie. – V. CSS, art. R. 323-1, R. 323-4, R. 323-9, R. 331-5, R. 361-1, R. 382-33 à R. 382-34-1, R. 382-36.
2011	26 déc.	Décret n° 2011-1972. Modalités de recouvrement sur les successions des sommes versées au titre de l'allocation de solidarité aux personnes âgées. – V. CSS, art. D. 815-5.
2011	26 déc.	Décret n° 2011-1973. Obligations déclaratives des travailleurs indépendants ayant opté pour le régime prévu à l'article L. 133-6-8 du code de la sécurité sociale. – V. CSS, art. R. 133-30-2 à R. 133-32-30-2-3, R. 133-30-6 à R. 133-30-8.
2011	28 déc.	Loi n° 2011-1977. De finances pour 2012. Art. 46-V-Z *quinquies*, 59-I, 80-VI, 114-II, 157-II. – V. CSS, art. L. 136-6, L. 137-24, L. 241-2, L. 241-13; L. n° 96-987 du 14 nov. 1996, art. 12, 12-1, 13, 14.
2011	28 déc.	Loi n° 2011-1978. De finances rectificative pour 2012. Art. 28-I, 37-II, 68-II. – V. CSS, art. L. 137-11-1, L. 245-8; L. n° 2003-1311 du 30 déc. 2003, art. 131, Annexe I, **p. 2828.**
2011	28 déc.	Décret n° 2011-2002. Régime des prestations complémentaires de vieillesse des sages-femmes prévu à l'article L. 645-1 du code de la sécurité sociale. – V. CSS, art. D. 645-2.
2011	29 déc.	Loi n° 2011-2012. Renforcement de la sécurité sanitaire du médicament et des produits de santé. – V. CSS, art. L. 114-10, L. 161-37 à L. 161-39, L. 161-40-1, L. 161-44, L. 162-1-14, L. 162-1-20, L. 162-4, L. 162-4-2, L. 162-12-15, L. 162-17, L. 162-17-2-1, L. 162-17-4, L. 162-17-4-1, L. 162-17-8, L. 162-22-7-2, L. 165-1-2, L. 165-5, L. 165-8, L. 165-11 à L. 165-13, L. 245-6.

2011	29 déc.	Décret n° 2011-2029. Tarification des accidents du travail et des maladies professionnelles. – V. CSS, art. R. 242-6-1, R. 421-5, R. 422-7.
2011	29 déc.	Décret n° 2011-2032. Seuil maximum prévu à l'article D. 185-1 du code de la sécurité sociale et modifiant le code de la sécurité sociale. – V. CSS, art. D. 185-1.
2011	29 déc.	Décret n° 2011-2033. Surveillance médicale postprofessionnelle des personnes exposées à des agents cancérogènes et prise en compte de la majoration destinée à financer la contribution de la branche accidents du travail et maladies professionnelles aux dépenses engendrées par les retraites à raison de la pénibilité dans le calcul des cotisations d'accidents du travail et de maladies professionnelles. – V. CSS, art. D. 242-6-9, D. 242-6-21, D. 242-31, D. 412-99-3, D. 461-25.
2011	29 déc.	Décret n° 2011-2034. Âge d'ouverture du droit à pension de retraite. – V. CSS, art. D. 161-2-1-9.
2011	29 déc.	Décret n° 2011-2038. Assiette forfaitaire des cotisations de sécurité sociale de début d'activité dues, à titre provisionnel, par les travailleurs indépendants non agricoles. – V. CSS, art. D. 131-1, D. 633-6, D. 635-7, D. 642-4-1.
2011	30 déc.	Décret n° 2011-2072. Modification du calendrier de mise en œuvre du droit des assurés à l'information sur leur retraite. – V. CSS, art. R. 161-10 à R. 161-12, R. 161-14, R. 161-15.
2011	30 déc.	Décret n° 2011-2073. Mise en œuvre des prestations du droit à l'information des assurés sur la retraite créées par l'article 6 de la loi n° 2010-1330 du 9 novembre 2010 portant réforme des retraites. – V. CSS, art. D. 161-2-1-2 à D. 161-2-1-8.
2011	30 déc.	Décret n° 2011-2082. Modalités de détermination du plafond de la sécurité sociale. – V. CSS, art. D. 242-16 à D. 242-19.
2011	30 déc.	Décret n° 2011-2083. Diverses dispositions relatives aux compensations généralisées et bilatérales. – V. CSS, art. D. 134-1 à D. 134-3, D. 134-5 à D. 134-9, D. 134-13.
2011	30 déc.	Décret n° 2011-2086. Adaptation des modalités de calcul de la réduction générale de cotisations patronales de sécurité sociale. – V. CSS, art. D. 241-7, D. 241-11, D. 241-14.
2011	30 déc.	Décret n° 2011-2096. Modification et création de traitements automatisés de données à caractère personnel relatifs au revenu de solidarité active et à l'allocation aux adultes handicapés. – V. CSS, art. R. 861-16.
2011	30 déc.	Décret n° 2011-2098. Diverses dispositions relatives aux prestations servies par les organismes débiteurs des prestations familiales. – V. CSS, art. D. 553-1, D. 553-4.
2011	30 déc.	Décret n° 2011-2099. Revalorisation de l'allocation de logement. – V. CSS, art. D. 542-5-2, D. 831-2-1.
2011	30 déc.	Décret n° 2011-2113. Organisme gestionnaire du développement professionnel continu. – V. CSS, art. D. 162-1-1 à D. 162-1-5.

2011	30 déc.	Décret n° 2011-2119. Modalités de transmission d'un échantillon biologique entre laboratoires de biologie médicale. – V. CSS, art. R. 142-22, R. 145-1, R. 145-2, R. 161-43-1, R. 161-46, R. 162-1-11, R. 162-17, R. 162-55, R. 162-57, R. 322-1, R. 322-2, R. 322-8, R. 332-6, R. 613-48, R. 752-18-6, R. 761-18, R. 761-20, R. 762-37, R. 762-39.
2011	30 déc.	Décret n° 2011-2120. Actualisation de certains termes utilisés dans le code de la sécurité sociale. – V. CSS, art. D. 322-4, D. 461-22, D. 713-4.
2012	4 janv.	Décret n° 2012-17. Diverses mesures de protection sociale agricole et pris en application de l'ordonnance n° 2010-104 du 28 janvier 2010. – Art. 3. – V. CSS, art. R. 152-3, R. 242-1.
2012	4 janv.	Décret n° 2012-18. Pris en application de l'ordonnance n° 2010-104 du 28 janvier 2010 relatif à diverses mesures de protection sociale agricole. – Art. 2. – V. CSS, art. D. 242-1.
2012	5 janv.	Décret n° 2012-16. Organisation académique. – Art. 7-II et V. – V. CSS, art. L. 552-3-1, D. 552-6.
2012	6 janv.	Décret n° 2012-24. Modalités de versement et de recouvrement des contributions sur certains régimes de retraite à prestations définies à droits aléatoires. – V. CSS, art. R. 137-3 à R. 137-6.
2012	13 janv.	Décret n° 2012-43. Participation de l'assuré prévue à l'article L. 322-2 du code de la sécurité sociale. – V. CSS, art. R. 322-9-4.
2012	17 janv.	Décret n° 2012-53. Répertoire national commun de la protection sociale (RNCPS). – V. CSS, art. R. 114-27, R. 114-29 à R. 114-34.
2012	20 janv.	Décret n° 2012-68. Organisation financière et comptable de la Caisse nationale du régime social des indépendants. – V. CSS, art. R. 611-70, R. 611-73 à R. 611-75, R. 633-63, R. 635-10, R. 635-11.
2012	23 janv.	Décret n° 2012-76. Modification de l'article R. 162-52 du code de la sécurité sociale. – V. CSS, cet art.
2012	25 janv.	Décret n° 2012-95. Organisation du contentieux général et technique de la sécurité sociale. – V. CSS, art. R. 142-8, R. 143-4.
2012	27 janv.	Décret n° 2012-102. Application de l'article L. 165-3 du code de la sécurité sociale et pénalité financière pouvant sanctionner la non-réalisation d'études de suivi par les fabricants ou distributeurs de dispositifs médicaux à usage individuel. – V. CSS, art. R. 165-34, R. 165-35.
2012	30 janv.	Décret n° 2012-117. Contribution du service de santé des armées à la politique de santé publique. – Art. 2. – V. CSS, art. R. 174-34.
2012	30 janv.	Décret n° 2012-138. Majorations de durée d'assurance pour les enfants des assurés sociaux du régime général, du régime agricole et des régimes de retraite des artisans, commerçants, professions libérales, avocats, ministres des cultes et membres des congrégations et collectivités religieuses et de Saint-Pierre-et-Miquelon. – V. CSS, art. D. 161-2-1-8-1, D. 173-21-0-2, D. 351-1-7, D. 643-1, D. 643-2, D. 723-9.

2012	30 janv.	Décret n° 2012-139. Fusion des régimes complémentaires d'assurance vieillesse des professions industrielles, commerciales et artisanales. – V. CSS, art. D. 635-1, D. 635-2, D. 635-5, D. 635-7 à D. 635-9, D. 635-10-2.
2012	7 févr.	Décret n° 2012-193. Cotisations d'assurance vieillesse et invalidité-décès des experts-comptables salariés. – V. CSS, art. D. 642-5.
2012	27 févr.	Décret n° 2012-271. Fonds d'intervention régional des agences régionales de santé. – Art. 2-II. – V. CSS, art. R. 162-59 à R. 162-68R. 262-1-1.
2012	12 mars	Loi n° 2012-347. Accès à l'emploi titulaire et amélioration des conditions d'emploi des agents contractuels dans la fonction publique, lutte contre les discriminations. – Art. 127-II. – V. CSS, art. L. 173-2-0-1 A.
2012	14 mars	Loi n° 2012-354. De finances rectificative pour 2012. – Art. 2-II, 2-VII, 7, 8, 14-II. – V. CSS, art. L. 131-7, L. 131-8, L. 136-6, L. 137-20 à L. 137-22, L. 241-2, L. 241-6, L. 241-6-1, L. 245-16, L. 241-13, L. 752-3-2.
2012	14 mars	Loi n° 2012-355. Gouvernance de la sécurité sociale et de la mutualité. – Art. 1er. – V. CSS, art. L. 215-3, L. 215-5 à L. 215-7, L. 216-1, L. 222-1, L. 251-7, L. 281-4, L. 325-1, L. 357-4.
2012	19 mars	Décret n° 2012-380. Maintien des droits à la suppression de la participation de l'assuré lors d'un changement d'organisme d'assurance maladie. – V. CSS, art. R. 322-5, R. 322-7-2, R. 322-9.
2012	21 mars	Décret n° 2012-386. Contenu des contrats d'assurance maladie complémentaire bénéficiant d'aides fiscales et sociales. – V. CSS, art. R. 871-2.
2012	22 mars	Loi n° 2012-387. Simplification du droit et allégement des démarches administratives. – Art. 35 à 38, 40, 41-I, 45, 78, 80, 123, 133-I. – V. CSS, art. L. 114-22-1, L. 133-5-3, L. 133-6-4, L. 133-6-9, L. 136-5, L. 171-3, L. 241-18, L. 243-6-3, L. 243-12-4, L. 243-14, L. 612-10; L. n° 2000-321 du 12 avr. 2000, art. 16 et 25-1, Annexe I, **p. 2782.**
2012	23 mars	Décret n° 2012-413. Contributions des régimes d'assurance maladie au financement de l'assurance maladie et maternité des étudiants. – V. CSS, art. R. 381-26, R. 381-28.
2012	27 mars	Loi n° 2012-409. De programmation relative à l'exécution des peines. – Art. 9-III. – V. CSS, art. L. 136-5.
2012	29 mars	Décret n° 2012-428. Institution d'un Haut Conseil du financement de la protection sociale. – V. CSS, art. D. 114-0-1 à D. 114-0-5.
2012	3 avr.	Décret n° 2012-443. Cotisations de sécurité sociale dues par les travailleurs indépendants non agricoles. – V. CSS, art. D. 131-1 à D. 131-3, D. 161-1, D. 612-2, D. 612-3 à D. 612-11, D. 633-2, D. 633-12, D. 633-19, D. 633-19-2, D. 633-19-6, D. 633-20, D. 635-2, D. 635-7, D. 642-1, D. 642-3, D. 642-4, D. 642-5-2, D. 642-5-6, D. 642-7, D. 722-2, D. 722-3.

2012	4 avr.	Décret n° 2012-454. Modification des états statistiques des entreprises d'assurances, des mutuelles et des institutions de prévoyance en matière de protection sociale complémentaire. – V. CSS, art. D. 931-37.
2012	12 avr.	Décret n° 2012-477. Modification de la composition du conseil d'administration de la caisse d'assurance vieillesse, invalidité et maladie des cultes. – V. CSS, art. R. 382-70, R. 382-72.
2012	16 avr.	Décret n° 2012-494. Comité de normalisation des données sociales déclaratives et de leurs échanges. – V. CSS, art. R. 133-10 à R. 133-12.
2012	19 avr.	Décret n° 2012-529. Modalités d'organisation des élections des membres des conseils d'administration des caisses de base du régime social des indépendants. – V. CSS, art. R. 611-8, R. 611-33 à R. 611-35, R. 611-40, R. 611-42, R. 611-43, R. 611-45 à R. 611-48-2.
2012	24 avr.	Décret n° 2012-560. Modification de l'article R. 351-26 du code de la sécurité sociale. – V. CSS, art. R. 351-26.
2012	27 avr.	Décret n° 2012-597. Agence nationale de sécurité du médicament et des produits de santé. – Art. 5-II. – V. CSS, art. R. 161-72, D. 162-2-2, R. 163-2, R. 163-7, R. 163-15, R. 163-20, R. 163-26, R. 163-28, R. 165-4-1, R. 165-5-1, R. 165-18, R. 165-32, R. 165-33.
2012	27 avr.	Décret n° 2012-598. Règles de coordination applicables en matière d'assurance vieillesse entre le régime général et les régimes spéciaux de retraite des fonctionnaires, des militaires et des ouvriers des établissements industriels de l'État. – V. CSS, art. D. 173-16.
2012	3 mai	Décret n° 2012-638. Rachat de trimestres prévu au I de l'article L. 634-2-1 du code de la sécurité sociale pour les travailleurs non salariés des professions artisanales, industrielles et commerciales. – V. CSS, art. D. 634-2-2.
2012	4 mai	Décret n° 2012-664. Taux et modalités de calcul des cotisations d'allocations familiales et de la réduction générale de cotisations patronales de sécurité sociale. – V. CSS, art. D. 241-7 à D. 241-9, D. 242-7.
2012	4 mai	Décret n° 2012-666. Complément de libre choix du mode de garde pour les familles monoparentales et les familles dont l'un des parents perçoit l'allocation aux adultes handicapés. – V. CSS, art. D. 531-17 à D. 531-23-1.
2012	7 mai	Décret n° 2012-699. Complément et modification de la liste des membres bénévoles des organismes à objet social visés à l'article D. 412-79 du code de la sécurité sociale et modifiant ce code (troisième partie: Décrets). – V. CSS, art. D. 412-79.
2012	9 mai	Décret n° 2012-740. Prise en charge dérogatoire par l'assurance maladie des spécialités pharmaceutiques bénéficiant d'une recommandation temporaire d'utilisation ou de certains produits et prestations. – V. CSS, art. R. 162-1-7, R. 163-26 à R. 163-28-1.
2012	9 mai	Décret n° 2012-745. Déclaration publique d'intérêts et transparence en matière de santé publique et de sécurité sanitaire. – Art. 3, 4-X et 4-XI. – V. CSS, art. R. 161-84, R. 161-85, R. 163-17, D. 162-2-6.

2012	27 juin	Décret n° 2012-830. Revalorisation des taux servant au calcul de l'allocation de rentrée scolaire. – V. CSS, art. D. 543-1.
2012	2 juill.	Décret n° 2012-847. Âge d'ouverture du droit à pension de vieillesse : – V. CSS, art. D. 242-4, D. 351-1-1 à D. 351-1-3, D. 634-1, D. 642-3, D. 643-8, D. 723-2-0, D. 723-3. – V. Décr. n° 67-804 du 20 sept. 1967, art. 1er, Annexe 1, **p. 2665.** – V. Décr. n° 73-937 du 2 oct. 1973, art. 3 *bis*, Annexe 1, **p. 2667.**
2012	5 juill.	Décret n° 2012-860. Modalités de prescription et de délivrance des produits et prestations inscrits sur la liste prévue à l'article L. 165-1 du code de la sécurité sociale. – V. CSS, art. R. 165-36 à R. 165-44.
2012	1er août	Décret n° 2012-936. Révision et complément des tableaux des maladies professionnelles annexés au livre IV du code de la sécurité sociale. – V. Annexe II, tableau n° 15 *ter*, **p. 2901.**
2012	1er août	Décret n° 2012-937. Révision et complément des tableaux des maladies professionnelles annexés au livre IV du code de la sécurité sociale. – V. Annexe II, tableau n° 57, **p. 2949.**
2012	16 août	Loi n° 2012-958. De finances rectificative pour 2012. – Art. 1er-II et VII, 3-I, VI-C et VIII, 29 à 33. – V. CSS, art. L. 131-7, L. 131-8, L. 135-3, L. 135-3-1, L. 136-2, L. 136-6, L. 136-7, L. 137-11, L. 137-13, L. 137-14, L. 137-16, L. 241-2, L. 241-3, L. 241-6, L. 241-6-1, L. 241-13, L. 241-17, L. 241-18, L. 245-14 à L. 245-16, L. 711-13, L. 755-2; V. Ord. n° 96-50 du 24 janv. 1996, art. 15, 16, Annexe I, **p. 2719.**
2012	21 août	Décret n° 2012-978. Règles de fonctionnement des institutions de prévoyance et des institutions de retraite complémentaire. – V. CSS, art. R. 922-23, R. 922-29, R. 922-48, R. 922-54, R. 931-3-2, R. 931-3-9, R. 931-3-20, R. 931-3-21.
2012	23 août	Décret n° 2012-985. Substitution de la dénomination « agent judiciaire de l'État » à la dénomination « agent judiciaire du Trésor ». – V. CSS, art. R. 815-52.
2012	7 sept.	Décret n° 2012-1032. Modification des procédures relatives à la répétition des indus et aux pénalités financières prononcées par les organismes de sécurité sociale. – V. CSS, art. R. 114-11, R. 114-14, R. 133-9-1, R. 133-9-2, R. 142-1, R. 142-7, R. 147-2.
2012	7 sept.	Décret n° 2012-1033. Procédure de contrôle sur pièces et sur place des agents assermentés des organismes locaux d'assurance maladie. – V. CSS, art. R. 114-18.
2012	7 sept.	Décret n° 2012-1034. Assurance vieillesse des travailleurs non salariés des professions artisanales, industrielles et commerciales et régimes d'assurance vieillesse de base des conjoints collaborateurs des professions libérales et des avocats. – V. CSS, art. R. 633-67 à R. 633-73, R. 634-1, R. 643-11-1 à R. 643-11-7, R. 723-67 à R. 723-67-6, D. 633-19-8 à D. 633-19-10, D. 643-14 à D. 643-16, D. 723-10 à D. 723-12.

2012	13 sept.	Décret n° 2012-1051. Évaluation et prise en charge de certains produits de santé financés dans les tarifs des prestations d'hospitalisation. – V. CSS, art. R. 165-11, R. 165-11-1, R. 165-49 à R. 165-62.
2012	20 sept.	Décret n° 2012-1070. Haut Conseil du financement de la protection sociale. – V. CSS, art. D. 114-0-1, D. 114-0-2, D. 114-0-4.
2012	21 sept.	Décret n° 2012-1074. Réduction générale de cotisations patronales de sécurité sociale et déduction forfaitaire de cotisations patronales sur les heures supplémentaires. – V. CSS, art. D. 241-7 à D. 241-9, D. 241-13, D. 241-21 à D. 241-25, D. 242-7.
2012	25 sept.	Décret n° 2012-1080. Relèvement du plafond des ressources prises en compte pour l'attribution de la protection complémentaire en matière de santé. – V. CSS, art. D. 861-1.
2012	28 sept.	Décret n° 2012-1095. Diverses pénalités financières encourues par des entreprises exploitant des médicaments et des fabricants ou des distributeurs de dispositifs médicaux. – V. CSS, art. R. 163-31.
2012	2 oct.	Décret n° 2012-1116. Missions médico-économiques de la Haute Autorité de santé. – V. CSS, art. R. 161-71, R. 161-71-1, R. 163-18, D. 162-2-2.
2012	4 oct.	Décret n° 2012-1127. Gestion commune de la trésorerie des organismes du régime général par l'Agence centrale des organismes de sécurité sociale. – V. CSS, art. D. 225-1, D. 225-3, D. 253-1, D. 253-29 à D. 253-33, D. 253-35 à D. 253-40.
2012	4 oct.	Décret n° 2012-1129. Régime d'assurance vieillesse des professions artisanales et commerciales applicable aux périodes d'assurance ou d'activité non salariées antérieures au 1er janvier 1973. – V. Décr. n° 73-937 du 2 oct. 1973, art. 1er, 3, 3 *ter* à 3 *quinquies*, 4 *bis*, 9, Annexe I, **p. 2666.**
2012	5 oct.	Décret n° 2012-1131. Consultation et alimentation du dossier pharmaceutique par les pharmaciens exerçant dans les pharmacies à usage intérieur. – V. CSS, art. R. 161-55, R. 161-58-1 à R. 161-58-11.
2012	8 oct.	Décret n° 2012-1135. Contrôle des spécifications techniques et pénalité financière prévus à l'article L. 165-1-2 du code de la sécurité sociale. – V. CSS, art. R. 165-5, R. 165-46 à R. 165-48.
2012	12 oct.	Décret n° 2012-1149. Modification du décret n° 99-247 du 29 mars 1999 relatif à l'allocation de cessation anticipée d'activité prévue à l'article 41 de la loi de financement de la sécurité sociale pour 1999. – V. Décr. n° 99-247 du 29 mars 1999, art. 1er, Annexe I, **p. 2755.**
2012	17 oct.	Décret n° 2012-1160. Pénalités instituées par l'article 120 de la loi du 21 décembre 2011 de financement de la sécurité sociale pour 2012. – V. CSS, art. R. 376-4, R. 376-5, R. 454-4, R. 454-5, D. 376-1, D. 454-1.
2012	26 oct.	Loi n° 2012-1189. Création des emplois d'avenir. – Art. 9-VI. – V. CSS, art. L. 133-9-2, L. 213-1.

2012	29 oct	Décret n° 2012-1202. Prise en compte, en vue de l'ouverture du droit à pension de retraite, des périodes d'inscription sur liste des sportifs de haut niveau. – V. CSS, art. R. 351-12, R. 351-14.
2012	7 nov.	Décret n° 2012-1247. Adaptation de divers textes aux nouvelles règles de la gestion budgétaire et comptable publique : – Art. 1er, 2, 21, 42. – V. CSS, art. R. 115-4, R. 123-12, R. 123-14, R. 123-18-1 à R. 123-18-3, R. 123-26, R. 131-17, R. 133-23, R. 135-3, R. 135-5, R. 135-8, R. 135-21, R. 135-28, R. 163-24, R. 163-30, R. 163-31, R. 165-33, R. 165-35, R. 165-48, R. 182-2-7, R. 221-2, R. 221-7, R. 221-15, R. 224-1, R. 225-3, R. 256-1, R. 282-1, R. 611-1, R. 652-2, R. 713-3, R. 713-5, R. 713-10, R. 713-14 à R. 713-17, R. 767-6, R. 767-9, R. 815-44, R. 815-62, R. 862-3, R. 862-5, R. 862-10, D. 713-21, D. 713-21-1. – Art. 49. – V. Décr. n° 99-940 du 12 nov. 1999, art. 9, Annexe I, **p. 2761.** – Art. 171. – V. Décr. n° 2001-963 du 23 oct. 2001, art. 6, Annexe I, **p. 2801.**
2012	28 nov.	Décret n° 2012-1323. Taux de cotisation du régime d'assurance vieillesse de base des professions libérales. – V. CSS, art. D. 642-3.
2012	29 nov.	Décret n° 2012-1331. Modification de certaines dispositions réglementaires prises en application de la loi n° 2009-879 du 21 juillet 2009 portant réforme de l'hôpital et relative aux patients, à la santé et aux territoires. – Art. 2. – V. CSS, art. R. 123-28, R. 123-37-1, R. 123-47.
2012	6 déc.	Décret n° 2012-1362. Contrôle des organismes locaux de sécurité sociale. – Art. 2. – V. CSS, art. R. 114-18-1, R. 123-3, R. 123-49, R. 142-27, R. 143-21, R. 152-2 à R. 152-5, R. 152-7, R. 153-6, R. 155-1 à R. 155-3.
2012	7 déc.	Décret n° 2012-1370. Formation professionnelle tout au long de la vie des artistes auteurs et financement de l'action sociale. – V. CSS, art. R. 382-7, R. 382-30-1.
2012	17 déc.	Loi organique n° 2012-1403. Programmation et gouvernance des finances publiques. – Art. 24, 27. – V. CSS, art. L.O. 111-3, L.O. 111-4.
2012	17 déc.	Loi n° 2012-1404. De financement de la sécurité sociale pour 2013 : – V. CSS, art. L. 114-4-1, L. 114-16-3, L. 114-25, L. 131-6, L. 131-8, L. 133-4-5, L. 133-6-8, L. 133-7, L. 134-6, L. 134-9, L. 134-10, L. 134-11-1, L. 134-14, L. 135-3, L. 136-2, L. 137-15, L. 137-16, L. 138-4, L. 138-8, L. 138-10, L. 138-12, L. 138-13, L. 138-18, L. 161-8, L. 161-45, L. 162-5-13, L. 162-5-14, L. 162-5-14-1, L. 162-14-1, L. 162-14-1-2, L. 162-16-4-1, L. 162-17-2-1, L. 162-17-4, L. 162-17-4-1, L. 162-17-7, L. 162-17-8, L. 162-18, L. 162-22-9, L. 162-22-9-1, L. 162-22-10, L. 162-22-19, L. 162-37, L. 165-1-2, L. 165-3 à L. 165-5, L. 165-8-1, L. 165-13, L. 168-7, L. 174-9-1, L. 216-2-1, L. 221-1-2, L. 223-1, L. 224-5, L. 225-1-1, L. 241-2, L. 241-6, L. 241-10, L. 241-11, L. 242-1-2, L. 243-1-3, L. 243-7-5 à L. 243-7-7, L. 245-2, L. 245-5-1 A, L. 245-5-2,

		L. 245-5-5, L. 245-6, L. 245-16, L. 322-3, L. 331-6, L. 331-8, L. 341-14-1, L. 380-3, L. 381-3-1, L. 382-31, L. 412-8, L. 413-4, L. 413-7, L. 434-2, L. 443-1, L. 452-2, L. 452-3-1, L. 452-4, L. 532-2, L. 542-7-1, L. 544-9, L. 612-3 à L. 612-5, L. 612-9, L. 612-13, L. 613-19-2, L. 645-5, L. 712-3, L. 715-1, L. 755-21, L. 756-3 à L. 756-5, L. 815-29, L. 821-1, L. 821-5, L. 831-8, L. 862-2 à L. 862-7. – Art. 87-I. – V. L. n° 98-1194 du 23 déc. 1998, art. 41, Annexe I, **p. 2752.** – Art. 73-VII, 73-VIII-G. – V. L. n° 2000-1257 du 23 déc. 2000, art. 40, Annexe I, **p. 2792.** – Art. 63, 59-I, 59-II. – V. L. n° 2003-1199 du 18 déc. 2003, art. 33, Annexe I, **p. 2823.** – Art. 43-I. – V. L. n° 2007-1786 du 19 déc. 2007, art. 44, Annexe I, **p. 2846.** – Art. 73-VIII-F. – V. L. n° 2008-1330 du 17 déc. 2008, art. 69, Annexe I, **p. 2848.** – Art. 44, 48, 82. – V. L. n° 2012-1404 du 17 déc. 2012, Annexe I, **p. 2862.**
2012	18 déc.	Décret n° 2012-1414. Fonctionnement des maisons départementales des personnes handicapées et diverses mesures en faveur des personnes handicapées. – Art. 7. – V. CSS, art. R. 143-33-1, R. 541-3, R. 821-2.
2012	26 déc.	Décret n° 2012-1462. Application de l'ordonnance n° 2010-638 du 10 juin 2010 portant suppression du régime des conservateurs des hypothèques et adaptation de la publicité foncière. – Art. 35-XIV. – V. CSS, art. R. 815-46.
2012	27 déc.	Décret n° 2012-1482. Intégration du régime spécial d'assurance maladie, maternité, invalidité et décès du personnel de la chambre de commerce et d'industrie de Paris dans le régime général de sécurité sociale. – Art. 4. – V. CSS, art. R. 711-19-1.
2012	28 déc.	Décret n° 2012-1515. Diverses dispositions relatives à la procédure civile et à l'organisation judiciaire. – Art. 15 et 16. – V. CSS, art. R. 142-27-1, R. 143-29-1.
2012	28 déc.	Décret n° 2012-1519. Fonctions d'agent comptable d'organismes de sécurité sociale. – V. CSS, art. R. 122-4, R. 211-1-3, R. 611-17.
2012	28 déc.	Décret n° 2012-1520. Régimes complémentaires obligatoires d'assurance vieillesse et régimes obligatoires d'assurance invalidité-décès du régime social des indépendants. – V. CSS, art. R. 635-10, R. 635-11.
2012	28 déc.	Décret n° 2012-1521. Contrôle des organismes de sécurité sociale. – V. CSS, art. D. 122-6, D. 122-13, D. 122-19, D. 144-1, D. 281-2.
2012	28 déc.	Décret n° 2012-1524. Modalités de calcul de la réduction générale de cotisations patronales de sécurité sociale applicables à certains régimes spéciaux. – V. CSS, art. D. 711-7 à D. 711-10.
2012	28 déc.	Décret n° 2012-1526. Service des prestations familiales dues aux agents relevant du statut des industries électriques et gazières ou affiliés à la caisse nationale des industries électriques et gazières. – V. CSS, art. D. 212-4.

2012	28 déc.	Décret n° 2012-1527. Fonctions d'agent comptable d'organisme de sécurité sociale. – V. CSS, art. D. 122-13, D. 122-19, D. 253-12, D. 253-14, D. 611-16, D. 611-17.
2012	28 déc.	Décret n° 2012-1550. Simplification des procédures applicables aux cotisations et contributions sociales dues par les travailleurs indépendants. – V. CSS, art. R. 115-5, R. 131-1, R. 130-1, R. 131-3 à R. 131-5, R. 133-9, R. 133-24 à R. 133-30, R. 133-30-2-2, R. 241-2, R. 241-3, R. 242-13 à R. 242-16, R. 243-20, R. 243-22, R. 243-22-1, R. 243-24, R. 243-26, R. 243-53, R. 612-20, R. 723-19 à R. 723-23, R. 723-25, R. 723-26.
2012	28 déc.	Décret n° 2012-1551. Cotisations et contributions de sécurité sociale des travailleurs indépendants non agricoles. – V. CSS, art. D. 131-6-1, D. 131-6-2, D. 612-4, D. 612-5, D. 612-7.
2012	29 déc.	Loi n° 2012-1509. De finances pour 2013. – Art. 9-III, 10-II, 11-II, 53-IV, 115, 117. – V. CSS, art. L. 131-7, L. 131-8, L. 136-2, L. 136-5, L. 136-6, L. 136-7, L. 161-1-2, L. 241-2, L. 242-1, L. 821-1, L. 862-3.
2012	31 déc.	Décret n° 2012-1565. Fixation du montant de déduction forfaitaire par heure de travail pour les particuliers employeurs et adaptation des pièces justificatives à fournir pour le bénéfice de l'exonération en faveur des publics fragiles disposant d'une aide à domicile. – V. CSS, art. D. 241-5-2 à D. 241-5-5, D. 241-5-7.
2013	3 janv.	Décret n° 2013-6. Modalités d'application de l'article L. 162-1-14 du code de la sécurité sociale relatif aux pénalités financières. – V. CSS, art. R. 147-1 à R. 147-3, R. 147-6 à R. 147-8, R. 147-11, R. 147-11-2, R. 147-12, R. 147-12-3, R. 361-1.
2013	4 janv.	Décret n° 2013-12. Montant de l'allocation journalière d'accompagnement d'une personne en fin de vie. – V. CSS, art. D. 168-6, D. 168-7.
2013	14 janv.	Décret n° 2013-49. Revalorisation de l'allocation de logement. – V. CSS, art. D. 542-5-2, D. 542-9, D. 831-2-1.
2013	18 janv.	Décret n° 2013-66. Autorisations temporaires d'utilisation des médicaments. – Art. 6. – V. CSS, art. R. 322-2.
2013	29 janv.	Décret n° 2013-107. Suppression du Haut Conseil interministériel de la comptabilité des organismes de sécurité sociale. – V. CSS, art. D. 114-4-2, D. 114-4-3.
2013	31 janv.	Loi n° 2013-108. Abrogation de la loi n° 2010-1127 du 28 septembre 2010 visant à lutter contre l'absentéisme scolaire. – V. CSS, art. L. 552-3, L. 552-3-1.
2013	14 févr.	Décret n° 2013-140. Allocations de logement à Mayotte et diverses dispositions relatives aux allocations de logement en métropole et dans les départements mentionnés à l'article L. 751-1 du code de la sécurité sociale. – Art. 1er, 2. – V. CSS, art. R. 831-7, R. 831-11, R. 831-13, R. 831-21, R. 831-21-3, R. 831-21-4, R. 831-25, R. 832-2, R. 834-14, D. 542-4, D. 542-11, D. 542-14, D. 542-17, D. 542-22, D. 542-22-3,

		D. 542-22-4, D. 542-29, D. 553-1, D. 755-4-1, D. 755-15 à D. 755-18, D. 755-21, D. 755-22, D. 755-30, D. 755-31, D. 755-37, D. 832-1.
2013	1er mars	Loi n° 2013-185. Création du contrat de génération. – Art. 3. – V. CSS, art. L. 138-24 à L. 138-28, L. 241-3.
2013	13 mars	Décret n° 2013-220. Modification du décret n° 92-620 du 7 juillet 1992 relatif à la protection sociale des sapeurs-pompiers volontaires en cas d'accident survenu ou de maladie contractée en service. – V. Décr. n° 92-620 du 7 juill. 1992, art. 1er, 3, 4, 8, 9, 12, Annexe I, **p. 2697.**
2013	13 mars	Décret n° 2013-221. Modification du décret n° 92-621 du 7 juillet 1992 portant diverses dispositions relatives à la protection sociale des sapeurs-pompiers volontaires en cas d'accident survenu ou de maladie contractée en service. – V. Décr. n° 92-621 du 7 juill. 1992, art. 1er à 5, Annexe I, **p. 2700.**
2013	15 mars	Décret n° 2013-222. Contrat de génération. – Art. 3. – V. CSS, art. D. 138-25.
2013	25 mars	Décret n° 2013-248. Participation des assurés prévue à l'article L. 322-3 du code de la sécurité sociale pour les frais liés à une interruption volontaire de grossesse et à l'acquisition de contraceptifs par les mineures. – V. CSS, art. R. 322-9.
2013	28 mars	Décret n° 2013-266. Déclaration sociale nominative. – V. CSS, art. R. 133-13, R. 133-14, R. 133-30-4, R. 323-4, R. 323-10, R. 323-11, R. 331-5. – Art. 2 à 7, Annexe I, **p. 2864.**
2013	2 avr.	Décret n° 2013-276. Application de l'article 85 de la loi n° 2012-1404 du 17 décembre 2012 de financement de la sécurité sociale pour 2013 instituant une prestation complémentaire pour recours à tierce personne. – V. CSS, art. R. 413-4, R. 413-7, R. 413-8, R. 434-3, R. 434-19, R. 434-34, R. 434-34-1, R. 757-1, R. 815-22, R. 861-10.
2013	2 avr.	Décret n° 2013-277. Fusion des caisses de base des professions libérales d'Île-de-France et de province du régime social des indépendants. – V. CSS, art. R. 611-2, R. 611-22, R. 611-25, R. 611-30, R. 611-31.
2013	2 avr.	Décret n° 2013-278. Modalités d'évaluation des besoins d'assistance par une tierce personne pour l'ouverture du droit à la prestation complémentaire pour recours à tierce personne mentionnée à l'article L. 434-2 du code de la sécurité sociale et à l'exercice du droit d'option pour cette prestation. – V. CSS, art. D. 434-2, D. 434-3.
2013	23 avr.	Décret n° 2013-338. Modalités de calcul du nombre de voix des administrateurs du conseil d'administration de la Caisse nationale d'assurance vieillesse des professions libérales. – V. CSS, art. D. 641-2.
2013	26 avr.	Décret n° 2013-362. Conditions d'affiliation des élus locaux au régime général de la sécurité sociale. – V. CSS, art. D. 381-24, D. 382-34, D. 412-99-6.

2013	15 mai	Décret n° 2013-399. Autorisation du maintien du service des indemnités journalières aux travailleurs indépendants bénéficiant d'actions d'accompagnement, d'évaluation, d'information, de conseil et de formation professionnelle pendant leur arrêt de travail. – V. CSS, art. D. 613-17.
2013	16 mai	Décret n° 2013-405. Contenu des contrats d'assurance maladie complémentaire bénéficiant d'aides fiscales et sociales. – V. CSS, art. R. 871-2.
2013	17 mai	Loi n° 2013-404. Ouverture du mariage aux couples de personnes de même sexe. – Art. 18. – V. CSS, art. L. 331-7, L. 351-4, L. 613-19, L. 613-19-1, L. 613-19-2, L. 711-9, L. 713-6, .
2013	30 mai	Loi n° 2013-442. Réforme de la biologie médicale. – Art. 8-II. – V. CSS, art. L. 145-5-6, L. 162-13-1.
2013	14 juin	Loi n° 2013-504. Sécurisation de l'emploi : – Art. 1er-I. – V. ss. CSS, art. L. 911-7. – Art. 1er-II et 16-XI. – V. CSS, art. L. 242-10, L. 911-7, L. 911-8. – Art. 1er-III. – L. n° 89-1009 du 31 déc. 1989, art. 2, 4, 5, Annexe I, **p. 2682.**
2013	14 juin	Décret n° 2013-506. Déclaration annuelle des données sociales. – V. CSS, art. D. 133-9 à D. 133-9-5.
2013	17 juin	Décret n° 2013-507. Relèvement du plafond des ressources prises en compte pour l'attribution de la protection complémentaire en matière de santé. – V. CSS, art. D. 861-1.
2013	21 juin	Décret n° 2013-530. Modalités de calcul du complément familial différentiel et de l'allocation de rentrée scolaire différentielle. – V. CSS, art. R. 522-3, R. 543-6-1, R. 552-2 à R. 552-4.
2013	26 juin	Décret n° 2013-547. Organisation et fonctionnement des juridictions du contentieux du contrôle technique des professions de santé. – V. CSS, art. R. 145-1 à R. 145-68, R. 146-1 à R. 146-7, R. 752-18 à R. 752-18-7.
2013	26 juin	Décret n° 2013-564. Fixation des taux des cotisations d'assurance volontaire maladie-maternité et du taux de la cotisation d'assurance accidents du travail et maladies professionnelles dues par les personnes affiliées à la Caisse des Français de l'étranger. – V. CSS, art. D. 762-2, D. 762-3, D. 763-2, D. 764-1, D. 764-2, D. 765-2.
2013	8 juill.	Décret n° 2013-597. Modification des modalités de fonctionnement de l'interlocuteur social unique et d'organisation du régime social des indépendants. – V. CSS, art. R. 133-19, R. 631-2.
2013	9 juill.	Décret n° 2013-604. Prise en charge des cotisations des bénéficiaires de l'allocation personnalisée pour l'autonomie (APA) ou de la prestation de compensation du handicap (PCH) utilisant le chèque emploi-service universel (CESU). – V. CSS, art. D. 133-19, D. 133-20, D. 133-22.
2013	15 juill.	Décret n° 2013-624. Agents de direction et agents comptables des organismes de sécurité sociale. – V. CSS, art. R. 123-8 à R. 123-12,

		R. 123-14 à R. 123-16, R. 123-18, R. 123-19 à R. 123-23, R. 123-28, R. 123-30, R. 123-33 à R. 123-47-3, R. 123-47-9, R. 217-10, R. 217-12, R. 611-62-1.
2013	22 juill.	Loi n° 2013-660. Enseignement supérieur et recherche. – Art. 9-III. – V. CSS, art. L. 321-1.
2013	25 juill.	Ordonnance n° 2013-676. Modification du cadre juridique de la gestion d'actifs. – Art. 43. – V. CSS, art. L. 136-7.
2013	26 juill.	Loi n° 2013-672. Séparation et régulation des activités bancaires. – Art. 39-IV, 43-II, 68-III, 79-III. – V. CSS, art. L. 931-9, L. 931-18-1, L. 542-7-1, L. 831-8, L. 931-3-2.
2013	1er août	Décret n° 2013-704. Suppression de la participation de la direction générale des finances publiques à deux commissions et un comité. – V. CSS, art. D. 213-3.
2013	16 sept.	Décret n° 2013-827. Obligations des organismes gestionnaires de la couverture maladie universelle complémentaire et diverses dispositions en matière de protection sociale. – V. CSS, art. R. 131-8 à R. 131-19, R. 381-100, R. 862-4, R. 862-9, R. 862-11 à R. 862-13, R. 862-19, R. 862-20.
2013	16 sept.	Décret n° 2013-828. Participation de l'assurance maladie au financement de différents fonds et établissements. – V. CSS, art. D. 162-25, D. 178-1.
2013	16 sept.	Décret n° 2013-829. Modalités de remboursement des organismes gestionnaires de la couverture maladie universelle complémentaire. – V. CSS, art. D. 862-1 à D. 862-7.
2013	27 sept.	Décret n° 2013-871. Base de données administratives et scientifiques publique sur les traitements et le bon usage des produits de santé. – V. CSS, art. D. 161-18 à D. 161-21.
2013	14 oct.	Décret n° 2013-917. Contrôle interne des régimes obligatoires de base de sécurité sociale et des organismes concourant à leur financement. – V. CSS, art. D. 114-4-6 à D. 114-4-29, D. 122-7, D. 122-10.
2013	18 oct.	Décret n° 2013-935. Modalités de déclaration de certaines contributions pharmaceutiques. – V. CSS, art. R. 138-1, R. 138-10, R. 138-19, R. 245-1, R. 245-3, R. 245-15, R. 245-16, R. 245-17.
2013	23 oct.	Décret n° 2013-950. Pénalité financière pouvant sanctionner les fabricants ou distributeurs de dispositifs médicaux en raison d'une interdiction ou d'un retrait de publicité en application de l'article L. 165-8-1 du code de la sécurité sociale. – V. CSS, art. R. 163-25, R. 163-30, R. 165-33, R. 165-35, R. 165-45.
2013	5 nov.	Arrêté. Modèle de convention de gestion régionale entre les caisses de base du régime social des indépendants et les organismes mentionnés aux articles L. 213-1 et L. 752-4 du code de la sécurité sociale. – V. CSS, Annexe I, **p. 2868.**

2013	12 nov.	Loi n° 2013-1005. Habilitation du Gouvernement à simplifier les relations entre l'administration et les citoyens. – Art. 1er – V. CSS, ss. L. n° 2000-321 du 12 avr. 2000, art. 20, 21, 22, 22-1, Annexe I, **p. 2783.**
2013	3 déc.	Décret n° 2013-1107. Redressements des cotisations et contributions sociales en cas de constat de travail dissimulé ou d'absence de mise en conformité. – V. CSS, art. R. 133-8, R. 133-8-1, R. 243-18, R. 243-18-1, R. 243-19, R. 243-19-1, R. 243-20, R. 243-59.
2013	4 déc.	Décret n° 2013-1119. Maintien des droits aux prestations des assurances maladie, maternité, invalidité et décès. – V. CSS, art. R. 161-8-2.
2013	6 déc.	Loi n° 2013-1117. Lutte contre la fraude fiscale et la grande délinquance économique et financière. – Art. 22-III. – V. CSS, art. L. 932-23-2.
2013	17 déc.	Décret n° 2013-1180. Rétablissement des droits aux allocations de logement pour les locataires surendettés. – V. CSS, art. R. 831-16, R. 831-21-5, R. 831-26, D. 542-19, D. 542-22-5, D. 542-29-1, D. 755-30, D. 755-31.
2013	23 déc.	Loi n° 2013-1203. De financement de la sécurité sociale pour 2014. – V. CSS, art. L. 114-16-2, L. 131-6-2, L. 131-8, L. 133-5-5, L. 133-6-2, L. 133-6-7-2, L. 135-3, L. 136-7, L. 136-8, L. 137-13, L. 137-14, L. 137-16, L. 137-18, L. 137-19, L. 137-24, L. 138-2, L. 138-9, L. 138-9-1, L. 138-21, L. 139-1, L. 161-45, L. 162-1-7-1, L. 162-1-8, L. 162-1-11, L. 162-1-14, L. 162-1-17, L. 162-4-5, L. 162-14-2, L. 162-16, L. 162-16-1-1, L. 162-16-5-1, L. 162-16-5-2, L. 162-17-2-1, L. 162-17-4, L. 162-17-4-1, L. 162-17-7, L. 162-17-8, L. 162-22-7, L. 162-22-7-2, L. 162-22-8-1, L. 162-22-9-2, L. 162-22-10, L. 162-22-14, L. 162-22-15, L. 162-26-1, L. 162-31-1, L. 162-36, L. 162-39, L. 165-1-2, L. 165-3, L. 165-5, L. 165-8-1, L. 165-11, L. 165-13, L. 174-1-2, L. 174-2, L. 174-2-2, L. 174-8, L. 174-9-1, L. 174-12, L. 174-15-1, L. 175-2, L. 221-1, L. 221-1-1, L. 241-2, L. 241-6, L. 241-10, L. 243-1-2, L. 245-1, L. 245-2, L. 245-5-1, L. 245-6, L. 245-16, L. 322-5-5, L. 382-29, L. 412-8, L. 481-2, L. 522-2, L. 522-3, L. 531-2 à L. 531-6, L. 542-2, L. 542-5, L. 583-3, L. 612-10, L. 613-1, L. 613-8, L. 623-1, L. 633-10, L. 755-16-1, L. 767-1, L. 821-5, L. 831-1, L. 831-7, L. 861-1, L. 863-1, L. 863-6, L. 863-7, L. 871-1, L. 912-1 : – V. Ord. n° 96-50 du 24 janv. 1996, art. 4, 16, Annexe I, **p. 2712.** – V. L. n° 2003-1199 du 18 déc. 2003, art. 33, Annexe I, **p. 2823.** – V. L. n° 2007-1786 du 19 déc. 2007, art. 44, 64, Annexe I, **p. 2846.** – V. L. n° 2013-1203 du 23 déc. 2013, art. 39-III, 43, 46, Annexe I, **p. 2871.**
2013	23 déc.	Décret n° 2013-1222. Mesures relatives au financement de la gestion administrative, de l'action sanitaire et sociale et du contrôle médical des régimes de protection sociale agricole et à la gestion de ces régimes. – Art. 3. – V. CSS, art. R. 142-2.
2013	23 déc.	Décret n° 2013-1223. Financement de la gestion administrative, de l'action sanitaire et sociale et du contrôle médical des régimes de protection sociale agricole. – Art. 6. – V. CSS, art. D. 134-46, D. 134-47.

2013	27 déc.	Décret n° 2013-1260. Modification des conditions d'ouverture de droit aux prestations en nature et en espèces des assurances maladie, maternité, invalidité et décès. – V. CSS, art. R. 313-2, R. 313-3, R. 313-5, R. 380-1.
2013	27 déc.	Décret n° 2013-1290. Modification des taux des cotisations d'assurance vieillesse de divers régimes de sécurité sociale et des cotisations d'allocations familiales. – Art. 1er – V. CSS, art. D. 131-6-1, D. 131-6-2, D. 242-4, D. 242-7, D. 633-2 à D. 633-4, D. 633-19-2, D. 723-2-0.
2013	27 déc.	Décret n° 2013-1292. Modification du décret n° 2013-547 du 26 juin 2013 relatif à l'organisation et au fonctionnement des juridictions du contentieux du contrôle technique des professions de santé. – V. CSS, art. R. 145-10, R. 145-16, R. 145-18, R. 145-46, R. 146-8, R. 752-18-4, R. 752-18-5, R. 752-18-5-1, R. 752-18-7.
2013	27 déc.	Décret n° 2013-1293. Modification des règles d'écrêtement des cotisations d'accidents du travail et de maladies professionnelles des entreprises relevant du régime général et des entreprises situées dans les départements du Haut-Rhin, du Bas-Rhin et de la Moselle. – V. CSS, art. D. 242-6-15, D. 242-38.
2013	29 déc.	Loi n° 2013-1278. De finances pour 2014 : – Art. 17, 26, 27, 56, 121, 126, 130, 131, 138. – V. CSS, art. L. 131-8, L. 136-2, L. 136-6 à L. 136-8, L. 241-2, L. 752-3-2, L. 831-4. – V. L. n° 2003-1311 du 30 déc. 2003, art. 131. – V. L. n° 2009-1646 du 24 déc. 2009, art. 91.
2013	29 déc.	Loi n° 2013-1279. De finances rectificative pour 2013. – Art. 9, 42, 43, 67. – V. CSS, art. L. 136-6, L. 136-7, L. 245-9.
2014	2 janv.	Loi n° 2014-1. Habilitation du Gouvernement à simplifier et sécuriser la vie des entreprises. – Art. 9, 24. – V. CSS, art. L. 216-7, L. 931-15.
2014	3 janv.	Décret n° 2014-2. Modalités de calcul et de recouvrement de la cotisation d'assurance maladie, maternité, décès due par les praticiens et auxiliaires médicaux conventionnés. – V. CSS, art. D. 722-2, D. 722-4 à D. 722-9, D. 722-11, D. 722-13.
2014	8 janv.	Décret n° 2014-13. Modalités de récupération des majorations de rente versées aux salariés par les caisses de sécurité sociale en cas d'accident du travail ou de maladie professionnelle imputable à une faute inexcusable de l'employeur. – V. CSS, art. D. 452-1.
2014	9 janv.	Décret n° 2014-20. Extension du régime des indemnités journalières maladie des professions artisanales et des professions industrielles et commerciales relevant du régime social des indépendants à leurs conjoints collaborateurs. – V. CSS, art. D. 612-9, D. 613-28.
2014	20 janv.	Loi n° 2014-40. Garantie de l'avenir et de la justice du système de retraites : – V. CSS, art. L. 111-2-1, L. 114-2, L. 114-4, L. 135-2, L. 135-6, L. 138-29 à L. 138-31, L. 142-2, L. 161-1-6, L. 161-1-7, L. 161-5,

		L. 161-17 A à L. 161-17-1-2, L. 161-17-3, L. 161-17-4, L. 161-22, L. 161-22-1 A, L. 161-22-2, L. 161-23-1, L. 173-1-2, L. 173-1-3, L. 173-2-0-2, L. 173-7, L. 241-5, L. 311-9, L. 341-6, L. 351-1-1, L. 351-1-3, L. 351-2, L. 351-3, L. 351-4-2, L. 351-6-1, L. 351-8, L. 351-9, L. 351-14-1, L. 351-15, L. 351-16, L. 381-1, L. 382-29-1, L. 634-2, L. 634-2-2, L. 634-3-2, L. 634-3-3, L. 634-6, L. 641-2, L. 641-3-1, L. 641-4, L. 641-4-1, L. 641-5, L. 641-7, L. 643-1-1, L. 643-2, L. 643-3, L. 643-6, L. 742-6, L. 753-6, L. 815-1, L. 815-7, L. 816-2, L. 921-2-1, L. 922-2. – V. L. n° 2003-775 du 21 août 2003, art. 5-I, Annexe I, **p. 2821.** – V. L. n° 2010-1330 du 9 nov. 2010, art. 3, 16-II, 88, Annexe I, **p. 2854.**
2014	27 janv.	Loi n° 2014-57. Modalités de mise en œuvre des conventions conclues entre les organismes d'assurance maladie complémentaire et les professionnels, établissements et services de santé. – V. CSS, art. L. 863-8.
2014	31 janv.	Décret n° 2014-94. Abrogation de diverses dispositions relatives aux ressources de la Haute Autorité de santé mentionnée à l'article L. 161-37 du code de la sécurité sociale. – V. CSS, art. D. 161-16, D. 161-17.
2014	12 févr.	Arrêté. Modification des modalités de calcul du taux d'actualisation de la provision mathématique théorique des opérations collectives prévues à l'article L. 932-24 du code de la sécurité sociale. – V. CSS, art. A. 932-4-1.
2014	14 févr.	Décret n° 2014-129. Application de l'article L. 173-2 du code de la sécurité sociale et Conditions d'attribution du minimum contributif. – V. CSS, art. D. 173-21-0-0-1.
2014	17 févr.	Décret n° 2014-137. Fixation du montant de la déduction forfaitaire pour les particuliers employeurs dans les départements d'outre-mer, à Saint-Barthélemy, Saint-Martin et Saint-Pierre-et-Miquelon. – V. CSS, art. D. 241-5-7.
2014	20 févr.	Ordonnance n° 2014-158. Diverses dispositions d'adaptation de la législation au droit de l'Union européenne en matière financière. – Art. 8. – V. CSS, art. L. 931-18-1.
2014	21 févr.	Loi n° 2014-173. De programmation pour la ville et la cohésion urbaine. – Art. 19 et 26. – V. CSS, art. L. 131-4-2; L. n° 96-987 du 14 nov. 1996, art. 13, Annexe I, **p. 2733.**
2014	5 mars	Loi n° 2014-288. Formation professionnelle, emploi et démocratie sociale. – Art. 1er, 20, 28. – V. CSS, art. L. 114-12-1, L. 114-16-2, L. 133-5-3, L. 133-5-4, L. 228-1, L. 412-8.
2014	17 mars	Loi n° 2014-344. Consommation. – Art. 33, 64, 140. – V. CSS, art. L. 138-9, L. 162-16-4, L. 165-6, L. 931-3-3, L. 932-15-1.
2014	19 mars	Décret n° 2014-349. Validation des périodes d'assurance vieillesse au titre du versement des cotisations. – V. CSS, art. R. 351-9, D. 643-3.
2014	19 mars	Décret n° 2014-350. Retraite anticipée au titre des « carrières longues ». – V. CSS, art. D. 351-1-2.

2014	24 mars	Loi n° 2014-366. Accès au logement et urbanisme rénové. – Art. 6-IV, 27-V, 37-II, 64-II, 72-II, 85-I, 90 : – V. CSS, art. L. 542-2, L. 542-2-1, L. 542-5, L. 542-7-1, L. 553-4, L. 755-21, L. 831-1, L. 831-2-1, L. 831-3, L. 831-4, L. 831-8, L. 835-2, L. 851-1. – V. L. n° 2000-321 du 12 avr. 2000, art. 25-1 A, Annexe I, **p. 2665.**
2014	27 mars	Décret n° 2014-374. Traitement automatisé de données à caractère personnel dénommé « échanges interrégimes de retraite ». – V. CSS, art. R. 161-69-1 à R. 161-69-4.
2014	23 avr.	Décret n° 2014-419. Montant majoré du complément familial mentionné aux articles L. 522-3 et L. 755-16-1 du code de la sécurité sociale. – V. CSS, art. D. 522-2, D. 755-6-1.
2014	23 avr.	Décret n° 2014-420. Montant majoré du complément familial et revalorisation du montant de l'allocation de soutien familial. – V. CSS, art. R. 522-4, R. 523-7, R. 755-4.
2014	24 avr.	Décret n° 2014-421. Prestation d'accueil du jeune enfant. – V. CSS, art. R. 531-1, R. 531-5, R. 532-1.
2014	24 avr.	Décret n° 2014-422. Prestation d'accueil du jeune enfant. – V. CSS, art. D. 531-3, D. 531-9, D. 531-12, D. 531-18, D. 531-23.
2014	22 mai	Décret n° 2014-516. Modalités de liquidation et de recouvrement de la cotisation maladie due par les personnes affiliées au régime général sur critère de résidence et diverses dispositions relatives aux soins dispensés hors de France. – V. CSS, art. R. 332-2 à R. 332-5, R. 380-2 à R. 380-5.
2014	22 mai	Décret n° 2014-517. Taux et modalités de calcul de la cotisation maladie due par les personnes affiliées au régime général sur critère de résidence. – V. CSS, art. D. 380-1 à D. 380-5.
2014	22 mai	Décret n° 2014-524. Modification des règles relatives à l'organisation et au fonctionnement de Pôle emploi. – Art. 25. – V. CSS, art. D. 412-79, D. 412-90, D. 412-93.
2014	26 mai	Décret n° 2014-531. Participation des assurés sociaux aux frais de transport mentionnés au 19° de l'article L. 322-3 du code de la sécurité sociale. – V. CSS, art. R. 322-2, R. 322-10, R. 322-10-4, R. 322-10-5.
2014	27 mai	Décret n° 2014-551. Adaptation de dispositions pour faire suite à la fusion de la direction générale des impôts et de la direction générale de la comptabilité publique : – Art. 28, 42. – V. CSS, art. R. 123-49, R. 133-2, R. 137-2, R. 256-9, R. 381-83, R. 381-93, R. 581-10, R. 611-68, R. 754-5, R. 815-10, R. 815-35, R. 815-37, R. 815-41, R. 815-75. – V. Décr. n° 86-1073 du 30 sept. 1986, art. 3 à 6, Annexe I, **p. 2665.**
2014	27 mai	Décret n° 2014-552. Adaptation de dispositions pour faire suite à la fusion de la direction générale des impôts et de la direction générale de la comptabilité publique. – Art. 15. – V. CSS, art. D. 243-1, D. 253-30, D. 611-32.

2014	30 mai	Décret n° 2014-566. Prise en compte des périodes de perception des indemnités journalières d'assurance maternité pour la détermination des périodes d'assurance vieillesse. – V. CSS, art. R. 351-12.
2014	6 juin	Décret n° 2014-605. Révision et complément des tableaux des maladies professionnelles annexés au livre IV du code de la sécurité sociale. – V. CSS, Annexe II, tableau n° 40, **p. 2881.**
2014	13 juin	Loi n° 2014-617. Comptes bancaires inactifs et contrats d'assurance vie en déshérence. – Art. 7. – V. CSS, art. L. 932-23.
2014	17 juin	Décret n° 2014-628. Dématérialisation de la déclaration et du paiement des cotisations sociales pour les employeurs privés et les travailleurs indépendants ainsi que la dématérialisation de la déclaration préalable à l'embauche pour les employeurs privés. – V. CSS, art. D. 133-10, D. 133-11, D. 133-17, D. 133-17-1, D. 765-2-6.
2014	18 juin	Loi n° 2014-626. Artisanat, commerce et très petites entreprises : – Art. 24 à 26, 37. – V. CSS, art. L. 131-6 à L. 131-6-2, L. 133-6-7, L. 133-6-7-2, L. 133-6-8 à L. 133-6-8-2, L. 136-3, L. 161-1-1, L. 161-1-3, L. 171-3, L. 241-6, L. 242-11, L. 612-4, L. 612-5, L. 612-13, L. 613-1, L. 613-2, L. 613-4, L. 613-7, L. 613-7-1, L. 622-1, L. 622-4, L. 622-10, L. 633-10, L. 635-1, L. 635-5, L. 642-1à L. 642-2-1, L. 645-2, L. 755-2-1, L. 756-4, L. 756-5. – V. L. n° 2000-321 du 12 avr. 2000, art. 10, Annexe I, **p. 2781.**
2014	19 juin	Décret n° 2014-645. Règles d'exonération de cotisations sociales applicable aux employeurs implantés en outre-mer. – V. CSS, art. R. 752-19-1.
2014	20 juin	Décret n° 2014-649. Dématérialisation de la déclaration et du paiement des cotisations sociales pour les employeurs publics. – V. CSS, art. D. 133-12.
2014	20 juin	Décret n° 2014-653. Comité de suivi des retraites. – V. CSS, art. R. 114-1 à R. 114-6.
2014	20 juin	Décret n° 2014-654. Comité de suivi des retraites. – V. CSS, art. D. 114-4-0-5, D. 114-4-0-7 à D. 114-4-0-18.
2014	24 juin	Décret n° 2014-671. Diverses mesures relatives à la représentation des Français établis hors de France. – Art. 2. – V. CSS, art. D. 766-3.
2014	27 juin	Décret n° 2014-727. Modification des modalités de mise en œuvre de l'information des assurés sur le coût des produits de santé délivrés. – V. CSS, art. D. 161-13-1.
2014	4 juill.	Décret n° 2014-769. Recouvrement de la participation des organismes de protection sociale complémentaire à la prise en charge des modes de rémunération des médecins mentionnés au 13° de l'article L. 162-5 du code de la sécurité sociale. – V. ce décret, Annexe I, **p. 2873.**
2014	4 juill.	Décret n° 2014-775. Indemnités journalières maladie et régimes obligatoires d'assurance invalidité-décès du régime social des indépendants. – V. CSS, art. D. 613-16.

2014	7 juill.	Décret n° 2014-782. Relèvement du plafond des ressources prises en compte pour l'attribution de la protection complémentaire en matière de santé. – V. CSS, art. D. 861-1.
2014	8 juill.	Décret n° 2014-786. Caractère collectif et obligatoire des garanties de protection sociale complémentaire. – V. CSS, art. R. 242-1-1, R. 242-1-2, R. 242-1-4 à R. 242-1-6.
2014	10 juill.	Loi n° 2014-788. Développement, encadrement des stages et amélioration du statut des stagiaires. – Art. 1er-III, 8. – V. CSS, art. L. 351-17, L. 452-4.
2014	17 juill.	Décret n° 2014-815. Droit à l'information sur la retraite à destination des assurés ayant un projet d'expatriation. – V. CSS, art. D. 161-2-1-8-4.
2014	31 juill.	Loi n° 2014-856. Économie sociale et solidaire : – Art. 48-II, 51-I, 54-II, 59. – V. CSS, art. L. 311-3, L. 412-8, L. 931-15-1 à L. 931-16, L. 932-13-2 à L. 932-13-4, L. 932-14-1, L. 932-22, L. 932-22-1, L. 932-23. – V. L. n° 2000-321 du 12 avr. 2000, art. 10, Annexe I, **p. 2781.**
2014	1er août	Décret n° 2014-886. Simplification de la procédure relative au versement de l'allocation de rentrée scolaire. – V. CSS, art. R. 543-4.
2014	4 août	Loi n° 2014-873. Égalité réelle entre les femmes et les hommes. – Art. 8, 15, 75. – CSS, art. L. 161-9, L. 161-9-2, L. 168-7, L. 231-1, L. 231-3, L. 333-3, L. 381-1, L. 531-1, L. 531-4, L. 531-4-1, L. 531-9, L. 531-10, L. 532-2, L. 544-9, L. 552-1, L. 553-4, L. 755-19.
2014	8 août	Loi n° 2014-892. De financement rectificative de la sécurité sociale pour 2014. – Art. 2, 3, 10, 11 à 13. – V. CSS, art. L. 134-11-1, L. 134-14, L. 135-3, L. 162-16-5-2, L. 162-17-2-1, L. 241-2, L. 241-3, L. 241-5 à L. 241-6-1, L. 241-13, L. 242-11, L. 611-19, L. 633-9, L. 834-1, L. 863-1, L. 863-4-1, L. 863-6.
2014	18 août	Décret n° 2014-900. Modalités de versement et de détermination du montant de l'indemnité journalière forfaitaire prévue à l'article L. 722-8-2 du code de la sécurité sociale servie aux assurées relevant du régime des praticiens et auxiliaires médicaux conventionnés en cas de difficultés liées à la grossesse. – V. CSS, art. D. 722-15, D. 722-15-5, D. 722-18.
2014	19 août	Décret n° 2014-934. Agrément ministériel des accords collectifs du régime général, de la Mutualité sociale agricole et du régime social des indépendants. – V. CSS, art. R. 123-1, R. 123-1-1, R. 151-3, R. 152-8.
2014	20 août	Décret n° 2014-953. Modalités de calcul des indemnités journalières dues au titre de la maladie, de la maternité, des accidents du travail et des maladies professionnelles. – V. CSS, art. R. 323-4, R. 331-5, R. 362-2, R. 382-34, R. 382-34-1, R. 433-4, R. 433-12, R. 436-1, R. 753-2.
2014	21 août	Décret n° 2014-955. Suppression de la vignette pharmaceutique. – V. CSS, art. R. 162-1-7, R. 163-11-1.

2014	8 sept.	Décret n° 2014-1022. Conditions de prise en charge par l'assurance maladie et fixation du prix des allergènes préparés spécialement pour un seul individu. – V. CSS, art. R. 163-14-1 à R. 163-14-3.
2014	8 sept.	Décret n° 2014-1025. Garanties d'assurance complémentaire santé des salariés mises en place en application de l'article L. 911-7 du code de la sécurité sociale. – V. CSS, art. D. 911-1 à D. 911-3.
2014	17 sept.	Décret n° 2014-1061. Obligations d'information précontractuelle et contractuelle des consommateurs et droit de rétractation. – Art. 6. – V. CSS, art. R. 932-2-3.
2014	24 sept.	Décret n° 2014-1082. Fixation des seuils de l'obligation anticipée d'effectuer la déclaration sociale nominative. – V. CSS, Annexe I, **p. 2876.**
2014	1er oct.	Loi n° 2014-1104. Taxis et voitures de transport avec chauffeur. – Art. 5-III. – V. CSS, art. L. 311-3.
2014	2 oct.	Décret n° 2014-1117. Fixation des seuils de propriété et d'usufruit pour le droit aux aides personnelles au logement. – V. CSS, art. D. 542-1, D. 755-12, D. 835-1.
2014	8 oct.	Décret n° 2014-1144. Sélection des contrats d'assurance complémentaire de santé susceptibles de bénéficier du crédit d'impôt mentionné à l'article L. 863-1 du code de la sécurité sociale. – V. CSS, art. R. 863-1, R. 863-4, R. 863-5, R. 863-8 à R. 863-16.
2014	8 oct.	Décret n° 2014-1154. Simplification et amélioration des conditions d'accès à la protection complémentaire en matière de santé. – V. CSS, art. R. 861-8, R. 861-10 à R. 861-13.
2014	9 oct.	Décret n° 2014-1155. Gestion du compte personnel de prévention de la pénibilité, modalités de contrôle et traitement des réclamations. – Art. 2. – V. CSS, art. R. 142-12.
2014	9 oct.	Décret n° 2014-1156. Acquisition et utilisation des points acquis au titre du compte personnel de prévention de la pénibilité. – Art. 3. – V. CSS, art. D. 161-2-1-10, R. 351-27-1.
2014	9 oct.	Décret n° 2014-1159. Exposition des travailleurs à certains facteurs de risque professionnel au-delà de certains seuils de pénibilité et à sa traçabilité. – Art. 3. – V. CSS, art. D. 351-1-12.
2014	9 oct.	Décret n° 2014-1160. Accords en faveur de la prévention de la pénibilité. – Art. 1er-I. – V. CSS, art. D. 138-26 à D. 138-28.
2014	9 oct.	Décret n° 2014-1163. Durée des mandats des membres des conseils ou des conseils d'administration d'organismes de sécurité sociale. – V. CSS, art. L. 231-2, L. 231-7, L. 766-5, R. 766-6, D. 231-1, D. 231-24.
2014	13 oct.	Décret n° 2014-1179. Calcul de l'exonération de cotisations sociales patronales en faveur de la jeune entreprise innovante : – V. CSS, art. D. 241-27.

		– V. Décr. n° 2004-581 du 21 juin 2004, art. 2-1, 2-2, 5, 6, *Annexe* I, **p. 2837.**
2014	20 oct.	Décret n° 2014-1215. Revalorisation de l'allocation de solidarité aux personnes âgées. – V. CSS, art. D. 815-1, D. 815-2.
2014	27 oct.	Décret n° 2014-1245. Calcul des allocations de logement. – V. CSS, art. D. 542-5-2, D. 831-2-1, D. 832-1.
2014	3 nov.	Arrêté. Surveillance complémentaire de conglomérats financiers. – Art. 19. – V. CSS, art. A. 933-3 à A. 933-12.
2014	3 nov.	Décret n° 2014-1315. Diverses dispositions d'adaptation au droit de l'Union européenne en matière financière et sociétés de financement. – Art. 16. – V. CSS, art. R. 931-4-2.
2014	3 nov.	Décret n° 2014-1316. Diverses dispositions d'adaptation au droit de l'Union européenne en matière financière et sociétés de financement. – Art. 13. – V. CSS, art. D. 931-37.
2014	6 nov.	Décret n° 2014-1340. Extension de l'assurance volontaire accidents du travail et maladies professionnelles aux conjoints collaborateurs. – V. CSS, art. R. 743-2.
2014	13 nov.	Décret n° 2014-1357. Contrôle de l'honorabilité et de la compétence des dirigeants et des membres des organes collégiaux dans les organismes d'assurance, les établissements de crédit, les sociétés de financement, les entreprises d'investissement autres que les sociétés de gestion de portefeuille, les compagnies financières holding, les compagnies financières holding mixtes et les entreprises mères de société de financement. – Art. 3. – V. CSS, art. R. 931-3-10, R. 931-3-10-1.
2014	14 nov.	Décret n° 2014-1359. Obligation de certification des logiciels d'aide à la prescription médicale et des logiciels d'aide à la dispensation prévue à l'article L. 161-38 du code de la sécurité sociale. – V. CSS, art. R. 161-75, R. 161-76-1 à R. 161-76-18.
2014	17 nov.	Décret n° 2014-1371. Déclaration sociale nominative : – V. CSS, art. R. 133-13, R. 133-14, R. 133-18. – V. Décr. n° 2013-266 du 28 mars 2013, art. 2 à 4, 6, 7, Annexe I, **p. 2864.**
2014	18 nov.	Décret n° 2014-1374. Contenu des contrats d'assurance maladie complémentaire bénéficiant d'aides fiscales et sociales. – V. CSS, art. R. 871-1, R. 871-2.
2014	27 nov.	Décret n° 2014-1413. Régime d'assurance vieillesse de base des professionnels libéraux. – V. CSS, art. D. 642-3, D. 643-1.
2014	27 nov.	Décret n° 2014-1420. Encadrement des périodes de formation en milieu professionnel et des stages. – Art. 1er-V. – V. CSS, art. D. 242-2-1.
2014	11 déc.	Décret n° 2014-1498. Garanties collectives présentant le degré élevé de solidarité mentionné à l'article L. 912-1 du code de la sécurité sociale. – V. CSS, art. R. 912-1, R. 912-2.

2014	11 déc.	Arrêté. Montant de certaines prestations familiales et tranches du barème applicable au recouvrement des indus et à la saisie des prestations. – V. CSS, ss. art. D. 553-1.
2014	16 déc.	Décret n° 2014-1513. Retraite progressive. – V. CSS, art. R. 351-39, R. 351-41, R. 351-44, R. 634-2, R. 723-2, R. 723-45, R. 723-45-1, D. 634-16, D. 634-18, D. 634-19.
2014	16 déc.	Décret n° 2014-1514. Application des dispositions relatives aux cotisations de sécurité sociale des apprentis et fixation des modalités de prise en compte des périodes d'apprentissage au titre de l'assurance vieillesse. – V. CSS, art. D. 372-4, D. 373-1 à D. 373-4.
2014	17 déc.	Décret n° 2014-1531. Taux des cotisations d'allocations familiales et d'assurance vieillesse de divers régimes de sécurité sociale : – V. CSS, art. D. 131-6-1, D. 131-6-2, D. 241-3-1, D. 241-3-2, D. 242-4, D. 242-7, D. 242-15-1, D. 242-20, D. 633-3, D. 723-2-0. – V. Décr. n° 67-804 du 20 sept. 1967, art. 1er, Annexe I, **p. 2665.**
2014	17 déc.	Décret n° 2014-1533. Participation de l'assuré prévue à l'article L. 322-2 du code de la sécurité sociale pour l'honoraire de dispensation par conditionnement. – V. CSS, art. R. 322-1, R. 322-2.
2014	17 déc.	Décret n° 2014-1534. Frais d'acquisition des médicaments pris en compte pour l'application du III de l'article L. 322-2 du code de la sécurité sociale. – V. CSS, art. D. 322-5.
2014	18 déc.	Décret n° 2014-1538. Service des prestations familiales dues aux agents de la Régie autonome des transports parisiens et de la Société nationale des chemins de fer français. – V. CSS, art. D. 212-4.
2014	20 déc.	Loi n° 2014-1545. Simplification de la vie des entreprises et diverses dispositions de simplification et de clarification du droit et des procédures administratives : – Art. 34, 39, 47, 53. – V. CSS, art. L. 175-3, L. 241-18, L. 941-4. – V. L. n° 2000-321 du 12 avr. 2000, art. 4-1, Annexe I, **p. 2780.**
2014	22 déc.	Loi n° 2014-1554. De financement de la sécurité sociale pour 2015 : – V. CSS, art. L. 114-12-1, L. 114-17, L. 114-18, L. 130-1 à L. 131-2, L. 131-7, L. 131-8, L. 133-4-2, L. 133-5-3, L. 133-6-8-4, L. 133-10, L. 135-2, L. 135-3-1, L. 136-2, L. 136-5 à L. 136-8, L. 137-6 à L. 137-9, L. 137-11, L. 137-11-1, L. 137-16, L. 138-9-1 à L. 138-20, L. 161-1-1, L. 161-36, L. 161-36-2, L. 161-37, L. 162-1-7-1, L. 162-1-8, L. 162-1-14-2, L. 162-1-17, L. 162-16, L. 162-16-1-2, L. 162-16-5 à L. 162-16-7, L. 162-17-4, L. 162-17-5, L. 162-22-2-1, L. 162-22-3, L. 162-22-5, L. 162-22-7 à L. 162-22-7-2, L. 162-22-8-2, L. 162-22-11, L. 162-22-11-1, L. 162-22-20, L. 162-30-2 à L. 162-30-4, L. 165-1 à L. 165-3, L. 165-5, L. 171-3 à L. 171-6, L. 174-15, L. 174-16, L. 212-3, L. 221-1, L. 225-1-4, L. 241-2, L. 241-3, L. 241-5, L. 241-6, L. 241-6-2, L. 241-10, L. 242-1-3, L. 242-4-4, L. 242-13, L. 243-1-3, L. 243-2, L. 243-6, L. 243-6-5, L. 243-7, L. 243-7-7, L. 243-13, L. 244-1, L. 244-11, L. 244-14, L. 245-5-5-1, L. 311-3, L. 322-3 à L. 322-5, L. 325-1, L. 331-6, L. 361-1, L. 361-2, L. 381-30-1, L. 381-30-5, L. 521-1, L. 611-20,

		L. 612-9, L. 613-2, L. 613-4 à L. 613-8, L. 613-19-3, L. 613-21, L. 622-10, L. 643-9, L. 644-4, L. 645-6, L. 752-4, L. 755-12, L. 861-3, L. 862-3, L. 862-4, L. 862-6, L. 863-7-1, L. 871-1, L. 911-7. – V. Ord. n° 96-50 du 24 janv. 1996, art. 14, **p. 2718.** – V. L. n° 98-546 du 2 juill. 1998, art. 13, Annexe I, **p. 2746.** – V. L. n° 2003-1199 du 18 déc. 2003, art. 33, Annexe I, **p. 2823.**
2014	22 déc.	Décret n° 2014-1568. Prise en compte des revenus tirés de l'exercice d'une activité professionnelle dans l'appréciation des ressources pour la détermination des droits au titre de l'allocation de solidarité aux personnes âgées. – V. CSS, art. R. 815-29.
2014	23 déc.	Décret n° 2014-1594. Suppression de la catégorie de risques des salariés dispensés d'activité pour l'application de la tarification des accidents du travail et des maladies professionnelles. – V. CSS, art. D. 242-6-21.
2014	23 déc.	Arrêté. Tarification des risques d'accidents du travail et des maladies professionnelles. – V. Arr. du 17 oct. 1995, mod., ss. Annexe I, **p. 2708.**
2014	24 déc.	Décret n° 2014-1616. Modification des modalités de mise en œuvre de l'information des assurés sur le coût des produits de santé délivrés. – V. CSS, art. D. 161-13-1.
2014	26 déc.	Décret n° 2014-1637. Calcul des cotisations et contributions sociales des travailleurs indépendants non agricoles. – V. CSS, art. D. 131-1, D. 131-2, D. 131-6-4, D. 133-4, D. 133-14, D. 133-17, D. 161-1-2, D. 612-5, D. 612-7, D. 612-18, D. 612-20, D. 613-1, D. 613-2, D. 622-2, D. 633-2, D. 633-4, D. 633-19-7, D. 635-2, D. 635-3, D. 635-6, D. 635-19, D. 642-2 à D. 642-4-1, D. 642-5-2, D. 642-5-7, D. 722-1, D. 722-2, D. 722-5, D. 722-11, D. 722-12, D. 756-1, D. 756-4 à D. 756-7.
2014	29 déc.	Loi n° 2014-1654. De finances pour 2015. – Art. 45-IV, 93-II et III. – V. CSS, art. L. 241-2, L. 542-2, L. 831-1.
2014	29 déc.	Loi n° 2014-1655. De finances rectificative pour 2014 : – Art. 29, 89, 105. – V. CSS, art. L. 136-7, L. 241-13, L. 834-1. – V. Ord. n° 96-50 du 24 janv. 1996, art. 16, Annexe I, **p. 2719.** – V. L. n° 96-987 du 14 nov. 1996, art. 12, Annexe I, **p. 2727.**
2014	29 déc.	Décret n° 2014-1688. Mise en œuvre de la réduction générale des cotisations et contributions patronales : – V. CSS, art. D. 241-2-4, D. 241-3-2, D. 241-7, D. 241-10, D. 241-11, D. 241-26, D. 711-7 à D. 711-10. – V. Décr. n° 97-127 du 12 févr. 1997, art. 6, Annexe I, **p. 2740.**
2014	29 déc.	Décret n° 2014-1739. Calcul des aides personnelles au logement. – V. CSS, art. D. 542-5.
2014	30 déc.	Loi n° 2014-1662. Diverses dispositions d'adaptation de la législation au droit de l'Union européenne en matière économique et financière. – Art. 16-III. – V. CSS, art. L. 932-45.

2014	30 déc.	Décret n° 2014-1690. Recouvrement des cotisations et contributions sociales des travailleurs indépendants non agricoles. – V. CSS, art. R. 115-5, R. 131-1, R. 131-1-1, R. 131-4, R. 131-5, R. 131-6, R. 133-24, R. 133-26, R. 133-27, R. 133-29-1, R. 133-29-3, R. 242-13 à R. 242-15, R. 243-22, R. 244-7, R. 612-7, R. 612-8, R. 612-18 à R. 612-20, R. 612-22, R. 613-1, R. 613-10 à R. 613-12, R. 613-16 à R. 613-21, R. 613-23, R. 613-25, R. 622-1, R. 622-4, R. 631-37, R. 643-1, R. 644-2, R. 723-19, R. 723-23, R. 723-63, R. 723-65.
2014	30 déc.	Décret n° 2014-1695. Modification du seuil d'exonération de la cotisation d'assurance maladie, maternité, invalidité, décès due sur les avantages de retraite. – V. CSS, art. D. 242-8, D. 242-9, D. 242-11.
2014	30 déc.	Décret n° 2014-1702. Droits à retraite des personnes handicapées et de leurs aidants familiaux : – V. CSS, art. R. 173-15, R. 173-15-2, R. 351-24-3, R. 634-1, R. 815-1, D. 351-1-5 à D. 351-1-7, D. 381-1, D. 381-2-1, D. 634-4. – V. Décr. n° 73-937 du 2 oct. 1973, art. 3 *quater*, Annexe I, **p. 2667.**
2014	30 déc.	Décret n° 2014-1704. Droits de plaidoirie et contribution équivalente : – V. CSS, art. R. 723-26-1 à R. 723-26-8. – V. Décr. n° 95-161 du 15 févr. 1995, art. 1er à 17, Annexe I, .
2014	30 déc.	Décret n° 2014-1705. Prestation partagée d'éducation de l'enfant. – V. CSS, art. R. 381-2 à R. 381-3-1, R. 531-2, R. 531-4, R. 861-10.
2014	30 déc.	Décret n° 2014-1707. Dates d'effet des prestations familiales servies mensuellement. – V. CSS, art. L. 531-3, L. 531-4, L. 531-7, L. 544-5, L. 552-1, R. 552-2, R. 552-3, D. 531-3.
2014	30 déc.	Décret n° 2014-1708. Prestation partagée d'éducation de l'enfant. – V. CSS, art. D. 161-2, D. 381-1, D. 381-2-1, D. 531-4 à D. 531-11, D. 531-13 à D. 531-16-1, D. 531-21, D. 531-23, D. 531-26.
2014	30 déc.	Décret n° 2014-1713. Cumul d'une activité rémunérée et d'une pension de vieillesse. – V. CSS, art. D. 161-2-5 à D. 161-2-8, D. 161-2-10, D. 161-2-12, D. 161-2-13, D. 161-2-14, D. 161-2-15, D. 161-2-16 à D. 161-2-21, D. 634-11-1 à D. 634-11-3, D. 634-11-5, D. 643-10, D. 643-10-1, D. 643-10-2.
2014	30 déc.	Décret n° 2014-1714. Date de versement de la prime à la naissance. – V. CSS, art. D. 531-2.
2014	30 déc.	Décret n° 2014-1715. Fixation du montant du capital décès. – V. CSS, art. D. 361-1.
2014	30 déc.	Décret n° 2014-1742. Aide versée aux gestionnaires d'aires d'accueil des gens du voyage. – V. CSS, art. R. 851-2, R. 851-5, R. 851-6.
2014	31 déc.	Décret n° 2014-1757. Protection contre les accidents du travail et les maladies professionnelles des bénéficiaires d'aictions d'aide à la création d'entreprise, d'orientation, d'évaluation ou d'accompagnement dans la recherche d'emploi. – V. CSS, art. D. 412-90 à D. 412-94.
2014	31 déc.	Décret n° 2014-1765. Facturation individuelle des établissements de santé publics et privés mentionnés aux *a*, *b* et *c* de l'article L. 162-22-6 du code de la sécurité sociale. – V. CSS, art. R. 174-2-1 à R. 174-2-12.

2015	8 janv.	Décret n° 2015-13. Procédure de mise en concurrence des organismes dans le cadre de la recommandation prévue par l'article L. 912-1 du code de la sécurité sociale. – V. CSS, art. D. 912-1 à D. 912-13.
2015	8 janv.	Décret n° 2015-14. Versements pour la retraite au titre de certaines périodes d'études supérieures, de périodes d'activité exercées en tant qu'assistant maternel et de périodes d'apprentissage. – V. CSS, art. D. 351-4, D. 351-5, D. 351-13, D. 351-14-1 à D. 351-14-3, D. 382-33, D. 634-3-1, D. 643-4, D. 723-4.
2015	12 janv.	Décret n° 2015-20. Modification du seuil au-delà duquel les organismes de sécurité sociale et les organismes admis à servir des prestations au titre des régimes obligatoires de base portent plainte en se constituant partie civile. – V. CSS, art. D. 114-5.
2015	12 janv.	Décret n° 2015-21. Composition du conseil d'administration de la Caisse nationale d'assurance vieillesse des professions libérales. – V. CSS, art. D. 641-2.
2015	22 janv.	Décret n° 2015-46. Contrôle par l'Autorité de contrôle prudentiel et de résolution de l'utilisation de références à des notations de crédit par les institutions de retraite professionnelle. – Art. 3. – V. CSS, art. R. 932-5-11-1.
2015	26 janv.	Décret n° 2015-58. Diverses dispositions relatives aux frais pharmaceutiques. – V. CSS, art. R. 162-20-7, R. 163-11-1, R. 322-1-3.
2015	30 janv.	Décret n° 2015-86. Modification des conditions d'ouverture du droit aux prestations en espèces des assurances maladie, maternité et invalidité et au congé de paternité et d'accueil de l'enfant. – V. CSS, art. R. 313-3 à R. 313-5, R. 313-7.
2015	2 févr.	Décret n° 2015-101. Calcul des prestations en espèces versées aux assurés du régime social des indépendants. – V. CSS, art. D. 613-4-1, D. 613-4-2, D. 613-21, D. 613-29 à D. 613-32.
2015	4 févr.	Décret n° 2015-123. Traitement automatisé de données à caractère personnel dénommé « échanges inter régimes de retraite ». – V. CSS, art. R. 161-69-1, R. 161-69-3.
2015	16 févr.	Décret n° 2015-179. Fixation des procédures applicables au titre de la prise en charge prévue à l'article L. 165-1-1 du code de la sécurité sociale. – V. CSS, art. R. 165-63 à R. 165-74.
2015	17 févr.	Décret n° 2015-187. Calcul de l'allocation différentielle prévue à l'article L. 512-5 du code de la sécurité sociale et titres de séjour requis pour l'ouverture des droits aux prestations familiales. – V. CSS, art. D. 512-1, D. 512-3.
2015	18 févr.	Décret n° 2015-188. Inscription accélérée des actes innovants nécessaires à l'utilisation ou à la prise en charge par l'assurance maladie d'un dispositif médical. – V. CSS, art. R. 162-52, R. 162-52-1, D. 162-29.
2015	18 févr.	Décret n° 2015-191. Allocations de logement. – V. CSS, art. R. 831-13 à R. 831-13-2, R. 831-18, R. 831-19, D. 542-2, D. 542-14 à D. 542-16, D. 755-30, D. 755-37, D. 755-38-1, D. 831-6.

2015	23 févr.	Décret n° 2015-204. Certificats mutualistes ou paritaires. – Art. 3. – V. CSS, art. R. 931-3-51.
2015	24 févr.	Décret n° 2015-207. Modification des dispositions du code de la sécurité sociale relatives aux dépenses de transports remboursées par l'assurance maladie. – V. CSS, art. R. 322-10-5, R. 322-11-1 à R. 322-11-4.
2015	24 févr.	Décret n° 2015-209. Forfaitisation du capital décès. – V. CSS, art. R. 361-1, R. 361-2.
2015	26 févr.	Décret n° 2015-223. Gestion des créances et des dettes internationales de sécurité sociale et Centre des liaisons européennes et internationales de sécurité sociale. – V. CSS, art. R. 221-16, R. 767-1 à R. 767-10, R. 767-12.
2015	27 févr.	Décret n° 2015-234. Déclaration des remises, ristournes et avantages commerciaux et financiers consentis par les fournisseurs des pharmacies d'officine pour les spécialités génériques remboursables et diverses pénalités financières. – V. CSS, art. R. 138-1 à R. 138-3, R. 163-24, R. 163-30, R. 163-31, R. 165-33, R. 165-35, R. 165-45, R. 165-48, R. 245-17, R. 245-18.
2015	2 mars	Décret n° 2015-243. Notification, par voie électronique, aux établissements de crédit, aux sociétés de financement et aux organismes gérant des régimes de protection sociale de certains actes pris en vue du recouvrement de créances de toute nature. – Art. 4. – V. CSS, art. R. 652-2.
2015	11 mars	Décret n° 2015-284. Précision des modalités et conditions de validation des stages en entreprise par le régime général d'assurance vieillesse. – V. CSS, art. D. 351-16 à D. 351-20.
2015	19 mars	Décret n° 2015-314. Revalorisation de l'allocation de soutien familial et du montant majoré du complément familial. – V. CSS, art. R. 523-7, D. 522-2.
2015	23 mars	Décret n° 2015-326. Fixation du seuil en dessous duquel la rémunération portée sur le chèque emploi-service universel inclut une indemnité compensatrice de congés payés dont le montant est égal à un dixième de la rémunération brute. – V. CSS, art. D. 133-19.
2015	24 mars	Décret n° 2015-332. Versements pour la retraite au titre de certaines périodes d'études supérieures ou d'activité : – V. CSS, art. D. 351-8, D. 351-9, D. 723-6. – V. Décr. n° 73-937 du 2 oct. 1973, art. 3 *ter*, Annexe I, **p. 2669.**
2015	2 avr.	Ordonnance n° 2015-378. Transposition de la directive 2009/138/CE du Parlement européen et du Conseil du 25 novembre 2009 sur l'accès aux activités de l'assurance et de la réassurance et leur exercice (Solvabilité II). – Art. 17. – V. CSS, art. L. 922-8, L. 931-1-1 à L. 931-2-2, L. 931-4 à L. 931-7-6, L. 931-8-1 à L. 931-14-3, L. 931-15 à L. 931-16-1, L. 931-18 à L. 931-21-5, L. 931-25, L. 931-29 à L. 931-34-2, L. 931-37, L. 932-23-3, L. 941-3, L. 951-11.

2015	3 avr.	Décret n° 2015-387. Durée d'attribution de l'allocation aux adultes handicapés pour les personnes handicapées subissant une restriction substantielle et durable pour l'accès à l'emploi. – V. CSS, art. R. 821-5, D. 821-1-2.
2015	8 avr.	Décret n° 2015-403. Contrat pluriannuel entre l'État et la Caisse nationale d'assurance vieillesse des professions libérales. – V. CSS, art. R. 641-0 à R. 641-0-3.
2015	14 avr.	Décret n° 2015-420. Relations financières entre le régime général et les autres régimes. – V. CSS, art. D. 134-47 à D. 134-50, D. 225-2, D. 225-4, D. 611-10, D. 651-4, D. 651-17, D. 651-18, D. 651-21, D. 715-1 à D. 715-11.
2015	17 avr.	Décret n° 2015-441. Fixation du nombre d'heures ouvrant droit à une déduction forfaitaire de cotisations de sécurité sociale majorée pour les activités de garde d'enfants de six à treize ans révolus. – V. CSS, art. D. 241-5-7.
2015	23 avr.	Ordonnance n° 2015-459. Simplification des obligations déclaratives des entreprises en matière de prélèvements sur les jeux. – Art. 2. – V. CSS, art. L. 137-19, L. 137-26.
2015	29 avr.	Décret n° 2015-488. Revalorisation du montant majoré du complément familial servi dans les départements d'outre-mer. – V. CSS, art. D. 755-6-1.
2015	30 avr.	Décret n° 2015-501. Procédure de demande d'inscription d'une spécialité pharmaceutique, d'un produit ou d'une prestation sur la liste mentionnée à l'article L. 162-22-7 du code de la sécurité sociale. – V. CSS, art. D. 162-16-1.
2015	7 mai	Décret n° 2015-513. Application de l'ordonnance n° 2015-378 du 2 avril 2015 transposant la directive 2009/138/CE du Parlement européen et du Conseil sur l'accès aux activités de l'assurance et de la réassurance et leur exercice (solvabilité II) : – Art. 14. – V. CSS, art. R. 931-1-2, R. 931-1-3, R. 931-1-6, R. 931-1-9, R. 931-1-11, R. 931-1-15 à R. 931-1-31, R. 931-2-1 à R. 931-2-3, R. 931-2-5, R. 931-2-5-1 à R. 931-2-5-3, R. 931-3-1 à R. 931-3-5, R. 931-3-8, R. 931-3-10 à R. 931-3-13, R. 931-3-14-1, R. 931-3-18 à R. 931-3-24, R. 931-3-26 à R. 931-3-28, R. 931-3-22 à R. 931-3-22-1, R. 931-3-45-1 à R. 931-3-45-3, R. 931-3-49, R. 931-3-52, R. 931-3-53, R. 931-3-60, R. 931-3-64, R. 931-4 à R. 931-4-2, R. 931-5-1 à R. 931-5-9, R. 931-9-1, R. 931-11-1 à R. 931-11-9, R. 931-12-1, R. 931-12-3 à R. 931-12-7, R. 931-12-11, R. 931-12-13 à R. 931-12-15, R. 932-1-3, R. 932-3-1, R. 932-5-6, R. 932-5-9 à R. 932-5-11, R. 932-7-2, R. 932-7-4, R. 941-2, R. 941-4 à R. 941-6, R. 951-1 à R. 951-4-1. – Art. 19. – V. ss. CSS, art. L. 931-1.
2015	15 mai	Décret n° 2015-536. Substitution de la dénomination « CCI France » à la dénomination « assemblée des chambres françaises de commerce et d'industrie ». – Art. 8. – V. CSS, art. R. 213-2.

2015	3 juin	Décret n° 2015-611. Barème des allocations familiales, de la majoration pour âge et de l'allocation forfaitaire. – V. CSS, art. D. 521-1 à D. 521-4, D. 755-5-1.
2015	10 juin	Décret n° 2015-653. Application au partenaire d'un pacte civil de solidarité et au concubin de dispositions prévues en matière de rentes d'ayants droit au livre IV du code de la sécurité sociale et extension aux régimes des salariés et des non-salariés agricoles de dispositions prévues au même code en matière d'accidents du travail et de maladies professionnelles. – V. CSS, art. R. 147-1, R. 147-3, R. 147-6 à R. 147-8, R. 434-5, R. 434-10 à R. 434-14, R. 434-18, R. 452-1.
2015	18 juin	Ordonnance n° 2015-682. Simplification des déclarations sociales des employeurs. – Art. 1er, 4 à 6, 8 à 10. – V. CSS, art. L. 133-5-2, L. 133-5-3 à L. 133-5-11, L. 133-9, L. 133-9-4, L. 142-3, L. 243-1-2, L. 531-8.
2015	22 juin	Décret n° 2015-711. Institut national de formation défini à l'article L. 228-1 du code de la sécurité sociale. – V. CSS, art. D. 224-1 nouv., D. 224-8, D. 227-1 à D. 227-6.
2015	24 juin	Décret n° 2015-752. Rapport mentionné à l'article L. 912-1 du code de la sécurité sociale. – V. CSS, art. D. 912-14 et D. 912-15.
2015	29 juin	Décret n° 2015-769. Assurance volontaire vieillesse des travailleurs non salariés. – V. CSS, art. D. 642-3, D. 742-16, D. 742-20 à D. 742-22, D. 742-26, D. 742-36 à D. 742-45.
2015	29 juin	Décret n° 2015-770. Modalités de mise en œuvre du tiers payant pour les bénéficiaires de la couverture maladie universelle complémentaire et de l'aide au paiement d'une assurance complémentaire de santé. – V. CSS, art. D. 861-2 à D. 861-8, D. 863-1, D. 863-2.
2015	29 juin	Décret n° 2015-771. Fixation des modalités de bénéfice par le père, le conjoint de la mère ou la personne liée à elle par un pacte civil de solidarité ou vivant maritalement avec elle, de l'indemnisation due à la mère au titre du régime d'assurance maternité. – V. CSS, art. D. 331-5, D. 613-10-1, D. 613-12, D. 722-15-6.
2015	1er juill.	Décret n° 2015-796. Centres gratuits d'information, de dépistage et de diagnostic des infections par les virus de l'immunodéficience humaine et des hépatites virales et des infections sexuellement transmissibles. – Art. 2. – V. CSS, art. D. 174-15 à D. 174-18.
2015	9 juill.	Ordonnance n° 2015-839. Sécurisation des rentes versées dans le cadre des régimes de retraite mentionnés à l'article L. 137-11 du code de la sécurité sociale. – V. CSS, art. L. 137-11.
2015	9 juill.	Décret n° 2015-848. Composition de la commission de la transparence et de la Commission nationale d'évaluation des dispositifs médicaux et des technologies de santé. – V. CSS, art. R. 163-15, R. 163-16, R. 165-18, R. 165-19.
2015	13 juill.	Décret n° 2015-861. Suppression de la pluralité d'assureurs dans les branches d'assurance maladie et d'accidents du travail du régime de

		protection sociale des personnes non salariées agricoles et Conseil supérieur des prestations sociales agricoles. – Art. 11. – V. CSS, art. R. 142-50, R. 142-52, R. 145-55, R. 147-1D. 114-4-28.
2015	15 juill.	Ordonnance n° 2015-855. Application de l'article 38 de la loi n° 2014-872 du 4 août 2014 portant réforme ferroviaire. – Art. 32. – V. CSS, art. L. 131-8, L. 134-3, L. 134-5, L. 223-1, L. 413-14.
2015	16 juill.	Décret n° 2015-875 Abrogation de diverses dispositions relatives aux règles d'affiliation des personnes susceptibles de relever de plusieurs régimes de sécurité sociale. – V. CSS, art. R. 161-1-1, R. 171-3 à R. 171-6, R. 172-10 à R. 172-12, R. 613-3 à R. 613-9, R. 613-11, R. 613-15.
2015	16 juill.	Décret n° 2015-877. Règles d'affiliation des personnes relevant de plusieurs régimes de sécurité sociale. – V. CSS, art. D. 171-2 à D. 171-15, D. 172-11 à D. 172-13, D. 173-21-0-1-1 à D. 173-21-0-1-3, D. 612-11, D. 613-2, D. 613-3, D. 622-1, D. 633-12, D. 642-3, D. 756-2, D. 756-3.
2015	21 juill.	Décret n° 2015-887. Règles de facturation et de prise en charge des prestations hospitalières sans hospitalisation. – V. CSS, art. R. 322-1, R. 322-11-2.
2015	22 juill.	Décret n° 2015-889. Modification des règles relatives à la gouvernance des sections professionnelles de la Caisse nationale d'assurance vieillesse des professions libérales. – V. CSS, art. R. 641-5 à R. 641-7, R. 641-9, R. 641-10, R. 641-13, R. 641-13-1, R. 641-14, R. 641-16, R. 641-18, D. 641-4.
2015	23 juill.	Ordonnance n° 2015-896. Réforme du régime d'assurance vieillesse applicable à Saint-Pierre-et-Miquelon. – Art. 2. – V. CSS, art. L. 135-2.
2015	23 juill.	Ordonnance n° 2015-904. Simplification du régime des associations et des fondations. – Art. 3, 7. – V. L. n° 2000-321 du 12 avr. 2000, art. 10, 25-1, Annexe I, **p. 2781.**
2015	24 juill.	Arrêté. Sociétés de groupe assurantiel de protection sociale. – V. CSS, art. A. 931-1-9 à A. 931-1-11.
2015	29 juill.	Décret n° 2015-930. Égal accès des femmes et des hommes aux instances de gouvernance des organismes nationaux de sécurité sociale. – V. CSS, art. R. 227-1 à R. 227-4.
2015	31 juill.	Ordonnance n° 2015-948. Égal accès des femmes et des hommes au sein des autorités administratives indépendantes et des autorités publiques indépendantes. – Art. 18. – V. CSS, art. L. 161-42.
2015	6 août	Loi n° 2015-990. Croissance, activité et égalité des chances économiques. – Art. 19-IV, 44-I, 59-VI, 107-III, 135-II, 145-III, 148, 149-I, 171, 228, 230-I, 280-VI. – V. CSS, art. L. 114-12-1, L. 135-3, L. 136-2, L. 136-6, L. 137-5, L. 137-11-1, L. 137-13 à L. 137-17, L. 165-9, L. 165-9-1, L. 311-3, L. 642-4-1, L. 931-14-1, L. 931-16.

2015	17 août	Loi n° 2015-992. Transition énergétique pour la croissance verte. – Art. 50-II. – V. CSS, art. L. 131-4-4.
2015	17 août	Loi n° 2015-994. Dialogue social et emploi. – Art. 19-VII à IX, 26-IX, 27, 35, 57, 59-IV, XII et XIII : – V. CSS, art. L. 114-16-2, L. 114-17, L. 131-4-2, L. 161-22, L. 241-13, L. 412-8, L. 461-1, L. 461-2, L. 461-6, L. 523-1, L. 553-1, L. 553-2, L. 752-3-1, L. 821-5-1, L. 835-3, L. 841-1 à L. 847-1, L. 861-2, L. 861-5. – V. Ord. n° 77-1102 du 26 sept. 1977, Annexe I, **p. 2673.** – V. Ord. n° 96-50 du 24 janv. 1996, Annexe I, **p. 2712.**
2015	18 août	Décret n° 2015-1014. Suppression des dispositions relatives au taux forfaitaire de la cotisation accidents du travail et maladies professionnelles pour les détenus. – V. CSS, art. D. 412-40, D. 412-41.
2015	20 août	Ordonnance n° 2015-1033. Règlement extrajudiciaire des litiges de consommation. – Art. 4. – V. CSS, art. L. 932-15-1.
2015	20 août	Décret n° 2015-1042. Fixation des dispositions applicables pour la détermination des tarifs de soins et d'hébergement mentionnés à l'article L. 174-20 du code de la sécurité sociale. – V. CSS, art. D. 174-19.
2015	24 août	Décret n° 2015-1058. Modalités de recouvrement applicables aux contributions mentionnées à l'article L. 138-20 du code de la sécurité sociale et aux modalités de dépôt de la déclaration prévue à l'article L. 165-5 du même code. – V. CSS, art. R. 138-19, R. 138-24-1, R. 138-24-2, R. 165-33, R. 245-16-3.
2015	4 sept.	Décret n° 2015-1121. Modification des états statistiques des entreprises d'assurances, des mutuelles et des institutions de prévoyance en matière de protection sociale complémentaire. – V. CSS, Annexes ss. art. D. 931-37.
2015	21 sept.	Décret n° 2015-1166. Application de la loi n° 2015-925 du 29 juillet 2015 relative à la réforme du droit d'asile. – Art. 27. – V. CSS, art. R. 380-1, D. 115-1, D. 161-15.
2015	7 oct.	Décret n° 2015-1240. Dispositions relatives au fonds de solidarité vieillesse. – V. CSS, art. R. 135-2 à R. 135-9, R. 135-11 à R. 135-16-1, R. 135-16-3 à R. 135-16-6, R. 135-16-8, R. 351-12, D. 135-1, D. 135-2, D. 634-2, D. 815-9.
2015	7 oct.	Ordonnance n° 2015-1248. Adaptation du code rural et de la pêche maritime au droit de l'Union européenne. – Art. 6-II. – V. CSS, art. L. 241-13.
2015	14 oct.	Loi n° 2015-1268. Actualisation du droit des outre-mer. – Art. 7. – V. CSS, art. L. 154-2, L. 168-3, L. 444-1, L. 712-11-2, L. 751-1, L. 752-1 à L. 752-3, L. 752-5, L. 752-6, L. 752-9, L. 752-10, L. 752-11, L. 752-13, L. 753-1, L. 753-2, L. 753-4 à L. 753-9, L. 754-1, L. 754-4, L. 755-1, L. 755-3, L. 755-9 à L. 755-11, L. 755-17, L. 755-22, L. 755-29, L. 755-33, L. 756-1 à L. 756-4, L. 756-5, L. 757-1, L. 757-3, L. 758-1, L. 758-3, L. 815-1, L. 815-11, L. 815-12, L. 815-24, L. 821-1, L. 831-1.

2015	27 oct.	Décret n° 2015-1363. Coopératives d'activité et d'emploi et aux entrepreneurs salariés. – Art. 2. – V. CSS, art. D. 412-100.
2015	30 oct.	Décret n° 2015-1382. Médiation des litiges de la consommation. – Art. 6. – V. CSS, art. R. 932-1-1.
2015	3 nov.	Décret n° 2015-1399. Modalités de calcul du capital décès servi aux ayants droit des fonctionnaires, des magistrats et des militaires. – V. CSS, art. D. 712-19, D. 712-23-1, D. 712-24, D. 713-10, D. 713-14.
2015	4 nov.	Décret n° 2015-1419. Révision et complément aux tableaux des maladies professionnelles annexés au livre IV du code de la sécurité sociale. – V. Annexe II, tableau n° 76, **p. 2881.**
2015	13 nov.	Décret n° 2015-1469. Suppression de commissions administratives à caractère consultatif. – Art. 26. – V. CSS, art. L. 162-21-2.
2015	18 nov.	Ordonnance n° 2015-1497. Adaptation de diverses dispositions du code des assurances à Saint-Barthélemy, Saint-Pierre-et-Miquelon et dans les îles Wallis-et-Futuna. – Art. 4. – V. CSS, art. L. 311-3, L. 931-2-2, L. 931-5, L. 931-7-2, L. 931-13, L. 931-33-3, L. 931-34.
2015	19 nov.	Décret n° 2015-1510. Promotion de la pertinence des actes, des prestations et des prescriptions en santé. – V. CSS, D. 162-1-17.
2015	19 nov.	Décret n° 2015-1511. Contrat d'amélioration des pratiques en établissements de santé. – V. CSS, art. R. 161-73.
2015	19 nov.	Décret n° 2015-1512. Modification des délais applicables à l'enquête de représentativité prévue à l'article R. 162-54 du code de la sécurité sociale. – V. CSS, art. R. 162-54.
2015	20 nov.	Décision n° 2015-498 QPC. – V. CSS, art. L. 137-11, § II *bis*.
2015	25 nov.	Décret n° 2015-1526. Application de l'article 149 de la loi n° 2015-990 du 6 août 2015 pour la croissance, l'activité et l'égalité des chances économiques. – V. CSS, art. D. 137-1.
2015	27 nov.	Loi n° 2015-1541. Protection des sportifs de haut niveau et professionnels et sécurisation de leur situation juridique et sociale. – Art. 11. – V. CSS, art. L. 412-8.
2015	1er déc.	Décret n° 2015-1570. Autorisation de la mise en œuvre d'un traitement de données à caractère personnel à partir de l'échantillon interrégimes de retraités (EIR) et de données fiscales en vue de la constitution de statistiques et autorisation de l'extension aux pensions d'invalidité du champ des échantillons inter-régimes de cotisants et de retraités. – V. CSS, art. R. 161-61.
2015	3 déc.	Ordonnance n° 2015-1578. Suppression du contrat d'accès à l'emploi et du contrat d'insertion par l'activité, et extension et adaptation du contrat initiative-emploi à la Guadeloupe, à la Guyane, à la Martinique, à La Réunion, à Saint-Barthélemy, à Saint-Martin et à Saint-Pierre-et-Miquelon. – Art. 3. – V. CSS, art. L. 754-5.

2015	9 déc.	Décret n° 2015-1622. Personnel des échelons régionaux et locaux du contrôle médical autre que les praticiens-conseils. – V. CSS, art. R. 315-9.
2015	10 déc.	Ordonnance n° 2015-1628. Garanties consistant en une prise de position formelle, opposable à l'administration, sur l'application d'une norme à la situation de fait ou au projet du demandeur. – Art. 4. – V. CSS, art. L. 133-6-9, L. 133-6-10, L. 243-6-1, L. 243-6-3.
2015	11 déc.	Décret n° 2015-1649. Modalités et conditions d'inscription de certains produits et prestations sur la liste prévue à l'article L. 165-1 du code de la sécurité sociale. – V. CSS, art. R. 165-1, R. 165-3 à R. 165-5, R. 165-7-1, R. 165-9, R. 165-10-1 à R. 165-11-2.
2015	21 déc.	Loi n° 2015-1702. De financement de la sécurité sociale pour 2016 : – V. CSS, art. L. 111-1, L. 111-2-1 à L. 111-2-3, L. 114-9 à L. 114-12-1, L. 114-12-4, L. 114-15, L. 114-16-1, L. 114-17-1, L. 114-19, L. 122-2, L. 122-6 à L. 122-9, L. 131-4-2, L. 131-6-3, L. 131-7, L. 131-9, L. 133-4, L. 133-4-8, L. 133-6-2, L. 133-6-8, L. 134-3 à L. 134-15, L. 135-1 à L. 135-4, L. 136-2, L. 136-5, L. 136-8, L. 137-17, L. 138-10, L. 138-11, L. 138-13 à L. 138-15, L. 138-19-1, L. 138-19-2, L. 138-19-4, L. 138-19-5, L. 139-1, L. 160-1 à L. 160-17, L. 161-1 à L. 161-3, L. 161-5, L. 161-7, L. 161-8, L. 161-9, L. 161-9-3, L. 161-10, L. 161-11, L. 161-13, L. 161-14, L. 161-14-1, L. 161-15, L. 161-15-1, L. 161-15-4, L. 161-22, L. 161-23-1, L. 161-25-2, L. 161-25-3, L. 161-27, L. 161-37, L. 162-1-7-1, L. 162-1-8, L. 162-1-14-1, L. 162-1-14-2, L. 162-1-15, L. 162-1-17, L. 162-1-20, L. 162-4, L. 162-5-14, L. 162-5-14-2, L. 162-5-17, L. 162-9, L. 162-12-9, L. 162-12-22, L. 162-14-1, L. 162-16-6, L. 162-17-3, L. 162-17-5, L. 162-22 nouv., L. 162-22-7, L. 162-22-9, L. 162-22-18 à L. 162-22-20, L. 162-23 à L. 162-23-11, L. 162-24-2, L. 162-26, L. 162-27, L. 162-30-2 à L. 162-30-4, L. 162-31, L. 162-31-1, L. 162-45, L. 165-3, L. 165-4-1, L. 165-9, L. 165-12, L. 169-1 à L. 169-13, L. 172-1 A, L. 173-1-2, L. 174-2-1, L. 174-15, L. 182-2, L. 182-2-3, L. 200-1, L. 211-3 à L. 211-7, L. 212-1, L. 213-1, L. 213-4, L. 216-2-1, L. 216-2-2, L. 221-1, L. 221-3-1, L. 223-1, L. 225-1-4, L. 241-1, L. 241-2, L. 241-6-1, L. 241-6-2, L. 241-10 à L. 241-12, L. 242-1, L. 242-1-2, L. 242-3, L. 242-4-3, L. 242-10, L. 244-2, L. 245-16, L. 252-1, L. 311-1, L. 311-3, L. 311-5, L. 311-5-1, L. 311-7, L. 311-9, L. 311-10, L. 313-1, L. 313-3 à L. 313-5, L. 314-1, L. 315-2, L. 321-1, L. 321-2, L. 322-5, L. 322-5-5, L. 323-1, L. 323-3, L. 323-4, L. 325-1, L. 330-1, L. 331-1, L. 332-1, L. 341-3, L. 341-6, L. 351-2, L. 351-3-1, L. 351-11, L. 353-5, L. 356-2, L. 371-1 à L. 371-3, L. 371-6, L. 372-2, L. 376-4, L. 380-1, L. 380-2, L. 380-3-1, L. 381-3, L. 381-4, L. 381-7 à L. 381-11, L. 381-19 à L. 381-23, L. 381-26 à L. 381-28, L. 381-30 à L. 381-30-2, L. 381-30-5, L. 382-3, L. 382-5, L. 382-8, L. 382-14-1, L. 382-15, L. 382-21, L. 412-8, L. 413-7, L. 432-1, L. 434-1, L. 434-2, L. 434-6, L. 434-16, L. 434-17, L. 453-1, L. 471-1, L. 512-1, L. 523-1, L. 551-1, L. 581-2, L. 611-4, L. 611-9-1, L. 611-12, L. 611-20 à L. 611-22, L. 612-3, L. 612-4, L. 613-1, L. 613-3, L. 613-4, L. 613-7, L. 613-7-1, L. 613-8, L. 613-10, L. 613-12, L. 613-14, L. 613-20, L. 634-6, L. 643-6, L. 711-5 à

		L. 711-7, L. 712-6 à L. 712-9, L. 713-1-1, L. 713-9, L. 713-10, L. 713-16, L. 713-21, L. 715-2, L. 742-6, L. 752-3-1, L. 752-3-2, L. 752-4, L. 753-4, L. 755-10, L. 755-10-1, L. 758-2, L. 762-4, L. 762-6, L. 762-7, L. 765-5, L. 816-2, L. 821-7, L. 861-1 à L. 861-3, L. 861-5, L. 871-1, L. 862-1, L. 862-2, L. 862-4, L. 864-1, L. 864-2, L. 865-1, L. 911-7, L. 911-7-1. – V. Ord. n° 77-1102 du 26 sept. 1977, Annexe I, **p. 2673.** – V. L. n° 89-1009 du 31 déc. 1989, art. 9-1, Annexe I, **p. 2690.** – V. L. n° 91-1389 du 31 déc. 1991, art. 2, Annexe I, **p. 2694.** – V. Ord. n° 96-50 du 24 janv. 1996, art. 6, Annexe I, **p. 2716.** – V. L. n° 96-987 du 14 nov. 1996, art. 12-VII, Annexe I, **p. 2727.** – V. L. n° 2003-1199 du 18 déc. 2003, art. 33-II, Annexe I, **p. 2823.** – V. L. n° 2013-504 du 14 juin 2013, art. 1er-I, ss. art. L. 911-7, **p. 1051.**
2015	21 déc.	Décret n° 2015-1709. Prime d'activité. – V. CSS, art. R. 531-6, R. 532-7, R. 532-8, R. 757-6, R. 842-1 à R. 848-1, R. 861-5, R. 861-7.
2015	21 déc.	Décret n° 2015-1710. Prime d'activité. – V. CSS, art. D. 412-86, D. 612-5, D. 843-1 à D. 848-5.
2015	28 déc.	Loi n° 2015-1776. Adaptation de la société au vieillissement. – Art. 6, 39 à 41, 53, 56, 58, 72 : – V. CSS, art. L. 114-5, L. 114-8, L. 115-2-1, L. 115-9, L. 133-4-4, L. 133-5-6, L. 133-5-8, L. 241-3-2, L. 378-1, L. 381-1, L. 816-1, L. 863-3. – V. L. n° 2001-647 du 20 juill. 2001, art. 15, 17, 19-1, 19-2, Annexe I, **p. 2799.**
2015	29 déc.	Loi n° 2015-1785. De finances pour 2016 : – Art. 15-III, 53-I, 67-I, 140-I et III, 147. – V. CSS, art. L. 137-15, L. 161-25, L. 241-2, L. 241-6, L. 241-18, L. 542-3, L. 816-3, L. 821-3-1, L. 834-1, L. 842-3. – V. L. n° 2009-1646 du 24 déc. 2009, art. 91, Annexe I, **p. 2850.**
2015	29 déc.	Loi n° 2015-1786. De finances rectificative pour 2015. – Art. 15, 20, 99, 118. – V. CSS, art. L. 131-4-1, L. 131-4-4, L. 136-6, L. 241-10, L. 851-1.
2015	29 déc.	Décret n° 2015-1852. Taux des cotisations d'assurance maladie du régime général et de divers régimes de sécurité sociale. – V. CSS, art. D. 241-2-4, D. 241-7, D. 242-3, D. 711-8, D. 711-9, D. 722-3.
2015	30 déc.	Décret n° 2015-1856. Cotisations et contributions de sécurité sociale des travailleurs indépendants. – V. CSS, art. D. 131-4, D. 131-6-1, D. 131-6-2, D. 131-6-4, D. 131-6-5, D. 133-4, D. 133-17, D. 161-1-1-2, D. 613-32, D. 612-5, D. 633-2, D. 633-3, D. 635-2, D. 642-4, D. 652-1, D. 723-1-1.
2015	30 déc.	Décret n° 2015-1857. Application de l'ordonnance n° 2015-378 du 2 avril 2015 transposant la directive 2009/138/CE du Parlement européen et du Conseil sur l'accès aux activités de l'assurance et de la réassurance et leur exercice (solvabilité II). – Art. 2, 3, 4. – V. CSS, art. D. 931-34 à D. 931-37, D. 951-1, D. 951-2.

2015	30 déc.	Arrêté. Application de l'ordonnance n° 2015-378 du 2 avril 2015 transposant la directive 2009/138/CE du Parlement européen et du Conseil sur l'accès aux activités de l'assurance et de la réassurance et leur exercice (solvabilité II). – Art. 1er. – V. CSS, art. A. 931-3-13, A. 931-4-5, A. 931-5, A. 932-3-4, A. 932-3-7, A. 932-3-9, A. 932-3-11 à A. 932-3-15, A. 932-6, A. 932-7, A. 951-1, A. 951-3-3.
2015	30 déc.	Décret n° 2015-1865. Bénéficiaires et prestations de la protection universelle maladie et cotisation forfaitaire prévue à l'article L. 381-8 du code de la sécurité sociale. – V. CSS, art. R. 111-2, R. 114-18, R. 115-7, R. 142-7, R. 147-1 à R. 147-3, R. 147-6, R. 147-8, R. 147-11, R. 147-11-1, R. 147-12, R. 148-6, R. 160-1 à R. 160-24, R. 161-1 à R. 161-8-1, R. 161-8-13 à R. 161-8-15, R. 161-33-2, R. 161-43-1, R. 161-71, R. 162-1-9, R. 162-1-11, R. 162-56, R. 163-1, R. 163-7, R. 163-9, R. 163-10-1, R. 163-13, R. 163-14-3, R. 163-18, R. 172-12-3, R. 172-22, R. 174-35, R. 182-2-11, R. 251-9, R. 252-11, R. 313-1, R. 313-2, R. 313-6 à R. 313-10, R. 313-14, R. 313-16, R. 322-10, R. 323-1, R. 323-9, R. 324-1, R. 324-2, R. 325-3, R. 331-2, R. 353-9, R. 376-4, R. 380-1, R. 380-2, R. 381-8 à R. 381-11, R. 381-15 à R. 381-24, R. 381-26, R. 381-29 à R. 381-31, R. 381-80, R. 381-81, R. 381-85, R. 381-94, R. 381-96, R. 382-31, R. 454-4, R. 481-6, R. 512-1, R. 544-2, R. 611-86, R. 613-29, R. 613-31, R. 613-33, R. 613-35, R. 613-50, R. 613-65, R. 613-67, R. 613-69, R. 711-18, R. 713-1, R. 722-5, R. 753-2, R. 753-4, R. 753-4-1, R. 753-7, R. 753-8, R. 753-16, R. 753-22, R. 761-16, R. 761-17, R. 762-13, R. 762-14, R. 816-3, R. 821-6, R. 821-8, R. 861-1, R. 863-11, R. 871-2.
2015	30 déc.	Décret n° 2015-1869. Affiliation au régime général de sécurité sociale des personnes participant de façon occasionnelle à des missions de service public : – V. CSS, art. D. 311-1 à D. 311-5. – V. Décr. n° 2000-35 du 17 janv. 2000, Annexe I, **p. 2766.**
2015	30 déc.	Décret n° 2015-1872. Mutualisation des pensions de retraite ayant un faible montant. – V. CSS, art. D. 173-1-1, D. 173-1-2.
2015	30 déc.	Décret n° 2015-1882. Modalités de prise en charge des frais de santé en cas de maladie ou de maternité des bénéficiaires de la protection universelle maladie. – V. CSS, art. D. 160-1 à D. 160-17, D. 161-2, D. 161-2-1, D. 161-5-1, D. 161-13-1, D. 161-15, D. 171-4, D. 253-44, D. 323-1, D. 325-1, D. 325-6, D. 325-7, D. 331-1, D. 374-6, D. 613-3, D. 613-15, D. 911-1.
2015	30 déc.	Décret n° 2015-1883. Application de l'article 34 de la loi n° 2015-1702 du 21 décembre 2015 de financement de la sécurité sociale pour 2016. – V. CSS, art. D. 911-2, D. 911-4 à D. 911-8.
2015	30 déc.	Décret n° 2015-1888. Simplification du compte personnel de prévention de la pénibilité et modification de certains facteurs et seuils de pénibilité. – Art. 2. – V. CSS, art. D. 351-1-12.
2015	30 déc.	Décret n° 2015-1908. Aides personnelles au logement. – V. CSS, art. R. 831-15, D. 542-7, D. 755-25.

2016	2 janv.	Décret n° 2016-1. Prise en charge des victimes d'actes de terrorisme par les organismes d'assurance maladie. – V. CSS, art. D. 169-1 à D. 169-3, D. 242-6-4, D. 242-6-9, D. 613-19.
2016	26 janv.	Loi n° 2016-41. Modernisation de notre système de santé : – Art. 1er, 9, 39, 76, 78, 83, 86, 90, 96, 107, 112, 114, 142, 143, 148, 150, 156, 158, 162, 163, 164, 179, 181, 182, 186, 190, 193, 197, 198, 199, 202, 203, 217. – V. CSS, art. L. 111-2-1, L. 133-4, L. 141-2-2, L. 161-1-4, L. 161-28-1, L. 161-29, L. 161-30, L. 161-36-1 A, L. 161-36-3, L. 161-36-4, L. 161-36-5, L. 161-37, L. 161-38, L. 162-1-9, L. 162-1-14, L. 162-1-14-1, L. 162-1-18-1, L. 162-5, L. 162-5-3, L. 162-5-4, L. 162-9, L. 162-12-2, L. 162-12-9, L. 162-13-4, L. 162-14, L. 162-14-1, L. 162-14-1-2, L. 162-14-4, L. 162-14-5, L. 162-15, L. 162-16-1, L. 162-17-3, L. 162-17-4-2, L. 162-22-6, L. 162-22-13, L. 162-26, L. 162-32-1, L. 162-32-2, L. 171-7, L. 182-2, L. 182-2-1-1, L. 182-2-3, L. 182-2-4, L. 211-2-3, L. 221-1, L. 315-1, L. 321-3, L. 324-1, L. 713-21, L. 911-7, L. 932-39. – V. L. n° 2000-1257 du 23 déc. 2000, art. 40, 53, Annexe I, **p. 2792.**
2016	5 févr.	Décret n° 2016-117. Reversement des cotisations d'assurance vieillesse aux assurés qui justifient d'une faible durée d'assurance. – V. CSS, art. R. 161-19-1, R. 351-26.
2016	9 févr.	Décret n° 2016-132. Création du « comité d'actualisation des barèmes des accidents du travail et des maladies professionnelles ». – V. CSS, art. D. 434-4 à D. 434-11.
2016	10 févr.	Ordonnance n° 2016-131. Réforme du droit des contrats, du régime général et de la preuve des obligations. – Ratifiée par L. n° 2018-287 du 20 avr. 2018. – Art. 6-XVII. – V. CSS, art. L. 376-1.
2016	10 févr.	Décret n° 2016-145. Conditions dans lesquelles la majoration prévue à l'article L. 162-5-3 du code de la sécurité sociale n'est pas appliquée. – V. CSS, art. D. 162-1-6.
2016	15 févr.	Décret n° 2016-154. Fixation de la procédure de transaction en matière de recouvrement de cotisations et contributions de sécurité sociale. – V. CSS, art. R. 142-7, R. 243-45-1.
2016	18 févr.	Décret n° 2016-171. Fusion de caisses de base du régime social des indépendants. – V. CSS, art. R. 611-2, R. 611-4, R. 611-21, R. 611-23, R. 611-27, R. 611-31.
2016	18 févr.	Décret n° 2016-172. Fonctionnement du Comité économique des produits de santé. – V. CSS, art. D. 162-2-1, D. 162-2-5.
2016	25 févr.	Décret n° 2016-192. Simplification et harmonisation du recouvrement des cotisations et contributions de sécurité sociale des travailleurs indépendants non agricoles. – V. CSS, art. R. 131-1 à R. 131-8, R. 133-29-2, R. 242-14, R. 612-4, R. 612-6, R. 622-1, R. 643-3, R. 643-5, R. 723-65, D. 612-16, D. 633-19-7, D. 756-4.
2016	25 févr.	Décret n° 2016-193. Recouvrement des cotisations et contributions de sécurité sociale des travailleurs indépendants non agricoles relevant du

		régime prévu à l'article L. 133-6-8 du code de la sécurité sociale. – V. CSS, art. R. 133-30-1, R. 133-30-2, R. 133-30-2-2, R. 133-30-2-3 à R. 133-30-6, R. 133-30-10, D. 752-8.
2016	1er mars	Décret n° 2016-236. Composition du Conseil d'orientation des retraites. – V. CSS, art. D. 114-4-0-2.
2016	2 mars	Décret n° 2016-253. Centres provisoires d'hébergement des réfugiés et des bénéficiaires de la protection subsidiaire. – Art. 4. – V. CSS, art. D. 512-1.
2016	4 mars	Décret n° 2016-272. Modalités de déclaration et de recouvrement applicables à la taxe de solidarité additionnelle. – V. CSS, art. R. 137-1, R. 821-1 à R. 821-6.
2016	7 mars	Loi n° 2016-274. Droit des étrangers en France. – Art. 20-V. – V. CSS, art. L. 512-2.
2016	14 mars	Loi n° 2016-297. Protection de l'enfant. – Art. 19-I. – V. CSS, art. L. 543-3.
2016	14 mars	Ordonnance n° 2016-301. Partie législative du code de la consommation. – Art. 18. – V. CSS, art. L. 165-9-1.
2016	17 mars	Ordonnance n° 2016-315. Commissariat aux comptes. – Art. 51. – V. CSS, art. L. 135-12, L. 931-13, L. 931-14-2.
2016	24 mars	Décret n° 2016-349. Procédure et conditions d'inscription des spécialités pharmaceutiques sur la liste mentionnée à l'article L. 162-22-7 du code de la sécurité sociale. – V. CSS, art. D. 162-16-1.
2016	31 mars	Ordonnance n° 2016-391. Recodification des dispositions relatives à l'outre-mer du code rural et de la pêche maritime. – Art. 15. – V. CSS, art. L. 752-4, L. 755-21.
2016	1er avril	Décret n° 2016-398. Revalorisation de l'allocation de soutien familial et du montant majoré du complément familial. – V. CSS, art. R. 161-21, R. 434-27, R. 434-29, R. 523-7, D. 161-4, D. 434-1, D. 522-2.
2016	11 avril	Décret n° 2016-438. Revalorisation du montant majoré du complément familial servi en Guadeloupe, en Guyane, en Martinique, à La Réunion, à Saint-Barthélemy et à Saint-Martin. – V. CSS, art. D. 755-6-1.
2016	13 avril	Loi n° 2016-444. Renforcement de la lutte contre le système prostitutionnel et accompagnement des personnes prostituées. – Art. 9-I. – V. CSS, art. L. 542-2, L. 831-4-1, L. 851-1.
2016	14 avril	Ordonnance n° 2016-462. Création de l'Agence nationale de santé publique. – Art. 3-II. – V. CSS, art. L. 137-24, L. 161-37, L. 162-1-16, L. 221-1.
2016	25 avr.	Décret n° 2016-509. Couverture complémentaire santé des personnes de soixante-cinq ans et plus. – V. CSS, art. R. 864-1 à R. 864-3.

2016	27 avr.	Décret n° 2016-523. Création de l'Agence nationale de santé publique. – Art. 4-II. – V. CSS, art. R. 441-17, D. 178-1.
2016	9 mai	Décret n° 2016-566. Exonération de cotisations sociales applicable aux entreprises implantées en outre-mer. – V. CSS, art. D. 752-8.
2016	13 mai	Décret n° 2016-608. Couverture contre les accidents du travail et les maladies professionnelles des sportifs de haut niveau. – V. CSS, art. D. 412-101 à D. 412-104.
2016	13 mai	Décret n° 2016-609. Couverture complémentaire santé des salariés relevant des régimes locaux d'assurance maladie complémentaire des départements du Haut-Rhin, du Bas-Rhin et de la Moselle. – V. CSS, art. D. 911-1-1.
2016	24 mai	Décret n° 2016-667. Calcul des droits à pension d'invalidité dans le cadre de la coordination entre divers régimes. – V. CSS, art. R. 172-1, R. 172-2, R. 172-4, R. 172-7, R. 172-8, R. 172-16 à R. 172-21-3.
2016	30 mai	Décret n° 2016-707. Réforme des titres de créances négociables. – Art. 2. –V. CSS, art. D. 325-20.
2016	2 juin	Décret n° 2016-743. Compétences des sages-femmes en matière d'interruption volontaire de grossesse par voie médicamenteuse et en matière de vaccination. – Art. 6. – V. CSS, art. D. 323-5.
2016	2 juin	Décret n° 2016-744. Modification du décret n° 2015-1869 du 30 décembre 2015 relatif à l'affiliation au régime général de sécurité sociale des personnes participant de façon occasionnelle à des missions de service public. – V. CSS, art. D. 311-1, D. 311-3 à D. 311-5.
2016	6 juin	Décret n° 2016-748. Aides personnelles au logement. – Art. 13 à 38. – V. CSS, art. R. 831-11, R. 831-12, R. 831-19-1, R. 831-21 à R. 831-21-6, R. 831-25, D. 542-14-4, D. 542-17 à D. 542-19, D. 542-22 à D. 542-22-6, D. 542-29, D. 755-12, D. 755-30, D. 755-31, D. 755-38-1.
2016	7 juin	Décret n° 2016-756. Amélioration de la reconnaissance des pathologies psychiques comme maladies professionnelles et du fonctionnement des comités régionaux de reconnaissance des maladies professionnelles (CRRMP). – V. CSS, art. R. 441-10, R. 441-13, D. 461-1-1, D. 461-5, D. 461-7, D. 461-9, D. 461-23, D. 461-25, D. 461-27, D. 461-29, D. 461-31, D. 461-36.
2016	20 juin	Loi n° 2016-816. Économie bleue. – Art. 44-II. – V. CSS, art. L. 311-3.
2016	24 juin	Décret n° 2016-842. Garantie contre les impayés de pensions alimentaires et modification des dispositions relatives à l'allocation de soutien familial. – V. CSS, art. R. 523-1, R. 523-3, R. 523-3-2, D. 523-1, D. 523-2.
2016	29 juin	Décret n° 2016-865. Participation de l'assuré pour les frais liés à la contraception des mineures d'au moins quinze ans. – V. CSS, art. R. 160-17.
2016	4 juill.	Décret n° 2016-918. Actifs relevant de l'économie sociale et solidaire des contrats et placements mentionnés au I *bis* de l'article 990 I du code général des impôts. – Art. 3. – V. CSS, art. R. 932-3-1.

2016	5 juill.	Décret n° 2016-923. Aides personnelles au logement. – V. CSS, art. D. 542-5, D. 542-5-2, D. 755-28, D. 831-2.
2016	7 juill.	Loi n° 2016-925. Liberté de création, architecture et patrimoine. – Art. 49. – V. CSS, art. L. 136-5, L. 243-1-1.
2016	8 juill.	Décret n° 2016-941. Renforcement des droits des cotisants. – Art. 2 à 21. – V. CSS, art. R. 133-21, R. 133-29-3, R. 142-1, R. 142-4, R. 142-18, R. 144-10, R. 242-5, R. 242-14, R. 243-10, R. 243-19, R. 243-19-1, R. 243-20, R. 243-20-1, R. 243-28, R. 243-43, R. 243-43-4, R. 243-45-1, R. 243-59, R. 243-59-1 à R. 243-59-9, R. 243-60, R. 243-60-3, R. 243-61, R. 244-1, R. 612-9 à R. 612-11, D. 242-23.
2016	8 juill.	Décret n° 2016-942. Organisation du développement professionnel continu des professionnels de santé. – Art. 2-III. – V. CSS, art. R. 161-73, R. 165-65, D. 311-1.
2016	15 juill.	Ordonnance n° 2016-966. Simplification de procédures mises en œuvre par l'Agence nationale de sécurité du médicament et des produits de santé. – V. CSS, art. L. 161-39.
2016	19 juill.	Décret n° 2016-979. Modalités de calcul de la cotisation prévue à l'article L. 380-2 du code de la sécurité sociale. – V. CSS, art. D. 380-1 à D. 380-5.
2016	21 juill.	Décret n° 2016-1006. Modification des dispositions relatives au régime spécial de la Société nationale des chemins de fer français. – V. CSS, art. D. 173-21-0-2.
2016	26 juill.	Décret n° 2016-1026. Application de l'ordonnance n° 2016-315 du 17 mars 2016 relative au commissariat aux comptes. – Art. 90. – V. CSS, art. R. 931-3-55.
2016	3 août	Décret n° 2016-1068. Modalités de mutualisation de missions ou activités entre organismes de sécurité sociale. – V. CSS, art. D. 122-23, D. 212-6, D. 224-7, D. 253-35, D. 611-9.
2016	3 août	Décret n° 2016-1069. Garanties et délais de paiement en cas de pratique du tiers payant. – V. CSS, art. D. 161-13-2 à D. 161-13-5.
2016	8 août	Loi n° 2016-1088. Travail, modernisation du dialogue social et sécurisation des parcours professionnels. – Art. 8-IX, 9-IV, 28-III, 48-II, 99. – V. CSS, art. L. 133-5, L. 133-5-1, L. 136-2, L. 161-9-3, L. 168-1, L. 241-3-1, L. 241-3-2, L. 241-13, L. 241-18, L. 242-8, L. 242-9, L. 243-1-3, L. 412-8, L. 842-8.
2016	30 août	Décret n° 2016-1185. Participation des assurés pour les frais liés au dépistage spécifique du cancer du sein en cas de risque élevé. – V. CSS, art. R. 160-17.
2016	1er sept.	Décret n° 2016-1188. Liquidation unique des pensions de retraite de base des pensionnés affiliés au régime général de sécurité sociale, au régime des salariés agricoles et aux régimes d'assurance vieillesse des professions artisanales, industrielles et commerciales et au Fonds de solidarité vieillesse. – V. CSS, art. R. 135-8, R. 135-9, R. 135-15-1, R. 135-16 à R. 135-16-6, R. 173-4-4, R. 173-4-5.

2016	1er sept.	Décret n° 2016-1189. Compensation financière entre régimes au titre de la liquidation unique des pensions de retraite de base. – V. CSS, art. D. 134-51.
2016	7 sept.	Décret n° 2016-1206. Conseil départemental de la citoyenneté et de l'autonomie. – Art. 3. – V. CASF, art. D. 325-3.
2016	9 sept.	Décret n° 2016-1212. Relations financières entre le régime général et les autres régimes dans le cadre de la protection universelle maladie. – V. CSS, art. R. 134-1 à R. 134-4, R. 139-1 à R. 139-5, D. 114-4-1, D. 114-4-2, D. 134-8, D. 134-10 à D. 134-13, D. 134-44, D. 135-2, D. 135-3, D. 136-1, D. 221-1, D. 221-2, D. 225-2-1, D. 611-10.
2016	27 sept.	Décret n° 2016-1257. Obligation d'information de certains publics sur l'examen de santé gratuit prévu à l'article L. 321-3 du code de la sécurité sociale modifié. – V. CSS, art. R. 321-6.
2016	3 oct.	Décret n° 2016-1305. Modification des articles D. 185-1 et D. 185-2 du code de la sécurité sociale. – V. CSS, art. D. 185-1, D. 185-2.
2016	7 oct.	Loi n° 2016-1321. Pour une République numérique. – Art. 18. – V. L. n° 2000-321 du 12 avr. 2000, art. 10, Annexe I, **p. 2781.**
2016	10 oct.	Décret n° 2016-1347. Périodes de mise en situation en milieu professionnel en établissement et service d'aide par le travail. – V. CSS, art. D. 412-105 à D. 412-109.
2016	11 oct.	Décret n° 2016-1359. Désignation des conseillers prud'hommes. – Art. 7-III. – V. CSS, art. D. 133-9-1.
2016	12 oct.	Décret n° 2016-1362. Simplification du régime des affections de longue durée. – V. CSS, art. R. 160-11, R. 160-13, R. 160-15, R. 160-17, R. 324-1, R. 324-1-1, R. 324-2.
2016	12 oct.	Décret n° 2016-1375. Constitution, attribution et versement, à partir de l'allocation de rentrée scolaire, du pécule mentionné à l'article L. 543-3 du code de la sécurité sociale. – V. CSS, art. R. 543-8, R. 543-9.
2016	12 oct.	Décret n° 2016-1385. Prise en compte du patrimoine dans le calcul des aides personnelles au logement. – Art. 2. – V. CSS, art. R. 831-8, D. 542-12, D. 755-16-1.
2016	13 oct.	Ordonnance n° 2016-1360. Modification de la partie législative du code des juridictions financières. – Art. 51-VI. – V. CSS, art. L. 114-8.
2016	17 oct.	Décret n° 2016-1391. Composition du conseil d'administration de la Caisse nationale d'assurance vieillesse des professions libérales. – V. CSS, art. D. 641-2.
2016	25 oct.	Décret n° 2016-1435. Application de l'ordonnance n° 2015-1628 du 10 décembre 2015 relative aux garanties consistant en une prise de position formelle, opposable à l'administration, sur l'application d'une norme à la situation de fait ou au projet du demandeur. – Art. 3. – V. CSS, art. R. 133-30-11, R. 243-43-2, D. 243-0-2.

2016	25 oct.	Décret n° 2016-1441. Composition et fonctionnement du Haut Conseil de la famille, de l'enfance et de l'âge. – Art. 2. – V. CSS, art. D. 114-0-2.
2016	8 nov.	Décret n° 2016-1507. Application de l'article L. 171-7 du code de la sécurité sociale. – V. CSS, art. R. 121-2, R. 221-10, R. 611-16, D. 171-15 à D. 171-17.
2016	15 nov.	Décret n° 2016-1539. Établissement public chargé au sein du service public de l'emploi de la formation professionnelle des adultes. – Art. 6. – V. CSS, art. D. 412-79.
2016	16 nov.	Décret n° 2016-1537. Recherches impliquant la personne humaine. – Art. 23-III. – V. CSS, art. D. 412-79.
2016	18 nov.	Loi n° 2016-1547. Modernisation de la justice du XXIe siècle. – Art. 12-I, 13, 50-IV, 99-XII. – V. CSS, art. L. 141-1, L. 142-1 à L. 142-10, L. 143-1 à L. 143-11, L. 144-1 à L. 144-5, L. 242-5, L. 323-6, L. 357-14, L. 376-1, L. 381-1, L. 523-1, L. 581-2, L. 581-6, L. 581-10, L. 752-10, L. 752-12, L. 861-5, L. 863-3, L. 931-28.
2016	18 nov.	Décret n° 2016-1551. Diverses mesures relatives à la durée du travail, aux repos et aux congés. – Art. 6-III. – V. CSS, art. R. 115-1, R. 123-47-3, R. 241-0-1, R. 242-7, R. 242-8, R. 243-6, R. 243-11, R. 351-40, R. 434-30.
2016	18 nov.	Décret n° 2016-1552. Congés autres que les congés payés. – Art. 8. – V. CSS, art. R. 381-3, R. 381-3-1.
2016	18 nov.	Décret n° 2016-1553. Diverses mesures relatives à la durée du travail, aux repos et aux congés. – Art. 7-II. – V. CSS, art. D. 133-19, D. 241-7, D. 241-25, D. 241-27, D. 242-17, D. 242-19, D. 531-11.
2016	18 nov.	Décret n° 2016-1554. Congé de proche aidant. – Art. 2. – V. CSS, art. D. 381-2-2.
2016	21 nov.	Décret n° 2016-1567. Généralisation de la déclaration sociale nominative : – V. CSS, art. R. 133-13, R. 133-14, R. 133-18, R. 242-1, R. 242-2, R. 242-5, R. 242-11, R. 243-1, R. 243-6, R. 243-6-1, R. 243-7, R. 243-10, R. 243-13, R. 243-14, R. 243-16, R. 243-19, R. 243-19-1, R. 243-20, R. 243-20-1, R. 243-59, D. 133-9 à D. 133-9-5. – V. Décr. n° 2013-266 du 28 mars 2013, art. 2, 3, 4, 6, 7, 7-1.
2016	1er déc.	Décret n° 2016-1645. Permanence des soins et diverses modifications de dispositions réglementaires applicables au service public hospitalier. – Art. 4-III. – V. CSS, art. R. 162-1-3, R. 174-34, R. 613-55, D. 162-6, D. 461-11.
2016	5 déc.	Décret n° 2016-1671. Création d'un fonds de lutte contre le tabac. – V. CSS, art. R. 262-1-2, R. 262-2-1.
2016	9 déc.	Loi n° 2016-1691. Transparence, lutte contre la corruption et modernisation de la vie économique. – Art. 47-IV, 118-IV, 127, 140-IV, 160-III. – V. CSS, art. L. 114-20, L. 133-6-8-4, L. 931-13, L. 932-15-1, L. 951-2.

2016	15 déc.	Ordonnance n° 2016-1729. Pharmacies à usage intérieur. – Art. 2-III. – V. CSS, art. L. 138-10, L. 162-16-5, L. 162-17 et L. 162-17-4.
2016	21 déc.	Décret n° 2016-1796. Mutualisation des pensions de réversion ayant un faible montant. – V. CSS, art. R. 173-17-2.
2016	22 déc.	Décret n° 2016-1834. Organisation, missions, composition et fonctionnement du Conseil d'orientation des conditions de travail et des comités régionaux. – Art. 2-IV. – V. CSS, art. D. 461-31.
2016	23 déc.	Loi n° 2016-1827. De financement de la sécurité sociale pour 2017 : – V. CSS, art. L. 111-2, L. 111-11, L. 114-9 à L. 114-12-1, L. 114-15-1, L. 114-16, L. 114-19, L. 114-22, L. 115-6, L. 122-1, L. 122-6, L. 122-7, L. 131-6, L. 131-6-3, L. 131-7, L. 131-8, L. 133-1 à L. 133-1-6, L. 133-4, L. 133-4-2, L. 133-4-5, L. 133-4-9, L. 133-4-10, L. 133-5-2, L. 133-5-8, L. 133-5-12, L. 133-6 à L. 133-6-6, L. 133-6-7-3, L. 133-6-8, L. 133-6-9, L. 133-6-11, L. 133-8-3, L. 133-11, L. 134-3, L. 134-4, L. 135-2, L. 135-3, L. 135-6, L. 136-1, L. 136-2, L. 136-4, L. 136-5, L. 136-8, L. 137-27 à L. 137-29, L. 138-10 à L. 138-16, L. 138-19-1, L. 138-19-3, L. 138-19-4, L. 138-19-7, L. 143-1, L. 153-9, L. 160-1, L. 160-2, L. 160-5, L. 160-10, L. 160-11, L. 160-17, L. 160-18, L. 161-1-1, L. 161-1-5, L. 161-8, L. 161-15-2, L. 161-15-4, L. 161-16-1, L. 161-18, L. 161-21-1, L. 161-22, L. 161-36-5, L. 162-1-7-3, L. 162-1-9, L. 162-1-9-1, L. 162-4-1, L. 162-14-2, L. 162-16-4, L. 162-16-5 à L. 162-16-5-3, L. 162-16-6, L. 162-17-4, L. 162-17-5, L. 162-18, L. 162-21-2, L. 162-22-6-1, L. 162-22-7, L. 162-22-7-3, L. 162-22-8-1 à L. 162-22-8-3, L. 162-22-9-1, L. 162-22-10, L. 162-22-12, L. 162-22-15, L. 162-23-4, L. 162-23-15, L. 162-25, L. 162-27, L. 162-30-4, L. 162-30-5, L. 162-38, L. 165-1-3, L. 165-2, L. 165-3, L. 165-3-3, L. 165-4, L. 165-5-1, L. 165-5-2, L. 169-1, L. 169-2-1, L. 169-3 à L. 169-5, L. 169-8, L. 169-10, L. 169-11, L. 172-1 A, L. 172-1, L. 173-1-2, L. 173-3, L. 174-1-1, L. 174-2-1, L. 174-15, L. 213-1, L. 221-1, L. 221-1-1, L. 221-1-3, L. 223-1, L. 225-1-1, L. 241-2, L. 241-3, L. 241-16, L. 242-1 à L. 242-1-2, L. 242-11, L. 243-1-3, L. 243-2, L. 243-3-1, L. 243-6-3, L. 243-6-6, L. 243-7, L. 243-7-1 A, L. 243-7-4, L. 243-12-1, L. 244-2, L. 244-3, L. 244-8-1, L. 244-9, L. 244-11, L. 245-16, L. 251-6-1, L. 311-3, L. 312-2, L. 313-1, L. 323-6, L. 323-6-1, L. 325-1, L. 325-2, L. 341-2, L. 341-17, L. 351-4, L. 351-15, L. 351-16, L. 376-1, L. 376-4, L. 381-8, L. 381-30, L. 382-8, L. 382-29, L. 413-6, L. 413-10, L. 413-11-2, L. 437-1, L. 454-2, L. 471-1, L. 523-1, L. 531-5, L. 531-8, L. 531-8-1, L. 581-2, L. 581-6, L. 581-10, L. 582-1, L. 582-2, L. 583-3, L. 583-5, L. 611-1, L. 611-2, L. 611-4, L. 611-5, L. 611-8, L. 611-12, L. 611-16, L. 611-20, L. 612-5, L. 612-7, L. 613-1, L. 613-2, L. 613-4, L. 613-7-1, L. 613-9, L. 613-20, L. 621-1 à L. 621-3, L. 622-3, L. 622-4, L. 622-7 à L. 622-9, L. 623-2, L. 623-4, L. 623-6, L. 633-10, L. 634-1 à L. 634-2-2, L. 634-3-1 à L. 634-3-3, L. 634-5, L. 634-6, L. 635-1, L. 635-3 à L. 635-6, L. 637-1, L. 640-1, L. 642-2-1, L. 642-2-2, L. 742-6, L. 742-7, L. 752-1, L. 755-3, L. 755-29, L. 756-1 à L. 756-5, L. 766-2, L. 815-7, L. 815-8, L. 861-2, L. 862-3, L. 862-4, L. 871-1, L. 911-7-1, L. 961-1.

		– V. L. n° 98-1194 du 23 déc. 1998, art. 41-III, Annexe I, **p. 2752.** – V. L. n° 2000-1257 du 23 déc. 2000, art. 40, Annexe I, **p. 2792.** – V. L. n° 2003-775 du 21 août 2003, art. 5, Annexe I, **p. 2821.** – V. L. n° 2003-1199 du 18 déc. 2003, art. 33, Annexe I, **p. 2823.** – V. L. n° 2012-1404 du 17 déc. 2012, art. 48, Annexe I, **p. 2862.** – V. L. n° 2015-1702 du 21 déc. 2015, art. 28, ss. CSS, art. L. 311-2, **p. 598**; art. 78-III, ss. CSS, art. L. 162-23-4, **p. 363**, L. 174-2-1, **p. 415.**
2016	23 déc.	Décret n° 2016-1849. Carte mobilité inclusion, décret pris en application de l'article 107 de la loi n° 2016-1321 du 7 octobre 2016 pour une République numérique et en application de l'article 2 de la loi n° 93-1419 du 31 décembre 1993 relative à l'Imprimerie nationale. – Art. 5. – V. CSS, art. R. 831-7, D. 542-11, D. 755-15.
2016	27 déc.	Décret n° 2016-1900. Conditions d'élaboration des guides des stratégies diagnostiques et thérapeutiques les plus efficientes et des listes de médicaments correspondants prévus à l'article L. 161-37 du code de la sécurité sociale. – V. CSS, art. D. 161-22.
2016	28 déc.	Loi n° 2016-1888. Modernisation, développement et protection des territoires de montagne. – Art. 22. – V. CSS, art. L. 642-3.
2016	28 déc.	Décret n° 2016-1907. Divorce prévu à l'article 229-1 du code civil et diverses dispositions en matière successorale. – Art. 12. – V. CSS, art. R. 523-1, R. 523-3, R. 523-3-2, R. 581-3, D. 523-1.
2016	28 déc.	Décret n° 2016-1932. Taux des cotisations d'assurance maladie du régime général et de divers régimes de sécurité sociale. – V. CSS, art. D. 241-2-4, D. 241-7, D. 242-3, D. 372-2, D. 372-3, D. 412-98-1, D. 412-98-2, D. 711-8, D. 711-9.
2016	29 déc.	Loi n° 2016-1917. De finances pour 2017 : – Art. 48-III, 60-I, 61-II, 76, 83-III, 87, 152-II. – V. CSS, art. L. 133-5-3, L. 133-5-6 à L. 133-5-8, L. 133-5-10, L. 133-5-11, L. 133-9, L. 133-9-1, L. 133-9-2, L. 133-9-4, L. 135-2, L. 136-2, L. 136-6, L. 136-6-1, L. 137-13, L. 137-14, L. 161-1-1, L. 241-2, L. 241-10, L. 241-16, L. 821-1, L. 842-4, L. 842-6, L. 843-4, L. 843-6, L. 851-2, L. 851-3, L. 851-3-1. – V. L. n° 2008-1443 du 30 déc. 2008, art. 34-VI, Annexe I, **p. 2848.**
2016	29 déc.	Loi n° 2016-1918. De finances rectificative pour 2016. – Art. 31-III, 112-I, 136-II. – V. CSS, art. L. 136-6, L. 136-7, L. 241-3, L. 245-13-1, L. 542-2, L. 542-5, L. 831-4.
2017	9 janv.	Décret n° 2017-20. Établissements pharmaceutiques et inspection par l'Agence nationale de sécurité du médicament et des produits de santé et portant simplification de procédures mises en œuvre par cette agence. – Art. 3. – V. CSS, art. R. 161-72, R. 163-20.
2017	12 janv.	Ordonnance n° 2017-31. Mise en cohérence des textes au regard des dispositions de la loi n° 2016-41 du 26 janvier 2016 de modernisation de notre système de santé. – Art. 2, 6. – V. CSS, art. L. 162-1-11, L. 162-12-15, L. 162-14-4, L. 162-15, L. 162-22-13, L. 162-23-14, L. 162-29, L. 162-29-1, L. 174-20, L. 381-30-5.

2017	19 janv.	Ordonnance n° 2017-45. Conditions d'accès aux données couvertes par le secret médical ou le secret industriel et commercial pour le compte de l'Autorité de sûreté nucléaire et de l'Institut de radioprotection et de sûreté nucléaire et à la mutualisation de certaines fonctions d'agences sanitaires nationales. – Art. 3. – V. CSS, art. L. 161-46.
2017	20 janv.	Loi n° 2017-55. Statut général des autorités administratives indépendantes et des autorités publiques indépendantes. – Art. 46. – V. CSS, art. L. 161-37, L. 161-42, L. 161-43, L. 161-45, L. 161-45-1.
2017	26 janv.	Ordonnance n° 2017-84. Haute Autorité de santé. – V. CSS, art. L. 161-37, L. 161-41, L. 161-42, L. 162-1-7.
2017	27 janv.	Loi n° 2017-86. Égalité et citoyenneté : – Art. 17, 62, 63, 193, 221. – V. CSS, art. L. 143-1, L. 262-2, L. 552-5. – V. L. n° 91-1389 du 31 déc. 1991, art. 1er, Annexe I, **p. 2694.**
2017	27 janv.	Décret n° 2017-100. Modification du décret n° 92-621 du 7 juillet 1992 portant diverses dispositions relatives à la protection sociale des sapeurs-pompiers volontaires en cas d'accident survenu ou de maladie contractée en service. – V. ss. Annexe I, **p. 2700.**
2017	1er févr.	Décret n° 2017-122. Réforme des minima sociaux. – Art. 2. – V. CSS, art. R. 821-5, R. 842-5, R. 843-2, R. 844-2, R. 845-2.
2017	1er févr.	Décret n° 2017-123. Réforme des minima sociaux. – Art. 2. – V. CSS, art. D. 553-1, D. 845-1, D. 845-2.
2017	2 févr.	Décret n° 2017-126. Obligation d'information en matière fiscale et de prélèvements sociaux des utilisateurs de plates-formes de mise en relation par voie électronique. – Art. 2. – V. CSS, art. R. 114-15.
2017	6 févr.	Décret n° 2017-136. Fixation des conditions particulières requises pour conclure un contrat de coopération pour les soins visuels. – V. CSS, art. R. 162-59.
2017	9 févr.	Décret n° 2017-162. Financement et gestion de façon mutualisée des prestations mentionnées au IV de l'article L. 912-1 du code de la sécurité sociale. – V. CSS, art. R. 912-3.
2017	23 févr.	Loi n° 2017-220. Ratification de l'ordonnance n° 2016-966 du 15 juillet 2016 portant simplification de procédures mises en œuvre par l'Agence nationale de sécurité du médicament et des produits de santé et diverses dispositions relatives aux produits de santé. – Art. 2, 4. – V. CSS, art. L. 161-37, L. 245-6.
2017	24 févr.	Décret n° 2017-240. Contrôle des conditions permettant de bénéficier de la protection universelle maladie. – V. CSS, art. R. 111-2 à R. 111-4, R. 114-10, R. 114-10-1, R. 114-11, D. 160-2.
2017	27 févr.	Décret n° 2017-247. Adaptation des règles de financement des établissements de santé. – V. CSS, art. R. 160-5, R. 174-33, R. 174-36.

2017	28 févr.	Loi n° 2017-256. De programmation relative à l'égalité réelle en outre-mer et autres dispositions en matière sociale et économique. – Art. 16, 21, 24, 25, 32, 40. – V. CSS, art. L. 752-8, L. 753-6, L. 755-2-1, L. 755-16, L. 755-16-1, L. 815-13.
2017	1er mars	Loi n° 2017-261. Préservation de l'éthique du sport, renforcement de la régulation et de la transparence du sport professionnel et amélioration de la compétitivité des clubs. – Art. 17-II. – V. CSS, art. L. 131-9, L. 136-6.
2017	8 mars	Décret n° 2017-301. Modalités de calcul et dispositifs d'exonération des cotisations de sécurité sociale des travailleurs indépendants non agricoles. – V. CSS, art. D. 131-1, D. 131-6-1 à D. 131-6-3, D. 161-1-1, D. 161-1-1-1, D. 161-1-1-2, D. 161-1-2, D. 612-4, D. 612-5.
2017	13 mars	Décret n° 2017-322. Durée des mandats des membres des conseils d'administration des caisses de base du régime social des indépendants et du conseil d'orientation de l'Union des caisses nationales de sécurité sociale. – V. CSS, art. L. 224-5-1, L. 611-12, D. 224-2, R. 611-12, R. 611-23, R. 611-27.
2017	14 mars	Décret n° 2017-335. Prise en charge des dispositifs médicaux prescrits par les orthophonistes et les orthoptistes. – V. CSS, art. R. 165-1, R. 165-34, R. 165-35.
2017	14 mars	Décret n° 2017-336. Fixation des modalités selon lesquelles la Caisse nationale d'assurance maladie des travailleurs salariés peut négocier les conditions d'acquisition des vaccins pour le compte de tiers. – V. CSS, art. D. 163-1.
2017	14 mars	Décret n° 2017-337. Modification des règles de tarification au titre des accidents du travail et des maladies professionnelles du régime général. – V. CSS, art. D. 242-6-2, D. 242-6-11, D. 242-6-13, D. 242-6-24, D. 242-30, D. 242-32, D. 242-35, D. 242-36, D. 242-37, D. 242-40.
2017	23 mars	Décret n° 2017-390. Financement des services d'aide médicale urgente (SAMU) et des structures mobiles d'urgence et de réanimation (SMUR). – V. CSS, art. D. 162-6.
2017	24 mars	Décret n° 2017-395. Pays européens de comparaison pour la fixation du prix des produits de santé remboursables par l'assurance maladie. – V. CSS, art. D. 162-2-9.
2017	27 mars	Décret n° 2017-416. Plafonnement du cumul d'une activité rémunérée et d'une pension de retraite : – V. CSS, art. D. 161-2-6, D. 161-2-16 à D. 161-2-18, D. 634-11-1, D. 634-11-2, D. 634-11-5, D. 634-13-1, D. 643-10-2. – V. Décr. n° 73-937 du 2 oct. 1973, art. 4 *bis*, Annexe I, **p. 2670.**
2017	30 mars	Décret n° 2017-447. Relèvement du plafond des ressources prises en compte pour l'attribution de la protection complémentaire en matière de santé. – V. CSS, art. D. 861-1.
2017	6 avr.	Ordonnance n° 2017-484. Création d'organismes dédiés à l'exercice de l'activité de retraite professionnelle supplémentaire et à l'adaptation

		des régimes de retraite supplémentaire en unités de rente. – Art. 9, 11. – V. CSS, art. L. 931-2-1, L. 931-2-2, L. 931-6-2, L. 931-7-2, L. 931-35, L. 931-36, L. 932-23-3, L. 932-24, L. 932-24-1 à L. 932-24-4, L. 932-40, L. 932-41, L. 932-41-1, L. 932-41-2, L. 932-42 à L. 932-46, L. 932-48, L. 932-48-1, L. 942-1 à L. 942-11.
2017	6 avr.	Décret n° 2017-500. Réforme du financement des établissements de soins de suite et de réadaptation. – V. CSS, art. R. 160-5, R. 161-42, R. 161-73, R. 162-21 à R. 162-38-1, R. 174-22-1, R. 174-22-3, R. 174-33 à R. 174-35, R. 322-11 à R. 322-11-5, D. 162-3, D. 162-3-1, D. 162-4, D. 162-8.
2017	12 avr.	Décret n° 2017-532. Revalorisation de l'allocation de soutien familial et du montant majoré du complément familial. – V. CSS, art. R. 523-1, R. 523-3, R. 523-3-2, R. 523-7, R. 581-2, R. 581-3, D. 522-2, D. 523-1, D. 523-2.
2017	12 avr.	Décret n° 2017-533. Simplification de l'accès à la protection complémentaire en matière de santé et de l'aide au paiement d'une assurance complémentaire de santé. – V. CSS, art. R. 861-4, R. 861-8, R. 861-16.
2017	12 avr.	Décret n° 2017-534. Revalorisation du montant majoré du complément familial servi en Guadeloupe, en Guyane, en Martinique, à La Réunion, à Saint-Barthélemy et à Saint-Martin. – V. CSS, art. D. 755-6-1.
2017	14 avr.	Décret n° 2017-551. Complément familial et montant majoré du complément familial mentionnés aux articles L. 755-16 et L. 755-16-1 du code de la sécurité sociale. – V. CSS, art. R. 755-2 à R. 755-4, D. 755-6, D. 755-6-1.
2017	20 avr.	Décret n° 2017-583. Fixation du montant de la fraction des dépenses au titre de la majoration mentionnée à l'article L. 351-10 du code de la sécurité sociale prise en charge par le fonds de solidarité vieillesse. – V. CSS, art. D. 135-2.
2017	20 avr.	Décret n° 2017-584. Fixation des modalités d'application du contrat d'amélioration de la qualité et de l'efficience des soins. – V. CSS, art. D. 162-9 à D. 162-16.
2017	21 avr.	Décret n° 2017-605. Procédure d'autorisation temporaire d'utilisation des médicaments et à la continuité de la prise en charge mentionnée à l'article L. 162-16-5-2 du code de la sécurité sociale. – Art. 2, 3. – V. CSS, art. R. 163-21-1, R. 163-32 à R. 163-35.
2017	24 avr.	Décret n° 2017-612. Prestations en espèces versées en cas de maladie et de maternité pour les assurés affiliés au régime social des indépendants. – V. CSS, art. D. 613-13-1, D. 613-19, D. 613-21, D. 613-21-1, D. 613-31.
2017	25 avr.	Décret n° 2017-626. Procédures destinées à assurer l'information et la participation du public à l'élaboration de certaines décisions susceptibles d'avoir une incidence sur l'environnement et modifiant diverses dispositions relatives à l'évaluation environnementale de certains projets, plans et programmes. – Art. 11. – V. CSS, art. D. 311-1.

2017	27 avr.	Ordonnance n° 2017-644. Adaptation des dispositions législatives relatives au fonctionnement des ordres des professions de santé. – Ratifiée par L. n° 2017-644 du 27 avr. 2017. – Art. 11, 12. – V. CSS, art. L. 145-6 à L. 145-7-4, L. 146-6, L. 146-7.
2017	27 avr.	Décret n° 2017-656. Délégations d'opérations de gestion pour la prise en charge des frais de santé de certaines catégories d'assurés. – V. CSS, art. R. 160-25 à R. 160-29, R. 211-3 à R. 211-9, R. 252-11, R. 381-21, R. 611-79, R. 611-80, R. 611-81, R. 611-82, R. 611-83, R. 611-85 à R. 611-89, R. 611-90, R. 613-17, R. 613-23, R. 613-24, R. 712-1, D. 611-40, D. 611-46, D. 611-49.
2017	2 mai	Décret n° 2017-700. Dématérialisation des déclarations et des paiements des cotisations et contributions de sécurité sociale des travailleurs indépendants non agricoles. – V. CSS, art. D. 133-17.
2017	2 mai	Décret n° 2017-709. Fonds national pour la démocratie sanitaire. – V. CSS, art. D. 221-34, D. 221-35.
2017	3 mai	Décret n° 2017-735. Mise en œuvre de la liquidation unique des pensions de retraite de base des pensionnés affiliés au régime général de sécurité sociale, au régime des salariés agricoles et au régime social des indépendants. – V. CSS, art. R. 135-6, R. 161-10, R. 171-2, R. 173-2, R. 173-4-1, R. 173-4-2, R. 173-4-4, R. 173-4-4-1, R. 173-15, R. 173-17 à R. 173-17-2, R. 351-4, R. 353-1, R. 633-67, R. 634-1, R. 634-5, R. 643-5, R. 723-37, R. 742-40.
2017	3 mai	Décret n° 2017-736. Règles d'identification, d'affiliation et de rattachement des bénéficiaires des prestations de sécurité sociale et modifications de diverses dispositions relatives à l'assurance maladie. – V. CSS, art. R. 114-10-2, R. 114-26, R. 133-30-11, R. 142-24-1, R. 160-2, R. 161-1, R. 161-2, R. 161-4-1, R. 161-33-3, R. 161-33-6, R. 161-69-2, R. 162-30-1, R. 162-31-13, R. 162-32-4, R. 162-32-5, R. 162-33-23, R. 162-33-25, R. 162-52-2, R. 172-3, R. 172-12-1 à R. 172-12-3, R. 174-9 à R. 174-13, R. 174-15, R. 174-16-1 à R. 174-16-5, R. 174-20, R. 174-21, R. 174-22-1 à R. 174-22-4, R. 243-43-2, R. 312-1 à R. 312-4, R. 312-6 à R. 312-11, R. 313-3 à R. 313-5, R. 351-37-2, R. 341-21, R. 362-1, R. 380-3 à R. 380-9, R. 381-2, R. 381-80 à R. 381-93, R. 381-97, R. 381-103, R. 381-111, R. 382-84, R. 382-85, R. 711-24, R. 742-3, R. 742-6, R. 871-2, D. 115-1, D. 115-2, D. 134-13, D. 134-14, D. 136-1, D. 160-2, D. 160-14, D. 160-17, D. 160-18, D. 161-2-1-1, D. 161-2-4, D. 161-14, D. 174-2 à D. 174-8, D. 175-1, D. 225-2, D. 225-2-1, D. 225-2-2, D. 231-4, D. 356-9.
2017	3 mai	Décret n° 2017-737. Mise en œuvre de la liquidation unique des pensions de retraite de base des pensionnés affiliés au régime général de sécurité sociale, au régime des salariés agricoles et au régime social des indépendants. – V. CSS, art. D. 161-2-2, D. 161-2-3, D. 161-2-19 à D. 161-2-21, D. 161-2-26, D. 173-1-2, D. 173-21-1 à D. 173-21-7, D. 173-22, D. 613-3, D. 623-30, D. 631-1, D. 634-1, D. 634-2 à D. 634-4-1, D. 634-5, D. 634-7, D. 634-8, D. 634-11-1, D. 634-11-2, D. 634-11-4, D. 634-13, D. 634-14-1, D. 634-15, D. 634-16, D. 634-18, D. 634-19, D. 635-1, D. 635-7, D. 635-11, D. 642-3, D. 642-3, D. 643-9, D. 757-11.

2017	4 mai	Ordonnance n° 2017-734. Modification des dispositions relatives aux organismes mutualistes. – Art. 15. – V. CSS, art. L. 932-3, L. 932-10, L. 932-13-5, L. 932-15-1, L. 932-15-2, L. 932-19, L. 932-23-4, L. 932-52.
2017	5 mai	Décret n° 2017-809. Dispositifs médicaux remboursables utilisés dans le cadre de certains traitements d'affections chroniques. – V. CSS, art. R. 165-11, R. 165-11-1, R. 165-75 à R. 165-77.
2017	5 mai	Décret n° 2017-811. Modalités de calcul du revenu de solidarité active et de la prime d'activité pour les travailleurs non salariés. – V. CSS, art. R. 845-1, R. 845-2.
2017	5 mai	Décret n° 2017-812. Révision et complément des tableaux des maladies professionnelles annexés au livre IV du code de la sécurité sociale. – V. Annexe II, tableaux n°s 52 *bis*, 57, 79, 99, **p. 2881.**
2017	5 mai	Décret n° 2017-826. Intéressement à la reprise d'activité des bénéficiaires de l'allocation de solidarité spécifique et suppression de l'allocation temporaire d'attente. – Art. 3. – V. CSS, art. R. 532-7, D. 523-2.
2017	9 mai	Décret n° 2017-858. Modalités de décompte et de déclaration des effectifs, recouvrement et calcul des cotisations et des contributions sociales. – V. CSS, art. R. 130-1, R. 130-2, R. 133-13, R. 133-14, R. 142-12, R. 242-2, R. 242-7 à R. 242-10, R. 243-5, R. 243-6, R. 243-6-2, R. 243-6-3, R. 243-8, R. 243-8-1, R. 243-11, R. 243-12, R. 243-59-3, R. 372-3, R. 372-4, R. 412-20, R. 752-20-1, R. 834-1, R. 834-1-1, R. 834-7, R. 834-9, R. 834-11, R. 834-13-1, D. 241-26, D. 242-6-2, D. 242-6-16, D. 242-30, D. 242-39, D. 243.
2017	9 mai	Décret n° 2017-859. Conditions d'exercice du droit de communication mentionné au cinquième alinéa de l'article L. 114-19 du code de la sécurité sociale. – V. CSS, art. R. 114-35.
2017	9 mai	Décret n° 2017-864. Recouvrement des cotisations et contributions sociales des travailleurs indépendants non agricoles. – V. CSS, art. R. 131-1, R. 133-1 à R. 133-2-15, R. 133-3, R. 133-4, R. 133-9-4, R. 133-19 à R. 133-30-2, R. 133-30-2-2, R. 133-30-4, R. 133-30-5, R. 133-30-9, R. 133-30-11, R. 133-30-12, R. 155-4, R. 242-13, R. 243-21, R. 243-22, R. 611-9, R. 611-21, R. 611-70, R. 611-71, R. 611-73 à R. 611-77, R. 612-9 à R. 612-22, R. 613-12 à R. 613-14, R. 613-27-1, R. 622-1 à R. 622-3, R. 633-65, R. 633-66, R. 633-72, R. 634-1, R. 634-4 à R. 634-6, R. 635-2, R. 635-9, R. 635-11.
2017	9 mai	Décret n° 2017-866. Modalités d'application de la retenue à la source de l'impôt sur le revenu prévue au 1° du 2 de l'article 204 A du code général des impôts. – Art. 3 et 4 : – V. CSS, art. R. 133-13, R. 133-14. – V. Décr. n° 2013-266 du 28 mars 2013, art. 3-II, Annexe I, **p. 2865.**
2017	9 mai	Décret n° 2017-876. Organisation du recouvrement des cotisations et contributions sociales des travailleurs indépendants non agricoles. – V. CSS, art. D. 131-3, D. 131-4, D. 133-1, D. 133-3, D. 133-4,

		D. 133-16, D. 161-1-1, D. 611-7, D. 611-8, D. 611-10, D. 611-16, D. 611-18, D. 611-19, D. 611-20, D. 611-21, D. 611-23 à D. 611-26, D. 611-30 à D. 611-35, D. 612-20, D. 635-2, D. 722-11, D. 756-4.
2017	9 mai	Décret n° 2017-881. Modalités de mise en œuvre du droit des assurés à l'information sur leur retraite. – V. CSS, art. R. 161-10, R. 161-11, R. 161-13, R. 161-15.
2017	9 mai	Décret n° 2017-882. Diverses mesures relatives aux aides et concours financiers versés par la Caisse nationale de solidarité pour l'autonomie, au financement et aux procédures d'autorisation des services d'aide et d'accompagnement à domicile et au conseil départemental de la citoyenneté et de l'autonomie. – V. CSS, art. R. 135-6.
2017	9 mai	Décret n° 2017-887. Organisation financière de certains régimes de sécurité sociale. – V. CSS, art. R. 623-2 à R. 623-10-47, R. 723-27.
2017	9 mai	Décret n° 2017-972. Modalités de calcul et dispositifs d'exonération des cotisations de sécurité sociale des travailleurs indépendants non agricoles en outre-mer. – V. CSS, art. D. 756-1 à D. 756-7.
2017	10 mai	Décret n° 2017-942. Permis d'armement. – Art. 8. – V. CSS, art. D. 755-45.
2017	10 mai	Décret n° 2017-992. Caisse de prévoyance sociale de Saint-Barthélemy. – V. CSS, art. D. 752-2-1 à D. 752-2-6.
2017	10 mai	Décret n° 2017-994. Précision des modalités de prise en charge des frais de santé des victimes d'actes de terrorisme. – V. CSS, art. D. 169-2, D. 169-4 à D. 169-6.
2017	10 mai	Décret n° 2017-998. Conversion en pension de vieillesse de la pension d'invalidité des assurés en recherche d'emploi à l'âge légal de départ à la retraite. – V. CSS, art. D. 341-1.
2017	10 mai	Décret n° 2017-999. Droits à retraite des personnes handicapées. – V. CSS, art. D. 161-2-4-1 à D. 161-2-4-3.
2017	10 mai	Décret n° 2017-1002. Conditions de rémunération de l'examen nécessaire à l'établissement du certificat de décès au domicile du patient. – V. CSS, art. D. 162-30, D. 311-1, D. 311-3.
2017	10 mai	Décret n° 2017-1004. Modalités de mise en œuvre du droit des assurés à l'information sur leur retraite. – V. CSS, art. D. 161-2-1-2 à D. 161-2-1-8, D. 161-2-1-8-2, D. 161-2-1-8-3.
2017	10 mai	Décret n° 2017-1022. Revalorisation de l'allocation temporaire d'attente, de l'allocation de solidarité spécifique et de l'allocation équivalent retraite. – V. ce décret, Annexe I, **p. 2878.**
2017	8 juin	Ordonnance n° 2017-1092. Composantes de la rémunération du pharmacien d'officine. – V. CSS, art. L. 138-9, L. 162-16-4.
2017	23 juin	Décret n° 2017-1103. Dispositions dérogatoires relatives à la composition des conseils d'administration des sections professionnelles de la Caisse nationale d'assurance vieillesse des professions libérales (CNAVPL). – V. CSS, art. R. 641-19.

2017	23 juin	Décret n° 2017-1105. Fonctionnement des contrats d'assurance sur la vie comportant des garanties exprimées en unités de compte. – Art. 3. – V. CSS, art. R. 932-3-1.
2017	19 juill.	Ordonnance n° 2017-1180. Publication d'informations non financières par certaines grandes entreprises et certains groupes d'entreprises. – Art. 8, 9. – V. CSS, art. L. 931-7-3, L. 931-7-5.
2017	9 août	Décret n° 2017-1258. Obligation de certification des logiciels d'aide à la dispensation par les pharmacies à usage intérieur prévue à l'article L. 161-38 du code de la sécurité sociale. – V. CSS, art. R. 161-76-3, R. 161-76-12, R. 161-76-19 à R. 161-76-27.
2017	15 sept.	Loi n° 2017-1339. Pour la confiance dans la vie politique. – Art. 20. – V. CSS, art. L. 136-2.
2017	22 sept.	Ordonnance n° 2017-1387. Prévisibilité et sécurisation des relations de travail. – Art. 37. – V. CSS, art. L. 144-1.
2017	22 sept.	Ordonnance n° 2017-1389. Prévention et prise en compte des effets de l'exposition à certains facteurs de risques professionnels et au compte professionnel de prévention. – Art. 3. – V. CSS, art. L. 133-5-3, L. 241-3, L. 242-5, L. 351-1-4, L. 351-6-1, L. 431-1, L. 432-11.
2017	25 sept.	Décret n° 2017-1409. Amélioration des outils de recouvrement en matière de travail dissimulé. – V. CSS, art. R. 133-1, R. 133-1-1, R. 133-8, R. 133-9-5 à R. 133-9-12, R. 155-4, R. 243-44, R. 243-59, R. 243-59-9, R. 244-7, R. 382-100, R. 612-14, R. 652-2 à R. 652-9, R. 711-16, D. 213-1-2, D. 651-15, D. 722-11.
2017	28 sept.	Décret n° 2017-1413. Aides personnelles au logement et seuil de versement des allocations de logement. – Art. 2, 3. – V. CSS, art. D. 542-5, D. 542-5-2, D. 542-7, D. 755-25, D. 831-2.
2017	4 oct.	Ordonnance n° 2017-1433. Dématérialisation des relations contractuelles dans le secteur financier. – Art. 25, 26. – V. CSS, art. L. 931-3-4 à L. 931-3-7, L. 932-13-3, L. 932-15 à L. 932-15-2, L. 932-21-1, L. 932-22-1, L. 932-24-2.
2017	13 oct.	Décret n° 2017-1472. Aide au logement temporaire (ALT1). – V. CSS, art. R. 851-2, R. 851-4, R. 851-6, R. 852-1 à R. 852-3.
2017	18 oct.	Décret n° 2017-1483. Observatoires du médicament, des dispositifs médicaux et de l'innovation thérapeutique. – Art. 2-I. – V. CSS, art. D. 162-6, D. 162-9.
2017	3 nov.	Décret n° 2017-1535. Élections des représentants du personnel dans les conseils et conseils d'administration des caisses nationales, de l'agence centrale et des organismes locaux du régime général de sécurité sociale. – V. CSS, art. D. 213-7, D. 231-3, D. 231-6, D. 231-7, D. 231-9, D. 231-11, D. 231-15, D. 231-17.
2017	27 nov.	Ordonnance n° 2017-1608. Création d'un régime de résolution pour le secteur de l'assurance. – Art. 5. – V. CSS, art. L. 931-18-2.
2017	27 nov.	Décret n° 2017-1610. Sapeurs-pompiers volontaires et volontaires en service civique des sapeurs-pompiers. – Art. 4 et 5 : – V. Décr. n° 92-620 du 7 juillet 1992, art. 2, Annexe I, **p. 2697.**

		– V. Décr. n° 92-621 du 7 juillet 1992, art. 1er à 3-1, Annexe I, **p. 2700.**
2017	30 nov.	Décret n° 2017-1643. Création du tribunal d'instance de Paris et suppression des vingt tribunaux d'instance d'arrondissement. – art. 2. – V. CSS, art. R. 766-33, D. 766-15.
2017	30 nov.	Décret n° 2017-1645. Droit à la retraite progressive des salariés ayant plusieurs employeurs. – V. CSS, art. R. 351-40, R. 351-41, R. 351-43, D. 634-19.
2017	30 nov.	Décret n° 2017-1651. Résumé des caractéristiques des dispositifs médicaux et leurs conditions de prise en charge au titre des prestations d'hospitalisation. – Art. 2. – V. CSS, art. R. 165-49.
2017	12 déc.	Décret n° 2017-1682. Transfert de l'activité de recouvrement des cotisations et contributions sociales de la caisse nationale de compensation des cotisations de sécurité sociale des voyageurs représentants placiers à cartes multiples aux unions de recouvrement des cotisations de sécurité sociale et d'allocations familiales. – V. CSS, art. R. 243-8-1, R. 243-45.
2017	26 déc.	Décret n° 2017-1765. Fixation des règles applicables aux mutuelles, unions et institutions de retraite professionnelle supplémentaire et adaptation des régimes de retraite supplémentaire en unités de rente régis par les codes de la mutualité et de la sécurité sociale. – Art. 4. – V. CSS, art. R. 931-3-22-3, R. 931-3-51, R. 931-9-1, R. 931-11-1, R. 931-11-9, R. 931-12-1, R. 931-12-2, R. 932-4-2-1 à R. 932-4-2-5, R. 932-4-3, R. 932-4-4, R. 932-4-4-1 à R. 932-4-4-4, R. 932-4-7, R. 932-4-9, R. 932-4-11, R. 932-4-13 à R. 932-4-21, R. 932-5-8, R. 932-5-9, R. 941-1 à R. 941-5, R. 942-1 à R. 942-5.
2017	27 déc.	Décret n° 2017-1769. Prévention et prise en compte des effets de l'exposition à certains facteurs de risques professionnels et compte professionnel de prévention. – Art. 3. – V. CSS, art. D. 242-6, D. 242-6-9.
2017	28 déc.	Loi n° 2017-1775. De finances rectificative pour 2017. – Art. 11 et 63. – V. CSS, art. L. 136-6-1, L. 758-1.
2017	29 déc.	Décret n° 2017-1814. Fixation des modalités de l'abondement du compte personnel de formation des victimes d'accident du travail ou de maladie professionnelle. – Art. 3. – V. CSS, art. R. 432-9-2 à R. 432-9-8.
2017	29 déc.	Décret n° 2017-1815. Fixation des conditions d'octroi et des modalités de financement de l'abondement du compte personnel de formation des victimes d'accident du travail ou de maladie professionnelle. – Art. 1er. – V. CSS, art. D. 242-6-4, D. 242-6-9, D. 432-15.
2017	29 déc.	Décret n° 2017-1864. Fixation des taux des cotisations d'assurance volontaire maladie-maternité-invalidité et du taux de la cotisation d'assurance accidents du travail et maladies professionnelles dues par les personnes affiliées à la Caisse des Français de l'étranger. – V. CSS, art. D. 762-2, D. 762-3.

2017	30 déc.	Loi n° 2017-1836. De financement de la sécurité sociale pour 2018 : – V. CSS, art. L. 111-11, L. 114-16-3, L. 114-17, L. 114-17-1, L. 114-19, L. 114-23, L. 114-24, L. 115-9, L. 123-1, L. 123-2-1, L. 131-6-4, L. 131-7 à L. 131-9, L. 133-1 à L. 133-1-3, L. 133-1-5, L. 133-1-6, L. 133-4-11, L. 133-5-6 à L. 133-5-8, L. 133-5-10, L. 133-6-8, L. 133-6-9, L. 133-6-11, L. 134-1, L. 134-3, L. 134-4, L. 134-6, L. 135-2, L. 135-3, L. 135-6, L. 136-2, L. 136-5, L. 136-7-1, L. 136-8, L. 137-13, L. 138-2, L. 138-10, L. 138-11, L. 138-15, L. 145-2, L. 160-14, L. 160-17, L. 160-18, L. 161-8, L. 161-15-4, L. 161-18, L. 161-23-1, L. 161-37, L. 161-38, L. 161-41, L. 162-1-7, L. 162-1-7-4, L. 162-1-8, L. 162-1-14-1, L. 162-1-15, L. 162-1-17, L. 162-1-21, L. 162-4, L. 162-14-1, L. 162-16-1, L. 162-16-5, L. 162-16-6, L. 162-17-2-1, L. 162-17-3-1, L. 162-17-5, L. 162-17-9, L. 162-17-10, L. 162-19-1, L. 162-22-7-2, L. 162-22-9-2, L. 162-23-15, L. 162-30-2, L. 162-30-4, L. 162-31-1, L. 165-2-1, L. 165-3-3, L. 165-4, L. 165-7, L. 168-7, L. 171-2-1, L. 171-3, L. 171-6-1, L. 171-7, L. 172-1, L. 172-2, L. 173-2, L. 173-3, L. 173-7, L. 182-2-2, L. 182-2-4, L. 182-2-6, L. 200-1 à L. 200-3, L. 211-1, L. 213-1, L. 215-1, L. 221-1, L. 221-3-1, L. 222-1, L. 223-1, L. 225-1-1, L. 227-1, L. 233-1, L. 241-2, L. 241-2-1, L. 241-3, L. 241-6, L. 241-13, L. 242-1, L. 242-11, L. 243-1-2, L. 243-6-1 à L. 243-6-3, L. 243-6-6 à L. 243-6-8, L. 243-7, L. 245-13-1, L. 256-4, L. 311-3, L. 313-1, L. 315-2, L. 315-3, L. 341-14-1, L. 351-4, L. 351-6-1, L. 351-15, L. 376-1, L. 376-4, L. 380-3-1, L. 381-1, L. 381-30-4, L. 382-1 à L. 382-6, L. 382-9, L. 382-14, L. 382-22, L. 454-1, L. 461-1 à L. 461-3, L. 461-5, L. 522-2, L. 531-2, L. 531-3, L. 531-5, L. 531-6, L. 531-8, L. 611-1 à L. 611-20, L. 612-1 à L. 612-13, L. 613-1 à L. 613-6, L. 613-9, L. 614-1, L. 615-1 à L. 615-5, L. 621-1 à L. 621-4, L. 622-1 à L. 622-3, L. 622-6, L. 623-1 à L. 623-5, L. 631-1, L. 632-1 à L. 632-3, L. 633-1, L. 633-9, L. 633-11, L. 633-11-1, L. 634-1 à L. 634-5, L. 634-6, L. 635-1, L. 635-4, L. 635-4-1, L. 640-1, L. 640-2, L. 641-1, L. 641-8, L. 642-6, L. 643-1 A, L. 643-10, L. 671-1, L. 742-6, L. 742-7, L. 752-1, L. 752-4, L. 755-2-1, L. 756-5, L. 766-2, L. 816-2, L. 861-2, L. 862-2, L. 862-4, L. 961-1. – V. L. n° 89-18 du 13 janv. 1989, art. 7-IV, Annexe I, **p. 2681.** – V. L. n° 2000-1257 du 23 déc. 2000, art. 40, Annexe I, **p. 2792.** – V. L. n° 2003-1199 du 18 déc. 2003, art. 33, Annexe I, **p. 2823.** – V. L. n° 2013-1203 du 23 déc. 2013, art. 43, Annexe I, **p. 2872.** – V. L. n° 2015-1702 du 21 déc. 2015, art. 28-I, ss. CSS, art. L. 311-2, **p. 598**; art. 78-III, ss. CSS, art. L. 162-23-4 et L. 174-2-1, **p. 363.** – V. L. n° 2016-41 du 26 janv. 2016, art. 83, Annexe I, **p. 2877.**
2017	30 déc.	Loi n° 2017-1837. De finances pour 2018. – Art. 28, 55, 126, 129, 172. – V. CSS, art. L. 136-6, L. 136-7, L. 161-13-1, L. 162-5-13, L. 241-2, L. 381-30, L. 381-30-1, L. 381-30-2, L. 381-30-3, L. 381-30-5, L. 542-2, L. 821-1, L. 821-2, L. 831-1, L. 831-2, L. 842-8.
2017	30 déc.	Loi n° 2017-1841. Ratification de l'ordonnance n° 2017-644 du 27 avril 2017 relative à l'adaptation des dispositions législatives relatives au fonctionnement des ordres des professions de santé. – Art. 2, 6, 10. – V. CSS, art. L. 145-6, L. 145-6-2, L. 145-7, L. 145-7-1, L. 145-7-4.

2017	30 déc.	Décret n° 2017-1868. Contribution de la branche accidents du travail et maladies professionnelles du régime général au profit du régime des marins. – V. CSS, art. D. 242-6-9, D. 242-6-13, D. 242-37.
2017	30 déc.	Décret n° 2017-1869. Modification du décret n° 2013-829 du 16 septembre 2013 relatif aux modalités de remboursement des organismes gestionnaires de la couverture maladie universelle complémentaire. – V. CSS, art. D. 862-1, D. 862-6.
2017	30 déc.	Décret n° 2017-1891. Taux des cotisations d'assurance maladie du régime général et de divers régimes de sécurité sociale. – V. CSS, art. D. 241-2-4, D. 241-7, D. 242-3, D. 242-8, D. 242-12, D. 243-0-2 à D. 243-0-5, D. 711-1 à D. 711-10, D. 712-39, D. 712-40, D. 712-54-1, D. 713-16, D. 713-17, D. 713-22, D. 722-3.
2017	30 déc.	Décret n° 2017-1894. Modalités de calcul et dispositifs d'exonération des cotisations de sécurité sociale des travailleurs indépendants. – V. CSS, art. D. 131-1, D. 131-5-1 à D. 131-6-4, D. 133-4, D. 171-12, D. 241-3-1, D. 611-1, D. 613-1, D. 613-2, D. 621-1, D. 621-2, D. 621-4 à D. 621-6, D. 622-1, D. 622-2, D. 632-1 à D. 632-6, D. 642-6, D. 722-3.
2017	30 déc.	Décret n° 2017-1895. Taux particulier des cotisations d'assurance maladie des personnes visées à l'article L. 131-9 du code de la sécurité sociale. – V. CSS, art. D. 242-3, D. 242-8, D. 242-12, D. 711-5, D. 712-40, D. 712-54-1, D. 713-17.
2018	3 janv.	Ordonnance n° 2018-3. Adaptation des conditions de création, transfert, regroupement et cession des officines de pharmacie. – Art. 2. – V. CSS, art. L. 162-16-1.
2018	17 janv.	Ordonnance n° 2018-20. Service de santé des armées et Institution nationale des invalides. – Art. 32. – V. CSS, art. L. 162-5-3, L. 174-15, L. 713-8, L. 713-12.
2018	17 janv.	Ordonnance n° 2018-21. Mise en cohérence des textes au regard des dispositions de la loi n° 2016-41 du 26 janvier 2016 de modernisation de notre système de santé. – Art. 2, 7, 9. – V. CSS, art. L. 161-37, L. 162-9, L. 162-12-2, L. 162-12-9, L. 162-32-1, L. 162-22-4, L. 162-22-13, L. 162-23-8, L. 174-1-1.
2018	6 févr.	Décret n° 2018-68. Fixation du seuil prévu à l'article L. 842-8 du code de la sécurité sociale pour le calcul dérogatoire de la prime d'activité. – V. CSS, art. D. 843-4.
2018	9 févr.	Décret n° 2018-79. Diverses mesures d'adaptation relatives aux professions de santé. – Art. 5. – V. CSS, art. R. 145-10, R. 146-1 à R. 146-4, R. 146-6 à R. 146-8.
2018	15 févr.	Décret n° 2018-103. Modalités d'associations d'étudiants en médecine, d'internes, de chefs de clinique et de médecins récemment diplômés à la négociation de la convention définissant les rapports entre l'assurance maladie et les médecins libéraux. – V. CSS, art. R. 162-54-3-1.

2018	21 févr.	Décret n° 2018-125. Cadre d'expérimentations pour l'innovation dans le système de santé prévu à l'article L. 162-31-1 du code de la sécurité sociale. – V. CSS, art. R. 162-50-1 à R. 162-50-14.
2018	23 févr.	Décret n° 2018-130. Prise en compte d'allégements fiscaux et sociaux dans les tarifs des établissements de santé. – V. CSS, art. R. 162-33-5.
2018	1er mars	Décret n° 2018-154. Répertoire de gestion des carrières unique. – V. CSS, art. R. 161-69-7 à R. 161-69-15.
2018	6 mars	Décret n° 2018-162. Taux particuliers des cotisations d'assurance maladie des personnes visées à l'article L. 131-9 du code de la sécurité sociale. – V. CSS, art. D. 131-4, D. 242-3, D. 242-8, D. 242-12, D. 621-5, D. 634-16, D. 711-5, D. 712-40, D. 712-54-1, D. 713-17, D. 722-3.
2018	8 mars	Loi n° 2018-166. Orientation et réussite des étudiants. – Art. 11-I. – V. CSS, art. L. 160-2, L. 160-17, L. 160-18, L. 162-1-12-1, L. 221-3, L. 262-2, L. 351-14-1, L. 381-3 à L. 381-11, L. 643-2.
2018	9 mars	Décret n° 2018-173. Autorisation de la création d'un traitement de données à caractère personnel relatif à l'activité et à la consommation de soins dans les établissements ou services médico-sociaux. – Art. 6. – V. CSS, art. R. 161-40, R. 162-21, R. 162-29, R. 162-30.
2018	9 mars	Décret n° 2018-174. Mise en œuvre de la réforme de la protection sociale des travailleurs indépendants prévue par l'article 15 de la loi de financement de la sécurité sociale pour 2018. – V. CSS, art. R. 111-1, R. 114-6-1, R. 121-4, R. 123-11, R. 131-1, R. 133-2, R. 133-2-1, R. 133-2-6 à R. 133-2-14, R. 133-30-1, R. 133-30-2-2, R. 133-30-11, R. 133-30-12, R. 135-6, R. 145-4 à R. 145-7, R. 145-10, R. 153-8, R. 155-1, R. 160-26 à R. 160-28, R. 163-15, R. 165-18, R. 182-2-1, R. 231-4, R. 231-6, R. 243-18, R. 243-20, R. 243-22, R. 262-1-2, R. 611-1 à R. 611-3, R. 612-1 à R. 612-10, R. 613-10 à R. 613-27, R. 613-30 à R. 613-70, R. 614-1, R. 614-2, R. 622-4, R. 642-2, R. 643-1, R. 756-1 à R. 756-3, R. 767-4, R. 862-6, D. 114-4-1, D. 114-4-2, D. 131-4, D. 162-2-1, D. 213-4, D. 224-3, D. 224-6, D. 253-56, D. 611-2 à D. 611-4, D. 752-1.
2018	13 mars	Décret n° 2018-179. Régime de résolution dans le secteur de l'assurance. – Art. 5. – V. CSS, art. R. 931-5-4.
2018	23 mars	Décret n° 2018-199. Composition et fonctionnement des commissions de recours amiable. – V. CSS, nouvel art. R. 142-1 à R. 142-6.
2018	29 mars	Arrêté. Modification du code de la sécurité sociale et dématérialisation des relations contractuelles dans le secteur financier. – V. CSS, art. A. 931-3-19 à A. 931-3-24, A. 931-4-5.
2018	30 mars	Décret n° 2018-224. Prise en compte d'allègements fiscaux et sociaux dans les tarifs des établissements de soins de suite et de réadaptation et calendrier de la réforme du financement de ces établissements. – V. CSS, art. R. 162-34-5.
2018	30 mars	Décret n° 2018-227. Revalorisation de l'allocation de solidarité aux personnes âgées. – V. CSS, art. D. 815-1.

2018	30 mars	Décret n° 2018-229. Dématérialisation des relations contractuelles dans le secteur financier. – V. CSS, art. R. 932-1-2, R. 932-1-3, R. 932-1-6, R. 932-2-2.
2018	13 avr.	Décret n° 2018-271. Intervention des établissements d'hospitalisation à domicile auprès des personnes bénéficiant de prestations réalisées par un service de soins infirmiers à domicile ou un service polyvalent d'aide et de soins à domicile. – Art. 2. – V. CSS, art. R. 162-33-1.
2018	18 avr.	Décret n° 2018-284. Renforcement du dispositif français de lutte contre le blanchiment de capitaux et le financement du terrorisme. – Art. 78. – V. CSS, art. R. 932-1-6-1, R. 932-2-5.
2018	26 avr.	Décret n° 2018-312. Prestation d'accueil du jeune enfant. – V. CSS, art. D. 531-3, D. 531-3-1, D. 531-18, D. 531-18-1, D. 531-23-1.
2018	27 avr.	Décret n° 2018-317. Modalités de transmission des informations nécessaires au calcul des contributions mentionnées à l'article L. 138-10 du code de la sécurité sociale auxquelles sont assujetties les entreprises assurant l'exploitation de spécialités pharmaceutiques. – V. CSS, art. D. 138-1, D. 138-2.
2018	3 mai	Décret n° 2018-331. Prestation d'accueil du jeune enfant. – V. CSS, art. R. 531-1, R. 552-2.
2018	14 mai	Décret n° 2018-353. Modification de diverses dispositions relatives à la gestion des organismes de sécurité sociale et à l'École nationale supérieure de sécurité sociale. – V. CSS, art. R. 121-2, R. 122-3, R. 122-4, R. 123-9, R. 123-16, R. 123-28, R. 123-47-7 nouv., R. 123-51, R. 211-1, R. 211-1-2, R. 211-2, R. 213-1 à R. 213-3, R. 217-3, R. 217-9, R. 217-10, R. 217-12, R. 221-2, R. 221-6, R. 224-1, R. 224-7, R. 224-8, R. 224-9, R. 225-3, R. 225-7, R. 281-4, R. 766-50 à R. 766-54, D. 231-5.
2018	15 mai	Décret n° 2018-354. Prise en charge des transports de patients. – V. CSS, art. D. 162-17 à D. 162-17-3.
2018	16 mai	Ordonnance n° 2018-358. Traitement juridictionnel du contentieux de la sécurité sociale et de l'aide sociale. – V. CSS, art. L. 114-17, L. 114-17-1, L. 133-4, L. 133-9-2, L. 136-5, L. 137-4, L. 141-2-2, L. 142-4, L. 142-7-1 nouv., L. 142-10 nouv., L. 142-10-1 nouv., L. 162-1-14-1, L. 162-14-2, L. 162-34, L. 243-6-5, L. 244-9, L. 752-11.
2018	16 mai	Ordonnance n° 2018-361. Distribution d'assurances. – Art. 14. – V. CSS, art. L. 931-7-2, L. 932-13-6, L. 932-15-1, L. 932-19, L. 932-49, L. 932-50, L. 932-53.
2018	16 mai	Décret n° 2018-363. Application de la loi n° 2017-1836 du 30 décembre 2017 de financement de la sécurité sociale pour 2018 en matière de contribution sociale de solidarité à la charge des sociétés. – V. CSS, art. D. 651-1 à D. 651-4, D. 651-6, D. 651-8, D. 651-9, D. 651-11-1, D. 651-12, D. 651-14, D. 651-16.
2018	30 mai	Décret n° 2018-417. Fixation de la pénalité en cas de défaut de production de la déclaration prévue au quatrième alinéa de l'article

		R. 382-20 du code de la sécurité sociale ou en cas d'omission ou d'inexactitude des données permettant l'identification de chaque artiste auteur. – V. CSS, art. D. 382-1.
2018	1er juin	Décret n° 2018-431. Distribution d'assurances. – Art. 9. – V. CSS, art. R. 932-1-8, R. 932-2-1.
2018	4 juin	Décret n° 2018-444. Commissions spécialisées de la Haute Autorité de santé. – V. CSS, art. R. 161-71 à R. 161-71-3, R. 161-77, R. 162-20, R. 163-15 à R. 163-19, R. 165-12, R. 165-13, R. 165-18 à R. 165-21, R. 165-54, R. 165-58, R. 165-60, R. 165-61.
2018	4 juin	Décret n° 2018-445. Modifications des conditions de prise en charge par l'assurance maladie des allergènes préparés spécialement pour un seul individu. – V. CSS, art. R. 160-5, R. 163-14-3.
2018	12 juin	Ordonnance n° 2018-470. Regroupement et mise en cohérence des dispositions du code de la sécurité sociale applicables aux travailleurs indépendants : – V. CSS, art. L. 115-9, L. 122-1, L. 131-6, L. 131-6-1, L. 131-6-2, L. 131-6-4, L. 131-7, L. 135-2, L. 135-6, L. 136-3, L. 136-8, L. 137-10, L. 137-12, L. 137-17, L. 137-27, L. 137-30 à L. 137-39, L. 138-8, L. 138-9-1, L. 138-16, L. 138-19-7, L. 141-3, L. 145-7, L. 145-7-4, L. 151-1, L. 153-1, L. 161-1-1, L. 161-5, L. 161-6, L. 161-19-1, L. 161-21-1, L. 161-28-1, L. 162-16-5-1, L. 162-9, L. 162-12-9, L. 162-14-1, L. 162-18, L. 162-19, L. 162-22-3, L. 162-22-10, L. 162-37, L. 162-45, L. 165-2, L. 165-3-3, L. 165-4, L. 165-4-1, L. 165-5-1, L. 168-7, L. 169-4, L. 169-11, L. 171-1, L. 171-3 à L. 171-5, L. 173-7, L. 182-1, L. 182-2-2, L. 182-2-5, L. 182-4, L. 200-1, L. 211-2, L. 211-2-1, L. 213-1, L. 213-2, L. 215-2, L. 215-6, L. 215-7, L. 216-5, L. 217-3-1, L. 221-1-1 à L. 221-1-3, L. 221-3 à L. 221-5, L. 222-1-1, L. 222-2, L. 222-5 à L. 222-7, L. 223-1, L. 223-4, L. 224-1, L. 224-5-2, L. 224-9, L. 224-10, L. 225-1, L. 225-1-2, L. 225-3, L. 227-1 à L. 227-3, L. 231-6-1, L. 241-2, L. 241-3, L. 243-7-5, L. 243-15, L. 245-1, L. 245-5-1, L. 245-5-5-1, L. 245-6, L. 251-6-1, L. 311-3, L. 331-7, L. 351-4, L. 351-6-1, L. 381-1, L. 382-18, L. 382-25, L. 422-5, L. 532-2, L. 544-2, L. 544-8, L. 544-9, L. 611-1, L. 612-1 anc. à L. 612-8 anc., L. 613-5 à L. 613-11, L. 614-1, L. 615-5, L. 616-1, L. 621-1, L. 622-1, L. 623-1 à L. 623-5, L. 631-1, L. 632-1, L. 633-1, L. 634-2-1, L. 635-1, L. 640-1, L. 640-2, L. 642-1, L. 642-2-1, L. 642-2-2, L. 642-5, L. 643-1 A, L. 643-9, L. 644-1, L. 644-2, L. 644-4, L. 645-1, L. 645-3, L. 645-6, L. 646-1 à L. 646-5, L. 651-1 à L. 655-2, L. 661-1 à L. 663-3, L. 711-9, L. 713-21, L. 715-1, L. 742-6, L. 742-7, L. 752-6, L. 756-4, L. 763-1, L. 766-2, L. 815-19, L. 815-29, L. 961-1. – V. L. n° 89-1009 du 31 déc. 89, art. 1er, Annexe I, **p. 2683.** – V. Ord. n° 96-50 du 24 janv. 1996, art. 3, Annexe I, **p. 2713.** – V. L. n° 2008-776 du 4 août 2008, art. 15, ss. CSS, art. L. 644-1, **p. 916.**
2018	12 juin	Ordonnance n° 2018-474. Simplification et harmonisation des définitions des assiettes des cotisations et contributions de sécurité sociale : – V. CSS, art. L. 131-1, L. 131-1-1, L. 131-2 nouv., L. 131-3 nouv., L. 131-6 nouv., L. 133-4-3, L. 136-1-1 à L. 136-1-3, L. 136-2 nouv.,

		L. 136-3 nouv., L. 136-4, L. 136-5 nouv., L. 136-8, L. 137-3 nouv., L. 137-10, L. 137-11, L. 137-15, L. 241-2 nouv., L. 241-2-1 à L. 241-3-2, L. 241-5 à L. 241-6-1, L. 241-6-4, L. 241-13, L. 241-18 à L. 241-20, L. 242-1 nouv., L. 242-4-1, L. 242-4-2, L. 242-12 à L. 242-14 nouv., L. 243-7, L. 311-3, L. 323-6, L. 634-2-1, L. 711-3, L. 752-3-1, L. 752-3-2, L. 834-1. – V. Ord. n° 96-50 du 24 janv. 1996, art. 14 nouv., Annexe I, **p. 2718.** – V. L. n° 2003-1311 du 30 déc. 2003, art. 131-I, Annexe I, **p. 2828.** – V. L. n° 2008-1443 du 30 déc. 2008, art. 34-VI, Annexe I, **p. 2848.**
2018	21 juin	Décret n° 2018-499. Moyens de fonctionnement du Comité économique des produits de santé et systèmes d'information relatifs aux produits de santé. – V. CSS, art. D. 162-2-8.
2018	27 juin	Décret n° 2018-520. Application de l'article L. 165-3-3 du code de la sécurité sociale. – V. CSS, art. R. 165-78 à R. 165-80.
2018	27 juin	Décret n° 2018-522. Remises prévues à l'article L. 165-4 du code de la sécurité sociale et pénalité liée à la production de données erronées relatives aux dispositifs médicaux remboursables par l'assurance maladie. – V. CSS, art. R. 165-1, R. 165-4-2, R. 165-5, R. 165-15, R. 165-16, R. 165-45 à R. 165-48-2.
2018	27 juin	Décret n° 2018-533. Mise en œuvre de l'expérimentation prévue au XVII de l'article 15 de la loi de financement de la sécurité sociale pour 2018. – V. CSS, art. D. 133-17.
2018	30 juin	Décret n° 2018-557. Fixation de certains délais applicables à la procédure d'accord préalable prévue à l'article L. 315-2 du code de la sécurité sociale. – V. CSS, art. D. 315-5.
2018	13 juill.	Loi n° 2018-607. Programmation militaire pour les années 2019 à 2025 et diverses dispositions intéressant la défense. – Art. 29. – V. CSS, art. L. 713-1, L. 713-1-2, L. 713-4, L. 713-9, L. 713-10.
2018	24 juill.	Décret n° 2018-655. Allocation de soutien familial et délivrance du titre exécutoire prévu à l'article L. 582-2 du code de la sécurité sociale. – V. CSS, art. R. 523-3-2, R. 552-2, R. 582-1 à R. 582-4.
2018	24 juill.	Décret n° 2018-656. Allocation de soutien familial et délivrance du titre exécutoire prévu à l'article L. 582-2 du code de la sécurité sociale. – V. CSS, art. D. 523-1 à D. 523-3, D. 582-1, D. 755-7.
2018	26 juill.	Décret n° 2018-661. Application des articles 60 et 61 de la loi n° 2017-1836 du 31 décembre 2017 de financement de la sécurité sociale pour 2018 relatifs aux décisions d'accord préalable et de mise sous objectifs ou sous accord préalable mentionnées aux articles L. 162-1-15, L. 162-1-17 et L. 315-2 du code de la sécurité sociale. – V. CSS, art. R. 147-8, R. 148-1, R. 148-3, R. 148-5 à R. 148-9, R. 315-14 à R. 315-17.
2018	30 juill.	Loi n° 2018-670. Protection du secret des affaires. – Art. 4-XII. – V. CSS, art. L. 162-18, L. 455-3.

2018	3 août	Loi n° 2018-699. Garantie de la présence des parlementaires dans certains organismes extérieurs au Parlement et simplification des modalités de leur nomination. – Art. 23, 41, 74 : – V. CSS, art. L. 114-1 A, L. 114-1, L. 114-2, L. 135-1, L. 135-8, L. 862-1. – V. Ord. n° 96-50 du 24 janv. 1996, art. 3, *Annexe I*, **p. 2713.** – V. L. n° 2005-1579 du 19 déc. 2005, art. 72, *Annexe I*, **p. 2843.**
2018	10 août	Loi n° 2018-727. Pour un État au service d'une société de confiance. – Art. 3, 34. – V. CSS, art. L. 114-17, L. 114-17-1, L. 217-7-1.
2018	5 sept.	Loi n° 2018-771. Pour la liberté de choisir son avenir professionnel. – V. CSS, art. L. 114-12-1, L. 133-5-3, L. 135-2, L. 173-1-4, L. 213-1, L. 243-7, L. 432-12, L. 643-3-1, L. 653-3-1.
2018	10 sept.	Loi n° 2018-778. Pour une immigration maîtrisée, un droit d'asile effectif et une intégration réussie. – Art. 66. – V. CSS, art. L. 512-2.
2018	13 sept.	Décret n° 2018-788. Modalités de mise en œuvre des activités de télémédecine. – Art. 1er. – V. CSS, art. R. 161-43-1.
2018	25 sept.	Décret n° 2018-811. Mise en cohérence de textes réglementaires relatifs à l'administration générale de la santé au regard des dispositions de la loi n° 2016-41 du 26 janvier 2016 de modernisation de notre système de santé. – V. CSS, art. R. 162-32-3.
2018	25 sept.	Décret n° 2018-812. Carrière des praticiens conseils du régime général de sécurité sociale et accès à l'École nationale supérieure de sécurité sociale. – V. CSS, art. R. 123-28, R. 123-47-6 à R. 123-47-10, R. 315-5.
2018	27 sept.	Décret n° 2018-821. Mise en conformité des textes réglementaires avec l'ordonnance n° 2018-474 du 12 juin 2018 relative à la simplification et à l'harmonisation des définitions des assiettes des cotisations et contributions de sécurité sociale. – V. CSS, art. R. 131-7, R. 131-8, R. 241-0-2, R. 242-1, R. 242-1-1, R. 242-1-4, R. 242-1-5, R. 243-30, R. 243-37, R. 412-4, D. 241-1-1, D. 241-5-3, D. 241-7, D. 241-15, D. 241-19, D. 242-1, D. 242-2-1, D. 242-8, D. 242-9, D. 242-12, D. 242-13, D. 242-21, D. 373-1, D. 373-4, D. 412-6, D. 711-2, D. 711-5, D. 742-3, D. 752-8, D. 911-2.
2018	3 oct.	Décret n° 2018-836. Revalorisation du montant forfaitaire de la prime d'activité et réduction de l'abattement appliqué aux revenus professionnels. – V. CSS, art. D. 843-3.
2018	8 oct.	Décret n° 2018-864. Pratiques de présentation, d'information ou de promotion en faveur des produits de santé et des prestations éventuellement associées. – V. CSS, art. R. 161-73, R. 161-76-28 à R. 161-76-30, R. 165-78 à R. 165-80.
2018	23 oct.	Loi n° 2018-898. Lutte contre la fraude. – V. CSS, art. L. 114-12-1, L. 114-18-1, L. 114-19, L. 114-19-1.
2018	29 oct.	Décret n° 2018-928. Contentieux de la sécurité sociale et de l'aide sociale. – V. CSS, art. R. 142-1-A, R. 142-1, R. 142-6 à R. 142-19,

		R. 143-3-1, R. 160-2, R. 215-4, R. 243-51, R. 244-2, R. 322-10, R. 322-10-2, R. 341-3, R. 382-80, R. 382-100, R. 444-6, R. 612-8, R. 711-20, R. 711-21, R. 752-10, R. 752-11, R. 752-13, R. 815-54.
2018	31 oct.	Décret n° 2018-948. Revalorisation de l'allocation aux adultes handicapés et modification du plafond de ressources pour les bénéficiaires en couple. – V. CSS, art. L. 821-3-1, D. 821-2.
2018	8 nov.	Décret n° 2018-968. Modification du décret n° 2015-243 du 2 mars 2015 relatif à la notification, par voie électronique, aux établissements de crédit, aux sociétés de financement et aux organismes gérant des régimes de protection sociale de certains actes pris en vue du recouvrement de créances de toute nature. – V. CSS, art. R. 133-9-5.
2018	23 nov.	Loi n° 2018-1021. Évolution du logement, de l'aménagement et du numérique. – V. CSS, art. L. 137-31, L. 542-2, L. 831-2 à L. 831-4; : – L. n° 2000-321 du 12 avr. 2000, art. 25-1 A, V. Annexe I, **p. 2785.**
2018	10 déc.	Décret n° 2018-1120. Modalités d'application du régime micro-social aux professions libérales affiliées à la caisse interprofessionnelle de prévoyance et d'assurance vieillesse des professions libérales. – V. CSS, art. D. 131-5, D. 131-5-2.
2018	11 déc.	Décret n° 2018-1126. Protection du secret des affaires. – Art. 3-VII. – V. CSS, art. R. 165-74.
2018	12 déc.	Ordonnance n° 2018-1125. Application de l'article 32 de la loi n° 2018-493 du 20 juin 2018 relative à la protection des données personnelles et portant modification de la loi n° 78-17 du 6 janvier 1978 relative à l'informatique, aux fichiers et aux libertés et diverses dispositions concernant la protection des données à caractère personnel. – V. CSS, art. L. 114-10-2, L. 114-22.
2018	13 déc.	Décret n° 2018-1154. Procédures de recouvrement et de contrôle et mise en œuvre des modalités d'application de la sanction pour obstacle à l'accomplissement des fonctions des agents de contrôle. – V. CSS, art. R. 133-1-1, R. 242-5, R. 243-59-4, R. 243-59-9, R. 244-1.
2018	19 déc.	Décret n° 2018-1185. Affiliation, recouvrement des cotisations sociales et ouverture des droits aux prestations sociales des artistes-auteurs. – V. CSS, art. R. 382-1 à R. 382-9, R. 382-11 à R. 382-17, R. 382-19 à R. 382-32, R. 382-34 à R. 382-38, R. 382-55.
2018	20 déc.	Décret n° 2018-1196. Affiliation des membres de la famille des militaires à la Caisse nationale militaire de sécurité sociale. – V. CSS, art. D. 713-1, D. 713-1-1, D. 713-1-2, D. 713-2, D. 713-7-1, D. 713-7-2, D. 713-8.
2018	21 déc.	Décret n° 2018-1197. Revalorisation exceptionnelle de la prime d'activité. – V. CSS, art. D. 843-2.
2018	21 déc.	Décret n° 2018-1208. Modification de la numérotation d'une section et de plusieurs articles du code de la sécurité sociale. – V. CSS, art. R. 165-81, R. 165-82 et R. 165-83.

2018	21 déc.	Arrêté. Rapport sur l'organisation des dispositifs de contrôle interne de lutte contre le blanchiment des capitaux et le financement du terrorisme et de gel des avoirs. – Art. 4. – V. CSS, art. A. 951-3-3.
2018	22 déc	Loi n° 2018-1203. De financement de la sécurité sociale pour 2019 : – V. CSS, art. L. 114-6, L. 114-8-1, L. 114-17-1, L. 122-2, L. 122-3, L. 122-7, L. 122-9, L. 123-1 à L. 123-3, L. 131-6, L. 131-6-1-1, L. 131-6-4, L. 131-7, L. 131-8, L. 133-1, L. 133-4 à L. 133-4-2, L. 133-5-3, L. 133-5-4, L. 133-5-6, L. 133-5-8, L. 133-5-10, L. 133-5-12, L. 135-3, L. 136-3, L. 136-6, L. 136-6-1, L. 136-7, L. 136-8, L. 137-15, L. 137-16, L. 137-27, L. 138-10 à L. 138-16, L. 138-21, L. 142-3, L. 142-11, L. 160-1, L. 160-3, L. 160-8, L. 160-15, L. 161-17-1-1, L. 161-36-4, L. 161-38, L. 162-1-7, L. 162-1-21, L. 162-1-22, L. 162-2-3, L. 162-4, L. 162-5, L. 162-5-15, L. 162-5-16, L. 162-5-18, L. 162-9, L. 162-14-1, L. 162-16, L. 162-16-1, L. 162-16-4, L. 162-16-5 à L. 162-16-5-4, L. 162-16-7, L. 162-17, L. 162-17-1-2, L. 162-17-2-1, L. 162-17-2-2, L. 162-17-4, L. 162-18, L. 162-22-6-2, L. 162-22-7-3, L. 162-22-7-4, L. 162-22-10, L. 162-22-12, L. 162-22-15, L. 162-22-17, L. 162-23-15, L. 162-30-3, L. 162-31-1, L. 162-40, L. 165-1, L. 165-1-4, L. 165-1-5, L. 165-2, L. 165-4, L. 165-6, L. 165-9, L. 16-10-1, L. 211-1, L. 213-1, L. 216-6, L. 217-3, L. 217-3-1, L. 217-4, L. 217-5, L. 217-6, L. 221-1, L. 221-1-1, L. 221-1-4, L. 222-1, L. 223-1, L. 224-5-1, L. 224-5-2, L. 225-1-1, L. 225-1-4, L. 228-1, L 241-2, L. 241-2-1, L. 241-5, L. 241-6-1, L. 241-6-4, L. 241-10, L. 241-11, L. 241-13, L. 241-17, L. 241-18, L. 243-6-1, L. 243-6-2, L. 243-6-3, L. 243-6-7, L. 243-7-1 A, L. 243-7-7, L. 243-16, L. 244-2, L. 245-14 à L. 245-16, L. 281-2, L. 311-3, L. 323-3, L. 331-8, L. 355-3, L. 380-2, L. 382-2, L. 531-5, L. 531-6, L. 531-8-1, L. 542-2, L. 543-1, L. 553-2, L. 613-5, L. 622-3, L. 623-1, L. 623-4, L. 632-1, L. 641-3, L. 641-3-1, L. 641-7, L. 642-4-2, L. 644-2, L. 646-4, L. 663-1, L. 752-3-2, L. 752-3-3, L. 752-4, L. 758-1, L. 815-11, L. 821-5-1, L. 831-4, L. 835-3, L. 845-3, L. 861-1 à L. 861-8, L. 861-10, L. 861-11, L. 862-1, L. 862-2, L. 862-4, L. 862-4-1, L. 862-6, L. 862-7, L. 863-1 à L. 863-7-1, L. 864-1, L. 864-2, L. 871-1, L. 911-7-1. – V. Ord. n° 96-50 du 24 janv. 1996, art. 4, 6, 15, 16, annexe I, **p. 2713.** – V. L. n° 2018-1203 du 22 déc. 2018, art. 15-XVI, **p. 873.**
2018	24 déc.	Loi n° 2018-1213. Mesures d'urgence économiques et sociales. – Art. 3. – V.CSS, art. L. 131-8, L. 136-8.
2018	24 déc.	Loi n° 2018-1214. Réforme de la Caisse des Français de l'étranger. – V. CSS, art. L. 762-1 à L. 762-3, L. 762-5 à L. 762-7-1, L. 762-9, L. 762-10, L. 766-4 à L. 766-4-3, L 766-5 à L. 766-7.
2018	24 déc.	Décret n° 2018-1222. Diverses mesures de simplification dans le champ du handicap. - V. CSS, art. R. 541-3, R. 821-2, R. 821-5.
2018	24 déc.	Décret n° 2018-1235. Exercice des missions de tiers déclarant auprès des organismes chargés du recouvrement des cotisations et contributions sociales. – V. CSS, art. R. 133-43, R. 133-44.
2018	27 déc.	Décret n° 2018-1255. Simplification et modification de la gestion des droits aux indemnités journalières et prise en charge des frais de santé.

		– V. CSS, art. R. 160-25, R. 160-26, R. 160-29, R. 161-3, R. 161-8-2, R. 172-1 à R. 172-3, R. 172-5 à R. 172-9, R. 172-12-1, R. 172-12-3, R. 172-21-1, R. 313-7, R. 323-8, R. 362-1, R. 381-100, R. 382-104, R. 742-6, R. 742-21-5, R. 753-4 à R. 753-20, R. 753-25.
2018	27 déc.	Décret n° 2018-1256. Utilisation en droits à formation professionnelle des points acquis au titre du compte professionnel de prévention et au droit à formation professionnelle de certaines victimes d'accidents du travail ou de maladies professionnelles. – V. CSS, art. R. 413-6, R. 413-15, R. 413-19 à R. 413-24, R. 431-2, R. 432-3, R. 432-9-2, R. 432-9-3, R. 432-9-5 à R. 432-9-8, R. 434-11, R. 434-19.
2018	27 déc.	Décret n° 2018-1257. Participation de l'assuré aux frais liés à divers actes et prestations. – V. CSS, art. R. 160-8, R. 160-16, R. 160-17.
2018	27 déc.	Décret n° 2018-1258. Simplification de la gestion des droits pour la prise en charge des frais de santé. – V. CSS, art. D. 160-1, D. 160-14, D. 160-15, D. 160-17, D. 172-1 à D. 172-5, D. 172-7 à D. 172-9, D. 381-23.
2018	27 déc.	Décret n° 2018-1294. Allocation d'éducation de l'enfant handicapé. – V. CSS, art. R. 541-4.
2018	27 déc.	Décret n° 2018-1295. Composition du Conseil d'orientation des retraites. – V. CSS, art. D. 114-4-0-2.
2018	28 déc.	Décret n° 2018-1299. Modification des modalités de calcul de la prestation de référence de la compensation généralisée vieillesse. – V. CSS, art. D. 134-2, D. 134-3.
2018	28 déc.	Décret n° 2018-1312. Contentieux de la sécurité sociale pour les régimes d'accidents du travail et de maladies professionnelles. – V. CSS, art. D. 311-1, D. 412-79, D. 461-21.
2018	28 déc.	Loi n° 2018-1317. De finances pour 2019 : – Art. 3, 26, 30, 42, 96, 112, 202, 223, 227, 265, 266. – V. CSS, art. L. 131-8, L. 136-1-1, L. 136-6, L. 137-19, L. 225-1-1, L. 241-2, L. 243-7-2, L. 542-2, L. 821-1-1, L. 821-1-2, L. 821-4, L. 821-5, L. 821-7, L. 831-1, L. 842-3. – V. L. n° 99-1173 du 30 déc. 1999, art. 47, Annexe I, **p. 2766.**
2018	28 déc.	Décret n° 2018-1323. Modification des règles relatives à la tenue des comptes de l'Agence centrale des organismes de sécurité sociale à la Banque de France. - V. CSS, art. D. 225-3.
2018	28 déc.	Décret n° 2018-1356. Mise en œuvre de la réduction générale des cotisations et contributions sociales à la charge des employeurs. – V. CSS, art. D. 241-2-4, D. 241-7, D. 243-0-3, D. 711-8 à D. 711-10.
2018	28 déc.	Décret n° 2018-1357. Modalités d'application de certains dispositifs d'exonérations ciblées de cotisations sociales. – V. CSS, art. D. 131-6-2, D. 131-6-4, D. 241-5-2 à D. 241-5-4, D. 241-5-7, D. 241-6, D. 373-1, D. 373-2.
2019	11 janv.	Décret n° 2019-21. Garantie d'un accès sans reste à charge à certains équipements d'optique, aides auditives et soins prothétiques dentaires. – V. CSS, art. R. 871-2.

2019	24 janv.	Décret n° 2019-40. Exonération de cotisations salariales des heures supplémentaires et complémentaires. – V. CSS, art. D. 241-21, D. 241-22, D. 241-25, D. 711-11.
2019	30 janv.	Décret n° 2019-56. Substitution de la dénomination « CMA France » à la dénomination « assemblée permanente des chambres de métiers et de l'artisanat ». – Art. 4. – V. CSS, art. D. 114-1.
2019	31 janv.	Décret n° 2019-65. Adaptation des garanties d'assurance complémentaire santé des salariés mises en place en application de l'article L. 911-7 du code de la sécurité sociale aux dispositions assurant un accès sans reste à charge à certains frais de santé. – V. CSS, art. D. 911-1.
2019	1er févr.	Arrêté. Modification de l'arrêté du 17 mars 1995 pris en application de l'article R. 382-27 du code de la sécurité sociale et relatif aux revenus artistiques imposables au titre des bénéfices non commerciaux. – V. Arr. du 17 mars 1995, ss. CSS, art. R. 382-27, **p. 1715.**
2019	12 févr.	Décret n° 2019-92. Composition et fonctionnement de la commission des accords de retraite et de prévoyance mentionnée à l'article L. 911-3 du code de la sécurité sociale. – V. CSS, art. D. 911-0.
2019	18 févr.	Décret n° 2019-112. Services universitaires et interuniversitaires de médecine préventive et de promotion de la santé. – Art. 2. – V. CSS, art. D. 162-1-6.
2019	21 févr.	Décret n° 2019-121. Modification de dispositions réglementaires du code de la sécurité sociale relatives à l'amélioration de la qualité et de la sécurité des soins. – V. CSS, art. R. 162-36 à R. 162-36-2.
2019	27 févr.	Décret n° 2019-147. Obligations des fabricants et distributeurs d'équipements d'optique, aides auditives et soins prothétiques dentaires et aux pénalités financières afférentes. – V. CSS, art. R. 133-9-1, R. 165-14, R. 165-84 à R. 165-86.

TABLE ALPHABÉTIQUE

NOTA. Les caractères italiques indiquent un mot de renvoi. Ceux de ces mots qui sont en caractères gras et précédés d'une flèche rouge renvoient à un autre mot en caractères gras de la table ; les autres, en caractères maigres et sans flèche rouge, renvoient à une autre subdivision du même mot en caractères gras.

A

J

L

M

N

S

Z

Photocomposé, traité sur ordinateur par :
JOUVE, 1, rue du Docteur Sauvé - 53100 MAYENNE

Achevé d'imprimer en mars 2019
Dépôt légal : avril 2019
718641 – (I) – OSB-Px 31g – JOU – (EDO)
Imprimé en Italie par L.E.G.O S.p.A.

Les revues

- Recueil Dalloz, 44 n° / an + 2 tables
- Revue de droit du travail, 11 n° / an + 1 table
- Droit social, 11 n°/an
- Revue de droit sanitaire et social, 6 n°/an

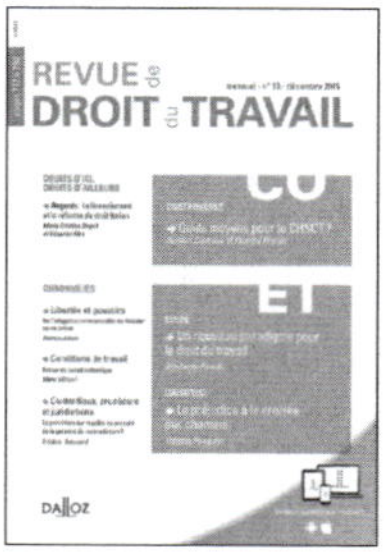

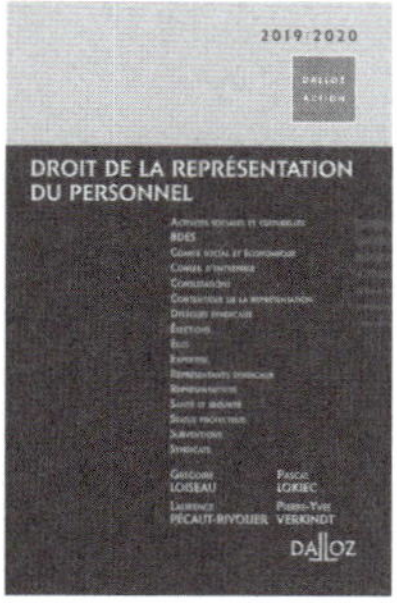

Les ouvrages professionnels

- Droit de la représentation du personnel, 1re ed., 2019/20
- Comité d'entreprise, 16e ed., 2015/16